Eastern and Central European Voices
Studies in Theology and Religion
Supplements: Tools in Theology and Religion

Edited by
Roman Mazur and Mariusz Rosik

Volume 1

Roman Mazur, Roman Bogacz, Andrzej Gieniusz

Analytical Lexicon of the Greek Bible

in three parts

Part 2 (ζ–ο)

Vandenhoeck & Ruprecht

A translation of *Słownik analityczny do Biblii greckiej*, Instrumenta Biblica 1, edited by Roman Mazur and Roman Bogacz (UNUM Press, Krakow 2021).

Bibliographic information published by the Deutsche Nationalbibliothek:
The Deutsche Nationalbibliothek lists this publication in the Deutsche Nationalbibliografie;
detailed bibliographic data available online: https://dnb.de

© 2023 by Vandenhoeck & Ruprecht, Robert-Bosch-Breite 10, D-37079 Göttingen, Germany,
an imprint of the Brill-Group
(Koninklijke Brill NV, Leiden, The Netherlands; Brill USA Inc., Boston MA, USA;
Brill Asia Pte Ltd, Singapore; Brill Deutschland GmbH, Paderborn, Germany,
Brill Österreich GmbH, Vienna, Austria)
Koninklijke Brill NV incorporates the imprints Brill, Brill Nijhoff, Brill Hotei,
Brill Schöningh, Brill Fink, Brill mentis, Vandenhoeck & Ruprecht, Böhlau,
V&R unipress and Wageningen Academic.

All rights reserved. No part of this work may be reproduced or utilized in any form or by any means, electronic or mechanical, including photocopying, recording, or any information storage and retrieval system, without prior written permission from the publisher.

Typesetting: Krzysztof Wilkosz
Cover design: SchwabScantechnik, Göttingen
Printed and bound: Hubert & Co, Göttingen
Printed in the EU

Vandenhoeck & Ruprecht Verlage | www.vandenhoeck-ruprecht-verlage.com

ISSN 2749-6260
ISBN 978-3-525-50001-9

Z, ζ

ζ′ zeta (letter of alphabet) or number: seven; ▸ 1
   ζ′ ▸ 1
      Adjective · (ordinal · numeral) ▸ **1** (Psa. 118,49)

Ζαβαδ Zabad ▸ 1
   Ζαβαδ ▸ 1
      Noun · masculine · singular · nominative · (proper) ▸ **1**
      (Ezra 10,27)

Ζαβαδαιας Zebadiah ▸ 1
   Ζαβαδαιας ▸ 1
      Noun · masculine · singular · nominative · (proper) ▸ **1**
      (1Esdr. 9,35)

Ζαβαδαῖοι Zabadean ▸ 1
   Ζαβαδαίους ▸ 1
      Noun · masculine · plural · accusative · (proper) ▸ **1**
      (1Mac. 12,31)

Ζαβαδια Zebadiah ▸ 3
   Ζαβαδια ▸ 3
      Noun · masculine · singular · nominative · (proper) ▸ **3**
      (1Chr. 8,15; 1Chr. 8,17; 1Chr. 12,8)

Ζαβαδιας Zebadiah ▸ 1
   Ζαβαδιας ▸ 1
      Noun · masculine · singular · nominative · (proper) ▸ **1**
      (1Chr. 26,2)

Ζαβδαιος Zebadiah ▸ 1
   Ζαβδαιος ▸ 1
      Noun · masculine · singular · nominative · (proper) ▸ **1**
      (1Esdr. 9,21)

Ζαβδι Zabdi ▸ 1
   Ζαβδι ▸ 1
      Noun · masculine · singular · nominative · (proper) ▸ **1**
      (1Chr. 8,19)

Ζαβδια Zebadiah ▸ 2
   Ζαβδια ▸ 2
      Noun · masculine · singular · nominative · (proper) ▸ **2**
      (Ezra 8,8; Ezra 10,20)

Ζαβδιας Zebadiah ▸ 3
   Ζαβδιας ▸ 3
      Noun · masculine · singular · nominative · (proper) ▸ **3**
      (1Chr. 27,7; 2Chr. 17,8; 2Chr. 19,11)

Ζαβδιηλ Zabdiel ▸ 2
   Ζαβδιηλ ▸ 2
      Noun · masculine · singular · genitive · (proper) ▸ **1** (1Chr. 27,2)
      Noun · masculine · singular · nominative · (proper) ▸ **1**
      (1Mac. 11,17)

Ζαβδιου Zebadiah (?); Zechariah (?) ▸ 1
   Ζαβδιου ▸ 1
      Noun · masculine · singular · genitive · (proper) ▸ **1** (1Chr. 27,21)

Ζαβδος Zabbai ▸ 1
   Ζαβδος ▸ 1
      Noun · masculine · singular · nominative · (proper) ▸ **1**
      (1Esdr. 9,29)

Ζαβεδ Zabad ▸ 5
   Ζαβεδ ▸ 5
      Noun · masculine · singular · accusative · (proper) ▸ **1**
      (1Chr. 2,36)
      Noun · masculine · singular · nominative · (proper) ▸ **4**
      (1Chr. 2,37; 1Chr. 7,21; 2Chr. 24,26; Ezra 10,33)

Ζαβετ Zabad ▸ 1
   Ζαβετ ▸ 1
      Noun · masculine · singular · nominative · (proper) ▸ **1**
      (1Chr. 11,41)

Ζαβου Zabbai ▸ 2
   Ζαβου ▸ 2
      Noun · masculine · singular · genitive · (proper) ▸ **1** (Neh. 3,20)
      Noun · masculine · singular · nominative · (proper) ▸ **1**
      (Ezra 10,28)

Ζαβουθ Zabud ▸ 1
   Ζαβουθ ▸ 1
      Noun · masculine · singular · nominative · (proper) ▸ **1**
      (1Kings 4,5)

Ζαβουθαιθαν Vaizatha ▸ 1
   Ζαβουθαιθαν ▸ 1
      Noun · masculine · singular · accusative · (proper) ▸ **1** (Esth. 9,9)

Ζαβουλων Zebulun ▸ 46 + 11 = 57
   Ζαβουλων ▸ 46 + 11 = 57
      Noun · masculine · singular · accusative · (proper) ▸ 1 + 1 = **2**
      (Gen. 30,20; Judg. 4,10)
      Noun · masculine · singular · dative · (proper) ▸ 7 + 4 = **11**
      (Deut. 33,18; Josh. 19,10; Josh. 19,27; Josh. 19,34; Judg. 4,10; Judg. 6,35; 1Chr. 27,19; Josh. 19,10; Josh. 19,27; Josh. 19,34; Judg. 6,35)
      Noun · masculine · singular · genitive · (proper) ▸ 30 + 4 = **34**
      (Gen. 46,14; Num. 1,9; Num. 1,28; Num. 1,29; Num. 2,7; Num. 2,7; Num. 7,24; Num. 10,16; Num. 13,10; Num. 26,22; Num. 26,23; Num. 34,25; Josh. 19,16; Josh. 21,7; Josh. 21,34; Judg. 4,6; Judg. 5,14; Judg. 12,12; 1Chr. 6,48; 1Chr. 6,62; 1Chr. 12,34; 1Chr. 12,41; 2Chr. 30,10; 2Chr. 30,11; 2Chr. 30,18; Psa. 67,28; Is. 8,23; Ezek. 48,26; Ezek. 48,27; Ezek. 48,33; Josh. 19,16; Judg.

4,6; Judg. 5,14; Judg. 12,12)
> **Noun** · masculine · singular · nominative · (proper) ▸ 7 + 2 = **9**
> (Gen. 35,23; Gen. 49,13; Ex. 1,3; Deut. 27,13; Judg. 1,30; Judg. 5,18; 1Chr. 2,1; Judg. 1,30; Judg. 5,18)
> **Noun** · masculine · singular · vocative · (proper) ▸ **1**
> (Deut. 33,18)

Ζαβουλών Zebulun ▸ 3
  Ζαβουλών ▸ 3
  > **Noun** · masculine · singular · genitive · (proper) ▸ **3**
  > (Matt. 4,13; Matt. 4,15; Rev. 7,8)

Ζαβουλωνίτης Zebulonite ▸ 2 + 2 = 4
  Ζαβουλωνίτης ▸ 2 + 2 = 4
  > **Noun** · masculine · singular · nominative · (proper) ▸ 2 + 2 = **4**
  > (Judg. 12,11; Judg. 12,12; Judg. 12,11; Judg. 12,12)

Ζαβουχαμ Buz ▸ 1
  Ζαβουχαμ ▸ 1
  > **Noun** · masculine · singular · genitive · (proper) ▸ **1** (1Chr. 5,14)

Ζαθοης Zattu ▸ 2
  Ζαθοης ▸ 2
  > **Noun** · masculine · singular · genitive · (proper) ▸ **2**
  > (1Esdr. 8,32; Ezra 8,5)

Ζαθολθα Zatholtha ▸ 1
  Ζαθολθα ▸ 1
  > **Noun** · masculine · singular · dative · (proper) ▸ **1** (Esth. 1,10)

Ζαθουα Zattu ▸ 3
  Ζαθουα ▸ 3
  > **Noun** · masculine · singular · genitive · (proper) ▸ **3**
  > (Ezra 2,8; Ezra 10,27; Neh. 7,13)

Ζαθουια Zattu ▸ 1
  Ζαθουια ▸ 1
  > **Noun** · masculine · singular · nominative · (proper) ▸ **1**
  > (Neh. 10,15)

ζαι (Hebr.) zayin ▸ 1
  ζαι ▸ 1
  > **Noun** ▸ **1** (Psa. 118,49)

Ζαιθαν Zethan ▸ 1
  Ζαιθαν ▸ 1
  > **Noun** · masculine · singular · nominative · (proper) ▸ **1**
  > (1Chr. 7,10)

Ζαιρα Tiria ▸ 1
  Ζαιρα ▸ 1
  > **Noun** · masculine · singular · nominative · (proper) ▸ **1**
  > (1Chr. 4,16)

Ζακαναϊμ Zanoah ▸ 1
  Ζακαναϊμ ▸ 1
  > **Noun** · singular · nominative · (proper) ▸ **1** (Josh. 15,56)

Ζακχαῖος Zacchaeus ▸ 1 + 3 = 4
  Ζακχαῖε ▸ 1
  > **Noun** · masculine · singular · vocative · (proper) ▸ **1** (Luke 19,5)
  Ζακχαῖον ▸ 1
  > **Noun** · masculine · singular · accusative · (proper) ▸ **1**
  > (2Mac. 10,19)
  Ζακχαῖος ▸ 2
  > **Noun** · masculine · singular · nominative · (proper) ▸ **2**
  > (Luke 19,2; Luke 19,8)

Ζακχου Zaccai ▸ 2
  Ζακχου ▸ 2
  > **Noun** · masculine · singular · genitive · (proper) ▸ **2**
  > (Ezra 2,9; Neh. 7,14)

Ζακχουρ Zaccur ▸ 8
  Ζακχουρ ▸ 8
  > **Noun** · masculine · singular · genitive · (proper) ▸ **4**
  > (Num. 13,4; Neh. 3,2; Neh. 12,35; Neh. 13,13)
  > **Noun** · masculine · singular · nominative · (proper) ▸ **4**
  > (1Chr. 4,26; 1Chr. 24,27; 1Chr. 25,2; 1Chr. 25,10)

ζακχω (Hebr.) treasury ▸ 1
  ζακχω ▸ 1
  > **Noun** ▸ **1** (1Chr. 28,11)

Ζαμαριας Zemirah ▸ 1
  Ζαμαριας ▸ 1
  > **Noun** · masculine · singular · nominative · (proper) ▸ **1**
  > (1Chr. 7,8)

Ζαμβινα Zebina ▸ 1
  Ζαμβινα ▸ 1
  > **Noun** · masculine · singular · nominative · (proper) ▸ **1**
  > (Ezra 10,43)

Ζαμβραμ Shimron ▸ 1
  Ζαμβραμ ▸ 1
  > **Noun** · masculine · singular · nominative · (proper) ▸ **1**
  > (Gen. 46,13)

Ζαμβρι Zimri ▸ 17
  Ζαμβρι ▸ 17
  > **Noun** · masculine · singular · accusative · (proper) ▸ **2**
  > (1Chr. 8,36; 1Chr. 9,42)
  > **Noun** · masculine · singular · dative · (proper) ▸ **1** (1Mac. 2,26)
  > **Noun** · masculine · singular · genitive · (proper) ▸ **4**
  > (Josh. 7,1; Josh. 7,18; 1Kings 16,20; Mic. 6,16)
  > **Noun** · masculine · singular · nominative · (proper) ▸ **10** (Num. 25,14; 1Kings 16,9; 1Kings 16,10; 1Kings 16,15; 1Kings 16,16; 1Kings 16,18; 2Kings 9,31; 1Chr. 2,6; 1Chr. 8,36; 1Chr. 9,42)

Ζαμβρις Zambris ▸ 1
  Ζαμβρις ▸ 1
  > **Noun** · masculine · singular · nominative · (proper) ▸ **1**
  > (1Esdr. 9,34)

Ζαμμα Zimmah ▸ 1
  Ζαμμα ▸ 1
  > **Noun** · masculine · singular · genitive · (proper) ▸ **1** (1Chr. 6,27)

Ζαμοθ Zamoth ▸ 1
  Ζαμοθ ▸ 1
  > **Noun** · masculine · singular · genitive · (proper) ▸ **1** (1Esdr. 9,28)

Ζανω Zanoah ▸ 2 + 1 = 3
  Ζανω ▸ 2 + 1 = 3
  > **Noun** · masculine · singular · accusative · (proper) ▸ **1**
  > (Neh. 3,13)
  > **Noun** · masculine · singular · genitive · (proper) ▸ **1** (1Chr. 4,18)
  > **Noun** · singular · nominative · (proper) ▸ **1** (Josh. 15,34)

Ζανωακιμ Zanoah ▸ 1
  Ζανωακιμ ▸ 1
  > **Noun** · singular · nominative · (proper) ▸ **1** (Josh. 15,56)

Ζαρα Zerah ▸ 14
  Ζαρα ▸ 14
  > **Noun** · masculine · singular · accusative · (proper) ▸ **2**
  > (Gen. 38,30; 1Chr. 2,4)
  > **Noun** · masculine · singular · dative · (proper) ▸ **2**
  > (Num. 26,13; Num. 26,16)
  > **Noun** · masculine · singular · genitive · (proper) ▸ **8**
  > (Gen. 36,33; Josh. 7,1; Josh. 7,18; Josh. 7,24; Josh. 22,20; 1Chr. 1,44; 1Chr. 2,6; 1Chr. 9,6)
  > **Noun** · masculine · singular · nominative · (proper) ▸ **2**
  > (Gen. 46,12; 1Chr. 6,6)

Ζάρα Zerah ▸ 1
  Ζάρα ▸ 1
  > **Noun** · masculine · singular · accusative · (proper) ▸ **1** (Matt. 1,3)

Ζαραι Zerahite ▸ 1

Ζαραι ▸ 1
   Noun · masculine · singular · genitive · (proper) ▸ **1** (1Chr. 6,26)
Ζαραϊ Zerahite ▸ 5
   Ζαραϊ ▸ 5
   Noun · masculine · singular · dative · (proper) ▸ **2** (1Chr. 27,11; 1Chr. 27,13)
   Noun · masculine · singular · nominative · (proper) ▸ **3** (Num. 26,13; Num. 26,16; Josh. 7,17)
Ζαραια Zerahaiah ▸ 5
   Ζαραια ▸ 5
   Noun · masculine · singular · accusative · (proper) ▸ **1** (1Chr. 5,32)
   Noun · masculine · singular · genitive · (proper) ▸ **2** (Ezra 7,4; Ezra 8,4)
   Noun · masculine · singular · nominative · (proper) ▸ **2** (1Chr. 5,32; 1Chr. 6,36)
Ζαραιας Seraiah; Zerahiah; Zeraiah ▸ 1
   Ζαραιας ▸ 1
   Noun · masculine · singular · nominative · (proper) ▸ **1** (1Esdr. 8,34)
Ζαραιας Seraiah; Zerahiah; Zeraiah ▸ 2
   Ζαραιου ▸ 2
   Noun · masculine · singular · genitive · (proper) ▸ **2** (1Esdr. 5,8; 1Esdr. 8,31)
Ζαρε Zerah ▸ 6
   Ζαρε ▸ 6
   Noun · masculine · singular · genitive · (proper) ▸ **1** (Job 42,17c)
   Noun · masculine · singular · nominative · (proper) ▸ **5** (Gen. 36,13; Gen. 36,17; 1Chr. 1,37; 1Chr. 4,24; 2Chr. 14,8)
Ζαρετ Zered ▸ 4
   Ζαρετ ▸ 4
   Noun · singular · accusative · (proper) ▸ **3** (Deut. 2,13; Deut. 2,13; Deut. 2,14)
   Noun · singular · genitive · (proper) ▸ **1** (Num. 21,12)
Ζαριος Zarius ▸ 1
   Ζαριον ▸ 1
   Noun · masculine · singular · accusative · (proper) ▸ **1** (1Esdr. 1,36)
Ζατος Zaton ▸ 1
   Ζατου ▸ 1
   Noun · masculine · singular · genitive · (proper) ▸ **1** (1Esdr. 5,12)
Ζαφα Ziphah ▸ 1
   Ζαφα ▸ 1
   Noun · masculine · singular · nominative · (proper) ▸ **1** (1Chr. 4,16)
Ζαφωιμ Iram ▸ 1
   Ζαφωιμ ▸ 1
   Noun · masculine · singular · nominative · (proper) ▸ **1** (Gen. 36,43)
Ζαχαρια Zechariah ▸ 12
   Ζαχαρια ▸ 12
   Noun · masculine · singular · dative · (proper) ▸ **2** (1Chr. 26,14; Ezra 8,16)
   Noun · masculine · singular · genitive · (proper) ▸ **4** (2Chr. 23,1; 2Chr. 29,1; Neh. 11,4; Neh. 11,12)
   Noun · masculine · singular · nominative · (proper) ▸ **6** (1Chr. 5,7; 1Chr. 9,37; 1Chr. 15,24; 1Chr. 24,25; Ezra 8,11; Ezra 10,26)
Ζαχαριας Zechariah, Zecharias ▸ 44
   Ζαχαριαν ▸ 7
   Noun · masculine · singular · accusative · (proper) ▸ **7** (2Chr. 17,7; 1Esdr. 8,43; Zech. 1,1; Zech. 1,7; Zech. 7,1; Zech. 7,8; Is. 8,2)
   Ζαχαριας ▸ 24
   Noun · masculine · singular · nominative · (proper) ▸ **24** (2Kings 15,8; 1Chr. 9,21; 1Chr. 15,18; 1Chr. 15,20; 1Chr. 16,5; 1Chr. 26,2; 1Chr. 26,11; 2Chr. 21,2; 2Chr. 29,13; 2Chr. 34,12; 2Chr. 35,8; 1Esdr. 1,8; 1Esdr. 1,15; 1Esdr. 6,1; 1Esdr. 8,30; 1Esdr. 8,37; 1Esdr. 9,27; 1Esdr. 9,44; Ezra 5,1; Ezra 8,3; Neh. 8,4; Neh. 12,16; Neh. 12,35; Neh. 12,41)
   Ζαχαριου ▸ 13
   Noun · masculine · singular · genitive · (proper) ▸ **13** (2Kings 15,11; 2Kings 18,2; 2Chr. 20,14; 2Chr. 26,5; 1Esdr. 7,3; Ezra 6,14; 1Mac. 5,18; 1Mac. 5,56; Psa. 145,1; Psa. 146,1; Psa. 147,1; Psa. 148,1; Ode. 9,55t)
Ζαχαρίας Zechariah, Zecharias ▸ 11
   Ζαχαρία ▸ 1
   Noun · masculine · singular · vocative · (proper) ▸ **1** (Luke 1,13)
   Ζαχαρίαν ▸ 2
   Noun · masculine · singular · accusative · (proper) ▸ **2** (Luke 1,21; Luke 1,59)
   Ζαχαρίας ▸ 4
   Noun · masculine · singular · nominative · (proper) ▸ **4** (Luke 1,5; Luke 1,12; Luke 1,18; Luke 1,67)
   Ζαχαρίου ▸ 4
   Noun · masculine · singular · genitive · (proper) ▸ **4** (Matt. 23,35; Luke 1,40; Luke 3,2; Luke 11,51)
Ζαχουρ Zaccur ▸ 2
   Ζαχουρ ▸ 2
   Noun · masculine · singular · nominative · (proper) ▸ **2** (1Kings 2,46h; 1Chr. 8,31)
Ζαχρι Zabdi; Zicri ▸ 2
   Ζαχρι ▸ 2
   Noun · masculine · singular · genitive · (proper) ▸ **1** (2Chr. 17,16)
   Noun · masculine · singular · nominative · (proper) ▸ **1** (1Chr. 27,27)
Ζαχωρ Zaccur ▸ 1
   Ζαχωρ ▸ 1
   Noun · masculine · singular · nominative · (proper) ▸ **1** (Neh. 10,13)
ζάω to live ▸ 528 + 32 + 140 = 700
   ἔζη ▸ 3
   Verb · third · singular · imperfect · active · indicative ▸ **3** (Num. 21,9; Josh. 4,14; 2Sam. 19,7)
   ἔζησα ▸ 2 + 1 = 3
   Verb · first · singular · aorist · active · indicative ▸ 2 + 1 = **3** (Ode. 11,16; Is. 38,16; Acts 26,5)
   ἔζησαν ▸ 2 + 2 = 4
   Verb · third · plural · aorist · active · indicative ▸ 2 + 2 = **4** (Num. 14,38; Ezek. 37,10; Rev. 20,4; Rev. 20,5)
   ἔζησας ▸ 2
   Verb · second · singular · aorist · active · indicative ▸ **2** (Deut. 4,33; Ezek. 16,22)
   ἔζησάς ▸ 1
   Verb · second · singular · aorist · active · indicative ▸ **1** (Psa. 118,93)
   ἔζησεν ▸ 46 + 2 + 4 = 52
   Verb · third · singular · aorist · active · indicative ▸ 46 + 2 + 4 = **52** (Gen. 5,3; Gen. 5,5; Gen. 5,7; Gen. 5,9; Gen. 5,10; Gen. 5,12; Gen. 5,13; Gen. 5,15; Gen. 5,16; Gen. 5,18; Gen. 5,19; Gen. 5,21; Gen. 5,25; Gen. 5,26; Gen. 5,27; Gen. 5,28; Gen. 5,30; Gen. 11,11; Gen. 11,12; Gen. 11,13; Gen. 11,13; Gen. 11,13; Gen. 11,14; Gen. 11,15; Gen. 11,16; Gen. 11,17; Gen. 11,18; Gen. 11,19; Gen. 11,20; Gen. 11,21; Gen. 11,22; Gen. 11,23; Gen. 11,24; Gen. 11,25; Gen. 11,26; Gen. 25,7; Gen. 35,28; Gen. 50,22;

2Kings 13,21; 2Kings 14,17; 2Chr. 25,25; Eccl. 6,6; Job 42,16; Job 42,16; Wis. 15,17; Jer. 52,33; Judg. 15,19; Tob. 14,2; Luke 15,32; Rom. 14,9; Rev. 2,8; Rev. 13,14)

Ἔζησεν ▸ 2
Verb · third · singular · aorist · active · indicative ▸ **2** (Gen. 5,6; Gen. 9,28)

ἔζησέν ▸ 1
Verb · third · singular · aorist · active · indicative ▸ **1** (Psa. 118,50)

ἐζῆτε ▸ 1
Verb · second · plural · imperfect · active · indicative ▸ **1** (Col. 3,7)

ἔζων ▸ 1
Verb · first · singular · imperfect · active · indicative ▸ **1** (Rom. 7,9)

Ζῇ ▸ 35
Verb · third · singular · present · active · indicative ▸ **35** (Judg. 8,19; 1Sam. 19,6; 1Sam. 26,10; 1Sam. 28,10; 1Sam. 29,6; 2Sam. 2,27; 2Sam. 4,9; 2Sam. 12,5; 2Sam. 14,11; 2Sam. 14,19; 2Sam. 15,21; 1Kings 1,29; 1Kings 17,1; 1Kings 17,12; 1Kings 18,15; 1Kings 22,14; 2Kings 2,2; 2Kings 2,4; 2Kings 2,6; 2Kings 3,14; 2Kings 4,30; 2Kings 5,16; 2Chr. 18,13; Judith 12,4; Job 27,2; Amos 8,14; Jer. 4,2; Jer. 5,2; Jer. 12,16; Jer. 16,14; Jer. 16,15; Jer. 23,7; Jer. 23,8; Jer. 45,16; Jer. 51,26)

ζῇ ▸ 45 + 4 + 13 = 62
Verb · third · singular · present · active · indicative ▸ **45 + 4 + 13 = 62** (Gen. 43,7; Gen. 43,27; Gen. 43,28; Gen. 45,3; Gen. 45,26; Gen. 45,28; Ruth 3,13; 1Sam. 1,26; 1Sam. 1,28; 1Sam. 14,39; 1Sam. 14,45; 1Sam. 20,3; 1Sam. 20,3; 1Sam. 20,21; 1Sam. 20,31; 1Sam. 25,26; 1Sam. 25,26; 1Sam. 25,34; 1Sam. 26,16; 2Sam. 11,11; 2Sam. 15,21; 2Sam. 22,47; 1Kings 2,24; 1Kings 17,23; 1Kings 18,10; 1Kings 21,32; 2Kings 2,2; 2Kings 2,4; 2Kings 2,6; 2Kings 4,30; 2Kings 5,20; 1Esdr. 4,38; Judith 11,7; Judith 11,7; Judith 13,16; Tob. 7,5; Tob. 8,12; Tob. 8,14; Psa. 17,47; Psa. 21,30; Sir. 42,23; Sir. 44,14; Amos 8,14; Dan. 4,27; Bel 24; Judg. 8,19; Tob. 7,5; Tob. 8,12; Tob. 8,14; Mark 16,11; John 4,50; John 4,51; John 4,53; Rom. 6,10; Rom. 6,10; Rom. 7,1; Rom. 14,7; 1Cor. 7,39; 2Cor. 13,4; Gal. 2,20; Heb. 7,8; Heb. 9,17)

ζῆθι ▸ 4 + 5 = 9
Verb · second · singular · present · active · imperative ▸ **4 + 5 = 9** (Eccl. 7,14; Dan. 2,4; Dan. 2,28; Dan. 3,9; Dan. 2,4; Dan. 3,9; Dan. 5,10; Dan. 6,7; Dan. 6,22)

ζῆν ▸ 35 + 3 + 12 = 50
Verb · present · active · infinitive ▸ **35 + 3 + 12 = 50** (Gen. 19,19; Gen. 27,46; Deut. 32,39; Judg. 17,10; 2Sam. 12,18; 2Sam. 12,22; 1Kings 2,35l; 2Chr. 10,6; Judith 12,18; Tob. 3,6; Tob. 3,15; Tob. 5,20; Tob. 14,3; 1Mac. 4,35; 2Mac. 3,31; 2Mac. 3,33; 2Mac. 3,35; 2Mac. 6,20; 2Mac. 6,25; 2Mac. 7,9; 2Mac. 2,23; 3Mac. 2,28; 3Mac. 2,32; 3Mac. 3,1; 3Mac. 5,32; 3Mac. 6,12; 3Mac. 7,6; 4Mac. 8,26; 4Mac. 18,19; Ode. 2,39; Jonah 4,3; Jonah 4,8; Ezek. 18,23; Ezek. 33,11; Dan. 4,37a; Tob. 3,6; Tob. 3,15; Tob. 5,20; Luke 24,23; Acts 22,22; Acts 25,19; Acts 25,24; Acts 28,4; Rom. 8,12; 1Cor. 9,14; 2Cor. 1,8; Phil. 1,21; Phil. 1,22; 2Tim. 3,12; Heb. 2,15)

ζῆς ▸ 6 + 2 = 8
Verb · second · singular · present · active · indicative ▸ **3 + 2 = 5** (Gen. 46,30; Sir. 33,21; Dan. 6,21; Gal. 2,14; Rev. 3,1)
Verb · second · singular · present · active · subjunctive ▸ **3** (Deut. 12,19; Deut. 30,6; Deut. 30,19)

ζήσαι ▸ 1
Verb · third · singular · aorist · active · optative ▸ **1** (Psa. 40,3)

ζῆσαι ▸ 4
Verb · aorist · active · infinitive ▸ **4** (2Sam. 15,34; Ezek. 3,18; Ezek. 13,19; Ezek. 13,22)

ζήσαντες ▸ 1
Verb · aorist · active · participle · masculine · plural · nominative ▸ **1** (4Mac. 6,18)

ζήσασα ▸ 1
Verb · aorist · active · participle · feminine · singular · nominative ▸ **1** (Luke 2,36)

ζήσατε ▸ 1
Verb · second · plural · aorist · active · imperative ▸ **1** (Amos 5,6)

Ζησάτω ▸ 1
Verb · third · singular · aorist · active · imperative ▸ **1** (1Kings 21,32)

ζησάτωσαν ▸ 1
Verb · third · plural · aorist · active · imperative ▸ **1** (Ezek. 37,9)

ζήσει ▸ 3
Verb · third · singular · future · active · indicative ▸ **3** (John 6,51; John 6,57; John 6,58)

ζήσεις ▸ 3
Verb · second · singular · future · active · indicative ▸ **3** (Psa. 137,7; Psa. 142,11; Prov. 9,11)

ζήσεσθε ▸ 8 + 1 = 9
Verb · second · plural · future · middle · indicative ▸ **8 + 1 = 9** (Gen. 42,18; Deut. 30,16; 2Kings 4,7; 1Mac. 2,33; Prov. 9,6; Amos 5,4; Ezek. 37,6; Ezek. 37,14; Rom. 8,13)

ζήσεται ▸ 66 + 9 = 75
Verb · third · singular · future · middle · indicative ▸ **66 + 9 = 75** (Gen. 3,22; Gen. 12,13; Gen. 19,20; Gen. 31,32; Ex. 19,13; Ex. 33,20; Lev. 18,5; Lev. 25,35; Lev. 25,36; Num. 21,8; Num. 24,23; Deut. 4,42; Deut. 5,24; Deut. 5,26; Deut. 8,3; Deut. 8,3; Deut. 19,4; Deut. 19,5; 2Sam. 1,10; 2Sam. 12,22; 1Kings 12,24g; 2Kings 10,19; 2Kings 10,21; Neh. 6,11; Neh. 9,29; Judith 7,27; 4Mac. 18,17; Psa. 48,10; Psa. 68,33; Psa. 71,15; Psa. 88,49; Psa. 118,175; Prov. 28,16; Eccl. 6,3; Eccl. 11,8; Job 8,17; Job 14,14; Sir. 34,13; Sir. 37,26; Sir. 39,9; Hab. 2,4; Is. 55,3; Jer. 21,9; Jer. 21,9; Jer. 45,2; Jer. 45,2; Jer. 45,17; Jer. 45,20; Ezek. 3,21; Ezek. 18,9; Ezek. 18,13; Ezek. 18,17; Ezek. 18,19; Ezek. 18,21; Ezek. 18,22; Ezek. 18,28; Ezek. 20,11; Ezek. 20,13; Ezek. 20,21; Ezek. 33,15; Ezek. 33,16; Ezek. 33,19; Ezek. 37,3; Ezek. 47,9; Ezek. 47,9; Ezek. 47,9; Matt. 4,4; Matt. 9,18; Luke 4,4; John 11,25; Rom. 1,17; Rom. 10,5; Gal. 3,11; Gal. 3,12; Heb. 10,38)

ζήσετε ▸ 1 + 1 = 2
Verb · second · plural · future · active · indicative ▸ **1 + 1 = 2** (2Kings 18,32; John 14,19)

ζήσῃ ▸ 10 + 2 = 12
Verb · second · singular · future · middle · indicative ▸ **9 + 1 = 10** (Gen. 20,7; Gen. 27,40; 2Kings 8,10; 2Kings 8,14; 2Kings 20,1; Judith 11,3; Zech. 13,3; Is. 38,1; Jer. 45,17; Luke 10,28)
Verb · third · singular · aorist · active · subjunctive ▸ **1 + 1 = 2** (Prov. 3,22; Mark 5,23)

ζήσῃς ▸ 1
Verb · second · singular · aorist · active · subjunctive ▸ **1** (Prov. 9,18d)

ζήσηται ▸ 1
Verb · third · singular · aorist · middle · subjunctive ▸ **1** (Jer. 30,5)

ζήσητε ▸ 2
Verb · second · plural · aorist · active · subjunctive ▸ **2** (Amos 5,14; Jer. 42,7)

ζήσομαι ▸ 10
Verb · first · singular · future · middle · indicative ▸ **10** (2Kings 1,2; 2Kings 8,8; 2Kings 8,9; Psa. 117,17; Psa. 118,17; Psa. 118,77;

ζάω

Psa. 118,116; Psa. 118,144; Job 7,16; Jer. 30,5)

ζησόμεθα ▸ 7
Verb · first · plural · future · middle · indicative ▸ **7** (2Kings 7,4; Neh. 5,2; Sir. 48,11; Hos. 6,2; Bar. 1,12; Lam. 4,20; Ezek. 33,10)

ζήσομεν ▸ 4
Verb · first · plural · future · active · indicative ▸ **4** (Rom. 6,2; 2Cor. 13,4; Heb. 12,9; James 4,15)

ζῆσον ▸ 9
Verb · second · singular · aorist · active · imperative ▸ **9** (Psa. 118,25; Psa. 118,37; Psa. 118,40; Psa. 118,88; Psa. 118,107; Psa. 118,149; Psa. 118,154; Psa. 118,156; Psa. 118,159)

ζήσονται ▸ 10
Verb · third · plural · future · middle · indicative ▸ **10** (Num. 4,19; Josh. 9,21; Judith 11,7; Psa. 21,27; Job 18,19; Sol. 14,3; Sol. 15,13; Hos. 14,8; Zech. 1,5; Ezek. 20,25)

ζήσουσιν ▸ 1
Verb · third · plural · future · active · indicative ▸ **1** (John 5,25)

ζήσω ▸ 1
Verb · first · singular · aorist · active · subjunctive ▸ **1** (Gal. 2,19)

ζήσωμεν ▸ 4
Verb · first · plural · aorist · active · subjunctive ▸ **4** (1Th. 5,10; Titus 2,12; 1Pet. 2,24; 1John 4,9)

ζῆτε ▸ 6 + 1 = 7
Verb · second · plural · present · active · indicative ▸ 2 + 1 = **3** (Deut. 4,4; Deut. 12,1; Rom. 8,13)
Verb · second · plural · present · active · subjunctive ▸ **4** (Deut. 4,1; Deut. 8,1; Deut. 11,8; Deut. 16,20)

Ζήτω ▸ 9
Verb · third · singular · present · active · imperative ▸ **9** (Deut. 33,6; 1Sam. 10,24; 2Sam. 16,16; 1Kings 1,25; 1Kings 1,31; 1Kings 1,34; 1Kings 1,39; 2Kings 11,12; 2Chr. 23,11)

ζήτω ▸ 2
Verb · third · singular · present · active · imperative ▸ **2** (Gen. 17,18; Neh. 2,3)

Ζῶ ▸ 8
Verb · first · singular · present · active · indicative ▸ **8** (Num. 14,28; Deut. 32,40; Ode. 2,40; Ezek. 5,11; Ezek. 17,19; Ezek. 33,11; Ezek. 33,27; Ezek. 34,8)

ζῶ ▸ 17 + 2 + 6 = 25
Verb · first · singular · present · active · indicative ▸ 17 + 1 + 6 = **24** (Num. 14,21; Tob. 5,3; Zeph. 2,9; Is. 49,18; Jer. 22,24; Jer. 26,18; Ezek. 14,16; Ezek. 14,18; Ezek. 14,20; Ezek. 16,48; Ezek. 17,16; Ezek. 18,3; Ezek. 20,3; Ezek. 20,31; Ezek. 20,33; Ezek. 35,6; Ezek. 35,11; Tob. 10,12; John 6,57; John 14,19; Rom. 14,11; Gal. 2,20; Gal. 2,20; Gal. 2,20)
Verb · first · singular · present · active · subjunctive ▸ **1** (Tob. 10,13)

ζῶμεν ▸ 5 + 7 = 12
Verb · first · plural · present · active · indicative ▸ 1 + 5 = **6** (4Mac. 11,5; Acts 17,28; Rom. 14,8; 2Cor. 6,9; Gal. 5,25; 1Th. 3,8)
Verb · first · plural · present · active · subjunctive ▸ 4 + 2 = **6** (Gen. 42,2; Gen. 43,8; Gen. 47,19; Deut. 6,24; Rom. 14,8; Rom. 14,8)

Ζῶν ▸ 1
Verb · present · active · participle · masculine · singular · nominative ▸ **1** (Heb. 4,12)

ζῶν ▸ 36 + 7 + 10 = 53
Verb · present · active · participle · masculine · singular · nominative ▸ 25 + 7 + 8 = **40** (Lev. 13,14; Josh. 3,10; 2Sam. 18,18; 1Kings 3,22; 1Kings 3,23; 1Kings 3,23; 1Kings 3,26; 1Kings 20,15; Esth. 6,13; Judith 2,12; Tob. 13,2; 2Mac. 6,26; 2Mac. 7,33; 2Mac. 15,4; Psa. 38,6; Psa. 142,2; Eccl. 7,2; Eccl. 9,4; Wis. 4,10; Sir. 17,28; Sir. 18,1; Sir. 25,7; Lam. 3,39; Dan. 6,22; Dan. 6,27; Tob. 5,10; Tob. 13,2; Tob. 14,10; Dan. 6,27; Bel 6; Bel 24; Bel 25; Matt. 27,63; Luke 15,13; John 6,51; John 6,57; John 11,26; Heb. 7,25; Rev. 1,18; Rev. 1,18)
Verb · present · active · participle · neuter · singular · accusative ▸ 7 + 2 = **9** (Lev. 14,6; Lev. 14,6; Lev. 14,7; Lev. 14,51; Lev. 14,53; Num. 5,17; Num. 19,17; John 4,10; John 4,11)
Verb · present · active · participle · neuter · singular · nominative ▸ **4** (Gen. 9,3; Num. 14,21; 1Kings 3,25; Zech. 14,8)

ζῶντα ▸ 21 + 1 + 6 = 28
Verb · present · active · participle · masculine · singular · accusative ▸ 17 + 1 + 5 = **23** (Ex. 21,35; Lev. 16,10; Lev. 16,20; Josh. 8,23; 1Sam. 15,8; 1Sam. 15,9; 2Kings 19,4; 2Kings 19,16; 1Mac. 8,7; 1Mac. 14,2; Psa. 41,3; Psa. 83,3; Prov. 1,12; Hos. 4,15; Is. 37,4; Is. 37,17; Dan. 12,7; Bel 5; Luke 24,5; Acts 1,3; Acts 14,15; Acts 20,12; 1Pet. 2,4)
Verb · present · active · participle · neuter · plural · accusative ▸ 3 + 1 = **4** (Ex. 22,3; Lev. 14,4; Lev. 14,49; Acts 7,38)
Verb · present · active · participle · neuter · plural · nominative ▸ **1** (Num. 16,33)

ζῶντας ▸ 16 + 1 + 4 = 21
Verb · present · active · participle · masculine · plural · accusative ▸ 16 + 1 + 4 = **21** (1Kings 21,18; 1Kings 21,18; 2Kings 7,12; 2Kings 10,14; 2Kings 10,14; 2Mac. 10,36; Psa. 57,10; Psa. 123,3; Eccl. 4,2; Eccl. 4,15; Eccl. 9,4; Eccl. 10,19; Wis. 4,16; Wis. 18,23; Sol. 4,6; Dan. 3,91; Dan. 2,30; Rom. 6,11; Rom. 6,13; 2Tim. 4,1; 1Pet. 4,5)

ζῶντες ▸ 11 + 1 + 7 = 19
Verb · present · active · participle · masculine · plural · nominative ▸ 11 + 1 + 7 = **19** (Num. 16,30; Deut. 5,3; 1Sam. 5,12; Esth. 13,17 # 4,17h; Psa. 54,16; Psa. 113,26; Ode. 11,19; Eccl. 9,5; Wis. 14,22; Wis. 18,12; Is. 38,19; Dan. 4,17; 2Cor. 4,11; 2Cor. 5,15; Col. 2,20; 1Th. 4,15; 1Th. 4,17; 1Pet. 2,5; Rev. 19,20)

ζῶντι ▸ 8 + 2 + 7 = 17
Verb · present · active · participle · masculine · singular · dative ▸ 1 + 2 + 7 = **10** (Dan. 5,23; Dan. 4,34; Dan. 12,7; Rom. 7,2; 1Th. 1,9; 1Tim. 4,10; Heb. 9,14; Rev. 4,9; Rev. 4,10; Rev. 10,6)
Verb · present · active · participle · neuter · singular · dative ▸ **7** (Lev. 14,5; Lev. 14,6; Lev. 14,50; Lev. 14,51; Lev. 14,52; Lev. 14,52; Sol. 5,10)

ζῶντος ▸ 26 + 2 + 14 = 42
Verb · present · active · participle · masculine · singular · genitive ▸ 22 + 2 + 13 = **37** (Gen. 25,6; Lev. 16,21; Lev. 16,21; Deut. 4,33; Deut. 5,26; Deut. 31,27; 1Sam. 17,36; 1Sam. 20,14; 2Sam. 12,21; 2Sam. 18,14; 1Kings 12,6; Esth. 16,16 # 8,12q; 1Mac. 1,6; 1Mac. 6,55; 2Mac. 9,9; 3Mac. 6,28; Sir. 7,33; Sir. 42,8; Sir. 45,16; Hos. 2,1; Dan. 4,22; Dan. 5,23; Tob. 13,4; Dan. 6,21; Matt. 16,16; Matt. 26,63; Rom. 7,3; Rom. 9,26; 2Cor. 3,3; 2Cor. 6,16; 1Tim. 3,15; Heb. 3,12; Heb. 10,31; Heb. 12,22; 1Pet. 1,23; Rev. 7,2; Rev. 15,7)
Verb · present · active · participle · neuter · singular · genitive ▸ 4 + 1 = **5** (Gen. 21,19; Gen. 26,19; Tob. 13,4; Song 4,15; John 7,38)

ζῶντων ▸ 15 + 1 + 5 = 21
Verb · present · active · participle · masculine · plural · genitive ▸ 15 + 1 + 5 = **21** (Gen. 3,20; Num. 17,13; Ruth 2,20; Tob. 12,6; Psa. 26,13; Psa. 51,7; Psa. 55,14; Psa. 68,29; Psa. 114,9; Psa. 141,6; Job 12,10; Wis. 1,13; Sir. 17,27; Is. 8,19; Jer. 11,19; Tob. 12,6; Matt. 22,32; Mark 12,27; Luke 20,38; Acts 10,42; Rom. 14,9)

ζῶσα ▸ 2 + 1 = 3
Verb · present · active · participle · feminine · singular

- nominative ▸ 2 + 1 = **3** (2Kings 4,16; 2Kings 4,17; 1Tim. 5,6)

ζῶσαι ▸ 1
- **Verb** · present · active · participle · feminine · plural · nominative ▸ **1** (2Sam. 20,3)

ζῶσαν ▸ 4 + 5 = 9
- **Verb** · present · active · participle · feminine · singular · accusative ▸ 4 + 5 = **9** (Gen. 1,24; Gen. 2,7; Gen. 2,19; Gen. 8,21; Acts 9,41; Rom. 12,1; 1Cor. 15,45; Heb. 10,20; 1Pet. 1,3)

ζώσῃ ▸ 1
- **Verb** · present · active · participle · feminine · singular · dative ▸ **1** (Gen. 9,10)

ζώσης ▸ 6
- **Verb** · present · active · participle · feminine · singular · genitive ▸ **6** (Gen. 9,12; Gen. 9,15; Gen. 9,16; Lev. 11,10; Lev. 13,10; Lev. 18,18)

ζῶσιν ▸ 12 + 1 + 3 = 16
- **Verb** · present · active · participle · masculine · plural · dative ▸ **1** (Tob. 10,4)
- **Verb** · third · plural · present · active · indicative ▸ 12 + 1 = **13** (Ex. 4,18; Deut. 4,10; Deut. 31,13; 1Kings 8,40; 2Chr. 6,31; 4Mac. 7,19; 4Mac. 16,25; Psa. 37,20; Eccl. 4,2; Job 21,7; Wis. 5,15; Wis. 14,28; Luke 20,38)
- **Verb** · third · plural · present · active · subjunctive ▸ **2** (2Cor. 5,15; 1Pet. 4,6)

ζωσῶν ▸ 1
- **Verb** · present · active · participle · feminine · plural · genitive ▸ **1** (Gen. 1,20)

ζέα spelt; one-sided wheat ▸ 1
ζέαν ▸ 1
- **Noun** · feminine · singular · accusative · (common) ▸ **1** (Is. 28,25)

Ζεβεδαῖος Zebedee ▸ 12
Ζεβεδαῖον ▸ 1
- **Noun** · masculine · singular · accusative · (proper) ▸ **1** (Mark 1,20)

Ζεβεδαίου ▸ 11
- **Noun** · masculine · singular · genitive · (proper) ▸ **11** (Matt. 4,21; Matt. 4,21; Matt. 10,2; Matt. 20,20; Matt. 26,37; Matt. 27,56; Mark 1,19; Mark 3,17; Mark 10,35; Luke 5,10; John 21,2)

Ζεβεε Zebah ▸ 13 + 11 = 24
Ζεβεε ▸ 13 + 11 = 24
- **Noun** · masculine · singular · accusative · (proper) ▸ 6 + 5 = **11** (Judg. 8,7; Judg. 8,12; Judg. 8,15; Judg. 8,18; Judg. 8,21; Psa. 82,12; Judg. 8,7; Judg. 8,12; Judg. 8,15; Judg. 8,18; Judg. 8,21)
- **Noun** · masculine · singular · genitive · (proper) ▸ 4 + 3 = **7** (Judg. 8,5; Judg. 8,6; Judg. 8,11; Judg. 8,15; Judg. 8,5; Judg. 8,6; Judg. 8,15)
- **Noun** · masculine · singular · nominative · (proper) ▸ 3 + 3 = **6** (Judg. 8,10; Judg. 8,12; Judg. 8,21; Judg. 8,10; Judg. 8,12; Judg. 8,21)

Ζεβουλ Zebul ▸ 6 + 6 = 12
Ζεβουλ ▸ 6 + 6 = 12
- **Noun** · masculine · singular · accusative · (proper) ▸ 1 + 1 = **2** (Judg. 9,36; Judg. 9,36)
- **Noun** · masculine · singular · nominative · (proper) ▸ 5 + 5 = **10** (Judg. 9,28; Judg. 9,30; Judg. 9,36; Judg. 9,38; Judg. 9,41; Judg. 9,28; Judg. 9,30; Judg. 9,36; Judg. 9,38; Judg. 9,41)

Ζεθομ Zetham ▸ 2
Ζεθομ ▸ 2
- **Noun** · masculine · singular · nominative · (proper) ▸ **2** (1Chr. 23,8; 1Chr. 26,22)

Ζελφα Zilpah ▸ 7
Ζελφα ▸ 2
- **Noun** · feminine · singular · nominative · (proper) ▸ **2** (Gen. 30,10; Gen. 30,12)

Ζελφαν ▸ 2
- **Noun** · feminine · singular · accusative · (proper) ▸ **2** (Gen. 29,24; Gen. 30,9)

Ζελφας ▸ 3
- **Noun** · feminine · singular · genitive · (proper) ▸ **3** (Gen. 35,26; Gen. 37,2; Gen. 46,18)

ζέμα lewdness ▸ 1
ζεμα ▸ 1
- **Noun** · neuter · singular · accusative · (common) ▸ **1** (Judg. 20,6)

Ζεμβραν Zimran ▸ 1
Ζεμβραν ▸ 1
- **Noun** · masculine · singular · accusative · (proper) ▸ **1** (1Chr. 1,32)

Ζεμμα Zimmah ▸ 1
Ζεμμα ▸ 1
- **Noun** · masculine · singular · nominative · (proper) ▸ **1** (1Chr. 6,5)

Ζεμμαθ Zimmah ▸ 1
Ζεμμαθ ▸ 1
- **Noun** · masculine · singular · genitive · (proper) ▸ **1** (2Chr. 29,12)

Ζεμραν Zimran ▸ 1
Ζεμραν ▸ 1
- **Noun** · masculine · singular · accusative · (proper) ▸ **1** (Gen. 25,2)

Ζερδαιας Zerdaiah ▸ 1
Ζερδαιας ▸ 1
- **Noun** · masculine · singular · nominative · (proper) ▸ **1** (1Esdr. 9,28)

ζεστός (ζέω) hot ▸ 3
ζεστός ▸ 2
- **Adjective** · masculine · singular · nominative · (verbal) ▸ **2** (Rev. 3,15; Rev. 3,15)

ζεστὸς ▸ 1
- **Adjective** · masculine · singular · nominative · (verbal) ▸ **1** (Rev. 3,16)

ζευγίζω (ζυγός) to join together ▸ 1
ἐζευγίσθησαν ▸ 1
- **Verb** · third · plural · aorist · passive · indicative ▸ **1** (1Mac. 1,15)

ζεύγνυμι (ζυγός) to harness ▸ 9
ἐζευγμένην ▸ 1
- **Verb** · perfect · passive · participle · feminine · singular · accusative ▸ **1** (2Sam. 20,8)

ἔζευξαν ▸ 1
- **Verb** · third · plural · aorist · active · indicative ▸ **1** (1Sam. 6,10)

ἔζευξεν ▸ 3
- **Verb** · third · singular · aorist · active · indicative ▸ **3** (Ex. 14,6; 2Kings 9,21; Judith 15,11)

ζεύξας ▸ 1
- **Verb** · aorist · active · participle · masculine · singular · nominative ▸ **1** (Gen. 46,29)

ζεύξατε ▸ 1
- **Verb** · second · plural · aorist · active · imperative ▸ **1** (1Sam. 6,7)

Ζεῦξον ▸ 2
- **Verb** · second · singular · aorist · active · imperative ▸ **2** (1Kings 18,44; 2Kings 9,21)

ζεῦγος (ζυγός) yoke of beasts ▸ 13 + 2 + 2 = 17
ζεύγη ▸ 7 + 1 = 8
- **Noun** · neuter · plural · accusative · (common) ▸ 2 + 1 = **3** (1Kings 19,21; 2Kings 9,25; Luke 14,19)

Noun · neuter · plural · nominative · (common) ▸ **5** (1Kings 19,19; Job 1,3; Job 1,14; Job 42,12; Is. 5,10)
ζεῦγος ▸ 5 + 2 + 1 = **8**
  Noun · neuter · singular · accusative · (common) ▸ 3 + 2 + 1 = **6** (Lev. 5,11; Judg. 17,10; 2Sam. 16,1; Judg. 19,3; Judg. 19,10; Luke 2,24)
  Noun · neuter · singular · nominative · (common) ▸ **2** (Judg. 19,3; Judg. 19,10)
ζεύγους ▸ **1**
  Noun · neuter · singular · genitive · (common) ▸ **1** (2Kings 5,17)

ζευκτηρία (ζυγός) rope ▸ **1**
  ζευκτηρίας ▸ **1**
    Noun · feminine · plural · accusative ▸ **1** (Acts 27,40)

Ζεύς Zeus ▸ 3 + 2 = **5**
  Δία ▸ **1**
    Noun · masculine · singular · accusative · (proper) ▸ **1** (Acts 14,12)
  Διός ▸ 3 + 1 = **4**
    Noun · masculine · singular · genitive · (proper) ▸ 3 + 1 = **4** (2Mac. 6,2; 2Mac. 6,2; 2Mac. 11,21; Acts 14,13)

Ζεχρι Zicri ▸ **9**
  Ζεχρι ▸ **9**
    Noun · masculine · singular · genitive · (proper) ▸ **3** (1Chr. 9,15; 1Chr. 27,16; Neh. 11,9)
    Noun · masculine · singular · nominative · (proper) ▸ **6** (Ex. 6,21; 1Chr. 8,19; 1Chr. 8,23; 1Chr. 8,27; 1Chr. 26,25; Neh. 12,17)

Ζεχωρα Zechorah (?) ▸ **1**
  Ζεχωρα ▸ **1**
    Noun · feminine · singular · nominative · (proper) ▸ **1** (2Chr. 36,5)

ζέω to boil ▸ 4 + 2 = **6**
  ἔζεσεν ▸ **2**
    Verb · third · singular · aorist · active · indicative ▸ **2** (Ezek. 24,5; Ezek. 24,5)
  ζέοντες ▸ **1**
    Verb · present · active · participle · masculine · plural · nominative ▸ **1** (Rom. 12,11)
  ζέουσι ▸ **1**
    Verb · present · active · participle · masculine · plural · dative ▸ **1** (4Mac. 18,20)
  ζέων ▸ 1 + 1 = **2**
    Verb · present · active · participle · masculine · singular · nominative ▸ 1 + 1 = **2** (Job 32,19; Acts 18,25)

Ζηβ Zeeb ▸ 5 + 4 = **9**
  Ζηβ ▸ 5 + 4 = **9**
    Noun · masculine · singular · accusative · (proper) ▸ 4 + 3 = **7** (Judg. 7,25; Judg. 7,25; Judg. 8,3; Psa. 82,12; Judg. 7,25; Judg. 7,25; Judg. 8,3)
    Noun · masculine · singular · genitive · (proper) ▸ 1 + 1 = **2** (Judg. 7,25; Judg. 7,25)

ζηλεύω (ζέω) to be zealous; to be jealous ▸ **1**
  ζήλευε ▸ **1**
    Verb · second · singular · present · active · imperative ▸ **1** (Rev. 3,19)

ζῆλος (ζέω) zeal; jealousy ▸ 40 + 16 = **56**
  ζήλει ▸ **2**
    Noun · neuter · singular · dative · (common) ▸ **2** (Sol. 2,24; Sol. 4,3)
  ζῆλον ▸ 7 + 4 = **11**
    Noun · masculine · singular · accusative · (common) ▸ 7 + 4 = **11** (Num. 25,11; 1Mac. 2,54; 1Mac. 2,58; Wis. 5,17; Zech. 1,14; Zech. 8,2; Is. 42,13; Rom. 10,2; 2Cor. 7,7; 2Cor. 7,11; James 3,14)
  ζῆλόν ▸ **2**
    Noun · masculine · singular · accusative · (common) ▸ **2** (Judith 9,4; Ezek. 23,25)
  ζῆλος ▸ 17 + 8 = **25**
    Noun · masculine · singular · nominative · (common) ▸ 17 + 6 = **23** (Deut. 29,19; 2Kings 19,31; 1Mac. 8,16; Psa. 68,10; Psa. 118,139; Ode. 5,11; Prov. 27,4; Eccl. 4,4; Eccl. 9,6; Song 8,6; Job 5,2; Sir. 30,24; Sir. 40,4; Is. 9,6; Is. 11,13; Is. 26,11; Is. 37,32; John 2,17; 1Cor. 3,3; 2Cor. 12,20; Gal. 5,20; Heb. 10,27; James 3,16)
    Noun · neuter · singular · accusative ▸ **1** (Phil. 3,6)
    Noun · neuter · singular · nominative ▸ **1** (2Cor. 9,2)
  ζῆλός ▸ **4**
    Noun · masculine · singular · nominative · (common) ▸ **4** (Psa. 78,5; Is. 63,15; Ezek. 16,42; Ezek. 38,19)
  ζήλου ▸ 2 + 2 = **4**
    Noun · masculine · singular · genitive · (common) ▸ 2 + 2 = **4** (Prov. 6,34; Ezek. 16,38; Acts 5,17; Acts 13,45)
  ζήλους ▸ **2**
    Noun · neuter · singular · genitive · (common) ▸ **2** (Zeph. 1,18; Zeph. 3,8)
  ζήλῳ ▸ 4 + 2 = **6**
    Noun · masculine · singular · dative · (common) ▸ 4 + 2 = **6** (Num. 25,11; Sir. 48,2; Ezek. 5,13; Ezek. 36,6; Rom. 13,13; 2Cor. 11,2)

ζηλοτυπία (ζέω; τύπτω) jealousy ▸ **4**
  ζηλοτυπίας ▸ **4**
    Noun · feminine · singular · genitive · (common) ▸ **4** (Num. 5,15; Num. 5,18; Num. 5,25; Num. 5,29)

ζηλόω (ζέω) to be zealous; to be jealous ▸ 49 + 11 = **60**
  ἐζήλουν ▸ **1**
    Verb · third · plural · imperfect · active · indicative ▸ **1** (2Mac. 4,16)
  ἐζήλωκα ▸ **2**
    Verb · first · singular · pluperfect · active · indicative ▸ **2** (1Kings 19,10; 1Kings 19,14)
  Ἐζήλωκα ▸ **1**
    Verb · first · singular · perfect · active · indicative ▸ **1** (Zech. 1,14)
  ἐζήλωσα ▸ **3**
    Verb · first · singular · aorist · active · indicative ▸ **3** (Psa. 72,3; Sir. 51,18; Zech. 8,2)
  Ἐζήλωσα ▸ **1**
    Verb · first · singular · aorist · active · indicative ▸ **1** (Zech. 8,2)
  ἐζήλωσαν ▸ **4**
    Verb · third · plural · aorist · active · indicative ▸ **4** (Gen. 26,14; Gen. 37,11; Judith 9,4; Sir. 45,18)
  ἐζήλωσεν ▸ **8**
    Verb · third · singular · aorist · active · indicative ▸ **8** (Gen. 30,1; Num. 25,13; Deut. 32,19; 1Mac. 2,24; 1Mac. 2,26; Ode. 2,19; Joel 2,18; Ezek. 31,9)
  ζηλοῖ ▸ **1**
    Verb · third · singular · present · active · indicative ▸ **1** (1Cor. 13,4)
  ζηλοῖς ▸ **1**
    Verb · second · singular · present · active · indicative ▸ **1** (Num. 11,29)
  ζήλου ▸ **3**
    Verb · second · singular · present · active · imperative ▸ **3** (Psa. 36,1; Prov. 24,19; Sir. 9,1)
  ζηλούντων ▸ **1**
    Verb · present · active · participle · masculine · plural · genitive

▸ 1 (Sir. 37,10)
ζηλοῦσθαι ▸ 1
  Verb · present · passive · infinitive ▸ 1 (Gal. 4,18)
ζηλοῦσιν ▸ 1
  Verb · third · plural · present · active · indicative ▸ 1 (Gal. 4,17)
ζηλοῦτε ▸ 1 + 5 = 6
  Verb · second · plural · present · active · indicative ▸ 2 (1Cor. 12,31; James 4,2)
  Verb · second · plural · present · active · imperative ▸ 1 + 2 = 3 (Wis. 1,12; 1Cor. 14,1; 1Cor. 14,39)
  Verb · second · plural · present · active · subjunctive ▸ 1 (Gal. 4,17)
ζηλούτω ▸ 1
  Verb · third · singular · present · active · imperative ▸ 1 (Prov. 23,17)
ζηλῶ ▸ 1
  Verb · first · singular · present · active · indicative ▸ 1 (2Cor. 11,2)
Ζηλῶν ▸ 2
  Verb · present · active · participle · masculine · singular · nominative ▸ 2 (1Kings 19,10; 1Kings 19,14)
ζηλῶν ▸ 1
  Verb · present · active · participle · masculine · singular · nominative ▸ 1 (1Mac. 2,27)
ζηλῶσαι ▸ 5
  Verb · aorist · active · infinitive ▸ 5 (2Sam. 21,2; 1Mac. 2,54; 1Mac. 2,58; Sir. 45,23; Is. 11,11)
ζηλῶσαί ▸ 2
  Verb · aorist · active · infinitive ▸ 2 (Num. 25,11; 2Kings 10,16)
Ζηλώσαντες ▸ 1
  Verb · aorist · active · participle · masculine · plural · nominative ▸ 1 (Acts 17,5)
ζηλώσαντες ▸ 1
  Verb · aorist · active · participle · masculine · plural · nominative ▸ 1 (Acts 7,9)
ζηλώσας ▸ 1
  Verb · aorist · active · participle · masculine · singular · nominative ▸ 1 (Josh. 24,19)
ζηλώσατε ▸ 1
  Verb · second · plural · aorist · active · imperative ▸ 1 (1Mac. 2,50)
ζηλώσει ▸ 1
  Verb · third · singular · future · active · indicative ▸ 1 (Is. 11,13)
ζηλώσῃ ▸ 3
  Verb · third · singular · aorist · active · subjunctive ▸ 3 (Num. 5,14; Num. 5,14; Num. 5,30)
ζηλώσῃς ▸ 4
  Verb · second · singular · aorist · active · subjunctive ▸ 4 (Prov. 3,31; Prov. 4,14; Prov. 24,1; Sir. 9,11)
ζήλωσον ▸ 1
  Verb · second · singular · aorist · active · imperative ▸ 1 (Prov. 6,6)
ζηλώσω ▸ 1
  Verb · first · singular · future · active · indicative ▸ 1 (Ezek. 39,25)
ζήλωσις (ζέω) zeal; jealousy ▸ 4
  ζηλώσεως ▸ 4
    Noun · feminine · singular · genitive · (common) ▸ 4 (Num. 5,14; Num. 5,14; Num. 5,30; Wis. 1,10)
ζηλωτής (ζέω) zealot; jealous ▸ 6 + 8 = 14
  ζηλωταί ▸ 2
    Noun · masculine · plural · nominative ▸ 2 (Acts 21,20; 1Pet. 3,13)
  ζηλωταί ▸ 1
    Noun · masculine · plural · nominative ▸ 1 (1Cor. 14,12)
  ζηλωτήν ▸ 2
    Noun · masculine · singular · accusative ▸ 2 (Luke 6,15; Titus 2,14)
  ζηλωτής ▸ 2
    Noun · masculine · singular · nominative · (common) ▸ 2 (Ex. 34,14; Deut. 4,24)
  ζηλωτής ▸ 4 + 3 = 7
    Noun · masculine · singular · nominative · (common) ▸ 4 + 3 = 7 (Ex. 20,5; Deut. 5,9; Deut. 6,15; Nah. 1,2; Acts 1,13; Acts 22,3; Gal. 1,14)
ζηλωτός (ζέω) jealous ▸ 4
  ζηλωτήν ▸ 2
    Adjective · feminine · singular · accusative · noDegree ▸ 2 (2Mac. 4,2; 4Mac. 18,12)
  ζηλωτόν ▸ 1
    Adjective · neuter · singular · nominative · noDegree ▸ 1 (Ex. 34,14)
  ζηλωτός ▸ 1
    Adjective · masculine · singular · nominative · noDegree ▸ 1 (Gen. 49,22)
ζημία loss, penalty ▸ 5 + 4 = 9
  ζημίᾳ ▸ 1
    Noun · feminine · singular · dative · (common) ▸ 1 (1Esdr. 8,24)
  ζημίαν ▸ 4 + 3 = 7
    Noun · feminine · singular · accusative · (common) ▸ 4 + 3 = 7 (2Kings 23,33; Ezra 7,26; 2Mac. 4,48; Prov. 27,12; Acts 27,21; Phil. 3,7; Phil. 3,8)
  ζημίας ▸ 1
    Noun · feminine · singular · genitive ▸ 1 (Acts 27,10)
ζημιόω (ζημία) to punish, to lose ▸ 7 + 6 = 13
  ἐζημιώθην ▸ 1
    Verb · first · singular · aorist · passive · indicative ▸ 1 (Phil. 3,8)
  ἐζημιώθησαν ▸ 1
    Verb · third · plural · aorist · passive · indicative ▸ 1 (Prov. 22,3)
  ἐζημίωσεν ▸ 1
    Verb · third · singular · aorist · active · indicative ▸ 1 (1Esdr. 1,34)
  ζημιουμένου ▸ 1
    Verb · present · passive · participle · masculine · singular · genitive ▸ 1 (Prov. 21,11)
  ζημιοῦν ▸ 1
    Verb · present · active · infinitive ▸ 1 (Prov. 17,26)
  ζημιωθείς ▸ 1
    Verb · aorist · passive · participle · masculine · singular · nominative ▸ 1 (Luke 9,25)
  ζημιωθῇ ▸ 1
    Verb · third · singular · aorist · passive · subjunctive ▸ 1 (Matt. 16,26)
  ζημιωθῆναι ▸ 1
    Verb · aorist · passive · infinitive ▸ 1 (Mark 8,36)
  ζημιωθήσεται ▸ 2 + 1 = 3
    Verb · third · singular · future · passive · indicative ▸ 2 + 1 = 3 (Ex. 21,22; Prov. 19,19; 1Cor. 3,15)
  ζημιωθῆτε ▸ 1
    Verb · second · plural · aorist · passive · subjunctive ▸ 1 (2Cor. 7,9)
  ζημιώσουσιν ▸ 1
    Verb · third · plural · future · active · indicative ▸ 1 (Deut. 22,19)
Ζηνᾶς Zenas ▸ 1
  Ζηνᾶν ▸ 1

ζητέω

    Noun · masculine · singular · accusative · (proper) ▸ **1** (Titus 3,13)

ζητέω to seek, inquire ▸ 302 + 18 + 117 = 437

    ἐζήτει ▸ 16 + **1** + 7 = 24
        Verb · third · singular · imperfect · active · indicative ▸ 16 + **1** + 7 = **24** (Gen. 43,30; Ex. 2,15; Ex. 4,24; Judg. 18,1; 1Sam. 10,21; 1Sam. 14,4; 1Sam. 19,10; 1Sam. 23,14; 2Sam. 4,8; 1Kings 12,24c; Ezra 7,6; 1Mac. 4,5; 1Mac. 6,3; 1Mac. 9,32; 1Mac. 12,40; Wis. 19,17; Judg. 18,1; Matt. 26,16; Mark 14,11; Luke 9,9; Luke 19,3; Luke 22,6; John 19,12; Acts 13,11)

    ἐζητεῖτε ▸ 1
        Verb · second · plural · imperfect · active · indicative ▸ **1** (2Sam. 3,17)

    ἐζητεῖτέ ▸ 1
        Verb · second · plural · imperfect · active · indicative ▸ **1** (Luke 2,49)

    ἐζητεῖτο ▸ 1
        Verb · third · singular · imperfect · passive · indicative ▸ **1** (Heb. 8,7)

    ἐζητήθη ▸ 2
        Verb · third · singular · aorist · passive · indicative ▸ **2** (Tob. 1,18; Dan. 2,13)

    ἐζήτησα ▸ 10
        Verb · first · singular · aorist · active · indicative ▸ **10** (Neh. 5,18; Tob. 5,14; Psa. 36,36; Song 3,1; Song 3,1; Song 3,2; Song 5,6; Wis. 8,2; Sir. 24,7; Sir. 51,13)

    ἐζητήσαμεν ▸ 2 + **1** = 3
        Verb · first · plural · aorist · active · indicative ▸ 2 + 1 = **3** (1Chr. 15,13; Ezra 8,23; Acts 16,10)

    ἐζήτησαν ▸ 16 + **1** + 1 = 18
        Verb · third · plural · aorist · active · indicative ▸ 16 + **1** + 1 = **18** (2Sam. 17,20; 1Kings 1,3; 2Kings 2,17; 1Chr. 13,3; 2Chr. 15,15; Ezra 2,62; Neh. 7,64; Neh. 12,27; 1Mac. 12,53; Psa. 53,5; Psa. 62,10; Psa. 85,14; Eccl. 7,29; Is. 34,16; Jer. 43,24; Lam. 1,19; Dan. 2,13; Luke 20,19)

    ἐζήτησάν ▸ 1
        Verb · third · plural · aorist · active · indicative ▸ **1** (Is. 65,10)

    ἐζήτησας ▸ 1
        Verb · second · singular · aorist · active · indicative ▸ **1** (2Chr. 25,15)

    ἐζητήσατε ▸ 1
        Verb · second · plural · aorist · active · indicative ▸ **1** (Ezek. 34,4)

    ἐζήτησε ▸ 2
        Verb · third · singular · aorist · active · indicative ▸ **2** (1Mac. 11,1; Dan. 1,20)

    ἐζήτησεν ▸ 17 + **3** = 20
        Verb · third · singular · aorist · active · indicative ▸ 17 + **3** = **20** (Deut. 13,11; 2Sam. 11,3; 2Sam. 12,16; 2Sam. 21,1; 2Sam. 21,2; 1Kings 11,40; 1Chr. 10,14; 2Chr. 16,12; 2Chr. 22,9; 2Chr. 26,5; 2Chr. 33,12; Esth. 12,6 # 1,1r; 1Mac. 11,10; 1Mac. 12,39; 1Mac. 14,4; Eccl. 7,28; Eccl. 12,10; Tob. 1,18; Tob. 14,10; Dan. 1,20)

    Ἐζήτησεν ▸ 1
        Verb · third · singular · aorist · active · indicative ▸ **1** (Psa. 26,8)

    ἐζήτησέν ▸ 1
        Verb · third · singular · aorist · active · indicative ▸ **1** (2Tim. 1,17)

    ἐζητοῦμέν ▸ 1
        Verb · first · plural · imperfect · active · indicative ▸ **1** (Luke 2,48)

    ἐζήτουν ▸ 8 + **6** + 16 = 30
        Verb · first · singular · imperfect · active · indicative ▸ 2 + **3** = **5** (Dan. 7,16; Dan. 8,15; Dan. 2,18; Dan. 4,36; Dan. 6,5)

        Verb · third · plural · imperfect · active · indicative ▸ 6 + **3** + 16 = **25** (1Kings 10,24; 2Chr. 9,23; Esth. 2,21; 1Mac. 16,22; Jer. 33,21; Ezek. 22,30; Dan. 7,16; Dan. 7,19; Dan. 8,15; Matt. 26,59; Mark 11,18; Mark 12,12; Mark 14,1; Mark 14,55; Luke 5,18; Luke 6,19; Luke 11,16; Luke 19,47; Luke 22,2; John 5,18; John 7,1; John 7,11; John 11,8; John 11,56; Acts 17,5)

    Ἐζήτουν ▸ 2
        Verb · third · plural · imperfect · active · indicative ▸ **2** (John 7,30; John 10,39)

    ζήτει ▸ 4 + **2** = 6
        Verb · second · singular · present · active · imperative ▸ 4 + **2** = **6** (Sir. 3,21; Sir. 7,4; Sir. 7,6; Is. 21,12; 1Cor. 7,27; 1Cor. 7,27)

    ζητεῖ ▸ 20 + **1** + 9 = 30
        Verb · third · singular · present · active · indicative ▸ 20 + **1** + 9 = **30** (1Sam. 19,2; 1Sam. 23,10; 1Sam. 24,10; 2Sam. 16,11; 1Kings 21,7; 1Chr. 21,3; 1Mac. 6,56; Psa. 36,32; Prov. 11,27; Prov. 15,14; Prov. 17,9; Prov. 17,16a; Prov. 18,1; Prov. 18,15; Job 39,8; Job 39,29; Sir. 28,3; Mal. 2,15; Is. 40,20; Ezek. 34,12; Judg. 14,4; Matt. 18,12; Mark 8,12; Luke 11,29; Luke 15,8; John 4,23; John 7,4; John 7,18; John 7,20; 1Cor. 13,5)

    Ζητεῖν ▸ 1
        Verb · present · active · infinitive ▸ **1** (1Sam. 10,14)

    ζητεῖν ▸ 10 + **2** = 12
        Verb · present · active · infinitive ▸ 10 + **2** = **12** (1Sam. 10,2; 1Sam. 23,15; 1Sam. 23,25; 1Sam. 24,3; 1Sam. 26,2; 1Sam. 26,20; 1Sam. 27,1; 1Sam. 27,4; 2Sam. 5,17; 1Kings 18,10; Matt. 2,13; Acts 17,27)

    ζητεῖς ▸ 9 + **1** + 2 = 12
        Verb · second · singular · present · active · indicative ▸ 9 + **1** + 2 = **12** (Gen. 37,15; Judg. 4,22; 2Sam. 17,3; 2Sam. 20,19; 1Kings 11,22; Neh. 2,4; Tob. 5,12; Jer. 51,35; Dan. 2,11; Judg. 4,22; John 4,27; John 20,15)

    ζητεῖται ▸ 1
        Verb · third · singular · present · passive · indicative ▸ **1** (1Cor. 4,2)

    ζητεῖτε ▸ 5 + **19** = 24
        Verb · second · plural · present · active · indicative ▸ 5 + **12** = **17** (Ex. 10,11; Num. 16,10; 2Kings 6,19; Psa. 4,3; Mal. 3,1; Matt. 28,5; Mark 16,6; Luke 24,5; John 1,38; John 5,44; John 7,19; John 16,19; John 18,4; John 18,7; John 18,8; Acts 10,21; 2Cor. 13,3)
        Verb · second · plural · present · active · imperative ▸ **7** (Matt. 6,33; Matt. 7,7; Luke 11,9; Luke 12,29; Luke 12,31; 1Cor. 14,12; Col. 3,1)

    ζητεῖτέ ▸ 3
        Verb · second · plural · present · active · indicative ▸ **3** (John 6,26; John 8,37; John 8,40)

    ζητείτω ▸ 1
        Verb · third · singular · present · active · imperative ▸ **1** (1Cor. 10,24)

    ζητηθείσης ▸ 1
        Verb · aorist · passive · participle · feminine · singular · genitive ▸ **1** (1Esdr. 5,39)

    ζητηθήσεται ▸ 4 + **1** = 5
        Verb · third · singular · future · passive · indicative ▸ 4 + **1** = **5** (Psa. 9,36; Sir. 21,17; Sir. 39,16; Ezek. 7,26; Luke 12,48)

    ζητηθήσομαι ▸ 1
        Verb · first · singular · future · passive · indicative ▸ **1** (Ezek. 36,37)

    ζητηθήσονται ▸ 1
        Verb · third · plural · future · passive · indicative ▸ **1** (Sir. 38,33)

    Ζητηθήτω ▸ 1

Verb · third · singular · aorist · passive · imperative ▸ **1** (Esth. 2,2)

ζητῇς ▸ **1**
   Verb · second · singular · present · active · subjunctive ▸ **1** (Is. 21,12)

ζητῆσαι ▸ **28 + 1 + 1 = 30**
   Verb · aorist · active · infinitive ▸ 28 + 1 + 1 = **30** (2Kings 1,6; 2Kings 1,16; 1Chr. 4,39; 1Chr. 10,13; 1Chr. 14,8; 1Chr. 21,30; 1Chr. 22,19; 2Chr. 11,16; 2Chr. 15,12; 2Chr. 18,7; 2Chr. 20,4; 2Chr. 22,9; 2Chr. 34,3; 2Chr. 34,26; 1Esdr. 8,50; Ezra 7,10; Ezra 8,21; Neh. 2,10; Esth. 6,2; Tob. 5,4; Psa. 103,21; Eccl. 3,6; Eccl. 7,25; Eccl. 8,17; Sir. 14,16; Jer. 2,33; Bar. 4,28; Dan. 2,18; Tob. 5,4; Luke 19,10)

ζητῆσαί ▸ **1**
   Verb · aorist · active · infinitive ▸ **1** (Tob. 2,3)

ζητήσαντας ▸ **1**
   Verb · aorist · active · participle · masculine · plural · accusative ▸ **1** (Zeph. 1,6)

Ζητήσατε ▸ **2**
   Verb · second · plural · aorist · active · imperative ▸ **2** (Is. 8,19; Is. 55,6)

ζητήσατε ▸ **14**
   Verb · second · plural · aorist · active · imperative ▸ **14** (1Sam. 9,3; 1Chr. 16,11; 1Chr. 16,11; 1Chr. 28,8; 2Chr. 34,21; Psa. 104,4; Psa. 104,4; Prov. 9,6; Wis. 1,1; Zeph. 2,3; Zeph. 2,3; Is. 45,19; Jer. 5,1; Jer. 36,7)

Ζητήσατέ ▸ **1**
   Verb · second · plural · aorist · active · imperative ▸ **1** (1Sam. 28,7)

ζητησάτω ▸ **1**
   Verb · third · singular · aorist · active · imperative ▸ **1** (1Pet. 3,11)

Ζητησάτωσαν ▸ **1**
   Verb · third · plural · aorist · active · imperative ▸ **1** (1Kings 1,2)

ζητησάτωσαν ▸ **2**
   Verb · third · plural · aorist · active · imperative ▸ **2** (1Sam. 16,16; 2Kings 2,16)

ζητήσει ▸ **6**
   Verb · third · singular · future · active · indicative ▸ **6** (1Sam. 13,14; Eccl. 3,15; Sir. 33,26; Hos. 2,9; Lam. 3,25; Ezek. 7,25)

ζητήσεις ▸ **5**
   Verb · second · singular · future · active · indicative ▸ **5** (Psa. 36,10; Prov. 14,6; Sir. 33,33; Nah. 3,11; Is. 41,12)

ζητήσετε ▸ **2**
   Verb · second · plural · future · active · indicative ▸ **2** (Deut. 4,29; 1Esdr. 8,82)

ζητήσετέ ▸ **1 + 4 = 5**
   Verb · second · plural · future · active · indicative ▸ 1 + 4 = **5** (Jer. 36,13; John 7,34; John 7,36; John 8,21; John 13,33)

ζητήσῃ ▸ **3 + 1 = 4**
   Verb · third · singular · aorist · active · subjunctive ▸ 3 + 1 = **4** (Deut. 22,2; Sir. 12,12; Zech. 11,16; Luke 17,33)

ζητήσῃς ▸ **4**
   Verb · second · singular · aorist · active · subjunctive ▸ **4** (1Chr. 28,9; Prov. 2,3; Prov. 2,4; Jer. 51,35)

ζητήσομεν ▸ **2**
   Verb · first · plural · future · active · indicative ▸ **2** (Neh. 5,12; Song 6,1)

Ζήτησον ▸ **2**
   Verb · second · singular · aorist · active · imperative ▸ **2** (2Chr. 18,4; Tob. 5,3)

ζήτησον ▸ **5 + 1 + 1 = 7**
   Verb · second · singular · aorist · active · imperative ▸ 5 + 1 + 1 = **7** (Gen. 43,9; Tob. 4,18; Psa. 33,15; Psa. 118,176; Sir. 6,27; Tob. 5,3; Acts 9,11)

ζητήσουσιν ▸ **4 + 2 = 6**
   Verb · third · plural · future · active · indicative ▸ 4 + 2 = **6** (Psa. 82,17; Sir. 2,16; Is. 41,17; Jer. 27,20; Luke 13,24; Rev. 9,6)

ζητήσουσίν ▸ **1**
   Verb · third · plural · future · active · indicative ▸ **1** (Prov. 1,28)

ζητήσω ▸ **9**
   Verb · first · singular · aorist · active · subjunctive ▸ **2** (Ruth 3,1; Prov. 23,35)
   Verb · first · singular · future · active · indicative ▸ **7** (1Sam. 22,23; 1Sam. 28,7; Psa. 26,8; Song 3,2; Nah. 3,7; Zech. 12,9; Ezek. 34,16)

ζητήσωσιν ▸ **1**
   Verb · third · plural · aorist · active · subjunctive ▸ **1** (2Chr. 7,14)

ζητοῦμαι ▸ **1 + 1 = 2**
   Verb · first · singular · present · passive · indicative ▸ 1 + 1 = **2** (Tob. 1,19; Tob. 1,19)

Ζητοῦμεν ▸ **1**
   Verb · first · plural · present · active · indicative ▸ **1** (4Mac. 1,13)

ζητοῦμεν ▸ **2 + 1 = 3**
   Verb · first · plural · present · active · indicative ▸ 2 + 1 = **3** (Ode. 7,41; Dan. 3,41; Dan. 3,41)

ζητούμενος ▸ **1**
   Verb · present · passive · participle · masculine · singular · nominative ▸ **1** (2Mac. 14,32)

ζητοῦν ▸ **1 + 2 = 3**
   Verb · present · active · participle · neuter · singular · accusative ▸ 1 + 2 = **3** (Psa. 36,25; Matt. 12,43; Luke 11,24)

ζητοῦντας ▸ **2**
   Verb · present · active · participle · masculine · plural · accusative ▸ **2** (Ezra 8,22; Jer. 11,21)

ζητοῦντες ▸ **22 + 8 = 30**
   Verb · present · active · participle · masculine · plural · nominative ▸ 22 + 8 = **30** (Gen. 19,11; 1Sam. 25,26; 1Esdr. 7,13; 1Mac. 2,29; 1Mac. 6,18; Psa. 34,4; Psa. 37,13; Psa. 37,13; Psa. 39,15; Psa. 70,13; Psa. 70,24; Prov. 8,17; Prov. 16,8; Prov. 28,5; Job 38,41; Wis. 13,6; Amos 8,12; Mic. 3,2; Is. 51,1; Jer. 2,24; Jer. 27,4; Lam. 1,11; Matt. 2,20; Matt. 12,46; Matt. 21,46; Mark 8,11; John 6,24; Rom. 10,3; Gal. 2,17; 1Th. 2,6)

ζητοῦντές ▸ **5 + 2 = 7**
   Verb · present · active · participle · masculine · plural · nominative ▸ 5 + 2 = **7** (Ex. 4,19; Psa. 39,17; Psa. 68,7; Psa. 69,3; Psa. 69,5; Matt. 12,47; Acts 10,19)

ζητοῦντι ▸ **1 + 1 = 2**
   Verb · present · active · participle · masculine · singular · dative ▸ 1 + 1 = **2** (2Mac. 2,27; Matt. 13,45)

ζητοῦντος ▸ **3**
   Verb · present · active · participle · masculine · singular · genitive ▸ **3** (2Sam. 14,16; Job 9,26; Jer. 51,30)

Ζητούντων ▸ **1**
   Verb · present · active · participle · masculine · plural · genitive ▸ **1** (Acts 21,31)

ζητούντων ▸ **11 + 1 = 12**
   Verb · present · active · participle · masculine · plural · genitive ▸ 11 + 1 = **12** (Psa. 23,6; Psa. 23,6; Psa. 104,3; Wis. 6,12; Sir. 4,11; Sir. 51,3; Jer. 19,7; Jer. 21,7; Jer. 22,25; Jer. 25,17; Jer. 51,30; Acts 27,30)

ζητοῦσα ▸ **2**
   Verb · present · active · participle · feminine · singular · nominative ▸ **2** (1Chr. 16,10; Wis. 6,16)

ζητοῦσι ▸ 3
: **Verb** · third · plural · present · active · indicative ▸ **3** (1Kings 19,10; 1Kings 19,14; Esth. 16,3 # 8,12c)

ζητοῦσιν ▸ 4 + 6 = 10
: **Verb** · present · active · participle · masculine · plural · dative ▸ 1 + 2 = **3** (Sir. 33,18; Rom. 2,7; Rom. 10,20)
: **Verb** · third · plural · present · active · indicative ▸ 3 + 4 = **7** (Is. 58,2; Is. 65,1; Jer. 4,30; John 7,25; Rom. 11,3; 1Cor. 1,22; Phil. 2,21)

ζητοῦσίν ▸ 2
: **Verb** · third · plural · present · active · indicative ▸ **2** (Mark 1,37; Mark 3,32)

ζητῶ ▸ 2 + 4 = 6
: **Verb** · first · singular · present · active · indicative ▸ 2 + 4 = **6** (Gen. 37,16; 1Sam. 22,23; John 5,30; John 8,50; 2Cor. 12,14; Gal. 1,10)

ζητῶν ▸ 11 + 9 = 20
: **Verb** · present · active · participle · masculine · singular · nominative ▸ 11 + 9 = **20** (Ex. 33,7; Lev. 10,16; Num. 35,23; 1Sam. 25,29; Prov. 16,8; Job 6,5; Wis. 8,18; Sir. 27,1; Sir. 32,15; Jer. 5,1; Jer. 37,17; Matt. 7,8; Luke 11,10; Luke 13,6; Luke 13,7; John 7,18; John 8,50; Acts 13,8; 1Cor. 10,33; 1Pet. 5,8)

ζήτημα (ζητέω) dispute, question ▸ 5

ζητήματα ▸ 1
: **Noun** · neuter · plural · accusative ▸ **1** (Acts 25,19)

ζητήματά ▸ 1
: **Noun** · neuter · plural · nominative ▸ **1** (Acts 18,15)

ζητήματος ▸ 1
: **Noun** · neuter · singular · genitive ▸ **1** (Acts 15,2)

ζητημάτων ▸ 2
: **Noun** · neuter · plural · genitive ▸ **2** (Acts 23,29; Acts 26,3)

ζήτησις (ζητέω) search; debate ▸ 7

ζητήσεις ▸ 3
: **Noun** · feminine · plural · accusative ▸ **3** (1Tim. 6,4; 2Tim. 2,23; Titus 3,9)

ζητήσεως ▸ 2
: **Noun** · feminine · singular · genitive ▸ **2** (Acts 15,2; Acts 15,7)

ζήτησιν ▸ 1
: **Noun** · feminine · singular · accusative ▸ **1** (Acts 25,20)

ζήτησις ▸ 1
: **Noun** · feminine · singular · nominative ▸ **1** (John 3,25)

ζιβύνη spear ▸ 2

ζιβύνας ▸ 1
: **Noun** · feminine · plural · accusative · (common) ▸ **1** (Is. 2,4)

ζιβύνην ▸ 1
: **Noun** · feminine · singular · accusative · (common) ▸ **1** (Jer. 6,23)

Ζιζα Ziza ▸ 3

Ζιζα ▸ 3
: **Noun** · masculine · singular · accusative · (proper) ▸ **1** (2Chr. 11,20)
: **Noun** · masculine · singular · nominative · (proper) ▸ **2** (1Chr. 23,10; 1Chr. 23,11)

ζιζάνιον weed, darnel ▸ 8

ζιζάνια ▸ 6
: **Noun** · neuter · plural · accusative ▸ **4** (Matt. 13,25; Matt. 13,27; Matt. 13,29; Matt. 13,30)
: **Noun** · neuter · plural · nominative ▸ **2** (Matt. 13,26; Matt. 13,40)

ζιζάνιά ▸ 1
: **Noun** · neuter · plural · nominative ▸ **1** (Matt. 13,38)

ζιζανίων ▸ 1
: **Noun** · neuter · plural · genitive ▸ **1** (Matt. 13,36)

Ζιφ Ziph ▸ 6 + 1 = 7

Ζιφ ▸ 6 + 1 = 7
: **Noun** · singular · genitive · (proper) ▸ **2** (1Sam. 26,2; 1Sam. 26,2)
: **Noun** · singular · nominative · (proper) ▸ **1** (Josh. 15,55)
: **Noun** · feminine · singular · accusative · (proper) ▸ **1** (2Chr. 11,8)
: **Noun** · feminine · singular · dative · (proper) ▸ **1** (1Sam. 23,15)
: **Noun** · masculine · singular · genitive · (proper) ▸ **1** (1Chr. 2,42)
: **Noun** · neuter · singular · dative · (proper) ▸ **1** (1Sam. 23,14)

Ζιφαῖος Ziphites ▸ 3

Ζιφαῖοι ▸ 3
: **Noun** · masculine · plural · nominative · (proper) ▸ **3** (1Sam. 23,19; 1Sam. 23,24; 1Sam. 26,1)

Ζιφαίος Ziphites ▸ 1

Ζιφαίους ▸ 1
: **Noun** · masculine · plural · accusative · (proper) ▸ **1** (Psa. 53,2)

Ζογορ Zoar ▸ 1

Ζογορ ▸ 1
: **Noun** · singular · genitive · (proper) ▸ **1** (Jer. 31,34)

Ζογορα Zoar ▸ 2

Ζογορα ▸ 2
: **Noun** · singular · accusative · (proper) ▸ **2** (Gen. 13,10; Jer. 31,4)

Ζομζομμιν Zamzummites ▸ 1

Ζομζομμιν ▸ 1
: **Noun** · masculine · plural · accusative · (proper) ▸ **1** (Deut. 2,20)

Ζοροβαβελ Zerubbabel ▸ 34

Ζοροβαβελ ▸ 34
: **Noun** · masculine · singular · accusative · (proper) ▸ **7** (1Esdr. 6,26; Ezra 4,2; Sir. 49,11; Hag. 1,1; Hag. 2,2; Hag. 2,21; Zech. 4,6)
: **Noun** · masculine · singular · dative · (proper) ▸ **3** (1Esdr. 5,65; 1Esdr. 6,17; 1Esdr. 6,28)
: **Noun** · masculine · singular · genitive · (proper) ▸ **11** (1Chr. 3,19; 1Esdr. 5,5; 1Esdr. 5,8; Ezra 2,2; Neh. 7,7; Neh. 12,1; Neh. 12,47; Hag. 1,14; Zech. 4,7; Zech. 4,9; Zech. 4,10)
: **Noun** · masculine · singular · nominative · (proper) ▸ **11** (1Chr. 3,19; 1Esdr. 4,13; 1Esdr. 5,47; 1Esdr. 5,54; 1Esdr. 5,67; 1Esdr. 6,2; Ezra 3,2; Ezra 3,8; Ezra 4,3; Ezra 5,2; Hag. 1,12)
: **Noun** · masculine · singular · vocative · (proper) ▸ **2** (Hag. 2,4; Hag. 2,23)

Ζοροβαβέλ Zerubbabel ▸ 3

Ζοροβαβὲλ ▸ 2
: **Noun** · masculine · singular · genitive · (proper) ▸ **1** (Luke 3,27)
: **Noun** · masculine · singular · nominative · (proper) ▸ **1** (Matt. 1,13)

Ζοροβαβέλ ▸ 1
: **Noun** · masculine · singular · accusative · (proper) ▸ **1** (Matt. 1,12)

Ζουε Zia ▸ 1

Ζουε ▸ 1
: **Noun** · masculine · singular · nominative · (proper) ▸ **1** (1Chr. 5,13)

Ζουζα Ziza ▸ 1

Ζουζα ▸ 1
: **Noun** · masculine · singular · nominative · (proper) ▸ **1** (1Chr. 4,37)

Ζουκαμ Zaavan ▸ 1

Ζουκαμ ▸ 1
: **Noun** · masculine · singular · nominative · (proper) ▸ **1** (Gen. 36,27)

Ζουκαν Zaavan ▸ 1

Ζουκαν ▸ 1
: **Noun** · masculine · singular · nominative · (proper) ▸ **1** (1Chr. 1,42)

ζόφος gloom ▸ 5
  ζόφον ▸ 1
    Noun · masculine · singular · accusative ▸ **1** (Jude 6)
  ζόφος ▸ 2
    Noun · masculine · singular · nominative ▸ **2** (2Pet. 2,17; Jude 13)
  ζόφου ▸ 1
    Noun · masculine · singular · genitive ▸ **1** (2Pet. 2,4)
  ζόφῳ ▸ 1
    Noun · masculine · singular · dative ▸ **1** (Heb. 12,18)
ζυγόν (ζυγός) yoke, balance scales ▸ 1
  ζυγὰ ▸ 1
    Noun · neuter · plural · nominative · (common) ▸ **1** (Lev. 19,36)
ζυγός yoke, balance scales ▸ 65 + 2 + 6 = 73
  ζυγοὶ ▸ 1
    Noun · masculine · plural · nominative · (common) ▸ **1** (Prov. 11,1)
  ζυγοῖς ▸ 3
    Noun · masculine · plural · dative · (common) ▸ **3** (Lev. 19,35; 3Mac. 4,9; Psa. 61,10)
  Ζυγὸν ▸ 1
    Noun · masculine · singular · accusative · (common) ▸ **1** (Jer. 35,14)
  ζυγόν ▸ 6 + 1 = 7
    Noun · masculine · singular · accusative · (common) ▸ **6 + 1 = 7** (Deut. 21,3; 1Mac. 8,31; Sir. 51,26; Sol. 7,9; Jer. 2,20; Jer. 5,5; Matt. 11,29)
  ζυγὸν ▸ 25 + 3 = 28
    Noun · masculine · singular · accusative · (common) ▸ 25 + 3 = **28** (Gen. 27,40; 2Chr. 10,4; 2Chr. 10,10; 2Chr. 10,11; 2Chr. 10,14; 1Mac. 8,18; Psa. 2,3; Job 39,10; Sir. 28,19; Sir. 28,25; Sol. 17,30; Amos 8,5; Zeph. 3,9; Is. 14,5; Is. 14,5; Is. 47,6; Jer. 34,8; Jer. 34,11; Jer. 35,2; Jer. 35,4; Jer. 35,11; Jer. 37,8; Lam. 3,27; Ezek. 5,1; Ezek. 34,27; Acts 15,10; 1Tim. 6,1; Rev. 6,5)
  ζυγός ▸ 1 + 1 = 2
    Noun · masculine · singular · nominative · (common) ▸ **1 + 1 = 2** (Num. 19,2; Matt. 11,30)
  ζυγὸς ▸ 13 + 1 = 14
    Noun · masculine · singular · nominative · (common) ▸ 13 + 1 = **14** (1Mac. 13,41; Prov. 20,23; Sir. 28,20; Sir. 28,20; Sir. 33,27; Sir. 40,1; Hos. 12,8; Is. 9,3; Is. 10,27; Is. 10,27; Is. 14,25; Is. 14,29; Ezek. 45,10; Dan. 8,25)
  ζυγοῦ ▸ 7
    Noun · masculine · singular · genitive · (common) ▸ **7** (Lev. 26,13; 2Chr. 10,4; 2Chr. 10,9; Prov. 16,11; Sir. 42,4; Is. 5,18; Is. 40,15)
  ζυγῷ ▸ 8 + 1 + 1 = 10
    Noun · masculine · singular · dative · (common) ▸ 8 + 1 + 1 = **10** (2Chr. 10,11; Job 6,2; Job 31,6; Sir. 21,25; Mic. 6,11; Is. 40,12; Is. 46,6; Jer. 39,10; Dan. 5,27; Gal. 5,1)
ζυγόω (ζυγός) to yoke together ▸ 2
  ἐζυγωμένα ▸ 2
    Verb · perfect · passive · participle · neuter · plural · accusative ▸ **1** (1Kings 7,43)
    Verb · perfect · passive · participle · neuter · plural · nominative ▸ **1** (Ezek. 41,26)
ζῦθος (ζέω) beer ▸ 1
  ζῦθον ▸ 1
    Noun · masculine · singular · accusative · (common) ▸ **1** (Is. 19,10)
ζύμη (ζέω) yeast, leaven ▸ 10 + 13 = 23
  ζύμη ▸ 4 + 2 = 6
    Noun · feminine · singular · nominative · (common) ▸ **4 + 2 = 6** (Ex. 12,19; Ex. 13,3; Ex. 13,7; Deut. 16,4; 1Cor. 5,6; Gal. 5,9)
  ζύμῃ ▸ 2 + 4 = 6
    Noun · feminine · singular · dative · (common) ▸ **2 + 4 = 6** (Ex. 23,18; Ex. 34,25; Matt. 13,33; Luke 13,21; 1Cor. 5,8; 1Cor. 5,8)
  ζύμην ▸ 4 + 1 = 5
    Noun · feminine · singular · accusative · (common) ▸ **4 + 1 = 5** (Ex. 12,15; Ex. 12,15; Lev. 2,11; Deut. 16,3; 1Cor. 5,7)
  ζύμης ▸ 6
    Noun · feminine · singular · genitive ▸ **6** (Matt. 16,6; Matt. 16,11; Matt. 16,12; Mark 8,15; Mark 8,15; Luke 12,1)
ζυμίτης (ζέω) leavened ▸ 1
  ζυμίταις ▸ 1
    Noun · masculine · plural · dative · (common) ▸ **1** (Lev. 7,13)
ζυμόω (ζέω) to ferment, cause to rise ▸ 5 + 4 = 9
  ἐζυμώθη ▸ 1 + 2 = 3
    Verb · third · singular · aorist · passive · indicative ▸ 1 + 2 = **3** (Ex. 12,39; Matt. 13,33; Luke 13,21)
  ἐζυμωμένη ▸ 1
    Verb · perfect · passive · participle · feminine · singular · nominative ▸ **1** (Lev. 6,10)
  ἐζυμωμένοι ▸ 1
    Verb · perfect · passive · participle · masculine · plural · nominative ▸ **1** (Lev. 23,17)
  ζυμωθῆναι ▸ 2
    Verb · aorist · passive · infinitive ▸ **2** (Ex. 12,34; Hos. 7,4)
  ζυμοῖ ▸ 2
    Verb · third · singular · present · active · indicative ▸ **2** (1Cor. 5,6; Gal. 5,9)
ζυμωτός (ζέω) leavened, fermented ▸ 4
  ζυμωτόν ▸ 3
    Adjective · neuter · singular · accusative · noDegree ▸ **2** (Ex. 12,19; Lev. 2,11)
    Adjective · neuter · singular · nominative · noDegree ▸ **1** (Ex. 13,7)
  ζυμωτὸν ▸ 1
    Adjective · neuter · singular · accusative · noDegree ▸ **1** (Ex. 12,20)
Ζωαθ Zoheth ▸ 2
  Ζωαθ ▸ 2
    Noun · masculine · singular · genitive · (proper) ▸ **1** (1Chr. 4,20)
    Noun · masculine · singular · nominative · (proper) ▸ **1** (1Chr. 4,20)
ζωγραφέω (ζάω; γράφω) to paint, draw ▸ 5
  ἐζωγραφημένους ▸ 2
    Verb · perfect · passive · participle · masculine · plural · accusative ▸ **2** (Ezek. 23,14; Ezek. 23,14)
  ἐζωγράφησά ▸ 1
    Verb · first · singular · aorist · active · indicative ▸ **1** (Is. 49,16)
  Ζωγραφεῖν ▸ 1
    Verb · present · active · infinitive ▸ **1** (2Mac. 2,29)
  ζωγραφῆσαι ▸ 1
    Verb · aorist · active · infinitive ▸ **1** (4Mac. 17,7)
ζωγραφία (ζάω; γράφω) painting, drawing ▸ 1
  ζωγραφίαν ▸ 1
    Noun · feminine · singular · accusative · (common) ▸ **1** (Sir. 38,27)
ζωγρέω (ζάω; ἄγρα) to catch alive ▸ 8 + 2 = 10
  ἐζωγρημένοι ▸ 1
    Verb · perfect · passive · participle · masculine · plural · nominative ▸ **1** (2Tim. 2,26)
  ἐζώγρησαν ▸ 1
    Verb · third · plural · aorist · active · indicative ▸ **1** (2Chr. 25,12)

ζωγρέω–ζωή

    ἐζωγρήσατε ▸ 1
        Verb ▪ second ▪ plural ▪ aorist ▪ active ▪ indicative ▸ **1** (Num. 31,15)
    ἐζώγρησεν ▸ 2
        Verb ▪ third ▪ singular ▪ aorist ▪ active ▪ indicative ▸ **2** (Josh. 6,25; 2Sam. 8,2)
    ζωγρῆσαι ▸ 1
        Verb ▪ aorist ▪ active ▪ infinitive ▸ **1** (Josh. 9,20)
    ζωγρήσατε ▸ 1
        Verb ▪ second ▪ plural ▪ aorist ▪ active ▪ imperative ▸ **1** (Num. 31,18)
    ζωγρήσετε ▸ 2
        Verb ▪ second ▪ plural ▪ future ▪ active ▪ indicative ▸ **2** (Deut. 20,16; Josh. 2,13)
    ζωγρῶν ▸ 1
        Verb ▪ present ▪ active ▪ participle ▪ masculine ▪ singular ▪ nominative ▸ **1** (Luke 5,10)

ζωγρίας (ζάω; ἄγρα) live capture, taking live captives ▸ 3
    ζωγρίαν ▸ 3
        Noun ▪ masculine ▪ singular ▪ accusative ▪ (common) ▸ **3** (Num. 21,35; Deut. 2,34; 2Mac. 12,35)

Ζωελεθ Zoheleth ▸ 1
    Ζωελεθ ▸ 1
        Noun ▪ masculine ▪ singular ▪ genitive ▪ (proper) ▸ **1** (1Kings 1,9)

Ζωή (ζάω) Zoe (Life) ▸ 1
    Ζωή ▸ 1
        Noun ▪ feminine ▪ singular ▪ nominative ▪ (proper) ▸ **1** (Gen. 3,20)

ζωή (ζάω) life, living, way of life ▸ 281 + 16 + 135 = 432
    ζωάς ▸ 1
        Noun ▪ feminine ▪ plural ▪ accusative ▪ (common) ▸ **1** (Psa. 62,4)
    Ζωή ▸ 1
        Noun ▪ feminine ▪ singular ▪ nominative ▪ (common) ▸ **1** (Sir. 40,18)
    ζωή ▸ 16 + 3 = 19
        Noun ▪ feminine ▪ singular ▪ nominative ▪ (common) ▸ 16 + 3 = **19** (Deut. 28,66; Deut. 30,20; 1Mac. 2,13; Psa. 30,11; Psa. 87,4; Ode. 6,7; Prov. 12,28; Prov. 22,4; Job 9,21; Job 11,17; Job 33,28; Job 33,30; Sir. 33,14; Sir. 51,6; Bar. 3,14; Ezek. 16,6; John 6,63; John 11,25; John 14,6)
    ζωή ▸ 24 + 21 = 45
        Noun ▪ feminine ▪ singular ▪ nominative ▪ (common) ▸ 24 + 21 = **45** (Gen. 23,1; Deut. 32,47; 4Mac. 18,19; Psa. 29,6; Prov. 4,22; Prov. 18,21; Job 3,20; Job 7,1; Job 7,7; Job 33,22; Job 36,14; Sir. 11,14; Sir. 15,17; Sir. 22,11; Sir. 29,24; Sir. 30,22; Sir. 31,27; Sir. 34,21; Sir. 37,18; Sir. 37,25; Sol. 3,12; Sol. 4,15; Sol. 13,11; Is. 53,8; Luke 12,15; John 1,4; John 1,4; John 12,50; John 17,3; Acts 8,33; Rom. 6,23; Rom. 8,6; Rom. 8,10; Rom. 8,38; Rom. 11,15; 1Cor. 3,22; 2Cor. 4,10; 2Cor. 4,11; 2Cor. 4,12; Col. 3,3; Col. 3,4; James 4,14; 1John 1,2; 1John 5,11; 1John 5,20)
    Ζωῇ ▸ 2
        Noun ▪ feminine ▪ singular ▪ dative ▪ (common) ▸ **2** (2Kings 8,10; 2Kings 8,14)
    ζωῇ ▸ 35 + 4 + 4 = 43
        Noun ▪ feminine ▪ singular ▪ dative ▪ (common) ▸ 35 + 4 + 4 = **43** (Gen. 7,11; Gen. 8,13; Gen. 27,46; Deut. 28,66; Judg. 16,30; 2Sam. 1,23; 4Mac. 17,12; Psa. 16,14; Psa. 48,19; Psa. 62,5; Psa. 103,33; Psa. 145,2; Eccl. 3,12; Eccl. 6,12; Eccl. 9,3; Eccl. 9,9; Sir. 3,12; Sir. 10,9; Sir. 16,3; Sir. 25,2; Sir. 30,5; Sir. 33,20; Sir. 37,27; Sir. 48,11; Sir. 48,14; Sir. 50,1; Sol. 3,10; Ezek. 3,21; Ezek. 18,9; Ezek. 18,13; Ezek. 18,17; Ezek. 18,19; Ezek. 18,21; Ezek. 18,28; Ezek. 33,15; Judg. 16,30; Tob. 3,6; Tob. 3,10; Tob. 10,13; Luke 16,25; Rom. 5,10; Rom. 5,17; 1Cor. 15,19)
    ζωήν ▸ 19 + 1 + 7 = 27
        Noun ▪ feminine ▪ singular ▪ accusative ▪ (common) ▸ 19 + 1 + 7 = **27** (Deut. 30,19; 2Sam. 15,21; Psa. 7,6; Psa. 25,9; Psa. 55,9; Psa. 102,4; Psa. 142,3; Prov. 4,13; Prov. 5,9; Prov. 11,19; Prov. 27,27; Eccl. 2,17; Sir. 4,12; Sir. 9,13; Sir. 37,31; Jer. 8,3; Bar. 4,1; Lam. 3,53; Lam. 3,58; Judg. 17,10; John 3,36; John 5,24; Rom. 7,10; 2Cor. 2,16; 1John 3,14; 1John 5,12; 1John 5,16)
    ζωήν ▸ 44 + 3 + 53 = 100
        Noun ▪ feminine ▪ singular ▪ accusative ▪ (common) ▸ 44 + 3 + 53 = **100** (Gen. 45,5; Ex. 1,14; Deut. 30,15; Deut. 30,19; Ezra 6,10; Tob. 6,15; Tob. 8,17; 2Mac. 7,14; 2Mac. 7,22; 2Mac. 7,23; 4Mac. 15,3; Psa. 20,5; Psa. 33,13; Psa. 65,9; Psa. 132,3; Ode. 5,14; Prov. 10,3; Prov. 10,16; Prov. 16,17; Prov. 19,23; Prov. 21,21; Prov. 27,27; Eccl. 9,9; Job 10,12; Job 10,22; Wis. 15,12; Sir. 4,1; Sir. 10,29; Sir. 30,17; Sir. 34,17; Sir. 39,26; Sir. 40,28; Sir. 48,23; Sol. 3,9; Sol. 3,12; Sol. 4,6; Sol. 9,5; Sol. 14,2; Sol. 14,10; Is. 4,3; Is. 26,14; Is. 57,15; Bar. 1,11; Dan. 12,2; Tob. 6,15; Tob. 8,17; Dan. 12,2; Matt. 7,14; Matt. 18,8; Matt. 18,9; Matt. 19,16; Matt. 19,17; Matt. 19,29; Matt. 25,46; Mark 9,43; Mark 9,45; Mark 10,17; Mark 10,30; Luke 10,25; Luke 18,18; Luke 18,30; John 3,15; John 3,16; John 3,36; John 4,14; John 4,36; John 5,24; John 5,26; John 5,26; John 5,39; John 5,40; John 6,27; John 6,33; John 6,40; John 6,47; John 6,53; John 6,54; John 10,10; John 10,28; John 12,25; John 17,2; John 20,31; Acts 11,18; Acts 13,48; Acts 17,25; Rom. 2,7; Rom. 5,21; Rom. 6,22; Gal. 6,8; 1Tim. 1,16; 2Tim. 1,10; 1Pet. 3,10; 2Pet. 1,3; 1John 1,2; 1John 2,25; 1John 3,15; 1John 5,11; 1John 5,12; 1John 5,13; Jude 21)
    ζωῆς ▸ 139 + 8 + 47 = 194
        Noun ▪ feminine ▪ singular ▪ genitive ▪ (common) ▸ 139 + 8 + 47 = **194** (Gen. 1,30; Gen. 2,7; Gen. 2,9; Gen. 3,14; Gen. 3,17; Gen. 3,22; Gen. 3,24; Gen. 6,17; Gen. 7,15; Gen. 7,22; Gen. 25,7; Gen. 25,17; Gen. 47,8; Gen. 47,9; Gen. 47,9; Gen. 47,9; Gen. 47,28; Ex. 6,16; Ex. 6,18; Ex. 6,20; Deut. 4,9; Deut. 6,2; Deut. 16,3; Deut. 17,19; Josh. 1,5; Josh. 10,40; Judg. 6,4; 1Sam. 7,15; 1Sam. 25,29; 2Sam. 19,35; 1Kings 2,46b; 1Kings 11,34; 1Kings 15,5; 2Kings 25,29; 2Kings 25,30; 1Esdr. 5,70; 1Esdr. 6,30; Judith 10,3; Judith 10,13; Judith 16,22; Tob. 1,3; Tob. 4,3; Tob. 4,5; Tob. 12,9; Tob. 12,10; 1Mac. 9,71; 2Mac. 7,9; 2Mac. 7,36; 2Mac. 14,46; 4Mac. 18,16; Psa. 15,11; Psa. 22,6; Psa. 26,1; Psa. 26,4; Psa. 35,10; Psa. 41,9; Psa. 127,5; Ode. 11,12; Ode. 11,20; Ode. 12,15; Ode. 14,44; Prov. 2,19; Prov. 3,2; Prov. 3,16; Prov. 3,18; Prov. 4,10; Prov. 4,23; Prov. 5,6; Prov. 6,23; Prov. 8,35; Prov. 9,11; Prov. 9,18d; Prov. 10,11; Prov. 10,17; Prov. 11,30; Prov. 13,12; Prov. 13,14; Prov. 14,27; Prov. 15,4; Prov. 15,24; Prov. 16,15; Prov. 16,17; Prov. 16,22; Prov. 18,4; Prov. 23,3; Eccl. 2,3; Eccl. 5,17; Eccl. 5,19; Eccl. 6,8; Eccl. 6,12; Eccl. 8,15; Eccl. 9,9; Job 24,22; Wis. 1,12; Wis. 12,23; Wis. 13,11; Wis. 13,18; Wis. 14,12; Wis. 16,13; Sir. 6,16; Sir. 17,11; Sir. 21,13; Sir. 22,12; Sir. 23,1; Sir. 23,4; Sir. 29,21; Sir. 31,27; Sir. 33,24; Sir. 40,29; Sir. 41,4; Sir. 41,13; Sir. 45,5; Sol. 14,3; Sol. 17,2; Hos. 10,12; Jonah 2,7; Mal. 2,5; Is. 38,12; Is. 38,20; Is. 65,22; Jer. 2,13; Jer. 17,13; Jer. 21,8; Bar. 1,11; Bar. 3,9; Ezek. 1,20; Ezek. 1,21; Ezek. 7,13; Ezek. 10,17; Ezek. 26,20; Ezek. 31,17; Ezek. 32,23; Ezek. 32,24; Ezek. 32,26; Ezek. 32,27; Ezek. 32,32; Ezek. 33,15; Ezek. 37,5; Dan. 7,12; Judg. 6,4; Tob. 1,3; Tob. 4,3; Tob. 4,5; Tob. 10,13; Tob. 10,14; Tob. 12,9; Dan. 7,12; John 5,29; John 6,35; John 6,48; John 6,51; John 6,68; John 8,12; Acts 2,28; Acts 3,15; Acts 5,20; Acts 13,46; Rom. 5,18; Rom. 6,4; Rom. 8,2; 2Cor. 2,16; 2Cor. 5,4; Eph. 4,18; Phil. 1,20; Phil. 2,16; Phil. 4,3; 1Tim. 4,8; 1Tim. 6,12; 1Tim. 6,19; 2Tim. 1,1; Titus 1,2; Titus 3,7; Heb. 7,3; Heb. 7,16; James 1,12;

Z, ζ

1Pet. 3,7; 1John 1,1; Rev. 2,7; Rev. 2,10; Rev. 3,5; Rev. 7,17; Rev. 11,11; Rev. 13,8; Rev. 16,3; Rev. 17,8; Rev. 20,12; Rev. 20,15; Rev. 21,6; Rev. 21,27; Rev. 22,1; Rev. 22,2; Rev. 22,14; Rev. 22,17; Rev. 22,19)

ζωμός soup; broth; sauce ▸ 4 + 2 = 6
    ζωμὸν ▸ 3 + 2 = 5
        Noun · masculine · singular · accusative · (common) ▸ 3 + 2 = 5 (Judg. 6,19; Judg. 6,20; Is. 65,4; Judg. 6,19; Judg. 6,20)
    ζωμὸς ▸ 1
        Noun · masculine · singular · nominative · (common) ▸ 1 (Ezek. 24,10)

ζώνη (ζώννυμι) belt, waistband ▸ 19 + 8 = 27
    ζώναις ▸ 1
        Noun · feminine · plural · dative · (common) ▸ 1 (Ex. 29,9)
    ζώνας ▸ 4 + 2 = 6
        Noun · feminine · plural · accusative · (common) ▸ 4 + 2 = 6 (Ex. 28,40; Ex. 36,36; Lev. 8,13; Is. 5,27; Matt. 10,9; Rev. 15,6)
    ζώνη ▸ 2 + 1 = 3
        Noun · feminine · singular · nominative · (common) ▸ 2 + 1 = 3 (Psa. 108,19; Ezek. 9,2; Acts 21,11)
    ζώνῃ ▸ 4
        Noun · feminine · singular · dative · (common) ▸ 4 (Lev. 16,4; 1Kings 2,5; Job 12,18; Ezek. 9,11)
    ζώνην ▸ 6 + 5 = 11
        Noun · feminine · singular · accusative · (common) ▸ 6 + 5 = 11 (Ex. 28,4; Ex. 28,39; Lev. 8,7; 2Kings 1,8; 2Kings 3,21; Ezek. 9,3; Matt. 3,4; Mark 1,6; Mark 6,8; Acts 21,11; Rev. 1,13)
    ζώνης ▸ 2
        Noun · feminine · singular · genitive · (common) ▸ 2 (Deut. 23,14; Is. 3,24)

ζώννυμι to fasten, dress ▸ 3
    ἐζώννυες ▸ 1
        Verb · second · singular · imperfect · active · indicative ▸ 1 (John 21,18)
    ζῶσαι ▸ 1
        Verb · second · singular · aorist · middle · imperative ▸ 1 (Acts 12,8)
    ζώσει ▸ 1
        Verb · third · singular · future · active · indicative ▸ 1 (John 21,18)

ζωννύω (ζώννυμι) to fasten, dress ▸ 19 + 1 = 20
    ἔζωσά ▸ 1
        Verb · first · singular · aorist · active · indicative ▸ 1 (Ezek. 16,10)
    ἐζώσατο ▸ 1
        Verb · third · singular · aorist · middle · indicative ▸ 1 (1Kings 20,27)
    ἔζωσεν ▸ 3
        Verb · third · singular · aorist · active · indicative ▸ 3 (Lev. 8,7; Lev. 8,13; 1Sam. 17,39)
    ἐζωσμένοι ▸ 1 + 1 = 2
        Verb · perfect · middle · participle · masculine · plural · nominative ▸ 1 (Judg. 18,11)
        Verb · perfect · passive · participle · masculine · plural · nominative ▸ 1 (1Mac. 6,37)
    ἐζωσμένος ▸ 3
        Verb · perfect · middle · participle · masculine · singular · nominative ▸ 2 (Neh. 4,12; Ezek. 9,11)
        Verb · perfect · passive · participle · masculine · singular · nominative ▸ 1 (Is. 11,5)
    ἐζωσμένους ▸ 1
        Verb · perfect · middle · participle · masculine · plural · accusative ▸ 1 (Ezek. 23,15)
    Ζῶσαι ▸ 2
        Verb · second · singular · aorist · middle · imperative ▸ 2 (2Kings 4,29; 2Kings 9,1)
    ζῶσαι ▸ 2
        Verb · second · singular · aorist · middle · imperative ▸ 2 (Job 38,3; Job 40,7)
    ζώσαντες ▸ 1
        Verb · aorist · active · participle · masculine · plural · nominative ▸ 1 (2Mac. 10,25)
    Ζώσασθε ▸ 1
        Verb · second · plural · aorist · middle · imperative ▸ 1 (1Sam. 25,13)
    ζώσεις ▸ 1
        Verb · second · singular · future · active · indicative ▸ 1 (Ex. 29,9)
    ζώσεται ▸ 1
        Verb · third · singular · future · middle · indicative ▸ 1 (Lev. 16,4)
    ζώσῃ ▸ 1
        Verb · second · singular · future · middle · indicative ▸ 1 (Is. 3,24)

Ζωοβ Suphah (?) ▸ 1
    Ζωοβ ▸ 1
        Noun · feminine · singular · accusative · (proper) ▸ 1 (Num. 21,14)

ζωογονέω (ζάω; γίνομαι) to save life, keep alive ▸ 12 + 1 + 3 = 16
    ἐζωογόνει ▸ 1
        Verb · third · singular · imperfect · active · indicative ▸ 1 (1Sam. 27,9)
    ἐζωογονεῖτε ▸ 1
        Verb · second · plural · imperfect · active · indicative ▸ 1 (Ex. 1,18)
    ἐζωογονήκειτε ▸ 1
        Verb · third · singular · pluperfect · active · indicative ▸ 1 (Judg. 8,19)
    ἐζωογονήσατε ▸ 1
        Verb · second · plural · aorist · active · indicative ▸ 1 (Judg. 8,19)
    ἐζωογόνησεν ▸ 1
        Verb · third · singular · aorist · active · indicative ▸ 1 (1Sam. 27,11)
    ἐζωογόνουν ▸ 1
        Verb · third · plural · imperfect · active · indicative ▸ 1 (Ex. 1,17)
    ζωογονεῖ ▸ 2
        Verb · third · singular · present · active · indicative ▸ 2 (1Sam. 2,6; Ode. 3,6)
    ζωογονεῖσθαι ▸ 1
        Verb · present · passive · infinitive ▸ 1 (Acts 7,19)
    ζωογονεῖτε ▸ 1
        Verb · second · plural · present · active · imperative ▸ 1 (Ex. 1,22)
    ζωογονήσει ▸ 1
        Verb · third · singular · future · active · indicative ▸ 1 (1Kings 21,31)
    ζωογονήσει ▸ 1
        Verb · third · singular · future · active · indicative ▸ 1 (Luke 17,33)
    Ζωογονήσωσιν ▸ 1
        Verb · third · plural · aorist · active · subjunctive ▸ 1 (2Kings 7,4)
    ζωογονοῦντος ▸ 1
        Verb · present · active · participle · masculine · singular

- genitive ▸ **1** (1Tim. 6,13)
- ζωογονούντων ▸ **2**
  - Verb · present · active · participle · neuter · plural · genitive ▸ **2** (Lev. 11,47; Lev. 11,47)

ζῷον (ζάω) living being; animal ▸ **38 + 23 = 61**
- ζῷα ▸ **7 + 8 = 15**
  - Noun · neuter · plural · accusative · (common) ▸ **4** (Wis. 15,18; Wis. 16,18; Ezek. 1,19; Ezek. 1,19)
  - Noun · neuter · plural · nominative · (common) ▸ **3 + 8 = 11** (4Mac. 14,14; Psa. 103,25; Ezek. 1,20; 2Pet. 2,12; Jude 10; Rev. 4,6; Rev. 4,8; Rev. 4,9; Rev. 5,8; Rev. 5,14; Rev. 19,4)
- ζῷά ▸ **1**
  - Noun · neuter · plural · nominative · (common) ▸ **1** (Psa. 67,11)
- ζῷοις ▸ **2**
  - Noun · neuter · plural · dative · (common) ▸ **2** (Wis. 12,24; Dan. 4,12)
- ζῷον ▸ **5 + 4 = 9**
  - Noun · neuter · singular · accusative · (common) ▸ **3** (Psa. 144,16; Job 38,14; Sir. 49,16)
  - Noun · neuter · singular · nominative · (common) ▸ **2 + 4 = 6** (Sir. 13,15; Ezek. 10,15; Rev. 4,7; Rev. 4,7; Rev. 4,7; Rev. 4,7)
- ζῷόν ▸ **1**
  - Noun · neuter · singular · nominative · (common) ▸ **1** (Ezek. 10,20)
- ζῴου ▸ **3 + 3 = 6**
  - Noun · neuter · singular · genitive · (common) ▸ **3 + 3 = 6** (4Mac. 5,8; Sir. 16,30; Sir. 43,25; Rev. 6,3; Rev. 6,5; Rev. 6,7)
- ζῴῳ ▸ **1**
  - Noun · neuter · singular · dative · (common) ▸ **1** (Wis. 13,14)
- ζῴων ▸ **18 + 8 = 26**
  - Noun · neuter · plural · genitive · (common) ▸ **18 + 8 = 26** (Gen. 1,21; 4Mac. 14,18; Ode. 4,2; Wis. 7,20; Wis. 11,15; Wis. 13,10; Wis. 15,19; Wis. 17,18; Wis. 19,10; Wis. 19,21; Hab. 3,2; Ezek. 1,5; Ezek. 1,13; Ezek. 1,13; Ezek. 1,15; Ezek. 1,22; Ezek. 3,13; Ezek. 47,9; Heb. 13,11; Rev. 5,6; Rev. 5,11; Rev. 6,1; Rev. 6,6; Rev. 7,11; Rev. 14,3; Rev. 15,7)

ζῳοποιέω (ζάω; ποιέω) to make alive, keep alive ▸ **5 + 1 + 11 = 17**
- ἐζῳοποίησαν ▸ **1**
  - Verb · third · plural · aorist · active · indicative ▸ **1** (Judg. 21,14)
- ἐζῳοποίησάς ▸ **1**
  - Verb · second · singular · aorist · active · indicative ▸ **1** (Psa. 70,20)
- ζῳοποιεῖ ▸ **3**
  - Verb · third · singular · present · active · indicative ▸ **3** (John 5,21; John 5,21; 2Cor. 3,6)
- ζῳοποιεῖς ▸ **1**
  - Verb · second · singular · present · active · indicative ▸ **1** (Neh. 9,6)
- ζῳοποιεῖται ▸ **1**
  - Verb · third · singular · present · passive · indicative ▸ **1** (1Cor. 15,36)
- ζῳοποιηθείς ▸ **1**
  - Verb · aorist · passive · participle · masculine · singular · nominative ▸ **1** (1Pet. 3,18)
- ζῳοποιηθήσονται ▸ **1**
  - Verb · third · plural · future · passive · indicative ▸ **1** (1Cor. 15,22)
- ζῳοποιῆσαι ▸ **1**
  - Verb · aorist · active · infinitive ▸ **1** (2Kings 5,7)
- ζῳοποιῆσαι ▸ **1**
  - Verb · aorist · active · infinitive ▸ **1** (Gal. 3,21)
- ζῳοποιήσει ▸ **2**
  - Verb · third · singular · future · active · indicative ▸ **2** (Eccl. 7,12; Job 36,6)
- ζῳοποιήσει ▸ **1**
  - Verb · third · singular · future · active · indicative ▸ **1** (Rom. 8,11)
- ζῳοποιοῦν ▸ **2**
  - Verb · present · active · participle · neuter · singular · accusative ▸ **1** (1Cor. 15,45)
  - Verb · present · active · participle · neuter · singular · nominative ▸ **1** (John 6,63)
- ζῳοποιοῦντος ▸ **1**
  - Verb · present · active · participle · masculine · singular · genitive ▸ **1** (Rom. 4,17)

ζῳοποίησις (ζάω; ποιέω) making alive ▸ **2**
- ζῳοποίησιν ▸ **2**
  - Noun · feminine · singular · accusative · (common) ▸ **2** (Ezra 9,8; Ezra 9,9)

ζωόω (ζάω) to make alive ▸ **2**
- ζωώσεις ▸ **2**
  - Verb · second · singular · future · active · indicative ▸ **2** (Psa. 79,19; Psa. 84,7)

ζωπυρέω (ζάω; πῦρ) to bring back to life ▸ **4**
- ἐζωπύρησεν ▸ **4**
  - Verb · third · singular · aorist · active · indicative ▸ **4** (2Kings 8,1; 2Kings 8,5; 2Kings 8,5; 2Kings 8,5)

ζώπυρον (ζάω; πῦρ) spark, coal ▸ **1**
- ζώπυρα ▸ **1**
  - Noun · neuter · plural · accusative · (common) ▸ **1** (4Mac. 8,13)

Ζωσαρα Zeresh ▸ **3**
- Ζωσαρα ▸ **2**
  - Noun · feminine · singular · dative · (proper) ▸ **1** (Esth. 6,13)
  - Noun · feminine · singular · nominative · (proper) ▸ **1** (Esth. 5,14)
- Ζωσαραν ▸ **1**
  - Noun · feminine · singular · accusative · (proper) ▸ **1** (Esth. 5,10)

ζῶσις (ζάω) girding; waist ▸ **1**
- ζῶσιν ▸ **1**
  - Noun · feminine · singular · accusative · (common) ▸ **1** (Is. 22,12)

ζωτικός (ζάω) living, lively ▸ **1**
- ζωτικόν ▸ **1**
  - Adjective · neuter · singular · accusative · noDegree ▸ **1** (Wis. 15,11)

H, η

η eta; (Hebr.) Heh (sixth letter) ‣ 1
  η ‣ 1
    Noun · neuter · singular · nominative ‣ **1** (Psa. 118,33)

ἦ surely, truly; can it be? ‣ 52 + 2 = 54
  ἦ ‣ 47 + 2 = 49
    Adverb ‣ 47 + 2 = **49** (Gen. 22,17; Gen. 42,16; Ex. 22,7; Ex. 22,10; Num. 14,23; Num. 14,28; Num. 14,35; Judg. 14,15; 1Sam. 10,11; 1Sam. 21,16; 1Sam. 22,15; 2Sam. 2,26; 2Sam. 3,25; 2Sam. 14,13; 1Kings 18,13; 2Chr. 13,9; Neh. 2,19; Job 6,13; Job 8,10; Job 9,14; Job 9,26; Job 10,3; Job 10,4; Job 10,5; Job 10,10; Job 10,20; Job 11,7; Job 12,2; Job 13,8; Job 13,15; Job 13,25; Job 15,8; Job 17,15; Job 17,16; Job 22,4; Job 22,13; Job 27,3; Job 27,9; Job 31,26; Job 38,12; Job 38,14; Job 38,32; Job 39,19; Job 40,9; Is. 66,8; Jer. 7,17; Bar. 2,29; Judg. 14,15; Bel 6)
  ἦ ‣ 5
    Adverb ‣ 5
      (1Sam. 10,12; 1Sam. 24,17; 1Sam. 26,17; Is. 45,23; Lam. 2,15)

ἤ or, than, either/or; hey! say now! ‣ 916 + 34 + 343 = 1293
  ἤ ‣ 1
    Conjunction · coordinating ‣ **1** (Prov. 5,3)
  ἤ ‣ 1 + 9 = 10
    Conjunction · coordinating ‣ **1** (Wis. 19,15)
    Particle ‣ **8** (Matt. 6,31; Matt. 6,31; Matt. 24,23; Luke 17,21; Luke 17,23; Rom. 10,7; 1Cor. 15,37; Eph. 5,27)
    Particle · (comparative) ‣ **1** (1Cor. 9,15)
  ἤ ‣ 914 + 34 + 328 = 1276
    Conjunction · coordinating ‣ 914 + 34 = **948** (Gen. 19,9; Gen. 19,12; Gen. 19,12; Gen. 19,12; Gen. 21,26; Gen. 24,21; Gen. 24,38; Gen. 24,49; Gen. 26,11; Gen. 27,21; Gen. 28,17; Gen. 29,19; Gen. 29,26; Gen. 29,30; Gen. 31,14; Gen. 31,43; Gen. 37,8; Gen. 37,32; Gen. 38,26; Gen. 42,16; Gen. 44,8; Gen. 44,16; Gen. 44,16; Gen. 44,19; Gen. 45,8; Gen. 47,18; Gen. 49,12; Ex. 1,19; Ex. 5,3; Ex. 7,9; Ex. 10,7; Ex. 12,9; Ex. 12,44; Ex. 12,45; Ex. 13,12; Ex. 14,12; Ex. 16,4; Ex. 16,8; Ex. 17,7; Ex. 19,13; Ex. 21,4; Ex. 21,15; Ex. 21,16; Ex. 21,18; Ex. 21,20; Ex. 21,21; Ex. 21,26; Ex. 21,27; Ex. 21,28; Ex. 21,29; Ex. 21,31; Ex. 21,32; Ex. 21,33; Ex. 21,33; Ex. 21,37; Ex. 21,37; Ex. 22,4; Ex. 22,5; Ex. 22,5; Ex. 22,6; Ex. 22,9; Ex. 22,9; Ex. 22,9; Ex. 22,9; Ex. 22,9; Ex. 22,13; Ex. 22,13; Ex. 23,4; Ex. 28,43; Ex. 30,20; Ex. 32,29; Ex. 33,16; Ex. 38,27; Lev. 1,14; Lev. 3,6; Lev. 5,1; Lev. 5,1; Lev. 5,2; Lev. 5,2; Lev. 5,2; Lev. 5,2; Lev. 5,2; Lev. 5,2; Lev. 5,3; Lev. 5,4; Lev. 5,4; Lev. 5,6; Lev. 5,7; Lev. 5,11; Lev. 5,21; Lev. 5,21; Lev. 5,21; Lev. 5,22; Lev. 5,23; Lev. 5,23; Lev. 5,23; Lev. 7,9; Lev. 7,16; Lev. 7,21; Lev. 7,21; Lev. 7,21; Lev. 10,9; Lev. 11,10; Lev. 11,32; Lev. 11,32; Lev. 11,32; Lev. 12,6; Lev. 12,6; Lev. 12,7; Lev. 12,8; Lev. 13,2; Lev. 13,19; Lev. 13,19; Lev. 13,24; Lev. 13,29; Lev. 13,30; Lev. 13,38; Lev. 13,42; Lev. 13,42; Lev. 13,42; Lev. 13,43; Lev. 13,47; Lev. 13,48; Lev. 13,48; Lev. 13,48; Lev. 13,48; Lev. 13,48; Lev. 13,48; Lev. 13,49; Lev. 13,49; Lev. 13,49; Lev. 13,49; Lev. 13,49; Lev. 13,51; Lev. 13,51; Lev. 13,51; Lev. 13,52; Lev. 13,52; Lev. 13,52; Lev. 13,52; Lev. 13,53; Lev. 13,53; Lev. 13,53; Lev. 13,55; Lev. 13,55; Lev. 13,56; Lev. 13,56; Lev. 13,56; Lev. 13,57; Lev. 13,57; Lev. 13,57; Lev. 13,58; Lev. 13,58; Lev. 13,58; Lev. 13,59; Lev. 13,59; Lev. 13,59; Lev. 13,59; Lev. 13,59; Lev. 14,22; Lev. 14,30; Lev. 14,37; Lev. 15,14; Lev. 15,23; Lev. 15,29; Lev. 15,33; Lev. 17,3; Lev. 17,3; Lev. 17,3; Lev. 17,4; Lev. 17,8; Lev. 17,10; Lev. 17,13; Lev. 17,15; Lev. 17,15; Lev. 18,9; Lev. 18,9; Lev. 18,10; Lev. 19,20; Lev. 20,2; Lev. 20,6; Lev. 20,9; Lev. 20,9; Lev. 20,10; Lev. 20,17; Lev. 20,27; Lev. 20,27; Lev. 21,2; Lev. 21,14; Lev. 21,18; Lev. 21,18; Lev. 21,18; Lev. 21,19; Lev. 21,19; Lev. 21,20; Lev. 21,20; Lev. 21,20; Lev. 21,20; Lev. 21,20; Lev. 21,20; Lev. 22,4; Lev. 22,4; Lev. 22,5; Lev. 22,5; Lev. 22,10; Lev. 22,13; Lev. 22,18; Lev. 22,18; Lev. 22,21; Lev. 22,21; Lev. 22,22; Lev. 22,22; Lev. 22,22; Lev. 22,22; Lev. 22,22; Lev. 22,23; Lev. 22,23; Lev. 22,27; Lev. 22,27; Lev. 22,28; Lev. 25,40; Lev. 25,47; Lev. 25,47; Lev. 25,49; Lev. 25,49; Num. 5,6; Num. 5,14; Num. 5,20; Num. 5,30; Num. 6,2; Num. 6,10; Num. 9,10; Num. 9,10; Num. 9,21; Num. 11,12; Num. 11,22; Num. 11,23; Num. 11,33; Num. 13,18; Num. 13,18; Num. 13,19; Num. 13,19; Num. 13,20; Num. 13,20; Num. 13,28; Num. 14,2; Num. 14,12; Num. 14,23; Num. 14,30; Num. 15,3; Num. 15,3; Num. 15,3; Num. 15,3; Num. 15,5; Num. 15,6; Num. 15,6; Num. 15,8; Num. 15,8; Num. 15,11; Num. 15,11; Num. 15,11; Num. 15,14; Num. 15,30; Num. 16,30; Num. 18,15; Num. 18,29; Num. 19,16; Num. 19,16; Num. 19,16; Num. 19,18; Num. 19,18; Num. 19,18; Num. 22,6; Num. 22,18; Num. 23,8; Num. 23,13; Num. 24,7; Num. 24,13; Num. 26,37; Num. 30,3; Num. 30,3; Num. 30,4; Num. 30,11; Num. 31,23; Num. 35,21; Num. 35,22; Num. 35,23; Deut. 1,39; Deut. 3,24; Deut. 4,12; Deut. 4,16; Deut. 4,26; Deut. 5,3; Deut. 7,17; Deut. 8,2; Deut. 9,1; Deut. 9,14; Deut. 10,12; Deut. 11,23; Deut. 12,5; Deut. 12,14; Deut. 12,15; Deut. 12,15; Deut. 12,18; Deut. 13,2; Deut. 13,2; Deut. 13,3; Deut. 13,4; Deut. 13,6; Deut. 13,7; Deut. 13,7; Deut. 13,7; Deut. 13,7; Deut. 13,7; Deut. 13,8; Deut. 14,21; Deut. 14,26; Deut. 14,26; Deut. 14,26; Deut. 15,12; Deut. 15,21; Deut. 15,21; Deut. 15,22; Deut. 16,6; Deut. 17,1; Deut. 17,2; Deut. 17,3; Deut. 17,3; Deut. 17,5; Deut. 17,6; Deut. 17,12; Deut. 17,20; Deut. 18,10; Deut. 20,17; Deut. 20,19; Deut. 22,1; Deut. 22,4;

H, η

Deut. 22,6; Deut. 22,6; Deut. 22,6; Deut. 22,6; Deut. 24,3; Deut. 24,14; Deut. 25,13; Deut. 25,14; Deut. 27,16; Deut. 27,22; Deut. 29,17; Deut. 29,17; Deut. 29,17; Deut. 29,19; Josh. 2,8; Josh. 2,20; Josh. 5,13; Josh. 6,19; Josh. 6,19; Josh. 6,19; Josh. 7,3; Josh. 8,20; Josh. 10,11; Josh. 14,4; Josh. 17,3; Josh. 22,23; Josh. 23,6; Judg. 2,22; Judg. 6,31; Judg. 7,14; Judg. 8,2; Judg. 9,2; Judg. 11,25; Judg. 11,34; Judg. 18,19; Judg. 19,13; Judg. 20,28; Judg. 21,22; Ruth 1,13; Ruth 1,16; 1Sam. 2,10; 1Sam. 2,14; 1Sam. 2,14; 1Sam. 2,30; 1Sam. 3,7; 1Sam. 8,7; 1Sam. 8,19; 1Sam. 10,19; 1Sam. 12,3; 1Sam. 12,3; 1Sam. 12,3; 1Sam. 12,3; 1Sam. 12,12; 1Sam. 14,6; 1Sam. 14,41; 1Sam. 17,43; 1Sam. 18,25; 1Sam. 20,2; 1Sam. 21,5; 1Sam. 21,7; 1Sam. 21,9; 1Sam. 22,15; 1Sam. 25,36; 1Sam. 26,10; 1Sam. 26,10; 1Sam. 30,17; 1Sam. 30,22; 2Sam. 2,21; 2Sam. 3,35; 2Sam. 12,3; 2Sam. 13,33; 2Sam. 14,19; 2Sam. 17,9; 2Sam. 19,29; 2Sam. 19,36; 2Sam. 19,36; 2Sam. 19,36; 2Sam. 19,43; 2Sam. 19,43; 2Sam. 19,44; 2Sam. 21,2; 2Sam. 24,13; 2Sam. 24,13; 1Kings 2,42; 1Kings 17,12; 1Kings 18,10; 1Kings 18,18; 1Kings 18,27; 1Kings 21,39; 1Kings 22,6; 1Kings 22,8; 1Kings 22,15; 1Kings 22,18; 1Kings 22,31; 2Kings 2,9; 2Kings 2,16; 2Kings 2,16; 2Kings 4,2; 2Kings 4,13; 2Kings 5,15; 2Kings 5,17; 2Kings 6,27; 2Kings 9,35; 2Kings 10,23; 2Kings 13,7; 2Kings 13,19; 2Kings 14,6; 2Kings 17,36; 2Kings 17,39; 2Kings 19,18; 2Kings 19,26; 2Kings 22,2; 2Kings 23,23; 1Chr. 2,34; 1Chr. 15,2; 1Chr. 21,12; 1Chr. 21,12; 1Chr. 21,12; 1Chr. 22,12; 1Chr. 23,22; 1Chr. 29,1; 2Chr. 2,5; 2Chr. 6,36; 2Chr. 15,17; 2Chr. 18,5; 2Chr. 18,14; 2Chr. 18,17; 2Chr. 18,30; 2Chr. 19,2; 2Chr. 19,3; 2Chr. 19,6; 2Chr. 20,12; 2Chr. 20,15; 2Chr. 21,17; 2Chr. 25,4; 2Chr. 26,18; 2Chr. 28,22; 2Chr. 29,34; 2Chr. 32,7; 2Chr. 35,22; 1Esdr. 4,14; 1Esdr. 4,19; 1Esdr. 4,25; 1Esdr. 6,31; 1Esdr. 6,32; 1Esdr. 8,24; 1Esdr. 8,24; 1Esdr. 9,4; Ezra 6,12; Neh. 3,35; Esth. 4,11; Esth. 5,12; Esth. 6,3; Esth. 16,24 # 8,12x; Judith 8,15; Tob. 2,4; Tob. 3,6; Tob. 3,8; Tob. 3,9; Tob. 5,12; Tob. 5,18; Tob. 6,8; Tob. 6,8; Tob. 6,13; Tob. 6,13; Tob. 8,20; Tob. 10,2; Tob. 12,8; Tob. 12,8; Tob. 14,15; 1Mac. 2,22; 1Mac. 3,18; 1Mac. 3,59; 1Mac. 4,35; 1Mac. 4,35; 1Mac. 4,38; 1Mac. 5,46; 1Mac. 5,46; 1Mac. 8,24; 1Mac. 8,30; 1Mac. 8,30; 1Mac. 9,6; 1Mac. 9,9; 1Mac. 10,4; 1Mac. 10,38; 1Mac. 14,45; 2Mac. 3,38; 2Mac. 6,19; 2Mac. 7,2; 2Mac. 9,24; 2Mac. 13,6; 3Mac. 1,11; 3Mac. 4,3; 3Mac. 4,3; 3Mac. 4,3; 3Mac. 4,16; 3Mac. 5,31; 3Mac. 7,9; 3Mac. 7,21; 4Mac. 2,7; 4Mac. 9,1; 4Mac. 13,12; 4Mac. 16,24; Psa. 1,2; Psa. 1,4; Psa. 8,5; Psa. 13,2; Psa. 29,10; Psa. 49,13; Psa. 52,3; Psa. 76,9; Psa. 76,10; Psa. 76,10; Psa. 77,20; Psa. 83,11; Psa. 84,6; Psa. 87,11; Psa. 93,9; Psa. 93,16; Psa. 113,9; Psa. 117,8; Psa. 117,9; Psa. 132,1; Psa. 132,1; Psa. 143,3; Ode. 3,10; Ode. 4,8; Ode. 4,8; Prov. 1,27; Prov. 3,14; Prov. 6,8a; Prov. 6,28; Prov. 7,23; Prov. 12,9; Prov. 15,16; Prov. 15,17; Prov. 15,29a; Prov. 16,7; Prov. 16,19; Prov. 17,1; Prov. 19,22; Prov. 20,9; Prov. 20,20 # 20,9a; Prov. 21,3; Prov. 21,9; Prov. 21,19; Prov. 22,1; Prov. 25,7; Prov. 25,24; Prov. 27,6; Prov. 27,10; Prov. 27,10; Prov. 28,24; Prov. 30,4; Prov. 30,9; Eccl. 2,19; Eccl. 5,4; Eccl. 5,10; Eccl. 7,2; Eccl. 11,6; Eccl. 11,6; Song 2,9; Song 2,17; Song 8,14; Job 3,15; Job 3,16; Job 3,16; Job 4,7; Job 4,16; Job 4,17; Job 5,1; Job 5,26; Job 6,5; Job 6,11; Job 6,12; Job 6,15; Job 6,16; Job 6,22; Job 6,23; Job 6,30; Job 7,2; Job 7,2; Job 7,12; Job 7,17; Job 7,18; Job 8,3; Job 8,11; Job 9,12; Job 9,26; Job 10,4; Job 10,5; Job 11,2; Job 11,7; Job 11,9; Job 11,9; Job 13,22; Job 13,25; Job 13,28; Job 14,2; Job 14,22; Job 15,7; Job 15,9; Job 15,12; Job 15,14; Job 16,3; Job 17,16; Job 18,4; Job 19,13; Job 19,24; Job 20,2; Job 21,4; Job 21,18; Job 22,3; Job 22,17; Job 24,24; Job 25,2; Job 25,4; Job 26,2; Job 26,3; Job 27,9; Job 27,10; Job 30,24; Job 31,13; Job 32,19; Job 33,15; Job 34,8; Job 34,12; Job 35,3; Job 35,7; Job 36,23; Job 37,20; Job 38,5; Job 38,24; Job 38,33; Job 38,36; Job 39,9; Job 39,10; Job 40,8; Job 40,9; Job 40,29; Job 41,3; Job 42,12; Wis. 2,8; Wis. 4,11; Wis. 5,11; Wis. 5,12; Wis. 9,13; Wis. 11,17; Wis. 11,18; Wis. 11,18; Wis. 11,18; Wis. 11,25; Wis. 12,9; Wis. 12,9; Wis. 12,12; Wis. 12,12; Wis. 12,14; Wis. 13,2; Wis. 13,2; Wis. 13,2; Wis. 13,2; Wis. 13,2; Wis. 13,2; Wis. 13,10; Wis. 13,14; Wis. 14,21; Wis. 14,21; Wis. 14,23; Wis. 14,23; Wis. 14,23; Wis. 14,24; Wis. 14,24; Wis. 14,28; Wis. 14,28; Wis. 14,28; Wis. 14,28; Wis. 17,16; Wis. 17,16; Wis. 17,17; Wis. 17,17; Wis. 17,17; Wis. 17,18; Wis. 17,18; Wis. 17,18; Sir. 2,10; Sir. 2,10; Sir. 4,10; Sir. 10,27; Sir. 11,8; Sir. 13,7; Sir. 16,3; Sir. 16,3; Sir. 16,22; Sir. 18,16; Sir. 18,19; Sir. 19,17; Sir. 19,24; Sir. 20,2; Sir. 20,18; Sir. 20,25; Sir. 20,31; Sir. 22,14; Sir. 22,15; Sir. 23,20; Sir. 25,16; Sir. 29,11; Sir. 29,22; Sir. 30,14; Sir. 30,15; Sir. 30,17; Sir. 33,22; Sir. 34,23; Sir. 37,12; Sir. 37,14; Sir. 39,11; Sir. 40,28; Sir. 41,12; Sir. 41,15; Sir. 42,14; Sir. 44,10; Sir. 48,25; Sir. 51,13; Sol. 5,12; Hos. 1,6; Hos. 2,9; Hos. 6,6; Hos. 7,14; Hos. 14,10; Amos 3,12; Amos 7,14; Mic. 4,9; Mic. 6,3; Mic. 6,3; Mic. 6,7; Mic. 6,8; Mic. 6,8; Joel 1,2; Joel 4,4; Obad. 5; Jonah 4,3; Jonah 4,8; Jonah 4,11; Jonah 4,11; Hab. 3,8; Hab. 3,8; Hag. 2,12; Hag. 2,12; Hag. 2,12; Hag. 2,12; Zech. 4,6; Zech. 7,5; Zech. 7,5; Zech. 7,6; Zech. 8,12; Zech. 11,12; Mal. 1,8; Mal. 2,13; Mal. 2,15; Mal. 3,2; Is. 3,6; Is. 7,11; Is. 7,15; Is. 7,15; Is. 7,16; Is. 7,16; Is. 8,4; Is. 8,4; Is. 8,8; Is. 10,14; Is. 10,15; Is. 10,15; Is. 13,12; Is. 13,12; Is. 17,6; Is. 17,6; Is. 17,6; Is. 17,6; Is. 17,14; Is. 23,7; Is. 23,8; Is. 28,4; Is. 28,24; Is. 29,15; Is. 29,16; Is. 31,4; Is. 36,5; Is. 36,12; Is. 37,11; Is. 37,23; Is. 40,14; Is. 40,14; Is. 40,14; Is. 40,19; Is. 41,22; Is. 42,19; Is. 42,19; Is. 43,9; Is. 50,1; Is. 50,2; Is. 54,1; Is. 55,10; Is. 59,1; Is. 62,9; Is. 66,1; Is. 66,2; Is. 66,7; Is. 66,8; Jer. 2,14; Jer. 2,31; Jer. 3,5; Jer. 5,9; Jer. 5,22; Jer. 5,29; Jer. 7,23; Jer. 7,32; Jer. 8,3; Jer. 8,4; Jer. 8,19; Jer. 8,22; Jer. 9,8; Jer. 9,23; Jer. 11,15; Jer. 12,9; Jer. 14,9; Jer. 15,5; Jer. 18,7; Jer. 18,14; Jer. 19,6; Jer. 20,3; Jer. 21,13; Jer. 22,12; Jer. 23,33; Jer. 23,33; Jer. 30,17; Jer. 33,15; Jer. 38,30; Jer. 45,4; Jer. 45,6; Jer. 50,3; Jer. 51,14; Lam. 2,13; Lam. 4,9; LetterJ 18; LetterJ 39; LetterJ 44; LetterJ 45; LetterJ 54; LetterJ 54; LetterJ 56; LetterJ 58; LetterJ 58; LetterJ 58; LetterJ 58; LetterJ 58; Ezek. 2,5; Ezek. 2,7; Ezek. 3,6; Ezek. 14,16; Ezek. 14,16; Ezek. 14,17; Ezek. 14,19; Ezek. 14,20; Ezek. 28,4; Ezek. 36,22; Ezek. 39,10; Ezek. 44,10; Ezek. 44,22; Ezek. 44,25; Ezek. 46,9; Dan. 3,95; Dan. 6,6; Dan. 6,8; Dan. 6,8; Dan. 6,18; Dan. 10,21; Sus. 23; Bel 8; Judg. 2,22; Judg. 6,31; Judg. 8,2; Judg. 8,2; Judg. 9,2; Judg. 11,25; Judg. 11,34; Judg. 15,13; Judg. 16,30; Judg. 18,7; Judg. 18,19; Judg. 19,13; Judg. 20,28; Judg. 21,22; Tob. 2,4; Tob. 3,6; Tob. 3,6; Tob. 3,8; Tob. 6,8; Tob. 6,8; Tob. 6,13; Tob. 10,2; Tob. 12,8; Tob. 12,8; Dan. 2,11; Dan. 2,28; Dan. 3,95; Dan. 6,8; Dan. 6,13; Dan. 10,7; Dan. 10,21; Dan. 10,21; Sus. 23; Bel 11)

Particle ▸ 286 (Matt. 5,17; Matt. 5,18; Matt. 5,36; Matt. 6,24; Matt. 6,24; Matt. 6,25; Matt. 7,4; Matt. 7,9; Matt. 7,10; Matt. 7,16; Matt. 9,5; Matt. 10,11; Matt. 10,14; Matt. 10,19; Matt. 10,37; Matt. 10,37; Matt. 11,3; Matt. 12,5; Matt. 12,25; Matt. 12,29; Matt. 12,33; Matt. 13,21; Matt. 15,4; Matt. 15,5; Matt. 16,14; Matt. 16,26; Matt. 17,25; Matt. 17,25; Matt. 18,8; Matt. 18,8; Matt. 18,8; Matt. 18,16; Matt. 18,16; Matt. 18,20; Matt. 19,29; Matt. 19,29; Matt. 19,29; Matt. 19,29; Matt. 19,29; Matt. 19,29; Matt. 20,15; Matt. 20,15; Matt. 21,25; Matt. 22,17; Matt. 23,17; Matt. 23,19; Matt. 25,37; Matt. 25,38; Matt. 25,39; Matt. 25,44; Matt. 25,44; Matt. 25,44; Matt. 25,44; Matt. 25,44; Matt. 26,53; Matt. 27,17; Mark 2,9; Mark 3,4; Mark 3,4; Mark 4,17; Mark 4,21; Mark 4,30; Mark 6,56; Mark 6,56; Mark 7,10; Mark 7,11; Mark 7,12; Mark 10,29; Mark 10,29; Mark 10,29; Mark 10,29; Mark 10,29; Mark 10,29; Mark 10,38; Mark 10,40; Mark 11,28; Mark 11,30; Mark 12,14; Mark 12,14; Mark 13,32; Mark 13,35; Mark 13,35; Mark 13,35; Mark 13,35; Luke 2,24; Luke 5,23; Luke 6,9; Luke 6,9; Luke 7,19; Luke 7,20; Luke 8,16; Luke 9,25; Luke ἤ–ἡγέομαι

11,12; Luke 12,11; Luke 12,11; Luke 12,14; Luke 12,41; Luke 12,47; Luke 13,4; Luke 13,15; Luke 14,3; Luke 14,5; Luke 14,12; Luke 16,13; Luke 16,13; Luke 17,7; Luke 18,11; Luke 18,29; Luke 18,29; Luke 18,29; Luke 18,29; Luke 20,2; Luke 20,4; Luke 20,22; Luke 21,15; Luke 22,27; John 2,6; John 4,27; John 6,19; John 7,17; John 7,48; John 8,14; John 9,2; John 9,21; John 13,29; John 18,34; Acts 1,7; Acts 3,12; Acts 3,12; Acts 4,7; Acts 4,34; Acts 5,38; Acts 7,49; Acts 8,34; Acts 10,28; Acts 10,28; Acts 11,8; Acts 17,21; Acts 17,29; Acts 17,29; Acts 18,14; Acts 19,12; Acts 20,33; Acts 20,33; Acts 23,9; Acts 23,29; Acts 24,12; Acts 24,20; Acts 24,21; Acts 25,6; Acts 26,31; Acts 28,6; Acts 28,17; Acts 28,21; Rom. 1,21; Rom. 2,4; Rom. 2,15; Rom. 3,1; Rom. 3,29; Rom. 4,9; Rom. 4,10; Rom. 4,13; Rom. 6,3; Rom. 6,16; Rom. 8,35; Rom. 8,35; Rom. 8,35; Rom. 8,35; Rom. 8,35; Rom. 8,35; Rom. 9,11; Rom. 9,21; Rom. 11,2; Rom. 11,34; Rom. 11,35; Rom. 14,4; Rom. 14,10; Rom. 14,13; 1Cor. 1,13; 1Cor. 2,1; 1Cor. 4,3; 1Cor. 4,21; 1Cor. 5,10; 1Cor. 5,10; 1Cor. 5,11; 1Cor. 5,11; 1Cor. 5,11; 1Cor. 5,11; 1Cor. 5,11; 1Cor. 6,2; 1Cor. 6,16; 1Cor. 6,19; 1Cor. 7,11; 1Cor. 7,15; 1Cor. 7,16; 1Cor. 9,6; 1Cor. 9,7; 1Cor. 9,8; 1Cor. 9,10; 1Cor. 10,19; 1Cor. 10,22; 1Cor. 11,4; 1Cor. 11,5; 1Cor. 11,6; 1Cor. 11,22; 1Cor. 11,27; 1Cor. 12,21; 1Cor. 13,1; 1Cor. 14,6; 1Cor. 14,6; 1Cor. 14,6; 1Cor. 14,6; 1Cor. 14,7; 1Cor. 14,23; 1Cor. 14,24; 1Cor. 14,27; 1Cor. 14,29; 1Cor. 14,36; 1Cor. 14,36; 1Cor. 14,37; 1Cor. 16,6; 2Cor. 1,13; 2Cor. 1,17; 2Cor. 3,1; 2Cor. 3,1; 2Cor. 6,14; 2Cor. 6,15; 2Cor. 9,7; 2Cor. 10,12; 2Cor. 11,4; 2Cor. 11,4; 2Cor. 12,6; 2Cor. 13,5; Gal. 1,8; Gal. 1,10; Gal. 1,10; Gal. 2,2; Gal. 3,2; Gal. 3,5; Gal. 3,15; Eph. 3,20; Eph. 5,3; Eph. 5,4; Eph. 5,5; Eph. 5,5; Eph. 5,27; Phil. 3,12; Col. 2,16; Col. 2,16; Col. 2,16; Col. 3,17; 1Th. 2,19; 1Th. 2,19; 1Th. 2,19; 2Th. 2,4; 1Tim. 2,9; 1Tim. 2,9; 1Tim. 5,4; 1Tim. 5,19; Titus 1,6; Titus 3,12; Philem. 18; Heb. 2,6; Heb. 10,28; Heb. 12,16; James 1,17; James 2,3; James 2,15; James 3,12; James 4,5; James 4,11; James 4,13; James 4,15; 1Pet. 1,11; 1Pet. 1,18; 1Pet. 3,3; 1Pet. 3,9; 1Pet. 3,17; 1Pet. 4,15; 1Pet. 4,15; 1Pet. 4,15; Rev. 3,15; Rev. 13,16; Rev. 13,17; Rev. 13,17; Rev. 14,9)

Particle · (comparative) ▸ **42** (Matt. 1,18; Matt. 10,15; Matt. 11,22; Matt. 11,24; Matt. 18,8; Matt. 18,9; Matt. 18,13; Matt. 19,24; Mark 9,43; Mark 9,45; Mark 9,47; Mark 10,25; Mark 14,30; Luke 2,26; Luke 9,13; Luke 10,12; Luke 10,14; Luke 12,51; Luke 15,7; Luke 16,17; Luke 17,2; Luke 18,25; John 3,19; John 4,1; Acts 4,19; Acts 5,29; Acts 7,2; Acts 17,21; Acts 20,35; Acts 25,16; Acts 27,11; Rom. 13,11; 1Cor. 7,9; 1Cor. 14,5; 1Cor. 14,19; 2Cor. 1,13; Gal. 4,27; 1Tim. 1,4; 2Tim. 3,4; Heb. 11,25; 2Pet. 2,21; 1John 4,4)

Ἦ ▸ **6**
Particle · ▸ **6** (Matt. 12,33; Luke 14,31; Luke 15,8; Rom. 7,1; 1Cor. 6,9; 2Cor. 11,7)

η´ eta (letter of alphabet) or number: eight; ▸ **1**
η´ ▸ **1**
Adjective · (ordinal · numeral) ▸ **1** (Psa. 118,57)

ἡγεμονεύω (ἄγω) to govern ▸ **2**
ἡγεμονεύοντος ▸ **2**
Verb · present · active · participle · masculine · singular · genitive ▸ **2** (Luke 2,2; Luke 3,1)

ἡγεμονία (ἄγω) military company, authority, rule ▸ **7** + **1** = 8
ἡγεμονία ▸ **1**
Noun · feminine · singular · nominative · (common) ▸ **1** (Sir. 10,1)
ἡγεμονίαις ▸ **1**
Noun · feminine · plural · dative · (common) ▸ **1** (Gen. 36,30)
ἡγεμονίαν ▸ **4**
Noun · feminine · singular · accusative · (common) ▸ **4** (Num. 1,52; Num. 2,17; 4Mac. 13,4; Sir. 7,4)

ἡγεμονίας ▸ **1** + **1** = 2
Noun · feminine · singular · genitive · (common) ▸ **1** + **1** = 2 (4Mac. 6,33; Luke 3,1)

Ἡγεμονίδης (ἄγω) Hegemonides ▸ **1**
Ἡγεμονίδην ▸ **1**
Noun · masculine · singular · accusative · (proper) ▸ **1** (2Mac. 13,24)

ἡγεμονικός (ἄγω) ruling, governing; authoritative ▸ **2**
ἡγεμονικὰς ▸ **1**
Adjective · feminine · plural · accusative · noDegree ▸ **1** (4Mac. 8,7)
ἡγεμονικῷ ▸ **1**
Adjective · neuter · singular · dative · noDegree ▸ **1** (Psa. 50,14)

ἡγεμών (ἄγω) governor, leader, chief ▸ **84** + **20** = 104
ἡγεμόνα ▸ **2** + **2** = 4
Noun · masculine · singular · accusative · (common) ▸ **2** + **2** = **4** (2Mac. 1,16; 4Mac. 2,22; Matt. 27,14; Acts 23,24)
ἡγεμόνας ▸ **7** + **2** = 9
Noun · masculine · plural · accusative · (common) ▸ **7** + **2** = **9** (1Mac. 6,57; Jer. 28,23; Jer. 28,57; Jer. 45,17; Jer. 48,13; Jer. 49,8; Ezek. 23,23; Matt. 10,18; Luke 21,12)
ἡγεμόνες ▸ **24**
Noun · masculine · plural · nominative · (common) ▸ **24** (Gen. 36,15; Gen. 36,16; Gen. 36,17; Gen. 36,18; Gen. 36,19; Gen. 36,21; Gen. 36,29; Gen. 36,30; Gen. 36,43; Ex. 15,15; 1Chr. 1,51; 1Chr. 1,54; 1Esdr. 6,7; Psa. 67,28; Ode. 1,15; Jer. 46,3; Jer. 46,3; Jer. 47,7; Jer. 47,13; Jer. 48,11; Jer. 48,16; Jer. 49,1; Jer. 50,4; Jer. 50,5)
ἡγεμόνι ▸ **4**
Noun · masculine · singular · dative ▸ **4** (Matt. 27,2; Acts 23,26; Acts 23,33; Acts 24,1)
ἡγεμόνος ▸ **5**
Noun · masculine · singular · genitive ▸ **5** (Matt. 27,11; Matt. 27,27; Matt. 28,14; Luke 20,20; Acts 24,10)
ἡγεμόνων ▸ **2** + **1** = 3
Noun · masculine · plural · genitive · (common) ▸ **2** + **1** = **3** (Gen. 36,40; 2Mac. 12,19; Mark 13,9)
ἡγεμόσιν ▸ **1** + **2** = 3
Noun · masculine · plural · dative · (common) ▸ **1** + **2** = **3** (1Esdr. 6,26; Matt. 2,6; 1Pet. 2,14)
ἡγεμών ▸ **3**
Noun · masculine · singular · nominative · (common) ▸ **2** (4Mac. 1,30; 4Mac. 7,16)
Noun · masculine · singular · vocative · (common) ▸ **1** (Psa. 54,14)
ἡγεμών ▸ **45** + **4** = 49
Noun · masculine · singular · nominative · (common) ▸ **45** + **4** = **49** (Gen. 36,15; Gen. 36,15; Gen. 36,15; Gen. 36,15; Gen. 36,16; Gen. 36,16; Gen. 36,16; Gen. 36,17; Gen. 36,17; Gen. 36,17; Gen. 36,17; Gen. 36,18; Gen. 36,18; Gen. 36,18; Gen. 36,29; Gen. 36,29; Gen. 36,29; Gen. 36,29; Gen. 36,30; Gen. 36,30; Gen. 36,30; Gen. 36,40; Gen. 36,40; Gen. 36,40; Gen. 36,41; Gen. 36,41; Gen. 36,41; Gen. 36,42; Gen. 36,42; Gen. 36,42; Gen. 36,43; Gen. 36,43; 1Chr. 1,51; 1Chr. 1,51; 1Chr. 1,51; 1Chr. 1,52; 1Chr. 1,52; 1Chr. 1,52; 1Chr. 1,53; 1Chr. 1,53; 1Chr. 1,53; 1Chr. 1,54; 1Chr. 1,54; 2Mac. 1,13; Job 42,17d; Matt. 27,11; Matt. 27,15; Matt. 27,21; Acts 26,30)

ἡγέομαι (ἄγω) to lead, consider, count, regard ▸ **160** + **7** + **28** = 195
ἡγεῖσθαι ▸ **3** + **1** + **1** = 5
Verb · present · middle · infinitive ▸ **3** + **1** + **1** = 5

(Deut. 1,15; Esth. 5,11; 1Mac. 11,27; Dan. 3,97; 1Th. 5,13)

ἡγεῖσθε ‣ 1 + 2 = 3
    Verb · second · plural · present · middle · indicative ‣ 1 + 2 = 3 (4Mac. 14,11; 2Th. 3,15; 2Pet. 3,15)

ἡγείσθω ‣ 1
    Verb · third · singular · present · middle · imperative ‣ 1 (Prov. 5,19)

ἡγείσθωσαν ‣ 1
    Verb · third · plural · present · middle · imperative ‣ 1 (1Tim. 6,1)

ἡγεῖται ‣ 5
    Verb · third · singular · present · middle · indicative ‣ 5 (1Mac. 5,11; Psa. 103,17; Prov. 16,18; Wis. 7,12; Wis. 15,9)

ἡγεῖτο ‣ 2
    Verb · third · singular · imperfect · middle · indicative ‣ 2 (Ex. 13,21; 1Mac. 7,5)

ἥγημαι ‣ 1 + 2 = 3
    Verb · first · singular · perfect · middle · indicative ‣ 1 + 1 = 2 (Job 42,6; Acts 26,2)
    Verb · first · singular · perfect · passive · indicative ‣ 1 (Phil. 3,7)

ἥγησαι ‣ 2
    Verb · second · singular · perfect · middle · indicative ‣ 2 (Job 13,24; Job 30,19)

ἡγησάμεθα ‣ 2
    Verb · first · plural · aorist · middle · indicative ‣ 2 (2Mac. 1,18; 3Mac. 3,15)

ἡγησάμενοι ‣ 1
    Verb · aorist · middle · participle · masculine · plural · nominative ‣ 1 (Wis. 1,16)

ἡγησάμενος ‣ 2
    Verb · aorist · middle · participle · masculine · singular · nominative ‣ 2 (Heb. 10,29; Heb. 11,26)

ἡγησάμην ‣ 3 + 2 = 5
    Verb · first · singular · aorist · middle · indicative ‣ 3 + 2 = 5 (2Mac. 9,21; Job 30,1; Wis. 7,8; 2Cor. 9,5; Phil. 2,25)

ἡγήσασθε ‣ 1
    Verb · second · plural · aorist · middle · imperative ‣ 1 (James 1,2)

ἡγήσατο ‣ 2 + 3 = 5
    Verb · third · singular · aorist · middle · indicative ‣ 2 + 3 = 5 (Gen. 49,26; Job 19,11; Phil. 2,6; 1Tim. 1,12; Heb. 11,11)

ἡγήσεται ‣ 2
    Verb · third · singular · future · middle · indicative ‣ 2 (Mic. 2,13; Bar. 5,9)

ἡγήσω ‣ 1
    Verb · second · singular · aorist · middle · indicative ‣ 1 (Job 35,2)

ἥγηται ‣ 4
    Verb · third · singular · perfect · middle · indicative ‣ 4 (Job 33,10; Job 41,19; Job 41,20; Job 41,23)

ἡγοῦμαι ‣ 3
    Verb · first · singular · present · middle · indicative ‣ 3 (Phil. 3,8; Phil. 3,8; 2Pet. 1,13)

ἡγουμένη ‣ 2
    Verb · present · middle · participle · feminine · singular · nominative ‣ 2 (Judith 15,13; Nah. 3,4)

ἡγουμένην ‣ 1
    Verb · present · middle · participle · feminine · singular · accusative ‣ 1 (1Kings 15,13)

ἡγούμενοι ‣ 19 + 1 + 2 = 22
    Verb · present · middle · participle · masculine · plural · nominative ‣ 19 + 1 + 2 = 22 (Deut. 5,23; Judg. 9,51; 2Sam. 4,2; 1Kings 14,27; 1Chr. 7,40; 1Chr. 12,22; 1Esdr. 1,47; 1Esdr. 5,67; 1Esdr. 8,48; 1Esdr. 8,65; Judith 7,8; 2Mac. 4,15; Sir. 33,19; Sir. 44,4; Mic. 2,9; Mic. 3,9; Mic. 3,11; Jer. 4,22; Ezek. 43,7; Dan. 3,3; Phil. 2,3; 2Pet. 2,13)

ἡγουμένοις ‣ 3 + 1 = 4
    Verb · present · middle · participle · masculine · plural · dative ‣ 3 + 1 = 4 (1Esdr. 5,65; 1Esdr. 8,58; Mic. 7,5; Heb. 13,17)

ἡγούμενον ‣ 34 + 1 = 35
    Verb · present · middle · participle · masculine · singular · accusative ‣ 34 + 1 = 35 (Judg. 11,6; Judg. 11,11; 1Sam. 25,30; 2Sam. 5,2; 2Sam. 6,21; 2Sam. 7,8; 1Kings 1,35; 1Kings 12,24t; 1Kings 16,2; 1Kings 16,16; 2Kings 1,9; 2Kings 1,13; 2Kings 20,5; 1Chr. 5,2; 1Chr. 11,2; 1Chr. 17,7; 2Chr. 6,5; 2Chr. 11,22; 2Chr. 18,16; 2Chr. 28,7; 1Esdr. 8,44; 1Mac. 5,6; 1Mac. 5,18; 1Mac. 9,30; 1Mac. 9,35; 1Mac. 13,53; 1Mac. 14,35; 1Mac. 14,41; Sir. 10,2; Sir. 17,17; Hab. 1,14; Ezek. 21,2; Dan. 2,48; Dan. 4,18; Acts 7,10)

ἡγούμενόν ‣ 1
    Verb · present · middle · participle · masculine · singular · accusative ‣ 1 (Ex. 23,27)

Ἡγούμενόν ‣ 1
    Verb · present · middle · participle · masculine · singular · accusative ‣ 1 (Sir. 32,1)

ἡγούμενος ‣ 34 + 2 + 3 = 39
    Verb · present · middle · participle · masculine · singular · nominative ‣ 34 + 2 + 3 = 39 (Gen. 49,10; 1Sam. 15,17; 1Sam. 22,2; 2Sam. 3,38; 1Kings 9,5; 1Kings 10,26a; 1Chr. 9,11; 1Chr. 9,20; 1Chr. 12,28; 1Chr. 16,5; 1Chr. 26,24; 1Chr. 27,8; 1Chr. 27,16; 2Chr. 7,18; 2Chr. 9,26; 2Chr. 17,15; 2Chr. 19,11; 2Chr. 19,11; 2Chr. 20,27; 2Chr. 31,13; 1Esdr. 5,36; Judith 5,3; Judith 5,5; 1Mac. 13,8; 3Mac. 5,42; Ode. 7,38; Prov. 30,31; Wis. 12,15; Sir. 9,17; Sir. 10,20; Sir. 49,15; Jer. 20,1; Ezek. 44,3; Dan. 3,38; Dan. 3,38; Dan. 11,22; Matt. 2,6; Luke 22,26; Acts 14,12)

ἡγούμενός ‣ 1
    Verb · present · middle · participle · masculine · singular · nominative ‣ 1 (Ex. 23,23)

ἡγουμένου ‣ 4 + 1 = 5
    Verb · present · middle · participle · masculine · singular · genitive ‣ 4 + 1 = 5 (1Mac. 13,42; 2Mac. 14,16; 2Mac. 14,20; Sir. 41,17; Dan. 9,25)

ἡγουμένους ‣ 19 + 1 + 2 = 22
    Verb · present · middle · participle · masculine · plural · accusative ‣ 19 + 1 + 2 = 22 (Deut. 1,13; Josh. 13,21; 2Sam. 2,5; 2Chr. 5,2; 2Chr. 11,11; 2Chr. 17,2; 2Chr. 17,7; 1Esdr. 8,43; 1Esdr. 9,16; Esth. 1,16; Judith 14,12; 1Mac. 3,55; 2Mac. 10,21; Sir. 46,18; Jer. 28,28; Ezek. 17,13; Ezek. 23,6; Ezek. 23,12; Dan. 6,3; Dan. 3,2; Acts 15,22; Heb. 13,24)

ἡγουμένῳ ‣ 3 + 1 = 4
    Verb · present · middle · participle · masculine · singular · dative ‣ 3 + 1 = 4 (1Chr. 13,1; Mal. 1,8; Ezek. 45,7; Dan. 9,26)

ἡγουμένων ‣ 7 + 1 = 8
    Verb · present · middle · participle · masculine · plural · genitive ‣ 7 + 1 = 8 (1Esdr. 5,43; 1Mac. 9,53; Prov. 29,26; Sir. 39,4; Ezek. 19,11; Ezek. 43,7; Ezek. 43,9; Heb. 13,7)

ἡγοῦνται ‣ 1
    Verb · third · plural · present · middle · indicative ‣ 1 (2Pet. 3,9)

ἡγοῦντο ‣ 1
    Verb · third · plural · imperfect · middle · indicative ‣ 1 (Wis. 17,6)

ἥγημα (ἄγω) thought ‣ 1

ἥγημα ▸ 1
   Noun · neuter · singular · accusative · (common) ▸ **1** (Ezek. 17,3)
ἥγησις (ἄγω) command ▸ 2
   ἡγήσεως ▸ 1
      Noun · feminine · singular · genitive · (common) ▸ **1** (Judg. 5,14)
   ἥγησιν ▸ 1
      Noun · feminine · singular · accusative · (common) ▸ **1** (1Mac. 9,31)
ἡγητέον (ἄγω) one must lead, consider ▸ 1
   ἡγητέον ▸ 1
      Adjective · neuter · singular · nominative · noDegree · (verbal) ▸ **1** (Prov. 26,23)
Ηδαδ Hadad (Jeroham?) ▸ 1
   Ηδαδ ▸ 1
      Noun · masculine · singular · genitive · (proper) ▸ **1** (1Chr. 6,19)
Ηδαις Iddo ▸ 1
   Ηδαις ▸ 1
      Noun · masculine · singular · nominative · (proper) ▸ **1** (1Esdr. 9,35)
Ηδαν Addan ▸ 1
   Ηδαν ▸ 1
      Noun · singular · genitive · (proper) ▸ **1** (Ezra 2,59)
ἡδέως (ἥδομαι) gladly, with pleasure ▸ 10 + 1 + 5 = 16
   ἡδέως ▸ 9 + 1 + 3 = 13
      Adverb ▸ 9 + 1 + 3 = **13** (Esth. 1,10; Tob. 7,10; Tob. 7,11; 2Mac. 2,27; 2Mac. 6,30; 2Mac. 11,26; 4Mac. 10,20; Prov. 3,24; Prov. 9,17; Tob. 7,10; Mark 6,20; Mark 12,37; 2Cor. 11,19)
   ἥδιον ▸ 1
      Adverb ▸ **1** (Sir. 22,11)
   ἥδιστα ▸ 1
      Adverb · (superlative) ▸ **1** (2Cor. 12,15)
   Ἥδιστα ▸ 1
      Adverb · (superlative) ▸ **1** (2Cor. 12,9)
ἤδη now, already ▸ 55 + 9 + 61 = 125
   ἤδη ▸ 52 + 9 + 59 = 120
      Adverb · (temporal) ▸ 52 + 9 + 59 = **120** (Gen. 27,36; Gen. 43,10; Num. 11,23; Num. 17,12; Num. 22,29; Tob. 3,6; Tob. 3,8; Tob. 3,15; 2Mac. 3,24; 2Mac. 4,39; 2Mac. 4,45; 2Mac. 5,5; 2Mac. 6,18; 2Mac. 8,5; 2Mac. 13,17; 2Mac. 14,46; 2Mac. 15,20; 2Mac. 15,20; 3Mac. 1,26; 3Mac. 3,10; 3Mac. 4,8; 3Mac. 4,20; 3Mac. 5,14; 3Mac. 5,15; 3Mac. 5,40; 3Mac. 5,41; 3Mac. 5,46; 3Mac. 5,51; 3Mac. 6,1; 3Mac. 6,5; 3Mac. 6,24; 4Mac. 6,26; 4Mac. 7,13; 4Mac. 9,21; 4Mac. 12,2; Eccl. 1,10; Eccl. 2,16; Eccl. 3,15; Eccl. 3,15; Eccl. 4,2; Eccl. 6,10; Eccl. 9,6; Eccl. 9,7; Job 15,21; Job 15,22; Job 20,7; Job 20,22; Job 23,10; Wis. 18,9; Wis. 18,23; Wis. 19,16; Zech. 7,3; Tob. 2,8; Tob. 3,8; Tob. 3,15; Tob. 6,10; Tob. 6,14; Tob. 10,6; Tob. 10,8; Tob. 12,11; Sus. 55; Matt. 3,10; Matt. 5,28; Matt. 14,15; Matt. 14,24; Matt. 15,32; Matt. 17,12; Matt. 24,32; Mark 4,37; Mark 6,35; Mark 6,35; Mark 8,2; Mark 11,11; Mark 13,28; Mark 15,42; Mark 15,44; Luke 3,9; Luke 7,6; Luke 11,7; Luke 12,49; Luke 14,17; Luke 19,37; Luke 21,30; Luke 21,30; Luke 23,44; Luke 24,29; John 3,18; John 4,35; John 4,51; John 5,6; John 6,17; John 9,22; John 9,27; John 11,17; John 11,39; John 13,2; John 15,3; John 19,28; John 19,33; John 21,4; John 21,14; Acts 4,3; Acts 27,9; Acts 27,9; Rom. 1,10; Rom. 4,19; Rom. 13,11; 1Cor. 4,8; 1Cor. 4,8; 1Cor. 5,3; Phil. 3,12; Phil. 3,12; Phil. 4,10; 2Th. 2,7; 1Tim. 5,15; 2Tim. 2,18; 2Tim. 4,6; 2Pet. 3,1; 1John 2,8; 1John 4,3)
   Ἤδη ▸ 3 + 2 = 5
      Adverb · (temporal) ▸ 3 + 2 = **5** (Ex. 6,1; Ruth 2,14; 4Mac. 3,19; John 7,14; 1Cor. 6,7)
Ηδιν Adin ▸ 2
   Ηδιν ▸ 2
      Noun · masculine · singular · genitive · (proper) ▸ **1** (Neh. 7,20)
      Noun · masculine · singular · nominative · (proper) ▸ **1** (Neh. 10,17)
ἥδομαι to take pleasure, delight in ▸ 3
   ἥδεσθε ▸ 1
      Verb · second · plural · present · middle · indicative ▸ **1** (Wis. 6,21)
   ἥδεται ▸ 1
      Verb · third · singular · present · middle · indicative ▸ **1** (Sir. 37,4)
   ἥσθετο ▸ 1
      Verb · third · singular · aorist · middle · indicative ▸ **1** (4Mac. 8,4)
ἡδονή (ἥδομαι) pleasure, delight ▸ 15 + 5 = 20
   ἡδοναῖς ▸ 1 + 2 = 3
      Noun · feminine · plural · dative · (common) ▸ 1 + 2 = **3** (4Mac. 9,31; Titus 3,3; James 4,3)
   ἡδονάς ▸ 1
      Noun · feminine · plural · accusative · (common) ▸ **1** (4Mac. 1,33)
   ἡδονή ▸ 1
      Noun · feminine · singular · nominative · (common) ▸ **1** (4Mac. 1,20)
   ἡδονή ▸ 1
      Noun · feminine · singular · nominative · (common) ▸ **1** (Num. 11,8)
   ἡδονῇ ▸ 1
      Noun · feminine · singular · dative · (common) ▸ **1** (4Mac. 1,25)
   ἡδονήν ▸ 3 + 1 = 4
      Noun · feminine · singular · accusative · (common) ▸ 3 + 1 = **4** (4Mac. 1,21; 4Mac. 1,22; Wis. 16,20; 2Pet. 2,13)
   ἡδονῆς ▸ 5
      Noun · feminine · singular · genitive · (common) ▸ **5** (4Mac. 1,22; 4Mac. 1,24; 4Mac. 1,28; Prov. 17,1; Wis. 7,2)
   ἡδονῶν ▸ 2 + 2 = 4
      Noun · feminine · plural · genitive · (common) ▸ 2 + 2 = **4** (4Mac. 5,23; 4Mac. 6,35; Luke 8,14; James 4,1)
ἡδύνω (ἡδύς) to please, make sweet ▸ 9
   ἥδυναν ▸ 1
      Verb · third · plural · aorist · active · indicative ▸ **1** (Hos. 9,4)
   ἡδυνάν ▸ 1
      Verb · third · plural · aorist · active · indicative ▸ **1** (Jer. 6,20)
   ἡδυνθείη ▸ 2
      Verb · third · singular · aorist · passive · optative ▸ **2** (Psa. 103,34; Psa. 146,1)
   ἡδύνθη ▸ 1
      Verb · third · singular · aorist · passive · indicative ▸ **1** (Job 24,5)
   ἡδύνθης ▸ 1
      Verb · second · singular · aorist · passive · indicative ▸ **1** (Song 7,7)
   ἡδύνθησαν ▸ 1
      Verb · third · plural · aorist · passive · indicative ▸ **1** (Psa. 140,6)
   ἡδύνουσιν ▸ 2
      Verb · third · plural · present · active · indicative ▸ **2** (Prov. 13,19; Sir. 40,21)
ἡδύοσμον (ἡδύς; ὀσμή) mint ▸ 2
   ἡδύοσμον ▸ 2
      Noun · neuter · singular · accusative ▸ **2** (Matt. 23,23; Luke 11,42)
ἡδυπάθεια (ἡδύς; πάσχω) luxury; pleasant living ▸ 2
   ἡδυπαθείας ▸ 2
      Noun · feminine · singular · genitive · (common) ▸ **2**

(4Mac. 2,2; 4Mac. 2,4)

ἡδύς pleasant, sweet ▸ 15
- ἡδεῖ ▸ 1
  - **Adjective** · masculine · singular · dative · noDegree ▸ 1 (Sir. 32,6)
- ἡδεῖα ▸ 2
  - **Adjective** · feminine · singular · nominative · noDegree ▸ 2 (Song 2,14; Sir. 40,21)
- ἡδείας ▸ 1
  - **Adjective** · feminine · singular · genitive · noDegree ▸ 1 (Is. 3,24)
- ἡδέων ▸ 1
  - **Adjective** · neuter · plural · genitive · noDegree ▸ 1 (4Mac. 5,9)
- ἡδίστου ▸ 1
  - **Adjective** · masculine · singular · genitive · superlative ▸ 1 (4Mac. 8,23)
- ἡδίστῳ ▸ 1
  - **Adjective** · masculine · singular · dative · superlative ▸ 1 (3Mac. 5,12)
- Ἡδύ ▸ 1
  - **Adjective** · neuter · singular · nominative · noDegree ▸ 1 (Is. 44,16)
- ἡδύς ▸ 3
  - **Adjective** · masculine · singular · nominative · noDegree ▸ 3 (Esth. 1,7; Sir. 23,17; Jer. 38,26)
- ἡδὺς ▸ 4
  - **Adjective** · masculine · singular · nominative · noDegree ▸ 4 (2Mac. 15,39; 4Mac. 9,29; Prov. 12,11a; Prov. 14,23)

ἥδυσμα (ἥδομαι) seasoning ▸ 10
- ἡδύσματα ▸ 7
  - **Noun** · neuter · plural · accusative · (common) ▸ 7 (Ex. 30,23; Ex. 30,34; 1Kings 10,2; 1Kings 10,10; 1Kings 10,10; 1Kings 10,25; 2Chr. 9,24)
- ἡδύσματος ▸ 1
  - **Noun** · neuter · singular · genitive · (common) ▸ 1 (Eccl. 10,1)
- ἡδυσμάτων ▸ 2
  - **Noun** · neuter · plural · genitive · (common) ▸ 2 (Esth. 14,1 # 4,17k; Ezek. 27,22)

ἡδυσμός (ἡδύς) sweetness ▸ 1
- ἡδυσμοῦ ▸ 1
  - **Noun** · masculine · singular · genitive · (common) ▸ 1 (Ex. 30,34)

ἡδύφωνος (ἡδύς; φωνή) sweet-voiced ▸ 1
- ἡδυφώνου ▸ 1
  - **Adjective** · neuter · singular · genitive · noDegree ▸ 1 (Ezek. 33,32)

ηδω (Hebr.) his disaster ▸ 1
- ηδω ▸ 1
  - **Noun** ▸ 1 (Job 36,30)

Ηζιρ Hezir ▸ 1
- Ηζιρ ▸ 1
  - **Noun** · masculine · singular · nominative · (proper) ▸ 1 (Neh. 10,21)

ηθ (Hebr.) heth ▸ 1
- ηθ ▸ 1
  - **Noun** ▸ 1 (Psa. 118,57)

Ηθαμ Etham (Heb. mighty) ▸ 1
- Ηθαμ ▸ 1
  - **Noun** · singular · genitive · (proper) ▸ 1 (Psa. 73,15)

Ηθιρ Hothir ▸ 1
- Ηθιρ ▸ 1
  - **Noun** · masculine · singular · nominative · (proper) ▸ 1 (1Chr. 25,28)

ἠθολογέω (ἦθος; λέγω) to express characteristically ▸ 1
- ἠθολογήσαιμι ▸ 1
  - **Verb** · first · singular · aorist · active · optative ▸ 1 (4Mac. 15,4)

ἦθος (ἔθος) character, habit, morals ▸ 7 + 1 = 8
- ἤθη ▸ 2 + 1 = 3
  - **Noun** · neuter · plural · accusative · (common) ▸ 2 + 1 = 3 (4Mac. 2,21; Sir. 1,35 Prol.; 1Cor. 15,33)
- ἦθος ▸ 2
  - **Noun** · neuter · singular · accusative · (common) ▸ 1 (4Mac. 2,7)
  - **Noun** · neuter · singular · nominative · (common) ▸ 1 (Sir. 20,26)
- ἠθῶν ▸ 3
  - **Noun** · neuter · plural · genitive · (common) ▸ 3 (4Mac. 1,29; 4Mac. 5,24; 4Mac. 13,27)

ἥκω to have come, be present ▸ 242 + 11 + 26 = 279
- ἥκαμεν ▸ 2
  - **Verb** · first · plural · perfect · active · indicative ▸ 2 (Gen. 47,4; Josh. 9,6)
- ἥκασι ▸ 1
  - **Verb** · third · plural · perfect · active · indicative ▸ 1 (Gen. 47,5)
- ἥκασί ▸ 1
  - **Verb** · third · plural · perfect · active · indicative ▸ 1 (Sus. 52)
- ἥκασιν ▸ 18 + 1 + 1 = 20
  - **Verb** · third · plural · perfect · active · indicative ▸ 18 + 1 + 1 = 20 (Gen. 46,31; Deut. 32,17; Josh. 2,3; Josh. 9,9; 1Sam. 4,7; 2Kings 20,14; 2Kings 20,14; Ode. 2,17; Job 16,22; Hos. 9,7; Hos. 9,7; Mic. 7,4; Is. 7,17; Is. 39,3; Is. 39,3; Is. 42,9; Is. 60,4; Jer. 4,16; Sus. 52; Mark 8,3)
- Ἥκασιν ▸ 1
  - **Verb** · third · plural · perfect · active · indicative ▸ 1 (Gen. 45,16)
- ἥκατε ▸ 4
  - **Verb** · second · plural · perfect · active · indicative ▸ 4 (Gen. 42,7; Gen. 42,9; Deut. 12,9; 1Chr. 12,18)
- ἧκε ▸ 2 + 1 = 3
  - **Verb** · second · singular · present · active · imperative ▸ 2 + 1 = 3 (Jer. 43,14; Jer. 47,4; Tob. 9,2)
- Ἧκε ▸ 1
  - **Verb** · second · singular · present · active · imperative ▸ 1 (2Sam. 14,32)
- ἥκει ▸ 40 + 4 = 44
  - **Verb** · third · singular · present · active · indicative ▸ 40 + 4 = 44 (Gen. 6,13; Ex. 3,9; Num. 22,36; Deut. 33,2; Josh. 23,15; 1Sam. 4,6; 1Sam. 9,12; 1Sam. 23,7; 1Sam. 26,3; 1Sam. 26,4; 2Chr. 32,2; Neh. 2,10; Psa. 97,9; Psa. 101,14; Eccl. 5,14; Song 2,8; Job 3,24; Job 4,5; Sir. 27,27; Hag. 1,2; Is. 37,3; Is. 60,1; Jer. 27,27; Jer. 27,31; Jer. 28,13; Jer. 29,5; Jer. 32,31; Jer. 39,24; Ezek. 7,2; Ezek. 7,2; Ezek. 7,3; Ezek. 7,4; Ezek. 7,10; Ezek. 7,12; Ezek. 21,30; Ezek. 21,34; Ezek. 30,9; Ezek. 33,33; Ezek. 39,8; Ezek. 47,9; Luke 15,27; John 2,4; John 4,47; 1John 5,20)
- Ἥκει ▸ 6 + 1 = 7
  - **Verb** · third · singular · present · active · indicative ▸ 6 + 1 = 7 (Judg. 16,2; 1Sam. 15,12; 2Sam. 3,23; 2Kings 8,7; 2Chr. 20,2; Amos 8,2; Judg. 16,2)
- ἥκειν ▸ 1
  - **Verb** · present · active · infinitive ▸ 1 (4Mac. 4,6)
- ἥκεις ▸ 4
  - **Verb** · second · singular · present · active · indicative ▸ 4 (Judg. 11,12; 1Sam. 29,6; Judith 11,3; Prov. 6,3)
- ἧκεν ▸ 5
  - **Verb** · third · singular · imperfect · active · indicative ▸ 5 (2Mac. 4,31; 2Mac. 8,35; 2Mac. 12,38; 2Mac. 14,4; 2Mac. 14,26)
- ἥκετε ▸ 2

ἥκω–Ηλι

Verb · second · plural · present · active · imperative ▸ **2** (Gen. 45,18; Is. 45,20)

ἥκομεν ▸ 1
Verb · first · plural · present · active · indicative ▸ **1** (1Sam. 25,8)

ἥκοντα ▸ 2
Verb · present · active · participle · masculine · singular · accusative ▸ **2** (1Kings 13,21; Esth. 4,15)

ἥκοντας ▸ 1
Verb · present · active · participle · masculine · plural · accusative ▸ **1** (Ezek. 23,42)

ἥκοντες ▸ 1
Verb · present · active · participle · masculine · plural · nominative ▸ **1** (1Sam. 29,10)

ἥκοντος ▸ 2
Verb · present · active · participle · masculine · singular · genitive ▸ **2** (2Kings 23,18; Zech. 6,10)

ἥκω ▸ 6 + 3 = 9
Verb · first · singular · present · active · indicative ▸ 6 + 3 = **9** (Num. 22,38; 1Sam. 16,2; 1Sam. 16,5; 2Chr. 35,21; 4Mac. 4,3; Psa. 39,8; John 8,42; Heb. 10,7; Heb. 10,9)

ἥκων ▸ 2
Verb · present · active · participle · masculine · singular · nominative ▸ **2** (1Sam. 4,16; 4Mac. 4,2)

ἥξει ▸ 84 + 7 + 8 = 99
Verb · third · singular · future · active · indicative ▸ 84 + 7 + 8 = **99** (Gen. 41,30; Ex. 18,23; Lev. 13,9; Lev. 14,35; 1Sam. 2,34; 1Sam. 2,36; 1Sam. 10,7; 1Sam. 29,9; Tob. 13,13; Psa. 36,13; Psa. 49,2; Psa. 64,3; Psa. 108,17; Psa. 120,1; Ode. 4,3; Prov. 6,11a; Prov. 24,25; Prov. 24,34; Job 15,21; Wis. 1,9; Sir. 20,18; Sol. 3,5; Hos. 6,3; Mic. 1,15; Mic. 4,8; Joel 1,15; Hab. 1,9; Hab. 2,3; Hab. 3,3; Hag. 2,7; Zech. 14,5; Mal. 3,1; Is. 3,14; Is. 4,5; Is. 8,21; Is. 10,3; Is. 10,28; Is. 10,29; Is. 13,6; Is. 18,6; Is. 19,1; Is. 30,28; Is. 32,19; Is. 35,4; Is. 39,6; Is. 47,9; Is. 47,9; Is. 47,11; Is. 47,11; Is. 47,11; Is. 59,19; Is. 59,19; Is. 59,20; Is. 60,13; Is. 66,15; Is. 66,23; Jer. 2,3; Jer. 4,12; Jer. 4,15; Jer. 5,12; Jer. 6,26; Jer. 8,16; Jer. 10,9; Jer. 23,17; Jer. 23,19; Jer. 25,16; Jer. 26,18; Jer. 28,33; Jer. 28,60; Jer. 31,8; Jer. 37,23; Bar. 4,22; Ezek. 7,25; Ezek. 24,14; Ezek. 24,26; Ezek. 30,4; Ezek. 32,11; Ezek. 38,8; Dan. 4,23; Dan. 9,26; Dan. 11,7; Dan. 11,21; Dan. 11,39; Dan. 11,45; Tob. 13,13; Dan. 11,7; Dan. 11,21; Dan. 11,24; Dan. 11,29; Dan. 11,44; Dan. 11,45; Matt. 23,36; Matt. 24,14; Matt. 24,50; Luke 12,46; Luke 13,35; John 6,37; Rom. 11,26; Heb. 10,37)

Ἥξει ▸ 1
Verb · third · singular · future · active · indicative ▸ **1** (2Pet. 3,10)

ἥξεις ▸ 9
Verb · second · singular · future · active · indicative ▸ **9** (Deut. 12,26; 1Sam. 10,3; 1Sam. 20,19; 1Sam. 22,5; 1Kings 19,15; Psa. 100,2; Mic. 4,10; Ezek. 38,9; Ezek. 38,15)

ἥξετε ▸ 1
Verb · second · plural · future · active · indicative ▸ **1** (Judg. 18,10)

ἥξομεν ▸ 3
Verb · first · plural · future · active · indicative ▸ **3** (2Sam. 17,12; Sol. 5,7; Jer. 2,31)

ἥξουσι ▸ 1
Verb · third · plural · future · active · indicative ▸ **1** (Dan. 11,30)

ἥξουσιν ▸ 33 + 1 + 6 = 40
Verb · third · plural · future · active · indicative ▸ 33 + 1 + 6 = **40** (Deut. 28,2; 1Kings 8,42; 2Mac. 14,21; Psa. 67,32; Psa. 85,9; Psa. 125,6; Hos. 13,13; Mic. 7,12; Zech. 6,15; Zech. 8,20; Zech. 8,22; Zech. 14,21; Is. 2,2; Is. 27,13; Is. 35,10; Is. 45,24; Is. 51,11; Is. 60,6; Is. 61,5; Is. 66,18; Jer. 1,15; Jer. 3,18; Jer. 6,3; Jer. 16,19; Jer. 17,26; Jer. 26,22; Jer. 27,4; Jer. 27,5; Jer. 28,53; Jer. 38,12; Jer. 38,12; Jer. 39,29; Ezek. 23,24; Tob. 14,7; Matt. 8,11; Luke 13,29; Luke 19,43; Rev. 3,9; Rev. 15,4; Rev. 18,8)

ἥξουσίν ▸ 2
Verb · third · plural · future · active · indicative ▸ **2** (Is. 60,5; Is. 60,7)

ἥξω ▸ 5 + 3 = 8
Verb · first · singular · aorist · active · subjunctive ▸ **1** (Rev. 2,25)
Verb · first · singular · future · active · indicative ▸ 5 + 2 = **7** (Gen. 18,10; Ex. 20,24; 1Mac. 7,28; Psa. 41,3; Ezek. 38,11; Rev. 3,3; Rev. 3,3)

ἥξων ▸ 1
Verb · future · active · participle · masculine · singular · nominative ▸ **1** (2Mac. 12,7)

Ηλα Ela ▸ 10
Ηλα ▸ 10
Noun · masculine · singular · genitive · (proper) ▸ **8** (1Sam. 21,10; 1Kings 4,17; 1Kings 16,13; 1Kings 16,14; 2Kings 15,30; 2Kings 17,1; 2Kings 18,1; 2Kings 18,9)
Noun · masculine · singular · nominative · (proper) ▸ **2** (1Kings 16,6; 1Kings 16,8)

Ηλαμ Elam ▸ 6
Ηλαμ ▸ 6
Noun · masculine · singular · genitive · (proper) ▸ **5** (1Esdr. 8,33; 1Esdr. 9,27; Ezra 8,7; Ezra 10,2; Ezra 10,26)
Noun · masculine · singular · nominative · (proper) ▸ **1** (Neh. 10,15)

Ηλαμ-ααρ Elamaar (Heb. other Elam) ▸ 1
Ηλαμ-ααρ ▸ 1
Noun · masculine · singular · genitive · (proper) ▸ **1** (Neh. 7,34)

Ηλαμ-αρ Elam-ar (Heb. other Elam) ▸ 1
Ηλαμ-αρ ▸ 1
Noun · singular · genitive · (proper) ▸ **1** (Ezra 2,31)

Ηλαμαῖοι Elamites ▸ 1
Ηλαμαῖοι ▸ 1
Noun · masculine · plural · nominative · (proper) ▸ **1** (Ezra 4,9)

Ηλας Elah ▸ 2
Ηλας ▸ 2
Noun · masculine · singular · nominative · (proper) ▸ **2** (Gen. 36,41; 1Chr. 1,52)

Ηλασα Elasah ▸ 1
Ηλασα ▸ 1
Noun · masculine · singular · nominative · (proper) ▸ **1** (Ezra 10,22)

ἤλεκτρον silver-gold alloy ▸ 3
ἠλέκτρου ▸ 3
Noun · neuter · singular · genitive · (common) ▸ **3** (Ezek. 1,4; Ezek. 1,27; Ezek. 8,2)

Ηλι Eli, Ilai (proper n.) ▸ 36
Ηλι ▸ 36
Noun · masculine · singular · accusative · (proper) ▸ **7** (1Sam. 1,25; 1Sam. 2,27; 1Sam. 3,5; 1Sam. 3,6; 1Sam. 3,8; 1Sam. 3,12; 1Sam. 4,16)
Noun · masculine · singular · dative · (proper) ▸ **2** (1Sam. 3,15; 1Sam. 4,14)
Noun · masculine · singular · genitive · (proper) ▸ **10** (1Sam. 1,14; 1Sam. 2,11; 1Sam. 2,12; 1Sam. 3,1; 1Sam. 3,14; 1Sam. 3,14; 1Sam. 4,4; 1Sam. 4,11; 1Sam. 14,3; 1Kings 2,27)
Noun · masculine · singular · nominative · (proper) ▸ **17** (1Sam. 1,3; 1Sam. 1,9; 1Sam. 1,12; 1Sam. 1,13; 1Sam. 1,17; 1Sam. 2,20; 1Sam. 2,22; 1Sam. 3,2; 1Sam. 3,8; 1Sam. 3,16; 1Sam. 3,18;

1Sam. 3,21; 1Sam. 4,13; 1Sam. 4,14; 1Sam. 4,15; 1Sam. 4,15; 1Chr. 11,29)

Ἠλί Eli, Heli (proper n.) ▸ 1
  Ἠλὶ ▸ 1
    Noun ▪ masculine ▪ singular ▪ genitive ▪ (proper) ▸ 1 (Luke 3,23)

ἠλί eli (Aram. my God) ▸ 2
  ηλι ▸ 2
    Noun ▪ masculine ▪ singular ▪ vocative ▪ (Hebr.) ▸ 2 (Matt. 27,46; Matt. 27,46)

Ηλια Elijah; Elia ▸ 2
  Ηλια ▸ 2
    Noun ▪ masculine ▪ singular ▪ nominative ▪ (proper) ▸ 2 (1Chr. 8,27; Ezra 10,26)

ἡλιάζομαι (ἡλιαία) to be exposed to the sun ▸ 1
  ἡλιασθέντων ▸ 1
    Verb ▪ aorist ▪ passive ▪ participle ▪ masculine ▪ plural ▪ genitive ▸ 1 (2Sam. 21,14)

Ηλιαθα Eliathah ▸ 1
  Ηλιαθα ▸ 1
    Noun ▪ masculine ▪ singular ▪ nominative ▪ (proper) ▸ 1 (1Chr. 25,4)

Ηλιαμ Eliam (?) ▸ 1
  Ηλιαμ ▸ 1
    Noun ▪ singular ▪ nominative ▪ (proper) ▸ 1 (Ezek. 47,16)

Ηλιας Elijah ▸ 9
  Ηλια ▸ 1
    Noun ▪ masculine ▪ singular ▪ vocative ▪ (proper) ▸ 1 (Sir. 48,4)
  Ηλιαν ▸ 1
    Noun ▪ masculine ▪ singular ▪ accusative ▪ (proper) ▸ 1 (Mal. 3,22)
  Ηλιας ▸ 4
    Noun ▪ masculine ▪ singular ▪ nominative ▪ (proper) ▸ 4 (1Esdr. 9,27; 1Mac. 2,58; Sir. 48,1; Sir. 48,12)
  Ηλιου ▸ 3
    Noun ▪ masculine ▪ singular ▪ accusative ▪ (proper) ▸ 1 (2Kings 10,17)
    Noun ▪ masculine ▪ singular ▪ genitive ▪ (proper) ▸ 2 (2Kings 9,36; 2Kings 10,10)

Ἠλίας Elijah ▸ 29
  Ἠλίᾳ ▸ 4
    Noun ▪ masculine ▪ singular ▪ dative ▪ (proper) ▸ 4 (Matt. 17,4; Mark 9,5; Luke 9,33; Rom. 11,2)
  Ἠλίαν ▸ 7
    Noun ▪ masculine ▪ singular ▪ accusative ▪ (proper) ▸ 7 (Matt. 16,14; Matt. 17,10; Matt. 27,47; Mark 8,28; Mark 9,11; Mark 15,35; Luke 9,19)
  Ἠλίας ▸ 16
    Noun ▪ masculine ▪ singular ▪ nominative ▪ (proper) ▸ 16 (Matt. 11,14; Matt. 17,3; Matt. 17,11; Matt. 17,12; Matt. 27,49; Mark 6,15; Mark 9,4; Mark 9,12; Mark 9,13; Mark 15,36; Luke 4,26; Luke 9,8; Luke 9,30; John 1,21; John 1,25; James 5,17)
  Ἠλίου ▸ 2
    Noun ▪ masculine ▪ singular ▪ genitive ▪ (proper) ▸ 2 (Luke 1,17; Luke 4,25)

ἡλικία time of life, life span, height ▸ 22 + 8 = 30
  ἡλικία ▸ 2
    Noun ▪ feminine ▪ singular ▪ nominative ▪ (common) ▸ 2 (Job 29,18; Wis. 4,9)
  ἡλικίᾳ ▸ 3 + 2 = 5
    Noun ▪ feminine ▪ singular ▪ dative ▪ (common) ▸ 3 + 2 = 5 (2Mac. 5,24; 4Mac. 11,14; Sir. 26,17; Luke 2,52; Luke 19,3)
  ἡλικίαν ▸ 9 + 4 = 13
    Noun ▪ feminine ▪ singular ▪ accusative ▪ (common) ▸ 9 + 4 = 13 (2Mac. 4,40; 2Mac. 6,18; 2Mac. 7,27; 3Mac. 6,1; 4Mac. 5,4; 4Mac. 5,4; 4Mac. 5,7; 4Mac. 5,36; 4Mac. 9,26; Matt. 6,27; Luke 12,25; John 9,21; John 9,23)
  ἡλικίας ▸ 8 + 2 = 10
    Noun ▪ feminine ▪ plural ▪ accusative ▪ (common) ▸ 1 (4Mac. 8,20)
    Noun ▪ feminine ▪ singular ▪ genitive ▪ (common) ▸ 7 + 2 = 9 (2Mac. 6,23; 2Mac. 6,24; 2Mac. 15,30; 3Mac. 4,8; 4Mac. 5,11; 4Mac. 8,10; Ezek. 13,18; Eph. 4,13; Heb. 11,11)

ἡλικιώτης (ἡλικία) comrade, equal ▸ 1
  ἡλικιώτης ▸ 1
    Noun ▪ masculine ▪ singular ▪ nominative ▪ (common) ▸ 1 (4Mac. 11,14)

ἡλίκος (ἡλικία) how great, how large ▸ 3
  ἡλίκην ▸ 1
    Pronoun ▪ (correlative) ▪ feminine ▪ singular ▪ accusative ▸ 1 (James 3,5)
  ἡλίκον ▸ 2
    Pronoun ▪ (correlative) ▪ masculine ▪ singular ▪ accusative ▸ 1 (Col. 2,1)
    Pronoun ▪ (correlative) ▪ neuter ▪ singular ▪ nominative ▸ 1 (James 3,5)

Ἡλιόδωρος (ἥλιος; δίδωμι) Heliodorus ▸ 13
  Ἡλιόδωρον ▸ 5
    Noun ▪ masculine ▪ singular ▪ accusative ▪ (proper) ▸ 5 (2Mac. 3,7; 2Mac. 3,32; 2Mac. 3,37; 2Mac. 3,40; 2Mac. 4,1)
  Ἡλιόδωρος ▸ 5
    Noun ▪ masculine ▪ singular ▪ nominative ▪ (proper) ▸ 5 (2Mac. 3,8; 2Mac. 3,13; 2Mac. 3,23; 2Mac. 3,35; 2Mac. 5,18)
  Ἡλιοδώρου ▸ 1
    Noun ▪ masculine ▪ singular ▪ genitive ▪ (proper) ▸ 1 (2Mac. 3,31)
  Ἡλιοδώρῳ ▸ 2
    Noun ▪ masculine ▪ singular ▪ dative ▪ (proper) ▸ 2 (2Mac. 3,25; 2Mac. 3,33)

Ηλιος (ἥλιος) Helios (Sun) ▸ 1
  Ηλιου ▸ 1
    Noun ▪ masculine ▪ singular ▪ genitive ▪ (proper) ▸ 1 (Judith 8,1)

ἥλιος sun ▸ 196 + 14 + 32 = 242
  ἥλιον ▸ 49 + 3 + 4 = 56
    Noun ▪ masculine ▪ singular ▪ accusative ▪ (common) ▸ 49 + 3 + 4 = 56 (Deut. 4,19; Judg. 9,33; Judg. 14,18; Neh. 8,3; Psa. 57,9; Psa. 73,16; Psa. 135,8; Eccl. 1,3; Eccl. 1,9; Eccl. 1,14; Eccl. 2,3; Eccl. 2,11; Eccl. 2,17; Eccl. 2,18; Eccl. 2,19; Eccl. 2,20; Eccl. 2,22; Eccl. 3,16; Eccl. 4,1; Eccl. 4,3; Eccl. 4,7; Eccl. 4,15; Eccl. 5,12; Eccl. 5,17; Eccl. 6,1; Eccl. 6,5; Eccl. 6,12; Eccl. 7,11; Eccl. 8,9; Eccl. 8,15; Eccl. 8,15; Eccl. 8,17; Eccl. 9,3; Eccl. 9,6; Eccl. 9,9; Eccl. 9,9; Eccl. 9,11; Eccl. 9,13; Eccl. 10,5; Eccl. 11,7; Job 2,9d; Job 31,26; Wis. 16,28; Wis. 18,3; Jonah 4,8; Is. 38,8; Jer. 8,2; Jer. 38,36; Ezek. 32,7; Judg. 9,33; Judg. 14,18; Tob. 2,4; Matt. 5,45; Acts 13,11; Rev. 12,1; Rev. 16,8)
  Ἥλιον ▸ 1
    Noun ▪ masculine ▪ singular ▪ accusative ▪ (common) ▸ 1 (1Kings 8,53a)
  ἥλιος ▸ 66 + 4 + 14 = 84
    Noun ▪ masculine ▪ singular ▪ nominative ▪ (common) ▸ 66 + 4 + 14 = 84 (Gen. 15,17; Gen. 19,23; Gen. 28,11; Gen. 32,32; Gen. 37,9; Ex. 16,21; Ex. 22,2; Lev. 22,7; Deut. 24,15; Josh. 10,12; Josh. 10,13; Josh. 10,13; Judg. 19,14; 2Sam. 2,24; 2Sam. 3,35; 2Sam. 23,4; 2Kings 3,22; 1Esdr. 4,34; Esth. 11,11 # 1,1k; Esth. 10,6 # 10,3c; Judith 14,2; Tob. 2,4; Tob. 2,7; 1Mac. 6,39; 1Mac. 10,50; 1Mac. 12,27; 2Mac. 1,22; Psa. 88,37; Psa. 103,19; Psa. 103,22; Psa. 120,6; Psa. 148,3; Ode. 4,11; Ode. 8,62; Eccl.

ἥλιος–ἡμέρα

1,5; Eccl. 1,5; Eccl. 12,2; Song 1,6; Song 6,10; Wis. 5,6; Sir. 17,19; Sir. 26,16; Sir. 42,16; Sir. 43,2; Sir. 43,4; Sir. 46,4; Sir. 48,23; Sir. 50,7; Amos 8,9; Mic. 3,6; Joel 2,10; Joel 3,4; Joel 4,15; Jonah 4,8; Nah. 3,17; Hab. 3,11; Mal. 3,20; Is. 38,8; Is. 38,8; Is. 49,10; Is. 60,19; Jer. 15,9; LetterJ 59; LetterJ 66; Dan. 3,62; Dan. 4,11; Judg. 19,14; Tob. 2,7; Tob. 10,7; Dan. 3,62; Matt. 13,43; Matt. 17,2; Matt. 24,29; Mark 1,32; Mark 4,6; Mark 13,24; Acts 2,20; Eph. 4,26; James 1,11; Rev. 1,16; Rev. 6,12; Rev. 7,16; Rev. 9,2; Rev. 10,1)

ἥλιός ‣ 1
Noun ▪ masculine ▪ singular ▪ nominative ▪ (common) ‣ **1** (Is. 60,20)

ἡλίου ‣ 69 + 7 + 12 = 88
Noun ▪ masculine ▪ singular ▪ genitive ▪ (common) ‣ 69 + 7 + 12 = **88** (Gen. 15,12; Ex. 17,12; Ex. 22,25; Num. 21,11; Num. 25,4; Deut. 4,41; Deut. 4,47; Deut. 4,49; Deut. 11,30; Deut. 16,6; Deut. 23,12; Deut. 24,13; Deut. 33,14; Josh. 1,4; Josh. 1,15; Josh. 4,19; Josh. 8,29; Josh. 10,27; Josh. 12,1; Josh. 13,5; Josh. 13,7; Josh. 13,8; Josh. 15,7; Josh. 15,10; Josh. 19,27; Josh. 19,34; Josh. 23,4; Judg. 5,31; Judg. 11,18; Judg. 20,43; Judg. 21,19; 1Sam. 11,9; 2Sam. 12,11; 2Sam. 12,12; 1Kings 22,36; 2Kings 10,33; 2Kings 23,11; 2Chr. 18,34; 3Mac. 4,15; 3Mac. 5,26; Psa. 49,1; Psa. 71,17; Psa. 112,3; Job 1,3; Job 8,16; Wis. 2,4; Wis. 7,29; Wis. 16,27; Sir. 17,31; Sir. 23,19; Sir. 33,7; Sol. 2,11; Sol. 2,12; Sol. 4,19; Sol. 8,8; Mal. 1,11; Is. 9,11; Is. 9,11; Is. 11,11; Is. 11,14; Is. 13,10; Is. 30,26; Is. 30,26; Is. 41,25; Is. 45,6; Is. 59,19; Bar. 5,5; Dan. 4,31; Dan. 6,15; Josh. 19,27; Josh. 19,34; Judg. 5,31; Judg. 11,18; Judg. 20,43; Judg. 21,19; Tob. 1,2; Matt. 13,6; Mark 16,2; Luke 4,40; Luke 23,45; Acts 26,13; Acts 27,20; 1Cor. 15,41; Rev. 7,2; Rev. 8,12; Rev. 16,12; Rev. 21,23; Rev. 22,5)

Ἡλίου ‣ 2
Noun ▪ masculine ▪ singular ▪ genitive ▪ (common) ‣ **2** (Jer. 50,13; Ezek. 30,17)

ἡλίῳ ‣ 8 + 2 = 10
Noun ▪ masculine ▪ singular ▪ dative ▪ (common) ‣ 8 + 2 = **10** (Deut. 17,3; 2Kings 23,5; 2Kings 23,11; Neh. 7,3; Psa. 18,5; Psa. 71,5; Job 9,7; Ezek. 8,16; Luke 21,25; Rev. 19,17)

Ἥλιος (ἥλιος) Helios, Helio-, Sun ‣ 4
Ἡλίου ‣ 4
Noun ▪ masculine ▪ singular ▪ genitive ▪ (proper) ‣ **4** (Gen. 41,45; Gen. 41,50; Gen. 46,20; Ex. 1,11)

Ἡλιου Elijah ‣ 84
Ἡλιου ‣ 84
Noun ▪ masculine ▪ singular ▪ accusative ▪ (proper) ‣ **15** (1Kings 17,2; 1Kings 17,8; 1Kings 17,18; 1Kings 17,24; 1Kings 18,1; 1Kings 18,16; 1Kings 18,17; 1Kings 18,17; 1Kings 18,46; 1Kings 19,2; 1Kings 20,17; 1Kings 20,20; 2Kings 1,3; 2Kings 1,15; 2Kings 2,1)

Noun ▪ masculine ▪ singular ▪ genitive ▪ (proper) ‣ **12** (1Sam. 1,1; 1Kings 17,16; 1Kings 19,20; 1Kings 19,21; 1Kings 20,28; 2Kings 1,13; 2Kings 2,13; 2Kings 2,14; 2Kings 2,14; 2Kings 2,15; 2Kings 3,11; 2Chr. 21,12)

Noun ▪ masculine ▪ singular ▪ nominative ▪ (proper) ‣ **57** (1Kings 17,1; 1Kings 17,5; 1Kings 17,10; 1Kings 17,11; 1Kings 17,13; 1Kings 17,19; 1Kings 17,20; 1Kings 17,23; 1Kings 18,2; 1Kings 18,7; 1Kings 18,7; 1Kings 18,8; 1Kings 18,8; 1Kings 18,11; 1Kings 18,14; 1Kings 18,15; 1Kings 18,18; 1Kings 18,21; 1Kings 18,21; 1Kings 18,22; 1Kings 18,25; 1Kings 18,27; 1Kings 18,29; 1Kings 18,30; 1Kings 18,31; 1Kings 18,36; 1Kings 18,40; 1Kings 18,40; 1Kings 18,41; 1Kings 18,42; 1Kings 18,43; 1Kings 19,1; 1Kings 19,2; 1Kings 19,3; 1Kings 19,6; 1Kings 19,9; 1Kings 19,10; 1Kings 19,13; 1Kings 19,13; 1Kings 19,14; 1Kings 19,20; 2Kings 1,4; 2Kings 1,8; 2Kings 1,9; 2Kings 1,10; 2Kings 1,12; 2Kings 1,15; 2Kings 1,16; 2Kings 1,17; 2Kings 2,1; 2Kings 2,2; 2Kings 2,4; 2Kings 2,6; 2Kings 2,8; 2Kings 2,9; 2Kings 2,10; 2Kings 2,11)

Ἡλκανα Elkanah ‣ 3
Ἡλκανα ‣ 3
Noun ▪ masculine ▪ singular ▪ genitive ▪ (proper) ‣ **1** (1Chr. 9,16)
Noun ▪ masculine ▪ singular ▪ nominative ▪ (proper) ‣ **2** (1Chr. 12,7; 1Chr. 15,23)

ἧλος nail; spur, callous, wart ‣ 8 + 2 = 10
ἧλοι ‣ 3
Noun ▪ masculine ▪ plural ▪ nominative ▪ (common) ‣ **3** (1Kings 7,36; 2Kings 12,14; Eccl. 12,11)

ἥλοις ‣ 2
Noun ▪ masculine ▪ plural ▪ dative ▪ (common) ‣ **2** (Is. 41,7; Jer. 10,4)

ἥλους ‣ 2
Noun ▪ masculine ▪ plural ▪ accusative ▪ (common) ‣ **2** (Josh. 23,13; 1Chr. 22,3)

ἥλων ‣ 1 + 2 = 3
Noun ▪ masculine ▪ plural ▪ genitive ▪ (common) ‣ 1 + 2 = **3** (2Chr. 3,9; John 20,25; John 20,25)

Ἡλωνμαωνενιμ soothsayer's oak ‣ 1
Ἡλωνμαωνενιμ ‣ 1
Noun ▪ masculine ▪ plural ▪ genitive ▪ (proper) ‣ **1** (Judg. 9,37)

Ἡμαδαβουν Emadabun ‣ 1
Ἡμαδαβουν ‣ 1
Noun ▪ masculine ▪ singular ▪ genitive ▪ (proper) ‣ **1** (1Esdr. 5,56)

Ἡμαθ Hamath ‣ 13
Ἡμαθ ‣ 13
Noun ▪ genitive ▪ (proper) ‣ **3** (Ezek. 47,16; Ezek. 47,20; Ezek. 47,20)
Noun ▪ singular ▪ dative ▪ (proper) ‣ **1** (2Chr. 8,4)
Noun ▪ singular ▪ genitive ▪ (proper) ‣ **8** (2Sam. 8,9; 1Kings 8,65; 1Chr. 13,5; 1Chr. 18,3; 1Chr. 18,9; Ezek. 47,15; Ezek. 48,1; Ezek. 48,1)
Noun ▪ singular ▪ nominative ▪ (proper) ‣ **1** (Jer. 30,29)

Ἡμασαραϊμ Mishraites ‣ 1
Ἡμασαραϊμ ‣ 1
Noun ▪ masculine ▪ plural ▪ genitive ▪ (proper) ‣ **1** (1Chr. 2,53)

ἡμέρα day, lifetime, time period ‣ 2418 + 153 + 389 = 2960
ἡμέρα ‣ 154 + 5 + 23 = 182
Noun ▪ feminine ▪ singular ▪ nominative ▪ (common) ‣ 154 + 5 + 23 = **182** (Gen. 1,5; Gen. 1,8; Gen. 1,13; Gen. 1,19; Gen. 1,23; Gen. 1,31; Gen. 29,7; Gen. 39,11; Gen. 40,20; Ex. 12,14; Ex. 12,16; Ex. 12,16; Lev. 8,33; Lev. 8,33; Lev. 23,7; Lev. 23,8; Lev. 23,27; Lev. 23,28; Lev. 23,35; Lev. 23,36; Num. 28,18; Num. 28,25; Num. 29,1; Deut. 32,35; Josh. 10,14; Judg. 4,14; Judg. 19,8; Judg. 19,9; Judg. 19,11; 1Sam. 1,15; 1Sam. 11,11; 1Sam. 14,1; 1Sam. 14,36; 1Sam. 22,8; 1Sam. 22,13; 1Sam. 24,5; 1Sam. 26,10; 2Sam. 4,8; 1Kings 3,6; 1Kings 8,24; 1Kings 8,61; 2Kings 4,8; 2Kings 4,11; 2Kings 7,9; 2Kings 7,9; 2Kings 19,3; 1Chr. 9,33; 1Chr. 28,7; 2Chr. 6,15; 1Esdr. 9,50; 1Esdr. 9,52; 1Esdr. 9,53; Ezra 9,7; Ezra 9,15; Neh. 4,16; Neh. 8,9; Neh. 8,10; Neh. 8,11; Neh. 9,10; Esth. 11,8 # 1,1g; 1Mac. 10,55; Psa. 18,3; Psa. 36,13; Psa. 73,16; Psa. 83,11; Psa. 89,4; Psa. 117,24; Psa. 118,91; Psa. 138,12; Ode. 2,35; Prov. 4,18; Eccl. 7,1; Song 2,17; Song 4,6; Job 1,6; Job 1,13; Job 2,1; Job 3,3; Job 3,4; Job 3,6; Job 7,4; Job 14,5; Job 15,23; Job 20,28; Sir. 33,7; Sir. 40,2; Sir. 46,4; Hos. 2,2; Amos 5,18; Amos 5,20; Mic. 3,6; Mic. 7,11; Mic. 7,12; Mic. 7,12; Joel 1,15; Joel 2,1; Joel 2,2; Joel 2,2; Joel 2,11; Joel 4,14; Obad. 15; Zeph. 1,7; Zeph. 1,14; Zeph. 1,15; Zeph. 1,15; Zeph. 1,15; Zeph.

ἡμέρα

1,15; Zeph. 1,15; Zeph. 1,15; Zeph. 1,16; Zech. 14,3; Zech. 14,7; Zech. 14,7; Mal. 3,19; Mal. 3,19; Is. 2,12; Is. 11,16; Is. 13,6; Is. 13,9; Is. 22,5; Is. 34,8; Is. 37,3; Is. 63,4; Jer. 6,4; Jer. 11,5; Jer. 20,14; Jer. 20,14; Jer. 26,10; Jer. 26,10; Jer. 26,21; Jer. 27,27; Jer. 27,31; Jer. 31,16; Jer. 37,7; Jer. 38,6; Jer. 39,20; Jer. 51,6; Bar. 1,15; Bar. 1,20; Bar. 2,6; Bar. 2,11; Bar. 2,26; Lam. 2,16; Ezek. 7,4; Ezek. 7,10; Ezek. 7,12; Ezek. 21,30; Ezek. 21,34; Ezek. 30,2; Ezek. 30,3; Ezek. 30,3; Ezek. 30,18; Ezek. 39,8; Dan. 12,1; Judg. 4,14; Judg. 19,9; Judg. 19,11; Dan. 9,7; Dan. 9,15; Luke 6,13; Luke 9,12; Luke 21,34; Luke 22,7; Luke 22,66; Luke 23,54; Luke 24,29; John 9,4; John 19,31; Acts 27,33; Acts 27,39; Rom. 13,12; 1Cor. 3,13; 2Cor. 6,2; 1Th. 5,2; 1Th. 5,4; 2Th. 2,2; 2Pet. 1,19; 2Pet. 3,8; 2Pet. 3,8; 2Pet. 3,10; Rev. 6,17; Rev. 8,12)

Ἡμέρα ▸ 3

Noun · feminine · singular · nominative · (common) ▸ **3** (2Kings 19,3; Esth. 5,4; Is. 37,3)

ἡμέρᾳ ▸ **695** + **33** + **84** = 812

Noun · feminine · singular · dative · (common) ▸ 695 + 33 + 84 = **812** (Gen. 2,2; Gen. 2,2; Gen. 2,4; Gen. 2,17; Gen. 3,5; Gen. 5,1; Gen. 5,2; Gen. 7,11; Gen. 7,13; Gen. 15,18; Gen. 17,14; Gen. 21,4; Gen. 21,8; Gen. 22,4; Gen. 26,32; Gen. 27,45; Gen. 30,33; Gen. 30,35; Gen. 31,22; Gen. 33,16; Gen. 34,25; Gen. 35,3; Gen. 40,20; Gen. 42,18; Gen. 48,20; Ex. 2,13; Ex. 5,19; Ex. 6,28; Ex. 8,18; Ex. 10,28; Ex. 12,17; Ex. 12,18; Ex. 12,51; Ex. 13,6; Ex. 13,8; Ex. 14,30; Ex. 16,1; Ex. 16,5; Ex. 16,22; Ex. 16,26; Ex. 16,27; Ex. 16,29; Ex. 16,29; Ex. 16,30; Ex. 19,1; Ex. 19,11; Ex. 19,16; Ex. 20,10; Ex. 20,11; Ex. 22,29; Ex. 23,12; Ex. 24,16; Ex. 29,36; Ex. 31,15; Ex. 31,15; Ex. 31,17; Ex. 32,28; Ex. 32,34; Ex. 35,2; Ex. 35,3; Ex. 38,26; Ex. 40,2; Lev. 5,24; Lev. 6,13; Lev. 7,15; Lev. 7,16; Lev. 7,18; Lev. 7,35; Lev. 7,36; Lev. 7,38; Lev. 8,34; Lev. 9,1; Lev. 12,3; Lev. 13,5; Lev. 13,6; Lev. 13,14; Lev. 13,27; Lev. 13,32; Lev. 13,34; Lev. 13,51; Lev. 14,2; Lev. 14,9; Lev. 14,10; Lev. 14,23; Lev. 14,39; Lev. 14,57; Lev. 14,57; Lev. 15,14; Lev. 15,29; Lev. 16,30; Lev. 19,6; Lev. 19,7; Lev. 22,27; Lev. 22,28; Lev. 22,30; Lev. 23,3; Lev. 23,5; Lev. 23,6; Lev. 23,12; Lev. 23,28; Lev. 23,29; Lev. 23,30; Lev. 23,39; Lev. 23,39; Lev. 23,39; Lev. 23,40; Lev. 24,8; Lev. 25,9; Lev. 27,23; Num. 3,1; Num. 3,13; Num. 6,9; Num. 6,9; Num. 6,10; Num. 6,11; Num. 6,13; Num. 7,1; Num. 7,10; Num. 7,12; Num. 7,18; Num. 7,24; Num. 7,30; Num. 7,36; Num. 7,42; Num. 7,48; Num. 7,54; Num. 7,60; Num. 7,66; Num. 7,72; Num. 7,78; Num. 7,84; Num. 8,17; Num. 9,3; Num. 9,5; Num. 9,6; Num. 9,6; Num. 9,11; Num. 9,15; Num. 15,32; Num. 15,33; Num. 19,12; Num. 19,12; Num. 19,12; Num. 19,12; Num. 19,19; Num. 19,19; Num. 19,19; Num. 25,18; Num. 28,9; Num. 28,16; Num. 28,17; Num. 28,26; Num. 29,12; Num. 29,13; Num. 29,17; Num. 29,20; Num. 29,23; Num. 29,26; Num. 29,29; Num. 29,32; Num. 29,35; Num. 30,6; Num. 30,8; Num. 30,9; Num. 30,13; Num. 30,15; Num. 31,19; Num. 31,19; Num. 31,24; Num. 32,10; Num. 33,3; Deut. 2,25; Deut. 2,30; Deut. 4,10; Deut. 4,15; Deut. 4,20; Deut. 5,1; Deut. 5,14; Deut. 5,24; Deut. 9,10; Deut. 16,4; Deut. 16,8; Deut. 18,16; Deut. 21,16; Deut. 21,23; Deut. 26,16; Deut. 27,2; Deut. 27,9; Deut. 27,11; Deut. 31,10; Deut. 31,17; Deut. 31,17; Deut. 31,18; Deut. 31,22; Deut. 32,35; Deut. 32,44; Deut. 32,48; Josh. 3,7; Josh. 4,14; Josh. 5,9; Josh. 5,10; Josh. 5,11; Josh. 6,12; Josh. 6,15; Josh. 6,26; Josh. 8,25; Josh. 9,12; Josh. 9,26; Josh. 9,27; Josh. 10,12; Josh. 10,28; Josh. 10,32; Josh. 10,35; Josh. 14,9; Josh. 14,12; Josh. 14,12; Josh. 24,25; Josh. 24,33a; Judg. 3,30; Judg. 4,23; Judg. 5,1; Judg. 6,32; Judg. 9,19; Judg. 10,15; Judg. 12,3; Judg. 13,10; Judg. 14,15; Judg. 14,17; Judg. 14,18; Judg. 19,5; Judg. 19,8; Judg. 20,15; Judg. 20,21; Judg. 20,22; Judg. 20,24; Judg. 20,25; Judg. 20,26; Judg. 20,30; Judg. 20,35; Judg. 20,46; Ruth 4,5; 1Sam. 1,4; 1Sam. 2,34; 1Sam. 3,2; 1Sam. 3,12; 1Sam. 4,12; 1Sam. 6,15; 1Sam. 6,16; 1Sam. 7,6; 1Sam. 7,10; 1Sam. 8,18; 1Sam. 9,15; 1Sam. 9,24; 1Sam. 10,9; 1Sam. 11,13; 1Sam. 12,5; 1Sam. 12,18; 1Sam. 14,18; 1Sam. 14,23; 1Sam. 14,24; 1Sam. 14,31; 1Sam. 14,37; 1Sam. 14,45; 1Sam. 17,10; 1Sam. 17,46; 1Sam. 20,19; 1Sam. 20,26; 1Sam. 20,27; 1Sam. 21,7; 1Sam. 21,8; 1Sam. 21,11; 1Sam. 21,14; 1Sam. 22,18; 1Sam. 22,22; 1Sam. 24,11; 1Sam. 27,1; 1Sam. 27,6; 1Sam. 28,18; 1Sam. 30,1; 1Sam. 31,6; 2Sam. 1,2; 2Sam. 2,17; 2Sam. 3,9; 2Sam. 3,37; 2Sam. 3,38; 2Sam. 5,8; 2Sam. 6,9; 2Sam. 11,12; 2Sam. 12,18; 2Sam. 16,12; 2Sam. 18,7; 2Sam. 18,8; 2Sam. 18,20; 2Sam. 18,20; 2Sam. 18,20; 2Sam. 19,3; 2Sam. 19,3; 2Sam. 19,4; 2Sam. 19,20; 2Sam. 21,12; 2Sam. 22,1; 2Sam. 22,19; 2Sam. 23,10; 2Sam. 23,20; 2Sam. 24,18; 1Kings 1,30; 1Kings 2,8; 1Kings 2,25; 1Kings 2,26; 1Kings 2,35m; 1Kings 2,37; 1Kings 2,37; 1Kings 2,42; 1Kings 3,18; 1Kings 5,2; 1Kings 8,59; 1Kings 8,64; 1Kings 8,65; 1Kings 8,66; 1Kings 12,7; 1Kings 12,12; 1Kings 12,12; 1Kings 12,24q; 1Kings 12,32; 1Kings 12,33; 1Kings 13,3; 1Kings 13,11; 1Kings 16,16; 1Kings 20,27; 1Kings 21,29; 1Kings 21,29; 1Kings 22,25; 1Kings 22,35; 2Kings 3,6; 2Kings 6,29; 2Kings 20,5; 2Kings 20,8; 2Kings 25,30; 1Chr. 10,6; 1Chr. 11,22; 1Chr. 13,12; 1Chr. 16,7; 1Chr. 29,22; 2Chr. 7,9; 2Chr. 8,13; 2Chr. 8,14; 2Chr. 10,12; 2Chr. 10,12; 2Chr. 13,18; 2Chr. 15,11; 2Chr. 18,24; 2Chr. 18,34; 2Chr. 20,26; 2Chr. 24,18; 2Chr. 28,6; 2Chr. 29,17; 2Chr. 29,17; 2Chr. 29,17; 2Chr. 35,16; 1Esdr. 1,1; 1Esdr. 1,16; 1Esdr. 1,49; 1Esdr. 4,34; 1Esdr. 4,43; Ezra 3,4; Ezra 3,4; Ezra 3,6; Ezra 6,9; Ezra 8,33; Ezra 10,16; Neh. 8,2; Neh. 8,13; Neh. 8,18; Neh. 8,18; Neh. 9,1; Neh. 10,32; Neh. 10,32; Neh. 12,43; Neh. 12,44; Neh. 12,47; Neh. 13,1; Neh. 13,15; Neh. 13,15; Neh. 13,19; Esth. 1,10; Esth. 3,7; Esth. 3,13; Esth. 13,7 # 3,13g; Esth. 15,1; Esth. 7,2; Esth. 8,1; Esth. 8,12; Esth. 16,19 # 8,12s; Esth. 9,2; Esth. 9,11; Judith 6,5; Judith 6,19; Judith 7,2; Judith 7,6; Judith 7,28; Judith 8,11; Judith 8,12; Judith 8,18; Judith 11,15; Judith 12,10; Judith 12,13; Judith 12,20; Judith 13,7; Judith 13,17; Judith 16,17; Tob. 3,7; Tob. 4,1; 1Mac. 1,54; 1Mac. 2,32; 1Mac. 2,41; 1Mac. 2,41; 1Mac. 3,47; 1Mac. 4,6; 1Mac. 4,25; 1Mac. 5,27; 1Mac. 5,34; 1Mac. 5,60; 1Mac. 5,67; 1Mac. 7,16; 1Mac. 9,34; 1Mac. 9,43; 1Mac. 9,49; 1Mac. 10,50; 1Mac. 11,18; 1Mac. 11,47; 1Mac. 11,48; 1Mac. 11,74; 2Mac. 10,5; 2Mac. 15,1; 2Mac. 15,2; 3Mac. 5,11; 3Mac. 7,15; Psa. 17,1; Psa. 17,19; Psa. 18,3; Psa. 19,2; Psa. 19,10; Psa. 26,5; Psa. 40,2; Psa. 48,6; Psa. 49,15; Psa. 55,10; Psa. 58,17; Psa. 76,3; Psa. 77,9; Psa. 80,4; Psa. 85,7; Psa. 101,3; Psa. 101,3; Psa. 109,3; Psa. 109,5; Psa. 137,3; Psa. 139,8; Psa. 145,4; Ode. 2,35; Ode. 4,16; Ode. 11,13; Prov. 6,34; Prov. 16,2; Prov. 24,10; Prov. 24,10; Prov. 25,19; Prov. 27,15; Eccl. 7,14; Eccl. 7,14; Eccl. 8,8; Eccl. 8,16; Eccl. 12,3; Song 3,11; Song 3,11; Song 8,8; Wis. 3,18; Sir. 1,13; Sir. 3,5; Sir. 3,15; Sir. 5,8; Sir. 6,8; Sir. 6,10; Sir. 11,4; Sir. 11,25; Sir. 11,25; Sir. 11,26; Sir. 18,10; Sir. 33,24; Sir. 40,6; Sol. 14,9; Sol. 15,12; Hos. 1,5; Hos. 2,5; Hos. 2,18; Hos. 2,20; Hos. 2,23; Hos. 6,2; Hos. 9,5; Hos. 9,5; Hos. 12,10; Amos 1,14; Amos 1,14; Amos 2,16; Amos 3,14; Amos 8,3; Amos 8,9; Amos 8,9; Amos 8,13; Amos 9,11; Mic. 2,1; Mic. 2,4; Mic. 4,6; Mic. 5,9; Mic. 7,4; Joel 4,18; Obad. 8; Obad. 11; Obad. 12; Obad. 12; Obad. 12; Obad. 13; Obad. 13; Obad. 13; Obad. 14; Nah. 1,7; Nah. 2,4; Hab. 3,16; Zeph. 1,8; Zeph. 1,9; Zeph. 1,10; Zeph. 1,12; Zeph. 1,18; Zeph. 2,3; Zeph. 3,11; Zeph. 3,17; Hag. 2,23; Zech. 2,15; Zech. 3,9; Zech. 3,10; Zech. 6,10; Zech. 9,16; Zech. 11,11; Zech. 12,3; Zech. 12,4; Zech. 12,6; Zech. 12,8; Zech. 12,8; Zech. 12,9; Zech. 12,11; Zech. 13,1; Zech. 13,2; Zech. 13,4; Zech. 14,3; Zech. 14,4; Zech. 14,6; Zech. 14,8; Zech. 14,9; Zech. 14,13; Zech. 14,20; Zech. 14,21; Mal. 3,21; Is. 2,11; Is. 2,17; Is. 2,20; Is. 3,7; Is. 3,18; Is. 4,2; Is. 5,30; Is. 7,18; Is. 7,20; Is. 7,21; Is. 7,23; Is. 9,3; Is. 9,13;

ἡμέρα 1021

Is. 10,3; Is. 10,17; Is. 10,20; Is. 10,27; Is. 11,10; Is. 11,11; Is. 12,1; Is. 12,4; Is. 13,13; Is. 14,3; Is. 14,4; Is. 17,4; Is. 17,7; Is. 17,9; Is. 17,11; Is. 17,11; Is. 19,16; Is. 19,18; Is. 19,19; Is. 19,21; Is. 19,23; Is. 19,24; Is. 22,8; Is. 22,12; Is. 22,20; Is. 22,25; Is. 23,15; Is. 25,9; Is. 26,1; Is. 27,1; Is. 27,2; Is. 27,12; Is. 27,13; Is. 28,5; Is. 29,18; Is. 30,23; Is. 30,25; Is. 30,26; Is. 31,7; Is. 38,12; Is. 47,9; Is. 49,8; Is. 52,6; Is. 58,13; Is. 66,8; Jer. 1,18; Jer. 4,9; Jer. 7,22; Jer. 11,4; Jer. 16,19; Jer. 17,17; Jer. 17,21; Jer. 17,22; Jer. 17,24; Jer. 17,27; Jer. 28,2; Jer. 29,4; Jer. 30,16; Jer. 32,33; Jer. 37,8; Jer. 38,32; Jer. 41,13; Jer. 43,6; Jer. 46,17; Jer. 48,4; Jer. 51,22; Bar. 1,14; Bar. 1,20; Bar. 2,28; Lam. 1,12; Lam. 2,1; Lam. 2,7; Lam. 2,21; Lam. 2,22; Lam. 3,57; Ezek. 1,28; Ezek. 13,5; Ezek. 16,4; Ezek. 16,5; Ezek. 20,6; Ezek. 22,24; Ezek. 24,25; Ezek. 24,26; Ezek. 24,27; Ezek. 27,27; Ezek. 29,21; Ezek. 30,9; Ezek. 30,9; Ezek. 31,15; Ezek. 33,12; Ezek. 33,12; Ezek. 34,12; Ezek. 34,12; Ezek. 36,33; Ezek. 38,10; Ezek. 38,14; Ezek. 38,18; Ezek. 38,18; Ezek. 38,19; Ezek. 39,11; Ezek. 39,13; Ezek. 40,1; Ezek. 43,18; Ezek. 43,22; Ezek. 44,27; Ezek. 45,22; Ezek. 46,1; Ezek. 46,1; Ezek. 46,4; Ezek. 46,6; Ezek. 46,12; Dan. 4,17a; Dan. 4,37b; Dan. 5,0; Dan. 5,0; Dan. 10,4; Dan. 12,1; Sus. 60-62; Bel 33; Bel 39; Judg. 3,29; Judg. 3,30; Judg. 4,23; Judg. 5,1; Judg. 6,32; Judg. 9,19; Judg. 10,15; Judg. 12,3; Judg. 13,10; Judg. 14,15; Judg. 14,17; Judg. 14,18; Judg. 19,5; Judg. 19,8; Judg. 20,15; Judg. 20,21; Judg. 20,22; Judg. 20,24; Judg. 20,25; Judg. 20,26; Judg. 20,30; Judg. 20,35; Judg. 20,46; Tob. 3,7; Tob. 3,10; Tob. 4,1; Tob. 5,21; Tob. 11,18; Tob. 14,9; Tob. 14,9; Dan. 10,4; Sus. 62; Bel 40; Matt. 6,34; Matt. 7,22; Matt. 10,15; Matt. 11,22; Matt. 11,24; Matt. 12,36; Matt. 13,1; Matt. 16,21; Matt. 17,23; Matt. 20,19; Matt. 22,23; Matt. 24,42; Matt. 24,50; Mark 2,20; Mark 4,35; Mark 14,12; Luke 1,59; Luke 4,16; Luke 6,23; Luke 9,22; Luke 9,37; Luke 10,12; Luke 12,46; Luke 13,14; Luke 13,16; Luke 14,5; Luke 17,24; Luke 17,29; Luke 17,30; Luke 17,31; Luke 18,33; Luke 19,42; Luke 23,12; Luke 24,7; Luke 24,13; Luke 24,46; John 2,1; John 5,9; John 6,39; John 6,40; John 6,44; John 6,54; John 7,37; John 9,14; John 11,9; John 11,24; John 12,48; John 14,20; John 16,23; John 16,26; John 20,19; Acts 2,41; Acts 7,8; Acts 7,26; Acts 8,1; Acts 10,40; Acts 12,21; Acts 13,14; Acts 16,13; Acts 20,26; Acts 21,26; Rom. 2,5; Rom. 2,16; Rom. 13,13; 1Cor. 1,8; 1Cor. 5,5; 1Cor. 10,8; 1Cor. 15,4; 2Cor. 1,14; 2Cor. 4,16; 2Cor. 4,16; 2Cor. 6,2; Eph. 6,13; 2Th. 1,10; 2Tim. 1,18; 2Tim. 4,8; Heb. 4,4; Heb. 8,9; James 5,5; 1Pet. 2,12; 2Pet. 2,13; 1John 4,17; Rev. 1,10; Rev. 18,8)

ἡμέραι ▸ 143 + 7 + 26 = 176

Noun • feminine • plural • nominative • (common) ▸ 143 + 7 + 26 = 176 (Gen. 5,4; Gen. 5,5; Gen. 5,8; Gen. 5,11; Gen. 5,14; Gen. 5,17; Gen. 5,20; Gen. 5,23; Gen. 5,27; Gen. 5,31; Gen. 6,3; Gen. 9,29; Gen. 11,32; Gen. 25,24; Gen. 27,41; Gen. 29,20; Gen. 29,21; Gen. 35,28; Gen. 38,12; Gen. 40,12; Gen. 40,13; Gen. 40,18; Gen. 47,9; Gen. 47,9; Gen. 47,28; Gen. 47,29; Gen. 50,3; Gen. 50,4; Ex. 7,25; Lev. 12,4; Lev. 12,6; Lev. 15,3; Lev. 15,25; Lev. 15,25; Num. 6,5; Num. 6,12; Num. 13,20; Num. 13,20; Deut. 2,14; Deut. 11,21; Deut. 11,21; Deut. 31,14; Deut. 33,25; Deut. 34,8; Josh. 1,11; Josh. 3,15; 1Sam. 2,31; 1Sam. 7,2; 1Sam. 25,38; 2Sam. 2,11; 2Sam. 7,12; 2Sam. 19,35; 2Sam. 24,15; 1Kings 2,1; 1Kings 2,11; 1Kings 11,42; 2Kings 10,36; 2Kings 20,17; 1Chr. 17,11; 1Chr. 29,15; 2Chr. 15,3; 2Chr. 18,7; 2Chr. 20,25; Esth. 1,5; Esth. 2,12; Esth. 4,11; Esth. 9,26; Esth. 9,27; Esth. 9,28; Esth. 10,13 # 10,3k; Tob. 1,21; Tob. 8,20; Tob. 10,1; Tob. 10,7; 1Mac. 2,49; 1Mac. 4,59; 1Mac. 10,34; 1Mac. 10,34; 1Mac. 10,34; 4Mac. 14,7; Psa. 72,10; Psa. 77,33; Psa. 89,9; Psa. 89,10; Psa. 101,4; Psa. 101,12; Psa. 102,15; Psa. 108,8; Psa. 118,84; Psa. 143,4; Ode. 8,71; Eccl. 2,16; Eccl. 2,23; Eccl. 5,16; Eccl. 6,3; Eccl. 7,10; Eccl. 12,1; Job 1,5; Job 17,11; Job 30,16; Job 30,26; Job 30,27; Sir. 22,12; Sir. 22,12; Sir. 37,25; Hos. 7,5; Hos. 9,7; Hos. 9,7; Amos 4,2; Amos 8,11; Amos 9,11; Amos 9,13; Mic. 7,14; Jonah 3,4; Zech. 14,1; Mal. 3,4; Is. 39,6; Is. 60,20; Is. 65,22; Jer. 7,32; Jer. 9,24; Jer. 16,14; Jer. 19,6; Jer. 20,18; Jer. 23,5; Jer. 23,7; Jer. 28,52; Jer. 30,18; Jer. 31,12; Jer. 32,34; Jer. 37,3; Jer. 38,27; Jer. 38,31; Jer. 38,38; Bar. 1,11; Bar. 1,11; Lam. 4,18; Ezek. 4,8; Ezek. 12,22; Ezek. 12,23; Dan. 3,71; Dan. 8,14; Dan. 12,13; Tob. 1,21; Tob. 10,1; Tob. 10,8; Dan. 3,71; Dan. 8,14; Dan. 12,11; Dan. 12,13; Matt. 9,15; Matt. 15,32; Matt. 24,22; Matt. 24,22; Matt. 24,37; Mark 2,20; Mark 8,2; Mark 13,19; Luke 1,23; Luke 2,6; Luke 2,21; Luke 2,22; Luke 5,35; Luke 9,28; Luke 13,14; Luke 17,22; Luke 19,43; Luke 21,6; Luke 21,22; Luke 23,29; Acts 9,23; Acts 12,3; Acts 21,27; Acts 24,11; Eph. 5,16; Heb. 8,8)

ἡμέραις ▸ 208 + 20 + 49 = 277

Noun • feminine • plural • dative • (common) ▸ 208 + 20 + 49 = 277 (Gen. 6,4; Gen. 10,25; Gen. 30,14; Ex. 2,11; Ex. 20,11; Ex. 31,17; Num. 10,10; Deut. 17,9; Deut. 17,12; Deut. 19,17; Deut. 26,3; Josh. 22,29; Josh. 23,1; Josh. 23,2; Judg. 5,6; Judg. 5,6; Judg. 8,28; Judg. 14,12; Judg. 15,1; Judg. 15,20; Judg. 17,6; Judg. 18,1; Judg. 18,1; Judg. 19,1; Judg. 20,27; Judg. 20,28; Judg. 21,25; 1Sam. 3,1; 1Sam. 4,1; 1Sam. 8,18; 1Sam. 13,22; 1Sam. 28,1; 2Sam. 8,7; 2Sam. 16,23; 2Sam. 21,1; 2Sam. 21,9; 1Kings 1,1; 1Kings 9,9a # 9,24; 1Kings 10,21; 1Kings 11,12; 1Kings 16,28d; 1Kings 16,34; 1Kings 20,29; 1Kings 20,29; 2Kings 8,20; 2Kings 10,32; 2Kings 15,19; 2Kings 15,29; 2Kings 15,37; 2Kings 20,1; 2Kings 20,19; 2Kings 23,29; 2Kings 24,1; 1Chr. 4,41; 1Chr. 5,10; 1Chr. 5,17; 1Chr. 5,17; 1Chr. 7,2; 1Chr. 22,9; 2Chr. 7,8; 2Chr. 9,20; 2Chr. 13,23; 2Chr. 21,8; 2Chr. 26,5; 2Chr. 26,5; 2Chr. 29,17; 2Chr. 32,24; 2Chr. 32,26; 2Chr. 36,5a; 1Esdr. 9,4; 1Esdr. 9,5; Ezra 4,7; Neh. 6,17; Neh. 12,7; Neh. 12,12; Neh. 12,22; Neh. 12,26; Neh. 12,26; Neh. 12,46; Neh. 12,47; Neh. 13,15; Neh. 13,23; Esth. 1,1 # 1,1s; Esth. 1,2; Esth. 14,16 # 4,17w; Esth. 14,16 # 4,17w; Esth. 9,22; Judith 1,1; Judith 1,5; Judith 2,27; Judith 4,6; Judith 6,15; Judith 8,1; Judith 8,2; Judith 8,15; Judith 8,15; Judith 8,18; Judith 8,33; Judith 10,2; Judith 10,3; Judith 14,8; Judith 16,25; Tob. 1,2; Tob. 1,16; 1Mac. 1,11; 1Mac. 2,1; 1Mac. 5,55; 1Mac. 9,24; 1Mac. 11,20; 1Mac. 12,11; 1Mac. 13,43; 1Mac. 14,13; 1Mac. 14,36; 2Mac. 5,14; 3Mac. 6,38; Psa. 36,19; Psa. 43,2; Psa. 43,2; Psa. 71,7; Psa. 89,14; Psa. 114,2; Ode. 12,15; Prov. 31,26; Eccl. 7,15; Eccl. 11,9; Eccl. 12,1; Job 15,10; Job 32,4; Sir. 18,24; Sir. 18,25; Sir. 18,27; Sir. 23,15; Sir. 24,25; Sir. 24,26; Sir. 24,27; Sir. 44,7; Sir. 45,15; Sir. 46,7; Sir. 47,1; Sir. 47,13; Sir. 48,12; Sir. 48,18; Sir. 48,23; Sir. 49,3; Sir. 49,12; Sir. 50,1; Sir. 50,3; Sir. 50,6; Sir. 50,8; Sir. 50,8; Sir. 50,23; Sir. 50,24; Sir. 51,10; Sol. 17,32; Sol. 17,37; Sol. 17,44; Sol. 18,6; Sol. 18,9; Hos. 1,1; Hos. 1,1; Hos. 5,9; Hos. 10,14; Amos 1,1; Amos 1,1; Mic. 1,1; Joel 1,2; Joel 1,2; Joel 3,2; Joel 4,1; Nah. 3,17; Hab. 1,5; Zeph. 1,1; Zech. 8,6; Zech. 8,9; Zech. 8,15; Zech. 8,23; Zech. 14,5; Zech. 14,5; Is. 2,2; Is. 7,1; Is. 39,8; Is. 48,7; Is. 58,3; Jer. 1,2; Jer. 1,3; Jer. 3,6; Jer. 3,16; Jer. 3,17; Jer. 3,18; Jer. 5,18; Jer. 16,9; Jer. 23,6; Jer. 27,4; Jer. 27,20; Jer. 33,18; Jer. 38,29; Jer. 42,1; Bar. 1,14; Bar. 4,20; Ezek. 12,25; Ezek. 16,56; Ezek. 16,60; Ezek. 22,14; Ezek. 28,15; Ezek. 38,17; Dan. 5,12; Dan. 10,2; Dan. 11,20; Judg. 5,6; Judg. 5,6; Judg. 8,28; Judg. 14,12; Judg. 15,1; Judg. 15,20; Judg. 17,6; Judg. 18,1; Judg. 18,1; Judg. 19,1; Judg. 20,28; Judg. 21,25; Tob. 1,2; Tob. 1,16; Tob. 1,18; Tob. 14,7; Dan. 2,44; Dan. 5,11; Dan. 10,2; Dan. 11,20; Matt. 2,1; Matt. 3,1; Matt. 23,30; Matt. 24,19; Matt. 24,38; Matt. 27,40; Mark 1,9; Mark 8,1; Mark 13,17; Mark 13,24; Mark 15,29; Luke 1,5; Luke 1,7; Luke 1,18; Luke 1,25; Luke 1,39; Luke 1,75; Luke 2,1; Luke 2,36; Luke 4,2; Luke 4,25; Luke 5,35; Luke 6,12; Luke 9,36; Luke 17,26; Luke

17,26; Luke 17,28; Luke 21,23; Luke 23,7; Luke 24,18; John 2,19; John 2,20; Acts 1,15; Acts 2,17; Acts 2,18; Acts 5,37; Acts 6,1; Acts 7,41; Acts 9,37; Acts 11,27; Acts 13,41; Acts 27,7; 2Tim. 3,1; Heb. 5,7; James 5,3; 1Pet. 3,20; Rev. 2,13; Rev. 9,6; Rev. 10,7)

ἡμέραν ▸ 242 + 16 + 58 = 316

Noun ▪ feminine ▪ singular ▪ accusative ▪ (common) ▸ 242 + 16 + 58 = **316** (Gen. 1,5; Gen. 2,3; Gen. 8,22; Gen. 27,2; Gen. 31,2; Gen. 31,5; Gen. 33,13; Gen. 39,10; Ex. 5,7; Ex. 5,8; Ex. 5,13; Ex. 5,14; Ex. 10,13; Ex. 12,17; Ex. 13,3; Ex. 14,27; Ex. 16,4; Ex. 16,5; Ex. 16,5; Ex. 16,29; Ex. 19,11; Ex. 20,8; Ex. 20,11; Ex. 21,21; Ex. 29,38; Lev. 8,35; Lev. 23,14; Lev. 23,21; Lev. 23,37; Lev. 23,37; Num. 4,16; Num. 7,11; Num. 7,11; Num. 11,19; Num. 11,32; Num. 11,32; Num. 14,14; Num. 14,34; Num. 28,3; Num. 28,24; Num. 30,15; Num. 30,16; Deut. 4,10; Deut. 5,12; Deut. 5,15; Deut. 10,15; Deut. 16,3; Josh. 4,18; Josh. 6,10; Judg. 4,8; Judg. 9,45; 1Sam. 9,12; 1Sam. 9,13; 1Sam. 14,21; 1Sam. 14,45; 1Sam. 19,7; 1Sam. 19,24; 1Sam. 21,6; 1Sam. 25,8; 1Sam. 25,16; 1Sam. 28,20; 1Chr. 12,23; 1Chr. 16,23; 1Chr. 16,37; 1Chr. 26,17; 2Chr. 24,11; 2Chr. 30,21; 2Chr. 30,21; 2Chr. 31,16; 1Esdr. 4,52; 1Esdr. 5,50; 1Esdr. 6,29; Ezra 3,4; Ezra 6,9; Ezra 10,13; Neh. 1,6; Neh. 5,18; Neh. 8,18; Neh. 13,17; Neh. 13,22; Esth. 2,11; Esth. 2,14; Esth. 3,4; Esth. 3,7; Esth. 3,14; Esth. 4,16; Esth. 16,22 # 8,12u; Esth. 8,13; Esth. 9,17; Esth. 9,19; Esth. 9,19; Esth. 9,22; Esth. 10,11 # 10,3h; Judith 2,10; Judith 7,21; Judith 13,3; Tob. 4,9; Tob. 10,7; 1Mac. 2,34; 1Mac. 4,54; 1Mac. 5,50; 1Mac. 6,57; 1Mac. 7,48; 1Mac. 7,48; 1Mac. 7,49; 1Mac. 8,15; 1Mac. 9,44; 1Mac. 13,52; 2Mac. 3,14; 2Mac. 6,7; 2Mac. 8,27; 2Mac. 10,5; 2Mac. 14,4; 2Mac. 14,21; 2Mac. 15,3; 2Mac. 15,36; 3Mac. 5,2; 3Mac. 5,18; 3Mac. 5,20; 4Mac. 13,22; Psa. 7,12; Psa. 24,5; Psa. 31,3; Psa. 34,28; Psa. 36,26; Psa. 37,7; Psa. 37,13; Psa. 41,4; Psa. 41,11; Psa. 43,9; Psa. 43,16; Psa. 43,23; Psa. 51,3; Psa. 55,2; Psa. 55,3; Psa. 55,5; Psa. 55,6; Psa. 60,9; Psa. 67,20; Psa. 67,20; Psa. 70,8; Psa. 70,15; Psa. 70,24; Psa. 71,15; Psa. 72,14; Psa. 73,22; Psa. 85,3; Psa. 87,10; Psa. 87,18; Psa. 88,17; Psa. 91,1; Psa. 92,1; Psa. 94,8; Psa. 95,2; Psa. 101,9; Psa. 118,97; Psa. 136,7; Psa. 139,3; Psa. 144,2; Ode. 14,29; Ode. 14,32; Prov. 8,21a; Prov. 8,30; Prov. 8,34; Prov. 16,9; Prov. 21,26; Prov. 21,31; Prov. 23,17; Eccl. 7,1; Job 1,4; Job 3,1; Job 3,8; Job 17,12; Job 21,30; Job 21,30; Job 38,23; Sir. 5,7; Sir. 23,14; Sir. 38,17; Sir. 45,14; Sol. 3,9; Sol. 7,10; Sol. 14,6; Sol. 17,33; Sol. 18,5; Sol. 18,5; Sol. 18,11; Hos. 12,2; Amos 5,8; Amos 5,18; Amos 6,3; Amos 8,10; Joel 1,15; Joel 3,4; Obad. 12; Zeph. 2,2; Zeph. 3,8; Zech. 14,7; Mal. 3,2; Mal. 3,17; Mal. 3,22; Is. 1,13; Is. 28,24; Is. 45,9; Is. 58,2; Is. 58,5; Is. 61,2; Is. 62,6; Is. 65,2; Jer. 12,3; Jer. 17,16; Jer. 17,18; Jer. 17,22; Jer. 17,24; Jer. 17,27; Jer. 18,17; Jer. 20,7; Jer. 20,8; Jer. 52,34; Lam. 1,13; Lam. 1,21; Lam. 2,22; Lam. 3,3; Lam. 3,14; Lam. 3,62; Ezek. 4,6; Ezek. 4,10; Ezek. 16,43; Ezek. 24,2; Ezek. 43,25; Ezek. 45,23; Ezek. 45,23; Ezek. 46,13; Dan. 1,5; Dan. 6,12; Dan. 9,7; Dan. 9,15; Dan. 10,13; Bel 3; Bel 4; Bel 6; Bel 31-32; Judg. 4,8; Judg. 9,45; Judg. 17,10; Judg. 19,8; Tob. 5,15; Tob. 9,3-4; Tob. 10,1; Tob. 10,7; Dan. 1,5; Dan. 10,13; Sus. 8; Sus. 12; Sus. 15; Bel 4; Bel 6; Bel 32; Matt. 20,2; Matt. 20,6; Matt. 25,13; Matt. 26,55; Mark 4,27; Mark 14,49; Luke 2,37; Luke 9,23; Luke 11,3; Luke 16,19; Luke 19,47; Luke 22,53; Luke 24,21; John 1,39; John 8,56; John 12,7; Acts 2,1; Acts 2,20; Acts 2,46; Acts 2,47; Acts 3,2; Acts 5,42; Acts 16,5; Acts 17,11; Acts 17,17; Acts 17,31; Acts 19,9; Acts 20,16; Acts 20,31; Acts 21,7; Acts 26,7; Acts 27,29; Acts 27,33; Acts 28,13; Acts 28,23; Rom. 8,36; Rom. 10,21; Rom. 14,5; Rom. 14,5; Rom. 14,5; Rom. 14,6; 1Cor. 15,31; 2Cor. 11,28; Eph. 4,30; Phil. 1,10; Phil. 2,16; 2Tim. 1,12; Heb. 3,8; Heb. 3,13; Heb. 4,7; Heb. 7,27; Heb. 10,11; Heb. 10,25; 2Pet. 2,8; 2Pet. 2,9; 2Pet. 3,7; 2Pet. 3,18; Rev. 9,15)

ἡμέρας ▸ 775 + 53 + 126 = 954

Noun ▪ feminine ▪ plural ▪ accusative ▪ (common) ▸ 448 + 32 + 68 = **548** (Gen. 1,14; Gen. 3,14; Gen. 3,17; Gen. 4,3; Gen. 6,5; Gen. 7,4; Gen. 7,10; Gen. 7,12; Gen. 7,17; Gen. 7,24; Gen. 8,3; Gen. 8,6; Gen. 8,10; Gen. 8,12; Gen. 8,22; Gen. 21,34; Gen. 24,55; Gen. 27,44; Gen. 37,34; Gen. 40,4; Gen. 42,17; Gen. 43,9; Gen. 44,32; Gen. 47,9; Gen. 47,9; Gen. 50,3; Gen. 50,3; Gen. 50,10; Ex. 2,23; Ex. 4,19; Ex. 10,22; Ex. 10,23; Ex. 10,23; Ex. 12,15; Ex. 12,19; Ex. 13,6; Ex. 13,7; Ex. 13,10; Ex. 15,22; Ex. 16,26; Ex. 19,15; Ex. 20,9; Ex. 22,29; Ex. 23,12; Ex. 23,15; Ex. 24,16; Ex. 24,18; Ex. 29,30; Ex. 29,35; Ex. 29,37; Ex. 31,15; Ex. 34,18; Ex. 34,21; Ex. 34,28; Ex. 35,2; Lev. 8,33; Lev. 8,33; Lev. 8,35; Lev. 12,2; Lev. 12,2; Lev. 12,4; Lev. 12,5; Lev. 12,5; Lev. 13,4; Lev. 13,5; Lev. 13,21; Lev. 13,26; Lev. 13,31; Lev. 13,33; Lev. 13,46; Lev. 13,50; Lev. 13,54; Lev. 14,8; Lev. 14,38; Lev. 14,46; Lev. 15,13; Lev. 15,19; Lev. 15,24; Lev. 15,25; Lev. 15,26; Lev. 15,28; Lev. 22,27; Lev. 23,3; Lev. 23,6; Lev. 23,8; Lev. 23,16; Lev. 23,34; Lev. 23,36; Lev. 23,39; Lev. 23,40; Lev. 23,42; Lev. 26,34; Lev. 26,35; Num. 6,4; Num. 6,5; Num. 6,6; Num. 6,8; Num. 6,12; Num. 6,13; Num. 9,18; Num. 9,19; Num. 9,20; Num. 9,22; Num. 11,19; Num. 11,19; Num. 11,19; Num. 12,14; Num. 12,14; Num. 12,15; Num. 13,25; Num. 14,34; Num. 19,11; Num. 19,14; Num. 19,16; Num. 20,15; Num. 20,29; Num. 28,17; Num. 28,24; Num. 29,12; Num. 31,19; Deut. 1,46; Deut. 1,46; Deut. 2,1; Deut. 4,9; Deut. 4,10; Deut. 4,32; Deut. 4,40; Deut. 5,13; Deut. 5,29; Deut. 6,2; Deut. 6,24; Deut. 9,9; Deut. 9,18; Deut. 9,25; Deut. 10,10; Deut. 11,1; Deut. 11,31; Deut. 12,1; Deut. 14,23; Deut. 16,3; Deut. 16,3; Deut. 16,4; Deut. 16,8; Deut. 16,13; Deut. 16,15; Deut. 17,19; Deut. 19,9; Deut. 20,19; Deut. 21,13; Deut. 23,7; Deut. 28,29; Deut. 28,33; Deut. 31,13; Deut. 32,7; Deut. 33,12; Deut. 34,8; Josh. 1,5; Josh. 2,16; Josh. 2,22; Josh. 3,2; Josh. 6,14; Josh. 9,16; Josh. 11,18; Josh. 22,3; Josh. 23,1; Josh. 24,7; Josh. 24,29; Josh. 24,29; Judg. 2,7; Judg. 2,7; Judg. 2,18; Judg. 11,4; Judg. 11,40; Judg. 11,40; Judg. 14,8; Judg. 14,10; Judg. 14,14; Judg. 14,17; Judg. 15,1; Judg. 17,10; Judg. 18,31; Judg. 19,2; Judg. 19,4; Judg. 21,19; 1Sam. 1,3; 1Sam. 1,25; 1Sam. 1,28; 1Sam. 2,19; 1Sam. 2,32; 1Sam. 2,35; 1Sam. 7,13; 1Sam. 7,15; 1Sam. 10,8; 1Sam. 11,3; 1Sam. 13,8; 1Sam. 14,52; 1Sam. 20,31; 1Sam. 22,4; 1Sam. 23,14; 1Sam. 25,7; 1Sam. 25,15; 1Sam. 25,16; 1Sam. 27,11; 1Sam. 28,2; 1Sam. 29,3; 1Sam. 30,12; 1Sam. 31,13; 2Sam. 1,1; 2Sam. 13,37; 2Sam. 14,2; 2Sam. 14,26; 2Sam. 19,14; 2Sam. 20,4; 2Sam. 24,13; 1Kings 2,46b; 1Kings 2,46g; 1Kings 3,11; 1Kings 3,14; 1Kings 5,15; 1Kings 8,40; 1Kings 8,65; 1Kings 9,3; 1Kings 11,14; 1Kings 11,34; 1Kings 11,36; 1Kings 12,7; 1Kings 14,30; 1Kings 15,5; 1Kings 15,14; 1Kings 15,16; 1Kings 16,15; 1Kings 17,7; 1Kings 18,1; 1Kings 19,8; 1Kings 21,29; 2Kings 2,17; 2Kings 8,19; 2Kings 12,3; 2Kings 13,3; 2Kings 13,22; 2Kings 17,37; 2Kings 20,6; 2Kings 23,22; 2Kings 25,29; 2Kings 25,30; 1Chr. 7,22; 1Chr. 9,25; 1Chr. 10,12; 1Chr. 12,40; 1Chr. 21,12; 2Chr. 1,11; 2Chr. 6,31; 2Chr. 7,9; 2Chr. 7,16; 2Chr. 10,7; 2Chr. 12,15; 2Chr. 13,20; 2Chr. 15,17; 2Chr. 21,7; 2Chr. 21,15; 2Chr. 21,19; 2Chr. 21,19; 2Chr. 24,2; 2Chr. 24,14; 2Chr. 30,21; 2Chr. 30,22; 2Chr. 30,23; 2Chr. 30,23; 2Chr. 34,33; 2Chr. 35,17; 2Chr. 36,9; 2Chr. 36,21; 1Esdr. 1,17; 1Esdr. 1,42; 1Esdr. 4,63; 1Esdr. 7,14; 1Esdr. 8,41; Ezra 4,5; Ezra 6,22; Ezra 8,15; Ezra 8,32; Ezra 10,8; Ezra 10,9; Neh. 1,4; Neh. 2,11; Neh. 6,15; Neh. 8,18; Esth. 1,4; Esth. 1,5; Esth. 2,18; Esth. 4,16; Esth. 9,21; Esth. 9,22; Judith 1,16; Judith 4,13; Judith 5,8; Judith 5,16; Judith 7,20; Judith 7,30; Judith 8,6; Judith 8,9; Judith 12,7; Judith 12,18; Judith 15,11; Judith 16,21; Judith 16,22; Judith 16,24; Judith 16,25; Tob. 1,3; Tob. 4,3; Tob. 4,5; Tob. 4,5; Tob. 8,20; Tob. 9,4; Tob. 10,7; Tob. 11,19; Tob. 12,19; 1Mac. 2,65; 1Mac. 3,12; 1Mac. 3,49; 1Mac. 4,56;

ἡμέρα 1023

1Mac. 4,59; 1Mac. 6,31; 1Mac. 6,51; 1Mac. 6,52; 1Mac. 7,50; 1Mac. 9,20; 1Mac. 9,64; 1Mac. 9,71; 1Mac. 10,47; 1Mac. 11,40; 1Mac. 11,65; 1Mac. 13,26; 1Mac. 14,4; 1Mac. 14,4; 2Mac. 1,9; 2Mac. 2,12; 2Mac. 2,16; 2Mac. 5,2; 2Mac. 10,6; 2Mac. 10,8; 2Mac. 10,33; 2Mac. 13,12; 3Mac. 4,8; 3Mac. 4,15; 3Mac. 6,30; 3Mac. 6,36; 3Mac. 6,38; 3Mac. 7,17; 3Mac. 7,19; Psa. 22,6; Psa. 26,4; Psa. 33,13; Psa. 38,6; Psa. 54,24; Psa. 60,7; Psa. 60,7; Psa. 76,6; Psa. 88,30; Psa. 88,46; Psa. 127,5; Ode. 2,7; Ode. 9,75; Ode. 11,20; Prov. 10,27; Eccl. 5,19; Eccl. 8,13; Eccl. 8,15; Eccl. 9,9; Eccl. 9,9; Eccl. 11,8; Job 1,5; Job 2,13; Job 3,6; Job 3,6; Job 14,14; Job 36,11; Sir. 1,2; Sir. 17,2; Sir. 30,24; Sir. 50,22; Sir. 50,23; Sol. 14,4; Sol. 18,10; Hos. 2,15; Hos. 2,17; Hos. 2,17; Hos. 3,4; Hos. 6,2; Hos. 9,9; Mic. 7,15; Mic. 7,20; Jonah 2,1; Nah. 2,6; Zech. 4,10; Zech. 8,11; Is. 7,17; Is. 30,8; Is. 38,20; Is. 51,13; Is. 63,9; Is. 65,5; Is. 65,22; Jer. 2,32; Jer. 13,6; Jer. 38,33; Jer. 38,37; Jer. 39,14; Jer. 39,39; Jer. 42,7; Jer. 42,7; Jer. 42,8; Jer. 42,19; Jer. 44,16; Jer. 49,7; Jer. 52,33; Bar. 1,12; Bar. 4,35; Ezek. 3,15; Ezek. 3,16; Ezek. 4,5; Ezek. 4,6; Ezek. 4,9; Ezek. 12,27; Ezek. 16,22; Ezek. 22,4; Ezek. 23,19; Ezek. 43,25; Ezek. 43,26; Ezek. 44,26; Ezek. 45,21; Ezek. 45,23; Ezek. 45,23; Ezek. 45,25; Ezek. 46,1; Dan. 1,12; Dan. 1,14; Dan. 1,15; Dan. 1,18; Dan. 4,37a; Dan. 6,28; Dan. 8,26; Dan. 8,27; Dan. 10,14; Dan. 11,9; Dan. 12,11; Dan. 12,12; Bel 31-32; Judg. 2,7; Judg. 2,7; Judg. 2,18; Judg. 11,40; Judg. 11,40; Judg. 14,8; Judg. 14,10; Judg. 14,14; Judg. 14,17; Judg. 15,1; Judg. 16,16; Judg. 18,31; Judg. 19,2; Judg. 19,4; Judg. 21,19; Tob. 1,3; Tob. 4,3; Tob. 4,5; Tob. 4,5; Tob. 9,3-4; Tob. 10,1; Tob. 10,13; Tob. 10,13; Tob. 10,14; Tob. 12,18; Dan. 1,12; Dan. 1,14; Dan. 8,26; Dan. 8,27; Dan. 10,14; Dan. 12,12; Bel 31; Matt. 4,2; Matt. 12,40; Matt. 12,40; Matt. 17,1; Matt. 26,2; Matt. 27,63; Matt. 28,20; Mark 1,13; Mark 8,31; Mark 9,2; Mark 9,31; Mark 10,34; Mark 13,20; Mark 13,20; Mark 14,1; Luke 1,24; Luke 2,43; Luke 2,46; Luke 4,2; Luke 9,51; Luke 15,13; Luke 21,37; John 2,12; John 4,40; John 4,43; John 11,6; John 11,17; John 20,26; Acts 1,5; Acts 3,24; Acts 9,9; Acts 9,19; Acts 9,43; Acts 10,48; Acts 13,31; Acts 15,36; Acts 16,12; Acts 16,18; Acts 18,18; Acts 20,6; Acts 20,6; Acts 21,4; Acts 21,5; Acts 21,10; Acts 21,15; Acts 24,1; Acts 24,24; Acts 25,1; Acts 25,6; Acts 25,14; Acts 27,20; Acts 28,7; Acts 28,12; Acts 28,14; Acts 28,17; Gal. 1,18; Gal. 4,10; Heb. 8,10; Heb. 10,16; Heb. 10,32; Heb. 11,30; Heb. 12,10; 1Pet. 3,10; Rev. 11,3; Rev. 11,6; Rev. 11,9; Rev. 11,11; Rev. 12,6)

Noun · feminine · singular · genitive · (common) ▸ 327 + 21 + 58 = **406** (Gen. 1,14; Gen. 1,16; Gen. 1,18; Gen. 17,23; Gen. 17,26; Gen. 19,37; Gen. 19,38; Gen. 26,33; Gen. 31,39; Gen. 31,40; Gen. 32,33; Gen. 35,4; Gen. 35,20; Gen. 39,10; Gen. 47,26; Gen. 48,15; Ex. 4,10; Ex. 9,18; Ex. 9,18; Ex. 10,6; Ex. 10,6; Ex. 12,15; Ex. 12,15; Ex. 12,15; Ex. 12,18; Ex. 13,21; Ex. 13,22; Ex. 16,4; Ex. 21,36; Ex. 40,37; Ex. 40,38; Lev. 7,17; Lev. 19,6; Lev. 23,15; Num. 9,16; Num. 9,21; Num. 10,36; Num. 11,31; Num. 11,31; Num. 15,23; Num. 22,30; Num. 30,15; Deut. 1,33; Deut. 2,21; Deut. 2,22; Deut. 3,14; Deut. 4,26; Deut. 4,32; Deut. 9,7; Deut. 9,24; Deut. 10,8; Deut. 11,4; Deut. 28,66; Deut. 29,3; Deut. 34,6; Josh. 1,8; Josh. 3,4; Josh. 4,9; Josh. 6,25; Josh. 7,26; Josh. 8,28; Josh. 8,29; Josh. 9,27; Josh. 10,13; Josh. 10,27; Josh. 13,13; Josh. 14,14; Josh. 15,63; Josh. 16,10; Josh. 22,3; Josh. 22,17; Josh. 23,8; Josh. 23,9; Josh. 24,31a; Judg. 1,21; Judg. 1,26; Judg. 6,24; Judg. 6,27; Judg. 10,4; Judg. 13,7; Judg. 15,19; Judg. 18,12; Judg. 18,30; Judg. 19,30; Judg. 19,30; Judg. 19,30; Judg. 19,30; 1Sam. 1,11; 1Sam. 5,5; 1Sam. 7,2; 1Sam. 8,8; 1Sam. 8,8; 1Sam. 12,2; 1Sam. 15,35; 1Sam. 16,13; 1Sam. 18,9; 1Sam. 27,6; 1Sam. 29,3; 1Sam. 29,3; 1Sam. 29,6; 1Sam. 29,6; 1Sam. 29,8; 1Sam. 29,8; 1Sam. 30,25; 2Sam. 3,35; 2Sam. 4,3; 2Sam. 4,5; 2Sam. 6,8; 2Sam. 6,23; 2Sam. 7,6; 2Sam. 7,6; 2Sam. 13,32; 2Sam. 18,18; 2Sam. 19,25; 2Sam. 19,25; 2Sam. 20,3; 2Sam. 21,10; 1Kings 8,16; 1Kings 8,29; 1Kings 8,29; 1Kings 8,59; 1Kings 8,59; 1Kings 9,13; 1Kings 10,12; 1Kings 10,22b # 9,20; 1Kings 12,19; 1Kings 17,14; 1Kings 19,4; 2Kings 2,22; 2Kings 8,6; 2Kings 8,22; 2Kings 10,27; 2Kings 14,7; 2Kings 15,5; 2Kings 16,6; 2Kings 17,23; 2Kings 17,34; 2Kings 17,41; 2Kings 20,17; 2Kings 21,15; 2Kings 21,15; 2Kings 25,30; 1Chr. 4,41; 1Chr. 4,43; 1Chr. 5,26; 1Chr. 12,23; 1Chr. 13,11; 1Chr. 16,23; 1Chr. 16,37; 1Chr. 17,5; 1Chr. 17,5; 1Chr. 26,17; 1Chr. 26,17; 1Chr. 29,21; 2Chr. 5,9; 2Chr. 6,5; 2Chr. 6,20; 2Chr. 8,8; 2Chr. 8,13; 2Chr. 8,14; 2Chr. 8,16; 2Chr. 10,19; 2Chr. 20,26; 2Chr. 21,10; 2Chr. 24,11; 2Chr. 26,21; 1Esdr. 1,30; 1Esdr. 4,55; 1Esdr. 8,61; 1Esdr. 8,73; 1Esdr. 8,74; 1Esdr. 9,11; Ezra 3,4; Ezra 6,15; Ezra 9,7; Ezra 10,17; Neh. 4,3; Neh. 4,10; Neh. 5,14; Neh. 8,3; Neh. 8,17; Neh. 8,18; Neh. 8,18; Neh. 9,12; Neh. 9,19; Neh. 9,32; Neh. 12,47; Esth. 3,7; Esth. 14,18 # 4,17y; Judith 1,15; Judith 6,5; Judith 11,17; Judith 12,14; Judith 12,16; Judith 14,8; Judith 14,10; Judith 16,22; Tob. 5,15; Tob. 10,1; 1Mac. 6,9; 1Mac. 7,45; 1Mac. 8,10; 1Mac. 9,27; 1Mac. 10,30; 1Mac. 13,30; 1Mac. 13,39; 1Mac. 16,2; 2Mac. 5,25; 2Mac. 6,11; 2Mac. 7,20; 2Mac. 10,35; 2Mac. 13,10; 2Mac. 13,17; 2Mac. 15,36; 2Mac. 15,36; 3Mac. 4,14; 4Mac. 3,7; 4Mac. 18,20; Psa. 1,2; Psa. 12,3; Psa. 21,3; Psa. 31,4; Psa. 41,4; Psa. 41,9; Psa. 54,11; Psa. 55,4; Psa. 60,7; Psa. 60,9; Psa. 77,14; Psa. 77,42; Psa. 87,2; Psa. 90,5; Psa. 95,2; Psa. 118,164; Psa. 120,6; Psa. 135,8; Psa. 138,16; Ode. 11,13; Job 5,14; Job 24,16; Wis. 10,17; Sir. 5,7; Sir. 14,14; Sir. 33,7; Sir. 33,7; Sir. 38,27; Sir. 40,1; Sir. 40,1; Sol. 18,11; Sol. 18,12; Hos. 4,5; Mic. 7,11; Obad. 11; Jonah 3,4; Zeph. 1,14; Hag. 2,15; Hag. 2,18; Hag. 2,18; Hag. 2,19; Zech. 8,9; Zech. 9,12; Is. 4,5; Is. 7,17; Is. 18,4; Is. 21,8; Is. 27,3; Is. 28,19; Is. 32,10; Is. 34,10; Is. 38,13; Is. 39,6; Is. 51,9; Is. 58,2; Is. 60,11; Is. 60,19; Jer. 3,25; Jer. 7,25; Jer. 7,25; Jer. 7,25; Jer. 8,23; Jer. 14,17; Jer. 15,9; Jer. 25,3; Jer. 38,19; Jer. 38,36; Jer. 39,20; Jer. 39,31; Jer. 39,31; Jer. 43,2; Jer. 43,2; Jer. 43,30; Jer. 44,21; Jer. 51,10; Jer. 52,11; Jer. 52,34; Jer. 52,34; Bar. 1,13; Bar. 1,19; Bar. 1,19; Bar. 2,25; Lam. 2,18; Lam. 5,21; Ezek. 2,3; Ezek. 12,3; Ezek. 12,4; Ezek. 12,7; Ezek. 20,5; Ezek. 20,29; Ezek. 20,31; Ezek. 24,2; Ezek. 24,2; Ezek. 26,18; Ezek. 28,13; Ezek. 28,15; Ezek. 32,10; Ezek. 39,22; Ezek. 43,27; Ezek. 48,35; Dan. 4,17a; Dan. 6,6; Dan. 6,9; Dan. 6,11; Dan. 6,12; Dan. 6,14; Dan. 6,17; Dan. 10,12; Dan. 12,1; Judg. 1,21; Judg. 1,26; Judg. 6,24; Judg. 6,27; Judg. 10,4; Judg. 13,7; Judg. 15,19; Judg. 18,1; Judg. 18,12; Judg. 18,30; Judg. 19,30; Judg. 19,30; Tob. 10,1; Dan. 1,5; Dan. 6,11; Dan. 6,14; Dan. 10,12; Sus. 7; Sus. 15; Sus. 64; Bel 3; Matt. 20,12; Matt. 22,46; Matt. 24,36; Matt. 24,38; Matt. 26,29; Matt. 27,64; Matt. 28,15; Mark 5,5; Mark 6,21; Mark 13,32; Mark 14,25; Luke 1,20; Luke 1,80; Luke 2,44; Luke 4,42; Luke 17,4; Luke 17,27; Luke 18,7; John 11,9; John 11,53; Acts 1,2; Acts 1,22; Acts 2,15; Acts 2,29; Acts 9,24; Acts 10,3; Acts 10,30; Acts 12,18; Acts 20,18; Acts 23,1; Acts 23,12; Acts 26,13; Acts 26,22; Rom. 11,8; 1Cor. 4,3; 2Cor. 3,14; Phil. 1,5; Phil. 1,6; Col. 1,6; Col. 1,9; 1Th. 2,9; 1Th. 3,10; 1Th. 5,5; 1Th. 5,8; 2Th. 3,8; 1Tim. 5,5; 2Tim. 1,3; Heb. 4,8; 2Pet. 2,8; 2Pet. 3,12; Jude 6; Rev. 4,8; Rev. 7,15; Rev. 12,10; Rev. 14,11; Rev. 16,14; Rev. 20,10; Rev. 21,25)

Ἡμέρας ▸ 1 + 1 = 2

Noun · feminine · plural · accusative · (common) ▸ 1 + 1 = **2** (Hos. 3,3; Acts 16,35)

ἡμερῶν ▸ 197 + 19 + 21 = 237

Noun · feminine · plural · genitive · (common) ▸ 197 + 19 + 21 = **237** (Gen. 7,4; Gen. 17,12; Gen. 18,11; Gen. 24,1; Gen. 25,7; Gen. 25,8; Gen. 29,14; Gen. 30,36; Gen. 31,23; Gen. 35,29; Gen. 40,19; Gen. 41,1; Gen. 47,8; Gen. 49,1; Ex. 3,18; Ex. 5,3; Ex. 8,23; Ex. 13,10; Ex. 16,29; Ex. 23,26; Lev. 25,29; Num. 10,33; Num.

10,33; Num. 11,20; Num. 11,21; Num. 14,34; Num. 24,14; Num. 33,8; Deut. 1,2; Deut. 4,30; Deut. 8,16; Deut. 9,11; Deut. 30,20; Deut. 31,29; Josh. 13,1; Josh. 13,1; Josh. 24,27; Judg. 11,40; Judg. 18,1; Judg. 21,19; 1Sam. 1,3; 1Sam. 1,20; 1Sam. 1,21; 1Sam. 1,25; 1Sam. 2,19; 1Sam. 2,19; 1Sam. 13,11; 1Sam. 20,6; 1Sam. 27,7; 2Sam. 7,11; 2Sam. 13,23; 2Sam. 14,26; 2Sam. 14,28; 2Sam. 24,8; 1Kings 12,5; 1Kings 12,24p; 1Kings 14,29; 1Kings 15,7; 1Kings 15,23; 1Kings 15,31; 1Kings 16,5; 1Kings 16,14; 1Kings 16,20; 1Kings 16,27; 1Kings 16,28c; 1Kings 22,39; 1Kings 22,46; 2Kings 1,18; 2Kings 3,9; 2Kings 8,23; 2Kings 10,34; 2Kings 12,20; 2Kings 13,8; 2Kings 13,12; 2Kings 14,15; 2Kings 14,18; 2Kings 14,28; 2Kings 15,6; 2Kings 15,11; 2Kings 15,13; 2Kings 15,15; 2Kings 15,21; 2Kings 15,26; 2Kings 15,31; 2Kings 15,36; 2Kings 16,19; 2Kings 18,4; 2Kings 20,20; 2Kings 21,17; 2Kings 21,25; 2Kings 23,22; 2Kings 23,28; 2Kings 24,5; 1Chr. 13,3; 1Chr. 17,10; 1Chr. 23,1; 1Chr. 27,24; 1Chr. 29,28; 2Chr. 10,5; 2Chr. 21,15; 2Chr. 21,19; 2Chr. 21,19; 2Chr. 24,15; 2Chr. 30,26; 2Chr. 31,16; 2Chr. 35,18; 2Chr. 36,8; 1Esdr. 5,66; Ezra 4,2; Ezra 4,19; Ezra 9,7; Neh. 5,18; Neh. 8,17; Neh. 9,32; Neh. 12,23; Neh. 12,23; Neh. 13,6; Esth. 4,8; Esth. 6,1; Judith 2,21; Judith 3,10; Judith 8,29; Tob. 8,19; 1Mac. 1,29; 1Mac. 3,29; 1Mac. 5,24; 1Mac. 16,24; 4Mac. 18,19; Psa. 20,5; Psa. 22,6; Psa. 38,5; Psa. 89,15; Psa. 90,16; Psa. 92,5; Psa. 93,13; Psa. 101,24; Psa. 101,25; Psa. 142,5; Ode. 11,10; Prov. 7,20; Eccl. 2,3; Eccl. 5,17; Eccl. 6,12; Eccl. 11,1; Job 29,2; Job 42,17; Sir. 18,9; Sir. 26,1; Sir. 33,9; Sir. 33,24; Sir. 37,25; Sir. 41,13; Sol. 18,10; Hos. 3,5; Mic. 4,1; Mic. 5,1; Jonah 3,3; Zech. 8,4; Zech. 8,10; Is. 30,33; Is. 37,26; Is. 38,10; Is. 63,11; Jer. 6,11; Jer. 17,11; Jer. 23,20; Jer. 25,19; Jer. 35,3; Jer. 37,24; Jer. 43,2; Lam. 1,7; Lam. 1,7; Lam. 2,17; Lam. 5,4; Lam. 5,20; Ezek. 4,4; Ezek. 4,5; Ezek. 4,9; Ezek. 5,2; Ezek. 38,8; Ezek. 38,16; Ezek. 38,17; Dan. 2,28; Dan. 2,29; Dan. 2,45; Dan. 6,1; Dan. 6,6; Dan. 6,8; Dan. 6,13; Dan. 7,9; Dan. 7,13; Dan. 7,22; Dan. 10,3; Dan. 10,14; Dan. 11,33; Dan. 12,13; Sus. 52; Judg. 11,40; Judg. 21,19; Tob. 5,6; Tob. 8,20; Dan. 1,15; Dan. 1,18; Dan. 2,28; Dan. 4,34; Dan. 6,8; Dan. 6,13; Dan. 7,9; Dan. 7,13; Dan. 7,22; Dan. 10,2; Dan. 10,3; Dan. 10,14; Dan. 11,33; Dan. 12,13; Sus. 52; Matt. 11,12; Matt. 24,29; Matt. 26,61; Mark 2,1; Mark 14,58; Luke 5,17; Luke 8,22; Luke 17,22; Luke 20,1; John 12,1; Acts 1,3; Acts 5,36; Acts 7,45; Acts 15,7; Acts 20,6; Acts 21,26; Acts 21,38; Heb. 1,2; Heb. 7,3; 2Pet. 3,3; Rev. 2,10)

Ἡμερῶν ▸ 1
Noun · feminine · plural · genitive ▸ **1** (Acts 25,13)

Ἡμέρα (ἡμέρα) Hemera (Day) ▸ 1
Ἡμέραν ▸ 1
Noun · feminine · singular · accusative · (proper) ▸ **1** (Job 42,14)

ἥμερος (ἡμέρα) tame, gentle, cultivated, civilized ▸ 4
ἥμερα ▸ 2
Adjective · neuter · plural · accusative · noDegree ▸ **1** (4Mac. 2,14)
Adjective · neuter · plural · nominative · noDegree ▸ **1** (4Mac. 14,15)
ἥμερον ▸ 2
Adjective · feminine · singular · accusative · noDegree ▸ **2** (Esth. 13,2 # 3,13b; 2Mac. 12,30)

ἡμερόω (ἡμέρα) to tame ▸ 1
ἡμεροῦτο ▸ 1
Verb · third · singular · imperfect · passive · indicative ▸ **1** (Wis. 16,18)

ἡμέτερος (ἐγώ) our ▸ 22 + 7 = 29
ἡμέτερα ▸ 1
Adjective · neuter · plural · accusative · noDegree · (possessive) ▸ **1** (Esth. 16,2 # 8,12b)

ἡμετέρα ▸ 1
Adjective · feminine · singular · nominative · noDegree · (possessive) ▸ **1** (1John 1,3)
ἡμετέρᾳ ▸ 3
Adjective · feminine · singular · dative · noDegree · (possessive) ▸ **3** (1Esdr. 8,10; 3Mac. 2,14; 4Mac. 6,28)
ἡμετέραις ▸ 1
Adjective · feminine · plural · dative · (possessive) ▸ **1** (Acts 2,11)
ἡμετέραν ▸ 3 + 1 = 4
Adjective · feminine · singular · accusative · noDegree · (possessive) ▸ **3** + **1** = **4** (Gen. 1,26; 2Mac. 11,26; 3Mac. 3,17; Rom. 15,4)
ἡμετέρας ▸ 5 + 1 = 6
Adjective · feminine · singular · genitive · noDegree · (possessive) ▸ **5** + **1** = **6** (Esth. 16,10 # 8,12k; 2Mac. 6,24; 3Mac. 3,18; 4Mac. 13,22; Wis. 2,9; Acts 26,5)
ἡμέτεροι ▸ 1 + 1 = 2
Adjective · masculine · plural · nominative · noDegree · (possessive) ▸ **1** + **1** = **2** (2Mac. 7,36; Titus 3,14)
ἡμετέροις ▸ 3 + 1 = 4
Adjective · masculine · plural · dative · noDegree · (possessive) ▸ **1** + **1** = **2** (3Mac. 1,27; 2Tim. 4,15)
Adjective · neuter · plural · dative · noDegree · (possessive) ▸ **2** (Esth. 13,5 # 3,13e; 3Mac. 6,28)
ἡμέτερον ▸ 2
Adjective · masculine · singular · accusative · noDegree · (possessive) ▸ **2** (Esth. 16,13 # 8,12n; Psa. 34,14)
ἡμέτερος ▸ 1
Adjective · masculine · singular · nominative · noDegree · (possessive) ▸ **1** (Prov. 4,4)
Ἡμέτερος ▸ 1
Adjective · masculine · singular · nominative · noDegree · (possessive) ▸ **1** (Josh. 5,13)
ἡμετέρους ▸ 1
Adjective · masculine · plural · accusative · noDegree · (possessive) ▸ **1** (Prov. 1,13)
ἡμετέρων ▸ 1 + 1 = 2
Adjective · feminine · plural · genitive · (possessive) ▸ **1** (1John 2,2)
Adjective · masculine · plural · genitive · noDegree · (possessive) ▸ **1** (3Mac. 6,28)

Ημι Ami ▸ 1
Ημι ▸ 1
Noun · masculine · singular · genitive · (proper) ▸ **1** (Ezra 2,57)

ἡμίεφθος (ἥμισυς; ἕψω) half boiled ▸ 1
ἡμίεφθον ▸ 1
Adjective · neuter · singular · nominative · noDegree ▸ **1** (Is. 51,20)

ἡμιθανής (ἥμισυς; θνῄσκω) half dead ▸ 1 + 1 = 2
ἡμιθανῆ ▸ 1
Adjective · masculine · singular · accusative ▸ **1** (Luke 10,30)
ἡμιθανής ▸ 1
Adjective · masculine · singular · nominative · noDegree ▸ **1** (4Mac. 4,11)

ἡμίθνητος (ἥμισυς; θνῄσκω) half dead ▸ 1
ἡμίθνητος ▸ 1
Adjective · masculine · singular · nominative · noDegree ▸ **1** (Wis. 18,18)

Ημιμ Amon ▸ 1
Ημιμ ▸ 1
Noun · masculine · singular · genitive · (proper) ▸ **1** (Neh. 7,59)

ἡμίονος (ἥμισυς) mule ▸ 24

ἡμίονοι ▸ 4
    Noun ▪ masculine ▪ plural ▪ nominative ▪ (common) ▸ 4 (Gen. 12,16; 1Esdr. 5,42; Ezra 2,66; Neh. 7,68)
ἡμίονον ▸ 5
    Noun ▪ feminine ▪ singular ▪ accusative ▪ (common) ▸ 5 (2Sam. 13,29; 1Kings 1,33; 1Kings 1,38; 1Kings 1,44; Judith 15,11)
ἡμίονος ▸ 3
    Noun ▪ masculine ▪ singular ▪ nominative ▪ (common) ▸ 3 (2Sam. 18,9; 2Sam. 18,9; Psa. 31,9)
ἡμιόνου ▸ 1
    Noun ▪ masculine ▪ singular ▪ genitive ▪ (common) ▸ 1 (2Sam. 18,9)
ἡμιόνους ▸ 7
    Noun ▪ feminine ▪ plural ▪ accusative ▪ (common) ▸ 4 (Gen. 45,23; 1Sam. 21,8; 1Sam. 22,9; 1Kings 10,25)
    Noun ▪ masculine ▪ plural ▪ accusative ▪ (common) ▸ 3 (1Kings 18,5; 2Chr. 9,24; Judith 2,17)
ἡμιόνων ▸ 4
    Noun ▪ masculine ▪ plural ▪ genitive ▪ (common) ▸ 4 (2Kings 5,17; 1Chr. 12,41; Zech. 14,15; Is. 66,20)

ἡμίσευμα (ἥμισυς) half ▸ 4
ἡμίσευμα ▸ 2
    Noun ▪ neuter ▪ singular ▪ nominative ▪ (common) ▸ 2 (Num. 31,36; Num. 31,43)
ἡμισεύματος ▸ 2
    Noun ▪ neuter ▪ singular ▪ genitive ▪ (common) ▸ 2 (Num. 31,42; Num. 31,47)

ἡμισεύω (ἥμισυς) to cut in half ▸ 1
ἡμισεύσωσιν ▸ 1
    Verb ▪ third ▪ plural ▪ aorist ▪ active ▪ subjunctive ▸ 1 (Psa. 54,24)

ἥμισυς one half ▸ 132 + 10 + 5 = 147
ἡμίσει ▸ 18 + 2 = 20
    Adjective ▪ neuter ▪ singular ▪ dative ▪ noDegree ▸ 18 + 2 = **20** (Num. 32,33; Num. 34,13; Deut. 3,13; Deut. 29,7; Josh. 1,12; Josh. 12,6; Josh. 13,7; Josh. 13,8; Josh. 13,29; Josh. 14,2; Josh. 22,7; Josh. 22,7; Josh. 22,31; 2Sam. 10,4; 1Chr. 27,20; 1Chr. 27,21; Psa. 101,25; Jer. 17,11; Judg. 16,3; Dan. 9,27)
ἡμίσεις ▸ 6
    Adjective ▪ feminine ▪ plural ▪ accusative ▪ noDegree ▸ 3 (1Mac. 3,34; 1Mac. 3,37; Ezek. 16,51)
    Adjective ▪ masculine ▪ plural ▪ accusative ▪ noDegree ▸ 1 (Josh. 22,15)
    Adjective ▪ masculine ▪ plural ▪ nominative ▪ noDegree ▸ 2 (Josh. 4,12; 1Chr. 5,23)
ἡμίσεσιν ▸ 1
    Adjective ▪ masculine ▪ plural ▪ dative ▪ noDegree ▸ 1 (Josh. 13,31)
ἡμίσιά ▸ 1
    Adjective ▪ neuter ▪ plural ▪ accusative ▸ 1 (Luke 19,8)
ἡμίσους ▸ 39 + 1 = 40
    Adjective ▪ feminine ▪ singular ▪ genitive ▪ noDegree ▸ 1 (1Kings 16,9)
    Adjective ▪ masculine ▪ singular ▪ genitive ▪ noDegree ▸ 10 (1Kings 7,18; Neh. 3,9; Neh. 3,12; Neh. 3,16; Neh. 3,17; Neh. 3,18; 1Mac. 10,30; Ezek. 40,42; Ezek. 40,42; Dan. 7,25)
    Adjective ▪ neuter ▪ singular ▪ genitive ▪ noDegree ▸ 28 + 1 = **29** (Ex. 25,10; Ex. 25,10; Ex. 25,10; Ex. 25,17; Ex. 25,17; Ex. 25,23; Ex. 26,16; Ex. 27,5; Ex. 30,15; Ex. 38,24; Num. 31,29; Num. 31,30; Josh. 21,5; Josh. 21,6; Josh. 21,25; Josh. 21,27; Josh. 22,32; Josh. 22,33; Josh. 22,34; 1Chr. 6,46; 1Chr. 6,55; 1Chr. 6,56; 1Chr. 12,32; 1Chr. 12,38; 1Chr. 26,32; Neh. 8,3; Esth. 5,3; Esth. 7,2; Mark 6,23)
ἥμισυ ▸ 68 + 8 + 3 = 79
    Adjective ▪ neuter ▪ singular ▪ accusative ▪ noDegree ▸ 32 + 7 + 3 = **42** (Ex. 24,6; Ex. 24,6; Ex. 26,12; Ex. 30,13; Ex. 30,13; Ex. 30,23; Num. 12,12; Num. 15,9; Num. 15,10; Deut. 3,12; Josh. 12,2; Josh. 12,5; Josh. 13,31; Josh. 22,1; Josh. 22,13; 1Kings 3,25; 1Kings 3,25; 1Kings 13,8; 1Chr. 2,54; 1Chr. 4,31; 1Chr. 5,26; 1Chr. 19,4; Neh. 4,10; Tob. 8,21; Tob. 10,10; Tob. 12,2; Tob. 12,5; Sir. 29,6; Is. 44,16; Is. 44,19; Ezek. 43,17; Dan. 12,7; Tob. 8,21; Tob. 10,10; Tob. 12,2; Tob. 12,4; Tob. 12,5; Dan. 7,25; Dan. 12,7; Rev. 11,9; Rev. 11,11; Rev. 12,14)
    Adjective ▪ neuter ▪ singular ▪ nominative ▪ noDegree ▸ 36 + 1 = **37** (Ex. 39,3; Lev. 6,13; Lev. 6,13; Num. 28,14; Num. 34,14; Num. 34,15; Josh. 8,33 # 9,2d; Josh. 8,33 # 9,2d; Josh. 13,25; Josh. 18,7; Josh. 22,9; Josh. 22,10; Josh. 22,11; Josh. 22,21; Josh. 22,30; 2Sam. 18,3; 2Sam. 19,41; 1Kings 7,21; 1Kings 10,7; 1Kings 16,21; 1Kings 16,21; 1Chr. 5,18; 2Chr. 9,6; Neh. 4,10; Neh. 4,15; Neh. 12,32; Neh. 12,38; Neh. 12,40; Neh. 13,24; Zech. 14,2; Zech. 14,4; Zech. 14,4; Zech. 14,4; Zech. 14,4; Zech. 14,8; Zech. 14,8; Tob. 8,21)

ἡμιώριον (ἥμισυς; ὥρα) half-hour ▸ 1
ἡμιώριον ▸ 1
    Noun ▪ neuter ▪ singular ▪ accusative ▸ 1 (Rev. 8,1)

Ηναδαδ Henadad ▸ 4
Ηναδαδ ▸ 4
    Noun ▪ masculine ▪ singular ▪ genitive ▪ (proper) ▸ 4 (Ezra 3,9; Neh. 3,18; Neh. 3,24; Neh. 10,10)

Ηναδδα En Haddah ▸ 1
Ηναδδα ▸ 1
    Noun ▪ singular ▪ nominative ▪ (proper) ▸ 1 (Josh. 19,21)

Ηναϊμ Enam ▸ 1
Ηναϊμ ▸ 1
    Noun ▪ singular ▪ nominative ▪ (proper) ▸ 1 (Josh. 15,34)

Ηναν Anan ▸ 1
Ηναν ▸ 1
    Noun ▪ masculine ▪ singular ▪ nominative ▪ (proper) ▸ 1 (Neh. 10,27)

Ηνγαδδι En Gedi ▸ 1
Ηνγαδδι ▸ 1
    Noun ▪ singular ▪ nominative ▪ (proper) ▸ 1 (Josh. 15,62)

Ηνγαννιμ En Gannim ▸ 1
Ηνγαννιμ ▸ 1
    Noun ▪ singular ▪ nominative ▪ (proper) ▸ 1 (Josh. 19,21)

Ηνια (ἡνία) Henia (?) ▸ 1
Ηνια ▸ 1
    Noun ▪ masculine ▪ singular ▪ nominative ▪ (proper) ▸ 1 (1Chr. 25,9)

ἡνία bridle, reins ▸ 2
ἡνίαι ▸ 1
    Noun ▪ feminine ▪ plural ▪ nominative ▪ (common) ▸ 1 (Nah. 2,4)
ἡνιῶν ▸ 1
    Noun ▪ feminine ▪ plural ▪ genitive ▪ (common) ▸ 1 (1Mac. 6,28)

ἡνίκα when ▸ 102 + 8 + 2 = 112
ἡνίκα ▸ 100 + 8 + 2 = 110
    Conjunction ▪ subordinating ▪ (temporal) ▸ 100 + 8 + 2 = **110** (Gen. 6,1; Gen. 12,11; Gen. 12,14; Gen. 16,16; Gen. 17,24; Gen. 17,25; Gen. 19,15; Gen. 19,17; Gen. 20,13; Gen. 21,5; Gen. 24,11; Gen. 24,22; Gen. 24,30; Gen. 24,41; Gen. 27,34; Gen. 27,40; Gen. 30,42; Gen. 31,10; Gen. 32,3; Gen. 32,32; Gen. 35,16; Gen. 35,22; Gen. 37,23; Gen. 38,5; Gen. 38,27; Gen. 39,10; Gen. 43,2; Gen. 43,21; Gen. 44,24; Gen. 45,1; Gen. 48,7; Ex. 1,10; Ex. 7,7; Ex. 12,27; Ex. 13,5; Ex. 13,15; Ex. 16,10; Ex. 16,21; Ex. 31,18; Ex. 32,19; Ex. 33,8; Ex. 33,22; Ex. 34,24; Ex. 34,34; Ex. 40,36; Lev.

5,23; Lev. 10,9; Lev. 26,35; Num. 9,17; Deut. 7,12; Deut. 25,19; Deut. 27,3; Josh. 10,12; Josh. 22,7; Josh. 24,20; Josh. 24,27; Judg. 3,27; Judg. 11,5; Judg. 11,7; Judg. 11,35; Judg. 15,14; Judg. 15,17; Judg. 16,22; Judg. 18,10; 2Sam. 12,21; 2Sam. 13,36; 2Sam. 16,16; 2Sam. 17,27; 2Sam. 20,13; 2Kings 4,18; Neh. 3,33; Neh. 4,9; Neh. 6,16; Neh. 7,1; Neh. 8,5; Neh. 13,19; Judith 14,2; Judith 16,18; 4Mac. 2,22; Psa. 50,2; Prov. 1,26; Prov. 3,27; Prov. 5,11; Prov. 6,22; Prov. 7,9; Prov. 8,27; Prov. 8,28; Prov. 25,8; Prov. 31,23; Is. 20,1; Is. 30,19; Is. 38,9; Is. 48,16; Is. 50,4; Is. 52,8; Is. 55,6; Ezek. 32,9; Ezek. 33,33; Ezek. 35,11; Dan. 3,46; Judg. 3,18; Judg. 3,27; Judg. 11,5; Judg. 11,7; Judg. 18,10; Dan. 6,11; Sus. 7; Sus. 27; 2Cor. 3,15; 2Cor. 3,16)

Ἡνίκα ▸ 2
 Conjunction • subordinating ▸ 2 (Deut. 31,24; Judith 14,11)

ἡνίοχος (ἡνία; ἔχω) chariot driver ▸ 2
 ἡνιόχῳ ▸ 2
  Noun • masculine • singular • dative • (common) ▸ 2 (1Kings 22,34; 2Chr. 18,33)

Ηνρεμμων Ain Rimmon ▸ 1
 Ηνρεμμων ▸ 1
  Noun • singular • nominative • (proper) ▸ 1 (1Chr. 4,32)

ἤνυστρον (ἀνύω) offal, dung ▸ 2
 ἤνυστρον ▸ 2
  Noun • neuter • singular • accusative • (common) ▸ 2 (Mal. 2,3; Mal. 2,3)

ἧπαρ liver; honor (?); quilt (?) ▸ 21 + 7 = 28
 ἧπαρ ▸ 7 + 5 = 12
  Noun • neuter • singular • accusative • (common) ▸ 3 + 3 = 6 (Tob. 6,4; Tob. 8,2; Prov. 7,23; Tob. 6,4; Tob. 6,5; Tob. 8,2)
  Noun • neuter • singular • nominative • (common) ▸ 4 + 2 = 6 (1Sam. 19,13; 1Sam. 19,16; Tob. 6,7; Tob. 6,8; Tob. 6,4; Tob. 6,8)
 ἥπατά ▸ 1
  Noun • neuter • plural • accusative • (common) ▸ 1 (Gen. 49,6)
 ἥπατι ▸ 1
  Noun • neuter • singular • dative • (common) ▸ 1 (Tob. 6,7)
 ἥπατος ▸ 13 + 1 = 14
  Noun • neuter • singular • genitive • (common) ▸ 13 + 1 = 14 (Ex. 29,13; Ex. 29,22; Lev. 3,4; Lev. 3,10; Lev. 3,15; Lev. 4,9; Lev. 7,4; Lev. 7,30; Lev. 8,16; Lev. 8,25; Lev. 9,10; Lev. 9,19; Tob. 6,17; Tob. 6,17)

ἡπατοσκοπέω (ἧπαρ; σκοπός) to inspect the liver ▸ 1
 ἡπατοσκοπήσασθαι ▸ 1
  Verb • aorist • middle • infinitive ▸ 1 (Ezek. 21,26)

ἤπερ (ἤ; περ) than at all; than even ▸ 2 + 1 + 1 = 4
 ἤπερ ▸ 2 + 1 + 1 = 4
  Conjunction • subordinating ▸ 2 + 1 = 3 (2Mac. 14,42; 4Mac. 15,16; Tob. 14,4)
  Particle ▸ 1 (John 12,43)

ἤπιος gentle ▸ 1
 ἤπιον ▸ 1
  Adjective • masculine • singular • accusative ▸ 1 (2Tim. 2,24)

ἡπιότης (ἤπιος) gentleness ▸ 1
 ἡπιότητος ▸ 1
  Noun • feminine • singular • genitive • (common) ▸ 1 (Esth. 13,2 # 3,13b)

Ηρ Er ▸ 11
 Ηρ ▸ 11
  Noun • singular • dative • (proper) ▸ 1 (Num. 21,15)
  Noun • masculine • singular • accusative • (proper) ▸ 1 (Gen. 38,3)
  Noun • masculine • singular • dative • (proper) ▸ 1 (Gen. 38,6)
  Noun • masculine • singular • nominative • (proper) ▸ 8 (Gen. 38,7; Gen. 46,12; Gen. 46,12; Num. 26,15; Num. 26,15; 1Chr. 2,3; 1Chr. 2,3; 1Chr. 4,21)

Ἥρ Er ▸ 1
 Ἥρ ▸ 1
  Noun • masculine • singular • genitive • (proper) ▸ 1 (Luke 3,28)

Ηρα Iru; Arah ▸ 3
 Ηρα ▸ 3
  Noun • masculine • singular • genitive • (proper) ▸ 2 (Ezra 2,5; Neh. 7,10)
  Noun • masculine • singular • nominative • (proper) ▸ 1 (1Chr. 4,15)

Ηραε Arah ▸ 1
 Ηραε ▸ 1
  Noun • masculine • singular • genitive • (proper) ▸ 1 (Neh. 6,18)

Ἡρακλῆς Heracles/Hercules ▸ 2
 Ἡρακλέους ▸ 2
  Noun • masculine • singular • genitive • (proper) ▸ 2 (2Mac. 4,19; 2Mac. 4,20)

Ηραμ Iram; Harim ▸ 8
 Ηραμ ▸ 8
  Noun • masculine • singular • genitive • (proper) ▸ 5 (Ezra 2,32; Ezra 10,31; Neh. 3,11; Neh. 7,35; Neh. 7,42)
  Noun • masculine • singular • nominative • (proper) ▸ 3 (1Chr. 1,54; Ezra 10,21; Neh. 10,28)

Ηρεμ Harim ▸ 1
 Ηρεμ ▸ 1
  Noun • masculine • singular • genitive • (proper) ▸ 1 (Ezra 2,39)

ἡρεμάζω (ἠρέμα) to sit in apalled silence ▸ 2
 ἡρεμάζων ▸ 2
  Verb • present • active • participle • masculine • singular • nominative ▸ 2 (Ezra 9,3; Ezra 9,4)

ἤρεμος quiet ▸ 1
 ἤρεμον ▸ 1
  Adjective • masculine • singular • accusative ▸ 1 (1Tim. 2,2)

Ἡρῴδης Herod ▸ 43
 Ἡρῴδῃ ▸ 3
  Noun • masculine • singular • dative • (proper) ▸ 3 (Matt. 14,6; Mark 6,18; Mark 6,22)
 Ἡρῴδην ▸ 2
  Noun • masculine • singular • accusative • (proper) ▸ 2 (Matt. 2,12; Luke 23,7)
 Ἡρῴδης ▸ 25
  Noun • masculine • singular • nominative • (proper) ▸ 25 (Matt. 2,3; Matt. 2,7; Matt. 2,13; Matt. 2,16; Matt. 14,1; Matt. 14,3; Mark 6,14; Mark 6,16; Mark 6,17; Mark 6,20; Mark 6,21; Luke 3,19; Luke 3,19; Luke 9,7; Luke 9,9; Luke 13,31; Luke 23,8; Luke 23,11; Luke 23,12; Luke 23,15; Acts 4,27; Acts 12,1; Acts 12,6; Acts 12,19; Acts 12,21)
 Ἡρῴδου ▸ 13
  Noun • masculine • singular • genitive • (proper) ▸ 13 (Matt. 2,1; Matt. 2,15; Matt. 2,19; Matt. 2,22; Matt. 14,6; Mark 8,15; Luke 1,5; Luke 3,1; Luke 8,3; Luke 23,7; Acts 12,11; Acts 13,1; Acts 23,35)

Ἡρῳδιανοί Herodians ▸ 3
 Ἡρῳδιανῶν ▸ 3
  Noun • masculine • plural • genitive • (proper) ▸ 3 (Matt. 22,16; Mark 3,6; Mark 12,13)

Ἡρῳδιάς Herodias ▸ 6
 Ἡρῳδιάδα ▸ 2
  Noun • feminine • singular • accusative • (proper) ▸ 2 (Matt. 14,3;

Mark 6,17)
- Ἡρωδιάδος ▸ 3
  - **Noun** · feminine · singular · genitive · (proper) ▸ **3** (Matt. 14,6; Mark 6,22; Luke 3,19)
- Ἡρωδιὰς ▸ 1
  - **Noun** · feminine · singular · nominative · (proper) ▸ **1** (Mark 6,19)

Ἡρῳδίων Herodian ▸ 1
- Ἡρῳδίωνα ▸ 1
  - **Noun** · masculine · singular · accusative · (proper) ▸ **1** (Rom. 16,11)

Ηρων Hero; Heron; Addon ▸ 1
- Ηρων ▸ 1
  - **Noun** · masculine · singular · genitive · (proper) ▸ **1** (Neh. 7,61)

Ἥρως Hero; Heros ▸ 2
- Ἡρώων ▸ 2
  - **Noun** · masculine · plural · genitive · (proper) ▸ **2** (Gen. 46,28; Gen. 46,29)

Ησαιας Isaiah ▸ 36
- Ησαιαν ▸ 11
  - **Noun** · masculine · singular · accusative · (proper) ▸ **11** (2Kings 19,2; 2Kings 19,5; 2Kings 20,8; 2Kings 20,19; Is. 2,1; Is. 7,3; Is. 20,2; Is. 37,2; Is. 37,5; Is. 38,4; Is. 39,8)
- Ησαιας ▸ 20
  - **Noun** · masculine · singular · nominative · (proper) ▸ **20** (2Kings 19,6; 2Kings 19,20; 2Kings 20,1; 2Kings 20,4; 2Kings 20,9; 2Kings 20,11; 2Kings 20,14; 2Kings 20,16; 2Chr. 32,20; Sir. 48,22; Is. 1,1; Is. 13,1; Is. 20,3; Is. 37,6; Is. 37,21; Is. 38,1; Is. 38,21; Is. 39,3; Is. 39,4; Is. 39,5)
- Ησαιου ▸ 5
  - **Noun** · masculine · singular · genitive · (proper) ▸ **5** (2Chr. 32,32; 4Mac. 18,14; Ode. 5,0; Ode. 10,0; Sir. 48,20)

Ἠσαΐας Isaiah ▸ 22
- Ἠσαΐᾳ ▸ 1
  - **Noun** · masculine · singular · dative · (proper) ▸ **1** (Mark 1,2)
- Ἠσαΐαν ▸ 2
  - **Noun** · masculine · singular · accusative · (proper) ▸ **2** (Acts 8,28; Acts 8,30)
- Ἠσαΐας ▸ 10
  - **Noun** · masculine · singular · nominative · (proper) ▸ **10** (Matt. 15,7; Mark 7,6; John 1,23; John 12,39; John 12,41; Rom. 9,27; Rom. 9,29; Rom. 10,16; Rom. 10,20; Rom. 15,12)
- Ἠσαΐου ▸ 9
  - **Noun** · masculine · singular · genitive · (proper) ▸ **9** (Matt. 3,3; Matt. 4,14; Matt. 8,17; Matt. 12,17; Matt. 13,14; Luke 3,4; Luke 4,17; John 12,38; Acts 28,25)

Ησαμ Hashum ▸ 3
- Ησαμ ▸ 3
  - **Noun** · masculine · singular · genitive · (proper) ▸ **2** (Ezra 10,33; Neh. 7,22)
  - **Noun** · masculine · singular · nominative · (proper) ▸ **1** (Neh. 10,19)

Ησαμαθιμ Shumathites ▸ 1
- Ησαμαθιμ ▸ 1
  - **Noun** · masculine · plural · genitive · (proper) ▸ **1** (1Chr. 2,53)

Ησαρεϊ Zorites ▸ 1
- Ησαρεϊ ▸ 1
  - **Noun** · masculine · singular · nominative · (proper) ▸ **1** (1Chr. 2,54)

Ησαυ Esau ▸ 109
- Ησαυ ▸ 109
  - **Noun** · masculine · singular · accusative · (proper) ▸ **10** (Gen. 25,25; Gen. 25,28; Gen. 27,1; Gen. 27,5; Gen. 27,6; Gen. 32,4; Gen. 32,7; Josh. 24,4; Mal. 1,3; Jer. 30,4)
  - **Noun** · masculine · singular · dative · (proper) ▸ **11** (Gen. 25,31; Gen. 25,34; Gen. 27,37; Gen. 32,5; Gen. 32,6; Gen. 32,14; Gen. 32,19; Gen. 32,20; Gen. 36,4; Gen. 36,14; Josh. 24,4)
  - **Noun** · masculine · singular · genitive · (proper) ▸ **47** (Gen. 25,26; Gen. 27,15; Gen. 27,22; Gen. 27,23; Gen. 27,42; Gen. 28,5; Gen. 29,1; Gen. 32,12; Gen. 35,1; Gen. 35,7; Gen. 36,1; Gen. 36,5; Gen. 36,9; Gen. 36,10; Gen. 36,10; Gen. 36,10; Gen. 36,12; Gen. 36,12; Gen. 36,13; Gen. 36,14; Gen. 36,15; Gen. 36,15; Gen. 36,17; Gen. 36,17; Gen. 36,18; Gen. 36,19; Gen. 36,40; Deut. 2,4; Deut. 2,5; Deut. 2,8; Deut. 2,12; Deut. 2,22; Deut. 2,29; 1Chr. 1,35; 1Esdr. 5,29; Judith 7,8; Judith 7,18; 1Mac. 5,3; 1Mac. 5,65; Job 42,17c; Job 42,17e; Obad. 8; Obad. 9; Obad. 18; Obad. 18; Obad. 19; Obad. 21)
  - **Noun** · masculine · singular · nominative · (proper) ▸ **41** (Gen. 25,27; Gen. 25,29; Gen. 25,30; Gen. 25,32; Gen. 25,33; Gen. 25,34; Gen. 26,34; Gen. 27,5; Gen. 27,11; Gen. 27,19; Gen. 27,21; Gen. 27,24; Gen. 27,30; Gen. 27,32; Gen. 27,34; Gen. 27,36; Gen. 27,38; Gen. 27,38; Gen. 27,41; Gen. 27,41; Gen. 27,42; Gen. 28,6; Gen. 28,8; Gen. 28,9; Gen. 32,9; Gen. 32,18; Gen. 33,1; Gen. 33,4; Gen. 33,9; Gen. 33,15; Gen. 33,16; Gen. 35,29; Gen. 36,2; Gen. 36,6; Gen. 36,8; Gen. 36,8; Gen. 36,43; Num. 24,18; 1Chr. 1,34; Obad. 6; Mal. 1,2)

Ἠσαῦ Esau ▸ 3
- Ἠσαῦ ▸ 3
  - **Noun** · masculine · singular · accusative · (proper) ▸ **2** (Rom. 9,13; Heb. 11,20)
  - **Noun** · masculine · singular · nominative · (proper) ▸ **1** (Heb. 12,16)

Ησεραι Hezro ▸ 1
- Ησεραι ▸ 1
  - **Noun** · masculine · singular · nominative · (proper) ▸ **1** (1Chr. 11,37)

Ησυηλος Jehiel ▸ 1
- Ησυηλος ▸ 1
  - **Noun** · masculine · singular · nominative · (proper) ▸ **1** (1Esdr. 1,8)

ἡσυχάζω (ἥσυχος) to remain quiet, be at rest ▸ 42 + 7 + 5 = 54
- ἡσυχάζει ▸ 2
  - **Verb** · third · singular · present · active · indicative ▸ **2** (Prov. 26,20; Zech. 1,11)
- ἡσυχάζειν ▸ 1
  - **Verb** · present · active · infinitive ▸ **1** (1Th. 4,11)
- ἡσυχάζεται ▸ 1
  - **Verb** · third · singular · present · passive · indicative ▸ **1** (Job 37,17)
- ἡσυχάζετε ▸ 1
  - **Verb** · second · plural · present · active · imperative ▸ **1** (Judg. 18,9)
- Ἡσυχάζετε ▸ 1
  - **Verb** · second · plural · present · active · imperative ▸ **1** (Ex. 24,14)
- ἡσυχάζοντα ▸ 1 + 1 = 2
  - **Verb** · present · active · participle · masculine · singular · accusative ▸ 1 + 1 = **2** (Judg. 18,27; Judg. 18,27)
- ἡσυχάζοντας ▸ 2
  - **Verb** · present · active · participle · masculine · plural · accusative ▸ **2** (Judg. 18,7; Ezek. 38,11)
- ἡσυχάζουσα ▸ 1
  - **Verb** · present · active · participle · feminine · singular

- nominative ▸ **1** (Judg. 18,7)
- ἡσυχάζουσιν ▸ **2**
  - **Verb** · third · plural · present · active · indicative ▸ **2** (Prov. 7,11; Prov. 15,15)
- ἡσύχασα ▸ **3**
  - **Verb** · first · singular · aorist · active · indicative ▸ **3** (Job 3,13; Job 3,26; Job 32,6)
- ἡσυχάσαι ▸ **1**
  - **Verb** · aorist · active · infinitive ▸ **1** (Is. 7,4)
- ἡσυχάσαμεν ▸ **1**
  - **Verb** · first · plural · aorist · active · indicative ▸ **1** (Acts 21,14)
- ἡσύχασαν ▸ **3** + **3** = **6**
  - **Verb** · third · plural · aorist · active · indicative ▸ **3** + **3** = **6** (Neh. 5,8; Psa. 106,30; Job 37,8; Luke 14,4; Luke 23,56; Acts 11,18)
- Ἡσύχασαν ▸ **1**
  - **Verb** · third · plural · aorist · active · indicative ▸ **1** (Job 32,1)
- ἡσυχάσει ▸ **5**
  - **Verb** · third · singular · future · active · indicative ▸ **5** (Prov. 1,33; Jer. 26,27; Jer. 29,7; Lam. 3,26; Ezek. 32,14)
- ἡσυχάσεις ▸ **2**
  - **Verb** · second · singular · future · active · indicative ▸ **2** (Job 11,19; Jer. 29,6)
- ἡσύχασεν ▸ **15** + **4** = **19**
  - **Verb** · third · singular · aorist · active · indicative ▸ **15** + **4** = **19** (Judg. 3,11; Judg. 3,30; Judg. 5,31; Judg. 8,28; 2Kings 11,20; 2Chr. 13,23; 2Chr. 23,21; Esth. 12,1 # 1,1m; 1Mac. 1,3; 1Mac. 7,50; 1Mac. 9,57; 1Mac. 11,38; 1Mac. 11,52; 1Mac. 14,4; Psa. 75,9; Judg. 3,11; Judg. 3,30; Judg. 5,31; Judg. 8,28)
- ἡσυχάσῃ ▸ **2**
  - **Verb** · third · singular · aorist · active · subjunctive ▸ **2** (Ruth 3,18; Job 14,6)
- ἡσύχασον ▸ **1**
  - **Verb** · second · singular · aorist · active · imperative ▸ **1** (Gen. 4,7)
- **ἡσυχῇ (ἥσυχος)** quietly ▸ **3**
  - ἡσυχῇ ▸ **3**
    - **Adverb** ▸ **3** (Judg. 4,21; Sir. 21,20; Is. 8,6)
- **ἡσυχία (ἥσυχος)** silence, quiet ▸ **12** + **4** = **16**
  - ἡσυχία ▸ **2**
    - **Noun** · feminine · singular · nominative · (common) ▸ **2** (1Chr. 4,40; Prov. 7,9)
  - ἡσυχίᾳ ▸ **2** + **2** = **4**
    - **Noun** · feminine · singular · dative · (common) ▸ **2** + **2** = **4** (1Mac. 9,58; Ezek. 38,11; 1Tim. 2,11; 1Tim. 2,12)
  - ἡσυχίαν ▸ **5** + **1** = **6**
    - **Noun** · feminine · singular · accusative · (common) ▸ **5** + **1** = **6** (Josh. 5,8; 1Chr. 22,9; 2Mac. 14,4; Prov. 11,12; Job 34,29; Acts 22,2)
  - ἡσυχίας ▸ **3** + **1** = **4**
    - **Noun** · feminine · singular · genitive · (common) ▸ **3** + **1** = **4** (Esth. 14,16 # 4,17w; 2Mac. 12,2; Sir. 28,16; 2Th. 3,12)
- **ἡσύχιος (ἥσυχος)** quiet ▸ **2** + **2** = **4**
  - ἡσύχιον ▸ **2** + **1** = **3**
    - **Adjective** · feminine · singular · accusative · noDegree ▸ **1** (Sol. 12,5)
    - **Adjective** · masculine · singular · accusative · noDegree ▸ **1** + **1** = **2** (Is. 66,2; 1Tim. 2,2)
  - ἡσυχίου ▸ **1**
    - **Adjective** · neuter · singular · genitive ▸ **1** (1Pet. 3,4)
- **ἥσυχος** still, quiet ▸ **2**
  - ἡσύχου ▸ **1**
    - **Adjective** · feminine · singular · genitive · noDegree ▸ **1** (Wis. 18,14)
  - ἡσύχῳ ▸ **1**
    - **Adjective** · masculine · singular · dative · noDegree ▸ **1** (Sir. 25,20)
- **Ηταμ** Etam ▸ **2** + **2** = **4**
  - Ηταμ ▸ **2** + **2** = **4**
    - **Noun** · singular · genitive · (proper) ▸ **2** + **2** = **4** (Judg. 15,8; Judg. 15,11; Judg. 15,8; Judg. 15,11)
- **ἤτοι (ἤ; τοι)** or, either/or ▸ **1** + **1** = **2**
  - ἤτοι ▸ **1** + **1** = **2**
    - **Conjunction** · coordinating ▸ **1** (Wis. 11,18)
    - **Particle** ▸ **1** (Rom. 6,16)
- **ἡττάομαι (ἥσσων)** to be overcome, defeated ▸ **2**
  - ἥττηται ▸ **1**
    - **Verb** · third · singular · perfect · passive · indicative ▸ **1** (2Pet. 2,19)
  - ἡττῶνται ▸ **1**
    - **Verb** · third · plural · present · passive · indicative ▸ **1** (2Pet. 2,20)
- **ἡττάω (ἥσσων)** to overcome, defeat ▸ **17**
  - ἡττᾶσθε ▸ **3**
    - **Verb** · second · plural · present · middle · imperative ▸ **1** (Is. 51,7)
    - **Verb** · second · plural · present · passive · imperative ▸ **2** (Is. 8,9; Is. 8,9)
  - ἡττηθείς ▸ **1**
    - **Verb** · aorist · passive · participle · masculine · singular · nominative ▸ **1** (2Mac. 10,24)
  - ἡττηθέντες ▸ **1**
    - **Verb** · aorist · passive · participle · masculine · plural · nominative ▸ **1** (Is. 20,5)
  - ἡττήθη ▸ **1**
    - **Verb** · third · singular · aorist · passive · indicative ▸ **1** (Jer. 31,1)
  - ἡττηθῇ ▸ **1**
    - **Verb** · third · singular · aorist · passive · subjunctive ▸ **1** (Dan. 6,9)
  - ἡττήθησαν ▸ **1**
    - **Verb** · third · plural · aorist · passive · indicative ▸ **1** (Is. 31,4)
  - ἡττηθήσεσθε ▸ **1**
    - **Verb** · second · plural · future · passive · indicative ▸ **1** (Is. 8,9)
  - ἡττηθήσεται ▸ **2**
    - **Verb** · third · singular · future · passive · indicative ▸ **2** (Is. 13,15; Is. 19,1)
  - ἡττηθήσονται ▸ **3**
    - **Verb** · third · plural · future · passive · indicative ▸ **3** (Is. 30,31; Is. 31,9; Is. 33,1)
  - ἡττήσεις ▸ **1**
    - **Verb** · second · singular · future · active · indicative ▸ **1** (Is. 54,17)
  - ἡττήσωσι ▸ **1**
    - **Verb** · third · plural · aorist · active · subjunctive ▸ **1** (Dan. 6,6)
  - ἡττώμενος ▸ **1**
    - **Verb** · present · middle · participle · masculine · singular · nominative ▸ **1** (Sir. 19,24)
- **ἥττημα (ἥσσων)** defeat ▸ **1** + **2** = **3**
  - ἥττημα ▸ **1** + **2** = **3**
    - **Noun** · neuter · singular · accusative · (common) ▸ **1** (Is. 31,8)
    - **Noun** · neuter · singular · nominative ▸ **2** (Rom. 11,12; 1Cor. 6,7)
- **Ηφαδ** Hepher ▸ **1**
  - Ηφαδ ▸ **1**
    - **Noun** · masculine · singular · accusative · (proper) ▸ **1** (1Chr. 4,6)
- **Ηχα** Jahath ▸ **1**

Ηχα ▸ 1
  Noun · masculine · singular · genitive · (proper) ▸ **1** (1Chr. 6,28)

ἠχέω (ἠχή) to sound, resound, ring, be noisy ▸ 23 + 1 = 24
  ἤχει ▸ 1
    Verb · third · singular · imperfect · active · indicative ▸ **1**
      (Ex. 19,16)
  ἠχεῖν ▸ 2
    Verb · present · active · infinitive ▸ **2** (3Mac. 1,29; Sir. 47,10)
  ἠχῆσαι ▸ 1
    Verb · aorist · active · infinitive ▸ **1** (Sir. 45,9)
  ἤχησαν ▸ 3
    Verb · third · plural · aorist · active · indicative ▸ **3**
      (Psa. 45,4; Psa. 82,3; Sir. 50,16)
  ἠχήσατε ▸ 1
    Verb · second · plural · aorist · active · imperative ▸ **1** (Hos. 5,8)
  ἠχήσει ▸ 6
    Verb · third · singular · future · active · indicative ▸ **6**
      (1Sam. 3,11; 2Kings 21,12; Is. 16,11; Is. 17,12; Jer. 19,3; Jer. 27,42)
  ἤχησεν ▸ 3
    Verb · third · singular · aorist · active · indicative ▸ **3**
      (Ruth 1,19; 1Sam. 4,5; 1Kings 1,45)
  ἠχήσουσιν ▸ 1
    Verb · third · plural · future · active · indicative ▸ **1**
      (Jer. 5,22)
  ἠχοῦντι ▸ 1
    Verb · present · active · participle · neuter · singular · dative ▸ **1**
      (Job 30,4)
  ἠχοῦσαν ▸ 1
    Verb · present · active · participle · feminine · singular · accusative ▸ **1** (Jer. 28,55)
  ἠχούσης ▸ 2
    Verb · present · active · participle · feminine · singular · genitive ▸ **2** (1Kings 1,41; Sol. 8,1)
  ἠχῶν ▸ 1 + 1 = 2
    Verb · present · active · participle · masculine · singular · nominative ▸ **1** + **1** = **2**
      (Is. 51,15; 1Cor. 13,1)

ἦχος (ἠχή) sound, noise; report; roar ▸ 23 + 4 = 27
  ἦχοι ▸ 2
    Noun · masculine · plural · nominative · (common) ▸ **2**
      (Wis. 17,4; Joel 4,14)
  ἦχον ▸ 3
    Noun · masculine · singular · accusative · (common) ▸ **3**
      (Prov. 11,15; Sir. 45,9; Amos 5,23)
  ἦχος ▸ 3 + 2 = 5
    Noun · masculine · singular · nominative · (common) ▸ **2** + **2** = **4**
      (1Sam. 14,19; Wis. 17,17; Luke 4,37; Acts 2,2)
    Noun · neuter · singular · accusative · (common) ▸ **1** (Jer. 28,16)
  ἤχου ▸ 6
    Noun · masculine · singular · genitive · (common) ▸ **6**
      (Psa. 41,5; Is. 13,21; Jer. 29,3; Dan. 3,7; Dan. 3,10; Dan. 3,15)
  ἤχους ▸ 4 + 1 = 5
    Noun · masculine · plural · accusative · (common) ▸ **1** (Psa. 64,8)
    Noun · neuter · singular · genitive · (common) ▸ **3** + **1** = **4**
      (1Sam. 4,15; Psa. 9,7; Psa. 76,17; Luke 21,25)
  ἤχῳ ▸ 5 + 1 = 6
    Noun · masculine · singular · dative · (common) ▸ **5** + **1** = **6** (Psa. 150,3; Wis. 19,18; Sir. 46,17; Sir. 50,18; Jer. 28,42; Heb. 12,19)

ἠχώ (ἠχή) ringing sound ▸ 3
  ἠχοῦς ▸ 1
    Noun · feminine · singular · genitive · (common) ▸ **1** (Sir. 47,9)
  ἠχώ ▸ 1
    Noun · feminine · singular · nominative · (common) ▸ **1**
      (Wis. 17,18)
  ἠχώ ▸ 1
    Noun · feminine · singular · nominative · (common) ▸ **1**
      (Job 4,13)

Θ, θ

θ′ theta (letter of alphabet) or number: nine; ‣ 1
    θ′ ‣ 1
        Adjective • (ordinal • numeral) ‣ **1** (Psa. 118,65)

θά come! ‣ 1
    θά ‣ 1
        Verb • second • singular • imperative • (aramaic) ‣ **1** (1Cor. 16,22)

Θααθ Tahath ‣ 3
    Θααθ ‣ 3
        Noun • masculine • singular • genitive • (proper) ‣ **1** (1Chr. 6,22)
        Noun • masculine • singular • nominative • (proper) ‣ **2**
            (1Chr. 6,9; 1Chr. 7,20)

θααλα (Hebr.) trench ‣ 3
    θααλα ‣ 3
        Noun ‣ **3** (1Kings 18,32; 1Kings 18,35; 1Kings 18,38)

Θααναχ Taanach ‣ 2
    Θααναχ ‣ 2
        Noun • feminine • singular • nominative • (proper) ‣ **1**
            (1Chr. 7,29)
        Noun • masculine • singular • nominative • (proper) ‣ **1**
            (1Kings 4,12)

Θαβασων Tahtim (?) ‣ 1
    Θαβασων ‣ 1
        Noun • genitive • (proper) ‣ **1** (2Sam. 24,6)

Θαβωθ Tabor ‣ 1
    Θαβωθ ‣ 1
        Noun • singular • accusative • (proper) ‣ **1** (Josh. 19,22)

Θαβωρ Tabor ‣ 7 + 6 = 13
    Θαβωρ ‣ 7 + 6 = 13
        Noun • singular • accusative • (proper) ‣ **1 + 1 = 2**
            (Josh. 19,34; Josh. 19,34)
        Noun • singular • dative • (proper) ‣ **1 + 1 = 2**
            (Judg. 8,18; Judg. 8,18)
        Noun • singular • genitive • (proper) ‣ **4 + 4 = 8**
            (Judg. 4,6; Judg. 4,12; Judg. 4,14; 1Sam. 10,3; Josh. 19,12; Judg. 4,6; Judg. 4,12; Judg. 4,14)
        Noun • singular • nominative • (proper) ‣ **1** (Psa. 88,13)

Θαγλαθφαλνασαρ Tiglath-Pileser ‣ 2
    Θαγλαθφαλνασαρ ‣ 2
        Noun • masculine • singular • genitive • (proper) ‣ **1** (1Chr. 5,26)
        Noun • masculine • singular • nominative • (proper) ‣ **1**
            (1Chr. 5,6)

Θαγλαθφελλασαρ Tiglath-Pileser ‣ 4
    Θαγλαθφελλασαρ ‣ 4
        Noun • masculine • singular • accusative • (proper) ‣ **1**
            (2Kings 16,7)
        Noun • masculine • singular • dative • (proper) ‣ **1** (2Kings 16,10)
        Noun • masculine • singular • nominative • (proper) ‣ **2**
            (2Kings 15,29; 2Chr. 28,20)

Θαδδαῖος Thaddaeus ‣ 2
    Θαδδαῖον ‣ 1
        Noun • masculine • singular • accusative • (proper) ‣ **1**
            (Mark 3,18)
    Θαδδαῖος ‣ 1
        Noun • masculine • singular • nominative • (proper) ‣ **1**
            (Matt. 10,3)

Θαεν Tahan ‣ 1
    Θαεν ‣ 1
        Noun • masculine • singular • nominative • (proper) ‣ **1**
            (1Chr. 7,25)

Θαεσθεν Tel Assar ‣ 1
    Θαεσθεν ‣ 1
        Noun • feminine • singular • dative • (proper) ‣ **1** (2Kings 19,12)

θαιηλαθα (Hebr.) porches ‣ 1
    θαιηλαθα ‣ 1
        Noun ‣ **1** (Ezek. 40,7)

Θαιλαμ Thailam (?) ‣ 1
    Θαιλαμ ‣ 1
        Noun • singular • accusative • (proper) ‣ **1** (2Sam. 3,12)

Θαιμαν Tema; Teman ‣ 28
    Θαιμαν ‣ 25
        Noun • singular • accusative • (proper) ‣ **2** (Jer. 30,14; Ezek. 21,2)
        Noun • feminine • singular • accusative • (proper) ‣ **2**
            (Amos 1,12; Jer. 32,23)
        Noun • feminine • singular • dative • (proper) ‣ **2**
            (Jer. 30,1; Bar. 3,22)
        Noun • feminine • singular • genitive • (proper) ‣ **10**
            (Josh. 12,3; Josh. 13,4; Ode. 4,3; Obad. 9; Hab. 3,3; Is. 21,14; Bar. 3,23; Ezek. 25,13; Ezek. 47,19; Ezek. 48,28)
        Noun • masculine • singular • accusative • (proper) ‣ **2**
            (Gen. 25,3; 1Chr. 4,6)
        Noun • masculine • singular • nominative • (proper) ‣ **7**
            (Gen. 25,15; Gen. 36,11; Gen. 36,15; Gen. 36,42; 1Chr. 1,30; 1Chr. 1,36; 1Chr. 1,53)
    Θαιμανων ‣ 3
        Noun • masculine • plural • genitive • (proper) ‣ **3**
            (Gen. 36,34; 1Chr. 1,45; Job 42,17e)

Θαιμάν Dedan; Teman ‣ 2
    Θαιμανων ‣ 2

Noun · masculine · plural · genitive · (proper) ▸ **2** (Job 2,11; Job 6,19)

Θαιμανίτης Temanite ▸ 5
   Θαιμανίτη ▸ 1
     Noun · masculine · singular · dative · (proper) ▸ **1** (Job 42,7)
   Θαιμανίτης ▸ 4
     Noun · masculine · singular · nominative · (proper) ▸ **4** (Job 4,1; Job 15,1; Job 22,1; Job 42,9)

Θαιμανίτις Temanite (f) ▸ 1
   Θαιμανίτιδος ▸ 1
     Noun · feminine · singular · genitive · (proper) ▸ **1** (Job 42,17d)

Θακουαθ Tokhath ▸ 1
   Θακουαθ ▸ 1
     Noun · masculine · singular · genitive · (proper) ▸ **1** (2Chr. 34,22)

Θαλαβιν Shaalbim ▸ 1
   Θαλαβιν ▸ 1
     Noun · feminine · singular · dative · (proper) ▸ **1** (Judg. 1,35)

θάλαμος woman's room, bedroom, store-room ▸ 1
   θαλάμοις ▸ 1
     Noun · masculine · plural · dative · (common) ▸ **1** (3Mac. 1,18)

θάλασσα (ἅλας) sea, lake ▸ 432 + 17 + 91 = 540
   θάλασσα ▸ 44 + 3 + 6 = 53
     Noun · feminine · singular · nominative · (common) ▸ 44 + 3 + 6 = **53** (Gen. 14,3; Ex. 15,10; Num. 34,5; Num. 34,6; Num. 34,12; Josh. 13,7; Josh. 15,5; Josh. 15,12; Josh. 15,47; Josh. 17,9; Josh. 17,10; Josh. 19,11; Josh. 19,29; 1Kings 7,13; 1Kings 7,25; 2Kings 25,16; 1Chr. 16,32; 2Chr. 4,4; 2Chr. 4,6; Psa. 68,35; Psa. 77,53; Psa. 94,5; Psa. 95,11; Psa. 97,7; Psa. 103,25; Psa. 113,3; Psa. 113,5; Ode. 1,10; Eccl. 1,7; Job 14,11; Job 28,14; Jonah 1,11; Jonah 1,11; Jonah 1,12; Jonah 1,13; Jonah 1,15; Nah. 3,8; Is. 17,12; Is. 23,4; Jer. 6,23; Jer. 27,42; Jer. 28,42; Jer. 52,20; Ezek. 26,3; Josh. 15,47; Josh. 19,11; Josh. 19,29; Matt. 8,27; Mark 4,41; John 6,18; Rev. 4,6; Rev. 20,13; Rev. 21,1)
   θάλασσά ▸ 1
     Noun · feminine · singular · nominative · (common) ▸ **1** (Job 7,12)
   θάλασσαι ▸ 2 + 1 = 3
     Noun · feminine · plural · nominative · (common) ▸ 2 + 1 = **3** (Ode. 8,78; Dan. 3,78; Dan. 3,78)
   θαλάσσαις ▸ 4
     Noun · feminine · plural · dative · (common) ▸ **4** (Gen. 1,22; Lev. 11,9; Lev. 11,10; Psa. 134,6)
   θάλασσαν ▸ 169 + 7 + 43 = 219
     Noun · feminine · singular · accusative · (common) ▸ 169 + 7 + 43 = **219** (Gen. 12,8; Gen. 13,14; Gen. 28,14; Ex. 10,19; Ex. 13,18; Ex. 14,9; Ex. 14,16; Ex. 14,21; Ex. 14,21; Ex. 14,21; Ex. 14,26; Ex. 14,27; Ex. 14,28; Ex. 15,1; Ex. 15,4; Ex. 15,19; Ex. 15,21; Ex. 20,11; Ex. 26,22; Ex. 26,27; Ex. 27,12; Ex. 37,10; Num. 2,18; Num. 3,23; Num. 10,6; Num. 13,29; Num. 14,25; Num. 21,4; Num. 33,10; Num. 35,5; Deut. 2,1; Deut. 3,27; Deut. 33,23; Josh. 2,10; Josh. 3,16; Josh. 3,16; Josh. 4,23; Josh. 5,1; Josh. 12,3; Josh. 12,7; Josh. 15,4; Josh. 15,10; Josh. 15,11; Josh. 16,3; Josh. 16,3; Josh. 16,6; Josh. 16,8; Josh. 16,8; Josh. 18,12; Josh. 18,14; Josh. 18,14; Josh. 19,22; Josh. 19,26; Josh. 19,34; Josh. 19,34; Josh. 22,7; Josh. 24,6; Josh. 24,6; Josh. 24,7; Judg. 9,37; 1Sam. 13,5; 2Sam. 8,8; 1Kings 2,35a; 1Kings 2,35e; 1Kings 2,35e; 1Kings 5,9; 1Kings 5,23; 1Kings 7,10; 1Kings 7,11; 1Kings 7,13; 1Kings 7,30; 1Kings 9,27; 1Kings 10,29; 2Kings 16,17; 2Kings 25,13; 1Chr. 9,24; 1Chr. 18,8; 2Chr. 2,15; 2Chr. 4,2; 2Chr. 4,10; 2Chr. 4,15; 2Chr. 8,18; 1Esdr. 4,2; 1Esdr. 4,23; Ezra 3,7; Neh. 9,9; Neh. 9,11; Judith 2,24; Judith 5,13; 1Mac. 13,29; Psa. 65,6; Psa. 73,12; Psa. 77,13; Psa. 106,23; Psa. 135,13; Psa. 135,15; Psa. 145,6; Ode. 1,1; Ode. 1,4; Ode. 1,19; Ode. 4,15; Ode. 12,3; Eccl. 1,7; Job 26,12; Job 38,8; Job 41,23; Wis. 10,18; Sir. 24,31; Sir. 40,11; Sir. 43,24; Joel 2,20; Joel 2,20; Jonah 1,4; Jonah 1,5; Jonah 1,9; Jonah 1,12; Jonah 1,15; Hab. 3,15; Hag. 2,6; Hag. 2,21; Zech. 9,4; Zech. 14,4; Zech. 14,8; Zech. 14,8; Is. 10,26; Is. 11,14; Is. 11,15; Is. 19,5; Is. 23,2; Is. 23,11; Is. 42,10; Is. 50,2; Is. 51,10; Is. 51,15; Jer. 28,36; Jer. 31,32; Jer. 52,17; Ezek. 41,12; Ezek. 42,18; Ezek. 45,7; Ezek. 45,7; Ezek. 45,7; Ezek. 47,8; Ezek. 47,18; Ezek. 47,19; Ezek. 47,20; Ezek. 48,1; Ezek. 48,2; Ezek. 48,3; Ezek. 48,4; Ezek. 48,5; Ezek. 48,6; Ezek. 48,7; Ezek. 48,8; Ezek. 48,8; Ezek. 48,10; Ezek. 48,16; Ezek. 48,17; Ezek. 48,18; Ezek. 48,21; Ezek. 48,21; Ezek. 48,23; Ezek. 48,24; Ezek. 48,25; Ezek. 48,26; Ezek. 48,27; Ezek. 48,34; Dan. 7,2; Dan. 11,18; Josh. 19,22; Josh. 19,26; Josh. 19,34; Josh. 19,34; Judg. 9,37; Dan. 7,2; Dan. 8,4; Matt. 4,18; Matt. 4,18; Matt. 8,32; Matt. 13,1; Matt. 13,47; Matt. 14,25; Matt. 15,29; Matt. 17,27; Matt. 21,21; Matt. 23,15; Mark 1,16; Mark 2,13; Mark 3,7; Mark 4,1; Mark 4,1; Mark 5,13; Mark 5,21; Mark 7,31; Mark 9,42; Mark 11,23; Luke 17,2; John 6,16; John 21,7; Acts 4,24; Acts 10,6; Acts 10,32; Acts 14,15; Acts 17,14; Acts 27,30; Acts 27,38; Acts 27,40; Heb. 11,29; Rev. 7,2; Rev. 7,3; Rev. 8,8; Rev. 10,6; Rev. 12,12; Rev. 14,7; Rev. 15,2; Rev. 15,2; Rev. 16,3; Rev. 18,17; Rev. 18,21)
   θαλάσσας ▸ 5
     Noun · feminine · plural · accusative · (common) ▸ **5** (Gen. 1,10; Neh. 9,6; Psa. 88,13; Is. 11,9; Dan. 4,37)
   θαλάσσῃ ▸ 26 + 13 = 39
     Noun · feminine · singular · dative · (common) ▸ 26 + 13 = **39** (Ex. 15,4; 1Kings 10,22; 1Mac. 4,9; 1Mac. 8,23; Psa. 64,6; Psa. 76,20; Psa. 88,26; Psa. 105,7; Psa. 105,9; Ode. 1,4; Ode. 4,8; Wis. 14,3; Jonah 1,4; Nah. 1,4; Hab. 3,8; Zech. 10,11; Zech. 10,11; Is. 18,2; Is. 43,16; Jer. 5,22; Jer. 26,18; Jer. 30,15; Jer. 38,36; Ezek. 27,34; Ezek. 32,2; Ezek. 39,11; Matt. 8,24; Matt. 8,26; Mark 1,16; Mark 4,1; Mark 4,39; Mark 5,13; Luke 17,6; Acts 7,36; 1Cor. 10,2; 2Cor. 11,26; Rev. 8,9; Rev. 16,3; Rev. 18,19)
   θαλάσσης ▸ 171 + 4 + 29 = 204
     Noun · feminine · singular · genitive · (common) ▸ 171 + 4 + 29 = **204** (Gen. 1,26; Gen. 1,28; Gen. 9,2; Gen. 22,17; Gen. 32,13; Gen. 41,49; Ex. 10,19; Ex. 14,2; Ex. 14,2; Ex. 14,16; Ex. 14,22; Ex. 14,23; Ex. 14,27; Ex. 14,29; Ex. 14,30; Ex. 15,8; Ex. 15,19; Ex. 15,19; Ex. 15,22; Ex. 23,31; Ex. 23,31; Num. 11,22; Num. 11,31; Num. 33,8; Num. 33,11; Num. 34,3; Num. 34,6; Num. 34,6; Num. 34,7; Num. 34,11; Deut. 1,40; Deut. 3,17; Deut. 3,17; Deut. 11,4; Deut. 11,24; Deut. 30,13; Deut. 30,13; Deut. 33,19; Deut. 34,2; Josh. 1,4; Josh. 8,9; Josh. 8,12; Josh. 9,1; Josh. 11,4; Josh. 12,3; Josh. 12,3; Josh. 13,7; Josh. 13,27; Josh. 15,2; Josh. 15,5; Josh. 15,8; Josh. 15,12; Josh. 18,19; Josh. 19,46; Josh. 23,4; Judg. 7,12; Judg. 11,16; 2Sam. 17,11; 2Sam. 22,16; 1Kings 2,46a; 1Kings 7,13; 1Kings 7,30; 1Kings 9,26; 1Kings 18,43; 2Kings 14,25; 2Chr. 20,2; 1Esdr. 4,15; Neh. 9,11; Esth. 10,1; 1Mac. 8,32; 1Mac. 11,1; 1Mac. 14,5; 1Mac. 14,34; 1Mac. 15,1; 1Mac. 15,11; 1Mac. 15,14; 1Mac. 15,14; 2Mac. 9,8; 3Mac. 2,7; 3Mac. 7,20; Psa. 8,9; Psa. 32,7; Psa. 64,8; Psa. 67,23; Psa. 68,3; Psa. 71,8; Psa. 71,8; Psa. 79,12; Psa. 88,10; Psa. 92,4; Psa. 105,22; Psa. 106,3; Psa. 138,9; Ode. 1,8; Ode. 1,19; Ode. 1,19; Ode. 6,4; Ode. 7,36; Ode. 12,9; Prov. 23,34; Job 9,8; Job 11,9; Job 12,8; Job 36,30; Job 38,16; Job 41,22; Wis. 5,22; Wis. 19,7; Wis. 19,12; Sir. 18,10; Sir. 24,6; Sir. 24,29; Sir. 29,17; Sir. 44,21; Sir. 44,21; Sir. 50,3; Sol. 2,26; Sol. 2,29; Hos. 2,1; Hos. 4,3; Amos 5,8; Amos 8,12; Amos 9,3; Amos 9,6; Mic. 7,19; Jonah 2,4; Hab. 1,14; Zeph. 1,3; Zeph. 2,5; Zeph. 2,7; Zech. 9,10; Is. 2,16; Is. 5,30; Is. 8,23; Is. 10,22; Is. 23,4; Is. 24,14; Is. 24,15; Is. 48,18; Is. 49,12; Is. 51,10; Is. 60,5; Jer. 15,8; Jer. 22,20; Jer. 32,22; Jer. 52,20; Bar. 3,30; Ezek. 26,5;

θάλασσα–Θαμνα 1033

Ezek. 26,12; Ezek. 26,16; Ezek. 26,17; Ezek. 27,3; Ezek. 27,4; Ezek. 27,9; Ezek. 27,25; Ezek. 27,26; Ezek. 27,27; Ezek. 27,29; Ezek. 27,33; Ezek. 28,2; Ezek. 28,8; Ezek. 38,20; Ezek. 42,18; Ezek. 47,10; Ezek. 47,15; Ezek. 47,17; Ezek. 47,20; Ezek. 48,28; Dan. 2,38; Dan. 3,36; Dan. 7,3; Judg. 7,12; Judg. 11,16; Dan. 3,36; Dan. 7,3; Matt. 4,15; Matt. 14,26; Matt. 18,6; Mark 5,1; Mark 6,47; Mark 6,48; Mark 6,49; Luke 21,25; John 6,1; John 6,17; John 6,19; John 6,22; John 6,25; John 21,1; Acts 28,4; Rom. 9,27; 1Cor. 10,1; Heb. 11,12; James 1,6; Jude 13; Rev. 5,13; Rev. 7,1; Rev. 8,8; Rev. 10,2; Rev. 10,5; Rev. 10,8; Rev. 12,18; Rev. 13,1; Rev. 20,8)

- θαλασσῶν ▸ 10 + 2 = 12
  - **Noun** · feminine · plural · genitive · (common) ▸ 10 + 2 = 12 (Judg. 5,17; Judith 1,12; 1Mac. 6,29; Psa. 8,9; Psa. 23,2; Psa. 45,3; Psa. 77,27; Sir. 1,2; Sol. 6,3; Dan. 11,45; Judg. 5,17; Dan. 11,45)

θαλάσσιος (ἅλας) belonging to the sea; sea ▸ 1
- θαλασσίαν ▸ 1
  - **Adjective** · feminine · singular · accusative · noDegree ▸ 1 (1Mac. 4,23)

Θαλε Telah ▸ 1
- Θαλε ▸ 1
  - **Noun** · masculine · singular · nominative · (proper) ▸ 1 (1Chr. 7,25)

θαλλός (θάλλω) young branch, bough ▸ 1
- θαλλῶν ▸ 1
  - **Noun** · masculine · plural · genitive · (common) ▸ 1 (2Mac. 14,4)

θάλλω to sprout ▸ 5
- θάλλει ▸ 3
  - **Verb** · third · singular · present · active · indicative ▸ 3 (Prov. 15,13; Prov. 26,20; Job 8,11)
- θάλλον ▸ 1
  - **Verb** · present · active · participle · neuter · singular · nominative ▸ 1 (Sir. 14,18)
- θάλλουσα ▸ 1
  - **Verb** · present · active · participle · feminine · singular · nominative ▸ 1 (Gen. 40,10)

θαλπιωθ (Hebr.) a stone course ▸ 1
- θαλπιωθ ▸ 1
  - **Noun** ▸ 1 (Song 4,4)

θάλπω to warm, take care of ▸ 4 + 2 = 6
- θάλπει ▸ 1
  - **Verb** · third · singular · present · active · indicative ▸ 1 (Eph. 5,29)
- θάλπῃ ▸ 1 + 1 = 2
  - **Verb** · third · singular · present · active · subjunctive ▸ 1 + 1 = 2 (Deut. 22,6; 1Th. 2,7)
- θάλπουσα ▸ 2
  - **Verb** · aorist · active · participle · feminine · singular · nominative ▸ 1 (1Kings 1,2)
  - **Verb** · present · active · participle · feminine · singular · nominative ▸ 1 (1Kings 1,4)
- θάλψει ▸ 1
  - **Verb** · third · singular · future · active · indicative ▸ 1 (Job 39,14)

Θαλχα Thalca (?) ▸ 1
- Θαλχα ▸ 1
  - **Noun** · singular · nominative · (proper) ▸ 1 (Josh. 19,7)

Θαμανα Timna ▸ 1
- Θαμανα ▸ 1
  - **Noun** · masculine · singular · nominative · (proper) ▸ 1 (1Chr. 1,51)

Θαμαρ Tamar ▸ 8
- Θαμαρ ▸ 8
  - **Noun** · feminine · singular · dative · (proper) ▸ 2 (Gen. 38,11; Gen. 38,13)
  - **Noun** · feminine · singular · nominative · (proper) ▸ 6 (Gen. 38,6; Gen. 38,11; Gen. 38,24; Gen. 38,26; Ruth 4,12; 1Chr. 2,4)

Θαμάρ Tamar ▸ 1
- Θαμάρ ▸ 1
  - **Noun** · feminine · singular · genitive · (proper) ▸ 1 (Matt. 1,3)

Θαμασι Thebez ▸ 2
- Θαμασι ▸ 2
  - **Noun** · singular · dative · (proper) ▸ 2 (2Sam. 11,21; 2Sam. 11,22)

θαμβέω (θάμβος) to amaze, be amazed ▸ 6 + 1 + 3 = 10
- ἐθαμβήθη ▸ 1
  - **Verb** · third · singular · aorist · passive · indicative ▸ 1 (1Mac. 6,8)
- ἐθαμβήθην ▸ 1
  - **Verb** · first · singular · aorist · passive · indicative ▸ 1 (Dan. 8,17)
- ἐθαμβήθησαν ▸ 1
  - **Verb** · third · plural · aorist · passive · indicative ▸ 1 (Mark 1,27)
- ἐθάμβησάν ▸ 1
  - **Verb** · third · plural · aorist · active · indicative ▸ 1 (2Sam. 22,5)
- ἐθάμβησεν ▸ 1
  - **Verb** · third · singular · aorist · active · indicative ▸ 1 (1Sam. 14,15)
- ἐθαμβοῦντο ▸ 2
  - **Verb** · third · plural · imperfect · passive · indicative ▸ 2 (Mark 10,24; Mark 10,32)
- θαμβεῖσθαι ▸ 1
  - **Verb** · present · middle · infinitive ▸ 1 (2Kings 7,15)
- θαμβούμενοι ▸ 1
  - **Verb** · present · passive · participle · masculine · plural · nominative ▸ 1 (Wis. 17,3)
- θαμβουμένους ▸ 1
  - **Verb** · present · passive · participle · masculine · plural · accusative ▸ 1 (Judg. 9,4)

θάμβος deep sleep; fear; amazement ▸ 6 + 3 = 9
- θάμβοι ▸ 1
  - **Noun** · masculine · plural · nominative · (common) ▸ 1 (Eccl. 12,5)
- θάμβος ▸ 4 + 2 = 6
  - **Noun** · neuter · singular · nominative · (common) ▸ 4 + 2 = 6 (1Sam. 26,12; Song 6,4; Song 6,10; Ezek. 7,18; Luke 4,36; Luke 5,9)
- θάμβους ▸ 1 + 1 = 2
  - **Noun** · neuter · singular · genitive · (common) ▸ 1 + 1 = 2 (Song 3,8; Acts 3,10)

Θαμμουζ Tammuz ▸ 1
- Θαμμουζ ▸ 1
  - **Noun** · masculine · singular · accusative · (proper) ▸ 1 (Ezek. 8,14)

Θαμνα Timna; Timnah ▸ 8 + 2 = 10
- Θαμνα ▸ 8 + 2 = 10
  - **Noun** · singular · accusative · (proper) ▸ 2 (Gen. 38,12; Gen. 38,13)
  - **Noun** · singular · dative · (proper) ▸ 1 (Gen. 38,14)
  - **Noun** · singular · nominative · (proper) ▸ 2 (Josh. 15,57; Josh. 19,43)
  - **Noun** · feminine · singular · accusative · (proper) ▸ 1 (2Chr. 28,18)
  - **Noun** · feminine · singular · genitive · (proper) ▸ 1 (1Chr. 1,36)
  - **Noun** · feminine · singular · nominative · (proper) ▸ 2 (Gen. 36,12; Gen. 36,22)

Θαμναθα Timnah ▸ 8 + 5 = 13
  Θαμναθα ▸ 8 + 5 = 13
    Noun · singular · accusative · (proper) ▸ 2 + 3 = 5 (Judg. 14,1; Judg. 14,5; Judg. 14,1; Judg. 14,1; Judg. 14,5)
    Noun · singular · dative · (proper) ▸ 2 + 1 = 3 (Judg. 14,1; Judg. 14,2; Judg. 14,2)
    Noun · singular · genitive · (proper) ▸ 1 + 1 = 2 (Judg. 14,5; Judg. 14,5)
    Noun · singular · nominative · (proper) ▸ 2 (Josh. 15,57; Josh. 19,43)
    Noun · feminine · singular · accusative · (proper) ▸ 1 (1Mac. 9,50)
Θαμναθαῖος Timnite ▸ 1
  Θαμναθαίου ▸ 1
    Noun · masculine · singular · genitive · (proper) ▸ 1 (Judg. 15,6)
Θαμναθαρες Timnath Heres ▸ 1 + 1 = 2
  Θαμναθαρες ▸ 1 + 1 = 2
    Noun · singular · dative · (proper) ▸ 1 + 1 = 2 (Judg. 2,9; Judg. 2,9)
Θαμναθασαχαρα Timnath Serah ▸ 1
  Θαμναθασαχαρα ▸ 1
    Noun · singular · dative · (proper) ▸ 1 (Josh. 24,31)
Θαμνασαραχ Timnath Serah ▸ 3
  Θαμνασαραχ ▸ 3
    Noun · singular · dative · (proper) ▸ 1 (Josh. 21,42d)
    Noun · feminine · singular · accusative · (proper) ▸ 2 (Josh. 19,50; Josh. 21,42b)
Θαμνι Tibni ▸ 4 + 1 = 5
  Θαμνι ▸ 4 + 1 = 5
    Noun · masculine · singular · accusative · (proper) ▸ 1 (1Kings 16,22)
    Noun · masculine · singular · genitive · (proper) ▸ 2 + 1 = 3 (1Kings 16,21; 1Kings 16,22; Judg. 15,6)
    Noun · masculine · singular · nominative · (proper) ▸ 1 (1Kings 16,22)
Θανα Tehinnah ▸ 1
  Θανα ▸ 1
    Noun · masculine · singular · accusative · (proper) ▸ 1 (1Chr. 4,12)
Θανααχ Taanach ▸ 1
  Θανααχ ▸ 1
    Noun · singular · dative · (proper) ▸ 1 (Judg. 5,19)
Θαναεμεθ Tanhumeth ▸ 1
  Θαναεμεθ ▸ 1
    Noun · masculine · singular · genitive · (proper) ▸ 1 (Jer. 47,8)
Θανακ Taanach ▸ 1
  Θανακ ▸ 1
    Noun · feminine · singular · accusative · (proper) ▸ 1 (Judg. 1,27)
θανάσιμος (θνήσκω) deadly poison ▸ 1
  θανάσιμόν ▸ 1
    Noun · neuter · singular · accusative ▸ 1 (Mark 16,18)
θανατηφόρος (θνήσκω; φέρω) deadly, fatal ▸ 5 + 1 = 6
  θανατηφόροι ▸ 1
    Adjective · masculine · plural · nominative · noDegree ▸ 1 (Job 33,23)
  θανατηφόρον ▸ 3
    Adjective · feminine · singular · accusative · noDegree ▸ 3 (Num. 18,22; 4Mac. 8,18; 4Mac. 15,26)
  θανατηφόρος ▸ 1
    Adjective · feminine · singular · nominative · noDegree ▸ 1 (4Mac. 8,26)
  θανατηφόρου ▸ 1
    Adjective · masculine · singular · genitive ▸ 1 (James 3,8)
θάνατος (θνήσκω) death ▸ 351 + 14 + 120 = 485
  θανάτε ▸ 3 + 2 = 5
    Noun · masculine · singular · vocative · (common) ▸ 3 + 2 = 5 (Sir. 41,1; Sir. 41,2; Hos. 13,14; 1Cor. 15,55; 1Cor. 15,55)
  θανάτοις ▸ 1
    Noun · masculine · plural · dative ▸ 1 (2Cor. 11,23)
  Θάνατον ▸ 2
    Noun · masculine · singular · accusative · (common) ▸ 2 (Gen. 21,16; Is. 9,7)
  θάνατον ▸ 83 + 4 + 25 = 112
    Noun · masculine · singular · accusative · (common) ▸ 83 + 4 + 25 = 112 (Ex. 10,17; Lev. 26,25; Num. 16,29; Deut. 28,21; Deut. 30,15; Deut. 30,19; Josh. 2,14; Judg. 5,18; Judg. 16,16; 2Sam. 3,33; 2Sam. 15,21; 2Sam. 24,13; 2Sam. 24,14; 2Sam. 24,15; 2Kings 20,1; 1Chr. 21,12; 1Chr. 21,14; 2Chr. 7,13; 2Chr. 32,11; Ezra 7,26; Esth. 4,8; Judith 7,27; Judith 14,5; Tob. 3,4; Tob. 4,2; Tob. 6,13; 2Mac. 4,47; 2Mac. 6,19; 2Mac. 6,31; 2Mac. 7,29; 2Mac. 13,8; 3Mac. 1,29; 3Mac. 6,29; 4Mac. 9,5; 4Mac. 10,1; 4Mac. 10,15; 4Mac. 14,4; 4Mac. 14,5; 4Mac. 14,6; 4Mac. 15,12; 4Mac. 15,19; 4Mac. 16,13; 4Mac. 17,1; Psa. 12,4; Psa. 77,50; Psa. 88,49; Ode. 4,13; Prov. 8,36; Prov. 11,19; Prov. 12,28; Prov. 18,6; Prov. 24,11; Eccl. 7,26; Job 17,14; Job 33,22; Job 33,24; Wis. 1,12; Wis. 1,13; Wis. 19,5; Sir. 22,11; Sir. 26,5; Sir. 28,6; Sol. 7,4; Sol. 16,2; Amos 4,10; Hab. 3,13; Is. 53,8; Is. 53,12; Jer. 8,3; Jer. 15,2; Jer. 15,2; Jer. 18,23; Jer. 24,10; Jer. 41,17; Jer. 50,11; Jer. 50,11; Ezek. 14,19; Ezek. 14,21; Ezek. 18,23; Ezek. 18,32; Ezek. 31,14; Ezek. 33,11; Sus. 53; Judg. 5,18; Tob. 3,4; Tob. 4,2; Tob. 6,13; Matt. 10,21; Mark 13,12; Luke 2,26; Luke 22,33; John 8,51; John 11,4; Rom. 6,3; Rom. 6,4; Rom. 6,16; Rom. 7,10; Rom. 7,13; 1Cor. 11,26; 2Cor. 2,16; 2Cor. 4,11; 2Cor. 7,10; 2Tim. 1,10; Heb. 9,16; Heb. 11,5; James 1,15; 1John 5,16; 1John 5,16; 1John 5,17; Rev. 9,6; Rev. 13,3)
  θανατόν ▸ 1
    Noun · masculine · singular · accusative · (common) ▸ 1 (2Sam. 19,1)
  Θάνατος ▸ 1
    Noun · masculine · singular · nominative · (common) ▸ 1 (2Kings 4,40)
  θάνατος ▸ 43 + 24 = 67
    Noun · masculine · singular · nominative · (common) ▸ 43 + 24 = 67 (Ex. 5,3; Ex. 9,3; Ruth 1,17; 1Sam. 15,32; 1Kings 8,37; 2Kings 2,21; 2Chr. 6,28; 2Chr. 20,9; Esth. 13,18 # 4,17i; Judith 11,11; Psa. 33,22; Psa. 48,15; Psa. 54,16; Psa. 115,6; Prov. 18,21; Prov. 24,8; Eccl. 3,19; Eccl. 3,19; Song 8,6; Job 3,23; Job 15,34; Job 18,13; Job 28,22; Wis. 2,24; Sir. 11,14; Sir. 14,12; Sir. 15,17; Sir. 28,21; Sir. 28,21; Sir. 30,17; Sir. 37,18; Sir. 38,18; Sir. 39,29; Sir. 40,9; Sol. 15,7; Hab. 2,5; Is. 25,8; Jer. 9,20; Lam. 1,20; Ezek. 5,17; Ezek. 7,15; Ezek. 7,15; Ezek. 28,23; Rom. 5,12; Rom. 5,12; Rom. 5,14; Rom. 5,17; Rom. 6,9; Rom. 6,21; Rom. 6,23; Rom. 7,13; Rom. 8,6; Rom. 8,38; 1Cor. 3,22; 1Cor. 15,21; 1Cor. 15,26; 1Cor. 15,54; 2Cor. 4,12; Rev. 6,8; Rev. 9,6; Rev. 18,8; Rev. 20,6; Rev. 20,13; Rev. 20,14; Rev. 20,14; Rev. 21,4; Rev. 21,8)
  θανατός ▸ 2 + 1 = 3
    Noun · masculine · singular · nominative · (common) ▸ 2 + 1 = 3 (Job 30,23; Sus. 22; Sus. 22)
  θανάτου ▸ 126 + 5 + 53 = 184
    Noun · masculine · singular · genitive · (common) ▸ 126 + 5 + 53 = 184 (Gen. 26,11; Deut. 19,6; Deut. 21,22; Deut. 22,26; Deut.

θανατόω

31,14; Deut. 31,27; Josh. 2,13; Judg. 13,7; 1Sam. 1,11; 1Sam. 5,6; 1Sam. 5,11; 1Sam. 15,35; 1Sam. 20,3; 1Sam. 20,31; 2Sam. 12,5; 2Sam. 19,29; 2Sam. 20,3; 2Sam. 22,5; 2Sam. 22,6; 2Sam. 22,6; 1Kings 2,26; 2Kings 15,5; 2Chr. 32,24; Esth. 4,8; Esth. 14,1 # 4,17k; Judith 12,14; Tob. 4,10; Tob. 12,9; Tob. 14,10; 2Mac. 6,22; 2Mac. 6,30; 2Mac. 13,14; 3Mac. 7,16; 4Mac. 1,9; 4Mac. 5,37; 4Mac. 6,21; 4Mac. 6,30; 4Mac. 7,8; 4Mac. 7,15; 4Mac. 7,16; 4Mac. 9,4; 4Mac. 9,29; 4Mac. 13,1; 4Mac. 13,27; 4Mac. 14,19; 4Mac. 15,10; 4Mac. 16,1; 4Mac. 17,7; 4Mac. 17,10; 4Mac. 17,22; Psa. 7,14; Psa. 9,14; Psa. 17,5; Psa. 17,6; Psa. 21,16; Psa. 22,4; Psa. 32,19; Psa. 43,20; Psa. 54,5; Psa. 55,14; Psa. 67,21; Psa. 77,50; Psa. 87,7; Psa. 106,10; Psa. 106,14; Psa. 106,18; Psa. 114,3; Psa. 114,8; Ode. 9,79; Prov. 5,5; Prov. 7,27; Prov. 10,2; Prov. 14,27; Prov. 16,14; Prov. 21,6; Prov. 23,14; Eccl. 7,1; Eccl. 8,8; Job 3,5; Job 3,21; Job 5,20; Job 7,15; Job 12,22; Job 24,17; Job 24,17; Job 28,3; Job 33,18; Job 33,30; Job 38,17; Wis. 16,13; Wis. 18,12; Wis. 18,16; Wis. 18,20; Sir. 4,28; Sir. 9,13; Sir. 18,22; Sir. 27,29; Sir. 33,14; Sir. 34,12; Sir. 37,2; Sir. 40,4; Sir. 41,3; Sir. 48,5; Sir. 51,6; Sir. 51,9; Sol. 13,2; Sol. 16,6; Hos. 13,14; Amos 5,8; Jonah 4,9; Zech. 5,3; Zech. 5,3; Is. 9,1; Is. 28,15; Is. 28,18; Is. 38,1; Is. 39,1; Is. 53,9; Jer. 13,16; Jer. 21,7; Jer. 21,8; Jer. 33,11; Jer. 33,16; LetterJ 35; Ezek. 12,16; Dan. 3,88; Judg. 13,7; Tob. 12,9; Tob. 14,10; Tob. 14,10; Dan. 3,88; Matt. 4,16; Matt. 16,28; Matt. 26,38; Matt. 26,66; Mark 9,1; Mark 14,34; Mark 14,64; Luke 1,79; Luke 9,27; Luke 23,15; Luke 23,22; Luke 24,20; John 5,24; John 8,52; John 11,13; Acts 2,24; Acts 13,28; Acts 22,4; Acts 23,29; Acts 25,11; Acts 25,25; Acts 26,31; Acts 28,18; Rom. 1,32; Rom. 5,10; Rom. 6,5; Rom. 7,24; Rom. 8,2; 1Cor. 15,56; 2Cor. 1,9; 2Cor. 1,10; 2Cor. 2,16; 2Cor. 3,7; Phil. 1,20; Phil. 2,8; Phil. 2,8; Phil. 2,30; Col. 1,22; Heb. 2,9; Heb. 2,9; Heb. 2,14; Heb. 2,14; Heb. 2,15; Heb. 5,7; Heb. 9,15; James 5,20; 1John 3,14; Rev. 1,18; Rev. 2,10; Rev. 2,11; Rev. 12,11; Rev. 13,3; Rev. 13,12)

Θανάτῳ ▸ 10 + 2 = 12
  Noun · masculine · singular · dative · (common) ▸ 10 + 2 = 12 (Num. 15,35; Num. 26,65; Judg. 13,22; Judg. 21,5; 1Sam. 22,16; Sir. 14,17; Jer. 33,8; Ezek. 3,18; Ezek. 33,8; Ezek. 33,14; Judg. 13,22; Judg. 21,5)

θανάτῳ ▸ 80 + 2 + 15 = 97
  Noun · masculine · singular · dative · (common) ▸ 80 + 2 + 15 = 97 (Gen. 2,17; Gen. 3,4; Ex. 9,15; Ex. 19,12; Ex. 21,12; Ex. 21,15; Ex. 21,16; Ex. 21,17; Ex. 22,18; Ex. 22,19; Ex. 31,14; Ex. 31,15; Lev. 20,2; Lev. 20,9; Lev. 20,10; Lev. 20,11; Lev. 20,12; Lev. 20,15; Lev. 20,16; Lev. 20,27; Lev. 24,16; Lev. 24,17; Lev. 24,21; Lev. 27,29; Num. 12,12; Num. 14,12; Num. 26,10; Num. 35,16; Num. 35,17; Num. 35,18; Num. 35,21; Num. 35,21; Num. 35,31; Judg. 15,13; Judg. 16,30; 1Sam. 14,39; 1Sam. 14,44; 1Sam. 20,14; 2Sam. 1,23; 2Sam. 12,14; 2Sam. 14,14; 2Sam. 21,1; 1Kings 2,37; 1Kings 2,42; 1Kings 3,26; 1Kings 3,27; 2Kings 1,4; 2Kings 1,6; 2Kings 1,16; 2Kings 8,10; 2Kings 11,15; 2Chr. 32,33; 1Esdr. 8,24; Psa. 6,6; Psa. 72,4; Psa. 117,18; Prov. 2,18; Prov. 25,10; Job 9,23; Job 27,15; Wis. 2,20; Wis. 12,20; Sir. 23,12; Jer. 14,12; Jer. 14,15; Jer. 16,4; Jer. 18,21; Jer. 21,6; Jer. 45,15; Jer. 51,13; LetterJ 17; Ezek. 5,12; Ezek. 6,11; Ezek. 6,12; Ezek. 18,13; Ezek. 28,8; Ezek. 33,27; Ezek. 38,22; Dan. 2,9; Dan. 4,37a; Judg. 15,13; Judg. 16,30; Matt. 15,4; Matt. 20,18; Mark 7,10; Mark 10,33; John 12,33; John 18,32; John 21,19; Rom. 5,21; Rom. 7,5; Phil. 2,27; Phil. 3,10; Heb. 7,23; 1John 3,14; Rev. 2,23; Rev. 6,8)

θανατόω (θνῄσκω)   to put to death ▸ 151 + 9 + 11 = 171
  ἐθανάτου ▸ 2
    Verb · third · singular · imperfect · active · indicative ▸ 1 (1Mac. 6,45)
    Verb · third · singular · imperfect · middle · indicative ▸ 1 (1Mac. 1,57)
  ἐθανατοῦντο ▸ 1
    Verb · third · plural · imperfect · passive · indicative ▸ 1 (1Mac. 6,24)
  ἐθανατώθη ▸ 1
    Verb · third · singular · aorist · passive · indicative ▸ 1 (2Kings 11,2)
  ἐθανατώθησαν ▸ 1
    Verb · third · plural · aorist · passive · indicative ▸ 1 (2Sam. 21,9)
  ἐθανατώθητε ▸ 1
    Verb · second · plural · aorist · passive · indicative ▸ 1 (Rom. 7,4)
  ἐθανάτωσα ▸ 3
    Verb · first · singular · aorist · active · indicative ▸ 3 (1Sam. 17,35; 2Sam. 1,10; 2Sam. 1,16)
  ἐθανάτωσαν ▸ 13
    Verb · third · plural · aorist · active · indicative ▸ 13 (1Sam. 30,2; 2Sam. 18,15; 2Kings 11,20; 2Kings 14,19; 2Kings 15,10; 2Kings 21,23; 2Chr. 23,15; 2Chr. 23,17; 2Chr. 23,21; 2Chr. 24,25; 2Chr. 25,27; 1Mac. 1,60; Lam. 3,53)
  ἐθανάτωσας ▸ 1
    Verb · second · singular · aorist · active · indicative ▸ 1 (2Sam. 22,41)
  ἐθανάτωσεν ▸ 25 + 2 = 27
    Verb · third · singular · aorist · active · indicative ▸ 25 + 2 = 27 (Gen. 38,10; Judg. 16,30; Judg. 16,30; 1Sam. 17,51; 1Sam. 22,18; 1Sam. 22,21; 2Sam. 3,30; 2Sam. 13,32; 2Sam. 14,6; 2Sam. 21,1; 2Sam. 21,17; 1Kings 2,34; 1Kings 13,24; 1Kings 15,28; 1Kings 16,10; 2Kings 14,6; 2Kings 15,14; 2Kings 15,25; 2Kings 15,30; 2Kings 16,9; 2Kings 23,29; 2Kings 25,21; 2Chr. 24,22; 2Chr. 25,3; Job 26,13; Judg. 16,30; Judg. 16,30)
  θανατοῖ ▸ 4
    Verb · third · singular · present · active · indicative ▸ 3 (1Sam. 2,6; Ode. 3,6; Job 5,2)
    Verb · third · singular · present · active · optative ▸ 1 (4Mac. 8,25)
  θανατούμεθα ▸ 1 + 1 = 2
    Verb · first · plural · present · passive · indicative ▸ 1 + 1 = 2 (Psa. 43,23; Rom. 8,36)
  θανατούμενοι ▸ 1
    Verb · present · passive · participle · masculine · plural · nominative ▸ 1 (2Cor. 6,9)
  θανατουμένων ▸ 2
    Verb · present · middle · participle · masculine · plural · genitive ▸ 2 (2Kings 11,2; 2Chr. 22,11)
  θανατοῦν ▸ 1
    Verb · present · active · infinitive ▸ 1 (1Mac. 5,2)
  θανατοῦντας ▸ 2
    Verb · present · active · participle · masculine · plural · accusative ▸ 2 (Num. 21,6; Jer. 8,17)
  θανατοῦντες ▸ 1
    Verb · present · active · participle · masculine · plural · nominative ▸ 1 (2Kings 17,26)
  θανατοῦσαι ▸ 1
    Verb · present · active · participle · feminine · plural · nominative ▸ 1 (Eccl. 10,1)
  θανατούσθω ▸ 14
    Verb · third · singular · present · middle · imperative ▸ 14 (Ex. 21,12; Ex. 21,15; Lev. 20,2; Lev. 20,9; Lev. 20,15; Lev. 24,16; Lev. 24,17; Lev. 24,21; Num. 15,35; Num. 35,16; Num. 35,17; Num. 35,18; Num. 35,21; Num. 35,21)
  θανατούσθωσαν ▸ 6

θανατόω–θάπτω

Verb · third · plural · present · passive · imperative ▸ 6 (Lev. 20,10; Lev. 20,11; Lev. 20,12; Lev. 20,13; Lev. 20,16; Lev. 20,27)

θανατοῦσιν ▸ 1
  Verb · third · plural · present · active · indicative ▸ 1 (2Sam. 4,7)

θανατοῦτε ▸ 1 + 1 = 2
  Verb · second · plural · present · active · imperative ▸ 1 (1Sam. 22,17)
  Verb · second · plural · present · active · indicative ▸ 1 (Rom. 8,13)

θανατωθείς ▸ 1
  Verb · aorist · passive · participle · masculine · singular · nominative ▸ 1 (1Pet. 3,18)

θανατωθήσεται ▸ 11 + 1 = 12
  Verb · third · singular · future · passive · indicative ▸ 11 + 1 = 12 (Ex. 31,14; Ex. 31,15; Lev. 27,29; Num. 35,31; 1Sam. 14,45; 2Sam. 19,22; 1Kings 1,52; 1Kings 2,24; 1Kings 2,35n; 2Kings 11,15; Ezek. 18,13; Judg. 21,5)

θανατωθήσεταί ▸ 1
  Verb · third · singular · future · passive · indicative ▸ 1 (2Sam. 19,23)

θανατωθήσῃ ▸ 4
  Verb · second · singular · future · passive · indicative ▸ 4 (1Sam. 19,11; Ezek. 3,18; Ezek. 33,8; Ezek. 33,14)

θανατωθήτω ▸ 1
  Verb · third · singular · aorist · passive · imperative ▸ 1 (Judg. 6,31)

θανατῶσαι ▸ 26 + 2 + 2 = 30
  Verb · aorist · active · infinitive ▸ 26 + 2 + 2 = 30 (Ex. 14,11; Ex. 21,14; Deut. 17,7; Judg. 13,23; 1Sam. 5,10; 1Sam. 19,1; 1Sam. 19,5; 1Sam. 19,11; 1Sam. 19,15; 1Sam. 20,33; 1Sam. 24,8; 1Sam. 28,9; 2Sam. 3,37; 2Sam. 8,2; 2Sam. 20,19; 2Sam. 21,4; 1Kings 11,40; 1Kings 12,24c; 1Kings 17,18; 1Kings 17,20; 2Kings 5,7; Psa. 36,32; Psa. 58,1; Psa. 108,16; Jer. 50,3; Judg. 13,23; Sus. 28; Matt. 27,1; Mark 14,55)

θανατῶσαί ▸ 2
  Verb · aorist · active · infinitive ▸ 2 (1Sam. 19,2; 1Kings 18,9)

θανατώσατε ▸ 1
  Verb · second · plural · aorist · active · imperative ▸ 1 (2Sam. 13,28)

θανατώσει ▸ 3
  Verb · third · singular · future · active · indicative ▸ 3 (1Kings 1,51; 1Kings 19,17; 1Kings 19,17)

θανατώσειν ▸ 1
  Verb · future · active · infinitive ▸ 1 (1Sam. 30,15)

θανατώσεις ▸ 2
  Verb · second · singular · future · active · indicative ▸ 2 (4Mac. 9,7; Jer. 45,15)

θανατώσῃ ▸ 1
  Verb · third · singular · aorist · active · subjunctive ▸ 1 (1Sam. 5,11)

θανατώσητε ▸ 2
  Verb · second · plural · aorist · active · subjunctive ▸ 2 (1Kings 3,26; 1Kings 3,27)

θανατώσομεν ▸ 3 + 1 = 4
  Verb · first · plural · future · active · indicative ▸ 3 + 1 = 4 (Judg. 20,13; 1Sam. 11,12; 2Sam. 14,7; Judg. 20,13)

θανατώσομέν ▸ 1 + 1 = 2
  Verb · first · plural · future · active · indicative ▸ 1 + 1 = 2 (Judg. 15,13; Judg. 15,13)

θανάτωσόν ▸ 4 + 1 = 5
  Verb · second · singular · aorist · active · imperative ▸ 4 + 1 = 5 (Judg. 9,54; 1Sam. 20,8; 2Sam. 1,9; 2Sam. 14,32; Judg. 9,54)

θανατώσουσιν ▸ 1 + 3 = 4
  Verb · third · plural · aorist · active · subjunctive ▸ 1 (Sus. 28)
  Verb · third · plural · future · active · indicative ▸ 3 (Matt. 10,21; Mark 13,12; Luke 21,16)

θανατώσω ▸ 3
  Verb · first · singular · future · active · indicative ▸ 3 (1Sam. 19,17; 1Kings 2,8; 1Kings 2,26)

θανατώσωσιν ▸ 1 + 1 = 2
  Verb · third · plural · aorist · active · subjunctive ▸ 1 + 1 = 2 (2Kings 7,4; Matt. 26,59)

τεθανατωμένων ▸ 2
  Verb · perfect · passive · participle · masculine · plural · genitive ▸ 2 (Psa. 78,11; Psa. 101,21)

τεθανάτωνται ▸ 1
  Verb · third · plural · perfect · passive · indicative ▸ 1 (1Mac. 5,13)

θανάτωσις (θνῄσκω) death, slaughter ▸ 1
  θανατώσεως ▸ 1
    Noun · feminine · singular · genitive · (common) ▸ 1 (1Sam. 26,16)

Θανεμαθ Tanhumeth ▸ 1
  Θανεμαθ ▸ 1
    Noun · masculine · singular · genitive · (proper) ▸ 1 (2Kings 25,23)

Θανθαναι Tattenai ▸ 3
  Θανθαναι ▸ 3
    Noun · masculine · singular · nominative · (proper) ▸ 3 (Ezra 5,3; Ezra 5,6; Ezra 6,13)

Θαννουριμ (Hebr.) furnaces ▸ 1
  θαννουριμ ▸ 1
    Noun ▸ 1 (Neh. 3,11)

Θαπους Tappuah ▸ 1
  Θαπους ▸ 1
    Noun · masculine · singular · nominative · (proper) ▸ 1 (1Chr. 2,43)

θάπτω to bury ▸ 151 + 26 + 11 = 188
  ἔθαπτες ▸ 1 + 1 = 2
    Verb · second · singular · imperfect · active · indicative ▸ 1 + 1 = 2 (Tob. 12,12; Tob. 12,12)
  ἔθαπτον ▸ 2 + 2 = 4
    Verb · first · singular · imperfect · active · indicative ▸ 1 + 2 = 3 (Tob. 1,17; Tob. 1,17; Tob. 1,18)
    Verb · third · plural · imperfect · active · indicative ▸ 1 (Num. 33,4)
  ἔθαψα ▸ 3 + 2 = 5
    Verb · first · singular · aorist · active · indicative ▸ 3 + 2 = 5 (Gen. 49,31; Tob. 1,18; Tob. 2,7; Tob. 1,18; Tob. 2,7)
  ἔθαψαν ▸ 43 + 2 + 3 = 48
    Verb · third · plural · aorist · active · indicative ▸ 43 + 2 + 3 = **48** (Gen. 25,9; Gen. 25,10; Gen. 35,29; Gen. 49,31; Gen. 49,31; Gen. 50,12; Gen. 50,13; Gen. 50,26; Num. 11,34; Deut. 34,6; Josh. 24,31; Josh. 24,31a; Judg. 2,9; Judg. 12,12; Judg. 16,31; 2Sam. 2,4; 2Sam. 4,12; 2Sam. 21,14; 1Kings 11,43; 1Kings 22,37; 2Kings 9,28; 2Kings 10,35; 2Kings 12,22; 2Kings 13,9; 2Kings 13,20; 2Kings 15,7; 2Kings 21,26; 2Kings 23,30; 1Chr. 10,12; 2Chr. 9,31; 2Chr. 13,23; 2Chr. 16,14; 2Chr. 22,9; 2Chr. 24,16; 2Chr. 24,25; 2Chr. 24,25; 2Chr. 25,28; 2Chr. 26,23; 2Chr. 32,33; 2Chr. 33,20; Judith 8,3; Judith 16,23; 1Mac. 9,19; Judg. 2,9; Judg. 16,31; Matt. 14,12; Acts 5,6; Acts 5,10)
  ἐθάψατε ▸ 1
    Verb · second · plural · aorist · active · indicative ▸ 1 (2Sam. 2,5)

ἔθαψεν ▸ 6 + 2 = 8
  Verb · third · singular · aorist · active · indicative ▸ 6 + 2 = 8 (Gen. 23,19; 1Kings 2,34; Tob. 14,11; Tob. 14,12; Tob. 14,13; 1Mac. 13,25; Tob. 14,12; Tob. 14,13)
ἐτάφη ▸ 32 + 9 + 3 = 44
  Verb · third · singular · aorist · passive · indicative ▸ 32 + 9 + 3 = 44 (Gen. 35,19; Num. 20,1; Deut. 10,6; Josh. 24,33; Judg. 8,32; Judg. 10,2; Judg. 10,5; Judg. 12,7; Judg. 12,10; Judg. 12,15; 2Sam. 17,23; 1Kings 2,10; 1Kings 22,51; 2Kings 8,24; 2Kings 14,16; 2Kings 14,20; 2Kings 15,38; 2Kings 16,20; 2Kings 20,21; 2Kings 21,18; 2Chr. 12,16; 2Chr. 12,16; 2Chr. 21,1; 2Chr. 21,20; 2Chr. 27,9; 2Chr. 28,27; 2Chr. 35,24; 2Chr. 36,8; 1Esdr. 1,29; 1Mac. 2,70; 1Mac. 13,23; Sir. 44,14; Judg. 8,32; Judg. 10,2; Judg. 10,5; Judg. 12,7; Judg. 12,10; Judg. 12,12; Judg. 12,15; Tob. 14,2; Tob. 14,11; Luke 16,22; Acts 2,29; 1Cor. 15,4)
θάπτει ▸ 1 + 1 = 2
  Verb · third · singular · present · active · indicative ▸ 1 + 1 = 2 (Tob. 2,8; Tob. 2,8)
θάπτειν ▸ 1
  Verb · present · active · infinitive ▸ 1 (1Kings 11,15)
θάπτεται ▸ 7
  Verb · third · singular · present · passive · indicative ▸ 7 (1Kings 12,24a; 1Kings 14,31; 1Kings 15,8; 1Kings 15,24; 1Kings 16,6; 1Kings 16,28; 1Kings 16,28h)
θάπτοντα ▸ 1
  Verb · present · active · participle · masculine · singular · accusative ▸ 1 (4Mac. 16,11)
θάπτοντες ▸ 1
  Verb · present · active · participle · masculine · plural · nominative ▸ 1 (Ezek. 39,15)
θαπτόντων ▸ 1
  Verb · present · active · participle · masculine · plural · genitive ▸ 1 (2Kings 13,21)
θάπτουσιν ▸ 5
  Verb · third · plural · present · active · indicative ▸ 5 (1Sam. 25,1; 1Sam. 28,3; 1Sam. 31,13; 2Sam. 2,32; 2Sam. 3,32)
θάπτω ▸ 1 + 1 = 2
  Verb · first · singular · present · active · indicative ▸ 1 + 1 = 2 (Tob. 1,19; Tob. 1,19)
θάπτων ▸ 5
  Verb · present · active · participle · masculine · singular · nominative ▸ 5 (2Kings 9,10; 1Mac. 7,17; Psa. 78,3; Sol. 2,27; Jer. 14,16)
θάψαι ▸ 9 + 4 = 13
  Verb · aorist · active · infinitive ▸ 9 + 4 = 13 (Gen. 23,6; Gen. 23,8; Gen. 47,29; Gen. 50,7; Gen. 50,14; 1Kings 13,29; 2Kings 9,35; Wis. 18,12; Ezek. 39,14; Matt. 8,21; Matt. 8,22; Luke 9,59; Luke 9,60)
θαψάντων ▸ 1
  Verb · aorist · active · participle · masculine · plural · genitive ▸ 1 (Acts 5,9)
θάψας ▸ 1
  Verb · aorist · active · participle · masculine · singular · nominative ▸ 1 (Tob. 2,9)
θάψατε ▸ 1
  Verb · second · plural · aorist · active · imperative ▸ 1 (2Kings 9,34)
θάψατέ ▸ 2
  Verb · second · plural · aorist · active · imperative ▸ 2 (Gen. 49,29; 1Kings 13,31)
θάψει ▸ 2
  Verb · third · singular · future · active · indicative ▸ 2 (Tob. 6,15; Hos. 9,6)
θάψεις ▸ 3
  Verb · second · singular · future · active · indicative ▸ 3 (Gen. 47,30; Gen. 50,5; 1Kings 2,31)
θάψετε ▸ 1
  Verb · second · plural · future · active · indicative ▸ 1 (Deut. 21,23)
θάψῃ ▸ 1
  Verb · third · singular · aorist · active · subjunctive ▸ 1 (Tob. 6,15)
θάψῃς ▸ 1
  Verb · second · singular · aorist · active · subjunctive ▸ 1 (Tob. 14,9)
θάψον ▸ 1
  Verb · second · singular · aorist · active · imperative ▸ 1 (Tob. 4,3)
θάψον ▸ 8 + 1 = 9
  Verb · second · singular · aorist · active · imperative ▸ 8 + 1 = 9 (Gen. 23,6; Gen. 23,11; Gen. 23,15; Gen. 50,6; 1Kings 2,29; Tob. 4,3; Tob. 4,4; Tob. 14,9; Tob. 4,4)
θάψουσιν ▸ 1
  Verb · third · plural · future · active · indicative ▸ 1 (Jer. 7,32)
θάψω ▸ 3 + 1 = 4
  Verb · first · singular · aorist · active · subjunctive ▸ 2 + 1 = 3 (Gen. 23,4; Gen. 23,13; Tob. 2,4)
  Verb · first · singular · future · active · indicative ▸ 1 (Gen. 50,5)
θάψωμεν ▸ 1 + 1 = 2
  Verb · first · plural · aorist · active · subjunctive ▸ 1 + 1 = 2 (Tob. 8,12; Tob. 8,12)
θάψωσιν ▸ 1
  Verb · third · plural · aorist · active · subjunctive ▸ 1 (Ezek. 39,15)
ταφείς ▸ 1
  Verb · aorist · passive · participle · masculine · singular · nominative ▸ 1 (Gen. 15,15)
ταφήσεται ▸ 1
  Verb · third · singular · future · passive · indicative ▸ 1 (Jer. 22,19)
ταφήσῃ ▸ 1
  Verb · second · singular · future · passive · indicative ▸ 1 (Jer. 20,6)
ταφήσομαι ▸ 1
  Verb · first · singular · future · middle · indicative ▸ 1 (Ruth 1,17)
ταφήσονται ▸ 2
  Verb · third · plural · future · passive · indicative ▸ 2 (Jer. 8,2; Jer. 16,4)
τέθαπται ▸ 1
  Verb · third · singular · perfect · passive · indicative ▸ 1 (1Kings 13,31)

Θαρα Terah ▸ 11
  Θαρα ▸ 11
    Noun · masculine · singular · accusative · (proper) ▸ 2 (Gen. 11,24; Gen. 11,25)
    Noun · masculine · singular · genitive · (proper) ▸ 3 (Gen. 11,27; Gen. 11,28; Gen. 11,32)
    Noun · masculine · singular · nominative · (proper) ▸ 6 (Gen. 11,26; Gen. 11,27; Gen. 11,31; Gen. 11,32; Josh. 24,2; 1Chr. 1,26)
Θάρα Terah ▸ 1
  Θάρα ▸ 1
    Noun · masculine · singular · genitive · (proper) ▸ 1 (Luke 3,34)
Θαραβα Tharaba (?) ▸ 1

Θαραβα ▸ 1
: **Noun** · masculine · singular · dative · (proper) ▸ **1** (Esth. 1,10)

Θαραβααμ Beth Arabah (?) ▸ 1
: Θαραβααμ ▸ 1
Noun · singular · nominative · (proper) ▸ **1** (Josh. 15,61)

Θαρακα Tirhakah ▸ 2
: Θαρακα ▸ 2
Noun · masculine · singular · genitive · (proper) ▸ **1** (2Kings 19,9)
Noun · masculine · singular · nominative · (proper) ▸ **1** (Is. 37,9)

Θαραλα Taralah ▸ 1
: Θαραλα ▸ 1
Noun · singular · nominative · (proper) ▸ **1** (Josh. 18,27)

θαραφιν teraphim, idols ▸ 1 + **1** = 2
: θαραφιν ▸ 1 + **1** = 2
Noun · neuter · plural · accusative · (common) ▸ **1** + **1** = **2** (2Chr. 35,19a; Judg. 17,5)

Θαραχ Tahrea ▸ 1
: Θαραχ ▸ 1
Noun · masculine · singular · nominative · (proper) ▸ **1** (1Chr. 9,41)

Θαργαθιιμ Tirathites ▸ 1
: Θαργαθιμ ▸ 1
Noun · masculine · plural · nominative · (proper) ▸ **1** (1Chr. 2,55)

Θαργαλ Tidal ▸ 2
: Θαργαλ ▸ 2
Noun · masculine · singular · accusative · (proper) ▸ **1** (Gen. 14,9)
Noun · masculine · singular · nominative · (proper) ▸ **1** (Gen. 14,1)

Θαρεηλα Taralah ▸ 1
: Θαρεηλα ▸ 1
Noun · singular · nominative · (proper) ▸ **1** (Josh. 18,27)

Θαρθακ Tartak ▸ 1
: Θαρθακ ▸ 1
Noun · feminine · singular · accusative · (proper) ▸ **1** (2Kings 17,31)

Θαρθαν Tartan (Hebr.) commander ▸ 1
: Θαρθαν ▸ 1
Noun · masculine · singular · accusative · (proper) ▸ **1** (2Kings 18,17)

Θαρρα Tharra ▸ 2
: Θαρρα ▸ 2
Noun · masculine · singular · dative · (proper) ▸ **1** (Esth. 1,10)
Noun · masculine · singular · genitive · (proper) ▸ **1** (Esth. 12,1 # 1,1m)

θαρραλέως (θρασύς) bravely, courageously ▸ 3
: θαρραλέως ▸ 3
Adverb ▸ **3** (3Mac. 1,4; 3Mac. 1,23; 4Mac. 3,14)

θαρρέω (θρασύς) to be courageous, brave ▸ 3 + **6** = 9
: Θάρρει ▸ 1
Verb · second · singular · present · active · imperative ▸ **1** (4Mac. 13,11)
θάρρει ▸ 2
Verb · second · singular · present · active · imperative ▸ **2** (4Mac. 17,4; Dan. 6,17)
θαρρῆσαι ▸ 1
Verb · aorist · active · infinitive ▸ **1** (2Cor. 10,2)
θαρροῦμεν ▸ 1
Verb · first · plural · present · active · indicative ▸ **1** (2Cor. 5,8)
θαρροῦντας ▸ 1
Verb · present · active · participle · masculine · plural · accusative ▸ **1** (Heb. 13,6)
θαρροῦντες ▸ 1
Verb · present · active · participle · masculine · plural · nominative ▸ **1** (2Cor. 5,6)
θαρρῶ ▸ 2
Verb · first · singular · present · active · indicative ▸ **2** (2Cor. 7,16; 2Cor. 10,1)

Θαρσα Tirzah ▸ 1
: Θαρσα ▸ 1
Noun · singular · genitive · (proper) ▸ **1** (Josh. 12,24)

Θαρσαλέος (θρασύς) bold, daring, undaunted ▸ 1
: θαρραλέοι ▸ 1
Adjective · masculine · plural · nominative · noDegree ▸ **1** (4Mac. 13,13)

Θαρσεας Tarsus ▸ 1
: Θαρσεου ▸ 1
Noun · masculine · singular · genitive · (proper) ▸ **1** (2Mac. 3,5)

θαρσέω (θρασύς) to be confident, courageous ▸ 24 + **6** + 7 = 37
: θαρροῦσα ▸ 1
Verb · present · active · participle · feminine · singular · nominative ▸ **1** (Prov. 1,21)
θαρσεῖ ▸ 1
Verb · third · singular · present · active · indicative ▸ **1** (Prov. 31,11)
Θάρσει ▸ 6 + **3** = 9
Verb · second · singular · present · active · imperative ▸ **6 + 3** = **9** (Gen. 35,17; 1Kings 17,13; Tob. 7,17; Tob. 11,11; Zeph. 3,16; Bar. 4,30; Tob. 5,10; Tob. 7,17; Tob. 11,11)
θάρσει ▸ 5 + **3** + 4 = 12
Verb · second · singular · present · active · imperative ▸ **5 + 3** + 4 = **12** (Esth. 15,9 # 5,1f; Judith 11,3; Tob. 7,17; Sir. 19,10; Joel 2,21; Tob. 5,10; Tob. 7,17; Tob. 8,21; Matt. 9,2; Matt. 9,22; Mark 10,49; Acts 23,11)
Θαρσεῖτε ▸ 4
Verb · second · plural · present · active · imperative ▸ **4** (Ex. 14,13; Ex. 20,20; Judith 7,30; Bar. 4,5)
θαρσεῖτε ▸ 5 + **3** = 8
Verb · second · plural · present · active · imperative ▸ **5 + 3** = **8** (Joel 2,22; Hag. 2,5; Zech. 8,13; Zech. 8,15; Bar. 4,21; Matt. 14,27; Mark 6,50; John 16,33)
θαρσήσατε ▸ 1
Verb · second · plural · aorist · active · imperative ▸ **1** (Bar. 4,27)
Θάρσησον ▸ 1
Verb · second · singular · aorist · active · imperative ▸ **1** (Judith 11,1)

Θαρσιλα Tirzah ▸ 1
: Θαρσιλα ▸ 1
Noun · feminine · singular · genitive · (proper) ▸ **1** (2Kings 15,14)

Θαρσις Tarshish ▸ 19
: Θαρσις ▸ 19
Noun · feminine · singular · accusative · (proper) ▸ **9** (1Kings 16,28f; 2Chr. 9,21; 2Chr. 20,36; 2Chr. 20,37; Jonah 1,3; Jonah 1,3; Jonah 1,3; Jonah 4,2; Is. 66,19)
Noun · feminine · singular · genitive · (proper) ▸ **8** (1Kings 10,22; 1Kings 10,22; 2Chr. 9,21; Psa. 47,8; Psa. 71,10; Is. 60,9; Jer. 10,9; Ezek. 27,16)
Noun · masculine · singular · nominative · (proper) ▸ **2** (Gen. 10,4; 1Chr. 1,7)

Θαρσις (Hebr.) beryl ▸ 3 + **1** = 4
: θαρσις ▸ 3 + **1** = 4
Noun ▸ 3 + **1** = 4 (Song 5,14; Ezek. 1,16; Dan. 10,6; Dan. 10,6)

θάρσος (θρασύς) courage ▸ 4 + **1** + 1 = 6

θάρσει ▸ 1
   Noun · neuter · singular · dative · (common) ▸ 1 (Tob. 8,21)
θάρσος ▸ 4 + 1 = 5
   Noun · neuter · singular · accusative · (common) ▸ 4 + 1 = 5 (2Chr. 16,8; 1Mac. 4,35; Job 4,4; Job 17,9; Acts 28,15)

θαρσύνω (θρασύς) to encourage ▸ 1
   θάρσυνον ▸ 1
   Verb · second · singular · aorist · active · imperative ▸ 1 (Esth. 14,12 # 4,17r)

Θαρχνα Tirhanah ▸ 1
   Θαρχνα ▸ 1
   Noun · masculine · singular · accusative · (proper) ▸ 1 (1Chr. 2,48)

Θασιρι Ashuri ▸ 1
   Θασιρι ▸ 1
   Noun · masculine · singular · accusative · (proper) ▸ 1 (2Sam. 2,9)

Θασμους Beth Shemesh ▸ 1
   Θασμους ▸ 1
   Noun · singular · nominative · (proper) ▸ 1 (Josh. 19,38)

Θασοβαν Ezbon ▸ 1
   Θασοβαν ▸ 1
   Noun · masculine · singular · nominative · (proper) ▸ 1 (Gen. 46,16)

Θασσι Thassi ▸ 1
   Θασσι ▸ 1
   Noun · masculine · singular · nominative · (proper) ▸ 1 (1Mac. 2,3)

θαυ (Hebr.) tav (final letter) ▸ 1
   θαυ ▸ 1
   Noun ▸ 1 (Psa. 118,169)

θαῦμα (θαυμάζω) wonder, miracle ▸ 2 + 2 = 4
   θαῦμα ▸ 2 + 2 = 4
   Noun · neuter · singular · accusative ▸ 1 (Rev. 17,6)
   Noun · neuter · singular · nominative · (common) ▸ 2 + 1 = 3 (Job 17,8; Job 18,20; 2Cor. 11,14)

θαυμάζω to marvel, wonder; admire ▸ 56 + 3 + 43 = 102
   ἐθαύμαζεν ▸ 2
   Verb · third · singular · imperfect · active · indicative ▸ 2 (Mark 6,6; Acts 7,31)
   ἐθαυμάζετο ▸ 1
   Verb · third · singular · imperfect · middle · indicative ▸ 1 (4Mac. 6,11)
   ἐθαύμαζον ▸ 3 + 1 + 7 = 11
   Verb · first · singular · imperfect · active · indicative ▸ 1 (Dan. 8,27)
   Verb · third · plural · imperfect · active · indicative ▸ 3 + 7 = 10 (Judith 10,19; Judith 10,19; Tob. 11,16; Mark 5,20; Luke 1,21; Luke 4,22; John 4,27; John 7,15; Acts 2,7; Acts 4,13)
   ἐθαύμασα ▸ 1 + 1 = 2
   Verb · first · singular · aorist · active · indicative ▸ 1 + 1 = 2 (Dan. 4,17a; Rev. 17,6)
   ἐθαύμασά ▸ 1
   Verb · first · singular · aorist · active · indicative ▸ 1 (Gen. 19,21)
   ἐθαύμασαν ▸ 8 + 1 + 8 = 17
   Verb · third · plural · aorist · active · indicative ▸ 8 + 1 + 8 = 17 (Judith 10,7; Judith 10,23; Judith 11,20; 4Mac. 17,16; 4Mac. 17,17; Psa. 47,6; Job 42,11; Wis. 11,14; Tob. 11,16; Matt. 8,27; Matt. 9,33; Matt. 21,20; Matt. 22,22; Luke 1,63; Luke 2,18; Luke 8,25; Luke 11,14)
   ἐθαύμασας ▸ 1 + 1 = 2
   Verb · second · singular · aorist · active · indicative ▸ 1 + 1 = 2 (Job 22,8; Rev. 17,7)
   ἐθαύμασε ▸ 1
   Verb · third · singular · aorist · active · indicative ▸ 1 (Dan. 3,91)
   ἐθαύμασεν ▸ 1 + 1 + 4 = 6
   Verb · third · singular · aorist · active · indicative ▸ 1 + 1 + 4 = 6 (Dan. 4,19; Dan. 3,91; Matt. 8,10; Mark 15,44; Luke 7,9; Luke 11,38)
   ἐθαυμάσθη ▸ 1
   Verb · third · singular · aorist · passive · indicative ▸ 1 (Rev. 13,3)
   ἐθαυμάσθησαν ▸ 1
   Verb · third · plural · aorist · passive · indicative ▸ 1 (4Mac. 18,3)
   θαύμαζε ▸ 2
   Verb · second · singular · present · active · imperative ▸ 2 (Sir. 7,29; Sir. 11,21)
   θαυμάζει ▸ 1
   Verb · third · singular · present · active · indicative ▸ 1 (Deut. 10,17)
   θαυμάζειν ▸ 2
   Verb · present · active · infinitive ▸ 2 (Matt. 27,14; Mark 15,5)
   θαυμάζετε ▸ 1 + 4 = 5
   Verb · second · plural · present · active · indicative ▸ 2 (John 5,28; 1John 3,13)
   Verb · second · plural · present · active · imperative ▸ 1 + 2 = 3 (Is. 52,5; John 7,21; Acts 3,12)
   θαυμάζητε ▸ 1
   Verb · second · plural · present · active · subjunctive ▸ 1 (John 5,20)
   θαυμάζομεν ▸ 1
   Verb · first · plural · present · active · indicative ▸ 1 (Sir. 43,24)
   θαυμαζόμενον ▸ 1
   Verb · present · passive · participle · neuter · singular · accusative ▸ 1 (Esth. 13,10 # 4,17c)
   θαυμάζοντας ▸ 1
   Verb · present · active · participle · masculine · plural · accusative ▸ 1 (Is. 9,14)
   θαυμάζοντες ▸ 1 + 2 = 3
   Verb · present · active · participle · masculine · plural · nominative ▸ 1 + 2 = 3 (3Mac. 5,39; Luke 2,33; Jude 16)
   θαυμαζόντων ▸ 2
   Verb · present · active · participle · masculine · plural · genitive ▸ 2 (Luke 9,43; Luke 24,41)
   θαυμάζω ▸ 1
   Verb · first · singular · present · active · indicative ▸ 1 (Gal. 1,6)
   θαυμάζω ▸ 1
   Verb · first · singular · present · active · indicative ▸ 1 (4Mac. 8,5)
   θαυμάζων ▸ 1
   Verb · present · active · participle · masculine · singular · nominative ▸ 1 (Luke 24,12)
   θαυμάσαι ▸ 4 + 1 = 5
   Verb · aorist · active · infinitive ▸ 4 + 1 = 5 (2Chr. 19,7; 2Mac. 1,22; Prov. 18,5; Job 32,22; Matt. 15,31)
   θαυμάσαντες ▸ 1
   Verb · aorist · active · participle · masculine · plural · nominative ▸ 1 (Luke 20,26)
   θαυμασάντων ▸ 1
   Verb · aorist · active · participle · masculine · plural · genitive ▸ 1 (4Mac. 9,26)
   θαυμάσας ▸ 1
   Verb · aorist · active · participle · masculine · singular · nominative

▸ **1** (3Mac. 1,10)

θαυμάσατε ▸ 2 + **1** = 3
Verb · second · plural · aorist · active · imperative ▸ 2 + **1** = 3 (Job 21,5; Hab. 1,5; Acts 13,41)

θαυμάσει ▸ 2
Verb · third · singular · future · active · indicative ▸ **2** (Deut. 28,50; Sol. 2,18)

θαυμάσειας ▸ 1
Verb · second · singular · aorist · active · optative ▸ **1** (Sol. 5,13)

θαυμάσεις ▸ 1
Verb · second · singular · future · active · indicative ▸ **1** (Lev. 19,15)

θαυμάσετε ▸ 1
Verb · second · plural · future · active · indicative ▸ **1** (Job 13,10)

θαυμάσῃς ▸ 3 + **1** = 4
Verb · second · singular · aorist · active · subjunctive ▸ 3 + **1** = 4 (Eccl. 5,7; Sir. 26,11; Dan. 6,13a; John 3,7)

θαυμασθέντες ▸ 1
Verb · aorist · passive · participle · masculine · plural · nominative ▸ **1** (4Mac. 1,11)

θαυμασθῆναι ▸ 2 + **1** = 3
Verb · aorist · passive · infinitive ▸ 2 + **1** = **3** (Esth. 14,10 # 4,17p; Job 34,19; 2Th. 1,10)

θαυμασθήσεσθε ▸ 1
Verb · second · plural · future · passive · indicative ▸ **1** (Is. 61,6)

θαυμασθήσεται ▸ 1
Verb · third · singular · future · passive · indicative ▸ **1** (Sir. 38,3)

θαυμασθήσομαι ▸ 1
Verb · first · singular · future · passive · indicative ▸ **1** (Wis. 8,11)

θαυμασθήσονται ▸ 1
Verb · third · plural · future · passive · indicative ▸ **1** (Rev. 17,8)

θαυμασόμεθα ▸ 1
Verb · first · plural · future · middle · indicative ▸ **1** (Is. 41,23)

θαυμάσονται ▸ 3
Verb · third · plural · future · middle · indicative ▸ **3** (Lev. 26,32; Is. 52,15; Jer. 4,9)

θαυμάσουσιν ▸ 1
Verb · third · plural · future · active · indicative ▸ **1** (Is. 14,16)

τεθαύμακας ▸ 1
Verb · second · singular · perfect · active · indicative ▸ **1** (Job 41,1)

τεθαυμασμένος ▸ 1
Verb · perfect · passive · participle · masculine · singular · nominative ▸ **1** (2Kings 5,1)

θαυμάσιος (θαυμάζω)   wonderful; amazing ▸ 58 + 3 + **1** = 62

θαυμάσια ▸ 31 + **1** + 1 = 33
Adjective · neuter · plural · accusative · noDegree ▸ 26 + **1** = **27** (Deut. 34,12; 1Chr. 16,9; 1Chr. 16,12; Psa. 71,18; Psa. 76,15; Psa. 77,4; Psa. 77,12; Psa. 85,10; Psa. 87,11; Psa. 95,3; Psa. 104,2; Psa. 106,8; Psa. 106,15; Psa. 106,21; Psa. 106,24; Psa. 106,31; Psa. 135,4; Job 37,5; Sir. 18,6; Sir. 31,9; Sir. 36,5; Sir. 42,17; Joel 2,26; Hab. 1,5; Jer. 21,2; Dan. 4,37a; Matt. 21,15)
Adjective · neuter · plural · nominative · noDegree ▸ 5 + **1** = **6** (Judg. 6,13; Psa. 138,14; Sir. 43,25; Sir. 48,14; Dan. 4,37c; Judg. 6,13)

θαυμάσιά ▸ 12 + **1** = 13
Adjective · neuter · plural · accusative · noDegree ▸ 12 + **1** = **13** (Psa. 9,2; Psa. 25,7; Psa. 39,6; Psa. 70,17; Psa. 74,3; Psa. 87,13; Psa. 88,6; Psa. 105,7; Psa. 118,18; Psa. 144,5; Ode. 7,43; Dan. 3,43; Dan. 3,43)

θαυμασίοις ▸ 6
Adjective · neuter · plural · dative · noDegree ▸ **6** (Ex. 3,20; Psa. 77,32; Psa. 118,27; Psa. 130,1; Sir. 38,6; Sir. 48,4)

θαυμάσιον ▸ 3
Adjective · masculine · singular · accusative · noDegree ▸ **1** (4Mac. 15,4)
Adjective · neuter · singular · nominative · noDegree ▸ **2** (Judith 10,14; Sir. 39,20)

θαυμασίων ▸ 5 + **1** = 6
Adjective · neuter · plural · genitive · noDegree ▸ 5 + **1** = **6** (Neh. 9,17; Psa. 76,12; Psa. 77,11; Psa. 104,5; Psa. 110,4; Dan. 12,6)

θαυμασιώτατον ▸ 1
Adjective · masculine · singular · nominative · superlative ▸ **1** (4Mac. 7,13)

θαυμασμός (θαυμάζω)   amazement, marvelling ▸ 2

θαυμασμοῦ ▸ 1
Noun · masculine · singular · genitive · (common) ▸ **1** (2Mac. 7,18)

θαυμασμῷ ▸ 1
Noun · masculine · singular · dative · (common) ▸ **1** (4Mac. 6,13)

θαυμαστός (θαυμάζω)   marvelous, wonderful ▸ 41 + 3 + 6 = 50

θαυμαστά ▸ 1
Adjective · neuter · plural · nominative · noDegree ▸ **1** (Psa. 118,129)

θαυμαστά ▸ 3
Adjective · neuter · plural · accusative · noDegree ▸ **2** (Josh. 3,5; Mic. 7,15)
Adjective · neuter · plural · nominative · noDegree ▸ **1** (Ex. 34,10)

θαυμαστά ▸ 9 + **1** + 1 = 11
Adjective · neuter · plural · accusative · noDegree ▸ 8 + **1** = **9** (Judg. 13,19; Tob. 12,22; Psa. 97,1; Psa. 105,22; Job 42,3; Wis. 19,8; Amos 3,9; Is. 25,1; Dan. 8,24)
Adjective · neuter · plural · nominative · noDegree ▸ 1 + **1** = **2** (Sir. 11,4; Rev. 15,3)

θαυμαστάς ▸ 1
Adjective · feminine · plural · accusative · noDegree ▸ **1** (Deut. 28,59)

θαυμαστή ▸ 3 + 2 = 5
Adjective · feminine · singular · nominative · noDegree ▸ 3 + **2** = **5** (2Mac. 7,20; Psa. 117,23; Sir. 43,29; Matt. 21,42; Mark 12,11)

θαυμαστῇ ▸ 1
Adjective · feminine · singular · dative · noDegree ▸ **1** (Wis. 10,17)

θαυμαστήν ▸ 1
Adjective · feminine · singular · accusative · noDegree ▸ **1** (2Mac. 15,13)

θαυμαστῆς ▸ 1
Adjective · feminine · singular · genitive · noDegree ▸ **1** (Psa. 41,5)

θαυμαστοί ▸ 1
Adjective · masculine · plural · nominative · noDegree ▸ **1** (Psa. 92,4)

θαυμαστόν ▸ 3 + **1** + 2 = 6
Adjective · neuter · singular · accusative · (verbal) ▸ **1** (Rev. 15,1)
Adjective · neuter · singular · nominative · noDegree ▸ 3 + **1** + 1 = **5** (Judg. 13,18; 4Mac. 2,1; Sir. 43,2; Judg. 13,18; John 9,30)

θαυμαστόν ▸ 7 + **1** = 8
Adjective · masculine · singular · accusative · noDegree ▸ **1** (Is.

θαυμαστός–θεϊμ

3,3)
    Adjective · neuter · singular · accusative · noDegree ▸ 2 + 1 = 3 (Deut. 28,58; 4Mac. 14,11; 1Pet. 2,9)
    Adjective · neuter · singular · nominative · noDegree ▸ 4 (Psa. 8,2; Psa. 8,10; Prov. 6,30; Sir. 16,11)
  θαυμαστός ▸ 8 + 1 = 9
    Adjective · masculine · singular · nominative · noDegree ▸ 8 + 1 = 9 (Ex. 15,11; Esth. 15,13 # 5,2a; Judith 11,8; Judith 16,13; Psa. 64,5; Psa. 67,36; Psa. 92,4; Ode. 1,11; Dan. 9,4)
  θαυμαστοῦ ▸ 1
    Adjective · masculine · singular · genitive · noDegree ▸ 1 (1Esdr. 4,29)
  θαυμαστῶν ▸ 1
    Adjective · masculine · plural · genitive · noDegree ▸ 1 (Dan. 12,6)

θαυμαστόω (θαυμάζω) to magnify, make marvelous ▸ 8
  ἐθαυμαστώθη ▸ 3
    Verb · third · singular · aorist · passive · indicative ▸ 3 (2Sam. 1,26; 2Chr. 26,15; Psa. 138,6)
  ἐθαυμαστώθην ▸ 1
    Verb · first · singular · aorist · passive · indicative ▸ 1 (Psa. 138,14)
  ἐθαυμάστωσεν ▸ 3
    Verb · third · singular · aorist · active · indicative ▸ 3 (Psa. 4,4; Psa. 15,3; Psa. 30,22)
  θαυμάστωσον ▸ 1
    Verb · second · singular · aorist · active · imperative ▸ 1 (Psa. 16,7)

θαυμαστῶς (θαυμάζω) wonderfully ▸ 4
  θαυμαστῶς ▸ 4
    Adverb ▸ 4 (Psa. 44,5; Psa. 75,5; Sir. 43,8; Dan. 8,24)

Θαφεθ Tappuah ▸ 1
  Θαφεθ ▸ 1
    Noun · singular · nominative · (proper) ▸ 1 (Josh. 17,8)

Θαφθωθ Tappuah ▸ 1
  Θαφθωθ ▸ 1
    Noun · singular · genitive · (proper) ▸ 1 (Josh. 17,7)

Θαχχια Jokneam (?) ▸ 1
  Θαχχια ▸ 1
    Noun · feminine · singular · accusative · (proper) ▸ 1 (1Chr. 6,62)

θεά goddess ▸ 1
  θεᾶς ▸ 1
    Noun · feminine · singular · genitive ▸ 1 (Acts 19,27)

θέα (θεός) sight, watching, view ▸ 2
  θέαν ▸ 1
    Noun · feminine · singular · accusative · (common) ▸ 1 (Is. 2,16)
  θέας ▸ 1
    Noun · feminine · singular · genitive · (common) ▸ 1 (Is. 27,11)

θεάομαι to see ▸ 8 + 1 + 22 = 31
  ἐθεάθη ▸ 1
    Verb · third · singular · aorist · passive · indicative ▸ 1 (Mark 16,11)
  ἐθεασάμεθα ▸ 2
    Verb · first · plural · aorist · middle · indicative ▸ 2 (John 1,14; 1John 1,1)
  ἐθεασάμην ▸ 1
    Verb · first · singular · aorist · middle · indicative ▸ 1 (Tob. 2,2)
  ἐθεάσαντο ▸ 2
    Verb · third · plural · aorist · middle · indicative ▸ 2 (Luke 23,55; Acts 22,9)
  ἐθεάσασθε ▸ 1
    Verb · second · plural · aorist · middle · indicative ▸ 1 (Acts 1,11)
  ἐθεάσατο ▸ 1 + 1 = 2
    Verb · third · singular · aorist · middle · indicative ▸ 1 + 1 = 2 (2Mac. 2,4; Luke 5,27)
  θεαθῆναι ▸ 2
    Verb · aorist · passive · infinitive ▸ 2 (Matt. 6,1; Matt. 23,5)
  θεασάμενοι ▸ 1 + 2 = 3
    Verb · aorist · middle · participle · masculine · plural · nominative ▸ 1 + 2 = 3 (Tob. 13,16; John 11,45; Acts 21,27)
  θεασαμένοις ▸ 1
    Verb · aorist · middle · participle · masculine · plural · dative ▸ 1 (Mark 16,14)
  θεασάμενος ▸ 2
    Verb · aorist · middle · participle · masculine · singular · nominative ▸ 2 (John 1,38; John 6,5)
  θεάσασθαι ▸ 3 + 4 = 7
    Verb · aorist · middle · infinitive ▸ 3 + 4 = 7 (2Chr. 22,6; Judith 15,8; 3Mac. 5,47; Matt. 11,7; Matt. 22,11; Luke 7,24; Rom. 15,24)
  θεάσασθε ▸ 1 + 1 + 1 = 3
    Verb · second · plural · aorist · middle · imperative ▸ 1 + 1 + 1 = 3 (Tob. 13,7; Tob. 13,7; John 4,35)
  τεθέαμαι ▸ 1
    Verb · first · singular · perfect · middle · indicative ▸ 1 (John 1,32)
  τεθεάμεθα ▸ 1
    Verb · first · plural · perfect · passive · indicative ▸ 1 (1John 4,14)
  τεθεαμένος ▸ 1
    Verb · perfect · middle · participle · masculine · singular · nominative ▸ 1 (2Mac. 3,36)
  τεθέαται ▸ 1
    Verb · third · singular · perfect · middle · indicative ▸ 1 (1John 4,12)

θεατρίζω (θεάομαι) to make a show of; be open to public shame ▸ 1
  θεατριζόμενοι ▸ 1
    Verb · present · passive · participle · masculine · plural · nominative ▸ 1 (Heb. 10,33)

θέατρον (θεάομαι) theater, spectacle ▸ 3
  θέατρον ▸ 3
    Noun · neuter · singular · accusative ▸ 2 (Acts 19,29; Acts 19,31)
    Noun · neuter · singular · nominative ▸ 1 (1Cor. 4,9)

Θεβες Thebez ▸ 1
  Θεβες ▸ 1
    Noun · singular · accusative · (proper) ▸ 1 (Judg. 9,50)

Θεδμορ Tadmor ▸ 1
  Θεδμορ ▸ 1
    Noun · feminine · singular · accusative · (proper) ▸ 1 (2Chr. 8,4)

θεε theeh (Heb. niche (s)) ▸ 14
  θεε ▸ 14
    Noun ▸ 14 (1Kings 14,28; Ezek. 40,7; Ezek. 40,7; Ezek. 40,8; Ezek. 40,10; Ezek. 40,10; Ezek. 40,12; Ezek. 40,13; Ezek. 40,13; Ezek. 40,21; Ezek. 40,24; Ezek. 40,29; Ezek. 40,33; Ezek. 40,36)

θεεβουλαθω his guidance ▸ 1
  θεεβουλαθω ▸ 1
    Noun · singular · dative · (common) ▸ 1 (Job 37,12)

Θεησους Theesus (?) ▸ 1
  Θεησους ▸ 1
    Noun · singular · nominative · (proper) ▸ 1 (2Sam. 5,16a)

Θεθηρ Thether (?) ▸ 1
  Θεθηρ ▸ 1
    Noun · singular · nominative · (proper) ▸ 1 (Josh. 15,59a)

θεϊμ (Hebr.) rooms ▸ 3

θεϊμ ▸ 3
    Noun ▸ 3 (Ezek. 40,12; Ezek. 40,14; Ezek. 40,16)

θεῖον sulphur ▸ 8 + 7 = 15
    θεῖον ▸ 5 + 2 = 7
        Noun · masculine · singular · accusative · (common) ▸ 1 (Deut. 29,22)
        Noun · neuter · singular · accusative · (common) ▸ 4 + 1 = 5 (Gen. 19,24; Psa. 10,6; Is. 34,9; Ezek. 38,22; Luke 17,29)
        Noun · neuter · singular · nominative ▸ 1 (Rev. 9,17)
    θείου ▸ 1 + 2 = 3
        Noun · neuter · singular · genitive · (common) ▸ 1 + 2 = 3 (Is. 30,33; Rev. 9,18; Rev. 20,10)
    θείῳ ▸ 2 + 3 = 5
        Noun · neuter · singular · dative · (common) ▸ 2 + 3 = 5 (3Mac. 2,5; Job 18,15; Rev. 14,10; Rev. 19,20; Rev. 21,8)

θεῖος (θεός) (adj) divine; (n) uncle ▸ 34 + 3 = 37
    θεῖα ▸ 2
        Adjective · neuter · plural · accusative · noDegree ▸ 2 (3Mac. 7,11; 4Mac. 1,17)
    θεία ▸ 5
        Adjective · feminine · singular · nominative · noDegree ▸ 5 (4Mac. 4,21; 4Mac. 8,22; 4Mac. 13,19; 4Mac. 17,22; 4Mac. 18,22)
    θείᾳ ▸ 1
        Adjective · feminine · singular · dative · noDegree ▸ 1 (2Mac. 9,11)
    θείαν ▸ 3
        Adjective · feminine · singular · accusative · noDegree ▸ 3 (2Mac. 3,29; Prov. 2,17; Sir. 6,35)
    θείας ▸ 6 + 2 = 8
        Adjective · feminine · singular · genitive · noDegree ▸ 6 + 2 = 8 (4Mac. 4,13; 4Mac. 7,9; 4Mac. 9,9; 4Mac. 9,32; 4Mac. 17,16; 4Mac. 18,3; 2Pet. 1,3; 2Pet. 1,4)
    θεῖον ▸ 6 + 1 = 7
        Adjective · masculine · singular · accusative · noDegree ▸ 2 (4Mac. 5,18; 4Mac. 6,21)
        Adjective · neuter · singular · accusative · noDegree ▸ 2 + 1 = 3 (Ex. 31,3; Ex. 35,31; Acts 17,29)
        Adjective · neuter · singular · nominative · noDegree ▸ 2 (Job 27,3; Job 33,4)
    θεῖος ▸ 2
        Adjective · masculine · singular · nominative · noDegree ▸ 2 (4Mac. 5,18; 4Mac. 17,11)
    θείου ▸ 4
        Adjective · masculine · singular · genitive · noDegree ▸ 4 (4Mac. 7,7; 4Mac. 9,15; 4Mac. 11,27; 4Mac. 13,16)
    θείους ▸ 1
        Adjective · masculine · plural · accusative · noDegree ▸ 1 (2Mac. 4,17)
    θείῳ ▸ 2
        Adjective · masculine · singular · dative · noDegree ▸ 2 (4Mac. 5,16; 4Mac. 17,18)
    θείων ▸ 2
        Adjective · masculine · plural · genitive · noDegree ▸ 1 (4Mac. 10,21)
        Adjective · neuter · plural · genitive · noDegree ▸ 1 (4Mac. 1,16)

θειότης (θεός) deity, divinity ▸ 1 + 1 = 2
    θειότης ▸ 1
        Noun · feminine · singular · nominative ▸ 1 (Rom. 1,20)
    θειότητος ▸ 1
        Noun · feminine · singular · genitive · (common) ▸ 1 (Wis. 18,9)

θειώδης (θεῖον; εἶδος) sulphurous, yellowish ▸ 1
    θειώδεις ▸ 1
        Adjective · masculine · plural · accusative ▸ 1 (Rev. 9,17)

θεκελ tekel (Aram. established) ▸ 2 + 2 = 4
    θεκελ ▸ 2 + 2 = 4
        Noun ▸ 2 + 2 = 4 (Dan. 5,0; Dan. 5,0; Dan. 5,25; Dan. 5,27)

Θεκεμινα Tahpenes ▸ 3
    Θεκεμινα ▸ 1
        Noun · feminine · singular · nominative · (proper) ▸ 1 (1Kings 11,20)
    Θεκεμινας ▸ 2
        Noun · feminine · singular · genitive · (proper) ▸ 2 (1Kings 11,19; 1Kings 11,20)

Θεκεμινας Tahpenes ▸ 1
    Θεκεμινας ▸ 1
        Noun · feminine · singular · genitive · (proper) ▸ 1 (1Kings 12,24e)

Θεκουε Kue; Tikvah; Tekoa ▸ 6
    Θεκουε ▸ 6
        Noun · singular · dative · (proper) ▸ 1 (Jer. 6,1)
        Noun · singular · genitive · (proper) ▸ 3 (1Kings 10,28; 1Kings 10,28; Amos 1,1)
        Noun · masculine · singular · genitive · (proper) ▸ 2 (2Kings 22,14; Ezra 10,15)

Θεκουμ Eltekon ▸ 1
    Θεκουμ ▸ 1
        Noun · singular · nominative · (proper) ▸ 1 (Josh. 15,59)

Θεκω Tekoa (?) ▸ 1 + 1 = 2
    Θεκω ▸ 1 + 1 = 2
        Noun · singular · nominative · (proper) ▸ 1 + 1 = 2 (Josh. 15,59a; Josh. 15,59a)

Θεκωε Tekoa ▸ 6
    Θεκωε ▸ 6
        Noun · singular · accusative · (proper) ▸ 1 (2Sam. 14,2)
        Noun · singular · genitive · (proper) ▸ 2 (2Chr. 20,20; 1Mac. 9,33)
        Noun · feminine · singular · accusative · (proper) ▸ 1 (2Chr. 11,6)
        Noun · masculine · singular · genitive · (proper) ▸ 2 (1Chr. 2,24; 1Chr. 4,5)

Θεκωι Tekoaite ▸ 1
    Θεκωι ▸ 1
        Noun · masculine · singular · nominative · (proper) ▸ 1 (1Chr. 11,28)

Θεκωιν Tekoaites ▸ 2
    Θεκωιν ▸ 2
        Noun · masculine · plural · nominative · (proper) ▸ 2 (Neh. 3,5; Neh. 3,27)

Θεκωίτης Tekoaite ▸ 2
    Θεκωίτης ▸ 2
        Noun · masculine · singular · nominative · (proper) ▸ 2 (2Sam. 23,26; 1Chr. 27,9)

Θεκωῖτις Tokoaite (f) ▸ 2
    Θεκωῖτις ▸ 2
        Noun · feminine · singular · genitive · (proper) ▸ 1 (2Sam. 14,9)
        Noun · feminine · singular · nominative · (proper) ▸ 1 (2Sam. 14,4)

Θελαμιν Talmai ▸ 1
    Θελαμιν ▸ 1
        Noun · masculine · singular · nominative · (proper) ▸ 1 (Num. 13,22)

Θελαρησα Tel Harsha ▸ 1
    Θελαρησα ▸ 1
        Noun · singular · genitive · (proper) ▸ 1 (Ezra 2,59)

Θελερσας Tel Harsha ▸ 1

Θελερσας ‣ 1
  Noun · masculine · singular · genitive · (proper) ‣ **1** (1Esdr. 5,36)

θέλημα (θέλω) will, desire ‣ 44 + 5 + 62 = 111
  Θέλημα ‣ 1
    Noun · neuter · singular · nominative · (common) ‣ **1** (Is. 62,4)
  θέλημα ‣ 18 + 5 + 34 = 57
    Noun · neuter · singular · accusative · (common) ‣ 11 + 5 + 23 = **39** (1Kings 5,24; 1Esdr. 8,16; 1Esdr. 9,9; Esth. 1,8; 4Mac. 18,16; Psa. 102,21; Psa. 144,19; Sir. 8,15; Sir. 32,17; Dan. 11,16; Dan. 11,36; Dan. 4,35; Dan. 8,4; Dan. 11,3; Dan. 11,16; Dan. 11,36; Matt. 7,21; Matt. 12,50; Matt. 21,31; Mark 3,35; Luke 12,47; Luke 12,47; John 4,34; John 5,30; John 5,30; John 6,38; John 6,38; John 7,17; John 9,31; Acts 22,14; Rom. 2,18; Gal. 1,4; Eph. 6,6; 2Tim. 2,26; Heb. 10,36; Heb. 13,21; 1Pet. 4,19; 1John 2,17; 1John 5,14)
    Noun · neuter · singular · nominative · (common) ‣ 7 + 11 = **18** (2Sam. 23,5; 1Mac. 3,60; Psa. 1,2; Eccl. 5,3; Eccl. 12,1; Job 21,21; Mal. 1,10; Matt. 18,14; John 6,39; John 6,40; Acts 21,14; Rom. 12,2; 1Cor. 16,12; Eph. 5,17; 1Th. 4,3; 1Th. 5,18; 1Pet. 2,15; 1Pet. 3,17)
  θέλημά ‣ 7 + 6 = 13
    Noun · neuter · singular · accusative · (common) ‣ 6 + 3 = **9** (1Kings 5,22; 1Kings 5,23; Psa. 39,9; Psa. 142,10; Ode. 14,43; Is. 48,14; Heb. 10,7; Heb. 10,9; Rev. 4,11)
    Noun · neuter · singular · nominative · (common) ‣ 1 + 3 = **4** (Jer. 9,23; Matt. 6,10; Matt. 26,42; Luke 22,42)
  θελήμασιν ‣ 1
    Noun · neuter · plural · dative · (common) ‣ **1** (Jer. 23,17)
  θελήματα ‣ 7 + 1 = 8
    Noun · neuter · plural · accusative · (common) ‣ 7 + 1 = **8** (2Chr. 9,12; 2Mac. 1,3; Psa. 15,3; Psa. 102,7; Psa. 110,2; Is. 58,3; Jer. 23,26; Eph. 2,3)
  θελήματά ‣ 2 + 1 = 3
    Noun · neuter · plural · accusative · (common) ‣ 2 + 1 = **3** (Is. 44,28; Is. 58,13; Acts 13,22)
  θελήματι ‣ 3 + 6 = 9
    Noun · neuter · singular · dative · (common) ‣ 3 + 6 = **9** (1Kings 9,11; Psa. 29,6; Sir. 43,16; Luke 23,25; Rom. 1,10; Col. 4,12; Heb. 10,10; 1Pet. 4,2; 2Pet. 1,21)
  θελήματί ‣ 2
    Noun · neuter · singular · dative · (common) ‣ **2** (Psa. 29,8; Sol. 7,3)
  θελήματος ‣ 2 + 14 = 16
    Noun · neuter · singular · genitive · (common) ‣ 2 + 14 = **16** (Psa. 106,30; Eccl. 12,10; John 1,13; John 1,13; Rom. 15,32; 1Cor. 1,1; 1Cor. 7,37; 2Cor. 1,1; 2Cor. 8,5; Eph. 1,1; Eph. 1,5; Eph. 1,9; Eph. 1,11; Col. 1,1; Col. 1,9; 2Tim. 1,1)
  θελήματός ‣ 1
    Noun · neuter · singular · genitive · (common) ‣ **1** (Psa. 27,7)

θέλησις (θέλω) will, desire; prayer ‣ 9 + 1 + 1 = 11
  θελήσει ‣ 5 + 1 = 6
    Noun · feminine · singular · dative · (common) ‣ 5 + 1 = **6** (2Chr. 15,15; Tob. 12,18; 2Mac. 12,16; 3Mac. 2,26; Ezek. 18,23; Tob. 12,18)
  θελήσεως ‣ 1
    Noun · feminine · singular · genitive · (common) ‣ **1** (Dan. 11,45)
  θέλησιν ‣ 2 + 1 = 3
    Noun · feminine · singular · accusative · (common) ‣ 2 + 1 = **3** (Psa. 20,3; Wis. 16,25; Heb. 2,4)
  θέλησις ‣ 1
    Noun · feminine · singular · nominative · (common) ‣ **1** (Prov. 8,35)

θελητής (τίθημι) one who wills or wishes; medium ‣ 4
  θελητὰς ‣ 2
    Noun · masculine · plural · accusative · (common) ‣ **2** (2Kings 23,24; 1Mac. 4,42)
  θελητὴν ‣ 1
    Noun · masculine · singular · accusative · (common) ‣ **1** (2Kings 21,6)
  θελητής ‣ 1
    Noun · masculine · singular · nominative · (common) ‣ **1** (Mic. 7,18)

θελητός (τίθημι) desired ‣ 2
  θελητή ‣ 1
    Adjective · feminine · singular · nominative · noDegree ‣ **1** (Mal. 3,12)
  θελητὸν ‣ 1
    Adjective · neuter · singular · nominative · noDegree ‣ **1** (1Sam. 15,22)

Θελμελεθ Tel Melah ‣ 2
  Θελμελεθ ‣ 2
    Noun · singular · genitive · (proper) ‣ **1** (Ezra 2,59)
    Noun · masculine · singular · genitive · (proper) ‣ **1** (Neh. 7,61)

θέλω to want, will ‣ 152 + 11 + 208 = 371
  ἤθελε ‣ 1
    Verb · third · singular · imperfect · active · indicative ‣ **1** (Dan. 8,4)
  ἤθελεν ‣ 5 + 1 + 14 = 20
    Verb · third · singular · imperfect · active · indicative ‣ 5 + 1 + 14 = **20** (Gen. 37,35; Gen. 39,8; Esth. 11,12 # 1,1l; 1Mac. 4,27; Jer. 38,15; Judg. 13,23; Matt. 2,18; Matt. 18,30; Mark 3,13; Mark 6,19; Mark 6,48; Mark 7,24; Mark 9,30; Luke 15,28; Luke 18,4; Luke 18,13; John 7,1; Acts 10,10; Acts 14,13; Acts 19,33)
  ἤθελες ‣ 1
    Verb · second · singular · imperfect · active · indicative ‣ **1** (John 21,18)
  ἠθέληκα ‣ 1
    Verb · first · singular · perfect · active · indicative ‣ **1** (2Sam. 15,26)
  ἠθέλησα ‣ 4 + 3 = 7
    Verb · first · singular · aorist · active · indicative ‣ 4 + 3 = **7** (1Sam. 26,23; Psa. 72,25; Psa. 118,35; Is. 55,11; Matt. 23,37; Luke 13,34; Philem. 14)
  ἠθελήσαμεν ‣ 1
    Verb · first · plural · aorist · active · indicative ‣ **1** (1Th. 2,18)
  ἠθέλησαν ‣ 11 + 2 + 3 = 16
    Verb · third · plural · aorist · active · indicative ‣ 11 + 2 + 3 = **16** (Judg. 19,25; Judg. 20,5; Judg. 20,13; 2Mac. 13,25; Is. 5,24; Is. 28,12; Jer. 5,3; Jer. 5,3; Jer. 8,5; Jer. 27,33; Ezek. 20,8; Judg. 20,5; Tob. 8,1; Matt. 17,12; Luke 10,24; Acts 7,39)
  ἠθέλησας ‣ 3 + 2 = 5
    Verb · second · singular · aorist · active · indicative ‣ 3 + 2 = **5** (Psa. 39,7; Psa. 50,18; Wis. 11,25; Heb. 10,5; Heb. 10,8)
  ἠθελήσατε ‣ 1 + 3 = 4
    Verb · second · plural · aorist · active · indicative ‣ 1 + 3 = **4** (Deut. 1,26; Matt. 23,37; Luke 13,34; John 5,35)
  ἠθέλησεν ‣ 41 + 2 + 8 = 51
    Verb · third · singular · aorist · active · indicative ‣ 41 + 2 + 8 = **51** (Gen. 48,19; Ex. 8,28; Ex. 11,10; Num. 20,21; Deut. 2,30; Deut. 10,10; Deut. 23,6; Deut. 25,7; Josh. 24,10; Judg. 11,17; Judg. 11,20; Judg. 19,10; 2Sam. 2,21; 2Sam. 12,17; 2Sam. 13,9; 2Sam. 13,14; 2Sam. 13,16; 2Sam. 13,25; 2Sam. 14,29; 2Sam. 14,29; 2Sam. 23,16; 2Sam. 23,17; 1Kings 9,1; 1Kings 10,9;

1Kings 10,13; 1Kings 21,35; 2Kings 8,19; 2Kings 13,23; 2Kings 24,4; 1Chr. 11,18; 1Chr. 19,19; 1Chr. 28,4; 2Chr. 7,11; 2Chr. 36,5d; Esth. 1,8; Psa. 108,17; Psa. 113,11; Psa. 134,6; Job 23,13; Hos. 11,5; Is. 66,3; Tob. 3,10; Sus. 41; Matt. 18,23; Matt. 27,34; Mark 6,26; John 1,43; Acts 16,3; 1Cor. 12,18; 1Cor. 15,38; Col. 1,27)

ἠθέλησέν ▸ 2
  Verb · third · singular · aorist · active · indicative ▸ **2** (2Chr. 9,8; Psa. 17,20)

ἤθελον ▸ 8 + 1 + 8 = 17
  Verb · first · singular · imperfect · active · indicative ▸ 2 + 1 = 3 (2Mac. 15,38; Dan. 7,19; Gal. 4,20)
  Verb · third · plural · imperfect · active · indicative ▸ 6 + 1 + 7 = 14 (1Sam. 14,15; 2Mac. 4,16; Psa. 77,10; Prov. 1,30; Jer. 9,5; Jer. 11,10; Sus. 11; Matt. 22,3; Matt. 27,15; Mark 9,13; John 6,11; John 6,21; John 7,44; John 16,19)

θέλε ▸ 2
  Verb · second · singular · present · active · imperative ▸ **2** (Sir. 6,35; Sir. 7,13)

θέλει ▸ 9 + 1 + 19 = 29
  Verb · third · singular · present · active · indicative ▸ 9 + 1 + 19 = 29 (Num. 22,14; Deut. 25,7; 1Sam. 18,22; Esth. 6,6; Esth. 6,7; Esth. 6,11; Judith 8,15; Psa. 21,9; Wis. 9,13; Tob. 5,10; Matt. 16,24; Matt. 27,43; Mark 8,34; Mark 9,35; Luke 5,39; Luke 9,23; Luke 13,31; John 3,8; John 5,21; Acts 2,12; Acts 17,20; Rom. 9,18; Rom. 9,18; 1Cor. 7,36; 1Cor. 7,39; 2Th. 3,10; 1Tim. 2,4; Rev. 2,21; Rev. 11,5)

θέλειν ▸ 1 + 4 = 5
  Verb · present · active · infinitive ▸ 1 + 4 = **5** (Esth. 13,9 # 4,17b; Rom. 7,18; 2Cor. 8,10; 2Cor. 8,11; Phil. 2,13)

Θέλεις ▸ 1 + 1 = 2
  Verb · second · singular · present · active · indicative ▸ 1 + 1 = **2** (Ex. 2,7; James 2,20)

θέλεις ▸ 6 + 17 = 23
  Verb · second · singular · present · active · indicative ▸ 6 + 17 = 23 (Ex. 2,14; 1Esdr. 4,42; Esth. 5,3; 2Mac. 7,16; Wis. 14,5; Jer. 45,21; Matt. 13,28; Matt. 15,28; Matt. 17,4; Matt. 19,17; Matt. 19,21; Matt. 20,21; Matt. 26,17; Mark 10,51; Mark 14,12; Luke 9,54; Luke 18,41; Luke 22,9; John 5,6; John 21,18; Acts 7,28; Acts 25,9; Rom. 13,3)

θέλετε ▸ 1 + 16 = 17
  Verb · second · plural · present · active · indicative ▸ 1 + 16 = **17** (Mal. 3,1; Matt. 11,14; Matt. 20,32; Matt. 27,17; Matt. 27,21; Mark 15,9; Mark 15,12; Luke 6,31; John 5,40; John 6,67; John 8,44; John 9,27; John 9,27; 1Cor. 4,21; 1Cor. 10,27; 2Cor. 12,20; Gal. 4,9)

θέλετέ ▸ 2
  Verb · second · plural · present · active · indicative ▸ **2** (Matt. 26,15; Mark 10,36)

θέλῃ ▸ 3 + 1 + 8 = 12
  Verb · third · singular · present · active · subjunctive ▸ 3 + 1 + 8 = 12 (Gen. 24,8; Tob. 4,19; Dan. 4,17; Tob. 4,19; Matt. 16,25; Matt. 20,26; Matt. 20,27; Mark 8,35; Mark 10,43; Mark 10,44; Luke 9,24; John 7,17)

θέλῃς ▸ 8 + 4 = 12
  Verb · second · singular · present · active · subjunctive ▸ 8 + 4 = 12 (Ex. 10,4; Deut. 21,14; Deut. 23,23; Wis. 12,18; Sir. 6,32; Sir. 15,15; Sir. 15,16; Dan. 1,13; Matt. 8,2; Mark 1,40; Mark 6,22; Luke 5,12)

θελήσαντάς ▸ 1
  Verb · aorist · active · participle · masculine · plural · accusative ▸ **1** (Luke 19,27)

θελήσει ▸ 6
  Verb · third · singular · future · active · indicative ▸ **6** (Tob. 13,8; 1Mac. 4,10; Psa. 36,23; Psa. 111,1; Psa. 146,10; Is. 28,4)

θελήσεις ▸ 1
  Verb · second · singular · future · active · indicative ▸ **1** (Sir. 23,14)

θελήσῃ ▸ 7 + 1 + 3 = 11
  Verb · third · singular · aorist · active · subjunctive ▸ 7 + 1 + 3 = **11** (Deut. 29,19; 3Mac. 5,11; Eccl. 8,3; Song 2,7; Song 3,5; Song 8,4; Sir. 39,6; Tob. 6,15; 1Cor. 4,19; James 4,15; Rev. 11,5)

θελήσῃς ▸ 2 + 1 = 3
  Verb · second · singular · aorist · active · subjunctive ▸ 2 + 1 = **3** (1Kings 21,8; Tob. 4,5; Tob. 4,5)

θελήσουσιν ▸ 1
  Verb · third · plural · future · active · indicative ▸ **1** (Is. 9,4)

θελήσω ▸ 1 + 1 = 2
  Verb · first · singular · aorist · active · subjunctive ▸ 1 + 1 = **2** (Ezek. 18,23; 2Cor. 12,6)

θελήσωσιν ▸ 1 + 1 = 2
  Verb · third · plural · aorist · active · subjunctive ▸ 1 + 1 = **2** (Ezek. 3,7; Rev. 11,6)

θέλητε ▸ 2 + 4 = 6
  Verb · second · plural · present · active · subjunctive ▸ 2 + 4 = **6** (Is. 1,19; Is. 1,20; Matt. 7,12; Mark 14,7; John 15,7; Gal. 5,17)

θέλοι ▸ 3
  Verb · third · singular · present · active · optative ▸ **3** (Luke 1,62; Acts 17,18; 1Pet. 3,17)

θέλοιεν ▸ 1
  Verb · third · plural · present · active · optative ▸ **1** (4Mac. 5,3)

θέλομεν ▸ 7
  Verb · first · plural · present · active · indicative ▸ **7** (Matt. 12,38; Mark 10,35; Luke 19,14; John 12,21; 2Cor. 1,8; 2Cor. 5,4; 1Th. 4,13)

θέλοντα ▸ 1 + 1 = 2
  Verb · present · active · participle · masculine · singular · accusative ▸ **1** (Matt. 5,42)
  Verb · present · active · participle · neuter · plural · accusative ▸ **1** (Psa. 67,31)

θέλοντας ▸ 1 + 1 = 2
  Verb · present · active · participle · masculine · plural · accusative ▸ 1 + 1 = **2** (Tob. 3,17; 2Pet. 3,5)

θέλοντες ▸ 3 + 6 = 9
  Verb · present · active · participle · masculine · plural · nominative ▸ 3 + 5 = **8** (Psa. 34,27; Psa. 34,27; Wis. 13,6; Luke 16,26; Gal. 1,7; 1Tim. 1,7; 2Tim. 3,12; Heb. 13,18)
  Verb · present · active · participle · masculine · plural · vocative ▸ **1** (Gal. 4,21)

θέλοντές ▸ 1 + 1 = 2
  Verb · present · active · participle · masculine · plural · nominative ▸ 1 + 1 = **2** (Psa. 39,15; Luke 8,20)

θέλοντι ▸ 1
  Verb · present · active · participle · masculine · singular · dative ▸ **1** (Rom. 7,21)

θέλοντί ▸ 1
  Verb · present · active · participle · masculine · singular · dative ▸ **1** (Matt. 5,40)

θέλοντος ▸ 1 + 2 = 3
  Verb · present · active · participle · masculine · singular · genitive ▸ 1 + 2 = **3** (4Mac. 17,9; Acts 18,21; Rom. 9,16)

θελόντων ▸ 3 + 3 = 6
  Verb · present · active · participle · masculine · plural · genitive ▸ 3 + 3 = **6** (Neh. 1,11; 2Mac. 12,4; 3Mac. 1,15; Mark 12,38;

θέλω–θεμελιόω

Luke 20,46; 2Cor. 11,12)
- θελούσῃ ▸ 1
  - **Verb** · present · active · participle · feminine · singular · dative ▸ **1** (1Chr. 28,9)
- θέλουσιν ▸ **1** + **6** = **7**
  - **Verb** · present · active · participle · masculine · plural · dative ▸ **1** (2Mac. 2,24)
  - **Verb** · third · plural · present · active · indicative ▸ **6** (Matt. 23,4; 1Cor. 14,35; Gal. 4,17; Gal. 6,12; Gal. 6,13; 1Tim. 5,11)
- Θέλω ▸ **3**
  - **Verb** · first · singular · present · active · indicative ▸ **3** (1Cor. 7,32; 1Cor. 11,3; Col. 2,1)
- θέλω ▸ **6** + **35** = **41**
  - **Verb** · first · singular · present · active · indicative ▸ **6** + **31** = **37** (Esth. 6,6; Job 33,32; Hos. 6,6; Is. 56,4; Ezek. 18,32; Dan. 2,3; Matt. 8,3; Matt. 9,13; Matt. 12,7; Matt. 15,32; Matt. 20,14; Matt. 21,29; Matt. 26,39; Mark 1,41; Mark 6,25; Mark 14,36; Luke 5,13; Luke 12,49; John 17,24; Rom. 1,13; Rom. 7,15; Rom. 7,16; Rom. 7,19; Rom. 7,19; Rom. 7,20; Rom. 11,25; Rom. 16,19; 1Cor. 7,7; 1Cor. 10,1; 1Cor. 10,20; 1Cor. 12,1; 1Cor. 14,5; 1Cor. 14,19; 1Cor. 16,7; 2Cor. 12,20; Gal. 3,2; 3John 13)
  - **Verb** · first · singular · present · active · subjunctive ▸ **4** (Matt. 20,15; Luke 4,6; John 21,22; John 21,23)
- θέλων ▸ **4** + **13** = **17**
  - **Verb** · present · active · participle · masculine · singular · nominative ▸ **4** + **13** = **17** (2Mac. 14,42; Psa. 5,5; Psa. 33,13; Prov. 21,1; Matt. 1,19; Matt. 14,5; Luke 10,29; Luke 14,28; Luke 23,8; Luke 23,20; Acts 24,27; Acts 25,9; Rom. 9,22; Col. 2,18; Heb. 12,17; 1Pet. 3,10; Rev. 22,17)
- θέλωσιν ▸ 1
  - **Verb** · third · plural · present · active · subjunctive ▸ **1** (Acts 26,5)
- τεθέληκάς ▸ 1
  - **Verb** · second · singular · perfect · active · indicative ▸ **1** (Psa. 40,12)

Θεμα (τίθημι) Temah ▸ 1
- Θεμα ▸ 1
  - **Noun** · masculine · singular · genitive · (proper) ▸ **1** (Ezra 2,53)

Θέμα (τίθημι) treasure, chest, prize ▸ 8
- Θέμα ▸ 5
  - **Noun** · neuter · singular · accusative · (common) ▸ **5** (Lev. 24,6; Lev. 24,7; 1Sam. 6,11; 1Sam. 6,15; Tob. 4,9)
- Θέματα ▸ 2
  - **Noun** · neuter · plural · accusative · (common) ▸ **1** (Lev. 24,6)
  - **Noun** · neuter · plural · nominative · (common) ▸ **1** (Sir. 30,18)
- Θέματι ▸ 1
  - **Noun** · neuter · singular · dative · (common) ▸ **1** (1Sam. 6,8)

Θεμαδ Eden (?) ▸ 1
- Θεμαδ ▸ 1
  - **Noun** · singular · (proper) ▸ **1** (Is. 37,12)

Θεμέλιον (τίθημι) foundation ▸ **44** + **1** = **45**
- θεμέλια ▸ **32** + **1** = **33**
  - **Noun** · neuter · plural · accusative · (common) ▸ **20** + **1** = **21** (Ode. 2,22; Prov. 8,29; Sir. 3,9; Sir. 50,15; Hos. 8,14; Amos 1,4; Amos 1,7; Amos 1,10; Amos 1,12; Amos 1,14; Amos 2,2; Amos 2,5; Mic. 1,6; Is. 14,15; Is. 25,2; Is. 28,16; Is. 28,16; Is. 40,21; Jer. 6,5; Lam. 4,11; Acts 16,26)
  - **Noun** · neuter · plural · nominative · (common) ▸ **12** (2Sam. 22,8; 2Sam. 22,16; Psa. 17,8; Psa. 17,16; Psa. 81,5; Sir. 16,19; Mic. 6,2; Is. 24,18; Is. 44,23; Is. 58,12; Ezek. 13,14; Ezek. 30,4)
- θεμελίᾶ ▸ 1
  - **Noun** · neuter · plural · accusative · (common) ▸ **1** (Is. 54,11)
- θεμέλιον ▸ 2
  - **Noun** · masculine · singular · accusative · (common) ▸ **1** (Sir. 1,15)
  - **Noun** · neuter · singular · accusative · (common) ▸ **1** (Jer. 28,26)
- θεμελίου ▸ 3
  - **Noun** · neuter · singular · genitive · (common) ▸ **3** (1Kings 7,46; Nah. 1,10; Is. 13,5)
- θεμελίων ▸ 6
  - **Noun** · neuter · plural · genitive · (common) ▸ **6** (Judith 16,15; Job 9,6; Job 18,4; Wis. 4,19; Sir. 10,16; Is. 13,13)

Θεμέλιος (τίθημι) foundation ▸ **9** + **15** = **24**
- θεμέλια ▸ 1
  - **Adjective** · neuter · plural · accusative · noDegree ▸ **1** (Deut. 32,22)
- θεμέλιοι ▸ **2** + **1** = **3**
  - **Noun** · masculine · plural · nominative · (common) ▸ **2** + **1** = **3** (Psa. 86,1; Job 22,16; Rev. 21,19)
- θεμέλιον ▸ **2** + **8** = **10**
  - **Noun** · masculine · singular · accusative · (common) ▸ **2** + **8** = **10** (1Kings 6,1a; 2Kings 16,18; Luke 6,48; Luke 14,29; Rom. 15,20; 1Cor. 3,10; 1Cor. 3,11; 1Cor. 3,12; 1Tim. 6,19; Heb. 6,1)
- θεμέλιος ▸ **1** + **2** = **3**
  - **Noun** · masculine · singular · nominative · (common) ▸ **1** + **2** = **3** (Psa. 136,7; 2Tim. 2,19; Rev. 21,19)
- θεμελίου ▸ 1
  - **Noun** · masculine · singular · genitive ▸ **1** (Luke 6,49)
- θεμελίους ▸ **3** + **2** = **5**
  - **Noun** · masculine · plural · accusative · (common) ▸ **3** + **2** = **5** (1Esdr. 6,19; Ezra 4,12; Ezra 5,16; Heb. 11,10; Rev. 21,14)
- θεμελίῳ ▸ 1
  - **Noun** · masculine · singular · dative ▸ **1** (Eph. 2,20)

Θεμελιόω (τίθημι) to found ▸ **40** + **5** = **45**
- ἐθεμελιώθη ▸ 4
  - **Verb** · third · singular · aorist · passive · indicative ▸ **4** (2Chr. 8,16; Ezra 3,6; Sir. 50,2; Hag. 2,18)
- ἐθεμελίωσα ▸ 1
  - **Verb** · first · singular · aorist · active · indicative ▸ **1** (Is. 51,16)
- ἐθεμελίωσαν ▸ 3
  - **Verb** · third · plural · aorist · active · indicative ▸ **3** (1Esdr. 5,55; Ezra 3,10; Zech. 4,9)
- ἐθεμελίωσας ▸ **6** + **1** = **7**
  - **Verb** · second · singular · aorist · active · indicative ▸ **6** + **1** = **7** (Psa. 8,4; Psa. 88,12; Psa. 101,26; Psa. 103,8; Psa. 118,90; Psa. 118,152; Heb. 1,10)
- ἐθεμελίωσεν ▸ 13
  - **Verb** · third · singular · aorist · active · indicative ▸ **13** (Josh. 6,26; 1Kings 6,1c; 1Kings 16,34; Ezra 7,9; Judith 1,3; Psa. 23,2; Psa. 47,9; Psa. 77,69; Psa. 86,5; Psa. 103,5; Prov. 3,19; Is. 14,32; Is. 48,13)
- ἐθεμελίωσέν ▸ 1
  - **Verb** · third · singular · aorist · active · indicative ▸ **1** (Prov. 8,23)
- θεμελιοῦν ▸ 1
  - **Verb** · present · active · infinitive ▸ **1** (Job 38,4)
- θεμελιοῦσθαι ▸ 1
  - **Verb** · present · middle · infinitive ▸ **1** (2Chr. 31,7)
- θεμελιοῦτε ▸ 1
  - **Verb** · second · plural · present · active · indicative ▸ **1** (1Esdr. 6,10)
- θεμελιῶν ▸ 2
  - **Verb** · present · active · participle · masculine · singular · nominative ▸ **2** (Amos 9,6; Zech. 12,1)
- θεμελιώσαντα ▸ 1
  - **Verb** · aorist · active · participle · masculine · singular · accusative

▸ **1** (Is. 51,13)

θεμελιώσει ▸ **1** + **1** = **2**
  Verb · third · singular · future · active · indicative ▸ **1** + **1** = **2** (Josh. 6,26; 1Pet. 5,10)

θεμελιώσω ▸ **1**
  Verb · first · singular · future · active · indicative ▸ **1** (Is. 44,28)

τεθεμελιωμένην ▸ **1**
  Verb · perfect · passive · participle · feminine · singular · accusative ▸ **1** (1Kings 7,47)

τεθεμελιωμένοι ▸ **1** + **2** = **3**
  Verb · perfect · passive · participle · masculine · plural · nominative ▸ **1** + **2** = **3** (Song 5,15; Eph. 3,17; Col. 1,23)

τεθεμελιωμένον ▸ **1**
  Verb · perfect · passive · participle · neuter · singular · nominative ▸ **1** (Prov. 18,19)

τεθεμελίωται ▸ **1**
  Verb · third · singular · perfect · passive · indicative ▸ **1** (Zech. 8,9)

τεθεμελίωτο ▸ **1**
  Verb · third · singular · pluperfect · passive · indicative ▸ **1** (Matt. 7,25)

θεμελίωσις (τίθημι) foundation ▸ **2**
  θεμελιώσει ▸ **2**
  Noun · feminine · singular · dative · (common) ▸ **2** (Ezra 3,11; Ezra 3,12)

θέμις (τίθημι) custom; law, right ▸ **2**
  θέμις ▸ **2**
  Noun · feminine · singular · nominative · (common) ▸ **2** (2Mac. 6,20; 2Mac. 12,14)

θεμιτός (τίθημι) lawful ▸ **1**
  θεμιτόν ▸ **1**
  Adjective · neuter · singular · nominative · noDegree ▸ **1** (Tob. 2,13)

Θεμμων Kartan (?) ▸ **1**
  Θεμμων ▸ **1**
  Noun · feminine · singular · accusative · (proper) ▸ **1** (Josh. 21,32)

Θενναχ Taanach ▸ **1**
  Θενναχ ▸ **1**
  Noun · singular · dative · (proper) ▸ **1** (Judg. 5,19)

θεννουριμ (Hebr.) ovens ▸ **1**
  θεννουριμ ▸ **1**
  Noun ▸ **1** (Neh. 12,38)

θεοδίδακτος (θεός; διδάσκω) god-taught, taught by God ▸ **1**
  θεοδίδακτοί ▸ **1**
  Adjective · masculine · plural · nominative ▸ **1** (1Th. 4,9)

Θεόδοτος (θεός; δίδωμι) Theodotus ▸ **2**
  Θεόδοτον ▸ **1**
  Noun · masculine · singular · accusative · (proper) ▸ **1** (2Mac. 14,19)
  Θεόδοτος ▸ **1**
  Noun · masculine · singular · nominative · (proper) ▸ **1** (3Mac. 1,2)

θεόκτιστος (θεός; κτίζω) created, established by God ▸ **1**
  θεοκτίστου ▸ **1**
  Adjective · feminine · singular · genitive · noDegree ▸ **1** (2Mac. 6,23)

θεομαχέω (θεός; μάχη) to fight God ▸ **1**
  θεομαχεῖν ▸ **1**
  Verb · present · active · infinitive ▸ **1** (2Mac. 7,19)

θεομάχος (θεός; μάχη) opposing God; God-opposing ▸ **1**
  θεομάχοι ▸ **1**
  Adjective · masculine · plural · nominative ▸ **1** (Acts 5,39)

θεόπνευστος (θεός; πνέω) God-breathed ▸ **1**
  θεόπνευστος ▸ **1**
  Adjective · feminine · singular · nominative · (verbal) ▸ **1** (2Tim. 3,16)

Θεός (θεός) God ▸ **1**
  Θεοὺς ▸ **1**
  Noun · masculine · plural · accusative · (common) ▸ **1** (1Sam. 28,13)

θεός god, God ▸ **3776** + **232** + **1317** = **5325**
  Θεὲ ▸ **1**
  Noun · masculine · singular · vocative · (common) ▸ **1** (Wis. 9,1)
  Θεὲ ▸ **5** + **2** = **7**
  Noun · masculine · singular · vocative · (common) ▸ **5** + **2** = **7** (2Sam. 7,25; 3Mac. 6,2; Ode. 14,12; Sir. 23,4; Ezek. 4,14; Judg. 21,3; Tob. 3,11)
  Θεέ ▸ **1** + **2** + **2** = **5**
  Noun · masculine · singular · vocative · (common) ▸ **1** + **2** + **2** = **5** (4Mac. 6,27; Judg. 16,28; Tob. 8,15; Matt. 27,46; Matt. 27,46)
  Θεοί ▸ **1**
  Noun · masculine · plural · vocative · (common) ▸ **1** (Hos. 14,4)
  Θεοί ▸ **28** + **1** + **4** = **33**
  Noun · masculine · plural · nominative · (common) ▸ **28** + **1** + **4** = **33** (Gen. 3,5; Ex. 20,3; Deut. 5,7; Deut. 32,31; Deut. 32,37; Judg. 2,3; 1Sam. 4,7; 1Sam. 4,8; 2Kings 18,33; 2Kings 19,12; 1Chr. 16,26; 2Chr. 28,23; 2Chr. 32,13; 2Chr. 32,17; Neh. 9,18; Psa. 95,5; Ode. 2,31; Ode. 2,37; Is. 36,18; Is. 37,12; Is. 37,19; Is. 42,17; LetterJ 15; LetterJ 50; LetterJ 57; LetterJ 69; LetterJ 70; Dan. 4,37a; Judg. 2,3; Acts 14,11; Acts 19,26; 1Cor. 8,5; 1Cor. 8,5)
  Θεοί ▸ **2**
  Noun · masculine · plural · nominative · (common) ▸ **2** (Psa. 81,6; Jer. 10,11)
  Θεοί ▸ **24** + **1** + **1** = **26**
  Noun · masculine · plural · nominative · (common) ▸ **24** + **1** + **1** = **26** (Ex. 32,4; Ex. 32,8; 1Kings 12,28; 2Kings 19,18; Is. 41,23; Jer. 2,11; Jer. 2,28; Jer. 2,28; Jer. 11,13; Jer. 16,20; LetterJ 14; LetterJ 22; LetterJ 28; LetterJ 29; LetterJ 46; LetterJ 49; LetterJ 51; LetterJ 56; LetterJ 58; LetterJ 58; LetterJ 58; LetterJ 64; LetterJ 68; LetterJ 71; Dan. 2,11; John 10,34)
  Θεοῖς ▸ **77** + **11** + **1** = **89**
  Noun · masculine · plural · dative · (common) ▸ **77** + **11** + **1** = **89** (Ex. 12,12; Ex. 15,11; Ex. 22,19; Ex. 23,24; Ex. 23,32; Ex. 23,33; Ex. 34,15; Num. 33,4; Deut. 4,28; Deut. 7,4; Deut. 7,16; Deut. 11,16; Deut. 11,28; Deut. 12,2; Deut. 12,30; Deut. 12,31; Deut. 12,31; Deut. 13,3; Deut. 13,7; Deut. 13,14; Deut. 17,3; Deut. 20,18; Deut. 28,36; Deut. 28,64; Deut. 29,17; Deut. 29,25; Deut. 30,17; Deut. 32,17; Josh. 23,16; Josh. 24,2; Josh. 24,15; Josh. 24,15; Josh. 24,16; Josh. 24,20; Judg. 2,2; Judg. 3,6; Judg. 10,6; Judg. 10,6; Judg. 10,6; Judg. 10,6; Judg. 10,13; 1Sam. 8,8; 1Sam. 17,43; 1Sam. 26,19; 1Kings 9,6; 2Kings 5,17; 2Kings 17,31; 2Kings 17,33; 2Kings 18,35; 2Kings 22,17; 2Chr. 7,19; 2Chr. 28,25; 2Chr. 32,14; 2Chr. 34,25; Judith 5,7; Judith 8,18; Psa. 85,8; Ode. 1,11; Ode. 2,17; Jer. 1,16; Jer. 5,7; Jer. 5,19; Jer. 7,18; Jer. 16,13; Jer. 19,4; Jer. 19,13; Jer. 22,9; Jer. 31,35; Jer. 39,29; Jer. 51,3; Jer. 51,5; Jer. 51,8; Jer. 51,15; Bar. 1,22; LetterJ 29; Ezek. 20,28; Dan. 3,14; Judg. 2,2; Judg. 3,6; Judg. 10,6; Judg. 10,6; Judg. 10,6; Judg. 10,6; Judg. 10,13; Dan. 3,12; Dan. 3,14; Dan. 3,18; Gal. 4,8)

θεός

θεόν ▸ 127 + 6 + 65 = 198
  Noun • masculine • singular • accusative • (common) ▸ 127 + 6 + 65 = **198** (Gen. 17,18; Gen. 20,17; Gen. 28,21; Ex. 1,21; Ex. 3,11; Ex. 3,13; Ex. 4,16; Ex. 8,25; Ex. 8,26; Ex. 10,18; Ex. 19,8; Ex. 19,23; Ex. 19,24; Ex. 24,2; Ex. 32,30; Lev. 19,14; Lev. 19,32; Lev. 24,15; Lev. 25,17; Lev. 25,36; Lev. 25,43; Num. 16,11; Num. 22,10; Num. 23,15; Deut. 4,30; Deut. 6,5; Deut. 6,13; Deut. 6,16; Deut. 8,10; Deut. 9,4; Deut. 9,7; Deut. 10,12; Deut. 10,20; Deut. 11,1; Deut. 11,13; Deut. 14,23; Deut. 19,9; Deut. 25,18; Deut. 28,58; Deut. 30,2; Deut. 30,6; Deut. 30,10; Deut. 30,16; Deut. 30,20; Deut. 31,27; Josh. 2,12; Judg. 6,36; Judg. 6,39; Judg. 8,33; 1Sam. 7,8; 1Sam. 9,9; 1Sam. 10,19; 1Sam. 12,19; 1Sam. 14,36; 1Sam. 14,37; 2Sam. 7,24; 2Sam. 22,7; 1Chr. 17,22; 1Chr. 21,8; 1Chr. 21,17; 1Chr. 21,30; 2Chr. 1,8; 2Chr. 9,8; 2Chr. 16,7; Esth. 11,9 # 1,1h; Judith 3,8; Judith 8,14; Judith 11,17; Judith 13,14; Judith 13,14; Tob. 6,18; Tob. 10,14; Tob. 13,9; 2Mac. 7,18; 3Mac. 6,32; 4Mac. 15,3; 4Mac. 16,19; 4Mac. 16,21; 4Mac. 17,4; Psa. 9,34; Psa. 13,2; Psa. 17,7; Psa. 29,9; Psa. 41,6; Psa. 41,12; Psa. 42,5; Psa. 52,3; Psa. 54,20; Psa. 65,16; Psa. 67,27; Psa. 68,4; Psa. 68,33; Psa. 76,2; Psa. 147,1; Ode. 6,3; Prov. 24,21; Eccl. 8,12; Eccl. 12,7; Job 1,5; Job 1,9; Wis. 2,16; Wis. 15,16; Sol. 2,33; Hos. 12,7; Hos. 14,2; Amos 4,12; Jonah 1,6; Jonah 2,3; Mal. 3,8; Is. 31,3; Is. 37,4; Jer. 3,13; Jer. 7,23; Jer. 11,4; Jer. 24,7; Jer. 27,5; Jer. 38,33; Jer. 39,38; Jer. 49,2; Bar. 4,21; Bar. 4,27; Ezek. 11,20; Ezek. 14,11; Ezek. 34,24; Ezek. 36,28; Ezek. 37,23; Dan. 11,38; Judg. 6,36; Judg. 6,39; Judg. 8,33; Dan. 5,23; Dan. 9,4; Dan. 11,38; Matt. 4,7; Matt. 4,10; Matt. 22,37; Matt. 27,43; Mark 5,7; Mark 12,30; Luke 1,64; Luke 4,8; Luke 4,12; Luke 5,25; Luke 10,27; Luke 13,13; Luke 17,15; Luke 18,43; Luke 23,40; Luke 24,53; John 1,1; John 1,2; John 8,41; John 10,33; John 20,17; John 21,19; Acts 3,8; Acts 3,9; Acts 6,11; Acts 10,22; Acts 10,46; Acts 11,17; Acts 13,16; Acts 13,26; Acts 15,19; Acts 16,14; Acts 16,25; Acts 17,25; Acts 18,7; Acts 18,13; Acts 26,18; Acts 26,20; Acts 28,6; Rom. 3,11; Rom. 4,2; Rom. 8,7; Rom. 15,9; Rom. 15,17; Rom. 15,30; 1Cor. 1,21; 1Cor. 8,3; 2Cor. 3,4; 2Cor. 7,9; Gal. 1,10; Gal. 1,24; Gal. 4,9; Phil. 4,6; 1Th. 4,5; Heb. 5,1; Heb. 6,1; Heb. 6,18; Heb. 8,10; 1Pet. 1,21; 1Pet. 3,21; 1Pet. 5,2; 1John 4,7; 1John 4,8; 1John 4,10; 3John 11)

Θεὸν ▸ 1
  Noun • masculine • singular • accusative ▸ **1** (John 1,18)

θεὸν ▸ 290 + 31 + 82 = 403
  Noun • feminine • singular • accusative ▸ **1** (Acts 19,37)
  Noun • masculine • singular • accusative • (common) ▸ 290 + 31 + 81 = **402** (Gen. 13,10; Gen. 14,22; Gen. 21,23; Gen. 22,12; Gen. 24,3; Gen. 24,3; Gen. 24,48; Gen. 32,31; Gen. 33,20; Gen. 42,18; Ex. 1,17; Ex. 2,23; Ex. 7,1; Ex. 10,17; Ex. 18,19; Ex. 18,19; Ex. 19,18; Ex. 19,21; Num. 15,30; Num. 21,5; Num. 23,3; Deut. 4,29; Deut. 6,2; Deut. 6,24; Deut. 9,22; Deut. 9,26; Deut. 11,22; Deut. 13,4; Deut. 17,19; Deut. 26,7; Deut. 26,17; Deut. 26,17; Deut. 31,12; Deut. 31,13; Deut. 32,15; Deut. 32,18; Josh. 4,24; Josh. 9,18; Josh. 9,19; Josh. 10,14; Josh. 22,5; Josh. 22,33; Josh. 23,11; Josh. 24,23; Judg. 2,12; Judg. 10,10; Judg. 13,22; 1Sam. 3,7; 1Sam. 3,13; 1Sam. 5,7; 1Sam. 10,3; 2Sam. 12,16; 2Sam. 14,11; 1Kings 8,59; 1Kings 8,61; 1Kings 9,9; 1Kings 12,24g; 1Kings 15,30; 1Kings 16,13; 1Kings 16,26; 1Kings 18,18; 1Kings 20,10; 1Kings 20,13; 1Kings 22,19; 1Kings 22,54; 2Kings 1,2; 2Kings 1,3; 2Kings 1,3; 2Kings 1,6; 2Kings 1,6; 2Kings 1,16; 2Kings 17,39; 2Kings 18,22; 2Kings 19,4; 2Kings 19,16; 2Kings 21,22; 1Chr. 4,10; 1Chr. 5,20; 1Chr. 13,12; 1Chr. 15,26; 1Chr. 16,4; 1Chr. 28,9; 1Chr. 29,20; 1Chr. 29,20; 2Chr. 7,22; 2Chr. 11,16; 2Chr. 13,10; 2Chr. 13,12; 2Chr. 13,18; 2Chr. 14,3; 2Chr. 14,6; 2Chr. 14,10; 2Chr. 15,4; 2Chr. 15,12; 2Chr. 15,13; 2Chr. 17,4; 2Chr. 19,4; 2Chr. 20,33; 2Chr. 21,10; 2Chr. 24,18; 2Chr. 24,24; 2Chr. 28,6; 2Chr. 28,25; 2Chr. 29,36; 2Chr. 30,6; 2Chr. 30,19; 2Chr. 31,21; 2Chr. 32,16; 2Chr. 32,17; 2Chr. 32,19; 2Chr. 33,18; 2Chr. 34,3; 2Chr. 36,13; 1Esdr. 4,62; Ezra 5,12; Ezra 6,21; Ezra 9,5; Neh. 2,4; Neh. 4,3; Neh. 7,2; Neh. 8,6; Neh. 9,4; Neh. 9,5; Esth. 2,20; Esth. 15,2 # 5,1a; Esth. 10,9 # 10,3f; Judith 4,9; Judith 4,12; Judith 5,12; Judith 5,19; Judith 5,20; Judith 6,21; Judith 7,19; Judith 7,28; Judith 7,29; Judith 8,8; Judith 8,12; Judith 8,14; Judith 8,20; Judith 10,1; Judith 11,10; Judith 11,11; Judith 11,17; Tob. 4,19; Tob. 4,21; Tob. 8,15; Tob. 11,16; Tob. 12,6; Tob. 12,6; Tob. 12,17; Tob. 13,16; Tob. 14,2; Tob. 14,6; Tob. 14,7; 2Mac. 7,37; 2Mac. 10,16; 2Mac. 11,9; 2Mac. 12,6; 2Mac. 15,27; 3Mac. 3,4; 3Mac. 4,16; 3Mac. 5,7; 3Mac. 5,13; 3Mac. 5,35; 3Mac. 6,1; 3Mac. 6,29; 3Mac. 6,36; 3Mac. 7,6; 3Mac. 7,9; 3Mac. 7,10; 3Mac. 7,16; 4Mac. 4,9; 4Mac. 5,24; 4Mac. 6,26; 4Mac. 12,14; 4Mac. 12,17; 4Mac. 15,8; 4Mac. 15,24; 4Mac. 16,18; 4Mac. 16,22; 4Mac. 16,25; 4Mac. 17,10; 4Mac. 17,20; Psa. 30,3; Psa. 41,3; Psa. 42,4; Psa. 43,21; Psa. 51,9; Psa. 52,5; Psa. 53,5; Psa. 54,17; Psa. 56,3; Psa. 56,3; Psa. 65,8; Psa. 70,3; Psa. 75,10; Psa. 76,3; Psa. 77,7; Psa. 77,18; Psa. 77,34; Psa. 77,41; Psa. 77,56; Psa. 83,3; Psa. 98,5; Psa. 98,9; Psa. 105,14; Psa. 122,2; Psa. 145,5; Psa. 150,1; Ode. 2,15; Ode. 2,18; Prov. 1,7; Prov. 3,7; Prov. 19,3; Eccl. 5,6; Eccl. 7,18; Eccl. 12,13; Job 40,2; Wis. 7,14; Wis. 12,27; Wis. 13,6; Wis. 14,15; Wis. 15,8; Sir. 50,22; Sir. 51,1; Sol. 1,1; Sol. 4,1; Sol. 4,21; Sol. 4,21; Sol. 8,7; Sol. 17,3; Hos. 3,5; Hos. 5,4; Hos. 6,1; Hos. 7,10; Hos. 12,4; Hos. 13,4; Hos. 14,1; Hos. 14,3; Mic. 2,1; Joel 2,13; Jonah 1,5; Jonah 1,9; Jonah 2,2; Jonah 3,8; Zeph. 3,2; Zech. 8,8; Mal. 2,17; Is. 8,17; Is. 8,19; Is. 10,20; Is. 10,21; Is. 17,10; Is. 29,23; Is. 30,29; Is. 31,1; Is. 36,7; Is. 37,4; Is. 37,17; Is. 40,31; Is. 44,10; Is. 44,17; Is. 51,13; Is. 55,6; Is. 64,3; Is. 65,16; Is. 65,16; Jer. 5,24; Jer. 27,4; Jer. 27,29; Jer. 38,1; Jer. 38,6; Jer. 49,4; Bar. 1,13; Bar. 1,19; Bar. 2,35; Bar. 4,6; Bar. 4,8; Dan. 3,51; Dan. 3,90; Dan. 3,96; Dan. 4,37a; Dan. 5,4; Dan. 9,3; Dan. 9,4; Dan. 11,36; Dan. 11,36; Dan. 12,7; Bel 5; Bel 7; Judg. 2,12; Judg. 9,9; Judg. 9,13; Judg. 10,10; Judg. 13,22; Judg. 16,24; Tob. 4,21; Tob. 8,15; Tob. 11,15; Tob. 11,16; Tob. 12,6; Tob. 12,17; Tob. 12,22; Tob. 14,2; Tob. 14,6; Tob. 14,6; Tob. 14,7; Tob. 14,15; Tob. 14,15; Dan. 2,19; Dan. 3,24; Dan. 3,51; Dan. 3,90; Dan. 5,23; Dan. 9,3; Dan. 11,32; Dan. 11,36; Dan. 11,37; Dan. 11,38; Sus. 63; Bel 5; Matt. 5,8; Matt. 9,8; Matt. 15,31; Mark 2,12; Luke 1,16; Luke 2,13; Luke 2,20; Luke 2,28; Luke 5,26; Luke 7,16; Luke 7,29; Luke 12,21; Luke 18,2; Luke 18,4; Luke 19,37; Luke 20,37; Luke 20,37; Luke 20,37; Luke 23,47; John 5,18; John 11,22; John 13,3; John 14,1; John 17,3; John 20,17; Acts 2,47; Acts 4,21; Acts 4,24; Acts 10,2; Acts 11,18; Acts 12,5; Acts 14,15; Acts 15,10; Acts 20,21; Acts 21,20; Acts 24,15; Acts 24,16; Rom. 1,21; Rom. 1,21; Rom. 1,28; Rom. 2,23; Rom. 5,1; Rom. 8,27; Rom. 8,28; Rom. 10,1; Rom. 15,6; 1Cor. 6,20; 2Cor. 1,23; 2Cor. 7,10; 2Cor. 7,11; 2Cor. 9,13; 2Cor. 13,7; Gal. 4,8; Eph. 4,24; 1Th. 1,8; 1Th. 1,9; 1Th. 4,8; 2Th. 1,8; 2Th. 2,4; 1Tim. 5,5; Titus 1,16; Heb. 2,17; 1Pet. 1,21; 1Pet. 2,12; 1Pet. 2,17; 1Pet. 3,5; 1Pet. 4,6; 1Pet. 4,16; 1John 3,21; 1John 4,6; 1John 4,12; 1John 4,20; 1John 4,20; 1John 4,21; 1John 5,2; 2John 9; Rev. 12,5; Rev. 13,6; Rev. 14,7; Rev. 16,11; Rev. 16,21)

Θεός ▸ 3
  Noun • masculine • singular • nominative • (common) ▸ **3** (Psa. 139,7; Ezek. 28,2; Ezek. 28,9)

θεός ▸ 622 + 21 + 65 = 708
  Noun • masculine • singular • nominative • (common) ▸ 622 + 21 + 60 = **703** (Gen. 1,3; Gen. 1,6; Gen. 1,9; Gen. 1,11; Gen. 1,14; Gen. 1,20; Gen. 1,24; Gen. 1,26; Gen. 1,29; Gen. 2,18; Gen. 3,1; Gen. 3,1; Gen. 3,3; Gen. 3,22; Gen. 4,10; Gen. 4,15; Gen. 5,24;

Θ, θ

Gen. 5,29; Gen. 6,3; Gen. 6,7; Gen. 6,22; Gen. 7,5; Gen. 7,9; Gen. 17,1; Gen. 17,8; Gen. 17,23; Gen. 21,4; Gen. 22,3; Gen. 22,9; Gen. 25,21; Gen. 27,20; Gen. 28,3; Gen. 30,8; Gen. 30,23; Gen. 30,24; Gen. 31,16; Gen. 35,9; Gen. 35,10; Gen. 35,11; Gen. 35,11; Gen. 35,15; Gen. 38,7; Gen. 41,39; Gen. 43,14; Gen. 45,8; Gen. 48,3; Gen. 48,15; Gen. 50,25; Ex. 4,1; Ex. 4,11; Ex. 6,7; Ex. 13,5; Ex. 13,8; Ex. 13,11; Ex. 13,17; Ex. 15,2; Ex. 18,23; Ex. 19,7; Ex. 19,8; Ex. 20,2; Ex. 20,5; Ex. 20,12; Ex. 20,19; Ex. 20,21; Ex. 29,45; Lev. 8,35; Lev. 11,45; Lev. 22,33; Lev. 25,38; Lev. 26,12; Lev. 26,45; Num. 12,13; Num. 15,41; Num. 23,8; Num. 23,23; Num. 23,26; Num. 24,13; Num. 24,23; Deut. 1,31; Deut. 2,7; Deut. 2,14; Deut. 4,19; Deut. 4,23; Deut. 4,24; Deut. 4,31; Deut. 4,35; Deut. 4,35; Deut. 4,39; Deut. 4,40; Deut. 5,6; Deut. 5,9; Deut. 5,12; Deut. 5,15; Deut. 5,15; Deut. 5,16; Deut. 5,16; Deut. 5,32; Deut. 5,33; Deut. 6,10; Deut. 6,15; Deut. 6,15; Deut. 7,1; Deut. 7,2; Deut. 7,6; Deut. 7,9; Deut. 7,9; Deut. 7,12; Deut. 7,16; Deut. 7,18; Deut. 7,19; Deut. 7,20; Deut. 7,21; Deut. 7,22; Deut. 7,23; Deut. 8,2; Deut. 8,5; Deut. 8,7; Deut. 9,3; Deut. 9,6; Deut. 10,12; Deut. 10,21; Deut. 10,22; Deut. 11,12; Deut. 11,29; Deut. 12,7; Deut. 12,14; Deut. 12,18; Deut. 12,20; Deut. 12,21; Deut. 12,21; Deut. 12,26; Deut. 12,29; Deut. 13,6; Deut. 13,13; Deut. 14,2; Deut. 14,23; Deut. 14,24; Deut. 14,24; Deut. 14,25; Deut. 14,29; Deut. 15,4; Deut. 15,4; Deut. 15,6; Deut. 15,7; Deut. 15,10; Deut. 15,14; Deut. 15,15; Deut. 15,18; Deut. 15,20; Deut. 16,2; Deut. 16,5; Deut. 16,6; Deut. 16,7; Deut. 16,10; Deut. 16,11; Deut. 16,15; Deut. 16,15; Deut. 16,18; Deut. 16,20; Deut. 16,22; Deut. 17,2; Deut. 17,8; Deut. 17,10; Deut. 17,14; Deut. 17,15; Deut. 18,5; Deut. 18,9; Deut. 18,14; Deut. 18,15; Deut. 19,1; Deut. 19,1; Deut. 19,2; Deut. 19,3; Deut. 19,8; Deut. 19,10; Deut. 19,14; Deut. 20,1; Deut. 20,13; Deut. 20,14; Deut. 20,16; Deut. 20,17; Deut. 21,1; Deut. 21,5; Deut. 21,10; Deut. 21,23; Deut. 23,6; Deut. 23,6; Deut. 23,6; Deut. 23,15; Deut. 23,21; Deut. 23,22; Deut. 24,9; Deut. 24,18; Deut. 24,19; Deut. 25,15; Deut. 25,19; Deut. 25,19; Deut. 26,1; Deut. 26,2; Deut. 26,2; Deut. 26,11; Deut. 26,16; Deut. 27,2; Deut. 28,1; Deut. 28,7; Deut. 28,8; Deut. 28,9; Deut. 28,11; Deut. 28,13; Deut. 28,52; Deut. 28,53; Deut. 28,64; Deut. 29,11; Deut. 29,12; Deut. 30,4; Deut. 30,4; Deut. 30,5; Deut. 30,7; Deut. 30,9; Deut. 30,9; Deut. 30,16; Deut. 30,18; Deut. 31,3; Deut. 31,6; Deut. 31,17; Deut. 32,4; Josh. 1,9; Josh. 9,24; Josh. 22,22; Josh. 24,10; Josh. 24,17; Judg. 1,7; Judg. 6,31; Judg. 9,7; Judg. 11,24; Ruth 1,16; Ruth 1,16; 1Sam. 16,7; 1Sam. 22,3; 2Sam. 6,7; 2Sam. 7,28; 2Sam. 14,17; 2Sam. 15,31; 2Sam. 18,28; 2Sam. 22,3; 2Sam. 22,47; 2Sam. 24,3; 2Sam. 24,23; 1Kings 3,7; 1Kings 5,18; 1Kings 8,60; 1Kings 10,9; 1Kings 11,10; 1Kings 13,21; 1Kings 17,12; 1Kings 17,21; 1Kings 18,10; 1Kings 18,21; 1Kings 18,24; 1Kings 18,24; 1Kings 18,27; 1Kings 18,39; 1Kings 18,39; 2Kings 19,4; 2Kings 19,4; 2Kings 19,10; 1Chr. 11,2; 1Chr. 12,19; 1Chr. 14,14; 1Chr. 14,16; 1Chr. 17,16; 1Chr. 17,17; 1Chr. 17,17; 1Chr. 21,17; 1Chr. 26,5; 1Chr. 28,6; 1Chr. 28,20; 2Chr. 1,9; 2Chr. 6,19; 2Chr. 6,41; 2Chr. 6,41; 2Chr. 6,42; 2Chr. 9,8; 2Chr. 33,13; Ezra 6,12; Neh. 5,19; Neh. 6,14; Neh. 9,7; Neh. 13,14; Neh. 13,22; Neh. 13,29; Judith 9,11; Judith 11,6; Judith 11,23; Judith 11,23; Judith 13,18; Judith 15,10; Tob. 3,11; Tob. 8,15; Tob. 11,14; Tob. 11,16; Tob. 11,17; Tob. 13,4; Tob. 13,18; 2Mac. 1,17; 2Mac. 1,24; 2Mac. 7,28; 2Mac. 7,37; 4Mac. 10,18; 4Mac. 10,21; Psa. 3,8; Psa. 5,3; Psa. 5,11; Psa. 7,2; Psa. 7,4; Psa. 7,7; Psa. 7,10; Psa. 9,32; Psa. 9,33; Psa. 12,4; Psa. 13,1; Psa. 16,6; Psa. 17,3; Psa. 17,8; Psa. 17,29; Psa. 17,31; Psa. 17,47; Psa. 21,2; Psa. 21,3; Psa. 21,11; Psa. 24,1; Psa. 24,22; Psa. 27,1; Psa. 29,3; Psa. 29,13; Psa. 30,15; Psa. 34,23; Psa. 34,24; Psa. 35,8; Psa. 37,16; Psa. 37,22; Psa. 39,6; Psa. 39,9; Psa. 39,18; Psa. 41,2; Psa. 41,4; Psa. 41,6; Psa. 41,11; Psa. 41,12; Psa. 42,1; Psa. 42,2; Psa. 42,4; Psa. 42,5; Psa. 43,2; Psa. 43,5; Psa. 44,7; Psa. 44,8; Psa. 45,11; Psa. 46,8; Psa. 47,10; Psa. 47,11; Psa. 49,7; Psa. 49,16; Psa. 50,3; Psa. 50,12; Psa. 52,2; Psa. 53,3; Psa. 53,4; Psa. 54,2; Psa. 54,24; Psa. 55,8; Psa. 55,10; Psa. 55,13; Psa. 56,2; Psa. 56,6; Psa. 56,8; Psa. 56,12; Psa. 58,2; Psa. 58,11; Psa. 58,18; Psa. 58,18; Psa. 59,3; Psa. 59,12; Psa. 59,12; Psa. 60,2; Psa. 60,6; Psa. 61,3; Psa. 61,7; Psa. 61,12; Psa. 62,2; Psa. 63,2; Psa. 63,8; Psa. 64,2; Psa. 65,10; Psa. 65,19; Psa. 65,20; Psa. 66,4; Psa. 66,6; Psa. 66,8; Psa. 67,2; Psa. 67,8; Psa. 67,10; Psa. 67,11; Psa. 67,25; Psa. 67,29; Psa. 67,29; Psa. 67,36; Psa. 68,2; Psa. 68,6; Psa. 68,14; Psa. 68,30; Psa. 69,2; Psa. 69,5; Psa. 69,6; Psa. 70,1; Psa. 70,4; Psa. 70,12; Psa. 70,12; Psa. 70,17; Psa. 70,18; Psa. 70,19; Psa. 70,19; Psa. 70,22; Psa. 71,1; Psa. 72,1; Psa. 72,11; Psa. 73,1; Psa. 73,10; Psa. 73,22; Psa. 74,2; Psa. 75,2; Psa. 76,14; Psa. 76,17; Psa. 78,1; Psa. 79,4; Psa. 80,11; Psa. 81,8; Psa. 82,2; Psa. 82,2; Psa. 82,14; Psa. 83,4; Psa. 83,10; Psa. 83,12; Psa. 84,7; Psa. 84,9; Psa. 85,2; Psa. 85,12; Psa. 85,14; Psa. 85,15; Psa. 88,27; Psa. 90,2; Psa. 91,16; Psa. 93,22; Psa. 98,8; Psa. 99,3; Psa. 103,1; Psa. 107,2; Psa. 107,6; Psa. 107,12; Psa. 107,12; Psa. 108,1; Psa. 108,26; Psa. 117,28; Psa. 117,28; Psa. 138,17; Psa. 138,19; Psa. 138,23; Psa. 142,10; Psa. 143,1; Psa. 143,9; Psa. 144,1; Psa. 145,10; Ode. 1,2; Ode. 2,4; Ode. 4,19; Ode. 5,9; Ode. 6,7; Ode. 14,16; Ode. 14,43; Prov. 4,27a; Prov. 21,8; Prov. 22,8a; Eccl. 3,11; Eccl. 3,14; Eccl. 3,17; Eccl. 3,18; Eccl. 5,17; Wis. 12,13; Sol. 2,10; Sol. 2,15; Sol. 2,15; Sol. 2,21; Sol. 2,25; Sol. 3,5; Sol. 5,1; Sol. 5,4; Sol. 5,8; Sol. 5,11; Sol. 7,1; Sol. 7,2; Sol. 8,3; Sol. 8,25; Sol. 8,25; Sol. 8,27; Sol. 9,2; Sol. 9,3; Sol. 9,6; Sol. 9,8; Sol. 11,3; Sol. 11,5; Sol. 15,1; Sol. 15,2; Sol. 16,5; Sol. 16,6; Sol. 16,7; Sol. 17,1; Sol. 17,7; Sol. 17,8; Sol. 17,9; Sol. 17,21; Sol. 17,31; Sol. 17,42; Sol. 17,44; Hos. 2,25; Hos. 8,2; Hos. 8,6; Hos. 9,17; Hos. 12,1; Hos. 12,10; Hos. 13,4; Amos 3,11; Amos 4,3; Amos 4,5; Amos 8,9; Amos 8,14; Amos 8,14; Mic. 4,10; Mic. 7,7; Mic. 7,10; Jonah 2,7; Zeph. 3,17; Zech. 13,9; Zech. 14,5; Mal. 2,15; Is. 8,8; Is. 8,10; Is. 8,18; Is. 12,2; Is. 25,1; Is. 26,9; Is. 33,22; Is. 36,15; Is. 37,4; Is. 37,4; Is. 37,10; Is. 37,22; Is. 40,1; Is. 40,27; Is. 41,10; Is. 41,13; Is. 41,17; Is. 41,21; Is. 42,8; Is. 42,24; Is. 43,3; Is. 43,10; Is. 43,11; Is. 43,12; Is. 44,6; Is. 44,17; Is. 45,5; Is. 45,5; Is. 45,6; Is. 45,14; Is. 45,15; Is. 45,21; Is. 45,22; Is. 46,9; Is. 48,17; Is. 49,5; Is. 51,15; Is. 52,7; Is. 54,6; Is. 57,21; Is. 58,11; Is. 66,9; Jer. 2,17; Jer. 2,19; Jer. 2,19; Jer. 5,18; Jer. 23,30; Jer. 23,38; Jer. 26,18; Jer. 26,23; Jer. 38,18; Jer. 47,2; Jer. 49,3; Ezek. 28,9; Ezek. 37,27; Ezek. 43,19; Ezek. 44,6; Ezek. 44,9; Ezek. 44,12; Ezek. 44,15; Ezek. 44,27; Ezek. 45,9; Ezek. 45,9; Ezek. 45,15; Ezek. 45,18; Ezek. 46,1; Ezek. 46,16; Ezek. 47,13; Ezek. 47,23; Ezek. 48,29; Dan. 4,37c; Dan. 6,17; Dan. 6,21; Bel 6; Bel 34; Bel 35; Bel 37; Bel 41; Judg. 1,7; Judg. 6,31; Judg. 9,7; Judg. 11,24; Tob. 9,6; Tob. 11,14; Tob. 11,17; Tob. 14,4; Tob. 14,4; Tob. 14,5; Dan. 3,15; Dan. 3,17; Dan. 4,27; Dan. 6,17; Dan. 6,21; Dan. 6,23; Dan. 9,18; Dan. 9,19; Bel 6; Bel 37; Bel 38; Matt. 1,23; Mark 2,7; Mark 10,18; Luke 5,21; Luke 8,39; Luke 12,20; Luke 18,19; John 4,24; John 6,27; John 9,29; John 11,22; Acts 2,17; Acts 2,32; Acts 2,36; Acts 3,18; Acts 10,34; Acts 17,30; Acts 23,3; Rom. 1,9; Rom. 5,8; 1Cor. 1,9; 1Cor. 1,27; 1Cor. 1,27; 1Cor. 1,28; 1Cor. 3,7; 1Cor. 3,17; 1Cor. 7,15; 1Cor. 7,17; 1Cor. 10,5; 1Cor. 10,13; 1Cor. 11,3; 2Cor. 1,21; 2Cor. 5,5; 2Cor. 9,7; 2Cor. 12,21; Gal. 3,8; Gal. 3,18; Eph. 2,10; Phil. 4,19; 1Th. 2,10; 2Th. 2,4; 1Tim. 2,5; Heb. 1,9; Heb. 2,13; Heb. 3,4; Heb. 4,10; Heb. 6,3; Heb. 6,13; Heb. 9,20; Heb. 11,5; Heb. 11,10; Heb. 11,19; Heb. 12,7; Heb. 13,4; Heb. 13,16; James 2,19; 1Pet. 4,11; 1John 5,11; Rev. 1,8; Rev. 21,3)

Noun · masculine · singular · vocative ▸ **5** (Mark 15,34; Mark 15,34; Luke 18,11; Luke 18,13; John 20,28)

Θεός ▸ 6

Noun · masculine · singular · nominative · (common) ▸ **6** (Gen.

θεός

21,33; Num. 16,22; 1Kings 21,23; 1Kings 21,28; Psa. 49,1; Nah. 1,2)

θεός ▸ 1084 + 59 + 244 = 1387

Noun ▪ masculine ▪ singular ▪ nominative ▪ (common) ▸ 1084 + 59 + 238 = **1381** (Gen. 1,1; Gen. 1,4; Gen. 1,4; Gen. 1,5; Gen. 1,7; Gen. 1,7; Gen. 1,8; Gen. 1,8; Gen. 1,10; Gen. 1,10; Gen. 1,12; Gen. 1,16; Gen. 1,17; Gen. 1,18; Gen. 1,21; Gen. 1,21; Gen. 1,22; Gen. 1,25; Gen. 1,25; Gen. 1,27; Gen. 1,28; Gen. 1,31; Gen. 2,2; Gen. 2,3; Gen. 2,3; Gen. 2,4; Gen. 2,5; Gen. 2,7; Gen. 2,8; Gen. 2,9; Gen. 2,15; Gen. 2,16; Gen. 2,19; Gen. 2,21; Gen. 2,22; Gen. 3,5; Gen. 3,9; Gen. 3,13; Gen. 3,14; Gen. 3,21; Gen. 3,23; Gen. 4,4; Gen. 4,6; Gen. 4,9; Gen. 4,15; Gen. 4,25; Gen. 5,1; Gen. 6,5; Gen. 6,6; Gen. 6,12; Gen. 6,13; Gen. 7,1; Gen. 7,16; Gen. 7,16; Gen. 8,1; Gen. 8,1; Gen. 8,15; Gen. 8,21; Gen. 8,21; Gen. 9,1; Gen. 9,8; Gen. 9,12; Gen. 9,17; Gen. 9,26; Gen. 9,27; Gen. 11,9; Gen. 12,17; Gen. 13,14; Gen. 14,20; Gen. 15,7; Gen. 16,5; Gen. 16,13; Gen. 17,3; Gen. 17,7; Gen. 17,9; Gen. 17,15; Gen. 17,19; Gen. 17,22; Gen. 18,1; Gen. 19,29; Gen. 20,3; Gen. 20,6; Gen. 20,13; Gen. 20,17; Gen. 21,12; Gen. 21,17; Gen. 21,17; Gen. 21,19; Gen. 21,20; Gen. 21,22; Gen. 22,1; Gen. 22,8; Gen. 24,7; Gen. 24,7; Gen. 24,12; Gen. 24,27; Gen. 24,42; Gen. 25,11; Gen. 26,24; Gen. 27,28; Gen. 28,4; Gen. 28,13; Gen. 28,13; Gen. 28,20; Gen. 30,6; Gen. 30,17; Gen. 30,18; Gen. 30,20; Gen. 30,22; Gen. 30,22; Gen. 30,27; Gen. 31,5; Gen. 31,7; Gen. 31,9; Gen. 31,13; Gen. 31,16; Gen. 31,24; Gen. 31,29; Gen. 31,42; Gen. 31,42; Gen. 31,44; Gen. 31,49; Gen. 31,53; Gen. 31,53; Gen. 32,10; Gen. 32,10; Gen. 33,5; Gen. 33,11; Gen. 35,1; Gen. 35,7; Gen. 35,9; Gen. 35,13; Gen. 41,25; Gen. 41,28; Gen. 41,32; Gen. 41,51; Gen. 41,52; Gen. 42,28; Gen. 43,23; Gen. 43,23; Gen. 43,29; Gen. 44,16; Gen. 45,5; Gen. 45,7; Gen. 45,9; Gen. 46,2; Gen. 46,3; Gen. 48,9; Gen. 48,11; Gen. 48,15; Gen. 48,20; Gen. 48,21; Gen. 49,25; Gen. 50,20; Gen. 50,24; Gen. 50,24; Ex. 1,20; Ex. 2,24; Ex. 2,24; Ex. 2,25; Ex. 3,6; Ex. 3,6; Ex. 3,6; Ex. 3,6; Ex. 3,12; Ex. 3,13; Ex. 3,14; Ex. 3,15; Ex. 3,15; Ex. 3,15; Ex. 3,15; Ex. 3,15; Ex. 3,16; Ex. 3,16; Ex. 3,16; Ex. 3,16; Ex. 3,18; Ex. 4,5; Ex. 4,5; Ex. 4,5; Ex. 4,5; Ex. 4,30; Ex. 4,31; Ex. 5,1; Ex. 5,3; Ex. 5,21; Ex. 6,2; Ex. 6,3; Ex. 6,7; Ex. 6,26; Ex. 7,16; Ex. 9,1; Ex. 9,5; Ex. 9,13; Ex. 10,3; Ex. 13,9; Ex. 13,17; Ex. 13,18; Ex. 13,21; Ex. 15,2; Ex. 16,12; Ex. 18,4; Ex. 18,19; Ex. 19,3; Ex. 19,19; Ex. 19,21; Ex. 20,5; Ex. 20,20; Ex. 21,13; Ex. 24,10; Ex. 29,46; Ex. 29,46; Ex. 32,27; Ex. 34,6; Ex. 34,14; Ex. 34,14; Ex. 35,30; Ex. 36,2; Lev. 11,44; Lev. 11,44; Lev. 18,2; Lev. 18,4; Lev. 18,5; Lev. 18,30; Lev. 19,2; Lev. 19,3; Lev. 19,4; Lev. 19,10; Lev. 19,12; Lev. 19,14; Lev. 19,16; Lev. 19,23; Lev. 19,25; Lev. 19,28; Lev. 19,31; Lev. 19,32; Lev. 19,34; Lev. 19,36; Lev. 19,37; Lev. 20,7; Lev. 20,24; Lev. 20,26; Lev. 22,3; Lev. 22,9; Lev. 23,22; Lev. 23,43; Lev. 24,22; Lev. 25,17; Lev. 25,38; Lev. 25,55; Lev. 26,1; Lev. 26,13; Lev. 26,44; Num. 10,10; Num. 15,41; Num. 15,41; Num. 16,5; Num. 16,9; Num. 16,22; Num. 22,9; Num. 22,12; Num. 22,13; Num. 22,20; Num. 22,22; Num. 22,28; Num. 22,31; Num. 22,38; Num. 23,3; Num. 23,4; Num. 23,5; Num. 23,12; Num. 23,16; Num. 23,19; Num. 23,21; Num. 23,22; Num. 24,8; Num. 27,16; Deut. 1,6; Deut. 1,10; Deut. 1,11; Deut. 1,19; Deut. 1,20; Deut. 1,21; Deut. 1,21; Deut. 1,25; Deut. 1,30; Deut. 1,41; Deut. 2,7; Deut. 2,29; Deut. 2,30; Deut. 2,33; Deut. 2,36; Deut. 2,37; Deut. 3,3; Deut. 3,18; Deut. 3,20; Deut. 3,20; Deut. 3,21; Deut. 3,21; Deut. 3,22; Deut. 3,24; Deut. 4,1; Deut. 4,3; Deut. 4,3; Deut. 4,7; Deut. 4,7; Deut. 4,20; Deut. 4,21; Deut. 4,24; Deut. 4,31; Deut. 4,32; Deut. 4,34; Deut. 4,34; Deut. 4,39; Deut. 5,2; Deut. 5,9; Deut. 5,24; Deut. 5,24; Deut. 5,27; Deut. 5,27; Deut. 6,1; Deut. 6,3; Deut. 6,4; Deut. 6,15; Deut. 6,20; Deut. 7,9; Deut. 7,19; Deut. 7,21; Deut. 8,1; Deut. 10,17; Deut. 10,17; Deut. 10,17; Deut. 11,25; Deut. 11,31; Deut. 12,1; Deut. 12,5; Deut. 12,9; Deut. 12,10; Deut. 12,11; Deut. 13,4; Deut. 20,4; Deut. 24,4; Deut. 27,3; Deut. 27,3; Deut. 28,1; Deut. 29,3; Deut. 29,5; Deut. 29,19; Deut. 32,4; Deut. 32,12; Deut. 32,30; Deut. 32,31; Deut. 32,39; Deut. 33,12; Deut. 33,26; Josh. 1,11; Josh. 1,13; Josh. 1,15; Josh. 1,15; Josh. 1,17; Josh. 2,10; Josh. 2,11; Josh. 2,11; Josh. 3,10; Josh. 4,23; Josh. 4,23; Josh. 5,1; Josh. 7,13; Josh. 10,12; Josh. 10,13; Josh. 10,19; Josh. 10,40; Josh. 10,42; Josh. 13,14; Josh. 17,4; Josh. 17,14; Josh. 18,3; Josh. 22,4; Josh. 22,22; Josh. 22,22; Josh. 22,22; Josh. 22,34; Josh. 23,3; Josh. 23,3; Josh. 23,5; Josh. 23,5; Josh. 23,10; Josh. 23,13; Josh. 23,14; Josh. 23,15; Josh. 24,2; Josh. 24,17; Josh. 24,18; Josh. 24,19; Judg. 3,28; Judg. 4,6; Judg. 4,23; Judg. 6,8; Judg. 6,10; Judg. 6,40; Judg. 9,9; Judg. 9,23; Judg. 9,56; Judg. 9,57; Judg. 11,21; Judg. 11,23; Judg. 11,24; Judg. 13,9; Judg. 15,19; Judg. 16,23; Judg. 16,24; Judg. 18,10; Judg. 21,3; 1Sam. 1,17; 1Sam. 2,2; 1Sam. 2,3; 1Sam. 2,3; 1Sam. 2,30; 1Sam. 3,17; 1Sam. 10,7; 1Sam. 10,9; 1Sam. 10,18; 1Sam. 12,12; 1Sam. 14,41; 1Sam. 14,41; 1Sam. 14,44; 1Sam. 16,7; 1Sam. 17,46; 1Sam. 20,12; 1Sam. 20,13; 1Sam. 23,7; 1Sam. 23,10; 1Sam. 23,11; 1Sam. 25,22; 1Sam. 25,32; 1Sam. 25,34; 1Sam. 26,19; 1Sam. 28,15; 2Sam. 3,9; 2Sam. 3,35; 2Sam. 7,22; 2Sam. 7,23; 2Sam. 7,27; 2Sam. 12,7; 2Sam. 14,14; 2Sam. 19,14; 2Sam. 21,14; 2Sam. 23,3; 1Kings 1,36; 1Kings 1,47; 1Kings 1,48; 1Kings 2,23; 1Kings 5,19; 1Kings 5,21; 1Kings 8,15; 1Kings 8,23; 1Kings 8,23; 1Kings 8,25; 1Kings 8,26; 1Kings 8,27; 1Kings 8,28; 1Kings 8,57; 1Kings 8,60; 1Kings 11,31; 1Kings 17,1; 1Kings 17,1; 1Kings 18,36; 1Kings 18,36; 1Kings 18,37; 1Kings 19,2; 1Kings 21,10; 1Kings 21,23; 1Kings 21,23; 1Kings 21,28; 1Kings 21,28; 2Kings 2,14; 2Kings 5,7; 2Kings 5,15; 2Kings 6,31; 2Kings 9,6; 2Kings 18,34; 2Kings 18,34; 2Kings 19,15; 2Kings 19,15; 2Kings 19,19; 2Kings 19,19; 2Kings 19,20; 2Kings 19,20; 2Kings 20,5; 2Kings 21,12; 2Kings 22,15; 2Kings 22,18; 1Chr. 4,10; 1Chr. 5,25; 1Chr. 5,26; 1Chr. 11,19; 1Chr. 12,18; 1Chr. 13,14; 1Chr. 14,11; 1Chr. 14,15; 1Chr. 15,13; 1Chr. 16,14; 1Chr. 16,26; 1Chr. 16,35; 1Chr. 16,36; 1Chr. 17,2; 1Chr. 17,21; 1Chr. 17,24; 1Chr. 17,26; 1Chr. 21,15; 1Chr. 23,25; 1Chr. 24,19; 1Chr. 25,5; 1Chr. 28,3; 1Chr. 28,4; 1Chr. 29,10; 1Chr. 29,16; 1Chr. 29,18; 2Chr. 1,1; 2Chr. 1,7; 2Chr. 1,11; 2Chr. 2,4; 2Chr. 2,11; 2Chr. 6,4; 2Chr. 6,14; 2Chr. 6,14; 2Chr. 6,16; 2Chr. 6,17; 2Chr. 6,18; 2Chr. 7,12; 2Chr. 9,23; 2Chr. 13,5; 2Chr. 14,10; 2Chr. 14,10; 2Chr. 15,6; 2Chr. 15,9; 2Chr. 18,5; 2Chr. 18,13; 2Chr. 18,31; 2Chr. 20,6; 2Chr. 20,6; 2Chr. 20,12; 2Chr. 20,30; 2Chr. 21,12; 2Chr. 24,24; 2Chr. 28,5; 2Chr. 30,9; 2Chr. 32,8; 2Chr. 32,11; 2Chr. 32,14; 2Chr. 32,15; 2Chr. 32,15; 2Chr. 32,17; 2Chr. 33,7; 2Chr. 33,17; 2Chr. 34,23; 2Chr. 34,26; 2Chr. 35,21; 2Chr. 36,15; 2Chr. 36,23; 2Chr. 36,23; 1Esdr. 1,48; 1Esdr. 4,40; Ezra 1,2; Ezra 1,3; Ezra 1,3; Ezra 1,5; Ezra 7,6; Ezra 7,27; Ezra 9,8; Ezra 9,9; Ezra 9,10; Ezra 9,13; Ezra 9,15; Neh. 1,5; Neh. 2,12; Neh. 2,20; Neh. 3,36; Neh. 4,9; Neh. 4,14; Neh. 5,13; Neh. 6,12; Neh. 7,5; Neh. 9,17; Neh. 9,32; Neh. 12,43; Neh. 13,2; Neh. 13,18; Neh. 13,26; Neh. 13,31; Esth. 11,12 # 1,1l; Esth. 13,15 # 4,17f; Esth. 13,15 # 4,17f; Esth. 14,18 # 4,17y; Esth. 14,19 # 4,17z; Esth. 15,8 # 5,1e; Esth. 6,13; Esth. 16,21 # 8,12t; Esth. 10,9 # 10,3f; Esth. 10,12 # 10,3i; Judith 5,9; Judith 5,13; Judith 5,17; Judith 5,21; Judith 6,2; Judith 6,2; Judith 6,2; Judith 6,19; Judith 7,24; Judith 7,25; Judith 7,30; Judith 8,16; Judith 8,23; Judith 8,35; Judith 9,2; Judith 9,4; Judith 9,4; Judith 9,12; Judith 9,12; Judith 9,14; Judith 9,14; Judith 10,8; Judith 11,12; Judith 11,16; Judith 11,22; Judith 13,4; Judith 13,7; Judith 13,11; Judith 13,11; Judith 13,17; Judith 13,20; Judith 14,10; Judith 16,2; Tob. 5,17; Tob. 7,12; Tob. 8,5; Tob. 10,11; Tob. 12,14; Tob. 13,2; Tob. 14,5; 2Mac. 1,2; 2Mac. 1,27; 2Mac. 2,7; 2Mac. 2,17; 2Mac. 7,6; 2Mac. 9,5; 3Mac. 2,21; 3Mac. 6,11; 3Mac. 6,18; 4Mac. 2,21; Psa. 4,2; Psa. 5,5; Psa. 7,12; Psa. 9,25; Psa.

Θ, θ

13,5; Psa. 17,32; Psa. 17,32; Psa. 17,33; Psa. 17,47; Psa. 17,48; Psa. 21,2; Psa. 24,5; Psa. 26,9; Psa. 28,3; Psa. 30,6; Psa. 32,12; Psa. 40,14; Psa. 42,4; Psa. 43,22; Psa. 44,3; Psa. 44,8; Psa. 45,2; Psa. 45,6; Psa. 45,6; Psa. 45,8; Psa. 45,12; Psa. 46,6; Psa. 46,9; Psa. 46,9; Psa. 47,4; Psa. 47,9; Psa. 47,15; Psa. 47,15; Psa. 48,16; Psa. 49,2; Psa. 49,3; Psa. 49,6; Psa. 49,7; Psa. 50,16; Psa. 50,16; Psa. 50,19; Psa. 51,7; Psa. 52,3; Psa. 52,6; Psa. 52,6; Psa. 53,6; Psa. 54,20; Psa. 56,4; Psa. 57,7; Psa. 57,12; Psa. 58,6; Psa. 58,6; Psa. 58,10; Psa. 58,11; Psa. 58,14; Psa. 59,8; Psa. 61,8; Psa. 61,9; Psa. 62,2; Psa. 64,6; Psa. 66,2; Psa. 66,7; Psa. 66,7; Psa. 67,6; Psa. 67,7; Psa. 67,17; Psa. 67,19; Psa. 67,20; Psa. 67,21; Psa. 67,21; Psa. 67,22; Psa. 67,36; Psa. 67,36; Psa. 68,7; Psa. 68,36; Psa. 70,11; Psa. 71,18; Psa. 71,18; Psa. 72,26; Psa. 72,26; Psa. 73,12; Psa. 74,8; Psa. 75,7; Psa. 76,10; Psa. 76,14; Psa. 76,14; Psa. 76,15; Psa. 77,19; Psa. 77,35; Psa. 77,35; Psa. 77,59; Psa. 78,9; Psa. 78,10; Psa. 79,5; Psa. 79,8; Psa. 79,15; Psa. 79,20; Psa. 80,10; Psa. 81,1; Psa. 83,8; Psa. 83,9; Psa. 83,9; Psa. 84,5; Psa. 85,10; Psa. 87,2; Psa. 88,8; Psa. 88,9; Psa. 93,1; Psa. 93,1; Psa. 93,7; Psa. 93,23; Psa. 94,3; Psa. 94,7; Psa. 98,8; Psa. 98,9; Psa. 104,7; Psa. 105,47; Psa. 105,48; Psa. 107,8; Psa. 112,5; Psa. 113,10; Psa. 113,11; Psa. 114,5; Psa. 117,27; Psa. 143,15; Psa. 145,5; Ode. 1,2; Ode. 2,4; Ode. 2,12; Ode. 2,30; Ode. 2,31; Ode. 2,39; Ode. 3,2; Ode. 3,3; Ode. 3,3; Ode. 4,3; Ode. 5,12; Ode. 5,13; Ode. 7,26; Ode. 7,45; Ode. 8,52; Ode. 9,68; Ode. 12,1; Ode. 12,8; Ode. 12,13; Ode. 14,34; Prov. 3,19; Prov. 15,29; Prov. 30,3; Eccl. 1,13; Eccl. 3,10; Eccl. 3,14; Eccl. 3,15; Eccl. 5,1; Eccl. 5,5; Eccl. 5,18; Eccl. 5,19; Eccl. 6,2; Eccl. 6,2; Eccl. 7,13; Eccl. 7,14; Eccl. 7,29; Eccl. 8,15; Eccl. 9,7; Eccl. 11,9; Eccl. 12,14; Job 3,23; Job 28,23; Job 29,2; Job 29,4; Job 31,2; Job 35,10; Job 37,15; Job 39,17; Job 40,1; Wis. 1,6; Wis. 1,13; Wis. 2,23; Wis. 3,5; Wis. 7,15; Wis. 7,28; Wis. 8,21; Wis. 14,8; Wis. 15,1; Sir. 4,28; Sir. 36,1; Sir. 36,4; Sir. 36,17; Sir. 47,13; Sol. 2,18; Sol. 2,26; Sol. 2,29; Sol. 4,6; Sol. 4,7; Sol. 4,24; Sol. 4,24; Sol. 5,5; Sol. 5,16; Sol. 8,8; Sol. 8,14; Sol. 8,19; Sol. 8,23; Sol. 8,26; Sol. 8,30; Sol. 8,31; Sol. 9,8; Sol. 10,6; Sol. 10,7; Sol. 11,1; Sol. 11,7; Sol. 12,4; Sol. 15,12; Sol. 17,37; Sol. 17,45; Sol. 18,5; Sol. 18,10; Sol. 18,11; Sol. 18,12; Hos. 3,1; Hos. 11,7; Hos. 11,9; Hos. 12,6; Amos 3,7; Amos 3,8; Amos 3,13; Amos 4,11; Amos 4,13; Amos 5,8; Amos 5,14; Amos 5,15; Amos 5,16; Amos 5,27; Amos 9,5; Amos 9,6; Amos 9,12; Amos 9,15; Mic. 7,18; Joel 2,12; Joel 2,17; Joel 2,27; Joel 4,17; Obad. 1; Jonah 1,6; Jonah 3,9; Jonah 3,10; Jonah 3,10; Jonah 4,6; Jonah 4,7; Jonah 4,8; Jonah 4,9; Nah. 3,5; Hab. 1,12; Hab. 3,3; Hab. 3,19; Zeph. 2,7; Zeph. 2,9; Hag. 1,12; Zech. 8,23; Zech. 10,3; Zech. 10,6; Mal. 2,10; Mal. 2,16; Mal. 2,17; Mal. 3,6; Is. 3,17; Is. 4,2; Is. 5,16; Is. 6,12; Is. 7,17; Is. 9,10; Is. 9,16; Is. 10,23; Is. 10,26; Is. 13,19; Is. 14,3; Is. 14,5; Is. 14,27; Is. 17,6; Is. 21,10; Is. 21,17; Is. 23,17; Is. 24,15; Is. 24,21; Is. 25,8; Is. 25,9; Is. 25,10; Is. 26,4; Is. 26,12; Is. 26,13; Is. 27,1; Is. 27,4; Is. 30,18; Is. 30,18; Is. 30,30; Is. 33,5; Is. 35,4; Is. 36,18; Is. 36,19; Is. 36,19; Is. 36,20; Is. 37,16; Is. 37,16; Is. 37,20; Is. 37,20; Is. 37,21; Is. 38,5; Is. 38,7; Is. 39,6; Is. 40,9; Is. 40,28; Is. 40,28; Is. 41,4; Is. 41,14; Is. 41,17; Is. 42,5; Is. 42,6; Is. 42,13; Is. 42,21; Is. 43,1; Is. 43,10; Is. 43,14; Is. 43,15; Is. 44,2; Is. 44,6; Is. 44,6; Is. 44,8; Is. 44,23; Is. 44,23; Is. 45,1; Is. 45,3; Is. 45,3; Is. 45,7; Is. 45,11; Is. 45,14; Is. 45,15; Is. 45,18; Is. 45,7; Is. 49,13; Is. 51,22; Is. 52,12; Is. 54,5; Is. 58,9; Is. 60,16; Is. 60,19; Jer. 3,22; Jer. 5,19; Jer. 7,3; Jer. 8,14; Jer. 9,14; Jer. 11,3; Jer. 12,4; Jer. 14,10; Jer. 16,1; Jer. 16,9; Jer. 19,3; Jer. 23,23; Jer. 23,23; Jer. 23,37; Jer. 24,5; Jer. 27,40; Jer. 28,56; Jer. 32,15; Jer. 34,4; Jer. 36,4; Jer. 37,2; Jer. 39,18; Jer. 39,19; Jer. 39,27; Jer. 39,28; Jer. 39,36; Jer. 40,4; Jer. 41,13; Jer. 46,16; Jer. 51,2; Jer. 51,25; Bar. 2,11; Bar. 2,12; Bar. 2,15; Bar. 2,19; Bar. 2,27; Bar. 2,31; Bar. 3,1; Bar. 3,4; Bar. 3,6; Bar. 3,27; Bar. 3,36; Bar. 4,9; Bar. 4,23; Bar. 5,3; Bar. 5,6; Bar. 5,7; Bar. 5,9; Ezek. 4,13; Ezek. 20,5; Ezek. 20,7; Ezek. 20,19; Ezek. 20,20; Ezek. 28,2; Ezek. 28,26; Ezek. 28,26; Ezek. 34,30; Ezek. 34,31; Ezek. 35,15; Ezek. 39,22; Ezek. 39,28; Ezek. 43,18; Ezek. 44,2; Dan. 2,28; Dan. 2,44; Dan. 2,45; Dan. 2,47; Dan. 2,47; Dan. 3,15; Dan. 3,17; Dan. 3,26; Dan. 3,45; Dan. 3,52; Dan. 3,95; Dan. 3,96; Dan. 4,31; Dan. 4,37; Dan. 4,37a; Dan. 4,37c; Dan. 6,19; Dan. 6,23; Dan. 6,27; Dan. 6,28; Dan. 9,4; Dan. 9,14; Dan. 9,14; Dan. 9,15; Sus. 35a; Bel 38; Bel 39; Judg. 3,28; Judg. 4,6; Judg. 4,23; Judg. 6,8; Judg. 6,10; Judg. 6,40; Judg. 7,14; Judg. 9,23; Judg. 9,56; Judg. 9,57; Judg. 11,21; Judg. 11,23; Judg. 11,24; Judg. 13,9; Judg. 15,19; Judg. 16,23; Judg. 16,24; Judg. 18,10; Tob. 5,17; Tob. 7,13; Tob. 8,5; Tob. 11,16; Tob. 12,14; Tob. 13,2; Tob. 13,4; Tob. 13,4; Tob. 13,18; Tob. 14,5; Tob. 14,10; Dan. 1,9; Dan. 1,17; Dan. 2,23; Dan. 2,28; Dan. 2,37; Dan. 2,44; Dan. 2,45; Dan. 2,47; Dan. 2,47; Dan. 3,26; Dan. 3,45; Dan. 3,52; Dan. 3,95; Dan. 3,96; Dan. 4,2; Dan. 5,18; Dan. 5,21; Dan. 5,26; Dan. 6,19; Dan. 6,27; Dan. 9,4; Dan. 9,14; Dan. 9,15; Dan. 9,17; Sus. 42; Sus. 45; Sus. 50; Bel 24; Bel 25; Bel 41; Matt. 3,9; Matt. 6,30; Matt. 15,4; Matt. 19,6; Matt. 22,32; Matt. 22,32; Matt. 22,32; Matt. 22,32; Mark 10,9; Mark 12,26; Mark 12,26; Mark 12,26; Mark 12,26; Mark 12,27; Mark 12,29; Mark 13,19; Luke 1,32; Luke 1,68; Luke 3,8; Luke 7,16; Luke 12,24; Luke 12,28; Luke 16,15; Luke 18,7; Luke 20,38; John 1,1; John 1,18; John 3,2; John 3,16; John 3,17; John 3,33; John 3,34; John 8,42; John 8,54; John 9,31; John 13,31; John 13,32; John 13,32; Acts 2,22; Acts 2,24; Acts 2,30; Acts 2,39; Acts 3,13; Acts 3,13; Acts 3,13; Acts 3,13; Acts 3,15; Acts 3,21; Acts 3,22; Acts 3,25; Acts 3,26; Acts 4,10; Acts 5,30; Acts 5,31; Acts 5,32; Acts 7,2; Acts 7,6; Acts 7,7; Acts 7,9; Acts 7,17; Acts 7,25; Acts 7,32; Acts 7,32; Acts 7,35; Acts 7,37; Acts 7,42; Acts 7,45; Acts 10,15; Acts 10,28; Acts 10,38; Acts 10,38; Acts 10,40; Acts 11,9; Acts 11,17; Acts 11,18; Acts 13,17; Acts 13,21; Acts 13,23; Acts 13,30; Acts 13,33; Acts 13,37; Acts 14,27; Acts 15,4; Acts 15,7; Acts 15,8; Acts 15,12; Acts 15,14; Acts 16,10; Acts 17,24; Acts 19,11; Acts 21,19; Acts 22,14; Acts 26,8; Acts 27,24; Rom. 1,19; Rom. 1,24; Rom. 1,26; Rom. 1,28; Rom. 2,16; Rom. 3,4; Rom. 3,5; Rom. 3,6; Rom. 3,25; Rom. 3,29; Rom. 3,30; Rom. 4,6; Rom. 8,3; Rom. 8,31; Rom. 8,33; Rom. 9,5; Rom. 9,22; Rom. 10,9; Rom. 11,1; Rom. 11,2; Rom. 11,8; Rom. 11,21; Rom. 11,23; Rom. 11,32; Rom. 12,3; Rom. 14,3; Rom. 15,5; Rom. 15,13; Rom. 15,33; Rom. 16,20; 1Cor. 1,20; 1Cor. 1,21; 1Cor. 2,7; 1Cor. 2,9; 1Cor. 2,10; 1Cor. 3,6; 1Cor. 4,9; 1Cor. 5,13; 1Cor. 6,13; 1Cor. 6,14; 1Cor. 8,4; 1Cor. 8,6; 1Cor. 12,6; 1Cor. 12,18; 1Cor. 12,24; 1Cor. 12,28; 1Cor. 14,25; 1Cor. 14,33; 1Cor. 15,28; 1Cor. 15,38; 2Cor. 1,3; 2Cor. 1,3; 2Cor. 1,18; 2Cor. 4,4; 2Cor. 4,6; 2Cor. 5,19; 2Cor. 6,16; 2Cor. 6,16; 2Cor. 7,6; 2Cor. 9,8; 2Cor. 10,13; 2Cor. 11,11; 2Cor. 11,31; 2Cor. 12,2; 2Cor. 12,3; 2Cor. 13,11; Gal. 1,15; Gal. 2,6; Gal. 3,20; Gal. 4,4; Gal. 4,6; Gal. 6,7; Eph. 1,3; Eph. 1,17; Eph. 2,4; Eph. 4,6; Eph. 4,32; Phil. 1,8; Phil. 2,9; Phil. 2,13; Phil. 2,27; Phil. 3,15; Phil. 3,19; Phil. 4,9; Col. 1,27; Col. 4,3; 1Th. 2,5; 1Th. 3,11; 1Th. 4,7; 1Th. 4,14; 1Th. 5,9; 1Th. 5,23; 2Th. 1,11; 2Th. 2,11; 2Th. 2,13; 2Th. 2,16; 1Tim. 4,3; 2Tim. 1,7; 2Tim. 2,25; Titus 1,2; Heb. 1,1; Heb. 1,9; Heb. 4,4; Heb. 6,10; Heb. 6,17; Heb. 11,16; Heb. 11,16; Heb. 12,29; Heb. 13,20; James 1,13; James 2,5; James 4,6; 1Pet. 1,3; 1Pet. 4,11; 1Pet. 5,5; 1Pet. 5,10; 2Pet. 2,4; 1John 1,5; 1John 3,20; 1John 4,8; 1John 4,9; 1John 4,11; 1John 4,12; 1John 4,15; 1John 4,16; 1John 4,16; 1John 4,16; 1John 5,10; 1John 5,20; Rev. 1,1; Rev. 4,8; Rev. 7,17; Rev. 17,17; Rev. 18,5; Rev. 18,8; Rev. 18,20; Rev. 19,6; Rev. 21,3; Rev. 21,7; Rev. 21,22; Rev. 22,5; Rev. 22,6; Rev. 22,18; Rev. 22,19)

Noun · masculine · singular · vocative ▸ **6** (Heb. 1,8; Heb. 10,7; Rev. 4,11; Rev. 11,17; Rev. 15,3; Rev. 16,7)

Θεοῦ ▸ 1

θεός

Noun · masculine · singular · genitive · (common) ▸ 1 (1Sam. 21,3)

θεοῦ ▸ **1044** + 69 + 691 = 1804

Noun · masculine · singular · genitive · (common) ▸ 1044 + 69 + 691 = **1804** (Gen. 1,2; Gen. 1,27; Gen. 3,8; Gen. 3,8; Gen. 4,1; Gen. 4,16; Gen. 4,26; Gen. 5,1; Gen. 6,2; Gen. 6,4; Gen. 6,8; Gen. 6,11; Gen. 9,6; Gen. 10,9; Gen. 13,10; Gen. 13,13; Gen. 14,18; Gen. 21,17; Gen. 23,6; Gen. 28,12; Gen. 28,17; Gen. 28,19; Gen. 28,22; Gen. 30,2; Gen. 31,11; Gen. 31,13; Gen. 32,2; Gen. 32,2; Gen. 32,3; Gen. 32,29; Gen. 32,31; Gen. 32,32; Gen. 33,10; Gen. 35,5; Gen. 38,10; Gen. 39,9; Gen. 40,8; Gen. 41,16; Gen. 41,32; Gen. 41,38; Gen. 49,25; Gen. 50,17; Gen. 50,19; Ex. 3,6; Ex. 4,20; Ex. 4,27; Ex. 8,15; Ex. 9,28; Ex. 10,9; Ex. 10,16; Ex. 14,13; Ex. 14,19; Ex. 15,26; Ex. 16,8; Ex. 16,9; Ex. 16,33; Ex. 17,9; Ex. 18,5; Ex. 18,12; Ex. 18,15; Ex. 18,16; Ex. 18,20; Ex. 19,3; Ex. 19,17; Ex. 20,7; Ex. 21,6; Ex. 22,7; Ex. 22,8; Ex. 22,8; Ex. 22,10; Ex. 23,17; Ex. 23,19; Ex. 24,3; Ex. 24,11; Ex. 24,13; Ex. 24,16; Ex. 28,29; Ex. 31,18; Ex. 32,11; Ex. 32,16; Ex. 32,16; Ex. 34,23; Ex. 34,24; Ex. 34,26; Lev. 4,22; Lev. 19,12; Lev. 21,6; Lev. 21,6; Lev. 21,8; Lev. 21,12; Lev. 21,12; Lev. 21,17; Lev. 21,21; Lev. 21,22; Lev. 21,23; Lev. 22,25; Lev. 23,28; Lev. 23,40; Num. 6,7; Num. 9,19; Num. 10,10; Num. 22,18; Num. 22,22; Num. 22,23; Num. 22,24; Num. 22,25; Num. 22,26; Num. 22,27; Num. 22,32; Num. 22,35; Num. 23,7; Num. 24,2; Num. 24,4; Num. 24,4; Num. 24,16; Num. 24,16; Num. 31,41; Deut. 1,17; Deut. 1,26; Deut. 1,41; Deut. 2,15; Deut. 4,2; Deut. 4,10; Deut. 4,23; Deut. 4,25; Deut. 4,33; Deut. 5,11; Deut. 5,25; Deut. 5,26; Deut. 6,12; Deut. 6,17; Deut. 6,18; Deut. 6,25; Deut. 8,3; Deut. 8,6; Deut. 8,11; Deut. 8,14; Deut. 8,18; Deut. 8,19; Deut. 8,20; Deut. 9,10; Deut. 9,16; Deut. 9,18; Deut. 9,23; Deut. 10,13; Deut. 10,14; Deut. 11,2; Deut. 11,12; Deut. 11,27; Deut. 11,28; Deut. 12,7; Deut. 12,12; Deut. 12,15; Deut. 12,18; Deut. 12,18; Deut. 12,25; Deut. 12,27; Deut. 12,27; Deut. 12,28; Deut. 13,5; Deut. 13,6; Deut. 13,11; Deut. 13,17; Deut. 13,19; Deut. 13,19; Deut. 14,1; Deut. 14,23; Deut. 14,26; Deut. 15,5; Deut. 16,11; Deut. 16,16; Deut. 16,16; Deut. 16,17; Deut. 16,21; Deut. 17,2; Deut. 17,12; Deut. 18,5; Deut. 18,7; Deut. 18,13; Deut. 18,16; Deut. 18,16; Deut. 20,18; Deut. 21,9; Deut. 21,23; Deut. 23,19; Deut. 24,4; Deut. 24,13; Deut. 26,4; Deut. 26,5; Deut. 26,10; Deut. 26,10; Deut. 26,13; Deut. 26,14; Deut. 27,7; Deut. 27,10; Deut. 28,1; Deut. 28,2; Deut. 28,9; Deut. 28,13; Deut. 28,15; Deut. 28,45; Deut. 28,62; Deut. 29,9; Deut. 29,11; Deut. 29,14; Deut. 29,17; Deut. 29,24; Deut. 30,8; Deut. 30,10; Deut. 30,16; Deut. 31,11; Deut. 31,26; Deut. 32,8; Deut. 32,15; Deut. 32,18; Deut. 32,43; Deut. 32,43; Deut. 33,1; Deut. 33,27; Josh. 3,3; Josh. 3,9; Josh. 4,23; Josh. 5,6; Josh. 6,11; Josh. 7,20; Josh. 9,9; Josh. 9,27; Josh. 9,27; Josh. 14,6; Josh. 14,7; Josh. 14,9; Josh. 14,14; Josh. 15,13; Josh. 18,6; Josh. 19,50; Josh. 22,3; Josh. 22,16; Josh. 22,19; Josh. 22,19; Josh. 22,23; Josh. 23,16; Josh. 24,1; Josh. 24,25; Josh. 24,26; Josh. 24,33a; Judg. 3,7; Judg. 3,20; Judg. 5,5; Judg. 6,34; Judg. 8,34; Judg. 9,13; Judg. 9,27; Judg. 13,6; Judg. 13,6; Judg. 13,7; Judg. 13,8; Judg. 13,9; Judg. 16,17; Judg. 17,5; Judg. 18,31; Judg. 20,2; Judg. 21,2; Ruth 2,12; 1Sam. 1,20; 1Sam. 2,27; 1Sam. 3,3; 1Sam. 3,3; 1Sam. 4,3; 1Sam. 4,11; 1Sam. 4,13; 1Sam. 4,17; 1Sam. 4,18; 1Sam. 4,19; 1Sam. 4,21; 1Sam. 5,1; 1Sam. 5,3; 1Sam. 5,7; 1Sam. 5,8; 1Sam. 5,8; 1Sam. 5,8; 1Sam. 5,10; 1Sam. 5,10; 1Sam. 5,10; 1Sam. 5,11; 1Sam. 5,11; 1Sam. 6,3; 1Sam. 9,6; 1Sam. 9,7; 1Sam. 9,7; 1Sam. 9,8; 1Sam. 9,10; 1Sam. 9,27; 1Sam. 10,5; 1Sam. 10,10; 1Sam. 12,9; 1Sam. 14,3; 1Sam. 14,45; 1Sam. 15,21; 1Sam. 17,36; 1Sam. 17,45; 1Sam. 19,9; 1Sam. 19,20; 1Sam. 19,23; 1Sam. 22,10; 1Sam. 22,13; 1Sam. 22,15; 1Sam. 30,15; 2Sam. 6,2; 2Sam. 6,6; 2Sam. 6,7; 2Sam. 6,12; 2Sam. 7,2; 2Sam. 9,3; 2Sam. 10,12; 2Sam. 12,20; 2Sam. 14,13; 2Sam. 14,16; 2Sam. 14,17; 2Sam. 14,20; 2Sam. 15,24; 2Sam. 15,25; 2Sam. 16,23; 2Sam. 19,28; 2Sam. 22,22; 2Sam. 22,32; 2Sam. 23,1; 2Sam. 23,3; 2Sam. 24,16; 1Kings 2,3; 1Kings 3,28; 1Kings 5,17; 1Kings 5,19; 1Kings 8,17; 1Kings 8,20; 1Kings 8,59; 1Kings 8,65; 1Kings 8,65; 1Kings 11,4; 1Kings 11,9; 1Kings 12,22; 1Kings 12,24h; 1Kings 12,24l; 1Kings 12,24y; 1Kings 13,1; 1Kings 13,4; 1Kings 13,5; 1Kings 13,6; 1Kings 13,6; 1Kings 13,6; 1Kings 13,7; 1Kings 13,8; 1Kings 13,11; 1Kings 13,12; 1Kings 13,14; 1Kings 13,14; 1Kings 13,21; 1Kings 13,26; 1Kings 13,28; 1Kings 13,29; 1Kings 13,31; 1Kings 15,3; 1Kings 17,18; 1Kings 17,24; 1Kings 18,24; 1Kings 18,25; 1Kings 20,3; 1Kings 21,28; 2Kings 1,9; 2Kings 1,10; 2Kings 1,11; 2Kings 1,12; 2Kings 1,13; 2Kings 4,7; 2Kings 4,9; 2Kings 4,21; 2Kings 4,22; 2Kings 4,25; 2Kings 4,40; 2Kings 4,42; 2Kings 5,3; 2Kings 5,11; 2Kings 6,6; 2Kings 7,17; 2Kings 8,4; 2Kings 8,7; 2Kings 8,8; 2Kings 8,11; 2Kings 10,31; 2Kings 13,19; 2Kings 14,25; 2Kings 16,2; 2Kings 17,9; 2Kings 17,16; 2Kings 17,19; 2Kings 17,26; 2Kings 17,26; 2Kings 17,27; 2Kings 18,12; 2Kings 19,37; 2Kings 23,16; 2Kings 23,16; 2Kings 23,17; 1Chr. 5,22; 1Chr. 6,33; 1Chr. 6,34; 1Chr. 9,11; 1Chr. 9,13; 1Chr. 9,26; 1Chr. 9,27; 1Chr. 10,10; 1Chr. 12,23; 1Chr. 13,2; 1Chr. 13,3; 1Chr. 13,5; 1Chr. 13,6; 1Chr. 13,7; 1Chr. 13,8; 1Chr. 13,10; 1Chr. 13,12; 1Chr. 13,14; 1Chr. 14,10; 1Chr. 15,1; 1Chr. 15,2; 1Chr. 15,12; 1Chr. 15,14; 1Chr. 15,15; 1Chr. 15,15; 1Chr. 15,24; 1Chr. 15,24; 1Chr. 16,1; 1Chr. 16,1; 1Chr. 16,6; 1Chr. 16,40; 1Chr. 16,42; 1Chr. 19,13; 1Chr. 21,7; 1Chr. 22,1; 1Chr. 22,7; 1Chr. 22,12; 1Chr. 22,19; 1Chr. 23,14; 1Chr. 23,28; 1Chr. 25,5; 1Chr. 26,27; 1Chr. 28,8; 1Chr. 28,8; 1Chr. 28,21; 1Chr. 29,2; 1Chr. 29,3; 1Chr. 29,3; 2Chr. 1,3; 2Chr. 1,4; 2Chr. 2,3; 2Chr. 2,3; 2Chr. 3,3; 2Chr. 4,11; 2Chr. 5,14; 2Chr. 6,7; 2Chr. 6,10; 2Chr. 7,5; 2Chr. 8,14; 2Chr. 10,15; 2Chr. 11,2; 2Chr. 13,11; 2Chr. 14,1; 2Chr. 15,18; 2Chr. 19,7; 2Chr. 22,7; 2Chr. 22,12; 2Chr. 23,3; 2Chr. 23,9; 2Chr. 24,6; 2Chr. 24,7; 2Chr. 24,9; 2Chr. 24,16; 2Chr. 24,20; 2Chr. 25,7; 2Chr. 25,9; 2Chr. 25,9; 2Chr. 26,18; 2Chr. 27,6; 2Chr. 28,9; 2Chr. 29,5; 2Chr. 29,10; 2Chr. 30,7; 2Chr. 30,16; 2Chr. 31,20; 2Chr. 32,21; 2Chr. 33,7; 2Chr. 33,12; 2Chr. 33,12; 2Chr. 33,18; 2Chr. 34,8; 2Chr. 34,9; 2Chr. 34,32; 2Chr. 34,33; 2Chr. 35,8; 2Chr. 35,21; 2Chr. 35,22; 2Chr. 36,12; 2Chr. 36,13; 2Chr. 36,18; 1Esdr. 1,25; 1Esdr. 1,46; 1Esdr. 5,43; 1Esdr. 5,47; 1Esdr. 5,48; 1Esdr. 5,52; 1Esdr. 5,54; 1Esdr. 5,55; 1Esdr. 5,56; 1Esdr. 6,1; 1Esdr. 7,4; 1Esdr. 7,9; 1Esdr. 7,15; 1Esdr. 8,3; 1Esdr. 8,16; 1Esdr. 8,17; 1Esdr. 8,18; 1Esdr. 8,19; 1Esdr. 8,21; 1Esdr. 8,23; 1Esdr. 8,23; 1Esdr. 8,24; 1Esdr. 8,27; 1Esdr. 9,39; Ezra 1,3; Ezra 1,4; Ezra 1,7; Ezra 2,68; Ezra 3,2; Ezra 3,2; Ezra 3,8; Ezra 3,9; Ezra 4,24; Ezra 5,1; Ezra 5,2; Ezra 5,2; Ezra 5,5; Ezra 5,8; Ezra 5,11; Ezra 5,13; Ezra 5,14; Ezra 5,16; Ezra 5,17; Ezra 6,3; Ezra 6,5; Ezra 6,5; Ezra 6,7; Ezra 6,7; Ezra 6,8; Ezra 6,12; Ezra 6,14; Ezra 6,16; Ezra 6,17; Ezra 6,18; Ezra 6,22; Ezra 7,6; Ezra 7,9; Ezra 7,12; Ezra 7,14; Ezra 7,16; Ezra 7,17; Ezra 7,19; Ezra 7,19; Ezra 7,20; Ezra 7,21; Ezra 7,23; Ezra 7,23; Ezra 7,24; Ezra 7,25; Ezra 7,25; Ezra 7,26; Ezra 7,28; Ezra 8,17; Ezra 8,18; Ezra 8,21; Ezra 8,22; Ezra 8,23; Ezra 8,25; Ezra 8,30; Ezra 8,31; Ezra 8,33; Ezra 8,36; Ezra 9,4; Ezra 9,9; Ezra 10,1; Ezra 10,3; Ezra 10,6; Ezra 10,9; Ezra 10,14; Neh. 1,4; Neh. 2,8; Neh. 2,18; Neh. 4,8; Neh. 5,9; Neh. 5,15; Neh. 6,10; Neh. 6,16; Neh. 8,8; Neh. 8,16; Neh. 8,18; Neh. 9,3; Neh. 10,29; Neh. 10,30; Neh. 10,30; Neh. 10,33; Neh. 10,34; Neh. 10,35; Neh. 10,35; Neh. 10,37; Neh. 10,37; Neh. 10,38; Neh. 10,39; Neh. 10,39; Neh. 10,40; Neh. 11,11; Neh. 11,22; Neh. 12,24; Neh. 12,36; Neh. 12,40; Neh. 12,45; Neh. 13,1; Neh. 13,4; Neh. 13,7; Neh. 13,9; Neh. 13,11; Neh. 13,14; Esth. 13,14 # 4,17e; Esth. 14,1 # 4,17k; Esth. 15,13 # 5,2a; Esth. 16,4 # 8,12d; Esth. 16,16 # 8,12q; Esth.

Θ, θ

16,17 # 8,12r; Esth. 10,4 # 10,3a; Esth. 10,10 # 10,3g; Esth. 10,11 # 10,3h; Esth. 10,13 # 10,3k; Judith 4,2; Judith 5,17; Judith 5,18; Judith 8,11; Judith 8,12; Judith 8,16; Judith 9,1; Judith 11,13; Judith 12,8; Judith 13,19; Judith 13,20; Tob. 1,12; Tob. 4,5; Tob. 4,7; Tob. 12,6; Tob. 12,7; Tob. 12,11; Tob. 12,18; Tob. 12,22; Tob. 13,13; Tob. 14,4; Tob. 14,5; 2Mac. 1,11; 2Mac. 2,4; 2Mac. 3,24; 2Mac. 3,28; 2Mac. 3,34; 2Mac. 3,36; 2Mac. 3,38; 2Mac. 6,1; 2Mac. 7,14; 2Mac. 7,16; 2Mac. 7,31; 2Mac. 7,35; 2Mac. 7,36; 2Mac. 7,36; 2Mac. 8,13; 2Mac. 8,23; 2Mac. 9,8; 2Mac. 9,17; 2Mac. 9,18; 2Mac. 10,25; 2Mac. 11,4; 2Mac. 11,13; 2Mac. 12,11; 2Mac. 12,16; 2Mac. 13,13; 2Mac. 13,15; 2Mac. 14,33; 2Mac. 15,14; 2Mac. 15,16; 2Mac. 15,27; 3Mac. 1,16; 3Mac. 3,11; 3Mac. 5,25; 3Mac. 5,28; 3Mac. 5,30; 3Mac. 6,28; 3Mac. 7,2; 3Mac. 7,10; 3Mac. 7,12; 3Mac. 7,22; 4Mac. 5,25; 4Mac. 10,10; 4Mac. 10,20; 4Mac. 12,11; 4Mac. 13,15; 4Mac. 13,22; 4Mac. 16,14; 4Mac. 16,24; 4Mac. 18,23; Psa. 7,11; Psa. 9,18; Psa. 13,3; Psa. 17,22; Psa. 17,32; Psa. 18,2; Psa. 19,2; Psa. 19,6; Psa. 19,8; Psa. 23,5; Psa. 23,6; Psa. 28,1; Psa. 35,2; Psa. 35,7; Psa. 36,31; Psa. 41,3; Psa. 41,5; Psa. 42,4; Psa. 43,21; Psa. 45,5; Psa. 46,10; Psa. 46,10; Psa. 47,2; Psa. 47,9; Psa. 49,22; Psa. 49,23; Psa. 51,10; Psa. 51,10; Psa. 54,15; Psa. 55,14; Psa. 60,8; Psa. 61,13; Psa. 63,10; Psa. 64,10; Psa. 65,5; Psa. 67,3; Psa. 67,4; Psa. 67,9; Psa. 67,9; Psa. 67,16; Psa. 67,18; Psa. 67,25; Psa. 68,31; Psa. 72,17; Psa. 73,8; Psa. 74,6; Psa. 76,4; Psa. 77,7; Psa. 77,8; Psa. 77,10; Psa. 77,19; Psa. 77,31; Psa. 79,11; Psa. 82,13; Psa. 83,11; Psa. 86,3; Psa. 88,7; Psa. 89,1; Psa. 89,17; Psa. 90,1; Psa. 91,14; Psa. 97,3; Psa. 103,21; Psa. 105,21; Psa. 106,11; Psa. 113,7; Psa. 118,115; Psa. 121,9; Psa. 133,1; Psa. 134,2; Psa. 149,6; Ode. 2,8; Ode. 2,15; Ode. 2,18; Ode. 2,43; Ode. 2,43; Ode. 9,78; Ode. 11,11; Ode. 11,20; Ode. 14,17; Ode. 14,28; Prov. 1,7; Prov. 2,5; Prov. 3,33; Prov. 5,21; Prov. 15,29b; Prov. 15,33; Prov. 18,22; Prov. 19,14; Prov. 21,1; Prov. 25,2; Prov. 30,5; Prov. 30,9; Prov. 31,1; Prov. 31,2; Prov. 31,8; Eccl. 2,24; Eccl. 2,26; Eccl. 3,13; Eccl. 4,17; Eccl. 5,1; Eccl. 5,5; Eccl. 5,18; Eccl. 7,13; Eccl. 7,26; Eccl. 8,2; Eccl. 8,13; Eccl. 8,17; Eccl. 9,1; Eccl. 11,5; Job 1,6; Job 2,1; Job 2,10; Job 6,10; Job 34,27; Wis. 1,3; Wis. 2,13; Wis. 2,18; Wis. 2,22; Wis. 3,1; Wis. 5,5; Wis. 6,4; Wis. 6,19; Wis. 7,25; Wis. 7,26; Wis. 7,27; Wis. 8,3; Wis. 8,4; Wis. 9,13; Wis. 10,10; Wis. 12,7; Wis. 12,26; Wis. 13,1; Wis. 14,11; Wis. 14,22; Wis. 14,30; Wis. 15,19; Wis. 16,18; Wis. 18,13; Sir. 24,23; Sir. 41,8; Sir. 41,20; Sir. 45,1; Sir. 47,18; Sir. 47,18; Sol. 2,3; Sol. 2,5; Sol. 3,6; Sol. 4,8; Sol. 4,21; Sol. 6,2; Sol. 6,4; Sol. 6,5; Sol. 8,7; Sol. 8,8; Sol. 8,11; Sol. 8,22; Sol. 8,23; Sol. 9,2; Sol. 11,3; Sol. 11,6; Sol. 14,5; Sol. 14,7; Sol. 15,1; Sol. 15,6; Sol. 15,13; Sol. 16,1; Sol. 16,3; Sol. 17,3; Sol. 17,3; Sol. 17,13; Sol. 17,26; Sol. 17,27; Sol. 17,32; Sol. 17,34; Sol. 17,40; Sol. 18,7; Sol. 18,8; Sol. 18,9; Sol. 18,11; Hos. 2,1; Hos. 4,1; Hos. 4,6; Hos. 4,12; Hos. 6,6; Hos. 9,1; Hos. 9,8; Hos. 12,1; Amos 2,7; Amos 2,8; Amos 5,26; Amos 9,8; Mic. 4,2; Mic. 4,5; Mic. 5,3; Mic. 6,6; Mic. 6,8; Joel 1,13; Joel 1,14; Joel 1,16; Joel 2,26; Nah. 1,14; Zeph. 1,7; Zeph. 1,9; Hag. 1,12; Hag. 1,14; Zech. 6,15; Zech. 12,8; Mal. 1,9; Is. 1,10; Is. 2,2; Is. 2,3; Is. 7,11; Is. 11,2; Is. 11,3; Is. 13,6; Is. 14,2; Is. 28,13; Is. 28,26; Is. 30,9; Is. 35,2; Is. 38,11; Is. 38,20; Is. 38,22; Is. 40,3; Is. 40,5; Is. 40,8; Is. 40,27; Is. 42,19; Is. 44,5; Is. 44,5; Is. 48,1; Is. 49,4; Is. 51,20; Is. 52,10; Is. 54,13; Is. 55,5; Is. 58,2; Is. 58,8; Is. 59,2; Is. 59,13; Is. 61,6; Is. 61,9; Is. 62,3; Is. 65,23; Jer. 1,1; Jer. 1,2; Jer. 3,19; Jer. 3,21; Jer. 3,23; Jer. 3,25; Jer. 3,25; Jer. 5,4; Jer. 5,5; Jer. 9,19; Jer. 16,10; Jer. 22,9; Jer. 27,15; Jer. 27,28; Jer. 28,5; Jer. 28,10; Jer. 33,16; Jer. 42,4; Jer. 49,6; Jer. 49,6; Bar. 1,10; Bar. 1,18; Bar. 1,21; Bar. 1,22; Bar. 3,4; Bar. 3,8; Bar. 3,13; Bar. 3,24; Bar. 4,1; Bar. 4,9; Bar. 4,12; Bar. 4,13; Bar. 4,24; Bar. 4,25; Bar. 4,28; Bar. 4,36; Bar. 4,37; Bar. 5,1; Bar. 5,2; Bar. 5,4; Bar. 5,5; Bar. 5,7; Bar. 5,8; LetterJ 0; LetterJ 1; LetterJ 50; LetterJ 61; Ezek. 1,1; Ezek. 8,3; Ezek. 8,4; Ezek. 9,3; Ezek. 10,5; Ezek. 10,19; Ezek. 10,20; Ezek. 10,22; Ezek. 11,22; Ezek. 11,24; Ezek. 28,2; Ezek. 28,2; Ezek. 28,6; Ezek. 28,13; Ezek. 28,14; Ezek. 28,16; Ezek. 31,8; Ezek. 31,8; Ezek. 31,9; Ezek. 40,2; Ezek. 43,2; Dan. 3,92; Dan. 3,93; Dan. 4,22; Dan. 4,23; Dan. 4,33a; Dan. 4,33a; Dan. 4,34; Dan. 4,34; Dan. 5,2; Dan. 5,23; Dan. 6,6; Dan. 6,6; Dan. 6,8; Dan. 6,13; Dan. 6,14; Dan. 9,10; Dan. 9,11; Dan. 9,13; Dan. 9,20; Dan. 9,20; Dan. 10,12; Dan. 11,39; Judg. 3,7; Judg. 3,20; Judg. 5,5; Judg. 6,20; Judg. 8,34; Judg. 9,27; Judg. 13,5; Judg. 13,6; Judg. 13,6; Judg. 13,7; Judg. 13,8; Judg. 13,9; Judg. 16,17; Judg. 17,5; Judg. 18,31; Judg. 20,2; Judg. 20,27; Judg. 21,2; Tob. 1,4; Tob. 1,12; Tob. 3,16; Tob. 3,17; Tob. 4,21; Tob. 5,4; Tob. 12,6; Tob. 12,7; Tob. 12,11; Tob. 12,18; Tob. 12,22; Tob. 14,2; Tob. 14,4; Tob. 14,4; Tob. 14,5; Tob. 14,7; Tob. 14,8; Dan. 1,2; Dan. 1,2; Dan. 1,2; Dan. 2,18; Dan. 2,20; Dan. 3,92; Dan. 3,93; Dan. 3,96; Dan. 4,8; Dan. 4,8; Dan. 4,9; Dan. 4,18; Dan. 5,3; Dan. 5,11; Dan. 5,14; Dan. 6,6; Dan. 6,8; Dan. 6,11; Dan. 6,12; Dan. 6,13; Dan. 6,14; Dan. 6,21; Dan. 6,27; Dan. 9,10; Dan. 9,11; Dan. 9,13; Dan. 9,20; Dan. 9,20; Dan. 10,12; Dan. 11,39; Sus. 55; Sus. 55; Sus. 59; Bel 39; Matt. 3,16; Matt. 4,3; Matt. 4,4; Matt. 4,6; Matt. 5,9; Matt. 5,34; Matt. 6,33; Matt. 8,29; Matt. 12,4; Matt. 12,28; Matt. 12,28; Matt. 14,33; Matt. 15,3; Matt. 15,6; Matt. 16,16; Matt. 16,23; Matt. 19,24; Matt. 21,31; Matt. 21,43; Matt. 22,16; Matt. 22,21; Matt. 22,29; Matt. 22,31; Matt. 23,22; Matt. 26,61; Matt. 26,63; Matt. 26,63; Matt. 27,40; Matt. 27,43; Matt. 27,54; Mark 1,1; Mark 1,14; Mark 1,15; Mark 1,24; Mark 2,26; Mark 3,11; Mark 3,35; Mark 4,11; Mark 4,26; Mark 4,30; Mark 5,7; Mark 7,8; Mark 7,9; Mark 7,13; Mark 8,33; Mark 9,1; Mark 9,47; Mark 10,14; Mark 10,15; Mark 10,23; Mark 10,24; Mark 10,25; Mark 11,22; Mark 12,14; Mark 12,17; Mark 12,24; Mark 12,34; Mark 14,25; Mark 15,39; Mark 15,43; Mark 16,19; Luke 1,6; Luke 1,8; Luke 1,19; Luke 1,26; Luke 1,35; Luke 1,37; Luke 1,78; Luke 2,40; Luke 3,2; Luke 3,6; Luke 3,38; Luke 4,3; Luke 4,9; Luke 4,34; Luke 4,41; Luke 4,43; Luke 5,1; Luke 6,4; Luke 6,12; Luke 6,20; Luke 7,28; Luke 7,30; Luke 8,1; Luke 8,10; Luke 8,11; Luke 8,21; Luke 8,28; Luke 9,2; Luke 9,11; Luke 9,20; Luke 9,27; Luke 9,43; Luke 9,60; Luke 9,62; Luke 10,9; Luke 10,11; Luke 11,20; Luke 11,20; Luke 11,28; Luke 11,42; Luke 11,49; Luke 12,6; Luke 12,8; Luke 12,9; Luke 13,18; Luke 13,20; Luke 13,28; Luke 13,29; Luke 14,15; Luke 15,10; Luke 16,15; Luke 16,16; Luke 17,20; Luke 17,20; Luke 17,21; Luke 18,16; Luke 18,17; Luke 18,24; Luke 18,25; Luke 18,29; Luke 19,11; Luke 20,21; Luke 20,25; Luke 20,36; Luke 21,31; Luke 22,16; Luke 22,18; Luke 22,69; Luke 22,70; Luke 23,35; Luke 23,51; Luke 24,19; John 1,6; John 1,12; John 1,13; John 1,29; John 1,34; John 1,36; John 1,49; John 1,51; John 3,2; John 3,3; John 3,5; John 3,18; John 3,34; John 3,36; John 4,10; John 5,25; John 5,42; John 5,44; John 6,28; John 6,29; John 6,33; John 6,45; John 6,46; John 6,69; John 7,17; John 8,40; John 8,42; John 8,47; John 8,47; John 8,47; John 9,3; John 9,16; John 9,33; John 10,35; John 10,36; John 11,4; John 11,4; John 11,27; John 11,40; John 11,52; John 12,43; John 13,3; John 16,27; John 16,30; John 19,7; John 20,31; Acts 1,3; Acts 2,11; Acts 2,22; Acts 2,23; Acts 2,33; Acts 4,19; Acts 4,19; Acts 4,31; Acts 5,39; Acts 6,2; Acts 6,7; Acts 7,43; Acts 7,46; Acts 7,55; Acts 7,55; Acts 7,56; Acts 8,10; Acts 8,12; Acts 8,14; Acts 8,20; Acts 8,21; Acts 9,20; Acts 10,2; Acts 10,3; Acts 10,4; Acts 10,31; Acts 10,33; Acts 10,41; Acts 10,42; Acts 11,1; Acts 11,23; Acts 12,22; Acts 12,24; Acts 13,5; Acts 13,7; Acts 13,36; Acts 13,43; Acts 13,46; Acts 14,22; Acts 14,26; Acts 16,17; Acts 17,13; Acts 17,29; Acts 18,11; Acts 18,21; Acts 18,26; Acts 19,8; Acts 20,24; Acts 20,27; Acts 20,28; Acts 22,3; Acts 23,4; Acts 26,6; Acts 26,22; Acts 27,23; Acts 28,23; Acts 28,28; Acts 28,31;

θεός

Rom. 1,1; Rom. 1,4; Rom. 1,7; Rom. 1,7; Rom. 1,10; Rom. 1,16; Rom. 1,17; Rom. 1,18; Rom. 1,19; Rom. 1,23; Rom. 1,25; Rom. 1,32; Rom. 2,2; Rom. 2,3; Rom. 2,4; Rom. 2,5; Rom. 2,24; Rom. 2,29; Rom. 3,2; Rom. 3,3; Rom. 3,5; Rom. 3,7; Rom. 3,18; Rom. 3,21; Rom. 3,22; Rom. 3,23; Rom. 3,26; Rom. 4,17; Rom. 4,20; Rom. 5,2; Rom. 5,5; Rom. 5,15; Rom. 6,23; Rom. 7,22; Rom. 7,25; Rom. 8,7; Rom. 8,9; Rom. 8,14; Rom. 8,14; Rom. 8,16; Rom. 8,17; Rom. 8,19; Rom. 8,21; Rom. 8,33; Rom. 8,34; Rom. 8,39; Rom. 9,6; Rom. 9,8; Rom. 9,11; Rom. 9,16; Rom. 9,26; Rom. 10,2; Rom. 10,3; Rom. 10,3; Rom. 11,22; Rom. 11,22; Rom. 11,29; Rom. 11,33; Rom. 12,1; Rom. 12,2; Rom. 13,1; Rom. 13,1; Rom. 13,2; Rom. 13,4; Rom. 13,4; Rom. 13,6; Rom. 14,10; Rom. 14,17; Rom. 14,20; Rom. 14,22; Rom. 15,7; Rom. 15,8; Rom. 15,15; Rom. 15,16; Rom. 15,19; Rom. 15,32; Rom. 16,26; 1Cor. 1,1; 1Cor. 1,2; 1Cor. 1,3; 1Cor. 1,4; 1Cor. 1,18; 1Cor. 1,21; 1Cor. 1,24; 1Cor. 1,24; 1Cor. 1,25; 1Cor. 1,25; 1Cor. 1,29; 1Cor. 1,30; 1Cor. 2,1; 1Cor. 2,5; 1Cor. 2,7; 1Cor. 2,10; 1Cor. 2,11; 1Cor. 2,11; 1Cor. 2,12; 1Cor. 2,12; 1Cor. 2,14; 1Cor. 3,9; 1Cor. 3,9; 1Cor. 3,9; 1Cor. 3,10; 1Cor. 3,16; 1Cor. 3,16; 1Cor. 3,17; 1Cor. 3,17; 1Cor. 3,23; 1Cor. 4,1; 1Cor. 4,5; 1Cor. 4,20; 1Cor. 6,9; 1Cor. 6,10; 1Cor. 6,11; 1Cor. 6,19; 1Cor. 7,7; 1Cor. 7,19; 1Cor. 7,40; 1Cor. 9,21; 1Cor. 10,31; 1Cor. 10,32; 1Cor. 11,7; 1Cor. 11,12; 1Cor. 11,16; 1Cor. 11,22; 1Cor. 12,3; 1Cor. 14,36; 1Cor. 15,9; 1Cor. 15,10; 1Cor. 15,10; 1Cor. 15,15; 1Cor. 15,15; 1Cor. 15,34; 1Cor. 15,50; 2Cor. 1,1; 2Cor. 1,1; 2Cor. 1,2; 2Cor. 1,4; 2Cor. 1,12; 2Cor. 1,12; 2Cor. 1,19; 2Cor. 1,20; 2Cor. 2,17; 2Cor. 2,17; 2Cor. 2,17; 2Cor. 3,3; 2Cor. 3,5; 2Cor. 4,2; 2Cor. 4,2; 2Cor. 4,4; 2Cor. 4,6; 2Cor. 4,7; 2Cor. 4,15; 2Cor. 5,1; 2Cor. 5,18; 2Cor. 5,20; 2Cor. 5,21; 2Cor. 6,1; 2Cor. 6,4; 2Cor. 6,7; 2Cor. 6,16; 2Cor. 6,16; 2Cor. 7,1; 2Cor. 7,12; 2Cor. 8,1; 2Cor. 8,5; 2Cor. 9,14; 2Cor. 10,5; 2Cor. 11,2; 2Cor. 11,7; 2Cor. 12,19; 2Cor. 13,4; 2Cor. 13,4; 2Cor. 13,13; Gal. 1,1; Gal. 1,3; Gal. 1,4; Gal. 1,13; Gal. 1,20; Gal. 2,20; Gal. 2,21; Gal. 3,17; Gal. 3,21; Gal. 3,26; Gal. 4,7; Gal. 4,9; Gal. 4,14; Gal. 5,21; Gal. 6,16; Eph. 1,1; Eph. 1,2; Eph. 2,8; Eph. 2,19; Eph. 2,22; Eph. 3,2; Eph. 3,7; Eph. 3,10; Eph. 3,19; Eph. 4,13; Eph. 4,18; Eph. 4,30; Eph. 5,1; Eph. 5,5; Eph. 5,6; Eph. 6,6; Eph. 6,11; Eph. 6,13; Eph. 6,17; Eph. 6,23; Phil. 1,2; Phil. 1,11; Phil. 1,28; Phil. 2,6; Phil. 2,11; Phil. 2,15; Phil. 3,3; Phil. 3,9; Phil. 3,14; Phil. 4,7; Col. 1,1; Col. 1,2; Col. 1,6; Col. 1,10; Col. 1,15; Col. 1,25; Col. 1,25; Col. 2,2; Col. 2,12; Col. 2,19; Col. 3,1; Col. 3,6; Col. 3,12; Col. 4,11; Col. 4,12; 1Th. 1,3; 1Th. 1,4; 1Th. 2,2; 1Th. 2,4; 1Th. 2,8; 1Th. 2,9; 1Th. 2,12; 1Th. 2,13; 1Th. 2,13; 1Th. 2,14; 1Th. 3,2; 1Th. 3,9; 1Th. 3,13; 1Th. 4,3; 1Th. 4,16; 1Th. 5,18; 2Th. 1,2; 2Th. 1,4; 2Th. 1,5; 2Th. 1,5; 2Th. 1,12; 2Th. 2,4; 2Th. 3,5; 1Tim. 1,1; 1Tim. 1,2; 1Tim. 1,4; 1Tim. 1,11; 1Tim. 2,3; 1Tim. 2,5; 1Tim. 3,5; 1Tim. 3,15; 1Tim. 3,15; 1Tim. 4,4; 1Tim. 4,5; 1Tim. 5,4; 1Tim. 5,21; 1Tim. 6,1; 1Tim. 6,11; 1Tim. 6,13; 2Tim. 1,1; 2Tim. 1,2; 2Tim. 1,6; 2Tim. 1,8; 2Tim. 2,9; 2Tim. 2,14; 2Tim. 2,19; 2Tim. 3,17; 2Tim. 4,1; Titus 1,1; Titus 1,1; Titus 1,3; Titus 1,4; Titus 1,7; Titus 2,5; Titus 2,10; Titus 2,11; Titus 2,13; Titus 3,4; Philem. 3; Heb. 1,6; Heb. 2,4; Heb. 2,9; Heb. 3,12; Heb. 4,9; Heb. 4,12; Heb. 4,14; Heb. 5,4; Heb. 5,10; Heb. 5,12; Heb. 6,5; Heb. 6,6; Heb. 6,7; Heb. 7,1; Heb. 7,3; Heb. 9,24; Heb. 10,12; Heb. 10,21; Heb. 10,29; Heb. 10,31; Heb. 10,36; Heb. 11,3; Heb. 11,4; Heb. 11,25; Heb. 11,40; Heb. 12,2; Heb. 12,15; Heb. 12,22; Heb. 13,7; James 1,1; James 1,5; James 1,13; James 1,20; James 2,23; James 3,9; James 4,4; James 4,4; 1Pet. 1,2; 1Pet. 1,5; 1Pet. 1,23; 1Pet. 2,10; 1Pet. 2,15; 1Pet. 2,16; 1Pet. 2,19; 1Pet. 3,4; 1Pet. 3,17; 1Pet. 3,20; 1Pet. 3,22; 1Pet. 4,2; 1Pet. 4,10; 1Pet. 4,11; 1Pet. 4,14; 1Pet. 4,17; 1Pet. 4,17; 1Pet. 4,19; 1Pet. 5,2; 1Pet. 5,6; 1Pet. 5,12; 2Pet. 1,1; 2Pet. 1,2; 2Pet. 1,17; 2Pet. 1,21; 2Pet. 3,5; 2Pet. 3,12; 1John 2,5; 1John 2,14; 1John 2,17; 1John 3,1; 1John 3,2; 1John 3,8; 1John 3,9; 1John 3,9; 1John 3,10; 1John 3,10; 1John 3,17; 1John 4,1; 1John 4,2; 1John 4,2; 1John 4,3; 1John 4,4; 1John 4,6; 1John 4,6; 1John 4,7; 1John 4,7; 1John 4,9; 1John 4,15; 1John 5,1; 1John 5,2; 1John 5,3; 1John 5,4; 1John 5,5; 1John 5,9; 1John 5,9; 1John 5,10; 1John 5,12; 1John 5,13; 1John 5,18; 1John 5,18; 1John 5,19; 1John 5,20; 2John 3; 3John 6; 3John 11; Jude 4; Jude 21; Rev. 1,2; Rev. 1,9; Rev. 2,7; Rev. 2,18; Rev. 3,1; Rev. 3,2; Rev. 3,12; Rev. 3,12; Rev. 3,12; Rev. 3,12; Rev. 3,14; Rev. 4,5; Rev. 5,6; Rev. 6,9; Rev. 7,2; Rev. 7,3; Rev. 7,15; Rev. 8,2; Rev. 8,4; Rev. 9,4; Rev. 9,13; Rev. 10,7; Rev. 11,1; Rev. 11,11; Rev. 11,16; Rev. 11,19; Rev. 12,6; Rev. 12,10; Rev. 12,10; Rev. 12,17; Rev. 14,10; Rev. 14,12; Rev. 14,19; Rev. 15,1; Rev. 15,2; Rev. 15,3; Rev. 15,7; Rev. 15,8; Rev. 16,1; Rev. 16,9; Rev. 16,14; Rev. 16,19; Rev. 17,17; Rev. 19,1; Rev. 19,9; Rev. 19,13; Rev. 19,15; Rev. 19,17; Rev. 20,4; Rev. 20,6; Rev. 21,2; Rev. 21,3; Rev. 21,10; Rev. 21,11; Rev. 21,23; Rev. 22,1; Rev. 22,3)

θεούς ▸ 21 + 1 = 22

Noun ▪ masculine ▪ plural ▪ accusative ▪ (common) ▸ 21 + 1 = 22 (Gen. 31,30; Gen. 31,32; Ex. 18,11; Ex. 32,1; Ex. 32,23; Judg. 10,14; 1Chr. 16,25; 2Chr. 2,4; 2Chr. 13,8; Psa. 94,3; Psa. 95,4; Psa. 96,9; Psa. 134,5; Wis. 12,27; Wis. 15,15; Is. 44,15; Is. 45,20; Jer. 11,12; Jer. 16,20; LetterJ 39; LetterJ 63; Judg. 10,14)

θεούς ▸ 54 + 7 + 2 = 63

Noun ▪ masculine ▪ plural ▪ accusative ▪ (common) ▸ 54 + 7 + 2 = 63 (Gen. 35,2; Gen. 35,4; Ex. 20,23; Ex. 20,23; Ex. 22,27; Ex. 32,31; Ex. 34,17; Lev. 19,4; Deut. 12,30; Deut. 31,18; Deut. 31,20; Josh. 24,14; Josh. 24,23; Josh. 24,33b; Judg. 5,8; Judg. 6,10; Judg. 10,16; Judg. 16,24; Ruth 1,15; 1Sam. 7,3; 2Sam. 5,21; 2Kings 17,7; 2Kings 17,29; 2Kings 17,35; 2Kings 17,37; 2Kings 17,38; 2Kings 19,18; 1Chr. 14,12; 2Chr. 25,14; 2Chr. 25,14; 2Chr. 25,15; 2Chr. 25,20; 2Chr. 28,23; 2Chr. 32,19; 2Chr. 33,15; Esth. 14,6 # 4,17n; Judith 3,8; 2Mac. 11,23; Psa. 81,1; Wis. 12,24; Wis. 13,2; Wis. 13,3; Wis. 13,10; Hos. 3,1; Zeph. 2,11; Mal. 2,11; Is. 19,3; Jer. 2,11; LetterJ 3; LetterJ 10; LetterJ 44; Dan. 5,0; Dan. 11,8; Dan. 11,37; Judg. 5,8; Judg. 6,10; Judg. 10,16; Dan. 5,4; Dan. 5,23; Dan. 11,8; Dan. 11,37; John 10,35; Acts 7,40)

θεῷ ▸ 326 + 15 + 159 = 500

Noun ▪ masculine ▪ singular ▪ dative ▪ (common) ▸ 326 + 15 + 159 = 500 (Gen. 5,22; Gen. 5,24; Gen. 6,9; Gen. 8,20; Gen. 14,19; Gen. 15,6; Gen. 18,14; Gen. 35,1; Gen. 35,3; Gen. 43,28; Gen. 46,1; Ex. 3,12; Ex. 3,18; Ex. 5,3; Ex. 5,8; Ex. 5,17; Ex. 8,21; Ex. 8,22; Ex. 8,23; Ex. 8,24; Ex. 10,7; Ex. 10,8; Ex. 10,11; Ex. 10,24; Ex. 10,25; Ex. 10,26; Ex. 10,26; Ex. 12,31; Ex. 14,31; Ex. 15,1; Ex. 16,7; Ex. 18,12; Ex. 19,22; Ex. 20,10; Ex. 23,25; Ex. 24,5; Ex. 34,14; Lev. 2,13; Lev. 3,9; Lev. 21,6; Lev. 21,7; Lev. 21,21; Lev. 22,18; Lev. 23,14; Num. 15,40; Num. 23,27; Num. 25,13; Deut. 1,32; Deut. 4,4; Deut. 5,14; Deut. 7,6; Deut. 7,25; Deut. 10,12; Deut. 12,4; Deut. 12,11; Deut. 12,31; Deut. 14,2; Deut. 14,21; Deut. 15,2; Deut. 15,19; Deut. 15,21; Deut. 16,1; Deut. 16,2; Deut. 16,8; Deut. 16,10; Deut. 16,15; Deut. 17,1; Deut. 17,1; Deut. 18,12; Deut. 22,5; Deut. 23,19; Deut. 23,22; Deut. 23,24; Deut. 25,16; Deut. 26,3; Deut. 26,19; Deut. 27,5; Deut. 27,6; Deut. 27,6; Deut. 27,7; Deut. 27,9; Deut. 28,47; Deut. 29,28; Deut. 32,3; Deut. 32,17; Deut. 32,21; Josh. 7,19; Josh. 8,30 # 9,2a; Josh. 9,23; Josh. 14,8; Josh. 22,24; Josh. 23,8; Josh. 24,27; Judg. 5,3; Judg. 6,26; Judg. 13,5; Judg. 16,23; Judg. 18,5; Judg. 20,18; Ruth 3,10; 1Sam. 1,3; 1Sam. 2,1; 1Sam. 2,24; 1Sam. 15,15; 1Sam. 15,25; 1Sam. 15,30; 1Sam. 25,29; 1Sam. 30,6; 2Sam. 15,32; 2Sam. 22,30; 2Sam. 23,4; 2Sam. 24,24; 1Kings 1,17; 1Kings 1,30; 2Kings 17,7; 2Kings 18,5; 2Kings 23,21; 1Chr. 5,25; 1Chr. 14,14; 1Chr. 22,2; 1Chr. 22,6; 1Chr. 22,11; 1Chr. 22,19; 1Chr. 22,19; 1Chr. 29,1; 1Chr. 29,21; 2Chr. 9,8; 2Chr. 11,16; 2Chr. 13,9; 2Chr.

Θ, θ

15,3; 2Chr. 20,15; 2Chr. 20,19; 2Chr. 20,20; 2Chr. 26,16; 2Chr. 28,10; 2Chr. 29,7; 2Chr. 30,1; 2Chr. 30,5; 2Chr. 30,8; 2Chr. 30,8; 2Chr. 30,22; 2Chr. 31,6; 2Chr. 33,16; 2Chr. 34,33; 2Chr. 35,1; 2Chr. 35,3; 1Esdr. 1,4; 1Esdr. 5,52; 1Esdr. 5,52; 1Esdr. 5,64; 1Esdr. 5,67; 1Esdr. 6,30; 1Esdr. 8,21; 1Esdr. 8,63; 1Esdr. 9,8; 1Esdr. 9,46; 1Esdr. 9,46; Ezra 4,1; Ezra 4,2; Ezra 4,3; Ezra 4,3; Ezra 6,9; Ezra 6,10; Ezra 7,15; Ezra 7,18; Ezra 8,28; Ezra 8,35; Ezra 10,2; Ezra 10,3; Ezra 10,11; Neh. 8,9; Neh. 9,3; Neh. 12,46; Neh. 13,25; Neh. 13,26; Neh. 13,27; Judith 5,8; Judith 5,8; Judith 6,18; Judith 8,25; Judith 10,9; Judith 13,17; Judith 13,18; Judith 14,10; Judith 16,1; Judith 16,13; Judith 16,18; Judith 16,19; Tob. 4,14; Tob. 12,20; Tob. 14,7; 2Mac. 1,20; 2Mac. 2,18; 2Mac. 8,18; 2Mac. 9,12; 3Mac. 1,9; 3Mac. 7,16; 4Mac. 1,12; 4Mac. 3,16; 4Mac. 7,19; 4Mac. 7,19; 4Mac. 7,21; 4Mac. 9,8; 4Mac. 13,3; 4Mac. 13,13; 4Mac. 16,25; 4Mac. 17,5; Psa. 3,3; Psa. 17,30; Psa. 39,4; Psa. 41,9; Psa. 41,10; Psa. 43,9; Psa. 46,2; Psa. 46,7; Psa. 48,8; Psa. 49,14; Psa. 50,19; Psa. 55,5; Psa. 55,5; Psa. 55,11; Psa. 55,12; Psa. 59,14; Psa. 61,2; Psa. 61,6; Psa. 61,8; Psa. 61,8; Psa. 62,12; Psa. 65,1; Psa. 65,3; Psa. 67,5; Psa. 67,32; Psa. 67,33; Psa. 67,34; Psa. 67,35; Psa. 68,32; Psa. 72,28; Psa. 74,10; Psa. 75,12; Psa. 77,22; Psa. 80,2; Psa. 80,2; Psa. 80,5; Psa. 80,10; Psa. 94,1; Psa. 97,4; Psa. 103,33; Psa. 107,14; Psa. 131,2; Psa. 131,5; Psa. 135,2; Psa. 135,26; Psa. 145,2; Psa. 146,1; Psa. 146,7; Ode. 2,3; Ode. 2,17; Ode. 2,21; Ode. 3,1; Ode. 4,18; Ode. 9,47; Ode. 14,1; Prov. 3,5; Prov. 16,2; Prov. 16,5; Prov. 16,7; Prov. 16,20; Prov. 17,15; Prov. 19,17; Prov. 21,3; Prov. 30,1; Eccl. 5,3; Job 1,22; Wis. 4,1; Wis. 4,10; Wis. 10,5; Wis. 14,9; Sir. 7,9; Sir. 50,17; Sol. 3,1; Sol. 3,2; Sol. 17,37; Hos. 1,7; Hos. 12,7; Mic. 7,7; Mic. 7,17; Joel 1,13; Joel 2,14; Joel 2,23; Jonah 3,3; Jonah 3,5; Hab. 1,11; Hab. 3,18; Zech. 9,7; Zech. 10,12; Zech. 12,5; Mal. 3,14; Mal. 3,15; Mal. 3,18; Is. 42,12; Is. 45,23; Is. 45,25; Is. 48,2; Is. 50,10; Is. 58,2; Is. 58,13; Jer. 4,2; Jer. 4,4; Jer. 13,16; Jer. 26,10; Jer. 27,25; Jer. 37,9; Bar. 1,13; Bar. 1,15; Bar. 2,5; Bar. 2,6; Bar. 4,4; Bar. 4,7; Dan. 3,95; Dan. 3,95; Dan. 4,34; Dan. 4,37b; Dan. 5,0; Dan. 5,23; Dan. 6,27; Sus. 35; Judg. 5,3; Judg. 6,26; Judg. 16,23; Judg. 18,5; Judg. 20,18; Tob. 5,10; Tob. 12,20; Tob. 14,8; Dan. 3,95; Dan. 3,95; Dan. 6,24; Dan. 9,9; Sus. 60; Bel 4; Bel 25; Matt. 6,24; Matt. 19,26; Matt. 22,21; Mark 10,27; Mark 10,27; Mark 12,17; Luke 1,30; Luke 1,47; Luke 2,14; Luke 2,38; Luke 2,52; Luke 16,13; Luke 17,18; Luke 18,27; Luke 18,43; Luke 20,25; John 3,21; John 5,18; John 9,24; John 16,2; Acts 5,4; Acts 5,29; Acts 7,20; Acts 12,23; Acts 16,34; Acts 17,23; Acts 20,32; Acts 23,1; Acts 24,14; Acts 26,29; Acts 27,25; Acts 27,35; Acts 28,15; Rom. 1,8; Rom. 2,11; Rom. 2,13; Rom. 2,17; Rom. 3,19; Rom. 4,3; Rom. 4,20; Rom. 5,10; Rom. 5,11; Rom. 6,10; Rom. 6,11; Rom. 6,13; Rom. 6,13; Rom. 6,17; Rom. 6,22; Rom. 7,4; Rom. 7,25; Rom. 8,8; Rom. 9,14; Rom. 9,20; Rom. 11,2; Rom. 11,30; Rom. 12,1; Rom. 14,6; Rom. 14,6; Rom. 14,11; Rom. 14,12; Rom. 14,18; Rom. 16,27; 1Cor. 1,4; 1Cor. 1,14; 1Cor. 3,19; 1Cor. 7,24; 1Cor. 8,8; 1Cor. 9,9; 1Cor. 10,20; 1Cor. 11,13; 1Cor. 14,2; 1Cor. 14,18; 1Cor. 14,25; 1Cor. 14,28; 1Cor. 15,24; 1Cor. 15,57; 2Cor. 1,9; 2Cor. 1,20; 2Cor. 2,14; 2Cor. 2,15; 2Cor. 5,11; 2Cor. 5,13; 2Cor. 5,20; 2Cor. 8,16; 2Cor. 9,11; 2Cor. 9,12; 2Cor. 9,15; 2Cor. 10,4; Gal. 2,19; Gal. 3,6; Gal. 3,11; Eph. 2,16; Eph. 3,9; Eph. 5,2; Eph. 5,20; Phil. 1,3; Phil. 2,6; Phil. 4,18; Phil. 4,20; Col. 1,3; Col. 3,3; Col. 3,16; Col. 3,17; 1Th. 1,1; 1Th. 1,2; 1Th. 1,9; 1Th. 2,2; 1Th. 2,4; 1Th. 2,13; 1Th. 2,15; 1Th. 3,9; 1Th. 4,1; 2Th. 1,1; 2Th. 1,3; 2Th. 1,6; 2Th. 2,13; 1Tim. 1,17; 1Tim. 4,10; 1Tim. 6,17; 2Tim. 1,3; 2Tim. 2,15; Titus 3,8; Philem. 4; Heb. 7,19; Heb. 7,25; Heb. 9,14; Heb. 9,14; Heb. 11,4; Heb. 11,5; Heb. 11,6; Heb. 12,23; Heb. 12,28; Heb. 13,15; James 1,27; James 2,23; James 4,7; James 4,8; 1Pet. 2,4; 1Pet. 2,5; 1Pet. 2,20; 1Pet. 3,18; 1John 4,15; 1John 4,16; 1John 5,10; Jude 1; Jude 25; Rev. 1,6; Rev. 5,9; Rev. 5,10; Rev. 7,10; Rev. 7,11; Rev. 7,12; Rev. 11,13; Rev. 11,16; Rev. 14,4; Rev. 19,4; Rev. 19,5; Rev. 19,10; Rev. 22,9)

θεῶν ▸ 59 + 6 = 65

Noun ▪ masculine ▪ plural ▪ genitive ▪ (common)   ▸ 59 + 6 = 65 (Ex. 23,13; Ex. 34,13; Ex. 34,15; Ex. 34,16; Ex. 34,16; Deut. 6,14; Deut. 6,14; Deut. 7,5; Deut. 7,25; Deut. 8,19; Deut. 9,26; Deut. 10,17; Deut. 12,3; Deut. 13,8; Deut. 18,20; Deut. 28,14; Deut. 31,16; Josh. 23,7; Judg. 2,12; Judg. 2,12; Judg. 2,17; Judg. 2,19; 1Sam. 4,8; 1Sam. 6,5; 1Kings 9,9; 1Kings 11,4; 1Kings 11,10; 1Kings 18,24; 1Chr. 5,25; 2Chr. 7,22; Esth. 14,12 # 4,17r; Judith 5,8; 1Mac. 5,68; 3Mac. 3,14; Psa. 49,1; Psa. 81,1; Psa. 83,8; Psa. 135,2; Is. 36,20; Jer. 7,6; Jer. 7,9; Jer. 11,10; Jer. 13,10; Jer. 16,11; Jer. 25,6; Jer. 42,15; Jer. 50,12; LetterJ 8; LetterJ 9; LetterJ 31; LetterJ 54; Dan. 2,47; Dan. 3,90; Dan. 3,93; Dan. 4,33a; Dan. 4,34; Dan. 4,37; Dan. 11,36; Bel 7; Judg. 2,12; Judg. 2,12; Judg. 2,17; Judg. 2,19; Dan. 2,47; Dan. 3,90)

θεοσέβεια (θεός; σέβω)   godliness, fear of God; religion ▸ 7 + 1 = 8

θεοσέβεια ▸ 3

Noun ▪ feminine ▪ singular ▪ nominative ▪ (common)   ▸ 3 (Gen. 20,11; 4Mac. 17,15; Sir. 1,25)

θεοσέβειά ▸ 1

Noun ▪ feminine ▪ singular ▪ nominative ▪ (common)   ▸ 1 (Job 28,28)

θεοσέβειαν ▸ 2 + 1 = 3

Noun ▪ feminine ▪ singular ▪ accusative ▪ (common)   ▸ 2 + 1 = 3 (4Mac. 7,6; 4Mac. 7,22; 1Tim. 2,10)

θεοσεβείας ▸ 1

Noun ▪ feminine ▪ singular ▪ genitive ▪ (common) ▸ 1 (Bar. 5,4)

θεοσεβής (θεός; σέβω)   God-fearing; godly ▸ 7 + 1 = 8

θεοσεβεῖς ▸ 1

Adjective ▪ masculine ▪ plural ▪ accusative ▪ noDegree   ▸ 1 (Ex. 18,21)

θεοσεβής ▸ 4

Adjective ▪ feminine ▪ singular ▪ nominative ▪ noDegree   ▸ 1 (Judith 11,17)

Adjective ▪ masculine ▪ singular ▪ nominative ▪ noDegree   ▸ 3 (Job 1,1; Job 1,8; Job 2,3)

θεοσεβὴς ▸ 1 + 1 = 2

Adjective ▪ feminine ▪ singular ▪ nominative ▪ noDegree   ▸ 1 (4Mac. 16,12)

Adjective ▪ masculine ▪ singular ▪ nominative   ▸ 1 (John 9,31)

θεοσεβοῦς ▸ 1

Adjective ▪ feminine ▪ singular ▪ genitive ▪ noDegree   ▸ 1 (4Mac. 15,28)

θεοστυγής (θεός; στυγέω)   god-detested, god forsaken; hating God ▸ 1

θεοστυγεῖς ▸ 1

Adjective ▪ masculine ▪ plural ▪ accusative   ▸ 1 (Rom. 1,30)

θεότης (θεός)   deity ▸ 1

θεότητος ▸ 1

Noun ▪ feminine ▪ singular ▪ genitive   ▸ 1 (Col. 2,9)

θεοτόκος (θεός; τίκτω)   mother of God ▸ 1

θεοτόκου ▸ 1

Adjective ▪ feminine ▪ singular ▪ genitive ▪ noDegree   ▸ 1 (Ode. 9,0)

Θεόφιλος (θεός; φίλος)   Theophilus ▸ 2

Θεόφιλε ▸ 2

Noun ▪ masculine ▪ singular ▪ vocative ▪ (proper)   ▸ 2 (Luke 1,3; Acts 1,1)

Θερα   Theras ▸ 2

Θερα ▸ 1
  Noun · singular · genitive · (proper) ▸ 1 (1Esdr. 8,60)
Θεραν ▸ 1
  Noun · feminine · singular · accusative · (proper) ▸ 1 (1Esdr. 8,41)

θεράπαινα (θεράπων) servant (f) ▸ 8
  θεράπαινα ▸ 1
    Noun · feminine · singular · nominative · (common) ▸ 1 (Is. 24,2)
  θεράπαιναί ▸ 2
    Noun · feminine · plural · nominative · (common) ▸ 2 (Job 19,15; Job 31,31)
  θεραπαίναις ▸ 1
    Noun · feminine · plural · dative · (common) ▸ 1 (Prov. 31,15)
  θεραπαίνης ▸ 4
    Noun · feminine · singular · genitive · (common) ▸ 4 (Ex. 11,5; Ex. 21,26; Ex. 21,27; Job 31,13)

θεραπεία (θεράπων) service; healing, medical treatment; purification ▸ 6 + 3 = 9
  θεραπεία ▸ 2
    Noun · feminine · singular · nominative · (common) ▸ 2 (Gen. 45,16; Esth. 15,15 # 5,2b)
  θεραπείαν ▸ 2 + 1 = 3
    Noun · feminine · singular · accusative · (common) ▸ 2 + 1 = 3 (Joel 1,14; Joel 2,15; Rev. 22,2)
  θεραπείας ▸ 2 + 2 = 4
    Noun · feminine · singular · genitive · (common) ▸ 2 + 2 = 4 (Esth. 2,12; Esth. 15,1; Luke 9,11; Luke 12,42)

θεραπεύω (θεράπων) to serve; take care of; heal ▸ 24 + 4 + 43 = 71
  ἐθεράπευεν ▸ 1 + 1 = 2
    Verb · third · singular · imperfect · active · indicative ▸ 1 + 1 = 2 (Esth. 2,19; Luke 4,40)
  ἐθεραπεύετο ▸ 1
    Verb · third · singular · imperfect · passive · indicative ▸ 1 (2Kings 9,16)
  ἐθεραπεύθη ▸ 3
    Verb · third · singular · aorist · passive · indicative ▸ 3 (Matt. 17,18; Rev. 13,3; Rev. 13,12)
  ἐθεραπεύθησαν ▸ 1
    Verb · third · plural · aorist · passive · indicative ▸ 1 (Acts 8,7)
  ἐθεράπευον ▸ 1 + 1 = 2
    Verb · third · plural · imperfect · active · indicative ▸ 1 + 1 = 2 (Dan. 7,10; Mark 6,13)
  ἐθεραπεύοντο ▸ 3
    Verb · third · plural · imperfect · passive · indicative ▸ 3 (Luke 6,18; Acts 5,16; Acts 28,9)
  ἐθεράπευσεν ▸ 5 + 2 + 13 = 20
    Verb · third · singular · aorist · active · indicative ▸ 5 + 2 + 13 = 20 (2Sam. 19,25; Tob. 12,3; Tob. 12,3; Wis. 16,12; Sir. 38,7; Tob. 12,3; Tob. 12,3; Matt. 4,24; Matt. 8,16; Matt. 12,15; Matt. 12,22; Matt. 14,14; Matt. 15,30; Matt. 19,2; Matt. 21,14; Mark 1,34; Mark 3,10; Mark 6,5; Luke 7,21; Luke 13,14)
  θεραπεύει ▸ 1
    Verb · third · singular · present · active · indicative ▸ 1 (Luke 6,7)
  θεραπεύειν ▸ 1 + 2 = 3
    Verb · present · active · infinitive ▸ 1 + 2 = 3 (Esth. 12,5 # 1,1q; Matt. 10,1; Luke 9,1)
  θεραπεύεσθαι ▸ 1
    Verb · present · passive · infinitive ▸ 1 (Luke 5,15)
  θεραπεύεσθε ▸ 1
    Verb · second · plural · present · passive · imperative ▸ 1 (Luke 13,14)
  θεραπεύεται ▸ 1
    Verb · third · singular · present · passive · indicative ▸ 1 (Acts 17,25)
  θεραπεύετε ▸ 1 + 2 = 3
    Verb · second · plural · present · active · imperative ▸ 1 + 2 = 3 (1Esdr. 1,4; Matt. 10,8; Luke 10,9)
  θεραπευθῆναι ▸ 1 + 1 = 2
    Verb · aorist · passive · infinitive ▸ 1 + 1 = 2 (Tob. 2,10; Luke 8,43)
  θεραπεύοντας ▸ 1
    Verb · present · active · participle · masculine · plural · accusative ▸ 1 (Wis. 10,9)
  θεραπεύοντες ▸ 2 + 1 = 3
    Verb · present · active · participle · masculine · plural · nominative ▸ 2 + 1 = 3 (LetterJ 25; LetterJ 38; Luke 9,6)
  θεραπεύοντι ▸ 1
    Verb · present · active · participle · masculine · singular · dative ▸ 1 (Esth. 6,10)
  θεραπεύου ▸ 1
    Verb · second · singular · present · middle · imperative ▸ 1 (Sir. 18,19)
  θεραπεύουσα ▸ 1
    Verb · present · active · participle · feminine · singular · nominative ▸ 1 (Judith 11,17)
  θεραπεύουσιν ▸ 5 + 1 = 6
    Verb · present · active · participle · masculine · plural · dative ▸ 2 + 1 = 3 (Tob. 1,7; Is. 54,17; Tob. 1,7)
    Verb · third · plural · present · active · indicative ▸ 3 (1Esdr. 2,14; Prov. 19,6; Prov. 29,26)
  θεραπεῦσαι ▸ 3
    Verb · aorist · active · infinitive ▸ 3 (Matt. 12,10; Matt. 17,16; Luke 14,3)
  θεραπεύσει ▸ 1
    Verb · third · singular · future · active · indicative ▸ 1 (Mark 3,2)
  θεράπευσον ▸ 1
    Verb · second · singular · aorist · active · imperative ▸ 1 (Luke 4,23)
  θεραπεύσουσιν ▸ 1
    Verb · third · plural · future · active · indicative ▸ 1 (Prov. 14,19)
  θεραπεύσω ▸ 1
    Verb · first · singular · future · active · indicative ▸ 1 (Matt. 8,7)
  θεραπεύων ▸ 2 + 2 = 4
    Verb · present · active · participle · masculine · singular · nominative ▸ 2 + 2 = 4 (Esth. 11,3 # 1,1b; Sir. 35,16; Matt. 4,23; Matt. 9,35)
  τεθεραπευμέναι ▸ 1
    Verb · perfect · passive · participle · feminine · plural · nominative ▸ 1 (Luke 8,2)
  τεθεραπευμένον ▸ 1
    Verb · perfect · passive · participle · masculine · singular · accusative ▸ 1 (Acts 4,14)
  τεθεραπευμένῳ ▸ 1
    Verb · perfect · passive · participle · masculine · singular · dative ▸ 1 (John 5,10)

θεράπων servant, healer ▸ 64 + 1 = 65
  θεράποντά ▸ 3
    Noun · masculine · singular · accusative · (common) ▸ 3 (Num. 11,11; Job 19,16; Job 42,8)
  θεράποντας ▸ 2
    Noun · masculine · plural · accusative · (common) ▸ 2 (Judith 2,2; 4Mac. 12,11)

θεράποντάς ▸ 2
    Noun ▪ masculine ▪ plural ▪ accusative ▪ (common) ▸ **2** (Ex. 7,29; Ex. 8,17)
θεράποντες ▸ 4
    Noun ▪ masculine ▪ plural ▪ nominative ▪ (common) ▸ **4** (Ex. 10,7; Ex. 12,30; Judith 10,20; Judith 12,5)
θεράποντές ▸ 1
    Noun ▪ masculine ▪ plural ▪ nominative ▪ (common) ▸ **1** (Ex. 9,30)
θεράποντι ▸ 4
    Noun ▪ masculine ▪ singular ▪ dative ▪ (common) ▸ **4** (Gen. 24,44; Ex. 14,31; Deut. 3,24; Judith 9,10)
θεράποντί ▸ 2
    Noun ▪ masculine ▪ singular ▪ dative ▪ (common) ▸ **2** (Ex. 4,10; Job 2,3)
θεράποντος ▸ 2
    Noun ▪ masculine ▪ singular ▪ genitive ▪ (common) ▸ **2** (1Chr. 16,40; Wis. 10,16)
θεράποντός ▸ 3
    Noun ▪ masculine ▪ singular ▪ genitive ▪ (common) ▸ **3** (Num. 12,8; Job 31,13; Job 42,8)
θεραπόντων ▸ 27
    Noun ▪ masculine ▪ plural ▪ genitive ▪ (common) ▸ **27** (Gen. 50,17; Ex. 5,21; Ex. 7,9; Ex. 7,10; Ex. 7,10; Ex. 7,20; Ex. 7,28; Ex. 8,5; Ex. 8,7; Ex. 8,20; Ex. 8,25; Ex. 8,27; Ex. 9,8; Ex. 9,14; Ex. 9,20; Ex. 9,34; Ex. 10,1; Ex. 10,6; Ex. 11,3; Ex. 14,5; Ex. 14,8; Deut. 9,27; Judith 6,6; Judith 7,16; Judith 10,23; Judith 11,20; Prov. 27,27)
θεράπουσιν ▸ 3
    Noun ▪ masculine ▪ plural ▪ dative ▪ (common) ▸ **3** (Num. 32,31; Deut. 29,1; Deut. 34,11)
θεράπων ▸ **11** + **1** = **12**
    Noun ▪ masculine ▪ singular ▪ nominative ▪ (common) ▸ **11** + **1** = **12** (Ex. 33,11; Num. 12,7; Josh. 1,2; Josh. 8,31 # 9,2b; Josh. 8,33 # 9,2d; Prov. 18,14; Job 3,19; Job 7,2; Job 42,7; Job 42,8; Wis. 18,21; Heb. 3,5)

θεραφιν teraphim, idols ▸ **7** + **3** = **10**
    θεραφιν ▸ **7** + **3** = **10**
        Noun ▪ neuter ▪ plural ▪ accusative ▪ (common) ▸ **1** (2Kings 23,24)
        Noun ▪ neuter ▪ plural ▪ nominative ▪ (common) ▸ **1** (1Sam. 15,23)
        Noun ▪ neuter ▪ singular ▪ accusative ▪ (common) ▸ **4** + **3** = **7** (Judg. 17,5; Judg. 18,17; Judg. 18,18; Judg. 18,20; Judg. 18,14; Judg. 18,18; Judg. 18,20)
        Noun ▪ neuter ▪ singular ▪ nominative ▪ (common) ▸ **1** (Judg. 18,14)

Θεργαμα Togarmah ▸ 2
    Θεργαμα ▸ 2
        Noun ▪ singular ▪ genitive ▪ (proper) ▸ **2** (Ezek. 27,14; Ezek. 38,6)

Θερεε Tarea ▸ 1
    Θερεε ▸ 1
        Noun ▪ masculine ▪ singular ▪ nominative ▪ (proper) ▸ **1** (1Chr. 8,35)

θερίζω (θέρμη) to reap ▸ **27** + **21** = **48**
    ἐθέριζον ▸ 1
        Verb ▪ third ▪ plural ▪ imperfect ▪ active ▪ indicative ▸ **1** (1Sam. 6,13)
    ἐθέρισαν ▸ 1
        Verb ▪ third ▪ plural ▪ aorist ▪ active ▪ indicative ▸ **1** (Job 24,6)
    ἐθερίσθη ▸ 1
        Verb ▪ third ▪ singular ▪ aorist ▪ passive ▪ indicative ▸ **1** (Rev. 14,16)
    θερίζειν ▸ **3** + **1** = **4**
        Verb ▪ present ▪ active ▪ infinitive ▸ **3** + **1** = **4** (Lev. 23,22; 1Sam. 8,12; 1Sam. 13,21; John 4,38)
    θερίζεις ▸ 1
        Verb ▪ second ▪ singular ▪ present ▪ active ▪ indicative ▸ **1** (Luke 19,21)
    θερίζητε ▸ 2
        Verb ▪ second ▪ plural ▪ present ▪ active ▪ subjunctive ▸ **2** (Lev. 23,10; Lev. 23,22)
    θεριζόμενος ▸ 1
        Verb ▪ present ▪ passive ▪ participle ▪ masculine ▪ singular ▪ nominative ▸ **1** (Job 5,26)
    θερίζοντας ▸ 3
        Verb ▪ present ▪ active ▪ participle ▪ masculine ▪ plural ▪ accusative ▸ **3** (Ruth 2,5; Ruth 2,6; 2Kings 4,18)
    θερίζοντος ▸ 1
        Verb ▪ present ▪ active ▪ participle ▪ masculine ▪ singular ▪ genitive ▸ **1** (Jer. 9,21)
    θεριζόντων ▸ 3
        Verb ▪ present ▪ active ▪ participle ▪ masculine ▪ plural ▪ genitive ▸ **3** (Ruth 2,3; Ruth 2,7; Ruth 2,14)
    θερίζουσιν ▸ **1** + **2** = **3**
        Verb ▪ present ▪ active ▪ participle ▪ masculine ▪ plural ▪ dative ▸ **1** + **2** = **3** (Ruth 2,4; Matt. 6,26; Luke 12,24)
    θερίζω ▸ 1
        Verb ▪ first ▪ singular ▪ present ▪ active ▪ indicative ▸ **1** (Matt. 25,26)
    θερίζων ▸ **1** + **5** = **6**
        Verb ▪ present ▪ active ▪ participle ▪ masculine ▪ singular ▪ nominative ▸ **1** + **5** = **6** (Psa. 128,7; Matt. 25,24; Luke 19,22; John 4,36; John 4,36; John 4,37)
    θερίζωσιν ▸ 1
        Verb ▪ third ▪ plural ▪ present ▪ active ▪ subjunctive ▸ **1** (Ruth 2,9)
    θεριοῦσιν ▸ 2
        Verb ▪ third ▪ plural ▪ future ▪ active ▪ indicative ▸ **2** (Psa. 125,5; Job 4,8)
    θερίσαι ▸ 1
        Verb ▪ aorist ▪ active ▪ infinitive ▸ **1** (Rev. 14,15)
    θερίσαντες ▸ 1
        Verb ▪ aorist ▪ active ▪ participle ▪ masculine ▪ plural ▪ nominative ▸ **1** (1Esdr. 4,6)
    θερισάντων ▸ 1
        Verb ▪ aorist ▪ active ▪ participle ▪ masculine ▪ plural ▪ genitive ▸ **1** (James 5,4)
    θερίσατε ▸ 1
        Verb ▪ second ▪ plural ▪ aorist ▪ active ▪ imperative ▸ **1** (Jer. 12,13)
    θερίσει ▸ **2** + **5** = **7**
        Verb ▪ third ▪ singular ▪ future ▪ active ▪ indicative ▸ **2** + **5** = **7** (Prov. 22,8; Eccl. 11,4; 2Cor. 9,6; 2Cor. 9,6; Gal. 6,7; Gal. 6,8; Gal. 6,8)
    θερίσῃς ▸ 1
        Verb ▪ second ▪ singular ▪ aorist ▪ active ▪ subjunctive ▸ **1** (Sir. 7,3)
    θερισθῇ ▸ 1
        Verb ▪ third ▪ singular ▪ aorist ▪ passive ▪ subjunctive ▸ **1** (Job 8,12)
    θερίσομεν ▸ 2
        Verb ▪ first ▪ plural ▪ future ▪ active ▪ indicative ▸ **2** (1Cor. 9,11; Gal. 6,9)
    θέρισον ▸ 1
        Verb ▪ second ▪ singular ▪ aorist ▪ active ▪ imperative ▸ **1** (Rev. 14,15)
    τεθερισμένα ▸ 1

θερίζω–θερμός

Verb · perfect · passive · participle · neuter · plural · nominative ▸ 1 (Judith 4,5)

θερινός (θέρμη) summer ▸ 2 + 3 = 5
  θερινῆς ▸ 1
    Adjective · feminine · singular · genitive · noDegree ▸ 1 (Dan. 2,35)
  θερινόν ▸ 1
    Adjective · masculine · singular · accusative · noDegree ▸ 1 (Amos 3,15)
  θερινῷ ▸ 1 + 2 = 3
    Adjective · neuter · singular · dative · noDegree ▸ 1 + 2 = 3 (Judg. 3,20; Judg. 3,20; Judg. 3,24)

θερισμός (θέρμη) harvest ▸ 34 + 1 + 13 = 48
  θερισμόν ▸ 1
    Noun · masculine · singular · accusative ▸ 1 (John 4,35)
  θερισμὸν ▸ 9 + 2 = 11
    Noun · masculine · singular · accusative · (common) ▸ 9 + 2 = 11 (Lev. 19,9; Lev. 19,9; Lev. 23,10; Lev. 23,22; Ruth 2,23; 1Sam. 6,13; 1Sam. 8,12; Job 14,9; Jer. 5,17; Matt. 9,38; Luke 10,2)
  θερισμός ▸ 1 + 1 = 2
    Noun · masculine · singular · nominative · (common) ▸ 1 + 1 = 2 (Gen. 8,22; Mark 4,29)
  θερισμὸς ▸ 2 + 5 = 7
    Noun · masculine · singular · nominative · (common) ▸ 2 + 5 = 7 (1Sam. 12,17; Job 18,16; Matt. 9,37; Matt. 13,39; Luke 10,2; John 4,35; Rev. 14,15)
  θερισμοῦ ▸ 20 + 1 + 4 = 25
    Noun · masculine · singular · genitive · (common) ▸ 20 + 1 + 4 = 25 (Gen. 30,14; Ex. 23,16; Ex. 34,22; Lev. 19,9; Lev. 23,10; Lev. 23,22; Lev. 23,22; Josh. 3,15; Judg. 15,1; Ruth 1,22; 2Sam. 21,9; 2Sam. 21,9; 2Sam. 21,10; 2Sam. 24,15; Judith 2,27; Judith 8,2; Sir. 24,26; Is. 18,5; Jer. 5,24; Jer. 27,16; Judg. 15,1; Matt. 9,38; Matt. 13,30; Matt. 13,30; Luke 10,2)
  θερισμῷ ▸ 2
    Noun · masculine · singular · dative · (common) ▸ 2 (Job 29,19; Is. 16,9)

θεριστής (θέρμη) reaper ▸ 1 + 1 + 2 = 4
  θερισταί ▸ 1
    Noun · masculine · plural · nominative ▸ 1 (Matt. 13,39)
  θερισταῖς ▸ 1 + 1 = 2
    Noun · masculine · plural · dative ▸ 1 + 1 = 2 (Bel 33; Matt. 13,30)
  θεριστάς ▸ 1
    Noun · masculine · plural · accusative · (common) ▸ 1 (Bel 33)

θέριστρον (θέρμη) summer garment, veil ▸ 6
  θέριστρα ▸ 1
    Noun · neuter · plural · accusative · (common) ▸ 1 (Is. 3,23)
  θέριστρον ▸ 4
    Noun · neuter · singular · accusative · (common) ▸ 4 (Gen. 24,65; Gen. 38,14; Gen. 38,19; 1Sam. 13,20)
  θέριστρόν ▸ 1
    Noun · neuter · singular · accusative · (common) ▸ 1 (Song 5,7)

Θερμα Therma (?) ▸ 1
  Θερμα ▸ 1
    Noun · singular · genitive · (proper) ▸ 1 (Josh. 16,6)

Θερμαι Therme (?) ▸ 1
  Θερμαι ▸ 1
    Noun · feminine · singular · accusative · (proper) ▸ 1 (1Kings 2,46d)

θερμαίνω (θέρμη) to warm, warm oneself ▸ 13 + 6 = 19
  ἐθερμαίνετο ▸ 1
    Verb · third · singular · imperfect · passive · indicative ▸ 1 (1Kings 1,1)
  ἐθερμαίνοντο ▸ 1
    Verb · third · plural · imperfect · middle · indicative ▸ 1 (John 18,18)
  ἐθερμάνθη ▸ 2
    Verb · third · singular · aorist · passive · indicative ▸ 2 (Psa. 38,4; Is. 44,15)
  ἐθερμάνθην ▸ 1
    Verb · first · singular · aorist · passive · indicative ▸ 1 (Is. 44,16)
  ἐθερμάνθησαν ▸ 2
    Verb · third · plural · aorist · passive · indicative ▸ 2 (Job 31,20; Hos. 7,7)
  ἐθερμάνθητε ▸ 1
    Verb · second · plural · aorist · passive · indicative ▸ 1 (Hag. 1,6)
  θερμαίνεσθε ▸ 1
    Verb · second · plural · present · middle · imperative ▸ 1 (James 2,16)
  θερμαινόμενον ▸ 1 + 1 = 2
    Verb · present · middle · participle · masculine · singular · accusative ▸ 1 (Mark 14,67)
    Verb · present · passive · participle · neuter · singular · nominative ▸ 1 (Wis. 16,27)
  θερμαινόμενος ▸ 3
    Verb · present · middle · participle · masculine · singular · nominative ▸ 3 (Mark 14,54; John 18,18; John 18,25)
  θερμανθείς ▸ 1
    Verb · aorist · passive · participle · masculine · singular · nominative ▸ 1 (Is. 44,16)
  θερμανθῇ ▸ 2
    Verb · third · singular · aorist · passive · subjunctive ▸ 2 (Eccl. 4,11; Ezek. 24,11)
  θερμανθήσεται ▸ 1
    Verb · third · singular · future · passive · indicative ▸ 1 (1Kings 1,2)
  θέρμανον ▸ 1
    Verb · second · singular · aorist · active · imperative ▸ 1 (Sir. 38,17)

θερμασία (θέρμη) heat, warmth ▸ 2
  θερμασία ▸ 1
    Noun · feminine · singular · dative · (common) ▸ 1 (Jer. 28,39)
  θερμασίαν ▸ 1
    Noun · feminine · singular · accusative · (common) ▸ 1 (Dan. 3,46)

θερμαστρίς (θέρμη) tong ▸ 2
  θερμάστρεις ▸ 2
    Noun · feminine · plural · accusative · (common) ▸ 2 (1Kings 7,26; 1Kings 7,31)

Θερμελεθ Tel Melah ▸ 1
  Θερμελεθ ▸ 1
    Noun · masculine · singular · genitive · (proper) ▸ 1 (1Esdr. 5,36)

θέρμη heat ▸ 1
  θέρμης ▸ 1
    Noun · feminine · singular · genitive ▸ 1 (Acts 28,3)

θερμός (θέρμη) warm, hot ▸ 10 + 1 = 11
  θερμή ▸ 1
    Adjective · feminine · singular · nominative · noDegree ▸ 1 (Job 37,17)
  θερμὴ ▸ 1
    Adjective · feminine · singular · nominative · noDegree ▸ 1 (Sir. 23,17)
  θέρμη ▸ 1

Adjective · feminine · singular · nominative · noDegree ▸ **1** (Eccl. 4,11)

θέρμῃ ▸ 1
Adjective · feminine · singular · dative · noDegree ▸ **1** (Sir. 38,28)

θέρμην ▸ 1
Adjective · feminine · singular · accusative · noDegree ▸ **1** (Psa. 18,7)

θέρμης ▸ 1
Adjective · feminine · singular · genitive · noDegree ▸ **1** (Job 6,17)

θερμόν ▸ 3 + **1** = 4
Adjective · masculine · singular · accusative · noDegree ▸ **2** (1Sam. 21,7; Jer. 38,2)
Adjective · neuter · singular · accusative · noDegree ▸ **1** (Tob. 2,10)
Adjective · neuter · singular · nominative · noDegree ▸ **1** (Tob. 2,10)

θερμούς ▸ 1
Adjective · masculine · plural · accusative · noDegree ▸ **1** (Josh. 9,12)

θερμότης (θέρμη) heat ▸ 1
θερμότητος ▸ 1
Noun · feminine · singular · genitive · (common) ▸ **1** (Wis. 2,4)

θέρος (θέρμη) summer ▸ 8 + 3 = 11
θέρει ▸ 2
Noun · neuter · singular · dative · (common) ▸ **2** (Prov. 26,1; Zech. 14,8)

θέρος ▸ 3 + 3 = 6
Noun · neuter · singular · accusative · (common) ▸ **1** (Psa. 73,17)
Noun · neuter · singular · nominative · (common) ▸ 2 + 3 = **5** (Gen. 8,22; Jer. 8,20; Matt. 24,32; Mark 13,28; Luke 21,30)

θέρους ▸ 3
Noun · neuter · singular · genitive · (common) ▸ **3** (Prov. 6,8; Prov. 30,25; Sir. 50,8)

Θερσα Tirzah ▸ 15
Θερσα ▸ 15
Noun · feminine · singular · accusative · (proper) ▸ **3** (1Kings 15,21; 1Kings 16,17; 2Kings 15,16)
Noun · feminine · singular · dative · (proper) ▸ **7** (1Kings 15,33; 1Kings 16,6; 1Kings 16,8; 1Kings 16,9; 1Kings 16,9; 1Kings 16,15; 1Kings 16,23)
Noun · feminine · singular · genitive · (proper) ▸ **1** (2Kings 15,16)
Noun · feminine · singular · nominative · (proper) ▸ **4** (Num. 26,37; Num. 27,1; Num. 36,11; Josh. 17,3)

Θεσβίτης Tishbite ▸ 8
Θεσβίτην ▸ 3
Noun · masculine · singular · accusative · (proper) ▸ **3** (1Kings 20,17; 2Kings 1,3; Mal. 3,22)

Θεσβίτης ▸ 4
Noun · masculine · singular · nominative · (proper) ▸ **4** (1Kings 17,1; 1Kings 18,27; 1Kings 18,29; 2Kings 1,8)

Θεσβίτου ▸ 1
Noun · masculine · singular · genitive · (proper) ▸ **1** (2Kings 9,36)

Θεσβων Tishbe ▸ 1
Θεσβων ▸ 1
Noun · singular · genitive · (proper) ▸ **1** (1Kings 17,1)

θέσις (τίθημι) placing, position; habitat; constellation ▸ 4
θέσει ▸ 1
Noun · feminine · singular · dative · (common) ▸ **1** (1Esdr. 1,3)

θέσεις ▸ 1
Noun · feminine · plural · accusative · (common) ▸ **1** (Wis. 7,19)

θέσιν ▸ 1
Noun · feminine · singular · accusative · (common) ▸ **1** (Wis. 7,29)

θέσις ▸ 1
Noun · feminine · singular · nominative · (common) ▸ **1** (1Kings 11,36)

θεσμός (τίθημι) ordinance, rule ▸ 5
θεσμόν ▸ 1
Noun · masculine · singular · accusative · (common) ▸ **1** (4Mac. 8,7)

θεσμόν ▸ 1
Noun · masculine · singular · accusative · (common) ▸ **1** (3Mac. 6,36)

θεσμούς ▸ 2
Noun · masculine · plural · accusative · (common) ▸ **2** (Prov. 1,8; Prov. 6,20)

θεσμῶν ▸ 1
Noun · masculine · plural · genitive · (common) ▸ **1** (Wis. 14,23)

Θεσσαλονικεύς Thessalonian ▸ 6
ΘΕΣΣΑΛΟΝΙΚΕΙΣ ▸ 2
Noun · masculine · plural · accusative · (proper) ▸ **2** (1Th. 1,0; 2Th. 1,0)

Θεσσαλονικέων ▸ 3
Noun · masculine · plural · genitive · (proper) ▸ **3** (Acts 20,4; 1Th. 1,1; 2Th. 1,1)

Θεσσαλονικέως ▸ 1
Noun · masculine · singular · genitive · (proper) ▸ **1** (Acts 27,2)

Θεσσαλονίκη Thessalonica ▸ 5
Θεσσαλονίκῃ ▸ 2
Noun · feminine · singular · dative · (proper) ▸ **2** (Acts 17,11; Phil. 4,16)

Θεσσαλονίκην ▸ 2
Noun · feminine · singular · accusative · (proper) ▸ **2** (Acts 17,1; 2Tim. 4,10)

Θεσσαλονίκης ▸ 1
Noun · feminine · singular · genitive · (proper) ▸ **1** (Acts 17,13)

Θεσσαμυς Beth Shemesh ▸ 1
Θεσσαμυς ▸ 1
Noun · singular · nominative · (proper) ▸ **1** (Josh. 19,38)

Θευδᾶς Theudas ▸ 1
Θευδᾶς ▸ 1
Noun · masculine · singular · nominative · (proper) ▸ **1** (Acts 5,36)

θεωρέω (θεάομαι) to see, observe ▸ 53 + 22 + 58 = 133
ἐθεώρει ▸ 3 + 1 + 1 = 5
Verb · third · singular · imperfect · active · indicative ▸ 3 + 1 + 1 = **5** (1Esdr. 4,31; 4Mac. 17,14; Dan. 3,91; Dan. 5,5; Mark 12,41)

ἐθεώρεις ▸ 1 + 2 = 3
Verb · second · singular · imperfect · active · indicative ▸ 1 + 2 = **3** (Psa. 49,18; Dan. 2,31; Dan. 2,34)

ἐθεωρεῖτε ▸ 1
Verb · second · plural · imperfect · active · indicative ▸ **1** (Tob. 12,19)

ἐθεωρεῖτέ ▸ 1
Verb · second · plural · imperfect · active · indicative ▸ **1** (Tob. 12,19)

ἐθεωρεῖτο ▸ 1
Verb · third · singular · imperfect · passive · indicative ▸ **1** (Tob. 12,19)

ἐθεωρήθη ▸ 1
Verb · third · singular · aorist · passive · indicative ▸ **1** (Wis.

θεωρέω–θεωρία

19,7)

ἐθεωρήθησαν ▸ 1
  Verb · third · plural · aorist · passive · indicative ▸ **1** (Psa. 67,25)

ἐθεώρησαν ▸ 1
  Verb · third · plural · aorist · active · indicative ▸ **1** (Rev. 11,12)

ἐθεωροῦμεν ▸ 1
  Verb · first · plural · imperfect · active · indicative ▸ **1** (Sus. 37)

ἐθεώρουν ▸ 16 + 13 + 4 = 33
  Verb · first · singular · imperfect · active · indicative ▸ 10 + 11 + 1 = **22** (1Esdr. 4,29; Tob. 1,17; Dan. 4,13; Dan. 7,2; Dan. 7,4; Dan. 7,6; Dan. 7,7; Dan. 7,9; Dan. 7,11; Dan. 7,13; Tob. 1,17; Dan. 4,10; Dan. 4,13; Dan. 7,2; Dan. 7,4; Dan. 7,6; Dan. 7,7; Dan. 7,9; Dan. 7,11; Dan. 7,13; Dan. 7,21; Luke 10,18)
  Verb · third · plural · imperfect · active · indicative ▸ 6 + 2 + 3 = **11** (Josh. 8,20; Judg. 13,19; Judg. 13,20; Judith 10,10; Psa. 65,18; Dan. 3,94; Dan. 3,94; Sus. 8; Mark 3,11; Mark 15,47; John 6,2)

θεωρεῖ ▸ 1 + 1 + 9 = 11
  Verb · third · singular · present · active · indicative ▸ 1 + 1 + 9 = **11** (1Esdr. 4,24; Sus. 20; Mark 5,38; John 10,12; John 12,45; John 14,17; John 14,19; John 20,6; John 20,12; John 20,14; Acts 10,11)

θεώρει ▸ 1
  Verb · second · singular · present · active · imperative ▸ **1** (2Mac. 7,17)

θεωρεῖν ▸ 2 + 2 = 4
  Verb · present · active · infinitive ▸ 2 + 2 = **4** (Psa. 26,4; Dan. 8,15; Luke 24,37; Acts 20,38)

θεωρεῖς ▸ 1 + 1 = 2
  Verb · second · singular · present · active · indicative ▸ 1 + 1 = **2** (Tob. 9,3-4; Acts 21,20)

θεωρεῖσθαι ▸ 1
  Verb · present · passive · infinitive ▸ **1** (1Mac. 13,29)

θεωρεῖται ▸ 2
  Verb · third · singular · present · passive · indicative ▸ **2** (Wis. 6,12; Wis. 13,5)

Θεωρεῖτε ▸ 1
  Verb · second · plural · present · active · indicative ▸ **1** (Heb. 7,4)

θεωρεῖτε ▸ 1 + 6 = 7
  Verb · second · plural · present · active · indicative ▸ **4** (Luke 21,6; Luke 24,39; Acts 3,16; Acts 19,26)
  Verb · second · plural · present · active · imperative ▸ 1 + 2 = **3** (4Mac. 14,13; John 12,19; Acts 25,24)

θεωρεῖτέ ▸ 5
  Verb · second · plural · present · active · indicative ▸ **5** (John 14,19; John 16,10; John 16,16; John 16,17; John 16,19)

θεωρῇ ▸ 1
  Verb · third · singular · present · active · subjunctive ▸ **1** (1John 3,17)

θεωρῆσαι ▸ 1 + 1 = 2
  Verb · aorist · active · infinitive ▸ 1 + 1 = **2** (Sir. 42,22; Matt. 28,1)

θεωρήσαντες ▸ 2 + 1 = 3
  Verb · aorist · active · participle · masculine · plural · nominative ▸ 2 + 1 = **3** (3Mac. 6,17; Wis. 19,8; Luke 23,48)

θεωρήσασα ▸ 1
  Verb · aorist · active · participle · feminine · singular · nominative ▸ **1** (Prov. 31,16)

θεωρήσῃ ▸ 1
  Verb · third · singular · aorist · active · subjunctive ▸ **1** (John 8,51)

θεωρήσουσιν ▸ 1
  Verb · third · plural · future · active · indicative ▸ **1** (John 7,3)

θεωρῆτε ▸ 1
  Verb · second · plural · present · active · subjunctive ▸ **1** (John 6,62)

θεωρουμένης ▸ 1
  Verb · present · passive · participle · feminine · singular · genitive ▸ **1** (Wis. 17,6)

θεωρούμενον ▸ 1
  Verb · present · passive · participle · neuter · singular · accusative ▸ **1** (Wis. 16,7)

θεωρούμενος ▸ 1
  Verb · present · passive · participle · masculine · singular · nominative ▸ **1** (1Mac. 4,20)

θεωροῦντας ▸ 1
  Verb · present · active · participle · masculine · plural · accusative ▸ **1** (Rev. 11,11)

θεωροῦντες ▸ 1
  Verb · present · active · participle · masculine · plural · nominative ▸ **1** (Acts 4,13)

θεωροῦντες ▸ 5 + 2 + 4 = 11
  Verb · present · active · participle · masculine · plural · nominative ▸ 5 + 2 + 4 = **11** (Tob. 11,16; 3Mac. 1,27; 3Mac. 3,8; 4Mac. 17,7; Psa. 63,9; Judg. 16,27; Tob. 5,10; Luke 14,29; John 2,23; John 9,8; Acts 9,7)

θεωροῦντές ▸ 2
  Verb · present · active · participle · masculine · plural · nominative ▸ **2** (Psa. 21,8; Psa. 30,12)

θεωροῦντος ▸ 1
  Verb · present · active · participle · masculine · singular · genitive ▸ **1** (Acts 17,16)

θεωρούντων ▸ 1
  Verb · present · active · participle · masculine · plural · genitive ▸ **1** (Acts 28,6)

θεωροῦσα ▸ 1
  Verb · present · active · participle · feminine · singular · nominative ▸ **1** (4Mac. 15,19)

θεωροῦσαι ▸ 2
  Verb · present · active · participle · feminine · plural · nominative ▸ **2** (Matt. 27,55; Mark 15,40)

θεωροῦσιν ▸ 3 + 3 = 6
  Verb · present · active · participle · masculine · plural · dative ▸ **2** (2Mac. 3,17; Eccl. 7,11)
  Verb · third · plural · present · active · indicative ▸ 1 + 3 = **4** (1Esdr. 4,19; Mark 5,15; Mark 16,4; John 6,19)

θεωρῶ ▸ 4
  Verb · first · singular · present · active · indicative ▸ **4** (John 4,19; Acts 7,56; Acts 17,22; Acts 27,10)

θεωρῶν ▸ 3 + 4 = 7
  Verb · present · active · participle · masculine · singular · nominative ▸ 3 + 4 = **7** (2Mac. 9,23; Psa. 72,3; Prov. 15,30; Luke 23,35; John 6,40; John 12,45; Acts 8,13)

θεωρῶσιν ▸ 1
  Verb · third · plural · present · active · subjunctive ▸ **1** (John 17,24)

Θεωρητός visible, seen, notable ▸ 1
  θεωρητὸν ▸ 1
    Adjective · neuter · singular · nominative · noDegree ▸ **1** (Dan. 8,5)

Θεωρία (θεάομαι) sight, spectacle; contemplation ▸ 4 + 1 = 5
  θεωρία ▸ 1
    Noun · feminine · singular · nominative · (common) ▸ **1** (2Mac. 15,12)

θεωρίαν ▸ 3 + **1** = **4**
    Noun · feminine · singular · accusative · (common) ▸ 3 + **1** = **4** (2Mac. 5,26; 3Mac. 5,24; Dan. 5,7; Luke 23,48)

θεωρός (θεάομαι) envoy, messenger; spectator ▸ 1
    θεωρούς ▸ 1
    Noun · masculine · plural · accusative · (common) ▸ **1** (2Mac. 4,19)

Θηβης Thebez ▸ 1
    Θηβης ▸ 1
    Noun · feminine · singular · dative · (proper) ▸ **1** (Judg. 9,50)

Θηζια Zechariah (?) ▸ 1
    Θηζια ▸ 1
    Noun · masculine · singular · genitive · (proper) ▸ **1** (Neh. 11,5)

θήκη (τίθημι) chest, case, sheath ▸ 3 + **1** = **4**
    θήκαι ▸ 1
    Noun · feminine · plural · nominative · (common) ▸ **1** (Is. 3,26)
    θήκας ▸ 1
    Noun · feminine · plural · accusative · (common) ▸ **1** (Ex. 25,27)
    θήκην ▸ 1
    Noun · feminine · singular · accusative ▸ **1** (John 18,11)
    θήκης ▸ 1
    Noun · feminine · singular · genitive · (common) ▸ **1** (Is. 6,13)

θηλάζω to nurse ▸ 30 + **5** = **35**
    ἐθήλαζεν ▸ 1
    Verb · third · singular · imperfect · active · indicative ▸ **1** (Ex. 2,9)
    ἐθήλασα ▸ 1
    Verb · first · singular · aorist · active · indicative ▸ **1** (Job 3,12)
    ἐθήλασαν ▸ 3
    Verb · third · plural · aorist · active · indicative ▸ **3** (Deut. 32,13; Ode. 2,13; Lam. 4,3)
    ἐθήλασας ▸ 1
    Verb · second · singular · aorist · active · indicative ▸ **1** (Luke 11,27)
    ἐθήλασεν ▸ 1
    Verb · third · singular · aorist · active · indicative ▸ **1** (1Sam. 1,23)
    θηλάζει ▸ 1
    Verb · third · singular · present · active · indicative ▸ **1** (Gen. 21,7)
    θηλάζον ▸ 1
    Verb · present · active · participle · neuter · singular · accusative ▸ **1** (1Kings 3,25)
    θηλάζοντα ▸ 6
    Verb · present · active · participle · masculine · singular · accusative ▸ **3** (Num. 11,12; Song 8,1; Jer. 51,7)
    Verb · present · active · participle · neuter · plural · accusative ▸ **1** (Joel 2,16)
    Verb · present · active · participle · neuter · plural · nominative ▸ **2** (Lam. 2,11; Lam. 2,20)
    θηλάζοντά ▸ 1
    Verb · present · active · participle · neuter · plural · accusative ▸ **1** (Judith 16,4)
    θηλάζοντος ▸ 3
    Verb · present · active · participle · masculine · singular · genitive ▸ **3** (1Sam. 15,3; 1Sam. 22,19; Lam. 4,4)
    θηλαζόντων ▸ 1 + **1** = **2**
    Verb · present · active · participle · masculine · plural · genitive ▸ 1 + **1** = **2** (Psa. 8,3; Matt. 21,16)
    θηλαζούσαις ▸ 3
    Verb · present · active · participle · feminine · plural · dative ▸ **3** (Matt. 24,19; Mark 13,17; Luke 21,23)
    θηλαζούσας ▸ 1
    Verb · present · active · participle · feminine · plural · accusative ▸ **1** (Gen. 32,16)
    θηλάζων ▸ 2
    Verb · present · active · participle · masculine · singular · nominative ▸ **2** (Deut. 32,25; Ode. 2,25)
    θηλάσαι ▸ 1
    Verb · aorist · active · infinitive ▸ **1** (1Kings 3,21)
    θηλάσασάν ▸ 1
    Verb · aorist · active · participle · feminine · singular · accusative ▸ **1** (2Mac. 7,27)
    θηλάσει ▸ 2
    Verb · third · singular · future · active · indicative ▸ **2** (Ex. 2,7; Deut. 33,19)
    θηλάσειεν ▸ 1
    Verb · third · singular · aorist · active · optative ▸ **1** (Job 20,16)
    θηλάσεις ▸ 1
    Verb · second · singular · future · active · indicative ▸ **1** (Is. 60,16)
    θηλάσητε ▸ 1
    Verb · second · plural · aorist · active · subjunctive ▸ **1** (Is. 66,11)
    θηλάσον ▸ 1
    Verb · second · singular · aorist · active · imperative ▸ **1** (Ex. 2,9)

θηλυκός (θηλάζω) female ▸ 2
    θηλυκοῦ ▸ 2
    Adjective · neuter · singular · genitive · noDegree ▸ **2** (Num. 5,3; Deut. 4,16)

θηλυμανής (θηλάζω) mad after females ▸ 1
    θηλυμανεῖς ▸ 1
    Adjective · masculine · plural · nominative · noDegree ▸ **1** (Jer. 5,8)

θῆλυς (θηλάζω) female, feminine, delicate, soft ▸ 36 + **1** + **5** = **42**
    θήλεια ▸ 1
    Adjective · feminine · singular · nominative · noDegree ▸ **1** (Lev. 27,7)
    θηλεία ▸ 1
    Adjective · feminine · singular · dative · noDegree ▸ **1** (Lev. 15,33)
    θήλειαι ▸ 5 + **1** = **6**
    Adjective · feminine · plural · nominative · noDegree ▸ 5 + **1** = **6** (1Kings 10,26; 2Chr. 9,25; Job 1,3; Job 1,14; Job 42,12; Rom. 1,26)
    θηλείαις ▸ 2
    Adjective · feminine · plural · dative · noDegree ▸ **2** (Prov. 30,31; Amos 6,12)
    θήλειαν ▸ 1
    Adjective · feminine · singular · accusative · noDegree ▸ **1** (Lev. 4,28)
    θηλείας ▸ 6 + **1** + **1** = **8**
    Adjective · feminine · singular · genitive · noDegree ▸ 6 + **1** + **1** = **8** (Lev. 27,4; Lev. 27,5; Lev. 27,6; Judith 9,10; Judith 13,15; Judith 16,5; Judg. 5,10; Rom. 1,27)
    θῆλυ ▸ 19 + **3** = **22**
    Adjective · neuter · singular · accusative · noDegree ▸ 14 + **2** = **16** (Gen. 1,27; Gen. 5,2; Gen. 7,2; Gen. 7,2; Gen. 7,3; Gen. 7,3; Ex. 1,22; Lev. 3,1; Lev. 3,6; Lev. 4,32; Lev. 5,6; Lev. 12,5; Lev. 12,7; Num. 31,15; Matt. 19,4; Mark 10,6)
    Adjective · neuter · singular · nominative · noDegree ▸ 5 + **1** = **6** (Gen. 6,19; Gen. 6,20; Gen. 7,9; Gen. 7,16; Ex. 1,16; Gal. 3,28)
    θῆλυν ▸ 1
    Adjective · masculine · singular · accusative · noDegree ▸ **1**

θῆλυς–θηριάλωτος

(2Mac. 7,21)

Θημα Temah ▸ 1
  Θημα ▸ 1
    Noun · masculine · singular · genitive · (proper) ▸ **1** (Neh. 7,55)

Θημαρ Tamar ▸ 16
  Θημαρ ▸ 16
    Noun · feminine · singular · accusative · (proper) ▸ **8** (2Sam. 13,1; 2Sam. 13,2; 2Sam. 13,4; 2Sam. 13,7; 2Sam. 13,10; 2Sam. 13,22; 2Sam. 13,32; 2Sam. 14,27)
    Noun · feminine · singular · nominative · (proper) ▸ **6** (2Sam. 13,5; 2Sam. 13,6; 2Sam. 13,16; 2Sam. 13,19; 2Sam. 13,20; 1Chr. 3,9)
    Noun · masculine · singular · nominative · (proper) ▸ **2** (2Sam. 13,8; 2Sam. 13,10)

Θημωνιά heap, mound ▸ 8
  θημωνιὰ ▸ 4
    Noun · feminine · singular · nominative · (common) ▸ **4** (Song 7,3; Job 5,26; Sir. 39,17; Zeph. 2,9)
  θημωνιὰν ▸ 1
    Noun · feminine · singular · accusative · (common) ▸ **1** (Sir. 20,28)
  θημωνιάς ▸ 1
    Noun · feminine · plural · accusative · (common) ▸ **1** (Ex. 8,10)
  θημωνιὰς ▸ 2
    Noun · feminine · plural · accusative · (common) ▸ **2** (Ex. 8,10; 1Mac. 11,4)

Θηνασα Taanath ▸ 1
  Θηνασα ▸ 1
    Noun · singular · accusative · (proper) ▸ **1** (Josh. 16,6)

θήρ animal, wild beast ▸ 5
  θῆρες ▸ 2
    Noun · masculine · plural · nominative · (common) ▸ **2** (4Mac. 9,28; Job 5,23)
  θηρὸς ▸ 1
    Noun · masculine · singular · genitive · (common) ▸ **1** (2Mac. 4,25)
  θηρσὶν ▸ 2
    Noun · masculine · plural · dative · (common) ▸ **2** (3Mac. 5,31; 3Mac. 6,7)

θήρα (θήρ) hunting; prey, booty; snare, trap ▸ 29 + 1 = 30
  θήρα ▸ 3
    Noun · feminine · singular · nominative · (common) ▸ **3** (Gen. 25,28; Psa. 34,8; Nah. 3,1)
  θήρᾳ ▸ 1
    Noun · feminine · singular · dative · (common) ▸ **1** (Is. 31,4)
  θήραν ▸ 15 + 1 = 16
    Noun · feminine · singular · accusative · (common) ▸ **15 + 1 = 16** (Gen. 27,3; Gen. 27,5; Gen. 27,7; Gen. 27,33; Ex. 22,12; Num. 23,24; 1Mac. 3,4; Psa. 16,12; Psa. 123,6; Psa. 131,15; Sir. 27,10; Hos. 5,2; Hos. 9,13; Amos 3,4; Nah. 2,14; Rom. 11,9)
  θήρας ▸ 8
    Noun · feminine · singular · genitive · (common) ▸ **8** (Gen. 27,19; Gen. 27,25; Gen. 27,30; Gen. 27,31; Prov. 11,8; Prov. 12,27; Sir. 36,19; Nah. 2,13)
  θήρας ▸ 2
    Noun · feminine · plural · accusative · (common) ▸ **2** (2Mac. 11,9; Wis. 11,18)

θήρευμα (θήρ) trap, prey ▸ 3
  θήρευμα ▸ 2
    Noun · neuter · singular · accusative · (common) ▸ **1** (Lev. 17,13)
    Noun · neuter · singular · nominative · (common) ▸ **1** (Jer. 37,17)
  θηρεύματα ▸ 1
    Noun · neuter · plural · nominative · (common) ▸ **1** (Eccl. 7,26)

θηρευτής (θήρ) hunter ▸ 3
  θηρευτάς ▸ 1
    Noun · masculine · plural · accusative · (common) ▸ **1** (Jer. 16,16)
  θηρευτής ▸ 1
    Noun · masculine · singular · nominative · (common) ▸ **1** (Sir. 11,30)
  θηρευτῶν ▸ 1
    Noun · masculine · plural · genitive · (common) ▸ **1** (Psa. 90,3)

θηρεύω (θήρ) to hunt, catch ▸ 19 + 1 = 20
  ἐθηρεύθη ▸ 1
    Verb · third · singular · aorist · passive · indicative ▸ **1** (Jer. 28,41)
  Ἐθηρεύσαμεν ▸ 1
    Verb · first · plural · aorist · active · indicative ▸ **1** (Lam. 4,18)
  ἐθήρευσαν ▸ 1
    Verb · third · plural · aorist · active · indicative ▸ **1** (Psa. 58,4)
  ἐθήρευσάν ▸ 1
    Verb · third · plural · aorist · active · indicative ▸ **1** (Lam. 3,52)
  θηρευθήσονται ▸ 1
    Verb · third · plural · future · passive · indicative ▸ **1** (Jer. 5,6)
  θηρευόμενα ▸ 1
    Verb · present · passive · participle · neuter · plural · nominative ▸ **1** (Eccl. 9,12)
  θηρευόμενοι ▸ 1
    Verb · present · passive · participle · masculine · plural · nominative ▸ **1** (Eccl. 9,12)
  θηρεύοντες ▸ 1
    Verb · present · active · participle · masculine · plural · nominative ▸ **1** (Lam. 3,52)
  θηρευόντων ▸ 1
    Verb · present · active · participle · masculine · plural · genitive ▸ **1** (Psa. 123,7)
  θηρεῦσαι ▸ 1
    Verb · aorist · active · infinitive ▸ **1** (Gen. 27,5)
  θηρεῦσαί ▸ 1
    Verb · aorist · active · infinitive ▸ **1** (Luke 11,54)
  θηρεύσαισαν ▸ 1
    Verb · third · plural · aorist · active · optative ▸ **1** (Job 18,7)
  θηρεύσας ▸ 1
    Verb · aorist · active · participle · masculine · singular · nominative ▸ **1** (Gen. 27,33)
  θηρεύσει ▸ 1
    Verb · third · singular · future · active · indicative ▸ **1** (Psa. 139,12)
  θηρεύσεις ▸ 2
    Verb · second · singular · future · active · indicative ▸ **2** (Job 38,39; Sir. 27,19)
  θηρεύση ▸ 1
    Verb · third · singular · aorist · active · subjunctive ▸ **1** (Lev. 17,13)
  θήρευσόν ▸ 1
    Verb · second · singular · aorist · active · imperative ▸ **1** (Gen. 27,3)
  θηρεύσουσιν ▸ 2
    Verb · third · plural · future · active · indicative ▸ **2** (Psa. 93,21; Jer. 16,16)

Θηρία Theria (?) ▸ 1
  Θηρία ▸ 1
    Noun · singular · accusative · (proper) ▸ **1** (2Sam. 23,11)

θηριάλωτος (θήρ; ἁλίσκομαι) caught by wild ani-

mals ▸ 9
θηριάλωτον ▸ 8
   Adjective · masculine · singular · accusative · noDegree ▸ 1
   (Ezek. 4,14)
   Adjective · neuter · singular · accusative · noDegree ▸ 5 (Gen. 31,39; Ex. 22,30; Lev. 17,15; Lev. 22,8; Ezek. 44,31)
   Adjective · neuter · singular · nominative · noDegree ▸ 2 (Ex. 22,12; Lev. 7,24)
θηριαλώτου ▸ 1
   Adjective · neuter · singular · genitive · noDegree ▸ 1 (Lev. 5,2)

θηριόβρωτος (θήρ; βιβρώσκω) torn by wild animals ▸ 1
θηριόβρωτος ▸ 1
   Adjective · masculine · singular · nominative · noDegree ▸ 1 (Gen. 44,28)

θηριομαχέω (θήρ; μάχη) to fight wild animals ▸ 1
ἐθηριομάχησα ▸ 1
   Verb · first · singular · aorist · active · indicative ▸ 1 (1Cor. 15,32)

θηρίον (θήρ) wild animal ▸ 141 + 24 + 46 = 211
θηρία ▸ 64 + 9 + 2 = 75
   Noun · neuter · plural · accusative · (common) ▸ 27 + 2 + 1 = 30 (Gen. 1,24; Gen. 1,25; Gen. 2,19; Lev. 26,6; Lev. 26,22; Josh. 23,5; 2Sam. 21,10; 2Chr. 25,18; 1Mac. 6,35; 1Mac. 11,56; 3Mac. 5,23; 3Mac. 5,29; 3Mac. 5,45; Psa. 103,11; Job 40,15; Sir. 10,11; Is. 46,1; Jer. 12,9; Jer. 15,3; Jer. 34,6; Ezek. 5,17; Ezek. 14,15; Ezek. 14,21; Ezek. 32,4; Ezek. 34,25; Ezek. 39,17; Dan. 7,7; Dan. 2,38; Dan. 7,7; Acts 11,6)
   Noun · neuter · plural · nominative · (common) ▸ 37 + 7 + 1 = 45 (Gen. 7,14; Gen. 8,17; Gen. 8,19; Ex. 23,11; Ex. 23,29; Deut. 7,22; 2Kings 14,9; 2Chr. 25,18; Judith 11,7; 1Mac. 6,43; 3Mac. 6,21; Psa. 49,10; Psa. 103,20; Psa. 148,10; Ode. 8,81; Job 37,8; Job 39,15; Sol. 13,3; Hos. 2,14; Hos. 13,8; Zeph. 2,14; Zeph. 2,14; Is. 13,21; Is. 18,6; Is. 43,20; Is. 56,9; Is. 56,9; LetterJ 67; Ezek. 31,6; Ezek. 31,13; Ezek. 34,28; Ezek. 38,20; Dan. 3,81; Dan. 4,12; Dan. 7,3; Dan. 7,17; Dan. 8,4; Dan. 3,81; Dan. 4,12; Dan. 4,14; Dan. 4,21; Dan. 7,3; Dan. 7,17; Dan. 8,4; Titus 1,12)
θηρίοις ▸ 29
   Noun · neuter · plural · dative · (common) ▸ 29 (Gen. 1,30; Gen. 2,20; Gen. 9,2; Gen. 9,10; Lev. 11,27; Lev. 25,7; Deut. 28,26; 1Sam. 17,46; Esth. 16,24 # 8,12x; 2Mac. 9,15; 3Mac. 5,47; 3Mac. 6,16; Psa. 67,31; Psa. 73,19; Psa. 78,2; Job 41,17; Wis. 12,9; Sir. 12,13; Hos. 4,3; Is. 18,6; Jer. 7,33; Jer. 16,4; Jer. 19,7; Jer. 41,20; Ezek. 29,5; Ezek. 33,27; Ezek. 34,5; Ezek. 34,8; Ezek. 39,4)
Θηρίον ▸ 1
   Noun · neuter · singular · nominative · (common) ▸ 1 (Gen. 37,20)
θηρίον ▸ 9 + 6 + 19 = 34
   Noun · neuter · singular · accusative · (common) ▸ 3 + 1 + 11 = 15 (Lev. 17,13; Dan. 7,6; Dan. 7,7; Dan. 7,19; Acts 28,4; Acts 28,5; Rev. 13,1; Rev. 13,11; Rev. 13,12; Rev. 14,9; Rev. 14,11; Rev. 17,3; Rev. 17,8; Rev. 19,19; Rev. 20,4)
   Noun · neuter · singular · nominative · (common) ▸ 6 + 5 + 8 = 19 (Gen. 37,33; Gen. 37,33; 1Mac. 6,36; Ezek. 17,23; Dan. 7,5; Dan. 7,11; Dan. 7,5; Dan. 7,6; Dan. 7,7; Dan. 7,11; Dan. 7,23; Heb. 12,20; Rev. 11,7; Rev. 13,2; Rev. 17,8; Rev. 17,11; Rev. 17,16; Rev. 19,20; Rev. 20,10)
θηρίου ▸ 4 + 2 + 16 = 22
   Noun · neuter · singular · genitive · (common) ▸ 4 + 2 + 16 = 22 (1Mac. 6,37; Is. 5,29; Dan. 7,19; Dan. 7,23; Dan. 4,16; Dan. 7,19; Rev. 13,3; Rev. 13,12; Rev. 13,14; Rev. 13,15; Rev. 13,15; Rev. 13,15; Rev. 13,17; Rev. 13,18; Rev. 15,2; Rev. 16,2; Rev. 16,10; Rev. 16,13; Rev. 17,7; Rev. 17,12; Rev. 18,2; Rev. 19,20)
θηρίῳ ▸ 2 + 1 + 6 = 9
   Noun · neuter · singular · dative · (common) ▸ 2 + 1 + 6 = 9 (1Mac. 6,35; Dan. 7,6; Dan. 7,6; Rev. 13,4; Rev. 13,4; Rev. 13,4; Rev. 13,14; Rev. 17,13; Rev. 17,17)
θηρίων ▸ 32 + 6 + 3 = 41
   Noun · neuter · plural · genitive · (common) ▸ 32 + 6 + 3 = 41 (Gen. 3,1; Gen. 3,14; Gen. 6,19; Gen. 7,21; Gen. 8,1; Gen. 9,5; Deut. 32,24; 1Mac. 6,43; 2Mac. 5,27; 2Mac. 10,6; 2Mac. 15,20; 2Mac. 15,21; 3Mac. 4,9; 3Mac. 5,42; Ode. 2,24; Job 5,22; Wis. 7,20; Wis. 16,5; Wis. 17,18; Sir. 17,4; Sir. 39,30; Sol. 4,19; Hos. 2,20; Hab. 2,17; Zeph. 2,15; Is. 35,9; Bar. 3,16; Ezek. 14,15; Dan. 2,38; Dan. 4,15; Dan. 4,17a; Dan. 4,33b; Dan. 4,15; Dan. 4,23; Dan. 4,25; Dan. 4,32; Dan. 5,21; Dan. 7,12; Mark 1,13; James 3,7; Rev. 6,8)

θηριόομαι (θήρ) to become like a wild animal ▸ 1
τεθηριωμένος ▸ 1
   Verb · perfect · middle · participle · masculine · singular · nominative ▸ 1 (2Mac. 5,11)

θηριώδης (θήρ; εἶδος) wild, savage ▸ 2
θηριώδει ▸ 1
   Adjective · masculine · singular · dative · noDegree ▸ 1 (2Mac. 10,35)
θηριωδέστατε ▸ 1
   Adjective · masculine · singular · vocative · superlative ▸ 1 (4Mac. 12,13)

θηριωδῶς (θήρ; εἶδος) savagely, fiercely ▸ 1
θηριωδῶς ▸ 1
   Adverb ▸ 1 (2Mac. 12,15)

θησαυρίζω (τίθημι) to store up treasure ▸ 14 + 1 + 8 = 23
ἐθησαύρισαν ▸ 1
   Verb · third · plural · aorist · active · indicative ▸ 1 (2Kings 20,17)
ἐθησαυρίσατε ▸ 1
   Verb · second · plural · aorist · active · indicative ▸ 1 (James 5,3)
ἐθησαύρισεν ▸ 1
   Verb · third · singular · aorist · active · indicative ▸ 1 (Zech. 9,3)
θησαυρίζει ▸ 4
   Verb · third · singular · present · active · indicative ▸ 4 (Psa. 38,7; Prov. 2,7; Prov. 16,27; Sol. 9,5)
θησαυρίζειν ▸ 1
   Verb · present · active · infinitive ▸ 1 (2Cor. 12,14)
θησαυρίζεις ▸ 1 + 1 = 2
   Verb · second · singular · present · active · indicative ▸ 1 + 1 = 2 (Tob. 4,9; Rom. 2,5)
θησαυρίζεται ▸ 1
   Verb · third · singular · present · passive · indicative ▸ 1 (Prov. 13,22)
θησαυρίζετε ▸ 2
   Verb · second · plural · present · active · imperative ▸ 2 (Matt. 6,19; Matt. 6,20)
θησαυρίζοντες ▸ 2
   Verb · present · active · participle · masculine · plural · nominative ▸ 2 (Amos 3,10; Bar. 3,17)
θησαυρίζουσιν ▸ 1
   Verb · third · plural · present · active · indicative ▸ 1 (Prov. 1,18)
θησαυρίζων ▸ 1 + 2 = 3
   Verb · present · active · participle · masculine · singular · nominative ▸ 1 + 2 = 3 (Mic. 6,10; Luke 12,21; 1Cor. 16,2)
θησαυρίσαι ▸ 1 + 1 = 2
   Verb · aorist · active · infinitive ▸ 1 + 1 = 2 (Tob. 12,8; Tob. 12,8)

τεθησαυρίσθαι ▸ 1
Verb · perfect · passive · infinitive ▸ 1 (4Mac. 4,3)
τεθησαυρισμένοι ▸ 1
Verb · perfect · passive · participle · masculine · plural · nominative ▸ 1 (2Pet. 3,7)

θησαύρισμα (τίθημι) treasure ▸ 1
θησαυρίσματα ▸ 1
Noun · neuter · plural · accusative · (common) ▸ 1 (Prov. 21,6)

θησαυρός (τίθημι) treasure, treasury ▸ 91 + 2 + 17 = 110
θησαυροί ▸ 5 + 1 = 6
Noun · masculine · plural · nominative · (common) ▸ 5 + 1 = 6 (Prov. 10,2; Prov. 15,16; Sir. 41,12; Is. 33,6; Jer. 48,8; Col. 2,3)
θησαυροί ▸ 2
Noun · masculine · plural · nominative · (common) ▸ 2 (Sir. 43,14; Joel 1,17)
θησαυροῖς ▸ 17
Noun · masculine · plural · dative · (common) ▸ 17 (Deut. 32,34; 1Kings 15,18; 2Kings 12,19; 2Kings 14,14; 2Kings 16,8; 2Kings 18,15; 2Kings 20,13; 2Kings 20,15; Neh. 12,44; Psa. 32,7; Ode. 2,34; Sir. 1,25; Is. 33,6; Is. 39,2; Is. 39,4; Jer. 30,20; Ezek. 28,4)
θησαυρόν ▸ 4
Noun · masculine · singular · accusative · (common) ▸ 4 (4Mac. 4,4; Sir. 6,14; Sir. 29,11; Sir. 40,18)
θησαυρὸν ▸ 8 + 5 = 13
Noun · masculine · singular · accusative · (common) ▸ 8 + 5 = 13 (Deut. 28,12; Josh. 6,19; Josh. 6,24; 2Chr. 5,1; Ezra 2,69; Neh. 7,70; Neh. 7,71; Jer. 27,25; Matt. 19,21; Mark 10,21; Luke 12,33; Luke 18,22; 2Cor. 4,7)
θησαυρός ▸ 1 + 1 = 2
Noun · masculine · singular · nominative · (common) ▸ 1 + 1 = 2 (Wis. 7,14; Matt. 6,21)
θησαυρὸς ▸ 3 + 1 = 4
Noun · masculine · singular · nominative · (common) ▸ 3 + 1 = 4 (Prov. 21,20; Sir. 20,30; Sir. 41,14; Luke 12,34)
θησαυροῦ ▸ 1 + 2 + 4 = 7
Noun · masculine · singular · genitive · (common) ▸ 1 + 2 + 4 = 7 (Ezra 5,14; Judg. 18,7; Dan. 1,2; Matt. 12,35; Matt. 12,35; Matt. 13,52; Luke 6,45)
θησαυρούς ▸ 6
Noun · masculine · plural · accusative · (common) ▸ 6 (2Chr. 8,15; Prov. 3,14; Job 3,21; Mal. 3,10; Jer. 15,13; Ezek. 28,13)
θησαυροὺς ▸ 26 + 3 = 29
Noun · masculine · plural · accusative · (common) ▸ 26 + 3 = 29 (Gen. 43,23; 1Kings 7,37; 1Kings 14,26; 1Kings 14,26; 2Kings 24,13; 2Kings 24,13; 2Chr. 12,9; 2Chr. 12,9; 2Chr. 25,24; 2Chr. 32,27; 2Chr. 36,18; 2Chr. 36,18; Neh. 10,40; Neh. 13,12; 1Mac. 1,23; Prov. 2,4; Prov. 8,21; Job 38,22; Job 38,22; Amos 8,5; Mic. 6,10; Is. 45,3; Jer. 20,5; Jer. 27,37; Bar. 3,15; Ezek. 27,24; Matt. 2,11; Matt. 6,19; Matt. 6,20)
θησαυρῷ ▸ 1 + 1 = 2
Noun · masculine · singular · dative · (common) ▸ 1 + 1 = 2 (4Mac. 4,7; Matt. 13,44)
θησαυρῶν ▸ 17 + 1 = 18
Noun · masculine · plural · genitive · (common) ▸ 17 + 1 = 18 (1Chr. 9,26; 1Chr. 26,20; 1Chr. 26,20; 1Chr. 26,22; 1Chr. 26,24; 1Chr. 26,26; 1Chr. 27,25; 1Chr. 27,25; 1Chr. 27,27; 1Chr. 27,28; 2Chr. 16,2; 1Mac. 3,29; Psa. 134,7; Is. 2,7; Jer. 10,13; Jer. 28,13; Jer. 28,16; Heb. 11,26)

θησαυροφύλαξ (τίθημι; φυλάσσω) treasurer ▸ 1
θησαυροφύλακι ▸ 1
Noun · masculine · singular · dative · (common) ▸ 1 (Ezra 5,14)

θίασος group, company ▸ 2
θίασον ▸ 1
Noun · masculine · singular · accusative · (common) ▸ 1 (Jer. 16,5)
θιάσου ▸ 1
Noun · masculine · singular · genitive · (common) ▸ 1 (Wis. 12,5)

θῖβις (Hebr.) basket ▸ 3
θίβει ▸ 1
Noun · feminine · singular · dative · (common) ▸ 1 (Ex. 2,6)
θίβιν ▸ 2
Noun · feminine · singular · accusative · (common) ▸ 2 (Ex. 2,3; Ex. 2,5)

θιγγάνω to touch ▸ 1 + 3 = 4
θιγεῖν ▸ 1
Verb · aorist · active · infinitive ▸ 1 (Ex. 19,12)
θίγῃ ▸ 2
Verb · third · singular · aorist · active · subjunctive ▸ 2 (Heb. 11,28; Heb. 12,20)
θίγῃς ▸ 1
Verb · second · singular · aorist · active · subjunctive ▸ 1 (Col. 2,21)

Θιε Toah ▸ 1
Θιε ▸ 1
Noun · masculine · singular · genitive · (proper) ▸ 1 (1Chr. 6,19)

Θιλων Tilon ▸ 1
Θιλων ▸ 1
Noun · masculine · singular · nominative · (proper) ▸ 1 (1Chr. 4,20)

Θιμαθ Timath (?) ▸ 1
Θιμαθ ▸ 1
Noun · singular · dative · (proper) ▸ 1 (1Sam. 30,28a)

Θιρας Tiras ▸ 2
Θιρας ▸ 2
Noun · masculine · singular · nominative · (proper) ▸ 2 (Gen. 10,2; 1Chr. 1,5)

θίς hill, mound ▸ 4
θῖνας ▸ 1
Noun · masculine · plural · accusative · (common) ▸ 1 (Bar. 5,7)
θινῶν ▸ 3
Noun · masculine · plural · genitive · (common) ▸ 3 (Gen. 49,26; Deut. 12,2; Job 15,7)

Θίσβη Thisbe ▸ 1 + 1 = 2
Θισβης ▸ 1 + 1 = 2
Noun · feminine · singular · genitive · (proper) ▸ 1 + 1 = 2 (Tob. 1,2; Tob. 1,2)

θλαδίας (θλάω) eunuch; one of crushed testicles ▸ 2
θλαδίαν ▸ 1
Noun · masculine · singular · accusative · (common) ▸ 1 (Lev. 22,24)
θλαδίας ▸ 1
Noun · masculine · singular · nominative · (common) ▸ 1 (Deut. 23,2)

θλάσμα (θλάω) bruise ▸ 1
θλάσμασιν ▸ 1
Noun · neuter · plural · dative · (common) ▸ 1 (Amos 6,11)

θλάω to crush, bruise ▸ 11 + 1 = 12
ἔθλασαν ▸ 2 + 1 = 3
Verb · third · plural · aorist · active · indicative ▸ 2 + 1 = 3 (Judg. 10,8; Dan. 6,25; Judg. 10,8)
ἔθλασας ▸ 1
Verb · second · singular · aorist · active · indicative ▸ 1 (1Sam. 12,4)

ἔθλασεν ▸ 1
: **Verb** · third · singular · aorist · active · indicative ▸ **1** (Job 20,19)

ἐθλάσθης ▸ 1
: **Verb** · second · singular · aorist · passive · indicative ▸ **1** (Ezek. 29,7)

ἔθλων ▸ 1
: **Verb** · third · plural · imperfect · active · indicative ▸ **1** (Sol. 1,3)

θλάσον ▸ 1
: **Verb** · second · singular · aorist · active · imperative ▸ **1** (Sir. 30,12)

θλάσω ▸ 1
: **Verb** · first · singular · future · active · indicative ▸ **1** (2Sam. 22,39)

τεθλασμένην ▸ 2
: **Verb** · perfect · passive · participle · feminine · singular · accusative ▸ **2** (2Kings 18,21; Is. 36,6)

τεθλασμένον ▸ 1
: **Verb** · perfect · passive · participle · masculine · singular · accusative ▸ **1** (Is. 42,3)

θλίβω to crush, compress; oppress, trouble, annoy ▸ 97 + 6 + 10 = 113

ἔθλιβε ▸ 1
: **Verb** · third · singular · imperfect · active · indicative ▸ **1** (1Mac. 15,14)

ἔθλιβεν ▸ 3
: **Verb** · third · singular · imperfect · active · indicative ▸ **3** (1Mac. 9,7; 1Mac. 11,53; 2Mac. 11,5)

ἐθλίβετο ▸ 1
: **Verb** · third · singular · imperfect · passive · indicative ▸ **1** (2Sam. 13,2)

ἐθλίβη ▸ 2 + 1 = 3
: **Verb** · third · singular · aorist · passive · indicative ▸ **2 + 1 = 3** (1Sam. 30,6; 2Chr. 33,12; Judg. 10,9)

ἐθλίβησαν ▸ 1
: **Verb** · third · plural · aorist · passive · indicative ▸ **1** (Judg. 10,9)

ἐθλίβητε ▸ 1
: **Verb** · second · plural · aorist · passive · imperative ▸ **1** (Judg. 11,7)

ἔθλιβον ▸ 1
: **Verb** · third · plural · imperfect · active · indicative ▸ **1** (1Mac. 9,68)

ἔθλιψαν ▸ 4 + 2 = 6
: **Verb** · third · plural · aorist · active · indicative ▸ **4 + 2 = 6** (Josh. 19,47a; Neh. 9,27; Psa. 105,42; Job 36,15; Judg. 10,8; Judg. 10,12)

ἔθλιψεν ▸ 3 + 1 = 4
: **Verb** · third · singular · aorist · active · indicative ▸ **3 + 1 = 4** (Judg. 4,3; 2Kings 13,4; 1Mac. 10,46; Judg. 4,3)

ἔθλιψέν ▸ 1
: **Verb** · third · singular · aorist · active · indicative ▸ **1** (Psa. 55,2)

θλιβέντων ▸ 1
: **Verb** · aorist · passive · participle · masculine · plural · genitive ▸ **1** (3Mac. 2,12)

θλίβεσθαι ▸ 6 + 1 = 7
: **Verb** · present · middle · infinitive ▸ **6** (Psa. 105,44; Psa. 106,6; Psa. 106,13; Psa. 106,19; Psa. 106,28; Sol. 5,5)
: **Verb** · present · passive · infinitive ▸ **1** (1Th. 3,4)

θλίβεσθαί ▸ 5
: **Verb** · present · middle · infinitive ▸ **5** (2Sam. 22,7; Psa. 17,7; Psa. 119,1; Sol. 1,1; Sol. 15,1)

θλιβέτω ▸ 2
: **Verb** · third · singular · present · active · imperative ▸ **2** (Lev. 25,14; Lev. 25,17)

θλιβῆναι ▸ 1
: **Verb** · aorist · passive · infinitive ▸ **1** (2Chr. 28,22)

θλιβήσεται ▸ 1
: **Verb** · third · singular · future · passive · indicative ▸ **1** (Job 20,22)

θλίβομαι ▸ 1
: **Verb** · first · singular · present · passive · indicative ▸ **1** (1Sam. 28,15)

θλίβομαι ▸ 3
: **Verb** · first · singular · present · passive · indicative ▸ **3** (Psa. 30,10; Psa. 68,18; Lam. 1,20)

θλιβόμεθα ▸ 1
: **Verb** · first · plural · present · passive · indicative ▸ **1** (2Cor. 1,6)

θλιβόμενοι ▸ 3
: **Verb** · present · passive · participle · masculine · plural · nominative ▸ **3** (2Cor. 4,8; 2Cor. 7,5; Heb. 11,37)

θλιβομένοις ▸ 2
: **Verb** · present · passive · participle · masculine · plural · dative ▸ **2** (2Th. 1,7; 1Tim. 5,10)

θλιβόμενον ▸ 1
: **Verb** · present · passive · participle · masculine · singular · accusative ▸ **1** (Sir. 4,4)

θλίβοντα ▸ 1
: **Verb** · present · active · participle · masculine · singular · accusative ▸ **1** (Josh. 19,47a)

θλίβοντας ▸ 6
: **Verb** · present · active · participle · masculine · plural · accusative ▸ **6** (Psa. 59,14; Psa. 80,15; Psa. 105,11; Psa. 142,12; Is. 19,20; Jer. 37,20)

θλίβοντάς ▸ 1
: **Verb** · present · active · participle · masculine · plural · accusative ▸ **1** (Mic. 5,8)

θλίβοντες ▸ 5
: **Verb** · present · active · participle · masculine · plural · nominative ▸ **5** (Ezra 4,1; Neh. 4,5; Is. 29,7; Lam. 1,5; Lam. 1,17)

θλίβοντές ▸ 5
: **Verb** · present · active · participle · masculine · plural · nominative ▸ **5** (Psa. 3,2; Psa. 12,5; Psa. 26,2; Psa. 41,11; Psa. 68,20)

θλίβοντος ▸ 3
: **Verb** · present · active · participle · masculine · singular · genitive ▸ **3** (Psa. 77,42; Lam. 1,5; Lam. 1,7)

θλίβοντός ▸ 3
: **Verb** · present · active · participle · masculine · singular · genitive ▸ **3** (Is. 51,13; Is. 51,13; Lam. 2,17)

θλιβόντων ▸ 8 + 2 = 10
: **Verb** · present · active · participle · masculine · plural · genitive ▸ **8 + 2 = 10** (Judg. 6,9; Neh. 9,27; Neh. 9,27; Psa. 22,5; Psa. 26,12; Psa. 43,8; Wis. 10,15; Lam. 1,3; Judg. 6,9; Judg. 8,34)

θλίβουσιν ▸ 1 + 1 = 2
: **Verb** · third · plural · present · active · indicative ▸ **1 + 1 = 2** (Ex. 3,9; 2Th. 1,6)

θλιβουσῶν ▸ 1
: **Verb** · present · active · participle · feminine · plural · genitive ▸ **1** (1Sam. 10,18)

θλίβωμαι ▸ 1
: **Verb** · first · singular · present · passive · subjunctive ▸ **1** (Psa. 101,3)

θλίβων ▸ 2
: **Verb** · present · active · participle · masculine · singular · nominative ▸ **2** (Wis. 15,7; Lam. 1,10)

θλίβωσιν ▸ 1

Verb · third · plural · present · active · subjunctive ▸ **1** (Mark 3,9)
- θλῖψαι ▸ 3
  Verb · aorist · active · infinitive ▸ **3** (Lev. 26,26; Sir. 46,5; Sir. 46,16)
- θλίψαντές ▸ 1
  Verb · aorist · active · participle · masculine · plural · nominative ▸ **1** (Is. 49,26)
- θλιψάντων ▸ 1
  Verb · aorist · active · participle · masculine · plural · genitive ▸ **1** (Wis. 5,1)
- θλίψει ▸ 4
  Verb · third · singular · future · active · indicative ▸ **4** (Deut. 28,52; Deut. 28,53; Deut. 28,57; Is. 11,13)
- θλίψεις ▸ 1
  Verb · second · singular · future · active · indicative ▸ **1** (Deut. 23,17)
- θλίψετε ▸ 2
  Verb · second · plural · future · active · indicative ▸ **2** (Ex. 23,9; Lev. 19,33)
- θλίψῃ ▸ 3
  Verb · second · singular · future · middle · indicative ▸ **2** (2Chr. 6,28; Ezek. 18,18)
  Verb · third · singular · aorist · active · subjunctive ▸ **1** (1Kings 8,37)
- θλίψῃς ▸ 2
  Verb · second · singular · aorist · active · subjunctive ▸ **2** (Sir. 30,21; Sir. 31,31)
- θλίψητε ▸ 1
  Verb · second · plural · aorist · active · subjunctive ▸ **1** (Ex. 22,20)
- θλίψωσίν ▸ 1
  Verb · third · plural · aorist · active · subjunctive ▸ **1** (Deut. 28,55)
- τεθλιμμένη ▸ 1
  Verb · perfect · passive · participle · feminine · singular · nominative ▸ **1** (Matt. 7,14)
- τεθλιμμένοι ▸ 1
  Verb · perfect · passive · participle · masculine · plural · nominative ▸ **1** (Is. 28,14)
- τεθλιμμένου ▸ 1
  Verb · perfect · passive · participle · masculine · singular · genitive ▸ **1** (Is. 18,7)

θλιμμός (θλίβω) oppression, trouble ▸ 2
- θλιμμόν ▸ 1
  Noun · masculine · singular · accusative · (common) ▸ **1** (Ex. 3,9)
- θλιμμὸν ▸ 1
  Noun · masculine · singular · accusative · (common) ▸ **1** (Deut. 26,7)

θλῖψις (θλίβω) trouble, tribulation, oppression ▸ 132 + 3 + 45 = 180
- θλίψει ▸ 31 + 9 = 40
  Noun · feminine · singular · dative · (common) ▸ **31 + 9 = 40** (Deut. 4,29; Deut. 28,53; Deut. 28,55; Deut. 28,57; 1Sam. 24,20; 2Chr. 15,6; Neh. 9,37; 1Mac. 5,16; 2Mac. 1,7; Psa. 4,2; Psa. 9,10; Psa. 9,22; Psa. 65,14; Psa. 80,8; Psa. 90,15; Psa. 117,5; Ode. 5,16; Ode. 5,16; Ode. 6,3; Sol. 16,11; Sol. 16,14; Hos. 5,15; Mic. 2,12; Jonah 2,3; Nah. 1,9; Is. 26,16; Is. 26,16; Is. 30,6; Is. 57,13; Jer. 10,18; Ezek. 18,18; Rom. 12,12; 2Cor. 1,4; 2Cor. 1,4; 2Cor. 7,4; Phil. 4,14; 1Th. 1,6; 1Th. 3,7; James 1,27; Rev. 1,9)
- θλίψεις ▸ 7 + 1 = 8
  Noun · feminine · plural · accusative · (common) ▸ **2** (Psa. 65,11; Psa. 70,20)
  Noun · feminine · plural · nominative · (common) ▸ **5 + 1 = 6** (Deut. 31,17; 1Mac. 12,13; 4Mac. 18,15; Psa. 24,17; Psa. 33,20; Acts 20,23)
- θλίψεσιν ▸ 1 + 5 = 6
  Noun · feminine · plural · dative · (common) ▸ **1 + 5 = 6** (Psa. 45,2; Rom. 5,3; 2Cor. 6,4; 1Th. 3,3; 2Th. 1,4; Heb. 10,33)
- θλίψεσίν ▸ 1
  Noun · feminine · plural · dative ▸ **1** (Eph. 3,13)
- θλίψεων ▸ 5 + 3 = 8
  Noun · feminine · plural · genitive · (common) ▸ **5 + 3 = 8** (1Sam. 10,19; Psa. 24,22; Psa. 33,7; Psa. 33,18; Sir. 51,3; Acts 7,10; Acts 14,22; Col. 1,24)
- θλίψεως ▸ 53 + 2 + 9 = 64
  Noun · feminine · singular · genitive · (common) ▸ **53 + 2 + 9 = 64** (Gen. 35,3; Judg. 10,14; 1Sam. 1,6; 1Sam. 26,24; 2Sam. 4,9; 1Kings 1,29; 1Kings 22,27; 1Kings 22,27; 2Kings 19,3; 2Chr. 18,26; 2Chr. 18,26; 2Chr. 20,9; Neh. 9,27; Esth. 14,12 # 4,17r; Esth. 16,19 # 8,12s; 1Mac. 6,11; 1Mac. 13,5; Psa. 19,2; Psa. 31,7; Psa. 36,39; Psa. 43,25; Psa. 49,15; Psa. 53,9; Psa. 54,4; Psa. 59,13; Psa. 106,39; Psa. 107,13; Psa. 137,7; Psa. 142,11; Prov. 21,23; Prov. 24,10; Sir. 2,11; Sir. 22,23; Sir. 35,24; Sir. 37,4; Sir. 40,24; Sir. 51,10; Hos. 7,12; Obad. 12; Obad. 14; Nah. 1,7; Nah. 2,2; Hab. 3,16; Zeph. 1,15; Zech. 8,10; Is. 10,26; Is. 30,20; Is. 33,2; Is. 37,3; Is. 63,9; Jer. 15,11; Ezek. 12,18; Dan. 12,1; Judg. 10,14; Dan. 12,1; Matt. 13,21; Mark 4,17; John 16,21; Acts 11,19; 2Cor. 1,8; 2Cor. 2,4; 2Cor. 4,17; 2Cor. 8,2; Rev. 7,14)
- θλίψεώς ▸ 8
  Noun · feminine · singular · genitive · (common) ▸ **8** (2Sam. 22,19; Psa. 58,17; Psa. 76,3; Psa. 85,7; Ode. 4,16; Sir. 3,15; Sir. 6,8; Sir. 6,10)
- Θλῖψιν ▸ 1
  Noun · feminine · singular · accusative · (common) ▸ **1** (Sol. 8,1)
- θλῖψιν ▸ 12 + 10 = 22
  Noun · feminine · singular · accusative · (common) ▸ **12 + 10 = 22** (Gen. 42,21; Ex. 4,31; 1Sam. 1,6; 2Kings 13,4; Judith 4,13; 4Mac. 14,9; Psa. 77,49; Psa. 114,3; Is. 28,10; Is. 28,10; Is. 28,13; Is. 65,16; Matt. 24,9; Matt. 24,29; Mark 13,24; John 16,33; 1Cor. 7,28; Phil. 1,17; 2Th. 1,6; Rev. 2,9; Rev. 2,10; Rev. 2,22)
- θλῖψίν ▸ 1
  Noun · feminine · singular · accusative · (common) ▸ **1** (Psa. 141,3)
- θλῖψις ▸ 13 + 1 + 7 = 21
  Noun · feminine · singular · nominative · (common) ▸ **13 + 1 + 7 = 21** (Gen. 42,21; Esth. 11,8 # 1,1g; 1Mac. 9,27; Psa. 21,12; Psa. 118,143; Prov. 1,27; Job 15,24; Is. 8,22; Is. 10,3; Is. 28,13; Jer. 6,24; Jer. 11,16; Jer. 27,43; Dan. 12,1; Matt. 24,21; Mark 13,19; Acts 7,11; Rom. 2,9; Rom. 5,3; Rom. 8,35; 2Cor. 8,13)

θνησιμαῖος (θνήσκω) dead body, carcass ▸ 32
- θνησιμαῖα ▸ 4
  Adjective · neuter · plural · accusative · noDegree ▸ **2** (Lev. 11,11; Psa. 78,2)
  Adjective · neuter · plural · nominative · noDegree ▸ **2** (Is. 5,25; Jer. 41,20)
- θνησιμαίοις ▸ 1
  Adjective · masculine · plural · dative · noDegree ▸ **1** (Jer. 16,18)
- θνησιμαῖον ▸ 8
  Adjective · masculine · singular · accusative · noDegree ▸ **1** (Ezek. 4,14)
  Adjective · neuter · singular · accusative · noDegree ▸ **5** (Lev. 17,15; Lev. 22,8; Deut. 14,21; 1Kings 13,25; Ezek. 44,31)
  Adjective · neuter · singular · nominative · noDegree ▸ **2**

(2Kings 9,37; Jer. 43,30)

θνησιμαίου ‣ 2
  Adjective · neuter · singular · genitive · noDegree ‣ **2** (Lev. 5,2; 1Kings 13,25)

θνησιμαίων ‣ 17
  Adjective · masculine · plural · genitive · noDegree ‣ **1** (Deut. 14,8)
  Adjective · neuter · plural · genitive · noDegree ‣ **16** (Lev. 5,2; Lev. 5,2; Lev. 7,24; Lev. 11,8; Lev. 11,24; Lev. 11,25; Lev. 11,26; Lev. 11,27; Lev. 11,28; Lev. 11,35; Lev. 11,36; Lev. 11,37; Lev. 11,38; Lev. 11,39; Lev. 11,40; Lev. 11,40)

θνήσκω (θνήσκω) to die ‣ 1 + 4 + 9 = 14
  τεθνήκασιν ‣ 1
    Verb · third · plural · perfect · active · indicative ‣ **1** (Matt. 2,20)
  τέθνηκεν ‣ 1 + 3 = 4
    Verb · third · singular · perfect · active · indicative ‣ **1 + 3 = 4** (Tob. 8,12; Mark 15,44; Luke 8,49; 1Tim. 5,6)
  τεθνηκέναι ‣ 1
    Verb · perfect · active · infinitive ‣ **1** (Acts 14,19)
  τεθνηκότα ‣ 1 + 1 = 2
    Verb · perfect · active · participle · masculine · singular · accusative ‣ **1 + 1 = 2** (Tob. 1,17; John 19,33)
  τεθνηκότες ‣ 1
    Verb · perfect · active · participle · masculine · plural · nominative ‣ **1** (Judg. 16,30)
  τεθνηκότος ‣ 1
    Verb · perfect · active · participle · masculine · singular · genitive ‣ **1** (Acts 25,19)
  τεθνηκώς ‣ 1
    Verb · perfect · active · participle · masculine · singular · nominative ‣ **1** (Judg. 3,25)
  τεθνηκώς ‣ 2
    Verb · perfect · active · participle · masculine · singular · nominative ‣ **2** (Luke 7,12; John 11,44)
  τεθνηξόμεθα ‣ 1
    Verb · first · plural · future · middle · indicative ‣ **1** (4Mac. 8,21)

θνήσκω (θνήσκω) to die ‣ 92
  ἔθνησκον ‣ 1
    Verb · third · plural · imperfect · active · indicative ‣ **1** (Wis. 18,18)
  θανεῖν ‣ 1
    Verb · aorist · active · infinitive ‣ **1** (2Mac. 13,7)
  θανεῖται ‣ 1
    Verb · third · singular · future · middle · indicative ‣ **1** (Prov. 13,14)
  θάνοιεν ‣ 1
    Verb · third · plural · aorist · active · optative ‣ **1** (4Mac. 4,23)
  θανόντα ‣ 1
    Verb · aorist · active · participle · masculine · singular · accusative ‣ **1** (4Mac. 12,18)
  θανόντας ‣ 1
    Verb · aorist · active · participle · masculine · plural · accusative ‣ **1** (4Mac. 13,17)
  θανόντος ‣ 1
    Verb · aorist · active · participle · masculine · singular · genitive ‣ **1** (4Mac. 10,12)
  τεθνάναι ‣ 2
    Verb · perfect · active · infinitive ‣ **2** (4Mac. 4,22; Wis. 3,2)
  τεθνᾶσιν ‣ 1
    Verb · third · plural · perfect · active · indicative ‣ **1** (4Mac. 12,3)
  τεθνεῶτες ‣ 1
    Verb · perfect · active · participle · masculine · plural · nominative ‣ **1** (Job 39,30)
  τεθνήκασιν ‣ 2
    Verb · third · plural · perfect · active · indicative ‣ **2** (Ex. 4,19; 1Sam. 4,17)
  τεθνήκει ‣ 1
    Verb · third · singular · pluperfect · active · indicative ‣ **1** (Judg. 19,28)
  Τέθνηκεν ‣ 1
    Verb · third · singular · perfect · active · indicative ‣ **1** (2Sam. 12,19)
  τέθνηκεν ‣ 23
    Verb · third · singular · perfect · active · indicative ‣ **23** (Gen. 50,15; 1Sam. 4,19; 1Sam. 17,51; 1Sam. 31,5; 1Sam. 31,7; 2Sam. 1,5; 2Sam. 2,7; 2Sam. 4,1; 2Sam. 4,10; 2Sam. 12,18; 2Sam. 12,18; 2Sam. 12,19; 2Sam. 12,19; 2Sam. 12,23; 1Kings 11,21; 1Kings 12,24d; 1Kings 12,24l; 1Kings 20,14; 1Kings 20,15; 1Kings 20,16; 1Kings 22,37; 2Chr. 22,10; 1Mac. 6,17)
  τεθνηκέναι ‣ 1
    Verb · perfect · active · infinitive ‣ **1** (1Mac. 4,35)
  τεθνηκός ‣ 1
    Verb · perfect · active · participle · neuter · singular · nominative ‣ **1** (2Kings 4,32)
  τεθνηκότα ‣ 11
    Verb · perfect · active · participle · masculine · singular · accusative ‣ **11** (Ex. 21,35; 2Sam. 9,8; 1Kings 3,20; 1Kings 12,24m; 1Kings 16,4; 1Kings 16,4; 1Kings 20,24; 1Kings 20,24; 2Kings 8,5; Tob. 1,17; Jer. 22,10)
  τεθνηκότας ‣ 3
    Verb · perfect · active · participle · masculine · plural · accusative ‣ **3** (Ex. 14,30; Num. 33,4; Eccl. 4,2)
  τεθνηκότες ‣ 5
    Verb · perfect · active · participle · masculine · plural · nominative ‣ **5** (Num. 17,14; Num. 25,9; Judg. 16,30; 1Kings 12,24m; Bar. 2,17)
  τεθνηκότι ‣ 3
    Verb · perfect · active · participle · masculine · singular · dative ‣ **3** (Deut. 26,14; 2Sam. 14,2; Jer. 16,7)
  τεθνηκότος ‣ 9
    Verb · perfect · active · participle · masculine · singular · genitive ‣ **9** (Num. 19,11; Num. 19,13; Num. 19,18; Deut. 25,5; Ruth 4,5; Ruth 4,5; Ruth 4,10; Ruth 4,10; 1Sam. 24,15)
  τεθνηκότων ‣ 11
    Verb · perfect · active · participle · masculine · plural · genitive ‣ **9** (Num. 17,13; Num. 17,14; Ruth 1,8; Ruth 2,20; 2Sam. 1,19; 2Mac. 12,40; 2Mac. 12,45; Is. 14,19; Bar. 3,4)
    Verb · perfect · active · participle · neuter · plural · genitive ‣ **2** (Lev. 11,31; Lev. 11,32)
  τεθνηκώς ‣ 7
    Verb · perfect · active · participle · masculine · singular · nominative ‣ **7** (Ex. 12,30; Judg. 3,25; 1Kings 3,21; 1Kings 3,22; 1Kings 3,23; 1Kings 3,23; 2Kings 8,13)
  τεθνηκώς ‣ 1
    Verb · perfect · active · participle · masculine · singular · nominative ‣ **1** (2Sam. 16,9)
  τεθνήξῃ ‣ 1
    Verb · second · singular · future · middle · indicative ‣ **1** (4Mac. 12,4)
  τεθνήξομαι ‣ 1
    Verb · first · singular · future · middle · indicative ‣ **1** (4Mac. 11,22)

θνητός (θνήσκω) mortal ‣ 9 + 6 = 15
  θνητά ‣ 1

θνητός–θόρυβος

    Adjective · neuter · plural · accusative · (verbal) ▸ 1 (Rom. 8,11)
  θνητῇ ▸ 1 + 1 = 2
    Adjective · feminine · singular · dative · noDegree ▸ 1 + 1 = 2 (3Mac. 3,29; 2Cor. 4,11)
  θνητὸν ▸ 1 + 3 = 4
    Adjective · masculine · singular · accusative · noDegree ▸ 1 (2Mac. 9,12)
    Adjective · neuter · singular · accusative · (verbal) ▸ 1 (1Cor. 15,53)
    Adjective · neuter · singular · nominative · (verbal) ▸ 2 (1Cor. 15,54; 2Cor. 5,4)
  θνητὸς ▸ 4
    Adjective · masculine · singular · nominative · noDegree ▸ 4 (Prov. 3,13; Prov. 20,24; Wis. 7,1; Wis. 15,17)
  θνητοῦ ▸ 1
    Adjective · masculine · singular · genitive · noDegree ▸ 1 (Is. 51,12)
  θνητῷ ▸ 1 + 1 = 2
    Adjective · masculine · singular · dative · noDegree ▸ 1 (Job 30,23)
    Adjective · neuter · singular · dative · (verbal) ▸ 1 (Rom. 6,12)
  θνητῶν ▸ 1
    Adjective · masculine · plural · genitive · noDegree ▸ 1 (Wis. 9,14)

Θοαδα Helah ▸ 2
  Θοαδα ▸ 2
    Noun · feminine · singular · genitive · (proper) ▸ 1 (1Chr. 4,7)
    Noun · feminine · singular · nominative · (proper) ▸ 1 (1Chr. 4,5)

Θοβελ Tubal-cain ▸ 9
  Θοβελ ▸ 9
    Noun · singular · accusative · (proper) ▸ 1 (Is. 66,19)
    Noun · singular · genitive · (proper) ▸ 3 (Gen. 4,22; Ezek. 38,3; Ezek. 39,1)
    Noun · singular · nominative · (proper) ▸ 1 (Ezek. 32,26)
    Noun · masculine · singular · accusative · (proper) ▸ 1 (Gen. 4,22)
    Noun · masculine · singular · genitive · (proper) ▸ 1 (Ezek. 38,2)
    Noun · masculine · singular · nominative · (proper) ▸ 2 (Gen. 10,2; 1Chr. 1,5)

θοῖνα (θοίνη) feast, meal ▸ 2
  θοῖναν ▸ 2
    Noun · feminine · singular · accusative · (common) ▸ 2 (3Mac. 5,31; Wis. 12,5)

Θοκανος Tikvah ▸ 1
  Θοκανου ▸ 1
    Noun · masculine · singular · genitive · (proper) ▸ 1 (1Esdr. 9,14)

Θοκε Tohu ▸ 1
  Θοκε ▸ 1
    Noun · masculine · singular · genitive · (proper) ▸ 1 (1Sam. 1,1)

Θοκκαν Token ▸ 1
  Θοκκαν ▸ 1
    Noun · singular · nominative · (proper) ▸ 1 (1Chr. 4,32)

θολερός (θολός) cloudy ▸ 1
  θολερᾷ ▸ 1
    Adjective · feminine · singular · dative · noDegree ▸ 1 (Hab. 2,15)

Θολμαι Talmai ▸ 2
  Θολμαι ▸ 2
    Noun · masculine · singular · accusative · (proper) ▸ 1 (2Sam. 13,37)
    Noun · masculine · singular · genitive · (proper) ▸ 1 (1Chr. 3,2)

Θολμι Talmai ▸ 3
  Θολμι ▸ 3
    Noun · masculine · singular · accusative · (proper) ▸ 2 (Josh. 15,14; Judg. 1,10)
    Noun · masculine · singular · genitive · (proper) ▸ 1 (2Sam. 3,3)

Θολμιν Tholmi ▸ 1
  Θολμιν ▸ 1
    Noun · masculine · singular · accusative · (proper) ▸ 1 (Judg. 1,10)

Θομοι Temah ▸ 1
  Θομοι ▸ 1
    Noun · masculine · singular · genitive · (proper) ▸ 1 (1Esdr. 5,32)

Θοου Tou ▸ 2
  Θοου ▸ 2
    Noun · masculine · singular · nominative · (proper) ▸ 2 (2Sam. 8,9; 2Sam. 8,10)

Θοργαμα Togarmah ▸ 2
  Θοργαμα ▸ 2
    Noun · masculine · singular · nominative · (proper) ▸ 2 (Gen. 10,3; 1Chr. 1,6)

θορυβάζω (θόρυβος) to trouble, bother ▸ 1
  θορυβάζῃ ▸ 1
    Verb · second · singular · present · passive · indicative ▸ 1 (Luke 10,41)

θορυβέω (θόρυβος) to stir up, to trouble ▸ 5 + 1 + 4 = 10
  ἐθορυβήθην ▸ 1
    Verb · third · singular · aorist · passive · indicative ▸ 1 (Dan. 8,17)
  ἐθορύβουν ▸ 1
    Verb · third · plural · imperfect · active · indicative ▸ 1 (Acts 17,5)
  ἐθορυβοῦντο ▸ 1 + 1 = 2
    Verb · third · plural · imperfect · middle · indicative ▸ 1 + 1 = 2 (Judg. 3,26; Judg. 3,26)
  θορυβεῖσθε ▸ 2
    Verb · second · plural · present · passive · indicative ▸ 1 (Mark 5,39)
    Verb · second · plural · present · passive · imperative ▸ 1 (Acts 20,10)
  θορυβηθήσονται ▸ 1
    Verb · third · plural · future · passive · indicative ▸ 1 (Nah. 2,4)
  θορυβήσαντες ▸ 1
    Verb · aorist · active · participle · masculine · plural · nominative ▸ 1 (Wis. 18,19)
  θορυβούμενον ▸ 1
    Verb · present · passive · participle · masculine · singular · accusative ▸ 1 (Matt. 9,23)
  τεθορυβημένος ▸ 1
    Verb · perfect · passive · participle · masculine · singular · nominative ▸ 1 (Sir. 40,6)

θόρυβος confusion, noise, tumult ▸ 12 + 7 = 19
  θόρυβον ▸ 2 + 3 = 5
    Noun · masculine · singular · accusative · (common) ▸ 2 + 3 = 5 (3Mac. 5,48; Jer. 30,18; Mark 5,38; Acts 20,1; Acts 21,34)
  θόρυβος ▸ 5 + 3 = 8
    Noun · masculine · singular · nominative · (common) ▸ 5 + 3 = 8 (Esth. 11,5 # 1,1d; Judith 6,1; Prov. 1,27; Prov. 23,29; Wis. 14,26; Matt. 26,5; Matt. 27,24; Mark 14,2)
  θορύβου ▸ 4 + 1 = 5
    Noun · masculine · singular · genitive · (common) ▸ 4 + 1 = 5 (Ezra 10,9; Mic. 7,12; Ezek. 7,11; Dan. 10,6; Acts 24,18)
  θορύβων ▸ 1

Noun · masculine · plural · genitive · (common) ▸ **1** (Ezek. 7,4)

Θουλαδ Tolad ▸ 1
Θουλαδ ▸ 1
Noun · singular · dative · (proper) ▸ **1** (1Chr. 4,29)

θραελ (Hebr.) temple part (?) ▸ 1
θραελ ▸ 1
Noun ▸ **1** (Ezek. 41,8)

Θράξ Thracian ▸ 1
Θρακῶν ▸ 1
Noun · masculine · plural · genitive · (proper) ▸ **1** (2Mac. 12,35)

θράσος (θρασύς) confidence, boldness, audacity ▸ 14
θράσει ▸ 8
Noun · neuter · singular · dative · (common) ▸ **8** (Esth. 13,2 # 3,13b; 1Mac. 6,45; 3Mac. 2,2; 3Mac. 2,4; 3Mac. 2,21; 3Mac. 6,4; 3Mac. 6,5; Ezek. 19,7)
θράσος ▸ 4
Noun · neuter · singular · accusative · (common) ▸ **4** (Judith 16,10; 1Mac. 4,32; 3Mac. 6,20; Wis. 12,17)
θράσους ▸ 2
Noun · neuter · singular · genitive · (common) ▸ **2** (2Mac. 5,18; 3Mac. 2,26)

θρασυκάρδιος (θρασύς; καρδία) bold hearted ▸ 2
θρασυκάρδιος ▸ 2
Adjective · masculine · singular · nominative · noDegree ▸ **2** (Prov. 14,14; Prov. 21,4)

θρασύνω (θρασύς) to take heart, take courage ▸ 2
θρασυνθείς ▸ 1
Verb · aorist · passive · participle · masculine · singular · nominative ▸ **1** (3Mac. 1,26)
θρασυνθέντες ▸ 1
Verb · aorist · passive · participle · masculine · plural · nominative ▸ **1** (3Mac. 1,22)

θρασύς arrogant, insolent; bold ▸ 11
θρασεῖα ▸ 2
Adjective · feminine · singular · nominative · noDegree ▸ **2** (Prov. 9,13; Sir. 22,5)
θρασεία ▸ 1
Adjective · feminine · singular · dative · noDegree ▸ **1** (Prov. 28,26)
θρασεῖς ▸ 1
Adjective · masculine · plural · accusative · noDegree ▸ **1** (Wis. 11,17)
θρασὺ ▸ 2
Adjective · neuter · singular · nominative · noDegree ▸ **2** (Num. 13,28; Prov. 18,6)
θρασὺν ▸ 1
Adjective · masculine · singular · accusative · noDegree ▸ **1** (3Mac. 2,6)
θρασὺς ▸ 4
Adjective · masculine · singular · nominative · noDegree ▸ **4** (3Mac. 2,14; Prov. 13,17; Prov. 21,24; Sir. 4,29)

θραῦσις (θραύω) destruction, slaughter ▸ 12
θραύσει ▸ 2
Noun · feminine · singular · dative · (common) ▸ **2** (Num. 17,14; Psa. 105,23)
θραῦσις ▸ 10
Noun · feminine · singular · nominative · (common) ▸ **10** (Num. 17,12; Num. 17,13; Num. 17,15; 2Sam. 17,9; 2Sam. 18,7; 2Sam. 24,15; 2Sam. 24,21; 2Sam. 24,25; Psa. 105,30; Wis. 18,20)

θραῦσμα (θραύω) destruction; break, lesion ▸ 17
θραῦσμα ▸ 11
Noun · neuter · singular · accusative · (common) ▸ **3** (Lev. 13,33; Lev. 13,34; Lev. 13,35)
Noun · neuter · singular · nominative · (common) ▸ **8** (Lev. 13,32; Lev. 13,33; Lev. 13,34; Lev. 13,36; Lev. 13,37; Lev. 13,37; Judith 7,9; Judith 13,5)
θραύσμά ▸ 1
Noun · neuter · singular · nominative · (common) ▸ **1** (Lev. 13,30)
θραύσματος ▸ 5
Noun · neuter · singular · genitive · (common) ▸ **5** (Lev. 13,31; Lev. 13,31; Lev. 13,32; Lev. 13,34; Lev. 14,54)

θραυσμός (θραύω) breaking, break ▸ 1
θραυσμός ▸ 1
Noun · masculine · singular · nominative · (common) ▸ **1** (Nah. 2,11)

θραύω to break, hit, break down, oppress ▸ 24 + 1 = 25
ἔθραυσας ▸ 1
Verb · second · singular · aorist · active · indicative ▸ **1** (3Mac. 6,5)
ἔθραυσε ▸ 1
Verb · third · singular · aorist · active · indicative ▸ **1** (Judith 13,14)
ἔθραυσεν ▸ 4
Verb · third · singular · aorist · active · indicative ▸ **4** (Ex. 15,6; 2Sam. 12,15; 2Chr. 20,37; Ode. 1,6)
ἐθραύσθη ▸ 2
Verb · third · singular · aorist · passive · indicative ▸ **2** (1Sam. 20,34; Jer. 28,30)
θραύειν ▸ 1
Verb · present · active · infinitive ▸ **1** (Num. 17,11)
θραύεσθε ▸ 1
Verb · second · plural · present · passive · imperative ▸ **1** (Deut. 20,3)
θραῦσαι ▸ 4
Verb · aorist · active · infinitive ▸ **4** (Sol. 17,22; Is. 2,10; Is. 2,19; Is. 2,21)
θραύσει ▸ 1
Verb · third · singular · future · active · indicative ▸ **1** (Num. 24,17)
θραύσεις ▸ 1
Verb · second · singular · future · active · indicative ▸ **1** (2Mac. 15,16)
θραυσθῇ ▸ 2
Verb · third · singular · aorist · passive · subjunctive ▸ **2** (2Chr. 6,24; Ezek. 21,20)
θραυσθήσεται ▸ 2
Verb · third · singular · future · passive · indicative ▸ **2** (Is. 42,4; Ezek. 21,12)
θραῦσον ▸ 1
Verb · second · singular · aorist · active · imperative ▸ **1** (Judith 9,10)
τεθραυσμένος ▸ 2
Verb · perfect · passive · participle · masculine · singular · nominative ▸ **2** (Deut. 28,33; 2Mac. 9,11)
τεθραυσμένους ▸ 1 + 1 = 2
Verb · perfect · passive · participle · masculine · plural · accusative ▸ **1** + **1** = **2** (Is. 58,6; Luke 4,18)

θρέμμα (τρέφω) creature ▸ 1
θρέμματα ▸ 1
Noun · neuter · plural · nominative ▸ **1** (John 4,12)

θρεπτός (τρέφω) brought up, raised ▸ 1
θρεπτή ▸ 1
Adjective · feminine · singular · nominative · noDegree ▸ **1**

(Esth. 2,7)

θρηνέω (θρόος) to lament, sing a dirge; complain ▸ 27 + 3 + 4 = 34
- ἐθρήνει ▸ 1
  - **Verb** · third · singular · imperfect · active · indicative ▸ 1 (Tob. 10,7)
- ἐθρηνήσαμεν ▸ 2
  - **Verb** · first · plural · aorist · active · indicative ▸ 2 (Matt. 11,17; Luke 7,32)
- ἐθρήνησεν ▸ 5
  - **Verb** · third · singular · aorist · active · indicative ▸ 5 (2Sam. 1,17; 2Sam. 3,33; 2Chr. 35,25; 1Esdr. 1,30; Lam. 1,1)
- ἐθρήνουν ▸ 1
  - **Verb** · third · plural · imperfect · active · indicative ▸ 1 (Luke 23,27)
- ἐθρηνοῦσαν ▸ 1
  - **Verb** · third · plural · imperfect · active · indicative ▸ 1 (1Esdr. 1,30)
- θρηνεῖν ▸ 2 + 2 = 4
  - **Verb** · present · active · infinitive ▸ 2 + 2 = 4 (Judg. 11,40; Tob. 10,4; Judg. 11,40; Tob. 10,4)
- θρηνεῖτε ▸ 4
  - **Verb** · second · plural · present · active · imperative ▸ 4 (Joel 1,11; Joel 1,13; Jer. 22,10; Jer. 28,8)
- θρηνείτω ▸ 1
  - **Verb** · third · singular · present · active · imperative ▸ 1 (Ezek. 7,12)
- θρηνηθήσεται ▸ 1
  - **Verb** · third · singular · future · passive · indicative ▸ 1 (Mic. 2,4)
- θρηνήσατε ▸ 2
  - **Verb** · second · plural · aorist · active · imperative ▸ 2 (Joel 1,5; Zeph. 1,11)
- θρηνήσει ▸ 1
  - **Verb** · third · singular · future · middle · indicative ▸ 1 (Mic. 1,8)
- θρηνήσεις ▸ 1
  - **Verb** · second · singular · future · active · indicative ▸ 1 (Ezek. 32,16)
- θρηνήσετε ▸ 1
  - **Verb** · second · plural · future · active · indicative ▸ 1 (John 16,20)
- θρήνησον ▸ 2
  - **Verb** · second · singular · aorist · active · imperative ▸ 2 (Joel 1,8; Ezek. 32,18)
- θρηνήσουσιν ▸ 2
  - **Verb** · third · plural · future · active · indicative ▸ 2 (Ezek. 32,16; Ezek. 32,16)
- θρηνουμένων ▸ 1
  - **Verb** · present · middle · participle · masculine · plural · genitive ▸ 1 (Wis. 18,10)
- θρηνούντων ▸ 1
  - **Verb** · present · active · participle · masculine · plural · genitive ▸ 1 (Zech. 11,3)
- θρηνοῦσα ▸ 1
  - **Verb** · present · active · participle · feminine · singular · nominative ▸ 1 (Tob. 10,7)
- θρηνοῦσαι ▸ 1
  - **Verb** · present · active · participle · feminine · plural · nominative ▸ 1 (Ezek. 8,14)
- θρηνούσας ▸ 1
  - **Verb** · present · active · participle · feminine · plural · accusative ▸ 1 (Jer. 9,16)

θρήνημα (θρόος) mourning, lament ▸ 1
- θρήνημά ▸ 1
  - **Noun** · neuter · singular · accusative · (common) ▸ 1 (Ezek. 27,32)

θρῆνος (θρόος) lament, lamentation ▸ 32 + 1 = 33
- θρήνοις ▸ 1
  - **Noun** · masculine · plural · dative · (common) ▸ 1 (3Mac. 4,8)
- θρῆνον ▸ 22
  - **Noun** · masculine · singular · accusative · (common) ▸ 22 (2Sam. 1,17; 2Chr. 35,25; Tob. 2,6; 1Mac. 1,27; 1Mac. 9,41; 3Mac. 4,6; Amos 5,1; Amos 5,16; Amos 8,10; Is. 14,4; Jer. 7,29; Jer. 9,9; Jer. 9,17; Jer. 9,19; Lam. 1,1; Ezek. 19,1; Ezek. 19,14; Ezek. 26,17; Ezek. 27,2; Ezek. 27,32; Ezek. 28,12; Ezek. 32,2)
- θρῆνος ▸ 2 + 1 = 3
  - **Noun** · masculine · singular · nominative · (common) ▸ 2 + 1 = 3 (Mic. 2,4; Ezek. 2,10; Tob. 2,6)
- θρῆνός ▸ 1
  - **Noun** · masculine · singular · nominative · (common) ▸ 1 (Ezek. 32,16)
- θρήνου ▸ 3
  - **Noun** · masculine · singular · genitive · (common) ▸ 3 (Sir. 38,16; Jer. 38,15; Ezek. 19,14)
- θρήνῳ ▸ 1
  - **Noun** · masculine · singular · dative · (common) ▸ 1 (4Mac. 16,12)
- θρήνων ▸ 2
  - **Noun** · masculine · plural · genitive · (common) ▸ 2 (2Chr. 35,25; 3Mac. 6,32)

θρησκεία (θρησκός) worship, religion ▸ 4 + 4 = 8
- θρησκεία ▸ 1 + 2 = 3
  - **Noun** · feminine · singular · nominative · (common) ▸ 1 + 2 = 3 (Wis. 14,27; James 1,26; James 1,27)
- θρησκείᾳ ▸ 1 + 1 = 2
  - **Noun** · feminine · singular · dative · (common) ▸ 1 + 1 = 2 (4Mac. 5,7; Col. 2,18)
- θρησκείας ▸ 2 + 1 = 3
  - **Noun** · feminine · singular · genitive · (common) ▸ 2 + 1 = 3 (4Mac. 5,13; Wis. 14,18; Acts 26,5)

θρησκεύω (θρησκός) to worship ▸ 2
- ἐθρησκεύετο ▸ 1
  - **Verb** · third · singular · imperfect · passive · indicative ▸ 1 (Wis. 14,17)
- ἐθρήσκευον ▸ 1
  - **Verb** · third · plural · imperfect · active · indicative ▸ 1 (Wis. 11,15)

θρῆσκος (θρησκός) religious ▸ 1
- θρησκὸς ▸ 1
  - **Adjective** · masculine · singular · nominative ▸ 1 (James 1,26)

θριαμβεύω to triumph over ▸ 2
- θριαμβεύοντι ▸ 1
  - **Verb** · present · active · participle · masculine · singular · dative ▸ 1 (2Cor. 2,14)
- θριαμβεύσας ▸ 1
  - **Verb** · aorist · active · participle · masculine · singular · nominative ▸ 1 (Col. 2,15)

θρίξ hair, thread, bristle ▸ 45 + 6 + 15 = 66
- θρὶξ ▸ 11 + 3 + 2 = 16
  - **Noun** · feminine · singular · nominative · (common) ▸ 11 + 3 + 2 = 16 (Lev. 13,3; Lev. 13,4; Lev. 13,20; Lev. 13,21; Lev. 13,25; Lev. 13,26; Lev. 13,30; Lev. 13,31; Lev. 13,32; Lev. 13,37; Judg. 16,22; Judg. 16,22; Dan. 3,94; Dan. 7,9; Luke 21,18; Acts 27,34)
- θρίξ ▸ 1
  - **Noun** · feminine · singular · nominative · (common) ▸ 1 (Ezek.

16,7)
- **θριξὶν** ▸ 1 + 4 = 5
  - **Noun** · feminine · plural · dative · (common) ▸ 1 + 4 = 5 (2Mac. 7,7; Luke 7,38; Luke 7,44; John 11,2; John 12,3)
- **τρίχα** ▸ 9 + 1 + 1 = 11
  - **Noun** · feminine · singular · accusative · (common) ▸ 9 + 1 + 1 = 11 (Lev. 13,4; Lev. 13,10; Lev. 14,8; Lev. 14,9; Lev. 14,9; Num. 6,5; Judg. 20,16; 2Sam. 14,26; Prov. 23,7; Judg. 20,16; Matt. 5,36)
- **τρίχας** ▸ 11 + 1 + 3 = 15
  - **Noun** · feminine · plural · accusative · (common) ▸ 11 + 1 + 3 = 15 (Ex. 25,4; Ex. 35,6; Ex. 35,26; Num. 6,18; Judith 10,3; Judith 16,8; Psa. 39,13; Psa. 68,5; Sir. 27,14; Is. 7,20; Bel 27; Bel 27; Mark 1,6; Rev. 9,8; Rev. 9,8)
- **τρίχες** ▸ 4 + 1 + 3 = 8
  - **Noun** · feminine · plural · nominative · (common) ▸ 4 + 1 + 3 = 8 (Ex. 36,10; Job 4,15; Dan. 3,94; Dan. 4,33b; Dan. 4,33; Matt. 10,30; Luke 12,7; Rev. 1,14)
- **τριχὸς** ▸ 5
  - **Noun** · feminine · singular · genitive · (common) ▸ 5 (Lev. 13,36; 1Sam. 14,45; 2Sam. 14,11; 3Mac. 6,6; Psa. 67,22)
- **τριχῶν** ▸ 3 + 2 = 5
  - **Noun** · feminine · plural · genitive · (common) ▸ 3 + 2 = 5 (1Kings 1,52; Ezra 9,3; Esth. 14,1 # 4,17k; Matt. 3,4; 1Pet. 3,3)

θροέω (θρόος) to alarm, stir ▸ 1 + 3 = 4
- **ἐθροήθη** ▸ 1
  - **Verb** · third · singular · aorist · passive · indicative ▸ 1 (Song 5,4)
- **θροεῖσθαι** ▸ 1
  - **Verb** · present · passive · infinitive ▸ 1 (2Th. 2,2)
- **θροεῖσθε** ▸ 2
  - **Verb** · second · plural · present · passive · imperative ▸ 2 (Matt. 24,6; Mark 13,7)

θρόμβος (τρέφω) drop ▸ 1
- **θρόμβοι** ▸ 1
  - **Noun** · masculine · plural · nominative ▸ 1 (Luke 22,44)

θρονίζω (θρόνος) to enthrone ▸ 1
- **ἐθρονίσθη** ▸ 1
  - **Verb** · third · singular · aorist · passive · indicative ▸ 1 (Esth. 1,2)

θρόνος throne, seat ▸ 160 + 5 + 62 = 227
- **θρόνοι** ▸ 3 + 1 + 1 = 5
  - **Noun** · masculine · plural · nominative · (common) ▸ 3 + 1 + 1 = 5 (Psa. 121,5; Psa. 121,5; Dan. 7,9; Dan. 7,9; Col. 1,16)
- **θρόνοις** ▸ 1
  - **Noun** · masculine · plural · dative · (common) ▸ 1 (Wis. 6,21)
- **θρόνον** ▸ 45 + 7 = 52
  - **Noun** · masculine · singular · accusative · (common) ▸ 45 + 7 = 52 (Gen. 41,40; 1Sam. 2,8; 2Sam. 3,10; 2Sam. 7,13; 1Kings 1,27; 1Kings 1,37; 1Kings 1,37; 1Kings 1,46; 1Kings 1,47; 1Kings 1,47; 1Kings 2,24; 1Kings 5,19; 1Kings 9,5; 1Kings 10,18; 2Kings 10,3; 2Kings 25,28; 1Chr. 17,12; 1Chr. 22,10; 2Chr. 6,10; 2Chr. 7,18; 2Chr. 9,8; 2Chr. 9,17; 2Chr. 23,20; 1Mac. 2,57; Psa. 9,8; Psa. 88,5; Psa. 88,30; Psa. 88,45; Psa. 102,19; Psa. 131,11; Ode. 3,8; Prov. 8,27; Prov. 20,28; Job 36,7; Sir. 47,11; Sol. 17,6; Is. 9,6; Is. 14,13; Is. 22,23; Jer. 1,15; Jer. 14,21; Jer. 25,18; Jer. 50,10; Jer. 52,32; Bar. 5,6; Luke 1,32; Acts 2,30; Rev. 4,2; Rev. 12,5; Rev. 13,2; Rev. 16,10; Rev. 20,11)
- **Θρόνος** ▸ 2
  - **Noun** · masculine · singular · nominative · (common) ▸ 2 (Jer. 3,17; Jer. 17,12)
- **θρόνος** ▸ 20 + 1 + 6 = 27
  - **Noun** · masculine · singular · nominative · (common) ▸ 20 + 1 + 6 = 27 (2Sam. 7,16; 2Sam. 14,9; 1Kings 2,19; 1Kings 2,45; 1Chr. 17,14; Psa. 10,4; Psa. 44,7; Psa. 88,37; Psa. 92,2; Psa. 93,20; Prov. 11,16; Prov. 12,23; Prov. 16,12; Prov. 25,5; Prov. 29,14; Sir. 24,4; Is. 16,5; Is. 66,1; Lam. 5,19; Dan. 7,9; Dan. 7,9; Matt. 5,34; Acts 7,49; Heb. 1,8; Rev. 2,13; Rev. 4,2; Rev. 22,3)
- **θρόνου** ▸ 69 + 3 + 32 = 104
  - **Noun** · masculine · singular · genitive · (common) ▸ 69 + 3 + 32 = 104 (Ex. 11,5; Ex. 12,29; Judg. 3,20; 1Kings 1,13; 1Kings 1,17; 1Kings 1,20; 1Kings 1,24; 1Kings 1,30; 1Kings 1,35; 1Kings 1,48; 1Kings 2,4; 1Kings 2,12; 1Kings 2,19; 1Kings 3,6; 1Kings 8,20; 1Kings 8,25; 1Kings 10,9; 1Kings 16,11; 1Kings 22,10; 1Kings 22,19; 2Kings 10,30; 2Kings 11,19; 2Kings 13,13; 2Kings 15,12; 1Chr. 28,5; 1Chr. 29,23; 2Chr. 6,16; 2Chr. 9,18; 2Chr. 18,9; 2Chr. 18,18; Esth. 15,6 # 5,1c; Esth. 15,8 # 5,1e; Esth. 16,11 # 8,12l; Judith 1,12; 1Mac. 7,4; 1Mac. 10,52; 1Mac. 10,53; 1Mac. 10,55; 1Mac. 11,52; Psa. 9,5; Psa. 46,9; Psa. 88,15; Psa. 96,2; Psa. 131,12; Ode. 8,55; Prov. 20,8; Job 26,9; Wis. 9,10; Sir. 1,8; Sir. 40,3; Sol. 2,19; Jonah 3,6; Zech. 6,13; Is. 6,1; Jer. 13,13; Jer. 17,25; Jer. 22,2; Jer. 22,4; Jer. 22,30; Jer. 43,30; Ezek. 1,26; Ezek. 1,26; Ezek. 10,1; Ezek. 43,7; Dan. 3,54; Dan. 4,4; Dan. 4,26; Dan. 4,27; Dan. 4,37b; Judg. 3,20; Dan. 3,54; Dan. 5,20; Matt. 19,28; Matt. 25,31; Heb. 8,1; Heb. 12,2; Rev. 1,4; Rev. 4,3; Rev. 4,4; Rev. 4,5; Rev. 4,5; Rev. 4,6; Rev. 4,6; Rev. 4,6; Rev. 4,10; Rev. 4,10; Rev. 5,1; Rev. 5,6; Rev. 5,7; Rev. 5,11; Rev. 6,16; Rev. 7,9; Rev. 7,11; Rev. 7,11; Rev. 7,15; Rev. 7,15; Rev. 7,17; Rev. 8,3; Rev. 14,3; Rev. 16,17; Rev. 19,5; Rev. 20,12; Rev. 21,3; Rev. 22,1)
- **θρόνους** ▸ 5 + 5 = 10
  - **Noun** · masculine · plural · accusative · (common) ▸ 5 + 5 = 10 (Judith 9,3; Job 12,18; Wis. 5,23; Sir. 10,14; Hag. 2,22; Matt. 19,28; Rev. 4,4; Rev. 4,4; Rev. 11,16; Rev. 20,4)
- **θρόνῳ** ▸ 5 + 9 = 14
  - **Noun** · masculine · singular · dative · (common) ▸ 5 + 9 = 14 (1Kings 2,33; 1Kings 10,19; 1Kings 10,19; 2Chr. 9,18; 4Mac. 17,18; Matt. 23,22; Heb. 4,16; Rev. 3,21; Rev. 3,21; Rev. 4,9; Rev. 5,13; Rev. 7,10; Rev. 19,4; Rev. 21,5)
- **θρόνων** ▸ 10 + 2 = 12
  - **Noun** · masculine · plural · genitive · (common) ▸ 10 + 2 = 12 (1Kings 7,44; 2Kings 25,28; Ode. 9,52; Wis. 7,8; Wis. 9,4; Wis. 9,12; Wis. 18,15; Is. 14,9; Jer. 52,32; Ezek. 26,16; Luke 1,52; Luke 22,30)

θροῦς (θρέομαι) noise ▸ 2
- **θροῦς** ▸ 2
  - **Noun** · masculine · singular · nominative · (common) ▸ 2 (1Mac. 9,39; Wis. 1,10)

θρυλέω to chatter, babble; repeat ▸ 3
- **ἐθρύλουν** ▸ 1
  - **Verb** · third · plural · imperfect · active · indicative ▸ 1 (3Mac. 3,7)
- **θρυληθείην** ▸ 1
  - **Verb** · first · singular · aorist · passive · optative ▸ 1 (Job 31,30)
- **θρυλουμένην** ▸ 1
  - **Verb** · present · passive · participle · feminine · singular · accusative ▸ 1 (3Mac. 3,6)

θρύλημα (θρυλέω) byword ▸ 2
- **θρύλημα** ▸ 2
  - **Noun** · neuter · singular · accusative · (common) ▸ 2 (Job 17,6; Job 30,9)

Θυάτειρα Thyatira ▸ 4
- **Θυάτειρα** ▸ 1
  - **Noun** · neuter · plural · accusative · (proper) ▸ 1 (Rev. 1,11)
- **Θυατείροις** ▸ 2
  - **Noun** · neuter · plural · dative · (proper) ▸ 2 (Rev. 2,18; Rev. 2,24)
- **Θυατείρων** ▸ 1

θυγάτηρ

Noun • neuter • plural • genitive • (proper) ▸ 1 (Acts 16,14)

θυγάτηρ daughter ▸ 585 + 58 + 28 = 671

Θύγατερ ▸ 1
Noun • feminine • singular • vocative • (common) ▸ 1 (Ruth 3,1)

θύγατερ ▸ 34 + 7 + 1 = 42
Noun • feminine • singular • vocative • (common) ▸ 34 + 7 + 1 = 42 (Ruth 2,2; Ruth 2,8; Ruth 2,22; Ruth 3,10; Ruth 3,11; Ruth 3,16; Ruth 3,18; Judith 13,18; Tob. 7,17; Tob. 11,17; Psa. 44,11; Song 7,2; Mic. 4,8; Mic. 4,10; Mic. 4,13; Zeph. 3,14; Zeph. 3,14; Zeph. 3,14; Zech. 2,14; Zech. 9,9; Zech. 9,9; Is. 16,2; Jer. 6,2; Jer. 6,23; Jer. 6,26; Jer. 26,19; Jer. 27,42; Jer. 30,20; Lam. 2,13; Lam. 2,13; Lam. 2,18; Lam. 4,21; Lam. 4,22; Lam. 4,22; Tob. 7,17; Tob. 7,17; Tob. 10,12; Tob. 11,17; Tob. 11,17; Tob. 11,17; Tob. 11,17; Matt. 9,22)

θύγατέρ ▸ 1
Noun • feminine • singular • vocative • (common) ▸ 1 (Judg. 11,35)

θυγατέρα ▸ 84 + 14 + 4 = 102
Noun • feminine • singular • accusative • (common) ▸ 84 + 14 + 4 = 102 (Gen. 24,48; Gen. 25,20; Gen. 26,34; Gen. 26,34; Gen. 28,9; Gen. 29,10; Gen. 29,23; Gen. 29,28; Gen. 30,21; Gen. 34,5; Gen. 34,8; Gen. 36,2; Gen. 36,2; Gen. 36,3; Gen. 38,2; Gen. 41,45; Gen. 46,15; Ex. 2,10; Ex. 2,21; Ex. 6,20; Ex. 6,23; Ex. 21,7; Ex. 21,31; Lev. 18,17; Lev. 18,17; Lev. 19,29; Num. 25,18; Deut. 7,3; Deut. 7,3; Deut. 18,10; Deut. 22,16; Deut. 28,56; Josh. 15,16; Josh. 15,17; Judg. 1,12; Judg. 1,13; Judg. 11,40; Judg. 21,1; 1Sam. 1,16; 1Sam. 18,27; 1Sam. 25,44; 2Sam. 3,13; 2Sam. 17,25; 1Kings 2,35c; 1Kings 4,15; 1Kings 5,14a; 1Kings 9,9a # 9,24; 1Kings 11,1; 1Kings 16,31; 2Kings 14,9; 2Kings 23,10; 1Chr. 2,21; 1Chr. 2,35; 2Chr. 8,11; 2Chr. 11,18; 2Chr. 11,18; 2Chr. 11,20; 2Chr. 11,21; 2Chr. 25,18; 1Esdr. 4,29; Neh. 6,18; Tob. 3,9; Tob. 7,13; Tob. 10,13; 1Mac. 9,37; 1Mac. 10,54; 1Mac. 10,58; 1Mac. 11,9; 1Mac. 11,10; 1Mac. 11,12; Sir. 7,25; Hos. 1,3; Hos. 1,6; Zech. 2,11; Is. 10,32; Is. 23,12; Lam. 2,1; Lam. 2,15; Ezek. 16,30; Ezek. 22,11; Dan. 11,17; Sus. 7-8; Sus. 29; Sus. 48; Judg. 1,12; Judg. 1,13; Judg. 11,40; Judg. 21,1; Tob. 3,9; Tob. 6,13; Tob. 7,10; Tob. 7,13; Tob. 10,13; Tob. 11,15; Dan. 11,17; Sus. 3; Sus. 29; Sus. 48; Matt. 10,35; Matt. 10,37; Luke 12,53; Luke 13,16)

θυγατέρας ▸ 103 + 9 + 1 = 113
Noun • feminine • plural • accusative • (common) ▸ 103 + 9 + 1 = 113 (Gen. 5,4; Gen. 5,7; Gen. 5,10; Gen. 5,13; Gen. 5,16; Gen. 5,19; Gen. 5,22; Gen. 5,26; Gen. 5,30; Gen. 6,2; Gen. 6,4; Gen. 11,11; Gen. 11,13; Gen. 11,13; Gen. 11,15; Gen. 11,17; Gen. 11,19; Gen. 11,21; Gen. 11,23; Gen. 11,25; Gen. 19,14; Gen. 19,15; Gen. 27,46; Gen. 31,26; Gen. 31,28; Gen. 31,31; Gen. 31,50; Gen. 32,1; Gen. 34,1; Gen. 34,9; Gen. 34,9; Gen. 34,16; Gen. 34,17; Gen. 34,21; Gen. 34,21; Gen. 36,6; Ex. 3,22; Ex. 21,4; Num. 25,1; Deut. 12,31; Deut. 28,41; Josh. 7,24; Judg. 1,27; Judg. 1,27; Judg. 1,27; Judg. 1,27; Judg. 1,27; Judg. 3,6; Judg. 3,6; 1Sam. 2,21; 1Sam. 8,13; 1Sam. 30,6; 2Kings 17,17; 1Chr. 25,5; 2Chr. 11,21; 2Chr. 13,21; 2Chr. 21,17; 2Chr. 24,3; 2Chr. 28,8; 1Esdr. 8,81; 1Esdr. 8,81; Ezra 9,12; Neh. 5,5; Neh. 10,31; Neh. 10,31; Neh. 13,25; Judith 9,4; 1Mac. 5,8; 1Mac. 5,65; Psa. 105,37; Job 42,15; Sol. 8,21; Hos. 4,14; Joel 4,8; Is. 3,17; Is. 43,6; Is. 49,22; Jer. 3,24; Jer. 5,17; Jer. 7,31; Jer. 9,19; Jer. 36,6; Jer. 36,6; Jer. 39,35; Jer. 48,10; Jer. 50,6; Lam. 3,51; Ezek. 5,14; Ezek. 13,17; Ezek. 14,18; Ezek. 14,22; Ezek. 16,20; Ezek. 16,27; Ezek. 16,28; Ezek. 23,4; Ezek. 23,10; Ezek. 23,10; Ezek. 23,25; Ezek. 23,47; Ezek. 24,25; Ezek. 26,8; Ezek. 32,18; Judg. 1,27; Judg. 1,27; Judg. 1,27; Judg. 1,27; Judg. 1,27; Judg. 3,6; Judg. 3,6; Judg. 12,9; 2Cor. 6,18)

θυγατέρες ▸ 99 + 4 + 3 = 106
Noun • feminine • plural • nominative • (common) ▸ 88 + 4 + 2 = 94 (Gen. 6,1; Gen. 19,8; Gen. 19,12; Gen. 19,30; Gen. 19,30; Gen. 19,36; Gen. 24,13; Gen. 24,43; Gen. 28,8; Gen. 29,16; Gen. 31,43; Gen. 31,43; Gen. 37,35; Gen. 46,7; Gen. 46,7; Gen. 46,15; Ex. 2,16; Ex. 34,16; Num. 21,29; Num. 26,37; Num. 27,1; Num. 27,7; Num. 36,10; Num. 36,11; Deut. 12,12; Deut. 28,32; Josh. 17,3; Josh. 17,6; Judg. 11,40; Judg. 12,9; Judg. 21,21; 1Sam. 30,3; 2Sam. 1,20; 2Sam. 1,20; 2Sam. 5,13; 2Sam. 13,18; 1Chr. 2,34; 1Chr. 4,27; 1Chr. 7,15; 1Chr. 14,3; 1Chr. 23,22; 2Chr. 29,9; 1Esdr. 5,1; Neh. 3,12; Neh. 10,29; Psa. 44,10; Psa. 44,11; Psa. 47,12; Psa. 96,8; Psa. 143,12; Prov. 30,15; Prov. 31,29; Eccl. 12,4; Song 6,9; Job 1,2; Job 1,13; Job 2,9b; Job 42,13; Sir. 7,24; Sol. 2,6; Sol. 2,13; Hos. 4,13; Amos 7,17; Joel 3,1; Is. 3,16; Is. 32,9; Is. 43,20; Is. 60,4; Jer. 11,22; Jer. 14,16; Jer. 27,39; Jer. 42,8; Lam. 4,3; Ezek. 14,16; Ezek. 14,20; Ezek. 16,46; Ezek. 16,46; Ezek. 16,48; Ezek. 16,48; Ezek. 16,49; Ezek. 16,55; Ezek. 16,55; Ezek. 16,55; Ezek. 23,2; Ezek. 24,21; Ezek. 26,6; Ezek. 30,18; Ezek. 32,16; Judg. 11,40; Judg. 12,9; Judg. 14,3; Judg. 21,21; Acts 2,17; Acts 21,9)

Noun • feminine • plural • vocative • (common) ▸ 11 + 1 = 12 (Ruth 1,11; Ruth 1,12; Ruth 1,13; 2Sam. 1,24; Song 1,5; Song 2,7; Song 3,5; Song 5,8; Song 5,16; Song 8,4; Jer. 30,19; Luke 23,28)

θυγατέρων ▸ 66 + 6 + 1 = 73
Noun • feminine • plural • genitive • (common) ▸ 66 + 6 + 1 = 73 (Gen. 19,16; Gen. 24,3; Gen. 24,37; Gen. 27,46; Gen. 28,1; Gen. 28,2; Gen. 28,6; Gen. 31,41; Gen. 31,43; Gen. 34,16; Gen. 36,2; Ex. 2,1; Ex. 6,25; Ex. 21,9; Ex. 32,2; Ex. 34,16; Ex. 34,16; Lev. 26,29; Num. 26,37; Deut. 23,18; Deut. 23,18; Deut. 28,53; Deut. 32,19; Josh. 17,3; Judg. 14,1; Judg. 14,2; Judg. 14,3; Judg. 21,7; Judg. 21,18; Judg. 21,21; 1Sam. 14,49; 1Sam. 30,19; 2Sam. 19,6; 1Kings 12,24e; 1Kings 21,7; 2Chr. 2,13; 2Chr. 31,18; 1Esdr. 5,38; 1Esdr. 8,67; Ezra 2,61; Ezra 9,2; Ezra 9,12; Neh. 4,8; Neh. 5,5; Neh. 7,63; Neh. 13,25; Tob. 4,13; Psa. 105,38; Ode. 2,19; Song 2,2; Song 3,10; Job 1,18; Wis. 9,7; Mic. 1,8; Is. 4,4; Is. 45,11; Is. 56,5; Jer. 16,3; Jer. 19,9; Bar. 4,10; Bar. 4,14; Bar. 4,16; Ezek. 16,53; Ezek. 16,53; Ezek. 16,57; Ezek. 16,57; Judg. 14,1; Judg. 14,2; Judg. 21,7; Judg. 21,14; Judg. 21,18; Judg. 21,21; Luke 1,5)

Θυγάτηρ ▸ 5
Noun • feminine • singular • nominative • (common) ▸ 5 (Gen. 24,23; Gen. 24,24; Gen. 24,47; Judith 10,12; Sir. 42,9)

θυγάτηρ ▸ 104 + 11 + 13 = 128
Noun • feminine • singular • nominative • (common) ▸ 104 + 11 + 10 = 125 (Gen. 11,29; Gen. 24,47; Gen. 29,6; Gen. 29,9; Gen. 34,1; Gen. 36,25; Gen. 36,39; Gen. 41,50; Gen. 46,20; Ex. 2,5; Ex. 2,6; Ex. 2,8; Ex. 2,9; Ex. 20,10; Lev. 21,9; Lev. 22,12; Lev. 22,13; Lev. 24,11; Num. 25,15; Num. 26,59; Num. 27,9; Num. 36,8; Deut. 5,14; Deut. 12,18; Deut. 13,7; Deut. 16,11; Deut. 16,14; Judg. 11,34; Judg. 11,34; Judg. 19,24; 1Sam. 14,50; 1Sam. 18,20; 2Sam. 3,7; 2Sam. 6,16; 2Sam. 6,20; 2Sam. 11,3; 2Sam. 12,3; 2Sam. 14,27; 2Sam. 21,10; 2Sam. 21,11; 1Kings 2,35f; 1Kings 4,11; 1Kings 12,24a; 1Kings 15,2; 1Kings 15,10; 1Kings 16,28a; 1Kings 22,42; 2Kings 8,18; 2Kings 8,26; 2Kings 9,34; 2Kings 11,2; 2Kings 15,33; 2Kings 18,2; 2Kings 19,21; 2Kings 19,21; 2Kings 21,19; 2Kings 22,1; 2Kings 23,31; 2Kings 23,36; 2Kings 24,8; 2Kings 24,18; 1Chr. 2,49; 1Chr. 15,29; 2Chr. 13,2; 2Chr. 20,31; 2Chr. 21,6; 2Chr. 22,2; 2Chr. 22,11; 2Chr. 22,11; 2Chr. 27,1; 2Chr. 29,1; 2Chr. 36,2a; 2Chr. 36,5; Esth. 2,7; Esth. 9,29; Judith 8,1; Judith 12,13; Judith 16,6; Tob. 6,11; Tob. 7,7; 1Mac. 10,57; 4Mac. 15,28; Psa. 136,8; Sir. 22,3; Sir. 22,4; Sir. 36,21; Mic. 4,14; Mic. 7,6; Is. 1,8; Is. 10,30; Is. 37,22; Is. 37,22; Is. 47,1; Is. 47,5; Is. 52,2; Jer. 14,17; Jer. 16,2; Jer. 26,24; Jer. 38,22; Jer. 52,1;

Ezek. 16,44; Ezek. 16,45; Sus. 57; Judg. 11,34; Judg. 11,34; Judg. 11,35; Judg. 19,24; Tob. 3,10; Tob. 6,11; Tob. 6,12; Tob. 7,7; Dan. 11,6; Sus. 2; Sus. 57; Matt. 9,18; Matt. 14,6; Matt. 15,22; Matt. 15,28; Mark 5,35; Luke 2,36; Luke 8,42; Luke 8,49; Luke 12,53; Acts 7,21)

Noun · feminine · singular · vocative ▸ **3** (Mark 5,34; Luke 8,48; John 12,15)

θυγατράσιν ▸ **16** + **1** = **17**

Noun · feminine · plural · dative · (common) ▸ **16** + **1** = **17** (Gen. 31,50; Ex. 2,20; Ex. 10,9; Lev. 10,15; Lev. 21,2; Num. 18,11; Num. 18,19; Num. 36,2; Num. 36,6; Judg. 11,26; Judg. 11,26; 1Sam. 1,4; Neh. 5,2; Ezek. 16,31; Ezek. 16,49; Sus. 57; Sus. 57)

θυγατρί ▸ **23** + **3** + **1** = **27**

Noun · feminine · singular · dative · (common) ▸ **23** + **3** + **1** = **27** (Gen. 29,24; Gen. 29,29; Gen. 34,19; Gen. 46,18; Gen. 46,25; Ex. 2,7; Num. 27,8; Josh. 16,10; 2Sam. 6,23; 1Kings 5,14b; 1Kings 7,45; 1Chr. 3,5; Tob. 3,7; Tob. 10,12; Sir. 26,10; Sir. 42,11; Mic. 1,13; Mic. 4,8; Is. 62,11; Jer. 26,11; Lam. 1,15; Lam. 2,5; Ezek. 44,25; Tob. 3,7; Tob. 10,8; Tob. 10,12; Matt. 21,5)

θυγατρί ▸ **2**

Noun · feminine · singular · dative · (common) ▸ **2** (Lev. 12,6; Deut. 22,17)

θυγατρός ▸ **4** + **2** + **1** = **7**

Noun · feminine · singular · genitive · (common) ▸ **4** + **2** + **1** = **7** (Gen. 29,18; Lev. 18,10; Deut. 22,17; Tob. 10,13; Tob. 8,20; Tob. 10,13; Mark 7,29)

θυγατρός ▸ **43** + **1** + **3** = **47**

Noun · feminine · singular · genitive · (common) ▸ **43** + **1** + **3** = **47** (Gen. 34,3; Gen. 34,7; Gen. 36,14; Lev. 18,10; Lev. 18,10; Lev. 18,11; Lev. 18,17; Lev. 18,17; Num. 26,30; Num. 30,17; 2Sam. 3,3; 2Sam. 21,8; 2Sam. 21,8; 1Chr. 2,3; 1Chr. 3,2; 1Chr. 4,18; Esth. 2,15; Tob. 7,16; Psa. 9,15; Psa. 44,14; Psa. 72,28; Song 7,5; Sir. 36,21; Sol. 8,9; Mic. 1,15; Is. 22,4; Jer. 4,11; Jer. 4,31; Jer. 8,19; Jer. 8,21; Jer. 8,22; Jer. 8,23; Jer. 9,6; Bar. 2,3; Lam. 1,6; Lam. 2,2; Lam. 2,4; Lam. 2,8; Lam. 2,10; Lam. 2,11; Lam. 3,48; Lam. 4,6; Lam. 4,10; Sus. 63; Mark 6,22; Mark 7,26; Heb. 11,24)

θυγάτριον (θυγάτηρ) little daughter ▸ **2**

θυγάτριον ▸ **1**

Noun · neuter · singular · nominative ▸ **1** (Mark 7,25)

θυγάτριόν ▸ **1**

Noun · neuter · singular · nominative ▸ **1** (Mark 5,23)

θυεία (θύω) mortar ▸ **1**

θυΐα ▸ **1**

Noun · feminine · singular · dative · (common) ▸ **1** (Num. 11,8)

θύελλα (θύω) windstorm, hurricane ▸ **3** + **1** = **4**

θύελλα ▸ **3**

Noun · feminine · singular · nominative · (common) ▸ **3** (Ex. 10,22; Deut. 4,11; Deut. 5,22)

θυέλλῃ ▸ **1**

Noun · feminine · singular · dative ▸ **1** (Heb. 12,18)

θύϊνος (θύω) citron tree, citron wood ▸ **1**

θύϊνον ▸ **1**

Adjective · neuter · singular · accusative ▸ **1** (Rev. 18,12)

θυΐσκη (θύω) censer ▸ **25**

θυΐσκαι ▸ **4**

Noun · feminine · plural · nominative · (common) ▸ **4** (Num. 7,84; Num. 7,86; 1Kings 7,36; 1Esdr. 2,9)

θυΐσκας ▸ **2**

Noun · feminine · plural · accusative · (common) ▸ **2** (2Chr. 4,21; 1Mac. 1,22)

θυΐσκας ▸ **6**

Noun · feminine · plural · accusative · (common) ▸ **6** (Ex. 25,29; Ex. 38,12; Num. 4,7; 2Kings 25,14; 2Chr. 24,14; Jer. 52,19)

θυΐσκην ▸ **12**

Noun · feminine · singular · accusative · (common) ▸ **12** (Num. 7,14; Num. 7,20; Num. 7,26; Num. 7,32; Num. 7,38; Num. 7,44; Num. 7,50; Num. 7,56; Num. 7,62; Num. 7,68; Num. 7,74; Num. 7,80)

θυΐσκῶν ▸ **1**

Noun · feminine · plural · genitive · (common) ▸ **1** (Num. 7,86)

θυλάκιον (θύλακος) small bag ▸ **1** + **1** = **2**

θυλάκια ▸ **1** + **1** = **2**

Noun · neuter · plural · accusative · (common) ▸ **1** + **1** = **2** (Tob. 9,5; Tob. 9,5)

θύλακος bag ▸ **1**

θυλάκοις ▸ **1**

Noun · masculine · plural · dative · (common) ▸ **1** (2Kings 5,23)

θῦμα (θύω) sacrifice, offering ▸ **15**

θῦμα ▸ **1**

Noun · neuter · singular · nominative · (common) ▸ **1** (2Sam. 6,13)

θύματα ▸ **9**

Noun · neuter · plural · accusative · (common) ▸ **8** (Gen. 43,16; Deut. 18,3; 2Kings 10,24; 2Chr. 7,4; Prov. 9,2; Ezek. 40,41; Ezek. 40,42; Ezek. 46,24)

Noun · neuter · plural · nominative · (common) ▸ **1** (Ex. 34,25)

θύματά ▸ **1**

Noun · neuter · plural · accusative · (common) ▸ **1** (1Sam. 25,11)

θυμάτων ▸ **4**

Noun · neuter · plural · genitive · (common) ▸ **4** (Ex. 29,28; Ex. 34,15; Prov. 17,1; Ezek. 40,41)

θυμήρης (θύω) pleasing, delightful ▸ **1**

θυμηρέστερος ▸ **1**

Adjective · masculine · singular · nominative · comparative ▸ **1** (Wis. 3,14)

θυμίαμα (θύω) incense ▸ **78** + **3** + **6** = **87**

θυμίαμα ▸ **35** + **1** = **36**

Noun · neuter · singular · accusative · (common) ▸ **28** (Gen. 43,11; Ex. 30,7; Ex. 30,8; Ex. 30,9; Ex. 30,35; Ex. 30,37; Ex. 31,11; Ex. 35,17 # 35,12a; Ex. 35,19; Ex. 39,15; Ex. 40,27; Lev. 10,1; Lev. 16,13; Num. 16,7; Num. 16,17; Num. 16,18; Num. 16,35; Num. 17,5; Num. 17,11; Num. 17,12; Deut. 33,10; 1Sam. 2,28; 2Chr. 2,3; 2Chr. 13,11; 2Chr. 29,7; 2Mac. 10,3; Sir. 45,16; Is. 43,24)

Noun · neuter · singular · nominative · (common) ▸ **7** + **1** = **8** (Num. 4,16; Judith 9,1; Psa. 140,2; Ode. 7,38; Mal. 1,11; Is. 1,13; Dan. 3,38; Dan. 3,38)

θυμιαμά ▸ **3**

Noun · neuter · singular · accusative · (common) ▸ **3** (1Sam. 2,29; Ezek. 16,18; Ezek. 23,41)

θυμιάμασιν ▸ **1**

Noun · neuter · plural · dative · (common) ▸ **1** (Prov. 27,9)

θυμιάματα ▸ **1** + **2** = **3**

Noun · neuter · plural · accusative · (common) ▸ **1** + **1** = **2** (Jer. 17,26; Rev. 18,13)

Noun · neuter · plural · nominative · (common) ▸ **1** (Rev. 8,3)

θυμιάματι ▸ **1**

Noun · neuter · singular · dative · (common) ▸ **1** (1Sam. 3,14)

θυμιάματος ▸ **26** + **1** + **2** = **29**

Noun · neuter · singular · genitive · (common) ▸ **26** + **1** + **2** = **29** (Ex. 30,1; Ex. 30,27; Ex. 35,28; Ex. 38,25; Lev. 4,7; Lev. 16,12; Lev. 16,13; Num. 7,14; Num. 7,20; Num. 7,26; Num. 7,32; Num. 7,38; Num. 7,44; Num. 7,50; Num. 7,56; Num. 7,62; Num. 7,68; Num. 7,74; Num. 7,80; Num. 7,86; 2Mac. 2,5; Psa. 65,15; Wis.

θυμίαμα–θυμός

18,21; Sir. 49,1; Jer. 51,21; Ezek. 8,11; Tob. 8,2; Luke 1,10; Luke 1,11)

θυμιαμάτων ▸ 11 + 1 + 2 = 14
Noun ▪ neuter ▪ plural ▪ genitive ▪ (common) ▸ 11 + 1 + 2 = **14** (Gen. 37,25; Ex. 34,25; Lev. 4,18; 1Chr. 6,34; 1Chr. 28,18; 2Chr. 26,16; 2Chr. 26,19; Tob. 6,17; Tob. 8,2; 1Mac. 4,49; Is. 39,2; Tob. 6,17; Rev. 5,8; Rev. 8,4)

θυμιατήριον (θύω) altar of incense; censer ▸ 3 + 1 = 4

θυμιατήριον ▸ 2 + 1 = 3
Noun ▪ neuter ▪ singular ▪ accusative ▪ (common) ▸ 2 + 1 = 3 (2Chr. 26,19; Ezek. 8,11; Heb. 9,4)

θυμιατηρίῳ ▸ 1
Noun ▪ neuter ▪ singular ▪ dative ▪ (common) ▸ 1 (4Mac. 7,11)

θυμιάω (θύω) to burn incense ▸ 69 + 1 = 70

ἐθυμία ▸ 5
Verb ▪ third ▪ singular ▪ imperfect ▪ active ▪ indicative ▸ 5 (1Kings 2,35g; 1Kings 3,3; 2Kings 15,35; 2Kings 16,4; 2Chr. 28,4)

ἐθυμίασαν ▸ 9
Verb ▪ third ▪ plural ▪ aorist ▪ active ▪ indicative ▸ 9 (2Kings 17,11; 2Kings 23,8; 2Chr. 29,7; 2Chr. 34,25; 1Mac. 4,50; Is. 65,7; Jer. 18,15; Jer. 19,4; Jer. 19,13)

ἐθυμιάσατε ▸ 1
Verb ▪ second ▪ plural ▪ aorist ▪ active ▪ indicative ▸ 1 (Jer. 51,21)

ἐθυμίασεν ▸ 2
Verb ▪ third ▪ singular ▪ aorist ▪ active ▪ indicative ▸ 2 (Ex. 40,27; 2Kings 16,13)

ἐθυμιᾶτε ▸ 2
Verb ▪ second ▪ plural ▪ imperfect ▪ active ▪ indicative ▸ 2 (Jer. 7,9; Jer. 51,23)

ἐθυμίων ▸ 10
Verb ▪ third ▪ plural ▪ imperfect ▪ active ▪ indicative ▸ 10 (1Kings 11,7; 1Kings 16,28b; 1Kings 22,44; 2Kings 12,4; 2Kings 14,4; 2Kings 15,4; 2Kings 22,17; 2Kings 23,5; 1Mac. 1,55; Hos. 11,2)

ἐθυμιῶσαν ▸ 1
Verb ▪ third ▪ plural ▪ aorist ▪ active ▪ indicative ▸ 1 (Jer. 39,29)

ἐθυμίωσαν ▸ 1
Verb ▪ third ▪ plural ▪ aorist ▪ active ▪ indicative ▸ 1 (2Chr. 30,14)

θυμιαθῆναι ▸ 1
Verb ▪ aorist ▪ passive ▪ infinitive ▸ 1 (1Sam. 2,15)

Θυμιαθήτω ▸ 1
Verb ▪ third ▪ singular ▪ aorist ▪ passive ▪ imperative ▸ 1 (1Sam. 2,16)

θυμιᾶν ▸ 13
Verb ▪ present ▪ active ▪ infinitive ▸ 13 (Ex. 40,5; 1Sam. 2,28; 1Chr. 23,13; 2Chr. 2,3; 2Chr. 2,5; 2Chr. 28,25; Jer. 11,13; Jer. 11,17; Jer. 51,3; Jer. 51,5; Jer. 51,8; Jer. 51,17; Jer. 51,25)

θυμιάσαι ▸ 4
Verb ▪ aorist ▪ active ▪ infinitive ▸ 4 (2Chr. 26,16; 2Chr. 26,18; 2Chr. 26,18; 2Chr. 26,19)

θυμιᾶσαι ▸ 1
Verb ▪ aorist ▪ active ▪ infinitive ▸ 1 (Luke 1,9)

θυμιάσει ▸ 4
Verb ▪ third ▪ singular ▪ future ▪ active ▪ indicative ▸ 4 (Ex. 30,7; Ex. 30,7; Ex. 30,8; Hab. 1,16)

θυμιάσετε ▸ 1
Verb ▪ second ▪ plural ▪ future ▪ active ▪ indicative ▸ 1 (2Chr. 32,12)

θυμιῶμεν ▸ 1
Verb ▪ first ▪ plural ▪ present ▪ active ▪ indicative ▸ 1 (Jer. 51,19)

θυμιῶντα ▸ 1
Verb ▪ present ▪ active ▪ participle ▪ masculine ▪ singular ▪ accusative ▸ 1 (Jer. 31,35)

θυμιῶντας ▸ 2
Verb ▪ present ▪ active ▪ participle ▪ masculine ▪ plural ▪ accusative ▸ 2 (2Kings 23,5; 2Chr. 29,11)

θυμιῶντες ▸ 4
Verb ▪ present ▪ active ▪ participle ▪ masculine ▪ plural ▪ nominative ▸ 4 (1Kings 3,2; 2Kings 18,4; 1Chr. 6,34; Jer. 51,18)

θυμιῶσαι ▸ 1
Verb ▪ present ▪ active ▪ participle ▪ feminine ▪ plural ▪ nominative ▸ 1 (LetterJ 42)

θυμιῶσιν ▸ 4
Verb ▪ third ▪ plural ▪ present ▪ active ▪ indicative ▸ 4 (2Chr. 13,11; Is. 65,3; Jer. 11,12; Jer. 51,15)

τεθυμιαμένη ▸ 1
Verb ▪ perfect ▪ passive ▪ participle ▪ feminine ▪ singular ▪ nominative ▸ 1 (Song 3,6)

Θυμομαχέω (θυμός; μάχη) to be very angry ▸ 1

θυμομαχῶν ▸ 1
Verb ▪ present ▪ active ▪ participle ▪ masculine ▪ singular ▪ nominative ▸ 1 (Acts 12,20)

θυμός anger; soul, spirit, sorrow, mind ▸ 320 + 13 + 18 = 351

θυμοί ▸ 2
Noun ▪ masculine ▪ plural ▪ nominative ▸ 2 (2Cor. 12,20; Gal. 5,20)

θυμοῖς ▸ 7
Noun ▪ masculine ▪ plural ▪ dative ▪ (common) ▸ 7 (2Mac. 4,38; 2Mac. 9,7; 2Mac. 10,35; 2Mac. 14,45; 2Mac. 15,10; 4Mac. 18,20; Wis. 10,3)

θυμόν ▸ 37 + 1 = 38
Noun ▪ masculine ▪ singular ▪ accusative ▪ (common) ▸ 37 + 1 = **38** (Num. 25,11; Deut. 9,19; 2Kings 19,27; 2Mac. 10,28; 4Mac. 2,16; 4Mac. 3,3; Psa. 36,8; Psa. 84,5; Psa. 89,11; Ode. 12,10; Prov. 15,1; Job 36,13; Zech. 6,8; Is. 12,1; Is. 13,3; Is. 48,9; Jer. 6,11; Jer. 10,25; Jer. 18,20; Jer. 39,31; Bar. 2,20; Ezek. 7,5; Ezek. 9,8; Ezek. 13,15; Ezek. 14,19; Ezek. 16,42; Ezek. 20,8; Ezek. 20,13; Ezek. 20,21; Ezek. 21,22; Ezek. 22,22; Ezek. 22,31; Ezek. 24,13; Ezek. 25,14; Ezek. 30,15; Ezek. 36,18; Ezek. 39,29; Col. 3,8)

θυμὸν ▸ 36 + 2 = 38
Noun ▪ masculine ▪ singular ▪ accusative ▪ (common) ▸ 36 + 2 = **38** (Gen. 27,44; Num. 14,34; Num. 32,14; 1Sam. 28,18; 2Kings 24,3; 2Kings 24,20; 2Chr. 30,8; 1Mac. 2,24; 2Mac. 13,4; 4Mac. 2,17; Psa. 9,35; Psa. 77,38; Psa. 77,49; Psa. 123,3; Prov. 18,14; Prov. 21,14; Prov. 24,18; Prov. 29,11; Eccl. 11,10; Job 3,17; Job 15,13; Job 20,16; Job 20,23; Sir. 25,15; Sir. 31,30; Sir. 36,6; Sir. 39,28; Sol. 16,10; Amos 6,12; Is. 9,18; Is. 13,13; Is. 30,30; Lam. 2,4; Lam. 4,11; Lam. 4,11; Ezek. 24,8; Heb. 11,27; Rev. 12,12)

θυμός ▸ 30 + 2 + 1 = 33
Noun ▪ masculine ▪ singular ▪ nominative ▪ (common) ▸ 30 + 2 + 1 = **33** (Lev. 10,6; Judg. 6,39; 2Kings 22,17; 2Chr. 12,7; 2Chr. 34,25; Psa. 73,1; Psa. 87,8; Ode. 4,8; Sir. 26,28; Hos. 8,5; Hab. 3,8; Zech. 10,3; Is. 5,25; Is. 9,11; Is. 9,16; Is. 9,20; Is. 10,4; Is. 10,25; Is. 30,27; Is. 37,29; Is. 63,5; Jer. 4,4; Jer. 7,20; Jer. 49,18; Jer. 49,18; Jer. 51,6; Bar. 2,13; Ezek. 5,13; Ezek. 38,18; Dan. 9,16; Judg. 6,39; Dan. 9,16; Rom. 2,8)

θυμὸς ▸ 50 + 2 = 52
Noun ▪ masculine ▪ singular ▪ nominative ▪ (common) ▸ 50 + 2 = **52** (Gen. 49,7; Num. 18,5; Deut. 29,23; Deut. 32,33; Deut. 32,33; 2Sam. 11,20; 2Chr. 34,21; 2Chr. 36,5c; 2Chr. 36,16; Ezra 8,22; 4Mac. 1,24; 4Mac. 2,19; Psa. 2,12; Psa. 57,5; Psa. 68,25; Ode. 2,33; Ode. 2,33; Prov. 6,34; Prov. 16,14; Prov. 24,22d; Prov. 27,4; Eccl. 7,3; Eccl. 7,9; Job 6,4; Job 19,29; Job 31,11; Job 36,18;

Wis. 16,5; Wis. 19,1; Sir. 1,22; Sir. 5,6; Sir. 25,15; Sir. 28,10; Sir. 30,24; Sir. 40,4; Nah. 1,6; Is. 1,24; Is. 10,26; Is. 13,13; Is. 28,2; Is. 28,21; Is. 30,33; Is. 34,2; Is. 51,13; Jer. 2,35; Jer. 4,8; Jer. 23,20; Jer. 43,7; Bar. 1,13; Lam. 3,47; Eph. 4,31; Rev. 15,1)

θυμοῦ ▸ 85 + 1 + 10 = 96

Noun ▪ masculine ▪ singular ▪ genitive ▪ (common) ▸ 85 + 1 + 10 = 96 (Ex. 11,8; Ex. 15,8; Ex. 32,12; Num. 12,9; Num. 25,4; Deut. 13,18; Deut. 32,22; Deut. 32,24; Josh. 7,26; 1Sam. 20,34; 2Sam. 22,16; 2Kings 23,26; 2Chr. 25,10; 2Chr. 28,11; 2Chr. 28,13; 2Chr. 29,10; 2Chr. 35,19c; Ezra 10,14; Esth. 2,1; Esth. 15,7 # 5,1d; Esth. 7,10; 1Mac. 2,49; 1Mac. 7,35; 1Mac. 7,35; 1Mac. 15,36; 4Mac. 1,4; 4Mac. 2,20; Psa. 6,8; Psa. 77,49; Psa. 84,4; Psa. 101,11; Ode. 1,8; Ode. 2,22; Ode. 2,24; Prov. 20,2; Eccl. 2,23; Job 13,13; Job 37,2; Wis. 5,22; Wis. 11,18; Sir. 1,22; Sir. 10,18; Sir. 18,24; Sir. 48,10; Hos. 11,9; Jonah 3,9; Nah. 1,2; Nah. 1,6; Zeph. 2,2; Zeph. 3,8; Is. 7,4; Is. 10,5; Is. 13,9; Is. 14,3; Is. 14,6; Is. 27,8; Is. 28,21; Is. 30,27; Is. 30,30; Is. 31,4; Is. 42,25; Is. 51,13; Is. 51,17; Is. 51,17; Is. 51,20; Is. 51,22; Is. 59,19; Is. 65,5; Jer. 4,26; Jer. 15,14; Jer. 18,23; Jer. 21,5; Jer. 25,17; Jer. 32,37; Jer. 37,24; Lam. 1,12; Lam. 2,3; Lam. 3,1; Ezek. 5,15; Ezek. 8,18; Ezek. 13,13; Ezek. 16,38; Ezek. 23,25; Ezek. 36,5; Dan. 3,19; Dan. 3,19; Luke 4,28; Acts 19,28; Rev. 14,8; Rev. 14,10; Rev. 14,19; Rev. 15,7; Rev. 16,1; Rev. 16,19; Rev. 18,3; Rev. 19,15)

θυμοὺς ▸ 2

Noun ▪ masculine ▪ plural ▪ accusative ▪ (common) ▸ 2 (2Mac. 4,25; Wis. 7,20)

θυμῷ ▸ 73 + 10 = 83

Noun ▪ masculine ▪ singular ▪ dative ▪ (common) ▸ 73 + 10 = 83 (Gen. 49,6; Ex. 22,23; Ex. 32,19; Lev. 26,24; Lev. 26,28; Lev. 26,41; Num. 22,22; Num. 25,3; Num. 32,10; Num. 32,13; Deut. 7,4; Deut. 29,22; Deut. 29,26; Deut. 29,27; Deut. 31,17; Judg. 2,14; Judg. 2,20; Judg. 3,8; 2Kings 5,12; 2Kings 13,3; 2Chr. 35,19c; Judith 2,7; Judith 5,2; Judith 9,8; Tob. 1,18; 1Mac. 2,44; 1Mac. 3,27; 1Mac. 9,69; 2Mac. 7,21; 2Mac. 9,4; 2Mac. 10,35; 3Mac. 2,17; 4Mac. 2,17; 4Mac. 3,3; Psa. 2,5; Psa. 6,2; Psa. 29,6; Psa. 30,10; Psa. 37,2; Psa. 89,7; Psa. 105,40; Ode. 4,12; Eccl. 5,16; Job 24,22; Wis. 18,21; Sir. 28,19; Sir. 39,28; Sir. 45,18; Sir. 45,19; Sol. 2,23; Hos. 13,11; Mic. 5,14; Hab. 3,12; Zech. 8,2; Zech. 10,4; Is. 14,6; Is. 54,8; Is. 63,3; Is. 66,15; Jer. 10,24; Jer. 20,16; Jer. 39,37; Jer. 40,5; Lam. 2,2; Lam. 3,43; Ezek. 13,13; Ezek. 19,12; Ezek. 20,33; Ezek. 20,34; Ezek. 36,6; Ezek. 43,8; Dan. 8,6; Dan. 11,44; Judg. 2,14; Judg. 2,20; Judg. 3,8; Judg. 9,30; Judg. 10,7; Judg. 14,19; Tob. 1,18; Dan. 2,12; Dan. 3,13; Dan. 11,44)

θυμόω (θυμός) to be angry ▸ 63 + 2 + 1 = 66

ἐθυμώθη ▸ 38 + 1 = 39

Verb ▪ third ▪ singular ▪ aorist ▪ passive ▪ indicative ▸ 38 + 1 = 39 (Gen. 30,2; Gen. 39,19; Lev. 10,16; Num. 11,1; Num. 11,10; Num. 11,33; Num. 22,27; Num. 24,10; Deut. 1,37; Deut. 4,21; Deut. 9,8; Deut. 9,20; Josh. 7,1; Judg. 9,30; Judg. 10,7; Judg. 14,19; 1Sam. 11,6; 1Sam. 19,22; 1Sam. 20,30; 2Sam. 3,8; 2Sam. 6,7; 2Sam. 11,22; 2Sam. 12,5; 2Sam. 13,21; 2Sam. 22,8; 2Kings 1,18d; 2Kings 5,11; 2Kings 17,18; 2Kings 23,26; 1Chr. 13,10; 2Chr. 16,10; 2Chr. 26,19; Esth. 3,5; Esth. 5,9; Judith 1,12; Job 32,5; Is. 5,25; Dan. 8,7; Matt. 2,16)

ἐθυμώθην ▸ 1

Verb ▪ first ▪ singular ▪ aorist ▪ passive ▪ indicative ▸ 1 (Gen. 6,7)

ἐθυμώθης ▸ 2

Verb ▪ second ▪ singular ▪ aorist ▪ passive ▪ indicative ▸ 2 (2Sam. 19,43; Is. 37,29)

ἐθυμώθησαν ▸ 2

Verb ▪ third ▪ plural ▪ aorist ▪ passive ▪ indicative ▸ 2 (2Chr. 25,10; Jer. 30,29)

ἐθύμωσεν ▸ 1

Verb ▪ third ▪ singular ▪ aorist ▪ active ▪ indicative ▸ 1 (Hos. 12,15)

θυμοῖ ▸ 1

Verb ▪ second ▪ singular ▪ present ▪ middle ▪ indicative ▸ 1 (Ex. 32,11)

θυμούμενός ▸ 1

Verb ▪ present ▪ passive ▪ participle ▪ masculine ▪ singular ▪ nominative ▸ 1 (4Mac. 2,17)

θυμοῦσθαι ▸ 3

Verb ▪ present ▪ middle ▪ infinitive ▸ 3 (Eccl. 7,9; Sir. 20,2; Hos. 7,5)

θυμωθεὶς ▸ 5 + 1 = 6

Verb ▪ aorist ▪ passive ▪ participle ▪ masculine ▪ singular ▪ nominative ▸ 5 + 1 = 6 (Ex. 4,14; Ex. 32,10; Deut. 11,17; Dan. 3,13; Bel 8; Bel 8)

θυμωθέντα ▸ 1

Verb ▪ aorist ▪ passive ▪ participle ▪ masculine ▪ singular ▪ accusative ▸ 1 (1Esdr. 1,49)

θυμωθῇ ▸ 1

Verb ▪ third ▪ singular ▪ aorist ▪ passive ▪ subjunctive ▸ 1 (Deut. 6,15)

θυμωθῆναι ▸ 1

Verb ▪ aorist ▪ passive ▪ infinitive ▸ 1 (2Chr. 26,19)

θυμωθῇς ▸ 1

Verb ▪ second ▪ singular ▪ aorist ▪ passive ▪ subjunctive ▸ 1 (Gen. 44,18)

θυμωθήσεσθαι ▸ 1

Verb ▪ future ▪ passive ▪ infinitive ▸ 1 (Is. 54,9)

θυμωθήσεται ▸ 2 + 1 = 3

Verb ▪ third ▪ singular ▪ future ▪ passive ▪ indicative ▸ 2 + 1 = 3 (Hos. 11,7; Is. 13,13; Dan. 11,30)

θυμωθήσομαι ▸ 1

Verb ▪ first ▪ singular ▪ future ▪ passive ▪ indicative ▸ 1 (Job 21,4)

θυμώθητι ▸ 1

Verb ▪ second ▪ singular ▪ aorist ▪ passive ▪ imperative ▸ 1 (Ezek. 21,14)

θυμώδης (θυμός; εἶδος) aggressive, hot-tempered ▸ 8

θυμώδει ▸ 1

Adjective ▪ masculine ▪ singular ▪ dative ▪ noDegree ▸ 1 (Prov. 22,24)

θυμώδεις ▸ 1

Adjective ▪ masculine ▪ plural ▪ nominative ▪ noDegree ▸ 1 (Prov. 31,4)

θυμώδης ▸ 5

Adjective ▪ feminine ▪ singular ▪ nominative ▪ noDegree ▸ 1 (Jer. 37,23)

Adjective ▪ masculine ▪ singular ▪ nominative ▪ noDegree ▸ 4 (Prov. 11,25; Prov. 15,18; Prov. 29,22; Sir. 28,8)

θυμώδους ▸ 1

Adjective ▪ masculine ▪ singular ▪ genitive ▪ noDegree ▸ 1 (Sir. 8,16)

θύρα door; doorway, gate, entrance ▸ 206 + 34 + 39 = 279

θύρα ▸ 9 + 6 = 15

Noun ▪ feminine ▪ singular ▪ nominative ▪ (common) ▸ 9 + 6 = 15 (1Kings 6,34; 1Kings 6,34; 2Chr. 4,22; Prov. 26,14; Song 8,9; Job 31,32; LetterJ 58; Ezek. 8,8; Ezek. 41,11; Matt. 25,10; Luke 11,7; John 10,7; John 10,9; 1Cor. 16,9; Rev. 4,1)

θύρᾳ ▸ 9 + 1 + 3 = 13

Noun ▪ feminine ▪ singular ▪ dative ▪ (common) ▸ 9 + 1 + 3 = 13 θύρα–θύρσος

(Gen. 18,10; Lev. 4,18; Judg. 4,20; Judg. 9,35; Judg. 18,17; 2Sam. 10,8; 2Sam. 11,9; 2Kings 6,32; Ezek. 41,24; Judg. 9,35; Matt. 27,60; John 18,16; Acts 5,9)

θύραι ▸ 8 + 4 + 2 = 14
  Noun · feminine · plural · nominative · (common) ▸ 8 + 4 + 2 = 14 (Judg. 3,24; 2Kings 12,14; Neh. 7,3; Mal. 1,10; Jer. 30,26; Ezek. 38,11; Ezek. 41,11; Ezek. 42,9; Judg. 3,24; Tob. 13,17; Tob. 13,18; Sus. 20; Acts 16,26; Acts 21,30)

θύραις ▸ 9 + 2 = 11
  Noun · feminine · plural · dative · (common) ▸ 9 + 2 = 11 (1Sam. 21,14; 1Kings 6,34; Prov. 5,8; Prov. 8,34; Prov. 9,14; Song 7,14; Job 5,4; Job 31,9; Wis. 19,17; Matt. 24,33; Mark 13,29)

θύραν ▸ 64 + 11 + 14 = 89
  Noun · feminine · singular · accusative · (common) ▸ 64 + 11 + 14 = 89 (Gen. 6,16; Gen. 19,6; Gen. 19,9; Gen. 19,10; Gen. 19,11; Ex. 12,22; Ex. 12,22; Ex. 12,22; Ex. 12,23; Ex. 21,6; Ex. 33,9; Ex. 40,5; Lev. 1,3; Lev. 4,4; Lev. 8,3; Lev. 8,4; Lev. 8,35; Lev. 12,6; Lev. 14,11; Lev. 14,23; Lev. 14,38; Lev. 15,29; Lev. 16,7; Lev. 17,4; Lev. 17,4; Lev. 17,9; Lev. 19,21; Num. 10,3; Num. 16,19; Num. 17,15; Num. 20,6; Num. 25,6; Deut. 15,17; Josh. 2,19; Judg. 18,16; Judg. 19,22; Judg. 19,26; Judg. 19,27; 2Sam. 13,17; 2Sam. 13,18; 1Kings 7,42; 2Kings 4,4; 2Kings 4,5; 2Kings 4,15; 2Kings 4,33; 2Kings 6,32; 2Kings 7,3; 2Kings 9,3; 2Kings 9,10; 2Kings 10,8; 2Kings 23,8; Tob. 8,13; Tob. 11,10; 2Mac. 1,16; 2Mac. 2,5; 2Mac. 14,41; Psa. 140,3; Ode. 5,20; Song 5,2; Job 31,34; Sir. 21,24; Sir. 28,25; Is. 26,20; Dan. 3,93; Judg. 4,20; Judg. 9,44; Judg. 19,22; Judg. 19,26; Tob. 7,1; Tob. 8,4; Tob. 8,13; Tob. 11,10; Dan. 3,93; Bel 11; Bel 14; Matt. 6,6; Mark 1,33; Mark 2,2; Mark 11,4; Mark 15,46; Luke 13,25; Luke 13,25; Acts 3,2; Acts 12,13; Acts 14,27; Col. 4,3; Rev. 3,8; Rev. 3,20; Rev. 3,20)

θύρας ▸ 97 + 17 + 8 = 122
  Noun · feminine · plural · accusative · (common) ▸ 65 + 12 + 2 = 79 (Ex. 29,4; Ex. 29,10; Ex. 29,10; Ex. 29,11; Ex. 29,32; Ex. 33,8; Ex. 38,26; Ex. 40,6; Ex. 40,12; Ex. 40,29; Lev. 3,2; Lev. 3,8; Lev. 3,13; Lev. 4,7; Lev. 4,14; Lev. 15,14; Lev. 17,5; Lev. 17,6; Num. 6,10; Num. 6,13; Num. 6,18; Num. 16,18; Num. 16,27; Deut. 22,21; Deut. 31,14; Deut. 31,15; Deut. 31,15; Josh. 19,51; Judg. 3,23; Judg. 3,25; Judg. 19,27; 1Sam. 3,15; 1Sam. 21,14; 1Kings 6,31; 1Kings 6,32; 1Kings 7,36; 2Kings 18,16; 1Chr. 9,27; 2Chr. 4,9; 2Chr. 4,22; 2Chr. 28,24; 2Chr. 29,3; 2Chr. 29,7; 1Esdr. 4,49; Neh. 3,1; Neh. 3,3; Neh. 3,6; Neh. 3,13; Neh. 3,14; Neh. 6,1; Neh. 6,10; Neh. 7,1; Esth. 15,6 # 5,1c; 1Mac. 4,38; 1Mac. 12,38; 2Mac. 14,41; Psa. 73,6; Psa. 77,23; Prov. 14,19; Zech. 11,1; Is. 45,1; Is. 45,2; Ezek. 46,12; Bel 18; Judg. 3,23; Judg. 3,25; Judg. 19,27; Judg. 19,27; Sus. 17; Sus. 18; Sus. 18; Sus. 25; Sus. 36; Sus. 39; Bel 18; Bel 21; Acts 5,19; Acts 16,27)
  Noun · feminine · singular · genitive · (common) ▸ 32 + 5 + 6 = 43 (Gen. 18,1; Gen. 18,2; Gen. 19,11; Ex. 29,42; Ex. 33,10; Ex. 33,10; Ex. 37,5; Ex. 38,20; Ex. 39,7; Ex. 39,19; Lev. 8,33; Lev. 10,7; Num. 3,25; Num. 4,25; Num. 4,31; Num. 11,10; Num. 12,5; Num. 27,2; Judg. 9,52; 2Sam. 11,23; 1Kings 16,34; 2Kings 5,9; 1Chr. 9,21; 2Chr. 18,9; Neh. 3,20; Neh. 3,21; Eccl. 12,4; Sir. 21,23; Is. 57,8; Ezek. 40,11; Ezek. 40,48; Ezek. 41,11; Judg. 9,40; Judg. 9,52; Judg. 11,31; Judg. 18,16; Sus. 26; Mark 16,3; Luke 13,24; John 10,1; John 10,2; Acts 12,6; 2Cor. 2,12)

θυρῶν ▸ 10 + 1 + 4 = 15
  Noun · feminine · plural · genitive · (common) ▸ 10 + 1 + 4 = 15 (Lev. 1,5; Judg. 9,40; Judg. 11,31; Judg. 16,3; 1Sam. 23,7; 1Kings 7,36; 1Mac. 1,55; Wis. 19,17; Sir. 6,36; Ezek. 41,4; Judg. 16,3; John 20,19; John 20,26; Acts 5,23; James 5,9)

θυρεός (θύρα) shield ▸ 22 + 1 + 1 = 24

θυρεοί ▸ 3
  Noun · masculine · plural · nominative · (common) ▸ 3 (Neh. 4,10; Song 4,4; Ezek. 23,24)

θυρεοῖς ▸ 1
  Noun · masculine · plural · dative · (common) ▸ 1 (1Chr. 12,35)

θυρεόν ▸ 2
  Noun · masculine · singular · accusative · (common) ▸ 2 (2Chr. 9,15; 2Chr. 25,5)

θυρεόν ▸ 1 + 1 = 2
  Noun · masculine · singular · accusative · (common) ▸ 1 + 1 = 2 (Is. 37,33; Eph. 6,16)

θυρεός ▸ 1
  Noun · masculine · singular · nominative · (common) ▸ 1 (2Kings 19,32)

θυρεός ▸ 2 + 1 = 3
  Noun · masculine · singular · nominative · (common) ▸ 2 + 1 = 3 (2Sam. 1,21; 2Sam. 1,21; Judg. 5,8)

θυρεοῦ ▸ 1
  Noun · masculine · singular · genitive · (common) ▸ 1 (Psa. 34,2)

θυρεούς ▸ 1
  Noun · masculine · plural · accusative · (common) ▸ 1 (Is. 21,5)

θυρεούς ▸ 9
  Noun · masculine · plural · accusative · (common) ▸ 9 (1Chr. 12,9; 2Chr. 9,15; 2Chr. 11,12; 2Chr. 12,9; 2Chr. 12,10; 2Chr. 14,7; 2Chr. 23,9; 2Chr. 26,14; Psa. 45,10)

θυρεῷ ▸ 1
  Noun · masculine · singular · dative · (common) ▸ 1 (2Chr. 9,15)

θυρεοφόρος (θύρα; φέρω) carrying a shield ▸ 1

θυρεοφόροι ▸ 1
  Noun · masculine · plural · nominative · (common) ▸ 1 (1Chr. 12,25)

θυρίς (θύρα) window ▸ 34 + 3 + 2 = 39

θυρίδα ▸ 4 + 1 = 5
  Noun · feminine · singular · accusative · (common) ▸ 4 + 1 = 5 (Gen. 8,6; Josh. 2,18; 2Kings 9,32; 2Kings 13,17; Tob. 3,11)

θυρίδας ▸ 2
  Noun · feminine · plural · accusative · (common) ▸ 2 (1Kings 6,4; Dan. 6,11)

θυρίδες ▸ 12 + 1 = 13
  Noun · feminine · plural · nominative · (common) ▸ 12 + 1 = 13 (Is. 24,18; Ezek. 40,16; Ezek. 40,16; Ezek. 40,22; Ezek. 40,25; Ezek. 40,25; Ezek. 40,29; Ezek. 40,33; Ezek. 40,36; Ezek. 41,16; Ezek. 41,16; Ezek. 41,26; Dan. 6,11)

θυρίδι ▸ 1
  Noun · feminine · singular · dative · (common) ▸ 1 (Tob. 3,11)

θυρίδος ▸ 8 + 1 + 2 = 11
  Noun · feminine · singular · genitive · (common) ▸ 8 + 1 + 2 = 11 (Gen. 26,8; Josh. 2,15; Judg. 5,28; 1Sam. 19,12; 2Sam. 6,16; 2Kings 9,30; 1Chr. 15,29; Prov. 7,6; Judg. 5,28; Acts 20,9; 2Cor. 11,33)

θυρίδων ▸ 6
  Noun · feminine · plural · genitive · (common) ▸ 6 (2Mac. 3,19; Song 2,9; Sir. 14,23; Joel 2,9; Jer. 9,20; Ezek. 41,16)

θυρίσιν ▸ 1
  Noun · feminine · plural · dative · (common) ▸ 1 (Jer. 22,14)

θυρόω (θύρα) to supply with doors ▸ 1

ἐθύρωσαν ▸ 1
  Verb · third · plural · aorist · active · indicative ▸ 1 (1Mac. 4,57)

θύρσος ivy-wreathed wand ▸ 2

θύρσους ▸ 2
  Noun · masculine · plural · accusative · (common) ▸ 2 (Judith 15,12; 2Mac. 10,7)

θύρωμα (θύρα)   doorway, panel ▸ 24
- θύρωμα ▸ 1
  - **Noun** · neuter · singular · accusative · (common) ▸ **1** (Ezek. 41,3)
- θυρώμασι ▸ 1
  - **Noun** · neuter · plural · dative · (common) ▸ **1** (Ezek. 41,24)
- θυρώμασίν ▸ 1
  - **Noun** · neuter · plural · dative · (common) ▸ **1** (LetterJ 17)
- θυρώματα ▸ 13
  - **Noun** · neuter · plural · accusative · (common) ▸ **5** (2Chr. 3,7; 2Chr. 4,9; Ezek. 41,25; Ezek. 42,11; Ezek. 42,12)
  - **Noun** · neuter · plural · nominative · (common) ▸ **8** (1Kings 7,36; 1Kings 7,42; Ezek. 40,38; Ezek. 41,23; Ezek. 41,24; Ezek. 41,24; Ezek. 41,24; Ezek. 42,4)
- θυρώματι ▸ 1
  - **Noun** · neuter · singular · dative · (common) ▸ **1** (1Kings 6,31)
- θυρώματος ▸ 4
  - **Noun** · neuter · singular · genitive · (common) ▸ **4** (1Kings 7,42; Ezek. 40,48; Ezek. 41,3; Ezek. 41,3)
- θυρωμάτων ▸ 3
  - **Noun** · neuter · plural · genitive · (common) ▸ **3** (1Chr. 22,3; 2Mac. 14,43; Sir. 14,23)

θυρωρός (θύρα)   doorkeeper, porter ▸ 10 + 4 = 14
- θυρωροὶ ▸ 5
  - **Noun** · masculine · plural · nominative · (common) ▸ **5** (2Kings 7,11; 1Esdr. 1,15; 1Esdr. 5,45; 1Esdr. 7,9; Ezek. 44,11)
- θυρωροί ▸ 1
  - **Noun** · masculine · plural · nominative · (common) ▸ **1** (1Esdr. 5,28)
- θυρωροῖς ▸ 1
  - **Noun** · masculine · plural · dative · (common) ▸ **1** (1Esdr. 8,22)
- θυρωρός ▸ 1
  - **Noun** · feminine · singular · nominative ▸ **1** (John 18,17)
- θυρωρὸς ▸ 1 + 1 = 2
  - **Noun** · feminine · singular · nominative · (common) ▸ **1 + 1 = 2** (2Sam. 4,6; John 10,3)
- θυρωρῷ ▸ 2
  - **Noun** · feminine · singular · dative ▸ **1** (John 18,16)
  - **Noun** · masculine · singular · dative ▸ **1** (Mark 13,34)
- θυρωρῶν ▸ 2
  - **Noun** · masculine · plural · genitive · (common) ▸ **2** (1Esdr. 8,5; 1Esdr. 9,25)

θυσία (θύω)   sacrifice ▸ 386 + 10 + 28 = 424
- θυσία ▸ 2
  - **Noun** · feminine · singular · nominative · (common) ▸ **2** (Ex. 12,27; Prov. 7,14)
- θυσία ▸ 52 + 5 + 1 = 58
  - **Noun** · feminine · singular · nominative · (common) ▸ **52 + 5 + 1 = 58** (Lev. 1,9; Lev. 1,13; Lev. 1,17; Lev. 2,1; Lev. 2,2; Lev. 2,5; Lev. 2,6; Lev. 2,7; Lev. 2,15; Lev. 3,1; Lev. 5,13; Lev. 6,16; Lev. 7,9; Lev. 7,10; Lev. 23,13; Num. 4,16; Num. 5,15; Num. 5,15; Num. 6,15; Num. 28,20; Num. 28,28; Num. 29,3; Num. 29,9; Num. 29,11; Num. 29,18; Num. 29,21; 1Sam. 9,12; 1Sam. 20,6; 1Sam. 20,29; 2Kings 10,19; Judith 16,16; Psa. 49,23; Psa. 50,19; Psa. 140,2; Ode. 7,38; Ode. 7,40; Eccl. 4,17; Job 20,6; Sir. 35,6; Joel 1,9; Joel 1,13; Zech. 9,1; Mal. 1,11; Mal. 3,4; Is. 34,6; Jer. 26,10; Dan. 3,38; Dan. 3,40; Dan. 8,11; Dan. 8,13; Dan. 9,27; Dan. 12,11; Dan. 3,38; Dan. 3,40; Dan. 8,11; Dan. 8,13; Dan. 9,27; Heb. 10,26)
- θυσίᾳ ▸ 6 + 1 = 7
  - **Noun** · feminine · singular · dative · (common) ▸ **6 + 1 = 7** (Lev. 7,13; Lev. 14,31; Josh. 22,29; Ezra 9,5; Sir. 35,11; Dan. 8,12; Phil. 2,17)
- θυσίαι ▸ 26 + 1 = 27
  - **Noun** · feminine · plural · nominative · (common) ▸ **26 + 1 = 27** (Lev. 23,18; Num. 7,87; Num. 29,6; Num. 29,6; Num. 29,14; Num. 29,16; Num. 29,19; Num. 29,22; Num. 29,24; Num. 29,25; Num. 29,27; Num. 29,28; Num. 29,30; Num. 29,31; Num. 29,33; Num. 29,34; Num. 29,37; Num. 29,38; 1Sam. 15,22; Prov. 15,8; Prov. 21,27; Sir. 45,14; Hos. 9,4; Is. 56,7; Jer. 6,20; Ezek. 45,17; Heb. 9,9)
- θυσίαις ▸ 10 + 3 = 13
  - **Noun** · feminine · plural · dative · (common) ▸ **10 + 3 = 13** (Gen. 4,5; Num. 10,10; Num. 25,2; Josh. 22,27; Josh. 22,27; Josh. 22,29; 1Sam. 3,14; Psa. 49,5; Psa. 49,8; Is. 43,23; Heb. 9,23; Heb. 10,1; Heb. 13,16)
- θυσίαν ▸ 158 + 4 + 11 = 173
  - **Noun** · feminine · singular · accusative · (common) ▸ **158 + 4 + 11 = 173** (Gen. 4,3; Gen. 31,54; Gen. 46,1; Ex. 24,5; Ex. 29,41; Ex. 29,42; Ex. 30,9; Ex. 32,6; Lev. 2,1; Lev. 2,4; Lev. 2,8; Lev. 2,11; Lev. 2,14; Lev. 2,14; Lev. 3,6; Lev. 6,13; Lev. 6,14; Lev. 6,14; Lev. 7,16; Lev. 7,29; Lev. 9,4; Lev. 9,17; Lev. 10,12; Lev. 14,10; Lev. 14,20; Lev. 14,21; Lev. 17,5; Lev. 17,8; Lev. 19,5; Lev. 22,21; Lev. 22,29; Lev. 23,13; Lev. 23,16; Lev. 23,18; Lev. 23,19; Num. 5,18; Num. 5,18; Num. 5,25; Num. 5,25; Num. 6,17; Num. 6,17; Num. 6,18; Num. 7,13; Num. 7,17; Num. 7,19; Num. 7,23; Num. 7,25; Num. 7,29; Num. 7,31; Num. 7,35; Num. 7,37; Num. 7,41; Num. 7,43; Num. 7,47; Num. 7,49; Num. 7,53; Num. 7,55; Num. 7,59; Num. 7,61; Num. 7,65; Num. 7,67; Num. 7,71; Num. 7,73; Num. 7,77; Num. 7,79; Num. 7,83; Num. 7,88; Num. 8,8; Num. 15,3; Num. 15,4; Num. 15,6; Num. 15,6; Num. 15,8; Num. 15,9; Num. 15,24; Num. 16,15; Num. 28,5; Num. 28,8; Num. 28,9; Num. 28,13; Num. 28,26; Num. 28,31; Deut. 27,7; Deut. 33,19; Josh. 8,31 # 9,2b; Josh. 22,23; Josh. 22,23; Judg. 6,18; Judg. 13,19; Judg. 13,23; Judg. 16,23; 1Sam. 1,21; 1Sam. 1,25; 1Sam. 2,17; 1Sam. 2,19; 1Sam. 2,29; 1Sam. 9,13; 1Sam. 15,22; 1Sam. 16,3; 1Sam. 16,5; 2Sam. 14,17; 1Kings 8,62; 1Kings 18,29; 2Kings 10,21; 2Kings 16,13; 2Kings 16,15; 2Kings 16,15; 2Kings 16,15; 1Chr. 21,23; 2Chr. 7,5; 2Chr. 31,2; 2Chr. 33,16; 1Esdr. 8,63; Neh. 10,34; 1Mac. 1,45; 1Mac. 4,53; 1Mac. 4,56; 2Mac. 1,8; 2Mac. 1,26; 2Mac. 2,9; 2Mac. 3,32; 2Mac. 3,35; 2Mac. 4,19; 2Mac. 4,19; 2Mac. 4,20; 2Mac. 12,43; 2Mac. 13,23; Psa. 4,6; Psa. 26,6; Psa. 39,7; Psa. 49,14; Psa. 50,18; Psa. 50,21; Psa. 106,22; Psa. 115,8; Sir. 7,31; Sir. 34,20; Hos. 6,6; Hos. 8,13; Joel 2,14; Jonah 1,16; Zeph. 1,7; Mal. 1,8; Mal. 1,10; Mal. 1,13; Mal. 2,12; Mal. 2,13; Mal. 3,3; Jer. 17,26; Ezek. 39,17; Ezek. 39,17; Ezek. 42,13; Ezek. 44,15; Ezek. 45,17; Ezek. 45,24; Ezek. 46,5; Dan. 4,37b; Dan. 11,31; Judg. 6,18; Judg. 13,19; Judg. 13,23; Dan. 8,12; Matt. 9,13; Matt. 12,7; Luke 2,24; Acts 7,41; Rom. 12,1; Eph. 5,2; Phil. 4,18; Heb. 10,5; Heb. 10,12; Heb. 11,4; Heb. 13,15)
- θυσίας ▸ 109 + 1 + 9 = 119
  - **Noun** · feminine · plural · accusative · (common) ▸ **56 + 8 = 64** (Ex. 10,25; Ex. 18,12; Lev. 17,5; Lev. 17,7; Lev. 21,6; Lev. 21,21; Lev. 23,37; Num. 29,39; 1Sam. 6,15; 1Sam. 10,8; 1Sam. 11,15; 1Kings 8,63; 1Kings 8,64; 1Kings 8,64; 1Kings 12,27; 1Chr. 29,21; 1Chr. 29,21; 2Chr. 7,1; 2Chr. 29,31; 2Chr. 29,31; 2Chr. 30,22; 1Esdr. 1,6; 1Esdr. 1,13; 1Esdr. 1,16; 1Esdr. 5,49; 1Esdr. 5,50; 1Esdr. 5,51; 1Esdr. 5,52; 1Esdr. 6,28; 1Esdr. 8,15; 1Esdr. 8,63; Ezra 7,17; 2Mac. 1,18; 2Mac. 9,16; 2Mac. 10,3; 2Mac. 14,31; Psa. 95,8; Psa. 105,28; Prov. 16,7; Job 1,5; Sir. 45,21; Sol. 8,12; Amos 4,4; Amos 5,22; Amos 5,25; Zeph. 3,10; Is. 19,21; Is. 57,6; Is. 57,7; Is. 66,20; Jer. 14,12; LetterJ 27; Ezek. 44,11; Ezek. 44,29; Ezek. 45,15; Dan. 2,46; Acts 7,42; 1Cor. 10,18; Heb. 5,1; Heb. 7,27; Heb. 8,3; Heb. 10,8; Heb. 10,11; 1Pet. 2,5)

Noun · feminine · singular · genitive · (common) ▸ 53 + 1 + 1 = **55** (Ex. 29,34; Lev. 2,3; Lev. 2,9; Lev. 2,10; Lev. 2,13; Lev. 3,3; Lev. 3,9; Lev. 4,10; Lev. 4,26; Lev. 4,31; Lev. 4,35; Lev. 6,7; Lev. 6,8; Lev. 6,8; Lev. 7,11; Lev. 7,12; Lev. 7,15; Lev. 7,17; Lev. 7,20; Lev. 7,21; Lev. 7,29; Lev. 7,37; Lev. 7,37; Lev. 9,18; Num. 5,26; Num. 15,5; Num. 23,3; Num. 23,3; Num. 23,15; 1Sam. 2,29; 1Sam. 26,19; 2Kings 3,20; 2Kings 16,15; 1Chr. 9,31; 1Chr. 23,29; 2Chr. 7,12; 1Esdr. 1,16; 1Esdr. 8,69; Ezra 9,4; 2Mac. 1,23; 2Mac. 1,31; 2Mac. 1,33; 2Mac. 2,10; 2Mac. 6,21; 3Mac. 5,43; Psa. 19,4; Wis. 3,6; Hos. 3,4; Zeph. 1,8; Jer. 7,22; Ezek. 39,19; Dan. 4,37a; Dan. 9,21; Dan. 9,21; Heb. 9,26)

θυσιῶν ▸ 23 + 2 = **25**

Noun · feminine · plural · genitive · (common) ▸ 23 + 2 = **25** (Lev. 2,3; Lev. 7,32; Lev. 7,34; Lev. 10,14; Lev. 26,31; Num. 25,2; Deut. 12,27; Deut. 32,38; Josh. 22,26; Josh. 22,28; 1Mac. 12,11; 2Mac. 1,21; 2Mac. 3,3; 2Mac. 3,6; 2Mac. 4,14; Ode. 2,38; Prov. 21,3; Sir. 34,19; Is. 1,11; Is. 43,24; Is. 65,4; Jer. 7,21; LetterJ 27; Mark 12,33; Luke 13,1)

θυσιάζω (θύω) to sacrifice ▸ 38 + 3 = **41**

ἐθυσίαζεν ▸ **6**

Verb · third · singular · imperfect · active · indicative ▸ **6** (1Kings 22,44; 2Kings 12,4; 2Kings 14,4; 2Kings 15,4; 2Kings 15,35; 2Kings 16,4)

ἐθυσίαζον ▸ 2 + 1 = **3**

Verb · third · plural · imperfect · active · indicative ▸ 2 + 1 = **3** (Wis. 18,9; Hos. 4,13; Tob. 1,5)

ἐθυσίασαν ▸ **1**

Verb · third · plural · aorist · active · indicative ▸ **1** (Judg. 2,5)

ἐθυσίασεν ▸ **7**

Verb · third · singular · aorist · active · indicative ▸ **7** (1Kings 1,9; 1Kings 1,19; 1Kings 1,25; 2Kings 23,20; 1Chr. 21,28; 2Chr. 7,5; 2Chr. 33,16)

θυσιάζειν ▸ 3 + 1 = **4**

Verb · present · active · infinitive ▸ 3 + 1 = **4** (2Sam. 15,12; Tob. 1,4; 1Mac. 1,51; Tob. 1,4)

θυσιάζῃ ▸ **1**

Verb · third · singular · present · active · subjunctive ▸ **1** (Lev. 7,16)

θυσιάζομεν ▸ **1**

Verb · first · plural · present · active · indicative ▸ **1** (Ezra 4,2)

θυσιαζομένων ▸ **1**

Verb · present · passive · participle · neuter · plural · genitive ▸ **1** (Lev. 24,9)

θυσιάζοντες ▸ **3**

Verb · present · active · participle · masculine · plural · nominative ▸ **3** (1Mac. 1,59; Hos. 12,12; Zech. 14,21)

θυσιάζοντι ▸ **2**

Verb · present · active · participle · masculine · singular · dative ▸ **2** (Eccl. 9,2; Eccl. 9,2)

θυσιαζόντων ▸ **1**

Verb · present · active · participle · masculine · plural · genitive ▸ **1** (2Chr. 34,4)

θυσιάζουσιν ▸ **3**

Verb · present · active · participle · masculine · plural · dative ▸ **1** (1Mac. 11,34)

Verb · third · plural · present · active · indicative ▸ **2** (Ezra 6,3; Is. 65,3)

Θυσιάζων ▸ **1**

Verb · present · active · participle · masculine · singular · nominative ▸ **1** (Sir. 34,18)

θυσιάζων ▸ **3**

Verb · present · active · participle · masculine · singular · nominative ▸ **3** (Ex. 22,19; Sir. 35,1; Sir. 35,2)

θυσιάσαι ▸ **1**

Verb · aorist · active · infinitive ▸ **1** (1Mac. 2,23)

θυσιάσετε ▸ **1**

Verb · second · plural · future · active · indicative ▸ **1** (2Kings 17,35)

θυσιάσουσιν ▸ **1**

Verb · third · plural · future · active · indicative ▸ **1** (Neh. 3,35)

θυσιάσωσιν ▸ **1**

Verb · third · plural · aorist · active · subjunctive ▸ **1** (1Mac. 2,15)

θυσίασμα (θύω) sacrificial victim ▸ 9 + 1 = **10**

θυσίασμα ▸ 2 + 1 = **3**

Noun · neuter · singular · accusative · (common) ▸ 1 + 1 = **2** (2Kings 5,17; Judg. 16,23)

Noun · neuter · singular · nominative · (common) ▸ **1** (Ex. 29,18)

θυσιάσματα ▸ **4**

Noun · neuter · plural · accusative · (common) ▸ **4** (Deut. 12,6; Deut. 12,11; Ezra 6,3; Neh. 12,43)

θυσιάσματός ▸ **1**

Noun · neuter · singular · genitive · (common) ▸ **1** (Ex. 23,18)

θυσιασμάτων ▸ **2**

Noun · neuter · plural · genitive · (common) ▸ **2** (Lev. 2,13; Num. 18,9)

θυσιαστήριον (θύω) altar ▸ 424 + 13 + 23 = **460**

θυσιαστήρια ▸ 29 + 1 = **30**

Noun · neuter · plural · accusative · (common) ▸ 23 + 1 = **24** (Ex. 31,8; Judg. 2,2; 2Kings 11,18; 2Kings 18,22; 2Kings 23,12; 2Kings 23,12; 2Chr. 14,2; 2Chr. 14,4; 2Chr. 23,17; 2Chr. 28,24; 2Chr. 30,14; 2Chr. 32,12; 2Chr. 33,4; 2Chr. 33,5; 2Chr. 33,15; 2Chr. 34,4; 2Chr. 34,5; 2Chr. 34,7; Hos. 8,11; Hos. 10,1; Hos. 10,2; Hos. 10,8; Amos 3,14; Judg. 2,2)

Noun · neuter · plural · nominative · (common) ▸ **6** (Num. 3,31; Hos. 8,11; Hos. 8,12; Hos. 12,12; Ezek. 6,4; Ezek. 6,6)

θυσιαστήριά ▸ 3 + 1 = **4**

Noun · neuter · plural · accusative · (common) ▸ 3 + 1 = **4** (1Kings 19,10; 1Kings 19,14; Psa. 83,4; Rom. 11,3)

θυσιαστήριον ▸ **1**

Noun · neuter · singular · vocative · (common) ▸ **1** (1Kings 13,2)

θυσιαστήριον ▸ 236 + 10 + 6 = **252**

Noun · neuter · singular · accusative · (common) ▸ 219 + 8 + 5 = **232** (Gen. 8,20; Gen. 8,20; Gen. 12,7; Gen. 12,8; Gen. 13,18; Gen. 22,9; Gen. 22,9; Gen. 26,25; Gen. 33,20; Gen. 35,1; Gen. 35,3; Gen. 35,7; Ex. 17,15; Ex. 20,24; Ex. 20,25; Ex. 24,4; Ex. 24,6; Ex. 27,1; Ex. 28,43; Ex. 29,13; Ex. 29,16; Ex. 29,18; Ex. 29,21; Ex. 29,25; Ex. 29,36; Ex. 29,37; Ex. 29,38; Ex. 29,44; Ex. 30,1; Ex. 30,20; Ex. 30,27; Ex. 30,28; Ex. 32,5; Ex. 35,16; Ex. 38,22; Ex. 38,24; Ex. 38,27; Ex. 39,15; Ex. 40,5; Ex. 40,6; Ex. 40,10; Ex. 40,10; Ex. 40,26; Ex. 40,29; Lev. 1,5; Lev. 1,7; Lev. 1,9; Lev. 1,11; Lev. 1,13; Lev. 1,15; Lev. 1,15; Lev. 1,16; Lev. 1,17; Lev. 2,2; Lev. 2,8; Lev. 2,9; Lev. 2,12; Lev. 3,2; Lev. 3,5; Lev. 3,8; Lev. 3,11; Lev. 3,13; Lev. 3,16; Lev. 4,10; Lev. 4,19; Lev. 4,26; Lev. 4,31; Lev. 4,35; Lev. 5,12; Lev. 6,5; Lev. 6,6; Lev. 6,8; Lev. 7,5; Lev. 8,11; Lev. 8,11; Lev. 8,15; Lev. 8,16; Lev. 8,19; Lev. 8,21; Lev. 8,24; Lev. 8,28; Lev. 9,7; Lev. 9,8; Lev. 9,10; Lev. 9,12; Lev. 9,13; Lev. 9,14; Lev. 9,17; Lev. 9,18; Lev. 9,20; Lev. 10,9; Lev. 10,12; Lev. 14,20; Lev. 16,18; Lev. 16,20; Lev. 16,25; Lev. 16,33; Lev. 17,6; Lev. 21,23; Lev. 22,22; Num. 4,11; Num. 4,13; Num. 5,25; Num. 5,26; Num. 7,1; Num. 18,3; Num. 18,17; Deut. 12,27; Deut. 16,21; Deut. 27,5; Deut. 27,5; Deut. 27,6; Josh. 8,30 # 9,2a; Josh. 8,31 # 9,2b; Josh. 22,29; Judg. 6,24; Judg. 6,25; Judg. 6,26; Judg. 6,28; Judg. 6,30; Judg. 6,31; Judg.

6,32; Judg. 21,4; 1Sam. 7,17; 1Sam. 14,35; 1Sam. 14,35; 2Sam. 24,18; 2Sam. 24,21; 2Sam. 24,25; 2Sam. 24,25; 1Kings 2,29; 1Kings 2,35g; 1Kings 3,4; 1Kings 6,20; 1Kings 7,34; 1Kings 12,32; 1Kings 12,33; 1Kings 12,33; 1Kings 13,1; 1Kings 13,2; 1Kings 13,4; 1Kings 16,32; 1Kings 18,32; 1Kings 18,33; 1Kings 18,33; 2Kings 16,10; 2Kings 16,11; 2Kings 16,12; 2Kings 16,13; 2Kings 16,14; 2Kings 16,15; 2Kings 16,15; 2Kings 21,3; 2Kings 21,4; 2Kings 21,5; 2Kings 23,9; 2Kings 23,15; 2Kings 23,15; 2Kings 23,16; 2Kings 23,16; 2Kings 23,17; 1Chr. 6,34; 1Chr. 6,34; 1Chr. 21,18; 1Chr. 21,22; 1Chr. 21,26; 1Chr. 21,26; 2Chr. 1,6; 2Chr. 4,1; 2Chr. 4,19; 2Chr. 8,12; 2Chr. 15,8; 2Chr. 26,16; 2Chr. 29,18; 2Chr. 29,21; 2Chr. 29,22; 2Chr. 29,22; 2Chr. 29,24; 2Chr. 29,27; 2Chr. 33,16; 2Chr. 35,16; 1Esdr. 1,16; 1Esdr. 4,52; 1Esdr. 5,47; 1Esdr. 5,49; 1Esdr. 8,15; Ezra 3,2; Ezra 3,3; Neh. 10,35; Judith 4,12; Tob. 1,7; 1Mac. 1,21; 1Mac. 1,54; 1Mac. 4,38; 1Mac. 4,45; 1Mac. 4,47; 1Mac. 4,49; 1Mac. 4,50; 1Mac. 4,53; 1Mac. 6,7; 2Mac. 1,18; 2Mac. 2,5; 2Mac. 10,3; 2Mac. 14,3; 2Mac. 14,33; Psa. 42,4; Wis. 9,8; Sir. 35,5; Sol. 8,12; Zech. 9,15; Mal. 2,13; Bar. 1,10; Lam. 2,7; Ezek. 40,47; Ezek. 43,22; Ezek. 43,26; Ezek. 43,27; Ezek. 45,19; Ezek. 47,1; Judg. 6,24; Judg. 6,25; Judg. 6,26; Judg. 6,28; Judg. 6,30; Judg. 6,31; Judg. 21,4; Tob. 1,7; Matt. 5,23; Heb. 13,10; James 2,21; Rev. 8,3; Rev. 11,1)

Noun · neuter · singular · nominative · (common) ▸ 16 + 2 + 1 = **19** (Ex. 27,1; Ex. 29,37; Ex. 40,10; Judg. 6,28; 1Kings 8,64; 1Kings 13,3; 1Kings 13,5; 1Chr. 21,29; 1Chr. 22,1; 2Chr. 1,5; 2Chr. 7,7; Judith 4,3; Judith 8,24; 1Mac. 5,1; 2Mac. 6,5; Is. 19,19; Judg. 6,28; Judg. 6,32; Matt. 23,19)

Noun · neuter · singular · vocative · (common) ▸ **1** (1Kings 13,2)

θυσιαστήριόν ▸ 10
Noun · neuter · singular · accusative · (common) ▸ **10** (Ex. 20,26; Deut. 33,10; 1Sam. 2,28; Esth. 14,8 # 4,170; Psa. 25,6; Psa. 50,21; Sol. 2,2; Mal. 1,7; Mal. 1,10; Is. 60,7)

θυσιαστηρίου ▸ 130 + 2 + 11 = 143
Noun · neuter · singular · genitive · (common) ▸ 130 + 2 + 11 = **143** (Gen. 13,4; Ex. 21,14; Ex. 27,5; Ex. 27,5; Ex. 27,7; Ex. 29,12; Ex. 29,12; Ex. 29,21; Ex. 29,37; Ex. 29,38; Ex. 30,18; Ex. 38,23; Ex. 38,24; Ex. 39,9; Ex. 39,9; Ex. 40,33; Lev. 1,8; Lev. 1,11; Lev. 1,12; Lev. 1,15; Lev. 3,5; Lev. 4,7; Lev. 4,7; Lev. 4,18; Lev. 4,18; Lev. 4,25; Lev. 4,25; Lev. 4,30; Lev. 4,30; Lev. 4,34; Lev. 4,34; Lev. 5,9; Lev. 5,9; Lev. 6,2; Lev. 6,2; Lev. 6,3; Lev. 6,3; Lev. 6,7; Lev. 7,2; Lev. 7,31; Lev. 8,15; Lev. 8,15; Lev. 8,30; Lev. 9,9; Lev. 9,9; Lev. 9,24; Lev. 16,12; Lev. 16,18; Lev. 17,11; Num. 4,14; Num. 7,10; Num. 7,10; Num. 7,11; Num. 7,84; Num. 7,88; Num. 17,11; Num. 18,5; Num. 18,7; Deut. 12,27; Deut. 26,4; Josh. 9,27; Josh. 22,19; Josh. 22,28; Josh. 22,29; Judg. 13,20; 1Sam. 2,33; 1Kings 1,50; 1Kings 1,51; 1Kings 1,53; 1Kings 2,28; 1Kings 2,29; 1Kings 3,15; 1Kings 8,22; 1Kings 8,31; 1Kings 8,54; 1Kings 13,4; 1Kings 13,5; 1Kings 13,32; 1Kings 18,26; 1Kings 18,32; 1Kings 18,35; 2Kings 11,11; 2Kings 16,10; 2Kings 16,14; 2Kings 16,14; 2Kings 18,22; 1Chr. 16,40; 1Chr. 28,18; 2Chr. 4,11; 2Chr. 5,12; 2Chr. 6,12; 2Chr. 6,22; 2Chr. 7,9; 2Chr. 23,10; 2Chr. 26,19; 2Chr. 29,19; 2Chr. 32,12; Ezra 7,17; Judith 9,8; 1Mac. 1,59; 1Mac. 4,44; 1Mac. 4,56; 1Mac. 4,59; 1Mac. 7,36; 2Mac. 1,19; 2Mac. 1,32; 2Mac. 3,15; 2Mac. 4,14; 2Mac. 10,26; 2Mac. 15,31; Psa. 117,27; Sir. 47,9; Sir. 50,11; Sir. 50,15; Hos. 3,4; Amos 2,8; Amos 3,14; Amos 9,1; Joel 2,17; Zech. 14,20; Is. 6,6; Is. 56,7; Ezek. 8,16; Ezek. 9,2; Ezek. 40,46; Ezek. 41,22; Ezek. 43,13; Ezek. 43,13; Ezek. 43,18; Ezek. 43,20; Judg. 13,20; Judg. 13,20; Matt. 5,24; Matt. 23,35; Luke 1,11; Luke 11,51; 1Cor. 10,18; Rev. 6,9; Rev. 8,3; Rev. 8,5; Rev. 9,13; Rev. 14,18; Rev. 16,7)

θυσιαστηρίῳ ▸ 9 + 5 = 14
Noun · neuter · singular · dative · (common) ▸ 9 + 5 = **14** (Ex. 27,3; Ex. 27,6; Ex. 38,24; Num. 17,3; Num. 17,4; Josh. 9,27; 2Chr. 29,22; Joel 1,9; Joel 1,13; Matt. 23,18; Matt. 23,20; 1Cor. 9,13; 1Cor. 9,13; Heb. 7,13)

θυσιαστηρίων ▸ 6
Noun · neuter · plural · genitive · (common) ▸ **6** (2Kings 11,18; 2Kings 23,20; 2Chr. 23,17; Hos. 4,19; Ezek. 6,5; Ezek. 6,13)

θύω   to sacrifice, murder ▸ 134 + 3 + 14 = 151

ἔθυεν ▸ 4
Verb · third · singular · imperfect · active · indicative ▸ **4** (1Kings 3,3; 2Chr. 25,14; 2Chr. 28,3; 2Chr. 33,22)

ἔθυον ▸ 7 + 1 = 8
Verb · third · plural · imperfect · active · indicative ▸ 7 + 1 = **8** (1Kings 11,7; 1Kings 16,28b; Tob. 1,5; Hos. 4,13; Hos. 4,14; Hos. 11,2; Jer. 2,28; Mark 14,12)

ἔθυσα ▸ 2
Verb · first · singular · aorist · active · indicative ▸ **2** (Psa. 26,6; Ezek. 39,19)

ἔθυσαν ▸ 23 + 1 = 24
Verb · third · plural · aorist · active · indicative ▸ 23 + 1 = **24** (Ex. 24,5; Deut. 32,17; Judg. 2,5; 1Kings 8,62; 1Chr. 15,26; 2Chr. 29,22; 2Chr. 29,22; 2Chr. 29,22; 2Chr. 29,24; 2Chr. 30,15; 2Chr. 35,1; 2Chr. 35,11; 1Esdr. 7,12; Neh. 12,43; Tob. 7,8; 1Mac. 1,43; 1Mac. 4,56; Psa. 105,37; Psa. 105,38; Ode. 2,17; Jonah 1,16; Jer. 1,16; Ezek. 20,28; Judg. 12,6)

ἔθυσας ▸ 1 + 1 = 2
Verb · second · singular · aorist · active · indicative ▸ 1 + 1 = **2** (Ezek. 16,20; Luke 15,30)

ἔθυσεν ▸ 14 + 1 + 1 = 16
Verb · third · singular · aorist · active · indicative ▸ 14 + 1 + 1 = **16** (Gen. 31,54; Gen. 46,1; Num. 22,40; 1Sam. 1,4; 1Sam. 11,15; 1Sam. 28,24; 1Kings 8,63; 1Kings 8,63; 1Kings 19,21; 1Chr. 29,21; 2Chr. 15,11; 2Chr. 18,2; 1Esdr. 1,1; 1Mac. 7,19; Tob. 7,8; Luke 15,27)

ἐτύθη ▸ 1
Verb · third · singular · aorist · passive · indicative ▸ **1** (1Cor. 5,7)

θύει ▸ 1
Verb · third · singular · present · active · indicative ▸ **1** (Mal. 1,14)

θύειν ▸ 6 + 2 = 8
Verb · present · active · infinitive ▸ 6 + 2 = **8** (1Sam. 1,3; 1Kings 12,32; 2Chr. 30,17; 1Mac. 1,47; 1Mac. 2,25; Prov. 16,7; Acts 14,13; Acts 14,18)

θύεσθαι ▸ 1 + 1 = 2
Verb · present · passive · infinitive ▸ 1 + 1 = **2** (Jer. 11,19; Luke 22,7)

θύοντες ▸ 5
Verb · present · active · participle · masculine · plural · nominative ▸ **5** (1Kings 8,5; 2Chr. 5,6; 2Chr. 7,4; 2Chr. 30,22; Is. 22,13)

θύοντι ▸ 1
Verb · present · active · participle · masculine · singular · dative ▸ **1** (1Sam. 2,15)

θύοντος ▸ 1
Verb · present · active · participle · masculine · singular · genitive ▸ **1** (1Sam. 2,13)

θυόντων ▸ 2
Verb · present · active · participle · masculine · plural · genitive ▸ **2** (Deut. 18,3; 3Mac. 2,28)

θύουσιν ▸ 2
Verb · third · plural · present · active · indicative ▸ **2** (1Cor. 10,20; 1Cor. 10,20)

θῦσαι ▸ 1

θύω–θώραξ

    Verb · aorist · active · infinitive ▸ **1** (1Sam. 16,2)
  θῦσαι ▸ **10** + **1** = **11**
    Verb · aorist · active · infinitive ▸ **10** + **1** = **11** (Ex. 8,25; Deut. 16,5; Judg. 16,23; 1Sam. 1,21; 1Sam. 2,14; 1Sam. 2,19; 1Sam. 15,21; 1Sam. 16,5; 1Kings 3,4; 2Chr. 11,16; Judg. 16,23)
  θύσαντες ▸ **1**
    Verb · aorist · active · participle · masculine · plural · nominative ▸ **1** (Bar. 4,7)
  θύσας ▸ **1**
    Verb · aorist · active · participle · masculine · singular · nominative ▸ **1** (3Mac. 1,9)
  Θύσατε ▸ **1**
    Verb · second · plural · aorist · active · imperative ▸ **1** (Hos. 13,2)
  θύσατε ▸ **6** + **1** = **7**
    Verb · second · plural · aorist · active · imperative ▸ **6** + **1** = **7** (Ex. 8,21; Ex. 8,24; Ex. 12,21; 2Chr. 35,6; 1Esdr. 1,6; Psa. 4,6; Luke 15,23)
  θυσάτωσαν ▸ **1**
    Verb · third · plural · aorist · active · imperative ▸ **1** (Psa. 106,22)
  θύσει ▸ **2**
    Verb · third · singular · future · active · indicative ▸ **2** (1Kings 13,2; Hab. 1,16)
  θύσεις ▸ **8**
    Verb · second · singular · future · active · indicative ▸ **8** (Ex. 23,18; Deut. 12,15; Deut. 12,21; Deut. 15,21; Deut. 16,2; Deut. 16,6; Deut. 17,1; Deut. 27,7)
  θύσετε ▸ **5**
    Verb · second · plural · future · active · indicative ▸ **5** (Ex. 20,24; Lev. 19,5; Lev. 22,29; Deut. 33,19; 2Kings 17,36)
  θύσῃ ▸ **1**
    Verb · third · singular · aorist · active · subjunctive ▸ **1** (John 10,10)
  θύσῃς ▸ **2**
    Verb · second · singular · aorist · active · subjunctive ▸ **2** (Lev. 22,29; Deut. 16,4)
  θύσητε ▸ **2**
    Verb · second · plural · aorist · active · subjunctive ▸ **2** (Lev. 19,5; Lev. 19,6)
  θύσομεν ▸ **2**
    Verb · first · plural · future · active · indicative ▸ **2** (Ex. 8,22; Ex. 8,23)
  θῦσον ▸ **1** + **2** = **3**
    Verb · second · singular · aorist · active · imperative ▸ **1** + **2** = **3** (Psa. 49,14; Acts 10,13; Acts 11,7)
  θύσουσιν ▸ **2**
    Verb · third · plural · future · active · indicative ▸ **2** (Lev. 17,5; Lev. 17,7)
  θύσω ▸ **5**
    Verb · first · singular · future · active · indicative ▸ **5** (2Chr. 28,23; Psa. 53,8; Psa. 115,8; Ode. 6,10; Jonah 2,10)
  θύσωμεν ▸ **5**
    Verb · first · plural · aorist · active · subjunctive ▸ **5** (Ex. 3,18; Ex. 5,3; Ex. 5,8; Ex. 5,17; Ex. 8,22)
  θύσωσι ▸ **1**
    Verb · third · plural · aorist · active · subjunctive ▸ **1** (Ex. 34,15)
  θύσωσιν ▸ **2**
    Verb · third · plural · aorist · active · subjunctive ▸ **2** (Ex. 8,4; Hos. 8,13)
  θύω ▸ **1**
    Verb · first · singular · present · active · indicative ▸ **1** (Ex. 13,15)
  θύων ▸ **3**
    Verb · present · active · participle · masculine · singular · nominative ▸ **3** (1Sam. 2,16; Sir. 34,20; Is. 66,3)
  τέθυκα ▸ **2**
    Verb · first · singular · perfect · active · indicative ▸ **2** (1Sam. 25,11; Ezek. 39,17)
  τεθύκασιν ▸ **1**
    Verb · third · plural · perfect · active · indicative ▸ **1** (Ex. 32,8)
  τεθυμένα ▸ **1**
    Verb · perfect · passive · participle · neuter · plural · nominative ▸ **1** (Matt. 22,4)
  τυθῇ ▸ **1**
    Verb · third · singular · aorist · passive · subjunctive ▸ **1** (1Sam. 15,15)
Θωα Tou ▸ **2**
  Θωα ▸ **2**
    Noun · masculine · singular · nominative · (proper) ▸ **2** (1Chr. 18,9; 1Chr. 18,10)
Θωδαθα (Hebr.) praise hymns ▸ **1**
  Θωδαθα ▸ **1**
    Noun · dative · (common) ▸ **1** (Neh. 12,27)
Θωλα Tola ▸ **6** + **1** = **7**
  Θωλα ▸ **6** + **1** = **7**
    Noun · masculine · singular · dative · (proper) ▸ **2** (Num. 26,19; 1Chr. 7,2)
    Noun · masculine · singular · genitive · (proper) ▸ **1** (1Chr. 7,2)
    Noun · masculine · singular · nominative · (proper) ▸ **3** + **1** = **4** (Gen. 46,13; Judg. 10,1; 1Chr. 7,1; Judg. 10,1)
Θωλαϊ Tolaite ▸ **1**
  Θωλαϊ ▸ **1**
    Noun · masculine · singular · nominative · (proper) ▸ **1** (Num. 26,19)
Θωμᾶς Thomas ▸ **11**
  Θωμᾷ ▸ **1**
    Noun · masculine · singular · dative · (proper) ▸ **1** (John 20,27)
  Θωμᾶν ▸ **2**
    Noun · masculine · singular · accusative · (proper) ▸ **2** (Mark 3,18; Luke 6,15)
  Θωμᾶς ▸ **8**
    Noun · masculine · singular · nominative · (proper) ▸ **8** (Matt. 10,3; John 11,16; John 14,5; John 20,24; John 20,26; John 20,28; John 21,2; Acts 1,13)
θωρακίζω (θώραξ) to arm ▸ **3**
  τεθωρακισμένην ▸ **1**
    Verb · perfect · passive · participle · feminine · singular · accusative ▸ **1** (1Mac. 4,7)
  τεθωρακισμένον ▸ **1**
    Verb · perfect · passive · participle · neuter · singular · accusative ▸ **1** (1Mac. 6,43)
  τεθωρακισμένους ▸ **1**
    Verb · perfect · passive · participle · masculine · plural · accusative ▸ **1** (1Mac. 6,35)
θωρακισμός (θώραξ) armed with breastplates ▸ **1**
  θωρακισμούς ▸ **1**
    Noun · masculine · plural · accusative · (common) ▸ **1** (2Mac. 5,3)
θώραξ breastplate ▸ **16** + **5** = **21**
  θώρακα ▸ **6** + **2** = **8**
    Noun · masculine · singular · accusative · (common) ▸ **6** + **2** = **8** (1Sam. 17,5; 1Mac. 3,3; Job 41,18; Wis. 5,18; Sir. 43,20; Is. 59,17; Eph. 6,14; 1Th. 5,8)
  θώρακας ▸ **3** + **3** = **6**
    Noun · masculine · plural · accusative · (common) ▸ **3** + **3** = **6** (2Chr. 26,14; Jer. 26,4; Ezek. 38,4; Rev. 9,9; Rev. 9,9; Rev. 9,17)

θώρακες ▸ 2
 Noun · masculine · plural · nominative · (common) ▸ 2 (Neh. 4,10; 1Mac. 6,2)
θώρακος ▸ 4
 Noun · masculine · singular · genitive · (common) ▸ 4 (1Sam. 17,5; 1Kings 22,34; 2Chr. 18,33; Job 41,5)
θώραξιν ▸ 1
 Noun · masculine · plural · dative · (common) ▸ 1 (1Mac. 6,43)

I, ι

ιʹ   iota (letter of alphabet) or number: ten; ▸ 1
   ιʹ ▸ 1
      Adjective · neuter · singular · (ordinal · numeral) ▸ 1
         (Psa. 118,73)

ιαʹ   number: eleven; (Hebr.) kaph ▸ 1
   ιαʹ ▸ 1
      Adjective · neuter · singular · (ordinal · numeral) ▸ 1
         (Psa. 118,81)

Ιααιμ   Ahian ▸ 1
   Ιααιμ ▸ 1
      Noun · masculine · singular · nominative · (proper) ▸ 1
         (1Chr. 7,19)

Ιααλων   Aijalon ▸ 1
   Ιααλων ▸ 1
      Noun · singular · nominative · (proper) ▸ 1 (Josh. 19,42)

Ιααρ   (Hebr.) wood ▸ 1
   ιααρ ▸ 1
      Noun · singular · nominative · (proper) ▸ 1 (1Sam. 14,25)

Ιαβας   Idbash ▸ 1
   Ιαβας ▸ 1
      Noun · masculine · singular · nominative · (proper) ▸ 1
         (1Chr. 4,3)

Ιαβες   Jabez ▸ 1
   Ιαβες ▸ 1
      Noun · masculine · singular · accusative · (proper) ▸ 1
         (1Chr. 2,55)

Ιαβι   Vophsi ▸ 1
   Ιαβι ▸ 1
      Noun · masculine · singular · genitive · (proper) ▸ 1
         (Num. 13,14)

Ιαβιν   Jabin ▸ 8 + 6 = 14
   Ιαβιν ▸ 8 + 6 = 14
      Noun · masculine · singular · accusative · (proper) ▸ 2 + 3 = 5
         (Judg. 4,23; Judg. 4,24; Judg. 4,23; Judg. 4,24; Judg. 4,24)
      Noun · masculine · singular · genitive · (proper)   ▸ 4 + 3 = 7
         (Judg. 4,2; Judg. 4,7; Judg. 4,17; 1Sam. 12,9; Judg. 4,2; Judg. 4,7; Judg. 4,17)
      Noun · masculine · singular · nominative · (proper) ▸ 2
         (Josh. 11,1; Psa. 82,10)

Ιαβις   Jabesh ▸ 23 + 5 = 28
   Ιαβις ▸ 23 + 5 = 28
      Noun · singular · accusative · (proper) ▸ 3
         (Judg. 21,9; Judg. 21,10; Judg. 21,12)
      Noun · singular · genitive · (proper) ▸ 3 + 5 = 8
         (Judg. 21,8; Judg. 21,14; 1Sam. 11,9; Judg. 21,8; Judg. 21,9; Judg. 21,10; Judg. 21,12; Judg. 21,14)
      Noun · feminine · singular · accusative · (proper) ▸ 4
         (1Sam. 11,1; 1Sam. 31,11; 1Sam. 31,12; 1Chr. 10,12)
      Noun · feminine · singular · dative · (proper) ▸ 1 (1Chr. 10,12)
      Noun · feminine · singular · genitive · (proper) ▸ 9
         (1Sam. 11,1; 1Sam. 11,3; 1Sam. 11,5; 1Sam. 11,9; 1Sam. 11,10; 1Sam. 31,13; 2Sam. 2,4; 2Sam. 2,5; 2Sam. 21,12)
      Noun · masculine · singular · genitive · (proper) ▸ 3
         (2Kings 15,10; 2Kings 15,13; 2Kings 15,14)

Ιαβνη   Jabneh ▸ 1
   Ιαβνη ▸ 1
      Noun · singular · genitive · (proper) ▸ 1 (2Chr. 26,6)

Ιαβνηλ   Jabneel ▸ 1 + 1 = 2
   Ιαβνηλ ▸ 1 + 1 = 2
      Noun · singular · accusative · (proper) ▸ 1 (Josh. 15,11)
      Noun · singular · nominative · (proper) ▸ 1 (Josh. 19,33)

Ιαβοκ   Jabbok ▸ 7 + 2 = 9
   Ιαβοκ ▸ 7 + 2 = 9
      Noun · masculine · singular · genitive · (proper) ▸ 7 + 2 = 9
         (Gen. 32,23; Num. 21,24; Deut. 2,37; Deut. 3,16; Josh. 12,2; Judg. 11,13; Judg. 11,22; Judg. 11,13; Judg. 11,22)

Ιαγουρ   Jagur ▸ 1
   Ιαγουρ ▸ 1
      Noun · singular · nominative · (proper) ▸ 1 (Josh. 15,21)

Ιαδα   Jadah ▸ 2
   Ιαδα ▸ 2
      Noun · masculine · singular · accusative · (proper) ▸ 1
         (1Chr. 9,42)
      Noun · masculine · singular · nominative · (proper) ▸ 1
         (1Chr. 9,42)

Ιαδαε   Jada ▸ 2
   Ιαδαε ▸ 2
      Noun · masculine · singular · genitive · (proper) ▸ 1 (1Chr. 2,32)
      Noun · masculine · singular · nominative · (proper) ▸ 1
         (1Chr. 2,28)

Ιαδαι   Jahdai ▸ 2
   Ιαδαι ▸ 2
      Noun · masculine · singular · genitive · (proper) ▸ 1 (1Chr. 2,47)
      Noun · masculine · singular · nominative · (proper) ▸ 1
         (Ezra 10,43)

Ιαδδαι   Iddo ▸ 1
   Ιαδδαι ▸ 1
      Noun · masculine · singular · nominative · (proper) ▸ 1

(1Chr. 27,21)

Ιαδηλα Idalah ▸ 1
  Ιαδηλα ▸ 1
    Noun · singular · nominative · (proper) ▸ 1 (Josh. 19,15)

Ιαδια Jehdeiah; Jedaiah ▸ 2
  Ιαδια ▸ 2
    Noun · masculine · singular · nominative · (proper) ▸ 2 (1Chr. 24,20; Neh. 11,10)

Ιαδιας Jehdeiah ▸ 1
  Ιαδιας ▸ 1
    Noun · masculine · singular · nominative · (proper) ▸ 1 (1Chr. 27,30)

Ιαδιηλ Jediael ▸ 3
  Ιαδιηλ ▸ 3
    Noun · masculine · singular · genitive · (proper) ▸ 2 (1Chr. 7,10; 1Chr. 7,11)
    Noun · masculine · singular · nominative · (proper) ▸ 1 (1Chr. 7,6)

Ιαδινος Jadinus ▸ 1
  Ιαδινος ▸ 1
    Noun · masculine · singular · nominative · (proper) ▸ 1 (1Esdr. 9,48)

Ιαδου Jaddua ▸ 1
  Ιαδου ▸ 1
    Noun · masculine · singular · accusative · (proper) ▸ 1 (Neh. 12,11)

Ιαζηλ Jezreel ▸ 1
  Ιαζηλ ▸ 1
    Noun · singular · nominative · (proper) ▸ 1 (Josh. 19,18)

Ιαζηρ Jazer ▸ 16
  Ιαζηρ ▸ 16
    Noun · singular · dative · (proper) ▸ 1 (Judg. 11,26)
    Noun · singular · genitive · (proper) ▸ 2 (Is. 16,8; Is. 16,9)
    Noun · singular · nominative · (proper) ▸ 2 (Jer. 31,32; Jer. 31,32)
    Noun · feminine · singular · accusative · (proper) ▸ 6 (Num. 21,32; Num. 32,35; Josh. 21,36; Josh. 21,39; 1Chr. 6,66; 1Mac. 5,8)
    Noun · feminine · singular · dative · (proper) ▸ 1 (1Chr. 26,31)
    Noun · feminine · singular · genitive · (proper) ▸ 1 (Num. 32,1)
    Noun · feminine · singular · nominative · (proper) ▸ 3 (Num. 21,24; Num. 32,3; Josh. 13,25)

Ιαζια Jahzeiah; Izziah ▸ 2
  Ιαζια ▸ 2
    Noun · masculine · singular · nominative · (proper) ▸ 2 (Ezra 10,15; Ezra 10,25)

Ιαζιζ Jaziz ▸ 1
  Ιαζιζ ▸ 1
    Noun · masculine · singular · nominative · (proper) ▸ 1 (1Chr. 27,31)

Ιαζιηλ Jahaziel ▸ 1
  Ιαζιηλ ▸ 1
    Noun · masculine · singular · nominative · (proper) ▸ 1 (1Chr. 24,23)

Ιαηλ Jael ▸ 6 + 6 = 12
  Ιαηλ ▸ 6 + 6 = 12
    Noun · feminine · singular · genitive · (proper) ▸ 2 + 2 = 4 (Judg. 4,17; Judg. 5,6; Judg. 4,17; Judg. 5,6)
    Noun · feminine · singular · nominative · (proper) ▸ 4 + 4 = 8 (Judg. 4,18; Judg. 4,21; Judg. 4,22; Judg. 5,24; Judg. 4,18; Judg. 4,21; Judg. 4,22; Judg. 5,24)

Ιαθ Jahath ▸ 1
  Ιαθ ▸ 1
    Noun · masculine · singular · nominative · (proper) ▸ 1 (1Chr. 24,22)

Ιαθαν Nathan ▸ 1
  Ιαθαν ▸ 1
    Noun · masculine · singular · accusative · (proper) ▸ 1 (Tob. 5,14)

Ιαϊηλ Jehiel ▸ 1
  Ιαϊηλ ▸ 1
    Noun · masculine · singular · nominative · (proper) ▸ 1 (Ezra 10,26)

Ιαϊρ Jair ▸ 12 + 3 = 15
  Ιαϊρ ▸ 12 + 3 = 15
    Noun · masculine · singular · accusative · (proper) ▸ 2 (Deut. 3,14; 1Chr. 2,22)
    Noun · masculine · singular · genitive · (proper) ▸ 6 + 1 = 7 (Num. 32,41; Josh. 13,30; Judg. 10,4; 1Chr. 2,23; 1Chr. 2,53; 1Chr. 20,5; Judg. 10,4)
    Noun · masculine · singular · nominative · (proper) ▸ 4 + 2 = 6 (Num. 32,41; Deut. 3,14; Judg. 10,3; Judg. 10,5; Judg. 10,3; Judg. 10,5)

Ιαϊρος Jairus; Jair ▸ 2
  Ιαϊρου ▸ 2
    Noun · masculine · singular · genitive · (proper) ▸ 2 (Esth. 11,2 # 1,1a; Esth. 2,5)

Ἰάϊρος Jairus; Jair ▸ 2
  Ἰάϊρος ▸ 2
    Noun · masculine · singular · nominative · (proper) ▸ 2 (Mark 5,22; Luke 8,41)

Ιαϊρου Jair ▸ 1
  Ιαϊρου ▸ 1
    Noun · masculine · singular · genitive · (proper) ▸ 1 (1Esdr. 5,31)

Ιαις Jeush ▸ 1
  Ιαις ▸ 1
    Noun · masculine · singular · nominative · (proper) ▸ 1 (1Chr. 8,39)

Ιακαβα Jaakobah ▸ 1
  Ιακαβα ▸ 1
    Noun · masculine · singular · nominative · (proper) ▸ 1 (1Chr. 4,36)

Ιακανα Hukkok (?) ▸ 1
  Ιακανα ▸ 1
    Noun · singular · accusative · (proper) ▸ 1 (Josh. 19,34)

Ιακαρεηλ Joktheel ▸ 1
  Ιακαρεηλ ▸ 1
    Noun · singular · nominative · (proper) ▸ 1 (Josh. 15,38)

Ιακεφζηβ (Hebr.) winepress of Zeeb ▸ 1
  Ιακεφζηβ ▸ 1
    Noun · singular · dative · (proper) ▸ 1 (Judg. 7,25)

Ιακεφζηφ (Hebr.) winepress of Zeeb ▸ 1
  Ιακεφζηφ ▸ 1
    Noun · singular · dative · (proper) ▸ 1 (Judg. 7,25)

Ιακιμ Jakim; Jaakanites ▸ 4
  Ιακιμ ▸ 4
    Noun · genitive · (proper) ▸ 1 (Deut. 10,6)
    Noun · singular · genitive · (proper) ▸ 1 (1Sam. 9,4)
    Noun · masculine · singular · dative · (proper) ▸ 1 (1Chr. 24,12)
    Noun · masculine · singular · nominative · (proper) ▸ 1 (1Chr. 8,19)

Ιακουβος Akkub ▸ 1
  Ιακουβος ▸ 1
    Noun · masculine · singular · nominative · (proper) ▸ 1 (1Esdr. 9,48)

Ιακωβ Jacob ▸ 404

Ιακωβ ▸ 404
  Noun · masculine · singular · accusative · (proper) ▸ **46** (Gen. 25,26; Gen. 25,28; Gen. 27,6; Gen. 27,30; Gen. 27,41; Gen. 27,42; Gen. 28,1; Gen. 28,5; Gen. 28,6; Gen. 29,23; Gen. 31,3; Gen. 31,25; Gen. 32,7; Gen. 34,6; Gen. 35,1; Gen. 42,29; Gen. 45,25; Gen. 47,7; Gen. 48,1; Ex. 2,24; Ex. 6,3; Num. 23,7; Josh. 24,4; 1Mac. 3,7; 2Mac. 1,2; Psa. 77,71; Psa. 78,7; Psa. 134,4; Sir. 45,5; Sir. 45,17; Sir. 46,14; Sir. 49,10; Hos. 12,3; Amos 7,2; Amos 7,5; Obad. 10; Mal. 1,2; Is. 9,7; Is. 14,1; Is. 42,24; Is. 43,28; Is. 44,23; Is. 48,20; Is. 49,5; Jer. 10,25; Jer. 38,11)
  Noun · masculine · singular · dative · (proper) ▸ **70** (Gen. 25,30; Gen. 25,33; Gen. 27,21; Gen. 27,41; Gen. 29,15; Gen. 29,32; Gen. 29,33; Gen. 30,1; Gen. 30,1; Gen. 30,3; Gen. 30,5; Gen. 30,7; Gen. 30,9; Gen. 30,10; Gen. 30,12; Gen. 30,17; Gen. 30,19; Gen. 30,23; Gen. 31,26; Gen. 31,43; Gen. 31,48; Gen. 34,1; Gen. 35,4; Gen. 35,9; Gen. 46,15; Gen. 46,18; Gen. 46,22; Gen. 46,25; Gen. 47,8; Gen. 48,2; Gen. 49,7; Gen. 50,24; Ex. 1,1; Ex. 6,8; Ex. 33,1; Num. 23,21; Num. 23,23; Num. 23,23; Num. 32,11; Deut. 1,8; Deut. 6,10; Deut. 9,5; Deut. 29,12; Deut. 30,20; Deut. 33,10; Deut. 34,4; 1Chr. 16,17; Judith 8,26; Psa. 77,5; Psa. 77,21; Psa. 80,5; Psa. 97,3; Psa. 98,4; Psa. 104,10; Psa. 147,8; Ode. 12,8; Sir. 24,8; Sir. 47,22; Mic. 3,8; Mic. 7,20; Jer. 10,16; Jer. 28,19; Jer. 37,7; Jer. 38,7; Bar. 2,34; Bar. 3,37; Lam. 1,17; Lam. 2,3; Ezek. 28,25; Ezek. 37,25)
  Noun · masculine · singular · genitive · (proper) ▸ **139** (Gen. 27,17; Gen. 27,22; Gen. 28,5; Gen. 29,1; Gen. 29,13; Gen. 30,36; Gen. 30,42; Gen. 31,24; Gen. 31,29; Gen. 31,33; Gen. 32,19; Gen. 32,26; Gen. 32,33; Gen. 34,3; Gen. 34,7; Gen. 34,7; Gen. 34,13; Gen. 34,19; Gen. 34,25; Gen. 34,27; Gen. 35,22; Gen. 35,23; Gen. 35,26; Gen. 36,6; Gen. 37,2; Gen. 45,26; Gen. 45,27; Gen. 46,8; Gen. 46,19; Gen. 46,26; Gen. 46,27; Gen. 47,28; Gen. 49,2; Gen. 49,24; Gen. 49,28; Ex. 1,5; Ex. 3,6; Ex. 3,15; Ex. 3,16; Ex. 4,5; Ex. 19,3; Ex. 20,22; Ex. 32,13; Lev. 26,42; Num. 23,10; Num. 24,17; Num. 24,19; Deut. 9,27; Deut. 33,4; 2Sam. 23,1; 2Kings 13,23; 2Kings 17,34; 1Chr. 16,13; 1Mac. 1,28; 1Mac. 3,45; 1Mac. 5,2; 3Mac. 6,3; 3Mac. 6,13; Psa. 19,2; Psa. 21,24; Psa. 23,6; Psa. 43,5; Psa. 45,8; Psa. 45,12; Psa. 46,5; Psa. 58,14; Psa. 74,10; Psa. 75,7; Psa. 76,16; Psa. 80,2; Psa. 83,9; Psa. 84,2; Psa. 86,2; Psa. 93,7; Psa. 104,6; Psa. 113,1; Psa. 113,7; Psa. 131,2; Psa. 131,5; Psa. 145,5; Ode. 12,1; Sir. 23,12; Sir. 24,23; Sir. 36,10; Sir. 44,23; Sir. 48,10; Sol. 7,10; Sol. 15,1; Amos 3,13; Amos 6,8; Amos 7,16; Amos 8,7; Amos 9,8; Mic. 1,5; Mic. 1,5; Mic. 2,7; Mic. 3,1; Mic. 3,9; Mic. 4,2; Mic. 5,6; Mic. 5,7; Obad. 17; Obad. 18; Nah. 2,3; Mal. 1,2; Mal. 2,12; Mal. 3,6; Is. 2,3; Is. 2,5; Is. 8,14; Is. 8,17; Is. 10,20; Is. 10,21; Is. 14,1; Is. 17,4; Is. 27,6; Is. 27,9; Is. 29,22; Is. 29,23; Is. 41,21; Is. 44,5; Is. 45,4; Is. 45,19; Is. 46,3; Is. 48,1; Is. 49,6; Is. 49,26; Is. 58,1; Is. 58,14; Is. 59,20; Is. 65,9; Jer. 2,4; Jer. 5,20; Jer. 37,18; Lam. 2,2; Ezek. 20,5; Ezek. 39,25; Sus. 63)
  Noun · masculine · singular · nominative · (proper) ▸ **138** (Gen. 25,27; Gen. 25,29; Gen. 25,31; Gen. 25,33; Gen. 25,34; Gen. 27,11; Gen. 27,15; Gen. 27,19; Gen. 27,22; Gen. 27,30; Gen. 27,36; Gen. 27,46; Gen. 28,7; Gen. 28,10; Gen. 28,16; Gen. 28,18; Gen. 28,19; Gen. 28,20; Gen. 29,1; Gen. 29,4; Gen. 29,7; Gen. 29,10; Gen. 29,10; Gen. 29,11; Gen. 29,18; Gen. 29,20; Gen. 29,21; Gen. 29,23; Gen. 29,25; Gen. 29,28; Gen. 30,2; Gen. 30,4; Gen. 30,10; Gen. 30,16; Gen. 30,25; Gen. 30,29; Gen. 30,31; Gen. 30,36; Gen. 30,37; Gen. 30,37; Gen. 30,40; Gen. 30,41; Gen. 31,1; Gen. 31,1; Gen. 31,2; Gen. 31,4; Gen. 31,17; Gen. 31,20; Gen. 31,22; Gen. 31,25; Gen. 31,31; Gen. 31,32; Gen. 31,32; Gen. 31,36; Gen. 31,36; Gen. 31,45; Gen. 31,46; Gen. 31,47; Gen. 31,53; Gen. 31,54; Gen. 32,2; Gen. 32,3; Gen. 32,4; Gen. 32,5; Gen. 32,8; Gen. 32,9; Gen. 32,10; Gen. 32,21; Gen. 32,25; Gen. 32,28; Gen. 32,29; Gen. 32,30; Gen. 32,31; Gen. 33,1; Gen. 33,1; Gen. 33,10; Gen. 33,17; Gen. 33,18; Gen. 34,5; Gen. 34,5; Gen. 34,30; Gen. 35,2; Gen. 35,4; Gen. 35,6; Gen. 35,8; Gen. 35,10; Gen. 35,10; Gen. 35,14; Gen. 35,15; Gen. 35,16; Gen. 35,20; Gen. 35,27; Gen. 35,29; Gen. 37,1; Gen. 37,3; Gen. 37,34; Gen. 42,1; Gen. 42,36; Gen. 46,5; Gen. 46,6; Gen. 46,8; Gen. 47,5; Gen. 47,7; Gen. 47,9; Gen. 47,10; Gen. 47,28; Gen. 48,3; Gen. 48,9; Gen. 49,1; Gen. 49,33; Deut. 32,9; Deut. 32,15; Deut. 33,28; Josh. 24,4; Josh. 24,32; 1Sam. 12,8; 1Chr. 1,34; Tob. 4,12; 4Mac. 2,19; 4Mac. 7,19; 4Mac. 13,17; 4Mac. 16,25; Psa. 13,7; Psa. 52,7; Psa. 104,23; Ode. 2,9; Ode. 2,15; Hos. 10,11; Hos. 12,13; Mic. 2,12; Is. 29,22; Is. 41,8; Is. 41,14; Is. 42,1; Is. 44,2; Is. 44,21; Is. 48,12; Jer. 26,27)
  Noun · masculine · singular · vocative · (proper) ▸ **11** (Gen. 31,11; Gen. 46,2; Gen. 46,2; Num. 24,5; Is. 40,27; Is. 43,1; Is. 43,22; Is. 44,1; Jer. 26,27; Jer. 26,28; Bar. 4,2)

Ἰακώβ Jacob ▸ 27
  Ἰακώβ ▸ 12
    Noun · masculine · singular · accusative · (proper) ▸ **3** (Matt. 1,2; Matt. 1,15; Acts 7,8)
    Noun · masculine · singular · genitive · (proper) ▸ **9** (Matt. 22,32; Mark 12,26; Luke 20,37; John 4,6; John 4,12; Acts 3,13; Acts 7,32; Acts 7,46; Rom. 11,26)
  Ἰακώβ ▸ 15
    Noun · masculine · singular · accusative · (proper) ▸ **4** (Luke 13,28; Acts 7,14; Rom. 9,13; Heb. 11,20)
    Noun · masculine · singular · genitive · (proper) ▸ **4** (Matt. 8,11; Luke 1,33; Luke 3,34; Heb. 11,9)
    Noun · masculine · singular · nominative · (proper) ▸ **7** (Matt. 1,2; Matt. 1,16; John 4,5; Acts 7,8; Acts 7,12; Acts 7,15; Heb. 11,21)

Ἰάκωβος Jacob; James ▸ 43
  Ἰάκωβον ▸ 16
    Noun · masculine · singular · accusative · (proper) ▸ **16** (Matt. 4,21; Matt. 17,1; Mark 1,19; Mark 3,17; Mark 3,18; Mark 5,37; Mark 9,2; Mark 14,33; Luke 5,10; Luke 6,14; Luke 6,15; Luke 8,51; Luke 9,28; Acts 12,2; Acts 21,18; Gal. 1,19)
  Ἰάκωβος ▸ 11
    Noun · masculine · singular · nominative · (proper) ▸ **11** (Matt. 10,2; Matt. 10,3; Matt. 13,55; Mark 10,35; Mark 13,3; Luke 9,54; Acts 1,13; Acts 1,13; Acts 15,13; Gal. 2,9; James 1,1)
  ΙΑΚΩΒΟΥ ▸ 1
    Noun · masculine · singular · genitive · (proper) ▸ **1** (James 1,0)
  Ἰακώβου ▸ 13
    Noun · masculine · singular · genitive · (proper) ▸ **13** (Matt. 27,56; Mark 1,29; Mark 3,17; Mark 5,37; Mark 6,3; Mark 10,41; Mark 15,40; Mark 16,1; Luke 6,16; Luke 24,10; Acts 1,13; Gal. 2,12; Jude 1)
  Ἰακώβῳ ▸ 2
    Noun · masculine · singular · dative · (proper) ▸ **2** (Acts 12,17; 1Cor. 15,7)

Ιαλ Aiah ▸ 1
  Ιαλ ▸ 1
    Noun · feminine · singular · genitive · (proper) ▸ **1** (2Sam. 3,7)

Ιαλλελεηλ Jehallelel ▸ 1
  Ιαλλελεηλ ▸ 1
    Noun · masculine · singular · genitive · (proper) ▸ **1** (2Chr. 29,12)

Ιαλων Jalon ▸ 1
  Ιαλων ▸ 1
    Noun · masculine · singular · nominative · (proper) ▸ **1** (1Chr. 4,17)

ἴαμα (ἰάομαι) healing; remedy ▸ 10 + 3 = 13

ἴαμα ▸ 7
    Noun ▪ neuter ▪ singular ▪ accusative ▪ (common) ▸ **1** (Jer. 40,6)
    Noun ▪ neuter ▪ singular ▪ nominative ▪ (common) ▸ **6** (2Chr. 36,16; Ode. 5,19; Eccl. 10,4; Wis. 11,4; Wis. 16,9; Is. 26,19)
ἰαμά ▸ 1
    Noun ▪ neuter ▪ singular ▪ accusative ▪ (common) ▸ **1** (Jer. 37,17)
ἰάματά ▸ 2
    Noun ▪ neuter ▪ plural ▪ accusative ▪ (common) ▸ **1** (Jer. 26,11)
    Noun ▪ neuter ▪ plural ▪ nominative ▪ (common) ▸ **1** (Is. 58,8)
ἰαμάτων ▸ 3
    Noun ▪ neuter ▪ plural ▪ genitive ▸ **3** (1Cor. 12,9; 1Cor. 12,28; 1Cor. 12,30)

Ἰαμβρῆς Jambres ▸ 1
  Ἰαμβρῆς ▸ 1
    Noun ▪ masculine ▪ singular ▪ nominative ▪ (proper) ▸ **1** (2Tim. 3,8)

Ἰαμβρι Jambri ▸ 2
  Ἰαμβρι ▸ 2
    Noun ▪ masculine ▪ singular ▪ genitive ▪ (proper) ▸ **2** (1Mac. 9,36; 1Mac. 9,37)

Ἰαμεθ Ramah ▸ 1
  Ἰαμεθ ▸ 1
    Noun ▪ singular ▪ genitive ▪ (proper) ▸ **1** (Josh. 19,8)

ιαμιβιν (Hebr.) right side of the altar ▸ 1
  ιαμιβιν ▸ 1
    Noun ▪ **1** (2Kings 12,10)

Ἰαμιν Jamin ▸ 9
  Ἰαμιν ▸ 9
    Noun ▪ singular ▪ accusative ▪ (proper) ▸ **1** (Josh. 17,7)
    Noun ▪ masculine ▪ singular ▪ accusative ▪ (proper) ▸ **1** (Gen. 36,24)
    Noun ▪ masculine ▪ singular ▪ dative ▪ (proper) ▸ **2** (Num. 26,12; Num. 26,28)
    Noun ▪ masculine ▪ singular ▪ genitive ▪ (proper) ▸ **1** (1Sam. 14,51)
    Noun ▪ masculine ▪ singular ▪ nominative ▪ (proper) ▸ **4** (Gen. 46,10; Ex. 6,15; 1Chr. 2,27; 1Chr. 4,24)

ιαμιν (Hebr.) shovels ▸ 1
  ιαμιν ▸ 1
    Noun ▪ **1** (2Kings 25,14)

Ἰαμινι Jaminite ▸ 2
  Ἰαμινι ▸ 2
    Noun ▪ masculine ▪ singular ▪ nominative ▪ (proper) ▸ **2** (Num. 26,12; Num. 26,28)

Ἰαμνεία Jamnia ▸ 3
  Ἰαμνείᾳ ▸ 1
    Noun ▪ feminine ▪ singular ▪ dative ▪ (proper) ▸ **1** (2Mac. 12,8)
  Ἰαμνείας ▸ 2
    Noun ▪ feminine ▪ singular ▪ genitive ▪ (proper) ▸ **1** (1Mac. 4,15)
    Noun ▪ masculine ▪ singular ▪ genitive ▪ (proper) ▸ **1** (2Mac. 12,40)

Ἰάμνεια Jamnia ▸ 3
  Ἰάμνειαν ▸ 3
    Noun ▪ feminine ▪ singular ▪ accusative ▪ (proper) ▸ **3** (1Mac. 5,58; 1Mac. 10,69; 1Mac. 15,40)

Ἰαμνίτης Jamnite ▸ 1
  Ἰαμνίταις ▸ 1
    Noun ▪ masculine ▪ plural ▪ dative ▪ (proper) ▸ **1** (2Mac. 12,9)

Ἰαμουν Hamul ▸ 1
  Ἰαμουν ▸ 1
    Noun ▪ masculine ▪ singular ▪ dative ▪ (proper) ▸ **1** (Num. 26,17)

Ἰαμουνι Hamulite ▸ 1
  Ἰαμουνι ▸ 1
    Noun ▪ masculine ▪ singular ▪ nominative ▪ (proper) ▸ **1** (Num. 26,17)

Ἰανα Ashnah ▸ 1
  Ἰανα ▸ 1
    Noun ▪ singular ▪ nominative ▪ (proper) ▸ **1** (Josh. 15,43)

Ἰαναθα Ianatha (?) ▸ 1
  Ἰαναθα ▸ 1
    Noun ▪ singular ▪ nominative ▪ (proper) ▸ **1** (2Sam. 5,16a)

Ἰανι Janai ▸ 1
  Ἰανι ▸ 1
    Noun ▪ masculine ▪ singular ▪ nominative ▪ (proper) ▸ **1** (1Chr. 5,12)

Ἰανναί Jannai ▸ 1
  Ἰανναί ▸ 1
    Noun ▪ masculine ▪ singular ▪ genitive ▪ (proper) ▸ **1** (Luke 3,24)

Ἰάννης Jannes ▸ 1
  Ἰάννης ▸ 1
    Noun ▪ masculine ▪ singular ▪ nominative ▪ (proper) ▸ **1** (2Tim. 3,8)

Ἰανουε Japhia ▸ 1
  Ἰανουε ▸ 1
    Noun ▪ masculine ▪ singular ▪ nominative ▪ (proper) ▸ **1** (1Chr. 3,7)

Ἰανουμ Janim ▸ 1
  Ἰανουμ ▸ 1
    Noun ▪ singular ▪ nominative ▪ (proper) ▸ **1** (Josh. 15,53)

Ἰανουου Japhia ▸ 1
  Ἰανουου ▸ 1
    Noun ▪ masculine ▪ singular ▪ nominative ▪ (proper) ▸ **1** (1Chr. 14,6)

Ἰανωκα Janoah ▸ 1
  Ἰανωκα ▸ 1
    Noun ▪ singular ▪ accusative ▪ (proper) ▸ **1** (Josh. 16,6)

Ἰανωχ Janoah ▸ 1
  Ἰανωχ ▸ 1
    Noun ▪ feminine ▪ singular ▪ accusative ▪ (proper) ▸ **1** (2Kings 15,29)

ἰάομαι to heal ▸ 64 + 3 + 26 = 93
  ἰαθείς ▸ 1
    Verb ▪ aorist ▪ passive ▪ participle ▪ masculine ▪ singular ▪ nominative ▸ **1** (John 5,13)
  ἰάθη ▸ 2 + 4 = 6
    Verb ▪ third ▪ singular ▪ aorist ▪ passive ▪ indicative ▸ **2 + 4 = 6** (Lev. 14,48; Jer. 28,9; Matt. 8,13; Matt. 15,28; Luke 8,47; Luke 17,15)
  ἰαθῇ ▸ 1
    Verb ▪ third ▪ singular ▪ aorist ▪ passive ▪ subjunctive ▸ **1** (Heb. 12,13)
  ἰάθημεν ▸ 1
    Verb ▪ first ▪ plural ▪ aorist ▪ passive ▪ indicative ▸ **1** (Is. 53,5)
  ἰαθῆναι ▸ 3 + 1 = 4
    Verb ▪ aorist ▪ passive ▪ infinitive ▸ **3 + 1 = 4** (Deut. 28,27; Deut. 28,35; Jer. 19,11; Luke 6,18)
  ἰάθησαν ▸ 1
    Verb ▪ third ▪ plural ▪ aorist ▪ passive ▪ indicative ▸ **1** (2Kings 2,22)
  ἰαθήσεσθε ▸ 1
    Verb ▪ second ▪ plural ▪ future ▪ passive ▪ indicative ▸ **1** (1Sam. 6,3)
  ἰαθήσεται ▸ 2 + 1 = 3
    Verb ▪ third ▪ singular ▪ future ▪ passive ▪ indicative ▸ **2 + 1 = 3**

ἰάομαι–Ιαριβ

(Tob. 6,9; Jer. 28,8; Matt. 8,8)
ἰαθήσομαι ‣ 2
    Verb · first · singular · future · passive · indicative ‣ **2** (Jer. 15,18; Jer. 17,14)
ἰαθῆτε ‣ 1
    Verb · second · plural · aorist · passive · subjunctive ‣ **1** (James 5,16)
ἰάθητε ‣ 1
    Verb · second · plural · aorist · passive · indicative ‣ **1** (1Pet. 2,24)
ἰαθήτω ‣ 1
    Verb · third · singular · aorist · passive · imperative ‣ **1** (Luke 7,7)
ἴαμαι ‣ 1
    Verb · first · singular · perfect · passive · indicative ‣ **1** (Hos. 11,3)
Ἴαμαι ‣ 1
    Verb · first · singular · perfect · middle · indicative ‣ **1** (2Kings 2,21)
ἴασαι ‣ 4
    Verb · second · singular · aorist · middle · imperative ‣ **4** (Num. 12,13; Psa. 40,5; Psa. 59,4; Ode. 14,41)
ἴασαί ‣ 2
    Verb · second · singular · aorist · middle · imperative ‣ **2** (Psa. 6,3; Jer. 17,14)
ἰασάμην ‣ 1
    Verb · first · singular · aorist · middle · indicative ‣ **1** (Is. 57,18)
ἰάσαντο ‣ 1
    Verb · third · plural · aorist · middle · indicative ‣ **1** (Job 5,18)
ἰάσασθαι ‣ 5 + 1 = 6
    Verb · aorist · middle · infinitive ‣ **5 + 1 = 6** (Tob. 3,17; 4Mac. 3,10; Eccl. 3,3; Hos. 5,13; Is. 61,1; Tob. 3,17)
ἰάσασθαί ‣ 2 + 2 = 4
    Verb · aorist · middle · infinitive ‣ **2 + 2 = 4** (Tob. 12,14; Hos. 7,1; Tob. 5,10; Tob. 12,14)
ἰάσατο ‣ 6 + 4 = 10
    Verb · third · singular · aorist · middle · indicative ‣ **6 + 4 = 10** (Gen. 20,17; 1Kings 18,32; 2Chr. 30,20; Psa. 106,20; Job 12,21; Wis. 16,10; Luke 9,42; Luke 14,4; Luke 22,51; Acts 28,8)
ἰάσεται ‣ 5
    Verb · third · singular · future · middle · indicative ‣ **5** (Deut. 30,3; Hos. 6,1; Is. 19,22; Is. 19,22; Is. 30,26)
ἰάσεταί ‣ 3
    Verb · third · singular · future · middle · indicative ‣ **3** (2Kings 20,8; Sir. 38,9; Lam. 2,13)
ἰάσηται ‣ 2 + 1 = 3
    Verb · third · singular · aorist · middle · subjunctive ‣ **2 + 1 = 3** (Zech. 11,16; Is. 30,26; John 4,47)
ἰᾶσθαι ‣ 2
    Verb · present · middle · infinitive ‣ **2** (Luke 5,17; Luke 9,2)
ἰάσομαι ‣ 7 + 3 = 10
    Verb · first · singular · future · middle · indicative ‣ **7 + 3 = 10** (Deut. 32,39; 2Chr. 7,14; Ode. 2,39; Hos. 14,5; Is. 6,10; Is. 7,4; Jer. 3,22; Matt. 13,15; John 12,40; Acts 28,27)
Ἰάσομαι ‣ 1
    Verb · first · singular · future · middle · indicative ‣ **1** (Is. 57,19)
ἰάσομαί ‣ 1
    Verb · first · singular · future · middle · indicative ‣ **1** (2Kings 20,5)
ἰάσω ‣ 1
    Verb · second · singular · aorist · middle · indicative ‣ **1** (Psa. 29,3)

ἴαται ‣ 1 + 1 = 2
    Verb · third · singular · perfect · passive · indicative ‣ **1 + 1 = 2** (Lev. 14,3; Mark 5,29)
ἰᾶταί ‣ 1
    Verb · third · singular · present · middle · indicative ‣ **1** (Acts 9,34)
ἰᾶτο ‣ 2
    Verb · third · singular · imperfect · middle · indicative ‣ **2** (Luke 6,19; Luke 9,11)
ἰώμενοι ‣ 1
    Verb · present · middle · participle · masculine · plural · nominative ‣ **1** (Prov. 26,18)
ἰώμενον ‣ 1
    Verb · present · middle · participle · masculine · singular · accusative ‣ **1** (Psa. 102,3)
ἰώμενος ‣ 3 + 1 = 4
    Verb · present · middle · participle · masculine · singular · nominative ‣ **3 + 1 = 4** (Psa. 146,3; Prov. 18,9; Wis. 16,12; Acts 10,38)
ἰώμενός ‣ 1
    Verb · present · middle · participle · masculine · singular · nominative ‣ **1** (Ex. 15,26)
ἰῶνται ‣ 1
    Verb · third · plural · present · middle · indicative ‣ **1** (Prov. 12,18)
ἰῶντο ‣ 1
    Verb · third · plural · imperfect · middle · indicative ‣ **1** (Jer. 6,14)

Ιαους Jeush ‣ 2
    Ιαους ‣ 2
        Noun · masculine · singular · accusative · (proper) ‣ **1** (2Chr. 11,19)
        Noun · masculine · singular · nominative · (proper) ‣ **1** (1Chr. 7,10)

Ιαρασια Jaareshiah ‣ 1
    Ιαρασια ‣ 1
        Noun · masculine · singular · nominative · (proper) ‣ **1** (1Chr. 8,27)

Ιαραχ Jerah ‣ 1
    Ιαραχ ‣ 1
        Noun · masculine · singular · accusative · (proper) ‣ **1** (Gen. 10,26)

Ιαρβααλ Jerub-baal ‣ 1
    Ιαρβααλ ‣ 1
        Noun · masculine · singular · accusative · (proper) ‣ **1** (Judg. 6,32)

Ιαρβαλ Jerub-baal ‣ 1
    Ιαρβαλ ‣ 1
        Noun · masculine · singular · nominative · (proper) ‣ **1** (Judg. 7,1)

Ιαρεδ Jared ‣ 7
    Ιαρεδ ‣ 7
        Noun · masculine · singular · accusative · (proper) ‣ **3** (Gen. 5,15; Gen. 5,16; 1Chr. 4,18)
        Noun · masculine · singular · genitive · (proper) ‣ **1** (Gen. 5,20)
        Noun · masculine · singular · nominative · (proper) ‣ **3** (Gen. 5,18; Gen. 5,19; 1Chr. 1,2)

Ἰάρετ Jared ‣ 1
    Ἰάρετ ‣ 1
        Noun · masculine · singular · genitive · (proper) ‣ **1** (Luke 3,37)

Ιαριβ Jarib ‣ 4
    Ιαριβ ‣ 4

Noun · masculine · singular · dative · (proper) ▸ **2** (1Chr. 24,7; Ezra 8,16)
Noun · masculine · singular · nominative · (proper) ▸ **2** (1Chr. 4,24; Ezra 10,18)

Ιαριβι Jeribai ▸ **1**
  Ιαριβι ▸ **1**
    Noun · masculine · singular · nominative · (proper) ▸ **1** (1Chr. 11,46)

Ιαριηλ Jezreel ▸ **2**
  Ιαριηλ ▸ **2**
    Noun · singular · genitive · (proper) ▸ **1** (Josh. 17,9)
    Noun · singular · nominative · (proper) ▸ **1** (Josh. 15,56)

Ιαρικαμ Jokdeam ▸ **1**
  Ιαρικαμ ▸ **1**
    Noun · singular · nominative · (proper) ▸ **1** (Josh. 15,56)

Ιαριμ Jearim ▸ **7 + 2 = 9**
  Ιαριμ ▸ **7 + 2 = 9**
    Noun · singular · genitive · (proper) ▸ **4 + 1 = 5** (Josh. 15,9; Josh. 15,10; Josh. 15,60; 1Chr. 13,5; Josh. 15,60)
    Noun · singular · nominative · (proper) ▸ **1** (Josh. 18,28)
    Noun · masculine · singular · accusative · (proper) ▸ **1** (Hos. 5,13)
    Noun · masculine · singular · dative · (proper) ▸ **1** (Hos. 10,6)
    Noun · masculine · singular · genitive · (proper) ▸ **1** (1Chr. 4,8)

Ιαριμουθ Jerimoth ▸ **1**
  Ιαριμουθ ▸ **1**
    Noun · masculine · singular · nominative · (proper) ▸ **1** (1Chr. 12,6)

Ιαριμωθ Jerimoth ▸ **5**
  Ιαριμωθ ▸ **5**
    Noun · masculine · singular · nominative · (proper) ▸ **5** (1Chr. 8,14; 1Chr. 23,23; 1Chr. 24,30; 1Esdr. 9,28; Ezra 10,26)

Ιαριν Jearim; Jairite ▸ **2**
  Ιαριν ▸ **2**
    Noun · singular · genitive · (proper) ▸ **1** (Josh. 9,17)
    Noun · masculine · singular · nominative · (proper) ▸ **1** (2Sam. 20,26)

Ιαριων Jarion ▸ **1**
  Ιαριων ▸ **1**
    Noun · singular · nominative · (proper) ▸ **1** (Josh. 19,38)

Ιαρμωθ Jeremoth ▸ **1**
  Ιαρμωθ ▸ **1**
    Noun · masculine · singular · nominative · (proper) ▸ **1** (Ezra 10,27)

Ιασα Jahzah ▸ **1 + 1 = 2**
  Ιασα ▸ **1 + 1 = 2**
    Noun · singular · accusative · (proper) ▸ **1** (Judg. 11,20)
    Noun · feminine · singular · accusative · (proper) ▸ **1** (1Chr. 6,63)

Ιασαν Jashen ▸ **1**
  Ιασαν ▸ **1**
    Noun · masculine · singular · genitive · (proper) ▸ **1** (2Sam. 23,32)

Ιασιηλ Jahziel ▸ **1**
  Ιασιηλ ▸ **1**
    Noun · masculine · singular · nominative · (proper) ▸ **1** (1Chr. 7,13)

ἴασις (ἰάομαι) healing, health ▸ **28 + 3 = 31**
  ἰάσει ▸ **1**
    Noun · feminine · singular · dative · (common) ▸ **1** (Is. 19,22)
  ἰάσεις ▸ **1**
    Noun · feminine · plural · accusative · (common) ▸ **1** (Luke 13,32)
  ἰάσεως ▸ **3 + 1 = 4**
    Noun · feminine · singular · genitive · (common) ▸ **3 + 1 = 4** (Sir. 1,18; Jer. 8,15; Jer. 14,19; Acts 4,22)
  ἴασιν ▸ **4 + 1 = 5**
    Noun · feminine · singular · accusative · (common) ▸ **4 + 1 = 5** (Sir. 28,3; Sir. 34,17; Sir. 38,14; Ezek. 30,21; Acts 4,30)
  ἴασις ▸ **20**
    Noun · feminine · singular · nominative · (common) ▸ **20** (Judith 5,12; Psa. 37,4; Psa. 37,8; Prov. 3,8; Prov. 3,22a; Prov. 4,22; Prov. 15,4; Prov. 16,24; Prov. 29,1; Job 18,14; Wis. 2,1; Sir. 3,28; Sir. 21,3; Sir. 38,2; Sir. 43,22; Nah. 3,19; Zech. 10,2; Mal. 3,20; Jer. 8,22; Jer. 14,19)

Ιασιφ Hosah (?) ▸ **1**
  Ιασιφ ▸ **1**
    Noun · singular · accusative · (proper) ▸ **1** (Josh. 19,29)

Ιασολ Azel ▸ **1**
  Ιασολ ▸ **1**
    Noun · singular · genitive · (proper) ▸ **1** (Zech. 14,5)

Ιασουβ Jashub ▸ **5**
  Ιασουβ ▸ **5**
    Noun · masculine · singular · dative · (proper) ▸ **1** (Num. 26,20)
    Noun · masculine · singular · nominative · (proper) ▸ **4** (Gen. 46,13; 1Chr. 7,1; Ezra 10,29; Is. 7,3)

Ιασουβι Jashubite ▸ **1**
  Ιασουβι ▸ **1**
    Noun · masculine · singular · nominative · (proper) ▸ **1** (Num. 26,20)

Ιασουβος Jashub ▸ **1**
  Ιασουβος ▸ **1**
    Noun · masculine · singular · nominative · (proper) ▸ **1** (1Esdr. 9,30)

Ιασουια Jeshohaiah ▸ **1**
  Ιασουια ▸ **1**
    Noun · masculine · singular · nominative · (proper) ▸ **1** (1Chr. 4,36)

ἴασπις jasper ▸ **4 + 4 = 8**
  ἴασπιν ▸ **2**
    Noun · feminine · singular · accusative · (common) ▸ **2** (Is. 54,12; Ezek. 28,13)
  ἰάσπιδι ▸ **2**
    Noun · feminine · singular · dative ▸ **2** (Rev. 4,3; Rev. 21,11)
  ἴασπις ▸ **2 + 2 = 4**
    Noun · feminine · singular · nominative · (common) ▸ **2 + 2 = 4** (Ex. 28,18; Ex. 36,18; Rev. 21,18; Rev. 21,19)

Ιασσα Jahaz ▸ **6**
  Ιασσα ▸ **6**
    Noun · (proper) ▸ **1** (Deut. 2,32)
    Noun · singular · accusative · (proper) ▸ **4** (Num. 21,23; Josh. 13,18; Judg. 11,20; Jer. 31,21)
    Noun · singular · genitive · (proper) ▸ **1** (Is. 15,4)

Ιασσιβ Jassib (?) ▸ **1**
  Ιασσιβ ▸ **1**
    Noun · singular · accusative · (proper) ▸ **1** (Josh. 17,7)

Ιασων Jason ▸ **1**
  Ιασονα ▸ **1**
    Noun · masculine · singular · accusative · (proper) ▸ **1** (4Mac. 4,16)

Ἰάσων Jason ▸ **14 + 5 = 19**
  Ἰάσονα ▸ **1 + 1 = 2**
    Noun · masculine · singular · accusative · (proper) ▸ **1 + 1 = 2** (1Mac. 8,17; Acts 17,6)
  Ἰάσονος ▸ **2 + 2 = 4**
    Noun · masculine · singular · genitive · (proper) ▸ **2 + 2 = 4**

Ἰάσων–Ιβαναα 1087

(1Mac. 12,16; 1Mac. 14,22; Acts 17,5; Acts 17,9)
Ἰάσων ▸ 7 + 2 = 9
  Noun · masculine · singular · nominative · (proper) ▸ 7 + 2 = 9 (2Mac. 1,7; 2Mac. 4,7; 2Mac. 4,19; 2Mac. 4,23; 2Mac. 4,26; 2Mac. 5,5; 2Mac. 5,6; Acts 17,7; Rom. 16,21)
Ἰάσωνα ▸ 1
  Noun · masculine · singular · accusative · (proper) ▸ 1 (2Mac. 4,24)
Ἰάσωνος ▸ 3
  Noun · masculine · singular · genitive · (proper) ▸ 3 (2Mac. 2,23; 2Mac. 4,13; 2Mac. 4,22)

ἰατής (ἰάομαι) healer ▸ 1
  ἰαταὶ ▸ 1
    Noun · masculine · plural · nominative · (common) ▸ 1 (Job 13,4)

ἰατρεία (ἰάομαι) healing ▸ 2
  ἰατρεία ▸ 2
    Noun · feminine · singular · nominative · (common) ▸ 2 (2Chr. 21,18; Jer. 31,2)

ἰατρεῖον (ἰάομαι) surgery; remedy; physician's shop ▸ 1
  ἰατρεῖα ▸ 1
    Noun · neuter · plural · accusative · (common) ▸ 1 (Ex. 21,19)

ἰατρεύω (ἰάομαι) to heal ▸ 8
  ἰατρευθῆναι ▸ 3
    Verb · aorist · passive · infinitive ▸ 3 (2Kings 8,29; 2Kings 9,15; 2Chr. 22,6)
  ἰατρεύθης ▸ 1
    Verb · second · singular · aorist · passive · indicative ▸ 1 (Jer. 37,13)
  ἰατρευόμενον ▸ 1
    Verb · present · middle · participle · masculine · singular · accusative ▸ 1 (2Chr. 22,9)
  ἰατρεύσαμεν ▸ 1
    Verb · first · plural · aorist · active · indicative ▸ 1 (Jer. 28,9)
  ἰατρεύσω ▸ 2
    Verb · first · singular · future · active · indicative ▸ 2 (Jer. 37,17; Jer. 40,6)

ἰατρός (ἰάομαι) physician, doctor, healer ▸ 13 + 1 + 7 = 21
  ἰατρέ ▸ 1
    Noun · masculine · singular · vocative ▸ 1 (Luke 4,23)
  ἰατροὶ ▸ 4
    Noun · masculine · plural · nominative · (common) ▸ 4 (Psa. 87,11; Ode. 5,14; Job 13,4; Is. 26,14)
  ἰατροῖς ▸ 1
    Noun · masculine · plural · dative ▸ 1 (Luke 8,43)
  ἰατρὸν ▸ 1
    Noun · masculine · singular · accusative · (common) ▸ 1 (Sir. 38,1)
  ἰατρός ▸ 2
    Noun · masculine · singular · nominative · (common) ▸ 2 (Prov. 14,30; Sir. 10,10)
  ἰατρὸς ▸ 1 + 1 = 2
    Noun · masculine · singular · nominative · (common) ▸ 1 + 1 = 2 (Jer. 8,22; Col. 4,14)
  ἰατροῦ ▸ 2 + 3 = 5
    Noun · masculine · singular · genitive · (common) ▸ 2 + 3 = 5 (Sir. 38,3; Sir. 38,15; Matt. 9,12; Mark 2,17; Luke 5,31)
  ἰατρούς ▸ 2
    Noun · masculine · plural · accusative · (common) ▸ 2 (2Chr. 16,12; Tob. 2,10)
  ἰατροὺς ▸ 1
    Noun · masculine · plural · accusative · (common) ▸ 1 (Tob. 2,10)
  ἰατρῷ ▸ 1
    Noun · masculine · singular · dative · (common) ▸ 1 (Sir. 38,12)
  ἰατρῶν ▸ 1
    Noun · masculine · plural · genitive ▸ 1 (Mark 5,26)

Ιαφαγαι Japhia ▸ 1
  Ιαφαγαι ▸ 1
    Noun · singular · accusative · (proper) ▸ 1 (Josh. 19,12)

Ιαφαλητ Japhlet ▸ 3
  Ιαφαλητ ▸ 3
    Noun · masculine · singular · accusative · (proper) ▸ 1 (1Chr. 7,32)
    Noun · masculine · singular · genitive · (proper) ▸ 2 (1Chr. 7,33; 1Chr. 7,33)

Ιαφεθ Japheth ▸ 12
  Ιαφεθ ▸ 12
    Noun · masculine · singular · accusative · (proper) ▸ 2 (Gen. 5,32; Gen. 6,10)
    Noun · masculine · singular · dative · (proper) ▸ 1 (Gen. 9,27)
    Noun · masculine · singular · genitive · (proper) ▸ 5 (Gen. 10,1; Gen. 10,2; Gen. 10,21; 1Chr. 1,5; Judith 2,25)
    Noun · masculine · singular · nominative · (proper) ▸ 4 (Gen. 7,13; Gen. 9,18; Gen. 9,23; 1Chr. 1,4)

Ιαχαν Jacan ▸ 1
  Ιαχαν ▸ 1
    Noun · masculine · singular · nominative · (proper) ▸ 1 (1Chr. 5,13)

Ιαχιν Jakin ▸ 6
  Ιαχιν ▸ 6
    Noun · masculine · singular · dative · (proper) ▸ 2 (Num. 26,12; 1Chr. 24,17)
    Noun · masculine · singular · nominative · (proper) ▸ 4 (Gen. 46,10; Ex. 6,15; 1Chr. 9,10; Neh. 11,10)

Ιαχινι Jakinite ▸ 1
  Ιαχινι ▸ 1
    Noun · masculine · singular · nominative · (proper) ▸ 1 (Num. 26,12)

Ιαχιραν Ahiram ▸ 1
  Ιαχιραν ▸ 1
    Noun · masculine · singular · dative · (proper) ▸ 1 (Num. 26,42)

Ιαχιρανι Ahiramite ▸ 1
  Ιαχιρανι ▸ 1
    Noun · masculine · singular · nominative · (proper) ▸ 1 (Num. 26,42)

Ιαχουμ Jakin ▸ 1
  Ιαχουμ ▸ 1
    Noun · singular · accusative · (proper) ▸ 1 (1Kings 7,7)

Ιαως Jeuz ▸ 1
  Ιαως ▸ 1
    Noun · masculine · singular · accusative · (proper) ▸ 1 (1Chr. 8,10)

ιβ′ number: twelve; (Hebr.) lamedh ▸ 1
  ιβ′ ▸ 1
    Adjective · neuter · singular · (ordinal · numeral) ▸ 1 (Psa. 118,89)

Ιβααρ Ibhar ▸ 2
  Ιβααρ ▸ 2
    Noun · masculine · singular · nominative · (proper) ▸ 2 (1Chr. 3,6; 1Chr. 14,5)

Ιβαναα Ibneiah ▸ 1
  Ιβαναα ▸ 1
    Noun · masculine · singular · nominative · (proper) ▸ 1 (1Chr.

ἴβις Ibis (Heb. white owl) ‣ 3
   ἴβεις ‣ 1
      Noun · feminine · plural · nominative · (common) ‣ **1** (Is. 34,11)
   ἴβιν ‣ 2
      Noun · feminine · singular · accusative · (common) ‣ **2** (Lev. 11,17; Deut. 14,16)

ιγ′ number: thirteen; (Hebr.) mem ‣ 1
   ιγ′ ‣ 1
      Adjective · neuter · singular · (ordinal · numeral) ‣ **1** (Psa. 118,97)

Ιγααλ Igal ‣ 2
   Ιγααλ ‣ 2
      Noun · masculine · singular · nominative · (proper) ‣ **2** (Num. 13,7; 2Sam. 23,36)

Ιγαβης Jabez ‣ 3
   Ιγαβης ‣ 3
      Noun · masculine · singular · accusative · (proper) ‣ **1** (1Chr. 4,9)
      Noun · masculine · singular · nominative · (proper) ‣ **2** (1Chr. 4,9; 1Chr. 4,10)

ιγλααμ (Hebr.) took them away ‣ 1
   ιγλααμ ‣ 1
      Noun ‣ **1** (1Chr. 8,7)

ιγνύα ham, upper leg ‣ 1
   ἰγνύαις ‣ 1
      Noun · feminine · plural · dative · (common) ‣ **1** (1Kings 18,21)

ιδ′ number: fourteen; (Hebr.) nun ‣ 1
   ιδ′ ‣ 1
      Adjective · neuter · singular · (ordinal · numeral) ‣ **1** (Psa. 118,105)

Ιδαερ Jeroham ‣ 1
   Ιδαερ ‣ 1
      Noun · masculine · singular · nominative · (proper) ‣ **1** (1Chr. 6,12)

Ιδαι Jaroah ‣ 1
   Ιδαι ‣ 1
      Noun · masculine · singular · genitive · (proper) ‣ **1** (1Chr. 5,14)

ἴδε (εἶδος) look! pay attention! ‣ 29
   ἴδε ‣ 28
      Interjection ‣ **28** (Matt. 25,20; Matt. 25,22; Matt. 25,25; Matt. 26,65; Mark 2,24; Mark 3,34; Mark 11,21; Mark 13,1; Mark 13,21; Mark 13,21; Mark 15,4; Mark 15,35; Mark 16,6; John 1,29; John 1,36; John 1,47; John 3,26; John 5,14; John 7,26; John 11,3; John 11,36; John 12,19; John 16,29; John 18,21; John 19,4; John 19,14; John 19,26; John 19,27)
   Ἴδε ‣ 1
      Particle ‣ **1** (Gal. 5,2)

ἰδέα (εἶδος) form; countenance; species ‣ 5 + 3 = 8
   ἰδέαι ‣ 2 + 3 = 5
      Noun · feminine · plural · nominative · (common) ‣ **2 + 3 = 5** (4Mac. 1,14; 4Mac. 1,18; Dan. 1,13; Dan. 1,13; Dan. 1,15)
   ἰδέαις ‣ 1
      Noun · feminine · plural · dative · (common) ‣ **1** (LetterJ 62)
   ἰδέαν ‣ 2
      Noun · feminine · singular · accusative · (common) ‣ **2** (Gen. 5,3; 2Mac. 3,16)

Ιδεαδαλεα Eglon (?) ‣ 1
   Ιδεαδαλεα ‣ 1
      Noun · singular · nominative · (proper) ‣ **1** (Josh. 15,39)

Ιδεδι Jedidiah ‣ 1
   Ιδεδι ‣ 1
      Noun · masculine · singular · accusative · (proper) ‣ **1** (2Sam. 12,25)

Ιδεϊα Jedaiah ‣ 1
   Ιδεϊα ‣ 1
      Noun · masculine · singular · dative · (proper) ‣ **1** (1Chr. 24,7)

Ιδια Jedaiah ‣ 1
   Ιδια ‣ 1
      Noun · masculine · singular · dative · (proper) ‣ **1** (Neh. 12,19)

Ιδιηλ Jediael ‣ 1
   Ιδιηλ ‣ 1
      Noun · masculine · singular · nominative · (proper) ‣ **1** (1Chr. 26,2)

Ιδιθουν Jeduthun ‣ 4
   Ιδιθουν ‣ 4
      Noun · singular · accusative · (proper) ‣ **2** (Psa. 61,1; Psa. 76,1)
      Noun · singular · dative · (proper) ‣ **1** (Psa. 38,1)
      Noun · masculine · singular · dative · (proper) ‣ **1** (2Chr. 5,12)

Ιδιθων Jeduthun ‣ 11
   Ιδιθων ‣ 11
      Noun · masculine · singular · accusative · (proper) ‣ **1** (1Chr. 25,3)
      Noun · masculine · singular · dative · (proper) ‣ **1** (1Chr. 25,3)
      Noun · masculine · singular · genitive · (proper) ‣ **6** (1Chr. 9,16; 1Chr. 16,42; 1Chr. 25,1; 1Chr. 25,3; 1Chr. 25,6; 2Chr. 29,14)
      Noun · masculine · singular · nominative · (proper) ‣ **3** (1Chr. 16,38; 1Chr. 16,41; 2Chr. 35,15)

ἰδιόγραφος (ἴδιος; γράφω) written in one's own hand ‣ 1
   ἰδιόγραφος ‣ 1
      Adjective · masculine · singular · nominative · noDegree ‣ **1** (Psa. 151,1)

ἰδιοποιέομαι (ἴδιος; ποιέω) to win over ‣ 1
   ἰδιοποιεῖτο ‣ 1
      Verb · third · singular · imperfect · middle · indicative ‣ **1** (2Sam. 15,6)

ἴδιος one's own, peculiar ‣ 79 + 114 = 193
   ἴδια ‣ 8 + 9 = 17
      Adjective · neuter · plural · accusative · noDegree ‣ **7 + 8 = 15** (Esth. 5,10; Esth. 6,12; 2Mac. 9,20; 3Mac. 6,27; 3Mac. 6,37; 3Mac. 7,8; Prov. 11,24; Luke 18,28; John 1,11; John 10,3; John 10,4; John 16,32; John 19,27; Acts 21,6; 1Th. 4,11)
      Adjective · neuter · plural · nominative · noDegree ‣ **1 + 1 = 2** (Prov. 6,2; John 10,12)
   ἰδία ‣ 2
      Adjective · feminine · singular · nominative · noDegree ‣ **2** (Prov. 5,18; Prov. 5,19)
   ἰδίᾳ ‣ 8 + 12 = 20
      Adverb ‣ **1** (1Cor. 12,11)
      Adjective · feminine · singular · dative · noDegree ‣ **8 + 11 = 19** (Gen. 15,13; 2Mac. 4,34; 4Mac. 5,10; 4Mac. 14,17; Job 7,13; Sir. 37,19; Sir. 37,22; Ezek. 21,35; John 4,44; Acts 1,7; Acts 1,19; Acts 2,6; Acts 2,8; Acts 3,12; Acts 13,36; Acts 24,24; Rom. 11,24; 1Cor. 7,37; 2Pet. 1,3)
   ἰδίαις ‣ 2 + 3 = 5
      Adjective · feminine · plural · dative · noDegree ‣ **2 + 3 = 5** (1Esdr. 4,26; Wis. 19,13; 1Cor. 4,12; Eph. 4,28; 1Th. 4,11)
   ἰδίαν ‣ 12 + 24 = 36
      Adjective · feminine · singular · accusative · noDegree ‣ **12 + 24 = 36** (1Esdr. 4,20; 1Esdr. 4,20; 1Esdr. 4,25; 1Esdr. 5,8; Judith 5,18; 2Mac. 4,5; 2Mac. 6,21; 2Mac. 9,26; 2Mac. 14,21; 3Mac. 5,34; 3Mac. 7,18; 3Mac. 7,20; Matt. 9,1; Matt. 14,13; Matt. 14,23; Matt. 17,1; Matt. 17,19; Matt. 20,17; Matt. 24,3; Matt. 25,15; Mark 4,34; Mark 6,31; Mark 6,32; Mark 7,33; Mark 9,2; Mark

ἴδιος–ἰδού

9,28; Mark 13,3; Luke 9,10; Luke 10,23; John 7,18; Acts 23,19; Rom. 10,3; Gal. 2,2; 1Tim. 4,2; 2Tim. 1,9; 2Pet. 3,16)

ἰδίας ▸ 10 + 6 = 16
  Adjective · feminine · plural · accusative ▸ 2 (2Tim. 4,3; 2Pet. 3,3)
  Adjective · feminine · singular · genitive · noDegree ▸ 10 + 4 = 14 (2Mac. 14,5; 2Mac. 14,14; 2Mac. 14,42; Prov. 5,20; Prov. 27,8; Job 2,11; Wis. 2,23; Wis. 16,23; Wis. 18,21; Wis. 19,20; Acts 25,19; James 1,14; 2Pet. 1,20; 2Pet. 2,16)

ἴδιοι ▸ 1
  Adjective · masculine · plural · nominative ▸ 1 (John 1,11)

ἰδίοις ▸ 3 + 10 = 13
  Adjective · masculine · plural · dative · noDegree ▸ 2 + 9 = 11 (1Esdr. 5,46; Prov. 22,7; Mark 4,34; Eph. 5,22; 1Tim. 2,6; 1Tim. 6,15; Titus 1,3; Titus 2,5; Titus 2,9; 1Pet. 3,1; 1Pet. 3,5)
  Adjective · neuter · plural · dative · noDegree ▸ 1 + 1 = 2 (2Mac. 11,29; 1Cor. 9,7)

ἴδιον ▸ 7 + 18 = 25
  Adjective · masculine · singular · accusative · noDegree ▸ 4 + 8 = 12 (1Mac. 11,38; 2Mac. 4,26; 3Mac. 5,21; Job 7,10; Matt. 22,5; John 1,41; John 5,18; Acts 1,25; 1Cor. 3,8; 1Cor. 3,8; 1Cor. 7,2; 1Tim. 5,4)
  Adjective · neuter · singular · accusative · noDegree ▸ 2 + 10 = 12 (Deut. 15,2; 1Mac. 15,6; Luke 10,34; John 15,19; Acts 4,32; 1Cor. 6,18; 1Cor. 7,7; 1Cor. 11,21; 1Cor. 15,38; Gal. 6,5; 2Pet. 2,22; Jude 6)
  Adjective · neuter · singular · nominative · noDegree ▸ 1 (Gen. 47,18)

ἴδιος ▸ 1 + 1 = 2
  Adjective · masculine · singular · nominative · noDegree ▸ 1 + 1 = 2 (Prov. 13,8; Titus 1,12)

ἰδίου ▸ 6 + 11 = 17
  Adjective · masculine · singular · genitive · noDegree ▸ 1 + 5 = 6 (Prov. 27,15; Luke 6,44; Rom. 8,32; 1Tim. 3,4; 1Tim. 3,5; 2Pet. 3,17)
  Adjective · neuter · singular · genitive · noDegree ▸ 5 + 6 = 11 (Prov. 6,2; Prov. 9,12b; Prov. 16,23; Wis. 10,1; Sus. 60-62; Acts 20,28; 1Cor. 7,4; 1Cor. 7,4; 1Cor. 7,37; Heb. 9,12; Heb. 13,12)

ἰδίους ▸ 1 + 5 = 6
  Adjective · masculine · plural · accusative · noDegree ▸ 1 + 5 = 6 (Gen. 14,14; Matt. 25,14; John 13,1; Acts 4,23; 1Cor. 14,35; 1Tim. 6,1)

ἰδίῳ ▸ 5 + 7 = 12
  Adjective · masculine · singular · dative · noDegree ▸ 2 + 4 = 6 (Wis. 17,10; Dan. 1,10; Luke 6,41; Rom. 14,4; Rom. 14,5; Gal. 6,9)
  Adjective · neuter · singular · dative · noDegree ▸ 3 + 3 = 6 (4Mac. 7,8; Wis. 18,14; Wis. 19,6; John 5,43; Acts 28,30; 1Cor. 15,23)

ἰδίων ▸ 14 + 7 = 21
  Adjective · feminine · plural · genitive · noDegree ▸ 2 + 1 = 3 (2Mac. 9,16; Wis. 11,13; Heb. 7,27)
  Adjective · masculine · plural · genitive · noDegree ▸ 10 + 4 = 14 (1Esdr. 6,31; 2Mac. 3,3; 2Mac. 5,6; 2Mac. 11,23; 2Mac. 11,26; 2Mac. 12,22; 2Mac. 14,8; Prov. 27,8; Job 24,12; Sir. 11,34; Acts 24,23; 1Th. 2,14; 1Tim. 3,12; 1Tim. 5,8)
  Adjective · neuter · plural · genitive · noDegree ▸ 2 + 2 = 4 (Prov. 20,25; Wis. 12,23; John 8,44; Heb. 4,10)

ἰδιότης (ἴδιος) characteristic; property ▸ 1
  ἰδιότητα ▸ 1
    Noun · feminine · singular · accusative · (common) ▸ 1 (3Mac. 7,17)

ἰδιώτης (ἴδιος) unlearned, untrained, ignorant; private person, common man ▸ 1 + 5 = 6
  ἰδιῶται ▸ 1 + 2 = 3
    Noun · masculine · plural · nominative · (common) ▸ 1 + 2 = 3 (Prov. 6,8b; Acts 4,13; 1Cor. 14,23)
  ἰδιώτης ▸ 2
    Noun · masculine · singular · nominative ▸ 2 (1Cor. 14,24; 2Cor. 11,6)
  ἰδιώτου ▸ 1
    Noun · masculine · singular · genitive ▸ 1 (1Cor. 14,16)

ἰδιωτικός (ἴδιος) private ▸ 2
  ἰδιωτικὰ ▸ 1
    Adjective · neuter · plural · accusative · noDegree ▸ 1 (4Mac. 4,6)
  ἰδιωτικῶν ▸ 1
    Adjective · neuter · plural · genitive · noDegree ▸ 1 (4Mac. 4,3)

ἰδού (εἶδος) note! pay attention! look! ▸ 1092 + 85 + 200 = 1377
  Ἰδοὺ ▸ 1
    Interjection ▸ 1 (2Sam. 16,4)
  ἰδού ▸ 18 + 2 = 20
    Interjection ▸ 18 + 2 = 20 (Gen. 44,16; Gen. 47,1; Deut. 1,10; 1Kings 1,25; 1Kings 19,5; 2Kings 7,13; 2Kings 15,11; 2Kings 15,15; 2Kings 15,26; 2Kings 15,31; 2Kings 17,26; 2Chr. 20,2; 2Chr. 28,10; 2Chr. 29,19; Neh. 9,36; Psa. 138,5; Jer. 51,2; Bar. 2,25; Matt. 9,3; Matt. 28,11)
  ἰδοὺ ▸ 745 + 64 + 192 = 1001
    Interjection ▸ 745 + 64 + 192 = **1001** (Gen. 1,31; Gen. 6,13; Gen. 6,17; Gen. 9,9; Gen. 12,19; Gen. 13,9; Gen. 15,12; Gen. 15,17; Gen. 16,14; Gen. 17,4; Gen. 17,19; Gen. 17,20; Gen. 17,20; Gen. 18,2; Gen. 19,20; Gen. 19,28; Gen. 22,13; Gen. 24,13; Gen. 24,15; Gen. 24,43; Gen. 24,51; Gen. 28,12; Gen. 28,15; Gen. 29,2; Gen. 29,6; Gen. 29,25; Gen. 31,2; Gen. 31,10; Gen. 32,7; Gen. 32,19; Gen. 33,1; Gen. 34,10; Gen. 34,21; Gen. 37,25; Gen. 38,24; Gen. 41,2; Gen. 41,5; Gen. 41,19; Gen. 41,29; Gen. 42,2; Gen. 42,13; Gen. 42,22; Gen. 42,28; Gen. 45,12; Gen. 47,6; Gen. 48,11; Ex. 3,9; Ex. 4,14; Ex. 4,14; Ex. 5,16; Ex. 7,15; Ex. 7,16; Ex. 7,17; Ex. 7,27; Ex. 8,16; Ex. 8,17; Ex. 9,3; Ex. 9,18; Ex. 10,4; Ex. 14,17; Ex. 16,14; Ex. 17,9; Ex. 23,20; Ex. 24,14; Ex. 32,34; Ex. 34,11; Lev. 13,5; Lev. 13,6; Lev. 13,8; Lev. 13,10; Lev. 13,13; Lev. 13,17; Lev. 13,20; Lev. 13,21; Lev. 13,25; Lev. 13,26; Lev. 13,30; Lev. 13,31; Lev. 13,32; Lev. 13,34; Lev. 13,36; Lev. 13,39; Lev. 13,43; Lev. 14,3; Lev. 14,39; Lev. 14,48; Num. 3,12; Num. 12,10; Num. 12,10; Num. 17,23; Num. 18,8; Num. 18,21; Num. 22,5; Num. 22,11; Num. 22,32; Num. 23,9; Num. 23,11; Num. 23,20; Num. 23,24; Num. 24,10; Num. 24,14; Num. 25,6; Num. 32,14; Deut. 2,7; Deut. 2,24; Deut. 3,11; Deut. 3,11; Deut. 8,4; Deut. 9,13; Deut. 10,14; Deut. 11,30; Deut. 13,15; Deut. 17,4; Deut. 19,18; Deut. 20,16; Deut. 26,10; Deut. 32,34; Josh. 1,9; Josh. 2,18; Josh. 3,11; Josh. 7,21; Josh. 8,1; Josh. 8,8; Josh. 9,25; Josh. 14,10; Josh. 22,20; Judg. 1,2; Judg. 3,24; Judg. 3,25; Judg. 3,25; Judg. 4,14; Judg. 4,22; Judg. 4,22; Judg. 6,14; Judg. 6,15; Judg. 6,28; Judg. 6,37; Judg. 7,13; Judg. 7,13; Judg. 7,17; Judg. 9,33; Judg. 9,38; Judg. 9,43; Judg. 11,34; Judg. 13,5; Judg. 14,5; Judg. 14,8; Judg. 15,2; Judg. 17,2; Judg. 18,9; Judg. 18,12; Judg. 18,22; Judg. 19,16; Judg. 19,22; Judg. 19,24; Judg. 19,27; Judg. 20,7; Judg. 20,40; Judg. 21,8; Judg. 21,9; Judg. 21,21; Ruth 2,4; Ruth 2,9; Ruth 2,13; Ruth 3,2; Ruth 3,8; Ruth 4,1; 1Sam. 2,31; 1Sam. 4,13; 1Sam. 5,3; 1Sam. 5,4; 1Sam. 9,7; 1Sam. 9,12; 1Sam. 9,14; 1Sam. 10,2; 1Sam. 10,8; 1Sam. 10,10; 1Sam. 10,11; 1Sam. 11,5; 1Sam. 12,2; 1Sam. 12,2; 1Sam. 12,2; 1Sam. 12,3; 1Sam. 12,13; 1Sam. 12,13; 1Sam. 14,7; 1Sam. 14,16; 1Sam. 14,17; 1Sam. 14,20; 1Sam. 14,26;

ἰδού

1Sam. 14,26; 1Sam. 14,43; 1Sam. 15,12; 1Sam. 15,22; 1Sam. 16,11; 1Sam. 19,16; 1Sam. 20,2; 1Sam. 20,12; 1Sam. 20,21; 1Sam. 20,23; 1Sam. 23,19; 1Sam. 24,11; 1Sam. 24,12; 1Sam. 24,21; 1Sam. 25,7; 1Sam. 25,19; 1Sam. 25,20; 1Sam. 25,36; 1Sam. 26,7; 1Sam. 26,24; 1Sam. 27,8; 1Sam. 30,3; 1Sam. 30,16; 2Sam. 1,2; 2Sam. 1,6; 2Sam. 1,6; 2Sam. 1,18; 2Sam. 3,12; 2Sam. 3,22; 2Sam. 3,24; 2Sam. 4,6; 2Sam. 13,34; 2Sam. 13,36; 2Sam. 14,7; 2Sam. 14,32; 2Sam. 15,15; 2Sam. 15,24; 2Sam. 15,26; 2Sam. 15,32; 2Sam. 15,35; 2Sam. 15,36; 2Sam. 16,1; 2Sam. 16,5; 2Sam. 16,8; 2Sam. 17,9; 2Sam. 18,11; 2Sam. 18,24; 2Sam. 18,31; 2Sam. 19,21; 2Sam. 19,38; 2Sam. 19,42; 2Sam. 24,22; 1Kings 1,14; 1Kings 1,18; 1Kings 1,22; 1Kings 1,42; 1Kings 2,8; 1Kings 2,29; 1Kings 3,12; 1Kings 3,12; 1Kings 3,15; 1Kings 3,21; 1Kings 3,21; 1Kings 5,19; 1Kings 5,20; 1Kings 8,53a; 1Kings 10,7; 1Kings 11,22; 1Kings 11,41; 1Kings 12,28; 1Kings 13,1; 1Kings 13,4; 1Kings 13,25; 1Kings 14,29; 1Kings 15,7; 1Kings 15,19; 1Kings 15,23; 1Kings 15,31; 1Kings 16,3; 1Kings 16,5; 1Kings 16,14; 1Kings 16,20; 1Kings 16,27; 1Kings 16,28c; 1Kings 17,9; 1Kings 17,10; 1Kings 17,12; 1Kings 18,44; 1Kings 19,6; 1Kings 19,9; 1Kings 19,11; 1Kings 19,13; 1Kings 20,18; 1Kings 21,13; 1Kings 21,13; 1Kings 21,36; 1Kings 21,39; 1Kings 22,23; 1Kings 22,39; 1Kings 22,46; 2Kings 1,9; 2Kings 1,14; 2Kings 1,18; 2Kings 2,11; 2Kings 2,24; 2Kings 3,20; 2Kings 4,32; 2Kings 4,40; 2Kings 5,6; 2Kings 6,5; 2Kings 6,15; 2Kings 6,17; 2Kings 6,20; 2Kings 6,25; 2Kings 6,33; 2Kings 7,5; 2Kings 7,10; 2Kings 7,15; 2Kings 8,5; 2Kings 8,23; 2Kings 9,5; 2Kings 10,9; 2Kings 11,14; 2Kings 12,20; 2Kings 13,21; 2Kings 15,6; 2Kings 15,21; 2Kings 18,21; 2Kings 19,7; 2Kings 19,11; 2Kings 19,35; 2Kings 20,5; 2Kings 21,25; 2Kings 22,20; 2Kings 24,5; 1Chr. 22,9; 1Chr. 22,14; 1Chr. 28,21; 1Chr. 29,3; 2Chr. 2,3; 2Chr. 2,7; 2Chr. 2,9; 2Chr. 9,6; 2Chr. 9,29; 2Chr. 12,15; 2Chr. 13,12; 2Chr. 13,14; 2Chr. 16,3; 2Chr. 16,11; 2Chr. 18,22; 2Chr. 19,11; 2Chr. 20,10; 2Chr. 20,11; 2Chr. 20,16; 2Chr. 20,24; 2Chr. 20,34; 2Chr. 21,14; 2Chr. 23,13; 2Chr. 24,27; 2Chr. 25,18; 2Chr. 25,26; 2Chr. 26,20; 2Chr. 27,7; 2Chr. 28,26; 2Chr. 29,9; 2Chr. 32,32; 2Chr. 33,18; 2Chr. 33,19; 2Chr. 34,28; 2Chr. 35,25; 2Chr. 35,27; 2Chr. 36,8; 1Esdr. 8,87; Ezra 9,15; Neh. 5,5; Neh. 6,12; Esth. 11,5 # 1,1d; Esth. 11,6 # 1,1e; Esth. 11,8 # 1,1g; Esth. 6,4; Esth. 10,2; Judith 3,3; Judith 3,4; Judith 5,23; Judith 9,7; Judith 12,12; Judith 13,15; Judith 14,18; Tob. 2,2; Tob. 2,8; Tob. 2,14; Tob. 10,13; Tob. 11,14; Tob. 14,3; 1Mac. 2,12; 1Mac. 2,65; 1Mac. 3,52; 1Mac. 5,14; 1Mac. 5,30; 1Mac. 6,13; 1Mac. 6,26; 1Mac. 9,39; 1Mac. 9,45; 1Mac. 11,68; 1Mac. 16,5; 1Mac. 16,24; 3Mac. 2,13; 4Mac. 10,19; Psa. 7,15; Psa. 10,2; Psa. 26,6; Psa. 32,18; Psa. 36,36; Psa. 38,6; Psa. 39,10; Psa. 47,5; Psa. 50,7; Psa. 50,8; Psa. 53,2; Psa. 53,6; Psa. 54,8; Psa. 55,10; Psa. 58,4; Psa. 58,8; Psa. 67,34; Psa. 72,12; Psa. 72,15; Psa. 72,27; Psa. 82,3; Psa. 86,4; Psa. 91,10; Psa. 118,40; Psa. 120,4; Psa. 122,2; Psa. 126,3; Psa. 127,4; Psa. 131,6; Ode. 2,34; Ode. 9,48; Prov. 1,23; Eccl. 1,14; Eccl. 1,16; Eccl. 2,1; Eccl. 2,11; Eccl. 4,1; Song 1,15; Song 2,8; Song 2,9; Song 2,11; Song 3,7; Song 4,1; Job 1,6; Job 1,14; Job 2,9b; Job 5,27; Job 13,1; Job 13,18; Job 16,19; Job 19,7; Job 26,14; Job 27,12; Job 30,26; Job 32,12; Job 33,2; Job 33,29; Job 36,22; Job 36,26; Job 36,30; Job 40,15; Job 40,16; Sir. 16,18; Sir. 18,17; Sir. 24,31; Hos. 2,8; Hos. 2,16; Hos. 9,6; Amos 2,13; Amos 4,2; Amos 4,13; Amos 6,11; Amos 6,14; Amos 7,1; Amos 7,1; Amos 7,4; Amos 7,7; Amos 8,1; Amos 8,11; Amos 9,9; Amos 9,13; Mic. 1,3; Joel 4,1; Joel 4,7; Obad. 2; Nah. 2,14; Nah. 3,13; Hab. 1,6; Zeph. 3,19; Zech. 1,8; Zech. 1,11; Zech. 2,1; Zech. 2,5; Zech. 2,7; Zech. 2,13; Zech. 2,14; Zech. 3,2; Zech. 3,8; Zech. 3,9; Zech. 4,2; Zech. 5,1; Zech. 5,7; Zech. 5,7; Zech. 5,9; Zech. 6,1; Zech. 7,5; Zech. 9,9; Zech. 11,6; Zech. 11,16; Mal. 2,3; Mal. 3,1; Mal. 3,1; Mal. 3,19; Mal. 3,22; Is. 5,26; Is. 5,30; Is. 7,14; Is. 8,7; Is. 8,18; Is. 8,22; Is. 10,33; Is. 12,2; Is. 13,9; Is. 13,17; Is. 21,9; Is. 22,17; Is. 26,21; Is. 28,2; Is. 29,14; Is. 32,1; Is. 33,7; Is. 33,20; Is. 34,5; Is. 35,4; Is. 36,6; Is. 37,7; Is. 38,5; Is. 40,10; Is. 40,10; Is. 41,11; Is. 41,15; Is. 41,28; Is. 42,9; Is. 43,19; Is. 44,22; Is. 47,14; Is. 48,10; Is. 49,6; Is. 49,12; Is. 49,16; Is. 49,18; Is. 50,1; Is. 50,2; Is. 50,9; Is. 50,9; Is. 50,11; Is. 54,11; Is. 54,15; Is. 54,16; Is. 55,4; Is. 60,2; Is. 60,4; Is. 62,11; Is. 64,4; Is. 65,6; Is. 65,13; Is. 65,13; Is. 65,14; Is. 65,18; Is. 66,9; Jer. 1,6; Jer. 1,10; Jer. 1,15; Jer. 1,18; Jer. 2,35; Jer. 3,5; Jer. 3,22; Jer. 4,10; Jer. 4,13; Jer. 4,23; Jer. 4,25; Jer. 4,26; Jer. 5,5; Jer. 5,14; Jer. 5,15; Jer. 6,10; Jer. 6,10; Jer. 6,19; Jer. 7,11; Jer. 7,32; Jer. 8,15; Jer. 8,17; Jer. 8,19; Jer. 9,24; Jer. 10,22; Jer. 11,10; Jer. 11,22; Jer. 13,7; Jer. 14,13; Jer. 14,18; Jer. 14,18; Jer. 14,19; Jer. 16,12; Jer. 16,14; Jer. 16,16; Jer. 16,21; Jer. 17,15; Jer. 18,3; Jer. 18,6; Jer. 19,6; Jer. 21,13; Jer. 22,17; Jer. 23,2; Jer. 23,19; Jer. 23,30; Jer. 23,31; Jer. 23,32; Jer. 23,39; Jer. 23,7; Jer. 25,9; Jer. 26,25; Jer. 26,27; Jer. 27,9; Jer. 27,31; Jer. 27,41; Jer. 27,44; Jer. 28,25; Jer. 28,52; Jer. 30,13; Jer. 30,16; Jer. 30,18; Jer. 30,21; Jer. 31,12; Jer. 33,14; Jer. 37,3; Jer. 38,8; Jer. 38,27; Jer. 38,38; Jer. 39,24; Jer. 41,17; Jer. 41,22; Jer. 43,12; Jer. 45,22; Jer. 47,4; Jer. 47,10; Jer. 49,4; Jer. 51,27; Jer. 51,35; Bar. 3,8; Bar. 4,37; Ezek. 1,4; Ezek. 1,15; Ezek. 1,25; Ezek. 2,9; Ezek. 3,8; Ezek. 3,23; Ezek. 3,25; Ezek. 4,8; Ezek. 4,14; Ezek. 4,16; Ezek. 7,10; Ezek. 7,12; Ezek. 8,2; Ezek. 8,4; Ezek. 8,5; Ezek. 8,8; Ezek. 8,10; Ezek. 8,14; Ezek. 8,16; Ezek. 8,17; Ezek. 9,2; Ezek. 9,11; Ezek. 10,1; Ezek. 10,9; Ezek. 11,1; Ezek. 12,27; Ezek. 13,8; Ezek. 13,12; Ezek. 14,22; Ezek. 14,22; Ezek. 16,8; Ezek. 16,37; Ezek. 16,43; Ezek. 17,7; Ezek. 17,10; Ezek. 17,18; Ezek. 21,12; Ezek. 22,6; Ezek. 22,18; Ezek. 24,16; Ezek. 25,4; Ezek. 25,9; Ezek. 28,7; Ezek. 29,10; Ezek. 30,9; Ezek. 30,21; Ezek. 31,3; Ezek. 34,3; Ezek. 36,9; Ezek. 37,2; Ezek. 37,7; Ezek. 37,8; Ezek. 39,8; Ezek. 40,3; Ezek. 40,5; Ezek. 40,17; Ezek. 40,20; Ezek. 40,24; Ezek. 40,44; Ezek. 42,1; Ezek. 43,2; Ezek. 43,5; Ezek. 43,6; Ezek. 44,4; Ezek. 46,19; Ezek. 46,21; Ezek. 47,1; Ezek. 47,2; Ezek. 47,7; Dan. 2,31; Dan. 4,10; Dan. 4,13; Dan. 4,26; Dan. 4,31; Dan. 4,32; Dan. 4,34; Dan. 7,2; Dan. 7,5; Dan. 7,8; Dan. 7,8; Dan. 7,13; Dan. 7,19; Dan. 8,5; Dan. 8,15; Dan. 9,21; Dan. 10,5; Dan. 10,8; Dan. 10,10; Dan. 10,13; Dan. 10,16; Dan. 10,20; Dan. 11,2; Dan. 12,5; Sus. 13-14; Sus. 13-14; Sus. 44-45; Bel 24; Judg. 1,2; Judg. 1,24; Judg. 3,24; Judg. 3,25; Judg. 3,25; Judg. 4,22; Judg. 4,22; Judg. 6,14; Judg. 6,15; Judg. 6,28; Judg. 6,37; Judg. 7,13; Judg. 7,13; Judg. 7,13; Judg. 7,17; Judg. 8,5; Judg. 9,31; Judg. 9,33; Judg. 9,43; Judg. 11,34; Judg. 13,5; Judg. 14,5; Judg. 14,8; Judg. 17,2; Judg. 18,9; Judg. 18,12; Judg. 18,22; Judg. 19,16; Judg. 19,22; Judg. 19,27; Judg. 20,7; Judg. 20,40; Judg. 21,8; Judg. 21,21; Tob. 2,3; Tob. 2,8; Tob. 3,8; Tob. 5,3; Tob. 11,14; Tob. 11,15; Tob. 12,20; Tob. 14,11; Dan. 2,31; Dan. 4,10; Dan. 4,13; Dan. 7,2; Dan. 7,5; Dan. 7,6; Dan. 7,7; Dan. 7,8; Dan. 7,8; Dan. 7,13; Dan. 8,3; Dan. 8,5; Dan. 8,15; Dan. 9,21; Dan. 10,5; Dan. 10,10; Dan. 10,13; Dan. 10,16; Dan. 11,2; Dan. 12,5; Sus. 43; Bel 40; Matt. 1,20; Matt. 1,23; Matt. 2,1; Matt. 2,9; Matt. 2,13; Matt. 2,19; Matt. 3,16; Matt. 3,17; Matt. 4,11; Matt. 7,4; Matt. 8,2; Matt. 8,24; Matt. 8,29; Matt. 8,32; Matt. 8,34; Matt. 9,2; Matt. 9,10; Matt. 9,18; Matt. 9,20; Matt. 9,32; Matt. 11,8; Matt. 11,10; Matt. 11,19; Matt. 12,2; Matt. 12,10; Matt. 12,18; Matt. 12,41; Matt. 12,42; Matt. 12,46; Matt. 12,47; Matt. 12,49; Matt. 13,3; Matt. 15,22; Matt. 17,3; Matt. 17,5; Matt. 17,5; Matt. 19,16; Matt. 19,27; Matt. 20,18; Matt. 20,30; Matt. 21,5; Matt. 22,4; Matt. 23,34; Matt. 23,38; Matt. 24,23; Matt. 24,25; Matt. 24,26; Matt. 24,26; Matt. 25,6; Matt. 26,45; Matt. 26,46; Matt. 26,47; Matt. 26,51; Matt. 27,51; Matt. 28,2; Matt. 28,7; Matt. 28,7; Matt. 28,9; Matt. 28,20; Mark 1,2; Mark 3,32; Mark 4,3; Mark 10,28; Mark 10,33; Mark 14,41; Mark 14,42; Luke 1,20; Luke 1,31; Luke 1,36; Luke

1,38; Luke 1,44; Luke 1,48; Luke 2,10; Luke 2,25; Luke 2,34; Luke 2,48; Luke 5,12; Luke 5,18; Luke 6,23; Luke 7,12; Luke 7,25; Luke 7,27; Luke 7,34; Luke 7,37; Luke 8,41; Luke 9,30; Luke 9,38; Luke 9,39; Luke 10,3; Luke 10,19; Luke 10,25; Luke 11,31; Luke 11,32; Luke 11,41; Luke 13,7; Luke 13,11; Luke 13,16; Luke 13,30; Luke 13,32; Luke 13,35; Luke 14,2; Luke 15,29; Luke 17,21; Luke 17,21; Luke 17,23; Luke 17,23; Luke 18,28; Luke 18,31; Luke 19,2; Luke 19,8; Luke 19,20; Luke 22,10; Luke 22,21; Luke 22,31; Luke 22,38; Luke 22,47; Luke 23,14; Luke 23,15; Luke 23,29; Luke 23,50; Luke 24,4; Luke 24,13; Luke 24,49; John 4,35; John 12,15; John 16,32; John 19,5; Acts 1,10; Acts 2,7; Acts 5,9; Acts 5,25; Acts 5,28; Acts 7,56; Acts 8,27; Acts 8,36; Acts 9,10; Acts 9,11; Acts 10,17; Acts 10,19; Acts 10,21; Acts 10,30; Acts 11,11; Acts 12,7; Acts 13,11; Acts 13,25; Acts 13,46; Acts 16,1; Acts 20,22; Acts 20,25; Acts 27,24; Rom. 9,33; 1Cor. 15,51; 2Cor. 5,17; 2Cor. 6,2; 2Cor. 6,2; 2Cor. 6,9; 2Cor. 7,11; Gal. 1,20; Heb. 2,13; Heb. 8,8; Heb. 10,7; Heb. 10,9; James 3,4; James 3,5; James 5,4; James 5,7; James 5,9; James 5,11; 1Pet. 2,6; Jude 14; Rev. 1,18; Rev. 2,10; Rev. 2,22; Rev. 3,8; Rev. 3,9; Rev. 3,9; Rev. 4,1; Rev. 4,2; Rev. 5,5; Rev. 6,2; Rev. 6,5; Rev. 6,8; Rev. 7,9; Rev. 9,12; Rev. 11,14; Rev. 12,3; Rev. 14,1; Rev. 14,14; Rev. 19,11; Rev. 21,3; Rev. 21,5; Rev. 22,7)

ἰδοῦ ▸ 1
  Interjection ▸ **1** (Nah. 3,5)

Ἰδού ▸ 5
  Interjection ▸ **5** (Gen. 19,2; Is. 6,8; Is. 62,11; Is. 65,1; Dan. 9,4)

Ἰδού ▸ 322 + 21 + 6 = 349
  Interjection ▸ 322 + 21 + 6 = **349** (Gen. 1,29; Gen. 3,22; Gen. 11,6; Gen. 16,2; Gen. 16,6; Gen. 16,11; Gen. 18,9; Gen. 19,21; Gen. 19,34; Gen. 20,3; Gen. 20,15; Gen. 20,16; Gen. 22,1; Gen. 22,7; Gen. 22,11; Gen. 22,20; Gen. 25,32; Gen. 27,1; Gen. 27,2; Gen. 27,18; Gen. 27,27; Gen. 27,39; Gen. 27,42; Gen. 30,3; Gen. 31,44; Gen. 31,48; Gen. 32,21; Gen. 37,9; Gen. 37,13; Gen. 37,19; Gen. 38,13; Gen. 41,41; Gen. 47,23; Gen. 48,2; Gen. 48,4; Gen. 48,11; Gen. 48,21; Ex. 1,9; Ex. 3,13; Ex. 5,5; Ex. 6,12; Ex. 6,30; Ex. 7,1; Ex. 16,4; Ex. 18,6; Ex. 19,9; Ex. 24,8; Ex. 31,2; Ex. 33,12; Ex. 33,21; Ex. 34,10; Ex. 35,30; Num. 14,40; Num. 17,27; Num. 22,5; Num. 22,11; Num. 22,38; Num. 25,12; Deut. 2,31; Deut. 4,6; Deut. 5,24; Deut. 11,26; Deut. 30,15; Deut. 31,14; Deut. 31,16; Josh. 6,2; Josh. 22,11; Josh. 24,27; Judg. 7,13; Judg. 8,15; Judg. 9,31; Judg. 9,36; Judg. 9,37; Judg. 13,3; Judg. 13,7; Judg. 13,10; Judg. 14,16; Judg. 16,10; Judg. 19,9; Ruth 1,15; 1Sam. 1,8; 1Sam. 3,4; 1Sam. 3,5; 1Sam. 3,6; 1Sam. 3,8; 1Sam. 3,11; 1Sam. 3,16; 1Sam. 8,5; 1Sam. 9,6; 1Sam. 9,8; 1Sam. 9,17; 1Sam. 9,24; 1Sam. 10,22; 1Sam. 12,1; 1Sam. 14,8; 1Sam. 14,11; 1Sam. 16,15; 1Sam. 16,18; 1Sam. 17,10; 1Sam. 18,22; 1Sam. 19,19; 1Sam. 19,22; 1Sam. 20,5; 1Sam. 21,10; 1Sam. 21,10; 1Sam. 21,15; 1Sam. 22,12; 1Sam. 23,1; 1Sam. 23,3; 1Sam. 24,5; 1Sam. 24,10; 1Sam. 25,14; 1Sam. 25,41; 1Sam. 26,1; 1Sam. 26,22; 1Sam. 28,7; 1Sam. 28,9; 1Sam. 28,21; 1Sam. 30,26; 2Sam. 1,7; 2Sam. 4,8; 2Sam. 5,1; 2Sam. 7,2; 2Sam. 9,4; 2Sam. 9,6; 2Sam. 12,11; 2Sam. 12,18; 2Sam. 13,24; 2Sam. 13,35; 2Sam. 14,21; 2Sam. 14,32; 2Sam. 15,3; 2Sam. 16,3; 2Sam. 16,11; 2Sam. 18,10; 2Sam. 18,26; 2Sam. 19,2; 2Sam. 19,9; 2Sam. 20,21; 2Sam. 24,17; 1Kings 1,23; 1Kings 1,51; 1Kings 2,35l; 1Kings 2,39; 1Kings 11,31; 1Kings 12,24l; 1Kings 12,24m; 1Kings 12,26; 1Kings 13,2; 1Kings 13,3; 1Kings 17,24; 1Kings 18,8; 1Kings 18,11; 1Kings 18,14; 1Kings 20,21; 1Kings 21,40; 1Kings 22,13; 1Kings 22,25; 2Kings 2,16; 2Kings 2,19; 2Kings 4,9; 2Kings 4,13; 2Kings 4,25; 2Kings 5,11; 2Kings 5,15; 2Kings 5,20; 2Kings 5,22; 2Kings 6,1; 2Kings 6,13; 2Kings 6,33; 2Kings 7,2; 2Kings 7,2; 2Kings 7,19; 2Kings 7,19; 2Kings 10,4; 2Kings 19,9; 2Kings 20,17; 2Kings 21,12; 2Kings 22,16; 1Chr. 11,1; 1Chr. 17,1; 2Chr. 18,12; 2Chr. 18,24; 2Chr. 23,3; 2Chr. 25,19; 2Chr. 28,9; 2Chr. 34,24; Esth. 6,5; Esth. 7,9; Judith 2,5; Judith 3,2; Judith 9,6; Judith 13,15; Tob. 5,9; Tob. 7,13; Tob. 11,6; 1Mac. 4,36; 1Mac. 9,58; Psa. 39,8; Psa. 51,9; Psa. 132,1; Psa. 133,1; Eccl. 5,17; Song 1,15; Song 1,16; Song 4,1; Job 1,12; Job 2,6; Job 2,9a; Job 3,3; Job 28,28; Sol. 8,25; Amos 7,8; Amos 9,8; Mic. 2,3; Joel 2,19; Nah. 2,1; Zech. 3,4; Zech. 6,8; Zech. 6,12; Zech. 8,7; Zech. 12,2; Zech. 14,1; Is. 3,1; Is. 6,7; Is. 17,1; Is. 19,1; Is. 20,6; Is. 24,1; Is. 25,9; Is. 26,1; Is. 28,16; Is. 30,27; Is. 39,6; Is. 40,9; Is. 49,22; Is. 51,22; Is. 52,13; Is. 58,9; Is. 65,13; Is. 66,12; Is. 66,15; Jer. 1,9; Jer. 4,16; Jer. 6,21; Jer. 6,22; Jer. 7,20; Jer. 9,6; Jer. 9,14; Jer. 10,18; Jer. 11,11; Jer. 12,14; Jer. 13,13; Jer. 16,9; Jer. 18,11; Jer. 19,3; Jer. 19,15; Jer. 20,4; Jer. 21,4; Jer. 21,8; Jer. 23,5; Jer. 23,15; Jer. 27,18; Jer. 28,1; Jer. 28,36; Jer. 29,2; Jer. 32,32; Jer. 34,16; Jer. 35,16; Jer. 36,21; Jer. 36,32; Jer. 37,18; Jer. 38,31; Jer. 39,3; Jer. 39,7; Jer. 39,37; Jer. 40,6; Jer. 42,17; Jer. 44,7; Jer. 45,5; Jer. 46,16; Jer. 50,10; Jer. 51,11; Jer. 51,26; Jer. 51,30; Jer. 51,34; Bar. 1,10; Ezek. 4,15; Ezek. 5,8; Ezek. 6,3; Ezek. 7,10; Ezek. 13,20; Ezek. 21,3; Ezek. 21,8; Ezek. 23,22; Ezek. 23,28; Ezek. 24,21; Ezek. 25,8; Ezek. 25,16; Ezek. 26,3; Ezek. 26,7; Ezek. 28,22; Ezek. 29,3; Ezek. 29,8; Ezek. 29,19; Ezek. 30,22; Ezek. 33,33; Ezek. 34,10; Ezek. 34,11; Ezek. 34,17; Ezek. 34,20; Ezek. 35,3; Ezek. 36,6; Ezek. 37,5; Ezek. 37,12; Ezek. 37,19; Ezek. 37,21; Ezek. 38,3; Ezek. 39,1; Dan. 3,92; Dan. 6,14; Dan. 8,19; Judg. 8,15; Judg. 9,31; Judg. 9,36; Judg. 9,37; Judg. 13,3; Judg. 13,7; Judg. 13,10; Judg. 16,10; Judg. 16,13; Judg. 19,9; Judg. 21,19; Tob. 2,3; Tob. 4,2; Tob. 5,8; Tob. 5,9; Tob. 6,11; Tob. 11,6; Dan. 3,92; Dan. 8,19; Sus. 20; Bel 11; Matt. 10,16; 2Cor. 12,14; Rev. 1,7; Rev. 3,20; Rev. 16,15; Rev. 22,12)

Ἰδουα Jaddua ▸ 1
  Ἰδουα ▸ 1
    Noun ▪ masculine ▪ singular ▪ genitive ▪ (proper) ▸ **1** (Neh. 12,22)

Ἰδουδ Idoud (?) ▸ 1
  Ἰδουδ ▸ 1
    Noun ▪ masculine ▪ singular ▪ nominative ▪ (proper) ▸ **1** (1Chr. 23,19)

Ἰδουηλος Iduel ▸ 1
  Ἰδουηλον ▸ 1
    Noun ▪ masculine ▪ singular ▪ accusative ▪ (proper) ▸ **1** (1Esdr. 8,43)

Ἰδουιας Hodiah ▸ 1
  Ἰδουιας ▸ 1
    Noun ▪ feminine ▪ singular ▪ genitive ▪ (proper) ▸ **1** (1Chr. 4,19)

Ἰδουμα Dumah ▸ 2
  Ἰδουμα ▸ 2
    Noun ▪ masculine ▪ singular ▪ nominative ▪ (proper) ▸ **2** (Gen. 25,14; 1Chr. 1,30)

Ἰδουμαία Idumea, Edom ▸ 54
  Ἰδουμαία ▸ 5
    Noun ▪ feminine ▪ singular ▪ nominative ▪ (proper) ▸ **5** (Joel 4,19; Mal. 1,4; Jer. 30,11; Ezek. 25,12; Ezek. 35,15)
  Ἰδουμαίᾳ ▸ 13
    Noun ▪ feminine ▪ singular ▪ dative ▪ (proper) ▸ **13** (Gen. 36,16; 2Sam. 8,14; 2Sam. 8,14; 1Kings 11,15; 1Kings 11,16; 2Chr. 8,17; 1Mac. 5,3; Obad. 1; 1Kings 11,14; Is. 34,6; Jer. 30,1; Jer. 47,11; Ezek. 25,14)
  Ἰδουμαίαν ▸ 17
    Noun ▪ feminine ▪ singular ▪ accusative ▪ (proper) ▸ **17** (2Sam. 8,13; 2Kings 14,10; 1Chr. 18,12; 2Chr. 25,14; 2Chr. 25,19; 1Mac. 4,29; Psa. 59,10; Psa. 107,10; Amos 1,6; Amos 1,9; Is. 11,14; Is. 34,5; Jer. 30,14; Jer. 32,21; Ezek. 25,13; Ezek. 25,14; Ezek. 36,5)
  Ἰδουμαίας ▸ 19

Noun · feminine · plural · accusative · (proper) ▸ **1** (1Kings 11,1)
Noun · feminine · singular · genitive · (proper) ▸ **18** (Josh. 15,1; 2Sam. 8,12; 1Kings 11,16; 1Chr. 18,11; 1Mac. 4,15; 1Mac. 4,61; 1Mac. 6,31; 2Mac. 12,32; Psa. 59,11; Psa. 107,11; Job 42,17b; Amos 1,11; Amos 2,1; Obad. 8; Is. 21,11; Jer. 30,16; Jer. 34,3; Lam. 4,21)

Ἰδουμαία Idumea, Edom ▸ 1
Ἰδουμαίας ▸ 1
Noun · feminine · singular · genitive · (proper) ▸ **1** (Mark 3,8)

Ἰδουμαῖος Idumean; Edomite ▸ 12
Ἰδουμαῖοι ▸ 5
Noun · masculine · plural · nominative · (proper) ▸ **5** (2Sam. 8,14; 1Kings 11,17; 1Esdr. 4,45; 1Esdr. 4,50; 2Mac. 10,15)
Ἰδουμαῖον ▸ 3
Noun · masculine · singular · accusative · (proper) ▸ **3** (Deut. 23,8; 1Kings 11,14; Psa. 51,2)
Ἰδουμαῖος ▸ 2
Noun · masculine · singular · nominative · (proper) ▸ **2** (Judg. 1,36; 1Kings 11,14)
Ἰδουμαίων ▸ 2
Noun · masculine · plural · genitive · (proper) ▸ **2** (1Esdr. 8,66; 2Mac. 10,16)

Ἰδουμαῖος Idumean; Edomite ▸ 5
Ἰδουμαῖοι ▸ 3
Noun · masculine · plural · nominative · (proper) ▸ **3** (2Kings 16,6; 1Chr. 18,13; 2Chr. 28,17)
Ἰδουμαίων ▸ 2
Noun · masculine · plural · genitive · (proper) ▸ **2** (2Chr. 25,20; Psa. 82,7)

Ἰδουραμ Hadoram ▸ 1
Ἰδουραμ ▸ 1
Noun · masculine · singular · accusative · (proper) ▸ **1** (1Chr. 18,10)

ἱδρόω (ἱδρώς) to sweat ▸ 2
ἱδρῶν ▸ 2
Verb · present · active · participle · masculine · singular · nominative ▸ **2** (4Mac. 3,8; 4Mac. 6,11)

ἱδρύω (ἵζω) to seat; to be encamped; to establish ▸ 1
ἱδρυμένη ▸ 1
Verb · perfect · passive · participle · feminine · singular · nominative ▸ **1** (4Mac. 17,3)

ἱδρώς sweat ▸ 3 + 1 = 4
ἱδρώς ▸ 1
Noun · masculine · singular · nominative ▸ **1** (Luke 22,44)
ἱδρῶτι ▸ 2
Noun · masculine · singular · dative · (common) ▸ **2** (Gen. 3,19; 4Mac. 7,8)
ἱδρῶτος ▸ 1
Noun · masculine · singular · genitive · (common) ▸ **1** (2Mac. 2,26)

ιε′ number: fifteen; (Hebr.) samekh ▸ 1
ιε′ ▸ 1
Adjective · neuter · singular · (ordinal · numeral) ▸ **1** (Psa. 118,113)

Ιεαλη Jaala ▸ 1
Ιεαλη ▸ 1
Noun · masculine · singular · genitive · (proper) ▸ **1** (Neh. 7,58)

Ιεασι Tizite ▸ 1
Ιεασι ▸ 1
Noun · masculine · singular · nominative · (proper) ▸ **1** (1Chr. 11,45)

Ιεβααρ Iebaar (?) ▸ 1
Ιεβααρ ▸ 1
Noun · singular · nominative · (proper) ▸ **1** (2Sam. 5,16a)

Ιεβαθα Gath Rimmon (?) ▸ 1
Ιεβαθα ▸ 1
Noun · feminine · singular · accusative · (proper) ▸ **1** (Josh. 21,25)

Ιεβασαμ Ibsam ▸ 1
Ιεβασαμ ▸ 1
Noun · masculine · singular · nominative · (proper) ▸ **1** (1Chr. 7,2)

Ιεβλααμ Ibleam; Bileam ▸ 3 + 1 = 4
Ιεβλααμ ▸ 3 + 1 = 4
Noun · feminine · singular · accusative · (proper) ▸ **2 + 1 = 3** (Judg. 1,27; 1Chr. 6,55; Judg. 1,27)
Noun · feminine · singular · nominative · (proper) ▸ **1** (2Kings 9,27)

Ιεβοσθε Ish-Bosheth ▸ 5
Ιεβοσθε ▸ 5
Noun · masculine · singular · accusative · (proper) ▸ **1** (2Sam. 2,8)
Noun · masculine · singular · genitive · (proper) ▸ **2** (2Sam. 2,12; 2Sam. 2,15)
Noun · masculine · singular · nominative · (proper) ▸ **2** (2Sam. 2,10; 2Sam. 23,8)

Ιεβους Jebus ▸ 6 + 3 = 9
Ιεβους ▸ 6 + 3 = 9
Noun · singular · genitive · (proper) ▸ **1** (Josh. 15,8)
Noun · feminine · singular · accusative · (proper) ▸ **2** (Judg. 19,11; 1Chr. 11,5)
Noun · feminine · singular · genitive · (proper) ▸ **1 + 2 = 3** (Judg. 19,10; Judg. 19,10; Judg. 19,11)
Noun · feminine · singular · nominative · (proper) ▸ **2 + 1 = 3** (Josh. 18,28; 1Chr. 11,4; Josh. 18,28)

Ιεβουσαι Jebusite ▸ 1
Ιεβουσαι ▸ 1
Noun · singular · genitive · (proper) ▸ **1** (Josh. 18,16)

Ιεβουσαῖος Jebusite ▸ 39 + 3 = 42
Ιεβουσαῖοι ▸ 3
Noun · masculine · plural · nominative · (proper) ▸ **3** (Josh. 9,1; Josh. 15,63; 1Chr. 11,4)
Ιεβουσαῖον ▸ 13 + 1 = 14
Noun · masculine · singular · accusative · (proper) ▸ **13 + 1 = 14** (Gen. 10,16; Ex. 23,23; Ex. 33,2; Ex. 34,11; Deut. 7,1; Deut. 20,17; Josh. 3,10; Josh. 12,8; Judg. 1,21; 2Sam. 5,6; 2Sam. 5,8; 1Chr. 11,6; Judith 5,16; Judg. 1,21)
Ιεβουσαῖος ▸ 5 + 1 = 6
Noun · masculine · singular · nominative · (proper) ▸ **5 + 1 = 6** (Num. 13,29; Josh. 15,63; Josh. 24,11; Judg. 1,21; Zech. 9,7; Judg. 1,21)
Ιεβουσαίου ▸ 10 + 1 = 11
Noun · masculine · singular · genitive · (proper) ▸ **10 + 1 = 11** (Judg. 3,5; Judg. 19,11; 2Sam. 24,16; 2Sam. 24,18; 1Kings 10,22b # 9,20; 1Chr. 21,15; 1Chr. 21,18; 1Chr. 21,28; 2Chr. 3,1; 2Chr. 8,7; Judg. 3,5)
Ιεβουσαίους ▸ 2
Noun · masculine · plural · accusative · (proper) ▸ **2** (Gen. 15,21; Josh. 11,3)
Ιεβουσαίων ▸ 6
Noun · masculine · plural · genitive · (proper) ▸ **6** (Ex. 3,8; Ex. 3,17; Ex. 13,5; Josh. 10,5; 1Esdr. 8,66; Neh. 9,8)

Ιεβουσι Jebusite; Iebousi ▸ 1 + 1 = 2
Ιεβουσι ▸ 1 + 1 = 2

Ιεβουσι–Ιεζραελ

    Noun · masculine · singular · genitive · (proper) ▸ **1** (Judg. 19,11)
    Noun · masculine · singular · nominative · (proper) ▸ **1** (Ezra 9,1)
Ιεγεβαλ Jogbehah ▸ **1**
  Ιεγεβαλ ▸ **1**
    Noun · singular · genitive · (proper) ▸ **1** (Judg. 8,11)
Ιεγλομ Jalam ▸ **4**
  Ιεγλομ ▸ **4**
    Noun · masculine · singular · accusative · (proper) ▸ **2** (Gen. 36,5; Gen. 36,14)
    Noun · masculine · singular · nominative · (proper) ▸ **2** (Gen. 36,18; 1Chr. 1,35)
Ιεδαια Jedaiah ▸ **1**
  Ιεδαια ▸ **1**
    Noun · masculine · singular · nominative · (proper) ▸ **1** (Neh. 3,10)
Ιεδαιος Adaiah ▸ **1**
  Ιεδαιος ▸ **1**
    Noun · masculine · singular · nominative · (proper) ▸ **1** (1Esdr. 9,30)
Ιεδδος Jedaiah ▸ **1**
  Ιεδδου ▸ **1**
    Noun · masculine · singular · genitive · (proper) ▸ **1** (1Esdr. 5,24)
Ιεδδουα Jaddua ▸ **1**
  Ιεδδουα ▸ **1**
    Noun · masculine · singular · nominative · (proper) ▸ **1** (Neh. 10,22)
Ιεδδουραν Joram ▸ **1**
  Ιεδδουραν ▸ **1**
    Noun · masculine · singular · accusative · (proper) ▸ **1** (2Sam. 8,10)
Ιεδεϊου Jedaiah; Iedeiou ▸ **1**
  Ιεδεϊου ▸ **1**
    Noun · masculine · singular · dative · (proper) ▸ **1** (Neh. 12,21)
Ιεδια Jedaiah ▸ **1**
  Ιεδια ▸ **1**
    Noun · masculine · singular · genitive · (proper) ▸ **1** (1Chr. 4,37)
Ιεδιας Jeriah ▸ **1**
  Ιεδιου ▸ **1**
    Noun · masculine · singular · genitive · (proper) ▸ **1** (1Chr. 24,23)
Ιεδιδα Adaiah ▸ **1**
  Ιεδιδα ▸ **1**
    Noun · feminine · singular · nominative · (proper) ▸ **1** (2Kings 22,1)
Ιεδιηλ Jahdiel; Jediael ▸ **2**
  Ιεδιηλ ▸ **2**
    Noun · masculine · singular · nominative · (proper) ▸ **2** (1Chr. 5,24; 1Chr. 11,45)
Ιεδιου Jahzerah ▸ **1**
  Ιεδιου ▸ **1**
    Noun · masculine · singular · genitive · (proper) ▸ **1** (1Chr. 9,12)
Ιεδλαφ Jidlaph ▸ **1**
  Ιεδλαφ ▸ **1**
    Noun · masculine · singular · accusative · (proper) ▸ **1** (Gen. 22,22)
Ιεδουα Jedaiah; Iedoua ▸ **1**
  Ιεδουα ▸ **1**
    Noun · masculine · singular · genitive · (proper) ▸ **1** (Ezra 2,36)
Ιεεθ Jehath ▸ **1**
  Ιεεθ ▸ **1**
    Noun · masculine · singular · nominative · (proper) ▸ **1** (1Chr. 6,5)
Ιεζαβελ Jezebel ▸ **22**

Ιεζαβελ ▸ **22**
    Noun · feminine · singular · accusative · (proper) ▸ **6** (1Kings 16,31; 1Kings 18,4; 1Kings 18,13; 1Kings 20,14; 2Kings 9,10; 2Kings 9,37)
    Noun · feminine · singular · dative · (proper) ▸ **2** (1Kings 19,1; 1Kings 20,23)
    Noun · feminine · singular · genitive · (proper) ▸ **6** (1Kings 18,19; 1Kings 22,53; 2Kings 9,7; 2Kings 9,22; 2Kings 9,36; 2Kings 9,37)
    Noun · feminine · singular · nominative · (proper) ▸ **8** (1Kings 19,2; 1Kings 19,2; 1Kings 20,5; 1Kings 20,7; 1Kings 20,11; 1Kings 20,15; 1Kings 20,25; 2Kings 9,30)
Ἰεζάβελ Jezebel ▸ **1**
  Ἰεζάβελ ▸ **1**
    Noun · feminine · singular · accusative · (proper) ▸ **1** (Rev. 2,20)
Ιεζεβουθ Jozabad ▸ **1**
  Ιεζεβουθ ▸ **1**
    Noun · masculine · singular · nominative · (proper) ▸ **1** (2Kings 12,22)
Ιεζεκιηλ Ezekiel ▸ **5**
  Ιεζεκιηλ ▸ **5**
    Noun · masculine · singular · accusative · (proper) ▸ **2** (4Mac. 18,17; Ezek. 1,3)
    Noun · masculine · singular · genitive · (proper) ▸ **1** (Psa. 64,1)
    Noun · masculine · singular · nominative · (proper) ▸ **2** (Sir. 49,8; Ezek. 24,24)
Ιεζερ Abiezer ▸ **1**
  Ιεζερ ▸ **1**
    Noun · masculine · singular · genitive · (proper) ▸ **1** (Josh. 17,2)
Ιεζηλος Jahaziel; Jehiel ▸ **2**
  Ιεζηλου ▸ **2**
    Noun · masculine · singular · genitive · (proper) ▸ **2** (1Esdr. 8,32; 1Esdr. 8,35)
Ιεζιας Jahzeiah; Izziah ▸ **2**
  Ιεζιας ▸ **2**
    Noun · masculine · singular · nominative · (proper) ▸ **2** (1Esdr. 9,14; 1Esdr. 9,26)
Ιεζιηλ Asriel ▸ **2**
  Ιεζιηλ ▸ **2**
    Noun · masculine · singular · genitive · (proper) ▸ **1** (Josh. 17,2)
    Noun · masculine · singular · nominative · (proper) ▸ **1** (1Chr. 12,5)
Ιεζιχαρ Jozabad ▸ **1**
  Ιεζιχαρ ▸ **1**
    Noun · masculine · singular · nominative · (proper) ▸ **1** (2Kings 12,22)
Ιεζλια Izliah ▸ **1**
  Ιεζλια ▸ **1**
    Noun · masculine · singular · nominative · (proper) ▸ **1** (1Chr. 8,18)
Ιεζονιας Jaazaniah ▸ **4**
  Ιεζονιαν ▸ **2**
    Noun · masculine · singular · accusative · (proper) ▸ **2** (Jer. 42,3; Ezek. 11,1)
  Ιεζονιας ▸ **2**
    Noun · masculine · singular · nominative · (proper) ▸ **2** (Jer. 47,8; Ezek. 8,11)
Ιεζονίας Jaazaniah ▸ **1**
  Ιεζονιας ▸ **1**
    Noun · masculine · singular · nominative · (proper) ▸ **1** (2Kings 25,23)
Ιεζραελ Jezreel ▸ **30** + **2** = **32**
  Ιεζραελ ▸ **30** + **2** = **32**

Noun · singular · accusative · (proper) ▸ **7** (1Kings 18,45; 2Kings 9,16; 2Kings 9,30; 2Kings 10,6; 2Kings 10,7; 2Chr. 22,6; 2Chr. 22,6)
Noun · singular · dative · (proper) ▸ **8** (1Sam. 29,1; 2Kings 8,29; 2Kings 8,29; 2Kings 9,15; 2Kings 9,15; 2Kings 9,16; 2Kings 9,17; 2Kings 10,11)
Noun · singular · genitive · (proper) ▸ **9** (Josh. 17,16; Judg. 6,33; 1Sam. 25,43; 2Sam. 4,4; 1Kings 18,46; 1Kings 20,23; 2Kings 9,10; 2Kings 9,36; 2Kings 9,37)
Noun · singular · nominative · (proper) ▸ **2** (Josh. 15,56; Josh. 19,18)
Noun · masculine · singular · accusative · (proper) ▸ **2** (2Sam. 2,9; Hos. 1,4)
Noun · masculine · singular · dative · (proper) ▸ **1** (Hos. 2,24)
Noun · masculine · singular · genitive · (proper) ▸ **3** (Hos. 1,4; Hos. 1,5; Hos. 2,2)

Ιεζραηλ Jezreel ▸ 1
Ιεζραηλ ▸ 1
Noun · masculine · singular · nominative · (proper) ▸ **1** (1Chr. 4,3)

Ιεζραηλίτης Jezreelite ▸ 9
Ιεζραηλίτῃ ▸ 1
Noun · masculine · singular · dative · (proper) ▸ **1** (1Kings 20,1)
Ιεζραηλίτην ▸ 2
Noun · masculine · singular · accusative · (proper) ▸ **2** (1Kings 20,6; 1Kings 20,27)
Ιεζραηλίτης ▸ 1
Noun · masculine · singular · nominative · (proper) ▸ **1** (1Kings 20,16)
Ιεζραηλίτου ▸ 5
Noun · masculine · singular · genitive · (proper) ▸ **5** (1Kings 20,7; 1Kings 20,15; 1Kings 20,16; 2Kings 9,21; 2Kings 9,25)

Ιεζραηλῖτις Jezreelite (f) ▸ 5
Ιεζραηλίτιδι ▸ 1
Noun · feminine · singular · dative · (proper) ▸ **1** (1Chr. 3,1)
Ιεζραηλίτιδος ▸ 1
Noun · feminine · singular · genitive · (proper) ▸ **1** (2Sam. 3,2)
Ιεζραηλῖτις ▸ 3
Noun · feminine · singular · nominative · (proper) ▸ **3** (1Sam. 27,3; 1Sam. 30,5; 2Sam. 2,2)

Ιεζρια Izrahiah ▸ 2
Ιεζρια ▸ 2
Noun · masculine · singular · genitive · (proper) ▸ **1** (1Chr. 7,3)
Noun · masculine · singular · nominative · (proper) ▸ **1** (1Chr. 7,3)

Ιεζριηλος Jezrielus ▸ 1
Ιεζριηλος ▸ 1
Noun · masculine · singular · nominative · (proper) ▸ **1** (1Esdr. 9,27)

Ιεηλα Jaala ▸ 1
Ιεηλα ▸ 1
Noun · masculine · singular · genitive · (proper) ▸ **1** (Ezra 2,56)

Ιεηλι Jaalah ▸ 1
Ιεηλι ▸ 1
Noun · masculine · singular · genitive · (proper) ▸ **1** (1Esdr. 5,33)

Ιεηλος Jehiel ▸ 1
Ιεηλου ▸ 1
Noun · masculine · singular · genitive · (proper) ▸ **1** (1Esdr. 8,89)

Ιεθ Jahath ▸ 5
Ιεθ ▸ 5
Noun · masculine · singular · accusative · (proper) ▸ **1** (1Chr. 4,2)
Noun · masculine · singular · nominative · (proper) ▸ **4** (1Chr. 4,2; 1Chr. 23,10; 1Chr. 23,11; 2Chr. 34,12)

Ιεθεβααλ Ethbaal ▸ 1
Ιεθεβααλ ▸ 1
Noun · masculine · singular · genitive · (proper) ▸ **1** (1Kings 16,31)

Ιεθεμα Ithmah ▸ 1
Ιεθεμα ▸ 1
Noun · masculine · singular · nominative · (proper) ▸ **1** (1Chr. 11,46)

Ιεθερ Jetheth; Jattir; Jether ▸ 10 + 2 = 12
Ιεθερ ▸ 10 + 2 = 12
Noun · singular · nominative · (proper) ▸ **1** + 1 = **2** (Josh. 15,48; Josh. 15,48)
Noun · masculine · singular · dative · (proper) ▸ **1** (Judg. 8,20)
Noun · masculine · singular · genitive · (proper) ▸ **3** (1Kings 2,5; 1Kings 2,32; 1Chr. 7,38)
Noun · masculine · singular · nominative · (proper) ▸ **5** + 1 = **6** (Gen. 36,40; 1Chr. 2,32; 1Chr. 2,32; 1Chr. 4,17; 1Chr. 4,17; Judg. 8,20)

Ιεθερααμ Ithream ▸ 1
Ιεθερααμ ▸ 1
Noun · feminine · singular · nominative · (proper) ▸ **1** (2Sam. 3,5)

Ιεθερμαθ Jethermath (?) ▸ 1
Ιεθερμαθ ▸ 1
Noun · feminine · singular · accusative · (proper) ▸ **1** (1Kings 10,22a # 9,15)

Ιεθετ Jetheth ▸ 1
Ιεθετ ▸ 1
Noun · masculine · singular · nominative · (proper) ▸ **1** (1Chr. 1,51)

Ιεθηρι Ithrite ▸ 2
Ιεθηρι ▸ 2
Noun · masculine · singular · nominative · (proper) ▸ **2** (1Chr. 11,40; 1Chr. 11,40)

Ιεθθαρ Hilen ▸ 1
Ιεθθαρ ▸ 1
Noun · feminine · singular · accusative · (proper) ▸ **1** (1Chr. 6,43)

Ιεθθι Attai ▸ 1
Ιεθθι ▸ 1
Noun · masculine · singular · accusative · (proper) ▸ **1** (2Chr. 11,20)

Ιεθθορ Jattir ▸ 1
Ιεθθορ ▸ 1
Noun · singular · dative · (proper) ▸ **1** (1Sam. 30,27)

Ιεθιραῖος Ithrite ▸ 2
Ιεθιραῖος ▸ 2
Noun · masculine · singular · nominative · (proper) ▸ **2** (2Sam. 23,38; 2Sam. 23,38)

Ιεθλα Ithlah ▸ 1
Ιεθλα ▸ 1
Noun · singular · nominative · (proper) ▸ **1** (Josh. 19,42)

Ιεθνουηλ Jathniel ▸ 1
Ιεθνουηλ ▸ 1
Noun · masculine · singular · nominative · (proper) ▸ **1** (1Chr. 26,2)

Ιεθρααμ Ithream ▸ 1
Ιεθρααμ ▸ 1
Noun · masculine · singular · nominative · (proper) ▸ **1** (1Chr. 3,3)

Ιεθραν Ithran ▸ 3
Ιεθραν ▸ 3

Ιεθρι Jeatherai ▸ 1
    Ιεθρι ▸ 1
        Noun ▪ masculine ▪ singular ▪ nominative ▪ (proper) ▸ 1 (1Chr. 6,6)

Ιεκδααμ Jokdeam ▸ 1
    Ιεκδααμ ▸ 1
        Noun ▪ singular ▪ nominative ▪ (proper) ▸ 1 (Josh. 15,56)

Ιεκεμια Jekamiah ▸ 1
    Ιεκεμια ▸ 1
        Noun ▪ masculine ▪ singular ▪ nominative ▪ (proper) ▸ 1 (1Chr. 3,18)

Ιεκθιηλ Jekuthiel ▸ 1
    Ιεκθιηλ ▸ 1
        Noun ▪ masculine ▪ singular ▪ accusative ▪ (proper) ▸ 1 (1Chr. 4,18)

Ιεκμααμ Jokmeam ▸ 1
    Ιεκμααμ ▸ 1
        Noun ▪ feminine ▪ singular ▪ accusative ▪ (proper) ▸ 1 (Josh. 19,11)

Ιεκμαν Jokneam ▸ 1
    Ιεκμαν ▸ 1
        Noun ▪ singular ▪ genitive ▪ (proper) ▸ 1 (Josh. 19,11)

Ιεκναμ Jokneam ▸ 1
    Ιεκναμ ▸ 1
        Noun ▪ singular ▪ genitive ▪ (proper) ▸ 1 (Josh. 19,11)

Ιεκοναμ Jokneam ▸ 1
    Ιεκοναμ ▸ 1
        Noun ▪ singular ▪ genitive ▪ (proper) ▸ 1 (Josh. 12,22)

Ιεκταν Joktan ▸ 3
    Ιεκταν ▸ 3
        Noun ▪ masculine ▪ singular ▪ genitive ▪ (proper) ▸ 1 (Gen. 10,29)
        Noun ▪ masculine ▪ singular ▪ nominative ▪ (proper) ▸ 2 (Gen. 10,25; Gen. 10,26)

Ιελδαφ Zebidah ▸ 1
    Ιελδαφ ▸ 1
        Noun ▪ feminine ▪ singular ▪ nominative ▪ (proper) ▸ 1 (2Kings 23,36)

Ιεμαϊν Janim ▸ 1
    Ιεμαϊν ▸ 1
        Noun ▪ singular ▪ nominative ▪ (proper) ▸ 1 (Josh. 15,53)

Ιεμενι Benjamite ▸ 5 + 1 = 6
    Ιεμενι ▸ 5 + 1 = 6
        Noun ▪ masculine ▪ singular ▪ genitive ▪ (proper) ▸ 4 + 1 = 5 (Judg. 3,15; 2Sam. 19,17; 1Kings 2,8; Psa. 7,1; Judg. 3,15)
        Noun ▪ masculine ▪ singular ▪ nominative ▪ (proper) ▸ 1 (2Sam. 20,1)

Ιεμηρ Immer ▸ 1
    Ιεμηρ ▸ 1
        Noun ▪ masculine ▪ singular ▪ genitive ▪ (proper) ▸ 1 (Neh. 7,61)

Ιεμιναῖος Benjamite ▸ 3
    Ιεμιναῖος ▸ 1
        Noun ▪ masculine ▪ singular ▪ nominative ▪ (proper) ▸ 1 (1Sam. 4,12)
    Ιεμιναίου ▸ 2
        Noun ▪ masculine ▪ singular ▪ genitive ▪ (proper) ▸ 2 (1Sam. 9,1; 1Sam. 9,21)

Ιεμινι Benjamite ▸ 2
    Ιεμινι ▸ 2
        Noun ▪ masculine ▪ singular ▪ genitive ▪ (proper) ▸ 2 (2Sam. 16,11; 1Kings 2,35l)

Ιεμλα Imlah ▸ 4
    Ιεμλα ▸ 4
        Noun ▪ masculine ▪ singular ▪ genitive ▪ (proper) ▸ 4 (1Kings 22,8; 1Kings 22,9; 2Chr. 18,7; 2Chr. 18,8)

Ιεμνα Imnah ▸ 3
    Ιεμνα ▸ 3
        Noun ▪ masculine ▪ singular ▪ genitive ▪ (proper) ▸ 1 (2Chr. 31,14)
        Noun ▪ masculine ▪ singular ▪ nominative ▪ (proper) ▸ 2 (Gen. 46,17; 1Chr. 7,30)

Ιεμνααν Jamnia ▸ 1
    Ιεμνααν ▸ 1
        Noun ▪ singular ▪ accusative ▪ (proper) ▸ 1 (Judith 2,28)

Ιεμναι Jemnai ▸ 1
    Ιεμναι ▸ 1
        Noun ▪ singular ▪ nominative ▪ (proper) ▸ 1 (Josh. 15,46)

Ιεμολοχ Jamlech ▸ 1
    Ιεμολοχ ▸ 1
        Noun ▪ masculine ▪ singular ▪ nominative ▪ (proper) ▸ 1 (1Chr. 4,34)

Ιεμου Jahmai ▸ 1
    Ιεμου ▸ 1
        Noun ▪ masculine ▪ singular ▪ nominative ▪ (proper) ▸ 1 (1Chr. 7,2)

Ιεμουαθ Shimeath ▸ 1
    Ιεμουαθ ▸ 1
        Noun ▪ masculine ▪ singular ▪ genitive ▪ (proper) ▸ 1 (2Kings 12,22)

Ιεμουηλ Jemuel; Hamul ▸ 4
    Ιεμουηλ ▸ 4
        Noun ▪ masculine ▪ singular ▪ nominative ▪ (proper) ▸ 4 (Gen. 46,10; Gen. 46,12; Ex. 6,15; 1Chr. 2,5)

Ιεξαν Jokshan ▸ 4
    Ιεξαν ▸ 4
        Noun ▪ masculine ▪ singular ▪ accusative ▪ (proper) ▸ 2 (Gen. 25,2; Gen. 25,3)
        Noun ▪ masculine ▪ singular ▪ genitive ▪ (proper) ▸ 1 (1Chr. 1,32)
        Noun ▪ masculine ▪ singular ▪ nominative ▪ (proper) ▸ 1 (1Chr. 1,32)

Ιεουηλ Jeuel ▸ 1
    Ιεουηλ ▸ 1
        Noun ▪ masculine ▪ singular ▪ nominative ▪ (proper) ▸ 1 (1Esdr. 8,39)

Ιεουλ Ishvi; Jeush ▸ 2
    Ιεουλ ▸ 2
        Noun ▪ masculine ▪ singular ▪ nominative ▪ (proper) ▸ 2 (Gen. 46,17; 1Chr. 1,35)

Ιεους Jeush ▸ 3
    Ιεους ▸ 3
        Noun ▪ masculine ▪ singular ▪ accusative ▪ (proper) ▸ 2 (Gen. 36,5; Gen. 36,14)
        Noun ▪ masculine ▪ singular ▪ nominative ▪ (proper) ▸ 1 (Gen. 36,18)

Ιερακων Jarkon (?) Rakkon (?) ▸ 1
    Ιερακων ▸ 1
        Noun ▪ singular ▪ genitive ▪ (proper) ▸ 1 (Josh. 19,46)

Ιεραμηλι Jerahmeelites ▸ 1
    Ιεραμηλι ▸ 1
        Noun ▪ singular ▪ genitive ▪ (proper) ▸ 1 (1Sam. 30,29)

Ιεραμι Jeremai ▸ 1
    Ιεραμι ▸ 1
        Noun ▪ masculine ▪ singular ▪ nominative ▪ (proper) ▸ 1 (Ezra 10,33)

Ιεραμωθ Meremoth ▸ 1
  Ιεραμωθ ▸ 1
    Noun · masculine · singular · nominative · (proper) ▸ **1** (Ezra 10,36)

ἱέραξ (ἱερός) hawk ▸ 3
  ἱέρακα ▸ 2
    Noun · masculine · singular · accusative · (common) ▸ **2** (Lev. 11,16; Deut. 14,17)
  ἱέραξ ▸ 1
    Noun · masculine · singular · nominative · (common) ▸ **1** (Job 39,26)

Ἱεράπολις (ἱερός; πόλις) Hierapolis ▸ 1
  Ἱεραπόλει ▸ 1
    Noun · feminine · singular · dative · (proper) ▸ **1** (Col. 4,13)

ἱερατεία (ἱερός) priestly office, priesthood ▸ 17 + 2 = 19
  ἱερατεία ▸ 2
    Noun · feminine · singular · nominative · (common) ▸ **2** (Ex. 29,9; Josh. 18,7)
  ἱερατείαν ▸ 4 + 1 = 5
    Noun · feminine · singular · accusative · (common) ▸ **4 + 1 = 5** (Ex. 39,18; Num. 3,10; Num. 18,7; Sir. 45,7; Heb. 7,5)
  ἱερατείας ▸ 10 + 1 = 11
    Noun · feminine · singular · genitive · (common) ▸ **10 + 1 = 11** (Ex. 35,19; Ex. 40,15; Num. 18,1; Num. 18,7; Num. 25,13; Ezra 2,62; Neh. 7,64; Neh. 13,29; Neh. 13,29; Hos. 3,4; Luke 1,9)
  ἱερατειῶν ▸ 1
    Noun · feminine · plural · genitive · (common) ▸ **1** (1Sam. 2,36)

ἱεράτευμα (ἱερός) priesthood ▸ 3 + 2 = 5
  ἱεράτευμα ▸ 3 + 2 = 5
    Noun · neuter · singular · accusative · (common) ▸ **1 + 1 = 2** (2Mac. 2,17; 1Pet. 2,5)
    Noun · neuter · singular · nominative · (common) ▸ **2 + 1 = 3** (Ex. 19,6; Ex. 23,22; 1Pet. 2,9)

ἱερατεύω (ἱερός) to serve as priest ▸ 27 + 1 = 28
  ἱερατεύειν ▸ 16 + 1 = 17
    Verb · present · active · infinitive ▸ **16 + 1 = 17** (Ex. 28,1; Ex. 28,4; Ex. 29,1; Ex. 29,44; Ex. 30,30; Ex. 31,10; Lev. 7,35; Lev. 16,32; Num. 3,3; Num. 16,10; 1Sam. 2,28; 1Esdr. 5,39; 1Mac. 7,5; Sir. 45,15; Hos. 4,6; Ezek. 44,13; Luke 1,8)
  ἱερατεύουσιν ▸ 1
    Verb · present · active · participle · masculine · plural · dative ▸ **1** (2Chr. 31,19)
  ἱερατεύσει ▸ 2
    Verb · third · singular · future · active · indicative ▸ **2** (Ex. 28,3; Ex. 40,13)
  ἱεράτευσεν ▸ 5
    Verb · third · singular · aorist · active · indicative ▸ **5** (Num. 3,4; Deut. 10,6; Josh. 24,33a; 1Chr. 5,36; 1Chr. 24,2)
  ἱερατεύσοντας ▸ 1
    Verb · future · active · participle · masculine · plural · accusative ▸ **1** (1Esdr. 8,45)
  ἱερατεύσουσίν ▸ 1
    Verb · third · plural · future · active · indicative ▸ **1** (Ex. 40,15)
  ἱερατεύωσίν ▸ 1
    Verb · third · plural · present · active · subjunctive ▸ **1** (Ex. 28,41)

ἱερατικός (ἱερός) priestly ▸ 3
  ἱερατικαῖς ▸ 1
    Adjective · feminine · plural · dative · noDegree ▸ **1** (2Mac. 3,15)
  ἱερατικὰς ▸ 1
    Adjective · feminine · plural · accusative · noDegree ▸ **1** (1Esdr. 5,44)
  ἱερατικὴν ▸ 1
    Adjective · feminine · singular · accusative · noDegree ▸ **1** (1Esdr. 4,54)

ἱερεία (ἱερός) sacrifice ▸ 1
  ἱερείαν ▸ 1
    Noun · feminine · singular · accusative · (common) ▸ **1** (2Kings 10,20)

Ιερεμεηλ Jeroham; Jerahmeel ▸ 7
  Ιερεμεηλ ▸ 7
    Noun · masculine · singular · dative · (proper) ▸ **2** (1Chr. 2,26; Jer. 43,26)
    Noun · masculine · singular · genitive · (proper) ▸ **5** (1Sam. 1,1; 1Chr. 2,25; 1Chr. 2,27; 1Chr. 2,33; 1Chr. 2,42)

Ιερεμιας Jeremiah ▸ 121 + 1 = 122
  Ιερεμια ▸ 7
    Noun · masculine · singular · dative · (proper) ▸ **5** (Jer. 28,59; Jer. 45,19; Jer. 49,5; Jer. 50,2; Jer. 51,15)
    Noun · masculine · singular · vocative · (proper) ▸ **2** (Jer. 1,11; Jer. 24,3)
  Ιερεμιαν ▸ 40 + 1 = 41
    Noun · masculine · singular · accusative · (proper) ▸ **40 + 1 = 41** (2Mac. 15,15; Jer. 1,1; Jer. 11,1; Jer. 14,1; Jer. 18,1; Jer. 18,18; Jer. 20,3; Jer. 21,1; Jer. 25,1; Jer. 33,9; Jer. 35,12; Jer. 36,27; Jer. 36,30; Jer. 37,1; Jer. 39,1; Jer. 39,6; Jer. 40,1; Jer. 41,1; Jer. 41,8; Jer. 41,12; Jer. 42,1; Jer. 43,26; Jer. 43,27; Jer. 44,3; Jer. 44,6; Jer. 44,13; Jer. 44,14; Jer. 44,15; Jer. 45,7; Jer. 45,11; Jer. 45,27; Jer. 46,14; Jer. 46,15; Jer. 47,1; Jer. 49,2; Jer. 49,7; Jer. 50,6; Jer. 50,8; Jer. 51,1; Dan. 9,2; Dan. 9,2)
  Ιερεμιας ▸ 46
    Noun · masculine · singular · nominative · (proper) ▸ **46** (2Chr. 35,25; 1Esdr. 1,30; 1Esdr. 9,34; 2Mac. 2,1; 2Mac. 2,5; 2Mac. 2,7; 2Mac. 15,14; Jer. 19,14; Jer. 20,3; Jer. 21,3; Jer. 25,14; Jer. 28,60; Jer. 28,61; Jer. 32,13; Jer. 33,12; Jer. 35,5; Jer. 35,6; Jer. 35,11; Jer. 35,15; Jer. 36,1; Jer. 39,2; Jer. 41,6; Jer. 43,4; Jer. 43,5; Jer. 43,8; Jer. 43,18; Jer. 43,19; Jer. 44,4; Jer. 44,12; Jer. 44,16; Jer. 44,18; Jer. 44,21; Jer. 45,1; Jer. 45,12; Jer. 45,13; Jer. 45,15; Jer. 45,17; Jer. 45,20; Jer. 45,28; Jer. 49,4; Jer. 50,1; Jer. 51,20; Jer. 51,24; Jer. 51,31; Lam. 1,1; LetterJ 0)
  Ιερεμιου ▸ 28
    Noun · masculine · singular · genitive · (proper) ▸ **28** (2Kings 23,31; 2Kings 24,18; 2Chr. 36,2a; 2Chr. 36,12; 2Chr. 36,21; 2Chr. 36,22; 1Esdr. 1,26; 1Esdr. 1,45; 1Esdr. 1,54; 1Esdr. 2,1; Ezra 1,1; Psa. 64,1; Sir. 49,7; Jer. 20,1; Jer. 26,13; Jer. 33,7; Jer. 33,8; Jer. 33,20; Jer. 33,24; Jer. 35,10; Jer. 36,29; Jer. 43,4; Jer. 43,10; Jer. 43,27; Jer. 43,32; Jer. 44,2; Jer. 51,31; Jer. 52,1)

Ἱερεμίας Jeremiah ▸ 3
  Ἱερεμίαν ▸ 1
    Noun · masculine · singular · accusative · (proper) ▸ **1** (Matt. 16,14)
  Ἱερεμίου ▸ 2
    Noun · masculine · singular · genitive · (proper) ▸ **2** (Matt. 2,17; Matt. 27,9)

Ιερεμιν Jeremiah; Jeremin ▸ 1
  Ιερεμιν ▸ 1
    Noun · masculine · singular · genitive · (proper) ▸ **1** (Jer. 42,3)

Ιερεμωθ Jeremoth ▸ 2
  Ιερεμωθ ▸ 2
    Noun · masculine · singular · nominative · (proper) ▸ **2** (1Esdr. 9,27; 1Esdr. 9,30)

ἱερεύς (ἱερός) priest ▸ 881 + 23 + 31 = 935
  ἱερέα ▸ 77 + 10 + 2 = 89

ἱερεύς

Noun · masculine · singular · accusative · (common) ▸ 77 + 10 + 2 = **89** (Lev. 2,8; Lev. 5,8; Lev. 5,12; Lev. 5,18; Lev. 12,6; Lev. 13,2; Lev. 13,7; Lev. 13,9; Lev. 13,16; Lev. 14,2; Lev. 14,23; Lev. 14,36; Lev. 15,29; Lev. 17,5; Lev. 23,10; Num. 5,15; Num. 6,10; Num. 17,2; Num. 19,3; Num. 26,1; Num. 31,12; Num. 32,2; Num. 32,28; Num. 35,28; Deut. 26,3; Josh. 21,1; Judg. 17,5; Judg. 17,10; Judg. 17,12; Judg. 17,13; Judg. 18,4; Judg. 18,19; Judg. 18,19; Judg. 18,19; Judg. 18,24; Judg. 18,27; 1Sam. 2,35; 1Sam. 14,19; 1Sam. 14,19; 1Sam. 21,2; 1Sam. 22,9; 1Sam. 23,9; 1Sam. 30,7; 1Kings 1,19; 1Kings 1,25; 1Kings 1,26; 1Kings 1,32; 1Kings 1,44; 1Kings 2,27; 1Kings 2,35; 1Kings 2,35; 2Kings 11,9; 2Kings 11,18; 2Kings 12,8; 2Kings 16,10; 2Kings 22,4; 2Kings 25,18; 1Chr. 16,39; 2Chr. 13,9; 2Chr. 23,17; 2Chr. 24,20; 2Chr. 34,9; 1Esdr. 8,8; Sir. 7,31; Hag. 1,1; Hag. 2,2; Zech. 3,1; Jer. 21,1; Jer. 36,25; Jer. 36,26; Jer. 44,3; Jer. 52,24; Jer. 52,24; Bar. 1,7; Lam. 2,6; Lam. 2,20; Ezek. 1,3; Judg. 17,5; Judg. 17,10; Judg. 17,12; Judg. 17,13; Judg. 18,4; Judg. 18,19; Judg. 18,19; Judg. 18,19; Judg. 18,24; Judg. 18,27; Heb. 7,11; Heb. 10,21)

ἱερεῖ ▸ 40 + 3 = 43

Noun · masculine · singular · dative · (common) ▸ 40 + 3 = **43** (Ex. 2,16; Ex. 36,8; Lev. 5,13; Lev. 5,16; Lev. 7,14; Lev. 7,32; Lev. 7,34; Lev. 13,7; Lev. 13,19; Lev. 13,49; Lev. 14,13; Lev. 14,35; Lev. 15,14; Lev. 22,14; Lev. 23,20; Lev. 27,21; Num. 5,8; Num. 5,9; Num. 5,10; Num. 6,20; Num. 18,28; Num. 31,29; Num. 31,41; Deut. 18,3; 1Sam. 2,15; 1Sam. 21,3; 1Sam. 21,6; 2Sam. 15,27; 1Kings 2,26; 2Kings 16,15; 2Kings 22,12; 2Kings 23,4; 1Esdr. 8,9; 1Esdr. 8,61; Ezra 7,11; 1Mac. 12,20; 1Mac. 14,20; 1Mac. 15,1; 1Mac. 15,2; Ezek. 44,30; Matt. 8,4; Mark 1,44; Luke 5,14)

ἱερεῖς ▸ 261 + 8 + 11 = 280

Noun · masculine · plural · accusative · (common) ▸ 56 + 3 + 5 = **64** (Lev. 2,2; Deut. 17,9; Josh. 3,3; Josh. 6,6; 1Sam. 6,2; 1Sam. 22,11; 1Sam. 22,17; 1Sam. 22,17; 1Sam. 22,18; 1Sam. 22,18; 1Sam. 22,21; 2Sam. 17,15; 2Sam. 19,12; 1Kings 12,31; 1Kings 12,32; 1Kings 13,2; 1Kings 13,33; 2Kings 10,11; 2Kings 10,19; 2Kings 12,5; 2Kings 17,32; 2Kings 23,8; 2Kings 23,20; 1Chr. 15,11; 1Chr. 16,39; 1Chr. 23,2; 2Chr. 4,6; 2Chr. 5,11; 2Chr. 11,15; 2Chr. 13,9; 2Chr. 13,9; 2Chr. 24,5; 2Chr. 26,19; 2Chr. 29,4; 2Chr. 29,34; 2Chr. 35,2; 1Esdr. 1,2; Ezra 6,18; Ezra 10,5; Neh. 5,12; Neh. 12,44; 1Mac. 4,42; 2Mac. 1,21; 2Mac. 4,14; 2Mac. 15,31; Psa. 131,16; Job 12,19; Sir. 7,29; Hag. 2,11; Zech. 7,3; Zech. 7,5; Jer. 13,13; Jer. 33,16; Jer. 36,1; Jer. 41,19; Bar. 1,7; Bel 8; Bel 21; Bel 28; Mark 2,26; Luke 6,4; John 1,19; Rev. 1,6; Rev. 5,10)

Noun · masculine · plural · nominative · (common) ▸ 204 + 5 + 6 = **215** (Ex. 19,22; Ex. 19,24; Lev. 1,5; Lev. 1,7; Lev. 1,8; Lev. 1,9; Lev. 1,11; Lev. 1,12; Lev. 3,2; Lev. 3,5; Lev. 3,8; Lev. 3,13; Num. 3,3; Num. 10,8; Deut. 21,5; Deut. 24,8; Deut. 27,9; Josh. 3,6; Josh. 3,14; Josh. 3,15; Josh. 3,17; Josh. 4,10; Josh. 4,18; Josh. 6,8; Josh. 6,9; Josh. 6,12; Josh. 6,13; Josh. 6,13; Josh. 6,16; Josh. 6,20; Josh. 8,33 # 9,2d; Judg. 18,30; 1Sam. 1,3; 1Sam. 5,5; 2Sam. 8,17; 2Sam. 15,35; 2Sam. 20,25; 1Kings 4,4; 1Kings 8,3; 1Kings 8,6; 1Kings 8,10; 1Kings 8,11; 2Kings 10,21; 2Kings 10,21; 2Kings 12,6; 2Kings 12,7; 2Kings 12,8; 2Kings 12,9; 2Kings 12,10; 2Kings 23,2; 2Kings 23,8; 2Kings 23,9; 1Chr. 9,2; 1Chr. 13,2; 1Chr. 15,14; 1Chr. 15,24; 1Chr. 16,6; 1Chr. 18,16; 2Chr. 5,5; 2Chr. 5,7; 2Chr. 5,11; 2Chr. 5,12; 2Chr. 5,14; 2Chr. 6,41; 2Chr. 7,2; 2Chr. 7,6; 2Chr. 7,6; 2Chr. 11,13; 2Chr. 13,10; 2Chr. 13,12; 2Chr. 13,14; 2Chr. 17,8; 2Chr. 23,6; 2Chr. 26,17; 2Chr. 26,20; 2Chr. 29,16; 2Chr. 29,22; 2Chr. 29,24; 2Chr. 29,26; 2Chr. 29,34; 2Chr. 29,34; 2Chr. 30,3; 2Chr. 30,15; 2Chr. 30,16; 2Chr. 30,21; 2Chr. 30,25; 2Chr. 30,27; 2Chr. 34,30; 2Chr. 35,10; 2Chr. 35,11; 2Chr. 35,14; 2Chr. 35,18; 2Chr. 36,14; 1Esdr. 1,10; 1Esdr. 1,14; 1Esdr. 1,19; 1Esdr. 2,5; 1Esdr. 5,5; 1Esdr. 5,24; 1Esdr. 5,45; 1Esdr. 5,47; 1Esdr. 5,54; 1Esdr. 5,57; 1Esdr. 6,29; 1Esdr. 7,6; 1Esdr. 7,9; 1Esdr. 7,10; 1Esdr. 8,59; 1Esdr. 8,66; 1Esdr. 9,37; Ezra 1,5; Ezra 2,36; Ezra 2,70; Ezra 3,2; Ezra 3,8; Ezra 3,10; Ezra 6,16; Ezra 6,20; Ezra 8,30; Ezra 9,1; Neh. 3,1; Neh. 3,22; Neh. 3,28; Neh. 7,39; Neh. 7,73; Neh. 8,13; Neh. 9,32; Neh. 9,34; Neh. 10,1; Neh. 10,9; Neh. 10,29; Neh. 10,35; Neh. 10,40; Neh. 11,3; Neh. 12,1; Neh. 12,12; Neh. 12,22; Neh. 12,30; Neh. 12,41; Judith 4,14; 1Mac. 3,51; 1Mac. 5,67; 1Mac. 7,36; 1Mac. 12,6; 1Mac. 14,41; 2Mac. 1,19; 2Mac. 1,23; 2Mac. 1,23; 2Mac. 1,30; 2Mac. 1,33; 2Mac. 3,15; 2Mac. 14,34; 3Mac. 7,13; Psa. 77,64; Psa. 131,9; Ode. 8,84; Hos. 5,1; Hos. 6,9; Amos 1,15; Amos 3,12; Mic. 3,11; Joel 1,9; Joel 1,13; Joel 2,17; Zeph. 3,4; Hag. 2,12; Hag. 2,13; Mal. 1,6; Mal. 2,1; Is. 61,6; Is. 66,21; Jer. 2,8; Jer. 2,26; Jer. 4,9; Jer. 5,31; Jer. 30,19; Jer. 31,7; Jer. 33,7; Jer. 33,8; Jer. 33,11; Jer. 39,32; Lam. 1,4; Lam. 1,19; LetterJ 9; LetterJ 17; LetterJ 27; LetterJ 30; LetterJ 32; LetterJ 48; LetterJ 54; Ezek. 22,26; Ezek. 42,13; Ezek. 43,24; Ezek. 43,27; Ezek. 44,15; Ezek. 44,31; Ezek. 46,2; Ezek. 46,20; Dan. 3,84; Bel 9; Bel 15-17; Bel 15-17; Bel 21; Bel 21; Judg. 18,30; Dan. 3,84; Bel 9; Bel 11; Bel 15; Matt. 12,5; Acts 4,1; Heb. 7,20; Heb. 7,23; Heb. 9,6; Rev. 20,6)

Noun · masculine · plural · vocative · (common) ▸ **1** (Is. 40,2)

ἱερεῦ ▸ 1

Noun · masculine · singular · vocative · (common) ▸ **1** (4Mac. 7,6)

ἱερεύς ▸ 42 + 2 + 3 = 47

Noun · masculine · singular · nominative · (common) ▸ 42 + 2 + 3 = **47** (Lev. 4,20; Lev. 4,31; Lev. 7,7; Lev. 12,8; Lev. 13,6; Lev. 13,8; Lev. 13,20; Lev. 13,22; Lev. 13,23; Lev. 13,25; Lev. 13,27; Lev. 13,28; Lev. 13,30; Lev. 13,34; Lev. 13,37; Lev. 13,44; Lev. 13,54; Lev. 14,20; Lev. 15,15; Lev. 16,32; Lev. 23,11; Lev. 27,8; Lev. 27,8; Lev. 27,12; Lev. 27,14; Judg. 18,6; Judg. 18,18; 1Sam. 2,14; 1Sam. 14,36; 1Sam. 21,10; 2Kings 11,15; 2Kings 12,3; 2Kings 22,10; 2Chr. 23,8; 2Chr. 23,14; 2Chr. 23,14; 2Chr. 34,18; 4Mac. 5,4; Hos. 4,4; Hos. 4,9; Jer. 20,1; Bel 2; Judg. 18,6; Judg. 18,18; Luke 1,5; Luke 10,31; Heb. 8,4)

ἱερεύς ▸ 241 + 1 + 8 = 250

Noun · masculine · singular · nominative · (common) ▸ 241 + 1 + 8 = **250** (Gen. 14,18; Ex. 18,1; Ex. 29,30; Lev. 1,13; Lev. 1,15; Lev. 1,15; Lev. 1,17; Lev. 2,2; Lev. 2,9; Lev. 2,9; Lev. 2,16; Lev. 3,11; Lev. 3,16; Lev. 4,5; Lev. 4,6; Lev. 4,7; Lev. 4,10; Lev. 4,16; Lev. 4,17; Lev. 4,18; Lev. 4,25; Lev. 4,26; Lev. 4,30; Lev. 4,31; Lev. 4,34; Lev. 4,35; Lev. 4,35; Lev. 5,6; Lev. 5,8; Lev. 5,8; Lev. 5,10; Lev. 5,12; Lev. 5,13; Lev. 5,16; Lev. 5,18; Lev. 5,26; Lev. 6,3; Lev. 6,5; Lev. 6,15; Lev. 6,19; Lev. 7,5; Lev. 7,8; Lev. 7,31; Lev. 12,7; Lev. 13,3; Lev. 13,3; Lev. 13,4; Lev. 13,5; Lev. 13,5; Lev. 13,6; Lev. 13,8; Lev. 13,10; Lev. 13,11; Lev. 13,13; Lev. 13,13; Lev. 13,15; Lev. 13,17; Lev. 13,17; Lev. 13,20; Lev. 13,21; Lev. 13,21; Lev. 13,25; Lev. 13,26; Lev. 13,26; Lev. 13,27; Lev. 13,30; Lev. 13,31; Lev. 13,31; Lev. 13,32; Lev. 13,33; Lev. 13,34; Lev. 13,36; Lev. 13,36; Lev. 13,39; Lev. 13,43; Lev. 13,50; Lev. 13,50; Lev. 13,51; Lev. 13,53; Lev. 13,54; Lev. 13,55; Lev. 13,56; Lev. 14,3; Lev. 14,3; Lev. 14,4; Lev. 14,5; Lev. 14,11; Lev. 14,12; Lev. 14,14; Lev. 14,14; Lev. 14,15; Lev. 14,17; Lev. 14,18; Lev. 14,18; Lev. 14,19; Lev. 14,19; Lev. 14,19; Lev. 14,20; Lev. 14,24; Lev. 14,25; Lev. 14,26; Lev. 14,27; Lev. 14,28; Lev. 14,29; Lev. 14,31; Lev. 14,36; Lev. 14,36; Lev. 14,38; Lev. 14,38; Lev. 14,39; Lev. 14,40; Lev. 14,44; Lev. 14,48; Lev. 14,48; Lev. 15,15; Lev. 15,30; Lev. 15,30; Lev. 17,6; Lev. 19,22; Lev. 21,10; Lev. 22,11; Lev. 23,20; Lev. 27,12; Lev. 27,14; Lev. 27,18; Lev. 27,23; Num. 5,16; Num. 5,17; Num. 5,17; Num. 5,18; Num. 5,19;

Num. 5,21; Num. 5,21; Num. 5,23; Num. 5,25; Num. 5,26; Num. 5,30; Num. 6,11; Num. 6,11; Num. 6,16; Num. 6,17; Num. 6,19; Num. 6,20; Num. 15,25; Num. 15,28; Num. 19,6; Num. 19,7; Num. 19,7; Num. 26,3; Num. 31,13; Num. 31,21; Num. 31,26; Num. 31,31; Num. 31,51; Num. 31,54; Num. 33,38; Num. 34,17; Num. 35,25; Num. 35,28; Num. 35,32; Deut. 20,2; Deut. 26,4; Josh. 14,1; Josh. 19,51; Josh. 22,30; Josh. 22,31; Josh. 22,32; Judg. 18,17; 1Sam. 1,9; 1Sam. 1,12; 1Sam. 14,3; 1Sam. 21,5; 1Sam. 21,7; 2Sam. 20,26; 1Kings 1,8; 1Kings 1,34; 1Kings 1,38; 1Kings 1,39; 1Kings 1,45; 1Kings 2,22; 1Kings 13,33; 2Kings 11,4; 2Kings 11,10; 2Kings 11,15; 2Kings 11,18; 2Kings 12,10; 2Kings 12,11; 2Kings 16,11; 2Kings 16,16; 2Kings 22,8; 2Kings 22,14; 2Kings 23,24; 1Chr. 24,6; 1Chr. 27,5; 2Chr. 19,11; 2Chr. 23,14; 2Chr. 23,18; 2Chr. 24,12; 2Chr. 26,17; 2Chr. 26,20; 2Chr. 31,10; 2Chr. 34,14; 2Chr. 35,19a; 1Esdr. 8,19; 1Esdr. 9,16; 1Esdr. 9,42; Ezra 2,63; Ezra 7,21; Ezra 10,10; Ezra 10,16; Neh. 3,1; Neh. 7,65; Neh. 8,2; Neh. 8,9; Neh. 10,39; Neh. 12,26; Neh. 13,4; Esth. 11,1 # 10,3l; Judith 4,6; Judith 4,8; Judith 4,14; Judith 15,8; 1Mac. 2,1; 1Mac. 7,14; 1Mac. 14,29; 4Mac. 17,9; Psa. 109,4; Sir. 50,1; Amos 7,10; Hag. 1,12; Hag. 2,4; Zech. 3,8; Zech. 6,13; Is. 24,2; Is. 28,7; Jer. 14,18; Jer. 23,11; Jer. 23,33; Jer. 23,34; Ezek. 44,21; Ezek. 45,19; Judg. 18,18; Acts 14,13; Heb. 5,6; Heb. 7,1; Heb. 7,3; Heb. 7,15; Heb. 7,17; Heb. 7,21; Heb. 10,11)

ἱερεῦσι ▸ 6
  Noun ▪ masculine ▪ plural ▪ dative ▪ (common) ▸ **6** (1Esdr. 4,53; Neh. 12,44; Ezek. 40,45; Ezek. 40,46; Ezek. 43,19; Ezek. 48,11)

ἱερεῦσιν ▸ **47** + **1** + **2** = **50**
  Noun ▪ masculine ▪ plural ▪ dative ▪ (common) ▸ **47** + **1** + **2** = **50** (Gen. 47,22; Lev. 6,22; Lev. 21,1; Num. 3,9; Deut. 18,1; Deut. 31,9; Josh. 3,6; Josh. 3,8; Josh. 4,16; Josh. 4,17; Josh. 21,4; 2Sam. 15,35; 2Kings 12,17; 2Kings 23,4; 2Chr. 26,18; 2Chr. 29,21; 2Chr. 31,2; 2Chr. 31,19; 2Chr. 35,8; 2Chr. 35,8; 2Chr. 35,14; 1Esdr. 1,7; 1Esdr. 1,8; 1Esdr. 1,14; 1Esdr. 1,14; 1Esdr. 7,12; 1Esdr. 8,22; 1Esdr. 8,74; 1Esdr. 9,40; Ezra 6,20; Ezra 7,24; Ezra 8,15; Neh. 2,16; Neh. 10,37; Neh. 10,38; Neh. 13,30; Judith 11,13; Tob. 1,7; 1Mac. 10,42; 1Mac. 14,20; 3Mac. 1,11; Psa. 98,6; Jer. 34,16; Bar. 1,16; Ezek. 44,30; Ezek. 45,4; Ezek. 48,10; Tob. 1,7; Matt. 12,4; Luke 17,14)

ἱερέων ▸ **96** + **2** = **98**
  Noun ▪ masculine ▪ plural ▪ genitive ▪ (common) ▸ **96** + **2** = **98** (Gen. 47,22; Gen. 47,26; Lev. 6,11; Lev. 7,6; Lev. 13,2; Lev. 16,20; Lev. 16,24; Lev. 16,33; Deut. 17,18; Deut. 18,3; Deut. 19,17; Josh. 3,13; Josh. 3,15; Josh. 4,9; Josh. 21,19; 1Sam. 22,19; 2Kings 17,28; 2Kings 19,2; 1Chr. 9,10; 1Chr. 9,30; 1Chr. 24,6; 1Chr. 24,31; 1Chr. 28,13; 1Chr. 28,21; 2Chr. 4,9; 2Chr. 8,14; 2Chr. 8,14; 2Chr. 8,15; 2Chr. 19,8; 2Chr. 23,4; 2Chr. 23,18; 2Chr. 23,18; 2Chr. 26,19; 2Chr. 30,24; 2Chr. 31,2; 2Chr. 31,4; 2Chr. 31,9; 2Chr. 31,15; 2Chr. 31,17; 2Chr. 34,5; 1Esdr. 1,47; 1Esdr. 5,38; 1Esdr. 5,60; 1Esdr. 8,5; 1Esdr. 8,10; 1Esdr. 8,42; 1Esdr. 8,54; 1Esdr. 8,58; 1Esdr. 8,92; 1Esdr. 9,18; Ezra 2,61; Ezra 2,69; Ezra 3,12; Ezra 6,9; Ezra 7,7; Ezra 7,13; Ezra 7,16; Ezra 8,24; Ezra 8,29; Ezra 10,18; Neh. 7,63; Neh. 7,70; Neh. 7,72; Neh. 11,10; Neh. 12,7; Neh. 12,35; Neh. 13,5; 1Mac. 7,33; 1Mac. 11,23; 1Mac. 14,28; 1Mac. 14,44; 1Mac. 14,47; 2Mac. 1,10; 2Mac. 1,13; 2Mac. 1,15; 2Mac. 1,20; 2Mac. 14,31; 3Mac. 1,16; 3Mac. 6,1; 4Mac. 4,9; Sir. 50,12; Zeph. 1,4; Is. 37,2; Jer. 1,1; Jer. 8,1; Jer. 19,1; Jer. 35,1; Jer. 35,5; Jer. 38,14; Lam. 4,13; Lam. 4,16; Ezek. 42,14; Ezek. 46,19; Ezek. 48,13; Bel 14; Bel 19; Acts 6,7; Heb. 7,14)

ἱερέως ▸ **70** + **1** = **71**
  Noun ▪ masculine ▪ singular ▪ genitive ▪ (common) ▸ **70** + **1** = **71** (Gen. 41,45; Gen. 41,50; Gen. 46,20; Ex. 3,1; Ex. 35,19; Ex. 37,19; Lev. 6,16; Lev. 7,9; Lev. 13,12; Lev. 14,15; Lev. 14,18; Lev. 14,26; Lev. 14,29; Lev. 21,9; Lev. 21,21; Lev. 22,4; Lev. 22,10; Lev. 22,12; Lev. 22,13; Lev. 27,8; Lev. 27,11; Num. 3,6; Num. 3,32; Num. 4,16; Num. 4,28; Num. 4,33; Num. 5,18; Num. 7,8; Num. 17,4; Num. 25,7; Num. 25,11; Num. 26,63; Num. 27,2; Num. 27,19; Num. 27,21; Num. 27,22; Num. 31,6; Num. 36,1; Deut. 17,12; Josh. 17,4; Judg. 18,20; 1Sam. 2,11; 1Sam. 2,12; 1Sam. 2,13; 1Sam. 2,13; 1Sam. 2,15; 1Sam. 3,1; 1Kings 1,7; 1Kings 1,42; 1Kings 2,46h; 1Chr. 9,31; 2Chr. 15,3; 2Chr. 22,11; 2Chr. 24,2; 2Chr. 24,11; 2Chr. 24,25; 1Esdr. 8,2; Ezra 7,5; Ezra 8,33; Neh. 3,20; Neh. 13,13; Neh. 13,28; Hag. 1,14; Zech. 6,11; Mal. 2,7; Jer. 6,13; Jer. 18,18; Jer. 36,26; Ezek. 7,26; Ezek. 44,22; Judg. 18,20)

Ιερεχος Jerechus ▸ **1**
  Ιερεχου ▸ **1**
    Noun ▪ masculine ▪ singular ▪ genitive ▪ (proper) ▸ **1** (1Esdr. 5,22)

Ιεριηλ Jeriel; Jeruel ▸ **2**
  Ιεριηλ ▸ **2**
    Noun ▪ singular ▪ genitive ▪ (proper) ▸ **1** (2Chr. 20,16)
    Noun ▪ masculine ▪ singular ▪ nominative ▪ (proper) ▸ **1** (1Chr. 7,2)

Ιεριμ Ierim (Hebr.) totally destroy ▸ **2**
  Ιεριμ ▸ **2**
    Noun ▪ singular ▪ genitive ▪ (proper) ▸ **1** (1Sam. 15,8)
    Noun ▪ masculine ▪ singular ▪ accusative ▪ (proper) ▸ **1** (1Sam. 15,3)

Ιεριμουθ Jarmuth ▸ **6** + **1** = **7**
  Ιεριμουθ ▸ **6** + **1** = **7**
    Noun ▪ singular ▪ dative ▪ (proper) ▸ **1** (1Sam. 30,30)
    Noun ▪ singular ▪ genitive ▪ (proper) ▸ **4** (Josh. 10,3; Josh. 10,5; Josh. 10,23; Josh. 12,11)
    Noun ▪ singular ▪ nominative ▪ (proper) ▸ **1** (Josh. 15,35)
    Noun ▪ masculine ▪ singular ▪ genitive ▪ (proper) ▸ **1** (2Chr. 11,18)

Ιεριμωθ Jerimoth ▸ **6**
  Ιεριμωθ ▸ **6**
    Noun ▪ masculine ▪ singular ▪ nominative ▪ (proper) ▸ **6** (1Chr. 7,7; 1Chr. 7,8; 1Chr. 25,4; 1Chr. 25,22; 1Chr. 27,19; 2Chr. 31,13)

Ιεριχω Jericho ▸ **63**
  Ιεριχω ▸ **63**
    Noun ▪ feminine ▪ singular ▪ accusative ▪ (proper) ▸ **30** (Num. 22,1; Num. 26,3; Num. 26,63; Num. 31,12; Num. 33,48; Num. 33,50; Num. 34,15; Num. 35,1; Num. 36,13; Deut. 34,8; Josh. 2,1; Josh. 2,1; Josh. 6,2; Josh. 6,25; Josh. 8,2; Josh. 10,1; Josh. 13,14; Josh. 13,32; Josh. 16,1; Josh. 16,7; Josh. 21,36; Josh. 24,11; Josh. 24,11; 1Kings 16,34; 2Kings 2,4; 2Kings 2,4; 1Chr. 6,63; 2Chr. 28,15; 1Mac. 16,14; 2Mac. 12,15)
    Noun ▪ feminine ▪ singular ▪ dative ▪ (proper) ▸ **9** (Josh. 5,13; Josh. 9,3; 2Sam. 10,5; 2Kings 2,5; 2Kings 2,15; 2Kings 2,18; 1Chr. 19,5; 1Mac. 9,50; Sir. 24,14)
    Noun ▪ feminine ▪ singular ▪ genitive ▪ (proper) ▸ **21** (Deut. 32,49; Deut. 34,1; Deut. 34,3; Josh. 2,2; Josh. 2,3; Josh. 3,16; Josh. 4,13; Josh. 4,19; Josh. 5,10; Josh. 10,28; Josh. 10,30; Josh. 12,9; Josh. 16,1; Josh. 18,12; 2Kings 25,5; Ezra 2,34; Neh. 3,2; Neh. 7,36; Judith 4,4; 1Mac. 16,11; Jer. 52,8)
    Noun ▪ feminine ▪ singular ▪ nominative ▪ (proper) ▸ **3** (Josh. 6,1; Josh. 18,21; Josh. 19,15)

Ἱεριχώ Jericho ▸ **7**
  Ἱεριχώ ▸ **2**
    Noun ▪ feminine ▪ singular ▪ accusative ▪ (proper) ▸ **2** (Mark 10,46; Luke 19,1)
  Ἱεριχώ ▸ **5**

Ἰεριχώ–ἱερόν

    Noun · feminine · singular · accusative · (proper) ▸ **2** (Luke 10,30; Luke 18,35)
    Noun · feminine · singular · dative · (proper) ▸ **1** (Mark 10,46)
    Noun · feminine · singular · genitive · (proper) ▸ **2** (Matt. 20,29; Heb. 11,30)

Ιεριωθ Jerioth ▸ 1
  Ιεριωθ ▸ 1
    Noun · feminine · singular · accusative · (proper) ▸ **1** (1Chr. 2,18)

Ιερκααν Rekem ▸ 2
  Ιερκααν ▸ 2
    Noun · masculine · singular · genitive · (proper) ▸ **1** (1Chr. 2,44)
    Noun · masculine · singular · nominative · (proper) ▸ **1** (1Chr. 2,44)

Ιερμας Ramiah ▸ 1
  Ιερμας ▸ 1
    Noun · masculine · singular · nominative · (proper) ▸ **1** (1Esdr. 9,26)

Ιερμια Jeremiah; Jermia ▸ 7
  Ιερμια ▸ 7
    Noun · masculine · singular · dative · (proper) ▸ **1** (Neh. 12,12)
    Noun · masculine · singular · nominative · (proper) ▸ **6** (1Chr. 5,24; 1Chr. 12,11; 1Chr. 12,14; Neh. 10,3; Neh. 12,1; Neh. 12,34)

Ιερμιας Jeremiah; Jermias ▸ 1
  Ιερμιας ▸ 1
    Noun · masculine · singular · nominative · (proper) ▸ **1** (1Chr. 12,5)

Ιερμουθ Jarmuth ▸ 1
  Ιερμουθ ▸ 1
    Noun · singular · nominative · (proper) ▸ **1** (Josh. 15,35)

Ιεροβααλ Jerub-Baal ▸ 16 + 11 = 27
  Ιεροβααλ ▸ 16 + 11 = 27
    Noun · masculine · singular · accusative · (proper) ▸ **1** (1Sam. 12,11)
    Noun · masculine · singular · genitive · (proper) ▸ **13 + 10 = 23** (Judg. 8,35; Judg. 9,1; Judg. 9,2; Judg. 9,5; Judg. 9,5; Judg. 9,16; Judg. 9,19; Judg. 9,24; Judg. 9,28; Judg. 9,57; 2Sam. 11,21; 2Sam. 11,22; Hos. 10,14; Judg. 8,35; Judg. 9,1; Judg. 9,2; Judg. 9,5; Judg. 9,5; Judg. 9,16; Judg. 9,19; Judg. 9,24; Judg. 9,28; Judg. 9,57)
    Noun · masculine · singular · nominative · (proper) ▸ **2 + 1 = 3** (Judg. 7,1; Judg. 8,29; Judg. 8,29)

Ιεροβεαμ Jeroboam ▸ 1
  Ιεροβεαμ ▸ 1
    Noun · masculine · singular · nominative · (proper) ▸ **1** (Tob. 1,5)

Ιεροβοαμ Jeroboam ▸ 105
  Ιεροβοαμ ▸ 105
    Noun · masculine · singular · accusative · (proper) ▸ **8** (1Kings 11,40; 1Kings 12,24x; 2Kings 17,21; 2Kings 23,16; 2Chr. 11,4; 2Chr. 12,15; 2Chr. 13,15; Amos 7,10)
    Noun · masculine · singular · dative · (proper) ▸ **5** (1Kings 11,31; 1Kings 12,24e; 1Kings 12,24e; 1Kings 12,24o; 2Kings 15,1)
    Noun · masculine · singular · genitive · (proper) ▸ **50** (1Kings 12,15; 1Kings 12,24k; 1Kings 12,24m; 1Kings 12,24m; 1Kings 13,34; 1Kings 14,30; 1Kings 15,1; 1Kings 15,7; 1Kings 15,8; 1Kings 15,9; 1Kings 15,25; 1Kings 15,29; 1Kings 15,29; 1Kings 15,30; 1Kings 15,34; 1Kings 16,2; 1Kings 16,3; 1Kings 16,7; 1Kings 16,19; 1Kings 16,26; 1Kings 16,31; 1Kings 20,22; 1Kings 22,53; 2Kings 1,18c; 2Kings 3,3; 2Kings 9,9; 2Kings 10,29; 2Kings 10,31; 2Kings 13,2; 2Kings 13,6; 2Kings 13,11; 2Kings 14,24; 2Kings 14,27; 2Kings 14,28; 2Kings 15,8; 2Kings 15,9; 2Kings 15,18; 2Kings 15,24; 2Kings 15,28; 2Kings 16,3; 2Kings 17,22; 1Chr. 5,17; 2Chr. 9,29; 2Chr. 10,15; 2Chr. 13,1; 2Chr. 13,2; 2Chr. 13,19; Hos. 1,1; Amos 1,1; Amos 7,9)
    Noun · masculine · singular · nominative · (proper) ▸ **41** (1Kings 11,26; 1Kings 11,28; 1Kings 11,29; 1Kings 11,43; 1Kings 12,20; 1Kings 12,24b; 1Kings 12,24d; 1Kings 12,24f; 1Kings 12,24f; 1Kings 12,24f; 1Kings 12,24g; 1Kings 12,24h; 1Kings 12,24o; 1Kings 12,24o; 1Kings 12,25; 1Kings 12,26; 1Kings 12,32; 1Kings 13,1; 1Kings 13,4; 1Kings 13,6; 1Kings 13,33; 2Kings 13,13; 2Kings 14,16; 2Kings 14,23; 2Kings 14,29; 2Kings 17,21; 2Kings 23,15; 2Chr. 10,2; 2Chr. 10,2; 2Chr. 10,2; 2Chr. 10,3; 2Chr. 10,12; 2Chr. 11,14; 2Chr. 11,15; 2Chr. 13,3; 2Chr. 13,6; 2Chr. 13,8; 2Chr. 13,13; 2Chr. 13,20; Sir. 47,24; Amos 7,11)
    Noun · masculine · singular · vocative · (proper) ▸ **1** (2Chr. 13,4)

ἱερόδουλος (ἱερός; δοῦλος) temple servant ▸ 7
  ἱερόδουλοι ▸ 3
    Noun · masculine · plural · nominative · (common) ▸ **3** (1Esdr. 5,29; 1Esdr. 5,35; 1Esdr. 8,48)
  ἱεροδούλοις ▸ 2
    Noun · masculine · plural · dative · (common) ▸ **2** (1Esdr. 1,3; 1Esdr. 8,22)
  ἱεροδούλων ▸ 2
    Noun · masculine · plural · genitive · (common) ▸ **2** (1Esdr. 8,5; 1Esdr. 8,48)

ἱερόθυτος (ἱερός; θύω) offered in sacrifice ▸ 1
  ἱερόθυτόν ▸ 1
    Adjective · neuter · singular · nominative ▸ **1** (1Cor. 10,28)

ἱερόν (ἱερός) temple ▸ 75 + 1 + 71 = 147
  ἱερά ▸ 1
    Noun · neuter · plural · accusative · (common) ▸ **1** (Ezek. 28,18)
  ἱερὰ ▸ 2
    Noun · neuter · plural · accusative · (common) ▸ **2** (Judith 4,1; 3Mac. 2,28)
  ἱεροῖς ▸ 1
    Noun · neuter · plural · dative · (common) ▸ **1** (3Mac. 3,16)
  ἱερόν ▸ 3 + 3 = 6
    Noun · neuter · singular · accusative · (common) ▸ **2 + 3 = 5** (2Mac. 1,15; 4Mac. 4,8; Luke 2,27; Acts 3,2; Acts 3,3)
    Noun · neuter · singular · nominative · (common) ▸ **1** (1Esdr. 4,63)
  ἱερὸν ▸ 30 + 1 + 17 = 48
    Noun · neuter · singular · accusative · (common) ▸ **27 + 1 + 17 = 45** (1Esdr. 1,47; 1Esdr. 2,4; 1Esdr. 5,43; 1Esdr. 5,44; 1Esdr. 5,54; 1Esdr. 8,13; 1Esdr. 8,59; 1Esdr. 8,64; 1Esdr. 8,78; 1Mac. 10,43; 1Mac. 10,84; 1Mac. 11,4; 1Mac. 15,9; 2Mac. 1,18; 2Mac. 1,34; 2Mac. 2,22; 2Mac. 3,2; 2Mac. 5,15; 2Mac. 10,1; 2Mac. 11,3; 2Mac. 11,25; 2Mac. 14,31; 2Mac. 14,33; 2Mac. 15,17; 3Mac. 1,16; 3Mac. 1,20; 3Mac. 3,16; Bel 22; Matt. 21,12; Matt. 21,23; Mark 11,11; Mark 11,15; Luke 18,10; Luke 19,45; John 7,14; John 8,2; Acts 3,1; Acts 3,8; Acts 5,21; Acts 19,27; Acts 21,26; Acts 21,28; Acts 21,29; Acts 24,6; Acts 25,8)
    Noun · neuter · singular · nominative · (common) ▸ **3** (1Mac. 6,2; 2Mac. 3,30; 2Mac. 6,4)
  ἱεροῦ ▸ 34 + 19 = 53
    Noun · neuter · singular · genitive ▸ **1** (1Esdr. 8,17)
    Noun · neuter · singular · genitive · (common) ▸ **33 + 19 = 52** (1Chr. 9,27; 1Chr. 29,4; 2Chr. 6,13; 1Esdr. 1,8; 1Esdr. 1,50; 1Esdr. 2,26; 1Esdr. 4,51; 1Esdr. 7,7; 1Esdr. 8,18; 1Esdr. 8,22; 1Esdr. 8,88; 1Esdr. 9,1; 1Esdr. 9,6; 1Esdr. 9,38; 1Esdr. 9,41; 1Mac. 13,52; 1Mac. 16,20; 2Mac. 1,18; 2Mac. 2,9; 2Mac. 2,19; 2Mac. 3,4; 2Mac. 3,12; 2Mac. 4,32; 2Mac. 5,21; 2Mac. 13,10; 2Mac. 13,14; 2Mac. 14,4; 2Mac. 14,13; 3Mac. 1,10; 4Mac. 4,11; 4Mac. 4,20; Ezek. 45,19; Bel 8; Matt. 4,5; Matt. 12,6; Matt. 24,1; Matt. 24,1; Mark 11,16; Mark 13,1; Mark 13,3; Luke 2,37; Luke

4,9; Luke 21,5; Luke 22,52; John 2,15; John 8,59; Acts 3,2; Acts 3,10; Acts 4,1; Acts 5,24; Acts 21,30; 1Cor. 9,13)

ἱερῷ ▸ 4 + 32 = 36
Noun · neuter · singular · dative · (common) ▸ 4 + 32 = **36** (1Esdr. 1,2; 1Esdr. 1,5; 2Mac. 1,13; 4Mac. 4,9; Matt. 12,5; Matt. 21,12; Matt. 21,14; Matt. 21,15; Matt. 26,55; Mark 11,15; Mark 11,27; Mark 12,35; Mark 14,49; Luke 2,46; Luke 19,47; Luke 20,1; Luke 21,37; Luke 21,38; Luke 22,53; Luke 24,53; John 2,14; John 5,14; John 7,28; John 8,20; John 10,23; John 11,56; John 18,20; Acts 2,46; Acts 5,20; Acts 5,25; Acts 5,42; Acts 21,27; Acts 22,17; Acts 24,12; Acts 24,18; Acts 26,21)

ἱεροπρεπής (ἱερός; πρέπω)   reverent ▸ 2 + 1 = 3
ἱεροπρεπεῖς ▸ 1
Adjective · feminine · plural · accusative ▸ **1** (Titus 2,3)
ἱεροπρεπής ▸ 1
Adjective · masculine · singular · nominative · noDegree ▸ **1** (4Mac. 9,25)
ἱεροπρεποῦς ▸ 1
Adjective · masculine · singular · genitive · noDegree ▸ **1** (4Mac. 11,20)

ἱερός   holy, sacred; (subst.) temple; (pl.) sacrifices ▸ 39 + 1 + 3 = 43
ἱερά ▸ 1
Adjective · neuter · plural · accusative · noDegree ▸ **1** (Ezek. 27,6)
ἱερά ▸ 11 + 2 = 13
Adjective · feminine · singular · nominative · noDegree ▸ **1** (4Mac. 16,12)
Adjective · feminine · singular · vocative · noDegree ▸ **1** (4Mac. 15,13)
Adjective · neuter · plural · accusative · noDegree ▸ 8 + 2 = **10** (1Esdr. 1,51; 1Esdr. 2,7; 1Esdr. 6,17; 1Esdr. 6,25; 1Esdr. 8,17; 1Esdr. 8,55; 2Mac. 5,16; 2Mac. 9,16; 1Cor. 9,13; 2Tim. 3,15)
Adjective · neuter · plural · nominative · noDegree ▸ **1** (1Esdr. 7,3)
ἱεράν ▸ 5
Adjective · feminine · singular · accusative · noDegree ▸ **5** (1Esdr. 8,68; 1Esdr. 8,70; 2Mac. 8,23; 4Mac. 7,4; 4Mac. 9,24)
ἱεράς ▸ 1
Adjective · feminine · plural · accusative · noDegree ▸ **1** (Josh. 6,8)
ἱερᾶς ▸ 1
Adjective · feminine · singular · genitive · noDegree ▸ **1** (4Mac. 14,3)
ἱεροί ▸ 1
Adjective · masculine · plural · nominative · noDegree ▸ **1** (4Mac. 14,6)
ἱεροῖς ▸ 3
Adjective · masculine · plural · dative · noDegree ▸ **1** (2Mac. 6,4)
Adjective · neuter · plural · dative · noDegree ▸ **2** (1Esdr. 1,43; 4Mac. 4,3)
ἱερόν ▸ 3 + 1 + 1 = 5
Adjective · masculine · singular · accusative · noDegree ▸ **2** (4Mac. 2,22; 4Mac. 13,8)
Adjective · neuter · singular · accusative · noDegree ▸ 1 + 1 + 1 = **3** (Dan. 9,27; Dan. 9,27; Mark 16,8)
ἱερός ▸ 1
Adjective · masculine · singular · nominative · noDegree ▸ **1** (4Mac. 6,30)
ἱεροῦ ▸ 3
Adjective · masculine · singular · genitive · noDegree ▸ **2** (4Mac. 4,9; 4Mac. 4,12)
Noun · neuter · singular · genitive · (common) ▸ **1** (Sir. 50,2)
ἱερούς ▸ 3
Adjective · masculine · plural · accusative · noDegree ▸ **3** (2Mac. 8,33; 4Mac. 5,29; 4Mac. 7,6)
ἱερῷ ▸ 1
Adjective · masculine · singular · dative · noDegree ▸ **1** (4Mac. 4,7)
ἱερῶν ▸ 5
Adjective · neuter · plural · genitive · noDegree ▸ **5** (1Esdr. 1,39; 1Esdr. 7,2; 2Mac. 4,48; 3Mac. 3,21; Dan. 1,2)

Ἱεροσόλυμα (ἱερός)   Jerusalem ▸ 43 + 2 = 45
Ἱεροσόλυμα ▸ 21 + 2 = 23
Noun · feminine · singular · accusative · (proper) ▸ 9 + 2 = **11** (1Esdr. 2,11; 1Esdr. 8,5; 1Esdr. 8,6; Tob. 1,6; Tob. 5,14; Tob. 14,4; 1Mac. 1,20; 1Mac. 11,34; 3Mac. 1,9; Tob. 1,6; Tob. 1,6)
Noun · feminine · singular · vocative · (proper) ▸ **1** (Tob. 13,10)
Noun · neuter · plural · accusative · (proper) ▸ **11** (2Mac. 3,9; 2Mac. 3,37; 2Mac. 4,21; 2Mac. 5,25; 2Mac. 8,31; 2Mac. 9,4; 2Mac. 12,9; 2Mac. 12,31; 2Mac. 12,43; 2Mac. 15,30; 3Mac. 3,16)
Ἱεροσολύμοις ▸ 14
Noun · feminine · singular · dative · (proper) ▸ **1** (1Esdr. 1,47)
Noun · neuter · plural · dative · (proper) ▸ **13** (Tob. 1,7; Tob. 13,10; 1Mac. 1,14; 1Mac. 10,43; 2Mac. 1,1; 2Mac. 1,10; 2Mac. 3,6; 2Mac. 4,9; 2Mac. 5,22; 2Mac. 6,2; 2Mac. 8,36; 2Mac. 11,8; 2Mac. 14,23)
Ἱεροσολύμων ▸ 8
Noun · neuter · plural · genitive · (proper) ▸ **8** (1Esdr. 1,52; Tob. 1,4; 2Mac. 4,19; 2Mac. 10,15; 2Mac. 11,5; 2Mac. 12,29; 2Mac. 14,37; 4Mac. 4,3)

Ἱεροσόλυμα (ἱερός)   Jerusalem ▸ 62
Ἱεροσόλυμα ▸ 37
Noun · feminine · singular · nominative · (proper) ▸ **1** (Matt. 2,3)
Noun · neuter · plural · accusative · (proper) ▸ **35** (Matt. 2,1; Matt. 5,35; Matt. 16,21; Matt. 20,17; Matt. 20,18; Matt. 21,1; Matt. 21,10; Mark 10,32; Mark 10,33; Mark 11,1; Mark 11,11; Mark 11,15; Mark 11,27; Mark 15,41; Luke 2,22; Luke 13,22; Luke 19,28; John 2,13; John 5,1; John 11,55; John 12,12; Acts 8,25; Acts 13,13; Acts 19,21; Acts 20,16; Acts 21,4; Acts 21,15; Acts 21,17; Acts 25,1; Acts 25,9; Acts 25,15; Acts 25,20; Gal. 1,17; Gal. 1,18; Gal. 2,1)
Noun · neuter · plural · nominative · (proper) ▸ **1** (Matt. 3,5)
Ἱεροσολύμοις ▸ 14
Noun · neuter · plural · dative · (proper) ▸ **14** (Luke 23,7; John 2,23; John 4,20; John 4,21; John 4,45; John 5,2; John 10,22; Acts 8,1; Acts 8,14; Acts 16,4; Acts 25,24; Acts 26,4; Acts 26,10; Acts 26,20)
Ἱεροσολύμων ▸ 11
Noun · neuter · plural · genitive · (proper) ▸ **11** (Matt. 4,25; Matt. 15,1; Mark 3,8; Mark 3,22; Mark 7,1; John 1,19; John 11,18; Acts 1,4; Acts 11,27; Acts 25,7; Acts 28,17)

Ἱεροσολυμῖτης (ἱερός)   Jerusalemite ▸ 1
Ἱεροσολυμῖται ▸ 1
Noun · masculine · plural · nominative · (proper) ▸ **1** (4Mac. 4,22)

Ἱεροσολυμίτης (ἱερός)   Jerusalemite ▸ 2
Ἱεροσολυμίτας ▸ 1
Noun · masculine · plural · accusative · (proper) ▸ **1** (4Mac. 18,5)
Ἱεροσολυμίτης ▸ 1
Noun · masculine · singular · nominative · (proper) ▸ **1** (Sir. 50,27)

Ἱεροσολυμίτης (ἱερός)   Jerusalemite ▸ 2
Ἱεροσολυμῖται ▸ 1

Ἱεροσολυμίτης–Ἰερουσαλημ

    Noun · masculine · plural · nominative · (proper) ▸ **1** (Mark 1,5)
  Ἱεροσολυμιτῶν ▸ 1
    Noun · masculine · plural · genitive · (proper) ▸ **1** (John 7,25)
Ἱεροσολύμος (ἱερός) Jerusalem ▸ 1
  Ἱεροσολύμων ▸ 1
    Noun · masculine · plural · genitive · (proper) ▸ **1** (4Mac. 18,5)
ἱεροστάτης (ἱερός; ἵστημι) temple official ▸ 1
  ἱεροστάταις ▸ 1
    Noun · masculine · plural · dative · (common) ▸ **1** (1Esdr. 7,2)
ἱεροσυλέω (ἱερός; συλάω) to commit sacrilege, rob a temple ▸ 1 + 1 = 2
  ἱεροσυλεῖν ▸ 1
    Verb · present · active · infinitive ▸ **1** (2Mac. 9,2)
  ἱεροσυλεῖς ▸ 1
    Verb · second · singular · present · active · indicative ▸ **1** (Rom. 2,22)
ἱεροσύλημα (ἱερός; συλάω) temple plunder ▸ 1
  ἱεροσυλημάτων ▸ 1
    Noun · neuter · plural · genitive · (common) ▸ **1** (2Mac. 4,39)
ἱεροσυλία (ἱερός; συλάω) sacrilege, temple robbery ▸ 1
  ἱεροσυλίας ▸ 1
    Noun · feminine · singular · genitive · (common) ▸ **1** (2Mac. 13,6)
ἱερόσυλος (ἱερός; συλάω) sacrilegious person, temple-robber ▸ 1 + 1 = 2
  ἱερόσυλον ▸ 1
    Noun · masculine · singular · accusative · (common) ▸ **1** (2Mac. 4,42)
  ἱεροσύλους ▸ 1
    Noun · masculine · plural · accusative ▸ **1** (Acts 19,37)
ἱερουργέω (ἱερός; ἔργον) to serve as priest ▸ 1
  ἱερουργοῦντα ▸ 1
    Verb · present · active · participle · masculine · singular · accusative ▸ **1** (Rom. 15,16)
ἱερουργία (ἱερός; ἔργον) temple service ▸ 1
  ἱερουργίαν ▸ 1
    Noun · feminine · singular · accusative · (common) ▸ **1** (4Mac. 3,20)
Ἰερουσα Jerusha ▸ 2
  Ἰερουσα ▸ 2
    Noun · feminine · singular · nominative · (proper) ▸ **2** (2Kings 15,33; 2Chr. 27,1)
Ἰερουσαλημ Jerusalem ▸ 838 + 29 = 867
  Ἰερουσαλημ ▸ 838 + 29 = 867
    Noun · feminine · singular · accusative · (proper) ▸ 292 + 8 = **300** (Judg. 1,7; 1Sam. 17,54; 2Sam. 5,6; 2Sam. 8,7; 2Sam. 8,7; 2Sam. 10,14; 2Sam. 11,22; 2Sam. 12,31; 2Sam. 14,23; 2Sam. 15,8; 2Sam. 15,29; 2Sam. 15,37; 2Sam. 16,15; 2Sam. 17,20; 2Sam. 19,26; 2Sam. 19,35; 2Sam. 20,3; 2Sam. 20,22; 2Sam. 24,8; 2Sam. 24,16; 1Kings 3,15; 1Kings 10,2; 1Kings 11,13; 1Kings 11,32; 1Kings 12,18; 1Kings 12,21; 1Kings 12,24u; 1Kings 12,27; 1Kings 12,28; 1Kings 14,25; 1Kings 14,26; 1Kings 15,4; 2Kings 9,28; 2Kings 12,18; 2Kings 14,13; 2Kings 16,5; 2Kings 18,17; 2Kings 18,17; 2Kings 18,35; 2Kings 21,12; 2Kings 21,13; 2Kings 21,13; 2Kings 21,16; 2Kings 23,20; 2Kings 23,27; 2Kings 23,30; 2Kings 24,4; 2Kings 24,10; 2Kings 24,14; 2Kings 24,20; 2Kings 25,1; 2Kings 25,8; 1Chr. 11,4; 1Chr. 15,3; 1Chr. 18,7; 1Chr. 19,15; 1Chr. 20,3; 1Chr. 21,4; 1Chr. 21,15; 1Chr. 21,16; 2Chr. 1,4; 2Chr. 1,13; 2Chr. 2,15; 2Chr. 5,2; 2Chr. 9,1; 2Chr. 10,18; 2Chr. 11,1; 2Chr. 11,5; 2Chr. 11,14; 2Chr. 11,16; 2Chr. 12,2; 2Chr. 12,4; 2Chr. 12,5; 2Chr. 14,14; 2Chr. 15,10; 2Chr. 19,1; 2Chr. 20,15; 2Chr. 20,18; 2Chr. 20,27; 2Chr. 20,28; 2Chr. 23,2; 2Chr. 24,18; 2Chr. 24,23; 2Chr. 25,23; 2Chr. 29,8; 2Chr. 30,1; 2Chr. 30,3; 2Chr. 30,11; 2Chr. 30,13; 2Chr. 32,2; 2Chr. 32,9; 2Chr. 32,12; 2Chr. 32,23; 2Chr. 32,25; 2Chr. 32,26; 2Chr. 33,13; 2Chr. 34,3; 2Chr. 34,5; 2Chr. 34,7; 2Chr. 34,30; 2Chr. 34,32; 2Chr. 35,19d; 2Chr. 35,24; 2Chr. 36,5d; 2Chr. 36,10; 1Esdr. 1,29; 1Esdr. 2,3; 1Esdr. 2,14; 1Esdr. 2,25; 1Esdr. 4,43; 1Esdr. 4,47; 1Esdr. 4,48; 1Esdr. 4,57; 1Esdr. 4,63; 1Esdr. 5,2; 1Esdr. 5,8; 1Esdr. 5,54; 1Esdr. 5,54; 1Esdr. 5,55; 1Esdr. 6,8; 1Esdr. 8,10; 1Esdr. 8,12; 1Esdr. 8,13; 1Esdr. 8,13; 1Esdr. 8,60; 1Esdr. 8,60; 1Esdr. 9,3; 1Esdr. 9,5; Ezra 1,3; Ezra 1,11; Ezra 2,1; Ezra 3,1; Ezra 3,8; Ezra 3,8; Ezra 4,8; Ezra 4,12; Ezra 4,20; Ezra 4,23; Ezra 7,7; Ezra 7,8; Ezra 7,9; Ezra 7,13; Ezra 7,14; Ezra 8,30; Ezra 8,31; Ezra 8,32; Ezra 10,7; Ezra 10,9; Neh. 2,11; Neh. 3,8; Neh. 7,6; Neh. 12,27; Neh. 12,28; Neh. 13,7; Neh. 13,15; Judith 5,19; Judith 11,14; Judith 16,18; 1Mac. 1,29; 1Mac. 1,44; 1Mac. 3,34; 1Mac. 6,48; 1Mac. 7,17; 1Mac. 7,27; 1Mac. 8,22; 1Mac. 9,3; 1Mac. 9,50; 1Mac. 10,7; 1Mac. 10,66; 1Mac. 10,87; 1Mac. 11,7; 1Mac. 11,51; 1Mac. 11,62; 1Mac. 11,74; 1Mac. 13,2; 1Mac. 15,7; 1Mac. 15,32; 1Mac. 16,20; Psa. 78,1; Psa. 124,1; Psa. 134,21; Psa. 136,6; Ode. 7,28; Sir. 36,12; Sol. 2,19; Sol. 2,22; Sol. 8,4; Sol. 8,15; Sol. 8,22; Sol. 11,8; Sol. 17,22; Sol. 17,30; Amos 1,1; Mic. 3,10; Obad. 11; Zeph. 1,4; Zeph. 1,12; Zech. 1,12; Zech. 1,14; Zech. 1,16; Zech. 1,16; Zech. 1,17; Zech. 2,6; Zech. 2,16; Zech. 3,2; Zech. 8,2; Zech. 8,15; Zech. 12,2; Zech. 12,2; Zech. 12,3; Zech. 12,5; Zech. 12,6; Zech. 12,7; Zech. 12,8; Zech. 12,9; Zech. 12,10; Zech. 14,2; Zech. 14,12; Zech. 14,16; Zech. 14,17; Is. 2,1; Is. 7,1; Is. 29,7; Is. 31,5; Is. 33,20; Is. 36,2; Is. 40,2; Is. 40,9; Is. 41,27; Is. 52,9; Is. 62,1; Is. 62,7; Is. 65,18; Is. 65,19; Is. 66,20; Jer. 3,17; Jer. 4,3; Jer. 4,4; Jer. 4,10; Jer. 6,6; Jer. 8,1; Jer. 9,10; Jer. 11,2; Jer. 11,9; Jer. 11,12; Jer. 13,13; Jer. 17,25; Jer. 18,11; Jer. 19,3; Jer. 25,2; Jer. 32,18; Jer. 34,3; Jer. 39,2; Jer. 39,32; Jer. 41,1; Jer. 41,7; Jer. 42,11; Jer. 42,13; Jer. 42,17; Jer. 43,2; Jer. 43,31; Jer. 46,1; Jer. 49,18; Jer. 51,2; Jer. 51,13; Jer. 52,4; Jer. 52,12; Bar. 1,2; Bar. 1,7; Bar. 1,15; Bar. 4,8; Lam. 1,1; Lam. 1,1; Ezek. 4,1; Ezek. 8,3; Ezek. 9,4; Ezek. 9,8; Ezek. 11,15; Ezek. 12,19; Ezek. 13,16; Ezek. 14,21; Ezek. 14,22; Ezek. 15,6; Ezek. 17,12; Ezek. 21,7; Ezek. 21,25; Ezek. 21,27; Ezek. 24,2; Ezek. 26,2; Dan. 1,1; Dan. 3,28; Dan. 9,25; Judg. 1,7; Judg. 1,8; Tob. 5,14; Tob. 14,5; Tob. 14,7; Dan. 1,1; Dan. 3,28; Dan. 9,25)
    Noun · feminine · singular · dative · (proper) ▸ 300 + 8 = **308** (Josh. 15,63; Josh. 15,63; Judg. 1,8; Judg. 1,21; 2Sam. 5,5; 2Sam. 5,14; 2Sam. 9,13; 2Sam. 11,1; 2Sam. 11,12; 2Sam. 14,28; 2Sam. 15,14; 2Sam. 16,3; 2Sam. 19,34; 1Kings 2,11; 1Kings 2,35; 1Kings 2,36; 1Kings 2,38; 1Kings 2,46l; 1Kings 8,16; 1Kings 10,22a # 9,15; 1Kings 10,26; 1Kings 10,27; 1Kings 11,36; 1Kings 11,42; 1Kings 12,24a; 1Kings 12,24a; 1Kings 14,21; 1Kings 15,10; 1Kings 16,28a; 1Kings 22,42; 2Kings 8,17; 2Kings 8,26; 2Kings 12,2; 2Kings 14,2; 2Kings 14,19; 2Kings 14,20; 2Kings 15,2; 2Kings 15,33; 2Kings 16,2; 2Kings 18,2; 2Kings 18,22; 2Kings 18,22; 2Kings 21,1; 2Kings 21,4; 2Kings 21,7; 2Kings 21,19; 2Kings 22,1; 2Kings 22,14; 2Kings 23,2; 2Kings 23,9; 2Kings 23,23; 2Kings 23,24; 2Kings 23,31; 2Kings 23,33; 2Kings 23,36; 2Kings 24,8; 2Kings 24,18; 1Chr. 3,4; 1Chr. 3,5; 1Chr. 5,36; 1Chr. 6,17; 1Chr. 8,28; 1Chr. 8,32; 1Chr. 9,3; 1Chr. 9,34; 1Chr. 9,38; 1Chr. 14,3; 1Chr. 14,4; 1Chr. 20,1; 1Chr. 23,25; 1Chr. 28,1; 1Chr. 29,27; 2Chr. 1,14; 2Chr. 1,15; 2Chr. 2,6; 2Chr. 3,1; 2Chr. 6,6; 2Chr. 8,6; 2Chr. 9,25; 2Chr. 9,27; 2Chr. 12,7; 2Chr. 12,13; 2Chr. 12,13; 2Chr. 13,2; 2Chr. 17,13; 2Chr. 19,4; 2Chr. 19,8; 2Chr. 19,8; 2Chr. 20,5; 2Chr. 20,20; 2Chr. 20,31; 2Chr. 21,5; 2Chr. 21,11; 2Chr. 21,13; 2Chr. 21,20; 2Chr. 22,1; 2Chr. 22,2; 2Chr. 24,1; 2Chr. 24,9; 2Chr. 25,1; 2Chr. 25,5; 2Chr. 26,3; 2Chr. 26,9; 2Chr.

26,15; 2Chr. 27,1; 2Chr. 28,1; 2Chr. 28,24; 2Chr. 29,1; 2Chr. 30,2; 2Chr. 30,5; 2Chr. 30,14; 2Chr. 30,21; 2Chr. 30,26; 2Chr. 30,26; 2Chr. 31,4; 2Chr. 32,9; 2Chr. 32,10; 2Chr. 32,22; 2Chr. 32,33; 2Chr. 33,1; 2Chr. 33,4; 2Chr. 33,7; 2Chr. 33,9; 2Chr. 33,15; 2Chr. 33,21; 2Chr. 34,1; 2Chr. 34,9; 2Chr. 34,22; 2Chr. 34,32; 2Chr. 34,33; 2Chr. 35,18; 2Chr. 35,19a; 2Chr. 36,1; 2Chr. 36,2; 2Chr. 36,2c; 2Chr. 36,5; 2Chr. 36,9; 2Chr. 36,11; 2Chr. 36,14; 2Chr. 36,23; 1Esdr. 1,1; 1Esdr. 1,19; 1Esdr. 1,33; 1Esdr. 1,33; 1Esdr. 1,42; 1Esdr. 2,2; 1Esdr. 2,3; 1Esdr. 2,4; 1Esdr. 2,5; 1Esdr. 2,12; 1Esdr. 2,22; 1Esdr. 2,26; 1Esdr. 5,43; 1Esdr. 5,45; 1Esdr. 6,1; 1Esdr. 6,2; 1Esdr. 6,8; 1Esdr. 6,17; 1Esdr. 6,18; 1Esdr. 6,19; 1Esdr. 6,21; 1Esdr. 6,23; 1Esdr. 6,25; 1Esdr. 6,25; 1Esdr. 6,29; 1Esdr. 6,32; 1Esdr. 8,13; 1Esdr. 8,15; 1Esdr. 8,17; 1Esdr. 8,25; 1Esdr. 8,58; 1Esdr. 8,59; 1Esdr. 8,78; 1Esdr. 9,3; 1Esdr. 9,37; Ezra 1,2; Ezra 1,3; Ezra 1,4; Ezra 1,5; Ezra 2,68; Ezra 4,24; Ezra 5,1; Ezra 5,2; Ezra 5,14; Ezra 5,15; Ezra 5,16; Ezra 5,17; Ezra 6,3; Ezra 6,5; Ezra 6,5; Ezra 6,9; Ezra 6,12; Ezra 6,18; Ezra 7,15; Ezra 7,16; Ezra 7,17; Ezra 7,19; Ezra 7,27; Ezra 8,29; Ezra 9,9; Ezra 10,7; Neh. 2,20; Neh. 4,2; Neh. 6,7; Neh. 7,2; Neh. 7,3; Neh. 8,15; Neh. 11,1; Neh. 11,1; Neh. 11,2; Neh. 11,3; Neh. 11,4; Neh. 11,6; Neh. 12,27; Neh. 12,29; Neh. 12,43; Neh. 13,6; Neh. 13,16; Esth. 11,1 # 10,3l; Judith 4,6; Judith 4,8; Judith 4,11; Judith 4,13; Judith 9,1; Judith 11,13; Judith 15,8; Judith 16,20; Tob. 1,7; 1Mac. 2,6; 1Mac. 2,18; 1Mac. 2,31; 1Mac. 6,7; 1Mac. 6,12; 1Mac. 6,26; 1Mac. 7,47; 1Mac. 9,53; 1Mac. 10,10; 1Mac. 10,32; 1Mac. 10,39; 1Mac. 11,20; 1Mac. 13,39; 1Mac. 13,49; 1Mac. 14,19; 1Mac. 14,36; 1Mac. 15,28; Psa. 64,2; Psa. 101,22; Psa. 121,6; Ode. 10,3; Eccl. 1,1; Eccl. 1,12; Eccl. 1,16; Eccl. 2,7; Eccl. 2,9; Sir. 24,11; Sol. 8,17; Sol. 11,1; Sol. 17,14; Sol. 17,15; Joel 3,5; Zeph. 3,16; Zech. 8,22; Zech. 12,11; Zech. 14,14; Zech. 14,21; Mal. 2,11; Is. 4,3; Is. 4,3; Is. 5,3; Is. 8,14; Is. 10,10; Is. 10,11; Is. 10,12; Is. 10,32; Is. 22,21; Is. 24,23; Is. 27,13; Is. 28,14; Is. 31,9; Is. 44,26; Is. 44,28; Is. 66,13; Is. 66,23; Jer. 4,2; Jer. 4,5; Jer. 4,11; Jer. 4,16; Jer. 15,4; Jer. 41,6; Jer. 43,9; Jer. 52,1; Bar. 1,7; Bar. 2,2; Lam. 2,10; Ezek. 4,16; Ezek. 12,10; Ezek. 16,2; Ezek. 16,3; Dan. 9,7; Dan. 9,12; Judg. 1,21; Judg. 1,21; Tob. 1,7; Tob. 1,7; Dan. 5,2; Dan. 5,3; Dan. 9,7; Dan. 9,12)

Noun • feminine • singular • genitive • (proper) ▸ 188 + 8 = **196** (Josh. 10,1; Josh. 10,3; Josh. 10,5; Josh. 10,23; Josh. 12,10; 2Sam. 5,13; 2Sam. 15,11; 2Sam. 19,20; 2Sam. 20,2; 2Sam. 20,7; 1Kings 2,35c; 1Kings 2,35k; 1Kings 2,41; 1Kings 2,42; 1Kings 5,14a; 1Kings 10,22a # 9,15; 1Kings 11,29; 2Kings 12,19; 2Kings 14,2; 2Kings 14,13; 2Kings 15,2; 2Kings 19,21; 2Kings 19,31; 2Kings 23,1; 2Kings 23,4; 2Kings 23,5; 2Kings 23,6; 2Kings 23,13; 2Kings 24,8; 2Kings 24,15; 2Kings 25,9; 1Chr. 5,41; 2Chr. 24,6; 2Chr. 25,1; 2Chr. 25,23; 2Chr. 25,27; 2Chr. 26,3; 2Chr. 28,10; 2Chr. 32,18; 2Chr. 32,19; 2Chr. 34,29; 2Chr. 36,19; 1Esdr. 1,35; 1Esdr. 1,37; 1Esdr. 1,44; 1Esdr. 2,7; 1Esdr. 4,44; 1Esdr. 4,58; 1Esdr. 8,88; Ezra 1,7; Ezra 4,6; Neh. 1,2; Neh. 1,3; Neh. 2,13; Neh. 2,17; Neh. 3,9; Neh. 3,12; Neh. 4,1; Neh. 4,16; Neh. 7,3; Neh. 13,19; Neh. 13,20; Esth. 11,4 # 1,1c; Esth. 2,6; Judith 1,9; Judith 4,2; Judith 10,8; Judith 11,19; Judith 13,4; Judith 15,5; Judith 15,9; Tob. 13,17; 1Mac. 1,35; 1Mac. 1,38; 1Mac. 2,1; 1Mac. 3,35; 1Mac. 3,46; 1Mac. 7,19; 1Mac. 7,39; 1Mac. 10,45; 1Mac. 10,74; 1Mac. 11,41; 1Mac. 12,25; 1Mac. 12,36; 1Mac. 13,10; 1Mac. 14,37; Psa. 50,20; Psa. 67,30; Psa. 78,3; Psa. 115,10; Psa. 127,5; Psa. 136,7; Psa. 146,2; Song 1,5; Song 2,7; Song 3,5; Song 3,10; Song 5,8; Song 5,16; Song 8,4; Sol. 2,0; Sol. 2,3; Sol. 2,11; Sol. 8,19; Sol. 8,20; Amos 1,2; Amos 2,5; Mic. 1,1; Mic. 1,9; Mic. 1,12; Mic. 4,2; Mic. 4,8; Joel 4,1; Joel 4,6; Joel 4,16; Obad. 20; Zeph. 3,14; Zeph. 3,14; Zech. 8,3; Zech. 8,4; Zech. 8,8; Zech. 9,9; Zech. 9,10; Zech. 14,4; Zech. 14,8; Zech. 14,10; Zech. 14,11; Mal. 3,4; Is. 1,1; Is. 2,3; Is. 3,1; Is. 22,10; Is. 36,20; Is. 37,22; Is. 37,32; Is. 52,9; Jer. 1,3; Jer. 1,15; Jer. 2,28; Jer. 5,1; Jer. 6,1; Jer. 7,17; Jer. 7,34; Jer. 11,6; Jer. 11,13; Jer. 13,9; Jer. 14,2; Jer. 14,16; Jer. 17,19; Jer. 17,21; Jer. 17,26; Jer. 17,27; Jer. 17,27; Jer. 19,7; Jer. 19,13; Jer. 22,19; Jer. 23,14; Jer. 23,15; Jer. 24,1; Jer. 24,8; Jer. 34,20; Jer. 36,1; Jer. 36,2; Jer. 36,4; Jer. 39,44; Jer. 40,10; Jer. 40,13; Jer. 44,5; Jer. 44,11; Jer. 44,12; Jer. 51,6; Jer. 51,9; Jer. 51,17; Jer. 51,21; Jer. 52,14; Bar. 1,9; Bar. 2,23; Lam. 2,13; Lam. 2,15; Lam. 4,12; Ezek. 4,7; Ezek. 22,19; Ezek. 33,21; Ezek. 36,38; Dan. 5,2; Dan. 6,11; Dan. 9,2; Dan. 9,16; Tob. 1,4; Tob. 13,17; Tob. 13,17; Tob. 13,17; Tob. 13,18; Dan. 6,11; Dan. 9,2; Dan. 9,16)

Noun • feminine • singular • nominative • (proper) ▸ 41 + 5 = **46** (Josh. 15,8; Josh. 18,28; Judg. 19,10; 2Kings 19,10; 2Chr. 35,24; 1Esdr. 4,55; Neh. 2,17; Tob. 13,17; Tob. 14,5; 1Mac. 3,45; 1Mac. 10,31; Psa. 121,3; Song 6,4; Sol. 2,13; Mic. 1,5; Mic. 3,12; Joel 4,17; Joel 4,20; Zech. 2,8; Zech. 7,7; Zech. 8,3; Is. 3,8; Is. 30,19; Is. 37,10; Is. 51,9; Is. 51,17; Is. 52,2; Is. 60,1; Is. 64,9; Is. 66,10; Jer. 17,20; Jer. 28,35; Jer. 28,50; Jer. 33,18; Jer. 45,28; Lam. 1,7; Lam. 1,8; Lam. 1,17; Ezek. 5,5; Ezek. 23,4; Dan. 9,16; Josh. 18,28; Judg. 19,10; Tob. 13,17; Tob. 14,4; Dan. 9,16)

Noun • feminine • singular • vocative • (proper) ▸ **17** (2Chr. 20,17; Psa. 121,2; Psa. 136,5; Psa. 147,1; Sol. 11,2; Sol. 11,7; Is. 52,1; Is. 62,6; Jer. 4,14; Jer. 6,8; Jer. 13,20; Jer. 13,27; Jer. 15,5; Bar. 4,30; Bar. 4,36; Bar. 5,1; Bar. 5,5)

Ἰερουσαλήμ Jerusalem ▸ 77

Ἰερουσαλήμ ▸ 32

Noun • feminine • singular • accusative • (proper) ▸ **16** (Luke 9,51; Luke 9,53; Luke 13,4; Luke 18,31; Luke 21,20; Acts 1,19; Acts 8,27; Acts 9,2; Acts 9,28; Acts 11,2; Acts 13,31; Acts 21,12; Acts 23,11; Acts 24,11; Acts 25,3; 1Cor. 16,3)

Noun • feminine • singular • dative • (proper) ▸ **7** (Luke 2,43; Luke 9,31; Acts 4,5; Acts 9,13; Acts 10,39; Rom. 15,26; Gal. 4,25)

Noun • feminine • singular • genitive • (proper) ▸ **6** (Luke 2,38; Luke 5,17; Luke 13,33; Luke 23,28; Luke 24,13; Acts 22,18)

Noun • feminine • singular • nominative • (proper) ▸ **1** (Acts 21,31)

Noun • feminine • singular • vocative • (proper) ▸ **2** (Matt. 23,37; Luke 13,34)

Ἰερουσαλήμ ▸ 45

Noun • feminine • singular • accusative • (proper) ▸ **25** (Luke 2,41; Luke 2,45; Luke 4,9; Luke 17,11; Luke 24,18; Luke 24,33; Luke 24,52; Acts 1,12; Acts 2,5; Acts 2,14; Acts 4,16; Acts 5,28; Acts 9,21; Acts 9,26; Acts 12,25; Acts 15,2; Acts 15,4; Acts 20,22; Acts 21,13; Acts 22,5; Acts 22,17; Rom. 15,25; Rom. 15,31; Rev. 21,2; Rev. 21,10)

Noun • feminine • singular • dative • (proper) ▸ **7** (Luke 2,25; Acts 1,8; Acts 6,7; Acts 11,22; Acts 13,27; Acts 21,11; Heb. 12,22)

Noun • feminine • singular • genitive • (proper) ▸ **9** (Luke 6,17; Luke 10,30; Luke 19,11; Luke 24,47; Acts 1,12; Acts 5,16; Acts 8,26; Rom. 15,19; Rev. 3,12)

Noun • feminine • singular • nominative • (proper) ▸ **2** (Luke 21,24; Gal. 4,26)

Noun • feminine • singular • vocative • (proper) ▸ **2** (Matt. 23,37; Luke 13,34)

ἱεροψάλτης (ἱερός; ψάλλω) temple singer ▸ 6

ἱεροψάλται ▸ 3

Noun • masculine • plural • nominative • (common) ▸ **3** (1Esdr. 1,15; 1Esdr. 5,27; 1Esdr. 5,45)

ἱεροψάλταις ▸ 1

Noun • masculine • plural • dative • (common) ▸ **1** (1Esdr. 8,22)

ἱεροψαλτῶν ▸ 2

Noun • masculine • plural • genitive • (common) ▸ **2** (1Esdr. 8,5;

ἱεροψάλτης–Ιεσσια

1Esdr. 9,24)

ἱερόψυχος (ἱερός; ψύχω) pious, holy-minded ‣ 1
   ἱερόψυχε ‣ 1
      Adjective · feminine · singular · vocative · noDegree ‣ 1 (4Mac. 17,4)

Ιερφαηλ Irpeel ‣ 1
   Ιερφαηλ ‣ 1
      Noun · singular · nominative · (proper) ‣ 1 (Josh. 18,27)

ἱέρωμα (ἱερός) idol, amulet ‣ 1
   ἱερώματα ‣ 1
      Noun · masculine · plural · accusative · (common) ‣ 1 (2Mac. 12,40)

Ἱερώνυμος Hieronymus ‣ 1
   Ἱερώνυμος ‣ 1
      Noun · masculine · singular · nominative · (proper) ‣ 1 (2Mac. 12,2)

ἱερωσύνη (ἱερός) priesthood ‣ 8 + 3 = 11
   ἱερωσύνη ‣ 1
      Noun · feminine · singular · vocative · (common) ‣ 1 (4Mac. 5,35)
   ἱερωσύνην ‣ 2 + 1 = 3
      Noun · feminine · singular · accusative · (common) ‣ 2 + 1 = 3 (1Chr. 29,22; 1Mac. 7,9; Heb. 7,24)
   ἱερωσύνης ‣ 5 + 2 = 7
      Noun · feminine · singular · genitive · (common) ‣ 5 + 2 = 7 (1Esdr. 5,38; 1Mac. 2,54; 1Mac. 3,49; 4Mac. 7,6; Sir. 45,24; Heb. 7,11; Heb. 7,12)

Ιεσβακασα Joshbekashah ‣ 2
   Ιεσβακασα ‣ 2
      Noun · masculine · singular · nominative · (proper) ‣ 2 (1Chr. 25,4; 1Chr. 25,24)

Ιεσβι Ishbi-Benob ‣ 1
   Ιεσβι ‣ 1
      Noun · masculine · singular · nominative · (proper) ‣ 1 (2Sam. 21,16)

Ιεσβοαμ Jashobeam ‣ 2
   Ιεσβοαμ ‣ 2
      Noun · masculine · singular · nominative · (proper) ‣ 2 (1Chr. 12,7; 1Chr. 27,2)

Ιεσβοκ Ishbak ‣ 1
   Ιεσβοκ ‣ 1
      Noun · masculine · singular · accusative · (proper) ‣ 1 (Gen. 25,2)

Ιεσδρι Izri ‣ 1
   Ιεσδρι ‣ 1
      Noun · masculine · singular · nominative · (proper) ‣ 1 (1Chr. 25,11)

Ιεσεβααλ Jashobeam ‣ 1
   Ιεσεβααλ ‣ 1
      Noun · masculine · singular · nominative · (proper) ‣ 1 (1Chr. 11,11)

Ιεσερ Jezer ‣ 1
   Ιεσερ ‣ 1
      Noun · masculine · singular · dative · (proper) ‣ 1 (Num. 26,49)

Ιεσερι Jezerite ‣ 1
   Ιεσερι ‣ 1
      Noun · masculine · singular · nominative · (proper) ‣ 1 (Num. 26,49)

Ιεσι Ishi ‣ 1
   Ιεσι ‣ 1
      Noun · masculine · singular · genitive · (proper) ‣ 1 (1Chr. 4,42)

Ιεσια Isshiah; Jeshaiah ‣ 3
   Ιεσια ‣ 3
      Noun · masculine · singular · genitive · (proper) ‣ 1 (Neh. 11,7)
      Noun · masculine · singular · nominative · (proper) ‣ 2 (1Chr. 7,3; Ezra 8,7)

Ιεσιας Isshiah; Jeshaiah ‣ 2
   Ιεσιας ‣ 2
      Noun · masculine · singular · nominative · (proper) ‣ 2 (1Chr. 24,21; 1Esdr. 8,33)

Ιεσιηλ Jaasiel ‣ 1
   Ιεσιηλ ‣ 1
      Noun · masculine · singular · nominative · (proper) ‣ 1 (1Chr. 11,47)

Ιεσμεγα Jerahmeel ‣ 1
   Ιεσμεγα ‣ 1
      Noun · singular · genitive · (proper) ‣ 1 (1Sam. 27,10)

Ιεσου Ishvite ‣ 1
   Ιεσου ‣ 1
      Noun · masculine · singular · dative · (proper) ‣ 1 (Num. 26,28)

Ιεσουα Ishvah ‣ 1
   Ιεσουα ‣ 1
      Noun · masculine · singular · nominative · (proper) ‣ 1 (Gen. 46,17)

Ιεσουι Ishvite ‣ 1
   Ιεσουι ‣ 1
      Noun · masculine · singular · nominative · (proper) ‣ 1 (Num. 26,28)

Ιεσραε Izrahite ‣ 1
   Ιεσραε ‣ 1
      Noun · masculine · singular · nominative · (proper) ‣ 1 (1Chr. 27,8)

Ιεσσαι Jesse ‣ 38
   Ιεσσαι ‣ 38
      Noun · masculine · singular · accusative · (proper) ‣ 8 (Ruth 4,22; 1Sam. 16,1; 1Sam. 16,3; 1Sam. 16,11; 1Sam. 16,11; 1Sam. 16,19; 1Sam. 16,22; 1Chr. 2,12)
      Noun · masculine · singular · dative · (proper) ‣ 1 (1Sam. 16,18)
      Noun · masculine · singular · genitive · (proper) ‣ 22 (Ruth 4,17; 1Sam. 20,27; 1Sam. 20,30; 1Sam. 20,31; 1Sam. 22,7; 1Sam. 22,8; 1Sam. 22,9; 1Sam. 22,13; 1Sam. 25,10; 2Sam. 20,1; 2Sam. 23,1; 1Kings 12,16; 1Kings 12,24t; 1Chr. 10,14; 1Chr. 12,19; 1Chr. 29,26; 2Chr. 10,16; 2Chr. 11,18; Psa. 71,20; Sir. 45,25; Is. 11,1; Is. 11,10)
      Noun · masculine · singular · nominative · (proper) ‣ 7 (Ruth 4,22; 1Sam. 16,5; 1Sam. 16,8; 1Sam. 16,9; 1Sam. 16,10; 1Sam. 16,20; 1Chr. 2,13)

Ἰεσσαί Jesse ‣ 5
   Ἰεσσαί ‣ 3
      Noun · masculine · singular · genitive · (proper) ‣ 2 (Luke 3,32; Rom. 15,12)
      Noun · masculine · singular · nominative · (proper) ‣ 1 (Matt. 1,6)
   Ἰεσσαί ‣ 2
      Noun · masculine · singular · accusative · (proper) ‣ 1 (Matt. 1,5)
      Noun · masculine · singular · genitive · (proper) ‣ 1 (Acts 13,22)

Ιεσσαιμουν Jessaemon ‣ 4
   Ιεσσαιμουν ‣ 4
      Noun · singular · genitive · (proper) ‣ 4 (1Sam. 23,19; 1Sam. 23,24; 1Sam. 26,1; 1Sam. 26,3)

Ιεσσια Ishijah ‣ 1
   Ιεσσια ‣ 1
      Noun · masculine · singular · nominative · (proper) ‣ 1 (Ezra 10,31)

Ιεσσιας Isaiah ▸ 1
　Ιεσσιου ▸ 1
　　Noun ▪ masculine ▪ singular ▪ genitive ▪ (proper) ▸ **1** (2Chr. 26,22)

Ιεσσιβαθ Jessibath (?) ▸ 1
　Ιεσσιβαθ ▸ 1
　　Noun ▪ singular ▪ nominative ▪ (proper) ▸ **1** (2Sam. 5,16a)

Ιεσσιου Ishvi ▸ 1
　Ιεσσιου ▸ 1
　　Noun ▪ masculine ▪ singular ▪ nominative ▪ (proper) ▸ **1** (1Sam. 14,49)

Ιεσφα Ishpah ▸ 1
　Ιεσφα ▸ 1
　　Noun ▪ masculine ▪ singular ▪ nominative ▪ (proper) ▸ **1** (1Chr. 8,16)

Ιεσχα Iscah ▸ 1
　Ιεσχα ▸ 1
　　Noun ▪ feminine ▪ singular ▪ nominative ▪ (proper) ▸ **1** (Gen. 11,29)

Ιεταμαρος Ithamar ▸ 1
　Ιεταμαρου ▸ 1
　　Noun ▪ masculine ▪ singular ▪ genitive ▪ (proper) ▸ **1** (1Esdr. 8,29)

Ιετεβα Jotbah ▸ 1
　Ιετεβα ▸ 1
　　Noun ▪ singular ▪ genitive ▪ (proper) ▸ **1** (2Kings 21,19)

Ιετουρ Jetur ▸ 1
　Ιετουρ ▸ 1
　　Noun ▪ masculine ▪ singular ▪ nominative ▪ (proper) ▸ **1** (Gen. 25,15)

Ιεττα Juttah ▸ 1
　Ιεττα ▸ 1
　　Noun ▪ singular ▪ nominative ▪ (proper) ▸ **1** (Josh. 15,55)

Ιεττουρ Jetur; Jettur ▸ 1
　Ιεττουρ ▸ 1
　　Noun ▪ masculine ▪ singular ▪ nominative ▪ (proper) ▸ **1** (1Chr. 1,31)

Ιεφερια Iphdeiah ▸ 1
　Ιεφερια ▸ 1
　　Noun ▪ masculine ▪ singular ▪ nominative ▪ (proper) ▸ **1** (1Chr. 8,25)

Ιεφθα Japhia ▸ 1 + 1 = 2
　Ιεφθα ▸ 1 + 1 = 2
　　Noun ▪ masculine ▪ singular ▪ accusative ▪ (proper) ▸ **1** (Josh. 10,3)
　　Noun ▪ singular ▪ nominative ▪ (proper) ▸ **1** (Josh. 15,43)

Ιεφθαε Jephthah ▸ 31 + 28 = 59
　Ιεφθαε ▸ 31 + 28 = 59
　　Noun ▪ masculine ▪ singular ▪ accusative ▪ (proper) ▸ 12 + 8 = **20** (Judg. 11,1; Judg. 11,2; Judg. 11,3; Judg. 11,5; Judg. 11,6; Judg. 11,8; Judg. 11,10; Judg. 11,14; Judg. 11,29; Judg. 11,39; Judg. 12,1; 1Sam. 12,11; Judg. 11,1; Judg. 11,2; Judg. 11,3; Judg. 11,5; Judg. 11,8; Judg. 11,10; Judg. 11,29; Judg. 12,1)
　　Noun ▪ masculine ▪ singular ▪ dative ▪ (proper) ▸ **1** (Judg. 11,6)
　　Noun ▪ masculine ▪ singular ▪ genitive ▪ (proper) ▸ 3 + 3 = **6** (Judg. 11,13; Judg. 11,28; Judg. 11,40; Judg. 11,13; Judg. 11,28; Judg. 11,40)
　　Noun ▪ masculine ▪ singular ▪ nominative ▪ (proper) ▸ 16 + 16 = **32** (Judg. 11,1; Judg. 11,3; Judg. 11,7; Judg. 11,9; Judg. 11,11; Judg. 11,11; Judg. 11,12; Judg. 11,14; Judg. 11,15; Judg. 11,30; Judg. 11,32; Judg. 11,34; Judg. 12,2; Judg. 12,4; Judg. 12,7; Judg. 12,7; Judg. 11,1; Judg. 11,3; Judg. 11,7; Judg. 11,9; Judg. 11,11; Judg. 11,11; Judg. 11,12; Judg. 11,14; Judg. 11,15; Judg. 11,30; Judg. 11,32; Judg. 11,34; Judg. 12,2; Judg. 12,4; Judg. 12,7; Judg. 12,7)

Ἰεφθάε Jephthah ▸ 1
　Ἰεφθάε ▸ 1
　　Noun ▪ masculine ▪ singular ▪ genitive ▪ (proper) ▸ **1** (Heb. 11,32)

Ιεφθαηλ Iphtah El ▸ 1
　Ιεφθαηλ ▸ 1
　　Noun ▪ masculine ▪ singular ▪ genitive ▪ (proper) ▸ **1** (Josh. 19,27)

Ιεφθαμαι Jabneel ▸ 1
　Ιεφθαμαι ▸ 1
　　Noun ▪ singular ▪ nominative ▪ (proper) ▸ **1** (Josh. 19,33)

Ιεφιες Japhia ▸ 1
　Ιεφιες ▸ 1
　　Noun ▪ singular ▪ nominative ▪ (proper) ▸ **1** (2Sam. 5,15)

Ιεφοννη Jephunneh ▸ 17
　Ιεφοννη ▸ 17
　　Noun ▪ masculine ▪ singular ▪ genitive ▪ (proper) ▸ **17** (Num. 13,6; Num. 14,6; Num. 14,30; Num. 14,38; Num. 26,65; Num. 32,12; Num. 34,19; Deut. 1,36; Josh. 14,6; Josh. 14,13; Josh. 14,14; Josh. 15,13; Josh. 15,14; Josh. 21,12; 1Chr. 4,15; 1Chr. 6,41; Sir. 46,7)

Ιεχεμιας Jekamiah ▸ 2
　Ιεχεμιαν ▸ 1
　　Noun ▪ masculine ▪ singular ▪ accusative ▪ (proper) ▸ **1** (1Chr. 2,41)
　Ιεχεμιας ▸ 1
　　Noun ▪ masculine ▪ singular ▪ nominative ▪ (proper) ▸ **1** (1Chr. 2,41)

Ιεχθαηλ Joktheel ▸ 1
　Ιεχθαηλ ▸ 1
　　Noun ▪ singular ▪ nominative ▪ (proper) ▸ **1** (Josh. 15,38)

Ιεχονια-ασιρ Jehoiachin (Jeconiah) -Asir (Hebr.) Captive ▸ 1
　Ιεχονια-ασιρ ▸ 1
　　Noun ▪ masculine ▪ singular ▪ genitive ▪ (proper) ▸ **1** (1Chr. 3,17)

Ιεχονιας Jehoiachin (Jeconiah) ▸ 15
　Ιεχονιαν ▸ 5
　　Noun ▪ masculine ▪ singular ▪ accusative ▪ (proper) ▸ **5** (1Esdr. 1,32; Jer. 24,1; Jer. 34,20; Jer. 35,4; Bar. 1,9)
　Ιεχονιας ▸ 6
　　Noun ▪ masculine ▪ singular ▪ nominative ▪ (proper) ▸ **6** (1Chr. 3,16; 2Chr. 36,8; 2Chr. 36,9; 1Esdr. 1,9; Jer. 22,24; Jer. 22,28)
　Ιεχονιου ▸ 4
　　Noun ▪ masculine ▪ singular ▪ genitive ▪ (proper) ▸ **4** (1Sam. 6,19; Esth. 11,4 # 1,1c; Jer. 36,2; Bar. 1,3)

Ἰεχονίας Jehoiachin (Jeconiah) ▸ 1 + 2 = 3
　Ἰεχονίαν ▸ 1
　　Noun ▪ masculine ▪ singular ▪ accusative ▪ (proper) ▸ **1** (Matt. 1,11)
　Ιεχονιας ▸ 1
　　Noun ▪ masculine ▪ singular ▪ nominative ▪ (proper) ▸ **1** (1Esdr. 8,89)
　Ἰεχονίας ▸ 1
　　Noun ▪ masculine ▪ singular ▪ nominative ▪ (proper) ▸ **1** (Matt. 1,12)

Ιεων En Gannim ▸ 1
　Ιεων ▸ 1
　　Noun ▪ singular ▪ nominative ▪ (proper) ▸ **1** (Josh. 19,21)

ις′ number: sixteen; (Hebr.) ain ▸ 1
　ις′ ▸ 1
　　Adjective ▪ neuter ▪ singular ▪ (ordinal ▪ numeral) ▸ **1** (Psa. 118,121)

ιζ′ number: seventeen; (Hebr.) pe ▸ 1
　ιζ′ ▸ 1

ιζ´–Ἰησοῦς

Adjective · neuter · singular · (ordinal · numeral) ▸ **1** (Psa. 118,129)

ιη´ number: eighteen; (Hebr.) tsadhe ▸ 1
  ιη´ ▸ 1
    Adjective · neuter · singular · (ordinal · numeral) ▸ **1** (Psa. 118,137)

Ιηου Jehu ▸ 2
  Ιηου ▸ 2
    Noun · masculine · singular · accusative · (proper) ▸ **1** (1Chr. 2,38)
    Noun · masculine · singular · nominative · (proper) ▸ **1** (1Chr. 2,38)

Ιηουλ Jehu ▸ 1
  Ιηουλ ▸ 1
    Noun · masculine · singular · nominative · (proper) ▸ **1** (1Chr. 12,3)

Ιησου Joshua; Jeshua ▸ 3
  Ιησου ▸ 3
    Noun · masculine · singular · dative · (proper) ▸ **1** (Neh. 11,26)
    Noun · masculine · singular · nominative · (proper) ▸ **2** (Neh. 12,8; Neh. 12,24)

Ιησουε Joshua; Jeshua ▸ 2
  Ιησουε ▸ 2
    Noun · masculine · singular · genitive · (proper) ▸ **1** (Ezra 2,6)
    Noun · masculine · singular · nominative · (proper) ▸ **1** (1Chr. 7,27)

Ιησουνι Isshiah ▸ 1
  Ιησουνι ▸ 1
    Noun · masculine · singular · nominative · (proper) ▸ **1** (1Chr. 12,7)

Ιησους Jesus; Joshua ▸ 2
  Ιησου ▸ 2
    Noun · masculine · singular · genitive · (proper) ▸ **2** (1Kings 16,34; 2Kings 23,8)

Ἰησοῦς Jesus; Joshua ▸ 270 + 7 + 917 = 1194
  Ἰησοῖ ▸ 20
    Noun · masculine · singular · dative · (proper) ▸ **20** (Ex. 17,14; Deut. 3,21; Deut. 3,28; Deut. 31,23; Josh. 1,1; Josh. 1,16; Josh. 4,1; Josh. 4,8; Josh. 4,8; Josh. 4,15; Josh. 5,2; Josh. 5,9; Josh. 7,20; Josh. 8,27; Josh. 8,35 # 9,2f; Josh. 9,24; Josh. 11,15; Josh. 19,49; Josh. 20,1; Josh. 21,42b)
  Ἰησοῦ ▸ 41 + 4 + 327 = 372
    Noun · masculine · singular · dative · (proper) ▸ 4 + 92 = **96** (Josh. 10,17; Josh. 17,14; 1Chr. 24,11; 1Esdr. 5,65; Matt. 8,34; Matt. 9,10; Matt. 9,27; Matt. 14,12; Matt. 15,1; Matt. 17,4; Matt. 17,19; Matt. 18,1; Matt. 21,27; Matt. 26,17; Matt. 26,49; Matt. 27,55; Matt. 27,57; Mark 2,15; Mark 9,4; Mark 9,5; Mark 11,33; Luke 6,11; Luke 22,47; John 1,36; John 1,37; John 12,22; John 18,15; John 18,15; John 18,22; John 19,9; John 21,21; Acts 4,2; Acts 4,13; Rom. 3,24; Rom. 6,11; Rom. 6,23; Rom. 8,1; Rom. 8,2; Rom. 8,39; Rom. 14,14; Rom. 15,17; Rom. 16,3; 1Cor. 1,2; 1Cor. 1,4; 1Cor. 1,30; 1Cor. 4,15; 1Cor. 4,17; 1Cor. 15,31; 1Cor. 16,24; 2Cor. 4,14; Gal. 2,4; Gal. 3,14; Gal. 3,26; Gal. 3,28; Gal. 5,6; Eph. 1,1; Eph. 1,15; Eph. 2,6; Eph. 2,7; Eph. 2,10; Eph. 2,13; Eph. 3,6; Eph. 3,11; Eph. 3,21; Eph. 4,21; Phil. 1,1; Phil. 1,26; Phil. 2,5; Phil. 2,19; Phil. 3,3; Phil. 3,14; Phil. 4,7; Phil. 4,19; Phil. 4,21; Col. 1,4; 1Th. 1,1; 1Th. 2,14; 1Th. 4,1; 1Th. 5,18; 2Th. 1,1; 2Th. 3,12; 1Tim. 1,12; 1Tim. 1,14; 1Tim. 3,13; 2Tim. 1,1; 2Tim. 1,9; 2Tim. 1,13; 2Tim. 2,1; 2Tim. 2,10; 2Tim. 3,12; 2Tim. 3,15; Philem. 23; Heb. 12,24; 1John 5,20; Jude 1; Rev. 1,9)
    Noun · masculine · singular · genitive · (proper) ▸ 34 + 4 + 225 = **263** (Ex. 17,9; Josh. 6,27; Josh. 14,2; Josh. 17,4; Josh. 24,29; Josh. 24,29; Judg. 1,1; Judg. 2,7; Judg. 2,23; 1Esdr. 5,8; 1Esdr. 5,11; 1Esdr. 5,24; 1Esdr. 5,26; 1Esdr. 5,56; 1Esdr. 8,62; 1Esdr. 9,19; Ezra 2,36; Ezra 2,40; Ezra 8,33; Ezra 10,18; Neh. 3,19; Neh. 7,7; Neh. 7,11; Neh. 7,39; Neh. 7,43; Neh. 8,17; Neh. 12,1; Neh. 12,7; Neh. 12,26; 2Mac. 12,15; Hag. 1,14; Zech. 3,9; Zech. 6,11; Bel 1; Judg. 1,1; Judg. 2,7; Judg. 2,7; Judg. 2,23; Matt. 1,1; Matt. 1,18; Matt. 2,1; Matt. 14,1; Matt. 26,6; Matt. 26,51; Matt. 26,59; Matt. 26,69; Matt. 26,71; Matt. 26,75; Matt. 27,1; Matt. 27,58; Mark 1,1; Mark 5,21; Mark 5,27; Mark 14,55; Mark 14,67; Mark 15,43; Luke 3,21; Luke 3,29; Luke 5,8; Luke 5,19; Luke 7,3; Luke 8,35; Luke 8,41; Luke 23,26; Luke 23,52; Luke 24,3; Luke 24,19; John 1,17; John 2,1; John 2,3; John 12,3; John 13,23; John 13,25; John 18,32; John 19,25; John 19,38; John 19,38; John 19,40; John 20,12; Acts 1,14; Acts 2,38; Acts 3,6; Acts 4,10; Acts 4,18; Acts 4,30; Acts 4,33; Acts 5,40; Acts 7,45; Acts 8,12; Acts 8,16; Acts 9,27; Acts 10,36; Acts 10,48; Acts 15,11; Acts 15,26; Acts 16,7; Acts 16,18; Acts 18,25; Acts 19,5; Acts 19,13; Acts 19,17; Acts 20,24; Acts 20,35; Acts 21,13; Acts 25,19; Acts 26,9; Acts 28,23; Acts 28,31; Rom. 1,1; Rom. 1,4; Rom. 1,6; Rom. 1,7; Rom. 1,8; Rom. 2,16; Rom. 3,22; Rom. 3,26; Rom. 5,1; Rom. 5,11; Rom. 5,15; Rom. 5,17; Rom. 5,21; Rom. 7,25; Rom. 15,6; Rom. 15,16; Rom. 15,30; Rom. 16,20; Rom. 16,25; Rom. 16,27; 1Cor. 1,1; 1Cor. 1,2; 1Cor. 1,3; 1Cor. 1,7; 1Cor. 1,8; 1Cor. 1,9; 1Cor. 1,10; 1Cor. 5,4; 1Cor. 5,4; 1Cor. 6,11; 1Cor. 15,57; 1Cor. 16,23; 2Cor. 1,1; 2Cor. 1,2; 2Cor. 1,3; 2Cor. 1,14; 2Cor. 4,6; 2Cor. 4,10; 2Cor. 4,10; 2Cor. 4,11; 2Cor. 8,9; 2Cor. 11,31; 2Cor. 13,13; Gal. 1,1; Gal. 1,3; Gal. 1,12; Gal. 2,16; Gal. 3,22; Gal. 5,24; Gal. 6,14; Gal. 6,17; Gal. 6,18; Eph. 1,1; Eph. 1,2; Eph. 1,3; Eph. 1,5; Eph. 1,17; Eph. 2,20; Eph. 3,1; Eph. 5,20; Eph. 6,23; Phil. 1,1; Phil. 1,2; Phil. 1,6; Phil. 1,8; Phil. 1,11; Phil. 1,19; Phil. 2,10; Phil. 2,21; Phil. 3,8; Phil. 3,12; Phil. 4,23; Col. 1,1; Col. 1,3; Col. 3,17; Col. 4,12; 1Th. 1,3; 1Th. 2,19; 1Th. 3,13; 1Th. 4,2; 1Th. 4,14; 1Th. 5,9; 1Th. 5,23; 1Th. 5,28; 2Th. 1,2; 2Th. 1,7; 2Th. 1,8; 2Th. 1,12; 2Th. 1,12; 2Th. 2,1; 2Th. 2,14; 2Th. 3,6; 2Th. 3,18; 1Tim. 1,1; 1Tim. 1,1; 1Tim. 1,2; 1Tim. 4,6; 1Tim. 5,21; 1Tim. 6,3; 1Tim. 6,13; 1Tim. 6,14; 2Tim. 1,1; 2Tim. 1,2; 2Tim. 1,10; 2Tim. 2,3; 2Tim. 4,1; Titus 1,1; Titus 1,4; Titus 2,13; Titus 3,6; Philem. 1; Philem. 3; Philem. 9; Philem. 25; Heb. 10,10; Heb. 10,19; Heb. 13,21; James 1,1; James 2,1; 1Pet. 1,1; 1Pet. 1,2; 1Pet. 1,3; 1Pet. 1,3; 1Pet. 1,7; 1Pet. 1,13; 1Pet. 2,5; 1Pet. 3,21; 1Pet. 4,11; 2Pet. 1,1; 2Pet. 1,1; 2Pet. 1,2; 2Pet. 1,8; 2Pet. 1,11; 2Pet. 1,16; 2Pet. 2,20; 2Pet. 3,18; 1John 1,3; 1John 1,7; 1John 3,23; 2John 3; Jude 1; Jude 17; Jude 21; Jude 25; Rev. 1,1; Rev. 1,2; Rev. 1,5; Rev. 1,9; Rev. 12,17; Rev. 14,12; Rev. 17,6; Rev. 19,10; Rev. 19,10; Rev. 20,4; Rev. 22,21)
    Noun · masculine · singular · vocative · (proper) ▸ 3 + 10 = **13** (Ode. 14,14; Hag. 2,4; Zech. 3,8; Mark 1,24; Mark 5,7; Mark 10,47; Luke 4,34; Luke 8,28; Luke 17,13; Luke 18,38; Luke 23,42; Acts 7,59; Rev. 22,20)
  Ἰησοῦν ▸ 40 + 127 = 167
    Noun · masculine · singular · accusative · (proper) ▸ 40 + 127 = **167** (Num. 13,16; Num. 27,18; Num. 27,22; Num. 32,28; Deut. 31,7; Deut. 31,14; Josh. 2,23; Josh. 2,24; Josh. 3,7; Josh. 4,14; Josh. 5,15; Josh. 6,2; Josh. 7,3; Josh. 7,10; Josh. 7,23; Josh. 8,1; Josh. 8,18; Josh. 8,23; Josh. 9,2; Josh. 9,6; Josh. 9,6; Josh. 9,8; Josh. 10,1; Josh. 10,4; Josh. 10,6; Josh. 10,8; Josh. 10,21; Josh. 10,24; Josh. 11,6; Josh. 13,1; Josh. 14,6; Josh. 18,9; Josh. 21,1; Josh. 24,21; Josh. 24,24; Judg. 2,7; Hag. 1,1; Hag. 2,2; Zech. 3,1; Zech. 3,6; Matt. 1,21; Matt. 1,25; Matt. 14,29; Matt. 17,8; Matt. 26,4; Matt. 26,50; Matt. 26,57; Matt. 27,16; Matt. 27,17; Matt. 27,17; Matt. 27,20; Matt. 27,22; Matt. 27,26; Matt. 27,27; Matt. 27,54; Matt. 28,5; Mark 5,6; Mark 5,15; Mark 6,30; Mark 9,8; Mark 10,50; Mark 11,7; Mark 14,53; Mark 14,60; Mark 15,1;

Mark 15,15; Mark 16,6; Luke 1,31; Luke 2,27; Luke 5,12; Luke 7,4; Luke 8,28; Luke 8,35; Luke 8,40; Luke 9,33; Luke 10,29; Luke 19,3; Luke 19,35; Luke 19,35; Luke 23,8; Luke 23,20; Luke 23,25; John 1,29; John 1,42; John 1,45; John 5,16; John 6,19; John 6,24; John 11,21; John 11,56; John 12,9; John 12,11; John 12,21; John 17,3; John 18,5; John 18,7; John 18,12; John 18,19; John 18,28; John 18,33; John 19,1; John 19,13; John 19,16; John 19,18; John 19,23; John 19,33; John 19,42; John 20,14; Acts 1,16; Acts 2,22; Acts 2,32; Acts 2,36; Acts 3,13; Acts 3,20; Acts 4,27; Acts 5,30; Acts 5,42; Acts 7,55; Acts 8,35; Acts 9,20; Acts 10,38; Acts 11,17; Acts 11,20; Acts 13,23; Acts 13,33; Acts 16,31; Acts 17,7; Acts 17,18; Acts 18,5; Acts 18,28; Acts 19,4; Acts 19,13; Acts 19,15; Acts 20,21; Acts 24,24; Rom. 4,24; Rom. 6,3; Rom. 8,11; Rom. 10,9; Rom. 13,14; Rom. 15,5; 1Cor. 2,2; 1Cor. 9,1; 2Cor. 4,5; 2Cor. 4,5; 2Cor. 4,11; 2Cor. 4,14; 2Cor. 11,4; Gal. 2,16; Gal. 4,14; Eph. 6,24; Phil. 3,20; Col. 2,6; 1Th. 1,10; 1Th. 2,15; 2Tim. 2,8; Philem. 5; Heb. 2,9; Heb. 3,1; Heb. 4,14; Heb. 12,2; Heb. 13,20; 1John 2,1; 1John 4,2; 1John 4,3; 2John 7; Jude 4)

Ἰησοῦς ▸ 169 + 3 + 463 = 635
  Noun · masculine · singular · genitive · (proper) ▸ **1** (2Chr. 31,15)
  Noun · masculine · singular · nominative · (proper) ▸ 168 + 3 + 463 = **634** (Ex. 17,10; Ex. 17,13; Ex. 24,13; Ex. 24,15; Ex. 32,17; Ex. 33,11; Num. 11,28; Num. 14,6; Num. 14,30; Num. 14,38; Num. 26,65; Num. 32,12; Num. 34,17; Deut. 1,38; Deut. 31,3; Deut. 31,14; Deut. 32,44; Deut. 34,9; Josh. 1,10; Josh. 1,12; Josh. 2,1; Josh. 3,1; Josh. 3,5; Josh. 3,6; Josh. 3,9; Josh. 4,4; Josh. 4,9; Josh. 4,10; Josh. 4,17; Josh. 4,20; Josh. 5,3; Josh. 5,4; Josh. 5,5; Josh. 5,7; Josh. 5,13; Josh. 5,13; Josh. 5,14; Josh. 6,6; Josh. 6,10; Josh. 6,12; Josh. 6,16; Josh. 6,21; Josh. 6,22; Josh. 6,25; Josh. 6,25; Josh. 6,26; Josh. 7,2; Josh. 7,6; Josh. 7,6; Josh. 7,7; Josh. 7,16; Josh. 7,19; Josh. 7,22; Josh. 7,24; Josh. 7,25; Josh. 8,3; Josh. 8,3; Josh. 8,9; Josh. 8,10; Josh. 8,15; Josh. 8,18; Josh. 8,21; Josh. 8,24; Josh. 8,28; Josh. 8,29; Josh. 8,30 # 9,2a; Josh. 8,32 # 9,2c; Josh. 8,34 # 9,2e; Josh. 8,35 # 9,2f; Josh. 9,8; Josh. 9,15; Josh. 9,22; Josh. 9,26; Josh. 9,27; Josh. 10,1; Josh. 10,7; Josh. 10,9; Josh. 10,12; Josh. 10,12; Josh. 10,18; Josh. 10,20; Josh. 10,22; Josh. 10,24; Josh. 10,25; Josh. 10,26; Josh. 10,27; Josh. 10,29; Josh. 10,31; Josh. 10,33; Josh. 10,34; Josh. 10,36; Josh. 10,38; Josh. 10,40; Josh. 10,42; Josh. 11,7; Josh. 11,9; Josh. 11,10; Josh. 11,12; Josh. 11,13; Josh. 11,15; Josh. 11,16; Josh. 11,18; Josh. 11,21; Josh. 11,21; Josh. 11,23; Josh. 11,23; Josh. 12,7; Josh. 12,7; Josh. 13,1; Josh. 14,1; Josh. 14,13; Josh. 15,13; Josh. 17,15; Josh. 17,17; Josh. 18,3; Josh. 18,8; Josh. 18,10; Josh. 19,51; Josh. 21,12; Josh. 21,42a; Josh. 21,42c; Josh. 21,42d; Josh. 22,1; Josh. 22,6; Josh. 22,7; Josh. 22,7; Josh. 22,34; Josh. 23,1; Josh. 23,2; Josh. 24,1; Josh. 24,2; Josh. 24,19; Josh. 24,22; Josh. 24,25; Josh. 24,26; Josh. 24,27; Josh. 24,28; Josh. 24,30; Judg. 2,6; Judg. 2,8; Judg. 2,21; Judg. 3,1; 1Esdr. 5,5; 1Esdr. 5,47; 1Esdr. 5,54; 1Esdr. 5,56; 1Esdr. 5,67; 1Esdr. 6,2; 1Esdr. 9,48; Ezra 2,2; Ezra 3,2; Ezra 3,8; Ezra 3,9; Ezra 4,3; Ezra 5,2; Neh. 8,7; Neh. 9,4; Neh. 9,5; Neh. 10,10; Neh. 12,10; 1Mac. 2,55; Ode. 14,27; Sir. 1,7 Prol.; Sir. 46,1; Sir. 49,12; Sir. 50,27; Hag. 1,12; Zech. 3,3; Judg. 2,6; Judg. 2,8; Judg. 2,21; Matt. 1,16; Matt. 3,13; Matt. 3,15; Matt. 3,16; Matt. 4,1; Matt. 4,7; Matt. 4,10; Matt. 4,17; Matt. 7,28; Matt. 8,4; Matt. 8,10; Matt. 8,13; Matt. 8,14; Matt. 8,18; Matt. 8,20; Matt. 8,22; Matt. 9,2; Matt. 9,4; Matt. 9,9; Matt. 9,15; Matt. 9,19; Matt. 9,22; Matt. 9,23; Matt. 9,28; Matt. 9,30; Matt. 9,35; Matt. 10,5; Matt. 11,1; Matt. 11,4; Matt. 11,7; Matt. 11,25; Matt. 12,1; Matt. 12,15; Matt. 13,1; Matt. 13,34; Matt. 13,53; Matt. 13,57; Matt. 14,13; Matt. 14,16; Matt. 14,27; Matt. 14,31; Matt. 15,21; Matt. 15,28; Matt. 15,29; Matt. 15,32; Matt. 15,34; Matt. 16,6; Matt. 16,8; Matt. 16,13; Matt. 16,17; Matt. 16,21; Matt. 16,24; Matt. 17,1; Matt. 17,7; Matt. 17,9; Matt. 17,17; Matt. 17,18; Matt. 17,22; Matt. 17,25; Matt. 17,26; Matt. 18,22; Matt. 19,1; Matt. 19,14; Matt. 19,18; Matt. 19,21; Matt. 19,23; Matt. 19,26; Matt. 19,28; Matt. 20,17; Matt. 20,22; Matt. 20,25; Matt. 20,30; Matt. 20,32; Matt. 20,34; Matt. 21,1; Matt. 21,6; Matt. 21,11; Matt. 21,12; Matt. 21,16; Matt. 21,21; Matt. 21,24; Matt. 21,31; Matt. 21,42; Matt. 22,1; Matt. 22,18; Matt. 22,29; Matt. 22,41; Matt. 23,1; Matt. 24,1; Matt. 24,4; Matt. 26,1; Matt. 26,10; Matt. 26,19; Matt. 26,26; Matt. 26,31; Matt. 26,34; Matt. 26,36; Matt. 26,50; Matt. 26,52; Matt. 26,55; Matt. 26,63; Matt. 26,64; Matt. 27,11; Matt. 27,11; Matt. 27,37; Matt. 27,46; Matt. 27,50; Matt. 28,9; Matt. 28,10; Matt. 28,16; Matt. 28,18; Mark 1,9; Mark 1,14; Mark 1,17; Mark 1,25; Mark 2,5; Mark 2,8; Mark 2,17; Mark 2,19; Mark 3,7; Mark 5,20; Mark 5,30; Mark 5,36; Mark 6,4; Mark 8,27; Mark 9,2; Mark 9,23; Mark 9,25; Mark 9,27; Mark 9,39; Mark 10,5; Mark 10,14; Mark 10,18; Mark 10,21; Mark 10,23; Mark 10,24; Mark 10,27; Mark 10,29; Mark 10,32; Mark 10,38; Mark 10,39; Mark 10,42; Mark 10,47; Mark 10,49; Mark 10,51; Mark 10,52; Mark 11,6; Mark 11,22; Mark 11,29; Mark 11,33; Mark 12,17; Mark 12,24; Mark 12,29; Mark 12,34; Mark 12,35; Mark 13,2; Mark 13,5; Mark 14,6; Mark 14,18; Mark 14,27; Mark 14,30; Mark 14,48; Mark 14,62; Mark 14,72; Mark 15,5; Mark 15,34; Mark 15,37; Mark 16,8; Mark 16,19; Luke 2,21; Luke 2,43; Luke 2,52; Luke 3,23; Luke 4,1; Luke 4,4; Luke 4,8; Luke 4,12; Luke 4,14; Luke 4,35; Luke 5,10; Luke 5,22; Luke 5,31; Luke 5,34; Luke 6,3; Luke 6,9; Luke 7,6; Luke 7,9; Luke 7,40; Luke 8,30; Luke 8,39; Luke 8,45; Luke 8,46; Luke 8,50; Luke 9,36; Luke 9,41; Luke 9,42; Luke 9,47; Luke 9,50; Luke 9,58; Luke 9,62; Luke 10,30; Luke 10,37; Luke 13,12; Luke 13,14; Luke 14,3; Luke 17,17; Luke 18,16; Luke 18,19; Luke 18,22; Luke 18,24; Luke 18,37; Luke 18,40; Luke 18,42; Luke 19,5; Luke 19,9; Luke 20,8; Luke 20,34; Luke 22,48; Luke 22,51; Luke 22,52; Luke 23,28; Luke 23,34; Luke 23,46; Luke 24,15; John 1,38; John 1,42; John 1,43; John 1,47; John 1,48; John 1,50; John 2,2; John 2,4; John 2,7; John 2,11; John 2,13; John 2,19; John 2,22; John 2,24; John 3,3; John 3,5; John 3,10; John 3,22; John 4,1; John 4,1; John 4,2; John 4,6; John 4,7; John 4,10; John 4,13; John 4,17; John 4,21; John 4,26; John 4,34; John 4,44; John 4,47; John 4,48; John 4,50; John 4,50; John 4,53; John 4,54; John 5,1; John 5,6; John 5,8; John 5,13; John 5,14; John 5,15; John 5,17; John 5,19; John 6,1; John 6,3; John 6,5; John 6,10; John 6,11; John 6,15; John 6,17; John 6,22; John 6,24; John 6,26; John 6,29; John 6,32; John 6,35; John 6,42; John 6,43; John 6,53; John 6,61; John 6,64; John 6,67; John 6,70; John 7,1; John 7,6; John 7,14; John 7,16; John 7,21; John 7,28; John 7,33; John 7,37; John 7,39; John 8,1; John 8,6; John 8,10; John 8,11; John 8,12; John 8,14; John 8,19; John 8,25; John 8,28; John 8,31; John 8,34; John 8,39; John 8,42; John 8,49; John 8,54; John 8,58; John 8,59; John 9,3; John 9,11; John 9,14; John 9,35; John 9,37; John 9,39; John 9,41; John 10,6; John 10,7; John 10,23; John 10,25; John 10,32; John 10,34; John 11,4; John 11,5; John 11,9; John 11,13; John 11,14; John 11,17; John 11,20; John 11,23; John 11,25; John 11,30; John 11,32; John 11,33; John 11,35; John 11,38; John 11,39; John 11,40; John 11,41; John 11,44; John 11,46; John 11,51; John 11,54; John 12,1; John 12,1; John 12,7; John 12,12; John 12,14; John 12,16; John 12,23; John 12,30; John 12,35; John 12,36; John 12,44; John 13,1; John 13,7; John 13,8; John 13,10; John 13,21; John 13,23; John 13,26; John 13,27; John 13,29; John 13,31; John 13,36; John 13,38; John 14,6; John 14,9; John 14,23; John 16,19; John 16,31; John 17,1; John 18,1; John 18,2; John 18,4; John 18,8; John 18,11; John 18,20; John 18,23; John 18,34; John 18,36; John 18,37; John 19,5; John 19,9; John 19,11; John 19,19; John 19,20; John 19,26; John 19,28; John 19,30; John 20,2;

Ἰησοῦς–ἱκανός

John 20,14; John 20,15; John 20,16; John 20,17; John 20,19; John 20,21; John 20,24; John 20,26; John 20,29; John 20,30; John 20,31; John 21,1; John 21,4; John 21,4; John 21,5; John 21,7; John 21,10; John 21,12; John 21,13; John 21,14; John 21,15; John 21,17; John 21,20; John 21,22; John 21,23; John 21,25; Acts 1,1; Acts 1,11; Acts 1,21; Acts 6,14; Acts 9,5; Acts 9,17; Acts 9,34; Acts 17,3; Acts 22,8; Acts 26,15; Rom. 8,34; 1Cor. 3,11; 1Cor. 8,6; 1Cor. 11,23; 1Cor. 12,3; 1Cor. 12,3; 2Cor. 1,19; 2Cor. 13,5; Gal. 3,1; Phil. 2,11; Col. 4,11; 1Th. 3,11; 1Th. 4,14; 2Th. 2,8; 2Th. 2,16; 1Tim. 1,15; 1Tim. 1,16; 1Tim. 2,5; Heb. 4,8; Heb. 6,20; Heb. 7,22; Heb. 13,8; Heb. 13,12; 2Pet. 1,14; 1John 2,22; 1John 4,15; 1John 5,1; 1John 5,5; 1John 5,6; Jude 5; Rev. 22,16)

ιθ′ number: nineteen; (Hebr.) qoph ▸ 1
  ιθ′ ▸ 1
    Adjective · neuter · singular · (ordinal · numeral) ▸ **1** (Psa. 118,145)

Ιθακ Ether ▸ 1
  Ιθακ ▸ 1
    Noun · singular · nominative · (proper) ▸ **1** (Josh. 15,42)

Ιθαμαρ Ithamar ▸ 22
  Ιθαμαρ ▸ 22
    Noun · masculine · singular · accusative · (proper) ▸ **6** (Ex. 6,23; Ex. 28,1; Lev. 10,6; Lev. 10,12; Lev. 10,16; Num. 26,60)
    Noun · masculine · singular · dative · (proper) ▸ **1** (1Chr. 24,6)
    Noun · masculine · singular · genitive · (proper) ▸ **9** (Ex. 37,19; Num. 4,28; Num. 4,33; Num. 7,8; 1Chr. 24,3; 1Chr. 24,4; 1Chr. 24,4; 1Chr. 24,5; Ezra 8,2)
    Noun · masculine · singular · nominative · (proper) ▸ **6** (Num. 3,2; Num. 3,4; 1Chr. 5,29; 1Chr. 24,1; 1Chr. 24,2; 1Chr. 24,28)

Ιθναζιφ Ithnan ▸ 1
  Ιθναζιφ ▸ 1
    Noun · singular · nominative · (proper) ▸ **1** (Josh. 15,23)

Ιια Jehiah ▸ 1
  Ιια ▸ 1
    Noun · masculine · singular · nominative · (proper) ▸ **1** (1Chr. 15,24)

Ιιηλ Jeuel; Jeiel ▸ 29
  Ιιηλ ▸ 29
    Noun · masculine · singular · genitive · (proper) ▸ **6** (1Chr. 9,35; 1Chr. 26,22; 1Chr. 29,8; 2Chr. 26,11; Ezra 8,9; Ezra 10,2)
    Noun · masculine · singular · nominative · (proper) ▸ **23** (1Chr. 9,6; 1Chr. 11,44; 1Chr. 15,18; 1Chr. 15,18; 1Chr. 15,20; 1Chr. 15,21; 1Chr. 16,5; 1Chr. 16,5; 1Chr. 16,5; 1Chr. 23,8; 1Chr. 23,9; 1Chr. 26,21; 1Chr. 27,32; 2Chr. 21,2; 2Chr. 29,13; 2Chr. 29,14; 2Chr. 31,13; 2Chr. 35,8; 2Chr. 35,9; 1Esdr. 9,21; Ezra 8,13; Ezra 10,21; Ezra 10,43)

Ικακ Hukok ▸ 1
  Ικακ ▸ 1
    Noun · feminine · singular · accusative · (proper) ▸ **1** (1Chr. 6,60)

Ικαμ Kinah ▸ 1
  Ικαμ ▸ 1
    Noun · singular · nominative · (proper) ▸ **1** (Josh. 15,22)

ἱκανός sufficient, able, worthy ▸ 46 + 1 + 39 = 86
  ἱκανά ▸ 1
    Adjective · neuter · plural · accusative · noDegree ▸ **1** (1Mac. 15,26)
  ἱκανὰ ▸ 7 + 1 = 8
    Adjective · neuter · plural · accusative · noDegree ▸ 5 + 1 = **6** (2Mac. 4,45; 2Mac. 5,26; Obad. 5; Nah. 2,13; Zech. 7,3; Matt. 28,12)
    Adjective · neuter · plural · nominative · noDegree ▸ **2** (Ex. 36,7; Is. 40,16)

ἱκαναὶ ▸ 1
    Adjective · feminine · plural · nominative ▸ **1** (Acts 20,8)

ἱκαναί ▸ 1
    Adjective · feminine · plural · nominative ▸ **1** (Acts 9,23)

ἱκαναῖς ▸ 1
    Adjective · feminine · plural · dative ▸ **1** (Acts 27,7)

ἱκανὰς ▸ 2
    Adjective · feminine · plural · accusative ▸ **2** (Acts 9,43; Acts 18,18)

ἱκανή ▸ 1
    Adjective · feminine · singular · nominative · noDegree ▸ **1** (Wis. 18,25)

ἱκανὴν ▸ 4
    Adjective · feminine · singular · accusative · noDegree ▸ **4** (1Mac. 13,11; 1Mac. 15,32; 3Mac. 1,23; Sir. 1,11 Prol.)

ἱκανοὶ ▸ 2 + 3 = 5
    Adjective · masculine · plural · nominative · noDegree ▸ 2 + 3 = **5** (1Mac. 13,49; Hab. 2,13; Acts 12,12; Acts 19,19; 2Tim. 2,2)

ἱκανοί ▸ 3 + 2 = 5
    Adjective · masculine · plural · nominative · noDegree ▸ 3 + 2 = **5** (2Chr. 30,3; 1Mac. 16,3; Wis. 18,12; 1Cor. 11,30; 2Cor. 3,5)

ἱκανοῖς ▸ 1
    Adjective · masculine · plural · dative ▸ **1** (Luke 23,9)

ἱκανόν ▸ 2 + 3 = 5
    Adjective · masculine · singular · accusative ▸ **2** (Acts 11,26; Acts 20,11)
    Adjective · neuter · singular · accusative · noDegree ▸ **1** (Prov. 25,16)
    Adjective · neuter · singular · nominative · noDegree ▸ 1 + 1 = **2** (Gen. 30,15; Luke 22,38)

ἱκανὸν ▸ 13 + 1 + 6 = 20
    Adjective · masculine · singular · accusative ▸ **2** (Acts 14,3; Acts 19,26)
    Adjective · masculine · singular · nominative · noDegree ▸ **1** (Sol. 5,17)
    Adjective · neuter · singular · accusative · noDegree ▸ 5 + 3 = **8** (Lev. 5,7; Lev. 12,8; Lev. 25,28; 2Mac. 7,5; 2Mac. 8,25; Mark 15,15; Acts 17,9; Acts 22,6)
    Adjective · neuter · singular · nominative · noDegree ▸ 7 + 1 + 1 = **9** (Gen. 33,15; Lev. 25,26; 1Kings 16,31; Tob. 5,20; Sir. 31,19; Jer. 31,30; Ezek. 34,18; Tob. 5,20; 2Cor. 2,6)

Ἱκανόν ▸ 1
    Adjective · neuter · singular · nominative · noDegree ▸ **1** (Prov. 30,15)

ἱκανός ▸ 2 + 2 = 4
    Adjective · masculine · singular · nominative · noDegree ▸ 2 + 2 = **4** (Ex. 4,10; Job 21,15; Luke 7,6; 2Cor. 2,16)

ἱκανὸς ▸ 4 + 8 = 12
    Adjective · masculine · singular · nominative · noDegree ▸ 4 + 8 = **12** (Ruth 1,20; Ruth 1,21; Joel 2,11; Is. 40,16; Matt. 3,11; Matt. 8,8; Mark 1,7; Luke 3,16; Luke 7,12; Acts 11,24; Acts 20,37; 1Cor. 15,9)

Ἱκανοῦ ▸ 1
    Adjective · masculine · singular · genitive ▸ **1** (Acts 27,9)

ἱκανοῦ ▸ 3 + 1 = 4
    Adjective · masculine · singular · genitive · noDegree ▸ 2 + 1 = **3** (Job 31,2; Job 40,2; Mark 10,46)
    Adjective · neuter · singular · genitive · noDegree ▸ **1** (2Kings 4,8)

ἱκανούς ▸ 1
    Adjective · masculine · plural · accusative ▸ **1** (Luke 20,9)

ἱκανοὺς ▸ 2 + 1 = 3

Adjective · masculine · plural · accusative · noDegree ▸ 2 + 1 = **3** (Ex. 12,4; 2Mac. 10,19; Acts 14,21)
ἱκανῷ ▸ 2
Adjective · masculine · singular · dative ▸ **2** (Luke 8,27; Acts 8,11)
ἱκανῶν ▸ 1 + 2 = **3**
Adjective · neuter · plural · genitive · noDegree ▸ 1 + 2 = **3** (2Mac. 1,20; Luke 8,32; Luke 23,8)

ἱκανότης (ἱκανός) capability, sufficiency ▸ 1
ἱκανότης ▸ 1
Noun · feminine · singular · nominative ▸ **1** (2Cor. 3,5)

ἱκανόω (ἱκανός) to make able, fit ▸ 15 + 2 = **17**
ἱκανούμενος ▸ 1
Verb · present · middle · participle · masculine · singular · nominative ▸ **1** (Song 7,10)
ἱκανούσθω ▸ 1
Verb · third · singular · present · passive · imperative ▸ **1** (Num. 16,7)
Ἱκανούσθω ▸ 9
Verb · third · singular · present · passive · imperative ▸ **9** (Deut. 1,6; Deut. 2,3; Deut. 3,26; 1Kings 12,28; 1Kings 19,4; 1Kings 21,11; 1Chr. 21,15; Ezek. 44,6; Ezek. 45,9)
ἱκανοῦταί ▸ 1
Verb · third · singular · present · passive · indicative ▸ **1** (Gen. 32,11)
ἱκανωθῆναι ▸ 1
Verb · aorist · passive · infinitive ▸ **1** (Mal. 3,10)
ἱκανώθησαν ▸ 1
Verb · third · plural · aorist · passive · indicative ▸ **1** (Esth. 14,8 # 4,17ο)
ἱκανώσαντι ▸ 1
Verb · aorist · active · participle · masculine · singular · dative ▸ **1** (Col. 1,12)
ἱκάνωσεν ▸ 1
Verb · third · singular · aorist · active · indicative ▸ **1** (2Cor. 3,6)
Ἱκάνωσον ▸ 1
Verb · second · singular · aorist · active · imperative ▸ **1** (Sol. 2,22)

ἱκανῶς (ἱκανός) sufficiently ▸ 2
ἱκανῶς ▸ 2
Adverb ▸ **2** (3Mac. 1,4; Job 9,31)

Ικασμων Micmethath ▸ 1
Ικασμων ▸ 1
Noun · singular · accusative · (proper) ▸ **1** (Josh. 16,6)

Ικεμιας Jekameam ▸ 1
Ικεμιας ▸ 1
Noun · masculine · singular · nominative · (proper) ▸ **1** (1Chr. 23,19)

ἱκετεία (ἱκανός) supplication; request ▸ 7
ἱκετείαν ▸ 7
Noun · feminine · singular · accusative · (common) ▸ **7** (2Mac. 3,18; 2Mac. 8,29; 2Mac. 10,25; 2Mac. 12,42; 3Mac. 5,25; Sir. 35,14; Sir. 51,9)

ἱκετεύω (ἱκανός) to beg, entreat ▸ 9
ἱκετεύει ▸ 2
Verb · third · singular · present · active · indicative ▸ **2** (3Mac. 6,14; Wis. 13,18)
ἱκέτευον ▸ 2
Verb · first · singular · imperfect · active · indicative ▸ **1** (Job 19,17)
Verb · third · plural · imperfect · active · indicative ▸ **1** (2Mac. 11,6)
ἱκετεύοντες ▸ 2
Verb · present · active · participle · masculine · plural · nominative ▸ **2** (3Mac. 5,51; Wis. 19,3)
ἱκετεύουσα ▸ 1
Verb · present · active · participle · feminine · singular · nominative ▸ **1** (4Mac. 16,13)
ἱκετευσάντων ▸ 1
Verb · aorist · active · participle · masculine · plural · genitive ▸ **1** (4Mac. 4,9)
ἱκέτευσον ▸ 1
Verb · second · singular · aorist · active · imperative ▸ **1** (Psa. 36,7)

ἱκετηρία (ἱκανός) request ▸ 2 + 1 = **3**
ἱκετηρίᾳ ▸ 1
Noun · feminine · singular · dative · (common) ▸ **1** (Job 40,27)
ἱκετηρίας ▸ 1 + 1 = **2**
Noun · feminine · plural · accusative ▸ **1** (Heb. 5,7)
Noun · feminine · singular · genitive · (common) ▸ **1** (2Mac. 9,18)

ἱκέτης (ἱκανός) supplicant, entreator ▸ 4
ἱκέται ▸ 1
Noun · masculine · plural · nominative · (common) ▸ **1** (Mal. 3,14)
ἱκέτην ▸ 1
Noun · masculine · singular · accusative · (common) ▸ **1** (Sir. 4,4)
ἱκετῶν ▸ 2
Noun · masculine · plural · genitive · (common) ▸ **2** (Psa. 73,23; Sir. 36,16)

ἱκμάς moisture ▸ 2 + 1 = **3**
ἱκμάδα ▸ 2 + 1 = **3**
Noun · feminine · singular · accusative · (common) ▸ 2 + 1 = **3** (Job 26,14; Jer. 17,8; Luke 8,6)

Ἰκόνιον Iconium ▸ 6
Ἰκόνιον ▸ 2
Noun · neuter · singular · accusative · (proper) ▸ **2** (Acts 13,51; Acts 14,21)
Ἰκονίου ▸ 1
Noun · neuter · singular · genitive · (proper) ▸ **1** (Acts 14,19)
Ἰκονίῳ ▸ 3
Noun · neuter · singular · dative · (proper) ▸ **3** (Acts 14,1; Acts 16,2; 2Tim. 3,11)

ἴκτερος blight, mildew, palor ▸ 4
ἴκτερον ▸ 2
Noun · masculine · singular · accusative · (common) ▸ **2** (Lev. 26,16; Jer. 37,6)
ἴκτερος ▸ 1
Noun · masculine · singular · nominative · (common) ▸ **1** (2Chr. 6,28)
ἰκτέρῳ ▸ 1
Noun · masculine · singular · dative · (common) ▸ **1** (Amos 4,9)

ἰκτίν kite (bird) ▸ 2
ἰκτῖνα ▸ 2
Noun · masculine · singular · accusative · (common) ▸ **2** (Lev. 11,14; Deut. 14,13)

Ικωκ Hukkok ▸ 1
Ικωκ ▸ 1
Noun · singular · accusative · (proper) ▸ **1** (Josh. 19,34)

ἱλαρός (ἵλεως) cheerful ▸ 6 + 1 = **7**
ἱλαραῖς ▸ 1
Adjective · feminine · plural · dative · noDegree ▸ **1** (3Mac. 6,35)
ἱλαρόν ▸ 2
Adjective · neuter · singular · nominative · noDegree ▸ **2** (Sir.

ἱλαρός–Ἰλλυρικόν

ἱλαρὸν ▸ 3 + 1 = 4
    Adjective · masculine · singular · accusative · noDegree ▸ 1 + 1 = 2 (Prov. 22,8a; 2Cor. 9,7)
    Adjective · neuter · singular · nominative · noDegree ▸ 2 (Esth. 15,5 # 5,1b; Prov. 19,12)

ἱλαρότης (ἵλεως) cheerfulness ▸ 3 + 1 = 4
  ἱλαρότητα ▸ 1
    Noun · feminine · singular · accusative · (common) ▸ 1 (Prov. 18,22)
  ἱλαρότητι ▸ 1 + 1 = 2
    Noun · feminine · singular · dative · (common) ▸ 1 + 1 = 2 (Sol. 4,5; Rom. 12,8)
  ἱλαρότητος ▸ 1
    Noun · feminine · singular · genitive · (common) ▸ 1 (Sol. 16,12)

ἱλαρόω (ἵλεως) to refresh, gladden ▸ 3
  ἱλαρώσει ▸ 1
    Verb · third · singular · future · active · indicative ▸ 1 (Sir. 43,22)
  ἱλαρώσῃς ▸ 1
    Verb · second · singular · aorist · active · subjunctive ▸ 1 (Sir. 7,24)
  ἱλάρωσον ▸ 1
    Verb · second · singular · aorist · active · imperative ▸ 1 (Sir. 35,8)

ἱλαρύνω (ἵλεως) to gladden, rejoice ▸ 2
  ἱλαρῦναι ▸ 1
    Verb · aorist · active · infinitive ▸ 1 (Psa. 103,15)
  ἱλαρύνει ▸ 1
    Verb · third · singular · present · active · indicative ▸ 1 (Sir. 36,22)

ἱλαρῶς (ἵλεως) cheerfully ▸ 1
  ἱλαρῶς ▸ 1
    Adverb ▸ 1 (Job 22,26)

ἱλάσκομαι (ἵλεως) to be merciful, pardon, be propitious ▸ 12 + 1 + 2 = 15
  ἐξιλασθήσεται ▸ 1
    Verb · third · singular · future · passive · indicative ▸ 1 (Deut. 21,8)
  ἱλάσεται ▸ 3
    Verb · third · singular · future · middle · indicative ▸ 3 (2Kings 5,18; 2Kings 5,18; Psa. 77,38)
  ἱλάσῃ ▸ 3
    Verb · second · singular · future · middle · indicative ▸ 3 (2Chr. 6,30; Psa. 24,11; Psa. 64,4)
  ἱλάσθη ▸ 1
    Verb · third · singular · aorist · passive · indicative ▸ 1 (Ex. 32,14)
  ἱλασθῆναι ▸ 1
    Verb · aorist · passive · infinitive ▸ 1 (2Kings 24,4)
  ἱλάσθης ▸ 1
    Verb · second · singular · aorist · passive · indicative ▸ 1 (Lam. 3,42)
  ἱλάσθητι ▸ 2 + 1 = 3
    Verb · second · singular · aorist · passive · imperative ▸ 2 + 1 = 3 (Esth. 13,17 # 4,17h; Psa. 78,9; Dan. 9,19)
  ἱλάσθητί ▸ 1
    Verb · second · singular · aorist · passive · imperative ▸ 1 (Luke 18,13)
  ἱλάσκεσθαι ▸ 1
    Verb · present · middle · infinitive ▸ 1 (Heb. 2,17)

ἱλασμός (ἵλεως) propitiation, means of forgiveness ▸ 6 + 1 + 2 = 9
  ἱλασμοί ▸ 1
    Noun · masculine · plural · nominative · (common) ▸ 1 (Dan. 9,9)
  ἱλασμόν ▸ 1
    Noun · masculine · singular · accusative · (common) ▸ 1 (Ezek. 44,27)
  ἱλασμὸν ▸ 1 + 1 = 2
    Noun · neuter · singular · accusative · (common) ▸ 1 + 1 = 2 (2Mac. 3,33; 1John 4,10)
  ἱλασμός ▸ 1 + 1 = 2
    Noun · masculine · singular · nominative · (common) ▸ 1 + 1 = 2 (Psa. 129,4; 1John 2,2)
  ἱλασμοῦ ▸ 3
    Noun · masculine · singular · genitive · (common) ▸ 3 (Lev. 25,9; Num. 5,8; Amos 8,14)

ἱλαστήριον (ἵλεως) propitiation, place of forgiveness ▸ 28 + 2 = 30
  ἱλαστήριον ▸ 14 + 2 = 16
    Noun · neuter · singular · accusative · (common) ▸ 14 + 2 = 16 (Ex. 25,17; Ex. 25,20; Ex. 25,21; Ex. 31,7; Ex. 35,12; Ex. 38,5; Ex. 38,8; Lev. 16,13; Lev. 16,14; Lev. 16,15; Amos 9,1; Ezek. 43,14; Ezek. 43,14; Ezek. 43,17; Rom. 3,25; Heb. 9,5)
  ἱλαστηρίου ▸ 14
    Noun · neuter · singular · genitive · (common) ▸ 14 (Ex. 25,18; Ex. 25,19; Ex. 25,20; Ex. 25,22; Ex. 38,7; Ex. 38,7; Lev. 16,2; Lev. 16,2; Lev. 16,14; Lev. 16,15; Num. 7,89; 4Mac. 17,22; Ezek. 43,14; Ezek. 43,20)

ἱλατεύω (ἵλεως) to be gracious ▸ 1
  ἱλάτευσον ▸ 1
    Verb · second · singular · aorist · active · imperative ▸ 1 (Dan. 9,19)

ἵλεως merciful, propitious ▸ 35 + 2 = 37
  ἵλεω ▸ 1
    Adjective · masculine · singular · genitive · noDegree ▸ 1 (2Mac. 2,22)
  ἵλεως ▸ 27 + 1 = 28
    Adverb ▸ 3 (1Mac. 2,21; 2Mac. 7,37; 2Mac. 10,26)
    Adjective · feminine · singular · nominative · noDegree ▸ 2 (4Mac. 8,14; 4Mac. 9,24)
    Adjective · masculine · singular · nominative · noDegree ▸ 22 + 1 = 23 (Ex. 32,12; Num. 14,19; Deut. 21,8; 1Kings 8,30; 1Kings 8,34; 1Kings 8,36; 1Kings 8,39; 1Kings 8,50; 2Chr. 6,21; 2Chr. 6,25; 2Chr. 6,27; 2Chr. 6,39; 2Chr. 7,14; 2Mac. 2,7; 4Mac. 6,28; 4Mac. 12,17; Amos 7,2; Jer. 5,1; Jer. 5,7; Jer. 27,20; Jer. 38,34; Jer. 43,3; Heb. 8,12)
  Ἵλεως ▸ 2
    Adjective · masculine · singular · nominative · noDegree ▸ 2 (Gen. 43,23; Num. 14,20)
  ἵλεώς ▸ 1 + 1 = 2
    Adjective · masculine · singular · nominative · noDegree ▸ 1 + 1 = 2 (2Sam. 20,20; Matt. 16,22)
  Ἵλεώς ▸ 4
    Adjective · masculine · singular · nominative · noDegree ▸ 4 (2Sam. 20,20; 2Sam. 23,17; 1Chr. 11,19; Is. 54,10)

ἴλη (εἴλω) crowd, band; troop ▸ 1
  ἴλας ▸ 1
    Noun · feminine · plural · accusative · (common) ▸ 1 (2Mac. 5,3)

Ιλιαδουν Iliadun ▸ 1
  Ιλιαδουν ▸ 1
    Noun · masculine · singular · genitive · (proper) ▸ 1 (1Esdr. 5,56)

Ἰλλυρικόν Illyricum ▸ 1
  Ἰλλυρικοῦ ▸ 1
    Noun · neuter · singular · genitive · (proper) ▸ 1 (Rom. 15,19)

Ιλουθωθ Ilouthoth (?) ▸ 1
   Ιλουθωθ ▸ 1
      Noun · singular · nominative · (proper) ▸ **1** (Josh. 15,34)
ἰλύς mud, slime, dirt ▸ 2
   ἰλὺν ▸ 1
      Noun · feminine · singular · accusative · (common) ▸ **1** (Psa. 68,3)
   ἰλύος ▸ 1
      Noun · feminine · singular · genitive · (common) ▸ **1** (Psa. 39,3)
Ιμαλκουε Imalkue ▸ 1
   Ιμαλκουε ▸ 1
      Noun · masculine · singular · accusative · (proper) ▸ **1** (1Mac. 11,39)
Ιμανα Imna ▸ 1
   Ιμανα ▸ 1
      Noun · masculine · singular · nominative · (proper) ▸ **1** (1Chr. 7,35)
ἱμάντωσις (ἱμάτιον) wood beam ▸ 1
   Ἱμάντωσις ▸ 1
      Noun · feminine · singular · nominative · (common) ▸ **1** (Sir. 22,16)
Ιμαρη Imrah ▸ 1
   Ιμαρη ▸ 1
      Noun · masculine · singular · nominative · (proper) ▸ **1** (1Chr. 7,36)
ἱμάς (ἱμάτιον) thong, strap ▸ 5 + 4 = 9
   ἱμάντα ▸ 3
      Noun · masculine · singular · accusative ▸ **3** (Mark 1,7; Luke 3,16; John 1,27)
   ἱμάντες ▸ 1
      Noun · masculine · plural · nominative · (common) ▸ **1** (Is. 5,27)
   ἱμάντι ▸ 1
      Noun · masculine · singular · dative · (common) ▸ **1** (Is. 5,18)
   ἱμάς ▸ 1
      Noun · masculine · singular · nominative · (common) ▸ **1** (Sir. 33,27)
   ἱμᾶσι ▸ 1
      Noun · masculine · plural · dative · (common) ▸ **1** (Job 39,10)
   ἱμᾶσιν ▸ 1 + 1 = 2
      Noun · masculine · plural · dative · (common) ▸ **1 + 1 = 2** (4Mac. 9,11; Acts 22,25)
ἱματίζω (ἱμάτιον) to clothe ▸ 2
   ἱματισμένον ▸ 2
      Verb · perfect · passive · participle · masculine · singular · accusative ▸ **2** (Mark 5,15; Luke 8,35)
ἱμάτιον garment ▸ 215 + 8 + 60 = 283
   ἱμάτια ▸ 115 + 3 + 28 = 146
      Noun · neuter · plural · accusative · (common) ▸ 106 + 3 + 25 = **134** (Gen. 37,29; Gen. 37,34; Gen. 38,14; Gen. 38,19; Gen. 39,12; Gen. 39,13; Gen. 39,15; Gen. 39,16; Gen. 39,18; Gen. 44,13; Ex. 19,10; Ex. 19,14; Lev. 10,6; Lev. 11,25; Lev. 11,28; Lev. 11,40; Lev. 11,40; Lev. 13,6; Lev. 13,34; Lev. 14,8; Lev. 14,9; Lev. 14,47; Lev. 14,47; Lev. 15,5; Lev. 15,6; Lev. 15,7; Lev. 15,8; Lev. 15,10; Lev. 15,11; Lev. 15,13; Lev. 15,21; Lev. 15,22; Lev. 15,27; Lev. 16,26; Lev. 16,28; Lev. 17,15; Lev. 17,16; Lev. 21,10; Lev. 21,10; Num. 8,7; Num. 8,21; Num. 14,6; Num. 19,7; Num. 19,8; Num. 19,10; Num. 19,19; Num. 19,21; Num. 20,28; Num. 31,24; Deut. 21,13; Josh. 7,6; Judg. 11,35; 1Sam. 19,24; 1Sam. 28,8; 2Sam. 1,11; 2Sam. 3,31; 2Sam. 12,20; 2Sam. 13,31; 2Sam. 13,31; 2Sam. 14,2; 2Sam. 14,30; 2Sam. 19,25; 1Kings 20,16; 2Kings 5,7; 2Kings 5,8; 2Kings 5,26; 2Kings 6,30; 2Kings 11,14; 2Kings 18,37; 2Kings 19,1; 2Kings 22,11; 2Kings 25,29; 2Chr. 34,19; 1Esdr. 8,68; 1Esdr. 8,70; Neh. 4,17; Esth. 4,1; Esth. 14,1 # 4,17k; Esth. 14,1 # 4,17k; Esth. 15,1; Judith 10,3; Judith 10,3; Judith 14,16; 1Mac. 2,14; 1Mac. 3,47; 1Mac. 3,49; 1Mac. 4,39; 1Mac. 5,14; 1Mac. 10,62; 1Mac. 11,71; 1Mac. 13,45; Prov. 6,27; Job 1,20; Sol. 11,7; Amos 2,8; Joel 2,13; Zech. 3,3; Zech. 3,4; Zech. 3,5; Is. 4,1; Is. 37,1; Is. 63,2; Jer. 30,24; Jer. 43,24; Jer. 48,5; Ezek. 42,14; Judg. 11,35; Judg. 14,19; Tob. 1,17; Matt. 21,7; Matt. 21,8; Matt. 26,65; Matt. 27,31; Matt. 27,35; Mark 11,7; Mark 11,8; Mark 15,20; Mark 15,24; Luke 19,35; Luke 19,36; Luke 23,34; John 13,4; John 13,12; John 19,23; Acts 7,58; Acts 9,39; Acts 14,14; Acts 16,22; Acts 18,6; Acts 22,20; Acts 22,23; Rev. 3,4; Rev. 3,18; Rev. 16,15)
      Noun · neuter · plural · nominative · (common) ▸ 9 + 3 = **12** (Lev. 13,45; Lev. 16,4; Deut. 29,4; Josh. 9,5; Josh. 9,13; 1Sam. 4,12; 2Sam. 1,2; Neh. 9,21; Judith 8,5; Matt. 17,2; Mark 9,3; James 5,2)
   ἱμάτιά ▸ 11 + 1 = 12
      Noun · neuter · plural · accusative · (common) ▸ 9 + 1 = **10** (2Kings 5,8; 2Kings 22,19; 2Chr. 34,27; Ezra 9,3; Ezra 9,5; Tob. 1,17; Psa. 21,19; Hos. 2,7; Hos. 2,11; John 19,24)
      Noun · neuter · plural · nominative · (common) ▸ **2** (Deut. 8,4; Eccl. 9,8)
   ἱματίοις ▸ 2 + 3 = 5
      Noun · neuter · plural · dative · (common) ▸ 2 + 3 = **5** (Ex. 12,34; 1Kings 1,1; Luke 7,25; Rev. 3,5; Rev. 4,4)
   ἱμάτιον ▸ 46 + 1 + 15 = 62
      Noun · neuter · singular · accusative · (common) ▸ 31 + 1 + 13 = **45** (Gen. 9,23; Gen. 28,20; Ex. 22,25; Lev. 6,20; Lev. 13,52; Lev. 19,19; Num. 4,6; Num. 4,7; Num. 4,8; Num. 4,9; Num. 4,11; Num. 4,12; Num. 4,13; Num. 4,14; Deut. 10,18; Deut. 22,3; Deut. 22,17; Deut. 24,17; Judg. 8,25; 2Sam. 20,12; 1Kings 12,240; 2Kings 4,39; 2Kings 9,13; Psa. 103,2; Psa. 108,18; Prov. 27,13; Is. 9,4; Is. 59,6; Is. 59,17; Is. 61,10; Jer. 50,12; Judg. 8,25; Matt. 5,40; Matt. 24,18; Mark 2,21; Mark 10,50; Mark 13,16; Luke 5,36; Luke 6,29; Luke 8,27; Luke 22,36; John 19,2; John 19,5; Rev. 19,13; Rev. 19,16)
      Noun · neuter · singular · nominative · (common) ▸ 15 + 2 = **17** (Ex. 22,26; Lev. 13,58; Lev. 15,17; Psa. 101,27; Psa. 103,6; Psa. 108,19; Job 13,28; Sir. 14,17; Sir. 29,21; Sir. 39,26; Is. 3,7; Is. 14,19; Is. 50,9; Is. 51,6; Is. 51,8; Heb. 1,11; Heb. 1,12)
   Ἱμάτιον ▸ 1
      Noun · neuter · singular · accusative · (common) ▸ **1** (Is. 3,6)
   ἱμάτιόν ▸ 1
      Noun · neuter · singular · accusative ▸ **1** (Acts 12,8)
   ἱματίου ▸ 9 + 8 = 17
      Noun · neuter · singular · genitive · (common) ▸ 9 + 8 = **17** (Ex. 22,8; Lev. 11,32; Lev. 13,56; Lev. 13,59; Lev. 14,55; 1Kings 11,30; Hag. 2,12; Hag. 2,12; Is. 33,1; Matt. 9,16; Matt. 9,20; Matt. 9,21; Matt. 14,36; Mark 5,27; Mark 6,56; Luke 5,36; Luke 8,44)
   ἱματίῳ ▸ 14 + 1 = 15
      Noun · neuter · singular · dative · (common) ▸ 14 + 1 = **15** (Lev. 13,47; Lev. 13,47; Lev. 13,47; Lev. 13,49; Lev. 13,51; Lev. 13,53; Lev. 13,55; Lev. 13,57; Deut. 24,13; 1Sam. 19,13; 1Sam. 21,10; 1Kings 11,29; Prov. 25,20a; Prov. 30,4; Matt. 9,16)
   ἱματίων ▸ 17 + 4 + 3 = 24
      Noun · neuter · plural · genitive · (common) ▸ 17 + 4 + 3 = **24** (Gen. 27,27; Gen. 39,12; Num. 15,38; Judg. 14,13; Judg. 17,10; 2Sam. 1,11; 2Kings 2,12; 2Kings 7,15; Tob. 4,16; Psa. 44,9; Song 4,10; Song 4,11; Job 24,7; Sir. 11,4; Sir. 42,13; Is. 63,1; Ezek. 16,16; Judg. 8,26; Judg. 14,12; Judg. 14,13; Judg. 17,10; Mark 5,28; Mark 5,30; 1Pet. 3,3)
ἱματιοφύλαξ (ἱμάτιον; φυλάσσω) wardrobe keeper

    ▸ 1
  ἱματιοφύλακος ▸ 1
    Noun • masculine • singular • genitive • (common) ▸ **1** (2Kings 22,14)

ἱματισμός (ἱμάτιον) clothing ▸ 31 + 1 + 5 = 37
  ἱματισμόν ▸ 13 + 1 = 14
    Noun • masculine • singular • accusative • (common) ▸ **13 + 1 = 14** (Ex. 3,22; Ex. 11,2; Ex. 12,35; Ruth 3,3; 1Sam. 27,9; 1Kings 10,25; 1Kings 22,30; 2Chr. 9,24; 2Chr. 18,29; Psa. 21,19; Prov. 27,26; Ezek. 16,39; Ezek. 23,26; John 19,24)
  ἱματισμόν ▸ 13 + 1 = 14
    Noun • masculine • singular • accusative • (common) ▸ **13 + 1 = 14** (Gen. 24,53; Ex. 21,10; Josh. 22,8; 1Kings 10,5; 2Kings 7,8; 2Chr. 9,4; 1Mac. 11,24; Zech. 14,14; LetterJ 11; LetterJ 19; LetterJ 57; Ezek. 16,18; Ezek. 26,16; Tob. 10,10)
  ἱματισμὸς ▸ 1
    Noun • masculine • singular • nominative ▸ **1** (Luke 9,29)
  ἱματισμοῦ ▸ 2 + 1 = 3
    Noun • masculine • singular • genitive • (common) ▸ **2 + 1 = 3** (Is. 3,18; LetterJ 32; Acts 20,33)
  ἱματισμῷ ▸ 3 + 2 = 5
    Noun • masculine • singular • dative • (common) ▸ **3 + 2 = 5** (Judith 12,15; Psa. 44,10; Dan. 3,21; Luke 7,25; 1Tim. 2,9)

ιν hin ▸ 21
  ιν ▸ 21
    Noun • neuter • singular • accusative • (common) ▸ **3** (Ex. 30,24; Ezek. 45,24; Ezek. 46,5)
    Noun • neuter • singular • genitive • (common) ▸ **16** (Ex. 29,40; Ex. 29,40; Lev. 23,13; Num. 15,4; Num. 15,5; Num. 15,6; Num. 15,7; Num. 15,9; Num. 15,10; Num. 28,5; Num. 28,7; Num. 28,14; Num. 28,14; Num. 28,14; Ezek. 4,11; Ezek. 46,14)
    Noun • neuter • singular • nominative • (common) ▸ **2** (Ezek. 46,7; Ezek. 46,11)

ἵνα that, in order that, so that ▸ 603 + 18 + 663 = 1284
  ἵν' ▸ 2
    Conjunction • subordinating ▸ **2** (Ex. 9,14; Josh. 3,4)
  ἵνα ▸ 553 + 18 + 662 = 1233
    Conjunction • coordinating • (correlative) ▸ **1** (John 2,25)
    Conjunction • coordinating • (imperatival) ▸ **3** (1Cor. 16,16; Eph. 5,33; Rev. 14,13)
    Conjunction • subordinating ▸ **553 + 18 = 571** (Gen. 3,3; Gen. 4,6; Gen. 6,19; Gen. 11,7; Gen. 12,19; Gen. 14,23; Gen. 16,2; Gen. 18,21; Gen. 19,5; Gen. 19,15; Gen. 21,30; Gen. 22,14; Gen. 24,3; Gen. 24,14; Gen. 24,31; Gen. 24,49; Gen. 24,54; Gen. 24,56; Gen. 25,22; Gen. 25,32; Gen. 27,4; Gen. 27,25; Gen. 27,41; Gen. 27,46; Gen. 29,25; Gen. 30,25; Gen. 30,26; Gen. 30,38; Gen. 31,26; Gen. 31,30; Gen. 32,6; Gen. 42,2; Gen. 43,8; Gen. 44,5; Gen. 44,34; Gen. 45,11; Gen. 46,34; Gen. 47,15; Gen. 47,19; Gen. 47,19; Gen. 48,9; Gen. 49,1; Gen. 50,20; Ex. 1,11; Ex. 2,20; Ex. 3,18; Ex. 4,5; Ex. 4,23; Ex. 5,1; Ex. 5,22; Ex. 6,11; Ex. 7,16; Ex. 7,26; Ex. 8,6; Ex. 8,16; Ex. 8,18; Ex. 9,1; Ex. 9,13; Ex. 9,16; Ex. 9,29; Ex. 10,1; Ex. 10,3; Ex. 11,9; Ex. 16,32; Ex. 17,2; Ex. 19,9; Ex. 20,12; Ex. 20,12; Ex. 20,20; Ex. 23,12; Ex. 23,12; Ex. 23,20; Ex. 23,29; Ex. 23,33; Ex. 26,13; Ex. 27,20; Ex. 28,32; Ex. 28,35; Ex. 28,41; Ex. 28,43; Ex. 30,21; Ex. 31,13; Ex. 32,30; Ex. 33,3; Ex. 33,13; Ex. 36,28; Ex. 38,16; Ex. 38,27; Lev. 8,35; Lev. 10,6; Lev. 10,7; Lev. 10,17; Lev. 18,28; Lev. 20,3; Lev. 22,9; Num. 4,15; Num. 11,13; Num. 11,15; Num. 14,3; Num. 18,32; Num. 20,4; Num. 20,5; Num. 21,27; Num. 32,7; Num. 36,8; Deut. 2,30; Deut. 4,1; Deut. 4,21; Deut. 4,21; Deut. 4,40; Deut. 5,14; Deut. 5,16; Deut. 5,16; Deut. 5,29; Deut. 6,2; Deut. 6,2; Deut. 6,3; Deut. 6,18; Deut. 6,23; Deut. 6,24; Deut. 6,24; Deut. 7,22; Deut. 8,1; Deut. 8,3; Deut. 8,16; Deut. 8,18; Deut. 9,5; Deut. 10,13; Deut. 11,8; Deut. 11,9; Deut. 11,21; Deut. 12,25; Deut. 12,28; Deut. 13,18; Deut. 14,23; Deut. 14,29; Deut. 16,3; Deut. 16,20; Deut. 17,19; Deut. 17,20; Deut. 17,20; Deut. 19,6; Deut. 20,8; Deut. 20,18; Deut. 21,8; Deut. 22,7; Deut. 22,9; Deut. 23,21; Deut. 24,19; Deut. 25,15; Deut. 29,5; Deut. 29,8; Deut. 29,12; Deut. 29,18; Deut. 30,6; Deut. 30,19; Deut. 31,12; Deut. 31,12; Deut. 31,19; Deut. 31,28; Deut. 32,27; Deut. 32,27; Josh. 1,7; Josh. 1,8; Josh. 3,7; Josh. 4,6; Josh. 4,6; Josh. 4,24; Josh. 7,7; Josh. 7,10; Josh. 11,20; Josh. 11,20; Josh. 20,9; Josh. 22,25; Josh. 22,27; Josh. 23,6; Judg. 5,15; Judg. 5,16; Judg. 5,17; Judg. 6,13; Judg. 12,3; Judg. 13,17; Judg. 15,11; Judg. 19,22; Ruth 1,11; Ruth 1,21; Ruth 3,1; 1Sam. 1,8; 1Sam. 1,8; 1Sam. 2,29; 1Sam. 6,6; 1Sam. 9,21; 1Sam. 15,19; 1Sam. 19,5; 1Sam. 20,8; 1Sam. 21,15; 1Sam. 27,5; 1Sam. 28,9; 2Sam. 2,22; 2Sam. 3,24; 2Sam. 11,21; 2Sam. 11,22; 2Sam. 12,23; 2Sam. 12,28; 2Sam. 15,14; 2Sam. 16,17; 2Sam. 19,11; 2Sam. 19,13; 2Sam. 19,36; 2Sam. 19,37; 2Sam. 19,43; 2Sam. 19,44; 2Sam. 20,19; 2Sam. 24,3; 1Kings 2,3; 1Kings 2,4; 1Kings 2,22; 1Kings 13,31; 1Kings 15,4; 2Kings 10,19; 2Kings 14,10; 2Kings 18,26; 2Kings 23,24; 1Chr. 21,3; 1Chr. 21,3; 1Chr. 21,18; 1Chr. 28,8; 2Chr. 18,15; 2Chr. 25,19; 2Chr. 34,25; 2Chr. 35,19a; 1Esdr. 4,46; 1Esdr. 4,47; 1Esdr. 4,50; 1Esdr. 6,27; 1Esdr. 6,31; 1Esdr. 8,19; 1Esdr. 8,82; Ezra 4,15; Ezra 6,10; Ezra 7,25; Neh. 6,7; Neh. 7,65; Esth. 4,7; Esth. 13,14 # 4,17e; Esth. 13,17 # 4,17h; Judith 7,9; Judith 7,28; Judith 11,11; Judith 12,2; Judith 14,5; Judith 14,13; Judith 15,4; Tob. 3,15; Tob. 3,15; Tob. 4,2; Tob. 5,9; Tob. 8,4; Tob. 8,12; Tob. 10,13; Tob. 13,11; Tob. 14,9; 1Mac. 1,63; 1Mac. 2,7; 1Mac. 2,13; 1Mac. 2,15; 1Mac. 4,59; 1Mac. 7,28; 1Mac. 11,41; 1Mac. 12,36; 1Mac. 15,19; 2Mac. 1,9; 2Mac. 1,18; 2Mac. 2,2; 2Mac. 2,2; 2Mac. 2,8; 2Mac. 6,15; 2Mac. 6,22; 2Mac. 6,24; 2Mac. 7,29; 2Mac. 11,36; 3Mac. 2,17; 3Mac. 2,30; 4Mac. 6,19; 4Mac. 10,16; 4Mac. 16,12; 4Mac. 17,1; Psa. 4,3; Psa. 9,22; Psa. 9,39; Psa. 15,8; Psa. 16,5; Psa. 21,2; Psa. 38,5; Psa. 38,14; Psa. 41,6; Psa. 41,6; Psa. 41,10; Psa. 41,12; Psa. 41,12; Psa. 42,2; Psa. 42,2; Psa. 42,5; Psa. 42,5; Psa. 43,24; Psa. 43,25; Psa. 48,6; Psa. 67,17; Psa. 68,15; Psa. 73,11; Psa. 77,7; Psa. 77,8; Psa. 79,13; Psa. 87,15; Ode. 2,27; Ode. 2,27; Ode. 5,10; Ode. 7,30; Ode. 10,4; Ode. 10,8; Ode. 11,17; Prov. 1,4; Prov. 2,12; Prov. 3,6; Prov. 3,10; Prov. 3,22; Prov. 3,23; Prov. 3,26; Prov. 4,8; Prov. 4,9; Prov. 4,10; Prov. 5,2; Prov. 5,9; Prov. 5,10; Prov. 6,5; Prov. 6,22; Prov. 6,30; Prov. 7,5; Prov. 8,1; Prov. 8,21; Prov. 9,6; Prov. 9,8; Prov. 9,18d; Prov. 15,24; Prov. 15,29b; Prov. 17,16; Prov. 19,20; Prov. 20,20 # 20,9c; Prov. 20,13; Prov. 22,17; Prov. 22,19; Prov. 23,35; Prov. 24,13; Prov. 25,8; Prov. 25,10a; Prov. 26,4; Prov. 26,5; Prov. 27,11; Prov. 27,26; Prov. 27,26; Prov. 30,4; Prov. 30,6; Prov. 30,9; Prov. 31,5; Prov. 31,7; Eccl. 2,15; Eccl. 3,14; Eccl. 5,5; Eccl. 5,14; Eccl. 7,14; Eccl. 7,17; Job 2,8; Job 2,9d; Job 3,12; Job 3,12; Job 3,20; Job 7,16; Job 9,3; Job 9,32; Job 10,18; Job 13,13; Job 14,6; Job 18,2; Job 21,2; Job 30,2; Job 32,13; Job 32,20; Job 33,30; Job 34,37; Job 36,2; Job 37,7; Job 37,20; Job 40,8; Job 42,4; Wis. 2,19; Wis. 6,9; Wis. 6,21; Wis. 9,2; Wis. 9,10; Wis. 10,8; Wis. 10,12; Wis. 11,16; Wis. 12,2; Wis. 12,7; Wis. 12,8; Wis. 12,13; Wis. 12,22; Wis. 13,9; Wis. 13,16; Wis. 14,4; Wis. 14,17; Wis. 16,3; Wis. 16,11; Wis. 16,18; Wis. 16,19; Wis. 16,22; Wis. 16,23; Wis. 16,26; Wis. 18,6; Wis. 18,19; Wis. 19,4; Wis. 19,6; Sir. 1,30; Sir. 2,3; Sir. 2,7; Sir. 3,1; Sir. 3,8; Sir. 6,2; Sir. 7,32; Sir. 8,4; Sir. 8,11; Sir. 8,15; Sir. 9,6; Sir. 9,13; Sir. 12,5; Sir. 13,10; Sir. 14,3; Sir. 17,10; Sir. 19,14; Sir. 22,13; Sir. 22,23; Sir. 22,23; Sir. 22,27; Sir. 23,2; Sir. 26,10; Sir. 30,1; Sir. 30,10; Sir. 30,13; Sir. 32,2; Sir. 33,20; Sir. 33,28; Sir. 37,15; Sir. 38,14; Sir. 44,18; Sir. 45,24; Sir. 45,26; Sir. 46,6; Sir. 47,13; Sol. 2,17; Sol. 5,6; Sol. 7,1; Sol. 8,30; Sol. 9,2; Sol. 9,8; Sol. 11,6; Sol. 13,8; Hos. 10,13; Amos

5,18; Mic. 4,9; Hab. 1,3; Hab. 1,13; Is. 5,8; Is. 5,19; Is. 5,19; Is. 8,20; Is. 14,21; Is. 23,16; Is. 26,10; Is. 28,13; Is. 33,15; Is. 33,15; Is. 36,11; Is. 36,12; Is. 37,20; Is. 38,17; Is. 40,20; Is. 41,20; Is. 41,26; Is. 42,21; Is. 43,10; Is. 43,26; Is. 44,15; Is. 45,3; Is. 45,6; Is. 45,21; Is. 48,9; Is. 49,20; Is. 51,23; Is. 55,2; Is. 58,4; Is. 63,18; Is. 66,5; Is. 66,11; Is. 66,11; Jer. 2,29; Jer. 4,14; Jer. 6,20; Jer. 7,18; Jer. 10,24; Jer. 14,8; Jer. 14,19; Jer. 15,18; Jer. 20,18; Jer. 30,5; Jer. 39,14; Jer. 43,3; Jer. 45,10; Jer. 49,6; Jer. 50,3; Jer. 51,8; Jer. 51,8; Bar. 1,11; Bar. 2,15; Bar. 5,7; Lam. 1,19; Lam. 5,20; Ezek. 14,11; Ezek. 18,31; Ezek. 33,11; Ezek. 36,27; Ezek. 37,23; Ezek. 38,16; Ezek. 39,12; Dan. 1,8; Dan. 1,10; Dan. 2,16; Dan. 2,49; Dan. 3,10; Dan. 3,30; Dan. 3,95; Dan. 3,96; Dan. 4,27; Dan. 6,6; Dan. 6,9; Dan. 6,9; Dan. 6,13; Dan. 6,13a; Dan. 6,13a; Sus. 28; Sus. 32; Sus. 51; Sus. 59; Bel 31-32; Judg. 19,22; Tob. 3,15; Tob. 3,15; Tob. 3,15; Tob. 3,17; Tob. 5,7; Tob. 5,9; Tob. 6,13; Tob. 6,15; Tob. 6,18; Tob. 14,8; Dan. 2,30; Dan. 3,15; Dan. 3,30; Dan. 4,17; Dan. 5,15; Dan. 10,20; Bel 32)

Conjunction · subordinating · (causal) ▸ **1** (1Pet. 3,16)

Conjunction · subordinating · (recitative) ▸ **1** (Rom. 11,11)

Conjunction · subordinating · (complement) ▸ **153** (Matt. 4,3; Matt. 5,29; Matt. 5,30; Matt. 7,12; Matt. 8,8; Matt. 10,25; Matt. 12,16; Matt. 14,36; Matt. 16,20; Matt. 18,6; Matt. 18,14; Matt. 20,21; Matt. 20,31; Matt. 20,33; Matt. 24,20; Mark 5,10; Mark 5,18; Mark 5,43; Mark 6,8; Mark 6,12; Mark 6,25; Mark 7,26; Mark 7,32; Mark 7,36; Mark 8,22; Mark 8,30; Mark 9,9; Mark 9,12; Mark 9,18; Mark 9,30; Mark 10,35; Mark 10,37; Mark 10,48; Mark 10,51; Mark 11,16; Mark 12,19; Mark 13,18; Mark 13,34; Mark 14,35; Mark 15,11; Luke 1,43; Luke 6,31; Luke 7,36; Luke 8,31; Luke 8,32; Luke 9,40; Luke 10,40; Luke 18,41; Luke 20,28; Luke 21,36; Luke 22,30; Luke 22,32; Luke 22,46; John 4,34; John 4,47; John 5,7; John 5,40; John 6,28; John 6,29; John 6,39; John 6,40; John 8,56; John 9,22; John 11,50; John 11,53; John 11,57; John 12,10; John 12,23; John 13,1; John 13,2; John 13,15; John 13,29; John 13,34; John 13,34; John 14,13; John 15,8; John 15,12; John 15,13; John 16,2; John 16,7; John 16,30; John 16,32; John 17,3; John 17,15; John 17,15; John 17,21; John 17,22; John 17,24; John 18,37; John 18,39; John 19,31; John 19,38; Acts 17,15; Acts 19,4; Acts 27,42; Rom. 15,31; 1Cor. 1,10; 1Cor. 4,2; 1Cor. 4,3; 1Cor. 7,29; 1Cor. 7,34; 1Cor. 14,1; 1Cor. 14,5; 1Cor. 14,12; 1Cor. 14,13; 1Cor. 16,10; 1Cor. 16,12; 1Cor. 16,12; 2Cor. 8,7; 2Cor. 13,7; 2Cor. 13,7; Gal. 2,10; Eph. 5,27; Phil. 1,9; Phil. 2,2; Col. 4,3; Col. 4,8; Col. 4,16; Col. 4,16; 1Th. 4,12; 2Th. 3,1; 2Th. 3,2; 2Th. 3,9; 2Th. 3,12; 1Tim. 1,3; 1Tim. 1,18; 1Tim. 5,21; Titus 1,5; Titus 2,12; Titus 3,8; 1Pet. 2,21; 1Pet. 3,9; 1John 2,27; 1John 3,1; 1John 3,8; 1John 3,11; 1John 3,23; 1John 4,21; 1John 5,3; 1John 5,16; 2John 5; 2John 6; 2John 6; 3John 4; Rev. 3,9; Rev. 6,4; Rev. 6,11; Rev. 9,4; Rev. 9,5; Rev. 9,5; Rev. 13,12; Rev. 13,16; Rev. 19,8)

Conjunction · subordinating · (resultive) ▸ **35** (Matt. 1,22; Matt. 2,15; Matt. 4,14; Matt. 12,17; Matt. 21,4; Matt. 26,56; Mark 6,36; Mark 14,49; Luke 7,6; Luke 11,50; John 1,27; John 6,7; John 9,2; John 11,37; John 12,38; John 13,18; John 15,25; John 17,1; John 17,12; John 17,21; John 17,24; John 18,9; John 18,32; John 19,24; John 19,28; John 19,36; 1Cor. 4,8; Gal. 3,14; 1Th. 5,4; 1John 1,9; 1John 5,20; Rev. 8,12; Rev. 9,20; Rev. 13,13; Rev. 13,17)

Conjunction · subordinating · (purposive) ▸ **468** (Matt. 7,1; Matt. 9,6; Matt. 12,10; Matt. 14,15; Matt. 17,27; Matt. 18,16; Matt. 19,13; Matt. 19,16; Matt. 23,26; Matt. 26,4; Matt. 26,5; Matt. 26,16; Matt. 26,41; Matt. 26,63; Matt. 27,20; Matt. 27,26; Matt. 27,32; Matt. 28,10; Mark 1,38; Mark 2,10; Mark 3,2; Mark 3,9; Mark 3,9; Mark 3,10; Mark 3,12; Mark 3,14; Mark 3,14; Mark 4,12; Mark 4,21; Mark 4,21; Mark 4,22; Mark 4,22; Mark 5,12; Mark 5,23; Mark 5,23; Mark 6,41; Mark 6,56; Mark 7,9; Mark 8,6; Mark 9,22; Mark 10,13; Mark 10,17; Mark 11,25; Mark 11,28; Mark 12,2; Mark 12,13; Mark 12,15; Mark 14,10; Mark 14,12; Mark 14,38; Mark 15,15; Mark 15,20; Mark 15,21; Mark 15,32; Mark 16,1; Luke 1,4; Luke 4,3; Luke 5,24; Luke 6,7; Luke 6,34; Luke 8,10; Luke 8,12; Luke 8,16; Luke 9,12; Luke 9,45; Luke 11,33; Luke 12,36; Luke 14,10; Luke 14,23; Luke 14,29; Luke 15,29; Luke 16,4; Luke 16,9; Luke 16,24; Luke 16,27; Luke 16,28; Luke 17,2; Luke 18,5; Luke 18,15; Luke 18,39; Luke 19,4; Luke 19,15; Luke 20,10; Luke 20,14; Luke 20,20; Luke 22,8; John 1,7; John 1,7; John 1,8; John 1,19; John 1,22; John 1,31; John 3,15; John 3,16; John 3,17; John 3,17; John 3,20; John 3,21; John 4,8; John 4,15; John 4,36; John 5,14; John 5,20; John 5,23; John 5,34; John 5,36; John 6,5; John 6,12; John 6,15; John 6,30; John 6,38; John 6,50; John 7,3; John 7,23; John 7,32; John 8,6; John 8,59; John 9,3; John 9,36; John 9,39; John 10,10; John 10,10; John 10,17; John 10,31; John 10,38; John 11,4; John 11,11; John 11,15; John 11,16; John 11,19; John 11,31; John 11,42; John 11,52; John 11,55; John 12,7; John 12,9; John 12,20; John 12,35; John 12,36; John 12,40; John 12,42; John 12,46; John 12,47; John 12,47; John 13,19; John 14,3; John 14,16; John 14,29; John 14,31; John 15,2; John 15,11; John 15,16; John 15,16; John 15,17; John 16,1; John 16,4; John 16,24; John 16,33; John 17,2; John 17,4; John 17,11; John 17,13; John 17,19; John 17,21; John 17,23; John 17,23; John 17,26; John 18,28; John 18,36; John 19,4; John 19,16; John 19,31; John 19,35; John 20,31; John 20,31; Acts 2,25; Acts 4,17; Acts 5,15; Acts 8,19; Acts 9,21; Acts 16,30; Acts 16,36; Acts 21,24; Acts 22,5; Acts 22,24; Acts 23,24; Acts 24,4; Rom. 1,11; Rom. 1,13; Rom. 3,8; Rom. 3,19; Rom. 4,16; Rom. 5,20; Rom. 5,21; Rom. 6,1; Rom. 6,4; Rom. 6,6; Rom. 7,4; Rom. 7,13; Rom. 7,13; Rom. 8,4; Rom. 8,17; Rom. 9,11; Rom. 9,23; Rom. 11,19; Rom. 11,25; Rom. 11,31; Rom. 11,32; Rom. 14,9; Rom. 15,4; Rom. 15,6; Rom. 15,16; Rom. 15,20; Rom. 15,32; Rom. 16,2; 1Cor. 1,15; 1Cor. 1,17; 1Cor. 1,27; 1Cor. 1,27; 1Cor. 1,28; 1Cor. 1,31; 1Cor. 2,5; 1Cor. 2,12; 1Cor. 3,18; 1Cor. 4,6; 1Cor. 4,6; 1Cor. 5,2; 1Cor. 5,5; 1Cor. 5,7; 1Cor. 7,5; 1Cor. 7,5; 1Cor. 7,35; 1Cor. 8,13; 1Cor. 9,12; 1Cor. 9,15; 1Cor. 9,18; 1Cor. 9,19; 1Cor. 9,20; 1Cor. 9,20; 1Cor. 9,21; 1Cor. 9,22; 1Cor. 9,22; 1Cor. 9,23; 1Cor. 9,24; 1Cor. 9,25; 1Cor. 10,33; 1Cor. 11,19; 1Cor. 11,32; 1Cor. 11,34; 1Cor. 12,25; 1Cor. 13,3; 1Cor. 14,5; 1Cor. 14,19; 1Cor. 14,31; 1Cor. 15,28; 1Cor. 16,2; 1Cor. 16,6; 1Cor. 16,11; 2Cor. 1,9; 2Cor. 1,11; 2Cor. 1,15; 2Cor. 1,17; 2Cor. 2,3; 2Cor. 2,4; 2Cor. 2,4; 2Cor. 2,5; 2Cor. 2,9; 2Cor. 2,11; 2Cor. 4,7; 2Cor. 4,10; 2Cor. 4,11; 2Cor. 4,15; 2Cor. 5,4; 2Cor. 5,10; 2Cor. 5,12; 2Cor. 5,15; 2Cor. 5,21; 2Cor. 6,3; 2Cor. 7,9; 2Cor. 8,6; 2Cor. 8,9; 2Cor. 8,13; 2Cor. 8,14; 2Cor. 9,3; 2Cor. 9,3; 2Cor. 9,4; 2Cor. 9,5; 2Cor. 9,8; 2Cor. 10,9; 2Cor. 11,7; 2Cor. 11,12; 2Cor. 11,12; 2Cor. 11,16; 2Cor. 12,7; 2Cor. 12,7; 2Cor. 12,8; 2Cor. 12,9; 2Cor. 13,10; Gal. 1,16; Gal. 2,4; Gal. 2,5; Gal. 2,9; Gal. 2,16; Gal. 2,19; Gal. 3,14; Gal. 3,22; Gal. 3,24; Gal. 4,5; Gal. 4,5; Gal. 4,17; Gal. 5,17; Gal. 6,12; Gal. 6,13; Eph. 1,17; Eph. 2,7; Eph. 2,9; Eph. 2,10; Eph. 2,15; Eph. 3,10; Eph. 3,16; Eph. 3,18; Eph. 3,19; Eph. 4,10; Eph. 4,14; Eph. 4,28; Eph. 4,29; Eph. 5,26; Eph. 5,27; Eph. 6,3; Eph. 6,13; Eph. 6,19; Eph. 6,20; Eph. 6,22; Phil. 1,10; Phil. 1,26; Phil. 1,27; Phil. 2,10; Phil. 2,15; Phil. 2,19; Phil. 2,27; Phil. 2,28; Phil. 2,30; Phil. 3,8; Col. 1,9; Col. 1,18; Col. 1,28; Col. 2,2; Col. 2,4; Col. 3,21; Col. 4,4; Col. 4,12; Col. 4,17; 1Th. 2,16; 1Th. 4,1; 1Th. 4,1; 1Th. 4,13; 1Th. 5,10; 2Th. 1,11; 2Th. 2,12; 2Th. 3,14; 1Tim. 1,16; 1Tim. 1,20; 1Tim. 2,2; 1Tim. 3,6; 1Tim. 3,7; 1Tim. 3,15; 1Tim. 4,15; 1Tim. 5,7; 1Tim. 5,16; 1Tim. 5,20; 1Tim. 6,1; 1Tim. 6,19; 2Tim. 1,4; 2Tim. 2,4; 2Tim. 2,10; 2Tim. 3,17; 2Tim. 4,17; Titus 1,9; Titus 1,13; Titus 2,4; Titus 2,5; Titus 2,8; Titus 2,10; Titus 2,14; Titus 3,7; Titus 3,13; Titus 3,14; Philem. 13; Philem. 14; Philem. 15; Philem. 19; Heb. 2,14; Heb.

ἵνα–Ἰοππίτης   1113

2,17; Heb. 3,13; Heb. 4,11; Heb. 4,16; Heb. 5,1; Heb. 6,12; Heb. 6,18; Heb. 9,25; Heb. 10,9; Heb. 10,36; Heb. 11,28; Heb. 11,35; Heb. 11,40; Heb. 12,3; Heb. 12,13; Heb. 12,27; Heb. 13,12; Heb. 13,17; Heb. 13,19; James 1,4; James 4,3; James 5,9; James 5,12; 1Pet. 1,7; 1Pet. 2,2; 1Pet. 2,12; 1Pet. 2,24; 1Pet. 3,1; 1Pet. 3,18; 1Pet. 4,6; 1Pet. 4,11; 1Pet. 4,13; 1Pet. 5,6; 2Pet. 1,4; 2Pet. 3,17; 1John 1,3; 1John 1,4; 1John 2,1; 1John 2,19; 1John 2,28; 1John 3,5; 1John 4,9; 1John 4,17; 1John 5,13; 2John 8; 2John 12; 3John 8; Rev. 2,10; Rev. 2,21; Rev. 3,11; Rev. 3,18; Rev. 3,18; Rev. 3,18; Rev. 6,2; Rev. 7,1; Rev. 8,3; Rev. 8,6; Rev. 9,15; Rev. 11,6; Rev. 12,4; Rev. 12,6; Rev. 12,14; Rev. 12,15; Rev. 13,15; Rev. 13,15; Rev. 16,12; Rev. 16,15; Rev. 18,4; Rev. 18,4; Rev. 19,15; Rev. 19,18; Rev. 20,3; Rev. 21,15; Rev. 21,23; Rev. 22,14)

Ἵνα ▸ 48 + 1 = 49
  Conjunction · subordinating ▸ **48** (Gen. 4,6; Gen. 26,27; Gen. 32,30; Gen. 33,8; Gen. 33,15; Gen. 42,1; Gen. 44,7; Ex. 5,4; Ex. 5,15; Ex. 17,3; Ex. 32,11; Num. 11,11; Num. 11,20; Num. 14,41; Num. 21,5; Num. 31,15; Josh. 22,24; Judg. 13,18; Judg. 15,10; Judg. 21,3; 1Sam. 2,23; 1Sam. 19,17; 1Sam. 20,32; 1Sam. 22,13; 1Sam. 24,10; 1Sam. 26,18; 1Sam. 28,12; 1Sam. 28,15; 1Sam. 28,16; 2Sam. 11,22; 2Sam. 13,26; 2Sam. 14,13; 2Sam. 14,31; 2Sam. 14,32; 2Sam. 15,19; 2Sam. 16,9; 2Sam. 18,22; 2Sam. 19,12; 2Sam. 19,30; 1Kings 12,24l; 2Kings 5,8; 1Mac. 12,44; Psa. 2,1; Psa. 49,16; Psa. 73,1; Sol. 3,1; Sol. 4,1; Jer. 51,7)
  Conjunction · subordinating · (purposive) ▸ **1** (Eph. 6,21)

Ιναηλ Neiel ▸ 1
  Ιναηλ ▸ 1
    Noun · singular · accusative · (proper) ▸ **1** (Josh. 19,27)

ἱνατί (ἵνα; τίς) why? ▸ 6
  ἱνατί ▸ 6
    Conjunction · coordinating · (interrogative) ▸ **6** (Matt. 9,4; Matt. 27,46; Luke 13,7; Acts 4,25; Acts 7,26; 1Cor. 10,29)

ἴνδαλμα (ἰνδάλλομαι) appearance, form; ghost ▸ 2
  ἰνδάλμασιν ▸ 1
    Noun · masculine · plural · dative · (common) ▸ **1** (Wis. 17,3)
  ἰνδάλματα ▸ 1
    Noun · masculine · singular · accusative · (common) ▸ **1** (Jer. 27,39)

Ἰνδική India ▸ 1
  Ἰνδικῆς ▸ 1
    Noun · feminine · singular · genitive · (proper) ▸ **1** (Dan. 3,1)

Ἰνδική India ▸ 7
  Ἰνδικὴν ▸ 1
    Noun · feminine · singular · accusative · (proper) ▸ **1** (1Mac. 8,8)
  Ἰνδικῆς ▸ 6
    Noun · feminine · singular · genitive · (proper) ▸ **6** (1Esdr. 3,2; Esth. 1,1 # 1,1s; Esth. 3,12; Esth. 13,1 # 3,13a; Esth. 8,9; Esth. 16,2 # 8,12b)

Ἰνδός Indian; Indus River ▸ 1
  Ἰνδὸς ▸ 1
    Noun · masculine · singular · nominative · (proper) ▸ **1** (1Mac. 6,37)

ἰξευτής (ἰξός) fowler, bird catcher ▸ 3
  ἰξευτοῦ ▸ 3
    Noun · masculine · singular · genitive · (common) ▸ **3** (Amos 3,5; Amos 8,1; Amos 8,2)

ἰοβόλος (ἰός; βάλλω) venomous ▸ 1
  ἰοβόλων ▸ 1
    Adjective · masculine · plural · genitive · noDegree ▸ **1** (Wis. 16,10)

Ιοδδους Jaddus ▸ 1
  Ιοδδους ▸ 1
    Noun · masculine · singular · genitive · (proper) ▸ **1** (1Esdr. 5,38)

Ιοδομ Judah ▸ 1
  Ιοδομ ▸ 1
    Noun · masculine · singular · nominative · (proper) ▸ **1** (Ezra 10,23)

Ιοθορ Jethro; Jether ▸ 15 + 1 = 16
  Ιοθορ ▸ 15 + 1 = 16
    Noun · masculine · singular · accusative · (proper) ▸ **1** (Ex. 4,18)
    Noun · masculine · singular · genitive · (proper) ▸ 3 + 1 = **4** (Ex. 2,16; Ex. 2,16; Ex. 3,1; Judg. 1,16)
    Noun · masculine · singular · nominative · (proper) ▸ **11** (Ex. 4,18; Ex. 18,1; Ex. 18,2; Ex. 18,5; Ex. 18,6; Ex. 18,9; Ex. 18,10; Ex. 18,12; Ex. 18,14; 2Sam. 17,25; 1Chr. 2,17)

Ιοιδα Joiada ▸ 1
  Ιοιδα ▸ 1
    Noun · masculine · singular · nominative · (proper) ▸ **1** (Neh. 3,6)

Ιοκομ Jekamean ▸ 1
  Ιοκομ ▸ 1
    Noun · masculine · singular · nominative · (proper) ▸ **1** (1Chr. 24,23)

ἰόομαι (ἰός) to become rusty ▸ 2
  ἰοῦται ▸ 1
    Verb · third · singular · present · middle · indicative ▸ **1** (Sir. 12,10)
  ἰωθήτω ▸ 1
    Verb · third · singular · aorist · passive · imperative ▸ **1** (Sir. 29,10)

Ιοππη Joppa ▸ 1
  Ιοππης ▸ 1
    Noun · feminine · singular · accusative · (proper) ▸ **1** (1Esdr. 5,53)

Ἰόππη Joppa ▸ 15 + 10 = 25
  Ιοππη ▸ 1
    Noun · feminine · singular · dative · (proper) ▸ **1** (1Mac. 10,75)
  Ἰόππῃ ▸ 4
    Noun · feminine · singular · dative · (proper) ▸ **4** (Acts 9,36; Acts 9,38; Acts 9,43; Acts 11,5)
  Ιοππην ▸ 8
    Noun · feminine · singular · accusative · (proper) ▸ **8** (1Mac. 10,75; 1Mac. 11,6; 1Mac. 12,33; 1Mac. 13,11; 1Mac. 14,5; 1Mac. 14,34; 2Mac. 4,21; Jonah 1,3)
  Ἰόππην ▸ 4
    Noun · feminine · singular · accusative · (proper) ▸ **4** (Acts 10,5; Acts 10,8; Acts 10,32; Acts 11,13)
  Ιοππης ▸ 3
    Noun · feminine · singular · genitive · (proper) ▸ **3** (1Mac. 10,76; 1Mac. 15,28; 1Mac. 15,35)
  Ἰόππης ▸ 3
    Noun · feminine · singular · genitive · (proper) ▸ **3** (Josh. 19,46; 2Chr. 2,15; Ezra 3,7)
  Ἰόππης ▸ 2
    Noun · feminine · singular · genitive · (proper) ▸ **2** (Acts 9,42; Acts 10,23)

Ιοππίτης Joppaite, person from Joppa ▸ 1
  Ιοππιτῶν ▸ 1
    Noun · masculine · plural · genitive · (proper) ▸ **1** (2Mac. 12,7)

Ἰοππίτης Joppaite, person from Joppa ▸ 1
  Ἰοππῖται ▸ 1
    Noun · masculine · plural · nominative · (proper) ▸ **1** (2Mac. 12,3)

Ἰορδάνης Jordan ▸ 206 + 16 = 222
  Ἰορδάνῃ ▸ 1
    Noun · masculine · singular · vocative · (proper) ▸ **1** (Psa. 113,5)
  Ἰορδάνῃ ▸ 6
    Noun · masculine · singular · dative · (proper) ▸ **6** (Josh. 3,8; Josh. 4,9; Josh. 4,10; 2Kings 2,16; 2Kings 5,10; 2Kings 5,14)
  Ἰορδάνην ▸ 75 + 5 = 80
    Noun · masculine · singular · accusative · (proper) ▸ 75 + 5 = **80** (Gen. 32,11; Num. 13,29; Num. 22,1; Num. 32,5; Num. 32,21; Num. 32,29; Num. 33,49; Num. 33,50; Num. 33,51; Num. 34,12; Num. 35,1; Num. 35,10; Deut. 2,29; Deut. 3,27; Deut. 4,21; Deut. 4,22; Deut. 4,26; Deut. 9,1; Deut. 11,8; Deut. 11,31; Deut. 12,10; Deut. 27,2; Deut. 27,3; Deut. 27,4; Deut. 27,12; Deut. 28,1; Deut. 30,18; Deut. 31,2; Deut. 31,13; Deut. 32,47; Josh. 1,2; Josh. 1,11; Josh. 3,11; Josh. 3,14; Josh. 3,15; Josh. 3,17; Josh. 4,1; Josh. 4,22; Josh. 5,1; Josh. 7,7; Josh. 7,7; Josh. 16,7; Josh. 22,25; Josh. 24,11; Judg. 7,24; Judg. 7,24; Judg. 8,4; Judg. 10,9; Judg. 11,26; 1Sam. 13,7; 2Sam. 2,29; 2Sam. 10,17; 2Sam. 17,22; 2Sam. 17,22; 2Sam. 17,24; 2Sam. 19,16; 2Sam. 19,18; 2Sam. 19,19; 2Sam. 19,32; 2Sam. 19,32; 2Sam. 19,37; 2Sam. 19,40; 2Sam. 19,42; 2Sam. 24,5; 1Kings 2,8; 1Kings 2,35n; 2Kings 5,12; 2Kings 6,4; 1Chr. 12,16; 1Chr. 19,17; Judith 5,15; 1Mac. 5,24; 1Mac. 5,52; 1Mac. 9,48; 1Mac. 9,48; Judg. 7,24; Judg. 7,24; Judg. 8,4; Judg. 10,9; Judg. 11,26)
  Ἰορδάνης ▸ 13 + 3 = 16
    Noun · masculine · singular · genitive · (proper) ▸ **1** (Josh. 13,23)
    Noun · masculine · singular · nominative · (proper) ▸ 12 + 3 = **15** (Deut. 3,17; Josh. 3,15; Josh. 4,7; Josh. 13,27; Josh. 18,20; Josh. 19,22; Josh. 19,33; Josh. 19,34; Psa. 113,3; Job 40,23; Sir. 24,26; Ezek. 47,18; Josh. 19,22; Josh. 19,33; Josh. 19,34)
  Ἰορδάνου ▸ 111 + 8 = 119
    Noun · masculine · singular · genitive · (proper) ▸ 111 + 8 = **119** (Gen. 13,10; Gen. 13,11; Gen. 50,10; Gen. 50,11; Num. 26,3; Num. 26,63; Num. 31,12; Num. 32,19; Num. 32,19; Num. 32,32; Num. 33,48; Num. 34,15; Num. 35,14; Num. 36,13; Deut. 1,1; Deut. 1,5; Deut. 3,8; Deut. 3,20; Deut. 3,25; Deut. 4,41; Deut. 4,46; Deut. 4,47; Deut. 4,49; Deut. 11,30; Deut. 31,4; Deut. 34,8; Josh. 1,15; Josh. 2,7; Josh. 2,10; Josh. 3,1; Josh. 3,8; Josh. 3,13; Josh. 3,13; Josh. 3,15; Josh. 3,17; Josh. 4,3; Josh. 4,5; Josh. 4,8; Josh. 4,16; Josh. 4,17; Josh. 4,18; Josh. 4,18; Josh. 4,19; Josh. 4,20; Josh. 4,23; Josh. 5,1; Josh. 5,10; Josh. 9,1; Josh. 9,10; Josh. 12,1; Josh. 12,7; Josh. 13,7; Josh. 13,8; Josh. 13,14; Josh. 13,27; Josh. 13,32; Josh. 13,32; Josh. 14,3; Josh. 15,5; Josh. 15,5; Josh. 16,1; Josh. 17,5; Josh. 18,7; Josh. 18,12; Josh. 18,19; Josh. 20,8; Josh. 21,36; Josh. 22,4; Josh. 22,7; Josh. 22,10; Josh. 22,10; Josh. 22,11; Josh. 23,4; Josh. 24,8; Judg. 3,28; Judg. 5,17; Judg. 7,25; Judg. 10,8; Judg. 11,13; Judg. 11,22; Judg. 12,5; Judg. 12,6; 1Sam. 31,7; 2Sam. 19,16; 2Sam. 20,2; 1Kings 7,33; 1Kings 17,3; 1Kings 17,5; 2Kings 2,6; 2Kings 2,7; 2Kings 2,13; 2Kings 6,2; 2Kings 7,15; 2Kings 10,33; 1Chr. 6,63; 1Chr. 6,63; 1Chr. 12,38; 1Chr. 26,30; 2Chr. 4,17; Judith 1,9; 1Mac. 9,34; 1Mac. 9,42; 1Mac. 9,43; 1Mac. 9,45; Psa. 41,7; Zech. 11,3; Is. 8,23; Is. 35,2; Jer. 12,5; Jer. 27,44; Jer. 30,13; Judg. 3,28; Judg. 5,17; Judg. 7,25; Judg. 10,8; Judg. 11,13; Judg. 11,22; Judg. 12,5; Judg. 12,6)

Ἰορδάνης Jordan ▸ 15
  Ἰορδάνῃ ▸ 2
    Noun · masculine · singular · dative · (proper) ▸ **2** (Matt. 3,6; Mark 1,5)
  Ἰορδάνην ▸ 2
    Noun · masculine · singular · accusative · (proper) ▸ **2** (Matt. 3,13; Mark 1,9)
  Ἰορδάνου ▸ 11
    Noun · masculine · singular · genitive · (proper) ▸ **11** (Matt. 3,5; Matt. 4,15; Matt. 4,25; Matt. 19,1; Mark 3,8; Mark 10,1; Luke 3,3; Luke 4,1; John 1,28; John 3,26; John 10,40)

ἰός poison ▸ 11 + 3 = 14
  ἰόν ▸ 1
    Noun · masculine · singular · accusative · (common) ▸ **1** (LetterJ 23)
  ἰός ▸ 1
    Noun · masculine · singular · nominative · (common) ▸ **1** (Prov. 23,32)
  ἰὸς ▸ 7 + 2 = 9
    Noun · masculine · singular · nominative · (common) ▸ 7 + 2 = **9** (Psa. 13,3; Psa. 139,4; Ezek. 24,6; Ezek. 24,6; Ezek. 24,11; Ezek. 24,12; Ezek. 24,12; Rom. 3,13; James 5,3)
  ἰοῦ ▸ 1 + 1 = 2
    Noun · masculine · singular · genitive · (common) ▸ 1 + 1 = **2** (LetterJ 10; James 3,8)
  ἰοὺς ▸ 1
    Noun · masculine · plural · accusative · (common) ▸ **1** (Lam. 3,13)

Ἰου alas! ho! ▸ 61
  Ιου ▸ 61
    Noun · masculine · singular · accusative · (proper) ▸ **11** (1Kings 16,12; 1Kings 19,16; 2Kings 9,2; 2Kings 9,20; 2Kings 9,21; 2Kings 9,22; 2Kings 10,5; 2Kings 10,30; 2Kings 15,12; 2Chr. 22,7; 2Chr. 22,9)
    Noun · masculine · singular · dative · (proper) ▸ **1** (2Kings 12,2)
    Noun · masculine · singular · genitive · (proper) ▸ **9** (1Kings 16,1; 1Kings 16,7; 1Kings 19,17; 2Kings 10,34; 2Kings 13,1; 2Kings 14,8; 2Chr. 20,34; 2Chr. 25,17; Hos. 1,4)
    Noun · masculine · singular · nominative · (proper) ▸ **39** (1Kings 19,17; 2Kings 9,5; 2Kings 9,11; 2Kings 9,12; 2Kings 9,13; 2Kings 9,14; 2Kings 9,15; 2Kings 9,16; 2Kings 9,17; 2Kings 9,18; 2Kings 9,19; 2Kings 9,22; 2Kings 9,24; 2Kings 9,25; 2Kings 9,27; 2Kings 9,30; 2Kings 9,31; 2Kings 9,34; 2Kings 10,1; 2Kings 10,11; 2Kings 10,13; 2Kings 10,15; 2Kings 10,15; 2Kings 10,18; 2Kings 10,18; 2Kings 10,19; 2Kings 10,20; 2Kings 10,21; 2Kings 10,22; 2Kings 10,23; 2Kings 10,24; 2Kings 10,25; 2Kings 10,28; 2Kings 10,29; 2Kings 10,31; 2Kings 10,35; 2Kings 10,36; 2Chr. 19,2; 2Chr. 22,8)
    Noun · masculine · singular · vocative · (proper) ▸ **1** (2Kings 9,22)

Ἰουαχ Joah ▸ 1
  Ιουαχ ▸ 1
    Noun · masculine · singular · accusative · (proper) ▸ **1** (2Chr. 34,8)

Ἰουβαλ Jubal ▸ 1
  Ιουβαλ ▸ 1
    Noun · masculine · singular · nominative · (proper) ▸ **1** (Gen. 4,21)

Ἰουδα Judah ▸ 27
  Ιουδα ▸ 27
    Noun · feminine · singular · nominative · (proper) ▸ **3** (Jer. 3,7; Jer. 3,8; Jer. 3,10)
    Noun · masculine · singular · nominative · (proper) ▸ **24** (Gen. 49,9; 1Kings 2,46a; 1Kings 2,46g; 1Chr. 2,1; 2Chr. 11,12; 2Chr. 15,15; 2Chr. 17,5; 2Chr. 20,15; 2Chr. 20,18; 2Chr. 20,20; 2Chr. 23,8; 2Chr. 32,33; 2Chr. 34,30; 2Chr. 35,18; 2Chr. 35,24; Neh. 12,8; Neh. 12,34; Neh. 13,12; 1Mac. 9,57; Hos. 6,10; Jer. 33,19; Jer. 47,15; Jer. 51,26; Jer. 51,27)

Ἰουδαία Judea ▸ 126 + 5 = 131
  Ιουδαία ▸ 10
    Noun · feminine · singular · nominative · (proper) ▸ **10** (1Esdr.

Ἰουδαία–Ἰουδαῖος

4,45; Judith 8,21; Psa. 113,2; Joel 4,20; Is. 3,8; Jer. 7,2; Jer. 14,2; Jer. 17,20; Lam. 1,3; Sus. 22)

Ἰουδαίᾳ ▸ 31 + 1 = 32

Noun • feminine • singular • dative • (proper) ▸ 31 + 1 = 32 (1Sam. 23,3; 2Chr. 1,15; 2Chr. 11,5; 2Chr. 17,12; 2Chr. 17,13; 2Chr. 17,19; 2Chr. 36,23; 1Esdr. 1,30; 1Esdr. 2,2; 1Esdr. 2,3; 1Esdr. 2,12; 1Esdr. 5,69; 1Esdr. 6,1; 1Esdr. 8,78; 1Esdr. 9,3; Ezra 1,2; Ezra 1,3; Judith 4,13; 1Mac. 5,18; 1Mac. 9,50; 1Mac. 9,60; 1Mac. 10,38; 1Mac. 10,45; 2Mac. 1,10; Judith 4,1; 1Mac. 10,38; 1Mac. 11,34; 1Mac. 12,35; Psa. 75,2; Zech. 12,2; Is. 37,31; Bel 33)

Ἰουδαίαν ▸ 26

Noun • feminine • singular • accusative • (proper) ▸ 26 (1Esdr. 4,49; 1Esdr. 5,8; 1Esdr. 5,55; 1Esdr. 8,12; Ezra 5,8; Ezra 7,14; Judith 1,12; Judith 4,7; 1Mac. 3,34; 1Mac. 4,35; 1Mac. 5,8; 1Mac. 5,23; 1Mac. 6,48; 1Mac. 6,53; 1Mac. 11,28; 1Mac. 15,40; 1Mac. 16,10; 2Mac. 5,11; 2Mac. 10,24; 2Mac. 11,5; 2Mac. 13,1; 2Mac. 13,13; 3Mac. 5,43; Is. 7,6; Jer. 9,25; Ezek. 21,25)

Ἰουδαίας ▸ 59 + 4 = 63

Noun • feminine • singular • genitive • (proper) ▸ 59 + 4 = **63** (1Sam. 17,1; 1Sam. 27,6; 1Sam. 27,10; 1Sam. 30,14; 2Sam. 2,4; 2Chr. 31,1; 1Esdr. 1,24; 1Esdr. 1,31; 1Esdr. 1,35; 1Esdr. 1,37; 1Esdr. 1,44; 1Esdr. 2,8; 1Esdr. 5,7; 1Esdr. 6,8; 1Esdr. 6,26; 1Esdr. 6,27; Esth. 11,4 # 1,1c; Judith 3,9; Judith 4,3; Judith 11,19; Tob. 1,18; 1Mac. 5,60; 1Mac. 7,24; 1Mac. 7,46; 1Mac. 9,63; 1Mac. 11,20; 1Mac. 11,34; 1Mac. 13,33; 1Mac. 14,33; 1Mac. 14,33; 1Mac. 15,30; 1Mac. 15,39; 1Mac. 15,41; 2Mac. 1,1; 2Mac. 8,9; 2Mac. 14,12; 2Mac. 14,14; 2Mac. 15,22; Psa. 47,12; Psa. 62,1; Psa. 68,36; Psa. 96,8; Prov. 25,1; Is. 1,1; Is. 1,1; Is. 2,1; Is. 3,1; Is. 8,8; Is. 8,23; Is. 36,1; Is. 37,10; Is. 38,9; Is. 44,26; Jer. 41,21; Dan. 1,1; Dan. 1,2; Dan. 1,6; Dan. 2,25; Dan. 5,10; Tob. 1,18; Dan. 2,25; Dan. 5,13; Dan. 6,14)

Ἰουδαία Judea ▸ 43

Ἰουδαία ▸ 1

Noun • feminine • singular • nominative • (proper) ▸ 1 (Matt. 3,5)

Ἰουδαίᾳ ▸ 9

Noun • feminine • singular • dative • (proper) ▸ 9 (Matt. 24,16; Mark 13,14; Luke 7,17; Luke 21,21; John 7,1; Acts 1,8; Acts 11,29; Rom. 15,31; 1Th. 2,14)

Ἰουδαίαν ▸ 7

Noun • feminine • singular • accusative • (proper) ▸ 7 (Luke 2,4; John 4,3; John 7,3; John 11,7; Acts 2,9; Acts 11,1; 2Cor. 1,16)

Ἰουδαίας ▸ 26

Noun • feminine • singular • genitive • (proper) ▸ 26 (Matt. 2,1; Matt. 2,5; Matt. 2,22; Matt. 3,1; Matt. 4,25; Matt. 19,1; Mark 3,7; Mark 10,1; Luke 1,5; Luke 1,65; Luke 3,1; Luke 4,44; Luke 5,17; Luke 6,17; Luke 23,5; John 4,47; John 4,54; Acts 8,1; Acts 9,31; Acts 10,37; Acts 12,19; Acts 15,1; Acts 21,10; Acts 26,20; Acts 28,21; Gal. 1,22)

ἰουδαΐζω (Ἰουδαῖος) to live like a Jew; side with a Jew ▸ 1 + 1 = 2

ἰουδαΐζειν ▸ 1

Verb • present • active • infinitive ▸ 1 (Gal. 2,14)

ιουδάιζον ▸ 1

Verb • third • plural • imperfect • active • indicative ▸ 1 (Esth. 8,17)

Ἰουδαϊκός Jewish ▸ 1

Ἰουδαϊκῆς ▸ 1

Adjective • feminine • singular • genitive • noDegree ▸ 1 (2Mac. 13,21)

Ἰουδαϊκός Jewish ▸ 1

Ἰουδαϊκοῖς ▸ 1

Adjective • masculine • plural • dative • (proper) ▸ 1 (Titus 1,14)

Ἰουδαϊκῶς like a Jew ▸ 1

Ἰουδαϊκῶς ▸ 1

Adverb • (proper) ▸ 1 (Gal. 2,14)

Ἰουδαῖοι Jew ▸ 1

Ἰουδαῖοι ▸ 1

Noun • masculine • plural • dative • (proper) ▸ 1 (3Mac. 6,35)

Ἰουδαῖος Jew, Jewish ▸ 207 + 6 = 213

Ἰουδαῖοι ▸ 37 + 2 = 39

Adjective • masculine • plural • nominative • noDegree ▸ 37 + 2 = **39** (1Esdr. 1,19; 1Esdr. 2,14; 1Esdr. 2,17; Ezra 4,12; Neh. 3,34; Neh. 4,6; Neh. 5,17; Neh. 6,6; Esth. 9,6; Esth. 9,12; Esth. 9,15; Esth. 9,18; Esth. 9,19; Esth. 9,22; Esth. 9,23; Esth. 9,27; 1Mac. 11,49; 1Mac. 11,50; 1Mac. 11,51; 1Mac. 14,40; 1Mac. 14,41; 2Mac. 1,1; 2Mac. 1,7; 2Mac. 4,35; 2Mac. 4,36; 2Mac. 12,1; 2Mac. 14,5; 3Mac. 3,3; 3Mac. 5,6; 3Mac. 5,13; 3Mac. 5,18; 3Mac. 5,25; 3Mac. 5,35; 3Mac. 5,48; 3Mac. 6,17; Jer. 47,11; Dan. 3,12; Dan. 3,12; Sus. 4)

Ἰουδαίοις ▸ 30 + 1 = 31

Adjective • masculine • plural • dative • noDegree ▸ 30 + 1 = **31** (1Esdr. 4,49; Neh. 2,16; Neh. 3,33; Esth. 4,3; Esth. 4,14; Esth. 8,3; Esth. 8,7; Esth. 8,9; Esth. 8,16; Esth. 8,17; Esth. 9,2; Esth. 9,13; Esth. 9,14; Esth. 9,20; 1Mac. 10,23; 1Mac. 10,34; 2Mac. 1,1; 2Mac. 1,10; 2Mac. 4,11; 2Mac. 9,19; 2Mac. 11,16; 2Mac. 11,27; 2Mac. 12,8; 2Mac. 13,9; 3Mac. 4,2; 3Mac. 4,21; 3Mac. 6,18; 3Mac. 6,30; Jer. 33,2; Jer. 51,1; Tob. 11,18)

Ἰουδαῖον ▸ 4

Adjective • masculine • singular • accusative • noDegree ▸ 4 (Esth. 5,9; Esth. 5,13; 2Mac. 6,6; 2Mac. 9,17)

Ἰουδαῖος ▸ 7 + 1 = 8

Adjective • masculine • singular • nominative • noDegree ▸ 7 + 1 = **8** (Esth. 11,3 # 1,1b; Esth. 2,5; Esth. 9,29; 1Mac. 2,23; 3Mac. 1,3; 3Mac. 3,29; Bel 28; Bel 28)

Ἰουδαῖός ▸ 1

Adjective • masculine • singular • nominative • noDegree ▸ 1 (Esth. 3,4)

Ἰουδαίου ▸ 1

Adjective • masculine • singular • genitive • noDegree ▸ 1 (Zech. 8,23)

Ἰουδαίους ▸ 49 + 1 = 50

Adjective • masculine • plural • accusative • noDegree ▸ 49 + 1 = **50** (2Kings 16,6; 2Kings 25,25; 1Esdr. 6,1; Ezra 5,1; Neh. 5,1; Neh. 5,8; Neh. 13,23; Esth. 3,6; Esth. 4,7; Esth. 4,13; Esth. 4,16; Esth. 8,5; Esth. 16,15 # 8,12p; Esth. 16,19 # 8,12s; Esth. 8,13; Esth. 9,3; Esth. 9,25; 1Mac. 8,31; 1Mac. 10,29; 1Mac. 11,47; 1Mac. 14,33; 1Mac. 14,34; 1Mac. 14,37; 2Mac. 5,23; 2Mac. 5,25; 2Mac. 6,1; 2Mac. 8,32; 2Mac. 8,36; 2Mac. 8,36; 2Mac. 9,4; 2Mac. 9,7; 2Mac. 9,15; 2Mac. 9,18; 2Mac. 10,12; 2Mac. 10,14; 2Mac. 10,15; 2Mac. 11,2; 2Mac. 11,24; 2Mac. 11,31; 2Mac. 12,3; 2Mac. 12,17; 2Mac. 12,40; 2Mac. 13,23; 2Mac. 14,39; 3Mac. 2,28; 3Mac. 5,3; 3Mac. 7,3; Jer. 48,3; Dan. 3,8; Dan. 3,8)

Ἰουδαίῳ ▸ 1

Adjective • masculine • singular • dative • noDegree ▸ 1 (Esth. 6,10)

Ἰουδαίων ▸ 77 + 1 = 78

Adjective • masculine • plural • genitive • noDegree ▸ 77 + 1 = **78** (1Esdr. 4,50; 1Esdr. 6,5; 1Esdr. 6,8; 1Esdr. 6,26; 1Esdr. 7,2; 1Esdr. 8,10; Ezra 6,7; Ezra 6,7; Ezra 6,8; Ezra 6,14; Esth. 3,10; Esth. 3,13; Esth. 6,13; Esth. 8,17; Esth. 9,10; Esth. 9,16; Esth. 10,3; Esth. 10,8 # 10,3e; 1Mac. 4,2; 1Mac. 8,20; 1Mac. 8,23; 1Mac. 8,25; 1Mac. 8,27; 1Mac. 8,29; 1Mac. 10,25; 1Mac. 10,33; 1Mac. 10,36; 1Mac. 11,30; 1Mac. 11,33; 1Mac. 12,3; 1Mac. 12,6;

1Mac. 12,21; 1Mac. 13,36; 1Mac. 13,42; 1Mac. 14,20; 1Mac. 14,22; 1Mac. 14,47; 1Mac. 15,1; 1Mac. 15,2; 1Mac. 15,17; 1Mac. 15,17; 2Mac. 3,32; 2Mac. 6,8; 2Mac. 8,10; 2Mac. 8,11; 2Mac. 8,34; 2Mac. 9,4; 2Mac. 10,8; 2Mac. 10,24; 2Mac. 10,29; 2Mac. 11,15; 2Mac. 11,16; 2Mac. 11,27; 2Mac. 11,34; 2Mac. 12,30; 2Mac. 12,34; 2Mac. 13,18; 2Mac. 13,19; 2Mac. 14,6; 2Mac. 14,14; 2Mac. 14,37; 2Mac. 15,2; 2Mac. 15,12; 3Mac. 1,8; 3Mac. 3,27; 3Mac. 4,17; 3Mac. 5,2; 3Mac. 5,20; 3Mac. 5,31; 3Mac. 5,38; 3Mac. 5,42; 3Mac. 7,6; 3Mac. 7,10; 4Mac. 5,7; Is. 19,17; Jer. 39,12; Jer. 45,19; Dan. 3,97)

Ἰουδαῖος Jew, Jewish ▸ 195

Ἰουδαία ▸ 1
Adjective • feminine • singular • nominative • (proper) ▸ **1** (Mark 1,5)

Ἰουδαίᾳ ▸ 1
Adjective • feminine • singular • dative • (proper) ▸ **1** (Acts 24,24)

Ἰουδαίαν ▸ 1
Adjective • feminine • singular • accusative • (proper) ▸ **1** (John 3,22)

Ἰουδαίας ▸ 1
Adjective • feminine • singular • genitive • (proper) ▸ **1** (Acts 16,1)

Ἰουδαῖοι ▸ 56
Adjective • masculine • plural • nominative • (proper) ▸ **54** (Mark 7,3; John 1,19; John 2,18; John 2,20; John 4,9; John 5,10; John 5,16; John 5,18; John 6,41; John 6,52; John 7,1; John 7,11; John 7,15; John 7,35; John 8,22; John 8,48; John 8,52; John 8,57; John 9,18; John 9,22; John 10,24; John 10,31; John 10,33; John 11,8; John 11,31; John 11,36; John 18,20; John 18,31; John 19,7; John 19,12; John 19,31; Acts 2,5; Acts 9,23; Acts 13,45; Acts 13,50; Acts 14,2; Acts 14,19; Acts 16,20; Acts 17,5; Acts 17,13; Acts 18,12; Acts 21,11; Acts 21,27; Acts 23,12; Acts 23,20; Acts 24,9; Acts 24,19; Acts 25,7; Acts 26,4; Acts 26,21; 1Cor. 1,22; 1Cor. 12,13; Gal. 2,13; Gal. 2,15)
Adjective • masculine • plural • vocative • (proper) ▸ **2** (Acts 2,14; Acts 18,14)

Ἰουδαῖοί ▸ 1
Adjective • masculine • plural • nominative • (proper) ▸ **1** (Acts 2,11)

Ἰουδαίοις ▸ 26
Adjective • masculine • plural • dative • (proper) ▸ **26** (Matt. 28,15; John 5,15; John 10,19; John 11,54; John 13,33; John 18,14; John 18,36; John 19,14; John 19,40; Acts 11,19; Acts 12,3; Acts 14,4; Acts 17,17; Acts 18,5; Acts 18,19; Acts 18,28; Acts 19,17; Acts 20,21; Acts 21,20; Acts 24,5; Acts 24,27; Acts 25,9; 1Cor. 1,23; 1Cor. 1,24; 1Cor. 9,20; 1Cor. 10,32)

Ἰουδαῖον ▸ 2
Adjective • masculine • singular • accusative • (proper) ▸ **2** (Acts 13,6; Acts 18,2)

Ἰουδαῖος ▸ 10
Adjective • masculine • singular • nominative • (proper) ▸ **10** (John 4,9; Acts 18,24; Acts 21,39; Acts 22,3; Rom. 2,17; Rom. 2,29; 1Cor. 9,20; Gal. 2,14; Gal. 3,28; Col. 3,11)

Ἰουδαῖός ▸ 3
Adjective • masculine • singular • nominative • (proper) ▸ **3** (John 18,35; Acts 19,34; Rom. 2,28)

Ἰουδαίου ▸ 5
Adjective • masculine • singular • genitive • (proper) ▸ **5** (John 3,25; Acts 19,14; Rom. 2,9; Rom. 3,1; Rom. 10,12)

Ἰουδαίους ▸ 17
Adjective • masculine • plural • accusative • (proper) ▸ **17** (John 8,31; John 9,22; John 11,33; John 18,38; Acts 9,22; Acts 16,3; Acts 18,2; Acts 18,4; Acts 18,14; Acts 19,10; Acts 21,21; Acts 25,10; Acts 26,3; Rom. 3,9; 1Cor. 9,20; Rev. 2,9; Rev. 3,9)

Ἰουδαίῳ ▸ 3
Adjective • masculine • singular • dative • (proper) ▸ **3** (Acts 10,28; Rom. 1,16; Rom. 2,10)

Ἰουδαίων ▸ 68
Adjective • masculine • plural • genitive • (proper) ▸ **68** (Matt. 2,2; Matt. 27,11; Matt. 27,29; Matt. 27,37; Mark 15,2; Mark 15,9; Mark 15,12; Mark 15,18; Mark 15,26; Luke 7,3; Luke 23,3; Luke 23,37; Luke 23,38; Luke 23,51; John 2,6; John 2,13; John 3,1; John 4,22; John 5,1; John 6,4; John 7,2; John 7,13; John 11,19; John 11,45; John 11,55; John 12,9; John 12,11; John 18,12; John 18,33; John 18,39; John 19,3; John 19,19; John 19,20; John 19,21; John 19,21; John 19,21; John 19,38; John 19,42; John 20,19; Acts 10,22; Acts 10,39; Acts 12,11; Acts 13,5; Acts 13,43; Acts 14,1; Acts 14,1; Acts 14,5; Acts 17,1; Acts 17,10; Acts 19,13; Acts 19,33; Acts 20,3; Acts 20,19; Acts 22,12; Acts 22,30; Acts 23,27; Acts 25,2; Acts 25,8; Acts 25,15; Acts 25,24; Acts 26,2; Acts 26,7; Acts 28,17; Acts 28,19; Rom. 3,29; Rom. 9,24; 2Cor. 11,24; 1Th. 2,14)

Ἰουδαϊσμός Judaism ▸ 5

Ἰουδαϊσμόν ▸ 1
Noun • masculine • singular • accusative • (proper) ▸ **1** (4Mac. 4,26)

Ἰουδαϊσμοῦ ▸ 3
Noun • masculine • singular • genitive • (proper) ▸ **3** (2Mac. 2,21; 2Mac. 14,38; 2Mac. 14,38)

Ἰουδαϊσμῷ ▸ 1
Noun • masculine • singular • dative • (proper) ▸ **1** (2Mac. 8,1)

Ἰουδαϊσμός Judaism ▸ 2

Ἰουδαϊσμῷ ▸ 2
Noun • masculine • singular • dative • (proper) ▸ **2** (Gal. 1,13; Gal. 1,14)

Ἰουδαϊστί in the Jewish language ▸ 6

Ἰουδαϊστὶ ▸ 3
Adverb ▸ **3** (2Kings 18,28; 2Chr. 32,18; Is. 36,13)

Ἰουδαϊστί ▸ 3
Adverb ▸ **3** (2Kings 18,26; Neh. 13,24; Is. 36,11)

Ἰούδας Judas; Judah; Jew ▸ 901 + 33 = 934

Ιουδα ▸ 655 + 25 = 680
Noun • feminine • singular • genitive • (proper) ▸ **5** (Judg. 19,18; Judg. 19,18; Ruth 1,1; Ruth 1,2; Jer. 3,11)
Noun • masculine • singular • accusative • (proper) ▸ **16** (Gen. 29,35; 2Sam. 24,1; 1Kings 1,35; 1Kings 2,46l; 1Kings 14,21; 1Kings 15,1; 1Kings 22,32; 1Kings 22,41; 2Kings 21,11; 2Kings 21,12; Ezra 2,1; Ezra 4,1; Neh. 2,5; Neh. 7,6; 1Mac. 6,12; Jer. 37,4)
Noun • masculine • singular • dative • (proper) ▸ **66 + 2 = 68** (Gen. 38,24; Num. 26,18; Josh. 20,7; Judg. 10,9; Judg. 18,12; Ruth 4,12; 1Kings 15,22; 2Kings 14,22; 2Kings 14,28; 2Kings 15,37; 2Kings 17,13; 2Kings 18,22; 2Kings 23,26; 2Kings 24,3; 2Kings 24,20; 1Chr. 27,18; 1Chr. 28,4; 2Chr. 2,6; 2Chr. 12,4; 2Chr. 12,12; 2Chr. 14,3; 2Chr. 14,6; 2Chr. 15,2; 2Chr. 17,9; 2Chr. 17,14; 2Chr. 20,3; 2Chr. 21,3; 2Chr. 24,9; 2Chr. 25,5; 2Chr. 26,2; 2Chr. 28,6; 2Chr. 28,17; 2Chr. 28,25; 2Chr. 30,12; 2Chr. 30,24; 2Chr. 30,25; 2Chr. 31,20; 2Chr. 32,12; 2Chr. 33,14; 2Chr. 33,16; 2Chr. 34,21; 2Chr. 35,19c; 1Esdr. 1,33; Ezra 1,5; Ezra 4,23; Ezra 5,1; Ezra 9,9; Ezra 10,7; Neh. 6,7; Neh. 6,18; Neh. 12,44; Neh. 13,15; 1Mac. 2,6; 1Mac. 3,17; 1Mac. 5,20; 1Mac. 7,30; 1Mac. 7,31; 2Mac. 8,12; 2Mac. 15,15; Zech. 9,7; Zech. 14,21; Is. 22,21; Jer. 4,5; Jer. 5,20; Jer. 22,30; Jer. 47,11; Judg. 15,9; Judg. 18,12)
Noun • masculine • singular • genitive • (proper) ▸ **559 + 23 = 582** (Gen. 38,7; Gen. 38,12; Gen. 46,12; Gen. 49,10; Ex. 31,2;

Ιουδας

Ex. 35,30; Ex. 37,20; Num. 1,7; Num. 1,24; Num. 1,25; Num. 2,3; Num. 2,3; Num. 2,9; Num. 7,12; Num. 10,14; Num. 13,6; Num. 26,15; Num. 26,16; Num. 34,19; Deut. 33,7; Deut. 33,7; Deut. 34,2; Josh. 7,1; Josh. 7,16; Josh. 11,21; Josh. 14,6; Josh. 15,1; Josh. 15,12; Josh. 15,13; Josh. 15,20; Josh. 15,21; Josh. 15,63; Josh. 18,11; Josh. 18,14; Josh. 19,1; Josh. 19,9; Josh. 19,9; Josh. 19,48; Josh. 21,4; Josh. 21,9; Josh. 21,11; Judg. 1,8; Judg. 1,9; Judg. 1,16; Judg. 1,19; Judg. 15,10; Judg. 15,11; Judg. 17,7; Judg. 17,7; Judg. 17,8; Judg. 17,9; Judg. 19,1; Judg. 19,2; Ruth 1,7; 1Sam. 11,8; 1Sam. 17,52; 1Sam. 22,5; 1Sam. 23,23; 1Sam. 30,16; 1Sam. 30,26; 2Sam. 1,12; 2Sam. 1,18; 2Sam. 2,1; 2Sam. 2,4; 2Sam. 2,7; 2Sam. 2,10; 2Sam. 2,11; 2Sam. 6,2; 2Sam. 12,8; 2Sam. 19,12; 2Sam. 19,15; 2Sam. 19,16; 2Sam. 19,17; 2Sam. 19,41; 2Sam. 19,42; 2Sam. 19,43; 2Sam. 19,44; 2Sam. 19,44; 2Sam. 20,2; 2Sam. 20,4; 2Sam. 21,2; 2Sam. 24,7; 2Sam. 24,9; 1Kings 1,9; 1Kings 2,32; 1Kings 4,18; 1Kings 12,20; 1Kings 12,21; 1Kings 12,23; 1Kings 12,23; 1Kings 12,24u; 1Kings 12,24x; 1Kings 12,24y; 1Kings 12,24y; 1Kings 12,27; 1Kings 12,32; 1Kings 13,1; 1Kings 13,12; 1Kings 13,14; 1Kings 13,21; 1Kings 14,29; 1Kings 15,7; 1Kings 15,17; 1Kings 15,23; 1Kings 15,25; 1Kings 15,28; 1Kings 15,33; 1Kings 16,28c; 1Kings 19,3; 1Kings 22,2; 1Kings 22,5; 1Kings 22,8; 1Kings 22,10; 1Kings 22,18; 1Kings 22,29; 1Kings 22,30; 1Kings 22,46; 1Kings 22,52; 2Kings 1,18a; 2Kings 3,1; 2Kings 3,7; 2Kings 3,9; 2Kings 3,12; 2Kings 3,14; 2Kings 8,16; 2Kings 8,20; 2Kings 8,22; 2Kings 8,23; 2Kings 9,16; 2Kings 9,21; 2Kings 9,27; 2Kings 10,13; 2Kings 12,19; 2Kings 12,19; 2Kings 12,20; 2Kings 13,1; 2Kings 13,10; 2Kings 13,12; 2Kings 14,1; 2Kings 14,9; 2Kings 14,11; 2Kings 14,11; 2Kings 14,13; 2Kings 14,15; 2Kings 14,17; 2Kings 14,18; 2Kings 14,21; 2Kings 14,23; 2Kings 15,1; 2Kings 15,6; 2Kings 15,8; 2Kings 15,13; 2Kings 15,17; 2Kings 15,23; 2Kings 15,27; 2Kings 15,32; 2Kings 15,36; 2Kings 16,1; 2Kings 16,19; 2Kings 17,1; 2Kings 17,18; 2Kings 18,1; 2Kings 18,5; 2Kings 18,13; 2Kings 18,14; 2Kings 18,14; 2Kings 18,16; 2Kings 19,30; 2Kings 20,20; 2Kings 21,11; 2Kings 21,17; 2Kings 21,25; 2Kings 22,13; 2Kings 22,16; 2Kings 22,18; 2Kings 23,1; 2Kings 23,2; 2Kings 23,5; 2Kings 23,5; 2Kings 23,8; 2Kings 23,11; 2Kings 23,12; 2Kings 23,17; 2Kings 23,22; 2Kings 23,24; 2Kings 23,28; 2Kings 23,34; 2Kings 24,2; 2Kings 24,5; 2Kings 24,12; 2Kings 25,22; 2Kings 25,27; 2Kings 25,27; 1Chr. 2,3; 1Chr. 2,3; 1Chr. 2,4; 1Chr. 2,10; 1Chr. 4,1; 1Chr. 4,21; 1Chr. 4,27; 1Chr. 4,41; 1Chr. 5,17; 1Chr. 5,41; 1Chr. 6,40; 1Chr. 6,50; 1Chr. 9,1; 1Chr. 9,3; 1Chr. 9,4; 1Chr. 12,17; 1Chr. 12,25; 1Chr. 13,6; 1Chr. 28,4; 2Chr. 9,11; 2Chr. 10,17; 2Chr. 11,10; 2Chr. 11,17; 2Chr. 11,23; 2Chr. 12,5; 2Chr. 13,13; 2Chr. 13,15; 2Chr. 13,15; 2Chr. 13,15; 2Chr. 13,16; 2Chr. 13,18; 2Chr. 13,23; 2Chr. 14,4; 2Chr. 14,5; 2Chr. 14,7; 2Chr. 14,11; 2Chr. 15,8; 2Chr. 16,1; 2Chr. 16,7; 2Chr. 16,11; 2Chr. 17,2; 2Chr. 17,2; 2Chr. 17,6; 2Chr. 17,7; 2Chr. 17,9; 2Chr. 17,10; 2Chr. 18,3; 2Chr. 18,9; 2Chr. 18,28; 2Chr. 19,1; 2Chr. 19,3; 2Chr. 19,5; 2Chr. 19,11; 2Chr. 20,4; 2Chr. 20,5; 2Chr. 20,27; 2Chr. 20,35; 2Chr. 21,2; 2Chr. 21,8; 2Chr. 21,10; 2Chr. 21,11; 2Chr. 21,12; 2Chr. 22,1; 2Chr. 22,6; 2Chr. 22,8; 2Chr. 22,10; 2Chr. 23,2; 2Chr. 23,3; 2Chr. 24,5; 2Chr. 24,6; 2Chr. 24,17; 2Chr. 25,5; 2Chr. 25,12; 2Chr. 25,13; 2Chr. 25,18; 2Chr. 25,21; 2Chr. 25,21; 2Chr. 25,23; 2Chr. 25,25; 2Chr. 25,26; 2Chr. 27,4; 2Chr. 27,7; 2Chr. 28,10; 2Chr. 28,18; 2Chr. 28,19; 2Chr. 28,26; 2Chr. 30,25; 2Chr. 31,1; 2Chr. 31,6; 2Chr. 31,6; 2Chr. 32,8; 2Chr. 32,9; 2Chr. 32,23; 2Chr. 32,32; 2Chr. 34,9; 2Chr. 34,11; 2Chr. 34,24; 2Chr. 34,26; 2Chr. 34,29; 2Chr. 35,19a; 2Chr. 35,21; 2Chr. 35,27; 2Chr. 36,4; 2Chr. 36,8; 2Chr. 36,14; 1Esdr. 1,31; 1Esdr. 2,5; 1Esdr. 5,5; 1Esdr. 5,63; 1Esdr. 9,5; Ezra 1,8; Ezra 3,9; Ezra 4,4; Ezra 4,6; Ezra 5,5; Ezra 10,9; Neh. 1,2; Neh. 4,10; Neh. 5,14; Neh. 6,17; Neh. 11,3; Neh. 11,4; Neh. 11,4; Neh. 11,25; Neh. 11,36; Neh. 12,31; Neh. 12,32; Neh. 13,16; Neh. 13,17; Judith 14,7; 1Mac. 1,29; 1Mac. 1,44; 1Mac. 1,51; 1Mac. 1,54; 1Mac. 2,18; 1Mac. 3,8; 1Mac. 3,39; 1Mac. 5,45; 1Mac. 5,53; 1Mac. 5,68; 1Mac. 6,5; 1Mac. 7,10; 1Mac. 7,22; 1Mac. 7,50; 1Mac. 9,1; 1Mac. 9,72; 1Mac. 10,30; 1Mac. 10,33; 1Mac. 10,37; 1Mac. 12,4; 1Mac. 12,46; 1Mac. 12,52; 1Mac. 13,1; 1Mac. 13,12; 1Mac. 14,4; Psa. 67,28; Psa. 77,68; Ode. 10,3; Ode. 10,7; Sir. 45,25; Sir. 49,4; Hos. 1,1; Hos. 1,7; Hos. 2,2; Hos. 5,10; Hos. 5,12; Hos. 5,14; Hos. 12,1; Amos 1,1; Amos 2,4; Amos 7,12; Mic. 1,1; Mic. 1,5; Mic. 1,9; Mic. 5,1; Joel 4,1; Joel 4,6; Joel 4,8; Joel 4,18; Joel 4,19; Obad. 12; Zeph. 1,1; Zeph. 2,7; Zeph. 2,7; Hag. 1,1; Hag. 1,12; Hag. 1,14; Hag. 2,2; Hag. 2,21; Zech. 1,12; Zech. 8,13; Zech. 8,15; Zech. 8,19; Zech. 10,3; Zech. 10,6; Zech. 11,14; Zech. 12,4; Zech. 12,5; Zech. 12,6; Zech. 12,7; Zech. 14,5; Mal. 3,4; Is. 5,3; Is. 5,7; Is. 7,1; Is. 7,17; Is. 11,12; Is. 11,13; Is. 22,8; Is. 26,1; Is. 40,9; Is. 48,1; Is. 65,9; Jer. 1,2; Jer. 1,3; Jer. 1,3; Jer. 1,15; Jer. 1,18; Jer. 3,18; Jer. 4,3; Jer. 4,4; Jer. 4,16; Jer. 5,11; Jer. 7,17; Jer. 7,30; Jer. 7,34; Jer. 8,1; Jer. 9,10; Jer. 10,22; Jer. 11,2; Jer. 11,6; Jer. 11,9; Jer. 11,10; Jer. 11,12; Jer. 11,17; Jer. 13,9; Jer. 13,11; Jer. 15,4; Jer. 17,19; Jer. 17,20; Jer. 17,25; Jer. 17,26; Jer. 18,11; Jer. 19,3; Jer. 19,3; Jer. 19,4; Jer. 19,7; Jer. 19,13; Jer. 20,5; Jer. 21,3; Jer. 21,7; Jer. 21,11; Jer. 22,1; Jer. 22,2; Jer. 22,6; Jer. 22,18; Jer. 22,24; Jer. 24,1; Jer. 24,5; Jer. 24,8; Jer. 25,1; Jer. 25,1; Jer. 25,2; Jer. 25,3; Jer. 26,2; Jer. 27,4; Jer. 27,20; Jer. 27,33; Jer. 28,59; Jer. 32,18; Jer. 32,18; Jer. 33,10; Jer. 33,18; Jer. 33,18; Jer. 34,3; Jer. 34,12; Jer. 35,1; Jer. 35,4; Jer. 36,3; Jer. 36,22; Jer. 37,3; Jer. 38,23; Jer. 38,24; Jer. 38,31; Jer. 39,30; Jer. 39,32; Jer. 39,32; Jer. 39,44; Jer. 40,4; Jer. 40,7; Jer. 40,10; Jer. 40,13; Jer. 41,1; Jer. 41,2; Jer. 41,4; Jer. 41,7; Jer. 41,7; Jer. 41,9; Jer. 41,19; Jer. 41,22; Jer. 42,1; Jer. 42,13; Jer. 43,1; Jer. 43,2; Jer. 43,3; Jer. 43,6; Jer. 43,9; Jer. 43,30; Jer. 43,31; Jer. 44,1; Jer. 44,7; Jer. 45,22; Jer. 46,1; Jer. 47,1; Jer. 47,5; Jer. 47,5; Jer. 47,12; Jer. 47,15; Jer. 49,19; Jer. 50,4; Jer. 50,5; Jer. 50,9; Jer. 51,2; Jer. 51,6; Jer. 51,7; Jer. 51,9; Jer. 51,9; Jer. 51,14; Jer. 51,14; Jer. 51,17; Jer. 51,21; Jer. 51,26; Jer. 51,28; Jer. 51,28; Jer. 51,30; Jer. 51,31; Jer. 52,10; Jer. 52,31; Jer. 52,31; Bar. 1,3; Bar. 1,8; Bar. 1,8; Bar. 1,15; Bar. 2,1; Bar. 2,23; Bar. 2,26; Lam. 1,15; Lam. 2,2; Lam. 2,5; Lam. 5,11; Ezek. 4,6; Ezek. 8,1; Ezek. 8,17; Ezek. 9,9; Ezek. 25,3; Ezek. 25,8; Ezek. 25,12; Ezek. 37,19; Ezek. 37,19; Ezek. 48,7; Ezek. 48,8; Ezek. 48,22; Ezek. 48,31; Dan. 9,7; Sus. 56; Sus. 57; Josh. 19,1; Josh. 19,9; Josh. 19,9; Judg. 1,8; Judg. 1,9; Judg. 1,16; Judg. 1,16; Judg. 1,19; Judg. 15,10; Judg. 15,11; Judg. 17,7; Judg. 17,8; Judg. 17,9; Judg. 19,1; Judg. 19,2; Judg. 19,18; Judg. 19,18; Dan. 1,1; Dan. 1,2; Dan. 1,6; Dan. 9,7; Sus. 56; Sus. 57)

Noun • masculine • singular • vocative • (proper) ▸ 9 (Gen. 49,8; 2Chr. 15,2; 2Chr. 20,17; Hos. 4,15; Hos. 6,4; Nah. 2,1; Zech. 9,13; Jer. 2,28; Jer. 11,13)

Ιουδαν ▸ 93 + 1 = 94

Noun • masculine • singular • accusative • (proper) ▸ 93 + 1 = **94** (Gen. 38,22; Gen. 46,28; Judg. 15,9; 1Sam. 15,4; 2Sam. 3,10; 2Sam. 5,5; 2Sam. 5,5; 2Sam. 20,5; 1Kings 15,9; 1Kings 15,17; 2Kings 8,19; 2Kings 9,29; 2Kings 21,16; 2Kings 23,27; 2Chr. 11,1; 2Chr. 11,3; 2Chr. 11,14; 2Chr. 13,1; 2Chr. 15,9; 2Chr. 16,1; 2Chr. 16,6; 2Chr. 20,22; 2Chr. 20,31; 2Chr. 21,11; 2Chr. 21,13; 2Chr. 21,17; 2Chr. 23,2; 2Chr. 24,18; 2Chr. 24,23; 2Chr. 25,10; 2Chr. 28,9; 2Chr. 28,19; 2Chr. 29,8; 2Chr. 30,1; 2Chr. 30,6; 2Chr. 32,1; 2Chr. 32,9; 2Chr. 32,25; 2Chr. 33,9; 2Chr. 34,3; 2Chr. 34,5; 2Chr. 35,19d; 2Chr. 36,5c; 2Chr. 36,10; Neh. 2,7; 1Mac. 3,14; 1Mac. 5,10; 1Mac. 5,40; 1Mac. 7,10; 1Mac. 7,27; 1Mac. 7,29; 1Mac. 7,29; 1Mac. 9,19; 1Mac. 14,18; 1Mac. 16,2; 2Mac. 2,19; 2Mac. 12,11; 2Mac. 12,11; 2Mac. 12,14; 2Mac. 12,15; 2Mac. 12,39; 2Mac. 13,1; 2Mac. 13,22; 2Mac. 14,1; 2Mac. 14,11; 2Mac. 14,13;

2Mac. 14,14; 2Mac. 14,18; 2Mac. 14,24; 2Mac. 14,26; 2Mac. 14,33; 2Mac. 15,1; 2Mac. 15,6; 2Mac. 15,26; Hos. 10,11; Hos. 12,3; Amos 2,5; Zeph. 1,4; Zech. 2,2; Zech. 2,4; Zech. 2,16; Zech. 12,7; Is. 9,20; Is. 11,13; Jer. 12,14; Jer. 13,13; Jer. 14,19; Jer. 20,4; Jer. 38,27; Jer. 39,35; Jer. 42,17; Jer. 43,2; Ezek. 37,16; Judg. 10,9)

Ἰουδας ▸ 132 + 7 = 139
  Noun · masculine · singular · nominative · (proper) ▸ 132 + 7 = 139 (Gen. 35,23; Gen. 37,26; Gen. 38,1; Gen. 38,2; Gen. 38,6; Gen. 38,8; Gen. 38,11; Gen. 38,12; Gen. 38,15; Gen. 38,20; Gen. 38,23; Gen. 38,24; Gen. 38,26; Gen. 43,3; Gen. 43,8; Gen. 44,14; Gen. 44,16; Gen. 44,18; Ex. 1,2; Deut. 27,12; Josh. 18,5; Judg. 1,2; Judg. 1,3; Judg. 1,4; Judg. 1,10; Judg. 1,17; Judg. 1,18; Judg. 1,22; Judg. 20,18; 1Sam. 18,16; 2Sam. 11,11; 2Kings 14,10; 2Kings 14,12; 2Kings 17,19; 2Kings 25,21; 1Chr. 5,2; 1Chr. 21,5; 2Chr. 13,14; 2Chr. 20,4; 2Chr. 20,13; 2Chr. 20,24; 2Chr. 25,19; 2Chr. 25,22; Neh. 4,4; Neh. 11,9; 1Mac. 2,4; 1Mac. 2,66; 1Mac. 3,1; 1Mac. 3,11; 1Mac. 3,12; 1Mac. 3,13; 1Mac. 3,16; 1Mac. 3,18; 1Mac. 3,42; 1Mac. 3,55; 1Mac. 3,58; 1Mac. 4,3; 1Mac. 4,6; 1Mac. 4,8; 1Mac. 4,16; 1Mac. 4,23; 1Mac. 4,29; 1Mac. 4,36; 1Mac. 4,41; 1Mac. 4,59; 1Mac. 5,3; 1Mac. 5,16; 1Mac. 5,17; 1Mac. 5,24; 1Mac. 5,28; 1Mac. 5,31; 1Mac. 5,38; 1Mac. 5,39; 1Mac. 5,42; 1Mac. 5,45; 1Mac. 5,48; 1Mac. 5,49; 1Mac. 5,53; 1Mac. 5,55; 1Mac. 5,63; 1Mac. 5,65; 1Mac. 5,68; 1Mac. 6,19; 1Mac. 6,32; 1Mac. 6,42; 1Mac. 7,6; 1Mac. 7,23; 1Mac. 7,25; 1Mac. 7,35; 1Mac. 7,40; 1Mac. 7,40; 1Mac. 8,1; 1Mac. 8,17; 1Mac. 8,20; 1Mac. 9,5; 1Mac. 9,7; 1Mac. 9,10; 1Mac. 9,14; 1Mac. 9,18; 1Mac. 9,29; 1Mac. 11,70; 1Mac. 16,9; 1Mac. 16,14; 2Mac. 1,10; 2Mac. 2,14; 2Mac. 5,27; 2Mac. 8,1; 2Mac. 12,5; 2Mac. 12,12; 2Mac. 12,23; 2Mac. 12,36; 2Mac. 12,38; 2Mac. 12,42; 2Mac. 13,10; 2Mac. 13,12; 2Mac. 13,20; 2Mac. 14,6; 2Mac. 14,10; 2Mac. 14,22; Psa. 59,9; Psa. 107,9; Hos. 5,5; Hos. 5,13; Hos. 8,14; Zech. 14,14; Mal. 2,11; Mal. 2,11; Is. 11,13; Jer. 13,19; Jer. 23,6; Jer. 28,5; Ezek. 27,17; Judg. 1,2; Judg. 1,3; Judg. 1,4; Judg. 1,10; Judg. 1,17; Judg. 1,18; Judg. 20,18)

  Ἰουδου ▸ 21
  Noun · masculine · singular · genitive · (proper) ▸ 21 (1Mac. 3,25; 1Mac. 3,26; 1Mac. 4,5; 1Mac. 4,13; 1Mac. 4,19; 1Mac. 4,21; 1Mac. 4,35; 1Mac. 5,44; 1Mac. 5,61; 1Mac. 9,12; 1Mac. 9,16; 1Mac. 9,22; 1Mac. 9,23; 1Mac. 9,26; 1Mac. 9,28; 1Mac. 9,31; 1Mac. 13,8; 2Mac. 12,21; 2Mac. 12,22; 2Mac. 14,17; 2Mac. 15,17)

Ἰούδας Judas; Judah; Jew ▸ 44
  Ἰούδα ▸ 13
  Noun · masculine · singular · genitive · (proper) ▸ 12 (Matt. 2,6; Matt. 2,6; Mark 6,3; Luke 1,39; Luke 3,30; Luke 3,33; Acts 1,16; Acts 9,11; Heb. 7,14; Heb. 8,8; Rev. 5,5; Rev. 7,5)
  Noun · masculine · singular · vocative · (proper) ▸ 1 (Luke 22,48)
  Ἰούδᾳ ▸ 1
  Noun · masculine · singular · dative · (proper) ▸ 1 (John 13,26)
  Ἰούδαν ▸ 8
  Noun · masculine · singular · accusative · (proper) ▸ 8 (Matt. 1,2; Mark 3,19; Luke 6,16; Luke 6,16; Luke 22,3; John 6,71; Acts 15,22; Acts 15,27)
  Ἰούδας ▸ 22
  Noun · masculine · singular · nominative · (proper) ▸ 22 (Matt. 1,3; Matt. 10,4; Matt. 13,55; Matt. 26,14; Matt. 26,25; Matt. 26,47; Matt. 27,3; Mark 14,10; Mark 14,43; Luke 22,47; John 12,4; John 13,2; John 13,29; John 14,22; John 18,2; John 18,3; John 18,5; Acts 1,13; Acts 1,25; Acts 5,37; Acts 15,32; Jude 1)

Ἰουδᾶς Judas; Judah; Jew ▸ 1
  ΙΟΥΔΑ ▸ 1
  Noun · masculine · singular · genitive · (proper) ▸ 1 (Jude 0)

Ἰουδιας Jeriah ▸ 1
  Ἰουδιας ▸ 1
  Noun · masculine · singular · nominative · (proper) ▸ 1 (1Chr. 26,31)

Ἰουδιθ Judith ▸ 32
  Ἰουδιθ ▸ 32
  Noun · feminine · singular · accusative · (proper) ▸ 1 (Judith 15,8)
  Noun · feminine · singular · dative · (proper) ▸ 1 (Judith 15,11)
  Noun · feminine · singular · genitive · (proper) ▸ 3 (Judith 14,7; Judith 14,14; Judith 16,25)
  Noun · feminine · singular · nominative · (proper) ▸ 27 (Judith 8,1; Judith 8,4; Judith 8,9; Judith 8,32; Judith 9,1; Judith 9,1; Judith 10,10; Judith 10,23; Judith 11,5; Judith 12,2; Judith 12,4; Judith 12,14; Judith 12,16; Judith 12,18; Judith 13,2; Judith 13,3; Judith 13,4; Judith 13,11; Judith 14,1; Judith 14,8; Judith 14,17; Judith 15,14; Judith 16,1; Judith 16,6; Judith 16,19; Judith 16,20; Judith 16,21)

Ἰουδιν Jehudi; Judith ▸ 5
  Ἰουδιν ▸ 5
  Noun · feminine · singular · accusative · (proper) ▸ 1 (Gen. 26,34)
  Noun · masculine · singular · accusative · (proper) ▸ 2 (Jer. 43,14; Jer. 43,21)
  Noun · masculine · singular · nominative · (proper) ▸ 2 (Jer. 43,21; Jer. 43,23)

Ἰουηλ Joel ▸ 2
  Ἰουηλ ▸ 2
  Noun · masculine · singular · nominative · (proper) ▸ 2 (1Esdr. 9,34; 1Esdr. 9,35)

Ἰουθ Jehud ▸ 1
  Ἰουθ ▸ 1
  Noun · singular · nominative · (proper) ▸ 1 (Josh. 19,45)

Ἰουλία Julia ▸ 1
  Ἰουλίαν ▸ 1
  Noun · feminine · singular · accusative · (proper) ▸ 1 (Rom. 16,15)

Ἰούλιος Julius; July ▸ 2
  Ἰούλιος ▸ 1
  Noun · masculine · singular · nominative · (proper) ▸ 1 (Acts 27,3)
  Ἰουλίῳ ▸ 1
  Noun · masculine · singular · dative · (proper) ▸ 1 (Acts 27,1)

Ἰουνία Junia ▸ 1
  Ἰουνίαν ▸ 1
  Noun · feminine · singular · accusative · (proper) ▸ 1 (Rom. 16,7)

Ἰουρι Jahdo ▸ 1
  Ἰουρι ▸ 1
  Noun · masculine · singular · genitive · (proper) ▸ 1 (1Chr. 5,14)

Ἰοῦστος Justus ▸ 3
  Ἰοῦστος ▸ 2
  Noun · masculine · singular · nominative · (proper) ▸ 2 (Acts 1,23; Col. 4,11)
  Ἰούστου ▸ 1
  Noun · masculine · singular · genitive · (proper) ▸ 1 (Acts 18,7)

ἱππάζομαι (ἵππος) to ride ▸ 3
  ἱππαζόμενοι ▸ 1
  Verb · present · middle · participle · masculine · plural · nominative ▸ 1 (Ezek. 23,6)
  ἱππαζομένους ▸ 1
  Verb · present · middle · participle · masculine · plural

ἱππάζομαι–ἵππος

  • accusative ‣ **1** (Ezek. 23,12)
 ἱππάσονται ‣ **1**
  Verb • third • plural • future • middle • indicative ‣ **1** (Jer. 27,42)
ἱππάρχης (ἵππος; ἄρχω) cavalry commander ‣ **1**
 ἱππάρχαι ‣ **1**
  Noun • masculine • plural • nominative • (common) ‣ **1** (2Sam. 1,6)
ἱππασία (ἵππος) horsemanship ‣ **3**
 ἱππασία ‣ **2**
  Noun • feminine • singular • nominative • (common) ‣ **2** (Ode. 4,8; Hab. 3,8)
 ἱππασίας ‣ **1**
  Noun • feminine • singular • genitive • (common) ‣ **1** (Jer. 8,16)
ἱππεύς (ἵππος) cavalryman, horseman ‣ **67** + **1** + **2** = **70**
 ἱππεῖς ‣ **37** + **2** = **39**
  Noun • masculine • plural • accusative • (common) ‣ **19** + **2** = **21** (1Kings 1,5; 2Kings 18,24; 1Chr. 19,6; 2Chr. 1,14; 2Chr. 16,8; 1Esdr. 5,2; 1Esdr. 8,51; Ezra 8,22; Judith 2,15; Judith 2,22; 1Mac. 15,41; 1Mac. 16,4; 1Mac. 16,7; 2Mac. 5,2; 2Mac. 12,20; Is. 21,7; Ezek. 23,12; Ezek. 27,14; Ezek. 38,4; Acts 23,23; Acts 23,32)
  Noun • masculine • plural • nominative • (common) ‣ **18** (Gen. 50,9; Ex. 14,9; 1Kings 10,22c # 9,22; 2Kings 13,7; Neh. 2,9; Esth. 8,14; Judith 7,20; 1Mac. 16,5; 2Mac. 10,31; 2Mac. 11,11; 2Mac. 12,10; Job 1,17; Joel 2,4; Nah. 2,4; Hab. 1,8; Is. 22,7; Jer. 26,4; Ezek. 23,6)
 ἱππεὺς ‣ **4**
  Noun • masculine • singular • nominative • (common) ‣ **4** (Gen. 49,17; 2Kings 2,12; 2Kings 13,14; Amos 2,15)
 ἱππεῦσι ‣ **1**
  Noun • masculine • plural • dative • (common) ‣ **1** (Judith 2,19)
 ἱππεῦσιν ‣ **3** + **1** = **4**
  Noun • masculine • plural • dative • (common) ‣ **3** + **1** = **4** (1Sam. 8,11; 1Mac. 1,17; Hos. 1,7; Dan. 11,40)
 ἱππέων ‣ **19**
  Noun • masculine • plural • genitive • (common) ‣ **19** (1Sam. 13,5; 2Sam. 8,4; 2Sam. 10,18; 1Kings 2,46i; 1Kings 10,22a # 9,15; 1Kings 10,26; 2Chr. 1,14; 2Chr. 8,6; 2Chr. 8,9; 2Chr. 9,25; 2Chr. 23,15; Judith 7,2; 1Mac. 6,30; 2Mac. 11,4; 2Mac. 12,33; 2Mac. 12,35; 2Mac. 13,2; Ezek. 26,7; Ezek. 26,10)
 ἱππέως ‣ **3**
  Noun • masculine • singular • genitive • (common) ‣ **3** (1Kings 21,20; Nah. 3,3; Jer. 4,29)
ἱππεύω (ἵππος) to ride horses ‣ **3**
 ἱππεύοντας ‣ **1**
  Verb • present • active • participle • masculine • plural • accusative ‣ **1** (Ezek. 23,23)
 ἱππευόντων ‣ **1**
  Verb • present • active • participle • masculine • plural • genitive ‣ **1** (Mic. 1,13)
 ἵππευσεν ‣ **1**
  Verb • third • singular • aorist • active • indicative ‣ **1** (2Kings 9,16)
ἱππικός (ἵππος) cavalry, horsemen; Equestrian ‣ **2** + **1** = **3**
 ἱππικαῖς ‣ **1**
  Adjective • feminine • plural • dative • noDegree ‣ **1** (3Mac. 1,1)
 ἱππικὰς ‣ **1**
  Adjective • feminine • plural • accusative • noDegree ‣ **1** (1Mac. 15,38)
 ἱππικοῦ ‣ **1**
  Noun • neuter • singular • genitive ‣ **1** (Rev. 9,16)

ἱππόδρομος (ἵππος; τρέχω) hippodrome; road for horses ‣ **5**
 ἱππόδρομον ‣ **2**
  Noun • masculine • singular • accusative • (common) ‣ **2** (Gen. 48,7; 3Mac. 6,16)
 ἱπποδρόμου ‣ **2**
  Noun • masculine • singular • genitive • (common) ‣ **2** (Gen. 48,7; 3Mac. 5,46)
 ἱπποδρόμῳ ‣ **1**
  Noun • masculine • singular • dative • (common) ‣ **1** (3Mac. 4,11)
ἵππος horse ‣ **204** + **1** + **17** = **222**
 ἵπποι ‣ **26**
  Noun • feminine • plural • nominative • (common) ‣ **2** (1Kings 10,26; 2Chr. 9,25)
  Noun • masculine • plural • nominative • (common) ‣ **24** (Josh. 11,4; 1Kings 2,46i; 1Kings 22,4; 1Kings 22,4; 2Kings 2,11; 2Kings 3,7; 2Kings 3,7; 2Kings 10,2; 1Esdr. 5,42; Ezra 2,66; Neh. 7,68; 1Mac. 10,81; Wis. 19,9; Amos 6,12; Hab. 1,8; Hag. 2,22; Zech. 1,8; Zech. 6,2; Zech. 6,2; Zech. 6,3; Zech. 6,3; Zech. 6,6; Jer. 4,13; Jer. 5,8)
 ἵπποις ‣ **17** + **2** = **19**
  Noun • masculine • plural • dative • (common) ‣ **17** + **2** = **19** (Ex. 9,3; Ex. 14,17; Ex. 14,18; Josh. 24,6; 1Kings 5,1; 1Esdr. 2,6; Ezra 4,23; Psa. 19,8; Hos. 1,7; Is. 22,6; Is. 31,1; Is. 31,1; Jer. 6,23; Jer. 12,5; Jer. 17,25; Jer. 27,42; Dan. 11,40; Rev. 9,7; Rev. 19,14)
 ἵππον ‣ **46**
  Noun • feminine • singular • accusative • (common) ‣ **23** (Gen. 14,11; Gen. 14,16; Gen. 14,21; Ex. 14,7; Ex. 15,1; Ex. 15,21; Deut. 11,4; 1Kings 21,25; 1Kings 21,25; Judith 1,13; Judith 7,6; 1Mac. 3,39; 1Mac. 4,1; 1Mac. 4,7; 1Mac. 4,28; 1Mac. 6,38; 1Mac. 8,6; 1Mac. 10,73; 1Mac. 10,77; 1Mac. 10,79; 1Mac. 12,49; 1Mac. 13,22; 2Mac. 11,2)
  Noun • masculine • singular • accusative • (common) ‣ **23** (Deut. 17,16; Deut. 17,16; Deut. 20,1; 2Kings 6,14; 2Chr. 1,17; Esth. 6,8; Esth. 6,9; Esth. 6,11; Esth. 6,11; Ode. 1,1; Sol. 17,33; Hos. 14,4; Zech. 1,8; Zech. 9,10; Zech. 10,3; Zech. 12,4; Is. 36,8; Is. 36,9; Is. 43,17; Is. 63,13; Jer. 28,21; Jer. 28,27; Ezek. 39,20)
 ἵππος ‣ **25** + **5** = **30**
  Noun • feminine • singular • nominative • (common) ‣ **10** (Ex. 14,9; Ex. 14,23; 2Chr. 21,9; Judith 16,3; 1Mac. 6,35; 1Mac. 9,11; 1Mac. 10,82; 1Mac. 10,83; 1Mac. 15,13; 1Mac. 16,7)
  Noun • masculine • singular • nominative • (common) ‣ **15** + **5** = **20** (Ex. 15,19; Josh. 17,16; Josh. 17,18; 1Kings 10,29; 1Kings 21,1; 2Kings 6,15; 2Kings 7,10; 2Mac. 3,25; Psa. 31,9; Psa. 32,17; Ode. 1,19; Prov. 21,31; Sir. 30,8; Sir. 33,6; Jer. 8,6; Rev. 6,2; Rev. 6,4; Rev. 6,5; Rev. 6,8; Rev. 19,11)
 ἵππου ‣ **15** + **1** + **2** = **18**
  Noun • feminine • singular • genitive • (common) ‣ **2** (1Kings 16,9; 1Mac. 10,77)
  Noun • masculine • singular • genitive • (common) ‣ **13** + **1** + **2** = **16** (Gen. 49,17; Judg. 5,22; 1Kings 21,20; 2Kings 7,6; 2Kings 9,18; 2Kings 9,19; 1Esdr. 2,25; 2Mac. 15,20; Psa. 146,10; Job 39,18; Sol. 16,4; Nah. 3,2; Zech. 14,20; Judg. 5,22; Rev. 19,19; Rev. 19,21)
 ἵππους ‣ **26** + **1** = **27**
  Noun • masculine • plural • accusative • (common) ‣ **26** + **1** = **27** (Josh. 11,6; Josh. 11,9; 2Sam. 15,1; 1Kings 10,25; 1Kings 18,5; 1Kings 21,21; 2Kings 7,7; 2Kings 9,33; 2Kings 18,23; 2Kings 23,11; 2Chr. 9,24; 2Mac. 10,24; Psa. 75,7; Ode. 4,8; Ode. 4,15; Eccl. 10,7; Mic. 5,9; Hab. 3,8; Hab. 3,15; Zech. 12,4; Jer. 26,4; Jer. 26,9; Jer. 27,37; Ezek. 17,15; Ezek. 27,14; Ezek. 38,4; Rev. 9,17)
 ἵππῳ ‣ **7**

Noun · feminine · singular · dative · (common) ▸ **3** (1Mac. 4,31; 1Mac. 9,4; Song 1,9)
Noun · masculine · singular · dative · (common) ▸ **4** (2Kings 5,9; Judith 9,7; Prov. 26,3; Job 39,19)

ἵππων ▸ 42 + 7 = 49
Noun · masculine · plural · genitive · (common) ▸ 42 + 7 = **49** (Gen. 47,17; 1Kings 10,28; 1Kings 12,24b; 2Kings 6,17; 2Kings 7,13; 2Kings 7,14; 2Kings 11,16; 2Kings 14,20; 1Chr. 18,4; 2Chr. 1,16; 2Chr. 9,28; 2Chr. 12,3; 2Chr. 25,28; 1Esdr. 2,4; Neh. 3,28; Judith 2,5; Judith 6,3; 2Mac. 5,3; 2Mac. 10,29; Sir. 48,9; Amos 4,10; Amos 6,7; Joel 2,4; Zech. 10,5; Zech. 14,15; Is. 2,7; Is. 5,28; Is. 30,16; Is. 31,3; Is. 66,20; Jer. 8,16; Jer. 8,16; Jer. 22,4; Jer. 38,40; Ezek. 23,6; Ezek. 23,12; Ezek. 23,20; Ezek. 23,23; Ezek. 26,7; Ezek. 26,10; Ezek. 26,11; Ezek. 38,15; James 3,3; Rev. 9,9; Rev. 9,17; Rev. 9,19; Rev. 14,20; Rev. 18,13; Rev. 19,18)

ιρ watcher ▸ 3
ιρ ▸ 3
Noun ▸ **3** (Dan. 4,13; Dan. 4,17; Dan. 4,23)

Ιρα Ira ▸ 1
Ιρα ▸ 1
Noun · masculine · singular · nominative · (proper) ▸ **1** (1Chr. 11,40)

Ιρααμ Jeroham ▸ 4
Ιρααμ ▸ 4
Noun · masculine · singular · genitive · (proper) ▸ **4** (1Chr. 8,27; 1Chr. 9,8; 1Chr. 9,12; 1Chr. 12,8)

Ιραμ Harim ▸ 1
Ιραμ ▸ 1
Noun · masculine · singular · nominative · (proper) ▸ **1** (Neh. 10,6)

Ιραμαηλ Jerahmeel ▸ 1
Ιραμαηλ ▸ 1
Noun · masculine · singular · nominative · (proper) ▸ **1** (1Chr. 24,29)

Ιραμεηλ Jerahmeel ▸ 1
Ιραμεηλ ▸ 1
Noun · masculine · singular · nominative · (proper) ▸ **1** (1Chr. 2,9)

Ιρας Hirah; Ira ▸ 5
Ιρας ▸ 5
Noun · masculine · singular · nominative · (proper) ▸ **5** (Gen. 38,1; Gen. 38,12; 2Sam. 20,26; 2Sam. 23,26; 2Sam. 23,38)

ἶρις rainbow; iris plant ▸ 1 + 2 = 3
ἴρεως ▸ 1
Noun · feminine · singular · genitive · (common) ▸ **1** (Ex. 30,24)
ἶρις ▸ 2
Noun · feminine · singular · nominative ▸ **2** (Rev. 4,3; Rev. 10,1)

Ισαακ Isaac ▸ 131 + 1 = 132
Ισαακ ▸ 131 + 1 = 132
Noun · masculine · singular · accusative · (proper) ▸ 30 + 1 = **31** (Gen. 17,19; Gen. 17,21; Gen. 21,3; Gen. 21,4; Gen. 22,2; Gen. 22,3; Gen. 22,9; Gen. 24,64; Gen. 25,11; Gen. 25,19; Gen. 26,8; Gen. 26,9; Gen. 26,16; Gen. 27,1; Gen. 27,22; Gen. 27,30; Gen. 27,46; Gen. 31,18; Gen. 35,27; Gen. 49,31; Ex. 2,24; Ex. 6,3; Josh. 24,3; 1Chr. 1,34; Judith 8,26; 2Mac. 1,2; 4Mac. 16,20; 4Mac. 18,11; Ode. 7,35; Dan. 3,35; Dan. 3,35)
Noun · masculine · singular · dative · (proper) ▸ **26** (Gen. 21,12; Gen. 22,6; Gen. 24,3; Gen. 24,4; Gen. 24,7; Gen. 24,14; Gen. 24,44; Gen. 24,66; Gen. 25,5; Gen. 26,35; Gen. 35,12; Gen. 50,24; Ex. 6,8; Num. 32,11; Deut. 1,8; Deut. 6,10; Deut. 9,5; Deut. 29,12; Deut. 30,20; Deut. 34,4; Josh. 24,4; 1Chr. 16,16; Psa. 104,9; Ode. 12,8; Sir. 44,22; Bar. 2,34)
Noun · masculine · singular · genitive · (proper) ▸ **34** (Gen. 21,9; Gen. 21,10; Gen. 22,13; Gen. 25,6; Gen. 25,19; Gen. 26,19; Gen. 26,20; Gen. 26,25; Gen. 26,32; Gen. 27,5; Gen. 27,30; Gen. 27,34; Gen. 27,38; Gen. 28,8; Gen. 28,13; Gen. 31,42; Gen. 31,53; Gen. 32,10; Gen. 35,28; Gen. 46,1; Ex. 3,6; Ex. 3,15; Ex. 3,16; Ex. 4,5; Ex. 32,13; Ex. 33,1; Lev. 26,42; Deut. 9,27; 1Kings 18,36; 2Kings 13,23; 1Chr. 1,34; 1Chr. 29,18; 2Chr. 30,6; Ode. 12,1)
Noun · masculine · singular · nominative · (proper) ▸ **41** (Gen. 21,5; Gen. 21,8; Gen. 22,7; Gen. 24,62; Gen. 24,63; Gen. 24,67; Gen. 24,67; Gen. 25,9; Gen. 25,11; Gen. 25,20; Gen. 25,21; Gen. 25,26; Gen. 25,28; Gen. 26,1; Gen. 26,6; Gen. 26,9; Gen. 26,12; Gen. 26,17; Gen. 26,18; Gen. 26,21; Gen. 26,27; Gen. 26,31; Gen. 27,20; Gen. 27,21; Gen. 27,26; Gen. 27,32; Gen. 27,33; Gen. 27,37; Gen. 27,39; Gen. 28,1; Gen. 28,5; Gen. 28,6; Gen. 35,27; Gen. 48,15; Gen. 48,16; 1Chr. 1,28; Tob. 4,12; 4Mac. 7,19; 4Mac. 13,12; 4Mac. 13,17; 4Mac. 16,25)

Ἰσαάκ Isaac ▸ 20
Ἰσαάκ ▸ 1
Noun · masculine · singular · accusative · (proper) ▸ **1** (Matt. 1,2)
Ἰσαάκ ▸ 19
Noun · masculine · singular · accusative · (proper) ▸ **5** (Luke 13,28; Acts 7,8; Gal. 4,28; Heb. 11,17; James 2,21)
Noun · masculine · singular · dative · (proper) ▸ **2** (Rom. 9,7; Heb. 11,18)
Noun · masculine · singular · genitive · (proper) ▸ **9** (Matt. 8,11; Matt. 22,32; Mark 12,26; Luke 3,34; Luke 20,37; Acts 3,13; Acts 7,32; Rom. 9,10; Heb. 11,9)
Noun · masculine · singular · nominative · (proper) ▸ **3** (Matt. 1,2; Acts 7,8; Heb. 11,20)

Ισαβια Joshibiah ▸ 1
Ισαβια ▸ 1
Noun · masculine · singular · genitive · (proper) ▸ **1** (1Chr. 4,35)

ἰσάγγελος (ἴσος; ἄγγελος) like or equal to an angel ▸ 1
ἰσάγγελοι ▸ 1
Adjective · masculine · plural · nominative ▸ **1** (Luke 20,36)

Ισαδεκ Ishdod ▸ 1
Ισαδεκ ▸ 1
Noun · masculine · singular · accusative · (proper) ▸ **1** (1Chr. 7,18)

Ισαθι Hushathite ▸ 1
Ισαθι ▸ 1
Noun · masculine · singular · nominative · (proper) ▸ **1** (1Chr. 27,11)

Ισαι Jeshishai ▸ 1
Ισαι ▸ 1
Noun · masculine · singular · genitive · (proper) ▸ **1** (1Chr. 5,14)

Ισαια Jeshaiah ▸ 2
Ισαια ▸ 2
Noun · masculine · singular · nominative · (proper) ▸ **2** (1Chr. 3,21; 1Chr. 25,3)

Ισακίος Isaac-like ▸ 1
Ισακίῳ ▸ 1
Noun · masculine · singular · dative · (proper) ▸ **1** (4Mac. 7,14)

Ισαμαρι Ishmerai ▸ 1
Ισαμαρι ▸ 1
Noun · masculine · singular · nominative · (proper) ▸ **1** (1Chr. 8,18)

Ισανα Jeshanah ▸ 2
Ισανα ▸ 2
Noun · feminine · singular · accusative · (proper) ▸ **1** (2Chr. 13,19)

Ισανα–ἰσόπεδος

Noun · masculine · singular · genitive · (proper) ▸ **1** (Neh. 3,6)

ισανα Jeshanah ▸ 1
   ισανα ▸ 1
      Noun · feminine · singular · genitive · (common) ▸ **1** (Neh. 12,39)

ἰσάστερος (ἴσος; ἀστήρ) star-like ▸ 1
   ἰσαστέρους ▸ 1
      Adjective · masculine · plural · accusative · noDegree ▸ **1** (4Mac. 17,5)

Ισβααλ Eshbaal ▸ 2
   Ισβααλ ▸ 2
      Noun · masculine · singular · accusative · (proper) ▸ **1** (1Chr. 9,39)
      Noun · masculine · singular · dative · (proper) ▸ **1** (1Chr. 24,13)

Ισβακωμ Ishbakom (?) ▸ 1
   Ισβακωμ ▸ 1
      Noun · masculine · singular · nominative · (proper) ▸ **1** (1Chr. 26,7)

Ισδαηλ Isdael ▸ 1
   Ισδαηλ ▸ 1
      Noun · masculine · singular · genitive · (proper) ▸ **1** (1Esdr. 5,33)

Ισεϊ Ishi ▸ 2
   Ισεϊ ▸ 2
      Noun · masculine · singular · genitive · (proper) ▸ **1** (1Chr. 4,20)
      Noun · masculine · singular · nominative · (proper) ▸ **1** (1Chr. 5,24)

Ισεμιηλ Ishi ▸ 2
   Ισεμιηλ ▸ 2
      Noun · masculine · singular · genitive · (proper) ▸ **1** (1Chr. 2,31)
      Noun · masculine · singular · nominative · (proper) ▸ **1** (1Chr. 2,31)

Ισεριηλ Jesarelah ▸ 1
   Ισεριηλ ▸ 1
      Noun · masculine · singular · nominative · (proper) ▸ **1** (1Chr. 25,14)

ἰσηγορέομαι (ἴσος; ἡγορέω) to treat as an equal ▸ 1
   ἰσηγορεῖσθαι ▸ 1
      Verb · present · middle · infinitive ▸ **1** (Sir. 13,11)

Ισια Isshiah ▸ 3
   Ισια ▸ 3
      Noun · masculine · singular · genitive · (proper) ▸ **1** (1Chr. 24,25)
      Noun · masculine · singular · nominative · (proper) ▸ **2** (1Chr. 23,20; 1Chr. 24,25)

Ἰσκαριώθ Iscariot ▸ 11
   Ἰσκαριώθ ▸ 2
      Noun · masculine · singular · accusative · (proper) ▸ **2** (Mark 3,19; Luke 6,16)
   Ἰσκαριώθ ▸ 1
      Noun · masculine · singular · nominative · (proper) ▸ **1** (Mark 14,10)
   Ἰσκαριώτην ▸ 1
      Noun · masculine · singular · accusative · (proper) ▸ **1** (Luke 22,3)
   Ἰσκαριώτης ▸ 4
      Noun · masculine · singular · nominative · (proper) ▸ **4** (Matt. 10,4; Matt. 26,14; John 12,4; John 14,22)
   Ἰσκαριώτου ▸ 3
      Noun · masculine · singular · genitive · (proper) ▸ **3** (John 6,71; John 13,2; John 13,26)

Ισμαηλ Ishmael ▸ 45
   Ισμαηλ ▸ 45
      Noun · masculine · singular · accusative · (proper) ▸ **8** (Gen. 16,11; Gen. 16,15; Gen. 16,16; Gen. 17,23; Gen. 28,9; 2Chr. 23,1; Jer. 47,14; Jer. 47,15)
      Noun · masculine · singular · dative · (proper) ▸ **1** (Jer. 48,8)
      Noun · masculine · singular · genitive · (proper) ▸ **15** (Gen. 17,20; Gen. 25,12; Gen. 25,13; Gen. 25,13; Gen. 25,16; Gen. 25,17; Gen. 28,9; Gen. 36,3; 1Chr. 1,29; 1Chr. 1,31; 2Chr. 19,11; Judith 2,23; Jer. 47,16; Jer. 48,13; Jer. 48,16)
      Noun · masculine · singular · nominative · (proper) ▸ **21** (Gen. 17,18; Gen. 17,25; Gen. 17,26; Gen. 25,9; 2Kings 25,23; 2Kings 25,25; 1Chr. 1,28; 1Chr. 4,36; 1Chr. 8,38; 1Chr. 9,44; Ezra 10,22; Jer. 47,8; Jer. 48,1; Jer. 48,2; Jer. 48,6; Jer. 48,9; Jer. 48,9; Jer. 48,10; Jer. 48,11; Jer. 48,15; Jer. 48,18)

Ισμαηλίτης Ishmaelite ▸ 8 + **1** = 9
   Ισμαηλῖται ▸ 3 + **1** = 4
      Noun · masculine · plural · nominative · (proper) ▸ 3 + **1** = 4 (Gen. 37,25; Judg. 8,24; Psa. 82,7; Judg. 8,24)
   Ισμαηλίταις ▸ 2
      Noun · masculine · plural · dative · (proper) ▸ **2** (Gen. 37,27; Gen. 37,28)
   Ισμαηλίτης ▸ 2
      Noun · masculine · singular · nominative · (proper) ▸ **2** (1Chr. 2,17; 1Chr. 27,30)
   Ισμαηλιτῶν ▸ 1
      Noun · masculine · plural · genitive · (proper) ▸ **1** (Gen. 39,1)

Ισμαηλος Shallum (?) ▸ 1
   Ισμαηλος ▸ 1
      Noun · masculine · singular · nominative · (proper) ▸ **1** (1Esdr. 9,22)

Ισοαμ Shoham ▸ 1
   Ισοαμ ▸ 1
      Noun · masculine · singular · nominative · (proper) ▸ **1** (1Chr. 24,27)

Ισοβααμ Shobab ▸ 1
   Ισοβααμ ▸ 1
      Noun · masculine · singular · nominative · (proper) ▸ **1** (1Chr. 14,4)

ἰσοδυναμέω (ἴσος; δύναμαι) to have the same force ▸ 1
   ἰσοδυναμεῖ ▸ 1
      Verb · third · singular · present · active · indicative ▸ **1** (Sir. 1,21 Prol.)

ἰσοδύναμος (ἴσος; δύναμαι) of equal force, value ▸ 2
   ἰσοδύναμον ▸ 1
      Adjective · masculine · singular · accusative · noDegree ▸ **1** (4Mac. 3,15)
   ἰσοδύναμόν ▸ 1
      Adjective · neuter · singular · nominative · noDegree ▸ **1** (4Mac. 5,20)

ἰσόθεος (ἴσος; θεός) equal with God ▸ 1
   ἰσόθεα ▸ 1
      Adjective · neuter · plural · accusative · noDegree ▸ **1** (2Mac. 9,12)

ἰσόμοιρος (ἴσος; μείρομαι) equally sharing ▸ 1
   ἰσομοίρους ▸ 1
      Adjective · masculine · plural · accusative · noDegree ▸ **1** (2Mac. 8,30)

ἰσονομέω (ἴσος; νόμος 1st homograph) to give one's due ▸ 1
   ἰσονομεῖν ▸ 1
      Verb · present · active · infinitive ▸ **1** (4Mac. 5,24)

ἰσόπεδος (ἴσος; πούς) level, even ▸ 3
   ἰσόπεδον ▸ 3
      Adjective · feminine · singular · accusative · noDegree ▸ **3**

(2Mac. 8,3; 2Mac. 9,14; 3Mac. 5,43)

ἰσοπολίτης (ἴσος; πόλις) having equal rights ‣ 1
   ἰσοπολίτας ‣ 1
      Noun · masculine · plural · accusative · (common) ‣ 1 (3Mac. 2,30)

ἰσοπολῖτις (ἴσος; πόλις) having equal rights (f) ‣ 1
   ἰσοπολίτιδος ‣ 1
      Adjective · feminine · singular · genitive · noDegree ‣ 1 (4Mac. 13,9)

ἴσος equal, fair, impartial, adequate; equally ‣ 40 + 8 = 48
   ἴσα ‣ 14 + 3 = 17
      Adverb · 14 + 1 = **15** (Job 5,14; Job 10,10; Job 11,12; Job 13,12; Job 13,28; Job 15,16; Job 24,20; Job 27,16; Job 28,2; Job 29,14; Job 30,19; Job 40,15; Wis. 7,3; Is. 51,23; Phil. 2,6)
      Adjective · neuter · plural · accusative ‣ 1 (Luke 6,34)
      Adjective · neuter · plural · nominative ‣ 1 (Rev. 21,16)
   ἴσαι ‣ 1
      Adjective · feminine · plural · nominative ‣ 1 (Mark 14,56)
   ἴση ‣ 2 + 1 = 3
      Adjective · feminine · singular · nominative · noDegree ‣ 2 + 1 = 3 (Prov. 25,10; Wis. 7,6; Mark 14,59)
   ἴσην ‣ 1
      Adjective · feminine · singular · accusative ‣ 1 (Acts 11,17)
   ἴσοι ‣ 1
      Adjective · masculine · plural · nominative · noDegree ‣ 1 (Ex. 26,24)
   ἴσον ‣ 16 + 1 = 17
      Adjective · masculine · singular · accusative · noDegree ‣ 2 + 1 = 3 (4Mac. 13,20; Job 41,4; John 5,18)
      Adjective · neuter · singular · accusative · noDegree ‣ 1 (Ezek. 40,6)
      Adjective · neuter · singular · nominative · noDegree ‣ 13 (Ex. 30,34; Lev. 7,10; Num. 12,12; Ezek. 40,5; Ezek. 40,5; Ezek. 40,7; Ezek. 40,7; Ezek. 40,7; Ezek. 40,7; Ezek. 40,8; Ezek. 40,8; Ezek. 41,8; Ezek. 45,11)
   ἴσος ‣ 2
      Adjective · masculine · singular · nominative · noDegree ‣ 2 (Deut. 13,7; Wis. 7,1)
   ἴσου ‣ 1
      Adjective · neuter · singular · genitive · noDegree ‣ 1 (Ex. 26,24)
   ἴσους ‣ 1 + 1 = 2
      Adjective · masculine · plural · accusative · noDegree ‣ 1 + 1 = 2 (2Mac. 9,15; Matt. 20,12)
   ἴσῳ ‣ 2
      Adjective · masculine · singular · dative · noDegree ‣ 1 (Wis. 14,9)
      Adjective · neuter · singular · dative · noDegree ‣ 1 (Ex. 30,34)
   ἴσων ‣ 1
      Adjective · masculine · plural · genitive · noDegree ‣ 1 (4Mac. 13,21)

ἰσότης (ἴσος) equality ‣ 3 + 3 = 6
   ἰσότης ‣ 1
      Noun · feminine · singular · nominative ‣ 1 (2Cor. 8,14)
   ἰσότητα ‣ 2 + 1 = 3
      Noun · feminine · singular · accusative · (common) ‣ 2 + 1 = 3 (Job 36,29; Zech. 4,7; Col. 4,1)
   ἰσότητι ‣ 1
      Noun · feminine · singular · dative · (common) ‣ 1 (Sol. 17,41)
   ἰσότητος ‣ 1
      Noun · feminine · singular · genitive ‣ 1 (2Cor. 8,13)

ἰσότιμος (ἴσος; τιμή) equally precious ‣ 1

   ἰσότιμον ‣ 1
      Adjective · feminine · singular · accusative ‣ 1 (2Pet. 1,1)

Ισουα Ishvah ‣ 1
   Ισουα ‣ 1
      Noun · masculine · singular · nominative · (proper) ‣ 1 (1Chr. 7,30)

Ισουι Ishvi ‣ 1
   Ισουι ‣ 1
      Noun · masculine · singular · nominative · (proper) ‣ 1 (1Chr. 7,30)

ἰσόψυχος (ἴσος; ψύχω) like-minded, equal, peer ‣ 1 + 1 = 2
   ἰσόψυχε ‣ 1
      Adjective · masculine · singular · vocative · noDegree ‣ 1 (Psa. 54,14)
   ἰσόψυχον ‣ 1
      Adjective · masculine · singular · accusative ‣ 1 (Phil. 2,20)

ἰσόω (ἴσος) to be equalled ‣ 3
   ἰσωθήσεται ‣ 3
      Verb · third · singular · future · passive · indicative ‣ 3 (Psa. 88,7; Job 28,17; Job 28,19)

Ισραηλ Israel ‣ 2748 + 209 = 2957
   Ισραηλ ‣ 2748 + 209 = 2957
      Noun · masculine · singular · accusative · (proper) ‣ 335 + 28 = **363** (Gen. 37,2; Gen. 43,8; Gen. 49,24; Gen. 50,2; Ex. 5,2; Ex. 14,30; Ex. 18,1; Num. 21,1; Num. 23,7; Num. 24,1; Num. 24,2; Num. 32,13; Num. 32,14; Deut. 5,1; Deut. 26,15; Deut. 31,11; Josh. 9,2; Josh. 9,6; Josh. 10,1; Josh. 10,24; Josh. 11,5; Josh. 11,20; Josh. 22,18; Josh. 23,1; Judg. 2,4; Judg. 2,22; Judg. 3,1; Judg. 3,4; Judg. 3,10; Judg. 3,12; Judg. 3,13; Judg. 3,31; Judg. 4,3; Judg. 4,4; Judg. 6,2; Judg. 6,14; Judg. 6,15; Judg. 6,36; Judg. 6,37; Judg. 9,22; Judg. 10,1; Judg. 10,2; Judg. 10,3; Judg. 11,20; Judg. 12,7; Judg. 12,8; Judg. 12,9; Judg. 12,11; Judg. 12,11; Judg. 12,13; Judg. 12,14; Judg. 13,5; Judg. 15,20; Judg. 16,31; 1Sam. 3,21; 1Sam. 4,1; 1Sam. 4,2; 1Sam. 4,18; 1Sam. 7,5; 1Sam. 7,7; 1Sam. 7,10; 1Sam. 7,15; 1Sam. 7,16; 1Sam. 7,17; 1Sam. 9,16; 1Sam. 10,1; 1Sam. 11,2; 1Sam. 13,5; 1Sam. 13,5; 1Sam. 13,13; 1Sam. 14,23; 1Sam. 14,39; 1Sam. 14,47; 1Sam. 14,48; 1Sam. 15,1; 1Sam. 15,17; 1Sam. 15,23; 1Sam. 15,26; 1Sam. 15,35; 1Sam. 16,1; 1Sam. 23,17; 1Sam. 25,30; 1Sam. 28,19; 1Sam. 29,11; 1Sam. 31,1; 2Sam. 2,9; 2Sam. 2,10; 2Sam. 3,10; 2Sam. 3,18; 2Sam. 5,2; 2Sam. 5,2; 2Sam. 5,2; 2Sam. 5,5; 2Sam. 5,12; 2Sam. 5,12; 2Sam. 5,17; 2Sam. 6,21; 2Sam. 7,7; 2Sam. 7,8; 2Sam. 7,11; 2Sam. 7,24; 2Sam. 8,15; 2Sam. 12,7; 2Sam. 19,23; 2Sam. 21,21; 2Sam. 24,1; 1Kings 1,34; 1Kings 1,35; 1Kings 2,11; 1Kings 2,46l; 1Kings 4,1; 1Kings 4,7; 1Kings 6,1; 1Kings 8,14; 1Kings 8,16; 1Kings 8,16; 1Kings 8,32; 1Kings 8,33; 1Kings 9,5; 1Kings 9,7; 1Kings 10,9; 1Kings 11,37; 1Kings 12,20; 1Kings 15,25; 1Kings 15,25; 1Kings 15,26; 1Kings 15,30; 1Kings 15,33; 1Kings 15,34; 1Kings 16,2; 1Kings 16,2; 1Kings 16,8; 1Kings 16,13; 1Kings 16,16; 1Kings 16,19; 1Kings 16,23; 1Kings 16,26; 1Kings 16,29; 1Kings 18,17; 1Kings 18,18; 1Kings 18,19; 1Kings 18,20; 1Kings 19,16; 1Kings 20,7; 1Kings 20,22; 1Kings 21,26; 1Kings 22,17; 1Kings 22,52; 1Kings 22,53; 2Kings 1,18a; 2Kings 1,18c; 2Kings 3,3; 2Kings 3,6; 2Kings 3,27; 2Kings 9,3; 2Kings 9,6; 2Kings 9,12; 2Kings 10,29; 2Kings 10,31; 2Kings 10,36; 2Kings 13,2; 2Kings 13,6; 2Kings 13,10; 2Kings 13,11; 2Kings 13,22; 2Kings 14,23; 2Kings 14,24; 2Kings 15,8; 2Kings 15,9; 2Kings 15,17; 2Kings 15,18; 2Kings 15,20; 2Kings 15,23; 2Kings 15,24; 2Kings 15,27; 2Kings 15,28; 2Kings 17,1; 2Kings 17,6; 2Kings 17,21; 2Kings 17,23; 2Kings 17,34; 2Kings 23,15; 2Kings 23,22; 2Kings 23,27; 1Chr. 10,1; 1Chr. 11,2; 1Chr. 11,2;

Ισραηλ

1Chr. 11,2; 1Chr. 11,3; 1Chr. 11,10; 1Chr. 12,39; 1Chr. 13,5; 1Chr. 14,2; 1Chr. 14,2; 1Chr. 14,8; 1Chr. 15,3; 1Chr. 17,5; 1Chr. 17,7; 1Chr. 17,10; 1Chr. 17,22; 1Chr. 18,14; 1Chr. 19,17; 1Chr. 20,7; 1Chr. 21,1; 1Chr. 21,2; 1Chr. 21,7; 1Chr. 22,9; 1Chr. 22,12; 1Chr. 22,13; 1Chr. 23,1; 1Chr. 26,29; 1Chr. 27,23; 1Chr. 27,24; 1Chr. 28,4; 1Chr. 28,5; 1Chr. 29,26; 1Chr. 29,30; 2Chr. 1,2; 2Chr. 1,13; 2Chr. 2,3; 2Chr. 6,5; 2Chr. 9,8; 2Chr. 9,30; 2Chr. 11,1; 2Chr. 13,5; 2Chr. 13,15; 2Chr. 17,1; 2Chr. 18,16; 2Chr. 24,6; 2Chr. 24,9; 2Chr. 28,13; 2Chr. 30,1; 2Chr. 30,6; 2Chr. 31,8; 2Chr. 35,19d; 2Chr. 35,25; 1Esdr. 1,4; 1Esdr. 1,22; 1Esdr. 8,7; Ezra 3,11; Ezra 7,11; Ezra 10,5; Neh. 10,34; Neh. 13,18; Neh. 13,26; Esth. 13,9 # 4,17b; Esth. 14,5 # 4,17m; Judith 8,33; 1Mac. 1,20; 1Mac. 1,25; 1Mac. 1,53; 1Mac. 3,10; 1Mac. 4,11; 1Mac. 5,3; 1Mac. 5,9; 1Mac. 5,45; 1Mac. 6,18; 1Mac. 8,18; 1Mac. 9,21; 1Mac. 11,41; 2Mac. 1,25; 2Mac. 10,38; 3Mac. 2,6; 4Mac. 17,22; Psa. 24,22; Psa. 67,35; Psa. 77,21; Psa. 77,59; Psa. 77,71; Psa. 79,2; Psa. 120,4; Psa. 124,5; Psa. 127,6; Psa. 129,8; Psa. 135,11; Psa. 135,14; Ode. 7,35; Eccl. 1,12; Sir. 1,3 Prol.; Sir. 36,11; Sir. 45,5; Sir. 45,17; Sir. 46,1; Sir. 47,24; Sol. 5,18; Sol. 8,26; Sol. 9,1; Sol. 11,1; Sol. 11,8; Sol. 11,8; Sol. 11,9; Sol. 12,6; Sol. 17,4; Sol. 17,21; Sol. 17,45; Sol. 18,1; Hos. 7,1; Hos. 9,10; Hos. 12,14; Amos 7,15; Amos 7,16; Amos 8,2; Amos 9,7; Zech. 2,2; Zech. 2,4; Zech. 12,1; Mal. 1,1; Mal. 3,24; Is. 9,7; Is. 9,11; Is. 14,1; Is. 42,24; Is. 43,28; Is. 44,23; Is. 49,5; Jer. 23,13; Jer. 27,19; Jer. 37,4; Jer. 38,2; Jer. 38,10; Jer. 38,27; Jer. 39,21; Bar. 2,1; Bar. 2,15; Bar. 2,35; Bar. 5,9; Lam. 1,1; Lam. 2,5; Ezek. 28,25; Ezek. 36,12; Ezek. 38,14; Ezek. 38,16; Ezek. 44,10; Dan. 3,35; Dan. 9,19; Judg. 2,22; Judg. 3,1; Judg. 3,4; Judg. 3,10; Judg. 3,12; Judg. 3,13; Judg. 3,31; Judg. 4,3; Judg. 4,4; Judg. 6,2; Judg. 6,14; Judg. 6,15; Judg. 6,36; Judg. 6,37; Judg. 9,22; Judg. 10,1; Judg. 10,2; Judg. 10,3; Judg. 11,20; Judg. 12,7; Judg. 12,8; Judg. 12,9; Judg. 12,11; Judg. 12,13; Judg. 12,14; Judg. 13,5; Judg. 15,20; Dan. 3,35)

Noun • masculine • singular • dative • (proper) ▸ 215 + 27 = **242** (Gen. 34,7; Gen. 36,31; Gen. 46,2; Gen. 46,29; Gen. 49,7; Gen. 49,16; Ex. 18,1; Ex. 34,27; Lev. 20,2; Lev. 22,18; Lev. 23,42; Num. 1,45; Num. 3,13; Num. 10,35; Num. 18,21; Num. 20,21; Num. 21,23; Num. 21,23; Num. 21,23; Num. 23,21; Num. 23,23; Num. 23,23; Num. 25,3; Num. 26,2; Deut. 1,1; Deut. 1,38; Deut. 17,4; Deut. 21,8; Deut. 21,8; Deut. 25,7; Deut. 25,10; Deut. 27,9; Deut. 27,14; Deut. 32,45; Deut. 33,10; Deut. 34,10; Josh. 6,25; Josh. 7,15; Josh. 8,35 # 9,2f; Josh. 10,12; Josh. 10,14; Josh. 10,42; Josh. 11,8; Josh. 13,6; Josh. 21,43; Josh. 24,9; Josh. 24,29; Judg. 2,7; Judg. 2,10; Judg. 2,14; Judg. 2,20; Judg. 3,8; Judg. 3,9; Judg. 5,2; Judg. 5,7; Judg. 5,7; Judg. 5,9; Judg. 5,11; Judg. 6,4; Judg. 10,7; Judg. 11,39; Judg. 17,6; Judg. 18,1; Judg. 18,19; Judg. 18,29; Judg. 19,1; Judg. 20,6; Judg. 20,10; Judg. 20,21; Judg. 20,31; Judg. 21,3; Judg. 21,3; Judg. 21,25; Ruth 4,7; Ruth 4,14; 1Sam. 2,14; 1Sam. 3,11; 1Sam. 7,14; 1Sam. 8,1; 1Sam. 9,9; 1Sam. 11,13; 1Sam. 14,40; 1Sam. 14,41; 1Sam. 14,45; 1Sam. 15,2; 1Sam. 17,46; 1Sam. 26,15; 1Sam. 27,12; 1Sam. 30,25; 2Sam. 3,38; 2Sam. 7,10; 2Sam. 13,12; 2Sam. 13,13; 2Sam. 20,19; 2Sam. 21,4; 2Sam. 24,1; 2Sam. 24,15; 1Kings 8,66; 1Kings 9,5; 1Kings 11,14; 1Kings 11,25; 1Kings 16,16; 1Kings 19,18; 1Kings 20,21; 1Kings 22,52; 2Kings 1,1; 2Kings 1,3; 2Kings 1,6; 2Kings 3,1; 2Kings 5,8; 2Kings 5,15; 2Kings 6,8; 2Kings 6,12; 2Kings 9,8; 2Kings 10,21; 2Kings 10,32; 2Kings 13,3; 2Kings 13,5; 2Kings 14,26; 2Kings 14,28; 2Kings 17,13; 2Kings 17,18; 1Chr. 10,11; 1Chr. 12,41; 1Chr. 16,17; 1Chr. 17,6; 1Chr. 17,9; 1Chr. 21,1; 1Chr. 21,3; 1Chr. 21,14; 1Chr. 22,1; 1Chr. 22,10; 1Chr. 29,21; 2Chr. 6,11; 2Chr. 6,29; 2Chr. 7,10; 2Chr. 7,18; 2Chr. 11,13; 2Chr. 15,3; 2Chr. 15,17; 2Chr. 20,10; 2Chr. 28,23; 2Chr. 30,5; 2Chr. 34,9; 2Chr. 34,21; 2Chr. 34,33; 2Chr. 35,3; 2Chr. 35,3; 2Chr. 35,18; 1Esdr. 1,18; 1Esdr. 5,58; 1Esdr. 8,89; 1Esdr. 9,7; Ezra 7,10; Ezra 10,2; Neh. 8,1; Neh. 13,3; Esth. 10,13 # 10,3k; Judith 13,11; Judith 15,8; Judith 15,14; Judith 16,7; Tob. 1,6; 1Mac. 1,36; 1Mac. 1,58; 1Mac. 1,62; 1Mac. 2,55; 1Mac. 3,2; 1Mac. 3,46; 1Mac. 4,25; 1Mac. 4,27; 1Mac. 5,62; 1Mac. 7,22; 1Mac. 7,26; 1Mac. 9,27; 1Mac. 9,51; 1Mac. 10,46; 2Mac. 11,6; 3Mac. 2,16; Psa. 72,1; Psa. 75,2; Psa. 77,5; Psa. 80,5; Psa. 104,10; Psa. 121,4; Psa. 134,12; Psa. 135,22; Psa. 147,8; Prov. 1,1; Sir. 24,8; Sir. 47,11; Sir. 50,23; Sol. 11,7; Hos. 8,6; Hos. 13,1; Hos. 14,6; Mic. 3,8; Mic. 5,1; Mal. 2,11; Is. 11,16; Is. 46,13; Jer. 2,2; Jer. 2,31; Jer. 12,14; Jer. 30,17; Jer. 36,23; Jer. 38,9; Jer. 39,20; Bar. 3,37; Bar. 5,8; Ezek. 14,7; Ezek. 18,3; Ezek. 39,7; Ezek. 39,11; Ezek. 44,29; Judg. 2,7; Judg. 2,10; Judg. 2,14; Judg. 2,20; Judg. 3,8; Judg. 3,9; Judg. 5,2; Judg. 5,7; Judg. 5,7; Judg. 5,8; Judg. 5,9; Judg. 5,11; Judg. 10,7; Judg. 11,20; Judg. 11,39; Judg. 14,4; Judg. 17,6; Judg. 18,1; Judg. 18,29; Judg. 19,1; Judg. 20,6; Judg. 20,10; Judg. 20,21; Judg. 20,31; Judg. 21,25; Tob. 1,6; Dan. 9,7)

Noun • masculine • singular • genitive • (proper) ▸ 1929 + 140 = **2069** (Gen. 32,33; Gen. 33,20; Gen. 35,5; Gen. 42,5; Gen. 45,21; Gen. 46,5; Gen. 46,8; Gen. 47,29; Gen. 48,10; Gen. 48,13; Gen. 48,13; Gen. 49,2; Gen. 50,25; Ex. 1,1; Ex. 1,7; Ex. 1,9; Ex. 1,12; Ex. 1,13; Ex. 2,11; Ex. 2,11; Ex. 2,23; Ex. 2,25; Ex. 3,9; Ex. 3,10; Ex. 3,11; Ex. 3,13; Ex. 3,14; Ex. 3,15; Ex. 3,16; Ex. 3,18; Ex. 4,29; Ex. 4,31; Ex. 5,1; Ex. 5,2; Ex. 5,14; Ex. 5,15; Ex. 5,19; Ex. 6,5; Ex. 6,6; Ex. 6,9; Ex. 6,11; Ex. 6,12; Ex. 6,13; Ex. 6,14; Ex. 6,26; Ex. 6,27; Ex. 7,2; Ex. 7,4; Ex. 7,5; Ex. 9,4; Ex. 9,4; Ex. 9,6; Ex. 9,7; Ex. 9,26; Ex. 9,35; Ex. 10,20; Ex. 10,23; Ex. 11,7; Ex. 11,7; Ex. 11,10; Ex. 12,3; Ex. 12,6; Ex. 12,15; Ex. 12,19; Ex. 12,21; Ex. 12,27; Ex. 12,28; Ex. 12,31; Ex. 12,35; Ex. 12,37; Ex. 12,40; Ex. 12,42; Ex. 12,47; Ex. 12,50; Ex. 12,51; Ex. 13,2; Ex. 13,18; Ex. 13,19; Ex. 13,20; Ex. 14,2; Ex. 14,3; Ex. 14,5; Ex. 14,8; Ex. 14,8; Ex. 14,10; Ex. 14,10; Ex. 14,15; Ex. 14,16; Ex. 14,19; Ex. 14,20; Ex. 14,22; Ex. 14,25; Ex. 14,29; Ex. 15,1; Ex. 15,19; Ex. 15,22; Ex. 16,1; Ex. 16,2; Ex. 16,3; Ex. 16,6; Ex. 16,9; Ex. 16,10; Ex. 16,12; Ex. 16,15; Ex. 16,17; Ex. 16,31; Ex. 16,35; Ex. 17,1; Ex. 17,6; Ex. 17,7; Ex. 18,8; Ex. 18,12; Ex. 18,25; Ex. 19,1; Ex. 19,3; Ex. 19,6; Ex. 20,22; Ex. 21,17; Ex. 23,22; Ex. 24,1; Ex. 24,4; Ex. 24,5; Ex. 24,9; Ex. 24,10; Ex. 24,11; Ex. 24,17; Ex. 25,2; Ex. 25,22; Ex. 27,20; Ex. 27,21; Ex. 28,1; Ex. 28,9; Ex. 28,11; Ex. 28,12; Ex. 28,12; Ex. 28,21; Ex. 28,29; Ex. 28,30; Ex. 28,38; Ex. 29,28; Ex. 29,28; Ex. 29,28; Ex. 29,43; Ex. 29,45; Ex. 30,12; Ex. 30,16; Ex. 30,16; Ex. 30,31; Ex. 31,13; Ex. 31,16; Ex. 31,17; Ex. 32,20; Ex. 32,27; Ex. 33,5; Ex. 33,6; Ex. 34,23; Ex. 34,30; Ex. 34,32; Ex. 34,34; Ex. 34,35; Ex. 35,1; Ex. 35,4; Ex. 35,20; Ex. 35,29; Ex. 35,30; Ex. 36,3; Ex. 36,13; Ex. 36,14; Ex. 36,21; Ex. 39,10; Ex. 39,22; Ex. 40,36; Ex. 40,38; Lev. 1,2; Lev. 4,2; Lev. 4,13; Lev. 7,23; Lev. 7,29; Lev. 7,34; Lev. 7,34; Lev. 7,36; Lev. 7,38; Lev. 9,1; Lev. 9,3; Lev. 10,6; Lev. 10,11; Lev. 10,14; Lev. 11,2; Lev. 12,2; Lev. 15,2; Lev. 15,31; Lev. 16,5; Lev. 16,16; Lev. 16,17; Lev. 16,19; Lev. 16,21; Lev. 16,34; Lev. 17,2; Lev. 17,3; Lev. 17,5; Lev. 17,8; Lev. 17,10; Lev. 17,12; Lev. 17,13; Lev. 17,14; Lev. 18,2; Lev. 19,2; Lev. 20,2; Lev. 20,2; Lev. 21,24; Lev. 22,2; Lev. 22,3; Lev. 22,15; Lev. 22,18; Lev. 22,32; Lev. 23,2; Lev. 23,10; Lev. 23,24; Lev. 23,34; Lev. 23,43; Lev. 23,44; Lev. 24,2; Lev. 24,8; Lev. 24,10; Lev. 24,15; Lev. 24,16; Lev. 24,23; Lev. 24,23; Lev. 25,2; Lev. 25,33; Lev. 25,46; Lev. 25,55; Lev. 26,46; Lev. 27,2; Lev. 27,34; Num. 1,2; Num. 1,3; Num. 1,16; Num. 1,20; Num. 1,44; Num. 1,45; Num. 1,47; Num. 1,49; Num. 1,52; Num. 1,53; Num. 1,54; Num. 2,2; Num. 2,2; Num. 2,32; Num. 2,34; Num. 3,7; Num. 3,8; Num. 3,9; Num. 3,12; Num. 3,38; Num. 3,40; Num. 3,41; Num. 3,41; Num. 3,42; Num. 3,45; Num. 3,46; Num. 3,50; Num. 4,34; Num. 4,46; Num. 5,2;

I, ι

Num. 5,4; Num. 5,4; Num. 5,6; Num. 5,9; Num. 5,12; Num. 6,2; Num. 6,23; Num. 6,23; Num. 7,2; Num. 7,84; Num. 8,6; Num. 8,9; Num. 8,10; Num. 8,11; Num. 8,14; Num. 8,16; Num. 8,16; Num. 8,17; Num. 8,18; Num. 8,19; Num. 8,19; Num. 8,19; Num. 8,19; Num. 8,20; Num. 8,20; Num. 9,2; Num. 9,4; Num. 9,5; Num. 9,7; Num. 9,10; Num. 9,17; Num. 9,17; Num. 9,18; Num. 9,18; Num. 9,19; Num. 9,22; Num. 10,4; Num. 10,12; Num. 10,28; Num. 10,29; Num. 11,4; Num. 11,16; Num. 11,30; Num. 13,2; Num. 13,3; Num. 13,24; Num. 13,26; Num. 13,32; Num. 14,2; Num. 14,5; Num. 14,7; Num. 14,10; Num. 14,27; Num. 14,39; Num. 15,2; Num. 15,18; Num. 15,25; Num. 15,26; Num. 15,29; Num. 15,32; Num. 15,33; Num. 15,38; Num. 16,2; Num. 16,9; Num. 16,9; Num. 16,25; Num. 17,3; Num. 17,5; Num. 17,6; Num. 17,17; Num. 17,20; Num. 17,21; Num. 17,24; Num. 17,27; Num. 18,5; Num. 18,6; Num. 18,8; Num. 18,11; Num. 18,14; Num. 18,19; Num. 18,20; Num. 18,22; Num. 18,23; Num. 18,24; Num. 18,24; Num. 18,26; Num. 18,28; Num. 18,32; Num. 19,2; Num. 19,9; Num. 19,10; Num. 19,13; Num. 20,1; Num. 20,12; Num. 20,13; Num. 20,19; Num. 20,22; Num. 20,24; Num. 20,29; Num. 21,3; Num. 21,6; Num. 21,10; Num. 22,1; Num. 22,3; Num. 23,10; Num. 24,17; Num. 25,4; Num. 25,5; Num. 25,6; Num. 25,6; Num. 25,8; Num. 25,11; Num. 25,11; Num. 25,13; Num. 25,16; Num. 26,2; Num. 26,4; Num. 26,5; Num. 26,51; Num. 26,62; Num. 26,62; Num. 26,63; Num. 26,64; Num. 27,8; Num. 27,11; Num. 27,12; Num. 27,20; Num. 27,21; Num. 28,2; Num. 30,1; Num. 30,2; Num. 31,2; Num. 31,4; Num. 31,5; Num. 31,12; Num. 31,16; Num. 31,30; Num. 31,42; Num. 31,47; Num. 31,54; Num. 32,4; Num. 32,7; Num. 32,9; Num. 32,17; Num. 32,18; Num. 32,22; Num. 32,28; Num. 33,1; Num. 33,3; Num. 33,5; Num. 33,38; Num. 33,40; Num. 33,51; Num. 34,2; Num. 34,13; Num. 34,29; Num. 35,2; Num. 35,8; Num. 35,10; Num. 35,15; Num. 35,34; Num. 36,1; Num. 36,2; Num. 36,3; Num. 36,4; Num. 36,5; Num. 36,7; Num. 36,7; Num. 36,8; Num. 36,8; Num. 36,9; Deut. 1,3; Deut. 3,18; Deut. 4,44; Deut. 4,45; Deut. 4,46; Deut. 6,4; Deut. 10,6; Deut. 11,6; Deut. 17,12; Deut. 17,20; Deut. 18,1; Deut. 18,5; Deut. 18,6; Deut. 19,13; Deut. 22,21; Deut. 22,22; Deut. 23,18; Deut. 23,18; Deut. 23,18; Deut. 23,18; Deut. 24,7; Deut. 25,6; Deut. 27,1; Deut. 28,69; Deut. 29,1; Deut. 29,9; Deut. 29,20; Deut. 31,1; Deut. 31,7; Deut. 31,9; Deut. 31,11; Deut. 31,19; Deut. 31,19; Deut. 31,22; Deut. 31,23; Deut. 31,30; Deut. 32,44; Deut. 32,49; Deut. 32,51; Deut. 32,51; Deut. 33,1; Deut. 33,5; Deut. 33,21; Deut. 34,8; Deut. 34,9; Deut. 34,12; Josh. 2,2; Josh. 3,7; Josh. 3,9; Josh. 3,12; Josh. 3,17; Josh. 4,4; Josh. 4,5; Josh. 4,7; Josh. 4,8; Josh. 4,8; Josh. 4,12; Josh. 4,14; Josh. 4,19; Josh. 5,1; Josh. 5,1; Josh. 5,2; Josh. 5,3; Josh. 5,4; Josh. 5,10; Josh. 5,12; Josh. 6,16; Josh. 6,18; Josh. 6,23; Josh. 7,1; Josh. 7,1; Josh. 7,6; Josh. 7,12; Josh. 7,13; Josh. 7,19; Josh. 7,20; Josh. 7,23; Josh. 8,16; Josh. 8,17; Josh. 8,17; Josh. 8,24; Josh. 8,27; Josh. 8,30 # 9,2a; Josh. 8,31 # 9,2b; Josh. 8,32 # 9,2c; Josh. 8,35 # 9,2f; Josh. 9,6; Josh. 9,7; Josh. 9,17; Josh. 9,18; Josh. 9,18; Josh. 9,19; Josh. 9,26; Josh. 10,4; Josh. 10,6; Josh. 10,10; Josh. 10,11; Josh. 10,11; Josh. 10,12; Josh. 10,20; Josh. 10,21; Josh. 10,30; Josh. 10,32; Josh. 10,35; Josh. 10,40; Josh. 10,42; Josh. 11,6; Josh. 11,14; Josh. 11,16; Josh. 11,21; Josh. 11,22; Josh. 11,23; Josh. 12,1; Josh. 12,6; Josh. 12,7; Josh. 12,7; Josh. 13,6; Josh. 13,13; Josh. 13,13; Josh. 13,14; Josh. 13,14; Josh. 14,1; Josh. 14,1; Josh. 14,5; Josh. 14,14; Josh. 17,13; Josh. 18,1; Josh. 18,2; Josh. 18,3; Josh. 19,49; Josh. 19,51; Josh. 20,2; Josh. 20,9; Josh. 21,1; Josh. 21,3; Josh. 21,8; Josh. 21,41; Josh. 21,42b; Josh. 21,42d; Josh. 21,45; Josh. 22,9; Josh. 22,11; Josh. 22,11; Josh. 22,12; Josh. 22,13; Josh. 22,14; Josh. 22,14; Josh. 22,16; Josh. 22,20; Josh. 22,21; Josh. 22,24; Josh. 22,30; Josh. 22,31; Josh. 22,32; Josh. 22,33; Josh. 22,33; Josh. 22,33; Josh. 23,2; Josh. 24,1; Josh. 24,2; Josh. 24,23; Josh. 24,25; Josh. 24,31a; Josh. 24,32; Josh. 24,33a; Josh. 24,33b; Josh. 24,33b; Judg. 1,1; Judg. 1,23; Judg. 2,1; Judg. 2,6; Judg. 2,11; Judg. 3,2; Judg. 3,5; Judg. 3,7; Judg. 3,9; Judg. 3,12; Judg. 3,14; Judg. 3,15; Judg. 3,15; Judg. 3,27; Judg. 3,30; Judg. 4,1; Judg. 4,3; Judg. 4,5; Judg. 4,6; Judg. 4,23; Judg. 4,24; Judg. 5,3; Judg. 5,5; Judg. 6,1; Judg. 6,2; Judg. 6,3; Judg. 6,5; Judg. 6,6; Judg. 6,7; Judg. 6,8; Judg. 6,8; Judg. 7,8; Judg. 7,14; Judg. 7,15; Judg. 7,23; Judg. 8,22; Judg. 8,28; Judg. 8,33; Judg. 8,34; Judg. 8,35; Judg. 9,55; Judg. 10,6; Judg. 10,8; Judg. 10,8; Judg. 10,9; Judg. 10,10; Judg. 10,11; Judg. 10,15; Judg. 10,16; Judg. 10,17; Judg. 11,4; Judg. 11,5; Judg. 11,20; Judg. 11,21; Judg. 11,21; Judg. 11,23; Judg. 11,23; Judg. 11,25; Judg. 11,26; Judg. 11,27; Judg. 11,33; Judg. 11,40; Judg. 13,1; Judg. 14,4; Judg. 18,1; Judg. 19,12; Judg. 19,29; Judg. 19,30; Judg. 19,30; Judg. 19,30; Judg. 20,1; Judg. 20,2; Judg. 20,3; Judg. 20,3; Judg. 20,6; Judg. 20,7; Judg. 20,11; Judg. 20,12; Judg. 20,13; Judg. 20,13; Judg. 20,14; Judg. 20,17; Judg. 20,18; Judg. 20,19; Judg. 20,20; Judg. 20,20; Judg. 20,22; Judg. 20,23; Judg. 20,24; Judg. 20,26; Judg. 20,27; Judg. 20,29; Judg. 20,32; Judg. 20,33; Judg. 20,33; Judg. 20,34; Judg. 20,35; Judg. 20,35; Judg. 20,36; Judg. 20,38; Judg. 20,39; Judg. 20,39; Judg. 20,41; Judg. 20,42; Judg. 20,48; Judg. 21,1; Judg. 21,3; Judg. 21,5; Judg. 21,5; Judg. 21,6; Judg. 21,6; Judg. 21,8; Judg. 21,14; Judg. 21,15; Judg. 21,17; Judg. 21,18; Judg. 21,24; Ruth 2,12; Ruth 4,11; 1Sam. 1,17; 1Sam. 2,22; 1Sam. 2,28; 1Sam. 2,28; 1Sam. 2,29; 1Sam. 2,30; 1Sam. 3,20; 1Sam. 4,2; 1Sam. 4,3; 1Sam. 4,10; 1Sam. 4,10; 1Sam. 4,17; 1Sam. 4,22; 1Sam. 5,7; 1Sam. 5,8; 1Sam. 5,10; 1Sam. 5,11; 1Sam. 5,11; 1Sam. 6,3; 1Sam. 7,2; 1Sam. 7,3; 1Sam. 7,4; 1Sam. 7,6; 1Sam. 7,7; 1Sam. 7,7; 1Sam. 7,8; 1Sam. 7,9; 1Sam. 7,10; 1Sam. 7,11; 1Sam. 7,13; 1Sam. 7,14; 1Sam. 7,14; 1Sam. 7,14; 1Sam. 8,4; 1Sam. 8,22; 1Sam. 9,2; 1Sam. 9,20; 1Sam. 9,21; 1Sam. 10,18; 1Sam. 10,18; 1Sam. 10,18; 1Sam. 10,20; 1Sam. 11,3; 1Sam. 11,7; 1Sam. 11,7; 1Sam. 11,8; 1Sam. 12,1; 1Sam. 13,2; 1Sam. 13,6; 1Sam. 13,19; 1Sam. 14,12; 1Sam. 14,18; 1Sam. 14,21; 1Sam. 14,37; 1Sam. 14,38; 1Sam. 14,41; 1Sam. 14,41; 1Sam. 15,6; 1Sam. 15,12; 1Sam. 15,17; 1Sam. 15,28; 1Sam. 15,30; 1Sam. 17,2; 1Sam. 17,8; 1Sam. 17,10; 1Sam. 17,36; 1Sam. 17,45; 1Sam. 17,52; 1Sam. 17,53; 1Sam. 18,6; 1Sam. 20,12; 1Sam. 23,10; 1Sam. 23,11; 1Sam. 24,3; 1Sam. 24,15; 1Sam. 24,21; 1Sam. 25,32; 1Sam. 25,34; 1Sam. 26,2; 1Sam. 26,20; 1Sam. 27,1; 1Sam. 28,1; 1Sam. 28,4; 1Sam. 28,19; 1Sam. 29,3; 1Sam. 31,1; 1Sam. 31,7; 1Sam. 31,7; 2Sam. 1,3; 2Sam. 1,12; 2Sam. 1,24; 2Sam. 2,17; 2Sam. 2,28; 2Sam. 3,12; 2Sam. 3,17; 2Sam. 3,19; 2Sam. 3,21; 2Sam. 3,37; 2Sam. 5,1; 2Sam. 5,3; 2Sam. 5,3; 2Sam. 6,1; 2Sam. 6,5; 2Sam. 6,15; 2Sam. 6,19; 2Sam. 6,20; 2Sam. 7,6; 2Sam. 7,7; 2Sam. 7,7; 2Sam. 7,25; 2Sam. 7,27; 2Sam. 10,9; 2Sam. 10,15; 2Sam. 10,17; 2Sam. 10,18; 2Sam. 10,19; 2Sam. 10,19; 2Sam. 11,1; 2Sam. 12,7; 2Sam. 12,8; 2Sam. 12,12; 2Sam. 14,25; 2Sam. 15,2; 2Sam. 15,6; 2Sam. 15,6; 2Sam. 15,10; 2Sam. 15,13; 2Sam. 16,3; 2Sam. 16,15; 2Sam. 16,18; 2Sam. 16,21; 2Sam. 16,22; 2Sam. 17,4; 2Sam. 17,14; 2Sam. 17,15; 2Sam. 17,24; 2Sam. 18,6; 2Sam. 18,7; 2Sam. 18,16; 2Sam. 19,10; 2Sam. 19,11; 2Sam. 19,12; 2Sam. 19,23; 2Sam. 19,41; 2Sam. 19,42; 2Sam. 19,43; 2Sam. 19,44; 2Sam. 19,44; 2Sam. 20,2; 2Sam. 20,13; 2Sam. 20,14; 2Sam. 20,18; 2Sam. 20,19; 2Sam. 20,23; 2Sam. 21,2; 2Sam. 21,2; 2Sam. 21,2; 2Sam. 21,5; 2Sam. 21,15; 2Sam. 21,17; 2Sam. 23,1; 2Sam. 23,3; 2Sam. 23,3; 2Sam. 23,9; 2Sam. 24,2; 2Sam. 24,4; 2Sam. 24,25; 1Kings 1,3; 1Kings 1,20; 1Kings 1,30; 1Kings 1,48; 1Kings 2,4; 1Kings 2,5; 1Kings 2,32; 1Kings 5,27; 1Kings 6,1; 1Kings 8,1; 1Kings 8,9; 1Kings 8,14; 1Kings 8,15; 1Kings 8,16; 1Kings 8,17; 1Kings 8,20; 1Kings 8,20; 1Kings 8,22; 1Kings 8,23; 1Kings 8,25;

Ισραηλ

1Kings 8,25; 1Kings 8,26; 1Kings 8,28; 1Kings 8,30; 1Kings 8,34; 1Kings 8,36; 1Kings 8,52; 1Kings 8,55; 1Kings 8,56; 1Kings 8,59; 1Kings 8,62; 1Kings 8,63; 1Kings 10,9; 1Kings 10,22b # 9,20; 1Kings 10,22b # 9,20; 1Kings 10,22c # 9,22; 1Kings 11,2; 1Kings 11,9; 1Kings 11,31; 1Kings 11,32; 1Kings 12,21; 1Kings 12,24; 1Kings 12,24o; 1Kings 12,24o; 1Kings 12,24t; 1Kings 12,24y; 1Kings 12,33; 1Kings 14,21; 1Kings 14,24; 1Kings 15,9; 1Kings 15,16; 1Kings 15,17; 1Kings 15,19; 1Kings 15,20; 1Kings 15,30; 1Kings 15,31; 1Kings 16,5; 1Kings 16,13; 1Kings 16,14; 1Kings 16,15; 1Kings 16,20; 1Kings 16,21; 1Kings 16,26; 1Kings 16,27; 1Kings 16,28g; 1Kings 16,33; 1Kings 17,1; 1Kings 18,31; 1Kings 18,36; 1Kings 18,36; 1Kings 19,10; 1Kings 19,14; 1Kings 20,18; 1Kings 20,26; 1Kings 21,2; 1Kings 21,4; 1Kings 21,7; 1Kings 21,11; 1Kings 21,13; 1Kings 21,21; 1Kings 21,22; 1Kings 21,23; 1Kings 21,27; 1Kings 21,28; 1Kings 21,28; 1Kings 21,31; 1Kings 21,31; 1Kings 21,32; 1Kings 21,38; 1Kings 21,40; 1Kings 21,41; 1Kings 21,43; 1Kings 22,1; 1Kings 22,2; 1Kings 22,3; 1Kings 22,4; 1Kings 22,5; 1Kings 22,6; 1Kings 22,7; 1Kings 22,8; 1Kings 22,9; 1Kings 22,10; 1Kings 22,18; 1Kings 22,19; 1Kings 22,20; 1Kings 22,26; 1Kings 22,29; 1Kings 22,30; 1Kings 22,30; 1Kings 22,31; 1Kings 22,32; 1Kings 22,33; 1Kings 22,34; 1Kings 22,39; 1Kings 22,41; 1Kings 22,45; 1Kings 22,54; 2Kings 1,18; 2Kings 2,12; 2Kings 3,4; 2Kings 3,5; 2Kings 3,9; 2Kings 3,10; 2Kings 3,11; 2Kings 3,12; 2Kings 3,13; 2Kings 3,13; 2Kings 3,24; 2Kings 5,2; 2Kings 5,4; 2Kings 5,5; 2Kings 5,6; 2Kings 5,7; 2Kings 5,8; 2Kings 5,8; 2Kings 5,12; 2Kings 6,9; 2Kings 6,10; 2Kings 6,11; 2Kings 6,12; 2Kings 6,21; 2Kings 6,23; 2Kings 6,26; 2Kings 6,30; 2Kings 7,6; 2Kings 7,13; 2Kings 7,14; 2Kings 8,12; 2Kings 8,16; 2Kings 8,18; 2Kings 8,25; 2Kings 8,26; 2Kings 9,6; 2Kings 9,16; 2Kings 9,21; 2Kings 9,29; 2Kings 10,28; 2Kings 10,30; 2Kings 10,31; 2Kings 10,32; 2Kings 10,34; 2Kings 13,4; 2Kings 13,5; 2Kings 13,8; 2Kings 13,12; 2Kings 13,13; 2Kings 13,14; 2Kings 13,14; 2Kings 13,18; 2Kings 13,25; 2Kings 14,1; 2Kings 14,8; 2Kings 14,9; 2Kings 14,11; 2Kings 14,12; 2Kings 14,13; 2Kings 14,15; 2Kings 14,16; 2Kings 14,17; 2Kings 14,25; 2Kings 14,25; 2Kings 14,26; 2Kings 14,27; 2Kings 14,28; 2Kings 14,29; 2Kings 15,1; 2Kings 15,11; 2Kings 15,12; 2Kings 15,15; 2Kings 15,21; 2Kings 15,26; 2Kings 15,29; 2Kings 15,31; 2Kings 15,32; 2Kings 16,3; 2Kings 16,3; 2Kings 16,5; 2Kings 16,7; 2Kings 17,2; 2Kings 17,7; 2Kings 17,8; 2Kings 17,8; 2Kings 17,9; 2Kings 17,19; 2Kings 17,20; 2Kings 17,22; 2Kings 17,24; 2Kings 18,1; 2Kings 18,4; 2Kings 18,5; 2Kings 18,9; 2Kings 18,10; 2Kings 19,15; 2Kings 19,20; 2Kings 19,22; 2Kings 21,2; 2Kings 21,3; 2Kings 21,7; 2Kings 21,8; 2Kings 21,9; 2Kings 21,12; 2Kings 22,15; 2Kings 22,18; 2Kings 23,13; 2Kings 23,19; 2Kings 23,22; 2Kings 24,13; 1Chr. 2,1; 1Chr. 2,7; 1Chr. 4,10; 1Chr. 5,1; 1Chr. 5,1; 1Chr. 5,3; 1Chr. 5,17; 1Chr. 5,26; 1Chr. 6,23; 1Chr. 6,34; 1Chr. 6,49; 1Chr. 7,29; 1Chr. 9,1; 1Chr. 9,2; 1Chr. 10,7; 1Chr. 11,3; 1Chr. 11,4; 1Chr. 11,10; 1Chr. 13,2; 1Chr. 13,2; 1Chr. 15,12; 1Chr. 15,14; 1Chr. 15,25; 1Chr. 16,3; 1Chr. 16,4; 1Chr. 16,13; 1Chr. 16,36; 1Chr. 16,40; 1Chr. 17,6; 1Chr. 17,24; 1Chr. 19,10; 1Chr. 19,19; 1Chr. 21,4; 1Chr. 21,12; 1Chr. 21,14; 1Chr. 22,2; 1Chr. 22,6; 1Chr. 22,17; 1Chr. 23,2; 1Chr. 23,25; 1Chr. 24,19; 1Chr. 26,30; 1Chr. 27,1; 1Chr. 27,16; 1Chr. 27,22; 1Chr. 28,1; 1Chr. 28,4; 1Chr. 28,4; 1Chr. 29,6; 1Chr. 29,10; 1Chr. 29,18; 1Chr. 29,25; 2Chr. 1,2; 2Chr. 2,11; 2Chr. 2,16; 2Chr. 5,2; 2Chr. 5,2; 2Chr. 5,3; 2Chr. 5,4; 2Chr. 5,6; 2Chr. 5,10; 2Chr. 6,3; 2Chr. 6,3; 2Chr. 6,4; 2Chr. 6,5; 2Chr. 6,6; 2Chr. 6,7; 2Chr. 6,10; 2Chr. 6,10; 2Chr. 6,12; 2Chr. 6,13; 2Chr. 6,14; 2Chr. 6,16; 2Chr. 6,16; 2Chr. 6,17; 2Chr. 6,21; 2Chr. 6,25; 2Chr. 6,27; 2Chr. 6,32; 2Chr. 7,3; 2Chr. 8,2; 2Chr. 8,7; 2Chr. 8,8; 2Chr. 8,9; 2Chr. 8,11; 2Chr. 10,3; 2Chr. 10,16; 2Chr. 10,17; 2Chr. 10,18; 2Chr. 11,16; 2Chr. 11,16; 2Chr. 12,6; 2Chr. 12,13; 2Chr. 13,5; 2Chr. 13,12; 2Chr. 13,16; 2Chr. 13,17; 2Chr. 13,18; 2Chr. 15,4; 2Chr. 15,9; 2Chr. 15,13; 2Chr. 16,1; 2Chr. 16,3; 2Chr. 16,4; 2Chr. 16,11; 2Chr. 17,4; 2Chr. 18,3; 2Chr. 18,4; 2Chr. 18,5; 2Chr. 18,7; 2Chr. 18,8; 2Chr. 18,9; 2Chr. 18,17; 2Chr. 18,19; 2Chr. 18,25; 2Chr. 18,28; 2Chr. 18,29; 2Chr. 18,29; 2Chr. 18,30; 2Chr. 18,31; 2Chr. 18,32; 2Chr. 18,33; 2Chr. 18,34; 2Chr. 19,8; 2Chr. 20,7; 2Chr. 20,19; 2Chr. 20,29; 2Chr. 20,34; 2Chr. 20,35; 2Chr. 21,4; 2Chr. 21,6; 2Chr. 21,13; 2Chr. 23,2; 2Chr. 24,5; 2Chr. 24,16; 2Chr. 25,6; 2Chr. 25,7; 2Chr. 25,7; 2Chr. 25,9; 2Chr. 25,17; 2Chr. 25,18; 2Chr. 25,21; 2Chr. 25,22; 2Chr. 25,23; 2Chr. 25,25; 2Chr. 25,26; 2Chr. 27,7; 2Chr. 28,2; 2Chr. 28,3; 2Chr. 28,5; 2Chr. 28,6; 2Chr. 28,8; 2Chr. 28,26; 2Chr. 28,27; 2Chr. 29,7; 2Chr. 29,10; 2Chr. 29,21; 2Chr. 29,24; 2Chr. 29,24; 2Chr. 29,27; 2Chr. 30,1; 2Chr. 30,5; 2Chr. 30,6; 2Chr. 30,6; 2Chr. 30,21; 2Chr. 30,25; 2Chr. 30,25; 2Chr. 30,26; 2Chr. 31,5; 2Chr. 31,6; 2Chr. 32,17; 2Chr. 32,32; 2Chr. 33,2; 2Chr. 33,7; 2Chr. 33,8; 2Chr. 33,9; 2Chr. 33,16; 2Chr. 33,18; 2Chr. 34,7; 2Chr. 34,23; 2Chr. 34,26; 2Chr. 34,33; 2Chr. 35,3; 2Chr. 35,4; 2Chr. 35,17; 2Chr. 35,18; 2Chr. 35,27; 2Chr. 36,13; 1Esdr. 1,3; 1Esdr. 1,4; 1Esdr. 1,5; 1Esdr. 1,17; 1Esdr. 1,19; 1Esdr. 1,30; 1Esdr. 1,31; 1Esdr. 1,46; 1Esdr. 2,2; 1Esdr. 2,3; 1Esdr. 5,37; 1Esdr. 5,46; 1Esdr. 5,47; 1Esdr. 5,57; 1Esdr. 5,64; 1Esdr. 5,67; 1Esdr. 5,68; 1Esdr. 6,1; 1Esdr. 6,13; 1Esdr. 6,14; 1Esdr. 7,4; 1Esdr. 7,6; 1Esdr. 7,8; 1Esdr. 7,8; 1Esdr. 7,9; 1Esdr. 7,10; 1Esdr. 7,13; 1Esdr. 7,15; 1Esdr. 8,3; 1Esdr. 8,5; 1Esdr. 8,13; 1Esdr. 8,27; 1Esdr. 8,46; 1Esdr. 8,58; 1Esdr. 8,63; 1Esdr. 8,63; 1Esdr. 8,66; 1Esdr. 8,69; 1Esdr. 8,86; 1Esdr. 8,89; 1Esdr. 8,92; 1Esdr. 9,26; 1Esdr. 9,37; 1Esdr. 9,37; 1Esdr. 9,39; Ezra 1,3; Ezra 2,2; Ezra 2,59; Ezra 3,1; Ezra 3,2; Ezra 3,10; Ezra 4,1; Ezra 4,3; Ezra 5,1; Ezra 5,11; Ezra 6,14; Ezra 6,16; Ezra 6,17; Ezra 6,17; Ezra 6,21; Ezra 6,22; Ezra 7,6; Ezra 7,7; Ezra 7,13; Ezra 7,15; Ezra 7,28; Ezra 8,18; Ezra 8,35; Ezra 8,35; Ezra 9,1; Ezra 9,4; Ezra 9,15; Ezra 10,1; Ezra 10,10; Ezra 10,25; Neh. 1,6; Neh. 1,6; Neh. 2,10; Neh. 2,12; Neh. 7,7; Neh. 7,61; Neh. 7,73; Neh. 8,14; Neh. 8,17; Neh. 9,1; Neh. 9,2; Neh. 10,40; Neh. 13,2; Neh. 13,26; Esth. 13,12 # 4,17d; Esth. 14,1 # 4,17k; Judith 4,1; Judith 4,8; Judith 4,8; Judith 4,9; Judith 4,11; Judith 4,12; Judith 4,15; Judith 5,1; Judith 5,23; Judith 6,2; Judith 6,10; Judith 6,14; Judith 6,17; Judith 6,21; Judith 7,1; Judith 7,4; Judith 7,6; Judith 7,10; Judith 7,17; Judith 7,19; Judith 8,1; Judith 8,6; Judith 9,12; Judith 9,14; Judith 10,1; Judith 10,8; Judith 10,19; Judith 12,8; Judith 13,7; Judith 13,14; Judith 14,4; Judith 14,5; Judith 14,10; Judith 14,10; Judith 15,3; Judith 15,4; Judith 15,5; Judith 15,7; Judith 15,8; Judith 15,9; Judith 15,10; Judith 15,12; Judith 15,13; Judith 16,24; Judith 16,25; Tob. 1,4; Tob. 1,4; Tob. 13,3; 1Mac. 1,11; 1Mac. 1,30; 1Mac. 1,43; 1Mac. 1,64; 1Mac. 2,16; 1Mac. 2,42; 1Mac. 2,46; 1Mac. 3,8; 1Mac. 3,15; 1Mac. 3,35; 1Mac. 3,41; 1Mac. 4,30; 1Mac. 4,31; 1Mac. 4,59; 1Mac. 5,60; 1Mac. 5,63; 1Mac. 6,21; 1Mac. 7,5; 1Mac. 7,9; 1Mac. 7,13; 1Mac. 7,23; 1Mac. 9,23; 1Mac. 9,73; 1Mac. 9,73; 1Mac. 10,61; 1Mac. 11,23; 1Mac. 13,4; 1Mac. 13,41; 1Mac. 13,51; 1Mac. 14,26; 1Mac. 16,2; 2Mac. 1,26; 2Mac. 9,5; 3Mac. 2,10; 3Mac. 6,4; 3Mac. 6,9; 3Mac. 7,16; 3Mac. 7,23; Psa. 13,7; Psa. 21,4; Psa. 21,24; Psa. 40,14; Psa. 52,7; Psa. 58,6; Psa. 67,9; Psa. 67,27; Psa. 67,36; Psa. 68,7; Psa. 70,22; Psa. 71,18; Psa. 77,31; Psa. 77,41; Psa. 77,55; Psa. 82,5; Psa. 88,19; Psa. 97,3; Psa. 102,7; Psa. 105,48; Psa. 113,1; Psa. 113,17; Psa. 113,20; Psa. 117,2; Psa. 134,4; Psa. 134,19; Psa. 146,2; Psa. 148,14; Psa. 151,7; Ode. 1,19; Ode. 9,54; Ode. 9,68; Ode. 10,7; Ode. 13,32; Eccl. 1,1; Song 3,7; Sir. 37,25; Sir. 45,11; Sir. 45,23; Sir. 46,10; Sir. 47,2; Sir. 47,18; Sir. 50,13; Sir. 50,20; Sol. 4,1; Sol. 7,8; Sol. 8,28; Sol. 9,2; Sol. 9,8; Sol. 9,11; Sol. 10,6; Sol. 10,7; Sol. 10,8; Sol. 16,3; Sol. 17,42; Sol. 17,42; Sol. 17,44; Sol. 18,3;

Ἰσραηλ

Sol. 18,5; Hos. 1,1; Hos. 1,4; Hos. 1,5; Hos. 1,6; Hos. 2,1; Hos. 2,2; Hos. 3,1; Hos. 3,4; Hos. 3,5; Hos. 4,1; Hos. 5,1; Hos. 5,5; Hos. 5,9; Hos. 6,10; Hos. 7,10; Hos. 10,8; Hos. 10,15; Hos. 10,15; Hos. 12,1; Amos 1,1; Amos 2,6; Amos 2,11; Amos 3,1; Amos 3,12; Amos 3,14; Amos 4,5; Amos 5,1; Amos 5,2; Amos 5,3; Amos 5,4; Amos 5,6; Amos 5,25; Amos 6,1; Amos 6,14; Amos 7,8; Amos 7,9; Amos 7,10; Amos 7,10; Amos 9,7; Amos 9,9; Amos 9,14; Mic. 1,5; Mic. 1,13; Mic. 1,14; Mic. 1,15; Mic. 2,12; Mic. 3,1; Mic. 3,9; Mic. 4,14; Mic. 5,2; Mic. 6,2; Joel 2,27; Joel 4,2; Joel 4,16; Obad. 20; Nah. 2,3; Zeph. 2,9; Zeph. 3,13; Zeph. 3,15; Zech. 8,13; Zech. 9,1; Zech. 11,14; Mal. 1,5; Mal. 2,16; Is. 1,4; Is. 1,24; Is. 2,6; Is. 4,2; Is. 5,7; Is. 5,19; Is. 5,24; Is. 7,1; Is. 8,18; Is. 9,13; Is. 10,17; Is. 10,20; Is. 10,20; Is. 10,22; Is. 11,12; Is. 12,6; Is. 17,3; Is. 17,6; Is. 17,7; Is. 17,9; Is. 21,10; Is. 21,17; Is. 24,15; Is. 27,12; Is. 29,22; Is. 29,23; Is. 30,11; Is. 30,12; Is. 30,15; Is. 30,29; Is. 31,1; Is. 37,16; Is. 37,21; Is. 37,23; Is. 41,16; Is. 41,17; Is. 41,20; Is. 43,3; Is. 43,14; Is. 43,15; Is. 44,5; Is. 44,6; Is. 45,3; Is. 45,4; Is. 45,11; Is. 45,15; Is. 45,25; Is. 46,3; Is. 47,4; Is. 48,1; Is. 48,1; Is. 48,2; Is. 48,17; Is. 49,6; Is. 49,7; Is. 49,7; Is. 52,12; Is. 54,5; Is. 55,5; Is. 56,8; Is. 60,9; Is. 60,14; Is. 60,16; Is. 63,7; Is. 66,20; Jer. 2,4; Jer. 2,26; Jer. 3,6; Jer. 3,8; Jer. 3,12; Jer. 3,16; Jer. 3,18; Jer. 3,20; Jer. 3,21; Jer. 3,23; Jer. 5,11; Jer. 5,15; Jer. 6,9; Jer. 7,3; Jer. 7,12; Jer. 9,14; Jer. 9,25; Jer. 10,1; Jer. 11,3; Jer. 11,10; Jer. 11,17; Jer. 13,11; Jer. 14,8; Jer. 16,1; Jer. 16,9; Jer. 16,14; Jer. 16,15; Jer. 17,13; Jer. 18,6; Jer. 18,13; Jer. 19,3; Jer. 23,7; Jer. 23,8; Jer. 24,5; Jer. 27,4; Jer. 27,20; Jer. 27,29; Jer. 27,33; Jer. 28,5; Jer. 31,13; Jer. 34,4; Jer. 36,4; Jer. 37,2; Jer. 37,3; Jer. 38,1; Jer. 38,7; Jer. 38,21; Jer. 38,31; Jer. 38,33; Jer. 38,35; Jer. 38,37; Jer. 39,28; Jer. 39,30; Jer. 39,32; Jer. 39,36; Jer. 40,4; Jer. 40,7; Jer. 41,13; Jer. 46,16; Jer. 48,9; Jer. 51,2; Jer. 51,25; Bar. 2,1; Bar. 2,11; Bar. 2,26; Bar. 2,28; Bar. 3,1; Bar. 3,4; Bar. 3,4; Bar. 4,5; Lam. 2,1; Lam. 2,3; Ezek. 2,3; Ezek. 3,1; Ezek. 3,4; Ezek. 3,5; Ezek. 3,7; Ezek. 3,7; Ezek. 3,17; Ezek. 4,3; Ezek. 4,4; Ezek. 4,5; Ezek. 4,13; Ezek. 4,13; Ezek. 4,14; Ezek. 5,4; Ezek. 6,2; Ezek. 6,3; Ezek. 6,11; Ezek. 7,2; Ezek. 8,4; Ezek. 8,10; Ezek. 8,11; Ezek. 8,12; Ezek. 9,3; Ezek. 9,8; Ezek. 9,9; Ezek. 10,19; Ezek. 10,20; Ezek. 10,22; Ezek. 11,5; Ezek. 11,10; Ezek. 11,11; Ezek. 11,13; Ezek. 11,15; Ezek. 11,17; Ezek. 11,22; Ezek. 12,6; Ezek. 12,9; Ezek. 12,10; Ezek. 12,19; Ezek. 12,22; Ezek. 12,23; Ezek. 12,24; Ezek. 12,27; Ezek. 13,2; Ezek. 13,5; Ezek. 13,9; Ezek. 13,9; Ezek. 13,16; Ezek. 14,1; Ezek. 14,4; Ezek. 14,5; Ezek. 14,6; Ezek. 14,7; Ezek. 14,9; Ezek. 14,11; Ezek. 17,2; Ezek. 17,23; Ezek. 18,2; Ezek. 18,6; Ezek. 18,15; Ezek. 18,25; Ezek. 18,29; Ezek. 18,29; Ezek. 18,30; Ezek. 18,31; Ezek. 19,1; Ezek. 19,9; Ezek. 20,1; Ezek. 20,3; Ezek. 20,5; Ezek. 20,13; Ezek. 20,27; Ezek. 20,30; Ezek. 20,31; Ezek. 20,38; Ezek. 20,39; Ezek. 20,40; Ezek. 20,42; Ezek. 21,7; Ezek. 21,8; Ezek. 21,17; Ezek. 21,30; Ezek. 22,6; Ezek. 22,18; Ezek. 24,21; Ezek. 25,3; Ezek. 25,6; Ezek. 25,8; Ezek. 25,14; Ezek. 27,17; Ezek. 28,24; Ezek. 29,6; Ezek. 29,16; Ezek. 29,21; Ezek. 33,7; Ezek. 33,10; Ezek. 33,11; Ezek. 33,20; Ezek. 33,24; Ezek. 33,28; Ezek. 34,2; Ezek. 34,2; Ezek. 34,13; Ezek. 34,14; Ezek. 34,14; Ezek. 34,30; Ezek. 35,5; Ezek. 35,12; Ezek. 36,1; Ezek. 36,1; Ezek. 36,4; Ezek. 36,6; Ezek. 36,8; Ezek. 36,10; Ezek. 36,17; Ezek. 36,21; Ezek. 36,22; Ezek. 36,22; Ezek. 36,32; Ezek. 36,37; Ezek. 37,11; Ezek. 37,12; Ezek. 37,16; Ezek. 37,16; Ezek. 37,19; Ezek. 37,21; Ezek. 37,21; Ezek. 37,22; Ezek. 38,8; Ezek. 38,17; Ezek. 38,18; Ezek. 38,19; Ezek. 39,2; Ezek. 39,4; Ezek. 39,7; Ezek. 39,9; Ezek. 39,12; Ezek. 39,17; Ezek. 39,22; Ezek. 39,23; Ezek. 39,25; Ezek. 39,29; Ezek. 40,2; Ezek. 40,4; Ezek. 43,2; Ezek. 43,7; Ezek. 43,7; Ezek. 43,10; Ezek. 43,18; Ezek. 44,2; Ezek. 44,6; Ezek. 44,6; Ezek. 44,9; Ezek. 44,12; Ezek. 44,13; Ezek. 44,15; Ezek. 44,22; Ezek. 44,28; Ezek. 45,6; Ezek. 45,8; Ezek. 45,8; Ezek. 45,8; Ezek. 45,9; Ezek. 45,15; Ezek. 45,16; Ezek. 45,17; Ezek. 45,17; Ezek. 47,13; Ezek. 47,18; Ezek. 47,21; Ezek. 47,22; Ezek. 47,22; Ezek. 48,11; Ezek. 48,19; Ezek. 48,29; Ezek. 48,31; Dan. 1,3; Dan. 1,6; Dan. 9,7; Dan. 9,20; Sus. 7-8; Sus. 28; Sus. 48; Sus. 48; Sus. 57; Judg. 1,1; Judg. 2,1; Judg. 2,4; Judg. 2,11; Judg. 3,2; Judg. 3,5; Judg. 3,7; Judg. 3,8; Judg. 3,9; Judg. 3,12; Judg. 3,14; Judg. 3,15; Judg. 3,15; Judg. 3,27; Judg. 3,27; Judg. 3,30; Judg. 4,1; Judg. 4,3; Judg. 4,5; Judg. 4,6; Judg. 4,23; Judg. 4,24; Judg. 5,3; Judg. 5,5; Judg. 6,1; Judg. 6,2; Judg. 6,3; Judg. 6,4; Judg. 6,5; Judg. 6,6; Judg. 6,8; Judg. 6,8; Judg. 7,8; Judg. 7,14; Judg. 7,15; Judg. 7,23; Judg. 8,22; Judg. 8,28; Judg. 8,33; Judg. 8,34; Judg. 8,35; Judg. 9,55; Judg. 10,6; Judg. 10,8; Judg. 10,8; Judg. 10,9; Judg. 10,10; Judg. 10,11; Judg. 10,15; Judg. 10,16; Judg. 10,17; Judg. 11,5; Judg. 11,21; Judg. 11,21; Judg. 11,23; Judg. 11,23; Judg. 11,25; Judg. 11,27; Judg. 11,33; Judg. 11,40; Judg. 13,1; Judg. 16,31; Judg. 18,1; Judg. 18,19; Judg. 19,12; Judg. 19,29; Judg. 19,30; Judg. 20,1; Judg. 20,2; Judg. 20,3; Judg. 20,3; Judg. 20,6; Judg. 20,7; Judg. 20,10; Judg. 20,11; Judg. 20,12; Judg. 20,13; Judg. 20,13; Judg. 20,14; Judg. 20,17; Judg. 20,18; Judg. 20,19; Judg. 20,20; Judg. 20,22; Judg. 20,23; Judg. 20,24; Judg. 20,25; Judg. 20,26; Judg. 20,28; Judg. 20,29; Judg. 20,30; Judg. 20,32; Judg. 20,33; Judg. 20,34; Judg. 20,35; Judg. 20,35; Judg. 20,36; Judg. 20,38; Judg. 20,39; Judg. 20,39; Judg. 20,41; Judg. 20,42; Judg. 20,45; Judg. 20,45; Judg. 20,48; Judg. 21,1; Judg. 21,3; Judg. 21,3; Judg. 21,5; Judg. 21,5; Judg. 21,6; Judg. 21,6; Judg. 21,8; Judg. 21,14; Judg. 21,14; Judg. 21,15; Judg. 21,17; Judg. 21,18; Judg. 21,24; Tob. 1,4; Tob. 1,4; Tob. 1,4; Tob. 1,5; Tob. 1,8; Tob. 1,18; Tob. 5,5; Tob. 5,9; Tob. 13,3; Tob. 13,18; Tob. 14,4; Tob. 14,4; Tob. 14,4; Tob. 14,5; Tob. 14,5; Tob. 14,7; Dan. 1,3; Dan. 9,20; Sus. 48; Sus. 48; Sus. 57)

Noun ▪ masculine ▪ singular ▪ nominative ▪ (proper)   ▸ 232 + 14 = **246** (Gen. 32,29; Gen. 35,5; Gen. 35,10; Gen. 35,22; Gen. 35,22; Gen. 37,13; Gen. 37,14; Gen. 43,6; Gen. 43,11; Gen. 45,28; Gen. 46,1; Gen. 46,30; Gen. 47,27; Gen. 47,31; Gen. 48,2; Gen. 48,8; Gen. 48,11; Gen. 48,14; Gen. 48,20; Gen. 48,21; Ex. 4,22; Ex. 14,30; Ex. 14,31; Ex. 17,8; Ex. 17,11; Ex. 19,2; Num. 16,34; Num. 20,14; Num. 20,21; Num. 21,1; Num. 21,2; Num. 21,17; Num. 21,24; Num. 21,25; Num. 21,25; Num. 21,31; Num. 22,2; Num. 24,18; Num. 25,1; Num. 25,3; Deut. 2,12; Deut. 13,12; Deut. 32,9; Deut. 33,28; Josh. 4,22; Josh. 5,6; Josh. 7,8; Josh. 7,25; Josh. 8,15; Josh. 8,21; Josh. 8,33 # 9,2d; Josh. 10,29; Josh. 10,31; Josh. 10,34; Josh. 10,36; Josh. 10,38; Josh. 11,13; Josh. 11,19; Josh. 14,10; Josh. 22,22; Josh. 24,29; Judg. 1,28; Judg. 1,33; Judg. 6,6; Judg. 7,2; Judg. 8,27; Judg. 11,13; Judg. 11,15; Judg. 11,16; Judg. 11,17; Judg. 11,17; Judg. 11,19; Judg. 11,19; Judg. 11,21; Judg. 20,30; Ruth 4,7; 1Sam. 4,1; 1Sam. 4,5; 1Sam. 11,15; 1Sam. 13,4; 1Sam. 13,4; 1Sam. 13,20; 1Sam. 14,22; 1Sam. 15,29; 1Sam. 17,3; 1Sam. 17,11; 1Sam. 18,16; 1Sam. 18,28; 1Sam. 19,5; 1Sam. 25,1; 1Sam. 28,3; 1Sam. 29,1; 2Sam. 4,1; 2Sam. 7,23; 2Sam. 11,11; 2Sam. 17,10; 2Sam. 17,11; 2Sam. 17,13; 2Sam. 17,26; 2Sam. 18,17; 2Sam. 19,9; 2Sam. 24,9; 1Kings 2,15; 1Kings 2,46a; 1Kings 2,46g; 1Kings 3,28; 1Kings 8,5; 1Kings 8,43; 1Kings 8,65; 1Kings 9,7; 1Kings 11,16; 1Kings 12,1; 1Kings 12,12; 1Kings 12,16; 1Kings 12,16; 1Kings 12,16; 1Kings 12,18; 1Kings 12,19; 1Kings 12,20; 1Kings 12,28; 1Kings 15,27; 1Kings 16,17; 1Kings 18,31; 1Kings 21,20; 1Kings 21,27; 1Kings 21,29; 2Kings 3,24; 2Kings 9,14; 2Kings 17,21; 2Kings 17,23; 1Chr. 9,1; 1Chr. 10,7; 1Chr. 11,1; 1Chr. 12,33; 1Chr. 12,39; 1Chr. 13,6; 1Chr. 13,8; 1Chr. 15,28; 1Chr. 17,21; 1Chr. 19,16; 1Chr. 21,5; 1Chr. 29,23; 2Chr. 6,24; 2Chr. 6,33; 2Chr. 7,6; 2Chr. 7,8; 2Chr. 10,1; 2Chr. 10,16; 2Chr. 10,19; 2Chr. 12,1; 2Chr. 31,1; 2Chr. 31,1; 2Chr. 35,18; 1Esdr. 1,19; 1Esdr. 5,41; 1Esdr. 5,45; 1Esdr. 8,55; Ezra 2,70; Ezra 8,25; Neh. 7,73; Neh. 11,3; Neh. 12,47; Esth. 13,18 #

Ισραηλ–Ισταλκουρος   1127

  4,17i; Esth. 10,9 # 10,3f; 1Mac. 2,70; 1Mac. 9,20; 1Mac. 12,52; 1Mac. 13,26; 1Mac. 14,11; 1Mac. 16,2; Psa. 13,7; Psa. 52,7; Psa. 80,12; Psa. 80,14; Psa. 104,23; Psa. 113,2; Psa. 123,1; Psa. 128,1; Psa. 129,6; Psa. 130,3; Psa. 149,2; Ode. 2,9; Ode. 8,83; Sir. 17,17; Sol. 8,34; Sol. 10,5; Sol. 11,6; Sol. 14,5; Hos. 4,16; Hos. 5,3; Hos. 5,3; Hos. 5,5; Hos. 6,10; Hos. 8,3; Hos. 8,8; Hos. 8,14; Hos. 9,7; Hos. 10,1; Hos. 10,6; Hos. 10,9; Hos. 11,1; Hos. 12,13; Amos 7,11; Amos 7,17; Is. 1,3; Is. 19,24; Is. 19,25; Is. 27,6; Is. 41,8; Is. 41,14; Is. 42,1; Is. 44,2; Is. 44,21; Is. 44,21; Is. 44,23; Is. 45,17; Is. 48,12; Is. 49,3; Is. 63,16; Jer. 2,3; Jer. 2,14; Jer. 3,11; Jer. 4,1; Jer. 23,6; Jer. 27,17; Jer. 28,5; Jer. 30,18; Jer. 32,15; Jer. 38,4; Bar. 5,7; Dan. 3,83; Dan. 9,11; Judg. 1,28; Judg. 6,6; Judg. 7,2; Judg. 8,27; Judg. 11,13; Judg. 11,15; Judg. 11,16; Judg. 11,17; Judg. 11,17; Judg. 11,19; Judg. 11,19; Judg. 11,21; Dan. 3,83; Dan. 9,11)
  Noun · masculine · singular · vocative · (proper) ▸ **37** (Ex. 32,4; Ex. 32,8; Num. 24,5; Deut. 4,1; Deut. 5,1; Deut. 6,3; Deut. 6,4; Deut. 9,1; Deut. 10,12; Deut. 20,3; Deut. 27,9; Deut. 33,29; 2Sam. 1,19; 2Sam. 20,1; 2Chr. 10,16; 2Chr. 13,4; Psa. 49,7; Psa. 80,9; Hos. 4,15; Hos. 9,1; Hos. 11,8; Hos. 13,9; Hos. 14,2; Amos 4,12; Amos 4,12; Is. 40,27; Is. 41,14; Is. 43,1; Is. 43,22; Is. 44,1; Jer. 26,27; Jer. 31,27; Bar. 3,9; Bar. 3,10; Bar. 3,24; Bar. 4,4; Ezek. 13,4)

Ἰσραήλ Israel ▸ **68**
  Ἰσραήλ ▸ **34**
   Noun · masculine · singular · accusative · (proper) ▸ **3** (Matt. 2,6; Luke 1,80; Luke 24,21)
   Noun · masculine · singular · dative · (proper) ▸ **3** (Matt. 9,33; Luke 4,25; Acts 1,6)
   Noun · masculine · singular · genitive · (proper) ▸ **25** (Matt. 2,20; Matt. 2,21; Matt. 10,6; Matt. 15,24; Matt. 15,31; Matt. 19,28; Matt. 27,9; Matt. 27,42; Luke 1,68; Luke 2,25; Luke 2,32; Luke 22,30; John 1,49; John 12,13; Acts 4,27; Acts 7,23; Acts 7,37; Acts 7,42; Acts 9,15; Acts 13,24; Rom. 9,27; Rom. 11,2; Phil. 3,5; Rev. 7,4; Rev. 21,12)
   Noun · masculine · singular · nominative · (proper) ▸ **2** (Rom. 9,6; Rom. 11,7)
   Noun · masculine · singular · vocative · (proper) ▸ **1** (Mark 12,29)
  Ἰσραήλ ▸ **34**
   Noun · masculine · singular · accusative · (proper) ▸ **3** (Rom. 10,21; 1Cor. 10,18; Gal. 6,16)
   Noun · masculine · singular · dative · (proper) ▸ **8** (Matt. 8,10; Luke 2,34; Luke 4,27; Luke 7,9; John 1,31; Acts 5,31; Acts 13,23; Rom. 11,25)
   Noun · masculine · singular · genitive · (proper) ▸ **20** (Matt. 10,23; Mark 15,32; Luke 1,16; Luke 1,54; John 3,10; Acts 2,36; Acts 4,10; Acts 5,21; Acts 10,36; Acts 13,17; Acts 28,20; Rom. 9,6; Rom. 9,27; 2Cor. 3,7; 2Cor. 3,13; Eph. 2,12; Heb. 8,8; Heb. 8,10; Heb. 11,22; Rev. 2,14)
   Noun · masculine · singular · nominative · (proper) ▸ **3** (Rom. 9,31; Rom. 10,19; Rom. 11,26)

Ἰσραηλίτης Israelite ▸ **8**
  Ἰσραηλῖται ▸ **1**
   Noun · masculine · plural · nominative · (proper) ▸ **1** (4Mac. 18,1)
  Ἰσραηλίτῃ ▸ **2**
   Noun · masculine · singular · dative · (proper) ▸ **2** (Psa. 87,1; Psa. 88,1)
  Ἰσραηλίτην ▸ **1**
   Noun · masculine · singular · accusative · (proper) ▸ **1** (Num. 25,8)
  Ἰσραηλίτης ▸ **2**
   Noun · masculine · singular · nominative · (proper) ▸ **2** (Lev. 24,10; 2Sam. 17,25)
  Ἰσραηλίτου ▸ **2**
   Noun · masculine · singular · genitive · (proper) ▸ **2** (Num. 25,8; Num. 25,14)

Ἰσραηλίτης Israelite ▸ **9**
  Ἰσραηλῖται ▸ **6**
   Noun · masculine · plural · nominative · (proper) ▸ **1** (Rom. 9,4)
   Noun · masculine · plural · vocative · (proper) ▸ **5** (Acts 2,22; Acts 3,12; Acts 5,35; Acts 13,16; Acts 21,28)
  Ἰσραηλῖταί ▸ **1**
   Noun · masculine · plural · nominative · (proper) ▸ **1** (2Cor. 11,22)
  Ἰσραηλίτης ▸ **2**
   Noun · masculine · singular · nominative · (proper) ▸ **2** (John 1,47; Rom. 11,1)

Ἰσραηλῖτις Israelite (f) ▸ **4**
  Ἰσραηλίτιδος ▸ **3**
   Adjective · feminine · singular · genitive · noDegree ▸ **3** (Lev. 24,10; Lev. 24,10; Lev. 24,11)
  Ἰσραηλῖτιν ▸ **1**
   Adjective · feminine · singular · accusative · noDegree ▸ **1** (Deut. 22,19)

Ισσααρ Jezer; Izhar ▸ **11**
  Ισσααρ ▸ **11**
   Noun · masculine · singular · genitive · (proper) ▸ **4** (Ex. 6,21; Num. 16,1; 1Chr. 6,23; 1Chr. 23,18)
   Noun · masculine · singular · nominative · (proper) ▸ **7** (Gen. 46,24; Ex. 6,18; Num. 3,19; 1Chr. 5,28; 1Chr. 6,3; 1Chr. 23,12; 1Chr. 26,23)

Ισσαρι Izharites ▸ **2**
  Ισσαρι ▸ **2**
   Noun · masculine · singular · dative · (proper) ▸ **2** (1Chr. 24,22; 1Chr. 26,29)

Ισσαχαρ Issachar ▸ **40 + 4 = 44**
  Ισσαχαρ ▸ **40 + 4 = 44**
   Noun · masculine · singular · accusative · (proper) ▸ **1** (Gen. 30,18)
   Noun · masculine · singular · dative · (proper) ▸ **6 + 2 = 8** (Josh. 17,10; Josh. 17,11; Josh. 19,17; Judg. 5,15; 1Kings 4,19; 1Chr. 27,18; Josh. 19,17; Judg. 5,15)
   Noun · masculine · singular · genitive · (proper) ▸ **26 + 1 = 27** (Gen. 46,13; Num. 1,8; Num. 1,26; Num. 1,27; Num. 2,5; Num. 2,5; Num. 7,18; Num. 10,15; Num. 13,7; Num. 26,19; Num. 26,21; Num. 34,26; Josh. 19,23; Josh. 21,6; Josh. 21,28; Judg. 10,1; 1Chr. 6,47; 1Chr. 6,57; 1Chr. 7,1; 1Chr. 7,5; 1Chr. 12,33; 1Chr. 12,41; 2Chr. 30,18; Ezek. 48,25; Ezek. 48,26; Ezek. 48,33; Josh. 19,23)
   Noun · masculine · singular · nominative · (proper) ▸ **6 + 1 = 7** (Gen. 35,23; Gen. 49,14; Ex. 1,3; Deut. 27,12; 1Chr. 2,1; 1Chr. 26,5; Judg. 10,1)
   Noun · masculine · singular · vocative · (proper) ▸ **1** (Deut. 33,18)

Ἰσσαχάρ Issachar ▸ **1**
  Ἰσσαχὰρ ▸ **1**
   Noun · masculine · singular · genitive · (proper) ▸ **1** (Rev. 7,7)

Ισσιηρ Jezer ▸ **1**
  Ισσιηρ ▸ **1**
   Noun · masculine · singular · nominative · (proper) ▸ **1** (1Chr. 7,13)

Ισταλκουρος Istalcurus ▸ **1**
  Ισταλκουρου ▸ **1**

Noun · masculine · singular · genitive · (proper) ▸ **1** (1Esdr. 8,40)

ἱστάνω to stand, cause to stand; weigh ▸ **1**
  ἱστάνειν ▸ **1**
    Verb · present · active · infinitive ▸ **1** (Ezek. 17,14)

ἱστάω to stand, cause to stand ▸ **6**
  ἱστῶν ▸ **6**
    Verb · present · active · participle · masculine · singular · nominative ▸ **6** (2Sam. 22,34; 1Mac. 2,27; Psa. 17,34; Job 6,2; Sir. 27,26; Is. 44,26)

ἵστημι to stand, place, put ▸ **698** + **68** + **154** = **920**
  εἱστήκει ▸ **27** + **2** + **7** = **36**
    Verb · third · singular · pluperfect · active · indicative ▸ **27** + **2** + **7** = **36** (Gen. 19,27; Ex. 20,21; Ex. 24,10; Ex. 33,8; Josh. 3,16; 1Sam. 19,20; 2Sam. 20,12; 1Kings 8,14; 1Kings 13,1; 1Kings 13,24; 1Kings 13,24; 1Kings 13,25; 1Kings 22,19; 2Kings 11,14; 2Chr. 18,18; Judith 10,18; 1Mac. 10,81; Zech. 1,8; Zech. 2,7; Zech. 3,1; Zech. 3,3; Zech. 3,5; Ezek. 3,23; Ezek. 8,11; Ezek. 10,3; Ezek. 40,3; Ezek. 43,6; Judg. 16,29; Dan. 10,13; Matt. 13,2; Luke 23,35; John 1,35; John 7,37; John 18,5; John 18,16; John 20,11)

  εἱστήκειμεν ▸ **1**
    Verb · first · plural · pluperfect · active · indicative ▸ **1** (Sus. 38)

  εἱστήκειν ▸ **2**
    Verb · first · singular · pluperfect · active · indicative ▸ **2** (Deut. 5,5; Deut. 10,10)

  εἱστήκεις ▸ **1**
    Verb · second · singular · pluperfect · active · indicative ▸ **1** (4Mac. 16,15)

  εἱστήκεισαν ▸ **10** + **2** + **5** = **17**
    Verb · third · plural · pluperfect · active · indicative ▸ **10** + **2** + **5** = **17** (Gen. 18,2; Num. 16,27; Josh. 4,10; 2Sam. 17,17; 1Kings 13,28; Is. 6,2; Ezek. 1,21; Ezek. 10,9; Ezek. 10,17; Dan. 12,5; Dan. 3,3; Dan. 12,5; Matt. 12,46; Luke 23,10; John 18,18; Acts 9,7; Rev. 7,11)

  Εἱστήκεισαν ▸ **2**
    Verb · third · plural · pluperfect · active · indicative ▸ **2** (Luke 23,49; John 19,25)

  ἐστάθη ▸ **7** + **3** + **4** = **14**
    Verb · third · singular · aorist · passive · indicative ▸ **7** + **3** + **4** = **14** (Ex. 40,17; Num. 9,15; 2Kings 13,6; Eccl. 2,9; Sir. 45,24; Dan. 7,4; Dan. 7,5; Dan. 5,27; Dan. 7,4; Dan. 7,5; Matt. 2,9; Matt. 27,11; Rev. 8,3; Rev. 12,18)

  ἐστάθησαν ▸ **1** + **1** = **2**
    Verb · third · plural · aorist · passive · indicative ▸ **1** + **1** = **2** (Judg. 20,2; Luke 24,17)

  ἐστάκαμεν ▸ **1**
    Verb · first · plural · perfect · active · indicative ▸ **1** (1Mac. 11,34)

  ἐσταμένους ▸ **1**
    Verb · perfect · passive · participle · masculine · plural · accusative ▸ **1** (Judg. 6,31)

  ἑστάναι ▸ **7** + **1** + **3** = **11**
    Verb · perfect · active · infinitive ▸ **7** + **1** + **3** = **11** (Gen. 41,1; Gen. 41,17; 2Sam. 21,5; 2Kings 23,16; Ezek. 1,21; Ezek. 1,24; Ezek. 10,17; Dan. 1,4; Luke 13,25; Acts 12,14; 1Cor. 10,12)

  ἕσταται ▸ **1**
    Verb · third · singular · perfect · middle · indicative ▸ **1** (Dan. 5,0)

  ἔστη ▸ **95** + **4** + **9** = **108**
    Verb · third · singular · aorist · active · indicative ▸ **95** + **4** + **9** = **108** (Gen. 23,17; Gen. 29,35; Gen. 30,9; Gen. 41,46; Ex. 14,19; Ex. 14,20; Ex. 32,26; Num. 9,17; Num. 10,12; Num. 12,5; Num. 17,13; Num. 22,24; Deut. 31,15; Deut. 31,15; Josh. 2,11; Josh. 3,16; Josh. 3,16; Josh. 10,13; Josh. 10,13; Judg. 9,7; Judg. 9,35; Judg. 20,2; Ruth 2,7; 1Sam. 17,8; 1Sam. 26,13; 2Sam. 15,2; 2Sam. 18,4; 2Sam. 18,30; 2Sam. 20,11; 2Sam. 20,15; 1Kings 1,28; 1Kings 3,15; 1Kings 8,22; 1Kings 8,55; 1Kings 19,13; 1Kings 21,38; 1Kings 22,21; 1Kings 22,36; 2Kings 2,13; 2Kings 4,6; 2Kings 4,12; 2Kings 4,15; 2Kings 5,9; 2Kings 5,15; 2Kings 8,9; 2Kings 10,9; 2Kings 13,18; 2Kings 15,20; 2Kings 18,28; 2Kings 23,3; 2Kings 23,3; 1Chr. 11,14; 1Chr. 21,1; 1Chr. 28,2; 2Chr. 6,12; 2Chr. 6,13; 2Chr. 18,20; 2Chr. 20,20; 2Chr. 29,3; 2Chr. 34,31; 1Esdr. 5,56; 1Esdr. 9,42; Ezra 3,9; Neh. 8,4; Neh. 8,5; Neh. 9,4; Esth. 4,2; Psa. 1,1; Psa. 25,12; Psa. 81,1; Psa. 105,23; Psa. 105,30; Psa. 106,25; Psa. 106,29; Ode. 4,6; Ode. 4,11; Sir. 39,17; Sir. 44,12; Sir. 46,3; Jonah 1,15; Hab. 3,6; Hab. 3,11; Is. 36,2; Is. 36,13; Jer. 19,14; Jer. 23,18; Jer. 31,11; Ezek. 10,6; Ezek. 11,23; Ezek. 42,16; Dan. 5,17; Dan. 5,17; Dan. 6,20; Dan. 8,15; Dan. 8,17; Judg. 9,7; Judg. 9,35; Dan. 8,15; Dan. 8,17; Luke 6,8; Luke 6,17; Luke 8,44; Luke 24,36; John 20,19; John 20,26; John 21,4; Acts 3,8; Acts 10,30)

  Ἔστη ▸ **2**
    Verb · third · singular · aorist · active · indicative ▸ **2** (Ex. 4,25; Ex. 4,26)

  ἕστηκα ▸ **4** + **3** = **7**
    Verb · first · singular · perfect · active · indicative ▸ **4** + **3** = **7** (Gen. 24,13; Ex. 17,6; Ex. 17,9; Job 30,28; Acts 26,6; Acts 26,22; Rev. 3,20)

  ἕστηκας ▸ **3** + **2** = **5**
    Verb · second · singular · perfect · active · indicative ▸ **3** + **2** = **5** (Gen. 24,31; Ex. 3,5; Josh. 5,15; Acts 7,33; Rom. 11,20)

  ἑστήκαμεν ▸ **1**
    Verb · first · plural · perfect · active · indicative ▸ **1** (Rom. 5,2)

  ἑστήκασιν ▸ **3**
    Verb · third · plural · perfect · active · indicative ▸ **3** (Matt. 12,47; Luke 8,20; Rev. 8,2)

  ἑστήκατε ▸ **2** + **4** = **6**
    Verb · second · plural · perfect · active · indicative ▸ **2** + **4** = **6** (Deut. 29,9; Josh. 10,19; Matt. 20,6; Acts 1,11; 1Cor. 15,1; 2Cor. 1,24)

  ἑστήκέ ▸ **1**
    Verb · third · singular · perfect · active · indicative ▸ **1** (Dan. 6,13a)

  ἑστήκει ▸ **1**
    Verb · third · singular · pluperfect · active · indicative ▸ **1** (Dan. 2,31)

  ἕστηκεν ▸ **8** + **6** = **14**
    Verb · third · singular · perfect · active · indicative ▸ **8** + **6** = **14** (Esth. 6,5; 1Mac. 13,38; Prov. 8,2; Eccl. 1,4; Song 2,9; Job 39,26; Job 41,16; Sus. 59; John 1,26; 1Cor. 7,37; 2Tim. 2,19; Heb. 10,11; James 5,9; Rev. 12,4)

  ἑστηκὸς ▸ **1**
    Verb · perfect · active · participle · neuter · singular · accusative ▸ **1** (Rev. 5,6)

  ἑστηκότα ▸ **4** + **1** + **1** = **6**
    Verb · perfect · active · participle · masculine · singular · accusative ▸ **3** + **1** + **1** = **5** (Josh. 5,13; 2Sam. 20,12; Is. 17,5; Tob. 5,4; Mark 13,14)
    Verb · perfect · active · participle · neuter · plural · nominative ▸ **1** (2Chr. 3,13)

  ἑστηκότας ▸ **2**
    Verb · perfect · active · participle · masculine · plural · accusative ▸ **2** (2Chr. 10,6; Zech. 3,4)

  ἑστηκότες ▸ **6** + **2** = **8**
    Verb · perfect · active · participle · masculine · plural · nominative

ἵστημι

‣ 6 + 2 = **8** (1Kings 10,19; 1Chr. 6,18; 2Chr. 5,12; 2Chr. 7,6; 2Chr. 9,18; 2Chr. 9,19; John 11,56; Rev. 18,10)

ἑστηκότι ‣ **1**
Verb • perfect • active • participle • masculine • singular • dative ‣ **1** (Dan. 10,16)

ἑστηκότος ‣ **3**
Verb • perfect • active • participle • masculine • singular • genitive ‣ **3** (Gen. 24,30; 2Kings 19,26; Jer. 18,20)

ἑστηκότων ‣ 6 + 1 + 4 = **11**
Verb • perfect • active • participle • masculine • plural • genitive ‣ 5 + 1 + 4 = **10** (Zech. 3,7; Zech. 14,12; Jer. 35,5; Jer. 39,12; Jer. 43,21; Dan. 7,16; Matt. 27,47; Mark 9,1; Mark 11,5; Luke 9,27)
Verb • perfect • active • participle • neuter • plural • genitive ‣ **1** (2Chr. 10,8)

ἑστηκυῖα ‣ **1**
Verb • perfect • active • participle • feminine • singular • nominative ‣ **1** (Wis. 10,7)

ἑστηκώς ‣ **1**
Verb • perfect • active • participle • masculine • singular • nominative ‣ **1** (2Chr. 7,6)

ἑστηκώς ‣ 10 + 2 + 2 = **14**
Verb • perfect • active • participle • masculine • singular • nominative ‣ 10 + 2 + 2 = **14** (Gen. 18,22; 1Sam. 28,20; 1Kings 22,35; 1Chr. 6,24; 2Chr. 18,34; 2Chr. 20,13; Job 37,20; Amos 7,7; Jer. 52,12; Dan. 12,1; Dan. 8,3; Dan. 12,1; John 3,29; John 6,22)

ἔστην ‣ 3 + 1 = **4**
Verb • first • singular • aorist • active • indicative ‣ 3 + 1 = **4** (Is. 21,8; Ezek. 43,6; Dan. 10,11; Dan. 11,1)

Ἔστην ‣ **1**
Verb • first • singular • aorist • active • indicative ‣ **1** (Is. 21,8)

ἔστησα ‣ 20 + 1 = **21**
Verb • first • singular • aorist • active • indicative ‣ 20 + 1 = **21** (Gen. 28,22; Gen. 31,48; Ex. 6,4; 1Sam. 15,13; 1Esdr. 8,55; Ezra 8,25; Ezra 8,26; Neh. 4,7; Neh. 4,7; Neh. 7,1; Neh. 12,31; Neh. 13,11; Neh. 13,19; Neh. 13,30; Psa. 118,106; Is. 51,16; Jer. 39,9; Jer. 39,10; Dan. 3,14; Dan. 3,15; Dan. 3,14)

ἐστήσαμεν ‣ **4**
Verb • first • plural • aorist • active • indicative ‣ **4** (Ezra 8,33; Neh. 4,3; 1Mac. 13,38; Dan. 6,8)

ἔστησαν ‣ 86 + 8 + 8 = **102**
Verb • third • plural • aorist • active • indicative ‣ 86 + 8 + 8 = **102** (Gen. 43,15; Ex. 20,18; Lev. 9,5; Num. 16,18; Deut. 19,14; Deut. 31,14; Josh. 3,17; Josh. 17,4; Judg. 7,21; Judg. 9,44; Judg. 16,25; 1Sam. 6,14; 1Sam. 30,9; 2Sam. 2,25; 2Sam. 15,17; 2Sam. 15,18; 2Sam. 15,24; 2Sam. 21,12; 1Kings 3,16; 2Kings 2,7; 2Kings 2,7; 2Kings 3,21; 2Kings 10,4; 2Kings 11,11; 2Kings 18,17; 1Chr. 6,17; 1Chr. 15,17; 2Chr. 23,19; 2Chr. 26,18; 2Chr. 29,26; 2Chr. 30,5; 2Chr. 30,16; 2Chr. 35,10; 1Esdr. 1,10; 1Esdr. 5,56; 1Esdr. 5,57; 1Esdr. 7,9; 1Esdr. 9,43; 1Esdr. 9,46; Ezra 3,8; Ezra 3,10; Ezra 6,18; Neh. 3,1; Neh. 3,3; Neh. 3,6; Neh. 3,13; Neh. 3,14; Neh. 8,4; Neh. 9,2; Neh. 9,3; Neh. 12,39; Neh. 12,40; Esth. 9,31; Judith 6,16; 1Mac. 7,36; 1Mac. 7,49; 1Mac. 8,7; 1Mac. 8,29; 1Mac. 9,11; 1Mac. 14,18; 1Mac. 14,26; 3Mac. 6,36; 3Mac. 7,19; Psa. 37,12; Psa. 37,12; Psa. 131,7; Job 29,8; Job 30,20; Job 32,16; Hos. 10,9; Nah. 2,9; Zech. 11,12; Jer. 5,26; Jer. 14,6; Jer. 23,22; Jer. 26,21; Jer. 42,14; Jer. 42,16; Ezek. 9,2; Ezek. 10,19; Ezek. 13,5; Ezek. 31,14; Ezek. 37,10; Dan. 2,2; Dan. 3,3; Dan. 8,4; Judg. 7,21; Judg. 9,44; Judg. 16,25; Judg. 18,30; Judg. 20,39; Dan. 1,19; Dan. 2,2; Dan. 8,22; Matt. 26,15; Luke 7,14; Luke 17,12; Acts 1,23; Acts 5,27; Acts 6,6; Rev. 11,11; Rev. 18,17)

Ἔστησαν ‣ **1**
Verb • third • plural • aorist • active • indicative ‣ **1** (Sol. 2,11)

ἔστησάν ‣ **1**
Verb • third • plural • aorist • active • indicative ‣ **1** (Acts 6,13)

ἔστησας ‣ 7 + 2 = **9**
Verb • second • singular • aorist • active • indicative ‣ 7 + 2 = **9** (Gen. 21,29; Neh. 6,7; Neh. 9,8; Psa. 30,9; Bar. 2,24; Dan. 3,12; Dan. 3,18; Dan. 3,12; Dan. 3,18)

ἐστήσατε ‣ **1**
Verb • second • plural • aorist • active • indicative ‣ **1** (Judith 8,11)

ἔστησε ‣ **6**
Verb • third • singular • aorist • active • indicative ‣ **6** (Dan. 3,2; Dan. 3,5; Dan. 3,7; Dan. 6,10; Dan. 6,11; Dan. 6,15)

ἔστησεν ‣ 77 + 8 + 7 = **92**
Verb • third • singular • aorist • active • indicative ‣ 77 + 8 + 7 = **92** (Gen. 12,8; Gen. 21,28; Gen. 28,18; Gen. 30,40; Gen. 31,25; Gen. 31,45; Gen. 33,19; Gen. 33,20; Gen. 35,14; Gen. 35,20; Gen. 47,2; Gen. 47,7; Ex. 40,18; Ex. 40,18; Ex. 40,33; Num. 11,24; Num. 21,9; Num. 27,22; Deut. 32,8; Josh. 4,9; Josh. 4,20; Josh. 24,1; Josh. 24,26; Judg. 8,27; 1Sam. 7,12; 2Sam. 14,26; 2Sam. 18,18; 1Kings 7,7; 1Kings 7,7; 1Kings 7,7; 1Kings 16,32; 1Chr. 9,22; 1Chr. 16,17; 1Chr. 23,28; 1Chr. 25,1; 2Chr. 3,17; 2Chr. 8,14; 2Chr. 20,21; 2Chr. 23,10; 2Chr. 25,14; 2Chr. 29,25; 2Chr. 33,3; 2Chr. 33,19; 2Chr. 34,32; 2Chr. 35,2; Esth. 9,27; Esth. 9,32; Judith 1,3; 1Mac. 4,59; 1Mac. 5,42; 1Mac. 6,38; 1Mac. 6,51; 1Mac. 7,9; 1Mac. 11,27; 1Mac. 13,28; 1Mac. 13,52; 1Mac. 14,38; Psa. 39,3; Psa. 77,13; Psa. 104,10; Psa. 148,6; Ode. 2,8; Job 20,19; Job 40,17; Sir. 17,12; Sir. 44,20; Sir. 44,21; Sir. 44,22; Sir. 45,7; Sir. 47,9; Sol. 8,18; Mic. 2,11; Is. 40,12; Is. 44,13; Bar. 2,1; Dan. 3,1; Dan. 9,12; Judg. 8,27; Dan. 3,1; Dan. 3,2; Dan. 3,3; Dan. 3,3; Dan. 3,5; Dan. 3,7; Dan. 9,12; Matt. 4,5; Matt. 18,2; Mark 9,36; Luke 4,9; Luke 9,47; Acts 17,31; Acts 22,30)

ἔστησέν ‣ 2 + 1 = **3**
Verb • third • singular • aorist • active • indicative ‣ 2 + 1 = **3** (Ezek. 2,2; Ezek. 3,24; Dan. 8,18)

ἔστητε ‣ **3**
Verb • second • plural • aorist • active • indicative ‣ **3** (Deut. 4,10; Deut. 4,11; Jer. 7,10)

ἑστός ‣ **2**
Verb • perfect • active • participle • neuter • singular • accusative ‣ **1** (Matt. 24,15)
Verb • perfect • active • participle • neuter • singular • nominative ‣ **1** (Rev. 14,1)

ἑστώς ‣ 1 + 1 = **2**
Verb • perfect • active • participle • masculine • singular • nominative ‣ 1 + 1 = **2** (Judg. 18,18; Acts 25,10)

ἑστώς ‣ 4 + 1 + 9 = **14**
Verb • perfect • active • participle • masculine • singular • nominative ‣ 4 + 1 + 9 = **14** (2Kings 25,8; 1Chr. 21,15; Sir. 50,12; Dan. 3,91; Dan. 11,16; Luke 1,11; Luke 5,1; Luke 18,13; John 12,29; John 18,18; John 18,25; Acts 16,9; Acts 21,40; Acts 24,21)

ἑστῶτα ‣ 8 + 1 + 8 = **17**
Verb • perfect • active • participle • masculine • singular • accusative ‣ 6 + 1 + 7 = **14** (Ex. 33,10; 1Chr. 21,16; Zech. 3,1; Ezek. 22,30; Dan. 8,3; Dan. 8,6; Dan. 10,16; John 20,14; Acts 4,14; Acts 7,55; Acts 7,56; Acts 22,25; Rev. 10,5; Rev. 19,17)
Verb • perfect • active • participle • neuter • plural • accusative ‣ 1 + 1 = **2** (Amos 6,5; Luke 5,2)
Verb • perfect • active • participle • neuter • plural • nominative ‣ **1** (1Kings 7,22)

ἑστῶσα ‣ **1**

Verb · perfect · active · participle · feminine · singular · nominative ▸ **1** (Dan. 2,31)

ἑστῶτας ▸ **1 + 6 = 7**
Verb · perfect · active · participle · masculine · plural · accusative ▸ **1 + 6 = 7** (Neh. 12,44; Matt. 20,3; Matt. 20,6; Acts 5,23; Rev. 7,1; Rev. 15,2; Rev. 20,12)

ἑστῶτες ▸ **4 + 1 + 5 = 10**
Verb · perfect · active · participle · masculine · plural · nominative ▸ **4 + 1 + 5 = 10** (1Kings 10,20; Psa. 121,2; Psa. 133,1; Psa. 134,2; Judg. 18,16; Matt. 6,5; Matt. 26,73; Acts 5,25; Rev. 7,9; Rev. 11,4)

ἑστῶτος ▸ **1 + 1 + 1 = 3**
Verb · perfect · active · participle · masculine · singular · genitive ▸ **1 + 1 = 2** (Dan. 8,6; Rev. 10,8)
Verb · perfect · active · participle · neuter · singular · genitive ▸ **1** (Judg. 15,5)

ἑστώτων ▸ **1 + 1 = 2**
Verb · perfect · active · participle · masculine · plural · genitive ▸ **1 + 1 = 2** (Dan. 7,16; Matt. 16,28)

ἱσταίη ▸ **1**
Verb · third · singular · present · active · optative ▸ **1** (Job 31,6)

ἱστάνομεν ▸ **1**
Verb · first · plural · present · active · indicative ▸ **1** (Rom. 3,31)

ἵστανται ▸ **1**
Verb · third · plural · present · middle · indicative ▸ **1** (1Sam. 17,3)

ἵστασθε ▸ **1**
Verb · second · plural · present · middle · imperative ▸ **1** (Jer. 28,50)

ἵσταται ▸ **1**
Verb · third · singular · present · middle · indicative ▸ **1** (1Sam. 17,3)

ἵστατε ▸ **1**
Verb · second · plural · present · active · indicative ▸ **1** (Judith 8,12)

ἵστατο ▸ **1**
Verb · third · singular · imperfect · middle · indicative ▸ **1** (Ex. 33,9)

ἵστημι ▸ **1**
Verb · first · singular · present · active · indicative ▸ **1** (2Sam. 18,12)

ἵστημί ▸ **1**
Verb · first · singular · present · active · indicative ▸ **1** (1Mac. 15,5)

Ἵστημί ▸ **1**
Verb · first · singular · present · active · indicative ▸ **1** (1Mac. 11,57)

ἱστῶσιν ▸ **1**
Verb · third · plural · present · active · subjunctive ▸ **1** (1Mac. 8,1)

Σταθείς ▸ **2**
Verb · aorist · passive · participle · masculine · singular · nominative ▸ **2** (Acts 2,14; Acts 17,22)

σταθείς ▸ **4**
Verb · aorist · passive · participle · masculine · singular · nominative ▸ **4** (Luke 18,11; Luke 18,40; Luke 19,8; Acts 27,21)

σταθέν ▸ **1**
Verb · aorist · passive · participle · neuter · singular · nominative ▸ **1** (1Esdr. 8,61)

σταθέντα ▸ **1**
Verb · aorist · passive · participle · masculine · singular · accusative ▸ **1** (Acts 11,13)

σταθέντες ▸ **2**
Verb · aorist · passive · participle · masculine · plural · nominative ▸ **2** (Acts 5,20; Acts 25,18)

σταθῇ ▸ **1 + 1 = 2**
Verb · third · singular · aorist · passive · subjunctive ▸ **1 + 1 = 2** (1Mac. 14,29; Matt. 18,16)

σταθῆναι ▸ **4**
Verb · aorist · passive · infinitive ▸ **4** (Mark 3,24; Mark 3,25; Luke 21,36; Rev. 6,17)

σταθήσεσθε ▸ **1**
Verb · second · plural · future · passive · indicative ▸ **1** (Mark 13,9)

σταθήσεται ▸ **3 + 5 = 8**
Verb · third · singular · future · passive · indicative ▸ **3 + 5 = 8** (Lev. 27,14; Deut. 19,15; Job 28,15; Matt. 12,25; Matt. 12,26; Luke 11,18; Rom. 14,4; 2Cor. 13,1)

σταθήσονται ▸ **1**
Verb · third · plural · future · passive · indicative ▸ **1** (Sir. 21,25)

σταθῆτε ▸ **1 + 1 = 2**
Verb · second · plural · aorist · passive · subjunctive ▸ **1 + 1 = 2** (Tob. 7,12; Col. 4,12)

στάντες ▸ **4**
Verb · aorist · active · participle · masculine · plural · nominative ▸ **4** (Ex. 33,10; 1Esdr. 1,5; 2Mac. 3,33; Sus. 37)

στάντος ▸ **1**
Verb · aorist · active · participle · masculine · singular · genitive ▸ **1** (Acts 24,20)

στάς ▸ **7 + 1 + 2 = 10**
Verb · aorist · active · participle · masculine · singular · nominative ▸ **7 + 1 + 2 = 10** (Deut. 25,8; 1Esdr. 6,2; 2Mac. 14,45; Wis. 18,16; Wis. 18,23; Dan. 3,25; Sus. 48; Sus. 48; Matt. 20,32; Mark 10,49)

στᾶσα ▸ **1 + 1 = 2**
Verb · aorist · active · participle · feminine · singular · nominative ▸ **1 + 1 = 2** (Judith 13,4; Luke 7,38)

στᾶσαι ▸ **1**
Verb · aorist · active · participle · feminine · plural · nominative ▸ **1** (Num. 27,2)

στῇ ▸ **6 + 1 = 7**
Verb · third · singular · aorist · active · subjunctive ▸ **6 + 1 = 7** (Num. 35,12; Job 8,15; Job 14,2; Sir. 12,12; Jer. 15,1; Ezek. 24,11; Dan. 11,4)

Στῆθι ▸ **4 + 1 = 5**
Verb · second · singular · aorist · active · imperative ▸ **4 + 1 = 5** (Judg. 4,20; 2Sam. 1,9; Sir. 11,20; Jer. 33,2; Judg. 4,20)

στῆθι ▸ **15 + 1 + 3 = 19**
Verb · second · singular · aorist · active · imperative ▸ **15 + 1 + 3 = 19** (Ex. 8,16; Ex. 9,13; Deut. 5,31; 1Sam. 9,27; 2Sam. 20,4; Job 33,5; Job 37,14; Sir. 6,34; Sol. 11,2; Is. 47,12; Jer. 17,19; Jer. 31,19; Bar. 5,5; Ezek. 2,1; Dan. 10,11; Dan. 10,11; Luke 6,8; Acts 26,16; James 2,3)

στῆναι ▸ **16 + 3 + 4 = 23**
Verb · aorist · active · infinitive ▸ **16 + 3 + 4 = 23** (Ex. 9,11; 1Kings 8,11; 1Chr. 23,30; 2Chr. 5,14; 2Chr. 29,11; 1Esdr. 8,87; 1Esdr. 9,11; Ezra 9,15; Ezra 10,13; Judith 13,3; Psa. 17,39; Psa. 35,13; Sir. 45,23; Jer. 47,10; Lam. 1,14; Dan. 8,7; Dan. 1,5; Dan. 8,7; Dan. 11,15; Mark 3,26; Acts 8,38; Eph. 6,11; Eph. 6,13)

στῆς ▸ **5**
Verb · second · singular · aorist · active · subjunctive ▸ **5** (Gen. 19,17; 1Sam. 20,38; 1Kings 12,24k; Judith 10,16; Eccl. 8,3)

στήσαι ▸ **3**
Verb · third · singular · aorist · active · optative ▸ **3** (1Sam. 1,23; Job 6,2; Jer. 35,6)

ἰστίον

στῆσαι ▸ 17 + 2 + 3 = 22
    Verb · aorist · active · infinitive ▸ 17 + 2 + 3 = **22** (Deut. 28,69; Ruth 4,7; 1Kings 10,9; 1Chr. 21,18; 2Chr. 9,8; Ezra 2,68; Esth. 9,21; 1Mac. 8,17; 1Mac. 8,20; 1Mac. 12,1; 1Mac. 14,24; 1Mac. 14,48; 2Mac. 7,38; Psa. 20,12; Is. 44,13; Is. 49,6; Dan. 1,5; Dan. 6,8; Dan. 11,14; Rom. 10,3; Rom. 14,4; Jude 24)

στήσαντας ▸ 1
    Verb · aorist · active · participle · masculine · plural · accusative ▸ **1** (Jer. 41,18)

στήσαντες ▸ 3 + 2 = 5
    Verb · aorist · active · participle · masculine · plural · nominative ▸ 3 + 2 = **5** (Esth. 9,31; 4Mac. 13,8; Zech. 11,12; John 8,3; Acts 4,7)

στήσαντος ▸ 1
    Verb · aorist · active · participle · masculine · singular · genitive ▸ **1** (Sir. 49,13)

στήσας ▸ 5
    Verb · aorist · active · participle · masculine · singular · nominative ▸ **5** (1Esdr. 1,2; 1Esdr. 8,56; 2Mac. 15,31; Ode. 12,10; Is. 40,22)

Στήσατε ▸ 1
    Verb · second · plural · aorist · active · imperative ▸ **1** (1Chr. 15,16)

στήσει ▸ 17 + 1 + 1 = 19
    Verb · third · singular · future · active · indicative ▸ 17 + 1 + 1 = **19** (Lev. 14,11; Lev. 16,7; Lev. 16,10; Lev. 27,11; Num. 5,16; Num. 5,18; Num. 5,30; Num. 30,14; Num. 30,15; Num. 30,15; Neh. 5,13; Sir. 14,25; Is. 3,13; Is. 40,20; Dan. 2,44; Dan. 11,6; Dan. 11,45; Dan. 11,11; Matt. 25,33)

στήσειν ▸ 1
    Verb · future · active · infinitive ▸ **1** (2Mac. 9,8)

στήσεις ▸ 9 + 1 = 10
    Verb · second · singular · future · active · indicative ▸ 9 + 1 = **10** (Ex. 40,2; Num. 3,6; Num. 8,13; Num. 27,19; Deut. 16,22; Deut. 27,2; Judg. 7,5; 1Sam. 10,19; 1Kings 21,39; Judg. 7,5)

στήσεσθε ▸ 3
    Verb · second · plural · future · middle · indicative ▸ **3** (Josh. 3,4; Josh. 3,8; Judith 8,33)

στήσεται ▸ 33 + 9 = 42
    Verb · third · singular · future · middle · indicative ▸ 33 + 9 = **42** (Lev. 18,23; Lev. 27,8; Lev. 27,12; Lev. 27,17; Num. 27,21; Josh. 3,13; Josh. 18,5; 1Sam. 13,14; 1Sam. 24,21; 2Kings 5,11; 2Kings 6,31; Psa. 23,3; Eccl. 4,15; Wis. 5,1; Sir. 21,23; Sir. 37,9; Sir. 40,12; Mic. 5,3; Is. 46,10; Is. 49,1; Is. 51,14; Is. 66,22; Jer. 27,44; Jer. 30,13; Ezek. 21,26; Ezek. 46,2; Dan. 2,44; Dan. 7,24; Dan. 8,13; Dan. 8,25; Dan. 11,3; Dan. 11,16; Dan. 11,25; Dan. 8,13; Dan. 8,25; Dan. 10,17; Dan. 11,6; Dan. 11,7; Dan. 11,8; Dan. 11,16; Dan. 11,21; Dan. 11,25)

στήσετε ▸ 1
    Verb · second · plural · future · active · indicative ▸ **1** (Deut. 27,4)

στήσῃ ▸ 19 + 1 + 1 = 21
    Verb · second · singular · future · middle · indicative ▸ **7** (Ex. 7,15; Ex. 33,21; Ex. 34,2; Deut. 24,11; 2Sam. 18,13; 1Kings 19,11; Jer. 15,19)
    Verb · third · singular · aorist · active · subjunctive ▸ 12 + 1 + 1 = **14** (Deut. 8,18; Deut. 9,5; Deut. 29,12; 1Kings 2,4; 1Kings 12,15; 1Kings 15,4; 1Kings 15,4; 2Kings 23,24; 2Chr. 35,19a; Sir. 47,13; LetterJ 26; Dan. 6,9; Dan. 6,16; Heb. 10,9)

στήσῃς ▸ 1 + 1 = 2
    Verb · second · singular · aorist · active · subjunctive ▸ 1 + 1 = **2** (Sir. 12,12; Acts 7,60)

στήσητε ▸ 1 + 1 = 2
    Verb · second · plural · aorist · active · subjunctive ▸ 1 + 1 = **2** (Tob. 7,12; Mark 7,9)

στήσομαι ▸ 2
    Verb · first · singular · future · middle · indicative ▸ **2** (1Sam. 19,3; Hab. 2,1)

στησόμεθα ▸ 3
    Verb · first · plural · future · middle · indicative ▸ **3** (1Sam. 14,9; 2Kings 10,4; 2Chr. 20,9)

στήσομεν ▸ 1
    Verb · first · plural · future · active · indicative ▸ **1** (Neh. 10,33)

Στῆσον ▸ 1
    Verb · second · singular · aorist · active · imperative ▸ **1** (Jer. 38,21)

στῆσον ▸ 5 + 1 = 6
    Verb · second · singular · aorist · active · imperative ▸ 5 + 1 = **6** (2Sam. 24,18; Neh. 7,3; Psa. 118,38; Sir. 37,13; Is. 21,6; Dan. 6,9)

στήσονται ▸ 24 + 2 + 1 = 27
    Verb · third · plural · future · middle · indicative ▸ 24 + 2 + 1 = **27** (Num. 11,16; Num. 30,5; Num. 30,6; Num. 30,8; Num. 30,8; Num. 30,12; Num. 30,12; Deut. 19,17; Deut. 27,12; Deut. 27,13; Josh. 18,5; Psa. 103,6; Prov. 14,11; Eccl. 4,12; Sir. 43,10; Zech. 14,4; Is. 48,13; Ezek. 27,29; Ezek. 44,11; Ezek. 44,15; Ezek. 47,10; Dan. 7,24; Dan. 11,15; Dan. 11,31; Dan. 8,4; Dan. 11,15; Rev. 18,15)

στήσουσιν ▸ 2
    Verb · third · plural · future · active · indicative ▸ **2** (Num. 10,21; Is. 46,6)

στήσω ▸ 12
    Verb · first · singular · aorist · active · subjunctive ▸ **3** (Gen. 43,9; Gen. 44,32; Jer. 11,5)
    Verb · first · singular · future · active · indicative ▸ **9** (Gen. 6,18; Gen. 9,11; Gen. 17,7; Gen. 17,19; Gen. 17,21; Gen. 26,3; Lev. 26,9; Is. 22,23; Bar. 2,35)

στήσωμεν ▸ 3
    Verb · first · plural · aorist · active · subjunctive ▸ **3** (1Mac. 6,59; 1Mac. 10,54; Dan. 6,6)

Στῆτε ▸ 2
    Verb · second · plural · aorist · active · imperative ▸ **2** (Num. 9,8; Jer. 6,16)

στῆτε ▸ 6 + 2 = 8
    Verb · second · plural · aorist · active · imperative ▸ 5 + 2 = **7** (Ex. 14,13; Deut. 31,14; 2Chr. 35,5; 1Mac. 4,18; Jer. 4,6; Eph. 6,14; 1Pet. 5,12)
    Verb · second · plural · aorist · active · subjunctive ▸ **1** (Ezra 8,29)

Στήτω ▸ 1
    Verb · third · singular · aorist · active · imperative ▸ **1** (Josh. 10,12)

στήτω ▸ 2
    Verb · third · singular · aorist · active · imperative ▸ **2** (Psa. 108,6; Is. 44,7)

στήτωσαν ▸ 4
    Verb · third · plural · aorist · active · imperative ▸ **4** (1Esdr. 9,12; Ezra 10,14; Is. 44,11; Is. 47,13)

ἰστίον (ἵστημι) curtain, sail; web ▸ 14
    ἰστία ▸ 11
        Noun · neuter · plural · accusative · (common) ▸ **4** (Ex. 35,17 # 35,12a; Ex. 39,19; Num. 4,26; Is. 33,23)
        Noun · neuter · plural · nominative · (common) ▸ **7** (Ex. 27,9; Ex. 27,11; Ex. 27,12; Ex. 27,13; Ex. 37,7; Ex. 37,12; Num. 3,26)
    ἰστίοις ▸ 1
        Noun · neuter · plural · dative · (common) ▸ **1** (Ex. 37,16)

ἱστίων ▸ 2
    Noun · neuter · plural · genitive · (common) ▸ **2** (Ex. 27,14; Ex. 27,15)

ἱστορέω (ἱστορία) to get to know; to record ▸ 3 + 1 = 4
  ἱστορηθέντα ▸ 1
    Verb · aorist · passive · participle · neuter · plural · nominative ▸ **1** (1Esdr. 1,40)
  ἱστορῆσαι ▸ 1
    Verb · aorist · active · infinitive ▸ **1** (Gal. 1,18)
  ἱστόρηται ▸ 1
    Verb · third · singular · perfect · passive · indicative ▸ **1** (1Esdr. 1,31)
  ἱστορουμένων ▸ 1
    Verb · present · passive · participle · masculine · plural · genitive ▸ **1** (1Esdr. 1,31)

ἱστορία account, history ▸ 7
  ἱστορίαν ▸ 2
    Noun · feminine · singular · accusative · (common) ▸ **2** (2Mac. 2,32; 4Mac. 17,7)
  ἱστορίας ▸ 4
    Noun · feminine · singular · genitive · (common) ▸ **4** (2Mac. 2,24; 2Mac. 2,30; 2Mac. 2,32; 4Mac. 3,19)
  ἱστοριῶν ▸ 1
    Noun · feminine · plural · genitive · (common) ▸ **1** (Esth. 16,7 # 8,12g)

ἱστός (ἵστημι) pole, web ▸ 7 + 1 = 8
  ἱστὸν ▸ 1 + 1 = 2
    Noun · masculine · singular · accusative · (common) ▸ **1 + 1 = 2** (Is. 59,5; Tob. 2,12)
  ἱστός ▸ 2
    Noun · masculine · singular · nominative · (common) ▸ **2** (Ode. 11,12; Is. 33,23)
  ἱστὸς ▸ 3
    Noun · masculine · singular · nominative · (common) ▸ **3** (Is. 30,17; Is. 38,12; Is. 59,6)
  ἱστοὺς ▸ 1
    Noun · masculine · plural · accusative · (common) ▸ **1** (Ezek. 27,5)

Ιστωβ Tob ▸ 2
  Ιστωβ ▸ 2
    Noun · singular · genitive · (proper) ▸ **1** (2Sam. 10,6)
    Noun · singular · nominative · (proper) ▸ **1** (2Sam. 10,8)

Ισφαν Ishpan ▸ 1
  Ισφαν ▸ 1
    Noun · masculine · singular · nominative · (proper) ▸ **1** (1Chr. 8,22)

ἰσχίον posterior; buttock, haunches ▸ 1
  ἰσχίων ▸ 1
    Noun · neuter · plural · genitive · (common) ▸ **1** (2Sam. 10,4)

ἰσχνόφωνος (ἴσχω; φωνή) weak-voiced ▸ 2
  ἰσχνόφωνος ▸ 1
    Adjective · masculine · singular · nominative · noDegree ▸ **1** (Ex. 4,10)
  ἰσχνόφωνός ▸ 1
    Adjective · masculine · singular · nominative · noDegree ▸ **1** (Ex. 6,30)

ἰσχυρός (ἰσχύς) strong, mighty ▸ 143 + 17 + 29 = 189
  ἰσχυρά ▸ 6 + 1 + 2 = 9
    Adjective · feminine · singular · nominative · noDegree ▸ **3** (Josh. 4,24; 1Mac. 6,41; Is. 27,3)
    Adjective · feminine · singular · vocative ▸ **1** (Rev. 18,10)
    Adjective · neuter · plural · accusative · noDegree ▸ **2 + 1 + 1 = 4** (Josh. 23,9; Jer. 40,3; Dan. 4,3; 1Cor. 1,27)
    Adjective · neuter · plural · nominative · noDegree ▸ **1** (Dan. 11,37)
  ἰσχυρὰ ▸ 9 + 1 + 1 = 11
    Adjective · feminine · singular · nominative · noDegree ▸ **4 + 1 + 1 = 6** (1Mac. 3,15; Prov. 6,2; Wis. 6,8; Dan. 2,40; Dan. 2,40; Luke 15,14)
    Adjective · neuter · plural · accusative · noDegree ▸ **4** (Gen. 14,5; Prov. 8,28; Prov. 8,29; Mic. 4,3)
    Adjective · neuter · plural · nominative · noDegree ▸ **1** (Joel 2,11)
  Ἰσχυρὰ ▸ 1
    Adjective · neuter · plural · accusative · noDegree ▸ **1** (Num. 24,21)
  ἰσχυρᾷ ▸ 4 + 2 + 1 = 7
    Adjective · feminine · singular · dative · noDegree ▸ **4 + 2 + 1 = 7** (Num. 20,20; 1Mac. 6,6; 1Mac. 11,15; Is. 8,11; Dan. 6,21; Dan. 11,25; Rev. 18,2)
  ἰσχυραί ▸ 1
    Adjective · feminine · plural · nominative ▸ **1** (2Cor. 10,10)
  ἰσχυραὶ ▸ 4 + 1 = 5
    Adjective · feminine · plural · nominative · noDegree ▸ **4 + 1 = 5** (1Esdr. 4,32; 1Esdr. 4,34; Job 37,18; Amos 5,12; Dan. 1,15)
  ἰσχυράν ▸ 1
    Adjective · feminine · singular · accusative · noDegree ▸ **1** (Judith 5,23)
  ἰσχυρὰν ▸ 6 + 1 + 1 = 8
    Adjective · feminine · singular · accusative · noDegree ▸ **6 + 1 + 1 = 8** (1Mac. 1,4; 1Mac. 3,27; 1Mac. 4,7; 1Mac. 4,30; Is. 27,1; Dan. 11,24; Dan. 2,37; Heb. 6,18)
  ἰσχυρᾶς ▸ 1
    Adjective · feminine · singular · accusative · noDegree ▸ **1** (Prov. 27,27)
  ἰσχυρᾶς ▸ 2 + 1 = 3
    Adjective · feminine · singular · genitive · noDegree ▸ **2 + 1 = 3** (Judith 14,16; Is. 33,16; Heb. 5,7)
  ἰσχυροὶ ▸ 16 + 1 + 2 = 19
    Adjective · masculine · plural · nominative · noDegree ▸ **16 + 1 + 2 = 19** (1Chr. 5,24; 1Chr. 7,2; 1Chr. 7,4; 1Chr. 7,5; 1Chr. 7,7; 1Chr. 7,9; 1Chr. 7,11; 1Chr. 7,40; 1Chr. 8,40; 1Chr. 9,13; 1Chr. 12,9; 1Esdr. 2,22; Ezra 4,20; 1Mac. 2,42; Jer. 5,16; Jer. 26,5; Judg. 5,22; Heb. 11,34; Rev. 6,15)
  ἰσχυροί ▸ 1 + 2 = 3
    Adjective · masculine · plural · nominative · noDegree ▸ **1 + 2 = 3** (Josh. 10,2; 1Cor. 4,10; 1John 2,14)
  Ἰσχυροί ▸ 1
    Adjective · masculine · plural · nominative · noDegree ▸ **1** (Jer. 31,14)
  ἰσχυροῖς ▸ 1
    Adjective · masculine · plural · dative · noDegree ▸ **1** (Judg. 5,13)
  ἰσχυρόν ▸ 6 + 1 = 7
    Adjective · masculine · singular · accusative · noDegree ▸ **2 + 1 = 3** (Prov. 21,14; Is. 43,17; Matt. 12,29)
    Adjective · neuter · singular · accusative · noDegree ▸ **2** (1Mac. 3,17; Mic. 4,7)
    Adjective · neuter · singular · nominative · noDegree ▸ **2** (2Sam. 15,12; Prov. 30,26)
  ἰσχυρὸν ▸ 15 + 3 + 4 = 22
    Adjective · masculine · singular · accusative · noDegree ▸ **4 + 4 = 8** (Gen. 50,10; Job 34,31; Wis. 10,5; Wis. 10,12; Matt. 14,30; Mark 3,27; Rev. 5,2; Rev. 10,1)

ἰσχυρός–ἰσχύς

  Adjective · neuter · singular · accusative · noDegree ▸ **6** (Deut. 9,14; Is. 8,7; Ezek. 34,4; Ezek. 34,16; Dan. 11,23; Dan. 11,39)
  Adjective · neuter · singular · nominative · noDegree ▸ **5 + 3 = 8** (Joel 1,6; Is. 28,2; Dan. 2,42; Dan. 8,9; Dan. 10,1; Dan. 2,42; Dan. 7,7; Dan. 8,9)
ἰσχυρός ▸ **6**
  Adjective · masculine · singular · nominative · noDegree ▸ **6** (2Sam. 22,31; Job 22,13; Joel 2,2; Jer. 26,6; Jer. 27,34; Jer. 39,18)
ἰσχυρός ▸ **25 + 2 + 3 = 30**
  Adjective · masculine · singular · nominative · noDegree ▸ **25 + 2 + 3 = 30** (Gen. 41,31; Deut. 10,17; 2Sam. 22,32; 2Sam. 22,33; 2Sam. 22,48; 1Kings 11,28; Neh. 1,5; Neh. 9,31; Neh. 9,32; 1Mac. 2,66; 2Mac. 1,24; 4Mac. 9,17; Psa. 7,12; Job 33,29; Job 36,22; Job 36,26; Job 37,5; Sir. 6,21; Sir. 15,18; Sol. 17,40; Amos 2,9; Joel 2,5; Jer. 9,22; Dan. 9,4; Dan. 10,7; Judg. 6,12; Judg. 9,51; Luke 11,21; Rev. 18,8; Rev. 18,21)
ἰσχυροτάτους ▸ **1**
  Adjective · masculine · plural · accusative · superlative ▸ **1** (Dan. 3,20)
ἰσχυρότερα ▸ **4**
  Adjective · neuter · plural · accusative · comparative ▸ **1** (Sir. 16,5)
  Adjective · neuter · plural · accusative · noDegree ▸ **3** (Deut. 7,1; Deut. 9,1; Deut. 11,23)
ἰσχυροτέρα ▸ **1**
  Adjective · feminine · singular · nominative · comparative ▸ **1** (1Esdr. 4,35)
ἰσχυρότερά ▸ **2**
  Adjective · neuter · plural · accusative · comparative ▸ **2** (Deut. 4,38; Sir. 3,21)
ἰσχυρότεραι ▸ **1**
  Adjective · feminine · plural · nominative · comparative ▸ **1** (Ex. 19,19)
ἰσχυρότεροι ▸ **1 + 1 = 2**
  Adjective · masculine · plural · nominative · comparative ▸ **1 + 1 = 2** (Jer. 37,21; 1Cor. 10,22)
ἰσχυρότεροί ▸ **1**
  Adjective · masculine · plural · nominative · comparative ▸ **1** (Judg. 18,26)
ἰσχυρότερον ▸ **1 + 1 + 1 = 3**
  Adjective · neuter · singular · nominative · comparative ▸ **1 + 1 + 1 = 3** (Judg. 14,18; Judg. 14,18; 1Cor. 1,25)
ἰσχυρότερόν ▸ **1**
  Adjective · neuter · singular · accusative · comparative ▸ **1** (Num. 13,31)
ἰσχυρότερος ▸ **1 + 1 = 2**
  Adjective · masculine · singular · nominative · comparative ▸ **1 + 1 = 2** (Prov. 30,30; Luke 11,22)
ἰσχυρότερός ▸ **1 + 3 = 4**
  Adjective · masculine · singular · nominative · comparative ▸ **1 + 3 = 4** (Num. 13,18; Matt. 3,11; Mark 1,7; Luke 3,16)
ἰσχυροτέρους ▸ **1**
  Adjective · masculine · plural · accusative · comparative ▸ **1** (Judg. 5,13)
ἰσχυροτέρῳ ▸ **2**
  Adjective · masculine · singular · dative · comparative ▸ **2** (Sir. 8,12; Sir. 13,2)
ἰσχυροῦ ▸ **10 + 1 + 2 = 13**
  Adjective · masculine · singular · genitive · noDegree ▸ **8 + 1 + 2 = 11** (Judg. 14,14; 2Sam. 23,5; 1Esdr. 6,13; Prov. 16,32; Prov. 24,5; Eccl. 6,10; Job 37,10; LetterJ 35; Judg. 14,14; Matt. 12,29; Mark 3,27)
  Adjective · neuter · singular · genitive · noDegree ▸ **2** (2Mac. 14,1; Ezek. 34,20)
ἰσχυρούς ▸ **1**
  Adjective · masculine · plural · accusative · noDegree ▸ **1** (Lam. 1,15)
ἰσχυρούς ▸ **2 + 2 = 4**
  Adjective · masculine · plural · accusative · noDegree ▸ **2 + 2 = 4** (2Kings 24,15; Ezek. 30,22; Dan. 3,20; Dan. 8,24)
ἰσχυρῷ ▸ **4**
  Adjective · masculine · singular · dative · noDegree ▸ **3** (Josh. 6,20; Dan. 11,25; Dan. 11,44)
  Adjective · neuter · singular · dative · noDegree ▸ **1** (Is. 43,16)
ἰσχυρῶν ▸ **4 + 2 = 6**
  Adjective · feminine · plural · genitive ▸ **1** (Rev. 19,6)
  Adjective · masculine · plural · genitive · noDegree ▸ **4 + 1 = 5** (Judg. 5,25; Is. 21,17; Is. 53,12; Jer. 30,16; Rev. 19,18)
ἰσχυρόω to strengthen ▸ **1**
ἰσχύρωσαν ▸ **1**
  Verb · third · plural · aorist · active · indicative ▸ **1** (Is. 41,7)
ἰσχυρῶς (ἰσχύς) strongly ▸ **3 + 1 = 4**
ἰσχυρῶς ▸ **3 + 1 = 4**
  Adverb ▸ **3 + 1 = 4** (Deut. 12,23; Prov. 14,29; Prov. 31,17; Judg. 8,1)
ἰσχύς strength, might ▸ **325 + 33 + 10 = 368**
ἰσχύι ▸ **92 + 11 = 103**
  Noun · feminine · singular · dative · (common) ▸ **92 + 11 = 103** (Gen. 31,6; Ex. 15,6; Ex. 15,13; Ex. 32,11; Num. 14,13; Num. 24,18; Deut. 4,37; Deut. 9,26; Deut. 9,26; Deut. 9,29; Deut. 26,8; Josh. 6,2; Josh. 8,3; Josh. 10,7; Judg. 6,12; Judg. 6,14; Judg. 11,1; Judg. 16,30; Ruth 2,1; 1Sam. 2,9; 2Sam. 6,5; 1Kings 19,8; 2Kings 5,1; 2Kings 15,20; 2Kings 17,36; 2Kings 23,25; 2Kings 24,14; 1Chr. 5,2; 1Chr. 12,29; 1Chr. 12,31; 2Chr. 25,6; 2Chr. 28,6; 2Chr. 35,19b; Judith 2,5; Judith 5,15; Judith 13,8; Judith 16,13; 1Mac. 1,58; 1Mac. 2,46; 1Mac. 8,1; 1Mac. 8,1; 1Mac. 10,19; 1Mac. 11,44; Psa. 28,4; Psa. 64,7; Psa. 102,20; Ode. 1,6; Ode. 1,13; Ode. 3,9; Job 9,19; Job 23,6; Job 26,12; Job 30,18; Job 36,5; Job 36,22; Job 37,23; Job 39,21; Wis. 16,16; Wis. 18,22; Sir. 3,13; Sir. 5,2; Sir. 11,12; Sir. 16,7; Sir. 41,2; Sir. 43,30; Sir. 44,6; Sol. 2,29; Sol. 2,36; Sol. 17,36; Sol. 17,38; Amos 6,13; Mic. 5,3; Nah. 2,2; Zech. 4,6; Is. 10,13; Is. 40,9; Is. 47,9; Is. 58,1; Jer. 9,22; Jer. 10,12; Jer. 28,15; Jer. 34,5; Jer. 39,17; Lam. 1,6; Ezek. 32,30; Dan. 4,13; Dan. 4,22; Dan. 4,23; Dan. 4,30; Dan. 7,7; Dan. 8,24; Dan. 11,7; Judg. 6,14; Judg. 16,30; Tob. 11,16; Tob. 14,8; Dan. 3,4; Dan. 3,20; Dan. 4,14; Dan. 5,7; Dan. 8,22; Dan. 8,24; Dan. 11,17)
ἰσχύϊ ▸ **2**
  Noun · feminine · singular · dative ▸ **2** (Luke 10,27; 2Pet. 2,11)
ἰσχύν ▸ **21 + 2 = 23**
  Noun · feminine · singular · accusative · (common) ▸ **21 + 2 = 23** (Ex. 9,16; Deut. 3,24; Deut. 3,24; 1Chr. 16,28; Psa. 70,9; Job 31,24; Job 36,19; Sir. 9,2; Sir. 9,14; Sir. 14,13; Sir. 38,18; Sir. 46,9; Amos 3,11; Is. 23,11; Is. 33,13; Is. 40,31; Is. 41,1; Is. 49,4; Is. 52,1; Ezek. 32,12; Dan. 11,6; Dan. 10,16; Dan. 11,1)
ἰσχύν ▸ **66 + 1 + 1 = 68**
  Noun · feminine · singular · accusative · (common) ▸ **66 + 1 + 1 = 68** (Gen. 4,12; Ex. 32,18; Deut. 8,18; Deut. 32,13; Deut. 33,11; Deut. 33,27; Josh. 17,17; 1Sam. 2,10; 2Chr. 13,20; 1Esdr. 8,91; Esth. 10,2; Judith 9,8; Judith 13,11; Judith 13,19; Tob. 13,8; 1Mac. 3,35; 1Mac. 6,47; Psa. 28,11; Psa. 77,61; Psa. 110,6; Ode. 2,13; Ode. 3,10; Prov. 31,26; Job 4,2; Job 6,25; Job 31,39; Wis. 10,2; Wis. 12,17; Sir. 17,3; Sir. 28,10; Sir. 31,30; Sir. 38,5; Sir. 38,30;

Sir. 39,28; Sol. 17,22; Hos. 7,9; Hos. 8,7; Amos 5,9; Mic. 3,8; Mic. 4,13; Joel 2,22; Zech. 14,14; Is. 3,1; Is. 3,1; Is. 10,13; Is. 28,6; Is. 37,3; Is. 40,29; Is. 45,1; Is. 51,9; Is. 61,6; Jer. 20,5; Jer. 30,10; Bar. 1,12; Ezek. 24,25; Ezek. 30,15; Ezek. 30,21; Ezek. 32,16; Ezek. 32,18; Ezek. 32,29; Ezek. 32,31; Ezek. 34,27; Dan. 2,37; Dan. 4,37a; Dan. 8,22; Dan. 11,34; Dan. 11,19; Rev. 5,12)

ἰσχύος ▸ 57 + 5 + 6 = 68
　Noun · feminine · singular · genitive · (common) ▸ 57 + 5 + 6 = 68 (2Sam. 22,18; 2Sam. 24,2; 2Sam. 24,4; 1Chr. 12,22; 1Chr. 12,26; 2Chr. 6,41; 2Chr. 26,13; 1Esdr. 3,17; 1Esdr. 4,1; Esth. 13,18 # 4,17i; Judith 11,7; 1Mac. 4,32; Psa. 32,16; Psa. 38,11; Psa. 60,4; Psa. 101,24; Ode. 4,4; Prov. 5,10; Prov. 14,26; Prov. 18,10; Job 6,22; Wis. 12,18; Sir. 6,29; Sir. 19,28; Sir. 34,16; Sir. 45,8; Sir. 45,12; Sol. 17,37; Sol. 18,7; Amos 2,14; Mic. 7,16; Hab. 3,4; Is. 2,10; Is. 2,19; Is. 2,21; Is. 10,33; Is. 11,2; Is. 40,10; Is. 40,26; Is. 42,13; Is. 44,12; Is. 49,26; Is. 62,8; Is. 63,1; Jer. 28,53; Ezek. 7,24; Ezek. 19,11; Ezek. 19,12; Ezek. 19,14; Ezek. 24,21; Ezek. 26,11; Ezek. 27,12; Ezek. 30,6; Ezek. 30,18; Ezek. 31,18; Ezek. 33,28; Dan. 4,31; Dan. 4,30; Dan. 8,6; Dan. 10,8; Dan. 11,6; Dan. 11,10; Mark 12,30; Mark 12,33; Eph. 1,19; Eph. 6,10; 2Th. 1,9; 1Pet. 4,11)

ἰσχύς ▸ 35 + 5 = 40
　Noun · feminine · singular · nominative · (common) ▸ 35 + 5 = 40 (Gen. 49,3; Num. 14,17; Deut. 8,17; Deut. 33,25; Judg. 16,6; Judg. 16,15; Judg. 16,17; 1Sam. 28,22; 1Chr. 29,11; 1Mac. 3,19; Psa. 17,2; Psa. 21,16; Psa. 30,11; Psa. 37,11; Psa. 117,14; Prov. 8,14; Prov. 14,4; Prov. 27,24; Eccl. 4,1; Job 5,5; Job 6,11; Job 6,12; Job 12,16; Wis. 12,16; Hos. 6,9; Is. 49,5; Is. 63,15; Jer. 15,10; Jer. 15,13; Jer. 16,19; Bar. 3,14; Lam. 1,14; Dan. 10,8; Dan. 10,16; Dan. 10,17; Judg. 16,6; Judg. 16,15; Judg. 16,17; Dan. 10,8; Dan. 10,17)

ἰσχὺς ▸ 49 + 9 + 1 = 59
　Noun · feminine · singular · nominative · (common) ▸ 49 + 9 + 1 = 59 (Lev. 26,20; Judg. 5,13; Judg. 16,5; Judg. 16,9; Judg. 16,14; Judg. 16,19; 1Sam. 28,20; 1Sam. 30,4; 2Kings 19,3; 1Chr. 16,27; 1Chr. 29,12; 2Chr. 20,6; 2Chr. 20,12; 1Esdr. 4,40; Neh. 4,4; Neh. 8,10; Judith 5,3; Psa. 146,5; Ode. 7,44; Prov. 15,6; Prov. 15,6; Prov. 30,25; Job 6,12; Job 16,5; Job 26,2; Job 30,2; Job 39,11; Job 40,16; Wis. 2,11; Sir. 40,26; Nah. 1,3; Nah. 3,9; Hab. 1,11; Is. 1,31; Is. 23,4; Is. 29,2; Is. 30,15; Is. 33,11; Is. 47,5; Jer. 23,10; Ezek. 32,12; Ezek. 32,20; Ezek. 32,26; Dan. 3,44; Dan. 4,21; Dan. 8,7; Dan. 8,24; Dan. 11,15; Dan. 11,25; Judg. 16,5; Judg. 16,9; Judg. 16,19; Dan. 1,4; Dan. 3,44; Dan. 8,7; Dan. 8,24; Dan. 11,15; Dan. 11,25; Rev. 7,12)

Ἰσχὺς ▸ 1
　Noun · feminine · singular · nominative · (common) ▸ 1 (1Esdr. 8,52)

ἰσχύσεσιν ▸ 4
　Noun · feminine · plural · dative · (common) ▸ 4 (Song 2,7; Song 3,5; Song 5,8; Song 8,4)

Ἰσχύς (ἰσχύς)　Strength (Hebr.) Boaz ▸ 1
　Ἰσχύς ▸ 1
　　Noun · feminine · singular · nominative · (proper) ▸ 1 (2Chr. 3,17)

ἰσχύω (ἰσχύς)　to be able, be strong ▸ 100 + 10 + 28 = 138
　ἴσχυε ▸ 10 + 1 = 11
　　Verb · second · singular · present · active · imperative ▸ 10 + 1 = 11 (Deut. 31,6; Deut. 31,7; Deut. 31,23; Josh. 1,6; Josh. 1,7; Josh. 1,9; Josh. 1,18; 1Chr. 22,13; 1Chr. 28,10; Dan. 10,19; Dan. 10,19)

　Ἴσχυε ▸ 1
　　Verb · second · singular · present · active · imperative ▸ 1 (1Chr. 28,20)

　ἰσχύει ▸ 14 + 4 = 18
　　Verb · third · singular · present · active · indicative ▸ 14 + 4 = 18 (Gen. 31,29; Ex. 1,9; Lev. 27,8; Num. 22,6; Deut. 16,10; 1Esdr. 4,14; 1Esdr. 4,38; Prov. 18,19; Wis. 15,16; Sol. 15,2; Is. 23,8; Is. 23,11; Is. 50,2; Is. 59,1; Matt. 5,13; Gal. 5,6; Heb. 9,17; James 5,16)

　ἰσχύειν ▸ 2 + 1 + 1 = 4
　　Verb · present · active · infinitive ▸ 2 + 1 + 1 = 4 (3Mac. 4,17; Wis. 11,21; Sus. 39; Matt. 8,28)

　ἴσχυεν ▸ 3 + 2 = 5
　　Verb · third · singular · imperfect · active · indicative ▸ 3 + 2 = 5 (Ex. 1,20; 4Mac. 4,24; Wis. 19,20; Mark 5,4; Acts 19,20)

　ἰσχύετε ▸ 1
　　Verb · second · plural · present · active · imperative ▸ 1 (Josh. 10,25)

　ἰσχυκός ▸ 1
　　Verb · perfect · active · participle · neuter · singular · nominative ▸ 1 (Dan. 4,20)

　ἰσχυκότες ▸ 1
　　Verb · perfect · active · participle · masculine · plural · nominative ▸ 1 (Is. 8,9)

　ἰσχύομεν ▸ 1
　　Verb · first · plural · present · active · indicative ▸ 1 (1Esdr. 9,11)

　ἴσχυον ▸ 1 + 3 = 4
　　Verb · third · plural · imperfect · active · indicative ▸ 1 + 3 = 4 (Ex. 1,12; John 21,6; Acts 6,10; Acts 25,7)

　ἰσχύοντα ▸ 4
　　Verb · present · active · participle · masculine · singular · accusative ▸ 4 (Wis. 16,20; Is. 3,1; Is. 3,2; Is. 10,21)

　ἰσχύοντας ▸ 1
　　Verb · present · active · participle · masculine · plural · accusative ▸ 1 (Dan. 1,4)

　ἰσχύοντες ▸ 8 + 2 = 10
　　Verb · present · active · participle · masculine · plural · nominative ▸ 8 + 2 = 10 (Deut. 2,10; 2Chr. 17,13; 4Mac. 10,7; Is. 1,24; Is. 3,25; Is. 5,22; Is. 22,3; LetterJ 57; Matt. 9,12; Mark 2,17)

　ἰσχύοντι ▸ 3
　　Verb · present · active · participle · masculine · singular · dative ▸ 3 (Job 36,31; Sir. 41,1; Is. 46,2)

　ἰσχύοντος ▸ 1 + 1 = 2
　　Verb · present · active · participle · masculine · singular · genitive ▸ 1 + 1 = 2 (Is. 49,25; Luke 14,29)

　ἰσχύουσαν ▸ 1
　　Verb · present · active · participle · feminine · singular · accusative ▸ 1 (Is. 3,1)

　ἰσχύουσιν ▸ 1
　　Verb · present · active · participle · masculine · plural · dative ▸ 1 (Judith 9,11)

　ἴσχυσα ▸ 1 + 1 = 2
　　Verb · first · singular · aorist · active · indicative ▸ 1 + 1 = 2 (Dan. 10,19; Dan. 10,19)

　Ἴσχυσα ▸ 1
　　Verb · first · singular · aorist · active · indicative ▸ 1 (Psa. 12,5)

　ἰσχῦσαι ▸ 1 + 1 = 2
　　Verb · aorist · active · infinitive ▸ 1 + 1 = 2 (2Chr. 25,8; Dan. 8,8)

　ἰσχύσαμεν ▸ 1 + 2 = 3
　　Verb · first · plural · aorist · active · indicative ▸ 1 + 2 = 3 (1Chr. 29,14; Acts 15,10; Acts 27,16)

　ἴσχυσαν ▸ 4 + 3 = 7
　　Verb · third · plural · aorist · active · indicative ▸ 4 + 3 = 7

ἰσχύω–ἰχθύς

(4Mac. 15,11; Wis. 13,1; Wis. 13,9; Jer. 5,6; Mark 9,18; Luke 14,6; Luke 20,26)

ἰσχύσαντες ▸ 1
Verb · aorist · active · participle · masculine · plural · nominative ▸ 1 (1Esdr. 8,82)

ἴσχυσας ▸ 1 + 1 = 2
Verb · second · singular · aorist · active · indicative ▸ 1 + 1 = 2 (Dan. 4,22; Mark 14,37)

ἰσχύσας ▸ 1
Verb · aorist · active · participle · masculine · singular · nominative ▸ 1 (Is. 25,8)

ἰσχύσατε ▸ 6 + 1 = 7
Verb · second · plural · aorist · active · imperative ▸ 6 + 1 = 7 (1Chr. 16,11; 2Chr. 15,7; 2Chr. 19,11; 1Mac. 2,64; Is. 35,3; Is. 35,4; Matt. 26,40)

Ἰσχύσατε ▸ 1
Verb · second · plural · aorist · active · imperative ▸ 1 (2Chr. 32,7)

ἰσχυσάτωσαν ▸ 1
Verb · third · plural · aorist · active · imperative ▸ 1 (Is. 28,22)

ἰσχύσει ▸ 4
Verb · third · singular · future · active · indicative ▸ 4 (Deut. 28,32; 2Chr. 2,5; Sir. 50,29; Sol. 7,6)

ἰσχύσεις ▸ 3
Verb · second · singular · future · active · indicative ▸ 3 (1Kings 2,2; Prov. 7,1a; Sir. 7,6)

ἴσχυσεν ▸ 4 + 3 + 5 = 12
Verb · third · singular · aorist · active · indicative ▸ 4 + 3 + 5 = 12 (1Mac. 10,49; 4Mac. 4,1; 4Mac. 18,5; Sir. 43,15; Judg. 6,2; Dan. 4,11; Dan. 7,21; Luke 6,48; Luke 8,43; Luke 14,30; Acts 19,16; Rev. 12,8)

Ἴσχυσεν ▸ 1
Verb · third · singular · aorist · active · indicative ▸ 1 (Is. 41,7)

ἰσχύσῃ ▸ 3
Verb · third · singular · aorist · active · subjunctive ▸ 3 (Lev. 5,7; 1Chr. 28,7; Sir. 29,6)

ἰσχύσητε ▸ 1
Verb · second · plural · aorist · active · subjunctive ▸ 1 (Is. 8,9)

ἰσχύσομεν ▸ 1
Verb · first · plural · future · middle · indicative ▸ 1 (Sir. 43,28)

ἰσχύσουσιν ▸ 2 + 1 + 1 = 4
Verb · third · plural · future · active · indicative ▸ 2 + 1 + 1 = 4 (Judg. 7,11; Job 36,9; Judg. 7,11; Luke 13,24)

ἰσχύω ▸ 2 + 2 = 4
Verb · first · singular · present · active · indicative ▸ 2 + 2 = 4 (Josh. 14,11; Is. 50,2; Luke 16,3; Phil. 4,13)

Ἰσχύω ▸ 1
Verb · first · singular · present · active · indicative ▸ 1 (Joel 4,10)

ἰσχύων ▸ 7
Verb · present · active · participle · masculine · singular · nominative ▸ 7 (Josh. 1,14; Josh. 14,11; Esth. 14,19 # 4,17z; Judith 14,2; Sir. 30,14; Jer. 20,11; Jer. 31,14)

ἴσως (ἴσος) perhaps, probably; equally ▸ 9 + 1 + 1 = 11
ἴσως ▸ 7 + 1 + 1 = 9
Adverb ▸ 7 + 1 + 1 = 9 (Gen. 32,21; 4Mac. 1,5; 4Mac. 7,17; 4Mac. 16,5; Jer. 33,3; Jer. 43,3; Jer. 43,7; Dan. 4,27; Luke 20,13)

Ἴσως ▸ 2
Adverb ▸ 2 (1Sam. 25,21; Jer. 5,4)

Ἰταβύριον Tabor ▸ 2
Ἰταβύριον ▸ 2
Noun · neuter · singular · accusative · (proper) ▸ 1 (Hos. 5,1)
Noun · neuter · singular · nominative · (proper) ▸ 1 (Jer. 26,18)

Ἰταλία Italy ▸ 4
Ἰταλίαν ▸ 2
Noun · feminine · singular · accusative · (proper) ▸ 2 (Acts 27,1; Acts 27,6)
Ἰταλίας ▸ 2
Noun · feminine · singular · genitive · (proper) ▸ 2 (Acts 18,2; Heb. 13,24)

Ἰταλικός Italian ▸ 1
Ἰταλικῆς ▸ 1
Adjective · feminine · singular · genitive · (proper) ▸ 1 (Acts 10,1)

ἰταμία (ἰταμός) pride ▸ 1
ἰταμία ▸ 1
Noun · feminine · singular · nominative · (common) ▸ 1 (Jer. 30,10)

ἰταμός bold ▸ 2
ἰταμός ▸ 2
Adjective · masculine · singular · nominative · noDegree ▸ 2 (Jer. 6,23; Jer. 27,42)

Ιταν Juttah ▸ 1
Ιταν ▸ 1
Noun · singular · nominative · (proper) ▸ 1 (Josh. 15,55)

ἰτέα willow ▸ 3
ἰτέα ▸ 1
Noun · feminine · singular · nominative · (common) ▸ 1 (Is. 44,4)
ἰτέαις ▸ 1
Noun · feminine · plural · dative · (common) ▸ 1 (Psa. 136,2)
ἰτέας ▸ 1
Noun · feminine · plural · accusative · (common) ▸ 1 (Lev. 23,40)

Ἰτουραῖος Iturea ▸ 1
Ἰτουραίων ▸ 1
Noun · masculine · plural · genitive · (proper) ▸ 1 (1Chr. 5,19)

Ἰτουραῖος Iturea ▸ 1
Ἰτουραίας ▸ 1
Adjective · feminine · singular · genitive · (proper) ▸ 1 (Luke 3,1)

Ιφινα Jephunneh ▸ 1
Ιφινα ▸ 1
Noun · masculine · singular · nominative · (proper) ▸ 1 (1Chr. 7,38)

ἰχθύδιον (ἰχθύς) little fish ▸ 2
ἰχθύδια ▸ 2
Noun · neuter · plural · accusative ▸ 2 (Matt. 15,34; Mark 8,7)

ἰχθυηρός (ἰχθύς) fishy, scaly ▸ 2
ἰχθυηράν ▸ 2
Adjective · feminine · singular · accusative · noDegree ▸ 2 (Neh. 3,3; Neh. 12,39)

ἰχθύς fish ▸ 35 + 13 + 20 = 68
ἰχθύας ▸ 8 + 7 = 15
Noun · masculine · plural · accusative · (common) ▸ 8 + 7 = 15 (Gen. 9,2; Num. 11,5; Psa. 8,9; Psa. 104,29; Sol. 5,9; Hab. 1,14; Ezek. 29,4; Ezek. 29,5; Matt. 14,17; Matt. 14,19; Matt. 15,36; Mark 6,38; Mark 6,41; Mark 6,41; Luke 9,16)

ἰχθύες ▸ 10 + 1 = 11
Noun · masculine · plural · nominative · (common) ▸ 10 + 1 = 11 (Ex. 7,18; Ex. 7,21; Eccl. 9,12; Job 12,8; Hos. 4,3; Zeph. 1,3; Is. 50,2; Ezek. 38,20; Ezek. 47,10; Ezek. 47,10; Luke 9,13)

ἰχθύν ▸ 1
Noun · masculine · singular · accusative ▸ 1 (Luke 11,11)

ἰχθύν ▸ 4 + 2 + 2 = 8
Noun · masculine · singular · accusative · (common) ▸ 4 + 2 + 2 = 8 (Neh. 13,16; Tob. 6,3; Tob. 6,4; Tob. 6,5; Tob. 6,4; Tob. 6,5;

Matt. 7,10; Matt. 17,27)
ἰχθύος ▸ 6 + 10 + 2 = 18
  Noun · masculine · singular · genitive · (common) ▸ 6 + 10 + 2 = 18 (Deut. 4,18; Tob. 6,3; Tob. 6,7; Tob. 6,17; Tob. 8,2; Tob. 11,4; Tob. 6,3; Tob. 6,3; Tob. 6,5; Tob. 6,7; Tob. 6,8; Tob. 6,17; Tob. 8,2; Tob. 8,3; Tob. 11,8; Tob. 11,11; Luke 11,11; Luke 24,42)
ἰχθὺς ▸ 2 + 1 = 3
  Noun · masculine · singular · nominative · (common) ▸ 2 + 1 = 3 (Tob. 6,2; Ezek. 47,9; Tob. 6,2)
ἰχθῦς ▸ 1
  Noun · masculine · plural · accusative · (common) ▸ 1 (Ezek. 29,4)
ἰχθύων ▸ 4 + 7 = 11
  Noun · masculine · plural · genitive · (common) ▸ 4 + 7 = 11 (Gen. 1,26; Gen. 1,28; 1Kings 5,13; Dan. 2,38; Mark 6,43; Luke 5,6; Luke 5,9; John 21,6; John 21,8; John 21,11; 1Cor. 15,39)

ἰχνευτής (ἴχνος) hunter ▸ 1
  ἰχνευτὴς ▸ 1
    Noun · masculine · singular · nominative · (common) ▸ 1 (Sir. 14,22)

ἰχνεύω (ἴχνος) to track down ▸ 2
  ἴχνευον ▸ 1
    Verb · first · singular · aorist · active · indicative ▸ 1 (Sir. 51,15)
  ἰχνευόντων ▸ 1
    Verb · present · active · participle · masculine · plural · genitive ▸ 1 (Prov. 23,30)

ἴχνος footprint, track ▸ 32 + 2 + 3 = 37
  ἴχνει ▸ 4
    Noun · neuter · singular · dative · (common) ▸ 4 (Deut. 28,65; Josh. 1,3; 2Kings 19,24; Sir. 21,6)
  ἴχνεσιν ▸ 1 + 3 = 4
    Noun · neuter · plural · dative · (common) ▸ 1 + 3 = 4 (Job 38,16; Rom. 4,12; 2Cor. 12,18; 1Pet. 2,21)
  ἴχνη ▸ 14 + 2 = 16
    Noun · neuter · plural · accusative · (common) ▸ 8 + 2 = 10 (Gen. 42,9; Gen. 42,12; 1Sam. 5,4; 1Kings 5,17; 2Kings 9,35; Prov. 30,19; Sir. 42,19; Dan. 10,10; Bel 19; Bel 20)
    Noun · neuter · plural · nominative · (common) ▸ 6 (Judg. 5,28; Psa. 17,37; Psa. 76,20; Prov. 5,5; Wis. 2,4; Bel 19)
  ἴχνος ▸ 10
    Noun · neuter · singular · accusative · (common) ▸ 1 (Job 11,7)
    Noun · neuter · singular · nominative · (common) ▸ 9 (Deut. 11,24; 1Kings 18,44; Judith 6,4; Job 9,26; Wis. 5,10; Sir. 13,26; Sir. 37,17; Sir. 50,29; Ezek. 32,13)
  ἴχνους ▸ 3
    Noun · neuter · singular · genitive · (common) ▸ 3 (Deut. 28,35; 2Sam. 14,25; Ezek. 43,7)

ἰχώρ discharge, pus; blood ▸ 3
  ἰχῶρα ▸ 1
    Noun · masculine · singular · accusative · (common) ▸ 1 (Job 2,8)
  ἰχῶρος ▸ 1
    Noun · masculine · singular · genitive · (common) ▸ 1 (Job 7,5)
  ἰχώρων ▸ 1
    Noun · masculine · plural · genitive · (common) ▸ 1 (4Mac. 9,20)

Ιωα Joah ▸ 2
  Ιωα ▸ 2
    Noun · masculine · singular · genitive · (proper) ▸ 1 (2Sam. 21,11)
    Noun · masculine · singular · nominative · (proper) ▸ 1 (2Chr. 29,12)

Ιωαα Joah ▸ 1
  Ιωαα ▸ 1
    Noun · masculine · singular · nominative · (proper) ▸ 1 (1Chr. 26,4)

Ιωαβ Joab ▸ 162
  Ιωαβ ▸ 162
    Noun · masculine · singular · accusative · (proper) ▸ 31 (2Sam. 2,14; 2Sam. 2,22; 2Sam. 2,22; 2Sam. 2,26; 2Sam. 3,31; 2Sam. 10,7; 2Sam. 11,1; 2Sam. 11,6; 2Sam. 11,14; 2Sam. 11,22; 2Sam. 11,25; 2Sam. 14,21; 2Sam. 14,29; 2Sam. 14,32; 2Sam. 18,12; 2Sam. 18,22; 2Sam. 18,29; 2Sam. 20,11; 2Sam. 20,16; 2Sam. 20,21; 2Sam. 20,22; 2Sam. 24,2; 2Sam. 24,4; 1Kings 1,19; 1Kings 2,29; 1Kings 2,30; 1Kings 11,15; 1Chr. 4,14; 1Chr. 19,8; 1Chr. 21,2; 1Chr. 21,6)
    Noun · masculine · singular · dative · (proper) ▸ 8 (2Sam. 3,22; 2Sam. 3,23; 2Sam. 18,5; 2Sam. 18,10; 2Sam. 18,21; 2Sam. 19,2; 1Kings 2,34; 1Chr. 21,4)
    Noun · masculine · singular · genitive · (proper) ▸ 41 (1Sam. 26,6; 2Sam. 3,27; 2Sam. 3,29; 2Sam. 3,29; 2Sam. 11,7; 2Sam. 11,11; 2Sam. 11,17; 2Sam. 14,19; 2Sam. 14,30; 2Sam. 14,30; 2Sam. 17,25; 2Sam. 17,25; 2Sam. 18,2; 2Sam. 18,2; 2Sam. 18,15; 2Sam. 19,14; 2Sam. 20,7; 2Sam. 20,9; 2Sam. 20,10; 2Sam. 20,11; 2Sam. 20,11; 2Sam. 20,13; 2Sam. 20,15; 2Sam. 23,18; 2Sam. 23,24; 2Sam. 23,37; 1Kings 1,7; 1Kings 2,28; 1Kings 2,46h; 1Chr. 2,54; 1Chr. 11,20; 1Chr. 11,26; 1Chr. 11,39; 1Chr. 19,15; 1Chr. 26,28; 1Chr. 27,7; 1Esdr. 5,11; 1Esdr. 8,35; Ezra 2,6; Ezra 8,9; Neh. 7,11)
    Noun · masculine · singular · nominative · (proper) ▸ 82 (2Sam. 2,13; 2Sam. 2,14; 2Sam. 2,18; 2Sam. 2,24; 2Sam. 2,27; 2Sam. 2,28; 2Sam. 2,30; 2Sam. 2,32; 2Sam. 3,23; 2Sam. 3,24; 2Sam. 3,26; 2Sam. 3,27; 2Sam. 3,30; 2Sam. 8,16; 2Sam. 10,9; 2Sam. 10,13; 2Sam. 10,14; 2Sam. 11,6; 2Sam. 11,16; 2Sam. 11,18; 2Sam. 11,22; 2Sam. 11,22; 2Sam. 12,26; 2Sam. 12,27; 2Sam. 14,1; 2Sam. 14,2; 2Sam. 14,3; 2Sam. 14,19; 2Sam. 14,20; 2Sam. 14,22; 2Sam. 14,22; 2Sam. 14,23; 2Sam. 14,31; 2Sam. 14,33; 2Sam. 18,11; 2Sam. 18,14; 2Sam. 18,14; 2Sam. 18,16; 2Sam. 18,16; 2Sam. 18,20; 2Sam. 18,21; 2Sam. 18,22; 2Sam. 18,23; 2Sam. 19,6; 2Sam. 20,8; 2Sam. 20,9; 2Sam. 20,10; 2Sam. 20,10; 2Sam. 20,17; 2Sam. 20,17; 2Sam. 20,20; 2Sam. 20,22; 2Sam. 20,23; 2Sam. 24,3; 2Sam. 24,4; 2Sam. 24,9; 1Kings 1,41; 1Kings 2,5; 1Kings 2,22; 1Kings 2,28; 1Kings 2,28; 1Kings 2,29; 1Kings 2,29; 1Kings 2,30; 1Kings 2,30; 1Kings 2,31; 1Kings 11,16; 1Kings 11,21; 1Chr. 2,16; 1Chr. 11,6; 1Chr. 18,15; 1Chr. 19,10; 1Chr. 19,14; 1Chr. 19,15; 1Chr. 20,1; 1Chr. 20,1; 1Chr. 21,3; 1Chr. 21,4; 1Chr. 21,5; 1Chr. 27,24; 1Chr. 27,34; Psa. 59,2)

Ιωαδ Joed ▸ 1
  Ιωαδ ▸ 1
    Noun · masculine · singular · genitive · (proper) ▸ 1 (Neh. 11,7)

Ιωαδα Joiada ▸ 2
  Ιωαδα ▸ 2
    Noun · masculine · singular · genitive · (proper) ▸ 2 (Neh. 12,22; Neh. 13,28)

Ιωαδαε Jehoiada ▸ 1
  Ιωαδαε ▸ 1
    Noun · masculine · singular · nominative · (proper) ▸ 1 (1Chr. 12,28)

Ιωαδεν Jehoaddin ▸ 1
  Ιωαδεν ▸ 1
    Noun · feminine · singular · nominative · (proper) ▸ 1 (2Chr. 25,1)

Ιωαδιν Jehoaddin ▸ 1
  Ιωαδιν ▸ 1
    Noun · feminine · singular · nominative · (proper) ▸ 1 (2Kings 14,2)

Ιωαζαε Joha ▸ 1
  Ιωαζαε ▸ 1
    Noun · masculine · singular · nominative · (proper) ▸ **1** (1Chr. 11,45)

Ιωαζαρ Joezer ▸ 1
  Ιωαζαρ ▸ 1
    Noun · masculine · singular · nominative · (proper) ▸ **1** (1Chr. 12,7)

Ιωαθαμ Jotham ▸ 23
  Ιωαθαμ ▸ 23
    Noun · masculine · singular · dative · (proper) ▸ **1** (Judg. 9,7)
    Noun · masculine · singular · genitive · (proper) ▸ **10** (Judg. 9,57; 2Kings 15,30; 2Kings 15,36; 2Kings 16,1; 1Chr. 5,17; 2Chr. 27,7; Hos. 1,1; Mic. 1,1; Is. 1,1; Is. 7,1)
    Noun · masculine · singular · nominative · (proper) ▸ **12** (Judg. 9,5; Judg. 9,21; 2Kings 15,5; 2Kings 15,7; 2Kings 15,32; 2Kings 15,38; 1Chr. 2,47; 2Chr. 26,21; 2Chr. 26,23; 2Chr. 27,1; 2Chr. 27,6; 2Chr. 27,9)

Ἰωαθάμ Jotham ▸ 2
  Ἰωαθάμ ▸ 1
    Noun · masculine · singular · accusative · (proper) ▸ **1** (Matt. 1,9)
  Ἰωαθὰμ ▸ 1
    Noun · masculine · singular · nominative · (proper) ▸ **1** (Matt. 1,9)

Ιωαθαν Jotham ▸ 1 + 4 = 5
  Ιωαθαν ▸ 1 + 4 = 5
    Noun · masculine · singular · dative · (proper) ▸ **1** (Judg. 9,7)
    Noun · masculine · singular · genitive · (proper) ▸ **1** (Judg. 9,57)
    Noun · masculine · singular · nominative · (proper) ▸ **1 + 2 = 3** (1Chr. 3,12; Judg. 9,5; Judg. 9,21)

Ιωακιμ Jehoiakim ▸ 59 + 8 = 67
  Ιωακιμ ▸ 59 + 8 = 67
    Noun · masculine · singular · accusative · (proper) ▸ **9 + 2 = 11** (2Kings 23,34; 2Kings 24,15; 2Chr. 36,4; 1Esdr. 1,35; Neh. 12,10; Jer. 22,18; Jer. 43,30; Bar. 1,7; Dan. 1,2; Dan. 1,2; Sus. 28)
    Noun · masculine · singular · dative · (proper) ▸ **2** (Jer. 43,9; Jer. 51,31)
    Noun · masculine · singular · genitive · (proper) ▸ **24 + 4 = 28** (2Kings 24,5; 2Kings 25,27; 2Kings 25,27; 1Chr. 3,16; 2Chr. 36,5; 2Chr. 36,8; Neh. 12,12; Neh. 12,26; Jer. 1,3; Jer. 22,24; Jer. 24,1; Jer. 25,1; Jer. 26,2; Jer. 33,1; Jer. 42,1; Jer. 43,1; Jer. 44,1; Jer. 52,31; Jer. 52,31; Bar. 1,3; Ezek. 1,2; Dan. 1,1; Sus. 7-8; Sus. 29; Dan. 1,1; Sus. 6; Sus. 29; Sus. 63)
    Noun · masculine · singular · nominative · (proper) ▸ **24 + 2 = 26** (2Kings 23,35; 2Kings 23,36; 2Kings 24,1; 2Kings 24,6; 2Kings 24,6; 2Kings 24,8; 2Kings 24,12; 2Kings 24,19; 1Chr. 3,15; 1Chr. 4,22; 2Chr. 36,5d; 2Chr. 36,8; 1Esdr. 1,36; 1Esdr. 1,37; 1Esdr. 1,41; 1Esdr. 5,5; Neh. 12,10; Judith 4,6; Judith 4,8; Judith 4,14; Judith 15,8; Jer. 33,21; Jer. 43,28; Jer. 43,32; Sus. 1; Sus. 4)

Ιωαναν Joanan, Jehohanan, Joanna ▸ 31
  Ιωαναν ▸ 31
    Noun · masculine · singular · accusative · (proper) ▸ **5** (1Chr. 5,35; Jer. 47,16; Jer. 48,13; Jer. 48,14; Jer. 49,8)
    Noun · masculine · singular · genitive · (proper) ▸ **7** (1Chr. 3,15; 2Chr. 23,1; 1Esdr. 9,1; Ezra 10,6; Neh. 6,18; Neh. 12,22; Neh. 12,23)
    Noun · masculine · singular · nominative · (proper) ▸ **19** (2Kings 25,23; 1Chr. 3,24; 1Chr. 12,5; 1Chr. 12,13; 1Chr. 26,3; 2Chr. 17,15; Ezra 8,12; Ezra 10,28; Neh. 12,13; Neh. 12,42; Jer. 47,8; Jer. 47,13; Jer. 47,15; Jer. 48,11; Jer. 48,16; Jer. 49,1; Jer. 50,2; Jer. 50,4; Jer. 50,5)

Ἰωανάν Joanan, Jehohanan, Joanna ▸ 1
  Ἰωανὰν ▸ 1
    Noun · masculine · singular · genitive · (proper) ▸ **1** (Luke 3,27)

Ιωανας Johanan ▸ 2
  Ιωανας ▸ 2
    Noun · masculine · singular · nominative · (proper) ▸ **2** (1Chr. 5,36; 1Esdr. 9,23)

Ιωανης Johanan ▸ 1
  Ιωανης ▸ 1
    Noun · masculine · singular · nominative · (proper) ▸ **1** (1Esdr. 8,38)

Ἰωάνης Johanan ▸ 1
  Ιωανου ▸ 1
    Noun · masculine · singular · genitive · (proper) ▸ **1** (2Chr. 28,12)

Ἰωάννα Joanna ▸ 2
  Ἰωάννα ▸ 2
    Noun · feminine · singular · nominative · (proper) ▸ **2** (Luke 8,3; Luke 24,10)

Ιωαννης Johanan, John ▸ 15
  Ιωαννη ▸ 1
    Noun · masculine · singular · dative · (proper) ▸ **1** (1Mac. 16,21)
  Ιωαννην ▸ 4
    Noun · masculine · singular · accusative · (proper) ▸ **4** (1Mac. 9,36; 1Mac. 13,53; 1Mac. 16,2; 1Mac. 16,19)
  Ιωαννης ▸ 5
    Noun · masculine · singular · nominative · (proper) ▸ **5** (1Esdr. 9,29; 1Mac. 2,2; 1Mac. 16,1; 1Mac. 16,9; 2Mac. 11,17)
  Ιωαννου ▸ 5
    Noun · masculine · singular · genitive · (proper) ▸ **5** (1Mac. 2,1; 1Mac. 8,17; 1Mac. 9,38; 1Mac. 16,9; 1Mac. 16,23)

Ἰωάννης Johanan, John ▸ 1
  Ἰωάννου ▸ 1
    Noun · masculine · singular · genitive · (proper) ▸ **1** (2Mac. 4,11)

Ἰωάννης Johanan, John ▸ 140
  Ἰωάννῃ ▸ 5
    Noun · masculine · singular · dative · (proper) ▸ **5** (Matt. 11,4; Luke 7,18; Luke 7,22; Acts 3,4; Rev. 1,1)
  ΙΩΑΝΝΗΝ ▸ 1
    Noun · masculine · singular · accusative · (proper) ▸ **1** (John 1,0)
  Ἰωάννην ▸ 37
    Noun · masculine · singular · accusative · (proper) ▸ **37** (Matt. 3,13; Matt. 4,21; Matt. 14,3; Matt. 14,10; Matt. 16,14; Matt. 17,1; Matt. 21,26; Mark 1,14; Mark 1,19; Mark 3,17; Mark 5,37; Mark 6,16; Mark 6,17; Mark 6,20; Mark 8,28; Mark 9,2; Mark 11,32; Mark 14,33; Luke 1,13; Luke 3,2; Luke 3,20; Luke 5,10; Luke 6,14; Luke 8,51; Luke 9,9; Luke 9,19; Luke 9,28; Luke 20,6; Luke 22,8; John 3,26; John 5,33; Acts 3,3; Acts 3,11; Acts 8,14; Acts 12,25; Acts 13,5; Acts 15,37)
  Ἰωάννης ▸ 54
    Noun · masculine · singular · nominative · (proper) ▸ **54** (Matt. 3,1; Matt. 3,4; Matt. 3,14; Matt. 4,12; Matt. 10,2; Matt. 11,2; Matt. 11,18; Matt. 14,2; Matt. 14,4; Matt. 21,32; Mark 1,4; Mark 1,6; Mark 6,14; Mark 6,18; Mark 9,38; Mark 10,35; Mark 13,3; Luke 1,60; Luke 1,63; Luke 3,16; Luke 7,18; Luke 7,20; Luke 7,33; Luke 9,7; Luke 9,49; Luke 9,54; Luke 11,1; John 1,6; John 1,15; John 1,26; John 1,28; John 1,32; John 1,35; John 3,23; John 3,24; John 3,27; John 4,1; John 10,40; John 10,41; John 10,41; Acts 1,5; Acts 1,13; Acts 3,1; Acts 4,6; Acts 4,19; Acts 10,37; Acts 11,16; Acts 13,13; Acts 13,25; Acts 19,4; Gal. 2,9; Rev. 1,4; Rev. 1,9; Rev. 22,8)
  ΙΩΑΝΝΟΥ ▸ 4
    Noun · masculine · singular · genitive · (proper) ▸ **4** (1John 1,0; 2John 0; 3John 0; Rev. 1,0)
  Ἰωάννου ▸ 39

Noun · masculine · singular · genitive · (proper) ▸ **39** (Matt. 9,14; Matt. 11,7; Matt. 11,11; Matt. 11,12; Matt. 11,13; Matt. 14,8; Matt. 17,13; Matt. 21,25; Mark 1,9; Mark 1,29; Mark 2,18; Mark 2,18; Mark 6,24; Mark 6,25; Mark 10,41; Mark 11,30; Luke 3,15; Luke 5,33; Luke 7,24; Luke 7,24; Luke 7,28; Luke 7,29; Luke 16,16; Luke 20,4; John 1,19; John 1,40; John 1,42; John 3,25; John 5,36; John 21,15; John 21,16; John 21,17; Acts 1,22; Acts 4,13; Acts 12,2; Acts 12,12; Acts 13,24; Acts 18,25; Acts 19,3)

Ἰωαριβ Jarib ▸ 3
   Ἰωαριβ ▸ 3
      Noun · masculine · singular · dative · (proper) ▸ **1** (Ezra 8,16)
      Noun · masculine · singular · genitive · (proper) ▸ **2** (1Mac. 2,1; 1Mac. 14,29)

Ἰωαριμ Jehoiarib ▸ 1
   Ἰωαριμ ▸ 1
      Noun · masculine · singular · nominative · (proper) ▸ **1** (1Chr. 9,10)

Ἰωας Joash ▸ 73 + 9 = 82
   Ἰωας ▸ 73 + 9 = 82
      Noun · masculine · singular · accusative · (proper) ▸ **9 + 1 = 10** (Judg. 6,30; 2Kings 11,2; 2Kings 12,21; 2Kings 14,8; 2Kings 14,17; 2Chr. 18,25; 2Chr. 22,11; 2Chr. 25,17; 2Chr. 25,25; Judg. 6,30)
      Noun · masculine · singular · dative · (proper) ▸ **5** (1Kings 22,26; 2Kings 12,7; 2Kings 13,1; 2Kings 13,10; 2Kings 14,1)
      Noun · masculine · singular · genitive · (proper) ▸ **24 + 7 = 31** (Judg. 6,11; Judg. 6,29; Judg. 7,14; Judg. 8,13; Judg. 8,29; Judg. 8,32; Judg. 8,32; 2Kings 12,20; 2Kings 13,12; 2Kings 14,1; 2Kings 14,13; 2Kings 14,15; 2Kings 14,17; 2Kings 14,23; 2Kings 14,23; 2Kings 14,27; 1Chr. 26,14; 2Chr. 24,4; 2Chr. 24,21; 2Chr. 24,24; 2Chr. 25,23; 2Chr. 25,25; Hos. 1,1; Amos 1,1; Judg. 6,11; Judg. 6,29; Judg. 7,14; Judg. 8,13; Judg. 8,29; Judg. 8,32; Judg. 8,32)
      Noun · masculine · singular · nominative · (proper) ▸ **35 + 1 = 36** (Judg. 6,31; 2Kings 12,1; 2Kings 12,2; 2Kings 12,3; 2Kings 12,5; 2Kings 12,8; 2Kings 12,19; 2Kings 13,9; 2Kings 13,10; 2Kings 13,13; 2Kings 13,14; 2Kings 13,16; 2Kings 13,25; 2Kings 13,25; 2Kings 14,3; 2Kings 14,9; 2Kings 14,13; 2Kings 14,16; 2Kings 18,18; 2Kings 18,26; 2Kings 18,37; 1Chr. 3,11; 1Chr. 4,22; 1Chr. 7,8; 1Chr. 12,3; 1Chr. 23,10; 1Chr. 23,11; 1Chr. 27,28; 2Chr. 24,1; 2Chr. 24,2; 2Chr. 24,6; 2Chr. 24,22; 2Chr. 25,18; 2Chr. 25,21; 2Chr. 25,23; Judg. 6,31)

Ἰωασαρ Jesher ▸ 1
   Ἰωασαρ ▸ 1
      Noun · masculine · singular · nominative · (proper) ▸ **1** (1Chr. 2,18)

Ἰωαχ Joah ▸ 4
   Ἰωαχ ▸ 4
      Noun · masculine · singular · nominative · (proper) ▸ **4** (1Chr. 6,6; Is. 36,3; Is. 36,11; Is. 36,22)

Ἰωαχα Joah ▸ 1
   Ἰωαχα ▸ 1
      Noun · masculine · singular · genitive · (proper) ▸ **1** (2Chr. 29,12)

Ἰωαχαζ Jehoahaz ▸ 6
   Ἰωαχαζ ▸ 6
      Noun · masculine · singular · accusative · (proper) ▸ **2** (2Chr. 36,1; 2Chr. 36,4)
      Noun · masculine · singular · genitive · (proper) ▸ **3** (2Chr. 25,17; 2Chr. 25,25; 2Chr. 34,8)
      Noun · masculine · singular · nominative · (proper) ▸ **1** (2Chr. 36,2)

Ἰωαχαλ Jehucal ▸ 2
   Ἰωαχαλ ▸ 2
      Noun · masculine · singular · accusative · (proper) ▸ **1** (Jer. 44,3)

Noun · masculine · singular · nominative · (proper) ▸ **1** (Jer. 45,1)

Ἰωαχας Jehoahaz ▸ 17
   Ἰωαχας ▸ 17
      Noun · masculine · singular · accusative · (proper) ▸ **2** (2Kings 23,30; 2Kings 23,34)
      Noun · masculine · singular · dative · (proper) ▸ **1** (2Kings 13,7)
      Noun · masculine · singular · genitive · (proper) ▸ **9** (2Kings 13,8; 2Kings 13,10; 2Kings 13,22; 2Kings 13,25; 2Kings 13,25; 2Kings 14,1; 2Kings 14,8; 2Kings 14,13; 2Kings 14,17)
      Noun · masculine · singular · nominative · (proper) ▸ **5** (2Kings 10,35; 2Kings 13,1; 2Kings 13,4; 2Kings 13,9; 2Kings 23,31)

Ἰωβ Job ▸ 63
   Ἰωβ ▸ 63
      Noun · masculine · singular · accusative · (proper) ▸ **8** (Job 1,14; Job 1,16; Job 1,17; Job 2,7; Job 32,4; Job 42,8; Job 42,9; Job 42,10)
      Noun · masculine · singular · dative · (proper) ▸ **10** (Job 1,18; Job 2,3; Job 32,2; Job 32,3; Job 32,12; Job 38,1; Job 40,1; Job 40,6; Job 42,7; Job 42,10)
      Noun · masculine · singular · genitive · (proper) ▸ **5** (Job 1,8; Job 1,13; Job 42,8; Job 42,12; Job 42,15)
      Noun · masculine · singular · nominative · (proper) ▸ **37** (Job 1,1; Job 1,5; Job 1,5; Job 1,5; Job 1,9; Job 1,20; Job 1,22; Job 2,10; Job 3,1; Job 6,1; Job 9,1; Job 12,1; Job 16,1; Job 19,1; Job 21,1; Job 23,1; Job 26,1; Job 27,1; Job 29,1; Job 31,40; Job 32,1; Job 32,1; Job 33,1; Job 34,5; Job 34,7; Job 34,35; Job 35,16; Job 40,3; Job 42,1; Job 42,7; Job 42,8; Job 42,16; Job 42,16; Job 42,17; Job 42,17d; Ezek. 14,14; Ezek. 14,20)
      Noun · masculine · singular · vocative · (proper) ▸ **3** (Job 33,31; Job 34,36; Job 37,14)

Ἰώβ Job ▸ 1
   Ἰώβ ▸ 1
      Noun · masculine · singular · genitive · (proper) ▸ **1** (James 5,11)

Ἰωβαβ Jobab ▸ 13 + 1 = 14
   Ἰωβαβ ▸ 13 + 1 = 14
      Noun · masculine · singular · accusative · (proper) ▸ **3** (Gen. 10,29; Josh. 11,1; 1Chr. 8,9)
      Noun · masculine · singular · dative · (proper) ▸ **1** (Num. 10,29)
      Noun · masculine · singular · genitive · (proper) ▸ **2 + 1 = 3** (Judg. 1,16; Judg. 4,11; Judg. 4,11)
      Noun · masculine · singular · nominative · (proper) ▸ **7** (Gen. 36,33; Gen. 36,34; 1Chr. 1,44; 1Chr. 1,45; 1Chr. 8,18; Job 42,17b; Job 42,17d)

Ἰωβελ Jabal ▸ 1
   Ἰωβελ ▸ 1
      Noun · masculine · singular · accusative · (proper) ▸ **1** (Gen. 4,20)

Ἰωβήδ Obed ▸ 3
   Ἰωβήδ ▸ 3
      Noun · masculine · singular · accusative · (proper) ▸ **1** (Matt. 1,5)
      Noun · masculine · singular · genitive · (proper) ▸ **1** (Luke 3,32)
      Noun · masculine · singular · nominative · (proper) ▸ **1** (Matt. 1,5)

Ἰωβηλ Ebed ▸ 6
   Ἰωβηλ ▸ 6
      Noun · masculine · singular · genitive · (proper) ▸ **6** (Judg. 9,26; Judg. 9,28; Judg. 9,30; Judg. 9,31; Judg. 9,35; Judg. 9,36)

Ἰωδα Joda ▸ 1
   Ἰωδα ▸ 1
      Noun · masculine · singular · genitive · (proper) ▸ **1** (1Esdr. 5,56)

Ἰωδά Joda ▸ 1
   Ἰωδά ▸ 1

Ἰωδά–Ιωναθαν

Ιωδαε Jehoiada ▸ 57
- Ιωδαε ▸ 57
  - Noun · masculine · singular · accusative · (proper) ▸ **5** (2Kings 11,9; 2Kings 12,8; 2Chr. 24,6; 2Chr. 24,14; Neh. 12,10)
  - Noun · masculine · singular · genitive · (proper) ▸ **29** (2Sam. 8,18; 2Sam. 20,23; 2Sam. 23,20; 2Sam. 23,22; 1Kings 1,8; 1Kings 1,26; 1Kings 1,32; 1Kings 1,36; 1Kings 1,38; 1Kings 1,44; 1Kings 2,25; 1Kings 2,29; 1Kings 2,30; 1Kings 2,30; 1Kings 2,34; 1Kings 2,35; 1Kings 2,46; 1Kings 2,46h; 1Chr. 11,22; 1Chr. 11,24; 1Chr. 18,17; 1Chr. 27,5; 2Chr. 22,11; 2Chr. 24,2; 2Chr. 24,14; 2Chr. 24,20; 2Chr. 24,25; Neh. 7,39; Jer. 36,26)
  - Noun · masculine · singular · nominative · (proper) ▸ **23** (2Kings 11,4; 2Kings 11,4; 2Kings 11,9; 2Kings 11,15; 2Kings 11,17; 2Kings 12,3; 2Kings 12,10; 1Chr. 9,10; 1Chr. 27,34; 2Chr. 23,1; 2Chr. 23,8; 2Chr. 23,8; 2Chr. 23,11; 2Chr. 23,14; 2Chr. 23,14; 2Chr. 23,16; 2Chr. 23,18; 2Chr. 24,3; 2Chr. 24,12; 2Chr. 24,15; 2Chr. 24,17; 2Chr. 24,22; Neh. 12,11)

Ιωδαν Eden ▸ 1
- Ιωδαν ▸ 1
  - Noun · masculine · singular · nominative · (proper) ▸ **1** (2Chr. 29,12)

Ιωδανος Jodan ▸ 1
- Ιωδανος ▸ 1
  - Noun · masculine · singular · nominative · (proper) ▸ **1** (1Esdr. 9,19)

Ιωδιηλ Jediael ▸ 1
- Ιωδιηλ ▸ 1
  - Noun · masculine · singular · nominative · (proper) ▸ **1** (1Chr. 12,21)

Ιωζαβαδ Jehozabad; Jozabad ▸ 7
- Ιωζαβαδ ▸ 7
  - Noun · masculine · singular · nominative · (proper) ▸ **7** (1Chr. 12,5; 1Chr. 26,4; 2Chr. 17,18; 2Chr. 35,9; Ezra 8,33; Ezra 10,22; Ezra 10,23)

Ιωζαβαθ Jehozabad ▸ 2
- Ιωζαβαθ ▸ 2
  - Noun · masculine · singular · nominative · (proper) ▸ **2** (1Chr. 12,21; 2Chr. 31,13)

Ιωζαβδος Jozabad ▸ 2
- Ιωζαβδος ▸ 2
  - Noun · masculine · singular · nominative · (proper) ▸ **2** (1Esdr. 9,23; 1Esdr. 9,48)

Ιωζαβεδ Jehozabad ▸ 1
- Ιωζαβεδ ▸ 1
  - Noun · masculine · singular · nominative · (proper) ▸ **1** (2Chr. 24,26)

Ιωηλ Joel ▸ 23
- Ιωηλ ▸ 23
  - Noun · masculine · singular · accusative · (proper) ▸ **2** (1Chr. 15,11; Joel 1,1)
  - Noun · masculine · singular · genitive · (proper) ▸ **6** (1Chr. 5,4; 1Chr. 5,8; 1Chr. 6,18; 1Chr. 6,21; 1Chr. 15,17; 2Chr. 9,29)
  - Noun · masculine · singular · nominative · (proper) ▸ **15** (1Sam. 8,2; 1Chr. 3,22; 1Chr. 4,35; 1Chr. 5,7; 1Chr. 5,12; 1Chr. 7,3; 1Chr. 11,38; 1Chr. 12,3; 1Chr. 15,7; 1Chr. 23,8; 1Chr. 26,22; 1Chr. 27,20; 2Chr. 29,12; Ezra 10,43; Neh. 11,9)

Ἰωήλ Joel ▸ 1
- Ἰωήλ ▸ 1
  - Noun · masculine · singular · genitive · (proper) ▸ **1** (Acts 2,16)

ιωθ 10; (Hebr.) yodh ▸ 1
- ιωθ ▸ 1
  - Noun · (Psa. 118,73)

Ιωιαδα Jehoaddah ▸ 2
- Ιωιαδα ▸ 2
  - Noun · masculine · singular · accusative · (proper) ▸ **1** (1Chr. 8,36)
  - Noun · masculine · singular · nominative · (proper) ▸ **1** (1Chr. 8,36)

Ιωιαριβ Joiarib ▸ 1
- Ιωιαριβ ▸ 1
  - Noun · masculine · singular · dative · (proper) ▸ **1** (Neh. 12,19)

Ιωκαν Akan ▸ 1
- Ιωκαν ▸ 1
  - Noun · masculine · singular · nominative · (proper) ▸ **1** (1Chr. 1,42)

Ιωμαν Iaman (?) ▸ 1
- Ιωμαν ▸ 1
  - Noun · masculine · singular · genitive · (proper) ▸ **1** (1Chr. 4,19)

Ιων Ijon ▸ 1
- Ιων ▸ 1
  - Noun · feminine · singular · accusative · (proper) ▸ **1** (2Chr. 16,4)

Ιωνα Jonah ▸ 2
- Ιωνα ▸ 2
  - Noun · masculine · singular · genitive · (proper) ▸ **2** (2Kings 14,25; Ode. 6,0)

Ιωναδαβ Jonadab ▸ 16
- Ιωναδαβ ▸ 16
  - Noun · masculine · singular · accusative · (proper) ▸ **1** (2Kings 10,15)
  - Noun · masculine · singular · genitive · (proper) ▸ **6** (Psa. 70,1; Jer. 42,8; Jer. 42,14; Jer. 42,16; Jer. 42,18; Jer. 42,19)
  - Noun · masculine · singular · nominative · (proper) ▸ **9** (2Sam. 13,3; 2Sam. 13,3; 2Sam. 13,5; 2Sam. 13,32; 2Sam. 13,35; 2Kings 10,15; 2Kings 10,23; Jer. 42,6; Jer. 42,10)

Ιωναθα Jonathan ▸ 2
- Ιωναθαν ▸ 2
  - Noun · masculine · singular · vocative · (proper) ▸ **2** (2Sam. 1,25; 2Sam. 1,26)

Ιωναθαμ Jonathan ▸ 1
- Ιωναθαμ ▸ 1
  - Noun · masculine · singular · nominative · (proper) ▸ **1** (Judg. 18,30)

Ιωναθαν Jonathan ▸ 204
- Ιωναθαν ▸ 204
  - Noun · masculine · singular · accusative · (proper) ▸ **28** (1Sam. 14,12; 1Sam. 14,43; 1Sam. 19,1; 1Sam. 20,5; 1Sam. 20,10; 1Sam. 20,25; 1Sam. 20,27; 1Sam. 20,30; 1Sam. 20,33; 1Sam. 31,2; 2Sam. 1,12; 2Sam. 1,17; 2Sam. 2,5; 2Sam. 9,7; 1Chr. 8,33; 1Chr. 9,39; 1Chr. 10,2; Neh. 12,11; 1Mac. 9,60; 1Mac. 10,3; 1Mac. 10,62; 1Mac. 10,69; 1Mac. 10,88; 1Mac. 11,42; 1Mac. 12,52; 1Mac. 13,19; 1Mac. 13,23; 1Mac. 14,18)
  - Noun · masculine · singular · dative · (proper) ▸ **18** (1Sam. 13,22; 1Sam. 14,41; 1Sam. 20,3; 1Sam. 20,13; 2Sam. 4,4; 2Sam. 4,4; 2Sam. 9,3; 1Mac. 9,28; 1Mac. 9,37; 1Mac. 10,9; 1Mac. 10,15; 1Mac. 10,18; 1Mac. 11,22; 1Mac. 11,29; 1Mac. 11,30; 1Mac. 11,37; 1Mac. 11,53; 1Mac. 12,44)
  - Noun · masculine · singular · genitive · (proper) ▸ **31** (1Sam. 13,2; 1Sam. 13,22; 1Sam. 14,13; 1Sam. 14,21; 1Sam. 14,39; 1Sam. 14,42; 1Sam. 14,42; 1Sam. 14,45; 1Sam. 19,6; 1Sam. 20,1; 1Sam. 20,16; 1Sam. 20,38; 1Sam. 31,12; 2Sam. 1,22; 2Sam. 9,1; 2Sam. 9,6; 2Sam. 19,25; 2Sam. 21,7; 2Sam. 21,7; 2Sam. 21,12; 2Sam. 21,13; 2Sam. 21,14; 1Chr. 2,33; 1Chr. 8,34; 1Chr. 9,40; Ezra 8,6; Neh. 12,35; 1Mac. 11,62; Jer. 44,15; Jer. 44,20; Jer.

45,26)
> **Noun** · masculine · singular · nominative · (proper) ▸ **127** (Judg. 18,30; 1Sam. 13,3; 1Sam. 13,16; 1Sam. 14,1; 1Sam. 14,3; 1Sam. 14,4; 1Sam. 14,6; 1Sam. 14,8; 1Sam. 14,12; 1Sam. 14,13; 1Sam. 14,14; 1Sam. 14,17; 1Sam. 14,27; 1Sam. 14,29; 1Sam. 14,40; 1Sam. 14,41; 1Sam. 14,42; 1Sam. 14,43; 1Sam. 14,49; 1Sam. 19,1; 1Sam. 19,2; 1Sam. 19,4; 1Sam. 19,7; 1Sam. 19,7; 1Sam. 20,2; 1Sam. 20,3; 1Sam. 20,4; 1Sam. 20,9; 1Sam. 20,11; 1Sam. 20,12; 1Sam. 20,17; 1Sam. 20,18; 1Sam. 20,28; 1Sam. 20,32; 1Sam. 20,33; 1Sam. 20,34; 1Sam. 20,35; 1Sam. 20,37; 1Sam. 20,37; 1Sam. 20,38; 1Sam. 20,39; 1Sam. 20,40; 1Sam. 20,42; 1Sam. 21,1; 1Sam. 23,16; 1Sam. 23,18; 2Sam. 1,4; 2Sam. 1,5; 2Sam. 1,23; 2Sam. 15,27; 2Sam. 15,36; 2Sam. 17,17; 2Sam. 17,20; 2Sam. 21,21; 2Sam. 23,32; 1Kings 1,42; 1Kings 1,43; 1Chr. 2,32; 1Chr. 11,34; 1Chr. 20,7; 1Chr. 27,25; 1Chr. 27,32; 2Chr. 17,8; Ezra 10,15; Neh. 12,11; Neh. 12,14; Neh. 12,18; 1Mac. 5,17; 1Mac. 5,24; 1Mac. 5,55; 1Mac. 9,19; 1Mac. 9,31; 1Mac. 9,33; 1Mac. 9,44; 1Mac. 9,47; 1Mac. 9,48; 1Mac. 9,58; 1Mac. 9,62; 1Mac. 9,65; 1Mac. 9,70; 1Mac. 9,73; 1Mac. 9,73; 1Mac. 10,7; 1Mac. 10,10; 1Mac. 10,21; 1Mac. 10,46; 1Mac. 10,66; 1Mac. 10,74; 1Mac. 10,76; 1Mac. 10,80; 1Mac. 10,81; 1Mac. 10,84; 1Mac. 10,86; 1Mac. 10,87; 1Mac. 11,5; 1Mac. 11,6; 1Mac. 11,7; 1Mac. 11,20; 1Mac. 11,21; 1Mac. 11,23; 1Mac. 11,28; 1Mac. 11,41; 1Mac. 11,44; 1Mac. 11,60; 1Mac. 11,63; 1Mac. 11,67; 1Mac. 11,71; 1Mac. 11,74; 1Mac. 12,1; 1Mac. 12,3; 1Mac. 12,5; 1Mac. 12,6; 1Mac. 12,24; 1Mac. 12,27; 1Mac. 12,28; 1Mac. 12,29; 1Mac. 12,30; 1Mac. 12,31; 1Mac. 12,35; 1Mac. 12,40; 1Mac. 12,41; 1Mac. 12,48; 1Mac. 13,11; 1Mac. 13,12; 1Mac. 13,15; 1Mac. 14,16; 1Mac. 14,30)

Ιωναθας Jonathan, Jonathas ▸ 8
- Ιωναθας ▸ 1
  - **Noun** · masculine · singular · nominative · (proper) ▸ **1** (1Esdr. 9,14)
- Ιωναθου ▸ 7
  - **Noun** · masculine · singular · genitive · (proper) ▸ **7** (1Mac. 4,30; 1Mac. 11,70; 1Mac. 12,49; 1Mac. 13,8; 1Mac. 13,14; 1Mac. 13,25; 2Mac. 1,23)

Ιωναθης Jonathan ▸ 4
- Ιωναθη ▸ 2
  - **Noun** · masculine · singular · dative · (proper) ▸ **2** (1Mac. 10,59; 1Mac. 11,57)
- Ιωναθην ▸ 1
  - **Noun** · masculine · singular · accusative · (proper) ▸ **1** (2Mac. 8,22)
- Ιωναθης ▸ 1
  - **Noun** · masculine · singular · nominative · (proper) ▸ **1** (1Mac. 2,5)

Ἰωνάμ Jonam ▸ 1
- Ἰωνὰμ ▸ 1
  - **Noun** · masculine · singular · genitive · (proper) ▸ **1** (Luke 3,30)

Ιωναν Jonam; Jonah ▸ 1
- Ιωναν ▸ 1
  - **Noun** · masculine · singular · accusative · (proper) ▸ **1** (3Mac. 6,8)

Ιωνας Jonah ▸ 22
- Ιωνα ▸ 2
  - **Noun** · masculine · singular · genitive · (proper) ▸ **2** (Jonah 4,6; Jonah 4,8)
- Ιωναν ▸ 8
  - **Noun** · masculine · singular · accusative · (proper) ▸ **8** (Jonah 1,1; Jonah 1,7; Jonah 1,15; Jonah 2,1; Jonah 2,11; Jonah 3,1; Jonah 4,4; Jonah 4,9)
- Ιωνας ▸ 12
  - **Noun** · masculine · singular · nominative · (proper) ▸ **12** (Tob. 14,4; Tob. 14,8; Jonah 1,3; Jonah 1,5; Jonah 1,12; Jonah 2,1; Jonah 2,2; Jonah 3,3; Jonah 3,4; Jonah 4,1; Jonah 4,5; Jonah 4,6)

Ἰωνᾶς Jonah ▸ 9
- Ἰωνᾶ ▸ 7
  - **Noun** · masculine · singular · genitive · (proper) ▸ **7** (Matt. 12,39; Matt. 12,41; Matt. 12,41; Matt. 16,4; Luke 11,29; Luke 11,32; Luke 11,32)
- Ἰωνᾶς ▸ 2
  - **Noun** · masculine · singular · nominative · (proper) ▸ **2** (Matt. 12,40; Luke 11,30)

Ιωρα Jorah ▸ 1
- Ιωρα ▸ 1
  - **Noun** · masculine · singular · genitive · (proper) ▸ **1** (Ezra 2,18)

Ιωραμ Joram ▸ 53
- Ιωραμ ▸ 53
  - **Noun** · masculine · singular · accusative · (proper) ▸ **9** (2Kings 8,28; 2Kings 8,29; 2Kings 9,14; 2Kings 9,16; 2Kings 9,24; 2Chr. 21,16; 2Chr. 22,5; 2Chr. 22,6; 2Chr. 22,7)
  - **Noun** · masculine · singular · dative · (proper) ▸ **3** (2Kings 8,16; 2Kings 8,25; 2Chr. 21,3)
  - **Noun** · masculine · singular · genitive · (proper) ▸ **12** (2Kings 8,23; 2Kings 8,25; 2Kings 8,28; 2Kings 8,29; 2Kings 9,29; 2Kings 11,2; 1Chr. 27,22; 2Chr. 22,1; 2Chr. 22,5; 2Chr. 22,6; 2Chr. 22,11; 2Chr. 23,1)
  - **Noun** · masculine · singular · nominative · (proper) ▸ **29** (1Kings 16,22; 1Kings 16,28h; 1Kings 22,51; 2Kings 1,18a; 2Kings 3,1; 2Kings 3,6; 2Kings 8,16; 2Kings 8,21; 2Kings 8,24; 2Kings 8,29; 2Kings 9,14; 2Kings 9,15; 2Kings 9,16; 2Kings 9,17; 2Kings 9,21; 2Kings 9,21; 2Kings 9,22; 2Kings 9,23; 2Kings 12,19; 1Chr. 3,11; 1Chr. 26,25; 2Chr. 17,8; 2Chr. 21,1; 2Chr. 21,4; 2Chr. 21,5; 2Chr. 21,9; 2Chr. 22,6; 2Chr. 22,7; 1Esdr. 1,9)

Ἰωράμ Joram ▸ 2
- Ἰωράμ ▸ 1
  - **Noun** · masculine · singular · accusative · (proper) ▸ **1** (Matt. 1,8)
- Ἰωράμ ▸ 1
  - **Noun** · masculine · singular · nominative · (proper) ▸ **1** (Matt. 1,8)

Ιωρεε Jorai ▸ 1
- Ιωρεε ▸ 1
  - **Noun** · masculine · singular · nominative · (proper) ▸ **1** (1Chr. 5,13)

Ιωριβ Joiarib ▸ 2
- Ιωριβ ▸ 2
  - **Noun** · masculine · singular · genitive · (proper) ▸ **2** (Neh. 11,5; Neh. 11,10)

Ιωριβος Jarib ▸ 1
- Ιωριβος ▸ 1
  - **Noun** · masculine · singular · nominative · (proper) ▸ **1** (1Esdr. 9,19)

Ἰώριβος Jarib ▸ 1
- Ιωριβον ▸ 1
  - **Noun** · masculine · singular · accusative · (proper) ▸ **1** (1Esdr. 8,43)

Ἰωρίμ Jorim ▸ 1
- Ἰωρὶμ ▸ 1
  - **Noun** · masculine · singular · genitive · (proper) ▸ **1** (Luke 3,29)

Ιωσαβδος Jozabad ▸ 1
- Ιωσαβδος ▸ 1
  - **Noun** · masculine · singular · nominative · (proper) ▸ **1** (1Esdr. 8,62)

Ιωσαβεε Jehosheba ▸ 1
  Ιωσαβεε ▸ 1
    Noun · feminine · singular · nominative · (proper) ▸ **1** (2Kings 11,2)
Ιωσαβεθ Jehosheba; Jozabad ▸ 3
  Ιωσαβεθ ▸ 3
    Noun · feminine · singular · nominative · (proper) ▸ **2** (2Chr. 22,11; 2Chr. 22,11)
    Noun · masculine · singular · nominative · (proper) ▸ **1** (1Chr. 12,21)
Ιωσαδακ Jehozadak ▸ 2
  Ιωσαδακ ▸ 2
    Noun · masculine · singular · accusative · (proper) ▸ **1** (1Chr. 5,40)
    Noun · masculine · singular · nominative · (proper) ▸ **1** (1Chr. 5,41)
Ιωσαιας Jeshaiah ▸ 1
  Ιωσαιας ▸ 1
    Noun · masculine · singular · nominative · (proper) ▸ **1** (1Chr. 26,25)
Ιωσαφατ Jehosaphat ▸ 90
  Ιωσαφατ ▸ 90
    Noun · masculine · singular · accusative · (proper) ▸ **15** (1Kings 16,28g; 1Kings 22,4; 1Kings 22,8; 1Kings 22,18; 1Kings 22,30; 1Kings 22,32; 2Kings 3,7; 2Chr. 17,10; 2Chr. 18,3; 2Chr. 18,7; 2Chr. 18,17; 2Chr. 18,29; 2Chr. 18,31; 2Chr. 20,1; 2Chr. 20,37)
    Noun · masculine · singular · dative · (proper) ▸ **8** (1Kings 16,29; 1Kings 22,52; 2Kings 3,1; 2Chr. 17,5; 2Chr. 17,11; 2Chr. 18,1; 2Chr. 20,2; Joel 4,12)
    Noun · masculine · singular · genitive · (proper) ▸ **13** (1Kings 22,46; 2Kings 1,18a; 2Kings 3,14; 2Kings 8,16; 2Kings 9,2; 2Kings 9,14; 2Chr. 17,3; 2Chr. 20,34; 2Chr. 21,2; 2Chr. 21,2; 2Chr. 21,12; 2Chr. 22,9; Joel 4,2)
    Noun · masculine · singular · nominative · (proper) ▸ **53** (2Sam. 8,16; 2Sam. 20,24; 1Kings 4,3; 1Kings 4,19; 1Kings 15,24; 1Kings 16,28a; 1Kings 16,28c; 1Kings 16,28f; 1Kings 16,28g; 1Kings 16,28h; 1Kings 22,2; 1Kings 22,4; 1Kings 22,5; 1Kings 22,7; 1Kings 22,8; 1Kings 22,10; 1Kings 22,29; 1Kings 22,32; 1Kings 22,41; 1Kings 22,42; 1Kings 22,45; 1Kings 22,51; 2Kings 3,11; 2Kings 3,12; 2Kings 3,12; 2Kings 12,19; 1Chr. 3,10; 1Chr. 11,43; 1Chr. 15,24; 1Chr. 18,15; 2Chr. 17,1; 2Chr. 17,1; 2Chr. 17,12; 2Chr. 18,4; 2Chr. 18,6; 2Chr. 18,7; 2Chr. 18,9; 2Chr. 18,28; 2Chr. 18,31; 2Chr. 19,1; 2Chr. 19,4; 2Chr. 19,8; 2Chr. 20,3; 2Chr. 20,5; 2Chr. 20,15; 2Chr. 20,18; 2Chr. 20,20; 2Chr. 20,25; 2Chr. 20,27; 2Chr. 20,30; 2Chr. 20,31; 2Chr. 20,35; 2Chr. 21,1)
    Noun · masculine · singular · vocative · (proper) ▸ **1** (2Chr. 19,2)
Ἰωσαφάτ Jehosaphat ▸ 2
  Ἰωσαφάτ ▸ 1
    Noun · masculine · singular · accusative · (proper) ▸ **1** (Matt. 1,8)
  Ἰωσαφάτ ▸ 1
    Noun · masculine · singular · nominative · (proper) ▸ **1** (Matt. 1,8)
Ἰωσάφιας Josaphiah ▸ 1
  Ιωσαφιου ▸ 1
    Noun · masculine · singular · genitive · (proper) ▸ **1** (1Esdr. 8,36)
Ιωσεδεκ Jozadak ▸ 18
  Ιωσεδεκ ▸ 18
    Noun · masculine · singular · accusative · (proper) ▸ **1** (Sir. 49,12)
    Noun · masculine · singular · genitive · (proper) ▸ **16** (1Esdr. 5,5; 1Esdr. 5,47; 1Esdr. 5,54; 1Esdr. 6,2; 1Esdr. 9,19; Ezra 3,2; Ezra 3,8; Ezra 5,2; Ezra 10,18; Neh. 12,26; Hag. 1,1; Hag. 1,12; Hag. 1,14; Hag. 2,2; Hag. 2,4; Zech. 6,11)
    Noun · masculine · singular · nominative · (proper) ▸ **1** (Jer. 23,6)
Ιωσείας Josiah ▸ 1
  Ιωσιου ▸ 1
    Noun · masculine · singular · genitive · (proper) ▸ **1** (Zech. 6,10)
Ιωσεφια Josiphiah ▸ 1
  Ιωσεφια ▸ 1
    Noun · masculine · singular · genitive · (proper) ▸ **1** (Ezra 8,10)
Ιωσηπος Josephus ▸ 4
  Ιωσηπον ▸ 2
    Noun · masculine · singular · accusative · (proper) ▸ **2** (1Mac. 5,18; 2Mac. 8,22)
  Ιωσηπος ▸ 2
    Noun · masculine · singular · nominative · (proper) ▸ **2** (1Esdr. 9,34; 1Mac. 5,60)
Ἰώσηπος Josephus ▸ 1
  Ιωσηπον ▸ 1
    Noun · masculine · singular · accusative · (proper) ▸ **1** (2Mac. 10,19)
Ἰωσῆς Joses ▸ 3
  Ἰωσῆτος ▸ 3
    Noun · masculine · singular · genitive · (proper) ▸ **3** (Mark 6,3; Mark 15,40; Mark 15,47)
Ιωσηφ Joseph ▸ 227 + 2 = 229
  Ιωσηφ ▸ 227 + 2 = 229
    Noun · masculine · singular · accusative · (proper) ▸ **34** (Gen. 30,24; Gen. 30,25; Gen. 33,2; Gen. 37,3; Gen. 37,13; Gen. 37,23; Gen. 37,28; Gen. 37,28; Gen. 37,28; Gen. 37,29; Gen. 37,33; Gen. 37,36; Gen. 39,5; Gen. 39,7; Gen. 39,20; Gen. 41,14; Gen. 41,55; Gen. 41,57; Gen. 43,16; Gen. 43,25; Gen. 44,14; Gen. 45,17; Gen. 46,28; Gen. 46,30; Gen. 47,5; Gen. 47,5; Gen. 47,15; Gen. 47,17; Gen. 47,29; Gen. 48,11; Gen. 50,16; Ex. 1,8; 4Mac. 18,11; Psa. 79,2)
    Noun · masculine · singular · dative · (proper) ▸ **21** (Gen. 39,10; Gen. 40,4; Gen. 40,9; Gen. 40,16; Gen. 41,15; Gen. 41,17; Gen. 41,39; Gen. 41,41; Gen. 41,44; Gen. 41,50; Gen. 45,1; Gen. 48,1; Gen. 48,3; Gen. 48,21; Gen. 50,17; Deut. 33,13; Josh. 17,1; 1Chr. 5,1; 1Chr. 25,9; Psa. 80,6; Ezek. 37,16)
    Noun · masculine · singular · genitive · (proper) ▸ **66 + 2 = 68** (Gen. 37,31; Gen. 39,2; Gen. 39,4; Gen. 39,6; Gen. 39,21; Gen. 39,22; Gen. 39,23; Gen. 41,42; Gen. 41,45; Gen. 42,3; Gen. 42,4; Gen. 42,6; Gen. 43,15; Gen. 43,17; Gen. 43,18; Gen. 43,19; Gen. 44,2; Gen. 45,16; Gen. 45,27; Gen. 46,20; Gen. 46,27; Gen. 47,3; Gen. 48,8; Gen. 49,26; Gen. 50,8; Gen. 50,15; Gen. 50,23; Ex. 13,19; Num. 1,10; Num. 1,30; Num. 13,7; Num. 13,11; Num. 26,32; Num. 26,41; Num. 27,1; Num. 32,33; Num. 34,23; Num. 36,1; Num. 36,5; Num. 36,12; Deut. 33,16; Josh. 14,4; Josh. 16,1; Josh. 16,4; Josh. 17,14; Josh. 17,17; Josh. 18,5; Josh. 18,11; Josh. 24,32; Judg. 1,22; Judg. 1,35; 2Sam. 19,21; 1Kings 11,28; 1Kings 12,24b; 1Chr. 5,2; 1Chr. 7,29; Judith 8,1; Psa. 76,16; Psa. 77,67; Amos 5,6; Amos 5,15; Amos 6,6; Obad. 18; Zech. 10,6; Ezek. 37,19; Ezek. 48,32; Judg. 1,22; Judg. 1,35)
    Noun · masculine · singular · nominative · (proper) ▸ **106** (Gen. 33,7; Gen. 35,24; Gen. 37,2; Gen. 37,2; Gen. 37,5; Gen. 37,17; Gen. 37,23; Gen. 39,1; Gen. 39,4; Gen. 39,6; Gen. 39,11; Gen. 40,3; Gen. 40,6; Gen. 40,8; Gen. 40,12; Gen. 40,18; Gen. 40,22; Gen. 40,23; Gen. 41,16; Gen. 41,25; Gen. 41,46; Gen. 41,46; Gen. 41,49; Gen. 41,51; Gen. 41,54; Gen. 41,56; Gen. 42,6; Gen. 42,7; Gen. 42,8; Gen. 42,9; Gen. 42,14; Gen. 42,23; Gen. 42,24; Gen. 42,25; Gen. 42,36; Gen. 43,17; Gen. 43,26; Gen. 43,29; Gen. 43,30; Gen. 44,1; Gen. 44,4; Gen. 44,15; Gen. 44,17; Gen. 45,1;

Gen. 45,3; Gen. 45,3; Gen. 45,4; Gen. 45,4; Gen. 45,9; Gen. 45,21; Gen. 45,26; Gen. 45,27; Gen. 45,28; Gen. 46,4; Gen. 46,5; Gen. 46,19; Gen. 46,29; Gen. 46,31; Gen. 47,1; Gen. 47,7; Gen. 47,11; Gen. 47,12; Gen. 47,14; Gen. 47,14; Gen. 47,16; Gen. 47,17; Gen. 47,20; Gen. 47,22; Gen. 47,23; Gen. 47,26; Gen. 48,2; Gen. 48,9; Gen. 48,12; Gen. 48,13; Gen. 48,17; Gen. 48,17; Gen. 48,18; Gen. 49,22; Gen. 50,1; Gen. 50,2; Gen. 50,4; Gen. 50,7; Gen. 50,14; Gen. 50,15; Gen. 50,17; Gen. 50,19; Gen. 50,22; Gen. 50,22; Gen. 50,23; Gen. 50,24; Gen. 50,25; Gen. 50,26; Ex. 1,5; Ex. 1,6; Ex. 13,19; Deut. 27,12; Josh. 24,32; 1Chr. 2,2; 1Chr. 25,2; Ezra 10,42; Neh. 12,14; 1Mac. 2,53; 1Mac. 5,56; 4Mac. 2,2; Psa. 104,17; Sir. 49,15)

Ἰωσήφ Joseph ▸ 35
- Ἰωσήφ ▸ 6
  - **Noun** · masculine · singular · accusative · (proper) ▸ 1 (Acts 7,18)
  - **Noun** · masculine · singular · dative · (proper) ▸ 2 (Matt. 1,18; Mark 15,45)
  - **Noun** · masculine · singular · genitive · (proper) ▸ 2 (John 6,42; Acts 7,13)
  - **Noun** · masculine · singular · nominative · (proper) ▸ 1 (Matt. 27,57)
- Ἰωσὴφ ▸ 29
  - **Noun** · masculine · singular · accusative · (proper) ▸ 4 (Matt. 1,16; Luke 2,16; Acts 1,23; Acts 7,9)
  - **Noun** · masculine · singular · dative · (proper) ▸ 3 (Matt. 2,13; Matt. 2,19; John 4,5)
  - **Noun** · masculine · singular · genitive · (proper) ▸ 8 (Matt. 27,56; Luke 3,23; Luke 3,24; Luke 3,30; Luke 4,22; John 1,45; Heb. 11,21; Rev. 7,8)
  - **Noun** · masculine · singular · nominative · (proper) ▸ 13 (Matt. 1,19; Matt. 1,24; Matt. 13,55; Matt. 27,59; Mark 15,43; Luke 1,27; Luke 2,4; Luke 23,50; John 19,38; Acts 4,36; Acts 7,13; Acts 7,14; Heb. 11,22)
  - **Noun** · masculine · singular · vocative · (proper) ▸ 1 (Matt. 1,20)

Ἰωσήχ Josech ▸ 1
- Ἰωσὴχ ▸ 1
  - **Noun** · masculine · singular · genitive · (proper) ▸ 1 (Luke 3,26)

Ιωσια Josiah ▸ 19
- Ιωσια ▸ 19
  - **Noun** · masculine · singular · genitive · (proper) ▸ 15 (1Chr. 3,15; Jer. 1,2; Jer. 1,3; Jer. 1,3; Jer. 3,6; Jer. 22,11; Jer. 22,11; Jer. 22,18; Jer. 25,1; Jer. 25,3; Jer. 33,1; Jer. 43,1; Jer. 43,2; Jer. 44,1; Jer. 51,31)
  - **Noun** · masculine · singular · nominative · (proper) ▸ 4 (1Chr. 3,14; 1Chr. 4,34; 1Chr. 11,46; 1Chr. 25,15)

Ιωσιας Josiah ▸ 49
- Ιωσια ▸ 2
  - **Noun** · masculine · singular · dative · (proper) ▸ 2 (2Kings 22,3; 2Kings 23,23)
- Ιωσιαν ▸ 9
  - **Noun** · masculine · singular · accusative · (proper) ▸ 9 (2Kings 21,24; 2Kings 22,9; 2Chr. 33,25; 2Chr. 35,23; 2Chr. 35,24; 2Chr. 35,25; 2Chr. 35,25; 1Esdr. 1,27; 1Esdr. 1,30)
- Ιωσιας ▸ 20
  - **Noun** · masculine · singular · nominative · (proper) ▸ 20 (1Kings 13,2; 2Kings 21,26; 2Kings 22,1; 2Kings 23,16; 2Kings 23,19; 2Kings 23,24; 2Kings 23,29; 2Chr. 34,1; 2Chr. 34,33; 2Chr. 35,1; 2Chr. 35,7; 2Chr. 35,18; 2Chr. 35,19a; 2Chr. 35,20; 2Chr. 35,22; 1Esdr. 1,1; 1Esdr. 1,7; 1Esdr. 1,19; 1Esdr. 1,23; 1Esdr. 1,26)
- Ιωσιου ▸ 18
  - **Noun** · masculine · singular · genitive · (proper) ▸ 18 (2Kings 23,28; 2Kings 23,30; 2Kings 23,34; 2Kings 23,34; 2Chr. 36,1; 2Chr. 36,4; 2Chr. 36,4; 1Esdr. 1,16; 1Esdr. 1,20; 1Esdr. 1,21; 1Esdr. 1,23; 1Esdr. 1,30; 1Esdr. 1,31; 1Esdr. 1,32; 1Esdr. 1,32; Sir. 49,1; Sir. 49,4; Zeph. 1,1)

Ἰωσίας Josiah ▸ 2
- Ἰωσίαν ▸ 1
  - **Noun** · masculine · singular · accusative · (proper) ▸ 1 (Matt. 1,10)
- Ἰωσίας ▸ 1
  - **Noun** · masculine · singular · nominative · (proper) ▸ 1 (Matt. 1,11)

Ιωσίας Josiah ▸ 4
- Ιωσια ▸ 4
  - **Noun** · masculine · singular · genitive · (proper) ▸ 4 (2Chr. 35,16; 2Chr. 35,19; 2Chr. 35,26; Bar. 1,8)

Ιωσφη Joseph ▸ 1
- Ιωσφη ▸ 1
  - **Noun** · masculine · singular · dative · (proper) ▸ 1 (Gen. 47,5)

ἰῶτα iota, smallest letter ▸ 1
- ἰῶτα ▸ 1
  - **Noun** · neuter · singular · nominative ▸ 1 (Matt. 5,18)

Ιωυαν Javan ▸ 4
- Ιωυαν ▸ 4
  - **Noun** · masculine · singular · genitive · (proper) ▸ 2 (Gen. 10,4; 1Chr. 1,7)
  - **Noun** · masculine · singular · nominative · (proper) ▸ 2 (Gen. 10,2; 1Chr. 1,5)

Ιωυκαμ Ioukam (?) ▸ 1
- Ιωυκαμ ▸ 1
  - **Noun** · masculine · singular · nominative · (proper) ▸ 1 (Gen. 36,27)

Ιωφαλητ Pelet ▸ 1
- Ιωφαλητ ▸ 1
  - **Noun** · masculine · singular · nominative · (proper) ▸ 1 (1Chr. 12,3)

Ιωχα Joha ▸ 1
- Ιωχα ▸ 1
  - **Noun** · masculine · singular · nominative · (proper) ▸ 1 (1Chr. 8,16)

Ιωχαβεδ Jochebed ▸ 2
- Ιωχαβεδ ▸ 2
  - **Noun** · feminine · singular · accusative · (proper) ▸ 1 (Ex. 6,20)
  - **Noun** · masculine · singular · nominative · (proper) ▸ 1 (Num. 26,59)

Ιωχαβηδ Ichabod ▸ 1
- Ιωχαβηδ ▸ 1
  - **Noun** · masculine · singular · genitive · (proper) ▸ 1 (1Sam. 14,3)

Ιωχηλ Jarha ▸ 2
- Ιωχηλ ▸ 2
  - **Noun** · masculine · singular · dative · (proper) ▸ 1 (1Chr. 2,35)
  - **Noun** · masculine · singular · nominative · (proper) ▸ 1 (1Chr. 2,34)

Κ, κ

κʹ number: twenty; kappa (letter of alphabet) ▸ 1
  κʹ ▸ 1
    Adjective ▪ neuter ▪ singular ▪ (ordinal ▪ numeral) ▸ 1
    (Psa. 118,153)

καʹ number: twenty-one; (Hebr.) sin/shin ▸ 1
  καʹ ▸ 1
    Adjective ▪ neuter ▪ singular ▪ (ordinal ▪ numeral) ▸ 1
    (Psa. 118,161)

Κααθ Kohath ▸ 44
  Κααθ ▸ 44
    Noun ▪ masculine ▪ singular ▪ accusative ▪ (proper) ▸ 1
    (Num. 4,18)
    Noun ▪ masculine ▪ singular ▪ dative ▪ (proper) ▸ 3
    (Num. 3,27; Num. 26,57; 1Chr. 23,6)
    Noun ▪ masculine ▪ singular ▪ genitive ▪ (proper) ▸ 34
    (Ex. 6,18; Ex. 6,18; Num. 3,19; Num. 3,27; Num. 3,29; Num. 3,30; Num. 4,2; Num. 4,4; Num. 4,15; Num. 4,15; Num. 4,34; Num. 4,37; Num. 7,9; Num. 10,21; Num. 16,1; Josh. 21,4; Josh. 21,5; Josh. 21,10; Josh. 21,20; Josh. 21,20; Josh. 21,26; 1Chr. 5,28; 1Chr. 6,3; 1Chr. 6,7; 1Chr. 6,18; 1Chr. 6,23; 1Chr. 6,46; 1Chr. 6,51; 1Chr. 6,55; 1Chr. 15,5; 1Chr. 23,12; 2Chr. 20,19; 2Chr. 29,12; 2Chr. 34,12)
    Noun ▪ masculine ▪ singular ▪ nominative ▪ (proper) ▸ 6
    (Gen. 46,11; Ex. 6,16; Num. 3,17; Num. 26,58; 1Chr. 5,27; 1Chr. 6,1)

Κααθι Kohathite ▸ 2
  Κααθι ▸ 2
    Noun ▪ masculine ▪ singular ▪ genitive ▪ (proper) ▸ 1 (1Chr. 6,39)
    Noun ▪ masculine ▪ singular ▪ nominative ▪ (proper) ▸ 1
    (Num. 26,57)

Κααθίτης Kohathite ▸ 1
  Κααθίτης ▸ 1
    Noun ▪ masculine ▪ singular ▪ nominative ▪ (proper) ▸ 1
    (1Chr. 9,32)

Καβασαηλ Kabzeel ▸ 1
  Καβασαηλ ▸ 1
    Noun ▪ masculine ▪ singular ▪ accusative ▪ (proper) ▸ 1
    (1Chr. 11,22)

Καβεσεηλ Kabzeel ▸ 1
  Καβεσεηλ ▸ 1
    Noun ▪ singular ▪ genitive ▪ (proper) ▸ 1 (2Sam. 23,20)

κάβος cab, grain measure ▸ 1
  κάβου ▸ 1
    Noun ▪ masculine ▪ singular ▪ genitive ▪ (common) ▸ 1 (2Kings 6,25)

Καβσαϊμ Kibzaim ▸ 1
  Καβσαϊμ ▸ 1
    Noun ▪ feminine ▪ singular ▪ accusative ▪ (proper) ▸ 1
    (Josh. 21,22)

Καβσεηλ Kabzeel ▸ 1
  Καβσεηλ ▸ 1
    Noun ▪ singular ▪ nominative ▪ (proper) ▸ 1 (Josh. 15,21)

Καδες Kadesh ▸ 2
  Καδες ▸ 2
    Noun ▪ singular ▪ nominative ▪ (proper) ▸ 1 (Josh. 19,37)
    Noun ▪ feminine ▪ singular ▪ accusative ▪ (proper) ▸ 1
    (Josh. 21,32)

καδημιμ (Hebr.) ancient ▸ 1
  καδημιμ ▸ 1
    Noun ▪ masculine ▪ nominative ▪ (common) ▸ 1 (Judg. 5,21)

Καδημωθ Kedemoth ▸ 1
  Καδημωθ ▸ 1
    Noun ▪ feminine ▪ singular ▪ accusative ▪ (proper) ▸ 1 (1Chr. 6,64)

Καδης Kadesh ▸ 37 + 5 = 42
  Καδης ▸ 37 + 5 = 42
    Noun ▪ singular ▪ accusative ▪ (proper) ▸ 2 + 1 = 3
    (Josh. 15,3; Josh. 15,3; Judg. 11,16)
    Noun ▪ singular ▪ dative ▪ (proper) ▸ 5 + 1 = 6 (Num. 20,1; Num. 20,16; Deut. 1,46; Josh. 14,6; Judg. 11,17; Judg. 11,17)
    Noun ▪ singular ▪ genitive ▪ (proper) ▸ 25 + 3 = 28 (Gen. 16,14; Gen. 20,1; Num. 13,26; Num. 20,14; Num. 20,22; Num. 27,14; Num. 32,8; Num. 33,37; Num. 34,4; Deut. 1,2; Deut. 1,19; Deut. 2,14; Deut. 9,23; Deut. 32,51; Deut. 33,2; Josh. 10,41; Josh. 12,21; Josh. 14,7; Josh. 15,1; Judg. 11,16; Judith 1,9; Judith 5,14; Psa. 28,8; Ezek. 47,19; Ezek. 48,28; Judg. 4,6; Judg. 4,9; Judg. 4,10)
    Noun ▪ singular ▪ nominative ▪ (proper) ▸ 3
    (Gen. 14,7; Num. 33,36; Josh. 15,23)
    Noun ▪ feminine ▪ singular ▪ accusative ▪ (proper) ▸ 2
    (Josh. 20,7; Josh. 21,34)

καδησιμ (Hebr.) male shrine prostitutes ▸ 1
  καδησιμ ▸ 1
    Noun ▪ masculine ▪ plural ▪ genitive ▪ (common) ▸ 1 (2Kings 23,7)

κάδιον (κάδος) bag, pouch ▸ 2
  κάδιον ▸ 1
    Noun ▪ neuter ▪ singular ▪ accusative ▪ (common) ▸ 1
    (1Sam. 17,49)
  καδίῳ ▸ 1
    Noun ▪ neuter ▪ singular ▪ dative ▪ (common) ▸ 1 (1Sam. 17,40)

Καδμιηλ Kadmiel ▸ 9
    Καδμιηλ ▸ 9
        Noun · masculine · singular · dative · (proper) ▸ **1** (Neh. 7,43)
        Noun · masculine · singular · genitive · (proper) ▸ **3** (Ezra 2,40; Neh. 9,4; Neh. 12,24)
        Noun · masculine · singular · nominative · (proper) ▸ **5** (1Esdr. 5,56; Ezra 3,9; Neh. 9,5; Neh. 10,10; Neh. 12,8)

Καδμιηλος Kadmiel ▸ 1
    Καδμιηλου ▸ 1
        Noun · masculine · singular · genitive · (proper) ▸ **1** (1Esdr. 5,26)

κάδος bucket ▸ 1
    κάδου ▸ 1
        Noun · masculine · singular · genitive · (common) ▸ **1** (Is. 40,15)

καθά (κατά; ὅς) as, just as ▸ 112 + 1 = 113
    Καθὰ ▸ 1
        Conjunction · subordinating ▸ **1** (Jer. 39,42)
    καθὰ ▸ 111 + 1 = 112
        Conjunction · subordinating ▸ 111 + 1 = **112** (Gen. 7,9; Gen. 7,16; Gen. 17,23; Gen. 19,8; Gen. 21,1; Gen. 21,1; Gen. 21,2; Gen. 21,4; Gen. 24,51; Gen. 27,8; Gen. 27,14; Gen. 27,19; Gen. 34,22; Gen. 40,22; Gen. 41,21; Gen. 41,54; Gen. 43,14; Gen. 43,17; Gen. 47,11; Ex. 9,12; Ex. 12,28; Ex. 12,31; Ex. 12,35; Ex. 12,50; Ex. 32,28; Ex. 36,8; Ex. 36,12; Ex. 36,14; Ex. 36,28; Ex. 36,33; Ex. 37,19; Ex. 37,20; Ex. 39,10; Ex. 40,19; Lev. 7,36; Lev. 8,29; Lev. 9,15; Lev. 24,23; Num. 2,33; Num. 4,37; Num. 5,4; Num. 8,3; Num. 8,20; Num. 9,5; Num. 15,23; Num. 15,36; Num. 17,5; Num. 17,26; Num. 18,18; Num. 20,9; Num. 20,27; Num. 27,11; Num. 27,13; Num. 27,22; Num. 31,7; Num. 31,31; Num. 31,41; Num. 32,25; Deut. 3,24; Deut. 4,5; Deut. 6,19; Deut. 6,25; Deut. 8,20; Deut. 10,5; Deut. 10,9; Deut. 15,14; Deut. 17,14; Deut. 26,14; Deut. 26,15; Deut. 31,3; Deut. 31,4; Josh. 4,18; Josh. 7,25; Josh. 8,31 # 9,2b; Josh. 13,14; Josh. 14,12; Josh. 18,4; Josh. 23,5; Josh. 23,14; Josh. 24,31a; Judg. 1,20; Judg. 6,27; 1Sam. 8,5; 1Sam. 8,7; 2Sam. 13,29; 1Kings 20,11; 1Kings 20,11; 2Kings 7,17; 2Kings 7,18; 2Kings 15,9; 2Kings 17,41; 1Esdr. 4,52; Esth. 1,21; Judith 4,8; Judith 7,16; Judith 8,25; Judith 8,30; Judith 11,4; Judith 11,23; Judith 13,11; 1Mac. 10,37; 1Mac. 15,41; 2Mac. 11,31; Job 34,11; Wis. 3,10; Sol. 2,12; Jer. 51,17; Jer. 51,30; Bar. 1,6; Bar. 2,2; Bar. 2,28; Matt. 27,10)

καθαγιάζω (κατά; ἅγος) to devote, sanctify, consecrate ▸ 6
    καθαγιάσει ▸ 1
        Verb · third · singular · future · active · indicative ▸ **1** (Lev. 27,26)
    καθαγιασθῇ ▸ 1
        Verb · third · singular · aorist · passive · subjunctive ▸ **1** (2Mac. 2,8)
    καθαγίασον ▸ 1
        Verb · second · singular · aorist · active · imperative ▸ **1** (2Mac. 1,26)
    καθηγιασμένον ▸ 1
        Verb · perfect · passive · participle · neuter · singular · accusative ▸ **1** (Lev. 8,9)
    καθηγιασμένου ▸ 1
        Verb · perfect · passive · participle · masculine · singular · genitive ▸ **1** (2Mac. 15,18)
    καθηγιασμένων ▸ 1
        Verb · perfect · passive · participle · neuter · plural · genitive ▸ **1** (1Chr. 26,20)

καθαίρεσις (κατά; αἱρέω) destruction ▸ 2 + 3 = 5
    καθαιρέσει ▸ 1
        Noun · feminine · singular · dative · (common) ▸ **1** (Ex. 23,24)
    καθαίρεσιν ▸ 1 + 3 = 4
        Noun · feminine · singular · accusative · (common) ▸ 1 + 3 = **4** (1Mac. 3,43; 2Cor. 10,4; 2Cor. 10,8; 2Cor. 13,10)

καθαιρέω (κατά; αἱρέω) to take down, destroy ▸ 87 + 8 + 9 = 104
    καθαιρεθῇ ▸ 1
        Verb · third · singular · aorist · passive · subjunctive ▸ **1** (Jer. 38,40)
    καθαιρεθήσεται ▸ 1
        Verb · third · singular · future · passive · indicative ▸ **1** (Ezra 6,11)
    καθαιρεθήσονται ▸ 2
        Verb · third · plural · future · passive · indicative ▸ **2** (Lev. 11,35; Jer. 4,7)
    καθαιρεθῶσιν ▸ 1
        Verb · third · plural · aorist · passive · subjunctive ▸ **1** (Deut. 28,52)
    καθαιρεῖν ▸ 3
        Verb · present · active · infinitive ▸ **3** (1Mac. 9,54; 1Mac. 9,54; Jer. 38,28)
    καθαιρεῖσθαι ▸ 1
        Verb · present · passive · infinitive ▸ **1** (Acts 19,27)
    καθαιρεῖτε ▸ 1
        Verb · second · plural · present · active · indicative ▸ **1** (Job 19,2)
    καθαιροῦντα ▸ 1
        Verb · present · active · participle · masculine · singular · accusative ▸ **1** (Eccl. 10,8)
    καθαιροῦντες ▸ 1
        Verb · present · active · participle · masculine · plural · nominative ▸ **1** (2Cor. 10,4)
    καθαιροῦντές ▸ 1
        Verb · present · active · participle · masculine · plural · nominative ▸ **1** (Tob. 13,14)
    καθαιροῦσιν ▸ 1
        Verb · third · plural · present · active · indicative ▸ **1** (Neh. 2,13)
    καθαιρῶ ▸ 1
        Verb · first · singular · present · active · indicative ▸ **1** (Jer. 51,34)
    καθαιρῶν ▸ 1
        Verb · present · active · participle · masculine · singular · nominative ▸ **1** (Sir. 34,23)
    καθεῖλαν ▸ 4
        Verb · third · plural · aorist · active · indicative ▸ **4** (Gen. 44,11; 1Kings 19,14; 2Chr. 30,14; 2Mac. 10,2)
    καθεῖλεν ▸ 22 + 3 + 1 = 26
        Verb · third · singular · aorist · active · indicative ▸ 22 + 3 + 1 = **26** (Gen. 24,18; Gen. 24,46; Judg. 9,45; 2Kings 14,13; 2Kings 16,17; 2Kings 23,7; 2Kings 23,8; 2Kings 23,12; Judith 13,6; 1Mac. 1,31; 1Mac. 2,25; 1Mac. 5,65; 1Mac. 5,68; 1Mac. 9,54; Ode. 9,52; Prov. 21,22; Sir. 10,14; Sir. 28,14; Is. 14,17; Jer. 52,14; Lam. 2,2; Lam. 2,17; Judg. 6,30; Judg. 6,31; Judg. 9,45; Luke 1,52)
    καθεῖλες ▸ 4
        Verb · second · singular · aorist · active · indicative ▸ **4** (Psa. 9,7; Psa. 59,3; Psa. 79,13; Psa. 88,41)
    καθεῖλον ▸ 8
        Verb · third · plural · aorist · active · indicative ▸ **8** (Josh. 10,27; 2Kings 3,25; 2Kings 10,27; 1Mac. 2,45; 1Mac. 4,45; 1Mac. 6,7; 1Mac. 8,10; Psa. 10,3)
    καθείλοσαν ▸ 2
        Verb · third · plural · aorist · active · indicative ▸ **2** (Josh. 8,29; Is. 22,10)
    καθελεῖ ▸ 3

καθαιρέω–καθαρίζω

Verb · third · singular · future · active · indicative ▸ **3** (Neh. 3,35; Psa. 51,7; Ezek. 26,12)

καθελεῖν ▸ 3 + **1** = 4
Verb · aorist · active · infinitive ▸ 3 + **1** = 4 (1Mac. 4,45; 1Mac. 6,62; Eccl. 3,3; Mark 15,36)

καθελεῖς ▸ 3 + **1** = 4
Verb · second · singular · future · active · indicative ▸ 3 + **1** = 4 (Ex. 23,24; Judg. 6,25; Psa. 27,5; Judg. 6,25)

καθελεῖτε ▸ 2 + **1** = 3
Verb · second · plural · future · active · indicative ▸ 2 + **1** = 3 (Ex. 34,13; Deut. 7,5; Judg. 2,2)

καθέλῃς ▸ 1
Verb · second · singular · aorist · active · subjunctive ▸ **1** (Gen. 27,40)

καθελόντες ▸ 1 + **1** = 2
Verb · aorist · active · participle · masculine · plural · nominative ▸ 1 + **1** = 2 (1Esdr. 6,15; Acts 13,29)

καθελόντος ▸ 1
Verb · aorist · active · participle · masculine · singular · genitive ▸ **1** (2Mac. 12,35)

καθελοῦσιν ▸ 5
Verb · third · plural · future · active · indicative ▸ **5** (Lev. 14,45; Num. 1,51; Num. 4,5; Num. 10,17; Ezek. 16,39)

καθελῶ ▸ 5 + **1** = 6
Verb · first · singular · aorist · active · subjunctive ▸ **1** (Jer. 24,6)
Verb · first · singular · future · active · indicative ▸ 4 + **1** = 5 (Ode. 10,5; Zech. 9,6; Is. 5,5; Jer. 30,10; Luke 12,18)

καθέλω ▸ 1
Verb · first · singular · aorist · active · subjunctive ▸ **1** (Jer. 49,10)

καθελών ▸ 3
Verb · aorist · active · participle · masculine · singular · nominative ▸ **3** (Mark 15,46; Luke 23,53; Acts 13,19)

καθῃρέθη ▸ 1 + **1** = 2
Verb · third · singular · aorist · passive · indicative ▸ 1 + **1** = 2 (Jer. 13,18; Judg. 6,32)

καθῃρέθης ▸ 1
Verb · second · singular · aorist · passive · indicative ▸ **1** (Is. 49,17)

καθῃρημένα ▸ 4
Verb · perfect · passive · participle · neuter · plural · accusative ▸ **3** (1Mac. 4,38; 1Mac. 9,62; 1Mac. 11,4)
Verb · perfect · passive · participle · neuter · plural · nominative ▸ **1** (Neh. 1,3)

καθῃρημένας ▸ 1
Verb · perfect · passive · participle · feminine · plural · accusative ▸ **1** (Ezek. 36,36)

καθῃρημένους ▸ 1
Verb · perfect · passive · participle · masculine · plural · accusative ▸ **1** (2Kings 3,25)

καθῃρημένων ▸ 1
Verb · perfect · passive · participle · masculine · plural · genitive ▸ **1** (Jer. 40,4)

καθῄρητο ▸ 1
Verb · third · singular · imperfect · passive · indicative ▸ **1** (Judg. 6,28)

καθαίρω (καθαρός) to clean, prune ▸ 2 + **1** = 3
ἐκάθαιρεν ▸ 1
Verb · third · singular · imperfect · active · indicative ▸ **1** (2Sam. 4,6)

καθαίρει ▸ 1
Verb · third · singular · present · active · indicative ▸ **1** (John 15,2)

καθαίρεται ▸ 1
Verb · third · singular · present · passive · indicative ▸ **1** (Is. 28,27)

καθάπερ (κατά; ὅς; περ) as, just as, like ▸ 82 + **1** + 13 = 96
καθάπερ ▸ 82 + **1** + 12 = 95
Conjunction · subordinating · (correlative) ▸ 82 + **1** + 12 = **95** (Gen. 12,4; Gen. 50,6; Ex. 5,7; Ex. 5,13; Ex. 5,14; Ex. 7,6; Ex. 7,10; Ex. 7,13; Ex. 7,20; Ex. 7,22; Ex. 8,9; Ex. 8,11; Ex. 8,15; Ex. 8,23; Ex. 8,27; Ex. 9,35; Ex. 16,24; Ex. 17,10; Ex. 23,15; Ex. 34,4; Ex. 34,18; Ex. 38,27; Ex. 40,27; Lev. 8,13; Lev. 8,21; Lev. 8,34; Lev. 9,7; Lev. 15,25; Lev. 16,34; Lev. 27,8; Num. 14,19; Num. 17,12; Num. 23,30; Num. 27,23; Deut. 6,3; Deut. 9,3; Deut. 9,18; Deut. 12,20; Deut. 26,18; Josh. 4,8; Josh. 4,12; Josh. 4,23; Josh. 8,5; Josh. 9,21; Josh. 23,8; Josh. 23,10; Judg. 9,33; 2Sam. 16,19; 1Esdr. 8,11; Judith 8,18; Judith 13,3; 2Mac. 2,27; 2Mac. 2,29; 2Mac. 5,18; 2Mac. 6,14; 2Mac. 7,6; 2Mac. 7,37; 2Mac. 15,39; 4Mac. 1,28; 4Mac. 6,10; 4Mac. 8,4; 4Mac. 13,6; 4Mac. 14,6; 4Mac. 14,7; 4Mac. 14,19; 4Mac. 15,25; 4Mac. 15,31; 4Mac. 17,3; Psa. 32,22; Psa. 47,9; Psa. 55,7; Sir. 36,4; Is. 58,11; Jer. 13,11; Jer. 23,27; Bar. 2,20; Dan. 2,8; Dan. 2,8; Dan. 2,10; Dan. 2,11; Dan. 2,41; Dan. 2,45; Tob. 3,8; Rom. 4,6; Rom. 12,4; 1Cor. 10,10; 2Cor. 1,14; 2Cor. 3,13; 2Cor. 3,18; 2Cor. 8,11; 1Th. 2,11; 1Th. 3,6; 1Th. 3,12; 1Th. 4,5; Heb. 4,2)

Καθάπερ ▸ 1
Conjunction · coordinating · (correlative) ▸ **1** (1Cor. 12,12)

καθάπτω (κατά; ἅπτω) to fasten on ▸ 1
καθῆψεν ▸ 1
Verb · third · singular · aorist · active · indicative ▸ **1** (Acts 28,3)

καθαρίζω (καθαρός) to cleanse ▸ 124 + **1** + 31 = 156
ἐκαθάριζεν ▸ 1
Verb · third · singular · imperfect · active · indicative ▸ **1** (Job 1,5)

ἐκαθάρισα ▸ 1
Verb · first · singular · aorist · active · indicative ▸ **1** (Neh. 13,30)

ἐκαθάρισαν ▸ 3
Verb · third · plural · aorist · active · indicative ▸ **3** (Neh. 12,30; Neh. 13,9; 1Mac. 4,43)

ἐκαθάρισεν ▸ 5 + **2** = 7
Verb · third · singular · aorist · active · indicative ▸ 5 + **2** = **7** (Lev. 8,15; 2Chr. 34,5; 1Mac. 13,47; 1Mac. 13,50; 2Mac. 2,18; Acts 10,15; Acts 11,9)

ἐκαθαρίσθη ▸ 3 + **3** = 6
Verb · third · singular · aorist · passive · indicative ▸ 3 + **3** = **6** (Num. 12,15; 2Kings 5,14; Judith 16,18; Matt. 8,3; Mark 1,42; Luke 4,27)

ἐκαθαρίσθημεν ▸ 1
Verb · first · plural · aorist · passive · indicative ▸ **1** (Josh. 22,17)

ἐκαθαρίσθης ▸ 1
Verb · second · singular · aorist · passive · indicative ▸ **1** (Jer. 13,27)

ἐκαθαρίσθησαν ▸ 2 + **2** = 4
Verb · third · plural · aorist · passive · indicative ▸ 2 + **2** = **4** (Ezra 6,20; Neh. 12,30; Luke 17,14; Luke 17,17)

καθαριεῖ ▸ 17 + **1** = 18
Verb · third · singular · future · active · indicative ▸ 17 + **1** = **18** (Ex. 30,10; Ex. 34,7; Lev. 12,7; Lev. 13,6; Lev. 13,13; Lev. 13,17; Lev. 13,23; Lev. 13,28; Lev. 13,34; Lev. 13,37; Lev. 14,48; Lev. 16,19; Lev. 16,20; Num. 14,18; Num. 30,6; Num. 30,9; Sol. 17,30; Heb. 9,14)

καθαριεῖς ▸ 5

Verb · second · singular · future · active · indicative ▸ **5** (Ex. 29,36; Ex. 29,37; Num. 8,15; Deut. 19,13; Sol. 9,6)

καθαρίζει ▸ **1** + **1** = **2**
Verb · third · singular · present · active · indicative ▸ **1** + **1** = **2** (Sol. 3,8; 1John 1,7)

καθαρίζεσθαι ▸ **1**
Verb · present · passive · infinitive ▸ **1** (Heb. 9,23)

καθαρίζεται ▸ **1**
Verb · third · singular · present · passive · indicative ▸ **1** (Heb. 9,22)

καθαρίζετε ▸ **3**
Verb · second · plural · present · active · indicative ▸ **2** (Matt. 23,25; Luke 11,39)
Verb · second · plural · present · active · imperative ▸ **1** (Matt. 10,8)

καθαριζόμενοι ▸ **2**
Verb · present · middle · participle · masculine · plural · nominative ▸ **2** (Neh. 13,22; Is. 66,17)

καθαριζόμενον ▸ **1**
Verb · present · passive · participle · masculine · singular · accusative ▸ **1** (Lev. 14,11)

καθαριζομένου ▸ **6**
Verb · present · passive · participle · masculine · singular · genitive ▸ **6** (Lev. 14,14; Lev. 14,17; Lev. 14,19; Lev. 14,25; Lev. 14,28; Lev. 14,31)

καθαρίζονται ▸ **2**
Verb · third · plural · present · passive · indicative ▸ **2** (Matt. 11,5; Luke 7,22)

καθαρίζων ▸ **2** + **1** = **3**
Verb · present · active · participle · masculine · singular · nominative ▸ **2** + **1** = **3** (Lev. 14,11; Mal. 3,3; Mark 7,19)

καθαριοῦσιν ▸ **1**
Verb · third · plural · future · active · indicative ▸ **1** (Ezek. 43,26)

καθαρίσαι ▸ **14** + **3** = **17**
Verb · aorist · active · infinitive ▸ **13** + **3** = **16** (Lev. 13,7; Lev. 13,59; Lev. 14,23; Lev. 16,30; 2Chr. 29,15; 2Chr. 34,3; 2Chr. 34,8; 1Mac. 4,36; Sir. 38,30; Sol. 17,22; Is. 53,10; Ezek. 39,14; Dan. 11,35; Matt. 8,2; Mark 1,40; Luke 5,12)
Verb · third · singular · aorist · active · optative ▸ **1** (Sol. 18,5)

καθαρίσαντες ▸ **1**
Verb · aorist · active · participle · masculine · plural · nominative ▸ **1** (2Mac. 10,3)

καθαρίσας ▸ **2**
Verb · aorist · active · participle · masculine · singular · nominative ▸ **2** (Acts 15,9; Eph. 5,26)

καθαρίσασθε ▸ **1**
Verb · second · plural · aorist · middle · imperative ▸ **1** (Gen. 35,2)

καθαρίσατε ▸ **1**
Verb · second · plural · aorist · active · imperative ▸ **1** (James 4,8)

Καθαρίσατε ▸ **1**
Verb · second · plural · aorist · active · imperative ▸ **1** (Is. 57,14)

καθαρίσει ▸ **2**
Verb · third · singular · future · active · indicative ▸ **2** (Num. 30,13; Mal. 3,3)

καθαρίσῃ ▸ **3** + **2** = **5**
Verb · third · singular · aorist · active · subjunctive ▸ **3** + **2** = **5** (Ex. 20,7; Deut. 5,11; 1Mac. 4,41; Titus 2,14; 1John 1,9)

καθαρισθείς ▸ **1**
Verb · aorist · passive · participle · masculine · singular · nominative ▸ **1** (Lev. 14,8)

καθαρισθέντα ▸ **1**
Verb · aorist · passive · participle · masculine · singular · accusative ▸ **1** (Lev. 14,7)

καθαρισθέντος ▸ **2**
Verb · aorist · passive · participle · masculine · singular · genitive ▸ **2** (Lev. 14,18; Lev. 14,29)

καθαρισθῇ ▸ **7**
Verb · third · singular · aorist · passive · subjunctive ▸ **7** (Lev. 14,2; Lev. 15,13; Lev. 15,28; Lev. 22,4; Num. 6,9; Sir. 23,10; Ezek. 39,12)

καθαρισθῆναι ▸ **8**
Verb · aorist · passive · infinitive ▸ **8** (Lev. 13,35; 2Mac. 10,7; 4Mac. 1,11; 4Mac. 17,21; Sol. 10,1; Hos. 8,5; Ezek. 44,26; Dan. 11,35)

καθαρισθῇς ▸ **1**
Verb · second · singular · aorist · passive · subjunctive ▸ **1** (Ezek. 24,13)

καθαρισθήσεσθε ▸ **3**
Verb · second · plural · future · passive · indicative ▸ **3** (Lev. 16,30; Num. 31,24; Ezek. 36,25)

καθαρισθήσεται ▸ **10** + **1** = **11**
Verb · third · singular · future · passive · indicative ▸ **10** + **1** = **11** (Lev. 12,8; Lev. 14,20; Lev. 14,57; Lev. 15,28; Num. 31,23; Prov. 25,4; Sir. 34,4; Sol. 10,2; Ezek. 39,16; Dan. 8,14; Dan. 8,14)

καθαρισθήσῃ ▸ **1**
Verb · second · singular · future · passive · indicative ▸ **1** (2Kings 5,10)

καθαρισθήσομαι ▸ **3**
Verb · first · singular · future · passive · indicative ▸ **3** (2Kings 5,12; Psa. 18,14; Psa. 50,9)

καθαρισθῆτε ▸ **1**
Verb · second · plural · aorist · passive · subjunctive ▸ **1** (Jer. 32,29)

καθαρίσθητι ▸ **1** + **3** = **4**
Verb · second · singular · aorist · passive · imperative ▸ **1** + **3** = **4** (2Kings 5,13; Matt. 8,3; Mark 1,41; Luke 5,13)

καθάρισον ▸ **1** + **1** = **2**
Verb · second · singular · aorist · active · imperative ▸ **1** + **1** = **2** (Sir. 38,10; Matt. 23,26)

καθάρισόν ▸ **2**
Verb · second · singular · aorist · active · imperative ▸ **2** (Psa. 18,13; Psa. 50,4)

καθαρίσωμεν ▸ **1**
Verb · first · plural · aorist · active · subjunctive ▸ **1** (2Cor. 7,1)

καθαριῶ ▸ **4**
Verb · first · singular · future · active · indicative ▸ **4** (Jer. 40,8; Ezek. 36,25; Ezek. 36,33; Ezek. 37,23)

κεκαθαρισμένον ▸ **2**
Verb · perfect · passive · participle · masculine · singular · accusative ▸ **1** (2Mac. 14,36)
Verb · perfect · passive · participle · neuter · singular · nominative ▸ **1** (Psa. 11,7)

κεκαθαρισμένους ▸ **1**
Verb · perfect · passive · participle · masculine · plural · accusative ▸ **1** (Heb. 10,2)

κεκαθαρισμένῳ ▸ **1**
Verb · perfect · passive · participle · masculine · singular · dative ▸ **1** (Lev. 14,4)

κεκαθάρισται ▸ **1**
Verb · third · singular · perfect · middle · indicative ▸ **1** (1Sam. 20,26)

καθαριότης (καθαρός) purity, brightness ▸ **6**

καθαριότητα ▸ 4
   Noun ▪ feminine ▪ singular ▪ accusative ▪ (common) ▸ **4** (2Sam. 22,21; 2Sam. 22,25; Psa. 17,21; Psa. 17,25)
καθαριότητι ▸ 1
   Noun ▪ feminine ▪ singular ▪ dative ▪ (common) ▸ **1** (Ex. 24,10)
καθαριότητος ▸ 1
   Noun ▪ feminine ▪ singular ▪ genitive ▪ (common) ▸ **1** (Sir. 43,1)

καθαριόω (καθαρός)   to purify ▸ 1
   Ἐκαθαριώθησαν ▸ 1
      Verb ▪ third ▪ plural ▪ aorist ▪ passive ▪ indicative ▸ **1** (Lam. 4,7)

καθαρισμός (καθαρός)   cleansing, purification ▸ 18 + 7 = 25
   καθαρισμόν ▸ 1
      Noun ▪ masculine ▪ singular ▪ accusative ▪ (common) ▸ **1** (Prov. 14,9)
   καθαρισμὸν ▸ 9 + 2 = 11
      Noun ▪ masculine ▪ singular ▪ accusative ▪ (common) ▸ **9 + 2 = 11** (Lev. 14,32; Lev. 15,13; 1Chr. 23,28; 2Mac. 1,18; 2Mac. 2,16; 2Mac. 2,19; 2Mac. 10,5; 4Mac. 7,6; Job 7,21; John 2,6; Heb. 1,3)
   καθαρισμός ▸ 1
      Noun ▪ masculine ▪ singular ▪ nominative ▪ (common) ▸ **1** (2Mac. 1,36)
   καθαρισμὸς ▸ 1
      Noun ▪ masculine ▪ singular ▪ nominative ▪ (common) ▸ **1** (Dan. 12,6)
   καθαρισμοῦ ▸ 4 + 5 = 9
      Noun ▪ masculine ▪ singular ▪ genitive ▪ (common) ▸ **4 + 5 = 9** (Ex. 29,36; Ex. 30,10; Neh. 12,45; Psa. 88,45; Mark 1,44; Luke 2,22; Luke 5,14; John 3,25; 2Pet. 1,9)
   καθαρισμῷ ▸ 2
      Noun ▪ masculine ▪ singular ▪ dative ▪ (common) ▸ **2** (Num. 14,18; Sir. 51,20)

καθαρός   pure ▸ 155 + 5 + 27 = 187
   καθαρά ▸ 4 + 1 + 1 = 6
      Adjective ▪ feminine ▪ singular ▪ nominative ▪ noDegree ▸ 4 + 1 = **5** (Tob. 3,14; Job 16,17; Job 33,3; Mal. 1,11; Tob. 3,14)
      Adjective ▪ neuter ▪ plural ▪ nominative ▸ **1** (Rom. 14,20)
   καθαρὰ ▸ 9 + 3 = 12
      Adjective ▪ feminine ▪ singular ▪ nominative ▪ noDegree ▸ 6 + 1 = **7** (Lev. 14,53; Num. 5,28; Judith 12,9; Job 33,3; Is. 35,8; Is. 47,11; James 1,27)
      Adjective ▪ neuter ▪ plural ▪ accusative ▪ noDegree ▸ **2** (Lev. 14,4; Lev. 14,49)
      Adjective ▪ neuter ▪ plural ▪ nominative ▪ noDegree ▸ 1 + 2 = **3** (Job 25,5; Luke 11,41; Titus 1,15)
   καθαρᾷ ▸ 3 + 1 + 3 = 7
      Adjective ▪ feminine ▪ singular ▪ dative ▪ noDegree ▸ 3 + 1 + 3 = **7** (Gen. 20,5; Gen. 20,6; Tob. 8,15; Tob. 8,15; Matt. 27,59; 1Tim. 3,9; 2Tim. 1,3)
   καθαραί ▸ 1
      Adjective ▪ feminine ▪ plural ▪ nominative ▪ noDegree ▸ **1** (Prov. 14,4)
   καθαραῖς ▸ 2
      Adjective ▪ feminine ▪ plural ▪ dative ▪ noDegree ▸ **2** (Job 9,30; Job 22,30)
   καθαρὰν ▸ 7
      Adjective ▪ feminine ▪ singular ▪ accusative ▪ noDegree ▸ **7** (Ex. 31,8; Ex. 39,16; Lev. 24,6; Psa. 50,12; Job 11,13; Zech. 3,5; Zech. 3,5)
   καθαρᾶς ▸ 2 + 3 = 5
      Adjective ▪ feminine ▪ singular ▪ genitive ▪ noDegree ▸ 2 + 3 = **5** (Lev. 24,4; 2Chr. 13,11; 1Tim. 1,5; 2Tim. 2,22; 1Pet. 1,22)
   καθαροὶ ▸ 4 + 1 = 5
      Adjective ▪ masculine ▪ plural ▪ nominative ▪ noDegree ▸ 4 + 1 = **5** (Num. 8,7; 2Chr. 9,15; Ezra 6,20; Is. 1,16; Matt. 5,8)
   καθαροί ▸ 2 + 3 = 5
      Adjective ▪ masculine ▪ plural ▪ nominative ▪ noDegree ▸ 2 + 3 = **5** (Gen. 44,10; Neh. 2,20; John 13,10; John 13,11; John 15,3)
   καθαροῖς ▸ 1
      Adjective ▪ masculine ▪ plural ▪ dative ▸ **1** (Titus 1,15)
   καθαρόν ▸ 13 + 1 + 4 = 18
      Adjective ▪ masculine ▪ singular ▪ accusative ▪ noDegree ▸ **4** (Lev. 4,12; Lev. 6,4; Lev. 15,8; Num. 19,9)
      Adjective ▪ neuter ▪ singular ▪ accusative ▪ noDegree ▸ 4 + 2 = **6** (Ex. 30,35; Ezra 2,69; Is. 1,25; Ezek. 36,25; Rev. 19,8; Rev. 19,14)
      Adjective ▪ neuter ▪ singular ▪ nominative ▪ noDegree ▸ 5 + 1 + 2 = **8** (Lev. 11,36; Lev. 13,13; Job 11,15; Is. 14,19; Dan. 7,9; Dan. 7,9; Matt. 23,26; Titus 1,15)
   καθαρὸν ▸ 16 + 3 = 19
      Adjective ▪ masculine ▪ singular ▪ accusative ▪ noDegree ▸ **3** (Lev. 24,7; Num. 19,3; Job 22,25)
      Adjective ▪ neuter ▪ singular ▪ accusative ▪ noDegree ▸ 8 + 1 = **9** (Ex. 27,20; Ex. 28,36; Ex. 38,25; Lev. 24,2; Num. 5,17; Deut. 14,11; Deut. 14,20; Jer. 4,11; Rev. 15,6)
      Adjective ▪ neuter ▪ singular ▪ nominative ▪ noDegree ▸ 5 + 2 = **7** (Lev. 11,32; Lev. 11,37; Lev. 13,58; Lev. 15,12; Prov. 25,4; Rev. 21,18; Rev. 21,21)
   Καθαρός ▸ 2
      Adjective ▪ masculine ▪ singular ▪ nominative ▪ noDegree ▸ **2** (Job 11,4; Job 33,9)
   καθαρός ▸ 9 + 1 = 10
      Adjective ▪ masculine ▪ singular ▪ nominative ▪ noDegree ▸ 9 + 1 = **10** (Lev. 13,17; Lev. 13,37; Lev. 13,39; Lev. 13,39; Lev. 13,40; Lev. 13,41; Prov. 12,27; Is. 14,20; Is. 65,5; Acts 20,26)
   Καθαρὸς ▸ 1
      Adjective ▪ masculine ▪ singular ▪ nominative ▪ noDegree ▸ **1** (Sus. 46)
   καθαρὸς ▸ 34 + 2 = 36
      Adjective ▪ masculine ▪ singular ▪ nominative ▪ noDegree ▸ 34 + 2 = **36** (Gen. 24,8; Lev. 7,19; Lev. 13,6; Lev. 13,34; Lev. 14,7; Lev. 14,8; Lev. 14,9; Lev. 15,13; Lev. 17,15; Lev. 22,7; Num. 9,13; Num. 18,11; Num. 18,13; Num. 19,9; Num. 19,12; Num. 19,12; Num. 19,18; Num. 19,19; Deut. 12,15; Deut. 12,22; Deut. 15,22; Deut. 23,11; 1Sam. 20,26; 2Mac. 7,40; Psa. 23,4; Prov. 20,9; Job 4,7; Job 4,17; Job 8,6; Job 14,4; Job 15,15; Job 17,9; Sol. 17,36; Hab. 1,13; John 13,10; Acts 18,6)
   καθαροῦ ▸ 19
      Adjective ▪ masculine ▪ singular ▪ genitive ▪ noDegree ▸ **1** (2Chr. 4,16)
      Adjective ▪ neuter ▪ singular ▪ genitive ▪ noDegree ▸ **18** (Ex. 25,17; Ex. 25,23; Ex. 25,29; Ex. 25,31; Ex. 25,36; Ex. 25,38; Ex. 25,39; Ex. 28,13; Ex. 28,14; Ex. 28,22; Ex. 36,22; Ex. 36,37; Ex. 38,9; 2Chr. 4,20; 2Chr. 4,21; Prov. 8,10; Ezek. 22,26; Ezek. 44,23)
   καθαροὺς ▸ 2
      Adjective ▪ masculine ▪ plural ▪ accusative ▪ noDegree ▸ **2** (Ex. 30,4; Wis. 14,24)
   καθαρῷ ▸ 11 + 1 + 2 = 14
      Adjective ▪ masculine ▪ singular ▪ dative ▪ noDegree ▸ 1 + 1 = **2** (Eccl. 9,2; Rev. 21,18)
      Adjective ▪ neuter ▪ singular ▪ dative ▪ noDegree ▸ 10 + 1 + 1 = **12** (Ex. 25,11; Ex. 25,28; Ex. 30,3; Ex. 38,2; 2Chr. 3,4; 2Chr. 3,5; 2Chr. 3,8; Tob. 13,17; Job 28,19; Job 33,26; Tob. 13,17; Heb. 10,22)

καθαρῶν ▸ 15
  Adjective · masculine · plural · genitive · noDegree ▸ **1** (Judith 10,5)
  Adjective · neuter · plural · genitive · noDegree ▸ **14** (Gen. 7,2; Gen. 7,2; Gen. 7,3; Gen. 7,3; Gen. 7,8; Gen. 7,8; Gen. 8,20; Gen. 8,20; Lev. 10,10; Lev. 11,47; Lev. 20,25; Lev. 20,25; Wis. 7,23; Wis. 15,7)

καθαρότης (καθαρός) purification ▸ 1 + 1 = 2
  καθαρότητα ▸ **1** + **1** = **2**
    Noun · feminine · singular · accusative · (common) ▸ **1** + **1** = **2** (Wis. 7,24; Heb. 9,13)

καθάρσιος (καθαρός) cleansing, purifying ▸ 1
  καθάρσιον ▸ **1**
    Noun · neuter · singular · accusative · (common) ▸ **1** (4Mac. 6,29)

κάθαρσις (καθαρός) cleansing ▸ 4
  καθάρσει ▸ **1**
    Noun · feminine · singular · dative · (common) ▸ **1** (Jer. 32,29)
  καθάρσεως ▸ **2**
    Noun · feminine · singular · genitive · (common) ▸ **2** (Lev. 12,4; Lev. 12,6)
  κάθαρσιν ▸ **1**
    Noun · feminine · singular · accusative · (common) ▸ **1** (Ezek. 15,4)

καθέδρα (κατά; ἕζομαι) seat ▸ 16 + 3 = 19
  καθέδρα ▸ **1**
    Noun · feminine · singular · nominative · (common) ▸ **1** (1Sam. 20,18)
  καθέδρᾳ ▸ **1**
    Noun · feminine · singular · dative · (common) ▸ **1** (Psa. 106,32)
  καθέδραν ▸ **9**
    Noun · feminine · singular · accusative · (common) ▸ **9** (1Sam. 20,25; 1Kings 10,5; 2Kings 19,27; 2Chr. 9,4; Psa. 1,1; Psa. 138,2; Sir. 7,4; Sir. 12,12; Lam. 3,63)
  καθέδρας ▸ **5** + **3** = **8**
    Noun · feminine · plural · accusative ▸ **2** (Matt. 21,12; Mark 11,15)
    Noun · feminine · singular · genitive · (common) ▸ **5** + **1** = **6** (1Sam. 20,25; 1Kings 10,19; 2Kings 16,18; 2Kings 17,25; 2Chr. 9,18; Matt. 23,2)

καθέζομαι (κατά; ἕζομαι) to sit ▸ 4 + 7 = 11
  ἐκαθέζετο ▸ **2**
    Verb · third · singular · imperfect · middle · indicative ▸ **2** (John 4,6; John 11,20)
  ἐκαθεζόμην ▸ **1**
    Verb · first · singular · imperfect · middle · indicative ▸ **1** (Matt. 26,55)
  καθεδεῖται ▸ **1**
    Verb · third · singular · future · middle · indicative ▸ **1** (Jer. 37,18)
  καθεδοῦνται ▸ **1**
    Verb · third · plural · future · middle · indicative ▸ **1** (Ezek. 26,16)
  καθεζόμενοι ▸ **1**
    Verb · present · middle · participle · masculine · plural · nominative ▸ **1** (Acts 6,15)
  καθεζόμενον ▸ **1**
    Verb · present · middle · participle · masculine · singular · accusative ▸ **1** (Luke 2,46)
  καθεζόμενος ▸ **1**
    Verb · present · middle · participle · masculine · singular · nominative ▸ **1** (Acts 20,9)
  καθεζομένους ▸ **1**
    Verb · present · middle · participle · masculine · plural · accusative ▸ **1** (John 20,12)
  καθεσθεὶς ▸ **1**
    Verb · aorist · passive · participle · masculine · singular · nominative ▸ **1** (Job 39,27)
  καθεσθήσεται ▸ **1**
    Verb · third · singular · future · passive · indicative ▸ **1** (Lev. 12,5)

καθεῖς (κατά; εἷς 1st homograph) each, one by one ▸ 2
  καθεῖς ▸ **1**
    Adjective · masculine · singular · nominative · noDegree · (cardinal) ▸ **1** (3Mac. 5,34)
  καθένα ▸ **1**
    Adjective · masculine · singular · accusative · noDegree · (cardinal) ▸ **1** (4Mac. 15,14)

κάθεμα necklace, collar ▸ 2
  κάθεμα ▸ **2**
    Noun · neuter · singular · accusative · (common) ▸ **2** (Is. 3,19; Ezek. 16,11)

καθεξῆς (κατά; ἔχω) in order, sequence ▸ 5
  καθεξῆς ▸ **5**
    Adverb · (sequence) ▸ **5** (Luke 1,3; Luke 8,1; Acts 3,24; Acts 11,4; Acts 18,23)

καθεύδω (κατά; εὕδω) to sleep ▸ 33 + 2 + 22 = 57
  ἐκάθευδεν ▸ **11** + **1** = **12**
    Verb · third · singular · aorist · active · indicative ▸ **9** (1Sam. 3,2; 1Sam. 3,3; 1Sam. 3,5; 1Sam. 26,5; 1Sam. 26,5; 1Sam. 26,7; 2Sam. 4,5; 2Sam. 4,6; 2Sam. 4,7)
    Verb · third · singular · imperfect · active · indicative ▸ **2** + **1** = **3** (2Sam. 12,3; Jonah 1,5; Matt. 8,24)
  ἐκάθευδον ▸ **1** + **1** = **2**
    Verb · first · singular · imperfect · active · indicative ▸ **1** + **1** = **2** (Dan. 4,10; Matt. 25,5)
  κάθευδε ▸ **3**
    Verb · second · singular · present · active · imperative ▸ **3** (1Sam. 3,5; 1Sam. 3,6; 1Sam. 3,9)
  καθεύδει ▸ **2** + **3** = **5**
    Verb · third · singular · present · active · indicative ▸ **2** + **3** = **5** (1Kings 18,27; 1Esdr. 4,11; Matt. 9,24; Mark 5,39; Luke 8,52)
  καθεύδειν ▸ **3** + **1** = **4**
    Verb · present · active · infinitive ▸ **3** + **1** = **4** (Gen. 39,10; 1Esdr. 3,6; Judith 14,14; Matt. 13,25)
  καθεύδεις ▸ **2** + **1** = **3**
    Verb · second · singular · present · active · indicative ▸ **2** + **1** = **3** (Gen. 28,13; Ezek. 4,9; Mark 14,37)
  καθεύδετε ▸ **3**
    Verb · second · plural · present · active · indicative ▸ **1** (Luke 22,46)
    Verb · second · plural · present · active · imperative ▸ **2** (Matt. 26,45; Mark 14,41)
  καθεύδῃ ▸ **1**
    Verb · third · singular · present · active · subjunctive ▸ **1** (Mark 4,27)
  καθεύδῃς ▸ **2**
    Verb · second · singular · present · active · subjunctive ▸ **2** (Prov. 3,24; Prov. 6,22)
  καθεύδοντα ▸ **1**
    Verb · present · active · participle · masculine · singular · accusative ▸ **1** (Sir. 22,9)
  καθεύδοντας ▸ **1** + **1** + **5** = **7**

καθεύδω–κάθημαι

Verb · present · active · participle · masculine · plural · accusative ▸ 1 + 1 + 5 = **7** (Tob. 8,13; Tob. 8,13; Matt. 26,40; Matt. 26,43; Mark 13,36; Mark 14,37; Mark 14,40)

καθεύδοντες ▸ 3 + 1 = **4**
    Verb · present · active · participle · masculine · plural · nominative ▸ 3 + 1 = **4** (Psa. 87,6; Amos 6,4; Is. 51,20; 1Th. 5,7)

καθεύδουσιν ▸ **1**
    Verb · third · plural · present · active · indicative ▸ **1** (1Th. 5,7)

καθευδόντων ▸ 1 + 1 = **2**
    Verb · present · active · participle · masculine · plural · genitive ▸ 1 + 1 = **2** (Dan. 12,2; Dan. 12,2)

καθεύδω ▸ **1**
    Verb · first · singular · present · active · indicative ▸ **1** (Song 5,2)

καθεύδωμεν ▸ **2**
    Verb · first · plural · present · active · subjunctive ▸ **2** (1Th. 5,6; 1Th. 5,10)

καθεύδων ▸ 2 + 2 = **4**
    Verb · present · active · participle · masculine · singular · nominative ▸ 2 + 1 = **3** (1Sam. 19,9; 1Sam. 26,7; Mark 4,38)
    Verb · present · active · participle · masculine · singular · vocative · (variant) ▸ **1** (Eph. 5,14)

καθηγεμών (κατά; ἄγω) leader ▸ **1**
    καθηγεμόνα ▸ **1**
        Noun · masculine · singular · accusative · (common) ▸ **1** (2Mac. 10,28)

καθηγητής (κατά; ἄγω) teacher, leader ▸ **2**
    καθηγηταί ▸ **1**
        Noun · masculine · plural · nominative ▸ **1** (Matt. 23,10)
    καθηγητής ▸ **1**
        Noun · masculine · singular · nominative ▸ **1** (Matt. 23,10)

καθήκω (κατά; ἥκω) to belong to; to be lawful, proper ▸ 30 + 2 + 2 = **34**
    καθήκει ▸ 15 + 2 = **17**
        Verb · third · singular · present · active · indicative ▸ 15 + 2 = **17** (Gen. 19,31; Lev. 5,10; Lev. 9,16; Deut. 21,17; 1Sam. 2,16; 1Esdr. 1,13; Tob. 1,8; Tob. 6,13; Tob. 7,10; 1Mac. 10,36; 2Mac. 2,30; 2Mac. 11,36; Sir. 10,23; Hos. 2,7; Ezek. 21,32; Tob. 6,13; Tob. 7,10)
    καθήκειν ▸ **2**
        Verb · present · active · infinitive ▸ **2** (2Mac. 4,19; 3Mac. 1,11)
    καθῆκεν ▸ 1 + 1 = **2**
        Verb · third · singular · imperfect · active · indicative ▸ 1 + 1 = **2** (Judith 11,13; Acts 22,22)
    καθῆκον ▸ **3**
        Verb · present · active · participle · neuter · singular · accusative ▸ **3** (Ex. 5,19; Ex. 16,21; 2Mac. 6,21)
    καθήκοντα ▸ 4 + 1 = **5**
        Verb · present · active · participle · neuter · plural · accusative ▸ 4 + 1 = **5** (Ex. 5,13; Ex. 36,1; 2Mac. 6,4; 3Mac. 4,16; Rom. 1,28)
    καθήκοντας ▸ **2**
        Verb · present · active · participle · masculine · plural · accusative ▸ **2** (Ex. 16,16; Ex. 16,18)
    καθηκούσαις ▸ **1**
        Verb · present · active · participle · feminine · plural · dative ▸ **1** (1Mac. 12,11)
    καθήκουσαν ▸ **1**
        Verb · present · active · participle · feminine · singular · accusative ▸ **1** (1Mac. 10,39)
    καθηκούσας ▸ **1**
        Verb · present · active · participle · feminine · plural · accusative ▸ **1** (2Mac. 14,31)

καθηλόω (κατά; ἧλος) to nail ▸ **1**
    καθήλωσον ▸ **1**
        Verb · second · singular · aorist · active · imperative ▸ **1** (Psa. 118,120)

κάθημαι (κατά; ἧμαι) to sit ▸ 192 + 14 + 91 = **297**
    ἐκαθήμην ▸ **4**
        Verb · first · singular · imperfect · middle · indicative ▸ **4** (1Esdr. 8,69; Ezra 9,3; Jer. 15,17; Ezek. 8,1)
    ἐκάθηντο ▸ **9**
        Verb · third · plural · aorist · middle · indicative ▸ **1** (Jer. 43,12)
        Verb · third · plural · imperfect · middle · indicative ▸ **8** (1Sam. 24,4; 1Kings 22,10; 2Kings 4,38; 2Kings 6,32; 2Kings 9,5; Judith 4,8; 1Mac. 14,9; Ezek. 8,1)
    ἐκάθητο ▸ 33 + 6 + 11 = **50**
        Verb · third · singular · imperfect · middle · indicative ▸ 33 + 6 + 11 = **50** (Gen. 19,1; Gen. 19,30; Gen. 21,16; Gen. 23,10; Gen. 38,11; Ex. 17,12; Judg. 3,20; Judg. 4,5; Judg. 16,9; Judg. 16,12; 1Sam. 1,9; 1Sam. 4,13; 1Sam. 14,2; 1Sam. 22,6; 1Sam. 23,14; 1Sam. 23,18; 1Sam. 27,11; 2Sam. 18,24; 2Sam. 23,10; 1Kings 11,43; 1Kings 17,19; 2Kings 1,9; 2Kings 2,18; 2Kings 6,32; 1Chr. 20,1; 2Chr. 26,21; Esth. 15,6 # 5,1c; Tob. 11,5; Job 2,8; Jonah 4,5; Zech. 5,7; Jer. 43,22; Dan. 7,9; Judg. 3,20; Judg. 4,5; Judg. 13,9; Judg. 16,9; Tob. 11,5; Dan. 7,9; Matt. 13,1; Matt. 15,29; Matt. 26,58; Matt. 26,69; Matt. 28,2; Mark 3,32; Mark 10,46; Luke 18,35; Luke 22,55; John 6,3; Acts 14,8)
    ἐκάθου ▸ **1**
        Verb · second · singular · imperfect · middle · indicative ▸ **1** (Ezek. 23,41)
    κάθῃ ▸ 1 + 1 = **2**
        Verb · second · singular · present · middle · indicative ▸ 1 + 1 = **2** (Prov. 3,24; Acts 23,3)
    κάθημαι ▸ 1 + 1 = **2**
        Verb · first · singular · present · middle · indicative ▸ 1 + 1 = **2** (Jer. 47,10; Rev. 18,7)
    καθήμεθα ▸ **2**
        Verb · first · plural · present · middle · indicative ▸ **2** (2Kings 7,3; Jer. 8,14)
    καθήμεναι ▸ 2 + 1 = **3**
        Verb · present · middle · participle · feminine · plural · nominative ▸ 2 + 1 = **3** (Song 5,12; Ezek. 8,14; Matt. 27,61)
    καθημένη ▸ **5**
        Verb · present · middle · participle · feminine · singular · nominative ▸ **5** (Neh. 2,6; 1Mac. 1,27; Is. 47,8; Jer. 31,18; Jer. 31,19)
    καθημένην ▸ 1 + 1 = **2**
        Verb · present · middle · participle · feminine · singular · accusative ▸ 1 + 1 = **2** (1Esdr. 4,29; Rev. 17,3)
    καθημένης ▸ 1 + 1 = **2**
        Verb · present · middle · participle · feminine · singular · genitive ▸ 1 + 1 = **2** (Judg. 13,9; Rev. 17,1)
    καθήμενοι ▸ 14 + 1 + 7 = **22**
        Verb · present · middle · participle · masculine · plural · nominative ▸ 14 + 1 + 7 = **22** (Josh. 5,8; Judg. 5,10; 2Chr. 18,9; 2Chr. 18,9; Neh. 11,6; Psa. 68,13; Sir. 37,14; Sir. 50,26; Zech. 3,8; Jer. 17,25; Jer. 22,4; Jer. 30,25; Jer. 51,15; Jer. 51,26; Judg. 5,10; Matt. 20,30; Matt. 27,36; Mark 2,6; Luke 5,17; Luke 10,13; Acts 2,2; Rev. 11,16)
    καθημένοις ▸ 3 + 4 = **7**
        Verb · present · middle · participle · masculine · plural · dative ▸ 3 + 2 = **5** (Ode. 9,79; Jer. 51,1; Dan. 9,7; Matt. 4,16; Luke 1,79)
        Verb · present · middle · participle · neuter · plural · dative ▸ **2** (Matt. 11,16; Luke 7,32)

καθήμενον ▸ 8 + 2 + 11 = 21
    Verb · present · middle · participle · masculine · singular · accusative ▸ 7 + 2 + 11 = **20** (Judg. 18,7; 1Kings 1,48; 1Kings 13,14; 1Kings 22,19; 2Chr. 18,18; Is. 6,1; Bel 40; Judg. 18,7; Tob. 7,1; Matt. 9,9; Matt. 26,64; Mark 2,14; Mark 5,15; Mark 14,62; Mark 16,5; Luke 5,27; Luke 8,35; Luke 22,56; Rev. 14,14; Rev. 20,11)
    Verb · present · middle · participle · neuter · singular · accusative ▸ **1** (Jer. 30,26)

καθήμενος ▸ 25 + 2 + 16 = 43
    Verb · present · middle · participle · masculine · singular · nominative ▸ 25 + 2 + 16 = **43** (Lev. 15,6; Deut. 6,7; 1Kings 8,25; 2Kings 14,10; 2Kings 19,15; 2Chr. 6,16; Ezra 9,4; Judith 5,3; Psa. 49,20; Psa. 79,2; Psa. 98,1; Ode. 8,54; Ode. 14,23; Song 8,13; Sir. 1,8; Sir. 38,28; Sir. 38,29; Is. 37,16; Jer. 21,9; Jer. 22,2; Jer. 22,30; Jer. 31,43; Jer. 43,30; Bar. 3,3; Dan. 3,55; Dan. 3,55; Bel 40; Matt. 4,16; Luke 22,69; John 9,8; John 12,15; Acts 3,10; Acts 8,28; Col. 3,1; Rev. 4,2; Rev. 4,3; Rev. 6,2; Rev. 6,5; Rev. 6,8; Rev. 7,15; Rev. 14,16; Rev. 19,11; Rev. 21,5)

Καθημένου ▸ 2
    Verb · present · middle · participle · masculine · singular · genitive ▸ **2** (Matt. 24,3; Matt. 27,19)

καθημένου ▸ 7 + 7 = 14
    Verb · present · middle · participle · masculine · singular · genitive ▸ 7 + 7 = **14** (Gen. 18,1; Ex. 12,29; 1Sam. 4,4; 1Sam. 30,24; 2Sam. 6,2; 1Chr. 13,6; Sir. 40,3; Mark 13,3; Rev. 4,10; Rev. 5,1; Rev. 5,7; Rev. 6,16; Rev. 19,19; Rev. 19,21)

καθημένους ▸ 9 + 6 = 15
    Verb · present · middle · participle · masculine · plural · accusative ▸ 9 + 6 = **15** (Deut. 11,19; 2Kings 18,27; Psa. 106,10; Is. 36,12; Is. 42,7; Jer. 13,13; Jer. 32,29; Jer. 32,30; Jer. 51,13; Mark 3,34; Luke 21,35; John 2,14; Rev. 4,4; Rev. 9,17; Rev. 14,6)

καθημένῳ ▸ 8
    Verb · present · middle · participle · masculine · singular · dative ▸ **8** (Matt. 23,22; 1Cor. 14,30; Rev. 4,9; Rev. 5,13; Rev. 6,4; Rev. 7,10; Rev. 14,15; Rev. 19,4)

καθημένων ▸ 2 + 1 = 3
    Verb · present · middle · participle · masculine · plural · genitive ▸ 2 + 1 = **3** (Ruth 4,4; 1Kings 13,20; Rev. 19,18)

κάθηνται ▸ 2
    Verb · third · plural · present · middle · indicative ▸ **2** (Job 38,40; Ezek. 33,31)

κάθησαι ▸ 5
    Verb · second · singular · present · middle · indicative ▸ **5** (Ex. 18,14; Judg. 5,16; Prov. 6,10; Job 2,9c; Sol. 4,1)

καθήσεσθε ▸ 4 + 1 + 2 = 7
    Verb · second · plural · future · middle · indicative ▸ 4 + 1 + 2 = **7** (Ex. 16,29; Lev. 8,35; Num. 32,6; Zech. 9,12; Judg. 6,10; Matt. 19,28; Luke 22,30)

Καθήσεται ▸ 1
    Verb · third · singular · future · middle · indicative ▸ **1** (Lam. 3,28)

καθήσεται ▸ 13
    Verb · third · singular · future · middle · indicative ▸ **13** (Lev. 12,4; Lev. 13,46; 1Sam. 1,22; 1Sam. 5,7; 1Kings 1,17; 1Kings 1,20; 1Kings 1,24; 1Kings 1,27; 1Kings 1,30; 1Kings 1,35; 1Kings 7,45; Sir. 26,12; Ezek. 44,3)

καθήσῃ ▸ 4
    Verb · second · singular · future · middle · indicative ▸ **4** (1Sam. 20,19; 1Esdr. 4,42; Judith 11,23; Hos. 3,3)

καθῆσθαι ▸ 1 + 2 = 3
    Verb · present · middle · infinitive ▸ 1 + 2 = **3** (Psa. 126,2; Matt. 13,2; Mark 4,1)

κάθησθε ▸ 2 + 1 = 3
    Verb · second · plural · present · middle · indicative ▸ 2 + 1 = **3** (Judg. 18,8; 2Chr. 32,10; Judg. 18,8)

κάθησο ▸ 1
    Verb · second · singular · present · middle · imperative ▸ **1** (2Chr. 25,19)

καθήσομαι ▸ 5
    Verb · first · singular · future · middle · indicative ▸ **5** (Judg. 6,18; 1Sam. 12,2; 1Sam. 20,5; 1Sam. 27,5; 2Sam. 16,18)

καθήσονται ▸ 4
    Verb · third · plural · future · middle · indicative ▸ **4** (Eccl. 10,6; Hos. 3,4; Zech. 8,4; Jer. 28,30)

καθήσονταί ▸ 2
    Verb · third · plural · future · middle · indicative ▸ **2** (2Kings 10,30; 2Kings 15,12)

κάθηται ▸ 8 + 2 = 10
    Verb · third · singular · present · middle · indicative ▸ 8 + 2 = **10** (Ex. 11,5; Judg. 3,24; 1Sam. 27,5; 2Sam. 7,2; 2Sam. 16,3; 2Sam. 19,9; Psa. 46,9; Is. 19,1; Rev. 17,9; Rev. 17,15)

Κάθου ▸ 7 + 1 = 8
    Verb · second · singular · present · middle · imperative ▸ 7 + 1 = **8** (Gen. 38,11; Judg. 17,10; Ruth 3,18; 2Kings 2,2; 2Kings 2,4; 2Kings 2,6; Psa. 109,1; Judg. 17,10)

κάθου ▸ 5 + 7 = 12
    Verb · second · singular · present · middle · imperative ▸ 5 + 7 = **12** (1Sam. 1,23; 1Sam. 22,5; 1Sam. 22,23; 1Kings 2,36; Sir. 9,9; Matt. 22,44; Mark 12,36; Luke 20,42; Acts 2,34; Heb. 1,13; James 2,3; James 2,3)

καθημερινός (κατά; ἡμέρα) daily ▸ 1 + 1 = 2
    καθημερινῇ ▸ 1
        Adjective · feminine · singular · dative ▸ **1** (Acts 6,1)
    καθημερινήν ▸ 1
        Adjective · feminine · singular · accusative · noDegree ▸ **1** (Judith 12,15)

κάθιδρος (κατά; ἵζω) sweating ▸ 1
    κάθιδρος ▸ 1
        Adjective · masculine · singular · nominative · noDegree ▸ **1** (Jer. 8,6)

καθιδρύω (κατά; ἵζω) to set up; dedicate ▸ 3
    καθιδρυμένων ▸ 1
        Verb · perfect · passive · participle · masculine · plural · genitive ▸ **1** (LetterJ 15)
    καθιδρύσαντες ▸ 1
        Verb · aorist · active · participle · masculine · plural · nominative ▸ **1** (3Mac. 7,20)
    καθίδρυσεν ▸ 1
        Verb · third · singular · aorist · active · indicative ▸ **1** (2Mac. 4,12)

καθιζάνω (κατά; ἵζω) to cause to sit ▸ 2
    καθιζάνει ▸ 1
        Verb · third · singular · present · active · indicative ▸ **1** (Prov. 18,16)
    καθιζάνων ▸ 1
        Verb · present · active · participle · masculine · singular · nominative ▸ **1** (Job 12,18)

καθίζω (κατά; ἵζω) to sit, set, place ▸ 209 + 20 + 46 = 275
    ἐκάθισα ▸ 9 + 1 = 10
        Verb · first · singular · aorist · active · indicative ▸ 9 + 1 = **10** (1Kings 8,20; 2Chr. 6,10; 1Esdr. 8,68; Neh. 1,4; Psa. 25,4;

καθίζω

Song 2,3; Job 29,25; Jer. 15,17; Ezek. 3,15; Rev. 3,21)

ἐκαθίσαμεν ▸ 5
Verb · first · plural · aorist · active · indicative ▸ 5 (Ex. 16,3; Ezra 8,32; Ezra 10,2; 1Mac. 10,53; Psa. 136,1)

ἐκάθισαν ▸ 37 + 6 + 3 = 46
Verb · third · plural · aorist · active · indicative ▸ 37 + 6 + 3 = **46** (Gen. 43,33; Judg. 19,6; Judg. 19,15; Judg. 20,47; Judg. 21,2; Ruth 4,2; 1Sam. 13,16; 1Sam. 19,18; 1Sam. 25,13; 1Sam. 30,10; 2Sam. 2,13; 1Kings 20,12; 1Kings 20,13; 2Kings 11,19; 2Kings 13,5; 2Chr. 23,20; Ezra 2,70; Ezra 10,17; Ezra 10,18; Neh. 7,73; Neh. 8,17; Neh. 11,1; Neh. 11,3; Neh. 11,3; Neh. 11,4; Neh. 11,25; Neh. 13,16; Neh. 13,23; Psa. 118,23; Psa. 121,5; Sir. 11,5; Jer. 33,10; Jer. 46,3; Jer. 48,17; Ezek. 14,1; Ezek. 20,1; Ezek. 36,35; Judg. 5,16; Judg. 19,15; Judg. 20,26; Judg. 20,47; Judg. 21,2; Judg. 21,23; Matt. 23,2; Acts 13,14; Rev. 20,4)

Ἐκάθισαν ▸ 2
Verb · third · plural · aorist · active · indicative ▸ 2 (Gen. 37,25; Lam. 2,10)

ἐκάθισας ▸ 5
Verb · second · singular · aorist · active · indicative ▸ 5 (1Mac. 10,55; Psa. 9,5; Sir. 31,12; Sir. 31,18; Jer. 3,2)

ἐκαθίσατε ▸ 1
Verb · second · plural · aorist · active · indicative ▸ 1 (Ezra 10,10)

ἐκάθισε ▸ 1
Verb · third · singular · aorist · active · indicative ▸ 1 (Dan. 7,10)

ἐκάθισέ ▸ 1
Verb · third · singular · aorist · active · indicative ▸ 1 (Dan. 4,37b)

ἐκάθισεν ▸ 72 + 10 + 12 = 94
Verb · third · singular · aorist · active · indicative ▸ 72 + 10 + 12 = **94** (Gen. 8,4; Gen. 21,16; Gen. 38,14; Gen. 48,2; Ex. 2,15; Ex. 32,6; Judg. 6,11; Judg. 9,41; Judg. 11,17; Judg. 19,4; Ruth 2,14; Ruth 2,23; Ruth 4,1; Ruth 4,1; 1Sam. 1,23; 1Sam. 20,25; 1Sam. 20,25; 1Sam. 22,5; 1Sam. 23,14; 1Sam. 24,1; 1Sam. 26,3; 1Sam. 27,3; 1Sam. 27,7; 1Sam. 28,23; 1Sam. 30,21; 2Sam. 1,1; 2Sam. 5,9; 2Sam. 6,11; 2Sam. 7,1; 2Sam. 7,18; 2Sam. 11,1; 2Sam. 11,12; 2Sam. 13,20; 2Sam. 14,28; 2Sam. 15,29; 2Sam. 19,9; 1Kings 1,46; 1Kings 2,12; 1Kings 2,19; 1Kings 2,19; 1Kings 2,38; 1Kings 17,5; 1Kings 19,4; 1Kings 22,1; 2Kings 13,13; 2Kings 17,28; 1Chr. 11,7; 1Chr. 13,14; 1Chr. 17,16; 1Chr. 29,23; 1Esdr. 3,14; Ezra 10,9; Ezra 10,14; 1Mac. 2,1; 1Mac. 7,4; 1Mac. 10,63; 1Mac. 11,52; 1Mac. 14,12; Psa. 1,1; Prov. 9,14; Sir. 10,14; Jonah 3,6; Jonah 4,5; Jer. 44,16; Jer. 44,21; Jer. 45,13; Jer. 45,28; Jer. 46,14; Jer. 47,6; Lam. 1,1; Lam. 1,1a; Lam. 1,3; Judg. 5,17; Judg. 6,11; Judg. 8,29; Judg. 11,17; Judg. 15,8; Judg. 19,4; Judg. 19,6; Judg. 19,7; Tob. 2,10; Dan. 7,10; Mark 11,2; Mark 11,7; Mark 16,19; Luke 4,20; Luke 19,30; John 12,14; John 19,13; Acts 2,3; 1Cor. 10,7; Heb. 1,3; Heb. 8,1; Heb. 10,12)

Ἐκάθισεν ▸ 1
Verb · third · singular · aorist · active · indicative ▸ 1 (Acts 18,11)

ἐκάθισέν ▸ 2
Verb · third · singular · aorist · active · indicative ▸ 2 (Psa. 142,3; Lam. 3,6)

καθιεῖ ▸ 1
Verb · third · singular · future · active · indicative ▸ 1 (Job 36,7)

καθιεῖς ▸ 1
Verb · second · singular · future · active · indicative ▸ 1 (Deut. 25,2)

καθιεῖται ▸ 4
Verb · third · singular · future · middle · indicative ▸ 4 (1Kings 1,13; 1Esdr. 3,7; Mal. 3,3; Jer. 39,5)

καθίεται ▸ 3 + 1 = 4
Verb · third · singular · future · middle · indicative ▸ 3 + 1 = **4** (Deut. 21,13; Zech. 6,13; Is. 16,5; Dan. 11,10)

καθίζετε ▸ 1
Verb · second · plural · present · active · indicative ▸ 1 (1Cor. 6,4)

καθίομαι ▸ 1
Verb · first · singular · future · middle · indicative ▸ 1 (Judg. 6,18)

καθιοῦνται ▸ 3
Verb · third · plural · future · middle · indicative ▸ 3 (Psa. 131,12; Sir. 38,33; Hos. 14,8)

καθίσαι ▸ 10 + 6 = 16
Verb · aorist · active · infinitive ▸ 10 + 6 = **16** (1Sam. 2,8; 1Kings 16,11; 1Chr. 28,5; Neh. 11,1; Neh. 11,2; Neh. 13,27; 1Mac. 2,7; 1Mac. 2,29; Psa. 112,8; Ode. 3,8; Matt. 20,23; Mark 10,40; Acts 2,30; Acts 8,31; 2Th. 2,4; Rev. 3,21)

κάθισαι ▸ 1
Verb · aorist · active · infinitive ▸ 1 (Is. 47,14)

καθίσαντες ▸ 3 + 2 = 5
Verb · aorist · active · participle · masculine · plural · nominative ▸ 3 + 2 = **5** (Num. 11,4; Deut. 1,45; Jer. 49,10; Matt. 13,48; Acts 16,13)

καθίσαντος ▸ 1
Verb · aorist · active · participle · masculine · singular · genitive ▸ 1 (Matt. 5,1)

καθίσας ▸ 3 + 11 = 14
Verb · aorist · active · participle · masculine · singular · nominative ▸ 3 + 11 = **14** (Josh. 5,2; 1Sam. 20,5; Is. 30,8; Mark 9,35; Mark 12,41; Luke 5,3; Luke 14,28; Luke 14,31; Luke 16,6; John 8,2; Acts 12,21; Acts 25,6; Acts 25,17; Eph. 1,20)

Καθίσατε ▸ 4
Verb · second · plural · aorist · active · imperative ▸ 4 (Gen. 22,5; Ruth 4,2; 2Sam. 10,5; 1Chr. 19,5)

καθίσατε ▸ 5 + 3 = 8
Verb · second · plural · aorist · active · imperative ▸ 5 + 3 = **8** (1Kings 20,9; 2Kings 25,24; Job 6,29; Jer. 13,18; Bar. 2,21; Matt. 26,36; Mark 14,32; Luke 24,49)

καθισάτω ▸ 2
Verb · third · singular · aorist · active · imperative ▸ 2 (1Sam. 5,11; 2Sam. 19,38)

καθίσει ▸ 1 + 1 + 1 = 3
Verb · third · singular · future · active · indicative ▸ 1 + 1 + 1 = **3** (Sir. 11,1; Dan. 7,26; Matt. 25,31)

καθίσεται ▸ 1
Verb · third · singular · future · middle · indicative ▸ 1 (Dan. 7,26)

καθίσῃ ▸ 11 + 1 = 12
Verb · third · singular · aorist · active · subjunctive ▸ 11 + 1 = **12** (Lev. 15,4; Lev. 15,6; Lev. 15,22; Lev. 15,23; Lev. 15,26; Deut. 17,18; Prov. 20,8; Prov. 22,10; Prov. 31,23; Jer. 30,12; Jer. 30,28; Matt. 19,28)

καθίσῃς ▸ 3
Verb · second · singular · aorist · active · subjunctive ▸ 3 (Neh. 6,7; Prov. 23,1; Sir. 12,12)

καθίσητε ▸ 1
Verb · second · plural · aorist · active · subjunctive ▸ 1 (Jer. 49,10)

Κάθισον ▸ 2
Verb · second · singular · aorist · active · imperative ▸ 2 (2Sam. 11,12; Is. 47,5)

κάθισον ▸ 7 + 1 = 8

Verb · second · singular · aorist · active · imperative ▸ 7 + 1 = **8** (Gen. 27,19; Ruth 4,1; 1Sam. 19,2; Sir. 32,1; Is. 47,1; Is. 52,2; Jer. 31,18; Sus. 50)

καθίσω ▸ **2**
Verb · first · singular · future · active · indicative ▸ **2** (Psa. 25,5; Mic. 7,8)

καθίσωμεν ▸ 2 + 1 = **3**
Verb · first · plural · aorist · active · subjunctive ▸ 2 + 1 = **3** (2Kings 7,4; Jer. 49,13; Mark 10,37)

καθίσωσιν ▸ **1**
Verb · third · plural · aorist · active · subjunctive ▸ **1** (Matt. 20,21)

καθιῶ ▸ **4**
Verb · first · singular · future · active · indicative ▸ **4** (Joel 4,12; Is. 14,13; Is. 47,8; Jer. 39,37)

κεκάθικεν ▸ **1**
Verb · third · singular · perfect · active · indicative ▸ **1** (Heb. 12,2)

καθίημι (κατά; ἵημι) to let down, drop ▸ 3 + 4 = **7**
Κάθες ▸ **1**
Verb · second · singular · aorist · active · imperative ▸ **1** (Zech. 11,13)

καθῆκαν ▸ **2**
Verb · third · plural · aorist · active · indicative ▸ **2** (Luke 5,19; Acts 9,25)

καθῆκεν ▸ **1**
Verb · third · singular · aorist · active · indicative ▸ **1** (Ex. 17,11)

καθιεμένην ▸ **1**
Verb · present · passive · participle · feminine · singular · accusative ▸ **1** (Acts 11,5)

καθιέμενον ▸ **1**
Verb · present · passive · participle · neuter · singular · accusative ▸ **1** (Acts 10,11)

καθίεται ▸ **1**
Verb · third · singular · present · middle · indicative ▸ **1** (Psa. 28,10)

καθικνέομαι (κατά; ἵκω) to come down to; reach, touch ▸ **1**
καθίξετε ▸ **1**
Verb · second · plural · future · active · indicative ▸ **1** (Ex. 12,22)

καθίπταμαι (κατά; πέτομαι) to fly down ▸ **1**
καθιπτάμενα ▸ **1**
Verb · perfect · middle · participle · neuter · plural · accusative ▸ **1** (Sir. 43,18)

κάθισις (κατά; ἵστημι) dwelling place ▸ **2**
κάθισιν ▸ **2**
Noun · feminine · singular · accusative · (common) ▸ **2** (Jer. 30,2; Jer. 30,25)

καθίστημι (κατά; ἵστημι) to put down, bring to, put in charge, make ▸ 205 + 11 + 21 = **237**
καθειστήκεισαν ▸ **2**
Verb · third · plural · pluperfect · active · indicative ▸ **2** (3Mac. 2,33; 3Mac. 3,5)

καθεστάκαμέν ▸ **1**
Verb · first · plural · perfect · active · indicative ▸ **1** (1Mac. 10,20)

καθεσταμένοι ▸ **7**
Verb · perfect · passive · participle · masculine · plural · nominative ▸ **7** (Num. 31,48; 1Kings 2,35h; 1Kings 4,7; 1Kings 5,1; 1Chr. 9,29; 2Chr. 31,13; 2Chr. 34,10)

καθεσταμένος ▸ **5**
Verb · perfect · passive · participle · masculine · singular · nominative ▸ **5** (Num. 3,32; 2Sam. 3,39; 1Mac. 16,11; 2Mac. 3,4; Jer. 20,1)

καθεσταμένων ▸ **4**
Verb · perfect · passive · participle · masculine · plural · genitive ▸ **4** (1Kings 4,5; 1Kings 5,30; 2Kings 22,5; 2Kings 22,9)

καθεστάναι ▸ **2**
Verb · perfect · active · infinitive ▸ **2** (4Mac. 5,25; 4Mac. 15,4)

καθέστηκαν ▸ **1**
Verb · third · plural · perfect · active · indicative ▸ **1** (2Mac. 14,5)

καθέστηκας ▸ **1**
Verb · second · singular · perfect · active · indicative ▸ **1** (4Mac. 17,5)

καθεστήκασιν ▸ **1**
Verb · third · plural · perfect · active · indicative ▸ **1** (4Mac. 1,18)

καθέστηκε ▸ **1**
Verb · third · singular · perfect · active · indicative ▸ **1** (Wis. 10,7)

καθέστηκεν ▸ **1**
Verb · third · singular · perfect · active · indicative ▸ **1** (4Mac. 17,5)

καθεστηκὸς ▸ **1**
Verb · perfect · active · participle · neuter · singular · accusative ▸ **1** (Ezek. 34,18)

καθεστηκότος ▸ **2**
Verb · perfect · active · participle · masculine · singular · genitive ▸ **2** (Deut. 32,25; Ode. 2,25)

καθεστηκυίας ▸ **1**
Verb · present · active · participle · feminine · singular · genitive ▸ **1** (4Mac. 13,23)

καθεστηκώς ▸ **1**
Verb · perfect · active · participle · masculine · singular · nominative ▸ **1** (2Mac. 4,1)

καθεστηκὼς ▸ **2**
Verb · perfect · active · participle · masculine · singular · nominative ▸ **2** (1Sam. 19,20; 1Sam. 22,9)

καθεστώς ▸ **1**
Verb · perfect · active · participle · masculine · singular · nominative ▸ **1** (2Mac. 4,50)

καθεστῶτα ▸ **1**
Verb · perfect · active · participle · masculine · singular · accusative ▸ **1** (2Mac. 3,28)

καθεστῶτας ▸ **1**
Verb · perfect · active · participle · masculine · plural · accusative ▸ **1** (3Mac. 5,51)

καθεστῶτες ▸ **1**
Verb · perfect · active · participle · masculine · plural · nominative ▸ **1** (2Mac. 12,27)

καθεστῶτι ▸ **2**
Verb · perfect · active · participle · masculine · singular · dative ▸ **2** (3Mac. 4,11; 3Mac. 4,11)

καθεστῶτος ▸ **1**
Verb · perfect · active · participle · neuter · singular · genitive ▸ **1** (3Mac. 4,18)

καθεστώτων ▸ **1**
Verb · perfect · active · participle · masculine · plural · genitive ▸ **1** (2Mac. 12,30)

καθιστᾷ ▸ **1**
Verb · third · singular · present · active · indicative ▸ **1** (Dan. 2,21)

καθιστάναι ▸ **1**
Verb · present · active · infinitive ▸ **1** (1Mac. 14,42)

καθιστάνοντες ▸ **1**

καθίστημι

- **Verb** · present · active · participle · masculine · plural · nominative ▸ **1** (Acts 17,15)

καθιστάντες ▸ **1**
- **Verb** · present · active · participle · masculine · plural · nominative ▸ **1** (3Mac. 3,19)

καθίσταται ▸ **1** + **4** = **5**
- **Verb** · third · singular · present · passive · indicative ▸ **1** + **4** = **5** (Psa. 96,1; Heb. 5,1; Heb. 8,3; James 3,6; James 4,4)

καθίστημι ▸ **1**
- **Verb** · first · singular · present · active · indicative ▸ **1** (Dan. 4,31)

καθίστημί ▸ **2**
- **Verb** · first · singular · present · active · indicative ▸ **2** (Gen. 41,41; 1Mac. 11,57)

καθίστησιν ▸ **2**
- **Verb** · third · singular · present · active · indicative ▸ **2** (Heb. 7,28; 2Pet. 1,8)

καθιστῶν ▸ **3**
- **Verb** · present · active · participle · masculine · singular · nominative ▸ **3** (Deut. 17,15; Dan. 2,21; Dan. 4,37)

κατασταθέντα ▸ **1**
- **Verb** · aorist · passive · participle · masculine · singular · accusative ▸ **1** (Dan. 2,24)

κατασταθέντες ▸ **1**
- **Verb** · aorist · passive · participle · masculine · plural · nominative ▸ **1** (Ex. 5,14)

κατασταθῆναι ▸ **1**
- **Verb** · aorist · passive · infinitive ▸ **1** (Gen. 39,5)

κατασταθήσεσθαι ▸ **2**
- **Verb** · future · passive · infinitive ▸ **2** (2Mac. 13,3; 3Mac. 3,26)

κατασταθήσεται ▸ **4**
- **Verb** · third · singular · future · passive · indicative ▸ **4** (Deut. 25,6; Esth. 16,24 # 8,12x; 1Mac. 10,37; Prov. 29,14)

κατασταθήσονται ▸ **1** + **1** = **2**
- **Verb** · third · plural · future · passive · indicative ▸ **1** + **1** = **2** (1Mac. 10,37; Rom. 5,19)

κατασταθῶσιν ▸ **1**
- **Verb** · third · plural · aorist · passive · subjunctive ▸ **1** (Dan. 2,49)

καταστάντες ▸ **2**
- **Verb** · aorist · active · participle · masculine · plural · nominative ▸ **2** (1Esdr. 2,5; Jer. 51,28)

καταστάς ▸ **1**
- **Verb** · aorist · active · participle · masculine · singular · nominative ▸ **1** (1Esdr. 5,47)

καταστᾶσα ▸ **1**
- **Verb** · aorist · active · participle · feminine · singular · nominative ▸ **1** (1Sam. 1,26)

καταστῇ ▸ **3**
- **Verb** · third · singular · aorist · active · subjunctive ▸ **3** (Deut. 19,16; Josh. 20,3; Josh. 20,9)

καταστῆσαι ▸ **1**
- **Verb** · third · singular · aorist · active · optative ▸ **1** (Deut. 28,13)

καταστῆσαι ▸ **10**
- **Verb** · aorist · active · infinitive ▸ **10** (Deut. 17,15; Esth. 13,2 # 3,13b; 2Mac. 14,13; 3Mac. 3,21; Sir. 48,10; Sol. 18,8; Is. 49,8; LetterJ 33; Dan. 6,4; Dan. 6,5)

καταστῆσαί ▸ **1**
- **Verb** · aorist · active · infinitive ▸ **1** (2Sam. 6,21)

καταστήσαντος ▸ **1**
- **Verb** · aorist · active · participle · masculine · singular · genitive ▸ **1** (2Mac. 5,22)

καταστήσας ▸ **1**
- **Verb** · aorist · active · participle · masculine · singular · nominative ▸ **1** (3Mac. 2,5)

καταστήσασα ▸ **1**
- **Verb** · aorist · active · participle · feminine · singular · nominative ▸ **1** (Esth. 16,5 # 8,12e)

καταστήσατε ▸ **1**
- **Verb** · second · plural · aorist · active · imperative ▸ **1** (Josh. 10,18)

καταστησάτω ▸ **1**
- **Verb** · third · singular · aorist · active · imperative ▸ **1** (Gen. 41,34)

καταστήσει ▸ **2** + **3** = **5**
- **Verb** · third · singular · future · active · indicative ▸ **2** + **3** = **5** (2Sam. 15,4; Esth. 2,3; Matt. 24,47; Luke 12,42; Luke 12,44)

καταστήσειν ▸ **1**
- **Verb** · future · active · infinitive ▸ **1** (3Mac. 5,43)

καταστήσεις ▸ **7**
- **Verb** · second · singular · future · active · indicative ▸ **7** (Ex. 18,21; Num. 3,10; Deut. 16,18; Deut. 17,15; Deut. 17,15; Psa. 17,44; Psa. 44,17)

καταστήσεται ▸ **1**
- **Verb** · third · singular · future · middle · indicative ▸ **1** (Is. 3,13)

καταστήσετε ▸ **1**
- **Verb** · second · plural · future · active · indicative ▸ **1** (2Kings 10,3)

καταστήσῃ ▸ **2**
- **Verb** · third · singular · aorist · active · subjunctive ▸ **2** (1Mac. 10,32; Jer. 37,24)

καταστήσῃς ▸ **1** + **1** = **2**
- **Verb** · second · singular · aorist · active · subjunctive ▸ **1** + **1** = **2** (Deut. 28,36; Titus 1,5)

καταστήσομεν ▸ **1**
- **Verb** · first · plural · future · active · indicative ▸ **1** (Acts 6,3)

κατάστησον ▸ **8**
- **Verb** · second · singular · aorist · active · imperative ▸ **8** (Gen. 41,33; Gen. 47,5; Josh. 8,2; 1Sam. 8,5; Ezra 7,25; Psa. 9,21; Psa. 108,6; Sir. 33,29)

καταστήσουσιν ▸ **2**
- **Verb** · third · plural · future · active · indicative ▸ **2** (Num. 4,19; Deut. 20,9)

Καταστήσω ▸ **1**
- **Verb** · first · singular · future · active · indicative ▸ **1** (Deut. 17,14)

καταστήσω ▸ **2** + **2** = **4**
- **Verb** · first · singular · future · active · indicative ▸ **2** + **2** = **4** (Deut. 1,13; Jer. 23,3; Matt. 25,21; Matt. 25,23)

κατάστητε ▸ **4**
- **Verb** · second · plural · aorist · active · imperative ▸ **4** (1Sam. 10,19; 1Sam. 12,7; 1Sam. 12,16; Jer. 26,4)

κατεστάθη ▸ **1**
- **Verb** · third · singular · aorist · passive · indicative ▸ **1** (Dan. 6,29)

κατεστάθην ▸ **1**
- **Verb** · first · singular · aorist · passive · indicative ▸ **1** (Psa. 2,6)

κατεστάθησαν ▸ **1**
- **Verb** · third · plural · aorist · passive · indicative ▸ **1** (Rom. 5,19)

κατέστακα ▸ **1**
- **Verb** · first · singular · perfect · active · indicative ▸ **1** (Jer. 6,17)

κατέστακά ▸ **1**
- **Verb** · first · singular · perfect · active · indicative ▸ **1** (Jer. 1,10)

κατέστη ▸ **7**

Verb · third · singular · aorist · active · indicative ▸ **7** (1Sam. 1,9; 1Sam. 3,10; 1Sam. 30,12; 2Chr. 21,5; 2Chr. 25,3; Esth. 15,6 # 5,1c; Esth. 15,8 # 5,1e)

κατέστησα ▸ 3
    Verb · first · singular · aorist · active · indicative ▸ **3** (Deut. 1,15; 1Sam. 29,10; Is. 62,6)

κατέστησαν ▸ 11
    Verb · third · plural · aorist · active · indicative ▸ **11** (Josh. 6,23; Judg. 11,11; 1Sam. 5,3; 2Chr. 24,11; 2Chr. 28,15; 2Chr. 36,1; Neh. 12,44; Neh. 13,19; Judith 6,14; 4Mac. 1,11; Sir. 32,1)

κατέστησας ▸ 3 + **1** = 4
    Verb · second · singular · aorist · active · indicative ▸ **3** + **1** = **4** (1Sam. 29,4; Psa. 8,7; Dan. 3,12; Dan. 3,12)

κατέστησε ▸ 3
    Verb · third · singular · aorist · active · indicative ▸ **3** (Dan. 6,2; Dan. 6,4; Bel 39)

Κατέστησεν ▸ 1
    Verb · third · singular · aorist · active · indicative ▸ **1** (Jer. 36,15)

κατέστησεν ▸ 55 + **8** + **5** = 68
    Verb · third · singular · aorist · active · indicative ▸ **55** + **8** + **5** = **68** (Gen. 39,4; Gen. 41,43; Ex. 2,14; Num. 21,15; Josh. 9,27; 1Sam. 8,1; 1Sam. 10,23; 1Sam. 18,13; 2Sam. 17,25; 2Sam. 18,1; 1Kings 11,28; 2Kings 7,17; 2Kings 25,22; 2Kings 25,23; 1Chr. 6,16; 1Chr. 11,25; 1Chr. 12,19; 1Chr. 22,2; 1Chr. 26,32; 2Chr. 11,15; 2Chr. 11,22; 2Chr. 12,10; 2Chr. 17,2; 2Chr. 19,5; 2Chr. 19,8; 2Chr. 29,4; 2Chr. 33,14; 2Chr. 36,4; Esth. 8,2; Tob. 1,22; 1Mac. 3,55; 1Mac. 6,14; 1Mac. 6,17; 1Mac. 6,55; 1Mac. 7,20; 1Mac. 9,25; 1Mac. 10,69; 1Mac. 11,59; 1Mac. 15,38; 2Mac. 12,20; 2Mac. 15,9; 3Mac. 1,7; 4Mac. 4,16; Psa. 104,21; Sir. 17,17; Sir. 46,13; Jer. 47,5; Jer. 47,7; Jer. 47,11; Jer. 48,2; Jer. 48,18; Dan. 1,20; Dan. 2,48; Dan. 3,97; Sus. 60-62; Tob. 1,22; Dan. 1,11; Dan. 2,24; Dan. 2,48; Dan. 2,49; Dan. 5,11; Dan. 6,2; Dan. 6,4; Matt. 24,45; Luke 12,14; Acts 7,10; Acts 7,27; Acts 7,35)

κατέστησέν ▸ **1** + **1** = 2
    Verb · third · singular · aorist · active · indicative ▸ **1** + **1** = **2** (Job 16,12; Dan. 2,38)

καθό (κατά; ὅς) according to, as; to the degree that ▸ 3 + **4** = 7
    καθὸ ▸ 3 + **4** = 7
        Conjunction · subordinating ▸ **3** (Lev. 9,5; 1Esdr. 1,48; Judith 3,3)
        Adverb ▸ **4** (Rom. 8,26; 2Cor. 8,12; 2Cor. 8,12; 1Pet. 4,13)

καθοδηγέω (κατά; ὁδός; ἄγω) to guide, lead ▸ 3
    καθοδηγήσας ▸ 1
        Verb · aorist · active · participle · masculine · singular · nominative ▸ **1** (Jer. 2,6)
    καθοδηγήσω ▸ 1
        Verb · first · singular · future · active · indicative ▸ **1** (Ezek. 39,2)
    καθοδηγῶν ▸ 1
        Verb · present · active · participle · masculine · singular · nominative ▸ **1** (Job 12,23)

κάθοδος (κατά; ὁδός) going down, descent; passage, way; recurrence ▸ 3
    κάθοδός ▸ 1
        Noun · feminine · singular · nominative · (common) ▸ **1** (1Esdr. 2,18)
    καθόδους ▸ 2
        Noun · feminine · plural · accusative · (common) ▸ **2** (Eccl. 6,6; Eccl. 7,22)

Καθοηλ Joktheel ▸ 1
    Καθοηλ ▸ 1
        Noun · feminine · singular · accusative · (proper) ▸ **1** (2Kings 14,7)

καθόλου (κατά; ὅλος) completely, entirely, at all ▸ 6 + **1** + **1** = 8
    καθόλου ▸ 6 + **1** + **1** = 8
        Adverb ▸ 6 + **1** + **1** = **8** (Amos 3,3; Amos 3,4; Ezek. 13,3; Ezek. 13,22; Ezek. 17,14; Dan. 3,50; Dan. 3,50; Acts 4,18)

καθομολογέω (κατά; ὁμοῦ; λέγω) to choose as wife; become betrothed ▸ 2
    καθομολογήσηται ▸ 1
        Verb · third · singular · aorist · middle · subjunctive ▸ **1** (Ex. 21,9)
    καθωμολογήσατο ▸ 1
        Verb · third · singular · aorist · middle · indicative ▸ **1** (Ex. 21,8)

καθοπλίζω (κατά; ὅπλον) to arm fully ▸ 10 + **1** = 11
    καθοπλίσας ▸ 2
        Verb · aorist · active · participle · masculine · singular · nominative ▸ **2** (2Mac. 4,40; 2Mac. 15,11)
    καθόπλισον ▸ 1
        Verb · second · singular · aorist · active · imperative ▸ **1** (3Mac. 5,38)
    καθοπλισώμεθα ▸ 1
        Verb · first · plural · present · middle · subjunctive ▸ **1** (4Mac. 13,16)
    καθωπλικὼς ▸ 1
        Verb · perfect · active · participle · masculine · singular · nominative ▸ **1** (3Mac. 5,23)
    καθωπλίσαντο ▸ 1
        Verb · third · plural · aorist · middle · indicative ▸ **1** (4Mac. 3,12)
    καθωπλισμένης ▸ 1
        Verb · perfect · passive · participle · feminine · singular · genitive ▸ **1** (4Mac. 4,10)
    καθωπλισμένοι ▸ 1
        Verb · perfect · passive · participle · masculine · plural · nominative ▸ **1** (Jer. 26,9)
    καθωπλισμένος ▸ 2 + **1** = 3
        Verb · perfect · middle · participle · masculine · singular · nominative ▸ **1** (Luke 11,21)
        Verb · perfect · passive · participle · masculine · singular · nominative ▸ **2** (4Mac. 7,11; 4Mac. 11,22)

καθοράω (κατά; ὁράω) to look down upon, observe, clearly see ▸ 8 + **1** = 9
    καθορᾷ ▸ 1
        Verb · third · singular · present · active · indicative ▸ **1** (Num. 24,2)
    καθορᾷς ▸ 1
        Verb · second · singular · present · active · indicative ▸ **1** (Job 10,4)
    καθορᾶται ▸ 1
        Verb · third · singular · present · passive · indicative ▸ **1** (Rom. 1,20)
    καθορῶν ▸ 2
        Verb · present · active · participle · masculine · singular · nominative ▸ **2** (3Mac. 3,11; Job 39,26)
    κάτιδε ▸ 3
        Verb · second · singular · aorist · active · imperative ▸ **3** (Deut. 26,15; Judith 6,19; Bar. 2,16)
    κατιδεῖν ▸ 1
        Verb · aorist · active · infinitive ▸ **1** (Ex. 10,5)

καθόρμιον (κατά; εἴρω) necklace ▸ 1
    καθόρμια ▸ 1
        Noun · neuter · plural · accusative · (common) ▸ **1** (Hos. 2,15)

καθότι (κατά; ὅς) because, for, as ▸ 64 + **4** + **6** = 74
    Καθότι ▸ 1

καθότι–καθώς

Conjunction · subordinating ▸ **1** (1Sam. 15,33)
καθότι ▸ 63 + 4 + 6 = 73
  Conjunction · coordinating · (correlative) ▸ **2** (Acts 2,45; Acts 4,35)
  Conjunction · subordinating · (causal) ▸ 63 + 4 + 4 = **71** (Gen. 26,29; Gen. 34,12; Ex. 1,12; Ex. 1,17; Ex. 10,10; Ex. 12,25; Ex. 21,22; Ex. 34,4; Lev. 14,30; Lev. 24,20; Lev. 25,16; Lev. 25,16; Lev. 27,12; Num. 12,11; Num. 33,56; Deut. 1,11; Deut. 1,19; Deut. 2,14; Deut. 2,37; Deut. 12,7; Deut. 16,10; Deut. 16,10; Deut. 18,2; Deut. 18,6; Deut. 18,18; Deut. 30,9; Deut. 31,4; Deut. 31,5; Deut. 34,9; Josh. 1,7; Josh. 1,18; Josh. 3,7; Josh. 4,8; Josh. 8,31 # 9,2b; Josh. 8,33 # 9,2d; Josh. 11,23; Josh. 21,44; 2Sam. 20,12; 1Kings 12,12; 2Kings 17,26; Judith 2,13; Judith 2,15; Judith 8,29; Judith 10,9; Tob. 1,12; Tob. 13,4; Eccl. 2,16; Eccl. 7,2; Mic. 7,20; Joel 3,5; Hag. 1,12; Zech. 7,3; Zech. 10,8; Mal. 3,24; Is. 54,9; Jer. 42,18; LetterJ 0; Ezek. 37,10; Ezek. 43,22; Dan. 4,22; Dan. 6,4; Dan. 6,23; Dan. 9,12; Tob. 13,4; Dan. 2,8; Dan. 2,10; Dan. 3,96; Luke 1,7; Luke 19,9; Acts 2,24; Acts 17,31)

Καθουα Cathua ▸ **1**
  Καθουα ▸ **1**
    Noun · masculine · singular · genitive · (proper) ▸ **1** (1Esdr. 5,30)

καθυβρίζω (κατά; ὕβρις) to despise ▸ **3**
  καθυβρίζει ▸ **1**
    Verb · third · singular · present · active · indicative ▸ **1** (Prov. 19,28)
  καθυβρίσαι ▸ **1**
    Verb · aorist · active · infinitive ▸ **1** (3Mac. 2,14)
  καθυβρίσουσιν ▸ **1**
    Verb · third · plural · future · active · indicative ▸ **1** (Jer. 28,2)

καθυμνέω (κατά; ὕμνος) to sing hymns ▸ **1**
  καθυμνοῦντες ▸ **1**
    Verb · present · active · participle · masculine · plural · nominative ▸ **1** (2Chr. 30,21)

καθύπερθε (κατά; ὑπέρ; θεν) above ▸ **1**
  καθύπερθε ▸ **1**
    Adverb ▸ **1** (3Mac. 4,10)

καθυπνόω (κατά; ὕπνος) to sleep ▸ **1**
  καθυπνῶ ▸ **1**
    Verb · first · singular · present · active · indicative ▸ **1** (Prov. 24,33)

καθυστερέω (κατά; ὕστερος) to lack, be late ▸ **4**
  καθυστερῆσαι ▸ **1**
    Verb · aorist · active · infinitive ▸ **1** (1Chr. 26,27)
  καθυστερήσει ▸ **2**
    Verb · third · singular · future · active · indicative ▸ **2** (Sir. 16,13; Sir. 37,20)
  καθυστερήσεις ▸ **1**
    Verb · second · singular · future · active · indicative ▸ **1** (Ex. 22,28)

καθυφαίνω (κατά; ὑφαίνω) to interweave ▸ **2**
  καθυφανεῖς ▸ **1**
    Verb · second · singular · future · active · indicative ▸ **1** (Ex. 28,17)
  καθυφασμένων ▸ **1**
    Verb · perfect · passive · participle · masculine · plural · genitive ▸ **1** (Judith 10,21)

καθώς (κατά; ὡς) as, just as, inasmuch as ▸ 260 + 23 + 182 = 465
  Καθώς ▸ **1**
    Conjunction · subordinating · (comparative) ▸ **1** (Phil. 1,7)
  Καθώς ▸ 7 + 5 = 12
    Conjunction · subordinating ▸ **7** (Judg. 15,11; 1Kings 21,4; 1Kings 22,4; Esth. 6,10; Zech. 1,6; Jer. 49,18; Ezek. 16,44)
    Conjunction · subordinating · (comparative) ▸ **4** (Mark 1,2; John 15,9; Gal. 3,6; 1Tim. 1,3)
    Conjunction · subordinating · (temporal) ▸ **1** (Acts 7,17)
  καθώς ▸ 1 + 10 = 11
    Conjunction · subordinating ▸ **1** (Sir. 43,31)
    Conjunction · subordinating · (complement) ▸ **1** (Eph. 4,21)
    Conjunction · subordinating · (comparative) ▸ **9** (John 6,31; John 12,14; Rom. 3,8; 1Cor. 5,7; 1Cor. 10,7; 1Cor. 10,8; 1Cor. 10,9; 1Th. 2,13; 1John 3,2)
  καθώς ▸ 252 + 23 + 166 = 441
    Adverb ▸ **1** (Heb. 3,7)
    Conjunction · coordinating · (correlative) ▸ **1** (Heb. 5,3)
    Conjunction · subordinating ▸ 252 + 23 = **275** (Gen. 8,21; Gen. 18,5; Gen. 41,13; Gen. 44,2; Ex. 34,1; Num. 8,22; Num. 21,34; Num. 26,54; Deut. 2,29; Deut. 4,38; Deut. 11,21; Deut. 26,19; Judg. 1,7; Judg. 2,15; Judg. 2,15; Judg. 5,31; Judg. 8,2; Judg. 8,3; Judg. 16,20; Judg. 20,30; Judg. 20,31; Judg. 20,32; Judg. 20,39; Ruth 1,8; 1Sam. 4,9; 1Sam. 20,3; 1Sam. 20,13; 1Sam. 20,35; 1Sam. 23,11; 1Sam. 24,14; 1Sam. 24,20; 1Sam. 25,26; 1Sam. 26,20; 1Sam. 26,24; 1Sam. 28,17; 2Sam. 3,9; 2Sam. 5,25; 2Sam. 6,20; 2Sam. 7,10; 2Sam. 7,15; 2Sam. 7,25; 2Sam. 9,11; 2Sam. 14,17; 2Sam. 14,20; 2Sam. 17,10; 2Sam. 19,4; 1Kings 1,30; 1Kings 1,37; 1Kings 2,24; 1Kings 2,31; 1Kings 3,6; 1Kings 5,19; 1Kings 5,20; 1Kings 5,21; 1Kings 5,26; 1Kings 8,20; 1Kings 8,25; 1Kings 8,39; 1Kings 8,43; 1Kings 8,53; 1Kings 8,57; 1Kings 9,2; 1Kings 9,4; 1Kings 9,5; 1Kings 10,7; 1Kings 11,4; 1Kings 11,38; 1Kings 11,38; 1Kings 12,24q; 1Kings 12,24s; 1Kings 13,6; 1Kings 13,18; 1Kings 15,13; 1Kings 19,2; 1Kings 21,34; 1Kings 22,4; 1Kings 22,4; 2Kings 2,19; 2Kings 8,18; 2Kings 8,19; 2Kings 8,27; 2Kings 10,15; 2Kings 13,5; 2Kings 14,6; 2Kings 17,11; 2Kings 17,23; 2Kings 21,3; 2Kings 21,13; 2Kings 21,20; 2Kings 23,21; 2Kings 23,27; 1Chr. 14,16; 1Chr. 17,9; 1Chr. 24,31; 1Chr. 24,31; 1Chr. 26,12; 2Chr. 6,10; 2Chr. 14,6; 2Chr. 21,19; 2Chr. 23,3; 2Chr. 23,18; 2Chr. 24,9; 2Chr. 25,4; 2Chr. 30,7; 2Chr. 30,7; 2Chr. 31,13; 2Chr. 35,19d; 1Esdr. 3,9; 1Esdr. 6,29; Neh. 5,6; Neh. 5,12; Neh. 6,1; Esth. 2,20; Esth. 9,23; Esth. 9,24; Judith 2,1; Judith 3,2; Judith 6,2; Judith 7,11; Judith 8,27; Tob. 1,6; Tob. 1,8; Tob. 2,6; Tob. 4,19; Tob. 6,15; Tob. 8,16; Tob. 14,5; 1Mac. 2,26; 1Mac. 2,41; 1Mac. 6,7; 1Mac. 6,8; 1Mac. 10,56; 1Mac. 10,58; 1Mac. 10,64; 1Mac. 10,81; 1Mac. 11,26; 1Mac. 12,46; 2Mac. 1,29; 2Mac. 1,31; 2Mac. 2,10; 2Mac. 2,18; 2Mac. 6,2; 2Mac. 10,26; 2Mac. 11,3; 2Mac. 15,21; 3Mac. 3,20; 3Mac. 4,11; 3Mac. 6,15; 3Mac. 6,35; 3Mac. 7,2; Psa. 38,13; Psa. 77,57; Psa. 102,13; Ode 7,30; Ode. 9,55; Ode. 9,70; Eccl. 5,3; Eccl. 5,14; Eccl. 8,4; Eccl. 8,7; Eccl. 9,2; Job 6,17; Job 10,4; Job 42,9; Sir. 7,28; Sir. 7,31; Sir. 14,11; Sir. 27,18; Sir. 33,29; Sir. 36,10; Sol. 8,22; Sol. 17,14; Hos. 2,5; Hos. 3,1; Hos. 4,9; Hos. 7,12; Hos. 7,12; Hos. 9,1; Hos. 10,5; Hos. 11,2; Hos. 12,10; Amos 2,9; Amos 4,11; Amos 9,11; Mic. 7,14; Joel 2,23; Obad. 16; Jonah 3,3; Nah. 2,3; Nah. 2,8; Hab. 2,5; Hag. 2,3; Zech. 1,4; Zech. 12,7; Zech. 14,3; Zech. 14,5; Mal. 3,4; Mal. 3,4; Jer. 2,36; Jer. 7,14; Jer. 7,15; Jer. 11,5; Jer. 12,16; Jer. 13,5; Jer. 13,21; Jer. 17,22; Jer. 18,4; Jer. 18,6; Jer. 19,11; Jer. 19,13; Jer. 20,11; Jer. 27,15; Jer. 27,18; Jer. 27,40; Jer. 31,8; Jer. 33,11; Jer. 40,7; Jer. 49,2; Lam. 5,21; Ezek. 1,16; Ezek. 2,8; Ezek. 3,23; Ezek. 3,23; Ezek. 9,11; Ezek. 16,7; Ezek. 16,50; Ezek. 16,55; Ezek. 16,55; Ezek. 16,55; Ezek. 16,59; Ezek. 22,20; Ezek. 37,7; Ezek. 40,22; Ezek. 40,25; Ezek. 42,6; Ezek. 45,25; Ezek. 45,25; Ezek. 45,25; Ezek. 45,25; Ezek. 46,7; Ezek. 46,11; Ezek. 47,3; Ezek. 47,14; Ezek. 48,8; Dan. 1,13; Dan. 3,30; Dan. 4,37a; Dan. 6,11; Dan. 6,13a; Dan. 11,3; Sus. 44-45; Sus. 60-62; Judg. 1,7; Judg. 1,20; Judg. 2,15; Judg. 2,15; Judg. 5,27; Judg. 6,5; Judg.

6,36; Judg. 6,37; Judg. 7,17; Judg. 8,2; Judg. 8,33; Judg. 13,23; Judg. 16,22; Tob. 1,6; Tob. 8,16; Tob. 14,5; Dan. 1,13; Dan. 2,43; Dan. 3,30; Dan. 6,11; Dan. 9,13; Sus. 15; Sus. 18)

Conjunction · subordinating · (complement) ▸ **2** (Acts 15,14; 3John 3)

Conjunction · subordinating · (comparative) ▸ **162** (Matt. 21,6; Matt. 26,24; Matt. 28,6; Mark 4,33; Mark 9,13; Mark 11,6; Mark 14,16; Mark 14,21; Mark 15,8; Mark 16,7; Luke 1,2; Luke 1,55; Luke 1,70; Luke 2,20; Luke 2,23; Luke 5,14; Luke 6,31; Luke 6,36; Luke 11,1; Luke 11,30; Luke 17,26; Luke 17,28; Luke 19,32; Luke 22,13; Luke 22,29; Luke 24,24; Luke 24,39; John 1,23; John 3,14; John 5,23; John 5,30; John 6,57; John 6,58; John 7,38; John 8,28; John 10,15; John 12,50; John 13,15; John 13,33; John 13,34; John 14,27; John 14,31; John 15,4; John 15,10; John 15,12; John 17,2; John 17,11; John 17,14; John 17,16; John 17,18; John 17,21; John 17,22; John 17,23; John 19,40; John 20,21; Acts 2,4; Acts 2,22; Acts 7,42; Acts 7,44; Acts 7,48; Acts 11,29; Acts 15,8; Acts 15,15; Acts 22,3; Rom. 1,13; Rom. 1,17; Rom. 1,28; Rom. 2,24; Rom. 3,4; Rom. 3,8; Rom. 3,10; Rom. 4,17; Rom. 8,36; Rom. 9,13; Rom. 9,29; Rom. 9,33; Rom. 10,15; Rom. 11,8; Rom. 11,26; Rom. 15,3; Rom. 15,7; Rom. 15,9; Rom. 15,21; 1Cor. 1,6; 1Cor. 1,31; 1Cor. 2,9; 1Cor. 4,17; 1Cor. 8,2; 1Cor. 10,6; 1Cor. 10,33; 1Cor. 11,1; 1Cor. 11,2; 1Cor. 12,11; 1Cor. 12,18; 1Cor. 13,12; 1Cor. 14,34; 1Cor. 15,38; 1Cor. 15,49; 2Cor. 1,5; 2Cor. 1,14; 2Cor. 4,1; 2Cor. 6,16; 2Cor. 8,5; 2Cor. 8,6; 2Cor. 8,15; 2Cor. 9,3; 2Cor. 9,7; 2Cor. 9,9; 2Cor. 10,7; 2Cor. 11,12; Gal. 2,7; Gal. 5,21; Eph. 1,4; Eph. 3,3; Eph. 4,4; Eph. 4,17; Eph. 4,32; Eph. 5,2; Eph. 5,3; Eph. 5,25; Eph. 5,29; Phil. 2,12; Phil. 3,17; Col. 1,6; Col. 1,6; Col. 1,7; Col. 2,7; Col. 3,13; 1Th. 1,5; 1Th. 2,2; 1Th. 2,4; 1Th. 2,5; 1Th. 2,14; 1Th. 3,4; 1Th. 4,1; 1Th. 4,1; 1Th. 4,6; 1Th. 4,11; 1Th. 4,13; 1Th. 5,11; 2Th. 1,3; 2Th. 3,1; Heb. 4,3; Heb. 4,7; Heb. 5,6; Heb. 8,5; Heb. 10,25; Heb. 11,12; 1Pet. 4,10; 2Pet. 1,14; 2Pet. 3,15; 1John 2,6; 1John 2,18; 1John 2,27; 1John 3,3; 1John 3,7; 1John 3,12; 1John 3,23; 1John 4,17; 2John 4; 2John 6; 3John 2)

καθώσπερ (κατά; ὡς; περ) as, just as ▸ **1**

καθώσπερ ▸ 1

Conjunction · coordinating · (correlative) ▸ **1** (Heb. 5,4)

καί and, also, even, and yet, but ▸ 57770 + 4584 + 9162 = 71516

Καὶ ▸ 1313 + 107 + 514 = 1934

Adverb ▸ 7 + 3 = **10** (1Sam. 16,9; 2Sam. 15,31; 2Sam. 18,12; 3Mac. 1,12; 4Mac. 2,15; 4Mac. 16,5; Is. 14,10; Luke 1,76; 1Cor. 12,14; 2Cor. 7,5)

Conjunction · coordinating · (copulative) ▸ 1306 + 107 + 511 = **1924** (Gen. 1,6; Gen. 1,9; Gen. 1,14; Gen. 1,20; Gen. 1,24; Gen. 2,1; Gen. 2,8; Gen. 2,15; Gen. 2,18; Gen. 2,20; Gen. 3,8; Gen. 3,21; Gen. 4,17; Gen. 5,9; Gen. 5,12; Gen. 5,15; Gen. 5,18; Gen. 5,21; Gen. 5,25; Gen. 5,28; Gen. 5,32; Gen. 6,1; Gen. 7,1; Gen. 7,17; Gen. 8,1; Gen. 8,15; Gen. 9,1; Gen. 9,8; Gen. 9,20; Gen. 10,21; Gen. 11,1; Gen. 11,10; Gen. 11,12; Gen. 11,13; Gen. 11,14; Gen. 11,16; Gen. 11,18; Gen. 11,20; Gen. 11,22; Gen. 11,24; Gen. 11,26; Gen. 12,1; Gen. 12,10; Gen. 16,13; Gen. 16,15; Gen. 17,4; Gen. 17,23; Gen. 20,1; Gen. 21,1; Gen. 21,8; Gen. 22,1; Gen. 24,1; Gen. 24,10; Gen. 24,19; Gen. 24,25; Gen. 24,28; Gen. 24,34; Gen. 24,44; Gen. 24,54; Gen. 25,19; Gen. 27,30; Gen. 27,41; Gen. 28,10; Gen. 29,1; Gen. 32,2; Gen. 33,17; Gen. 36,31; Gen. 39,6; Gen. 39,21; Gen. 41,25; Gen. 44,1; Gen. 44,10; Gen. 45,1; Gen. 45,16; Gen. 45,25; Gen. 50,1; Gen. 50,22; Ex. 1,15; Ex. 2,20; Ex. 3,1; Ex. 5,1; Ex. 6,1; Ex. 6,14; Ex. 7,1; Ex. 7,8; Ex. 7,9; Ex. 11,4; Ex. 14,1; Ex. 15,27; Ex. 16,24; Ex. 17,1; Ex. 18,13; Ex. 20,1; Ex. 20,18; Ex. 21,1; Ex. 22,20; Ex. 23,13; Ex. 23,20; Ex. 24,1; Ex. 24,9; Ex. 25,1; Ex. 25,10; Ex. 25,23; Ex. 25,31; Ex. 26,1; Ex. 26,27; Ex. 27,1; Ex. 27,9; Ex. 27,20; Ex. 28,1; Ex. 28,33; Ex. 29,1; Ex. 29,23; Ex. 29,38; Ex. 30,1; Ex. 30,11; Ex. 30,17; Ex. 30,22; Ex. 30,23; Ex. 31,1; Ex. 31,12; Ex. 31,13; Ex. 31,18; Ex. 32,1; Ex. 32,7; Ex. 32,15; Ex. 32,30; Ex. 33,1; Ex. 33,7; Ex. 33,12; Ex. 33,17; Ex. 34,1; Ex. 34,27; Ex. 35,1; Ex. 35,4; Ex. 35,30; Ex. 36,1; Ex. 36,2; Ex. 36,8; Ex. 36,15; Ex. 36,29; Ex. 36,34; Ex. 36,37; Ex. 37,1; Ex. 37,7; Ex. 37,19; Ex. 38,1; Ex. 38,9; Ex. 38,13; Ex. 39,13; Ex. 40,1; Ex. 40,17; Ex. 40,34; Lev. 1,1; Lev. 4,1; Lev. 5,14; Lev. 5,17; Lev. 5,20; Lev. 6,1; Lev. 6,12; Lev. 6,17; Lev. 7,1; Lev. 7,22; Lev. 7,28; Lev. 7,29; Lev. 8,1; Lev. 8,25; Lev. 9,1; Lev. 10,1; Lev. 10,8; Lev. 10,12; Lev. 10,16; Lev. 11,1; Lev. 11,9; Lev. 11,13; Lev. 11,29; Lev. 11,41; Lev. 12,1; Lev. 13,1; Lev. 13,9; Lev. 13,18; Lev. 13,24; Lev. 13,29; Lev. 13,38; Lev. 13,45; Lev. 13,47; Lev. 14,1; Lev. 14,33; Lev. 15,1; Lev. 15,16; Lev. 15,19; Lev. 15,25; Lev. 15,31; Lev. 16,1; Lev. 16,22; Lev. 16,29; Lev. 17,1; Lev. 17,8; Lev. 17,10; Lev. 17,15; Lev. 18,1; Lev. 18,19; Lev. 19,1; Lev. 19,9; Lev. 19,20; Lev. 19,37; Lev. 20,1; Lev. 20,2; Lev. 20,22; Lev. 20,27; Lev. 21,1; Lev. 21,10; Lev. 21,16; Lev. 22,1; Lev. 22,17; Lev. 22,26; Lev. 22,31; Lev. 23,1; Lev. 23,9; Lev. 23,15; Lev. 23,23; Lev. 23,26; Lev. 23,27; Lev. 23,33; Lev. 23,39; Lev. 23,44; Lev. 24,1; Lev. 24,5; Lev. 24,10; Lev. 25,1; Lev. 25,8; Lev. 26,40; Lev. 27,1; Lev. 27,14; Lev. 27,26; Num. 1,1; Num. 1,20; Num. 2,1; Num. 3,1; Num. 3,5; Num. 3,11; Num. 3,12; Num. 3,14; Num. 3,38; Num. 3,40; Num. 3,44; Num. 4,1; Num. 4,21; Num. 4,34; Num. 4,38; Num. 5,1; Num. 5,5; Num. 5,11; Num. 6,1; Num. 6,13; Num. 6,22; Num. 7,1; Num. 7,10; Num. 7,12; Num. 8,1; Num. 8,5; Num. 8,23; Num. 9,1; Num. 9,6; Num. 9,15; Num. 10,1; Num. 10,11; Num. 10,29; Num. 10,33; Num. 11,1; Num. 11,4; Num. 11,27; Num. 12,1; Num. 12,16; Num. 13,1; Num. 13,17; Num. 13,25; Num. 14,1; Num. 14,13; Num. 14,26; Num. 14,39; Num. 15,1; Num. 15,17; Num. 15,32; Num. 15,37; Num. 16,1; Num. 16,28; Num. 17,1; Num. 17,6; Num. 17,16; Num. 17,27; Num. 18,1; Num. 18,8; Num. 18,8; Num. 18,20; Num. 18,25; Num. 18,26; Num. 19,1; Num. 19,14; Num. 20,1; Num. 20,14; Num. 20,22; Num. 21,1; Num. 21,4; Num. 21,10; Num. 21,21; Num. 22,1; Num. 22,2; Num. 22,15; Num. 22,36; Num. 23,1; Num. 23,13; Num. 23,27; Num. 24,15; Num. 25,1; Num. 25,6; Num. 25,10; Num. 25,16; Num. 26,1; Num. 26,4; Num. 26,12; Num. 26,19; Num. 26,39; Num. 26,46; Num. 26,52; Num. 26,57; Num. 26,63; Num. 27,1; Num. 27,12; Num. 28,1; Num. 28,9; Num. 28,11; Num. 28,16; Num. 28,26; Num. 29,1; Num. 29,7; Num. 29,12; Num. 30,1; Num. 30,2; Num. 31,1; Num. 31,13; Num. 31,25; Num. 31,48; Num. 32,1; Num. 32,28; Num. 32,34; Num. 33,1; Num. 33,48; Num. 33,50; Num. 34,1; Num. 34,16; Num. 35,1; Num. 35,9; Num. 36,1; Deut. 1,19; Deut. 2,1; Deut. 2,26; Deut. 3,8; Deut. 3,21; Deut. 4,1; Deut. 5,1; Deut. 6,1; Deut. 6,4; Deut. 6,10; Deut. 6,20; Deut. 7,12; Deut. 10,12; Deut. 11,1; Deut. 12,1; Deut. 26,1; Deut. 27,1; Deut. 27,9; Deut. 27,11; Deut. 28,1; Deut. 28,15; Deut. 29,1; Deut. 30,1; Deut. 31,1; Deut. 31,7; Deut. 31,9; Deut. 31,14; Deut. 31,30; Deut. 32,44; Deut. 32,48; Deut. 33,1; Deut. 33,7; Deut. 33,8; Deut. 33,12; Deut. 33,13; Deut. 33,18; Deut. 33,20; Deut. 33,22; Deut. 33,23; Deut. 33,24; Deut. 34,1; Josh. 1,1; Josh. 1,10; Josh. 2,1; Josh. 3,1; Josh. 4,1; Josh. 4,15; Josh. 5,1; Josh. 5,10; Josh. 5,13; Josh. 6,1; Josh. 6,27; Josh. 7,1; Josh. 8,1; Josh. 9,3; Josh. 10,16; Josh. 10,28; Josh. 10,29; Josh. 10,31; Josh. 10,34; Josh. 10,36; Josh. 10,38; Josh. 10,40; Josh. 11,10; Josh. 11,16; Josh. 11,21; Josh. 12,1; Josh. 12,7; Josh. 13,1; Josh. 13,15; Josh. 13,29; Josh. 14,1; Josh. 14,6; Josh. 15,1; Josh. 15,48; Josh. 15,63; Josh. 16,1; Josh. 16,4; Josh. 17,1; Josh. 17,7; Josh. 18,1; Josh. 18,11; Josh. 19,1; Josh. 19,10; Josh. 19,17; Josh. 19,24; Josh. 19,32; Josh. 19,40; Josh. 19,49; Josh. 20,1; Josh. 21,1;

καί

Josh. 21,8; Josh. 21,20; Josh. 21,27; Josh. 21,34; Josh. 21,42a; Josh. 21,43; Josh. 22,9; Josh. 22,21; Josh. 22,30; Josh. 23,1; Josh. 24,1; Josh. 24,16; Josh. 24,25; Josh. 24,30; Josh. 24,33; Judg. 1,1; Judg. 1,8; Judg. 1,16; Judg. 1,22; Judg. 1,27; Judg. 1,29; Judg. 1,30; Judg. 1,31; Judg. 1,33; Judg. 1,34; Judg. 2,1; Judg. 2,6; Judg. 2,11; Judg. 3,1; Judg. 3,7; Judg. 3,12; Judg. 3,31; Judg. 4,1; Judg. 4,4; Judg. 4,12; Judg. 5,1; Judg. 5,31; Judg. 6,1; Judg. 6,11; Judg. 6,17; Judg. 6,25; Judg. 6,33; Judg. 7,1; Judg. 7,9; Judg. 7,24; Judg. 8,4; Judg. 8,22; Judg. 8,33; Judg. 9,1; Judg. 9,6; Judg. 9,22; Judg. 9,50; Judg. 10,1; Judg. 10,3; Judg. 10,6; Judg. 10,17; Judg. 11,1; Judg. 11,4; Judg. 11,12; Judg. 11,29; Judg. 11,34; Judg. 11,37; Judg. 12,1; Judg. 12,7; Judg. 12,8; Judg. 12,11; Judg. 12,13; Judg. 13,1; Judg. 13,2; Judg. 13,24; Judg. 14,1; Judg. 15,1; Judg. 15,9; Judg. 16,1; Judg. 16,4; Judg. 16,22; Judg. 17,1; Judg. 17,7; Judg. 18,11; Judg. 18,27; Judg. 19,1; Judg. 20,1; Judg. 20,12; Judg. 20,24; Judg. 20,29; Judg. 21,1; Judg. 21,15; Ruth 1,1; Ruth 2,1; Ruth 4,1; Ruth 4,18; 1Sam. 1,21; 1Sam. 2,1; 1Sam. 2,11; 1Sam. 2,12; 1Sam. 2,22; 1Sam. 3,1; 1Sam. 3,19; 1Sam. 4,1; 1Sam. 4,12; 1Sam. 4,19; 1Sam. 5,1; 1Sam. 6,1; 1Sam. 6,19; 1Sam. 7,2; 1Sam. 8,1; 1Sam. 9,1; 1Sam. 9,7; 1Sam. 10,12; 1Sam. 10,17; 1Sam. 11,1; 1Sam. 11,14; 1Sam. 12,1; 1Sam. 13,2; 1Sam. 14,1; 1Sam. 14,23; 1Sam. 14,36; 1Sam. 14,47; 1Sam. 15,1; 1Sam. 15,10; 1Sam. 15,14; 1Sam. 16,1; 1Sam. 16,14; 1Sam. 17,1; 1Sam. 17,32; 1Sam. 18,6; 1Sam. 18,20; 1Sam. 19,1; 1Sam. 19,9; 1Sam. 19,18; 1Sam. 20,1; 1Sam. 20,24; 1Sam. 20,35; 1Sam. 21,2; 1Sam. 21,11; 1Sam. 22,1; 1Sam. 22,6; 1Sam. 22,14; 1Sam. 23,1; 1Sam. 23,6; 1Sam. 23,14; 1Sam. 23,19; 1Sam. 24,1; 1Sam. 25,1; 1Sam. 26,1; 1Sam. 27,1; 1Sam. 28,1; 1Sam. 28,3; 1Sam. 29,1; 1Sam. 30,1; 1Sam. 30,26; 1Sam. 31,1; 2Sam. 1,1; 2Sam. 1,17; 2Sam. 2,1; 2Sam. 2,4; 2Sam. 2,8; 2Sam. 2,12; 2Sam. 3,1; 2Sam. 3,2; 2Sam. 3,6; 2Sam. 3,12; 2Sam. 3,20; 2Sam. 3,28; 2Sam. 4,1; 2Sam. 5,1; 2Sam. 5,6; 2Sam. 5,17; 2Sam. 6,1; 2Sam. 6,12; 2Sam. 7,1; 2Sam. 8,1; 2Sam. 8,15; 2Sam. 9,1; 2Sam. 10,1; 2Sam. 11,1; 2Sam. 11,2; 2Sam. 11,27; 2Sam. 12,13; 2Sam. 12,15; 2Sam. 12,26; 2Sam. 13,1; 2Sam. 13,23; 2Sam. 13,26; 2Sam. 13,38; 2Sam. 14,5; 2Sam. 14,28; 2Sam. 15,1; 2Sam. 15,7; 2Sam. 15,13; 2Sam. 16,3; 2Sam. 16,15; 2Sam. 17,24; 2Sam. 18,1; 2Sam. 18,11; 2Sam. 18,19; 2Sam. 18,22; 2Sam. 19,9; 2Sam. 20,1; 2Sam. 20,23; 2Sam. 21,1; 2Sam. 21,15; 2Sam. 22,1; 2Sam. 23,1; 2Sam. 23,18; 2Sam. 23,24; 2Sam. 24,1; 2Sam. 24,3; 2Sam. 24,10; 1Kings 1,1; 1Kings 1,5; 1Kings 1,11; 1Kings 1,41; 1Kings 1,43; 1Kings 1,49; 1Kings 2,1; 1Kings 2,12; 1Kings 2,22; 1Kings 2,26; 1Kings 2,35a; 1Kings 2,35l; 1Kings 2,46a; 1Kings 4,1; 1Kings 4,7; 1Kings 5,1; 1Kings 5,9; 1Kings 5,14a; 1Kings 5,15; 1Kings 6,1; 1Kings 6,15; 1Kings 6,23; 1Kings 6,31; 1Kings 7,1; 1Kings 7,10; 1Kings 7,14; 1Kings 7,26; 1Kings 7,34; 1Kings 7,38; 1Kings 8,1; 1Kings 8,14; 1Kings 8,22; 1Kings 8,54; 1Kings 8,62; 1Kings 9,1; 1Kings 10,1; 1Kings 10,14; 1Kings 10,23; 1Kings 11,1; 1Kings 11,14; 1Kings 11,26; 1Kings 11,41; 1Kings 12,1; 1Kings 12,24a; 1Kings 12,24g; 1Kings 12,24o; 1Kings 12,24p; 1Kings 12,24r; 1Kings 12,25; 1Kings 13,1; 1Kings 13,11; 1Kings 13,33; 1Kings 14,21; 1Kings 15,1; 1Kings 15,25; 1Kings 15,33; 1Kings 16,8; 1Kings 16,15; 1Kings 16,28a; 1Kings 17,1; 1Kings 17,7; 1Kings 17,17; 1Kings 18,1; 1Kings 18,17; 1Kings 18,41; 1Kings 18,43; 1Kings 19,1; 1Kings 19,19; 1Kings 20,1; 1Kings 20,17; 1Kings 21,1; 1Kings 21,13; 1Kings 21,23; 1Kings 21,35; 1Kings 22,1; 1Kings 22,29; 1Kings 22,41; 1Kings 22,52; 2Kings 1,1; 2Kings 1,10; 2Kings 1,18a; 2Kings 2,1; 2Kings 2,19; 2Kings 3,1; 2Kings 3,4; 2Kings 4,1; 2Kings 4,8; 2Kings 4,14; 2Kings 4,38; 2Kings 5,1; 2Kings 5,6; 2Kings 5,17; 2Kings 5,20; 2Kings 6,1; 2Kings 6,8; 2Kings 6,24; 2Kings 8,1; 2Kings 8,7; 2Kings 9,1; 2Kings 9,30; 2Kings 10,1; 2Kings 10,2; 2Kings 10,12; 2Kings 10,15; 2Kings 10,18; 2Kings 10,21; 2Kings 10,28; 2Kings 11,1; 2Kings 11,15; 2Kings 12,5; 2Kings 13,14; 2Kings 15,13; 2Kings 17,24; 2Kings 18,1; 2Kings 18,9; 2Kings 18,13; 2Kings 18,17; 2Kings 18,37; 2Kings 19,8; 2Kings 19,20; 2Kings 19,35; 2Kings 20,20; 2Kings 22,3; 2Kings 23,1; 2Kings 23,21; 2Kings 25,8; 2Kings 25,22; 2Kings 25,27; 1Chr. 1,8; 1Chr. 1,34; 1Chr. 1,43; 1Chr. 2,18; 1Chr. 3,1; 1Chr. 4,1; 1Chr. 5,1; 1Chr. 5,23; 1Chr. 5,25; 1Chr. 6,16; 1Chr. 6,33; 1Chr. 6,39; 1Chr. 6,46; 1Chr. 6,49; 1Chr. 7,1; 1Chr. 7,20; 1Chr. 8,1; 1Chr. 9,1; 1Chr. 9,3; 1Chr. 9,10; 1Chr. 9,14; 1Chr. 9,35; 1Chr. 9,39; 1Chr. 10,1; 1Chr. 11,1; 1Chr. 11,4; 1Chr. 11,10; 1Chr. 11,20; 1Chr. 11,26; 1Chr. 12,1; 1Chr. 12,24; 1Chr. 13,1; 1Chr. 14,1; 1Chr. 14,3; 1Chr. 14,8; 1Chr. 15,1; 1Chr. 15,25; 1Chr. 16,1; 1Chr. 16,4; 1Chr. 16,37; 1Chr. 16,43; 1Chr. 17,1; 1Chr. 17,26; 1Chr. 18,1; 1Chr. 18,14; 1Chr. 19,1; 1Chr. 20,1; 1Chr. 20,4; 1Chr. 21,1; 1Chr. 21,7; 1Chr. 22,1; 1Chr. 23,1; 1Chr. 24,1; 1Chr. 24,20; 1Chr. 25,1; 1Chr. 26,20; 1Chr. 27,1; 1Chr. 27,16; 1Chr. 27,25; 1Chr. 28,1; 1Chr. 29,1; 1Chr. 29,26; 2Chr. 1,1; 2Chr. 1,14; 2Chr. 1,18; 2Chr. 3,1; 2Chr. 4,1; 2Chr. 6,3; 2Chr. 6,12; 2Chr. 7,1; 2Chr. 7,11; 2Chr. 8,1; 2Chr. 8,11; 2Chr. 9,1; 2Chr. 9,13; 2Chr. 9,29; 2Chr. 10,1; 2Chr. 11,1; 2Chr. 11,5; 2Chr. 11,18; 2Chr. 12,1; 2Chr. 12,13; 2Chr. 13,21; 2Chr. 14,8; 2Chr. 15,1; 2Chr. 15,19; 2Chr. 16,11; 2Chr. 17,1; 2Chr. 18,1; 2Chr. 18,28; 2Chr. 19,1; 2Chr. 20,1; 2Chr. 20,20; 2Chr. 20,31; 2Chr. 20,35; 2Chr. 21,1; 2Chr. 22,1; 2Chr. 22,10; 2Chr. 23,1; 2Chr. 24,15; 2Chr. 25,9; 2Chr. 26,1; 2Chr. 26,16; 2Chr. 29,1; 2Chr. 30,1; 2Chr. 31,1; 2Chr. 32,1; 2Chr. 34,8; 2Chr. 35,1; 2Chr. 35,20; 2Chr. 36,1; 1Esdr. 1,1; 1Esdr. 1,23; 1Esdr. 1,32; 1Esdr. 1,41; 1Esdr. 1,43; 1Esdr. 3,1; 1Esdr. 3,17; 1Esdr. 4,1; 1Esdr. 4,58; 1Esdr. 5,4; 1Esdr. 5,63; 1Esdr. 7,10; 1Esdr. 8,1; 1Esdr. 8,28; 1Esdr. 8,41; 1Esdr. 8,57; 1Esdr. 8,60; 1Esdr. 8,65; 1Esdr. 8,88; 1Esdr. 9,5; 1Esdr. 9,18; 1Esdr. 9,37; Ezra 1,1; Ezra 2,1; Ezra 3,1; Ezra 4,1; Ezra 4,6; Ezra 4,17; Ezra 5,1; Ezra 6,19; Ezra 7,1; Ezra 7,11; Ezra 8,1; Ezra 8,15; Ezra 8,31; Ezra 9,1; Ezra 10,1; Ezra 10,9; Ezra 10,18; Neh. 1,1; Neh. 2,1; Neh. 2,11; Neh. 3,1; Neh. 3,33; Neh. 4,1; Neh. 5,1; Neh. 6,1; Neh. 6,10; Neh. 6,15; Neh. 7,1; Neh. 7,4; Neh. 7,6; Neh. 7,73; Neh. 8,13; Neh. 9,1; Neh. 10,2; Neh. 10,31; Neh. 10,32; Neh. 10,32; Neh. 10,33; Neh. 10,35; Neh. 10,36; Neh. 10,38; Neh. 11,1; Neh. 11,3; Neh. 12,1; Neh. 12,27; Neh. 12,44; Neh. 13,4; Neh. 13,10; Neh. 13,23; Esth. 1,1 # 1,1s; Esth. 2,1; Esth. 2,5; Esth. 2,21; Esth. 4,17; Esth. 14,1 # 4,17k; Esth. 15,1; Esth. 5,9; Esth. 8,1; Esth. 10,4 # 10,3a; Judith 2,1; Judith 4,1; Judith 5,1; Judith 6,2; Judith 7,19; Judith 8,1; Judith 10,1; Judith 11,1; Judith 12,1; Judith 12,10; Judith 12,14; Judith 13,11; Judith 14,1; Judith 15,8; Tob. 1,15; Tob. 2,11; Tob. 3,16; Tob. 5,1; Tob. 7,1; Tob. 7,5; Tob. 8,10; Tob. 8,19; Tob. 9,1; Tob. 10,1; Tob. 11,1; Tob. 11,16; Tob. 12,1; Tob. 12,16; Tob. 13,1; Tob. 13,12; Tob. 14,2; Tob. 14,12; 1Mac. 1,1; 1Mac. 1,16; 1Mac. 1,41; 1Mac. 2,15; 1Mac. 2,39; 1Mac. 2,49; 1Mac. 3,1; 1Mac. 3,10; 1Mac. 3,38; 1Mac. 4,1; 1Mac. 5,1; 1Mac. 5,9; 1Mac. 5,55; 1Mac. 5,63; 1Mac. 6,1; 1Mac. 6,18; 1Mac. 6,28; 1Mac. 6,55; 1Mac. 7,26; 1Mac. 7,33; 1Mac. 8,1; 1Mac. 8,17; 1Mac. 9,1; 1Mac. 9,23; 1Mac. 9,32; 1Mac. 9,54; 1Mac. 9,58; 1Mac. 10,1; 1Mac. 10,15; 1Mac. 10,21; 1Mac. 10,22; 1Mac. 10,48; 1Mac. 10,51; 1Mac. 10,55; 1Mac. 10,57; 1Mac. 10,67; 1Mac. 11,1; 1Mac. 11,38; 1Mac. 12,1; 1Mac. 12,5; 1Mac. 12,19; 1Mac. 12,24; 1Mac. 12,39; 1Mac. 13,1; 1Mac. 13,12; 1Mac. 13,25; 1Mac. 14,1; 1Mac. 14,4; 1Mac. 14,16; 1Mac. 15,1; 1Mac. 15,15; 1Mac. 15,22; 1Mac. 16,1; 1Mac. 16,11; 1Mac. 16,23; 2Mac. 2,7; 2Mac. 7,6; 2Mac. 7,13; 2Mac. 8,30; 2Mac. 15,6; 3Mac. 3,30; 3Mac. 6,22; 4Mac. 2,1; 4Mac. 2,9; 4Mac. 5,5; 4Mac. 6,16; 4Mac. 10,1; 4Mac. 10,12; 4Mac. 14,11; 4Mac. 17,19; 4Mac. 18,4; Psa. 118,41; Eccl. 2,12; Eccl. 3,16; Eccl. 4,1; Eccl. 4,4; Eccl. 4,7; Eccl. 12,9; Job 1,6; Job 1,13; Job 23,2; Job 31,40; Job 40,1; Wis. 15,7;

Κ, κ

Κ, κ

καί

Wis. 16,5; Wis. 19,13; Sir. 7,32; Sir. 43,6; Sir. 45,1; Sir. 45,23; Sir. 46,7; Sir. 46,11; Sir. 47,1; Sir. 47,23; Sir. 48,1; Sir. 50,22; Sol. 2,22; Sol. 2,26; Sol. 2,32; Sol. 9,8; Sol. 14,6; Sol. 17,7; Sol. 17,15; Sol. 17,26; Sol. 17,30; Hos. 2,1; Hos. 3,1; Amos 1,2; Amos 1,3; Amos 1,4; Amos 7,3; Amos 7,6; Amos 7,10; Mic. 1,1; Mic. 3,1; Mic. 4,1; Mic. 4,9; Mic. 5,1; Mic. 5,9; Joel 2,18; Joel 3,1; Jonah 1,1; Jonah 2,1; Jonah 3,1; Jonah 4,1; Nah. 1,12; Zeph. 2,12; Hag. 2,20; Zech. 2,1; Zech. 2,5; Zech. 3,1; Zech. 4,1; Zech. 5,1; Zech. 5,5; Zech. 6,1; Zech. 6,9; Zech. 7,1; Zech. 8,1; Zech. 8,3; Zech. 8,18; Zech. 11,15; Zech. 14,12; Mal. 2,1; Is. 2,5; Is. 6,1; Is. 7,1; Is. 7,10; Is. 8,1; Is. 8,5; Is. 10,20; Is. 11,1; Is. 11,10; Is. 12,1; Is. 14,1; Is. 14,3; Is. 14,22; Is. 29,13; Is. 36,1; Is. 36,22; Is. 37,8; Is. 37,21; Is. 37,36; Is. 38,21; Is. 43,1; Jer. 1,4; Jer. 1,11; Jer. 2,2; Jer. 3,6; Jer. 14,1; Jer. 15,1; Jer. 16,1; Jer. 18,18; Jer. 20,1; Jer. 23,33; Jer. 33,10; Jer. 34,19; Jer. 35,1; Jer. 36,1; Jer. 37,4; Jer. 39,16; Jer. 39,26; Jer. 40,1; Jer. 43,1; Jer. 43,27; Jer. 44,1; Jer. 44,11; Jer. 44,17; Jer. 45,1; Jer. 45,7; Jer. 45,14; Jer. 45,22; Jer. 46,1; Jer. 46,15; Jer. 47,2; Jer. 47,7; Jer. 47,13; Jer. 48,1; Jer. 49,1; Jer. 50,1; Jer. 50,8; Jer. 52,12; Jer. 52,31; Bar. 1,1; Lam. 1,1; Lam. 1,6; Lam. 2,6; Lam. 2,8; Lam. 3,16; Lam. 4,6; Ezek. 1,1; Ezek. 2,1; Ezek. 3,16; Ezek. 3,22; Ezek. 4,1; Ezek. 5,4; Ezek. 6,1; Ezek. 7,1; Ezek. 7,2; Ezek. 8,1; Ezek. 9,1; Ezek. 10,1; Ezek. 11,1; Ezek. 11,14; Ezek. 11,17; Ezek. 11,22; Ezek. 12,1; Ezek. 12,21; Ezek. 13,1; Ezek. 13,13; Ezek. 14,1; Ezek. 14,12; Ezek. 15,1; Ezek. 15,2; Ezek. 16,1; Ezek. 16,59; Ezek. 17,1; Ezek. 17,11; Ezek. 17,22; Ezek. 18,1; Ezek. 19,1; Ezek. 20,1; Ezek. 21,1; Ezek. 21,24; Ezek. 22,1; Ezek. 22,2; Ezek. 23,1; Ezek. 24,1; Ezek. 24,15; Ezek. 25,1; Ezek. 25,13; Ezek. 26,1; Ezek. 27,1; Ezek. 28,1; Ezek. 28,2; Ezek. 28,11; Ezek. 28,20; Ezek. 28,25; Ezek. 29,17; Ezek. 30,1; Ezek. 30,10; Ezek. 30,13; Ezek. 30,20; Ezek. 31,1; Ezek. 32,1; Ezek. 32,3; Ezek. 32,17; Ezek. 33,1; Ezek. 33,21; Ezek. 34,1; Ezek. 35,1; Ezek. 36,1; Ezek. 36,16; Ezek. 37,1; Ezek. 37,15; Ezek. 38,1; Ezek. 38,10; Ezek. 39,1; Ezek. 40,1; Ezek. 40,5; Ezek. 40,28; Ezek. 40,48; Ezek. 42,1; Ezek. 43,1; Ezek. 43,13; Ezek. 44,1; Ezek. 45,1; Ezek. 45,13; Ezek. 46,19; Ezek. 47,1; Ezek. 48,1; Ezek. 48,8; Ezek. 48,23; Ezek. 48,30; Dan. 2,1; Dan. 3,46; Dan. 3,91; Dan. 6,1; Sus. 6; Sus. 44-45; Bel 23; Josh. 15,48; Josh. 19,1; Josh. 19,10; Josh. 19,17; Josh. 19,24; Josh. 19,32; Josh. 19,40; Judg. 1,1; Judg. 1,8; Judg. 1,16; Judg. 1,22; Judg. 1,27; Judg. 1,29; Judg. 1,30; Judg. 1,31; Judg. 1,33; Judg. 1,34; Judg. 2,1; Judg. 2,6; Judg. 2,11; Judg. 3,1; Judg. 3,7; Judg. 3,12; Judg. 3,31; Judg. 4,1; Judg. 4,4; Judg. 4,12; Judg. 5,1; Judg. 5,31; Judg. 6,1; Judg. 6,11; Judg. 6,25; Judg. 6,33; Judg. 7,1; Judg. 7,9; Judg. 7,24; Judg. 8,4; Judg. 8,22; Judg. 8,33; Judg. 9,1; Judg. 9,6; Judg. 9,22; Judg. 9,38; Judg. 9,50; Judg. 10,1; Judg. 10,3; Judg. 10,6; Judg. 10,17; Judg. 11,1; Judg. 11,5; Judg. 11,12; Judg. 11,29; Judg. 11,34; Judg. 12,1; Judg. 12,7; Judg. 12,8; Judg. 12,11; Judg. 12,13; Judg. 13,1; Judg. 13,2; Judg. 13,24; Judg. 14,1; Judg. 15,1; Judg. 15,9; Judg. 16,1; Judg. 16,4; Judg. 16,22; Judg. 17,1; Judg. 17,7; Judg. 18,11; Judg. 18,27; Judg. 19,1; Judg. 20,1; Judg. 20,12; Judg. 20,24; Judg. 20,29; Judg. 21,1; Judg. 21,15; Tob. 1,15; Tob. 2,1; Tob. 2,11; Tob. 2,14; Tob. 6,1; Tob. 6,10; Tob. 7,1; Tob. 7,9; Tob. 8,1; Tob. 8,10; Tob. 8,19; Tob. 10,8; Tob. 11,1; Tob. 11,16; Tob. 12,1; Tob. 12,16; Tob. 13,1; Tob. 14,2; Tob. 14,12; Dan. 3,24; Dan. 3,46; Dan. 3,91; Dan. 6,1; Sus. 1; Sus. 28; Sus. 44; Sus. 45; Bel 1; Bel 23; Matt. 2,12; Matt. 4,23; Matt. 4,24; Matt. 6,5; Matt. 6,28; Matt. 7,26; Matt. 7,28; Matt. 8,14; Matt. 8,23; Matt. 8,28; Matt. 9,1; Matt. 9,3; Matt. 9,9; Matt. 9,20; Matt. 9,23; Matt. 9,27; Matt. 9,35; Matt. 10,1; Matt. 10,28; Matt. 11,1; Matt. 11,4; Matt. 12,9; Matt. 13,3; Matt. 13,10; Matt. 13,53; Matt. 14,14; Matt. 14,22; Matt. 14,34; Matt. 15,21; Matt. 15,29; Matt. 15,39; Matt. 16,1; Matt. 16,5; Matt. 17,1; Matt. 17,9; Matt. 17,10; Matt. 17,14; Matt. 19,1; Matt. 19,3; Matt. 19,16; Matt. 20,17; Matt. 20,24; Matt. 20,29; Matt. 21,1; Matt. 21,10; Matt. 21,12; Matt. 21,20; Matt. 21,23; Matt. 21,45; Matt. 22,1; Matt. 24,1; Matt. 24,4; Matt. 26,1; Matt. 26,30; Matt. 26,39; Matt. 26,44; Matt. 26,47; Matt. 26,51; Matt. 27,31; Matt. 27,33; Matt. 27,37; Matt. 27,51; Matt. 27,59; Matt. 28,8; Mark 1,7; Mark 1,9; Mark 1,12; Mark 1,16; Mark 1,19; Mark 1,21; Mark 1,23; Mark 1,29; Mark 1,35; Mark 1,39; Mark 1,40; Mark 2,1; Mark 2,3; Mark 2,13; Mark 2,14; Mark 2,15; Mark 2,18; Mark 2,23; Mark 2,27; Mark 3,1; Mark 3,6; Mark 3,7; Mark 3,9; Mark 3,13; Mark 3,14; Mark 3,16; Mark 3,20; Mark 3,22; Mark 3,23; Mark 3,31; Mark 4,1; Mark 4,10; Mark 4,13; Mark 4,21; Mark 4,24; Mark 4,26; Mark 4,30; Mark 4,33; Mark 4,35; Mark 5,1; Mark 5,6; Mark 5,14; Mark 5,18; Mark 5,21; Mark 5,22; Mark 5,25; Mark 6,1; Mark 6,6; Mark 6,7; Mark 6,12; Mark 6,14; Mark 6,21; Mark 6,30; Mark 6,32; Mark 6,34; Mark 6,35; Mark 6,45; Mark 6,47; Mark 6,53; Mark 6,54; Mark 7,1; Mark 7,14; Mark 7,17; Mark 7,24; Mark 7,31; Mark 7,32; Mark 8,10; Mark 8,11; Mark 8,14; Mark 8,22; Mark 8,22; Mark 8,27; Mark 8,31; Mark 8,34; Mark 9,1; Mark 9,2; Mark 9,9; Mark 9,11; Mark 9,14; Mark 9,17; Mark 9,28; Mark 9,33; Mark 9,33; Mark 9,42; Mark 9,43; Mark 9,45; Mark 9,47; Mark 10,1; Mark 10,2; Mark 10,10; Mark 10,13; Mark 10,17; Mark 10,23; Mark 10,35; Mark 10,41; Mark 10,46; Mark 10,46; Mark 11,1; Mark 11,4; Mark 11,7; Mark 11,11; Mark 11,12; Mark 11,15; Mark 11,15; Mark 11,18; Mark 11,19; Mark 11,20; Mark 11,25; Mark 11,27; Mark 11,31; Mark 11,33; Mark 12,1; Mark 12,12; Mark 12,13; Mark 12,18; Mark 12,28; Mark 12,32; Mark 12,34; Mark 12,35; Mark 12,37; Mark 12,38; Mark 12,41; Mark 13,1; Mark 13,3; Mark 13,12; Mark 13,21; Mark 14,3; Mark 14,10; Mark 14,12; Mark 14,17; Mark 14,22; Mark 14,26; Mark 14,32; Mark 14,39; Mark 14,41; Mark 14,43; Mark 14,48; Mark 14,50; Mark 14,53; Mark 14,60; Mark 14,65; Mark 14,66; Mark 14,70; Mark 14,72; Mark 15,1; Mark 15,2; Mark 15,20; Mark 15,20; Mark 15,22; Mark 15,24; Mark 15,27; Mark 15,29; Mark 15,33; Mark 15,38; Mark 15,42; Mark 15,46; Mark 16,1; Mark 16,5; Mark 16,8; Luke 1,21; Luke 1,30; Luke 1,38; Luke 1,46; Luke 1,59; Luke 1,65; Luke 1,67; Luke 2,8; Luke 2,15; Luke 2,21; Luke 2,22; Luke 2,25; Luke 2,36; Luke 2,39; Luke 2,41; Luke 2,42; Luke 2,48; Luke 2,52; Luke 3,3; Luke 3,10; Luke 3,23; Luke 4,2; Luke 4,5; Luke 4,13; Luke 4,14; Luke 4,16; Luke 4,22; Luke 4,31; Luke 4,33; Luke 4,44; Luke 5,12; Luke 5,17; Luke 5,27; Luke 5,29; Luke 6,13; Luke 6,17; Luke 6,20; Luke 6,31; Luke 6,37; Luke 7,10; Luke 7,11; Luke 7,18; Luke 7,29; Luke 7,40; Luke 7,49; Luke 8,1; Luke 8,26; Luke 8,43; Luke 9,10; Luke 9,10; Luke 9,18; Luke 9,52; Luke 9,57; Luke 10,23; Luke 10,25; Luke 11,1; Luke 11,5; Luke 11,14; Luke 12,10; Luke 13,20; Luke 13,22; Luke 14,1; Luke 14,2; Luke 16,9; Luke 17,5; Luke 17,11; Luke 17,12; Luke 18,18; Luke 19,1; Luke 19,2; Luke 19,15; Luke 19,28; Luke 19,29; Luke 19,41; Luke 19,45; Luke 19,47; Luke 20,1; Luke 20,19; Luke 20,20; Luke 21,25; Luke 21,29; Luke 22,14; Luke 22,19; Luke 22,35; Luke 22,39; Luke 22,63; Luke 22,66; Luke 23,1; Luke 23,24; Luke 23,26; Luke 23,33; Luke 23,35; Luke 23,44; Luke 23,50; Luke 24,9; Luke 24,13; Luke 24,25; Luke 24,28; Luke 24,33; Luke 24,52; John 1,14; John 1,19; John 1,24; John 1,32; John 2,1; John 2,13; John 2,14; John 3,14; John 4,27; John 4,46; John 7,1; John 7,53; John 9,1; John 9,39; John 10,40; John 11,28; John 13,2; John 16,8; John 16,23; John 18,38; John 19,4; John 20,26; Acts 1,9; Acts 1,15; Acts 1,23; Acts 2,1; Acts 3,17; Acts 4,18; Acts 6,7; Acts 7,9; Acts 7,30; Acts 11,11; Acts 12,11; Acts 13,32; Acts 14,20; Acts 14,24; Acts 16,9; Acts 18,23; Acts 20,22; Acts 20,25; Acts 20,32; Acts 20,36; Acts 23,23; Acts 28,1; Rom. 1,28; Rom. 13,11; 1Cor. 12,28; 1Cor. 12,31; 2Cor. 1,15; Eph. 2,1; Eph. 4,11; Eph. 6,4; Eph. 6,9; Phil.

καί

1,9; Col. 1,21; 1Th. 1,6; 1Th. 2,13; Heb. 7,20; Heb. 7,23; Heb. 9,15; Heb. 10,11; Heb. 11,32; Heb. 11,39; 1Pet. 3,13; 1John 1,5; 1John 2,3; 1John 2,28; 1John 3,13; 1John 3,19; 1John 3,23; Rev. 1,12; Rev. 1,17; Rev. 2,8; Rev. 2,12; Rev. 2,18; Rev. 2,26; Rev. 3,1; Rev. 3,7; Rev. 3,14; Rev. 4,4; Rev. 4,5; Rev. 4,6; Rev. 4,9; Rev. 5,1; Rev. 5,6; Rev. 5,8; Rev. 5,11; Rev. 6,1; Rev. 6,3; Rev. 6,5; Rev. 6,7; Rev. 6,9; Rev. 6,12; Rev. 6,15; Rev. 7,2; Rev. 7,4; Rev. 7,11; Rev. 7,13; Rev. 8,1; Rev. 8,2; Rev. 8,3; Rev. 8,6; Rev. 8,7; Rev. 8,8; Rev. 8,10; Rev. 8,12; Rev. 8,13; Rev. 9,1; Rev. 9,7; Rev. 9,13; Rev. 9,17; Rev. 9,20; Rev. 10,1; Rev. 10,5; Rev. 10,8; Rev. 10,10; Rev. 11,1; Rev. 11,3; Rev. 11,7; Rev. 11,11; Rev. 11,13; Rev. 11,15; Rev. 11,16; Rev. 11,19; Rev. 12,1; Rev. 12,4; Rev. 12,7; Rev. 12,13; Rev. 12,18; Rev. 13,1; Rev. 13,3; Rev. 13,5; Rev. 13,11; Rev. 13,15; Rev. 14,1; Rev. 14,6; Rev. 14,8; Rev. 14,9; Rev. 14,13; Rev. 14,14; Rev. 14,17; Rev. 15,1; Rev. 15,2; Rev. 15,5; Rev. 16,1; Rev. 16,2; Rev. 16,3; Rev. 16,4; Rev. 16,5; Rev. 16,7; Rev. 16,8; Rev. 16,10; Rev. 16,12; Rev. 16,13; Rev. 16,16; Rev. 16,17; Rev. 17,1; Rev. 17,3; Rev. 17,6; Rev. 17,7; Rev. 17,12; Rev. 17,15; Rev. 18,4; Rev. 18,9; Rev. 18,11; Rev. 18,17; Rev. 18,21; Rev. 19,3; Rev. 19,5; Rev. 19,6; Rev. 19,9; Rev. 19,11; Rev. 19,14; Rev. 19,17; Rev. 19,19; Rev. 20,1; Rev. 20,4; Rev. 20,7; Rev. 20,11; Rev. 21,1; Rev. 21,5; Rev. 21,9; Rev. 21,15; Rev. 21,22; Rev. 22,1; Rev. 22,6; Rev. 22,10; Rev. 22,17)

Καί ▸ 11 + 3 = 14
  Adverb ▸ 9 (Ruth 2,15; Ruth 2,21; 2Sam. 11,21; 2Sam. 18,26; 2Sam. 19,31; 2Kings 2,5; 2Kings 9,27; 2Kings 23,27; Eccl. 9,13)
  Conjunction ▪ coordinating ▪ (copulative) ▸ 2 + 3 = 5 (2Chr. 35,19d; Lam. 4,3; Luke 21,5; Acts 14,8; Acts 15,1)

καί ▸ 56177 + 4458 + 8468 = 69103
  Adverb ▸ 425 + 7 + 779 = 1211 (Gen. 4,4; Gen. 4,22; Gen. 14,12; Gen. 19,35; Gen. 19,38; Gen. 22,6; Gen. 22,20; Gen. 22,24; Gen. 26,21; Gen. 27,31; Gen. 31,6; Gen. 31,33; Gen. 34,22; Gen. 41,13; Gen. 41,21; Gen. 44,9; Ex. 5,13; Ex. 7,11; Ex. 7,22; Ex. 8,3; Ex. 8,14; Ex. 8,28; Ex. 10,25; Ex. 12,48; Ex. 14,19; Ex. 34,1; Lev. 7,7; Lev. 9,15; Num. 2,17; Num. 2,17; Num. 4,42; Num. 13,33; Num. 14,14; Num. 18,28; Num. 31,23; Deut. 1,28; Deut. 3,20; Deut. 3,20; Deut. 5,14; Deut. 6,24; Deut. 8,20; Deut. 17,14; Deut. 28,65; Deut. 29,14; Josh. 1,5; Josh. 1,15; Josh. 1,15; Josh. 2,8; Josh. 3,7; Josh. 7,25; Josh. 17,13; Josh. 23,14; Josh. 24,18; Judg. 2,15; Judg. 8,3; Judg. 9,48; Judg. 9,49; Judg. 14,13; 1Sam. 1,12; 1Sam. 2,26; 1Sam. 6,9; 1Sam. 8,5; 1Sam. 8,20; 1Sam. 10,11; 1Sam. 10,12; 1Sam. 12,15; 1Sam. 13,10; 1Sam. 16,6; 1Sam. 19,21; 1Sam. 19,21; 1Sam. 19,22; 1Sam. 19,23; 1Sam. 19,24; 1Sam. 21,5; 2Sam. 1,4; 2Sam. 19,8; 2Sam. 21,9; 1Kings 3,18; 1Kings 8,27; 1Kings 22,4; 2Kings 7,4; 2Kings 7,4; 2Kings 14,1; 2Kings 16,14; 2Kings 20,15; 2Kings 23,15; 2Chr. 18,3; 2Chr. 19,10; 2Chr. 32,19; 1Esdr. 2,15; 1Esdr. 4,54; 1Esdr. 8,20; 1Esdr. 8,22; Neh. 9,18; Esth. 1,16; Esth. 7,8; Esth. 8,8; Esth. 16,4 # 8,12d; Esth. 16,5 # 8,12e; Esth. 8,14; Esth. 9,18; Judith 2,13; Judith 8,21; Judith 8,25; Judith 9,4; Judith 11,7; Judith 13,11; Judith 15,5; Tob. 2,12; Tob. 2,12; Tob. 5,15; Tob. 6,15; 1Mac. 4,21; 1Mac. 5,57; 1Mac. 6,25; 1Mac. 6,52; 1Mac. 9,12; 1Mac. 10,32; 1Mac. 10,37; 1Mac. 10,42; 1Mac. 10,88; 1Mac. 11,31; 1Mac. 12,23; 1Mac. 16,21; 2Mac. 1,18; 2Mac. 2,8; 2Mac. 2,9; 2Mac. 2,10; 2Mac. 2,12; 2Mac. 2,14; 2Mac. 2,29; 2Mac. 3,2; 2Mac. 3,3; 2Mac. 3,11; 2Mac. 3,26; 2Mac. 3,38; 2Mac. 4,3; 2Mac. 4,35; 2Mac. 4,40; 2Mac. 4,41; 2Mac. 4,42; 2Mac. 4,47; 2Mac. 4,49; 2Mac. 5,20; 2Mac. 5,22; 2Mac. 5,27; 2Mac. 6,2; 2Mac. 6,14; 2Mac. 6,14; 2Mac. 6,26; 2Mac. 6,31; 2Mac. 7,1; 2Mac. 7,8; 2Mac. 7,24; 2Mac. 8,1; 2Mac. 8,2; 2Mac. 8,3; 2Mac. 8,4; 2Mac. 8,9; 2Mac. 8,18; 2Mac. 8,22; 2Mac. 8,30; 2Mac. 9,4; 2Mac. 9,7; 2Mac. 9,7; 2Mac. 9,17; 2Mac. 9,23; 2Mac. 9,24; 2Mac. 10,4; 2Mac. 10,15; 2Mac. 11,7; 2Mac. 11,14; 2Mac. 11,18; 2Mac. 11,25; 2Mac. 11,31; 2Mac. 11,32; 2Mac. 11,34; 2Mac. 11,35; 2Mac. 11,37; 2Mac. 12,8; 2Mac. 12,13; 2Mac. 12,27; 2Mac. 12,31; 2Mac. 13,3; 2Mac. 14,8; 2Mac. 15,19; 2Mac. 15,38; 2Mac. 15,39; 2Mac. 15,39; 3Mac. 1,5; 3Mac. 1,10; 3Mac. 1,27; 3Mac. 1,29; 3Mac. 2,4; 3Mac. 2,23; 3Mac. 2,26; 3Mac. 2,29; 3Mac. 3,1; 3Mac. 3,1; 3Mac. 3,14; 3Mac. 3,23; 3Mac. 3,24; 3Mac. 4,13; 3Mac. 5,38; 3Mac. 5,41; 3Mac. 5,50; 3Mac. 6,17; 3Mac. 6,20; 3Mac. 6,33; 3Mac. 7,5; 3Mac. 7,19; 4Mac. 1,4; 4Mac. 1,11; 4Mac. 1,12; 4Mac. 1,25; 4Mac. 2,4; 4Mac. 2,6; 4Mac. 2,7; 4Mac. 2,10; 4Mac. 2,14; 4Mac. 2,16; 4Mac. 2,16; 4Mac. 2,18; 4Mac. 3,19; 4Mac. 3,20; 4Mac. 4,20; 4Mac. 4,25; 4Mac. 5,10; 4Mac. 5,13; 4Mac. 5,27; 4Mac. 6,34; 4Mac. 6,34; 4Mac. 6,35; 4Mac. 7,13; 4Mac. 8,1; 4Mac. 8,5; 4Mac. 8,6; 4Mac. 8,12; 4Mac. 8,15; 4Mac. 9,6; 4Mac. 9,8; 4Mac. 9,10; 4Mac. 10,13; 4Mac. 10,16; 4Mac. 10,18; 4Mac. 11,1; 4Mac. 11,13; 4Mac. 11,15; 4Mac. 11,23; 4Mac. 12,1; 4Mac. 12,15; 4Mac. 14,1; 4Mac. 14,1; 4Mac. 14,9; 4Mac. 14,11; 4Mac. 14,14; 4Mac. 14,17; 4Mac. 15,9; 4Mac. 15,10; 4Mac. 15,12; 4Mac. 16,2; 4Mac. 16,14; 4Mac. 16,20; 4Mac. 17,1; 4Mac. 17,1; 4Mac. 17,8; 4Mac. 17,20; 4Mac. 18,2; 4Mac. 18,3; 4Mac. 18,6; 4Mac. 18,13; Psa. 47,11; Psa. 55,9; Psa. 77,3; Psa. 82,9; Psa. 89,12; Psa. 138,12; Ode. 9,76; Ode. 14,32; Prov. 6,3; Prov. 17,18; Prov. 19,4; Prov. 20,4; Prov. 21,13; Prov. 22,20; Prov. 23,15; Prov. 25,18; Prov. 27,7; Prov. 27,15; Prov. 27,20; Prov. 29,19; Eccl. 5,15; Eccl. 6,6; Job 1,4; Job 1,21; Job 4,19; Job 6,5; Job 6,6; Job 6,21; Job 12,6; Job 13,2; Job 13,10; Job 14,3; Job 15,9; Job 18,2; Job 19,22; Job 19,28; Job 19,29; Job 20,2; Job 21,17; Job 23,13; Job 30,4; Job 31,5; Job 31,7; Job 31,7; Job 31,10; Job 31,13; Job 31,14; Job 31,15; Job 31,17; Job 31,19; Job 31,24; Job 31,25; Job 31,25; Job 31,27; Job 31,29; Job 31,31; Job 31,33; Job 31,34; Job 31,38; Job 31,39; Job 31,39; Job 32,1; Job 32,22; Job 33,6; Job 35,6; Job 36,4; Job 36,26; Job 37,24; Job 38,20; Wis. 2,14; Wis. 5,13; Wis. 7,3; Wis. 8,8; Wis. 8,21; Wis. 10,8; Wis. 11,19; Wis. 12,8; Wis. 12,23; Wis. 12,24; Wis. 12,27; Wis. 13,10; Wis. 14,18; Wis. 14,22; Wis. 15,15; Wis. 16,19; Wis. 16,25; Wis. 17,9; Wis. 18,20; Wis. 19,1; Wis. 19,11; Wis. 19,17; Sir. 1,5 Prol.; Sir. 2,18; Sir. 6,17; Sir. 8,6; Sir. 10,2; Sir. 16,12; Sir. 18,29; Sir. 23,10; Sir. 23,20; Sir. 23,22; Sir. 26,18; Sir. 38,1; Sir. 43,30; Sol. 17,14; Sol. 17,30; Sol. 17,34; Hos. 4,9; Hos. 4,14; Hos. 5,5; Hos. 8,7; Hos. 9,12; Hos. 9,12; Hos. 9,16; Amos 5,22; Joel 4,4; Hab. 2,16; Zech. 8,15; Is. 14,10; Is. 16,13; Is. 21,2; Is. 28,18; Is. 39,4; Is. 48,6; Is. 49,15; Is. 50,8; Is. 65,20; Is. 66,13; Jer. 2,33; Jer. 3,8; Jer. 31,34; Jer. 41,5; Bar. 4,8; Bar. 5,8; LetterJ 21; LetterJ 25; LetterJ 27; LetterJ 40; LetterJ 43; LetterJ 60; LetterJ 70; Ezek. 7,10; Ezek. 14,21; Ezek. 16,44; Ezek. 18,4; Ezek. 18,11; Ezek. 21,18; Ezek. 21,22; Ezek. 23,38; Ezek. 31,17; Dan. 2,9; Dan. 8,11; Sus. 56; Bel 15-17; Judg. 13,17; Judg. 14,11; Judg. 15,3; Tob. 7,7; Tob. 7,10; Dan. 2,30; Sus. 24; Matt. 5,39; Matt. 5,40; Matt. 5,46; Matt. 5,47; Matt. 6,10; Matt. 6,12; Matt. 6,14; Matt. 6,21; Matt. 7,10; Matt. 7,12; Matt. 8,9; Matt. 8,27; Matt. 10,4; Matt. 10,18; Matt. 10,30; Matt. 12,45; Matt. 13,12; Matt. 13,26; Matt. 15,3; Matt. 15,16; Matt. 15,27; Matt. 17,12; Matt. 18,17; Matt. 18,33; Matt. 18,35; Matt. 19,28; Matt. 20,4; Matt. 20,7; Matt. 20,10; Matt. 20,14; Matt. 21,27; Matt. 22,26; Matt. 23,26; Matt. 23,28; Matt. 24,24; Matt. 24,33; Matt. 24,39; Matt. 24,44; Matt. 25,11; Matt. 25,22; Matt. 25,24; Matt. 25,29; Matt. 25,41; Matt. 25,44; Matt. 26,13; Matt. 26,35; Matt. 26,69; Matt. 26,73; Matt. 26,73; Matt. 27,41; Matt. 27,44; Matt. 27,57; Mark 1,27; Mark 1,38; Mark 2,26; Mark 2,28; Mark 3,14; Mark 4,25; Mark 4,41; Mark 6,2; Mark 7,18; Mark 7,28; Mark 7,37; Mark 8,7; Mark 8,38; Mark 9,13; Mark 9,22; Mark 10,45; Mark 11,25; Mark 12,22; Mark 13,29; Mark 14,9; Mark 14,29; Mark 14,31; Mark 14,67; Mark 14,70; Mark 15,31; Mark 15,40; Mark 15,40; Mark 15,43; Mark 16,8;

Luke 1,35; Luke 1,36; Luke 1,66; Luke 2,4; Luke 2,35; Luke 3,9; Luke 3,12; Luke 3,14; Luke 3,14; Luke 3,20; Luke 4,23; Luke 4,41; Luke 4,43; Luke 5,10; Luke 5,33; Luke 5,36; Luke 6,13; Luke 6,14; Luke 6,29; Luke 6,29; Luke 6,32; Luke 6,33; Luke 6,33; Luke 6,34; Luke 6,36; Luke 6,39; Luke 7,8; Luke 7,49; Luke 8,18; Luke 8,25; Luke 9,61; Luke 10,11; Luke 10,17; Luke 10,30; Luke 10,32; Luke 10,39; Luke 11,1; Luke 11,4; Luke 11,8; Luke 11,12; Luke 11,18; Luke 11,30; Luke 11,34; Luke 11,34; Luke 11,40; Luke 11,45; Luke 11,46; Luke 11,49; Luke 12,7; Luke 12,8; Luke 12,34; Luke 12,41; Luke 12,54; Luke 12,57; Luke 12,59; Luke 13,7; Luke 13,8; Luke 14,12; Luke 14,12; Luke 14,26; Luke 14,34; Luke 16,1; Luke 16,10; Luke 16,10; Luke 16,21; Luke 16,22; Luke 16,28; Luke 17,10; Luke 17,26; Luke 17,37; Luke 18,4; Luke 18,9; Luke 18,11; Luke 18,15; Luke 19,9; Luke 19,19; Luke 19,19; Luke 19,26; Luke 19,42; Luke 20,12; Luke 20,31; Luke 20,32; Luke 20,37; Luke 21,16; Luke 21,31; Luke 22,24; Luke 22,36; Luke 22,37; Luke 22,39; Luke 22,56; Luke 22,58; Luke 22,59; Luke 22,59; Luke 23,7; Luke 23,11; Luke 23,32; Luke 23,35; Luke 23,36; Luke 23,38; Luke 24,21; Luke 24,22; Luke 24,23; Luke 24,24; John 2,2; John 3,23; John 4,23; John 4,45; John 5,18; John 5,19; John 5,21; John 5,26; John 6,11; John 6,36; John 6,51; John 6,57; John 6,67; John 7,3; John 7,10; John 7,47; John 7,52; John 8,16; John 8,17; John 8,19; John 8,25; John 8,38; John 9,15; John 9,27; John 9,40; John 11,16; John 11,22; John 11,37; John 11,52; John 12,9; John 12,10; John 12,18; John 12,26; John 12,42; John 13,9; John 13,14; John 13,15; John 13,32; John 13,33; John 13,34; John 14,1; John 14,3; John 14,7; John 14,19; John 15,20; John 15,20; John 15,23; John 15,27; John 17,19; John 17,20; John 17,21; John 17,25; John 18,2; John 18,5; John 18,17; John 18,18; John 18,25; John 19,19; John 19,35; John 19,39; John 20,6; John 20,8; John 20,30; John 21,3; John 21,20; John 21,25; Acts 1,3; Acts 1,11; Acts 2,26; Acts 3,17; Acts 3,24; Acts 5,2; Acts 5,15; Acts 5,16; Acts 5,39; Acts 7,45; Acts 7,51; Acts 8,13; Acts 9,24; Acts 9,32; Acts 10,26; Acts 10,29; Acts 10,39; Acts 10,45; Acts 10,47; Acts 11,1; Acts 11,7; Acts 11,12; Acts 11,15; Acts 11,17; Acts 11,18; Acts 11,20; Acts 11,26; Acts 11,30; Acts 12,3; Acts 12,4; Acts 13,5; Acts 13,9; Acts 13,22; Acts 13,33; Acts 13,35; Acts 14,15; Acts 15,8; Acts 15,27; Acts 15,32; Acts 15,35; Acts 15,37; Acts 16,1; Acts 17,6; Acts 17,13; Acts 17,18; Acts 17,23; Acts 17,28; Acts 17,32; Acts 17,34; Acts 19,12; Acts 19,13; Acts 19,21; Acts 19,25; Acts 19,27; Acts 19,27; Acts 19,31; Acts 19,40; Acts 21,13; Acts 21,16; Acts 21,24; Acts 21,28; Acts 22,5; Acts 22,5; Acts 22,5; Acts 22,20; Acts 22,28; Acts 22,29; Acts 23,11; Acts 23,30; Acts 23,33; Acts 23,35; Acts 24,6; Acts 24,6; Acts 24,9; Acts 24,15; Acts 24,16; Acts 24,26; Acts 24,26; Acts 25,10; Acts 25,22; Acts 25,27; Acts 26,10; Acts 26,11; Acts 26,26; Acts 26,29; Acts 26,29; Acts 27,9; Acts 27,10; Acts 27,23; Acts 27,36; Acts 28,9; Acts 28,10; Rom. 1,6; Rom. 1,13; Rom. 1,13; Rom. 1,15; Rom. 1,27; Rom. 1,32; Rom. 2,12; Rom. 2,15; Rom. 3,29; Rom. 3,29; Rom. 4,6; Rom. 4,9; Rom. 4,11; Rom. 4,12; Rom. 4,16; Rom. 4,21; Rom. 4,22; Rom. 4,24; Rom. 5,2; Rom. 5,3; Rom. 5,7; Rom. 5,11; Rom. 5,14; Rom. 5,15; Rom. 5,18; Rom. 5,19; Rom. 5,21; Rom. 6,4; Rom. 6,5; Rom. 6,8; Rom. 6,11; Rom. 7,4; Rom. 8,11; Rom. 8,17; Rom. 8,17; Rom. 8,21; Rom. 8,23; Rom. 8,23; Rom. 8,26; Rom. 8,29; Rom. 8,30; Rom. 8,30; Rom. 8,30; Rom. 8,32; Rom. 8,34; Rom. 9,10; Rom. 9,24; Rom. 9,24; Rom. 9,25; Rom. 11,5; Rom. 11,16; Rom. 11,16; Rom. 11,22; Rom. 11,31; Rom. 11,31; Rom. 13,5; Rom. 13,6; Rom. 14,10; Rom. 15,3; Rom. 15,7; Rom. 15,14; Rom. 15,14; Rom. 15,22; Rom. 15,27; Rom. 16,2; Rom. 16,4; Rom. 16,7; 1Cor. 1,8; 1Cor. 1,16; 1Cor. 1,22; 1Cor. 2,10; 1Cor. 2,11; 1Cor. 2,13; 1Cor. 4,7; 1Cor. 4,8; 1Cor. 5,7; 1Cor. 7,3; 1Cor. 7,4; 1Cor. 7,7; 1Cor. 7,11; 1Cor. 7,21; 1Cor. 7,28; 1Cor. 7,29; 1Cor. 8,5; 1Cor. 9,5; 1Cor. 9,8; 1Cor. 9,14; 1Cor. 10,13; 1Cor. 11,6; 1Cor. 11,9; 1Cor. 11,12; 1Cor. 11,19; 1Cor. 11,19; 1Cor. 11,23; 1Cor. 11,25; 1Cor. 12,12; 1Cor. 12,13; 1Cor. 13,12; 1Cor. 14,8; 1Cor. 14,9; 1Cor. 14,12; 1Cor. 14,15; 1Cor. 14,15; 1Cor. 14,19; 1Cor. 14,34; 1Cor. 15,1; 1Cor. 15,1; 1Cor. 15,2; 1Cor. 15,3; 1Cor. 15,14; 1Cor. 15,15; 1Cor. 15,18; 1Cor. 15,21; 1Cor. 15,22; 1Cor. 15,28; 1Cor. 15,29; 1Cor. 15,42; 1Cor. 15,44; 1Cor. 15,45; 1Cor. 15,48; 1Cor. 15,48; 1Cor. 15,49; 1Cor. 16,1; 1Cor. 16,6; 1Cor. 16,16; 2Cor. 1,5; 2Cor. 1,6; 2Cor. 1,7; 2Cor. 1,8; 2Cor. 1,10; 2Cor. 1,11; 2Cor. 1,13; 2Cor. 1,14; 2Cor. 1,14; 2Cor. 1,20; 2Cor. 1,22; 2Cor. 2,9; 2Cor. 2,10; 2Cor. 3,6; 2Cor. 3,10; 2Cor. 4,3; 2Cor. 4,10; 2Cor. 4,11; 2Cor. 4,13; 2Cor. 4,13; 2Cor. 4,16; 2Cor. 5,2; 2Cor. 5,3; 2Cor. 5,4; 2Cor. 5,9; 2Cor. 5,11; 2Cor. 5,16; 2Cor. 6,1; 2Cor. 7,7; 2Cor. 7,8; 2Cor. 7,8; 2Cor. 7,8; 2Cor. 7,12; 2Cor. 7,14; 2Cor. 8,6; 2Cor. 8,6; 2Cor. 8,7; 2Cor. 8,10; 2Cor. 8,11; 2Cor. 8,11; 2Cor. 8,14; 2Cor. 8,19; 2Cor. 8,21; 2Cor. 9,6; 2Cor. 9,6; 2Cor. 9,12; 2Cor. 10,7; 2Cor. 10,11; 2Cor. 10,13; 2Cor. 10,14; 2Cor. 11,1; 2Cor. 11,6; 2Cor. 11,12; 2Cor. 11,12; 2Cor. 11,15; 2Cor. 12,11; 2Cor. 13,4; 2Cor. 13,4; 2Cor. 13,9; Gal. 1,8; Gal. 2,1; Gal. 2,8; Gal. 2,10; Gal. 2,13; Gal. 2,17; Gal. 3,4; Gal. 4,3; Gal. 4,7; Gal. 4,29; Gal. 5,12; Gal. 6,1; Gal. 6,1; Gal. 6,7; Eph. 1,11; Eph. 1,13; Eph. 1,13; Eph. 1,21; Eph. 2,3; Eph. 2,3; Eph. 2,5; Eph. 2,22; Eph. 4,4; Eph. 4,9; Eph. 4,10; Eph. 4,17; Eph. 4,32; Eph. 5,2; Eph. 5,11; Eph. 5,12; Eph. 5,23; Eph. 5,24; Eph. 5,25; Eph. 5,28; Eph. 5,29; Eph. 5,33; Eph. 6,21; Phil. 1,15; Phil. 1,15; Phil. 1,18; Phil. 1,20; Phil. 1,29; Phil. 2,4; Phil. 2,5; Phil. 2,9; Phil. 2,17; Phil. 2,18; Phil. 2,24; Phil. 2,27; Phil. 2,27; Phil. 3,4; Phil. 3,8; Phil. 3,12; Phil. 3,12; Phil. 3,15; Phil. 3,18; Phil. 3,20; Phil. 3,21; Phil. 4,3; Phil. 4,3; Phil. 4,9; Phil. 4,10; Phil. 4,15; Phil. 4,16; Col. 1,6; Col. 1,6; Col. 1,8; Col. 1,9; Col. 1,29; Col. 2,5; Col. 2,11; Col. 2,12; Col. 3,4; Col. 3,7; Col. 3,8; Col. 3,13; Col. 3,13; Col. 3,15; Col. 4,1; Col. 4,3; Col. 4,3; Col. 4,16; Col. 4,16; 1Th. 1,5; 1Th. 2,8; 1Th. 2,13; 1Th. 2,13; 1Th. 2,14; 1Th. 2,14; 1Th. 2,15; 1Th. 2,19; 1Th. 3,4; 1Th. 3,4; 1Th. 3,6; 1Th. 3,12; 1Th. 4,1; 1Th. 4,5; 1Th. 4,8; 1Th. 4,10; 1Th. 4,13; 1Th. 4,14; 1Th. 5,11; 1Th. 5,24; 1Th. 5,25; 2Th. 1,5; 2Th. 1,11; 2Th. 2,14; 2Th. 3,1; 2Th. 3,10; 1Tim. 2,9; 1Tim. 3,7; 1Tim. 3,10; 1Tim. 5,13; 1Tim. 5,13; 1Tim. 5,20; 1Tim. 5,24; 1Tim. 5,25; 2Tim. 1,5; 2Tim. 1,12; 2Tim. 2,2; 2Tim. 2,5; 2Tim. 2,10; 2Tim. 2,11; 2Tim. 2,12; 2Tim. 2,20; 2Tim. 3,5; 2Tim. 3,8; 2Tim. 3,9; 2Tim. 3,12; 2Tim. 4,8; 2Tim. 4,15; Titus 1,10; Titus 3,3; Titus 3,14; Philem. 9; Philem. 11; Philem. 19; Philem. 21; Philem. 22; Heb. 1,2; Heb. 1,12; Heb. 2,14; Heb. 3,2; Heb. 4,2; Heb. 4,10; Heb. 5,2; Heb. 5,3; Heb. 5,4; Heb. 5,5; Heb. 5,6; Heb. 5,12; Heb. 6,7; Heb. 6,9; Heb. 7,2; Heb. 7,2; Heb. 7,4; Heb. 7,9; Heb. 7,12; Heb. 7,22; Heb. 7,25; Heb. 7,26; Heb. 8,3; Heb. 8,6; Heb. 9,1; Heb. 9,21; Heb. 9,28; Heb. 10,15; Heb. 10,34; Heb. 11,11; Heb. 11,11; Heb. 11,12; Heb. 11,19; Heb. 11,19; Heb. 11,20; Heb. 12,1; Heb. 12,17; Heb. 12,26; Heb. 12,29; Heb. 13,3; Heb. 13,12; Heb. 13,22; James 1,11; James 2,2; James 2,17; James 2,19; James 2,25; James 2,26; James 3,2; James 3,3; James 3,4; James 3,5; James 4,14; James 5,8; 1Pet. 1,15; 1Pet. 2,5; 1Pet. 2,8; 1Pet. 2,18; 1Pet. 2,21; 1Pet. 3,1; 1Pet. 3,5; 1Pet. 3,7; 1Pet. 3,14; 1Pet. 3,18; 1Pet. 3,19; 1Pet. 3,21; 1Pet. 4,1; 1Pet. 4,6; 1Pet. 4,13; 1Pet. 4,19; 1Pet. 5,1; 2Pet. 1,5; 2Pet. 1,14; 2Pet. 1,15; 2Pet. 2,1; 2Pet. 2,1; 2Pet. 2,1; 2Pet. 2,12; 2Pet. 3,15; 2Pet. 3,16; 2Pet. 3,16; 1John 1,3; 1John 1,3; 1John 1,3; 1John 2,2; 1John 2,6; 1John 2,18; 1John 2,23; 1John 2,24; 1John 2,29; 1John 3,4; 1John 4,11; 1John 4,17; 1John 4,21; 1John 5,1; 2John 1; 3John 12; Jude 8; Jude 14; Jude 23; Rev. 2,13; Rev. 2,15; Rev. 3,20; Rev. 6,11; Rev. 6,11; Rev. 10,7; Rev. 11,8; Rev. 13,13; Rev. 14,10; Rev. 14,17; Rev. 17,11; Rev. 18,6; Rev. 20,10; Rev. 21,16)

Conjunction ▪ coordinating ▪ (adversative) ▸ **20** (Mark 9,18; John 3,19; John 6,36; John 9,30; John 16,5; 2Cor. 6,8; 2Cor. 6,9; 2Cor.

καί

6,9; 2Cor. 6,9; 2Cor. 6,10; 2Cor. 6,13; 1Th. 2,18; 1John 2,1; 1John 3,17; 1John 4,20; Rev. 1,18; Rev. 2,2; Rev. 2,21; Rev. 10,4; Rev. 13,14)

Conjunction ▪ coordinating ▪ (correlative) ▸ **10** (Eph. 6,9; Eph. 6,9; Phil. 2,13; Phil. 2,13; Phil. 4,12; Phil. 4,12; Phil. 4,16; Phil. 4,16; 1Th. 4,6; Titus 1,15)

Conjunction ▪ coordinating ▪ (copulative) ▸ 55752 + 4451 + 7659 = **67862** (Gen. 1,1; Gen. 1,2; Gen. 1,2; Gen. 1,2; Gen. 1,3; Gen. 1,3; Gen. 1,4; Gen. 1,4; Gen. 1,4; Gen. 1,5; Gen. 1,5; Gen. 1,5; Gen. 1,5; Gen. 1,6; Gen. 1,6; Gen. 1,6; Gen. 1,7; Gen. 1,7; Gen. 1,7; Gen. 1,8; Gen. 1,8; Gen. 1,8; Gen. 1,8; Gen. 1,9; Gen. 1,9; Gen. 1,9; Gen. 1,9; Gen. 1,10; Gen. 1,10; Gen. 1,10; Gen. 1,11; Gen. 1,11; Gen. 1,11; Gen. 1,11; Gen. 1,12; Gen. 1,12; Gen. 1,12; Gen. 1,12; Gen. 1,13; Gen. 1,13; Gen. 1,14; Gen. 1,14; Gen. 1,14; Gen. 1,14; Gen. 1,14; Gen. 1,15; Gen. 1,15; Gen. 1,16; Gen. 1,16; Gen. 1,16; Gen. 1,17; Gen. 1,18; Gen. 1,18; Gen. 1,18; Gen. 1,18; Gen. 1,18; Gen. 1,19; Gen. 1,19; Gen. 1,20; Gen. 1,20; Gen. 1,21; Gen. 1,21; Gen. 1,21; Gen. 1,21; Gen. 1,22; Gen. 1,22; Gen. 1,22; Gen. 1,22; Gen. 1,23; Gen. 1,23; Gen. 1,24; Gen. 1,24; Gen. 1,24; Gen. 1,25; Gen. 1,25; Gen. 1,25; Gen. 1,25; Gen. 1,26; Gen. 1,26; Gen. 1,26; Gen. 1,26; Gen. 1,26; Gen. 1,26; Gen. 1,27; Gen. 1,27; Gen. 1,28; Gen. 1,28; Gen. 1,28; Gen. 1,28; Gen. 1,28; Gen. 1,28; Gen. 1,28; Gen. 1,28; Gen. 1,29; Gen. 1,29; Gen. 1,30; Gen. 1,30; Gen. 1,30; Gen. 1,30; Gen. 1,31; Gen. 1,31; Gen. 1,31; Gen. 1,31; Gen. 2,1; Gen. 2,1; Gen. 2,2; Gen. 2,2; Gen. 2,3; Gen. 2,3; Gen. 2,4; Gen. 2,4; Gen. 2,5; Gen. 2,5; Gen. 2,5; Gen. 2,6; Gen. 2,7; Gen. 2,7; Gen. 2,7; Gen. 2,8; Gen. 2,9; Gen. 2,9; Gen. 2,9; Gen. 2,9; Gen. 2,9; Gen. 2,12; Gen. 2,12; Gen. 2,13; Gen. 2,14; Gen. 2,15; Gen. 2,15; Gen. 2,16; Gen. 2,17; Gen. 2,19; Gen. 2,19; Gen. 2,19; Gen. 2,19; Gen. 2,20; Gen. 2,20; Gen. 2,21; Gen. 2,21; Gen. 2,21; Gen. 2,21; Gen. 2,22; Gen. 2,22; Gen. 2,23; Gen. 2,23; Gen. 2,24; Gen. 2,24; Gen. 2,24; Gen. 2,25; Gen. 2,25; Gen. 2,25; Gen. 3,1; Gen. 3,2; Gen. 3,4; Gen. 3,5; Gen. 3,5; Gen. 3,6; Gen. 3,6; Gen. 3,6; Gen. 3,6; Gen. 3,6; Gen. 3,6; Gen. 3,6; Gen. 3,7; Gen. 3,7; Gen. 3,7; Gen. 3,7; Gen. 3,8; Gen. 3,8; Gen. 3,9; Gen. 3,9; Gen. 3,10; Gen. 3,10; Gen. 3,10; Gen. 3,11; Gen. 3,12; Gen. 3,12; Gen. 3,13; Gen. 3,13; Gen. 3,13; Gen. 3,14; Gen. 3,14; Gen. 3,14; Gen. 3,14; Gen. 3,15; Gen. 3,15; Gen. 3,15; Gen. 3,15; Gen. 3,15; Gen. 3,16; Gen. 3,16; Gen. 3,16; Gen. 3,17; Gen. 3,18; Gen. 3,18; Gen. 3,19; Gen. 3,20; Gen. 3,21; Gen. 3,21; Gen. 3,22; Gen. 3,22; Gen. 3,22; Gen. 3,22; Gen. 3,22; Gen. 3,22; Gen. 3,23; Gen. 3,24; Gen. 3,24; Gen. 3,24; Gen. 3,24; Gen. 4,1; Gen. 4,1; Gen. 4,2; Gen. 4,2; Gen. 4,3; Gen. 4,4; Gen. 4,4; Gen. 4,4; Gen. 4,4; Gen. 4,5; Gen. 4,5; Gen. 4,5; Gen. 4,6; Gen. 4,6; Gen. 4,7; Gen. 4,8; Gen. 4,8; Gen. 4,8; Gen. 4,8; Gen. 4,9; Gen. 4,10; Gen. 4,11; Gen. 4,12; Gen. 4,12; Gen. 4,13; Gen. 4,14; Gen. 4,14; Gen. 4,14; Gen. 4,14; Gen. 4,15; Gen. 4,15; Gen. 4,16; Gen. 4,17; Gen. 4,17; Gen. 4,17; Gen. 4,18; Gen. 4,18; Gen. 4,18; Gen. 4,19; Gen. 4,19; Gen. 4,20; Gen. 4,21; Gen. 4,21; Gen. 4,22; Gen. 4,22; Gen. 4,23; Gen. 4,23; Gen. 4,25; Gen. 4,25; Gen. 4,26; Gen. 5,2; Gen. 5,2; Gen. 5,2; Gen. 5,3; Gen. 5,3; Gen. 5,3; Gen. 5,3; Gen. 5,4; Gen. 5,4; Gen. 5,5; Gen. 5,5; Gen. 5,5; Gen. 5,6; Gen. 5,6; Gen. 5,7; Gen. 5,7; Gen. 5,7; Gen. 5,7; Gen. 5,8; Gen. 5,8; Gen. 5,8; Gen. 5,9; Gen. 5,10; Gen. 5,10; Gen. 5,10; Gen. 5,10; Gen. 5,11; Gen. 5,11; Gen. 5,11; Gen. 5,12; Gen. 5,13; Gen. 5,13; Gen. 5,13; Gen. 5,13; Gen. 5,14; Gen. 5,14; Gen. 5,14; Gen. 5,15; Gen. 5,15; Gen. 5,16; Gen. 5,16; Gen. 5,16; Gen. 5,16; Gen. 5,17; Gen. 5,17; Gen. 5,17; Gen. 5,18; Gen. 5,18; Gen. 5,19; Gen. 5,19; Gen. 5,19; Gen. 5,20; Gen. 5,20; Gen. 5,20; 1John 5,21; 1John 5,21; 1John 5,22; Rev. 5,22; Rev. 5,23; Rev. 5,24; Rev. 5,24; Rev. 5,25; Gen. 5,25; Gen. 5,26; Gen. 5,26; Gen. 5,26; Gen. 5,27; Gen. 5,27; Gen. 5,27; Gen. 5,28; Gen. 5,29; Gen. 5,29; Eph. 5,29; Eph. 5,30; Gen. 5,30; Gen. 5,30; Gen. 5,30; Gen. 5,31; Gen. 5,31; Gen. 5,31; Gen. 5,32; Gen. 6,1; Gen. 6,3; Gen. 6,4; Gen. 6,4; Gen. 6,5; Gen. 6,6; Gen. 6,6; Gen. 6,7; Gen. 6,7; Gen. 6,11; Gen. 6,12; Gen. 6,12; Gen. 6,13; Gen. 6,13; Gen. 6,13; Gen. 6,14; Gen. 6,14; Gen. 6,15; Gen. 6,15; Gen. 6,15; Gen. 6,16; Gen. 6,16; Gen. 6,17; Gen. 6,18; Gen. 6,18; Gen. 6,18; Gen. 6,18; Gen. 6,19; Gen. 6,19; Gen. 6,19; Gen. 6,19; Gen. 6,19; Gen. 6,20; Gen. 6,20; Gen. 6,20; Gen. 6,21; Gen. 6,21; Gen. 6,21; Gen. 6,22; Gen. 7,1; Gen. 7,2; Gen. 7,2; Gen. 7,3; Gen. 7,3; Gen. 7,3; Gen. 7,3; Gen. 7,4; Gen. 7,4; Gen. 7,5; Gen. 7,6; Gen. 7,7; Gen. 7,7; Gen. 7,7; Gen. 7,8; Gen. 7,8; Gen. 7,8; Gen. 7,8; Gen. 7,9; Gen. 7,10; Gen. 7,10; Gen. 7,11; Gen. 7,11; Gen. 7,12; Gen. 7,12; Gen. 7,13; Gen. 7,13; Gen. 7,14; Gen. 7,14; Gen. 7,14; Gen. 7,14; Gen. 7,16; Gen. 7,16; Gen. 7,16; Gen. 7,17; Gen. 7,17; Gen. 7,17; Gen. 7,17; Gen. 7,18; Gen. 7,18; Gen. 7,18; Gen. 7,19; Gen. 7,20; Gen. 7,21; Gen. 7,21; Gen. 7,21; Gen. 7,21; Gen. 7,21; Gen. 7,22; Gen. 7,22; Gen. 7,23; Gen. 7,23; Gen. 7,23; Gen. 7,23; Gen. 7,23; Gen. 7,23; Gen. 7,24; Gen. 8,1; Gen. 8,1; Gen. 8,1; Gen. 8,1; Gen. 8,1; Gen. 8,1; Gen. 8,2; Gen. 8,2; Gen. 8,2; Gen. 8,3; Gen. 8,3; Gen. 8,3; Gen. 8,4; Gen. 8,4; Gen. 8,6; Gen. 8,7; Gen. 8,7; Gen. 8,8; Gen. 8,9; Gen. 8,9; Gen. 8,9; Gen. 8,10; Gen. 8,11; Gen. 8,11; Gen. 8,11; Gen. 8,12; Gen. 8,12; Gen. 8,13; Gen. 8,13; Gen. 8,13; Gen. 8,13; Gen. 8,14; Gen. 8,16; Gen. 8,16; Gen. 8,16; Gen. 8,17; Gen. 8,17; Gen. 8,17; Gen. 8,17; Gen. 8,17; Gen. 8,18; Gen. 8,18; Gen. 8,18; Gen. 8,18; Gen. 8,19; Gen. 8,19; Gen. 8,19; Gen. 8,19; Gen. 8,20; Gen. 8,20; Gen. 8,20; Gen. 8,20; Gen. 8,21; Gen. 8,21; Gen. 8,22; Gen. 8,22; Gen. 8,22; Gen. 8,22; Gen. 9,1; Gen. 9,1; Gen. 9,1; Gen. 9,1; Gen. 9,1; Gen. 9,2; Gen. 9,2; Gen. 9,2; Gen. 9,2; Gen. 9,2; Gen. 9,3; Gen. 9,5; Gen. 9,5; Gen. 9,7; Gen. 9,7; Gen. 9,7; Gen. 9,8; Gen. 9,9; Gen. 9,10; Gen. 9,10; Gen. 9,10; Gen. 9,11; Gen. 9,11; Gen. 9,11; Gen. 9,12; Gen. 9,12; Gen. 9,12; Gen. 9,13; Gen. 9,13; Gen. 9,14; Gen. 9,15; Gen. 9,15; Gen. 9,15; Gen. 9,15; Gen. 9,16; Gen. 9,16; Gen. 9,16; Gen. 9,17; Gen. 9,17; Gen. 9,20; Gen. 9,21; Gen. 9,21; Gen. 9,21; Gen. 9,22; Gen. 9,22; Gen. 9,23; Gen. 9,23; Gen. 9,23; Gen. 9,23; Gen. 9,23; Gen. 9,23; Gen. 9,24; Gen. 9,25; Gen. 9,26; Gen. 9,26; Gen. 9,27; Gen. 9,27; Gen. 9,29; Gen. 9,29; Gen. 10,1; Gen. 10,2; Gen. 10,2; Gen. 10,2; Gen. 10,2; Gen. 10,2; Gen. 10,2; Gen. 10,2; Gen. 10,3; Gen. 10,3; Gen. 10,3; Gen. 10,4; Gen. 10,4; Gen. 10,5; Gen. 10,6; Gen. 10,6; Gen. 10,7; Gen. 10,7; Gen. 10,7; Gen. 10,7; Gen. 10,7; Gen. 10,10; Gen. 10,10; Gen. 10,10; Gen. 10,10; Gen. 10,11; Gen. 10,11; Gen. 10,11; Gen. 10,12; Gen. 10,12; Gen. 10,13; Gen. 10,13; Gen. 10,13; Gen. 10,13; Gen. 10,14; Gen. 10,14; Gen. 10,14; Gen. 10,15; Gen. 10,16; Gen. 10,16; Gen. 10,16; Gen. 10,17; Gen. 10,17; Gen. 10,17; Gen. 10,18; Gen. 10,18; Gen. 10,18; Gen. 10,18; Gen. 10,19; Gen. 10,19; Gen. 10,19; Gen. 10,19; Gen. 10,20; Gen. 10,21; Gen. 10,22; Gen. 10,22; Gen. 10,22; Gen. 10,22; Gen. 10,22; Gen. 10,23; Gen. 10,23; Gen. 10,23; Gen. 10,23; Gen. 10,24; Gen. 10,24; Gen. 10,25; Gen. 10,25; Gen. 10,26; Gen. 10,26; Gen. 10,26; Gen. 10,27; Gen. 10,27; Gen. 10,27; Gen. 10,28; Gen. 10,28; Gen. 10,29; Gen. 10,29; Gen. 10,29; Gen. 10,30; Gen. 10,31; Gen. 11,1; Gen. 11,2; Gen. 11,2; Gen. 11,3; Gen. 11,3; Gen. 11,3; Gen. 11,3; Gen. 11,4; Gen. 11,4; Gen. 11,4; Gen. 11,5; Gen. 11,5; Gen. 11,6; Gen. 11,6; Gen. 11,6; Gen. 11,6; Gen. 11,7; Gen. 11,8; Gen. 11,8; Gen. 11,8; Gen. 11,9; Gen. 11,11; Gen. 11,11; Gen. 11,11; Gen. 11,11; Gen. 11,12; Gen. 11,13; Gen. 11,13; Gen. 11,13; Gen. 11,13; Gen. 11,13; Gen. 11,13; Gen. 11,13; Gen. 11,14; Gen. 11,15; Gen. 11,15; Gen. 11,15; Gen. 11,15; Gen. 11,16; Gen. 11,17; Gen. 11,17; Gen. 11,17; Gen. 11,17; Gen. 11,18; Gen. 11,19; Gen. 11,19; Gen. 11,19; Gen. 11,19; Gen. 11,20; Gen. 11,21; Gen. 11,21; Gen. 11,21; Gen. 11,21; Gen. 11,22; Gen. 11,23; Gen. 11,23; Gen. 11,23;

Κ, κ

Gen. 11,23; Gen. 11,24; Gen. 11,25; Gen. 11,25; Gen. 11,25; Gen. 11,25; Gen. 11,26; Gen. 11,26; Gen. 11,26; Gen. 11,27; Gen. 11,27; Gen. 11,27; Gen. 11,28; Gen. 11,29; Gen. 11,29; Gen. 11,29; Gen. 11,29; Gen. 11,30; Gen. 11,30; Gen. 11,31; Gen. 11,31; Gen. 11,31; Gen. 11,31; Gen. 11,31; Gen. 11,31; Gen. 11,32; Gen. 11,32; Gen. 12,1; Gen. 12,1; Gen. 12,2; Gen. 12,2; Gen. 12,2; Gen. 12,2; Gen. 12,3; Gen. 12,3; Gen. 12,3; Gen. 12,4; Gen. 12,4; Gen. 12,5; Gen. 12,5; Gen. 12,5; Gen. 12,5; Gen. 12,5; Gen. 12,5; Gen. 12,6; Gen. 12,7; Gen. 12,7; Gen. 12,7; Gen. 12,8; Gen. 12,8; Gen. 12,8; Gen. 12,8; Gen. 12,8; Gen. 12,9; Gen. 12,9; Gen. 12,10; Gen. 12,12; Gen. 12,13; Gen. 12,15; Gen. 12,15; Gen. 12,15; Gen. 12,16; Gen. 12,16; Gen. 12,16; Gen. 12,16; Gen. 12,16; Gen. 12,16; Gen. 12,17; Gen. 12,17; Gen. 12,17; Gen. 12,19; Gen. 12,19; Gen. 12,20; Gen. 12,20; Gen. 12,20; Gen. 12,20; Gen. 13,1; Gen. 13,1; Gen. 13,1; Gen. 13,2; Gen. 13,2; Gen. 13,3; Gen. 13,3; Gen. 13,4; Gen. 13,5; Gen. 13,5; Gen. 13,5; Gen. 13,6; Gen. 13,6; Gen. 13,7; Gen. 13,7; Gen. 13,7; Gen. 13,8; Gen. 13,8; Gen. 13,8; Gen. 13,10; Gen. 13,10; Gen. 13,10; Gen. 13,11; Gen. 13,11; Gen. 13,11; Gen. 13,12; Gen. 13,13; Gen. 13,14; Gen. 13,14; Gen. 13,14; Gen. 13,15; Gen. 13,16; Gen. 13,16; Gen. 13,17; Gen. 13,18; Gen. 13,18; Gen. 14,1; Gen. 14,1; Gen. 14,2; Gen. 14,2; Gen. 14,2; Gen. 14,2; Gen. 14,5; Gen. 14,5; Gen. 14,5; Gen. 14,5; Gen. 14,6; Gen. 14,7; Gen. 14,7; Gen. 14,7; Gen. 14,8; Gen. 14,8; Gen. 14,8; Gen. 14,8; Gen. 14,8; Gen. 14,9; Gen. 14,9; Gen. 14,9; Gen. 14,10; Gen. 14,10; Gen. 14,11; Gen. 14,11; Gen. 14,11; Gen. 14,12; Gen. 14,12; Gen. 14,13; Gen. 14,14; Gen. 14,14; Gen. 14,15; Gen. 14,15; Gen. 14,15; Gen. 14,15; Gen. 14,16; Gen. 14,16; Gen. 14,16; Gen. 14,16; Gen. 14,16; Gen. 14,17; Gen. 14,18; Gen. 14,18; Gen. 14,19; Gen. 14,19; Gen. 14,19; Gen. 14,20; Gen. 14,20; Gen. 14,22; Gen. 14,24; Gen. 15,3; Gen. 15,4; Gen. 15,5; Gen. 15,5; Gen. 15,5; Gen. 15,6; Gen. 15,6; Gen. 15,9; Gen. 15,9; Gen. 15,9; Gen. 15,9; Gen. 15,10; Gen. 15,10; Gen. 15,11; Gen. 15,12; Gen. 15,13; Gen. 15,13; Gen. 15,13; Gen. 15,13; Gen. 15,17; Gen. 15,17; Gen. 15,19; Gen. 15,19; Gen. 15,20; Gen. 15,20; Gen. 15,20; Gen. 15,21; Gen. 15,21; Gen. 15,21; Gen. 15,21; Gen. 15,21; Gen. 16,3; Gen. 16,3; Gen. 16,4; Gen. 16,4; Gen. 16,4; Gen. 16,4; Gen. 16,5; Gen. 16,6; Gen. 16,6; Gen. 16,8; Gen. 16,8; Gen. 16,8; Gen. 16,9; Gen. 16,10; Gen. 16,10; Gen. 16,11; Gen. 16,11; Gen. 16,11; Gen. 16,12; Gen. 16,12; Gen. 16,13; Gen. 16,14; Gen. 16,15; Gen. 17,1; Gen. 17,1; Gen. 17,1; Gen. 17,2; Gen. 17,2; Gen. 17,2; Gen. 17,3; Gen. 17,3; Gen. 17,4; Gen. 17,5; Gen. 17,6; Gen. 17,6; Gen. 17,6; Gen. 17,7; Gen. 17,7; Gen. 17,7; Gen. 17,7; Gen. 17,8; Gen. 17,8; Gen. 17,8; Gen. 17,9; Gen. 17,9; Gen. 17,10; Gen. 17,10; Gen. 17,10; Gen. 17,11; Gen. 17,11; Gen. 17,11; Gen. 17,12; Gen. 17,12; Gen. 17,13; Gen. 17,13; Gen. 17,14; Gen. 17,16; Gen. 17,16; Gen. 17,16; Gen. 17,16; Gen. 17,17; Gen. 17,17; Gen. 17,17; Gen. 17,17; Gen. 17,19; Gen. 17,19; Gen. 17,19; Gen. 17,20; Gen. 17,20; Gen. 17,20; Gen. 17,22; Gen. 17,23; Gen. 17,23; Gen. 17,23; Gen. 17,23; Gen. 17,26; Gen. 17,27; Gen. 17,27; Gen. 17,27; Gen. 18,2; Gen. 18,2; Gen. 18,2; Gen. 18,3; Gen. 18,4; Gen. 18,4; Gen. 18,5; Gen. 18,5; Gen. 18,5; Gen. 18,5; Gen. 18,6; Gen. 18,6; Gen. 18,6; Gen. 18,6; Gen. 18,7; Gen. 18,7; Gen. 18,7; Gen. 18,7; Gen. 18,7; Gen. 18,8; Gen. 18,8; Gen. 18,8; Gen. 18,8; Gen. 18,10; Gen. 18,11; Gen. 18,13; Gen. 18,14; Gen. 18,15; Gen. 18,16; Gen. 18,18; Gen. 18,18; Gen. 18,19; Gen. 18,19; Gen. 18,19; Gen. 18,20; Gen. 18,20; Gen. 18,22; Gen. 18,23; Gen. 18,23; Gen. 18,25; Gen. 18,27; Gen. 18,27; Gen. 18,28; Gen. 18,29; Gen. 18,29; Gen. 18,29; Gen. 18,30; Gen. 18,30; Gen. 18,31; Gen. 18,31; Gen. 18,32; Gen. 18,32; Gen. 18,33; Gen. 19,1; Gen. 19,2; Gen. 19,2; Gen. 19,2; Gen. 19,3; Gen. 19,3; Gen. 19,3; Gen. 19,3; Gen. 19,3; Gen. 19,3; Gen. 19,4; Gen. 19,5; Gen. 19,5; Gen. 19,8; Gen. 19,9; Gen. 19,9; Gen. 19,9; Gen. 19,10; Gen. 19,11; Gen. 19,13; Gen. 19,14; Gen. 19,14; Gen. 19,14; Gen. 19,15; Gen. 19,15; Gen. 19,16; Gen. 19,16; Gen. 19,16; Gen. 19,16; Gen. 19,17; Gen. 19,17; Gen. 19,19; Gen. 19,19; Gen. 19,20; Gen. 19,21; Gen. 19,21; Gen. 19,23; Gen. 19,24; Gen. 19,24; Gen. 19,24; Gen. 19,25; Gen. 19,25; Gen. 19,25; Gen. 19,25; Gen. 19,26; Gen. 19,26; Gen. 19,28; Gen. 19,28; Gen. 19,28; Gen. 19,28; Gen. 19,28; Gen. 19,29; Gen. 19,29; Gen. 19,30; Gen. 19,30; Gen. 19,30; Gen. 19,30; Gen. 19,31; Gen. 19,32; Gen. 19,32; Gen. 19,32; Gen. 19,33; Gen. 19,33; Gen. 19,33; Gen. 19,34; Gen. 19,34; Gen. 19,34; Gen. 19,34; Gen. 19,35; Gen. 19,35; Gen. 19,35; Gen. 19,36; Gen. 19,37; Gen. 19,37; Gen. 19,38; Gen. 20,1; Gen. 20,1; Gen. 20,1; Gen. 20,2; Gen. 20,3; Gen. 20,3; Gen. 20,4; Gen. 20,4; Gen. 20,5; Gen. 20,5; Gen. 20,6; Gen. 20,7; Gen. 20,7; Gen. 20,7; Gen. 20,8; Gen. 20,8; Gen. 20,8; Gen. 20,9; Gen. 20,9; Gen. 20,9; Gen. 20,12; Gen. 20,13; Gen. 20,14; Gen. 20,14; Gen. 20,14; Gen. 20,14; Gen. 20,14; Gen. 20,15; Gen. 20,16; Gen. 20,16; Gen. 20,17; Gen. 20,17; Gen. 20,17; Gen. 20,17; Gen. 21,1; Gen. 21,2; Gen. 21,3; Gen. 21,7; Gen. 21,8; Gen. 21,8; Gen. 21,10; Gen. 21,10; Gen. 21,12; Gen. 21,13; Gen. 21,14; Gen. 21,14; Gen. 21,14; Gen. 21,14; Gen. 21,14; Gen. 21,14; Gen. 21,15; Gen. 21,16; Gen. 21,17; Gen. 21,17; Gen. 21,18; Gen. 21,19; Gen. 21,19; Gen. 21,19; Gen. 21,19; Gen. 21,19; Gen. 21,20; Gen. 21,20; Gen. 21,20; Gen. 21,21; Gen. 21,21; Gen. 21,22; Gen. 21,22; Gen. 21,22; Gen. 21,23; Gen. 21,24; Gen. 21,25; Gen. 21,26; Gen. 21,27; Gen. 21,27; Gen. 21,27; Gen. 21,27; Gen. 21,28; Gen. 21,29; Gen. 21,30; Gen. 21,32; Gen. 21,32; Gen. 21,32; Gen. 21,32; Gen. 21,33; Gen. 21,33; Gen. 22,1; Gen. 22,2; Gen. 22,2; Gen. 22,2; Gen. 22,3; Gen. 22,3; Gen. 22,3; Gen. 22,4; Gen. 22,5; Gen. 22,5; Gen. 22,5; Gen. 22,6; Gen. 22,6; Gen. 22,6; Gen. 22,7; Gen. 22,9; Gen. 22,9; Gen. 22,9; Gen. 22,10; Gen. 22,11; Gen. 22,11; Gen. 22,12; Gen. 22,12; Gen. 22,13; Gen. 22,13; Gen. 22,13; Gen. 22,13; Gen. 22,13; Gen. 22,14; Gen. 22,15; Gen. 22,16; Gen. 22,17; Gen. 22,17; Gen. 22,17; Gen. 22,18; Gen. 22,19; Gen. 22,19; Gen. 22,20; Gen. 22,21; Gen. 22,21; Gen. 22,22; Gen. 22,22; Gen. 22,22; Gen. 22,22; Gen. 22,22; Gen. 22,23; Gen. 22,24; Gen. 22,24; Gen. 22,24; Gen. 22,24; Gen. 23,2; Gen. 23,2; Gen. 23,3; Gen. 23,3; Gen. 23,4; Gen. 23,4; Gen. 23,8; Gen. 23,8; Gen. 23,9; Gen. 23,10; Gen. 23,11; Gen. 23,11; Gen. 23,12; Gen. 23,13; Gen. 23,13; Gen. 23,15; Gen. 23,16; Gen. 23,16; Gen. 23,17; Gen. 23,17; Gen. 23,17; Gen. 23,18; Gen. 23,20; Gen. 23,20; Gen. 24,1; Gen. 24,2; Gen. 24,3; Gen. 24,3; Gen. 24,4; Gen. 24,4; Gen. 24,7; Gen. 24,7; Gen. 24,7; Gen. 24,7; Gen. 24,7; Gen. 24,9; Gen. 24,9; Gen. 24,10; Gen. 24,10; Gen. 24,11; Gen. 24,12; Gen. 24,12; Gen. 24,14; Gen. 24,14; Gen. 24,14; Gen. 24,14; Gen. 24,15; Gen. 24,15; Gen. 24,16; Gen. 24,17; Gen. 24,18; Gen. 24,18; Gen. 24,18; Gen. 24,19; Gen. 24,20; Gen. 24,20; Gen. 24,20; Gen. 24,20; Gen. 24,21; Gen. 24,22; Gen. 24,23; Gen. 24,23; Gen. 24,24; Gen. 24,25; Gen. 24,25; Gen. 24,25; Gen. 24,26; Gen. 24,27; Gen. 24,27; Gen. 24,29; Gen. 24,30; Gen. 24,30; Gen. 24,30; Gen. 24,30; Gen. 24,31; Gen. 24,31; Gen. 24,32; Gen. 24,32; Gen. 24,32; Gen. 24,32; Gen. 24,32; Gen. 24,33; Gen. 24,33; Gen. 24,33; Gen. 24,35; Gen. 24,35; Gen. 24,35; Gen. 24,35; Gen. 24,35; Gen. 24,35; Gen. 24,36; Gen. 24,36; Gen. 24,37; Gen. 24,38; Gen. 24,38; Gen. 24,40; Gen. 24,40; Gen. 24,40; Gen. 24,40; Gen. 24,41; Gen. 24,41; Gen. 24,42; Gen. 24,43; Gen. 24,43; Gen. 24,44; Gen. 24,44; Gen. 24,44; Gen. 24,45; Gen. 24,45; Gen. 24,45; Gen. 24,46; Gen. 24,46; Gen. 24,46; Gen. 24,46; Gen. 24,46; Gen. 24,47; Gen. 24,47; Gen. 24,47; Gen. 24,47; Gen. 24,48; Gen. 24,48; Gen. 24,49; Gen. 24,50; Gen. 24,51;

καί

Gen. 24,53; Gen. 24,53; Gen. 24,53; Gen. 24,53; Gen. 24,53; Gen. 24,54; Gen. 24,54; Gen. 24,54; Gen. 24,54; Gen. 24,55; Gen. 24,55; Gen. 24,56; Gen. 24,57; Gen. 24,58; Gen. 24,58; Gen. 24,59; Gen. 24,59; Gen. 24,59; Gen. 24,59; Gen. 24,60; Gen. 24,60; Gen. 24,60; Gen. 24,61; Gen. 24,61; Gen. 24,61; Gen. 24,63; Gen. 24,63; Gen. 24,64; Gen. 24,64; Gen. 24,65; Gen. 24,66; Gen. 24,67; Gen. 24,67; Gen. 24,67; Gen. 24,67; Gen. 25,2; Gen. 25,2; Gen. 25,2; Gen. 25,2; Gen. 25,2; Gen. 25,3; Gen. 25,3; Gen. 25,3; Gen. 25,3; Gen. 25,3; Gen. 25,3; Gen. 25,4; Gen. 25,4; Gen. 25,4; Gen. 25,4; Gen. 25,6; Gen. 25,6; Gen. 25,8; Gen. 25,8; Gen. 25,8; Gen. 25,9; Gen. 25,9; Gen. 25,10; Gen. 25,10; Gen. 25,11; Gen. 25,13; Gen. 25,13; Gen. 25,13; Gen. 25,13; Gen. 25,14; Gen. 25,14; Gen. 25,14; Gen. 25,15; Gen. 25,15; Gen. 25,15; Gen. 25,15; Gen. 25,15; Gen. 25,16; Gen. 25,16; Gen. 25,17; Gen. 25,17; Gen. 25,17; Gen. 25,21; Gen. 25,23; Gen. 25,23; Gen. 25,23; Gen. 25,23; Gen. 25,24; Gen. 25,24; Gen. 25,26; Gen. 25,26; Gen. 25,26; Gen. 25,27; Gen. 25,30; Gen. 25,32; Gen. 25,33; Gen. 25,33; Gen. 25,34; Gen. 25,34; Gen. 25,34; Gen. 25,34; Gen. 25,34; Gen. 26,2; Gen. 26,3; Gen. 26,3; Gen. 26,3; Gen. 26,3; Gen. 26,3; Gen. 26,4; Gen. 26,4; Gen. 26,4; Gen. 26,5; Gen. 26,5; Gen. 26,5; Gen. 26,5; Gen. 26,6; Gen. 26,7; Gen. 26,9; Gen. 26,10; Gen. 26,12; Gen. 26,13; Gen. 26,13; Gen. 26,14; Gen. 26,14; Gen. 26,15; Gen. 26,15; Gen. 26,17; Gen. 26,17; Gen. 26,17; Gen. 26,18; Gen. 26,18; Gen. 26,18; Gen. 26,19; Gen. 26,19; Gen. 26,20; Gen. 26,20; Gen. 26,21; Gen. 26,22; Gen. 26,22; Gen. 26,22; Gen. 26,24; Gen. 26,24; Gen. 26,24; Gen. 26,24; Gen. 26,25; Gen. 26,25; Gen. 26,25; Gen. 26,26; Gen. 26,26; Gen. 26,26; Gen. 26,27; Gen. 26,27; Gen. 26,28; Gen. 26,28; Gen. 26,28; Gen. 26,28; Gen. 26,29; Gen. 26,29; Gen. 26,29; Gen. 26,30; Gen. 26,30; Gen. 26,30; Gen. 26,31; Gen. 26,31; Gen. 26,31; Gen. 26,32; Gen. 26,32; Gen. 26,33; Gen. 26,34; Gen. 26,34; Gen. 26,35; Gen. 26,35; Gen. 27,1; Gen. 27,1; Gen. 27,1; Gen. 27,1; Gen. 27,2; Gen. 27,2; Gen. 27,3; Gen. 27,3; Gen. 27,3; Gen. 27,4; Gen. 27,4; Gen. 27,7; Gen. 27,7; Gen. 27,9; Gen. 27,9; Gen. 27,9; Gen. 27,10; Gen. 27,10; Gen. 27,12; Gen. 27,12; Gen. 27,12; Gen. 27,13; Gen. 27,14; Gen. 27,14; Gen. 27,15; Gen. 27,16; Gen. 27,16; Gen. 27,17; Gen. 27,17; Gen. 27,18; Gen. 27,19; Gen. 27,19; Gen. 27,21; Gen. 27,22; Gen. 27,22; Gen. 27,23; Gen. 27,23; Gen. 27,24; Gen. 27,25; Gen. 27,25; Gen. 27,25; Gen. 27,25; Gen. 27,25; Gen. 27,25; Gen. 27,26; Gen. 27,26; Gen. 27,27; Gen. 27,27; Gen. 27,27; Gen. 27,27; Gen. 27,28; Gen. 27,28; Gen. 27,28; Gen. 27,28; Gen. 27,29; Gen. 27,29; Gen. 27,29; Gen. 27,29; Gen. 27,30; Gen. 27,30; Gen. 27,31; Gen. 27,31; Gen. 27,31; Gen. 27,31; Gen. 27,32; Gen. 27,33; Gen. 27,33; Gen. 27,33; Gen. 27,33; Gen. 27,33; Gen. 27,34; Gen. 27,34; Gen. 27,36; Gen. 27,36; Gen. 27,36; Gen. 27,37; Gen. 27,37; Gen. 27,38; Gen. 27,39; Gen. 27,40; Gen. 27,40; Gen. 27,40; Gen. 27,42; Gen. 27,42; Gen. 27,43; Gen. 27,44; Gen. 27,45; Gen. 27,45; Gen. 27,45; Gen. 28,1; Gen. 28,2; Gen. 28,3; Gen. 28,3; Gen. 28,3; Gen. 28,4; Gen. 28,4; Gen. 28,5; Gen. 28,5; Gen. 28,5; Gen. 28,6; Gen. 28,6; Gen. 28,7; Gen. 28,7; Gen. 28,7; Gen. 28,8; Gen. 28,9; Gen. 28,9; Gen. 28,10; Gen. 28,11; Gen. 28,11; Gen. 28,11; Gen. 28,11; Gen. 28,11; Gen. 28,12; Gen. 28,12; Gen. 28,12; Gen. 28,12; Gen. 28,13; Gen. 28,13; Gen. 28,13; Gen. 28,14; Gen. 28,14; Gen. 28,14; Gen. 28,14; Gen. 28,14; Gen. 28,14; Gen. 28,15; Gen. 28,15; Gen. 28,16; Gen. 28,16; Gen. 28,17; Gen. 28,17; Gen. 28,17; Gen. 28,18; Gen. 28,18; Gen. 28,18; Gen. 28,18; Gen. 28,19; Gen. 28,19; Gen. 28,20; Gen. 28,20; Gen. 28,20; Gen. 28,20; Gen. 28,21; Gen. 28,21; Gen. 28,22; Gen. 28,22; Gen. 29,1; Gen. 29,2; Gen. 29,2; Gen. 29,3; Gen. 29,3; Gen. 29,3; Gen. 29,3; Gen. 29,6; Gen. 29,7; Gen. 29,8; Gen. 29,8; Gen. 29,9; Gen. 29,10; Gen. 29,10; Gen. 29,10; Gen. 29,11; Gen. 29,11; Gen. 29,12; Gen. 29,12; Gen. 29,12; Gen. 29,13; Gen. 29,13; Gen. 29,13; Gen. 29,14; Gen. 29,14; Gen. 29,14; Gen. 29,16; Gen. 29,17; Gen. 29,18; Gen. 29,20; Gen. 29,20; Gen. 29,22; Gen. 29,23; Gen. 29,23; Gen. 29,23; Gen. 29,25; Gen. 29,25; Gen. 29,27; Gen. 29,27; Gen. 29,28; Gen. 29,28; Gen. 29,30; Gen. 29,30; Gen. 29,32; Gen. 29,32; Gen. 29,33; Gen. 29,33; Gen. 29,33; Gen. 29,33; Gen. 29,33; Gen. 29,34; Gen. 29,34; Gen. 29,34; Gen. 29,35; Gen. 29,35; Gen. 29,35; Gen. 30,1; Gen. 30,1; Gen. 30,2; Gen. 30,3; Gen. 30,3; Gen. 30,4; Gen. 30,5; Gen. 30,5; Gen. 30,6; Gen. 30,6; Gen. 30,6; Gen. 30,7; Gen. 30,7; Gen. 30,8; Gen. 30,8; Gen. 30,8; Gen. 30,8; Gen. 30,9; Gen. 30,9; Gen. 30,10; Gen. 30,10; Gen. 30,11; Gen. 30,11; Gen. 30,12; Gen. 30,12; Gen. 30,13; Gen. 30,13; Gen. 30,14; Gen. 30,14; Gen. 30,15; Gen. 30,16; Gen. 30,16; Gen. 30,16; Gen. 30,17; Gen. 30,17; Gen. 30,18; Gen. 30,18; Gen. 30,19; Gen. 30,19; Gen. 30,20; Gen. 30,20; Gen. 30,21; Gen. 30,21; Gen. 30,22; Gen. 30,22; Gen. 30,23; Gen. 30,24; Gen. 30,25; Gen. 30,26; Gen. 30,28; Gen. 30,29; Gen. 30,30; Gen. 30,30; Gen. 30,31; Gen. 30,31; Gen. 30,32; Gen. 30,32; Gen. 30,32; Gen. 30,33; Gen. 30,33; Gen. 30,33; Gen. 30,35; Gen. 30,35; Gen. 30,35; Gen. 30,35; Gen. 30,35; Gen. 30,35; Gen. 30,35; Gen. 30,36; Gen. 30,36; Gen. 30,37; Gen. 30,37; Gen. 30,37; Gen. 30,38; Gen. 30,39; Gen. 30,39; Gen. 30,39; Gen. 30,40; Gen. 30,40; Gen. 30,40; Gen. 30,40; Gen. 30,43; Gen. 30,43; Gen. 30,43; Gen. 30,43; Gen. 30,43; Gen. 30,43; Gen. 31,1; Gen. 31,2; Gen. 31,2; Gen. 31,2; Gen. 31,3; Gen. 31,3; Gen. 31,4; Gen. 31,5; Gen. 31,5; Gen. 31,7; Gen. 31,7; Gen. 31,8; Gen. 31,8; Gen. 31,9; Gen. 31,9; Gen. 31,10; Gen. 31,10; Gen. 31,10; Gen. 31,10; Gen. 31,10; Gen. 31,10; Gen. 31,10; Gen. 31,11; Gen. 31,12; Gen. 31,12; Gen. 31,12; Gen. 31,12; Gen. 31,12; Gen. 31,12; Gen. 31,13; Gen. 31,13; Gen. 31,13; Gen. 31,13; Gen. 31,14; Gen. 31,14; Gen. 31,15; Gen. 31,16; Gen. 31,16; Gen. 31,17; Gen. 31,18; Gen. 31,18; Gen. 31,18; Gen. 31,21; Gen. 31,21; Gen. 31,21; Gen. 31,21; Gen. 31,23; Gen. 31,23; Gen. 31,24; Gen. 31,25; Gen. 31,26; Gen. 31,26; Gen. 31,27; Gen. 31,27; Gen. 31,27; Gen. 31,28; Gen. 31,29; Gen. 31,31; Gen. 31,32; Gen. 31,32; Gen. 31,32; Gen. 31,33; Gen. 31,33; Gen. 31,33; Gen. 31,33; Gen. 31,34; Gen. 31,34; Gen. 31,35; Gen. 31,35; Gen. 31,36; Gen. 31,36; Gen. 31,37; Gen. 31,37; Gen. 31,37; Gen. 31,38; Gen. 31,39; Gen. 31,40; Gen. 31,40; Gen. 31,41; Gen. 31,41; Gen. 31,42; Gen. 31,42; Gen. 31,42; Gen. 31,43; Gen. 31,43; Gen. 31,43; Gen. 31,43; Gen. 31,44; Gen. 31,44; Gen. 31,44; Gen. 31,44; Gen. 31,46; Gen. 31,46; Gen. 31,46; Gen. 31,46; Gen. 31,46; Gen. 31,46; Gen. 31,47; Gen. 31,48; Gen. 31,48; Gen. 31,48; Gen. 31,49; Gen. 31,49; Gen. 31,52; Gen. 31,53; Gen. 31,53; Gen. 31,54; Gen. 31,54; Gen. 31,54; Gen. 31,54; Gen. 31,54; Gen. 32,1; Gen. 32,1; Gen. 32,1; Gen. 32,2; Gen. 32,2; Gen. 32,3; Gen. 32,5; Gen. 32,5; Gen. 32,6; Gen. 32,6; Gen. 32,6; Gen. 32,6; Gen. 32,6; Gen. 32,6; Gen. 32,7; Gen. 32,7; Gen. 32,7; Gen. 32,8; Gen. 32,8; Gen. 32,8; Gen. 32,8; Gen. 32,9; Gen. 32,9; Gen. 32,10; Gen. 32,10; Gen. 32,11; Gen. 32,12; Gen. 32,13; Gen. 32,14; Gen. 32,14; Gen. 32,14; Gen. 32,16; Gen. 32,16; Gen. 32,17; Gen. 32,17; Gen. 32,17; Gen. 32,18; Gen. 32,18; Gen. 32,18; Gen. 32,18; Gen. 32,19; Gen. 32,20; Gen. 32,20; Gen. 32,20; Gen. 32,20; Gen. 32,21; Gen. 32,21; Gen. 32,22; Gen. 32,23; Gen. 32,23; Gen. 32,23; Gen. 32,24; Gen. 32,24; Gen. 32,24; Gen. 32,25; Gen. 32,26; Gen. 32,26; Gen. 32,27; Gen. 32,29; Gen. 32,30; Gen. 32,30; Gen. 32,30; Gen. 32,31; Gen. 32,31; Gen. 32,33; Gen. 33,1; Gen. 33,1; Gen. 33,1; Gen. 33,1; Gen. 33,1; Gen. 33,2; Gen. 33,2; Gen. 33,2; Gen. 33,2; Gen. 33,2; Gen. 33,2; Gen. 33,3; Gen.

K, κ

33,4; Gen. 33,4; Gen. 33,4; Gen. 33,4; Gen. 33,5; Gen. 33,5; Gen. 33,5; Gen. 33,6; Gen. 33,6; Gen. 33,6; Gen. 33,7; Gen. 33,7; Gen. 33,7; Gen. 33,7; Gen. 33,7; Gen. 33,7; Gen. 33,8; Gen. 33,10; Gen. 33,11; Gen. 33,11; Gen. 33,11; Gen. 33,12; Gen. 33,13; Gen. 33,13; Gen. 33,14; Gen. 33,17; Gen. 33,17; Gen. 33,18; Gen. 33,18; Gen. 33,19; Gen. 33,20; Gen. 33,20; Gen. 34,2; Gen. 34,2; Gen. 34,2; Gen. 34,3; Gen. 34,3; Gen. 34,3; Gen. 34,7; Gen. 34,7; Gen. 34,8; Gen. 34,9; Gen. 34,10; Gen. 34,10; Gen. 34,10; Gen. 34,10; Gen. 34,11; Gen. 34,11; Gen. 34,12; Gen. 34,12; Gen. 34,13; Gen. 34,13; Gen. 34,14; Gen. 34,14; Gen. 34,15; Gen. 34,15; Gen. 34,16; Gen. 34,16; Gen. 34,16; Gen. 34,16; Gen. 34,18; Gen. 34,18; Gen. 34,19; Gen. 34,20; Gen. 34,20; Gen. 34,21; Gen. 34,21; Gen. 34,23; Gen. 34,23; Gen. 34,23; Gen. 34,23; Gen. 34,24; Gen. 34,24; Gen. 34,24; Gen. 34,25; Gen. 34,25; Gen. 34,25; Gen. 34,26; Gen. 34,26; Gen. 34,26; Gen. 34,27; Gen. 34,28; Gen. 34,28; Gen. 34,28; Gen. 34,28; Gen. 34,29; Gen. 34,29; Gen. 34,29; Gen. 34,29; Gen. 34,29; Gen. 34,30; Gen. 34,30; Gen. 34,30; Gen. 34,30; Gen. 34,30; Gen. 35,1; Gen. 35,1; Gen. 35,2; Gen. 35,2; Gen. 35,2; Gen. 35,3; Gen. 35,3; Gen. 35,3; Gen. 35,4; Gen. 35,4; Gen. 35,4; Gen. 35,4; Gen. 35,5; Gen. 35,5; Gen. 35,5; Gen. 35,6; Gen. 35,7; Gen. 35,7; Gen. 35,8; Gen. 35,9; Gen. 35,10; Gen. 35,11; Gen. 35,11; Gen. 35,11; Gen. 35,12; Gen. 35,12; Gen. 35,12; Gen. 35,14; Gen. 35,14; Gen. 35,14; Gen. 35,15; Gen. 35,16; Gen. 35,17; Gen. 35,19; Gen. 35,20; Gen. 35,22; Gen. 35,22; Gen. 35,22; Gen. 35,24; Gen. 35,25; Gen. 35,26; Gen. 35,27; Gen. 35,29; Gen. 35,29; Gen. 35,29; Gen. 35,29; Gen. 35,29; Gen. 36,2; Gen. 36,3; Gen. 36,4; Gen. 36,5; Gen. 36,5; Gen. 36,5; Gen. 36,6; Gen. 36,6; Gen. 36,6; Gen. 36,6; Gen. 36,6; Gen. 36,6; Gen. 36,6; Gen. 36,6; Gen. 36,7; Gen. 36,10; Gen. 36,10; Gen. 36,11; Gen. 36,12; Gen. 36,13; Gen. 36,14; Gen. 36,14; Gen. 36,17; Gen. 36,19; Gen. 36,21; Gen. 36,21; Gen. 36,21; Gen. 36,22; Gen. 36,23; Gen. 36,23; Gen. 36,23; Gen. 36,24; Gen. 36,24; Gen. 36,25; Gen. 36,26; Gen. 36,26; Gen. 36,26; Gen. 36,27; Gen. 36,27; Gen. 36,27; Gen. 36,28; Gen. 36,32; Gen. 36,32; Gen. 36,33; Gen. 36,34; Gen. 36,35; Gen. 36,35; Gen. 36,36; Gen. 36,37; Gen. 36,38; Gen. 36,39; Gen. 36,39; Gen. 36,40; Gen. 37,2; Gen. 37,4; Gen. 37,6; Gen. 37,7; Gen. 37,7; Gen. 37,8; Gen. 37,8; Gen. 37,9; Gen. 37,9; Gen. 37,9; Gen. 37,9; Gen. 37,9; Gen. 37,10; Gen. 37,10; Gen. 37,10; Gen. 37,10; Gen. 37,13; Gen. 37,14; Gen. 37,14; Gen. 37,14; Gen. 37,14; Gen. 37,15; Gen. 37,17; Gen. 37,17; Gen. 37,18; Gen. 37,20; Gen. 37,20; Gen. 37,20; Gen. 37,21; Gen. 37,22; Gen. 37,24; Gen. 37,25; Gen. 37,25; Gen. 37,25; Gen. 37,25; Gen. 37,25; Gen. 37,26; Gen. 37,27; Gen. 37,28; Gen. 37,28; Gen. 37,28; Gen. 37,28; Gen. 37,28; Gen. 37,29; Gen. 37,29; Gen. 37,30; Gen. 37,30; Gen. 37,31; Gen. 37,32; Gen. 37,32; Gen. 37,32; Gen. 37,33; Gen. 37,33; Gen. 37,34; Gen. 37,34; Gen. 37,35; Gen. 37,35; Gen. 37,35; Gen. 37,35; Gen. 38,1; Gen. 38,2; Gen. 38,2; Gen. 38,2; Gen. 38,3; Gen. 38,3; Gen. 38,4; Gen. 38,4; Gen. 38,5; Gen. 38,5; Gen. 38,6; Gen. 38,7; Gen. 38,8; Gen. 38,8; Gen. 38,10; Gen. 38,10; Gen. 38,11; Gen. 38,12; Gen. 38,12; Gen. 38,12; Gen. 38,13; Gen. 38,14; Gen. 38,14; Gen. 38,14; Gen. 38,15; Gen. 38,15; Gen. 38,16; Gen. 38,18; Gen. 38,18; Gen. 38,18; Gen. 38,18; Gen. 38,18; Gen. 38,19; Gen. 38,19; Gen. 38,19; Gen. 38,20; Gen. 38,21; Gen. 38,22; Gen. 38,22; Gen. 38,22; Gen. 38,24; Gen. 38,24; Gen. 38,25; Gen. 38,25; Gen. 38,25; Gen. 38,26; Gen. 38,26; Gen. 38,27; Gen. 38,29; Gen. 38,29; Gen. 38,30; Gen. 38,30; Gen. 39,1; Gen. 39,2; Gen. 39,2; Gen. 39,2; Gen. 39,3; Gen. 39,4; Gen. 39,4; Gen. 39,4; Gen. 39,5; Gen. 39,5; Gen. 39,5; Gen. 39,5; Gen. 39,6; Gen. 39,6; Gen. 39,6; Gen. 39,7; Gen. 39,7; Gen. 39,7; Gen. 39,8; Gen. 39,9; Gen. 39,9; Gen. 39,9; Gen. 39,10; Gen. 39,11; Gen. 39,12;

Gen. 39,12; Gen. 39,12; Gen. 39,13; Gen. 39,13; Gen. 39,13; Gen. 39,14; Gen. 39,14; Gen. 39,14; Gen. 39,15; Gen. 39,15; Gen. 39,16; Gen. 39,17; Gen. 39,17; Gen. 39,18; Gen. 39,18; Gen. 39,18; Gen. 39,19; Gen. 39,20; Gen. 39,21; Gen. 39,21; Gen. 39,22; Gen. 39,22; Gen. 39,22; Gen. 39,23; Gen. 40,1; Gen. 40,2; Gen. 40,2; Gen. 40,3; Gen. 40,4; Gen. 40,4; Gen. 40,5; Gen. 40,5; Gen. 40,6; Gen. 40,6; Gen. 40,7; Gen. 40,8; Gen. 40,9; Gen. 40,9; Gen. 40,10; Gen. 40,11; Gen. 40,11; Gen. 40,11; Gen. 40,11; Gen. 40,12; Gen. 40,13; Gen. 40,13; Gen. 40,13; Gen. 40,14; Gen. 40,14; Gen. 40,14; Gen. 40,15; Gen. 40,16; Gen. 40,16; Gen. 40,16; Gen. 40,17; Gen. 40,19; Gen. 40,19; Gen. 40,20; Gen. 40,20; Gen. 40,20; Gen. 40,21; Gen. 40,21; Gen. 41,2; Gen. 41,2; Gen. 41,2; Gen. 41,3; Gen. 41,3; Gen. 41,4; Gen. 41,4; Gen. 41,4; Gen. 41,5; Gen. 41,5; Gen. 41,5; Gen. 41,6; Gen. 41,7; Gen. 41,7; Gen. 41,7; Gen. 41,7; Gen. 41,8; Gen. 41,8; Gen. 41,8; Gen. 41,8; Gen. 41,8; Gen. 41,9; Gen. 41,10; Gen. 41,10; Gen. 41,11; Gen. 41,11; Gen. 41,12; Gen. 41,12; Gen. 41,14; Gen. 41,14; Gen. 41,14; Gen. 41,14; Gen. 41,15; Gen. 41,18; Gen. 41,18; Gen. 41,18; Gen. 41,19; Gen. 41,19; Gen. 41,19; Gen. 41,20; Gen. 41,20; Gen. 41,20; Gen. 41,21; Gen. 41,21; Gen. 41,21; Gen. 41,22; Gen. 41,22; Gen. 41,22; Gen. 41,23; Gen. 41,24; Gen. 41,24; Gen. 41,24; Gen. 41,24; Gen. 41,26; Gen. 41,27; Gen. 41,27; Gen. 41,27; Gen. 41,30; Gen. 41,30; Gen. 41,31; Gen. 41,32; Gen. 41,33; Gen. 41,33; Gen. 41,34; Gen. 41,34; Gen. 41,34; Gen. 41,35; Gen. 41,35; Gen. 41,36; Gen. 41,36; Gen. 41,37; Gen. 41,38; Gen. 41,39; Gen. 41,40; Gen. 41,42; Gen. 41,42; Gen. 41,42; Gen. 41,43; Gen. 41,43; Gen. 41,43; Gen. 41,45; Gen. 41,45; Gen. 41,46; Gen. 41,47; Gen. 41,48; Gen. 41,48; Gen. 41,49; Gen. 41,51; Gen. 41,54; Gen. 41,54; Gen. 41,55; Gen. 41,55; Gen. 41,56; Gen. 41,56; Gen. 41,57; Gen. 42,2; Gen. 42,2; Gen. 42,7; Gen. 42,7; Gen. 42,7; Gen. 42,9; Gen. 42,9; Gen. 42,13; Gen. 42,16; Gen. 42,17; Gen. 42,18; Gen. 42,19; Gen. 42,20; Gen. 42,20; Gen. 42,21; Gen. 42,21; Gen. 42,22; Gen. 42,22; Gen. 42,24; Gen. 42,24; Gen. 42,24; Gen. 42,24; Gen. 42,25; Gen. 42,25; Gen. 42,25; Gen. 42,26; Gen. 42,27; Gen. 42,28; Gen. 42,28; Gen. 42,28; Gen. 42,28; Gen. 42,29; Gen. 42,30; Gen. 42,34; Gen. 42,34; Gen. 42,34; Gen. 42,34; Gen. 42,35; Gen. 42,35; Gen. 42,35; Gen. 42,35; Gen. 42,36; Gen. 42,38; Gen. 42,38; Gen. 42,38; Gen. 43,2; Gen. 43,4; Gen. 43,7; Gen. 43,7; Gen. 43,8; Gen. 43,8; Gen. 43,8; Gen. 43,8; Gen. 43,8; Gen. 43,9; Gen. 43,11; Gen. 43,11; Gen. 43,11; Gen. 43,11; Gen. 43,11; Gen. 43,12; Gen. 43,13; Gen. 43,13; Gen. 43,14; Gen. 43,14; Gen. 43,15; Gen. 43,15; Gen. 43,15; Gen. 43,15; Gen. 43,16; Gen. 43,16; Gen. 43,16; Gen. 43,16; Gen. 43,17; Gen. 43,18; Gen. 43,18; Gen. 43,21; Gen. 43,21; Gen. 43,22; Gen. 43,23; Gen. 43,23; Gen. 43,24; Gen. 43,24; Gen. 43,26; Gen. 43,26; Gen. 43,27; Gen. 43,28; Gen. 43,28; Gen. 43,29; Gen. 43,29; Gen. 43,30; Gen. 43,31; Gen. 43,31; Gen. 43,32; Gen. 43,32; Gen. 43,32; Gen. 43,33; Gen. 43,34; Gen. 44,1; Gen. 44,2; Gen. 44,2; Gen. 44,3; Gen. 44,3; Gen. 44,4; Gen. 44,4; Gen. 44,4; Gen. 44,11; Gen. 44,11; Gen. 44,11; Gen. 44,12; Gen. 44,13; Gen. 44,13; Gen. 44,13; Gen. 44,14; Gen. 44,14; Gen. 44,16; Gen. 44,16; Gen. 44,18; Gen. 44,20; Gen. 44,20; Gen. 44,20; Gen. 44,21; Gen. 44,22; Gen. 44,28; Gen. 44,28; Gen. 44,28; Gen. 44,28; Gen. 44,29; Gen. 44,29; Gen. 44,29; Gen. 44,30; Gen. 44,31; Gen. 44,31; Gen. 44,32; Gen. 45,1; Gen. 45,2; Gen. 45,2; Gen. 45,3; Gen. 45,4; Gen. 45,4; Gen. 45,6; Gen. 45,7; καί 45,8; Gen. 45,8; Gen. 45,8; Gen. 45,9; Gen. 45,9; Gen. 45,10; Gen. 45,10; Gen. 45,10; Gen. 45,10; Gen. 45,10; Gen. 45,10; Gen. 45,11; Gen. 45,11; Gen. 45,11; Gen. 45,12; Gen. 45,13; Gen. 45,13; Gen. 45,14; Gen. 45,14; Gen. 45,15; Gen. 45,15; Gen. 45,16; Gen. 45,17; Gen. 45,18; Gen. 45,18; Gen. 45,18;

καί

Gen. 45,18; Gen. 45,19; Gen. 45,19; Gen. 45,20; Gen. 45,21; Gen. 45,22; Gen. 45,22; Gen. 45,23; Gen. 45,23; Gen. 45,23; Gen. 45,24; Gen. 45,24; Gen. 45,25; Gen. 45,26; Gen. 45,26; Gen. 45,26; Gen. 46,1; Gen. 46,1; Gen. 46,4; Gen. 46,4; Gen. 46,4; Gen. 46,5; Gen. 46,5; Gen. 46,5; Gen. 46,6; Gen. 46,6; Gen. 46,6; Gen. 46,7; Gen. 46,7; Gen. 46,7; Gen. 46,8; Gen. 46,9; Gen. 46,9; Gen. 46,10; Gen. 46,10; Gen. 46,10; Gen. 46,10; Gen. 46,10; Gen. 46,11; Gen. 46,12; Gen. 46,12; Gen. 46,12; Gen. 46,12; Gen. 46,12; Gen. 46,12; Gen. 46,13; Gen. 46,13; Gen. 46,13; Gen. 46,14; Gen. 46,14; Gen. 46,15; Gen. 46,15; Gen. 46,16; Gen. 46,16; Gen. 46,16; Gen. 46,16; Gen. 46,16; Gen. 46,16; Gen. 46,17; Gen. 46,17; Gen. 46,17; Gen. 46,17; Gen. 46,17; Gen. 46,19; Gen. 46,20; Gen. 46,20; Gen. 46,21; Gen. 46,21; Gen. 46,21; Gen. 46,21; Gen. 46,21; Gen. 46,21; Gen. 46,21; Gen. 46,24; Gen. 46,24; Gen. 46,24; Gen. 46,24; Gen. 46,29; Gen. 46,29; Gen. 46,30; Gen. 46,31; Gen. 46,31; Gen. 46,32; Gen. 46,32; Gen. 46,32; Gen. 46,33; Gen. 46,34; Gen. 46,34; Gen. 47,1; Gen. 47,1; Gen. 47,1; Gen. 47,1; Gen. 47,1; Gen. 47,2; Gen. 47,3; Gen. 47,3; Gen. 47,3; Gen. 47,5; Gen. 47,5; Gen. 47,5; Gen. 47,5; Gen. 47,6; Gen. 47,7; Gen. 47,7; Gen. 47,9; Gen. 47,9; Gen. 47,10; Gen. 47,11; Gen. 47,11; Gen. 47,11; Gen. 47,12; Gen. 47,12; Gen. 47,12; Gen. 47,13; Gen. 47,14; Gen. 47,14; Gen. 47,14; Gen. 47,15; Gen. 47,15; Gen. 47,15; Gen. 47,16; Gen. 47,17; Gen. 47,17; Gen. 47,17; Gen. 47,17; Gen. 47,17; Gen. 47,18; Gen. 47,18; Gen. 47,18; Gen. 47,18; Gen. 47,18; Gen. 47,18; Gen. 47,19; Gen. 47,19; Gen. 47,19; Gen. 47,19; Gen. 47,19; Gen. 47,19; Gen. 47,19; Gen. 47,20; Gen. 47,20; Gen. 47,21; Gen. 47,22; Gen. 47,23; Gen. 47,23; Gen. 47,24; Gen. 47,24; Gen. 47,24; Gen. 47,25; Gen. 47,25; Gen. 47,26; Gen. 47,27; Gen. 47,27; Gen. 47,27; Gen. 47,29; Gen. 47,29; Gen. 47,29; Gen. 47,29; Gen. 47,30; Gen. 47,30; Gen. 47,31; Gen. 47,31; Gen. 48,1; Gen. 48,1; Gen. 48,1; Gen. 48,2; Gen. 48,3; Gen. 48,3; Gen. 48,4; Gen. 48,4; Gen. 48,4; Gen. 48,4; Gen. 48,4; Gen. 48,5; Gen. 48,5; Gen. 48,7; Gen. 48,9; Gen. 48,10; Gen. 48,10; Gen. 48,10; Gen. 48,10; Gen. 48,11; Gen. 48,11; Gen. 48,11; Gen. 48,12; Gen. 48,12; Gen. 48,14; Gen. 48,15; Gen. 48,15; Gen. 48,15; Gen. 48,16; Gen. 48,16; Gen. 48,16; Gen. 48,16; Gen. 48,17; Gen. 48,19; Gen. 48,19; Gen. 48,19; Gen. 48,19; Gen. 48,20; Gen. 48,20; Gen. 48,20; Gen. 48,21; Gen. 48,21; Gen. 48,22; Gen. 49,1; Gen. 49,2; Gen. 49,3; Gen. 49,3; Gen. 49,5; Gen. 49,6; Gen. 49,6; Gen. 49,7; Gen. 49,7; Gen. 49,9; Gen. 49,10; Gen. 49,10; Gen. 49,11; Gen. 49,11; Gen. 49,12; Gen. 49,13; Gen. 49,13; Gen. 49,15; Gen. 49,15; Gen. 49,15; Gen. 49,16; Gen. 49,17; Gen. 49,17; Gen. 49,20; Gen. 49,23; Gen. 49,24; Gen. 49,24; Gen. 49,25; Gen. 49,25; Gen. 49,25; Gen. 49,25; Gen. 49,26; Gen. 49,26; Gen. 49,26; Gen. 49,27; Gen. 49,28; Gen. 49,28; Gen. 49,29; Gen. 49,31; Gen. 49,31; Gen. 49,31; Gen. 49,32; Gen. 49,33; Gen. 49,33; Gen. 49,33; Gen. 50,1; Gen. 50,2; Gen. 50,2; Gen. 50,3; Gen. 50,3; Gen. 50,5; Gen. 50,6; Gen. 50,7; Gen. 50,7; Gen. 50,7; Gen. 50,7; Gen. 50,8; Gen. 50,8; Gen. 50,8; Gen. 50,8; Gen. 50,8; Gen. 50,8; Gen. 50,9; Gen. 50,9; Gen. 50,9; Gen. 50,9; Gen. 50,10; Gen. 50,10; Gen. 50,10; Gen. 50,10; Gen. 50,11; Gen. 50,11; Gen. 50,12; Gen. 50,12; Gen. 50,13; Gen. 50,13; Gen. 50,14; Gen. 50,14; Gen. 50,14; Gen. 50,15; Gen. 50,16; Gen. 50,17; Gen. 50,17; Gen. 50,17; Gen. 50,18; Gen. 50,19; Gen. 50,21; Gen. 50,21; Gen. 50,21; Gen. 50,21; Gen. 50,22; Gen. 50,22; Gen. 50,22; Gen. 50,23; Gen. 50,23; Gen. 50,24; Gen. 50,24; Gen. 50,24; Gen. 50,24; Gen. 50,25; Gen. 50,25; Gen. 50,26; Gen. 50,26; Gen. 50,26; Ex. 1,3; Ex. 1,4; Ex. 1,4; Ex. 1,5; Ex. 1,6; Ex. 1,6; Ex. 1,7; Ex. 1,7; Ex. 1,7; Ex. 1,9; Ex. 1,10; Ex. 1,10; Ex. 1,11; Ex. 1,11; Ex. 1,11; Ex. 1,11; Ex. 1,12; Ex. 1,12; Ex. 1,13; Ex. 1,14; Ex. 1,14; Ex. 1,14; Ex. 1,15; Ex. 1,16; Ex. 1,16; Ex. 1,17; Ex. 1,17; Ex. 1,18; Ex. 1,18; Ex. 1,19; Ex. 1,20; Ex. 1,20; Ex. 1,22; Ex. 2,1; Ex. 2,2; Ex. 2,2; Ex. 2,3; Ex. 2,3; Ex. 2,3; Ex. 2,4; Ex. 2,5; Ex. 2,5; Ex. 2,6; Ex. 2,6; Ex. 2,7; Ex. 2,7; Ex. 2,9; Ex. 2,9; Ex. 2,10; Ex. 2,12; Ex. 2,12; Ex. 2,13; Ex. 2,14; Ex. 2,14; Ex. 2,15; Ex. 2,15; Ex. 2,17; Ex. 2,17; Ex. 2,19; Ex. 2,19; Ex. 2,20; Ex. 2,21; Ex. 2,22; Ex. 2,23; Ex. 2,23; Ex. 2,23; Ex. 2,24; Ex. 2,24; Ex. 2,24; Ex. 2,24; Ex. 2,25; Ex. 2,25; Ex. 3,1; Ex. 3,1; Ex. 3,2; Ex. 3,5; Ex. 3,6; Ex. 3,6; Ex. 3,6; Ex. 3,7; Ex. 3,8; Ex. 3,8; Ex. 3,8; Ex. 3,8; Ex. 3,8; Ex. 3,8; Ex. 3,8; Ex. 3,8; Ex. 3,8; Ex. 3,8; Ex. 3,9; Ex. 3,10; Ex. 3,10; Ex. 3,11; Ex. 3,11; Ex. 3,12; Ex. 3,12; Ex. 3,13; Ex. 3,13; Ex. 3,14; Ex. 3,14; Ex. 3,15; Ex. 3,15; Ex. 3,15; Ex. 3,15; Ex. 3,16; Ex. 3,16; Ex. 3,16; Ex. 3,16; Ex. 3,17; Ex. 3,17; Ex. 3,17; Ex. 3,17; Ex. 3,17; Ex. 3,17; Ex. 3,17; Ex. 3,17; Ex. 3,18; Ex. 3,18; Ex. 3,18; Ex. 3,18; Ex. 3,20; Ex. 3,20; Ex. 3,21; Ex. 3,22; Ex. 3,22; Ex. 3,22; Ex. 3,22; Ex. 3,22; Ex. 3,22; Ex. 4,1; Ex. 4,3; Ex. 4,3; Ex. 4,3; Ex. 4,3; Ex. 4,4; Ex. 4,4; Ex. 4,4; Ex. 4,5; Ex. 4,5; Ex. 4,6; Ex. 4,6; Ex. 4,6; Ex. 4,7; Ex. 4,7; Ex. 4,7; Ex. 4,7; Ex. 4,9; Ex. 4,9; Ex. 4,9; Ex. 4,10; Ex. 4,11; Ex. 4,11; Ex. 4,11; Ex. 4,12; Ex. 4,12; Ex. 4,12; Ex. 4,13; Ex. 4,14; Ex. 4,14; Ex. 4,14; Ex. 4,15; Ex. 4,15; Ex. 4,15; Ex. 4,15; Ex. 4,15; Ex. 4,16; Ex. 4,16; Ex. 4,17; Ex. 4,18; Ex. 4,18; Ex. 4,18; Ex. 4,18; Ex. 4,18; Ex. 4,20; Ex. 4,20; Ex. 4,21; Ex. 4,21; Ex. 4,24; Ex. 4,25; Ex. 4,25; Ex. 4,25; Ex. 4,26; Ex. 4,27; Ex. 4,27; Ex. 4,27; Ex. 4,28; Ex. 4,28; Ex. 4,29; Ex. 4,29; Ex. 4,30; Ex. 4,30; Ex. 4,31; Ex. 4,31; Ex. 4,31; Ex. 5,1; Ex. 5,1; Ex. 5,2; Ex. 5,2; Ex. 5,3; Ex. 5,4; Ex. 5,4; Ex. 5,5; Ex. 5,6; Ex. 5,7; Ex. 5,7; Ex. 5,8; Ex. 5,8; Ex. 5,9; Ex. 5,9; Ex. 5,10; Ex. 5,10; Ex. 5,12; Ex. 5,14; Ex. 5,14; Ex. 5,14; Ex. 5,16; Ex. 5,16; Ex. 5,17; Ex. 5,18; Ex. 5,20; Ex. 5,21; Ex. 5,21; Ex. 5,21; Ex. 5,22; Ex. 5,22; Ex. 5,23; Ex. 5,23; Ex. 6,1; Ex. 6,2; Ex. 6,3; Ex. 6,3; Ex. 6,3; Ex. 6,3; Ex. 6,4; Ex. 6,4; Ex. 6,5; Ex. 6,5; Ex. 6,6; Ex. 6,6; Ex. 6,6; Ex. 6,6; Ex. 6,7; Ex. 6,7; Ex. 6,7; Ex. 6,8; Ex. 6,8; Ex. 6,8; Ex. 6,8; Ex. 6,9; Ex. 6,9; Ex. 6,12; Ex. 6,13; Ex. 6,13; Ex. 6,14; Ex. 6,14; Ex. 6,15; Ex. 6,15; Ex. 6,15; Ex. 6,15; Ex. 6,15; Ex. 6,15; Ex. 6,16; Ex. 6,16; Ex. 6,16; Ex. 6,17; Ex. 6,17; Ex. 6,18; Ex. 6,18; Ex. 6,18; Ex. 6,18; Ex. 6,19; Ex. 6,19; Ex. 6,20; Ex. 6,20; Ex. 6,20; Ex. 6,20; Ex. 6,21; Ex. 6,21; Ex. 6,21; Ex. 6,22; Ex. 6,22; Ex. 6,23; Ex. 6,23; Ex. 6,23; Ex. 6,23; Ex. 6,24; Ex. 6,24; Ex. 6,25; Ex. 6,25; Ex. 6,26; Ex. 6,27; Ex. 6,27; Ex. 6,29; Ex. 6,30; Ex. 6,30; Ex. 7,1; Ex. 7,3; Ex. 7,3; Ex. 7,4; Ex. 7,4; Ex. 7,4; Ex. 7,5; Ex. 7,5; Ex. 7,6; Ex. 7,8; Ex. 7,9; Ex. 7,9; Ex. 7,9; Ex. 7,9; Ex. 7,10; Ex. 7,10; Ex. 7,10; Ex. 7,10; Ex. 7,10; Ex. 7,10; Ex. 7,11; Ex. 7,11; Ex. 7,12; Ex. 7,12; Ex. 7,12; Ex. 7,13; Ex. 7,13; Ex. 7,15; Ex. 7,15; Ex. 7,16; Ex. 7,16; Ex. 7,17; Ex. 7,18; Ex. 7,18; Ex. 7,18; Ex. 7,19; Ex. 7,19; Ex. 7,19; Ex. 7,19; Ex. 7,19; Ex. 7,19; Ex. 7,19; Ex. 7,19; Ex. 7,20; Ex. 7,20; Ex. 7,20; Ex. 7,20; Ex. 7,20; Ex. 7,21; Ex. 7,21; Ex. 7,21; Ex. 7,21; Ex. 7,22; Ex. 7,22; Ex. 7,23; Ex. 7,24; Ex. 7,25; Ex. 7,26; Ex. 7,28; Ex. 7,28; Ex. 7,28; Ex. 7,28; Ex. 7,28; Ex. 7,28; Ex. 7,28; Ex. 7,28; Ex. 7,29; Ex. 7,29; Ex. 7,29; Ex. 8,1; Ex. 8,1; Ex. 8,1; Ex. 8,2; Ex. 8,2; Ex. 8,2; Ex. 8,2; Ex. 8,3; Ex. 8,4; Ex. 8,4; Ex. 8,4; Ex. 8,4; Ex. 8,4; Ex. 8,4; Ex. 8,4; Ex. 8,5; Ex. 8,5; Ex. 8,5; Ex. 8,5; Ex. 8,7; Ex. 8,7; Ex. 8,7; Ex. 8,7; Ex. 8,7; Ex. 8,8; Ex. 8,8; Ex. 8,9; Ex. 8,9; Ex. 8,9; Ex. 8,10; Ex. 8,10; Ex. 8,11; Ex. 8,12; Ex. 8,12; Ex. 8,12; Ex. 8,12; Ex. 8,13; Ex. 8,13; Ex. 8,13; Ex. 8,13; Ex. 8,14; Ex. 8,14; Ex. 8,14; Ex. 8,15; Ex. 8,15; Ex. 8,16; Ex. 8,16; Ex. 8,16; Ex. 8,17; Ex. 8,17; Ex. 8,17; Ex. 8,17; Ex. 8,17; Ex. 8,18; Ex. 8,19; Ex. 8,19; Ex. 8,20; Ex. 8,20; Ex. 8,20; Ex. 8,20; Ex. 8,21; Ex. 8,22; Ex. 8,23; Ex. 8,24; Ex. 8,24; Ex. 8,25; Ex. 8,25; Ex. 8,25; Ex. 8,25; Ex. 8,26; Ex. 8,27; Ex. 8,27; Ex. 8,27; Ex. 8,27; Ex. 8,28; Ex. 8,28; Ex. 9,1; Ex. 9,3; Ex. 9,3; Ex. 9,3; Ex. 9,3; Ex. 9,4; Ex. 9,4; Ex. 9,5; Ex. 9,6; Ex. 9,6; Ex. 9,7; Ex. 9,8; Ex. 9,8; Ex. 9,8; Ex. 9,9; Ex. 9,9; Ex. 9,9; Ex. 9,9; Ex. 9,9; Ex. 9,10; Ex. 9,10; Ex. 9,10; Ex. 9,10; Ex. 9,11; Ex. 9,11; Ex. 9,12; Ex. 9,13; Ex. 9,13; Ex. 9,14; Ex. 9,14; Ex. 9,15; Ex. 9,15; Ex. 9,16; Ex. 9,16; Ex. 9,19; Ex.

Κ, κ

K, κ

9,19; Ex. 9,19; Ex. 9,22; Ex. 9,22; Ex. 9,23; Ex. 9,23; Ex. 9,23; Ex. 9,23; Ex. 9,24; Ex. 9,25; Ex. 9,25; Ex. 9,27; Ex. 9,27; Ex. 9,27; Ex. 9,28; Ex. 9,28; Ex. 9,28; Ex. 9,28; Ex. 9,28; Ex. 9,29; Ex. 9,29; Ex. 9,29; Ex. 9,30; Ex. 9,30; Ex. 9,31; Ex. 9,32; Ex. 9,33; Ex. 9,33; Ex. 9,33; Ex. 9,33; Ex. 9,34; Ex. 9,34; Ex. 9,34; Ex. 9,34; Ex. 9,35; Ex. 9,35; Ex. 10,1; Ex. 10,2; Ex. 10,2; Ex. 10,2; Ex. 10,3; Ex. 10,3; Ex. 10,5; Ex. 10,5; Ex. 10,5; Ex. 10,5; Ex. 10,6; Ex. 10,6; Ex. 10,6; Ex. 10,6; Ex. 10,7; Ex. 10,8; Ex. 10,8; Ex. 10,8; Ex. 10,8; Ex. 10,8; Ex. 10,9; Ex. 10,9; Ex. 10,9; Ex. 10,9; Ex. 10,9; Ex. 10,10; Ex. 10,10; Ex. 10,11; Ex. 10,12; Ex. 10,12; Ex. 10,12; Ex. 10,13; Ex. 10,13; Ex. 10,13; Ex. 10,13; Ex. 10,14; Ex. 10,14; Ex. 10,14; Ex. 10,15; Ex. 10,15; Ex. 10,15; Ex. 10,15; Ex. 10,15; Ex. 10,16; Ex. 10,16; Ex. 10,17; Ex. 10,17; Ex. 10,18; Ex. 10,19; Ex. 10,19; Ex. 10,19; Ex. 10,19; Ex. 10,20; Ex. 10,20; Ex. 10,21; Ex. 10,22; Ex. 10,23; Ex. 10,23; Ex. 10,24; Ex. 10,24; Ex. 10,24; Ex. 10,24; Ex. 10,25; Ex. 10,25; Ex. 10,26; Ex. 10,26; Ex. 10,27; Ex. 10,28; Ex. 11,1; Ex. 11,1; Ex. 11,2; Ex. 11,2; Ex. 11,2; Ex. 11,2; Ex. 11,3; Ex. 11,3; Ex. 11,3; Ex. 11,3; Ex. 11,5; Ex. 11,5; Ex. 11,5; Ex. 11,6; Ex. 11,6; Ex. 11,7; Ex. 11,7; Ex. 11,8; Ex. 11,8; Ex. 11,8; Ex. 11,8; Ex. 11,9; Ex. 11,10; Ex. 11,10; Ex. 11,10; Ex. 12,1; Ex. 12,5; Ex. 12,6; Ex. 12,6; Ex. 12,7; Ex. 12,7; Ex. 12,7; Ex. 12,8; Ex. 12,8; Ex. 12,9; Ex. 12,10; Ex. 12,11; Ex. 12,11; Ex. 12,11; Ex. 12,12; Ex. 12,12; Ex. 12,12; Ex. 12,13; Ex. 12,13; Ex. 12,13; Ex. 12,13; Ex. 12,14; Ex. 12,14; Ex. 12,16; Ex. 12,16; Ex. 12,17; Ex. 12,17; Ex. 12,18; Ex. 12,19; Ex. 12,21; Ex. 12,21; Ex. 12,22; Ex. 12,22; Ex. 12,23; Ex. 12,23; Ex. 12,23; Ex. 12,23; Ex. 12,23; Ex. 12,24; Ex. 12,24; Ex. 12,26; Ex. 12,27; Ex. 12,27; Ex. 12,28; Ex. 12,28; Ex. 12,29; Ex. 12,29; Ex. 12,30; Ex. 12,30; Ex. 12,30; Ex. 12,30; Ex. 12,31; Ex. 12,31; Ex. 12,31; Ex. 12,31; Ex. 12,31; Ex. 12,31; Ex. 12,31; Ex. 12,32; Ex. 12,32; Ex. 12,33; Ex. 12,35; Ex. 12,35; Ex. 12,35; Ex. 12,36; Ex. 12,36; Ex. 12,36; Ex. 12,38; Ex. 12,38; Ex. 12,38; Ex. 12,38; Ex. 12,39; Ex. 12,39; Ex. 12,40; Ex. 12,41; Ex. 12,43; Ex. 12,44; Ex. 12,44; Ex. 12,46; Ex. 12,46; Ex. 12,48; Ex. 12,48; Ex. 12,49; Ex. 12,50; Ex. 12,50; Ex. 12,51; Ex. 13,3; Ex. 13,5; Ex. 13,5; Ex. 13,5; Ex. 13,5; Ex. 13,5; Ex. 13,5; Ex. 13,5; Ex. 13,5; Ex. 13,5; Ex. 13,8; Ex. 13,9; Ex. 13,9; Ex. 13,10; Ex. 13,11; Ex. 13,11; Ex. 13,12; Ex. 13,14; Ex. 13,15; Ex. 13,16; Ex. 13,16; Ex. 13,17; Ex. 13,18; Ex. 13,19; Ex. 13,19; Ex. 13,22; Ex. 14,2; Ex. 14,2; Ex. 14,3; Ex. 14,4; Ex. 14,4; Ex. 14,4; Ex. 14,4; Ex. 14,4; Ex. 14,5; Ex. 14,5; Ex. 14,5; Ex. 14,5; Ex. 14,6; Ex. 14,7; Ex. 14,7; Ex. 14,7; Ex. 14,8; Ex. 14,8; Ex. 14,8; Ex. 14,9; Ex. 14,9; Ex. 14,9; Ex. 14,9; Ex. 14,9; Ex. 14,9; Ex. 14,10; Ex. 14,10; Ex. 14,10; Ex. 14,10; Ex. 14,11; Ex. 14,13; Ex. 14,14; Ex. 14,15; Ex. 14,16; Ex. 14,16; Ex. 14,16; Ex. 14,16; Ex. 14,17; Ex. 14,17; Ex. 14,17; Ex. 14,17; Ex. 14,17; Ex. 14,17; Ex. 14,17; Ex. 14,18; Ex. 14,18; Ex. 14,18; Ex. 14,19; Ex. 14,19; Ex. 14,20; Ex. 14,20; Ex. 14,20; Ex. 14,20; Ex. 14,20; Ex. 14,20; Ex. 14,20; Ex. 14,21; Ex. 14,21; Ex. 14,21; Ex. 14,22; Ex. 14,22; Ex. 14,22; Ex. 14,23; Ex. 14,23; Ex. 14,23; Ex. 14,24; Ex. 14,24; Ex. 14,24; Ex. 14,25; Ex. 14,25; Ex. 14,25; Ex. 14,26; Ex. 14,26; Ex. 14,26; Ex. 14,27; Ex. 14,27; Ex. 14,28; Ex. 14,28; Ex. 14,28; Ex. 14,28; Ex. 14,29; Ex. 14,30; Ex. 14,30; Ex. 14,31; Ex. 14,31; Ex. 15,1; Ex. 15,1; Ex. 15,1; Ex. 15,2; Ex. 15,2; Ex. 15,2; Ex. 15,4; Ex. 15,7; Ex. 15,7; Ex. 15,8; Ex. 15,14; Ex. 15,15; Ex. 15,16; Ex. 15,18; Ex. 15,18; Ex. 15,19; Ex. 15,19; Ex. 15,20; Ex. 15,20; Ex. 15,21; Ex. 15,22; Ex. 15,22; Ex. 15,22; Ex. 15,23; Ex. 15,24; Ex. 15,25; Ex. 15,25; Ex. 15,25; Ex. 15,25; Ex. 15,25; Ex. 15,26; Ex. 15,26; Ex. 15,26; Ex. 15,26; Ex. 15,27; Ex. 15,27; Ex. 16,1; Ex. 16,1; Ex. 16,2; Ex. 16,3; Ex. 16,3; Ex. 16,4; Ex. 16,4; Ex. 16,5; Ex. 16,5; Ex. 16,5; Ex. 16,6; Ex. 16,6; Ex. 16,7; Ex. 16,8; Ex. 16,8; Ex. 16,10; Ex. 16,10; Ex. 16,11; Ex. 16,12; Ex. 16,12; Ex. 16,13; Ex. 16,13; Ex. 16,14; Ex. 16,17; Ex. 16,17; Ex. 16,18; Ex. 16,18; Ex. 16,20; Ex. 16,20; Ex. 16,20; Ex. 16,20; Ex. 16,21; Ex. 16,22; Ex. 16,23; Ex. 16,23; Ex. 16,24; Ex. 16,27; Ex. 16,28; Ex. 16,30; Ex. 16,31; Ex. 16,33; Ex. 16,33; Ex. 16,33; Ex. 16,34; Ex. 17,1; Ex. 17,2; Ex. 17,2; Ex. 17,2; Ex. 17,3; Ex. 17,3; Ex. 17,3; Ex. 17,4; Ex. 17,5; Ex. 17,5; Ex. 17,5; Ex. 17,6; Ex. 17,6; Ex. 17,6; Ex. 17,7; Ex. 17,7; Ex. 17,7; Ex. 17,8; Ex. 17,9; Ex. 17,9; Ex. 17,9; Ex. 17,10; Ex. 17,10; Ex. 17,10; Ex. 17,10; Ex. 17,10; Ex. 17,11; Ex. 17,12; Ex. 17,12; Ex. 17,12; Ex. 17,12; Ex. 17,12; Ex. 17,12; Ex. 17,13; Ex. 17,13; Ex. 17,14; Ex. 17,15; Ex. 17,15; Ex. 18,3; Ex. 18,4; Ex. 18,4; Ex. 18,5; Ex. 18,5; Ex. 18,5; Ex. 18,6; Ex. 18,6; Ex. 18,7; Ex. 18,7; Ex. 18,7; Ex. 18,7; Ex. 18,8; Ex. 18,8; Ex. 18,8; Ex. 18,8; Ex. 18,8; Ex. 18,9; Ex. 18,10; Ex. 18,10; Ex. 18,12; Ex. 18,12; Ex. 18,12; Ex. 18,14; Ex. 18,15; Ex. 18,16; Ex. 18,16; Ex. 18,16; Ex. 18,18; Ex. 18,18; Ex. 18,19; Ex. 18,19; Ex. 18,19; Ex. 18,20; Ex. 18,20; Ex. 18,20; Ex. 18,20; Ex. 18,21; Ex. 18,21; Ex. 18,21; Ex. 18,21; Ex. 18,21; Ex. 18,22; Ex. 18,22; Ex. 18,22; Ex. 18,23; Ex. 18,23; Ex. 18,24; Ex. 18,25; Ex. 18,25; Ex. 18,25; Ex. 18,25; Ex. 18,25; Ex. 18,26; Ex. 18,27; Ex. 19,2; Ex. 19,2; Ex. 19,2; Ex. 19,3; Ex. 19,3; Ex. 19,3; Ex. 19,4; Ex. 19,4; Ex. 19,5; Ex. 19,5; Ex. 19,6; Ex. 19,7; Ex. 19,7; Ex. 19,8; Ex. 19,8; Ex. 19,9; Ex. 19,10; Ex. 19,10; Ex. 19,10; Ex. 19,11; Ex. 19,12; Ex. 19,12; Ex. 19,13; Ex. 19,13; Ex. 19,14; Ex. 19,14; Ex. 19,15; Ex. 19,16; Ex. 19,16; Ex. 19,16; Ex. 19,16; Ex. 19,17; Ex. 19,17; Ex. 19,18; Ex. 19,18; Ex. 19,20; Ex. 19,20; Ex. 19,21; Ex. 19,21; Ex. 19,22; Ex. 19,23; Ex. 19,23; Ex. 19,24; Ex. 19,24; Ex. 19,24; Ex. 19,25; Ex. 20,4; Ex. 20,4; Ex. 20,5; Ex. 20,6; Ex. 20,6; Ex. 20,9; Ex. 20,10; Ex. 20,10; Ex. 20,10; Ex. 20,10; Ex. 20,10; Ex. 20,10; Ex. 20,11; Ex. 20,11; Ex. 20,11; Ex. 20,11; Ex. 20,11; Ex. 20,12; Ex. 20,12; Ex. 20,18; Ex. 20,18; Ex. 20,18; Ex. 20,19; Ex. 20,19; Ex. 20,20; Ex. 20,22; Ex. 20,23; Ex. 20,24; Ex. 20,24; Ex. 20,24; Ex. 20,24; Ex. 20,24; Ex. 20,25; Ex. 21,3; Ex. 21,3; Ex. 21,4; Ex. 21,4; Ex. 21,5; Ex. 21,5; Ex. 21,6; Ex. 21,6; Ex. 21,6; Ex. 21,10; Ex. 21,10; Ex. 21,12; Ex. 21,14; Ex. 21,17; Ex. 21,17; Ex. 21,18; Ex. 21,18; Ex. 21,19; Ex. 21,20; Ex. 21,22; Ex. 21,22; Ex. 21,26; Ex. 21,28; Ex. 21,28; Ex. 21,29; Ex. 21,29; Ex. 21,29; Ex. 21,29; Ex. 21,32; Ex. 21,33; Ex. 21,33; Ex. 21,35; Ex. 21,35; Ex. 21,35; Ex. 21,36; Ex. 21,36; Ex. 21,36; Ex. 21,37; Ex. 21,37; Ex. 22,1; Ex. 22,3; Ex. 22,4; Ex. 22,4; Ex. 22,5; Ex. 22,6; Ex. 22,7; Ex. 22,8; Ex. 22,8; Ex. 22,8; Ex. 22,8; Ex. 22,8; Ex. 22,9; Ex. 22,9; Ex. 22,10; Ex. 22,10; Ex. 22,12; Ex. 22,13; Ex. 22,15; Ex. 22,16; Ex. 22,21; Ex. 22,22; Ex. 22,23; Ex. 22,23; Ex. 22,23; Ex. 22,23; Ex. 22,27; Ex. 22,28; Ex. 22,29; Ex. 22,29; Ex. 22,30; Ex. 22,30; Ex. 23,3; Ex. 23,7; Ex. 23,7; Ex. 23,8; Ex. 23,8; Ex. 23,9; Ex. 23,10; Ex. 23,11; Ex. 23,11; Ex. 23,11; Ex. 23,12; Ex. 23,12; Ex. 23,12; Ex. 23,16; Ex. 23,16; Ex. 23,18; Ex. 23,21; Ex. 23,21; Ex. 23,22; Ex. 23,22; Ex. 23,22; Ex. 23,22; Ex. 23,22; Ex. 23,23; Ex. 23,23; Ex. 23,23; Ex. 23,23; Ex. 23,23; Ex. 23,23; Ex. 23,23; Ex. 23,24; Ex. 23,25; Ex. 23,25; Ex. 23,25; Ex. 23,25; Ex. 23,25; Ex. 23,27; Ex. 23,27; Ex. 23,27; Ex. 23,28; Ex. 23,28; Ex. 23,28; Ex. 23,28; Ex. 23,28; Ex. 23,29; Ex. 23,30; Ex. 23,31; Ex. 23,31; Ex. 23,31; Ex. 23,31; Ex. 23,32; Ex. 23,33; Ex. 24,1; Ex. 24,1; Ex. 24,1; Ex. 24,1; Ex. 24,1; Ex. 24,2; Ex. 24,3; Ex. 24,3; Ex. 24,3; Ex. 24,4; Ex. 24,4; Ex. 24,5; Ex. 24,5; Ex. 24,5; Ex. 24,7; Ex. 24,7; Ex. 24,7; Ex. 24,8; Ex. 24,9; Ex. 24,9; Ex. 24,9; Ex. 24,9; Ex. 24,10; Ex. 24,10; Ex. 24,10; Ex. 24,11; Ex. 24,11; Ex. 24,11; Ex. 24,11; Ex. 24,12; Ex. 24,12; Ex. 24,12; Ex. 24,12; Ex. 24,13; Ex. 24,13; Ex. 24,14; Ex. 24,14; Ex. 24,14; Ex. 24,15; Ex. 24,15; Ex. 24,15; Ex. 24,16; Ex. 24,16; Ex. 24,16; Ex. 24,18; Ex. 24,18; Ex. 24,18; Ex. 24,18; Ex. 25,2; Ex. 25,2; Ex. 25,3; Ex. 25,3; Ex. 25,3; Ex. 25,4; Ex. 25,4; Ex. 25,4; Ex. 25,4; Ex. 25,4; Ex. 25,5; Ex. 25,5; Ex. 25,5; Ex. 25,7; Ex. 25,7; Ex. 25,7; Ex. 25,8; Ex. 25,8; Ex. 25,9; Ex. 25,9; Ex. 25,10; Ex. 25,10; Ex. 25,10; Ex. 25,10; Ex. 25,10; Ex. 25,11; Ex. 25,11; Ex. 25,11; Ex. 25,12; Ex. 25,12; Ex. 25,12; Ex. 25,13; Ex. 25,14; Ex. 25,16;

καί

Ex. 25,17; Ex. 25,17; Ex. 25,17; Ex. 25,17; Ex. 25,18; Ex. 25,18; Ex. 25,19; Ex. 25,19; Ex. 25,20; Ex. 25,21; Ex. 25,21; Ex. 25,22; Ex. 25,22; Ex. 25,22; Ex. 25,23; Ex. 25,23; Ex. 25,23; Ex. 25,24; Ex. 25,25; Ex. 25,25; Ex. 25,26; Ex. 25,26; Ex. 25,27; Ex. 25,28; Ex. 25,28; Ex. 25,28; Ex. 25,29; Ex. 25,29; Ex. 25,29; Ex. 25,29; Ex. 25,30; Ex. 25,31; Ex. 25,31; Ex. 25,31; Ex. 25,31; Ex. 25,32; Ex. 25,33; Ex. 25,33; Ex. 25,34; Ex. 25,34; Ex. 25,35; Ex. 25,36; Ex. 25,37; Ex. 25,37; Ex. 25,37; Ex. 25,38; Ex. 25,38; Ex. 26,1; Ex. 26,1; Ex. 26,1; Ex. 26,2; Ex. 26,2; Ex. 26,3; Ex. 26,4; Ex. 26,4; Ex. 26,5; Ex. 26,6; Ex. 26,6; Ex. 26,6; Ex. 26,7; Ex. 26,8; Ex. 26,9; Ex. 26,9; Ex. 26,9; Ex. 26,10; Ex. 26,10; Ex. 26,11; Ex. 26,11; Ex. 26,11; Ex. 26,11; Ex. 26,12; Ex. 26,13; Ex. 26,13; Ex. 26,14; Ex. 26,14; Ex. 26,15; Ex. 26,16; Ex. 26,16; Ex. 26,18; Ex. 26,19; Ex. 26,19; Ex. 26,20; Ex. 26,21; Ex. 26,21; Ex. 26,22; Ex. 26,23; Ex. 26,24; Ex. 26,25; Ex. 26,25; Ex. 26,25; Ex. 26,26; Ex. 26,27; Ex. 26,28; Ex. 26,29; Ex. 26,29; Ex. 26,29; Ex. 26,30; Ex. 26,31; Ex. 26,31; Ex. 26,31; Ex. 26,31; Ex. 26,32; Ex. 26,32; Ex. 26,32; Ex. 26,33; Ex. 26,33; Ex. 26,33; Ex. 26,33; Ex. 26,34; Ex. 26,35; Ex. 26,35; Ex. 26,35; Ex. 26,36; Ex. 26,36; Ex. 26,36; Ex. 26,36; Ex. 26,37; Ex. 26,37; Ex. 26,37; Ex. 26,37; Ex. 27,1; Ex. 27,1; Ex. 27,2; Ex. 27,2; Ex. 27,3; Ex. 27,3; Ex. 27,3; Ex. 27,3; Ex. 27,3; Ex. 27,3; Ex. 27,4; Ex. 27,4; Ex. 27,5; Ex. 27,6; Ex. 27,6; Ex. 27,7; Ex. 27,7; Ex. 27,10; Ex. 27,10; Ex. 27,10; Ex. 27,10; Ex. 27,11; Ex. 27,11; Ex. 27,11; Ex. 27,11; Ex. 27,11; Ex. 27,12; Ex. 27,13; Ex. 27,13; Ex. 27,14; Ex. 27,14; Ex. 27,15; Ex. 27,15; Ex. 27,16; Ex. 27,16; Ex. 27,16; Ex. 27,16; Ex. 27,16; Ex. 27,17; Ex. 27,17; Ex. 27,18; Ex. 27,18; Ex. 27,18; Ex. 27,19; Ex. 27,19; Ex. 27,19; Ex. 27,20; Ex. 27,21; Ex. 28,1; Ex. 28,1; Ex. 28,1; Ex. 28,1; Ex. 28,1; Ex. 28,2; Ex. 28,2; Ex. 28,3; Ex. 28,3; Ex. 28,4; Ex. 28,4; Ex. 28,4; Ex. 28,4; Ex. 28,4; Ex. 28,4; Ex. 28,4; Ex. 28,4; Ex. 28,5; Ex. 28,5; Ex. 28,5; Ex. 28,5; Ex. 28,5; Ex. 28,6; Ex. 28,8; Ex. 28,8; Ex. 28,8; Ex. 28,8; Ex. 28,8; Ex. 28,9; Ex. 28,9; Ex. 28,10; Ex. 28,12; Ex. 28,12; Ex. 28,13; Ex. 28,14; Ex. 28,14; Ex. 28,15; Ex. 28,15; Ex. 28,15; Ex. 28,15; Ex. 28,15; Ex. 28,16; Ex. 28,17; Ex. 28,17; Ex. 28,18; Ex. 28,18; Ex. 28,18; Ex. 28,19; Ex. 28,19; Ex. 28,20; Ex. 28,20; Ex. 28,20; Ex. 28,21; Ex. 28,22; Ex. 28,29; Ex. 28,23 # 28,29a; Ex. 28,23 # 28,29a; Ex. 28,30; Ex. 28,30; Ex. 28,30; Ex. 28,30; Ex. 28,31; Ex. 28,32; Ex. 28,33; Ex. 28,33; Ex. 28,33; Ex. 28,33; Ex. 28,34; Ex. 28,35; Ex. 28,35; Ex. 28,36; Ex. 28,36; Ex. 28,37; Ex. 28,37; Ex. 28,38; Ex. 28,38; Ex. 28,38; Ex. 28,39; Ex. 28,39; Ex. 28,39; Ex. 28,40; Ex. 28,40; Ex. 28,40; Ex. 28,40; Ex. 28,41; Ex. 28,41; Ex. 28,41; Ex. 28,41; Ex. 28,41; Ex. 28,42; Ex. 28,43; Ex. 28,43; Ex. 28,43; Ex. 28,43; Ex. 29,1; Ex. 29,2; Ex. 29,2; Ex. 29,3; Ex. 29,3; Ex. 29,3; Ex. 29,3; Ex. 29,4; Ex. 29,4; Ex. 29,4; Ex. 29,5; Ex. 29,5; Ex. 29,5; Ex. 29,5; Ex. 29,5; Ex. 29,6; Ex. 29,6; Ex. 29,7; Ex. 29,7; Ex. 29,7; Ex. 29,8; Ex. 29,8; Ex. 29,9; Ex. 29,9; Ex. 29,9; Ex. 29,9; Ex. 29,9; Ex. 29,10; Ex. 29,10; Ex. 29,10; Ex. 29,11; Ex. 29,12; Ex. 29,12; Ex. 29,13; Ex. 29,13; Ex. 29,13; Ex. 29,13; Ex. 29,13; Ex. 29,14; Ex. 29,14; Ex. 29,15; Ex. 29,15; Ex. 29,15; Ex. 29,16; Ex. 29,16; Ex. 29,17; Ex. 29,17; Ex. 29,17; Ex. 29,17; Ex. 29,18; Ex. 29,19; Ex. 29,19; Ex. 29,19; Ex. 29,20; Ex. 29,20; Ex. 29,20; Ex. 29,20; Ex. 29,20; Ex. 29,20; Ex. 29,20; Ex. 29,21; Ex. 29,21; Ex. 29,21; Ex. 29,21; Ex. 29,21; Ex. 29,21; Ex. 29,21; Ex. 29,21; Ex. 29,21; Ex. 29,21; Ex. 29,22; Ex. 29,22; Ex. 29,22; Ex. 29,22; Ex. 29,22; Ex. 29,22; Ex. 29,23; Ex. 29,24; Ex. 29,24; Ex. 29,24; Ex. 29,25; Ex. 29,25; Ex. 29,26; Ex. 29,26; Ex. 29,26; Ex. 29,27; Ex. 29,27; Ex. 29,27; Ex. 29,27; Ex. 29,28; Ex. 29,28; Ex. 29,28; Ex. 29,29; Ex. 29,29; Ex. 29,31; Ex. 29,31; Ex. 29,32; Ex. 29,32; Ex. 29,32; Ex. 29,33; Ex. 29,34; Ex. 29,35; Ex. 29,35; Ex. 29,36; Ex. 29,36; Ex. 29,36; Ex. 29,37; Ex. 29,37; Ex. 29,39; Ex. 29,40; Ex. 29,40; Ex. 29,41; Ex. 29,41; Ex. 29,43; Ex. 29,43; Ex. 29,44; Ex. 29,44; Ex. 29,44; Ex. 29,44; Ex. 29,45; Ex. 29,45; Ex. 29,46; Ex. 29,46; Ex. 30,1; Ex. 30,2; Ex. 30,2; Ex. 30,3; Ex. 30,3; Ex. 30,3; Ex. 30,3; Ex. 30,4; Ex. 30,4; Ex. 30,5; Ex. 30,5; Ex. 30,6; Ex. 30,7; Ex. 30,8; Ex. 30,9; Ex. 30,9; Ex. 30,10; Ex. 30,12; Ex. 30,12; Ex. 30,13; Ex. 30,14; Ex. 30,15; Ex. 30,16; Ex. 30,16; Ex. 30,16; Ex. 30,18; Ex. 30,18; Ex. 30,18; Ex. 30,18; Ex. 30,19; Ex. 30,19; Ex. 30,19; Ex. 30,20; Ex. 30,20; Ex. 30,21; Ex. 30,21; Ex. 30,21; Ex. 30,23; Ex. 30,23; Ex. 30,24; Ex. 30,24; Ex. 30,25; Ex. 30,26; Ex. 30,26; Ex. 30,27; Ex. 30,27; Ex. 30,27; Ex. 30,28; Ex. 30,28; Ex. 30,28; Ex. 30,28; Ex. 30,28; Ex. 30,28; Ex. 30,29; Ex. 30,29; Ex. 30,30; Ex. 30,30; Ex. 30,30; Ex. 30,31; Ex. 30,32; Ex. 30,32; Ex. 30,33; Ex. 30,34; Ex. 30,34; Ex. 30,35; Ex. 30,36; Ex. 30,36; Ex. 31,3; Ex. 31,3; Ex. 31,3; Ex. 31,4; Ex. 31,4; Ex. 31,4; Ex. 31,4; Ex. 31,4; Ex. 31,4; Ex. 31,4; Ex. 31,5; Ex. 31,5; Ex. 31,6; Ex. 31,6; Ex. 31,6; Ex. 31,6; Ex. 31,7; Ex. 31,7; Ex. 31,7; Ex. 31,8; Ex. 31,8; Ex. 31,8; Ex. 31,8; Ex. 31,8; Ex. 31,9; Ex. 31,9; Ex. 31,10; Ex. 31,10; Ex. 31,11; Ex. 31,11; Ex. 31,13; Ex. 31,13; Ex. 31,14; Ex. 31,16; Ex. 31,17; Ex. 31,17; Ex. 31,17; Ex. 31,17; Ex. 32,1; Ex. 32,1; Ex. 32,2; Ex. 32,2; Ex. 32,2; Ex. 32,3; Ex. 32,3; Ex. 32,4; Ex. 32,4; Ex. 32,4; Ex. 32,4; Ex. 32,5; Ex. 32,5; Ex. 32,6; Ex. 32,6; Ex. 32,6; Ex. 32,6; Ex. 32,6; Ex. 32,8; Ex. 32,8; Ex. 32,8; Ex. 32,10; Ex. 32,10; Ex. 32,10; Ex. 32,11; Ex. 32,11; Ex. 32,11; Ex. 32,12; Ex. 32,12; Ex. 32,13; Ex. 32,13; Ex. 32,13; Ex. 32,13; Ex. 32,13; Ex. 32,14; Ex. 32,15; Ex. 32,15; Ex. 32,16; Ex. 32,16; Ex. 32,17; Ex. 32,18; Ex. 32,19; Ex. 32,19; Ex. 32,19; Ex. 32,20; Ex. 32,20; Ex. 32,20; Ex. 32,20; Ex. 32,21; Ex. 32,22; Ex. 32,24; Ex. 32,24; Ex. 32,24; Ex. 32,24; Ex. 32,25; Ex. 32,26; Ex. 32,27; Ex. 32,27; Ex. 32,27; Ex. 32,27; Ex. 32,27; Ex. 32,27; Ex. 32,28; Ex. 32,28; Ex. 32,29; Ex. 32,30; Ex. 32,31; Ex. 32,31; Ex. 32,32; Ex. 32,33; Ex. 32,34; Ex. 32,35; Ex. 33,1; Ex. 33,1; Ex. 33,1; Ex. 33,2; Ex. 33,2; Ex. 33,2; Ex. 33,2; Ex. 33,2; Ex. 33,2; Ex. 33,2; Ex. 33,3; Ex. 33,3; Ex. 33,4; Ex. 33,5; Ex. 33,5; Ex. 33,5; Ex. 33,5; Ex. 33,6; Ex. 33,6; Ex. 33,7; Ex. 33,7; Ex. 33,8; Ex. 33,9; Ex. 33,9; Ex. 33,10; Ex. 33,10; Ex. 33,11; Ex. 33,11; Ex. 33,12; Ex. 33,13; Ex. 33,14; Ex. 33,14; Ex. 33,15; Ex. 33,16; Ex. 33,16; Ex. 33,16; Ex. 33,16; Ex. 33,17; Ex. 33,17; Ex. 33,18; Ex. 33,19; Ex. 33,19; Ex. 33,19; Ex. 33,19; Ex. 33,20; Ex. 33,20; Ex. 33,21; Ex. 33,22; Ex. 33,22; Ex. 33,23; Ex. 33,23; Ex. 34,1; Ex. 34,1; Ex. 34,2; Ex. 34,2; Ex. 34,2; Ex. 34,3; Ex. 34,3; Ex. 34,3; Ex. 34,4; Ex. 34,4; Ex. 34,4; Ex. 34,4; Ex. 34,5; Ex. 34,5; Ex. 34,5; Ex. 34,6; Ex. 34,6; Ex. 34,6; Ex. 34,6; Ex. 34,6; Ex. 34,7; Ex. 34,7; Ex. 34,7; Ex. 34,7; Ex. 34,7; Ex. 34,7; Ex. 34,7; Ex. 34,8; Ex. 34,9; Ex. 34,9; Ex. 34,9; Ex. 34,9; Ex. 34,10; Ex. 34,10; Ex. 34,10; Ex. 34,11; Ex. 34,11; Ex. 34,11; Ex. 34,11; Ex. 34,11; Ex. 34,11; Ex. 34,13; Ex. 34,13; Ex. 34,13; Ex. 34,15; Ex. 34,15; Ex. 34,15; Ex. 34,15; Ex. 34,16; Ex. 34,16; Ex. 34,16; Ex. 34,16; Ex. 34,17; Ex. 34,18; Ex. 34,19; Ex. 34,20; Ex. 34,21; Ex. 34,22; Ex. 34,22; Ex. 34,24; Ex. 34,25; Ex. 34,27; Ex. 34,28; Ex. 34,28; Ex. 34,28; Ex. 34,28; Ex. 34,29; Ex. 34,30; Ex. 34,30; Ex. 34,30; Ex. 34,30; Ex. 34,31; Ex. 34,31; Ex. 34,31; Ex. 34,31; Ex. 34,32; Ex. 34,32; Ex. 34,33; Ex. 34,34; Ex. 34,35; Ex. 34,35; Ex. 35,1; Ex. 35,6; Ex. 35,6; Ex. 35,7; Ex. 35,7; Ex. 35,7; Ex. 35,9; Ex. 35,9; Ex. 35,9; Ex. 35,10; Ex. 35,11; Ex. 35,11; Ex. 35,11; Ex. 35,11; Ex. 35,11; Ex. 35,12; Ex. 35,12; Ex. 35,12; Ex. 35,12; Ex. 35,17 # 35,12a; Ex. 35,17 # 35,12a; Ex. 35,17 # 35,12a; Ex. 35,17 # 35,12a; Ex. 35,17 # 35,12a; Ex. 35,13; Ex. 35,13; Ex. 35,14; Ex. 35,14; Ex. 35,16; Ex. 35,16; Ex. 35,19; Ex. 35,19; Ex. 35,19; Ex. 35,19; Ex. 35,19; Ex. 35,20; Ex. 35,21; Ex. 35,21; Ex. 35,21; Ex. 35,21; Ex. 35,22; Ex. 35,22; Ex. 35,22; Ex. 35,22; Ex. 35,22; Ex. 35,22; Ex. 35,23; Ex. 35,23; Ex. 35,23; Ex. 35,24; Ex. 35,24; Ex. 35,24; Ex. 35,25; Ex. 35,25; Ex. 35,25; Ex. 35,25; Ex. 35,26; Ex. 35,27; Ex. 35,27; Ex. 35,27; Ex. 35,28; Ex. 35,28; Ex. 35,28; Ex. 35,29; Ex. 35,29; Ex. 35,31; Ex. 35,31; Ex. 35,31; Ex. 35,32; Ex. 35,32; Ex. 35,33; Ex. 35,33; Ex. 35,33;

Κ, κ

Ex. 35,34; Ex. 35,34; Ex. 35,35; Ex. 35,35; Ex. 35,35; Ex. 35,35; Ex. 36,1; Ex. 36,1; Ex. 36,1; Ex. 36,2; Ex. 36,2; Ex. 36,2; Ex. 36,3; Ex. 36,3; Ex. 36,4; Ex. 36,5; Ex. 36,6; Ex. 36,6; Ex. 36,6; Ex. 36,6; Ex. 36,7; Ex. 36,7; Ex. 36,9; Ex. 36,9; Ex. 36,9; Ex. 36,9; Ex. 36,9; Ex. 36,10; Ex. 36,10; Ex. 36,10; Ex. 36,10; Ex. 36,12; Ex. 36,12; Ex. 36,12; Ex. 36,12; Ex. 36,13; Ex. 36,13; Ex. 36,13; Ex. 36,14; Ex. 36,15; Ex. 36,15; Ex. 36,15; Ex. 36,15; Ex. 36,16; Ex. 36,17; Ex. 36,17; Ex. 36,17; Ex. 36,18; Ex. 36,18; Ex. 36,18; Ex. 36,19; Ex. 36,19; Ex. 36,19; Ex. 36,20; Ex. 36,20; Ex. 36,20; Ex. 36,20; Ex. 36,21; Ex. 36,22; Ex. 36,23; Ex. 36,23; Ex. 36,23; Ex. 36,24; Ex. 36,25; Ex. 36,25; Ex. 36,25; Ex. 36,26; Ex. 36,26; Ex. 36,27; Ex. 36,27; Ex. 36,28; Ex. 36,31; Ex. 36,31; Ex. 36,31; Ex. 36,31; Ex. 36,32; Ex. 36,32; Ex. 36,33; Ex. 36,34; Ex. 36,35; Ex. 36,35; Ex. 36,35; Ex. 36,36; Ex. 36,36; Ex. 36,36; Ex. 36,36; Ex. 36,37; Ex. 36,38; Ex. 37,2; Ex. 37,2; Ex. 37,3; Ex. 37,3; Ex. 37,3; Ex. 37,3; Ex. 37,4; Ex. 37,4; Ex. 37,4; Ex. 37,5; Ex. 37,5; Ex. 37,5; Ex. 37,5; Ex. 37,6; Ex. 37,6; Ex. 37,6; Ex. 37,6; Ex. 37,6; Ex. 37,8; Ex. 37,8; Ex. 37,9; Ex. 37,9; Ex. 37,9; Ex. 37,10; Ex. 37,10; Ex. 37,11; Ex. 37,12; Ex. 37,12; Ex. 37,13; Ex. 37,13; Ex. 37,13; Ex. 37,13; Ex. 37,15; Ex. 37,15; Ex. 37,15; Ex. 37,15; Ex. 37,16; Ex. 37,16; Ex. 37,16; Ex. 37,16; Ex. 37,16; Ex. 37,16; Ex. 37,17; Ex. 37,17; Ex. 37,17; Ex. 37,17; Ex. 37,18; Ex. 37,18; Ex. 37,20; Ex. 37,21; Ex. 37,21; Ex. 37,21; Ex. 37,21; Ex. 38,2; Ex. 38,2; Ex. 38,3; Ex. 38,3; Ex. 38,5; Ex. 38,6; Ex. 38,7; Ex. 38,10; Ex. 38,10; Ex. 38,11; Ex. 38,11; Ex. 38,11; Ex. 38,12; Ex. 38,12; Ex. 38,12; Ex. 38,12; Ex. 38,14; Ex. 38,15; Ex. 38,16; Ex. 38,16; Ex. 38,16; Ex. 38,17; Ex. 38,17; Ex. 38,17; Ex. 38,18; Ex. 38,18; Ex. 38,18; Ex. 38,18; Ex. 38,19; Ex. 38,19; Ex. 38,19; Ex. 38,20; Ex. 38,20; Ex. 38,20; Ex. 38,21; Ex. 38,21; Ex. 38,23; Ex. 38,23; Ex. 38,23; Ex. 38,23; Ex. 38,24; Ex. 38,25; Ex. 38,26; Ex. 38,27; Ex. 38,27; Ex. 38,27; Ex. 38,27; Ex. 39,1; Ex. 39,1; Ex. 39,2; Ex. 39,2; Ex. 39,3; Ex. 39,3; Ex. 39,3; Ex. 39,4; Ex. 39,4; Ex. 39,5; Ex. 39,5; Ex. 39,5; Ex. 39,6; Ex. 39,6; Ex. 39,7; Ex. 39,8; Ex. 39,8; Ex. 39,8; Ex. 39,8; Ex. 39,9; Ex. 39,9; Ex. 39,9; Ex. 39,10; Ex. 39,12; Ex. 39,12; Ex. 39,12; Ex. 39,13; Ex. 39,13; Ex. 39,13; Ex. 39,13; Ex. 39,13; Ex. 39,14; Ex. 39,14; Ex. 39,15; Ex. 39,15; Ex. 39,15; Ex. 39,15; Ex. 39,16; Ex. 39,16; Ex. 39,16; Ex. 39,17; Ex. 39,17; Ex. 39,17; Ex. 39,18; Ex. 39,18; Ex. 39,19; Ex. 39,19; Ex. 39,19; Ex. 39,19; Ex. 39,19; Ex. 39,19; Ex. 39,20; Ex. 39,20; Ex. 39,20; Ex. 39,21; Ex. 39,21; Ex. 39,23; Ex. 39,23; Ex. 39,23; Ex. 40,3; Ex. 40,3; Ex. 40,4; Ex. 40,4; Ex. 40,4; Ex. 40,4; Ex. 40,5; Ex. 40,5; Ex. 40,6; Ex. 40,8; Ex. 40,8; Ex. 40,9; Ex. 40,9; Ex. 40,9; Ex. 40,9; Ex. 40,9; Ex. 40,9; Ex. 40,10; Ex. 40,10; Ex. 40,10; Ex. 40,10; Ex. 40,12; Ex. 40,12; Ex. 40,12; Ex. 40,13; Ex. 40,13; Ex. 40,13; Ex. 40,13; Ex. 40,14; Ex. 40,14; Ex. 40,15; Ex. 40,15; Ex. 40,15; Ex. 40,16; Ex. 40,18; Ex. 40,18; Ex. 40,18; Ex. 40,18; Ex. 40,19; Ex. 40,19; Ex. 40,20; Ex. 40,20; Ex. 40,21; Ex. 40,21; Ex. 40,21; Ex. 40,22; Ex. 40,23; Ex. 40,24; Ex. 40,25; Ex. 40,26; Ex. 40,27; Ex. 40,29; Ex. 40,33; Ex. 40,33; Ex. 40,33; Ex. 40,34; Ex. 40,35; Ex. 40,35; Ex. 40,38; Lev. 1,1; Lev. 1,2; Lev. 1,2; Lev. 1,4; Lev. 1,5; Lev. 1,5; Lev. 1,5; Lev. 1,6; Lev. 1,7; Lev. 1,7; Lev. 1,8; Lev. 1,8; Lev. 1,8; Lev. 1,9; Lev. 1,9; Lev. 1,10; Lev. 1,10; Lev. 1,11; Lev. 1,11; Lev. 1,12; Lev. 1,12; Lev. 1,12; Lev. 1,12; Lev. 1,13; Lev. 1,13; Lev. 1,13; Lev. 1,13; Lev. 1,14; Lev. 1,15; Lev. 1,15; Lev. 1,15; Lev. 1,15; Lev. 1,16; Lev. 1,16; Lev. 1,17; Lev. 1,17; Lev. 1,17; Lev. 2,1; Lev. 2,1; Lev. 2,2; Lev. 2,2; Lev. 2,2; Lev. 2,2; Lev. 2,3; Lev. 2,3; Lev. 2,4; Lev. 2,6; Lev. 2,6; Lev. 2,8; Lev. 2,8; Lev. 2,8; Lev. 2,9; Lev. 2,10; Lev. 2,11; Lev. 2,13; Lev. 2,14; Lev. 2,15; Lev. 2,15; Lev. 2,16; Lev. 2,16; Lev. 3,2; Lev. 3,2; Lev. 3,2; Lev. 3,3; Lev. 3,3; Lev. 3,4; Lev. 3,4; Lev. 3,4; Lev. 3,5; Lev. 3,8; Lev. 3,8; Lev. 3,8; Lev. 3,9; Lev. 3,9; Lev. 3,9; Lev. 3,10; Lev. 3,10; Lev. 3,10; Lev. 3,12; Lev. 3,13; Lev. 3,13; Lev. 3,13; Lev. 3,14; Lev. 3,14; Lev. 3,15; Lev. 3,15; Lev. 3,15; Lev. 3,16; Lev. 3,17; Lev. 4,2; Lev. 4,3; Lev. 4,4; Lev. 4,4; Lev. 4,4; Lev. 4,5; Lev. 4,5; Lev. 4,6; Lev. 4,6; Lev. 4,7; Lev. 4,7; Lev. 4,8; Lev. 4,8; Lev. 4,9; Lev. 4,9; Lev. 4,9; Lev. 4,10; Lev. 4,11; Lev. 4,11; Lev. 4,11; Lev. 4,11; Lev. 4,11; Lev. 4,12; Lev. 4,12; Lev. 4,13; Lev. 4,13; Lev. 4,13; Lev. 4,14; Lev. 4,14; Lev. 4,14; Lev. 4,15; Lev. 4,15; Lev. 4,16; Lev. 4,17; Lev. 4,17; Lev. 4,18; Lev. 4,18; Lev. 4,19; Lev. 4,19; Lev. 4,20; Lev. 4,20; Lev. 4,20; Lev. 4,21; Lev. 4,21; Lev. 4,22; Lev. 4,22; Lev. 4,22; Lev. 4,23; Lev. 4,23; Lev. 4,24; Lev. 4,24; Lev. 4,25; Lev. 4,25; Lev. 4,26; Lev. 4,26; Lev. 4,26; Lev. 4,27; Lev. 4,28; Lev. 4,28; Lev. 4,29; Lev. 4,29; Lev. 4,30; Lev. 4,30; Lev. 4,30; Lev. 4,31; Lev. 4,31; Lev. 4,31; Lev. 4,31; Lev. 4,33; Lev. 4,33; Lev. 4,34; Lev. 4,34; Lev. 4,35; Lev. 4,35; Lev. 4,35; Lev. 4,35; Lev. 5,1; Lev. 5,1; Lev. 5,3; Lev. 5,3; Lev. 5,4; Lev. 5,4; Lev. 5,4; Lev. 5,5; Lev. 5,6; Lev. 5,6; Lev. 5,6; Lev. 5,7; Lev. 5,8; Lev. 5,8; Lev. 5,8; Lev. 5,8; Lev. 5,9; Lev. 5,10; Lev. 5,10; Lev. 5,10; Lev. 5,11; Lev. 5,12; Lev. 5,12; Lev. 5,13; Lev. 5,13; Lev. 5,15; Lev. 5,15; Lev. 5,16; Lev. 5,16; Lev. 5,16; Lev. 5,16; Lev. 5,16; Lev. 5,17; Lev. 5,17; Lev. 5,17; Lev. 5,17; Lev. 5,18; Lev. 5,18; Lev. 5,18; Lev. 5,18; Lev. 5,21; Lev. 5,21; Lev. 5,22; Lev. 5,22; Lev. 5,23; Lev. 5,23; Lev. 5,23; Lev. 5,24; Lev. 5,24; Lev. 5,25; Lev. 5,26; Lev. 5,26; Lev. 5,26; Lev. 6,2; Lev. 6,2; Lev. 6,3; Lev. 6,3; Lev. 6,3; Lev. 6,3; Lev. 6,4; Lev. 6,4; Lev. 6,4; Lev. 6,5; Lev. 6,5; Lev. 6,5; Lev. 6,5; Lev. 6,5; Lev. 6,6; Lev. 6,8; Lev. 6,8; Lev. 6,8; Lev. 6,9; Lev. 6,10; Lev. 6,13; Lev. 6,13; Lev. 6,16; Lev. 6,16; Lev. 6,18; Lev. 6,20; Lev. 6,21; Lev. 6,21; Lev. 6,23; Lev. 7,2; Lev. 7,3; Lev. 7,3; Lev. 7,3; Lev. 7,3; Lev. 7,4; Lev. 7,4; Lev. 7,4; Lev. 7,5; Lev. 7,8; Lev. 7,9; Lev. 7,9; Lev. 7,10; Lev. 7,10; Lev. 7,12; Lev. 7,12; Lev. 7,14; Lev. 7,15; Lev. 7,15; Lev. 7,16; Lev. 7,17; Lev. 7,19; Lev. 7,20; Lev. 7,21; Lev. 7,21; Lev. 7,23; Lev. 7,23; Lev. 7,24; Lev. 7,24; Lev. 7,24; Lev. 7,26; Lev. 7,30; Lev. 7,31; Lev. 7,31; Lev. 7,31; Lev. 7,32; Lev. 7,33; Lev. 7,34; Lev. 7,34; Lev. 7,34; Lev. 7,35; Lev. 7,37; Lev. 7,37; Lev. 7,37; Lev. 7,37; Lev. 7,37; Lev. 8,2; Lev. 8,2; Lev. 8,2; Lev. 8,2; Lev. 8,2; Lev. 8,2; Lev. 8,3; Lev. 8,4; Lev. 8,4; Lev. 8,5; Lev. 8,6; Lev. 8,6; Lev. 8,6; Lev. 8,7; Lev. 8,7; Lev. 8,7; Lev. 8,7; Lev. 8,7; Lev. 8,7; Lev. 8,8; Lev. 8,8; Lev. 8,8; Lev. 8,9; Lev. 8,9; Lev. 8,10; Lev. 8,11; Lev. 8,11; Lev. 8,11; Lev. 8,11; Lev. 8,11; Lev. 8,11; Lev. 8,11; Lev. 8,11; Lev. 8,11; Lev. 8,12; Lev. 8,12; Lev. 8,12; Lev. 8,13; Lev. 8,13; Lev. 8,13; Lev. 8,13; Lev. 8,14; Lev. 8,14; Lev. 8,14; Lev. 8,15; Lev. 8,15; Lev. 8,15; Lev. 8,15; Lev. 8,15; Lev. 8,15; Lev. 8,16; Lev. 8,16; Lev. 8,16; Lev. 8,16; Lev. 8,16; Lev. 8,17; Lev. 8,17; Lev. 8,17; Lev. 8,17; Lev. 8,17; Lev. 8,18; Lev. 8,18; Lev. 8,18; Lev. 8,19; Lev. 8,19; Lev. 8,20; Lev. 8,20; Lev. 8,20; Lev. 8,20; Lev. 8,21; Lev. 8,21; Lev. 8,21; Lev. 8,22; Lev. 8,22; Lev. 8,22; Lev. 8,23; Lev. 8,23; Lev. 8,23; Lev. 8,23; Lev. 8,23; Lev. 8,24; Lev. 8,24; Lev. 8,24; Lev. 8,24; Lev. 8,24; Lev. 8,25; Lev. 8,25; Lev. 8,25; Lev. 8,25; Lev. 8,25; Lev. 8,26; Lev. 8,26; Lev. 8,26; Lev. 8,26; Lev. 8,26; Lev. 8,27; Lev. 8,27; Lev. 8,27; Lev. 8,28; Lev. 8,28; Lev. 8,29; Lev. 8,29; Lev. 8,30; Lev. 8,30; Lev. 8,30; Lev. 8,30; Lev. 8,30; Lev. 8,30; Lev. 8,30; Lev. 8,30; Lev. 8,30; Lev. 8,31; Lev. 8,31; Lev. 8,31; Lev. 8,31; Lev. 8,31; Lev. 8,32; Lev. 8,32; Lev. 8,33; Lev. 8,35; Lev. 8,35; Lev. 8,36; Lev. 8,36; Lev. 9,1; Lev. 9,1; Lev. 9,2; Lev. 9,2; Lev. 9,2; Lev. 9,3; Lev. 9,3; Lev. 9,3; Lev. 9,4; Lev. 9,4; Lev. 9,4; Lev. 9,5; Lev. 9,5; Lev. 9,5; Lev. 9,6; Lev. 9,6; Lev. 9,7; Lev. 9,7; Lev. 9,7; Lev. 9,7; Lev. 9,7; Lev. 9,7; Lev. 9,7; Lev. 9,8; Lev. 9,8; Lev. 9,9; Lev. 9,9; Lev. 9,9; Lev. 9,9; Lev. 9,10; Lev. 9,10; Lev. 9,10; Lev. 9,11; Lev. 9,11; Lev. 9,12; Lev. 9,12; Lev. 9,12; Lev. 9,13; Lev. 9,13; Lev. 9,13; Lev. 9,14; Lev. 9,14; Lev. 9,14; Lev. 9,15; Lev. 9,15; Lev. 9,15; Lev. 9,16; Lev. 9,16; Lev. 9,17; Lev. 9,17; Lev. 9,17; Lev. 9,18; Lev. 9,18; Lev. 9,18; Lev. 9,18;

καί

Lev. 9,19; Lev. 9,19; Lev. 9,19; Lev. 9,19; Lev. 9,19; Lev. 9,19; Lev. 9,20; Lev. 9,20; Lev. 9,21; Lev. 9,21; Lev. 9,22; Lev. 9,22; Lev. 9,22; Lev. 9,22; Lev. 9,23; Lev. 9,23; Lev. 9,23; Lev. 9,23; Lev. 9,24; Lev. 9,24; Lev. 9,24; Lev. 9,24; Lev. 9,24; Lev. 9,24; Lev. 10,1; Lev. 10,1; Lev. 10,1; Lev. 10,2; Lev. 10,2; Lev. 10,2; Lev. 10,3; Lev. 10,3; Lev. 10,3; Lev. 10,4; Lev. 10,4; Lev. 10,4; Lev. 10,4; Lev. 10,5; Lev. 10,5; Lev. 10,6; Lev. 10,6; Lev. 10,6; Lev. 10,6; Lev. 10,6; Lev. 10,7; Lev. 10,7; Lev. 10,9; Lev. 10,9; Lev. 10,9; Lev. 10,10; Lev. 10,10; Lev. 10,10; Lev. 10,11; Lev. 10,12; Lev. 10,12; Lev. 10,12; Lev. 10,13; Lev. 10,13; Lev. 10,14; Lev. 10,14; Lev. 10,14; Lev. 10,14; Lev. 10,14; Lev. 10,15; Lev. 10,15; Lev. 10,15; Lev. 10,15; Lev. 10,16; Lev. 10,16; Lev. 10,16; Lev. 10,17; Lev. 10,19; Lev. 10,19; Lev. 10,19; Lev. 10,19; Lev. 10,20; Lev. 10,20; Lev. 11,1; Lev. 11,3; Lev. 11,3; Lev. 11,4; Lev. 11,4; Lev. 11,5; Lev. 11,5; Lev. 11,6; Lev. 11,6; Lev. 11,7; Lev. 11,7; Lev. 11,7; Lev. 11,8; Lev. 11,9; Lev. 11,9; Lev. 11,9; Lev. 11,10; Lev. 11,10; Lev. 11,10; Lev. 11,11; Lev. 11,11; Lev. 11,12; Lev. 11,12; Lev. 11,13; Lev. 11,13; Lev. 11,13; Lev. 11,14; Lev. 11,14; Lev. 11,14; Lev. 11,15; Lev. 11,15; Lev. 11,16; Lev. 11,16; Lev. 11,16; Lev. 11,16; Lev. 11,16; Lev. 11,16; Lev. 11,17; Lev. 11,17; Lev. 11,17; Lev. 11,18; Lev. 11,18; Lev. 11,18; Lev. 11,19; Lev. 11,19; Lev. 11,19; Lev. 11,19; Lev. 11,19; Lev. 11,19; Lev. 11,20; Lev. 11,22; Lev. 11,22; Lev. 11,22; Lev. 11,22; Lev. 11,22; Lev. 11,22; Lev. 11,22; Lev. 11,22; Lev. 11,24; Lev. 11,25; Lev. 11,25; Lev. 11,26; Lev. 11,26; Lev. 11,27; Lev. 11,28; Lev. 11,28; Lev. 11,29; Lev. 11,29; Lev. 11,30; Lev. 11,30; Lev. 11,30; Lev. 11,30; Lev. 11,32; Lev. 11,32; Lev. 11,32; Lev. 11,33; Lev. 11,33; Lev. 11,34; Lev. 11,34; Lev. 11,35; Lev. 11,35; Lev. 11,35; Lev. 11,36; Lev. 11,36; Lev. 11,38; Lev. 11,40; Lev. 11,40; Lev. 11,40; Lev. 11,40; Lev. 11,40; Lev. 11,42; Lev. 11,42; Lev. 11,43; Lev. 11,43; Lev. 11,43; Lev. 11,44; Lev. 11,44; Lev. 11,44; Lev. 11,45; Lev. 11,46; Lev. 11,46; Lev. 11,46; Lev. 11,47; Lev. 11,47; Lev. 11,47; Lev. 12,2; Lev. 12,2; Lev. 12,2; Lev. 12,3; Lev. 12,4; Lev. 12,4; Lev. 12,4; Lev. 12,5; Lev. 12,5; Lev. 12,5; Lev. 12,6; Lev. 12,6; Lev. 12,7; Lev. 12,7; Lev. 12,7; Lev. 12,8; Lev. 12,8; Lev. 12,8; Lev. 12,8; Lev. 13,1; Lev. 13,2; Lev. 13,2; Lev. 13,3; Lev. 13,3; Lev. 13,3; Lev. 13,3; Lev. 13,3; Lev. 13,4; Lev. 13,4; Lev. 13,4; Lev. 13,5; Lev. 13,5; Lev. 13,5; Lev. 13,6; Lev. 13,6; Lev. 13,6; Lev. 13,7; Lev. 13,8; Lev. 13,8; Lev. 13,8; Lev. 13,9; Lev. 13,10; Lev. 13,10; Lev. 13,10; Lev. 13,10; Lev. 13,11; Lev. 13,11; Lev. 13,12; Lev. 13,13; Lev. 13,13; Lev. 13,13; Lev. 13,14; Lev. 13,15; Lev. 13,15; Lev. 13,16; Lev. 13,16; Lev. 13,17; Lev. 13,17; Lev. 13,17; Lev. 13,18; Lev. 13,19; Lev. 13,19; Lev. 13,20; Lev. 13,20; Lev. 13,20; Lev. 13,20; Lev. 13,21; Lev. 13,21; Lev. 13,21; Lev. 13,22; Lev. 13,23; Lev. 13,23; Lev. 13,24; Lev. 13,25; Lev. 13,25; Lev. 13,25; Lev. 13,25; Lev. 13,26; Lev. 13,26; Lev. 13,26; Lev. 13,27; Lev. 13,27; Lev. 13,28; Lev. 13,28; Lev. 13,29; Lev. 13,30; Lev. 13,30; Lev. 13,30; Lev. 13,31; Lev. 13,31; Lev. 13,31; Lev. 13,31; Lev. 13,32; Lev. 13,32; Lev. 13,32; Lev. 13,32; Lev. 13,33; Lev. 13,33; Lev. 13,34; Lev. 13,34; Lev. 13,34; Lev. 13,34; Lev. 13,34; Lev. 13,36; Lev. 13,36; Lev. 13,37; Lev. 13,37; Lev. 13,39; Lev. 13,39; Lev. 13,43; Lev. 13,43; Lev. 13,45; Lev. 13,45; Lev. 13,45; Lev. 13,49; Lev. 13,49; Lev. 13,50; Lev. 13,50; Lev. 13,51; Lev. 13,53; Lev. 13,54; Lev. 13,54; Lev. 13,54; Lev. 13,55; Lev. 13,55; Lev. 13,55; Lev. 13,56; Lev. 13,56; Lev. 13,58; Lev. 13,58; Lev. 13,58; Lev. 13,58; Lev. 14,2; Lev. 14,3; Lev. 14,3; Lev. 14,3; Lev. 14,4; Lev. 14,4; Lev. 14,4; Lev. 14,4; Lev. 14,4; Lev. 14,5; Lev. 14,5; Lev. 14,6; Lev. 14,6; Lev. 14,6; Lev. 14,6; Lev. 14,6; Lev. 14,6; Lev. 14,7; Lev. 14,7; Lev. 14,7; Lev. 14,8; Lev. 14,8; Lev. 14,8; Lev. 14,8; Lev. 14,8; Lev. 14,8; Lev. 14,9; Lev. 14,9; Lev. 14,9; Lev. 14,9; Lev. 14,9; Lev. 14,9; Lev. 14,9; Lev. 14,10; Lev. 14,10; Lev. 14,10; Lev. 14,10; Lev. 14,11; Lev. 14,11; Lev. 14,12; Lev. 14,12; Lev. 14,12; Lev. 14,12; Lev. 14,13; Lev. 14,13; Lev. 14,14; Lev. 14,14; Lev. 14,14; Lev. 14,14; Lev. 14,15; Lev. 14,16; Lev. 14,16; Lev. 14,17; Lev. 14,17; Lev. 14,18; Lev. 14,19; Lev. 14,19; Lev. 14,19; Lev. 14,20; Lev. 14,20; Lev. 14,20; Lev. 14,20; Lev. 14,21; Lev. 14,21; Lev. 14,21; Lev. 14,22; Lev. 14,22; Lev. 14,22; Lev. 14,23; Lev. 14,24; Lev. 14,24; Lev. 14,25; Lev. 14,25; Lev. 14,25; Lev. 14,25; Lev. 14,25; Lev. 14,26; Lev. 14,27; Lev. 14,28; Lev. 14,28; Lev. 14,28; Lev. 14,29; Lev. 14,30; Lev. 14,31; Lev. 14,31; Lev. 14,32; Lev. 14,33; Lev. 14,34; Lev. 14,35; Lev. 14,35; Lev. 14,36; Lev. 14,36; Lev. 14,36; Lev. 14,37; Lev. 14,37; Lev. 14,38; Lev. 14,38; Lev. 14,39; Lev. 14,39; Lev. 14,39; Lev. 14,40; Lev. 14,40; Lev. 14,40; Lev. 14,41; Lev. 14,41; Lev. 14,42; Lev. 14,42; Lev. 14,42; Lev. 14,42; Lev. 14,43; Lev. 14,43; Lev. 14,43; Lev. 14,44; Lev. 14,44; Lev. 14,45; Lev. 14,45; Lev. 14,45; Lev. 14,45; Lev. 14,46; Lev. 14,47; Lev. 14,47; Lev. 14,47; Lev. 14,47; Lev. 14,48; Lev. 14,48; Lev. 14,48; Lev. 14,49; Lev. 14,49; Lev. 14,49; Lev. 14,49; Lev. 14,50; Lev. 14,51; Lev. 14,51; Lev. 14,51; Lev. 14,51; Lev. 14,51; Lev. 14,51; Lev. 14,52; Lev. 14,52; Lev. 14,52; Lev. 14,52; Lev. 14,52; Lev. 14,52; Lev. 14,53; Lev. 14,53; Lev. 14,53; Lev. 14,54; Lev. 14,55; Lev. 14,55; Lev. 14,56; Lev. 14,56; Lev. 14,56; Lev. 14,57; Lev. 14,57; Lev. 15,1; Lev. 15,2; Lev. 15,3; Lev. 15,4; Lev. 15,5; Lev. 15,5; Lev. 15,5; Lev. 15,6; Lev. 15,6; Lev. 15,6; Lev. 15,7; Lev. 15,7; Lev. 15,7; Lev. 15,8; Lev. 15,8; Lev. 15,9; Lev. 15,10; Lev. 15,10; Lev. 15,10; Lev. 15,10; Lev. 15,11; Lev. 15,11; Lev. 15,11; Lev. 15,11; Lev. 15,12; Lev. 15,12; Lev. 15,12; Lev. 15,13; Lev. 15,13; Lev. 15,13; Lev. 15,13; Lev. 15,14; Lev. 15,14; Lev. 15,14; Lev. 15,15; Lev. 15,15; Lev. 15,15; Lev. 15,16; Lev. 15,16; Lev. 15,17; Lev. 15,17; Lev. 15,17; Lev. 15,17; Lev. 15,18; Lev. 15,18; Lev. 15,18; Lev. 15,20; Lev. 15,20; Lev. 15,21; Lev. 15,21; Lev. 15,21; Lev. 15,22; Lev. 15,22; Lev. 15,22; Lev. 15,24; Lev. 15,24; Lev. 15,24; Lev. 15,25; Lev. 15,26; Lev. 15,26; Lev. 15,27; Lev. 15,27; Lev. 15,27; Lev. 15,28; Lev. 15,28; Lev. 15,29; Lev. 15,29; Lev. 15,30; Lev. 15,30; Lev. 15,30; Lev. 15,31; Lev. 15,32; Lev. 15,33; Lev. 15,33; Lev. 15,33; Lev. 16,1; Lev. 16,2; Lev. 16,2; Lev. 16,2; Lev. 16,3; Lev. 16,4; Lev. 16,4; Lev. 16,4; Lev. 16,4; Lev. 16,4; Lev. 16,4; Lev. 16,5; Lev. 16,5; Lev. 16,6; Lev. 16,6; Lev. 16,6; Lev. 16,7; Lev. 16,7; Lev. 16,8; Lev. 16,8; Lev. 16,9; Lev. 16,9; Lev. 16,10; Lev. 16,11; Lev. 16,11; Lev. 16,11; Lev. 16,11; Lev. 16,11; Lev. 16,12; Lev. 16,12; Lev. 16,12; Lev. 16,13; Lev. 16,13; Lev. 16,13; Lev. 16,14; Lev. 16,14; Lev. 16,15; Lev. 16,15; Lev. 16,15; Lev. 16,15; Lev. 16,16; Lev. 16,16; Lev. 16,16; Lev. 16,17; Lev. 16,17; Lev. 16,17; Lev. 16,17; Lev. 16,18; Lev. 16,18; Lev. 16,18; Lev. 16,18; Lev. 16,18; Lev. 16,19; Lev. 16,19; Lev. 16,19; Lev. 16,20; Lev. 16,20; Lev. 16,20; Lev. 16,20; Lev. 16,20; Lev. 16,21; Lev. 16,21; Lev. 16,21; Lev. 16,21; Lev. 16,21; Lev. 16,21; Lev. 16,22; Lev. 16,23; Lev. 16,23; Lev. 16,23; Lev. 16,24; Lev. 16,24; Lev. 16,24; Lev. 16,24; Lev. 16,24; Lev. 16,24; Lev. 16,24; Lev. 16,25; Lev. 16,26; Lev. 16,26; Lev. 16,26; Lev. 16,27; Lev. 16,27; Lev. 16,27; Lev. 16,27; Lev. 16,27; Lev. 16,28; Lev. 16,28; Lev. 16,29; Lev. 16,29; Lev. 16,30; Lev. 16,31; Lev. 16,32; Lev. 16,32; Lev. 16,33; Lev. 16,33; Lev. 16,33; Lev. 16,33; Lev. 16,33; Lev. 16,34; Lev. 17,2; Lev. 17,2; Lev. 17,2; Lev. 17,3; Lev. 17,4; Lev. 17,4; Lev. 17,4; Lev. 17,4; Lev. 17,5; Lev. 17,5; Lev. 17,6; Lev. 17,6; Lev. 17,7; Lev. 17,8; Lev. 17,9; Lev. 17,10; Lev. 17,10; Lev. 17,11; Lev. 17,12; Lev. 17,13; Lev. 17,13; Lev. 17,13; Lev. 17,13; Lev. 17,14; Lev. 17,15; Lev. 17,15; Lev. 17,15; Lev. 17,16; Lev. 17,16; Lev. 18,2; Lev. 18,3; Lev. 18,3; Lev. 18,4; Lev. 18,5; Lev. 18,5; Lev. 18,5; Lev. 18,7; Lev. 18,7; Lev. 18,14; Lev. 18,17; Lev. 18,17; Lev. 18,20; Lev. 18,21; Lev. 18,22; Lev. 18,23; Lev. 18,23; Lev. 18,25; Lev. 18,25; Lev. 18,25; Lev. 18,26; Lev. 18,26; Lev. 18,26; Lev. 18,26; Lev. 18,27; Lev.

Κ, κ

18,28; Lev. 18,30; Lev. 18,30; Lev. 19,2; Lev. 19,3; Lev. 19,3; Lev. 19,4; Lev. 19,5; Lev. 19,6; Lev. 19,6; Lev. 19,8; Lev. 19,9; Lev. 19,10; Lev. 19,10; Lev. 19,12; Lev. 19,12; Lev. 19,13; Lev. 19,13; Lev. 19,14; Lev. 19,14; Lev. 19,17; Lev. 19,18; Lev. 19,18; Lev. 19,18; Lev. 19,19; Lev. 19,19; Lev. 19,20; Lev. 19,20; Lev. 19,21; Lev. 19,22; Lev. 19,22; Lev. 19,23; Lev. 19,23; Lev. 19,24; Lev. 19,26; Lev. 19,28; Lev. 19,28; Lev. 19,29; Lev. 19,29; Lev. 19,30; Lev. 19,31; Lev. 19,32; Lev. 19,32; Lev. 19,34; Lev. 19,35; Lev. 19,35; Lev. 19,36; Lev. 19,36; Lev. 19,37; Lev. 19,37; Lev. 20,3; Lev. 20,3; Lev. 20,3; Lev. 20,5; Lev. 20,5; Lev. 20,5; Lev. 20,5; Lev. 20,6; Lev. 20,6; Lev. 20,7; Lev. 20,8; Lev. 20,8; Lev. 20,10; Lev. 20,12; Lev. 20,13; Lev. 20,14; Lev. 20,14; Lev. 20,14; Lev. 20,15; Lev. 20,15; Lev. 20,16; Lev. 20,16; Lev. 20,17; Lev. 20,17; Lev. 20,18; Lev. 20,18; Lev. 20,18; Lev. 20,19; Lev. 20,19; Lev. 20,22; Lev. 20,22; Lev. 20,22; Lev. 20,23; Lev. 20,23; Lev. 20,24; Lev. 20,24; Lev. 20,24; Lev. 20,25; Lev. 20,25; Lev. 20,25; Lev. 20,25; Lev. 20,25; Lev. 20,25; Lev. 20,26; Lev. 21,1; Lev. 21,2; Lev. 21,2; Lev. 21,2; Lev. 21,3; Lev. 21,5; Lev. 21,5; Lev. 21,5; Lev. 21,6; Lev. 21,6; Lev. 21,7; Lev. 21,7; Lev. 21,8; Lev. 21,9; Lev. 21,10; Lev. 21,10; Lev. 21,11; Lev. 21,12; Lev. 21,12; Lev. 21,14; Lev. 21,14; Lev. 21,14; Lev. 21,15; Lev. 21,22; Lev. 21,23; Lev. 21,23; Lev. 21,24; Lev. 21,24; Lev. 21,24; Lev. 22,2; Lev. 22,2; Lev. 22,2; Lev. 22,3; Lev. 22,4; Lev. 22,4; Lev. 22,4; Lev. 22,7; Lev. 22,7; Lev. 22,7; Lev. 22,8; Lev. 22,9; Lev. 22,9; Lev. 22,10; Lev. 22,11; Lev. 22,11; Lev. 22,12; Lev. 22,13; Lev. 22,13; Lev. 22,14; Lev. 22,14; Lev. 22,14; Lev. 22,15; Lev. 22,16; Lev. 22,18; Lev. 22,18; Lev. 22,18; Lev. 22,19; Lev. 22,19; Lev. 22,21; Lev. 22,22; Lev. 22,23; Lev. 22,24; Lev. 22,24; Lev. 22,24; Lev. 22,24; Lev. 22,25; Lev. 22,27; Lev. 22,27; Lev. 22,28; Lev. 22,28; Lev. 22,31; Lev. 22,32; Lev. 22,32; Lev. 23,2; Lev. 23,3; Lev. 23,6; Lev. 23,7; Lev. 23,8; Lev. 23,8; Lev. 23,10; Lev. 23,10; Lev. 23,10; Lev. 23,11; Lev. 23,12; Lev. 23,13; Lev. 23,13; Lev. 23,14; Lev. 23,14; Lev. 23,16; Lev. 23,18; Lev. 23,18; Lev. 23,18; Lev. 23,18; Lev. 23,18; Lev. 23,19; Lev. 23,19; Lev. 23,20; Lev. 23,21; Lev. 23,22; Lev. 23,22; Lev. 23,22; Lev. 23,25; Lev. 23,27; Lev. 23,27; Lev. 23,30; Lev. 23,32; Lev. 23,35; Lev. 23,36; Lev. 23,36; Lev. 23,37; Lev. 23,37; Lev. 23,38; Lev. 23,38; Lev. 23,38; Lev. 23,39; Lev. 23,40; Lev. 23,40; Lev. 23,40; Lev. 23,40; Lev. 23,40; Lev. 24,2; Lev. 24,3; Lev. 24,5; Lev. 24,6; Lev. 24,7; Lev. 24,7; Lev. 24,7; Lev. 24,9; Lev. 24,9; Lev. 24,9; Lev. 24,10; Lev. 24,10; Lev. 24,10; Lev. 24,11; Lev. 24,11; Lev. 24,11; Lev. 24,12; Lev. 24,13; Lev. 24,14; Lev. 24,14; Lev. 24,15; Lev. 24,15; Lev. 24,17; Lev. 24,17; Lev. 24,18; Lev. 24,18; Lev. 24,19; Lev. 24,21; Lev. 24,22; Lev. 24,23; Lev. 24,23; Lev. 24,23; Lev. 24,23; Lev. 25,2; Lev. 25,2; Lev. 25,3; Lev. 25,3; Lev. 25,4; Lev. 25,5; Lev. 25,5; Lev. 25,6; Lev. 25,6; Lev. 25,6; Lev. 25,6; Lev. 25,6; Lev. 25,7; Lev. 25,7; Lev. 25,8; Lev. 25,8; Lev. 25,9; Lev. 25,10; Lev. 25,10; Lev. 25,10; Lev. 25,10; Lev. 25,11; Lev. 25,14; Lev. 25,16; Lev. 25,17; Lev. 25,18; Lev. 25,18; Lev. 25,18; Lev. 25,18; Lev. 25,18; Lev. 25,19; Lev. 25,19; Lev. 25,19; Lev. 25,21; Lev. 25,21; Lev. 25,22; Lev. 25,22; Lev. 25,23; Lev. 25,23; Lev. 25,24; Lev. 25,25; Lev. 25,25; Lev. 25,25; Lev. 25,26; Lev. 25,26; Lev. 25,27; Lev. 25,27; Lev. 25,27; Lev. 25,28; Lev. 25,28; Lev. 25,28; Lev. 25,29; Lev. 25,30; Lev. 25,31; Lev. 25,32; Lev. 25,33; Lev. 25,33; Lev. 25,34; Lev. 25,35; Lev. 25,35; Lev. 25,35; Lev. 25,36; Lev. 25,36; Lev. 25,37; Lev. 25,39; Lev. 25,41; Lev. 25,41; Lev. 25,41; Lev. 25,43; Lev. 25,44; Lev. 25,44; Lev. 25,44; Lev. 25,45; Lev. 25,45; Lev. 25,46; Lev. 25,46; Lev. 25,47; Lev. 25,50; Lev. 25,50; Lev. 25,52; Lev. 25,52; Lev. 25,54; Lev. 26,2; Lev. 26,3; Lev. 26,3; Lev. 26,4; Lev. 26,4; Lev. 26,4; Lev. 26,5; Lev. 26,5; Lev. 26,5; Lev. 26,5; Lev. 26,6; Lev. 26,6; Lev. 26,6; Lev. 26,6; Lev. 26,6; Lev. 26,7; Lev. 26,7; Lev. 26,8; Lev. 26,8; Lev. 26,8; Lev. 26,9; Lev. 26,9; Lev. 26,9; Lev. 26,9; Lev. 26,10; Lev. 26,10; Lev. 26,10; Lev. 26,11; Lev. 26,11; Lev. 26,12; Lev. 26,12; Lev. 26,12; Lev. 26,13; Lev. 26,13; Lev. 26,15; Lev. 26,16; Lev. 26,16; Lev. 26,16; Lev. 26,16; Lev. 26,16; Lev. 26,16; Lev. 26,16; Lev. 26,17; Lev. 26,17; Lev. 26,17; Lev. 26,17; Lev. 26,18; Lev. 26,18; Lev. 26,19; Lev. 26,19; Lev. 26,19; Lev. 26,20; Lev. 26,20; Lev. 26,20; Lev. 26,21; Lev. 26,21; Lev. 26,22; Lev. 26,22; Lev. 26,22; Lev. 26,22; Lev. 26,22; Lev. 26,23; Lev. 26,24; Lev. 26,25; Lev. 26,25; Lev. 26,25; Lev. 26,25; Lev. 26,26; Lev. 26,26; Lev. 26,26; Lev. 26,26; Lev. 26,27; Lev. 26,28; Lev. 26,28; Lev. 26,29; Lev. 26,29; Lev. 26,30; Lev. 26,30; Lev. 26,30; Lev. 26,30; Lev. 26,31; Lev. 26,31; Lev. 26,31; Lev. 26,32; Lev. 26,32; Lev. 26,33; Lev. 26,33; Lev. 26,33; Lev. 26,33; Lev. 26,34; Lev. 26,34; Lev. 26,34; Lev. 26,36; Lev. 26,36; Lev. 26,36; Lev. 26,36; Lev. 26,37; Lev. 26,37; Lev. 26,38; Lev. 26,38; Lev. 26,39; Lev. 26,40; Lev. 26,40; Lev. 26,40; Lev. 26,41; Lev. 26,41; Lev. 26,41; Lev. 26,42; Lev. 26,42; Lev. 26,42; Lev. 26,42; Lev. 26,43; Lev. 26,43; Lev. 26,43; Lev. 26,44; Lev. 26,45; Lev. 26,46; Lev. 26,46; Lev. 26,46; Lev. 27,2; Lev. 27,7; Lev. 27,8; Lev. 27,10; Lev. 27,12; Lev. 27,12; Lev. 27,12; Lev. 27,14; Lev. 27,14; Lev. 27,15; Lev. 27,16; Lev. 27,18; Lev. 27,19; Lev. 27,20; Lev. 27,23; Lev. 27,24; Lev. 27,25; Lev. 27,26; Lev. 27,27; Lev. 27,27; Lev. 27,28; Lev. 27,29; Lev. 27,30; Lev. 27,31; Lev. 27,32; Lev. 27,32; Lev. 27,32; Lev. 27,33; Num. 1,3; Num. 1,3; Num. 1,4; Num. 1,5; Num. 1,17; Num. 1,17; Num. 1,18; Num. 1,18; Num. 1,18; Num. 1,19; Num. 1,20; Num. 1,21; Num. 1,21; Num. 1,22; Num. 1,23; Num. 1,23; Num. 1,24; Num. 1,25; Num. 1,25; Num. 1,26; Num. 1,27; Num. 1,27; Num. 1,28; Num. 1,29; Num. 1,29; Num. 1,30; Num. 1,31; Num. 1,32; Num. 1,33; Num. 1,33; Num. 1,34; Num. 1,35; Num. 1,35; Num. 1,36; Num. 1,37; Num. 1,37; Num. 1,37; Num. 1,38; Num. 1,39; Num. 1,39; Num. 1,40; Num. 1,41; Num. 1,41; Num. 1,42; Num. 1,43; Num. 1,43; Num. 1,44; Num. 1,44; Num. 1,45; Num. 1,45; Num. 1,46; Num. 1,46; Num. 1,46; Num. 1,48; Num. 1,49; Num. 1,50; Num. 1,50; Num. 1,50; Num. 1,50; Num. 1,50; Num. 1,50; Num. 1,51; Num. 1,51; Num. 1,51; Num. 1,52; Num. 1,52; Num. 1,53; Num. 1,53; Num. 1,54; Num. 1,54; Num. 2,1; Num. 2,3; Num. 2,3; Num. 2,4; Num. 2,4; Num. 2,5; Num. 2,5; Num. 2,6; Num. 2,6; Num. 2,7; Num. 2,7; Num. 2,8; Num. 2,8; Num. 2,9; Num. 2,9; Num. 2,10; Num. 2,11; Num. 2,11; Num. 2,12; Num. 2,12; Num. 2,13; Num. 2,13; Num. 2,14; Num. 2,14; Num. 2,15; Num. 2,15; Num. 2,15; Num. 2,16; Num. 2,16; Num. 2,17; Num. 2,17; Num. 2,18; Num. 2,19; Num. 2,20; Num. 2,20; Num. 2,21; Num. 2,21; Num. 2,22; Num. 2,22; Num. 2,23; Num. 2,23; Num. 2,24; Num. 2,24; Num. 2,25; Num. 2,26; Num. 2,26; Num. 2,27; Num. 2,27; Num. 2,28; Num. 2,28; Num. 2,29; Num. 2,29; Num. 2,30; Num. 2,30; Num. 2,31; Num. 2,31; Num. 2,32; Num. 2,34; Num. 2,34; Num. 3,1; Num. 3,2; Num. 3,2; Num. 3,2; Num. 3,4; Num. 3,4; Num. 3,4; Num. 3,4; Num. 3,4; Num. 3,6; Num. 3,6; Num. 3,7; Num. 3,7; Num. 3,8; Num. 3,8; Num. 3,9; Num. 3,9; Num. 3,10; Num. 3,10; Num. 3,10; Num. 3,10; Num. 3,10; Num. 3,10; Num. 3,12; Num. 3,15; Num. 3,16; Num. 3,16; Num. 3,17; Num. 3,17; Num. 3,18; Num. 3,18; Num. 3,19; Num. 3,19; Num. 3,19; Num. 3,20; Num. 3,20; Num. 3,21; Num. 3,22; Num. 3,22; Num. 3,23; Num. 3,24; Num. 3,25; Num. 3,25; Num. 3,25; Num. 3,26; Num. 3,26; Num. 3,26; Num. 3,27; Num. 3,27; Num. 3,27; Num. 3,28; Num. 3,28; Num. 3,30; Num. 3,31; Num. 3,31; Num. 3,31; Num. 3,31; Num. 3,31; Num. 3,31; Num. 3,31; Num. 3,32; Num. 3,33; Num. 3,34; Num. 3,34; Num. 3,35; Num. 3,36; Num. 3,36; Num. 3,36; Num. 3,36; Num. 3,36; Num. 3,37; Num. 3,37; Num. 3,37; Num. 3,37; Num. 3,38; Num. 3,38; Num. 3,38; Num. 3,39; Num. 3,39; Num. 3,39; Num. 3,40; Num. 3,40; Num. 3,41; Num. 3,41; Num. 3,42; Num. 3,43; Num. 3,43; Num. 3,43; Num. 3,43;

καί

Num. 3,43; Num. 3,45; Num. 3,45; Num. 3,46; Num. 3,46; Num. 3,46; Num. 3,47; Num. 3,48; Num. 3,48; Num. 3,49; Num. 3,51; Num. 3,51; Num. 4,1; Num. 4,3; Num. 4,3; Num. 4,3; Num. 4,4; Num. 4,5; Num. 4,5; Num. 4,5; Num. 4,5; Num. 4,6; Num. 4,6; Num. 4,6; Num. 4,7; Num. 4,7; Num. 4,7; Num. 4,7; Num. 4,7; Num. 4,7; Num. 4,8; Num. 4,8; Num. 4,8; Num. 4,9; Num. 4,9; Num. 4,9; Num. 4,9; Num. 4,9; Num. 4,9; Num. 4,10; Num. 4,10; Num. 4,10; Num. 4,11; Num. 4,11; Num. 4,11; Num. 4,12; Num. 4,12; Num. 4,12; Num. 4,12; Num. 4,13; Num. 4,13; Num. 4,14; Num. 4,14; Num. 4,14; Num. 4,14; Num. 4,14; Num. 4,14; Num. 4,14; Num. 4,14; Num. 4,14; Num. 4,14; Num. 4,14; Num. 4,14; Num. 4,14; Num. 4,14; Num. 4,15; Num. 4,15; Num. 4,15; Num. 4,15; Num. 4,15; Num. 4,16; Num. 4,16; Num. 4,16; Num. 4,16; Num. 4,17; Num. 4,17; Num. 4,19; Num. 4,19; Num. 4,19; Num. 4,19; Num. 4,20; Num. 4,20; Num. 4,22; Num. 4,23; Num. 4,23; Num. 4,24; Num. 4,25; Num. 4,25; Num. 4,25; Num. 4,25; Num. 4,25; Num. 4,26; Num. 4,26; Num. 4,26; Num. 4,27; Num. 4,27; Num. 4,27; Num. 4,28; Num. 4,30; Num. 4,31; Num. 4,31; Num. 4,31; Num. 4,31; Num. 4,31; Num. 4,31; Num. 4,31; Num. 4,31; Num. 4,32; Num. 4,32; Num. 4,32; Num. 4,32; Num. 4,32; Num. 4,32; Num. 4,32; Num. 4,32; Num. 4,32; Num. 4,32; Num. 4,34; Num. 4,34; Num. 4,35; Num. 4,35; Num. 4,36; Num. 4,37; Num. 4,39; Num. 4,39; Num. 4,40; Num. 4,41; Num. 4,43; Num. 4,44; Num. 4,44; Num. 4,45; Num. 4,46; Num. 4,46; Num. 4,47; Num. 4,47; Num. 4,48; Num. 4,49; Num. 4,49; Num. 5,2; Num. 5,2; Num. 5,2; Num. 5,3; Num. 5,4; Num. 5,4; Num. 5,6; Num. 5,6; Num. 5,7; Num. 5,7; Num. 5,7; Num. 5,9; Num. 5,10; Num. 5,12; Num. 5,12; Num. 5,13; Num. 5,13; Num. 5,13; Num. 5,13; Num. 5,13; Num. 5,14; Num. 5,14; Num. 5,14; Num. 5,15; Num. 5,15; Num. 5,16; Num. 5,16; Num. 5,17; Num. 5,17; Num. 5,17; Num. 5,18; Num. 5,18; Num. 5,18; Num. 5,19; Num. 5,19; Num. 5,20; Num. 5,21; Num. 5,21; Num. 5,21; Num. 5,21; Num. 5,22; Num. 5,22; Num. 5,22; Num. 5,23; Num. 5,23; Num. 5,24; Num. 5,24; Num. 5,25; Num. 5,25; Num. 5,25; Num. 5,26; Num. 5,26; Num. 5,26; Num. 5,27; Num. 5,27; Num. 5,27; Num. 5,27; Num. 5,27; Num. 5,27; Num. 5,28; Num. 5,28; Num. 5,28; Num. 5,29; Num. 5,30; Num. 5,30; Num. 5,30; Num. 5,31; Num. 5,31; Num. 6,2; Num. 6,3; Num. 6,3; Num. 6,3; Num. 6,3; Num. 6,3; Num. 6,3; Num. 6,7; Num. 6,7; Num. 6,7; Num. 6,9; Num. 6,10; Num. 6,11; Num. 6,11; Num. 6,11; Num. 6,11; Num. 6,12; Num. 6,12; Num. 6,14; Num. 6,14; Num. 6,14; Num. 6,15; Num. 6,15; Num. 6,15; Num. 6,15; Num. 6,16; Num. 6,16; Num. 6,16; Num. 6,17; Num. 6,17; Num. 6,17; Num. 6,18; Num. 6,18; Num. 6,19; Num. 6,19; Num. 6,19; Num. 6,19; Num. 6,20; Num. 6,20; Num. 6,20; Num. 6,23; Num. 6,23; Num. 6,23; Num. 6,24; Num. 6,25; Num. 6,26; Num. 7,1; Num. 7,1; Num. 7,1; Num. 7,1; Num. 7,1; Num. 7,1; Num. 7,1; Num. 7,2; Num. 7,3; Num. 7,3; Num. 7,3; Num. 7,3; Num. 7,4; Num. 7,5; Num. 7,5; Num. 7,6; Num. 7,6; Num. 7,7; Num. 7,8; Num. 7,8; Num. 7,9; Num. 7,10; Num. 7,11; Num. 7,13; Num. 7,13; Num. 7,16; Num. 7,17; Num. 7,19; Num. 7,19; Num. 7,22; Num. 7,23; Num. 7,25; Num. 7,28; Num. 7,29; Num. 7,31; Num. 7,34; Num. 7,35; Num. 7,37; Num. 7,40; Num. 7,41; Num. 7,43; Num. 7,46; Num. 7,47; Num. 7,49; Num. 7,52; Num. 7,53; Num. 7,55; Num. 7,58; Num. 7,59; Num. 7,61; Num. 7,64; Num. 7,65; Num. 7,67; Num. 7,70; Num. 7,71; Num. 7,73; Num. 7,76; Num. 7,77; Num. 7,79; Num. 7,82; Num. 7,83; Num. 7,85; Num. 7,85; Num. 7,85; Num. 7,86; Num. 7,87; Num. 7,87; Num. 7,87; Num. 7,88; Num. 7,89; Num. 7,89; Num. 8,2; Num. 8,3; Num. 8,4; Num. 8,4; Num. 8,6; Num. 8,7; Num. 8,7; Num. 8,7; Num. 8,7; Num. 8,8; Num. 8,8; Num. 8,8; Num. 8,9; Num. 8,9; Num. 8,10; Num. 8,10; Num. 8,11; Num. 8,11; Num. 8,12; Num. 8,12; Num. 8,13; Num. 8,13; Num. 8,13; Num. 8,13; Num. 8,14; Num. 8,14; Num. 8,15; Num. 8,15; Num. 8,15; Num. 8,18; Num. 8,19; Num. 8,19; Num. 8,19; Num. 8,19; Num. 8,20; Num. 8,20; Num. 8,20; Num. 8,21; Num. 8,21; Num. 8,21; Num. 8,21; Num. 8,22; Num. 8,22; Num. 8,24; Num. 8,25; Num. 8,25; Num. 8,26; Num. 9,2; Num. 9,3; Num. 9,4; Num. 9,6; Num. 9,6; Num. 9,6; Num. 9,7; Num. 9,8; Num. 9,8; Num. 9,9; Num. 9,10; Num. 9,11; Num. 9,12; Num. 9,13; Num. 9,13; Num. 9,13; Num. 9,14; Num. 9,14; Num. 9,14; Num. 9,14; Num. 9,15; Num. 9,16; Num. 9,17; Num. 9,17; Num. 9,17; Num. 9,18; Num. 9,19; Num. 9,19; Num. 9,19; Num. 9,20; Num. 9,20; Num. 9,21; Num. 9,21; Num. 9,21; Num. 9,22; Num. 10,2; Num. 10,2; Num. 10,3; Num. 10,3; Num. 10,5; Num. 10,5; Num. 10,6; Num. 10,6; Num. 10,6; Num. 10,6; Num. 10,6; Num. 10,6; Num. 10,7; Num. 10,7; Num. 10,8; Num. 10,8; Num. 10,9; Num. 10,9; Num. 10,9; Num. 10,10; Num. 10,10; Num. 10,10; Num. 10,10; Num. 10,10; Num. 10,12; Num. 10,12; Num. 10,13; Num. 10,14; Num. 10,14; Num. 10,15; Num. 10,16; Num. 10,17; Num. 10,17; Num. 10,17; Num. 10,18; Num. 10,18; Num. 10,19; Num. 10,20; Num. 10,21; Num. 10,21; Num. 10,22; Num. 10,22; Num. 10,23; Num. 10,24; Num. 10,25; Num. 10,25; Num. 10,26; Num. 10,27; Num. 10,28; Num. 10,29; Num. 10,30; Num. 10,30; Num. 10,31; Num. 10,31; Num. 10,32; Num. 10,32; Num. 10,32; Num. 10,33; Num. 10,34; Num. 10,34; Num. 10,35; Num. 10,36; Num. 11,1; Num. 11,1; Num. 11,1; Num. 11,1; Num. 11,2; Num. 11,2; Num. 11,2; Num. 11,3; Num. 11,4; Num. 11,4; Num. 11,4; Num. 11,5; Num. 11,5; Num. 11,5; Num. 11,5; Num. 11,5; Num. 11,7; Num. 11,8; Num. 11,8; Num. 11,8; Num. 11,8; Num. 11,8; Num. 11,8; Num. 11,8; Num. 11,9; Num. 11,10; Num. 11,10; Num. 11,10; Num. 11,11; Num. 11,11; Num. 11,16; Num. 11,16; Num. 11,16; Num. 11,16; Num. 11,17; Num. 11,17; Num. 11,17; Num. 11,17; Num. 11,17; Num. 11,17; Num. 11,18; Num. 11,18; Num. 11,18; Num. 11,18; Num. 11,20; Num. 11,20; Num. 11,21; Num. 11,21; Num. 11,21; Num. 11,22; Num. 11,22; Num. 11,22; Num. 11,23; Num. 11,24; Num. 11,24; Num. 11,24; Num. 11,24; Num. 11,25; Num. 11,25; Num. 11,25; Num. 11,25; Num. 11,25; Num. 11,25; Num. 11,26; Num. 11,26; Num. 11,26; Num. 11,26; Num. 11,26; Num. 11,26; Num. 11,27; Num. 11,27; Num. 11,28; Num. 11,29; Num. 11,29; Num. 11,30; Num. 11,30; Num. 11,31; Num. 11,31; Num. 11,31; Num. 11,31; Num. 11,32; Num. 11,32; Num. 11,32; Num. 11,32; Num. 11,32; Num. 11,33; Num. 11,33; Num. 11,34; Num. 11,35; Num. 12,1; Num. 12,2; Num. 12,2; Num. 12,2; Num. 12,3; Num. 12,4; Num. 12,4; Num. 12,4; Num. 12,4; Num. 12,5; Num. 12,5; Num. 12,5; Num. 12,5; Num. 12,5; Num. 12,6; Num. 12,6; Num. 12,8; Num. 12,8; Num. 12,8; Num. 12,9; Num. 12,9; Num. 12,10; Num. 12,10; Num. 12,10; Num. 12,10; Num. 12,11; Num. 12,12; Num. 12,13; Num. 12,14; Num. 12,14; Num. 12,15; Num. 12,15; Num. 12,16; Num. 13,2; Num. 13,3; Num. 13,4; Num. 13,16; Num. 13,17; Num. 13,17; Num. 13,18; Num. 13,18; Num. 13,19; Num. 13,19; Num. 13,20; Num. 13,20; Num. 13,20; Num. 13,21; Num. 13,22; Num. 13,22; Num. 13,22; Num. 13,22; Num. 13,22; Num. 13,22; Num. 13,23; Num. 13,23; Num. 13,23; Num. 13,23; Num. 13,23; Num. 13,23; Num. 13,23; Num. 13,26; Num. 13,26; Num. 13,26; Num. 13,26; Num. 13,26; Num. 13,26; Num. 13,27; Num. 13,27; Num. 13,27; Num. 13,27; Num. 13,28; Num. 13,28; Num. 13,28; Num. 13,29; Num. 13,29; Num. 13,29; Num. 13,29; Num. 13,29; Num. 13,29; Num. 13,29; Num. 13,30; Num. 13,30; Num. 13,30; Num. 13,31; Num. 13,32; Num. 13,33; Num. 13,33; Num. 14,1; Num. 14,2; Num. 14,2; Num. 14,2; Num. 14,3; Num. 14,3; Num. 14,4; Num. 14,4; Num. 14,5; Num. 14,5; Num. 14,6; Num. 14,7; Num. 14,8; Num. 14,8; Num. 14,10; Num. 14,10; Num. 14,11; Num. 14,11; Num. 14,12; Num. 14,12; Num. 14,12; Num. 14,12; Num. 14,13; Num. 14,14; Num. 14,14; Num. 14,14; Num. 14,15; Num. 14,15; Num.

K, κ

14,17; Num. 14,18; Num. 14,18; Num. 14,18; Num. 14,18; Num. 14,18; Num. 14,18; Num. 14,20; Num. 14,21; Num. 14,21; Num. 14,22; Num. 14,22; Num. 14,22; Num. 14,22; Num. 14,24; Num. 14,24; Num. 14,25; Num. 14,25; Num. 14,26; Num. 14,29; Num. 14,29; Num. 14,29; Num. 14,30; Num. 14,31; Num. 14,31; Num. 14,32; Num. 14,33; Num. 14,34; Num. 14,35; Num. 14,36; Num. 14,36; Num. 14,37; Num. 14,38; Num. 14,38; Num. 14,39; Num. 14,40; Num. 14,41; Num. 14,42; Num. 14,43; Num. 14,43; Num. 14,43; Num. 14,44; Num. 14,44; Num. 14,45; Num. 14,45; Num. 14,45; Num. 14,45; Num. 14,45; Num. 15,2; Num. 15,3; Num. 15,4; Num. 15,5; Num. 15,6; Num. 15,7; Num. 15,9; Num. 15,10; Num. 15,14; Num. 15,15; Num. 15,15; Num. 15,16; Num. 15,16; Num. 15,18; Num. 15,19; Num. 15,21; Num. 15,22; Num. 15,23; Num. 15,24; Num. 15,24; Num. 15,24; Num. 15,24; Num. 15,24; Num. 15,25; Num. 15,25; Num. 15,25; Num. 15,26; Num. 15,26; Num. 15,28; Num. 15,28; Num. 15,29; Num. 15,30; Num. 15,31; Num. 15,32; Num. 15,33; Num. 15,33; Num. 15,33; Num. 15,34; Num. 15,35; Num. 15,36; Num. 15,36; Num. 15,38; Num. 15,38; Num. 15,38; Num. 15,39; Num. 15,39; Num. 15,39; Num. 15,39; Num. 15,39; Num. 15,39; Num. 15,40; Num. 15,40; Num. 16,1; Num. 16,1; Num. 16,1; Num. 16,2; Num. 16,2; Num. 16,2; Num. 16,2; Num. 16,3; Num. 16,3; Num. 16,3; Num. 16,3; Num. 16,4; Num. 16,5; Num. 16,5; Num. 16,5; Num. 16,5; Num. 16,5; Num. 16,5; Num. 16,6; Num. 16,7; Num. 16,7; Num. 16,7; Num. 16,8; Num. 16,9; Num. 16,9; Num. 16,10; Num. 16,10; Num. 16,10; Num. 16,11; Num. 16,11; Num. 16,12; Num. 16,12; Num. 16,12; Num. 16,13; Num. 16,14; Num. 16,14; Num. 16,14; Num. 16,14; Num. 16,15; Num. 16,15; Num. 16,16; Num. 16,16; Num. 16,16; Num. 16,16; Num. 16,17; Num. 16,17; Num. 16,17; Num. 16,17; Num. 16,17; Num. 16,17; Num. 16,18; Num. 16,18; Num. 16,18; Num. 16,18; Num. 16,18; Num. 16,19; Num. 16,19; Num. 16,20; Num. 16,20; Num. 16,21; Num. 16,22; Num. 16,22; Num. 16,22; Num. 16,23; Num. 16,25; Num. 16,25; Num. 16,25; Num. 16,25; Num. 16,26; Num. 16,26; Num. 16,27; Num. 16,27; Num. 16,27; Num. 16,27; Num. 16,27; Num. 16,27; Num. 16,27; Num. 16,29; Num. 16,30; Num. 16,30; Num. 16,30; Num. 16,30; Num. 16,30; Num. 16,30; Num. 16,32; Num. 16,32; Num. 16,32; Num. 16,32; Num. 16,33; Num. 16,33; Num. 16,33; Num. 16,33; Num. 16,34; Num. 16,35; Num. 16,35; Num. 16,35; Num. 17,2; Num. 17,2; Num. 17,3; Num. 17,3; Num. 17,3; Num. 17,4; Num. 17,4; Num. 17,5; Num. 17,5; Num. 17,6; Num. 17,7; Num. 17,7; Num. 17,7; Num. 17,7; Num. 17,7; Num. 17,8; Num. 17,8; Num. 17,9; Num. 17,9; Num. 17,10; Num. 17,10; Num. 17,11; Num. 17,11; Num. 17,11; Num. 17,11; Num. 17,11; Num. 17,12; Num. 17,12; Num. 17,12; Num. 17,12; Num. 17,12; Num. 17,13; Num. 17,13; Num. 17,13; Num. 17,14; Num. 17,14; Num. 17,14; Num. 17,15; Num. 17,15; Num. 17,17; Num. 17,17; Num. 17,18; Num. 17,19; Num. 17,20; Num. 17,20; Num. 17,21; Num. 17,21; Num. 17,21; Num. 17,22; Num. 17,23; Num. 17,23; Num. 17,23; Num. 17,23; Num. 17,23; Num. 17,23; Num. 17,23; Num. 17,24; Num. 17,24; Num. 17,24; Num. 17,25; Num. 17,25; Num. 17,25; Num. 17,26; Num. 17,26; Num. 18,1; Num. 18,1; Num. 18,1; Num. 18,1; Num. 18,2; Num. 18,2; Num. 18,2; Num. 18,2; Num. 18,2; Num. 18,3; Num. 18,3; Num. 18,3; Num. 18,3; Num. 18,3; Num. 18,3; Num. 18,4; Num. 18,4; Num. 18,4; Num. 18,5; Num. 18,5; Num. 18,5; Num. 18,6; Num. 18,7; Num. 18,7; Num. 18,7; Num. 18,7; Num. 18,7; Num. 18,8; Num. 18,9; Num. 18,9; Num. 18,9; Num. 18,9; Num. 18,9; Num. 18,10; Num. 18,11; Num. 18,11; Num. 18,11; Num. 18,12; Num. 18,12; Num. 18,15; Num. 18,15; Num. 18,16; Num. 18,17; Num. 18,17; Num. 18,17; Num. 18,17; Num. 18,18; Num. 18,18; Num. 18,18; Num. 18,19; Num. 18,19; Num. 18,19; Num. 18,20; Num. 18,20; Num. 18,21; Num. 18,22; Num. 18,23; Num. 18,23; Num. 18,23; Num. 18,26; Num. 18,26; Num. 18,27; Num. 18,27; Num. 18,28; Num. 18,30; Num. 18,30; Num. 18,30; Num. 18,31; Num. 18,31; Num. 18,32; Num. 18,32; Num. 19,1; Num. 19,2; Num. 19,2; Num. 19,3; Num. 19,3; Num. 19,3; Num. 19,4; Num. 19,4; Num. 19,5; Num. 19,5; Num. 19,5; Num. 19,5; Num. 19,6; Num. 19,6; Num. 19,6; Num. 19,6; Num. 19,7; Num. 19,7; Num. 19,7; Num. 19,7; Num. 19,8; Num. 19,8; Num. 19,8; Num. 19,9; Num. 19,9; Num. 19,9; Num. 19,10; Num. 19,10; Num. 19,10; Num. 19,10; Num. 19,12; Num. 19,12; Num. 19,12; Num. 19,13; Num. 19,14; Num. 19,15; Num. 19,16; Num. 19,17; Num. 19,17; Num. 19,18; Num. 19,18; Num. 19,18; Num. 19,18; Num. 19,18; Num. 19,18; Num. 19,19; Num. 19,19; Num. 19,19; Num. 19,19; Num. 19,19; Num. 19,19; Num. 19,20; Num. 19,20; Num. 19,21; Num. 19,21; Num. 19,21; Num. 19,22; Num. 19,22; Num. 20,1; Num. 20,1; Num. 20,1; Num. 20,2; Num. 20,2; Num. 20,2; Num. 20,3; Num. 20,4; Num. 20,4; Num. 20,5; Num. 20,6; Num. 20,6; Num. 20,6; Num. 20,6; Num. 20,7; Num. 20,8; Num. 20,8; Num. 20,8; Num. 20,8; Num. 20,8; Num. 20,8; Num. 20,9; Num. 20,10; Num. 20,10; Num. 20,10; Num. 20,11; Num. 20,11; Num. 20,11; Num. 20,11; Num. 20,12; Num. 20,12; Num. 20,13; Num. 20,15; Num. 20,15; Num. 20,15; Num. 20,15; Num. 20,16; Num. 20,16; Num. 20,16; Num. 20,16; Num. 20,18; Num. 20,19; Num. 20,19; Num. 20,20; Num. 20,20; Num. 20,21; Num. 20,21; Num. 20,22; Num. 20,23; Num. 20,23; Num. 20,25; Num. 20,25; Num. 20,26; Num. 20,26; Num. 20,26; Num. 20,27; Num. 20,27; Num. 20,28; Num. 20,28; Num. 20,28; Num. 20,28; Num. 20,28; Num. 20,29; Num. 20,29; Num. 21,1; Num. 21,1; Num. 21,2; Num. 21,2; Num. 21,2; Num. 21,3; Num. 21,3; Num. 21,3; Num. 21,3; Num. 21,3; Num. 21,4; Num. 21,5; Num. 21,5; Num. 21,6; Num. 21,6; Num. 21,6; Num. 21,7; Num. 21,7; Num. 21,7; Num. 21,7; Num. 21,8; Num. 21,8; Num. 21,8; Num. 21,9; Num. 21,9; Num. 21,9; Num. 21,9; Num. 21,9; Num. 21,10; Num. 21,11; Num. 21,12; Num. 21,13; Num. 21,13; Num. 21,14; Num. 21,15; Num. 21,15; Num. 21,16; Num. 21,16; Num. 21,18; Num. 21,19; Num. 21,19; Num. 21,20; Num. 21,23; Num. 21,23; Num. 21,23; Num. 21,23; Num. 21,23; Num. 21,24; Num. 21,24; Num. 21,25; Num. 21,25; Num. 21,25; Num. 21,26; Num. 21,26; Num. 21,27; Num. 21,28; Num. 21,28; Num. 21,29; Num. 21,30; Num. 21,30; Num. 21,32; Num. 21,32; Num. 21,32; Num. 21,32; Num. 21,33; Num. 21,33; Num. 21,33; Num. 21,34; Num. 21,34; Num. 21,34; Num. 21,34; Num. 21,35; Num. 21,35; Num. 21,35; Num. 21,35; Num. 22,3; Num. 22,3; Num. 22,4; Num. 22,4; Num. 22,5; Num. 22,5; Num. 22,5; Num. 22,6; Num. 22,6; Num. 22,6; Num. 22,7; Num. 22,7; Num. 22,7; Num. 22,7; Num. 22,7; Num. 22,8; Num. 22,8; Num. 22,8; Num. 22,9; Num. 22,9; Num. 22,10; Num. 22,11; Num. 22,11; Num. 22,11; Num. 22,11; Num. 22,12; Num. 22,13; Num. 22,14; Num. 22,14; Num. 22,15; Num. 22,16; Num. 22,16; Num. 22,17; Num. 22,17; Num. 22,18; Num. 22,18; Num. 22,18; Num. 22,19; Num. 22,19; Num. 22,19; Num. 22,20; Num. 22,20; Num. 22,21; Num. 22,21; Num. 22,22; Num. 22,22; Num. 22,22; Num. 22,22; Num. 22,23; Num. 22,23; Num. 22,23; Num. 22,23; Num. 22,23; Num. 22,24; Num. 22,24; Num. 22,25; Num. 22,25; Num. 22,25; Num. 22,26; Num. 22,26; Num. 22,27; Num. 22,27; Num. 22,27; Num. 22,28; Num. 22,28; Num. 22,29; Num. 22,29; Num. 22,30; Num. 22,31; Num. 22,31; Num. 22,31; Num. 22,32; Num. 22,32; Num. 22,33; Num. 22,33; Num. 22,34; Num. 22,34; Num. 22,35; Num. 22,35; Num. 22,37; Num. 22,38; Num. 22,39; Num. 22,39; Num. 22,40; Num. 22,40; Num. 22,40; Num. 22,40; Num. 22,41; Num. 22,41; Num. 22,41; Num. 23,1; Num. 23,1; Num. 23,2; Num. 23,2; Num. 23,2; Num. 23,3; Num. 23,3; Num. 23,3; Num. 23,3; Num. 23,3; Num. 23,3; Num. 23,3; Num. 23,4; Num. 23,4; Num. 23,4; Num. 23,4; Num. 23,5; Num. 23,5; Num.

23,6; Num. 23,6; Num. 23,6; Num. 23,7; Num. 23,7; Num. 23,7; Num. 23,9; Num. 23,9; Num. 23,10; Num. 23,10; Num. 23,11; Num. 23,11; Num. 23,12; Num. 23,13; Num. 23,14; Num. 23,14; Num. 23,14; Num. 23,14; Num. 23,15; Num. 23,16; Num. 23,16; Num. 23,16; Num. 23,16; Num. 23,17; Num. 23,17; Num. 23,17; Num. 23,17; Num. 23,18; Num. 23,18; Num. 23,19; Num. 23,20; Num. 23,23; Num. 23,24; Num. 23,24; Num. 23,25; Num. 23,26; Num. 23,27; Num. 23,28; Num. 23,29; Num. 23,29; Num. 23,29; Num. 23,30; Num. 23,30; Num. 23,30; Num. 24,1; Num. 24,1; Num. 24,2; Num. 24,2; Num. 24,3; Num. 24,6; Num. 24,6; Num. 24,7; Num. 24,7; Num. 24,7; Num. 24,8; Num. 24,8; Num. 24,9; Num. 24,9; Num. 24,10; Num. 24,10; Num. 24,10; Num. 24,10; Num. 24,11; Num. 24,12; Num. 24,12; Num. 24,13; Num. 24,14; Num. 24,16; Num. 24,17; Num. 24,17; Num. 24,17; Num. 24,17; Num. 24,17; Num. 24,18; Num. 24,18; Num. 24,18; Num. 24,19; Num. 24,19; Num. 24,20; Num. 24,20; Num. 24,20; Num. 24,21; Num. 24,21; Num. 24,21; Num. 24,22; Num. 24,23; Num. 24,23; Num. 24,24; Num. 24,24; Num. 24,24; Num. 24,24; Num. 24,25; Num. 24,25; Num. 25,1; Num. 25,2; Num. 25,2; Num. 25,2; Num. 25,3; Num. 25,3; Num. 25,4; Num. 25,4; Num. 25,4; Num. 25,5; Num. 25,6; Num. 25,7; Num. 25,7; Num. 25,8; Num. 25,8; Num. 25,8; Num. 25,9; Num. 25,9; Num. 25,11; Num. 25,13; Num. 25,13; Num. 25,13; Num. 25,15; Num. 25,17; Num. 25,18; Num. 26,1; Num. 26,1; Num. 26,2; Num. 26,3; Num. 26,3; Num. 26,4; Num. 26,5; Num. 26,7; Num. 26,7; Num. 26,7; Num. 26,7; Num. 26,8; Num. 26,9; Num. 26,9; Num. 26,9; Num. 26,9; Num. 26,10; Num. 26,10; Num. 26,10; Num. 26,10; Num. 26,14; Num. 26,14; Num. 26,15; Num. 26,15; Num. 26,15; Num. 26,17; Num. 26,18; Num. 26,18; Num. 26,21; Num. 26,21; Num. 26,23; Num. 26,27; Num. 26,30; Num. 26,31; Num. 26,31; Num. 26,32; Num. 26,33; Num. 26,34; Num. 26,36; Num. 26,37; Num. 26,37; Num. 26,37; Num. 26,37; Num. 26,37; Num. 26,37; Num. 26,38; Num. 26,38; Num. 26,41; Num. 26,41; Num. 26,44; Num. 26,44; Num. 26,45; Num. 26,45; Num. 26,47; Num. 26,47; Num. 26,50; Num. 26,50; Num. 26,51; Num. 26,51; Num. 26,51; Num. 26,54; Num. 26,56; Num. 26,58; Num. 26,58; Num. 26,59; Num. 26,59; Num. 26,59; Num. 26,59; Num. 26,60; Num. 26,60; Num. 26,60; Num. 26,60; Num. 26,61; Num. 26,61; Num. 26,62; Num. 26,62; Num. 26,62; Num. 26,63; Num. 26,64; Num. 26,64; Num. 26,65; Num. 26,65; Num. 27,1; Num. 27,1; Num. 27,1; Num. 27,1; Num. 27,1; Num. 27,2; Num. 27,2; Num. 27,2; Num. 27,2; Num. 27,3; Num. 27,3; Num. 27,5; Num. 27,6; Num. 27,7; Num. 27,8; Num. 27,8; Num. 27,11; Num. 27,12; Num. 27,13; Num. 27,13; Num. 27,13; Num. 27,15; Num. 27,16; Num. 27,17; Num. 27,17; Num. 27,17; Num. 27,17; Num. 27,18; Num. 27,18; Num. 27,19; Num. 27,19; Num. 27,19; Num. 27,20; Num. 27,21; Num. 27,21; Num. 27,21; Num. 27,21; Num. 27,21; Num. 27,22; Num. 27,22; Num. 27,22; Num. 27,23; Num. 27,23; Num. 28,2; Num. 28,3; Num. 28,4; Num. 28,5; Num. 28,7; Num. 28,8; Num. 28,8; Num. 28,9; Num. 28,9; Num. 28,10; Num. 28,11; Num. 28,12; Num. 28,14; Num. 28,14; Num. 28,15; Num. 28,15; Num. 28,17; Num. 28,18; Num. 28,19; Num. 28,20; Num. 28,20; Num. 28,22; Num. 28,25; Num. 28,27; Num. 28,28; Num. 28,30; Num. 28,31; Num. 28,31; Num. 29,2; Num. 29,3; Num. 29,5; Num. 29,6; Num. 29,6; Num. 29,6; Num. 29,6; Num. 29,6; Num. 29,7; Num. 29,7; Num. 29,8; Num. 29,9; Num. 29,11; Num. 29,11; Num. 29,11; Num. 29,12; Num. 29,13; Num. 29,13; Num. 29,14; Num. 29,15; Num. 29,16; Num. 29,16; Num. 29,17; Num. 29,17; Num. 29,18; Num. 29,18; Num. 29,18; Num. 29,19; Num. 29,19; Num. 29,20; Num. 29,21; Num. 29,21; Num. 29,21; Num. 29,22; Num. 29,22; Num. 29,23; Num. 29,24; Num. 29,24; Num. 29,24; Num. 29,25; Num. 29,25; Num. 29,26; Num. 29,27; Num. 29,27; Num. 29,27; Num. 29,28; Num. 29,28; Num. 29,30; Num. 29,30; Num. 29,30; Num. 29,31; Num. 29,31; Num. 29,32; Num. 29,33; Num. 29,33; Num. 29,33; Num. 29,34; Num. 29,34; Num. 29,35; Num. 29,36; Num. 29,37; Num. 29,37; Num. 29,37; Num. 29,38; Num. 29,38; Num. 29,39; Num. 29,39; Num. 29,39; Num. 29,39; Num. 29,39; Num. 30,5; Num. 30,5; Num. 30,5; Num. 30,5; Num. 30,5; Num. 30,6; Num. 30,6; Num. 30,7; Num. 30,8; Num. 30,8; Num. 30,8; Num. 30,8; Num. 30,9; Num. 30,9; Num. 30,10; Num. 30,10; Num. 30,12; Num. 30,12; Num. 30,12; Num. 30,12; Num. 30,12; Num. 30,13; Num. 30,13; Num. 30,14; Num. 30,14; Num. 30,15; Num. 30,15; Num. 30,16; Num. 30,17; Num. 30,17; Num. 30,17; Num. 31,2; Num. 31,3; Num. 31,5; Num. 31,6; Num. 31,6; Num. 31,6; Num. 31,6; Num. 31,7; Num. 31,7; Num. 31,8; Num. 31,8; Num. 31,8; Num. 31,8; Num. 31,8; Num. 31,8; Num. 31,9; Num. 31,9; Num. 31,9; Num. 31,9; Num. 31,9; Num. 31,10; Num. 31,10; Num. 31,11; Num. 31,11; Num. 31,12; Num. 31,12; Num. 31,12; Num. 31,12; Num. 31,12; Num. 31,13; Num. 31,13; Num. 31,14; Num. 31,14; Num. 31,15; Num. 31,16; Num. 31,16; Num. 31,17; Num. 31,17; Num. 31,19; Num. 31,19; Num. 31,19; Num. 31,19; Num. 31,20; Num. 31,20; Num. 31,20; Num. 31,20; Num. 31,21; Num. 31,22; Num. 31,22; Num. 31,22; Num. 31,22; Num. 31,22; Num. 31,23; Num. 31,24; Num. 31,24; Num. 31,24; Num. 31,26; Num. 31,26; Num. 31,27; Num. 31,27; Num. 31,28; Num. 31,28; Num. 31,28; Num. 31,28; Num. 31,28; Num. 31,29; Num. 31,29; Num. 31,30; Num. 31,30; Num. 31,30; Num. 31,30; Num. 31,30; Num. 31,30; Num. 31,31; Num. 31,31; Num. 31,32; Num. 31,32; Num. 31,32; Num. 31,33; Num. 31,33; Num. 31,34; Num. 31,34; Num. 31,35; Num. 31,35; Num. 31,36; Num. 31,36; Num. 31,36; Num. 31,36; Num. 31,37; Num. 31,38; Num. 31,38; Num. 31,38; Num. 31,38; Num. 31,39; Num. 31,39; Num. 31,39; Num. 31,39; Num. 31,40; Num. 31,40; Num. 31,40; Num. 31,41; Num. 31,43; Num. 31,43; Num. 31,43; Num. 31,43; Num. 31,44; Num. 31,44; Num. 31,45; Num. 31,46; Num. 31,46; Num. 31,47; Num. 31,47; Num. 31,47; Num. 31,48; Num. 31,49; Num. 31,49; Num. 31,50; Num. 31,50; Num. 31,50; Num. 31,50; Num. 31,50; Num. 31,51; Num. 31,51; Num. 31,52; Num. 31,52; Num. 31,52; Num. 31,52; Num. 31,52; Num. 31,53; Num. 31,54; Num. 31,54; Num. 31,54; Num. 31,54; Num. 32,1; Num. 32,1; Num. 32,1; Num. 32,1; Num. 32,2; Num. 32,2; Num. 32,2; Num. 32,2; Num. 32,3; Num. 32,3; Num. 32,3; Num. 32,3; Num. 32,3; Num. 32,3; Num. 32,3; Num. 32,4; Num. 32,5; Num. 32,5; Num. 32,6; Num. 32,6; Num. 32,6; Num. 32,7; Num. 32,9; Num. 32,9; Num. 32,9; Num. 32,10; Num. 32,10; Num. 32,11; Num. 32,11; Num. 32,11; Num. 32,11; Num. 32,12; Num. 32,13; Num. 32,13; Num. 32,15; Num. 32,16; Num. 32,16; Num. 32,16; Num. 32,17; Num. 32,17; Num. 32,19; Num. 32,19; Num. 32,20; Num. 32,21; Num. 32,22; Num. 32,22; Num. 32,22; Num. 32,22; Num. 32,22; Num. 32,23; Num. 32,24; Num. 32,24; Num. 32,24; Num. 32,25; Num. 32,25; Num. 32,26; Num. 32,26; Num. 32,27; Num. 32,28; Num. 32,28; Num. 32,29; Num. 32,29; Num. 32,29; Num. 32,29; Num. 32,30; Num. 32,30; Num. 32,30; Num. 32,30; Num. 32,31; Num. 32,31; Num. 32,32; Num. 32,33; Num. 32,33; Num. 32,33; Num. 32,33; Num. 32,33; Num. 32,34; Num. 32,34; Num. 32,35; Num. 32,35; Num. 32,35; Num. 32,36; Num. 32,36; Num. 32,36; Num. 32,37; Num. 32,37; Num. 32,37; Num. 32,38; Num. 32,38; Num. 32,38; Num. 32,39; Num. 32,39; Num. 32,39; Num. 32,40; Num. 32,40; Num. 32,41; Num. 32,41; Num. 32,41; Num. 32,42; Num. 32,42; Num. 32,42; Num. 32,42; Num. 33,1; Num. 33,2; Num. 33,2; Num. 33,2; Num. 33,4; Num. 33,4; Num. 33,5; Num. 33,6; Num. 33,6; Num. 33,7; Num. 33,7; Num. 33,7; Num. 33,8; Num. 33,8; Num. 33,8; Num. 33,8; Num. 33,9; Num. 33,9; Num. 33,9; Num. 33,9; Num. 33,9; Num. 33,10; Num. 33,10; Num. 33,11; Num.

K, κ

33,11; Num. 33,12; Num. 33,12; Num. 33,13; Num. 33,13; Num. 33,14; Num. 33,14; Num. 33,14; Num. 33,15; Num. 33,15; Num. 33,16; Num. 33,16; Num. 33,17; Num. 33,17; Num. 33,18; Num. 33,18; Num. 33,19; Num. 33,19; Num. 33,20; Num. 33,20; Num. 33,21; Num. 33,21; Num. 33,22; Num. 33,22; Num. 33,23; Num. 33,23; Num. 33,24; Num. 33,24; Num. 33,25; Num. 33,25; Num. 33,26; Num. 33,26; Num. 33,27; Num. 33,27; Num. 33,28; Num. 33,28; Num. 33,29; Num. 33,29; Num. 33,30; Num. 33,30; Num. 33,31; Num. 33,31; Num. 33,32; Num. 33,32; Num. 33,33; Num. 33,33; Num. 33,34; Num. 33,34; Num. 33,35; Num. 33,35; Num. 33,36; Num. 33,36; Num. 33,36; Num. 33,36; Num. 33,37; Num. 33,37; Num. 33,38; Num. 33,38; Num. 33,39; Num. 33,39; Num. 33,39; Num. 33,40; Num. 33,40; Num. 33,41; Num. 33,41; Num. 33,42; Num. 33,42; Num. 33,43; Num. 33,43; Num. 33,44; Num. 33,44; Num. 33,45; Num. 33,45; Num. 33,46; Num. 33,46; Num. 33,47; Num. 33,47; Num. 33,48; Num. 33,49; Num. 33,51; Num. 33,52; Num. 33,52; Num. 33,52; Num. 33,52; Num. 33,53; Num. 33,53; Num. 33,54; Num. 33,54; Num. 33,55; Num. 33,55; Num. 33,55; Num. 33,56; Num. 34,2; Num. 34,3; Num. 34,3; Num. 34,4; Num. 34,4; Num. 34,4; Num. 34,4; Num. 34,4; Num. 34,5; Num. 34,5; Num. 34,6; Num. 34,7; Num. 34,8; Num. 34,8; Num. 34,9; Num. 34,9; Num. 34,10; Num. 34,11; Num. 34,11; Num. 34,12; Num. 34,12; Num. 34,12; Num. 34,13; Num. 34,13; Num. 34,14; Num. 34,14; Num. 34,15; Num. 34,17; Num. 34,18; Num. 34,19; Num. 35,2; Num. 35,2; Num. 35,3; Num. 35,3; Num. 35,3; Num. 35,4; Num. 35,4; Num. 35,5; Num. 35,5; Num. 35,5; Num. 35,5; Num. 35,5; Num. 35,5; Num. 35,6; Num. 35,6; Num. 35,6; Num. 35,7; Num. 35,7; Num. 35,8; Num. 35,8; Num. 35,10; Num. 35,11; Num. 35,12; Num. 35,12; Num. 35,13; Num. 35,14; Num. 35,15; Num. 35,15; Num. 35,16; Num. 35,17; Num. 35,18; Num. 35,20; Num. 35,20; Num. 35,21; Num. 35,23; Num. 35,23; Num. 35,24; Num. 35,24; Num. 35,25; Num. 35,25; Num. 35,25; Num. 35,27; Num. 35,27; Num. 35,28; Num. 35,29; Num. 35,30; Num. 35,31; Num. 35,33; Num. 35,33; Num. 35,34; Num. 36,1; Num. 36,1; Num. 36,1; Num. 36,2; Num. 36,2; Num. 36,3; Num. 36,3; Num. 36,3; Num. 36,3; Num. 36,4; Num. 36,4; Num. 36,5; Num. 36,7; Num. 36,8; Num. 36,9; Num. 36,11; Num. 36,11; Num. 36,11; Num. 36,11; Num. 36,11; Num. 36,12; Num. 36,13; Num. 36,13; Deut. 1,1; Deut. 1,1; Deut. 1,1; Deut. 1,3; Deut. 1,4; Deut. 1,4; Deut. 1,7; Deut. 1,7; Deut. 1,7; Deut. 1,7; Deut. 1,7; Deut. 1,7; Deut. 1,7; Deut. 1,8; Deut. 1,8; Deut. 1,8; Deut. 1,9; Deut. 1,10; Deut. 1,11; Deut. 1,12; Deut. 1,12; Deut. 1,13; Deut. 1,13; Deut. 1,13; Deut. 1,14; Deut. 1,14; Deut. 1,15; Deut. 1,15; Deut. 1,15; Deut. 1,15; Deut. 1,15; Deut. 1,15; Deut. 1,15; Deut. 1,15; Deut. 1,16; Deut. 1,16; Deut. 1,16; Deut. 1,16; Deut. 1,17; Deut. 1,17; Deut. 1,17; Deut. 1,18; Deut. 1,19; Deut. 1,19; Deut. 1,20; Deut. 1,22; Deut. 1,22; Deut. 1,22; Deut. 1,22; Deut. 1,22; Deut. 1,23; Deut. 1,23; Deut. 1,24; Deut. 1,24; Deut. 1,24; Deut. 1,25; Deut. 1,25; Deut. 1,25; Deut. 1,26; Deut. 1,26; Deut. 1,27; Deut. 1,27; Deut. 1,28; Deut. 1,28; Deut. 1,28; Deut. 1,28; Deut. 1,29; Deut. 1,31; Deut. 1,32; Deut. 1,33; Deut. 1,34; Deut. 1,34; Deut. 1,36; Deut. 1,36; Deut. 1,37; Deut. 1,39; Deut. 1,39; Deut. 1,39; Deut. 1,40; Deut. 1,41; Deut. 1,41; Deut. 1,41; Deut. 1,41; Deut. 1,42; Deut. 1,42; Deut. 1,43; Deut. 1,43; Deut. 1,43; Deut. 1,43; Deut. 1,44; Deut. 1,44; Deut. 1,44; Deut. 1,45; Deut. 1,45; Deut. 1,46; Deut. 2,1; Deut. 2,2; Deut. 2,4; Deut. 2,4; Deut. 2,4; Deut. 2,6; Deut. 2,6; Deut. 2,6; Deut. 2,7; Deut. 2,8; Deut. 2,8; Deut. 2,8; Deut. 2,9; Deut. 2,9; Deut. 2,10; Deut. 2,10; Deut. 2,11; Deut. 2,11; Deut. 2,12; Deut. 2,12; Deut. 2,12; Deut. 2,12; Deut. 2,13; Deut. 2,13; Deut. 2,13; Deut. 2,14; Deut. 2,14; Deut. 2,15; Deut. 2,16; Deut. 2,17; Deut. 2,19; Deut. 2,19; Deut. 2,20; Deut. 2,20; Deut. 2,21; Deut. 2,21; Deut. 2,21; Deut. 2,21; Deut. 2,21; Deut. 2,22; Deut. 2,22; Deut. 2,23; Deut. 2,23; Deut. 2,23; Deut. 2,24; Deut. 2,24; Deut. 2,24; Deut. 2,25; Deut. 2,25; Deut. 2,28; Deut. 2,28; Deut. 2,28; Deut. 2,29; Deut. 2,30; Deut. 2,30; Deut. 2,31; Deut. 2,31; Deut. 2,32; Deut. 2,32; Deut. 2,33; Deut. 2,33; Deut. 2,33; Deut. 2,33; Deut. 2,34; Deut. 2,34; Deut. 2,34; Deut. 2,34; Deut. 2,35; Deut. 2,36; Deut. 2,36; Deut. 2,37; Deut. 3,1; Deut. 3,1; Deut. 3,1; Deut. 3,2; Deut. 3,2; Deut. 3,2; Deut. 3,2; Deut. 3,3; Deut. 3,3; Deut. 3,3; Deut. 3,3; Deut. 3,4; Deut. 3,5; Deut. 3,6; Deut. 3,6; Deut. 3,6; Deut. 3,7; Deut. 3,7; Deut. 3,8; Deut. 3,9; Deut. 3,10; Deut. 3,10; Deut. 3,10; Deut. 3,11; Deut. 3,12; Deut. 3,12; Deut. 3,12; Deut. 3,12; Deut. 3,13; Deut. 3,13; Deut. 3,13; Deut. 3,14; Deut. 3,14; Deut. 3,15; Deut. 3,16; Deut. 3,16; Deut. 3,16; Deut. 3,17; Deut. 3,17; Deut. 3,17; Deut. 3,18; Deut. 3,19; Deut. 3,19; Deut. 3,20; Deut. 3,20; Deut. 3,23; Deut. 3,24; Deut. 3,24; Deut. 3,24; Deut. 3,24; Deut. 3,25; Deut. 3,26; Deut. 3,26; Deut. 3,26; Deut. 3,27; Deut. 3,27; Deut. 3,27; Deut. 3,27; Deut. 3,27; Deut. 3,28; Deut. 3,28; Deut. 3,28; Deut. 3,28; Deut. 3,29; Deut. 4,1; Deut. 4,1; Deut. 4,1; Deut. 4,2; Deut. 4,5; Deut. 4,6; Deut. 4,6; Deut. 4,6; Deut. 4,6; Deut. 4,6; Deut. 4,8; Deut. 4,8; Deut. 4,9; Deut. 4,9; Deut. 4,9; Deut. 4,9; Deut. 4,10; Deut. 4,10; Deut. 4,11; Deut. 4,11; Deut. 4,11; Deut. 4,12; Deut. 4,12; Deut. 4,13; Deut. 4,13; Deut. 4,14; Deut. 4,14; Deut. 4,15; Deut. 4,16; Deut. 4,19; Deut. 4,19; Deut. 4,19; Deut. 4,19; Deut. 4,19; Deut. 4,19; Deut. 4,20; Deut. 4,21; Deut. 4,21; Deut. 4,21; Deut. 4,22; Deut. 4,22; Deut. 4,23; Deut. 4,25; Deut. 4,25; Deut. 4,25; Deut. 4,25; Deut. 4,25; Deut. 4,26; Deut. 4,27; Deut. 4,27; Deut. 4,28; Deut. 4,28; Deut. 4,29; Deut. 4,29; Deut. 4,29; Deut. 4,30; Deut. 4,30; Deut. 4,30; Deut. 4,32; Deut. 4,33; Deut. 4,34; Deut. 4,34; Deut. 4,34; Deut. 4,34; Deut. 4,34; Deut. 4,34; Deut. 4,35; Deut. 4,36; Deut. 4,36; Deut. 4,37; Deut. 4,37; Deut. 4,38; Deut. 4,39; Deut. 4,39; Deut. 4,39; Deut. 4,39; Deut. 4,40; Deut. 4,40; Deut. 4,40; Deut. 4,42; Deut. 4,42; Deut. 4,42; Deut. 4,42; Deut. 4,43; Deut. 4,43; Deut. 4,45; Deut. 4,45; Deut. 4,46; Deut. 4,47; Deut. 4,47; Deut. 4,48; Deut. 5,1; Deut. 5,1; Deut. 5,1; Deut. 5,1; Deut. 5,5; Deut. 5,5; Deut. 5,8; Deut. 5,8; Deut. 5,9; Deut. 5,10; Deut. 5,10; Deut. 5,13; Deut. 5,14; Deut. 5,14; Deut. 5,14; Deut. 5,14; Deut. 5,14; Deut. 5,14; Deut. 5,14; Deut. 5,15; Deut. 5,15; Deut. 5,15; Deut. 5,15; Deut. 5,16; Deut. 5,16; Deut. 5,22; Deut. 5,22; Deut. 5,22; Deut. 5,23; Deut. 5,23; Deut. 5,23; Deut. 5,23; Deut. 5,24; Deut. 5,24; Deut. 5,24; Deut. 5,25; Deut. 5,25; Deut. 5,26; Deut. 5,27; Deut. 5,27; Deut. 5,27; Deut. 5,27; Deut. 5,28; Deut. 5,28; Deut. 5,29; Deut. 5,29; Deut. 5,31; Deut. 5,31; Deut. 5,31; Deut. 5,31; Deut. 5,32; Deut. 5,33; Deut. 5,33; Deut. 6,1; Deut. 6,1; Deut. 6,2; Deut. 6,2; Deut. 6,2; Deut. 6,3; Deut. 6,3; Deut. 6,3; Deut. 6,3; Deut. 6,4; Deut. 6,5; Deut. 6,5; Deut. 6,5; Deut. 6,6; Deut. 6,6; Deut. 6,7; Deut. 6,7; Deut. 6,7; Deut. 6,7; Deut. 6,7; Deut. 6,8; Deut. 6,8; Deut. 6,9; Deut. 6,9; Deut. 6,10; Deut. 6,10; Deut. 6,10; Deut. 6,11; Deut. 6,11; Deut. 6,11; Deut. 6,13; Deut. 6,13; Deut. 6,13; Deut. 6,15; Deut. 6,17; Deut. 6,18; Deut. 6,18; Deut. 6,18; Deut. 6,18; Deut. 6,20; Deut. 6,20; Deut. 6,21; Deut. 6,21; Deut. 6,21; Deut. 6,22; Deut. 6,22; Deut. 6,22; Deut. 6,22; Deut. 6,23; Deut. 6,24; Deut. 6,25; Deut. 7,1; Deut. 7,1; Deut. 7,1; Deut. 7,1; Deut. 7,1; Deut. 7,1; Deut. 7,1; Deut. 7,1; Deut. 7,1; Deut. 7,2; Deut. 7,2; Deut. 7,3; Deut. 7,4; Deut. 7,4; Deut. 7,4; Deut. 7,5; Deut. 7,5; Deut. 7,5; Deut. 7,6; Deut. 7,7; Deut. 7,8; Deut. 7,8; Deut. 7,8; Deut. 7,9; Deut. 7,9; Deut. 7,9; Deut. 7,10; Deut. 7,10; Deut. 7,11; Deut. 7,11; Deut. 7,11; Deut. 7,12; Deut. 7,12; Deut. 7,12; Deut. 7,12; Deut. 7,13; Deut. 7,13; Deut. 7,13; Deut. 7,13; Deut. 7,13; Deut. 7,13; Deut. 7,13; Deut. 7,14; Deut. 7,15; Deut. 7,15; Deut. 7,15; Deut. 7,15; Deut. 7,16; Deut. 7,16; Deut. 7,18; Deut. 7,19; Deut. 7,19; Deut. 7,20; Deut. 7,20; Deut. 7,21; Deut. 7,22; Deut. 7,22; Deut.

καί

7,23; Deut. 7,23; Deut. 7,24; Deut. 7,24; Deut. 7,25; Deut. 7,26; Deut. 7,26; Deut. 7,26; Deut. 8,1; Deut. 8,1; Deut. 8,2; Deut. 8,2; Deut. 8,2; Deut. 8,3; Deut. 8,3; Deut. 8,3; Deut. 8,5; Deut. 8,6; Deut. 8,6; Deut. 8,7; Deut. 8,7; Deut. 8,7; Deut. 8,8; Deut. 8,8; Deut. 8,9; Deut. 8,9; Deut. 8,10; Deut. 8,10; Deut. 8,10; Deut. 8,11; Deut. 8,11; Deut. 8,12; Deut. 8,12; Deut. 8,12; Deut. 8,13; Deut. 8,13; Deut. 8,13; Deut. 8,13; Deut. 8,14; Deut. 8,15; Deut. 8,15; Deut. 8,15; Deut. 8,16; Deut. 8,16; Deut. 8,17; Deut. 8,18; Deut. 8,18; Deut. 8,19; Deut. 8,19; Deut. 8,19; Deut. 8,19; Deut. 8,19; Deut. 9,1; Deut. 9,1; Deut. 9,2; Deut. 9,2; Deut. 9,2; Deut. 9,3; Deut. 9,3; Deut. 9,3; Deut. 9,5; Deut. 9,5; Deut. 9,5; Deut. 9,6; Deut. 9,8; Deut. 9,8; Deut. 9,9; Deut. 9,9; Deut. 9,9; Deut. 9,10; Deut. 9,10; Deut. 9,11; Deut. 9,11; Deut. 9,12; Deut. 9,13; Deut. 9,13; Deut. 9,13; Deut. 9,14; Deut. 9,14; Deut. 9,14; Deut. 9,14; Deut. 9,15; Deut. 9,15; Deut. 9,15; Deut. 9,16; Deut. 9,16; Deut. 9,16; Deut. 9,17; Deut. 9,17; Deut. 9,18; Deut. 9,18; Deut. 9,18; Deut. 9,18; Deut. 9,19; Deut. 9,19; Deut. 9,19; Deut. 9,19; Deut. 9,20; Deut. 9,20; Deut. 9,20; Deut. 9,21; Deut. 9,21; Deut. 9,21; Deut. 9,21; Deut. 9,21; Deut. 9,22; Deut. 9,22; Deut. 9,22; Deut. 9,23; Deut. 9,23; Deut. 9,23; Deut. 9,23; Deut. 9,23; Deut. 9,25; Deut. 9,25; Deut. 9,26; Deut. 9,26; Deut. 9,26; Deut. 9,26; Deut. 9,26; Deut. 9,27; Deut. 9,27; Deut. 9,27; Deut. 9,27; Deut. 9,28; Deut. 9,29; Deut. 9,29; Deut. 9,29; Deut. 10,1; Deut. 10,1; Deut. 10,2; Deut. 10,2; Deut. 10,3; Deut. 10,3; Deut. 10,3; Deut. 10,3; Deut. 10,4; Deut. 10,4; Deut. 10,5; Deut. 10,5; Deut. 10,5; Deut. 10,6; Deut. 10,6; Deut. 10,6; Deut. 10,7; Deut. 10,8; Deut. 10,9; Deut. 10,10; Deut. 10,10; Deut. 10,10; Deut. 10,10; Deut. 10,11; Deut. 10,11; Deut. 10,11; Deut. 10,12; Deut. 10,12; Deut. 10,12; Deut. 10,13; Deut. 10,14; Deut. 10,14; Deut. 10,15; Deut. 10,16; Deut. 10,16; Deut. 10,17; Deut. 10,17; Deut. 10,17; Deut. 10,18; Deut. 10,18; Deut. 10,18; Deut. 10,18; Deut. 10,19; Deut. 10,20; Deut. 10,20; Deut. 10,20; Deut. 10,21; Deut. 10,21; Deut. 11,1; Deut. 11,1; Deut. 11,1; Deut. 11,2; Deut. 11,2; Deut. 11,2; Deut. 11,2; Deut. 11,3; Deut. 11,3; Deut. 11,3; Deut. 11,4; Deut. 11,4; Deut. 11,4; Deut. 11,5; Deut. 11,6; Deut. 11,6; Deut. 11,6; Deut. 11,6; Deut. 11,6; Deut. 11,8; Deut. 11,8; Deut. 11,8; Deut. 11,9; Deut. 11,9; Deut. 11,10; Deut. 11,11; Deut. 11,12; Deut. 11,13; Deut. 11,13; Deut. 11,14; Deut. 11,14; Deut. 11,14; Deut. 11,14; Deut. 11,14; Deut. 11,15; Deut. 11,15; Deut. 11,15; Deut. 11,16; Deut. 11,16; Deut. 11,16; Deut. 11,17; Deut. 11,17; Deut. 11,17; Deut. 11,17; Deut. 11,17; Deut. 11,18; Deut. 11,18; Deut. 11,18; Deut. 11,18; Deut. 11,19; Deut. 11,19; Deut. 11,19; Deut. 11,19; Deut. 11,20; Deut. 11,20; Deut. 11,21; Deut. 11,22; Deut. 11,22; Deut. 11,22; Deut. 11,23; Deut. 11,23; Deut. 11,23; Deut. 11,24; Deut. 11,24; Deut. 11,24; Deut. 11,25; Deut. 11,26; Deut. 11,28; Deut. 11,28; Deut. 11,29; Deut. 11,29; Deut. 11,29; Deut. 11,31; Deut. 11,31; Deut. 11,32; Deut. 11,32; Deut. 12,1; Deut. 12,2; Deut. 12,2; Deut. 12,3; Deut. 12,3; Deut. 12,3; Deut. 12,3; Deut. 12,3; Deut. 12,5; Deut. 12,5; Deut. 12,6; Deut. 12,6; Deut. 12,6; Deut. 12,6; Deut. 12,6; Deut. 12,6; Deut. 12,6; Deut. 12,7; Deut. 12,7; Deut. 12,7; Deut. 12,9; Deut. 12,10; Deut. 12,10; Deut. 12,10; Deut. 12,10; Deut. 12,11; Deut. 12,11; Deut. 12,11; Deut. 12,11; Deut. 12,11; Deut. 12,11; Deut. 12,12; Deut. 12,12; Deut. 12,12; Deut. 12,12; Deut. 12,12; Deut. 12,14; Deut. 12,15; Deut. 12,15; Deut. 12,17; Deut. 12,17; Deut. 12,17; Deut. 12,17; Deut. 12,17; Deut. 12,17; Deut. 12,18; Deut. 12,18; Deut. 12,18; Deut. 12,18; Deut. 12,18; Deut. 12,20; Deut. 12,21; Deut. 12,21; Deut. 12,21; Deut. 12,22; Deut. 12,22; Deut. 12,25; Deut. 12,25; Deut. 12,26; Deut. 12,27; Deut. 12,28; Deut. 12,28; Deut. 12,28; Deut. 12,28; Deut. 12,29; Deut. 12,29; Deut. 12,31; Deut. 13,2; Deut. 13,3; Deut. 13,3; Deut. 13,4; Deut. 13,5; Deut. 13,5; Deut. 13,5; Deut. 13,5; Deut. 13,6; Deut. 13,6; Deut. 13,7; Deut. 13,7;

Deut. 13,9; Deut. 13,9; Deut. 13,10; Deut. 13,11; Deut. 13,11; Deut. 13,12; Deut. 13,12; Deut. 13,14; Deut. 13,14; Deut. 13,15; Deut. 13,15; Deut. 13,15; Deut. 13,16; Deut. 13,17; Deut. 13,17; Deut. 13,17; Deut. 13,17; Deut. 13,18; Deut. 13,18; Deut. 13,18; Deut. 13,19; Deut. 14,2; Deut. 14,4; Deut. 14,4; Deut. 14,5; Deut. 14,5; Deut. 14,5; Deut. 14,5; Deut. 14,5; Deut. 14,6; Deut. 14,6; Deut. 14,7; Deut. 14,7; Deut. 14,7; Deut. 14,7; Deut. 14,7; Deut. 14,7; Deut. 14,8; Deut. 14,8; Deut. 14,8; Deut. 14,8; Deut. 14,9; Deut. 14,9; Deut. 14,10; Deut. 14,10; Deut. 14,12; Deut. 14,12; Deut. 14,12; Deut. 14,13; Deut. 14,13; Deut. 14,13; Deut. 14,14; Deut. 14,14; Deut. 14,15; Deut. 14,15; Deut. 14,15; Deut. 14,16; Deut. 14,16; Deut. 14,16; Deut. 14,17; Deut. 14,17; Deut. 14,17; Deut. 14,17; Deut. 14,17; Deut. 14,18; Deut. 14,18; Deut. 14,18; Deut. 14,18; Deut. 14,18; Deut. 14,21; Deut. 14,23; Deut. 14,23; Deut. 14,23; Deut. 14,23; Deut. 14,24; Deut. 14,25; Deut. 14,25; Deut. 14,25; Deut. 14,26; Deut. 14,26; Deut. 14,26; Deut. 14,26; Deut. 14,27; Deut. 14,29; Deut. 14,29; Deut. 14,29; Deut. 14,29; Deut. 14,29; Deut. 14,29; Deut. 15,2; Deut. 15,2; Deut. 15,5; Deut. 15,6; Deut. 15,6; Deut. 15,9; Deut. 15,9; Deut. 15,9; Deut. 15,9; Deut. 15,10; Deut. 15,10; Deut. 15,10; Deut. 15,11; Deut. 15,12; Deut. 15,14; Deut. 15,14; Deut. 15,15; Deut. 15,15; Deut. 15,16; Deut. 15,17; Deut. 15,17; Deut. 15,17; Deut. 15,17; Deut. 15,18; Deut. 15,19; Deut. 15,19; Deut. 15,20; Deut. 15,21; Deut. 15,22; Deut. 16,1; Deut. 16,2; Deut. 16,2; Deut. 16,4; Deut. 16,7; Deut. 16,7; Deut. 16,7; Deut. 16,7; Deut. 16,7; Deut. 16,8; Deut. 16,10; Deut. 16,11; Deut. 16,11; Deut. 16,11; Deut. 16,11; Deut. 16,11; Deut. 16,11; Deut. 16,11; Deut. 16,11; Deut. 16,12; Deut. 16,12; Deut. 16,12; Deut. 16,13; Deut. 16,14; Deut. 16,14; Deut. 16,14; Deut. 16,14; Deut. 16,14; Deut. 16,14; Deut. 16,14; Deut. 16,14; Deut. 16,15; Deut. 16,15; Deut. 16,16; Deut. 16,16; Deut. 16,18; Deut. 16,18; Deut. 16,19; Deut. 16,20; Deut. 17,3; Deut. 17,3; Deut. 17,4; Deut. 17,4; Deut. 17,4; Deut. 17,5; Deut. 17,5; Deut. 17,5; Deut. 17,7; Deut. 17,7; Deut. 17,7; Deut. 17,8; Deut. 17,8; Deut. 17,8; Deut. 17,8; Deut. 17,9; Deut. 17,9; Deut. 17,9; Deut. 17,10; Deut. 17,10; Deut. 17,11; Deut. 17,12; Deut. 17,12; Deut. 17,12; Deut. 17,13; Deut. 17,13; Deut. 17,14; Deut. 17,14; Deut. 17,14; Deut. 17,17; Deut. 17,17; Deut. 17,17; Deut. 17,18; Deut. 17,18; Deut. 17,19; Deut. 17,19; Deut. 17,19; Deut. 17,20; Deut. 18,3; Deut. 18,3; Deut. 18,3; Deut. 18,3; Deut. 18,4; Deut. 18,4; Deut. 18,4; Deut. 18,4; Deut. 18,5; Deut. 18,5; Deut. 18,7; Deut. 18,10; Deut. 18,11; Deut. 18,14; Deut. 18,16; Deut. 18,17; Deut. 18,18; Deut. 18,18; Deut. 18,19; Deut. 18,20; Deut. 18,22; Deut. 18,22; Deut. 19,1; Deut. 19,1; Deut. 19,1; Deut. 19,3; Deut. 19,3; Deut. 19,4; Deut. 19,4; Deut. 19,4; Deut. 19,5; Deut. 19,5; Deut. 19,5; Deut. 19,5; Deut. 19,5; Deut. 19,6; Deut. 19,6; Deut. 19,6; Deut. 19,6; Deut. 19,6; Deut. 19,8; Deut. 19,9; Deut. 19,10; Deut. 19,10; Deut. 19,11; Deut. 19,11; Deut. 19,11; Deut. 19,11; Deut. 19,11; Deut. 19,12; Deut. 19,12; Deut. 19,12; Deut. 19,12; Deut. 19,13; Deut. 19,13; Deut. 19,15; Deut. 19,15; Deut. 19,15; Deut. 19,17; Deut. 19,17; Deut. 19,17; Deut. 19,18; Deut. 19,18; Deut. 19,19; Deut. 19,19; Deut. 19,20; Deut. 19,20; Deut. 20,1; Deut. 20,1; Deut. 20,1; Deut. 20,2; Deut. 20,2; Deut. 20,3; Deut. 20,5; Deut. 20,5; Deut. 20,5; Deut. 20,5; Deut. 20,6; Deut. 20,6; Deut. 20,6; Deut. 20,6; Deut. 20,7; Deut. 20,7; Deut. 20,7; Deut. 20,7; Deut. 20,8; Deut. 20,8; Deut. 20,8; Deut. 20,8; Deut. 20,9; Deut. 20,9; Deut. 20,10; Deut. 20,11; Deut. 20,11; Deut. 20,12; Deut. 20,13; Deut. 20,13; Deut. 20,14; Deut. 20,14; Deut. 20,14; Deut. 20,14; Deut. 20,14; Deut. 20,17; Deut. 20,17; Deut. 20,17; Deut. 20,17; Deut. 20,17; Deut. 20,17; Deut. 20,18; Deut. 20,20; Deut. 20,20; Deut. 21,1; Deut. 21,2; Deut. 21,2; Deut. 21,3; Deut. 21,3; Deut. 21,3; Deut. 21,4; Deut. 21,4; Deut. 21,5; Deut. 21,5; Deut. 21,5; Deut. 21,5; Deut. 21,6; Deut. 21,7; Deut. 21,7; Deut. 21,8;

Κ, κ

Deut. 21,9; Deut. 21,10; Deut. 21,10; Deut. 21,11; Deut. 21,11; Deut. 21,11; Deut. 21,12; Deut. 21,12; Deut. 21,12; Deut. 21,13; Deut. 21,13; Deut. 21,13; Deut. 21,13; Deut. 21,13; Deut. 21,13; Deut. 21,13; Deut. 21,14; Deut. 21,14; Deut. 21,15; Deut. 21,15; Deut. 21,15; Deut. 21,15; Deut. 21,16; Deut. 21,17; Deut. 21,18; Deut. 21,18; Deut. 21,18; Deut. 21,18; Deut. 21,19; Deut. 21,19; Deut. 21,19; Deut. 21,19; Deut. 21,20; Deut. 21,20; Deut. 21,21; Deut. 21,21; Deut. 21,21; Deut. 21,21; Deut. 21,22; Deut. 21,22; Deut. 21,23; Deut. 22,1; Deut. 22,2; Deut. 22,2; Deut. 22,3; Deut. 22,3; Deut. 22,3; Deut. 22,6; Deut. 22,7; Deut. 22,8; Deut. 22,8; Deut. 22,9; Deut. 22,10; Deut. 22,11; Deut. 22,13; Deut. 22,13; Deut. 22,14; Deut. 22,14; Deut. 22,14; Deut. 22,14; Deut. 22,15; Deut. 22,15; Deut. 22,16; Deut. 22,16; Deut. 22,17; Deut. 22,17; Deut. 22,18; Deut. 22,18; Deut. 22,19; Deut. 22,19; Deut. 22,19; Deut. 22,20; Deut. 22,21; Deut. 22,21; Deut. 22,21; Deut. 22,21; Deut. 22,22; Deut. 22,22; Deut. 22,23; Deut. 22,24; Deut. 22,24; Deut. 22,24; Deut. 22,24; Deut. 22,25; Deut. 22,26; Deut. 22,26; Deut. 22,27; Deut. 22,28; Deut. 22,28; Deut. 22,29; Deut. 23,1; Deut. 23,2; Deut. 23,4; Deut. 23,4; Deut. 23,4; Deut. 23,5; Deut. 23,5; Deut. 23,6; Deut. 23,6; Deut. 23,7; Deut. 23,10; Deut. 23,11; Deut. 23,11; Deut. 23,12; Deut. 23,12; Deut. 23,13; Deut. 23,13; Deut. 23,14; Deut. 23,14; Deut. 23,14; Deut. 23,14; Deut. 23,15; Deut. 23,15; Deut. 23,15; Deut. 23,15; Deut. 23,18; Deut. 23,18; Deut. 23,19; Deut. 23,20; Deut. 23,20; Deut. 23,22; Deut. 23,24; Deut. 23,25; Deut. 23,25; Deut. 24,1; Deut. 24,1; Deut. 24,1; Deut. 24,1; Deut. 24,1; Deut. 24,2; Deut. 24,3; Deut. 24,3; Deut. 24,3; Deut. 24,3; Deut. 24,4; Deut. 24,5; Deut. 24,7; Deut. 24,7; Deut. 24,11; Deut. 24,13; Deut. 24,13; Deut. 24,13; Deut. 24,14; Deut. 24,15; Deut. 24,15; Deut. 24,15; Deut. 24,16; Deut. 24,17; Deut. 24,17; Deut. 24,17; Deut. 24,18; Deut. 24,18; Deut. 24,19; Deut. 24,19; Deut. 24,19; Deut. 24,19; Deut. 24,20; Deut. 24,20; Deut. 24,20; Deut. 24,21; Deut. 24,21; Deut. 24,22; Deut. 25,1; Deut. 25,1; Deut. 25,1; Deut. 25,1; Deut. 25,2; Deut. 25,2; Deut. 25,2; Deut. 25,5; Deut. 25,5; Deut. 25,5; Deut. 25,6; Deut. 25,6; Deut. 25,7; Deut. 25,7; Deut. 25,8; Deut. 25,8; Deut. 25,8; Deut. 25,9; Deut. 25,9; Deut. 25,9; Deut. 25,9; Deut. 25,10; Deut. 25,11; Deut. 25,11; Deut. 25,13; Deut. 25,14; Deut. 25,15; Deut. 25,15; Deut. 25,15; Deut. 25,18; Deut. 25,18; Deut. 25,18; Deut. 25,19; Deut. 25,19; Deut. 26,1; Deut. 26,1; Deut. 26,2; Deut. 26,2; Deut. 26,2; Deut. 26,3; Deut. 26,3; Deut. 26,4; Deut. 26,4; Deut. 26,5; Deut. 26,5; Deut. 26,5; Deut. 26,5; Deut. 26,5; Deut. 26,5; Deut. 26,5; Deut. 26,6; Deut. 26,6; Deut. 26,6; Deut. 26,7; Deut. 26,7; Deut. 26,7; Deut. 26,7; Deut. 26,7; Deut. 26,8; Deut. 26,8; Deut. 26,8; Deut. 26,8; Deut. 26,8; Deut. 26,8; Deut. 26,9; Deut. 26,9; Deut. 26,9; Deut. 26,10; Deut. 26,10; Deut. 26,10; Deut. 26,10; Deut. 26,11; Deut. 26,11; Deut. 26,11; Deut. 26,11; Deut. 26,12; Deut. 26,12; Deut. 26,12; Deut. 26,12; Deut. 26,12; Deut. 26,13; Deut. 26,13; Deut. 26,13; Deut. 26,13; Deut. 26,13; Deut. 26,13; Deut. 26,14; Deut. 26,15; Deut. 26,15; Deut. 26,15; Deut. 26,16; Deut. 26,16; Deut. 26,16; Deut. 26,16; Deut. 26,17; Deut. 26,17; Deut. 26,17; Deut. 26,17; Deut. 26,17; Deut. 26,18; Deut. 26,19; Deut. 26,19; Deut. 26,19; Deut. 27,1; Deut. 27,2; Deut. 27,2; Deut. 27,2; Deut. 27,3; Deut. 27,3; Deut. 27,4; Deut. 27,4; Deut. 27,5; Deut. 27,6; Deut. 27,7; Deut. 27,7; Deut. 27,7; Deut. 27,7; Deut. 27,7; Deut. 27,8; Deut. 27,9; Deut. 27,9; Deut. 27,10; Deut. 27,10; Deut. 27,10; Deut. 27,12; Deut. 27,13; Deut. 27,13; Deut. 27,13; Deut. 27,14; Deut. 27,15; Deut. 27,15; Deut. 27,15; Deut. 27,16; Deut. 27,17; Deut. 27,18; Deut. 27,19; Deut. 27,19; Deut. 27,19; Deut. 27,20; Deut. 27,21; Deut. 27,22; Deut. 27,23; Deut. 27,23; Deut. 27,24; Deut. 27,25; Deut. 27,26; Deut. 28,1; Deut. 28,1; Deut. 28,2; Deut. 28,2; Deut. 28,3; Deut. 28,4; Deut. 28,4; Deut. 28,5; Deut. 28,6; Deut. 28,7; Deut. 28,8; Deut. 28,9; Deut. 28,10; Deut. 28,10; Deut. 28,11; Deut. 28,11; Deut. 28,11; Deut. 28,12; Deut. 28,12; Deut. 28,13; Deut. 28,13; Deut. 28,13; Deut. 28,13; Deut. 28,15; Deut. 28,15; Deut. 28,15; Deut. 28,16; Deut. 28,17; Deut. 28,18; Deut. 28,18; Deut. 28,19; Deut. 28,20; Deut. 28,20; Deut. 28,20; Deut. 28,22; Deut. 28,22; Deut. 28,22; Deut. 28,22; Deut. 28,22; Deut. 28,22; Deut. 28,22; Deut. 28,23; Deut. 28,23; Deut. 28,24; Deut. 28,24; Deut. 28,25; Deut. 28,25; Deut. 28,26; Deut. 28,26; Deut. 28,26; Deut. 28,27; Deut. 28,27; Deut. 28,28; Deut. 28,28; Deut. 28,29; Deut. 28,29; Deut. 28,29; Deut. 28,29; Deut. 28,29; Deut. 28,30; Deut. 28,30; Deut. 28,30; Deut. 28,31; Deut. 28,31; Deut. 28,31; Deut. 28,32; Deut. 28,32; Deut. 28,32; Deut. 28,33; Deut. 28,33; Deut. 28,33; Deut. 28,34; Deut. 28,35; Deut. 28,36; Deut. 28,36; Deut. 28,36; Deut. 28,36; Deut. 28,37; Deut. 28,37; Deut. 28,37; Deut. 28,38; Deut. 28,39; Deut. 28,39; Deut. 28,40; Deut. 28,41; Deut. 28,41; Deut. 28,42; Deut. 28,45; Deut. 28,45; Deut. 28,45; Deut. 28,45; Deut. 28,45; Deut. 28,46; Deut. 28,46; Deut. 28,46; Deut. 28,47; Deut. 28,48; Deut. 28,48; Deut. 28,48; Deut. 28,48; Deut. 28,48; Deut. 28,50; Deut. 28,51; Deut. 28,51; Deut. 28,51; Deut. 28,52; Deut. 28,52; Deut. 28,52; Deut. 28,53; Deut. 28,53; Deut. 28,53; Deut. 28,54; Deut. 28,54; Deut. 28,54; Deut. 28,55; Deut. 28,56; Deut. 28,56; Deut. 28,56; Deut. 28,56; Deut. 28,56; Deut. 28,57; Deut. 28,57; Deut. 28,57; Deut. 28,58; Deut. 28,59; Deut. 28,59; Deut. 28,59; Deut. 28,59; Deut. 28,59; Deut. 28,60; Deut. 28,60; Deut. 28,61; Deut. 28,61; Deut. 28,62; Deut. 28,63; Deut. 28,63; Deut. 28,63; Deut. 28,64; Deut. 28,64; Deut. 28,64; Deut. 28,64; Deut. 28,65; Deut. 28,65; Deut. 28,65; Deut. 28,66; Deut. 28,66; Deut. 28,66; Deut. 28,66; Deut. 28,67; Deut. 28,67; Deut. 28,68; Deut. 28,68; Deut. 28,68; Deut. 28,68; Deut. 28,68; Deut. 29,1; Deut. 29,1; Deut. 29,1; Deut. 29,2; Deut. 29,3; Deut. 29,3; Deut. 29,3; Deut. 29,4; Deut. 29,4; Deut. 29,5; Deut. 29,6; Deut. 29,6; Deut. 29,6; Deut. 29,6; Deut. 29,7; Deut. 29,7; Deut. 29,7; Deut. 29,7; Deut. 29,8; Deut. 29,9; Deut. 29,9; Deut. 29,9; Deut. 29,10; Deut. 29,10; Deut. 29,10; Deut. 29,11; Deut. 29,12; Deut. 29,12; Deut. 29,12; Deut. 29,12; Deut. 29,13; Deut. 29,13; Deut. 29,14; Deut. 29,15; Deut. 29,16; Deut. 29,16; Deut. 29,16; Deut. 29,16; Deut. 29,17; Deut. 29,18; Deut. 29,18; Deut. 29,19; Deut. 29,19; Deut. 29,19; Deut. 29,20; Deut. 29,21; Deut. 29,21; Deut. 29,21; Deut. 29,21; Deut. 29,22; Deut. 29,22; Deut. 29,22; Deut. 29,22; Deut. 29,23; Deut. 29,24; Deut. 29,25; Deut. 29,25; Deut. 29,26; Deut. 29,27; Deut. 29,27; Deut. 29,27; Deut. 29,27; Deut. 29,28; Deut. 30,1; Deut. 30,1; Deut. 30,2; Deut. 30,2; Deut. 30,2; Deut. 30,3; Deut. 30,3; Deut. 30,3; Deut. 30,4; Deut. 30,5; Deut. 30,5; Deut. 30,5; Deut. 30,5; Deut. 30,6; Deut. 30,6; Deut. 30,6; Deut. 30,7; Deut. 30,7; Deut. 30,8; Deut. 30,8; Deut. 30,8; Deut. 30,9; Deut. 30,9; Deut. 30,9; Deut. 30,10; Deut. 30,10; Deut. 30,10; Deut. 30,10; Deut. 30,12; Deut. 30,12; Deut. 30,13; Deut. 30,13; Deut. 30,13; Deut. 30,14; Deut. 30,14; Deut. 30,15; Deut. 30,15; Deut. 30,16; Deut. 30,16; Deut. 30,16; Deut. 30,16; Deut. 30,17; Deut. 30,17; Deut. 30,17; Deut. 30,17; Deut. 30,18; Deut. 30,19; Deut. 30,19; Deut. 30,19; Deut. 30,19; Deut. 30,20; Deut. 30,20; Deut. 30,20; Deut. 30,20; Deut. 31,2; Deut. 31,2; Deut. 31,2; Deut. 31,3; Deut. 31,3; Deut. 31,4; Deut. 31,4; Deut. 31,4; Deut. 31,5; Deut. 31,5; Deut. 31,6; Deut. 31,7; Deut. 31,7; Deut. 31,7; Deut. 31,8; Deut. 31,9; Deut. 31,9; Deut. 31,10; Deut. 31,12; Deut. 31,12; Deut. 31,12; Deut. 31,12; Deut. 31,12; Deut. 31,13; Deut. 31,13; Deut. 31,14; Deut. 31,14; Deut. 31,14; Deut. 31,14; Deut. 31,14; Deut. 31,15; Deut. 31,15; Deut. 31,15; Deut. 31,16; Deut. 31,16; Deut. 31,16; Deut. 31,16; Deut. 31,17; Deut. 31,17; Deut. 31,17; Deut. 31,17; Deut. 31,17; Deut. 31,17; Deut. 31,19; Deut. 31,19; Deut. 31,19; Deut. 31,20; Deut. 31,20; Deut. 31,20; Deut. 31,20; Deut. 31,20; Deut. 31,20; Deut. 31,20; Deut. 31,21; Deut. 31,21; Deut. 31,22; Deut. 31,22; Deut. 31,23;

καί

Deut. 31,23; Deut. 31,23; Deut. 31,23; Deut. 31,25; Deut. 31,26; Deut. 31,27; Deut. 31,27; Deut. 31,28; Deut. 31,28; Deut. 31,28; Deut. 31,28; Deut. 31,28; Deut. 31,29; Deut. 31,29; Deut. 32,1; Deut. 32,1; Deut. 32,2; Deut. 32,2; Deut. 32,4; Deut. 32,4; Deut. 32,4; Deut. 32,5; Deut. 32,6; Deut. 32,6; Deut. 32,6; Deut. 32,7; Deut. 32,7; Deut. 32,9; Deut. 32,10; Deut. 32,10; Deut. 32,11; Deut. 32,11; Deut. 32,12; Deut. 32,13; Deut. 32,14; Deut. 32,14; Deut. 32,14; Deut. 32,14; Deut. 32,15; Deut. 32,15; Deut. 32,15; Deut. 32,15; Deut. 32,15; Deut. 32,17; Deut. 32,18; Deut. 32,19; Deut. 32,19; Deut. 32,19; Deut. 32,19; Deut. 32,20; Deut. 32,20; Deut. 32,22; Deut. 32,23; Deut. 32,24; Deut. 32,24; Deut. 32,25; Deut. 32,27; Deut. 32,27; Deut. 32,28; Deut. 32,30; Deut. 32,30; Deut. 32,32; Deut. 32,33; Deut. 32,34; Deut. 32,35; Deut. 32,36; Deut. 32,36; Deut. 32,36; Deut. 32,37; Deut. 32,38; Deut. 32,38; Deut. 32,38; Deut. 32,39; Deut. 32,39; Deut. 32,39; Deut. 32,40; Deut. 32,40; Deut. 32,41; Deut. 32,41; Deut. 32,41; Deut. 32,42; Deut. 32,42; Deut. 32,43; Deut. 32,43; Deut. 32,43; Deut. 32,43; Deut. 32,43; Deut. 32,43; Deut. 32,44; Deut. 32,44; Deut. 32,44; Deut. 32,44; Deut. 32,45; Deut. 32,46; Deut. 32,46; Deut. 32,47; Deut. 32,49; Deut. 32,50; Deut. 32,50; Deut. 32,50; Deut. 32,52; Deut. 33,2; Deut. 33,2; Deut. 33,2; Deut. 33,3; Deut. 33,3; Deut. 33,3; Deut. 33,3; Deut. 33,5; Deut. 33,6; Deut. 33,6; Deut. 33,7; Deut. 33,7; Deut. 33,8; Deut. 33,9; Deut. 33,9; Deut. 33,9; Deut. 33,9; Deut. 33,10; Deut. 33,11; Deut. 33,11; Deut. 33,12; Deut. 33,12; Deut. 33,13; Deut. 33,13; Deut. 33,14; Deut. 33,14; Deut. 33,15; Deut. 33,15; Deut. 33,16; Deut. 33,16; Deut. 33,16; Deut. 33,17; Deut. 33,19; Deut. 33,19; Deut. 33,19; Deut. 33,20; Deut. 33,21; Deut. 33,21; Deut. 33,22; Deut. 33,23; Deut. 33,23; Deut. 33,24; Deut. 33,25; Deut. 33,25; Deut. 33,26; Deut. 33,27; Deut. 33,27; Deut. 33,27; Deut. 33,28; Deut. 33,28; Deut. 33,28; Deut. 33,29; Deut. 33,29; Deut. 33,29; Deut. 34,1; Deut. 34,2; Deut. 34,2; Deut. 34,2; Deut. 34,2; Deut. 34,3; Deut. 34,3; Deut. 34,4; Deut. 34,4; Deut. 34,4; Deut. 34,4; Deut. 34,4; Deut. 34,5; Deut. 34,6; Deut. 34,6; Deut. 34,7; Deut. 34,8; Deut. 34,8; Deut. 34,9; Deut. 34,9; Deut. 34,9; Deut. 34,10; Deut. 34,11; Deut. 34,11; Deut. 34,11; Deut. 34,12; Josh. 1,2; Josh. 1,4; Josh. 1,4; Josh. 1,5; Josh. 1,5; Josh. 1,6; Josh. 1,7; Josh. 1,7; Josh. 1,7; Josh. 1,8; Josh. 1,8; Josh. 1,8; Josh. 1,8; Josh. 1,9; Josh. 1,11; Josh. 1,11; Josh. 1,12; Josh. 1,12; Josh. 1,12; Josh. 1,13; Josh. 1,14; Josh. 1,14; Josh. 1,14; Josh. 1,15; Josh. 1,15; Josh. 1,16; Josh. 1,16; Josh. 1,18; Josh. 1,18; Josh. 2,1; Josh. 2,1; Josh. 2,1; Josh. 2,1; Josh. 2,1; Josh. 2,2; Josh. 2,3; Josh. 2,3; Josh. 2,4; Josh. 2,4; Josh. 2,5; Josh. 2,6; Josh. 2,7; Josh. 2,7; Josh. 2,7; Josh. 2,8; Josh. 2,9; Josh. 2,10; Josh. 2,10; Josh. 2,11; Josh. 2,11; Josh. 2,11; Josh. 2,12; Josh. 2,12; Josh. 2,12; Josh. 2,13; Josh. 2,13; Josh. 2,13; Josh. 2,13; Josh. 2,13; Josh. 2,13; Josh. 2,14; Josh. 2,14; Josh. 2,14; Josh. 2,15; Josh. 2,16; Josh. 2,16; Josh. 2,16; Josh. 2,17; Josh. 2,18; Josh. 2,18; Josh. 2,18; Josh. 2,18; Josh. 2,19; Josh. 2,19; Josh. 2,20; Josh. 2,21; Josh. 2,21; Josh. 2,22; Josh. 2,22; Josh. 2,22; Josh. 2,22; Josh. 2,22; Josh. 2,23; Josh. 2,23; Josh. 2,23; Josh. 2,23; Josh. 2,24; Josh. 2,24; Josh. 3,1; Josh. 3,1; Josh. 3,1; Josh. 3,2; Josh. 3,3; Josh. 3,3; Josh. 3,3; Josh. 3,3; Josh. 3,4; Josh. 3,4; Josh. 3,5; Josh. 3,6; Josh. 3,6; Josh. 3,6; Josh. 3,6; Josh. 3,7; Josh. 3,8; Josh. 3,8; Josh. 3,9; Josh. 3,9; Josh. 3,10; Josh. 3,10; Josh. 3,10; Josh. 3,10; Josh. 3,10; Josh. 3,10; Josh. 3,10; Josh. 3,13; Josh. 3,14; Josh. 3,15; Josh. 3,16; Josh. 3,16; Josh. 3,17; Josh. 3,17; Josh. 4,1; Josh. 4,3; Josh. 4,4; Josh. 4,5; Josh. 4,7; Josh. 4,7; Josh. 4,8; Josh. 4,8; Josh. 4,8; Josh. 4,9; Josh. 4,10; Josh. 4,10; Josh. 4,11; Josh. 4,11; Josh. 4,11; Josh. 4,12; Josh. 4,12; Josh. 4,12; Josh. 4,14; Josh. 4,17; Josh. 4,18; Josh. 4,18; Josh. 4,18; Josh. 4,19; Josh. 4,19; Josh. 4,20; Josh. 4,24; Josh. 5,1; Josh. 5,1; Josh. 5,1; Josh. 5,1; Josh. 5,2; Josh. 5,3; Josh. 5,3;

Josh. 5,4; Josh. 5,6; Josh. 5,6; Josh. 5,6; Josh. 5,9; Josh. 5,9; Josh. 5,11; Josh. 5,11; Josh. 5,12; Josh. 5,13; Josh. 5,13; Josh. 5,13; Josh. 5,14; Josh. 5,14; Josh. 5,15; Josh. 6,1; Josh. 6,1; Josh. 6,2; Josh. 6,2; Josh. 6,5; Josh. 6,5; Josh. 6,5; Josh. 6,6; Josh. 6,7; Josh. 6,7; Josh. 6,7; Josh. 6,8; Josh. 6,8; Josh. 6,8; Josh. 6,9; Josh. 6,9; Josh. 6,10; Josh. 6,11; Josh. 6,11; Josh. 6,12; Josh. 6,12; Josh. 6,13; Josh. 6,13; Josh. 6,13; Josh. 6,13; Josh. 6,13; Josh. 6,14; Josh. 6,15; Josh. 6,15; Josh. 6,16; Josh. 6,16; Josh. 6,17; Josh. 6,17; Josh. 6,17; Josh. 6,18; Josh. 6,18; Josh. 6,19; Josh. 6,20; Josh. 6,20; Josh. 6,20; Josh. 6,20; Josh. 6,21; Josh. 6,21; Josh. 6,21; Josh. 6,21; Josh. 6,21; Josh. 6,21; Josh. 6,22; Josh. 6,22; Josh. 6,22; Josh. 6,23; Josh. 6,23; Josh. 6,23; Josh. 6,23; Josh. 6,23; Josh. 6,23; Josh. 6,23; Josh. 6,23; Josh. 6,24; Josh. 6,24; Josh. 6,24; Josh. 6,24; Josh. 6,25; Josh. 6,25; Josh. 6,25; Josh. 6,26; Josh. 6,26; Josh. 6,26; Josh. 6,26; Josh. 6,27; Josh. 7,1; Josh. 7,1; Josh. 7,1; Josh. 7,2; Josh. 7,2; Josh. 7,2; Josh. 7,3; Josh. 7,3; Josh. 7,3; Josh. 7,4; Josh. 7,4; Josh. 7,5; Josh. 7,5; Josh. 7,5; Josh. 7,5; Josh. 7,5; Josh. 7,5; Josh. 7,6; Josh. 7,6; Josh. 7,6; Josh. 7,6; Josh. 7,7; Josh. 7,7; Josh. 7,7; Josh. 7,8; Josh. 7,9; Josh. 7,9; Josh. 7,9; Josh. 7,9; Josh. 7,9; Josh. 7,10; Josh. 7,11; Josh. 7,11; Josh. 7,13; Josh. 7,14; Josh. 7,14; Josh. 7,14; Josh. 7,14; Josh. 7,15; Josh. 7,15; Josh. 7,15; Josh. 7,16; Josh. 7,16; Josh. 7,16; Josh. 7,17; Josh. 7,17; Josh. 7,17; Josh. 7,18; Josh. 7,19; Josh. 7,19; Josh. 7,19; Josh. 7,19; Josh. 7,20; Josh. 7,20; Josh. 7,20; Josh. 7,21; Josh. 7,21; Josh. 7,21; Josh. 7,21; Josh. 7,21; Josh. 7,22; Josh. 7,22; Josh. 7,22; Josh. 7,22; Josh. 7,23; Josh. 7,23; Josh. 7,23; Josh. 7,23; Josh. 7,24; Josh. 7,24; Josh. 7,24; Josh. 7,24; Josh. 7,24; Josh. 7,24; Josh. 7,24; Josh. 7,24; Josh. 7,24; Josh. 7,24; Josh. 7,25; Josh. 7,25; Josh. 7,26; Josh. 7,26; Josh. 8,1; Josh. 8,1; Josh. 8,2; Josh. 8,2; Josh. 8,2; Josh. 8,3; Josh. 8,3; Josh. 8,3; Josh. 8,4; Josh. 8,4; Josh. 8,5; Josh. 8,5; Josh. 8,5; Josh. 8,5; Josh. 8,5; Josh. 8,6; Josh. 8,6; Josh. 8,6; Josh. 8,7; Josh. 8,9; Josh. 8,9; Josh. 8,9; Josh. 8,9; Josh. 8,10; Josh. 8,10; Josh. 8,10; Josh. 8,11; Josh. 8,11; Josh. 8,12; Josh. 8,14; Josh. 8,14; Josh. 8,14; Josh. 8,14; Josh. 8,15; Josh. 8,15; Josh. 8,15; Josh. 8,16; Josh. 8,16; Josh. 8,17; Josh. 8,17; Josh. 8,18; Josh. 8,18; Josh. 8,18; Josh. 8,19; Josh. 8,19; Josh. 8,19; Josh. 8,19; Josh. 8,19; Josh. 8,20; Josh. 8,20; Josh. 8,20; Josh. 8,21; Josh. 8,21; Josh. 8,21; Josh. 8,21; Josh. 8,22; Josh. 8,22; Josh. 8,22; Josh. 8,22; Josh. 8,22; Josh. 8,23; Josh. 8,23; Josh. 8,24; Josh. 8,24; Josh. 8,24; Josh. 8,24; Josh. 8,25; Josh. 8,25; Josh. 8,27; Josh. 8,28; Josh. 8,29; Josh. 8,29; Josh. 8,29; Josh. 8,29; Josh. 8,29; Josh. 8,29; Josh. 9,1; Josh. 9,1; Josh. 9,1; Josh. 9,1; Josh. 9,1; Josh. 9,1; Josh. 9,1; Josh. 9,1; Josh. 9,1; Josh. 9,1; Josh. 9,1; Josh. 9,1; Josh. 9,2; Josh. 8,31 # 9,2b; Josh. 8,31 # 9,2b; Josh. 8,32 # 9,2c; Josh. 8,33 # 9,2d; Josh. 8,33 # 9,2d; Josh. 8,33 # 9,2d; Josh. 8,33 # 9,2d; Josh. 8,33 # 9,2d; Josh. 8,33 # 9,2d; Josh. 8,33 # 9,2d; Josh. 8,33 # 9,2d; Josh. 8,33 # 9,2d; Josh. 8,34 # 9,2e; Josh. 8,34 # 9,2e; Josh. 8,35 # 9,2f; Josh. 8,35 # 9,2f; Josh. 8,35 # 9,2f; Josh. 9,3; Josh. 9,4; Josh. 9,4; Josh. 9,4; Josh. 9,4; Josh. 9,4; Josh. 9,4; Josh. 9,5; Josh. 9,5; Josh. 9,5; Josh. 9,5; Josh. 9,5; Josh. 9,5; Josh. 9,5; Josh. 9,6; Josh. 9,6; Josh. 9,6; Josh. 9,6; Josh. 9,7; Josh. 9,7; Josh. 9,8; Josh. 9,8; Josh. 9,8; Josh. 9,9; Josh. 9,9; Josh. 9,10; Josh. 9,10; Josh. 9,10; Josh. 9,11; Josh. 9,11; Josh. 9,11; Josh. 9,11; Josh. 9,11; Josh. 9,12; Josh. 9,13; Josh. 9,13; Josh. 9,13; Josh. 9,13; Josh. 9,14; Josh. 9,14; Josh. 9,15; Josh. 9,15; Josh. 9,15; Josh. 9,16; Josh. 9,16; Josh. 9,17; Josh. 9,17; Josh. 9,17; Josh. 9,17; Josh. 9,17; Josh. 9,18; Josh. 9,18; Josh. 9,19; Josh. 9,19; Josh. 9,20; Josh. 9,20; Josh. 9,21; Josh. 9,21; Josh. 9,22; Josh. 9,22; Josh. 9,23; Josh. 9,23; Josh. 9,24; Josh. 9,24; Josh. 9,24; Josh. 9,24; Josh. 9,24; Josh. 9,25; Josh. 9,25; Josh. 9,26; Josh. 9,26; Josh. 9,27; Josh. 9,27; Josh. 9,27; Josh. 9,27; Josh. 9,27; Josh. 10,1; Josh. 10,1; Josh. 10,1; Josh. 10,1; Josh. 10,1; Josh. 10,2; Josh. 10,2; Josh. 10,3; Josh. 10,3; Josh. 10,3; Josh. 10,3; Josh. 10,4; Josh. 10,4; Josh. 10,4; Josh. 10,5; Josh. 10,5; Josh. 10,5; Josh. 10,5; Josh. 10,5; Josh.

Κ, κ

10,5; Josh. 10,5; Josh. 10,5; Josh. 10,6; Josh. 10,6; Josh. 10,6; Josh. 10,7; Josh. 10,7; Josh. 10,8; Josh. 10,9; Josh. 10,10; Josh. 10,10; Josh. 10,10; Josh. 10,10; Josh. 10,10; Josh. 10,11; Josh. 10,11; Josh. 10,12; Josh. 10,12; Josh. 10,12; Josh. 10,13; Josh. 10,13; Josh. 10,13; Josh. 10,14; Josh. 10,16; Josh. 10,17; Josh. 10,18; Josh. 10,18; Josh. 10,19; Josh. 10,19; Josh. 10,20; Josh. 10,20; Josh. 10,20; Josh. 10,21; Josh. 10,21; Josh. 10,22; Josh. 10,22; Josh. 10,23; Josh. 10,23; Josh. 10,23; Josh. 10,23; Josh. 10,23; Josh. 10,24; Josh. 10,24; Josh. 10,24; Josh. 10,24; Josh. 10,24; Josh. 10,25; Josh. 10,25; Josh. 10,26; Josh. 10,26; Josh. 10,26; Josh. 10,27; Josh. 10,27; Josh. 10,27; Josh. 10,27; Josh. 10,28; Josh. 10,28; Josh. 10,28; Josh. 10,28; Josh. 10,28; Josh. 10,29; Josh. 10,29; Josh. 10,30; Josh. 10,30; Josh. 10,30; Josh. 10,30; Josh. 10,30; Josh. 10,30; Josh. 10,30; Josh. 10,30; Josh. 10,31; Josh. 10,31; Josh. 10,31; Josh. 10,32; Josh. 10,32; Josh. 10,32; Josh. 10,32; Josh. 10,33; Josh. 10,33; Josh. 10,33; Josh. 10,34; Josh. 10,34; Josh. 10,34; Josh. 10,35; Josh. 10,35; Josh. 10,35; Josh. 10,35; Josh. 10,36; Josh. 10,36; Josh. 10,37; Josh. 10,37; Josh. 10,37; Josh. 10,38; Josh. 10,38; Josh. 10,39; Josh. 10,39; Josh. 10,39; Josh. 10,39; Josh. 10,39; Josh. 10,39; Josh. 10,39; Josh. 10,40; Josh. 10,40; Josh. 10,40; Josh. 10,40; Josh. 10,40; Josh. 10,42; Josh. 10,42; Josh. 11,1; Josh. 11,1; Josh. 11,2; Josh. 11,2; Josh. 11,2; Josh. 11,2; Josh. 11,3; Josh. 11,3; Josh. 11,3; Josh. 11,3; Josh. 11,3; Josh. 11,3; Josh. 11,4; Josh. 11,4; Josh. 11,4; Josh. 11,4; Josh. 11,5; Josh. 11,5; Josh. 11,5; Josh. 11,6; Josh. 11,6; Josh. 11,7; Josh. 11,7; Josh. 11,7; Josh. 11,8; Josh. 11,8; Josh. 11,8; Josh. 11,8; Josh. 11,8; Josh. 11,9; Josh. 11,9; Josh. 11,10; Josh. 11,10; Josh. 11,11; Josh. 11,11; Josh. 11,11; Josh. 11,11; Josh. 11,12; Josh. 11,12; Josh. 11,12; Josh. 11,12; Josh. 11,14; Josh. 11,15; Josh. 11,15; Josh. 11,16; Josh. 11,16; Josh. 11,16; Josh. 11,16; Josh. 11,16; Josh. 11,16; Josh. 11,17; Josh. 11,17; Josh. 11,17; Josh. 11,17; Josh. 11,17; Josh. 11,17; Josh. 11,18; Josh. 11,19; Josh. 11,21; Josh. 11,21; Josh. 11,21; Josh. 11,21; Josh. 11,21; Josh. 11,21; Josh. 11,22; Josh. 11,22; Josh. 11,23; Josh. 11,23; Josh. 11,23; Josh. 12,1; Josh. 12,1; Josh. 12,2; Josh. 12,3; Josh. 12,3; Josh. 12,4; Josh. 12,4; Josh. 12,5; Josh. 12,5; Josh. 12,5; Josh. 12,5; Josh. 12,6; Josh. 12,6; Josh. 12,6; Josh. 12,6; Josh. 12,7; Josh. 12,7; Josh. 12,7; Josh. 12,8; Josh. 12,8; Josh. 12,8; Josh. 12,8; Josh. 12,8; Josh. 12,8; Josh. 12,8; Josh. 12,8; Josh. 12,8; Josh. 12,9; Josh. 13,1; Josh. 13,1; Josh. 13,2; Josh. 13,2; Josh. 13,3; Josh. 13,3; Josh. 13,3; Josh. 13,3; Josh. 13,3; Josh. 13,4; Josh. 13,4; Josh. 13,5; Josh. 13,5; Josh. 13,7; Josh. 13,7; Josh. 13,8; Josh. 13,8; Josh. 13,9; Josh. 13,9; Josh. 13,11; Josh. 13,11; Josh. 13,11; Josh. 13,11; Josh. 13,12; Josh. 13,12; Josh. 13,12; Josh. 13,13; Josh. 13,13; Josh. 13,13; Josh. 13,13; Josh. 13,13; Josh. 13,14; Josh. 13,16; Josh. 13,16; Josh. 13,16; Josh. 13,17; Josh. 13,17; Josh. 13,17; Josh. 13,17; Josh. 13,18; Josh. 13,18; Josh. 13,18; Josh. 13,19; Josh. 13,19; Josh. 13,19; Josh. 13,19; Josh. 13,20; Josh. 13,20; Josh. 13,20; Josh. 13,21; Josh. 13,21; Josh. 13,21; Josh. 13,21; Josh. 13,21; Josh. 13,21; Josh. 13,21; Josh. 13,21; Josh. 13,22; Josh. 13,23; Josh. 13,25; Josh. 13,25; Josh. 13,26; Josh. 13,26; Josh. 13,26; Josh. 13,27; Josh. 13,27; Josh. 13,27; Josh. 13,27; Josh. 13,27; Josh. 13,27; Josh. 13,28; Josh. 13,30; Josh. 13,30; Josh. 13,30; Josh. 13,30; Josh. 13,31; Josh. 13,31; Josh. 13,31; Josh. 13,31; Josh. 13,31; Josh. 14,1; Josh. 14,1; Josh. 14,2; Josh. 14,3; Josh. 14,4; Josh. 14,4; Josh. 14,4; Josh. 14,4; Josh. 14,5; Josh. 14,6; Josh. 14,6; Josh. 14,7; Josh. 14,9; Josh. 14,9; Josh. 14,10; Josh. 14,10; Josh. 14,10; Josh. 14,10; Josh. 14,10; Josh. 14,11; Josh. 14,12; Josh. 14,12; Josh. 14,13; Josh. 14,13; Josh. 14,15; Josh. 15,2; Josh. 15,3; Josh. 15,3; Josh. 15,3; Josh. 15,3; Josh. 15,3; Josh. 15,3; Josh. 15,4; Josh. 15,4; Josh. 15,4; Josh. 15,5; Josh. 15,5; Josh. 15,5; Josh. 15,5; Josh. 15,6; Josh. 15,6; Josh. 15,7; Josh. 15,7; Josh. 15,7; Josh. 15,7; Josh. 15,8; Josh. 15,8; Josh. 15,9; Josh. 15,9; Josh. 15,9; Josh. 15,10; Josh. 15,10; Josh. 15,10; Josh. 15,10; Josh. 15,11; Josh. 15,11; Josh. 15,11; Josh. 15,11; Josh. 15,11; Josh. 15,12; Josh. 15,13; Josh. 15,13; Josh. 15,14; Josh. 15,14; Josh. 15,14; Josh. 15,15; Josh. 15,16; Josh. 15,16; Josh. 15,16; Josh. 15,17; Josh. 15,17; Josh. 15,18; Josh. 15,18; Josh. 15,18; Josh. 15,18; Josh. 15,19; Josh. 15,19; Josh. 15,19; Josh. 15,21; Josh. 15,21; Josh. 15,22; Josh. 15,22; Josh. 15,22; Josh. 15,23; Josh. 15,23; Josh. 15,24; Josh. 15,24; Josh. 15,24; Josh. 15,25; Josh. 15,26; Josh. 15,26; Josh. 15,26; Josh. 15,27; Josh. 15,27; Josh. 15,28; Josh. 15,28; Josh. 15,28; Josh. 15,28; Josh. 15,29; Josh. 15,29; Josh. 15,30; Josh. 15,30; Josh. 15,30; Josh. 15,31; Josh. 15,31; Josh. 15,31; Josh. 15,32; Josh. 15,32; Josh. 15,32; Josh. 15,32; Josh. 15,33; Josh. 15,33; Josh. 15,34; Josh. 15,34; Josh. 15,34; Josh. 15,34; Josh. 15,35; Josh. 15,35; Josh. 15,35; Josh. 15,35; Josh. 15,35; Josh. 15,36; Josh. 15,36; Josh. 15,36; Josh. 15,36; Josh. 15,37; Josh. 15,37; Josh. 15,38; Josh. 15,38; Josh. 15,38; Josh. 15,39; Josh. 15,39; Josh. 15,39; Josh. 15,40; Josh. 15,40; Josh. 15,40; Josh. 15,41; Josh. 15,41; Josh. 15,41; Josh. 15,41; Josh. 15,41; Josh. 15,42; Josh. 15,43; Josh. 15,43; Josh. 15,43; Josh. 15,44; Josh. 15,44; Josh. 15,44; Josh. 15,44; Josh. 15,44; Josh. 15,44; Josh. 15,45; Josh. 15,45; Josh. 15,46; Josh. 15,46; Josh. 15,47; Josh. 15,47; Josh. 15,47; Josh. 15,47; Josh. 15,48; Josh. 15,48; Josh. 15,49; Josh. 15,49; Josh. 15,50; Josh. 15,50; Josh. 15,50; Josh. 15,51; Josh. 15,51; Josh. 15,51; Josh. 15,51; Josh. 15,52; Josh. 15,52; Josh. 15,53; Josh. 15,53; Josh. 15,53; Josh. 15,54; Josh. 15,54; Josh. 15,54; Josh. 15,54; Josh. 15,55; Josh. 15,55; Josh. 15,55; Josh. 15,56; Josh. 15,56; Josh. 15,56; Josh. 15,57; Josh. 15,57; Josh. 15,57; Josh. 15,58; Josh. 15,58; Josh. 15,59; Josh. 15,59; Josh. 15,59; Josh. 15,59; Josh. 15,59a; Josh. 15,59a; Josh. 15,59a; Josh. 15,59a; Josh. 15,59a; Josh. 15,59a; Josh. 15,59a; Josh. 15,59a; Josh. 15,59a; Josh. 15,59a; Josh. 15,59a; Josh. 15,59a; Josh. 15,60; Josh. 15,60; Josh. 15,61; Josh. 15,61; Josh. 15,61; Josh. 15,61; Josh. 15,62; Josh. 15,62; Josh. 15,62; Josh. 15,62; Josh. 15,63; Josh. 15,63; Josh. 16,1; Josh. 16,2; Josh. 16,2; Josh. 16,3; Josh. 16,3; Josh. 16,4; Josh. 16,5; Josh. 16,5; Josh. 16,5; Josh. 16,5; Josh. 16,6; Josh. 16,6; Josh. 16,6; Josh. 16,7; Josh. 16,7; Josh. 16,7; Josh. 16,7; Josh. 16,7; Josh. 16,8; Josh. 16,8; Josh. 16,9; Josh. 16,9; Josh. 16,10; Josh. 16,10; Josh. 16,10; Josh. 16,10; Josh. 16,10; Josh. 16,10; Josh. 16,10; Josh. 16,10; Josh. 16,10; Josh. 17,1; Josh. 17,2; Josh. 17,2; Josh. 17,2; Josh. 17,2; Josh. 17,2; Josh. 17,2; Josh. 17,3; Josh. 17,3; Josh. 17,3; Josh. 17,3; Josh. 17,3; Josh. 17,3; Josh. 17,4; Josh. 17,4; Josh. 17,4; Josh. 17,4; Josh. 17,5; Josh. 17,5; Josh. 17,7; Josh. 17,7; Josh. 17,8; Josh. 17,9; Josh. 17,9; Josh. 17,9; Josh. 17,10; Josh. 17,10; Josh. 17,10; Josh. 17,10; Josh. 17,11; Josh. 17,11; Josh. 17,11; Josh. 17,11; Josh. 17,11; Josh. 17,11; Josh. 17,11; Josh. 17,11; Josh. 17,11; Josh. 17,12; Josh. 17,12; Josh. 17,13; Josh. 17,13; Josh. 17,14; Josh. 17,14; Josh. 17,15; Josh. 17,15; Josh. 17,16; Josh. 17,16; Josh. 17,16; Josh. 17,16; Josh. 17,17; Josh. 17,17; Josh. 17,18; Josh. 17,18; Josh. 17,18; Josh. 18,1; Josh. 18,1; Josh. 18,2; Josh. 18,3; Josh. 18,4; Josh. 18,4; Josh. 18,4; Josh. 18,5; Josh. 18,5; Josh. 18,6; Josh. 18,6; Josh. 18,7; Josh. 18,7; Josh. 18,7; Josh. 18,8; Josh. 18,8; Josh. 18,8; Josh. 18,8; Josh. 18,8; Josh. 18,9; Josh. 18,9; Josh. 18,9; Josh. 18,9; Josh. 18,9; Josh. 18,10; Josh. 18,11; Josh. 18,11; Josh. 18,12; Josh. 18,12; Josh. 18,12; Josh. 18,13; Josh. 18,13; Josh. 18,14; Josh. 18,14; Josh. 18,14; Josh. 18,15; Josh. 18,15; Josh. 18,16; Josh. 18,16; Josh. 18,16; Josh. 18,17; Josh. 18,17; Josh. 18,17; Josh. 18,18; Josh. 18,18; Josh. 18,19; Josh. 18,20; Josh. 18,21; Josh. 18,21; Josh. 18,21; Josh. 18,22; Josh. 18,22; Josh. 18,22; Josh. 18,23; Josh. 18,23;

καί

Josh. 18,23; Josh. 18,24; Josh. 18,24; Josh. 18,24; Josh. 18,24; Josh. 18,24; Josh. 18,25; Josh. 18,25; Josh. 18,26; Josh. 18,26; Josh. 18,26; Josh. 18,27; Josh. 18,27; Josh. 18,27; Josh. 18,27; Josh. 18,27; Josh. 18,28; Josh. 18,28; Josh. 18,28; Josh. 18,28; Josh. 18,28; Josh. 19,1; Josh. 19,2; Josh. 19,2; Josh. 19,2; Josh. 19,3; Josh. 19,3; Josh. 19,3; Josh. 19,4; Josh. 19,4; Josh. 19,4; Josh. 19,5; Josh. 19,5; Josh. 19,5; Josh. 19,6; Josh. 19,6; Josh. 19,6; Josh. 19,7; Josh. 19,7; Josh. 19,7; Josh. 19,7; Josh. 19,9; Josh. 19,11; Josh. 19,11; Josh. 19,12; Josh. 19,12; Josh. 19,12; Josh. 19,13; Josh. 19,13; Josh. 19,14; Josh. 19,14; Josh. 19,15; Josh. 19,15; Josh. 19,15; Josh. 19,15; Josh. 19,15; Josh. 19,16; Josh. 19,18; Josh. 19,18; Josh. 19,18; Josh. 19,19; Josh. 19,19; Josh. 19,19; Josh. 19,19; Josh. 19,20; Josh. 19,20; Josh. 19,20; Josh. 19,21; Josh. 19,21; Josh. 19,21; Josh. 19,21; Josh. 19,21; Josh. 19,22; Josh. 19,22; Josh. 19,22; Josh. 19,22; Josh. 19,23; Josh. 19,25; Josh. 19,25; Josh. 19,25; Josh. 19,25; Josh. 19,26; Josh. 19,26; Josh. 19,26; Josh. 19,26; Josh. 19,26; Josh. 19,26; Josh. 19,27; Josh. 19,27; Josh. 19,27; Josh. 19,27; Josh. 19,27; Josh. 19,27; Josh. 19,27; Josh. 19,27; Josh. 19,28; Josh. 19,28; Josh. 19,28; Josh. 19,28; Josh. 19,29; Josh. 19,29; Josh. 19,29; Josh. 19,29; Josh. 19,29; Josh. 19,29; Josh. 19,29; Josh. 19,30; Josh. 19,30; Josh. 19,30; Josh. 19,31; Josh. 19,33; Josh. 19,33; Josh. 19,33; Josh. 19,33; Josh. 19,33; Josh. 19,33; Josh. 19,33; Josh. 19,34; Josh. 19,34; Josh. 19,34; Josh. 19,34; Josh. 19,34; Josh. 19,35; Josh. 19,35; Josh. 19,35; Josh. 19,36; Josh. 19,36; Josh. 19,36; Josh. 19,37; Josh. 19,37; Josh. 19,37; Josh. 19,38; Josh. 19,38; Josh. 19,38; Josh. 19,38; Josh. 19,41; Josh. 19,41; Josh. 19,42; Josh. 19,42; Josh. 19,42; Josh. 19,43; Josh. 19,43; Josh. 19,43; Josh. 19,44; Josh. 19,44; Josh. 19,44; Josh. 19,45; Josh. 19,45; Josh. 19,45; Josh. 19,46; Josh. 19,47; Josh. 19,47a; Josh. 19,47a; Josh. 19,47a; Josh. 19,48; Josh. 19,48; Josh. 19,48; Josh. 19,48; Josh. 19,48; Josh. 19,48; Josh. 19,48a; Josh. 19,48a; Josh. 19,48a; Josh. 19,48a; Josh. 19,49; Josh. 19,50; Josh. 19,50; Josh. 19,50; Josh. 19,51; Josh. 19,51; Josh. 19,51; Josh. 20,3; Josh. 20,3; Josh. 20,7; Josh. 20,7; Josh. 20,7; Josh. 20,8; Josh. 20,8; Josh. 20,8; Josh. 20,9; Josh. 21,1; Josh. 21,1; Josh. 21,2; Josh. 21,2; Josh. 21,3; Josh. 21,3; Josh. 21,4; Josh. 21,4; Josh. 21,4; Josh. 21,4; Josh. 21,5; Josh. 21,5; Josh. 21,5; Josh. 21,6; Josh. 21,6; Josh. 21,6; Josh. 21,6; Josh. 21,7; Josh. 21,7; Josh. 21,7; Josh. 21,8; Josh. 21,9; Josh. 21,9; Josh. 21,9; Josh. 21,9; Josh. 21,11; Josh. 21,12; Josh. 21,12; Josh. 21,13; Josh. 21,13; Josh. 21,13; Josh. 21,13; Josh. 21,14; Josh. 21,14; Josh. 21,14; Josh. 21,14; Josh. 21,15; Josh. 21,15; Josh. 21,15; Josh. 21,15; Josh. 21,16; Josh. 21,16; Josh. 21,16; Josh. 21,16; Josh. 21,16; Josh. 21,16; Josh. 21,17; Josh. 21,17; Josh. 21,17; Josh. 21,17; Josh. 21,18; Josh. 21,18; Josh. 21,18; Josh. 21,18; Josh. 21,20; Josh. 21,21; Josh. 21,21; Josh. 21,21; Josh. 21,21; Josh. 21,21; Josh. 21,22; Josh. 21,22; Josh. 21,22; Josh. 21,22; Josh. 21,23; Josh. 21,23; Josh. 21,23; Josh. 21,23; Josh. 21,24; Josh. 21,24; Josh. 21,24; Josh. 21,24; Josh. 21,25; Josh. 21,25; Josh. 21,25; Josh. 21,25; Josh. 21,26; Josh. 21,27; Josh. 21,27; Josh. 21,27; Josh. 21,28; Josh. 21,28; Josh. 21,28; Josh. 21,28; Josh. 21,29; Josh. 21,29; Josh. 21,29; Josh. 21,29; Josh. 21,30; Josh. 21,30; Josh. 21,30; Josh. 21,30; Josh. 21,31; Josh. 21,31; Josh. 21,31; Josh. 21,31; Josh. 21,32; Josh. 21,32; Josh. 21,32; Josh. 21,32; Josh. 21,32; Josh. 21,34; Josh. 21,34; Josh. 21,34; Josh. 21,35; Josh. 21,35; Josh. 21,35; Josh. 21,35; Josh. 21,36; Josh. 21,36; Josh. 21,36; Josh. 21,36; Josh. 21,37; Josh. 21,37; Josh. 21,37; Josh. 21,37; Josh. 21,38; Josh. 21,38; Josh. 21,38; Josh. 21,38; Josh. 21,39; Josh. 21,39; Josh. 21,39; Josh. 21,39; Josh. 21,40; Josh. 21,41; Josh. 21,42; Josh. 21,42b; Josh. 21,42c; Josh. 21,42c; Josh. 21,42d; Josh. 21,42d; Josh. 21,43; Josh. 21,43; Josh. 21,44; Josh. 22,1; Josh. 22,1; Josh. 22,2; Josh. 22,2; Josh. 22,3; Josh. 22,4; Josh. 22,5; Josh. 22,5; Josh. 22,5; Josh. 22,5; Josh. 22,6; Josh. 22,6; Josh. 22,6; Josh. 22,7; Josh. 22,7; Josh. 22,7; Josh. 22,7; Josh. 22,8; Josh. 22,8; Josh. 22,8; Josh. 22,8; Josh. 22,8; Josh. 22,8; Josh. 22,8; Josh. 22,9; Josh. 22,9; Josh. 22,10; Josh. 22,10; Josh. 22,10; Josh. 22,10; Josh. 22,11; Josh. 22,11; Josh. 22,11; Josh. 22,12; Josh. 22,13; Josh. 22,13; Josh. 22,13; Josh. 22,14; Josh. 22,15; Josh. 22,15; Josh. 22,15; Josh. 22,15; Josh. 22,17; Josh. 22,18; Josh. 22,18; Josh. 22,18; Josh. 22,19; Josh. 22,19; Josh. 22,19; Josh. 22,19; Josh. 22,20; Josh. 22,20; Josh. 22,21; Josh. 22,21; Josh. 22,21; Josh. 22,22; Josh. 22,22; Josh. 22,23; Josh. 22,25; Josh. 22,25; Josh. 22,25; Josh. 22,25; Josh. 22,26; Josh. 22,27; Josh. 22,27; Josh. 22,27; Josh. 22,27; Josh. 22,27; Josh. 22,28; Josh. 22,28; Josh. 22,28; Josh. 22,28; Josh. 22,28; Josh. 22,28; Josh. 22,29; Josh. 22,29; Josh. 22,30; Josh. 22,30; Josh. 22,30; Josh. 22,30; Josh. 22,31; Josh. 22,31; Josh. 22,31; Josh. 22,31; Josh. 22,32; Josh. 22,32; Josh. 22,32; Josh. 22,32; Josh. 22,32; Josh. 22,33; Josh. 22,33; Josh. 22,33; Josh. 22,33; Josh. 22,33; Josh. 22,33; Josh. 22,33; Josh. 22,34; Josh. 22,34; Josh. 22,34; Josh. 22,34; Josh. 23,1; Josh. 23,2; Josh. 23,2; Josh. 23,2; Josh. 23,2; Josh. 23,2; Josh. 23,2; Josh. 23,2; Josh. 23,4; Josh. 23,5; Josh. 23,5; Josh. 23,5; Josh. 23,6; Josh. 23,7; Josh. 23,9; Josh. 23,9; Josh. 23,9; Josh. 23,11; Josh. 23,12; Josh. 23,12; Josh. 23,12; Josh. 23,12; Josh. 23,13; Josh. 23,13; Josh. 23,13; Josh. 23,13; Josh. 23,14; Josh. 23,14; Josh. 23,15; Josh. 23,16; Josh. 23,16; Josh. 24,1; Josh. 24,1; Josh. 24,1; Josh. 24,1; Josh. 24,2; Josh. 24,2; Josh. 24,2; Josh. 24,3; Josh. 24,3; Josh. 24,3; Josh. 24,3; Josh. 24,4; Josh. 24,4; Josh. 24,4; Josh. 24,4; Josh. 24,4; Josh. 24,4; Josh. 24,4; Josh. 24,5; Josh. 24,5; Josh. 24,5; Josh. 24,6; Josh. 24,6; Josh. 24,6; Josh. 24,7; Josh. 24,7; Josh. 24,7; Josh. 24,7; Josh. 24,7; Josh. 24,7; Josh. 24,7; Josh. 24,8; Josh. 24,8; Josh. 24,8; Josh. 24,8; Josh. 24,8; Josh. 24,9; Josh. 24,9; Josh. 24,9; Josh. 24,10; Josh. 24,10; Josh. 24,10; Josh. 24,10; Josh. 24,11; Josh. 24,11; Josh. 24,11; Josh. 24,11; Josh. 24,11; Josh. 24,11; Josh. 24,11; Josh. 24,11; Josh. 24,12; Josh. 24,12; Josh. 24,13; Josh. 24,13; Josh. 24,13; Josh. 24,13; Josh. 24,13; Josh. 24,14; Josh. 24,14; Josh. 24,14; Josh. 24,14; Josh. 24,14; Josh. 24,14; Josh. 24,15; Josh. 24,17; Josh. 24,17; Josh. 24,17; Josh. 24,18; Josh. 24,18; Josh. 24,19; Josh. 24,19; Josh. 24,19; Josh. 24,20; Josh. 24,20; Josh. 24,20; Josh. 24,21; Josh. 24,22; Josh. 24,23; Josh. 24,23; Josh. 24,24; Josh. 24,24; Josh. 24,25; Josh. 24,25; Josh. 24,26; Josh. 24,26; Josh. 24,26; Josh. 24,27; Josh. 24,27; Josh. 24,28; Josh. 24,28; Josh. 24,29; Josh. 24,29; Josh. 24,29; Josh. 24,30; Josh. 24,31; Josh. 24,31a; Josh. 24,32; Josh. 24,32; Josh. 24,32; Josh. 24,33; Josh. 24,33; Josh. 24,33a; Josh. 24,33a; Josh. 24,33b; Josh. 24,33b; Josh. 24,33b; Josh. 24,33b; Josh. 24,33b; Josh. 24,33b; Judg. 1,1; Judg. 1,2; Judg. 1,3; Judg. 1,3; Judg. 1,3; Judg. 1,3; Judg. 1,4; Judg. 1,4; Judg. 1,4; Judg. 1,4; Judg. 1,5; Judg. 1,5; Judg. 1,5; Judg. 1,5; Judg. 1,6; Judg. 1,6; Judg. 1,6; Judg. 1,6; Judg. 1,6; Judg. 1,7; Judg. 1,7; Judg. 1,7; Judg. 1,7; Judg. 1,8; Judg. 1,8; Judg. 1,8; Judg. 1,9; Judg. 1,9; Judg. 1,9; Judg. 1,10; Judg. 1,10; Judg. 1,10; Judg. 1,10; Judg. 1,10; Judg. 1,11; Judg. 1,11; Judg. 1,12; Judg. 1,12; Judg. 1,13; Judg. 1,13; Judg. 1,14; Judg. 1,14; Judg. 1,14; Judg. 1,14; Judg. 1,14; Judg. 1,15; Judg. 1,15; Judg. 1,15; Judg. 1,15; Judg. 1,16; Judg. 1,16; Judg. 1,17; Judg. 1,17; Judg. 1,17; Judg. 1,17; Judg. 1,17; Judg. 1,18; Judg. 1,18; Judg. 1,18; Judg. 1,18; Judg. 1,18; Judg. 1,18; Judg. 1,18; Judg. 1,18; Judg. 1,19; Judg. 1,19; Judg. 1,20; Judg. 1,20; Judg. 1,20; Judg. 1,21; Judg. 1,21; Judg. 1,22; Judg. 1,23; Judg. 1,24; Judg. 1,24; Judg. 1,24; Judg. 1,24; Judg. 1,25; Judg. 1,25; Judg. 1,25; Judg. 1,26; Judg. 1,26; Judg. 1,26; Judg. 1,27; Judg. 1,27;

K, κ

Judg. 1,27; Judg. 1,27; Judg. 1,27; Judg. 1,27; Judg. 1,27; Judg. 1,28; Judg. 1,28; Judg. 1,28; Judg. 1,29; Judg. 1,29; Judg. 1,30; Judg. 1,30; Judg. 1,30; Judg. 1,31; Judg. 1,31; Judg. 1,31; Judg. 1,31; Judg. 1,31; Judg. 1,31; Judg. 1,31; Judg. 1,32; Judg. 1,33; Judg. 1,33; Judg. 1,35; Judg. 1,35; Judg. 1,35; Judg. 1,35; Judg. 1,36; Judg. 1,36; Judg. 2,1; Judg. 2,1; Judg. 2,1; Judg. 2,1; Judg. 2,1; Judg. 2,2; Judg. 2,2; Judg. 2,2; Judg. 2,3; Judg. 2,3; Judg. 2,3; Judg. 2,4; Judg. 2,4; Judg. 2,4; Judg. 2,5; Judg. 2,6; Judg. 2,6; Judg. 2,7; Judg. 2,7; Judg. 2,8; Judg. 2,9; Judg. 2,10; Judg. 2,10; Judg. 2,10; Judg. 2,11; Judg. 2,12; Judg. 2,12; Judg. 2,12; Judg. 2,12; Judg. 2,13; Judg. 2,13; Judg. 2,13; Judg. 2,14; Judg. 2,14; Judg. 2,14; Judg. 2,14; Judg. 2,14; Judg. 2,15; Judg. 2,15; Judg. 2,16; Judg. 2,16; Judg. 2,17; Judg. 2,17; Judg. 2,17; Judg. 2,18; Judg. 2,18; Judg. 2,18; Judg. 2,18; Judg. 2,19; Judg. 2,19; Judg. 2,19; Judg. 2,19; Judg. 2,19; Judg. 2,20; Judg. 2,20; Judg. 2,20; Judg. 2,21; Judg. 2,21; Judg. 2,23; Judg. 2,23; Judg. 3,3; Judg. 3,3; Judg. 3,3; Judg. 3,4; Judg. 3,5; Judg. 3,5; Judg. 3,5; Judg. 3,5; Judg. 3,5; Judg. 3,5; Judg. 3,6; Judg. 3,6; Judg. 3,6; Judg. 3,7; Judg. 3,7; Judg. 3,7; Judg. 3,8; Judg. 3,8; Judg. 3,8; Judg. 3,9; Judg. 3,9; Judg. 3,9; Judg. 3,9; Judg. 3,10; Judg. 3,10; Judg. 3,10; Judg. 3,10; Judg. 3,10; Judg. 3,11; Judg. 3,11; Judg. 3,12; Judg. 3,13; Judg. 3,13; Judg. 3,13; Judg. 3,13; Judg. 3,13; Judg. 3,14; Judg. 3,15; Judg. 3,15; Judg. 3,15; Judg. 3,16; Judg. 3,16; Judg. 3,17; Judg. 3,17; Judg. 3,18; Judg. 3,18; Judg. 3,19; Judg. 3,19; Judg. 3,19; Judg. 3,19; Judg. 3,20; Judg. 3,20; Judg. 3,20; Judg. 3,20; Judg. 3,21; Judg. 3,21; Judg. 3,21; Judg. 3,22; Judg. 3,22; Judg. 3,23; Judg. 3,23; Judg. 3,23; Judg. 3,24; Judg. 3,24; Judg. 3,24; Judg. 3,24; Judg. 3,24; Judg. 3,25; Judg. 3,25; Judg. 3,25; Judg. 3,25; Judg. 3,25; Judg. 3,26; Judg. 3,26; Judg. 3,26; Judg. 3,26; Judg. 3,27; Judg. 3,27; Judg. 3,27; Judg. 3,27; Judg. 3,28; Judg. 3,28; Judg. 3,28; Judg. 3,28; Judg. 3,29; Judg. 3,29; Judg. 3,29; Judg. 3,30; Judg. 3,30; Judg. 3,30; Judg. 3,31; Judg. 3,31; Judg. 4,2; Judg. 4,2; Judg. 4,2; Judg. 4,3; Judg. 4,3; Judg. 4,5; Judg. 4,5; Judg. 4,5; Judg. 4,6; Judg. 4,6; Judg. 4,6; Judg. 4,6; Judg. 4,6; Judg. 4,6; Judg. 4,7; Judg. 4,7; Judg. 4,7; Judg. 4,7; Judg. 4,8; Judg. 4,8; Judg. 4,9; Judg. 4,9; Judg. 4,9; Judg. 4,10; Judg. 4,10; Judg. 4,10; Judg. 4,10; Judg. 4,11; Judg. 4,11; Judg. 4,13; Judg. 4,13; Judg. 4,14; Judg. 4,14; Judg. 4,14; Judg. 4,15; Judg. 4,15; Judg. 4,15; Judg. 4,15; Judg. 4,15; Judg. 4,16; Judg. 4,16; Judg. 4,16; Judg. 4,17; Judg. 4,17; Judg. 4,18; Judg. 4,18; Judg. 4,18; Judg. 4,18; Judg. 4,19; Judg. 4,19; Judg. 4,19; Judg. 4,19; Judg. 4,20; Judg. 4,20; Judg. 4,20; Judg. 4,20; Judg. 4,20; Judg. 4,20; Judg. 4,21; Judg. 4,21; Judg. 4,21; Judg. 4,21; Judg. 4,21; Judg. 4,21; Judg. 4,21; Judg. 4,21; Judg. 4,22; Judg. 4,22; Judg. 4,22; Judg. 4,22; Judg. 4,22; Judg. 4,22; Judg. 4,22; Judg. 4,23; Judg. 4,24; Judg. 4,24; Judg. 5,1; Judg. 5,1; Judg. 5,4; Judg. 5,4; Judg. 5,6; Judg. 5,12; Judg. 5,14; Judg. 5,17; Judg. 5,17; Judg. 5,18; Judg. 5,19; Judg. 5,25; Judg. 5,26; Judg. 5,26; Judg. 5,26; Judg. 5,29; Judg. 5,31; Judg. 6,1; Judg. 6,2; Judg. 6,2; Judg. 6,2; Judg. 6,2; Judg. 6,3; Judg. 6,3; Judg. 6,3; Judg. 6,3; Judg. 6,3; Judg. 6,4; Judg. 6,4; Judg. 6,4; Judg. 6,4; Judg. 6,4; Judg. 6,4; Judg. 6,5; Judg. 6,5; Judg. 6,5; Judg. 6,5; Judg. 6,5; Judg. 6,5; Judg. 6,6; Judg. 6,6; Judg. 6,7; Judg. 6,8; Judg. 6,8; Judg. 6,8; Judg. 6,9; Judg. 6,9; Judg. 6,9; Judg. 6,9; Judg. 6,10; Judg. 6,10; Judg. 6,11; Judg. 6,11; Judg. 6,12; Judg. 6,12; Judg. 6,13; Judg. 6,13; Judg. 6,13; Judg. 6,13; Judg. 6,13; Judg. 6,14; Judg. 6,14; Judg. 6,14; Judg. 6,14; Judg. 6,15; Judg. 6,15; Judg. 6,16; Judg. 6,16; Judg. 6,17; Judg. 6,17; Judg. 6,18; Judg. 6,18; Judg. 6,18; Judg. 6,19; Judg. 6,19; Judg. 6,19; Judg. 6,19; Judg. 6,19; Judg. 6,19; Judg. 6,20; Judg. 6,20; Judg. 6,20; Judg. 6,20; Judg. 6,20; Judg. 6,21; Judg. 6,21; Judg. 6,21; Judg. 6,21; Judg. 6,21; Judg. 6,21; Judg. 6,21; Judg. 6,22; Judg. 6,22; Judg. 6,23; Judg. 6,24; Judg. 6,24; Judg. 6,25; Judg. 6,25; Judg. 6,25; Judg. 6,26; Judg. 6,26; Judg. 6,26; Judg. 6,27; Judg. 6,27; Judg. 6,27; Judg. 6,27; Judg. 6,27; Judg. 6,27; Judg. 6,28; Judg. 6,28; Judg. 6,28; Judg. 6,28; Judg. 6,29; Judg. 6,29; Judg. 6,29; Judg. 6,29; Judg. 6,30; Judg. 6,30; Judg. 6,30; Judg. 6,31; Judg. 6,32; Judg. 6,33; Judg. 6,33; Judg. 6,33; Judg. 6,33; Judg. 6,34; Judg. 6,34; Judg. 6,34; Judg. 6,35; Judg. 6,35; Judg. 6,35; Judg. 6,35; Judg. 6,35; Judg. 6,35; Judg. 6,35; Judg. 6,36; Judg. 6,37; Judg. 6,37; Judg. 6,37; Judg. 6,38; Judg. 6,38; Judg. 6,38; Judg. 6,38; Judg. 6,39; Judg. 6,39; Judg. 6,39; Judg. 6,39; Judg. 6,40; Judg. 6,40; Judg. 7,1; Judg. 7,1; Judg. 7,1; Judg. 7,1; Judg. 7,2; Judg. 7,3; Judg. 7,3; Judg. 7,3; Judg. 7,3; Judg. 7,3; Judg. 7,3; Judg. 7,4; Judg. 7,4; Judg. 7,4; Judg. 7,4; Judg. 7,5; Judg. 7,5; Judg. 7,5; Judg. 7,6; Judg. 7,6; Judg. 7,7; Judg. 7,7; Judg. 7,7; Judg. 7,8; Judg. 7,8; Judg. 7,8; Judg. 7,9; Judg. 7,10; Judg. 7,11; Judg. 7,11; Judg. 7,11; Judg. 7,11; Judg. 7,11; Judg. 7,12; Judg. 7,12; Judg. 7,12; Judg. 7,12; Judg. 7,13; Judg. 7,13; Judg. 7,13; Judg. 7,13; Judg. 7,13; Judg. 7,13; Judg. 7,13; Judg. 7,13; Judg. 7,14; Judg. 7,14; Judg. 7,14; Judg. 7,15; Judg. 7,15; Judg. 7,15; Judg. 7,15; Judg. 7,15; Judg. 7,16; Judg. 7,16; Judg. 7,16; Judg. 7,16; Judg. 7,17; Judg. 7,17; Judg. 7,17; Judg. 7,17; Judg. 7,18; Judg. 7,18; Judg. 7,18; Judg. 7,18; Judg. 7,18; Judg. 7,18; Judg. 7,19; Judg. 7,19; Judg. 7,19; Judg. 7,19; Judg. 7,19; Judg. 7,20; Judg. 7,20; Judg. 7,20; Judg. 7,20; Judg. 7,20; Judg. 7,21; Judg. 7,21; Judg. 7,21; Judg. 7,21; Judg. 7,22; Judg. 7,22; Judg. 7,22; Judg. 7,22; Judg. 7,22; Judg. 7,22; Judg. 7,23; Judg. 7,23; Judg. 7,23; Judg. 7,23; Judg. 7,24; Judg. 7,24; Judg. 7,24; Judg. 7,24; Judg. 7,24; Judg. 7,25; Judg. 7,25; Judg. 7,25; Judg. 7,25; Judg. 7,25; Judg. 7,25; Judg. 7,25; Judg. 8,1; Judg. 8,1; Judg. 8,2; Judg. 8,3; Judg. 8,3; Judg. 8,4; Judg. 8,4; Judg. 8,4; Judg. 8,5; Judg. 8,5; Judg. 8,6; Judg. 8,6; Judg. 8,7; Judg. 8,7; Judg. 8,7; Judg. 8,7; Judg. 8,8; Judg. 8,8; Judg. 8,8; Judg. 8,9; Judg. 8,10; Judg. 8,10; Judg. 8,10; Judg. 8,10; Judg. 8,10; Judg. 8,11; Judg. 8,11; Judg. 8,12; Judg. 8,12; Judg. 8,12; Judg. 8,12; Judg. 8,12; Judg. 8,12; Judg. 8,13; Judg. 8,14; Judg. 8,14; Judg. 8,14; Judg. 8,14; Judg. 8,15; Judg. 8,15; Judg. 8,15; Judg. 8,15; Judg. 8,16; Judg. 8,16; Judg. 8,16; Judg. 8,16; Judg. 8,16; Judg. 8,17; Judg. 8,17; Judg. 8,18; Judg. 8,18; Judg. 8,18; Judg. 8,19; Judg. 8,19; Judg. 8,19; Judg. 8,20; Judg. 8,20; Judg. 8,21; Judg. 8,21; Judg. 8,21; Judg. 8,21; Judg. 8,21; Judg. 8,21; Judg. 8,21; Judg. 8,22; Judg. 8,23; Judg. 8,23; Judg. 8,24; Judg. 8,24; Judg. 8,25; Judg. 8,25; Judg. 8,25; Judg. 8,26; Judg. 8,26; Judg. 8,26; Judg. 8,26; Judg. 8,26; Judg. 8,27; Judg. 8,27; Judg. 8,27; Judg. 8,27; Judg. 8,27; Judg. 8,28; Judg. 8,28; Judg. 8,28; Judg. 8,29; Judg. 8,29; Judg. 8,30; Judg. 8,31; Judg. 8,31; Judg. 8,32; Judg. 8,32; Judg. 8,33; Judg. 8,33; Judg. 8,33; Judg. 8,34; Judg. 8,35; Judg. 9,1; Judg. 9,1; Judg. 9,2; Judg. 9,2; Judg. 9,3; Judg. 9,3; Judg. 9,4; Judg. 9,4; Judg. 9,4; Judg. 9,4; Judg. 9,5; Judg. 9,5; Judg. 9,5; Judg. 9,6; Judg. 9,6; Judg. 9,6; Judg. 9,7; Judg. 9,7; Judg. 9,7; Judg. 9,7; Judg. 9,7; Judg. 9,7; Judg. 9,7; Judg. 9,8; Judg. 9,9; Judg. 9,9; Judg. 9,10; Judg. 9,11; Judg. 9,11; Judg. 9,12; Judg. 9,13; Judg. 9,14; Judg. 9,15; Judg. 9,15; Judg. 9,15; Judg. 9,16; Judg. 9,16; Judg. 9,16; Judg. 9,16; Judg. 9,16; Judg. 9,16; Judg. 9,17; Judg. 9,17; Judg. 9,18; Judg. 9,18; Judg. 9,18; Judg. 9,19; Judg. 9,19; Judg. 9,19; Judg. 9,19; Judg. 9,19; Judg. 9,19; Judg. 9,20; Judg. 9,20; Judg. 9,20; Judg. 9,20; Judg. 9,20; Judg. 9,20; Judg. 9,21; Judg. 9,21; Judg. 9,21; Judg. 9,21; Judg. 9,23; Judg. 9,23; Judg. 9,23; Judg. 9,24; Judg. 9,24; Judg. 9,25; Judg. 9,25; Judg. 9,25; Judg. 9,26; Judg. 9,26; Judg. 9,26; Judg. 9,27; Judg. 9,27; Judg. 9,27; Judg. 9,27; Judg. 9,27; Judg. 9,27; Judg. 9,28; Judg. 9,28; Judg. 9,28; Judg. 9,28; Judg. 9,29; Judg. 9,29; Judg. 9,29; Judg. 9,29; Judg. 9,30; Judg. 9,30; Judg. 9,31; Judg. 9,31; Judg. 9,31;

καί

Judg. 9,32; Judg. 9,32; Judg. 9,32; Judg. 9,33; Judg. 9,33; Judg. 9,33; Judg. 9,33; Judg. 9,33; Judg. 9,33; Judg. 9,34; Judg. 9,34; Judg. 9,34; Judg. 9,35; Judg. 9,35; Judg. 9,35; Judg. 9,35; Judg. 9,35; Judg. 9,36; Judg. 9,36; Judg. 9,36; Judg. 9,37; Judg. 9,37; Judg. 9,37; Judg. 9,38; Judg. 9,38; Judg. 9,39; Judg. 9,39; Judg. 9,40; Judg. 9,40; Judg. 9,40; Judg. 9,41; Judg. 9,41; Judg. 9,41; Judg. 9,42; Judg. 9,42; Judg. 9,42; Judg. 9,43; Judg. 9,43; Judg. 9,43; Judg. 9,43; Judg. 9,43; Judg. 9,43; Judg. 9,43; Judg. 9,44; Judg. 9,44; Judg. 9,44; Judg. 9,44; Judg. 9,44; Judg. 9,45; Judg. 9,45; Judg. 9,45; Judg. 9,45; Judg. 9,45; Judg. 9,46; Judg. 9,46; Judg. 9,47; Judg. 9,48; Judg. 9,48; Judg. 9,48; Judg. 9,48; Judg. 9,48; Judg. 9,48; Judg. 9,48; Judg. 9,49; Judg. 9,49; Judg. 9,49; Judg. 9,49; Judg. 9,49; Judg. 9,49; Judg. 9,49; Judg. 9,50; Judg. 9,50; Judg. 9,51; Judg. 9,51; Judg. 9,51; Judg. 9,51; Judg. 9,51; Judg. 9,51; Judg. 9,52; Judg. 9,52; Judg. 9,52; Judg. 9,53; Judg. 9,53; Judg. 9,54; Judg. 9,54; Judg. 9,54; Judg. 9,54; Judg. 9,54; Judg. 9,55; Judg. 9,55; Judg. 9,56; Judg. 9,57; Judg. 9,57; Judg. 10,1; Judg. 10,2; Judg. 10,2; Judg. 10,2; Judg. 10,2; Judg. 10,3; Judg. 10,3; Judg. 10,4; Judg. 10,4; Judg. 10,4; Judg. 10,4; Judg. 10,4; Judg. 10,4; Judg. 10,5; Judg. 10,5; Judg. 10,6; Judg. 10,6; Judg. 10,6; Judg. 10,6; Judg. 10,6; Judg. 10,6; Judg. 10,6; Judg. 10,7; Judg. 10,7; Judg. 10,7; Judg. 10,8; Judg. 10,8; Judg. 10,9; Judg. 10,9; Judg. 10,9; Judg. 10,9; Judg. 10,9; Judg. 10,10; Judg. 10,10; Judg. 10,11; Judg. 10,11; Judg. 10,11; Judg. 10,11; Judg. 10,11; Judg. 10,12; Judg. 10,12; Judg. 10,12; Judg. 10,12; Judg. 10,12; Judg. 10,13; Judg. 10,13; Judg. 10,14; Judg. 10,14; Judg. 10,15; Judg. 10,16; Judg. 10,16; Judg. 10,16; Judg. 10,16; Judg. 10,17; Judg. 10,17; Judg. 10,17; Judg. 10,18; Judg. 10,18; Judg. 11,1; Judg. 11,1; Judg. 11,2; Judg. 11,2; Judg. 11,2; Judg. 11,2; Judg. 11,3; Judg. 11,3; Judg. 11,3; Judg. 11,3; Judg. 11,4; Judg. 11,5; Judg. 11,5; Judg. 11,6; Judg. 11,6; Judg. 11,6; Judg. 11,7; Judg. 11,7; Judg. 11,7; Judg. 11,7; Judg. 11,8; Judg. 11,8; Judg. 11,8; Judg. 11,8; Judg. 11,9; Judg. 11,9; Judg. 11,10; Judg. 11,11; Judg. 11,11; Judg. 11,11; Judg. 11,12; Judg. 11,13; Judg. 11,13; Judg. 11,13; Judg. 11,14; Judg. 11,14; Judg. 11,15; Judg. 11,16; Judg. 11,17; Judg. 11,17; Judg. 11,17; Judg. 11,17; Judg. 11,18; Judg. 11,18; Judg. 11,18; Judg. 11,18; Judg. 11,18; Judg. 11,18; Judg. 11,19; Judg. 11,19; Judg. 11,20; Judg. 11,20; Judg. 11,20; Judg. 11,20; Judg. 11,21; Judg. 11,21; Judg. 11,21; Judg. 11,21; Judg. 11,22; Judg. 11,22; Judg. 11,22; Judg. 11,22; Judg. 11,23; Judg. 11,23; Judg. 11,24; Judg. 11,25; Judg. 11,26; Judg. 11,26; Judg. 11,26; Judg. 11,26; Judg. 11,27; Judg. 11,27; Judg. 11,27; Judg. 11,28; Judg. 11,28; Judg. 11,29; Judg. 11,29; Judg. 11,29; Judg. 11,29; Judg. 11,30; Judg. 11,30; Judg. 11,31; Judg. 11,31; Judg. 11,31; Judg. 11,32; Judg. 11,32; Judg. 11,33; Judg. 11,33; Judg. 11,33; Judg. 11,34; Judg. 11,34; Judg. 11,34; Judg. 11,34; Judg. 11,35; Judg. 11,35; Judg. 11,35; Judg. 11,35; Judg. 11,36; Judg. 11,37; Judg. 11,37; Judg. 11,37; Judg. 11,37; Judg. 11,37; Judg. 11,37; Judg. 11,38; Judg. 11,38; Judg. 11,38; Judg. 11,38; Judg. 11,38; Judg. 11,39; Judg. 11,39; Judg. 11,39; Judg. 11,39; Judg. 11,39; Judg. 12,1; Judg. 12,1; Judg. 12,1; Judg. 12,2; Judg. 12,2; Judg. 12,2; Judg. 12,2; Judg. 12,2; Judg. 12,3; Judg. 12,3; Judg. 12,3; Judg. 12,3; Judg. 12,3; Judg. 12,4; Judg. 12,4; Judg. 12,4; Judg. 12,4; Judg. 12,5; Judg. 12,5; Judg. 12,5; Judg. 12,6; Judg. 12,6; Judg. 12,6; Judg. 12,6; Judg. 12,6; Judg. 12,7; Judg. 12,7; Judg. 12,9; Judg. 12,9; Judg. 12,9; Judg. 12,10; Judg. 12,10; Judg. 12,11; Judg. 12,12; Judg. 12,12; Judg. 12,14; Judg. 12,14; Judg. 12,14; Judg. 12,15; Judg. 12,15; Judg. 13,1; Judg. 13,2; Judg. 13,2; Judg. 13,2; Judg. 13,3; Judg. 13,3; Judg. 13,3; Judg. 13,3; Judg. 13,3; Judg. 13,4; Judg. 13,4; Judg. 13,4; Judg. 13,4; Judg. 13,5; Judg. 13,5; Judg. 13,5; Judg. 13,6; Judg. 13,6; Judg. 13,6; Judg. 13,6; Judg. 13,6; Judg. 13,7; Judg. 13,7; Judg. 13,7; Judg. 13,7; Judg. 13,7; Judg. 13,8; Judg. 13,8; Judg. 13,8; Judg. 13,9; Judg. 13,9; Judg. 13,9; Judg. 13,10; Judg. 13,10; Judg. 13,10; Judg. 13,10; Judg. 13,11; Judg. 13,11; Judg. 13,11; Judg. 13,11; Judg. 13,12; Judg. 13,12; Judg. 13,13; Judg. 13,14; Judg. 13,14; Judg. 13,14; Judg. 13,15; Judg. 13,15; Judg. 13,16; Judg. 13,16; Judg. 13,17; Judg. 13,18; Judg. 13,18; Judg. 13,19; Judg. 13,19; Judg. 13,19; Judg. 13,19; Judg. 13,19; Judg. 13,20; Judg. 13,20; Judg. 13,20; Judg. 13,20; Judg. 13,21; Judg. 13,21; Judg. 13,22; Judg. 13,23; Judg. 13,23; Judg. 13,23; Judg. 13,23; Judg. 13,24; Judg. 13,24; Judg. 13,24; Judg. 13,25; Judg. 13,25; Judg. 14,1; Judg. 14,1; Judg. 14,2; Judg. 14,2; Judg. 14,2; Judg. 14,2; Judg. 14,2; Judg. 14,3; Judg. 14,3; Judg. 14,3; Judg. 14,3; Judg. 14,4; Judg. 14,4; Judg. 14,4; Judg. 14,5; Judg. 14,5; Judg. 14,5; Judg. 14,5; Judg. 14,5; Judg. 14,6; Judg. 14,6; Judg. 14,6; Judg. 14,6; Judg. 14,6; Judg. 14,7; Judg. 14,7; Judg. 14,7; Judg. 14,8; Judg. 14,8; Judg. 14,8; Judg. 14,8; Judg. 14,9; Judg. 14,9; Judg. 14,9; Judg. 14,9; Judg. 14,9; Judg. 14,9; Judg. 14,9; Judg. 14,9; Judg. 14,10; Judg. 14,10; Judg. 14,11; Judg. 14,11; Judg. 14,12; Judg. 14,12; Judg. 14,12; Judg. 14,13; Judg. 14,13; Judg. 14,13; Judg. 14,13; Judg. 14,14; Judg. 14,14; Judg. 14,14; Judg. 14,15; Judg. 14,15; Judg. 14,15; Judg. 14,15; Judg. 14,16; Judg. 14,16; Judg. 14,16; Judg. 14,16; Judg. 14,16; Judg. 14,16; Judg. 14,17; Judg. 14,17; Judg. 14,17; Judg. 14,17; Judg. 14,18; Judg. 14,18; Judg. 14,18; Judg. 14,19; Judg. 14,19; Judg. 14,19; Judg. 14,19; Judg. 14,19; Judg. 14,19; Judg. 14,20; Judg. 15,1; Judg. 15,1; Judg. 15,1; Judg. 15,2; Judg. 15,2; Judg. 15,3; Judg. 15,4; Judg. 15,4; Judg. 15,4; Judg. 15,4; Judg. 15,4; Judg. 15,5; Judg. 15,5; Judg. 15,5; Judg. 15,5; Judg. 15,5; Judg. 15,5; Judg. 15,5; Judg. 15,6; Judg. 15,6; Judg. 15,6; Judg. 15,6; Judg. 15,6; Judg. 15,6; Judg. 15,6; Judg. 15,7; Judg. 15,7; Judg. 15,8; Judg. 15,8; Judg. 15,8; Judg. 15,9; Judg. 15,9; Judg. 15,10; Judg. 15,10; Judg. 15,10; Judg. 15,11; Judg. 15,11; Judg. 15,11; Judg. 15,11; Judg. 15,12; Judg. 15,12; Judg. 15,12; Judg. 15,12; Judg. 15,13; Judg. 15,13; Judg. 15,13; Judg. 15,13; Judg. 15,14; Judg. 15,14; Judg. 15,14; Judg. 15,14; Judg. 15,14; Judg. 15,14; Judg. 15,15; Judg. 15,15; Judg. 15,15; Judg. 15,15; Judg. 15,16; Judg. 15,17; Judg. 15,17; Judg. 15,17; Judg. 15,18; Judg. 15,18; Judg. 15,18; Judg. 15,18; Judg. 15,18; Judg. 15,19; Judg. 15,19; Judg. 15,19; Judg. 15,19; Judg. 15,19; Judg. 15,20; Judg. 16,1; Judg. 16,1; Judg. 16,2; Judg. 16,2; Judg. 16,2; Judg. 16,2; Judg. 16,2; Judg. 16,3; Judg. 16,3; Judg. 16,3; Judg. 16,3; Judg. 16,3; Judg. 16,3; Judg. 16,3; Judg. 16,3; Judg. 16,4; Judg. 16,4; Judg. 16,5; Judg. 16,5; Judg. 16,5; Judg. 16,5; Judg. 16,5; Judg. 16,5; Judg. 16,5; Judg. 16,6; Judg. 16,6; Judg. 16,7; Judg. 16,7; Judg. 16,7; Judg. 16,8; Judg. 16,8; Judg. 16,9; Judg. 16,9; Judg. 16,9; Judg. 16,9; Judg. 16,10; Judg. 16,10; Judg. 16,11; Judg. 16,11; Judg. 16,11; Judg. 16,12; Judg. 16,12; Judg. 16,12; Judg. 16,12; Judg. 16,12; Judg. 16,13; Judg. 16,13; Judg. 16,13; Judg. 16,13; Judg. 16,13; Judg. 16,14; Judg. 16,14; Judg. 16,14; Judg. 16,14; Judg. 16,14; Judg. 16,14; Judg. 16,14; Judg. 16,15; Judg. 16,15; Judg. 16,15; Judg. 16,16; Judg. 16,16; Judg. 16,16; Judg. 16,17; Judg. 16,17; Judg. 16,17; Judg. 16,17; Judg. 16,17; Judg. 16,18; Judg. 16,18; Judg. 16,18; Judg. 16,18; Judg. 16,19; Judg. 16,19; Judg. 16,19; Judg. 16,19; Judg. 16,19; Judg. 16,20; Judg. 16,20; Judg. 16,20; Judg. 16,20; Judg. 16,20; Judg. 16,20; Judg. 16,21; Judg. 16,21; Judg. 16,21; Judg. 16,21; Judg. 16,21; Judg. 16,23; Judg. 16,23; Judg. 16,23; Judg. 16,24; Judg. 16,24; Judg. 16,24; Judg. 16,24; Judg. 16,25; Judg. 16,25; Judg. 16,25; Judg. 16,25; Judg. 16,25; Judg. 16,25; Judg. 16,26; Judg. 16,26; Judg. 16,26; Judg. 16,27; Judg. 16,27; Judg. 16,27; Judg. 16,27; Judg. 16,28; Judg. 16,28; Judg. 16,28; Judg. 16,28; Judg. 16,29; Judg. 16,29; Judg. 16,29; Judg. 16,30; Judg.

K, κ

16,30; Judg. 16,30; Judg. 16,30; Judg. 16,30; Judg. 16,31; Judg. 16,31; Judg. 16,31; Judg. 16,31; Judg. 16,31; Judg. 16,31; Judg. 17,1; Judg. 17,2; Judg. 17,2; Judg. 17,2; Judg. 17,2; Judg. 17,2; Judg. 17,3; Judg. 17,3; Judg. 17,3; Judg. 17,3; Judg. 17,3; Judg. 17,3; Judg. 17,4; Judg. 17,4; Judg. 17,4; Judg. 17,4; Judg. 17,4; Judg. 17,4; Judg. 17,5; Judg. 17,5; Judg. 17,5; Judg. 17,5; Judg. 17,5; Judg. 17,7; Judg. 17,7; Judg. 17,8; Judg. 17,8; Judg. 17,9; Judg. 17,9; Judg. 17,9; Judg. 17,10; Judg. 17,10; Judg. 17,10; Judg. 17,10; Judg. 17,10; Judg. 17,10; Judg. 17,10; Judg. 17,11; Judg. 17,11; Judg. 17,12; Judg. 17,12; Judg. 17,12; Judg. 17,13; Judg. 18,1; Judg. 18,2; Judg. 18,2; Judg. 18,2; Judg. 18,2; Judg. 18,2; Judg. 18,2; Judg. 18,2; Judg. 18,3; Judg. 18,3; Judg. 18,3; Judg. 18,3; Judg. 18,3; Judg. 18,3; Judg. 18,4; Judg. 18,4; Judg. 18,4; Judg. 18,4; Judg. 18,5; Judg. 18,5; Judg. 18,6; Judg. 18,7; Judg. 18,7; Judg. 18,7; Judg. 18,7; Judg. 18,7; Judg. 18,8; Judg. 18,8; Judg. 18,8; Judg. 18,9; Judg. 18,9; Judg. 18,9; Judg. 18,9; Judg. 18,9; Judg. 18,9; Judg. 18,9; Judg. 18,9; Judg. 18,9; Judg. 18,9; Judg. 18,10; Judg. 18,11; Judg. 18,12; Judg. 18,12; Judg. 18,13; Judg. 18,13; Judg. 18,14; Judg. 18,14; Judg. 18,14; Judg. 18,14; Judg. 18,14; Judg. 18,14; Judg. 18,15; Judg. 18,15; Judg. 18,15; Judg. 18,16; Judg. 18,17; Judg. 18,17; Judg. 18,17; Judg. 18,17; Judg. 18,17; Judg. 18,17; Judg. 18,18; Judg. 18,18; Judg. 18,18; Judg. 18,18; Judg. 18,18; Judg. 18,18; Judg. 18,19; Judg. 18,19; Judg. 18,19; Judg. 18,19; Judg. 18,19; Judg. 18,20; Judg. 18,20; Judg. 18,20; Judg. 18,20; Judg. 18,20; Judg. 18,20; Judg. 18,21; Judg. 18,21; Judg. 18,21; Judg. 18,21; Judg. 18,22; Judg. 18,22; Judg. 18,23; Judg. 18,23; Judg. 18,24; Judg. 18,24; Judg. 18,24; Judg. 18,24; Judg. 18,24; Judg. 18,25; Judg. 18,25; Judg. 18,25; Judg. 18,26; Judg. 18,26; Judg. 18,26; Judg. 18,26; Judg. 18,27; Judg. 18,27; Judg. 18,27; Judg. 18,27; Judg. 18,27; Judg. 18,28; Judg. 18,28; Judg. 18,28; Judg. 18,28; Judg. 18,28; Judg. 18,29; Judg. 18,29; Judg. 18,30; Judg. 18,30; Judg. 18,30; Judg. 18,31; Judg. 19,1; Judg. 19,1; Judg. 19,1; Judg. 19,2; Judg. 19,2; Judg. 19,2; Judg. 19,3; Judg. 19,3; Judg. 19,3; Judg. 19,3; Judg. 19,3; Judg. 19,3; Judg. 19,3; Judg. 19,3; Judg. 19,4; Judg. 19,4; Judg. 19,4; Judg. 19,4; Judg. 19,4; Judg. 19,5; Judg. 19,5; Judg. 19,5; Judg. 19,5; Judg. 19,5; Judg. 19,6; Judg. 19,6; Judg. 19,6; Judg. 19,6; Judg. 19,6; Judg. 19,7; Judg. 19,7; Judg. 19,7; Judg. 19,8; Judg. 19,8; Judg. 19,8; Judg. 19,8; Judg. 19,8; Judg. 19,9; Judg. 19,9; Judg. 19,9; Judg. 19,9; Judg. 19,9; Judg. 19,9; Judg. 19,9; Judg. 19,10; Judg. 19,10; Judg. 19,10; Judg. 19,10; Judg. 19,10; Judg. 19,10; Judg. 19,11; Judg. 19,11; Judg. 19,11; Judg. 19,11; Judg. 19,12; Judg. 19,12; Judg. 19,13; Judg. 19,13; Judg. 19,13; Judg. 19,14; Judg. 19,14; Judg. 19,15; Judg. 19,15; Judg. 19,15; Judg. 19,15; Judg. 19,16; Judg. 19,16; Judg. 19,16; Judg. 19,16; Judg. 19,17; Judg. 19,17; Judg. 19,17; Judg. 19,18; Judg. 19,18; Judg. 19,18; Judg. 19,18; Judg. 19,19; Judg. 19,19; Judg. 19,19; Judg. 19,19; Judg. 19,20; Judg. 19,21; Judg. 19,21; Judg. 19,21; Judg. 19,21; Judg. 19,21; Judg. 19,22; Judg. 19,22; Judg. 19,22; Judg. 19,23; Judg. 19,23; Judg. 19,24; Judg. 19,24; Judg. 19,24; Judg. 19,24; Judg. 19,25; Judg. 19,25; Judg. 19,25; Judg. 19,25; Judg. 19,25; Judg. 19,25; Judg. 19,26; Judg. 19,26; Judg. 19,27; Judg. 19,27; Judg. 19,27; Judg. 19,27; Judg. 19,27; Judg. 19,28; Judg. 19,28; Judg. 19,28; Judg. 19,28; Judg. 19,28; Judg. 19,28; Judg. 19,29; Judg. 19,29; Judg. 19,29; Judg. 19,29; Judg. 19,29; Judg. 19,30; Judg. 19,30; Judg. 19,30; Judg. 20,1; Judg. 20,1; Judg. 20,1; Judg. 20,2; Judg. 20,3; Judg. 20,3; Judg. 20,4; Judg. 20,4; Judg. 20,4; Judg. 20,5; Judg. 20,5; Judg. 20,5; Judg. 20,5; Judg. 20,5; Judg. 20,5; Judg. 20,6; Judg. 20,6; Judg. 20,6; Judg. 20,7; Judg. 20,8; Judg. 20,8; Judg. 20,9; Judg. 20,10; Judg. 20,10; Judg. 20,10; Judg. 20,11; Judg. 20,13; Judg. 20,13; Judg. 20,13; Judg. 20,13; Judg. 20,14; Judg. 20,15; Judg. 20,15; Judg. 20,16; Judg. 20,17; Judg. 20,18; Judg. 20,18; Judg. 20,18; Judg. 20,18; Judg. 20,18; Judg. 20,19; Judg. 20,19; Judg. 20,20; Judg. 20,20; Judg. 20,21; Judg. 20,21; Judg. 20,21; Judg. 20,22; Judg. 20,22; Judg. 20,23; Judg. 20,23; Judg. 20,23; Judg. 20,23; Judg. 20,25; Judg. 20,25; Judg. 20,26; Judg. 20,26; Judg. 20,26; Judg. 20,26; Judg. 20,26; Judg. 20,26; Judg. 20,27; Judg. 20,27; Judg. 20,28; Judg. 20,28; Judg. 20,30; Judg. 20,30; Judg. 20,30; Judg. 20,31; Judg. 20,31; Judg. 20,31; Judg. 20,31; Judg. 20,31; Judg. 20,32; Judg. 20,32; Judg. 20,32; Judg. 20,33; Judg. 20,33; Judg. 20,33; Judg. 20,34; Judg. 20,34; Judg. 20,34; Judg. 20,35; Judg. 20,35; Judg. 20,35; Judg. 20,35; Judg. 20,36; Judg. 20,36; Judg. 20,37; Judg. 20,37; Judg. 20,37; Judg. 20,37; Judg. 20,38; Judg. 20,39; Judg. 20,39; Judg. 20,40; Judg. 20,40; Judg. 20,40; Judg. 20,41; Judg. 20,41; Judg. 20,41; Judg. 20,42; Judg. 20,42; Judg. 20,42; Judg. 20,43; Judg. 20,43; Judg. 20,44; Judg. 20,45; Judg. 20,45; Judg. 20,45; Judg. 20,45; Judg. 20,45; Judg. 20,46; Judg. 20,46; Judg. 20,47; Judg. 20,47; Judg. 20,47; Judg. 20,48; Judg. 20,48; Judg. 20,48; Judg. 21,2; Judg. 21,2; Judg. 21,2; Judg. 21,2; Judg. 21,2; Judg. 21,3; Judg. 21,4; Judg. 21,4; Judg. 21,4; Judg. 21,4; Judg. 21,5; Judg. 21,6; Judg. 21,6; Judg. 21,7; Judg. 21,8; Judg. 21,8; Judg. 21,9; Judg. 21,9; Judg. 21,10; Judg. 21,10; Judg. 21,10; Judg. 21,10; Judg. 21,10; Judg. 21,11; Judg. 21,11; Judg. 21,12; Judg. 21,12; Judg. 21,13; Judg. 21,13; Judg. 21,13; Judg. 21,14; Judg. 21,14; Judg. 21,14; Judg. 21,16; Judg. 21,17; Judg. 21,17; Judg. 21,18; Judg. 21,19; Judg. 21,19; Judg. 21,20; Judg. 21,20; Judg. 21,21; Judg. 21,21; Judg. 21,21; Judg. 21,21; Judg. 21,21; Judg. 21,22; Judg. 21,22; Judg. 21,23; Judg. 21,23; Judg. 21,23; Judg. 21,23; Judg. 21,23; Judg. 21,23; Judg. 21,24; Judg. 21,24; Judg. 21,24; Ruth 1,1; Ruth 1,1; Ruth 1,1; Ruth 1,1; Ruth 1,2; Ruth 1,2; Ruth 1,2; Ruth 1,2; Ruth 1,2; Ruth 1,2; Ruth 1,3; Ruth 1,3; Ruth 1,3; Ruth 1,4; Ruth 1,4; Ruth 1,4; Ruth 1,5; Ruth 1,5; Ruth 1,5; Ruth 1,5; Ruth 1,6; Ruth 1,6; Ruth 1,6; Ruth 1,7; Ruth 1,7; Ruth 1,7; Ruth 1,8; Ruth 1,8; Ruth 1,9; Ruth 1,9; Ruth 1,9; Ruth 1,9; Ruth 1,10; Ruth 1,11; Ruth 1,11; Ruth 1,11; Ruth 1,12; Ruth 1,14; Ruth 1,14; Ruth 1,14; Ruth 1,14; Ruth 1,15; Ruth 1,15; Ruth 1,15; Ruth 1,16; Ruth 1,16; Ruth 1,17; Ruth 1,17; Ruth 1,17; Ruth 1,19; Ruth 1,19; Ruth 1,20; Ruth 1,21; Ruth 1,21; Ruth 1,21; Ruth 1,21; Ruth 1,22; Ruth 1,22; Ruth 2,1; Ruth 2,2; Ruth 2,2; Ruth 2,3; Ruth 2,3; Ruth 2,3; Ruth 2,4; Ruth 2,4; Ruth 2,4; Ruth 2,5; Ruth 2,6; Ruth 2,6; Ruth 2,7; Ruth 2,7; Ruth 2,7; Ruth 2,7; Ruth 2,7; Ruth 2,8; Ruth 2,8; Ruth 2,9; Ruth 2,9; Ruth 2,9; Ruth 2,9; Ruth 2,10; Ruth 2,10; Ruth 2,10; Ruth 2,10; Ruth 2,11; Ruth 2,11; Ruth 2,11; Ruth 2,11; Ruth 2,11; Ruth 2,11; Ruth 2,12; Ruth 2,13; Ruth 2,13; Ruth 2,14; Ruth 2,14; Ruth 2,14; Ruth 2,14; Ruth 2,14; Ruth 2,14; Ruth 2,14; Ruth 2,14; Ruth 2,15; Ruth 2,15; Ruth 2,15; Ruth 2,16; Ruth 2,16; Ruth 2,16; Ruth 2,16; Ruth 2,17; Ruth 2,17; Ruth 2,17; Ruth 2,18; Ruth 2,18; Ruth 2,18; Ruth 2,18; Ruth 2,19; Ruth 2,19; Ruth 2,19; Ruth 2,19; Ruth 2,20; Ruth 2,20; Ruth 2,20; Ruth 2,21; Ruth 2,22; Ruth 2,22; Ruth 2,23; Ruth 2,23; Ruth 2,23; Ruth 3,2; Ruth 3,3; Ruth 3,3; Ruth 3,3; Ruth 3,3; Ruth 3,4; Ruth 3,4; Ruth 3,4; Ruth 3,4; Ruth 3,4; Ruth 3,4; Ruth 3,6; Ruth 3,6; Ruth 3,7; Ruth 3,7; Ruth 3,7; Ruth 3,7; Ruth 3,8; Ruth 3,8; Ruth 3,8; Ruth 3,9; Ruth 3,10; Ruth 3,11; Ruth 3,12; Ruth 3,13; Ruth 3,14; Ruth 3,14; Ruth 3,15; Ruth 3,15; Ruth 3,15; Ruth 3,15; Ruth 3,15; Ruth 3,16; Ruth 3,16; Ruth 3,17; Ruth 4,1; Ruth 4,1; Ruth 4,1; Ruth 4,1; Ruth 4,1; Ruth 4,2; Ruth 4,2; Ruth 4,2; Ruth 4,3; Ruth 4,4; Ruth 4,4; Ruth 4,5; Ruth 4,5; Ruth 4,5; Ruth 4,6; Ruth 4,7; Ruth 4,7; Ruth 4,7; Ruth 4,7; Ruth 4,7; Ruth 4,8; Ruth 4,8; Ruth 4,8; Ruth 4,9; Ruth 4,9; Ruth 4,9; Ruth 4,9; Ruth 4,10; Ruth 4,10; Ruth 4,11; Ruth 4,11; Ruth 4,11; Ruth 4,11; Ruth 4,11; Ruth 4,12; Ruth 4,13; Ruth 4,13; Ruth 4,13; Ruth 4,13; Ruth 4,13; Ruth 4,14; Ruth 4,14; Ruth 4,15; Ruth 4,15; Ruth 4,16; Ruth 4,16; Ruth 4,16;

καί

1183

Ruth 4,17; Ruth 4,17; Ruth 4,19; Ruth 4,20; Ruth 4,20; Ruth 4,21; Ruth 4,21; Ruth 4,22; Ruth 4,22; 1Sam. 1,1; 1Sam. 1,2; 1Sam. 1,2; 1Sam. 1,2; 1Sam. 1,2; 1Sam. 1,3; 1Sam. 1,3; 1Sam. 1,3; 1Sam. 1,3; 1Sam. 1,3; 1Sam. 1,4; 1Sam. 1,4; 1Sam. 1,4; 1Sam. 1,4; 1Sam. 1,4; 1Sam. 1,5; 1Sam. 1,5; 1Sam. 1,6; 1Sam. 1,6; 1Sam. 1,7; 1Sam. 1,7; 1Sam. 1,7; 1Sam. 1,8; 1Sam. 1,8; 1Sam. 1,8; 1Sam. 1,8; 1Sam. 1,8; 1Sam. 1,9; 1Sam. 1,9; 1Sam. 1,9; 1Sam. 1,10; 1Sam. 1,10; 1Sam. 1,10; 1Sam. 1,11; 1Sam. 1,11; 1Sam. 1,11; 1Sam. 1,11; 1Sam. 1,11; 1Sam. 1,11; 1Sam. 1,11; 1Sam. 1,12; 1Sam. 1,13; 1Sam. 1,13; 1Sam. 1,13; 1Sam. 1,13; 1Sam. 1,14; 1Sam. 1,14; 1Sam. 1,15; 1Sam. 1,15; 1Sam. 1,15; 1Sam. 1,15; 1Sam. 1,15; 1Sam. 1,17; 1Sam. 1,17; 1Sam. 1,18; 1Sam. 1,18; 1Sam. 1,18; 1Sam. 1,18; 1Sam. 1,18; 1Sam. 1,19; 1Sam. 1,19; 1Sam. 1,19; 1Sam. 1,19; 1Sam. 1,19; 1Sam. 1,19; 1Sam. 1,20; 1Sam. 1,20; 1Sam. 1,20; 1Sam. 1,20; 1Sam. 1,20; 1Sam. 1,21; 1Sam. 1,21; 1Sam. 1,21; 1Sam. 1,22; 1Sam. 1,22; 1Sam. 1,22; 1Sam. 1,23; 1Sam. 1,23; 1Sam. 1,23; 1Sam. 1,24; 1Sam. 1,24; 1Sam. 1,24; 1Sam. 1,24; 1Sam. 1,24; 1Sam. 1,24; 1Sam. 1,25; 1Sam. 1,25; 1Sam. 1,25; 1Sam. 1,25; 1Sam. 1,25; 1Sam. 1,26; 1Sam. 1,27; 1Sam. 2,2; 1Sam. 2,3; 1Sam. 2,3; 1Sam. 2,4; 1Sam. 2,5; 1Sam. 2,5; 1Sam. 2,6; 1Sam. 2,6; 1Sam. 2,7; 1Sam. 2,7; 1Sam. 2,8; 1Sam. 2,8; 1Sam. 2,9; 1Sam. 2,10; 1Sam. 2,10; 1Sam. 2,10; 1Sam. 2,10; 1Sam. 2,10; 1Sam. 2,10; 1Sam. 2,10; 1Sam. 2,10; 1Sam. 2,11; 1Sam. 2,11; 1Sam. 2,13; 1Sam. 2,13; 1Sam. 2,13; 1Sam. 2,14; 1Sam. 2,15; 1Sam. 2,15; 1Sam. 2,15; 1Sam. 2,16; 1Sam. 2,16; 1Sam. 2,16; 1Sam. 2,16; 1Sam. 2,17; 1Sam. 2,18; 1Sam. 2,19; 1Sam. 2,19; 1Sam. 2,20; 1Sam. 2,20; 1Sam. 2,20; 1Sam. 2,21; 1Sam. 2,21; 1Sam. 2,21; 1Sam. 2,21; 1Sam. 2,22; 1Sam. 2,23; 1Sam. 2,25; 1Sam. 2,25; 1Sam. 2,25; 1Sam. 2,26; 1Sam. 2,26; 1Sam. 2,26; 1Sam. 2,26; 1Sam. 2,27; 1Sam. 2,27; 1Sam. 2,28; 1Sam. 2,28; 1Sam. 2,28; 1Sam. 2,28; 1Sam. 2,28; 1Sam. 2,29; 1Sam. 2,29; 1Sam. 2,29; 1Sam. 2,30; 1Sam. 2,30; 1Sam. 2,30; 1Sam. 2,31; 1Sam. 2,31; 1Sam. 2,32; 1Sam. 2,33; 1Sam. 2,33; 1Sam. 2,33; 1Sam. 2,34; 1Sam. 2,34; 1Sam. 2,35; 1Sam. 2,35; 1Sam. 2,35; 1Sam. 2,35; 1Sam. 2,36; 1Sam. 3,1; 1Sam. 3,2; 1Sam. 3,2; 1Sam. 3,2; 1Sam. 3,2; 1Sam. 3,3; 1Sam. 3,3; 1Sam. 3,4; 1Sam. 3,4; 1Sam. 3,5; 1Sam. 3,5; 1Sam. 3,5; 1Sam. 3,5; 1Sam. 3,5; 1Sam. 3,6; 1Sam. 3,6; 1Sam. 3,6; 1Sam. 3,6; 1Sam. 3,6; 1Sam. 3,7; 1Sam. 3,7; 1Sam. 3,8; 1Sam. 3,8; 1Sam. 3,8; 1Sam. 3,8; 1Sam. 3,8; 1Sam. 3,9; 1Sam. 3,9; 1Sam. 3,9; 1Sam. 3,9; 1Sam. 3,9; 1Sam. 3,10; 1Sam. 3,10; 1Sam. 3,10; 1Sam. 3,10; 1Sam. 3,10; 1Sam. 3,11; 1Sam. 3,12; 1Sam. 3,13; 1Sam. 3,13; 1Sam. 3,13; 1Sam. 3,14; 1Sam. 3,15; 1Sam. 3,15; 1Sam. 3,15; 1Sam. 3,15; 1Sam. 3,16; 1Sam. 3,16; 1Sam. 3,17; 1Sam. 3,17; 1Sam. 3,18; 1Sam. 3,18; 1Sam. 3,18; 1Sam. 3,19; 1Sam. 3,19; 1Sam. 3,20; 1Sam. 3,20; 1Sam. 3,21; 1Sam. 3,21; 1Sam. 3,21; 1Sam. 3,21; 1Sam. 3,21; 1Sam. 3,21; 1Sam. 4,1; 1Sam. 4,1; 1Sam. 4,1; 1Sam. 4,1; 1Sam. 4,2; 1Sam. 4,2; 1Sam. 4,2; 1Sam. 4,2; 1Sam. 4,3; 1Sam. 4,3; 1Sam. 4,3; 1Sam. 4,3; 1Sam. 4,4; 1Sam. 4,4; 1Sam. 4,4; 1Sam. 4,4; 1Sam. 4,5; 1Sam. 4,5; 1Sam. 4,5; 1Sam. 4,6; 1Sam. 4,6; 1Sam. 4,6; 1Sam. 4,7; 1Sam. 4,7; 1Sam. 4,7; 1Sam. 4,8; 1Sam. 4,9; 1Sam. 4,9; 1Sam. 4,9; 1Sam. 4,10; 1Sam. 4,10; 1Sam. 4,10; 1Sam. 4,10; 1Sam. 4,11; 1Sam. 4,11; 1Sam. 4,11; 1Sam. 4,12; 1Sam. 4,12; 1Sam. 4,12; 1Sam. 4,13; 1Sam. 4,13; 1Sam. 4,13; 1Sam. 4,13; 1Sam. 4,14; 1Sam. 4,14; 1Sam. 4,14; 1Sam. 4,14; 1Sam. 4,15; 1Sam. 4,15; 1Sam. 4,15; 1Sam. 4,15; 1Sam. 4,16; 1Sam. 4,16; 1Sam. 4,16; 1Sam. 4,17; 1Sam. 4,17; 1Sam. 4,17; 1Sam. 4,17; 1Sam. 4,17; 1Sam. 4,18; 1Sam. 4,18; 1Sam. 4,18; 1Sam. 4,18; 1Sam. 4,18; 1Sam. 4,18; 1Sam. 4,19; 1Sam. 4,19; 1Sam. 4,19; 1Sam. 4,19; 1Sam. 4,19; 1Sam. 4,20; 1Sam. 4,20; 1Sam. 4,20; 1Sam. 4,20; 1Sam. 4,21; 1Sam. 4,21; 1Sam. 4,21; 1Sam. 4,22; 1Sam. 5,1; 1Sam. 5,2; 1Sam. 5,2; 1Sam. 5,2; 1Sam. 5,3; 1Sam. 5,3; 1Sam. 5,3; 1Sam. 5,3; 1Sam. 5,3; 1Sam. 5,3; 1Sam. 5,3; 1Sam. 5,3; 1Sam. 5,3; 1Sam. 5,3; 1Sam. 5,3; 1Sam. 5,4; 1Sam. 5,4; 1Sam. 5,4; 1Sam. 5,4; 1Sam. 5,4; 1Sam. 5,5; 1Sam. 5,6; 1Sam. 5,6; 1Sam. 5,6; 1Sam. 5,6; 1Sam. 5,6; 1Sam. 5,7; 1Sam. 5,7; 1Sam. 5,7; 1Sam. 5,8; 1Sam. 5,8; 1Sam. 5,8; 1Sam. 5,8; 1Sam. 5,8; 1Sam. 5,9; 1Sam. 5,9; 1Sam. 5,9; 1Sam. 5,9; 1Sam. 5,9; 1Sam. 5,10; 1Sam. 5,10; 1Sam. 5,10; 1Sam. 5,10; 1Sam. 5,11; 1Sam. 5,11; 1Sam. 5,11; 1Sam. 5,11; 1Sam. 5,11; 1Sam. 5,11; 1Sam. 5,12; 1Sam. 5,12; 1Sam. 5,12; 1Sam. 6,1; 1Sam. 6,2; 1Sam. 6,2; 1Sam. 6,2; 1Sam. 6,3; 1Sam. 6,3; 1Sam. 6,3; 1Sam. 6,4; 1Sam. 6,4; 1Sam. 6,4; 1Sam. 6,4; 1Sam. 6,5; 1Sam. 6,5; 1Sam. 6,5; 1Sam. 6,5; 1Sam. 6,6; 1Sam. 6,6; 1Sam. 6,6; 1Sam. 6,7; 1Sam. 6,7; 1Sam. 6,7; 1Sam. 6,7; 1Sam. 6,7; 1Sam. 6,8; 1Sam. 6,8; 1Sam. 6,8; 1Sam. 6,8; 1Sam. 6,8; 1Sam. 6,8; 1Sam. 6,8; 1Sam. 6,9; 1Sam. 6,9; 1Sam. 6,10; 1Sam. 6,10; 1Sam. 6,10; 1Sam. 6,10; 1Sam. 6,11; 1Sam. 6,11; 1Sam. 6,11; 1Sam. 6,12; 1Sam. 6,12; 1Sam. 6,12; 1Sam. 6,12; 1Sam. 6,13; 1Sam. 6,13; 1Sam. 6,13; 1Sam. 6,13; 1Sam. 6,14; 1Sam. 6,14; 1Sam. 6,14; 1Sam. 6,14; 1Sam. 6,15; 1Sam. 6,15; 1Sam. 6,15; 1Sam. 6,15; 1Sam. 6,15; 1Sam. 6,15; 1Sam. 6,16; 1Sam. 6,16; 1Sam. 6,17; 1Sam. 6,18; 1Sam. 6,18; 1Sam. 6,18; 1Sam. 6,19; 1Sam. 6,19; 1Sam. 6,19; 1Sam. 6,20; 1Sam. 6,20; 1Sam. 6,21; 1Sam. 6,21; 1Sam. 7,1; 1Sam. 7,1; 1Sam. 7,1; 1Sam. 7,1; 1Sam. 7,2; 1Sam. 7,2; 1Sam. 7,3; 1Sam. 7,3; 1Sam. 7,3; 1Sam. 7,3; 1Sam. 7,3; 1Sam. 7,4; 1Sam. 7,4; 1Sam. 7,4; 1Sam. 7,5; 1Sam. 7,5; 1Sam. 7,6; 1Sam. 7,6; 1Sam. 7,6; 1Sam. 7,6; 1Sam. 7,6; 1Sam. 7,6; 1Sam. 7,7; 1Sam. 7,7; 1Sam. 7,7; 1Sam. 7,7; 1Sam. 7,8; 1Sam. 7,8; 1Sam. 7,9; 1Sam. 7,9; 1Sam. 7,9; 1Sam. 7,9; 1Sam. 7,10; 1Sam. 7,10; 1Sam. 7,10; 1Sam. 7,10; 1Sam. 7,10; 1Sam. 7,11; 1Sam. 7,11; 1Sam. 7,11; 1Sam. 7,12; 1Sam. 7,12; 1Sam. 7,12; 1Sam. 7,12; 1Sam. 7,12; 1Sam. 7,13; 1Sam. 7,13; 1Sam. 7,13; 1Sam. 7,14; 1Sam. 7,14; 1Sam. 7,14; 1Sam. 7,14; 1Sam. 7,14; 1Sam. 7,15; 1Sam. 7,16; 1Sam. 7,16; 1Sam. 7,16; 1Sam. 7,16; 1Sam. 7,16; 1Sam. 7,17; 1Sam. 7,17; 1Sam. 8,1; 1Sam. 8,2; 1Sam. 8,2; 1Sam. 8,3; 1Sam. 8,3; 1Sam. 8,3; 1Sam. 8,3; 1Sam. 8,4; 1Sam. 8,4; 1Sam. 8,5; 1Sam. 8,5; 1Sam. 8,5; 1Sam. 8,6; 1Sam. 8,6; 1Sam. 8,7; 1Sam. 8,8; 1Sam. 8,8; 1Sam. 8,8; 1Sam. 8,9; 1Sam. 8,9; 1Sam. 8,10; 1Sam. 8,11; 1Sam. 8,11; 1Sam. 8,11; 1Sam. 8,11; 1Sam. 8,12; 1Sam. 8,12; 1Sam. 8,12; 1Sam. 8,12; 1Sam. 8,12; 1Sam. 8,12; 1Sam. 8,13; 1Sam. 8,13; 1Sam. 8,13; 1Sam. 8,14; 1Sam. 8,14; 1Sam. 8,14; 1Sam. 8,15; 1Sam. 8,15; 1Sam. 8,15; 1Sam. 8,15; 1Sam. 8,16; 1Sam. 8,16; 1Sam. 8,16; 1Sam. 8,16; 1Sam. 8,16; 1Sam. 8,17; 1Sam. 8,17; 1Sam. 8,18; 1Sam. 8,18; 1Sam. 8,19; 1Sam. 8,19; 1Sam. 8,20; 1Sam. 8,20; 1Sam. 8,20; 1Sam. 8,21; 1Sam. 8,21; 1Sam. 8,22; 1Sam. 8,22; 1Sam. 8,22; 1Sam. 9,1; 1Sam. 9,2; 1Sam. 9,2; 1Sam. 9,2; 1Sam. 9,2; 1Sam. 9,3; 1Sam. 9,3; 1Sam. 9,3; 1Sam. 9,3; 1Sam. 9,3; 1Sam. 9,4; 1Sam. 9,4; 1Sam. 9,4; 1Sam. 9,4; 1Sam. 9,4; 1Sam. 9,4; 1Sam. 9,4; 1Sam. 9,5; 1Sam. 9,5; 1Sam. 9,6; 1Sam. 9,6; 1Sam. 9,6; 1Sam. 9,7; 1Sam. 9,7; 1Sam. 9,7; 1Sam. 9,8; 1Sam. 9,8; 1Sam. 9,8; 1Sam. 9,8; 1Sam. 9,9; 1Sam. 9,10; 1Sam. 9,10; 1Sam. 9,10; 1Sam. 9,11; 1Sam. 9,11; 1Sam. 9,12; 1Sam. 9,12; 1Sam. 9,13; 1Sam. 9,13; 1Sam. 9,14; 1Sam. 9,14; 1Sam. 9,15; 1Sam. 9,16; 1Sam. 9,16; 1Sam. 9,17; 1Sam. 9,17; 1Sam. 9,18; 1Sam. 9,18; 1Sam. 9,19; 1Sam. 9,19; 1Sam. 9,19; 1Sam. 9,19; 1Sam. 9,19; 1Sam. 9,20; 1Sam. 9,20; 1Sam. 9,20; 1Sam. 9,21; 1Sam. 9,21; 1Sam. 9,21; 1Sam. 9,21; 1Sam. 9,22; 1Sam. 9,22; 1Sam. 9,22; 1Sam. 9,22; 1Sam. 9,23; 1Sam. 9,24; 1Sam. 9,24; 1Sam. 9,24; 1Sam. 9,24; 1Sam. 9,24; 1Sam. 9,25; 1Sam. 9,25; 1Sam. 9,26; 1Sam. 9,26; 1Sam. 9,26; 1Sam. 9,26; 1Sam. 9,26; 1Sam. 9,26; 1Sam. 9,26;

Κ, κ

1Sam. 9,27; 1Sam. 9,27; 1Sam. 9,27; 1Sam. 9,27; 1Sam. 10,1; 1Sam. 10,1; 1Sam. 10,1; 1Sam. 10,1; 1Sam. 10,1; 1Sam. 10,1; 1Sam. 10,2; 1Sam. 10,2; 1Sam. 10,2; 1Sam. 10,2; 1Sam. 10,3; 1Sam. 10,3; 1Sam. 10,3; 1Sam. 10,3; 1Sam. 10,3; 1Sam. 10,4; 1Sam. 10,4; 1Sam. 10,4; 1Sam. 10,5; 1Sam. 10,5; 1Sam. 10,5; 1Sam. 10,5; 1Sam. 10,5; 1Sam. 10,5; 1Sam. 10,5; 1Sam. 10,5; 1Sam. 10,6; 1Sam. 10,6; 1Sam. 10,6; 1Sam. 10,7; 1Sam. 10,8; 1Sam. 10,8; 1Sam. 10,8; 1Sam. 10,8; 1Sam. 10,9; 1Sam. 10,9; 1Sam. 10,10; 1Sam. 10,10; 1Sam. 10,10; 1Sam. 10,10; 1Sam. 10,11; 1Sam. 10,11; 1Sam. 10,11; 1Sam. 10,11; 1Sam. 10,11; 1Sam. 10,12; 1Sam. 10,12; 1Sam. 10,13; 1Sam. 10,13; 1Sam. 10,14; 1Sam. 10,14; 1Sam. 10,14; 1Sam. 10,14; 1Sam. 10,14; 1Sam. 10,15; 1Sam. 10,16; 1Sam. 10,18; 1Sam. 10,18; 1Sam. 10,18; 1Sam. 10,19; 1Sam. 10,19; 1Sam. 10,19; 1Sam. 10,19; 1Sam. 10,19; 1Sam. 10,20; 1Sam. 10,20; 1Sam. 10,21; 1Sam. 10,21; 1Sam. 10,21; 1Sam. 10,21; 1Sam. 10,21; 1Sam. 10,21; 1Sam. 10,22; 1Sam. 10,22; 1Sam. 10,23; 1Sam. 10,23; 1Sam. 10,23; 1Sam. 10,23; 1Sam. 10,23; 1Sam. 10,24; 1Sam. 10,24; 1Sam. 10,24; 1Sam. 10,25; 1Sam. 10,25; 1Sam. 10,25; 1Sam. 10,25; 1Sam. 10,25; 1Sam. 10,26; 1Sam. 10,26; 1Sam. 10,27; 1Sam. 10,27; 1Sam. 10,27; 1Sam. 11,1; 1Sam. 11,1; 1Sam. 11,1; 1Sam. 11,1; 1Sam. 11,2; 1Sam. 11,2; 1Sam. 11,3; 1Sam. 11,3; 1Sam. 11,4; 1Sam. 11,4; 1Sam. 11,4; 1Sam. 11,4; 1Sam. 11,5; 1Sam. 11,5; 1Sam. 11,5; 1Sam. 11,6; 1Sam. 11,6; 1Sam. 11,7; 1Sam. 11,7; 1Sam. 11,7; 1Sam. 11,7; 1Sam. 11,7; 1Sam. 11,7; 1Sam. 11,8; 1Sam. 11,8; 1Sam. 11,9; 1Sam. 11,9; 1Sam. 11,9; 1Sam. 11,9; 1Sam. 11,10; 1Sam. 11,10; 1Sam. 11,11; 1Sam. 11,11; 1Sam. 11,11; 1Sam. 11,11; 1Sam. 11,11; 1Sam. 11,11; 1Sam. 11,12; 1Sam. 11,12; 1Sam. 11,13; 1Sam. 11,14; 1Sam. 11,15; 1Sam. 11,15; 1Sam. 11,15; 1Sam. 11,15; 1Sam. 11,15; 1Sam. 11,15; 1Sam. 12,1; 1Sam. 12,2; 1Sam. 12,2; 1Sam. 12,2; 1Sam. 12,2; 1Sam. 12,3; 1Sam. 12,3; 1Sam. 12,3; 1Sam. 12,4; 1Sam. 12,4; 1Sam. 12,4; 1Sam. 12,4; 1Sam. 12,5; 1Sam. 12,5; 1Sam. 12,5; 1Sam. 12,6; 1Sam. 12,6; 1Sam. 12,7; 1Sam. 12,7; 1Sam. 12,7; 1Sam. 12,7; 1Sam. 12,8; 1Sam. 12,8; 1Sam. 12,8; 1Sam. 12,8; 1Sam. 12,8; 1Sam. 12,8; 1Sam. 12,8; 1Sam. 12,9; 1Sam. 12,9; 1Sam. 12,9; 1Sam. 12,9; 1Sam. 12,9; 1Sam. 12,10; 1Sam. 12,10; 1Sam. 12,10; 1Sam. 12,10; 1Sam. 12,10; 1Sam. 12,10; 1Sam. 12,11; 1Sam. 12,11; 1Sam. 12,11; 1Sam. 12,11; 1Sam. 12,11; 1Sam. 12,11; 1Sam. 12,12; 1Sam. 12,12; 1Sam. 12,12; 1Sam. 12,13; 1Sam. 12,13; 1Sam. 12,14; 1Sam. 12,14; 1Sam. 12,14; 1Sam. 12,14; 1Sam. 12,14; 1Sam. 12,14; 1Sam. 12,15; 1Sam. 12,15; 1Sam. 12,16; 1Sam. 12,16; 1Sam. 12,17; 1Sam. 12,17; 1Sam. 12,17; 1Sam. 12,17; 1Sam. 12,18; 1Sam. 12,18; 1Sam. 12,18; 1Sam. 12,18; 1Sam. 12,18; 1Sam. 12,19; 1Sam. 12,19; 1Sam. 12,20; 1Sam. 12,20; 1Sam. 12,21; 1Sam. 12,21; 1Sam. 12,23; 1Sam. 12,23; 1Sam. 12,23; 1Sam. 12,23; 1Sam. 12,24; 1Sam. 12,24; 1Sam. 12,25; 1Sam. 12,25; 1Sam. 12,25; 1Sam. 13,2; 1Sam. 13,2; 1Sam. 13,2; 1Sam. 13,3; 1Sam. 13,3; 1Sam. 13,3; 1Sam. 13,4; 1Sam. 13,4; 1Sam. 13,4; 1Sam. 13,5; 1Sam. 13,5; 1Sam. 13,5; 1Sam. 13,5; 1Sam. 13,5; 1Sam. 13,5; 1Sam. 13,6; 1Sam. 13,6; 1Sam. 13,6; 1Sam. 13,6; 1Sam. 13,6; 1Sam. 13,6; 1Sam. 13,7; 1Sam. 13,7; 1Sam. 13,7; 1Sam. 13,7; 1Sam. 13,8; 1Sam. 13,8; 1Sam. 13,8; 1Sam. 13,9; 1Sam. 13,9; 1Sam. 13,9; 1Sam. 13,10; 1Sam. 13,10; 1Sam. 13,11; 1Sam. 13,11; 1Sam. 13,11; 1Sam. 13,11; 1Sam. 13,12; 1Sam. 13,12; 1Sam. 13,12; 1Sam. 13,12; 1Sam. 13,13; 1Sam. 13,14; 1Sam. 13,14; 1Sam. 13,14; 1Sam. 13,15; 1Sam. 13,15; 1Sam. 13,15; 1Sam. 13,15; 1Sam. 13,16; 1Sam. 13,16; 1Sam. 13,16; 1Sam. 13,16; 1Sam. 13,16; 1Sam. 13,17; 1Sam. 13,18; 1Sam. 13,18; 1Sam. 13,19; 1Sam. 13,19; 1Sam. 13,20; 1Sam. 13,20; 1Sam. 13,20; 1Sam. 13,20; 1Sam. 13,21; 1Sam. 13,21; 1Sam. 13,21; 1Sam. 13,22; 1Sam. 13,22; 1Sam. 13,22; 1Sam. 13,22; 1Sam. 13,22; 1Sam. 13,22; 1Sam. 13,23; 1Sam. 14,1; 1Sam. 14,1; 1Sam. 14,1; 1Sam. 14,2; 1Sam. 14,2; 1Sam. 14,3; 1Sam. 14,3; 1Sam. 14,4; 1Sam. 14,4; 1Sam. 14,4; 1Sam. 14,4; 1Sam. 14,5; 1Sam. 14,6; 1Sam. 14,7; 1Sam. 14,8; 1Sam. 14,8; 1Sam. 14,9; 1Sam. 14,9; 1Sam. 14,10; 1Sam. 14,10; 1Sam. 14,11; 1Sam. 14,11; 1Sam. 14,12; 1Sam. 14,12; 1Sam. 14,12; 1Sam. 14,12; 1Sam. 14,12; 1Sam. 14,13; 1Sam. 14,13; 1Sam. 14,13; 1Sam. 14,13; 1Sam. 14,13; 1Sam. 14,13; 1Sam. 14,14; 1Sam. 14,14; 1Sam. 14,14; 1Sam. 14,14; 1Sam. 14,15; 1Sam. 14,15; 1Sam. 14,15; 1Sam. 14,15; 1Sam. 14,15; 1Sam. 14,15; 1Sam. 14,15; 1Sam. 14,15; 1Sam. 14,16; 1Sam. 14,16; 1Sam. 14,16; 1Sam. 14,17; 1Sam. 14,17; 1Sam. 14,17; 1Sam. 14,17; 1Sam. 14,17; 1Sam. 14,18; 1Sam. 14,19; 1Sam. 14,19; 1Sam. 14,19; 1Sam. 14,19; 1Sam. 14,20; 1Sam. 14,20; 1Sam. 14,20; 1Sam. 14,20; 1Sam. 14,21; 1Sam. 14,21; 1Sam. 14,21; 1Sam. 14,21; 1Sam. 14,22; 1Sam. 14,22; 1Sam. 14,22; 1Sam. 14,22; 1Sam. 14,23; 1Sam. 14,23; 1Sam. 14,23; 1Sam. 14,24; 1Sam. 14,24; 1Sam. 14,24; 1Sam. 14,24; 1Sam. 14,25; 1Sam. 14,25; 1Sam. 14,26; 1Sam. 14,26; 1Sam. 14,26; 1Sam. 14,27; 1Sam. 14,27; 1Sam. 14,27; 1Sam. 14,27; 1Sam. 14,27; 1Sam. 14,28; 1Sam. 14,28; 1Sam. 14,28; 1Sam. 14,29; 1Sam. 14,29; 1Sam. 14,31; 1Sam. 14,31; 1Sam. 14,32; 1Sam. 14,32; 1Sam. 14,32; 1Sam. 14,32; 1Sam. 14,32; 1Sam. 14,32; 1Sam. 14,33; 1Sam. 14,33; 1Sam. 14,34; 1Sam. 14,34; 1Sam. 14,34; 1Sam. 14,34; 1Sam. 14,34; 1Sam. 14,34; 1Sam. 14,35; 1Sam. 14,36; 1Sam. 14,36; 1Sam. 14,36; 1Sam. 14,36; 1Sam. 14,37; 1Sam. 14,37; 1Sam. 14,38; 1Sam. 14,38; 1Sam. 14,38; 1Sam. 14,39; 1Sam. 14,40; 1Sam. 14,40; 1Sam. 14,40; 1Sam. 14,40; 1Sam. 14,41; 1Sam. 14,41; 1Sam. 14,41; 1Sam. 14,41; 1Sam. 14,41; 1Sam. 14,42; 1Sam. 14,42; 1Sam. 14,42; 1Sam. 14,42; 1Sam. 14,42; 1Sam. 14,42; 1Sam. 14,42; 1Sam. 14,43; 1Sam. 14,43; 1Sam. 14,43; 1Sam. 14,44; 1Sam. 14,44; 1Sam. 14,45; 1Sam. 14,45; 1Sam. 14,45; 1Sam. 14,46; 1Sam. 14,46; 1Sam. 14,47; 1Sam. 14,47; 1Sam. 14,47; 1Sam. 14,47; 1Sam. 14,47; 1Sam. 14,47; 1Sam. 14,48; 1Sam. 14,48; 1Sam. 14,48; 1Sam. 14,49; 1Sam. 14,49; 1Sam. 14,49; 1Sam. 14,49; 1Sam. 14,49; 1Sam. 14,50; 1Sam. 14,50; 1Sam. 14,51; 1Sam. 14,51; 1Sam. 14,52; 1Sam. 14,52; 1Sam. 14,52; 1Sam. 14,52; 1Sam. 15,1; 1Sam. 15,3; 1Sam. 15,3; 1Sam. 15,3; 1Sam. 15,3; 1Sam. 15,3; 1Sam. 15,3; 1Sam. 15,3; 1Sam. 15,3; 1Sam. 15,3; 1Sam. 15,3; 1Sam. 15,3; 1Sam. 15,3; 1Sam. 15,3; 1Sam. 15,4; 1Sam. 15,4; 1Sam. 15,4; 1Sam. 15,5; 1Sam. 15,5; 1Sam. 15,6; 1Sam. 15,6; 1Sam. 15,6; 1Sam. 15,6; 1Sam. 15,7; 1Sam. 15,8; 1Sam. 15,8; 1Sam. 15,9; 1Sam. 15,9; 1Sam. 15,9; 1Sam. 15,9; 1Sam. 15,9; 1Sam. 15,9; 1Sam. 15,9; 1Sam. 15,9; 1Sam. 15,9; 1Sam. 15,9; 1Sam. 15,11; 1Sam. 15,11; 1Sam. 15,11; 1Sam. 15,12; 1Sam. 15,12; 1Sam. 15,12; 1Sam. 15,12; 1Sam. 15,12; 1Sam. 15,12; 1Sam. 15,12; 1Sam. 15,13; 1Sam. 15,13; 1Sam. 15,14; 1Sam. 15,14; 1Sam. 15,15; 1Sam. 15,15; 1Sam. 15,15; 1Sam. 15,16; 1Sam. 15,16; 1Sam. 15,16; 1Sam. 15,17; 1Sam. 15,17; 1Sam. 15,18; 1Sam. 15,18; 1Sam. 15,18; 1Sam. 15,18; 1Sam. 15,19; 1Sam. 15,19; 1Sam. 15,20; 1Sam. 15,20; 1Sam. 15,20; 1Sam. 15,20; 1Sam. 15,21; 1Sam. 15,21; 1Sam. 15,22; 1Sam. 15,22; 1Sam. 15,22; 1Sam. 15,23; 1Sam. 15,23; 1Sam. 15,24; 1Sam. 15,24; 1Sam. 15,24; 1Sam. 15,25; 1Sam. 15,25; 1Sam. 15,25; 1Sam. 15,26; 1Sam. 15,26; 1Sam. 15,27; 1Sam. 15,27; 1Sam. 15,27; 1Sam. 15,28; 1Sam. 15,28; 1Sam. 15,29; 1Sam. 15,29; 1Sam. 15,30; 1Sam. 15,30; 1Sam. 15,30; 1Sam. 15,30; 1Sam. 15,31; 1Sam. 15,31; 1Sam. 15,32; 1Sam. 15,32; 1Sam. 15,32; 1Sam. 15,33; 1Sam. 15,33; 1Sam. 15,34; 1Sam. 15,34; 1Sam. 15,35; 1Sam. 15,35; 1Sam. 16,1; 1Sam. 16,2; 1Sam. 16,2; 1Sam. 16,2; 1Sam. 16,2;

καί

1Sam. 16,2; 1Sam. 16,3; 1Sam. 16,3; 1Sam. 16,3; 1Sam. 16,4; 1Sam. 16,4; 1Sam. 16,4; 1Sam. 16,4; 1Sam. 16,5; 1Sam. 16,5; 1Sam. 16,5; 1Sam. 16,5; 1Sam. 16,5; 1Sam. 16,6; 1Sam. 16,6; 1Sam. 16,6; 1Sam. 16,7; 1Sam. 16,8; 1Sam. 16,8; 1Sam. 16,8; 1Sam. 16,9; 1Sam. 16,9; 1Sam. 16,10; 1Sam. 16,10; 1Sam. 16,11; 1Sam. 16,11; 1Sam. 16,11; 1Sam. 16,11; 1Sam. 16,12; 1Sam. 16,12; 1Sam. 16,12; 1Sam. 16,12; 1Sam. 16,12; 1Sam. 16,12; 1Sam. 16,13; 1Sam. 16,13; 1Sam. 16,13; 1Sam. 16,13; 1Sam. 16,13; 1Sam. 16,13; 1Sam. 16,14; 1Sam. 16,15; 1Sam. 16,16; 1Sam. 16,16; 1Sam. 16,16; 1Sam. 16,16; 1Sam. 16,16; 1Sam. 16,17; 1Sam. 16,17; 1Sam. 16,18; 1Sam. 16,18; 1Sam. 16,18; 1Sam. 16,18; 1Sam. 16,18; 1Sam. 16,18; 1Sam. 16,18; 1Sam. 16,18; 1Sam. 16,19; 1Sam. 16,20; 1Sam. 16,20; 1Sam. 16,20; 1Sam. 16,20; 1Sam. 16,21; 1Sam. 16,21; 1Sam. 16,21; 1Sam. 16,21; 1Sam. 16,22; 1Sam. 16,23; 1Sam. 16,23; 1Sam. 16,23; 1Sam. 16,23; 1Sam. 16,23; 1Sam. 16,23; 1Sam. 17,1; 1Sam. 17,1; 1Sam. 17,1; 1Sam. 17,2; 1Sam. 17,2; 1Sam. 17,2; 1Sam. 17,3; 1Sam. 17,3; 1Sam. 17,3; 1Sam. 17,4; 1Sam. 17,4; 1Sam. 17,5; 1Sam. 17,5; 1Sam. 17,5; 1Sam. 17,5; 1Sam. 17,6; 1Sam. 17,6; 1Sam. 17,7; 1Sam. 17,7; 1Sam. 17,7; 1Sam. 17,8; 1Sam. 17,8; 1Sam. 17,8; 1Sam. 17,8; 1Sam. 17,8; 1Sam. 17,9; 1Sam. 17,9; 1Sam. 17,9; 1Sam. 17,9; 1Sam. 17,9; 1Sam. 17,10; 1Sam. 17,10; 1Sam. 17,11; 1Sam. 17,11; 1Sam. 17,11; 1Sam. 17,11; 1Sam. 17,32; 1Sam. 17,33; 1Sam. 17,33; 1Sam. 17,34; 1Sam. 17,34; 1Sam. 17,34; 1Sam. 17,34; 1Sam. 17,35; 1Sam. 17,35; 1Sam. 17,35; 1Sam. 17,35; 1Sam. 17,35; 1Sam. 17,35; 1Sam. 17,35; 1Sam. 17,36; 1Sam. 17,36; 1Sam. 17,36; 1Sam. 17,36; 1Sam. 17,36; 1Sam. 17,37; 1Sam. 17,37; 1Sam. 17,37; 1Sam. 17,38; 1Sam. 17,38; 1Sam. 17,39; 1Sam. 17,39; 1Sam. 17,39; 1Sam. 17,39; 1Sam. 17,39; 1Sam. 17,40; 1Sam. 17,40; 1Sam. 17,40; 1Sam. 17,40; 1Sam. 17,40; 1Sam. 17,42; 1Sam. 17,42; 1Sam. 17,42; 1Sam. 17,43; 1Sam. 17,43; 1Sam. 17,43; 1Sam. 17,43; 1Sam. 17,44; 1Sam. 17,44; 1Sam. 17,44; 1Sam. 17,45; 1Sam. 17,45; 1Sam. 17,45; 1Sam. 17,46; 1Sam. 17,46; 1Sam. 17,46; 1Sam. 17,46; 1Sam. 17,46; 1Sam. 17,46; 1Sam. 17,47; 1Sam. 17,47; 1Sam. 17,47; 1Sam. 17,48; 1Sam. 17,48; 1Sam. 17,49; 1Sam. 17,49; 1Sam. 17,49; 1Sam. 17,49; 1Sam. 17,49; 1Sam. 17,49; 1Sam. 17,51; 1Sam. 17,51; 1Sam. 17,51; 1Sam. 17,51; 1Sam. 17,51; 1Sam. 17,51; 1Sam. 17,51; 1Sam. 17,52; 1Sam. 17,52; 1Sam. 17,52; 1Sam. 17,52; 1Sam. 17,52; 1Sam. 17,52; 1Sam. 17,52; 1Sam. 17,52; 1Sam. 17,53; 1Sam. 17,53; 1Sam. 17,54; 1Sam. 17,54; 1Sam. 17,54; 1Sam. 18,6; 1Sam. 18,6; 1Sam. 18,7; 1Sam. 18,7; 1Sam. 18,7; 1Sam. 18,8; 1Sam. 18,8; 1Sam. 18,8; 1Sam. 18,9; 1Sam. 18,9; 1Sam. 18,12; 1Sam. 18,13; 1Sam. 18,13; 1Sam. 18,13; 1Sam. 18,13; 1Sam. 18,14; 1Sam. 18,14; 1Sam. 18,15; 1Sam. 18,15; 1Sam. 18,16; 1Sam. 18,16; 1Sam. 18,16; 1Sam. 18,20; 1Sam. 18,20; 1Sam. 18,21; 1Sam. 18,21; 1Sam. 18,21; 1Sam. 18,22; 1Sam. 18,22; 1Sam. 18,22; 1Sam. 18,23; 1Sam. 18,23; 1Sam. 18,23; 1Sam. 18,24; 1Sam. 18,25; 1Sam. 18,25; 1Sam. 18,26; 1Sam. 18,26; 1Sam. 18,27; 1Sam. 18,27; 1Sam. 18,27; 1Sam. 18,27; 1Sam. 18,27; 1Sam. 18,27; 1Sam. 18,27; 1Sam. 18,28; 1Sam. 18,28; 1Sam. 18,29; 1Sam. 19,1; 1Sam. 19,1; 1Sam. 19,2; 1Sam. 19,2; 1Sam. 19,2; 1Sam. 19,3; 1Sam. 19,3; 1Sam. 19,3; 1Sam. 19,3; 1Sam. 19,3; 1Sam. 19,4; 1Sam. 19,4; 1Sam. 19,4; 1Sam. 19,5; 1Sam. 19,5; 1Sam. 19,5; 1Sam. 19,5; 1Sam. 19,5; 1Sam. 19,5; 1Sam. 19,6; 1Sam. 19,6; 1Sam. 19,7; 1Sam. 19,7; 1Sam. 19,7; 1Sam. 19,7; 1Sam. 19,7; 1Sam. 19,8; 1Sam. 19,8; 1Sam. 19,8; 1Sam. 19,8; 1Sam. 19,8; 1Sam. 19,9; 1Sam. 19,9; 1Sam. 19,9; 1Sam. 19,10; 1Sam. 19,10; 1Sam. 19,10; 1Sam. 19,10; 1Sam. 19,10; 1Sam. 19,11; 1Sam. 19,11; 1Sam. 19,11; 1Sam. 19,12; 1Sam. 19,12; 1Sam. 19,12; 1Sam. 19,12; 1Sam. 19,13; 1Sam. 19,13; 1Sam. 19,13; 1Sam. 19,13; 1Sam. 19,14; 1Sam. 19,14; 1Sam. 19,15; 1Sam. 19,16; 1Sam. 19,16; 1Sam. 19,16; 1Sam. 19,17; 1Sam. 19,17; 1Sam. 19,17; 1Sam. 19,17; 1Sam. 19,18; 1Sam. 19,18; 1Sam. 19,18; 1Sam. 19,18; 1Sam. 19,18; 1Sam. 19,18; 1Sam. 19,19; 1Sam. 19,20; 1Sam. 19,20; 1Sam. 19,20; 1Sam. 19,20; 1Sam. 19,20; 1Sam. 19,21; 1Sam. 19,21; 1Sam. 19,21; 1Sam. 19,21; 1Sam. 19,21; 1Sam. 19,22; 1Sam. 19,22; 1Sam. 19,22; 1Sam. 19,22; 1Sam. 19,22; 1Sam. 19,22; 1Sam. 19,23; 1Sam. 19,23; 1Sam. 19,23; 1Sam. 19,24; 1Sam. 19,24; 1Sam. 19,24; 1Sam. 19,24; 1Sam. 20,1; 1Sam. 20,1; 1Sam. 20,1; 1Sam. 20,1; 1Sam. 20,2; 1Sam. 20,2; 1Sam. 20,2; 1Sam. 20,3; 1Sam. 20,3; 1Sam. 20,3; 1Sam. 20,3; 1Sam. 20,3; 1Sam. 20,4; 1Sam. 20,4; 1Sam. 20,5; 1Sam. 20,5; 1Sam. 20,5; 1Sam. 20,5; 1Sam. 20,6; 1Sam. 20,7; 1Sam. 20,8; 1Sam. 20,8; 1Sam. 20,8; 1Sam. 20,9; 1Sam. 20,9; 1Sam. 20,10; 1Sam. 20,11; 1Sam. 20,11; 1Sam. 20,11; 1Sam. 20,12; 1Sam. 20,12; 1Sam. 20,12; 1Sam. 20,13; 1Sam. 20,13; 1Sam. 20,13; 1Sam. 20,13; 1Sam. 20,13; 1Sam. 20,14; 1Sam. 20,14; 1Sam. 20,14; 1Sam. 20,15; 1Sam. 20,16; 1Sam. 20,17; 1Sam. 20,18; 1Sam. 20,18; 1Sam. 20,19; 1Sam. 20,19; 1Sam. 20,19; 1Sam. 20,19; 1Sam. 20,20; 1Sam. 20,21; 1Sam. 20,21; 1Sam. 20,21; 1Sam. 20,22; 1Sam. 20,23; 1Sam. 20,23; 1Sam. 20,23; 1Sam. 20,24; 1Sam. 20,24; 1Sam. 20,25; 1Sam. 20,25; 1Sam. 20,25; 1Sam. 20,25; 1Sam. 20,25; 1Sam. 20,26; 1Sam. 20,27; 1Sam. 20,27; 1Sam. 20,27; 1Sam. 20,27; 1Sam. 20,27; 1Sam. 20,28; 1Sam. 20,28; 1Sam. 20,29; 1Sam. 20,29; 1Sam. 20,29; 1Sam. 20,29; 1Sam. 20,30; 1Sam. 20,30; 1Sam. 20,30; 1Sam. 20,32; 1Sam. 20,33; 1Sam. 20,33; 1Sam. 20,34; 1Sam. 20,34; 1Sam. 20,35; 1Sam. 20,35; 1Sam. 20,36; 1Sam. 20,36; 1Sam. 20,36; 1Sam. 20,36; 1Sam. 20,37; 1Sam. 20,37; 1Sam. 20,37; 1Sam. 20,37; 1Sam. 20,38; 1Sam. 20,38; 1Sam. 20,38; 1Sam. 20,39; 1Sam. 20,39; 1Sam. 20,40; 1Sam. 20,40; 1Sam. 20,41; 1Sam. 20,41; 1Sam. 20,41; 1Sam. 20,41; 1Sam. 20,41; 1Sam. 20,41; 1Sam. 20,42; 1Sam. 20,42; 1Sam. 20,42; 1Sam. 20,42; 1Sam. 20,42; 1Sam. 21,1; 1Sam. 21,1; 1Sam. 21,1; 1Sam. 21,2; 1Sam. 21,2; 1Sam. 21,2; 1Sam. 21,3; 1Sam. 21,3; 1Sam. 21,3; 1Sam. 21,3; 1Sam. 21,4; 1Sam. 21,5; 1Sam. 21,5; 1Sam. 21,6; 1Sam. 21,6; 1Sam. 21,6; 1Sam. 21,6; 1Sam. 21,7; 1Sam. 21,8; 1Sam. 21,8; 1Sam. 21,9; 1Sam. 21,9; 1Sam. 21,10; 1Sam. 21,10; 1Sam. 21,10; 1Sam. 21,11; 1Sam. 21,11; 1Sam. 21,11; 1Sam. 21,12; 1Sam. 21,12; 1Sam. 21,13; 1Sam. 21,13; 1Sam. 21,14; 1Sam. 21,14; 1Sam. 21,14; 1Sam. 21,14; 1Sam. 21,14; 1Sam. 21,14; 1Sam. 21,15; 1Sam. 22,1; 1Sam. 22,1; 1Sam. 22,1; 1Sam. 22,1; 1Sam. 22,1; 1Sam. 22,2; 1Sam. 22,2; 1Sam. 22,2; 1Sam. 22,2; 1Sam. 22,2; 1Sam. 22,3; 1Sam. 22,3; 1Sam. 22,3; 1Sam. 22,4; 1Sam. 22,4; 1Sam. 22,5; 1Sam. 22,5; 1Sam. 22,5; 1Sam. 22,5; 1Sam. 22,5; 1Sam. 22,6; 1Sam. 22,6; 1Sam. 22,6; 1Sam. 22,6; 1Sam. 22,7; 1Sam. 22,7; 1Sam. 22,7; 1Sam. 22,7; 1Sam. 22,7; 1Sam. 22,8; 1Sam. 22,8; 1Sam. 22,8; 1Sam. 22,9; 1Sam. 22,9; 1Sam. 22,10; 1Sam. 22,10; 1Sam. 22,10; 1Sam. 22,11; 1Sam. 22,11; 1Sam. 22,11; 1Sam. 22,12; 1Sam. 22,12; 1Sam. 22,13; 1Sam. 22,13; 1Sam. 22,13; 1Sam. 22,13; 1Sam. 22,14; 1Sam. 22,14; 1Sam. 22,14; 1Sam. 22,14; 1Sam. 22,14; 1Sam. 22,15; 1Sam. 22,16; 1Sam. 22,16; 1Sam. 22,17; 1Sam. 22,17; 1Sam. 22,17; 1Sam. 22,17; 1Sam. 22,17; 1Sam. 22,18; 1Sam. 22,18; 1Sam. 22,18; 1Sam. 22,18; 1Sam. 22,18; 1Sam. 22,19; 1Sam. 22,19; 1Sam. 22,19; 1Sam. 22,19; 1Sam. 22,20; 1Sam. 22,20; 1Sam. 22,20; 1Sam. 22,21; 1Sam. 22,22; 1Sam. 22,23; 1Sam. 23,1; 1Sam. 23,2; 1Sam. 23,2; 1Sam. 23,2; 1Sam. 23,2; 1Sam. 23,2; 1Sam. 23,3; 1Sam. 23,3; 1Sam. 23,4; 1Sam. 23,4; 1Sam. 23,4; 1Sam. 23,4; 1Sam. 23,5; 1Sam. 23,5; 1Sam. 23,5; 1Sam. 23,5; 1Sam. 23,5; 1Sam. 23,5; 1Sam. 23,5; 1Sam. 23,6; 1Sam. 23,7; 1Sam. 23,7;

K, κ

1Sam. 23,7; 1Sam. 23,8; 1Sam. 23,8; 1Sam. 23,9; 1Sam. 23,9; 1Sam. 23,10; 1Sam. 23,11; 1Sam. 23,11; 1Sam. 23,13; 1Sam. 23,13; 1Sam. 23,13; 1Sam. 23,13; 1Sam. 23,13; 1Sam. 23,13; 1Sam. 23,14; 1Sam. 23,14; 1Sam. 23,14; 1Sam. 23,15; 1Sam. 23,15; 1Sam. 23,16; 1Sam. 23,16; 1Sam. 23,16; 1Sam. 23,17; 1Sam. 23,17; 1Sam. 23,17; 1Sam. 23,17; 1Sam. 23,18; 1Sam. 23,18; 1Sam. 23,18; 1Sam. 23,20; 1Sam. 23,21; 1Sam. 23,22; 1Sam. 23,22; 1Sam. 23,23; 1Sam. 23,23; 1Sam. 23,23; 1Sam. 23,23; 1Sam. 23,23; 1Sam. 23,24; 1Sam. 23,24; 1Sam. 23,24; 1Sam. 23,24; 1Sam. 23,25; 1Sam. 23,25; 1Sam. 23,25; 1Sam. 23,25; 1Sam. 23,25; 1Sam. 23,25; 1Sam. 23,26; 1Sam. 23,26; 1Sam. 23,26; 1Sam. 23,26; 1Sam. 23,26; 1Sam. 23,26; 1Sam. 23,26; 1Sam. 23,26; 1Sam. 23,27; 1Sam. 23,27; 1Sam. 23,28; 1Sam. 23,28; 1Sam. 24,1; 1Sam. 24,2; 1Sam. 24,2; 1Sam. 24,3; 1Sam. 24,3; 1Sam. 24,3; 1Sam. 24,4; 1Sam. 24,4; 1Sam. 24,4; 1Sam. 24,4; 1Sam. 24,4; 1Sam. 24,5; 1Sam. 24,5; 1Sam. 24,5; 1Sam. 24,5; 1Sam. 24,6; 1Sam. 24,6; 1Sam. 24,7; 1Sam. 24,8; 1Sam. 24,8; 1Sam. 24,8; 1Sam. 24,8; 1Sam. 24,9; 1Sam. 24,9; 1Sam. 24,9; 1Sam. 24,9; 1Sam. 24,9; 1Sam. 24,10; 1Sam. 24,11; 1Sam. 24,11; 1Sam. 24,11; 1Sam. 24,12; 1Sam. 24,12; 1Sam. 24,12; 1Sam. 24,12; 1Sam. 24,12; 1Sam. 24,12; 1Sam. 24,12; 1Sam. 24,12; 1Sam. 24,13; 1Sam. 24,13; 1Sam. 24,13; 1Sam. 24,14; 1Sam. 24,15; 1Sam. 24,15; 1Sam. 24,16; 1Sam. 24,16; 1Sam. 24,16; 1Sam. 24,16; 1Sam. 24,17; 1Sam. 24,17; 1Sam. 24,17; 1Sam. 24,17; 1Sam. 24,18; 1Sam. 24,19; 1Sam. 24,19; 1Sam. 24,20; 1Sam. 24,20; 1Sam. 24,20; 1Sam. 24,21; 1Sam. 24,21; 1Sam. 24,22; 1Sam. 24,22; 1Sam. 24,23; 1Sam. 24,23; 1Sam. 24,23; 1Sam. 24,23; 1Sam. 25,1; 1Sam. 25,1; 1Sam. 25,1; 1Sam. 25,1; 1Sam. 25,1; 1Sam. 25,2; 1Sam. 25,2; 1Sam. 25,2; 1Sam. 25,2; 1Sam. 25,2; 1Sam. 25,2; 1Sam. 25,3; 1Sam. 25,3; 1Sam. 25,3; 1Sam. 25,3; 1Sam. 25,3; 1Sam. 25,3; 1Sam. 25,3; 1Sam. 25,4; 1Sam. 25,5; 1Sam. 25,5; 1Sam. 25,5; 1Sam. 25,5; 1Sam. 25,6; 1Sam. 25,6; 1Sam. 25,6; 1Sam. 25,6; 1Sam. 25,7; 1Sam. 25,7; 1Sam. 25,7; 1Sam. 25,8; 1Sam. 25,8; 1Sam. 25,9; 1Sam. 25,9; 1Sam. 25,9; 1Sam. 25,10; 1Sam. 25,10; 1Sam. 25,10; 1Sam. 25,11; 1Sam. 25,11; 1Sam. 25,11; 1Sam. 25,11; 1Sam. 25,12; 1Sam. 25,12; 1Sam. 25,12; 1Sam. 25,12; 1Sam. 25,13; 1Sam. 25,13; 1Sam. 25,13; 1Sam. 25,14; 1Sam. 25,14; 1Sam. 25,15; 1Sam. 25,15; 1Sam. 25,16; 1Sam. 25,16; 1Sam. 25,17; 1Sam. 25,17; 1Sam. 25,17; 1Sam. 25,17; 1Sam. 25,17; 1Sam. 25,18; 1Sam. 25,18; 1Sam. 25,18; 1Sam. 25,18; 1Sam. 25,18; 1Sam. 25,18; 1Sam. 25,18; 1Sam. 25,18; 1Sam. 25,19; 1Sam. 25,19; 1Sam. 25,19; 1Sam. 25,20; 1Sam. 25,20; 1Sam. 25,20; 1Sam. 25,20; 1Sam. 25,20; 1Sam. 25,21; 1Sam. 25,21; 1Sam. 25,21; 1Sam. 25,22; 1Sam. 25,23; 1Sam. 25,23; 1Sam. 25,23; 1Sam. 25,23; 1Sam. 25,23; 1Sam. 25,24; 1Sam. 25,24; 1Sam. 25,25; 1Sam. 25,25; 1Sam. 25,26; 1Sam. 25,26; 1Sam. 25,26; 1Sam. 25,26; 1Sam. 25,26; 1Sam. 25,27; 1Sam. 25,27; 1Sam. 25,28; 1Sam. 25,29; 1Sam. 25,29; 1Sam. 25,29; 1Sam. 25,29; 1Sam. 25,30; 1Sam. 25,30; 1Sam. 25,31; 1Sam. 25,31; 1Sam. 25,31; 1Sam. 25,31; 1Sam. 25,31; 1Sam. 25,32; 1Sam. 25,33; 1Sam. 25,33; 1Sam. 25,33; 1Sam. 25,34; 1Sam. 25,35; 1Sam. 25,35; 1Sam. 25,35; 1Sam. 25,36; 1Sam. 25,36; 1Sam. 25,36; 1Sam. 25,36; 1Sam. 25,36; 1Sam. 25,37; 1Sam. 25,37; 1Sam. 25,37; 1Sam. 25,38; 1Sam. 25,38; 1Sam. 25,38; 1Sam. 25,39; 1Sam. 25,39; 1Sam. 25,39; 1Sam. 25,39; 1Sam. 25,39; 1Sam. 25,39; 1Sam. 25,40; 1Sam. 25,40; 1Sam. 25,41; 1Sam. 25,41; 1Sam. 25,41; 1Sam. 25,42; 1Sam. 25,42; 1Sam. 25,42; 1Sam. 25,42; 1Sam. 25,42; 1Sam. 25,43; 1Sam. 25,43; 1Sam. 25,44; 1Sam. 26,2; 1Sam. 26,2; 1Sam. 26,2; 1Sam. 26,3; 1Sam. 26,3; 1Sam. 26,3; 1Sam. 26,4; 1Sam. 26,4; 1Sam. 26,5; 1Sam. 26,5; 1Sam. 26,5; 1Sam. 26,5; 1Sam. 26,5; 1Sam. 26,6; 1Sam. 26,6; 1Sam. 26,6; 1Sam. 26,6; 1Sam. 26,7; 1Sam. 26,7; 1Sam. 26,7; 1Sam. 26,7; 1Sam. 26,7; 1Sam. 26,7; 1Sam. 26,7; 1Sam. 26,8; 1Sam. 26,8; 1Sam. 26,8; 1Sam. 26,9; 1Sam. 26,9; 1Sam. 26,10; 1Sam. 26,10; 1Sam. 26,10; 1Sam. 26,11; 1Sam. 26,11; 1Sam. 26,11; 1Sam. 26,12; 1Sam. 26,12; 1Sam. 26,12; 1Sam. 26,12; 1Sam. 26,12; 1Sam. 26,12; 1Sam. 26,13; 1Sam. 26,13; 1Sam. 26,13; 1Sam. 26,14; 1Sam. 26,14; 1Sam. 26,14; 1Sam. 26,14; 1Sam. 26,15; 1Sam. 26,15; 1Sam. 26,15; 1Sam. 26,16; 1Sam. 26,16; 1Sam. 26,16; 1Sam. 26,17; 1Sam. 26,17; 1Sam. 26,17; 1Sam. 26,18; 1Sam. 26,18; 1Sam. 26,19; 1Sam. 26,19; 1Sam. 26,20; 1Sam. 26,21; 1Sam. 26,21; 1Sam. 26,22; 1Sam. 26,22; 1Sam. 26,22; 1Sam. 26,23; 1Sam. 26,23; 1Sam. 26,23; 1Sam. 26,24; 1Sam. 26,24; 1Sam. 26,24; 1Sam. 26,25; 1Sam. 26,25; 1Sam. 26,25; 1Sam. 26,25; 1Sam. 26,25; 1Sam. 27,1; 1Sam. 27,1; 1Sam. 27,1; 1Sam. 27,2; 1Sam. 27,2; 1Sam. 27,2; 1Sam. 27,3; 1Sam. 27,3; 1Sam. 27,3; 1Sam. 27,3; 1Sam. 27,3; 1Sam. 27,3; 1Sam. 27,4; 1Sam. 27,4; 1Sam. 27,5; 1Sam. 27,5; 1Sam. 27,5; 1Sam. 27,6; 1Sam. 27,7; 1Sam. 27,8; 1Sam. 27,8; 1Sam. 27,8; 1Sam. 27,8; 1Sam. 27,8; 1Sam. 27,8; 1Sam. 27,9; 1Sam. 27,9; 1Sam. 27,9; 1Sam. 27,9; 1Sam. 27,9; 1Sam. 27,9; 1Sam. 27,9; 1Sam. 27,9; 1Sam. 27,9; 1Sam. 27,9; 1Sam. 27,10; 1Sam. 27,10; 1Sam. 27,10; 1Sam. 27,10; 1Sam. 27,11; 1Sam. 27,11; 1Sam. 27,11; 1Sam. 27,12; 1Sam. 27,12; 1Sam. 28,1; 1Sam. 28,1; 1Sam. 28,1; 1Sam. 28,2; 1Sam. 28,2; 1Sam. 28,3; 1Sam. 28,3; 1Sam. 28,3; 1Sam. 28,3; 1Sam. 28,4; 1Sam. 28,4; 1Sam. 28,4; 1Sam. 28,4; 1Sam. 28,4; 1Sam. 28,5; 1Sam. 28,5; 1Sam. 28,5; 1Sam. 28,6; 1Sam. 28,6; 1Sam. 28,6; 1Sam. 28,6; 1Sam. 28,7; 1Sam. 28,7; 1Sam. 28,7; 1Sam. 28,7; 1Sam. 28,8; 1Sam. 28,8; 1Sam. 28,8; 1Sam. 28,8; 1Sam. 28,8; 1Sam. 28,8; 1Sam. 28,8; 1Sam. 28,9; 1Sam. 28,9; 1Sam. 28,9; 1Sam. 28,10; 1Sam. 28,11; 1Sam. 28,11; 1Sam. 28,12; 1Sam. 28,12; 1Sam. 28,12; 1Sam. 28,12; 1Sam. 28,13; 1Sam. 28,13; 1Sam. 28,14; 1Sam. 28,14; 1Sam. 28,14; 1Sam. 28,14; 1Sam. 28,14; 1Sam. 28,14; 1Sam. 28,15; 1Sam. 28,15; 1Sam. 28,15; 1Sam. 28,15; 1Sam. 28,15; 1Sam. 28,15; 1Sam. 28,15; 1Sam. 28,16; 1Sam. 28,16; 1Sam. 28,16; 1Sam. 28,17; 1Sam. 28,17; 1Sam. 28,17; 1Sam. 28,18; 1Sam. 28,19; 1Sam. 28,19; 1Sam. 28,19; 1Sam. 28,19; 1Sam. 28,20; 1Sam. 28,20; 1Sam. 28,20; 1Sam. 28,20; 1Sam. 28,20; 1Sam. 28,21; 1Sam. 28,21; 1Sam. 28,21; 1Sam. 28,21; 1Sam. 28,21; 1Sam. 28,22; 1Sam. 28,22; 1Sam. 28,22; 1Sam. 28,22; 1Sam. 28,23; 1Sam. 28,23; 1Sam. 28,23; 1Sam. 28,23; 1Sam. 28,23; 1Sam. 28,23; 1Sam. 28,24; 1Sam. 28,24; 1Sam. 28,24; 1Sam. 28,24; 1Sam. 28,24; 1Sam. 28,24; 1Sam. 28,25; 1Sam. 28,25; 1Sam. 28,25; 1Sam. 28,25; 1Sam. 28,25; 1Sam. 29,1; 1Sam. 29,2; 1Sam. 29,2; 1Sam. 29,2; 1Sam. 29,2; 1Sam. 29,3; 1Sam. 29,3; 1Sam. 29,3; 1Sam. 29,3; 1Sam. 29,4; 1Sam. 29,4; 1Sam. 29,4; 1Sam. 29,4; 1Sam. 29,4; 1Sam. 29,5; 1Sam. 29,6; 1Sam. 29,6; 1Sam. 29,6; 1Sam. 29,6; 1Sam. 29,6; 1Sam. 29,6; 1Sam. 29,6; 1Sam. 29,7; 1Sam. 29,7; 1Sam. 29,7; 1Sam. 29,8; 1Sam. 29,8; 1Sam. 29,8; 1Sam. 29,9; 1Sam. 29,10; 1Sam. 29,10; 1Sam. 29,10; 1Sam. 29,10; 1Sam. 29,10; 1Sam. 29,10; 1Sam. 29,11; 1Sam. 29,11; 1Sam. 29,11; 1Sam. 29,11; 1Sam. 30,1; 1Sam. 30,1; 1Sam. 30,1; 1Sam. 30,1; 1Sam. 30,1; 1Sam. 30,2; 1Sam. 30,2; 1Sam. 30,2; 1Sam. 30,2; 1Sam. 30,3; 1Sam. 30,3; 1Sam. 30,3; 1Sam. 30,3; 1Sam. 30,3; 1Sam. 30,4; 1Sam. 30,4; 1Sam. 30,4; 1Sam. 30,5; 1Sam. 30,5; 1Sam. 30,6; 1Sam. 30,6; 1Sam. 30,6; 1Sam. 30,7; 1Sam. 30,8; 1Sam. 30,8; 1Sam. 30,8; 1Sam. 30,9; 1Sam. 30,9; 1Sam. 30,9; 1Sam. 30,9; 1Sam. 30,10; 1Sam. 30,11; 1Sam. 30,11; 1Sam. 30,11; 1Sam. 30,11; 1Sam. 30,11; 1Sam. 30,11; 1Sam. 30,12; 1Sam. 30,12; 1Sam. 30,12; 1Sam. 30,12; 1Sam. 30,12; 1Sam. 30,13; 1Sam. 30,13; 1Sam. 30,13; 1Sam. 30,13; 1Sam. 30,14; 1Sam. 30,14; 1Sam. 30,14;

καί

1Sam. 30,14; 1Sam. 30,15; 1Sam. 30,15; 1Sam. 30,15; 1Sam. 30,15; 1Sam. 30,16; 1Sam. 30,16; 1Sam. 30,16; 1Sam. 30,16; 1Sam. 30,16; 1Sam. 30,17; 1Sam. 30,17; 1Sam. 30,17; 1Sam. 30,17; 1Sam. 30,17; 1Sam. 30,18; 1Sam. 30,18; 1Sam. 30,19; 1Sam. 30,19; 1Sam. 30,19; 1Sam. 30,19; 1Sam. 30,19; 1Sam. 30,20; 1Sam. 30,20; 1Sam. 30,20; 1Sam. 30,20; 1Sam. 30,21; 1Sam. 30,21; 1Sam. 30,21; 1Sam. 30,21; 1Sam. 30,21; 1Sam. 30,21; 1Sam. 30,22; 1Sam. 30,22; 1Sam. 30,22; 1Sam. 30,22; 1Sam. 30,22; 1Sam. 30,23; 1Sam. 30,23; 1Sam. 30,24; 1Sam. 30,25; 1Sam. 30,25; 1Sam. 30,25; 1Sam. 30,25; 1Sam. 30,26; 1Sam. 30,26; 1Sam. 30,27; 1Sam. 30,27; 1Sam. 30,28; 1Sam. 30,28; 1Sam. 30,28; 1Sam. 30,28; 1Sam. 30,28a; 1Sam. 30,28a; 1Sam. 30,28a; 1Sam. 30,28a; 1Sam. 30,29; 1Sam. 30,29; 1Sam. 30,29; 1Sam. 30,30; 1Sam. 30,30; 1Sam. 30,30; 1Sam. 30,31; 1Sam. 30,31; 1Sam. 30,31; 1Sam. 31,1; 1Sam. 31,1; 1Sam. 31,2; 1Sam. 31,2; 1Sam. 31,2; 1Sam. 31,2; 1Sam. 31,2; 1Sam. 31,3; 1Sam. 31,3; 1Sam. 31,3; 1Sam. 31,4; 1Sam. 31,4; 1Sam. 31,4; 1Sam. 31,4; 1Sam. 31,4; 1Sam. 31,4; 1Sam. 31,4; 1Sam. 31,5; 1Sam. 31,5; 1Sam. 31,5; 1Sam. 31,5; 1Sam. 31,6; 1Sam. 31,6; 1Sam. 31,6; 1Sam. 31,7; 1Sam. 31,7; 1Sam. 31,7; 1Sam. 31,7; 1Sam. 31,7; 1Sam. 31,7; 1Sam. 31,7; 1Sam. 31,8; 1Sam. 31,8; 1Sam. 31,8; 1Sam. 31,8; 1Sam. 31,9; 1Sam. 31,9; 1Sam. 31,9; 1Sam. 31,9; 1Sam. 31,10; 1Sam. 31,10; 1Sam. 31,11; 1Sam. 31,12; 1Sam. 31,12; 1Sam. 31,12; 1Sam. 31,12; 1Sam. 31,12; 1Sam. 31,12; 1Sam. 31,13; 1Sam. 31,13; 1Sam. 31,13; 2Sam. 1,1; 2Sam. 1,1; 2Sam. 1,2; 2Sam. 1,2; 2Sam. 1,2; 2Sam. 1,2; 2Sam. 1,2; 2Sam. 1,2; 2Sam. 1,2; 2Sam. 1,3; 2Sam. 1,3; 2Sam. 1,4; 2Sam. 1,4; 2Sam. 1,4; 2Sam. 1,4; 2Sam. 1,4; 2Sam. 1,4; 2Sam. 1,5; 2Sam. 1,5; 2Sam. 1,6; 2Sam. 1,6; 2Sam. 1,6; 2Sam. 1,6; 2Sam. 1,7; 2Sam. 1,7; 2Sam. 1,7; 2Sam. 1,7; 2Sam. 1,8; 2Sam. 1,8; 2Sam. 1,9; 2Sam. 1,9; 2Sam. 1,10; 2Sam. 1,10; 2Sam. 1,10; 2Sam. 1,10; 2Sam. 1,10; 2Sam. 1,11; 2Sam. 1,11; 2Sam. 1,11; 2Sam. 1,12; 2Sam. 1,12; 2Sam. 1,12; 2Sam. 1,12; 2Sam. 1,12; 2Sam. 1,12; 2Sam. 1,13; 2Sam. 1,13; 2Sam. 1,14; 2Sam. 1,15; 2Sam. 1,15; 2Sam. 1,15; 2Sam. 1,15; 2Sam. 1,16; 2Sam. 1,17; 2Sam. 1,18; 2Sam. 1,20; 2Sam. 1,21; 2Sam. 1,21; 2Sam. 1,22; 2Sam. 1,23; 2Sam. 1,23; 2Sam. 1,23; 2Sam. 1,23; 2Sam. 1,27; 2Sam. 2,1; 2Sam. 2,1; 2Sam. 2,1; 2Sam. 2,1; 2Sam. 2,2; 2Sam. 2,2; 2Sam. 2,2; 2Sam. 2,3; 2Sam. 2,3; 2Sam. 2,3; 2Sam. 2,4; 2Sam. 2,4; 2Sam. 2,5; 2Sam. 2,5; 2Sam. 2,5; 2Sam. 2,5; 2Sam. 2,6; 2Sam. 2,6; 2Sam. 2,7; 2Sam. 2,7; 2Sam. 2,8; 2Sam. 2,9; 2Sam. 2,9; 2Sam. 2,9; 2Sam. 2,9; 2Sam. 2,9; 2Sam. 2,9; 2Sam. 2,10; 2Sam. 2,11; 2Sam. 2,11; 2Sam. 2,12; 2Sam. 2,13; 2Sam. 2,13; 2Sam. 2,13; 2Sam. 2,13; 2Sam. 2,13; 2Sam. 2,14; 2Sam. 2,14; 2Sam. 2,14; 2Sam. 2,15; 2Sam. 2,15; 2Sam. 2,15; 2Sam. 2,16; 2Sam. 2,16; 2Sam. 2,16; 2Sam. 2,16; 2Sam. 2,17; 2Sam. 2,17; 2Sam. 2,17; 2Sam. 2,18; 2Sam. 2,18; 2Sam. 2,18; 2Sam. 2,18; 2Sam. 2,19; 2Sam. 2,19; 2Sam. 2,20; 2Sam. 2,20; 2Sam. 2,20; 2Sam. 2,21; 2Sam. 2,21; 2Sam. 2,21; 2Sam. 2,21; 2Sam. 2,22; 2Sam. 2,22; 2Sam. 2,22; 2Sam. 2,23; 2Sam. 2,23; 2Sam. 2,23; 2Sam. 2,23; 2Sam. 2,23; 2Sam. 2,23; 2Sam. 2,23; 2Sam. 2,23; 2Sam. 2,24; 2Sam. 2,24; 2Sam. 2,24; 2Sam. 2,24; 2Sam. 2,25; 2Sam. 2,25; 2Sam. 2,25; 2Sam. 2,26; 2Sam. 2,26; 2Sam. 2,26; 2Sam. 2,27; 2Sam. 2,28; 2Sam. 2,28; 2Sam. 2,28; 2Sam. 2,28; 2Sam. 2,29; 2Sam. 2,29; 2Sam. 2,29; 2Sam. 2,29; 2Sam. 2,29; 2Sam. 2,30; 2Sam. 2,30; 2Sam. 2,30; 2Sam. 2,31; 2Sam. 2,32; 2Sam. 2,32; 2Sam. 2,32; 2Sam. 2,32; 2Sam. 2,32; 2Sam. 3,1; 2Sam. 3,1; 2Sam. 3,1; 2Sam. 3,1; 2Sam. 3,1; 2Sam. 3,2; 2Sam. 3,3; 2Sam. 3,3; 2Sam. 3,4; 2Sam. 3,4; 2Sam. 3,5; 2Sam. 3,6; 2Sam. 3,6; 2Sam. 3,7; 2Sam. 3,7; 2Sam. 3,8; 2Sam. 3,8; 2Sam. 3,8; 2Sam. 3,8; 2Sam. 3,8; 2Sam. 3,8; 2Sam. 3,9; 2Sam. 3,10; 2Sam. 3,10; 2Sam. 3,11; 2Sam. 3,12; 2Sam. 3,13; 2Sam. 3,14; 2Sam. 3,15; 2Sam. 3,15; 2Sam. 3,16; 2Sam. 3,16; 2Sam. 3,16; 2Sam. 3,17; 2Sam. 3,17; 2Sam. 3,18; 2Sam. 3,18; 2Sam. 3,19; 2Sam. 3,19; 2Sam. 3,19; 2Sam. 3,20; 2Sam. 3,20; 2Sam. 3,20; 2Sam. 3,21; 2Sam. 3,21; 2Sam. 3,21; 2Sam. 3,21; 2Sam. 3,21; 2Sam. 3,21; 2Sam. 3,21; 2Sam. 3,22; 2Sam. 3,22; 2Sam. 3,22; 2Sam. 3,22; 2Sam. 3,22; 2Sam. 3,23; 2Sam. 3,23; 2Sam. 3,23; 2Sam. 3,23; 2Sam. 3,23; 2Sam. 3,24; 2Sam. 3,24; 2Sam. 3,24; 2Sam. 3,24; 2Sam. 3,25; 2Sam. 3,25; 2Sam. 3,25; 2Sam. 3,26; 2Sam. 3,26; 2Sam. 3,26; 2Sam. 3,26; 2Sam. 3,27; 2Sam. 3,27; 2Sam. 3,27; 2Sam. 3,27; 2Sam. 3,28; 2Sam. 3,28; 2Sam. 3,29; 2Sam. 3,29; 2Sam. 3,29; 2Sam. 3,29; 2Sam. 3,29; 2Sam. 3,29; 2Sam. 3,30; 2Sam. 3,31; 2Sam. 3,31; 2Sam. 3,31; 2Sam. 3,31; 2Sam. 3,31; 2Sam. 3,32; 2Sam. 3,32; 2Sam. 3,32; 2Sam. 3,32; 2Sam. 3,33; 2Sam. 3,33; 2Sam. 3,34; 2Sam. 3,35; 2Sam. 3,35; 2Sam. 3,35; 2Sam. 3,36; 2Sam. 3,36; 2Sam. 3,37; 2Sam. 3,37; 2Sam. 3,38; 2Sam. 3,39; 2Sam. 3,39; 2Sam. 4,1; 2Sam. 4,1; 2Sam. 4,2; 2Sam. 4,2; 2Sam. 4,3; 2Sam. 4,3; 2Sam. 4,4; 2Sam. 4,4; 2Sam. 4,4; 2Sam. 4,4; 2Sam. 4,4; 2Sam. 4,4; 2Sam. 4,4; 2Sam. 4,4; 2Sam. 4,4; 2Sam. 4,5; 2Sam. 4,5; 2Sam. 4,5; 2Sam. 4,5; 2Sam. 4,6; 2Sam. 4,6; 2Sam. 4,6; 2Sam. 4,6; 2Sam. 4,6; 2Sam. 4,7; 2Sam. 4,7; 2Sam. 4,7; 2Sam. 4,7; 2Sam. 4,7; 2Sam. 4,7; 2Sam. 4,8; 2Sam. 4,8; 2Sam. 4,8; 2Sam. 4,8; 2Sam. 4,9; 2Sam. 4,9; 2Sam. 4,9; 2Sam. 4,10; 2Sam. 4,10; 2Sam. 4,10; 2Sam. 4,11; 2Sam. 4,11; 2Sam. 4,11; 2Sam. 4,12; 2Sam. 4,12; 2Sam. 4,12; 2Sam. 4,12; 2Sam. 4,12; 2Sam. 4,12; 2Sam. 5,1; 2Sam. 5,1; 2Sam. 5,2; 2Sam. 5,2; 2Sam. 5,2; 2Sam. 5,2; 2Sam. 5,2; 2Sam. 5,3; 2Sam. 5,3; 2Sam. 5,3; 2Sam. 5,4; 2Sam. 5,5; 2Sam. 5,5; 2Sam. 5,5; 2Sam. 5,6; 2Sam. 5,6; 2Sam. 5,6; 2Sam. 5,7; 2Sam. 5,8; 2Sam. 5,8; 2Sam. 5,8; 2Sam. 5,8; 2Sam. 5,8; 2Sam. 5,9; 2Sam. 5,9; 2Sam. 5,9; 2Sam. 5,9; 2Sam. 5,10; 2Sam. 5,10; 2Sam. 5,10; 2Sam. 5,11; 2Sam. 5,11; 2Sam. 5,11; 2Sam. 5,11; 2Sam. 5,11; 2Sam. 5,12; 2Sam. 5,12; 2Sam. 5,13; 2Sam. 5,13; 2Sam. 5,13; 2Sam. 5,13; 2Sam. 5,14; 2Sam. 5,14; 2Sam. 5,14; 2Sam. 5,14; 2Sam. 5,15; 2Sam. 5,15; 2Sam. 5,15; 2Sam. 5,15; 2Sam. 5,16; 2Sam. 5,16; 2Sam. 5,16; 2Sam. 5,17; 2Sam. 5,17; 2Sam. 5,17; 2Sam. 5,18; 2Sam. 5,18; 2Sam. 5,19; 2Sam. 5,19; 2Sam. 5,19; 2Sam. 5,20; 2Sam. 5,20; 2Sam. 5,20; 2Sam. 5,21; 2Sam. 5,21; 2Sam. 5,21; 2Sam. 5,22; 2Sam. 5,22; 2Sam. 5,23; 2Sam. 5,23; 2Sam. 5,23; 2Sam. 5,24; 2Sam. 5,25; 2Sam. 5,25; 2Sam. 6,2; 2Sam. 6,2; 2Sam. 6,2; 2Sam. 6,3; 2Sam. 6,3; 2Sam. 6,3; 2Sam. 6,3; 2Sam. 6,4; 2Sam. 6,5; 2Sam. 6,5; 2Sam. 6,5; 2Sam. 6,5; 2Sam. 6,5; 2Sam. 6,5; 2Sam. 6,5; 2Sam. 6,6; 2Sam. 6,6; 2Sam. 6,6; 2Sam. 6,7; 2Sam. 6,7; 2Sam. 6,7; 2Sam. 6,8; 2Sam. 6,8; 2Sam. 6,9; 2Sam. 6,10; 2Sam. 6,10; 2Sam. 6,11; 2Sam. 6,11; 2Sam. 6,11; 2Sam. 6,12; 2Sam. 6,12; 2Sam. 6,12; 2Sam. 6,13; 2Sam. 6,13; 2Sam. 6,13; 2Sam. 6,14; 2Sam. 6,14; 2Sam. 6,15; 2Sam. 6,15; 2Sam. 6,15; 2Sam. 6,16; 2Sam. 6,16; 2Sam. 6,16; 2Sam. 6,16; 2Sam. 6,16; 2Sam. 6,17; 2Sam. 6,17; 2Sam. 6,17; 2Sam. 6,17; 2Sam. 6,18; 2Sam. 6,18; 2Sam. 6,18; 2Sam. 6,19; 2Sam. 6,19; 2Sam. 6,19; 2Sam. 6,19; 2Sam. 6,20; 2Sam. 6,20; 2Sam. 6,20; 2Sam. 6,20; 2Sam. 6,21; 2Sam. 6,21; 2Sam. 6,21; 2Sam. 6,21; 2Sam. 6,22; 2Sam. 6,22; 2Sam. 6,22; 2Sam. 6,23; 2Sam. 7,1; 2Sam. 7,2; 2Sam. 7,2; 2Sam. 7,3; 2Sam. 7,3; 2Sam. 7,4; 2Sam. 7,4; 2Sam. 7,5; 2Sam. 7,6; 2Sam. 7,6; 2Sam. 7,8; 2Sam. 7,9; 2Sam. 7,9; 2Sam. 7,9; 2Sam. 7,10; 2Sam. 7,10; 2Sam. 7,10; 2Sam. 7,10; 2Sam. 7,10; 2Sam. 7,11; 2Sam. 7,11; 2Sam. 7,12; 2Sam. 7,12; 2Sam. 7,12; 2Sam. 7,12; 2Sam. 7,13; 2Sam. 7,14; 2Sam. 7,14; 2Sam. 7,14; 2Sam. 7,14; 2Sam. 7,16; 2Sam. 7,16; 2Sam. 7,16; 2Sam. 7,17; 2Sam. 7,18; 2Sam. 7,18; 2Sam. 7,18; 2Sam. 7,18; 2Sam. 7,19; 2Sam. 7,19; 2Sam. 7,20; 2Sam. 7,20; 2Sam. 7,21; 2Sam. 7,22; 2Sam. 7,23; 2Sam. 7,23; 2Sam. 7,23;

K, κ

2Sam. 7,24; 2Sam. 7,24; 2Sam. 7,25; 2Sam. 7,25; 2Sam. 7,25; 2Sam. 7,28; 2Sam. 7,28; 2Sam. 7,28; 2Sam. 7,29; 2Sam. 7,29; 2Sam. 7,29; 2Sam. 8,1; 2Sam. 8,1; 2Sam. 8,1; 2Sam. 8,2; 2Sam. 8,2; 2Sam. 8,2; 2Sam. 8,2; 2Sam. 8,2; 2Sam. 8,3; 2Sam. 8,4; 2Sam. 8,4; 2Sam. 8,4; 2Sam. 8,4; 2Sam. 8,4; 2Sam. 8,5; 2Sam. 8,5; 2Sam. 8,6; 2Sam. 8,6; 2Sam. 8,6; 2Sam. 8,7; 2Sam. 8,7; 2Sam. 8,7; 2Sam. 8,8; 2Sam. 8,8; 2Sam. 8,8; 2Sam. 8,8; 2Sam. 8,9; 2Sam. 8,10; 2Sam. 8,10; 2Sam. 8,10; 2Sam. 8,10; 2Sam. 8,10; 2Sam. 8,10; 2Sam. 8,11; 2Sam. 8,11; 2Sam. 8,12; 2Sam. 8,12; 2Sam. 8,12; 2Sam. 8,12; 2Sam. 8,12; 2Sam. 8,13; 2Sam. 8,13; 2Sam. 8,14; 2Sam. 8,14; 2Sam. 8,14; 2Sam. 8,15; 2Sam. 8,15; 2Sam. 8,16; 2Sam. 8,16; 2Sam. 8,17; 2Sam. 8,17; 2Sam. 8,17; 2Sam. 8,18; 2Sam. 8,18; 2Sam. 8,18; 2Sam. 8,18; 2Sam. 9,1; 2Sam. 9,2; 2Sam. 9,2; 2Sam. 9,2; 2Sam. 9,2; 2Sam. 9,2; 2Sam. 9,3; 2Sam. 9,3; 2Sam. 9,3; 2Sam. 9,4; 2Sam. 9,4; 2Sam. 9,5; 2Sam. 9,5; 2Sam. 9,6; 2Sam. 9,6; 2Sam. 9,6; 2Sam. 9,6; 2Sam. 9,6; 2Sam. 9,7; 2Sam. 9,7; 2Sam. 9,7; 2Sam. 9,8; 2Sam. 9,8; 2Sam. 9,9; 2Sam. 9,9; 2Sam. 9,9; 2Sam. 9,10; 2Sam. 9,10; 2Sam. 9,10; 2Sam. 9,10; 2Sam. 9,10; 2Sam. 9,10; 2Sam. 9,10; 2Sam. 9,10; 2Sam. 9,11; 2Sam. 9,11; 2Sam. 9,12; 2Sam. 9,12; 2Sam. 9,12; 2Sam. 9,13; 2Sam. 9,13; 2Sam. 10,1; 2Sam. 10,1; 2Sam. 10,2; 2Sam. 10,2; 2Sam. 10,2; 2Sam. 10,3; 2Sam. 10,3; 2Sam. 10,3; 2Sam. 10,4; 2Sam. 10,4; 2Sam. 10,4; 2Sam. 10,4; 2Sam. 10,5; 2Sam. 10,5; 2Sam. 10,5; 2Sam. 10,5; 2Sam. 10,6; 2Sam. 10,6; 2Sam. 10,6; 2Sam. 10,6; 2Sam. 10,6; 2Sam. 10,7; 2Sam. 10,7; 2Sam. 10,7; 2Sam. 10,8; 2Sam. 10,8; 2Sam. 10,8; 2Sam. 10,8; 2Sam. 10,8; 2Sam. 10,9; 2Sam. 10,9; 2Sam. 10,9; 2Sam. 10,9; 2Sam. 10,10; 2Sam. 10,10; 2Sam. 10,11; 2Sam. 10,11; 2Sam. 10,11; 2Sam. 10,11; 2Sam. 10,12; 2Sam. 10,12; 2Sam. 10,12; 2Sam. 10,13; 2Sam. 10,13; 2Sam. 10,13; 2Sam. 10,14; 2Sam. 10,14; 2Sam. 10,14; 2Sam. 10,14; 2Sam. 10,14; 2Sam. 10,15; 2Sam. 10,15; 2Sam. 10,16; 2Sam. 10,16; 2Sam. 10,16; 2Sam. 10,16; 2Sam. 10,17; 2Sam. 10,17; 2Sam. 10,17; 2Sam. 10,17; 2Sam. 10,17; 2Sam. 10,17; 2Sam. 10,18; 2Sam. 10,18; 2Sam. 10,18; 2Sam. 10,18; 2Sam. 10,18; 2Sam. 10,19; 2Sam. 10,19; 2Sam. 10,19; 2Sam. 10,19; 2Sam. 11,1; 2Sam. 11,1; 2Sam. 11,1; 2Sam. 11,1; 2Sam. 11,1; 2Sam. 11,1; 2Sam. 11,2; 2Sam. 11,2; 2Sam. 11,2; 2Sam. 11,2; 2Sam. 11,3; 2Sam. 11,3; 2Sam. 11,3; 2Sam. 11,4; 2Sam. 11,4; 2Sam. 11,4; 2Sam. 11,4; 2Sam. 11,4; 2Sam. 11,4; 2Sam. 11,5; 2Sam. 11,5; 2Sam. 11,5; 2Sam. 11,6; 2Sam. 11,6; 2Sam. 11,7; 2Sam. 11,7; 2Sam. 11,7; 2Sam. 11,7; 2Sam. 11,7; 2Sam. 11,8; 2Sam. 11,8; 2Sam. 11,8; 2Sam. 11,8; 2Sam. 11,9; 2Sam. 11,9; 2Sam. 11,10; 2Sam. 11,10; 2Sam. 11,11; 2Sam. 11,11; 2Sam. 11,11; 2Sam. 11,11; 2Sam. 11,11; 2Sam. 11,11; 2Sam. 11,11; 2Sam. 11,11; 2Sam. 11,12; 2Sam. 11,12; 2Sam. 11,12; 2Sam. 11,12; 2Sam. 11,13; 2Sam. 11,13; 2Sam. 11,13; 2Sam. 11,13; 2Sam. 11,13; 2Sam. 11,13; 2Sam. 11,14; 2Sam. 11,14; 2Sam. 11,14; 2Sam. 11,15; 2Sam. 11,15; 2Sam. 11,15; 2Sam. 11,15; 2Sam. 11,16; 2Sam. 11,16; 2Sam. 11,17; 2Sam. 11,17; 2Sam. 11,17; 2Sam. 11,17; 2Sam. 11,18; 2Sam. 11,18; 2Sam. 11,19; 2Sam. 11,20; 2Sam. 11,20; 2Sam. 11,21; 2Sam. 11,21; 2Sam. 11,22; 2Sam. 11,22; 2Sam. 11,22; 2Sam. 11,22; 2Sam. 11,22; 2Sam. 11,22; 2Sam. 11,23; 2Sam. 11,23; 2Sam. 11,23; 2Sam. 11,24; 2Sam. 11,24; 2Sam. 11,25; 2Sam. 11,25; 2Sam. 11,25; 2Sam. 11,25; 2Sam. 11,26; 2Sam. 11,26; 2Sam. 11,27; 2Sam. 11,27; 2Sam. 11,27; 2Sam. 11,27; 2Sam. 11,27; 2Sam. 12,1; 2Sam. 12,1; 2Sam. 12,1; 2Sam. 12,1; 2Sam. 12,2; 2Sam. 12,2; 2Sam. 12,3; 2Sam. 12,3; 2Sam. 12,3; 2Sam. 12,3; 2Sam. 12,3; 2Sam. 12,3; 2Sam. 12,3; 2Sam. 12,3; 2Sam. 12,4; 2Sam. 12,4; 2Sam. 12,4; 2Sam. 12,4; 2Sam. 12,4; 2Sam. 12,5; 2Sam. 12,5; 2Sam. 12,6; 2Sam. 12,6; 2Sam. 12,7; 2Sam. 12,7; 2Sam. 12,8; 2Sam. 12,8; 2Sam. 12,8; 2Sam. 12,8; 2Sam. 12,8; 2Sam. 12,9; 2Sam. 12,9; 2Sam. 12,10; 2Sam. 12,10; 2Sam. 12,11; 2Sam. 12,11; 2Sam. 12,11; 2Sam. 12,12; 2Sam. 12,13; 2Sam. 12,13; 2Sam. 12,15; 2Sam. 12,15; 2Sam. 12,16; 2Sam. 12,16; 2Sam. 12,16; 2Sam. 12,16; 2Sam. 12,17; 2Sam. 12,17; 2Sam. 12,17; 2Sam. 12,18; 2Sam. 12,18; 2Sam. 12,18; 2Sam. 12,18; 2Sam. 12,18; 2Sam. 12,18; 2Sam. 12,19; 2Sam. 12,19; 2Sam. 12,19; 2Sam. 12,19; 2Sam. 12,20; 2Sam. 12,20; 2Sam. 12,20; 2Sam. 12,20; 2Sam. 12,20; 2Sam. 12,20; 2Sam. 12,20; 2Sam. 12,20; 2Sam. 12,20; 2Sam. 12,20; 2Sam. 12,21; 2Sam. 12,21; 2Sam. 12,21; 2Sam. 12,21; 2Sam. 12,21; 2Sam. 12,21; 2Sam. 12,22; 2Sam. 12,22; 2Sam. 12,22; 2Sam. 12,23; 2Sam. 12,23; 2Sam. 12,24; 2Sam. 12,24; 2Sam. 12,24; 2Sam. 12,24; 2Sam. 12,24; 2Sam. 12,24; 2Sam. 12,24; 2Sam. 12,25; 2Sam. 12,25; 2Sam. 12,26; 2Sam. 12,27; 2Sam. 12,27; 2Sam. 12,27; 2Sam. 12,28; 2Sam. 12,28; 2Sam. 12,28; 2Sam. 12,28; 2Sam. 12,29; 2Sam. 12,29; 2Sam. 12,29; 2Sam. 12,29; 2Sam. 12,30; 2Sam. 12,30; 2Sam. 12,30; 2Sam. 12,30; 2Sam. 12,30; 2Sam. 12,31; 2Sam. 12,31; 2Sam. 12,31; 2Sam. 12,31; 2Sam. 12,31; 2Sam. 12,31; 2Sam. 12,31; 2Sam. 13,1; 2Sam. 13,1; 2Sam. 13,1; 2Sam. 13,2; 2Sam. 13,2; 2Sam. 13,3; 2Sam. 13,3; 2Sam. 13,3; 2Sam. 13,4; 2Sam. 13,4; 2Sam. 13,5; 2Sam. 13,5; 2Sam. 13,5; 2Sam. 13,5; 2Sam. 13,5; 2Sam. 13,5; 2Sam. 13,5; 2Sam. 13,6; 2Sam. 13,6; 2Sam. 13,6; 2Sam. 13,6; 2Sam. 13,6; 2Sam. 13,6; 2Sam. 13,7; 2Sam. 13,7; 2Sam. 13,8; 2Sam. 13,8; 2Sam. 13,8; 2Sam. 13,8; 2Sam. 13,8; 2Sam. 13,8; 2Sam. 13,9; 2Sam. 13,9; 2Sam. 13,9; 2Sam. 13,9; 2Sam. 13,9; 2Sam. 13,10; 2Sam. 13,10; 2Sam. 13,10; 2Sam. 13,10; 2Sam. 13,11; 2Sam. 13,11; 2Sam. 13,11; 2Sam. 13,12; 2Sam. 13,13; 2Sam. 13,13; 2Sam. 13,13; 2Sam. 13,14; 2Sam. 13,14; 2Sam. 13,14; 2Sam. 13,14; 2Sam. 13,15; 2Sam. 13,15; 2Sam. 13,15; 2Sam. 13,16; 2Sam. 13,16; 2Sam. 13,17; 2Sam. 13,17; 2Sam. 13,17; 2Sam. 13,18; 2Sam. 13,18; 2Sam. 13,18; 2Sam. 13,19; 2Sam. 13,19; 2Sam. 13,19; 2Sam. 13,19; 2Sam. 13,19; 2Sam. 13,19; 2Sam. 13,20; 2Sam. 13,20; 2Sam. 13,20; 2Sam. 13,21; 2Sam. 13,21; 2Sam. 13,21; 2Sam. 13,22; 2Sam. 13,23; 2Sam. 13,23; 2Sam. 13,24; 2Sam. 13,24; 2Sam. 13,24; 2Sam. 13,25; 2Sam. 13,25; 2Sam. 13,25; 2Sam. 13,25; 2Sam. 13,25; 2Sam. 13,26; 2Sam. 13,26; 2Sam. 13,27; 2Sam. 13,27; 2Sam. 13,27; 2Sam. 13,27; 2Sam. 13,28; 2Sam. 13,28; 2Sam. 13,28; 2Sam. 13,28; 2Sam. 13,29; 2Sam. 13,29; 2Sam. 13,29; 2Sam. 13,29; 2Sam. 13,30; 2Sam. 13,30; 2Sam. 13,30; 2Sam. 13,31; 2Sam. 13,31; 2Sam. 13,31; 2Sam. 13,31; 2Sam. 13,32; 2Sam. 13,32; 2Sam. 13,33; 2Sam. 13,34; 2Sam. 13,34; 2Sam. 13,34; 2Sam. 13,34; 2Sam. 13,34; 2Sam. 13,34; 2Sam. 13,34; 2Sam. 13,35; 2Sam. 13,36; 2Sam. 13,36; 2Sam. 13,36; 2Sam. 13,36; 2Sam. 13,36; 2Sam. 13,37; 2Sam. 13,37; 2Sam. 13,37; 2Sam. 13,38; 2Sam. 13,38; 2Sam. 13,39; 2Sam. 14,1; 2Sam. 14,2; 2Sam. 14,2; 2Sam. 14,2; 2Sam. 14,2; 2Sam. 14,2; 2Sam. 14,2; 2Sam. 14,3; 2Sam. 14,3; 2Sam. 14,3; 2Sam. 14,4; 2Sam. 14,4; 2Sam. 14,4; 2Sam. 14,4; 2Sam. 14,5; 2Sam. 14,5; 2Sam. 14,6; 2Sam. 14,6; 2Sam. 14,6; 2Sam. 14,6; 2Sam. 14,7; 2Sam. 14,7; 2Sam. 14,7; 2Sam. 14,7; 2Sam. 14,7; 2Sam. 14,7; 2Sam. 14,8; 2Sam. 14,9; 2Sam. 14,9; 2Sam. 14,9; 2Sam. 14,9; 2Sam. 14,10; 2Sam. 14,10; 2Sam. 14,10; 2Sam. 14,11; 2Sam. 14,11; 2Sam. 14,11; 2Sam. 14,12; 2Sam. 14,12; 2Sam. 14,13; 2Sam. 14,14; 2Sam. 14,14; 2Sam. 14,14; 2Sam. 14,15; 2Sam. 14,15; 2Sam. 14,16; 2Sam. 14,17; 2Sam. 14,17; 2Sam. 14,17; 2Sam. 14,18; 2Sam. 14,18; 2Sam. 14,18; 2Sam. 14,19; 2Sam. 14,19; 2Sam. 14,19; 2Sam. 14,20; 2Sam. 14,21; 2Sam. 14,22; 2Sam. 14,22; 2Sam. 14,22; 2Sam. 14,22; 2Sam. 14,23; 2Sam. 14,23; 2Sam. 14,23; 2Sam. 14,24; 2Sam. 14,24; 2Sam. 14,24; 2Sam. 14,24; 2Sam. 14,25; 2Sam. 14,25; 2Sam. 14,26; 2Sam. 14,26; 2Sam. 14,26; 2Sam. 14,27; 2Sam.

καί

14,27; 2Sam. 14,27; 2Sam. 14,27; 2Sam. 14,27; 2Sam. 14,28; 2Sam. 14,29; 2Sam. 14,29; 2Sam. 14,29; 2Sam. 14,29; 2Sam. 14,30; 2Sam. 14,30; 2Sam. 14,30; 2Sam. 14,30; 2Sam. 14,30; 2Sam. 14,31; 2Sam. 14,31; 2Sam. 14,31; 2Sam. 14,32; 2Sam. 14,32; 2Sam. 14,32; 2Sam. 14,32; 2Sam. 14,33; 2Sam. 14,33; 2Sam. 14,33; 2Sam. 14,33; 2Sam. 14,33; 2Sam. 14,33; 2Sam. 14,33; 2Sam. 15,1; 2Sam. 15,1; 2Sam. 15,1; 2Sam. 15,2; 2Sam. 15,2; 2Sam. 15,2; 2Sam. 15,2; 2Sam. 15,2; 2Sam. 15,2; 2Sam. 15,3; 2Sam. 15,3; 2Sam. 15,3; 2Sam. 15,4; 2Sam. 15,4; 2Sam. 15,4; 2Sam. 15,4; 2Sam. 15,5; 2Sam. 15,5; 2Sam. 15,5; 2Sam. 15,5; 2Sam. 15,6; 2Sam. 15,6; 2Sam. 15,7; 2Sam. 15,7; 2Sam. 15,8; 2Sam. 15,9; 2Sam. 15,9; 2Sam. 15,10; 2Sam. 15,10; 2Sam. 15,11; 2Sam. 15,11; 2Sam. 15,11; 2Sam. 15,12; 2Sam. 15,12; 2Sam. 15,12; 2Sam. 15,12; 2Sam. 15,12; 2Sam. 15,14; 2Sam. 15,14; 2Sam. 15,14; 2Sam. 15,14; 2Sam. 15,14; 2Sam. 15,15; 2Sam. 15,16; 2Sam. 15,16; 2Sam. 15,16; 2Sam. 15,17; 2Sam. 15,17; 2Sam. 15,17; 2Sam. 15,18; 2Sam. 15,18; 2Sam. 15,18; 2Sam. 15,18; 2Sam. 15,18; 2Sam. 15,18; 2Sam. 15,18; 2Sam. 15,18; 2Sam. 15,18; 2Sam. 15,18; 2Sam. 15,18; 2Sam. 15,18; 2Sam. 15,19; 2Sam. 15,19; 2Sam. 15,19; 2Sam. 15,19; 2Sam. 15,20; 2Sam. 15,20; 2Sam. 15,20; 2Sam. 15,20; 2Sam. 15,20; 2Sam. 15,20; 2Sam. 15,21; 2Sam. 15,21; 2Sam. 15,21; 2Sam. 15,21; 2Sam. 15,21; 2Sam. 15,22; 2Sam. 15,22; 2Sam. 15,22; 2Sam. 15,22; 2Sam. 15,22; 2Sam. 15,23; 2Sam. 15,23; 2Sam. 15,23; 2Sam. 15,23; 2Sam. 15,23; 2Sam. 15,24; 2Sam. 15,24; 2Sam. 15,24; 2Sam. 15,24; 2Sam. 15,25; 2Sam. 15,25; 2Sam. 15,25; 2Sam. 15,25; 2Sam. 15,26; 2Sam. 15,27; 2Sam. 15,27; 2Sam. 15,27; 2Sam. 15,29; 2Sam. 15,29; 2Sam. 15,29; 2Sam. 15,30; 2Sam. 15,30; 2Sam. 15,30; 2Sam. 15,30; 2Sam. 15,30; 2Sam. 15,30; 2Sam. 15,30; 2Sam. 15,31; 2Sam. 15,31; 2Sam. 15,32; 2Sam. 15,32; 2Sam. 15,32; 2Sam. 15,33; 2Sam. 15,33; 2Sam. 15,34; 2Sam. 15,34; 2Sam. 15,34; 2Sam. 15,34; 2Sam. 15,34; 2Sam. 15,34; 2Sam. 15,34; 2Sam. 15,35; 2Sam. 15,35; 2Sam. 15,35; 2Sam. 15,35; 2Sam. 15,35; 2Sam. 15,36; 2Sam. 15,36; 2Sam. 15,37; 2Sam. 15,37; 2Sam. 16,1; 2Sam. 16,1; 2Sam. 16,1; 2Sam. 16,1; 2Sam. 16,1; 2Sam. 16,1; 2Sam. 16,1; 2Sam. 16,2; 2Sam. 16,2; 2Sam. 16,2; 2Sam. 16,2; 2Sam. 16,2; 2Sam. 16,3; 2Sam. 16,3; 2Sam. 16,4; 2Sam. 16,4; 2Sam. 16,5; 2Sam. 16,5; 2Sam. 16,5; 2Sam. 16,5; 2Sam. 16,6; 2Sam. 16,6; 2Sam. 16,6; 2Sam. 16,6; 2Sam. 16,6; 2Sam. 16,7; 2Sam. 16,7; 2Sam. 16,8; 2Sam. 16,8; 2Sam. 16,9; 2Sam. 16,9; 2Sam. 16,10; 2Sam. 16,10; 2Sam. 16,10; 2Sam. 16,10; 2Sam. 16,11; 2Sam. 16,11; 2Sam. 16,11; 2Sam. 16,12; 2Sam. 16,13; 2Sam. 16,13; 2Sam. 16,13; 2Sam. 16,13; 2Sam. 16,13; 2Sam. 16,13; 2Sam. 16,14; 2Sam. 16,14; 2Sam. 16,14; 2Sam. 16,15; 2Sam. 16,15; 2Sam. 16,16; 2Sam. 16,16; 2Sam. 16,17; 2Sam. 16,18; 2Sam. 16,18; 2Sam. 16,18; 2Sam. 16,18; 2Sam. 16,19; 2Sam. 16,20; 2Sam. 16,21; 2Sam. 16,21; 2Sam. 16,21; 2Sam. 16,22; 2Sam. 16,22; 2Sam. 16,23; 2Sam. 17,1; 2Sam. 17,1; 2Sam. 17,1; 2Sam. 17,2; 2Sam. 17,2; 2Sam. 17,2; 2Sam. 17,2; 2Sam. 17,2; 2Sam. 17,2; 2Sam. 17,3; 2Sam. 17,3; 2Sam. 17,4; 2Sam. 17,4; 2Sam. 17,5; 2Sam. 17,5; 2Sam. 17,6; 2Sam. 17,6; 2Sam. 17,7; 2Sam. 17,8; 2Sam. 17,8; 2Sam. 17,8; 2Sam. 17,8; 2Sam. 17,8; 2Sam. 17,8; 2Sam. 17,9; 2Sam. 17,9; 2Sam. 17,9; 2Sam. 17,10; 2Sam. 17,11; 2Sam. 17,11; 2Sam. 17,11; 2Sam. 17,12; 2Sam. 17,12; 2Sam. 17,12; 2Sam. 17,12; 2Sam. 17,13; 2Sam. 17,13; 2Sam. 17,13; 2Sam. 17,14; 2Sam. 17,14; 2Sam. 17,14; 2Sam. 17,15; 2Sam. 17,15; 2Sam. 17,15; 2Sam. 17,15; 2Sam. 17,15; 2Sam. 17,16; 2Sam. 17,16; 2Sam. 17,16; 2Sam. 17,17; 2Sam. 17,17; 2Sam. 17,17; 2Sam. 17,17; 2Sam. 17,17; 2Sam. 17,18; 2Sam. 17,18; 2Sam. 17,18; 2Sam. 17,18; 2Sam. 17,18; 2Sam. 17,18; 2Sam. 17,19; 2Sam. 17,19; 2Sam. 17,19; 2Sam. 17,19; 2Sam. 17,20; 2Sam. 17,20; 2Sam. 17,20; 2Sam. 17,20; 2Sam. 17,20; 2Sam. 17,20; 2Sam. 17,21; 2Sam. 17,21; 2Sam. 17,21; 2Sam. 17,21; 2Sam. 17,21; 2Sam. 17,22; 2Sam. 17,22; 2Sam. 17,22; 2Sam. 17,23; 2Sam. 17,23; 2Sam. 17,23; 2Sam. 17,23; 2Sam. 17,23; 2Sam. 17,23; 2Sam. 17,23; 2Sam. 17,23; 2Sam. 17,24; 2Sam. 17,24; 2Sam. 17,25; 2Sam. 17,25; 2Sam. 17,25; 2Sam. 17,26; 2Sam. 17,26; 2Sam. 17,27; 2Sam. 17,27; 2Sam. 17,27; 2Sam. 17,28; 2Sam. 17,28; 2Sam. 17,28; 2Sam. 17,28; 2Sam. 17,28; 2Sam. 17,28; 2Sam. 17,28; 2Sam. 17,28; 2Sam. 17,28; 2Sam. 17,29; 2Sam. 17,29; 2Sam. 17,29; 2Sam. 17,29; 2Sam. 17,29; 2Sam. 17,29; 2Sam. 17,29; 2Sam. 17,29; 2Sam. 18,1; 2Sam. 18,1; 2Sam. 18,2; 2Sam. 18,2; 2Sam. 18,2; 2Sam. 18,2; 2Sam. 18,3; 2Sam. 18,3; 2Sam. 18,3; 2Sam. 18,4; 2Sam. 18,4; 2Sam. 18,4; 2Sam. 18,4; 2Sam. 18,5; 2Sam. 18,5; 2Sam. 18,5; 2Sam. 18,5; 2Sam. 18,6; 2Sam. 18,6; 2Sam. 18,7; 2Sam. 18,7; 2Sam. 18,8; 2Sam. 18,8; 2Sam. 18,9; 2Sam. 18,9; 2Sam. 18,9; 2Sam. 18,9; 2Sam. 18,9; 2Sam. 18,9; 2Sam. 18,9; 2Sam. 18,10; 2Sam. 18,10; 2Sam. 18,10; 2Sam. 18,11; 2Sam. 18,11; 2Sam. 18,11; 2Sam. 18,12; 2Sam. 18,12; 2Sam. 18,13; 2Sam. 18,13; 2Sam. 18,14; 2Sam. 18,14; 2Sam. 18,14; 2Sam. 18,15; 2Sam. 18,15; 2Sam. 18,15; 2Sam. 18,16; 2Sam. 18,16; 2Sam. 18,17; 2Sam. 18,17; 2Sam. 18,17; 2Sam. 18,17; 2Sam. 18,18; 2Sam. 18,18; 2Sam. 18,18; 2Sam. 18,18; 2Sam. 18,19; 2Sam. 18,20; 2Sam. 18,20; 2Sam. 18,21; 2Sam. 18,21; 2Sam. 18,21; 2Sam. 18,22; 2Sam. 18,22; 2Sam. 18,22; 2Sam. 18,23; 2Sam. 18,23; 2Sam. 18,23; 2Sam. 18,23; 2Sam. 18,24; 2Sam. 18,24; 2Sam. 18,24; 2Sam. 18,24; 2Sam. 18,24; 2Sam. 18,25; 2Sam. 18,25; 2Sam. 18,25; 2Sam. 18,25; 2Sam. 18,25; 2Sam. 18,25; 2Sam. 18,26; 2Sam. 18,26; 2Sam. 18,26; 2Sam. 18,26; 2Sam. 18,27; 2Sam. 18,27; 2Sam. 18,28; 2Sam. 18,28; 2Sam. 18,28; 2Sam. 18,28; 2Sam. 18,29; 2Sam. 18,29; 2Sam. 18,29; 2Sam. 18,29; 2Sam. 18,30; 2Sam. 18,30; 2Sam. 18,30; 2Sam. 18,30; 2Sam. 18,31; 2Sam. 18,31; 2Sam. 18,32; 2Sam. 18,32; 2Sam. 18,32; 2Sam. 19,1; 2Sam. 19,1; 2Sam. 19,1; 2Sam. 19,1; 2Sam. 19,2; 2Sam. 19,2; 2Sam. 19,3; 2Sam. 19,4; 2Sam. 19,5; 2Sam. 19,5; 2Sam. 19,6; 2Sam. 19,6; 2Sam. 19,6; 2Sam. 19,6; 2Sam. 19,6; 2Sam. 19,6; 2Sam. 19,7; 2Sam. 19,7; 2Sam. 19,8; 2Sam. 19,8; 2Sam. 19,8; 2Sam. 19,9; 2Sam. 19,9; 2Sam. 19,9; 2Sam. 19,9; 2Sam. 19,10; 2Sam. 19,10; 2Sam. 19,10; 2Sam. 19,10; 2Sam. 19,11; 2Sam. 19,11; 2Sam. 19,11; 2Sam. 19,12; 2Sam. 19,12; 2Sam. 19,12; 2Sam. 19,13; 2Sam. 19,13; 2Sam. 19,14; 2Sam. 19,14; 2Sam. 19,14; 2Sam. 19,14; 2Sam. 19,15; 2Sam. 19,15; 2Sam. 19,15; 2Sam. 19,16; 2Sam. 19,16; 2Sam. 19,16; 2Sam. 19,17; 2Sam. 19,17; 2Sam. 19,18; 2Sam. 19,18; 2Sam. 19,18; 2Sam. 19,18; 2Sam. 19,18; 2Sam. 19,19; 2Sam. 19,19; 2Sam. 19,19; 2Sam. 19,19; 2Sam. 19,20; 2Sam. 19,20; 2Sam. 19,21; 2Sam. 19,22; 2Sam. 19,22; 2Sam. 19,23; 2Sam. 19,23; 2Sam. 19,24; 2Sam. 19,24; 2Sam. 19,25; 2Sam. 19,25; 2Sam. 19,25; 2Sam. 19,26; 2Sam. 19,26; 2Sam. 19,27; 2Sam. 19,27; 2Sam. 19,27; 2Sam. 19,28; 2Sam. 19,28; 2Sam. 19,28; 2Sam. 19,29; 2Sam. 19,29; 2Sam. 19,29; 2Sam. 19,30; 2Sam. 19,30; 2Sam. 19,31; 2Sam. 19,32; 2Sam. 19,32; 2Sam. 19,33; 2Sam. 19,33; 2Sam. 19,34; 2Sam. 19,34; 2Sam. 19,35; 2Sam. 19,36; 2Sam. 19,36; 2Sam. 19,37; 2Sam. 19,38; 2Sam. 19,38; 2Sam. 19,38; 2Sam. 19,38; 2Sam. 19,39; 2Sam. 19,39; 2Sam. 19,40; 2Sam. 19,40; 2Sam. 19,40; 2Sam. 19,40; 2Sam. 19,40; 2Sam. 19,41; 2Sam. 19,41; 2Sam. 19,41; 2Sam. 19,42; 2Sam. 19,42; 2Sam. 19,42; 2Sam. 19,42; 2Sam. 19,42; 2Sam. 19,43; 2Sam. 19,43; 2Sam. 19,43; 2Sam. 19,44; 2Sam. 19,44; 2Sam. 19,44; 2Sam. 19,44; 2Sam. 19,44; 2Sam. 19,44; 2Sam. 20,1; 2Sam. 20,1; 2Sam. 20,1; 2Sam. 20,2; 2Sam. 20,2; 2Sam. 20,2; 2Sam. 20,3; 2Sam. 20,3; 2Sam. 20,3; 2Sam. 20,3; 2Sam.

Κ, κ

20,3; 2Sam. 20,3; 2Sam. 20,4; 2Sam. 20,5; 2Sam. 20,5; 2Sam. 20,6; 2Sam. 20,6; 2Sam. 20,6; 2Sam. 20,6; 2Sam. 20,7; 2Sam. 20,7; 2Sam. 20,7; 2Sam. 20,7; 2Sam. 20,7; 2Sam. 20,8; 2Sam. 20,8; 2Sam. 20,8; 2Sam. 20,8; 2Sam. 20,8; 2Sam. 20,8; 2Sam. 20,9; 2Sam. 20,9; 2Sam. 20,10; 2Sam. 20,10; 2Sam. 20,10; 2Sam. 20,10; 2Sam. 20,10; 2Sam. 20,10; 2Sam. 20,10; 2Sam. 20,11; 2Sam. 20,11; 2Sam. 20,11; 2Sam. 20,12; 2Sam. 20,12; 2Sam. 20,12; 2Sam. 20,12; 2Sam. 20,14; 2Sam. 20,14; 2Sam. 20,14; 2Sam. 20,14; 2Sam. 20,14; 2Sam. 20,15; 2Sam. 20,15; 2Sam. 20,15; 2Sam. 20,15; 2Sam. 20,15; 2Sam. 20,15; 2Sam. 20,16; 2Sam. 20,16; 2Sam. 20,16; 2Sam. 20,17; 2Sam. 20,17; 2Sam. 20,17; 2Sam. 20,18; 2Sam. 20,18; 2Sam. 20,18; 2Sam. 20,19; 2Sam. 20,20; 2Sam. 20,20; 2Sam. 20,20; 2Sam. 20,21; 2Sam. 20,21; 2Sam. 20,21; 2Sam. 20,22; 2Sam. 20,22; 2Sam. 20,22; 2Sam. 20,22; 2Sam. 20,22; 2Sam. 20,22; 2Sam. 20,23; 2Sam. 20,23; 2Sam. 20,24; 2Sam. 20,24; 2Sam. 20,25; 2Sam. 20,25; 2Sam. 20,25; 2Sam. 21,1; 2Sam. 21,1; 2Sam. 21,1; 2Sam. 21,2; 2Sam. 21,2; 2Sam. 21,2; 2Sam. 21,2; 2Sam. 21,2; 2Sam. 21,2; 2Sam. 21,3; 2Sam. 21,3; 2Sam. 21,3; 2Sam. 21,4; 2Sam. 21,4; 2Sam. 21,4; 2Sam. 21,4; 2Sam. 21,4; 2Sam. 21,4; 2Sam. 21,5; 2Sam. 21,5; 2Sam. 21,6; 2Sam. 21,6; 2Sam. 21,7; 2Sam. 21,7; 2Sam. 21,8; 2Sam. 21,8; 2Sam. 21,8; 2Sam. 21,9; 2Sam. 21,9; 2Sam. 21,9; 2Sam. 21,10; 2Sam. 21,10; 2Sam. 21,10; 2Sam. 21,10; 2Sam. 21,11; 2Sam. 21,11; 2Sam. 21,11; 2Sam. 21,12; 2Sam. 21,12; 2Sam. 21,12; 2Sam. 21,13; 2Sam. 21,13; 2Sam. 21,13; 2Sam. 21,14; 2Sam. 21,14; 2Sam. 21,14; 2Sam. 21,14; 2Sam. 21,14; 2Sam. 21,15; 2Sam. 21,15; 2Sam. 21,15; 2Sam. 21,15; 2Sam. 21,16; 2Sam. 21,16; 2Sam. 21,16; 2Sam. 21,16; 2Sam. 21,17; 2Sam. 21,17; 2Sam. 21,17; 2Sam. 21,17; 2Sam. 21,18; 2Sam. 21,19; 2Sam. 21,19; 2Sam. 21,19; 2Sam. 21,20; 2Sam. 21,20; 2Sam. 21,20; 2Sam. 21,20; 2Sam. 21,20; 2Sam. 21,21; 2Sam. 21,21; 2Sam. 21,22; 2Sam. 21,22; 2Sam. 22,1; 2Sam. 22,2; 2Sam. 22,2; 2Sam. 22,2; 2Sam. 22,3; 2Sam. 22,3; 2Sam. 22,4; 2Sam. 22,7; 2Sam. 22,7; 2Sam. 22,7; 2Sam. 22,8; 2Sam. 22,8; 2Sam. 22,8; 2Sam. 22,8; 2Sam. 22,9; 2Sam. 22,10; 2Sam. 22,10; 2Sam. 22,10; 2Sam. 22,11; 2Sam. 22,11; 2Sam. 22,11; 2Sam. 22,12; 2Sam. 22,14; 2Sam. 22,15; 2Sam. 22,15; 2Sam. 22,15; 2Sam. 22,15; 2Sam. 22,16; 2Sam. 22,16; 2Sam. 22,17; 2Sam. 22,19; 2Sam. 22,20; 2Sam. 22,20; 2Sam. 22,21; 2Sam. 22,22; 2Sam. 22,23; 2Sam. 22,24; 2Sam. 22,24; 2Sam. 22,25; 2Sam. 22,25; 2Sam. 22,26; 2Sam. 22,27; 2Sam. 22,27; 2Sam. 22,28; 2Sam. 22,28; 2Sam. 22,29; 2Sam. 22,30; 2Sam. 22,32; 2Sam. 22,33; 2Sam. 22,34; 2Sam. 22,35; 2Sam. 22,36; 2Sam. 22,36; 2Sam. 22,37; 2Sam. 22,38; 2Sam. 22,38; 2Sam. 22,39; 2Sam. 22,39; 2Sam. 22,39; 2Sam. 22,40; 2Sam. 22,41; 2Sam. 22,41; 2Sam. 22,42; 2Sam. 22,42; 2Sam. 22,43; 2Sam. 22,44; 2Sam. 22,46; 2Sam. 22,47; 2Sam. 22,47; 2Sam. 22,49; 2Sam. 22,49; 2Sam. 22,50; 2Sam. 22,51; 2Sam. 22,51; 2Sam. 23,1; 2Sam. 23,1; 2Sam. 23,2; 2Sam. 23,4; 2Sam. 23,4; 2Sam. 23,5; 2Sam. 23,7; 2Sam. 23,7; 2Sam. 23,7; 2Sam. 23,7; 2Sam. 23,9; 2Sam. 23,9; 2Sam. 23,9; 2Sam. 23,10; 2Sam. 23,10; 2Sam. 23,10; 2Sam. 23,10; 2Sam. 23,11; 2Sam. 23,11; 2Sam. 23,11; 2Sam. 23,11; 2Sam. 23,12; 2Sam. 23,12; 2Sam. 23,12; 2Sam. 23,12; 2Sam. 23,13; 2Sam. 23,13; 2Sam. 23,13; 2Sam. 23,14; 2Sam. 23,14; 2Sam. 23,15; 2Sam. 23,15; 2Sam. 23,16; 2Sam. 23,16; 2Sam. 23,16; 2Sam. 23,16; 2Sam. 23,16; 2Sam. 23,16; 2Sam. 23,17; 2Sam. 23,17; 2Sam. 23,18; 2Sam. 23,18; 2Sam. 23,19; 2Sam. 23,19; 2Sam. 23,20; 2Sam. 23,20; 2Sam. 23,20; 2Sam. 23,20; 2Sam. 23,21; 2Sam. 23,21; 2Sam. 23,21; 2Sam. 23,22; 2Sam. 23,23; 2Sam. 23,23; 2Sam. 23,39; 2Sam. 24,1; 2Sam. 24,1; 2Sam. 24,2; 2Sam. 24,2; 2Sam. 24,2; 2Sam. 24,2; 2Sam. 24,3; 2Sam. 24,3; 2Sam. 24,3; 2Sam. 24,3; 2Sam. 24,4; 2Sam. 24,4; 2Sam. 24,4; 2Sam. 24,4; 2Sam. 24,5; 2Sam. 24,5; 2Sam. 24,5; 2Sam. 24,6; 2Sam. 24,6; 2Sam. 24,6; 2Sam. 24,6; 2Sam. 24,6; 2Sam. 24,7; 2Sam. 24,7; 2Sam. 24,7; 2Sam. 24,7; 2Sam. 24,8; 2Sam. 24,8; 2Sam. 24,8; 2Sam. 24,9; 2Sam. 24,9; 2Sam. 24,9; 2Sam. 24,10; 2Sam. 24,11; 2Sam. 24,11; 2Sam. 24,12; 2Sam. 24,12; 2Sam. 24,12; 2Sam. 24,13; 2Sam. 24,13; 2Sam. 24,13; 2Sam. 24,13; 2Sam. 24,13; 2Sam. 24,14; 2Sam. 24,14; 2Sam. 24,15; 2Sam. 24,15; 2Sam. 24,15; 2Sam. 24,15; 2Sam. 24,15; 2Sam. 24,16; 2Sam. 24,16; 2Sam. 24,16; 2Sam. 24,16; 2Sam. 24,17; 2Sam. 24,17; 2Sam. 24,17; 2Sam. 24,17; 2Sam. 24,17; 2Sam. 24,18; 2Sam. 24,18; 2Sam. 24,18; 2Sam. 24,19; 2Sam. 24,20; 2Sam. 24,20; 2Sam. 24,20; 2Sam. 24,20; 2Sam. 24,20; 2Sam. 24,21; 2Sam. 24,21; 2Sam. 24,21; 2Sam. 24,22; 2Sam. 24,22; 2Sam. 24,22; 2Sam. 24,22; 2Sam. 24,23; 2Sam. 24,24; 2Sam. 24,24; 2Sam. 24,24; 2Sam. 24,24; 2Sam. 24,25; 2Sam. 24,25; 2Sam. 24,25; 2Sam. 24,25; 2Sam. 24,25; 2Sam. 24,25; 1Kings 1,1; 1Kings 1,1; 1Kings 1,2; 1Kings 1,2; 1Kings 1,2; 1Kings 1,2; 1Kings 1,2; 1Kings 1,3; 1Kings 1,3; 1Kings 1,3; 1Kings 1,4; 1Kings 1,4; 1Kings 1,4; 1Kings 1,4; 1Kings 1,5; 1Kings 1,5; 1Kings 1,5; 1Kings 1,6; 1Kings 1,6; 1Kings 1,7; 1Kings 1,7; 1Kings 1,7; 1Kings 1,8; 1Kings 1,8; 1Kings 1,8; 1Kings 1,8; 1Kings 1,8; 1Kings 1,8; 1Kings 1,9; 1Kings 1,9; 1Kings 1,9; 1Kings 1,9; 1Kings 1,9; 1Kings 1,10; 1Kings 1,10; 1Kings 1,10; 1Kings 1,10; 1Kings 1,11; 1Kings 1,12; 1Kings 1,12; 1Kings 1,12; 1Kings 1,13; 1Kings 1,13; 1Kings 1,13; 1Kings 1,14; 1Kings 1,14; 1Kings 1,14; 1Kings 1,15; 1Kings 1,15; 1Kings 1,15; 1Kings 1,16; 1Kings 1,16; 1Kings 1,16; 1Kings 1,17; 1Kings 1,18; 1Kings 1,18; 1Kings 1,19; 1Kings 1,19; 1Kings 1,19; 1Kings 1,19; 1Kings 1,19; 1Kings 1,19; 1Kings 1,19; 1Kings 1,20; 1Kings 1,21; 1Kings 1,21; 1Kings 1,21; 1Kings 1,22; 1Kings 1,22; 1Kings 1,23; 1Kings 1,23; 1Kings 1,23; 1Kings 1,24; 1Kings 1,24; 1Kings 1,25; 1Kings 1,25; 1Kings 1,25; 1Kings 1,25; 1Kings 1,25; 1Kings 1,25; 1Kings 1,25; 1Kings 1,25; 1Kings 1,25; 1Kings 1,26; 1Kings 1,26; 1Kings 1,26; 1Kings 1,26; 1Kings 1,27; 1Kings 1,28; 1Kings 1,28; 1Kings 1,28; 1Kings 1,28; 1Kings 1,29; 1Kings 1,29; 1Kings 1,30; 1Kings 1,31; 1Kings 1,31; 1Kings 1,31; 1Kings 1,32; 1Kings 1,32; 1Kings 1,32; 1Kings 1,32; 1Kings 1,33; 1Kings 1,33; 1Kings 1,33; 1Kings 1,34; 1Kings 1,34; 1Kings 1,34; 1Kings 1,34; 1Kings 1,35; 1Kings 1,35; 1Kings 1,35; 1Kings 1,35; 1Kings 1,36; 1Kings 1,36; 1Kings 1,37; 1Kings 1,38; 1Kings 1,38; 1Kings 1,38; 1Kings 1,38; 1Kings 1,38; 1Kings 1,38; 1Kings 1,38; 1Kings 1,39; 1Kings 1,39; 1Kings 1,39; 1Kings 1,39; 1Kings 1,40; 1Kings 1,40; 1Kings 1,40; 1Kings 1,40; 1Kings 1,41; 1Kings 1,41; 1Kings 1,41; 1Kings 1,41; 1Kings 1,42; 1Kings 1,42; 1Kings 1,42; 1Kings 1,43; 1Kings 1,43; 1Kings 1,44; 1Kings 1,44; 1Kings 1,44; 1Kings 1,44; 1Kings 1,44; 1Kings 1,44; 1Kings 1,45; 1Kings 1,45; 1Kings 1,45; 1Kings 1,45; 1Kings 1,46; 1Kings 1,47; 1Kings 1,47; 1Kings 1,47; 1Kings 1,48; 1Kings 1,49; 1Kings 1,49; 1Kings 1,50; 1Kings 1,50; 1Kings 1,50; 1Kings 1,50; 1Kings 1,51; 1Kings 1,51; 1Kings 1,52; 1Kings 1,52; 1Kings 1,53; 1Kings 1,53; 1Kings 1,53; 1Kings 1,53; 1Kings 1,53; 1Kings 2,1; 1Kings 2,2; 1Kings 2,2; 1Kings 2,3; 1Kings 2,3; 1Kings 2,3; 1Kings 2,4; 1Kings 2,5; 1Kings 2,5; 1Kings 2,5; 1Kings 2,5; 1Kings 2,5; 1Kings 2,6; 1Kings 2,6; 1Kings 2,7; 1Kings 2,7; 1Kings 2,8; 1Kings 2,8; 1Kings 2,8; 1Kings 2,8; 1Kings 2,9; 1Kings 2,9; 1Kings 2,9; 1Kings 2,10; 1Kings 2,10; 1Kings 2,11; 1Kings 2,11; 1Kings 2,12; 1Kings 2,13; 1Kings 2,13; 1Kings 2,13; 1Kings 2,14; 1Kings 2,15; 1Kings 2,15; 1Kings 2,15; 1Kings 2,15; 1Kings 2,16; 1Kings 2,16; 1Kings 2,17; 1Kings 2,17; 1Kings 2,18; 1Kings 2,19; 1Kings 2,19; 1Kings 2,19; 1Kings 2,19; 1Kings 2,19; 1Kings 2,19; 1Kings 2,20; 1Kings 2,20; 1Kings 2,21; 1Kings 2,22; 1Kings 2,22; 1Kings 2,22; 1Kings 2,22; 1Kings 2,22; 1Kings 2,23; 1Kings 2,23; 1Kings 2,24; 1Kings 2,24; 1Kings 2,24; 1Kings 2,25; 1Kings 2,25; 1Kings 2,25; 1Kings 2,26; 1Kings 2,26;

καί

1Kings 2,27; 1Kings 2,28; 1Kings 2,28; 1Kings 2,28; 1Kings 2,28; 1Kings 2,29; 1Kings 2,29; 1Kings 2,29; 1Kings 2,29; 1Kings 2,29; 1Kings 2,29; 1Kings 2,29; 1Kings 2,29; 1Kings 2,30; 1Kings 2,30; 1Kings 2,30; 1Kings 2,30; 1Kings 2,30; 1Kings 2,30; 1Kings 2,31; 1Kings 2,31; 1Kings 2,31; 1Kings 2,31; 1Kings 2,31; 1Kings 2,31; 1Kings 2,32; 1Kings 2,32; 1Kings 2,32; 1Kings 2,32; 1Kings 2,32; 1Kings 2,33; 1Kings 2,33; 1Kings 2,33; 1Kings 2,33; 1Kings 2,33; 1Kings 2,33; 1Kings 2,34; 1Kings 2,34; 1Kings 2,34; 1Kings 2,35; 1Kings 2,35; 1Kings 2,35; 1Kings 2,35a; 1Kings 2,35a; 1Kings 2,35b; 1Kings 2,35b; 1Kings 2,35c; 1Kings 2,35c; 1Kings 2,35c; 1Kings 2,35c; 1Kings 2,35c; 1Kings 2,35d; 1Kings 2,35d; 1Kings 2,35e; 1Kings 2,35e; 1Kings 2,35e; 1Kings 2,35e; 1Kings 2,35e; 1Kings 2,35e; 1Kings 2,35f; 1Kings 2,35f; 1Kings 2,35f; 1Kings 2,35g; 1Kings 2,35g; 1Kings 2,35g; 1Kings 2,35g; 1Kings 2,35h; 1Kings 2,35h; 1Kings 2,35i; 1Kings 2,35i; 1Kings 2,35i; 1Kings 2,35i; 1Kings 2,35i; 1Kings 2,35k; 1Kings 2,35n; 1Kings 2,35n; 1Kings 2,35o; 1Kings 2,35o; 1Kings 2,35o; 1Kings 2,36; 1Kings 2,36; 1Kings 2,36; 1Kings 2,36; 1Kings 2,36; 1Kings 2,37; 1Kings 2,37; 1Kings 2,37; 1Kings 2,38; 1Kings 2,38; 1Kings 2,39; 1Kings 2,39; 1Kings 2,39; 1Kings 2,40; 1Kings 2,40; 1Kings 2,40; 1Kings 2,40; 1Kings 2,40; 1Kings 2,41; 1Kings 2,41; 1Kings 2,42; 1Kings 2,42; 1Kings 2,42; 1Kings 2,42; 1Kings 2,42; 1Kings 2,43; 1Kings 2,43; 1Kings 2,44; 1Kings 2,44; 1Kings 2,45; 1Kings 2,45; 1Kings 2,46; 1Kings 2,46; 1Kings 2,46; 1Kings 2,46; 1Kings 2,46a; 1Kings 2,46a; 1Kings 2,46a; 1Kings 2,46a; 1Kings 2,46a; 1Kings 2,46b; 1Kings 2,46b; 1Kings 2,46b; 1Kings 2,46c; 1Kings 2,46d; 1Kings 2,46e; 1Kings 2,46e; 1Kings 2,46e; 1Kings 2,46e; 1Kings 2,46e; 1Kings 2,46e; 1Kings 2,46g; 1Kings 2,46g; 1Kings 2,46g; 1Kings 2,46g; 1Kings 2,46g; 1Kings 2,46g; 1Kings 2,46h; 1Kings 2,46h; 1Kings 2,46h; 1Kings 2,46h; 1Kings 2,46h; 1Kings 2,46h; 1Kings 2,46h; 1Kings 2,46h; 1Kings 2,46h; 1Kings 2,46i; 1Kings 2,46i; 1Kings 2,46k; 1Kings 2,46k; 1Kings 2,46k; 1Kings 2,46l; 1Kings 3,3; 1Kings 3,3; 1Kings 3,4; 1Kings 3,4; 1Kings 3,4; 1Kings 3,5; 1Kings 3,5; 1Kings 3,6; 1Kings 3,6; 1Kings 3,6; 1Kings 3,6; 1Kings 3,7; 1Kings 3,7; 1Kings 3,7; 1Kings 3,7; 1Kings 3,9; 1Kings 3,9; 1Kings 3,9; 1Kings 3,9; 1Kings 3,10; 1Kings 3,11; 1Kings 3,11; 1Kings 3,11; 1Kings 3,12; 1Kings 3,12; 1Kings 3,13; 1Kings 3,13; 1Kings 3,13; 1Kings 3,14; 1Kings 3,14; 1Kings 3,14; 1Kings 3,15; 1Kings 3,15; 1Kings 3,15; 1Kings 3,15; 1Kings 3,15; 1Kings 3,15; 1Kings 3,15; 1Kings 3,15; 1Kings 3,15; 1Kings 3,16; 1Kings 3,17; 1Kings 3,17; 1Kings 3,17; 1Kings 3,18; 1Kings 3,18; 1Kings 3,18; 1Kings 3,18; 1Kings 3,19; 1Kings 3,20; 1Kings 3,20; 1Kings 3,20; 1Kings 3,20; 1Kings 3,21; 1Kings 3,21; 1Kings 3,21; 1Kings 3,21; 1Kings 3,22; 1Kings 3,22; 1Kings 3,23; 1Kings 3,23; 1Kings 3,23; 1Kings 3,23; 1Kings 3,24; 1Kings 3,24; 1Kings 3,25; 1Kings 3,25; 1Kings 3,25; 1Kings 3,26; 1Kings 3,26; 1Kings 3,26; 1Kings 3,26; 1Kings 3,26; 1Kings 3,27; 1Kings 3,27; 1Kings 3,27; 1Kings 3,28; 1Kings 3,28; 1Kings 4,2; 1Kings 4,3; 1Kings 4,3; 1Kings 4,3; 1Kings 4,4; 1Kings 4,4; 1Kings 4,5; 1Kings 4,5; 1Kings 4,6; 1Kings 4,6; 1Kings 4,6; 1Kings 4,7; 1Kings 4,8; 1Kings 4,9; 1Kings 4,9; 1Kings 4,9; 1Kings 4,10; 1Kings 4,11; 1Kings 4,12; 1Kings 4,12; 1Kings 4,12; 1Kings 4,13; 1Kings 4,15; 1Kings 4,18; 1Kings 4,18; 1Kings 5,1; 1Kings 5,1; 1Kings 5,1; 1Kings 5,1; 1Kings 5,2; 1Kings 5,2; 1Kings 5,3; 1Kings 5,3; 1Kings 5,3; 1Kings 5,3; 1Kings 5,3; 1Kings 5,4; 1Kings 5,9; 1Kings 5,9; 1Kings 5,10; 1Kings 5,10; 1Kings 5,11; 1Kings 5,11; 1Kings 5,11; 1Kings 5,11; 1Kings 5,11; 1Kings 5,12; 1Kings 5,12; 1Kings 5,13; 1Kings 5,13; 1Kings 5,13; 1Kings 5,13; 1Kings 5,13; 1Kings 5,13; 1Kings 5,14; 1Kings 5,14; 1Kings 5,14a; 1Kings 5,14a; 1Kings 5,14a; 1Kings 5,14b; 1Kings 5,14b; 1Kings 5,14b; 1Kings 5,14b; 1Kings 5,16; 1Kings 5,18; 1Kings 5,18; 1Kings 5,19; 1Kings 5,20; 1Kings 5,20; 1Kings 5,20; 1Kings 5,20; 1Kings 5,21; 1Kings 5,21; 1Kings 5,22; 1Kings 5,22; 1Kings 5,23; 1Kings 5,23; 1Kings 5,23; 1Kings 5,24; 1Kings 5,24; 1Kings 5,25; 1Kings 5,25; 1Kings 5,25; 1Kings 5,26; 1Kings 5,26; 1Kings 5,26; 1Kings 5,26; 1Kings 5,27; 1Kings 5,27; 1Kings 5,28; 1Kings 5,28; 1Kings 5,28; 1Kings 5,29; 1Kings 5,29; 1Kings 5,30; 1Kings 5,32; 1Kings 5,32; 1Kings 6,1; 1Kings 6,1a; 1Kings 6,1a; 1Kings 6,1a; 1Kings 6,1b; 1Kings 6,1b; 1Kings 6,1b; 1Kings 6,1d; 1Kings 6,2; 1Kings 6,2; 1Kings 6,2; 1Kings 6,2; 1Kings 6,3; 1Kings 6,3; 1Kings 6,3; 1Kings 6,3; 1Kings 6,3; 1Kings 6,4; 1Kings 6,5; 1Kings 6,5; 1Kings 6,5; 1Kings 6,6; 1Kings 6,6; 1Kings 6,7; 1Kings 6,7; 1Kings 6,7; 1Kings 6,7; 1Kings 6,8; 1Kings 6,8; 1Kings 6,8; 1Kings 6,9; 1Kings 6,9; 1Kings 6,9; 1Kings 6,10; 1Kings 6,10; 1Kings 6,15; 1Kings 6,15; 1Kings 6,15; 1Kings 6,16; 1Kings 6,16; 1Kings 6,17; 1Kings 6,20; 1Kings 6,20; 1Kings 6,20; 1Kings 6,20; 1Kings 6,21; 1Kings 6,22; 1Kings 6,24; 1Kings 6,24; 1Kings 6,26; 1Kings 6,26; 1Kings 6,27; 1Kings 6,27; 1Kings 6,27; 1Kings 6,27; 1Kings 6,27; 1Kings 6,28; 1Kings 6,29; 1Kings 6,29; 1Kings 6,29; 1Kings 6,30; 1Kings 6,30; 1Kings 6,31; 1Kings 6,32; 1Kings 6,32; 1Kings 6,32; 1Kings 6,32; 1Kings 6,32; 1Kings 6,32; 1Kings 6,32; 1Kings 6,33; 1Kings 6,34; 1Kings 6,34; 1Kings 6,34; 1Kings 6,35; 1Kings 6,35; 1Kings 6,35; 1Kings 6,36; 1Kings 6,36; 1Kings 6,36a; 1Kings 7,1; 1Kings 7,2; 1Kings 7,2; 1Kings 7,2; 1Kings 7,2; 1Kings 7,2; 1Kings 7,2; 1Kings 7,2; 1Kings 7,3; 1Kings 7,3; 1Kings 7,3; 1Kings 7,3; 1Kings 7,3; 1Kings 7,4; 1Kings 7,4; 1Kings 7,5; 1Kings 7,5; 1Kings 7,5; 1Kings 7,6; 1Kings 7,6; 1Kings 7,7; 1Kings 7,7; 1Kings 7,7; 1Kings 7,7; 1Kings 7,7; 1Kings 7,8; 1Kings 7,9; 1Kings 7,9; 1Kings 7,10; 1Kings 7,10; 1Kings 7,11; 1Kings 7,12; 1Kings 7,12; 1Kings 7,13; 1Kings 7,13; 1Kings 7,13; 1Kings 7,13; 1Kings 7,13; 1Kings 7,13; 1Kings 7,14; 1Kings 7,14; 1Kings 7,15; 1Kings 7,15; 1Kings 7,16; 1Kings 7,16; 1Kings 7,16; 1Kings 7,16; 1Kings 7,16; 1Kings 7,16; 1Kings 7,16; 1Kings 7,17; 1Kings 7,17; 1Kings 7,17; 1Kings 7,18; 1Kings 7,18; 1Kings 7,18; 1Kings 7,19; 1Kings 7,19; 1Kings 7,19; 1Kings 7,21; 1Kings 7,21; 1Kings 7,21; 1Kings 7,21; 1Kings 7,22; 1Kings 7,22; 1Kings 7,22; 1Kings 7,22; 1Kings 7,23; 1Kings 7,24; 1Kings 7,25; 1Kings 7,25; 1Kings 7,25; 1Kings 7,26; 1Kings 7,26; 1Kings 7,26; 1Kings 7,27; 1Kings 7,27; 1Kings 7,29; 1Kings 7,29; 1Kings 7,30; 1Kings 7,30; 1Kings 7,31; 1Kings 7,31; 1Kings 7,31; 1Kings 7,31; 1Kings 7,31; 1Kings 7,31; 1Kings 7,33; 1Kings 7,34; 1Kings 7,35; 1Kings 7,35; 1Kings 7,35; 1Kings 7,35; 1Kings 7,35; 1Kings 7,36; 1Kings 7,36; 1Kings 7,36; 1Kings 7,36; 1Kings 7,36; 1Kings 7,36; 1Kings 7,36; 1Kings 7,37; 1Kings 7,37; 1Kings 7,37; 1Kings 7,37; 1Kings 7,37; 1Kings 7,39; 1Kings 7,39; 1Kings 7,39; 1Kings 7,39; 1Kings 7,39; 1Kings 7,40; 1Kings 7,40; 1Kings 7,40; 1Kings 7,40; 1Kings 7,41; 1Kings 7,41; 1Kings 7,42; 1Kings 7,42; 1Kings 7,42; 1Kings 7,43; 1Kings 7,43; 1Kings 7,43; 1Kings 7,43; 1Kings 7,44; 1Kings 7,45; 1Kings 7,45; 1Kings 7,46; 1Kings 7,46; 1Kings 7,47; 1Kings 7,48; 1Kings 7,48; 1Kings 7,49; 1Kings 7,50; 1Kings 8,1; 1Kings 8,3; 1Kings 8,4; 1Kings 8,4; 1Kings 8,5; 1Kings 8,5; 1Kings 8,5; 1Kings 8,6; 1Kings 8,7; 1Kings 8,7; 1Kings 8,8; 1Kings 8,8; 1Kings 8,8; 1Kings 8,10; 1Kings 8,10; 1Kings 8,11; 1Kings 8,14; 1Kings 8,14; 1Kings 8,15; 1Kings 8,15; 1Kings 8,16; 1Kings 8,16; 1Kings 8,17; 1Kings 8,18; 1Kings 8,20; 1Kings 8,20; 1Kings 8,20; 1Kings 8,20; 1Kings 8,21; 1Kings 8,22; 1Kings 8,23; 1Kings 8,23; 1Kings 8,23; 1Kings 8,24; 1Kings 8,24; 1Kings 8,25; 1Kings 8,26; 1Kings 8,27; 1Kings 8,28; 1Kings 8,29; 1Kings 8,29; 1Kings 8,30; 1Kings 8,30; 1Kings 8,30; 1Kings 8,30; 1Kings 8,30; 1Kings 8,31; 1Kings 8,31; 1Kings 8,31; 1Kings 8,32; 1Kings 8,32; 1Kings 8,32; 1Kings 8,32; 1Kings 8,33; 1Kings 8,33; 1Kings 8,33; 1Kings 8,33; 1Kings 8,34; 1Kings 8,34; 1Kings 8,34; 1Kings 8,35; 1Kings 8,35; 1Kings 8,35; 1Kings 8,35; 1Kings 8,36; 1Kings 8,36; 1Kings 8,36; 1Kings 8,36; 1Kings 8,37; 1Kings 8,38; 1Kings 8,39; 1Kings 8,39; 1Kings 8,39; 1Kings 8,39; 1Kings 8,41; 1Kings 8,42; 1Kings 8,42; 1Kings 8,43; 1Kings 8,43; 1Kings 8,43;

Κ, κ

1Kings 8,43; 1Kings 8,44; 1Kings 8,44; 1Kings 8,45; 1Kings 8,45; 1Kings 8,45; 1Kings 8,46; 1Kings 8,46; 1Kings 8,46; 1Kings 8,46; 1Kings 8,47; 1Kings 8,47; 1Kings 8,47; 1Kings 8,48; 1Kings 8,48; 1Kings 8,48; 1Kings 8,48; 1Kings 8,49; 1Kings 8,50; 1Kings 8,50; 1Kings 8,50; 1Kings 8,50; 1Kings 8,51; 1Kings 8,52; 1Kings 8,52; 1Kings 8,52; 1Kings 8,54; 1Kings 8,54; 1Kings 8,54; 1Kings 8,55; 1Kings 8,55; 1Kings 8,58; 1Kings 8,58; 1Kings 8,59; 1Kings 8,59; 1Kings 8,59; 1Kings 8,60; 1Kings 8,61; 1Kings 8,61; 1Kings 8,61; 1Kings 8,62; 1Kings 8,63; 1Kings 8,63; 1Kings 8,63; 1Kings 8,63; 1Kings 8,63; 1Kings 8,64; 1Kings 8,64; 1Kings 8,64; 1Kings 8,65; 1Kings 8,65; 1Kings 8,65; 1Kings 8,65; 1Kings 8,66; 1Kings 8,66; 1Kings 8,66; 1Kings 8,66; 1Kings 8,66; 1Kings 9,1; 1Kings 9,1; 1Kings 9,2; 1Kings 9,3; 1Kings 9,3; 1Kings 9,3; 1Kings 9,3; 1Kings 9,4; 1Kings 9,4; 1Kings 9,4; 1Kings 9,4; 1Kings 9,4; 1Kings 9,5; 1Kings 9,6; 1Kings 9,6; 1Kings 9,6; 1Kings 9,6; 1Kings 9,6; 1Kings 9,6; 1Kings 9,7; 1Kings 9,7; 1Kings 9,7; 1Kings 9,7; 1Kings 9,8; 1Kings 9,8; 1Kings 9,8; 1Kings 9,8; 1Kings 9,9; 1Kings 9,9; 1Kings 9,9; 1Kings 9,9; 1Kings 9,10; 1Kings 9,11; 1Kings 9,11; 1Kings 9,11; 1Kings 9,12; 1Kings 9,12; 1Kings 9,12; 1Kings 9,13; 1Kings 9,13; 1Kings 9,14; 1Kings 9,14; 1Kings 9,26; 1Kings 9,27; 1Kings 9,28; 1Kings 9,28; 1Kings 9,28; 1Kings 9,28; 1Kings 10,1; 1Kings 10,1; 1Kings 10,2; 1Kings 10,2; 1Kings 10,2; 1Kings 10,2; 1Kings 10,2; 1Kings 10,2; 1Kings 10,3; 1Kings 10,4; 1Kings 10,4; 1Kings 10,5; 1Kings 10,5; 1Kings 10,5; 1Kings 10,5; 1Kings 10,5; 1Kings 10,5; 1Kings 10,5; 1Kings 10,6; 1Kings 10,6; 1Kings 10,7; 1Kings 10,7; 1Kings 10,7; 1Kings 10,9; 1Kings 10,9; 1Kings 10,10; 1Kings 10,10; 1Kings 10,10; 1Kings 10,11; 1Kings 10,11; 1Kings 10,12; 1Kings 10,12; 1Kings 10,12; 1Kings 10,12; 1Kings 10,13; 1Kings 10,13; 1Kings 10,13; 1Kings 10,13; 1Kings 10,14; 1Kings 10,15; 1Kings 10,15; 1Kings 10,15; 1Kings 10,16; 1Kings 10,17; 1Kings 10,17; 1Kings 10,18; 1Kings 10,18; 1Kings 10,19; 1Kings 10,19; 1Kings 10,19; 1Kings 10,19; 1Kings 10,20; 1Kings 10,20; 1Kings 10,21; 1Kings 10,21; 1Kings 10,22; 1Kings 10,22; 1Kings 10,22; 1Kings 10,22a # 9,15; 1Kings 10,22a # 9,15; 1Kings 10,22a # 9,15; 1Kings 10,22a # 9,15; 1Kings 10,22a # 9,15; 1Kings 10,22a # 9,15; 1Kings 10,22a # 9,15; 1Kings 10,22a # 9,15; 1Kings 10,22a # 9,15; 1Kings 10,22a # 9,15; 1Kings 10,22b # 9,20; 1Kings 10,22b # 9,20; 1Kings 10,22b # 9,20; 1Kings 10,22b # 9,20; 1Kings 10,22b # 9,20; 1Kings 10,22b # 9,20; 1Kings 10,22b # 9,20; 1Kings 10,22c # 9,22; 1Kings 10,22c # 9,22; 1Kings 10,22c # 9,22; 1Kings 10,22c # 9,22; 1Kings 10,23; 1Kings 10,24; 1Kings 10,25; 1Kings 10,25; 1Kings 10,25; 1Kings 10,25; 1Kings 10,25; 1Kings 10,26; 1Kings 10,26; 1Kings 10,26; 1Kings 10,26; 1Kings 10,26a; 1Kings 10,26a; 1Kings 10,26a; 1Kings 10,27; 1Kings 10,27; 1Kings 10,27; 1Kings 10,28; 1Kings 10,28; 1Kings 10,29; 1Kings 10,29; 1Kings 10,29; 1Kings 10,29; 1Kings 11,1; 1Kings 11,1; 1Kings 11,1; 1Kings 11,1; 1Kings 11,1; 1Kings 11,1; 1Kings 11,2; 1Kings 11,4; 1Kings 11,4; 1Kings 11,4; 1Kings 11,5; 1Kings 11,6; 1Kings 11,7; 1Kings 11,7; 1Kings 11,8; 1Kings 11,9; 1Kings 11,10; 1Kings 11,10; 1Kings 11,11; 1Kings 11,11; 1Kings 11,11; 1Kings 11,11; 1Kings 11,13; 1Kings 11,14; 1Kings 11,14; 1Kings 11,14; 1Kings 11,14; 1Kings 11,14; 1Kings 11,14; 1Kings 11,15; 1Kings 11,16; 1Kings 11,17; 1Kings 11,17; 1Kings 11,17; 1Kings 11,17; 1Kings 11,18; 1Kings 11,18; 1Kings 11,18; 1Kings 11,18; 1Kings 11,18; 1Kings 11,18; 1Kings 11,18; 1Kings 11,19; 1Kings 11,19; 1Kings 11,20; 1Kings 11,20; 1Kings 11,20; 1Kings 11,21; 1Kings 11,21; 1Kings 11,21; 1Kings 11,21; 1Kings 11,22; 1Kings 11,22; 1Kings 11,22; 1Kings 11,22; 1Kings 11,25; 1Kings 11,25; 1Kings 11,27; 1Kings 11,28; 1Kings 11,28; 1Kings 11,28; 1Kings 11,29; 1Kings 11,29; 1Kings 11,29; 1Kings 11,29; 1Kings 11,29; 1Kings 11,29; 1Kings 11,30; 1Kings 11,30; 1Kings 11,31; 1Kings 11,31; 1Kings 11,32; 1Kings 11,32; 1Kings 11,33; 1Kings 11,33; 1Kings 11,33; 1Kings 11,33; 1Kings 11,33; 1Kings 11,34; 1Kings 11,35; 1Kings 11,35; 1Kings 11,37; 1Kings 11,37; 1Kings 11,37; 1Kings 11,38; 1Kings 11,38; 1Kings 11,38; 1Kings 11,38; 1Kings 11,38; 1Kings 11,38; 1Kings 11,40; 1Kings 11,40; 1Kings 11,40; 1Kings 11,40; 1Kings 11,41; 1Kings 11,41; 1Kings 11,42; 1Kings 11,43; 1Kings 11,43; 1Kings 11,43; 1Kings 11,43; 1Kings 11,43; 1Kings 11,43; 1Kings 11,43; 1Kings 11,43; 1Kings 12,3; 1Kings 12,4; 1Kings 12,4; 1Kings 12,4; 1Kings 12,5; 1Kings 12,5; 1Kings 12,5; 1Kings 12,6; 1Kings 12,6; 1Kings 12,7; 1Kings 12,7; 1Kings 12,7; 1Kings 12,7; 1Kings 12,8; 1Kings 12,8; 1Kings 12,9; 1Kings 12,9; 1Kings 12,10; 1Kings 12,10; 1Kings 12,11; 1Kings 12,12; 1Kings 12,13; 1Kings 12,13; 1Kings 12,14; 1Kings 12,15; 1Kings 12,16; 1Kings 12,16; 1Kings 12,16; 1Kings 12,16; 1Kings 12,18; 1Kings 12,18; 1Kings 12,18; 1Kings 12,18; 1Kings 12,19; 1Kings 12,20; 1Kings 12,20; 1Kings 12,20; 1Kings 12,20; 1Kings 12,20; 1Kings 12,20; 1Kings 12,21; 1Kings 12,21; 1Kings 12,21; 1Kings 12,21; 1Kings 12,22; 1Kings 12,23; 1Kings 12,23; 1Kings 12,23; 1Kings 12,24; 1Kings 12,24; 1Kings 12,24a; 1Kings 12,24a; 1Kings 12,24a; 1Kings 12,24a; 1Kings 12,24a; 1Kings 12,24a; 1Kings 12,24b; 1Kings 12,24b; 1Kings 12,24b; 1Kings 12,24b; 1Kings 12,24b; 1Kings 12,24b; 1Kings 12,24b; 1Kings 12,24c; 1Kings 12,24c; 1Kings 12,24c; 1Kings 12,24c; 1Kings 12,24d; 1Kings 12,24d; 1Kings 12,24d; 1Kings 12,24d; 1Kings 12,24d; 1Kings 12,24e; 1Kings 12,24e; 1Kings 12,24f; 1Kings 12,24f; 1Kings 12,24f; 1Kings 12,24f; 1Kings 12,24f; 1Kings 12,24f; 1Kings 12,24g; 1Kings 12,24g; 1Kings 12,24g; 1Kings 12,24h; 1Kings 12,24h; 1Kings 12,24h; 1Kings 12,24h; 1Kings 12,24h; 1Kings 12,24h; 1Kings 12,24h; 1Kings 12,24h; 1Kings 12,24h; 1Kings 12,24i; 1Kings 12,24i; 1Kings 12,24i; 1Kings 12,24i; 1Kings 12,24i; 1Kings 12,24i; 1Kings 12,24i; 1Kings 12,24k; 1Kings 12,24k; 1Kings 12,24k; 1Kings 12,24k; 1Kings 12,24k; 1Kings 12,24k; 1Kings 12,24l; 1Kings 12,24l; 1Kings 12,24l; 1Kings 12,24l; 1Kings 12,24l; 1Kings 12,24l; 1Kings 12,24l; 1Kings 12,24l; 1Kings 12,24m; 1Kings 12,24m; 1Kings 12,24m; 1Kings 12,24n; 1Kings 12,24n; 1Kings 12,24n; 1Kings 12,24n; 1Kings 12,24o; 1Kings 12,24o; 1Kings 12,24o; 1Kings 12,24o; 1Kings 12,24o; 1Kings 12,24o; 1Kings 12,24o; 1Kings 12,24p; 1Kings 12,24p; 1Kings 12,24p; 1Kings 12,24p; 1Kings 12,24p; 1Kings 12,24q; 1Kings 12,24q; 1Kings 12,24q; 1Kings 12,24q; 1Kings 12,24r; 1Kings 12,24r; 1Kings 12,24r; 1Kings 12,24r; 1Kings 12,24r; 1Kings 12,24r; 1Kings 12,24s; 1Kings 12,24s; 1Kings 12,24s; 1Kings 12,24t; 1Kings 12,24t; 1Kings 12,24u; 1Kings 12,24u; 1Kings 12,24u; 1Kings 12,24u; 1Kings 12,24u; 1Kings 12,24u; 1Kings 12,24u; 1Kings 12,24u; 1Kings 12,24x; 1Kings 12,24x; 1Kings 12,24x; 1Kings 12,24x; 1Kings 12,24y; 1Kings 12,24y; 1Kings 12,24y; 1Kings 12,24y; 1Kings 12,24z; 1Kings 12,24z; 1Kings 12,25; 1Kings 12,25; 1Kings 12,25; 1Kings 12,26; 1Kings 12,27; 1Kings 12,27; 1Kings 12,27; 1Kings 12,28; 1Kings 12,28; 1Kings 12,28; 1Kings 12,28; 1Kings 12,29; 1Kings 12,29; 1Kings 12,30; 1Kings 12,30; 1Kings 12,31; 1Kings 12,31; 1Kings 12,32; 1Kings 12,32; 1Kings 12,32; 1Kings 12,33; 1Kings 12,33; 1Kings 12,33; 1Kings 13,1; 1Kings 13,2; 1Kings 13,2; 1Kings 13,2; 1Kings 13,2; 1Kings 13,3; 1Kings 13,3; 1Kings 13,4; 1Kings 13,4; 1Kings 13,4; 1Kings 13,4; 1Kings 13,5; 1Kings 13,5; 1Kings 13,6; 1Kings 13,6; 1Kings 13,6; 1Kings 13,6; 1Kings 13,6; 1Kings 13,7; 1Kings 13,7; 1Kings 13,7; 1Kings 13,8; 1Kings 13,9; 1Kings 13,9; 1Kings 13,10; 1Kings 13,10; 1Kings 13,11; 1Kings 13,11; 1Kings 13,11; 1Kings 13,11; 1Kings 13,12; 1Kings 13,12; 1Kings 13,13; 1Kings 13,13; 1Kings 13,13; 1Kings 13,14; 1Kings 13,14; 1Kings 13,14; 1Kings 13,14; 1Kings 13,15; 1Kings 13,15; 1Kings 13,16; 1Kings 13,17; 1Kings 13,17; 1Kings 13,18; 1Kings 13,18; 1Kings 13,18; 1Kings 13,18; 1Kings 13,18; 1Kings

13,19; 1Kings 13,19; 1Kings 13,19; 1Kings 13,20; 1Kings 13,20; 1Kings 13,21; 1Kings 13,21; 1Kings 13,22; 1Kings 13,22; 1Kings 13,22; 1Kings 13,22; 1Kings 13,23; 1Kings 13,23; 1Kings 13,23; 1Kings 13,23; 1Kings 13,24; 1Kings 13,24; 1Kings 13,24; 1Kings 13,24; 1Kings 13,24; 1Kings 13,24; 1Kings 13,25; 1Kings 13,25; 1Kings 13,25; 1Kings 13,25; 1Kings 13,25; 1Kings 13,26; 1Kings 13,26; 1Kings 13,28; 1Kings 13,28; 1Kings 13,28; 1Kings 13,28; 1Kings 13,28; 1Kings 13,28; 1Kings 13,29; 1Kings 13,29; 1Kings 13,29; 1Kings 13,30; 1Kings 13,31; 1Kings 13,31; 1Kings 13,32; 1Kings 13,33; 1Kings 13,33; 1Kings 13,33; 1Kings 13,34; 1Kings 13,34; 1Kings 13,34; 1Kings 14,21; 1Kings 14,21; 1Kings 14,21; 1Kings 14,22; 1Kings 14,22; 1Kings 14,22; 1Kings 14,23; 1Kings 14,23; 1Kings 14,23; 1Kings 14,23; 1Kings 14,24; 1Kings 14,24; 1Kings 14,25; 1Kings 14,26; 1Kings 14,26; 1Kings 14,26; 1Kings 14,26; 1Kings 14,27; 1Kings 14,27; 1Kings 14,28; 1Kings 14,28; 1Kings 14,28; 1Kings 14,29; 1Kings 14,29; 1Kings 14,30; 1Kings 14,30; 1Kings 14,31; 1Kings 14,31; 1Kings 14,31; 1Kings 15,2; 1Kings 15,2; 1Kings 15,3; 1Kings 15,3; 1Kings 15,4; 1Kings 15,7; 1Kings 15,7; 1Kings 15,7; 1Kings 15,7; 1Kings 15,8; 1Kings 15,8; 1Kings 15,8; 1Kings 15,8; 1Kings 15,9; 1Kings 15,10; 1Kings 15,10; 1Kings 15,10; 1Kings 15,11; 1Kings 15,12; 1Kings 15,12; 1Kings 15,13; 1Kings 15,13; 1Kings 15,13; 1Kings 15,15; 1Kings 15,15; 1Kings 15,15; 1Kings 15,15; 1Kings 15,16; 1Kings 15,16; 1Kings 15,17; 1Kings 15,17; 1Kings 15,17; 1Kings 15,18; 1Kings 15,18; 1Kings 15,18; 1Kings 15,18; 1Kings 15,19; 1Kings 15,19; 1Kings 15,19; 1Kings 15,19; 1Kings 15,19; 1Kings 15,20; 1Kings 15,20; 1Kings 15,20; 1Kings 15,20; 1Kings 15,20; 1Kings 15,20; 1Kings 15,21; 1Kings 15,21; 1Kings 15,21; 1Kings 15,22; 1Kings 15,22; 1Kings 15,22; 1Kings 15,22; 1Kings 15,22; 1Kings 15,23; 1Kings 15,23; 1Kings 15,24; 1Kings 15,24; 1Kings 15,24; 1Kings 15,25; 1Kings 15,26; 1Kings 15,26; 1Kings 15,26; 1Kings 15,27; 1Kings 15,27; 1Kings 15,27; 1Kings 15,27; 1Kings 15,28; 1Kings 15,28; 1Kings 15,29; 1Kings 15,29; 1Kings 15,29; 1Kings 15,30; 1Kings 15,31; 1Kings 15,31; 1Kings 15,33; 1Kings 15,34; 1Kings 15,34; 1Kings 15,34; 1Kings 16,1; 1Kings 16,2; 1Kings 16,2; 1Kings 16,2; 1Kings 16,3; 1Kings 16,3; 1Kings 16,4; 1Kings 16,5; 1Kings 16,5; 1Kings 16,5; 1Kings 16,6; 1Kings 16,6; 1Kings 16,6; 1Kings 16,7; 1Kings 16,7; 1Kings 16,7; 1Kings 16,9; 1Kings 16,9; 1Kings 16,10; 1Kings 16,10; 1Kings 16,10; 1Kings 16,10; 1Kings 16,11; 1Kings 16,11; 1Kings 16,13; 1Kings 16,14; 1Kings 16,14; 1Kings 16,15; 1Kings 16,16; 1Kings 16,16; 1Kings 16,16; 1Kings 16,17; 1Kings 16,17; 1Kings 16,17; 1Kings 16,18; 1Kings 16,18; 1Kings 16,18; 1Kings 16,18; 1Kings 16,19; 1Kings 16,20; 1Kings 16,20; 1Kings 16,21; 1Kings 16,22; 1Kings 16,22; 1Kings 16,22; 1Kings 16,23; 1Kings 16,24; 1Kings 16,24; 1Kings 16,24; 1Kings 16,25; 1Kings 16,25; 1Kings 16,26; 1Kings 16,26; 1Kings 16,27; 1Kings 16,27; 1Kings 16,27; 1Kings 16,28; 1Kings 16,28; 1Kings 16,28; 1Kings 16,28a; 1Kings 16,28a; 1Kings 16,28a; 1Kings 16,28b; 1Kings 16,28b; 1Kings 16,28b; 1Kings 16,28c; 1Kings 16,28c; 1Kings 16,28c; 1Kings 16,28d; 1Kings 16,28e; 1Kings 16,28f; 1Kings 16,28f; 1Kings 16,28g; 1Kings 16,28g; 1Kings 16,28h; 1Kings 16,28h; 1Kings 16,28h; 1Kings 16,29; 1Kings 16,30; 1Kings 16,31; 1Kings 16,31; 1Kings 16,31; 1Kings 16,31; 1Kings 16,31; 1Kings 16,32; 1Kings 16,33; 1Kings 16,33; 1Kings 16,34; 1Kings 17,1; 1Kings 17,2; 1Kings 17,3; 1Kings 17,4; 1Kings 17,4; 1Kings 17,5; 1Kings 17,5; 1Kings 17,6; 1Kings 17,6; 1Kings 17,6; 1Kings 17,7; 1Kings 17,8; 1Kings 17,9; 1Kings 17,10; 1Kings 17,10; 1Kings 17,10; 1Kings 17,10; 1Kings 17,10; 1Kings 17,10; 1Kings 17,11; 1Kings 17,11; 1Kings 17,11; 1Kings 17,12; 1Kings 17,12; 1Kings 17,12; 1Kings 17,12; 1Kings 17,12; 1Kings 17,12; 1Kings 17,12; 1Kings 17,13; 1Kings 17,13; 1Kings 17,13; 1Kings 17,13; 1Kings 17,14; 1Kings 17,15; 1Kings 17,15; 1Kings 17,15; 1Kings 17,15; 1Kings 17,15; 1Kings 17,16; 1Kings 17,16; 1Kings 17,17; 1Kings 17,17; 1Kings 17,18; 1Kings 17,18; 1Kings 17,18; 1Kings 17,19; 1Kings 17,19; 1Kings 17,19; 1Kings 17,19; 1Kings 17,20; 1Kings 17,20; 1Kings 17,21; 1Kings 17,21; 1Kings 17,21; 1Kings 17,22; 1Kings 17,22; 1Kings 17,23; 1Kings 17,23; 1Kings 17,23; 1Kings 17,24; 1Kings 17,24; 1Kings 18,1; 1Kings 18,1; 1Kings 18,1; 1Kings 18,2; 1Kings 18,2; 1Kings 18,3; 1Kings 18,3; 1Kings 18,4; 1Kings 18,4; 1Kings 18,4; 1Kings 18,4; 1Kings 18,4; 1Kings 18,5; 1Kings 18,5; 1Kings 18,5; 1Kings 18,5; 1Kings 18,5; 1Kings 18,5; 1Kings 18,6; 1Kings 18,6; 1Kings 18,7; 1Kings 18,7; 1Kings 18,7; 1Kings 18,7; 1Kings 18,7; 1Kings 18,8; 1Kings 18,9; 1Kings 18,10; 1Kings 18,10; 1Kings 18,10; 1Kings 18,11; 1Kings 18,12; 1Kings 18,12; 1Kings 18,12; 1Kings 18,12; 1Kings 18,12; 1Kings 18,13; 1Kings 18,13; 1Kings 18,13; 1Kings 18,14; 1Kings 18,14; 1Kings 18,15; 1Kings 18,16; 1Kings 18,16; 1Kings 18,16; 1Kings 18,16; 1Kings 18,17; 1Kings 18,18; 1Kings 18,18; 1Kings 18,18; 1Kings 18,19; 1Kings 18,19; 1Kings 18,19; 1Kings 18,19; 1Kings 18,20; 1Kings 18,20; 1Kings 18,21; 1Kings 18,21; 1Kings 18,21; 1Kings 18,22; 1Kings 18,22; 1Kings 18,22; 1Kings 18,22; 1Kings 18,23; 1Kings 18,23; 1Kings 18,23; 1Kings 18,23; 1Kings 18,23; 1Kings 18,23; 1Kings 18,24; 1Kings 18,24; 1Kings 18,24; 1Kings 18,24; 1Kings 18,24; 1Kings 18,25; 1Kings 18,25; 1Kings 18,25; 1Kings 18,25; 1Kings 18,26; 1Kings 18,26; 1Kings 18,26; 1Kings 18,26; 1Kings 18,26; 1Kings 18,26; 1Kings 18,26; 1Kings 18,27; 1Kings 18,27; 1Kings 18,27; 1Kings 18,27; 1Kings 18,27; 1Kings 18,28; 1Kings 18,28; 1Kings 18,28; 1Kings 18,29; 1Kings 18,29; 1Kings 18,29; 1Kings 18,29; 1Kings 18,29; 1Kings 18,29; 1Kings 18,29; 1Kings 18,30; 1Kings 18,30; 1Kings 18,31; 1Kings 18,32; 1Kings 18,32; 1Kings 18,32; 1Kings 18,33; 1Kings 18,33; 1Kings 18,33; 1Kings 18,33; 1Kings 18,34; 1Kings 18,34; 1Kings 18,34; 1Kings 18,34; 1Kings 18,34; 1Kings 18,34; 1Kings 18,35; 1Kings 18,35; 1Kings 18,36; 1Kings 18,36; 1Kings 18,36; 1Kings 18,36; 1Kings 18,36; 1Kings 18,36; 1Kings 18,37; 1Kings 18,37; 1Kings 18,38; 1Kings 18,38; 1Kings 18,38; 1Kings 18,38; 1Kings 18,38; 1Kings 18,39; 1Kings 18,39; 1Kings 18,40; 1Kings 18,40; 1Kings 18,40; 1Kings 18,40; 1Kings 18,41; 1Kings 18,41; 1Kings 18,42; 1Kings 18,42; 1Kings 18,42; 1Kings 18,42; 1Kings 18,42; 1Kings 18,43; 1Kings 18,43; 1Kings 18,43; 1Kings 18,43; 1Kings 18,43; 1Kings 18,43; 1Kings 18,44; 1Kings 18,44; 1Kings 18,44; 1Kings 18,44; 1Kings 18,44; 1Kings 18,45; 1Kings 18,45; 1Kings 18,45; 1Kings 18,45; 1Kings 18,45; 1Kings 18,45; 1Kings 18,45; 1Kings 18,45; 1Kings 18,46; 1Kings 18,46; 1Kings 18,46; 1Kings 19,1; 1Kings 19,2; 1Kings 19,2; 1Kings 19,2; 1Kings 19,2; 1Kings 19,3; 1Kings 19,3; 1Kings 19,3; 1Kings 19,3; 1Kings 19,3; 1Kings 19,4; 1Kings 19,4; 1Kings 19,4; 1Kings 19,4; 1Kings 19,4; 1Kings 19,5; 1Kings 19,5; 1Kings 19,5; 1Kings 19,5; 1Kings 19,5; 1Kings 19,6; 1Kings 19,6; 1Kings 19,6; 1Kings 19,6; 1Kings 19,6; 1Kings 19,6; 1Kings 19,6; 1Kings 19,7; 1Kings 19,7; 1Kings 19,7; 1Kings 19,8; 1Kings 19,8; 1Kings 19,8; 1Kings 19,8; 1Kings 19,8; 1Kings 19,9; 1Kings 19,9; 1Kings 19,9; 1Kings 19,9; 1Kings 19,10; 1Kings 19,10; 1Kings 19,10; 1Kings 19,10; 1Kings 19,11; 1Kings 19,11; 1Kings 19,11; 1Kings 19,11; 1Kings 19,12; 1Kings 19,12; 1Kings 19,13; 1Kings 19,13; 1Kings 19,13; 1Kings 19,13; 1Kings 19,13; 1Kings 19,13; 1Kings 19,14; 1Kings 19,14; 1Kings 19,14; 1Kings 19,14; 1Kings 19,15; 1Kings 19,15; 1Kings 19,15; 1Kings 19,16; 1Kings 19,16; 1Kings 19,17; 1Kings 19,17; 1Kings 19,18; 1Kings 19,18; 1Kings 19,19; 1Kings 19,19; 1Kings 19,19; 1Kings 19,19; 1Kings 19,19; 1Kings 19,20; 1Kings 19,20; 1Kings 19,20; 1Kings 19,20; 1Kings 19,20; 1Kings 19,21; 1Kings 19,21; 1Kings 19,21; 1Kings 19,21; 1Kings 19,21; 1Kings 19,21; 1Kings 19,21; 1Kings 19,21; 1Kings 20,2; 1Kings 20,2; 1Kings

20,2; 1Kings 20,2; 1Kings 20,3; 1Kings 20,4; 1Kings 20,4; 1Kings 20,4; 1Kings 20,4; 1Kings 20,5; 1Kings 20,5; 1Kings 20,6; 1Kings 20,6; 1Kings 20,7; 1Kings 20,7; 1Kings 20,8; 1Kings 20,8; 1Kings 20,8; 1Kings 20,8; 1Kings 20,9; 1Kings 20,9; 1Kings 20,10; 1Kings 20,10; 1Kings 20,10; 1Kings 20,10; 1Kings 20,10; 1Kings 20,10; 1Kings 20,11; 1Kings 20,11; 1Kings 20,12; 1Kings 20,13; 1Kings 20,13; 1Kings 20,13; 1Kings 20,13; 1Kings 20,13; 1Kings 20,13; 1Kings 20,13; 1Kings 20,14; 1Kings 20,14; 1Kings 20,15; 1Kings 20,15; 1Kings 20,16; 1Kings 20,16; 1Kings 20,16; 1Kings 20,16; 1Kings 20,16; 1Kings 20,16; 1Kings 20,18; 1Kings 20,19; 1Kings 20,19; 1Kings 20,19; 1Kings 20,19; 1Kings 20,20; 1Kings 20,20; 1Kings 20,21; 1Kings 20,21; 1Kings 20,21; 1Kings 20,21; 1Kings 20,22; 1Kings 20,22; 1Kings 20,22; 1Kings 20,23; 1Kings 20,24; 1Kings 20,26; 1Kings 20,27; 1Kings 20,27; 1Kings 20,27; 1Kings 20,27; 1Kings 20,27; 1Kings 20,27; 1Kings 20,28; 1Kings 20,28; 1Kings 21,1; 1Kings 21,1; 1Kings 21,1; 1Kings 21,1; 1Kings 21,1; 1Kings 21,1; 1Kings 21,1; 1Kings 21,1; 1Kings 21,2; 1Kings 21,3; 1Kings 21,3; 1Kings 21,3; 1Kings 21,3; 1Kings 21,4; 1Kings 21,4; 1Kings 21,4; 1Kings 21,5; 1Kings 21,5; 1Kings 21,5; 1Kings 21,5; 1Kings 21,5; 1Kings 21,6; 1Kings 21,6; 1Kings 21,6; 1Kings 21,6; 1Kings 21,7; 1Kings 21,7; 1Kings 21,7; 1Kings 21,7; 1Kings 21,7; 1Kings 21,7; 1Kings 21,8; 1Kings 21,8; 1Kings 21,8; 1Kings 21,9; 1Kings 21,9; 1Kings 21,9; 1Kings 21,10; 1Kings 21,10; 1Kings 21,11; 1Kings 21,11; 1Kings 21,12; 1Kings 21,12; 1Kings 21,12; 1Kings 21,12; 1Kings 21,13; 1Kings 21,13; 1Kings 21,14; 1Kings 21,14; 1Kings 21,14; 1Kings 21,14; 1Kings 21,15; 1Kings 21,15; 1Kings 21,15; 1Kings 21,15; 1Kings 21,16; 1Kings 21,16; 1Kings 21,16; 1Kings 21,16; 1Kings 21,17; 1Kings 21,17; 1Kings 21,17; 1Kings 21,18; 1Kings 21,18; 1Kings 21,19; 1Kings 21,19; 1Kings 21,20; 1Kings 21,20; 1Kings 21,20; 1Kings 21,20; 1Kings 21,21; 1Kings 21,21; 1Kings 21,21; 1Kings 21,21; 1Kings 21,22; 1Kings 21,22; 1Kings 21,22; 1Kings 21,22; 1Kings 21,23; 1Kings 21,24; 1Kings 21,24; 1Kings 21,25; 1Kings 21,25; 1Kings 21,25; 1Kings 21,25; 1Kings 21,25; 1Kings 21,25; 1Kings 21,25; 1Kings 21,26; 1Kings 21,26; 1Kings 21,26; 1Kings 21,27; 1Kings 21,27; 1Kings 21,27; 1Kings 21,27; 1Kings 21,28; 1Kings 21,28; 1Kings 21,28; 1Kings 21,28; 1Kings 21,28; 1Kings 21,29; 1Kings 21,29; 1Kings 21,29; 1Kings 21,29; 1Kings 21,30; 1Kings 21,30; 1Kings 21,30; 1Kings 21,30; 1Kings 21,30; 1Kings 21,31; 1Kings 21,31; 1Kings 21,31; 1Kings 21,32; 1Kings 21,32; 1Kings 21,32; 1Kings 21,32; 1Kings 21,33; 1Kings 21,33; 1Kings 21,33; 1Kings 21,33; 1Kings 21,33; 1Kings 21,33; 1Kings 21,33; 1Kings 21,34; 1Kings 21,34; 1Kings 21,34; 1Kings 21,34; 1Kings 21,34; 1Kings 21,35; 1Kings 21,36; 1Kings 21,36; 1Kings 21,36; 1Kings 21,36; 1Kings 21,36; 1Kings 21,37; 1Kings 21,37; 1Kings 21,37; 1Kings 21,37; 1Kings 21,38; 1Kings 21,38; 1Kings 21,38; 1Kings 21,39; 1Kings 21,39; 1Kings 21,39; 1Kings 21,39; 1Kings 21,39; 1Kings 21,39; 1Kings 21,40; 1Kings 21,40; 1Kings 21,40; 1Kings 21,40; 1Kings 21,40; 1Kings 21,41; 1Kings 21,41; 1Kings 21,41; 1Kings 21,42; 1Kings 21,42; 1Kings 21,42; 1Kings 21,43; 1Kings 21,43; 1Kings 21,43; 1Kings 22,1; 1Kings 22,1; 1Kings 22,2; 1Kings 22,2; 1Kings 22,3; 1Kings 22,3; 1Kings 22,4; 1Kings 22,4; 1Kings 22,5; 1Kings 22,6; 1Kings 22,6; 1Kings 22,6; 1Kings 22,6; 1Kings 22,7; 1Kings 22,7; 1Kings 22,8; 1Kings 22,8; 1Kings 22,8; 1Kings 22,9; 1Kings 22,9; 1Kings 22,10; 1Kings 22,10; 1Kings 22,10; 1Kings 22,11; 1Kings 22,11; 1Kings 22,12; 1Kings 22,12; 1Kings 22,12; 1Kings 22,12; 1Kings 22,13; 1Kings 22,13; 1Kings 22,13; 1Kings 22,14; 1Kings 22,15; 1Kings 22,15; 1Kings 22,15; 1Kings 22,15; 1Kings 22,15; 1Kings 22,16; 1Kings 22,17; 1Kings 22,17; 1Kings 22,18; 1Kings 22,19; 1Kings 22,19; 1Kings 22,19; 1Kings 22,20; 1Kings 22,20; 1Kings 22,20; 1Kings 22,20; 1Kings 22,20; 1Kings 22,21; 1Kings 22,21; 1Kings 22,21; 1Kings 22,21; 1Kings 22,22; 1Kings 22,22; 1Kings 22,22; 1Kings 22,22; 1Kings 22,23; 1Kings 22,23; 1Kings 22,24; 1Kings 22,24; 1Kings 22,25; 1Kings 22,26; 1Kings 22,26; 1Kings 22,26; 1Kings 22,27; 1Kings 22,27; 1Kings 22,28; 1Kings 22,29; 1Kings 22,30; 1Kings 22,30; 1Kings 22,30; 1Kings 22,30; 1Kings 22,30; 1Kings 22,31; 1Kings 22,31; 1Kings 22,31; 1Kings 22,32; 1Kings 22,32; 1Kings 22,32; 1Kings 22,32; 1Kings 22,33; 1Kings 22,33; 1Kings 22,34; 1Kings 22,34; 1Kings 22,34; 1Kings 22,34; 1Kings 22,34; 1Kings 22,35; 1Kings 22,35; 1Kings 22,35; 1Kings 22,35; 1Kings 22,35; 1Kings 22,36; 1Kings 22,36; 1Kings 22,37; 1Kings 22,37; 1Kings 22,38; 1Kings 22,38; 1Kings 22,38; 1Kings 22,38; 1Kings 22,39; 1Kings 22,39; 1Kings 22,39; 1Kings 22,39; 1Kings 22,40; 1Kings 22,40; 1Kings 22,42; 1Kings 22,42; 1Kings 22,42; 1Kings 22,42; 1Kings 22,43; 1Kings 22,44; 1Kings 22,45; 1Kings 22,46; 1Kings 22,46; 1Kings 22,51; 1Kings 22,51; 1Kings 22,51; 1Kings 22,52; 1Kings 22,53; 1Kings 22,53; 1Kings 22,53; 1Kings 22,53; 1Kings 22,54; 1Kings 22,54; 1Kings 22,54; 2Kings 1,2; 2Kings 1,2; 2Kings 1,2; 2Kings 1,2; 2Kings 1,2; 2Kings 1,2; 2Kings 1,3; 2Kings 1,3; 2Kings 1,4; 2Kings 1,4; 2Kings 1,4; 2Kings 1,5; 2Kings 1,5; 2Kings 1,6; 2Kings 1,6; 2Kings 1,6; 2Kings 1,7; 2Kings 1,7; 2Kings 1,8; 2Kings 1,8; 2Kings 1,8; 2Kings 1,9; 2Kings 1,9; 2Kings 1,9; 2Kings 1,9; 2Kings 1,9; 2Kings 1,9; 2Kings 1,9; 2Kings 1,10; 2Kings 1,10; 2Kings 1,10; 2Kings 1,10; 2Kings 1,10; 2Kings 1,10; 2Kings 1,10; 2Kings 1,11; 2Kings 1,11; 2Kings 1,11; 2Kings 1,11; 2Kings 1,11; 2Kings 1,11; 2Kings 1,12; 2Kings 1,12; 2Kings 1,12; 2Kings 1,12; 2Kings 1,12; 2Kings 1,12; 2Kings 1,12; 2Kings 1,12; 2Kings 1,13; 2Kings 1,13; 2Kings 1,13; 2Kings 1,13; 2Kings 1,13; 2Kings 1,13; 2Kings 1,13; 2Kings 1,13; 2Kings 1,14; 2Kings 1,14; 2Kings 1,14; 2Kings 1,15; 2Kings 1,15; 2Kings 1,15; 2Kings 1,15; 2Kings 1,16; 2Kings 1,16; 2Kings 1,17; 2Kings 1,18; 2Kings 1,18b; 2Kings 1,18c; 2Kings 1,18c; 2Kings 1,18d; 2Kings 2,1; 2Kings 2,1; 2Kings 2,2; 2Kings 2,2; 2Kings 2,2; 2Kings 2,2; 2Kings 2,3; 2Kings 2,3; 2Kings 2,3; 2Kings 2,4; 2Kings 2,4; 2Kings 2,4; 2Kings 2,4; 2Kings 2,5; 2Kings 2,5; 2Kings 2,5; 2Kings 2,6; 2Kings 2,6; 2Kings 2,6; 2Kings 2,6; 2Kings 2,7; 2Kings 2,7; 2Kings 2,7; 2Kings 2,8; 2Kings 2,8; 2Kings 2,8; 2Kings 2,8; 2Kings 2,8; 2Kings 2,8; 2Kings 2,9; 2Kings 2,9; 2Kings 2,9; 2Kings 2,10; 2Kings 2,10; 2Kings 2,10; 2Kings 2,11; 2Kings 2,11; 2Kings 2,11; 2Kings 2,11; 2Kings 2,11; 2Kings 2,11; 2Kings 2,12; 2Kings 2,12; 2Kings 2,12; 2Kings 2,12; 2Kings 2,12; 2Kings 2,12; 2Kings 2,13; 2Kings 2,13; 2Kings 2,13; 2Kings 2,14; 2Kings 2,14; 2Kings 2,14; 2Kings 2,14; 2Kings 2,14; 2Kings 2,14; 2Kings 2,14; 2Kings 2,14; 2Kings 2,15; 2Kings 2,15; 2Kings 2,15; 2Kings 2,15; 2Kings 2,16; 2Kings 2,16; 2Kings 2,16; 2Kings 2,17; 2Kings 2,17; 2Kings 2,17; 2Kings 2,17; 2Kings 2,17; 2Kings 2,18; 2Kings 2,18; 2Kings 2,18; 2Kings 2,19; 2Kings 2,19; 2Kings 2,20; 2Kings 2,20; 2Kings 2,20; 2Kings 2,21; 2Kings 2,21; 2Kings 2,21; 2Kings 2,21; 2Kings 2,22; 2Kings 2,23; 2Kings 2,23; 2Kings 2,23; 2Kings 2,23; 2Kings 2,23; 2Kings 2,24; 2Kings 2,24; 2Kings 2,24; 2Kings 2,24; 2Kings 2,24; 2Kings 2,24; 2Kings 2,25; 2Kings 2,25; 2Kings 3,1; 2Kings 3,2; 2Kings 3,2; 2Kings 3,2; 2Kings 3,4; 2Kings 3,4; 2Kings 3,5; 2Kings 3,5; 2Kings 3,6; 2Kings 3,6; 2Kings 3,7; 2Kings 3,7; 2Kings 3,7; 2Kings 3,8; 2Kings 3,8; 2Kings 3,9; 2Kings 3,9; 2Kings 3,9; 2Kings 3,9; 2Kings 3,9; 2Kings 3,9; 2Kings 3,10; 2Kings 3,11; 2Kings 3,11; 2Kings 3,11; 2Kings 3,11; 2Kings 3,12; 2Kings 3,12; 2Kings 3,12; 2Kings 3,12; 2Kings 3,13; 2Kings 3,13; 2Kings 3,13; 2Kings 3,14; 2Kings 3,14; 2Kings 3,15; 2Kings 3,15; 2Kings 3,15; 2Kings 3,16; 2Kings 3,17; 2Kings 3,17; 2Kings 3,17; 2Kings 3,17; 2Kings 3,17; 2Kings 3,18; 2Kings 3,18; 2Kings 3,19; 2Kings 3,19; 2Kings 3,19; 2Kings 3,19; 2Kings 3,20; 2Kings 3,20; 2Kings 3,20; 2Kings 3,21; 2Kings 3,21; 2Kings 3,21; 2Kings 3,21; 2Kings 3,22; 2Kings 3,22; 2Kings 3,22; 2Kings 3,23; 2Kings 3,23; 2Kings 3,23; 2Kings 3,24;

καί

2Kings 3,24; 2Kings 3,24; 2Kings 3,24; 2Kings 3,24; 2Kings 3,24; 2Kings 3,25; 2Kings 3,25; 2Kings 3,25; 2Kings 3,25; 2Kings 3,25; 2Kings 3,25; 2Kings 3,25; 2Kings 3,26; 2Kings 3,26; 2Kings 3,26; 2Kings 3,27; 2Kings 3,27; 2Kings 3,27; 2Kings 3,27; 2Kings 3,27; 2Kings 4,1; 2Kings 4,1; 2Kings 4,2; 2Kings 4,3; 2Kings 4,4; 2Kings 4,4; 2Kings 4,4; 2Kings 4,4; 2Kings 4,4; 2Kings 4,5; 2Kings 4,5; 2Kings 4,5; 2Kings 4,5; 2Kings 4,5; 2Kings 4,6; 2Kings 4,6; 2Kings 4,6; 2Kings 4,7; 2Kings 4,7; 2Kings 4,7; 2Kings 4,7; 2Kings 4,7; 2Kings 4,7; 2Kings 4,7; 2Kings 4,8; 2Kings 4,8; 2Kings 4,8; 2Kings 4,8; 2Kings 4,9; 2Kings 4,10; 2Kings 4,10; 2Kings 4,10; 2Kings 4,10; 2Kings 4,10; 2Kings 4,10; 2Kings 4,11; 2Kings 4,11; 2Kings 4,11; 2Kings 4,11; 2Kings 4,12; 2Kings 4,12; 2Kings 4,12; 2Kings 4,13; 2Kings 4,14; 2Kings 4,14; 2Kings 4,14; 2Kings 4,15; 2Kings 4,15; 2Kings 4,16; 2Kings 4,17; 2Kings 4,17; 2Kings 4,18; 2Kings 4,18; 2Kings 4,19; 2Kings 4,19; 2Kings 4,20; 2Kings 4,20; 2Kings 4,20; 2Kings 4,21; 2Kings 4,21; 2Kings 4,21; 2Kings 4,21; 2Kings 4,22; 2Kings 4,22; 2Kings 4,22; 2Kings 4,22; 2Kings 4,22; 2Kings 4,23; 2Kings 4,24; 2Kings 4,24; 2Kings 4,25; 2Kings 4,25; 2Kings 4,25; 2Kings 4,25; 2Kings 4,26; 2Kings 4,27; 2Kings 4,27; 2Kings 4,27; 2Kings 4,27; 2Kings 4,27; 2Kings 4,27; 2Kings 4,29; 2Kings 4,29; 2Kings 4,29; 2Kings 4,29; 2Kings 4,29; 2Kings 4,30; 2Kings 4,30; 2Kings 4,30; 2Kings 4,30; 2Kings 4,31; 2Kings 4,31; 2Kings 4,31; 2Kings 4,31; 2Kings 4,31; 2Kings 4,31; 2Kings 4,32; 2Kings 4,32; 2Kings 4,33; 2Kings 4,33; 2Kings 4,33; 2Kings 4,34; 2Kings 4,34; 2Kings 4,34; 2Kings 4,34; 2Kings 4,34; 2Kings 4,34; 2Kings 4,35; 2Kings 4,35; 2Kings 4,35; 2Kings 4,35; 2Kings 4,35; 2Kings 4,35; 2Kings 4,36; 2Kings 4,36; 2Kings 4,36; 2Kings 4,36; 2Kings 4,36; 2Kings 4,37; 2Kings 4,37; 2Kings 4,37; 2Kings 4,37; 2Kings 4,37; 2Kings 4,38; 2Kings 4,38; 2Kings 4,38; 2Kings 4,38; 2Kings 4,39; 2Kings 4,39; 2Kings 4,39; 2Kings 4,39; 2Kings 4,40; 2Kings 4,40; 2Kings 4,40; 2Kings 4,40; 2Kings 4,40; 2Kings 4,41; 2Kings 4,41; 2Kings 4,41; 2Kings 4,41; 2Kings 4,41; 2Kings 4,42; 2Kings 4,42; 2Kings 4,42; 2Kings 4,42; 2Kings 4,42; 2Kings 4,43; 2Kings 4,43; 2Kings 4,43; 2Kings 4,43; 2Kings 4,44; 2Kings 4,44; 2Kings 5,1; 2Kings 5,1; 2Kings 5,2; 2Kings 5,2; 2Kings 5,2; 2Kings 5,4; 2Kings 5,4; 2Kings 5,4; 2Kings 5,4; 2Kings 5,5; 2Kings 5,5; 2Kings 5,5; 2Kings 5,5; 2Kings 5,5; 2Kings 5,5; 2Kings 5,6; 2Kings 5,6; 2Kings 5,7; 2Kings 5,7; 2Kings 5,7; 2Kings 5,7; 2Kings 5,8; 2Kings 5,8; 2Kings 5,8; 2Kings 5,9; 2Kings 5,9; 2Kings 5,9; 2Kings 5,10; 2Kings 5,10; 2Kings 5,10; 2Kings 5,11; 2Kings 5,11; 2Kings 5,11; 2Kings 5,11; 2Kings 5,11; 2Kings 5,11; 2Kings 5,11; 2Kings 5,12; 2Kings 5,12; 2Kings 5,12; 2Kings 5,12; 2Kings 5,12; 2Kings 5,13; 2Kings 5,13; 2Kings 5,13; 2Kings 5,13; 2Kings 5,14; 2Kings 5,14; 2Kings 5,14; 2Kings 5,14; 2Kings 5,15; 2Kings 5,15; 2Kings 5,15; 2Kings 5,15; 2Kings 5,15; 2Kings 5,15; 2Kings 5,16; 2Kings 5,16; 2Kings 5,16; 2Kings 5,17; 2Kings 5,17; 2Kings 5,17; 2Kings 5,18; 2Kings 5,18; 2Kings 5,18; 2Kings 5,18; 2Kings 5,19; 2Kings 5,19; 2Kings 5,20; 2Kings 5,21; 2Kings 5,21; 2Kings 5,21; 2Kings 5,22; 2Kings 5,22; 2Kings 5,23; 2Kings 5,23; 2Kings 5,23; 2Kings 5,23; 2Kings 5,23; 2Kings 5,24; 2Kings 5,24; 2Kings 5,24; 2Kings 5,24; 2Kings 5,25; 2Kings 5,25; 2Kings 5,25; 2Kings 5,25; 2Kings 5,25; 2Kings 5,26; 2Kings 5,26; 2Kings 5,26; 2Kings 5,26; 2Kings 5,26; 2Kings 5,26; 2Kings 5,26; 2Kings 5,26; 2Kings 5,27; 2Kings 5,27; 2Kings 5,27; 2Kings 6,2; 2Kings 6,2; 2Kings 6,2; 2Kings 6,3; 2Kings 6,3; 2Kings 6,4; 2Kings 6,4; 2Kings 6,4; 2Kings 6,5; 2Kings 6,5; 2Kings 6,5; 2Kings 6,5; 2Kings 6,6; 2Kings 6,6; 2Kings 6,6; 2Kings 6,6; 2Kings 6,6; 2Kings 6,7; 2Kings 6,7; 2Kings 6,7; 2Kings 6,8; 2Kings 6,9; 2Kings 6,10; 2Kings 6,10; 2Kings 6,11; 2Kings 6,11; 2Kings 6,11; 2Kings 6,12; 2Kings 6,13; 2Kings 6,13; 2Kings 6,13; 2Kings 6,14; 2Kings 6,14; 2Kings 6,14; 2Kings 6,14; 2Kings 6,14; 2Kings 6,15; 2Kings 6,15; 2Kings 6,15; 2Kings 6,15; 2Kings 6,15; 2Kings 6,15; 2Kings 6,16; 2Kings 6,17; 2Kings 6,17; 2Kings 6,17; 2Kings 6,17; 2Kings 6,17; 2Kings 6,17; 2Kings 6,17; 2Kings 6,18; 2Kings 6,18; 2Kings 6,18; 2Kings 6,18; 2Kings 6,19; 2Kings 6,19; 2Kings 6,19; 2Kings 6,19; 2Kings 6,20; 2Kings 6,20; 2Kings 6,20; 2Kings 6,20; 2Kings 6,20; 2Kings 6,20; 2Kings 6,21; 2Kings 6,22; 2Kings 6,22; 2Kings 6,22; 2Kings 6,22; 2Kings 6,22; 2Kings 6,22; 2Kings 6,23; 2Kings 6,23; 2Kings 6,23; 2Kings 6,23; 2Kings 6,23; 2Kings 6,23; 2Kings 6,24; 2Kings 6,24; 2Kings 6,24; 2Kings 6,25; 2Kings 6,25; 2Kings 6,25; 2Kings 6,26; 2Kings 6,26; 2Kings 6,27; 2Kings 6,28; 2Kings 6,28; 2Kings 6,28; 2Kings 6,28; 2Kings 6,28; 2Kings 6,29; 2Kings 6,29; 2Kings 6,29; 2Kings 6,29; 2Kings 6,29; 2Kings 6,30; 2Kings 6,30; 2Kings 6,30; 2Kings 6,31; 2Kings 6,31; 2Kings 6,32; 2Kings 6,32; 2Kings 6,32; 2Kings 6,32; 2Kings 6,32; 2Kings 6,33; 2Kings 6,33; 2Kings 7,1; 2Kings 7,1; 2Kings 7,2; 2Kings 7,2; 2Kings 7,2; 2Kings 7,2; 2Kings 7,3; 2Kings 7,3; 2Kings 7,4; 2Kings 7,4; 2Kings 7,4; 2Kings 7,4; 2Kings 7,4; 2Kings 7,4; 2Kings 7,4; 2Kings 7,5; 2Kings 7,5; 2Kings 7,5; 2Kings 7,6; 2Kings 7,6; 2Kings 7,6; 2Kings 7,6; 2Kings 7,6; 2Kings 7,7; 2Kings 7,7; 2Kings 7,7; 2Kings 7,7; 2Kings 7,7; 2Kings 7,7; 2Kings 7,8; 2Kings 7,8; 2Kings 7,8; 2Kings 7,8; 2Kings 7,8; 2Kings 7,8; 2Kings 7,8; 2Kings 7,8; 2Kings 7,8; 2Kings 7,8; 2Kings 7,9; 2Kings 7,9; 2Kings 7,9; 2Kings 7,9; 2Kings 7,9; 2Kings 7,9; 2Kings 7,9; 2Kings 7,10; 2Kings 7,10; 2Kings 7,10; 2Kings 7,10; 2Kings 7,10; 2Kings 7,10; 2Kings 7,10; 2Kings 7,11; 2Kings 7,11; 2Kings 7,12; 2Kings 7,12; 2Kings 7,12; 2Kings 7,12; 2Kings 7,12; 2Kings 7,12; 2Kings 7,13; 2Kings 7,13; 2Kings 7,13; 2Kings 7,13; 2Kings 7,14; 2Kings 7,14; 2Kings 7,14; 2Kings 7,15; 2Kings 7,15; 2Kings 7,15; 2Kings 7,15; 2Kings 7,15; 2Kings 7,16; 2Kings 7,16; 2Kings 7,16; 2Kings 7,16; 2Kings 7,17; 2Kings 7,17; 2Kings 7,17; 2Kings 7,18; 2Kings 7,18; 2Kings 7,18; 2Kings 7,19; 2Kings 7,19; 2Kings 7,19; 2Kings 7,19; 2Kings 7,20; 2Kings 7,20; 2Kings 7,20; 2Kings 8,1; 2Kings 8,1; 2Kings 8,1; 2Kings 8,2; 2Kings 8,2; 2Kings 8,2; 2Kings 8,2; 2Kings 8,2; 2Kings 8,3; 2Kings 8,3; 2Kings 8,3; 2Kings 8,3; 2Kings 8,4; 2Kings 8,5; 2Kings 8,5; 2Kings 8,5; 2Kings 8,5; 2Kings 8,5; 2Kings 8,6; 2Kings 8,6; 2Kings 8,6; 2Kings 8,6; 2Kings 8,7; 2Kings 8,7; 2Kings 8,8; 2Kings 8,8; 2Kings 8,8; 2Kings 8,9; 2Kings 8,9; 2Kings 8,9; 2Kings 8,9; 2Kings 8,9; 2Kings 8,9; 2Kings 8,10; 2Kings 8,10; 2Kings 8,11; 2Kings 8,11; 2Kings 8,11; 2Kings 8,12; 2Kings 8,12; 2Kings 8,12; 2Kings 8,12; 2Kings 8,12; 2Kings 8,13; 2Kings 8,13; 2Kings 8,14; 2Kings 8,14; 2Kings 8,14; 2Kings 8,14; 2Kings 8,15; 2Kings 8,15; 2Kings 8,15; 2Kings 8,15; 2Kings 8,15; 2Kings 8,15; 2Kings 8,17; 2Kings 8,17; 2Kings 8,18; 2Kings 8,18; 2Kings 8,19; 2Kings 8,19; 2Kings 8,20; 2Kings 8,21; 2Kings 8,21; 2Kings 8,21; 2Kings 8,21; 2Kings 8,21; 2Kings 8,21; 2Kings 8,22; 2Kings 8,23; 2Kings 8,23; 2Kings 8,24; 2Kings 8,24; 2Kings 8,24; 2Kings 8,26; 2Kings 8,26; 2Kings 8,26; 2Kings 8,27; 2Kings 8,27; 2Kings 8,28; 2Kings 8,28; 2Kings 8,29; 2Kings 8,29; 2Kings 9,1; 2Kings 9,1; 2Kings 9,1; 2Kings 9,2; 2Kings 9,2; 2Kings 9,2; 2Kings 9,2; 2Kings 9,2; 2Kings 9,3; 2Kings 9,3; 2Kings 9,3; 2Kings 9,3; 2Kings 9,3; 2Kings 9,3; 2Kings 9,4; 2Kings 9,5; 2Kings 9,5; 2Kings 9,5; 2Kings 9,5; 2Kings 9,5; 2Kings 9,6; 2Kings 9,6; 2Kings 9,6; 2Kings 9,6; 2Kings 9,7; 2Kings 9,7; 2Kings 9,7; 2Kings 9,8; 2Kings 9,8; 2Kings 9,8; 2Kings 9,8; 2Kings 9,9; 2Kings 9,9; 2Kings 9,10; 2Kings 9,10; 2Kings 9,10; 2Kings 9,10; 2Kings 9,11; 2Kings 9,11; 2Kings 9,11; 2Kings 9,11; 2Kings 9,12; 2Kings 9,12; 2Kings 9,12; 2Kings 9,13; 2Kings 9,13; 2Kings 9,13; 2Kings 9,13; 2Kings 9,13; 2Kings 9,14; 2Kings 9,14; 2Kings 9,14; 2Kings 9,15; 2Kings 9,15; 2Kings 9,15; 2Kings 9,16; 2Kings 9,16; 2Kings 9,16; 2Kings 9,16; 2Kings 9,16; 2Kings 9,17; 2Kings 9,17; 2Kings 9,17; 2Kings 9,17; 2Kings 9,17; 2Kings 9,17; 2Kings 9,18; 2Kings 9,18; 2Kings 9,18; 2Kings 9,18; 2Kings 9,18; 2Kings 9,18; 2Kings 9,19; 2Kings 9,19; 2Kings 9,19; 2Kings 9,19; 2Kings 9,19; 2Kings 9,20; 2Kings 9,20;

Κ, κ

2Kings 9,20; 2Kings 9,21; 2Kings 9,21; 2Kings 9,21; 2Kings 9,21; 2Kings 9,21; 2Kings 9,21; 2Kings 9,22; 2Kings 9,22; 2Kings 9,22; 2Kings 9,22; 2Kings 9,23; 2Kings 9,23; 2Kings 9,24; 2Kings 9,24; 2Kings 9,24; 2Kings 9,24; 2Kings 9,25; 2Kings 9,25; 2Kings 9,25; 2Kings 9,26; 2Kings 9,26; 2Kings 9,26; 2Kings 9,27; 2Kings 9,27; 2Kings 9,27; 2Kings 9,27; 2Kings 9,27; 2Kings 9,27; 2Kings 9,27; 2Kings 9,28; 2Kings 9,28; 2Kings 9,28; 2Kings 9,29; 2Kings 9,30; 2Kings 9,30; 2Kings 9,30; 2Kings 9,30; 2Kings 9,31; 2Kings 9,31; 2Kings 9,32; 2Kings 9,32; 2Kings 9,32; 2Kings 9,32; 2Kings 9,33; 2Kings 9,33; 2Kings 9,33; 2Kings 9,33; 2Kings 9,33; 2Kings 9,34; 2Kings 9,34; 2Kings 9,34; 2Kings 9,34; 2Kings 9,34; 2Kings 9,35; 2Kings 9,35; 2Kings 9,35; 2Kings 9,35; 2Kings 9,36; 2Kings 9,36; 2Kings 9,36; 2Kings 9,37; 2Kings 10,1; 2Kings 10,1; 2Kings 10,1; 2Kings 10,1; 2Kings 10,2; 2Kings 10,2; 2Kings 10,2; 2Kings 10,2; 2Kings 10,3; 2Kings 10,3; 2Kings 10,3; 2Kings 10,3; 2Kings 10,4; 2Kings 10,4; 2Kings 10,4; 2Kings 10,5; 2Kings 10,5; 2Kings 10,5; 2Kings 10,5; 2Kings 10,5; 2Kings 10,6; 2Kings 10,6; 2Kings 10,6; 2Kings 10,6; 2Kings 10,7; 2Kings 10,7; 2Kings 10,7; 2Kings 10,7; 2Kings 10,7; 2Kings 10,8; 2Kings 10,8; 2Kings 10,8; 2Kings 10,9; 2Kings 10,9; 2Kings 10,9; 2Kings 10,9; 2Kings 10,9; 2Kings 10,9; 2Kings 10,10; 2Kings 10,11; 2Kings 10,11; 2Kings 10,11; 2Kings 10,11; 2Kings 10,12; 2Kings 10,13; 2Kings 10,13; 2Kings 10,13; 2Kings 10,13; 2Kings 10,13; 2Kings 10,14; 2Kings 10,14; 2Kings 10,14; 2Kings 10,14; 2Kings 10,15; 2Kings 10,15; 2Kings 10,15; 2Kings 10,15; 2Kings 10,15; 2Kings 10,15; 2Kings 10,15; 2Kings 10,15; 2Kings 10,16; 2Kings 10,16; 2Kings 10,16; 2Kings 10,17; 2Kings 10,17; 2Kings 10,18; 2Kings 10,19; 2Kings 10,19; 2Kings 10,19; 2Kings 10,20; 2Kings 10,20; 2Kings 10,21; 2Kings 10,21; 2Kings 10,21; 2Kings 10,21; 2Kings 10,21; 2Kings 10,21; 2Kings 10,21; 2Kings 10,22; 2Kings 10,22; 2Kings 10,23; 2Kings 10,23; 2Kings 10,23; 2Kings 10,23; 2Kings 10,24; 2Kings 10,24; 2Kings 10,24; 2Kings 10,24; 2Kings 10,25; 2Kings 10,25; 2Kings 10,25; 2Kings 10,25; 2Kings 10,25; 2Kings 10,25; 2Kings 10,25; 2Kings 10,26; 2Kings 10,26; 2Kings 10,27; 2Kings 10,27; 2Kings 10,27; 2Kings 10,29; 2Kings 10,30; 2Kings 10,30; 2Kings 10,31; 2Kings 10,32; 2Kings 10,33; 2Kings 10,33; 2Kings 10,33; 2Kings 10,33; 2Kings 10,34; 2Kings 10,34; 2Kings 10,34; 2Kings 10,34; 2Kings 10,35; 2Kings 10,35; 2Kings 10,35; 2Kings 10,36; 2Kings 11,1; 2Kings 11,2; 2Kings 11,2; 2Kings 11,2; 2Kings 11,2; 2Kings 11,2; 2Kings 11,3; 2Kings 11,3; 2Kings 11,4; 2Kings 11,4; 2Kings 11,4; 2Kings 11,4; 2Kings 11,4; 2Kings 11,4; 2Kings 11,4; 2Kings 11,5; 2Kings 11,5; 2Kings 11,6; 2Kings 11,6; 2Kings 11,6; 2Kings 11,7; 2Kings 11,7; 2Kings 11,8; 2Kings 11,8; 2Kings 11,8; 2Kings 11,8; 2Kings 11,8; 2Kings 11,9; 2Kings 11,9; 2Kings 11,9; 2Kings 11,10; 2Kings 11,10; 2Kings 11,11; 2Kings 11,11; 2Kings 11,11; 2Kings 11,12; 2Kings 11,12; 2Kings 11,12; 2Kings 11,12; 2Kings 11,12; 2Kings 11,12; 2Kings 11,12; 2Kings 11,13; 2Kings 11,13; 2Kings 11,14; 2Kings 11,14; 2Kings 11,14; 2Kings 11,14; 2Kings 11,14; 2Kings 11,14; 2Kings 11,14; 2Kings 11,14; 2Kings 11,15; 2Kings 11,15; 2Kings 11,15; 2Kings 11,16; 2Kings 11,16; 2Kings 11,16; 2Kings 11,17; 2Kings 11,17; 2Kings 11,17; 2Kings 11,17; 2Kings 11,17; 2Kings 11,18; 2Kings 11,18; 2Kings 11,18; 2Kings 11,18; 2Kings 11,18; 2Kings 11,18; 2Kings 11,19; 2Kings 11,19; 2Kings 11,19; 2Kings 11,19; 2Kings 11,19; 2Kings 11,19; 2Kings 11,19; 2Kings 11,20; 2Kings 11,20; 2Kings 11,20; 2Kings 12,2; 2Kings 12,2; 2Kings 12,3; 2Kings 12,4; 2Kings 12,4; 2Kings 12,6; 2Kings 12,7; 2Kings 12,7; 2Kings 12,8; 2Kings 12,8; 2Kings 12,8; 2Kings 12,8; 2Kings 12,9; 2Kings 12,9; 2Kings 12,10; 2Kings 12,10; 2Kings 12,10; 2Kings 12,10; 2Kings 12,11; 2Kings 12,11; 2Kings 12,11; 2Kings 12,11; 2Kings 12,11; 2Kings 12,12; 2Kings 12,12; 2Kings 12,12; 2Kings 12,13; 2Kings 12,13; 2Kings 12,13; 2Kings 12,14; 2Kings 12,14; 2Kings 12,15; 2Kings 12,16; 2Kings 12,17; 2Kings 12,18; 2Kings 12,18; 2Kings 12,18; 2Kings 12,19; 2Kings 12,19; 2Kings 12,19; 2Kings 12,19; 2Kings 12,19; 2Kings 12,19; 2Kings 12,19; 2Kings 12,19; 2Kings 12,19; 2Kings 12,20; 2Kings 12,20; 2Kings 12,21; 2Kings 12,21; 2Kings 12,21; 2Kings 12,22; 2Kings 12,22; 2Kings 12,22; 2Kings 12,22; 2Kings 12,22; 2Kings 13,1; 2Kings 13,2; 2Kings 13,2; 2Kings 13,3; 2Kings 13,3; 2Kings 13,3; 2Kings 13,4; 2Kings 13,4; 2Kings 13,5; 2Kings 13,5; 2Kings 13,5; 2Kings 13,5; 2Kings 13,7; 2Kings 13,7; 2Kings 13,7; 2Kings 13,8; 2Kings 13,8; 2Kings 13,8; 2Kings 13,9; 2Kings 13,9; 2Kings 13,9; 2Kings 13,10; 2Kings 13,11; 2Kings 13,12; 2Kings 13,12; 2Kings 13,12; 2Kings 13,13; 2Kings 13,13; 2Kings 13,14; 2Kings 13,14; 2Kings 13,14; 2Kings 13,14; 2Kings 13,15; 2Kings 13,15; 2Kings 13,15; 2Kings 13,15; 2Kings 13,16; 2Kings 13,16; 2Kings 13,16; 2Kings 13,17; 2Kings 13,17; 2Kings 13,17; 2Kings 13,17; 2Kings 13,17; 2Kings 13,17; 2Kings 13,18; 2Kings 13,18; 2Kings 13,18; 2Kings 13,18; 2Kings 13,18; 2Kings 13,19; 2Kings 13,19; 2Kings 13,19; 2Kings 13,20; 2Kings 13,20; 2Kings 13,20; 2Kings 13,21; 2Kings 13,21; 2Kings 13,21; 2Kings 13,21; 2Kings 13,21; 2Kings 13,21; 2Kings 13,21; 2Kings 13,22; 2Kings 13,23; 2Kings 13,23; 2Kings 13,23; 2Kings 13,23; 2Kings 13,23; 2Kings 13,23; 2Kings 13,23; 2Kings 13,24; 2Kings 13,24; 2Kings 13,25; 2Kings 13,25; 2Kings 13,25; 2Kings 14,2; 2Kings 14,2; 2Kings 14,2; 2Kings 14,2; 2Kings 14,3; 2Kings 14,4; 2Kings 14,5; 2Kings 14,5; 2Kings 14,6; 2Kings 14,6; 2Kings 14,7; 2Kings 14,7; 2Kings 14,9; 2Kings 14,9; 2Kings 14,9; 2Kings 14,10; 2Kings 14,10; 2Kings 14,10; 2Kings 14,10; 2Kings 14,11; 2Kings 14,11; 2Kings 14,11; 2Kings 14,11; 2Kings 14,12; 2Kings 14,12; 2Kings 14,13; 2Kings 14,13; 2Kings 14,13; 2Kings 14,14; 2Kings 14,14; 2Kings 14,14; 2Kings 14,14; 2Kings 14,14; 2Kings 14,14; 2Kings 14,15; 2Kings 14,16; 2Kings 14,16; 2Kings 14,16; 2Kings 14,17; 2Kings 14,18; 2Kings 14,18; 2Kings 14,19; 2Kings 14,19; 2Kings 14,19; 2Kings 14,19; 2Kings 14,20; 2Kings 14,20; 2Kings 14,21; 2Kings 14,21; 2Kings 14,21; 2Kings 14,22; 2Kings 14,23; 2Kings 14,24; 2Kings 14,26; 2Kings 14,26; 2Kings 14,26; 2Kings 14,26; 2Kings 14,27; 2Kings 14,27; 2Kings 14,28; 2Kings 14,28; 2Kings 14,28; 2Kings 14,28; 2Kings 14,28; 2Kings 14,29; 2Kings 14,29; 2Kings 15,1; 2Kings 15,2; 2Kings 15,2; 2Kings 15,2; 2Kings 15,3; 2Kings 15,4; 2Kings 15,5; 2Kings 15,5; 2Kings 15,5; 2Kings 15,5; 2Kings 15,6; 2Kings 15,6; 2Kings 15,7; 2Kings 15,7; 2Kings 15,7; 2Kings 15,8; 2Kings 15,9; 2Kings 15,10; 2Kings 15,10; 2Kings 15,10; 2Kings 15,10; 2Kings 15,10; 2Kings 15,11; 2Kings 15,12; 2Kings 15,13; 2Kings 15,13; 2Kings 15,14; 2Kings 15,14; 2Kings 15,14; 2Kings 15,14; 2Kings 15,15; 2Kings 15,15; 2Kings 15,16; 2Kings 15,16; 2Kings 15,16; 2Kings 15,16; 2Kings 15,17; 2Kings 15,17; 2Kings 15,18; 2Kings 15,19; 2Kings 15,20; 2Kings 15,20; 2Kings 15,20; 2Kings 15,21; 2Kings 15,21; 2Kings 15,22; 2Kings 15,22; 2Kings 15,24; 2Kings 15,25; 2Kings 15,25; 2Kings 15,25; 2Kings 15,25; 2Kings 15,25; 2Kings 15,25; 2Kings 15,26; 2Kings 15,26; 2Kings 15,27; 2Kings 15,28; 2Kings 15,29; 2Kings 15,29; 2Kings 15,29; 2Kings 15,29; 2Kings 15,29; 2Kings 15,29; 2Kings 15,29; 2Kings 15,29; 2Kings 15,30; 2Kings 15,30; 2Kings 15,30; 2Kings 15,30; 2Kings 15,31; 2Kings 15,31; 2Kings 15,33; 2Kings 15,33; 2Kings 15,33; 2Kings 15,34; 2Kings 15,35; 2Kings 15,36; 2Kings 15,36; 2Kings 15,37; 2Kings 15,38; 2Kings 15,38; 2Kings 15,38; 2Kings 16,2; 2Kings 16,2; 2Kings 16,3; 2Kings 16,4; 2Kings 16,4; 2Kings 16,4; 2Kings 16,4; 2Kings 16,5; 2Kings 16,5; 2Kings 16,5; 2Kings 16,6; 2Kings 16,6; 2Kings 16,6; 2Kings 16,7; 2Kings 16,7; 2Kings 16,7; 2Kings 16,7; 2Kings 16,8; 2Kings 16,8; 2Kings 16,8; 2Kings 16,8; 2Kings 16,9; 2Kings 16,9; 2Kings 16,9; 2Kings 16,9; 2Kings 16,9; 2Kings 16,10; 2Kings 16,10; 2Kings 16,10; 2Kings 16,10; 2Kings 16,11; 2Kings 16,12; 2Kings 16,12; 2Kings 16,13; 2Kings 16,13; 2Kings 16,13; 2Kings 16,13; 2Kings 16,13; 2Kings 16,14;

καί

2Kings 16,14; 2Kings 16,14; 2Kings 16,15; 2Kings 16,15; 2Kings 16,15; 2Kings 16,15; 2Kings 16,15; 2Kings 16,15; 2Kings 16,15; 2Kings 16,15; 2Kings 16,15; 2Kings 16,15; 2Kings 16,16; 2Kings 16,17; 2Kings 16,17; 2Kings 16,17; 2Kings 16,17; 2Kings 16,18; 2Kings 16,18; 2Kings 16,19; 2Kings 16,20; 2Kings 16,20; 2Kings 16,20; 2Kings 17,2; 2Kings 17,3; 2Kings 17,3; 2Kings 17,4; 2Kings 17,4; 2Kings 17,4; 2Kings 17,4; 2Kings 17,4; 2Kings 17,5; 2Kings 17,5; 2Kings 17,5; 2Kings 17,6; 2Kings 17,6; 2Kings 17,6; 2Kings 17,6; 2Kings 17,7; 2Kings 17,7; 2Kings 17,8; 2Kings 17,8; 2Kings 17,9; 2Kings 17,9; 2Kings 17,10; 2Kings 17,10; 2Kings 17,10; 2Kings 17,11; 2Kings 17,11; 2Kings 17,11; 2Kings 17,12; 2Kings 17,13; 2Kings 17,13; 2Kings 17,13; 2Kings 17,13; 2Kings 17,13; 2Kings 17,14; 2Kings 17,14; 2Kings 17,15; 2Kings 17,15; 2Kings 17,15; 2Kings 17,15; 2Kings 17,16; 2Kings 17,16; 2Kings 17,16; 2Kings 17,16; 2Kings 17,17; 2Kings 17,17; 2Kings 17,17; 2Kings 17,17; 2Kings 17,17; 2Kings 17,18; 2Kings 17,18; 2Kings 17,18; 2Kings 17,19; 2Kings 17,20; 2Kings 17,20; 2Kings 17,20; 2Kings 17,21; 2Kings 17,21; 2Kings 17,21; 2Kings 17,22; 2Kings 17,23; 2Kings 17,24; 2Kings 17,24; 2Kings 17,24; 2Kings 17,24; 2Kings 17,24; 2Kings 17,24; 2Kings 17,25; 2Kings 17,25; 2Kings 17,25; 2Kings 17,26; 2Kings 17,26; 2Kings 17,26; 2Kings 17,26; 2Kings 17,27; 2Kings 17,27; 2Kings 17,27; 2Kings 17,27; 2Kings 17,28; 2Kings 17,28; 2Kings 17,28; 2Kings 17,29; 2Kings 17,29; 2Kings 17,30; 2Kings 17,30; 2Kings 17,30; 2Kings 17,31; 2Kings 17,31; 2Kings 17,31; 2Kings 17,31; 2Kings 17,32; 2Kings 17,32; 2Kings 17,32; 2Kings 17,32; 2Kings 17,33; 2Kings 17,34; 2Kings 17,34; 2Kings 17,34; 2Kings 17,34; 2Kings 17,35; 2Kings 17,35; 2Kings 17,35; 2Kings 17,35; 2Kings 17,35; 2Kings 17,36; 2Kings 17,36; 2Kings 17,36; 2Kings 17,37; 2Kings 17,37; 2Kings 17,37; 2Kings 17,37; 2Kings 17,37; 2Kings 17,38; 2Kings 17,38; 2Kings 17,39; 2Kings 17,40; 2Kings 17,41; 2Kings 17,41; 2Kings 17,41; 2Kings 18,2; 2Kings 18,2; 2Kings 18,2; 2Kings 18,2; 2Kings 18,3; 2Kings 18,4; 2Kings 18,4; 2Kings 18,4; 2Kings 18,4; 2Kings 18,5; 2Kings 18,5; 2Kings 18,6; 2Kings 18,6; 2Kings 18,7; 2Kings 18,7; 2Kings 18,7; 2Kings 18,8; 2Kings 18,8; 2Kings 18,9; 2Kings 18,10; 2Kings 18,10; 2Kings 18,11; 2Kings 18,11; 2Kings 18,11; 2Kings 18,11; 2Kings 18,12; 2Kings 18,12; 2Kings 18,12; 2Kings 18,13; 2Kings 18,14; 2Kings 18,14; 2Kings 18,14; 2Kings 18,15; 2Kings 18,15; 2Kings 18,16; 2Kings 18,16; 2Kings 18,17; 2Kings 18,17; 2Kings 18,17; 2Kings 18,17; 2Kings 18,17; 2Kings 18,18; 2Kings 18,18; 2Kings 18,18; 2Kings 18,18; 2Kings 18,19; 2Kings 18,20; 2Kings 18,21; 2Kings 18,21; 2Kings 18,22; 2Kings 18,22; 2Kings 18,22; 2Kings 18,22; 2Kings 18,23; 2Kings 18,23; 2Kings 18,24; 2Kings 18,24; 2Kings 18,24; 2Kings 18,25; 2Kings 18,25; 2Kings 18,26; 2Kings 18,26; 2Kings 18,26; 2Kings 18,26; 2Kings 18,26; 2Kings 18,27; 2Kings 18,27; 2Kings 18,27; 2Kings 18,28; 2Kings 18,28; 2Kings 18,28; 2Kings 18,28; 2Kings 18,30; 2Kings 18,31; 2Kings 18,31; 2Kings 18,31; 2Kings 18,31; 2Kings 18,32; 2Kings 18,32; 2Kings 18,32; 2Kings 18,32; 2Kings 18,32; 2Kings 18,32; 2Kings 18,32; 2Kings 18,34; 2Kings 18,34; 2Kings 18,36; 2Kings 18,36; 2Kings 18,37; 2Kings 18,37; 2Kings 18,37; 2Kings 19,1; 2Kings 19,1; 2Kings 19,1; 2Kings 19,1; 2Kings 19,2; 2Kings 19,2; 2Kings 19,2; 2Kings 19,3; 2Kings 19,3; 2Kings 19,3; 2Kings 19,3; 2Kings 19,3; 2Kings 19,4; 2Kings 19,4; 2Kings 19,5; 2Kings 19,6; 2Kings 19,7; 2Kings 19,7; 2Kings 19,7; 2Kings 19,8; 2Kings 19,9; 2Kings 19,9; 2Kings 19,9; 2Kings 19,11; 2Kings 19,12; 2Kings 19,12; 2Kings 19,12; 2Kings 19,13; 2Kings 19,13; 2Kings 19,13; 2Kings 19,14; 2Kings 19,14; 2Kings 19,14; 2Kings 19,14; 2Kings 19,15; 2Kings 19,15; 2Kings 19,16; 2Kings 19,16; 2Kings 19,16; 2Kings 19,18; 2Kings 19,18; 2Kings 19,18; 2Kings 19,19; 2Kings 19,19; 2Kings 19,21; 2Kings 19,22; 2Kings 19,22; 2Kings 19,22; 2Kings 19,23; 2Kings 19,23; 2Kings 19,23; 2Kings 19,24; 2Kings 19,24; 2Kings 19,25; 2Kings 19,26; 2Kings 19,26; 2Kings 19,26; 2Kings 19,27; 2Kings 19,27; 2Kings 19,27; 2Kings 19,27; 2Kings 19,28; 2Kings 19,28; 2Kings 19,28; 2Kings 19,28; 2Kings 19,29; 2Kings 19,29; 2Kings 19,29; 2Kings 19,29; 2Kings 19,29; 2Kings 19,30; 2Kings 19,30; 2Kings 19,31; 2Kings 19,32; 2Kings 19,32; 2Kings 19,32; 2Kings 19,33; 2Kings 19,34; 2Kings 19,34; 2Kings 19,35; 2Kings 19,35; 2Kings 19,35; 2Kings 19,35; 2Kings 19,36; 2Kings 19,36; 2Kings 19,36; 2Kings 19,36; 2Kings 19,37; 2Kings 19,37; 2Kings 19,37; 2Kings 19,37; 2Kings 20,1; 2Kings 20,1; 2Kings 20,1; 2Kings 20,2; 2Kings 20,2; 2Kings 20,3; 2Kings 20,3; 2Kings 20,3; 2Kings 20,4; 2Kings 20,4; 2Kings 20,5; 2Kings 20,6; 2Kings 20,6; 2Kings 20,6; 2Kings 20,6; 2Kings 20,6; 2Kings 20,6; 2Kings 20,7; 2Kings 20,7; 2Kings 20,7; 2Kings 20,8; 2Kings 20,8; 2Kings 20,9; 2Kings 20,10; 2Kings 20,11; 2Kings 20,11; 2Kings 20,12; 2Kings 20,13; 2Kings 20,13; 2Kings 20,13; 2Kings 20,13; 2Kings 20,13; 2Kings 20,13; 2Kings 20,13; 2Kings 20,14; 2Kings 20,14; 2Kings 20,14; 2Kings 20,14; 2Kings 20,15; 2Kings 20,15; 2Kings 20,16; 2Kings 20,17; 2Kings 20,17; 2Kings 20,17; 2Kings 20,18; 2Kings 20,18; 2Kings 20,19; 2Kings 20,20; 2Kings 20,20; 2Kings 20,20; 2Kings 20,20; 2Kings 20,21; 2Kings 20,21; 2Kings 20,21; 2Kings 21,1; 2Kings 21,1; 2Kings 21,1; 2Kings 21,2; 2Kings 21,3; 2Kings 21,3; 2Kings 21,3; 2Kings 21,3; 2Kings 21,3; 2Kings 21,3; 2Kings 21,4; 2Kings 21,5; 2Kings 21,6; 2Kings 21,6; 2Kings 21,6; 2Kings 21,6; 2Kings 21,6; 2Kings 21,7; 2Kings 21,7; 2Kings 21,7; 2Kings 21,7; 2Kings 21,8; 2Kings 21,9; 2Kings 21,9; 2Kings 21,10; 2Kings 21,11; 2Kings 21,12; 2Kings 21,13; 2Kings 21,13; 2Kings 21,13; 2Kings 21,13; 2Kings 21,14; 2Kings 21,14; 2Kings 21,14; 2Kings 21,14; 2Kings 21,15; 2Kings 21,15; 2Kings 21,17; 2Kings 21,17; 2Kings 21,17; 2Kings 21,18; 2Kings 21,18; 2Kings 21,18; 2Kings 21,19; 2Kings 21,19; 2Kings 21,19; 2Kings 21,20; 2Kings 21,21; 2Kings 21,21; 2Kings 21,21; 2Kings 21,22; 2Kings 21,22; 2Kings 21,23; 2Kings 21,23; 2Kings 21,24; 2Kings 21,24; 2Kings 21,25; 2Kings 21,26; 2Kings 21,26; 2Kings 22,1; 2Kings 22,1; 2Kings 22,1; 2Kings 22,2; 2Kings 22,2; 2Kings 22,4; 2Kings 22,5; 2Kings 22,5; 2Kings 22,6; 2Kings 22,6; 2Kings 22,6; 2Kings 22,6; 2Kings 22,8; 2Kings 22,8; 2Kings 22,8; 2Kings 22,9; 2Kings 22,9; 2Kings 22,9; 2Kings 22,9; 2Kings 22,10; 2Kings 22,10; 2Kings 22,11; 2Kings 22,11; 2Kings 22,12; 2Kings 22,12; 2Kings 22,12; 2Kings 22,12; 2Kings 22,12; 2Kings 22,13; 2Kings 22,13; 2Kings 22,14; 2Kings 22,14; 2Kings 22,14; 2Kings 22,14; 2Kings 22,14; 2Kings 22,14; 2Kings 22,14; 2Kings 22,15; 2Kings 22,16; 2Kings 22,17; 2Kings 22,17; 2Kings 22,17; 2Kings 22,18; 2Kings 22,19; 2Kings 22,19; 2Kings 22,19; 2Kings 22,19; 2Kings 22,19; 2Kings 22,20; 2Kings 22,20; 2Kings 22,20; 2Kings 23,1; 2Kings 23,1; 2Kings 23,2; 2Kings 23,2; 2Kings 23,2; 2Kings 23,2; 2Kings 23,2; 2Kings 23,2; 2Kings 23,2; 2Kings 23,2; 2Kings 23,3; 2Kings 23,3; 2Kings 23,3; 2Kings 23,3; 2Kings 23,3; 2Kings 23,3; 2Kings 23,3; 2Kings 23,4; 2Kings 23,4; 2Kings 23,4; 2Kings 23,4; 2Kings 23,4; 2Kings 23,4; 2Kings 23,4; 2Kings 23,5; 2Kings 23,5; 2Kings 23,5; 2Kings 23,5; 2Kings 23,5; 2Kings 23,5; 2Kings 23,5; 2Kings 23,5; 2Kings 23,5; 2Kings 23,6; 2Kings 23,6; 2Kings 23,6; 2Kings 23,6; 2Kings 23,7; 2Kings 23,8; 2Kings 23,8; 2Kings 23,8; 2Kings 23,8; 2Kings 23,10; 2Kings 23,10; 2Kings 23,11; 2Kings 23,11; 2Kings 23,12; 2Kings 23,12; 2Kings 23,12; 2Kings 23,12; 2Kings 23,12; 2Kings 23,13; 2Kings 23,13; 2Kings 23,13; 2Kings 23,14; 2Kings 23,14; 2Kings 23,14; 2Kings 23,15; 2Kings 23,15; 2Kings 23,15; 2Kings 23,16; 2Kings 23,16; 2Kings 23,16; 2Kings 23,16; 2Kings 23,16; 2Kings 23,16; 2Kings 23,16; 2Kings 23,17; 2Kings 23,17; 2Kings 23,17; 2Kings 23,18; 2Kings 23,18; 2Kings 23,19; 2Kings 23,20; 2Kings 23,20; 2Kings 23,22; 2Kings 23,22; 2Kings 23,24; 2Kings 23,24; 2Kings 23,24; 2Kings 23,24; 2Kings 23,24; 2Kings 23,25; 2Kings 23,25;

K, κ

2Kings 23,25; 2Kings 23,27; 2Kings 23,27; 2Kings 23,27; 2Kings 23,28; 2Kings 23,28; 2Kings 23,29; 2Kings 23,29; 2Kings 23,30; 2Kings 23,30; 2Kings 23,30; 2Kings 23,30; 2Kings 23,30; 2Kings 23,30; 2Kings 23,31; 2Kings 23,31; 2Kings 23,31; 2Kings 23,32; 2Kings 23,33; 2Kings 23,33; 2Kings 23,33; 2Kings 23,34; 2Kings 23,34; 2Kings 23,34; 2Kings 23,34; 2Kings 23,34; 2Kings 23,35; 2Kings 23,35; 2Kings 23,35; 2Kings 23,36; 2Kings 23,36; 2Kings 23,36; 2Kings 23,37; 2Kings 24,1; 2Kings 24,1; 2Kings 24,1; 2Kings 24,2; 2Kings 24,2; 2Kings 24,2; 2Kings 24,2; 2Kings 24,2; 2Kings 24,4; 2Kings 24,4; 2Kings 24,5; 2Kings 24,5; 2Kings 24,6; 2Kings 24,6; 2Kings 24,7; 2Kings 24,8; 2Kings 24,8; 2Kings 24,9; 2Kings 24,10; 2Kings 24,11; 2Kings 24,11; 2Kings 24,12; 2Kings 24,12; 2Kings 24,12; 2Kings 24,12; 2Kings 24,12; 2Kings 24,12; 2Kings 24,13; 2Kings 24,13; 2Kings 24,13; 2Kings 24,14; 2Kings 24,14; 2Kings 24,14; 2Kings 24,14; 2Kings 24,14; 2Kings 24,14; 2Kings 24,15; 2Kings 24,15; 2Kings 24,15; 2Kings 24,15; 2Kings 24,15; 2Kings 24,16; 2Kings 24,16; 2Kings 24,16; 2Kings 24,16; 2Kings 24,17; 2Kings 24,17; 2Kings 24,18; 2Kings 24,18; 2Kings 24,18; 2Kings 24,19; 2Kings 24,20; 2Kings 24,20; 2Kings 25,1; 2Kings 25,1; 2Kings 25,1; 2Kings 25,1; 2Kings 25,2; 2Kings 25,3; 2Kings 25,3; 2Kings 25,4; 2Kings 25,4; 2Kings 25,4; 2Kings 25,4; 2Kings 25,5; 2Kings 25,5; 2Kings 25,5; 2Kings 25,6; 2Kings 25,6; 2Kings 25,6; 2Kings 25,7; 2Kings 25,7; 2Kings 25,7; 2Kings 25,7; 2Kings 25,9; 2Kings 25,9; 2Kings 25,9; 2Kings 25,9; 2Kings 25,11; 2Kings 25,11; 2Kings 25,11; 2Kings 25,12; 2Kings 25,12; 2Kings 25,13; 2Kings 25,13; 2Kings 25,13; 2Kings 25,13; 2Kings 25,14; 2Kings 25,14; 2Kings 25,14; 2Kings 25,14; 2Kings 25,14; 2Kings 25,15; 2Kings 25,15; 2Kings 25,15; 2Kings 25,16; 2Kings 25,17; 2Kings 25,17; 2Kings 25,17; 2Kings 25,17; 2Kings 25,18; 2Kings 25,18; 2Kings 25,18; 2Kings 25,19; 2Kings 25,19; 2Kings 25,19; 2Kings 25,19; 2Kings 25,20; 2Kings 25,20; 2Kings 25,21; 2Kings 25,21; 2Kings 25,21; 2Kings 25,22; 2Kings 25,23; 2Kings 25,23; 2Kings 25,23; 2Kings 25,23; 2Kings 25,23; 2Kings 25,23; 2Kings 25,23; 2Kings 25,24; 2Kings 25,24; 2Kings 25,24; 2Kings 25,24; 2Kings 25,24; 2Kings 25,25; 2Kings 25,25; 2Kings 25,25; 2Kings 25,25; 2Kings 25,25; 2Kings 25,25; 2Kings 25,26; 2Kings 25,26; 2Kings 25,26; 2Kings 25,26; 2Kings 25,27; 2Kings 25,27; 2Kings 25,27; 2Kings 25,28; 2Kings 25,28; 2Kings 25,29; 2Kings 25,29; 2Kings 25,30; 1Chr. 1,5; 1Chr. 1,6; 1Chr. 1,6; 1Chr. 1,6; 1Chr. 1,7; 1Chr. 1,7; 1Chr. 1,7; 1Chr. 1,8; 1Chr. 1,8; 1Chr. 1,9; 1Chr. 1,9; 1Chr. 1,9; 1Chr. 1,9; 1Chr. 1,9; 1Chr. 1,9; 1Chr. 1,9; 1Chr. 1,10; 1Chr. 1,17; 1Chr. 1,17; 1Chr. 1,28; 1Chr. 1,29; 1Chr. 1,31; 1Chr. 1,32; 1Chr. 1,32; 1Chr. 1,32; 1Chr. 1,32; 1Chr. 1,33; 1Chr. 1,33; 1Chr. 1,33; 1Chr. 1,33; 1Chr. 1,33; 1Chr. 1,34; 1Chr. 1,34; 1Chr. 1,35; 1Chr. 1,35; 1Chr. 1,35; 1Chr. 1,35; 1Chr. 1,36; 1Chr. 1,36; 1Chr. 1,36; 1Chr. 1,36; 1Chr. 1,37; 1Chr. 1,37; 1Chr. 1,39; 1Chr. 1,39; 1Chr. 1,39; 1Chr. 1,39; 1Chr. 1,40; 1Chr. 1,40; 1Chr. 1,41; 1Chr. 1,41; 1Chr. 1,41; 1Chr. 1,42; 1Chr. 1,42; 1Chr. 1,42; 1Chr. 1,42; 1Chr. 1,43; 1Chr. 1,44; 1Chr. 1,44; 1Chr. 1,45; 1Chr. 1,45; 1Chr. 1,46; 1Chr. 1,46; 1Chr. 1,46; 1Chr. 1,47; 1Chr. 1,47; 1Chr. 1,48; 1Chr. 1,48; 1Chr. 1,49; 1Chr. 1,49; 1Chr. 1,50; 1Chr. 1,50; 1Chr. 1,50; 1Chr. 1,51; 1Chr. 1,51; 1Chr. 2,3; 1Chr. 2,3; 1Chr. 2,4; 1Chr. 2,4; 1Chr. 2,5; 1Chr. 2,6; 1Chr. 2,6; 1Chr. 2,6; 1Chr. 2,6; 1Chr. 2,6; 1Chr. 2,7; 1Chr. 2,8; 1Chr. 2,9; 1Chr. 2,9; 1Chr. 2,9; 1Chr. 2,9; 1Chr. 2,10; 1Chr. 2,10; 1Chr. 2,11; 1Chr. 2,11; 1Chr. 2,12; 1Chr. 2,12; 1Chr. 2,13; 1Chr. 2,16; 1Chr. 2,16; 1Chr. 2,16; 1Chr. 2,16; 1Chr. 2,16; 1Chr. 2,17; 1Chr. 2,17; 1Chr. 2,18; 1Chr. 2,18; 1Chr. 2,18; 1Chr. 2,18; 1Chr. 2,19; 1Chr. 2,19; 1Chr. 2,19; 1Chr. 2,20; 1Chr. 2,20; 1Chr. 2,21; 1Chr. 2,21; 1Chr. 2,21; 1Chr. 2,21; 1Chr. 2,22; 1Chr. 2,22; 1Chr. 2,23; 1Chr. 2,23; 1Chr. 2,23; 1Chr. 2,24; 1Chr. 2,24; 1Chr. 2,24; 1Chr. 2,25; 1Chr. 2,25; 1Chr. 2,25; 1Chr. 2,25; 1Chr. 2,26; 1Chr. 2,26; 1Chr. 2,27; 1Chr. 2,27; 1Chr. 2,27; 1Chr. 2,28; 1Chr. 2,28; 1Chr. 2,28; 1Chr. 2,28; 1Chr. 2,29; 1Chr. 2,29; 1Chr. 2,29; 1Chr. 2,30; 1Chr. 2,30; 1Chr. 2,31; 1Chr. 2,31; 1Chr. 2,31; 1Chr. 2,32; 1Chr. 2,32; 1Chr. 2,33; 1Chr. 2,33; 1Chr. 2,34; 1Chr. 2,34; 1Chr. 2,34; 1Chr. 2,35; 1Chr. 2,35; 1Chr. 2,36; 1Chr. 2,36; 1Chr. 2,37; 1Chr. 2,37; 1Chr. 2,38; 1Chr. 2,38; 1Chr. 2,39; 1Chr. 2,39; 1Chr. 2,40; 1Chr. 2,40; 1Chr. 2,41; 1Chr. 2,41; 1Chr. 2,42; 1Chr. 2,42; 1Chr. 2,43; 1Chr. 2,43; 1Chr. 2,43; 1Chr. 2,43; 1Chr. 2,44; 1Chr. 2,44; 1Chr. 2,45; 1Chr. 2,45; 1Chr. 2,46; 1Chr. 2,46; 1Chr. 2,46; 1Chr. 2,46; 1Chr. 2,47; 1Chr. 2,47; 1Chr. 2,47; 1Chr. 2,47; 1Chr. 2,47; 1Chr. 2,47; 1Chr. 2,48; 1Chr. 2,48; 1Chr. 2,49; 1Chr. 2,49; 1Chr. 2,49; 1Chr. 2,49; 1Chr. 2,52; 1Chr. 2,53; 1Chr. 2,53; 1Chr. 2,53; 1Chr. 2,53; 1Chr. 2,54; 1Chr. 3,4; 1Chr. 3,4; 1Chr. 3,4; 1Chr. 3,4; 1Chr. 3,5; 1Chr. 3,5; 1Chr. 3,6; 1Chr. 3,6; 1Chr. 3,6; 1Chr. 3,7; 1Chr. 3,7; 1Chr. 3,7; 1Chr. 3,8; 1Chr. 3,8; 1Chr. 3,8; 1Chr. 3,9; 1Chr. 3,15; 1Chr. 3,16; 1Chr. 3,17; 1Chr. 3,18; 1Chr. 3,18; 1Chr. 3,18; 1Chr. 3,18; 1Chr. 3,18; 1Chr. 3,18; 1Chr. 3,19; 1Chr. 3,19; 1Chr. 3,19; 1Chr. 3,19; 1Chr. 3,19; 1Chr. 3,20; 1Chr. 3,20; 1Chr. 3,20; 1Chr. 3,20; 1Chr. 3,20; 1Chr. 3,21; 1Chr. 3,21; 1Chr. 3,22; 1Chr. 3,22; 1Chr. 3,22; 1Chr. 3,22; 1Chr. 3,22; 1Chr. 3,22; 1Chr. 3,23; 1Chr. 3,23; 1Chr. 3,23; 1Chr. 3,24; 1Chr. 3,24; 1Chr. 3,24; 1Chr. 3,24; 1Chr. 3,24; 1Chr. 3,24; 1Chr. 3,24; 1Chr. 4,1; 1Chr. 4,1; 1Chr. 4,2; 1Chr. 4,2; 1Chr. 4,2; 1Chr. 4,2; 1Chr. 4,3; 1Chr. 4,3; 1Chr. 4,3; 1Chr. 4,3; 1Chr. 4,4; 1Chr. 4,4; 1Chr. 4,5; 1Chr. 4,5; 1Chr. 4,6; 1Chr. 4,6; 1Chr. 4,6; 1Chr. 4,6; 1Chr. 4,7; 1Chr. 4,7; 1Chr. 4,7; 1Chr. 4,8; 1Chr. 4,8; 1Chr. 4,8; 1Chr. 4,9; 1Chr. 4,9; 1Chr. 4,10; 1Chr. 4,10; 1Chr. 4,10; 1Chr. 4,10; 1Chr. 4,10; 1Chr. 4,11; 1Chr. 4,12; 1Chr. 4,12; 1Chr. 4,12; 1Chr. 4,13; 1Chr. 4,13; 1Chr. 4,13; 1Chr. 4,14; 1Chr. 4,14; 1Chr. 4,15; 1Chr. 4,15; 1Chr. 4,15; 1Chr. 4,16; 1Chr. 4,16; 1Chr. 4,16; 1Chr. 4,16; 1Chr. 4,17; 1Chr. 4,17; 1Chr. 4,17; 1Chr. 4,17; 1Chr. 4,17; 1Chr. 4,17; 1Chr. 4,18; 1Chr. 4,18; 1Chr. 4,18; 1Chr. 4,18; 1Chr. 4,19; 1Chr. 4,19; 1Chr. 4,19; 1Chr. 4,19; 1Chr. 4,19; 1Chr. 4,20; 1Chr. 4,20; 1Chr. 4,20; 1Chr. 4,20; 1Chr. 4,20; 1Chr. 4,21; 1Chr. 4,21; 1Chr. 4,22; 1Chr. 4,22; 1Chr. 4,22; 1Chr. 4,22; 1Chr. 4,22; 1Chr. 4,23; 1Chr. 4,23; 1Chr. 4,24; 1Chr. 4,27; 1Chr. 4,27; 1Chr. 4,27; 1Chr. 4,27; 1Chr. 4,28; 1Chr. 4,28; 1Chr. 4,28; 1Chr. 4,28; 1Chr. 4,29; 1Chr. 4,29; 1Chr. 4,29; 1Chr. 4,30; 1Chr. 4,30; 1Chr. 4,30; 1Chr. 4,31; 1Chr. 4,31; 1Chr. 4,31; 1Chr. 4,32; 1Chr. 4,32; 1Chr. 4,32; 1Chr. 4,32; 1Chr. 4,33; 1Chr. 4,33; 1Chr. 4,34; 1Chr. 4,34; 1Chr. 4,34; 1Chr. 4,35; 1Chr. 4,35; 1Chr. 4,36; 1Chr. 4,36; 1Chr. 4,36; 1Chr. 4,36; 1Chr. 4,36; 1Chr. 4,36; 1Chr. 4,36; 1Chr. 4,37; 1Chr. 4,38; 1Chr. 4,39; 1Chr. 4,40; 1Chr. 4,40; 1Chr. 4,40; 1Chr. 4,40; 1Chr. 4,40; 1Chr. 4,41; 1Chr. 4,41; 1Chr. 4,41; 1Chr. 4,41; 1Chr. 4,41; 1Chr. 4,42; 1Chr. 4,42; 1Chr. 4,42; 1Chr. 4,42; 1Chr. 4,42; 1Chr. 4,43; 1Chr. 4,43; 1Chr. 5,1; 1Chr. 5,1; 1Chr. 5,2; 1Chr. 5,2; 1Chr. 5,2; 1Chr. 5,3; 1Chr. 5,3; 1Chr. 5,4; 1Chr. 5,4; 1Chr. 5,7; 1Chr. 5,7; 1Chr. 5,8; 1Chr. 5,8; 1Chr. 5,8; 1Chr. 5,9; 1Chr. 5,10; 1Chr. 5,10; 1Chr. 5,12; 1Chr. 5,12; 1Chr. 5,13; 1Chr. 5,13; 1Chr. 5,13; 1Chr. 5,13; 1Chr. 5,13; 1Chr. 5,13; 1Chr. 5,16; 1Chr. 5,16; 1Chr. 5,17; 1Chr. 5,18; 1Chr. 5,18; 1Chr. 5,18; 1Chr. 5,18; 1Chr. 5,18; 1Chr. 5,18; 1Chr. 5,18; 1Chr. 5,18; 1Chr. 5,19; 1Chr. 5,19; 1Chr. 5,19; 1Chr. 5,19; 1Chr. 5,20; 1Chr. 5,20; 1Chr. 5,20; 1Chr. 5,20; 1Chr. 5,21; 1Chr. 5,21; 1Chr. 5,21; 1Chr. 5,22; 1Chr. 5,23; 1Chr. 5,23; 1Chr. 5,23; 1Chr. 5,24; 1Chr. 5,24; 1Chr. 5,24; 1Chr. 5,24; 1Chr. 5,24; 1Chr. 5,24; 1Chr. 5,24; 1Chr. 5,25; 1Chr. 5,26; 1Chr. 5,26; 1Chr. 5,26; 1Chr. 5,26; 1Chr. 5,26; 1Chr. 5,26; 1Chr. 5,26; 1Chr. 5,27; 1Chr. 5,28; 1Chr. 5,28; 1Chr. 5,28; 1Chr. 5,29; 1Chr. 5,29; 1Chr. 5,29; 1Chr. 5,29; 1Chr. 5,29; 1Chr. 5,29; 1Chr. 5,33; 1Chr. 5,33; 1Chr. 5,34; 1Chr. 5,34; 1Chr. 5,35; 1Chr. 5,35; 1Chr. 5,36; 1Chr. 5,37; 1Chr. 5,37; 1Chr. 5,38; 1Chr. 5,38; 1Chr. 5,39; 1Chr. 5,39; 1Chr. 5,40; 1Chr. 5,40; 1Chr. 5,41; 1Chr. 5,41;

καί

1Chr. 6,1; 1Chr. 6,2; 1Chr. 6,2; 1Chr. 6,3; 1Chr. 6,3; 1Chr. 6,4; 1Chr. 6,4; 1Chr. 6,8; 1Chr. 6,10; 1Chr. 6,10; 1Chr. 6,11; 1Chr. 6,13; 1Chr. 6,17; 1Chr. 6,17; 1Chr. 6,18; 1Chr. 6,18; 1Chr. 6,24; 1Chr. 6,29; 1Chr. 6,34; 1Chr. 6,34; 1Chr. 6,34; 1Chr. 6,34; 1Chr. 6,35; 1Chr. 6,40; 1Chr. 6,40; 1Chr. 6,41; 1Chr. 6,41; 1Chr. 6,42; 1Chr. 6,42; 1Chr. 6,42; 1Chr. 6,42; 1Chr. 6,42; 1Chr. 6,42; 1Chr. 6,43; 1Chr. 6,43; 1Chr. 6,43; 1Chr. 6,43; 1Chr. 6,44; 1Chr. 6,44; 1Chr. 6,44; 1Chr. 6,44; 1Chr. 6,44; 1Chr. 6,45; 1Chr. 6,45; 1Chr. 6,45; 1Chr. 6,45; 1Chr. 6,45; 1Chr. 6,45; 1Chr. 6,47; 1Chr. 6,48; 1Chr. 6,49; 1Chr. 6,50; 1Chr. 6,50; 1Chr. 6,51; 1Chr. 6,51; 1Chr. 6,52; 1Chr. 6,52; 1Chr. 6,52; 1Chr. 6,52; 1Chr. 6,53; 1Chr. 6,53; 1Chr. 6,53; 1Chr. 6,53; 1Chr. 6,54; 1Chr. 6,54; 1Chr. 6,54; 1Chr. 6,54; 1Chr. 6,55; 1Chr. 6,55; 1Chr. 6,55; 1Chr. 6,55; 1Chr. 6,56; 1Chr. 6,56; 1Chr. 6,56; 1Chr. 6,57; 1Chr. 6,57; 1Chr. 6,57; 1Chr. 6,57; 1Chr. 6,58; 1Chr. 6,58; 1Chr. 6,58; 1Chr. 6,58; 1Chr. 6,59; 1Chr. 6,59; 1Chr. 6,59; 1Chr. 6,59; 1Chr. 6,60; 1Chr. 6,60; 1Chr. 6,60; 1Chr. 6,60; 1Chr. 6,61; 1Chr. 6,61; 1Chr. 6,61; 1Chr. 6,61; 1Chr. 6,61; 1Chr. 6,62; 1Chr. 6,62; 1Chr. 6,62; 1Chr. 6,63; 1Chr. 6,63; 1Chr. 6,63; 1Chr. 6,63; 1Chr. 6,64; 1Chr. 6,64; 1Chr. 6,64; 1Chr. 6,64; 1Chr. 6,65; 1Chr. 6,65; 1Chr. 6,65; 1Chr. 6,65; 1Chr. 6,66; 1Chr. 6,66; 1Chr. 6,66; 1Chr. 6,66; 1Chr. 7,1; 1Chr. 7,1; 1Chr. 7,1; 1Chr. 7,2; 1Chr. 7,2; 1Chr. 7,2; 1Chr. 7,2; 1Chr. 7,2; 1Chr. 7,2; 1Chr. 7,2; 1Chr. 7,2; 1Chr. 7,3; 1Chr. 7,3; 1Chr. 7,3; 1Chr. 7,3; 1Chr. 7,3; 1Chr. 7,4; 1Chr. 7,4; 1Chr. 7,4; 1Chr. 7,5; 1Chr. 7,5; 1Chr. 7,6; 1Chr. 7,6; 1Chr. 7,7; 1Chr. 7,7; 1Chr. 7,7; 1Chr. 7,7; 1Chr. 7,7; 1Chr. 7,7; 1Chr. 7,7; 1Chr. 7,7; 1Chr. 7,8; 1Chr. 7,8; 1Chr. 7,8; 1Chr. 7,8; 1Chr. 7,8; 1Chr. 7,8; 1Chr. 7,8; 1Chr. 7,8; 1Chr. 7,8; 1Chr. 7,9; 1Chr. 7,9; 1Chr. 7,10; 1Chr. 7,10; 1Chr. 7,10; 1Chr. 7,10; 1Chr. 7,10; 1Chr. 7,10; 1Chr. 7,10; 1Chr. 7,10; 1Chr. 7,11; 1Chr. 7,12; 1Chr. 7,12; 1Chr. 7,12; 1Chr. 7,13; 1Chr. 7,13; 1Chr. 7,13; 1Chr. 7,15; 1Chr. 7,15; 1Chr. 7,15; 1Chr. 7,15; 1Chr. 7,15; 1Chr. 7,16; 1Chr. 7,16; 1Chr. 7,16; 1Chr. 7,17; 1Chr. 7,18; 1Chr. 7,18; 1Chr. 7,18; 1Chr. 7,19; 1Chr. 7,19; 1Chr. 7,19; 1Chr. 7,19; 1Chr. 7,20; 1Chr. 7,20; 1Chr. 7,21; 1Chr. 7,21; 1Chr. 7,21; 1Chr. 7,22; 1Chr. 7,22; 1Chr. 7,23; 1Chr. 7,23; 1Chr. 7,23; 1Chr. 7,23; 1Chr. 7,24; 1Chr. 7,24; 1Chr. 7,24; 1Chr. 7,24; 1Chr. 7,25; 1Chr. 7,25; 1Chr. 7,28; 1Chr. 7,28; 1Chr. 7,28; 1Chr. 7,28; 1Chr. 7,28; 1Chr. 7,28; 1Chr. 7,28; 1Chr. 7,29; 1Chr. 7,29; 1Chr. 7,29; 1Chr. 7,29; 1Chr. 7,29; 1Chr. 7,29; 1Chr. 7,29; 1Chr. 7,30; 1Chr. 7,30; 1Chr. 7,30; 1Chr. 7,30; 1Chr. 7,31; 1Chr. 7,31; 1Chr. 7,32; 1Chr. 7,32; 1Chr. 7,32; 1Chr. 7,32; 1Chr. 7,33; 1Chr. 7,33; 1Chr. 7,34; 1Chr. 7,34; 1Chr. 7,34; 1Chr. 7,35; 1Chr. 7,35; 1Chr. 7,35; 1Chr. 7,35; 1Chr. 7,36; 1Chr. 7,36; 1Chr. 7,36; 1Chr. 7,37; 1Chr. 7,37; 1Chr. 7,37; 1Chr. 7,37; 1Chr. 7,37; 1Chr. 7,38; 1Chr. 7,38; 1Chr. 7,38; 1Chr. 7,39; 1Chr. 7,39; 1Chr. 8,1; 1Chr. 8,2; 1Chr. 8,3; 1Chr. 8,3; 1Chr. 8,3; 1Chr. 8,4; 1Chr. 8,4; 1Chr. 8,4; 1Chr. 8,5; 1Chr. 8,5; 1Chr. 8,5; 1Chr. 8,6; 1Chr. 8,7; 1Chr. 8,7; 1Chr. 8,7; 1Chr. 8,7; 1Chr. 8,7; 1Chr. 8,8; 1Chr. 8,8; 1Chr. 8,9; 1Chr. 8,9; 1Chr. 8,9; 1Chr. 8,9; 1Chr. 8,10; 1Chr. 8,10; 1Chr. 8,10; 1Chr. 8,11; 1Chr. 8,11; 1Chr. 8,12; 1Chr. 8,12; 1Chr. 8,12; 1Chr. 8,13; 1Chr. 8,13; 1Chr. 8,13; 1Chr. 8,14; 1Chr. 8,14; 1Chr. 8,15; 1Chr. 8,15; 1Chr. 8,15; 1Chr. 8,16; 1Chr. 8,16; 1Chr. 8,16; 1Chr. 8,17; 1Chr. 8,17; 1Chr. 8,17; 1Chr. 8,17; 1Chr. 8,18; 1Chr. 8,18; 1Chr. 8,18; 1Chr. 8,19; 1Chr. 8,19; 1Chr. 8,19; 1Chr. 8,20; 1Chr. 8,20; 1Chr. 8,20; 1Chr. 8,21; 1Chr. 8,21; 1Chr. 8,21; 1Chr. 8,22; 1Chr. 8,22; 1Chr. 8,22; 1Chr. 8,23; 1Chr. 8,23; 1Chr. 8,23; 1Chr. 8,24; 1Chr. 8,24; 1Chr. 8,24; 1Chr. 8,24; 1Chr. 8,25; 1Chr. 8,25; 1Chr. 8,25; 1Chr. 8,26; 1Chr. 8,26; 1Chr. 8,26; 1Chr. 8,27; 1Chr. 8,27; 1Chr. 8,27; 1Chr. 8,29; 1Chr. 8,29; 1Chr. 8,30; 1Chr. 8,30; 1Chr. 8,30; 1Chr. 8,30; 1Chr. 8,30; 1Chr. 8,30; 1Chr. 8,31; 1Chr. 8,31; 1Chr. 8,31; 1Chr. 8,31; 1Chr. 8,32; 1Chr. 8,32; 1Chr. 8,33; 1Chr. 8,33; 1Chr. 8,33; 1Chr. 8,33; 1Chr. 8,33; 1Chr. 8,33; 1Chr. 8,34; 1Chr. 8,34; 1Chr. 8,35; 1Chr. 8,35; 1Chr. 8,35; 1Chr. 8,35; 1Chr. 8,36; 1Chr. 8,36; 1Chr. 8,36; 1Chr. 8,36; 1Chr. 8,36; 1Chr. 8,37; 1Chr. 8,38; 1Chr. 8,38; 1Chr. 8,38; 1Chr. 8,38; 1Chr. 8,38; 1Chr. 8,38; 1Chr. 8,39; 1Chr. 8,39; 1Chr. 8,40; 1Chr. 8,40; 1Chr. 8,40; 1Chr. 9,1; 1Chr. 9,1; 1Chr. 9,2; 1Chr. 9,2; 1Chr. 9,3; 1Chr. 9,3; 1Chr. 9,3; 1Chr. 9,5; 1Chr. 9,5; 1Chr. 9,6; 1Chr. 9,6; 1Chr. 9,7; 1Chr. 9,8; 1Chr. 9,8; 1Chr. 9,8; 1Chr. 9,9; 1Chr. 9,10; 1Chr. 9,10; 1Chr. 9,11; 1Chr. 9,12; 1Chr. 9,12; 1Chr. 9,13; 1Chr. 9,15; 1Chr. 9,15; 1Chr. 9,15; 1Chr. 9,15; 1Chr. 9,16; 1Chr. 9,16; 1Chr. 9,17; 1Chr. 9,17; 1Chr. 9,17; 1Chr. 9,17; 1Chr. 9,18; 1Chr. 9,19; 1Chr. 9,19; 1Chr. 9,19; 1Chr. 9,20; 1Chr. 9,20; 1Chr. 9,22; 1Chr. 9,22; 1Chr. 9,23; 1Chr. 9,23; 1Chr. 9,25; 1Chr. 9,26; 1Chr. 9,27; 1Chr. 9,27; 1Chr. 9,28; 1Chr. 9,28; 1Chr. 9,29; 1Chr. 9,29; 1Chr. 9,29; 1Chr. 9,29; 1Chr. 9,30; 1Chr. 9,30; 1Chr. 9,31; 1Chr. 9,32; 1Chr. 9,33; 1Chr. 9,33; 1Chr. 9,35; 1Chr. 9,36; 1Chr. 9,36; 1Chr. 9,36; 1Chr. 9,36; 1Chr. 9,36; 1Chr. 9,37; 1Chr. 9,37; 1Chr. 9,37; 1Chr. 9,37; 1Chr. 9,38; 1Chr. 9,38; 1Chr. 9,39; 1Chr. 9,39; 1Chr. 9,39; 1Chr. 9,39; 1Chr. 9,39; 1Chr. 9,40; 1Chr. 9,40; 1Chr. 9,41; 1Chr. 9,41; 1Chr. 9,41; 1Chr. 9,42; 1Chr. 9,42; 1Chr. 9,42; 1Chr. 9,42; 1Chr. 9,42; 1Chr. 9,43; 1Chr. 9,44; 1Chr. 9,44; 1Chr. 9,44; 1Chr. 9,44; 1Chr. 9,44; 1Chr. 10,1; 1Chr. 10,1; 1Chr. 10,2; 1Chr. 10,2; 1Chr. 10,2; 1Chr. 10,2; 1Chr. 10,2; 1Chr. 10,3; 1Chr. 10,3; 1Chr. 10,3; 1Chr. 10,3; 1Chr. 10,4; 1Chr. 10,4; 1Chr. 10,4; 1Chr. 10,4; 1Chr. 10,4; 1Chr. 10,5; 1Chr. 10,5; 1Chr. 10,5; 1Chr. 10,6; 1Chr. 10,6; 1Chr. 10,6; 1Chr. 10,7; 1Chr. 10,7; 1Chr. 10,7; 1Chr. 10,7; 1Chr. 10,7; 1Chr. 10,7; 1Chr. 10,7; 1Chr. 10,8; 1Chr. 10,8; 1Chr. 10,8; 1Chr. 10,8; 1Chr. 10,9; 1Chr. 10,9; 1Chr. 10,9; 1Chr. 10,9; 1Chr. 10,9; 1Chr. 10,10; 1Chr. 10,10; 1Chr. 10,11; 1Chr. 10,11; 1Chr. 10,12; 1Chr. 10,12; 1Chr. 10,12; 1Chr. 10,12; 1Chr. 10,12; 1Chr. 10,12; 1Chr. 10,13; 1Chr. 10,13; 1Chr. 10,14; 1Chr. 10,14; 1Chr. 10,14; 1Chr. 11,1; 1Chr. 11,2; 1Chr. 11,2; 1Chr. 11,2; 1Chr. 11,2; 1Chr. 11,2; 1Chr. 11,2; 1Chr. 11,3; 1Chr. 11,3; 1Chr. 11,3; 1Chr. 11,4; 1Chr. 11,4; 1Chr. 11,5; 1Chr. 11,6; 1Chr. 11,6; 1Chr. 11,6; 1Chr. 11,6; 1Chr. 11,6; 1Chr. 11,7; 1Chr. 11,8; 1Chr. 11,8; 1Chr. 11,8; 1Chr. 11,9; 1Chr. 11,9; 1Chr. 11,9; 1Chr. 11,11; 1Chr. 11,12; 1Chr. 11,13; 1Chr. 11,13; 1Chr. 11,13; 1Chr. 11,14; 1Chr. 11,14; 1Chr. 11,14; 1Chr. 11,14; 1Chr. 11,15; 1Chr. 11,15; 1Chr. 11,16; 1Chr. 11,16; 1Chr. 11,17; 1Chr. 11,17; 1Chr. 11,18; 1Chr. 11,18; 1Chr. 11,18; 1Chr. 11,18; 1Chr. 11,18; 1Chr. 11,18; 1Chr. 11,19; 1Chr. 11,19; 1Chr. 11,20; 1Chr. 11,21; 1Chr. 11,21; 1Chr. 11,22; 1Chr. 11,22; 1Chr. 11,22; 1Chr. 11,23; 1Chr. 11,23; 1Chr. 11,23; 1Chr. 11,23; 1Chr. 11,23; 1Chr. 11,24; 1Chr. 11,25; 1Chr. 11,25; 1Chr. 11,42; 1Chr. 11,43; 1Chr. 11,44; 1Chr. 11,45; 1Chr. 11,46; 1Chr. 11,46; 1Chr. 11,46; 1Chr. 11,47; 1Chr. 11,47; 1Chr. 12,1; 1Chr. 12,2; 1Chr. 12,2; 1Chr. 12,2; 1Chr. 12,3; 1Chr. 12,3; 1Chr. 12,3; 1Chr. 12,3; 1Chr. 12,3; 1Chr. 12,4; 1Chr. 12,4; 1Chr. 12,5; 1Chr. 12,5; 1Chr. 12,5; 1Chr. 12,6; 1Chr. 12,6; 1Chr. 12,6; 1Chr. 12,6; 1Chr. 12,7; 1Chr. 12,7; 1Chr. 12,7; 1Chr. 12,7; 1Chr. 12,8; 1Chr. 12,8; 1Chr. 12,9; 1Chr. 12,9; 1Chr. 12,9; 1Chr. 12,9; 1Chr. 12,15; 1Chr. 12,16; 1Chr. 12,16; 1Chr. 12,17; 1Chr. 12,17; 1Chr. 12,18; 1Chr. 12,18; 1Chr. 12,18; 1Chr. 12,18; 1Chr. 12,19; 1Chr. 12,19; 1Chr. 12,19; 1Chr. 12,19; 1Chr. 12,19; 1Chr. 12,20; 1Chr. 12,20; 1Chr. 12,21; 1Chr. 12,21; 1Chr. 12,21; 1Chr. 12,21; 1Chr. 12,21; 1Chr. 12,21; 1Chr. 12,22; 1Chr. 12,22; 1Chr. 12,25; 1Chr. 12,25; 1Chr. 12,26; 1Chr. 12,28; 1Chr. 12,28; 1Chr. 12,28; 1Chr. 12,29; 1Chr. 12,29; 1Chr. 12,30; 1Chr. 12,30; 1Chr. 12,31; 1Chr. 12,31; 1Chr. 12,32; 1Chr. 12,33; 1Chr. 12,33; 1Chr. 12,34; 1Chr. 12,35; 1Chr. 12,35; 1Chr. 12,35; 1Chr. 12,36; 1Chr. 12,36; 1Chr. 12,37; 1Chr. 12,38; 1Chr. 12,38; 1Chr. 12,38; 1Chr. 12,39; 1Chr. 12,39; 1Chr. 12,40; 1Chr. 12,40; 1Chr. 12,41; 1Chr. 12,41; 1Chr. 12,41; 1Chr. 12,41; 1Chr. 12,41;

Κ, κ

1Chr. 12,41; 1Chr. 12,41; 1Chr. 12,41; 1Chr. 13,1; 1Chr. 13,2; 1Chr. 13,2; 1Chr. 13,2; 1Chr. 13,2; 1Chr. 13,3; 1Chr. 13,4; 1Chr. 13,5; 1Chr. 13,5; 1Chr. 13,6; 1Chr. 13,6; 1Chr. 13,7; 1Chr. 13,7; 1Chr. 13,7; 1Chr. 13,8; 1Chr. 13,8; 1Chr. 13,8; 1Chr. 13,8; 1Chr. 13,8; 1Chr. 13,8; 1Chr. 13,8; 1Chr. 13,9; 1Chr. 13,9; 1Chr. 13,10; 1Chr. 13,10; 1Chr. 13,10; 1Chr. 13,11; 1Chr. 13,11; 1Chr. 13,12; 1Chr. 13,13; 1Chr. 13,13; 1Chr. 13,14; 1Chr. 13,14; 1Chr. 13,14; 1Chr. 14,1; 1Chr. 14,1; 1Chr. 14,1; 1Chr. 14,2; 1Chr. 14,3; 1Chr. 14,3; 1Chr. 14,4; 1Chr. 14,5; 1Chr. 14,5; 1Chr. 14,5; 1Chr. 14,6; 1Chr. 14,6; 1Chr. 14,6; 1Chr. 14,7; 1Chr. 14,7; 1Chr. 14,7; 1Chr. 14,8; 1Chr. 14,8; 1Chr. 14,8; 1Chr. 14,9; 1Chr. 14,9; 1Chr. 14,10; 1Chr. 14,10; 1Chr. 14,10; 1Chr. 14,10; 1Chr. 14,11; 1Chr. 14,11; 1Chr. 14,11; 1Chr. 14,12; 1Chr. 14,12; 1Chr. 14,13; 1Chr. 14,13; 1Chr. 14,14; 1Chr. 14,14; 1Chr. 14,14; 1Chr. 14,15; 1Chr. 14,16; 1Chr. 14,16; 1Chr. 14,17; 1Chr. 14,17; 1Chr. 15,1; 1Chr. 15,1; 1Chr. 15,2; 1Chr. 15,3; 1Chr. 15,4; 1Chr. 15,4; 1Chr. 15,5; 1Chr. 15,6; 1Chr. 15,7; 1Chr. 15,8; 1Chr. 15,9; 1Chr. 15,10; 1Chr. 15,11; 1Chr. 15,11; 1Chr. 15,11; 1Chr. 15,12; 1Chr. 15,12; 1Chr. 15,12; 1Chr. 15,14; 1Chr. 15,14; 1Chr. 15,15; 1Chr. 15,16; 1Chr. 15,16; 1Chr. 15,16; 1Chr. 15,17; 1Chr. 15,17; 1Chr. 15,18; 1Chr. 15,18; 1Chr. 15,18; 1Chr. 15,18; 1Chr. 15,18; 1Chr. 15,18; 1Chr. 15,18; 1Chr. 15,18; 1Chr. 15,18; 1Chr. 15,18; 1Chr. 15,18; 1Chr. 15,18; 1Chr. 15,18; 1Chr. 15,18; 1Chr. 15,19; 1Chr. 15,19; 1Chr. 15,20; 1Chr. 15,21; 1Chr. 15,21; 1Chr. 15,21; 1Chr. 15,21; 1Chr. 15,21; 1Chr. 15,21; 1Chr. 15,21; 1Chr. 15,22; 1Chr. 15,23; 1Chr. 15,23; 1Chr. 15,24; 1Chr. 15,24; 1Chr. 15,24; 1Chr. 15,24; 1Chr. 15,24; 1Chr. 15,24; 1Chr. 15,24; 1Chr. 15,24; 1Chr. 15,24; 1Chr. 15,25; 1Chr. 15,25; 1Chr. 15,26; 1Chr. 15,26; 1Chr. 15,26; 1Chr. 15,27; 1Chr. 15,27; 1Chr. 15,27; 1Chr. 15,27; 1Chr. 15,27; 1Chr. 15,28; 1Chr. 15,28; 1Chr. 15,28; 1Chr. 15,28; 1Chr. 15,28; 1Chr. 15,29; 1Chr. 15,29; 1Chr. 15,29; 1Chr. 15,29; 1Chr. 15,29; 1Chr. 15,29; 1Chr. 16,1; 1Chr. 16,1; 1Chr. 16,1; 1Chr. 16,1; 1Chr. 16,2; 1Chr. 16,2; 1Chr. 16,2; 1Chr. 16,3; 1Chr. 16,3; 1Chr. 16,3; 1Chr. 16,4; 1Chr. 16,4; 1Chr. 16,5; 1Chr. 16,5; 1Chr. 16,5; 1Chr. 16,5; 1Chr. 16,5; 1Chr. 16,5; 1Chr. 16,6; 1Chr. 16,6; 1Chr. 16,7; 1Chr. 16,9; 1Chr. 16,11; 1Chr. 16,12; 1Chr. 16,16; 1Chr. 16,19; 1Chr. 16,20; 1Chr. 16,20; 1Chr. 16,21; 1Chr. 16,22; 1Chr. 16,25; 1Chr. 16,26; 1Chr. 16,27; 1Chr. 16,27; 1Chr. 16,28; 1Chr. 16,29; 1Chr. 16,29; 1Chr. 16,30; 1Chr. 16,31; 1Chr. 16,31; 1Chr. 16,32; 1Chr. 16,32; 1Chr. 16,35; 1Chr. 16,35; 1Chr. 16,35; 1Chr. 16,36; 1Chr. 16,36; 1Chr. 16,36; 1Chr. 16,37; 1Chr. 16,38; 1Chr. 16,38; 1Chr. 16,38; 1Chr. 16,38; 1Chr. 16,38; 1Chr. 16,39; 1Chr. 16,39; 1Chr. 16,40; 1Chr. 16,40; 1Chr. 16,41; 1Chr. 16,41; 1Chr. 16,41; 1Chr. 16,42; 1Chr. 16,42; 1Chr. 16,42; 1Chr. 16,43; 1Chr. 17,1; 1Chr. 17,1; 1Chr. 17,2; 1Chr. 17,3; 1Chr. 17,3; 1Chr. 17,4; 1Chr. 17,5; 1Chr. 17,5; 1Chr. 17,7; 1Chr. 17,8; 1Chr. 17,8; 1Chr. 17,8; 1Chr. 17,9; 1Chr. 17,9; 1Chr. 17,9; 1Chr. 17,9; 1Chr. 17,9; 1Chr. 17,10; 1Chr. 17,10; 1Chr. 17,10; 1Chr. 17,10; 1Chr. 17,11; 1Chr. 17,11; 1Chr. 17,11; 1Chr. 17,11; 1Chr. 17,12; 1Chr. 17,13; 1Chr. 17,13; 1Chr. 17,14; 1Chr. 17,14; 1Chr. 17,14; 1Chr. 17,15; 1Chr. 17,16; 1Chr. 17,16; 1Chr. 17,16; 1Chr. 17,16; 1Chr. 17,17; 1Chr. 17,17; 1Chr. 17,17; 1Chr. 17,17; 1Chr. 17,18; 1Chr. 17,19; 1Chr. 17,20; 1Chr. 17,21; 1Chr. 17,21; 1Chr. 17,22; 1Chr. 17,22; 1Chr. 17,23; 1Chr. 17,23; 1Chr. 17,24; 1Chr. 17,26; 1Chr. 17,27; 1Chr. 17,27; 1Chr. 18,1; 1Chr. 18,1; 1Chr. 18,1; 1Chr. 18,1; 1Chr. 18,2; 1Chr. 18,2; 1Chr. 18,3; 1Chr. 18,4; 1Chr. 18,4; 1Chr. 18,4; 1Chr. 18,4; 1Chr. 18,4; 1Chr. 18,5; 1Chr. 18,5; 1Chr. 18,5; 1Chr. 18,6; 1Chr. 18,6; 1Chr. 18,6; 1Chr. 18,7; 1Chr. 18,7; 1Chr. 18,8; 1Chr. 18,8; 1Chr. 18,8; 1Chr. 18,8; 1Chr. 18,9; 1Chr. 18,10; 1Chr. 18,10; 1Chr. 18,10; 1Chr. 18,10; 1Chr. 18,10; 1Chr. 18,11; 1Chr. 18,11; 1Chr. 18,11; 1Chr. 18,11; 1Chr. 18,11; 1Chr. 18,12; 1Chr. 18,12; 1Chr. 18,13; 1Chr. 18,13; 1Chr. 18,13; 1Chr. 18,14; 1Chr. 18,14; 1Chr. 18,15; 1Chr. 18,15; 1Chr. 18,16; 1Chr. 18,16; 1Chr. 18,16; 1Chr. 18,17; 1Chr. 18,17; 1Chr. 18,17; 1Chr. 19,1; 1Chr. 19,2; 1Chr. 19,2; 1Chr. 19,3; 1Chr. 19,4; 1Chr. 19,4; 1Chr. 19,4; 1Chr. 19,4; 1Chr. 19,5; 1Chr. 19,5; 1Chr. 19,5; 1Chr. 19,5; 1Chr. 19,6; 1Chr. 19,6; 1Chr. 19,6; 1Chr. 19,6; 1Chr. 19,6; 1Chr. 19,6; 1Chr. 19,7; 1Chr. 19,7; 1Chr. 19,7; 1Chr. 19,7; 1Chr. 19,7; 1Chr. 19,7; 1Chr. 19,7; 1Chr. 19,7; 1Chr. 19,8; 1Chr. 19,8; 1Chr. 19,8; 1Chr. 19,9; 1Chr. 19,9; 1Chr. 19,9; 1Chr. 19,10; 1Chr. 19,10; 1Chr. 19,10; 1Chr. 19,10; 1Chr. 19,11; 1Chr. 19,11; 1Chr. 19,12; 1Chr. 19,12; 1Chr. 19,12; 1Chr. 19,12; 1Chr. 19,13; 1Chr. 19,13; 1Chr. 19,13; 1Chr. 19,14; 1Chr. 19,14; 1Chr. 19,14; 1Chr. 19,15; 1Chr. 19,15; 1Chr. 19,15; 1Chr. 19,15; 1Chr. 19,15; 1Chr. 19,15; 1Chr. 19,16; 1Chr. 19,16; 1Chr. 19,16; 1Chr. 19,16; 1Chr. 19,17; 1Chr. 19,17; 1Chr. 19,17; 1Chr. 19,17; 1Chr. 19,17; 1Chr. 19,17; 1Chr. 19,17; 1Chr. 19,18; 1Chr. 19,18; 1Chr. 19,18; 1Chr. 19,18; 1Chr. 19,19; 1Chr. 19,19; 1Chr. 19,19; 1Chr. 19,19; 1Chr. 20,1; 1Chr. 20,1; 1Chr. 20,1; 1Chr. 20,1; 1Chr. 20,1; 1Chr. 20,1; 1Chr. 20,2; 1Chr. 20,2; 1Chr. 20,2; 1Chr. 20,2; 1Chr. 20,2; 1Chr. 20,3; 1Chr. 20,3; 1Chr. 20,3; 1Chr. 20,3; 1Chr. 20,3; 1Chr. 20,3; 1Chr. 20,4; 1Chr. 20,4; 1Chr. 20,5; 1Chr. 20,5; 1Chr. 20,5; 1Chr. 20,6; 1Chr. 20,6; 1Chr. 20,6; 1Chr. 20,6; 1Chr. 20,6; 1Chr. 20,7; 1Chr. 20,7; 1Chr. 20,8; 1Chr. 20,8; 1Chr. 21,1; 1Chr. 21,2; 1Chr. 21,2; 1Chr. 21,2; 1Chr. 21,2; 1Chr. 21,2; 1Chr. 21,3; 1Chr. 21,3; 1Chr. 21,4; 1Chr. 21,4; 1Chr. 21,4; 1Chr. 21,5; 1Chr. 21,5; 1Chr. 21,5; 1Chr. 21,5; 1Chr. 21,5; 1Chr. 21,6; 1Chr. 21,6; 1Chr. 21,7; 1Chr. 21,8; 1Chr. 21,8; 1Chr. 21,9; 1Chr. 21,10; 1Chr. 21,10; 1Chr. 21,11; 1Chr. 21,11; 1Chr. 21,12; 1Chr. 21,12; 1Chr. 21,12; 1Chr. 21,12; 1Chr. 21,13; 1Chr. 21,13; 1Chr. 21,13; 1Chr. 21,14; 1Chr. 21,14; 1Chr. 21,15; 1Chr. 21,15; 1Chr. 21,15; 1Chr. 21,15; 1Chr. 21,15; 1Chr. 21,16; 1Chr. 21,16; 1Chr. 21,16; 1Chr. 21,16; 1Chr. 21,16; 1Chr. 21,16; 1Chr. 21,17; 1Chr. 21,17; 1Chr. 21,17; 1Chr. 21,17; 1Chr. 21,18; 1Chr. 21,19; 1Chr. 21,20; 1Chr. 21,20; 1Chr. 21,20; 1Chr. 21,20; 1Chr. 21,21; 1Chr. 21,21; 1Chr. 21,21; 1Chr. 21,22; 1Chr. 21,22; 1Chr. 21,22; 1Chr. 21,23; 1Chr. 21,23; 1Chr. 21,23; 1Chr. 21,23; 1Chr. 21,23; 1Chr. 21,24; 1Chr. 21,25; 1Chr. 21,26; 1Chr. 21,26; 1Chr. 21,26; 1Chr. 21,26; 1Chr. 21,26; 1Chr. 21,26; 1Chr. 21,27; 1Chr. 21,27; 1Chr. 21,28; 1Chr. 21,29; 1Chr. 21,29; 1Chr. 21,30; 1Chr. 22,1; 1Chr. 22,2; 1Chr. 22,2; 1Chr. 22,3; 1Chr. 22,3; 1Chr. 22,3; 1Chr. 22,3; 1Chr. 22,4; 1Chr. 22,4; 1Chr. 22,5; 1Chr. 22,5; 1Chr. 22,5; 1Chr. 22,5; 1Chr. 22,6; 1Chr. 22,6; 1Chr. 22,7; 1Chr. 22,8; 1Chr. 22,8; 1Chr. 22,9; 1Chr. 22,9; 1Chr. 22,9; 1Chr. 22,10; 1Chr. 22,10; 1Chr. 22,11; 1Chr. 22,11; 1Chr. 22,11; 1Chr. 22,12; 1Chr. 22,12; 1Chr. 22,12; 1Chr. 22,12; 1Chr. 22,13; 1Chr. 22,13; 1Chr. 22,14; 1Chr. 22,14; 1Chr. 22,14; 1Chr. 22,14; 1Chr. 22,14; 1Chr. 22,14; 1Chr. 22,14; 1Chr. 22,15; 1Chr. 22,15; 1Chr. 22,15; 1Chr. 22,15; 1Chr. 22,15; 1Chr. 22,16; 1Chr. 22,16; 1Chr. 22,16; 1Chr. 22,17; 1Chr. 22,18; 1Chr. 22,18; 1Chr. 22,18; 1Chr. 22,19; 1Chr. 22,19; 1Chr. 22,19; 1Chr. 22,19; 1Chr. 23,1; 1Chr. 23,1; 1Chr. 23,2; 1Chr. 23,2; 1Chr. 23,2; 1Chr. 23,3; 1Chr. 23,3; 1Chr. 23,3; 1Chr. 23,3; 1Chr. 23,4; 1Chr. 23,4; 1Chr. 23,5; 1Chr. 23,5; 1Chr. 23,6; 1Chr. 23,7; 1Chr. 23,7; 1Chr. 23,8; 1Chr. 23,8; 1Chr. 23,9; 1Chr. 23,9; 1Chr. 23,10; 1Chr. 23,10; 1Chr. 23,10; 1Chr. 23,10; 1Chr. 23,11; 1Chr. 23,11; 1Chr. 23,11; 1Chr. 23,11; 1Chr. 23,13; 1Chr. 23,13; 1Chr. 23,13; 1Chr. 23,13; 1Chr. 23,14; 1Chr. 23,15; 1Chr. 23,17; 1Chr. 23,17; 1Chr. 23,17; 1Chr. 23,20; 1Chr. 23,21; 1Chr. 23,21; 1Chr. 23,22; 1Chr. 23,22; 1Chr. 23,22; 1Chr. 23,23; 1Chr. 23,23; 1Chr. 23,24; 1Chr. 23,25; 1Chr. 23,26; 1Chr. 23,26; 1Chr. 23,27; 1Chr. 23,28; 1Chr. 23,28; 1Chr. 23,28; 1Chr. 23,29; 1Chr. 23,29; 1Chr. 23,29; 1Chr. 23,29; 1Chr. 23,30; 1Chr. 23,30; 1Chr. 23,31; 1Chr. 23,31; 1Chr. 23,31; 1Chr. 23,32; 1Chr. 23,32; 1Chr. 24,1; 1Chr. 24,1; 1Chr. 24,2; 1Chr. 24,2; 1Chr. 24,2; 1Chr. 24,2; 1Chr. 24,2; 1Chr.

24,3; 1Chr. 24,3; 1Chr. 24,3; 1Chr. 24,4; 1Chr. 24,4; 1Chr. 24,4; 1Chr. 24,4; 1Chr. 24,5; 1Chr. 24,5; 1Chr. 24,5; 1Chr. 24,6; 1Chr. 24,6; 1Chr. 24,6; 1Chr. 24,6; 1Chr. 24,6; 1Chr. 24,6; 1Chr. 24,6; 1Chr. 24,7; 1Chr. 24,17; 1Chr. 24,17; 1Chr. 24,18; 1Chr. 24,18; 1Chr. 24,22; 1Chr. 24,26; 1Chr. 24,27; 1Chr. 24,27; 1Chr. 24,28; 1Chr. 24,28; 1Chr. 24,28; 1Chr. 24,30; 1Chr. 24,30; 1Chr. 24,30; 1Chr. 24,31; 1Chr. 24,31; 1Chr. 24,31; 1Chr. 24,31; 1Chr. 24,31; 1Chr. 24,31; 1Chr. 25,1; 1Chr. 25,1; 1Chr. 25,1; 1Chr. 25,1; 1Chr. 25,1; 1Chr. 25,1; 1Chr. 25,2; 1Chr. 25,2; 1Chr. 25,2; 1Chr. 25,3; 1Chr. 25,3; 1Chr. 25,3; 1Chr. 25,3; 1Chr. 25,3; 1Chr. 25,3; 1Chr. 25,4; 1Chr. 25,4; 1Chr. 25,4; 1Chr. 25,4; 1Chr. 25,4; 1Chr. 25,4; 1Chr. 25,4; 1Chr. 25,4; 1Chr. 25,4; 1Chr. 25,4; 1Chr. 25,4; 1Chr. 25,4; 1Chr. 25,5; 1Chr. 25,5; 1Chr. 25,6; 1Chr. 25,6; 1Chr. 25,6; 1Chr. 25,6; 1Chr. 25,6; 1Chr. 25,7; 1Chr. 25,7; 1Chr. 25,8; 1Chr. 25,8; 1Chr. 25,8; 1Chr. 25,8; 1Chr. 25,9; 1Chr. 25,9; 1Chr. 25,9; 1Chr. 25,10; 1Chr. 25,11; 1Chr. 25,12; 1Chr. 25,13; 1Chr. 25,14; 1Chr. 25,15; 1Chr. 25,16; 1Chr. 25,17; 1Chr. 25,18; 1Chr. 25,19; 1Chr. 25,20; 1Chr. 25,21; 1Chr. 25,22; 1Chr. 25,23; 1Chr. 25,24; 1Chr. 25,25; 1Chr. 25,26; 1Chr. 25,27; 1Chr. 25,28; 1Chr. 25,29; 1Chr. 25,30; 1Chr. 25,30; 1Chr. 25,31; 1Chr. 25,31; 1Chr. 26,2; 1Chr. 26,4; 1Chr. 26,6; 1Chr. 26,7; 1Chr. 26,7; 1Chr. 26,7; 1Chr. 26,7; 1Chr. 26,7; 1Chr. 26,7; 1Chr. 26,8; 1Chr. 26,8; 1Chr. 26,9; 1Chr. 26,9; 1Chr. 26,9; 1Chr. 26,10; 1Chr. 26,10; 1Chr. 26,11; 1Chr. 26,13; 1Chr. 26,13; 1Chr. 26,13; 1Chr. 26,14; 1Chr. 26,14; 1Chr. 26,14; 1Chr. 26,17; 1Chr. 26,18; 1Chr. 26,18; 1Chr. 26,19; 1Chr. 26,20; 1Chr. 26,22; 1Chr. 26,22; 1Chr. 26,23; 1Chr. 26,23; 1Chr. 26,24; 1Chr. 26,25; 1Chr. 26,25; 1Chr. 26,25; 1Chr. 26,25; 1Chr. 26,25; 1Chr. 26,26; 1Chr. 26,26; 1Chr. 26,26; 1Chr. 26,26; 1Chr. 26,27; 1Chr. 26,27; 1Chr. 26,28; 1Chr. 26,28; 1Chr. 26,28; 1Chr. 26,28; 1Chr. 26,28; 1Chr. 26,29; 1Chr. 26,29; 1Chr. 26,30; 1Chr. 26,30; 1Chr. 26,30; 1Chr. 26,31; 1Chr. 26,32; 1Chr. 26,32; 1Chr. 26,32; 1Chr. 26,32; 1Chr. 26,32; 1Chr. 27,1; 1Chr. 27,1; 1Chr. 27,1; 1Chr. 27,1; 1Chr. 27,1; 1Chr. 27,2; 1Chr. 27,2; 1Chr. 27,2; 1Chr. 27,4; 1Chr. 27,4; 1Chr. 27,4; 1Chr. 27,5; 1Chr. 27,5; 1Chr. 27,6; 1Chr. 27,6; 1Chr. 27,7; 1Chr. 27,7; 1Chr. 27,7; 1Chr. 27,7; 1Chr. 27,8; 1Chr. 27,9; 1Chr. 27,9; 1Chr. 27,10; 1Chr. 27,10; 1Chr. 27,11; 1Chr. 27,11; 1Chr. 27,12; 1Chr. 27,12; 1Chr. 27,13; 1Chr. 27,13; 1Chr. 27,14; 1Chr. 27,14; 1Chr. 27,15; 1Chr. 27,15; 1Chr. 27,23; 1Chr. 27,23; 1Chr. 27,24; 1Chr. 27,24; 1Chr. 27,24; 1Chr. 27,24; 1Chr. 27,25; 1Chr. 27,25; 1Chr. 27,25; 1Chr. 27,25; 1Chr. 27,27; 1Chr. 27,27; 1Chr. 27,28; 1Chr. 27,28; 1Chr. 27,29; 1Chr. 27,29; 1Chr. 27,31; 1Chr. 27,32; 1Chr. 27,32; 1Chr. 27,32; 1Chr. 27,33; 1Chr. 27,33; 1Chr. 27,34; 1Chr. 27,34; 1Chr. 27,34; 1Chr. 28,1; 1Chr. 28,1; 1Chr. 28,1; 1Chr. 28,1; 1Chr. 28,1; 1Chr. 28,1; 1Chr. 28,1; 1Chr. 28,2; 1Chr. 28,2; 1Chr. 28,2; 1Chr. 28,2; 1Chr. 28,2; 1Chr. 28,3; 1Chr. 28,3; 1Chr. 28,4; 1Chr. 28,4; 1Chr. 28,4; 1Chr. 28,4; 1Chr. 28,5; 1Chr. 28,6; 1Chr. 28,6; 1Chr. 28,7; 1Chr. 28,7; 1Chr. 28,8; 1Chr. 28,8; 1Chr. 28,8; 1Chr. 28,8; 1Chr. 28,9; 1Chr. 28,9; 1Chr. 28,9; 1Chr. 28,9; 1Chr. 28,9; 1Chr. 28,10; 1Chr. 28,11; 1Chr. 28,11; 1Chr. 28,11; 1Chr. 28,11; 1Chr. 28,11; 1Chr. 28,11; 1Chr. 28,12; 1Chr. 28,12; 1Chr. 28,12; 1Chr. 28,13; 1Chr. 28,13; 1Chr. 28,13; 1Chr. 28,14; 1Chr. 28,14; 1Chr. 28,15; 1Chr. 28,16; 1Chr. 28,17; 1Chr. 28,17; 1Chr. 28,17; 1Chr. 28,17; 1Chr. 28,17; 1Chr. 28,18; 1Chr. 28,18; 1Chr. 28,18; 1Chr. 28,20; 1Chr. 28,20; 1Chr. 28,20; 1Chr. 28,20; 1Chr. 28,21; 1Chr. 28,21; 1Chr. 28,21; 1Chr. 28,21; 1Chr. 28,21; 1Chr. 29,1; 1Chr. 29,1; 1Chr. 29,2; 1Chr. 29,2; 1Chr. 29,2; 1Chr. 29,2; 1Chr. 29,2; 1Chr. 29,3; 1Chr. 29,3; 1Chr. 29,3; 1Chr. 29,4; 1Chr. 29,5; 1Chr. 29,6; 1Chr. 29,6; 1Chr. 29,6; 1Chr. 29,6; 1Chr. 29,6; 1Chr. 29,6; 1Chr. 29,7; 1Chr. 29,7; 1Chr. 29,7; 1Chr. 29,7; 1Chr. 29,7; 1Chr. 29,8; 1Chr. 29,9; 1Chr. 29,9; 1Chr. 29,10; 1Chr. 29,10; 1Chr. 29,11; 1Chr. 29,11; 1Chr. 29,11; 1Chr. 29,11; 1Chr. 29,11; 1Chr. 29,11; 1Chr. 29,12; 1Chr. 29,12; 1Chr. 29,12; 1Chr. 29,12; 1Chr. 29,12; 1Chr. 29,13; 1Chr. 29,13; 1Chr. 29,14; 1Chr. 29,14; 1Chr. 29,14; 1Chr. 29,15; 1Chr. 29,15; 1Chr. 29,16; 1Chr. 29,17; 1Chr. 29,17; 1Chr. 29,17; 1Chr. 29,18; 1Chr. 29,18; 1Chr. 29,18; 1Chr. 29,19; 1Chr. 29,19; 1Chr. 29,19; 1Chr. 29,19; 1Chr. 29,20; 1Chr. 29,20; 1Chr. 29,20; 1Chr. 29,20; 1Chr. 29,21; 1Chr. 29,21; 1Chr. 29,21; 1Chr. 29,21; 1Chr. 29,22; 1Chr. 29,22; 1Chr. 29,22; 1Chr. 29,22; 1Chr. 29,22; 1Chr. 29,23; 1Chr. 29,23; 1Chr. 29,23; 1Chr. 29,24; 1Chr. 29,24; 1Chr. 29,25; 1Chr. 29,25; 1Chr. 29,27; 1Chr. 29,28; 1Chr. 29,28; 1Chr. 29,28; 1Chr. 29,29; 1Chr. 29,29; 1Chr. 29,29; 1Chr. 29,30; 1Chr. 29,30; 1Chr. 29,30; 2Chr. 1,1; 2Chr. 1,1; 2Chr. 1,2; 2Chr. 1,2; 2Chr. 1,2; 2Chr. 1,2; 2Chr. 1,3; 2Chr. 1,3; 2Chr. 1,5; 2Chr. 1,5; 2Chr. 1,5; 2Chr. 1,6; 2Chr. 1,6; 2Chr. 1,7; 2Chr. 1,8; 2Chr. 1,8; 2Chr. 1,9; 2Chr. 1,10; 2Chr. 1,10; 2Chr. 1,10; 2Chr. 1,11; 2Chr. 1,11; 2Chr. 1,11; 2Chr. 1,11; 2Chr. 1,11; 2Chr. 1,12; 2Chr. 1,12; 2Chr. 1,12; 2Chr. 1,12; 2Chr. 1,12; 2Chr. 1,13; 2Chr. 1,13; 2Chr. 1,14; 2Chr. 1,14; 2Chr. 1,14; 2Chr. 1,14; 2Chr. 1,14; 2Chr. 1,14; 2Chr. 1,15; 2Chr. 1,15; 2Chr. 1,15; 2Chr. 1,16; 2Chr. 1,16; 2Chr. 1,17; 2Chr. 1,17; 2Chr. 1,17; 2Chr. 1,17; 2Chr. 1,17; 2Chr. 1,17; 2Chr. 1,18; 2Chr. 2,1; 2Chr. 2,1; 2Chr. 2,1; 2Chr. 2,2; 2Chr. 2,2; 2Chr. 2,3; 2Chr. 2,3; 2Chr. 2,3; 2Chr. 2,3; 2Chr. 2,3; 2Chr. 2,3; 2Chr. 2,3; 2Chr. 2,4; 2Chr. 2,5; 2Chr. 2,5; 2Chr. 2,5; 2Chr. 2,6; 2Chr. 2,6; 2Chr. 2,6; 2Chr. 2,6; 2Chr. 2,6; 2Chr. 2,6; 2Chr. 2,6; 2Chr. 2,6; 2Chr. 2,6; 2Chr. 2,6; 2Chr. 2,7; 2Chr. 2,7; 2Chr. 2,7; 2Chr. 2,7; 2Chr. 2,8; 2Chr. 2,9; 2Chr. 2,9; 2Chr. 2,9; 2Chr. 2,9; 2Chr. 2,10; 2Chr. 2,10; 2Chr. 2,11; 2Chr. 2,11; 2Chr. 2,11; 2Chr. 2,11; 2Chr. 2,11; 2Chr. 2,12; 2Chr. 2,12; 2Chr. 2,13; 2Chr. 2,13; 2Chr. 2,13; 2Chr. 2,13; 2Chr. 2,13; 2Chr. 2,13; 2Chr. 2,13; 2Chr. 2,13; 2Chr. 2,13; 2Chr. 2,13; 2Chr. 2,14; 2Chr. 2,14; 2Chr. 2,14; 2Chr. 2,14; 2Chr. 2,15; 2Chr. 2,15; 2Chr. 2,15; 2Chr. 2,16; 2Chr. 2,16; 2Chr. 2,16; 2Chr. 2,17; 2Chr. 2,17; 2Chr. 2,17; 2Chr. 3,2; 2Chr. 3,3; 2Chr. 3,3; 2Chr. 3,4; 2Chr. 3,4; 2Chr. 3,4; 2Chr. 3,5; 2Chr. 3,5; 2Chr. 3,5; 2Chr. 3,5; 2Chr. 3,6; 2Chr. 3,6; 2Chr. 3,7; 2Chr. 3,7; 2Chr. 3,7; 2Chr. 3,7; 2Chr. 3,7; 2Chr. 3,7; 2Chr. 3,8; 2Chr. 3,8; 2Chr. 3,8; 2Chr. 3,9; 2Chr. 3,9; 2Chr. 3,10; 2Chr. 3,10; 2Chr. 3,11; 2Chr. 3,11; 2Chr. 3,11; 2Chr. 3,12; 2Chr. 3,12; 2Chr. 3,13; 2Chr. 3,13; 2Chr. 3,13; 2Chr. 3,14; 2Chr. 3,14; 2Chr. 3,14; 2Chr. 3,14; 2Chr. 3,14; 2Chr. 3,15; 2Chr. 3,15; 2Chr. 3,16; 2Chr. 3,16; 2Chr. 3,16; 2Chr. 3,16; 2Chr. 3,17; 2Chr. 3,17; 2Chr. 3,17; 2Chr. 3,17; 2Chr. 4,1; 2Chr. 4,2; 2Chr. 4,2; 2Chr. 4,2; 2Chr. 4,3; 2Chr. 4,4; 2Chr. 4,4; 2Chr. 4,4; 2Chr. 4,4; 2Chr. 4,5; 2Chr. 4,5; 2Chr. 4,5; 2Chr. 4,6; 2Chr. 4,6; 2Chr. 4,6; 2Chr. 4,6; 2Chr. 4,6; 2Chr. 4,7; 2Chr. 4,7; 2Chr. 4,7; 2Chr. 4,8; 2Chr. 4,8; 2Chr. 4,8; 2Chr. 4,8; 2Chr. 4,9; 2Chr. 4,9; 2Chr. 4,9; 2Chr. 4,9; 2Chr. 4,10; 2Chr. 4,11; 2Chr. 4,11; 2Chr. 4,11; 2Chr. 4,11; 2Chr. 4,12; 2Chr. 4,12; 2Chr. 4,13; 2Chr. 4,13; 2Chr. 4,14; 2Chr. 4,14; 2Chr. 4,15; 2Chr. 4,15; 2Chr. 4,16; 2Chr. 4,16; 2Chr. 4,16; 2Chr. 4,16; 2Chr. 4,16; 2Chr. 4,16; 2Chr. 4,17; 2Chr. 4,18; 2Chr. 4,19; 2Chr. 4,19; 2Chr. 4,19; 2Chr. 4,19; 2Chr. 4,20; 2Chr. 4,20; 2Chr. 4,20; 2Chr. 4,21; 2Chr. 4,21; 2Chr. 4,21; 2Chr. 4,21; 2Chr. 4,22; 2Chr. 5,1; 2Chr. 5,1; 2Chr. 5,1; 2Chr. 5,1; 2Chr. 5,2; 2Chr. 5,3; 2Chr. 5,4; 2Chr. 5,4; 2Chr. 5,5; 2Chr. 5,5; 2Chr. 5,5; 2Chr. 5,5; 2Chr. 5,5; 2Chr. 5,6; 2Chr. 5,6; 2Chr. 5,6; 2Chr. 5,6; 2Chr. 5,6; 2Chr. 5,7; 2Chr. 5,8; 2Chr. 5,8; 2Chr. 5,8; 2Chr. 5,9; 2Chr. 5,9; 2Chr. 5,9; 2Chr. 5,11; 2Chr. 5,12; 2Chr. 5,12; 2Chr. 5,12; 2Chr. 5,12; 2Chr. 5,12; 2Chr. 5,13; 2Chr. 5,13; 2Chr. 5,13; 2Chr. 5,13; 2Chr. 5,13; 2Chr. 5,13; 2Chr. 5,13; 2Chr. 5,13; 2Chr. 5,13; 2Chr. 5,14; 2Chr. 6,2; 2Chr. 6,2; 2Chr. 6,3; 2Chr. 6,3; 2Chr. 6,4; 2Chr. 6,4; 2Chr. 6,5; 2Chr. 6,6; 2Chr. 6,6; 2Chr. 6,7; 2Chr. 6,8; 2Chr. 6,10; 2Chr. 6,10; 2Chr. 6,10; 2Chr. 6,10; 2Chr. 6,11; 2Chr. 6,12; 2Chr. 6,13; 2Chr. 6,13;

2Chr. 6,13; 2Chr. 6,13; 2Chr. 6,13; 2Chr. 6,13; 2Chr. 6,14; 2Chr. 6,14; 2Chr. 6,14; 2Chr. 6,15; 2Chr. 6,15; 2Chr. 6,16; 2Chr. 6,17; 2Chr. 6,18; 2Chr. 6,18; 2Chr. 6,19; 2Chr. 6,19; 2Chr. 6,19; 2Chr. 6,20; 2Chr. 6,21; 2Chr. 6,21; 2Chr. 6,21; 2Chr. 6,21; 2Chr. 6,21; 2Chr. 6,22; 2Chr. 6,22; 2Chr. 6,22; 2Chr. 6,23; 2Chr. 6,23; 2Chr. 6,23; 2Chr. 6,23; 2Chr. 6,24; 2Chr. 6,24; 2Chr. 6,24; 2Chr. 6,24; 2Chr. 6,24; 2Chr. 6,25; 2Chr. 6,25; 2Chr. 6,25; 2Chr. 6,25; 2Chr. 6,26; 2Chr. 6,26; 2Chr. 6,26; 2Chr. 6,26; 2Chr. 6,27; 2Chr. 6,27; 2Chr. 6,27; 2Chr. 6,27; 2Chr. 6,28; 2Chr. 6,28; 2Chr. 6,28; 2Chr. 6,29; 2Chr. 6,29; 2Chr. 6,29; 2Chr. 6,29; 2Chr. 6,29; 2Chr. 6,30; 2Chr. 6,30; 2Chr. 6,30; 2Chr. 6,32; 2Chr. 6,32; 2Chr. 6,32; 2Chr. 6,32; 2Chr. 6,32; 2Chr. 6,32; 2Chr. 6,33; 2Chr. 6,33; 2Chr. 6,33; 2Chr. 6,33; 2Chr. 6,34; 2Chr. 6,34; 2Chr. 6,35; 2Chr. 6,35; 2Chr. 6,35; 2Chr. 6,36; 2Chr. 6,36; 2Chr. 6,36; 2Chr. 6,37; 2Chr. 6,37; 2Chr. 6,38; 2Chr. 6,38; 2Chr. 6,38; 2Chr. 6,38; 2Chr. 6,38; 2Chr. 6,39; 2Chr. 6,39; 2Chr. 6,39; 2Chr. 6,39; 2Chr. 6,40; 2Chr. 6,41; 2Chr. 6,41; 2Chr. 6,41; 2Chr. 7,1; 2Chr. 7,1; 2Chr. 7,1; 2Chr. 7,1; 2Chr. 7,2; 2Chr. 7,3; 2Chr. 7,3; 2Chr. 7,3; 2Chr. 7,3; 2Chr. 7,3; 2Chr. 7,4; 2Chr. 7,4; 2Chr. 7,5; 2Chr. 7,5; 2Chr. 7,5; 2Chr. 7,5; 2Chr. 7,5; 2Chr. 7,5; 2Chr. 7,6; 2Chr. 7,6; 2Chr. 7,6; 2Chr. 7,6; 2Chr. 7,7; 2Chr. 7,7; 2Chr. 7,7; 2Chr. 7,7; 2Chr. 7,8; 2Chr. 7,8; 2Chr. 7,8; 2Chr. 7,9; 2Chr. 7,10; 2Chr. 7,10; 2Chr. 7,10; 2Chr. 7,10; 2Chr. 7,10; 2Chr. 7,11; 2Chr. 7,11; 2Chr. 7,11; 2Chr. 7,12; 2Chr. 7,12; 2Chr. 7,12; 2Chr. 7,13; 2Chr. 7,13; 2Chr. 7,13; 2Chr. 7,14; 2Chr. 7,14; 2Chr. 7,14; 2Chr. 7,14; 2Chr. 7,14; 2Chr. 7,14; 2Chr. 7,14; 2Chr. 7,15; 2Chr. 7,16; 2Chr. 7,16; 2Chr. 7,16; 2Chr. 7,16; 2Chr. 7,17; 2Chr. 7,17; 2Chr. 7,17; 2Chr. 7,17; 2Chr. 7,18; 2Chr. 7,19; 2Chr. 7,19; 2Chr. 7,19; 2Chr. 7,19; 2Chr. 7,19; 2Chr. 7,19; 2Chr. 7,20; 2Chr. 7,20; 2Chr. 7,20; 2Chr. 7,20; 2Chr. 7,21; 2Chr. 7,21; 2Chr. 7,21; 2Chr. 7,22; 2Chr. 7,22; 2Chr. 7,22; 2Chr. 7,22; 2Chr. 8,1; 2Chr. 8,2; 2Chr. 8,2; 2Chr. 8,3; 2Chr. 8,3; 2Chr. 8,4; 2Chr. 8,4; 2Chr. 8,5; 2Chr. 8,5; 2Chr. 8,5; 2Chr. 8,6; 2Chr. 8,6; 2Chr. 8,6; 2Chr. 8,6; 2Chr. 8,6; 2Chr. 8,6; 2Chr. 8,7; 2Chr. 8,7; 2Chr. 8,7; 2Chr. 8,7; 2Chr. 8,8; 2Chr. 8,9; 2Chr. 8,9; 2Chr. 8,9; 2Chr. 8,9; 2Chr. 8,9; 2Chr. 8,10; 2Chr. 8,10; 2Chr. 8,13; 2Chr. 8,13; 2Chr. 8,13; 2Chr. 8,13; 2Chr. 8,13; 2Chr. 8,14; 2Chr. 8,14; 2Chr. 8,14; 2Chr. 8,14; 2Chr. 8,14; 2Chr. 8,15; 2Chr. 8,15; 2Chr. 8,16; 2Chr. 8,17; 2Chr. 8,18; 2Chr. 8,18; 2Chr. 8,18; 2Chr. 8,18; 2Chr. 8,18; 2Chr. 8,18; 2Chr. 9,1; 2Chr. 9,1; 2Chr. 9,1; 2Chr. 9,1; 2Chr. 9,1; 2Chr. 9,1; 2Chr. 9,2; 2Chr. 9,2; 2Chr. 9,3; 2Chr. 9,3; 2Chr. 9,4; 2Chr. 9,4; 2Chr. 9,4; 2Chr. 9,4; 2Chr. 9,4; 2Chr. 9,4; 2Chr. 9,4; 2Chr. 9,5; 2Chr. 9,5; 2Chr. 9,6; 2Chr. 9,6; 2Chr. 9,6; 2Chr. 9,7; 2Chr. 9,8; 2Chr. 9,8; 2Chr. 9,9; 2Chr. 9,9; 2Chr. 9,9; 2Chr. 9,9; 2Chr. 9,10; 2Chr. 9,10; 2Chr. 9,10; 2Chr. 9,10; 2Chr. 9,11; 2Chr. 9,11; 2Chr. 9,11; 2Chr. 9,11; 2Chr. 9,11; 2Chr. 9,12; 2Chr. 9,12; 2Chr. 9,14; 2Chr. 9,14; 2Chr. 9,14; 2Chr. 9,14; 2Chr. 9,15; 2Chr. 9,16; 2Chr. 9,16; 2Chr. 9,17; 2Chr. 9,17; 2Chr. 9,18; 2Chr. 9,18; 2Chr. 9,18; 2Chr. 9,18; 2Chr. 9,19; 2Chr. 9,19; 2Chr. 9,20; 2Chr. 9,20; 2Chr. 9,21; 2Chr. 9,21; 2Chr. 9,21; 2Chr. 9,22; 2Chr. 9,22; 2Chr. 9,22; 2Chr. 9,23; 2Chr. 9,24; 2Chr. 9,24; 2Chr. 9,24; 2Chr. 9,24; 2Chr. 9,24; 2Chr. 9,25; 2Chr. 9,25; 2Chr. 9,25; 2Chr. 9,25; 2Chr. 9,26; 2Chr. 9,26; 2Chr. 9,26; 2Chr. 9,27; 2Chr. 9,27; 2Chr. 9,27; 2Chr. 9,28; 2Chr. 9,28; 2Chr. 9,29; 2Chr. 9,29; 2Chr. 9,29; 2Chr. 9,30; 2Chr. 9,31; 2Chr. 9,31; 2Chr. 9,31; 2Chr. 10,2; 2Chr. 10,2; 2Chr. 10,2; 2Chr. 10,2; 2Chr. 10,3; 2Chr. 10,3; 2Chr. 10,3; 2Chr. 10,3; 2Chr. 10,4; 2Chr. 10,4; 2Chr. 10,4; 2Chr. 10,5; 2Chr. 10,5; 2Chr. 10,5; 2Chr. 10,6; 2Chr. 10,7; 2Chr. 10,7; 2Chr. 10,7; 2Chr. 10,7; 2Chr. 10,8; 2Chr. 10,8; 2Chr. 10,9; 2Chr. 10,9; 2Chr. 10,10; 2Chr. 10,10; 2Chr. 10,11; 2Chr. 10,11; 2Chr. 10,11; 2Chr. 10,12; 2Chr. 10,12; 2Chr. 10,13; 2Chr. 10,13; 2Chr. 10,14; 2Chr. 10,14; 2Chr. 10,14; 2Chr. 10,15; 2Chr. 10,16; 2Chr. 10,16; 2Chr. 10,16; 2Chr. 10,16; 2Chr. 10,17; 2Chr. 10,17; 2Chr. 10,18; 2Chr. 10,18; 2Chr. 10,18; 2Chr. 10,18; 2Chr. 10,19; 2Chr. 11,1; 2Chr. 11,1; 2Chr. 11,2; 2Chr. 11,3; 2Chr. 11,3; 2Chr. 11,4; 2Chr. 11,4; 2Chr. 11,4; 2Chr. 11,5; 2Chr. 11,6; 2Chr. 11,6; 2Chr. 11,6; 2Chr. 11,7; 2Chr. 11,7; 2Chr. 11,7; 2Chr. 11,8; 2Chr. 11,8; 2Chr. 11,8; 2Chr. 11,9; 2Chr. 11,9; 2Chr. 11,9; 2Chr. 11,10; 2Chr. 11,10; 2Chr. 11,10; 2Chr. 11,10; 2Chr. 11,11; 2Chr. 11,11; 2Chr. 11,11; 2Chr. 11,11; 2Chr. 11,12; 2Chr. 11,12; 2Chr. 11,12; 2Chr. 11,12; 2Chr. 11,12; 2Chr. 11,13; 2Chr. 11,13; 2Chr. 11,14; 2Chr. 11,14; 2Chr. 11,15; 2Chr. 11,15; 2Chr. 11,15; 2Chr. 11,15; 2Chr. 11,16; 2Chr. 11,16; 2Chr. 11,17; 2Chr. 11,17; 2Chr. 11,17; 2Chr. 11,19; 2Chr. 11,19; 2Chr. 11,19; 2Chr. 11,20; 2Chr. 11,20; 2Chr. 11,20; 2Chr. 11,20; 2Chr. 11,20; 2Chr. 11,21; 2Chr. 11,21; 2Chr. 11,21; 2Chr. 11,21; 2Chr. 11,21; 2Chr. 11,22; 2Chr. 11,23; 2Chr. 11,23; 2Chr. 11,23; 2Chr. 11,23; 2Chr. 11,23; 2Chr. 12,1; 2Chr. 12,1; 2Chr. 12,2; 2Chr. 12,3; 2Chr. 12,3; 2Chr. 12,3; 2Chr. 12,3; 2Chr. 12,4; 2Chr. 12,4; 2Chr. 12,5; 2Chr. 12,5; 2Chr. 12,5; 2Chr. 12,6; 2Chr. 12,6; 2Chr. 12,6; 2Chr. 12,7; 2Chr. 12,7; 2Chr. 12,7; 2Chr. 12,7; 2Chr. 12,8; 2Chr. 12,8; 2Chr. 12,9; 2Chr. 12,9; 2Chr. 12,9; 2Chr. 12,9; 2Chr. 12,10; 2Chr. 12,10; 2Chr. 12,11; 2Chr. 12,11; 2Chr. 12,11; 2Chr. 12,12; 2Chr. 12,12; 2Chr. 12,12; 2Chr. 12,13; 2Chr. 12,13; 2Chr. 12,13; 2Chr. 12,13; 2Chr. 12,13; 2Chr. 12,14; 2Chr. 12,15; 2Chr. 12,15; 2Chr. 12,15; 2Chr. 12,15; 2Chr. 12,15; 2Chr. 12,16; 2Chr. 12,16; 2Chr. 12,16; 2Chr. 12,16; 2Chr. 13,2; 2Chr. 13,2; 2Chr. 13,2; 2Chr. 13,3; 2Chr. 13,3; 2Chr. 13,4; 2Chr. 13,4; 2Chr. 13,4; 2Chr. 13,5; 2Chr. 13,6; 2Chr. 13,6; 2Chr. 13,7; 2Chr. 13,7; 2Chr. 13,7; 2Chr. 13,7; 2Chr. 13,7; 2Chr. 13,8; 2Chr. 13,8; 2Chr. 13,8; 2Chr. 13,9; 2Chr. 13,9; 2Chr. 13,9; 2Chr. 13,9; 2Chr. 13,10; 2Chr. 13,10; 2Chr. 13,10; 2Chr. 13,11; 2Chr. 13,11; 2Chr. 13,11; 2Chr. 13,11; 2Chr. 13,11; 2Chr. 13,11; 2Chr. 13,12; 2Chr. 13,12; 2Chr. 13,12; 2Chr. 13,13; 2Chr. 13,13; 2Chr. 13,13; 2Chr. 13,14; 2Chr. 13,14; 2Chr. 13,14; 2Chr. 13,14; 2Chr. 13,14; 2Chr. 13,15; 2Chr. 13,15; 2Chr. 13,15; 2Chr. 13,15; 2Chr. 13,15; 2Chr. 13,16; 2Chr. 13,16; 2Chr. 13,17; 2Chr. 13,17; 2Chr. 13,17; 2Chr. 13,18; 2Chr. 13,18; 2Chr. 13,19; 2Chr. 13,19; 2Chr. 13,19; 2Chr. 13,19; 2Chr. 13,19; 2Chr. 13,19; 2Chr. 13,19; 2Chr. 13,20; 2Chr. 13,20; 2Chr. 13,20; 2Chr. 13,21; 2Chr. 13,21; 2Chr. 13,21; 2Chr. 13,22; 2Chr. 13,22; 2Chr. 13,22; 2Chr. 13,23; 2Chr. 13,23; 2Chr. 13,23; 2Chr. 14,1; 2Chr. 14,1; 2Chr. 14,2; 2Chr. 14,2; 2Chr. 14,2; 2Chr. 14,2; 2Chr. 14,3; 2Chr. 14,3; 2Chr. 14,3; 2Chr. 14,4; 2Chr. 14,4; 2Chr. 14,4; 2Chr. 14,5; 2Chr. 14,6; 2Chr. 14,6; 2Chr. 14,6; 2Chr. 14,6; 2Chr. 14,6; 2Chr. 14,6; 2Chr. 14,7; 2Chr. 14,7; 2Chr. 14,7; 2Chr. 14,7; 2Chr. 14,7; 2Chr. 14,8; 2Chr. 14,8; 2Chr. 14,9; 2Chr. 14,9; 2Chr. 14,10; 2Chr. 14,10; 2Chr. 14,10; 2Chr. 14,10; 2Chr. 14,11; 2Chr. 14,11; 2Chr. 14,12; 2Chr. 14,12; 2Chr. 14,12; 2Chr. 14,12; 2Chr. 14,12; 2Chr. 14,13; 2Chr. 14,13; 2Chr. 14,14; 2Chr. 14,14; 2Chr. 14,14; 2Chr. 15,2; 2Chr. 15,2; 2Chr. 15,2; 2Chr. 15,2; 2Chr. 15,2; 2Chr. 15,2; 2Chr. 15,2; 2Chr. 15,2; 2Chr. 15,3; 2Chr. 15,3; 2Chr. 15,3; 2Chr. 15,4; 2Chr. 15,4; 2Chr. 15,5; 2Chr. 15,5; 2Chr. 15,6; 2Chr. 15,6; 2Chr. 15,7; 2Chr. 15,7; 2Chr. 15,8; 2Chr. 15,8; 2Chr. 15,8; 2Chr. 15,8; 2Chr. 15,8; 2Chr. 15,8; 2Chr. 15,8; 2Chr. 15,9; 2Chr. 15,9; 2Chr. 15,9; 2Chr. 15,9; 2Chr. 15,9; 2Chr. 15,10; 2Chr. 15,11; 2Chr. 15,11; 2Chr. 15,12; 2Chr. 15,12; 2Chr. 15,13; 2Chr. 15,14; 2Chr. 15,14; 2Chr. 15,14; 2Chr. 15,15; 2Chr. 15,15; 2Chr. 15,15; 2Chr. 15,15; 2Chr. 15,16; 2Chr. 15,16; 2Chr. 15,16; 2Chr. 15,18; 2Chr. 15,18; 2Chr. 15,18; 2Chr. 15,18; 2Chr. 15,19; 2Chr. 16,1; 2Chr. 16,1; 2Chr. 16,1; 2Chr. 16,1; 2Chr. 16,2; 2Chr. 16,2; 2Chr. 16,2; 2Chr. 16,2; 2Chr. 16,3; 2Chr. 16,3; 2Chr. 16,3; 2Chr. 16,3; 2Chr. 16,3; 2Chr. 16,3; 2Chr. 16,4; 2Chr. 16,4; 2Chr. 16,4; 2Chr. 16,4; 2Chr. 16,4; 2Chr. 16,4; 2Chr. 16,5; 2Chr. 16,5; 2Chr. 16,6; 2Chr. 16,6; 2Chr. 16,6; 2Chr. 16,6; 2Chr. 16,6; 2Chr. 16,7; 2Chr. 16,7; 2Chr. 16,7; 2Chr. 16,8; 2Chr. 16,8; 2Chr. 16,10;

καί

2Chr. 16,10; 2Chr. 16,10; 2Chr. 16,11; 2Chr. 16,11; 2Chr. 16,12; 2Chr. 16,12; 2Chr. 16,12; 2Chr. 16,13; 2Chr. 16,13; 2Chr. 16,13; 2Chr. 16,14; 2Chr. 16,14; 2Chr. 16,14; 2Chr. 16,14; 2Chr. 16,14; 2Chr. 17,1; 2Chr. 17,2; 2Chr. 17,2; 2Chr. 17,2; 2Chr. 17,3; 2Chr. 17,3; 2Chr. 17,4; 2Chr. 17,4; 2Chr. 17,5; 2Chr. 17,5; 2Chr. 17,5; 2Chr. 17,5; 2Chr. 17,6; 2Chr. 17,6; 2Chr. 17,6; 2Chr. 17,7; 2Chr. 17,7; 2Chr. 17,7; 2Chr. 17,7; 2Chr. 17,7; 2Chr. 17,7; 2Chr. 17,8; 2Chr. 17,8; 2Chr. 17,8; 2Chr. 17,8; 2Chr. 17,8; 2Chr. 17,8; 2Chr. 17,8; 2Chr. 17,9; 2Chr. 17,9; 2Chr. 17,9; 2Chr. 17,9; 2Chr. 17,10; 2Chr. 17,10; 2Chr. 17,11; 2Chr. 17,11; 2Chr. 17,11; 2Chr. 17,11; 2Chr. 17,12; 2Chr. 17,12; 2Chr. 17,12; 2Chr. 17,13; 2Chr. 17,13; 2Chr. 17,14; 2Chr. 17,14; 2Chr. 17,15; 2Chr. 17,15; 2Chr. 17,16; 2Chr. 17,16; 2Chr. 17,17; 2Chr. 17,17; 2Chr. 17,17; 2Chr. 17,18; 2Chr. 17,18; 2Chr. 18,1; 2Chr. 18,1; 2Chr. 18,2; 2Chr. 18,2; 2Chr. 18,2; 2Chr. 18,2; 2Chr. 18,2; 2Chr. 18,3; 2Chr. 18,3; 2Chr. 18,3; 2Chr. 18,4; 2Chr. 18,5; 2Chr. 18,5; 2Chr. 18,5; 2Chr. 18,5; 2Chr. 18,6; 2Chr. 18,6; 2Chr. 18,7; 2Chr. 18,7; 2Chr. 18,7; 2Chr. 18,8; 2Chr. 18,8; 2Chr. 18,9; 2Chr. 18,9; 2Chr. 18,9; 2Chr. 18,9; 2Chr. 18,10; 2Chr. 18,10; 2Chr. 18,11; 2Chr. 18,11; 2Chr. 18,11; 2Chr. 18,12; 2Chr. 18,12; 2Chr. 18,12; 2Chr. 18,13; 2Chr. 18,14; 2Chr. 18,14; 2Chr. 18,14; 2Chr. 18,14; 2Chr. 18,14; 2Chr. 18,15; 2Chr. 18,16; 2Chr. 18,16; 2Chr. 18,17; 2Chr. 18,18; 2Chr. 18,18; 2Chr. 18,18; 2Chr. 18,19; 2Chr. 18,19; 2Chr. 18,19; 2Chr. 18,19; 2Chr. 18,19; 2Chr. 18,20; 2Chr. 18,20; 2Chr. 18,20; 2Chr. 18,20; 2Chr. 18,21; 2Chr. 18,21; 2Chr. 18,21; 2Chr. 18,21; 2Chr. 18,21; 2Chr. 18,22; 2Chr. 18,22; 2Chr. 18,23; 2Chr. 18,23; 2Chr. 18,23; 2Chr. 18,24; 2Chr. 18,25; 2Chr. 18,25; 2Chr. 18,25; 2Chr. 18,26; 2Chr. 18,26; 2Chr. 18,26; 2Chr. 18,27; 2Chr. 18,28; 2Chr. 18,29; 2Chr. 18,29; 2Chr. 18,29; 2Chr. 18,29; 2Chr. 18,29; 2Chr. 18,30; 2Chr. 18,30; 2Chr. 18,31; 2Chr. 18,31; 2Chr. 18,31; 2Chr. 18,31; 2Chr. 18,31; 2Chr. 18,31; 2Chr. 18,32; 2Chr. 18,32; 2Chr. 18,33; 2Chr. 18,33; 2Chr. 18,33; 2Chr. 18,33; 2Chr. 18,33; 2Chr. 18,34; 2Chr. 18,34; 2Chr. 18,34; 2Chr. 19,2; 2Chr. 19,2; 2Chr. 19,3; 2Chr. 19,4; 2Chr. 19,4; 2Chr. 19,4; 2Chr. 19,5; 2Chr. 19,5; 2Chr. 19,6; 2Chr. 19,6; 2Chr. 19,7; 2Chr. 19,7; 2Chr. 19,7; 2Chr. 19,8; 2Chr. 19,8; 2Chr. 19,8; 2Chr. 19,8; 2Chr. 19,9; 2Chr. 19,9; 2Chr. 19,10; 2Chr. 19,10; 2Chr. 19,10; 2Chr. 19,10; 2Chr. 19,10; 2Chr. 19,10; 2Chr. 19,10; 2Chr. 19,10; 2Chr. 19,10; 2Chr. 19,11; 2Chr. 19,11; 2Chr. 19,11; 2Chr. 19,11; 2Chr. 19,11; 2Chr. 19,11; 2Chr. 20,1; 2Chr. 20,1; 2Chr. 20,2; 2Chr. 20,2; 2Chr. 20,2; 2Chr. 20,3; 2Chr. 20,3; 2Chr. 20,3; 2Chr. 20,4; 2Chr. 20,4; 2Chr. 20,5; 2Chr. 20,6; 2Chr. 20,6; 2Chr. 20,6; 2Chr. 20,6; 2Chr. 20,7; 2Chr. 20,8; 2Chr. 20,8; 2Chr. 20,9; 2Chr. 20,9; 2Chr. 20,9; 2Chr. 20,9; 2Chr. 20,10; 2Chr. 20,10; 2Chr. 20,10; 2Chr. 20,10; 2Chr. 20,11; 2Chr. 20,12; 2Chr. 20,13; 2Chr. 20,13; 2Chr. 20,13; 2Chr. 20,14; 2Chr. 20,15; 2Chr. 20,15; 2Chr. 20,15; 2Chr. 20,16; 2Chr. 20,17; 2Chr. 20,17; 2Chr. 20,17; 2Chr. 20,18; 2Chr. 20,18; 2Chr. 20,18; 2Chr. 20,19; 2Chr. 20,19; 2Chr. 20,20; 2Chr. 20,20; 2Chr. 20,20; 2Chr. 20,20; 2Chr. 20,20; 2Chr. 20,20; 2Chr. 20,20; 2Chr. 20,21; 2Chr. 20,21; 2Chr. 20,21; 2Chr. 20,21; 2Chr. 20,21; 2Chr. 20,22; 2Chr. 20,22; 2Chr. 20,22; 2Chr. 20,23; 2Chr. 20,23; 2Chr. 20,23; 2Chr. 20,23; 2Chr. 20,24; 2Chr. 20,24; 2Chr. 20,24; 2Chr. 20,24; 2Chr. 20,25; 2Chr. 20,25; 2Chr. 20,25; 2Chr. 20,25; 2Chr. 20,25; 2Chr. 20,25; 2Chr. 20,25; 2Chr. 20,25; 2Chr. 20,26; 2Chr. 20,27; 2Chr. 20,27; 2Chr. 20,28; 2Chr. 20,28; 2Chr. 20,28; 2Chr. 20,29; 2Chr. 20,30; 2Chr. 20,30; 2Chr. 20,31; 2Chr. 20,31; 2Chr. 20,32; 2Chr. 20,32; 2Chr. 20,33; 2Chr. 20,34; 2Chr. 20,34; 2Chr. 20,35; 2Chr. 20,36; 2Chr. 20,36; 2Chr. 20,37; 2Chr. 20,37; 2Chr. 20,37; 2Chr. 21,1; 2Chr. 21,1; 2Chr. 21,2; 2Chr. 21,2; 2Chr. 21,2; 2Chr. 21,2; 2Chr. 21,2; 2Chr. 21,2; 2Chr. 21,3; 2Chr. 21,3; 2Chr. 21,3; 2Chr. 21,3; 2Chr. 21,4; 2Chr. 21,4; 2Chr. 21,4; 2Chr. 21,4; 2Chr. 21,5; 2Chr. 21,5; 2Chr. 21,6; 2Chr. 21,6; 2Chr. 21,7; 2Chr. 21,7; 2Chr. 21,7; 2Chr. 21,8; 2Chr. 21,9; 2Chr. 21,9; 2Chr. 21,9; 2Chr. 21,9; 2Chr. 21,9; 2Chr. 21,9; 2Chr. 21,9; 2Chr. 21,10; 2Chr. 21,11; 2Chr. 21,11; 2Chr. 21,11; 2Chr. 21,12; 2Chr. 21,12; 2Chr. 21,13; 2Chr. 21,13; 2Chr. 21,13; 2Chr. 21,13; 2Chr. 21,14; 2Chr. 21,14; 2Chr. 21,14; 2Chr. 21,15; 2Chr. 21,16; 2Chr. 21,16; 2Chr. 21,16; 2Chr. 21,17; 2Chr. 21,17; 2Chr. 21,17; 2Chr. 21,17; 2Chr. 21,17; 2Chr. 21,17; 2Chr. 21,18; 2Chr. 21,19; 2Chr. 21,19; 2Chr. 21,19; 2Chr. 21,19; 2Chr. 21,20; 2Chr. 21,20; 2Chr. 21,20; 2Chr. 21,20; 2Chr. 21,20; 2Chr. 22,1; 2Chr. 22,1; 2Chr. 22,2; 2Chr. 22,2; 2Chr. 22,3; 2Chr. 22,4; 2Chr. 22,5; 2Chr. 22,5; 2Chr. 22,5; 2Chr. 22,6; 2Chr. 22,6; 2Chr. 22,7; 2Chr. 22,7; 2Chr. 22,8; 2Chr. 22,8; 2Chr. 22,8; 2Chr. 22,8; 2Chr. 22,9; 2Chr. 22,9; 2Chr. 22,9; 2Chr. 22,9; 2Chr. 22,9; 2Chr. 22,9; 2Chr. 22,10; 2Chr. 22,10; 2Chr. 22,11; 2Chr. 22,11; 2Chr. 22,11; 2Chr. 22,11; 2Chr. 22,11; 2Chr. 22,11; 2Chr. 22,11; 2Chr. 22,12; 2Chr. 22,12; 2Chr. 23,1; 2Chr. 23,1; 2Chr. 23,1; 2Chr. 23,1; 2Chr. 23,1; 2Chr. 23,2; 2Chr. 23,2; 2Chr. 23,2; 2Chr. 23,2; 2Chr. 23,3; 2Chr. 23,3; 2Chr. 23,3; 2Chr. 23,4; 2Chr. 23,4; 2Chr. 23,5; 2Chr. 23,5; 2Chr. 23,5; 2Chr. 23,6; 2Chr. 23,6; 2Chr. 23,6; 2Chr. 23,6; 2Chr. 23,7; 2Chr. 23,7; 2Chr. 23,7; 2Chr. 23,7; 2Chr. 23,8; 2Chr. 23,8; 2Chr. 23,8; 2Chr. 23,9; 2Chr. 23,9; 2Chr. 23,9; 2Chr. 23,10; 2Chr. 23,10; 2Chr. 23,11; 2Chr. 23,11; 2Chr. 23,11; 2Chr. 23,11; 2Chr. 23,11; 2Chr. 23,11; 2Chr. 23,11; 2Chr. 23,12; 2Chr. 23,12; 2Chr. 23,12; 2Chr. 23,12; 2Chr. 23,13; 2Chr. 23,13; 2Chr. 23,13; 2Chr. 23,13; 2Chr. 23,13; 2Chr. 23,13; 2Chr. 23,13; 2Chr. 23,13; 2Chr. 23,13; 2Chr. 23,13; 2Chr. 23,14; 2Chr. 23,14; 2Chr. 23,14; 2Chr. 23,14; 2Chr. 23,14; 2Chr. 23,14; 2Chr. 23,15; 2Chr. 23,15; 2Chr. 23,15; 2Chr. 23,16; 2Chr. 23,16; 2Chr. 23,16; 2Chr. 23,17; 2Chr. 23,17; 2Chr. 23,17; 2Chr. 23,17; 2Chr. 23,17; 2Chr. 23,18; 2Chr. 23,18; 2Chr. 23,18; 2Chr. 23,18; 2Chr. 23,18; 2Chr. 23,18; 2Chr. 23,19; 2Chr. 23,19; 2Chr. 23,20; 2Chr. 23,20; 2Chr. 23,20; 2Chr. 23,20; 2Chr. 23,20; 2Chr. 23,20; 2Chr. 23,20; 2Chr. 23,21; 2Chr. 23,21; 2Chr. 23,21; 2Chr. 24,1; 2Chr. 24,1; 2Chr. 24,2; 2Chr. 24,3; 2Chr. 24,3; 2Chr. 24,3; 2Chr. 24,4; 2Chr. 24,4; 2Chr. 24,5; 2Chr. 24,5; 2Chr. 24,5; 2Chr. 24,5; 2Chr. 24,5; 2Chr. 24,5; 2Chr. 24,6; 2Chr. 24,6; 2Chr. 24,6; 2Chr. 24,7; 2Chr. 24,7; 2Chr. 24,8; 2Chr. 24,8; 2Chr. 24,9; 2Chr. 24,9; 2Chr. 24,10; 2Chr. 24,10; 2Chr. 24,10; 2Chr. 24,10; 2Chr. 24,11; 2Chr. 24,11; 2Chr. 24,11; 2Chr. 24,11; 2Chr. 24,11; 2Chr. 24,11; 2Chr. 24,11; 2Chr. 24,12; 2Chr. 24,12; 2Chr. 24,12; 2Chr. 24,12; 2Chr. 24,12; 2Chr. 24,12; 2Chr. 24,13; 2Chr. 24,13; 2Chr. 24,13; 2Chr. 24,13; 2Chr. 24,14; 2Chr. 24,14; 2Chr. 24,14; 2Chr. 24,14; 2Chr. 24,14; 2Chr. 24,14; 2Chr. 24,15; 2Chr. 24,15; 2Chr. 24,16; 2Chr. 24,16; 2Chr. 24,16; 2Chr. 24,17; 2Chr. 24,17; 2Chr. 24,18; 2Chr. 24,18; 2Chr. 24,18; 2Chr. 24,18; 2Chr. 24,18; 2Chr. 24,19; 2Chr. 24,19; 2Chr. 24,19; 2Chr. 24,19; 2Chr. 24,20; 2Chr. 24,20; 2Chr. 24,20; 2Chr. 24,20; 2Chr. 24,20; 2Chr. 24,21; 2Chr. 24,21; 2Chr. 24,22; 2Chr. 24,22; 2Chr. 24,22; 2Chr. 24,22; 2Chr. 24,23; 2Chr. 24,23; 2Chr. 24,23; 2Chr. 24,23; 2Chr. 24,23; 2Chr. 24,24; 2Chr. 24,24; 2Chr. 24,25; 2Chr. 24,25; 2Chr. 24,25; 2Chr. 24,25; 2Chr. 24,25; 2Chr. 24,25; 2Chr. 24,26; 2Chr. 24,26; 2Chr. 24,27; 2Chr. 24,27; 2Chr. 24,27; 2Chr. 24,27; 2Chr. 25,1; 2Chr. 25,1; 2Chr. 25,1; 2Chr. 25,2; 2Chr. 25,3; 2Chr. 25,3; 2Chr. 25,4; 2Chr. 25,4; 2Chr. 25,5; 2Chr. 25,5; 2Chr. 25,5; 2Chr. 25,5; 2Chr. 25,5; 2Chr. 25,5; 2Chr. 25,5; 2Chr. 25,5; 2Chr. 25,5; 2Chr. 25,6; 2Chr. 25,7; 2Chr. 25,8; 2Chr. 25,8; 2Chr. 25,8; 2Chr. 25,9; 2Chr. 25,9; 2Chr. 25,10; 2Chr. 25,10; 2Chr. 25,10; 2Chr. 25,11; 2Chr. 25,11; 2Chr. 25,11; 2Chr. 25,11; 2Chr. 25,12; 2Chr. 25,12; 2Chr. 25,12; 2Chr. 25,12; 2Chr. 25,13; 2Chr. 25,13; 2Chr. 25,13; 2Chr. 25,13; 2Chr. 25,14; 2Chr. 25,14; 2Chr. 25,14; 2Chr. 25,14; 2Chr. 25,14; 2Chr. 25,15; 2Chr. 25,15; 2Chr. 25,16; 2Chr. 25,16; 2Chr. 25,16; 2Chr. 25,16; 2Chr. 25,16; 2Chr. 25,16; 2Chr. 25,17; 2Chr. 25,17; 2Chr. 25,18; 2Chr. 25,18; 2Chr. 25,18; 2Chr. 25,18;

K, κ

Κ, κ

2Chr. 25,19; 2Chr. 25,19; 2Chr. 25,19; 2Chr. 25,19; 2Chr. 25,20; 2Chr. 25,21; 2Chr. 25,21; 2Chr. 25,21; 2Chr. 25,22; 2Chr. 25,22; 2Chr. 25,23; 2Chr. 25,23; 2Chr. 25,23; 2Chr. 25,24; 2Chr. 25,24; 2Chr. 25,24; 2Chr. 25,24; 2Chr. 25,24; 2Chr. 25,24; 2Chr. 25,24; 2Chr. 25,25; 2Chr. 25,26; 2Chr. 25,26; 2Chr. 25,26; 2Chr. 25,27; 2Chr. 25,27; 2Chr. 25,27; 2Chr. 25,27; 2Chr. 25,27; 2Chr. 25,28; 2Chr. 25,28; 2Chr. 26,1; 2Chr. 26,1; 2Chr. 26,1; 2Chr. 26,3; 2Chr. 26,3; 2Chr. 26,3; 2Chr. 26,4; 2Chr. 26,5; 2Chr. 26,5; 2Chr. 26,5; 2Chr. 26,6; 2Chr. 26,6; 2Chr. 26,6; 2Chr. 26,6; 2Chr. 26,6; 2Chr. 26,6; 2Chr. 26,6; 2Chr. 26,7; 2Chr. 26,7; 2Chr. 26,7; 2Chr. 26,8; 2Chr. 26,8; 2Chr. 26,9; 2Chr. 26,9; 2Chr. 26,9; 2Chr. 26,9; 2Chr. 26,9; 2Chr. 26,10; 2Chr. 26,10; 2Chr. 26,10; 2Chr. 26,10; 2Chr. 26,10; 2Chr. 26,11; 2Chr. 26,11; 2Chr. 26,11; 2Chr. 26,11; 2Chr. 26,13; 2Chr. 26,13; 2Chr. 26,14; 2Chr. 26,14; 2Chr. 26,14; 2Chr. 26,14; 2Chr. 26,14; 2Chr. 26,14; 2Chr. 26,15; 2Chr. 26,15; 2Chr. 26,15; 2Chr. 26,15; 2Chr. 26,16; 2Chr. 26,16; 2Chr. 26,17; 2Chr. 26,17; 2Chr. 26,18; 2Chr. 26,18; 2Chr. 26,18; 2Chr. 26,19; 2Chr. 26,19; 2Chr. 26,19; 2Chr. 26,19; 2Chr. 26,20; 2Chr. 26,20; 2Chr. 26,20; 2Chr. 26,20; 2Chr. 26,20; 2Chr. 26,21; 2Chr. 26,21; 2Chr. 26,21; 2Chr. 26,22; 2Chr. 26,22; 2Chr. 26,23; 2Chr. 26,23; 2Chr. 26,23; 2Chr. 27,1; 2Chr. 27,1; 2Chr. 27,2; 2Chr. 27,2; 2Chr. 27,3; 2Chr. 27,4; 2Chr. 27,4; 2Chr. 27,4; 2Chr. 27,4; 2Chr. 27,5; 2Chr. 27,5; 2Chr. 27,5; 2Chr. 27,5; 2Chr. 27,5; 2Chr. 27,5; 2Chr. 27,6; 2Chr. 27,7; 2Chr. 27,7; 2Chr. 27,7; 2Chr. 27,7; 2Chr. 27,9; 2Chr. 27,9; 2Chr. 27,9; 2Chr. 28,1; 2Chr. 28,1; 2Chr. 28,2; 2Chr. 28,2; 2Chr. 28,3; 2Chr. 28,3; 2Chr. 28,4; 2Chr. 28,4; 2Chr. 28,4; 2Chr. 28,5; 2Chr. 28,5; 2Chr. 28,5; 2Chr. 28,5; 2Chr. 28,5; 2Chr. 28,5; 2Chr. 28,6; 2Chr. 28,7; 2Chr. 28,7; 2Chr. 28,7; 2Chr. 28,8; 2Chr. 28,8; 2Chr. 28,8; 2Chr. 28,8; 2Chr. 28,9; 2Chr. 28,9; 2Chr. 28,9; 2Chr. 28,9; 2Chr. 28,9; 2Chr. 28,10; 2Chr. 28,10; 2Chr. 28,10; 2Chr. 28,11; 2Chr. 28,11; 2Chr. 28,12; 2Chr. 28,12; 2Chr. 28,12; 2Chr. 28,12; 2Chr. 28,13; 2Chr. 28,13; 2Chr. 28,13; 2Chr. 28,14; 2Chr. 28,14; 2Chr. 28,14; 2Chr. 28,15; 2Chr. 28,15; 2Chr. 28,15; 2Chr. 28,15; 2Chr. 28,15; 2Chr. 28,15; 2Chr. 28,15; 2Chr. 28,15; 2Chr. 28,15; 2Chr. 28,17; 2Chr. 28,17; 2Chr. 28,17; 2Chr. 28,18; 2Chr. 28,18; 2Chr. 28,18; 2Chr. 28,18; 2Chr. 28,18; 2Chr. 28,18; 2Chr. 28,18; 2Chr. 28,18; 2Chr. 28,18; 2Chr. 28,18; 2Chr. 28,18; 2Chr. 28,20; 2Chr. 28,20; 2Chr. 28,21; 2Chr. 28,21; 2Chr. 28,21; 2Chr. 28,21; 2Chr. 28,21; 2Chr. 28,22; 2Chr. 28,22; 2Chr. 28,23; 2Chr. 28,23; 2Chr. 28,23; 2Chr. 28,23; 2Chr. 28,24; 2Chr. 28,24; 2Chr. 28,24; 2Chr. 28,24; 2Chr. 28,25; 2Chr. 28,25; 2Chr. 28,25; 2Chr. 28,26; 2Chr. 28,26; 2Chr. 28,26; 2Chr. 28,26; 2Chr. 28,27; 2Chr. 28,27; 2Chr. 28,27; 2Chr. 29,1; 2Chr. 29,1; 2Chr. 29,1; 2Chr. 29,1; 2Chr. 29,2; 2Chr. 29,3; 2Chr. 29,3; 2Chr. 29,4; 2Chr. 29,4; 2Chr. 29,4; 2Chr. 29,5; 2Chr. 29,5; 2Chr. 29,5; 2Chr. 29,6; 2Chr. 29,6; 2Chr. 29,6; 2Chr. 29,6; 2Chr. 29,7; 2Chr. 29,7; 2Chr. 29,7; 2Chr. 29,7; 2Chr. 29,8; 2Chr. 29,8; 2Chr. 29,8; 2Chr. 29,8; 2Chr. 29,8; 2Chr. 29,9; 2Chr. 29,9; 2Chr. 29,9; 2Chr. 29,9; 2Chr. 29,9; 2Chr. 29,10; 2Chr. 29,11; 2Chr. 29,11; 2Chr. 29,11; 2Chr. 29,12; 2Chr. 29,12; 2Chr. 29,12; 2Chr. 29,12; 2Chr. 29,12; 2Chr. 29,12; 2Chr. 29,13; 2Chr. 29,13; 2Chr. 29,13; 2Chr. 29,13; 2Chr. 29,14; 2Chr. 29,14; 2Chr. 29,14; 2Chr. 29,14; 2Chr. 29,15; 2Chr. 29,15; 2Chr. 29,16; 2Chr. 29,16; 2Chr. 29,16; 2Chr. 29,16; 2Chr. 29,17; 2Chr. 29,17; 2Chr. 29,17; 2Chr. 29,17; 2Chr. 29,18; 2Chr. 29,18; 2Chr. 29,18; 2Chr. 29,18; 2Chr. 29,18; 2Chr. 29,19; 2Chr. 29,19; 2Chr. 29,20; 2Chr. 29,20; 2Chr. 29,20; 2Chr. 29,21; 2Chr. 29,21; 2Chr. 29,21; 2Chr. 29,21; 2Chr. 29,22; 2Chr. 29,22; 2Chr. 29,22; 2Chr. 29,22; 2Chr. 29,22; 2Chr. 29,22; 2Chr. 29,22; 2Chr. 29,23; 2Chr. 29,23; 2Chr. 29,23; 2Chr. 29,24; 2Chr. 29,24; 2Chr. 29,24; 2Chr. 29,24; 2Chr. 29,25; 2Chr. 29,25; 2Chr. 29,25; 2Chr. 29,25; 2Chr. 29,25; 2Chr. 29,26; 2Chr. 29,26; 2Chr. 29,27; 2Chr. 29,27; 2Chr. 29,27; 2Chr. 29,28; 2Chr. 29,28; 2Chr. 29,28; 2Chr. 29,29; 2Chr. 29,29; 2Chr. 29,29; 2Chr. 29,30; 2Chr. 29,30; 2Chr. 29,30; 2Chr. 29,30; 2Chr. 29,30; 2Chr. 29,31; 2Chr. 29,31; 2Chr. 29,31; 2Chr. 29,31; 2Chr. 29,31; 2Chr. 29,31; 2Chr. 29,31; 2Chr. 29,32; 2Chr. 29,33; 2Chr. 29,34; 2Chr. 29,34; 2Chr. 29,34; 2Chr. 29,35; 2Chr. 29,35; 2Chr. 29,35; 2Chr. 29,36; 2Chr. 29,36; 2Chr. 30,1; 2Chr. 30,1; 2Chr. 30,1; 2Chr. 30,2; 2Chr. 30,2; 2Chr. 30,2; 2Chr. 30,3; 2Chr. 30,4; 2Chr. 30,4; 2Chr. 30,5; 2Chr. 30,6; 2Chr. 30,6; 2Chr. 30,6; 2Chr. 30,6; 2Chr. 30,6; 2Chr. 30,6; 2Chr. 30,7; 2Chr. 30,7; 2Chr. 30,7; 2Chr. 30,8; 2Chr. 30,8; 2Chr. 30,8; 2Chr. 30,8; 2Chr. 30,9; 2Chr. 30,9; 2Chr. 30,9; 2Chr. 30,9; 2Chr. 30,10; 2Chr. 30,10; 2Chr. 30,10; 2Chr. 30,10; 2Chr. 30,10; 2Chr. 30,11; 2Chr. 30,11; 2Chr. 30,11; 2Chr. 30,12; 2Chr. 30,12; 2Chr. 30,13; 2Chr. 30,14; 2Chr. 30,14; 2Chr. 30,14; 2Chr. 30,14; 2Chr. 30,15; 2Chr. 30,15; 2Chr. 30,15; 2Chr. 30,15; 2Chr. 30,15; 2Chr. 30,16; 2Chr. 30,16; 2Chr. 30,17; 2Chr. 30,18; 2Chr. 30,18; 2Chr. 30,18; 2Chr. 30,18; 2Chr. 30,19; 2Chr. 30,20; 2Chr. 30,20; 2Chr. 30,21; 2Chr. 30,21; 2Chr. 30,21; 2Chr. 30,21; 2Chr. 30,22; 2Chr. 30,22; 2Chr. 30,22; 2Chr. 30,22; 2Chr. 30,23; 2Chr. 30,23; 2Chr. 30,24; 2Chr. 30,24; 2Chr. 30,24; 2Chr. 30,24; 2Chr. 30,25; 2Chr. 30,25; 2Chr. 30,25; 2Chr. 30,25; 2Chr. 30,25; 2Chr. 30,25; 2Chr. 30,26; 2Chr. 30,27; 2Chr. 30,27; 2Chr. 30,27; 2Chr. 30,27; 2Chr. 31,1; 2Chr. 31,1; 2Chr. 31,1; 2Chr. 31,1; 2Chr. 31,1; 2Chr. 31,1; 2Chr. 31,1; 2Chr. 31,1; 2Chr. 31,1; 2Chr. 31,2; 2Chr. 31,2; 2Chr. 31,2; 2Chr. 31,2; 2Chr. 31,2; 2Chr. 31,2; 2Chr. 31,2; 2Chr. 31,2; 2Chr. 31,3; 2Chr. 31,3; 2Chr. 31,3; 2Chr. 31,3; 2Chr. 31,3; 2Chr. 31,4; 2Chr. 31,4; 2Chr. 31,5; 2Chr. 31,5; 2Chr. 31,5; 2Chr. 31,5; 2Chr. 31,5; 2Chr. 31,5; 2Chr. 31,6; 2Chr. 31,6; 2Chr. 31,6; 2Chr. 31,6; 2Chr. 31,6; 2Chr. 31,6; 2Chr. 31,6; 2Chr. 31,6; 2Chr. 31,7; 2Chr. 31,8; 2Chr. 31,8; 2Chr. 31,8; 2Chr. 31,8; 2Chr. 31,8; 2Chr. 31,9; 2Chr. 31,9; 2Chr. 31,10; 2Chr. 31,10; 2Chr. 31,10; 2Chr. 31,10; 2Chr. 31,10; 2Chr. 31,11; 2Chr. 31,11; 2Chr. 31,12; 2Chr. 31,12; 2Chr. 31,12; 2Chr. 31,12; 2Chr. 31,13; 2Chr. 31,13; 2Chr. 31,13; 2Chr. 31,13; 2Chr. 31,13; 2Chr. 31,13; 2Chr. 31,13; 2Chr. 31,13; 2Chr. 31,13; 2Chr. 31,13; 2Chr. 31,13; 2Chr. 31,13; 2Chr. 31,14; 2Chr. 31,14; 2Chr. 31,15; 2Chr. 31,15; 2Chr. 31,15; 2Chr. 31,15; 2Chr. 31,15; 2Chr. 31,15; 2Chr. 31,16; 2Chr. 31,17; 2Chr. 31,17; 2Chr. 31,18; 2Chr. 31,19; 2Chr. 31,19; 2Chr. 31,19; 2Chr. 31,20; 2Chr. 31,20; 2Chr. 31,20; 2Chr. 31,21; 2Chr. 31,21; 2Chr. 31,21; 2Chr. 31,21; 2Chr. 32,1; 2Chr. 32,1; 2Chr. 32,1; 2Chr. 32,1; 2Chr. 32,2; 2Chr. 32,2; 2Chr. 32,3; 2Chr. 32,3; 2Chr. 32,3; 2Chr. 32,4; 2Chr. 32,4; 2Chr. 32,4; 2Chr. 32,4; 2Chr. 32,4; 2Chr. 32,5; 2Chr. 32,5; 2Chr. 32,5; 2Chr. 32,5; 2Chr. 32,5; 2Chr. 32,5; 2Chr. 32,6; 2Chr. 32,6; 2Chr. 32,6; 2Chr. 32,7; 2Chr. 32,7; 2Chr. 32,8; 2Chr. 32,8; 2Chr. 32,9; 2Chr. 32,9; 2Chr. 32,9; 2Chr. 32,9; 2Chr. 32,9; 2Chr. 32,10; 2Chr. 32,11; 2Chr. 32,11; 2Chr. 32,12; 2Chr. 32,12; 2Chr. 32,12; 2Chr. 32,12; 2Chr. 32,13; 2Chr. 32,15; 2Chr. 32,15; 2Chr. 32,15; 2Chr. 32,15; 2Chr. 32,16; 2Chr. 32,16; 2Chr. 32,17; 2Chr. 32,17; 2Chr. 32,18; 2Chr. 32,18; 2Chr. 32,19; 2Chr. 32,20; 2Chr. 32,20; 2Chr. 32,20; 2Chr. 32,21; 2Chr. 32,21; 2Chr. 32,21; 2Chr. 32,21; 2Chr. 32,21; 2Chr. 32,21; 2Chr. 32,21; 2Chr. 32,22; 2Chr. 32,22; 2Chr. 32,22; 2Chr. 32,23; 2Chr. 32,23; 2Chr. 32,23; 2Chr. 32,24; 2Chr. 32,24; 2Chr. 32,24; 2Chr. 32,25; 2Chr. 32,25; 2Chr. 32,25; 2Chr. 32,25; 2Chr. 32,26; 2Chr. 32,26; 2Chr. 32,26; 2Chr. 32,27; 2Chr. 32,27; 2Chr. 32,27; 2Chr. 32,27; 2Chr. 32,27; 2Chr. 32,27; 2Chr. 32,27; 2Chr. 32,28; 2Chr. 32,28; 2Chr. 32,28; 2Chr. 32,28; 2Chr. 32,28; 2Chr. 32,29; 2Chr. 32,29; 2Chr. 32,29; 2Chr. 32,30; 2Chr. 32,30; 2Chr. 32,31; 2Chr. 32,31; 2Chr. 32,32; 2Chr. 32,32; 2Chr. 32,32; 2Chr. 32,32; 2Chr. 32,33; 2Chr. 32,33; 2Chr. 32,33; 2Chr. 32,33; 2Chr. 32,33; 2Chr. 32,33; 2Chr. 33,1; 2Chr. 33,2; 2Chr. 33,3; 2Chr. 33,3; 2Chr. 33,3; 2Chr. 33,3; 2Chr. 33,3; 2Chr. 33,3;

καί

2Chr. 33,4; 2Chr. 33,5; 2Chr. 33,6; 2Chr. 33,6; 2Chr. 33,6; 2Chr. 33,6; 2Chr. 33,6; 2Chr. 33,6; 2Chr. 33,7; 2Chr. 33,7; 2Chr. 33,7; 2Chr. 33,7; 2Chr. 33,8; 2Chr. 33,8; 2Chr. 33,8; 2Chr. 33,9; 2Chr. 33,9; 2Chr. 33,10; 2Chr. 33,10; 2Chr. 33,10; 2Chr. 33,11; 2Chr. 33,11; 2Chr. 33,11; 2Chr. 33,11; 2Chr. 33,12; 2Chr. 33,12; 2Chr. 33,13; 2Chr. 33,13; 2Chr. 33,13; 2Chr. 33,13; 2Chr. 33,13; 2Chr. 33,14; 2Chr. 33,14; 2Chr. 33,14; 2Chr. 33,14; 2Chr. 33,14; 2Chr. 33,15; 2Chr. 33,15; 2Chr. 33,15; 2Chr. 33,15; 2Chr. 33,15; 2Chr. 33,16; 2Chr. 33,16; 2Chr. 33,16; 2Chr. 33,16; 2Chr. 33,18; 2Chr. 33,18; 2Chr. 33,18; 2Chr. 33,19; 2Chr. 33,19; 2Chr. 33,19; 2Chr. 33,19; 2Chr. 33,19; 2Chr. 33,19; 2Chr. 33,20; 2Chr. 33,20; 2Chr. 33,20; 2Chr. 33,21; 2Chr. 33,21; 2Chr. 33,22; 2Chr. 33,22; 2Chr. 33,22; 2Chr. 33,23; 2Chr. 33,24; 2Chr. 33,24; 2Chr. 33,25; 2Chr. 33,25; 2Chr. 34,1; 2Chr. 34,2; 2Chr. 34,2; 2Chr. 34,2; 2Chr. 34,2; 2Chr. 34,3; 2Chr. 34,3; 2Chr. 34,3; 2Chr. 34,3; 2Chr. 34,3; 2Chr. 34,3; 2Chr. 34,4; 2Chr. 34,4; 2Chr. 34,4; 2Chr. 34,4; 2Chr. 34,4; 2Chr. 34,4; 2Chr. 34,5; 2Chr. 34,5; 2Chr. 34,5; 2Chr. 34,6; 2Chr. 34,6; 2Chr. 34,6; 2Chr. 34,6; 2Chr. 34,6; 2Chr. 34,7; 2Chr. 34,7; 2Chr. 34,7; 2Chr. 34,7; 2Chr. 34,7; 2Chr. 34,8; 2Chr. 34,8; 2Chr. 34,8; 2Chr. 34,9; 2Chr. 34,9; 2Chr. 34,9; 2Chr. 34,9; 2Chr. 34,9; 2Chr. 34,9; 2Chr. 34,9; 2Chr. 34,9; 2Chr. 34,10; 2Chr. 34,10; 2Chr. 34,11; 2Chr. 34,11; 2Chr. 34,11; 2Chr. 34,12; 2Chr. 34,12; 2Chr. 34,12; 2Chr. 34,12; 2Chr. 34,12; 2Chr. 34,12; 2Chr. 34,13; 2Chr. 34,13; 2Chr. 34,13; 2Chr. 34,13; 2Chr. 34,13; 2Chr. 34,13; 2Chr. 34,13; 2Chr. 34,14; 2Chr. 34,15; 2Chr. 34,15; 2Chr. 34,15; 2Chr. 34,16; 2Chr. 34,16; 2Chr. 34,17; 2Chr. 34,17; 2Chr. 34,17; 2Chr. 34,18; 2Chr. 34,18; 2Chr. 34,19; 2Chr. 34,19; 2Chr. 34,20; 2Chr. 34,20; 2Chr. 34,20; 2Chr. 34,20; 2Chr. 34,20; 2Chr. 34,21; 2Chr. 34,21; 2Chr. 34,22; 2Chr. 34,22; 2Chr. 34,22; 2Chr. 34,22; 2Chr. 34,23; 2Chr. 34,25; 2Chr. 34,25; 2Chr. 34,25; 2Chr. 34,26; 2Chr. 34,27; 2Chr. 34,27; 2Chr. 34,27; 2Chr. 34,27; 2Chr. 34,27; 2Chr. 34,27; 2Chr. 34,27; 2Chr. 34,28; 2Chr. 34,28; 2Chr. 34,28; 2Chr. 34,28; 2Chr. 34,29; 2Chr. 34,29; 2Chr. 34,29; 2Chr. 34,30; 2Chr. 34,30; 2Chr. 34,30; 2Chr. 34,30; 2Chr. 34,30; 2Chr. 34,30; 2Chr. 34,31; 2Chr. 34,31; 2Chr. 34,31; 2Chr. 34,31; 2Chr. 34,31; 2Chr. 34,32; 2Chr. 34,32; 2Chr. 34,32; 2Chr. 34,33; 2Chr. 34,33; 2Chr. 34,33; 2Chr. 35,1; 2Chr. 35,2; 2Chr. 35,2; 2Chr. 35,3; 2Chr. 35,3; 2Chr. 35,3; 2Chr. 35,3; 2Chr. 35,3; 2Chr. 35,4; 2Chr. 35,4; 2Chr. 35,4; 2Chr. 35,5; 2Chr. 35,5; 2Chr. 35,6; 2Chr. 35,6; 2Chr. 35,7; 2Chr. 35,7; 2Chr. 35,7; 2Chr. 35,7; 2Chr. 35,8; 2Chr. 35,8; 2Chr. 35,8; 2Chr. 35,8; 2Chr. 35,8; 2Chr. 35,8; 2Chr. 35,8; 2Chr. 35,8; 2Chr. 35,9; 2Chr. 35,9; 2Chr. 35,9; 2Chr. 35,9; 2Chr. 35,9; 2Chr. 35,9; 2Chr. 35,9; 2Chr. 35,10; 2Chr. 35,10; 2Chr. 35,10; 2Chr. 35,11; 2Chr. 35,11; 2Chr. 35,11; 2Chr. 35,12; 2Chr. 35,12; 2Chr. 35,13; 2Chr. 35,13; 2Chr. 35,13; 2Chr. 35,13; 2Chr. 35,13; 2Chr. 35,14; 2Chr. 35,14; 2Chr. 35,14; 2Chr. 35,14; 2Chr. 35,14; 2Chr. 35,15; 2Chr. 35,15; 2Chr. 35,15; 2Chr. 35,15; 2Chr. 35,15; 2Chr. 35,15; 2Chr. 35,15; 2Chr. 35,16; 2Chr. 35,16; 2Chr. 35,16; 2Chr. 35,17; 2Chr. 35,17; 2Chr. 35,18; 2Chr. 35,18; 2Chr. 35,18; 2Chr. 35,18; 2Chr. 35,18; 2Chr. 35,18; 2Chr. 35,18; 2Chr. 35,19a; 2Chr. 35,19a; 2Chr. 35,19a; 2Chr. 35,19a; 2Chr. 35,19a; 2Chr. 35,19a; 2Chr. 35,19b; 2Chr. 35,19b; 2Chr. 35,19b; 2Chr. 35,19d; 2Chr. 35,19d; 2Chr. 35,19d; 2Chr. 35,19d; 2Chr. 35,20; 2Chr. 35,21; 2Chr. 35,21; 2Chr. 35,21; 2Chr. 35,22; 2Chr. 35,22; 2Chr. 35,22; 2Chr. 35,23; 2Chr. 35,23; 2Chr. 35,24; 2Chr. 35,24; 2Chr. 35,24; 2Chr. 35,24; 2Chr. 35,24; 2Chr. 35,24; 2Chr. 35,24; 2Chr. 35,25; 2Chr. 35,25; 2Chr. 35,25; 2Chr. 35,25; 2Chr. 35,25; 2Chr. 35,26; 2Chr. 35,26; 2Chr. 35,27; 2Chr. 35,27; 2Chr. 35,27; 2Chr. 36,1; 2Chr. 36,1; 2Chr. 36,2; 2Chr. 36,2; 2Chr. 36,2a; 2Chr. 36,2b; 2Chr. 36,2c; 2Chr. 36,3; 2Chr. 36,3; 2Chr. 36,3; 2Chr. 36,4; 2Chr. 36,4; 2Chr. 36,4; 2Chr. 36,4; 2Chr. 36,4; 2Chr. 36,4a; 2Chr. 36,4a; 2Chr. 36,4a; 2Chr. 36,4a; 2Chr. 36,5; 2Chr. 36,5; 2Chr. 36,5; 2Chr. 36,5; 2Chr. 36,5a; 2Chr. 36,5a; 2Chr. 36,5b; 2Chr. 36,5b; 2Chr. 36,5b; 2Chr. 36,5b; 2Chr. 36,5b; 2Chr. 36,5b; 2Chr. 36,5d; 2Chr. 36,5d; 2Chr. 36,5d; 2Chr. 36,6; 2Chr. 36,6; 2Chr. 36,6; 2Chr. 36,7; 2Chr. 36,7; 2Chr. 36,8; 2Chr. 36,8; 2Chr. 36,8; 2Chr. 36,8; 2Chr. 36,8; 2Chr. 36,9; 2Chr. 36,9; 2Chr. 36,9; 2Chr. 36,10; 2Chr. 36,10; 2Chr. 36,10; 2Chr. 36,10; 2Chr. 36,11; 2Chr. 36,12; 2Chr. 36,12; 2Chr. 36,13; 2Chr. 36,13; 2Chr. 36,14; 2Chr. 36,14; 2Chr. 36,14; 2Chr. 36,14; 2Chr. 36,15; 2Chr. 36,15; 2Chr. 36,15; 2Chr. 36,16; 2Chr. 36,16; 2Chr. 36,16; 2Chr. 36,17; 2Chr. 36,17; 2Chr. 36,17; 2Chr. 36,17; 2Chr. 36,17; 2Chr. 36,18; 2Chr. 36,18; 2Chr. 36,18; 2Chr. 36,18; 2Chr. 36,18; 2Chr. 36,19; 2Chr. 36,19; 2Chr. 36,19; 2Chr. 36,19; 2Chr. 36,20; 2Chr. 36,20; 2Chr. 36,20; 2Chr. 36,22; 2Chr. 36,23; 2Chr. 36,23; 1Esdr. 1,1; 1Esdr. 1,3; 1Esdr. 1,4; 1Esdr. 1,4; 1Esdr. 1,4; 1Esdr. 1,4; 1Esdr. 1,4; 1Esdr. 1,5; 1Esdr. 1,6; 1Esdr. 1,6; 1Esdr. 1,7; 1Esdr. 1,7; 1Esdr. 1,7; 1Esdr. 1,7; 1Esdr. 1,8; 1Esdr. 1,8; 1Esdr. 1,8; 1Esdr. 1,9; 1Esdr. 1,9; 1Esdr. 1,9; 1Esdr. 1,9; 1Esdr. 1,9; 1Esdr. 1,9; 1Esdr. 1,10; 1Esdr. 1,10; 1Esdr. 1,12; 1Esdr. 1,12; 1Esdr. 1,13; 1Esdr. 1,13; 1Esdr. 1,13; 1Esdr. 1,13; 1Esdr. 1,14; 1Esdr. 1,14; 1Esdr. 1,14; 1Esdr. 1,15; 1Esdr. 1,15; 1Esdr. 1,15; 1Esdr. 1,15; 1Esdr. 1,15; 1Esdr. 1,16; 1Esdr. 1,16; 1Esdr. 1,17; 1Esdr. 1,17; 1Esdr. 1,18; 1Esdr. 1,19; 1Esdr. 1,19; 1Esdr. 1,19; 1Esdr. 1,19; 1Esdr. 1,19; 1Esdr. 1,21; 1Esdr. 1,22; 1Esdr. 1,22; 1Esdr. 1,22; 1Esdr. 1,22; 1Esdr. 1,22; 1Esdr. 1,23; 1Esdr. 1,24; 1Esdr. 1,24; 1Esdr. 1,25; 1Esdr. 1,25; 1Esdr. 1,25; 1Esdr. 1,26; 1Esdr. 1,27; 1Esdr. 1,28; 1Esdr. 1,28; 1Esdr. 1,29; 1Esdr. 1,29; 1Esdr. 1,29; 1Esdr. 1,30; 1Esdr. 1,30; 1Esdr. 1,30; 1Esdr. 1,30; 1Esdr. 1,31; 1Esdr. 1,31; 1Esdr. 1,31; 1Esdr. 1,31; 1Esdr. 1,31; 1Esdr. 1,33; 1Esdr. 1,33; 1Esdr. 1,33; 1Esdr. 1,34; 1Esdr. 1,34; 1Esdr. 1,35; 1Esdr. 1,35; 1Esdr. 1,36; 1Esdr. 1,37; 1Esdr. 1,37; 1Esdr. 1,38; 1Esdr. 1,39; 1Esdr. 1,39; 1Esdr. 1,40; 1Esdr. 1,40; 1Esdr. 1,42; 1Esdr. 1,42; 1Esdr. 1,44; 1Esdr. 1,44; 1Esdr. 1,45; 1Esdr. 1,45; 1Esdr. 1,46; 1Esdr. 1,46; 1Esdr. 1,46; 1Esdr. 1,47; 1Esdr. 1,47; 1Esdr. 1,47; 1Esdr. 1,47; 1Esdr. 1,48; 1Esdr. 1,48; 1Esdr. 1,49; 1Esdr. 1,50; 1Esdr. 1,50; 1Esdr. 1,50; 1Esdr. 1,50; 1Esdr. 1,51; 1Esdr. 1,51; 1Esdr. 1,51; 1Esdr. 1,51; 1Esdr. 1,52; 1Esdr. 1,52; 1Esdr. 1,52; 1Esdr. 1,53; 1Esdr. 1,53; 1Esdr. 1,54; 1Esdr. 1,54; 1Esdr. 2,1; 1Esdr. 2,1; 1Esdr. 2,2; 1Esdr. 2,3; 1Esdr. 2,4; 1Esdr. 2,4; 1Esdr. 2,5; 1Esdr. 2,5; 1Esdr. 2,5; 1Esdr. 2,5; 1Esdr. 2,5; 1Esdr. 2,6; 1Esdr. 2,6; 1Esdr. 2,6; 1Esdr. 2,6; 1Esdr. 2,7; 1Esdr. 2,7; 1Esdr. 2,10; 1Esdr. 2,11; 1Esdr. 2,12; 1Esdr. 2,12; 1Esdr. 2,12; 1Esdr. 2,12; 1Esdr. 2,12; 1Esdr. 2,12; 1Esdr. 2,12; 1Esdr. 2,12; 1Esdr. 2,13; 1Esdr. 2,13; 1Esdr. 2,13; 1Esdr. 2,14; 1Esdr. 2,14; 1Esdr. 2,14; 1Esdr. 2,14; 1Esdr. 2,15; 1Esdr. 2,16; 1Esdr. 2,17; 1Esdr. 2,17; 1Esdr. 2,17; 1Esdr. 2,17; 1Esdr. 2,17; 1Esdr. 2,17; 1Esdr. 2,17; 1Esdr. 2,18; 1Esdr. 2,18; 1Esdr. 2,19; 1Esdr. 2,19; 1Esdr. 2,19; 1Esdr. 2,19; 1Esdr. 2,19; 1Esdr. 2,19; 1Esdr. 2,21; 1Esdr. 2,21; 1Esdr. 2,21; 1Esdr. 2,22; 1Esdr. 2,22; 1Esdr. 2,22; 1Esdr. 2,22; 1Esdr. 2,24; 1Esdr. 2,24; 1Esdr. 2,25; 1Esdr. 2,25; 1Esdr. 2,25; 1Esdr. 2,26; 1Esdr. 3,1; 1Esdr. 3,1; 1Esdr. 3,1; 1Esdr. 3,2; 1Esdr. 3,2; 1Esdr. 3,2; 1Esdr. 3,3; 1Esdr. 3,3; 1Esdr. 3,3; 1Esdr. 3,3; 1Esdr. 3,3; 1Esdr. 3,5; 1Esdr. 3,5; 1Esdr. 3,6; 1Esdr. 3,6; 1Esdr. 3,6; 1Esdr. 3,6; 1Esdr. 3,6; 1Esdr. 3,6; 1Esdr. 3,7; 1Esdr. 3,7; 1Esdr. 3,8; 1Esdr. 3,8; 1Esdr. 3,8; 1Esdr. 3,9; 1Esdr. 3,9; 1Esdr. 3,13; 1Esdr. 3,13; 1Esdr. 3,14; 1Esdr. 3,14; 1Esdr. 3,14; 1Esdr. 3,14; 1Esdr. 3,14; 1Esdr. 3,14; 1Esdr. 3,14; 1Esdr. 3,14; 1Esdr. 3,15; 1Esdr. 3,15; 1Esdr. 3,15; 1Esdr. 3,15; 1Esdr. 3,16; 1Esdr. 3,17; 1Esdr. 3,19; 1Esdr. 3,19; 1Esdr. 3,19; 1Esdr. 3,20; 1Esdr. 3,20; 1Esdr. 3,20; 1Esdr. 3,20; 1Esdr. 3,21; 1Esdr. 3,21; 1Esdr. 3,21; 1Esdr. 3,22; 1Esdr. 3,22; 1Esdr. 3,22; 1Esdr. 3,23; 1Esdr. 3,24; 1Esdr. 4,2; 1Esdr. 4,2; 1Esdr. 4,3; 1Esdr. 4,3; 1Esdr. 4,3; 1Esdr. 4,4; 1Esdr. 4,4; 1Esdr. 4,4; 1Esdr.

K, κ

4,5; 1Esdr. 4,5; 1Esdr. 4,5; 1Esdr. 4,5; 1Esdr. 4,6; 1Esdr. 4,6; 1Esdr. 4,7; 1Esdr. 4,10; 1Esdr. 4,10; 1Esdr. 4,11; 1Esdr. 4,11; 1Esdr. 4,11; 1Esdr. 4,11; 1Esdr. 4,12; 1Esdr. 4,13; 1Esdr. 4,14; 1Esdr. 4,14; 1Esdr. 4,15; 1Esdr. 4,15; 1Esdr. 4,16; 1Esdr. 4,16; 1Esdr. 4,17; 1Esdr. 4,17; 1Esdr. 4,17; 1Esdr. 4,18; 1Esdr. 4,18; 1Esdr. 4,18; 1Esdr. 4,18; 1Esdr. 4,19; 1Esdr. 4,19; 1Esdr. 4,19; 1Esdr. 4,19; 1Esdr. 4,19; 1Esdr. 4,20; 1Esdr. 4,20; 1Esdr. 4,21; 1Esdr. 4,21; 1Esdr. 4,22; 1Esdr. 4,22; 1Esdr. 4,22; 1Esdr. 4,22; 1Esdr. 4,23; 1Esdr. 4,23; 1Esdr. 4,23; 1Esdr. 4,23; 1Esdr. 4,23; 1Esdr. 4,23; 1Esdr. 4,24; 1Esdr. 4,24; 1Esdr. 4,24; 1Esdr. 4,24; 1Esdr. 4,24; 1Esdr. 4,25; 1Esdr. 4,25; 1Esdr. 4,26; 1Esdr. 4,26; 1Esdr. 4,27; 1Esdr. 4,27; 1Esdr. 4,27; 1Esdr. 4,28; 1Esdr. 4,29; 1Esdr. 4,30; 1Esdr. 4,30; 1Esdr. 4,30; 1Esdr. 4,31; 1Esdr. 4,31; 1Esdr. 4,33; 1Esdr. 4,33; 1Esdr. 4,34; 1Esdr. 4,34; 1Esdr. 4,34; 1Esdr. 4,34; 1Esdr. 4,35; 1Esdr. 4,35; 1Esdr. 4,36; 1Esdr. 4,36; 1Esdr. 4,36; 1Esdr. 4,36; 1Esdr. 4,37; 1Esdr. 4,37; 1Esdr. 4,37; 1Esdr. 4,38; 1Esdr. 4,38; 1Esdr. 4,38; 1Esdr. 4,39; 1Esdr. 4,39; 1Esdr. 4,39; 1Esdr. 4,39; 1Esdr. 4,40; 1Esdr. 4,40; 1Esdr. 4,40; 1Esdr. 4,40; 1Esdr. 4,41; 1Esdr. 4,41; 1Esdr. 4,41; 1Esdr. 4,41; 1Esdr. 4,42; 1Esdr. 4,42; 1Esdr. 4,42; 1Esdr. 4,44; 1Esdr. 4,44; 1Esdr. 4,45; 1Esdr. 4,46; 1Esdr. 4,46; 1Esdr. 4,46; 1Esdr. 4,47; 1Esdr. 4,47; 1Esdr. 4,47; 1Esdr. 4,47; 1Esdr. 4,47; 1Esdr. 4,48; 1Esdr. 4,48; 1Esdr. 4,48; 1Esdr. 4,48; 1Esdr. 4,49; 1Esdr. 4,49; 1Esdr. 4,49; 1Esdr. 4,49; 1Esdr. 4,50; 1Esdr. 4,50; 1Esdr. 4,51; 1Esdr. 4,52; 1Esdr. 4,53; 1Esdr. 4,53; 1Esdr. 4,53; 1Esdr. 4,54; 1Esdr. 4,55; 1Esdr. 4,55; 1Esdr. 4,56; 1Esdr. 4,56; 1Esdr. 4,57; 1Esdr. 4,57; 1Esdr. 4,57; 1Esdr. 4,57; 1Esdr. 4,59; 1Esdr. 4,59; 1Esdr. 4,59; 1Esdr. 4,60; 1Esdr. 4,61; 1Esdr. 4,61; 1Esdr. 4,61; 1Esdr. 4,62; 1Esdr. 4,62; 1Esdr. 4,63; 1Esdr. 4,63; 1Esdr. 4,63; 1Esdr. 4,63; 1Esdr. 5,1; 1Esdr. 5,1; 1Esdr. 5,1; 1Esdr. 5,1; 1Esdr. 5,1; 1Esdr. 5,1; 1Esdr. 5,2; 1Esdr. 5,2; 1Esdr. 5,2; 1Esdr. 5,3; 1Esdr. 5,3; 1Esdr. 5,5; 1Esdr. 5,8; 1Esdr. 5,8; 1Esdr. 5,8; 1Esdr. 5,9; 1Esdr. 5,9; 1Esdr. 5,11; 1Esdr. 5,15; 1Esdr. 5,19; 1Esdr. 5,20; 1Esdr. 5,20; 1Esdr. 5,22; 1Esdr. 5,26; 1Esdr. 5,26; 1Esdr. 5,26; 1Esdr. 5,35; 1Esdr. 5,36; 1Esdr. 5,36; 1Esdr. 5,37; 1Esdr. 5,37; 1Esdr. 5,38; 1Esdr. 5,38; 1Esdr. 5,38; 1Esdr. 5,39; 1Esdr. 5,39; 1Esdr. 5,40; 1Esdr. 5,40; 1Esdr. 5,40; 1Esdr. 5,41; 1Esdr. 5,41; 1Esdr. 5,41; 1Esdr. 5,42; 1Esdr. 5,43; 1Esdr. 5,44; 1Esdr. 5,44; 1Esdr. 5,44; 1Esdr. 5,45; 1Esdr. 5,45; 1Esdr. 5,45; 1Esdr. 5,45; 1Esdr. 5,45; 1Esdr. 5,45; 1Esdr. 5,46; 1Esdr. 5,47; 1Esdr. 5,47; 1Esdr. 5,47; 1Esdr. 5,47; 1Esdr. 5,49; 1Esdr. 5,49; 1Esdr. 5,49; 1Esdr. 5,49; 1Esdr. 5,49; 1Esdr. 5,49; 1Esdr. 5,50; 1Esdr. 5,50; 1Esdr. 5,51; 1Esdr. 5,51; 1Esdr. 5,51; 1Esdr. 5,51; 1Esdr. 5,52; 1Esdr. 5,52; 1Esdr. 5,53; 1Esdr. 5,53; 1Esdr. 5,53; 1Esdr. 5,53; 1Esdr. 5,53; 1Esdr. 5,53; 1Esdr. 5,54; 1Esdr. 5,54; 1Esdr. 5,54; 1Esdr. 5,54; 1Esdr. 5,54; 1Esdr. 5,55; 1Esdr. 5,55; 1Esdr. 5,56; 1Esdr. 5,56; 1Esdr. 5,56; 1Esdr. 5,56; 1Esdr. 5,56; 1Esdr. 5,56; 1Esdr. 5,56; 1Esdr. 5,56; 1Esdr. 5,57; 1Esdr. 5,57; 1Esdr. 5,57; 1Esdr. 5,57; 1Esdr. 5,57; 1Esdr. 5,58; 1Esdr. 5,58; 1Esdr. 5,59; 1Esdr. 5,59; 1Esdr. 5,60; 1Esdr. 5,60; 1Esdr. 5,60; 1Esdr. 5,61; 1Esdr. 5,61; 1Esdr. 5,63; 1Esdr. 5,64; 1Esdr. 5,65; 1Esdr. 5,65; 1Esdr. 5,65; 1Esdr. 5,66; 1Esdr. 5,67; 1Esdr. 5,67; 1Esdr. 5,67; 1Esdr. 5,67; 1Esdr. 5,69; 1Esdr. 5,70; 1Esdr. 5,70; 1Esdr. 5,70; 1Esdr. 5,71; 1Esdr. 6,1; 1Esdr. 6,1; 1Esdr. 6,2; 1Esdr. 6,3; 1Esdr. 6,3; 1Esdr. 6,3; 1Esdr. 6,3; 1Esdr. 6,4; 1Esdr. 6,4; 1Esdr. 6,4; 1Esdr. 6,5; 1Esdr. 6,6; 1Esdr. 6,6; 1Esdr. 6,7; 1Esdr. 6,7; 1Esdr. 6,7; 1Esdr. 6,7; 1Esdr. 6,7; 1Esdr. 6,8; 1Esdr. 6,9; 1Esdr. 6,9; 1Esdr. 6,9; 1Esdr. 6,9; 1Esdr. 6,10; 1Esdr. 6,11; 1Esdr. 6,11; 1Esdr. 6,12; 1Esdr. 6,13; 1Esdr. 6,13; 1Esdr. 6,13; 1Esdr. 6,14; 1Esdr. 6,15; 1Esdr. 6,17; 1Esdr. 6,17; 1Esdr. 6,17; 1Esdr. 6,17; 1Esdr. 6,17; 1Esdr. 6,18; 1Esdr. 6,18; 1Esdr. 6,19; 1Esdr. 6,21; 1Esdr. 6,21; 1Esdr. 6,22; 1Esdr. 6,24; 1Esdr. 6,24; 1Esdr. 6,25; 1Esdr. 6,25; 1Esdr. 6,25; 1Esdr. 6,26; 1Esdr. 6,26; 1Esdr. 6,26; 1Esdr. 6,26; 1Esdr. 6,26; 1Esdr. 6,26; 1Esdr. 6,27; 1Esdr. 6,28; 1Esdr. 6,28; 1Esdr. 6,28; 1Esdr. 6,28; 1Esdr. 6,29; 1Esdr. 6,29; 1Esdr. 6,29; 1Esdr. 6,29; 1Esdr. 6,30; 1Esdr. 6,30; 1Esdr. 6,31; 1Esdr. 6,31; 1Esdr. 6,31; 1Esdr. 6,31; 1Esdr. 6,31; 1Esdr. 6,32; 1Esdr. 6,32; 1Esdr. 7,1; 1Esdr. 7,1; 1Esdr. 7,1; 1Esdr. 7,2; 1Esdr. 7,3; 1Esdr. 7,3; 1Esdr. 7,4; 1Esdr. 7,5; 1Esdr. 7,5; 1Esdr. 7,5; 1Esdr. 7,5; 1Esdr. 7,6; 1Esdr. 7,6; 1Esdr. 7,6; 1Esdr. 7,6; 1Esdr. 7,7; 1Esdr. 7,9; 1Esdr. 7,9; 1Esdr. 7,9; 1Esdr. 7,10; 1Esdr. 7,11; 1Esdr. 7,12; 1Esdr. 7,12; 1Esdr. 7,12; 1Esdr. 7,13; 1Esdr. 7,14; 1Esdr. 8,4; 1Esdr. 8,5; 1Esdr. 8,5; 1Esdr. 8,5; 1Esdr. 8,5; 1Esdr. 8,5; 1Esdr. 8,5; 1Esdr. 8,7; 1Esdr. 8,7; 1Esdr. 8,8; 1Esdr. 8,9; 1Esdr. 8,10; 1Esdr. 8,10; 1Esdr. 8,10; 1Esdr. 8,10; 1Esdr. 8,11; 1Esdr. 8,12; 1Esdr. 8,13; 1Esdr. 8,13; 1Esdr. 8,13; 1Esdr. 8,13; 1Esdr. 8,14; 1Esdr. 8,14; 1Esdr. 8,14; 1Esdr. 8,14; 1Esdr. 8,16; 1Esdr. 8,16; 1Esdr. 8,17; 1Esdr. 8,18; 1Esdr. 8,19; 1Esdr. 8,19; 1Esdr. 8,20; 1Esdr. 8,20; 1Esdr. 8,21; 1Esdr. 8,22; 1Esdr. 8,22; 1Esdr. 8,22; 1Esdr. 8,22; 1Esdr. 8,22; 1Esdr. 8,22; 1Esdr. 8,23; 1Esdr. 8,23; 1Esdr. 8,23; 1Esdr. 8,23; 1Esdr. 8,24; 1Esdr. 8,24; 1Esdr. 8,24; 1Esdr. 8,24; 1Esdr. 8,26; 1Esdr. 8,26; 1Esdr. 8,26; 1Esdr. 8,26; 1Esdr. 8,27; 1Esdr. 8,27; 1Esdr. 8,28; 1Esdr. 8,30; 1Esdr. 8,31; 1Esdr. 8,32; 1Esdr. 8,32; 1Esdr. 8,33; 1Esdr. 8,34; 1Esdr. 8,35; 1Esdr. 8,36; 1Esdr. 8,37; 1Esdr. 8,38; 1Esdr. 8,39; 1Esdr. 8,39; 1Esdr. 8,39; 1Esdr. 8,40; 1Esdr. 8,41; 1Esdr. 8,41; 1Esdr. 8,42; 1Esdr. 8,42; 1Esdr. 8,43; 1Esdr. 8,43; 1Esdr. 8,43; 1Esdr. 8,43; 1Esdr. 8,43; 1Esdr. 8,43; 1Esdr. 8,43; 1Esdr. 8,44; 1Esdr. 8,45; 1Esdr. 8,45; 1Esdr. 8,46; 1Esdr. 8,46; 1Esdr. 8,46; 1Esdr. 8,47; 1Esdr. 8,47; 1Esdr. 8,47; 1Esdr. 8,47; 1Esdr. 8,48; 1Esdr. 8,48; 1Esdr. 8,49; 1Esdr. 8,50; 1Esdr. 8,50; 1Esdr. 8,51; 1Esdr. 8,51; 1Esdr. 8,53; 1Esdr. 8,53; 1Esdr. 8,54; 1Esdr. 8,54; 1Esdr. 8,54; 1Esdr. 8,54; 1Esdr. 8,55; 1Esdr. 8,55; 1Esdr. 8,55; 1Esdr. 8,55; 1Esdr. 8,55; 1Esdr. 8,55; 1Esdr. 8,56; 1Esdr. 8,56; 1Esdr. 8,56; 1Esdr. 8,56; 1Esdr. 8,56; 1Esdr. 8,57; 1Esdr. 8,57; 1Esdr. 8,57; 1Esdr. 8,57; 1Esdr. 8,58; 1Esdr. 8,58; 1Esdr. 8,58; 1Esdr. 8,59; 1Esdr. 8,59; 1Esdr. 8,59; 1Esdr. 8,59; 1Esdr. 8,60; 1Esdr. 8,60; 1Esdr. 8,61; 1Esdr. 8,61; 1Esdr. 8,62; 1Esdr. 8,62; 1Esdr. 8,62; 1Esdr. 8,62; 1Esdr. 8,62; 1Esdr. 8,64; 1Esdr. 8,64; 1Esdr. 8,64; 1Esdr. 8,64; 1Esdr. 8,64; 1Esdr. 8,66; 1Esdr. 8,66; 1Esdr. 8,66; 1Esdr. 8,66; 1Esdr. 8,66; 1Esdr. 8,66; 1Esdr. 8,66; 1Esdr. 8,66; 1Esdr. 8,66; 1Esdr. 8,66; 1Esdr. 8,67; 1Esdr. 8,67; 1Esdr. 8,67; 1Esdr. 8,67; 1Esdr. 8,67; 1Esdr. 8,68; 1Esdr. 8,68; 1Esdr. 8,68; 1Esdr. 8,68; 1Esdr. 8,68; 1Esdr. 8,68; 1Esdr. 8,68; 1Esdr. 8,69; 1Esdr. 8,69; 1Esdr. 8,70; 1Esdr. 8,70; 1Esdr. 8,70; 1Esdr. 8,74; 1Esdr. 8,74; 1Esdr. 8,74; 1Esdr. 8,74; 1Esdr. 8,74; 1Esdr. 8,74; 1Esdr. 8,75; 1Esdr. 8,75; 1Esdr. 8,76; 1Esdr. 8,77; 1Esdr. 8,78; 1Esdr. 8,78; 1Esdr. 8,78; 1Esdr. 8,79; 1Esdr. 8,80; 1Esdr. 8,81; 1Esdr. 8,81; 1Esdr. 8,82; 1Esdr. 8,82; 1Esdr. 8,83; 1Esdr. 8,83; 1Esdr. 8,84; 1Esdr. 8,85; 1Esdr. 8,85; 1Esdr. 8,88; 1Esdr. 8,88; 1Esdr. 8,89; 1Esdr. 8,89; 1Esdr. 8,89; 1Esdr. 8,90; 1Esdr. 8,91; 1Esdr. 8,92; 1Esdr. 8,92; 1Esdr. 8,92; 1Esdr. 9,1; 1Esdr. 9,2; 1Esdr. 9,3; 1Esdr. 9,3; 1Esdr. 9,4; 1Esdr. 9,4; 1Esdr. 9,5; 1Esdr. 9,6; 1Esdr. 9,7; 1Esdr. 9,7; 1Esdr. 9,8; 1Esdr. 9,9; 1Esdr. 9,9; 1Esdr. 9,9; 1Esdr. 9,10; 1Esdr. 9,10; 1Esdr. 9,11; 1Esdr. 9,11; 1Esdr. 9,11; 1Esdr. 9,11; 1Esdr. 9,12; 1Esdr. 9,13; 1Esdr. 9,13; 1Esdr. 9,14; 1Esdr. 9,14; 1Esdr. 9,14; 1Esdr. 9,14; 1Esdr. 9,15; 1Esdr. 9,16; 1Esdr. 9,16; 1Esdr. 9,17; 1Esdr. 9,19; 1Esdr. 9,19; 1Esdr. 9,19; 1Esdr. 9,19; 1Esdr. 9,20; 1Esdr. 9,20; 1Esdr. 9,21; 1Esdr. 9,21; 1Esdr. 9,21; 1Esdr. 9,21; 1Esdr. 9,21; 1Esdr. 9,21; 1Esdr. 9,22; 1Esdr. 9,22; 1Esdr. 9,22; 1Esdr. 9,22; 1Esdr. 9,23; 1Esdr. 9,23; 1Esdr. 9,23; 1Esdr. 9,23; 1Esdr. 9,23; 1Esdr. 9,23; 1Esdr. 9,25; 1Esdr. 9,26; 1Esdr. 9,26; 1Esdr. 9,26; 1Esdr. 9,26; 1Esdr. 9,26; 1Esdr. 9,26; 1Esdr. 9,27; 1Esdr. 9,27; 1Esdr. 9,27;

καί

1Esdr. 9,27; 1Esdr. 9,28; 1Esdr. 9,28; 1Esdr. 9,28; 1Esdr. 9,29; 1Esdr. 9,29; 1Esdr. 9,29; 1Esdr. 9,29; 1Esdr. 9,30; 1Esdr. 9,30; 1Esdr. 9,30; 1Esdr. 9,31; 1Esdr. 9,31; 1Esdr. 9,31; 1Esdr. 9,31; 1Esdr. 9,31; 1Esdr. 9,31; 1Esdr. 9,32; 1Esdr. 9,32; 1Esdr. 9,32; 1Esdr. 9,32; 1Esdr. 9,32; 1Esdr. 9,33; 1Esdr. 9,33; 1Esdr. 9,33; 1Esdr. 9,33; 1Esdr. 9,33; 1Esdr. 9,33; 1Esdr. 9,34; 1Esdr. 9,34; 1Esdr. 9,34; 1Esdr. 9,34; 1Esdr. 9,34; 1Esdr. 9,34; 1Esdr. 9,35; 1Esdr. 9,36; 1Esdr. 9,37; 1Esdr. 9,37; 1Esdr. 9,37; 1Esdr. 9,37; 1Esdr. 9,38; 1Esdr. 9,39; 1Esdr. 9,39; 1Esdr. 9,40; 1Esdr. 9,40; 1Esdr. 9,41; 1Esdr. 9,41; 1Esdr. 9,41; 1Esdr. 9,42; 1Esdr. 9,42; 1Esdr. 9,43; 1Esdr. 9,44; 1Esdr. 9,45; 1Esdr. 9,46; 1Esdr. 9,46; 1Esdr. 9,47; 1Esdr. 9,47; 1Esdr. 9,48; 1Esdr. 9,48; 1Esdr. 9,48; 1Esdr. 9,48; 1Esdr. 9,48; 1Esdr. 9,49; 1Esdr. 9,49; 1Esdr. 9,49; 1Esdr. 9,50; 1Esdr. 9,51; 1Esdr. 9,51; 1Esdr. 9,52; 1Esdr. 9,53; 1Esdr. 9,54; 1Esdr. 9,54; 1Esdr. 9,54; 1Esdr. 9,54; 1Esdr. 9,54; 1Esdr. 9,55; 1Esdr. 9,55; Ezra 1,1; Ezra 1,2; Ezra 1,3; Ezra 1,3; Ezra 1,3; Ezra 1,4; Ezra 1,4; Ezra 1,4; Ezra 1,4; Ezra 1,4; Ezra 1,5; Ezra 1,5; Ezra 1,5; Ezra 1,5; Ezra 1,6; Ezra 1,6; Ezra 1,6; Ezra 1,7; Ezra 1,7; Ezra 1,8; Ezra 1,8; Ezra 1,9; Ezra 1,9; Ezra 1,9; Ezra 1,10; Ezra 1,10; Ezra 1,11; Ezra 1,11; Ezra 2,1; Ezra 2,1; Ezra 2,25; Ezra 2,26; Ezra 2,28; Ezra 2,33; Ezra 2,36; Ezra 2,40; Ezra 2,40; Ezra 2,58; Ezra 2,59; Ezra 2,59; Ezra 2,59; Ezra 2,61; Ezra 2,61; Ezra 2,62; Ezra 2,62; Ezra 2,63; Ezra 2,63; Ezra 2,65; Ezra 2,65; Ezra 2,65; Ezra 2,68; Ezra 2,69; Ezra 2,69; Ezra 2,69; Ezra 2,70; Ezra 2,70; Ezra 2,70; Ezra 2,70; Ezra 2,70; Ezra 2,70; Ezra 2,70; Ezra 3,1; Ezra 3,1; Ezra 3,2; Ezra 3,2; Ezra 3,2; Ezra 3,2; Ezra 3,2; Ezra 3,3; Ezra 3,3; Ezra 3,3; Ezra 3,4; Ezra 3,4; Ezra 3,5; Ezra 3,5; Ezra 3,5; Ezra 3,5; Ezra 3,6; Ezra 3,7; Ezra 3,7; Ezra 3,7; Ezra 3,7; Ezra 3,7; Ezra 3,7; Ezra 3,8; Ezra 3,8; Ezra 3,8; Ezra 3,8; Ezra 3,8; Ezra 3,8; Ezra 3,8; Ezra 3,9; Ezra 3,9; Ezra 3,9; Ezra 3,9; Ezra 3,9; Ezra 3,10; Ezra 3,10; Ezra 3,10; Ezra 3,11; Ezra 3,11; Ezra 3,11; Ezra 3,12; Ezra 3,12; Ezra 3,12; Ezra 3,12; Ezra 3,12; Ezra 3,13; Ezra 3,13; Ezra 4,1; Ezra 4,2; Ezra 4,2; Ezra 4,2; Ezra 4,2; Ezra 4,3; Ezra 4,3; Ezra 4,3; Ezra 4,3; Ezra 4,4; Ezra 4,4; Ezra 4,5; Ezra 4,5; Ezra 4,6; Ezra 4,7; Ezra 4,7; Ezra 4,7; Ezra 4,8; Ezra 4,9; Ezra 4,9; Ezra 4,10; Ezra 4,10; Ezra 4,10; Ezra 4,10; Ezra 4,12; Ezra 4,12; Ezra 4,12; Ezra 4,13; Ezra 4,13; Ezra 4,14; Ezra 4,14; Ezra 4,15; Ezra 4,15; Ezra 4,15; Ezra 4,15; Ezra 4,15; Ezra 4,16; Ezra 4,17; Ezra 4,17; Ezra 4,17; Ezra 4,19; Ezra 4,19; Ezra 4,19; Ezra 4,19; Ezra 4,19; Ezra 4,20; Ezra 4,20; Ezra 4,20; Ezra 4,20; Ezra 4,21; Ezra 4,21; Ezra 4,23; Ezra 4,23; Ezra 4,23; Ezra 4,23; Ezra 4,23; Ezra 4,23; Ezra 4,24; Ezra 5,1; Ezra 5,1; Ezra 5,2; Ezra 5,2; Ezra 5,2; Ezra 5,3; Ezra 5,3; Ezra 5,3; Ezra 5,3; Ezra 5,5; Ezra 5,5; Ezra 5,5; Ezra 5,6; Ezra 5,6; Ezra 5,7; Ezra 5,8; Ezra 5,8; Ezra 5,8; Ezra 5,8; Ezra 5,9; Ezra 5,9; Ezra 5,10; Ezra 5,11; Ezra 5,11; Ezra 5,11; Ezra 5,11; Ezra 5,11; Ezra 5,12; Ezra 5,12; Ezra 5,14; Ezra 5,14; Ezra 5,14; Ezra 5,14; Ezra 5,15; Ezra 5,15; Ezra 5,16; Ezra 5,16; Ezra 5,16; Ezra 5,17; Ezra 5,17; Ezra 6,1; Ezra 6,2; Ezra 6,2; Ezra 6,3; Ezra 6,3; Ezra 6,4; Ezra 6,4; Ezra 6,4; Ezra 6,5; Ezra 6,5; Ezra 6,5; Ezra 6,5; Ezra 6,6; Ezra 6,7; Ezra 6,8; Ezra 6,8; Ezra 6,9; Ezra 6,9; Ezra 6,9; Ezra 6,9; Ezra 6,10; Ezra 6,10; Ezra 6,11; Ezra 6,11; Ezra 6,11; Ezra 6,12; Ezra 6,12; Ezra 6,13; Ezra 6,14; Ezra 6,14; Ezra 6,14; Ezra 6,14; Ezra 6,14; Ezra 6,14; Ezra 6,14; Ezra 6,14; Ezra 6,15; Ezra 6,16; Ezra 6,16; Ezra 6,16; Ezra 6,17; Ezra 6,18; Ezra 6,18; Ezra 6,20; Ezra 6,20; Ezra 6,20; Ezra 6,20; Ezra 6,21; Ezra 6,21; Ezra 6,22; Ezra 6,22; Ezra 7,6; Ezra 7,6; Ezra 7,7; Ezra 7,7; Ezra 7,7; Ezra 7,7; Ezra 7,7; Ezra 7,7; Ezra 7,8; Ezra 7,10; Ezra 7,10; Ezra 7,10; Ezra 7,11; Ezra 7,12; Ezra 7,13; Ezra 7,13; Ezra 7,14; Ezra 7,14; Ezra 7,15; Ezra 7,15; Ezra 7,15; Ezra 7,16; Ezra 7,16; Ezra 7,16; Ezra 7,17; Ezra 7,17; Ezra 7,17; Ezra 7,17; Ezra 7,18; Ezra 7,18; Ezra 7,18; Ezra 7,19; Ezra 7,20; Ezra 7,21; Ezra 7,21; Ezra 7,22; Ezra 7,22; Ezra 7,22; Ezra 7,22; Ezra 7,23; Ezra 7,24; Ezra 7,24; Ezra 7,24; Ezra 7,25; Ezra 7,25; Ezra 7,25; Ezra 7,26; Ezra 7,26; Ezra 7,28; Ezra 7,28; Ezra 7,28; Ezra 7,28; Ezra 7,28; Ezra 8,3; Ezra 8,3; Ezra 8,4; Ezra 8,5; Ezra 8,6; Ezra 8,6; Ezra 8,7; Ezra 8,7; Ezra 8,8; Ezra 8,8; Ezra 8,9; Ezra 8,9; Ezra 8,10; Ezra 8,10; Ezra 8,11; Ezra 8,11; Ezra 8,12; Ezra 8,12; Ezra 8,13; Ezra 8,13; Ezra 8,13; Ezra 8,13; Ezra 8,14; Ezra 8,14; Ezra 8,15; Ezra 8,15; Ezra 8,15; Ezra 8,15; Ezra 8,16; Ezra 8,16; Ezra 8,16; Ezra 8,16; Ezra 8,16; Ezra 8,16; Ezra 8,16; Ezra 8,16; Ezra 8,17; Ezra 8,17; Ezra 8,18; Ezra 8,18; Ezra 8,18; Ezra 8,19; Ezra 8,19; Ezra 8,19; Ezra 8,20; Ezra 8,20; Ezra 8,20; Ezra 8,21; Ezra 8,21; Ezra 8,21; Ezra 8,22; Ezra 8,22; Ezra 8,22; Ezra 8,23; Ezra 8,23; Ezra 8,23; Ezra 8,24; Ezra 8,24; Ezra 8,25; Ezra 8,25; Ezra 8,25; Ezra 8,25; Ezra 8,25; Ezra 8,25; Ezra 8,26; Ezra 8,26; Ezra 8,26; Ezra 8,26; Ezra 8,27; Ezra 8,27; Ezra 8,28; Ezra 8,28; Ezra 8,28; Ezra 8,28; Ezra 8,29; Ezra 8,29; Ezra 8,29; Ezra 8,30; Ezra 8,30; Ezra 8,30; Ezra 8,30; Ezra 8,31; Ezra 8,31; Ezra 8,31; Ezra 8,32; Ezra 8,32; Ezra 8,33; Ezra 8,33; Ezra 8,33; Ezra 8,33; Ezra 8,33; Ezra 8,33; Ezra 8,34; Ezra 8,34; Ezra 8,35; Ezra 8,36; Ezra 8,36; Ezra 8,36; Ezra 8,36; Ezra 9,1; Ezra 9,1; Ezra 9,1; Ezra 9,2; Ezra 9,2; Ezra 9,2; Ezra 9,3; Ezra 9,3; Ezra 9,3; Ezra 9,3; Ezra 9,3; Ezra 9,4; Ezra 9,4; Ezra 9,5; Ezra 9,5; Ezra 9,5; Ezra 9,5; Ezra 9,5; Ezra 9,6; Ezra 9,6; Ezra 9,6; Ezra 9,7; Ezra 9,7; Ezra 9,7; Ezra 9,7; Ezra 9,7; Ezra 9,8; Ezra 9,8; Ezra 9,8; Ezra 9,9; Ezra 9,9; Ezra 9,9; Ezra 9,9; Ezra 9,12; Ezra 9,12; Ezra 9,12; Ezra 9,12; Ezra 9,12; Ezra 9,13; Ezra 9,13; Ezra 9,13; Ezra 9,14; Ezra 9,14; Ezra 10,1; Ezra 10,1; Ezra 10,1; Ezra 10,1; Ezra 10,1; Ezra 10,2; Ezra 10,2; Ezra 10,2; Ezra 10,2; Ezra 10,3; Ezra 10,3; Ezra 10,3; Ezra 10,3; Ezra 10,4; Ezra 10,4; Ezra 10,5; Ezra 10,5; Ezra 10,5; Ezra 10,5; Ezra 10,5; Ezra 10,6; Ezra 10,6; Ezra 10,6; Ezra 10,6; Ezra 10,7; Ezra 10,7; Ezra 10,8; Ezra 10,8; Ezra 10,8; Ezra 10,9; Ezra 10,9; Ezra 10,10; Ezra 10,10; Ezra 10,10; Ezra 10,11; Ezra 10,11; Ezra 10,11; Ezra 10,11; Ezra 10,12; Ezra 10,12; Ezra 10,13; Ezra 10,13; Ezra 10,13; Ezra 10,13; Ezra 10,14; Ezra 10,14; Ezra 10,14; Ezra 10,14; Ezra 10,15; Ezra 10,15; Ezra 10,15; Ezra 10,16; Ezra 10,16; Ezra 10,16; Ezra 10,16; Ezra 10,17; Ezra 10,18; Ezra 10,18; Ezra 10,18; Ezra 10,18; Ezra 10,19; Ezra 10,19; Ezra 10,20; Ezra 10,20; Ezra 10,21; Ezra 10,21; Ezra 10,21; Ezra 10,21; Ezra 10,22; Ezra 10,22; Ezra 10,22; Ezra 10,22; Ezra 10,23; Ezra 10,23; Ezra 10,23; Ezra 10,23; Ezra 10,23; Ezra 10,24; Ezra 10,24; Ezra 10,24; Ezra 10,24; Ezra 10,25; Ezra 10,25; Ezra 10,25; Ezra 10,25; Ezra 10,25; Ezra 10,25; Ezra 10,25; Ezra 10,26; Ezra 10,26; Ezra 10,26; Ezra 10,26; Ezra 10,26; Ezra 10,26; Ezra 10,27; Ezra 10,27; Ezra 10,27; Ezra 10,27; Ezra 10,28; Ezra 10,28; Ezra 10,29; Ezra 10,29; Ezra 10,29; Ezra 10,30; Ezra 10,30; Ezra 10,30; Ezra 10,31; Ezra 10,33; Ezra 10,37; Ezra 10,38; Ezra 10,39; Ezra 10,39; Ezra 10,39; Ezra 10,41; Ezra 10,41; Ezra 10,42; Ezra 10,43; Ezra 10,43; Ezra 10,44; Neh. 1,1; Neh. 1,2; Neh. 1,2; Neh. 1,2; Neh. 1,2; Neh. 1,3; Neh. 1,3; Neh. 1,3; Neh. 1,3; Neh. 1,4; Neh. 1,4; Neh. 1,4; Neh. 1,4; Neh. 1,4; Neh. 1,5; Neh. 1,5; Neh. 1,5; Neh. 1,5; Neh. 1,6; Neh. 1,6; Neh. 1,6; Neh. 1,6; Neh. 1,6; Neh. 1,7; Neh. 1,7; Neh. 1,7; Neh. 1,9; Neh. 1,9; Neh. 1,9; Neh. 1,9; Neh. 1,10; Neh. 1,10; Neh. 1,10; Neh. 1,11; Neh. 1,11; Neh. 1,11; Neh. 1,11; Neh. 2,1; Neh. 2,1; Neh. 2,1; Neh. 2,1; Neh. 2,2; Neh. 2,2; Neh. 2,2; Neh. 2,3; Neh. 2,3; Neh. 2,4; Neh. 2,4; Neh. 2,5; Neh. 2,5; Neh. 2,5; Neh. 2,6; Neh. 2,6; Neh. 2,6; Neh. 2,6; Neh. 2,6; Neh. 2,6; Neh. 2,7; Neh. 2,8; Neh. 2,8; Neh. 2,8; Neh. 2,8; Neh. 2,9; Neh. 2,9; Neh. 2,9; Neh. 2,9; Neh. 2,10; Neh. 2,10; Neh. 2,10; Neh. 2,11; Neh. 2,12; Neh. 2,12; Neh. 2,12; Neh. 2,12; Neh. 2,13; Neh. 2,13; Neh. 2,13; Neh. 2,13; Neh. 2,13; Neh. 2,14; Neh. 2,14; Neh. 2,14; Neh. 2,15; Neh. 2,15; Neh. 2,15; Neh. 2,15; Neh. 2,16; Neh. 2,16; Neh. 2,16; Neh. 2,16; Neh. 2,16; Neh. 2,16; Neh.

Κ, κ

2,16; Neh. 2,17; Neh. 2,17; Neh. 2,17; Neh. 2,17; Neh. 2,18; Neh. 2,18; Neh. 2,18; Neh. 2,18; Neh. 2,19; Neh. 2,19; Neh. 2,19; Neh. 2,19; Neh. 2,19; Neh. 2,19; Neh. 2,20; Neh. 2,20; Neh. 2,20; Neh. 2,20; Neh. 2,20; Neh. 2,20; Neh. 2,20; Neh. 3,1; Neh. 3,1; Neh. 3,1; Neh. 3,1; Neh. 3,2; Neh. 3,2; Neh. 3,3; Neh. 3,3; Neh. 3,3; Neh. 3,3; Neh. 3,4; Neh. 3,4; Neh. 3,4; Neh. 3,5; Neh. 3,5; Neh. 3,6; Neh. 3,6; Neh. 3,6; Neh. 3,6; Neh. 3,6; Neh. 3,8; Neh. 3,8; Neh. 3,9; Neh. 3,10; Neh. 3,10; Neh. 3,10; Neh. 3,11; Neh. 3,11; Neh. 3,11; Neh. 3,12; Neh. 3,12; Neh. 3,13; Neh. 3,13; Neh. 3,13; Neh. 3,13; Neh. 3,13; Neh. 3,14; Neh. 3,14; Neh. 3,14; Neh. 3,14; Neh. 3,14; Neh. 3,14; Neh. 3,15; Neh. 3,15; Neh. 3,16; Neh. 3,16; Neh. 3,19; Neh. 3,22; Neh. 3,23; Neh. 3,23; Neh. 3,24; Neh. 3,25; Neh. 3,25; Neh. 3,26; Neh. 3,26; Neh. 3,27; Neh. 3,29; Neh. 3,30; Neh. 3,31; Neh. 3,31; Neh. 3,32; Neh. 3,32; Neh. 3,33; Neh. 3,33; Neh. 3,33; Neh. 3,33; Neh. 3,34; Neh. 3,35; Neh. 3,35; Neh. 3,35; Neh. 3,36; Neh. 3,36; Neh. 3,37; Neh. 4,1; Neh. 4,1; Neh. 4,1; Neh. 4,1; Neh. 4,2; Neh. 4,3; Neh. 4,3; Neh. 4,3; Neh. 4,4; Neh. 4,4; Neh. 4,4; Neh. 4,5; Neh. 4,5; Neh. 4,5; Neh. 4,5; Neh. 4,5; Neh. 4,6; Neh. 4,6; Neh. 4,7; Neh. 4,7; Neh. 4,7; Neh. 4,8; Neh. 4,8; Neh. 4,8; Neh. 4,8; Neh. 4,8; Neh. 4,8; Neh. 4,8; Neh. 4,8; Neh. 4,8; Neh. 4,9; Neh. 4,9; Neh. 4,9; Neh. 4,10; Neh. 4,10; Neh. 4,10; Neh. 4,10; Neh. 4,10; Neh. 4,10; Neh. 4,10; Neh. 4,11; Neh. 4,11; Neh. 4,12; Neh. 4,12; Neh. 4,12; Neh. 4,13; Neh. 4,13; Neh. 4,13; Neh. 4,13; Neh. 4,13; Neh. 4,14; Neh. 4,15; Neh. 4,15; Neh. 4,16; Neh. 4,16; Neh. 4,16; Neh. 4,17; Neh. 4,17; Neh. 4,17; Neh. 5,1; Neh. 5,2; Neh. 5,2; Neh. 5,2; Neh. 5,2; Neh. 5,2; Neh. 5,3; Neh. 5,3; Neh. 5,3; Neh. 5,3; Neh. 5,3; Neh. 5,4; Neh. 5,4; Neh. 5,4; Neh. 5,5; Neh. 5,5; Neh. 5,5; Neh. 5,5; Neh. 5,5; Neh. 5,5; Neh. 5,5; Neh. 5,6; Neh. 5,6; Neh. 5,7; Neh. 5,7; Neh. 5,7; Neh. 5,7; Neh. 5,7; Neh. 5,8; Neh. 5,8; Neh. 5,8; Neh. 5,8; Neh. 5,9; Neh. 5,10; Neh. 5,10; Neh. 5,10; Neh. 5,10; Neh. 5,11; Neh. 5,11; Neh. 5,11; Neh. 5,11; Neh. 5,12; Neh. 5,12; Neh. 5,12; Neh. 5,12; Neh. 5,13; Neh. 5,13; Neh. 5,13; Neh. 5,13; Neh. 5,13; Neh. 5,13; Neh. 5,13; Neh. 5,13; Neh. 5,14; Neh. 5,14; Neh. 5,14; Neh. 5,15; Neh. 5,15; Neh. 5,15; Neh. 5,15; Neh. 5,15; Neh. 5,16; Neh. 5,16; Neh. 5,17; Neh. 5,17; Neh. 5,17; Neh. 5,18; Neh. 5,18; Neh. 5,18; Neh. 5,18; Neh. 5,18; Neh. 6,1; Neh. 6,1; Neh. 6,1; Neh. 6,1; Neh. 6,2; Neh. 6,2; Neh. 6,2; Neh. 6,2; Neh. 6,3; Neh. 6,3; Neh. 6,4; Neh. 6,4; Neh. 6,5; Neh. 6,5; Neh. 6,6; Neh. 6,6; Neh. 6,6; Neh. 6,7; Neh. 6,7; Neh. 6,7; Neh. 6,8; Neh. 6,9; Neh. 6,9; Neh. 6,10; Neh. 6,10; Neh. 6,10; Neh. 6,11; Neh. 6,11; Neh. 6,12; Neh. 6,12; Neh. 6,12; Neh. 6,12; Neh. 6,13; Neh. 6,13; Neh. 6,13; Neh. 6,14; Neh. 6,14; Neh. 6,14; Neh. 6,15; Neh. 6,15; Neh. 6,16; Neh. 6,16; Neh. 6,16; Neh. 6,16; Neh. 6,17; Neh. 6,17; Neh. 6,18; Neh. 6,19; Neh. 6,19; Neh. 6,19; Neh. 7,1; Neh. 7,1; Neh. 7,1; Neh. 7,1; Neh. 7,2; Neh. 7,2; Neh. 7,2; Neh. 7,3; Neh. 7,3; Neh. 7,3; Neh. 7,3; Neh. 7,3; Neh. 7,3; Neh. 7,4; Neh. 7,4; Neh. 7,4; Neh. 7,5; Neh. 7,5; Neh. 7,5; Neh. 7,5; Neh. 7,5; Neh. 7,5; Neh. 7,6; Neh. 7,6; Neh. 7,7; Neh. 7,7; Neh. 7,11; Neh. 7,29; Neh. 7,30; Neh. 7,32; Neh. 7,37; Neh. 7,60; Neh. 7,61; Neh. 7,61; Neh. 7,61; Neh. 7,63; Neh. 7,63; Neh. 7,64; Neh. 7,64; Neh. 7,65; Neh. 7,66; Neh. 7,67; Neh. 7,67; Neh. 7,67; Neh. 7,70; Neh. 7,70; Neh. 7,71; Neh. 7,71; Neh. 7,72; Neh. 7,72; Neh. 7,72; Neh. 7,73; Neh. 7,73; Neh. 7,73; Neh. 7,73; Neh. 7,73; Neh. 7,73; Neh. 7,73; Neh. 7,73; Neh. 8,1; Neh. 8,1; Neh. 8,2; Neh. 8,2; Neh. 8,2; Neh. 8,3; Neh. 8,3; Neh. 8,3; Neh. 8,3; Neh. 8,4; Neh. 8,4; Neh. 8,4; Neh. 8,4; Neh. 8,4; Neh. 8,4; Neh. 8,4; Neh. 8,4; Neh. 8,4; Neh. 8,4; Neh. 8,4; Neh. 8,4; Neh. 8,4; Neh. 8,4; Neh. 8,5; Neh. 8,5; Neh. 8,6; Neh. 8,6; Neh. 8,6; Neh. 8,6; Neh. 8,6; Neh. 8,7; Neh. 8,7; Neh. 8,7; Neh. 8,8; Neh. 8,8; Neh. 8,8; Neh. 8,8; Neh. 8,9; Neh. 8,9; Neh. 8,9; Neh. 8,9; Neh. 8,9; Neh. 8,10; Neh. 8,10; Neh. 8,10; Neh. 8,10; Neh. 8,11; Neh. 8,11; Neh. 8,12; Neh. 8,12; Neh. 8,12; Neh. 8,12; Neh. 8,13; Neh. 8,14; Neh. 8,15; Neh. 8,15; Neh. 8,15; Neh. 8,15; Neh. 8,15; Neh. 8,15; Neh. 8,15; Neh. 8,15; Neh. 8,16; Neh. 8,16; Neh. 8,16; Neh. 8,16; Neh. 8,16; Neh. 8,16; Neh. 8,16; Neh. 8,17; Neh. 8,17; Neh. 8,17; Neh. 8,18; Neh. 8,18; Neh. 8,18; Neh. 9,1; Neh. 9,1; Neh. 9,2; Neh. 9,2; Neh. 9,2; Neh. 9,2; Neh. 9,3; Neh. 9,3; Neh. 9,3; Neh. 9,3; Neh. 9,4; Neh. 9,4; Neh. 9,4; Neh. 9,5; Neh. 9,5; Neh. 9,5; Neh. 9,5; Neh. 9,5; Neh. 9,5; Neh. 9,6; Neh. 9,6; Neh. 9,6; Neh. 9,6; Neh. 9,6; Neh. 9,6; Neh. 9,6; Neh. 9,7; Neh. 9,7; Neh. 9,8; Neh. 9,8; Neh. 9,8; Neh. 9,8; Neh. 9,8; Neh. 9,8; Neh. 9,8; Neh. 9,8; Neh. 9,9; Neh. 9,9; Neh. 9,10; Neh. 9,10; Neh. 9,10; Neh. 9,10; Neh. 9,11; Neh. 9,11; Neh. 9,11; Neh. 9,12; Neh. 9,12; Neh. 9,13; Neh. 9,13; Neh. 9,13; Neh. 9,13; Neh. 9,13; Neh. 9,14; Neh. 9,14; Neh. 9,14; Neh. 9,15; Neh. 9,15; Neh. 9,15; Neh. 9,16; Neh. 9,16; Neh. 9,16; Neh. 9,16; Neh. 9,17; Neh. 9,17; Neh. 9,17; Neh. 9,17; Neh. 9,17; Neh. 9,17; Neh. 9,17; Neh. 9,18; Neh. 9,18; Neh. 9,19; Neh. 9,19; Neh. 9,20; Neh. 9,20; Neh. 9,20; Neh. 9,21; Neh. 9,21; Neh. 9,22; Neh. 9,22; Neh. 9,22; Neh. 9,22; Neh. 9,22; Neh. 9,23; Neh. 9,23; Neh. 9,23; Neh. 9,24; Neh. 9,24; Neh. 9,24; Neh. 9,24; Neh. 9,25; Neh. 9,25; Neh. 9,25; Neh. 9,25; Neh. 9,25; Neh. 9,25; Neh. 9,25; Neh. 9,25; Neh. 9,26; Neh. 9,26; Neh. 9,26; Neh. 9,26; Neh. 9,26; Neh. 9,27; Neh. 9,27; Neh. 9,27; Neh. 9,27; Neh. 9,27; Neh. 9,28; Neh. 9,28; Neh. 9,28; Neh. 9,28; Neh. 9,28; Neh. 9,29; Neh. 9,29; Neh. 9,29; Neh. 9,29; Neh. 9,29; Neh. 9,30; Neh. 9,30; Neh. 9,30; Neh. 9,30; Neh. 9,31; Neh. 9,31; Neh. 9,31; Neh. 9,31; Neh. 9,32; Neh. 9,32; Neh. 9,32; Neh. 9,32; Neh. 9,32; Neh. 9,32; Neh. 9,32; Neh. 9,32; Neh. 9,32; Neh. 9,33; Neh. 9,33; Neh. 9,34; Neh. 9,34; Neh. 9,34; Neh. 9,34; Neh. 9,34; Neh. 9,34; Neh. 9,35; Neh. 9,35; Neh. 9,35; Neh. 9,35; Neh. 9,35; Neh. 9,36; Neh. 9,37; Neh. 9,37; Neh. 9,37; Neh. 10,1; Neh. 10,1; Neh. 10,1; Neh. 10,2; Neh. 10,3; Neh. 10,3; Neh. 10,10; Neh. 10,11; Neh. 10,27; Neh. 10,29; Neh. 10,29; Neh. 10,29; Neh. 10,30; Neh. 10,30; Neh. 10,30; Neh. 10,30; Neh. 10,30; Neh. 10,31; Neh. 10,32; Neh. 10,32; Neh. 10,32; Neh. 10,34; Neh. 10,34; Neh. 10,34; Neh. 10,34; Neh. 10,34; Neh. 10,35; Neh. 10,35; Neh. 10,36; Neh. 10,37; Neh. 10,37; Neh. 10,37; Neh. 10,37; Neh. 10,38; Neh. 10,38; Neh. 10,38; Neh. 10,38; Neh. 10,39; Neh. 10,39; Neh. 10,40; Neh. 10,40; Neh. 10,40; Neh. 10,40; Neh. 10,40; Neh. 10,40; Neh. 10,40; Neh. 11,1; Neh. 11,1; Neh. 11,2; Neh. 11,3; Neh. 11,3; Neh. 11,3; Neh. 11,3; Neh. 11,4; Neh. 11,4; Neh. 11,4; Neh. 11,5; Neh. 11,7; Neh. 11,8; Neh. 11,9; Neh. 11,9; Neh. 11,10; Neh. 11,12; Neh. 11,13; Neh. 11,14; Neh. 11,14; Neh. 11,15; Neh. 11,17; Neh. 11,17; Neh. 11,19; Neh. 11,19; Neh. 11,22; Neh. 11,24; Neh. 11,25; Neh. 11,25; Neh. 11,26; Neh. 11,27; Neh. 11,30; Neh. 11,30; Neh. 11,30; Neh. 11,31; Neh. 11,36; Neh. 12,1; Neh. 12,1; Neh. 12,7; Neh. 12,8; Neh. 12,8; Neh. 12,10; Neh. 12,10; Neh. 12,10; Neh. 12,11; Neh. 12,11; Neh. 12,12; Neh. 12,12; Neh. 12,22; Neh. 12,22; Neh. 12,22; Neh. 12,23; Neh. 12,24; Neh. 12,24; Neh. 12,24; Neh. 12,24; Neh. 12,24; Neh. 12,24; Neh. 12,26; Neh. 12,26; Neh. 12,27; Neh. 12,27; Neh. 12,27; Neh. 12,27; Neh. 12,28; Neh. 12,28; Neh. 12,28; Neh. 12,29; Neh. 12,30; Neh. 12,30; Neh. 12,30; Neh. 12,30; Neh. 12,30; Neh. 12,31; Neh. 12,31; Neh. 12,31; Neh. 12,32; Neh. 12,32; Neh. 12,33; Neh. 12,33; Neh. 12,34; Neh. 12,34; Neh. 12,34; Neh. 12,35; Neh. 12,36; Neh. 12,36; Neh. 12,36; Neh. 12,37; Neh. 12,38; Neh. 12,38; Neh. 12,38; Neh. 12,38; Neh. 12,39; Neh. 12,39; Neh. 12,39; Neh. 12,39; Neh. 12,39; Neh. 12,39; Neh. 12,40; Neh. 12,40; Neh. 12,40; Neh. 12,41; Neh. 12,42; Neh. 12,42; Neh. 12,42; Neh. 12,42; Neh. 12,42; Neh. 12,42; Neh. 12,42; Neh. 12,42; Neh. 12,42; Neh. 12,42; Neh. 12,43; Neh. 12,43; Neh. 12,43; Neh. 12,43; Neh. 12,43; Neh. 12,44; Neh. 12,44; Neh. 12,44;

καί

Neh. 12,44; Neh. 12,45; Neh. 12,45; Neh. 12,45; Neh. 12,45; Neh. 12,45; Neh. 12,46; Neh. 12,46; Neh. 12,47; Neh. 12,47; Neh. 12,47; Neh. 12,47; Neh. 13,1; Neh. 13,1; Neh. 13,2; Neh. 13,2; Neh. 13,2; Neh. 13,3; Neh. 13,3; Neh. 13,5; Neh. 13,5; Neh. 13,5; Neh. 13,5; Neh. 13,5; Neh. 13,5; Neh. 13,5; Neh. 13,5; Neh. 13,5; Neh. 13,5; Neh. 13,6; Neh. 13,6; Neh. 13,6; Neh. 13,7; Neh. 13,7; Neh. 13,8; Neh. 13,8; Neh. 13,9; Neh. 13,9; Neh. 13,9; Neh. 13,9; Neh. 13,10; Neh. 13,10; Neh. 13,11; Neh. 13,11; Neh. 13,11; Neh. 13,11; Neh. 13,12; Neh. 13,12; Neh. 13,12; Neh. 13,13; Neh. 13,13; Neh. 13,13; Neh. 13,14; Neh. 13,15; Neh. 13,15; Neh. 13,15; Neh. 13,15; Neh. 13,15; Neh. 13,15; Neh. 13,15; Neh. 13,15; Neh. 13,16; Neh. 13,16; Neh. 13,16; Neh. 13,17; Neh. 13,17; Neh. 13,17; Neh. 13,18; Neh. 13,18; Neh. 13,18; Neh. 13,18; Neh. 13,19; Neh. 13,19; Neh. 13,19; Neh. 13,19; Neh. 13,19; Neh. 13,20; Neh. 13,20; Neh. 13,20; Neh. 13,21; Neh. 13,21; Neh. 13,22; Neh. 13,22; Neh. 13,22; Neh. 13,24; Neh. 13,24; Neh. 13,25; Neh. 13,25; Neh. 13,25; Neh. 13,25; Neh. 13,25; Neh. 13,25; Neh. 13,26; Neh. 13,26; Neh. 13,26; Neh. 13,26; Neh. 13,27; Neh. 13,28; Neh. 13,28; Neh. 13,29; Neh. 13,29; Neh. 13,30; Neh. 13,30; Neh. 13,30; Neh. 13,31; Neh. 13,31; Esth. 11,5 # 1,1d; Esth. 11,5 # 1,1d; Esth. 11,5 # 1,1d; Esth. 11,5 # 1,1d; Esth. 11,6 # 1,1e; Esth. 11,6 # 1,1e; Esth. 11,7 # 1,1f; Esth. 11,8 # 1,1g; Esth. 11,8 # 1,1g; Esth. 11,8 # 1,1g; Esth. 11,8 # 1,1g; Esth. 11,9 # 1,1h; Esth. 11,9 # 1,1h; Esth. 11,9 # 1,1h; Esth. 11,11 # 1,1k; Esth. 11,11 # 1,1k; Esth. 11,11 # 1,1k; Esth. 11,12 # 1,1l; Esth. 11,12 # 1,1l; Esth. 11,12 # 1,1l; Esth. 12,1 # 1,1m; Esth. 12,1 # 1,1m; Esth. 12,2 # 1,1n; Esth. 12,2 # 1,1n; Esth. 12,2 # 1,1n; Esth. 12,3 # 1,1o; Esth. 12,3 # 1,1o; Esth. 12,4 # 1,1p; Esth. 12,4 # 1,1p; Esth. 12,5 # 1,1q; Esth. 12,5 # 1,1q; Esth. 12,6 # 1,1r; Esth. 12,6 # 1,1r; Esth. 12,6 # 1,1r; Esth. 1,3; Esth. 1,3; Esth. 1,3; Esth. 1,3; Esth. 1,4; Esth. 1,4; Esth. 1,6; Esth. 1,6; Esth. 1,6; Esth. 1,6; Esth. 1,6; Esth. 1,6; Esth. 1,6; Esth. 1,6; Esth. 1,7; Esth. 1,7; Esth. 1,7; Esth. 1,8; Esth. 1,8; Esth. 1,9; Esth. 1,10; Esth. 1,10; Esth. 1,10; Esth. 1,10; Esth. 1,10; Esth. 1,10; Esth. 1,11; Esth. 1,11; Esth. 1,11; Esth. 1,12; Esth. 1,12; Esth. 1,12; Esth. 1,13; Esth. 1,13; Esth. 1,14; Esth. 1,14; Esth. 1,14; Esth. 1,14; Esth. 1,15; Esth. 1,16; Esth. 1,16; Esth. 1,16; Esth. 1,17; Esth. 1,17; Esth. 1,18; Esth. 1,19; Esth. 1,19; Esth. 1,19; Esth. 1,19; Esth. 1,20; Esth. 1,20; Esth. 1,21; Esth. 1,21; Esth. 1,21; Esth. 1,22; Esth. 2,1; Esth. 2,1; Esth. 2,2; Esth. 2,3; Esth. 2,3; Esth. 2,3; Esth. 2,3; Esth. 2,3; Esth. 2,4; Esth. 2,4; Esth. 2,4; Esth. 2,5; Esth. 2,7; Esth. 2,7; Esth. 2,7; Esth. 2,8; Esth. 2,8; Esth. 2,9; Esth. 2,9; Esth. 2,9; Esth. 2,9; Esth. 2,9; Esth. 2,9; Esth. 2,10; Esth. 2,12; Esth. 2,12; Esth. 2,13; Esth. 2,13; Esth. 2,14; Esth. 2,14; Esth. 2,16; Esth. 2,17; Esth. 2,17; Esth. 2,17; Esth. 2,18; Esth. 2,18; Esth. 2,18; Esth. 2,18; Esth. 2,20; Esth. 2,20; Esth. 2,21; Esth. 2,22; Esth. 2,22; Esth. 2,22; Esth. 2,23; Esth. 2,23; Esth. 3,1; Esth. 3,1; Esth. 3,2; Esth. 3,3; Esth. 3,4; Esth. 3,4; Esth. 3,4; Esth. 3,5; Esth. 3,6; Esth. 3,7; Esth. 3,7; Esth. 3,7; Esth. 3,7; Esth. 3,8; Esth. 3,8; Esth. 3,10; Esth. 3,11; Esth. 3,12; Esth. 3,12; Esth. 3,12; Esth. 3,13; Esth. 3,13; Esth. 13,1 # 3,13a; Esth. 13,2 # 3,13b; Esth. 13,2 # 3,13b; Esth. 13,2 # 3,13b; Esth. 13,3 # 3,13c; Esth. 13,3 # 3,13c; Esth. 13,3 # 3,13c; Esth. 13,5 # 3,13e; Esth. 13,5 # 3,13e; Esth. 13,6 # 3,13f; Esth. 13,6 # 3,13f; Esth. 13,6 # 3,13f; Esth. 13,7 # 3,13g; Esth. 13,7 # 3,13g; Esth. 3,14; Esth. 3,15; Esth. 3,15; Esth. 4,1; Esth. 4,1; Esth. 4,1; Esth. 4,2; Esth. 4,2; Esth. 4,2; Esth. 4,3; Esth. 4,3; Esth. 4,3; Esth. 4,3; Esth. 4,4; Esth. 4,4; Esth. 4,4; Esth. 4,4; Esth. 4,4; Esth. 4,4; Esth. 4,5; Esth. 4,7; Esth. 4,8; Esth. 4,8; Esth. 4,8; Esth. 4,8; Esth. 4,8; Esth. 4,10; Esth. 4,12; Esth. 4,13; Esth. 4,13; Esth. 4,14; Esth. 4,14; Esth. 4,14; Esth. 4,15; Esth. 4,16; Esth. 4,16; Esth. 4,16; Esth. 4,16; Esth. 4,16; Esth. 4,16; Esth. 13,8 # 4,17a; Esth. 13,8 # 4,17a; Esth. 13,9 # 4,17b; Esth. 13,10 # 4,17c; Esth. 13,10 # 4,17c; Esth. 13,10 # 4,17c; Esth. 13,10 # 4,17c; Esth. 13,14 # 4,17e; Esth. 13,14 # 4,17e; Esth. 13,15 # 4,17f; Esth. 13,15 # 4,17f; Esth. 13,17 # 4,17h; Esth. 13,17 # 4,17h; Esth. 13,17 # 4,17h; Esth. 13,18 # 4,17i; Esth. 14,1 # 4,17k; Esth. 14,1 # 4,17k; Esth. 14,1 # 4,17k; Esth. 14,1 # 4,17k; Esth. 14,1 # 4,17k; Esth. 14,1 # 4,17k; Esth. 14,1 # 4,17k; Esth. 14,1 # 4,17k; Esth. 14,3 # 4,17l; Esth. 14,5 # 4,17m; Esth. 14,5 # 4,17m; Esth. 14,6 # 4,17n; Esth. 14,6 # 4,17n; Esth. 14,8 # 4,17o; Esth. 14,8 # 4,17o; Esth. 14,8 # 4,17o; Esth. 14,8 # 4,17o; Esth. 14,8 # 4,17o; Esth. 14,10 # 4,17p; Esth. 14,10 # 4,17p; Esth. 14,11 # 4,17q; Esth. 14,12 # 4,17r; Esth. 14,12 # 4,17r; Esth. 14,13 # 4,17s; Esth. 14,13 # 4,17s; Esth. 14,14 # 4,17t; Esth. 14,14 # 4,17t; Esth. 14,15 # 4,17u; Esth. 14,15 # 4,17u; Esth. 14,15 # 4,17u; Esth. 14,16 # 4,17w; Esth. 14,17 # 4,17x; Esth. 14,17 # 4,17x; Esth. 14,18 # 4,17y; Esth. 14,19 # 4,17z; Esth. 14,19 # 4,17z; Esth. 15,1; Esth. 15,2 # 5,1a; Esth. 15,2 # 5,1a; Esth. 15,2 # 5,1a; Esth. 15,5 # 5,1b; Esth. 15,5 # 5,1b; Esth. 15,6 # 5,1c; Esth. 15,6 # 5,1c; Esth. 15,6 # 5,1c; Esth. 15,6 # 5,1c; Esth. 15,6 # 5,1c; Esth. 15,7 # 5,1d; Esth. 15,7 # 5,1d; Esth. 15,7 # 5,1d; Esth. 15,7 # 5,1d; Esth. 15,8 # 5,1e; Esth. 15,8 # 5,1e; Esth. 15,8 # 5,1e; Esth. 15,8 # 5,1e; Esth. 15,8 # 5,1e; Esth. 15,11 # 5:2; Esth. 15,11 # 5:2; Esth. 15,11 # 5:2; Esth. 15,13 # 5,2a; Esth. 15,13 # 5,2a; Esth. 15,13 # 5,2a; Esth. 15,15 # 5,2b; Esth. 15,15 # 5,2b; Esth. 5,3; Esth. 5,3; Esth. 5,3; Esth. 5,4; Esth. 5,4; Esth. 5,5; Esth. 5,5; Esth. 5,6; Esth. 5,7; Esth. 5,7; Esth. 5,8; Esth. 5,8; Esth. 5,10; Esth. 5,10; Esth. 5,11; Esth. 5,11; Esth. 5,11; Esth. 5,11; Esth. 5,12; Esth. 5,12; Esth. 5,13; Esth. 5,14; Esth. 5,14; Esth. 5,14; Esth. 5,14; Esth. 5,14; Esth. 5,14; Esth. 6,1; Esth. 6,2; Esth. 6,3; Esth. 6,5; Esth. 6,5; Esth. 6,8; Esth. 6,9; Esth. 6,9; Esth. 6,9; Esth. 6,9; Esth. 6,10; Esth. 6,11; Esth. 6,11; Esth. 6,11; Esth. 6,11; Esth. 6,11; Esth. 6,13; Esth. 6,13; Esth. 6,13; Esth. 6,13; Esth. 7,1; Esth. 7,2; Esth. 7,2; Esth. 7,2; Esth. 7,3; Esth. 7,3; Esth. 7,4; Esth. 7,4; Esth. 7,4; Esth. 7,4; Esth. 7,4; Esth. 7,4; Esth. 7,6; Esth. 7,9; Esth. 7,9; Esth. 7,10; Esth. 7,10; Esth. 8,1; Esth. 8,2; Esth. 8,2; Esth. 8,3; Esth. 8,3; Esth. 8,3; Esth. 8,3; Esth. 8,5; Esth. 8,5; Esth. 8,6; Esth. 8,7; Esth. 8,7; Esth. 8,7; Esth. 8,8; Esth. 8,8; Esth. 8,9; Esth. 8,9; Esth. 8,9; Esth. 8,9; Esth. 8,10; Esth. 8,10; Esth. 8,11; Esth. 8,11; Esth. 16,2 # 8,12b; Esth. 16,3 # 8,12c; Esth. 16,3 # 8,12c; Esth. 16,4 # 8,12d; Esth. 16,8 # 8,12h; Esth. 16,10 # 8,12k; Esth. 16,11 # 8,12l; Esth. 16,12 # 8,12m; Esth. 16,13 # 8,12n; Esth. 16,13 # 8,12n; Esth. 16,16 # 8,12q; Esth. 16,19 # 8,12s; Esth. 16,22 # 8,12u; Esth. 16,22 # 8,12u; Esth. 16,22 # 8,12u; Esth. 16,22 # 8,12u; Esth. 16,24 # 8,12x; Esth. 16,24 # 8,12x; Esth. 16,24 # 8,12x; Esth. 8,15; Esth. 8,15; Esth. 8,16; Esth. 8,17; Esth. 8,17; Esth. 8,17; Esth. 8,17; Esth. 8,17; Esth. 9,3; Esth. 9,3; Esth. 9,6; Esth. 9,7; Esth. 9,7; Esth. 9,8; Esth. 9,8; Esth. 9,8; Esth. 9,9; Esth. 9,9; Esth. 9,9; Esth. 9,9; Esth. 9,10; Esth. 9,12; Esth. 9,13; Esth. 9,14; Esth. 9,14; Esth. 9,15; Esth. 9,15; Esth. 9,15; Esth. 9,16; Esth. 9,16; Esth. 9,16; Esth. 9,17; Esth. 9,17; Esth. 9,17; Esth. 9,18; Esth. 9,18; Esth. 9,18; Esth. 9,19; Esth. 9,20; Esth. 9,20; Esth. 9,21; Esth. 9,22; Esth. 9,22; Esth. 9,22; Esth. 9,22; Esth. 9,23; Esth. 9,24; Esth. 9,25; Esth. 9,25; Esth. 9,25; Esth. 9,26; Esth. 9,26; Esth. 9,27; Esth. 9,27; Esth. 9,27; Esth. 9,27; Esth. 9,27; Esth. 9,27; Esth. 9,27; Esth. 9,28; Esth. 9,29; Esth. 9,29; Esth. 9,31; Esth. 9,31; Esth. 9,31; Esth. 9,31; Esth. 9,32; Esth. 9,32; Esth. 10,1; Esth. 10,2; Esth. 10,2; Esth. 10,2; Esth. 10,2; Esth. 10,3; Esth. 10,3; Esth. 10,3; Esth. 10,6 # 10,3c; Esth. 10,6 # 10,3c; Esth. 10,6 # 10,3c; Esth. 10,6 # 10,3c; Esth. 10,7 # 10,3d; Esth. 10,9 # 10,3f; Esth. 10,9 # 10,3f; Esth. 10,9 # 10,3f; Esth. 10,9 # 10,3f; Esth. 10,9 # 10,3f; Esth. 10,10 # 10,3g; Esth. 10,11 # 10,3h; Esth. 10,11 # 10,3h; Esth. 10,11 # 10,3h; Esth. 10,11 # 10,3h; Esth. 10,12 # 10,3i; Esth. 10,12 # 10,3i; Esth. 10,13

Κ, κ

Κ, κ

10,3k; Esth. 10,13 # 10,3k; Esth. 10,13 # 10,3k; Esth. 10,13 # 10,3k; Esth. 11,1 # 10,3l; Esth. 11,1 # 10,3l; Esth. 11,1 # 10,3l; Judith 1,2; Judith 1,2; Judith 1,2; Judith 1,2; Judith 1,3; Judith 1,3; Judith 1,4; Judith 1,4; Judith 1,4; Judith 1,5; Judith 1,6; Judith 1,6; Judith 1,6; Judith 1,6; Judith 1,6; Judith 1,6; Judith 1,7; Judith 1,7; Judith 1,7; Judith 1,7; Judith 1,7; Judith 1,7; Judith 1,8; Judith 1,8; Judith 1,8; Judith 1,8; Judith 1,9; Judith 1,9; Judith 1,9; Judith 1,9; Judith 1,9; Judith 1,9; Judith 1,9; Judith 1,9; Judith 1,9; Judith 1,9; Judith 1,10; Judith 1,10; Judith 1,11; Judith 1,11; Judith 1,11; Judith 1,12; Judith 1,12; Judith 1,12; Judith 1,12; Judith 1,12; Judith 1,12; Judith 1,12; Judith 1,12; Judith 1,13; Judith 1,13; Judith 1,13; Judith 1,13; Judith 1,13; Judith 1,14; Judith 1,14; Judith 1,14; Judith 1,14; Judith 1,14; Judith 1,15; Judith 1,15; Judith 1,15; Judith 1,16; Judith 1,16; Judith 1,16; Judith 1,16; Judith 1,16; Judith 2,1; Judith 2,2; Judith 2,2; Judith 2,2; Judith 2,2; Judith 2,3; Judith 2,4; Judith 2,4; Judith 2,5; Judith 2,5; Judith 2,6; Judith 2,7; Judith 2,7; Judith 2,7; Judith 2,7; Judith 2,8; Judith 2,8; Judith 2,8; Judith 2,9; Judith 2,10; Judith 2,10; Judith 2,11; Judith 2,12; Judith 2,12; Judith 2,13; Judith 2,14; Judith 2,14; Judith 2,14; Judith 2,14; Judith 2,15; Judith 2,15; Judith 2,16; Judith 2,17; Judith 2,17; Judith 2,17; Judith 2,17; Judith 2,17; Judith 2,17; Judith 2,18; Judith 2,18; Judith 2,18; Judith 2,19; Judith 2,19; Judith 2,19; Judith 2,19; Judith 2,19; Judith 2,20; Judith 2,20; Judith 2,21; Judith 2,21; Judith 2,22; Judith 2,22; Judith 2,22; Judith 2,22; Judith 2,23; Judith 2,23; Judith 2,23; Judith 2,23; Judith 2,24; Judith 2,24; Judith 2,24; Judith 2,25; Judith 2,25; Judith 2,25; Judith 2,26; Judith 2,26; Judith 2,26; Judith 2,27; Judith 2,27; Judith 2,27; Judith 2,27; Judith 2,27; Judith 2,27; Judith 2,27; Judith 2,28; Judith 2,28; Judith 2,28; Judith 2,28; Judith 2,28; Judith 2,28; Judith 2,28; Judith 2,28; Judith 3,1; Judith 3,3; Judith 3,3; Judith 3,3; Judith 3,3; Judith 3,3; Judith 3,4; Judith 3,4; Judith 3,5; Judith 3,5; Judith 3,6; Judith 3,6; Judith 3,6; Judith 3,6; Judith 3,7; Judith 3,7; Judith 3,7; Judith 3,7; Judith 3,8; Judith 3,8; Judith 3,8; Judith 3,8; Judith 3,8; Judith 3,9; Judith 3,10; Judith 3,10; Judith 3,10; Judith 4,1; Judith 4,1; Judith 4,2; Judith 4,2; Judith 4,2; Judith 4,3; Judith 4,3; Judith 4,3; Judith 4,3; Judith 4,4; Judith 4,4; Judith 4,4; Judith 4,4; Judith 4,4; Judith 4,4; Judith 4,4; Judith 4,4; Judith 4,5; Judith 4,5; Judith 4,5; Judith 4,6; Judith 4,6; Judith 4,7; Judith 4,8; Judith 4,8; Judith 4,9; Judith 4,9; Judith 4,10; Judith 4,10; Judith 4,10; Judith 4,10; Judith 4,10; Judith 4,10; Judith 4,11; Judith 4,11; Judith 4,11; Judith 4,11; Judith 4,11; Judith 4,12; Judith 4,12; Judith 4,12; Judith 4,12; Judith 4,12; Judith 4,12; Judith 4,13; Judith 4,13; Judith 4,13; Judith 4,13; Judith 4,14; Judith 4,14; Judith 4,14; Judith 4,14; Judith 4,14; Judith 4,15; Judith 4,15; Judith 5,1; Judith 5,1; Judith 5,1; Judith 5,2; Judith 5,2; Judith 5,2; Judith 5,2; Judith 5,3; Judith 5,3; Judith 5,3; Judith 5,3; Judith 5,3; Judith 5,3; Judith 5,4; Judith 5,5; Judith 5,5; Judith 5,5; Judith 5,7; Judith 5,8; Judith 5,8; Judith 5,8; Judith 5,8; Judith 5,8; Judith 5,9; Judith 5,9; Judith 5,9; Judith 5,9; Judith 5,9; Judith 5,9; Judith 5,10; Judith 5,10; Judith 5,10; Judith 5,10; Judith 5,11; Judith 5,11; Judith 5,11; Judith 5,11; Judith 5,12; Judith 5,12; Judith 5,12; Judith 5,13; Judith 5,14; Judith 5,14; Judith 5,14; Judith 5,15; Judith 5,15; Judith 5,15; Judith 5,16; Judith 5,16; Judith 5,16; Judith 5,16; Judith 5,16; Judith 5,16; Judith 5,17; Judith 5,18; Judith 5,18; Judith 5,18; Judith 5,19; Judith 5,19; Judith 5,19; Judith 5,20; Judith 5,20; Judith 5,20; Judith 5,20; Judith 5,20; Judith 5,21; Judith 5,21; Judith 5,22; Judith 5,22; Judith 5,22; Judith 5,22; Judith 5,22; Judith 5,22; Judith 5,24; Judith 6,1; Judith 6,1; Judith 6,1; Judith 6,2; Judith 6,2; Judith 6,2; Judith 6,2; Judith 6,2; Judith 6,3; Judith 6,4; Judith 6,4; Judith 6,4; Judith 6,6; Judith 6,6; Judith 6,6; Judith 6,7; Judith 6,7; Judith 6,8; Judith 6,9; Judith 6,9; Judith 6,10; Judith 6,10; Judith 6,10; Judith 6,11; Judith 6,11; Judith 6,11; Judith 6,12; Judith 6,12; Judith 6,12; Judith 6,12; Judith 6,13; Judith 6,13; Judith 6,13; Judith 6,14; Judith 6,14; Judith 6,15; Judith 6,15; Judith 6,16; Judith 6,16; Judith 6,16; Judith 6,16; Judith 6,17; Judith 6,17; Judith 6,17; Judith 6,18; Judith 6,18; Judith 6,19; Judith 6,19; Judith 6,20; Judith 6,20; Judith 6,21; Judith 6,21; Judith 6,21; Judith 7,1; Judith 7,1; Judith 7,1; Judith 7,2; Judith 7,2; Judith 7,2; Judith 7,2; Judith 7,3; Judith 7,3; Judith 7,3; Judith 7,4; Judith 7,4; Judith 7,5; Judith 7,5; Judith 7,7; Judith 7,7; Judith 7,7; Judith 7,7; Judith 7,7; Judith 7,8; Judith 7,8; Judith 7,8; Judith 7,11; Judith 7,11; Judith 7,12; Judith 7,13; Judith 7,13; Judith 7,13; Judith 7,13; Judith 7,13; Judith 7,14; Judith 7,14; Judith 7,14; Judith 7,14; Judith 7,15; Judith 7,15; Judith 7,16; Judith 7,16; Judith 7,16; Judith 7,17; Judith 7,17; Judith 7,17; Judith 7,17; Judith 7,17; Judith 7,18; Judith 7,18; Judith 7,18; Judith 7,18; Judith 7,18; Judith 7,18; Judith 7,18; Judith 7,18; Judith 7,18; Judith 7,18; Judith 7,19; Judith 7,20; Judith 7,20; Judith 7,20; Judith 7,20; Judith 7,21; Judith 7,21; Judith 7,22; Judith 7,22; Judith 7,22; Judith 7,22; Judith 7,22; Judith 7,22; Judith 7,23; Judith 7,23; Judith 7,23; Judith 7,23; Judith 7,23; Judith 7,23; Judith 7,24; Judith 7,25; Judith 7,25; Judith 7,26; Judith 7,26; Judith 7,26; Judith 7,27; Judith 7,27; Judith 7,27; Judith 7,27; Judith 7,28; Judith 7,28; Judith 7,28; Judith 7,28; Judith 7,29; Judith 7,29; Judith 7,30; Judith 7,31; Judith 7,32; Judith 7,32; Judith 7,32; Judith 7,32; Judith 7,32; Judith 7,32; Judith 8,2; Judith 8,2; Judith 8,2; Judith 8,3; Judith 8,3; Judith 8,3; Judith 8,3; Judith 8,3; Judith 8,4; Judith 8,4; Judith 8,5; Judith 8,5; Judith 8,5; Judith 8,6; Judith 8,6; Judith 8,6; Judith 8,6; Judith 8,6; Judith 8,6; Judith 8,7; Judith 8,7; Judith 8,7; Judith 8,7; Judith 8,7; Judith 8,7; Judith 8,7; Judith 8,7; Judith 8,7; Judith 8,8; Judith 8,9; Judith 8,9; Judith 8,10; Judith 8,10; Judith 8,11; Judith 8,11; Judith 8,11; Judith 8,11; Judith 8,12; Judith 8,12; Judith 8,13; Judith 8,13; Judith 8,14; Judith 8,14; Judith 8,14; Judith 8,14; Judith 8,15; Judith 8,17; Judith 8,19; Judith 8,19; Judith 8,21; Judith 8,21; Judith 8,22; Judith 8,22; Judith 8,22; Judith 8,22; Judith 8,22; Judith 8,24; Judith 8,24; Judith 8,24; Judith 8,24; Judith 8,26; Judith 8,26; Judith 8,27; Judith 8,28; Judith 8,28; Judith 8,30; Judith 8,30; Judith 8,31; Judith 8,31; Judith 8,31; Judith 8,32; Judith 8,32; Judith 8,33; Judith 8,33; Judith 8,35; Judith 8,35; Judith 8,35; Judith 8,36; Judith 9,1; Judith 9,1; Judith 9,1; Judith 9,1; Judith 9,1; Judith 9,2; Judith 9,2; Judith 9,2; Judith 9,3; Judith 9,3; Judith 9,3; Judith 9,4; Judith 9,4; Judith 9,4; Judith 9,4; Judith 9,4; Judith 9,4; Judith 9,5; Judith 9,5; Judith 9,5; Judith 9,5; Judith 9,5; Judith 9,6; Judith 9,6; Judith 9,6; Judith 9,7; Judith 9,7; Judith 9,7; Judith 9,7; Judith 9,7; Judith 9,8; Judith 9,10; Judith 9,12; Judith 9,12; Judith 9,13; Judith 9,13; Judith 9,13; Judith 9,13; Judith 9,13; Judith 9,13; Judith 9,14; Judith 9,14; Judith 9,14; Judith 9,14; Judith 10,1; Judith 10,2; Judith 10,2; Judith 10,2; Judith 10,2; Judith 10,3; Judith 10,3; Judith 10,3; Judith 10,3; Judith 10,3; Judith 10,3; Judith 10,3; Judith 10,4; Judith 10,4; Judith 10,4; Judith 10,4; Judith 10,4; Judith 10,4; Judith 10,5; Judith 10,5; Judith 10,5; Judith 10,5; Judith 10,5; Judith 10,5; Judith 10,5; Judith 10,6; Judith 10,6; Judith 10,6; Judith 10,6; Judith 10,7; Judith 10,7; Judith 10,7; Judith 10,7; Judith 10,8; Judith 10,8; Judith 10,9; Judith 10,9; Judith 10,9; Judith 10,9; Judith 10,10; Judith 10,10; Judith 10,10; Judith 10,10; Judith 10,11; Judith 10,11; Judith 10,12; Judith 10,12; Judith 10,12; Judith 10,12; Judith 10,12; Judith 10,12; Judith 10,13; Judith 10,13; Judith 10,13; Judith 10,14; Judith 10,14; Judith 10,14; Judith 10,15; Judith 10,15; Judith 10,16; Judith 10,17; Judith 10,17; Judith 10,17; Judith 10,17; Judith 10,18; Judith 10,18; Judith 10,19; Judith 10,19; Judith 10,19; Judith 10,20; Judith 10,20; Judith 10,20; Judith 10,21; Judith 10,21; Judith 10,21; Judith 10,21; Judith 10,22; Judith 10,22; Judith 10,23; Judith 10,23; Judith 10,23; Judith 11,2; Judith 11,3;

καί

Judith 11,3; Judith 11,3; Judith 11,5; Judith 11,5; Judith 11,5; Judith 11,6; Judith 11,6; Judith 11,7; Judith 11,7; Judith 11,7; Judith 11,7; Judith 11,8; Judith 11,8; Judith 11,8; Judith 11,8; Judith 11,9; Judith 11,9; Judith 11,11; Judith 11,11; Judith 11,11; Judith 11,11; Judith 11,12; Judith 11,12; Judith 11,13; Judith 11,13; Judith 11,13; Judith 11,14; Judith 11,14; Judith 11,15; Judith 11,15; Judith 11,16; Judith 11,17; Judith 11,17; Judith 11,17; Judith 11,17; Judith 11,17; Judith 11,17; Judith 11,18; Judith 11,18; Judith 11,18; Judith 11,19; Judith 11,19; Judith 11,19; Judith 11,19; Judith 11,19; Judith 11,19; Judith 11,20; Judith 11,20; Judith 11,20; Judith 11,20; Judith 11,21; Judith 11,22; Judith 11,23; Judith 11,23; Judith 11,23; Judith 11,23; Judith 12,1; Judith 12,1; Judith 12,2; Judith 12,3; Judith 12,4; Judith 12,5; Judith 12,5; Judith 12,5; Judith 12,6; Judith 12,7; Judith 12,7; Judith 12,7; Judith 12,7; Judith 12,8; Judith 12,9; Judith 12,10; Judith 12,11; Judith 12,11; Judith 12,11; Judith 12,13; Judith 12,13; Judith 12,13; Judith 12,13; Judith 12,13; Judith 12,14; Judith 12,14; Judith 12,15; Judith 12,15; Judith 12,15; Judith 12,15; Judith 12,16; Judith 12,16; Judith 12,16; Judith 12,16; Judith 12,16; Judith 12,17; Judith 12,17; Judith 12,18; Judith 12,19; Judith 12,19; Judith 12,20; Judith 12,20; Judith 13,1; Judith 13,1; Judith 13,1; Judith 13,2; Judith 13,3; Judith 13,3; Judith 13,3; Judith 13,4; Judith 13,4; Judith 13,4; Judith 13,5; Judith 13,6; Judith 13,7; Judith 13,7; Judith 13,8; Judith 13,8; Judith 13,9; Judith 13,9; Judith 13,9; Judith 13,9; Judith 13,10; Judith 13,10; Judith 13,10; Judith 13,10; Judith 13,10; Judith 13,11; Judith 13,12; Judith 13,12; Judith 13,13; Judith 13,13; Judith 13,13; Judith 13,13; Judith 13,15; Judith 13,15; Judith 13,15; Judith 13,15; Judith 13,16; Judith 13,16; Judith 13,16; Judith 13,17; Judith 13,17; Judith 13,17; Judith 13,18; Judith 13,18; Judith 13,18; Judith 13,20; Judith 13,20; Judith 14,1; Judith 14,2; Judith 14,2; Judith 14,2; Judith 14,2; Judith 14,2; Judith 14,3; Judith 14,3; Judith 14,3; Judith 14,3; Judith 14,3; Judith 14,3; Judith 14,4; Judith 14,4; Judith 14,5; Judith 14,6; Judith 14,6; Judith 14,6; Judith 14,7; Judith 14,7; Judith 14,7; Judith 14,8; Judith 14,8; Judith 14,9; Judith 14,10; Judith 14,10; Judith 14,11; Judith 14,11; Judith 14,11; Judith 14,12; Judith 14,12; Judith 14,13; Judith 14,13; Judith 14,14; Judith 14,14; Judith 14,15; Judith 14,15; Judith 14,16; Judith 14,16; Judith 14,16; Judith 14,16; Judith 14,17; Judith 14,17; Judith 14,17; Judith 14,17; Judith 14,18; Judith 14,19; Judith 14,19; Judith 14,19; Judith 15,1; Judith 15,2; Judith 15,2; Judith 15,2; Judith 15,2; Judith 15,3; Judith 15,3; Judith 15,3; Judith 15,4; Judith 15,4; Judith 15,4; Judith 15,4; Judith 15,4; Judith 15,4; Judith 15,5; Judith 15,5; Judith 15,5; Judith 15,5; Judith 15,5; Judith 15,6; Judith 15,6; Judith 15,7; Judith 15,7; Judith 15,7; Judith 15,8; Judith 15,8; Judith 15,8; Judith 15,9; Judith 15,10; Judith 15,10; Judith 15,11; Judith 15,11; Judith 15,11; Judith 15,11; Judith 15,11; Judith 15,11; Judith 15,11; Judith 15,11; Judith 15,12; Judith 15,12; Judith 15,12; Judith 15,12; Judith 15,13; Judith 15,13; Judith 15,13; Judith 15,13; Judith 15,13; Judith 15,14; Judith 15,14; Judith 16,1; Judith 16,1; Judith 16,1; Judith 16,3; Judith 16,4; Judith 16,4; Judith 16,4; Judith 16,4; Judith 16,8; Judith 16,8; Judith 16,9; Judith 16,10; Judith 16,11; Judith 16,11; Judith 16,11; Judith 16,12; Judith 16,13; Judith 16,14; Judith 16,14; Judith 16,14; Judith 16,16; Judith 16,17; Judith 16,17; Judith 16,18; Judith 16,18; Judith 16,18; Judith 16,19; Judith 16,19; Judith 16,20; Judith 16,20; Judith 16,21; Judith 16,21; Judith 16,21; Judith 16,22; Judith 16,22; Judith 16,22; Judith 16,23; Judith 16,23; Judith 16,23; Judith 16,23; Judith 16,23; Judith 16,24; Judith 16,24; Judith 16,24; Judith 16,25; Judith 16,25; Tob. 1,3; Tob. 1,3; Tob. 1,3; Tob. 1,4; Tob. 1,4; Tob. 1,4; Tob. 1,5; Tob. 1,5; Tob. 1,6; Tob. 1,6; Tob. 1,7; Tob. 1,7; Tob. 1,7; Tob. 1,7; Tob. 1,8; Tob. 1,9; Tob. 1,9; Tob. 1,10; Tob. 1,10; Tob. 1,13; Tob. 1,13; Tob. 1,13; Tob. 1,14; Tob. 1,14; Tob. 1,15; Tob. 1,15; Tob. 1,16; Tob. 1,17; Tob. 1,17; Tob. 1,17; Tob. 1,18; Tob. 1,18; Tob. 1,18; Tob. 1,19; Tob. 1,20; Tob. 1,20; Tob. 1,20; Tob. 1,21; Tob. 1,21; Tob. 1,21; Tob. 1,21; Tob. 1,21; Tob. 1,22; Tob. 1,22; Tob. 1,22; Tob. 1,22; Tob. 1,22; Tob. 1,22; Tob. 2,1; Tob. 2,1; Tob. 2,1; Tob. 2,2; Tob. 2,2; Tob. 2,2; Tob. 2,2; Tob. 2,3; Tob. 2,5; Tob. 2,5; Tob. 2,6; Tob. 2,6; Tob. 2,6; Tob. 2,7; Tob. 2,7; Tob. 2,8; Tob. 2,8; Tob. 2,8; Tob. 2,9; Tob. 2,9; Tob. 2,9; Tob. 2,10; Tob. 2,10; Tob. 2,10; Tob. 2,10; Tob. 2,10; Tob. 2,12; Tob. 2,12; Tob. 2,13; Tob. 2,14; Tob. 2,14; Tob. 2,14; Tob. 2,14; Tob. 3,1; Tob. 3,1; Tob. 3,2; Tob. 3,2; Tob. 3,2; Tob. 3,2; Tob. 3,2; Tob. 3,3; Tob. 3,3; Tob. 3,3; Tob. 3,4; Tob. 3,4; Tob. 3,4; Tob. 3,5; Tob. 3,5; Tob. 3,6; Tob. 3,6; Tob. 3,6; Tob. 3,7; Tob. 3,8; Tob. 3,8; Tob. 3,8; Tob. 3,10; Tob. 3,10; Tob. 3,11; Tob. 3,11; Tob. 3,11; Tob. 3,11; Tob. 3,12; Tob. 3,12; Tob. 3,13; Tob. 3,15; Tob. 3,15; Tob. 3,15; Tob. 3,15; Tob. 3,15; Tob. 3,17; Tob. 3,17; Tob. 3,17; Tob. 3,17; Tob. 4,2; Tob. 4,3; Tob. 4,3; Tob. 4,3; Tob. 4,3; Tob. 4,5; Tob. 4,5; Tob. 4,5; Tob. 4,7; Tob. 4,7; Tob. 4,7; Tob. 4,10; Tob. 4,12; Tob. 4,12; Tob. 4,12; Tob. 4,13; Tob. 4,13; Tob. 4,13; Tob. 4,13; Tob. 4,13; Tob. 4,13; Tob. 4,13; Tob. 4,14; Tob. 4,14; Tob. 4,15; Tob. 4,15; Tob. 4,16; Tob. 4,16; Tob. 4,17; Tob. 4,18; Tob. 4,19; Tob. 4,19; Tob. 4,19; Tob. 4,19; Tob. 4,19; Tob. 4,19; Tob. 4,19; Tob. 4,20; Tob. 4,21; Tob. 4,21; Tob. 4,21; Tob. 5,2; Tob. 5,3; Tob. 5,3; Tob. 5,3; Tob. 5,3; Tob. 5,4; Tob. 5,4; Tob. 5,4; Tob. 5,5; Tob. 5,5; Tob. 5,6; Tob. 5,6; Tob. 5,6; Tob. 5,7; Tob. 5,7; Tob. 5,8; Tob. 5,8; Tob. 5,9; Tob. 5,9; Tob. 5,10; Tob. 5,10; Tob. 5,10; Tob. 5,11; Tob. 5,11; Tob. 5,12; Tob. 5,12; Tob. 5,12; Tob. 5,12; Tob. 5,14; Tob. 5,14; Tob. 5,14; Tob. 5,14; Tob. 5,14; Tob. 5,14; Tob. 5,14; Tob. 5,14; Tob. 5,15; Tob. 5,16; Tob. 5,17; Tob. 5,17; Tob. 5,17; Tob. 5,17; Tob. 5,17; Tob. 5,17; Tob. 5,17; Tob. 5,17; Tob. 5,18; Tob. 5,18; Tob. 5,21; Tob. 5,21; Tob. 5,22; Tob. 5,22; Tob. 5,23; Tob. 6,1; Tob. 6,2; Tob. 6,2; Tob. 6,3; Tob. 6,3; Tob. 6,4; Tob. 6,4; Tob. 6,4; Tob. 6,4; Tob. 6,5; Tob. 6,6; Tob. 6,7; Tob. 6,7; Tob. 6,7; Tob. 6,8; Tob. 6,8; Tob. 6,8; Tob. 6,9; Tob. 6,11; Tob. 6,11; Tob. 6,12; Tob. 6,12; Tob. 6,12; Tob. 6,13; Tob. 6,13; Tob. 6,13; Tob. 6,14; Tob. 6,15; Tob. 6,15; Tob. 6,15; Tob. 6,15; Tob. 6,15; Tob. 6,15; Tob. 6,16; Tob. 6,16; Tob. 6,17; Tob. 6,17; Tob. 6,17; Tob. 6,17; Tob. 6,17; Tob. 6,17; Tob. 6,17; Tob. 6,18; Tob. 6,18; Tob. 6,18; Tob. 6,18; Tob. 6,18; Tob. 6,18; Tob. 6,19; Tob. 6,19; Tob. 7,1; Tob. 7,1; Tob. 7,1; Tob. 7,1; Tob. 7,2; Tob. 7,3; Tob. 7,3; Tob. 7,4; Tob. 7,5; Tob. 7,5; Tob. 7,5; Tob. 7,6; Tob. 7,6; Tob. 7,6; Tob. 7,6; Tob. 7,6; Tob. 7,6; Tob. 7,6; Tob. 7,6; Tob. 7,7; Tob. 7,7; Tob. 7,7; Tob. 7,8; Tob. 7,8; Tob. 7,9; Tob. 7,10; Tob. 7,10; Tob. 7,10; Tob. 7,10; Tob. 7,11; Tob. 7,12; Tob. 7,12; Tob. 7,12; Tob. 7,12; Tob. 7,13; Tob. 7,13; Tob. 7,13; Tob. 7,13; Tob. 7,13; Tob. 7,14; Tob. 7,14; Tob. 7,14; Tob. 7,14; Tob. 7,15; Tob. 7,15; Tob. 7,15; Tob. 7,16; Tob. 7,16; Tob. 7,16; Tob. 7,16; Tob. 7,16; Tob. 7,17; Tob. 8,2; Tob. 8,2; Tob. 8,2; Tob. 8,2; Tob. 8,3; Tob. 8,4; Tob. 8,4; Tob. 8,5; Tob. 8,5; Tob. 8,5; Tob. 8,5; Tob. 8,6; Tob. 8,7; Tob. 8,7; Tob. 8,8; Tob. 8,9; Tob. 8,10; Tob. 8,10; Tob. 8,11; Tob. 8,12; Tob. 8,12; Tob. 8,12; Tob. 8,13; Tob. 8,13; Tob. 8,14; Tob. 8,15; Tob. 8,15; Tob. 8,15; Tob. 8,15; Tob. 8,15; Tob. 8,15; Tob. 8,16; Tob. 8,17; Tob. 8,20; Tob. 8,21; Tob. 8,21; Tob. 8,21; Tob. 9,1; Tob. 9,2; Tob. 9,2; Tob. 9,2; Tob. 9,2; Tob. 9,4; Tob. 9,4; Tob. 9,5; Tob. 9,5; Tob. 9,5; Tob. 9,5; Tob. 9,6; Tob. 9,6; Tob. 9,6; Tob. 10,1; Tob. 10,1; Tob. 10,2; Tob. 10,3; Tob. 10,4; Tob. 10,4; Tob. 10,6; Tob. 10,7; Tob. 10,7; Tob. 10,8; Tob. 10,9; Tob. 10,9; Tob. 10,10; Tob. 10,10; Tob. 10,10; Tob. 10,11; Tob. 10,12; Tob. 10,12; Tob. 10,13; Tob. 10,13; Tob. 10,13; Tob. 10,14; Tob. 10,14; Tob. 11,1; Tob. 11,3; Tob. 11,4; Tob. 11,4; Tob. 11,5; Tob. 11,6; Tob. 11,6; Tob. 11,6; Tob. 11,7; Tob. 11,8; Tob. 11,8; Tob. 11,8; Tob. 11,9; Tob. 11,9; Tob. 11,9; Tob. 11,10; Tob. 11,10;

Κ, κ

Tob. 11,11; Tob. 11,11; Tob. 11,12; Tob. 11,13; Tob. 11,13; Tob. 11,13; Tob. 11,14; Tob. 11,14; Tob. 11,14; Tob. 11,15; Tob. 11,15; Tob. 11,16; Tob. 11,16; Tob. 11,16; Tob. 11,17; Tob. 11,17; Tob. 11,17; Tob. 11,18; Tob. 11,19; Tob. 11,19; Tob. 11,19; Tob. 12,1; Tob. 12,1; Tob. 12,2; Tob. 12,3; Tob. 12,3; Tob. 12,3; Tob. 12,4; Tob. 12,5; Tob. 12,5; Tob. 12,6; Tob. 12,6; Tob. 12,6; Tob. 12,6; Tob. 12,7; Tob. 12,8; Tob. 12,8; Tob. 12,9; Tob. 12,9; Tob. 12,12; Tob. 12,12; Tob. 12,12; Tob. 12,13; Tob. 12,13; Tob. 12,14; Tob. 12,14; Tob. 12,15; Tob. 12,16; Tob. 12,17; Tob. 12,19; Tob. 12,20; Tob. 12,20; Tob. 12,21; Tob. 12,21; Tob. 12,22; Tob. 12,22; Tob. 12,22; Tob. 13,1; Tob. 13,2; Tob. 13,2; Tob. 13,2; Tob. 13,2; Tob. 13,4; Tob. 13,5; Tob. 13,5; Tob. 13,5; Tob. 13,6; Tob. 13,6; Tob. 13,7; Tob. 13,7; Tob. 13,7; Tob. 13,7; Tob. 13,8; Tob. 13,8; Tob. 13,8; Tob. 13,8; Tob. 13,9; Tob. 13,9; Tob. 13,10; Tob. 13,10; Tob. 13,11; Tob. 13,12; Tob. 13,13; Tob. 13,15; Tob. 13,15; Tob. 13,16; Tob. 13,17; Tob. 13,17; Tob. 13,17; Tob. 13,17; Tob. 13,17; Tob. 13,17; Tob. 13,17; Tob. 13,18; Tob. 13,18; Tob. 14,1; Tob. 14,2; Tob. 14,2; Tob. 14,2; Tob. 14,2; Tob. 14,3; Tob. 14,3; Tob. 14,3; Tob. 14,3; Tob. 14,4; Tob. 14,4; Tob. 14,4; Tob. 14,4; Tob. 14,5; Tob. 14,5; Tob. 14,5; Tob. 14,5; Tob. 14,5; Tob. 14,6; Tob. 14,6; Tob. 14,6; Tob. 14,7; Tob. 14,7; Tob. 14,7; Tob. 14,7; Tob. 14,8; Tob. 14,9; Tob. 14,9; Tob. 14,9; Tob. 14,9; Tob. 14,9; Tob. 14,9; Tob. 14,10; Tob. 14,10; Tob. 14,10; Tob. 14,10; Tob. 14,10; Tob. 14,11; Tob. 14,11; Tob. 14,11; Tob. 14,11; Tob. 14,12; Tob. 14,13; Tob. 14,13; Tob. 14,13; Tob. 14,13; Tob. 14,14; Tob. 14,15; Tob. 14,15; 1Mac. 1,1; 1Mac. 1,1; 1Mac. 1,1; 1Mac. 1,2; 1Mac. 1,2; 1Mac. 1,2; 1Mac. 1,3; 1Mac. 1,3; 1Mac. 1,3; 1Mac. 1,3; 1Mac. 1,3; 1Mac. 1,4; 1Mac. 1,4; 1Mac. 1,4; 1Mac. 1,4; 1Mac. 1,5; 1Mac. 1,5; 1Mac. 1,6; 1Mac. 1,6; 1Mac. 1,7; 1Mac. 1,7; 1Mac. 1,8; 1Mac. 1,9; 1Mac. 1,9; 1Mac. 1,9; 1Mac. 1,10; 1Mac. 1,10; 1Mac. 1,10; 1Mac. 1,10; 1Mac. 1,11; 1Mac. 1,11; 1Mac. 1,12; 1Mac. 1,13; 1Mac. 1,13; 1Mac. 1,13; 1Mac. 1,14; 1Mac. 1,15; 1Mac. 1,15; 1Mac. 1,15; 1Mac. 1,15; 1Mac. 1,16; 1Mac. 1,17; 1Mac. 1,17; 1Mac. 1,17; 1Mac. 1,17; 1Mac. 1,18; 1Mac. 1,18; 1Mac. 1,18; 1Mac. 1,18; 1Mac. 1,19; 1Mac. 1,19; 1Mac. 1,20; 1Mac. 1,20; 1Mac. 1,20; 1Mac. 1,20; 1Mac. 1,20; 1Mac. 1,21; 1Mac. 1,21; 1Mac. 1,21; 1Mac. 1,21; 1Mac. 1,22; 1Mac. 1,22; 1Mac. 1,22; 1Mac. 1,22; 1Mac. 1,22; 1Mac. 1,22; 1Mac. 1,22; 1Mac. 1,23; 1Mac. 1,23; 1Mac. 1,23; 1Mac. 1,23; 1Mac. 1,24; 1Mac. 1,24; 1Mac. 1,24; 1Mac. 1,25; 1Mac. 1,26; 1Mac. 1,26; 1Mac. 1,26; 1Mac. 1,26; 1Mac. 1,27; 1Mac. 1,28; 1Mac. 1,28; 1Mac. 1,29; 1Mac. 1,30; 1Mac. 1,30; 1Mac. 1,30; 1Mac. 1,30; 1Mac. 1,30; 1Mac. 1,31; 1Mac. 1,31; 1Mac. 1,31; 1Mac. 1,31; 1Mac. 1,32; 1Mac. 1,32; 1Mac. 1,32; 1Mac. 1,33; 1Mac. 1,33; 1Mac. 1,33; 1Mac. 1,34; 1Mac. 1,34; 1Mac. 1,35; 1Mac. 1,35; 1Mac. 1,35; 1Mac. 1,35; 1Mac. 1,36; 1Mac. 1,36; 1Mac. 1,37; 1Mac. 1,37; 1Mac. 1,38; 1Mac. 1,38; 1Mac. 1,38; 1Mac. 1,38; 1Mac. 1,40; 1Mac. 1,42; 1Mac. 1,42; 1Mac. 1,43; 1Mac. 1,43; 1Mac. 1,43; 1Mac. 1,44; 1Mac. 1,44; 1Mac. 1,45; 1Mac. 1,45; 1Mac. 1,45; 1Mac. 1,45; 1Mac. 1,45; 1Mac. 1,46; 1Mac. 1,46; 1Mac. 1,47; 1Mac. 1,47; 1Mac. 1,47; 1Mac. 1,47; 1Mac. 1,48; 1Mac. 1,48; 1Mac. 1,49; 1Mac. 1,50; 1Mac. 1,51; 1Mac. 1,51; 1Mac. 1,51; 1Mac. 1,52; 1Mac. 1,52; 1Mac. 1,53; 1Mac. 1,54; 1Mac. 1,54; 1Mac. 1,54; 1Mac. 1,54; 1Mac. 1,55; 1Mac. 1,55; 1Mac. 1,56; 1Mac. 1,57; 1Mac. 1,57; 1Mac. 1,58; 1Mac. 1,59; 1Mac. 1,59; 1Mac. 1,60; 1Mac. 1,61; 1Mac. 1,61; 1Mac. 1,61; 1Mac. 1,62; 1Mac. 1,62; 1Mac. 1,63; 1Mac. 1,63; 1Mac. 1,63; 1Mac. 1,64; 1Mac. 2,1; 1Mac. 2,2; 1Mac. 2,6; 1Mac. 2,6; 1Mac. 2,7; 1Mac. 2,7; 1Mac. 2,7; 1Mac. 2,10; 1Mac. 2,12; 1Mac. 2,12; 1Mac. 2,12; 1Mac. 2,12; 1Mac. 2,14; 1Mac. 2,14; 1Mac. 2,14; 1Mac. 2,14; 1Mac. 2,16; 1Mac. 2,16; 1Mac. 2,16; 1Mac. 2,17; 1Mac. 2,17; 1Mac. 2,17; 1Mac. 2,17; 1Mac. 2,17; 1Mac. 2,17; 1Mac. 2,18; 1Mac. 2,18; 1Mac. 2,18; 1Mac. 2,18; 1Mac. 2,18; 1Mac. 2,18; 1Mac. 2,18; 1Mac. 2,18; 1Mac. 2,19; 1Mac. 2,19; 1Mac. 2,19; 1Mac. 2,20; 1Mac. 2,20; 1Mac. 2,21; 1Mac. 2,23; 1Mac. 2,24; 1Mac. 2,24; 1Mac. 2,24; 1Mac. 2,24; 1Mac. 2,24; 1Mac. 2,25; 1Mac. 2,25; 1Mac. 2,26; 1Mac. 2,27; 1Mac. 2,27; 1Mac. 2,28; 1Mac. 2,28; 1Mac. 2,28; 1Mac. 2,29; 1Mac. 2,30; 1Mac. 2,30; 1Mac. 2,30; 1Mac. 2,31; 1Mac. 2,31; 1Mac. 2,32; 1Mac. 2,32; 1Mac. 2,32; 1Mac. 2,32; 1Mac. 2,33; 1Mac. 2,33; 1Mac. 2,34; 1Mac. 2,35; 1Mac. 2,36; 1Mac. 2,37; 1Mac. 2,38; 1Mac. 2,38; 1Mac. 2,38; 1Mac. 2,38; 1Mac. 2,38; 1Mac. 2,39; 1Mac. 2,39; 1Mac. 2,40; 1Mac. 2,40; 1Mac. 2,40; 1Mac. 2,41; 1Mac. 2,41; 1Mac. 2,43; 1Mac. 2,43; 1Mac. 2,44; 1Mac. 2,44; 1Mac. 2,44; 1Mac. 2,44; 1Mac. 2,45; 1Mac. 2,45; 1Mac. 2,45; 1Mac. 2,46; 1Mac. 2,47; 1Mac. 2,47; 1Mac. 2,48; 1Mac. 2,48; 1Mac. 2,48; 1Mac. 2,49; 1Mac. 2,49; 1Mac. 2,49; 1Mac. 2,49; 1Mac. 2,50; 1Mac. 2,51; 1Mac. 2,51; 1Mac. 2,51; 1Mac. 2,52; 1Mac. 2,53; 1Mac. 2,61; 1Mac. 2,61; 1Mac. 2,62; 1Mac. 2,62; 1Mac. 2,63; 1Mac. 2,63; 1Mac. 2,64; 1Mac. 2,65; 1Mac. 2,66; 1Mac. 2,66; 1Mac. 2,67; 1Mac. 2,67; 1Mac. 2,68; 1Mac. 2,69; 1Mac. 2,69; 1Mac. 2,70; 1Mac. 2,70; 1Mac. 2,70; 1Mac. 2,70; 1Mac. 2,70; 1Mac. 3,2; 1Mac. 3,2; 1Mac. 3,2; 1Mac. 3,3; 1Mac. 3,3; 1Mac. 3,3; 1Mac. 3,3; 1Mac. 3,4; 1Mac. 3,4; 1Mac. 3,5; 1Mac. 3,5; 1Mac. 3,6; 1Mac. 3,6; 1Mac. 3,6; 1Mac. 3,7; 1Mac. 3,7; 1Mac. 3,7; 1Mac. 3,8; 1Mac. 3,8; 1Mac. 3,8; 1Mac. 3,9; 1Mac. 3,9; 1Mac. 3,10; 1Mac. 3,11; 1Mac. 3,11; 1Mac. 3,11; 1Mac. 3,11; 1Mac. 3,11; 1Mac. 3,11; 1Mac. 3,12; 1Mac. 3,12; 1Mac. 3,12; 1Mac. 3,13; 1Mac. 3,13; 1Mac. 3,13; 1Mac. 3,14; 1Mac. 3,14; 1Mac. 3,14; 1Mac. 3,14; 1Mac. 3,15; 1Mac. 3,15; 1Mac. 3,16; 1Mac. 3,16; 1Mac. 3,17; 1Mac. 3,18; 1Mac. 3,18; 1Mac. 3,20; 1Mac. 3,20; 1Mac. 3,20; 1Mac. 3,21; 1Mac. 3,22; 1Mac. 3,23; 1Mac. 3,23; 1Mac. 3,24; 1Mac. 3,24; 1Mac. 3,25; 1Mac. 3,25; 1Mac. 3,25; 1Mac. 3,26; 1Mac. 3,26; 1Mac. 3,27; 1Mac. 3,27; 1Mac. 3,28; 1Mac. 3,28; 1Mac. 3,28; 1Mac. 3,29; 1Mac. 3,29; 1Mac. 3,29; 1Mac. 3,30; 1Mac. 3,30; 1Mac. 3,30; 1Mac. 3,30; 1Mac. 3,31; 1Mac. 3,31; 1Mac. 3,31; 1Mac. 3,31; 1Mac. 3,32; 1Mac. 3,32; 1Mac. 3,32; 1Mac. 3,33; 1Mac. 3,34; 1Mac. 3,34; 1Mac. 3,34; 1Mac. 3,34; 1Mac. 3,34; 1Mac. 3,35; 1Mac. 3,35; 1Mac. 3,35; 1Mac. 3,36; 1Mac. 3,36; 1Mac. 3,37; 1Mac. 3,37; 1Mac. 3,37; 1Mac. 3,37; 1Mac. 3,37; 1Mac. 3,37; 1Mac. 3,38; 1Mac. 3,38; 1Mac. 3,39; 1Mac. 3,39; 1Mac. 3,39; 1Mac. 3,40; 1Mac. 3,40; 1Mac. 3,40; 1Mac. 3,41; 1Mac. 3,41; 1Mac. 3,41; 1Mac. 3,41; 1Mac. 3,41; 1Mac. 3,41; 1Mac. 3,41; 1Mac. 3,42; 1Mac. 3,42; 1Mac. 3,42; 1Mac. 3,42; 1Mac. 3,42; 1Mac. 3,43; 1Mac. 3,43; 1Mac. 3,43; 1Mac. 3,44; 1Mac. 3,44; 1Mac. 3,44; 1Mac. 3,44; 1Mac. 3,45; 1Mac. 3,45; 1Mac. 3,45; 1Mac. 3,45; 1Mac. 3,45; 1Mac. 3,45; 1Mac. 3,45; 1Mac. 3,46; 1Mac. 3,46; 1Mac. 3,47; 1Mac. 3,47; 1Mac. 3,47; 1Mac. 3,47; 1Mac. 3,48; 1Mac. 3,49; 1Mac. 3,49; 1Mac. 3,49; 1Mac. 3,49; 1Mac. 3,50; 1Mac. 3,50; 1Mac. 3,51; 1Mac. 3,51; 1Mac. 3,51; 1Mac. 3,51; 1Mac. 3,52; 1Mac. 3,54; 1Mac. 3,54; 1Mac. 3,55; 1Mac. 3,55; 1Mac. 3,55; 1Mac. 3,55; 1Mac. 3,56; 1Mac. 3,56; 1Mac. 3,56; 1Mac. 3,56; 1Mac. 3,57; 1Mac. 3,57; 1Mac. 3,58; 1Mac. 3,58; 1Mac. 3,58; 1Mac. 3,58; 1Mac. 3,59; 1Mac. 4,1; 1Mac. 4,1; 1Mac. 4,2; 1Mac. 4,2; 1Mac. 4,3; 1Mac. 4,3; 1Mac. 4,3; 1Mac. 4,5; 1Mac. 4,5; 1Mac. 4,5; 1Mac. 4,6; 1Mac. 4,6; 1Mac. 4,7; 1Mac. 4,7; 1Mac. 4,7; 1Mac. 4,7; 1Mac. 4,8; 1Mac. 4,8; 1Mac. 4,10; 1Mac. 4,10; 1Mac. 4,10; 1Mac. 4,11; 1Mac. 4,11; 1Mac. 4,12; 1Mac. 4,12; 1Mac. 4,13; 1Mac. 4,13; 1Mac. 4,14; 1Mac. 4,14; 1Mac. 4,14; 1Mac. 4,15; 1Mac. 4,15; 1Mac. 4,15; 1Mac. 4,15; 1Mac. 4,15; 1Mac. 4,16; 1Mac. 4,16; 1Mac. 4,17; 1Mac. 4,18; 1Mac. 4,18; 1Mac. 4,18; 1Mac. 4,18; 1Mac. 4,20; 1Mac. 4,20; 1Mac. 4,23; 1Mac. 4,23; 1Mac. 4,23; 1Mac. 4,23;

καί

1Мак. 4,23; 1Мак. 4,23; 1Мак. 4,24; 1Мак. 4,24; 1Мак. 4,25; 1Мак. 4,27; 1Мак. 4,27; 1Мак. 4,28; 1Мак. 4,28; 1Мак. 4,29; 1Мак. 4,29; 1Мак. 4,29; 1Мак. 4,30; 1Мак. 4,30; 1Мак. 4,30; 1Мак. 4,30; 1Мак. 4,30; 1Мак. 4,31; 1Мак. 4,31; 1Мак. 4,32; 1Мак. 4,32; 1Мак. 4,33; 1Мак. 4,34; 1Мак. 4,34; 1Мак. 4,34; 1Мак. 4,35; 1Мак. 4,35; 1Мак. 4,36; 1Мак. 4,36; 1Мак. 4,37; 1Мак. 4,37; 1Мак. 4,38; 1Мак. 4,38; 1Мак. 4,38; 1Мак. 4,38; 1Мак. 4,38; 1Мак. 4,39; 1Мак. 4,39; 1Мак. 4,39; 1Мак. 4,40; 1Мак. 4,40; 1Мак. 4,40; 1Мак. 4,42; 1Мак. 4,43; 1Мак. 4,43; 1Мак. 4,44; 1Мак. 4,45; 1Мак. 4,45; 1Мак. 4,46; 1Мак. 4,47; 1Мак. 4,47; 1Мак. 4,48; 1Мак. 4,48; 1Мак. 4,48; 1Мак. 4,49; 1Мак. 4,49; 1Мак. 4,49; 1Мак. 4,49; 1Мак. 4,50; 1Мак. 4,50; 1Мак. 4,50; 1Мак. 4,51; 1Мак. 4,51; 1Мак. 4,51; 1Мак. 4,52; 1Мак. 4,52; 1Мак. 4,52; 1Мак. 4,52; 1Мак. 4,53; 1Мак. 4,54; 1Мак. 4,54; 1Мак. 4,54; 1Мак. 4,54; 1Мак. 4,55; 1Мак. 4,55; 1Мак. 4,55; 1Мак. 4,56; 1Мак. 4,56; 1Мак. 4,56; 1Мак. 4,56; 1Мак. 4,57; 1Мак. 4,57; 1Мак. 4,57; 1Мак. 4,57; 1Мак. 4,57; 1Мак. 4,58; 1Мак. 4,58; 1Мак. 4,59; 1Мак. 4,59; 1Мак. 4,59; 1Мак. 4,59; 1Мак. 4,59; 1Мак. 4,60; 1Мак. 4,60; 1Мак. 4,61; 1Мак. 4,61; 1Мак. 5,1; 1Мак. 5,1; 1Мак. 5,2; 1Мак. 5,2; 1Мак. 5,2; 1Мак. 5,3; 1Мак. 5,3; 1Мак. 5,3; 1Мак. 5,3; 1Мак. 5,4; 1Мак. 5,4; 1Мак. 5,5; 1Мак. 5,5; 1Мак. 5,5; 1Мак. 5,5; 1Мак. 5,6; 1Мак. 5,6; 1Мак. 5,6; 1Мак. 5,6; 1Мак. 5,7; 1Мак. 5,7; 1Мак. 5,7; 1Мак. 5,8; 1Мак. 5,8; 1Мак. 5,8; 1Мак. 5,9; 1Мак. 5,10; 1Мак. 5,10; 1Мак. 5,11; 1Мак. 5,11; 1Мак. 5,11; 1Мак. 5,13; 1Мак. 5,13; 1Мак. 5,13; 1Мак. 5,13; 1Мак. 5,13; 1Мак. 5,14; 1Мак. 5,15; 1Мак. 5,15; 1Мак. 5,15; 1Мак. 5,16; 1Мак. 5,16; 1Мак. 5,17; 1Мак. 5,17; 1Мак. 5,17; 1Мак. 5,17; 1Мак. 5,18; 1Мак. 5,18; 1Мак. 5,19; 1Мак. 5,19; 1Мак. 5,20; 1Мак. 5,21; 1Мак. 5,21; 1Мак. 5,21; 1Мак. 5,22; 1Мак. 5,22; 1Мак. 5,22; 1Мак. 5,23; 1Мак. 5,23; 1Мак. 5,23; 1Мак. 5,23; 1Мак. 5,23; 1Мак. 5,24; 1Мак. 5,24; 1Мак. 5,24; 1Мак. 5,25; 1Мак. 5,25; 1Мак. 5,25; 1Мак. 5,26; 1Мак. 5,26; 1Мак. 5,26; 1Мак. 5,26; 1Мак. 5,27; 1Мак. 5,27; 1Мак. 5,27; 1Мак. 5,28; 1Мак. 5,28; 1Мак. 5,28; 1Мак. 5,28; 1Мак. 5,28; 1Мак. 5,28; 1Мак. 5,29; 1Мак. 5,29; 1Мак. 5,30; 1Мак. 5,30; 1Мак. 5,30; 1Мак. 5,30; 1Мак. 5,31; 1Мак. 5,31; 1Мак. 5,31; 1Мак. 5,32; 1Мак. 5,33; 1Мак. 5,33; 1Мак. 5,33; 1Мак. 5,34; 1Мак. 5,34; 1Мак. 5,34; 1Мак. 5,34; 1Мак. 5,35; 1Мак. 5,35; 1Мак. 5,35; 1Мак. 5,35; 1Мак. 5,35; 1Мак. 5,35; 1Мак. 5,36; 1Мак. 5,36; 1Мак. 5,36; 1Мак. 5,37; 1Мак. 5,38; 1Мак. 5,38; 1Мак. 5,39; 1Мак. 5,39; 1Мак. 5,39; 1Мак. 5,40; 1Мак. 5,40; 1Мак. 5,41; 1Мак. 5,41; 1Мак. 5,42; 1Мак. 5,43; 1Мак. 5,43; 1Мак. 5,43; 1Мак. 5,43; 1Мак. 5,43; 1Мак. 5,44; 1Мак. 5,44; 1Мак. 5,44; 1Мак. 5,44; 1Мак. 5,45; 1Мак. 5,45; 1Мак. 5,45; 1Мак. 5,45; 1Мак. 5,46; 1Мак. 5,46; 1Мак. 5,47; 1Мак. 5,47; 1Мак. 5,48; 1Мак. 5,48; 1Мак. 5,48; 1Мак. 5,49; 1Мак. 5,50; 1Мак. 5,50; 1Мак. 5,50; 1Мак. 5,50; 1Мак. 5,51; 1Мак. 5,51; 1Мак. 5,51; 1Мак. 5,51; 1Мак. 5,52; 1Мак. 5,53; 1Мак. 5,53; 1Мак. 5,54; 1Мак. 5,54; 1Мак. 5,54; 1Мак. 5,55; 1Мак. 5,55; 1Мак. 5,56; 1Мак. 5,56; 1Мак. 5,57; 1Мак. 5,57; 1Мак. 5,58; 1Мак. 5,58; 1Мак. 5,59; 1Мак. 5,59; 1Мак. 5,60; 1Мак. 5,60; 1Мак. 5,60; 1Мак. 5,60; 1Мак. 5,61; 1Мак. 5,61; 1Мак. 5,63; 1Мак. 5,63; 1Мак. 5,64; 1Мак. 5,65; 1Мак. 5,65; 1Мак. 5,65; 1Мак. 5,65; 1Мак. 5,65; 1Мак. 5,65; 1Мак. 5,65; 1Мак. 5,66; 1Мак. 5,66; 1Мак. 5,68; 1Мак. 5,68; 1Мак. 5,68; 1Мак. 5,68; 1Мак. 5,68; 1Мак. 6,1; 1Мак. 6,1; 1Мак. 6,2; 1Мак. 6,2; 1Мак. 6,2; 1Мак. 6,2; 1Мак. 6,3; 1Мак. 6,3; 1Мак. 6,3; 1Мак. 6,3; 1Мак. 6,4; 1Мак. 6,4; 1Мак. 6,4; 1Мак. 6,5; 1Мак. 6,6; 1Мак. 6,6; 1Мак. 6,6; 1Мак. 6,6; 1Мак. 6,6; 1Мак. 6,7; 1Мак. 6,7; 1Мак. 6,7; 1Мак. 6,8; 1Мак. 6,8; 1Мак. 6,8; 1Мак. 6,8; 1Мак. 6,9; 1Мак. 6,9; 1Мак. 6,10; 1Мак. 6,10; 1Мак. 6,10; 1Мак. 6,11; 1Мак. 6,11; 1Мак. 6,11; 1Мак. 6,12; 1Мак. 6,12; 1Мак. 6,12; 1Мак. 6,13; 1Мак. 6,14; 1Мак. 6,14; 1Мак. 6,15; 1Мак. 6,15; 1Мак. 6,15; 1Мак. 6,15; 1Мак. 6,16; 1Мак. 6,16; 1Мак. 6,16; 1Мак. 6,17; 1Мак. 6,17; 1Мак. 6,17; 1Мак. 6,18; 1Мак. 6,18; 1Мак. 6,19; 1Мак. 6,19; 1Мак. 6,20; 1Мак. 6,20; 1Мак. 6,20; 1Мак. 6,20; 1Мак. 6,20; 1Мак. 6,21; 1Мак. 6,21; 1Мак. 6,22; 1Мак. 6,22; 1Мак. 6,22; 1Мак. 6,23; 1Мак. 6,23; 1Мак. 6,24; 1Мак. 6,24; 1Мак. 6,24; 1Мак. 6,25; 1Мак. 6,26; 1Мак. 6,26; 1Мак. 6,26; 1Мак. 6,27; 1Мак. 6,27; 1Мак. 6,28; 1Мак. 6,28; 1Мак. 6,29; 1Мак. 6,29; 1Мак. 6,30; 1Мак. 6,30; 1Мак. 6,30; 1Мак. 6,30; 1Мак. 6,31; 1Мак. 6,31; 1Мак. 6,31; 1Мак. 6,31; 1Мак. 6,31; 1Мак. 6,31; 1Мак. 6,32; 1Мак. 6,32; 1Мак. 6,33; 1Мак. 6,33; 1Мак. 6,33; 1Мак. 6,33; 1Мак. 6,34; 1Мак. 6,34; 1Мак. 6,35; 1Мак. 6,35; 1Мак. 6,35; 1Мак. 6,35; 1Мак. 6,36; 1Мак. 6,37; 1Мак. 6,37; 1Мак. 6,37; 1Мак. 6,38; 1Мак. 6,38; 1Мак. 6,38; 1Мак. 6,39; 1Мак. 6,39; 1Мак. 6,40; 1Мак. 6,40; 1Мак. 6,40; 1Мак. 6,41; 1Мак. 6,41; 1Мак. 6,41; 1Мак. 6,41; 1Мак. 6,42; 1Мак. 6,42; 1Мак. 6,42; 1Мак. 6,43; 1Мак. 6,43; 1Мак. 6,43; 1Мак. 6,44; 1Мак. 6,44; 1Мак. 6,45; 1Мак. 6,45; 1Мак. 6,45; 1Мак. 6,45; 1Мак. 6,45; 1Мак. 6,46; 1Мак. 6,46; 1Мак. 6,46; 1Мак. 6,46; 1Мак. 6,46; 1Мак. 6,47; 1Мак. 6,47; 1Мак. 6,47; 1Мак. 6,48; 1Мак. 6,48; 1Мак. 6,49; 1Мак. 6,49; 1Мак. 6,50; 1Мак. 6,50; 1Мак. 6,51; 1Мак. 6,51; 1Мак. 6,51; 1Мак. 6,51; 1Мак. 6,51; 1Мак. 6,51; 1Мак. 6,51; 1Мак. 6,52; 1Мак. 6,52; 1Мак. 6,53; 1Мак. 6,54; 1Мак. 6,54; 1Мак. 6,56; 1Мак. 6,56; 1Мак. 6,56; 1Мак. 6,57; 1Мак. 6,57; 1Мак. 6,57; 1Мак. 6,57; 1Мак. 6,57; 1Мак. 6,57; 1Мак. 6,57; 1Мак. 6,58; 1Мак. 6,58; 1Мак. 6,59; 1Мак. 6,59; 1Мак. 6,60; 1Мак. 6,60; 1Мак. 6,60; 1Мак. 6,60; 1Мак. 6,61; 1Мак. 6,61; 1Мак. 6,62; 1Мак. 6,62; 1Мак. 6,62; 1Мак. 6,62; 1Мак. 6,63; 1Мак. 6,63; 1Мак. 6,63; 1Мак. 6,63; 1Мак. 6,63; 1Мак. 7,1; 1Мак. 7,1; 1Мак. 7,1; 1Мак. 7,1; 1Мак. 7,2; 1Мак. 7,2; 1Мак. 7,2; 1Мак. 7,3; 1Мак. 7,3; 1Мак. 7,4; 1Мак. 7,4; 1Мак. 7,5; 1Мак. 7,5; 1Мак. 7,5; 1Мак. 7,6; 1Мак. 7,6; 1Мак. 7,6; 1Мак. 7,7; 1Мак. 7,7; 1Мак. 7,7; 1Мак. 7,7; 1Мак. 7,8; 1Мак. 7,8; 1Мак. 7,8; 1Мак. 7,9; 1Мак. 7,9; 1Мак. 7,9; 1Мак. 7,9; 1Мак. 7,10; 1Мак. 7,10; 1Мак. 7,10; 1Мак. 7,10; 1Мак. 7,11; 1Мак. 7,12; 1Мак. 7,12; 1Мак. 7,13; 1Мак. 7,13; 1Мак. 7,14; 1Мак. 7,15; 1Мак. 7,15; 1Мак. 7,15; 1Мак. 7,16; 1Мак. 7,16; 1Мак. 7,16; 1Мак. 7,17; 1Мак. 7,17; 1Мак. 7,18; 1Мак. 7,18; 1Мак. 7,18; 1Мак. 7,18; 1Мак. 7,19; 1Мак. 7,19; 1Мак. 7,19; 1Мак. 7,19; 1Мак. 7,19; 1Мак. 7,20; 1Мак. 7,20; 1Мак. 7,20; 1Мак. 7,21; 1Мак. 7,22; 1Мак. 7,22; 1Мак. 7,22; 1Мак. 7,23; 1Мак. 7,23; 1Мак. 7,24; 1Мак. 7,24; 1Мак. 7,24; 1Мак. 7,25; 1Мак. 7,25; 1Мак. 7,25; 1Мак. 7,25; 1Мак. 7,26; 1Мак. 7,26; 1Мак. 7,26; 1Мак. 7,27; 1Мак. 7,27; 1Мак. 7,27; 1Мак. 7,28; 1Мак. 7,29; 1Мак. 7,29; 1Мак. 7,29; 1Мак. 7,30; 1Мак. 7,30; 1Мак. 7,30; 1Мак. 7,31; 1Мак. 7,31; 1Мак. 7,32; 1Мак. 7,32; 1Мак. 7,33; 1Мак. 7,33; 1Мак. 7,33; 1Мак. 7,34; 1Мак. 7,34; 1Мак. 7,34; 1Мак. 7,34; 1Мак. 7,35; 1Мак. 7,35; 1Мак. 7,35; 1Мак. 7,35; 1Мак. 7,36; 1Мак. 7,36; 1Мак. 7,36; 1Мак. 7,36; 1Мак. 7,36; 1Мак. 7,37; 1Мак. 7,38; 1Мак. 7,38; 1Мак. 7,38; 1Мак. 7,39; 1Мак. 7,39; 1Мак. 7,39; 1Мак. 7,40; 1Мак. 7,40; 1Мак. 7,40; 1Мак. 7,41; 1Мак. 7,42; 1Мак. 7,42; 1Мак. 7,43; 1Мак. 7,43; 1Мак. 7,43; 1Мак. 7,45; 1Мак. 7,45; 1Мак. 7,46; 1Мак. 7,46; 1Мак. 7,46; 1Мак. 7,46; 1Мак. 7,46; 1Мак. 7,47; 1Мак. 7,47; 1Мак. 7,47; 1Мак. 7,47; 1Мак. 7,47; 1Мак. 7,47; 1Мак. 7,48; 1Мак. 7,48; 1Мак. 7,49; 1Мак. 7,50; 1Мак. 8,1; 1Мак. 8,1; 1Мак. 8,1; 1Мак. 8,2; 1Мак. 8,2; 1Мак. 8,2; 1Мак. 8,2; 1Мак. 8,3; 1Мак. 8,3; 1Мак. 8,4; 1Мак. 8,4; 1Мак. 8,4; 1Мак. 8,4; 1Мак. 8,4; 1Мак. 8,5; 1Мак. 8,5; 1Мак. 8,5; 1Мак. 8,5; 1Мак. 8,6; 1Мак. 8,6; 1Мак. 8,6; 1Мак. 8,6; 1Мак. 8,6; 1Мак. 8,7; 1Мак. 8,7; 1Мак. 8,7; 1Мак. 8,7; 1Мак. 8,7; 1Мак. 8,8; 1Мак. 8,8; 1Мак. 8,8; 1Мак.

К, к

8,8; 1Mac. 8,9; 1Mac. 8,9; 1Mac. 8,10; 1Mac. 8,10; 1Mac. 8,10; 1Mac. 8,10; 1Mac. 8,10; 1Mac. 8,10; 1Mac. 8,10; 1Mac. 8,10; 1Mac. 8,10; 1Mac. 8,11; 1Mac. 8,11; 1Mac. 8,11; 1Mac. 8,11; 1Mac. 8,12; 1Mac. 8,12; 1Mac. 8,12; 1Mac. 8,13; 1Mac. 8,13; 1Mac. 8,14; 1Mac. 8,15; 1Mac. 8,15; 1Mac. 8,15; 1Mac. 8,16; 1Mac. 8,16; 1Mac. 8,16; 1Mac. 8,16; 1Mac. 8,17; 1Mac. 8,17; 1Mac. 8,17; 1Mac. 8,18; 1Mac. 8,19; 1Mac. 8,19; 1Mac. 8,19; 1Mac. 8,19; 1Mac. 8,19; 1Mac. 8,20; 1Mac. 8,20; 1Mac. 8,20; 1Mac. 8,20; 1Mac. 8,20; 1Mac. 8,20; 1Mac. 8,21; 1Mac. 8,22; 1Mac. 8,22; 1Mac. 8,22; 1Mac. 8,23; 1Mac. 8,23; 1Mac. 8,23; 1Mac. 8,23; 1Mac. 8,26; 1Mac. 8,26; 1Mac. 8,28; 1Mac. 8,28; 1Mac. 8,28; 1Mac. 8,30; 1Mac. 8,30; 1Mac. 8,31; 1Mac. 8,32; 1Mac. 8,32; 1Mac. 9,1; 1Mac. 9,1; 1Mac. 9,1; 1Mac. 9,1; 1Mac. 9,2; 1Mac. 9,2; 1Mac. 9,2; 1Mac. 9,2; 1Mac. 9,3; 1Mac. 9,3; 1Mac. 9,3; 1Mac. 9,4; 1Mac. 9,4; 1Mac. 9,4; 1Mac. 9,5; 1Mac. 9,5; 1Mac. 9,6; 1Mac. 9,6; 1Mac. 9,6; 1Mac. 9,7; 1Mac. 9,7; 1Mac. 9,7; 1Mac. 9,8; 1Mac. 9,8; 1Mac. 9,8; 1Mac. 9,9; 1Mac. 9,9; 1Mac. 9,9; 1Mac. 9,10; 1Mac. 9,10; 1Mac. 9,10; 1Mac. 9,10; 1Mac. 9,11; 1Mac. 9,11; 1Mac. 9,11; 1Mac. 9,11; 1Mac. 9,11; 1Mac. 9,11; 1Mac. 9,12; 1Mac. 9,12; 1Mac. 9,12; 1Mac. 9,13; 1Mac. 9,13; 1Mac. 9,14; 1Mac. 9,14; 1Mac. 9,14; 1Mac. 9,15; 1Mac. 9,15; 1Mac. 9,16; 1Mac. 9,16; 1Mac. 9,16; 1Mac. 9,17; 1Mac. 9,17; 1Mac. 9,17; 1Mac. 9,18; 1Mac. 9,18; 1Mac. 9,19; 1Mac. 9,19; 1Mac. 9,19; 1Mac. 9,20; 1Mac. 9,20; 1Mac. 9,20; 1Mac. 9,20; 1Mac. 9,22; 1Mac. 9,22; 1Mac. 9,22; 1Mac. 9,22; 1Mac. 9,23; 1Mac. 9,24; 1Mac. 9,25; 1Mac. 9,25; 1Mac. 9,26; 1Mac. 9,26; 1Mac. 9,26; 1Mac. 9,26; 1Mac. 9,26; 1Mac. 9,27; 1Mac. 9,28; 1Mac. 9,28; 1Mac. 9,29; 1Mac. 9,29; 1Mac. 9,29; 1Mac. 9,29; 1Mac. 9,30; 1Mac. 9,31; 1Mac. 9,31; 1Mac. 9,32; 1Mac. 9,33; 1Mac. 9,33; 1Mac. 9,33; 1Mac. 9,33; 1Mac. 9,33; 1Mac. 9,34; 1Mac. 9,34; 1Mac. 9,34; 1Mac. 9,35; 1Mac. 9,35; 1Mac. 9,36; 1Mac. 9,36; 1Mac. 9,36; 1Mac. 9,36; 1Mac. 9,37; 1Mac. 9,37; 1Mac. 9,38; 1Mac. 9,38; 1Mac. 9,38; 1Mac. 9,39; 1Mac. 9,39; 1Mac. 9,39; 1Mac. 9,39; 1Mac. 9,39; 1Mac. 9,39; 1Mac. 9,39; 1Mac. 9,39; 1Mac. 9,40; 1Mac. 9,40; 1Mac. 9,40; 1Mac. 9,40; 1Mac. 9,40; 1Mac. 9,41; 1Mac. 9,41; 1Mac. 9,42; 1Mac. 9,42; 1Mac. 9,43; 1Mac. 9,43; 1Mac. 9,44; 1Mac. 9,44; 1Mac. 9,44; 1Mac. 9,45; 1Mac. 9,45; 1Mac. 9,45; 1Mac. 9,45; 1Mac. 9,47; 1Mac. 9,47; 1Mac. 9,47; 1Mac. 9,48; 1Mac. 9,48; 1Mac. 9,48; 1Mac. 9,48; 1Mac. 9,50; 1Mac. 9,50; 1Mac. 9,50; 1Mac. 9,50; 1Mac. 9,50; 1Mac. 9,50; 1Mac. 9,50; 1Mac. 9,50; 1Mac. 9,51; 1Mac. 9,52; 1Mac. 9,52; 1Mac. 9,52; 1Mac. 9,52; 1Mac. 9,52; 1Mac. 9,53; 1Mac. 9,53; 1Mac. 9,54; 1Mac. 9,54; 1Mac. 9,54; 1Mac. 9,54; 1Mac. 9,55; 1Mac. 9,55; 1Mac. 9,55; 1Mac. 9,55; 1Mac. 9,55; 1Mac. 9,56; 1Mac. 9,57; 1Mac. 9,57; 1Mac. 9,57; 1Mac. 9,58; 1Mac. 9,58; 1Mac. 9,59; 1Mac. 9,60; 1Mac. 9,60; 1Mac. 9,60; 1Mac. 9,60; 1Mac. 9,61; 1Mac. 9,61; 1Mac. 9,62; 1Mac. 9,62; 1Mac. 9,62; 1Mac. 9,62; 1Mac. 9,62; 1Mac. 9,63; 1Mac. 9,63; 1Mac. 9,63; 1Mac. 9,64; 1Mac. 9,64; 1Mac. 9,64; 1Mac. 9,65; 1Mac. 9,65; 1Mac. 9,65; 1Mac. 9,66; 1Mac. 9,66; 1Mac. 9,66; 1Mac. 9,66; 1Mac. 9,66; 1Mac. 9,67; 1Mac. 9,67; 1Mac. 9,67; 1Mac. 9,68; 1Mac. 9,68; 1Mac. 9,68; 1Mac. 9,68; 1Mac. 9,69; 1Mac. 9,69; 1Mac. 9,69; 1Mac. 9,70; 1Mac. 9,70; 1Mac. 9,70; 1Mac. 9,71; 1Mac. 9,71; 1Mac. 9,71; 1Mac. 9,72; 1Mac. 9,72; 1Mac. 9,72; 1Mac. 9,73; 1Mac. 9,73; 1Mac. 9,73; 1Mac. 9,73; 1Mac. 10,1; 1Mac. 10,1; 1Mac. 10,1; 1Mac. 10,1; 1Mac. 10,2; 1Mac. 10,2; 1Mac. 10,2; 1Mac. 10,3; 1Mac. 10,5; 1Mac. 10,5; 1Mac. 10,6; 1Mac. 10,6; 1Mac. 10,6; 1Mac. 10,6; 1Mac. 10,7; 1Mac. 10,7; 1Mac. 10,7; 1Mac. 10,8; 1Mac. 10,9; 1Mac. 10,9; 1Mac. 10,10; 1Mac. 10,10; 1Mac. 10,10; 1Mac. 10,11; 1Mac. 10,11; 1Mac. 10,11; 1Mac. 10,12; 1Mac. 10,13; 1Mac. 10,13; 1Mac. 10,14; 1Mac. 10,15; 1Mac. 10,15; 1Mac. 10,15; 1Mac. 10,15; 1Mac. 10,16; 1Mac. 10,16; 1Mac. 10,16; 1Mac. 10,17; 1Mac. 10,17; 1Mac. 10,19; 1Mac. 10,20; 1Mac. 10,20; 1Mac. 10,20; 1Mac. 10,20; 1Mac. 10,20; 1Mac. 10,20; 1Mac. 10,21; 1Mac. 10,21; 1Mac. 10,21; 1Mac. 10,22; 1Mac. 10,22; 1Mac. 10,24; 1Mac. 10,24; 1Mac. 10,25; 1Mac. 10,26; 1Mac. 10,26; 1Mac. 10,26; 1Mac. 10,27; 1Mac. 10,27; 1Mac. 10,28; 1Mac. 10,28; 1Mac. 10,29; 1Mac. 10,29; 1Mac. 10,29; 1Mac. 10,29; 1Mac. 10,30; 1Mac. 10,30; 1Mac. 10,30; 1Mac. 10,30; 1Mac. 10,30; 1Mac. 10,30; 1Mac. 10,31; 1Mac. 10,31; 1Mac. 10,31; 1Mac. 10,31; 1Mac. 10,32; 1Mac. 10,33; 1Mac. 10,33; 1Mac. 10,33; 1Mac. 10,34; 1Mac. 10,34; 1Mac. 10,34; 1Mac. 10,34; 1Mac. 10,34; 1Mac. 10,34; 1Mac. 10,34; 1Mac. 10,35; 1Mac. 10,35; 1Mac. 10,36; 1Mac. 10,36; 1Mac. 10,37; 1Mac. 10,37; 1Mac. 10,37; 1Mac. 10,37; 1Mac. 10,37; 1Mac. 10,38; 1Mac. 10,39; 1Mac. 10,41; 1Mac. 10,42; 1Mac. 10,43; 1Mac. 10,43; 1Mac. 10,43; 1Mac. 10,43; 1Mac. 10,44; 1Mac. 10,44; 1Mac. 10,44; 1Mac. 10,45; 1Mac. 10,45; 1Mac. 10,45; 1Mac. 10,45; 1Mac. 10,46; 1Mac. 10,46; 1Mac. 10,47; 1Mac. 10,47; 1Mac. 10,48; 1Mac. 10,49; 1Mac. 10,49; 1Mac. 10,49; 1Mac. 10,49; 1Mac. 10,50; 1Mac. 10,50; 1Mac. 10,52; 1Mac. 10,52; 1Mac. 10,52; 1Mac. 10,52; 1Mac. 10,53; 1Mac. 10,53; 1Mac. 10,53; 1Mac. 10,53; 1Mac. 10,54; 1Mac. 10,54; 1Mac. 10,54; 1Mac. 10,54; 1Mac. 10,54; 1Mac. 10,55; 1Mac. 10,56; 1Mac. 10,56; 1Mac. 10,57; 1Mac. 10,57; 1Mac. 10,57; 1Mac. 10,57; 1Mac. 10,58; 1Mac. 10,58; 1Mac. 10,58; 1Mac. 10,59; 1Mac. 10,60; 1Mac. 10,60; 1Mac. 10,60; 1Mac. 10,60; 1Mac. 10,60; 1Mac. 10,60; 1Mac. 10,60; 1Mac. 10,61; 1Mac. 10,61; 1Mac. 10,62; 1Mac. 10,62; 1Mac. 10,62; 1Mac. 10,62; 1Mac. 10,63; 1Mac. 10,63; 1Mac. 10,63; 1Mac. 10,63; 1Mac. 10,64; 1Mac. 10,64; 1Mac. 10,64; 1Mac. 10,65; 1Mac. 10,65; 1Mac. 10,65; 1Mac. 10,65; 1Mac. 10,66; 1Mac. 10,66; 1Mac. 10,67; 1Mac. 10,67; 1Mac. 10,68; 1Mac. 10,68; 1Mac. 10,68; 1Mac. 10,69; 1Mac. 10,69; 1Mac. 10,69; 1Mac. 10,69; 1Mac. 10,70; 1Mac. 10,70; 1Mac. 10,71; 1Mac. 10,72; 1Mac. 10,72; 1Mac. 10,72; 1Mac. 10,73; 1Mac. 10,73; 1Mac. 10,74; 1Mac. 10,74; 1Mac. 10,74; 1Mac. 10,75; 1Mac. 10,75; 1Mac. 10,75; 1Mac. 10,76; 1Mac. 10,76; 1Mac. 10,77; 1Mac. 10,77; 1Mac. 10,77; 1Mac. 10,77; 1Mac. 10,77; 1Mac. 10,77; 1Mac. 10,78; 1Mac. 10,78; 1Mac. 10,79; 1Mac. 10,80; 1Mac. 10,80; 1Mac. 10,80; 1Mac. 10,81; 1Mac. 10,82; 1Mac. 10,82; 1Mac. 10,82; 1Mac. 10,82; 1Mac. 10,83; 1Mac. 10,83; 1Mac. 10,83; 1Mac. 10,84; 1Mac. 10,84; 1Mac. 10,84; 1Mac. 10,84; 1Mac. 10,84; 1Mac. 10,85; 1Mac. 10,86; 1Mac. 10,86; 1Mac. 10,86; 1Mac. 10,87; 1Mac. 10,88; 1Mac. 10,89; 1Mac. 10,89; 1Mac. 10,89; 1Mac. 11,1; 1Mac. 11,1; 1Mac. 11,1; 1Mac. 11,2; 1Mac. 11,2; 1Mac. 11,2; 1Mac. 11,4; 1Mac. 11,4; 1Mac. 11,4; 1Mac. 11,4; 1Mac. 11,5; 1Mac. 11,5; 1Mac. 11,6; 1Mac. 11,6; 1Mac. 11,6; 1Mac. 11,7; 1Mac. 11,7; 1Mac. 11,8; 1Mac. 11,9; 1Mac. 11,9; 1Mac. 11,9; 1Mac. 11,11; 1Mac. 11,12; 1Mac. 11,12; 1Mac. 11,12; 1Mac. 11,13; 1Mac. 11,13; 1Mac. 11,13; 1Mac. 11,13; 1Mac. 11,15; 1Mac. 11,15; 1Mac. 11,15; 1Mac. 11,15; 1Mac. 11,15; 1Mac. 11,16; 1Mac. 11,17; 1Mac. 11,17; 1Mac. 11,18; 1Mac. 11,18; 1Mac. 11,19; 1Mac. 11,19; 1Mac. 11,19; 1Mac. 11,20; 1Mac. 11,21; 1Mac. 11,22; 1Mac. 11,22; 1Mac. 11,22; 1Mac. 11,23; 1Mac. 11,23; 1Mac. 11,23; 1Mac. 11,24; 1Mac. 11,24; 1Mac. 11,24; 1Mac. 11,24; 1Mac. 11,24; 1Mac. 11,24; 1Mac. 11,25; 1Mac. 11,26; 1Mac. 11,26; 1Mac. 11,27; 1Mac. 11,27; 1Mac. 11,27; 1Mac. 11,28; 1Mac. 11,28; 1Mac. 11,28; 1Mac. 11,28; 1Mac. 11,29; 1Mac. 11,29; 1Mac. 11,30; 1Mac. 11,33; 1Mac. 11,34; 1Mac. 11,34; 1Mac. 11,34; 1Mac. 11,34; 1Mac. 11,34; 1Mac. 11,35; 1Mac. 11,35; 1Mac. 11,35; 1Mac. 11,35; 1Mac. 11,35; 1Mac. 11,36; 1Mac.

καί

1Мас. 11,37; 1Мас. 11,37; 1Мас. 11,38; 1Мас. 11,38; 1Мас. 11,38; 1Мас. 11,39; 1Мас. 11,39; 1Мас. 11,40; 1Мас. 11,40; 1Мас. 11,40; 1Мас. 11,40; 1Мас. 11,41; 1Мас. 11,41; 1Мас. 11,42; 1Мас. 11,42; 1Мас. 11,42; 1Мас. 11,44; 1Мас. 11,44; 1Мас. 11,44; 1Мас. 11,45; 1Мас. 11,45; 1Мас. 11,46; 1Мас. 11,46; 1Мас. 11,46; 1Мас. 11,47; 1Мас. 11,47; 1Мас. 11,47; 1Мас. 11,47; 1Мас. 11,48; 1Мас. 11,48; 1Мас. 11,48; 1Мас. 11,49; 1Мас. 11,49; 1Мас. 11,49; 1Мас. 11,50; 1Мас. 11,50; 1Мас. 11,51; 1Мас. 11,51; 1Мас. 11,51; 1Мас. 11,51; 1Мас. 11,51; 1Мас. 11,52; 1Мас. 11,52; 1Мас. 11,53; 1Мас. 11,53; 1Мас. 11,53; 1Мас. 11,53; 1Мас. 11,54; 1Мас. 11,54; 1Мас. 11,54; 1Мас. 11,55; 1Мас. 11,55; 1Мас. 11,55; 1Мас. 11,55; 1Мас. 11,56; 1Мас. 11,56; 1Мас. 11,57; 1Мас. 11,57; 1Мас. 11,57; 1Мас. 11,58; 1Мас. 11,58; 1Мас. 11,58; 1Мас. 11,58; 1Мас. 11,58; 1Мас. 11,59; 1Мас. 11,60; 1Мас. 11,60; 1Мас. 11,60; 1Мас. 11,60; 1Мас. 11,60; 1Мас. 11,60; 1Мас. 11,61; 1Мас. 11,61; 1Мас. 11,61; 1Мас. 11,61; 1Мас. 11,61; 1Мас. 11,62; 1Мас. 11,62; 1Мас. 11,62; 1Мас. 11,62; 1Мас. 11,62; 1Мас. 11,63; 1Мас. 11,64; 1Мас. 11,65; 1Мас. 11,65; 1Мас. 11,65; 1Мас. 11,66; 1Мас. 11,66; 1Мас. 11,66; 1Мас. 11,66; 1Мас. 11,66; 1Мас. 11,67; 1Мас. 11,67; 1Мас. 11,67; 1Мас. 11,68; 1Мас. 11,68; 1Мас. 11,69; 1Мас. 11,70; 1Мас. 11,70; 1Мас. 11,71; 1Мас. 11,71; 1Мас. 11,71; 1Мас. 11,72; 1Мас. 11,72; 1Мас. 11,72; 1Мас. 11,73; 1Мас. 11,73; 1Мас. 11,73; 1Мас. 11,73; 1Мас. 11,74; 1Мас. 11,74; 1Мас. 12,1; 1Мас. 12,1; 1Мас. 12,1; 1Мас. 12,2; 1Мас. 12,2; 1Мас. 12,3; 1Мас. 12,3; 1Мас. 12,3; 1Мас. 12,3; 1Мас. 12,3; 1Мас. 12,4; 1Мас. 12,6; 1Мас. 12,6; 1Мас. 12,6; 1Мас. 12,8; 1Мас. 12,8; 1Мас. 12,8; 1Мас. 12,10; 1Мас. 12,11; 1Мас. 12,11; 1Мас. 12,11; 1Мас. 12,13; 1Мас. 12,13; 1Мас. 12,14; 1Мас. 12,14; 1Мас. 12,15; 1Мас. 12,15; 1Мас. 12,16; 1Мас. 12,16; 1Мас. 12,16; 1Мас. 12,17; 1Мас. 12,17; 1Мас. 12,17; 1Мас. 12,17; 1Мас. 12,18; 1Мас. 12,21; 1Мас. 12,21; 1Мас. 12,22; 1Мас. 12,23; 1Мас. 12,23; 1Мас. 12,25; 1Мас. 12,25; 1Мас. 12,26; 1Мас. 12,26; 1Мас. 12,26; 1Мас. 12,27; 1Мас. 12,27; 1Мас. 12,28; 1Мас. 12,28; 1Мас. 12,28; 1Мас. 12,28; 1Мас. 12,28; 1Мас. 12,29; 1Мас. 12,30; 1Мас. 12,30; 1Мас. 12,31; 1Мас. 12,31; 1Мас. 12,31; 1Мас. 12,32; 1Мас. 12,32; 1Мас. 12,33; 1Мас. 12,33; 1Мас. 12,33; 1Мас. 12,33; 1Мас. 12,33; 1Мас. 12,34; 1Мас. 12,35; 1Мас. 12,35; 1Мас. 12,35; 1Мас. 12,36; 1Мас. 12,36; 1Мас. 12,36; 1Мас. 12,37; 1Мас. 12,37; 1Мас. 12,37; 1Мас. 12,38; 1Мас. 12,38; 1Мас. 12,38; 1Мас. 12,38; 1Мас. 12,39; 1Мас. 12,39; 1Мас. 12,40; 1Мас. 12,40; 1Мас. 12,40; 1Мас. 12,40; 1Мас. 12,41; 1Мас. 12,41; 1Мас. 12,42; 1Мас. 12,42; 1Мас. 12,43; 1Мас. 12,43; 1Мас. 12,43; 1Мас. 12,43; 1Мас. 12,43; 1Мас. 12,44; 1Мас. 12,45; 1Мас. 12,45; 1Мас. 12,45; 1Мас. 12,45; 1Мас. 12,45; 1Мас. 12,45; 1Мас. 12,45; 1Мас. 12,46; 1Мас. 12,46; 1Мас. 12,46; 1Мас. 12,48; 1Мас. 12,48; 1Мас. 12,49; 1Мас. 12,49; 1Мас. 12,49; 1Мас. 12,50; 1Мас. 12,50; 1Мас. 12,50; 1Мас. 12,50; 1Мас. 12,50; 1Мас. 12,51; 1Мас. 12,51; 1Мас. 12,52; 1Мас. 12,52; 1Мас. 12,52; 1Мас. 12,52; 1Мас. 12,52; 1Мас. 12,53; 1Мас. 12,53; 1Мас. 12,53; 1Мас. 13,1; 1Мас. 13,2; 1Мас. 13,2; 1Мас. 13,2; 1Мас. 13,2; 1Мас. 13,3; 1Мас. 13,3; 1Мас. 13,3; 1Мас. 13,3; 1Мас. 13,3; 1Мас. 13,3; 1Мас. 13,4; 1Мас. 13,5; 1Мас. 13,6; 1Мас. 13,6; 1Мас. 13,6; 1Мас. 13,7; 1Мас. 13,8; 1Мас. 13,8; 1Мас. 13,9; 1Мас. 13,10; 1Мас. 13,10; 1Мас. 13,10; 1Мас. 13,11; 1Мас. 13,11; 1Мас. 13,11; 1Мас. 13,11; 1Мас. 13,12; 1Мас. 13,14; 1Мас. 13,14; 1Мас. 13,14; 1Мас. 13,16; 1Мас. 13,16; 1Мас. 13,16; 1Мас. 13,17; 1Мас. 13,17; 1Мас. 13,17; 1Мас. 13,18; 1Мас. 13,19; 1Мас. 13,19; 1Мас. 13,19; 1Мас. 13,19; 1Мас. 13,20; 1Мас. 13,20; 1Мас. 13,20; 1Мас. 13,20; 1Мас. 13,20; 1Мас. 13,21; 1Мас. 13,22; 1Мас. 13,22; 1Мас. 13,22; 1Мас. 13,22; 1Мас. 13,22; 1Мас. 13,23; 1Мас. 13,24; 1Мас. 13,24; 1Мас. 13,25; 1Мас. 13,25; 1Мас. 13,26; 1Мас. 13,26; 1Мас. 13,27; 1Мас. 13,27; 1Мас. 13,27; 1Мас. 13,27; 1Мас. 13,28; 1Мас. 13,28; 1Мас. 13,28; 1Мас. 13,29; 1Мас. 13,29; 1Мас. 13,29; 1Мас. 13,31; 1Мас. 13,32; 1Мас. 13,32; 1Мас. 13,32; 1Мас. 13,33; 1Мас. 13,33; 1Мас. 13,33; 1Мас. 13,33; 1Мас. 13,33; 1Мас. 13,33; 1Мас. 13,34; 1Мас. 13,34; 1Мас. 13,35; 1Мас. 13,35; 1Мас. 13,35; 1Мас. 13,36; 1Мас. 13,36; 1Мас. 13,36; 1Мас. 13,37; 1Мас. 13,37; 1Мас. 13,37; 1Мас. 13,38; 1Мас. 13,38; 1Мас. 13,39; 1Мас. 13,39; 1Мас. 13,39; 1Мас. 13,40; 1Мас. 13,40; 1Мас. 13,41; 1Мас. 13,42; 1Мас. 13,42; 1Мас. 13,42; 1Мас. 13,42; 1Мас. 13,43; 1Мас. 13,43; 1Мас. 13,43; 1Мас. 13,43; 1Мас. 13,43; 1Мас. 13,44; 1Мас. 13,44; 1Мас. 13,45; 1Мас. 13,45; 1Мас. 13,45; 1Мас. 13,46; 1Мас. 13,47; 1Мас. 13,47; 1Мас. 13,47; 1Мас. 13,47; 1Мас. 13,47; 1Мас. 13,47; 1Мас. 13,48; 1Мас. 13,48; 1Мас. 13,48; 1Мас. 13,48; 1Мас. 13,49; 1Мас. 13,49; 1Мас. 13,49; 1Мас. 13,49; 1Мас. 13,50; 1Мас. 13,50; 1Мас. 13,50; 1Мас. 13,50; 1Мас. 13,51; 1Мас. 13,51; 1Мас. 13,51; 1Мас. 13,51; 1Мас. 13,51; 1Мас. 13,51; 1Мас. 13,51; 1Мас. 13,51; 1Мас. 13,51; 1Мас. 13,51; 1Мас. 13,52; 1Мас. 13,52; 1Мас. 13,52; 1Мас. 13,52; 1Мас. 13,53; 1Мас. 13,53; 1Мас. 13,53; 1Мас. 14,1; 1Мас. 14,1; 1Мас. 14,1; 1Мас. 14,2; 1Мас. 14,2; 1Мас. 14,2; 1Мас. 14,3; 1Мас. 14,3; 1Мас. 14,3; 1Мас. 14,3; 1Мас. 14,3; 1Мас. 14,4; 1Мас. 14,4; 1Мас. 14,4; 1Мас. 14,4; 1Мас. 14,5; 1Мас. 14,5; 1Мас. 14,6; 1Мас. 14,6; 1Мас. 14,7; 1Мас. 14,7; 1Мас. 14,7; 1Мас. 14,7; 1Мас. 14,7; 1Мас. 14,7; 1Мас. 14,8; 1Мас. 14,8; 1Мас. 14,8; 1Мас. 14,9; 1Мас. 14,9; 1Мас. 14,10; 1Мас. 14,11; 1Мас. 14,12; 1Мас. 14,12; 1Мас. 14,12; 1Мас. 14,13; 1Мас. 14,13; 1Мас. 14,14; 1Мас. 14,14; 1Мас. 14,14; 1Мас. 14,15; 1Мас. 14,16; 1Мас. 14,16; 1Мас. 14,17; 1Мас. 14,17; 1Мас. 14,18; 1Мас. 14,18; 1Мас. 14,19; 1Мас. 14,20; 1Мас. 14,20; 1Мас. 14,20; 1Мас. 14,20; 1Мас. 14,20; 1Мас. 14,21; 1Мас. 14,21; 1Мас. 14,22; 1Мас. 14,22; 1Мас. 14,23; 1Мас. 14,23; 1Мас. 14,25; 1Мас. 14,26; 1Мас. 14,26; 1Мас. 14,26; 1Мас. 14,26; 1Мас. 14,26; 1Мас. 14,26; 1Мас. 14,27; 1Мас. 14,27; 1Мас. 14,27; 1Мас. 14,27; 1Мас. 14,28; 1Мас. 14,28; 1Мас. 14,28; 1Мас. 14,29; 1Мас. 14,29; 1Мас. 14,29; 1Мас. 14,29; 1Мас. 14,30; 1Мас. 14,30; 1Мас. 14,30; 1Мас. 14,31; 1Мас. 14,31; 1Мас. 14,32; 1Мас. 14,32; 1Мас. 14,32; 1Мас. 14,32; 1Мас. 14,33; 1Мас. 14,33; 1Мас. 14,33; 1Мас. 14,34; 1Мас. 14,34; 1Мас. 14,34; 1Мас. 14,34; 1Мас. 14,35; 1Мас. 14,35; 1Мас. 14,35; 1Мас. 14,35; 1Мас. 14,35; 1Мас. 14,35; 1Мас. 14,36; 1Мас. 14,36; 1Мас. 14,36; 1Мас. 14,36; 1Мас. 14,37; 1Мас. 14,37; 1Мас. 14,37; 1Мас. 14,37; 1Мас. 14,38; 1Мас. 14,39; 1Мас. 14,39; 1Мас. 14,40; 1Мас. 14,40; 1Мас. 14,40; 1Мас. 14,41; 1Мас. 14,41; 1Мас. 14,41; 1Мас. 14,42; 1Мас. 14,42; 1Мас. 14,42; 1Мас. 14,42; 1Мас. 14,42; 1Мас. 14,43; 1Мас. 14,43; 1Мас. 14,43; 1Мас. 14,43; 1Мас. 14,43; 1Мас. 14,44; 1Мас. 14,44; 1Мас. 14,44; 1Мас. 14,44; 1Мас. 14,44; 1Мас. 14,44; 1Мас. 14,46; 1Мас. 14,47; 1Мас. 14,47; 1Мас. 14,47; 1Мас. 14,47; 1Мас. 14,47; 1Мас. 14,47; 1Мас. 14,48; 1Мас. 14,48; 1Мас. 14,49; 1Мас. 15,1; 1Мас. 15,1; 1Мас. 15,2; 1Мас. 15,2; 1Мас. 15,2; 1Мас. 15,3; 1Мас. 15,4; 1Мас. 15,5; 1Мас. 15,6; 1Мас. 15,7; 1Мас. 15,7; 1Мас. 15,7; 1Мас. 15,8; 1Мас. 15,8; 1Мас. 15,8; 1Мас. 15,9; 1Мас. 15,9; 1Мас. 15,10; 1Мас. 15,10; 1Мас. 15,10; 1Мас. 15,11; 1Мас. 15,11; 1Мас. 15,12; 1Мас. 15,13; 1Мас. 15,13; 1Мас. 15,13; 1Мас. 15,14; 1Мас. 15,14; 1Мас. 15,14; 1Мас. 15,14; 1Мас. 15,15; 1Мас. 15,15; 1Мас. 15,17; 1Мас. 15,17; 1Мас. 15,17; 1Мас. 15,19; 1Мас. 15,19; 1Мас. 15,19; 1Мас. 15,19; 1Мас.

К, κ

К, κ

15,19; 1Мак. 15,22; 1Мак. 15,22; 1Мак. 15,22; 1Мак. 15,23; 1Мак. 15,23; 1Мак. 15,23; 1Мак. 15,23; 1Мак. 15,23; 1Мак. 15,23; 1Мак. 15,23; 1Мак. 15,23; 1Мак. 15,23; 1Мак. 15,23; 1Мак. 15,23; 1Мак. 15,23; 1Мак. 15,23; 1Мак. 15,23; 1Мак. 15,25; 1Мак. 15,25; 1Мак. 15,25; 1Мак. 15,26; 1Мак. 15,26; 1Мак. 15,26; 1Мак. 15,26; 1Мак. 15,27; 1Мак. 15,27; 1Мак. 15,28; 1Мак. 15,28; 1Мак. 15,28; 1Мак. 15,29; 1Мак. 15,29; 1Мак. 15,30; 1Мак. 15,31; 1Мак. 15,31; 1Мак. 15,32; 1Мак. 15,32; 1Мак. 15,32; 1Мак. 15,32; 1Мак. 15,32; 1Мак. 15,32; 1Мак. 15,32; 1Мак. 15,33; 1Мак. 15,35; 1Мак. 15,35; 1Мак. 15,36; 1Мак. 15,36; 1Мак. 15,36; 1Мак. 15,36; 1Мак. 15,36; 1Мак. 15,38; 1Мак. 15,38; 1Мак. 15,38; 1Мак. 15,39; 1Мак. 15,39; 1Мак. 15,39; 1Мак. 15,39; 1Мак. 15,40; 1Мак. 15,40; 1Мак. 15,40; 1Мак. 15,40; 1Мак. 15,40; 1Мак. 15,41; 1Мак. 15,41; 1Мак. 15,41; 1Мак. 16,1; 1Мак. 16,2; 1Мак. 16,2; 1Мак. 16,2; 1Мак. 16,2; 1Мак. 16,2; 1Мак. 16,2; 1Мак. 16,3; 1Мак. 16,3; 1Мак. 16,3; 1Мак. 16,4; 1Мак. 16,4; 1Мак. 16,4; 1Мак. 16,4; 1Мак. 16,5; 1Мак. 16,5; 1Мак. 16,5; 1Мак. 16,5; 1Мак. 16,6; 1Мак. 16,6; 1Мак. 16,6; 1Мак. 16,6; 1Мак. 16,6; 1Мак. 16,6; 1Мак. 16,7; 1Мак. 16,7; 1Мак. 16,8; 1Мак. 16,8; 1Мак. 16,8; 1Мак. 16,8; 1Мак. 16,10; 1Мак. 16,10; 1Мак. 16,10; 1Мак. 16,10; 1Мак. 16,11; 1Мак. 16,11; 1Мак. 16,13; 1Мак. 16,13; 1Мак. 16,13; 1Мак. 16,13; 1Мак. 16,14; 1Мак. 16,14; 1Мак. 16,14; 1Мак. 16,14; 1Мак. 16,14; 1Мак. 16,14; 1Мак. 16,15; 1Мак. 16,15; 1Мак. 16,15; 1Мак. 16,16; 1Мак. 16,16; 1Мак. 16,16; 1Мак. 16,16; 1Мак. 16,16; 1Мак. 16,16; 1Мак. 16,16; 1Мак. 16,17; 1Мак. 16,17; 1Мак. 16,18; 1Мак. 16,18; 1Мак. 16,18; 1Мак. 16,18; 1Мак. 16,19; 1Мак. 16,19; 1Мак. 16,19; 1Мак. 16,19; 1Мак. 16,20; 1Мак. 16,20; 1Мак. 16,21; 1Мак. 16,21; 1Мак. 16,21; 1Мак. 16,22; 1Мак. 16,22; 1Мак. 16,22; 1Мак. 16,23; 1Мак. 16,23; 1Мак. 16,23; 1Мак. 16,23; 2Мак. 1,1; 2Мак. 1,2; 2Мак. 1,2; 2Мак. 1,2; 2Мак. 1,2; 2Мак. 1,3; 2Мак. 1,3; 2Мак. 1,3; 2Мак. 1,4; 2Мак. 1,4; 2Мак. 1,4; 2Мак. 1,5; 2Мак. 1,5; 2Мак. 1,5; 2Мак. 1,6; 2Мак. 1,7; 2Мак. 1,7; 2Мак. 1,7; 2Мак. 1,8; 2Мак. 1,8; 2Мак. 1,8; 2Мак. 1,8; 2Мак. 1,8; 2Мак. 1,8; 2Мак. 1,8; 2Мак. 1,8; 2Мак. 1,9; 2Мак. 1,9; 2Мак. 1,10; 2Мак. 1,10; 2Мак. 1,10; 2Мак. 1,10; 2Мак. 1,10; 2Мак. 1,13; 2Мак. 1,14; 2Мак. 1,15; 2Мак. 1,16; 2Мак. 1,16; 2Мак. 1,18; 2Мак. 1,18; 2Мак. 1,18; 2Мак. 1,19; 2Мак. 1,21; 2Мак. 1,22; 2Мак. 1,23; 2Мак. 1,24; 2Мак. 1,24; 2Мак. 1,24; 2Мак. 1,24; 2Мак. 1,25; 2Мак. 1,25; 2Мак. 1,25; 2Мак. 1,26; 2Мак. 1,26; 2Мак. 1,27; 2Мак. 1,27; 2Мак. 1,28; 2Мак. 1,31; 2Мак. 1,33; 2Мак. 1,33; 2Мак. 1,35; 2Мак. 1,35; 2Мак. 2,2; 2Мак. 2,2; 2Мак. 2,2; 2Мак. 2,2; 2Мак. 2,3; 2Мак. 2,4; 2Мак. 2,5; 2Мак. 2,5; 2Мак. 2,5; 2Мак. 2,5; 2Мак. 2,5; 2Мак. 2,6; 2Мак. 2,6; 2Мак. 2,7; 2Мак. 2,8; 2Мак. 2,8; 2Мак. 2,8; 2Мак. 2,9; 2Мак. 2,10; 2Мак. 2,10; 2Мак. 2,10; 2Мак. 2,10; 2Мак. 2,11; 2Мак. 2,13; 2Мак. 2,13; 2Мак. 2,13; 2Мак. 2,13; 2Мак. 2,13; 2Мак. 2,13; 2Мак. 2,14; 2Мак. 2,17; 2Мак. 2,17; 2Мак. 2,17; 2Мак. 2,17; 2Мак. 2,18; 2Мак. 2,18; 2Мак. 2,19; 2Мак. 2,19; 2Мак. 2,19; 2Мак. 2,20; 2Мак. 2,21; 2Мак. 2,21; 2Мак. 2,22; 2Мак. 2,22; 2Мак. 2,22; 2Мак. 2,24; 2Мак. 2,26; 2Мак. 2,26; 2Мак. 2,27; 2Мак. 2,29; 2Мак. 2,30; 2Мак. 2,30; 2Мак. 2,31; 2Мак. 3,1; 2Мак. 3,1; 2Мак. 3,2; 2Мак. 3,5; 2Мак. 3,5; 2Мак. 3,6; 2Мак. 3,6; 2Мак. 3,8; 2Мак. 3,9; 2Мак. 3,9; 2Мак. 3,10; 2Мак. 3,12; 2Мак. 3,12; 2Мак. 3,16; 2Мак. 3,17; 2Мак. 3,24; 2Мак. 3,24; 2Мак. 3,25; 2Мак. 3,27; 2Мак. 3,27; 2Мак. 3,28; 2Мак. 3,29; 2Мак. 3,29; 2Мак. 3,29; 2Мак. 3,30; 2Мак. 3,30; 2Мак. 3,30; 2Мак. 3,31; 2Мак. 3,33; 2Мак. 3,35; 2Мак. 3,35; 2Мак. 3,38; 2Мак. 3,39; 2Мак. 3,39; 2Мак. 3,40; 2Мак. 3,40; 2Мак. 4,1; 2Мак. 4,1; 2Мак. 4,2; 2Мак. 4,2; 2Мак. 4,4; 2Мак. 4,4; 2Мак. 4,5; 2Мак. 4,6; 2Мак. 4,7; 2Мак. 4,8; 2Мак. 4,9; 2Мак. 4,9; 2Мак. 4,9; 2Мак. 4,10; 2Мак. 4,11; 2Мак. 4,11; 2Мак. 4,11; 2Мак. 4,12; 2Мак. 4,13; 2Мак. 4,13; 2Мак. 4,14; 2Мак. 4,15; 2Мак. 4,16; 2Мак. 4,16; 2Мак. 4,16; 2Мак. 4,16; 2Мак. 4,18; 2Мак. 4,19; 2Мак. 4,22; 2Мак. 4,22; 2Мак. 4,23; 2Мак. 4,24; 2Мак. 4,25; 2Мак. 4,26; 2Мак. 4,29; 2Мак. 4,30; 2Мак. 4,32; 2Мак. 4,32; 2Мак. 4,33; 2Мак. 4,34; 2Мак. 4,34; 2Мак. 4,34; 2Мак. 4,35; 2Мак. 4,36; 2Мак. 4,37; 2Мак. 4,37; 2Мак. 4,37; 2Мак. 4,38; 2Мак. 4,38; 2Мак. 4,39; 2Мак. 4,40; 2Мак. 4,47; 2Мак. 4,48; 2Мак. 4,48; 2Мак. 5,2; 2Мак. 5,2; 2Мак. 5,3; 2Мак. 5,3; 2Мак. 5,3; 2Мак. 5,3; 2Мак. 5,3; 2Мак. 5,3; 2Мак. 5,3; 2Мак. 5,3; 2Мак. 5,5; 2Мак. 5,6; 2Мак. 5,8; 2Мак. 5,8; 2Мак. 5,9; 2Мак. 5,10; 2Мак. 5,10; 2Мак. 5,12; 2Мак. 5,12; 2Мак. 5,13; 2Мак. 5,13; 2Мак. 5,13; 2Мак. 5,13; 2Мак. 5,15; 2Мак. 5,15; 2Мак. 5,16; 2Мак. 5,16; 2Мак. 5,16; 2Мак. 5,16; 2Мак. 5,17; 2Мак. 5,20; 2Мак. 5,21; 2Мак. 5,24; 2Мак. 5,25; 2Мак. 5,25; 2Мак. 5,26; 2Мак. 5,26; 2Мак. 5,27; 2Мак. 5,27; 2Мак. 6,1; 2Мак. 6,2; 2Мак. 6,2; 2Мак. 6,3; 2Мак. 6,4; 2Мак. 6,4; 2Мак. 6,8; 2Мак. 6,10; 2Мак. 6,13; 2Мак. 6,18; 2Мак. 6,22; 2Мак. 6,23; 2Мак. 6,23; 2Мак. 6,23; 2Мак. 6,23; 2Мак. 6,23; 2Мак. 6,23; 2Мак. 6,25; 2Мак. 6,25; 2Мак. 6,25; 2Мак. 6,25; 2Мак. 6,25; 2Мак. 6,28; 2Мак. 6,28; 2Мак. 6,31; 2Мак. 6,31; 2Мак. 7,1; 2Мак. 7,2; 2Мак. 7,3; 2Мак. 7,4; 2Мак. 7,4; 2Мак. 7,5; 2Мак. 7,6; 2Мак. 7,7; 2Мак. 7,10; 2Мак. 7,10; 2Мак. 7,11; 2Мак. 7,11; 2Мак. 7,11; 2Мак. 7,12; 2Мак. 7,14; 2Мак. 7,17; 2Мак. 7,17; 2Мак. 7,18; 2Мак. 7,20; 2Мак. 7,21; 2Мак. 7,22; 2Мак. 7,22; 2Мак. 7,23; 2Мак. 7,23; 2Мак. 7,23; 2Мак. 7,24; 2Мак. 7,24; 2Мак. 7,24; 2Мак. 7,24; 2Мак. 7,27; 2Мак. 7,27; 2Мак. 7,27; 2Мак. 7,27; 2Мак. 7,28; 2Мак. 7,28; 2Мак. 7,28; 2Мак. 7,33; 2Мак. 7,33; 2Мак. 7,34; 2Мак. 7,37; 2Мак. 7,37; 2Мак. 7,37; 2Мак. 7,37; 2Мак. 7,38; 2Мак. 7,40; 2Мак. 7,42; 2Мак. 8,1; 2Мак. 8,1; 2Мак. 8,2; 2Мак. 8,3; 2Мак. 8,3; 2Мак. 8,4; 2Мак. 8,4; 2Мак. 8,6; 2Мак. 8,6; 2Мак. 8,7; 2Мак. 8,8; 2Мак. 8,9; 2Мак. 8,12; 2Мак. 8,13; 2Мак. 8,13; 2Мак. 8,15; 2Мак. 8,15; 2Мак. 8,15; 2Мак. 8,17; 2Мак. 8,18; 2Мак. 8,18; 2Мак. 8,19; 2Мак. 8,19; 2Мак. 8,20; 2Мак. 8,20; 2Мак. 8,21; 2Мак. 8,21; 2Мак. 8,22; 2Мак. 8,22; 2Мак. 8,23; 2Мак. 8,23; 2Мак. 8,24; 2Мак. 8,27; 2Мак. 8,27; 2Мак. 8,28; 2Мак. 8,28; 2Мак. 8,28; 2Мак. 8,29; 2Мак. 8,30; 2Мак. 8,30; 2Мак. 8,30; 2Мак. 8,30; 2Мак. 8,30; 2Мак. 8,30; 2Мак. 8,32; 2Мак. 8,33; 2Мак. 8,33; 2Мак. 8,36; 2Мак. 8,36; 2Мак. 9,2; 2Мак. 9,2; 2Мак. 9,2; 2Мак. 9,3; 2Мак. 9,5; 2Мак. 9,5; 2Мак. 9,6; 2Мак. 9,7; 2Мак. 9,7; 2Мак. 9,8; 2Мак. 9,9; 2Мак. 9,9; 2Мак. 9,9; 2Мак. 9,10; 2Мак. 9,11; 2Мак. 9,12; 2Мак. 9,12; 2Мак. 9,14; 2Мак. 9,16; 2Мак. 9,17; 2Мак. 9,19; 2Мак. 9,19; 2Мак. 9,19; 2Мак. 9,20; 2Мак. 9,20; 2Мак. 9,21; 2Мак. 9,21; 2Мак. 9,25; 2Мак. 9,25; 2Мак. 9,25; 2Мак. 9,26; 2Мак. 9,26; 2Мак. 9,26; 2Мак. 9,27; 2Мак. 9,28; 2Мак. 9,29; 2Мак. 10,1; 2Мак. 10,1; 2Мак. 10,3; 2Мак. 10,3; 2Мак. 10,3; 2Мак. 10,3; 2Мак. 10,3; 2Мак. 10,3; 2Мак. 10,4; 2Мак. 10,4; 2Мак. 10,5; 2Мак. 10,6; 2Мак. 10,6; 2Мак. 10,7; 2Мак. 10,7; 2Мак. 10,8; 2Мак. 10,9; 2Мак. 10,11; 2Мак. 10,13; 2Мак. 10,13; 2Мак. 10,14; 2Мак. 10,15; 2Мак. 10,16; 2Мак. 10,17; 2Мак. 10,18; 2Мак. 10,19; 2Мак. 10,19; 2Мак. 10,19; 2Мак. 10,22; 2Мак. 10,24; 2Мак. 10,25; 2Мак. 10,26; 2Мак. 10,28; 2Мак. 10,29; 2Мак. 10,30; 2Мак. 10,30; 2Мак. 10,30; 2Мак. 10,34; 2Мак. 10,35; 2Мак. 10,36; 2Мак. 10,37; 2Мак. 10,37; 2Мак. 10,37; 2Мак. 10,38; 2Мак. 10,38; 2Мак. 11,1; 2Мак. 11,1; 2Мак. 11,2; 2Мак. 11,4; 2Мак. 11,4; 2Мак. 11,5; 2Мак. 11,6; 2Мак. 11,9; 2Мак. 11,9; 2Мак. 11,12; 2Мак. 11,13; 2Мак. 11,14; 2Мак. 11,17; 2Мак. 11,19; 2Мак. 11,20; 2Мак. 11,20; 2Мак. 11,21; 2Мак. 11,25; 2Мак. 11,26; 2Мак. 11,26; 2Мак. 11,27; 2Мак. 11,28; 2Мак. 11,31; 2Мак.

καί

11,31; 2Мас. 11,37; 2Мас. 12,2; 2Мас. 12,2; 2Мас. 12,2; 2Мас. 12,3; 2Мас. 12,4; 2Мас. 12,4; 2Мас. 12,6; 2Мас. 12,6; 2Мас. 12,6; 2Мас. 12,7; 2Мас. 12,9; 2Мас. 12,11; 2Мас. 12,11; 2Мас. 12,11; 2Мас. 12,12; 2Мас. 12,13; 2Мас. 12,13; 2Мас. 12,14; 2Мас. 12,14; 2Мас. 12,15; 2Мас. 12,18; 2Мас. 12,18; 2Мас. 12,19; 2Мас. 12,20; 2Мас. 12,21; 2Мас. 12,21; 2Мас. 12,21; 2Мас. 12,22; 2Мас. 12,22; 2Мас. 12,24; 2Мас. 12,24; 2Мас. 12,26; 2Мас. 12,26; 2Мас. 12,27; 2Мас. 12,27; 2Мас. 12,27; 2Мас. 12,30; 2Мас. 12,31; 2Мас. 12,35; 2Мас. 12,35; 2Мас. 12,35; 2Мас. 12,35; 2Мас. 12,36; 2Мас. 12,36; 2Мас. 12,39; 2Мас. 12,43; 2Мас. 12,44; 2Мас. 12,45; 2Мас. 13,1; 2Мас. 13,1; 2Мас. 13,2; 2Мас. 13,2; 2Мас. 13,2; 2Мас. 13,2; 2Мас. 13,3; 2Мас. 13,4; 2Мас. 13,8; 2Мас. 13,10; 2Мас. 13,10; 2Мас. 13,10; 2Мас. 13,10; 2Мас. 13,10; 2Мас. 13,11; 2Мас. 13,12; 2Мас. 13,12; 2Мас. 13,12; 2Мас. 13,13; 2Мас. 13,15; 2Мас. 13,16; 2Мас. 13,16; 2Мас. 13,16; 2Мас. 13,19; 2Мас. 13,21; 2Мас. 13,21; 2Мас. 13,23; 2Мас. 13,23; 2Мас. 13,23; 2Мас. 13,24; 2Мас. 13,26; 2Мас. 14,1; 2Мас. 14,2; 2Мас. 14,4; 2Мас. 14,4; 2Мас. 14,4; 2Мас. 14,4; 2Мас. 14,5; 2Мас. 14,5; 2Мас. 14,6; 2Мас. 14,9; 2Мас. 14,9; 2Мас. 14,12; 2Мас. 14,14; 2Мас. 14,15; 2Мас. 14,18; 2Мас. 14,19; 2Мас. 14,19; 2Мас. 14,19; 2Мас. 14,20; 2Мас. 14,20; 2Мас. 14,21; 2Мас. 14,23; 2Мас. 14,24; 2Мас. 14,25; 2Мас. 14,26; 2Мас. 14,26; 2Мас. 14,27; 2Мас. 14,28; 2Мас. 14,30; 2Мас. 14,31; 2Мас. 14,33; 2Мас. 14,33; 2Мас. 14,36; 2Мас. 14,37; 2Мас. 14,37; 2Мас. 14,38; 2Мас. 14,38; 2Мас. 14,41; 2Мас. 14,41; 2Мас. 14,41; 2Мас. 14,42; 2Мас. 14,43; 2Мас. 14,45; 2Мас. 14,45; 2Мас. 14,45; 2Мас. 14,46; 2Мас. 14,46; 2Мас. 14,46; 2Мас. 15,2; 2Мас. 15,5; 2Мас. 15,8; 2Мас. 15,8; 2Мас. 15,9; 2Мас. 15,9; 2Мас. 15,9; 2Мас. 15,10; 2Мас. 15,10; 2Мас. 15,11; 2Мас. 15,11; 2Мас. 15,12; 2Мас. 15,12; 2Мас. 15,12; 2Мас. 15,13; 2Мас. 15,13; 2Мас. 15,14; 2Мас. 15,17; 2Мас. 15,17; 2Мас. 15,17; 2Мас. 15,17; 2Мас. 15,17; 2Мас. 15,17; 2Мас. 15,18; 2Мас. 15,18; 2Мас. 15,18; 2Мас. 15,20; 2Мас. 15,20; 2Мас. 15,20; 2Мас. 15,20; 2Мас. 15,21; 2Мас. 15,22; 2Мас. 15,23; 2Мас. 15,23; 2Мас. 15,24; 2Мас. 15,25; 2Мас. 15,26; 2Мас. 15,27; 2Мас. 15,27; 2Мас. 15,28; 2Мас. 15,29; 2Мас. 15,30; 2Мас. 15,30; 2Мас. 15,30; 2Мас. 15,31; 2Мас. 15,31; 2Мас. 15,32; 2Мас. 15,32; 2Мас. 15,33; 2Мас. 15,35; 2Мас. 15,37; 2Мас. 15,37; 2Мас. 15,38; 2Мас. 15,38; 2Мас. 15,39; 3Мас. 1,1; 3Мас. 1,1; 3Мас. 1,2; 3Мас. 1,3; 3Мас. 1,4; 3Мас. 1,4; 3Мас. 1,4; 3Мас. 1,4; 3Мас. 1,5; 3Мас. 1,7; 3Мас. 1,8; 3Мас. 1,8; 3Мас. 1,8; 3Мас. 1,9; 3Мас. 1,9; 3Мас. 1,9; 3Мас. 1,9; 3Мас. 1,9; 3Мас. 1,9; 3Мас. 1,11; 3Мас. 1,13; 3Мас. 1,15; 3Мас. 1,15; 3Мас. 1,16; 3Мас. 1,16; 3Мас. 1,18; 3Мас. 1,18; 3Мас. 1,19; 3Мас. 1,19; 3Мас. 1,20; 3Мас. 1,20; 3Мас. 1,22; 3Мас. 1,23; 3Мас. 1,23; 3Мас. 1,24; 3Мас. 1,26; 3Мас. 1,26; 3Мас. 1,27; 3Мас. 1,28; 3Мас. 1,29; 3Мас. 2,1; 3Мас. 2,2; 3Мас. 2,2; 3Мас. 2,2; 3Мас. 2,3; 3Мас. 2,3; 3Мас. 2,3; 3Мас. 2,4; 3Мас. 2,5; 3Мас. 2,6; 3Мас. 2,7; 3Мас. 2,7; 3Мас. 2,8; 3Мас. 2,9; 3Мас. 2,9; 3Мас. 2,9; 3Мас. 2,9; 3Мас. 2,10; 3Мас. 2,10; 3Мас. 2,10; 3Мас. 2,11; 3Мас. 2,11; 3Мас. 2,12; 3Мас. 2,13; 3Мас. 2,13; 3Мас. 2,13; 3Мас. 2,14; 3Мас. 2,19; 3Мас. 2,19; 3Мас. 2,20; 3Мас. 2,20; 3Мас. 2,21; 3Мас. 2,21; 3Мас. 2,22; 3Мас. 2,22; 3Мас. 2,23; 3Мас. 2,25; 3Мас. 2,25; 3Мас. 2,26; 3Мас. 2,26; 3Мас. 2,28; 3Мас. 2,29; 3Мас. 2,32; 3Мас. 2,33; 3Мас. 2,33; 3Мас. 2,33; 3Мас. 2,33; 3Мас. 3,1; 3Мас. 3,1; 3Мас. 3,3; 3Мас. 3,4; 3Мас. 3,7; 3Мас. 3,7; 3Мас. 3,7; 3Мас. 3,8; 3Мас. 3,8; 3Мас. 3,8; 3Мас. 3,10; 3Мас. 3,10; 3Мас. 3,10; 3Мас. 3,11; 3Мас. 3,12; 3Мас. 3,12; 3Мас. 3,12; 3Мас. 3,13; 3Мас. 3,13; 3Мас. 3,15; 3Мас. 3,15; 3Мас. 3,16; 3Мас. 3,16; 3Мас. 3,16; 3Мас. 3,17; 3Мас. 3,17; 3Мас. 3,19; 3Мас. 3,20; 3Мас. 3,21; 3Мас. 3,21; 3Мас. 3,21; 3Мас. 3,22; 3Мас. 3,23; 3Мас. 3,24; 3Мас. 3,24; 3Мас. 3,25; 3Мас. 3,25; 3Мас. 3,25; 3Мас. 3,26; 3Мас. 3,27; 3Мас. 3,28; 3Мас. 3,28; 3Мас. 3,29; 3Мас. 3,29; 3Мас. 4,1; 3Мас. 4,2; 3Мас. 4,3; 3Мас. 4,4; 3Мас. 4,6; 3Мас. 4,8; 3Мас. 4,10; 3Мас. 4,11; 3Мас. 4,11; 3Мас. 4,11; 3Мас. 4,15; 3Мас. 4,16; 3Мас. 4,16; 3Мас. 4,16; 3Мас. 4,18; 3Мас. 4,20; 3Мас. 4,20; 3Мас. 5,1; 3Мас. 5,2; 3Мас. 5,2; 3Мас. 5,3; 3Мас. 5,7; 3Мас. 5,7; 3Мас. 5,8; 3Мас. 5,10; 3Мас. 5,11; 3Мас. 5,12; 3Мас. 5,12; 3Мас. 5,13; 3Мас. 5,15; 3Мас. 5,16; 3Мас. 5,17; 3Мас. 5,19; 3Мас. 5,22; 3Мас. 5,23; 3Мас. 5,26; 3Мас. 5,27; 3Мас. 5,29; 3Мас. 5,29; 3Мас. 5,31; 3Мас. 5,32; 3Мас. 5,33; 3Мас. 5,33; 3Мас. 5,35; 3Мас. 5,40; 3Мас. 5,41; 3Мас. 5,42; 3Мас. 5,42; 3Мас. 5,43; 3Мас. 5,43; 3Мас. 5,44; 3Мас. 5,47; 3Мас. 5,47; 3Мас. 5,48; 3Мас. 5,48; 3Мас. 5,49; 3Мас. 5,49; 3Мас. 5,50; 3Мас. 6,1; 3Мас. 6,4; 3Мас. 6,5; 3Мас. 6,5; 3Мас. 6,9; 3Мас. 6,12; 3Мас. 6,14; 3Мас. 6,15; 3Мас. 6,16; 3Мас. 6,17; 3Мас. 6,18; 3Мас. 6,19; 3Мас. 6,19; 3Мас. 6,19; 3Мас. 6,19; 3Мас. 6,20; 3Мас. 6,20; 3Мас. 6,21; 3Мас. 6,21; 3Мас. 6,21; 3Мас. 6,22; 3Мас. 6,23; 3Мас. 6,24; 3Мас. 6,24; 3Мас. 6,24; 3Мас. 6,26; 3Мас. 6,30; 3Мас. 6,31; 3Мас. 6,31; 3Мас. 6,31; 3Мас. 6,32; 3Мас. 6,32; 3Мас. 6,34; 3Мас. 6,34; 3Мас. 6,34; 3Мас. 6,35; 3Мас. 6,36; 3Мас. 6,36; 3Мас. 6,38; 3Мас. 6,39; 3Мас. 6,40; 3Мас. 7,1; 3Мас. 7,1; 3Мас. 7,2; 3Мас. 7,2; 3Мас. 7,5; 3Мас. 7,6; 3Мас. 7,7; 3Мас. 7,8; 3Мас. 7,10; 3Мас. 7,12; 3Мас. 7,12; 3Мас. 7,13; 3Мас. 7,14; 3Мас. 7,15; 3Мас. 7,16; 3Мас. 7,16; 3Мас. 7,20; 3Мас. 7,20; 3Мас. 7,20; 3Мас. 7,21; 3Мас. 7,21; 3Мас. 7,22; 4Мас. 1,2; 4Мас. 1,2; 4Мас. 1,3; 4Мас. 1,4; 4Мас. 1,4; 4Мас. 1,4; 4Мас. 1,5; 4Мас. 1,6; 4Мас. 1,6; 4Мас. 1,6; 4Мас. 1,7; 4Мас. 1,8; 4Мас. 1,8; 4Мас. 1,11; 4Мас. 1,12; 4Мас. 1,14; 4Мас. 1,14; 4Мас. 1,14; 4Мас. 1,16; 4Мас. 1,16; 4Мас. 1,17; 4Мас. 1,18; 4Мас. 1,18; 4Мас. 1,18; 4Мас. 1,20; 4Мас. 1,20; 4Мас. 1,20; 4Мас. 1,21; 4Мас. 1,21; 4Мас. 1,24; 4Мас. 1,26; 4Мас. 1,26; 4Мас. 1,26; 4Мас. 1,26; 4Мас. 1,26; 4Мас. 1,27; 4Мас. 1,27; 4Мас. 1,28; 4Мас. 1,28; 4Мас. 1,29; 4Мас. 1,29; 4Мас. 1,29; 4Мас. 1,29; 4Мас. 1,29; 4Мас. 1,32; 4Мас. 1,34; 4Мас. 1,34; 4Мас. 1,34; 4Мас. 1,35; 4Мас. 2,3; 4Мас. 2,4; 4Мас. 2,7; 4Мас. 2,8; 4Мас. 2,11; 4Мас. 2,12; 4Мас. 2,13; 4Мас. 2,14; 4Мас. 2,14; 4Мас. 2,15; 4Мас. 2,15; 4Мас. 2,15; 4Мас. 2,15; 4Мас. 2,17; 4Мас. 2,18; 4Мас. 2,19; 4Мас. 2,21; 4Мас. 2,23; 4Мас. 2,23; 4Мас. 2,23; 4Мас. 2,23; 4Мас. 2,24; 4Мас. 3,8; 4Мас. 3,11; 4Мас. 3,12; 4Мас. 3,13; 4Мас. 3,14; 4Мас. 3,17; 4Мас. 3,18; 4Мас. 3,18; 4Мас. 3,20; 4Мас. 3,20; 4Мас. 3,20; 4Мас. 4,1; 4Мас. 4,2; 4Мас. 4,2; 4Мас. 4,3; 4Мас. 4,5; 4Мас. 4,5; 4Мас. 4,7; 4Мас. 4,9; 4Мас. 4,10; 4Мас. 4,10; 4Мас. 4,11; 4Мас. 4,12; 4Мас. 4,13; 4Мас. 4,14; 4Мас. 4,15; 4Мас. 4,18; 4Мас. 4,18; 4Мас. 4,19; 4Мас. 4,19; 4Мас. 4,23; 4Мас. 4,24; 4Мас. 4,24; 4Мас. 5,1; 4Мас. 5,2; 4Мас. 5,2; 4Мас. 5,4; 4Мас. 5,4; 4Мас. 5,7; 4Мас. 5,9; 4Мас. 5,9; 4Мас. 5,11; 4Мас. 5,11; 4Мас. 5,12; 4Мас. 5,15; 4Мас. 5,20; 4Мас. 5,23; 4Мас. 5,23; 4Мас. 5,24; 4Мас. 5,24; 4Мас. 5,30; 4Мас. 5,31; 4Мас. 5,32; 4Мас. 5,35; 4Мас. 6,2; 4Мас. 6,5; 4Мас. 6,6; 4Мас. 6,6; 4Мас. 6,7; 4Мас. 6,7; 4Мас. 6,9; 4Мас. 6,9; 4Мас. 6,10; 4Мас. 6,11; 4Мас. 6,11; 4Мас. 6,18; 4Мас. 6,18; 4Мас. 6,19; 4Мас. 6,20; 4Мас. 6,21; 4Мас. 6,24; 4Мас. 6,25; 4Мас. 6,26; 4Мас. 6,26; 4Мас. 6,29; 4Мас. 6,30; 4Мас. 6,30; 4Мас. 6,34; 4Мас. 6,35; 4Мас. 6,35; 4Мас. 7,2; 4Мас. 7,2; 4Мас. 7,4; 4Мас. 7,4; 4Мас. 7,6; 4Мас. 7,7; 4Мас. 7,8; 4Мас. 7,9; 4Мас. 7,9; 4Мас. 7,10; 4Мас. 7,10; 4Мас. 7,14; 4Мас. 7,15; 4Мас. 7,15; 4Мас. 7,19; 4Мас. 7,19; 4Мас. 7,21; 4Мас. 7,22; 4Мас. 7,23; 4Мас. 8,2; 4Мас. 8,3; 4Мас. 8,3; 4Мас. 8,3; 4Мас. 8,4; 4Мас. 8,4; 4Мас. 8,4; 4Мас. 8,5; 4Мас. 8,7; 4Мас. 8,8; 4Мас. 8,8; 4Мас. 8,10; 4Мас. 8,10; 4Мас. 8,10; 4Мас. 8,13; 4Мас. 8,13; 4Мас. 8,13; 4Мас. 8,13; 4Мас.

К, к

Κ, κ

8,13; 4Mac. 8,13; 4Mac. 8,13; 4Mac. 8,13; 4Mac. 8,14; 4Mac. 8,15; 4Mac. 8,15; 4Mac. 8,16; 4Mac. 8,17; 4Mac. 8,17; 4Mac. 8,18; 4Mac. 8,19; 4Mac. 8,19; 4Mac. 8,19; 4Mac. 8,20; 4Mac. 8,21; 4Mac. 8,22; 4Mac. 8,23; 4Mac. 8,26; 4Mac. 8,28; 4Mac. 9,2; 4Mac. 9,6; 4Mac. 9,7; 4Mac. 9,8; 4Mac. 9,8; 4Mac. 9,11; 4Mac. 9,11; 4Mac. 9,14; 4Mac. 9,15; 4Mac. 9,15; 4Mac. 9,16; 4Mac. 9,17; 4Mac. 9,17; 4Mac. 9,19; 4Mac. 9,20; 4Mac. 9,20; 4Mac. 9,21; 4Mac. 9,21; 4Mac. 9,24; 4Mac. 9,24; 4Mac. 9,25; 4Mac. 9,26; 4Mac. 9,26; 4Mac. 9,28; 4Mac. 10,2; 4Mac. 10,2; 4Mac. 10,5; 4Mac. 10,5; 4Mac. 10,6; 4Mac. 10,6; 4Mac. 10,6; 4Mac. 10,7; 4Mac. 10,8; 4Mac. 10,8; 4Mac. 10,10; 4Mac. 10,11; 4Mac. 10,15; 4Mac. 10,15; 4Mac. 10,17; 4Mac. 10,17; 4Mac. 11,4; 4Mac. 11,5; 4Mac. 11,10; 4Mac. 11,11; 4Mac. 11,11; 4Mac. 11,15; 4Mac. 11,18; 4Mac. 11,19; 4Mac. 11,19; 4Mac. 11,23; 4Mac. 11,26; 4Mac. 11,26; 4Mac. 12,2; 4Mac. 12,4; 4Mac. 12,5; 4Mac. 12,6; 4Mac. 12,8; 4Mac. 12,9; 4Mac. 12,10; 4Mac. 12,11; 4Mac. 12,11; 4Mac. 12,11; 4Mac. 12,12; 4Mac. 12,12; 4Mac. 12,13; 4Mac. 12,13; 4Mac. 12,18; 4Mac. 12,18; 4Mac. 12,19; 4Mac. 12,19; 4Mac. 13,4; 4Mac. 13,4; 4Mac. 13,11; 4Mac. 13,13; 4Mac. 13,13; 4Mac. 13,15; 4Mac. 13,17; 4Mac. 13,17; 4Mac. 13,17; 4Mac. 13,18; 4Mac. 13,19; 4Mac. 13,19; 4Mac. 13,20; 4Mac. 13,20; 4Mac. 13,20; 4Mac. 13,21; 4Mac. 13,21; 4Mac. 13,22; 4Mac. 13,22; 4Mac. 13,22; 4Mac. 13,22; 4Mac. 13,24; 4Mac. 13,24; 4Mac. 13,25; 4Mac. 13,27; 4Mac. 13,27; 4Mac. 14,2; 4Mac. 14,3; 4Mac. 14,6; 4Mac. 14,9; 4Mac. 14,10; 4Mac. 14,14; 4Mac. 14,15; 4Mac. 14,16; 4Mac. 14,16; 4Mac. 14,16; 4Mac. 14,16; 4Mac. 14,18; 4Mac. 14,19; 4Mac. 14,19; 4Mac. 14,19; 4Mac. 15,1; 4Mac. 15,2; 4Mac. 15,4; 4Mac. 15,5; 4Mac. 15,5; 4Mac. 15,7; 4Mac. 15,9; 4Mac. 15,10; 4Mac. 15,10; 4Mac. 15,10; 4Mac. 15,10; 4Mac. 15,10; 4Mac. 15,12; 4Mac. 15,13; 4Mac. 15,13; 4Mac. 15,13; 4Mac. 15,13; 4Mac. 15,14; 4Mac. 15,15; 4Mac. 15,15; 4Mac. 15,15; 4Mac. 15,19; 4Mac. 15,20; 4Mac. 15,20; 4Mac. 15,20; 4Mac. 15,20; 4Mac. 15,22; 4Mac. 15,22; 4Mac. 15,24; 4Mac. 15,25; 4Mac. 15,25; 4Mac. 15,25; 4Mac. 15,26; 4Mac. 15,29; 4Mac. 15,29; 4Mac. 15,30; 4Mac. 15,32; 4Mac. 16,1; 4Mac. 16,1; 4Mac. 16,1; 4Mac. 16,3; 4Mac. 16,4; 4Mac. 16,5; 4Mac. 16,6; 4Mac. 16,7; 4Mac. 16,7; 4Mac. 16,7; 4Mac. 16,8; 4Mac. 16,10; 4Mac. 16,10; 4Mac. 16,12; 4Mac. 16,13; 4Mac. 16,14; 4Mac. 16,14; 4Mac. 16,14; 4Mac. 16,15; 4Mac. 16,15; 4Mac. 16,17; 4Mac. 16,18; 4Mac. 16,19; 4Mac. 16,20; 4Mac. 16,21; 4Mac. 16,21; 4Mac. 16,21; 4Mac. 16,21; 4Mac. 16,21; 4Mac. 16,22; 4Mac. 16,25; 4Mac. 16,25; 4Mac. 16,25; 4Mac. 16,25; 4Mac. 17,2; 4Mac. 17,2; 4Mac. 17,5; 4Mac. 17,8; 4Mac. 17,8; 4Mac. 17,9; 4Mac. 17,9; 4Mac. 17,10; 4Mac. 17,10; 4Mac. 17,14; 4Mac. 17,17; 4Mac. 17,18; 4Mac. 17,18; 4Mac. 17,19; 4Mac. 17,20; 4Mac. 17,21; 4Mac. 17,21; 4Mac. 17,22; 4Mac. 17,22; 4Mac. 17,23; 4Mac. 17,24; 4Mac. 17,24; 4Mac. 17,24; 4Mac. 18,1; 4Mac. 18,2; 4Mac. 18,4; 4Mac. 18,5; 4Mac. 18,5; 4Mac. 18,5; 4Mac. 18,5; 4Mac. 18,10; 4Mac. 18,11; 4Mac. 18,11; 4Mac. 18,12; 4Mac. 18,12; 4Mac. 18,14; 4Mac. 18,19; 4Mac. 18,19; 4Mac. 18,20; 4Mac. 18,20; 4Mac. 18,20; 4Mac. 18,21; 4Mac. 18,21; 4Mac. 18,22; 4Mac. 18,23; Psa. 1,1; Psa. 1,1; Psa. 1,2; Psa. 1,2; Psa. 1,3; Psa. 1,3; Psa. 1,6; Psa. 2,1; Psa. 2,2; Psa. 2,2; Psa. 2,3; Psa. 2,4; Psa. 2,5; Psa. 2,8; Psa. 2,8; Psa. 2,10; Psa. 2,11; Psa. 2,12; Psa. 3,4; Psa. 3,5; Psa. 3,6; Psa. 3,9; Psa. 4,2; Psa. 4,3; Psa. 4,4; Psa. 4,5; Psa. 4,5; Psa. 4,6; Psa. 4,8; Psa. 4,8; Psa. 4,9; Psa. 5,3; Psa. 5,4; Psa. 5,7; Psa. 5,12; Psa. 5,12; Psa. 5,12; Psa. 6,4; Psa. 6,4; Psa. 6,11; Psa. 6,11; Psa. 7,2; Psa. 7,6; Psa. 7,6; Psa. 7,6; Psa. 7,8; Psa. 7,8; Psa. 7,9; Psa. 7,10; Psa. 7,10; Psa. 7,12; Psa. 7,12; Psa. 7,13; Psa. 7,14; Psa. 7,15; Psa. 7,16; Psa. 7,16; Psa. 7,17; Psa. 7,18; Psa. 8,3; Psa. 8,3; Psa. 8,4; Psa. 8,6; Psa. 8,7; Psa. 8,8; Psa. 8,8; Psa. 8,9; Psa. 9,3; Psa. 9,4; Psa. 9,5; Psa. 9,6; Psa. 9,6; Psa. 9,7; Psa. 9,8; Psa. 9,9; Psa. 9,10; Psa. 9,11; Psa. 9,24; Psa. 9,28; Psa. 9,28; Psa. 9,28; Psa. 9,31; Psa. 9,35; Psa. 9,36; Psa. 9,36; Psa. 9,37; Psa. 9,39; Psa. 10,5; Psa. 10,6; Psa. 10,6; Psa. 10,7; Psa. 11,3; Psa. 11,4; Psa. 11,6; Psa. 11,8; Psa. 11,8; Psa. 12,6; Psa. 13,1; Psa. 13,3; Psa. 13,3; Psa. 13,3; Psa. 13,7; Psa. 14,1; Psa. 14,2; Psa. 14,3; Psa. 14,4; Psa. 14,5; Psa. 15,5; Psa. 15,6; Psa. 15,7; Psa. 15,9; Psa. 15,9; Psa. 16,3; Psa. 16,6; Psa. 16,12; Psa. 16,13; Psa. 16,14; Psa. 16,14; Psa. 17,1; Psa. 17,2; Psa. 17,3; Psa. 17,3; Psa. 17,3; Psa. 17,3; Psa. 17,4; Psa. 17,5; Psa. 17,7; Psa. 17,7; Psa. 17,7; Psa. 17,8; Psa. 17,8; Psa. 17,8; Psa. 17,8; Psa. 17,9; Psa. 17,10; Psa. 17,10; Psa. 17,10; Psa. 17,11; Psa. 17,11; Psa. 17,12; Psa. 17,13; Psa. 17,14; Psa. 17,14; Psa. 17,15; Psa. 17,15; Psa. 17,15; Psa. 17,15; Psa. 17,16; Psa. 17,16; Psa. 17,17; Psa. 17,18; Psa. 17,19; Psa. 17,20; Psa. 17,20; Psa. 17,21; Psa. 17,21; Psa. 17,22; Psa. 17,23; Psa. 17,24; Psa. 17,24; Psa. 17,25; Psa. 17,25; Psa. 17,26; Psa. 17,27; Psa. 17,27; Psa. 17,28; Psa. 17,30; Psa. 17,32; Psa. 17,33; Psa. 17,34; Psa. 17,35; Psa. 17,36; Psa. 17,36; Psa. 17,36; Psa. 17,36; Psa. 17,37; Psa. 17,38; Psa. 17,38; Psa. 17,39; Psa. 17,40; Psa. 17,41; Psa. 17,41; Psa. 17,42; Psa. 17,42; Psa. 17,43; Psa. 17,46; Psa. 17,47; Psa. 17,47; Psa. 17,48; Psa. 17,50; Psa. 17,51; Psa. 17,51; Psa. 18,3; Psa. 18,5; Psa. 18,6; Psa. 18,7; Psa. 18,7; Psa. 18,11; Psa. 18,11; Psa. 18,11; Psa. 18,12; Psa. 18,14; Psa. 18,14; Psa. 18,15; Psa. 18,15; Psa. 18,15; Psa. 19,3; Psa. 19,4; Psa. 19,5; Psa. 19,6; Psa. 19,8; Psa. 19,9; Psa. 19,9; Psa. 19,10; Psa. 20,2; Psa. 20,3; Psa. 20,5; Psa. 20,6; Psa. 20,8; Psa. 20,10; Psa. 20,11; Psa. 20,14; Psa. 21,3; Psa. 21,3; Psa. 21,3; Psa. 21,5; Psa. 21,6; Psa. 21,6; Psa. 21,7; Psa. 21,7; Psa. 21,14; Psa. 21,15; Psa. 21,16; Psa. 21,16; Psa. 21,17; Psa. 21,18; Psa. 21,19; Psa. 21,21; Psa. 21,22; Psa. 21,25; Psa. 21,27; Psa. 21,27; Psa. 21,28; Psa. 21,28; Psa. 21,29; Psa. 21,30; Psa. 21,30; Psa. 21,31; Psa. 21,32; Psa. 22,1; Psa. 22,4; Psa. 22,4; Psa. 22,5; Psa. 22,6; Psa. 22,6; Psa. 23,1; Psa. 23,1; Psa. 23,2; Psa. 23,3; Psa. 23,4; Psa. 23,4; Psa. 23,5; Psa. 23,7; Psa. 23,7; Psa. 23,8; Psa. 23,9; Psa. 23,9; Psa. 24,3; Psa. 24,4; Psa. 24,5; Psa. 24,5; Psa. 24,6; Psa. 24,7; Psa. 24,8; Psa. 24,10; Psa. 24,10; Psa. 24,11; Psa. 24,13; Psa. 24,14; Psa. 24,14; Psa. 24,16; Psa. 24,16; Psa. 24,18; Psa. 24,18; Psa. 24,19; Psa. 24,20; Psa. 24,21; Psa. 25,1; Psa. 25,2; Psa. 25,2; Psa. 25,3; Psa. 25,4; Psa. 25,5; Psa. 25,6; Psa. 25,7; Psa. 25,8; Psa. 25,9; Psa. 25,11; Psa. 26,1; Psa. 26,2; Psa. 26,2; Psa. 26,4; Psa. 26,6; Psa. 26,6; Psa. 26,6; Psa. 26,7; Psa. 26,9; Psa. 26,10; Psa. 26,11; Psa. 26,12; Psa. 26,14; Psa. 26,14; Psa. 27,1; Psa. 27,3; Psa. 27,4; Psa. 27,5; Psa. 27,5; Psa. 27,7; Psa. 27,7; Psa. 27,7; Psa. 27,7; Psa. 27,8; Psa. 27,9; Psa. 27,9; Psa. 27,9; Psa. 28,1; Psa. 28,5; Psa. 28,6; Psa. 28,6; Psa. 28,8; Psa. 28,9; Psa. 28,9; Psa. 28,10; Psa. 29,2; Psa. 29,3; Psa. 29,5; Psa. 29,6; Psa. 29,6; Psa. 29,8; Psa. 29,9; Psa. 29,11; Psa. 29,12; Psa. 29,13; Psa. 30,2; Psa. 30,3; Psa. 30,4; Psa. 30,4; Psa. 30,4; Psa. 30,8; Psa. 30,9; Psa. 30,10; Psa. 30,11; Psa. 30,11; Psa. 30,12; Psa. 30,12; Psa. 30,16; Psa. 30,18; Psa. 30,19; Psa. 30,24; Psa. 30,25; Psa. 31,1; Psa. 31,4; Psa. 31,5; Psa. 31,5; Psa. 31,8; Psa. 31,9; Psa. 31,9; Psa. 31,11; Psa. 31,11; Psa. 32,4; Psa. 32,5; Psa. 32,6; Psa. 32,9; Psa. 32,9; Psa. 32,10; Psa. 32,11; Psa. 32,16; Psa. 32,19; Psa. 32,20; Psa. 32,21; Psa. 33,1; Psa. 33,1; Psa. 33,3; Psa. 33,4; Psa. 33,5; Psa. 33,5; Psa. 33,6; Psa. 33,6; Psa. 33,7; Psa. 33,7; Psa. 33,8; Psa. 33,9; Psa. 33,11; Psa. 33,14; Psa. 33,15; Psa. 33,15; Psa. 33,16; Psa. 33,18; Psa. 33,18; Psa. 33,19; Psa. 33,20; Psa. 33,22; Psa. 33,23; Psa. 34,2; Psa. 34,2; Psa. 34,3; Psa. 34,4; Psa. 34,4; Psa. 34,5; Psa. 34,6; Psa. 34,6; Psa. 34,8; Psa. 34,8; Psa. 34,10; Psa. 34,10; Psa. 34,12; Psa. 34,13; Psa. 34,13; Psa. 34,14; Psa. 34,15; Psa. 34,15; Psa. 34,15; Psa. 34,15; Psa. 34,19; Psa. 34,20; Psa. 34,21; Psa. 34,23; Psa. 34,23; Psa. 34,24; Psa. 34,26; Psa. 34,26;

καί
1219

Psa. 34,27; Psa. 34,27; Psa. 34,28; Psa. 35,3; Psa. 35,4; Psa. 35,6; Psa. 35,7; Psa. 35,9; Psa. 35,11; Psa. 35,12; Psa. 35,13; Psa. 36,2; Psa. 36,3; Psa. 36,3; Psa. 36,3; Psa. 36,4; Psa. 36,5; Psa. 36,5; Psa. 36,6; Psa. 36,6; Psa. 36,7; Psa. 36,8; Psa. 36,10; Psa. 36,10; Psa. 36,10; Psa. 36,10; Psa. 36,11; Psa. 36,12; Psa. 36,14; Psa. 36,15; Psa. 36,18; Psa. 36,19; Psa. 36,20; Psa. 36,21; Psa. 36,21; Psa. 36,23; Psa. 36,25; Psa. 36,25; Psa. 36,26; Psa. 36,26; Psa. 36,27; Psa. 36,27; Psa. 36,28; Psa. 36,28; Psa. 36,29; Psa. 36,30; Psa. 36,31; Psa. 36,32; Psa. 36,34; Psa. 36,34; Psa. 36,35; Psa. 36,36; Psa. 36,36; Psa. 36,36; Psa. 36,36; Psa. 36,37; Psa. 36,39; Psa. 36,40; Psa. 36,40; Psa. 36,40; Psa. 36,40; Psa. 37,3; Psa. 37,6; Psa. 37,7; Psa. 37,8; Psa. 37,9; Psa. 37,10; Psa. 37,11; Psa. 37,11; Psa. 37,12; Psa. 37,12; Psa. 37,12; Psa. 37,13; Psa. 37,13; Psa. 37,13; Psa. 37,14; Psa. 37,15; Psa. 37,15; Psa. 37,17; Psa. 37,18; Psa. 37,19; Psa. 37,20; Psa. 37,20; Psa. 37,21; Psa. 38,3; Psa. 38,3; Psa. 38,3; Psa. 38,4; Psa. 38,5; Psa. 38,6; Psa. 38,7; Psa. 38,8; Psa. 38,8; Psa. 38,10; Psa. 38,12; Psa. 38,13; Psa. 38,13; Psa. 38,14; Psa. 39,2; Psa. 39,2; Psa. 39,3; Psa. 39,3; Psa. 39,3; Psa. 39,3; Psa. 39,4; Psa. 39,4; Psa. 39,4; Psa. 39,5; Psa. 39,5; Psa. 39,6; Psa. 39,6; Psa. 39,7; Psa. 39,7; Psa. 39,9; Psa. 39,11; Psa. 39,11; Psa. 39,12; Psa. 39,13; Psa. 39,13; Psa. 39,15; Psa. 39,15; Psa. 39,17; Psa. 39,17; Psa. 39,18; Psa. 39,18; Psa. 40,2; Psa. 40,3; Psa. 40,3; Psa. 40,3; Psa. 40,6; Psa. 40,7; Psa. 40,7; Psa. 40,10; Psa. 40,11; Psa. 40,11; Psa. 40,13; Psa. 40,14; Psa. 41,3; Psa. 41,4; Psa. 41,5; Psa. 41,5; Psa. 41,6; Psa. 41,7; Psa. 41,8; Psa. 41,9; Psa. 41,12; Psa. 42,1; Psa. 42,1; Psa. 42,2; Psa. 42,3; Psa. 42,3; Psa. 42,3; Psa. 42,4; Psa. 42,5; Psa. 43,3; Psa. 43,3; Psa. 43,4; Psa. 43,4; Psa. 43,4; Psa. 43,5; Psa. 43,6; Psa. 43,7; Psa. 43,8; Psa. 43,9; Psa. 43,10; Psa. 43,10; Psa. 43,11; Psa. 43,12; Psa. 43,13; Psa. 43,14; Psa. 43,16; Psa. 43,17; Psa. 43,17; Psa. 43,18; Psa. 43,18; Psa. 43,19; Psa. 43,19; Psa. 43,20; Psa. 43,21; Psa. 43,24; Psa. 43,25; Psa. 43,27; Psa. 44,4; Psa. 44,5; Psa. 44,5; Psa. 44,5; Psa. 44,5; Psa. 44,5; Psa. 44,5; Psa. 44,8; Psa. 44,9; Psa. 44,9; Psa. 44,11; Psa. 44,11; Psa. 44,11; Psa. 44,11; Psa. 44,13; Psa. 44,16; Psa. 44,18; Psa. 44,18; Psa. 45,2; Psa. 45,3; Psa. 45,4; Psa. 45,10; Psa. 45,10; Psa. 45,11; Psa. 46,4; Psa. 47,2; Psa. 47,13; Psa. 47,14; Psa. 47,15; Psa. 48,3; Psa. 48,3; Psa. 48,4; Psa. 48,7; Psa. 48,9; Psa. 48,10; Psa. 48,10; Psa. 48,11; Psa. 48,11; Psa. 48,12; Psa. 48,12; Psa. 48,13; Psa. 48,13; Psa. 48,14; Psa. 48,15; Psa. 48,15; Psa. 48,17; Psa. 48,21; Psa. 49,1; Psa. 49,1; Psa. 49,3; Psa. 49,3; Psa. 49,4; Psa. 49,6; Psa. 49,7; Psa. 49,7; Psa. 49,10; Psa. 49,11; Psa. 49,12; Psa. 49,14; Psa. 49,15; Psa. 49,15; Psa. 49,15; Psa. 49,16; Psa. 49,17; Psa. 49,18; Psa. 49,19; Psa. 49,20; Psa. 49,21; Psa. 49,21; Psa. 49,22; Psa. 49,23; Psa. 50,3; Psa. 50,4; Psa. 50,5; Psa. 50,6; Psa. 50,6; Psa. 50,7; Psa. 50,8; Psa. 50,9; Psa. 50,9; Psa. 50,10; Psa. 50,11; Psa. 50,12; Psa. 50,13; Psa. 50,14; Psa. 50,15; Psa. 50,17; Psa. 50,19; Psa. 50,20; Psa. 50,21; Psa. 51,2; Psa. 51,2; Psa. 51,7; Psa. 51,7; Psa. 51,8; Psa. 51,8; Psa. 51,8; Psa. 51,8; Psa. 51,9; Psa. 51,10; Psa. 51,11; Psa. 52,2; Psa. 52,7; Psa. 53,2; Psa. 53,3; Psa. 53,5; Psa. 53,6; Psa. 53,9; Psa. 54,2; Psa. 54,3; Psa. 54,3; Psa. 54,4; Psa. 54,4; Psa. 54,5; Psa. 54,6; Psa. 54,6; Psa. 54,7; Psa. 54,7; Psa. 54,7; Psa. 54,8; Psa. 54,9; Psa. 54,10; Psa. 54,10; Psa. 54,11; Psa. 54,11; Psa. 54,11; Psa. 54,12; Psa. 54,12; Psa. 54,13; Psa. 54,14; Psa. 54,16; Psa. 54,17; Psa. 54,18; Psa. 54,18; Psa. 54,18; Psa. 54,20; Psa. 54,20; Psa. 54,22; Psa. 54,22; Psa. 54,23; Psa. 54,24; Psa. 55,7; Psa. 55,14; Psa. 56,2; Psa. 56,4; Psa. 56,4; Psa. 56,5; Psa. 56,5; Psa. 56,5; Psa. 56,6; Psa. 56,7; Psa. 56,7; Psa. 56,8; Psa. 56,9; Psa. 56,11; Psa. 56,12; Psa. 57,3; Psa. 57,5; Psa. 57,9; Psa. 57,12; Psa. 58,1; Psa. 58,2; Psa. 58,3; Psa. 58,5; Psa. 58,5; Psa. 58,6; Psa. 58,7; Psa. 58,8; Psa. 58,9; Psa. 58,12; Psa. 58,13; Psa. 58,13; Psa. 58,13; Psa. 58,14; Psa. 58,14; Psa. 58,15; Psa. 58,15; Psa. 58,16; Psa. 58,17; Psa. 58,17; Psa. 59,2; Psa. 59,2; Psa. 59,2; Psa. 59,3; Psa. 59,3; Psa. 59,4; Psa. 59,7; Psa. 59,8; Psa. 59,8; Psa. 59,9; Psa. 59,9; Psa. 59,12; Psa. 59,13; Psa. 59,14; Psa. 60,7; Psa. 60,8; Psa. 61,3; Psa. 61,3; Psa. 61,4; Psa. 61,5; Psa. 61,7; Psa. 61,8; Psa. 61,8; Psa. 61,11; Psa. 61,13; Psa. 62,2; Psa. 62,2; Psa. 62,3; Psa. 62,6; Psa. 62,6; Psa. 62,8; Psa. 63,5; Psa. 63,7; Psa. 63,8; Psa. 63,9; Psa. 63,10; Psa. 63,10; Psa. 63,10; Psa. 63,11; Psa. 63,11; Psa. 64,1; Psa. 64,2; Psa. 64,4; Psa. 64,5; Psa. 64,6; Psa. 64,9; Psa. 64,9; Psa. 64,10; Psa. 64,12; Psa. 64,13; Psa. 64,14; Psa. 64,14; Psa. 65,4; Psa. 65,5; Psa. 65,8; Psa. 65,9; Psa. 65,12; Psa. 65,12; Psa. 65,14; Psa. 65,15; Psa. 65,16; Psa. 65,17; Psa. 65,20; Psa. 66,2; Psa. 66,5; Psa. 66,5; Psa. 66,8; Psa. 67,2; Psa. 67,2; Psa. 67,4; Psa. 67,5; Psa. 67,6; Psa. 67,9; Psa. 67,10; Psa. 67,13; Psa. 67,14; Psa. 67,17; Psa. 67,19; Psa. 67,21; Psa. 67,35; Psa. 67,36; Psa. 68,3; Psa. 68,3; Psa. 68,6; Psa. 68,9; Psa. 68,10; Psa. 68,11; Psa. 68,11; Psa. 68,12; Psa. 68,12; Psa. 68,13; Psa. 68,15; Psa. 68,19; Psa. 68,20; Psa. 68,20; Psa. 68,21; Psa. 68,21; Psa. 68,21; Psa. 68,21; Psa. 68,21; Psa. 68,22; Psa. 68,22; Psa. 68,23; Psa. 68,23; Psa. 68,24; Psa. 68,25; Psa. 68,26; Psa. 68,27; Psa. 68,28; Psa. 68,29; Psa. 68,30; Psa. 68,30; Psa. 68,32; Psa. 68,32; Psa. 68,33; Psa. 68,33; Psa. 68,34; Psa. 68,35; Psa. 68,35; Psa. 68,36; Psa. 68,36; Psa. 68,36; Psa. 68,37; Psa. 68,37; Psa. 69,3; Psa. 69,3; Psa. 69,5; Psa. 69,5; Psa. 69,6; Psa. 69,6; Psa. 70,1; Psa. 70,2; Psa. 70,2; Psa. 70,3; Psa. 70,3; Psa. 70,4; Psa. 70,7; Psa. 70,10; Psa. 70,11; Psa. 70,13; Psa. 70,13; Psa. 70,14; Psa. 70,17; Psa. 70,18; Psa. 70,18; Psa. 70,18; Psa. 70,20; Psa. 70,20; Psa. 70,20; Psa. 70,21; Psa. 70,21; Psa. 70,22; Psa. 70,23; Psa. 70,24; Psa. 70,24; Psa. 71,1; Psa. 71,2; Psa. 71,3; Psa. 71,4; Psa. 71,4; Psa. 71,5; Psa. 71,5; Psa. 71,6; Psa. 71,6; Psa. 71,7; Psa. 71,8; Psa. 71,8; Psa. 71,9; Psa. 71,10; Psa. 71,10; Psa. 71,11; Psa. 71,12; Psa. 71,13; Psa. 71,13; Psa. 71,14; Psa. 71,14; Psa. 71,15; Psa. 71,15; Psa. 71,15; Psa. 71,16; Psa. 71,17; Psa. 71,19; Psa. 71,19; Psa. 71,19; Psa. 72,4; Psa. 72,5; Psa. 72,6; Psa. 72,8; Psa. 72,9; Psa. 72,10; Psa. 72,11; Psa. 72,11; Psa. 72,12; Psa. 72,13; Psa. 72,13; Psa. 72,14; Psa. 72,14; Psa. 72,16; Psa. 72,17; Psa. 72,21; Psa. 72,22; Psa. 72,22; Psa. 72,23; Psa. 72,24; Psa. 72,25; Psa. 72,26; Psa. 72,26; Psa. 73,4; Psa. 73,4; Psa. 73,6; Psa. 73,8; Psa. 73,9; Psa. 73,11; Psa. 73,15; Psa. 73,16; Psa. 73,16; Psa. 73,17; Psa. 73,18; Psa. 73,21; Psa. 74,2; Psa. 74,4; Psa. 74,5; Psa. 74,8; Psa. 74,9; Psa. 74,11; Psa. 74,11; Psa. 75,3; Psa. 75,3; Psa. 75,4; Psa. 75,4; Psa. 75,6; Psa. 75,8; Psa. 75,9; Psa. 75,11; Psa. 75,12; Psa. 75,13; Psa. 76,2; Psa. 76,3; Psa. 76,4; Psa. 76,4; Psa. 76,5; Psa. 76,6; Psa. 76,6; Psa. 76,7; Psa. 76,8; Psa. 76,11; Psa. 76,13; Psa. 76,13; Psa. 76,16; Psa. 76,17; Psa. 76,17; Psa. 76,18; Psa. 76,19; Psa. 76,20; Psa. 76,20; Psa. 76,21; Psa. 77,3; Psa. 77,4; Psa. 77,4; Psa. 77,5; Psa. 77,5; Psa. 77,6; Psa. 77,6; Psa. 77,7; Psa. 77,7; Psa. 77,8; Psa. 77,8; Psa. 77,9; Psa. 77,10; Psa. 77,11; Psa. 77,11; Psa. 77,13; Psa. 77,14; Psa. 77,14; Psa. 77,15; Psa. 77,16; Psa. 77,16; Psa. 77,17; Psa. 77,18; Psa. 77,19; Psa. 77,19; Psa. 77,20; Psa. 77,20; Psa. 77,20; Psa. 77,21; Psa. 77,21; Psa. 77,21; Psa. 77,23; Psa. 77,23; Psa. 77,24; Psa. 77,24; Psa. 77,26; Psa. 77,27; Psa. 77,27; Psa. 77,28; Psa. 77,29; Psa. 77,29; Psa. 77,29; Psa. 77,31; Psa. 77,31; Psa. 77,31; Psa. 77,32; Psa. 77,33; Psa. 77,33; Psa. 77,34; Psa. 77,34; Psa. 77,35; Psa. 77,35; Psa. 77,36; Psa. 77,36; Psa. 77,38; Psa. 77,38; Psa. 77,38; Psa. 77,38; Psa. 77,39; Psa. 77,39; Psa. 77,41; Psa. 77,41; Psa. 77,41; Psa. 77,43; Psa. 77,44; Psa. 77,44; Psa. 77,45; Psa. 77,45; Psa. 77,45; Psa. 77,46; Psa. 77,46; Psa. 77,47; Psa. 77,48; Psa. 77,48; Psa. 77,49; Psa. 77,49; Psa. 77,50; Psa. 77,51; Psa. 77,52; Psa. 77,52; Psa. 77,53; Psa. 77,53; Psa. 77,53; Psa. 77,54; Psa. 77,55; Psa. 77,55; Psa. 77,55; Psa. 77,56; Psa. 77,56; Psa. 77,56; Psa. 77,57; Psa. 77,57; Psa. 77,57; Psa. 77,57; Psa. 77,58; Psa. 77,58; Psa. 77,59; Psa. 77,59; Psa. 77,60; Psa.

K, κ

77,61; Psa. 77,61; Psa. 77,62; Psa. 77,62; Psa. 77,63; Psa. 77,64; Psa. 77,65; Psa. 77,66; Psa. 77,67; Psa. 77,67; Psa. 77,68; Psa. 77,69; Psa. 77,70; Psa. 77,70; Psa. 77,71; Psa. 77,72; Psa. 77,72; Psa. 78,3; Psa. 78,4; Psa. 78,6; Psa. 78,7; Psa. 78,9; Psa. 78,10; Psa. 78,13; Psa. 78,13; Psa. 79,3; Psa. 79,3; Psa. 79,3; Psa. 79,4; Psa. 79,4; Psa. 79,6; Psa. 79,7; Psa. 79,8; Psa. 79,8; Psa. 79,9; Psa. 79,10; Psa. 79,10; Psa. 79,11; Psa. 79,12; Psa. 79,13; Psa. 79,14; Psa. 79,15; Psa. 79,15; Psa. 79,16; Psa. 79,16; Psa. 79,17; Psa. 79,18; Psa. 79,19; Psa. 79,19; Psa. 79,20; Psa. 79,20; Psa. 80,3; Psa. 80,5; Psa. 80,8; Psa. 80,9; Psa. 80,11; Psa. 80,12; Psa. 80,12; Psa. 80,13; Psa. 80,15; Psa. 80,16; Psa. 80,17; Psa. 80,17; Psa. 81,2; Psa. 81,3; Psa. 81,3; Psa. 81,4; Psa. 81,6; Psa. 81,7; Psa. 82,3; Psa. 82,4; Psa. 82,5; Psa. 82,5; Psa. 82,7; Psa. 82,7; Psa. 82,8; Psa. 82,8; Psa. 82,8; Psa. 82,9; Psa. 82,10; Psa. 82,12; Psa. 82,12; Psa. 82,12; Psa. 82,16; Psa. 82,17; Psa. 82,18; Psa. 82,18; Psa. 82,18; Psa. 82,19; Psa. 83,3; Psa. 83,3; Psa. 83,4; Psa. 83,4; Psa. 83,4; Psa. 83,7; Psa. 83,10; Psa. 83,12; Psa. 83,12; Psa. 84,5; Psa. 84,7; Psa. 84,8; Psa. 84,9; Psa. 84,9; Psa. 84,11; Psa. 84,11; Psa. 84,12; Psa. 84,13; Psa. 84,13; Psa. 84,14; Psa. 85,1; Psa. 85,1; Psa. 85,5; Psa. 85,5; Psa. 85,6; Psa. 85,8; Psa. 85,9; Psa. 85,9; Psa. 85,10; Psa. 85,11; Psa. 85,12; Psa. 85,13; Psa. 85,14; Psa. 85,14; Psa. 85,15; Psa. 85,15; Psa. 85,15; Psa. 85,15; Psa. 85,16; Psa. 85,16; Psa. 85,17; Psa. 85,17; Psa. 85,17; Psa. 86,4; Psa. 86,4; Psa. 86,4; Psa. 86,4; Psa. 86,5; Psa. 86,5; Psa. 86,6; Psa. 87,2; Psa. 87,4; Psa. 87,6; Psa. 87,7; Psa. 87,8; Psa. 87,9; Psa. 87,11; Psa. 87,12; Psa. 87,13; Psa. 87,14; Psa. 87,16; Psa. 87,16; Psa. 87,17; Psa. 87,19; Psa. 87,19; Psa. 88,2; Psa. 88,5; Psa. 88,5; Psa. 88,6; Psa. 88,7; Psa. 88,8; Psa. 88,9; Psa. 88,11; Psa. 88,12; Psa. 88,12; Psa. 88,13; Psa. 88,13; Psa. 88,15; Psa. 88,15; Psa. 88,17; Psa. 88,17; Psa. 88,18; Psa. 88,19; Psa. 88,20; Psa. 88,22; Psa. 88,23; Psa. 88,24; Psa. 88,24; Psa. 88,25; Psa. 88,25; Psa. 88,25; Psa. 88,26; Psa. 88,26; Psa. 88,27; Psa. 88,29; Psa. 88,30; Psa. 88,30; Psa. 88,31; Psa. 88,32; Psa. 88,33; Psa. 88,35; Psa. 88,37; Psa. 88,38; Psa. 88,38; Psa. 88,39; Psa. 88,44; Psa. 88,49; Psa. 89,1; Psa. 89,2; Psa. 89,2; Psa. 89,2; Psa. 89,3; Psa. 89,4; Psa. 89,6; Psa. 89,6; Psa. 89,7; Psa. 89,9; Psa. 89,10; Psa. 89,10; Psa. 89,10; Psa. 89,11; Psa. 89,13; Psa. 89,14; Psa. 89,14; Psa. 89,16; Psa. 89,16; Psa. 89,16; Psa. 89,17; Psa. 89,17; Psa. 90,2; Psa. 90,3; Psa. 90,4; Psa. 90,6; Psa. 90,7; Psa. 90,8; Psa. 90,10; Psa. 90,13; Psa. 90,13; Psa. 90,13; Psa. 90,14; Psa. 90,15; Psa. 90,15; Psa. 90,15; Psa. 90,16; Psa. 91,2; Psa. 91,3; Psa. 91,5; Psa. 91,7; Psa. 91,8; Psa. 91,10; Psa. 91,11; Psa. 91,11; Psa. 91,12; Psa. 91,12; Psa. 91,15; Psa. 91,16; Psa. 92,1; Psa. 92,1; Psa. 93,4; Psa. 93,5; Psa. 93,6; Psa. 93,6; Psa. 93,7; Psa. 93,12; Psa. 93,14; Psa. 93,15; Psa. 93,21; Psa. 93,22; Psa. 93,22; Psa. 93,23; Psa. 93,23; Psa. 94,2; Psa. 94,3; Psa. 94,4; Psa. 94,5; Psa. 94,5; Psa. 94,6; Psa. 94,6; Psa. 94,7; Psa. 94,7; Psa. 94,9; Psa. 94,10; Psa. 94,10; Psa. 95,4; Psa. 95,6; Psa. 95,6; Psa. 95,7; Psa. 95,8; Psa. 95,10; Psa. 95,11; Psa. 95,11; Psa. 95,12; Psa. 95,13; Psa. 96,2; Psa. 96,2; Psa. 96,3; Psa. 96,4; Psa. 96,6; Psa. 96,8; Psa. 96,8; Psa. 96,11; Psa. 96,12; Psa. 97,1; Psa. 97,3; Psa. 97,4; Psa. 97,4; Psa. 97,5; Psa. 97,6; Psa. 97,7; Psa. 97,7; Psa. 97,9; Psa. 98,2; Psa. 98,3; Psa. 98,4; Psa. 98,4; Psa. 98,5; Psa. 98,6; Psa. 98,6; Psa. 98,6; Psa. 98,7; Psa. 98,8; Psa. 98,9; Psa. 99,3; Psa. 99,3; Psa. 99,5; Psa. 99,5; Psa. 100,1; Psa. 100,2; Psa. 100,5; Psa. 101,1; Psa. 101,2; Psa. 101,4; Psa. 101,5; Psa. 101,8; Psa. 101,9; Psa. 101,10; Psa. 101,11; Psa. 101,12; Psa. 101,13; Psa. 101,13; Psa. 101,15; Psa. 101,16; Psa. 101,16; Psa. 101,17; Psa. 101,18; Psa. 101,19; Psa. 101,22; Psa. 101,23; Psa. 101,26; Psa. 101,27; Psa. 101,27; Psa. 101,27; Psa. 101,28; Psa. 101,29; Psa. 102,2; Psa. 102,4; Psa. 102,6; Psa. 102,8; Psa. 102,8; Psa. 102,16; Psa. 102,16; Psa. 102,17; Psa. 102,17; Psa. 102,18; Psa. 102,19; Psa. 103,1; Psa. 103,4; Psa. 103,8; Psa. 103,14; Psa. 103,15; Psa. 103,15; Psa. 103,20; Psa. 103,21; Psa. 103,22; Psa. 103,22; Psa. 103,23; Psa. 103,25; Psa. 103,29; Psa. 103,29; Psa. 103,30; Psa. 103,30; Psa. 103,32; Psa. 103,32; Psa. 103,35; Psa. 104,1; Psa. 104,2; Psa. 104,4; Psa. 104,5; Psa. 104,9; Psa. 104,10; Psa. 104,10; Psa. 104,12; Psa. 104,13; Psa. 104,14; Psa. 104,15; Psa. 104,16; Psa. 104,20; Psa. 104,20; Psa. 104,21; Psa. 104,22; Psa. 104,23; Psa. 104,23; Psa. 104,24; Psa. 104,24; Psa. 104,27; Psa. 104,28; Psa. 104,28; Psa. 104,29; Psa. 104,31; Psa. 104,31; Psa. 104,33; Psa. 104,33; Psa. 104,33; Psa. 104,34; Psa. 104,34; Psa. 104,35; Psa. 104,35; Psa. 104,36; Psa. 104,37; Psa. 104,37; Psa. 104,37; Psa. 104,39; Psa. 104,40; Psa. 104,40; Psa. 104,41; Psa. 104,43; Psa. 104,43; Psa. 104,44; Psa. 104,44; Psa. 104,45; Psa. 105,3; Psa. 105,7; Psa. 105,8; Psa. 105,9; Psa. 105,9; Psa. 105,9; Psa. 105,10; Psa. 105,10; Psa. 105,11; Psa. 105,12; Psa. 105,12; Psa. 105,14; Psa. 105,14; Psa. 105,15; Psa. 105,15; Psa. 105,16; Psa. 105,16; Psa. 105,17; Psa. 105,17; Psa. 105,18; Psa. 105,19; Psa. 105,19; Psa. 105,20; Psa. 105,23; Psa. 105,24; Psa. 105,25; Psa. 105,26; Psa. 105,27; Psa. 105,27; Psa. 105,28; Psa. 105,28; Psa. 105,29; Psa. 105,29; Psa. 105,30; Psa. 105,30; Psa. 105,30; Psa. 105,31; Psa. 105,31; Psa. 105,32; Psa. 105,32; Psa. 105,33; Psa. 105,35; Psa. 105,35; Psa. 105,36; Psa. 105,36; Psa. 105,37; Psa. 105,37; Psa. 105,38; Psa. 105,38; Psa. 105,38; Psa. 105,39; Psa. 105,39; Psa. 105,40; Psa. 105,40; Psa. 105,41; Psa. 105,41; Psa. 105,42; Psa. 105,42; Psa. 105,43; Psa. 105,44; Psa. 105,45; Psa. 105,45; Psa. 105,46; Psa. 105,47; Psa. 105,48; Psa. 105,48; Psa. 106,3; Psa. 106,3; Psa. 106,3; Psa. 106,5; Psa. 106,6; Psa. 106,6; Psa. 106,7; Psa. 106,8; Psa. 106,9; Psa. 106,10; Psa. 106,10; Psa. 106,11; Psa. 106,12; Psa. 106,12; Psa. 106,13; Psa. 106,13; Psa. 106,14; Psa. 106,14; Psa. 106,14; Psa. 106,15; Psa. 106,16; Psa. 106,18; Psa. 106,19; Psa. 106,19; Psa. 106,20; Psa. 106,20; Psa. 106,21; Psa. 106,22; Psa. 106,22; Psa. 106,24; Psa. 106,25; Psa. 106,25; Psa. 106,26; Psa. 106,27; Psa. 106,28; Psa. 106,28; Psa. 106,29; Psa. 106,29; Psa. 106,29; Psa. 106,30; Psa. 106,30; Psa. 106,31; Psa. 106,32; Psa. 106,33; Psa. 106,35; Psa. 106,36; Psa. 106,36; Psa. 106,37; Psa. 106,37; Psa. 106,37; Psa. 106,38; Psa. 106,38; Psa. 106,38; Psa. 106,39; Psa. 106,39; Psa. 106,39; Psa. 106,40; Psa. 106,40; Psa. 106,41; Psa. 106,41; Psa. 106,42; Psa. 106,42; Psa. 106,43; Psa. 106,43; Psa. 107,2; Psa. 107,3; Psa. 107,4; Psa. 107,5; Psa. 107,6; Psa. 107,7; Psa. 107,8; Psa. 107,8; Psa. 107,9; Psa. 107,9; Psa. 107,12; Psa. 107,13; Psa. 107,14; Psa. 108,2; Psa. 108,3; Psa. 108,3; Psa. 108,5; Psa. 108,5; Psa. 108,6; Psa. 108,7; Psa. 108,8; Psa. 108,9; Psa. 108,10; Psa. 108,14; Psa. 108,15; Psa. 108,16; Psa. 108,16; Psa. 108,16; Psa. 108,17; Psa. 108,17; Psa. 108,17; Psa. 108,17; Psa. 108,18; Psa. 108,18; Psa. 108,18; Psa. 108,19; Psa. 108,20; Psa. 108,21; Psa. 108,22; Psa. 108,22; Psa. 108,24; Psa. 108,25; Psa. 108,27; Psa. 108,27; Psa. 108,28; Psa. 108,29; Psa. 108,30; Psa. 109,2; Psa. 109,4; Psa. 110,1; Psa. 110,3; Psa. 110,3; Psa. 110,4; Psa. 110,7; Psa. 110,8; Psa. 110,9; Psa. 111,3; Psa. 111,3; Psa. 111,4; Psa. 111,4; Psa. 111,5; Psa. 111,10; Psa. 111,10; Psa. 112,2; Psa. 112,6; Psa. 112,6; Psa. 112,7; Psa. 113,3; Psa. 113,4; Psa. 113,5; Psa. 113,6; Psa. 113,8; Psa. 113,9; Psa. 113,11; Psa. 113,12; Psa. 113,13; Psa. 113,13; Psa. 113,14; Psa. 113,14; Psa. 113,15; Psa. 113,15; Psa. 113,16; Psa. 113,17; Psa. 113,18; Psa. 113,19; Psa. 113,20; Psa. 113,22; Psa. 113,23; Psa. 113,26; Psa. 114,2; Psa. 114,3; Psa. 114,4; Psa. 114,5; Psa. 114,5; Psa. 114,6; Psa. 114,8; Psa. 115,4; Psa. 115,7; Psa. 116,2; Psa. 117,5; Psa. 117,10; Psa. 117,11; Psa. 117,12; Psa. 117,12; Psa. 117,13; Psa. 117,14; Psa. 117,14; Psa. 117,15; Psa. 117,17; Psa. 117,18; Psa. 117,21; Psa. 117,23; Psa. 117,24; Psa. 117,27; Psa. 117,28; Psa. 117,28; Psa. 117,28; Psa. 118,15; Psa. 118,17; Psa. 118,18; Psa. 118,22; Psa. 118,23; Psa. 118,23; Psa. 118,24; Psa. 118,24; Psa. 118,26; Psa.

118,27; Psa. 118,29; Psa. 118,33; Psa. 118,34; Psa. 118,34; Psa. 118,36; Psa. 118,42; Psa. 118,43; Psa. 118,44; Psa. 118,44; Psa. 118,45; Psa. 118,46; Psa. 118,46; Psa. 118,47; Psa. 118,48; Psa. 118,48; Psa. 118,52; Psa. 118,55; Psa. 118,59; Psa. 118,60; Psa. 118,61; Psa. 118,63; Psa. 118,66; Psa. 118,66; Psa. 118,68; Psa. 118,72; Psa. 118,73; Psa. 118,73; Psa. 118,74; Psa. 118,75; Psa. 118,77; Psa. 118,79; Psa. 118,81; Psa. 118,88; Psa. 118,90; Psa. 118,90; Psa. 118,103; Psa. 118,105; Psa. 118,106; Psa. 118,108; Psa. 118,109; Psa. 118,110; Psa. 118,113; Psa. 118,114; Psa. 118,115; Psa. 118,116; Psa. 118,116; Psa. 118,117; Psa. 118,117; Psa. 118,121; Psa. 118,123; Psa. 118,124; Psa. 118,125; Psa. 118,127; Psa. 118,130; Psa. 118,131; Psa. 118,132; Psa. 118,133; Psa. 118,134; Psa. 118,135; Psa. 118,137; Psa. 118,138; Psa. 118,140; Psa. 118,141; Psa. 118,142; Psa. 118,143; Psa. 118,144; Psa. 118,146; Psa. 118,147; Psa. 118,151; Psa. 118,153; Psa. 118,154; Psa. 118,157; Psa. 118,158; Psa. 118,160; Psa. 118,161; Psa. 118,163; Psa. 118,165; Psa. 118,166; Psa. 118,167; Psa. 118,168; Psa. 118,174; Psa. 118,175; Psa. 118,175; Psa. 119,1; Psa. 119,2; Psa. 119,3; Psa. 120,2; Psa. 120,8; Psa. 120,8; Psa. 121,6; Psa. 121,7; Psa. 121,8; Psa. 122,4; Psa. 123,7; Psa. 123,8; Psa. 124,2; Psa. 124,2; Psa. 124,4; Psa. 125,2; Psa. 125,6; Psa. 127,2; Psa. 127,5; Psa. 127,6; Psa. 128,2; Psa. 128,5; Psa. 128,7; Psa. 128,8; Psa. 129,7; Psa. 129,8; Psa. 130,3; Psa. 131,1; Psa. 131,4; Psa. 131,4; Psa. 131,8; Psa. 131,9; Psa. 131,11; Psa. 131,12; Psa. 131,12; Psa. 131,16; Psa. 132,3; Psa. 133,2; Psa. 133,3; Psa. 134,5; Psa. 134,6; Psa. 134,6; Psa. 134,9; Psa. 134,9; Psa. 134,10; Psa. 134,11; Psa. 134,11; Psa. 134,12; Psa. 134,13; Psa. 134,14; Psa. 134,15; Psa. 134,16; Psa. 134,16; Psa. 134,17; Psa. 134,17; Psa. 134,17; Psa. 134,17; Psa. 134,18; Psa. 135,9; Psa. 135,11; Psa. 135,12; Psa. 135,14; Psa. 135,15; Psa. 135,15; Psa. 135,18; Psa. 135,20; Psa. 135,21; Psa. 135,24; Psa. 136,1; Psa. 136,3; Psa. 136,9; Psa. 137,1; Psa. 137,2; Psa. 137,2; Psa. 137,5; Psa. 137,6; Psa. 137,6; Psa. 137,7; Psa. 138,1; Psa. 138,2; Psa. 138,3; Psa. 138,3; Psa. 138,5; Psa. 138,5; Psa. 138,7; Psa. 138,9; Psa. 138,10; Psa. 138,10; Psa. 138,11; Psa. 138,11; Psa. 138,12; Psa. 138,14; Psa. 138,15; Psa. 138,16; Psa. 138,16; Psa. 138,18; Psa. 138,18; Psa. 138,21; Psa. 138,23; Psa. 138,23; Psa. 138,24; Psa. 138,24; Psa. 139,6; Psa. 139,13; Psa. 139,14; Psa. 140,3; Psa. 140,4; Psa. 140,5; Psa. 140,5; Psa. 140,9; Psa. 141,4; Psa. 141,5; Psa. 141,5; Psa. 142,2; Psa. 142,4; Psa. 142,5; Psa. 142,7; Psa. 142,12; Psa. 142,12; Psa. 143,2; Psa. 143,2; Psa. 143,2; Psa. 143,5; Psa. 143,5; Psa. 143,6; Psa. 143,6; Psa. 143,7; Psa. 143,8; Psa. 143,11; Psa. 143,11; Psa. 144,1; Psa. 144,1; Psa. 144,2; Psa. 144,2; Psa. 144,3; Psa. 144,3; Psa. 144,4; Psa. 144,4; Psa. 144,5; Psa. 144,6; Psa. 144,6; Psa. 144,7; Psa. 144,8; Psa. 144,8; Psa. 144,9; Psa. 144,10; Psa. 144,11; Psa. 144,12; Psa. 144,13; Psa. 144,13; Psa. 144,13a; Psa. 144,14; Psa. 144,15; Psa. 144,16; Psa. 144,17; Psa. 144,19; Psa. 144,19; Psa. 144,20; Psa. 144,21; Psa. 144,21; Psa. 145,1; Psa. 145,3; Psa. 145,4; Psa. 145,6; Psa. 145,6; Psa. 145,9; Psa. 145,9; Psa. 145,10; Psa. 146,1; Psa. 146,2; Psa. 146,3; Psa. 146,4; Psa. 146,5; Psa. 146,5; Psa. 146,8; Psa. 146,9; Psa. 146,11; Psa. 147,1; Psa. 147,3; Psa. 147,7; Psa. 147,7; Psa. 147,8; Psa. 147,9; Psa. 148,1; Psa. 148,3; Psa. 148,3; Psa. 148,4; Psa. 148,5; Psa. 148,5; Psa. 148,6; Psa. 148,6; Psa. 148,7; Psa. 148,9; Psa. 148,9; Psa. 148,10; Psa. 148,10; Psa. 148,11; Psa. 148,11; Psa. 148,12; Psa. 148,13; Psa. 148,14; Psa. 149,2; Psa. 149,3; Psa. 149,4; Psa. 149,5; Psa. 149,6; Psa. 149,8; Psa. 150,3; Psa. 150,4; Psa. 150,4; Psa. 151,1; Psa. 151,1; Psa. 151,3; Psa. 151,4; Psa. 151,4; Psa. 151,5; Psa. 151,5; Psa. 151,6; Psa. 151,7; Ode. 1,1; Ode. 1,2; Ode. 1,2; Ode. 1,2; Ode. 1,4; Ode. 1,7; Ode. 1,7; Ode. 1,8; Ode. 1,12; Ode. 1,14; Ode. 1,15; Ode. 1,16; Ode. 1,18; Ode. 1,18; Ode. 1,19; Ode. 1,19; Ode. 2,1; Ode. 2,1; Ode. 2,2; Ode. 2,2; Ode. 2,4; Ode. 2,4; Ode. 2,4; Ode. 2,5; Ode. 2,6; Ode. 2,6; Ode. 2,6; Ode. 2,7; Ode. 2,7; Ode. 2,9; Ode. 2,10; Ode. 2,10; Ode. 2,11; Ode. 2,11; Ode. 2,12; Ode. 2,13; Ode. 2,14; Ode. 2,14; Ode. 2,14; Ode. 2,14; Ode. 2,15; Ode. 2,15; Ode. 2,15; Ode. 2,15; Ode. 2,15; Ode. 2,17; Ode. 2,17; Ode. 2,18; Ode. 2,19; Ode. 2,19; Ode. 2,19; Ode. 2,19; Ode. 2,20; Ode. 2,20; Ode. 2,22; Ode. 2,23; Ode. 2,24; Ode. 2,24; Ode. 2,25; Ode. 2,27; Ode. 2,27; Ode. 2,28; Ode. 2,30; Ode. 2,30; Ode. 2,32; Ode. 2,33; Ode. 2,34; Ode. 2,35; Ode. 2,36; Ode. 2,36; Ode. 2,36; Ode. 2,37; Ode. 2,38; Ode. 2,38; Ode. 2,38; Ode. 2,39; Ode. 2,39; Ode. 2,39; Ode. 2,40; Ode. 2,40; Ode. 2,41; Ode. 2,41; Ode. 2,41; Ode. 2,42; Ode. 2,42; Ode. 2,43; Ode. 2,43; Ode. 2,43; Ode. 2,43; Ode. 2,43; Ode. 2,43; Ode. 3,2; Ode. 3,3; Ode. 3,3; Ode. 3,4; Ode. 3,5; Ode. 3,5; Ode. 3,6; Ode. 3,6; Ode. 3,7; Ode. 3,7; Ode. 3,8; Ode. 3,8; Ode. 3,9; Ode. 3,10; Ode. 3,10; Ode. 3,10; Ode. 3,10; Ode. 3,10; Ode. 3,10; Ode. 3,10; Ode. 3,10; Ode. 4,2; Ode. 4,2; Ode. 4,3; Ode. 4,3; Ode. 4,4; Ode. 4,4; Ode. 4,5; Ode. 4,6; Ode. 4,6; Ode. 4,7; Ode. 4,8; Ode. 4,10; Ode. 4,11; Ode. 4,12; Ode. 4,15; Ode. 4,16; Ode. 4,16; Ode. 4,16; Ode. 4,17; Ode. 4,17; Ode. 4,17; Ode. 4,19; Ode. 5,11; Ode. 5,11; Ode. 5,14; Ode. 5,14; Ode. 5,17; Ode. 5,17; Ode. 5,18; Ode. 5,18; Ode. 5,19; Ode. 5,19; Ode. 6,3; Ode. 6,4; Ode. 6,4; Ode. 6,7; Ode. 6,8; Ode. 6,9; Ode. 6,10; Ode. 7,26; Ode. 7,26; Ode. 7,27; Ode. 7,27; Ode. 7,27; Ode. 7,28; Ode. 7,28; Ode. 7,28; Ode. 7,29; Ode. 7,29; Ode. 7,31; Ode. 7,31; Ode. 7,32; Ode. 7,32; Ode. 7,32; Ode. 7,33; Ode. 7,33; Ode. 7,33; Ode. 7,34; Ode. 7,35; Ode. 7,35; Ode. 7,35; Ode. 7,36; Ode. 7,38; Ode. 7,38; Ode. 7,38; Ode. 7,38; Ode. 7,39; Ode. 7,39; Ode. 7,39; Ode. 7,40; Ode. 7,41; Ode. 7,41; Ode. 7,41; Ode. 7,42; Ode. 7,43; Ode. 7,43; Ode. 7,44; Ode. 7,44; Ode. 7,44; Ode. 7,44; Ode. 7,45; Ode. 7,45; Ode. 8,52; Ode. 8,52; Ode. 8,52; Ode. 8,52; Ode. 8,52; Ode. 8,53; Ode. 8,53; Ode. 8,54; Ode. 8,54; Ode. 8,55; Ode. 8,55; Ode. 8,56; Ode. 8,56; Ode. 8,57; Ode. 8,58; Ode. 8,59; Ode. 8,60; Ode. 8,61; Ode. 8,62; Ode. 8,62; Ode. 8,63; Ode. 8,64; Ode. 8,64; Ode. 8,65; Ode. 8,66; Ode. 8,66; Ode. 8,67; Ode. 8,67; Ode. 8,68; Ode. 8,68; Ode. 8,69; Ode. 8,69; Ode. 8,70; Ode. 8,70; Ode. 8,71; Ode. 8,71; Ode. 8,72; Ode. 8,72; Ode. 8,73; Ode. 8,73; Ode. 8,74; Ode. 8,75; Ode. 8,75; Ode. 8,76; Ode. 8,77; Ode. 8,78; Ode. 8,78; Ode. 8,79; Ode. 8,79; Ode. 8,80; Ode. 8,81; Ode. 8,81; Ode. 8,82; Ode. 8,83; Ode. 8,84; Ode. 8,85; Ode. 8,86; Ode. 8,86; Ode. 8,87; Ode. 8,87; Ode. 8,88; Ode. 9,47; Ode. 9,49; Ode. 9,50; Ode. 9,50; Ode. 9,52; Ode. 9,53; Ode. 9,55; Ode. 9,68; Ode. 9,69; Ode. 9,71; Ode. 9,72; Ode. 9,75; Ode. 9,79; Ode. 10,2; Ode. 10,2; Ode. 10,2; Ode. 10,2; Ode. 10,2; Ode. 10,3; Ode. 10,3; Ode. 10,3; Ode. 10,4; Ode. 10,5; Ode. 10,5; Ode. 10,5; Ode. 10,6; Ode. 10,6; Ode. 10,6; Ode. 10,6; Ode. 10,7; Ode. 10,7; Ode. 10,7; Ode. 10,8; Ode. 11,12; Ode. 11,14; Ode. 11,15; Ode. 11,16; Ode. 11,16; Ode. 11,17; Ode. 11,20; Ode. 12,1; Ode. 12,1; Ode. 12,1; Ode. 12,2; Ode. 12,3; Ode. 12,3; Ode. 12,4; Ode. 12,5; Ode. 12,6; Ode. 12,7; Ode. 12,7; Ode. 12,8; Ode. 12,8; Ode. 12,9; Ode. 12,9; Ode. 12,10; Ode. 12,10; Ode. 12,10; Ode. 12,11; Ode. 12,12; Ode. 12,14; Ode. 12,15; Ode. 12,15; Ode. 13,32; Ode. 14,2; Ode. 14,15; Ode. 14,30; Ode. 14,31; Ode. 14,35; Ode. 14,35; Ode. 14,39; Prov. 1,2; Prov. 1,3; Prov. 1,4; Prov. 1,6; Prov. 1,6; Prov. 1,7; Prov. 1,8; Prov. 1,9; Prov. 1,12; Prov. 1,14; Prov. 1,16; Prov. 1,23; Prov. 1,24; Prov. 1,24; Prov. 1,24; Prov. 1,27; Prov. 1,27; Prov. 1,27; Prov. 1,28; Prov. 1,31; Prov. 1,32; Prov. 1,33; Prov. 2,2; Prov. 2,3; Prov. 2,4; Prov. 2,4; Prov. 2,5; Prov. 2,6; Prov. 2,6; Prov. 2,7; Prov. 2,8; Prov. 2,9; Prov. 2,9; Prov. 2,12; Prov. 2,14; Prov. 2,15; Prov. 2,16; Prov. 2,17; Prov. 2,18; Prov. 2,21; Prov. 3,2; Prov. 3,2; Prov. 3,3; Prov. 3,3; Prov. 3,4; Prov. 3,4; Prov. 3,7; Prov. 3,8; Prov. 3,9; Prov. 3,13; Prov. 3,14; Prov. 3,16; Prov. 3,16a; Prov. 3,17; Prov. 3,18; Prov. 3,21; Prov. 3,22; Prov. 3,22a; Prov. 3,25; Prov. 3,26; Prov. 3,28; Prov. 3,29; Prov. 4,1;

Κ, κ

Prov. 4,3; Prov. 4,4; Prov. 4,6; Prov. 4,6; Prov. 4,8; Prov. 4,10; Prov. 4,10; Prov. 4,15; Prov. 4,16; Prov. 4,18; Prov. 4,22; Prov. 4,24; Prov. 4,26; Prov. 5,4; Prov. 5,6; Prov. 5,7; Prov. 5,9; Prov. 5,11; Prov. 5,12; Prov. 5,12; Prov. 5,13; Prov. 5,14; Prov. 5,15; Prov. 5,17; Prov. 5,18; Prov. 5,19; Prov. 5,19; Prov. 5,23; Prov. 6,2; Prov. 6,3; Prov. 6,5; Prov. 6,6; Prov. 6,6; Prov. 6,8a; Prov. 6,8b; Prov. 6,8b; Prov. 6,11; Prov. 6,12; Prov. 6,15; Prov. 6,18; Prov. 6,18; Prov. 6,19; Prov. 6,20; Prov. 6,21; Prov. 6,22; Prov. 6,23; Prov. 6,23; Prov. 6,23; Prov. 6,24; Prov. 6,26; Prov. 6,31; Prov. 6,33; Prov. 7,1a; Prov. 7,2; Prov. 7,5; Prov. 7,9; Prov. 7,9; Prov. 7,11; Prov. 7,18; Prov. 7,18; Prov. 7,22; Prov. 7,24; Prov. 7,26; Prov. 8,4; Prov. 8,6; Prov. 8,9; Prov. 8,10; Prov. 8,10; Prov. 8,12; Prov. 8,12; Prov. 8,13; Prov. 8,13; Prov. 8,14; Prov. 8,15; Prov. 8,16; Prov. 8,18; Prov. 8,18; Prov. 8,18; Prov. 8,19; Prov. 8,20; Prov. 8,21; Prov. 8,24; Prov. 8,26; Prov. 8,26; Prov. 8,27; Prov. 8,28; Prov. 8,29; Prov. 8,31; Prov. 8,34; Prov. 8,35; Prov. 8,36; Prov. 9,1; Prov. 9,2; Prov. 9,4; Prov. 9,5; Prov. 9,6; Prov. 9,6; Prov. 9,6; Prov. 9,8; Prov. 9,9; Prov. 9,9; Prov. 9,10; Prov. 9,11; Prov. 9,12; Prov. 9,12c; Prov. 9,13; Prov. 9,15; Prov. 9,17; Prov. 9,18; Prov. 9,18b; Prov. 9,18c; Prov. 10,22; Prov. 10,26; Prov. 11,2; Prov. 11,3; Prov. 11,24; Prov. 11,31; Prov. 12,9; Prov. 13,5; Prov. 13,7; Prov. 13,9a; Prov. 13,11; Prov. 13,12; Prov. 13,13a; Prov. 13,18; Prov. 14,6; Prov. 14,19; Prov. 14,22; Prov. 14,22; Prov. 14,22; Prov. 14,23; Prov. 15,1; Prov. 15,3; Prov. 15,11; Prov. 15,11; Prov. 15,17; Prov. 15,18; Prov. 15,23; Prov. 15,27a; Prov. 15,28a; Prov. 15,33; Prov. 15,33; Prov. 16,21; Prov. 16,26; Prov. 16,28; Prov. 16,28; Prov. 16,29; Prov. 17,1; Prov. 17,3; Prov. 17,9; Prov. 17,14; Prov. 17,15; Prov. 17,18; Prov. 17,25; Prov. 18,3; Prov. 18,4; Prov. 18,12; Prov. 18,13; Prov. 18,16; Prov. 18,19; Prov. 18,21; Prov. 18,22a; Prov. 19,7; Prov. 19,10; Prov. 19,13; Prov. 19,14; Prov. 19,19; Prov. 19,26; Prov. 19,26; Prov. 19,29; Prov. 20,1; Prov. 20,6; Prov. 20,10; Prov. 20,10; Prov. 20,10; Prov. 20,11; Prov. 20,11; Prov. 20,12; Prov. 20,12; Prov. 20,13; Prov. 20,23; Prov. 20,26; Prov. 20,28; Prov. 20,28; Prov. 20,30; Prov. 21,3; Prov. 21,8; Prov. 21,9; Prov. 21,12; Prov. 21,13; Prov. 21,17; Prov. 21,19; Prov. 21,19; Prov. 21,21; Prov. 21,21; Prov. 21,22; Prov. 21,23; Prov. 21,24; Prov. 21,24; Prov. 21,26; Prov. 21,27; Prov. 22,1; Prov. 22,2; Prov. 22,4; Prov. 22,4; Prov. 22,4; Prov. 22,5; Prov. 22,7; Prov. 22,8a; Prov. 22,9a; Prov. 22,10; Prov. 22,13; Prov. 22,14a; Prov. 22,14a; Prov. 22,15; Prov. 22,17; Prov. 22,18; Prov. 22,19; Prov. 22,20; Prov. 22,21; Prov. 22,22; Prov. 22,23; Prov. 22,25; Prov. 22,29; Prov. 22,29; Prov. 23,2; Prov. 23,5; Prov. 23,7; Prov. 23,8; Prov. 23,8; Prov. 23,11; Prov. 23,16; Prov. 23,19; Prov. 23,19; Prov. 23,21; Prov. 23,21; Prov. 23,21; Prov. 23,22; Prov. 23,25; Prov. 23,25; Prov. 23,27; Prov. 23,28; Prov. 23,29; Prov. 23,31; Prov. 23,31; Prov. 23,32; Prov. 23,34; Prov. 23,34; Prov. 23,35; Prov. 23,35; Prov. 24,2; Prov. 24,3; Prov. 24,4; Prov. 24,5; Prov. 24,7; Prov. 24,10; Prov. 24,11; Prov. 24,12; Prov. 24,14; Prov. 24,16; Prov. 24,18; Prov. 24,18; Prov. 24,21; Prov. 24,21; Prov. 24,22b; Prov. 24,22c; Prov. 24,22e; Prov. 24,22e; Prov. 25,4; Prov. 25,5; Prov. 25,10; Prov. 25,10a; Prov. 25,14; Prov. 25,14; Prov. 25,18; Prov. 25,18; Prov. 25,19; Prov. 25,20a; Prov. 25,26; Prov. 25,28; Prov. 26,1; Prov. 26,2; Prov. 26,3; Prov. 26,7; Prov. 26,11; Prov. 26,11a; Prov. 26,11a; Prov. 26,21; Prov. 27,2; Prov. 27,2; Prov. 27,3; Prov. 27,4; Prov. 27,9; Prov. 27,9; Prov. 27,11; Prov. 27,20; Prov. 27,20a; Prov. 27,21; Prov. 27,23; Prov. 27,24; Prov. 27,25; Prov. 27,25; Prov. 27,27; Prov. 28,3; Prov. 28,8; Prov. 28,9; Prov. 28,10; Prov. 28,15; Prov. 28,17; Prov. 28,17a; Prov. 28,17a; Prov. 28,22; Prov. 28,24; Prov. 29,6; Prov. 29,7; Prov. 29,9; Prov. 29,13; Prov. 29,15; Prov. 29,17; Prov. 29,17; Prov. 29,25; Prov. 30,1; Prov. 30,1; Prov. 30,2; Prov. 30,3; Prov. 30,4; Prov. 30,6; Prov. 30,8; Prov. 30,8; Prov. 30,8; Prov. 30,9; Prov. 30,9; Prov. 30,10; Prov. 30,14; Prov. 30,14; Prov. 30,14; Prov. 24,24; Prov. 24,27; Prov. 24,27; Prov. 24,27; Prov. 24,30; Prov. 24,31; Prov. 24,31; Prov. 24,34; Prov. 30,15; Prov. 30,15; Prov. 30,16; Prov. 30,16; Prov. 30,16; Prov. 30,16; Prov. 30,16; Prov. 30,17; Prov. 30,17; Prov. 30,18; Prov. 30,19; Prov. 30,19; Prov. 30,19; Prov. 30,22; Prov. 30,23; Prov. 30,23; Prov. 30,25; Prov. 30,26; Prov. 30,27; Prov. 30,28; Prov. 30,28; Prov. 30,29; Prov. 30,31; Prov. 30,31; Prov. 30,31; Prov. 30,32; Prov. 30,33; Prov. 30,33; Prov. 31,3; Prov. 31,3; Prov. 31,5; Prov. 31,6; Prov. 31,7; Prov. 31,8; Prov. 31,9; Prov. 31,9; Prov. 31,13; Prov. 31,15; Prov. 31,15; Prov. 31,15; Prov. 31,18; Prov. 31,22; Prov. 31,24; Prov. 31,25; Prov. 31,25; Prov. 31,26; Prov. 31,26; Prov. 31,28; Prov. 31,28; Prov. 31,28; Prov. 31,29; Prov. 31,30; Prov. 31,31; Eccl. 1,4; Eccl. 1,4; Eccl. 1,5; Eccl. 1,5; Eccl. 1,5; Eccl. 1,6; Eccl. 1,6; Eccl. 1,7; Eccl. 1,8; Eccl. 1,8; Eccl. 1,9; Eccl. 1,9; Eccl. 1,10; Eccl. 1,13; Eccl. 1,13; Eccl. 1,14; Eccl. 1,14; Eccl. 1,15; Eccl. 1,16; Eccl. 1,16; Eccl. 1,16; Eccl. 1,17; Eccl. 1,17; Eccl. 1,17; Eccl. 1,18; Eccl. 2,1; Eccl. 2,1; Eccl. 2,2; Eccl. 2,3; Eccl. 2,3; Eccl. 2,5; Eccl. 2,5; Eccl. 2,7; Eccl. 2,7; Eccl. 2,7; Eccl. 2,8; Eccl. 2,8; Eccl. 2,8; Eccl. 2,8; Eccl. 2,8; Eccl. 2,8; Eccl. 2,9; Eccl. 2,9; Eccl. 2,10; Eccl. 2,10; Eccl. 2,11; Eccl. 2,11; Eccl. 2,11; Eccl. 2,11; Eccl. 2,11; Eccl. 2,12; Eccl. 2,12; Eccl. 2,13; Eccl. 2,14; Eccl. 2,14; Eccl. 2,15; Eccl. 2,15; Eccl. 2,16; Eccl. 2,17; Eccl. 2,17; Eccl. 2,18; Eccl. 2,19; Eccl. 2,19; Eccl. 2,19; Eccl. 2,20; Eccl. 2,21; Eccl. 2,21; Eccl. 2,21; Eccl. 2,21; Eccl. 2,22; Eccl. 2,23; Eccl. 2,24; Eccl. 2,24; Eccl. 2,25; Eccl. 2,26; Eccl. 2,26; Eccl. 2,26; Eccl. 2,26; Eccl. 2,26; Eccl. 3,1; Eccl. 3,2; Eccl. 3,2; Eccl. 3,3; Eccl. 3,3; Eccl. 3,4; Eccl. 3,4; Eccl. 3,5; Eccl. 3,5; Eccl. 3,6; Eccl. 3,6; Eccl. 3,7; Eccl. 3,7; Eccl. 3,8; Eccl. 3,8; Eccl. 3,11; Eccl. 3,12; Eccl. 3,13; Eccl. 3,13; Eccl. 3,14; Eccl. 3,14; Eccl. 3,15; Eccl. 3,15; Eccl. 3,16; Eccl. 3,17; Eccl. 3,17; Eccl. 3,18; Eccl. 3,19; Eccl. 3,19; Eccl. 3,19; Eccl. 3,20; Eccl. 3,21; Eccl. 3,21; Eccl. 3,22; Eccl. 4,1; Eccl. 4,1; Eccl. 4,1; Eccl. 4,1; Eccl. 4,1; Eccl. 4,2; Eccl. 4,3; Eccl. 4,4; Eccl. 4,4; Eccl. 4,5; Eccl. 4,6; Eccl. 4,7; Eccl. 4,8; Eccl. 4,8; Eccl. 4,8; Eccl. 4,8; Eccl. 4,8; Eccl. 4,8; Eccl. 4,10; Eccl. 4,10; Eccl. 4,11; Eccl. 4,11; Eccl. 4,12; Eccl. 4,12; Eccl. 4,13; Eccl. 4,13; Eccl. 4,16; Eccl. 4,17; Eccl. 5,1; Eccl. 5,1; Eccl. 5,2; Eccl. 5,4; Eccl. 5,5; Eccl. 5,5; Eccl. 5,6; Eccl. 5,6; Eccl. 5,7; Eccl. 5,7; Eccl. 5,7; Eccl. 5,8; Eccl. 5,9; Eccl. 5,10; Eccl. 5,11; Eccl. 5,11; Eccl. 5,13; Eccl. 5,13; Eccl. 5,13; Eccl. 5,14; Eccl. 5,15; Eccl. 5,16; Eccl. 5,16; Eccl. 5,16; Eccl. 5,16; Eccl. 5,17; Eccl. 5,17; Eccl. 5,18; Eccl. 5,18; Eccl. 5,18; Eccl. 5,18; Eccl. 6,1; Eccl. 6,2; Eccl. 6,2; Eccl. 6,2; Eccl. 6,2; Eccl. 6,2; Eccl. 6,3; Eccl. 6,3; Eccl. 6,3; Eccl. 6,4; Eccl. 6,4; Eccl. 6,5; Eccl. 6,6; Eccl. 6,9; Eccl. 6,10; Eccl. 6,10; Eccl. 6,12; Eccl. 7,1; Eccl. 7,2; Eccl. 7,4; Eccl. 7,7; Eccl. 7,11; Eccl. 7,12; Eccl. 7,14; Eccl. 7,15; Eccl. 7,16; Eccl. 7,17; Eccl. 7,20; Eccl. 7,22; Eccl. 7,24; Eccl. 7,24; Eccl. 7,25; Eccl. 7,25; Eccl. 7,25; Eccl. 7,25; Eccl. 7,25; Eccl. 7,25; Eccl. 7,25; Eccl. 7,26; Eccl. 7,26; Eccl. 7,26; Eccl. 7,28; Eccl. 7,28; Eccl. 7,29; Eccl. 8,1; Eccl. 8,1; Eccl. 8,2; Eccl. 8,4; Eccl. 8,5; Eccl. 8,6; Eccl. 8,8; Eccl. 8,8; Eccl. 8,8; Eccl. 8,9; Eccl. 8,9; Eccl. 8,10; Eccl. 8,10; Eccl. 8,10; Eccl. 8,12; Eccl. 8,13; Eccl. 8,13; Eccl. 8,14; Eccl. 8,15; Eccl. 8,15; Eccl. 8,15; Eccl. 8,15; Eccl. 8,16; Eccl. 8,16; Eccl. 8,17; Eccl. 8,17; Eccl. 9,1; Eccl. 9,1; Eccl. 9,1; Eccl. 9,2; Eccl. 9,2; Eccl. 9,2; Eccl. 9,2; Eccl. 9,2; Eccl. 9,2; Eccl. 9,3; Eccl. 9,3; Eccl. 9,5; Eccl. 9,5; Eccl. 9,6; Eccl. 9,7; Eccl. 9,8; Eccl. 9,9; Eccl. 9,10; Eccl. 9,10; Eccl. 9,10; Eccl. 9,11; Eccl. 9,11; Eccl. 9,11; Eccl. 9,12; Eccl. 9,13; Eccl. 9,14; Eccl. 9,14; Eccl. 9,14; Eccl. 9,14; Eccl. 9,15; Eccl. 9,15; Eccl. 9,15; Eccl. 9,16; Eccl. 9,16; Eccl. 9,16; Eccl. 9,18; Eccl. 10,2; Eccl. 10,3; Eccl. 10,6; Eccl. 10,7; Eccl. 10,8; Eccl. 10,10; Eccl. 10,10; Eccl. 10,10; Eccl. 10,11; Eccl. 10,12; Eccl. 10,13; Eccl. 10,14; Eccl. 10,14; Eccl. 10,16; Eccl. 10,17; Eccl. 10,17; Eccl. 10,18;

καί

Eccl. 10,19; Eccl. 10,19; Eccl. 10,20; Eccl. 10,20; Eccl. 11,3; Eccl. 11,3; Eccl. 11,4; Eccl. 11,6; Eccl. 11,6; Eccl. 11,7; Eccl. 11,7; Eccl. 11,8; Eccl. 11,8; Eccl. 11,9; Eccl. 11,9; Eccl. 11,9; Eccl. 11,9; Eccl. 11,10; Eccl. 11,10; Eccl. 11,10; Eccl. 12,1; Eccl. 12,1; Eccl. 12,2; Eccl. 12,2; Eccl. 12,2; Eccl. 12,2; Eccl. 12,3; Eccl. 12,3; Eccl. 12,3; Eccl. 12,4; Eccl. 12,4; Eccl. 12,4; Eccl. 12,5; Eccl. 12,5; Eccl. 12,5; Eccl. 12,5; Eccl. 12,5; Eccl. 12,6; Eccl. 12,6; Eccl. 12,6; Eccl. 12,7; Eccl. 12,7; Eccl. 12,9; Eccl. 12,10; Eccl. 12,11; Eccl. 12,11; Eccl. 12,12; Eccl. 12,13; Eccl. 12,14; Song 1,3; Song 1,4; Song 1,5; Song 1,8; Song 2,3; Song 2,3; Song 2,6; Song 2,7; Song 2,7; Song 2,10; Song 2,14; Song 2,14; Song 2,14; Song 2,15; Song 2,17; Song 3,1; Song 3,1; Song 3,2; Song 3,2; Song 3,2; Song 3,2; Song 3,4; Song 3,4; Song 3,5; Song 3,5; Song 3,6; Song 3,10; Song 3,11; Song 3,11; Song 4,2; Song 4,3; Song 4,6; Song 4,6; Song 4,7; Song 4,8; Song 4,8; Song 4,10; Song 4,11; Song 4,11; Song 4,14; Song 4,14; Song 4,15; Song 4,16; Song 4,16; Song 4,16; Song 5,1; Song 5,1; Song 5,2; Song 5,2; Song 5,4; Song 5,6; Song 5,6; Song 5,8; Song 5,10; Song 5,11; Song 5,16; Song 5,16; Song 6,1; Song 6,2; Song 6,3; Song 6,6; Song 6,7; Song 6,8; Song 6,8; Song 6,9; Song 6,9; Song 6,9; Song 7,1; Song 7,6; Song 7,7; Song 7,8; Song 7,9; Song 7,9; Song 7,10; Song 7,10; Song 7,11; Song 7,14; Song 8,2; Song 8,3; Song 8,4; Song 8,4; Song 8,7; Song 8,8; Song 8,9; Song 8,10; Song 8,12; Song 8,14; Job 1,1; Job 1,2; Job 1,3; Job 1,3; Job 1,3; Job 1,3; Job 1,4; Job 1,5; Job 1,5; Job 1,5; Job 1,5; Job 1,6; Job 1,6; Job 1,7; Job 1,7; Job 1,7; Job 1,8; Job 1,9; Job 1,10; Job 1,10; Job 1,10; Job 1,11; Job 1,12; Job 1,13; Job 1,14; Job 1,14; Job 1,14; Job 1,15; Job 1,15; Job 1,16; Job 1,16; Job 1,16; Job 1,16; Job 1,17; Job 1,17; Job 1,17; Job 1,17; Job 1,17; Job 1,18; Job 1,18; Job 1,19; Job 1,19; Job 1,19; Job 1,19; Job 1,20; Job 1,20; Job 1,20; Job 1,21; Job 1,22; Job 2,1; Job 2,1; Job 2,2; Job 2,2; Job 2,5; Job 2,7; Job 2,8; Job 2,8; Job 2,9b; Job 2,9b; Job 2,9d; Job 2,9d; Job 2,9d; Job 2,9e; Job 2,11; Job 2,11; Job 2,12; Job 2,12; Job 2,13; Job 2,13; Job 2,13; Job 3,1; Job 3,3; Job 3,4; Job 3,5; Job 3,6; Job 3,7; Job 3,9; Job 3,9; Job 3,11; Job 3,19; Job 3,19; Job 3,21; Job 3,25; Job 4,3; Job 4,5; Job 4,6; Job 4,6; Job 4,13; Job 4,14; Job 4,14; Job 4,15; Job 4,15; Job 4,16; Job 4,16; Job 4,16; Job 4,20; Job 4,21; Job 5,2; Job 5,4; Job 5,9; Job 5,9; Job 5,11; Job 5,12; Job 5,18; Job 5,18; Job 5,21; Job 5,22; Job 6,3; Job 6,8; Job 6,8; Job 6,18; Job 6,20; Job 6,20; Job 6,29; Job 6,29; Job 7,1; Job 7,2; Job 7,7; Job 7,8; Job 7,14; Job 7,18; Job 7,21; Job 7,21; Job 8,6; Job 8,9; Job 8,10; Job 8,10; Job 8,12; Job 8,16; Job 9,4; Job 9,5; Job 9,7; Job 9,8; Job 9,9; Job 9,9; Job 9,9; Job 9,10; Job 9,10; Job 9,11; Job 9,16; Job 9,22; Job 9,25; Job 9,26; Job 9,30; Job 9,33; Job 9,33; Job 9,35; Job 10,2; Job 10,2; Job 10,6; Job 10,8; Job 10,11; Job 10,11; Job 10,12; Job 10,18; Job 10,19; Job 10,21; Job 11,2; Job 11,2; Job 11,4; Job 11,5; Job 11,6; Job 11,8; Job 11,15; Job 11,16; Job 11,16; Job 11,18; Job 11,19; Job 12,4; Job 12,8; Job 12,10; Job 12,13; Job 12,13; Job 12,16; Job 12,16; Job 12,18; Job 12,23; Job 12,23; Job 12,25; Job 13,1; Job 13,2; Job 13,2; Job 13,4; Job 13,5; Job 13,13; Job 13,15; Job 13,15; Job 13,16; Job 13,19; Job 13,21; Job 13,23; Job 14,1; Job 14,2; Job 14,3; Job 14,5; Job 14,5; Job 14,6; Job 14,7; Job 14,12; Job 14,13; Job 14,16; Job 14,18; Job 14,18; Job 14,19; Job 14,19; Job 14,20; Job 14,20; Job 15,2; Job 15,4; Job 15,6; Job 15,16; Job 15,18; Job 15,19; Job 15,24; Job 15,27; Job 15,32; Job 16,6; Job 16,8; Job 16,8; Job 16,19; Job 16,21; Job 17,1; Job 17,2; Job 17,10; Job 17,14; Job 18,5; Job 18,5; Job 18,10; Job 18,16; Job 18,17; Job 19,2; Job 19,4a; Job 19,7; Job 19,7; Job 19,8; Job 19,10; Job 19,14; Job 19,16; Job 19,17; Job 19,24; Job 19,27; Job 19,28; Job 19,29; Job 20,2; Job 20,3; Job 20,9; Job 20,9; Job 20,11; Job 20,13; Job 20,13; Job 20,14; Job 20,17; Job 20,18; Job 20,19; Job 20,24; Job 20,29; Job 21,7; Job 21,10; Job 21,12; Job 21,15; Job 21,19; Job 21,21; Job 21,22; Job 21,23; Job 21,28; Job 21,29; Job 21,31; Job 21,32; Job 21,32; Job 21,33; Job 21,33;

Job 22,2; Job 22,4; Job 22,10; Job 22,13; Job 22,14; Job 22,14; Job 22,20; Job 22,22; Job 22,23; Job 22,24; Job 22,29; Job 22,29; Job 22,30; Job 23,2; Job 23,3; Job 23,6; Job 23,7; Job 23,8; Job 23,9; Job 23,9; Job 23,11; Job 23,12; Job 23,13; Job 23,15a; Job 24,3; Job 24,6; Job 24,12; Job 24,13; Job 24,14; Job 24,15; Job 24,15; Job 24,21; Job 24,25; Job 25,5; Job 25,6; Job 26,2; Job 26,5; Job 26,6; Job 26,8; Job 26,11; Job 26,14; Job 27,2; Job 27,7; Job 27,8; Job 27,14; Job 27,18; Job 27,19; Job 27,19; Job 27,21; Job 27,21; Job 27,22; Job 27,22; Job 27,23; Job 28,3; Job 28,3; Job 28,6; Job 28,7; Job 28,14; Job 28,15; Job 28,16; Job 28,16; Job 28,17; Job 28,17; Job 28,18; Job 28,18; Job 28,21; Job 28,22; Job 28,26; Job 28,27; Job 29,10; Job 29,11; Job 29,12; Job 29,19; Job 29,20; Job 29,24; Job 29,25; Job 29,25; Job 30,3; Job 30,3; Job 30,4; Job 30,8; Job 30,8; Job 30,9; Job 30,11; Job 30,12; Job 30,15; Job 30,16; Job 30,19; Job 30,20; Job 30,20; Job 30,22; Job 30,24; Job 30,27; Job 31,1; Job 31,2; Job 31,2; Job 31,3; Job 31,4; Job 31,8; Job 31,9; Job 31,15; Job 31,17; Job 31,18; Job 31,19; Job 31,23; Job 31,27; Job 31,28; Job 31,29; Job 31,37; Job 32,3; Job 32,3; Job 32,5; Job 32,5; Job 32,10; Job 32,12; Job 32,12; Job 33,1; Job 33,2; Job 33,5; Job 33,12; Job 33,18; Job 33,19; Job 33,20; Job 33,21; Job 33,26; Job 33,27; Job 33,28; Job 33,31; Job 33,31; Job 33,33; Job 34,3; Job 34,9; Job 34,10; Job 34,11; Job 34,13; Job 34,14; Job 34,15; Job 34,17; Job 34,20; Job 34,24; Job 34,25; Job 34,25; Job 34,28; Job 34,29; Job 34,29; Job 34,29; Job 34,29; Job 34,29; Job 34,29; Job 34,33; Job 34,33; Job 35,4; Job 35,5; Job 35,8; Job 35,10; Job 35,12; Job 35,12; Job 35,14; Job 35,15; Job 35,15; Job 35,16; Job 36,6; Job 36,7; Job 36,7; Job 36,7; Job 36,8; Job 36,9; Job 36,9; Job 36,10; Job 36,11; Job 36,11; Job 36,12; Job 36,13; Job 36,15; Job 36,16; Job 36,16; Job 36,19; Job 36,26; Job 36,27; Job 36,29; Job 36,30; Job 36,32; Job 36,33; Job 37,1; Job 37,1; Job 37,2; Job 37,3; Job 37,4; Job 37,6; Job 37,6; Job 37,10; Job 37,11; Job 37,12; Job 37,19; Job 37,22; Job 37,23; Job 38,1; Job 38,10; Job 38,11; Job 38,14; Job 38,23; Job 38,27; Job 38,27; Job 38,31; Job 38,32; Job 38,34; Job 38,35; Job 39,4; Job 39,6; Job 39,8; Job 39,13; Job 39,14; Job 39,15; Job 39,15; Job 39,17; Job 39,18; Job 39,22; Job 39,23; Job 39,24; Job 39,24; Job 39,25; Job 39,28; Job 40,1; Job 40,4; Job 40,10; Job 40,10; Job 40,21; Job 40,21; Job 40,22; Job 40,31; Job 40,32; Job 41,3; Job 41,4; Job 41,9; Job 41,11; Job 41,18; Job 42,3; Job 42,3; Job 42,6; Job 42,6; Job 42,7; Job 42,8; Job 42,8; Job 42,8; Job 42,9; Job 42,9; Job 42,9; Job 42,9; Job 42,10; Job 42,11; Job 42,11; Job 42,11; Job 42,11; Job 42,11; Job 42,11; Job 42,13; Job 42,14; Job 42,15; Job 42,16; Job 42,16; Job 42,17; Job 42,17; Job 42,17b; Job 42,17d; Job 42,17d; Job 42,17d; Job 42,17d; Wis. 1,1; Wis. 1,5; Wis. 1,5; Wis. 1,6; Wis. 1,6; Wis. 1,6; Wis. 1,7; Wis. 1,10; Wis. 1,11; Wis. 1,14; Wis. 1,14; Wis. 1,16; Wis. 1,16; Wis. 2,1; Wis. 2,1; Wis. 2,1; Wis. 2,2; Wis. 2,2; Wis. 2,3; Wis. 2,4; Wis. 2,4; Wis. 2,4; Wis. 2,4; Wis. 2,4; Wis. 2,5; Wis. 2,5; Wis. 2,6; Wis. 2,6; Wis. 2,7; Wis. 2,7; Wis. 2,9; Wis. 2,12; Wis. 2,12; Wis. 2,12; Wis. 2,13; Wis. 2,15; Wis. 2,16; Wis. 2,16; Wis. 2,17; Wis. 2,18; Wis. 2,19; Wis. 2,19; Wis. 2,21; Wis. 2,22; Wis. 2,23; Wis. 3,1; Wis. 3,2; Wis. 3,3; Wis. 3,4; Wis. 3,5; Wis. 3,5; Wis. 3,6; Wis. 3,7; Wis. 3,7; Wis. 3,8; Wis. 3,8; Wis. 3,9; Wis. 3,9; Wis. 3,10; Wis. 3,11; Wis. 3,11; Wis. 3,11; Wis. 3,12; Wis. 3,14; Wis. 3,14; Wis. 3,15; Wis. 3,16; Wis. 3,17; Wis. 4,1; Wis. 4,1; Wis. 4,2; Wis. 4,2; Wis. 4,3; Wis. 4,4; Wis. 4,5; Wis. 4,5; Wis. 4,9; Wis. 4,10; Wis. 4,12; Wis. 4,14; Wis. 4,15; Wis. 4,15; Wis. 4,16; Wis. 4,17; Wis. 4,17; Wis. 4,18; Wis. 4,19; Wis. 4,19; Wis. 4,19; Wis. 4,19; Wis. 4,19; Wis. 4,20; Wis. 5,1; Wis. 5,2; Wis. 5,3; Wis. 5,3; Wis. 5,4; Wis. 5,4; Wis. 5,5; Wis. 5,6; Wis. 5,6; Wis. 5,7; Wis. 5,7; Wis. 5,8; Wis. 5,9; Wis. 5,11; Wis. 5,11; Wis. 5,13; Wis. 5,14; Wis. 5,14; Wis. 5,14; Wis. 5,15; Wis. 5,15; Wis. 5,16; Wis. 5,16; Wis. 5,17; Wis. 5,18; Wis. 5,21; Wis. 5,22; Wis. 5,23; Wis. 5,23;

Κ, κ

Κ, κ

Wis. 5,23; Wis. 6,1; Wis. 6,2; Wis. 6,2; Wis. 6,3; Wis. 6,3; Wis. 6,5; Wis. 6,7; Wis. 6,9; Wis. 6,10; Wis. 6,11; Wis. 6,12; Wis. 6,12; Wis. 6,12; Wis. 6,15; Wis. 6,16; Wis. 6,16; Wis. 6,21; Wis. 6,22; Wis. 6,22; Wis. 6,22; Wis. 6,22; Wis. 6,24; Wis. 6,25; Wis. 7,1; Wis. 7,1; Wis. 7,2; Wis. 7,3; Wis. 7,4; Wis. 7,7; Wis. 7,7; Wis. 7,8; Wis. 7,8; Wis. 7,9; Wis. 7,10; Wis. 7,10; Wis. 7,11; Wis. 7,15; Wis. 7,15; Wis. 7,15; Wis. 7,16; Wis. 7,16; Wis. 7,16; Wis. 7,17; Wis. 7,18; Wis. 7,18; Wis. 7,18; Wis. 7,19; Wis. 7,20; Wis. 7,20; Wis. 7,20; Wis. 7,21; Wis. 7,23; Wis. 7,24; Wis. 7,25; Wis. 7,26; Wis. 7,26; Wis. 7,27; Wis. 7,27; Wis. 7,27; Wis. 7,29; Wis. 8,1; Wis. 8,2; Wis. 8,2; Wis. 8,2; Wis. 8,3; Wis. 8,4; Wis. 8,7; Wis. 8,7; Wis. 8,7; Wis. 8,8; Wis. 8,8; Wis. 8,8; Wis. 8,8; Wis. 8,8; Wis. 8,9; Wis. 8,9; Wis. 8,10; Wis. 8,11; Wis. 8,12; Wis. 8,12; Wis. 8,13; Wis. 8,14; Wis. 8,15; Wis. 8,16; Wis. 8,17; Wis. 8,18; Wis. 8,18; Wis. 8,18; Wis. 8,18; Wis. 8,21; Wis. 8,21; Wis. 9,1; Wis. 9,2; Wis. 9,3; Wis. 9,3; Wis. 9,3; Wis. 9,4; Wis. 9,5; Wis. 9,5; Wis. 9,5; Wis. 9,5; Wis. 9,7; Wis. 9,7; Wis. 9,8; Wis. 9,9; Wis. 9,9; Wis. 9,9; Wis. 9,9; Wis. 9,10; Wis. 9,10; Wis. 9,11; Wis. 9,11; Wis. 9,11; Wis. 9,12; Wis. 9,12; Wis. 9,12; Wis. 9,14; Wis. 9,15; Wis. 9,16; Wis. 9,16; Wis. 9,17; Wis. 9,18; Wis. 9,18; Wis. 9,18; Wis. 10,1; Wis. 10,5; Wis. 10,5; Wis. 10,5; Wis. 10,7; Wis. 10,10; Wis. 10,10; Wis. 10,11; Wis. 10,12; Wis. 10,12; Wis. 10,14; Wis. 10,14; Wis. 10,14; Wis. 10,15; Wis. 10,16; Wis. 10,16; Wis. 10,17; Wis. 10,17; Wis. 10,18; Wis. 10,19; Wis. 10,20; Wis. 10,21; Wis. 11,2; Wis. 11,3; Wis. 11,4; Wis. 11,4; Wis. 11,4; Wis. 11,11; Wis. 11,11; Wis. 11,12; Wis. 11,15; Wis. 11,17; Wis. 11,20; Wis. 11,20; Wis. 11,20; Wis. 11,20; Wis. 11,21; Wis. 11,22; Wis. 11,23; Wis. 11,24; Wis. 12,2; Wis. 12,3; Wis. 12,4; Wis. 12,5; Wis. 12,5; Wis. 12,6; Wis. 12,10; Wis. 12,10; Wis. 12,16; Wis. 12,17; Wis. 12,18; Wis. 12,19; Wis. 12,20; Wis. 12,20; Wis. 12,20; Wis. 12,21; Wis. 12,24; Wis. 13,1; Wis. 13,4; Wis. 13,5; Wis. 13,6; Wis. 13,6; Wis. 13,7; Wis. 13,10; Wis. 13,10; Wis. 13,11; Wis. 13,13; Wis. 13,13; Wis. 13,14; Wis. 13,14; Wis. 13,15; Wis. 13,16; Wis. 13,16; Wis. 13,17; Wis. 13,17; Wis. 13,17; Wis. 13,19; Wis. 13,19; Wis. 14,1; Wis. 14,3; Wis. 14,3; Wis. 14,5; Wis. 14,5; Wis. 14,6; Wis. 14,8; Wis. 14,9; Wis. 14,9; Wis. 14,10; Wis. 14,11; Wis. 14,11; Wis. 14,11; Wis. 14,14; Wis. 14,15; Wis. 14,15; Wis. 14,17; Wis. 14,21; Wis. 14,21; Wis. 14,25; Wis. 14,25; Wis. 14,26; Wis. 14,27; Wis. 14,27; Wis. 14,30; Wis. 15,1; Wis. 15,1; Wis. 15,2; Wis. 15,3; Wis. 15,6; Wis. 15,6; Wis. 15,6; Wis. 15,8; Wis. 15,9; Wis. 15,9; Wis. 15,10; Wis. 15,11; Wis. 15,11; Wis. 15,12; Wis. 15,13; Wis. 15,14; Wis. 15,15; Wis. 15,16; Wis. 15,18; Wis. 15,19; Wis. 15,19; Wis. 16,1; Wis. 16,3; Wis. 16,3; Wis. 16,8; Wis. 16,9; Wis. 16,9; Wis. 16,10; Wis. 16,11; Wis. 16,12; Wis. 16,13; Wis. 16,13; Wis. 16,13; Wis. 16,16; Wis. 16,16; Wis. 16,16; Wis. 16,20; Wis. 16,20; Wis. 16,22; Wis. 16,22; Wis. 16,22; Wis. 16,23; Wis. 16,24; Wis. 16,28; Wis. 16,29; Wis. 17,1; Wis. 17,2; Wis. 17,3; Wis. 17,4; Wis. 17,5; Wis. 17,7; Wis. 17,8; Wis. 17,9; Wis. 17,9; Wis. 17,13; Wis. 17,14; Wis. 17,19; Wis. 18,2; Wis. 18,4; Wis. 18,5; Wis. 18,5; Wis. 18,5; Wis. 18,9; Wis. 18,9; Wis. 18,9; Wis. 18,10; Wis. 18,11; Wis. 18,14; Wis. 18,16; Wis. 18,16; Wis. 18,18; Wis. 18,20; Wis. 18,21; Wis. 18,21; Wis. 18,22; Wis. 18,23; Wis. 18,24; Wis. 18,24; Wis. 19,2; Wis. 19,3; Wis. 19,3; Wis. 19,4; Wis. 19,5; Wis. 19,7; Wis. 19,9; Wis. 19,13; Wis. 19,15; Wis. 19,19; Wis. 19,20; Wis. 19,22; Wis. 19,22; Wis. 19,22; Sir. 1,1 Prol.; Sir. 1,1 Prol.; Sir. 1,2 Prol.; Sir. 1,3 Prol.; Sir. 1,4 Prol.; Sir. 1,6 Prol.; Sir. 1,6 Prol.; Sir. 1,9 Prol.; Sir. 1,10 Prol.; Sir. 1,11 Prol.; Sir. 1,12 Prol.; Sir. 1,12 Prol.; Sir. 1,13 Prol.; Sir. 1,16 Prol.; Sir. 1,18 Prol.; Sir. 1,22 Prol.; Sir. 1,24 Prol.; Sir. 1,24 Prol.; Sir. 1,25 Prol.; Sir. 1,27 Prol.; Sir. 1,28 Prol.; Sir. 1,30 Prol.; Sir. 1,30 Prol.; Sir. 1,31 Prol.; Sir. 1,34 Prol.; Sir. 1,1; Sir. 1,2; Sir. 1,2; Sir. 1,3; Sir. 1,3; Sir. 1,3; Sir. 1,4; Sir. 1,6; Sir. 1,9; Sir. 1,9; Sir. 1,9; Sir. 1,10; Sir. 1,11; Sir. 1,11; Sir. 1,11; Sir. 1,12; Sir. 1,12; Sir. 1,12; Sir. 1,13; Sir. 1,14; Sir. 1,15; Sir. 1,16; Sir. 1,17; Sir. 1,18; Sir. 1,19; Sir. 1,19; Sir. 1,19; Sir. 1,19; Sir. 1,20; Sir. 1,23; Sir. 1,24; Sir. 1,26; Sir. 1,27; Sir. 1,27; Sir. 1,27; Sir. 1,28; Sir. 1,29; Sir. 1,30; Sir. 1,30; Sir. 1,30; Sir. 1,30; Sir. 2,2; Sir. 2,2; Sir. 2,3; Sir. 2,4; Sir. 2,5; Sir. 2,6; Sir. 2,6; Sir. 2,7; Sir. 2,8; Sir. 2,9; Sir. 2,9; Sir. 2,10; Sir. 2,10; Sir. 2,10; Sir. 2,10; Sir. 2,11; Sir. 2,11; Sir. 2,11; Sir. 2,12; Sir. 2,12; Sir. 2,14; Sir. 2,15; Sir. 2,16; Sir. 2,17; Sir. 2,18; Sir. 3,1; Sir. 3,2; Sir. 3,4; Sir. 3,5; Sir. 3,6; Sir. 3,7; Sir. 3,8; Sir. 3,11; Sir. 3,12; Sir. 3,13; Sir. 3,14; Sir. 3,16; Sir. 3,17; Sir. 3,18; Sir. 3,20; Sir. 3,21; Sir. 3,24; Sir. 3,26; Sir. 3,27; Sir. 3,29; Sir. 3,30; Sir. 3,31; Sir. 4,1; Sir. 4,2; Sir. 4,3; Sir. 4,4; Sir. 4,5; Sir. 4,7; Sir. 4,8; Sir. 4,9; Sir. 4,10; Sir. 4,10; Sir. 4,10; Sir. 4,11; Sir. 4,12; Sir. 4,13; Sir. 4,14; Sir. 4,15; Sir. 4,16; Sir. 4,17; Sir. 4,17; Sir. 4,17; Sir. 4,18; Sir. 4,18; Sir. 4,18; Sir. 4,19; Sir. 4,20; Sir. 4,20; Sir. 4,21; Sir. 4,21; Sir. 4,22; Sir. 4,24; Sir. 4,25; Sir. 4,26; Sir. 4,27; Sir. 4,27; Sir. 4,28; Sir. 4,29; Sir. 4,29; Sir. 4,30; Sir. 4,31; Sir. 5,1; Sir. 5,2; Sir. 5,3; Sir. 5,4; Sir. 5,6; Sir. 5,6; Sir. 5,6; Sir. 5,7; Sir. 5,7; Sir. 5,9; Sir. 5,10; Sir. 5,11; Sir. 5,13; Sir. 5,13; Sir. 5,14; Sir. 5,14; Sir. 5,15; Sir. 5,15; Sir. 5,15; Sir. 6,3; Sir. 6,3; Sir. 6,4; Sir. 6,5; Sir. 6,7; Sir. 6,8; Sir. 6,9; Sir. 6,9; Sir. 6,10; Sir. 6,10; Sir. 6,11; Sir. 6,11; Sir. 6,12; Sir. 6,13; Sir. 6,15; Sir. 6,16; Sir. 6,18; Sir. 6,19; Sir. 6,19; Sir. 6,19; Sir. 6,20; Sir. 6,21; Sir. 6,22; Sir. 6,23; Sir. 6,23; Sir. 6,24; Sir. 6,24; Sir. 6,25; Sir. 6,25; Sir. 6,26; Sir. 6,27; Sir. 6,27; Sir. 6,27; Sir. 6,28; Sir. 6,29; Sir. 6,29; Sir. 6,30; Sir. 6,31; Sir. 6,32; Sir. 6,33; Sir. 6,34; Sir. 6,35; Sir. 6,36; Sir. 6,37; Sir. 6,37; Sir. 7,1; Sir. 7,2; Sir. 7,3; Sir. 7,5; Sir. 7,6; Sir. 7,7; Sir. 7,9; Sir. 7,10; Sir. 7,11; Sir. 7,14; Sir. 7,15; Sir. 7,17; Sir. 7,19; Sir. 7,22; Sir. 7,23; Sir. 7,24; Sir. 7,25; Sir. 7,25; Sir. 7,26; Sir. 7,27; Sir. 7,28; Sir. 7,29; Sir. 7,30; Sir. 7,31; Sir. 7,31; Sir. 7,31; Sir. 7,31; Sir. 7,31; Sir. 7,31; Sir. 7,33; Sir. 7,34; Sir. 7,36; Sir. 8,2; Sir. 8,3; Sir. 8,8; Sir. 8,8; Sir. 8,9; Sir. 8,9; Sir. 8,12; Sir. 8,13; Sir. 8,15; Sir. 8,16; Sir. 8,16; Sir. 8,19; Sir. 9,7; Sir. 9,8; Sir. 9,8; Sir. 9,9; Sir. 9,9; Sir. 9,13; Sir. 9,13; Sir. 9,14; Sir. 9,15; Sir. 9,16; Sir. 9,17; Sir. 9,18; Sir. 10,1; Sir. 10,2; Sir. 10,3; Sir. 10,4; Sir. 10,5; Sir. 10,6; Sir. 10,7; Sir. 10,7; Sir. 10,8; Sir. 10,8; Sir. 10,9; Sir. 10,10; Sir. 10,10; Sir. 10,11; Sir. 10,11; Sir. 10,12; Sir. 10,13; Sir. 10,13; Sir. 10,14; Sir. 10,15; Sir. 10,16; Sir. 10,17; Sir. 10,17; Sir. 10,20; Sir. 10,22; Sir. 10,22; Sir. 10,23; Sir. 10,24; Sir. 10,24; Sir. 10,24; Sir. 10,25; Sir. 10,26; Sir. 10,27; Sir. 10,27; Sir. 10,28; Sir. 10,29; Sir. 10,30; Sir. 10,31; Sir. 10,31; Sir. 10,31; Sir. 11,1; Sir. 11,2; Sir. 11,3; Sir. 11,4; Sir. 11,4; Sir. 11,6; Sir. 11,7; Sir. 11,8; Sir. 11,9; Sir. 11,10; Sir. 11,10; Sir. 11,11; Sir. 11,11; Sir. 11,11; Sir. 11,12; Sir. 11,12; Sir. 11,12; Sir. 11,13; Sir. 11,13; Sir. 11,14; Sir. 11,14; Sir. 11,14; Sir. 11,17; Sir. 11,18; Sir. 11,18; Sir. 11,19; Sir. 11,19; Sir. 11,19; Sir. 11,19; Sir. 11,20; Sir. 11,20; Sir. 11,21; Sir. 11,22; Sir. 11,23; Sir. 11,24; Sir. 11,25; Sir. 11,27; Sir. 11,28; Sir. 11,30; Sir. 11,31; Sir. 11,32; Sir. 11,34; Sir. 11,34; Sir. 12,1; Sir. 12,2; Sir. 12,2; Sir. 12,3; Sir. 12,4; Sir. 12,5; Sir. 12,5; Sir. 12,6; Sir. 12,6; Sir. 12,7; Sir. 12,8; Sir. 12,9; Sir. 12,9; Sir. 12,11; Sir. 12,11; Sir. 12,11; Sir. 12,11; Sir. 12,11; Sir. 12,12; Sir. 12,12; Sir. 12,13; Sir. 12,14; Sir. 12,15; Sir. 12,16; Sir. 12,16; Sir. 12,16; Sir. 12,17; Sir. 12,18; Sir. 12,18; Sir. 12,18; Sir. 13,1; Sir. 13,2; Sir. 13,2; Sir. 13,2; Sir. 13,3; Sir. 13,3; Sir. 13,4; Sir. 13,5; Sir. 13,5; Sir. 13,6; Sir. 13,6; Sir. 13,6; Sir. 13,6; Sir. 13,7; Sir. 13,7; Sir. 13,7; Sir. 13,7; Sir. 13,8; Sir. 13,9; Sir. 13,10; Sir. 13,11; Sir. 13,11; Sir. 13,12; Sir. 13,12; Sir. 13,13; Sir. 13,15; Sir. 13,16; Sir. 13,18; Sir. 13,22; Sir. 13,22; Sir. 13,22; Sir. 13,23; Sir. 13,23; Sir. 13,23; Sir. 13,24; Sir. 13,26; Sir. 14,1; Sir. 14,2; Sir. 14,3; Sir. 14,4; Sir. 14,5; Sir. 14,6; Sir. 14,7; Sir. 14,8; Sir. 14,9; Sir. 14,10; Sir. 14,11; Sir. 14,12; Sir. 14,13; Sir. 14,13; Sir. 14,14; Sir. 14,15; Sir. 14,16; Sir. 14,16; Sir. 14,18; Sir. 14,19; Sir. 14,20; Sir. 14,21; Sir. 14,22; Sir. 14,23;

καί

Sir. 14,24; Sir. 14,25; Sir. 14,26; Sir. 14,27; Sir. 15,1; Sir. 15,2; Sir. 15,2; Sir. 15,3; Sir. 15,4; Sir. 15,4; Sir. 15,4; Sir. 15,5; Sir. 15,5; Sir. 15,6; Sir. 15,6; Sir. 15,7; Sir. 15,8; Sir. 15,10; Sir. 15,13; Sir. 15,14; Sir. 15,15; Sir. 15,16; Sir. 15,17; Sir. 15,17; Sir. 15,18; Sir. 15,19; Sir. 15,19; Sir. 15,20; Sir. 16,3; Sir. 16,3; Sir. 16,5; Sir. 16,6; Sir. 16,10; Sir. 16,11; Sir. 16,11; Sir. 16,13; Sir. 16,17; Sir. 16,18; Sir. 16,18; Sir. 16,19; Sir. 16,20; Sir. 16,20; Sir. 16,21; Sir. 16,23; Sir. 16,23; Sir. 16,24; Sir. 16,24; Sir. 16,25; Sir. 16,26; Sir. 16,27; Sir. 16,27; Sir. 16,28; Sir. 16,29; Sir. 16,29; Sir. 16,30; Sir. 17,1; Sir. 17,2; Sir. 17,2; Sir. 17,3; Sir. 17,4; Sir. 17,4; Sir. 17,6; Sir. 17,6; Sir. 17,6; Sir. 17,7; Sir. 17,7; Sir. 17,10; Sir. 17,11; Sir. 17,12; Sir. 17,13; Sir. 17,14; Sir. 17,14; Sir. 17,17; Sir. 17,19; Sir. 17,20; Sir. 17,22; Sir. 17,23; Sir. 17,23; Sir. 17,24; Sir. 17,25; Sir. 17,25; Sir. 17,26; Sir. 17,26; Sir. 17,27; Sir. 17,28; Sir. 17,29; Sir. 17,31; Sir. 17,31; Sir. 17,31; Sir. 17,32; Sir. 17,32; Sir. 18,4; Sir. 18,5; Sir. 18,6; Sir. 18,7; Sir. 18,8; Sir. 18,8; Sir. 18,10; Sir. 18,11; Sir. 18,12; Sir. 18,13; Sir. 18,13; Sir. 18,13; Sir. 18,14; Sir. 18,15; Sir. 18,17; Sir. 18,18; Sir. 18,19; Sir. 18,20; Sir. 18,21; Sir. 18,22; Sir. 18,23; Sir. 18,24; Sir. 18,25; Sir. 18,26; Sir. 18,27; Sir. 18,28; Sir. 18,29; Sir. 18,30; Sir. 18,33; Sir. 19,2; Sir. 19,2; Sir. 19,3; Sir. 19,3; Sir. 19,4; Sir. 19,6; Sir. 19,7; Sir. 19,8; Sir. 19,8; Sir. 19,9; Sir. 19,9; Sir. 19,13; Sir. 19,14; Sir. 19,15; Sir. 19,16; Sir. 19,16; Sir. 19,17; Sir. 19,20; Sir. 19,22; Sir. 19,22; Sir. 19,23; Sir. 19,23; Sir. 19,24; Sir. 19,25; Sir. 19,25; Sir. 19,26; Sir. 19,27; Sir. 19,28; Sir. 19,29; Sir. 19,30; Sir. 19,30; Sir. 20,1; Sir. 20,1; Sir. 20,3; Sir. 20,5; Sir. 20,6; Sir. 20,7; Sir. 20,8; Sir. 20,9; Sir. 20,10; Sir. 20,11; Sir. 20,12; Sir. 20,15; Sir. 20,15; Sir. 20,15; Sir. 20,16; Sir. 20,17; Sir. 20,21; Sir. 20,22; Sir. 20,23; Sir. 20,26; Sir. 20,27; Sir. 20,28; Sir. 20,29; Sir. 20,29; Sir. 20,30; Sir. 21,1; Sir. 21,4; Sir. 21,5; Sir. 21,6; Sir. 21,9; Sir. 21,10; Sir. 21,11; Sir. 21,13; Sir. 21,14; Sir. 21,15; Sir. 21,15; Sir. 21,15; Sir. 21,17; Sir. 21,18; Sir. 21,19; Sir. 21,21; Sir. 21,28; Sir. 22,1; Sir. 22,4; Sir. 22,5; Sir. 22,5; Sir. 22,6; Sir. 22,10; Sir. 22,11; Sir. 22,12; Sir. 22,13; Sir. 22,13; Sir. 22,13; Sir. 22,13; Sir. 22,14; Sir. 22,15; Sir. 22,15; Sir. 22,19; Sir. 22,20; Sir. 22,22; Sir. 22,22; Sir. 22,22; Sir. 22,24; Sir. 22,25; Sir. 22,26; Sir. 22,27; Sir. 22,27; Sir. 23,1; Sir. 23,2; Sir. 23,2; Sir. 23,3; Sir. 23,3; Sir. 23,3; Sir. 23,4; Sir. 23,5; Sir. 23,6; Sir. 23,6; Sir. 23,7; Sir. 23,8; Sir. 23,8; Sir. 23,9; Sir. 23,10; Sir. 23,11; Sir. 23,11; Sir. 23,12; Sir. 23,14; Sir. 23,14; Sir. 23,14; Sir. 23,14; Sir. 23,16; Sir. 23,18; Sir. 23,18; Sir. 23,19; Sir. 23,19; Sir. 23,19; Sir. 23,21; Sir. 23,22; Sir. 23,23; Sir. 23,23; Sir. 23,23; Sir. 23,24; Sir. 23,25; Sir. 23,26; Sir. 23,27; Sir. 23,27; Sir. 24,1; Sir. 24,2; Sir. 24,3; Sir. 24,4; Sir. 24,5; Sir. 24,6; Sir. 24,6; Sir. 24,6; Sir. 24,7; Sir. 24,8; Sir. 24,8; Sir. 24,8; Sir. 24,9; Sir. 24,10; Sir. 24,11; Sir. 24,12; Sir. 24,13; Sir. 24,14; Sir. 24,14; Sir. 24,15; Sir. 24,15; Sir. 24,15; Sir. 24,15; Sir. 24,15; Sir. 24,16; Sir. 24,16; Sir. 24,17; Sir. 24,17; Sir. 24,19; Sir. 24,20; Sir. 24,21; Sir. 24,22; Sir. 24,25; Sir. 24,26; Sir. 24,28; Sir. 24,29; Sir. 24,30; Sir. 24,31; Sir. 24,31; Sir. 24,31; Sir. 24,32; Sir. 24,33; Sir. 25,1; Sir. 25,1; Sir. 25,1; Sir. 25,1; Sir. 25,1; Sir. 25,2; Sir. 25,2; Sir. 25,3; Sir. 25,4; Sir. 25,5; Sir. 25,5; Sir. 25,6; Sir. 25,7; Sir. 25,7; Sir. 25,8; Sir. 25,8; Sir. 25,9; Sir. 25,13; Sir. 25,13; Sir. 25,13; Sir. 25,14; Sir. 25,14; Sir. 25,14; Sir. 25,15; Sir. 25,16; Sir. 25,17; Sir. 25,18; Sir. 25,21; Sir. 25,22; Sir. 25,22; Sir. 25,23; Sir. 25,23; Sir. 25,23; Sir. 25,24; Sir. 26,1; Sir. 26,2; Sir. 26,4; Sir. 26,5; Sir. 26,5; Sir. 26,5; Sir. 26,6; Sir. 26,6; Sir. 26,8; Sir. 26,9; Sir. 26,11; Sir. 26,12; Sir. 26,12; Sir. 26,13; Sir. 26,14; Sir. 26,15; Sir. 26,16; Sir. 26,17; Sir. 26,28; Sir. 26,28; Sir. 26,29; Sir. 27,1; Sir. 27,2; Sir. 27,2; Sir. 27,5; Sir. 27,8; Sir. 27,9; Sir. 27,13; Sir. 27,14; Sir. 27,15; Sir. 27,16; Sir. 27,17; Sir. 27,19; Sir. 27,19; Sir. 27,20; Sir. 27,21; Sir. 27,22; Sir. 27,23; Sir. 27,24; Sir. 27,24; Sir. 27,25; Sir. 27,26; Sir. 27,27; Sir. 27,28; Sir. 27,28; Sir. 27,29; Sir. 27,30; Sir. 27,30; Sir. 27,30; Sir. 28,1; Sir. 28,2; Sir. 28,3; Sir. 28,4; Sir. 28,6; Sir. 28,6; Sir. 28,6; Sir. 28,7; Sir. 28,7; Sir. 28,7; Sir. 28,8; Sir. 28,9; Sir. 28,9; Sir. 28,10; Sir. 28,10; Sir. 28,11; Sir. 28,12; Sir. 28,12; Sir. 28,13; Sir. 28,14; Sir. 28,14; Sir. 28,14; Sir. 28,15; Sir. 28,18; Sir. 28,19; Sir. 28,20; Sir. 28,21; Sir. 28,22; Sir. 28,23; Sir. 28,23; Sir. 28,23; Sir. 28,24; Sir. 28,25; Sir. 28,25; Sir. 28,25; Sir. 28,25; Sir. 29,1; Sir. 29,2; Sir. 29,3; Sir. 29,3; Sir. 29,4; Sir. 29,5; Sir. 29,5; Sir. 29,5; Sir. 29,5; Sir. 29,6; Sir. 29,6; Sir. 29,6; Sir. 29,6; Sir. 29,8; Sir. 29,9; Sir. 29,10; Sir. 29,10; Sir. 29,11; Sir. 29,12; Sir. 29,13; Sir. 29,14; Sir. 29,16; Sir. 29,17; Sir. 29,18; Sir. 29,19; Sir. 29,20; Sir. 29,21; Sir. 29,21; Sir. 29,21; Sir. 29,23; Sir. 29,23; Sir. 29,24; Sir. 29,25; Sir. 29,25; Sir. 29,26; Sir. 29,28; Sir. 30,2; Sir. 30,3; Sir. 30,4; Sir. 30,5; Sir. 30,5; Sir. 30,6; Sir. 30,7; Sir. 30,8; Sir. 30,9; Sir. 30,9; Sir. 30,10; Sir. 30,13; Sir. 30,14; Sir. 30,15; Sir. 30,15; Sir. 30,16; Sir. 30,17; Sir. 30,20; Sir. 30,20; Sir. 30,21; Sir. 30,22; Sir. 30,23; Sir. 30,23; Sir. 30,23; Sir. 30,24; Sir. 30,24; Sir. 30,25; Sir. 31,1; Sir. 31,2; Sir. 31,3; Sir. 31,4; Sir. 31,5; Sir. 31,6; Sir. 31,7; Sir. 31,8; Sir. 31,9; Sir. 31,10; Sir. 31,10; Sir. 31,10; Sir. 31,10; Sir. 31,10; Sir. 31,11; Sir. 31,12; Sir. 31,14; Sir. 31,15; Sir. 31,16; Sir. 31,17; Sir. 31,18; Sir. 31,19; Sir. 31,20; Sir. 31,20; Sir. 31,20; Sir. 31,21; Sir. 31,21; Sir. 31,22; Sir. 31,22; Sir. 31,22; Sir. 31,23; Sir. 31,24; Sir. 31,27; Sir. 31,28; Sir. 31,29; Sir. 31,30; Sir. 31,31; Sir. 31,31; Sir. 32,1; Sir. 32,2; Sir. 32,2; Sir. 32,3; Sir. 32,4; Sir. 32,8; Sir. 32,9; Sir. 32,10; Sir. 32,11; Sir. 32,11; Sir. 32,12; Sir. 32,12; Sir. 32,13; Sir. 32,13; Sir. 32,14; Sir. 32,15; Sir. 32,16; Sir. 32,17; Sir. 32,18; Sir. 32,19; Sir. 32,20; Sir. 32,22; Sir. 32,23; Sir. 32,24; Sir. 33,1; Sir. 33,3; Sir. 33,4; Sir. 33,4; Sir. 33,5; Sir. 33,7; Sir. 33,8; Sir. 33,8; Sir. 33,9; Sir. 33,9; Sir. 33,10; Sir. 33,10; Sir. 33,11; Sir. 33,12; Sir. 33,12; Sir. 33,12; Sir. 33,12; Sir. 33,12; Sir. 33,14; Sir. 33,15; Sir. 33,17; Sir. 33,19; Sir. 33,20; Sir. 33,20; Sir. 33,20; Sir. 33,21; Sir. 33,24; Sir. 33,25; Sir. 33,25; Sir. 33,25; Sir. 33,25; Sir. 33,26; Sir. 33,26; Sir. 33,27; Sir. 33,27; Sir. 33,27; Sir. 33,30; Sir. 33,30; Sir. 33,33; Sir. 34,1; Sir. 34,1; Sir. 34,2; Sir. 34,4; Sir. 34,5; Sir. 34,5; Sir. 34,5; Sir. 34,7; Sir. 34,8; Sir. 34,9; Sir. 34,11; Sir. 34,12; Sir. 34,14; Sir. 34,15; Sir. 34,16; Sir. 34,16; Sir. 34,16; Sir. 34,17; Sir. 34,17; Sir. 34,18; Sir. 34,22; Sir. 34,23; Sir. 34,24; Sir. 34,25; Sir. 34,26; Sir. 34,26; Sir. 34,26; Sir. 35,2; Sir. 35,3; Sir. 35,5; Sir. 35,6; Sir. 35,7; Sir. 35,8; Sir. 35,9; Sir. 35,10; Sir. 35,11; Sir. 35,12; Sir. 35,13; Sir. 35,14; Sir. 35,15; Sir. 35,16; Sir. 35,17; Sir. 35,18; Sir. 35,18; Sir. 35,18; Sir. 35,19; Sir. 35,20; Sir. 35,21; Sir. 35,22; Sir. 35,23; Sir. 36,1; Sir. 36,1; Sir. 36,2; Sir. 36,4; Sir. 36,4; Sir. 36,5; Sir. 36,5; Sir. 36,6; Sir. 36,6; Sir. 36,7; Sir. 36,7; Sir. 36,8; Sir. 36,10; Sir. 36,11; Sir. 36,13; Sir. 36,14; Sir. 36,15; Sir. 36,17; Sir. 36,20; Sir. 36,22; Sir. 36,23; Sir. 36,24; Sir. 36,25; Sir. 36,27; Sir. 37,2; Sir. 37,4; Sir. 37,6; Sir. 37,8; Sir. 37,8; Sir. 37,9; Sir. 37,9; Sir. 37,10; Sir. 37,11; Sir. 37,11; Sir. 37,11; Sir. 37,12; Sir. 37,13; Sir. 37,15; Sir. 37,16; Sir. 37,18; Sir. 37,18; Sir. 37,18; Sir. 37,19; Sir. 37,22; Sir. 37,23; Sir. 37,24; Sir. 37,25; Sir. 37,26; Sir. 37,27; Sir. 37,27; Sir. 37,28; Sir. 37,29; Sir. 37,30; Sir. 38,2; Sir. 38,3; Sir. 38,4; Sir. 38,6; Sir. 38,7; Sir. 38,8; Sir. 38,8; Sir. 38,9; Sir. 38,10; Sir. 38,10; Sir. 38,11; Sir. 38,11; Sir. 38,12; Sir. 38,12; Sir. 38,12; Sir. 38,12; Sir. 38,13; Sir. 38,14; Sir. 38,14; Sir. 38,16; Sir. 38,16; Sir. 38,17; Sir. 38,17; Sir. 38,17; Sir. 38,17; Sir. 38,18; Sir. 38,19; Sir. 38,19; Sir. 38,21; Sir. 38,21; Sir. 38,22; Sir. 38,22; Sir. 38,23; Sir. 38,24; Sir. 38,25; Sir. 38,25; Sir. 38,25; Sir. 38,26; Sir. 38,27; Sir. 38,27; Sir. 38,27; Sir. 38,28; Sir. 38,28; Sir. 38,28; Sir. 38,28; Sir. 38,29; Sir. 38,29; Sir. 38,30; Sir. 38,30; Sir. 38,31; Sir. 38,32; Sir. 38,33; Sir. 38,33; Sir. 38,34; Sir. 38,34; Sir. 38,34; Sir. 39,1; Sir. 39,1; Sir. 39,2; Sir. 39,3; Sir. 39,4; Sir. 39,4; Sir. 39,5; Sir. 39,5; Sir. 39,5; Sir. 39,6; Sir. 39,7; Sir. 39,7; Sir. 39,8; Sir. 39,9; Sir. 39,9; Sir. 39,10; Sir. 39,11; Sir. 39,12; Sir. 39,13; Sir. 39,14; Sir. 39,14; Sir. 39,15;

Κ, κ

Sir. 39,15; Sir. 39,15; Sir. 39,16; Sir. 39,17; Sir. 39,18; Sir. 39,19; Sir. 39,20; Sir. 39,22; Sir. 39,26; Sir. 39,26; Sir. 39,26; Sir. 39,26; Sir. 39,26; Sir. 39,26; Sir. 39,26; Sir. 39,26; Sir. 39,28; Sir. 39,28; Sir. 39,29; Sir. 39,29; Sir. 39,29; Sir. 39,30; Sir. 39,30; Sir. 39,30; Sir. 39,31; Sir. 39,31; Sir. 39,32; Sir. 39,32; Sir. 39,33; Sir. 39,34; Sir. 39,35; Sir. 39,35; Sir. 39,35; Sir. 40,1; Sir. 40,2; Sir. 40,3; Sir. 40,3; Sir. 40,4; Sir. 40,4; Sir. 40,4; Sir. 40,4; Sir. 40,4; Sir. 40,4; Sir. 40,4; Sir. 40,4; Sir. 40,5; Sir. 40,6; Sir. 40,7; Sir. 40,8; Sir. 40,9; Sir. 40,9; Sir. 40,9; Sir. 40,9; Sir. 40,9; Sir. 40,10; Sir. 40,11; Sir. 40,12; Sir. 40,12; Sir. 40,13; Sir. 40,15; Sir. 40,16; Sir. 40,17; Sir. 40,18; Sir. 40,18; Sir. 40,19; Sir. 40,19; Sir. 40,20; Sir. 40,20; Sir. 40,21; Sir. 40,21; Sir. 40,22; Sir. 40,22; Sir. 40,23; Sir. 40,23; Sir. 40,24; Sir. 40,24; Sir. 40,25; Sir. 40,25; Sir. 40,26; Sir. 40,26; Sir. 40,26; Sir. 40,27; Sir. 40,29; Sir. 40,30; Sir. 41,1; Sir. 41,1; Sir. 41,2; Sir. 41,2; Sir. 41,2; Sir. 41,2; Sir. 41,3; Sir. 41,4; Sir. 41,5; Sir. 41,6; Sir. 41,9; Sir. 41,9; Sir. 41,13; Sir. 41,14; Sir. 41,16; Sir. 41,17; Sir. 41,17; Sir. 41,17; Sir. 41,18; Sir. 41,18; Sir. 41,18; Sir. 41,19; Sir. 41,19; Sir. 41,20; Sir. 41,20; Sir. 41,21; Sir. 41,21; Sir. 41,22; Sir. 41,23; Sir. 41,23; Sir. 41,24; Sir. 41,25; Sir. 41,26; Sir. 41,26; Sir. 41,27; Sir. 41,27; Sir. 42,1; Sir. 42,2; Sir. 42,2; Sir. 42,3; Sir. 42,3; Sir. 42,4; Sir. 42,4; Sir. 42,4; Sir. 42,5; Sir. 42,5; Sir. 42,6; Sir. 42,7; Sir. 42,7; Sir. 42,7; Sir. 42,8; Sir. 42,8; Sir. 42,8; Sir. 42,8; Sir. 42,9; Sir. 42,9; Sir. 42,10; Sir. 42,10; Sir. 42,11; Sir. 42,11; Sir. 42,12; Sir. 42,13; Sir. 42,14; Sir. 42,15; Sir. 42,16; Sir. 42,18; Sir. 42,18; Sir. 42,18; Sir. 42,19; Sir. 42,19; Sir. 42,21; Sir. 42,21; Sir. 42,22; Sir. 42,23; Sir. 42,23; Sir. 42,24; Sir. 42,25; Sir. 43,3; Sir. 43,4; Sir. 43,5; Sir. 43,6; Sir. 43,10; Sir. 43,11; Sir. 43,13; Sir. 43,14; Sir. 43,15; Sir. 43,16; Sir. 43,17; Sir. 43,17; Sir. 43,18; Sir. 43,18; Sir. 43,19; Sir. 43,19; Sir. 43,20; Sir. 43,20; Sir. 43,21; Sir. 43,21; Sir. 43,23; Sir. 43,24; Sir. 43,25; Sir. 43,25; Sir. 43,26; Sir. 43,27; Sir. 43,27; Sir. 43,29; Sir. 43,29; Sir. 43,30; Sir. 43,31; Sir. 43,31; Sir. 43,33; Sir. 44,1; Sir. 44,3; Sir. 44,4; Sir. 44,5; Sir. 44,7; Sir. 44,9; Sir. 44,9; Sir. 44,9; Sir. 44,9; Sir. 44,12; Sir. 44,13; Sir. 44,14; Sir. 44,15; Sir. 44,16; Sir. 44,19; Sir. 44,20; Sir. 44,20; Sir. 44,21; Sir. 44,21; Sir. 44,21; Sir. 44,22; Sir. 44,23; Sir. 44,23; Sir. 44,23; Sir. 45,1; Sir. 45,2; Sir. 45,3; Sir. 45,4; Sir. 45,5; Sir. 45,5; Sir. 45,5; Sir. 45,5; Sir. 45,7; Sir. 45,7; Sir. 45,8; Sir. 45,8; Sir. 45,8; Sir. 45,9; Sir. 45,10; Sir. 45,10; Sir. 45,13; Sir. 45,15; Sir. 45,15; Sir. 45,15; Sir. 45,15; Sir. 45,16; Sir. 45,17; Sir. 45,18; Sir. 45,18; Sir. 45,18; Sir. 45,18; Sir. 45,19; Sir. 45,19; Sir. 45,20; Sir. 45,20; Sir. 45,21; Sir. 45,21; Sir. 45,22; Sir. 45,22; Sir. 45,23; Sir. 45,23; Sir. 45,24; Sir. 45,24; Sir. 45,25; Sir. 45,25; Sir. 45,26; Sir. 46,1; Sir. 46,2; Sir. 46,4; Sir. 46,5; Sir. 46,6; Sir. 46,7; Sir. 46,7; Sir. 46,7; Sir. 46,8; Sir. 46,8; Sir. 46,9; Sir. 46,9; Sir. 46,9; Sir. 46,11; Sir. 46,12; Sir. 46,13; Sir. 46,14; Sir. 46,15; Sir. 46,16; Sir. 46,17; Sir. 46,17; Sir. 46,18; Sir. 46,18; Sir. 46,19; Sir. 46,19; Sir. 46,19; Sir. 46,19; Sir. 46,20; Sir. 46,20; Sir. 46,20; Sir. 47,3; Sir. 47,4; Sir. 47,4; Sir. 47,5; Sir. 47,6; Sir. 47,7; Sir. 47,8; Sir. 47,9; Sir. 47,9; Sir. 47,10; Sir. 47,10; Sir. 47,11; Sir. 47,11; Sir. 47,11; Sir. 47,12; Sir. 47,13; Sir. 47,14; Sir. 47,15; Sir. 47,16; Sir. 47,17; Sir. 47,17; Sir. 47,17; Sir. 47,18; Sir. 47,19; Sir. 47,20; Sir. 47,20; Sir. 47,21; Sir. 47,22; Sir. 47,22; Sir. 47,22; Sir. 47,22; Sir. 47,23; Sir. 47,23; Sir. 47,24; Sir. 47,24; Sir. 47,24; Sir. 47,25; Sir. 48,1; Sir. 48,2; Sir. 48,4; Sir. 48,5; Sir. 48,6; Sir. 48,7; Sir. 48,8; Sir. 48,10; Sir. 48,11; Sir. 48,11; Sir. 48,12; Sir. 48,12; Sir. 48,12; Sir. 48,13; Sir. 48,14; Sir. 48,14; Sir. 48,15; Sir. 48,15; Sir. 48,16; Sir. 48,16; Sir. 48,17; Sir. 48,17; Sir. 48,18; Sir. 48,18; Sir. 48,18; Sir. 48,18; Sir. 48,19; Sir. 48,19; Sir. 48,20; Sir. 48,20; Sir. 48,20; Sir. 48,21; Sir. 48,22; Sir. 48,22; Sir. 48,23; Sir. 48,24; Sir. 48,25; Sir. 49,1; Sir. 49,2; Sir. 49,4; Sir. 49,4; Sir. 49,5; Sir. 49,6; Sir. 49,7; Sir. 49,7; Sir. 49,7; Sir. 49,7; Sir. 49,9; Sir. 49,9; Sir. 49,10; Sir. 49,10; Sir. 49,11; Sir. 49,12; Sir. 49,13; Sir. 49,13; Sir. 49,13; Sir. 49,13; Sir. 49,14; Sir. 49,15; Sir. 49,16; Sir. 49,16; Sir. 50,1; Sir. 50,2; Sir. 50,4; Sir. 50,7; Sir. 50,9; Sir. 50,10; Sir. 50,11; Sir. 50,12; Sir. 50,12; Sir. 50,13; Sir. 50,13; Sir. 50,14; Sir. 50,15; Sir. 50,17; Sir. 50,18; Sir. 50,19; Sir. 50,19; Sir. 50,20; Sir. 50,21; Sir. 50,22; Sir. 50,23; Sir. 50,24; Sir. 50,25; Sir. 50,26; Sir. 50,26; Sir. 50,27; Sir. 50,28; Sir. 51,1; Sir. 51,2; Sir. 51,2; Sir. 51,2; Sir. 51,2; Sir. 51,2; Sir. 51,3; Sir. 51,4; Sir. 51,5; Sir. 51,5; Sir. 51,6; Sir. 51,7; Sir. 51,7; Sir. 51,8; Sir. 51,8; Sir. 51,8; Sir. 51,9; Sir. 51,9; Sir. 51,10; Sir. 51,11; Sir. 51,11; Sir. 51,12; Sir. 51,12; Sir. 51,14; Sir. 51,16; Sir. 51,16; Sir. 51,18; Sir. 51,18; Sir. 51,19; Sir. 51,19; Sir. 51,20; Sir. 51,21; Sir. 51,22; Sir. 51,23; Sir. 51,24; Sir. 51,25; Sir. 51,26; Sir. 51,27; Sir. 51,28; Sir. 51,29; Sir. 51,30; Sol. 1,3; Sol. 1,4; Sol. 1,6; Sol. 1,6; Sol. 1,7; Sol. 2,1; Sol. 2,6; Sol. 2,8; Sol. 2,8; Sol. 2,9; Sol. 2,9; Sol. 2,10; Sol. 2,13; Sol. 2,14; Sol. 2,16; Sol. 2,18; Sol. 2,22; Sol. 2,22; Sol. 2,23; Sol. 2,23; Sol. 2,23; Sol. 2,26; Sol. 2,27; Sol. 2,28; Sol. 2,29; Sol. 2,29; Sol. 2,30; Sol. 2,30; Sol. 2,31; Sol. 2,32; Sol. 2,34; Sol. 2,35; Sol. 2,35; Sol. 3,1; Sol. 3,2; Sol. 3,3; Sol. 3,5; Sol. 3,5; Sol. 3,8; Sol. 3,8; Sol. 3,8; Sol. 3,9; Sol. 3,9; Sol. 3,10; Sol. 3,11; Sol. 3,12; Sol. 3,12; Sol. 4,1; Sol. 4,3; Sol. 4,3; Sol. 4,3; Sol. 4,5; Sol. 4,6; Sol. 4,7; Sol. 4,8; Sol. 4,9; Sol. 4,11; Sol. 4,11; Sol. 4,12; Sol. 4,14; Sol. 4,15; Sol. 4,15; Sol. 4,15; Sol. 4,17; Sol. 4,19; Sol. 4,20; Sol. 4,21; Sol. 4,21; Sol. 4,21; Sol. 4,21; Sol. 4,23; Sol. 4,23; Sol. 4,24; Sol. 5,2; Sol. 5,3; Sol. 5,4; Sol. 5,5; Sol. 5,7; Sol. 5,8; Sol. 5,9; Sol. 5,10; Sol. 5,11; Sol. 5,11; Sol. 5,11; Sol. 5,11; Sol. 5,12; Sol. 5,12; Sol. 5,13; Sol. 5,13; Sol. 5,13; Sol. 5,14; Sol. 5,14; Sol. 5,17; Sol. 5,18; Sol. 6,2; Sol. 6,3; Sol. 6,4; Sol. 6,5; Sol. 6,5; Sol. 6,6; Sol. 7,3; Sol. 7,5; Sol. 7,6; Sol. 7,7; Sol. 7,7; Sol. 7,8; Sol. 7,9; Sol. 7,9; Sol. 8,1; Sol. 8,1; Sol. 8,3; Sol. 8,7; Sol. 8,9; Sol. 8,12; Sol. 8,15; Sol. 8,19; Sol. 8,20; Sol. 8,21; Sol. 8,22; Sol. 8,23; Sol. 8,27; Sol. 8,28; Sol. 8,29; Sol. 8,29; Sol. 8,31; Sol. 8,31; Sol. 8,32; Sol. 8,33; Sol. 8,34; Sol. 9,3; Sol. 9,3; Sol. 9,4; Sol. 9,4; Sol. 9,4; Sol. 9,5; Sol. 9,5; Sol. 9,6; Sol. 9,7; Sol. 9,7; Sol. 9,7; Sol. 9,8; Sol. 9,8; Sol. 9,8; Sol. 9,9; Sol. 9,9; Sol. 9,10; Sol. 9,11; Sol. 10,1; Sol. 10,3; Sol. 10,3; Sol. 10,4; Sol. 10,5; Sol. 10,5; Sol. 10,6; Sol. 10,6; Sol. 10,7; Sol. 10,7; Sol. 11,2; Sol. 11,2; Sol. 11,7; Sol. 11,8; Sol. 11,9; Sol. 12,1; Sol. 12,1; Sol. 12,1; Sol. 12,1; Sol. 12,4; Sol. 12,5; Sol. 12,6; Sol. 12,6; Sol. 13,2; Sol. 13,3; Sol. 13,4; Sol. 13,6; Sol. 13,7; Sol. 13,9; Sol. 13,10; Sol. 13,11; Sol. 13,12; Sol. 14,5; Sol. 14,6; Sol. 14,7; Sol. 14,8; Sol. 14,9; Sol. 14,9; Sol. 14,9; Sol. 15,1; Sol. 15,1; Sol. 15,2; Sol. 15,3; Sol. 15,4; Sol. 15,7; Sol. 15,7; Sol. 15,8; Sol. 15,8; Sol. 15,10; Sol. 15,10; Sol. 15,10; Sol. 15,12; Sol. 15,13; Sol. 15,13; Sol. 16,4; Sol. 16,5; Sol. 16,7; Sol. 16,8; Sol. 16,8; Sol. 16,9; Sol. 16,10; Sol. 16,10; Sol. 16,11; Sol. 16,14; Sol. 17,1; Sol. 17,2; Sol. 17,2; Sol. 17,3; Sol. 17,4; Sol. 17,5; Sol. 17,5; Sol. 17,5; Sol. 17,7; Sol. 17,9; Sol. 17,11; Sol. 17,11; Sol. 17,12; Sol. 17,12; Sol. 17,13; Sol. 17,14; Sol. 17,15; Sol. 17,17; Sol. 17,19; Sol. 17,20; Sol. 17,20; Sol. 17,20; Sol. 17,21; Sol. 17,22; Sol. 17,25; Sol. 17,26; Sol. 17,27; Sol. 17,27; Sol. 17,28; Sol. 17,28; Sol. 17,28; Sol. 17,29; Sol. 17,30; Sol. 17,30; Sol. 17,31; Sol. 17,32; Sol. 17,32; Sol. 17,32; Sol. 17,33; Sol. 17,33; Sol. 17,33; Sol. 17,36; Sol. 17,36; Sol. 17,37; Sol. 17,37; Sol. 17,37; Sol. 17,38; Sol. 17,38; Sol. 17,39; Sol. 17,40; Sol. 17,40; Sol. 17,40; Sol. 17,41; Sol. 17,46; Sol. 18,2; Sol. 18,3; Sol. 18,7; Sol. 18,7; Sol. 18,10; Sol. 18,10; Sol. 18,11; Sol. 18,12; Hos. 1,1; Hos. 1,1; Hos. 1,1; Hos. 1,1; Hos. 1,2; Hos. 1,2; Hos. 1,3; Hos. 1,3; Hos. 1,3; Hos. 1,3; Hos. 1,4; Hos. 1,4; Hos. 1,4; Hos. 1,5; Hos. 1,6; Hos. 1,6; Hos. 1,6; Hos. 1,7; Hos. 1,7; Hos. 1,8; Hos. 1,8; Hos. 1,8; Hos. 1,9; Hos. 1,9; Hos. 2,1; Hos. 2,2; Hos. 2,2; Hos. 2,2; Hos. 2,3; Hos. 2,4; Hos. 2,4; Hos. 2,4; Hos. 2,5; Hos. 2,5; Hos. 2,5; Hos. 2,5; Hos. 2,6; Hos. 2,7; Hos. 2,7; Hos. 2,7; Hos. 2,7; Hos. 2,8; Hos. 2,8; Hos. 2,9; Hos. 2,9; Hos. 2,9; Hos. 2,9; Hos. 2,9; Hos. 2,9; Hos. 2,10; Hos. 2,10; Hos. 2,10; Hos. 2,10; Hos. 2,10; Hos. 2,11; Hos.

2,11; Hos. 2,11; Hos. 2,11; Hos. 2,12; Hos. 2,12; Hos. 2,13; Hos. 2,13; Hos. 2,13; Hos. 2,13; Hos. 2,14; Hos. 2,14; Hos. 2,14; Hos. 2,14; Hos. 2,14; Hos. 2,14; Hos. 2,15; Hos. 2,15; Hos. 2,15; Hos. 2,15; Hos. 2,16; Hos. 2,16; Hos. 2,17; Hos. 2,17; Hos. 2,17; Hos. 2,17; Hos. 2,18; Hos. 2,18; Hos. 2,19; Hos. 2,19; Hos. 2,20; Hos. 2,20; Hos. 2,20; Hos. 2,20; Hos. 2,20; Hos. 2,20; Hos. 2,20; Hos. 2,21; Hos. 2,21; Hos. 2,21; Hos. 2,21; Hos. 2,21; Hos. 2,22; Hos. 2,22; Hos. 2,23; Hos. 2,23; Hos. 2,24; Hos. 2,24; Hos. 2,24; Hos. 2,24; Hos. 2,25; Hos. 2,25; Hos. 2,25; Hos. 2,25; Hos. 3,1; Hos. 3,1; Hos. 3,1; Hos. 3,1; Hos. 3,2; Hos. 3,2; Hos. 3,2; Hos. 3,3; Hos. 3,3; Hos. 3,3; Hos. 3,5; Hos. 3,5; Hos. 3,5; Hos. 3,5; Hos. 3,5; Hos. 4,2; Hos. 4,2; Hos. 4,2; Hos. 4,2; Hos. 4,2; Hos. 4,3; Hos. 4,3; Hos. 4,3; Hos. 4,3; Hos. 4,5; Hos. 4,5; Hos. 4,5; Hos. 4,6; Hos. 4,8; Hos. 4,9; Hos. 4,9; Hos. 4,9; Hos. 4,10; Hos. 4,10; Hos. 4,10; Hos. 4,11; Hos. 4,11; Hos. 4,12; Hos. 4,12; Hos. 4,13; Hos. 4,13; Hos. 4,13; Hos. 4,13; Hos. 4,14; Hos. 4,14; Hos. 4,14; Hos. 4,14; Hos. 4,15; Hos. 4,15; Hos. 4,15; Hos. 4,19; Hos. 5,1; Hos. 5,1; Hos. 5,1; Hos. 5,3; Hos. 5,5; Hos. 5,5; Hos. 5,5; Hos. 5,5; Hos. 5,6; Hos. 5,6; Hos. 5,7; Hos. 5,12; Hos. 5,12; Hos. 5,13; Hos. 5,13; Hos. 5,13; Hos. 5,13; Hos. 5,13; Hos. 5,13; Hos. 5,14; Hos. 5,14; Hos. 5,14; Hos. 5,14; Hos. 5,14; Hos. 5,15; Hos. 5,15; Hos. 6,1; Hos. 6,1; Hos. 6,1; Hos. 6,2; Hos. 6,3; Hos. 6,3; Hos. 6,3; Hos. 6,4; Hos. 6,5; Hos. 6,6; Hos. 6,6; Hos. 6,9; Hos. 6,10; Hos. 7,1; Hos. 7,1; Hos. 7,1; Hos. 7,3; Hos. 7,7; Hos. 7,9; Hos. 7,9; Hos. 7,10; Hos. 7,10; Hos. 7,10; Hos. 7,11; Hos. 7,11; Hos. 7,14; Hos. 7,14; Hos. 7,15; Hos. 8,1; Hos. 8,4; Hos. 8,4; Hos. 8,4; Hos. 8,6; Hos. 8,6; Hos. 8,7; Hos. 8,10; Hos. 8,10; Hos. 8,12; Hos. 8,13; Hos. 8,13; Hos. 8,13; Hos. 8,14; Hos. 8,14; Hos. 8,14; Hos. 8,14; Hos. 8,14; Hos. 9,2; Hos. 9,2; Hos. 9,3; Hos. 9,4; Hos. 9,5; Hos. 9,6; Hos. 9,6; Hos. 9,7; Hos. 9,10; Hos. 9,10; Hos. 9,10; Hos. 9,11; Hos. 9,11; Hos. 9,13; Hos. 9,14; Hos. 9,17; Hos. 10,5; Hos. 10,6; Hos. 10,6; Hos. 10,8; Hos. 10,8; Hos. 10,8; Hos. 10,8; Hos. 10,10; Hos. 10,11; Hos. 10,13; Hos. 10,14; Hos. 10,14; Hos. 11,1; Hos. 11,1; Hos. 11,2; Hos. 11,3; Hos. 11,3; Hos. 11,4; Hos. 11,4; Hos. 11,5; Hos. 11,6; Hos. 11,6; Hos. 11,6; Hos. 11,7; Hos. 11,7; Hos. 11,7; Hos. 11,8; Hos. 11,9; Hos. 11,9; Hos. 11,10; Hos. 11,11; Hos. 11,11; Hos. 11,11; Hos. 12,1; Hos. 12,1; Hos. 12,1; Hos. 12,2; Hos. 12,2; Hos. 12,2; Hos. 12,3; Hos. 12,3; Hos. 12,4; Hos. 12,5; Hos. 12,5; Hos. 12,5; Hos. 12,5; Hos. 12,7; Hos. 12,7; Hos. 12,7; Hos. 12,9; Hos. 12,11; Hos. 12,11; Hos. 12,11; Hos. 12,12; Hos. 12,13; Hos. 12,13; Hos. 12,13; Hos. 12,14; Hos. 12,14; Hos. 12,15; Hos. 12,15; Hos. 12,15; Hos. 13,1; Hos. 13,1; Hos. 13,2; Hos. 13,2; Hos. 13,3; Hos. 13,3; Hos. 13,4; Hos. 13,4; Hos. 13,4; Hos. 13,4; Hos. 13,4; Hos. 13,6; Hos. 13,6; Hos. 13,7; Hos. 13,7; Hos. 13,8; Hos. 13,8; Hos. 13,10; Hos. 13,10; Hos. 13,11; Hos. 13,11; Hos. 13,14; Hos. 13,15; Hos. 13,15; Hos. 14,1; Hos. 14,1; Hos. 14,3; Hos. 14,3; Hos. 14,3; Hos. 14,6; Hos. 14,7; Hos. 14,7; Hos. 14,8; Hos. 14,8; Hos. 14,8; Hos. 14,9; Hos. 14,9; Hos. 14,10; Hos. 14,10; Hos. 14,10; Amos 1,1; Amos 1,2; Amos 1,2; Amos 1,2; Amos 1,3; Amos 1,4; Amos 1,5; Amos 1,5; Amos 1,5; Amos 1,5; Amos 1,6; Amos 1,7; Amos 1,7; Amos 1,8; Amos 1,8; Amos 1,8; Amos 1,8; Amos 1,9; Amos 1,9; Amos 1,10; Amos 1,10; Amos 1,11; Amos 1,11; Amos 1,11; Amos 1,11; Amos 1,12; Amos 1,12; Amos 1,13; Amos 1,14; Amos 1,14; Amos 1,14; Amos 1,15; Amos 1,15; Amos 2,1; Amos 2,2; Amos 2,2; Amos 2,2; Amos 2,2; Amos 2,3; Amos 2,3; Amos 2,4; Amos 2,4; Amos 2,4; Amos 2,5; Amos 2,5; Amos 2,6; Amos 2,6; Amos 2,7; Amos 2,7; Amos 2,7; Amos 2,7; Amos 2,8; Amos 2,8; Amos 2,9; Amos 2,9; Amos 2,9; Amos 2,10; Amos 2,10; Amos 2,11; Amos 2,11; Amos 2,12; Amos 2,12; Amos 2,14; Amos 2,14; Amos 2,14; Amos 2,15; Amos 2,15; Amos 2,16; Amos 3,1; Amos 3,6; Amos 3,8; Amos 3,8; Amos 3,9; Amos 3,9; Amos 3,9; Amos 3,9; Amos 3,10; Amos 3,10; Amos 3,11; Amos 3,11; Amos 3,12; Amos 3,13; Amos 3,14; Amos 3,14; Amos 3,14; Amos 3,15; Amos 3,15; Amos 3,15; Amos 4,1; Amos 4,2; Amos 4,2; Amos 4,3; Amos 4,3; Amos 4,4; Amos 4,4; Amos 4,4; Amos 4,5; Amos 4,5; Amos 4,6; Amos 4,6; Amos 4,6; Amos 4,7; Amos 4,7; Amos 4,7; Amos 4,8; Amos 4,8; Amos 4,8; Amos 4,8; Amos 4,9; Amos 4,9; Amos 4,9; Amos 4,9; Amos 4,10; Amos 4,10; Amos 4,10; Amos 4,11; Amos 4,11; Amos 4,11; Amos 4,13; Amos 4,13; Amos 4,13; Amos 4,13; Amos 5,3; Amos 5,4; Amos 5,5; Amos 5,5; Amos 5,5; Amos 5,5; Amos 5,6; Amos 5,6; Amos 5,6; Amos 5,7; Amos 5,8; Amos 5,8; Amos 5,8; Amos 5,8; Amos 5,9; Amos 5,10; Amos 5,11; Amos 5,11; Amos 5,11; Amos 5,12; Amos 5,12; Amos 5,14; Amos 5,14; Amos 5,15; Amos 5,15; Amos 5,16; Amos 5,16; Amos 5,16; Amos 5,17; Amos 5,18; Amos 5,18; Amos 5,19; Amos 5,19; Amos 5,19; Amos 5,19; Amos 5,20; Amos 5,20; Amos 5,21; Amos 5,22; Amos 5,22; Amos 5,23; Amos 5,24; Amos 5,24; Amos 5,25; Amos 5,26; Amos 5,26; Amos 5,27; Amos 6,1; Amos 6,1; Amos 6,2; Amos 6,2; Amos 6,2; Amos 6,3; Amos 6,4; Amos 6,4; Amos 6,4; Amos 6,5; Amos 6,6; Amos 6,6; Amos 6,7; Amos 6,8; Amos 6,8; Amos 6,9; Amos 6,9; Amos 6,9; Amos 6,10; Amos 6,10; Amos 6,10; Amos 6,10; Amos 6,10; Amos 6,11; Amos 6,11; Amos 6,12; Amos 6,14; Amos 6,14; Amos 7,1; Amos 7,1; Amos 7,2; Amos 7,2; Amos 7,4; Amos 7,4; Amos 7,4; Amos 7,5; Amos 7,7; Amos 7,7; Amos 7,8; Amos 7,8; Amos 7,8; Amos 7,9; Amos 7,9; Amos 7,9; Amos 7,12; Amos 7,12; Amos 7,12; Amos 7,13; Amos 7,14; Amos 7,14; Amos 7,14; Amos 7,15; Amos 7,15; Amos 7,16; Amos 7,16; Amos 7,17; Amos 7,17; Amos 7,17; Amos 7,17; Amos 8,1; Amos 8,2; Amos 8,2; Amos 8,2; Amos 8,3; Amos 8,4; Amos 8,5; Amos 8,5; Amos 8,5; Amos 8,5; Amos 8,5; Amos 8,6; Amos 8,6; Amos 8,8; Amos 8,8; Amos 8,8; Amos 8,8; Amos 8,9; Amos 8,9; Amos 8,9; Amos 8,10; Amos 8,10; Amos 8,10; Amos 8,10; Amos 8,10; Amos 8,10; Amos 8,11; Amos 8,12; Amos 8,12; Amos 8,12; Amos 8,13; Amos 8,14; Amos 8,14; Amos 8,14; Amos 8,14; Amos 9,1; Amos 9,1; Amos 9,1; Amos 9,1; Amos 9,1; Amos 9,2; Amos 9,3; Amos 9,3; Amos 9,3; Amos 9,4; Amos 9,4; Amos 9,4; Amos 9,4; Amos 9,5; Amos 9,5; Amos 9,5; Amos 9,5; Amos 9,5; Amos 9,6; Amos 9,6; Amos 9,7; Amos 9,7; Amos 9,8; Amos 9,9; Amos 9,9; Amos 9,11; Amos 9,11; Amos 9,11; Amos 9,12; Amos 9,13; Amos 9,13; Amos 9,13; Amos 9,13; Amos 9,14; Amos 9,14; Amos 9,14; Amos 9,14; Amos 9,14; Amos 9,14; Amos 9,15; Amos 9,15; Mic. 1,1; Mic. 1,1; Mic. 1,1; Mic. 1,2; Mic. 1,2; Mic. 1,2; Mic. 1,3; Mic. 1,3; Mic. 1,4; Mic. 1,4; Mic. 1,4; Mic. 1,5; Mic. 1,5; Mic. 1,6; Mic. 1,6; Mic. 1,6; Mic. 1,6; Mic. 1,7; Mic. 1,7; Mic. 1,7; Mic. 1,7; Mic. 1,8; Mic. 1,8; Mic. 1,8; Mic. 1,9; Mic. 1,13; Mic. 1,16; Mic. 2,1; Mic. 2,1; Mic. 2,2; Mic. 2,2; Mic. 2,2; Mic. 2,2; Mic. 2,2; Mic. 2,2; Mic. 2,3; Mic. 2,4; Mic. 2,4; Mic. 2,7; Mic. 2,8; Mic. 2,10; Mic. 2,11; Mic. 2,11; Mic. 2,13; Mic. 2,13; Mic. 2,13; Mic. 3,1; Mic. 3,2; Mic. 3,2; Mic. 3,3; Mic. 3,3; Mic. 3,3; Mic. 3,3; Mic. 3,4; Mic. 3,4; Mic. 3,5; Mic. 3,5; Mic. 3,6; Mic. 3,6; Mic. 3,6; Mic. 3,7; Mic. 3,7; Mic. 3,7; Mic. 3,8; Mic. 3,8; Mic. 3,8; Mic. 3,9; Mic. 3,9; Mic. 3,10; Mic. 3,11; Mic. 3,11; Mic. 3,11; Mic. 3,12; Mic. 3,12; Mic. 4,1; Mic. 4,1; Mic. 4,2; Mic. 4,2; Mic. 4,2; Mic. 4,2; Mic. 4,2; Mic. 4,2; Mic. 4,3; Mic. 4,3; Mic. 4,3; Mic. 4,3; Mic. 4,3; Mic. 4,4; Mic. 4,4; Mic. 4,4; Mic. 4,5; Mic. 4,6; Mic. 4,6; Mic. 4,7; Mic. 4,7; Mic. 4,7; Mic. 4,7; Mic. 4,8; Mic. 4,8; Mic. 4,10; Mic. 4,10; Mic. 4,10; Mic. 4,10; Mic. 4,10; Mic. 4,11; Mic. 4,11; Mic. 4,12; Mic. 4,13; Mic. 4,13; Mic. 4,13; Mic. 4,13; Mic. 4,13; Mic. 4,13; Mic. 5,1; Mic. 5,2; Mic. 5,3; Mic. 5,3; Mic. 5,3; Mic. 5,3; Mic. 5,4; Mic. 5,4; Mic. 5,4; Mic. 5,4; Mic. 5,5; Mic. 5,5; Mic. 5,5; Mic. 5,5; Mic. 5,6; Mic. 5,6; Mic. 5,7; Mic. 5,7; Mic. 5,7; Mic. 5,7; Mic. 5,8; Mic. 5,9; Mic. 5,10; Mic. 5,10; Mic. 5,11; Mic. 5,11; Mic. 5,12; Mic. 5,12; Mic. 5,12; Mic. 5,13; Mic. 5,13; Mic. 5,14; Mic. 5,14; Mic. 6,1; Mic. 6,2; Mic. 6,2; Mic. 6,4; Mic. 6,4; Mic. 6,4; Mic.

K, κ

6,4; Mic. 6,5; Mic. 6,8; Mic. 6,8; Mic. 6,9; Mic. 6,9; Mic. 6,10; Mic. 6,10; Mic. 6,11; Mic. 6,12; Mic. 6,12; Mic. 6,13; Mic. 6,14; Mic. 6,14; Mic. 6,14; Mic. 6,14; Mic. 6,14; Mic. 6,15; Mic. 6,15; Mic. 6,15; Mic. 6,15; Mic. 6,15; Mic. 6,16; Mic. 6,16; Mic. 6,16; Mic. 6,16; Mic. 6,16; Mic. 7,1; Mic. 7,2; Mic. 7,3; Mic. 7,3; Mic. 7,4; Mic. 7,5; Mic. 7,8; Mic. 7,9; Mic. 7,9; Mic. 7,10; Mic. 7,10; Mic. 7,11; Mic. 7,12; Mic. 7,12; Mic. 7,12; Mic. 7,12; Mic. 7,13; Mic. 7,14; Mic. 7,15; Mic. 7,16; Mic. 7,17; Mic. 7,18; Mic. 7,18; Mic. 7,19; Mic. 7,19; Joel 1,2; Joel 1,3; Joel 1,3; Joel 1,4; Joel 1,4; Joel 1,5; Joel 1,5; Joel 1,6; Joel 1,6; Joel 1,7; Joel 1,7; Joel 1,9; Joel 1,11; Joel 1,12; Joel 1,12; Joel 1,12; Joel 1,12; Joel 1,13; Joel 1,13; Joel 1,14; Joel 1,15; Joel 1,16; Joel 1,18; Joel 1,19; Joel 1,20; Joel 1,20; Joel 2,1; Joel 2,2; Joel 2,2; Joel 2,2; Joel 2,2; Joel 2,3; Joel 2,3; Joel 2,3; Joel 2,4; Joel 2,5; Joel 2,5; Joel 2,5; Joel 2,7; Joel 2,7; Joel 2,7; Joel 2,8; Joel 2,8; Joel 2,8; Joel 2,9; Joel 2,9; Joel 2,9; Joel 2,10; Joel 2,10; Joel 2,10; Joel 2,11; Joel 2,11; Joel 2,11; Joel 2,12; Joel 2,12; Joel 2,12; Joel 2,12; Joel 2,13; Joel 2,13; Joel 2,13; Joel 2,13; Joel 2,13; Joel 2,13; Joel 2,14; Joel 2,14; Joel 2,14; Joel 2,16; Joel 2,17; Joel 2,17; Joel 2,18; Joel 2,19; Joel 2,19; Joel 2,19; Joel 2,19; Joel 2,19; Joel 2,19; Joel 2,20; Joel 2,20; Joel 2,20; Joel 2,20; Joel 2,20; Joel 2,20; Joel 2,21; Joel 2,22; Joel 2,23; Joel 2,23; Joel 2,23; Joel 2,23; Joel 2,24; Joel 2,24; Joel 2,24; Joel 2,25; Joel 2,25; Joel 2,25; Joel 2,25; Joel 2,26; Joel 2,26; Joel 2,26; Joel 2,26; Joel 2,27; Joel 2,27; Joel 2,27; Joel 2,27; Joel 3,1; Joel 3,1; Joel 3,1; Joel 3,1; Joel 3,1; Joel 3,2; Joel 3,2; Joel 3,3; Joel 3,3; Joel 3,3; Joel 3,3; Joel 3,4; Joel 3,4; Joel 3,5; Joel 3,5; Joel 3,5; Joel 4,1; Joel 4,1; Joel 4,2; Joel 4,2; Joel 4,2; Joel 4,2; Joel 4,2; Joel 4,3; Joel 4,3; Joel 4,3; Joel 4,3; Joel 4,4; Joel 4,4; Joel 4,4; Joel 4,4; Joel 4,5; Joel 4,5; Joel 4,5; Joel 4,6; Joel 4,6; Joel 4,7; Joel 4,8; Joel 4,8; Joel 4,8; Joel 4,9; Joel 4,10; Joel 4,11; Joel 4,11; Joel 4,12; Joel 4,15; Joel 4,15; Joel 4,16; Joel 4,16; Joel 4,16; Joel 4,16; Joel 4,17; Joel 4,17; Joel 4,17; Joel 4,18; Joel 4,18; Joel 4,18; Joel 4,18; Joel 4,18; Joel 4,19; Joel 4,20; Joel 4,21; Joel 4,21; Joel 4,21; Obad. 1; Obad. 1; Obad. 4; Obad. 5; Obad. 6; Obad. 8; Obad. 9; Obad. 10; Obad. 10; Obad. 10; Obad. 11; Obad. 11; Obad. 11; Obad. 12; Obad. 12; Obad. 12; Obad. 13; Obad. 16; Obad. 16; Obad. 17; Obad. 17; Obad. 18; Obad. 18; Obad. 18; Obad. 18; Obad. 19; Obad. 19; Obad. 19; Obad. 19; Obad. 19; Obad. 19; Obad. 20; Obad. 20; Obad. 20; Obad. 21; Obad. 21; Jonah 1,2; Jonah 1,2; Jonah 1,3; Jonah 1,3; Jonah 1,3; Jonah 1,3; Jonah 1,3; Jonah 1,4; Jonah 1,4; Jonah 1,4; Jonah 1,5; Jonah 1,5; Jonah 1,5; Jonah 1,5; Jonah 1,5; Jonah 1,6; Jonah 1,6; Jonah 1,6; Jonah 1,6; Jonah 1,7; Jonah 1,7; Jonah 1,7; Jonah 1,7; Jonah 1,8; Jonah 1,8; Jonah 1,8; Jonah 1,8; Jonah 1,9; Jonah 1,9; Jonah 1,9; Jonah 1,10; Jonah 1,10; Jonah 1,11; Jonah 1,11; Jonah 1,11; Jonah 1,12; Jonah 1,12; Jonah 1,12; Jonah 1,13; Jonah 1,13; Jonah 1,13; Jonah 1,14; Jonah 1,14; Jonah 1,14; Jonah 1,15; Jonah 1,15; Jonah 1,15; Jonah 1,16; Jonah 1,16; Jonah 1,16; Jonah 2,1; Jonah 2,1; Jonah 2,2; Jonah 2,3; Jonah 2,3; Jonah 2,4; Jonah 2,4; Jonah 2,5; Jonah 2,7; Jonah 2,8; Jonah 2,9; Jonah 2,10; Jonah 2,11; Jonah 2,11; Jonah 3,2; Jonah 3,2; Jonah 3,3; Jonah 3,3; Jonah 3,4; Jonah 3,4; Jonah 3,4; Jonah 3,4; Jonah 3,5; Jonah 3,5; Jonah 3,5; Jonah 3,6; Jonah 3,6; Jonah 3,6; Jonah 3,6; Jonah 3,6; Jonah 3,7; Jonah 3,7; Jonah 3,7; Jonah 3,7; Jonah 3,7; Jonah 3,7; Jonah 3,8; Jonah 3,8; Jonah 3,8; Jonah 3,8; Jonah 3,8; Jonah 3,9; Jonah 3,9; Jonah 3,10; Jonah 3,10; Jonah 3,10; Jonah 4,1; Jonah 4,2; Jonah 4,2; Jonah 4,2; Jonah 4,2; Jonah 4,2; Jonah 4,3; Jonah 4,4; Jonah 4,5; Jonah 4,5; Jonah 4,5; Jonah 4,5; Jonah 4,6; Jonah 4,6; Jonah 4,6; Jonah 4,7; Jonah 4,7; Jonah 4,7; Jonah 4,8; Jonah 4,8; Jonah 4,8; Jonah 4,8; Jonah 4,8; Jonah 4,8; Jonah 4,9; Jonah 4,9; Jonah 4,10; Jonah 4,10; Jonah 4,10; Jonah 4,11; Nah. 1,2; Nah. 1,2; Nah. 1,3; Nah. 1,3; Nah. 1,3; Nah. 1,3; Nah. 1,4; Nah. 1,4; Nah. 1,4; Nah. 1,4; Nah. 1,5; Nah. 1,5; Nah. 1,5; Nah. 1,6; Nah. 1,6; Nah. 1,7; Nah. 1,8; Nah. 1,8; Nah. 1,10; Nah. 1,10; Nah. 1,12; Nah. 1,13; Nah. 1,13; Nah. 1,14; Nah. 1,14; Nah. 2,1; Nah. 2,3; Nah. 2,4; Nah. 2,5; Nah. 2,5; Nah. 2,5; Nah. 2,6; Nah. 2,6; Nah. 2,6; Nah. 2,6; Nah. 2,6; Nah. 2,7; Nah. 2,8; Nah. 2,8; Nah. 2,8; Nah. 2,9; Nah. 2,9; Nah. 2,9; Nah. 2,10; Nah. 2,11; Nah. 2,11; Nah. 2,11; Nah. 2,11; Nah. 2,11; Nah. 2,11; Nah. 2,12; Nah. 2,12; Nah. 2,13; Nah. 2,13; Nah. 2,13; Nah. 2,14; Nah. 2,14; Nah. 2,14; Nah. 2,14; Nah. 3,2; Nah. 3,2; Nah. 3,2; Nah. 3,3; Nah. 3,3; Nah. 3,3; Nah. 3,3; Nah. 3,3; Nah. 3,3; Nah. 3,4; Nah. 3,4; Nah. 3,5; Nah. 3,5; Nah. 3,5; Nah. 3,6; Nah. 3,6; Nah. 3,7; Nah. 3,7; Nah. 3,8; Nah. 3,9; Nah. 3,9; Nah. 3,9; Nah. 3,9; Nah. 3,10; Nah. 3,10; Nah. 3,10; Nah. 3,10; Nah. 3,11; Nah. 3,11; Nah. 3,11; Nah. 3,12; Nah. 3,13; Nah. 3,14; Nah. 3,14; Nah. 3,15; Nah. 3,16; Nah. 3,17; Nah. 3,17; Nah. 3,18; Hab. 1,2; Hab. 1,2; Hab. 1,3; Hab. 1,3; Hab. 1,3; Hab. 1,4; Hab. 1,5; Hab. 1,5; Hab. 1,5; Hab. 1,6; Hab. 1,7; Hab. 1,7; Hab. 1,8; Hab. 1,8; Hab. 1,8; Hab. 1,8; Hab. 1,9; Hab. 1,10; Hab. 1,10; Hab. 1,10; Hab. 1,10; Hab. 1,10; Hab. 1,11; Hab. 1,11; Hab. 1,12; Hab. 1,12; Hab. 1,13; Hab. 1,14; Hab. 1,14; Hab. 1,15; Hab. 1,15; Hab. 1,15; Hab. 1,16; Hab. 1,16; Hab. 1,17; Hab. 2,1; Hab. 2,1; Hab. 2,1; Hab. 2,2; Hab. 2,2; Hab. 2,2; Hab. 2,3; Hab. 2,3; Hab. 2,3; Hab. 2,5; Hab. 2,5; Hab. 2,5; Hab. 2,5; Hab. 2,6; Hab. 2,6; Hab. 2,6; Hab. 2,7; Hab. 2,7; Hab. 2,8; Hab. 2,8; Hab. 2,8; Hab. 2,10; Hab. 2,11; Hab. 2,12; Hab. 2,13; Hab. 2,13; Hab. 2,15; Hab. 2,16; Hab. 2,16; Hab. 2,16; Hab. 2,17; Hab. 2,17; Hab. 2,17; Hab. 2,19; Hab. 2,19; Hab. 2,19; Hab. 2,19; Hab. 3,2; Hab. 3,2; Hab. 3,3; Hab. 3,3; Hab. 3,4; Hab. 3,4; Hab. 3,5; Hab. 3,6; Hab. 3,6; Hab. 3,7; Hab. 3,8; Hab. 3,10; Hab. 3,11; Hab. 3,12; Hab. 3,15; Hab. 3,16; Hab. 3,16; Hab. 3,16; Hab. 3,17; Hab. 3,17; Hab. 3,17; Hab. 3,19; Zeph. 1,3; Zeph. 1,3; Zeph. 1,3; Zeph. 1,4; Zeph. 1,4; Zeph. 1,4; Zeph. 1,4; Zeph. 1,5; Zeph. 1,5; Zeph. 1,5; Zeph. 1,6; Zeph. 1,6; Zeph. 1,6; Zeph. 1,8; Zeph. 1,8; Zeph. 1,8; Zeph. 1,8; Zeph. 1,9; Zeph. 1,9; Zeph. 1,10; Zeph. 1,10; Zeph. 1,10; Zeph. 1,12; Zeph. 1,12; Zeph. 1,13; Zeph. 1,13; Zeph. 1,13; Zeph. 1,13; Zeph. 1,13; Zeph. 1,13; Zeph. 1,14; Zeph. 1,14; Zeph. 1,15; Zeph. 1,15; Zeph. 1,15; Zeph. 1,15; Zeph. 1,16; Zeph. 1,16; Zeph. 1,17; Zeph. 1,17; Zeph. 1,17; Zeph. 1,17; Zeph. 1,18; Zeph. 1,18; Zeph. 1,18; Zeph. 1,18; Zeph. 2,1; Zeph. 2,3; Zeph. 2,3; Zeph. 2,4; Zeph. 2,4; Zeph. 2,4; Zeph. 2,5; Zeph. 2,6; Zeph. 2,6; Zeph. 2,7; Zeph. 2,7; Zeph. 2,8; Zeph. 2,8; Zeph. 2,9; Zeph. 2,9; Zeph. 2,9; Zeph. 2,9; Zeph. 2,9; Zeph. 2,10; Zeph. 2,11; Zeph. 2,11; Zeph. 2,13; Zeph. 2,13; Zeph. 2,13; Zeph. 2,14; Zeph. 2,14; Zeph. 2,14; Zeph. 2,14; Zeph. 2,14; Zeph. 2,15; Zeph. 2,15; Zeph. 3,1; Zeph. 3,2; Zeph. 3,4; Zeph. 3,5; Zeph. 3,5; Zeph. 3,5; Zeph. 3,5; Zeph. 3,7; Zeph. 3,7; Zeph. 3,11; Zeph. 3,12; Zeph. 3,12; Zeph. 3,12; Zeph. 3,13; Zeph. 3,13; Zeph. 3,13; Zeph. 3,13; Zeph. 3,13; Zeph. 3,14; Zeph. 3,17; Zeph. 3,17; Zeph. 3,18; Zeph. 3,19; Zeph. 3,19; Zeph. 3,19; Zeph. 3,19; Zeph. 3,20; Zeph. 3,20; Zeph. 3,20; Hag. 1,1; Hag. 1,3; Hag. 1,5; Hag. 1,6; Hag. 1,6; Hag. 1,6; Hag. 1,6; Hag. 1,6; Hag. 1,8; Hag. 1,8; Hag. 1,8; Hag. 1,8; Hag. 1,9; Hag. 1,9; Hag. 1,9; Hag. 1,10; Hag. 1,11; Hag. 1,11; Hag. 1,11; Hag. 1,11; Hag. 1,11; Hag. 1,11; Hag. 1,11; Hag. 1,11; Hag. 1,12; Hag. 1,12; Hag. 1,12; Hag. 1,12; Hag. 1,12; Hag. 1,13; Hag. 1,14; Hag. 1,14; Hag. 1,14; Hag. 1,14; Hag. 1,14; Hag. 1,15; Hag. 2,1; Hag. 2,2; Hag. 2,2; Hag. 2,3; Hag. 2,4; Hag. 2,4; Hag. 2,4; Hag. 2,4; Hag. 2,5; Hag. 2,6; Hag. 2,6; Hag. 2,6; Hag. 2,7; Hag. 2,7; Hag. 2,7; Hag. 2,8; Hag. 2,9; Hag. 2,9; Hag. 2,10; Hag. 2,12; Hag. 2,12; Hag. 2,12; Hag. 2,13; Hag. 2,13; Hag. 2,13; Hag. 2,14; Hag. 2,14; Hag. 2,14; Hag. 2,14; Hag. 2,14; Hag. 2,14; Hag. 2,15; Hag. 2,15; Hag. 2,16; Hag. 2,16; Hag. 2,17; Hag. 2,17; Hag. 2,17; Hag. 2,18; Hag. 2,18; Hag. 2,18; Hag. 2,19; Hag. 2,19; Hag. 2,19; Hag. 2,19; Hag. 2,20; Hag. 2,21; Hag. 2,21; Hag. 2,21; Hag.

καί

2,22; Hag. 2,22; Hag. 2,22; Hag. 2,22; Hag. 2,22; Hag. 2,23; Zech. 1,3; Zech. 1,3; Zech. 1,4; Zech. 1,4; Zech. 1,4; Zech. 1,5; Zech. 1,6; Zech. 1,6; Zech. 1,6; Zech. 1,6; Zech. 1,7; Zech. 1,8; Zech. 1,8; Zech. 1,8; Zech. 1,8; Zech. 1,8; Zech. 1,8; Zech. 1,9; Zech. 1,9; Zech. 1,10; Zech. 1,10; Zech. 1,11; Zech. 1,11; Zech. 1,11; Zech. 1,11; Zech. 1,12; Zech. 1,12; Zech. 1,12; Zech. 1,13; Zech. 1,13; Zech. 1,14; Zech. 1,14; Zech. 1,15; Zech. 1,16; Zech. 1,16; Zech. 1,17; Zech. 1,17; Zech. 1,17; Zech. 2,1; Zech. 2,1; Zech. 2,2; Zech. 2,2; Zech. 2,2; Zech. 2,3; Zech. 2,4; Zech. 2,4; Zech. 2,4; Zech. 2,4; Zech. 2,4; Zech. 2,5; Zech. 2,5; Zech. 2,5; Zech. 2,6; Zech. 2,6; Zech. 2,6; Zech. 2,7; Zech. 2,7; Zech. 2,8; Zech. 2,8; Zech. 2,8; Zech. 2,9; Zech. 2,9; Zech. 2,13; Zech. 2,13; Zech. 2,14; Zech. 2,14; Zech. 2,15; Zech. 2,15; Zech. 2,15; Zech. 2,15; Zech. 2,16; Zech. 2,16; Zech. 3,1; Zech. 3,2; Zech. 3,2; Zech. 3,3; Zech. 3,3; Zech. 3,3; Zech. 3,4; Zech. 3,4; Zech. 3,4; Zech. 3,4; Zech. 3,5; Zech. 3,5; Zech. 3,5; Zech. 3,5; Zech. 3,6; Zech. 3,7; Zech. 3,7; Zech. 3,7; Zech. 3,7; Zech. 3,8; Zech. 3,9; Zech. 3,10; Zech. 4,1; Zech. 4,2; Zech. 4,2; Zech. 4,2; Zech. 4,2; Zech. 4,2; Zech. 4,2; Zech. 4,3; Zech. 4,3; Zech. 4,4; Zech. 4,4; Zech. 4,5; Zech. 4,5; Zech. 4,5; Zech. 4,6; Zech. 4,6; Zech. 4,7; Zech. 4,8; Zech. 4,9; Zech. 4,9; Zech. 4,10; Zech. 4,10; Zech. 4,11; Zech. 4,11; Zech. 4,11; Zech. 4,12; Zech. 4,12; Zech. 4,12; Zech. 4,13; Zech. 4,13; Zech. 4,14; Zech. 5,1; Zech. 5,1; Zech. 5,1; Zech. 5,2; Zech. 5,2; Zech. 5,2; Zech. 5,3; Zech. 5,3; Zech. 5,4; Zech. 5,4; Zech. 5,4; Zech. 5,4; Zech. 5,4; Zech. 5,4; Zech. 5,4; Zech. 5,5; Zech. 5,5; Zech. 5,6; Zech. 5,6; Zech. 5,6; Zech. 5,7; Zech. 5,7; Zech. 5,8; Zech. 5,8; Zech. 5,8; Zech. 5,9; Zech. 5,9; Zech. 5,9; Zech. 5,9; Zech. 5,9; Zech. 5,9; Zech. 5,9; Zech. 5,10; Zech. 5,11; Zech. 5,11; Zech. 5,11; Zech. 6,1; Zech. 6,1; Zech. 6,1; Zech. 6,1; Zech. 6,2; Zech. 6,3; Zech. 6,3; Zech. 6,4; Zech. 6,4; Zech. 6,5; Zech. 6,5; Zech. 6,6; Zech. 6,6; Zech. 6,7; Zech. 6,7; Zech. 6,7; Zech. 6,7; Zech. 6,7; Zech. 6,8; Zech. 6,8; Zech. 6,10; Zech. 6,10; Zech. 6,10; Zech. 6,11; Zech. 6,11; Zech. 6,11; Zech. 6,11; Zech. 6,12; Zech. 6,12; Zech. 6,12; Zech. 6,13; Zech. 6,13; Zech. 6,13; Zech. 6,13; Zech. 6,13; Zech. 6,14; Zech. 6,14; Zech. 6,14; Zech. 6,14; Zech. 6,15; Zech. 6,15; Zech. 6,15; Zech. 6,15; Zech. 7,2; Zech. 7,2; Zech. 7,2; Zech. 7,3; Zech. 7,4; Zech. 7,5; Zech. 7,5; Zech. 7,6; Zech. 7,6; Zech. 7,7; Zech. 7,7; Zech. 7,7; Zech. 7,7; Zech. 7,8; Zech. 7,9; Zech. 7,9; Zech. 7,10; Zech. 7,10; Zech. 7,10; Zech. 7,10; Zech. 7,10; Zech. 7,11; Zech. 7,11; Zech. 7,11; Zech. 7,12; Zech. 7,12; Zech. 7,12; Zech. 7,13; Zech. 7,13; Zech. 7,13; Zech. 7,14; Zech. 7,14; Zech. 7,14; Zech. 7,14; Zech. 8,2; Zech. 8,2; Zech. 8,3; Zech. 8,3; Zech. 8,3; Zech. 8,4; Zech. 8,5; Zech. 8,5; Zech. 8,6; Zech. 8,7; Zech. 8,8; Zech. 8,8; Zech. 8,8; Zech. 8,8; Zech. 8,8; Zech. 8,9; Zech. 8,10; Zech. 8,10; Zech. 8,10; Zech. 8,10; Zech. 8,11; Zech. 8,12; Zech. 8,12; Zech. 8,12; Zech. 8,13; Zech. 8,13; Zech. 8,13; Zech. 8,13; Zech. 8,14; Zech. 8,15; Zech. 8,16; Zech. 8,17; Zech. 8,17; Zech. 8,19; Zech. 8,19; Zech. 8,19; Zech. 8,19; Zech. 8,19; Zech. 8,19; Zech. 8,19; Zech. 8,19; Zech. 8,20; Zech. 8,21; Zech. 8,21; Zech. 8,22; Zech. 8,22; Zech. 8,22; Zech. 8,23; Zech. 9,1; Zech. 9,1; Zech. 9,2; Zech. 9,2; Zech. 9,3; Zech. 9,3; Zech. 9,3; Zech. 9,4; Zech. 9,4; Zech. 9,5; Zech. 9,5; Zech. 9,5; Zech. 9,5; Zech. 9,5; Zech. 9,6; Zech. 9,6; Zech. 9,7; Zech. 9,7; Zech. 9,7; Zech. 9,7; Zech. 9,7; Zech. 9,7; Zech. 9,8; Zech. 9,8; Zech. 9,9; Zech. 9,9; Zech. 9,9; Zech. 9,10; Zech. 9,10; Zech. 9,10; Zech. 9,10; Zech. 9,10; Zech. 9,10; Zech. 9,10; Zech. 9,11; Zech. 9,12; Zech. 9,13; Zech. 9,13; Zech. 9,14; Zech. 9,14; Zech. 9,14; Zech. 9,14; Zech. 9,15; Zech. 9,15; Zech. 9,15; Zech. 9,15; Zech. 9,16; Zech. 9,17; Zech. 9,17; Zech. 10,1; Zech. 10,1; Zech. 10,2; Zech. 10,2; Zech. 10,2; Zech. 10,3; Zech. 10,3; Zech. 10,3; Zech. 10,4; Zech. 10,4; Zech. 10,4; Zech. 10,5; Zech. 10,5; Zech. 10,5; Zech. 10,6; Zech. 10,6; Zech. 10,6; Zech. 10,6; Zech. 10,7; Zech. 10,7; Zech. 10,7; Zech. 10,7; Zech. 10,7; Zech. 10,8; Zech. 10,8; Zech. 10,9; Zech. 10,9; Zech. 10,9; Zech. 10,10; Zech. 10,10; Zech. 10,10; Zech. 10,10; Zech. 10,10; Zech. 10,11; Zech. 10,11; Zech. 10,11; Zech. 10,11; Zech. 10,11; Zech. 10,12; Zech. 10,12; Zech. 11,1; Zech. 11,5; Zech. 11,5; Zech. 11,5; Zech. 11,5; Zech. 11,6; Zech. 11,6; Zech. 11,6; Zech. 11,6; Zech. 11,7; Zech. 11,7; Zech. 11,7; Zech. 11,7; Zech. 11,8; Zech. 11,8; Zech. 11,8; Zech. 11,9; Zech. 11,9; Zech. 11,9; Zech. 11,10; Zech. 11,10; Zech. 11,11; Zech. 11,11; Zech. 11,12; Zech. 11,12; Zech. 11,13; Zech. 11,13; Zech. 11,13; Zech. 11,13; Zech. 11,14; Zech. 11,14; Zech. 11,16; Zech. 11,16; Zech. 11,16; Zech. 11,16; Zech. 11,16; Zech. 11,17; Zech. 11,17; Zech. 11,17; Zech. 12,1; Zech. 12,1; Zech. 12,2; Zech. 12,3; Zech. 12,3; Zech. 12,4; Zech. 12,4; Zech. 12,5; Zech. 12,6; Zech. 12,6; Zech. 12,6; Zech. 12,6; Zech. 12,7; Zech. 12,7; Zech. 12,8; Zech. 12,8; Zech. 12,9; Zech. 12,10; Zech. 12,10; Zech. 12,10; Zech. 12,10; Zech. 12,10; Zech. 12,10; Zech. 12,12; Zech. 12,12; Zech. 12,12; Zech. 12,12; Zech. 12,13; Zech. 12,13; Zech. 12,14; Zech. 13,2; Zech. 13,2; Zech. 13,2; Zech. 13,2; Zech. 13,3; Zech. 13,3; Zech. 13,3; Zech. 13,3; Zech. 13,3; Zech. 13,4; Zech. 13,4; Zech. 13,5; Zech. 13,6; Zech. 13,6; Zech. 13,7; Zech. 13,7; Zech. 13,7; Zech. 13,8; Zech. 13,8; Zech. 13,9; Zech. 13,9; Zech. 13,9; Zech. 13,9; Zech. 13,9; Zech. 14,1; Zech. 14,2; Zech. 14,2; Zech. 14,2; Zech. 14,2; Zech. 14,2; Zech. 14,3; Zech. 14,3; Zech. 14,4; Zech. 14,4; Zech. 14,4; Zech. 14,4; Zech. 14,4; Zech. 14,5; Zech. 14,5; Zech. 14,5; Zech. 14,5; Zech. 14,5; Zech. 14,6; Zech. 14,6; Zech. 14,7; Zech. 14,7; Zech. 14,7; Zech. 14,7; Zech. 14,8; Zech. 14,8; Zech. 14,8; Zech. 14,8; Zech. 14,9; Zech. 14,9; Zech. 14,10; Zech. 14,10; Zech. 14,11; Zech. 14,11; Zech. 14,12; Zech. 14,12; Zech. 14,13; Zech. 14,13; Zech. 14,13; Zech. 14,14; Zech. 14,14; Zech. 14,14; Zech. 14,14; Zech. 14,15; Zech. 14,15; Zech. 14,15; Zech. 14,15; Zech. 14,15; Zech. 14,16; Zech. 14,16; Zech. 14,16; Zech. 14,17; Zech. 14,17; Zech. 14,18; Zech. 14,19; Zech. 14,20; Zech. 14,21; Zech. 14,21; Zech. 14,21; Zech. 14,21; Zech. 14,21; Zech. 14,21; Mal. 1,2; Mal. 1,2; Mal. 1,3; Mal. 1,3; Mal. 1,4; Mal. 1,4; Mal. 1,4; Mal. 1,4; Mal. 1,4; Mal. 1,5; Mal. 1,5; Mal. 1,6; Mal. 1,6; Mal. 1,6; Mal. 1,6; Mal. 1,7; Mal. 1,7; Mal. 1,8; Mal. 1,9; Mal. 1,9; Mal. 1,10; Mal. 1,10; Mal. 1,10; Mal. 1,11; Mal. 1,11; Mal. 1,12; Mal. 1,13; Mal. 1,13; Mal. 1,13; Mal. 1,13; Mal. 1,13; Mal. 1,13; Mal. 1,14; Mal. 1,14; Mal. 1,14; Mal. 1,14; Mal. 1,14; Mal. 2,2; Mal. 2,2; Mal. 2,2; Mal. 2,2; Mal. 2,2; Mal. 2,2; Mal. 2,3; Mal. 2,3; Mal. 2,4; Mal. 2,5; Mal. 2,5; Mal. 2,5; Mal. 2,6; Mal. 2,6; Mal. 2,7; Mal. 2,8; Mal. 2,9; Mal. 2,11; Mal. 2,11; Mal. 2,11; Mal. 2,12; Mal. 2,12; Mal. 2,13; Mal. 2,13; Mal. 2,13; Mal. 2,14; Mal. 2,14; Mal. 2,14; Mal. 2,14; Mal. 2,15; Mal. 2,15; Mal. 2,15; Mal. 2,15; Mal. 2,15; Mal. 2,16; Mal. 2,16; Mal. 2,16; Mal. 2,17; Mal. 2,17; Mal. 3,1; Mal. 3,1; Mal. 3,1; Mal. 3,2; Mal. 3,2; Mal. 3,3; Mal. 3,3; Mal. 3,3; Mal. 3,3; Mal. 3,3; Mal. 3,3; Mal. 3,3; Mal. 3,4; Mal. 3,4; Mal. 3,4; Mal. 3,5; Mal. 3,5; Mal. 3,5; Mal. 3,5; Mal. 3,5; Mal. 3,5; Mal. 3,5; Mal. 3,5; Mal. 3,5; Mal. 3,6; Mal. 3,6; Mal. 3,7; Mal. 3,7; Mal. 3,7; Mal. 3,8; Mal. 3,8; Mal. 3,9; Mal. 3,9; Mal. 3,10; Mal. 3,10; Mal. 3,10; Mal. 3,11; Mal. 3,11; Mal. 3,11; Mal. 3,12; Mal. 3,13; Mal. 3,14; Mal. 3,14; Mal. 3,15; Mal. 3,15; Mal. 3,15; Mal. 3,15; Mal. 3,16; Mal. 3,16; Mal. 3,16; Mal. 3,16; Mal. 3,17; Mal. 3,17; Mal. 3,18; Mal. 3,18; Mal. 3,18; Mal. 3,18; Mal. 3,18; Mal. 3,19; Mal. 3,19; Mal. 3,19; Mal. 3,19; Mal. 3,19; Mal. 3,20; Mal. 3,20; Mal. 3,20; Mal. 3,20; Mal. 3,21; Mal. 3,22; Mal. 3,22; Mal. 3,23; Mal. 3,23; Mal. 3,24; Is. 1,1; Is. 1,1; Is. 1,1; Is. 1,1; Is. 1,2; Is. 1,2; Is. 1,3; Is. 1,3; Is. 1,4; Is. 1,5; Is. 1,7; Is. 1,8; Is. 1,9; Is. 1,9; Is. 1,11; Is. 1,11; Is. 1,11; Is. 1,13; Is. 1,13; Is. 1,13; Is. 1,14; Is. 1,14; Is. 1,15; Is. 1,17; Is. 1,18; Is. 1,18; Is. 1,18; Is. 1,19; Is. 1,19; Is. 1,23; Is. 1,24; Is. 1,25; Is. 1,25; Is. 1,25; Is. 1,25; Is. 1,26; Is. 1,26; Is.

Κ, κ

καί

Κ, κ

1,26; Is. 1,27; Is. 1,28; Is. 1,28; Is. 1,28; Is. 1,29; Is. 1,30; Is. 1,31; Is. 1,31; Is. 1,31; Is. 1,31; Is. 1,31; Is. 2,1; Is. 2,2; Is. 2,2; Is. 2,2; Is. 2,3; Is. 2,3; Is. 2,3; Is. 2,3; Is. 2,3; Is. 2,3; Is. 2,4; Is. 2,4; Is. 2,4; Is. 2,4; Is. 2,4; Is. 2,4; Is. 2,6; Is. 2,7; Is. 2,7; Is. 2,7; Is. 2,7; Is. 2,8; Is. 2,8; Is. 2,9; Is. 2,9; Is. 2,9; Is. 2,10; Is. 2,10; Is. 2,10; Is. 2,11; Is. 2,11; Is. 2,12; Is. 2,12; Is. 2,12; Is. 2,12; Is. 2,13; Is. 2,13; Is. 2,13; Is. 2,14; Is. 2,14; Is. 2,15; Is. 2,15; Is. 2,16; Is. 2,16; Is. 2,17; Is. 2,17; Is. 2,17; Is. 2,18; Is. 2,19; Is. 2,19; Is. 2,19; Is. 2,20; Is. 2,20; Is. 2,21; Is. 2,21; Is. 3,1; Is. 3,1; Is. 3,1; Is. 3,2; Is. 3,2; Is. 3,2; Is. 3,2; Is. 3,2; Is. 3,2; Is. 3,3; Is. 3,3; Is. 3,3; Is. 3,3; Is. 3,4; Is. 3,4; Is. 3,5; Is. 3,5; Is. 3,6; Is. 3,7; Is. 3,8; Is. 3,8; Is. 3,9; Is. 3,9; Is. 3,12; Is. 3,12; Is. 3,13; Is. 3,14; Is. 3,14; Is. 3,15; Is. 3,16; Is. 3,16; Is. 3,16; Is. 3,16; Is. 3,17; Is. 3,17; Is. 3,18; Is. 3,18; Is. 3,18; Is. 3,18; Is. 3,18; Is. 3,19; Is. 3,19; Is. 3,20; Is. 3,20; Is. 3,20; Is. 3,20; Is. 3,20; Is. 3,20; Is. 3,20; Is. 3,21; Is. 3,21; Is. 3,22; Is. 3,22; Is. 3,23; Is. 3,23; Is. 3,23; Is. 3,23; Is. 3,23; Is. 3,23; Is. 3,24; Is. 3,24; Is. 3,24; Is. 3,24; Is. 3,25; Is. 3,25; Is. 3,26; Is. 3,26; Is. 3,26; Is. 3,26; Is. 4,1; Is. 4,1; Is. 4,2; Is. 4,3; Is. 4,3; Is. 4,4; Is. 4,4; Is. 4,4; Is. 4,5; Is. 4,5; Is. 4,5; Is. 4,5; Is. 4,5; Is. 4,6; Is. 4,6; Is. 4,6; Is. 4,6; Is. 5,2; Is. 5,2; Is. 5,2; Is. 5,2; Is. 5,2; Is. 5,2; Is. 5,3; Is. 5,3; Is. 5,3; Is. 5,4; Is. 5,5; Is. 5,5; Is. 5,5; Is. 5,6; Is. 5,6; Is. 5,6; Is. 5,6; Is. 5,7; Is. 5,7; Is. 5,8; Is. 5,9; Is. 5,9; Is. 5,10; Is. 5,11; Is. 5,12; Is. 5,12; Is. 5,12; Is. 5,12; Is. 5,13; Is. 5,13; Is. 5,14; Is. 5,14; Is. 5,14; Is. 5,14; Is. 5,14; Is. 5,15; Is. 5,15; Is. 5,15; Is. 5,16; Is. 5,16; Is. 5,17; Is. 5,17; Is. 5,18; Is. 5,19; Is. 5,20; Is. 5,20; Is. 5,20; Is. 5,21; Is. 5,22; Is. 5,23; Is. 5,24; Is. 5,24; Is. 5,25; Is. 5,25; Is. 5,25; Is. 5,25; Is. 5,25; Is. 5,25; Is. 5,26; Is. 5,26; Is. 5,28; Is. 5,29; Is. 5,29; Is. 5,29; Is. 5,29; Is. 5,29; Is. 5,30; Is. 5,30; Is. 5,30; Is. 6,1; Is. 6,1; Is. 6,2; Is. 6,2; Is. 6,2; Is. 6,2; Is. 6,2; Is. 6,3; Is. 6,3; Is. 6,4; Is. 6,4; Is. 6,5; Is. 6,5; Is. 6,5; Is. 6,6; Is. 6,6; Is. 6,7; Is. 6,7; Is. 6,7; Is. 6,7; Is. 6,8; Is. 6,8; Is. 6,8; Is. 6,9; Is. 6,9; Is. 6,9; Is. 6,9; Is. 6,9; Is. 6,10; Is. 6,10; Is. 6,10; Is. 6,10; Is. 6,10; Is. 6,10; Is. 6,11; Is. 6,11; Is. 6,11; Is. 6,11; Is. 6,12; Is. 6,12; Is. 6,13; Is. 6,13; Is. 6,13; Is. 7,1; Is. 7,1; Is. 7,2; Is. 7,2; Is. 7,2; Is. 7,3; Is. 7,3; Is. 7,4; Is. 7,4; Is. 7,5; Is. 7,5; Is. 7,6; Is. 7,6; Is. 7,8; Is. 7,9; Is. 7,9; Is. 7,9; Is. 7,12; Is. 7,13; Is. 7,13; Is. 7,14; Is. 7,14; Is. 7,15; Is. 7,16; Is. 7,17; Is. 7,17; Is. 7,18; Is. 7,18; Is. 7,19; Is. 7,19; Is. 7,19; Is. 7,19; Is. 7,19; Is. 7,19; Is. 7,20; Is. 7,20; Is. 7,20; Is. 7,21; Is. 7,21; Is. 7,22; Is. 7,22; Is. 7,23; Is. 7,23; Is. 7,24; Is. 7,24; Is. 7,25; Is. 7,25; Is. 7,25; Is. 7,25; Is. 8,1; Is. 8,2; Is. 8,2; Is. 8,3; Is. 8,3; Is. 8,3; Is. 8,3; Is. 8,4; Is. 8,6; Is. 8,7; Is. 8,7; Is. 8,7; Is. 8,7; Is. 8,8; Is. 8,8; Is. 8,9; Is. 8,10; Is. 8,10; Is. 8,13; Is. 8,14; Is. 8,14; Is. 8,14; Is. 8,15; Is. 8,15; Is. 8,15; Is. 8,15; Is. 8,17; Is. 8,17; Is. 8,18; Is. 8,18; Is. 8,18; Is. 8,19; Is. 8,19; Is. 8,21; Is. 8,21; Is. 8,21; Is. 8,21; Is. 8,21; Is. 8,22; Is. 8,22; Is. 8,22; Is. 8,22; Is. 8,22; Is. 8,23; Is. 8,23; Is. 8,23; Is. 9,1; Is. 9,2; Is. 9,2; Is. 9,3; Is. 9,4; Is. 9,4; Is. 9,5; Is. 9,5; Is. 9,5; Is. 9,6; Is. 9,6; Is. 9,6; Is. 9,6; Is. 9,6; Is. 9,7; Is. 9,8; Is. 9,8; Is. 9,8; Is. 9,9; Is. 9,9; Is. 9,9; Is. 9,10; Is. 9,10; Is. 9,11; Is. 9,12; Is. 9,12; Is. 9,13; Is. 9,13; Is. 9,13; Is. 9,14; Is. 9,14; Is. 9,15; Is. 9,15; Is. 9,16; Is. 9,16; Is. 9,16; Is. 9,16; Is. 9,17; Is. 9,17; Is. 9,17; Is. 9,17; Is. 9,18; Is. 9,19; Is. 9,19; Is. 9,20; Is. 10,2; Is. 10,3; Is. 10,3; Is. 10,3; Is. 10,5; Is. 10,6; Is. 10,6; Is. 10,6; Is. 10,6; Is. 10,7; Is. 10,7; Is. 10,8; Is. 10,9; Is. 10,9; Is. 10,9; Is. 10,9; Is. 10,9; Is. 10,10; Is. 10,10; Is. 10,11; Is. 10,11; Is. 10,11; Is. 10,12; Is. 10,12; Is. 10,12; Is. 10,13; Is. 10,13; Is. 10,13; Is. 10,14; Is. 10,14; Is. 10,14; Is. 10,16; Is. 10,16; Is. 10,17; Is. 10,17; Is. 10,17; Is. 10,18; Is. 10,18; Is. 10,18; Is. 10,18; Is. 10,19; Is. 10,19; Is. 10,20; Is. 10,21; Is. 10,22; Is. 10,22; Is. 10,25; Is. 10,26; Is. 10,26; Is. 10,27; Is. 10,27; Is. 10,27; Is. 10,28; Is. 10,28; Is. 10,29; Is. 10,29; Is. 10,31; Is. 10,32; Is. 10,33; Is. 10,33; Is. 10,34; Is. 11,1; Is. 11,2; Is. 11,2; Is. 11,2; Is. 11,2; Is. 11,4; Is. 11,4; Is. 11,4; Is. 11,5; Is. 11,5; Is. 11,6; Is. 11,6; Is. 11,6; Is. 11,6; Is. 11,6; Is. 11,6; Is. 11,7; Is. 11,7; Is. 11,7; Is. 11,7; Is. 11,7; Is. 11,8; Is. 11,8; Is. 11,9; Is. 11,10; Is. 11,10; Is. 11,11; Is. 11,11; Is. 11,11; Is. 11,11; Is. 11,11; Is. 11,11; Is. 11,11; Is. 11,12; Is. 11,12; Is. 11,12; Is. 11,13; Is. 11,13; Is. 11,13; Is. 11,14; Is. 11,14; Is. 11,14; Is. 11,14; Is. 11,15; Is. 11,15; Is. 11,15; Is. 11,16; Is. 11,16; Is. 12,1; Is. 12,1; Is. 12,2; Is. 12,2; Is. 12,2; Is. 12,2; Is. 12,3; Is. 12,4; Is. 12,6; Is. 13,3; Is. 13,3; Is. 13,3; Is. 13,4; Is. 13,5; Is. 13,6; Is. 13,7; Is. 13,8; Is. 13,8; Is. 13,8; Is. 13,8; Is. 13,8; Is. 13,9; Is. 13,9; Is. 13,10; Is. 13,10; Is. 13,10; Is. 13,10; Is. 13,11; Is. 13,11; Is. 13,11; Is. 13,11; Is. 13,12; Is. 13,12; Is. 13,13; Is. 13,14; Is. 13,14; Is. 13,14; Is. 13,14; Is. 13,15; Is. 13,16; Is. 13,16; Is. 13,16; Is. 13,18; Is. 13,19; Is. 13,19; Is. 13,21; Is. 13,21; Is. 13,21; Is. 13,21; Is. 13,22; Is. 13,22; Is. 13,22; Is. 14,1; Is. 14,1; Is. 14,1; Is. 14,1; Is. 14,2; Is. 14,2; Is. 14,2; Is. 14,2; Is. 14,2; Is. 14,2; Is. 14,2; Is. 14,3; Is. 14,3; Is. 14,4; Is. 14,4; Is. 14,4; Is. 14,8; Is. 14,8; Is. 14,10; Is. 14,11; Is. 14,15; Is. 14,16; Is. 14,17; Is. 14,20; Is. 14,21; Is. 14,21; Is. 14,22; Is. 14,22; Is. 14,22; Is. 14,23; Is. 14,23; Is. 14,23; Is. 14,24; Is. 14,25; Is. 14,25; Is. 14,25; Is. 14,25; Is. 14,26; Is. 14,27; Is. 14,29; Is. 14,30; Is. 14,30; Is. 14,31; Is. 14,32; Is. 14,32; Is. 15,2; Is. 15,3; Is. 15,3; Is. 15,4; Is. 15,5; Is. 15,6; Is. 15,7; Is. 15,7; Is. 15,8; Is. 15,9; Is. 15,9; Is. 15,9; Is. 16,4; Is. 16,5; Is. 16,5; Is. 16,5; Is. 16,5; Is. 16,7; Is. 16,9; Is. 16,9; Is. 16,9; Is. 16,10; Is. 16,10; Is. 16,10; Is. 16,10; Is. 16,11; Is. 16,12; Is. 16,12; Is. 16,12; Is. 16,14; Is. 16,14; Is. 16,14; Is. 17,1; Is. 17,2; Is. 17,2; Is. 17,3; Is. 17,3; Is. 17,3; Is. 17,3; Is. 17,4; Is. 17,5; Is. 17,5; Is. 17,5; Is. 17,6; Is. 17,8; Is. 17,8; Is. 17,9; Is. 17,9; Is. 17,10; Is. 17,10; Is. 17,11; Is. 17,12; Is. 17,13; Is. 17,13; Is. 17,13; Is. 17,14; Is. 17,14; Is. 18,2; Is. 18,2; Is. 18,2; Is. 18,2; Is. 18,4; Is. 18,5; Is. 18,5; Is. 18,5; Is. 18,5; Is. 18,6; Is. 18,6; Is. 18,6; Is. 18,6; Is. 18,7; Is. 18,7; Is. 18,7; Is. 18,7; Is. 19,1; Is. 19,1; Is. 19,1; Is. 19,2; Is. 19,2; Is. 19,2; Is. 19,2; Is. 19,3; Is. 19,3; Is. 19,3; Is. 19,3; Is. 19,3; Is. 19,4; Is. 19,4; Is. 19,5; Is. 19,5; Is. 19,6; Is. 19,6; Is. 19,6; Is. 19,6; Is. 19,6; Is. 19,7; Is. 19,7; Is. 19,8; Is. 19,8; Is. 19,8; Is. 19,8; Is. 19,9; Is. 19,9; Is. 19,10; Is. 19,10; Is. 19,10; Is. 19,11; Is. 19,12; Is. 19,12; Is. 19,13; Is. 19,13; Is. 19,14; Is. 19,14; Is. 19,15; Is. 19,15; Is. 19,15; Is. 19,16; Is. 19,17; Is. 19,18; Is. 19,19; Is. 19,20; Is. 19,20; Is. 19,21; Is. 19,21; Is. 19,21; Is. 19,21; Is. 19,21; Is. 19,22; Is. 19,22; Is. 19,22; Is. 19,22; Is. 19,23; Is. 19,23; Is. 19,23; Is. 19,24; Is. 19,25; Is. 19,25; Is. 20,1; Is. 20,1; Is. 20,2; Is. 20,2; Is. 20,2; Is. 20,2; Is. 20,3; Is. 20,3; Is. 20,3; Is. 20,3; Is. 20,4; Is. 20,4; Is. 20,4; Is. 20,5; Is. 20,6; Is. 20,6; Is. 21,2; Is. 21,2; Is. 21,3; Is. 21,4; Is. 21,6; Is. 21,7; Is. 21,7; Is. 21,8; Is. 21,8; Is. 21,8; Is. 21,9; Is. 21,9; Is. 21,9; Is. 21,9; Is. 21,10; Is. 21,12; Is. 21,12; Is. 21,15; Is. 21,15; Is. 21,15; Is. 21,15; Is. 21,17; Is. 22,3; Is. 22,3; Is. 22,5; Is. 22,5; Is. 22,5; Is. 22,6; Is. 22,7; Is. 22,8; Is. 22,8; Is. 22,9; Is. 22,9; Is. 22,9; Is. 22,10; Is. 22,11; Is. 22,11; Is. 22,11; Is. 22,12; Is. 22,12; Is. 22,12; Is. 22,12; Is. 22,13; Is. 22,13; Is. 22,13; Is. 22,13; Is. 22,14; Is. 22,15; Is. 22,16; Is. 22,16; Is. 22,16; Is. 22,17; Is. 22,17; Is. 22,18; Is. 22,18; Is. 22,18; Is. 22,18; Is. 22,18; Is. 22,18; Is. 22,19; Is. 22,19; Is. 22,20; Is. 22,21; Is. 22,21; Is. 22,21; Is. 22,21; Is. 22,21; Is. 22,21; Is. 22,22; Is. 22,22; Is. 22,22; Is. 22,23; Is. 22,23; Is. 22,24; Is. 22,24; Is. 22,25; Is. 22,25; Is. 23,1; Is. 23,9; Is. 23,10; Is. 23,12; Is. 23,12; Is. 23,12; Is. 23,13; Is. 23,13; Is. 23,15; Is. 23,15; Is. 23,17; Is. 23,17; Is. 23,17; Is. 23,18; Is. 23,18; Is. 23,18; Is. 23,18; Is. 24,1; Is. 24,1; Is. 24,1; Is. 24,2; Is. 24,2; Is. 24,2; Is. 24,2; Is. 24,2; Is. 24,3; Is. 24,4; Is. 24,5; Is. 24,6; Is. 24,8; Is. 24,12; Is. 24,12; Is. 24,13; Is. 24,16; Is. 24,17; Is. 24,17; Is. 24,18; Is. 24,18; Is. 24,19; Is. 24,20; Is. 24,20; Is. 24,20; Is. 24,20; Is. 24,21; Is. 24,21; Is. 24,22; Is. 24,22; Is. 24,22; Is. 24,23; Is. 24,23; Is. 24,23; Is. 24,23; Is. 25,3; Is. 25,4; Is. 25,4; Is. 25,6; Is. 25,8; Is. 25,9; Is. 25,9; Is. 25,9; Is. 25,10; Is. 25,11; Is. 25,11; Is. 25,11; Is. 25,12; Is. 25,12; Is. 26,1; Is. 26,1; Is. 26,2; Is. 26,3; Is. 26,5; Is. 26,6; Is. 26,6; Is. 26,7; Is.

καί

26,8; Is. 26,11; Is. 26,11; Is. 26,14; Is. 26,14; Is. 26,17; Is. 26,17; Is. 26,18; Is. 26,18; Is. 26,19; Is. 26,19; Is. 26,21; Is. 26,21; Is. 27,1; Is. 27,1; Is. 27,1; Is. 27,6; Is. 27,6; Is. 27,7; Is. 27,7; Is. 27,8; Is. 27,9; Is. 27,9; Is. 27,9; Is. 27,10; Is. 27,10; Is. 27,11; Is. 27,12; Is. 27,13; Is. 27,13; Is. 27,13; Is. 27,13; Is. 28,2; Is. 28,3; Is. 28,4; Is. 28,6; Is. 28,7; Is. 28,9; Is. 28,12; Is. 28,12; Is. 28,13; Is. 28,13; Is. 28,13; Is. 28,13; Is. 28,13; Is. 28,14; Is. 28,15; Is. 28,15; Is. 28,16; Is. 28,17; Is. 28,17; Is. 28,18; Is. 28,19; Is. 28,21; Is. 28,21; Is. 28,22; Is. 28,22; Is. 28,23; Is. 28,23; Is. 28,25; Is. 28,25; Is. 28,25; Is. 28,25; Is. 28,26; Is. 28,26; Is. 28,29; Is. 29,2; Is. 29,2; Is. 29,3; Is. 29,3; Is. 29,3; Is. 29,4; Is. 29,4; Is. 29,4; Is. 29,4; Is. 29,5; Is. 29,5; Is. 29,5; Is. 29,6; Is. 29,6; Is. 29,6; Is. 29,7; Is. 29,7; Is. 29,7; Is. 29,7; Is. 29,8; Is. 29,8; Is. 29,8; Is. 29,8; Is. 29,8; Is. 29,9; Is. 29,9; Is. 29,10; Is. 29,10; Is. 29,10; Is. 29,11; Is. 29,11; Is. 29,12; Is. 29,12; Is. 29,12; Is. 29,13; Is. 29,14; Is. 29,14; Is. 29,14; Is. 29,15; Is. 29,15; Is. 29,15; Is. 29,15; Is. 29,17; Is. 29,17; Is. 29,18; Is. 29,18; Is. 29,18; Is. 29,19; Is. 29,19; Is. 29,20; Is. 29,20; Is. 29,21; Is. 29,21; Is. 29,23; Is. 29,23; Is. 29,24; Is. 29,24; Is. 30,1; Is. 30,2; Is. 30,3; Is. 30,5; Is. 30,6; Is. 30,6; Is. 30,6; Is. 30,6; Is. 30,6; Is. 30,6; Is. 30,7; Is. 30,8; Is. 30,8; Is. 30,10; Is. 30,10; Is. 30,11; Is. 30,11; Is. 30,12; Is. 30,12; Is. 30,12; Is. 30,14; Is. 30,14; Is. 30,15; Is. 30,15; Is. 30,16; Is. 30,17; Is. 30,17; Is. 30,18; Is. 30,18; Is. 30,18; Is. 30,19; Is. 30,20; Is. 30,20; Is. 30,20; Is. 30,21; Is. 30,22; Is. 30,22; Is. 30,22; Is. 30,22; Is. 30,23; Is. 30,23; Is. 30,23; Is. 30,23; Is. 30,24; Is. 30,25; Is. 30,25; Is. 30,25; Is. 30,26; Is. 30,26; Is. 30,26; Is. 30,27; Is. 30,28; Is. 30,28; Is. 30,28; Is. 30,28; Is. 30,29; Is. 30,29; Is. 30,30; Is. 30,30; Is. 30,30; Is. 30,30; Is. 30,30; Is. 30,32; Is. 30,32; Is. 30,33; Is. 30,33; Is. 31,1; Is. 31,1; Is. 31,1; Is. 31,1; Is. 31,2; Is. 31,2; Is. 31,2; Is. 31,2; Is. 31,3; Is. 31,3; Is. 31,3; Is. 31,3; Is. 31,4; Is. 31,4; Is. 31,4; Is. 31,5; Is. 31,5; Is. 31,5; Is. 31,6; Is. 31,7; Is. 31,8; Is. 31,8; Is. 31,9; Is. 31,9; Is. 32,1; Is. 32,2; Is. 32,2; Is. 32,2; Is. 32,3; Is. 32,4; Is. 32,4; Is. 32,5; Is. 32,5; Is. 32,6; Is. 32,6; Is. 32,6; Is. 32,7; Is. 32,8; Is. 32,9; Is. 32,10; Is. 32,12; Is. 32,12; Is. 32,13; Is. 32,13; Is. 32,14; Is. 32,14; Is. 32,15; Is. 32,15; Is. 32,16; Is. 32,16; Is. 32,17; Is. 32,17; Is. 32,17; Is. 32,18; Is. 32,18; Is. 32,18; Is. 32,19; Is. 32,20; Is. 33,1; Is. 33,1; Is. 33,1; Is. 33,3; Is. 33,4; Is. 33,5; Is. 33,6; Is. 33,6; Is. 33,8; Is. 33,8; Is. 33,9; Is. 33,12; Is. 33,12; Is. 33,15; Is. 33,15; Is. 33,16; Is. 33,17; Is. 33,19; Is. 33,19; Is. 33,21; Is. 33,21; Is. 33,24; Is. 34,1; Is. 34,1; Is. 34,1; Is. 34,2; Is. 34,2; Is. 34,3; Is. 34,3; Is. 34,3; Is. 34,4; Is. 34,4; Is. 34,4; Is. 34,5; Is. 34,6; Is. 34,6; Is. 34,6; Is. 34,7; Is. 34,7; Is. 34,7; Is. 34,7; Is. 34,7; Is. 34,8; Is. 34,9; Is. 34,9; Is. 34,9; Is. 34,10; Is. 34,10; Is. 34,10; Is. 34,10; Is. 34,11; Is. 34,11; Is. 34,11; Is. 34,11; Is. 34,11; Is. 34,11; Is. 34,12; Is. 34,12; Is. 34,13; Is. 34,13; Is. 34,13; Is. 34,13; Is. 34,13; Is. 34,14; Is. 34,14; Is. 34,15; Is. 34,15; Is. 34,16; Is. 34,16; Is. 34,17; Is. 34,17; Is. 35,1; Is. 35,2; Is. 35,2; Is. 35,2; Is. 35,2; Is. 35,2; Is. 35,2; Is. 35,3; Is. 35,4; Is. 35,4; Is. 35,5; Is. 35,6; Is. 35,6; Is. 35,7; Is. 35,7; Is. 35,7; Is. 35,8; Is. 35,8; Is. 35,8; Is. 35,9; Is. 35,10; Is. 35,10; Is. 35,10; Is. 35,10; Is. 35,10; Is. 35,10; Is. 35,10; Is. 36,1; Is. 36,2; Is. 36,2; Is. 36,3; Is. 36,3; Is. 36,3; Is. 36,4; Is. 36,5; Is. 36,6; Is. 36,8; Is. 36,9; Is. 36,9; Is. 36,10; Is. 36,11; Is. 36,11; Is. 36,11; Is. 36,11; Is. 36,11; Is. 36,12; Is. 36,12; Is. 36,13; Is. 36,13; Is. 36,15; Is. 36,15; Is. 36,16; Is. 36,16; Is. 36,16; Is. 36,17; Is. 36,17; Is. 36,17; Is. 36,17; Is. 36,19; Is. 36,19; Is. 36,21; Is. 36,21; Is. 36,22; Is. 36,22; Is. 36,22; Is. 37,1; Is. 37,1; Is. 37,1; Is. 37,2; Is. 37,2; Is. 37,2; Is. 37,3; Is. 37,3; Is. 37,3; Is. 37,3; Is. 37,4; Is. 37,4; Is. 37,5; Is. 37,6; Is. 37,7; Is. 37,7; Is. 37,8; Is. 37,8; Is. 37,9; Is. 37,9; Is. 37,12; Is. 37,12; Is. 37,13; Is. 37,13; Is. 37,14; Is. 37,14; Is. 37,15; Is. 37,16; Is. 37,17; Is. 37,18; Is. 37,19; Is. 37,19; Is. 37,19; Is. 37,21; Is. 37,22; Is. 37,23; Is. 37,23; Is. 37,24; Is. 37,24; Is. 37,24; Is. 37,24; Is. 37,25; Is. 37,25; Is. 37,25; Is. 37,26; Is. 37,27; Is. 37,27; Is. 37,27; Is. 37,28; Is. 37,28; Is. 37,29; Is. 37,29; Is. 37,29; Is. 37,29; Is. 37,30; Is. 37,30; Is. 37,31; Is. 37,31; Is. 37,32; Is. 37,35; Is. 37,36; Is. 37,36; Is. 37,37; Is. 37,37; Is. 37,38; Is. 37,38; Is. 37,38; Is. 38,1; Is. 38,1; Is. 38,1; Is. 38,2; Is. 38,2; Is. 38,3; Is. 38,3; Is. 38,4; Is. 38,5; Is. 38,5; Is. 38,6; Is. 38,6; Is. 38,8; Is. 38,9; Is. 38,12; Is. 38,14; Is. 38,15; Is. 38,16; Is. 38,16; Is. 38,17; Is. 38,20; Is. 38,21; Is. 38,21; Is. 38,21; Is. 38,22; Is. 39,1; Is. 39,1; Is. 39,1; Is. 39,2; Is. 39,2; Is. 39,2; Is. 39,2; Is. 39,2; Is. 39,2; Is. 39,2; Is. 39,2; Is. 39,2; Is. 39,2; Is. 39,3; Is. 39,3; Is. 39,3; Is. 39,3; Is. 39,4; Is. 39,4; Is. 39,4; Is. 39,5; Is. 39,6; Is. 39,6; Is. 39,6; Is. 39,7; Is. 39,7; Is. 39,8; Is. 39,8; Is. 40,4; Is. 40,4; Is. 40,4; Is. 40,5; Is. 40,5; Is. 40,6; Is. 40,6; Is. 40,7; Is. 40,10; Is. 40,10; Is. 40,11; Is. 40,11; Is. 40,12; Is. 40,12; Is. 40,12; Is. 40,13; Is. 40,14; Is. 40,15; Is. 40,15; Is. 40,16; Is. 40,17; Is. 40,17; Is. 40,18; Is. 40,20; Is. 40,20; Is. 40,22; Is. 40,22; Is. 40,24; Is. 40,24; Is. 40,25; Is. 40,26; Is. 40,26; Is. 40,27; Is. 40,27; Is. 40,27; Is. 40,28; Is. 40,29; Is. 40,30; Is. 40,30; Is. 40,31; Is. 40,31; Is. 41,1; Is. 41,2; Is. 41,2; Is. 41,2; Is. 41,2; Is. 41,3; Is. 41,3; Is. 41,4; Is. 41,4; Is. 41,5; Is. 41,5; Is. 41,6; Is. 41,6; Is. 41,7; Is. 41,7; Is. 41,9; Is. 41,9; Is. 41,9; Is. 41,10; Is. 41,10; Is. 41,11; Is. 41,11; Is. 41,12; Is. 41,12; Is. 41,15; Is. 41,15; Is. 41,15; Is. 41,16; Is. 41,16; Is. 41,16; Is. 41,16; Is. 41,17; Is. 41,17; Is. 41,17; Is. 41,18; Is. 41,18; Is. 41,19; Is. 41,19; Is. 41,19; Is. 41,19; Is. 41,20; Is. 41,20; Is. 41,20; Is. 41,20; Is. 41,22; Is. 41,22; Is. 41,22; Is. 41,22; Is. 41,23; Is. 41,23; Is. 41,23; Is. 41,23; Is. 41,24; Is. 41,25; Is. 41,25; Is. 41,25; Is. 41,26; Is. 41,26; Is. 41,27; Is. 41,28; Is. 41,28; Is. 41,29; Is. 42,3; Is. 42,4; Is. 42,4; Is. 42,5; Is. 42,5; Is. 42,5; Is. 42,5; Is. 42,6; Is. 42,6; Is. 42,6; Is. 42,7; Is. 42,9; Is. 42,9; Is. 42,10; Is. 42,10; Is. 42,11; Is. 42,11; Is. 42,13; Is. 42,13; Is. 42,14; Is. 42,14; Is. 42,14; Is. 42,15; Is. 42,15; Is. 42,16; Is. 42,16; Is. 42,16; Is. 42,16; Is. 42,18; Is. 42,19; Is. 42,19; Is. 42,19; Is. 42,20; Is. 42,20; Is. 42,21; Is. 42,21; Is. 42,22; Is. 42,22; Is. 42,22; Is. 42,22; Is. 42,22; Is. 42,24; Is. 42,24; Is. 42,25; Is. 42,25; Is. 42,25; Is. 42,25; Is. 43,2; Is. 43,2; Is. 43,2; Is. 43,3; Is. 43,3; Is. 43,4; Is. 43,4; Is. 43,5; Is. 43,6; Is. 43,6; Is. 43,7; Is. 43,7; Is. 43,8; Is. 43,8; Is. 43,8; Is. 43,9; Is. 43,9; Is. 43,9; Is. 43,10; Is. 43,10; Is. 43,10; Is. 43,10; Is. 43,11; Is. 43,12; Is. 43,12; Is. 43,13; Is. 43,13; Is. 43,14; Is. 43,14; Is. 43,16; Is. 43,17; Is. 43,17; Is. 43,17; Is. 43,18; Is. 43,19; Is. 43,19; Is. 43,19; Is. 43,20; Is. 43,20; Is. 43,24; Is. 43,25; Is. 43,26; Is. 43,27; Is. 43,28; Is. 43,28; Is. 43,28; Is. 44,1; Is. 44,2; Is. 44,2; Is. 44,3; Is. 44,4; Is. 44,4; Is. 44,5; Is. 44,5; Is. 44,6; Is. 44,7; Is. 44,7; Is. 44,8; Is. 44,8; Is. 44,9; Is. 44,10; Is. 44,11; Is. 44,11; Is. 44,11; Is. 44,11; Is. 44,12; Is. 44,12; Is. 44,12; Is. 44,12; Is. 44,13; Is. 44,13; Is. 44,14; Is. 44,15; Is. 44,15; Is. 44,15; Is. 44,16; Is. 44,16; Is. 44,16; Is. 44,16; Is. 44,16; Is. 44,17; Is. 44,17; Is. 44,18; Is. 44,19; Is. 44,19; Is. 44,19; Is. 44,19; Is. 44,19; Is. 44,20; Is. 44,20; Is. 44,21; Is. 44,21; Is. 44,22; Is. 44,22; Is. 44,23; Is. 44,23; Is. 44,24; Is. 44,24; Is. 44,25; Is. 44,25; Is. 44,26; Is. 44,26; Is. 44,26; Is. 44,26; Is. 44,27; Is. 44,28; Is. 44,28; Is. 45,1; Is. 45,1; Is. 45,2; Is. 45,2; Is. 45,3; Is. 45,4; Is. 45,4; Is. 45,5; Is. 45,5; Is. 45,6; Is. 45,6; Is. 45,7; Is. 45,7; Is. 45,8; Is. 45,8; Is. 45,10; Is. 45,11; Is. 45,11; Is. 45,12; Is. 45,13; Is. 45,13; Is. 45,14; Is. 45,14; Is. 45,14; Is. 45,14; Is. 45,14; Is. 45,14; Is. 45,15; Is. 45,16; Is. 45,16; Is. 45,18; Is. 45,18; Is. 45,19; Is. 45,20; Is. 45,20; Is. 45,21; Is. 45,21; Is. 45,22; Is. 45,22; Is. 45,23; Is. 45,24; Is. 45,24; Is. 45,25; Is. 46,1; Is. 46,2; Is. 46,2; Is. 46,3; Is. 46,3; Is. 46,4; Is. 46,4; Is. 46,4; Is. 46,6; Is. 46,6; Is. 46,6; Is. 46,7; Is. 46,7; Is. 46,8; Is. 46,9; Is. 46,9; Is. 46,10; Is. 46,10; Is. 46,10; Is. 46,11; Is. 46,11; Is. 46,11; Is. 46,11; Is. 46,13; Is. 47,1; Is. 47,7; Is. 47,8; Is. 47,9; Is. 47,10; Is. 47,10; Is. 47,10; Is. 47,10; Is. 47,11; Is. 47,11; Is. 47,11; Is. 47,11; Is. 47,11; Is. 47,11; Is. 47,11; Is. 47,12; Is. 47,13; Is. 47,14; Is. 48,1; Is. 48,2; Is. 48,2; Is. 48,3; Is. 48,3; Is. 48,3; Is.

Κ, κ

48,4; Is. 48,4; Is. 48,5; Is. 48,5; Is. 48,5; Is. 48,6; Is. 48,6; Is. 48,7; Is. 48,7; Is. 48,8; Is. 48,9; Is. 48,11; Is. 48,12; Is. 48,12; Is. 48,13; Is. 48,13; Is. 48,13; Is. 48,14; Is. 48,14; Is. 48,15; Is. 48,16; Is. 48,16; Is. 48,16; Is. 48,18; Is. 48,18; Is. 48,19; Is. 48,19; Is. 48,20; Is. 48,21; Is. 48,21; Is. 48,21; Is. 49,1; Is. 49,2; Is. 49,2; Is. 49,2; Is. 49,3; Is. 49,3; Is. 49,4; Is. 49,4; Is. 49,4; Is. 49,4; Is. 49,5; Is. 49,5; Is. 49,5; Is. 49,5; Is. 49,6; Is. 49,6; Is. 49,7; Is. 49,7; Is. 49,7; Is. 49,8; Is. 49,8; Is. 49,8; Is. 49,9; Is. 49,9; Is. 49,9; Is. 49,10; Is. 49,11; Is. 49,11; Is. 49,12; Is. 49,13; Is. 49,13; Is. 49,13; Is. 49,14; Is. 49,16; Is. 49,17; Is. 49,17; Is. 49,18; Is. 49,18; Is. 49,18; Is. 49,19; Is. 49,19; Is. 49,19; Is. 49,21; Is. 49,21; Is. 49,22; Is. 49,22; Is. 49,23; Is. 49,23; Is. 49,23; Is. 49,23; Is. 49,24; Is. 49,25; Is. 49,26; Is. 49,26; Is. 49,26; Is. 49,26; Is. 49,26; Is. 50,1; Is. 50,2; Is. 50,2; Is. 50,2; Is. 50,2; Is. 50,2; Is. 50,3; Is. 50,3; Is. 50,5; Is. 50,7; Is. 50,7; Is. 50,9; Is. 50,10; Is. 50,11; Is. 50,11; Is. 51,1; Is. 51,1; Is. 51,2; Is. 51,2; Is. 51,2; Is. 51,2; Is. 51,2; Is. 51,3; Is. 51,3; Is. 51,3; Is. 51,3; Is. 51,3; Is. 51,4; Is. 51,4; Is. 51,5; Is. 51,5; Is. 51,5; Is. 51,6; Is. 51,7; Is. 51,8; Is. 51,9; Is. 51,11; Is. 51,11; Is. 51,11; Is. 51,11; Is. 51,11; Is. 51,11; Is. 51,11; Is. 51,12; Is. 51,13; Is. 51,13; Is. 51,13; Is. 51,13; Is. 51,15; Is. 51,16; Is. 51,16; Is. 51,16; Is. 51,17; Is. 51,18; Is. 51,18; Is. 51,19; Is. 51,19; Is. 51,21; Is. 51,22; Is. 51,23; Is. 51,23; Is. 51,23; Is. 52,1; Is. 52,1; Is. 52,2; Is. 52,3; Is. 52,4; Is. 52,5; Is. 52,5; Is. 52,8; Is. 52,9; Is. 52,10; Is. 52,10; Is. 52,11; Is. 52,12; Is. 52,13; Is. 52,13; Is. 52,14; Is. 52,15; Is. 52,15; Is. 53,1; Is. 53,2; Is. 53,2; Is. 53,3; Is. 53,3; Is. 53,4; Is. 53,4; Is. 53,4; Is. 53,4; Is. 53,5; Is. 53,6; Is. 53,7; Is. 53,7; Is. 53,9; Is. 53,9; Is. 53,10; Is. 53,10; Is. 53,11; Is. 53,11; Is. 53,12; Is. 53,12; Is. 53,12; Is. 53,12; Is. 54,1; Is. 54,2; Is. 54,2; Is. 54,3; Is. 54,3; Is. 54,3; Is. 54,4; Is. 54,5; Is. 54,6; Is. 54,7; Is. 54,8; Is. 54,11; Is. 54,11; Is. 54,12; Is. 54,12; Is. 54,12; Is. 54,13; Is. 54,13; Is. 54,14; Is. 54,14; Is. 54,14; Is. 54,15; Is. 54,16; Is. 54,17; Is. 54,17; Is. 55,1; Is. 55,1; Is. 55,1; Is. 55,1; Is. 55,2; Is. 55,2; Is. 55,2; Is. 55,3; Is. 55,3; Is. 55,3; Is. 55,4; Is. 55,5; Is. 55,6; Is. 55,7; Is. 55,7; Is. 55,7; Is. 55,9; Is. 55,10; Is. 55,10; Is. 55,10; Is. 55,10; Is. 55,10; Is. 55,11; Is. 55,11; Is. 55,12; Is. 55,12; Is. 55,12; Is. 55,13; Is. 55,13; Is. 55,13; Is. 55,13; Is. 56,1; Is. 56,2; Is. 56,2; Is. 56,2; Is. 56,3; Is. 56,4; Is. 56,4; Is. 56,5; Is. 56,5; Is. 56,5; Is. 56,6; Is. 56,6; Is. 56,6; Is. 56,6; Is. 56,6; Is. 56,7; Is. 56,7; Is. 56,7; Is. 56,11; Is. 57,1; Is. 57,1; Is. 57,1; Is. 57,3; Is. 57,4; Is. 57,4; Is. 57,7; Is. 57,8; Is. 57,9; Is. 57,9; Is. 57,9; Is. 57,9; Is. 57,9; Is. 57,10; Is. 57,11; Is. 57,11; Is. 57,11; Is. 57,12; Is. 57,13; Is. 57,13; Is. 57,14; Is. 57,14; Is. 57,15; Is. 57,15; Is. 57,16; Is. 57,17; Is. 57,17; Is. 57,17; Is. 57,17; Is. 57,18; Is. 57,18; Is. 57,18; Is. 57,19; Is. 57,19; Is. 57,20; Is. 58,1; Is. 58,1; Is. 58,1; Is. 58,2; Is. 58,2; Is. 58,2; Is. 58,3; Is. 58,3; Is. 58,3; Is. 58,4; Is. 58,4; Is. 58,5; Is. 58,5; Is. 58,5; Is. 58,6; Is. 58,7; Is. 58,7; Is. 58,8; Is. 58,8; Is. 58,8; Is. 58,9; Is. 58,9; Is. 58,9; Is. 58,10; Is. 58,10; Is. 58,10; Is. 58,11; Is. 58,11; Is. 58,11; Is. 58,11; Is. 58,11; Is. 58,11; Is. 58,11; Is. 58,11; Is. 58,12; Is. 58,12; Is. 58,12; Is. 58,12; Is. 58,13; Is. 58,14; Is. 58,14; Is. 58,14; Is. 59,2; Is. 59,2; Is. 59,3; Is. 59,3; Is. 59,4; Is. 59,4; Is. 59,5; Is. 59,5; Is. 59,5; Is. 59,7; Is. 59,7; Is. 59,8; Is. 59,8; Is. 59,8; Is. 59,9; Is. 59,10; Is. 59,10; Is. 59,11; Is. 59,11; Is. 59,12; Is. 59,12; Is. 59,13; Is. 59,13; Is. 59,13; Is. 59,14; Is. 59,14; Is. 59,14; Is. 59,15; Is. 59,15; Is. 59,15; Is. 59,15; Is. 59,16; Is. 59,16; Is. 59,16; Is. 59,16; Is. 59,16; Is. 59,16; Is. 59,17; Is. 59,17; Is. 59,17; Is. 59,17; Is. 59,19; Is. 59,19; Is. 59,20; Is. 59,20; Is. 59,21; Is. 59,21; Is. 59,21; Is. 59,21; Is. 60,1; Is. 60,2; Is. 60,2; Is. 60,3; Is. 60,3; Is. 60,4; Is. 60,4; Is. 60,5; Is. 60,5; Is. 60,5; Is. 60,5; Is. 60,5; Is. 60,6; Is. 60,6; Is. 60,6; Is. 60,6; Is. 60,7; Is. 60,7; Is. 60,7; Is. 60,7; Is. 60,8; Is. 60,9; Is. 60,9; Is. 60,9; Is. 60,9; Is. 60,10; Is. 60,10; Is. 60,11; Is. 60,11; Is. 60,11; Is. 60,12; Is. 60,12; Is. 60,13; Is. 60,13; Is. 60,13; Is. 60,14; Is. 60,14; Is. 60,14; Is. 60,15; Is. 60,15; Is. 60,15; Is. 60,16; Is. 60,16; Is. 60,16; Is. 60,16; Is. 60,17; Is. 60,17; Is. 60,17; Is. 60,18; Is. 60,18; Is. 60,19; Is. 60,19; Is. 60,20; Is. 60,20; Is. 60,21; Is. 60,21; Is. 60,22; Is. 61,1; Is. 61,2; Is. 61,3; Is. 61,4; Is. 61,4; Is. 61,5; Is. 61,5; Is. 61,5; Is. 61,6; Is. 61,7; Is. 61,8; Is. 61,8; Is. 61,8; Is. 61,9; Is. 61,9; Is. 61,10; Is. 61,10; Is. 61,10; Is. 61,11; Is. 61,11; Is. 61,11; Is. 62,1; Is. 62,2; Is. 62,2; Is. 62,2; Is. 62,3; Is. 62,3; Is. 62,4; Is. 62,4; Is. 62,4; Is. 62,5; Is. 62,5; Is. 62,6; Is. 62,6; Is. 62,7; Is. 62,8; Is. 62,8; Is. 62,8; Is. 62,9; Is. 62,9; Is. 62,10; Is. 62,10; Is. 62,11; Is. 62,12; Is. 62,12; Is. 63,1; Is. 63,2; Is. 63,3; Is. 63,3; Is. 63,3; Is. 63,3; Is. 63,4; Is. 63,5; Is. 63,5; Is. 63,5; Is. 63,5; Is. 63,5; Is. 63,6; Is. 63,6; Is. 63,7; Is. 63,8; Is. 63,8; Is. 63,9; Is. 63,9; Is. 63,9; Is. 63,10; Is. 63,10; Is. 63,10; Is. 63,11; Is. 63,13; Is. 63,14; Is. 63,14; Is. 63,15; Is. 63,15; Is. 63,15; Is. 63,15; Is. 63,16; Is. 63,19; Is. 64,1; Is. 64,1; Is. 64,3; Is. 64,4; Is. 64,4; Is. 64,5; Is. 64,5; Is. 64,6; Is. 64,6; Is. 64,6; Is. 64,7; Is. 64,8; Is. 64,8; Is. 64,10; Is. 64,10; Is. 64,11; Is. 64,11; Is. 64,11; Is. 65,2; Is. 65,3; Is. 65,4; Is. 65,4; Is. 65,4; Is. 65,7; Is. 65,7; Is. 65,8; Is. 65,9; Is. 65,9; Is. 65,9; Is. 65,9; Is. 65,9; Is. 65,9; Is. 65,10; Is. 65,10; Is. 65,11; Is. 65,11; Is. 65,11; Is. 65,12; Is. 65,12; Is. 65,12; Is. 65,12; Is. 65,14; Is. 65,16; Is. 65,16; Is. 65,17; Is. 65,17; Is. 65,18; Is. 65,18; Is. 65,19; Is. 65,19; Is. 65,19; Is. 65,20; Is. 65,20; Is. 65,21; Is. 65,21; Is. 65,21; Is. 65,21; Is. 65,22; Is. 65,22; Is. 65,22; Is. 65,22; Is. 65,23; Is. 65,24; Is. 65,25; Is. 65,25; Is. 66,2; Is. 66,2; Is. 66,2; Is. 66,2; Is. 66,3; Is. 66,3; Is. 66,4; Is. 66,4; Is. 66,4; Is. 66,4; Is. 66,5; Is. 66,5; Is. 66,7; Is. 66,8; Is. 66,8; Is. 66,8; Is. 66,9; Is. 66,9; Is. 66,10; Is. 66,11; Is. 66,12; Is. 66,12; Is. 66,13; Is. 66,14; Is. 66,14; Is. 66,14; Is. 66,14; Is. 66,14; Is. 66,15; Is. 66,15; Is. 66,16; Is. 66,17; Is. 66,17; Is. 66,17; Is. 66,17; Is. 66,18; Is. 66,18; Is. 66,18; Is. 66,18; Is. 66,19; Is. 66,19; Is. 66,19; Is. 66,19; Is. 66,19; Is. 66,19; Is. 66,19; Is. 66,19; Is. 66,20; Is. 66,20; Is. 66,21; Is. 66,21; Is. 66,22; Is. 66,22; Is. 66,23; Is. 66,23; Is. 66,24; Is. 66,24; Is. 66,24; Is. 66,24; Jer. 1,3; Jer. 1,5; Jer. 1,6; Jer. 1,7; Jer. 1,7; Jer. 1,9; Jer. 1,9; Jer. 1,9; Jer. 1,10; Jer. 1,10; Jer. 1,10; Jer. 1,10; Jer. 1,10; Jer. 1,11; Jer. 1,12; Jer. 1,13; Jer. 1,13; Jer. 1,13; Jer. 1,14; Jer. 1,15; Jer. 1,15; Jer. 1,15; Jer. 1,15; Jer. 1,16; Jer. 1,16; Jer. 1,16; Jer. 1,17; Jer. 1,17; Jer. 1,17; Jer. 1,18; Jer. 1,18; Jer. 1,18; Jer. 1,19; Jer. 1,19; Jer. 2,2; Jer. 2,4; Jer. 2,5; Jer. 2,5; Jer. 2,6; Jer. 2,6; Jer. 2,6; Jer. 2,6; Jer. 2,7; Jer. 2,7; Jer. 2,7; Jer. 2,7; Jer. 2,7; Jer. 2,8; Jer. 2,8; Jer. 2,8; Jer. 2,8; Jer. 2,9; Jer. 2,10; Jer. 2,10; Jer. 2,10; Jer. 2,10; Jer. 2,11; Jer. 2,12; Jer. 2,13; Jer. 2,15; Jer. 2,15; Jer. 2,16; Jer. 2,16; Jer. 2,16; Jer. 2,18; Jer. 2,18; Jer. 2,18; Jer. 2,18; Jer. 2,19; Jer. 2,19; Jer. 2,19; Jer. 2,19; Jer. 2,20; Jer. 2,20; Jer. 2,22; Jer. 2,23; Jer. 2,23; Jer. 2,25; Jer. 2,25; Jer. 2,26; Jer. 2,26; Jer. 2,26; Jer. 2,26; Jer. 2,27; Jer. 2,27; Jer. 2,27; Jer. 2,27; Jer. 2,27; Jer. 2,28; Jer. 2,28; Jer. 2,28; Jer. 2,29; Jer. 2,30; Jer. 2,31; Jer. 2,32; Jer. 2,34; Jer. 2,35; Jer. 2,36; Jer. 2,37; Jer. 2,37; Jer. 2,37; Jer. 3,1; Jer. 3,1; Jer. 3,1; Jer. 3,1; Jer. 3,2; Jer. 3,2; Jer. 3,2; Jer. 3,3; Jer. 3,4; Jer. 3,4; Jer. 3,5; Jer. 3,5; Jer. 3,6; Jer. 3,6; Jer. 3,7; Jer. 3,7; Jer. 3,7; Jer. 3,8; Jer. 3,8; Jer. 3,8; Jer. 3,8; Jer. 3,8; Jer. 3,8; Jer. 3,9; Jer. 3,9; Jer. 3,9; Jer. 3,10; Jer. 3,11; Jer. 3,12; Jer. 3,12; Jer. 3,12; Jer. 3,12; Jer. 3,13; Jer. 3,14; Jer. 3,14; Jer. 3,14; Jer. 3,15; Jer. 3,15; Jer. 3,16; Jer. 3,16; Jer. 3,16; Jer. 3,17; Jer. 3,17; Jer. 3,17; Jer. 3,18; Jer. 3,18; Jer. 3,19; Jer. 3,19; Jer. 3,19; Jer. 3,19; Jer. 3,21; Jer. 3,22; Jer. 3,23; Jer. 3,24; Jer. 3,24; Jer. 3,24; Jer. 3,25; Jer. 3,25; Jer. 3,25; Jer. 4,1; Jer. 4,2; Jer. 4,2; Jer. 4,2; Jer. 4,2; Jer. 4,2; Jer. 4,3; Jer. 4,3; Jer. 4,4; Jer. 4,4; Jer. 4,4; Jer. 4,4; Jer. 4,5; Jer. 4,5; Jer. 4,5; Jer. 4,6; Jer. 4,7; Jer. 4,7; Jer. 4,8; Jer. 4,8; Jer. 4,9; Jer. 4,9; Jer. 4,9; Jer. 4,9; Jer. 4,10; Jer. 4,10; Jer. 4,10; Jer. 4,11; Jer. 4,13; Jer. 4,15; Jer. 4,16; Jer. 4,18; Jer. 4,19; Jer. 4,20; Jer. 4,22; Jer. 4,23; Jer. 4,23; Jer. 4,23; Jer. 4,24; Jer. 4,24; Jer. 4,25; Jer. 4,25; Jer. 4,26; Jer. 4,26; Jer. 4,26; Jer. 4,28; Jer. 4,28; Jer. 4,28; Jer.

καί

4,29; Jer. 4,29; Jer. 4,29; Jer. 4,30; Jer. 4,30; Jer. 4,30; Jer. 4,31; Jer. 5,1; Jer. 5,1; Jer. 5,1; Jer. 5,1; Jer. 5,1; Jer. 5,3; Jer. 5,3; Jer. 5,3; Jer. 5,4; Jer. 5,4; Jer. 5,5; Jer. 5,5; Jer. 5,5; Jer. 5,6; Jer. 5,6; Jer. 5,7; Jer. 5,7; Jer. 5,7; Jer. 5,7; Jer. 5,10; Jer. 5,11; Jer. 5,12; Jer. 5,12; Jer. 5,12; Jer. 5,13; Jer. 5,14; Jer. 5,14; Jer. 5,17; Jer. 5,17; Jer. 5,17; Jer. 5,17; Jer. 5,17; Jer. 5,17; Jer. 5,17; Jer. 5,17; Jer. 5,17; Jer. 5,18; Jer. 5,19; Jer. 5,19; Jer. 5,20; Jer. 5,21; Jer. 5,21; Jer. 5,21; Jer. 5,22; Jer. 5,22; Jer. 5,22; Jer. 5,22; Jer. 5,22; Jer. 5,23; Jer. 5,23; Jer. 5,23; Jer. 5,24; Jer. 5,24; Jer. 5,24; Jer. 5,25; Jer. 5,26; Jer. 5,26; Jer. 5,27; Jer. 5,28; Jer. 5,28; Jer. 5,30; Jer. 5,31; Jer. 5,31; Jer. 5,31; Jer. 6,1; Jer. 6,1; Jer. 6,1; Jer. 6,2; Jer. 6,3; Jer. 6,3; Jer. 6,3; Jer. 6,4; Jer. 6,5; Jer. 6,5; Jer. 6,7; Jer. 6,7; Jer. 6,10; Jer. 6,10; Jer. 6,10; Jer. 6,11; Jer. 6,11; Jer. 6,11; Jer. 6,11; Jer. 6,11; Jer. 6,12; Jer. 6,12; Jer. 6,13; Jer. 6,13; Jer. 6,14; Jer. 6,14; Jer. 6,14; Jer. 6,15; Jer. 6,15; Jer. 6,15; Jer. 6,16; Jer. 6,16; Jer. 6,16; Jer. 6,16; Jer. 6,16; Jer. 6,16; Jer. 6,17; Jer. 6,18; Jer. 6,19; Jer. 6,20; Jer. 6,20; Jer. 6,21; Jer. 6,21; Jer. 6,21; Jer. 6,22; Jer. 6,23; Jer. 6,23; Jer. 6,23; Jer. 6,25; Jer. 6,27; Jer. 6,28; Jer. 7,3; Jer. 7,3; Jer. 7,5; Jer. 7,5; Jer. 7,5; Jer. 7,6; Jer. 7,6; Jer. 7,6; Jer. 7,6; Jer. 7,7; Jer. 7,7; Jer. 7,9; Jer. 7,9; Jer. 7,9; Jer. 7,9; Jer. 7,9; Jer. 7,9; Jer. 7,10; Jer. 7,10; Jer. 7,10; Jer. 7,11; Jer. 7,12; Jer. 7,13; Jer. 7,13; Jer. 7,13; Jer. 7,13; Jer. 7,13; Jer. 7,14; Jer. 7,14; Jer. 7,14; Jer. 7,15; Jer. 7,16; Jer. 7,16; Jer. 7,16; Jer. 7,16; Jer. 7,17; Jer. 7,18; Jer. 7,18; Jer. 7,18; Jer. 7,20; Jer. 7,20; Jer. 7,20; Jer. 7,20; Jer. 7,20; Jer. 7,20; Jer. 7,20; Jer. 7,21; Jer. 7,22; Jer. 7,22; Jer. 7,23; Jer. 7,23; Jer. 7,23; Jer. 7,24; Jer. 7,24; Jer. 7,24; Jer. 7,24; Jer. 7,25; Jer. 7,25; Jer. 7,25; Jer. 7,25; Jer. 7,26; Jer. 7,26; Jer. 7,26; Jer. 7,27; Jer. 7,29; Jer. 7,29; Jer. 7,29; Jer. 7,31; Jer. 7,31; Jer. 7,31; Jer. 7,32; Jer. 7,32; Jer. 7,32; Jer. 7,33; Jer. 7,33; Jer. 7,33; Jer. 7,34; Jer. 7,34; Jer. 7,34; Jer. 7,34; Jer. 8,1; Jer. 8,1; Jer. 8,1; Jer. 8,1; Jer. 8,2; Jer. 8,2; Jer. 8,2; Jer. 8,2; Jer. 8,2; Jer. 8,2; Jer. 8,2; Jer. 8,2; Jer. 8,2; Jer. 8,2; Jer. 8,2; Jer. 8,3; Jer. 8,5; Jer. 8,5; Jer. 8,6; Jer. 8,7; Jer. 8,7; Jer. 8,8; Jer. 8,9; Jer. 8,9; Jer. 8,10; Jer. 8,13; Jer. 8,13; Jer. 8,13; Jer. 8,14; Jer. 8,14; Jer. 8,14; Jer. 8,15; Jer. 8,15; Jer. 8,16; Jer. 8,16; Jer. 8,16; Jer. 8,16; Jer. 8,17; Jer. 8,19; Jer. 8,20; Jer. 8,23; Jer. 8,23; Jer. 8,23; Jer. 9,1; Jer. 9,1; Jer. 9,2; Jer. 9,2; Jer. 9,2; Jer. 9,3; Jer. 9,3; Jer. 9,4; Jer. 9,6; Jer. 9,7; Jer. 9,9; Jer. 9,9; Jer. 9,10; Jer. 9,10; Jer. 9,10; Jer. 9,11; Jer. 9,11; Jer. 9,12; Jer. 9,12; Jer. 9,13; Jer. 9,14; Jer. 9,15; Jer. 9,15; Jer. 9,15; Jer. 9,16; Jer. 9,16; Jer. 9,16; Jer. 9,17; Jer. 9,17; Jer. 9,17; Jer. 9,18; Jer. 9,19; Jer. 9,19; Jer. 9,19; Jer. 9,20; Jer. 9,21; Jer. 9,21; Jer. 9,21; Jer. 9,22; Jer. 9,22; Jer. 9,23; Jer. 9,23; Jer. 9,23; Jer. 9,24; Jer. 9,25; Jer. 9,25; Jer. 9,25; Jer. 9,25; Jer. 9,25; Jer. 9,25; Jer. 10,2; Jer. 10,3; Jer. 10,4; Jer. 10,4; Jer. 10,4; Jer. 10,9; Jer. 10,9; Jer. 10,5; Jer. 10,11; Jer. 10,11; Jer. 10,12; Jer. 10,13; Jer. 10,13; Jer. 10,13; Jer. 10,19; Jer. 10,20; Jer. 10,20; Jer. 10,21; Jer. 10,21; Jer. 10,22; Jer. 10,22; Jer. 10,23; Jer. 10,24; Jer. 10,25; Jer. 10,25; Jer. 10,25; Jer. 11,2; Jer. 11,2; Jer. 11,3; Jer. 11,4; Jer. 11,4; Jer. 11,4; Jer. 11,5; Jer. 11,5; Jer. 11,5; Jer. 11,6; Jer. 11,6; Jer. 11,6; Jer. 11,8; Jer. 11,9; Jer. 11,9; Jer. 11,10; Jer. 11,10; Jer. 11,10; Jer. 11,11; Jer. 11,11; Jer. 11,12; Jer. 11,12; Jer. 11,12; Jer. 11,13; Jer. 11,14; Jer. 11,14; Jer. 11,14; Jer. 11,15; Jer. 11,17; Jer. 11,17; Jer. 11,18; Jer. 11,19; Jer. 11,19; Jer. 11,19; Jer. 11,20; Jer. 11,22; Jer. 11,22; Jer. 11,23; Jer. 12,2; Jer. 12,2; Jer. 12,2; Jer. 12,3; Jer. 12,4; Jer. 12,4; Jer. 12,5; Jer. 12,5; Jer. 12,6; Jer. 12,6; Jer. 12,6; Jer. 12,6; Jer. 12,9; Jer. 12,13; Jer. 12,14; Jer. 12,15; Jer. 12,15; Jer. 12,15; Jer. 12,15; Jer. 12,16; Jer. 12,16; Jer. 12,17; Jer. 12,17; Jer. 13,1; Jer. 13,1; Jer. 13,1; Jer. 13,2; Jer. 13,2; Jer. 13,3; Jer. 13,4; Jer. 13,4; Jer. 13,4; Jer. 13,5; Jer. 13,5; Jer. 13,6; Jer. 13,6; Jer. 13,6; Jer. 13,7; Jer. 13,7; Jer. 13,7; Jer. 13,7; Jer. 13,8; Jer. 13,9; Jer. 13,10; Jer. 13,10; Jer. 13,10; Jer. 13,11; Jer. 13,11; Jer. 13,11; Jer. 13,11; Jer. 13,12; Jer. 13,12; Jer. 13,13; Jer. 13,13; Jer. 13,13; Jer. 13,13; Jer. 13,13; Jer. 13,13; Jer. 13,14; Jer. 13,14; Jer. 13,14; Jer. 13,14; Jer. 13,14; Jer. 13,14; Jer. 13,15; Jer. 13,15; Jer. 13,16; Jer. 13,16; Jer. 13,16; Jer. 13,16; Jer. 13,17; Jer. 13,18; Jer. 13,18; Jer. 13,19; Jer. 13,20; Jer. 13,21; Jer. 13,22; Jer. 13,23; Jer. 13,23; Jer. 13,24; Jer. 13,25; Jer. 13,25; Jer. 13,26; Jer. 13,27; Jer. 13,27; Jer. 13,27; Jer. 13,27; Jer. 14,2; Jer. 14,2; Jer. 14,2; Jer. 14,3; Jer. 14,3; Jer. 14,3; Jer. 14,4; Jer. 14,5; Jer. 14,5; Jer. 14,8; Jer. 14,8; Jer. 14,9; Jer. 14,9; Jer. 14,10; Jer. 14,10; Jer. 14,11; Jer. 14,12; Jer. 14,12; Jer. 14,12; Jer. 14,12; Jer. 14,13; Jer. 14,13; Jer. 14,13; Jer. 14,13; Jer. 14,14; Jer. 14,14; Jer. 14,14; Jer. 14,14; Jer. 14,14; Jer. 14,14; Jer. 14,15; Jer. 14,15; Jer. 14,15; Jer. 14,16; Jer. 14,16; Jer. 14,16; Jer. 14,16; Jer. 14,16; Jer. 14,16; Jer. 14,16; Jer. 14,16; Jer. 14,17; Jer. 14,17; Jer. 14,17; Jer. 14,17; Jer. 14,18; Jer. 14,18; Jer. 14,18; Jer. 14,18; Jer. 14,19; Jer. 14,19; Jer. 14,19; Jer. 14,19; Jer. 14,22; Jer. 14,22; Jer. 15,1; Jer. 15,1; Jer. 15,2; Jer. 15,2; Jer. 15,2; Jer. 15,2; Jer. 15,2; Jer. 15,3; Jer. 15,3; Jer. 15,3; Jer. 15,3; Jer. 15,3; Jer. 15,4; Jer. 15,5; Jer. 15,6; Jer. 15,6; Jer. 15,6; Jer. 15,7; Jer. 15,8; Jer. 15,9; Jer. 15,10; Jer. 15,11; Jer. 15,12; Jer. 15,13; Jer. 15,13; Jer. 15,14; Jer. 15,15; Jer. 15,15; Jer. 15,16; Jer. 15,16; Jer. 15,19; Jer. 15,19; Jer. 15,19; Jer. 15,19; Jer. 15,19; Jer. 15,20; Jer. 15,20; Jer. 15,20; Jer. 15,21; Jer. 15,21; Jer. 16,2; Jer. 16,3; Jer. 16,3; Jer. 16,3; Jer. 16,4; Jer. 16,4; Jer. 16,4; Jer. 16,4; Jer. 16,5; Jer. 16,5; Jer. 16,6; Jer. 16,7; Jer. 16,7; Jer. 16,8; Jer. 16,9; Jer. 16,9; Jer. 16,9; Jer. 16,10; Jer. 16,10; Jer. 16,10; Jer. 16,11; Jer. 16,11; Jer. 16,11; Jer. 16,11; Jer. 16,11; Jer. 16,11; Jer. 16,12; Jer. 16,12; Jer. 16,13; Jer. 16,13; Jer. 16,13; Jer. 16,14; Jer. 16,15; Jer. 16,15; Jer. 16,16; Jer. 16,16; Jer. 16,16; Jer. 16,16; Jer. 16,16; Jer. 16,17; Jer. 16,18; Jer. 16,18; Jer. 16,18; Jer. 16,19; Jer. 16,19; Jer. 16,19; Jer. 16,19; Jer. 16,20; Jer. 16,21; Jer. 16,21; Jer. 17,5; Jer. 17,5; Jer. 17,6; Jer. 17,6; Jer. 17,6; Jer. 17,7; Jer. 17,7; Jer. 17,8; Jer. 17,8; Jer. 17,8; Jer. 17,8; Jer. 17,8; Jer. 17,9; Jer. 17,9; Jer. 17,10; Jer. 17,10; Jer. 17,11; Jer. 17,14; Jer. 17,14; Jer. 17,16; Jer. 17,18; Jer. 17,18; Jer. 17,19; Jer. 17,19; Jer. 17,19; Jer. 17,20; Jer. 17,20; Jer. 17,20; Jer. 17,21; Jer. 17,21; Jer. 17,22; Jer. 17,22; Jer. 17,22; Jer. 17,22; Jer. 17,23; Jer. 17,23; Jer. 17,24; Jer. 17,24; Jer. 17,25; Jer. 17,25; Jer. 17,25; Jer. 17,25; Jer. 17,25; Jer. 17,25; Jer. 17,25; Jer. 17,26; Jer. 17,26; Jer. 17,26; Jer. 17,26; Jer. 17,26; Jer. 17,26; Jer. 17,26; Jer. 17,26; Jer. 17,26; Jer. 17,27; Jer. 17,27; Jer. 17,27; Jer. 17,27; Jer. 17,27; Jer. 18,2; Jer. 18,2; Jer. 18,3; Jer. 18,3; Jer. 18,4; Jer. 18,4; Jer. 18,5; Jer. 18,7; Jer. 18,8; Jer. 18,8; Jer. 18,9; Jer. 18,9; Jer. 18,9; Jer. 18,10; Jer. 18,10; Jer. 18,11; Jer. 18,11; Jer. 18,11; Jer. 18,11; Jer. 18,12; Jer. 18,12; Jer. 18,15; Jer. 18,16; Jer. 18,16; Jer. 18,18; Jer. 18,18; Jer. 18,18; Jer. 18,18; Jer. 18,19; Jer. 18,20; Jer. 18,21; Jer. 18,21; Jer. 18,21; Jer. 18,21; Jer. 18,22; Jer. 18,23; Jer. 18,23; Jer. 19,1; Jer. 19,1; Jer. 19,1; Jer. 19,2; Jer. 19,2; Jer. 19,3; Jer. 19,3; Jer. 19,3; Jer. 19,3; Jer. 19,4; Jer. 19,4; Jer. 19,4; Jer. 19,4; Jer. 19,5; Jer. 19,6; Jer. 19,6; Jer. 19,7; Jer. 19,7; Jer. 19,7; Jer. 19,7; Jer. 19,7; Jer. 19,7; Jer. 19,8; Jer. 19,8; Jer. 19,8; Jer. 19,9; Jer. 19,9; Jer. 19,9; Jer. 19,9; Jer. 19,10; Jer. 19,11; Jer. 19,11; Jer. 19,12; Jer. 19,13; Jer. 19,13; Jer. 19,13; Jer. 19,14; Jer. 19,14; Jer. 19,14; Jer. 19,15; Jer. 19,15; Jer. 20,1; Jer. 20,2; Jer. 20,2; Jer. 20,3; Jer. 20,3; Jer. 20,4; Jer. 20,4; Jer. 20,4; Jer. 20,4; Jer. 20,4; Jer. 20,4; Jer. 20,5; Jer. 20,5; Jer. 20,5; Jer. 20,5; Jer. 20,6; Jer. 20,6; Jer. 20,6; Jer. 20,6; Jer. 20,6; Jer. 20,7; Jer. 20,7; Jer. 20,8; Jer. 20,8; Jer. 20,9; Jer. 20,9; Jer. 20,9; Jer. 20,9; Jer. 20,9; Jer. 20,10; Jer. 20,10; Jer. 20,10; Jer. 20,11; Jer. 20,11; Jer. 20,12; Jer. 20,16; Jer. 20,16; Jer. 20,17; Jer. 20,17; Jer. 20,18; Jer. 20,18; Jer. 21,1; Jer. 21,2; Jer. 21,3; Jer. 21,5; Jer. 21,5; Jer. 21,5; Jer. 21,5; Jer. 21,6; Jer. 21,6; Jer. 21,7; Jer. 21,7; Jer. 21,7; Jer. 21,7; Jer. 21,7; Jer. 21,7; Jer. 21,7; Jer. 21,8; Jer. 21,8; Jer. 21,9; Jer. 21,9; Jer. 21,9; Jer. 21,9;

K, κ

Jer. 21,10; Jer. 21,10; Jer. 21,12; Jer. 21,12; Jer. 21,12; Jer. 21,12; Jer. 21,14; Jer. 21,14; Jer. 22,1; Jer. 22,1; Jer. 22,2; Jer. 22,2; Jer. 22,2; Jer. 22,2; Jer. 22,3; Jer. 22,3; Jer. 22,3; Jer. 22,3; Jer. 22,3; Jer. 22,3; Jer. 22,3; Jer. 22,4; Jer. 22,4; Jer. 22,4; Jer. 22,4; Jer. 22,4; Jer. 22,7; Jer. 22,7; Jer. 22,7; Jer. 22,7; Jer. 22,8; Jer. 22,8; Jer. 22,9; Jer. 22,9; Jer. 22,9; Jer. 22,10; Jer. 22,12; Jer. 22,13; Jer. 22,13; Jer. 22,14; Jer. 22,14; Jer. 22,15; Jer. 22,15; Jer. 22,17; Jer. 22,17; Jer. 22,17; Jer. 22,20; Jer. 22,20; Jer. 22,20; Jer. 22,21; Jer. 22,22; Jer. 22,22; Jer. 22,25; Jer. 22,26; Jer. 22,26; Jer. 22,26; Jer. 22,28; Jer. 23,1; Jer. 23,2; Jer. 23,2; Jer. 23,3; Jer. 23,3; Jer. 23,3; Jer. 23,3; Jer. 23,4; Jer. 23,4; Jer. 23,5; Jer. 23,5; Jer. 23,5; Jer. 23,5; Jer. 23,5; Jer. 23,6; Jer. 23,6; Jer. 23,9; Jer. 23,9; Jer. 23,10; Jer. 23,10; Jer. 23,11; Jer. 23,11; Jer. 23,12; Jer. 23,12; Jer. 23,13; Jer. 23,13; Jer. 23,14; Jer. 23,14; Jer. 23,14; Jer. 23,14; Jer. 23,15; Jer. 23,16; Jer. 23,17; Jer. 23,18; Jer. 23,18; Jer. 23,19; Jer. 23,20; Jer. 23,20; Jer. 23,21; Jer. 23,21; Jer. 23,22; Jer. 23,22; Jer. 23,22; Jer. 23,23; Jer. 23,24; Jer. 23,24; Jer. 23,26; Jer. 23,28; Jer. 23,29; Jer. 23,31; Jer. 23,32; Jer. 23,32; Jer. 23,32; Jer. 23,32; Jer. 23,32; Jer. 23,32; Jer. 23,33; Jer. 23,33; Jer. 23,34; Jer. 23,34; Jer. 23,34; Jer. 23,34; Jer. 23,34; Jer. 23,35; Jer. 23,35; Jer. 23,36; Jer. 23,37; Jer. 23,38; Jer. 23,39; Jer. 23,39; Jer. 23,39; Jer. 23,40; Jer. 23,40; Jer. 23,7; Jer. 23,8; Jer. 23,8; Jer. 24,1; Jer. 24,1; Jer. 24,1; Jer. 24,1; Jer. 24,1; Jer. 24,2; Jer. 24,3; Jer. 24,3; Jer. 24,3; Jer. 24,4; Jer. 24,6; Jer. 24,6; Jer. 24,6; Jer. 24,6; Jer. 24,6; Jer. 24,6; Jer. 24,7; Jer. 24,7; Jer. 24,7; Jer. 24,8; Jer. 24,8; Jer. 24,8; Jer. 24,8; Jer. 24,9; Jer. 24,9; Jer. 24,9; Jer. 24,9; Jer. 24,9; Jer. 24,10; Jer. 24,10; Jer. 24,10; Jer. 25,2; Jer. 25,3; Jer. 25,3; Jer. 25,3; Jer. 25,3; Jer. 25,4; Jer. 25,4; Jer. 25,4; Jer. 25,5; Jer. 25,5; Jer. 25,5; Jer. 25,5; Jer. 25,6; Jer. 25,7; Jer. 25,9; Jer. 25,9; Jer. 25,9; Jer. 25,9; Jer. 25,9; Jer. 25,9; Jer. 25,9; Jer. 25,9; Jer. 25,10; Jer. 25,10; Jer. 25,10; Jer. 25,10; Jer. 25,11; Jer. 25,11; Jer. 25,12; Jer. 25,12; Jer. 25,13; Jer. 25,16; Jer. 25,16; Jer. 25,16; Jer. 25,17; Jer. 25,17; Jer. 25,17; Jer. 25,18; Jer. 25,18; Jer. 25,18; Jer. 25,19; Jer. 26,3; Jer. 26,3; Jer. 26,4; Jer. 26,4; Jer. 26,5; Jer. 26,5; Jer. 26,6; Jer. 26,7; Jer. 26,8; Jer. 26,8; Jer. 26,8; Jer. 26,9; Jer. 26,9; Jer. 26,10; Jer. 26,10; Jer. 26,10; Jer. 26,10; Jer. 26,11; Jer. 26,12; Jer. 26,14; Jer. 26,14; Jer. 26,16; Jer. 26,16; Jer. 26,16; Jer. 26,16; Jer. 26,18; Jer. 26,19; Jer. 26,21; Jer. 26,21; Jer. 26,21; Jer. 26,21; Jer. 26,23; Jer. 26,25; Jer. 26,27; Jer. 26,27; Jer. 26,27; Jer. 26,27; Jer. 26,27; Jer. 26,28; Jer. 26,28; Jer. 27,2; Jer. 27,2; Jer. 27,3; Jer. 27,3; Jer. 27,4; Jer. 27,4; Jer. 27,4; Jer. 27,5; Jer. 27,5; Jer. 27,8; Jer. 27,8; Jer. 27,8; Jer. 27,9; Jer. 27,10; Jer. 27,11; Jer. 27,11; Jer. 27,13; Jer. 27,13; Jer. 27,13; Jer. 27,15; Jer. 27,16; Jer. 27,17; Jer. 27,18; Jer. 27,19; Jer. 27,19; Jer. 27,19; Jer. 27,19; Jer. 27,19; Jer. 27,20; Jer. 27,20; Jer. 27,20; Jer. 27,20; Jer. 27,21; Jer. 27,21; Jer. 27,21; Jer. 27,22; Jer. 27,23; Jer. 27,24; Jer. 27,24; Jer. 27,24; Jer. 27,25; Jer. 27,26; Jer. 27,27; Jer. 27,27; Jer. 27,28; Jer. 27,30; Jer. 27,31; Jer. 27,32; Jer. 27,32; Jer. 27,32; Jer. 27,32; Jer. 27,32; Jer. 27,33; Jer. 27,34; Jer. 27,34; Jer. 27,35; Jer. 27,35; Jer. 27,35; Jer. 27,36; Jer. 27,37; Jer. 27,37; Jer. 27,37; Jer. 27,37; Jer. 27,38; Jer. 27,38; Jer. 27,39; Jer. 27,40; Jer. 27,40; Jer. 27,40; Jer. 27,41; Jer. 27,41; Jer. 27,42; Jer. 27,42; Jer. 27,43; Jer. 27,44; Jer. 27,44; Jer. 27,44; Jer. 27,45; Jer. 27,46; Jer. 28,1; Jer. 28,2; Jer. 28,2; Jer. 28,2; Jer. 28,3; Jer. 28,3; Jer. 28,3; Jer. 28,4; Jer. 28,4; Jer. 28,5; Jer. 28,6; Jer. 28,6; Jer. 28,8; Jer. 28,8; Jer. 28,9; Jer. 28,9; Jer. 28,10; Jer. 28,12; Jer. 28,13; Jer. 28,14; Jer. 28,16; Jer. 28,16; Jer. 28,20; Jer. 28,20; Jer. 28,21; Jer. 28,21; Jer. 28,21; Jer. 28,21; Jer. 28,22; Jer. 28,22; Jer. 28,22; Jer. 28,22; Jer. 28,23; Jer. 28,23; Jer. 28,23; Jer. 28,23; Jer. 28,23; Jer. 28,23; Jer. 28,24; Jer. 28,24; Jer. 28,25; Jer. 28,25; Jer. 28,25; Jer. 28,26; Jer. 28,26; Jer. 28,27; Jer. 28,28; Jer. 28,28; Jer. 28,29; Jer. 28,29; Jer. 28,31; Jer. 28,32; Jer. 28,32; Jer. 28,33; Jer. 28,35; Jer. 28,35; Jer. 28,36; Jer. 28,36; Jer. 28,36; Jer. 28,37; Jer. 28,37; Jer. 28,38; Jer. 28,39; Jer. 28,39; Jer. 28,39; Jer. 28,40; Jer. 28,41; Jer. 28,42; Jer. 28,43; Jer. 28,44; Jer. 28,44; Jer. 28,44; Jer. 28,49; Jer. 28,50; Jer. 28,50; Jer. 28,52; Jer. 28,52; Jer. 28,53; Jer. 28,54; Jer. 28,55; Jer. 28,57; Jer. 28,57; Jer. 28,57; Jer. 28,58; Jer. 28,58; Jer. 28,58; Jer. 28,59; Jer. 28,60; Jer. 28,61; Jer. 28,61; Jer. 28,61; Jer. 28,62; Jer. 28,62; Jer. 28,63; Jer. 28,63; Jer. 28,63; Jer. 28,64; Jer. 28,64; Jer. 29,2; Jer. 29,2; Jer. 29,2; Jer. 29,2; Jer. 29,2; Jer. 29,2; Jer. 29,3; Jer. 29,4; Jer. 29,4; Jer. 29,4; Jer. 29,5; Jer. 29,6; Jer. 29,7; Jer. 29,7; Jer. 30,4; Jer. 30,4; Jer. 30,5; Jer. 30,5; Jer. 30,6; Jer. 30,7; Jer. 30,7; Jer. 30,7; Jer. 30,8; Jer. 30,8; Jer. 30,11; Jer. 30,12; Jer. 30,12; Jer. 30,12; Jer. 30,13; Jer. 30,13; Jer. 30,13; Jer. 30,14; Jer. 30,15; Jer. 30,16; Jer. 30,16; Jer. 30,17; Jer. 30,18; Jer. 30,18; Jer. 30,18; Jer. 30,18; Jer. 30,18; Jer. 30,19; Jer. 30,19; Jer. 30,19; Jer. 30,21; Jer. 30,21; Jer. 30,23; Jer. 30,23; Jer. 30,24; Jer. 30,24; Jer. 30,24; Jer. 30,24; Jer. 30,25; Jer. 30,26; Jer. 30,27; Jer. 30,27; Jer. 30,27; Jer. 30,28; Jer. 30,28; Jer. 30,28; Jer. 30,29; Jer. 30,32; Jer. 30,33; Jer. 30,33; Jer. 31,1; Jer. 31,2; Jer. 31,3; Jer. 31,6; Jer. 31,6; Jer. 31,7; Jer. 31,7; Jer. 31,7; Jer. 31,8; Jer. 31,8; Jer. 31,8; Jer. 31,8; Jer. 31,9; Jer. 31,11; Jer. 31,11; Jer. 31,11; Jer. 31,12; Jer. 31,12; Jer. 31,12; Jer. 31,12; Jer. 31,13; Jer. 31,14; Jer. 31,15; Jer. 31,16; Jer. 31,18; Jer. 31,19; Jer. 31,19; Jer. 31,19; Jer. 31,19; Jer. 31,20; Jer. 31,21; Jer. 31,21; Jer. 31,21; Jer. 31,22; Jer. 31,22; Jer. 31,22; Jer. 31,23; Jer. 31,23; Jer. 31,23; Jer. 31,24; Jer. 31,24; Jer. 31,24; Jer. 31,24; Jer. 31,25; Jer. 31,26; Jer. 31,26; Jer. 31,26; Jer. 31,27; Jer. 31,28; Jer. 31,29; Jer. 31,29; Jer. 31,33; Jer. 31,33; Jer. 31,34; Jer. 31,35; Jer. 31,35; Jer. 31,37; Jer. 31,37; Jer. 31,37; Jer. 31,38; Jer. 31,38; Jer. 31,39; Jer. 31,39; Jer. 31,41; Jer. 31,42; Jer. 31,43; Jer. 31,43; Jer. 31,44; Jer. 32,15; Jer. 32,16; Jer. 32,16; Jer. 32,16; Jer. 32,17; Jer. 32,17; Jer. 32,18; Jer. 32,18; Jer. 32,18; Jer. 32,18; Jer. 32,18; Jer. 32,18; Jer. 32,19; Jer. 32,19; Jer. 32,19; Jer. 32,19; Jer. 32,20; Jer. 32,20; Jer. 32,20; Jer. 32,20; Jer. 32,20; Jer. 32,21; Jer. 32,21; Jer. 32,21; Jer. 32,22; Jer. 32,22; Jer. 32,22; Jer. 32,23; Jer. 32,23; Jer. 32,23; Jer. 32,23; Jer. 32,24; Jer. 32,25; Jer. 32,25; Jer. 32,26; Jer. 32,26; Jer. 32,26; Jer. 32,27; Jer. 32,27; Jer. 32,27; Jer. 32,27; Jer. 32,27; Jer. 32,28; Jer. 32,28; Jer. 32,29; Jer. 32,30; Jer. 32,30; Jer. 32,30; Jer. 32,30; Jer. 32,32; Jer. 32,33; Jer. 32,33; Jer. 32,34; Jer. 32,34; Jer. 32,34; Jer. 32,35; Jer. 32,35; Jer. 32,36; Jer. 32,36; Jer. 32,37; Jer. 33,2; Jer. 33,2; Jer. 33,3; Jer. 33,3; Jer. 33,4; Jer. 33,5; Jer. 33,5; Jer. 33,6; Jer. 33,6; Jer. 33,7; Jer. 33,7; Jer. 33,7; Jer. 33,8; Jer. 33,8; Jer. 33,8; Jer. 33,8; Jer. 33,9; Jer. 33,9; Jer. 33,10; Jer. 33,10; Jer. 33,11; Jer. 33,11; Jer. 33,11; Jer. 33,12; Jer. 33,12; Jer. 33,12; Jer. 33,13; Jer. 33,13; Jer. 33,13; Jer. 33,13; Jer. 33,14; Jer. 33,14; Jer. 33,15; Jer. 33,15; Jer. 33,16; Jer. 33,16; Jer. 33,16; Jer. 33,17; Jer. 33,17; Jer. 33,18; Jer. 33,18; Jer. 33,18; Jer. 33,19; Jer. 33,19; Jer. 33,19; Jer. 33,19; Jer. 33,20; Jer. 33,20; Jer. 33,21; Jer. 33,21; Jer. 33,21; Jer. 33,21; Jer. 33,21; Jer. 33,22; Jer. 33,23; Jer. 33,23; Jer. 33,23; Jer. 33,23; Jer. 34,2; Jer. 34,2; Jer. 34,3; Jer. 34,3; Jer. 34,3; Jer. 34,3; Jer. 34,3; Jer. 34,4; Jer. 34,5; Jer. 34,5; Jer. 34,6; Jer. 34,8; Jer. 34,8; Jer. 34,8; Jer. 34,9; Jer. 34,9; Jer. 34,9; Jer. 34,9; Jer. 34,9; Jer. 34,11; Jer. 34,11; Jer. 34,11; Jer. 34,11; Jer. 34,11; Jer. 34,12; Jer. 34,14; Jer. 34,15; Jer. 34,15; Jer. 34,16; Jer. 34,16; Jer. 34,18; Jer. 35,1; Jer. 35,4; Jer. 35,4; Jer. 35,5; Jer. 35,5; Jer. 35,6; Jer. 35,6; Jer. 35,7; Jer. 35,8; Jer. 35,8; Jer. 35,8; Jer. 35,10; Jer. 35,10; Jer. 35,11; Jer. 35,11; Jer. 35,12; Jer. 35,13; Jer. 35,13; Jer. 35,15; Jer. 35,15; Jer. 35,17; Jer. 36,1; Jer. 36,1; Jer. 36,1; Jer. 36,2; Jer. 36,2; Jer. 36,2; Jer. 36,2; Jer. 36,2; Jer. 36,3; Jer. 36,5; Jer. 36,5; Jer. 36,5; Jer. 36,6; Jer. 36,6; Jer. 36,6; Jer. 36,6; Jer. 36,6; Jer. 36,6; Jer. 36,6; Jer. 36,7; Jer. 36,7; Jer. 36,8; Jer. 36,8; Jer. 36,9; Jer. 36,10; Jer. 36,11; Jer. 36,11; Jer. 36,12; Jer. 36,12; Jer. 36,13; Jer. 36,13; Jer. 36,14; Jer. 36,21; Jer. 36,21; Jer. 36,22; Jer. 36,22; Jer. 36,23; Jer. 36,23; Jer. 36,23; Jer. 36,24; Jer.

καί

36,25; Jer. 36,26; Jer. 36,26; Jer. 36,26; Jer. 36,27; Jer. 36,28; Jer. 36,28; Jer. 36,28; Jer. 36,29; Jer. 36,30; Jer. 36,31; Jer. 36,31; Jer. 36,32; Jer. 36,32; Jer. 37,3; Jer. 37,3; Jer. 37,3; Jer. 37,3; Jer. 37,4; Jer. 37,5; Jer. 37,6; Jer. 37,6; Jer. 37,6; Jer. 37,6; Jer. 37,7; Jer. 37,7; Jer. 37,7; Jer. 37,8; Jer. 37,8; Jer. 37,9; Jer. 37,9; Jer. 37,16; Jer. 37,16; Jer. 37,16; Jer. 37,18; Jer. 37,18; Jer. 37,18; Jer. 37,19; Jer. 37,19; Jer. 37,19; Jer. 37,19; Jer. 37,20; Jer. 37,20; Jer. 37,20; Jer. 37,21; Jer. 37,21; Jer. 37,21; Jer. 37,21; Jer. 37,24; Jer. 38,1; Jer. 38,2; Jer. 38,4; Jer. 38,4; Jer. 38,5; Jer. 38,6; Jer. 38,7; Jer. 38,7; Jer. 38,8; Jer. 38,8; Jer. 38,8; Jer. 38,9; Jer. 38,9; Jer. 38,9; Jer. 38,10; Jer. 38,10; Jer. 38,12; Jer. 38,12; Jer. 38,12; Jer. 38,12; Jer. 38,12; Jer. 38,12; Jer. 38,12; Jer. 38,12; Jer. 38,12; Jer. 38,13; Jer. 38,13; Jer. 38,13; Jer. 38,14; Jer. 38,14; Jer. 38,15; Jer. 38,15; Jer. 38,16; Jer. 38,16; Jer. 38,18; Jer. 38,18; Jer. 38,19; Jer. 38,19; Jer. 38,23; Jer. 38,24; Jer. 38,24; Jer. 38,24; Jer. 38,25; Jer. 38,26; Jer. 38,26; Jer. 38,27; Jer. 38,27; Jer. 38,27; Jer. 38,28; Jer. 38,28; Jer. 38,28; Jer. 38,29; Jer. 38,30; Jer. 38,31; Jer. 38,31; Jer. 38,32; Jer. 38,33; Jer. 38,33; Jer. 38,33; Jer. 38,34; Jer. 38,34; Jer. 38,34; Jer. 38,34; Jer. 38,35; Jer. 38,35; Jer. 38,36; Jer. 38,36; Jer. 38,36; Jer. 38,37; Jer. 38,38; Jer. 38,39; Jer. 38,39; Jer. 38,40; Jer. 38,40; Jer. 38,40; Jer. 39,2; Jer. 39,2; Jer. 39,3; Jer. 39,4; Jer. 39,4; Jer. 39,4; Jer. 39,5; Jer. 39,5; Jer. 39,6; Jer. 39,8; Jer. 39,8; Jer. 39,8; Jer. 39,8; Jer. 39,9; Jer. 39,9; Jer. 39,9; Jer. 39,10; Jer. 39,10; Jer. 39,10; Jer. 39,10; Jer. 39,11; Jer. 39,11; Jer. 39,12; Jer. 39,12; Jer. 39,12; Jer. 39,12; Jer. 39,13; Jer. 39,14; Jer. 39,14; Jer. 39,15; Jer. 39,15; Jer. 39,17; Jer. 39,17; Jer. 39,17; Jer. 39,18; Jer. 39,18; Jer. 39,19; Jer. 39,19; Jer. 39,20; Jer. 39,20; Jer. 39,20; Jer. 39,20; Jer. 39,21; Jer. 39,21; Jer. 39,21; Jer. 39,21; Jer. 39,21; Jer. 39,22; Jer. 39,22; Jer. 39,23; Jer. 39,23; Jer. 39,23; Jer. 39,23; Jer. 39,23; Jer. 39,24; Jer. 39,24; Jer. 39,25; Jer. 39,25; Jer. 39,25; Jer. 39,25; Jer. 39,28; Jer. 39,29; Jer. 39,29; Jer. 39,29; Jer. 39,29; Jer. 39,30; Jer. 39,31; Jer. 39,31; Jer. 39,32; Jer. 39,32; Jer. 39,32; Jer. 39,32; Jer. 39,32; Jer. 39,32; Jer. 39,33; Jer. 39,33; Jer. 39,33; Jer. 39,33; Jer. 39,33; Jer. 39,34; Jer. 39,35; Jer. 39,35; Jer. 39,35; Jer. 39,36; Jer. 39,36; Jer. 39,36; Jer. 39,37; Jer. 39,37; Jer. 39,37; Jer. 39,37; Jer. 39,38; Jer. 39,38; Jer. 39,39; Jer. 39,39; Jer. 39,39; Jer. 39,40; Jer. 39,40; Jer. 39,41; Jer. 39,41; Jer. 39,41; Jer. 39,41; Jer. 39,43; Jer. 39,43; Jer. 39,43; Jer. 39,44; Jer. 39,44; Jer. 39,44; Jer. 39,44; Jer. 39,44; Jer. 39,44; Jer. 39,44; Jer. 39,44; Jer. 40,1; Jer. 40,2; Jer. 40,3; Jer. 40,3; Jer. 40,3; Jer. 40,4; Jer. 40,4; Jer. 40,5; Jer. 40,5; Jer. 40,5; Jer. 40,6; Jer. 40,6; Jer. 40,6; Jer. 40,6; Jer. 40,6; Jer. 40,7; Jer. 40,7; Jer. 40,7; Jer. 40,8; Jer. 40,8; Jer. 40,8; Jer. 40,9; Jer. 40,9; Jer. 40,9; Jer. 40,9; Jer. 40,9; Jer. 40,9; Jer. 40,10; Jer. 40,10; Jer. 40,10; Jer. 40,11; Jer. 40,11; Jer. 40,11; Jer. 40,12; Jer. 40,12; Jer. 40,13; Jer. 40,13; Jer. 40,13; Jer. 40,13; Jer. 40,13; Jer. 41,1; Jer. 41,1; Jer. 41,1; Jer. 41,1; Jer. 41,2; Jer. 41,2; Jer. 41,2; Jer. 41,3; Jer. 41,3; Jer. 41,3; Jer. 41,3; Jer. 41,3; Jer. 41,3; Jer. 41,5; Jer. 41,5; Jer. 41,6; Jer. 41,7; Jer. 41,7; Jer. 41,7; Jer. 41,9; Jer. 41,9; Jer. 41,10; Jer. 41,10; Jer. 41,10; Jer. 41,11; Jer. 41,11; Jer. 41,12; Jer. 41,14; Jer. 41,14; Jer. 41,14; Jer. 41,14; Jer. 41,15; Jer. 41,15; Jer. 41,16; Jer. 41,16; Jer. 41,16; Jer. 41,16; Jer. 41,17; Jer. 41,17; Jer. 41,17; Jer. 41,18; Jer. 41,19; Jer. 41,19; Jer. 41,19; Jer. 41,20; Jer. 41,20; Jer. 41,20; Jer. 41,21; Jer. 41,21; Jer. 41,21; Jer. 41,22; Jer. 41,22; Jer. 41,22; Jer. 41,22; Jer. 41,22; Jer. 41,22; Jer. 42,2; Jer. 42,2; Jer. 42,3; Jer. 42,3; Jer. 42,3; Jer. 42,3; Jer. 42,4; Jer. 42,5; Jer. 42,5; Jer. 42,5; Jer. 42,6; Jer. 42,6; Jer. 42,7; Jer. 42,7; Jer. 42,7; Jer. 42,8; Jer. 42,8; Jer. 42,8; Jer. 42,8; Jer. 42,9; Jer. 42,9; Jer. 42,9; Jer. 42,9; Jer. 42,10; Jer. 42,10; Jer. 42,10; Jer. 42,11; Jer. 42,11; Jer. 42,11; Jer. 42,11; Jer. 42,11; Jer. 42,12; Jer. 42,13; Jer. 42,13; Jer. 42,14; Jer. 42,14; Jer. 42,14; Jer. 42,14; Jer. 42,15; Jer. 42,15; Jer. 42,15; Jer. 42,15; Jer. 42,15; Jer. 42,15; Jer. 42,15; Jer. 42,16; Jer. 42,17; Jer. 43,2;

Jer. 43,2; Jer. 43,2; Jer. 43,2; Jer. 43,3; Jer. 43,3; Jer. 43,4; Jer. 43,4; Jer. 43,5; Jer. 43,6; Jer. 43,6; Jer. 43,7; Jer. 43,7; Jer. 43,8; Jer. 43,9; Jer. 43,9; Jer. 43,10; Jer. 43,11; Jer. 43,12; Jer. 43,12; Jer. 43,12; Jer. 43,12; Jer. 43,12; Jer. 43,12; Jer. 43,12; Jer. 43,13; Jer. 43,14; Jer. 43,14; Jer. 43,14; Jer. 43,14; Jer. 43,15; Jer. 43,15; Jer. 43,16; Jer. 43,16; Jer. 43,17; Jer. 43,18; Jer. 43,18; Jer. 43,19; Jer. 43,19; Jer. 43,20; Jer. 43,20; Jer. 43,20; Jer. 43,21; Jer. 43,21; Jer. 43,21; Jer. 43,21; Jer. 43,22; Jer. 43,22; Jer. 43,23; Jer. 43,23; Jer. 43,23; Jer. 43,24; Jer. 43,24; Jer. 43,24; Jer. 43,25; Jer. 43,25; Jer. 43,25; Jer. 43,26; Jer. 43,26; Jer. 43,26; Jer. 43,26; Jer. 43,28; Jer. 43,29; Jer. 43,29; Jer. 43,29; Jer. 43,29; Jer. 43,30; Jer. 43,30; Jer. 43,31; Jer. 43,31; Jer. 43,31; Jer. 43,31; Jer. 43,31; Jer. 43,31; Jer. 43,31; Jer. 43,32; Jer. 43,32; Jer. 43,32; Jer. 44,2; Jer. 44,2; Jer. 44,2; Jer. 44,3; Jer. 44,3; Jer. 44,4; Jer. 44,4; Jer. 44,4; Jer. 44,5; Jer. 44,5; Jer. 44,5; Jer. 44,6; Jer. 44,8; Jer. 44,8; Jer. 44,8; Jer. 44,8; Jer. 44,10; Jer. 44,10; Jer. 44,10; Jer. 44,13; Jer. 44,13; Jer. 44,13; Jer. 44,14; Jer. 44,14; Jer. 44,14; Jer. 44,14; Jer. 44,15; Jer. 44,15; Jer. 44,15; Jer. 44,16; Jer. 44,16; Jer. 44,16; Jer. 44,17; Jer. 44,17; Jer. 44,17; Jer. 44,18; Jer. 44,18; Jer. 44,18; Jer. 44,19; Jer. 44,20; Jer. 44,20; Jer. 44,20; Jer. 44,21; Jer. 44,21; Jer. 44,21; Jer. 44,21; Jer. 45,1; Jer. 45,1; Jer. 45,2; Jer. 45,2; Jer. 45,2; Jer. 45,2; Jer. 45,3; Jer. 45,4; Jer. 45,4; Jer. 45,5; Jer. 45,6; Jer. 45,6; Jer. 45,6; Jer. 45,6; Jer. 45,7; Jer. 45,7; Jer. 45,8; Jer. 45,8; Jer. 45,8; Jer. 45,10; Jer. 45,10; Jer. 45,11; Jer. 45,11; Jer. 45,11; Jer. 45,11; Jer. 45,11; Jer. 45,12; Jer. 45,12; Jer. 45,13; Jer. 45,13; Jer. 45,13; Jer. 45,14; Jer. 45,14; Jer. 45,14; Jer. 45,15; Jer. 45,15; Jer. 45,16; Jer. 45,16; Jer. 45,17; Jer. 45,17; Jer. 45,17; Jer. 45,17; Jer. 45,17; Jer. 45,18; Jer. 45,18; Jer. 45,18; Jer. 45,19; Jer. 45,19; Jer. 45,20; Jer. 45,20; Jer. 45,20; Jer. 45,21; Jer. 45,22; Jer. 45,22; Jer. 45,22; Jer. 45,23; Jer. 45,23; Jer. 45,23; Jer. 45,23; Jer. 45,24; Jer. 45,24; Jer. 45,25; Jer. 45,25; Jer. 45,25; Jer. 45,25; Jer. 45,25; Jer. 45,26; Jer. 45,27; Jer. 45,27; Jer. 45,27; Jer. 45,27; Jer. 45,28; Jer. 46,1; Jer. 46,1; Jer. 46,2; Jer. 46,3; Jer. 46,3; Jer. 46,3; Jer. 46,3; Jer. 46,3; Jer. 46,3; Jer. 46,3; Jer. 46,14; Jer. 46,14; Jer. 46,14; Jer. 46,14; Jer. 46,14; Jer. 46,16; Jer. 46,16; Jer. 46,17; Jer. 46,17; Jer. 46,18; Jer. 46,18; Jer. 47,2; Jer. 47,3; Jer. 47,3; Jer. 47,4; Jer. 47,5; Jer. 47,5; Jer. 47,5; Jer. 47,5; Jer. 47,6; Jer. 47,6; Jer. 47,7; Jer. 47,7; Jer. 47,7; Jer. 47,8; Jer. 47,8; Jer. 47,8; Jer. 47,8; Jer. 47,8; Jer. 47,8; Jer. 47,9; Jer. 47,9; Jer. 47,9; Jer. 47,9; Jer. 47,10; Jer. 47,10; Jer. 47,10; Jer. 47,10; Jer. 47,10; Jer. 47,10; Jer. 47,11; Jer. 47,11; Jer. 47,11; Jer. 47,11; Jer. 47,11; Jer. 47,12; Jer. 47,12; Jer. 47,12; Jer. 47,12; Jer. 47,12; Jer. 47,13; Jer. 47,14; Jer. 47,14; Jer. 47,15; Jer. 47,15; Jer. 47,15; Jer. 47,15; Jer. 47,15; Jer. 47,16; Jer. 48,1; Jer. 48,1; Jer. 48,2; Jer. 48,2; Jer. 48,2; Jer. 48,3; Jer. 48,3; Jer. 48,4; Jer. 48,4; Jer. 48,5; Jer. 48,5; Jer. 48,5; Jer. 48,5; Jer. 48,5; Jer. 48,5; Jer. 48,5; Jer. 48,6; Jer. 48,6; Jer. 48,6; Jer. 48,7; Jer. 48,8; Jer. 48,8; Jer. 48,8; Jer. 48,8; Jer. 48,8; Jer. 48,8; Jer. 48,9; Jer. 48,10; Jer. 48,10; Jer. 48,10; Jer. 48,11; Jer. 48,11; Jer. 48,12; Jer. 48,12; Jer. 48,12; Jer. 48,13; Jer. 48,13; Jer. 48,14; Jer. 48,15; Jer. 48,15; Jer. 48,16; Jer. 48,16; Jer. 48,16; Jer. 48,16; Jer. 48,16; Jer. 48,17; Jer. 48,17; Jer. 49,1; Jer. 49,1; Jer. 49,1; Jer. 49,2; Jer. 49,2; Jer. 49,3; Jer. 49,3; Jer. 49,4; Jer. 49,4; Jer. 49,5; Jer. 49,5; Jer. 49,6; Jer. 49,6; Jer. 49,7; Jer. 49,8; Jer. 49,8; Jer. 49,8; Jer. 49,9; Jer. 49,10; Jer. 49,10; Jer. 49,10; Jer. 49,11; Jer. 49,12; Jer. 49,12; Jer. 49,12; Jer. 49,13; Jer. 49,14; Jer. 49,14; Jer. 49,14; Jer. 49,14; Jer. 49,15; Jer. 49,16; Jer. 49,16; Jer. 49,16; Jer. 49,17; Jer. 49,17; Jer. 49,17; Jer. 49,17; Jer. 49,18; Jer. 49,18; Jer. 49,18; Jer. 49,18; Jer. 49,18; Jer. 49,19; Jer. 49,20; Jer. 49,21; Jer. 49,22; Jer. 49,22; Jer. 50,2; Jer. 50,2; Jer. 50,2; Jer. 50,3; Jer. 50,4; Jer. 50,4; Jer. 50,4; Jer. 50,5; Jer. 50,5; Jer. 50,6; Jer. 50,6; Jer. 50,6; Jer. 50,6; Jer. 50,6; Jer. 50,6; Jer. 50,7; Jer. 50,7; Jer. 50,9; Jer. 50,10; Jer. 50,10; Jer. 50,10; Jer. 50,10; Jer. 50,11; Jer. 50,11; Jer. 50,11;

Κ, κ

καί

Jer. 50,11; Jer. 50,12; Jer. 50,12; Jer. 50,12; Jer. 50,12; Jer. 50,13; Jer. 50,13; Jer. 51,1; Jer. 51,1; Jer. 51,1; Jer. 51,2; Jer. 51,2; Jer. 51,4; Jer. 51,4; Jer. 51,5; Jer. 51,5; Jer. 51,6; Jer. 51,6; Jer. 51,6; Jer. 51,6; Jer. 51,6; Jer. 51,6; Jer. 51,7; Jer. 51,7; Jer. 51,7; Jer. 51,8; Jer. 51,8; Jer. 51,9; Jer. 51,9; Jer. 51,9; Jer. 51,9; Jer. 51,10; Jer. 51,10; Jer. 51,12; Jer. 51,12; Jer. 51,12; Jer. 51,12; Jer. 51,12; Jer. 51,13; Jer. 51,13; Jer. 51,13; Jer. 51,14; Jer. 51,15; Jer. 51,15; Jer. 51,15; Jer. 51,17; Jer. 51,17; Jer. 51,17; Jer. 51,17; Jer. 51,17; Jer. 51,17; Jer. 51,17; Jer. 51,17; Jer. 51,18; Jer. 51,18; Jer. 51,18; Jer. 51,19; Jer. 51,19; Jer. 51,19; Jer. 51,20; Jer. 51,20; Jer. 51,20; Jer. 51,21; Jer. 51,21; Jer. 51,21; Jer. 51,21; Jer. 51,21; Jer. 51,21; Jer. 51,22; Jer. 51,22; Jer. 51,22; Jer. 51,22; Jer. 51,23; Jer. 51,23; Jer. 51,23; Jer. 51,23; Jer. 51,23; Jer. 51,23; Jer. 51,24; Jer. 51,24; Jer. 51,25; Jer. 51,25; Jer. 51,25; Jer. 51,27; Jer. 51,27; Jer. 51,27; Jer. 51,28; Jer. 51,28; Jer. 51,29; Jer. 51,30; Jer. 51,30; Jer. 51,34; Jer. 51,35; Jer. 51,35; Jer. 52,1; Jer. 52,1; Jer. 52,1; Jer. 52,4; Jer. 52,4; Jer. 52,4; Jer. 52,4; Jer. 52,5; Jer. 52,6; Jer. 52,6; Jer. 52,7; Jer. 52,7; Jer. 52,7; Jer. 52,7; Jer. 52,7; Jer. 52,8; Jer. 52,8; Jer. 52,8; Jer. 52,9; Jer. 52,9; Jer. 52,9; Jer. 52,10; Jer. 52,10; Jer. 52,11; Jer. 52,11; Jer. 52,11; Jer. 52,11; Jer. 52,13; Jer. 52,13; Jer. 52,13; Jer. 52,13; Jer. 52,14; Jer. 52,16; Jer. 52,16; Jer. 52,17; Jer. 52,17; Jer. 52,17; Jer. 52,17; Jer. 52,17; Jer. 52,18; Jer. 52,18; Jer. 52,18; Jer. 52,18; Jer. 52,19; Jer. 52,19; Jer. 52,19; Jer. 52,19; Jer. 52,19; Jer. 52,19; Jer. 52,19; Jer. 52,20; Jer. 52,20; Jer. 52,20; Jer. 52,21; Jer. 52,21; Jer. 52,21; Jer. 52,22; Jer. 52,22; Jer. 52,22; Jer. 52,22; Jer. 52,22; Jer. 52,23; Jer. 52,23; Jer. 52,24; Jer. 52,24; Jer. 52,24; Jer. 52,25; Jer. 52,25; Jer. 52,25; Jer. 52,25; Jer. 52,26; Jer. 52,26; Jer. 52,27; Jer. 52,31; Jer. 52,31; Jer. 52,31; Jer. 52,32; Jer. 52,32; Jer. 52,33; Jer. 52,33; Jer. 52,34; Bar. 1,2; Bar. 1,3; Bar. 1,3; Bar. 1,4; Bar. 1,4; Bar. 1,4; Bar. 1,4; Bar. 1,5; Bar. 1,5; Bar. 1,5; Bar. 1,6; Bar. 1,7; Bar. 1,7; Bar. 1,7; Bar. 1,9; Bar. 1,9; Bar. 1,9; Bar. 1,9; Bar. 1,9; Bar. 1,10; Bar. 1,10; Bar. 1,10; Bar. 1,10; Bar. 1,10; Bar. 1,10; Bar. 1,11; Bar. 1,11; Bar. 1,12; Bar. 1,12; Bar. 1,12; Bar. 1,12; Bar. 1,12; Bar. 1,12; Bar. 1,13; Bar. 1,13; Bar. 1,13; Bar. 1,14; Bar. 1,14; Bar. 1,15; Bar. 1,15; Bar. 1,16; Bar. 1,16; Bar. 1,16; Bar. 1,16; Bar. 1,16; Bar. 1,18; Bar. 1,18; Bar. 1,19; Bar. 1,19; Bar. 1,20; Bar. 1,20; Bar. 1,20; Bar. 1,21; Bar. 1,22; Bar. 2,1; Bar. 2,1; Bar. 2,1; Bar. 2,1; Bar. 2,1; Bar. 2,1; Bar. 2,1; Bar. 2,3; Bar. 2,4; Bar. 2,4; Bar. 2,5; Bar. 2,5; Bar. 2,6; Bar. 2,8; Bar. 2,9; Bar. 2,9; Bar. 2,10; Bar. 2,11; Bar. 2,11; Bar. 2,11; Bar. 2,11; Bar. 2,11; Bar. 2,11; Bar. 2,14; Bar. 2,14; Bar. 2,14; Bar. 2,15; Bar. 2,16; Bar. 2,16; Bar. 2,17; Bar. 2,17; Bar. 2,18; Bar. 2,18; Bar. 2,18; Bar. 2,18; Bar. 2,19; Bar. 2,20; Bar. 2,21; Bar. 2,21; Bar. 2,22; Bar. 2,23; Bar. 2,23; Bar. 2,23; Bar. 2,23; Bar. 2,24; Bar. 2,24; Bar. 2,24; Bar. 2,25; Bar. 2,25; Bar. 2,25; Bar. 2,25; Bar. 2,25; Bar. 2,26; Bar. 2,26; Bar. 2,27; Bar. 2,27; Bar. 2,30; Bar. 2,31; Bar. 2,31; Bar. 2,31; Bar. 2,32; Bar. 2,32; Bar. 2,33; Bar. 2,33; Bar. 2,34; Bar. 2,34; Bar. 2,34; Bar. 2,34; Bar. 2,34; Bar. 2,34; Bar. 2,35; Bar. 2,35; Bar. 2,35; Bar. 3,1; Bar. 3,2; Bar. 3,3; Bar. 3,4; Bar. 3,4; Bar. 3,5; Bar. 3,6; Bar. 3,7; Bar. 3,8; Bar. 3,8; Bar. 3,14; Bar. 3,14; Bar. 3,15; Bar. 3,16; Bar. 3,17; Bar. 3,17; Bar. 3,17; Bar. 3,18; Bar. 3,18; Bar. 3,19; Bar. 3,19; Bar. 3,20; Bar. 3,23; Bar. 3,23; Bar. 3,24; Bar. 3,25; Bar. 3,25; Bar. 3,28; Bar. 3,29; Bar. 3,29; Bar. 3,30; Bar. 3,30; Bar. 3,33; Bar. 3,33; Bar. 3,34; Bar. 3,35; Bar. 3,37; Bar. 3,37; Bar. 3,38; Bar. 4,1; Bar. 4,2; Bar. 4,3; Bar. 4,7; Bar. 4,9; Bar. 4,10; Bar. 4,11; Bar. 4,12; Bar. 4,14; Bar. 4,14; Bar. 4,15; Bar. 4,16; Bar. 4,16; Bar. 4,21; Bar. 4,22; Bar. 4,23; Bar. 4,23; Bar. 4,24; Bar. 4,25; Bar. 4,25; Bar. 4,27; Bar. 4,31; Bar. 4,33; Bar. 4,34; Bar. 4,34; Bar. 4,35; Bar. 4,36; Bar. 5,1; Bar. 5,1; Bar. 5,4; Bar. 5,5; Bar. 5,5; Bar. 5,5; Bar. 5,7; Bar. 5,7; Bar. 5,8; Bar. 5,9; Lam. 1,1; Lam. 1,1; Lam. 1,1; Lam. 1,2; Lam. 1,2; Lam. 1,3; Lam. 1,4; Lam. 1,5; Lam. 1,6; Lam. 1,7; Lam. 1,7; Lam. 1,8; Lam. 1,9; Lam. 1,11; Lam. 1,12; Lam. 1,18; Lam. 1,18; Lam. 1,19; Lam. 1,19; Lam. 1,20; Lam. 1,21; Lam. 1,21; Lam. 1,22; Lam. 1,22; Lam. 2,1; Lam. 2,2; Lam. 2,3; Lam. 2,3; Lam. 2,4; Lam. 2,5; Lam. 2,5; Lam. 2,6; Lam. 2,6; Lam. 2,6; Lam. 2,6; Lam. 2,8; Lam. 2,8; Lam. 2,9; Lam. 2,9; Lam. 2,11; Lam. 2,12; Lam. 2,13; Lam. 2,14; Lam. 2,14; Lam. 2,14; Lam. 2,14; Lam. 2,15; Lam. 2,16; Lam. 2,17; Lam. 2,17; Lam. 2,18; Lam. 2,20; Lam. 2,20; Lam. 2,21; Lam. 2,21; Lam. 2,21; Lam. 2,22; Lam. 2,22; Lam. 2,22; Lam. 3,2; Lam. 3,2; Lam. 3,4; Lam. 3,5; Lam. 3,5; Lam. 3,7; Lam. 3,8; Lam. 3,11; Lam. 3,12; Lam. 3,17; Lam. 3,18; Lam. 3,18; Lam. 3,19; Lam. 3,19; Lam. 3,20; Lam. 3,26; Lam. 3,26; Lam. 3,28; Lam. 3,33; Lam. 3,37; Lam. 3,38; Lam. 3,40; Lam. 3,40; Lam. 3,42; Lam. 3,43; Lam. 3,45; Lam. 3,47; Lam. 3,47; Lam. 3,49; Lam. 3,50; Lam. 3,53; Lam. 3,62; Lam. 3,63; Lam. 3,66; Lam. 4,6; Lam. 4,11; Lam. 4,11; Lam. 4,12; Lam. 4,21; Lam. 4,21; Lam. 4,21; Lam. 5,1; Lam. 5,13; Lam. 5,14; Lam. 5,19; Lam. 5,21; Lam. 5,21; LetterJ 2; LetterJ 3; LetterJ 3; LetterJ 4; LetterJ 4; LetterJ 5; LetterJ 7; LetterJ 7; LetterJ 8; LetterJ 9; LetterJ 9; LetterJ 9; LetterJ 10; LetterJ 10; LetterJ 10; LetterJ 12; LetterJ 13; LetterJ 13; LetterJ 17; LetterJ 17; LetterJ 17; LetterJ 18; LetterJ 19; LetterJ 21; LetterJ 21; LetterJ 27; LetterJ 29; LetterJ 29; LetterJ 30; LetterJ 30; LetterJ 30; LetterJ 32; LetterJ 38; LetterJ 38; LetterJ 41; LetterJ 45; LetterJ 47; LetterJ 48; LetterJ 50; LetterJ 50; LetterJ 50; LetterJ 53; LetterJ 54; LetterJ 54; LetterJ 55; LetterJ 57; LetterJ 57; LetterJ 57; LetterJ 57; LetterJ 58; LetterJ 58; LetterJ 59; LetterJ 59; LetterJ 59; LetterJ 60; LetterJ 61; LetterJ 61; LetterJ 69; LetterJ 69; LetterJ 70; LetterJ 70; LetterJ 70; LetterJ 71; LetterJ 71; Ezek. 1,1; Ezek. 1,1; Ezek. 1,1; Ezek. 1,3; Ezek. 1,3; Ezek. 1,4; Ezek. 1,4; Ezek. 1,4; Ezek. 1,4; Ezek. 1,4; Ezek. 1,4; Ezek. 1,5; Ezek. 1,5; Ezek. 1,6; Ezek. 1,6; Ezek. 1,7; Ezek. 1,7; Ezek. 1,7; Ezek. 1,7; Ezek. 1,8; Ezek. 1,8; Ezek. 1,10; Ezek. 1,10; Ezek. 1,10; Ezek. 1,10; Ezek. 1,11; Ezek. 1,11; Ezek. 1,12; Ezek. 1,12; Ezek. 1,13; Ezek. 1,13; Ezek. 1,13; Ezek. 1,15; Ezek. 1,15; Ezek. 1,16; Ezek. 1,16; Ezek. 1,16; Ezek. 1,18; Ezek. 1,18; Ezek. 1,18; Ezek. 1,19; Ezek. 1,19; Ezek. 1,20; Ezek. 1,20; Ezek. 1,21; Ezek. 1,21; Ezek. 1,22; Ezek. 1,23; Ezek. 1,24; Ezek. 1,24; Ezek. 1,25; Ezek. 1,26; Ezek. 1,27; Ezek. 1,27; Ezek. 1,27; Ezek. 1,27; Ezek. 1,27; Ezek. 1,28; Ezek. 1,28; Ezek. 1,28; Ezek. 2,1; Ezek. 2,2; Ezek. 2,2; Ezek. 2,2; Ezek. 2,2; Ezek. 2,2; Ezek. 2,3; Ezek. 2,3; Ezek. 2,4; Ezek. 2,5; Ezek. 2,6; Ezek. 2,6; Ezek. 2,6; Ezek. 2,6; Ezek. 2,7; Ezek. 2,8; Ezek. 2,8; Ezek. 2,9; Ezek. 2,9; Ezek. 2,9; Ezek. 2,10; Ezek. 2,10; Ezek. 2,10; Ezek. 2,10; Ezek. 2,10; Ezek. 2,10; Ezek. 3,1; Ezek. 3,1; Ezek. 3,1; Ezek. 3,2; Ezek. 3,2; Ezek. 3,3; Ezek. 3,3; Ezek. 3,3; Ezek. 3,3; Ezek. 3,4; Ezek. 3,4; Ezek. 3,5; Ezek. 3,6; Ezek. 3,7; Ezek. 3,8; Ezek. 3,8; Ezek. 3,9; Ezek. 3,10; Ezek. 3,10; Ezek. 3,11; Ezek. 3,11; Ezek. 3,11; Ezek. 3,12; Ezek. 3,12; Ezek. 3,13; Ezek. 3,13; Ezek. 3,13; Ezek. 3,14; Ezek. 3,14; Ezek. 3,14; Ezek. 3,14; Ezek. 3,15; Ezek. 3,15; Ezek. 3,15; Ezek. 3,17; Ezek. 3,17; Ezek. 3,18; Ezek. 3,18; Ezek. 3,19; Ezek. 3,19; Ezek. 3,19; Ezek. 3,19; Ezek. 3,20; Ezek. 3,20; Ezek. 3,20; Ezek. 3,20; Ezek. 3,20; Ezek. 3,21; Ezek. 3,21; Ezek. 3,22; Ezek. 3,22; Ezek. 3,22; Ezek. 3,23; Ezek. 3,23; Ezek. 3,23; Ezek. 3,23; Ezek. 3,23; Ezek. 3,24; Ezek. 3,24; Ezek. 3,24; Ezek. 3,24; Ezek. 3,24; Ezek. 3,25; Ezek. 3,25; Ezek. 3,25; Ezek. 3,26; Ezek. 3,26; Ezek. 3,26; Ezek. 3,27; Ezek. 3,27; Ezek. 3,27; Ezek. 4,1; Ezek. 4,1; Ezek. 4,2; Ezek. 4,2; Ezek. 4,2; Ezek. 4,2; Ezek. 4,2; Ezek. 4,3; Ezek. 4,3; Ezek. 4,3; Ezek. 4,3; Ezek. 4,3; Ezek. 4,3; Ezek. 4,4; Ezek. 4,4; Ezek. 4,4; Ezek. 4,4; Ezek. 4,5; Ezek. 4,5; Ezek. 4,5; Ezek. 4,6; Ezek. 4,6; Ezek. 4,6; Ezek. 4,7; Ezek. 4,7; Ezek. 4,7; Ezek. 4,8; Ezek. 4,8; Ezek. 4,9; Ezek. 4,9; Ezek. 4,9; Ezek. 4,9; Ezek. 4,9; Ezek. 4,9; Ezek.

καί

4,9; Ezek. 4,9; Ezek. 4,9; Ezek. 4,9; Ezek. 4,10; Ezek. 4,11; Ezek. 4,12; Ezek. 4,13; Ezek. 4,14; Ezek. 4,14; Ezek. 4,14; Ezek. 4,15; Ezek. 4,15; Ezek. 4,16; Ezek. 4,16; Ezek. 4,16; Ezek. 4,16; Ezek. 4,16; Ezek. 4,17; Ezek. 4,17; Ezek. 4,17; Ezek. 4,17; Ezek. 5,1; Ezek. 5,1; Ezek. 5,1; Ezek. 5,1; Ezek. 5,1; Ezek. 5,2; Ezek. 5,2; Ezek. 5,2; Ezek. 5,2; Ezek. 5,2; Ezek. 5,3; Ezek. 5,3; Ezek. 5,4; Ezek. 5,4; Ezek. 5,4; Ezek. 5,5; Ezek. 5,6; Ezek. 5,6; Ezek. 5,6; Ezek. 5,7; Ezek. 5,7; Ezek. 5,8; Ezek. 5,9; Ezek. 5,9; Ezek. 5,10; Ezek. 5,10; Ezek. 5,10; Ezek. 5,12; Ezek. 5,12; Ezek. 5,12; Ezek. 5,12; Ezek. 5,13; Ezek. 5,13; Ezek. 5,13; Ezek. 5,14; Ezek. 5,14; Ezek. 5,15; Ezek. 5,15; Ezek. 5,16; Ezek. 5,16; Ezek. 5,17; Ezek. 5,17; Ezek. 5,17; Ezek. 5,17; Ezek. 5,17; Ezek. 5,17; Ezek. 6,2; Ezek. 6,3; Ezek. 6,3; Ezek. 6,3; Ezek. 6,3; Ezek. 6,3; Ezek. 6,4; Ezek. 6,4; Ezek. 6,4; Ezek. 6,5; Ezek. 6,6; Ezek. 6,6; Ezek. 6,6; Ezek. 6,7; Ezek. 6,7; Ezek. 6,8; Ezek. 6,9; Ezek. 6,9; Ezek. 6,9; Ezek. 6,10; Ezek. 6,11; Ezek. 6,11; Ezek. 6,11; Ezek. 6,11; Ezek. 6,12; Ezek. 6,12; Ezek. 6,13; Ezek. 6,13; Ezek. 6,14; Ezek. 6,14; Ezek. 6,14; Ezek. 6,14; Ezek. 7,5; Ezek. 7,5; Ezek. 7,5; Ezek. 7,6; Ezek. 7,6; Ezek. 7,7; Ezek. 7,7; Ezek. 7,7; Ezek. 7,8; Ezek. 7,8; Ezek. 7,11; Ezek. 7,11; Ezek. 7,12; Ezek. 7,13; Ezek. 7,14; Ezek. 7,15; Ezek. 7,15; Ezek. 7,15; Ezek. 7,16; Ezek. 7,16; Ezek. 7,17; Ezek. 7,18; Ezek. 7,18; Ezek. 7,18; Ezek. 7,18; Ezek. 7,19; Ezek. 7,19; Ezek. 7,20; Ezek. 7,21; Ezek. 7,21; Ezek. 7,21; Ezek. 7,22; Ezek. 7,22; Ezek. 7,22; Ezek. 7,22; Ezek. 7,23; Ezek. 7,23; Ezek. 7,24; Ezek. 7,24; Ezek. 7,25; Ezek. 7,25; Ezek. 7,26; Ezek. 7,26; Ezek. 7,26; Ezek. 7,26; Ezek. 7,27; Ezek. 7,27; Ezek. 7,27; Ezek. 8,1; Ezek. 8,1; Ezek. 8,2; Ezek. 8,2; Ezek. 8,2; Ezek. 8,2; Ezek. 8,3; Ezek. 8,3; Ezek. 8,3; Ezek. 8,3; Ezek. 8,3; Ezek. 8,4; Ezek. 8,5; Ezek. 8,5; Ezek. 8,5; Ezek. 8,6; Ezek. 8,6; Ezek. 8,7; Ezek. 8,8; Ezek. 8,8; Ezek. 8,8; Ezek. 8,9; Ezek. 8,9; Ezek. 8,10; Ezek. 8,10; Ezek. 8,10; Ezek. 8,10; Ezek. 8,11; Ezek. 8,11; Ezek. 8,11; Ezek. 8,11; Ezek. 8,12; Ezek. 8,13; Ezek. 8,14; Ezek. 8,14; Ezek. 8,15; Ezek. 8,15; Ezek. 8,16; Ezek. 8,16; Ezek. 8,16; Ezek. 8,16; Ezek. 8,16; Ezek. 8,17; Ezek. 8,17; Ezek. 8,18; Ezek. 9,1; Ezek. 9,2; Ezek. 9,2; Ezek. 9,2; Ezek. 9,2; Ezek. 9,2; Ezek. 9,2; Ezek. 9,3; Ezek. 9,3; Ezek. 9,4; Ezek. 9,4; Ezek. 9,4; Ezek. 9,5; Ezek. 9,5; Ezek. 9,5; Ezek. 9,5; Ezek. 9,6; Ezek. 9,6; Ezek. 9,6; Ezek. 9,6; Ezek. 9,6; Ezek. 9,7; Ezek. 9,7; Ezek. 9,7; Ezek. 9,8; Ezek. 9,8; Ezek. 9,8; Ezek. 9,8; Ezek. 9,9; Ezek. 9,9; Ezek. 9,9; Ezek. 9,9; Ezek. 9,10; Ezek. 9,11; Ezek. 9,11; Ezek. 9,11; Ezek. 10,1; Ezek. 10,2; Ezek. 10,2; Ezek. 10,2; Ezek. 10,2; Ezek. 10,3; Ezek. 10,3; Ezek. 10,4; Ezek. 10,4; Ezek. 10,4; Ezek. 10,5; Ezek. 10,6; Ezek. 10,6; Ezek. 10,6; Ezek. 10,7; Ezek. 10,7; Ezek. 10,7; Ezek. 10,7; Ezek. 10,7; Ezek. 10,8; Ezek. 10,9; Ezek. 10,9; Ezek. 10,9; Ezek. 10,10; Ezek. 10,11; Ezek. 10,12; Ezek. 10,12; Ezek. 10,12; Ezek. 10,12; Ezek. 10,15; Ezek. 10,16; Ezek. 10,16; Ezek. 10,16; Ezek. 10,17; Ezek. 10,18; Ezek. 10,18; Ezek. 10,19; Ezek. 10,19; Ezek. 10,19; Ezek. 10,19; Ezek. 10,19; Ezek. 10,20; Ezek. 10,21; Ezek. 10,21; Ezek. 10,22; Ezek. 10,22; Ezek. 11,1; Ezek. 11,1; Ezek. 11,1; Ezek. 11,1; Ezek. 11,1; Ezek. 11,2; Ezek. 11,2; Ezek. 11,5; Ezek. 11,5; Ezek. 11,5; Ezek. 11,6; Ezek. 11,7; Ezek. 11,8; Ezek. 11,9; Ezek. 11,9; Ezek. 11,9; Ezek. 11,10; Ezek. 11,11; Ezek. 11,12; Ezek. 11,13; Ezek. 11,13; Ezek. 11,13; Ezek. 11,13; Ezek. 11,13; Ezek. 11,15; Ezek. 11,15; Ezek. 11,16; Ezek. 11,16; Ezek. 11,17; Ezek. 11,17; Ezek. 11,18; Ezek. 11,18; Ezek. 11,18; Ezek. 11,19; Ezek. 11,19; Ezek. 11,19; Ezek. 11,19; Ezek. 11,20; Ezek. 11,20; Ezek. 11,20; Ezek. 11,20; Ezek. 11,21; Ezek. 11,21; Ezek. 11,22; Ezek. 11,22; Ezek. 11,23; Ezek. 11,23; Ezek. 11,24; Ezek. 11,24; Ezek. 11,24; Ezek. 11,25; Ezek. 12,2; Ezek. 12,2; Ezek. 12,2; Ezek. 12,3; Ezek. 12,3; Ezek. 12,4; Ezek. 12,4; Ezek. 12,5; Ezek. 12,6; Ezek. 12,6; Ezek. 12,7; Ezek. 12,7; Ezek. 12,7; Ezek. 12,7; Ezek. 12,8; Ezek. 12,10; Ezek. 12,10; Ezek. 12,11; Ezek. 12,12; Ezek. 12,12; Ezek. 12,12; Ezek. 12,12; Ezek. 12,13; Ezek. 12,13; Ezek. 12,13; Ezek. 12,13; Ezek. 12,13; Ezek. 12,14; Ezek. 12,14; Ezek. 12,14; Ezek. 12,15; Ezek. 12,15; Ezek. 12,16; Ezek. 12,16; Ezek. 12,16; Ezek. 12,16; Ezek. 12,17; Ezek. 12,18; Ezek. 12,18; Ezek. 12,19; Ezek. 12,19; Ezek. 12,20; Ezek. 12,20; Ezek. 12,20; Ezek. 12,23; Ezek. 12,23; Ezek. 12,24; Ezek. 12,25; Ezek. 12,25; Ezek. 12,25; Ezek. 12,26; Ezek. 12,27; Ezek. 12,28; Ezek. 13,2; Ezek. 13,2; Ezek. 13,3; Ezek. 13,5; Ezek. 13,6; Ezek. 13,6; Ezek. 13,7; Ezek. 13,8; Ezek. 13,9; Ezek. 13,9; Ezek. 13,9; Ezek. 13,9; Ezek. 13,10; Ezek. 13,10; Ezek. 13,10; Ezek. 13,11; Ezek. 13,11; Ezek. 13,11; Ezek. 13,11; Ezek. 13,11; Ezek. 13,12; Ezek. 13,12; Ezek. 13,13; Ezek. 13,13; Ezek. 13,14; Ezek. 13,14; Ezek. 13,14; Ezek. 13,14; Ezek. 13,14; Ezek. 13,14; Ezek. 13,14; Ezek. 13,15; Ezek. 13,15; Ezek. 13,15; Ezek. 13,15; Ezek. 13,16; Ezek. 13,16; Ezek. 13,17; Ezek. 13,17; Ezek. 13,18; Ezek. 13,18; Ezek. 13,18; Ezek. 13,19; Ezek. 13,19; Ezek. 13,19; Ezek. 13,20; Ezek. 13,20; Ezek. 13,21; Ezek. 13,21; Ezek. 13,21; Ezek. 13,21; Ezek. 13,22; Ezek. 13,22; Ezek. 13,22; Ezek. 13,23; Ezek. 13,23; Ezek. 13,23; Ezek. 14,1; Ezek. 14,2; Ezek. 14,3; Ezek. 14,4; Ezek. 14,4; Ezek. 14,4; Ezek. 14,6; Ezek. 14,6; Ezek. 14,6; Ezek. 14,7; Ezek. 14,7; Ezek. 14,7; Ezek. 14,7; Ezek. 14,8; Ezek. 14,8; Ezek. 14,8; Ezek. 14,8; Ezek. 14,8; Ezek. 14,9; Ezek. 14,9; Ezek. 14,9; Ezek. 14,9; Ezek. 14,10; Ezek. 14,10; Ezek. 14,11; Ezek. 14,11; Ezek. 14,11; Ezek. 14,13; Ezek. 14,13; Ezek. 14,13; Ezek. 14,13; Ezek. 14,13; Ezek. 14,14; Ezek. 14,14; Ezek. 14,14; Ezek. 14,14; Ezek. 14,15; Ezek. 14,15; Ezek. 14,15; Ezek. 14,15; Ezek. 14,16; Ezek. 14,17; Ezek. 14,17; Ezek. 14,17; Ezek. 14,17; Ezek. 14,18; Ezek. 14,19; Ezek. 14,19; Ezek. 14,19; Ezek. 14,20; Ezek. 14,20; Ezek. 14,20; Ezek. 14,21; Ezek. 14,21; Ezek. 14,21; Ezek. 14,21; Ezek. 14,22; Ezek. 14,22; Ezek. 14,22; Ezek. 14,22; Ezek. 14,22; Ezek. 14,23; Ezek. 14,23; Ezek. 14,23; Ezek. 15,4; Ezek. 15,5; Ezek. 15,7; Ezek. 15,7; Ezek. 15,7; Ezek. 15,8; Ezek. 16,3; Ezek. 16,3; Ezek. 16,3; Ezek. 16,4; Ezek. 16,4; Ezek. 16,4; Ezek. 16,5; Ezek. 16,6; Ezek. 16,6; Ezek. 16,6; Ezek. 16,7; Ezek. 16,7; Ezek. 16,7; Ezek. 16,7; Ezek. 16,7; Ezek. 16,8; Ezek. 16,8; Ezek. 16,8; Ezek. 16,8; Ezek. 16,8; Ezek. 16,8; Ezek. 16,8; Ezek. 16,8; Ezek. 16,9; Ezek. 16,9; Ezek. 16,9; Ezek. 16,10; Ezek. 16,10; Ezek. 16,10; Ezek. 16,10; Ezek. 16,11; Ezek. 16,11; Ezek. 16,11; Ezek. 16,12; Ezek. 16,12; Ezek. 16,12; Ezek. 16,13; Ezek. 16,13; Ezek. 16,13; Ezek. 16,13; Ezek. 16,13; Ezek. 16,13; Ezek. 16,13; Ezek. 16,14; Ezek. 16,15; Ezek. 16,15; Ezek. 16,15; Ezek. 16,16; Ezek. 16,16; Ezek. 16,16; Ezek. 16,16; Ezek. 16,17; Ezek. 16,17; Ezek. 16,17; Ezek. 16,17; Ezek. 16,18; Ezek. 16,18; Ezek. 16,18; Ezek. 16,18; Ezek. 16,19; Ezek. 16,19; Ezek. 16,19; Ezek. 16,19; Ezek. 16,19; Ezek. 16,20; Ezek. 16,20; Ezek. 16,20; Ezek. 16,21; Ezek. 16,21; Ezek. 16,22; Ezek. 16,22; Ezek. 16,22; Ezek. 16,23; Ezek. 16,24; Ezek. 16,24; Ezek. 16,25; Ezek. 16,25; Ezek. 16,25; Ezek. 16,25; Ezek. 16,26; Ezek. 16,26; Ezek. 16,27; Ezek. 16,27; Ezek. 16,28; Ezek. 16,28; Ezek. 16,28; Ezek. 16,28; Ezek. 16,29; Ezek. 16,29; Ezek. 16,30; Ezek. 16,31; Ezek. 16,31; Ezek. 16,33; Ezek. 16,33; Ezek. 16,34; Ezek. 16,34; Ezek. 16,34; Ezek. 16,34; Ezek. 16,36; Ezek. 16,36; Ezek. 16,36; Ezek. 16,37; Ezek. 16,37; Ezek. 16,37; Ezek. 16,37; Ezek. 16,38; Ezek. 16,38; Ezek. 16,38; Ezek. 16,38; Ezek. 16,39; Ezek. 16,39; Ezek. 16,39; Ezek. 16,39; Ezek. 16,39; Ezek. 16,39; Ezek. 16,39; Ezek. 16,40; Ezek. 16,40; Ezek. 16,40; Ezek. 16,41; Ezek. 16,41; Ezek. 16,41; Ezek. 16,41; Ezek. 16,42; Ezek. 16,42; Ezek. 16,42; Ezek. 16,42; Ezek. 16,43; Ezek. 16,43; Ezek. 16,43; Ezek. 16,45; Ezek. 16,45; Ezek. 16,45; Ezek. 16,45; Ezek. 16,46; Ezek. 16,46; Ezek. 16,46; Ezek. 16,47; Ezek. 16,47; Ezek. 16,48; Ezek. 16,48; Ezek. 16,49; Ezek. 16,49; Ezek. 16,49; Ezek. 16,49; Ezek. 16,49; Ezek. 16,50; Ezek. 16,50; Ezek. 16,51; Ezek. 16,51; Ezek. 16,51; Ezek. 16,52; Ezek. 16,52;

Κ, κ

Ezek. 16,52; Ezek. 16,52; Ezek. 16,53; Ezek. 16,53; Ezek. 16,53; Ezek. 16,53; Ezek. 16,53; Ezek. 16,54; Ezek. 16,55; Ezek. 16,55; Ezek. 16,55; Ezek. 16,55; Ezek. 16,55; Ezek. 16,55; Ezek. 16,56; Ezek. 16,57; Ezek. 16,58; Ezek. 16,60; Ezek. 16,60; Ezek. 16,61; Ezek. 16,61; Ezek. 16,61; Ezek. 16,61; Ezek. 16,62; Ezek. 16,62; Ezek. 16,63; Ezek. 16,63; Ezek. 17,2; Ezek. 17,3; Ezek. 17,3; Ezek. 17,4; Ezek. 17,5; Ezek. 17,5; Ezek. 17,6; Ezek. 17,6; Ezek. 17,6; Ezek. 17,6; Ezek. 17,6; Ezek. 17,6; Ezek. 17,6; Ezek. 17,7; Ezek. 17,7; Ezek. 17,7; Ezek. 17,7; Ezek. 17,8; Ezek. 17,9; Ezek. 17,9; Ezek. 17,9; Ezek. 17,10; Ezek. 17,12; Ezek. 17,12; Ezek. 17,12; Ezek. 17,13; Ezek. 17,13; Ezek. 17,13; Ezek. 17,13; Ezek. 17,14; Ezek. 17,15; Ezek. 17,15; Ezek. 17,15; Ezek. 17,16; Ezek. 17,17; Ezek. 17,17; Ezek. 17,18; Ezek. 17,18; Ezek. 17,18; Ezek. 17,19; Ezek. 17,19; Ezek. 17,20; Ezek. 17,20; Ezek. 17,21; Ezek. 17,21; Ezek. 17,22; Ezek. 17,22; Ezek. 17,23; Ezek. 17,23; Ezek. 17,23; Ezek. 17,23; Ezek. 17,23; Ezek. 17,23; Ezek. 17,24; Ezek. 17,24; Ezek. 17,24; Ezek. 17,24; Ezek. 17,24; Ezek. 18,2; Ezek. 18,5; Ezek. 18,6; Ezek. 18,6; Ezek. 18,6; Ezek. 18,7; Ezek. 18,7; Ezek. 18,7; Ezek. 18,8; Ezek. 18,8; Ezek. 18,8; Ezek. 18,8; Ezek. 18,9; Ezek. 18,9; Ezek. 18,10; Ezek. 18,10; Ezek. 18,11; Ezek. 18,12; Ezek. 18,12; Ezek. 18,12; Ezek. 18,12; Ezek. 18,12; Ezek. 18,13; Ezek. 18,14; Ezek. 18,14; Ezek. 18,14; Ezek. 18,15; Ezek. 18,15; Ezek. 18,16; Ezek. 18,16; Ezek. 18,16; Ezek. 18,16; Ezek. 18,17; Ezek. 18,17; Ezek. 18,18; Ezek. 18,18; Ezek. 18,19; Ezek. 18,19; Ezek. 18,19; Ezek. 18,20; Ezek. 18,21; Ezek. 18,21; Ezek. 18,21; Ezek. 18,21; Ezek. 18,23; Ezek. 18,24; Ezek. 18,24; Ezek. 18,25; Ezek. 18,26; Ezek. 18,26; Ezek. 18,27; Ezek. 18,27; Ezek. 18,27; Ezek. 18,28; Ezek. 18,29; Ezek. 18,30; Ezek. 18,30; Ezek. 18,31; Ezek. 18,31; Ezek. 18,31; Ezek. 19,2; Ezek. 19,3; Ezek. 19,3; Ezek. 19,4; Ezek. 19,4; Ezek. 19,5; Ezek. 19,5; Ezek. 19,5; Ezek. 19,6; Ezek. 19,6; Ezek. 19,7; Ezek. 19,7; Ezek. 19,7; Ezek. 19,7; Ezek. 19,8; Ezek. 19,8; Ezek. 19,9; Ezek. 19,9; Ezek. 19,9; Ezek. 19,10; Ezek. 19,11; Ezek. 19,11; Ezek. 19,11; Ezek. 19,12; Ezek. 19,12; Ezek. 19,12; Ezek. 19,13; Ezek. 19,14; Ezek. 19,14; Ezek. 19,14; Ezek. 19,14; Ezek. 20,1; Ezek. 20,2; Ezek. 20,3; Ezek. 20,5; Ezek. 20,5; Ezek. 20,5; Ezek. 20,5; Ezek. 20,6; Ezek. 20,7; Ezek. 20,7; Ezek. 20,8; Ezek. 20,8; Ezek. 20,8; Ezek. 20,8; Ezek. 20,9; Ezek. 20,10; Ezek. 20,10; Ezek. 20,11; Ezek. 20,11; Ezek. 20,11; Ezek. 20,12; Ezek. 20,12; Ezek. 20,13; Ezek. 20,13; Ezek. 20,13; Ezek. 20,13; Ezek. 20,13; Ezek. 20,14; Ezek. 20,15; Ezek. 20,15; Ezek. 20,16; Ezek. 20,16; Ezek. 20,16; Ezek. 20,17; Ezek. 20,17; Ezek. 20,18; Ezek. 20,18; Ezek. 20,18; Ezek. 20,18; Ezek. 20,19; Ezek. 20,19; Ezek. 20,20; Ezek. 20,20; Ezek. 20,20; Ezek. 20,21; Ezek. 20,21; Ezek. 20,21; Ezek. 20,21; Ezek. 20,21; Ezek. 20,21; Ezek. 20,22; Ezek. 20,23; Ezek. 20,23; Ezek. 20,24; Ezek. 20,24; Ezek. 20,24; Ezek. 20,25; Ezek. 20,25; Ezek. 20,26; Ezek. 20,27; Ezek. 20,28; Ezek. 20,28; Ezek. 20,28; Ezek. 20,28; Ezek. 20,28; Ezek. 20,28; Ezek. 20,29; Ezek. 20,29; Ezek. 20,30; Ezek. 20,31; Ezek. 20,31; Ezek. 20,31; Ezek. 20,32; Ezek. 20,32; Ezek. 20,32; Ezek. 20,33; Ezek. 20,33; Ezek. 20,34; Ezek. 20,34; Ezek. 20,34; Ezek. 20,34; Ezek. 20,35; Ezek. 20,35; Ezek. 20,37; Ezek. 20,37; Ezek. 20,38; Ezek. 20,38; Ezek. 20,38; Ezek. 20,38; Ezek. 20,39; Ezek. 20,39; Ezek. 20,39; Ezek. 20,39; Ezek. 20,40; Ezek. 20,40; Ezek. 20,40; Ezek. 20,41; Ezek. 20,41; Ezek. 20,42; Ezek. 20,43; Ezek. 20,43; Ezek. 20,43; Ezek. 20,44; Ezek. 20,44; Ezek. 21,2; Ezek. 21,2; Ezek. 21,3; Ezek. 21,3; Ezek. 21,3; Ezek. 21,3; Ezek. 21,4; Ezek. 21,4; Ezek. 21,5; Ezek. 21,6; Ezek. 21,7; Ezek. 21,7; Ezek. 21,7; Ezek. 21,8; Ezek. 21,8; Ezek. 21,8; Ezek. 21,8; Ezek. 21,9; Ezek. 21,10; Ezek. 21,10; Ezek. 21,11; Ezek. 21,11; Ezek. 21,12; Ezek. 21,12; Ezek. 21,12; Ezek. 21,12; Ezek. 21,12; Ezek. 21,12; Ezek. 21,12; Ezek. 21,12; Ezek. 21,13; Ezek. 21,14; Ezek. 21,14; Ezek. 21,16; Ezek. 21,17; Ezek. 21,18; Ezek. 21,19; Ezek. 21,19; Ezek. 21,19; Ezek. 21,19; Ezek. 21,20; Ezek. 21,21; Ezek. 21,22; Ezek. 21,23; Ezek. 21,24; Ezek. 21,25; Ezek. 21,25; Ezek. 21,26; Ezek. 21,26; Ezek. 21,27; Ezek. 21,27; Ezek. 21,28; Ezek. 21,28; Ezek. 21,29; Ezek. 21,30; Ezek. 21,31; Ezek. 21,31; Ezek. 21,32; Ezek. 21,33; Ezek. 21,33; Ezek. 21,33; Ezek. 21,33; Ezek. 21,33; Ezek. 21,34; Ezek. 21,36; Ezek. 21,36; Ezek. 22,2; Ezek. 22,3; Ezek. 22,3; Ezek. 22,4; Ezek. 22,4; Ezek. 22,4; Ezek. 22,4; Ezek. 22,5; Ezek. 22,5; Ezek. 22,5; Ezek. 22,7; Ezek. 22,7; Ezek. 22,7; Ezek. 22,8; Ezek. 22,8; Ezek. 22,9; Ezek. 22,10; Ezek. 22,11; Ezek. 22,11; Ezek. 22,12; Ezek. 22,12; Ezek. 22,13; Ezek. 22,14; Ezek. 22,15; Ezek. 22,15; Ezek. 22,15; Ezek. 22,16; Ezek. 22,16; Ezek. 22,17; Ezek. 22,18; Ezek. 22,18; Ezek. 22,18; Ezek. 22,20; Ezek. 22,20; Ezek. 22,20; Ezek. 22,20; Ezek. 22,20; Ezek. 22,20; Ezek. 22,21; Ezek. 22,21; Ezek. 22,22; Ezek. 22,23; Ezek. 22,25; Ezek. 22,26; Ezek. 22,26; Ezek. 22,26; Ezek. 22,26; Ezek. 22,26; Ezek. 22,26; Ezek. 22,26; Ezek. 22,28; Ezek. 22,28; Ezek. 22,29; Ezek. 22,29; Ezek. 22,29; Ezek. 22,30; Ezek. 22,30; Ezek. 22,30; Ezek. 22,31; Ezek. 23,3; Ezek. 23,4; Ezek. 23,4; Ezek. 23,4; Ezek. 23,4; Ezek. 23,4; Ezek. 23,4; Ezek. 23,4; Ezek. 23,4; Ezek. 23,5; Ezek. 23,5; Ezek. 23,6; Ezek. 23,7; Ezek. 23,7; Ezek. 23,8; Ezek. 23,8; Ezek. 23,8; Ezek. 23,10; Ezek. 23,10; Ezek. 23,10; Ezek. 23,10; Ezek. 23,11; Ezek. 23,11; Ezek. 23,11; Ezek. 23,12; Ezek. 23,13; Ezek. 23,14; Ezek. 23,14; Ezek. 23,15; Ezek. 23,16; Ezek. 23,16; Ezek. 23,17; Ezek. 23,17; Ezek. 23,17; Ezek. 23,17; Ezek. 23,18; Ezek. 23,18; Ezek. 23,18; Ezek. 23,19; Ezek. 23,20; Ezek. 23,20; Ezek. 23,21; Ezek. 23,22; Ezek. 23,23; Ezek. 23,23; Ezek. 23,23; Ezek. 23,23; Ezek. 23,23; Ezek. 23,24; Ezek. 23,24; Ezek. 23,24; Ezek. 23,24; Ezek. 23,24; Ezek. 23,25; Ezek. 23,25; Ezek. 23,25; Ezek. 23,25; Ezek. 23,25; Ezek. 23,25; Ezek. 23,26; Ezek. 23,26; Ezek. 23,27; Ezek. 23,27; Ezek. 23,27; Ezek. 23,27; Ezek. 23,29; Ezek. 23,29; Ezek. 23,29; Ezek. 23,29; Ezek. 23,29; Ezek. 23,29; Ezek. 23,30; Ezek. 23,31; Ezek. 23,32; Ezek. 23,33; Ezek. 23,33; Ezek. 23,34; Ezek. 23,34; Ezek. 23,34; Ezek. 23,35; Ezek. 23,35; Ezek. 23,35; Ezek. 23,36; Ezek. 23,36; Ezek. 23,36; Ezek. 23,37; Ezek. 23,37; Ezek. 23,38; Ezek. 23,39; Ezek. 23,39; Ezek. 23,39; Ezek. 23,40; Ezek. 23,40; Ezek. 23,40; Ezek. 23,40; Ezek. 23,41; Ezek. 23,41; Ezek. 23,41; Ezek. 23,41; Ezek. 23,42; Ezek. 23,42; Ezek. 23,42; Ezek. 23,42; Ezek. 23,43; Ezek. 23,43; Ezek. 23,43; Ezek. 23,44; Ezek. 23,44; Ezek. 23,45; Ezek. 23,45; Ezek. 23,45; Ezek. 23,46; Ezek. 23,46; Ezek. 23,47; Ezek. 23,47; Ezek. 23,47; Ezek. 23,47; Ezek. 23,48; Ezek. 23,48; Ezek. 23,48; Ezek. 23,49; Ezek. 23,49; Ezek. 23,49; Ezek. 24,3; Ezek. 24,3; Ezek. 24,3; Ezek. 24,4; Ezek. 24,4; Ezek. 24,5; Ezek. 24,5; Ezek. 24,6; Ezek. 24,10; Ezek. 24,10; Ezek. 24,10; Ezek. 24,11; Ezek. 24,11; Ezek. 24,11; Ezek. 24,11; Ezek. 24,12; Ezek. 24,13; Ezek. 24,14; Ezek. 24,14; Ezek. 24,14; Ezek. 24,14; Ezek. 24,14; Ezek. 24,17; Ezek. 24,17; Ezek. 24,18; Ezek. 24,18; Ezek. 24,18; Ezek. 24,19; Ezek. 24,20; Ezek. 24,21; Ezek. 24,21; Ezek. 24,21; Ezek. 24,22; Ezek. 24,22; Ezek. 24,23; Ezek. 24,23; Ezek. 24,23; Ezek. 24,23; Ezek. 24,24; Ezek. 24,24; Ezek. 24,25; Ezek. 24,25; Ezek. 24,25; Ezek. 24,27; Ezek. 24,27; Ezek. 24,27; Ezek. 24,27; Ezek. 25,2; Ezek. 25,3; Ezek. 25,3; Ezek. 25,3; Ezek. 25,4; Ezek. 25,4; Ezek. 25,4; Ezek. 25,5; Ezek. 25,5; Ezek. 25,5; Ezek. 25,6; Ezek. 25,6; Ezek. 25,7; Ezek. 25,7; Ezek. 25,7; Ezek. 25,7; Ezek. 25,8; Ezek. 25,11; Ezek. 25,11; Ezek. 25,12; Ezek. 25,12; Ezek. 25,13; Ezek. 25,13; Ezek. 25,13; Ezek. 25,13; Ezek. 25,14; Ezek. 25,14; Ezek. 25,14; Ezek. 25,14; Ezek. 25,15; Ezek. 25,16; Ezek. 25,16; Ezek. 25,17; Ezek. 25,17; Ezek. 26,3; Ezek. 26,4; Ezek. 26,4; Ezek. 26,4; Ezek. 26,4; Ezek. 26,5; Ezek. 26,6; Ezek. 26,6; Ezek. 26,7; Ezek. 26,7; Ezek. 26,7; Ezek. 26,8; Ezek. 26,8; Ezek. 26,8; Ezek. 26,8; Ezek. 26,8; Ezek. 26,9; Ezek. 26,10; Ezek. 26,10; Ezek. 26,11; Ezek.

26,12; Ezek. 26,12; Ezek. 26,12; Ezek. 26,12; Ezek. 26,12; Ezek. 26,12; Ezek. 26,12; Ezek. 26,13; Ezek. 26,13; Ezek. 26,14; Ezek. 26,16; Ezek. 26,16; Ezek. 26,16; Ezek. 26,16; Ezek. 26,16; Ezek. 26,17; Ezek. 26,17; Ezek. 26,18; Ezek. 26,19; Ezek. 26,20; Ezek. 26,20; Ezek. 26,21; Ezek. 27,3; Ezek. 27,7; Ezek. 27,7; Ezek. 27,7; Ezek. 27,8; Ezek. 27,8; Ezek. 27,9; Ezek. 27,9; Ezek. 27,9; Ezek. 27,10; Ezek. 27,10; Ezek. 27,10; Ezek. 27,11; Ezek. 27,12; Ezek. 27,12; Ezek. 27,12; Ezek. 27,12; Ezek. 27,13; Ezek. 27,13; Ezek. 27,13; Ezek. 27,14; Ezek. 27,15; Ezek. 27,16; Ezek. 27,16; Ezek. 27,16; Ezek. 27,17; Ezek. 27,17; Ezek. 27,17; Ezek. 27,17; Ezek. 27,17; Ezek. 27,17; Ezek. 27,18; Ezek. 27,19; Ezek. 27,19; Ezek. 27,21; Ezek. 27,21; Ezek. 27,21; Ezek. 27,22; Ezek. 27,22; Ezek. 27,22; Ezek. 27,23; Ezek. 27,23; Ezek. 27,24; Ezek. 27,24; Ezek. 27,25; Ezek. 27,25; Ezek. 27,27; Ezek. 27,27; Ezek. 27,27; Ezek. 27,27; Ezek. 27,27; Ezek. 27,27; Ezek. 27,27; Ezek. 27,27; Ezek. 27,29; Ezek. 27,29; Ezek. 27,29; Ezek. 27,30; Ezek. 27,30; Ezek. 27,30; Ezek. 27,30; Ezek. 27,32; Ezek. 27,32; Ezek. 27,33; Ezek. 27,34; Ezek. 27,35; Ezek. 27,35; Ezek. 27,36; Ezek. 28,2; Ezek. 28,2; Ezek. 28,2; Ezek. 28,4; Ezek. 28,4; Ezek. 28,5; Ezek. 28,7; Ezek. 28,7; Ezek. 28,7; Ezek. 28,8; Ezek. 28,8; Ezek. 28,9; Ezek. 28,12; Ezek. 28,12; Ezek. 28,13; Ezek. 28,13; Ezek. 28,13; Ezek. 28,13; Ezek. 28,13; Ezek. 28,13; Ezek. 28,13; Ezek. 28,13; Ezek. 28,13; Ezek. 28,13; Ezek. 28,13; Ezek. 28,13; Ezek. 28,13; Ezek. 28,16; Ezek. 28,16; Ezek. 28,16; Ezek. 28,18; Ezek. 28,18; Ezek. 28,18; Ezek. 28,19; Ezek. 28,19; Ezek. 28,21; Ezek. 28,22; Ezek. 28,22; Ezek. 28,22; Ezek. 28,22; Ezek. 28,23; Ezek. 28,23; Ezek. 28,23; Ezek. 28,24; Ezek. 28,24; Ezek. 28,24; Ezek. 28,25; Ezek. 28,25; Ezek. 28,25; Ezek. 28,26; Ezek. 28,26; Ezek. 28,26; Ezek. 28,26; Ezek. 28,26; Ezek. 28,26; Ezek. 29,2; Ezek. 29,2; Ezek. 29,3; Ezek. 29,3; Ezek. 29,4; Ezek. 29,4; Ezek. 29,4; Ezek. 29,4; Ezek. 29,5; Ezek. 29,5; Ezek. 29,5; Ezek. 29,5; Ezek. 29,5; Ezek. 29,6; Ezek. 29,7; Ezek. 29,7; Ezek. 29,7; Ezek. 29,8; Ezek. 29,8; Ezek. 29,9; Ezek. 29,9; Ezek. 29,9; Ezek. 29,9; Ezek. 29,10; Ezek. 29,10; Ezek. 29,10; Ezek. 29,10; Ezek. 29,10; Ezek. 29,10; Ezek. 29,11; Ezek. 29,11; Ezek. 29,12; Ezek. 29,12; Ezek. 29,12; Ezek. 29,12; Ezek. 29,14; Ezek. 29,14; Ezek. 29,14; Ezek. 29,15; Ezek. 29,16; Ezek. 29,16; Ezek. 29,17; Ezek. 29,18; Ezek. 29,18; Ezek. 29,18; Ezek. 29,18; Ezek. 29,19; Ezek. 29,19; Ezek. 29,19; Ezek. 29,21; Ezek. 29,21; Ezek. 30,2; Ezek. 30,4; Ezek. 30,4; Ezek. 30,4; Ezek. 30,4; Ezek. 30,5; Ezek. 30,5; Ezek. 30,5; Ezek. 30,5; Ezek. 30,5; Ezek. 30,6; Ezek. 30,6; Ezek. 30,7; Ezek. 30,7; Ezek. 30,8; Ezek. 30,8; Ezek. 30,9; Ezek. 30,11; Ezek. 30,11; Ezek. 30,11; Ezek. 30,12; Ezek. 30,12; Ezek. 30,12; Ezek. 30,13; Ezek. 30,13; Ezek. 30,14; Ezek. 30,14; Ezek. 30,14; Ezek. 30,15; Ezek. 30,15; Ezek. 30,16; Ezek. 30,16; Ezek. 30,16; Ezek. 30,16; Ezek. 30,17; Ezek. 30,17; Ezek. 30,18; Ezek. 30,18; Ezek. 30,18; Ezek. 30,18; Ezek. 30,19; Ezek. 30,19; Ezek. 30,21; Ezek. 30,22; Ezek. 30,22; Ezek. 30,22; Ezek. 30,23; Ezek. 30,23; Ezek. 30,24; Ezek. 30,24; Ezek. 30,24; Ezek. 30,24; Ezek. 30,24; Ezek. 30,25; Ezek. 30,25; Ezek. 30,25; Ezek. 30,26; Ezek. 30,26; Ezek. 30,26; Ezek. 31,2; Ezek. 31,3; Ezek. 31,3; Ezek. 31,4; Ezek. 31,5; Ezek. 31,6; Ezek. 31,7; Ezek. 31,8; Ezek. 31,8; Ezek. 31,9; Ezek. 31,10; Ezek. 31,10; Ezek. 31,11; Ezek. 31,11; Ezek. 31,12; Ezek. 31,12; Ezek. 31,12; Ezek. 31,12; Ezek. 31,12; Ezek. 31,13; Ezek. 31,14; Ezek. 31,14; Ezek. 31,15; Ezek. 31,15; Ezek. 31,15; Ezek. 31,16; Ezek. 31,16; Ezek. 31,17; Ezek. 31,18; Ezek. 31,18; Ezek. 32,2; Ezek. 32,2; Ezek. 32,2; Ezek. 32,2; Ezek. 32,2; Ezek. 32,3; Ezek. 32,4; Ezek. 32,4; Ezek. 32,4; Ezek. 32,5; Ezek. 32,5; Ezek. 32,6; Ezek. 32,7; Ezek. 32,7; Ezek. 32,7; Ezek. 32,8; Ezek. 32,9; Ezek. 32,10; Ezek. 32,10; Ezek. 32,12; Ezek. 32,12; Ezek. 32,12; Ezek. 32,13; Ezek. 32,13; Ezek. 32,13; Ezek. 32,14; Ezek. 32,15; Ezek. 32,15; Ezek. 32,16; Ezek. 32,16; Ezek. 32,16; Ezek. 32,18; Ezek. 32,20; Ezek. 32,21; Ezek. 32,21; Ezek. 32,22; Ezek. 32,22; Ezek. 32,22; Ezek. 32,24; Ezek. 32,24; Ezek. 32,24; Ezek. 32,26; Ezek. 32,26; Ezek. 32,27; Ezek. 32,27; Ezek. 32,27; Ezek. 32,28; Ezek. 32,30; Ezek. 32,30; Ezek. 32,31; Ezek. 32,32; Ezek. 32,32; Ezek. 33,2; Ezek. 33,2; Ezek. 33,2; Ezek. 33,3; Ezek. 33,3; Ezek. 33,3; Ezek. 33,4; Ezek. 33,4; Ezek. 33,4; Ezek. 33,4; Ezek. 33,5; Ezek. 33,6; Ezek. 33,6; Ezek. 33,6; Ezek. 33,6; Ezek. 33,6; Ezek. 33,7; Ezek. 33,7; Ezek. 33,8; Ezek. 33,9; Ezek. 33,9; Ezek. 33,10; Ezek. 33,10; Ezek. 33,10; Ezek. 33,10; Ezek. 33,11; Ezek. 33,11; Ezek. 33,12; Ezek. 33,12; Ezek. 33,13; Ezek. 33,14; Ezek. 33,14; Ezek. 33,14; Ezek. 33,14; Ezek. 33,15; Ezek. 33,15; Ezek. 33,15; Ezek. 33,16; Ezek. 33,17; Ezek. 33,17; Ezek. 33,18; Ezek. 33,18; Ezek. 33,19; Ezek. 33,19; Ezek. 33,19; Ezek. 33,20; Ezek. 33,22; Ezek. 33,22; Ezek. 33,22; Ezek. 33,23; Ezek. 33,24; Ezek. 33,24; Ezek. 33,27; Ezek. 33,27; Ezek. 33,27; Ezek. 33,28; Ezek. 33,28; Ezek. 33,28; Ezek. 33,29; Ezek. 33,29; Ezek. 33,29; Ezek. 33,30; Ezek. 33,30; Ezek. 33,30; Ezek. 33,30; Ezek. 33,31; Ezek. 33,31; Ezek. 33,31; Ezek. 33,31; Ezek. 33,32; Ezek. 33,32; Ezek. 33,32; Ezek. 33,33; Ezek. 33,33; Ezek. 34,2; Ezek. 34,3; Ezek. 34,3; Ezek. 34,3; Ezek. 34,4; Ezek. 34,4; Ezek. 34,4; Ezek. 34,4; Ezek. 34,4; Ezek. 34,5; Ezek. 34,5; Ezek. 34,6; Ezek. 34,6; Ezek. 34,6; Ezek. 34,6; Ezek. 34,8; Ezek. 34,8; Ezek. 34,8; Ezek. 34,10; Ezek. 34,10; Ezek. 34,10; Ezek. 34,10; Ezek. 34,10; Ezek. 34,11; Ezek. 34,12; Ezek. 34,12; Ezek. 34,12; Ezek. 34,13; Ezek. 34,13; Ezek. 34,13; Ezek. 34,13; Ezek. 34,13; Ezek. 34,13; Ezek. 34,14; Ezek. 34,14; Ezek. 34,14; Ezek. 34,15; Ezek. 34,15; Ezek. 34,16; Ezek. 34,16; Ezek. 34,16; Ezek. 34,16; Ezek. 34,16; Ezek. 34,17; Ezek. 34,17; Ezek. 34,17; Ezek. 34,18; Ezek. 34,18; Ezek. 34,18; Ezek. 34,18; Ezek. 34,19; Ezek. 34,19; Ezek. 34,20; Ezek. 34,21; Ezek. 34,21; Ezek. 34,21; Ezek. 34,22; Ezek. 34,22; Ezek. 34,22; Ezek. 34,23; Ezek. 34,23; Ezek. 34,23; Ezek. 34,24; Ezek. 34,24; Ezek. 34,25; Ezek. 34,25; Ezek. 34,25; Ezek. 34,25; Ezek. 34,26; Ezek. 34,26; Ezek. 34,27; Ezek. 34,27; Ezek. 34,27; Ezek. 34,27; Ezek. 34,27; Ezek. 34,28; Ezek. 34,28; Ezek. 34,28; Ezek. 34,28; Ezek. 34,29; Ezek. 34,29; Ezek. 34,29; Ezek. 34,30; Ezek. 34,30; Ezek. 34,31; Ezek. 34,31; Ezek. 35,2; Ezek. 35,3; Ezek. 35,3; Ezek. 35,3; Ezek. 35,3; Ezek. 35,4; Ezek. 35,4; Ezek. 35,4; Ezek. 35,5; Ezek. 35,6; Ezek. 35,7; Ezek. 35,7; Ezek. 35,7; Ezek. 35,7; Ezek. 35,8; Ezek. 35,8; Ezek. 35,8; Ezek. 35,9; Ezek. 35,9; Ezek. 35,10; Ezek. 35,10; Ezek. 35,10; Ezek. 35,11; Ezek. 35,11; Ezek. 35,12; Ezek. 35,13; Ezek. 35,15; Ezek. 35,15; Ezek. 36,1; Ezek. 36,3; Ezek. 36,3; Ezek. 36,3; Ezek. 36,3; Ezek. 36,4; Ezek. 36,4; Ezek. 36,4; Ezek. 36,4; Ezek. 36,4; Ezek. 36,4; Ezek. 36,4; Ezek. 36,5; Ezek. 36,6; Ezek. 36,6; Ezek. 36,6; Ezek. 36,6; Ezek. 36,6; Ezek. 36,8; Ezek. 36,9; Ezek. 36,9; Ezek. 36,9; Ezek. 36,10; Ezek. 36,10; Ezek. 36,10; Ezek. 36,11; Ezek. 36,11; Ezek. 36,11; Ezek. 36,11; Ezek. 36,11; Ezek. 36,12; Ezek. 36,12; Ezek. 36,12; Ezek. 36,12; Ezek. 36,13; Ezek. 36,14; Ezek. 36,15; Ezek. 36,15; Ezek. 36,17; Ezek. 36,17; Ezek. 36,17; Ezek. 36,18; Ezek. 36,19; Ezek. 36,19; Ezek. 36,19; Ezek. 36,20; Ezek. 36,20; Ezek. 36,20; Ezek. 36,21; Ezek. 36,23; Ezek. 36,23; Ezek. 36,24; Ezek. 36,24; Ezek. 36,24; Ezek. 36,25; Ezek. 36,25; Ezek. 36,25; Ezek. 36,25; Ezek. 36,26; Ezek. 36,26; Ezek. 36,26; Ezek. 36,26; Ezek. 36,27; Ezek. 36,27; Ezek. 36,27; Ezek. 36,27; Ezek. 36,28; Ezek. 36,28; Ezek. 36,29; Ezek. 36,29; Ezek. 36,29; Ezek. 36,29; Ezek. 36,30; Ezek. 36,30; Ezek. 36,31; Ezek. 36,31; Ezek. 36,31; Ezek. 36,31; Ezek. 36,32; Ezek. 36,33; Ezek. 36,33; Ezek. 36,34; Ezek. 36,35; Ezek. 36,35; Ezek. 36,35; Ezek. 36,35; Ezek. 36,36; Ezek. 36,36; Ezek. 36,36; Ezek. 36,38; Ezek. 37,1; Ezek. 37,1; Ezek. 37,1; Ezek. 37,2; Ezek. 37,2; Ezek. 37,3; Ezek. 37,3; Ezek. 37,4; Ezek. 37,4; Ezek. 37,6; Ezek. 37,6; Ezek. 37,6; Ezek. 37,6; Ezek. 37,6; Ezek. 37,6; Ezek. 37,7; Ezek. 37,7; Ezek. 37,7; Ezek. 37,7; Ezek. 37,8; Ezek.

37,8; Ezek. 37,8; Ezek. 37,8; Ezek. 37,8; Ezek. 37,9; Ezek. 37,9; Ezek. 37,9; Ezek. 37,9; Ezek. 37,10; Ezek. 37,10; Ezek. 37,10; Ezek. 37,10; Ezek. 37,11; Ezek. 37,11; Ezek. 37,12; Ezek. 37,12; Ezek. 37,12; Ezek. 37,13; Ezek. 37,14; Ezek. 37,14; Ezek. 37,14; Ezek. 37,14; Ezek. 37,14; Ezek. 37,16; Ezek. 37,16; Ezek. 37,16; Ezek. 37,16; Ezek. 37,16; Ezek. 37,17; Ezek. 37,17; Ezek. 37,18; Ezek. 37,19; Ezek. 37,19; Ezek. 37,19; Ezek. 37,19; Ezek. 37,20; Ezek. 37,21; Ezek. 37,21; Ezek. 37,21; Ezek. 37,22; Ezek. 37,22; Ezek. 37,22; Ezek. 37,22; Ezek. 37,23; Ezek. 37,23; Ezek. 37,23; Ezek. 37,23; Ezek. 37,24; Ezek. 37,24; Ezek. 37,24; Ezek. 37,24; Ezek. 37,25; Ezek. 37,25; Ezek. 37,25; Ezek. 37,26; Ezek. 37,26; Ezek. 37,27; Ezek. 37,27; Ezek. 37,27; Ezek. 37,28; Ezek. 38,2; Ezek. 38,2; Ezek. 38,2; Ezek. 38,3; Ezek. 38,3; Ezek. 38,4; Ezek. 38,4; Ezek. 38,4; Ezek. 38,4; Ezek. 38,4; Ezek. 38,5; Ezek. 38,5; Ezek. 38,5; Ezek. 38,6; Ezek. 38,6; Ezek. 38,6; Ezek. 38,7; Ezek. 38,7; Ezek. 38,8; Ezek. 38,8; Ezek. 38,8; Ezek. 38,8; Ezek. 38,9; Ezek. 38,9; Ezek. 38,9; Ezek. 38,9; Ezek. 38,9; Ezek. 38,10; Ezek. 38,11; Ezek. 38,11; Ezek. 38,11; Ezek. 38,12; Ezek. 38,12; Ezek. 38,13; Ezek. 38,13; Ezek. 38,13; Ezek. 38,13; Ezek. 38,13; Ezek. 38,14; Ezek. 38,15; Ezek. 38,15; Ezek. 38,15; Ezek. 38,16; Ezek. 38,16; Ezek. 38,17; Ezek. 38,18; Ezek. 38,19; Ezek. 38,20; Ezek. 38,20; Ezek. 38,20; Ezek. 38,20; Ezek. 38,20; Ezek. 38,20; Ezek. 38,20; Ezek. 38,20; Ezek. 38,21; Ezek. 38,22; Ezek. 38,22; Ezek. 38,22; Ezek. 38,22; Ezek. 38,22; Ezek. 38,22; Ezek. 38,22; Ezek. 38,23; Ezek. 38,23; Ezek. 38,23; Ezek. 38,23; Ezek. 38,23; Ezek. 39,1; Ezek. 39,1; Ezek. 39,2; Ezek. 39,2; Ezek. 39,2; Ezek. 39,2; Ezek. 39,3; Ezek. 39,3; Ezek. 39,3; Ezek. 39,4; Ezek. 39,4; Ezek. 39,4; Ezek. 39,4; Ezek. 39,6; Ezek. 39,6; Ezek. 39,6; Ezek. 39,7; Ezek. 39,7; Ezek. 39,7; Ezek. 39,8; Ezek. 39,9; Ezek. 39,9; Ezek. 39,9; Ezek. 39,9; Ezek. 39,9; Ezek. 39,9; Ezek. 39,9; Ezek. 39,9; Ezek. 39,10; Ezek. 39,10; Ezek. 39,10; Ezek. 39,11; Ezek. 39,11; Ezek. 39,11; Ezek. 39,11; Ezek. 39,11; Ezek. 39,12; Ezek. 39,13; Ezek. 39,13; Ezek. 39,14; Ezek. 39,14; Ezek. 39,15; Ezek. 39,15; Ezek. 39,16; Ezek. 39,16; Ezek. 39,17; Ezek. 39,17; Ezek. 39,17; Ezek. 39,17; Ezek. 39,17; Ezek. 39,18; Ezek. 39,18; Ezek. 39,18; Ezek. 39,18; Ezek. 39,19; Ezek. 39,19; Ezek. 39,20; Ezek. 39,20; Ezek. 39,20; Ezek. 39,21; Ezek. 39,21; Ezek. 39,21; Ezek. 39,22; Ezek. 39,22; Ezek. 39,23; Ezek. 39,23; Ezek. 39,23; Ezek. 39,23; Ezek. 39,24; Ezek. 39,24; Ezek. 39,25; Ezek. 39,25; Ezek. 39,26; Ezek. 39,26; Ezek. 39,26; Ezek. 39,27; Ezek. 39,27; Ezek. 39,28; Ezek. 39,29; Ezek. 40,1; Ezek. 40,1; Ezek. 40,2; Ezek. 40,2; Ezek. 40,3; Ezek. 40,3; Ezek. 40,3; Ezek. 40,3; Ezek. 40,3; Ezek. 40,3; Ezek. 40,4; Ezek. 40,4; Ezek. 40,4; Ezek. 40,4; Ezek. 40,5; Ezek. 40,5; Ezek. 40,5; Ezek. 40,5; Ezek. 40,6; Ezek. 40,6; Ezek. 40,7; Ezek. 40,7; Ezek. 40,7; Ezek. 40,7; Ezek. 40,7; Ezek. 40,7; Ezek. 40,8; Ezek. 40,8; Ezek. 40,9; Ezek. 40,9; Ezek. 40,9; Ezek. 40,10; Ezek. 40,10; Ezek. 40,10; Ezek. 40,10; Ezek. 40,10; Ezek. 40,11; Ezek. 40,11; Ezek. 40,12; Ezek. 40,12; Ezek. 40,12; Ezek. 40,12; Ezek. 40,13; Ezek. 40,14; Ezek. 40,15; Ezek. 40,16; Ezek. 40,16; Ezek. 40,16; Ezek. 40,16; Ezek. 40,16; Ezek. 40,17; Ezek. 40,17; Ezek. 40,17; Ezek. 40,18; Ezek. 40,19; Ezek. 40,19; Ezek. 40,20; Ezek. 40,20; Ezek. 40,20; Ezek. 40,21; Ezek. 40,21; Ezek. 40,21; Ezek. 40,21; Ezek. 40,21; Ezek. 40,21; Ezek. 40,21; Ezek. 40,22; Ezek. 40,22; Ezek. 40,22; Ezek. 40,22; Ezek. 40,22; Ezek. 40,23; Ezek. 40,23; Ezek. 40,24; Ezek. 40,24; Ezek. 40,24; Ezek. 40,24; Ezek. 40,24; Ezek. 40,24; Ezek. 40,25; Ezek. 40,25; Ezek. 40,25; Ezek. 40,26; Ezek. 40,26; Ezek. 40,26; Ezek. 40,26; Ezek. 40,27; Ezek. 40,27; Ezek. 40,28; Ezek. 40,29; Ezek. 40,29; Ezek. 40,29; Ezek. 40,29; Ezek. 40,29; Ezek. 40,29; Ezek. 40,31; Ezek. 40,31; Ezek. 40,31; Ezek. 40,32; Ezek. 40,32; Ezek. 40,33; Ezek. 40,33; Ezek. 40,33; Ezek. 40,33; Ezek. 40,33; Ezek. 40,33; Ezek. 40,34; Ezek. 40,34; Ezek. 40,34; Ezek. 40,34; Ezek. 40,35;

Ezek. 40,35; Ezek. 40,36; Ezek. 40,36; Ezek. 40,36; Ezek. 40,36; Ezek. 40,36; Ezek. 40,36; Ezek. 40,37; Ezek. 40,37; Ezek. 40,37; Ezek. 40,37; Ezek. 40,38; Ezek. 40,38; Ezek. 40,39; Ezek. 40,40; Ezek. 40,40; Ezek. 40,40; Ezek. 40,41; Ezek. 40,42; Ezek. 40,42; Ezek. 40,42; Ezek. 40,42; Ezek. 40,42; Ezek. 40,42; Ezek. 40,43; Ezek. 40,43; Ezek. 40,43; Ezek. 40,44; Ezek. 40,44; Ezek. 40,44; Ezek. 40,45; Ezek. 40,46; Ezek. 40,47; Ezek. 40,47; Ezek. 40,47; Ezek. 40,48; Ezek. 40,48; Ezek. 40,48; Ezek. 40,48; Ezek. 40,48; Ezek. 40,49; Ezek. 40,49; Ezek. 40,49; Ezek. 40,49; Ezek. 40,49; Ezek. 41,1; Ezek. 41,1; Ezek. 41,2; Ezek. 41,2; Ezek. 41,2; Ezek. 41,2; Ezek. 41,2; Ezek. 41,3; Ezek. 41,3; Ezek. 41,3; Ezek. 41,3; Ezek. 41,3; Ezek. 41,4; Ezek. 41,4; Ezek. 41,4; Ezek. 41,5; Ezek. 41,5; Ezek. 41,6; Ezek. 41,6; Ezek. 41,6; Ezek. 41,7; Ezek. 41,7; Ezek. 41,7; Ezek. 41,8; Ezek. 41,9; Ezek. 41,9; Ezek. 41,10; Ezek. 41,11; Ezek. 41,11; Ezek. 41,11; Ezek. 41,12; Ezek. 41,12; Ezek. 41,13; Ezek. 41,13; Ezek. 41,13; Ezek. 41,13; Ezek. 41,14; Ezek. 41,14; Ezek. 41,15; Ezek. 41,15; Ezek. 41,15; Ezek. 41,15; Ezek. 41,15; Ezek. 41,15; Ezek. 41,16; Ezek. 41,16; Ezek. 41,16; Ezek. 41,16; Ezek. 41,16; Ezek. 41,16; Ezek. 41,17; Ezek. 41,17; Ezek. 41,17; Ezek. 41,17; Ezek. 41,18; Ezek. 41,18; Ezek. 41,19; Ezek. 41,19; Ezek. 41,19; Ezek. 41,20; Ezek. 41,21; Ezek. 41,21; Ezek. 41,22; Ezek. 41,22; Ezek. 41,22; Ezek. 41,22; Ezek. 41,22; Ezek. 41,22; Ezek. 41,23; Ezek. 41,23; Ezek. 41,24; Ezek. 41,25; Ezek. 41,25; Ezek. 41,25; Ezek. 41,25; Ezek. 41,26; Ezek. 41,26; Ezek. 41,26; Ezek. 41,26; Ezek. 42,1; Ezek. 42,1; Ezek. 42,1; Ezek. 42,2; Ezek. 42,3; Ezek. 42,4; Ezek. 42,4; Ezek. 42,5; Ezek. 42,5; Ezek. 42,5; Ezek. 42,5; Ezek. 42,6; Ezek. 42,6; Ezek. 42,7; Ezek. 42,8; Ezek. 42,9; Ezek. 42,10; Ezek. 42,10; Ezek. 42,11; Ezek. 42,11; Ezek. 42,11; Ezek. 42,11; Ezek. 42,11; Ezek. 42,11; Ezek. 42,11; Ezek. 42,12; Ezek. 42,12; Ezek. 42,13; Ezek. 42,13; Ezek. 42,13; Ezek. 42,13; Ezek. 42,13; Ezek. 42,13; Ezek. 42,14; Ezek. 42,14; Ezek. 42,15; Ezek. 42,15; Ezek. 42,15; Ezek. 42,16; Ezek. 42,16; Ezek. 42,17; Ezek. 42,17; Ezek. 42,18; Ezek. 42,18; Ezek. 42,19; Ezek. 42,19; Ezek. 42,20; Ezek. 42,20; Ezek. 42,20; Ezek. 42,20; Ezek. 43,1; Ezek. 43,2; Ezek. 43,2; Ezek. 43,2; Ezek. 43,3; Ezek. 43,3; Ezek. 43,3; Ezek. 43,4; Ezek. 43,5; Ezek. 43,5; Ezek. 43,5; Ezek. 43,6; Ezek. 43,6; Ezek. 43,6; Ezek. 43,7; Ezek. 43,7; Ezek. 43,7; Ezek. 43,7; Ezek. 43,7; Ezek. 43,8; Ezek. 43,8; Ezek. 43,8; Ezek. 43,8; Ezek. 43,8; Ezek. 43,8; Ezek. 43,9; Ezek. 43,9; Ezek. 43,9; Ezek. 43,10; Ezek. 43,10; Ezek. 43,10; Ezek. 43,10; Ezek. 43,11; Ezek. 43,11; Ezek. 43,11; Ezek. 43,11; Ezek. 43,11; Ezek. 43,11; Ezek. 43,11; Ezek. 43,11; Ezek. 43,11; Ezek. 43,11; Ezek. 43,12; Ezek. 43,13; Ezek. 43,13; Ezek. 43,13; Ezek. 43,13; Ezek. 43,14; Ezek. 43,14; Ezek. 43,14; Ezek. 43,15; Ezek. 43,15; Ezek. 43,15; Ezek. 43,16; Ezek. 43,17; Ezek. 43,17; Ezek. 43,17; Ezek. 43,17; Ezek. 43,18; Ezek. 43,18; Ezek. 43,19; Ezek. 43,20; Ezek. 43,20; Ezek. 43,20; Ezek. 43,20; Ezek. 43,20; Ezek. 43,21; Ezek. 43,21; Ezek. 43,22; Ezek. 43,22; Ezek. 43,23; Ezek. 43,23; Ezek. 43,24; Ezek. 43,24; Ezek. 43,24; Ezek. 43,25; Ezek. 43,25; Ezek. 43,26; Ezek. 43,26; Ezek. 43,26; Ezek. 43,27; Ezek. 43,27; Ezek. 43,27; Ezek. 43,27; Ezek. 44,1; Ezek. 44,2; Ezek. 44,2; Ezek. 44,2; Ezek. 44,3; Ezek. 44,4; Ezek. 44,4; Ezek. 44,4; Ezek. 44,4; Ezek. 44,5; Ezek. 44,5; Ezek. 44,5; Ezek. 44,5; Ezek. 44,5; Ezek. 44,6; Ezek. 44,7; Ezek. 44,7; Ezek. 44,7; Ezek. 44,7; Ezek. 44,8; Ezek. 44,9; Ezek. 44,10; Ezek. 44,11; Ezek. 44,11; Ezek. 44,11; Ezek. 44,11; Ezek. 44,12; Ezek. 44,13; Ezek. 44,13; Ezek. 44,14; Ezek. 44,14; Ezek. 44,15; Ezek. 44,15; Ezek. 44,16; Ezek. 44,16; Ezek. 44,17; Ezek. 44,17; Ezek. 44,18; Ezek. 44,18; Ezek. 44,18; Ezek. 44,19; Ezek. 44,19; Ezek. 44,19; Ezek. 44,19; Ezek. 44,20; Ezek. 44,20; Ezek. 44,21; Ezek. 44,22; Ezek. 44,22; Ezek. 44,22; Ezek. 44,23; Ezek. 44,23; Ezek. 44,23; Ezek. 44,23; Ezek. 44,24; Ezek. 44,24; Ezek. 44,24; Ezek. 44,24; Ezek. 44,24; Ezek. 44,25; Ezek.

καί

44,25; Ezek. 44,25; Ezek. 44,25; Ezek. 44,25; Ezek. 44,25; Ezek. 44,26; Ezek. 44,27; Ezek. 44,28; Ezek. 44,28; Ezek. 44,29; Ezek. 44,29; Ezek. 44,29; Ezek. 44,29; Ezek. 44,30; Ezek. 44,30; Ezek. 44,30; Ezek. 44,31; Ezek. 44,31; Ezek. 44,31; Ezek. 45,1; Ezek. 45,1; Ezek. 45,2; Ezek. 45,2; Ezek. 45,3; Ezek. 45,3; Ezek. 45,3; Ezek. 45,3; Ezek. 45,4; Ezek. 45,4; Ezek. 45,5; Ezek. 45,5; Ezek. 45,6; Ezek. 45,6; Ezek. 45,6; Ezek. 45,7; Ezek. 45,7; Ezek. 45,7; Ezek. 45,7; Ezek. 45,7; Ezek. 45,7; Ezek. 45,8; Ezek. 45,8; Ezek. 45,8; Ezek. 45,9; Ezek. 45,9; Ezek. 45,9; Ezek. 45,10; Ezek. 45,10; Ezek. 45,11; Ezek. 45,11; Ezek. 45,12; Ezek. 45,12; Ezek. 45,12; Ezek. 45,13; Ezek. 45,14; Ezek. 45,15; Ezek. 45,15; Ezek. 45,15; Ezek. 45,16; Ezek. 45,17; Ezek. 45,17; Ezek. 45,17; Ezek. 45,17; Ezek. 45,17; Ezek. 45,17; Ezek. 45,17; Ezek. 45,17; Ezek. 45,17; Ezek. 45,19; Ezek. 45,19; Ezek. 45,19; Ezek. 45,19; Ezek. 45,19; Ezek. 45,20; Ezek. 45,20; Ezek. 45,21; Ezek. 45,22; Ezek. 45,22; Ezek. 45,22; Ezek. 45,23; Ezek. 45,23; Ezek. 45,23; Ezek. 45,24; Ezek. 45,24; Ezek. 45,24; Ezek. 45,25; Ezek. 45,25; Ezek. 45,25; Ezek. 45,25; Ezek. 46,1; Ezek. 46,2; Ezek. 46,2; Ezek. 46,2; Ezek. 46,2; Ezek. 46,2; Ezek. 46,2; Ezek. 46,2; Ezek. 46,3; Ezek. 46,3; Ezek. 46,4; Ezek. 46,4; Ezek. 46,5; Ezek. 46,5; Ezek. 46,5; Ezek. 46,6; Ezek. 46,6; Ezek. 46,6; Ezek. 46,7; Ezek. 46,7; Ezek. 46,7; Ezek. 46,7; Ezek. 46,8; Ezek. 46,8; Ezek. 46,9; Ezek. 46,9; Ezek. 46,10; Ezek. 46,10; Ezek. 46,11; Ezek. 46,11; Ezek. 46,11; Ezek. 46,11; Ezek. 46,11; Ezek. 46,12; Ezek. 46,12; Ezek. 46,12; Ezek. 46,12; Ezek. 46,12; Ezek. 46,13; Ezek. 46,14; Ezek. 46,14; Ezek. 46,15; Ezek. 46,15; Ezek. 46,17; Ezek. 46,17; Ezek. 46,18; Ezek. 46,19; Ezek. 46,20; Ezek. 46,20; Ezek. 46,20; Ezek. 46,21; Ezek. 46,21; Ezek. 46,21; Ezek. 46,22; Ezek. 46,23; Ezek. 46,23; Ezek. 46,24; Ezek. 47,1; Ezek. 47,1; Ezek. 47,2; Ezek. 47,2; Ezek. 47,2; Ezek. 47,3; Ezek. 47,3; Ezek. 47,3; Ezek. 47,4; Ezek. 47,4; Ezek. 47,4; Ezek. 47,4; Ezek. 47,5; Ezek. 47,5; Ezek. 47,6; Ezek. 47,6; Ezek. 47,7; Ezek. 47,7; Ezek. 47,8; Ezek. 47,8; Ezek. 47,8; Ezek. 47,8; Ezek. 47,9; Ezek. 47,9; Ezek. 47,9; Ezek. 47,9; Ezek. 47,10; Ezek. 47,10; Ezek. 47,11; Ezek. 47,11; Ezek. 47,11; Ezek. 47,12; Ezek. 47,12; Ezek. 47,12; Ezek. 47,12; Ezek. 47,14; Ezek. 47,14; Ezek. 47,15; Ezek. 47,15; Ezek. 47,16; Ezek. 47,17; Ezek. 47,18; Ezek. 47,18; Ezek. 47,18; Ezek. 47,18; Ezek. 47,19; Ezek. 47,19; Ezek. 47,19; Ezek. 47,19; Ezek. 47,21; Ezek. 47,22; Ezek. 47,22; Ezek. 47,23; Ezek. 48,1; Ezek. 48,2; Ezek. 48,3; Ezek. 48,4; Ezek. 48,5; Ezek. 48,6; Ezek. 48,7; Ezek. 48,8; Ezek. 48,8; Ezek. 48,8; Ezek. 48,8; Ezek. 48,9; Ezek. 48,9; Ezek. 48,9; Ezek. 48,10; Ezek. 48,10; Ezek. 48,10; Ezek. 48,10; Ezek. 48,10; Ezek. 48,10; Ezek. 48,12; Ezek. 48,13; Ezek. 48,13; Ezek. 48,13; Ezek. 48,13; Ezek. 48,15; Ezek. 48,15; Ezek. 48,15; Ezek. 48,16; Ezek. 48,16; Ezek. 48,16; Ezek. 48,16; Ezek. 48,16; Ezek. 48,16; Ezek. 48,16; Ezek. 48,17; Ezek. 48,17; Ezek. 48,17; Ezek. 48,17; Ezek. 48,17; Ezek. 48,18; Ezek. 48,18; Ezek. 48,18; Ezek. 48,18; Ezek. 48,20; Ezek. 48,20; Ezek. 48,21; Ezek. 48,21; Ezek. 48,21; Ezek. 48,21; Ezek. 48,21; Ezek. 48,21; Ezek. 48,21; Ezek. 48,22; Ezek. 48,22; Ezek. 48,22; Ezek. 48,24; Ezek. 48,25; Ezek. 48,26; Ezek. 48,27; Ezek. 48,28; Ezek. 48,28; Ezek. 48,28; Ezek. 48,29; Ezek. 48,30; Ezek. 48,31; Ezek. 48,31; Ezek. 48,31; Ezek. 48,32; Ezek. 48,32; Ezek. 48,32; Ezek. 48,32; Ezek. 48,32; Ezek. 48,33; Ezek. 48,33; Ezek. 48,33; Ezek. 48,33; Ezek. 48,33; Ezek. 48,34; Ezek. 48,34; Ezek. 48,34; Ezek. 48,34; Ezek. 48,34; Ezek. 48,35; Ezek. 48,35; Dan. 1,2; Dan. 1,2; Dan. 1,2; Dan. 1,2; Dan. 1,2; Dan. 1,3; Dan. 1,3; Dan. 1,3; Dan. 1,4; Dan. 1,4; Dan. 1,4; Dan. 1,4; Dan. 1,4; Dan. 1,4; Dan. 1,4; Dan. 1,4; Dan. 1,5; Dan. 1,5; Dan. 1,5; Dan. 1,5; Dan. 1,5; Dan. 1,6; Dan. 1,7; Dan. 1,7; Dan. 1,7; Dan. 1,8; Dan. 1,8; Dan. 1,8; Dan. 1,9; Dan. 1,9; Dan. 1,10; Dan. 1,10; Dan. 1,10; Dan. 1,10; Dan. 1,11; Dan. 1,12; Dan. 1,12; Dan. 1,13; Dan. 1,14; Dan. 1,14; Dan. 1,15; Dan. 1,16; Dan. 1,16; Dan. 1,16; Dan. 1,17; Dan. 1,17; Dan. 1,17; Dan. 1,17; Dan. 1,17; Dan. 1,17; Dan. 1,17; Dan. 1,18; Dan. 1,19; Dan. 1,19; Dan. 1,19; Dan. 1,19; Dan. 1,19; Dan. 1,19; Dan. 1,20; Dan. 1,20; Dan. 1,20; Dan. 1,20; Dan. 1,20; Dan. 1,20; Dan. 1,20; Dan. 1,20; Dan. 1,21; Dan. 2,1; Dan. 2,1; Dan. 2,1; Dan. 2,2; Dan. 2,2; Dan. 2,2; Dan. 2,2; Dan. 2,3; Dan. 2,3; Dan. 2,4; Dan. 2,4; Dan. 2,5; Dan. 2,5; Dan. 2,6; Dan. 2,6; Dan. 2,6; Dan. 2,7; Dan. 2,8; Dan. 2,9; Dan. 2,10; Dan. 2,10; Dan. 2,10; Dan. 2,10; Dan. 2,10; Dan. 2,11; Dan. 2,11; Dan. 2,11; Dan. 2,12; Dan. 2,13; Dan. 2,13; Dan. 2,14; Dan. 2,15; Dan. 2,16; Dan. 2,16; Dan. 2,17; Dan. 2,17; Dan. 2,18; Dan. 2,18; Dan. 2,18; Dan. 2,18; Dan. 2,20; Dan. 2,20; Dan. 2,21; Dan. 2,21; Dan. 2,21; Dan. 2,21; Dan. 2,22; Dan. 2,22; Dan. 2,22; Dan. 2,22; Dan. 2,23; Dan. 2,23; Dan. 2,23; Dan. 2,24; Dan. 2,25; Dan. 2,26; Dan. 2,27; Dan. 2,27; Dan. 2,27; Dan. 2,28; Dan. 2,29; Dan. 2,31; Dan. 2,31; Dan. 2,31; Dan. 2,31; Dan. 2,31; Dan. 2,32; Dan. 2,32; Dan. 2,32; Dan. 2,34; Dan. 2,34; Dan. 2,34; Dan. 2,35; Dan. 2,35; Dan. 2,35; Dan. 2,35; Dan. 2,35; Dan. 2,35; Dan. 2,35; Dan. 2,35; Dan. 2,36; Dan. 2,37; Dan. 2,37; Dan. 2,37; Dan. 2,37; Dan. 2,37; Dan. 2,38; Dan. 2,38; Dan. 2,38; Dan. 2,39; Dan. 2,39; Dan. 2,40; Dan. 2,40; Dan. 2,40; Dan. 2,41; Dan. 2,42; Dan. 2,42; Dan. 2,43; Dan. 2,44; Dan. 2,44; Dan. 2,44; Dan. 2,44; Dan. 2,44; Dan. 2,45; Dan. 2,45; Dan. 2,45; Dan. 2,45; Dan. 2,45; Dan. 2,45; Dan. 2,46; Dan. 2,46; Dan. 2,47; Dan. 2,47; Dan. 2,48; Dan. 2,48; Dan. 2,48; Dan. 2,48; Dan. 2,49; Dan. 2,49; Dan. 3,1; Dan. 3,1; Dan. 3,1; Dan. 3,1; Dan. 3,2; Dan. 3,2; Dan. 3,2; Dan. 3,2; Dan. 3,2; Dan. 3,2; Dan. 3,2; Dan. 3,3; Dan. 3,4; Dan. 3,4; Dan. 3,4; Dan. 3,5; Dan. 3,5; Dan. 3,5; Dan. 3,6; Dan. 3,7; Dan. 3,7; Dan. 3,7; Dan. 3,9; Dan. 3,10; Dan. 3,10; Dan. 3,11; Dan. 3,12; Dan. 3,12; Dan. 3,14; Dan. 3,14; Dan. 3,15; Dan. 3,15; Dan. 3,15; Dan. 3,17; Dan. 3,18; Dan. 3,19; Dan. 3,19; Dan. 3,20; Dan. 3,21; Dan. 3,21; Dan. 3,22; Dan. 3,22; Dan. 3,22; Dan. 3,23; Dan. 3,24; Dan. 3,24; Dan. 3,24; Dan. 3,25; Dan. 3,25; Dan. 3,26; Dan. 3,26; Dan. 3,27; Dan. 3,27; Dan. 3,27; Dan. 3,28; Dan. 3,28; Dan. 3,28; Dan. 3,29; Dan. 3,29; Dan. 3,29; Dan. 3,31; Dan. 3,31; Dan. 3,32; Dan. 3,32; Dan. 3,32; Dan. 3,32; Dan. 3,33; Dan. 3,33; Dan. 3,33; Dan. 3,34; Dan. 3,35; Dan. 3,35; Dan. 3,35; Dan. 3,36; Dan. 3,38; Dan. 3,38; Dan. 3,38; Dan. 3,39; Dan. 3,39; Dan. 3,39; Dan. 3,40; Dan. 3,40; Dan. 3,41; Dan. 3,41; Dan. 3,41; Dan. 3,42; Dan. 3,43; Dan. 3,43; Dan. 3,44; Dan. 3,44; Dan. 3,44; Dan. 3,45; Dan. 3,46; Dan. 3,46; Dan. 3,46; Dan. 3,46; Dan. 3,46; Dan. 3,46; Dan. 3,47; Dan. 3,48; Dan. 3,48; Dan. 3,49; Dan. 3,50; Dan. 3,50; Dan. 3,50; Dan. 3,50; Dan. 3,51; Dan. 3,51; Dan. 3,51; Dan. 3,52; Dan. 3,52; Dan. 3,52; Dan. 3,52; Dan. 3,52; Dan. 3,53; Dan. 3,53; Dan. 3,54; Dan. 3,54; Dan. 3,55; Dan. 3,55; Dan. 3,56; Dan. 3,56; Dan. 3,57; Dan. 3,58; Dan. 3,59; Dan. 3,60; Dan. 3,61; Dan. 3,62; Dan. 3,62; Dan. 3,63; Dan. 3,64; Dan. 3,64; Dan. 3,65; Dan. 3,66; Dan. 3,66; Dan. 3,67; Dan. 3,67; Dan. 3,68; Dan. 3,68; Dan. 3,69; Dan. 3,69; Dan. 3,70; Dan. 3,70; Dan. 3,71; Dan. 3,71; Dan. 3,72; Dan. 3,72; Dan. 3,73; Dan. 3,73; Dan. 3,74; Dan. 3,75; Dan. 3,75; Dan. 3,76; Dan. 3,77; Dan. 3,78; Dan. 3,78; Dan. 3,79; Dan. 3,79; Dan. 3,80; Dan. 3,81; Dan. 3,81; Dan. 3,82; Dan. 3,83; Dan. 3,84; Dan. 3,85; Dan. 3,86; Dan. 3,86; Dan. 3,87; Dan. 3,87; Dan. 3,88; Dan. 3,88; Dan. 3,88; Dan. 3,88; Dan. 3,90; Dan. 3,90; Dan. 3,91; Dan. 3,91; Dan. 3,91; Dan. 3,92; Dan. 3,92; Dan. 3,93; Dan. 3,94; Dan. 3,94; Dan. 3,94; Dan. 3,94; Dan. 3,94; Dan. 3,94; Dan. 3,95; Dan. 3,95; Dan. 3,96; Dan. 3,96; Dan. 3,96; Dan. 3,96; Dan. 4,4; Dan. 4,5; Dan. 4,5; Dan. 4,10; Dan. 4,10; Dan. 4,11; Dan. 4,11; Dan. 4,11; Dan. 4,11; Dan. 4,12; Dan. 4,12; Dan. 4,12; Dan. 4,12; Dan. 4,13; Dan. 4,14; Dan. 4,14; Dan. 4,14; Dan. 4,14; Dan. 4,15; Dan. 4,16; Dan. 4,16; Dan. 4,17; Dan. 4,17; Dan. 4,17a; Dan. 4,17a; Dan. 4,17a; Dan. 4,17a; Dan. 4,17a; Dan. 4,17a; Dan. 4,17a; Dan. 4,17a; Dan. 4,17a; Dan. 4,18; Dan. 4,18; Dan. 4,18; Dan. 4,18; Dan. 4,19; Dan. 4,19; Dan. 4,19; Dan. 4,19;

Κ, κ

Κ, κ

Dan. 4,21; Dan. 4,21; Dan. 4,21; Dan. 4,21; Dan. 4,22; Dan. 4,22; Dan. 4,22; Dan. 4,22; Dan. 4,23; Dan. 4,23; Dan. 4,23; Dan. 4,24; Dan. 4,24; Dan. 4,25; Dan. 4,26; Dan. 4,26; Dan. 4,26; Dan. 4,26; Dan. 4,27; Dan. 4,27; Dan. 4,27; Dan. 4,27; Dan. 4,27; Dan. 4,28; Dan. 4,29; Dan. 4,29; Dan. 4,30; Dan. 4,30; Dan. 4,31; Dan. 4,31; Dan. 4,31; Dan. 4,31; Dan. 4,31; Dan. 4,31; Dan. 4,31; Dan. 4,31; Dan. 4,32; Dan. 4,32; Dan. 4,32; Dan. 4,32; Dan. 4,32; Dan. 4,33; Dan. 4,33a; Dan. 4,33a; Dan. 4,33a; Dan. 4,33a; Dan. 4,33b; Dan. 4,33b; Dan. 4,33b; Dan. 4,33b; Dan. 4,33b; Dan. 4,34; Dan. 4,34; Dan. 4,34; Dan. 4,34; Dan. 4,34; Dan. 4,34; Dan. 4,34; Dan. 4,36; Dan. 4,37; Dan. 4,37; Dan. 4,37; Dan. 4,37; Dan. 4,37; Dan. 4,37; Dan. 4,37; Dan. 4,37; Dan. 4,37; Dan. 4,37; Dan. 4,37; Dan. 4,37; Dan. 4,37a; Dan. 4,37a; Dan. 4,37a; Dan. 4,37a; Dan. 4,37a; Dan. 4,37a; Dan. 4,37a; Dan. 4,37a; Dan. 4,37a; Dan. 4,37a; Dan. 4,37a; Dan. 4,37a; Dan. 4,37a; Dan. 4,37a; Dan. 4,37b; Dan. 4,37b; Dan. 4,37b; Dan. 4,37b; Dan. 4,37b; Dan. 4,37b; Dan. 4,37b; Dan. 4,37b; Dan. 4,37c; Dan. 4,37c; Dan. 4,37c; Dan. 4,37c; Dan. 4,37c; Dan. 4,37c; Dan. 5,0; Dan. 5,0; Dan. 5,0; Dan. 5,0; Dan. 5,0; Dan. 5,1; Dan. 5,2; Dan. 5,2; Dan. 5,2; Dan. 5,2; Dan. 5,3; Dan. 5,3; Dan. 5,4; Dan. 5,4; Dan. 5,5; Dan. 5,5; Dan. 5,6; Dan. 5,6; Dan. 5,6; Dan. 5,6; Dan. 5,6; Dan. 5,6; Dan. 5,7; Dan. 5,7; Dan. 5,7; Dan. 5,7; Dan. 5,7; Dan. 5,7; Dan. 5,7; Dan. 5,7; Dan. 5,8; Dan. 5,8; Dan. 5,8; Dan. 5,8; Dan. 5,9; Dan. 5,9; Dan. 5,11; Dan. 5,11; Dan. 5,11; Dan. 5,12; Dan. 5,12; Dan. 5,13; Dan. 5,16; Dan. 5,16; Dan. 5,16; Dan. 5,17; Dan. 5,17; Dan. 5,17; Dan. 5,17; Dan. 5,23; Dan. 5,23; Dan. 5,23; Dan. 5,23; Dan. 5,23; Dan. 5,23; Dan. 5,23; Dan. 5,23; Dan. 5,23; Dan. 5,26-28; Dan. 5,26-28; Dan. 5,29; Dan. 5,29; Dan. 5,30; Dan. 5,30; Dan. 5,30; Dan. 5,30; Dan. 6,1; Dan. 6,1; Dan. 6,2; Dan. 6,3; Dan. 6,3; Dan. 6,4; Dan. 6,4; Dan. 6,4; Dan. 6,4; Dan. 6,4; Dan. 6,4; Dan. 6,4; Dan. 6,4; Dan. 6,4; Dan. 6,5; Dan. 6,6; Dan. 6,6; Dan. 6,6; Dan. 6,6; Dan. 6,7; Dan. 6,8; Dan. 6,9; Dan. 6,9; Dan. 6,9; Dan. 6,9; Dan. 6,10; Dan. 6,10; Dan. 6,11; Dan. 6,11; Dan. 6,12; Dan. 6,12; Dan. 6,13; Dan. 6,13; Dan. 6,13a; Dan. 6,13a; Dan. 6,13a; Dan. 6,13a; Dan. 6,13a; Dan. 6,13a; Dan. 6,14; Dan. 6,14; Dan. 6,15; Dan. 6,15; Dan. 6,16; Dan. 6,18; Dan. 6,18; Dan. 6,18; Dan. 6,18; Dan. 6,19; Dan. 6,19; Dan. 6,19; Dan. 6,20; Dan. 6,20; Dan. 6,20; Dan. 6,21; Dan. 6,21; Dan. 6,22; Dan. 6,23; Dan. 6,23; Dan. 6,23; Dan. 6,24; Dan. 6,25; Dan. 6,25; Dan. 6,25; Dan. 6,25; Dan. 6,26; Dan. 6,26; Dan. 6,27; Dan. 6,27; Dan. 6,28; Dan. 6,29; Dan. 6,29; Dan. 6,29; Dan. 7,2; Dan. 7,3; Dan. 7,4; Dan. 7,4; Dan. 7,4; Dan. 7,5; Dan. 7,5; Dan. 7,5; Dan. 7,5; Dan. 7,6; Dan. 7,6; Dan. 7,6; Dan. 7,6; Dan. 7,7; Dan. 7,7; Dan. 7,8; Dan. 7,8; Dan. 7,8; Dan. 7,8; Dan. 7,8; Dan. 7,8; Dan. 7,9; Dan. 7,9; Dan. 7,10; Dan. 7,10; Dan. 7,10; Dan. 7,10; Dan. 7,11; Dan. 7,11; Dan. 7,11; Dan. 7,12; Dan. 7,12; Dan. 7,12; Dan. 7,13; Dan. 7,13; Dan. 7,13; Dan. 7,14; Dan. 7,14; Dan. 7,14; Dan. 7,14; Dan. 7,14; Dan. 7,15; Dan. 7,16; Dan. 7,16; Dan. 7,18; Dan. 7,18; Dan. 7,18; Dan. 7,19; Dan. 7,19; Dan. 7,19; Dan. 7,19; Dan. 7,20; Dan. 7,20; Dan. 7,20; Dan. 7,20; Dan. 7,20; Dan. 7,20; Dan. 7,21; Dan. 7,21; Dan. 7,22; Dan. 7,22; Dan. 7,22; Dan. 7,23; Dan. 7,23; Dan. 7,23; Dan. 7,24; Dan. 7,24; Dan. 7,24; Dan. 7,24; Dan. 7,25; Dan. 7,25; Dan. 7,25; Dan. 7,25; Dan. 7,25; Dan. 7,25; Dan. 7,25; Dan. 7,26; Dan. 7,26; Dan. 7,26; Dan. 7,26; Dan. 7,27; Dan. 7,27; Dan. 7,27; Dan. 7,27; Dan. 7,27; Dan. 7,27; Dan. 7,28; Dan. 7,28; Dan. 8,2; Dan. 8,3; Dan. 8,3; Dan. 8,3; Dan. 8,4; Dan. 8,4; Dan. 8,4; Dan. 8,4; Dan. 8,4; Dan. 8,4; Dan. 8,4; Dan. 8,5; Dan. 8,5; Dan. 8,5; Dan. 8,5; Dan. 8,6; Dan. 8,6; Dan. 8,7; Dan. 8,7; Dan. 8,7; Dan. 8,7; Dan. 8,7; Dan. 8,7; Dan. 8,7; Dan. 8,8; Dan. 8,8; Dan. 8,8; Dan. 8,9; Dan. 8,9; Dan. 8,9; Dan. 8,9; Dan. 8,10; Dan. 8,10; Dan. 8,10; Dan. 8,11; Dan. 8,11; Dan. 8,11; Dan. 8,11; Dan. 8,11; Dan. 8,12; Dan. 8,12; Dan. 8,12; Dan. 8,12; Dan. 8,13; Dan. 8,13; Dan. 8,13; Dan. 8,13; Dan. 8,13; Dan. 8,14; Dan. 8,14; Dan. 8,14; Dan. 8,15; Dan. 8,15; Dan. 8,16; Dan. 8,16; Dan. 8,16; Dan. 8,16; Dan. 8,17; Dan. 8,17; Dan. 8,17; Dan. 8,17; Dan. 8,17; Dan. 8,18; Dan. 8,18; Dan. 8,19; Dan. 8,20; Dan. 8,21; Dan. 8,21; Dan. 8,22; Dan. 8,22; Dan. 8,23; Dan. 8,24; Dan. 8,24; Dan. 8,24; Dan. 8,24; Dan. 8,24; Dan. 8,24; Dan. 8,25; Dan. 8,25; Dan. 8,25; Dan. 8,25; Dan. 8,25; Dan. 8,25; Dan. 8,25; Dan. 8,26; Dan. 8,26; Dan. 8,27; Dan. 8,27; Dan. 8,27; Dan. 9,3; Dan. 9,3; Dan. 9,3; Dan. 9,3; Dan. 9,4; Dan. 9,4; Dan. 9,4; Dan. 9,4; Dan. 9,4; Dan. 9,4; Dan. 9,5; Dan. 9,5; Dan. 9,5; Dan. 9,6; Dan. 9,6; Dan. 9,6; Dan. 9,6; Dan. 9,7; Dan. 9,7; Dan. 9,7; Dan. 9,7; Dan. 9,8; Dan. 9,8; Dan. 9,8; Dan. 9,9; Dan. 9,10; Dan. 9,10; Dan. 9,11; Dan. 9,11; Dan. 9,11; Dan. 9,11; Dan. 9,12; Dan. 9,12; Dan. 9,13; Dan. 9,13; Dan. 9,14; Dan. 9,14; Dan. 9,14; Dan. 9,15; Dan. 9,15; Dan. 9,16; Dan. 9,16; Dan. 9,16; Dan. 9,17; Dan. 9,17; Dan. 9,17; Dan. 9,18; Dan. 9,18; Dan. 9,18; Dan. 9,19; Dan. 9,19; Dan. 9,19; Dan. 9,20; Dan. 9,20; Dan. 9,20; Dan. 9,20; Dan. 9,20; Dan. 9,21; Dan. 9,21; Dan. 9,22; Dan. 9,22; Dan. 9,22; Dan. 9,23; Dan. 9,23; Dan. 9,24; Dan. 9,24; Dan. 9,24; Dan. 9,24; Dan. 9,24; Dan. 9,24; Dan. 9,25; Dan. 9,25; Dan. 9,25; Dan. 9,25; Dan. 9,26; Dan. 9,26; Dan. 9,26; Dan. 9,26; Dan. 9,26; Dan. 9,26; Dan. 9,26; Dan. 9,27; Dan. 9,27; Dan. 9,27; Dan. 9,27; Dan. 9,27; Dan. 9,27; Dan. 9,27; Dan. 9,27; Dan. 9,27; Dan. 9,27; Dan. 9,27; Dan. 10,1; Dan. 10,1; Dan. 10,1; Dan. 10,1; Dan. 10,3; Dan. 10,3; Dan. 10,4; Dan. 10,4; Dan. 10,4; Dan. 10,5; Dan. 10,5; Dan. 10,5; Dan. 10,5; Dan. 10,5; Dan. 10,6; Dan. 10,6; Dan. 10,6; Dan. 10,6; Dan. 10,6; Dan. 10,6; Dan. 10,7; Dan. 10,7; Dan. 10,7; Dan. 10,7; Dan. 10,8; Dan. 10,8; Dan. 10,8; Dan. 10,8; Dan. 10,8; Dan. 10,9; Dan. 10,10; Dan. 10,10; Dan. 10,11; Dan. 10,11; Dan. 10,11; Dan. 10,12; Dan. 10,12; Dan. 10,12; Dan. 10,13; Dan. 10,13; Dan. 10,13; Dan. 10,13; Dan. 10,14; Dan. 10,15; Dan. 10,15; Dan. 10,16; Dan. 10,16; Dan. 10,16; Dan. 10,16; Dan. 10,16; Dan. 10,16; Dan. 10,17; Dan. 10,17; Dan. 10,17; Dan. 10,17; Dan. 10,18; Dan. 10,18; Dan. 10,18; Dan. 10,19; Dan. 10,19; Dan. 10,19; Dan. 10,19; Dan. 10,20; Dan. 10,20; Dan. 10,20; Dan. 10,20; Dan. 10,21; Dan. 10,21; Dan. 11,1; Dan. 11,1; Dan. 11,2; Dan. 11,2; Dan. 11,2; Dan. 11,3; Dan. 11,3; Dan. 11,3; Dan. 11,4; Dan. 11,4; Dan. 11,4; Dan. 11,5; Dan. 11,5; Dan. 11,5; Dan. 11,6; Dan. 11,6; Dan. 11,6; Dan. 11,6; Dan. 11,6; Dan. 11,6; Dan. 11,7; Dan. 11,7; Dan. 11,7; Dan. 11,7; Dan. 11,8; Dan. 11,8; Dan. 11,8; Dan. 11,8; Dan. 11,9; Dan. 11,9; Dan. 11,10; Dan. 11,10; Dan. 11,10; Dan. 11,10; Dan. 11,10; Dan. 11,10; Dan. 11,11; Dan. 11,11; Dan. 11,11; Dan. 11,12; Dan. 11,12; Dan. 11,12; Dan. 11,12; Dan. 11,13; Dan. 11,13; Dan. 11,13; Dan. 11,13; Dan. 11,14; Dan. 11,14; Dan. 11,14; Dan. 11,14; Dan. 11,15; Dan. 11,15; Dan. 11,15; Dan. 11,15; Dan. 11,16; Dan. 11,16; Dan. 11,16; Dan. 11,16; Dan. 11,17; Dan. 11,17; Dan. 11,17; Dan. 11,17; Dan. 11,18; Dan. 11,18; Dan. 11,18; Dan. 11,19; Dan. 11,19; Dan. 11,19; Dan. 11,20; Dan. 11,20; Dan. 11,20; Dan. 11,21; Dan. 11,21; Dan. 11,21; Dan. 11,22; Dan. 11,23; Dan. 11,23; Dan. 11,23; Dan. 11,24; Dan. 11,24; Dan. 11,24; Dan. 11,24; Dan. 11,24; Dan. 11,25; Dan. 11,25; Dan. 11,25; Dan. 11,25; Dan. 11,26; Dan. 11,26; Dan. 11,26; Dan. 11,27; Dan. 11,27; Dan. 11,27; Dan. 11,27; Dan. 11,28; Dan. 11,28; Dan. 11,28; Dan. 11,29; Dan. 11,29; Dan. 11,29; Dan. 11,30; Dan. 11,30; Dan. 11,30; Dan. 11,30; Dan. 11,30; Dan. 11,30; Dan. 11,30; Dan. 11,30; Dan. 11,31; Dan. 11,31; Dan. 11,31; Dan. 11,31; Dan. 11,32; Dan. 11,32; Dan. 11,32; Dan. 11,33; Dan. 11,33; Dan. 11,33; Dan. 11,33; Dan. 11,33; Dan. 11,34; Dan. 11,34; Dan. 11,34; Dan. 11,35; Dan. 11,35; Dan. 11,35; Dan. 11,36; Dan. 11,36; Dan. 11,36;

καί

Dan. 11,36; Dan. 11,36; Dan. 11,37; Dan. 11,37; Dan. 11,37; Dan. 11,38; Dan. 11,38; Dan. 11,38; Dan. 11,38; Dan. 11,39; Dan. 11,39; Dan. 11,39; Dan. 11,40; Dan. 11,40; Dan. 11,40; Dan. 11,40; Dan. 11,40; Dan. 11,41; Dan. 11,42; Dan. 11,43; Dan. 11,43; Dan. 11,43; Dan. 11,43; Dan. 11,43; Dan. 11,44; Dan. 11,44; Dan. 11,44; Dan. 11,44; Dan. 11,44; Dan. 11,45; Dan. 11,45; Dan. 11,45; Dan. 11,45; Dan. 12,1; Dan. 12,1; Dan. 12,2; Dan. 12,2; Dan. 12,3; Dan. 12,3; Dan. 12,4; Dan. 12,4; Dan. 12,4; Dan. 12,5; Dan. 12,5; Dan. 12,5; Dan. 12,6; Dan. 12,6; Dan. 12,7; Dan. 12,7; Dan. 12,7; Dan. 12,7; Dan. 12,7; Dan. 12,7; Dan. 12,7; Dan. 12,8; Dan. 12,8; Dan. 12,8; Dan. 12,8; Dan. 12,9; Dan. 12,9; Dan. 12,10; Dan. 12,10; Dan. 12,10; Dan. 12,10; Dan. 12,11; Dan. 12,12; Dan. 12,13; Dan. 12,13; Dan. 12,13; Dan. 12,13; Sus. 7-8; Sus. 9; Sus. 10-11; Sus. 10-11; Sus. 12; Sus. 12; Sus. 13-14; Sus. 13-14; Sus. 13-14; Sus. 13-14; Sus. 13-14; Sus. 19; Sus. 19; Sus. 19; Sus. 22; Sus. 22; Sus. 28; Sus. 28; Sus. 29; Sus. 29; Sus. 30; Sus. 30; Sus. 30; Sus. 30; Sus. 32; Sus. 33; Sus. 33; Sus. 34; Sus. 35; Sus. 35a; Sus. 37; Sus. 37; Sus. 38; Sus. 39; Sus. 41; Sus. 41; Sus. 41; Sus. 44-45; Sus. 48; Sus. 51; Sus. 52; Sus. 52; Sus. 52; Sus. 53; Sus. 53; Sus. 53; Sus. 54; Sus. 54; Sus. 56; Sus. 56; Sus. 57; Sus. 57; Sus. 58; Sus. 59; Sus. 60-62; Sus. 60-62; Sus. 60-62; Sus. 60-62; Sus. 60-62; Sus. 63; Sus. 63; Sus. 63; Bel 3; Bel 3; Bel 3; Bel 4; Bel 4; Bel 4; Bel 5; Bel 5; Bel 5; Bel 7; Bel 8; Bel 8; Bel 9; Bel 9; Bel 11; Bel 11; Bel 11; Bel 11; Bel 11; Bel 14; Bel 14; Bel 14; Bel 15-17; Bel 15-17; Bel 15-17; Bel 15-17; Bel 15-17; Bel 18; Bel 18; Bel 18; Bel 18; Bel 18; Bel 19; Bel 19; Bel 19; Bel 20; Bel 20; Bel 20; Bel 21; Bel 21; Bel 21; Bel 21; Bel 22; Bel 22; Bel 22; Bel 23; Bel 24; Bel 24; Bel 24; Bel 24; Bel 25; Bel 25; Bel 25; Bel 26; Bel 26; Bel 27; Bel 27; Bel 27; Bel 27; Bel 27; Bel 27; Bel 27; Bel 28; Bel 28; Bel 28; Bel 30; Bel 30; Bel 31-32; Bel 31-32; Bel 31-32; Bel 31-32; Bel 33; Bel 33; Bel 33; Bel 33; Bel 34; Bel 35; Bel 35; Bel 36; Bel 37; Bel 38; Bel 39; Bel 40; Bel 41; Bel 41; Bel 42; Bel 42; Bel 42; Josh. 15,21; Josh. 15,21; Josh. 15,22; Josh. 15,22; Josh. 15,22; Josh. 15,23; Josh. 15,23; Josh. 15,24; Josh. 15,24; Josh. 15,25; Josh. 15,26; Josh. 15,26; Josh. 15,27; Josh. 15,27; Josh. 15,28; Josh. 15,28; Josh. 15,28; Josh. 15,28; Josh. 15,29; Josh. 15,29; Josh. 15,30; Josh. 15,30; Josh. 15,30; Josh. 15,31; Josh. 15,31; Josh. 15,31; Josh. 15,32; Josh. 15,32; Josh. 15,32; Josh. 15,32; Josh. 15,32; Josh. 15,33; Josh. 15,33; Josh. 15,34; Josh. 15,34; Josh. 15,34; Josh. 15,34; Josh. 15,35; Josh. 15,35; Josh. 15,35; Josh. 15,35; Josh. 15,35; Josh. 15,36; Josh. 15,36; Josh. 15,36; Josh. 15,36; Josh. 15,37; Josh. 15,37; Josh. 15,38; Josh. 15,38; Josh. 15,38; Josh. 15,39; Josh. 15,39; Josh. 15,39; Josh. 15,40; Josh. 15,40; Josh. 15,40; Josh. 15,41; Josh. 15,41; Josh. 15,41; Josh. 15,41; Josh. 15,41; Josh. 15,42; Josh. 15,43; Josh. 15,43; Josh. 15,43; Josh. 15,44; Josh. 15,44; Josh. 15,44; Josh. 15,44; Josh. 15,44; Josh. 15,45; Josh. 15,45; Josh. 15,46; Josh. 15,46; Josh. 15,46; Josh. 15,47; Josh. 15,47; Josh. 15,47; Josh. 15,47; Josh. 15,48; Josh. 15,48; Josh. 15,49; Josh. 15,50; Josh. 15,50; Josh. 15,50; Josh. 15,51; Josh. 15,51; Josh. 15,51; Josh. 15,51; Josh. 15,52; Josh. 15,52; Josh. 15,53; Josh. 15,53; Josh. 15,53; Josh. 15,54; Josh. 15,54; Josh. 15,54; Josh. 15,54; Josh. 15,55; Josh. 15,55; Josh. 15,55; Josh. 15,56; Josh. 15,56; Josh. 15,56; Josh. 15,57; Josh. 15,57; Josh. 15,57; Josh. 15,58; Josh. 15,58; Josh. 15,59; Josh. 15,59; Josh. 15,59; Josh. 15,59; Josh. 15,59a; Josh. 15,59a; Josh. 15,59a; Josh. 15,59a; Josh. 15,59a; Josh. 15,59a; Josh. 15,59a; Josh. 15,59a; Josh. 15,59a; Josh. 15,59a; Josh. 15,59a; Josh. 15,60; Josh. 15,60; Josh. 15,60; Josh. 15,61; Josh. 15,61; Josh. 15,61; Josh. 15,62; Josh. 15,62; Josh. 15,62; Josh. 15,62; Josh. 18,21; Josh. 18,22; Josh. 18,22; Josh. 18,22; Josh. 18,23; Josh. 18,23; Josh. 18,23; Josh. 18,24; Josh. 18,24; Josh. 18,24; Josh. 18,24; Josh. 18,25; Josh. 18,25; Josh. 18,26; Josh. 18,26; Josh. 18,26; Josh. 18,27; Josh. 18,27; Josh. 18,27; Josh. 18,28; Josh. 18,28; Josh. 18,28; Josh. 18,28; Josh. 18,28; Josh. 19,1; Josh. 19,2; Josh. 19,2; Josh. 19,2; Josh. 19,3; Josh. 19,3; Josh. 19,3; Josh. 19,3; Josh. 19,4; Josh. 19,4; Josh. 19,5; Josh. 19,5; Josh. 19,5; Josh. 19,6; Josh. 19,6; Josh. 19,6; Josh. 19,7; Josh. 19,7; Josh. 19,7; Josh. 19,7; Josh. 19,9; Josh. 19,10; Josh. 19,11; Josh. 19,11; Josh. 19,12; Josh. 19,12; Josh. 19,12; Josh. 19,13; Josh. 19,13; Josh. 19,14; Josh. 19,14; Josh. 19,15; Josh. 19,15; Josh. 19,15; Josh. 19,15; Josh. 19,15; Josh. 19,16; Josh. 19,18; Josh. 19,18; Josh. 19,18; Josh. 19,19; Josh. 19,19; Josh. 19,19; Josh. 19,19; Josh. 19,20; Josh. 19,20; Josh. 19,20; Josh. 19,21; Josh. 19,21; Josh. 19,21; Josh. 19,21; Josh. 19,22; Josh. 19,22; Josh. 19,22; Josh. 19,22; Josh. 19,23; Josh. 19,25; Josh. 19,25; Josh. 19,25; Josh. 19,25; Josh. 19,26; Josh. 19,26; Josh. 19,26; Josh. 19,26; Josh. 19,26; Josh. 19,27; Josh. 19,27; Josh. 19,27; Josh. 19,27; Josh. 19,27; Josh. 19,27; Josh. 19,28; Josh. 19,28; Josh. 19,28; Josh. 19,28; Josh. 19,29; Josh. 19,29; Josh. 19,29; Josh. 19,29; Josh. 19,29; Josh. 19,30; Josh. 19,30; Josh. 19,30; Josh. 19,30; Josh. 19,31; Josh. 19,33; Josh. 19,33; Josh. 19,33; Josh. 19,33; Josh. 19,33; Josh. 19,33; Josh. 19,33; Josh. 19,34; Josh. 19,34; Josh. 19,34; Josh. 19,34; Josh. 19,34; Josh. 19,35; Josh. 19,35; Josh. 19,35; Josh. 19,35; Josh. 19,36; Josh. 19,36; Josh. 19,36; Josh. 19,37; Josh. 19,37; Josh. 19,37; Josh. 19,38; Josh. 19,38; Josh. 19,38; Josh. 19,38; Josh. 19,41; Josh. 19,41; Josh. 19,41; Josh. 19,42; Josh. 19,42; Josh. 19,42; Josh. 19,43; Josh. 19,43; Josh. 19,43; Josh. 19,44; Josh. 19,44; Josh. 19,44; Josh. 19,45; Josh. 19,45; Josh. 19,45; Judg. 1,1; Judg. 1,2; Judg. 1,3; Judg. 1,3; Judg. 1,3; Judg. 1,3; Judg. 1,4; Judg. 1,4; Judg. 1,4; Judg. 1,4; Judg. 1,5; Judg. 1,5; Judg. 1,5; Judg. 1,5; Judg. 1,6; Judg. 1,6; Judg. 1,6; Judg. 1,6; Judg. 1,6; Judg. 1,7; Judg. 1,7; Judg. 1,7; Judg. 1,7; Judg. 1,8; Judg. 1,8; Judg. 1,8; Judg. 1,9; Judg. 1,9; Judg. 1,9; Judg. 1,10; Judg. 1,10; Judg. 1,10; Judg. 1,10; Judg. 1,10; Judg. 1,10; Judg. 1,11; Judg. 1,12; Judg. 1,12; Judg. 1,13; Judg. 1,13; Judg. 1,14; Judg. 1,14; Judg. 1,14; Judg. 1,14; Judg. 1,14; Judg. 1,15; Judg. 1,15; Judg. 1,15; Judg. 1,15; Judg. 1,16; Judg. 1,17; Judg. 1,17; Judg. 1,17; Judg. 1,17; Judg. 1,18; Judg. 1,19; Judg. 1,19; Judg. 1,20; Judg. 1,20; Judg. 1,21; Judg. 1,21; Judg. 1,22; Judg. 1,23; Judg. 1,23; Judg. 1,24; Judg. 1,24; Judg. 1,24; Judg. 1,24; Judg. 1,24; Judg. 1,25; Judg. 1,25; Judg. 1,25; Judg. 1,26; Judg. 1,26; Judg. 1,26; Judg. 1,27; Judg. 1,28; Judg. 1,28; Judg. 1,28; Judg. 1,29; Judg. 1,29; Judg. 1,30; Judg. 1,30; Judg. 1,31; Judg. 1,31; Judg. 1,31; Judg. 1,31; Judg. 1,31; Judg. 1,31; Judg. 1,31; Judg. 1,31; Judg. 1,32; Judg. 1,33; Judg. 1,33; Judg. 1,33; Judg. 1,35; Judg. 1,35; Judg. 1,35; Judg. 1,35; Judg. 1,35; Judg. 1,36; Judg. 1,36; Judg. 2,1; Judg. 2,1; Judg. 2,1; Judg. 2,1; Judg. 2,1; Judg. 2,2; Judg. 2,2; Judg. 2,2; Judg. 2,3; Judg. 2,3; Judg. 2,4; Judg. 2,4; Judg. 2,4; Judg. 2,5; Judg. 2,5; Judg. 2,6; Judg. 2,7; Judg. 2,7; Judg. 2,8; Judg. 2,9; Judg. 2,10; Judg. 2,11; Judg. 2,12; Judg. 2,12; Judg. 2,12; Judg. 2,12; Judg. 2,13; Judg. 2,13; Judg. 2,13; Judg. 2,14; Judg. 2,14; Judg. 2,14; Judg. 2,14; Judg. 2,14; Judg. 2,15; Judg. 2,15; Judg. 2,15; Judg. 2,16; Judg. 2,16; Judg. 2,17; Judg. 2,17; Judg. 2,18; Judg. 2,18; Judg. 2,18; Judg. 2,18; Judg. 2,19; Judg. 2,19; Judg. 2,19; Judg. 2,19; Judg. 2,19; Judg. 2,20; Judg. 2,20; Judg. 2,20; Judg. 2,21; Judg. 2,23; Judg. 2,23; Judg. 3,3; Judg. 3,3; Judg. 3,3; Judg. 3,4; Judg. 3,5; Judg. 3,5; Judg. 3,5; Judg. 3,5; Judg. 3,5; Judg. 3,5; Judg. 3,6; Judg. 3,6; Judg. 3,6; Judg. 3,7; Judg. 3,7; Judg. 3,7; Judg. 3,8; Judg. 3,8; Judg. 3,8; Judg. 3,9; Judg. 3,9; Judg. 3,9; Judg. 3,10; Judg. 3,10; Judg. 3,10; Judg. 3,10; Judg. 3,11; Judg. 3,11; Judg. 3,12; Judg. 3,13; Judg. 3,13; Judg. 3,13; Judg. 3,13; Judg. 3,13; Judg. 3,14; Judg. 3,15; Judg. 3,15; Judg. 3,15; Judg. 3,16; Judg. 3,16; Judg. 3,17; Judg. 3,17;

Κ, κ

καί

Judg. 3,17; Judg. 3,18; Judg. 3,18; Judg. 3,19; Judg. 3,19; Judg. 3,19; Judg. 3,19; Judg. 3,20; Judg. 3,20; Judg. 3,20; Judg. 3,20; Judg. 3,21; Judg. 3,21; Judg. 3,21; Judg. 3,21; Judg. 3,22; Judg. 3,22; Judg. 3,22; Judg. 3,23; Judg. 3,23; Judg. 3,23; Judg. 3,24; Judg. 3,24; Judg. 3,24; Judg. 3,24; Judg. 3,24; Judg. 3,25; Judg. 3,25; Judg. 3,25; Judg. 3,25; Judg. 3,25; Judg. 3,26; Judg. 3,26; Judg. 3,26; Judg. 3,26; Judg. 3,27; Judg. 3,27; Judg. 3,27; Judg. 3,27; Judg. 3,28; Judg. 3,28; Judg. 3,28; Judg. 3,28; Judg. 3,29; Judg. 3,29; Judg. 3,29; Judg. 3,30; Judg. 3,30; Judg. 3,30; Judg. 3,31; Judg. 3,31; Judg. 4,1; Judg. 4,2; Judg. 4,2; Judg. 4,2; Judg. 4,3; Judg. 4,3; Judg. 4,5; Judg. 4,5; Judg. 4,5; Judg. 4,6; Judg. 4,6; Judg. 4,6; Judg. 4,6; Judg. 4,6; Judg. 4,6; Judg. 4,7; Judg. 4,7; Judg. 4,7; Judg. 4,7; Judg. 4,8; Judg. 4,8; Judg. 4,9; Judg. 4,9; Judg. 4,9; Judg. 4,10; Judg. 4,10; Judg. 4,10; Judg. 4,10; Judg. 4,11; Judg. 4,11; Judg. 4,13; Judg. 4,13; Judg. 4,14; Judg. 4,14; Judg. 4,14; Judg. 4,15; Judg. 4,15; Judg. 4,15; Judg. 4,15; Judg. 4,15; Judg. 4,16; Judg. 4,16; Judg. 4,16; Judg. 4,17; Judg. 4,17; Judg. 4,18; Judg. 4,18; Judg. 4,18; Judg. 4,18; Judg. 4,19; Judg. 4,19; Judg. 4,19; Judg. 4,19; Judg. 4,20; Judg. 4,20; Judg. 4,20; Judg. 4,20; Judg. 4,20; Judg. 4,21; Judg. 4,21; Judg. 4,21; Judg. 4,21; Judg. 4,21; Judg. 4,21; Judg. 4,21; Judg. 4,22; Judg. 4,22; Judg. 4,22; Judg. 4,22; Judg. 4,22; Judg. 4,22; Judg. 4,22; Judg. 4,23; Judg. 4,24; Judg. 4,24; Judg. 5,1; Judg. 5,3; Judg. 5,4; Judg. 5,4; Judg. 5,6; Judg. 5,8; Judg. 5,10; Judg. 5,12; Judg. 5,14; Judg. 5,15; Judg. 5,15; Judg. 5,17; Judg. 5,17; Judg. 5,18; Judg. 5,26; Judg. 5,26; Judg. 5,26; Judg. 5,27; Judg. 5,29; Judg. 5,31; Judg. 6,1; Judg. 6,2; Judg. 6,2; Judg. 6,2; Judg. 6,2; Judg. 6,3; Judg. 6,3; Judg. 6,3; Judg. 6,3; Judg. 6,4; Judg. 6,4; Judg. 6,4; Judg. 6,4; Judg. 6,5; Judg. 6,5; Judg. 6,5; Judg. 6,5; Judg. 6,5; Judg. 6,5; Judg. 6,6; Judg. 6,6; Judg. 6,8; Judg. 6,8; Judg. 6,8; Judg. 6,9; Judg. 6,9; Judg. 6,9; Judg. 6,9; Judg. 6,10; Judg. 6,10; Judg. 6,11; Judg. 6,11; Judg. 6,12; Judg. 6,12; Judg. 6,13; Judg. 6,13; Judg. 6,13; Judg. 6,13; Judg. 6,13; Judg. 6,14; Judg. 6,14; Judg. 6,14; Judg. 6,15; Judg. 6,15; Judg. 6,16; Judg. 6,16; Judg. 6,17; Judg. 6,17; Judg. 6,18; Judg. 6,18; Judg. 6,18; Judg. 6,19; Judg. 6,19; Judg. 6,19; Judg. 6,19; Judg. 6,19; Judg. 6,19; Judg. 6,19; Judg. 6,20; Judg. 6,20; Judg. 6,20; Judg. 6,20; Judg. 6,20; Judg. 6,21; Judg. 6,21; Judg. 6,21; Judg. 6,21; Judg. 6,21; Judg. 6,21; Judg. 6,21; Judg. 6,22; Judg. 6,22; Judg. 6,23; Judg. 6,24; Judg. 6,24; Judg. 6,25; Judg. 6,25; Judg. 6,25; Judg. 6,25; Judg. 6,26; Judg. 6,26; Judg. 6,26; Judg. 6,27; Judg. 6,27; Judg. 6,27; Judg. 6,27; Judg. 6,27; Judg. 6,28; Judg. 6,28; Judg. 6,28; Judg. 6,28; Judg. 6,29; Judg. 6,29; Judg. 6,29; Judg. 6,29; Judg. 6,30; Judg. 6,30; Judg. 6,30; Judg. 6,31; Judg. 6,32; Judg. 6,33; Judg. 6,33; Judg. 6,33; Judg. 6,34; Judg. 6,34; Judg. 6,34; Judg. 6,35; Judg. 6,35; Judg. 6,35; Judg. 6,35; Judg. 6,35; Judg. 6,36; Judg. 6,37; Judg. 6,38; Judg. 6,38; Judg. 6,38; Judg. 6,38; Judg. 6,39; Judg. 6,39; Judg. 6,39; Judg. 6,39; Judg. 6,40; Judg. 6,40; Judg. 6,40; Judg. 7,1; Judg. 7,1; Judg. 7,1; Judg. 7,2; Judg. 7,3; Judg. 7,3; Judg. 7,3; Judg. 7,3; Judg. 7,3; Judg. 7,3; Judg. 7,4; Judg. 7,4; Judg. 7,4; Judg. 7,4; Judg. 7,5; Judg. 7,5; Judg. 7,5; Judg. 7,6; Judg. 7,6; Judg. 7,7; Judg. 7,7; Judg. 7,7; Judg. 7,8; Judg. 7,8; Judg. 7,8; Judg. 7,8; Judg. 7,8; Judg. 7,9; Judg. 7,10; Judg. 7,10; Judg. 7,11; Judg. 7,11; Judg. 7,11; Judg. 7,11; Judg. 7,11; Judg. 7,12; Judg. 7,12; Judg. 7,12; Judg. 7,12; Judg. 7,13; Judg. 7,13; Judg. 7,13; Judg. 7,13; Judg. 7,13; Judg. 7,13; Judg. 7,13; Judg. 7,13; Judg. 7,13; Judg. 7,14; Judg. 7,14; Judg. 7,14; Judg. 7,15; Judg. 7,15; Judg. 7,15; Judg. 7,15; Judg. 7,15; Judg. 7,16; Judg. 7,16; Judg. 7,16; Judg. 7,16; Judg. 7,17; Judg. 7,17; Judg. 7,17; Judg. 7,17; Judg. 7,18; Judg. 7,18; Judg. 7,18; Judg. 7,18; Judg. 7,19; Judg. 7,19; Judg. 7,19; Judg. 7,19; Judg. 7,19; Judg. 7,20; Judg. 7,20; Judg. 7,20; Judg. 7,20; Judg. 7,20; Judg. 7,20; Judg. 7,21; Judg. 7,21; Judg. 7,21; Judg. 7,21; Judg. 7,22; Judg. 7,22; Judg. 7,22; Judg. 7,23; Judg. 7,23; Judg. 7,23; Judg. 7,23; Judg. 7,24; Judg. 7,24; Judg. 7,24; Judg. 7,24; Judg. 7,24; Judg. 7,25; Judg. 7,25; Judg. 7,25; Judg. 7,25; Judg. 7,25; Judg. 7,25; Judg. 7,25; Judg. 7,25; Judg. 8,1; Judg. 8,1; Judg. 8,2; Judg. 8,3; Judg. 8,3; Judg. 8,4; Judg. 8,4; Judg. 8,4; Judg. 8,5; Judg. 8,5; Judg. 8,5; Judg. 8,6; Judg. 8,6; Judg. 8,7; Judg. 8,7; Judg. 8,7; Judg. 8,7; Judg. 8,8; Judg. 8,8; Judg. 8,8; Judg. 8,9; Judg. 8,10; Judg. 8,10; Judg. 8,10; Judg. 8,10; Judg. 8,11; Judg. 8,11; Judg. 8,11; Judg. 8,11; Judg. 8,12; Judg. 8,12; Judg. 8,12; Judg. 8,12; Judg. 8,12; Judg. 8,12; Judg. 8,13; Judg. 8,14; Judg. 8,14; Judg. 8,14; Judg. 8,14; Judg. 8,14; Judg. 8,15; Judg. 8,15; Judg. 8,15; Judg. 8,15; Judg. 8,16; Judg. 8,16; Judg. 8,16; Judg. 8,17; Judg. 8,17; Judg. 8,18; Judg. 8,18; Judg. 8,18; Judg. 8,19; Judg. 8,19; Judg. 8,20; Judg. 8,20; Judg. 8,21; Judg. 8,21; Judg. 8,21; Judg. 8,21; Judg. 8,21; Judg. 8,21; Judg. 8,22; Judg. 8,22; Judg. 8,23; Judg. 8,23; Judg. 8,24; Judg. 8,24; Judg. 8,25; Judg. 8,25; Judg. 8,25; Judg. 8,26; Judg. 8,26; Judg. 8,26; Judg. 8,26; Judg. 8,26; Judg. 8,26; Judg. 8,27; Judg. 8,27; Judg. 8,27; Judg. 8,27; Judg. 8,27; Judg. 8,28; Judg. 8,28; Judg. 8,28; Judg. 8,29; Judg. 8,29; Judg. 8,30; Judg. 8,31; Judg. 8,31; Judg. 8,31; Judg. 8,32; Judg. 8,32; Judg. 8,33; Judg. 8,33; Judg. 8,33; Judg. 8,34; Judg. 8,35; Judg. 9,1; Judg. 9,1; Judg. 9,2; Judg. 9,2; Judg. 9,3; Judg. 9,3; Judg. 9,4; Judg. 9,4; Judg. 9,4; Judg. 9,4; Judg. 9,5; Judg. 9,5; Judg. 9,5; Judg. 9,6; Judg. 9,6; Judg. 9,6; Judg. 9,7; Judg. 9,7; Judg. 9,7; Judg. 9,7; Judg. 9,7; Judg. 9,7; Judg. 9,7; Judg. 9,8; Judg. 9,9; Judg. 9,10; Judg. 9,11; Judg. 9,11; Judg. 9,12; Judg. 9,13; Judg. 9,13; Judg. 9,14; Judg. 9,15; Judg. 9,15; Judg. 9,15; Judg. 9,16; Judg. 9,16; Judg. 9,16; Judg. 9,16; Judg. 9,16; Judg. 9,16; Judg. 9,17; Judg. 9,17; Judg. 9,18; Judg. 9,18; Judg. 9,18; Judg. 9,19; Judg. 9,19; Judg. 9,19; Judg. 9,19; Judg. 9,20; Judg. 9,20; Judg. 9,20; Judg. 9,20; Judg. 9,20; Judg. 9,21; Judg. 9,21; Judg. 9,21; Judg. 9,21; Judg. 9,23; Judg. 9,23; Judg. 9,23; Judg. 9,24; Judg. 9,24; Judg. 9,25; Judg. 9,25; Judg. 9,25; Judg. 9,26; Judg. 9,26; Judg. 9,26; Judg. 9,26; Judg. 9,27; Judg. 9,27; Judg. 9,27; Judg. 9,27; Judg. 9,27; Judg. 9,27; Judg. 9,27; Judg. 9,28; Judg. 9,28; Judg. 9,28; Judg. 9,28; Judg. 9,29; Judg. 9,29; Judg. 9,29; Judg. 9,29; Judg. 9,30; Judg. 9,30; Judg. 9,31; Judg. 9,31; Judg. 9,31; Judg. 9,32; Judg. 9,32; Judg. 9,32; Judg. 9,33; Judg. 9,33; Judg. 9,33; Judg. 9,33; Judg. 9,33; Judg. 9,34; Judg. 9,34; Judg. 9,34; Judg. 9,35; Judg. 9,35; Judg. 9,35; Judg. 9,35; Judg. 9,36; Judg. 9,36; Judg. 9,36; Judg. 9,37; Judg. 9,37; Judg. 9,37; Judg. 9,38; Judg. 9,38; Judg. 9,39; Judg. 9,39; Judg. 9,40; Judg. 9,40; Judg. 9,40; Judg. 9,41; Judg. 9,41; Judg. 9,41; Judg. 9,42; Judg. 9,42; Judg. 9,42; Judg. 9,43; Judg. 9,43; Judg. 9,43; Judg. 9,43; Judg. 9,43; Judg. 9,43; Judg. 9,44; Judg. 9,44; Judg. 9,44; Judg. 9,44; Judg. 9,44; Judg. 9,45; Judg. 9,45; Judg. 9,45; Judg. 9,45; Judg. 9,45; Judg. 9,46; Judg. 9,46; Judg. 9,47; Judg. 9,48; Judg. 9,48; Judg. 9,48; Judg. 9,48; Judg. 9,48; Judg. 9,48; Judg. 9,48; Judg. 9,49; Judg. 9,49; Judg. 9,49; Judg. 9,49; Judg. 9,49; Judg. 9,49; Judg. 9,50; Judg. 9,50; Judg. 9,51; Judg. 9,51; Judg. 9,51; Judg. 9,51; Judg. 9,51; Judg. 9,52; Judg. 9,52; Judg. 9,52; Judg. 9,53; Judg. 9,53; Judg. 9,54; Judg. 9,54; Judg. 9,54; Judg. 9,54; Judg. 9,54; Judg. 9,55; Judg. 9,55; Judg. 9,56; Judg. 9,57; Judg. 9,57; Judg. 10,1; Judg. 10,2; Judg. 10,2; Judg. 10,2; Judg. 10,3; Judg. 10,4; Judg. 10,4; Judg. 10,4; Judg. 10,4; Judg. 10,5; Judg. 10,5; Judg. 10,6; Judg. 10,6; Judg. 10,6; Judg. 10,6; Judg. 10,6; Judg. 10,6; Judg. 10,6; Judg. 10,6; Judg. 10,7; Judg. 10,7; Judg. 10,7; Judg. 10,8; Judg. 10,8; Judg. 10,9; Judg. 10,9; Judg. 10,9; Judg. 10,9; Judg. 10,10; Judg. 10,10; Judg. 10,11; Judg. 10,11; Judg. 10,11; Judg. 10,11; Judg. 10,12; Judg. 10,12; Judg. 10,12; Judg. 10,12; Judg. 10,12; Judg.

καί

K, κ

10,13; Judg. 10,13; Judg. 10,14; Judg. 10,14; Judg. 10,15; Judg. 10,16; Judg. 10,16; Judg. 10,16; Judg. 10,17; Judg. 10,17; Judg. 10,17; Judg. 10,18; Judg. 10,18; Judg. 11,1; Judg. 11,2; Judg. 11,2; Judg. 11,2; Judg. 11,2; Judg. 11,3; Judg. 11,3; Judg. 11,3; Judg. 11,3; Judg. 11,5; Judg. 11,6; Judg. 11,6; Judg. 11,6; Judg. 11,7; Judg. 11,7; Judg. 11,7; Judg. 11,7; Judg. 11,8; Judg. 11,8; Judg. 11,8; Judg. 11,8; Judg. 11,9; Judg. 11,9; Judg. 11,9; Judg. 11,10; Judg. 11,11; Judg. 11,11; Judg. 11,11; Judg. 11,11; Judg. 11,12; Judg. 11,13; Judg. 11,13; Judg. 11,13; Judg. 11,13; Judg. 11,13; Judg. 11,14; Judg. 11,14; Judg. 11,15; Judg. 11,15; Judg. 11,16; Judg. 11,17; Judg. 11,17; Judg. 11,17; Judg. 11,17; Judg. 11,17; Judg. 11,18; Judg. 11,18; Judg. 11,18; Judg. 11,18; Judg. 11,18; Judg. 11,18; Judg. 11,19; Judg. 11,19; Judg. 11,20; Judg. 11,20; Judg. 11,20; Judg. 11,20; Judg. 11,21; Judg. 11,21; Judg. 11,21; Judg. 11,21; Judg. 11,22; Judg. 11,22; Judg. 11,23; Judg. 11,23; Judg. 11,24; Judg. 11,25; Judg. 11,26; Judg. 11,26; Judg. 11,26; Judg. 11,26; Judg. 11,26; Judg. 11,27; Judg. 11,27; Judg. 11,27; Judg. 11,28; Judg. 11,29; Judg. 11,29; Judg. 11,29; Judg. 11,30; Judg. 11,30; Judg. 11,31; Judg. 11,31; Judg. 11,32; Judg. 11,32; Judg. 11,33; Judg. 11,33; Judg. 11,33; Judg. 11,34; Judg. 11,34; Judg. 11,34; Judg. 11,35; Judg. 11,35; Judg. 11,35; Judg. 11,35; Judg. 11,35; Judg. 11,37; Judg. 11,37; Judg. 11,37; Judg. 11,37; Judg. 11,37; Judg. 11,38; Judg. 11,38; Judg. 11,38; Judg. 11,38; Judg. 11,38; Judg. 11,39; Judg. 11,39; Judg. 11,39; Judg. 11,39; Judg. 11,39; Judg. 12,1; Judg. 12,1; Judg. 12,2; Judg. 12,2; Judg. 12,2; Judg. 12,2; Judg. 12,2; Judg. 12,3; Judg. 12,3; Judg. 12,3; Judg. 12,3; Judg. 12,3; Judg. 12,4; Judg. 12,4; Judg. 12,4; Judg. 12,4; Judg. 12,4; Judg. 12,5; Judg. 12,5; Judg. 12,5; Judg. 12,5; Judg. 12,6; Judg. 12,6; Judg. 12,6; Judg. 12,6; Judg. 12,6; Judg. 12,7; Judg. 12,7; Judg. 12,9; Judg. 12,9; Judg. 12,9; Judg. 12,9; Judg. 12,10; Judg. 12,10; Judg. 12,12; Judg. 12,12; Judg. 12,14; Judg. 12,14; Judg. 12,14; Judg. 12,15; Judg. 12,15; Judg. 13,1; Judg. 13,2; Judg. 13,2; Judg. 13,2; Judg. 13,3; Judg. 13,3; Judg. 13,3; Judg. 13,3; Judg. 13,4; Judg. 13,4; Judg. 13,4; Judg. 13,4; Judg. 13,5; Judg. 13,5; Judg. 13,5; Judg. 13,6; Judg. 13,6; Judg. 13,6; Judg. 13,6; Judg. 13,6; Judg. 13,7; Judg. 13,7; Judg. 13,7; Judg. 13,7; Judg. 13,7; Judg. 13,8; Judg. 13,8; Judg. 13,8; Judg. 13,9; Judg. 13,9; Judg. 13,9; Judg. 13,9; Judg. 13,10; Judg. 13,10; Judg. 13,10; Judg. 13,10; Judg. 13,11; Judg. 13,11; Judg. 13,11; Judg. 13,11; Judg. 13,11; Judg. 13,12; Judg. 13,12; Judg. 13,13; Judg. 13,14; Judg. 13,14; Judg. 13,14; Judg. 13,15; Judg. 13,15; Judg. 13,16; Judg. 13,16; Judg. 13,17; Judg. 13,18; Judg. 13,18; Judg. 13,19; Judg. 13,19; Judg. 13,19; Judg. 13,19; Judg. 13,19; Judg. 13,19; Judg. 13,20; Judg. 13,20; Judg. 13,20; Judg. 13,20; Judg. 13,20; Judg. 13,21; Judg. 13,21; Judg. 13,22; Judg. 13,23; Judg. 13,23; Judg. 13,23; Judg. 13,23; Judg. 13,24; Judg. 13,24; Judg. 13,24; Judg. 13,25; Judg. 13,25; Judg. 13,25; Judg. 14,1; Judg. 14,2; Judg. 14,2; Judg. 14,2; Judg. 14,2; Judg. 14,2; Judg. 14,3; Judg. 14,3; Judg. 14,3; Judg. 14,3; Judg. 14,4; Judg. 14,4; Judg. 14,4; Judg. 14,5; Judg. 14,5; Judg. 14,5; Judg. 14,5; Judg. 14,5; Judg. 14,6; Judg. 14,6; Judg. 14,6; Judg. 14,6; Judg. 14,6; Judg. 14,7; Judg. 14,7; Judg. 14,7; Judg. 14,8; Judg. 14,8; Judg. 14,8; Judg. 14,8; Judg. 14,9; Judg. 14,9; Judg. 14,9; Judg. 14,9; Judg. 14,9; Judg. 14,9; Judg. 14,9; Judg. 14,10; Judg. 14,10; Judg. 14,11; Judg. 14,11; Judg. 14,12; Judg. 14,12; Judg. 14,12; Judg. 14,13; Judg. 14,13; Judg. 14,13; Judg. 14,13; Judg. 14,14; Judg. 14,14; Judg. 14,14; Judg. 14,15; Judg. 14,15; Judg. 14,15; Judg. 14,16; Judg. 14,16; Judg. 14,16; Judg. 14,16; Judg. 14,17; Judg. 14,17; Judg. 14,17; Judg. 14,18; Judg. 14,18; Judg. 14,18; Judg. 14,19; Judg. 14,19; Judg. 14,19; Judg. 14,19; Judg. 14,19; Judg. 14,19; Judg. 14,19; Judg. 14,20; Judg. 15,1; Judg. 15,1; Judg. 15,1; Judg. 15,2; Judg. 15,2; Judg. 15,3; Judg. 15,4; Judg. 15,4; Judg. 15,4; Judg. 15,4; Judg. 15,4; Judg. 15,4; Judg. 15,5; Judg. 15,5; Judg. 15,5; Judg. 15,5; Judg. 15,5; Judg. 15,5; Judg. 15,6; Judg. 15,6; Judg. 15,6; Judg. 15,6; Judg. 15,6; Judg. 15,6; Judg. 15,6; Judg. 15,7; Judg. 15,7; Judg. 15,8; Judg. 15,8; Judg. 15,8; Judg. 15,9; Judg. 15,9; Judg. 15,10; Judg. 15,10; Judg. 15,10; Judg. 15,11; Judg. 15,11; Judg. 15,11; Judg. 15,11; Judg. 15,12; Judg. 15,12; Judg. 15,13; Judg. 15,13; Judg. 15,13; Judg. 15,13; Judg. 15,13; Judg. 15,14; Judg. 15,14; Judg. 15,14; Judg. 15,14; Judg. 15,14; Judg. 15,14; Judg. 15,15; Judg. 15,15; Judg. 15,15; Judg. 15,15; Judg. 15,16; Judg. 15,17; Judg. 15,17; Judg. 15,17; Judg. 15,18; Judg. 15,18; Judg. 15,18; Judg. 15,18; Judg. 15,18; Judg. 15,19; Judg. 15,19; Judg. 15,19; Judg. 15,19; Judg. 15,19; Judg. 15,20; Judg. 16,1; Judg. 16,1; Judg. 16,2; Judg. 16,2; Judg. 16,2; Judg. 16,2; Judg. 16,2; Judg. 16,3; Judg. 16,3; Judg. 16,3; Judg. 16,3; Judg. 16,3; Judg. 16,3; Judg. 16,3; Judg. 16,4; Judg. 16,4; Judg. 16,5; Judg. 16,5; Judg. 16,5; Judg. 16,5; Judg. 16,5; Judg. 16,5; Judg. 16,5; Judg. 16,6; Judg. 16,6; Judg. 16,7; Judg. 16,7; Judg. 16,7; Judg. 16,8; Judg. 16,8; Judg. 16,9; Judg. 16,9; Judg. 16,9; Judg. 16,9; Judg. 16,10; Judg. 16,10; Judg. 16,11; Judg. 16,11; Judg. 16,11; Judg. 16,12; Judg. 16,12; Judg. 16,12; Judg. 16,12; Judg. 16,12; Judg. 16,13; Judg. 16,13; Judg. 16,13; Judg. 16,13; Judg. 16,13; Judg. 16,14; Judg. 16,14; Judg. 16,14; Judg. 16,14; Judg. 16,14; Judg. 16,14; Judg. 16,14; Judg. 16,15; Judg. 16,15; Judg. 16,15; Judg. 16,16; Judg. 16,16; Judg. 16,16; Judg. 16,17; Judg. 16,17; Judg. 16,17; Judg. 16,17; Judg. 16,18; Judg. 16,18; Judg. 16,18; Judg. 16,18; Judg. 16,18; Judg. 16,19; Judg. 16,19; Judg. 16,19; Judg. 16,19; Judg. 16,19; Judg. 16,20; Judg. 16,20; Judg. 16,20; Judg. 16,20; Judg. 16,20; Judg. 16,20; Judg. 16,21; Judg. 16,21; Judg. 16,21; Judg. 16,21; Judg. 16,21; Judg. 16,23; Judg. 16,23; Judg. 16,23; Judg. 16,24; Judg. 16,24; Judg. 16,24; Judg. 16,25; Judg. 16,25; Judg. 16,25; Judg. 16,25; Judg. 16,25; Judg. 16,25; Judg. 16,25; Judg. 16,26; Judg. 16,26; Judg. 16,26; Judg. 16,27; Judg. 16,27; Judg. 16,27; Judg. 16,27; Judg. 16,27; Judg. 16,28; Judg. 16,28; Judg. 16,28; Judg. 16,28; Judg. 16,29; Judg. 16,29; Judg. 16,29; Judg. 16,29; Judg. 16,30; Judg. 16,30; Judg. 16,30; Judg. 16,30; Judg. 16,30; Judg. 16,31; Judg. 16,31; Judg. 16,31; Judg. 16,31; Judg. 16,31; Judg. 16,31; Judg. 17,1; Judg. 17,2; Judg. 17,2; Judg. 17,2; Judg. 17,2; Judg. 17,3; Judg. 17,3; Judg. 17,3; Judg. 17,3; Judg. 17,3; Judg. 17,4; Judg. 17,4; Judg. 17,4; Judg. 17,4; Judg. 17,4; Judg. 17,4; Judg. 17,5; Judg. 17,5; Judg. 17,5; Judg. 17,5; Judg. 17,5; Judg. 17,7; Judg. 17,7; Judg. 17,8; Judg. 17,8; Judg. 17,8; Judg. 17,9; Judg. 17,9; Judg. 17,9; Judg. 17,10; Judg. 17,10; Judg. 17,10; Judg. 17,10; Judg. 17,10; Judg. 17,10; Judg. 17,10; Judg. 17,11; Judg. 17,11; Judg. 17,12; Judg. 17,12; Judg. 17,12; Judg. 17,13; Judg. 18,1; Judg. 18,2; Judg. 18,2; Judg. 18,2; Judg. 18,2; Judg. 18,2; Judg. 18,2; Judg. 18,2; Judg. 18,3; Judg. 18,3; Judg. 18,3; Judg. 18,3; Judg. 18,3; Judg. 18,4; Judg. 18,4; Judg. 18,4; Judg. 18,4; Judg. 18,5; Judg. 18,5; Judg. 18,6; Judg. 18,7; Judg. 18,7; Judg. 18,7; Judg. 18,7; Judg. 18,7; Judg. 18,7; Judg. 18,8; Judg. 18,8; Judg. 18,8; Judg. 18,9; Judg. 18,9; Judg. 18,9; Judg. 18,9; Judg. 18,9; Judg. 18,10; Judg. 18,10; Judg. 18,11; Judg. 18,12; Judg. 18,12; Judg. 18,13; Judg. 18,13; Judg. 18,14; Judg. 18,14; Judg. 18,14; Judg. 18,14; Judg. 18,14; Judg. 18,15; Judg. 18,15; Judg. 18,15; Judg. 18,16; Judg. 18,17; Judg. 18,18; Judg. 18,18; Judg. 18,18; Judg. 18,18; Judg. 18,18; Judg. 18,18; Judg. 18,18; Judg. 18,19; Judg. 18,19; Judg. 18,19; Judg. 18,19; Judg. 18,19; Judg. 18,20; Judg. 18,20; Judg. 18,20; Judg. 18,20; Judg. 18,20; Judg. 18,20; Judg. 18,21; Judg. 18,21; Judg. 18,21; Judg. 18,21; Judg. 18,21; Judg. 18,22; Judg. 18,22; Judg. 18,22; Judg. 18,23; Judg. 18,23; Judg. 18,24; Judg. 18,24; Judg. 18,24; Judg. 18,24; Judg. 18,24;

Κ, κ

Judg. 18,25; Judg. 18,25; Judg. 18,25; Judg. 18,26; Judg. 18,26; Judg. 18,26; Judg. 18,27; Judg. 18,27; Judg. 18,27; Judg. 18,27; Judg. 18,28; Judg. 18,28; Judg. 18,28; Judg. 18,28; Judg. 18,28; Judg. 18,29; Judg. 18,29; Judg. 18,30; Judg. 18,30; Judg. 18,30; Judg. 18,31; Judg. 19,1; Judg. 19,1; Judg. 19,1; Judg. 19,2; Judg. 19,2; Judg. 19,2; Judg. 19,3; Judg. 19,3; Judg. 19,3; Judg. 19,3; Judg. 19,3; Judg. 19,3; Judg. 19,3; Judg. 19,4; Judg. 19,4; Judg. 19,4; Judg. 19,4; Judg. 19,4; Judg. 19,5; Judg. 19,5; Judg. 19,5; Judg. 19,5; Judg. 19,5; Judg. 19,6; Judg. 19,6; Judg. 19,6; Judg. 19,6; Judg. 19,6; Judg. 19,7; Judg. 19,7; Judg. 19,7; Judg. 19,7; Judg. 19,8; Judg. 19,8; Judg. 19,8; Judg. 19,8; Judg. 19,9; Judg. 19,9; Judg. 19,9; Judg. 19,9; Judg. 19,9; Judg. 19,9; Judg. 19,9; Judg. 19,10; Judg. 19,10; Judg. 19,10; Judg. 19,10; Judg. 19,10; Judg. 19,10; Judg. 19,11; Judg. 19,11; Judg. 19,11; Judg. 19,11; Judg. 19,11; Judg. 19,12; Judg. 19,12; Judg. 19,13; Judg. 19,13; Judg. 19,13; Judg. 19,14; Judg. 19,14; Judg. 19,14; Judg. 19,15; Judg. 19,15; Judg. 19,15; Judg. 19,15; Judg. 19,16; Judg. 19,16; Judg. 19,16; Judg. 19,16; Judg. 19,17; Judg. 19,17; Judg. 19,17; Judg. 19,17; Judg. 19,18; Judg. 19,18; Judg. 19,18; Judg. 19,18; Judg. 19,19; Judg. 19,19; Judg. 19,19; Judg. 19,19; Judg. 19,19; Judg. 19,20; Judg. 19,21; Judg. 19,21; Judg. 19,21; Judg. 19,21; Judg. 19,21; Judg. 19,22; Judg. 19,22; Judg. 19,23; Judg. 19,23; Judg. 19,24; Judg. 19,24; Judg. 19,24; Judg. 19,24; Judg. 19,25; Judg. 19,25; Judg. 19,25; Judg. 19,25; Judg. 19,25; Judg. 19,25; Judg. 19,26; Judg. 19,26; Judg. 19,27; Judg. 19,27; Judg. 19,27; Judg. 19,27; Judg. 19,27; Judg. 19,28; Judg. 19,28; Judg. 19,28; Judg. 19,28; Judg. 19,28; Judg. 19,29; Judg. 19,29; Judg. 19,29; Judg. 19,29; Judg. 19,30; Judg. 19,30; Judg. 19,30; Judg. 19,30; Judg. 20,1; Judg. 20,1; Judg. 20,1; Judg. 20,2; Judg. 20,3; Judg. 20,3; Judg. 20,4; Judg. 20,4; Judg. 20,4; Judg. 20,5; Judg. 20,5; Judg. 20,5; Judg. 20,5; Judg. 20,6; Judg. 20,6; Judg. 20,6; Judg. 20,6; Judg. 20,7; Judg. 20,8; Judg. 20,8; Judg. 20,9; Judg. 20,10; Judg. 20,10; Judg. 20,11; Judg. 20,13; Judg. 20,13; Judg. 20,13; Judg. 20,13; Judg. 20,14; Judg. 20,15; Judg. 20,16; Judg. 20,17; Judg. 20,18; Judg. 20,18; Judg. 20,18; Judg. 20,18; Judg. 20,18; Judg. 20,19; Judg. 20,19; Judg. 20,20; Judg. 20,20; Judg. 20,21; Judg. 20,21; Judg. 20,21; Judg. 20,22; Judg. 20,22; Judg. 20,23; Judg. 20,23; Judg. 20,23; Judg. 20,25; Judg. 20,25; Judg. 20,26; Judg. 20,26; Judg. 20,26; Judg. 20,26; Judg. 20,26; Judg. 20,26; Judg. 20,26; Judg. 20,26; Judg. 20,28; Judg. 20,28; Judg. 20,28; Judg. 20,30; Judg. 20,30; Judg. 20,30; Judg. 20,31; Judg. 20,31; Judg. 20,31; Judg. 20,31; Judg. 20,31; Judg. 20,32; Judg. 20,32; Judg. 20,32; Judg. 20,32; Judg. 20,33; Judg. 20,33; Judg. 20,33; Judg. 20,34; Judg. 20,34; Judg. 20,34; Judg. 20,35; Judg. 20,35; Judg. 20,35; Judg. 20,35; Judg. 20,36; Judg. 20,36; Judg. 20,37; Judg. 20,37; Judg. 20,37; Judg. 20,37; Judg. 20,37; Judg. 20,38; Judg. 20,39; Judg. 20,39; Judg. 20,39; Judg. 20,40; Judg. 20,40; Judg. 20,40; Judg. 20,41; Judg. 20,41; Judg. 20,42; Judg. 20,42; Judg. 20,42; Judg. 20,42; Judg. 20,43; Judg. 20,43; Judg. 20,44; Judg. 20,45; Judg. 20,45; Judg. 20,45; Judg. 20,45; Judg. 20,45; Judg. 20,46; Judg. 20,47; Judg. 20,47; Judg. 20,47; Judg. 20,48; Judg. 20,48; Judg. 20,48; Judg. 20,48; Judg. 20,48; Judg. 21,2; Judg. 21,2; Judg. 21,2; Judg. 21,2; Judg. 21,3; Judg. 21,4; Judg. 21,4; Judg. 21,4; Judg. 21,4; Judg. 21,4; Judg. 21,5; Judg. 21,6; Judg. 21,6; Judg. 21,7; Judg. 21,8; Judg. 21,8; Judg. 21,9; Judg. 21,9; Judg. 21,10; Judg. 21,10; Judg. 21,10; Judg. 21,11; Judg. 21,11; Judg. 21,11; Judg. 21,12; Judg. 21,12; Judg. 21,13; Judg. 21,13; Judg. 21,13; Judg. 21,14; Judg. 21,14; Judg. 21,14; Judg. 21,16; Judg. 21,17; Judg. 21,17; Judg. 21,19; Judg. 21,19; Judg. 21,20; Judg. 21,21; Judg. 21,21; Judg. 21,21; Judg. 21,21; Judg. 21,21; Judg. 21,22; Judg. 21,22; Judg. 21,23; Judg. 21,23; Judg. 21,23; Judg. 21,23; Judg. 21,23; Judg. 21,23; Judg. 21,24; Judg. 21,24; Judg. 21,24; Tob. 1,3; Tob. 1,3; Tob. 1,3; Tob. 1,4; Tob. 1,4; Tob. 1,4; Tob. 1,4; Tob. 1,4; Tob. 1,5; Tob. 1,6; Tob. 1,6; Tob. 1,6; Tob. 1,7; Tob. 1,7; Tob. 1,7; Tob. 1,7; Tob. 1,7; Tob. 1,7; Tob. 1,7; Tob. 1,7; Tob. 1,7; Tob. 1,8; Tob. 1,8; Tob. 1,8; Tob. 1,8; Tob. 1,8; Tob. 1,8; Tob. 1,8; Tob. 1,9; Tob. 1,9; Tob. 1,9; Tob. 1,10; Tob. 1,10; Tob. 1,10; Tob. 1,12; Tob. 1,13; Tob. 1,13; Tob. 1,13; Tob. 1,14; Tob. 1,14; Tob. 1,14; Tob. 1,15; Tob. 1,15; Tob. 1,15; Tob. 1,17; Tob. 1,17; Tob. 1,17; Tob. 1,18; Tob. 1,18; Tob. 1,18; Tob. 1,18; Tob. 1,18; Tob. 1,19; Tob. 1,19; Tob. 1,19; Tob. 1,19; Tob. 1,19; Tob. 1,19; Tob. 1,20; Tob. 1,20; Tob. 1,20; Tob. 1,21; Tob. 1,21; Tob. 1,21; Tob. 1,21; Tob. 1,21; Tob. 1,22; Tob. 1,22; Tob. 1,22; Tob. 1,22; Tob. 1,22; Tob. 1,22; Tob. 2,1; Tob. 2,1; Tob. 2,1; Tob. 2,1; Tob. 2,2; Tob. 2,2; Tob. 2,2; Tob. 2,2; Tob. 2,2; Tob. 2,2; Tob. 2,2; Tob. 2,3; Tob. 2,3; Tob. 2,3; Tob. 2,3; Tob. 2,3; Tob. 2,3; Tob. 2,4; Tob. 2,4; Tob. 2,4; Tob. 2,4; Tob. 2,5; Tob. 2,6; Tob. 2,6; Tob. 2,6; Tob. 2,7; Tob. 2,7; Tob. 2,8; Tob. 2,8; Tob. 2,8; Tob. 2,9; Tob. 2,9; Tob. 2,9; Tob. 2,9; Tob. 2,10; Tob. 2,10; Tob. 2,10; Tob. 2,10; Tob. 2,10; Tob. 2,10; Tob. 2,10; Tob. 2,10; Tob. 2,12; Tob. 2,12; Tob. 2,12; Tob. 2,12; Tob. 2,12; Tob. 2,12; Tob. 2,13; Tob. 2,13; Tob. 2,13; Tob. 2,14; Tob. 2,14; Tob. 2,14; Tob. 2,14; Tob. 3,1; Tob. 3,1; Tob. 3,1; Tob. 3,2; Tob. 3,2; Tob. 3,2; Tob. 3,3; Tob. 3,3; Tob. 3,3; Tob. 3,3; Tob. 3,3; Tob. 3,4; Tob. 3,4; Tob. 3,4; Tob. 3,4; Tob. 3,4; Tob. 3,4; Tob. 3,4; Tob. 3,5; Tob. 3,5; Tob. 3,6; Tob. 3,6; Tob. 3,6; Tob. 3,6; Tob. 3,6; Tob. 3,6; Tob. 3,7; Tob. 3,8; Tob. 3,8; Tob. 3,8; Tob. 3,9; Tob. 3,10; Tob. 3,10; Tob. 3,10; Tob. 3,10; Tob. 3,10; Tob. 3,10; Tob. 3,10; Tob. 3,10; Tob. 3,11; Tob. 3,11; Tob. 3,11; Tob. 3,12; Tob. 3,12; Tob. 3,13; Tob. 3,15; Tob. 3,15; Tob. 3,15; Tob. 3,15; Tob. 3,15; Tob. 3,17; Tob. 3,17; Tob. 3,17; Tob. 3,17; Tob. 3,17; Tob. 4,2; Tob. 4,2; Tob. 4,3; Tob. 4,3; Tob. 4,3; Tob. 4,3; Tob. 4,3; Tob. 4,3; Tob. 4,3; Tob. 4,4; Tob. 4,5; Tob. 4,5; Tob. 4,5; Tob. 4,5; Tob. 4,7; Tob. 4,19; Tob. 4,19; Tob. 4,19; Tob. 4,20; Tob. 4,21; Tob. 4,21; Tob. 4,21; Tob. 5,2; Tob. 5,2; Tob. 5,2; Tob. 5,2; Tob. 5,2; Tob. 5,2; Tob. 5,3; Tob. 5,3; Tob. 5,3; Tob. 5,3; Tob. 5,3; Tob. 5,3; Tob. 5,3; Tob. 5,3; Tob. 5,4; Tob. 5,4; Tob. 5,4; Tob. 5,5; Tob. 5,5; Tob. 5,5; Tob. 5,5; Tob. 5,6; Tob. 5,6; Tob. 5,6; Tob. 5,6; Tob. 5,6; Tob. 5,7; Tob. 5,7; Tob. 5,8; Tob. 5,9; Tob. 5,9; Tob. 5,9; Tob. 5,9; Tob. 5,9; Tob. 5,10; Tob. 5,10; Tob. 5,10; Tob. 5,10; Tob. 5,10; Tob. 5,10; Tob. 5,10; Tob. 5,10; Tob. 5,10; Tob. 5,10; Tob. 5,10; Tob. 5,10; Tob. 5,10; Tob. 5,10; Tob. 5,10; Tob. 5,10; Tob. 5,10; Tob. 5,10; Tob. 5,11; Tob. 5,11; Tob. 5,12; Tob. 5,12; Tob. 5,12; Tob. 5,13; Tob. 5,14; Tob. 5,14; Tob. 5,14; Tob. 5,14; Tob. 5,14; Tob. 5,14; Tob. 5,14; Tob. 5,14; Tob. 5,14; Tob. 5,14; Tob. 5,14; Tob. 5,14; Tob. 5,15; Tob. 5,15; Tob. 5,16; Tob. 5,16; Tob. 5,17; Tob. 5,17; Tob. 5,17; Tob. 5,17; Tob. 5,17; Tob. 5,17; Tob. 5,17; Tob. 5,17; Tob. 5,17; Tob. 5,17; Tob. 5,17; Tob. 5,17; Tob. 5,17; Tob. 5,18; Tob. 5,18; Tob. 5,18; Tob. 5,18; Tob. 5,21; Tob. 5,21; Tob. 5,21; Tob. 5,22; Tob. 5,22; Tob. 5,23; Tob. 6,1; Tob. 6,1; Tob. 6,1; Tob. 6,1; Tob. 6,1; Tob. 6,1; Tob. 6,2; Tob. 6,2; Tob. 6,2; Tob. 6,3; Tob. 6,3; Tob. 6,3; Tob. 6,3; Tob. 6,4; Tob. 6,4; Tob. 6,4; Tob. 6,4; Tob. 6,4; Tob. 6,4; Tob. 6,4; Tob. 6,5; Tob. 6,5; Tob. 6,5; Tob. 6,5; Tob. 6,5; Tob. 6,5; Tob. 6,6; Tob. 6,7; Tob. 6,7; Tob. 6,7; Tob. 6,7; Tob. 6,8; Tob. 6,8; Tob. 6,8; Tob. 6,8; Tob. 6,9; Tob. 6,9; Tob. 6,10; Tob. 6,11; Tob. 6,11; Tob. 6,11; Tob. 6,11; Tob. 6,12; Tob. 6,12; Tob. 6,12; Tob. 6,12; Tob. 6,12; Tob. 6,12; Tob. 6,12; Tob. 6,13; Tob. 6,13; Tob. 6,13; Tob. 6,13; Tob. 6,13; Tob. 6,13; Tob. 6,13; Tob. 6,13; Tob. 6,13; Tob. 6,13; Tob. 6,14; Tob. 6,14; Tob. 6,14; Tob. 6,15; Tob. 6,15; Tob. 6,15; Tob. 6,15; Tob. 6,16; Tob. 6,16; Tob. 6,16; Tob. 6,16; Tob. 6,16; Tob. 6,17; Tob. 6,17; Tob. 6,17; Tob. 6,17; Tob. 6,17; Tob. 6,17; Tob. 6,17; Tob. 6,18; Tob. 6,18; Tob. 6,18; Tob. 6,18; Tob. 6,18; Tob. 6,18; Tob. 6,18; Tob. 6,18; Tob. 6,18; Tob. 6,19; Tob.

καί

6,19; Tob. 6,19; Tob. 7,1; Tob. 7,1; Tob. 7,1; Tob. 7,1; Tob. 7,1; Tob. 7,1; Tob. 7,2; Tob. 7,3; Tob. 7,3; Tob. 7,3; Tob. 7,4; Tob. 7,4; Tob. 7,5; Tob. 7,5; Tob. 7,5; Tob. 7,5; Tob. 7,6; Tob. 7,6; Tob. 7,6; Tob. 7,6; Tob. 7,6; Tob. 7,6; Tob. 7,6; Tob. 7,7; Tob. 7,7; Tob. 7,8; Tob. 7,8; Tob. 7,9; Tob. 7,9; Tob. 7,10; Tob. 7,10; Tob. 7,10; Tob. 7,10; Tob. 7,10; Tob. 7,11; Tob. 7,11; Tob. 7,11; Tob. 7,11; Tob. 7,12; Tob. 7,12; Tob. 7,12; Tob. 7,12; Tob. 7,12; Tob. 7,12; Tob. 7,12; Tob. 7,12; Tob. 7,12; Tob. 7,13; Tob. 7,13; Tob. 7,13; Tob. 7,13; Tob. 7,13; Tob. 7,13; Tob. 7,13; Tob. 7,13; Tob. 7,14; Tob. 7,14; Tob. 7,14; Tob. 7,14; Tob. 7,14; Tob. 7,15; Tob. 7,15; Tob. 7,15; Tob. 7,15; Tob. 7,16; Tob. 7,16; Tob. 7,16; Tob. 7,16; Tob. 7,16; Tob. 7,17; Tob. 8,1; Tob. 8,1; Tob. 8,1; Tob. 8,2; Tob. 8,2; Tob. 8,2; Tob. 8,2; Tob. 8,3; Tob. 8,3; Tob. 8,3; Tob. 8,3; Tob. 8,4; Tob. 8,4; Tob. 8,4; Tob. 8,4; Tob. 8,4; Tob. 8,4; Tob. 8,5; Tob. 8,5; Tob. 8,5; Tob. 8,5; Tob. 8,5; Tob. 8,5; Tob. 8,6; Tob. 8,6; Tob. 8,6; Tob. 8,7; Tob. 8,7; Tob. 8,7; Tob. 8,8; Tob. 8,9; Tob. 8,10; Tob. 8,10; Tob. 8,10; Tob. 8,10; Tob. 8,11; Tob. 8,11; Tob. 8,12; Tob. 8,12; Tob. 8,12; Tob. 8,13; Tob. 8,13; Tob. 8,13; Tob. 8,13; Tob. 8,13; Tob. 8,13; Tob. 8,14; Tob. 8,14; Tob. 8,15; Tob. 8,15; Tob. 8,16; Tob. 8,16; Tob. 8,17; Tob. 8,17; Tob. 8,17; Tob. 8,17; Tob. 8,19; Tob. 8,19; Tob. 8,19; Tob. 8,19; Tob. 8,20; Tob. 8,20; Tob. 8,20; Tob. 8,20; Tob. 8,21; Tob. 8,21; Tob. 8,21; Tob. 8,21; Tob. 8,21; Tob. 8,21; Tob. 8,21; Tob. 9,1; Tob. 9,2; Tob. 9,2; Tob. 9,2; Tob. 9,2; Tob. 9,2; Tob. 9,2; Tob. 9,3-4; Tob. 9,3-4; Tob. 9,3-4; Tob. 9,5; Tob. 9,5; Tob. 9,5; Tob. 9,5; Tob. 9,5; Tob. 9,5; Tob. 9,5; Tob. 9,5; Tob. 9,5; Tob. 9,6; Tob. 9,6; Tob. 9,6; Tob. 9,6; Tob. 9,6; Tob. 9,6; Tob. 9,6; Tob. 9,6; Tob. 9,6; Tob. 9,6; Tob. 9,6; Tob. 9,6; Tob. 9,6; Tob. 9,6; Tob. 9,6; Tob. 10,1; Tob. 10,1; Tob. 10,1; Tob. 10,2; Tob. 10,3; Tob. 10,4; Tob. 10,4; Tob. 10,4; Tob. 10,4; Tob. 10,4; Tob. 10,6; Tob. 10,6; Tob. 10,6; Tob. 10,6; Tob. 10,7; Tob. 10,7; Tob. 10,7; Tob. 10,7; Tob. 10,7; Tob. 10,7; Tob. 10,7; Tob. 10,8; Tob. 10,8; Tob. 10,8; Tob. 10,8; Tob. 10,9; Tob. 10,9; Tob. 10,9; Tob. 10,9; Tob. 10,10; Tob. 10,10; Tob. 10,10; Tob. 10,10; Tob. 10,10; Tob. 10,10; Tob. 10,10; Tob. 10,11; Tob. 10,11; Tob. 10,11; Tob. 10,11; Tob. 10,11; Tob. 10,12; Tob. 10,12; Tob. 10,13; Tob. 10,13; Tob. 10,13; Tob. 10,13; Tob. 10,13; Tob. 10,13; Tob. 10,13; Tob. 10,14; Tob. 10,14; Tob. 10,14; Tob. 10,14; Tob. 10,14; Tob. 11,3; Tob. 11,4; Tob. 11,4; Tob. 11,4; Tob. 11,4; Tob. 11,5; Tob. 11,6; Tob. 11,6; Tob. 11,6; Tob. 11,7; Tob. 11,8; Tob. 11,8; Tob. 11,8; Tob. 11,8; Tob. 11,9; Tob. 11,9; Tob. 11,9; Tob. 11,9; Tob. 11,10; Tob. 11,10; Tob. 11,10; Tob. 11,11; Tob. 11,11; Tob. 11,11; Tob. 11,11; Tob. 11,11; Tob. 11,11; Tob. 11,11; Tob. 11,12; Tob. 11,13; Tob. 11,13; Tob. 11,13; Tob. 11,14; Tob. 11,14; Tob. 11,14; Tob. 11,14; Tob. 11,14; Tob. 11,15; Tob. 11,15; Tob. 11,15; Tob. 11,15; Tob. 11,15; Tob. 11,15; Tob. 11,15; Tob. 11,16; Tob. 11,16; Tob. 11,16; Tob. 11,16; Tob. 11,16; Tob. 11,16; Tob. 11,17; Tob. 11,17; Tob. 11,17; Tob. 11,17; Tob. 11,17; Tob. 11,17; Tob. 11,17; Tob. 11,17; Tob. 11,19; Tob. 11,19; Tob. 12,1; Tob. 12,1; Tob. 12,2; Tob. 12,3; Tob. 12,3; Tob. 12,3; Tob. 12,4; Tob. 12,5; Tob. 12,5; Tob. 12,5; Tob. 12,6; Tob. 12,6; Tob. 12,6; Tob. 12,6; Tob. 12,7; Tob. 12,7; Tob. 12,8; Tob. 12,9; Tob. 12,10; Tob. 12,11; Tob. 12,11; Tob. 12,11; Tob. 12,12; Tob. 12,12; Tob. 12,12; Tob. 12,13; Tob. 12,13; Tob. 12,13; Tob. 12,13; Tob. 12,14; Tob. 12,14; Tob. 12,15; Tob. 12,16; Tob. 12,16; Tob. 12,17; Tob. 12,19; Tob. 12,20; Tob. 12,20; Tob. 12,20; Tob. 12,21; Tob. 12,21; Tob. 12,22; Tob. 12,22; Tob. 12,22; Tob. 13,2; Tob. 13,2; Tob. 13,2; Tob. 13,2; Tob. 13,4; Tob. 13,4; Tob. 13,4; Tob. 13,4; Tob. 13,4; Tob. 13,5; Tob. 13,6; Tob. 13,6; Tob. 13,7; Tob. 13,7; Tob. 13,7; Tob. 13,7; Tob. 13,11; Tob. 13,12; Tob. 13,12; Tob. 13,13; Tob. 13,13; Tob. 13,13; Tob. 13,14; Tob. 13,14; Tob. 13,14; Tob. 13,14; Tob. 13,15; Tob. 13,15; Tob. 13,15; Tob. 13,16; Tob. 13,16; Tob. 13,17; Tob. 13,17; Tob. 13,17; Tob. 13,17; Tob. 13,17; Tob. 13,17; Tob. 13,18; Tob. 13,18; Tob. 13,18;

Tob. 13,18; Tob. 14,1; Tob. 14,2; Tob. 14,2; Tob. 14,2; Tob. 14,2; Tob. 14,2; Tob. 14,2; Tob. 14,3; Tob. 14,3; Tob. 14,4; Tob. 14,4; Tob. 14,4; Tob. 14,4; Tob. 14,4; Tob. 14,4; Tob. 14,4; Tob. 14,4; Tob. 14,4; Tob. 14,4; Tob. 14,4; Tob. 14,4; Tob. 14,4; Tob. 14,4; Tob. 14,4; Tob. 14,4; Tob. 14,4; Tob. 14,5; Tob. 14,5; Tob. 14,5; Tob. 14,5; Tob. 14,5; Tob. 14,5; Tob. 14,5; Tob. 14,6; Tob. 14,6; Tob. 14,6; Tob. 14,6; Tob. 14,7; Tob. 14,7; Tob. 14,7; Tob. 14,7; Tob. 14,7; Tob. 14,7; Tob. 14,8; Tob. 14,8; Tob. 14,8; Tob. 14,8; Tob. 14,8; Tob. 14,8; Tob. 14,9; Tob. 14,9; Tob. 14,9; Tob. 14,9; Tob. 14,10; Tob. 14,10; Tob. 14,10; Tob. 14,10; Tob. 14,10; Tob. 14,11; Tob. 14,11; Tob. 14,11; Tob. 14,11; Tob. 14,11; Tob. 14,11; Tob. 14,12; Tob. 14,12; Tob. 14,12; Tob. 14,13; Tob. 14,13; Tob. 14,13; Tob. 14,13; Tob. 14,14; Tob. 14,15; Tob. 14,15; Tob. 14,15; Tob. 14,15; Tob. 14,15; Tob. 14,15; Dan. 1,1; Dan. 1,2; Dan. 1,2; Dan. 1,2; Dan. 1,2; Dan. 1,3; Dan. 1,3; Dan. 1,3; Dan. 1,4; Dan. 1,4; Dan. 1,4; Dan. 1,4; Dan. 1,4; Dan. 1,4; Dan. 1,4; Dan. 1,5; Dan. 1,5; Dan. 1,5; Dan. 1,5; Dan. 1,6; Dan. 1,6; Dan. 1,6; Dan. 1,6; Dan. 1,7; Dan. 1,7; Dan. 1,7; Dan. 1,7; Dan. 1,8; Dan. 1,8; Dan. 1,8; Dan. 1,9; Dan. 1,9; Dan. 1,10; Dan. 1,10; Dan. 1,10; Dan. 1,11; Dan. 1,12; Dan. 1,12; Dan. 1,12; Dan. 1,13; Dan. 1,13; Dan. 1,13; Dan. 1,14; Dan. 1,14; Dan. 1,15; Dan. 1,15; Dan. 1,16; Dan. 1,16; Dan. 1,16; Dan. 1,17; Dan. 1,17; Dan. 1,17; Dan. 1,17; Dan. 1,17; Dan. 1,18; Dan. 1,18; Dan. 1,19; Dan. 1,19; Dan. 1,19; Dan. 1,19; Dan. 1,19; Dan. 1,19; Dan. 1,20; Dan. 1,20; Dan. 1,20; Dan. 1,21; Dan. 2,1; Dan. 2,1; Dan. 2,2; Dan. 2,2; Dan. 2,2; Dan. 2,2; Dan. 2,2; Dan. 2,2; Dan. 2,3; Dan. 2,3; Dan. 2,4; Dan. 2,4; Dan. 2,5; Dan. 2,5; Dan. 2,5; Dan. 2,6; Dan. 2,6; Dan. 2,6; Dan. 2,6; Dan. 2,7; Dan. 2,7; Dan. 2,8; Dan. 2,9; Dan. 2,9; Dan. 2,10; Dan. 2,10; Dan. 2,10; Dan. 2,11; Dan. 2,12; Dan. 2,13; Dan. 2,13; Dan. 2,13; Dan. 2,13; Dan. 2,14; Dan. 2,16; Dan. 2,16; Dan. 2,16; Dan. 2,17; Dan. 2,17; Dan. 2,17; Dan. 2,17; Dan. 2,18; Dan. 2,18; Dan. 2,19; Dan. 2,20; Dan. 2,20; Dan. 2,20; Dan. 2,21; Dan. 2,21; Dan. 2,21; Dan. 2,21; Dan. 2,22; Dan. 2,22; Dan. 2,23; Dan. 2,23; Dan. 2,23; Dan. 2,23; Dan. 2,24; Dan. 2,24; Dan. 2,24; Dan. 2,25; Dan. 2,26; Dan. 2,26; Dan. 2,26; Dan. 2,27; Dan. 2,27; Dan. 2,28; Dan. 2,28; Dan. 2,29; Dan. 2,31; Dan. 2,31; Dan. 2,31; Dan. 2,32; Dan. 2,32; Dan. 2,32; Dan. 2,33; Dan. 2,34; Dan. 2,34; Dan. 2,34; Dan. 2,35; Dan. 2,35; Dan. 2,35; Dan. 2,35; Dan. 2,35; Dan. 2,36; Dan. 2,37; Dan. 2,37; Dan. 2,38; Dan. 2,38; Dan. 2,39; Dan. 2,39; Dan. 2,40; Dan. 2,40; Dan. 2,40; Dan. 2,41; Dan. 2,41; Dan. 2,41; Dan. 2,42; Dan. 2,42; Dan. 2,43; Dan. 2,44; Dan. 2,44; Dan. 2,44; Dan. 2,44; Dan. 2,45; Dan. 2,45; Dan. 2,45; Dan. 2,46; Dan. 2,46; Dan. 2,46; Dan. 2,47; Dan. 2,47; Dan. 2,47; Dan. 2,48; Dan. 2,48; Dan. 2,48; Dan. 2,48; Dan. 2,48; Dan. 2,49; Dan. 2,49; Dan. 2,49; Dan. 3,1; Dan. 3,2; Dan. 3,2; Dan. 3,2; Dan. 3,2; Dan. 3,2; Dan. 3,2; Dan. 3,3; Dan. 3,3; Dan. 3,3; Dan. 3,4; Dan. 3,5; Dan. 3,5; Dan. 3,5; Dan. 3,5; Dan. 3,6; Dan. 3,7; Dan. 3,7; Dan. 3,7; Dan. 3,7; Dan. 3,7; Dan. 3,8; Dan. 3,10; Dan. 3,10; Dan. 3,10; Dan. 3,10; Dan. 3,11; Dan. 3,12; Dan. 3,13; Dan. 3,13; Dan. 3,13; Dan. 3,14; Dan. 3,14; Dan. 3,14; Dan. 3,15; Dan. 3,15; Dan. 3,15; Dan. 3,15; Dan. 3,15; Dan. 3,16; Dan. 3,17; Dan. 3,18; Dan. 3,18; Dan. 3,19; Dan. 3,19; Dan. 3,19; Dan. 3,20; Dan. 3,20; Dan. 3,21; Dan. 3,21; Dan. 3,21; Dan. 3,21; Dan. 3,22; Dan. 3,23; Dan. 3,23; Dan. 3,24; Dan. 3,25; Dan. 3,25; Dan. 3,26; Dan. 3,26; Dan. 3,27; Dan. 3,27; Dan. 3,27; Dan. 3,28; Dan. 3,28; Dan. 3,28; Dan. 3,29; Dan. 3,29; Dan. 3,29; Dan. 3,31; Dan. 3,31; Dan. 3,32; Dan. 3,32; Dan. 3,32; Dan. 3,33; Dan. 3,33; Dan. 3,33; Dan. 3,34; Dan. 3,35; Dan. 3,35; Dan. 3,35; Dan. 3,36; Dan. 3,38; Dan. 3,38; Dan. 3,38; Dan. 3,38; Dan. 3,39; Dan. 3,39; Dan. 3,39; Dan. 3,40; Dan. 3,41; Dan. 3,41; Dan. 3,41; Dan. 3,42; Dan. 3,43; Dan. 3,43; Dan. 3,44; Dan. 3,44; Dan. 3,44; Dan. 3,44; Dan. 3,45; Dan. 3,46; Dan. 3,46; Dan. 3,46; Dan. 3,47; Dan. 3,48; Dan. 3,48; Dan.

K, κ

καί

3,49; Dan. 3,50; Dan. 3,50; Dan. 3,50; Dan. 3,51; Dan. 3,51; Dan. 3,52; Dan. 3,52; Dan. 3,52; Dan. 3,52; Dan. 3,52; Dan. 3,53; Dan. 3,53; Dan. 3,55; Dan. 3,55; Dan. 3,54; Dan. 3,54; Dan. 3,56; Dan. 3,56; Dan. 3,57; Dan. 3,59; Dan. 3,58; Dan. 3,60; Dan. 3,61; Dan. 3,62; Dan. 3,62; Dan. 3,63; Dan. 3,64; Dan. 3,64; Dan. 3,65; Dan. 3,66; Dan. 3,66; Dan. 3,67; Dan. 3,67; Dan. 3,68; Dan. 3,68; Dan. 3,71; Dan. 3,71; Dan. 3,72; Dan. 3,72; Dan. 3,69; Dan. 3,69; Dan. 3,70; Dan. 3,70; Dan. 3,73; Dan. 3,73; Dan. 3,74; Dan. 3,75; Dan. 3,75; Dan. 3,76; Dan. 3,78; Dan. 3,78; Dan. 3,77; Dan. 3,79; Dan. 3,79; Dan. 3,80; Dan. 3,81; Dan. 3,81; Dan. 3,82; Dan. 3,83; Dan. 3,84; Dan. 3,85; Dan. 3,86; Dan. 3,86; Dan. 3,87; Dan. 3,87; Dan. 3,88; Dan. 3,88; Dan. 3,88; Dan. 3,88; Dan. 3,90; Dan. 3,91; Dan. 3,91; Dan. 3,91; Dan. 3,91; Dan. 3,92; Dan. 3,92; Dan. 3,92; Dan. 3,92; Dan. 3,93; Dan. 3,93; Dan. 3,93; Dan. 3,94; Dan. 3,94; Dan. 3,94; Dan. 3,94; Dan. 3,94; Dan. 3,94; Dan. 3,94; Dan. 3,94; Dan. 3,95; Dan. 3,95; Dan. 3,95; Dan. 3,95; Dan. 3,95; Dan. 3,96; Dan. 3,96; Dan. 3,97; Dan. 4,1; Dan. 4,2; Dan. 4,3; Dan. 4,3; Dan. 4,3; Dan. 4,4; Dan. 4,5; Dan. 4,5; Dan. 4,5; Dan. 4,6; Dan. 4,7; Dan. 4,7; Dan. 4,7; Dan. 4,8; Dan. 4,9; Dan. 4,9; Dan. 4,10; Dan. 4,10; Dan. 4,11; Dan. 4,11; Dan. 4,11; Dan. 4,12; Dan. 4,12; Dan. 4,12; Dan. 4,12; Dan. 4,12; Dan. 4,13; Dan. 4,13; Dan. 4,14; Dan. 4,14; Dan. 4,14; Dan. 4,14; Dan. 4,14; Dan. 4,14; Dan. 4,15; Dan. 4,15; Dan. 4,15; Dan. 4,15; Dan. 4,15; Dan. 4,16; Dan. 4,16; Dan. 4,17; Dan. 4,17; Dan. 4,17; Dan. 4,18; Dan. 4,19; Dan. 4,19; Dan. 4,19; Dan. 4,19; Dan. 4,19; Dan. 4,19; Dan. 4,19; Dan. 4,20; Dan. 4,20; Dan. 4,21; Dan. 4,21; Dan. 4,21; Dan. 4,21; Dan. 4,22; Dan. 4,22; Dan. 4,22; Dan. 4,22; Dan. 4,23; Dan. 4,23; Dan. 4,23; Dan. 4,23; Dan. 4,23; Dan. 4,23; Dan. 4,23; Dan. 4,23; Dan. 4,24; Dan. 4,25; Dan. 4,25; Dan. 4,25; Dan. 4,25; Dan. 4,25; Dan. 4,25; Dan. 4,26; Dan. 4,27; Dan. 4,27; Dan. 4,30; Dan. 4,32; Dan. 4,32; Dan. 4,32; Dan. 4,32; Dan. 4,32; Dan. 4,33; Dan. 4,33; Dan. 4,33; Dan. 4,33; Dan. 4,34; Dan. 4,34; Dan. 4,34; Dan. 4,34; Dan. 4,34; Dan. 4,34; Dan. 4,34; Dan. 4,35; Dan. 4,35; Dan. 4,35; Dan. 4,35; Dan. 4,35; Dan. 4,36; Dan. 4,36; Dan. 4,36; Dan. 4,36; Dan. 4,36; Dan. 4,36; Dan. 4,37; Dan. 4,37; Dan. 4,37; Dan. 4,37; Dan. 5,1; Dan. 5,1; Dan. 5,2; Dan. 5,2; Dan. 5,2; Dan. 5,2; Dan. 5,2; Dan. 5,3; Dan. 5,3; Dan. 5,3; Dan. 5,3; Dan. 5,3; Dan. 5,3; Dan. 5,4; Dan. 5,4; Dan. 5,4; Dan. 5,4; Dan. 5,4; Dan. 5,4; Dan. 5,5; Dan. 5,5; Dan. 5,6; Dan. 5,6; Dan. 5,6; Dan. 5,7; Dan. 5,7; Dan. 5,7; Dan. 5,7; Dan. 5,7; Dan. 5,8; Dan. 5,8; Dan. 5,9; Dan. 5,9; Dan. 5,9; Dan. 5,10; Dan. 5,10; Dan. 5,10; Dan. 5,11; Dan. 5,11; Dan. 5,11; Dan. 5,12; Dan. 5,12; Dan. 5,12; Dan. 5,12; Dan. 5,12; Dan. 5,12; Dan. 5,13; Dan. 5,14; Dan. 5,14; Dan. 5,14; Dan. 5,15; Dan. 5,15; Dan. 5,15; Dan. 5,16; Dan. 5,16; Dan. 5,16; Dan. 5,16; Dan. 5,17; Dan. 5,17; Dan. 5,17; Dan. 5,18; Dan. 5,18; Dan. 5,18; Dan. 5,19; Dan. 5,19; Dan. 5,19; Dan. 5,19; Dan. 5,19; Dan. 5,20; Dan. 5,20; Dan. 5,20; Dan. 5,21; Dan. 5,21; Dan. 5,21; Dan. 5,21; Dan. 5,21; Dan. 5,21; Dan. 5,22; Dan. 5,23; Dan. 5,23; Dan. 5,23; Dan. 5,23; Dan. 5,23; Dan. 5,23; Dan. 5,23; Dan. 5,23; Dan. 5,23; Dan. 5,23; Dan. 5,23; Dan. 5,23; Dan. 5,23; Dan. 5,23; Dan. 5,23; Dan. 5,23; Dan. 5,23; Dan. 5,24; Dan. 5,25; Dan. 5,26; Dan. 5,27; Dan. 5,28; Dan. 5,28; Dan. 5,29; Dan. 5,29; Dan. 5,29; Dan. 5,29; Dan. 6,2; Dan. 6,2; Dan. 6,3; Dan. 6,4; Dan. 6,4; Dan. 6,5; Dan. 6,5; Dan. 6,5; Dan. 6,5; Dan. 6,5; Dan. 6,6; Dan. 6,7; Dan. 6,7; Dan. 6,8; Dan. 6,8; Dan. 6,8; Dan. 6,8; Dan. 6,9; Dan. 6,9; Dan. 6,11; Dan. 6,11; Dan. 6,11; Dan. 6,11; Dan. 6,11; Dan. 6,12; Dan. 6,12; Dan. 6,13; Dan. 6,13; Dan. 6,13; Dan. 6,13; Dan. 6,13; Dan. 6,14; Dan. 6,14; Dan. 6,15; Dan. 6,15; Dan. 6,16; Dan. 6,16; Dan. 6,17; Dan. 6,17; Dan. 6,17; Dan. 6,18; Dan. 6,18; Dan. 6,18; Dan. 6,18; Dan. 6,19; Dan. 6,19; Dan. 6,19; Dan. 6,19; Dan. 6,19; Dan. 6,19; Dan. 6,20; Dan. 6,21; Dan. 6,22; Dan. 6,23; Dan. 6,23; Dan. 6,23; Dan. 6,24; Dan. 6,24; Dan. 6,24; Dan. 6,25; Dan. 6,25; Dan. 6,25; Dan. 6,25; Dan. 6,25; Dan. 6,25; Dan. 6,25; Dan. 6,27; Dan. 6,27; Dan. 6,27; Dan. 6,27; Dan. 6,28; Dan. 6,28; Dan. 6,28; Dan. 6,28; Dan. 6,29; Dan. 6,29; Dan. 7,1; Dan. 7,1; Dan. 7,2; Dan. 7,3; Dan. 7,4; Dan. 7,4; Dan. 7,4; Dan. 7,4; Dan. 7,5; Dan. 7,5; Dan. 7,5; Dan. 7,5; Dan. 7,6; Dan. 7,6; Dan. 7,6; Dan. 7,6; Dan. 7,7; Dan. 7,7; Dan. 7,7; Dan. 7,7; Dan. 7,7; Dan. 7,7; Dan. 7,7; Dan. 7,7; Dan. 7,8; Dan. 7,8; Dan. 7,8; Dan. 7,8; Dan. 7,9; Dan. 7,9; Dan. 7,9; Dan. 7,10; Dan. 7,10; Dan. 7,11; Dan. 7,11; Dan. 7,12; Dan. 7,12; Dan. 7,12; Dan. 7,13; Dan. 7,13; Dan. 7,13; Dan. 7,14; Dan. 7,14; Dan. 7,14; Dan. 7,14; Dan. 7,14; Dan. 7,15; Dan. 7,16; Dan. 7,16; Dan. 7,16; Dan. 7,16; Dan. 7,18; Dan. 7,18; Dan. 7,19; Dan. 7,19; Dan. 7,19; Dan. 7,19; Dan. 7,20; Dan. 7,20; Dan. 7,20; Dan. 7,20; Dan. 7,20; Dan. 7,21; Dan. 7,21; Dan. 7,22; Dan. 7,22; Dan. 7,22; Dan. 7,23; Dan. 7,23; Dan. 7,23; Dan. 7,23; Dan. 7,24; Dan. 7,24; Dan. 7,24; Dan. 7,25; Dan. 7,25; Dan. 7,25; Dan. 7,25; Dan. 7,25; Dan. 7,25; Dan. 7,25; Dan. 7,26; Dan. 7,26; Dan. 7,26; Dan. 7,27; Dan. 7,27; Dan. 7,27; Dan. 7,27; Dan. 7,27; Dan. 7,27; Dan. 7,28; Dan. 7,28; Dan. 8,2; Dan. 8,2; Dan. 8,2; Dan. 8,3; Dan. 8,3; Dan. 8,3; Dan. 8,3; Dan. 8,3; Dan. 8,3; Dan. 8,3; Dan. 8,4; Dan. 8,4; Dan. 8,4; Dan. 8,4; Dan. 8,4; Dan. 8,4; Dan. 8,5; Dan. 8,5; Dan. 8,5; Dan. 8,5; Dan. 8,6; Dan. 8,6; Dan. 8,7; Dan. 8,7; Dan. 8,7; Dan. 8,7; Dan. 8,7; Dan. 8,7; Dan. 8,7; Dan. 8,7; Dan. 8,8; Dan. 8,8; Dan. 8,8; Dan. 8,9; Dan. 8,9; Dan. 8,9; Dan. 8,9; Dan. 8,10; Dan. 8,10; Dan. 8,10; Dan. 8,11; Dan. 8,11; Dan. 8,11; Dan. 8,11; Dan. 8,12; Dan. 8,12; Dan. 8,12; Dan. 8,12; Dan. 8,13; Dan. 8,13; Dan. 8,13; Dan. 8,13; Dan. 8,13; Dan. 8,14; Dan. 8,14; Dan. 8,14; Dan. 8,14; Dan. 8,15; Dan. 8,15; Dan. 8,15; Dan. 8,16; Dan. 8,16; Dan. 8,16; Dan. 8,17; Dan. 8,17; Dan. 8,17; Dan. 8,17; Dan. 8,17; Dan. 8,18; Dan. 8,18; Dan. 8,18; Dan. 8,19; Dan. 8,20; Dan. 8,21; Dan. 8,21; Dan. 8,22; Dan. 8,22; Dan. 8,23; Dan. 8,23; Dan. 8,24; Dan. 8,24; Dan. 8,24; Dan. 8,24; Dan. 8,24; Dan. 8,24; Dan. 8,25; Dan. 8,25; Dan. 8,25; Dan. 8,25; Dan. 8,25; Dan. 8,26; Dan. 8,26; Dan. 8,26; Dan. 8,27; Dan. 8,27; Dan. 8,27; Dan. 8,27; Dan. 8,27; Dan. 8,27; Dan. 9,3; Dan. 9,3; Dan. 9,3; Dan. 9,3; Dan. 9,4; Dan. 9,4; Dan. 9,4; Dan. 9,4; Dan. 9,4; Dan. 9,4; Dan. 9,5; Dan. 9,5; Dan. 9,5; Dan. 9,6; Dan. 9,6; Dan. 9,6; Dan. 9,6; Dan. 9,7; Dan. 9,7; Dan. 9,7; Dan. 9,7; Dan. 9,8; Dan. 9,8; Dan. 9,8; Dan. 9,9; Dan. 9,10; Dan. 9,11; Dan. 9,11; Dan. 9,11; Dan. 9,12; Dan. 9,12; Dan. 9,13; Dan. 9,13; Dan. 9,14; Dan. 9,14; Dan. 9,14; Dan. 9,15; Dan. 9,15; Dan. 9,16; Dan. 9,16; Dan. 9,16; Dan. 9,16; Dan. 9,17; Dan. 9,17; Dan. 9,17; Dan. 9,18; Dan. 9,18; Dan. 9,18; Dan. 9,19; Dan. 9,19; Dan. 9,20; Dan. 9,20; Dan. 9,20; Dan. 9,20; Dan. 9,20; Dan. 9,21; Dan. 9,21; Dan. 9,21; Dan. 9,22; Dan. 9,22; Dan. 9,22; Dan. 9,23; Dan. 9,23; Dan. 9,23; Dan. 9,24; Dan. 9,24; Dan. 9,24; Dan. 9,24; Dan. 9,24; Dan. 9,24; Dan. 9,24; Dan. 9,25; Dan. 9,25; Dan. 9,25; Dan. 9,25; Dan. 9,25; Dan. 9,25; Dan. 9,25; Dan. 9,26; Dan. 9,26; Dan. 9,26; Dan. 9,26; Dan. 9,26; Dan. 9,27; Dan. 9,27; Dan. 9,27; Dan. 9,27; Dan. 9,27; Dan. 10,1; Dan. 10,1; Dan. 10,1; Dan. 10,3; Dan. 10,3; Dan. 10,3; Dan. 10,4; Dan. 10,4; Dan. 10,5; Dan. 10,5; Dan. 10,5; Dan. 10,5; Dan. 10,6; Dan. 10,6; Dan. 10,6; Dan. 10,6; Dan. 10,6; Dan. 10,6; Dan. 10,7; Dan. 10,7; Dan. 10,7; Dan. 10,8; Dan. 10,8; Dan. 10,8; Dan. 10,8; Dan. 10,8; Dan. 10,9; Dan. 10,9; Dan. 10,9; Dan. 10,10; Dan. 10,10; Dan. 10,11; Dan. 10,11; Dan. 10,11; Dan. 10,12; Dan. 10,12; Dan. 10,12; Dan. 10,13; Dan. 10,13; Dan. 10,13; Dan. 10,13; Dan. 10,14; Dan. 10,15; Dan. 10,15; Dan. 10,16; Dan. 10,16; Dan. 10,16; Dan. 10,16; Dan. 10,16; Dan. 10,17; Dan. 10,17; Dan. 10,17; Dan. 10,18; Dan. 10,18; Dan. 10,18; Dan. 10,19; Dan. 10,19; Dan. 10,19; Dan. 10,19; Dan. 10,20; Dan. 10,20; Dan. 10,20; Dan. 10,21; Dan. 11,1; Dan. 11,1; Dan. 11,2; Dan. 11,2; Dan. 11,2; Dan. 11,3; Dan. 11,3; Dan. 11,3; Dan. 11,4; Dan. 11,4; Dan.

Κ, κ

11,4; Dan. 11,4; Dan. 11,5; Dan. 11,5; Dan. 11,5; Dan. 11,6; Dan. 11,6; Dan. 11,6; Dan. 11,6; Dan. 11,6; Dan. 11,6; Dan. 11,6; Dan. 11,7; Dan. 11,7; Dan. 11,7; Dan. 11,7; Dan. 11,7; Dan. 11,8; Dan. 11,8; Dan. 11,9; Dan. 11,9; Dan. 11,10; Dan. 11,10; Dan. 11,10; Dan. 11,10; Dan. 11,10; Dan. 11,10; Dan. 11,11; Dan. 11,11; Dan. 11,11; Dan. 11,11; Dan. 11,11; Dan. 11,12; Dan. 11,12; Dan. 11,12; Dan. 11,12; Dan. 11,13; Dan. 11,13; Dan. 11,13; Dan. 11,13; Dan. 11,14; Dan. 11,14; Dan. 11,14; Dan. 11,15; Dan. 11,15; Dan. 11,15; Dan. 11,15; Dan. 11,15; Dan. 11,15; Dan. 11,16; Dan. 11,16; Dan. 11,16; Dan. 11,16; Dan. 11,17; Dan. 11,17; Dan. 11,17; Dan. 11,17; Dan. 11,17; Dan. 11,18; Dan. 11,18; Dan. 11,18; Dan. 11,19; Dan. 11,19; Dan. 11,19; Dan. 11,19; Dan. 11,20; Dan. 11,20; Dan. 11,20; Dan. 11,21; Dan. 11,21; Dan. 11,21; Dan. 11,22; Dan. 11,22; Dan. 11,22; Dan. 11,23; Dan. 11,23; Dan. 11,23; Dan. 11,24; Dan. 11,24; Dan. 11,24; Dan. 11,24; Dan. 11,24; Dan. 11,24; Dan. 11,24; Dan. 11,25; Dan. 11,25; Dan. 11,25; Dan. 11,25; Dan. 11,25; Dan. 11,26; Dan. 11,26; Dan. 11,26; Dan. 11,26; Dan. 11,27; Dan. 11,27; Dan. 11,27; Dan. 11,28; Dan. 11,28; Dan. 11,28; Dan. 11,28; Dan. 11,29; Dan. 11,29; Dan. 11,29; Dan. 11,30; Dan. 11,30; Dan. 11,30; Dan. 11,30; Dan. 11,30; Dan. 11,30; Dan. 11,30; Dan. 11,31; Dan. 11,31; Dan. 11,31; Dan. 11,31; Dan. 11,32; Dan. 11,32; Dan. 11,32; Dan. 11,33; Dan. 11,33; Dan. 11,33; Dan. 11,33; Dan. 11,33; Dan. 11,34; Dan. 11,34; Dan. 11,35; Dan. 11,35; Dan. 11,35; Dan. 11,36; Dan. 11,36; Dan. 11,36; Dan. 11,36; Dan. 11,36; Dan. 11,37; Dan. 11,37; Dan. 11,37; Dan. 11,38; Dan. 11,38; Dan. 11,38; Dan. 11,38; Dan. 11,38; Dan. 11,39; Dan. 11,39; Dan. 11,39; Dan. 11,39; Dan. 11,40; Dan. 11,40; Dan. 11,40; Dan. 11,40; Dan. 11,40; Dan. 11,40; Dan. 11,40; Dan. 11,41; Dan. 11,41; Dan. 11,41; Dan. 11,41; Dan. 11,41; Dan. 11,42; Dan. 11,42; Dan. 11,43; Dan. 11,43; Dan. 11,43; Dan. 11,43; Dan. 11,43; Dan. 11,44; Dan. 11,44; Dan. 11,44; Dan. 11,44; Dan. 11,44; Dan. 11,45; Dan. 11,45; Dan. 11,45; Dan. 12,1; Dan. 12,1; Dan. 12,1; Dan. 12,2; Dan. 12,2; Dan. 12,2; Dan. 12,3; Dan. 12,3; Dan. 12,3; Dan. 12,4; Dan. 12,4; Dan. 12,4; Dan. 12,5; Dan. 12,5; Dan. 12,5; Dan. 12,6; Dan. 12,7; Dan. 12,7; Dan. 12,7; Dan. 12,7; Dan. 12,7; Dan. 12,8; Dan. 12,8; Dan. 12,8; Dan. 12,9; Dan. 12,9; Dan. 12,10; Dan. 12,10; Dan. 12,10; Dan. 12,10; Dan. 12,10; Dan. 12,11; Dan. 12,11; Dan. 12,12; Dan. 12,13; Dan. 12,13; Dan. 12,13; Sus. 1; Sus. 2; Sus. 2; Sus. 3; Sus. 3; Sus. 4; Sus. 4; Sus. 4; Sus. 5; Sus. 6; Sus. 7; Sus. 7; Sus. 8; Sus. 8; Sus. 8; Sus. 9; Sus. 9; Sus. 10; Sus. 10; Sus. 12; Sus. 13; Sus. 13; Sus. 14; Sus. 14; Sus. 14; Sus. 15; Sus. 15; Sus. 15; Sus. 16; Sus. 16; Sus. 17; Sus. 17; Sus. 17; Sus. 18; Sus. 18; Sus. 18; Sus. 18; Sus. 19; Sus. 19; Sus. 19; Sus. 20; Sus. 20; Sus. 20; Sus. 20; Sus. 21; Sus. 22; Sus. 22; Sus. 24; Sus. 25; Sus. 29; Sus. 30; Sus. 30; Sus. 30; Sus. 30; Sus. 31; Sus. 33; Sus. 36; Sus. 36; Sus. 37; Sus. 37; Sus. 39; Sus. 39; Sus. 41; Sus. 41; Sus. 41; Sus. 41; Sus. 42; Sus. 43; Sus. 46; Sus. 47; Sus. 50; Sus. 50; Sus. 50; Sus. 51; Sus. 51; Sus. 52; Sus. 53; Sus. 53; Sus. 56; Sus. 56; Sus. 56; Sus. 56; Sus. 57; Sus. 59; Sus. 60; Sus. 60; Sus. 61; Sus. 61; Sus. 62; Sus. 62; Sus. 63; Sus. 63; Sus. 64; Sus. 64; Bel 1; Bel 2; Bel 2; Bel 3; Bel 3; Bel 3; Bel 3; Bel 4; Bel 4; Bel 5; Bel 5; Bel 5; Bel 6; Bel 6; Bel 7; Bel 7; Bel 8; Bel 8; Bel 9; Bel 9; Bel 9; Bel 10; Bel 11; Bel 11; Bel 11; Bel 11; Bel 11; Bel 12; Bel 12; Bel 13; Bel 13; Bel 14; Bel 14; Bel 14; Bel 14; Bel 14; Bel 14; Bel 15; Bel 15; Bel 15; Bel 15; Bel 16; Bel 16; Bel 17; Bel 18; Bel 18; Bel 19; Bel 19; Bel 19; Bel 19; Bel 20; Bel 20; Bel 20; Bel 21; Bel 21; Bel 21; Bel 21; Bel 22; Bel 22; Bel 22; Bel 22; Bel 23; Bel 24; Bel 24; Bel 25; Bel 25; Bel 25; Bel 26; Bel 27; Bel 27; Bel 27; Bel 27; Bel 27; Bel 27; Bel 27; Bel 28; Bel 28; Bel 28; Bel 28; Bel 28; Bel 29; Bel 29; Bel 30; Bel 30; Bel 31; Bel 32; Bel 32; Bel 33; Bel 33; Bel 33; Bel 33; Bel 34; Bel 35; Bel 35; Bel 36; Bel 36; Bel 37; Bel 38; Bel 38; Bel 39; Bel 40; Bel 40; Bel 40; Bel 41; Bel 41; Bel 42; Bel 42; Matt. 1,2; Matt. 1,3; Matt. 1,11; Matt. 1,17; Matt. 1,17; Matt. 1,19; Matt. 1,21; Matt. 1,23; Matt. 1,23; Matt. 1,24; Matt. 1,25; Matt. 1,25; Matt. 2,2; Matt. 2,3; Matt. 2,4; Matt. 2,4; Matt. 2,6; Matt. 2,8; Matt. 2,9; Matt. 2,11; Matt. 2,11; Matt. 2,11; Matt. 2,11; Matt. 2,11; Matt. 2,13; Matt. 2,13; Matt. 2,14; Matt. 2,14; Matt. 2,15; Matt. 2,16; Matt. 2,16; Matt. 2,16; Matt. 2,18; Matt. 2,18; Matt. 2,20; Matt. 2,20; Matt. 2,21; Matt. 2,21; Matt. 2,23; Matt. 3,2; Matt. 3,4; Matt. 3,4; Matt. 3,5; Matt. 3,5; Matt. 3,6; Matt. 3,7; Matt. 3,9; Matt. 3,10; Matt. 3,11; Matt. 3,12; Matt. 3,12; Matt. 3,14; Matt. 3,16; Matt. 3,16; Matt. 3,16; Matt. 3,17; Matt. 4,2; Matt. 4,2; Matt. 4,3; Matt. 4,5; Matt. 4,6; Matt. 4,6; Matt. 4,8; Matt. 4,8; Matt. 4,9; Matt. 4,10; Matt. 4,11; Matt. 4,11; Matt. 4,13; Matt. 4,13; Matt. 4,15; Matt. 4,16; Matt. 4,16; Matt. 4,17; Matt. 4,18; Matt. 4,19; Matt. 4,19; Matt. 4,21; Matt. 4,21; Matt. 4,21; Matt. 4,22; Matt. 4,23; Matt. 4,23; Matt. 4,23; Matt. 4,24; Matt. 4,24; Matt. 4,24; Matt. 4,24; Matt. 4,24; Matt. 4,24; Matt. 4,25; Matt. 4,25; Matt. 4,25; Matt. 4,25; Matt. 4,25; Matt. 5,1; Matt. 5,2; Matt. 5,6; Matt. 5,11; Matt. 5,11; Matt. 5,12; Matt. 5,15; Matt. 5,15; Matt. 5,16; Matt. 5,18; Matt. 5,19; Matt. 5,19; Matt. 5,20; Matt. 5,24; Matt. 5,24; Matt. 5,25; Matt. 5,25; Matt. 5,29; Matt. 5,29; Matt. 5,30; Matt. 5,30; Matt. 5,30; Matt. 5,32; Matt. 5,38; Matt. 5,40; Matt. 5,40; Matt. 5,41; Matt. 5,42; Matt. 5,43; Matt. 5,44; Matt. 5,45; Matt. 5,45; Matt. 5,45; Matt. 5,47; Matt. 6,2; Matt. 6,4; Matt. 6,5; Matt. 6,6; Matt. 6,6; Matt. 6,12; Matt. 6,13; Matt. 6,17; Matt. 6,18; Matt. 6,19; Matt. 6,19; Matt. 6,19; Matt. 6,20; Matt. 6,24; Matt. 6,24; Matt. 6,24; Matt. 6,25; Matt. 6,26; Matt. 6,30; Matt. 6,33; Matt. 6,33; Matt. 7,2; Matt. 7,4; Matt. 7,5; Matt. 7,6; Matt. 7,7; Matt. 7,7; Matt. 7,7; Matt. 7,8; Matt. 7,8; Matt. 7,12; Matt. 7,13; Matt. 7,13; Matt. 7,14; Matt. 7,14; Matt. 7,19; Matt. 7,22; Matt. 7,22; Matt. 7,23; Matt. 7,24; Matt. 7,25; Matt. 7,25; Matt. 7,25; Matt. 7,25; Matt. 7,25; Matt. 7,26; Matt. 7,27; Matt. 7,27; Matt. 7,27; Matt. 7,27; Matt. 7,27; Matt. 7,27; Matt. 7,29; Matt. 8,2; Matt. 8,3; Matt. 8,3; Matt. 8,4; Matt. 8,4; Matt. 8,6; Matt. 8,7; Matt. 8,8; Matt. 8,8; Matt. 8,9; Matt. 8,9; Matt. 8,9; Matt. 8,9; Matt. 8,9; Matt. 8,9; Matt. 8,10; Matt. 8,11; Matt. 8,11; Matt. 8,11; Matt. 8,11; Matt. 8,12; Matt. 8,13; Matt. 8,13; Matt. 8,14; Matt. 8,15; Matt. 8,15; Matt. 8,15; Matt. 8,15; Matt. 8,16; Matt. 8,16; Matt. 8,17; Matt. 8,19; Matt. 8,20; Matt. 8,20; Matt. 8,21; Matt. 8,22; Matt. 8,24; Matt. 8,25; Matt. 8,26; Matt. 8,26; Matt. 8,26; Matt. 8,27; Matt. 8,29; Matt. 8,29; Matt. 8,32; Matt. 8,32; Matt. 8,32; Matt. 8,33; Matt. 8,33; Matt. 8,34; Matt. 8,34; Matt. 9,1; Matt. 9,2; Matt. 9,2; Matt. 9,4; Matt. 9,5; Matt. 9,6; Matt. 9,7; Matt. 9,8; Matt. 9,9; Matt. 9,9; Matt. 9,10; Matt. 9,10; Matt. 9,10; Matt. 9,10; Matt. 9,11; Matt. 9,11; Matt. 9,13; Matt. 9,14; Matt. 9,15; Matt. 9,15; Matt. 9,16; Matt. 9,17; Matt. 9,17; Matt. 9,17; Matt. 9,18; Matt. 9,19; Matt. 9,19; Matt. 9,22; Matt. 9,22; Matt. 9,23; Matt. 9,23; Matt. 9,24; Matt. 9,25; Matt. 9,26; Matt. 9,27; Matt. 9,28; Matt. 9,30; Matt. 9,30; Matt. 9,33; Matt. 9,33; Matt. 9,35; Matt. 9,35; Matt. 9,35; Matt. 9,35; Matt. 9,36; Matt. 10,1; Matt. 10,1; Matt. 10,2; Matt. 10,2; Matt. 10,2; Matt. 10,3; Matt. 10,3; Matt. 10,3; Matt. 10,4; Matt. 10,5; Matt. 10,13; Matt. 10,14; Matt. 10,15; Matt. 10,16; Matt. 10,17; Matt. 10,18; Matt. 10,18; Matt. 10,21; Matt. 10,21; Matt. 10,21; Matt. 10,22; Matt. 10,25; Matt. 10,26; Matt. 10,27; Matt. 10,28; Matt. 10,28; Matt. 10,29; Matt. 10,35; Matt. 10,35; Matt. 10,36; Matt. 10,37; Matt. 10,38; Matt. 10,38; Matt. 10,39; Matt. 10,40; Matt. 10,41; Matt. 10,42; Matt. 11,1; Matt. 11,4; Matt. 11,5; Matt. 11,5; Matt. 11,5; Matt. 11,5; Matt. 11,6; Matt. 11,9; Matt. 11,12; Matt. 11,13; Matt. 11,14; Matt. 11,17; Matt.

11,17; Matt. 11,18; Matt. 11,19; Matt. 11,19; Matt. 11,19; Matt. 11,19; Matt. 11,19; Matt. 11,21; Matt. 11,21; Matt. 11,22; Matt. 11,23; Matt. 11,25; Matt. 11,25; Matt. 11,25; Matt. 11,27; Matt. 11,27; Matt. 11,28; Matt. 11,29; Matt. 11,29; Matt. 11,29; Matt. 11,30; Matt. 12,1; Matt. 12,1; Matt. 12,3; Matt. 12,4; Matt. 12,5; Matt. 12,7; Matt. 12,10; Matt. 12,10; Matt. 12,11; Matt. 12,11; Matt. 12,13; Matt. 12,13; Matt. 12,15; Matt. 12,15; Matt. 12,16; Matt. 12,18; Matt. 12,20; Matt. 12,21; Matt. 12,22; Matt. 12,22; Matt. 12,22; Matt. 12,23; Matt. 12,23; Matt. 12,25; Matt. 12,26; Matt. 12,27; Matt. 12,29; Matt. 12,29; Matt. 12,30; Matt. 12,31; Matt. 12,32; Matt. 12,33; Matt. 12,33; Matt. 12,35; Matt. 12,37; Matt. 12,38; Matt. 12,39; Matt. 12,39; Matt. 12,40; Matt. 12,40; Matt. 12,41; Matt. 12,41; Matt. 12,42; Matt. 12,42; Matt. 12,43; Matt. 12,44; Matt. 12,44; Matt. 12,45; Matt. 12,45; Matt. 12,45; Matt. 12,46; Matt. 12,47; Matt. 12,48; Matt. 12,49; Matt. 12,49; Matt. 12,50; Matt. 12,50; Matt. 13,2; Matt. 13,2; Matt. 13,4; Matt. 13,4; Matt. 13,5; Matt. 13,6; Matt. 13,7; Matt. 13,7; Matt. 13,8; Matt. 13,12; Matt. 13,13; Matt. 13,14; Matt. 13,14; Matt. 13,14; Matt. 13,14; Matt. 13,15; Matt. 13,15; Matt. 13,15; Matt. 13,15; Matt. 13,15; Matt. 13,15; Matt. 13,16; Matt. 13,17; Matt. 13,17; Matt. 13,17; Matt. 13,17; Matt. 13,19; Matt. 13,19; Matt. 13,20; Matt. 13,22; Matt. 13,22; Matt. 13,22; Matt. 13,23; Matt. 13,23; Matt. 13,25; Matt. 13,25; Matt. 13,26; Matt. 13,30; Matt. 13,30; Matt. 13,32; Matt. 13,32; Matt. 13,34; Matt. 13,36; Matt. 13,40; Matt. 13,41; Matt. 13,41; Matt. 13,42; Matt. 13,42; Matt. 13,44; Matt. 13,44; Matt. 13,44; Matt. 13,46; Matt. 13,47; Matt. 13,48; Matt. 13,49; Matt. 13,50; Matt. 13,50; Matt. 13,52; Matt. 13,54; Matt. 13,54; Matt. 13,54; Matt. 13,55; Matt. 13,55; Matt. 13,55; Matt. 13,55; Matt. 13,56; Matt. 13,57; Matt. 13,57; Matt. 13,58; Matt. 14,2; Matt. 14,2; Matt. 14,3; Matt. 14,5; Matt. 14,6; Matt. 14,9; Matt. 14,9; Matt. 14,10; Matt. 14,11; Matt. 14,11; Matt. 14,11; Matt. 14,12; Matt. 14,12; Matt. 14,12; Matt. 14,13; Matt. 14,14; Matt. 14,14; Matt. 14,15; Matt. 14,17; Matt. 14,19; Matt. 14,19; Matt. 14,19; Matt. 14,20; Matt. 14,20; Matt. 14,20; Matt. 14,21; Matt. 14,22; Matt. 14,23; Matt. 14,26; Matt. 14,29; Matt. 14,29; Matt. 14,30; Matt. 14,31; Matt. 14,32; Matt. 14,35; Matt. 14,35; Matt. 14,36; Matt. 14,36; Matt. 15,1; Matt. 15,4; Matt. 15,6; Matt. 15,10; Matt. 15,10; Matt. 15,17; Matt. 15,21; Matt. 15,22; Matt. 15,23; Matt. 15,26; Matt. 15,28; Matt. 15,29; Matt. 15,30; Matt. 15,30; Matt. 15,30; Matt. 15,30; Matt. 15,31; Matt. 15,31; Matt. 15,31; Matt. 15,32; Matt. 15,32; Matt. 15,33; Matt. 15,34; Matt. 15,34; Matt. 15,35; Matt. 15,36; Matt. 15,36; Matt. 15,36; Matt. 15,37; Matt. 15,37; Matt. 15,37; Matt. 15,38; Matt. 15,39; Matt. 16,1; Matt. 16,3; Matt. 16,4; Matt. 16,4; Matt. 16,4; Matt. 16,6; Matt. 16,6; Matt. 16,9; Matt. 16,10; Matt. 16,11; Matt. 16,12; Matt. 16,17; Matt. 16,18; Matt. 16,18; Matt. 16,19; Matt. 16,19; Matt. 16,21; Matt. 16,21; Matt. 16,21; Matt. 16,21; Matt. 16,21; Matt. 16,22; Matt. 16,24; Matt. 16,24; Matt. 16,27; Matt. 17,1; Matt. 17,1; Matt. 17,1; Matt. 17,2; Matt. 17,2; Matt. 17,3; Matt. 17,3; Matt. 17,4; Matt. 17,4; Matt. 17,5; Matt. 17,6; Matt. 17,6; Matt. 17,7; Matt. 17,7; Matt. 17,7; Matt. 17,11; Matt. 17,12; Matt. 17,15; Matt. 17,15; Matt. 17,15; Matt. 17,16; Matt. 17,16; Matt. 17,17; Matt. 17,18; Matt. 17,18; Matt. 17,18; Matt. 17,20; Matt. 17,20; Matt. 17,23; Matt. 17,23; Matt. 17,23; Matt. 17,24; Matt. 17,25; Matt. 17,27; Matt. 17,27; Matt. 17,27; Matt. 18,2; Matt. 18,3; Matt. 18,3; Matt. 18,5; Matt. 18,6; Matt. 18,8; Matt. 18,9; Matt. 18,9; Matt. 18,12; Matt. 18,12; Matt. 18,13; Matt. 18,15; Matt. 18,17; Matt. 18,18; Matt. 18,21; Matt. 18,25; Matt. 18,25; Matt. 18,25; Matt. 18,25; Matt. 18,26; Matt. 18,27; Matt. 18,28; Matt. 18,29; Matt. 18,31; Matt. 18,34; Matt. 19,1; Matt. 19,2; Matt. 19,2; Matt. 19,3; Matt. 19,4; Matt. 19,5; Matt. 19,5; Matt. 19,5; Matt. 19,5; Matt. 19,7; Matt. 19,9; Matt. 19,12; Matt. 19,12; Matt. 19,13; Matt. 19,14; Matt. 19,15; Matt. 19,19; Matt. 19,19; Matt. 19,21; Matt. 19,21; Matt. 19,21; Matt. 19,27; Matt. 19,29; Matt. 19,29; Matt. 19,30; Matt. 20,3; Matt. 20,4; Matt. 20,4; Matt. 20,5; Matt. 20,6; Matt. 20,8; Matt. 20,9; Matt. 20,10; Matt. 20,10; Matt. 20,12; Matt. 20,12; Matt. 20,14; Matt. 20,16; Matt. 20,17; Matt. 20,18; Matt. 20,18; Matt. 20,18; Matt. 20,19; Matt. 20,19; Matt. 20,19; Matt. 20,19; Matt. 20,20; Matt. 20,21; Matt. 20,23; Matt. 20,25; Matt. 20,27; Matt. 20,28; Matt. 20,30; Matt. 20,32; Matt. 20,32; Matt. 20,34; Matt. 20,34; Matt. 21,1; Matt. 21,2; Matt. 21,2; Matt. 21,3; Matt. 21,5; Matt. 21,5; Matt. 21,6; Matt. 21,7; Matt. 21,7; Matt. 21,7; Matt. 21,8; Matt. 21,9; Matt. 21,12; Matt. 21,12; Matt. 21,12; Matt. 21,12; Matt. 21,13; Matt. 21,14; Matt. 21,14; Matt. 21,14; Matt. 21,15; Matt. 21,15; Matt. 21,15; Matt. 21,16; Matt. 21,16; Matt. 21,17; Matt. 21,17; Matt. 21,19; Matt. 21,19; Matt. 21,19; Matt. 21,19; Matt. 21,21; Matt. 21,21; Matt. 21,22; Matt. 21,23; Matt. 21,23; Matt. 21,27; Matt. 21,28; Matt. 21,30; Matt. 21,31; Matt. 21,32; Matt. 21,32; Matt. 21,33; Matt. 21,33; Matt. 21,33; Matt. 21,33; Matt. 21,33; Matt. 21,35; Matt. 21,36; Matt. 21,38; Matt. 21,39; Matt. 21,39; Matt. 21,41; Matt. 21,42; Matt. 21,43; Matt. 21,44; Matt. 21,45; Matt. 21,46; Matt. 22,3; Matt. 22,3; Matt. 22,4; Matt. 22,4; Matt. 22,6; Matt. 22,7; Matt. 22,7; Matt. 22,9; Matt. 22,10; Matt. 22,10; Matt. 22,10; Matt. 22,12; Matt. 22,13; Matt. 22,13; Matt. 22,16; Matt. 22,16; Matt. 22,16; Matt. 22,20; Matt. 22,20; Matt. 22,21; Matt. 22,22; Matt. 22,22; Matt. 22,23; Matt. 22,24; Matt. 22,25; Matt. 22,25; Matt. 22,26; Matt. 22,32; Matt. 22,32; Matt. 22,33; Matt. 22,35; Matt. 22,37; Matt. 22,37; Matt. 22,38; Matt. 22,40; Matt. 22,46; Matt. 23,1; Matt. 23,2; Matt. 23,3; Matt. 23,3; Matt. 23,4; Matt. 23,4; Matt. 23,5; Matt. 23,6; Matt. 23,7; Matt. 23,7; Matt. 23,9; Matt. 23,12; Matt. 23,13; Matt. 23,15; Matt. 23,15; Matt. 23,15; Matt. 23,17; Matt. 23,20; Matt. 23,21; Matt. 23,21; Matt. 23,22; Matt. 23,22; Matt. 23,23; Matt. 23,23; Matt. 23,23; Matt. 23,23; Matt. 23,23; Matt. 23,23; Matt. 23,25; Matt. 23,25; Matt. 23,25; Matt. 23,27; Matt. 23,27; Matt. 23,28; Matt. 23,29; Matt. 23,29; Matt. 23,30; Matt. 23,32; Matt. 23,34; Matt. 23,34; Matt. 23,34; Matt. 23,34; Matt. 23,34; Matt. 23,35; Matt. 23,37; Matt. 23,37; Matt. 24,1; Matt. 24,3; Matt. 24,3; Matt. 24,5; Matt. 24,6; Matt. 24,7; Matt. 24,7; Matt. 24,7; Matt. 24,9; Matt. 24,9; Matt. 24,10; Matt. 24,10; Matt. 24,10; Matt. 24,11; Matt. 24,11; Matt. 24,12; Matt. 24,14; Matt. 24,14; Matt. 24,18; Matt. 24,19; Matt. 24,22; Matt. 24,24; Matt. 24,24; Matt. 24,24; Matt. 24,27; Matt. 24,29; Matt. 24,29; Matt. 24,29; Matt. 24,30; Matt. 24,30; Matt. 24,30; Matt. 24,30; Matt. 24,31; Matt. 24,31; Matt. 24,32; Matt. 24,35; Matt. 24,36; Matt. 24,38; Matt. 24,38; Matt. 24,39; Matt. 24,39; Matt. 24,40; Matt. 24,41; Matt. 24,43; Matt. 24,45; Matt. 24,49; Matt. 24,49; Matt. 24,50; Matt. 24,51; Matt. 24,51; Matt. 24,51; Matt. 25,2; Matt. 25,5; Matt. 25,7; Matt. 25,9; Matt. 25,9; Matt. 25,10; Matt. 25,10; Matt. 25,14; Matt. 25,15; Matt. 25,15; Matt. 25,16; Matt. 25,18; Matt. 25,19; Matt. 25,20; Matt. 25,21; Matt. 25,23; Matt. 25,24; Matt. 25,25; Matt. 25,26; Matt. 25,26; Matt. 25,27; Matt. 25,28; Matt. 25,29; Matt. 25,30; Matt. 25,30; Matt. 25,31; Matt. 25,32; Matt. 25,32; Matt. 25,33; Matt. 25,35; Matt. 25,35; Matt. 25,35; Matt. 25,36; Matt. 25,36; Matt. 25,36; Matt. 25,37; Matt. 25,37; Matt. 25,38; Matt. 25,38; Matt. 25,39; Matt. 25,40; Matt. 25,41; Matt. 25,42; Matt. 25,42; Matt. 25,43; Matt. 25,43; Matt. 25,43; Matt. 25,43; Matt. 25,44; Matt. 25,46; Matt. 26,2; Matt. 26,3; Matt. 26,4; Matt. 26,4; Matt. 26,7; Matt. 26,9; Matt. 26,16; Matt. 26,18; Matt. 26,19; Matt. 26,19; Matt. 26,21; Matt. 26,22; Matt. 26,26; Matt. 26,26; Matt. 26,27; Matt. 26,27; Matt. 26,31; Matt. 26,36; Matt. 26,37; Matt. 26,37; Matt. 26,37; Matt. 26,38; Matt. 26,39; Matt. 26,40; Matt. 26,40; Matt. 26,40; Matt. 26,41; Matt. 26,43; Matt. 26,45; Matt. 26,45;

καί

Matt. 26,45; Matt. 26,47; Matt. 26,47; Matt. 26,47; Matt. 26,49; Matt. 26,49; Matt. 26,50; Matt. 26,51; Matt. 26,53; Matt. 26,55; Matt. 26,55; Matt. 26,57; Matt. 26,58; Matt. 26,59; Matt. 26,60; Matt. 26,61; Matt. 26,62; Matt. 26,63; Matt. 26,64; Matt. 26,67; Matt. 26,69; Matt. 26,71; Matt. 26,72; Matt. 26,74; Matt. 26,74; Matt. 26,75; Matt. 26,75; Matt. 27,1; Matt. 27,2; Matt. 27,2; Matt. 27,3; Matt. 27,5; Matt. 27,5; Matt. 27,9; Matt. 27,10; Matt. 27,11; Matt. 27,12; Matt. 27,12; Matt. 27,14; Matt. 27,19; Matt. 27,20; Matt. 27,25; Matt. 27,25; Matt. 27,28; Matt. 27,29; Matt. 27,29; Matt. 27,29; Matt. 27,30; Matt. 27,30; Matt. 27,31; Matt. 27,31; Matt. 27,34; Matt. 27,36; Matt. 27,38; Matt. 27,40; Matt. 27,40; Matt. 27,40; Matt. 27,41; Matt. 27,42; Matt. 27,48; Matt. 27,48; Matt. 27,48; Matt. 27,51; Matt. 27,51; Matt. 27,52; Matt. 27,52; Matt. 27,53; Matt. 27,53; Matt. 27,54; Matt. 27,54; Matt. 27,56; Matt. 27,56; Matt. 27,56; Matt. 27,60; Matt. 27,60; Matt. 27,61; Matt. 27,62; Matt. 27,64; Matt. 27,64; Matt. 28,1; Matt. 28,2; Matt. 28,2; Matt. 28,2; Matt. 28,3; Matt. 28,4; Matt. 28,7; Matt. 28,7; Matt. 28,8; Matt. 28,9; Matt. 28,9; Matt. 28,12; Matt. 28,14; Matt. 28,14; Matt. 28,15; Matt. 28,17; Matt. 28,18; Matt. 28,18; Matt. 28,19; Matt. 28,19; Matt. 28,20; Mark 1,4; Mark 1,5; Mark 1,5; Mark 1,5; Mark 1,6; Mark 1,6; Mark 1,6; Mark 1,6; Mark 1,9; Mark 1,10; Mark 1,10; Mark 1,11; Mark 1,13; Mark 1,13; Mark 1,13; Mark 1,15; Mark 1,15; Mark 1,15; Mark 1,16; Mark 1,17; Mark 1,17; Mark 1,18; Mark 1,19; Mark 1,19; Mark 1,20; Mark 1,20; Mark 1,21; Mark 1,22; Mark 1,22; Mark 1,23; Mark 1,24; Mark 1,25; Mark 1,25; Mark 1,26; Mark 1,26; Mark 1,27; Mark 1,27; Mark 1,28; Mark 1,29; Mark 1,29; Mark 1,30; Mark 1,31; Mark 1,31; Mark 1,31; Mark 1,32; Mark 1,33; Mark 1,34; Mark 1,34; Mark 1,34; Mark 1,35; Mark 1,36; Mark 1,36; Mark 1,37; Mark 1,37; Mark 1,38; Mark 1,39; Mark 1,40; Mark 1,40; Mark 1,41; Mark 1,41; Mark 1,42; Mark 1,42; Mark 1,43; Mark 1,44; Mark 1,44; Mark 1,45; Mark 1,45; Mark 2,2; Mark 2,2; Mark 2,4; Mark 2,4; Mark 2,5; Mark 2,6; Mark 2,8; Mark 2,9; Mark 2,9; Mark 2,11; Mark 2,12; Mark 2,12; Mark 2,12; Mark 2,13; Mark 2,13; Mark 2,14; Mark 2,14; Mark 2,15; Mark 2,15; Mark 2,15; Mark 2,15; Mark 2,16; Mark 2,16; Mark 2,16; Mark 2,17; Mark 2,18; Mark 2,18; Mark 2,18; Mark 2,18; Mark 2,19; Mark 2,20; Mark 2,21; Mark 2,22; Mark 2,22; Mark 2,22; Mark 2,23; Mark 2,24; Mark 2,25; Mark 2,25; Mark 2,25; Mark 2,26; Mark 2,26; Mark 2,27; Mark 3,1; Mark 3,2; Mark 3,3; Mark 3,4; Mark 3,5; Mark 3,5; Mark 3,5; Mark 3,7; Mark 3,7; Mark 3,8; Mark 3,8; Mark 3,8; Mark 3,8; Mark 3,8; Mark 3,11; Mark 3,11; Mark 3,12; Mark 3,13; Mark 3,13; Mark 3,14; Mark 3,15; Mark 3,16; Mark 3,17; Mark 3,17; Mark 3,17; Mark 3,18; Mark 3,18; Mark 3,18; Mark 3,18; Mark 3,18; Mark 3,18; Mark 3,18; Mark 3,18; Mark 3,19; Mark 3,19; Mark 3,20; Mark 3,21; Mark 3,22; Mark 3,24; Mark 3,25; Mark 3,26; Mark 3,26; Mark 3,27; Mark 3,28; Mark 3,31; Mark 3,31; Mark 3,32; Mark 3,32; Mark 3,32; Mark 3,32; Mark 3,33; Mark 3,33; Mark 3,34; Mark 3,34; Mark 3,35; Mark 3,35; Mark 4,1; Mark 4,1; Mark 4,2; Mark 4,2; Mark 4,4; Mark 4,4; Mark 4,4; Mark 4,5; Mark 4,5; Mark 4,6; Mark 4,6; Mark 4,7; Mark 4,7; Mark 4,7; Mark 4,7; Mark 4,8; Mark 4,8; Mark 4,8; Mark 4,8; Mark 4,8; Mark 4,8; Mark 4,9; Mark 4,11; Mark 4,12; Mark 4,12; Mark 4,12; Mark 4,12; Mark 4,13; Mark 4,15; Mark 4,15; Mark 4,16; Mark 4,17; Mark 4,18; Mark 4,19; Mark 4,19; Mark 4,19; Mark 4,19; Mark 4,20; Mark 4,20; Mark 4,20; Mark 4,20; Mark 4,20; Mark 4,24; Mark 4,25; Mark 4,27; Mark 4,27; Mark 4,27; Mark 4,27; Mark 4,27; Mark 4,32; Mark 4,32; Mark 4,32; Mark 4,36; Mark 4,36; Mark 4,37; Mark 4,37; Mark 4,38; Mark 4,38; Mark 4,38; Mark 4,39; Mark 4,39; Mark 4,39; Mark 4,39; Mark 4,40; Mark 4,41; Mark 4,41; Mark 4,41; Mark 5,2; Mark 5,3; Mark 5,4; Mark 5,4; Mark 5,4; Mark 5,4; Mark 5,5; Mark 5,5; Mark 5,5; Mark 5,5; Mark 5,6; Mark 5,7; Mark 5,7; Mark 5,9; Mark 5,9; Mark 5,10; Mark 5,12; Mark 5,13; Mark 5,13; Mark 5,13; Mark 5,13; Mark 5,14; Mark 5,14; Mark 5,14; Mark 5,15; Mark 5,15; Mark 5,15; Mark 5,15; Mark 5,16; Mark 5,16; Mark 5,17; Mark 5,19; Mark 5,19; Mark 5,19; Mark 5,20; Mark 5,20; Mark 5,20; Mark 5,21; Mark 5,22; Mark 5,23; Mark 5,23; Mark 5,24; Mark 5,24; Mark 5,24; Mark 5,26; Mark 5,26; Mark 5,26; Mark 5,29; Mark 5,29; Mark 5,30; Mark 5,31; Mark 5,31; Mark 5,32; Mark 5,33; Mark 5,33; Mark 5,33; Mark 5,34; Mark 5,37; Mark 5,37; Mark 5,37; Mark 5,38; Mark 5,38; Mark 5,38; Mark 5,38; Mark 5,39; Mark 5,39; Mark 5,40; Mark 5,40; Mark 5,40; Mark 5,40; Mark 5,41; Mark 5,42; Mark 5,42; Mark 5,42; Mark 5,43; Mark 5,43; Mark 6,1; Mark 6,1; Mark 6,2; Mark 6,2; Mark 6,2; Mark 6,3; Mark 6,3; Mark 6,3; Mark 6,3; Mark 6,3; Mark 6,3; Mark 6,4; Mark 6,4; Mark 6,4; Mark 6,5; Mark 6,6; Mark 6,7; Mark 6,7; Mark 6,8; Mark 6,9; Mark 6,10; Mark 6,11; Mark 6,13; Mark 6,13; Mark 6,13; Mark 6,14; Mark 6,14; Mark 6,17; Mark 6,19; Mark 6,19; Mark 6,20; Mark 6,20; Mark 6,20; Mark 6,20; Mark 6,21; Mark 6,21; Mark 6,22; Mark 6,22; Mark 6,22; Mark 6,22; Mark 6,23; Mark 6,24; Mark 6,25; Mark 6,26; Mark 6,26; Mark 6,27; Mark 6,27; Mark 6,28; Mark 6,28; Mark 6,28; Mark 6,29; Mark 6,29; Mark 6,29; Mark 6,30; Mark 6,30; Mark 6,31; Mark 6,31; Mark 6,31; Mark 6,31; Mark 6,33; Mark 6,33; Mark 6,33; Mark 6,33; Mark 6,34; Mark 6,34; Mark 6,35; Mark 6,36; Mark 6,37; Mark 6,37; Mark 6,38; Mark 6,38; Mark 6,39; Mark 6,40; Mark 6,40; Mark 6,41; Mark 6,41; Mark 6,41; Mark 6,41; Mark 6,41; Mark 6,42; Mark 6,42; Mark 6,43; Mark 6,43; Mark 6,44; Mark 6,45; Mark 6,46; Mark 6,47; Mark 6,48; Mark 6,48; Mark 6,49; Mark 6,50; Mark 6,50; Mark 6,51; Mark 6,51; Mark 6,51; Mark 6,53; Mark 6,55; Mark 6,56; Mark 6,56; Mark 6,56; Mark 7,2; Mark 7,3; Mark 7,4; Mark 7,4; Mark 7,4; Mark 7,4; Mark 7,4; Mark 7,5; Mark 7,5; Mark 7,9; Mark 7,10; Mark 7,13; Mark 7,14; Mark 7,18; Mark 7,19; Mark 7,23; Mark 7,24; Mark 7,26; Mark 7,27; Mark 7,27; Mark 7,28; Mark 7,29; Mark 7,30; Mark 7,30; Mark 7,32; Mark 7,32; Mark 7,33; Mark 7,33; Mark 7,34; Mark 7,34; Mark 7,35; Mark 7,35; Mark 7,35; Mark 7,36; Mark 7,37; Mark 7,37; Mark 8,1; Mark 8,2; Mark 8,3; Mark 8,4; Mark 8,5; Mark 8,6; Mark 8,6; Mark 8,6; Mark 8,6; Mark 8,7; Mark 8,7; Mark 8,8; Mark 8,8; Mark 8,8; Mark 8,9; Mark 8,11; Mark 8,12; Mark 8,13; Mark 8,14; Mark 8,15; Mark 8,15; Mark 8,16; Mark 8,17; Mark 8,18; Mark 8,18; Mark 8,20; Mark 8,21; Mark 8,22; Mark 8,23; Mark 8,23; Mark 8,24; Mark 8,25; Mark 8,25; Mark 8,25; Mark 8,26; Mark 8,27; Mark 8,27; Mark 8,28; Mark 8,29; Mark 8,30; Mark 8,31; Mark 8,31; Mark 8,31; Mark 8,31; Mark 8,31; Mark 8,32; Mark 8,32; Mark 8,33; Mark 8,33; Mark 8,34; Mark 8,34; Mark 8,35; Mark 8,36; Mark 8,38; Mark 8,38; Mark 9,2; Mark 9,2; Mark 9,2; Mark 9,2; Mark 9,3; Mark 9,4; Mark 9,4; Mark 9,5; Mark 9,5; Mark 9,5; Mark 9,5; Mark 9,7; Mark 9,7; Mark 9,8; Mark 9,10; Mark 9,12; Mark 9,12; Mark 9,13; Mark 9,14; Mark 9,15; Mark 9,15; Mark 9,16; Mark 9,18; Mark 9,18; Mark 9,18; Mark 9,18; Mark 9,18; Mark 9,20; Mark 9,20; Mark 9,20; Mark 9,21; Mark 9,22; Mark 9,22; Mark 9,25; Mark 9,25; Mark 9,26; Mark 9,26; Mark 9,26; Mark 9,27; Mark 9,29; Mark 9,30; Mark 9,31; Mark 9,31; Mark 9,31; Mark 9,32; Mark 9,35; Mark 9,35; Mark 9,35; Mark 9,36; Mark 9,36; Mark 9,37; Mark 9,38; Mark 9,39; Mark 9,42; Mark 9,48; Mark 9,50; Mark 10,1; Mark 10,1; Mark 10,1; Mark 10,4; Mark 10,6; Mark 10,7; Mark 10,7; Mark 10,8; Mark 10,11; Mark 10,11; Mark 10,12; Mark 10,14; Mark 10,16; Mark 10,17; Mark 10,19; Mark 10,21; Mark 10,21; Mark 10,21; Mark 10,21; Mark 10,26; Mark 10,28; Mark 10,29; Mark 10,30; Mark 10,30; Mark 10,30; Mark 10,30; Mark 10,30; Mark 10,30; Mark 10,31; Mark 10,32;

Κ, κ

Mark 10,32; Mark 10,32; Mark 10,33; Mark 10,33; Mark 10,33; Mark 10,33; Mark 10,34; Mark 10,34; Mark 10,34; Mark 10,34; Mark 10,35; Mark 10,37; Mark 10,39; Mark 10,41; Mark 10,42; Mark 10,42; Mark 10,44; Mark 10,45; Mark 10,46; Mark 10,46; Mark 10,47; Mark 10,47; Mark 10,48; Mark 10,49; Mark 10,49; Mark 10,51; Mark 10,52; Mark 10,52; Mark 10,52; Mark 11,1; Mark 11,2; Mark 11,2; Mark 11,2; Mark 11,3; Mark 11,3; Mark 11,4; Mark 11,4; Mark 11,6; Mark 11,7; Mark 11,7; Mark 11,8; Mark 11,9; Mark 11,9; Mark 11,11; Mark 11,13; Mark 11,13; Mark 11,14; Mark 11,14; Mark 11,15; Mark 11,15; Mark 11,15; Mark 11,16; Mark 11,17; Mark 11,17; Mark 11,18; Mark 11,18; Mark 11,21; Mark 11,22; Mark 11,23; Mark 11,23; Mark 11,24; Mark 11,24; Mark 11,27; Mark 11,27; Mark 11,27; Mark 11,28; Mark 11,29; Mark 11,29; Mark 11,33; Mark 12,1; Mark 12,1; Mark 12,1; Mark 12,1; Mark 12,1; Mark 12,2; Mark 12,3; Mark 12,3; Mark 12,4; Mark 12,4; Mark 12,5; Mark 12,5; Mark 12,7; Mark 12,8; Mark 12,8; Mark 12,9; Mark 12,9; Mark 12,11; Mark 12,12; Mark 12,12; Mark 12,13; Mark 12,14; Mark 12,14; Mark 12,16; Mark 12,16; Mark 12,17; Mark 12,17; Mark 12,18; Mark 12,19; Mark 12,19; Mark 12,19; Mark 12,20; Mark 12,20; Mark 12,21; Mark 12,21; Mark 12,21; Mark 12,22; Mark 12,26; Mark 12,26; Mark 12,30; Mark 12,30; Mark 12,30; Mark 12,30; Mark 12,32; Mark 12,33; Mark 12,33; Mark 12,33; Mark 12,33; Mark 12,33; Mark 12,34; Mark 12,37; Mark 12,38; Mark 12,39; Mark 12,39; Mark 12,40; Mark 12,41; Mark 12,42; Mark 12,43; Mark 13,1; Mark 13,2; Mark 13,3; Mark 13,3; Mark 13,3; Mark 13,4; Mark 13,6; Mark 13,7; Mark 13,8; Mark 13,9; Mark 13,9; Mark 13,9; Mark 13,10; Mark 13,11; Mark 13,12; Mark 13,12; Mark 13,12; Mark 13,13; Mark 13,16; Mark 13,17; Mark 13,19; Mark 13,20; Mark 13,22; Mark 13,22; Mark 13,22; Mark 13,24; Mark 13,25; Mark 13,25; Mark 13,26; Mark 13,26; Mark 13,27; Mark 13,27; Mark 13,28; Mark 13,31; Mark 13,34; Mark 13,34; Mark 14,1; Mark 14,1; Mark 14,1; Mark 14,5; Mark 14,5; Mark 14,7; Mark 14,11; Mark 14,11; Mark 14,13; Mark 14,13; Mark 14,13; Mark 14,14; Mark 14,15; Mark 14,15; Mark 14,16; Mark 14,16; Mark 14,16; Mark 14,16; Mark 14,18; Mark 14,18; Mark 14,19; Mark 14,22; Mark 14,22; Mark 14,23; Mark 14,23; Mark 14,24; Mark 14,27; Mark 14,27; Mark 14,30; Mark 14,32; Mark 14,33; Mark 14,33; Mark 14,33; Mark 14,33; Mark 14,33; Mark 14,34; Mark 14,34; Mark 14,35; Mark 14,35; Mark 14,36; Mark 14,37; Mark 14,37; Mark 14,37; Mark 14,38; Mark 14,40; Mark 14,40; Mark 14,41; Mark 14,41; Mark 14,43; Mark 14,43; Mark 14,43; Mark 14,43; Mark 14,44; Mark 14,45; Mark 14,45; Mark 14,46; Mark 14,47; Mark 14,48; Mark 14,49; Mark 14,51; Mark 14,51; Mark 14,53; Mark 14,53; Mark 14,53; Mark 14,54; Mark 14,54; Mark 14,54; Mark 14,55; Mark 14,55; Mark 14,56; Mark 14,58; Mark 14,59; Mark 14,61; Mark 14,61; Mark 14,62; Mark 14,62; Mark 14,65; Mark 14,65; Mark 14,65; Mark 14,65; Mark 14,67; Mark 14,68; Mark 14,68; Mark 14,69; Mark 14,71; Mark 14,72; Mark 14,72; Mark 15,1; Mark 15,1; Mark 15,1; Mark 15,3; Mark 15,8; Mark 15,15; Mark 15,16; Mark 15,17; Mark 15,17; Mark 15,18; Mark 15,19; Mark 15,19; Mark 15,19; Mark 15,20; Mark 15,21; Mark 15,21; Mark 15,23; Mark 15,24; Mark 15,25; Mark 15,26; Mark 15,27; Mark 15,29; Mark 15,29; Mark 15,32; Mark 15,32; Mark 15,34; Mark 15,36; Mark 15,40; Mark 15,40; Mark 15,40; Mark 15,41; Mark 15,41; Mark 15,43; Mark 15,44; Mark 15,45; Mark 15,46; Mark 15,46; Mark 15,47; Mark 16,1; Mark 16,1; Mark 16,2; Mark 16,3; Mark 16,4; Mark 16,5; Mark 16,7; Mark 16,8; Mark 16,8; Mark 16,8; Mark 16,8; Mark 16,10; Mark 16,11; Mark 16,14; Mark 16,14; Mark 16,15; Mark 16,16; Mark 16,18; Mark 16,18; Mark 16,19; Mark 16,20; Luke 1,2; Luke 1,5; Luke 1,5; Luke 1,6; Luke 1,7; Luke 1,7; Luke 1,10; Luke 1,12; Luke 1,12; Luke 1,13; Luke 1,13; Luke 1,14; Luke 1,14; Luke 1,14; Luke 1,15; Luke 1,15; Luke 1,15; Luke 1,16; Luke 1,17; Luke 1,17; Luke 1,17; Luke 1,18; Luke 1,18; Luke 1,19; Luke 1,19; Luke 1,19; Luke 1,20; Luke 1,20; Luke 1,21; Luke 1,22; Luke 1,22; Luke 1,22; Luke 1,23; Luke 1,24; Luke 1,27; Luke 1,28; Luke 1,29; Luke 1,31; Luke 1,31; Luke 1,31; Luke 1,32; Luke 1,32; Luke 1,33; Luke 1,33; Luke 1,35; Luke 1,35; Luke 1,36; Luke 1,36; Luke 1,40; Luke 1,40; Luke 1,41; Luke 1,41; Luke 1,42; Luke 1,42; Luke 1,42; Luke 1,43; Luke 1,45; Luke 1,47; Luke 1,49; Luke 1,50; Luke 1,50; Luke 1,52; Luke 1,53; Luke 1,55; Luke 1,56; Luke 1,57; Luke 1,58; Luke 1,58; Luke 1,58; Luke 1,59; Luke 1,60; Luke 1,61; Luke 1,63; Luke 1,63; Luke 1,64; Luke 1,64; Luke 1,65; Luke 1,66; Luke 1,67; Luke 1,68; Luke 1,69; Luke 1,71; Luke 1,72; Luke 1,75; Luke 1,79; Luke 1,80; Luke 1,80; Luke 2,3; Luke 2,4; Luke 2,7; Luke 2,7; Luke 2,7; Luke 2,8; Luke 2,9; Luke 2,9; Luke 2,9; Luke 2,10; Luke 2,12; Luke 2,12; Luke 2,13; Luke 2,13; Luke 2,14; Luke 2,15; Luke 2,16; Luke 2,16; Luke 2,16; Luke 2,16; Luke 2,18; Luke 2,20; Luke 2,20; Luke 2,20; Luke 2,21; Luke 2,24; Luke 2,25; Luke 2,25; Luke 2,25; Luke 2,26; Luke 2,27; Luke 2,27; Luke 2,28; Luke 2,28; Luke 2,28; Luke 2,32; Luke 2,33; Luke 2,33; Luke 2,34; Luke 2,34; Luke 2,34; Luke 2,34; Luke 2,37; Luke 2,37; Luke 2,37; Luke 2,38; Luke 2,38; Luke 2,40; Luke 2,40; Luke 2,43; Luke 2,43; Luke 2,44; Luke 2,44; Luke 2,45; Luke 2,46; Luke 2,46; Luke 2,46; Luke 2,47; Luke 2,48; Luke 2,49; Luke 2,50; Luke 2,51; Luke 2,51; Luke 2,51; Luke 2,51; Luke 2,52; Luke 2,52; Luke 2,52; Luke 3,1; Luke 3,1; Luke 3,1; Luke 3,2; Luke 3,5; Luke 3,5; Luke 3,5; Luke 3,5; Luke 3,6; Luke 3,8; Luke 3,9; Luke 3,11; Luke 3,12; Luke 3,14; Luke 3,14; Luke 3,15; Luke 3,16; Luke 3,17; Luke 3,18; Luke 3,19; Luke 3,20; Luke 3,21; Luke 3,21; Luke 3,22; Luke 3,22; Luke 4,1; Luke 4,2; Luke 4,4; Luke 4,6; Luke 4,6; Luke 4,6; Luke 4,8; Luke 4,8; Luke 4,9; Luke 4,9; Luke 4,11; Luke 4,12; Luke 4,14; Luke 4,15; Luke 4,16; Luke 4,16; Luke 4,17; Luke 4,17; Luke 4,18; Luke 4,20; Luke 4,20; Luke 4,22; Luke 4,22; Luke 4,23; Luke 4,25; Luke 4,26; Luke 4,27; Luke 4,27; Luke 4,28; Luke 4,29; Luke 4,29; Luke 4,31; Luke 4,32; Luke 4,33; Luke 4,34; Luke 4,35; Luke 4,35; Luke 4,35; Luke 4,36; Luke 4,36; Luke 4,36; Luke 4,36; Luke 4,37; Luke 4,38; Luke 4,39; Luke 4,39; Luke 4,41; Luke 4,41; Luke 4,42; Luke 4,42; Luke 4,42; Luke 5,1; Luke 5,1; Luke 5,2; Luke 5,4; Luke 5,5; Luke 5,6; Luke 5,7; Luke 5,7; Luke 5,7; Luke 5,9; Luke 5,10; Luke 5,10; Luke 5,11; Luke 5,12; Luke 5,13; Luke 5,13; Luke 5,14; Luke 5,14; Luke 5,15; Luke 5,15; Luke 5,16; Luke 5,17; Luke 5,17; Luke 5,17; Luke 5,17; Luke 5,17; Luke 5,17; Luke 5,18; Luke 5,18; Luke 5,18; Luke 5,19; Luke 5,20; Luke 5,21; Luke 5,21; Luke 5,23; Luke 5,24; Luke 5,25; Luke 5,26; Luke 5,26; Luke 5,26; Luke 5,27; Luke 5,27; Luke 5,28; Luke 5,29; Luke 5,29; Luke 5,30; Luke 5,30; Luke 5,30; Luke 5,30; Luke 5,31; Luke 5,33; Luke 5,33; Luke 5,35; Luke 5,36; Luke 5,36; Luke 5,37; Luke 5,37; Luke 5,37; Luke 5,39; Luke 6,1; Luke 6,1; Luke 6,3; Luke 6,3; Luke 6,4; Luke 6,4; Luke 6,5; Luke 6,6; Luke 6,6; Luke 6,6; Luke 6,7; Luke 6,8; Luke 6,8; Luke 6,10; Luke 6,10; Luke 6,11; Luke 6,12; Luke 6,13; Luke 6,14; Luke 6,14; Luke 6,14; Luke 6,14; Luke 6,14; Luke 6,15; Luke 6,15; Luke 6,15; Luke 6,15; Luke 6,16; Luke 6,16; Luke 6,17; Luke 6,17; Luke 6,17; Luke 6,17; Luke 6,17; Luke 6,18; Luke 6,18; Luke 6,19; Luke 6,19; Luke 6,22; Luke 6,22; Luke 6,22; Luke 6,23; Luke 6,25; Luke 6,29; Luke 6,30; Luke 6,32; Luke 6,34; Luke 6,35; Luke 6,35; Luke 6,35; Luke 6,35; Luke 6,35; Luke 6,37; Luke 6,37; Luke 6,37; Luke 6,37; Luke 6,38; Luke 6,42; Luke 6,45; Luke 6,46; Luke 6,47; Luke 6,47; Luke 6,48; Luke 6,48; Luke 6,48; Luke 6,49; Luke 6,49; Luke 6,49; Luke 7,5; Luke 7,7; Luke 7,8; Luke 7,8; Luke 7,8; Luke 7,8; Luke 7,8; Luke 7,8; Luke 7,9; Luke 7,11; Luke 7,11; Luke 7,12; Luke 7,12; Luke 7,12; Luke 7,13; Luke 7,13; Luke 7,14; Luke 7,14; Luke 7,15; Luke 7,15; Luke 7,15; Luke 7,16; Luke 7,16; Luke 7,17; Luke 7,17; Luke

καί

7,18; Luke 7,21; Luke 7,21; Luke 7,21; Luke 7,22; Luke 7,22; Luke 7,22; Luke 7,23; Luke 7,25; Luke 7,26; Luke 7,29; Luke 7,30; Luke 7,31; Luke 7,32; Luke 7,32; Luke 7,32; Luke 7,33; Luke 7,34; Luke 7,34; Luke 7,34; Luke 7,34; Luke 7,35; Luke 7,36; Luke 7,37; Luke 7,37; Luke 7,38; Luke 7,38; Luke 7,38; Luke 7,38; Luke 7,39; Luke 7,44; Luke 7,44; Luke 8,1; Luke 8,1; Luke 8,1; Luke 8,1; Luke 8,2; Luke 8,2; Luke 8,3; Luke 8,3; Luke 8,3; Luke 8,4; Luke 8,5; Luke 8,5; Luke 8,5; Luke 8,6; Luke 8,6; Luke 8,7; Luke 8,7; Luke 8,8; Luke 8,8; Luke 8,10; Luke 8,12; Luke 8,13; Luke 8,13; Luke 8,14; Luke 8,14; Luke 8,14; Luke 8,14; Luke 8,15; Luke 8,15; Luke 8,17; Luke 8,18; Luke 8,19; Luke 8,19; Luke 8,20; Luke 8,21; Luke 8,21; Luke 8,22; Luke 8,22; Luke 8,22; Luke 8,22; Luke 8,23; Luke 8,23; Luke 8,23; Luke 8,24; Luke 8,24; Luke 8,24; Luke 8,25; Luke 8,25; Luke 8,27; Luke 8,27; Luke 8,28; Luke 8,28; Luke 8,29; Luke 8,29; Luke 8,29; Luke 8,31; Luke 8,32; Luke 8,32; Luke 8,33; Luke 8,33; Luke 8,34; Luke 8,34; Luke 8,35; Luke 8,35; Luke 8,35; Luke 8,35; Luke 8,37; Luke 8,39; Luke 8,39; Luke 8,41; Luke 8,41; Luke 8,41; Luke 8,42; Luke 8,44; Luke 8,45; Luke 8,45; Luke 8,47; Luke 8,47; Luke 8,50; Luke 8,51; Luke 8,51; Luke 8,51; Luke 8,51; Luke 8,52; Luke 8,53; Luke 8,55; Luke 8,55; Luke 8,55; Luke 8,56; Luke 9,1; Luke 9,1; Luke 9,2; Luke 9,2; Luke 9,3; Luke 9,4; Luke 9,4; Luke 9,5; Luke 9,6; Luke 9,7; Luke 9,9; Luke 9,11; Luke 9,11; Luke 9,12; Luke 9,12; Luke 9,13; Luke 9,15; Luke 9,15; Luke 9,16; Luke 9,16; Luke 9,16; Luke 9,17; Luke 9,17; Luke 9,17; Luke 9,18; Luke 9,22; Luke 9,22; Luke 9,22; Luke 9,22; Luke 9,22; Luke 9,23; Luke 9,23; Luke 9,26; Luke 9,26; Luke 9,26; Luke 9,28; Luke 9,28; Luke 9,28; Luke 9,29; Luke 9,29; Luke 9,30; Luke 9,30; Luke 9,32; Luke 9,32; Luke 9,33; Luke 9,33; Luke 9,33; Luke 9,33; Luke 9,34; Luke 9,35; Luke 9,36; Luke 9,36; Luke 9,36; Luke 9,38; Luke 9,39; Luke 9,39; Luke 9,39; Luke 9,39; Luke 9,40; Luke 9,40; Luke 9,41; Luke 9,41; Luke 9,42; Luke 9,42; Luke 9,42; Luke 9,45; Luke 9,45; Luke 9,48; Luke 9,48; Luke 9,49; Luke 9,51; Luke 9,52; Luke 9,53; Luke 9,54; Luke 9,54; Luke 9,56; Luke 9,58; Luke 9,58; Luke 9,62; Luke 10,1; Luke 10,1; Luke 10,4; Luke 10,6; Luke 10,7; Luke 10,8; Luke 10,8; Luke 10,9; Luke 10,9; Luke 10,10; Luke 10,13; Luke 10,13; Luke 10,14; Luke 10,15; Luke 10,16; Luke 10,19; Luke 10,19; Luke 10,19; Luke 10,21; Luke 10,21; Luke 10,21; Luke 10,21; Luke 10,22; Luke 10,22; Luke 10,22; Luke 10,24; Luke 10,24; Luke 10,24; Luke 10,24; Luke 10,27; Luke 10,27; Luke 10,27; Luke 10,27; Luke 10,28; Luke 10,29; Luke 10,30; Luke 10,30; Luke 10,31; Luke 10,32; Luke 10,33; Luke 10,34; Luke 10,34; Luke 10,34; Luke 10,35; Luke 10,35; Luke 10,35; Luke 10,37; Luke 10,39; Luke 10,41; Luke 11,4; Luke 11,4; Luke 11,5; Luke 11,5; Luke 11,6; Luke 11,7; Luke 11,9; Luke 11,9; Luke 11,9; Luke 11,10; Luke 11,10; Luke 11,11; Luke 11,14; Luke 11,14; Luke 11,17; Luke 11,22; Luke 11,23; Luke 11,24; Luke 11,25; Luke 11,25; Luke 11,26; Luke 11,26; Luke 11,26; Luke 11,27; Luke 11,28; Luke 11,29; Luke 11,31; Luke 11,31; Luke 11,32; Luke 11,32; Luke 11,39; Luke 11,39; Luke 11,41; Luke 11,42; Luke 11,42; Luke 11,42; Luke 11,42; Luke 11,43; Luke 11,44; Luke 11,46; Luke 11,48; Luke 11,49; Luke 11,49; Luke 11,49; Luke 11,51; Luke 11,52; Luke 11,53; Luke 11,53; Luke 12,2; Luke 12,3; Luke 12,4; Luke 12,6; Luke 12,11; Luke 12,11; Luke 12,15; Luke 12,17; Luke 12,18; Luke 12,18; Luke 12,18; Luke 12,18; Luke 12,19; Luke 12,21; Luke 12,23; Luke 12,24; Luke 12,28; Luke 12,29; Luke 12,29; Luke 12,29; Luke 12,31; Luke 12,33; Luke 12,35; Luke 12,36; Luke 12,36; Luke 12,37; Luke 12,37; Luke 12,38; Luke 12,40; Luke 12,42; Luke 12,45; Luke 12,45; Luke 12,45; Luke 12,45; Luke 12,46; Luke 12,46; Luke 12,46; Luke 12,47; Luke 12,48; Luke 12,49; Luke 12,50; Luke 12,52; Luke 12,53; Luke 12,53; Luke 12,53; Luke 12,54; Luke 12,55; Luke 12,55; Luke 12,56; Luke 12,58; Luke 12,58; Luke 13,2; Luke 13,4; Luke 13,6; Luke 13,6; Luke 13,7; Luke 13,8; Luke 13,11; Luke 13,11; Luke 13,11; Luke 13,12; Luke 13,13; Luke 13,13; Luke 13,13; Luke 13,14; Luke 13,15; Luke 13,15; Luke 13,16; Luke 13,17; Luke 13,17; Luke 13,18; Luke 13,19; Luke 13,19; Luke 13,19; Luke 13,22; Luke 13,22; Luke 13,24; Luke 13,25; Luke 13,25; Luke 13,25; Luke 13,25; Luke 13,26; Luke 13,26; Luke 13,27; Luke 13,28; Luke 13,28; Luke 13,28; Luke 13,28; Luke 13,29; Luke 13,29; Luke 13,29; Luke 13,29; Luke 13,29; Luke 13,30; Luke 13,30; Luke 13,31; Luke 13,32; Luke 13,32; Luke 13,32; Luke 13,32; Luke 13,33; Luke 13,33; Luke 13,34; Luke 13,34; Luke 14,1; Luke 14,3; Luke 14,3; Luke 14,4; Luke 14,4; Luke 14,5; Luke 14,5; Luke 14,6; Luke 14,9; Luke 14,9; Luke 14,9; Luke 14,11; Luke 14,12; Luke 14,14; Luke 14,16; Luke 14,17; Luke 14,18; Luke 14,18; Luke 14,19; Luke 14,19; Luke 14,20; Luke 14,20; Luke 14,21; Luke 14,21; Luke 14,21; Luke 14,21; Luke 14,21; Luke 14,21; Luke 14,22; Luke 14,22; Luke 14,23; Luke 14,23; Luke 14,23; Luke 14,25; Luke 14,26; Luke 14,26; Luke 14,26; Luke 14,26; Luke 14,26; Luke 14,26; Luke 14,27; Luke 14,29; Luke 14,30; Luke 15,1; Luke 15,2; Luke 15,2; Luke 15,2; Luke 15,4; Luke 15,4; Luke 15,5; Luke 15,6; Luke 15,6; Luke 15,8; Luke 15,8; Luke 15,9; Luke 15,9; Luke 15,12; Luke 15,13; Luke 15,13; Luke 15,14; Luke 15,15; Luke 15,15; Luke 15,16; Luke 15,16; Luke 15,18; Luke 15,18; Luke 15,20; Luke 15,20; Luke 15,20; Luke 15,20; Luke 15,21; Luke 15,22; Luke 15,22; Luke 15,22; Luke 15,23; Luke 15,23; Luke 15,24; Luke 15,24; Luke 15,24; Luke 15,25; Luke 15,25; Luke 15,26; Luke 15,27; Luke 15,28; Luke 15,29; Luke 15,29; Luke 15,31; Luke 15,32; Luke 15,32; Luke 15,32; Luke 15,32; Luke 16,1; Luke 16,2; Luke 16,5; Luke 16,6; Luke 16,7; Luke 16,8; Luke 16,10; Luke 16,12; Luke 16,13; Luke 16,13; Luke 16,13; Luke 16,14; Luke 16,15; Luke 16,16; Luke 16,16; Luke 16,17; Luke 16,18; Luke 16,18; Luke 16,19; Luke 16,19; Luke 16,21; Luke 16,22; Luke 16,22; Luke 16,23; Luke 16,23; Luke 16,24; Luke 16,24; Luke 16,24; Luke 16,25; Luke 16,26; Luke 16,26; Luke 16,29; Luke 16,31; Luke 17,2; Luke 17,3; Luke 17,4; Luke 17,4; Luke 17,6; Luke 17,6; Luke 17,8; Luke 17,8; Luke 17,8; Luke 17,8; Luke 17,11; Luke 17,11; Luke 17,13; Luke 17,14; Luke 17,14; Luke 17,16; Luke 17,16; Luke 17,19; Luke 17,20; Luke 17,22; Luke 17,23; Luke 17,25; Luke 17,26; Luke 17,27; Luke 17,27; Luke 17,29; Luke 17,29; Luke 17,31; Luke 17,31; Luke 17,34; Luke 17,37; Luke 18,1; Luke 18,2; Luke 18,3; Luke 18,4; Luke 18,7; Luke 18,7; Luke 18,9; Luke 18,10; Luke 18,16; Luke 18,20; Luke 18,22; Luke 18,22; Luke 18,22; Luke 18,26; Luke 18,30; Luke 18,31; Luke 18,32; Luke 18,32; Luke 18,32; Luke 18,33; Luke 18,33; Luke 18,34; Luke 18,34; Luke 18,34; Luke 18,38; Luke 18,39; Luke 18,42; Luke 18,43; Luke 18,43; Luke 18,43; Luke 19,2; Luke 19,2; Luke 19,3; Luke 19,3; Luke 19,4; Luke 19,5; Luke 19,6; Luke 19,6; Luke 19,7; Luke 19,8; Luke 19,10; Luke 19,11; Luke 19,12; Luke 19,13; Luke 19,14; Luke 19,15; Luke 19,17; Luke 19,18; Luke 19,20; Luke 19,21; Luke 19,22; Luke 19,23; Luke 19,24; Luke 19,24; Luke 19,25; Luke 19,27; Luke 19,29; Luke 19,30; Luke 19,31; Luke 19,35; Luke 19,35; Luke 19,38; Luke 19,40; Luke 19,43; Luke 19,43; Luke 19,43; Luke 19,44; Luke 19,44; Luke 19,44; Luke 19,46; Luke 19,47; Luke 19,47; Luke 19,48; Luke 20,1; Luke 20,1; Luke 20,2; Luke 20,3; Luke 20,7; Luke 20,8; Luke 20,9; Luke 20,9; Luke 20,10; Luke 20,11; Luke 20,11; Luke 20,12; Luke 20,15; Luke 20,16; Luke 20,16; Luke 20,19; Luke 20,19; Luke 20,20; Luke 20,21; Luke 20,21; Luke 20,21; Luke 20,24; Luke 20,25; Luke 20,26; Luke 20,26; Luke 20,28; Luke 20,28; Luke 20,29; Luke 20,30; Luke 20,31; Luke 20,31; Luke 20,34; Luke 20,34; Luke 20,35; Luke 20,36; Luke 20,37; Luke 20,37; Luke 20,44; Luke 20,46; Luke

Κ, κ

20,46; Luke 20,46; Luke 20,47; Luke 21,3; Luke 21,5; Luke 21,7; Luke 21,9; Luke 21,10; Luke 21,11; Luke 21,11; Luke 21,11; Luke 21,12; Luke 21,12; Luke 21,12; Luke 21,15; Luke 21,16; Luke 21,16; Luke 21,16; Luke 21,16; Luke 21,17; Luke 21,18; Luke 21,21; Luke 21,21; Luke 21,23; Luke 21,23; Luke 21,24; Luke 21,24; Luke 21,24; Luke 21,25; Luke 21,25; Luke 21,25; Luke 21,25; Luke 21,26; Luke 21,27; Luke 21,27; Luke 21,28; Luke 21,29; Luke 21,33; Luke 21,34; Luke 21,34; Luke 21,34; Luke 21,36; Luke 21,38; Luke 22,2; Luke 22,2; Luke 22,4; Luke 22,4; Luke 22,5; Luke 22,5; Luke 22,6; Luke 22,6; Luke 22,8; Luke 22,8; Luke 22,11; Luke 22,13; Luke 22,14; Luke 22,15; Luke 22,17; Luke 22,17; Luke 22,19; Luke 22,20; Luke 22,23; Luke 22,25; Luke 22,26; Luke 22,30; Luke 22,30; Luke 22,32; Luke 22,33; Luke 22,33; Luke 22,35; Luke 22,35; Luke 22,36; Luke 22,36; Luke 22,37; Luke 22,41; Luke 22,41; Luke 22,44; Luke 22,44; Luke 22,45; Luke 22,46; Luke 22,47; Luke 22,47; Luke 22,50; Luke 22,50; Luke 22,51; Luke 22,52; Luke 22,52; Luke 22,52; Luke 22,53; Luke 22,54; Luke 22,55; Luke 22,56; Luke 22,58; Luke 22,59; Luke 22,60; Luke 22,61; Luke 22,61; Luke 22,62; Luke 22,64; Luke 22,65; Luke 22,66; Luke 22,66; Luke 23,2; Luke 23,2; Luke 23,4; Luke 23,5; Luke 23,7; Luke 23,8; Luke 23,10; Luke 23,11; Luke 23,12; Luke 23,13; Luke 23,13; Luke 23,14; Luke 23,15; Luke 23,19; Luke 23,23; Luke 23,25; Luke 23,27; Luke 23,27; Luke 23,28; Luke 23,29; Luke 23,29; Luke 23,30; Luke 23,33; Luke 23,37; Luke 23,39; Luke 23,41; Luke 23,42; Luke 23,43; Luke 23,44; Luke 23,46; Luke 23,48; Luke 23,49; Luke 23,50; Luke 23,50; Luke 23,51; Luke 23,53; Luke 23,53; Luke 23,54; Luke 23,54; Luke 23,55; Luke 23,56; Luke 23,56; Luke 24,4; Luke 24,4; Luke 24,5; Luke 24,7; Luke 24,7; Luke 24,8; Luke 24,9; Luke 24,10; Luke 24,10; Luke 24,10; Luke 24,11; Luke 24,11; Luke 24,12; Luke 24,12; Luke 24,14; Luke 24,15; Luke 24,15; Luke 24,15; Luke 24,17; Luke 24,18; Luke 24,19; Luke 24,19; Luke 24,19; Luke 24,20; Luke 24,20; Luke 24,23; Luke 24,24; Luke 24,24; Luke 24,25; Luke 24,26; Luke 24,27; Luke 24,27; Luke 24,28; Luke 24,29; Luke 24,29; Luke 24,29; Luke 24,30; Luke 24,30; Luke 24,31; Luke 24,31; Luke 24,32; Luke 24,33; Luke 24,33; Luke 24,34; Luke 24,35; Luke 24,35; Luke 24,36; Luke 24,37; Luke 24,38; Luke 24,38; Luke 24,39; Luke 24,39; Luke 24,39; Luke 24,40; Luke 24,40; Luke 24,41; Luke 24,43; Luke 24,44; Luke 24,44; Luke 24,46; Luke 24,46; Luke 24,47; Luke 24,49; Luke 24,50; Luke 24,51; Luke 24,51; Luke 24,53; John 1,1; John 1,1; John 1,3; John 1,4; John 1,5; John 1,5; John 1,10; John 1,10; John 1,11; John 1,14; John 1,14; John 1,14; John 1,15; John 1,16; John 1,17; John 1,19; John 1,20; John 1,20; John 1,20; John 1,21; John 1,21; John 1,21; John 1,25; John 1,25; John 1,29; John 1,32; John 1,33; John 1,34; John 1,35; John 1,36; John 1,37; John 1,37; John 1,38; John 1,39; John 1,39; John 1,39; John 1,40; John 1,41; John 1,43; John 1,43; John 1,44; John 1,45; John 1,45; John 1,46; John 1,46; John 1,47; John 1,48; John 1,50; John 1,51; John 1,51; John 1,51; John 2,1; John 2,2; John 2,3; John 2,4; John 2,4; John 2,7; John 2,8; John 2,8; John 2,9; John 2,10; John 2,10; John 2,11; John 2,11; John 2,12; John 2,12; John 2,12; John 2,12; John 2,13; John 2,14; John 2,14; John 2,14; John 2,15; John 2,15; John 2,15; John 2,15; John 2,16; John 2,18; John 2,19; John 2,19; John 2,20; John 2,20; John 2,22; John 2,22; John 2,25; John 3,2; John 3,3; John 3,4; John 3,5; John 3,6; John 3,8; John 3,8; John 3,9; John 3,10; John 3,10; John 3,11; John 3,11; John 3,12; John 3,13; John 3,20; John 3,22; John 3,22; John 3,22; John 3,23; John 3,23; John 3,26; John 3,26; John 3,26; John 3,27; John 3,29; John 3,31; John 3,32; John 3,35; John 4,1; John 4,3; John 4,10; John 4,10; John 4,10; John 4,11; John 4,12; John 4,12; John 4,12; John 4,13; John 4,16; John 4,17; John 4,18; John 4,20; John 4,23; John 4,23; John 4,24; John 4,24; John 4,27; John 4,28; John 4,28; John 4,30; John 4,34; John 4,35; John 4,35; John 4,36; John 4,36; John 4,37; John 4,38; John 4,40; John 4,41; John 4,42; John 4,47; John 4,47; John 4,48; John 4,50; John 4,53; John 4,53; John 5,1; John 5,5; John 5,6; John 5,8; John 5,9; John 5,9; John 5,9; John 5,10; John 5,11; John 5,12; John 5,14; John 5,15; John 5,16; John 5,19; John 5,20; John 5,20; John 5,21; John 5,24; John 5,24; John 5,25; John 5,25; John 5,27; John 5,29; John 5,30; John 5,32; John 5,33; John 5,35; John 5,37; John 5,38; John 5,39; John 5,40; John 5,43; John 5,44; John 6,3; John 6,5; John 6,9; John 6,11; John 6,13; John 6,15; John 6,17; John 6,17; John 6,17; John 6,19; John 6,19; John 6,21; John 6,22; John 6,24; John 6,25; John 6,26; John 6,26; John 6,29; John 6,30; John 6,33; John 6,35; John 6,37; John 6,40; John 6,40; John 6,42; John 6,42; John 6,43; John 6,45; John 6,45; John 6,49; John 6,50; John 6,53; John 6,54; John 6,55; John 6,56; John 6,58; John 6,63; John 6,64; John 6,65; John 6,66; John 6,69; John 6,69; John 6,70; John 7,3; John 7,4; John 7,11; John 7,12; John 7,14; John 7,16; John 7,18; John 7,19; John 7,21; John 7,21; John 7,22; John 7,26; John 7,26; John 7,28; John 7,28; John 7,28; John 7,30; John 7,31; John 7,32; John 7,32; John 7,33; John 7,34; John 7,34; John 7,35; John 7,36; John 7,36; John 7,37; John 7,37; John 7,42; John 7,45; John 7,45; John 7,51; John 7,52; John 7,52; John 8,2; John 8,2; John 8,3; John 8,3; John 8,7; John 8,8; John 8,9; John 8,9; John 8,11; John 8,14; John 8,14; John 8,16; John 8,18; John 8,20; John 8,21; John 8,21; John 8,23; John 8,26; John 8,28; John 8,29; John 8,32; John 8,32; John 8,33; John 8,39; John 8,42; John 8,44; John 8,44; John 8,44; John 8,48; John 8,48; John 8,49; John 8,50; John 8,52; John 8,52; John 8,53; John 8,55; John 8,55; John 8,56; John 8,56; John 8,57; John 8,59; John 9,2; John 9,6; John 9,6; John 9,7; John 9,7; John 9,7; John 9,8; John 9,8; John 9,11; John 9,11; John 9,11; John 9,11; John 9,12; John 9,14; John 9,15; John 9,15; John 9,16; John 9,18; John 9,19; John 9,20; John 9,20; John 9,24; John 9,27; John 9,28; John 9,28; John 9,30; John 9,31; John 9,34; John 9,34; John 9,34; John 9,35; John 9,36; John 9,36; John 9,37; John 9,37; John 9,38; John 9,39; John 9,40; John 10,1; John 10,3; John 10,3; John 10,3; John 10,4; John 10,8; John 10,9; John 10,9; John 10,9; John 10,10; John 10,10; John 10,10; John 10,12; John 10,12; John 10,12; John 10,12; John 10,13; John 10,14; John 10,14; John 10,15; John 10,16; John 10,16; John 10,16; John 10,18; John 10,20; John 10,23; John 10,24; John 10,25; John 10,27; John 10,28; John 10,28; John 10,29; John 10,30; John 10,33; John 10,35; John 10,36; John 10,38; John 10,39; John 10,40; John 10,41; John 10,41; John 10,42; John 11,1; John 11,2; John 11,5; John 11,5; John 11,8; John 11,11; John 11,15; John 11,19; John 11,25; John 11,26; John 11,26; John 11,28; John 11,28; John 11,29; John 11,31; John 11,31; John 11,33; John 11,33; John 11,34; John 11,34; John 11,38; John 11,41; John 11,43; John 11,44; John 11,44; John 11,44; John 11,45; John 11,46; John 11,47; John 11,47; John 11,48; John 11,48; John 11,48; John 11,48; John 11,50; John 11,52; John 11,55; John 11,56; John 11,57; John 12,2; John 12,3; John 12,5; John 12,6; John 12,9; John 12,11; John 12,13; John 12,13; John 12,13; John 12,16; John 12,17; John 12,21; John 12,22; John 12,22; John 12,22; John 12,25; John 12,26; John 12,27; John 12,28; John 12,28; John 12,29; John 12,30; John 12,34; John 12,35; John 12,36; John 12,38; John 12,40; John 12,40; John 12,40; John 12,40; John 12,41; John 12,44; John 12,45; John 12,47; John 12,47; John 12,48; John 12,49; John 12,50; John 13,3; John 13,3; John 13,4; John 13,4; John 13,5; John 13,5; John 13,7; John 13,9; John 13,10; John 13,12; John 13,12; John 13,13; John 13,14; John 13,21; John 13,21; John 13,26; John 13,26; John 13,27; John 13,31; John 13,32; John 13,33; John 14,3; John 14,3; John 14,3; John 14,4; John 14,6; John 14,6; John 14,7; John

14,7; John 14,8; John 14,9; John 14,10; John 14,11; John 14,12; John 14,13; John 14,16; John 14,17; John 14,19; John 14,20; John 14,21; John 14,21; John 14,22; John 14,22; John 14,23; John 14,23; John 14,23; John 14,23; John 14,24; John 14,26; John 14,28; John 14,29; John 14,30; John 14,31; John 15,1; John 15,2; John 15,6; John 15,6; John 15,6; John 15,6; John 15,7; John 15,7; John 15,8; John 15,10; John 15,11; John 15,16; John 15,16; John 15,16; John 15,22; John 15,24; John 15,24; John 15,24; John 15,24; John 16,3; John 16,8; John 16,8; John 16,10; John 16,13; John 16,14; John 16,15; John 16,16; John 16,16; John 16,16; John 16,17; John 16,17; John 16,17; John 16,19; John 16,19; John 16,19; John 16,19; John 16,20; John 16,22; John 16,22; John 16,22; John 16,24; John 16,26; John 16,27; John 16,28; John 16,28; John 16,29; John 16,30; John 16,32; John 16,32; John 17,1; John 17,3; John 17,5; John 17,6; John 17,8; John 17,8; John 17,8; John 17,10; John 17,10; John 17,10; John 17,11; John 17,11; John 17,12; John 17,12; John 17,13; John 17,14; John 17,19; John 17,23; John 17,23; John 17,25; John 17,26; John 17,26; John 18,1; John 18,3; John 18,3; John 18,3; John 18,3; John 18,4; John 18,6; John 18,10; John 18,10; John 18,12; John 18,12; John 18,12; John 18,13; John 18,15; John 18,15; John 18,16; John 18,16; John 18,18; John 18,18; John 18,18; John 18,19; John 18,20; John 18,20; John 18,25; John 18,25; John 18,27; John 18,28; John 18,29; John 18,30; John 18,31; John 18,33; John 18,33; John 18,35; John 18,37; John 18,38; John 19,1; John 19,2; John 19,2; John 19,3; John 19,3; John 19,3; John 19,4; John 19,5; John 19,5; John 19,6; John 19,6; John 19,7; John 19,9; John 19,9; John 19,10; John 19,13; John 19,14; John 19,17; John 19,18; John 19,18; John 19,19; John 19,20; John 19,23; John 19,23; John 19,24; John 19,25; John 19,25; John 19,26; John 19,27; John 19,30; John 19,31; John 19,32; John 19,32; John 19,34; John 19,34; John 19,35; John 19,35; John 19,35; John 19,37; John 19,38; John 19,38; John 19,39; John 19,40; John 19,41; John 20,1; John 20,2; John 20,2; John 20,2; John 20,2; John 20,3; John 20,3; John 20,4; John 20,4; John 20,5; John 20,6; John 20,6; John 20,7; John 20,8; John 20,8; John 20,12; John 20,12; John 20,13; John 20,13; John 20,14; John 20,14; John 20,17; John 20,17; John 20,17; John 20,17; John 20,18; John 20,19; John 20,19; John 20,19; John 20,20; John 20,20; John 20,22; John 20,22; John 20,25; John 20,25; John 20,26; John 20,26; John 20,26; John 20,27; John 20,27; John 20,27; John 20,27; John 20,28; John 20,28; John 20,29; John 20,31; John 21,2; John 21,2; John 21,2; John 21,2; John 21,3; John 21,3; John 21,6; John 21,6; John 21,7; John 21,9; John 21,9; John 21,11; John 21,11; John 21,13; John 21,13; John 21,13; John 21,17; John 21,18; John 21,18; John 21,18; John 21,19; John 21,20; John 21,24; John 21,24; Acts 1,1; Acts 1,3; Acts 1,4; Acts 1,8; Acts 1,8; Acts 1,8; Acts 1,8; Acts 1,9; Acts 1,10; Acts 1,10; Acts 1,13; Acts 1,13; Acts 1,13; Acts 1,13; Acts 1,13; Acts 1,13; Acts 1,13; Acts 1,13; Acts 1,14; Acts 1,14; Acts 1,17; Acts 1,18; Acts 1,18; Acts 1,19; Acts 1,20; Acts 1,21; Acts 1,23; Acts 1,24; Acts 1,25; Acts 1,26; Acts 1,26; Acts 1,26; Acts 2,2; Acts 2,2; Acts 2,3; Acts 2,3; Acts 2,4; Acts 2,4; Acts 2,6; Acts 2,7; Acts 2,8; Acts 2,9; Acts 2,9; Acts 2,9; Acts 2,9; Acts 2,9; Acts 2,10; Acts 2,10; Acts 2,10; Acts 2,11; Acts 2,11; Acts 2,12; Acts 2,14; Acts 2,14; Acts 2,14; Acts 2,17; Acts 2,17; Acts 2,17; Acts 2,17; Acts 2,17; Acts 2,18; Acts 2,18; Acts 2,19; Acts 2,19; Acts 2,19; Acts 2,19; Acts 2,20; Acts 2,20; Acts 2,21; Acts 2,22; Acts 2,22; Acts 2,23; Acts 2,26; Acts 2,29; Acts 2,29; Acts 2,29; Acts 2,30; Acts 2,33; Acts 2,33; Acts 2,36; Acts 2,36; Acts 2,37; Acts 2,38; Acts 2,38; Acts 2,39; Acts 2,39; Acts 2,40; Acts 2,41; Acts 2,42; Acts 2,42; Acts 2,43; Acts 2,44; Acts 2,45; Acts 2,45; Acts 2,45; Acts 2,46; Acts 2,47; Acts 3,1; Acts 3,3; Acts 3,6; Acts 3,6; Acts 3,7; Acts 3,7; Acts 3,8; Acts 3,8; Acts 3,8; Acts 3,8; Acts 3,8; Acts 3,9; Acts 3,9; Acts 3,10; Acts 3,10; Acts 3,11; Acts 3,13; Acts 3,13; Acts 3,13; Acts 3,14; Acts 3,14; Acts 3,16; Acts 3,16;

Acts 3,16; Acts 3,19; Acts 3,20; Acts 3,24; Acts 3,24; Acts 3,25; Acts 3,25; Acts 4,1; Acts 4,1; Acts 4,2; Acts 4,3; Acts 4,3; Acts 4,4; Acts 4,5; Acts 4,5; Acts 4,6; Acts 4,6; Acts 4,6; Acts 4,6; Acts 4,7; Acts 4,8; Acts 4,10; Acts 4,12; Acts 4,13; Acts 4,13; Acts 4,13; Acts 4,16; Acts 4,19; Acts 4,20; Acts 4,23; Acts 4,23; Acts 4,24; Acts 4,24; Acts 4,24; Acts 4,25; Acts 4,26; Acts 4,26; Acts 4,27; Acts 4,27; Acts 4,28; Acts 4,29; Acts 4,29; Acts 4,30; Acts 4,30; Acts 4,31; Acts 4,31; Acts 4,31; Acts 4,32; Acts 4,32; Acts 4,33; Acts 4,35; Acts 4,37; Acts 5,2; Acts 5,2; Acts 5,3; Acts 5,4; Acts 5,5; Acts 5,6; Acts 5,7; Acts 5,9; Acts 5,10; Acts 5,10; Acts 5,11; Acts 5,11; Acts 5,12; Acts 5,12; Acts 5,14; Acts 5,15; Acts 5,15; Acts 5,16; Acts 5,17; Acts 5,18; Acts 5,18; Acts 5,20; Acts 5,21; Acts 5,21; Acts 5,21; Acts 5,21; Acts 5,23; Acts 5,24; Acts 5,25; Acts 5,27; Acts 5,28; Acts 5,28; Acts 5,29; Acts 5,31; Acts 5,31; Acts 5,32; Acts 5,32; Acts 5,33; Acts 5,36; Acts 5,36; Acts 5,37; Acts 5,37; Acts 5,38; Acts 5,38; Acts 5,40; Acts 5,40; Acts 5,42; Acts 5,42; Acts 6,3; Acts 6,4; Acts 6,5; Acts 6,5; Acts 6,5; Acts 6,5; Acts 6,5; Acts 6,5; Acts 6,5; Acts 6,5; Acts 6,5; Acts 6,6; Acts 6,7; Acts 6,8; Acts 6,8; Acts 6,9; Acts 6,9; Acts 6,9; Acts 6,9; Acts 6,10; Acts 6,10; Acts 6,11; Acts 6,12; Acts 6,12; Acts 6,12; Acts 6,12; Acts 6,13; Acts 6,14; Acts 6,15; Acts 7,2; Acts 7,3; Acts 7,3; Acts 7,3; Acts 7,5; Acts 7,5; Acts 7,5; Acts 7,6; Acts 7,6; Acts 7,7; Acts 7,7; Acts 7,7; Acts 7,8; Acts 7,8; Acts 7,8; Acts 7,8; Acts 7,8; Acts 7,9; Acts 7,10; Acts 7,10; Acts 7,10; Acts 7,10; Acts 7,10; Acts 7,11; Acts 7,11; Acts 7,13; Acts 7,13; Acts 7,14; Acts 7,15; Acts 7,15; Acts 7,15; Acts 7,16; Acts 7,16; Acts 7,17; Acts 7,20; Acts 7,21; Acts 7,22; Acts 7,22; Acts 7,24; Acts 7,24; Acts 7,26; Acts 7,27; Acts 7,29; Acts 7,32; Acts 7,32; Acts 7,34; Acts 7,34; Acts 7,34; Acts 7,35; Acts 7,35; Acts 7,35; Acts 7,36; Acts 7,36; Acts 7,36; Acts 7,38; Acts 7,39; Acts 7,41; Acts 7,41; Acts 7,41; Acts 7,42; Acts 7,42; Acts 7,43; Acts 7,43; Acts 7,43; Acts 7,46; Acts 7,51; Acts 7,51; Acts 7,52; Acts 7,52; Acts 7,53; Acts 7,54; Acts 7,55; Acts 7,56; Acts 7,56; Acts 7,57; Acts 7,58; Acts 7,58; Acts 7,59; Acts 7,59; Acts 7,60; Acts 8,1; Acts 8,2; Acts 8,3; Acts 8,6; Acts 8,7; Acts 8,9; Acts 8,12; Acts 8,12; Acts 8,13; Acts 8,13; Acts 8,14; Acts 8,17; Acts 8,22; Acts 8,23; Acts 8,25; Acts 8,26; Acts 8,27; Acts 8,27; Acts 8,28; Acts 8,28; Acts 8,29; Acts 8,30; Acts 8,32; Acts 8,35; Acts 8,38; Acts 8,38; Acts 8,38; Acts 8,38; Acts 8,39; Acts 8,40; Acts 9,1; Acts 9,2; Acts 9,4; Acts 9,6; Acts 9,6; Acts 9,9; Acts 9,9; Acts 9,10; Acts 9,11; Acts 9,12; Acts 9,12; Acts 9,14; Acts 9,15; Acts 9,17; Acts 9,17; Acts 9,17; Acts 9,18; Acts 9,18; Acts 9,19; Acts 9,20; Acts 9,21; Acts 9,21; Acts 9,22; Acts 9,24; Acts 9,26; Acts 9,27; Acts 9,27; Acts 9,27; Acts 9,28; Acts 9,28; Acts 9,29; Acts 9,30; Acts 9,31; Acts 9,31; Acts 9,31; Acts 9,31; Acts 9,34; Acts 9,34; Acts 9,34; Acts 9,35; Acts 9,35; Acts 9,36; Acts 9,39; Acts 9,39; Acts 9,39; Acts 9,40; Acts 9,40; Acts 9,40; Acts 9,41; Acts 9,42; Acts 10,2; Acts 10,2; Acts 10,3; Acts 10,4; Acts 10,4; Acts 10,5; Acts 10,5; Acts 10,7; Acts 10,8; Acts 10,9; Acts 10,10; Acts 10,11; Acts 10,11; Acts 10,12; Acts 10,12; Acts 10,13; Acts 10,13; Acts 10,14; Acts 10,15; Acts 10,16; Acts 10,18; Acts 10,20; Acts 10,22; Acts 10,22; Acts 10,24; Acts 10,27; Acts 10,27; Acts 10,30; Acts 10,30; Acts 10,31; Acts 10,31; Acts 10,32; Acts 10,35; Acts 10,38; Acts 10,38; Acts 10,39; Acts 10,39; Acts 10,40; Acts 10,41; Acts 10,42; Acts 10,42; Acts 10,42; Acts 10,45; Acts 10,46; Acts 11,1; Acts 11,3; Acts 11,5; Acts 11,5; Acts 11,6; Acts 11,6; Acts 11,6; Acts 11,6; Acts 11,7; Acts 11,10; Acts 11,12; Acts 11,13; Acts 11,13; Acts 11,14; Acts 11,18; Acts 11,19; Acts 11,19; Acts 11,20; Acts 11,21; Acts 11,22; Acts 11,23; Acts 11,23; Acts 11,24; Acts 11,24; Acts 11,24; Acts 11,26; Acts 11,26; Acts 11,30; Acts 12,7; Acts 12,7; Acts 12,7; Acts 12,8; Acts 12,8; Acts 12,8; Acts 12,9; Acts 12,9; Acts 12,10; Acts 12,10; Acts 12,10; Acts 12,11; Acts 12,11; Acts 12,12; Acts 12,14; Acts 12,16; Acts 12,17; Acts 12,17; Acts 12,19; Acts 12,19; Acts 12,20; Acts 12,20; Acts 12,21; Acts 12,22; Acts 12,23; Acts 12,24; Acts 12,25;

Κ, κ

κ, κ

Acts 13,1; Acts 13,1; Acts 13,1; Acts 13,1; Acts 13,2; Acts 13,2; Acts 13,3; Acts 13,3; Acts 13,5; Acts 13,7; Acts 13,10; Acts 13,11; Acts 13,11; Acts 13,11; Acts 13,11; Acts 13,14; Acts 13,15; Acts 13,16; Acts 13,16; Acts 13,17; Acts 13,17; Acts 13,18; Acts 13,19; Acts 13,20; Acts 13,20; Acts 13,21; Acts 13,22; Acts 13,26; Acts 13,27; Acts 13,27; Acts 13,28; Acts 13,36; Acts 13,36; Acts 13,38; Acts 13,41; Acts 13,41; Acts 13,43; Acts 13,43; Acts 13,45; Acts 13,46; Acts 13,46; Acts 13,48; Acts 13,48; Acts 13,50; Acts 13,50; Acts 13,50; Acts 13,50; Acts 13,52; Acts 14,1; Acts 14,1; Acts 14,2; Acts 14,3; Acts 14,4; Acts 14,5; Acts 14,5; Acts 14,6; Acts 14,6; Acts 14,9; Acts 14,10; Acts 14,10; Acts 14,13; Acts 14,14; Acts 14,15; Acts 14,15; Acts 14,15; Acts 14,15; Acts 14,17; Acts 14,17; Acts 14,18; Acts 14,19; Acts 14,19; Acts 14,19; Acts 14,21; Acts 14,21; Acts 14,21; Acts 14,22; Acts 14,25; Acts 14,27; Acts 14,27; Acts 15,2; Acts 15,2; Acts 15,2; Acts 15,2; Acts 15,3; Acts 15,3; Acts 15,4; Acts 15,4; Acts 15,6; Acts 15,7; Acts 15,8; Acts 15,9; Acts 15,9; Acts 15,12; Acts 15,12; Acts 15,12; Acts 15,15; Acts 15,16; Acts 15,16; Acts 15,16; Acts 15,17; Acts 15,20; Acts 15,20; Acts 15,20; Acts 15,22; Acts 15,22; Acts 15,22; Acts 15,23; Acts 15,23; Acts 15,23; Acts 15,25; Acts 15,27; Acts 15,28; Acts 15,29; Acts 15,29; Acts 15,29; Acts 15,30; Acts 15,32; Acts 15,32; Acts 15,35; Acts 15,35; Acts 15,38; Acts 15,41; Acts 16,1; Acts 16,1; Acts 16,2; Acts 16,3; Acts 16,4; Acts 16,5; Acts 16,6; Acts 16,7; Acts 16,9; Acts 16,9; Acts 16,13; Acts 16,15; Acts 16,15; Acts 16,17; Acts 16,18; Acts 16,18; Acts 16,19; Acts 16,20; Acts 16,21; Acts 16,22; Acts 16,22; Acts 16,24; Acts 16,25; Acts 16,26; Acts 16,27; Acts 16,29; Acts 16,29; Acts 16,30; Acts 16,31; Acts 16,31; Acts 16,32; Acts 16,33; Acts 16,33; Acts 16,33; Acts 16,34; Acts 16,37; Acts 16,39; Acts 16,39; Acts 16,40; Acts 16,40; Acts 17,1; Acts 17,2; Acts 17,3; Acts 17,3; Acts 17,3; Acts 17,4; Acts 17,4; Acts 17,5; Acts 17,5; Acts 17,5; Acts 17,7; Acts 17,8; Acts 17,9; Acts 17,9; Acts 17,10; Acts 17,12; Acts 17,12; Acts 17,13; Acts 17,14; Acts 17,15; Acts 17,15; Acts 17,17; Acts 17,17; Acts 17,18; Acts 17,18; Acts 17,21; Acts 17,23; Acts 17,24; Acts 17,24; Acts 17,25; Acts 17,25; Acts 17,26; Acts 17,27; Acts 17,28; Acts 17,28; Acts 17,29; Acts 17,34; Acts 17,34; Acts 18,2; Acts 18,2; Acts 18,3; Acts 18,3; Acts 18,4; Acts 18,5; Acts 18,6; Acts 18,7; Acts 18,8; Acts 18,8; Acts 18,9; Acts 18,10; Acts 18,11; Acts 18,12; Acts 18,15; Acts 18,15; Acts 18,16; Acts 18,17; Acts 18,18; Acts 18,18; Acts 18,21; Acts 18,22; Acts 18,22; Acts 18,23; Acts 18,25; Acts 18,25; Acts 18,26; Acts 18,26; Acts 19,1; Acts 19,6; Acts 19,6; Acts 19,8; Acts 19,9; Acts 19,10; Acts 19,12; Acts 19,15; Acts 19,16; Acts 19,16; Acts 19,17; Acts 19,17; Acts 19,17; Acts 19,18; Acts 19,19; Acts 19,19; Acts 19,20; Acts 19,21; Acts 19,22; Acts 19,26; Acts 19,26; Acts 19,27; Acts 19,28; Acts 19,29; Acts 19,29; Acts 19,32; Acts 19,35; Acts 19,36; Acts 19,38; Acts 19,38; Acts 19,40; Acts 20,1; Acts 20,2; Acts 20,4; Acts 20,4; Acts 20,4; Acts 20,4; Acts 20,6; Acts 20,9; Acts 20,10; Acts 20,11; Acts 20,11; Acts 20,12; Acts 20,19; Acts 20,19; Acts 20,20; Acts 20,20; Acts 20,21; Acts 20,21; Acts 20,23; Acts 20,24; Acts 20,28; Acts 20,30; Acts 20,31; Acts 20,32; Acts 20,32; Acts 20,34; Acts 20,37; Acts 21,2; Acts 21,3; Acts 21,3; Acts 21,5; Acts 21,5; Acts 21,6; Acts 21,7; Acts 21,8; Acts 21,11; Acts 21,11; Acts 21,11; Acts 21,11; Acts 21,12; Acts 21,13; Acts 21,19; Acts 21,20; Acts 21,24; Acts 21,24; Acts 21,25; Acts 21,25; Acts 21,25; Acts 21,27; Acts 21,28; Acts 21,28; Acts 21,28; Acts 21,30; Acts 21,30; Acts 21,30; Acts 21,32; Acts 21,32; Acts 21,33; Acts 21,33; Acts 21,33; Acts 21,38; Acts 22,1; Acts 22,2; Acts 22,4; Acts 22,4; Acts 22,5; Acts 22,6; Acts 22,7; Acts 22,13; Acts 22,14; Acts 22,14; Acts 22,15; Acts 22,16; Acts 22,16; Acts 22,17; Acts 22,18; Acts 22,18; Acts 22,19; Acts 22,20; Acts 22,20; Acts 22,20; Acts 22,21; Acts 22,22; Acts 22,23; Acts 22,23; Acts 22,25; Acts 22,29; Acts 22,30; Acts 22,30; Acts 22,30; Acts 23,3; Acts 23,3; Acts 23,6; Acts 23,7; Acts 23,7; Acts 23,9; Acts 23,14; Acts 23,16; Acts 23,18; Acts 23,19; Acts 23,21; Acts 23,23; Acts 23,23; Acts 23,27; Acts 23,33; Acts 23,34; Acts 23,34; Acts 24,1; Acts 24,2; Acts 24,3; Acts 24,5; Acts 24,12; Acts 24,14; Acts 24,15; Acts 24,16; Acts 24,17; Acts 24,19; Acts 24,23; Acts 24,24; Acts 24,25; Acts 24,25; Acts 25,2; Acts 25,2; Acts 25,7; Acts 25,11; Acts 25,13; Acts 25,15; Acts 25,19; Acts 25,23; Acts 25,23; Acts 25,23; Acts 25,23; Acts 25,24; Acts 25,24; Acts 25,26; Acts 26,3; Acts 26,6; Acts 26,7; Acts 26,10; Acts 26,11; Acts 26,12; Acts 26,13; Acts 26,16; Acts 26,16; Acts 26,17; Acts 26,18; Acts 26,18; Acts 26,20; Acts 26,20; Acts 26,20; Acts 26,22; Acts 26,22; Acts 26,23; Acts 26,25; Acts 26,29; Acts 26,29; Acts 26,30; Acts 26,30; Acts 26,31; Acts 27,5; Acts 27,7; Acts 27,9; Acts 27,10; Acts 27,10; Acts 27,11; Acts 27,12; Acts 27,15; Acts 27,19; Acts 27,21; Acts 27,22; Acts 27,24; Acts 27,28; Acts 27,28; Acts 27,30; Acts 27,31; Acts 27,32; Acts 27,35; Acts 27,35; Acts 27,40; Acts 27,40; Acts 27,41; Acts 27,44; Acts 27,44; Acts 28,2; Acts 28,3; Acts 28,6; Acts 28,8; Acts 28,8; Acts 28,9; Acts 28,10; Acts 28,12; Acts 28,13; Acts 28,14; Acts 28,15; Acts 28,20; Acts 28,23; Acts 28,24; Acts 28,26; Acts 28,26; Acts 28,26; Acts 28,26; Acts 28,27; Acts 28,27; Acts 28,27; Acts 28,27; Acts 28,27; Acts 28,27; Acts 28,28; Acts 28,30; Acts 28,31; Rom. 1,5; Rom. 1,7; Rom. 1,7; Rom. 1,12; Rom. 1,13; Rom. 1,14; Rom. 1,14; Rom. 1,16; Rom. 1,18; Rom. 1,20; Rom. 1,21; Rom. 1,23; Rom. 1,23; Rom. 1,23; Rom. 1,23; Rom. 1,25; Rom. 1,25; Rom. 1,27; Rom. 2,3; Rom. 2,4; Rom. 2,4; Rom. 2,5; Rom. 2,5; Rom. 2,7; Rom. 2,7; Rom. 2,8; Rom. 2,8; Rom. 2,9; Rom. 2,9; Rom. 2,10; Rom. 2,10; Rom. 2,10; Rom. 2,12; Rom. 2,15; Rom. 2,17; Rom. 2,17; Rom. 2,18; Rom. 2,18; Rom. 2,20; Rom. 2,27; Rom. 2,27; Rom. 2,29; Rom. 3,4; Rom. 3,8; Rom. 3,8; Rom. 3,9; Rom. 3,14; Rom. 3,16; Rom. 3,17; Rom. 3,19; Rom. 3,21; Rom. 3,23; Rom. 3,26; Rom. 3,30; Rom. 4,3; Rom. 4,7; Rom. 4,11; Rom. 4,12; Rom. 4,14; Rom. 4,17; Rom. 4,19; Rom. 4,19; Rom. 4,21; Rom. 4,25; Rom. 5,2; Rom. 5,12; Rom. 5,12; Rom. 5,15; Rom. 5,16; Rom. 5,17; Rom. 6,13; Rom. 6,19; Rom. 7,6; Rom. 7,10; Rom. 7,11; Rom. 7,12; Rom. 7,12; Rom. 7,12; Rom. 7,23; Rom. 8,2; Rom. 8,3; Rom. 8,6; Rom. 8,22; Rom. 8,30; Rom. 9,2; Rom. 9,4; Rom. 9,4; Rom. 9,4; Rom. 9,4; Rom. 9,4; Rom. 9,5; Rom. 9,9; Rom. 9,15; Rom. 9,17; Rom. 9,22; Rom. 9,23; Rom. 9,25; Rom. 9,26; Rom. 9,28; Rom. 9,29; Rom. 9,29; Rom. 9,33; Rom. 9,33; Rom. 10,1; Rom. 10,3; Rom. 10,8; Rom. 10,9; Rom. 10,12; Rom. 10,18; Rom. 10,20; Rom. 10,21; Rom. 11,1; Rom. 11,3; Rom. 11,8; Rom. 11,9; Rom. 11,9; Rom. 11,9; Rom. 11,9; Rom. 11,10; Rom. 11,12; Rom. 11,14; Rom. 11,16; Rom. 11,17; Rom. 11,22; Rom. 11,24; Rom. 11,26; Rom. 11,27; Rom. 11,29; Rom. 11,33; Rom. 11,33; Rom. 11,33; Rom. 11,35; Rom. 11,36; Rom. 11,36; Rom. 12,2; Rom. 12,2; Rom. 12,2; Rom. 12,14; Rom. 13,3; Rom. 13,9; Rom. 13,13; Rom. 13,13; Rom. 13,13; Rom. 13,14; Rom. 14,6; Rom. 14,6; Rom. 14,6; Rom. 14,7; Rom. 14,9; Rom. 14,9; Rom. 14,9; Rom. 14,11; Rom. 14,14; Rom. 14,17; Rom. 14,17; Rom. 14,17; Rom. 14,18; Rom. 14,19; Rom. 15,1; Rom. 15,4; Rom. 15,5; Rom. 15,6; Rom. 15,9; Rom. 15,10; Rom. 15,11; Rom. 15,11; Rom. 15,12; Rom. 15,12; Rom. 15,13; Rom. 15,14; Rom. 15,18; Rom. 15,19; Rom. 15,19; Rom. 15,21; Rom. 15,24; Rom. 15,26; Rom. 15,27; Rom. 15,28; Rom. 15,30; Rom. 15,31; Rom. 16,1; Rom. 16,2; Rom. 16,2; Rom. 16,3; Rom. 16,5; Rom. 16,7; Rom. 16,7; Rom. 16,9; Rom. 16,12; Rom. 16,13; Rom. 16,13; Rom. 16,14; Rom. 16,15; Rom. 16,15; Rom. 16,15; Rom. 16,15; Rom. 16,17; Rom. 16,17; Rom. 16,18; Rom. 16,18; Rom. 16,21; Rom. 16,21; Rom. 16,21; Rom. 16,23; Rom. 16,23; Rom. 16,25; 1Cor. 1,1; 1Cor. 1,2; 1Cor. 1,3; 1Cor. 1,3; 1Cor. 1,5; 1Cor. 1,10; 1Cor. 1,10; 1Cor. 1,14; 1Cor. 1,19; 1Cor. 1,22; 1Cor. 1,24; 1Cor. 1,24; 1Cor. 1,25; 1Cor. 1,27; 1Cor. 1,28; 1Cor. 1,28; 1Cor. 1,30; 1Cor. 1,30; 1Cor. 2,2; 1Cor. 2,3; 1Cor. 2,3; 1Cor. 2,4; 1Cor.

καί

2,4; 1Cor. 2,4; 1Cor. 2,9; 1Cor. 2,9; 1Cor. 2,14; 1Cor. 3,3; 1Cor. 3,3; 1Cor. 3,5; 1Cor. 3,8; 1Cor. 3,13; 1Cor. 3,16; 1Cor. 3,20; 1Cor. 4,1; 1Cor. 4,5; 1Cor. 4,5; 1Cor. 4,5; 1Cor. 4,6; 1Cor. 4,8; 1Cor. 4,9; 1Cor. 4,9; 1Cor. 4,11; 1Cor. 4,11; 1Cor. 4,11; 1Cor. 4,11; 1Cor. 4,11; 1Cor. 4,12; 1Cor. 4,17; 1Cor. 4,19; 1Cor. 5,1; 1Cor. 5,2; 1Cor. 5,2; 1Cor. 5,4; 1Cor. 5,8; 1Cor. 5,8; 1Cor. 5,10; 1Cor. 6,1; 1Cor. 6,2; 1Cor. 6,6; 1Cor. 6,8; 1Cor. 6,8; 1Cor. 6,11; 1Cor. 6,11; 1Cor. 6,13; 1Cor. 6,13; 1Cor. 6,13; 1Cor. 6,13; 1Cor. 6,14; 1Cor. 6,14; 1Cor. 6,19; 1Cor. 7,2; 1Cor. 7,5; 1Cor. 7,8; 1Cor. 7,11; 1Cor. 7,12; 1Cor. 7,13; 1Cor. 7,13; 1Cor. 7,14; 1Cor. 7,17; 1Cor. 7,19; 1Cor. 7,28; 1Cor. 7,30; 1Cor. 7,30; 1Cor. 7,30; 1Cor. 7,31; 1Cor. 7,34; 1Cor. 7,34; 1Cor. 7,34; 1Cor. 7,34; 1Cor. 7,34; 1Cor. 7,35; 1Cor. 7,36; 1Cor. 7,37; 1Cor. 7,38; 1Cor. 7,38; 1Cor. 8,4; 1Cor. 8,5; 1Cor. 8,6; 1Cor. 8,6; 1Cor. 8,6; 1Cor. 8,7; 1Cor. 8,12; 1Cor. 9,4; 1Cor. 9,5; 1Cor. 9,5; 1Cor. 9,6; 1Cor. 9,7; 1Cor. 9,7; 1Cor. 9,10; 1Cor. 9,20; 1Cor. 9,27; 1Cor. 10,1; 1Cor. 10,2; 1Cor. 10,2; 1Cor. 10,3; 1Cor. 10,4; 1Cor. 10,7; 1Cor. 10,7; 1Cor. 10,8; 1Cor. 10,9; 1Cor. 10,10; 1Cor. 10,20; 1Cor. 10,21; 1Cor. 10,21; 1Cor. 10,26; 1Cor. 10,27; 1Cor. 10,28; 1Cor. 10,32; 1Cor. 10,32; 1Cor. 10,32; 1Cor. 11,5; 1Cor. 11,7; 1Cor. 11,18; 1Cor. 11,21; 1Cor. 11,22; 1Cor. 11,22; 1Cor. 11,24; 1Cor. 11,24; 1Cor. 11,26; 1Cor. 11,27; 1Cor. 11,28; 1Cor. 11,28; 1Cor. 11,29; 1Cor. 11,29; 1Cor. 11,30; 1Cor. 11,30; 1Cor. 12,3; 1Cor. 12,5; 1Cor. 12,5; 1Cor. 12,6; 1Cor. 12,11; 1Cor. 12,12; 1Cor. 12,13; 1Cor. 12,16; 1Cor. 12,23; 1Cor. 12,23; 1Cor. 12,26; 1Cor. 12,27; 1Cor. 13,1; 1Cor. 13,2; 1Cor. 13,2; 1Cor. 13,2; 1Cor. 13,2; 1Cor. 13,3; 1Cor. 13,9; 1Cor. 14,3; 1Cor. 14,3; 1Cor. 14,10; 1Cor. 14,11; 1Cor. 14,21; 1Cor. 14,21; 1Cor. 14,23; 1Cor. 14,25; 1Cor. 14,27; 1Cor. 14,27; 1Cor. 14,28; 1Cor. 14,29; 1Cor. 14,31; 1Cor. 14,32; 1Cor. 14,39; 1Cor. 14,40; 1Cor. 15,4; 1Cor. 15,4; 1Cor. 15,5; 1Cor. 15,10; 1Cor. 15,11; 1Cor. 15,14; 1Cor. 15,24; 1Cor. 15,24; 1Cor. 15,24; 1Cor. 15,30; 1Cor. 15,32; 1Cor. 15,34; 1Cor. 15,37; 1Cor. 15,38; 1Cor. 15,40; 1Cor. 15,40; 1Cor. 15,41; 1Cor. 15,41; 1Cor. 15,48; 1Cor. 15,49; 1Cor. 15,50; 1Cor. 15,52; 1Cor. 15,52; 1Cor. 15,53; 1Cor. 15,54; 1Cor. 16,9; 1Cor. 16,9; 1Cor. 16,12; 1Cor. 16,15; 1Cor. 16,16; 1Cor. 16,16; 1Cor. 16,17; 1Cor. 16,17; 1Cor. 16,18; 1Cor. 16,19; 2Cor. 1,1; 2Cor. 1,2; 2Cor. 1,2; 2Cor. 1,3; 2Cor. 1,3; 2Cor. 1,6; 2Cor. 1,7; 2Cor. 1,10; 2Cor. 1,12; 2Cor. 1,12; 2Cor. 1,16; 2Cor. 1,16; 2Cor. 1,16; 2Cor. 1,17; 2Cor. 1,18; 2Cor. 1,19; 2Cor. 1,19; 2Cor. 1,19; 2Cor. 1,21; 2Cor. 1,22; 2Cor. 2,2; 2Cor. 2,3; 2Cor. 2,4; 2Cor. 2,7; 2Cor. 2,12; 2Cor. 2,14; 2Cor. 2,15; 2Cor. 2,16; 2Cor. 3,2; 2Cor. 3,13; 2Cor. 4,7; 2Cor. 4,14; 2Cor. 4,14; 2Cor. 4,16; 2Cor. 5,6; 2Cor. 5,8; 2Cor. 5,8; 2Cor. 5,12; 2Cor. 5,15; 2Cor. 5,15; 2Cor. 5,18; 2Cor. 5,19; 2Cor. 6,2; 2Cor. 6,7; 2Cor. 6,8; 2Cor. 6,8; 2Cor. 6,14; 2Cor. 6,16; 2Cor. 6,16; 2Cor. 6,16; 2Cor. 6,17; 2Cor. 6,17; 2Cor. 6,18; 2Cor. 6,18; 2Cor. 6,18; 2Cor. 7,1; 2Cor. 7,3; 2Cor. 7,15; 2Cor. 7,15; 2Cor. 8,2; 2Cor. 8,3; 2Cor. 8,4; 2Cor. 8,5; 2Cor. 8,5; 2Cor. 8,7; 2Cor. 8,7; 2Cor. 8,7; 2Cor. 8,7; 2Cor. 8,8; 2Cor. 8,10; 2Cor. 8,15; 2Cor. 8,19; 2Cor. 8,23; 2Cor. 8,24; 2Cor. 9,2; 2Cor. 9,4; 2Cor. 9,5; 2Cor. 9,5; 2Cor. 9,6; 2Cor. 9,10; 2Cor. 9,10; 2Cor. 9,10; 2Cor. 9,13; 2Cor. 9,13; 2Cor. 9,14; 2Cor. 10,1; 2Cor. 10,5; 2Cor. 10,5; 2Cor. 10,6; 2Cor. 10,8; 2Cor. 10,10; 2Cor. 10,10; 2Cor. 10,12; 2Cor. 11,3; 2Cor. 11,9; 2Cor. 11,9; 2Cor. 11,9; 2Cor. 11,9; 2Cor. 11,14; 2Cor. 11,27; 2Cor. 11,27; 2Cor. 11,27; 2Cor. 11,29; 2Cor. 11,29; 2Cor. 11,31; 2Cor. 11,33; 2Cor. 11,33; 2Cor. 12,1; 2Cor. 12,3; 2Cor. 12,4; 2Cor. 12,7; 2Cor. 12,9; 2Cor. 12,10; 2Cor. 12,12; 2Cor. 12,12; 2Cor. 12,14; 2Cor. 12,15; 2Cor. 12,18; 2Cor. 12,21; 2Cor. 12,21; 2Cor. 12,21; 2Cor. 12,21; 2Cor. 13,1; 2Cor. 13,2; 2Cor. 13,2; 2Cor. 13,2; 2Cor. 13,10; 2Cor. 13,11; 2Cor. 13,11; 2Cor. 13,13; 2Cor. 13,13; Gal. 1,1; Gal. 1,2; Gal. 1,3; Gal. 1,3; Gal. 1,4; Gal. 1,7; Gal. 1,9; Gal. 1,13; Gal. 1,14; Gal. 1,15; Gal. 1,16; Gal. 1,17; Gal. 1,18; Gal. 1,21; Gal. 1,24; Gal. 2,2; Gal. 2,9; Gal. 2,9; Gal. 2,9; Gal. 2,9; Gal. 2,12; Gal. 2,13; Gal. 2,13; Gal. 2,14; Gal. 2,15; Gal. 2,16; Gal. 2,16; Gal. 2,20; Gal. 3,5; Gal. 3,6; Gal. 3,16; Gal. 3,16; Gal. 3,16; Gal. 3,17; Gal. 3,28; Gal. 4,2; Gal. 4,9; Gal. 4,10; Gal. 4,10; Gal. 4,10; Gal. 4,14; Gal. 4,18; Gal. 4,20; Gal. 4,22; Gal. 4,27; Gal. 4,30; Gal. 5,1; Gal. 5,15; Gal. 5,16; Gal. 5,21; Gal. 5,24; Gal. 5,25; Gal. 6,2; Gal. 6,4; Gal. 6,4; Gal. 6,16; Gal. 6,16; Gal. 6,16; Eph. 1,1; Eph. 1,2; Eph. 1,2; Eph. 1,3; Eph. 1,4; Eph. 1,8; Eph. 1,10; Eph. 1,15; Eph. 1,17; Eph. 1,19; Eph. 1,20; Eph. 1,21; Eph. 1,21; Eph. 1,21; Eph. 1,21; Eph. 1,22; Eph. 1,22; Eph. 2,1; Eph. 2,3; Eph. 2,3; Eph. 2,6; Eph. 2,6; Eph. 2,8; Eph. 2,12; Eph. 2,12; Eph. 2,14; Eph. 2,16; Eph. 2,17; Eph. 2,17; Eph. 2,19; Eph. 2,19; Eph. 2,20; Eph. 3,5; Eph. 3,6; Eph. 3,6; Eph. 3,9; Eph. 3,10; Eph. 3,12; Eph. 3,15; Eph. 3,17; Eph. 3,18; Eph. 3,18; Eph. 3,18; Eph. 3,21; Eph. 4,2; Eph. 4,4; Eph. 4,6; Eph. 4,6; Eph. 4,6; Eph. 4,11; Eph. 4,13; Eph. 4,14; Eph. 4,16; Eph. 4,17; Eph. 4,21; Eph. 4,24; Eph. 4,24; Eph. 4,26; Eph. 4,30; Eph. 4,31; Eph. 4,31; Eph. 4,31; Eph. 4,31; Eph. 5,2; Eph. 5,2; Eph. 5,2; Eph. 5,3; Eph. 5,4; Eph. 5,4; Eph. 5,5; Eph. 5,9; Eph. 5,9; Eph. 5,11; Eph. 5,14; Eph. 5,14; Eph. 5,18; Eph. 5,19; Eph. 5,19; Eph. 5,19; Eph. 5,20; Eph. 5,25; Eph. 5,27; Eph. 5,29; Eph. 5,31; Eph. 5,31; Eph. 5,31; Eph. 5,32; Eph. 6,2; Eph. 6,3; Eph. 6,4; Eph. 6,5; Eph. 6,7; Eph. 6,9; Eph. 6,10; Eph. 6,12; Eph. 6,13; Eph. 6,14; Eph. 6,15; Eph. 6,17; Eph. 6,17; Eph. 6,18; Eph. 6,18; Eph. 6,18; Eph. 6,19; Eph. 6,21; Eph. 6,22; Eph. 6,23; Eph. 6,23; Phil. 1,1; Phil. 1,1; Phil. 1,2; Phil. 1,2; Phil. 1,7; Phil. 1,7; Phil. 1,9; Phil. 1,9; Phil. 1,10; Phil. 1,11; Phil. 1,13; Phil. 1,14; Phil. 1,15; Phil. 1,18; Phil. 1,19; Phil. 1,20; Phil. 1,21; Phil. 1,22; Phil. 1,23; Phil. 1,25; Phil. 1,25; Phil. 1,25; Phil. 1,27; Phil. 1,28; Phil. 1,28; Phil. 1,30; Phil. 2,1; Phil. 2,7; Phil. 2,9; Phil. 2,10; Phil. 2,10; Phil. 2,11; Phil. 2,12; Phil. 2,14; Phil. 2,15; Phil. 2,15; Phil. 2,17; Phil. 2,17; Phil. 2,18; Phil. 2,25; Phil. 2,25; Phil. 2,25; Phil. 2,26; Phil. 2,29; Phil. 3,3; Phil. 3,3; Phil. 3,8; Phil. 3,9; Phil. 3,10; Phil. 3,10; Phil. 3,15; Phil. 3,17; Phil. 3,19; Phil. 4,1; Phil. 4,1; Phil. 4,2; Phil. 4,3; Phil. 4,6; Phil. 4,7; Phil. 4,7; Phil. 4,8; Phil. 4,9; Phil. 4,9; Phil. 4,9; Phil. 4,9; Phil. 4,12; Phil. 4,12; Phil. 4,12; Phil. 4,12; Phil. 4,12; Phil. 4,15; Phil. 4,18; Phil. 4,20; Col. 1,1; Col. 1,2; Col. 1,2; Col. 1,4; Col. 1,6; Col. 1,6; Col. 1,9; Col. 1,9; Col. 1,10; Col. 1,11; Col. 1,13; Col. 1,16; Col. 1,16; Col. 1,16; Col. 1,17; Col. 1,17; Col. 1,18; Col. 1,20; Col. 1,21; Col. 1,22; Col. 1,22; Col. 1,23; Col. 1,23; Col. 1,24; Col. 1,26; Col. 1,28; Col. 2,1; Col. 2,1; Col. 2,2; Col. 2,3; Col. 2,5; Col. 2,5; Col. 2,7; Col. 2,7; Col. 2,8; Col. 2,8; Col. 2,10; Col. 2,10; Col. 2,13; Col. 2,13; Col. 2,14; Col. 2,15; Col. 2,16; Col. 2,18; Col. 2,19; Col. 2,19; Col. 2,19; Col. 2,22; Col. 2,23; Col. 2,23; Col. 3,3; Col. 3,5; Col. 3,10; Col. 3,11; Col. 3,11; Col. 3,11; Col. 3,12; Col. 3,13; Col. 3,15; Col. 3,15; Col. 3,16; Col. 3,17; Col. 3,19; Col. 3,23; Col. 3,25; Col. 4,1; Col. 4,7; Col. 4,7; Col. 4,8; Col. 4,9; Col. 4,10; Col. 4,11; Col. 4,12; Col. 4,13; Col. 4,13; Col. 4,14; Col. 4,15; Col. 4,15; Col. 4,16; Col. 4,16; Col. 4,17; 1Th. 1,1; 1Th. 1,1; 1Th. 1,1; 1Th. 1,1; 1Th. 1,3; 1Th. 1,3; 1Th. 1,3; 1Th. 1,5; 1Th. 1,5; 1Th. 1,6; 1Th. 1,7; 1Th. 1,8; 1Th. 1,9; 1Th. 1,9; 1Th. 1,10; 1Th. 2,2; 1Th. 2,9; 1Th. 2,9; 1Th. 2,10; 1Th. 2,10; 1Th. 2,10; 1Th. 2,12; 1Th. 2,12; 1Th. 2,12; 1Th. 2,15; 1Th. 2,15; 1Th. 2,15; 1Th. 2,18; 1Th. 2,18; 1Th. 2,20; 1Th. 3,2; 1Th. 3,2; 1Th. 3,2; 1Th. 3,4; 1Th. 3,5; 1Th. 3,6; 1Th. 3,6; 1Th. 3,6; 1Th. 3,7; 1Th. 3,10; 1Th. 3,10; 1Th. 3,11; 1Th. 3,11; 1Th. 3,12; 1Th. 3,12; 1Th. 3,13; 1Th. 4,1; 1Th. 4,1; 1Th. 4,4; 1Th. 4,6; 1Th. 4,6; 1Th. 4,11; 1Th. 4,11; 1Th. 4,11; 1Th. 4,12; 1Th. 4,14; 1Th. 4,16; 1Th. 4,16; 1Th. 4,17; 1Th. 5,1; 1Th. 5,3; 1Th. 5,3; 1Th. 5,5; 1Th. 5,6; 1Th. 5,7; 1Th. 5,8; 1Th. 5,8; 1Th. 5,11; 1Th. 5,12; 1Th. 5,12; 1Th. 5,13; 1Th. 5,15; 1Th. 5,15; 1Th. 5,23; 1Th. 5,23; 1Th. 5,23; 2Th. 1,1; 2Th. 1,1; 2Th. 1,1; 2Th. 1,2; 2Th. 1,2; 2Th. 1,3; 2Th. 1,4; 2Th. 1,4; 2Th. 1,7; 2Th. 1,8; 2Th. 1,9; 2Th. 1,10; 2Th. 1,11; 2Th. 1,11; 2Th. 1,12; 2Th. 1,12;

Κ, κ

2Th. 2,1; 2Th. 2,3; 2Th. 2,4; 2Th. 2,6; 2Th. 2,8; 2Th. 2,8; 2Th. 2,9; 2Th. 2,9; 2Th. 2,10; 2Th. 2,11; 2Th. 2,13; 2Th. 2,15; 2Th. 2,16; 2Th. 2,16; 2Th. 2,16; 2Th. 2,17; 2Th. 2,17; 2Th. 3,1; 2Th. 3,2; 2Th. 3,2; 2Th. 3,3; 2Th. 3,4; 2Th. 3,4; 2Th. 3,5; 2Th. 3,6; 2Th. 3,8; 2Th. 3,8; 2Th. 3,12; 2Th. 3,15; 1Tim. 1,1; 1Tim. 1,2; 1Tim. 1,4; 1Tim. 1,5; 1Tim. 1,5; 1Tim. 1,9; 1Tim. 1,9; 1Tim. 1,9; 1Tim. 1,9; 1Tim. 1,10; 1Tim. 1,13; 1Tim. 1,13; 1Tim. 1,14; 1Tim. 1,15; 1Tim. 1,17; 1Tim. 1,19; 1Tim. 1,20; 1Tim. 2,2; 1Tim. 2,2; 1Tim. 2,2; 1Tim. 2,3; 1Tim. 2,4; 1Tim. 2,5; 1Tim. 2,5; 1Tim. 2,7; 1Tim. 2,7; 1Tim. 2,8; 1Tim. 2,9; 1Tim. 2,9; 1Tim. 2,14; 1Tim. 2,15; 1Tim. 2,15; 1Tim. 3,7; 1Tim. 3,12; 1Tim. 3,13; 1Tim. 3,15; 1Tim. 3,16; 1Tim. 4,1; 1Tim. 4,3; 1Tim. 4,4; 1Tim. 4,5; 1Tim. 4,6; 1Tim. 4,7; 1Tim. 4,8; 1Tim. 4,9; 1Tim. 4,10; 1Tim. 4,11; 1Tim. 4,16; 1Tim. 4,16; 1Tim. 4,16; 1Tim. 5,4; 1Tim. 5,5; 1Tim. 5,5; 1Tim. 5,5; 1Tim. 5,5; 1Tim. 5,7; 1Tim. 5,8; 1Tim. 5,8; 1Tim. 5,13; 1Tim. 5,16; 1Tim. 5,17; 1Tim. 5,21; 1Tim. 5,21; 1Tim. 5,23; 1Tim. 5,25; 1Tim. 6,1; 1Tim. 6,2; 1Tim. 6,2; 1Tim. 6,3; 1Tim. 6,3; 1Tim. 6,4; 1Tim. 6,5; 1Tim. 6,8; 1Tim. 6,9; 1Tim. 6,9; 1Tim. 6,9; 1Tim. 6,9; 1Tim. 6,10; 1Tim. 6,12; 1Tim. 6,13; 1Tim. 6,15; 1Tim. 6,15; 1Tim. 6,16; 1Tim. 6,20; 2Tim. 1,2; 2Tim. 1,3; 2Tim. 1,5; 2Tim. 1,7; 2Tim. 1,7; 2Tim. 1,9; 2Tim. 1,9; 2Tim. 1,10; 2Tim. 1,11; 2Tim. 1,11; 2Tim. 1,12; 2Tim. 1,13; 2Tim. 1,15; 2Tim. 1,16; 2Tim. 1,17; 2Tim. 1,18; 2Tim. 2,2; 2Tim. 2,17; 2Tim. 2,17; 2Tim. 2,18; 2Tim. 2,20; 2Tim. 2,20; 2Tim. 2,20; 2Tim. 2,23; 2Tim. 2,26; 2Tim. 3,6; 2Tim. 3,7; 2Tim. 3,8; 2Tim. 3,11; 2Tim. 3,13; 2Tim. 3,13; 2Tim. 3,14; 2Tim. 3,15; 2Tim. 3,16; 2Tim. 4,1; 2Tim. 4,1; 2Tim. 4,1; 2Tim. 4,1; 2Tim. 4,2; 2Tim. 4,4; 2Tim. 4,6; 2Tim. 4,10; 2Tim. 4,13; 2Tim. 4,17; 2Tim. 4,17; 2Tim. 4,17; 2Tim. 4,18; 2Tim. 4,19; 2Tim. 4,19; 2Tim. 4,21; 2Tim. 4,21; 2Tim. 4,21; 2Tim. 4,21; Titus 1,1; Titus 1,4; Titus 1,4; Titus 1,5; Titus 1,9; Titus 1,9; Titus 1,10; Titus 1,14; Titus 1,15; Titus 1,15; Titus 1,16; Titus 1,16; Titus 2,12; Titus 2,12; Titus 2,12; Titus 2,13; Titus 2,13; Titus 2,14; Titus 2,15; Titus 2,15; Titus 3,3; Titus 3,3; Titus 3,4; Titus 3,5; Titus 3,8; Titus 3,8; Titus 3,9; Titus 3,9; Titus 3,9; Titus 3,9; Titus 3,10; Titus 3,11; Titus 3,13; Philem. 1; Philem. 1; Philem. 2; Philem. 2; Philem. 2; Philem. 3; Philem. 3; Philem. 5; Philem. 5; Philem. 7; Philem. 11; Philem. 16; Philem. 16; Heb. 1,1; Heb. 1,3; Heb. 1,5; Heb. 1,5; Heb. 1,6; Heb. 1,7; Heb. 1,7; Heb. 1,8; Heb. 1,9; Heb. 1,10; Heb. 1,11; Heb. 1,12; Heb. 1,12; Heb. 2,2; Heb. 2,2; Heb. 2,4; Heb. 2,4; Heb. 2,4; Heb. 2,7; Heb. 2,9; Heb. 2,10; Heb. 2,11; Heb. 2,13; Heb. 2,13; Heb. 2,13; Heb. 2,14; Heb. 2,15; Heb. 2,17; Heb. 3,1; Heb. 3,5; Heb. 3,6; Heb. 3,9; Heb. 3,10; Heb. 3,19; Heb. 4,4; Heb. 4,5; Heb. 4,6; Heb. 4,12; Heb. 4,12; Heb. 4,12; Heb. 4,12; Heb. 4,12; Heb. 4,12; Heb. 4,12; Heb. 4,13; Heb. 4,13; Heb. 4,16; Heb. 5,1; Heb. 5,2; Heb. 5,3; Heb. 5,4; Heb. 5,7; Heb. 5,7; Heb. 5,7; Heb. 5,9; Heb. 5,11; Heb. 5,12; Heb. 5,12; Heb. 5,14; Heb. 6,1; Heb. 6,2; Heb. 6,3; Heb. 6,4; Heb. 6,5; Heb. 6,6; Heb. 6,6; Heb. 6,7; Heb. 6,8; Heb. 6,8; Heb. 6,9; Heb. 6,10; Heb. 6,10; Heb. 6,12; Heb. 6,14; Heb. 6,15; Heb. 6,16; Heb. 6,19; Heb. 6,19; Heb. 7,1; Heb. 7,5; Heb. 7,6; Heb. 7,8; Heb. 7,9; Heb. 7,11; Heb. 7,15; Heb. 7,18; Heb. 7,21; Heb. 7,26; Heb. 8,2; Heb. 8,3; Heb. 8,5; Heb. 8,8; Heb. 8,8; Heb. 8,10; Heb. 8,10; Heb. 8,10; Heb. 8,11; Heb. 8,11; Heb. 8,12; Heb. 8,13; Heb. 9,2; Heb. 9,2; Heb. 9,4; Heb. 9,4; Heb. 9,4; Heb. 9,7; Heb. 9,9; Heb. 9,10; Heb. 9,10; Heb. 9,11; Heb. 9,12; Heb. 9,13; Heb. 9,13; Heb. 9,19; Heb. 9,19; Heb. 9,19; Heb. 9,19; Heb. 9,21; Heb. 9,22; Heb. 9,22; Heb. 9,27; Heb. 10,4; Heb. 10,5; Heb. 10,6; Heb. 10,8; Heb. 10,8; Heb. 10,8; Heb. 10,11; Heb. 10,16; Heb. 10,17; Heb. 10,17; Heb. 10,20; Heb. 10,21; Heb. 10,22; Heb. 10,24; Heb. 10,24; Heb. 10,25; Heb. 10,27; Heb. 10,29; Heb. 10,29; Heb. 10,30; Heb. 10,33; Heb. 10,34; Heb. 10,34; Heb. 10,37; Heb. 10,38; Heb. 11,4; Heb. 11,5; Heb. 11,6; Heb. 11,7; Heb. 11,8; Heb. 11,9; Heb. 11,10; Heb. 11,12; Heb. 11,12; Heb. 11,13; Heb. 11,13; Heb. 11,13; Heb. 11,15; Heb. 11,17; Heb. 11,20; Heb. 11,21; Heb. 11,22; Heb. 11,23; Heb. 11,28; Heb. 11,32; Heb. 11,32; Heb. 11,36; Heb. 11,36; Heb. 11,38; Heb. 11,38; Heb. 11,38; Heb. 12,1; Heb. 12,2; Heb. 12,5; Heb. 12,8; Heb. 12,9; Heb. 12,9; Heb. 12,12; Heb. 12,13; Heb. 12,14; Heb. 12,15; Heb. 12,18; Heb. 12,18; Heb. 12,18; Heb. 12,18; Heb. 12,19; Heb. 12,19; Heb. 12,21; Heb. 12,22; Heb. 12,22; Heb. 12,23; Heb. 12,23; Heb. 12,23; Heb. 12,24; Heb. 12,24; Heb. 12,28; Heb. 13,4; Heb. 13,4; Heb. 13,6; Heb. 13,8; Heb. 13,8; Heb. 13,9; Heb. 13,16; Heb. 13,17; Heb. 13,17; Heb. 13,24; James 1,1; James 1,4; James 1,5; James 1,5; James 1,6; James 1,11; James 1,11; James 1,11; James 1,14; James 1,17; James 1,21; James 1,22; James 1,23; James 1,24; James 1,24; James 1,25; James 1,27; James 1,27; James 1,27; James 2,3; James 2,3; James 2,4; James 2,4; James 2,5; James 2,6; James 2,12; James 2,15; James 2,16; James 2,19; James 2,22; James 2,23; James 2,23; James 2,23; James 2,24; James 2,25; James 3,4; James 3,5; James 3,6; James 3,6; James 3,6; James 3,7; James 3,7; James 3,7; James 3,9; James 3,9; James 3,10; James 3,11; James 3,13; James 3,14; James 3,14; James 3,16; James 3,16; James 3,17; James 4,1; James 4,2; James 4,2; James 4,2; James 4,2; James 4,3; James 4,7; James 4,8; James 4,8; James 4,9; James 4,9; James 4,9; James 4,10; James 4,11; James 4,12; James 4,12; James 4,13; James 4,13; James 4,13; James 4,15; James 4,15; James 4,17; James 5,2; James 5,3; James 5,3; James 5,3; James 5,4; James 5,5; James 5,7; James 5,10; James 5,11; James 5,11; James 5,12; James 5,14; James 5,15; James 5,15; James 5,16; James 5,17; James 5,17; James 5,17; James 5,18; James 5,18; James 5,18; James 5,19; James 5,20; 1Pet. 1,1; 1Pet. 1,2; 1Pet. 1,2; 1Pet. 1,3; 1Pet. 1,4; 1Pet. 1,4; 1Pet. 1,7; 1Pet. 1,7; 1Pet. 1,8; 1Pet. 1,10; 1Pet. 1,11; 1Pet. 1,17; 1Pet. 1,19; 1Pet. 1,21; 1Pet. 1,21; 1Pet. 1,23; 1Pet. 1,24; 1Pet. 1,24; 1Pet. 2,1; 1Pet. 2,1; 1Pet. 2,1; 1Pet. 2,1; 1Pet. 2,6; 1Pet. 2,8; 1Pet. 2,8; 1Pet. 2,11; 1Pet. 2,16; 1Pet. 2,18; 1Pet. 2,20; 1Pet. 2,20; 1Pet. 2,25; 1Pet. 3,3; 1Pet. 3,4; 1Pet. 3,6; 1Pet. 3,10; 1Pet. 3,10; 1Pet. 3,11; 1Pet. 3,11; 1Pet. 3,12; 1Pet. 3,16; 1Pet. 3,22; 1Pet. 3,22; 1Pet. 4,3; 1Pet. 4,5; 1Pet. 4,7; 1Pet. 4,11; 1Pet. 4,14; 1Pet. 4,18; 1Pet. 4,18; 1Pet. 5,1; 1Pet. 5,4; 1Pet. 5,12; 1Pet. 5,13; 2Pet. 1,1; 2Pet. 1,1; 2Pet. 1,2; 2Pet. 1,2; 2Pet. 1,3; 2Pet. 1,3; 2Pet. 1,4; 2Pet. 1,8; 2Pet. 1,10; 2Pet. 1,11; 2Pet. 1,12; 2Pet. 1,16; 2Pet. 1,17; 2Pet. 1,18; 2Pet. 1,19; 2Pet. 1,19; 2Pet. 2,2; 2Pet. 2,3; 2Pet. 2,3; 2Pet. 2,5; 2Pet. 2,6; 2Pet. 2,6; 2Pet. 2,7; 2Pet. 2,8; 2Pet. 2,10; 2Pet. 2,11; 2Pet. 2,12; 2Pet. 2,13; 2Pet. 2,14; 2Pet. 2,17; 2Pet. 2,20; 2Pet. 3,2; 2Pet. 3,2; 2Pet. 3,4; 2Pet. 3,5; 2Pet. 3,5; 2Pet. 3,7; 2Pet. 3,7; 2Pet. 3,8; 2Pet. 3,10; 2Pet. 3,10; 2Pet. 3,11; 2Pet. 3,12; 2Pet. 3,12; 2Pet. 3,13; 2Pet. 3,14; 2Pet. 3,15; 2Pet. 3,16; 2Pet. 3,18; 2Pet. 3,18; 2Pet. 3,18; 2Pet. 3,18; 1John 1,1; 1John 1,2; 1John 1,2; 1John 1,2; 1John 1,2; 1John 1,2; 1John 1,3; 1John 1,3; 1John 1,4; 1John 1,5; 1John 1,5; 1John 1,6; 1John 1,6; 1John 1,7; 1John 1,8; 1John 1,9; 1John 1,9; 1John 1,10; 1John 2,2; 1John 2,4; 1John 2,4; 1John 2,8; 1John 2,8; 1John 2,9; 1John 2,10; 1John 2,11; 1John 2,11; 1John 2,14; 1John 2,14; 1John 2,16; 1John 2,16; 1John 2,17; 1John 2,17; 1John 2,18; 1John 2,20; 1John 2,20; 1John 2,21; 1John 2,22; 1John 2,24; 1John 2,25; 1John 2,27; 1John 2,27; 1John 2,27; 1John 2,27; 1John 2,27; 1John 2,28; 1John 3,1; 1John 3,2; 1John 3,3; 1John 3,4; 1John 3,5; 1John 3,5; 1John 3,9; 1John 3,10; 1John 3,10; 1John 3,12; 1John 3,12; 1John 3,15; 1John 3,16; 1John 3,17; 1John 3,18; 1John 3,19; 1John 3,20; 1John 3,22; 1John 3,22; 1John 3,23; 1John 3,24; 1John 3,24; 1John 3,24; 1John 4,3; 1John 4,3; 1John 4,3; 1John 4,4; 1John 4,5; 1John 4,6; 1John 4,7; 1John 4,7; 1John 4,10; 1John 4,12; 1John 4,13; 1John 4,14; 1John 4,14; 1John 4,15; 1John 4,16; 1John 4,16; 1John 4,16; 1John 4,16; 1John 4,21; 1John 5,1; 1John 5,2; 1John 5,3;

1John 5,4; 1John 5,6; 1John 5,6; 1John 5,6; 1John 5,8; 1John 5,8; 1John 5,8; 1John 5,11; 1John 5,11; 1John 5,14; 1John 5,15; 1John 5,16; 1John 5,17; 1John 5,18; 1John 5,19; 1John 5,20; 1John 5,20; 1John 5,20; 2John 1; 2John 1; 2John 2; 2John 3; 2John 3; 2John 5; 2John 6; 2John 7; 2John 9; 2John 9; 2John 9; 2John 10; 2John 10; 2John 12; 2John 12; 3John 2; 3John 3; 3John 5; 3John 10; 3John 10; 3John 10; 3John 12; 3John 12; 3John 13; 3John 14; Jude 1; Jude 2; Jude 2; Jude 4; Jude 4; Jude 7; Jude 7; Jude 7; Jude 11; Jude 11; Jude 15; Jude 15; Jude 16; Jude 22; Jude 24; Jude 25; Jude 25; Jude 25; Rev. 1,1; Rev. 1,2; Rev. 1,3; Rev. 1,3; Rev. 1,4; Rev. 1,4; Rev. 1,4; Rev. 1,4; Rev. 1,5; Rev. 1,5; Rev. 1,5; Rev. 1,6; Rev. 1,6; Rev. 1,6; Rev. 1,7; Rev. 1,7; Rev. 1,7; Rev. 1,8; Rev. 1,8; Rev. 1,8; Rev. 1,9; Rev. 1,9; Rev. 1,9; Rev. 1,9; Rev. 1,10; Rev. 1,11; Rev. 1,11; Rev. 1,11; Rev. 1,11; Rev. 1,11; Rev. 1,11; Rev. 1,11; Rev. 1,12; Rev. 1,13; Rev. 1,13; Rev. 1,14; Rev. 1,14; Rev. 1,15; Rev. 1,15; Rev. 1,16; Rev. 1,16; Rev. 1,16; Rev. 1,17; Rev. 1,17; Rev. 1,18; Rev. 1,18; Rev. 1,18; Rev. 1,18; Rev. 1,19; Rev. 1,19; Rev. 1,20; Rev. 1,20; Rev. 2,2; Rev. 2,2; Rev. 2,2; Rev. 2,2; Rev. 2,2; Rev. 2,3; Rev. 2,3; Rev. 2,3; Rev. 2,5; Rev. 2,5; Rev. 2,5; Rev. 2,8; Rev. 2,8; Rev. 2,9; Rev. 2,9; Rev. 2,9; Rev. 2,10; Rev. 2,10; Rev. 2,13; Rev. 2,13; Rev. 2,14; Rev. 2,16; Rev. 2,17; Rev. 2,17; Rev. 2,18; Rev. 2,19; Rev. 2,19; Rev. 2,19; Rev. 2,19; Rev. 2,19; Rev. 2,20; Rev. 2,20; Rev. 2,20; Rev. 2,21; Rev. 2,22; Rev. 2,23; Rev. 2,23; Rev. 2,23; Rev. 2,23; Rev. 2,26; Rev. 2,27; Rev. 2,28; Rev. 3,1; Rev. 3,1; Rev. 3,2; Rev. 3,3; Rev. 3,3; Rev. 3,3; Rev. 3,3; Rev. 3,4; Rev. 3,5; Rev. 3,5; Rev. 3,5; Rev. 3,7; Rev. 3,7; Rev. 3,7; Rev. 3,8; Rev. 3,8; Rev. 3,9; Rev. 3,9; Rev. 3,9; Rev. 3,12; Rev. 3,12; Rev. 3,12; Rev. 3,12; Rev. 3,14; Rev. 3,16; Rev. 3,17; Rev. 3,17; Rev. 3,17; Rev. 3,17; Rev. 3,17; Rev. 3,17; Rev. 3,17; Rev. 3,18; Rev. 3,18; Rev. 3,18; Rev. 3,19; Rev. 3,19; Rev. 3,20; Rev. 3,20; Rev. 3,20; Rev. 3,20; Rev. 3,21; Rev. 4,1; Rev. 4,1; Rev. 4,1; Rev. 4,2; Rev. 4,2; Rev. 4,3; Rev. 4,3; Rev. 4,3; Rev. 4,4; Rev. 4,4; Rev. 4,5; Rev. 4,5; Rev. 4,5; Rev. 4,6; Rev. 4,6; Rev. 4,6; Rev. 4,7; Rev. 4,7; Rev. 4,7; Rev. 4,7; Rev. 4,8; Rev. 4,8; Rev. 4,8; Rev. 4,8; Rev. 4,8; Rev. 4,8; Rev. 4,9; Rev. 4,9; Rev. 4,10; Rev. 4,10; Rev. 4,11; Rev. 4,11; Rev. 4,11; Rev. 4,11; Rev. 4,11; Rev. 5,1; Rev. 5,2; Rev. 5,2; Rev. 5,3; Rev. 5,4; Rev. 5,5; Rev. 5,5; Rev. 5,6; Rev. 5,6; Rev. 5,6; Rev. 5,7; Rev. 5,7; Rev. 5,8; Rev. 5,8; Rev. 5,9; Rev. 5,9; Rev. 5,9; Rev. 5,9; Rev. 5,9; Rev. 5,9; Rev. 5,10; Rev. 5,10; Rev. 5,10; Rev. 5,11; Rev. 5,11; Rev. 5,11; Rev. 5,11; Rev. 5,11; Rev. 5,12; Rev. 5,12; Rev. 5,12; Rev. 5,12; Rev. 5,12; Rev. 5,12; Rev. 5,13; Rev. 5,13; Rev. 5,13; Rev. 5,13; Rev. 5,13; Rev. 5,13; Rev. 5,13; Rev. 5,13; Rev. 5,14; Rev. 5,14; Rev. 5,14; Rev. 6,1; Rev. 6,2; Rev. 6,2; Rev. 6,2; Rev. 6,2; Rev. 6,2; Rev. 6,2; Rev. 6,4; Rev. 6,4; Rev. 6,4; Rev. 6,4; Rev. 6,5; Rev. 6,5; Rev. 6,5; Rev. 6,6; Rev. 6,6; Rev. 6,6; Rev. 6,6; Rev. 6,8; Rev. 6,8; Rev. 6,8; Rev. 6,8; Rev. 6,8; Rev. 6,8; Rev. 6,8; Rev. 6,9; Rev. 6,10; Rev. 6,10; Rev. 6,10; Rev. 6,11; Rev. 6,11; Rev. 6,11; Rev. 6,12; Rev. 6,12; Rev. 6,12; Rev. 6,13; Rev. 6,14; Rev. 6,14; Rev. 6,14; Rev. 6,15; Rev. 6,15; Rev. 6,15; Rev. 6,15; Rev. 6,15; Rev. 6,15; Rev. 6,15; Rev. 6,16; Rev. 6,16; Rev. 6,16; Rev. 6,16; Rev. 6,17; Rev. 7,2; Rev. 7,2; Rev. 7,9; Rev. 7,9; Rev. 7,9; Rev. 7,9; Rev. 7,9; Rev. 7,9; Rev. 7,10; Rev. 7,10; Rev. 7,11; Rev. 7,11; Rev. 7,11; Rev. 7,11; Rev. 7,12; Rev. 7,12; Rev. 7,12; Rev. 7,12; Rev. 7,12; Rev. 7,12; Rev. 7,13; Rev. 7,14; Rev. 7,14; Rev. 7,14; Rev. 7,14; Rev. 7,15; Rev. 7,15; Rev. 7,15; Rev. 7,17; Rev. 7,17; Rev. 8,2; Rev. 8,3; Rev. 8,3; Rev. 8,4; Rev. 8,5; Rev. 8,5; Rev. 8,5; Rev. 8,5; Rev. 8,5; Rev. 8,5; Rev. 8,5; Rev. 8,7; Rev. 8,7; Rev. 8,7; Rev. 8,7; Rev. 8,7; Rev. 8,7; Rev. 8,8; Rev. 8,8; Rev. 8,9; Rev. 8,9; Rev. 8,10; Rev. 8,10; Rev. 8,10; Rev. 8,11; Rev. 8,11; Rev. 8,11; Rev. 8,12; Rev. 8,12; Rev. 8,12; Rev. 8,12; Rev. 8,12; Rev. 8,13; Rev. 9,1; Rev. 9,1; Rev. 9,2; Rev. 9,2; Rev. 9,2; Rev. 9,2; Rev. 9,3; Rev. 9,3; Rev. 9,4; Rev. 9,5; Rev. 9,5; Rev. 9,6; Rev. 9,6; Rev. 9,6; Rev. 9,6; Rev. 9,7; Rev. 9,7; Rev. 9,8; Rev. 9,8; Rev. 9,9; Rev. 9,9; Rev. 9,10; Rev. 9,10; Rev. 9,10; Rev. 9,11; Rev. 9,13; Rev. 9,15; Rev. 9,15; Rev. 9,15; Rev. 9,15; Rev. 9,16; Rev. 9,17; Rev. 9,17; Rev. 9,17; Rev. 9,17; Rev. 9,17; Rev. 9,17; Rev. 9,17; Rev. 9,18; Rev. 9,18; Rev. 9,19; Rev. 9,19; Rev. 9,20; Rev. 9,20; Rev. 9,20; Rev. 9,20; Rev. 9,20; Rev. 9,21; Rev. 10,1; Rev. 10,1; Rev. 10,1; Rev. 10,2; Rev. 10,2; Rev. 10,3; Rev. 10,3; Rev. 10,4; Rev. 10,4; Rev. 10,5; Rev. 10,6; Rev. 10,6; Rev. 10,6; Rev. 10,6; Rev. 10,6; Rev. 10,6; Rev. 10,8; Rev. 10,8; Rev. 10,9; Rev. 10,9; Rev. 10,9; Rev. 10,9; Rev. 10,10; Rev. 10,10; Rev. 10,10; Rev. 10,11; Rev. 10,11; Rev. 10,11; Rev. 10,11; Rev. 11,1; Rev. 11,1; Rev. 11,1; Rev. 11,2; Rev. 11,2; Rev. 11,2; Rev. 11,2; Rev. 11,3; Rev. 11,4; Rev. 11,5; Rev. 11,5; Rev. 11,5; Rev. 11,6; Rev. 11,6; Rev. 11,7; Rev. 11,7; Rev. 11,8; Rev. 11,8; Rev. 11,9; Rev. 11,9; Rev. 11,9; Rev. 11,9; Rev. 11,9; Rev. 11,9; Rev. 11,10; Rev. 11,10; Rev. 11,10; Rev. 11,11; Rev. 11,11; Rev. 11,11; Rev. 11,12; Rev. 11,12; Rev. 11,12; Rev. 11,13; Rev. 11,13; Rev. 11,13; Rev. 11,13; Rev. 11,15; Rev. 11,15; Rev. 11,15; Rev. 11,16; Rev. 11,17; Rev. 11,17; Rev. 11,18; Rev. 11,18; Rev. 11,18; Rev. 11,18; Rev. 11,18; Rev. 11,18; Rev. 11,18; Rev. 11,18; Rev. 11,19; Rev. 11,19; Rev. 11,19; Rev. 11,19; Rev. 11,19; Rev. 11,19; Rev. 12,1; Rev. 12,1; Rev. 12,2; Rev. 12,2; Rev. 12,2; Rev. 12,3; Rev. 12,3; Rev. 12,3; Rev. 12,3; Rev. 12,4; Rev. 12,4; Rev. 12,5; Rev. 12,5; Rev. 12,5; Rev. 12,6; Rev. 12,7; Rev. 12,7; Rev. 12,7; Rev. 12,8; Rev. 12,9; Rev. 12,9; Rev. 12,9; Rev. 12,10; Rev. 12,10; Rev. 12,10; Rev. 12,10; Rev. 12,10; Rev. 12,11; Rev. 12,11; Rev. 12,11; Rev. 12,12; Rev. 12,12; Rev. 12,14; Rev. 12,14; Rev. 12,14; Rev. 12,15; Rev. 12,16; Rev. 12,16; Rev. 12,16; Rev. 12,17; Rev. 12,17; Rev. 12,17; Rev. 13,1; Rev. 13,1; Rev. 13,1; Rev. 13,2; Rev. 13,2; Rev. 13,2; Rev. 13,2; Rev. 13,2; Rev. 13,2; Rev. 13,3; Rev. 13,3; Rev. 13,4; Rev. 13,4; Rev. 13,4; Rev. 13,5; Rev. 13,5; Rev. 13,5; Rev. 13,6; Rev. 13,6; Rev. 13,7; Rev. 13,7; Rev. 13,7; Rev. 13,7; Rev. 13,7; Rev. 13,7; Rev. 13,8; Rev. 13,10; Rev. 13,11; Rev. 13,11; Rev. 13,12; Rev. 13,12; Rev. 13,12; Rev. 13,13; Rev. 13,14; Rev. 13,15; Rev. 13,15; Rev. 13,16; Rev. 13,16; Rev. 13,16; Rev. 13,16; Rev. 13,16; Rev. 13,16; Rev. 13,17; Rev. 13,18; Rev. 14,1; Rev. 14,1; Rev. 14,1; Rev. 14,2; Rev. 14,2; Rev. 14,2; Rev. 14,3; Rev. 14,3; Rev. 14,3; Rev. 14,3; Rev. 14,4; Rev. 14,5; Rev. 14,6; Rev. 14,6; Rev. 14,6; Rev. 14,6; Rev. 14,7; Rev. 14,7; Rev. 14,7; Rev. 14,7; Rev. 14,7; Rev. 14,9; Rev. 14,9; Rev. 14,10; Rev. 14,10; Rev. 14,10; Rev. 14,11; Rev. 14,11; Rev. 14,11; Rev. 14,11; Rev. 14,11; Rev. 14,12; Rev. 14,14; Rev. 14,14; Rev. 14,14; Rev. 14,15; Rev. 14,15; Rev. 14,16; Rev. 14,16; Rev. 14,18; Rev. 14,18; Rev. 14,18; Rev. 14,19; Rev. 14,19; Rev. 14,19; Rev. 14,20; Rev. 14,20; Rev. 15,1; Rev. 15,2; Rev. 15,2; Rev. 15,2; Rev. 15,3; Rev. 15,3; Rev. 15,3; Rev. 15,3; Rev. 15,4; Rev. 15,4; Rev. 15,5; Rev. 15,6; Rev. 15,6; Rev. 15,7; Rev. 15,8; Rev. 15,8; Rev. 15,8; Rev. 16,1; Rev. 16,2; Rev. 16,2; Rev. 16,2; Rev. 16,2; Rev. 16,3; Rev. 16,3; Rev. 16,4; Rev. 16,4; Rev. 16,5; Rev. 16,6; Rev. 16,6; Rev. 16,7; Rev. 16,8; Rev. 16,9; Rev. 16,9; Rev. 16,9; Rev. 16,10; Rev. 16,10; Rev. 16,11; Rev. 16,11; Rev. 16,11; Rev. 16,12; Rev. 16,13; Rev. 16,13; Rev. 16,15; Rev. 16,15; Rev. 16,17; Rev. 16,18; Rev. 16,18; Rev. 16,18; Rev. 16,18; Rev. 16,19; Rev. 16,19; Rev. 16,19; Rev. 16,20; Rev. 16,20; Rev. 16,21; Rev. 16,21; Rev. 17,1; Rev. 17,2; Rev. 17,3; Rev. 17,3; Rev. 17,4; Rev. 17,4; Rev. 17,4; Rev. 17,4; Rev. 17,4; Rev. 17,4; Rev. 17,5; Rev. 17,5; Rev. 17,6; Rev. 17,6; Rev. 17,7; Rev. 17,7; Rev. 17,8; Rev. 17,8; Rev. 17,8; Rev. 17,8; Rev. 17,8; Rev. 17,8; Rev. 17,9; Rev. 17,10; Rev. 17,11; Rev. 17,11; Rev. 17,11; Rev. 17,11; Rev. 17,13; Rev. 17,13; Rev. 17,14; Rev. 17,14; Rev. 17,14; Rev. 17,14; Rev. 17,14; Rev. 17,15; Rev. 17,15; Rev. 17,15; Rev. 17,16; Rev. 17,16; Rev. 17,16; Rev. 17,16; Rev. 17,16; Rev. 17,16; Rev. 17,17;

Rev. 17,17; Rev. 17,18; Rev. 18,1; Rev. 18,2; Rev. 18,2; Rev. 18,2; Rev. 18,2; Rev. 18,2; Rev. 18,2; Rev. 18,3; Rev. 18,3; Rev. 18,4; Rev. 18,5; Rev. 18,6; Rev. 18,7; Rev. 18,7; Rev. 18,7; Rev. 18,7; Rev. 18,8; Rev. 18,8; Rev. 18,8; Rev. 18,9; Rev. 18,9; Rev. 18,11; Rev. 18,12; Rev. 18,12; Rev. 18,12; Rev. 18,12; Rev. 18,12; Rev. 18,12; Rev. 18,12; Rev. 18,12; Rev. 18,12; Rev. 18,12; Rev. 18,12; Rev. 18,12; Rev. 18,13; Rev. 18,13; Rev. 18,13; Rev. 18,13; Rev. 18,13; Rev. 18,13; Rev. 18,13; Rev. 18,13; Rev. 18,13; Rev. 18,13; Rev. 18,13; Rev. 18,13; Rev. 18,14; Rev. 18,14; Rev. 18,14; Rev. 18,14; Rev. 18,15; Rev. 18,16; Rev. 18,16; Rev. 18,16; Rev. 18,16; Rev. 18,16; Rev. 18,17; Rev. 18,17; Rev. 18,17; Rev. 18,18; Rev. 18,19; Rev. 18,19; Rev. 18,19; Rev. 18,20; Rev. 18,20; Rev. 18,20; Rev. 18,21; Rev. 18,21; Rev. 18,22; Rev. 18,22; Rev. 18,22; Rev. 18,22; Rev. 18,22; Rev. 18,22; Rev. 18,23; Rev. 18,23; Rev. 18,23; Rev. 18,24; Rev. 18,24; Rev. 18,24; Rev. 19,1; Rev. 19,1; Rev. 19,2; Rev. 19,2; Rev. 19,3; Rev. 19,4; Rev. 19,4; Rev. 19,4; Rev. 19,5; Rev. 19,5; Rev. 19,6; Rev. 19,6; Rev. 19,7; Rev. 19,7; Rev. 19,7; Rev. 19,8; Rev. 19,9; Rev. 19,10; Rev. 19,10; Rev. 19,10; Rev. 19,11; Rev. 19,11; Rev. 19,11; Rev. 19,11; Rev. 19,11; Rev. 19,12; Rev. 19,13; Rev. 19,13; Rev. 19,15; Rev. 19,15; Rev. 19,15; Rev. 19,16; Rev. 19,16; Rev. 19,16; Rev. 19,17; Rev. 19,18; Rev. 19,18; Rev. 19,18; Rev. 19,18; Rev. 19,18; Rev. 19,18; Rev. 19,18; Rev. 19,18; Rev. 19,19; Rev. 19,19; Rev. 19,19; Rev. 19,20; Rev. 19,20; Rev. 19,20; Rev. 19,21; Rev. 19,21; Rev. 20,1; Rev. 20,2; Rev. 20,2; Rev. 20,2; Rev. 20,3; Rev. 20,3; Rev. 20,3; Rev. 20,4; Rev. 20,4; Rev. 20,4; Rev. 20,4; Rev. 20,4; Rev. 20,4; Rev. 20,4; Rev. 20,4; Rev. 20,6; Rev. 20,6; Rev. 20,6; Rev. 20,8; Rev. 20,8; Rev. 20,9; Rev. 20,9; Rev. 20,9; Rev. 20,9; Rev. 20,9; Rev. 20,10; Rev. 20,10; Rev. 20,10; Rev. 20,10; Rev. 20,11; Rev. 20,11; Rev. 20,11; Rev. 20,12; Rev. 20,12; Rev. 20,12; Rev. 20,12; Rev. 20,12; Rev. 20,13; Rev. 20,13; Rev. 20,13; Rev. 20,13; Rev. 20,14; Rev. 20,14; Rev. 20,15; Rev. 21,1; Rev. 21,1; Rev. 21,1; Rev. 21,2; Rev. 21,3; Rev. 21,3; Rev. 21,3; Rev. 21,3; Rev. 21,4; Rev. 21,4; Rev. 21,5; Rev. 21,5; Rev. 21,6; Rev. 21,6; Rev. 21,6; Rev. 21,7; Rev. 21,7; Rev. 21,8; Rev. 21,8; Rev. 21,8; Rev. 21,8; Rev. 21,8; Rev. 21,8; Rev. 21,8; Rev. 21,8; Rev. 21,9; Rev. 21,10; Rev. 21,10; Rev. 21,10; Rev. 21,12; Rev. 21,12; Rev. 21,12; Rev. 21,13; Rev. 21,13; Rev. 21,13; Rev. 21,14; Rev. 21,14; Rev. 21,15; Rev. 21,15; Rev. 21,16; Rev. 21,16; Rev. 21,16; Rev. 21,16; Rev. 21,16; Rev. 21,17; Rev. 21,18; Rev. 21,18; Rev. 21,21; Rev. 21,21; Rev. 21,22; Rev. 21,23; Rev. 21,23; Rev. 21,24; Rev. 21,24; Rev. 21,25; Rev. 21,26; Rev. 21,26; Rev. 21,27; Rev. 21,27; Rev. 21,27; Rev. 22,1; Rev. 22,2; Rev. 22,2; Rev. 22,2; Rev. 22,3; Rev. 22,3; Rev. 22,3; Rev. 22,3; Rev. 22,4; Rev. 22,4; Rev. 22,5; Rev. 22,5; Rev. 22,5; Rev. 22,5; Rev. 22,6; Rev. 22,6; Rev. 22,7; Rev. 22,8; Rev. 22,8; Rev. 22,8; Rev. 22,9; Rev. 22,9; Rev. 22,9; Rev. 22,11; Rev. 22,11; Rev. 22,11; Rev. 22,12; Rev. 22,13; Rev. 22,13; Rev. 22,13; Rev. 22,14; Rev. 22,15; Rev. 22,15; Rev. 22,15; Rev. 22,15; Rev. 22,15; Rev. 22,15; Rev. 22,16; Rev. 22,17; Rev. 22,17; Rev. 22,17; Rev. 22,19; Rev. 22,19)

καί ‣ 149 + 16 + 34 = 199

    Adverb ‣ 47 + 8 + 3 = **58** (Josh. 9,4; Judg. 1,3; Judg. 1,22; Judg. 3,22; Judg. 8,31; Ruth 1,5; Ruth 4,10; 2Sam. 11,12; 2Sam. 11,17; 2Sam. 14,7; 2Sam. 15,24; 2Sam. 17,5; 2Sam. 17,10; 2Sam. 17,12; 2Sam. 18,2; 2Sam. 18,22; 1Kings 2,5; 2Kings 21,11; 2Kings 23,15; 1Chr. 10,5; 3Mac. 4,4; 4Mac. 5,13; Eccl. 1,17; Eccl. 2,1; Eccl. 2,14; Eccl. 2,15; Eccl. 2,15; Eccl. 2,19; Eccl. 2,21; Eccl. 2,23; Eccl. 2,24; Eccl. 2,26; Eccl. 3,13; Eccl. 3,18; Eccl. 4,4; Eccl. 4,8; Eccl. 4,16; Eccl. 5,9; Eccl. 5,15; Eccl. 5,18; Eccl. 6,9; Eccl. 7,6; Eccl. 7,22; Eccl. 8,10; Eccl. 8,14; Wis. 13,11; Zech. 3,7; Judg. 1,22; Judg. 3,22; Judg. 3,31; Judg. 6,39; Judg. 8,31; Judg. 9,19; Judg. 9,49; Judg. 9,49; Acts 17,28; Rom. 8,34; James 2,11)

    Conjunction · coordinating · (copulative) ‣ 102 + 8 + 31 = **141** (Ex. 1,10; Deut. 33,18; Josh. 4,9; Judg. 2,17; Judg. 11,17; Judg. 19,19; Judg. 19,19; Ruth 2,16; Ruth 3,12; 2Sam. 2,6; 2Sam. 2,7; 2Sam. 11,24; 2Sam. 12,14; 2Sam. 13,36; 2Sam. 14,6; 2Sam. 15,20; 2Sam. 16,23; 2Sam. 16,23; 2Sam. 17,5; 2Sam. 17,16; 2Sam. 18,27; 2Sam. 19,41; 2Sam. 19,44; 2Sam. 20,26; 2Sam. 21,20; 1Kings 1,6; 1Kings 1,48; 1Kings 22,22; 2Kings 8,1; 2Kings 10,18; 2Kings 13,6; 2Kings 16,3; 2Kings 17,19; 2Kings 17,41; 2Kings 21,16; 2Kings 22,19; 2Kings 23,15; 2Kings 23,19; 2Kings 23,24; 2Kings 24,4; 2Chr. 6,37; 2Chr. 14,14; 1Esdr. 8,73; Ezra 1,1; Ezra 4,17; 1Mac. 6,40; 1Mac. 7,19; 1Mac. 16,16; 2Mac. 13,6; 3Mac. 1,14; 3Mac. 3,10; Psa. 93,8; Psa. 102,1; Ode. 7,37; Eccl. 1,11; Eccl. 2,7; Eccl. 2,8; Eccl. 2,9; Eccl. 2,23; Eccl. 3,11; Eccl. 4,8; Eccl. 4,8; Eccl. 4,11; Eccl. 4,14; Eccl. 4,16; Eccl. 5,16; Eccl. 6,3; Eccl. 6,5; Eccl. 6,7; Eccl. 7,14; Eccl. 7,18; Eccl. 7,21; Eccl. 8,12; Eccl. 8,16; Eccl. 8,17; Eccl. 9,1; Eccl. 9,1; Eccl. 9,3; Eccl. 9,6; Eccl. 9,6; Eccl. 9,6; Eccl. 9,11; Eccl. 9,11; Eccl. 9,11; Eccl. 9,12; Eccl. 10,3; Eccl. 10,20; Eccl. 11,2; Eccl. 12,5; Song 1,16; Song 8,1; Job 15,10; Job 15,10; Job 30,2; Mal. 2,17; Is. 56,11; Lam. 1,8; Lam. 2,9; Lam. 3,8; Lam. 4,15; Lam. 4,21; Dan. 3,37; Judg. 2,10; Judg. 2,10; Judg. 2,17; Judg. 2,21; Judg. 17,2; Judg. 19,19; Dan. 3,37; Dan. 11,8; Matt. 15,4; Matt. 23,18; Mark 7,1; Mark 7,10; Mark 8,3; Mark 11,5; Mark 14,57; Mark 15,35; Luke 19,39; Luke 21,8; John 13,13; John 16,17; Acts 1,20; Acts 2,18; Acts 3,2; Acts 8,36; Acts 10,23; Acts 15,2; Acts 16,14; Acts 17,4; Acts 17,6; Acts 17,18; Acts 17,27; Acts 25,24; Acts 27,1; 1Cor. 11,2; 1Tim. 5,18; 2Tim. 2,19; Heb. 1,10; Heb. 12,21; 2Pet. 2,22)

crasis-καί ‣ 120 + 3 + 143 = 266

Κἀγώ ‣ 1 + 1 = 2

    Adverb ‣ **1** (2Mac. 15,5)

    Conjunction · coordinating · (copulative) ‣ **1** (1Cor. 3,1)

Κἀγώ ‣ 7 + 3 = 10

    Adverb ‣ **5** (Gen. 20,6; Gen. 40,16; 1Kings 13,18; 2Kings 2,3; Ezek. 24,9)

    Conjunction · coordinating · (copulative) ‣ 2 + 3 = **5** (Sir. 24,30; Sir. 33,16; Luke 11,9; 1Cor. 2,1; Rev. 22,8)

κἀγώ ‣ 8 + 9 = 17

    Adverb ‣ 3 + 7 = **10** (Deut. 12,30; Sir. 37,1; Zech. 8,21; 1Cor. 16,10; 2Cor. 2,10; 2Cor. 11,21; 2Cor. 11,22; 2Cor. 11,22; 2Cor. 11,22; Rev. 3,10)

    Conjunction · coordinating · (copulative) ‣ 5 + 2 = **7** (Ruth 4,4; Ode. 11,19; Is. 38,19; Is. 43,4; Is. 57,11; 1Cor. 7,8; James 2,18)

κἀγώ ‣ 71 + 3 + 63 = 137

    Adverb ‣ 15 + 1 + 24 = **40** (Gen. 30,3; Gen. 30,30; Lev. 26,24; Lev. 26,24; 1Esdr. 6,27; 1Esdr. 8,19; Esth. 4,16; 1Mac. 10,24; 4Mac. 11,22; Prov. 1,26; Prov. 4,3; Job 6,18; Job 7,3; Job 42,4; Wis. 7,1; Judg. 1,3; Matt. 2,8; Matt. 10,32; Matt. 10,33; Matt. 16,18; Matt. 18,33; Matt. 21,24; Matt. 21,24; John 15,9; John 17,18; John 20,21; Rom. 3,7; 1Cor. 7,40; 1Cor. 10,33; 1Cor. 11,1; 2Cor. 11,16; 2Cor. 11,18; Gal. 4,12; Eph. 1,15; Phil. 2,19; Phil. 2,28; 1Th. 3,5; Rev. 2,6; Rev. 2,28; Rev. 3,21)

    Conjunction · coordinating · (copulative) ‣ 56 + 2 + 39 = **97** (Gen. 42,37; Ex. 3,9; Deut. 5,5; Deut. 10,10; Deut. 32,21; Deut. 32,39; Ruth 4,4; 1Sam. 1,28; 1Sam. 4,16; 1Sam. 12,2; 1Sam. 12,2; 1Sam. 16,1; 1Sam. 17,45; 1Sam. 18,23; 2Sam. 12,12; 2Sam. 14,8; 2Sam. 19,39; 1Kings 12,11; 1Kings 12,14; 1Kings 12,14; 1Kings 18,36; 1Chr. 22,10; 1Chr. 28,6; 2Chr. 12,5; Esth. 3,9; Esth. 4,11; Judith 10,13; Tob. 1,6; Tob. 2,4; Tob. 10,9; 1Mac. 2,20; 1Mac. 10,40; Psa. 87,14; Psa. 88,28; Psa. 117,7; Ode. 2,21; Ode. 2,39; Ode. 6,5; Song 2,16; Job 2,9d; Job 16,4; Hos. 4,6; Hos. 4,6; Hos. 7,15; Zech. 13,9; Mal. 2,9; Is. 43,10; Is. 43,12; Is. 57,12; Is. 66,4;

καί–Καινή

Is. 66,18; Jer. 10,19; Jer. 13,26; Ezek. 5,11; Ezek. 5,11; Ezek. 36,28; Judg. 2,3; Tob. 1,6; Matt. 11,28; Matt. 26,15; Luke 2,48; Luke 19,23; Luke 20,3; Luke 22,29; John 1,31; John 1,33; John 1,34; John 5,17; John 6,44; John 6,54; John 6,56; John 6,57; John 8,26; John 10,15; John 10,27; John 10,28; John 10,38; John 12,32; John 14,16; John 14,20; John 14,21; John 15,4; John 15,5; John 17,11; John 17,21; John 17,22; John 17,26; John 20,15; Acts 22,13; Acts 22,19; Rom. 11,3; 1Cor. 2,3; 2Cor. 6,17; 2Cor. 12,20; Gal. 6,14; Heb. 8,9; James 2,18)

κἀκεῖ ▸ 4 + 9 = 13
    Adverb ▸ 1 + 1 = **2** (3Mac. 7,19; Acts 17,13)
    Conjunction · coordinating · (copulative) ▸ 3 + 8 = **11** (Ruth 1,17; 1Kings 19,12; Is. 57,7; Matt. 5,23; Matt. 10,11; Matt. 28,10; Mark 1,35; John 11,54; Acts 14,7; Acts 22,10; Acts 25,20)

Κἀκεῖ ▸ 1
    Conjunction · coordinating · (copulative) ▸ **1** (Acts 27,6)

Κἀκεῖθεν ▸ 2
    Conjunction · coordinating · (copulative) ▸ **2** (Mark 9,30; Luke 11,53)

κἀκεῖθεν ▸ 8
    Conjunction · coordinating · (copulative) ▸ **8** (Acts 7,4; Acts 13,21; Acts 14,26; Acts 16,12; Acts 20,15; Acts 21,1; Acts 27,4; Acts 28,15)

κἀκεῖνα ▸ 4
    Conjunction · coordinating · (copulative) ▸ **4** (Matt. 15,18; Matt. 23,23; Luke 11,42; John 10,16)

κἀκεῖνοι ▸ 2 + 7 = 9
    Adverb ▸ **2** (John 17,24; Heb. 4,2)
    Conjunction · coordinating · (copulative) ▸ 2 + 5 = **7** (Wis. 18,1; Is. 66,5; Mark 16,11; Mark 16,13; Acts 15,11; Rom. 11,23; 1Cor. 10,6)

κἀκείνοις ▸ 2
    Conjunction · coordinating ▸ **2** (Is. 57,6; Is. 57,6)

κἀκεῖνον ▸ 3
    Conjunction · coordinating · (copulative) ▸ **3** (Mark 12,4; Mark 12,5; Luke 20,11)

κἀκεῖνος ▸ 6
    Adverb ▸ **1** (2Tim. 2,12)
    Conjunction · coordinating · (copulative) ▸ **5** (Luke 11,7; Luke 22,12; John 6,57; John 14,12; Acts 5,37)

κἀκεῖνός ▸ 1
    Conjunction · coordinating · (copulative) ▸ **1** (John 7,29)

κἀκείνου ▸ 1
    Conjunction · coordinating ▸ **1** (2Mac. 1,15)

κἀκείνους ▸ 1
    Conjunction · coordinating · (copulative) ▸ **1** (Acts 18,19)

κἀμὲ ▸ 1 + 3 = 4
    Adverb ▸ 1 + 2 = **3** (4Mac. 11,3; John 7,28; 1Cor. 16,4)
    Conjunction · coordinating · (copulative) ▸ **1** (John 16,32)

κἀμέ ▸ 3
    Adverb ▸ **3** (Gen. 27,34; Gen. 27,38; Ex. 12,32)

κἀμοὶ ▸ 3 + 4 = 7
    Adverb ▸ 2 + 3 = **5** (Judg. 14,16; Dan. 2,30; Luke 1,3; John 17,6; Acts 8,19)
    Conjunction · coordinating · (copulative) ▸ 1 + 1 = **2** (Job 12,3; Acts 10,28)

κἀμοί ▸ 1
    Adverb ▸ **1** (1Cor. 15,8)

κἀμοῦ ▸ 1
    Conjunction · coordinating ▸ **1** (4Mac. 5,10)

Κἂν ▸ 3
    Conjunction · subordinating · (conditional) ▸ **3** (4Mac. 10,18; 4Mac. 18,14; Sir. 16,11)

κἂν ▸ 13 + 17 = 30
    Conjunction · subordinating · (conditional) ▸ 13 + 15 = **28** (Lev. 7,16; 4Mac. 2,8; 4Mac. 2,9; Wis. 4,4; Wis. 9,6; Wis. 14,4; Wis. 15,12; Sir. 3,13; Sir. 9,13; Sir. 13,23; Sir. 14,7; Sir. 23,11; Sir. 33,29; Matt. 21,21; Mark 5,28; Mark 6,56; Mark 16,18; Luke 12,38; Luke 12,38; Luke 13,9; John 8,14; John 8,55; John 10,38; John 11,25; Acts 5,15; 1Cor. 13,3; 2Cor. 11,16; Heb. 12,20)
    Conjunction · coordinating · (copulative) ▸ **1** (James 5,15)
    Conjunction · coordinating · (explanatory) ▸ **1** (Matt. 26,35)

Καϊάφας Caiaphas ▸ 9
    Καϊάφα ▸ 4
        Noun · masculine · singular · genitive · (proper) ▸ **4** (Matt. 26,3; Luke 3,2; John 18,13; John 18,28)
    Καϊάφαν ▸ 2
        Noun · masculine · singular · accusative · (proper) ▸ **2** (Matt. 26,57; John 18,24)
    Καϊάφας ▸ 3
        Noun · masculine · singular · nominative · (proper) ▸ **3** (John 11,49; John 18,14; Acts 4,6)

Καιβαισελεηλ Kabzeel ▸ 1
    Καιβαισελεηλ ▸ 1
        Noun · singular · nominative · (proper) ▸ **1** (Josh. 15,21)

Καιν Cain ▸ 17
    Καιν ▸ 17
        Noun · masculine · singular · accusative · (proper) ▸ **4** (Gen. 4,1; Gen. 4,5; Gen. 4,9; Gen. 4,15)
        Noun · masculine · singular · dative · (proper) ▸ **3** (Gen. 4,5; Gen. 4,6; Gen. 4,15)
        Noun · masculine · singular · genitive · (proper) ▸ **2** (Gen. 4,24; 4Mac. 18,11)
        Noun · masculine · singular · nominative · (proper) ▸ **8** (Gen. 4,2; Gen. 4,3; Gen. 4,8; Gen. 4,8; Gen. 4,13; Gen. 4,16; Gen. 4,17; Gen. 4,25)

Κάϊν Cain ▸ 3
    Κάϊν ▸ 3
        Noun · masculine · singular · accusative · (proper) ▸ **1** (Heb. 11,4)
        Noun · masculine · singular · genitive · (proper) ▸ **1** (Jude 11)
        Noun · masculine · singular · nominative · (proper) ▸ **1** (1John 3,12)

Καινα Kenite ▸ 1
    Καινα ▸ 1
        Noun · singular · genitive · (proper) ▸ **1** (Judg. 4,11)

Καιναῖος Kenite ▸ 2
    Καιναῖον ▸ 1
        Noun · masculine · singular · accusative · (proper) ▸ **1** (Num. 24,21)
    Καιναίους ▸ 1
        Noun · masculine · plural · accusative · (proper) ▸ **1** (Gen. 15,19)

Καϊνάμ Cainan ▸ 2
    Καϊνὰμ ▸ 2
        Noun · masculine · singular · genitive · (proper) ▸ **2** (Luke 3,36; Luke 3,37)

Καιναν Cainan ▸ 13
    Καιναν ▸ 13
        Noun · masculine · singular · accusative · (proper) ▸ **5** (Gen. 5,9; Gen. 5,10; Gen. 10,24; Gen. 11,12; Gen. 11,13)
        Noun · masculine · singular · genitive · (proper) ▸ **1** (Gen. 5,14)
        Noun · masculine · singular · nominative · (proper) ▸ **7** (Gen. 5,12; Gen. 5,13; Gen. 10,22; Gen. 10,24; Gen. 11,13; Gen. 11,13; 1Chr. 1,2)

Καινή Horesh ▸ 4

Καινῇ ▸ 3
  Noun · feminine · singular · dative · (proper) ▸ 3 (1Sam. 23,15; 1Sam. 23,18; 1Sam. 23,19)
Καινήν ▸ 1
  Noun · feminine · singular · accusative · (proper) ▸ 1 (1Sam. 23,16)

καινίζω (καινός)   to make new; renew ▸ 5
  ἐκαίνιζεν ▸ 1
    Verb · third · singular · imperfect · active · indicative ▸ 1 (2Mac. 4,11)
  καινιεῖ ▸ 1
    Verb · third · singular · future · active · indicative ▸ 1 (Zeph. 3,17)
  καινίζει ▸ 1
    Verb · third · singular · present · active · indicative ▸ 1 (Wis. 7,27)
  καινίζειν ▸ 1
    Verb · present · active · infinitive ▸ 1 (1Mac. 10,10)
  καινιοῦσιν ▸ 1
    Verb · third · plural · future · active · indicative ▸ 1 (Is. 61,4)

καινός   new ▸ 55 + 4 + 42 = 101
  καινά ▸ 1
    Adjective · neuter · plural · nominative ▸ 1 (2Cor. 5,17)
  καινά ▸ 5 + 1 + 2 = 8
    Adjective · neuter · plural · accusative · noDegree ▸ 4 + 1 + 2 = 7 (Judg. 16,12; 1Mac. 4,49; Is. 43,19; Is. 48,6; Judg. 16,12; Matt. 13,52; Rev. 21,5)
    Adjective · neuter · plural · nominative · noDegree ▸ 1 (Is. 42,9)
  καιναῖς ▸ 1
    Adjective · feminine · plural · dative ▸ 1 (Mark 16,17)
  καινή ▸ 2
    Adjective · feminine · singular · nominative · noDegree ▸ 2 (Is. 65,17; Is. 66,22)
  καινή ▸ 1 + 6 = 7
    Adjective · feminine · singular · nominative · noDegree ▸ 1 + 6 = 7 (Job 29,20; Mark 1,27; Luke 22,20; Acts 17,19; 1Cor. 11,25; 2Cor. 5,17; Gal. 6,15)
  καινήν ▸ 3 + 2 = 5
    Adjective · feminine · singular · accusative · noDegree ▸ 3 + 2 = 5 (Deut. 22,8; Jer. 38,22; Jer. 38,31; Heb. 8,8; Rev. 21,1)
  καινήν ▸ 8 + 9 = 17
    Adjective · feminine · singular · accusative · noDegree ▸ 8 + 9 = 17 (Deut. 20,5; 1Sam. 6,7; 2Sam. 6,3; 2Kings 2,20; 1Chr. 13,7; Psa. 143,9; Ezek. 18,31; Ezek. 36,26; John 13,34; Heb. 8,13; 2Pet. 3,13; 1John 2,7; 1John 2,8; 2John 5; Rev. 5,9; Rev. 14,3; Rev. 21,2)
  καινῆς ▸ 4 + 3 = 7
    Adjective · feminine · singular · genitive · noDegree ▸ 4 + 3 = 7 (2Chr. 20,5; 2Mac. 2,29; Jer. 33,10; Jer. 43,10; 2Cor. 3,6; Heb. 9,15; Rev. 3,12)
  καινοί ▸ 2
    Adjective · masculine · plural · nominative · noDegree ▸ 2 (Deut. 32,17; Ode. 2,17)
  καινοῖς ▸ 2 + 2 = 4
    Adjective · neuter · plural · dative · noDegree ▸ 2 + 2 = 4 (Judg. 15,13; Judg. 16,11; Judg. 15,13; Judg. 16,11)
  καινόν ▸ 12 + 1 = 13
    Adjective · masculine · singular · accusative · noDegree ▸ 2 (Judith 16,13; Is. 42,10)
    Adjective · neuter · singular · accusative · noDegree ▸ 8 + 1 = 9 (1Mac. 4,53; Psa. 32,3; Psa. 39,4; Psa. 95,1; Psa. 97,1; Psa. 149,1; Is. 62,2; Ezek. 18,31; Rev. 3,12)
    Adjective · neuter · singular · nominative · noDegree ▸ 2 (Eccl. 1,10; Is. 65,15)
  καινόν ▸ 7 + 9 = 16
    Adjective · masculine · singular · accusative · noDegree ▸ 3 + 3 = 6 (1Esdr. 6,8; Sol. 3,1; Sol. 15,3; Eph. 2,15; Eph. 4,24; Rev. 21,1)
    Adjective · neuter · singular · accusative · noDegree ▸ 4 + 4 = 8 (1Kings 12,240; 1Mac. 4,47; Ezek. 11,19; Ezek. 36,26; Matt. 26,29; Mark 14,25; Luke 5,36; Rev. 2,17)
    Adjective · neuter · singular · nominative ▸ 2 (Mark 2,21; John 19,41)
  καινός ▸ 2
    Adjective · masculine · singular · nominative · noDegree ▸ 2 (Is. 65,17; Is. 66,22)
  καινότερον ▸ 1
    Adjective · neuter · singular · accusative · comparative ▸ 1 (Acts 17,21)
  καινοῦ ▸ 3 + 2 = 5
    Adjective · masculine · singular · genitive · noDegree ▸ 2 (1Esdr. 6,24; Is. 8,1)
    Adjective · neuter · singular · genitive · noDegree ▸ 1 + 2 = 3 (1Kings 11,30; Luke 5,36; Luke 5,36)
  καινούς ▸ 1 + 1 + 2 = 4
    Adjective · masculine · plural · accusative · noDegree ▸ 1 + 1 + 2 = 4 (Josh. 9,13; Judg. 5,8; Matt. 9,17; Mark 2,22)
  καινούς ▸ 2 + 2 = 4
    Adjective · masculine · plural · accusative · noDegree ▸ 2 + 2 = 4 (Judg. 5,8; Is. 41,15; Luke 5,38; 2Pet. 3,13)
  καινῷ ▸ 1 + 1 = 2
    Adjective · neuter · singular · dative · noDegree ▸ 1 + 1 = 2 (1Kings 11,29; Matt. 27,60)

καινότης (καινός)   newness ▸ 2 + 2 = 4
  καινότητι ▸ 2
    Noun · feminine · singular · dative ▸ 2 (Rom. 6,4; Rom. 7,6)
  καινότητος ▸ 2
    Noun · feminine · singular · genitive · (common) ▸ 2 (1Kings 8,53a; Ezek. 47,12)

καινουργός (καινός; ἔργον)   inventor ▸ 1
  καινουργέ ▸ 1
    Adjective · masculine · singular · vocative · noDegree ▸ 1 (4Mac. 11,23)

καίπερ (καί; περ)   though ▸ 13 + 5 = 18
  καίπερ ▸ 13 + 5 = 18
    Conjunction · subordinating · (concessive) ▸ 13 + 5 = 18 (2Mac. 4,34; 3Mac. 4,18; 3Mac. 5,32; 4Mac. 3,10; 4Mac. 3,15; 4Mac. 4,13; 4Mac. 12,2; 4Mac. 13,27; 4Mac. 15,11; 4Mac. 15,24; 4Mac. 16,5; Prov. 6,8c; Wis. 11,9; Phil. 3,4; Heb. 5,8; Heb. 7,5; Heb. 12,17; 2Pet. 1,12)

καίριος (καιρός)   apt, seasonable ▸ 1
  καίριόν ▸ 1
    Adjective · neuter · singular · accusative · noDegree ▸ 1 (Prov. 15,23)

καιρός   time, season, opportunity ▸ 427 + 58 + 85 = 570
  καιροί ▸ 3 + 4 + 3 = 10
    Noun · masculine · plural · nominative · (common) ▸ 3 + 4 + 3 = 10 (Tob. 14,5; 1Mac. 12,10; Jer. 27,26; Dan. 4,16; Dan. 4,23; Dan. 4,25; Dan. 4,32; Luke 21,24; Acts 3,20; 2Tim. 3,1)
  καιροί ▸ 2 + 1 = 3
    Noun · masculine · plural · nominative · (common) ▸ 2 + 1 = 3 (1Chr. 29,30; Psa. 30,16; Dan. 9,25)
  καιροῖς ▸ 8 + 3 + 5 = 16
    Noun · masculine · plural · dative · (common) ▸ 8 + 3 + 5 = 16

καιρός

(Lev. 23,4; Neh. 12,17; Neh. 13,31; 1Mac. 4,59; 2Mac. 9,25; 2Mac. 12,30; Sir. 39,31; Dan. 11,14; Tob. 14,4; Dan. 11,6; Dan. 11,14; Matt. 21,41; 1Tim. 2,6; 1Tim. 4,1; 1Tim. 6,15; Titus 1,3)

καιρόν ▸ 13 + 2 + 3 = 18
  Noun · masculine · singular · accusative · (common) ▸ 13 + 2 + 3 = 18 (Gen. 21,2; 4Mac. 18,9; Psa. 74,3; Sir. 12,16; Sir. 19,28; Sir. 20,6; Sir. 20,7; Sir. 27,12; Sir. 29,2; Sol. 17,21; Lam. 1,21; Dan. 11,27; Dan. 11,29; Dan. 11,27; Dan. 11,35; Rom. 13,11; 1Cor. 7,5; Eph. 5,16)

καιρὸν ▸ 70 + 4 + 18 = 92
  Noun · masculine · singular · accusative · (common) ▸ 70 + 4 + 18 = 92 (Gen. 17,21; Gen. 18,10; Gen. 18,14; Ex. 23,15; Ex. 34,18; Num. 9,7; Num. 9,13; Num. 22,4; Num. 23,23; Josh. 5,2; Judg. 21,22; 2Sam. 11,1; 2Kings 4,16; 2Kings 4,17; 1Chr. 9,25; 1Esdr. 5,49; Esth. 4,14; Esth. 10,11 # 10,3h; Judith 12,16; Judith 16,21; 1Mac. 4,54; 1Mac. 9,7; 1Mac. 15,34; 2Mac. 3,5; 2Mac. 4,32; 2Mac. 5,1; 2Mac. 7,20; 2Mac. 9,1; 2Mac. 14,5; 3Mac. 4,14; 3Mac. 5,15; 4Mac. 1,10; 4Mac. 14,19; Psa. 20,10; Psa. 70,9; Ode. 4,2; Prov. 5,3; Prov. 17,17; Eccl. 8,5; Eccl. 9,12; Eccl. 9,12; Eccl. 10,17; Job 5,26; Job 39,1; Job 39,18; Wis. 4,4; Sir. 4,20; Sir. 10,4; Sir. 17,2; Sir. 18,24; Sir. 18,25; Sir. 29,5; Sir. 36,7; Sir. 40,23; Sir. 40,24; Sir. 43,6; Hab. 2,3; Hab. 3,2; Is. 60,22; Jer. 5,24; Jer. 8,7; Jer. 8,15; Jer. 14,19; Lam. 1,15; Ezek. 22,3; Ezek. 22,4; Dan. 2,8; Dan. 4,26; Dan. 12,7; Dan. 12,8; Dan. 2,8; Dan. 11,29; Dan. 12,7; Sus. 14; Luke 1,20; Luke 8,13; Luke 12,56; Luke 19,44; Acts 12,1; Acts 19,23; Acts 24,25; Rom. 5,6; Rom. 9,9; Gal. 6,10; Col. 4,5; 1Th. 2,17; Heb. 9,9; Heb. 11,11; Heb. 11,15; 1Pet. 1,11; Rev. 12,12; Rev. 12,14)

Καιρὸς ▸ 1
  Noun · masculine · singular · nominative · (common) ▸ 1 (Gen. 6,13)

καιρὸς ▸ 5 + 2 = 7
  Noun · masculine · singular · nominative · (common) ▸ 5 + 2 = 7 (Psa. 101,14; Sir. 18,26; Ezek. 7,4; Ezek. 7,12; Ezek. 16,8; Matt. 26,18; Mark 13,33)

καιρὸς ▸ 69 + 5 + 15 = 89
  Noun · masculine · singular · nominative · (common) ▸ 69 + 5 + 15 = 89 (Num. 14,9; 1Sam. 9,16; 1Sam. 20,12; 1Kings 18,29; 2Chr. 21,19; Ezra 10,13; Esth. 2,12; Judith 13,5; 1Mac. 2,49; 1Mac. 8,25; 1Mac. 8,27; 1Mac. 9,10; 1Mac. 12,1; 2Mac. 4,17; 4Mac. 3,19; Psa. 68,14; Psa. 80,16; Psa. 101,14; Psa. 118,126; Eccl. 3,1; Eccl. 3,2; Eccl. 3,2; Eccl. 3,2; Eccl. 3,2; Eccl. 3,3; Eccl. 3,3; Eccl. 3,3; Eccl. 3,3; Eccl. 3,4; Eccl. 3,4; Eccl. 3,4; Eccl. 3,4; Eccl. 3,5; Eccl. 3,5; Eccl. 3,5; Eccl. 3,5; Eccl. 3,6; Eccl. 3,6; Eccl. 3,6; Eccl. 3,6; Eccl. 3,7; Eccl. 3,7; Eccl. 3,7; Eccl. 3,7; Eccl. 3,8; Eccl. 3,8; Eccl. 3,8; Eccl. 3,8; Eccl. 3,17; Eccl. 8,6; Eccl. 9,11; Song 2,12; Wis. 2,5; Sir. 11,19; Sir. 38,13; Amos 5,13; Mic. 2,3; Hag. 1,2; Hag. 1,4; Jer. 26,21; Jer. 27,27; Jer. 27,31; Jer. 28,6; Lam. 4,18; Lam. 4,18; Ezek. 16,8; Dan. 2,9; Dan. 7,22; Dan. 11,35; Judg. 13,23; Judg. 21,22; Dan. 2,9; Dan. 7,22; Dan. 12,1; Matt. 21,34; Mark 1,15; Mark 11,13; Luke 21,8; John 7,6; John 7,6; John 7,8; 1Cor. 7,29; 2Cor. 6,2; 2Tim. 4,3; 2Tim. 4,6; 1Pet. 4,17; Rev. 1,3; Rev. 11,18; Rev. 22,10)

καιροῦ ▸ 36 + 15 + 7 = 58
  Noun · masculine · singular · genitive · (common) ▸ 36 + 15 + 7 = 58 (Ex. 8,28; Deut. 28,12; 2Sam. 20,5; 1Chr. 9,25; Neh. 6,1; Neh. 13,21; Tob. 14,4; 1Mac. 6,36; Psa. 4,8; Job 19,4a; Sir. 1,23; Sir. 1,24; Sir. 20,7; Sir. 30,24; Sir. 46,19; Sir. 51,11; Sir. 51,30; Mic. 5,2; Is. 8,23; Bar. 1,14; Ezek. 4,10; Ezek. 4,10; Ezek. 4,11; Ezek. 4,11; Dan. 7,12; Dan. 7,25; Dan. 7,25; Dan. 8,17; Dan. 8,19; Dan. 9,26; Dan. 9,27; Dan. 11,13; Dan. 11,35; Dan. 12,4; Dan. 12,7; Dan. 12,7; Dan. 7,12; Dan. 7,12; Dan. 7,25; Dan. 7,25; Dan. 8,17; Dan. 8,19; Dan. 9,27; Dan. 11,24; Dan. 11,35; Dan. 11,40; Dan. 12,1; Dan. 12,4; Dan. 12,7; Dan. 12,9; Dan. 12,11; Matt. 8,29; Luke 4,13; Acts 13,11; Rom. 8,18; 1Cor. 4,5; Heb. 9,10; Rev. 12,14)

καιρούς ▸ 3
  Noun · masculine · plural · accusative · (common) ▸ 3 (Num. 9,3; 1Chr. 12,33; Psa. 103,19)

καιροὺς ▸ 23 + 4 + 5 = 32
  Noun · masculine · plural · accusative · (common) ▸ 23 + 4 + 5 = 32 (Gen. 1,14; Ex. 13,10; Ex. 23,14; Ex. 23,17; Ex. 34,23; Ex. 34,24; Deut. 16,16; 2Chr. 8,13; Ezra 10,14; Neh. 10,35; 1Mac. 11,14; 2Mac. 9,23; Sir. 33,8; Sir. 47,10; Sir. 48,10; Sol. 18,10; Jer. 8,7; Ezek. 12,27; Dan. 2,21; Dan. 4,37; Dan. 7,25; Dan. 9,27; Dan. 12,7; Dan. 2,21; Dan. 6,11; Dan. 6,14; Dan. 7,25; Acts 1,7; Acts 14,17; Acts 17,26; Gal. 4,10; Rev. 12,14)

Καιρῷ ▸ 1
  Noun · masculine · singular · dative · (common) ▸ 1 (Is. 49,8)

καιρῷ ▸ 187 + 16 + 24 = 227
  Noun · masculine · singular · dative · (common) ▸ 187 + 16 + 24 = 227 (Gen. 17,23; Gen. 17,26; Gen. 21,22; Gen. 29,34; Gen. 30,20; Gen. 30,41; Gen. 38,1; Ex. 9,4; Ex. 9,14; Lev. 15,25; Lev. 26,4; Deut. 1,9; Deut. 1,16; Deut. 1,18; Deut. 2,34; Deut. 3,4; Deut. 3,8; Deut. 3,12; Deut. 3,18; Deut. 3,21; Deut. 3,23; Deut. 4,14; Deut. 5,5; Deut. 9,19; Deut. 9,20; Deut. 10,1; Deut. 10,8; Deut. 10,10; Deut. 16,6; Deut. 31,10; Deut. 32,35; Josh. 11,10; Josh. 11,21; Judg. 3,29; Judg. 4,4; Judg. 10,14; Judg. 11,26; Judg. 12,6; Judg. 14,4; Judg. 21,14; Judg. 21,24; 1Sam. 1,20; 1Sam. 4,20; 2Sam. 23,5; 1Kings 11,4; 1Kings 11,29; 1Kings 15,23; 1Kings 16,22; 2Kings 8,22; 2Kings 16,6; 2Kings 18,16; 2Kings 20,12; 2Kings 24,10; 1Chr. 11,11; 1Chr. 11,20; 1Chr. 21,28; 1Chr. 21,29; 2Chr. 7,2; 2Chr. 7,8; 2Chr. 15,5; 2Chr. 16,7; 2Chr. 16,10; 2Chr. 21,10; 2Chr. 25,27; 2Chr. 28,16; 2Chr. 30,3; 2Chr. 35,17; 1Esdr. 1,17; 1Esdr. 8,76; Ezra 5,3; Ezra 8,34; Neh. 4,16; Neh. 9,27; Esth. 4,14; Esth. 14,12 # 4,17r; Esth. 16,19 # 8,12s; Tob. 3,17; Tob. 4,19; 1Mac. 2,25; 1Mac. 2,53; 1Mac. 4,60; 1Mac. 9,31; 1Mac. 9,55; 1Mac. 9,56; 1Mac. 12,11; 1Mac. 13,5; 1Mac. 15,33; 2Mac. 1,5; Psa. 1,3; Psa. 9,26; Psa. 31,6; Psa. 33,2; Psa. 36,19; Psa. 36,39; Psa. 105,3; Psa. 118,20; Ode. 2,35; Ode. 7,38; Prov. 5,19; Prov. 6,14; Prov. 8,30; Prov. 18,1; Eccl. 3,11; Eccl. 7,17; Eccl. 9,8; Job 38,32; Wis. 3,7; Wis. 19,22; Sir. 2,2; Sir. 2,11; Sir. 3,31; Sir. 4,23; Sir. 5,7; Sir. 6,8; Sir. 8,9; Sir. 10,26; Sir. 18,21; Sir. 18,25; Sir. 19,9; Sir. 20,20; Sir. 22,6; Sir. 22,16; Sir. 22,23; Sir. 26,4; Sir. 29,2; Sir. 29,3; Sir. 29,5; Sir. 31,28; Sir. 33,24; Sir. 35,24; Sir. 35,24; Sir. 37,4; Sir. 39,16; Sir. 39,16; Sir. 39,28; Sir. 39,34; Sir. 40,5; Sir. 40,7; Sir. 44,17; Sir. 51,10; Sir. 51,30; Sol. 7,10; Sol. 16,4; Hos. 2,11; Amos 5,13; Mic. 3,4; Joel 4,1; Zeph. 3,16; Zeph. 3,19; Zeph. 3,20; Zeph. 3,20; Is. 18,7; Is. 33,2; Is. 38,1; Is. 39,1; Is. 50,4; Is. 64,8; Jer. 2,27; Jer. 2,28; Jer. 3,17; Jer. 4,11; Jer. 6,15; Jer. 8,1; Jer. 10,15; Jer. 11,12; Jer. 11,14; Jer. 11,14; Jer. 14,8; Jer. 15,11; Jer. 15,11; Jer. 16,21; Jer. 18,23; Jer. 27,4; Jer. 27,16; Jer. 27,20; Jer. 28,18; Bar. 1,2; Bar. 3,5; Ezek. 21,30; Ezek. 21,34; Ezek. 22,30; Ezek. 35,5; Dan. 3,7; Dan. 3,8; Dan. 3,38; Dan. 4,36; Dan. 4,37c; Judg. 4,4; Judg. 10,8; Judg. 10,14; Judg. 11,26; Judg. 12,6; Judg. 14,4; Judg. 21,14; Judg. 21,24; Tob. 3,11; Tob. 3,16; Tob. 3,17; Tob. 14,8; Dan. 3,38; Dan. 4,36; Dan. 12,1; Dan. 12,1; Matt. 11,25; Matt. 12,1; Matt. 13,30; Matt. 14,1; Matt. 24,45; Mark 10,30; Mark 12,2; Luke 8,13; Luke 12,42; Luke 13,1; Luke 18,30; Luke 20,10; Luke 21,36; Acts 7,20; Rom. 3,26; Rom. 11,5; 2Cor. 6,2; 2Cor. 8,14; Gal. 6,9; Eph. 2,12; Eph. 6,18; 2Th. 2,6; 1Pet. 1,5; 1Pet. 5,6)

καιρῶν ▸ 6 + 4 + 3 = 13
  Noun · masculine · plural · genitive · (common) ▸ 6 + 4 + 3 = 13

K, κ

(2Mac. 15,37; Wis. 7,18; Wis. 8,8; Is. 30,8; Dan. 7,25; Dan. 9,27; Tob. 14,5; Dan. 7,25; Dan. 11,13; Dan. 12,7; Matt. 16,3; Eph. 1,10; 1Th. 5,1)

Καῖσαρ Caesar ▸ 29
  Καίσαρα ▸ 7
    Noun · masculine · singular · accusative · (proper) ▸ 7 (John 19,15; Acts 25,11; Acts 25,12; Acts 25,12; Acts 25,21; Acts 26,32; Acts 28,19)
  Καίσαρά ▸ 1
    Noun · masculine · singular · accusative · (proper) ▸ 1 (Acts 25,8)
  Καίσαρι ▸ 8
    Noun · masculine · singular · dative · (proper) ▸ 8 (Matt. 22,17; Matt. 22,21; Mark 12,14; Mark 12,17; Luke 20,22; Luke 20,25; Luke 23,2; John 19,12)
  Καίσαρί ▸ 1
    Noun · masculine · singular · dative · (proper) ▸ 1 (Acts 27,24)
  Καίσαρος ▸ 12
    Noun · masculine · singular · genitive · (proper) ▸ 12 (Matt. 22,21; Matt. 22,21; Mark 12,16; Mark 12,17; Luke 2,1; Luke 3,1; Luke 20,24; Luke 20,25; John 19,12; Acts 17,7; Acts 25,10; Phil. 4,22)

Καισάρεια Caesarea ▸ 17
  Καισαρείᾳ ▸ 1
    Noun · feminine · singular · dative · (proper) ▸ 1 (Acts 10,1)
  Καισάρειαν ▸ 10
    Noun · feminine · singular · accusative · (proper) ▸ 10 (Acts 8,40; Acts 9,30; Acts 10,24; Acts 12,19; Acts 18,22; Acts 21,8; Acts 23,33; Acts 25,4; Acts 25,6; Acts 25,13)
  Καισαρείας ▸ 6
    Noun · feminine · singular · genitive · (proper) ▸ 6 (Matt. 16,13; Mark 8,27; Acts 11,11; Acts 21,16; Acts 23,23; Acts 25,1)

καίτοι (καί; τοι) yet, and yet, although ▸ 4 + 2 = 6
  καίτοι ▸ 4 + 2 = 6
    Particle ▸ 4 (4Mac. 2,6; 4Mac. 5,18; 4Mac. 7,13; 4Mac. 8,16)
    Conjunction · subordinating · (concessive) ▸ 2 (Acts 14,17; Heb. 4,3)

καίτοιγε (καί; τοι; γε) although ▸ 1
  καίτοιγε ▸ 1
    Conjunction · subordinating · (concessive) ▸ 1 (John 4,2)

καίω to burn, kindle, light; cauterize ▸ 78 + 12 + 11 = 101
  ἐκάησαν ▸ 1
    Verb · third · plural · aorist · passive · indicative ▸ 1 (Judg. 15,5)
  ἐκαίετο ▸ 4
    Verb · third · singular · imperfect · middle · indicative ▸ 1 (Sir. 48,1)
    Verb · third · singular · imperfect · passive · indicative ▸ 3 (Deut. 4,11; Deut. 5,23; Deut. 9,15)
  καῆναι ▸ 2
    Verb · aorist · passive · infinitive ▸ 2 (Dan. 3,19; Dan. 3,19)
  καήσεται ▸ 1
    Verb · third · singular · future · passive · indicative ▸ 1 (Sir. 40,30)
  καήσονται ▸ 1
    Verb · third · plural · future · passive · indicative ▸ 1 (Sir. 28,22)
  κάηται ▸ 1
    Verb · third · singular · present · middle · subjunctive ▸ 1 (Ex. 27,20)
  καίεται ▸ 3 + 1 = 4
    Verb · third · singular · present · passive · indicative ▸ 3 + 1 = 4 (Ex. 3,2; Is. 33,14; Is. 65,5; John 15,6)
  καίετε ▸ 1
    Verb · second · plural · present · active · indicative ▸ 1 (Is. 50,11)
  καιόμενα ▸ 1
    Verb · present · middle · participle · neuter · plural · accusative ▸ 1 (1Mac. 12,29)
  καιόμεναι ▸ 1 + 1 = 2
    Verb · present · middle · participle · feminine · plural · nominative ▸ 1 (Job 41,11)
    Verb · present · passive · participle · feminine · plural · nominative ▸ 1 (Rev. 4,5)
  καιομένη ▸ 3 + 1 = 4
    Verb · present · middle · participle · feminine · singular · nominative ▸ 3 (Mal. 3,19; Is. 30,33; Is. 34,9)
    Verb · present · passive · participle · feminine · singular · nominative ▸ 1 (Luke 24,32)
  καιομένῃ ▸ 1
    Verb · present · passive · participle · feminine · singular · dative ▸ 1 (Rev. 21,8)
  καιομένην ▸ 4 + 4 = 8
    Verb · present · middle · participle · feminine · singular · accusative ▸ 4 + 4 = 8 (Dan. 3,6; Dan. 3,11; Dan. 3,15; Dan. 3,20; Dan. 3,6; Dan. 3,11; Dan. 3,15; Dan. 3,20)
  καιομένης ▸ 4 + 5 + 1 = 10
    Verb · present · middle · participle · feminine · singular · genitive ▸ 4 + 5 + 1 = 10 (Job 41,12; Is. 10,18; Dan. 3,88; Dan. 3,93; Dan. 3,17; Dan. 3,21; Dan. 3,23; Dan. 3,88; Dan. 3,93; Rev. 19,20)
  καιόμενοι ▸ 1
    Verb · present · passive · participle · masculine · plural · nominative ▸ 1 (Luke 12,35)
  καιομένοις ▸ 1
    Verb · present · middle · participle · masculine · plural · dative ▸ 1 (Psa. 7,14)
  καιόμενον ▸ 4 + 1 = 5
    Verb · present · middle · participle · masculine · singular · nominative ▸ 1 (Is. 10,16)
    Verb · present · middle · participle · neuter · singular · nominative ▸ 3 (Job 31,12; Sir. 23,17; Jer. 20,9)
    Verb · present · passive · participle · neuter · singular · nominative · (variant) ▸ 1 (Rev. 8,8)
  καιόμενος ▸ 2 + 2 = 4
    Verb · present · middle · participle · masculine · singular · nominative ▸ 2 (Hos. 7,4; Is. 30,27)
    Verb · present · passive · participle · masculine · singular · nominative ▸ 2 (John 5,35; Rev. 8,10)
  καιομένου ▸ 1
    Verb · present · middle · participle · neuter · singular · genitive ▸ 1 (Is. 4,5)
  καιομένῳ ▸ 1
    Verb · present · middle · participle · neuter · singular · dative ▸ 1 (Is. 10,17)
  καιομένων ▸ 1
    Verb · present · middle · participle · masculine · plural · genitive ▸ 1 (Ezek. 1,13)
  καίοντες ▸ 1 + 1 = 2
    Verb · present · active · participle · masculine · plural · nominative ▸ 1 + 1 = 2 (Dan. 3,46; Dan. 3,46)
  καίουσι ▸ 1
    Verb · third · plural · present · active · indicative ▸ 1 (Jer. 7,18)
  καίουσιν ▸ 1 + 1 = 2
    Verb · third · plural · present · active · indicative ▸ 1 + 1 = 2 (LetterJ 18; Matt. 5,15)
  καυθήσεται ▸ 15 + 1 = 16

καίω–κακολογέω

Verb · third · singular · future · passive · indicative ▸ 15 + 1 = **16** (Lev. 4,12; Lev. 6,2; Lev. 6,5; Lev. 6,6; Deut. 32,22; Psa. 49,3; Ode. 2,22; Is. 5,24; Is. 9,17; Is. 9,17; Is. 10,16; Is. 62,1; Jer. 7,20; Jer. 15,14; Jer. 21,12; Tob. 14,4)

καυθήσονται ▸ 1
Verb · third · plural · future · passive · indicative ▸ **1** (2Sam. 23,7)

καῦσαι ▸ 2
Verb · aorist · active · infinitive ▸ **2** (Ex. 27,20; Lev. 24,2)

καύσαντες ▸ 2
Verb · aorist · active · participle · masculine · plural · nominative ▸ **2** (Is. 44,15; Is. 44,16)

καύσει ▸ 7
Verb · third · singular · future · active · indicative ▸ **7** (Ex. 27,21; Lev. 6,5; 2Sam. 23,7; 1Kings 13,2; Job 15,34; Jer. 41,2; Jer. 50,12)

καύσετε ▸ 2
Verb · second · plural · future · active · indicative ▸ **2** (Ex. 35,3; Lev. 24,4)

καύσουσιν ▸ 7
Verb · third · plural · future · active · indicative ▸ **7** (Lev. 24,3; Jer. 39,29; Jer. 44,8; Jer. 44,10; Jer. 45,18; Ezek. 39,9; Ezek. 39,9)

καύσω ▸ 1
Verb · first · singular · future · active · indicative ▸ **1** (Jer. 30,33)

καύσων ▸ 2
Verb · future · active · participle · masculine · singular · nominative ▸ **2** (Ode. 8,67; Job 27,21)

κεκαυμένῳ ▸ 1
Verb · perfect · passive · participle · neuter · singular · dative ▸ **1** (Heb. 12,18)

κακηγορέω (κακός; ἀγορά) to abuse, slander, accuse ▸ 1

ἐκακηγόρει ▸ 1
Verb · third · singular · imperfect · active · indicative ▸ **1** (4Mac. 9,14)

κακία (κακός) evil, trouble ▸ 142 + 1 + 11 = 154

κακία ▸ 31 + 1 + 1 = 33
Noun · feminine · singular · nominative · (common) ▸ 31 + 1 + 1 = **33** (Judg. 20,3; Judg. 20,12; Judg. 20,34; Judg. 20,41; 1Sam. 12,17; 1Sam. 20,7; 1Sam. 20,9; 1Sam. 20,33; 1Sam. 24,12; 1Sam. 25,17; 1Sam. 25,28; 2Sam. 13,16; 1Kings 1,52; 1Kings 11,25; 2Kings 6,33; Job 20,12; Job 22,5; Wis. 2,21; Wis. 4,11; Wis. 7,30; Wis. 12,10; Sir. 25,19; Hos. 7,1; Amos 3,6; Jonah 1,7; Jonah 1,8; Nah. 3,19; Jer. 2,19; Jer. 4,18; Jer. 6,7; Lam. 1,22; Judg. 20,34; Matt. 6,34)

κακίᾳ ▸ 22 + 4 = 26
Noun · feminine · singular · dative · (common) ▸ 22 + 4 = **26** (Gen. 31,52; Ex. 22,22; Ex. 23,2; Ex. 32,12; 1Sam. 12,25; 2Sam. 16,8; 2Sam. 24,16; 2Kings 14,10; 1Chr. 21,15; 2Chr. 25,19; 2Mac. 4,50; Psa. 35,5; Psa. 51,3; Prov. 14,32; Prov. 26,11; Eccl. 7,3; Eccl. 7,15; Wis. 5,13; Wis. 16,14; Sir. 19,6; Jonah 3,10; Is. 29,20; Rom. 1,29; 1Cor. 14,20; Eph. 4,31; Titus 3,3)

κακίαι ▸ 2
Noun · feminine · plural · nominative · (common) ▸ **2** (Gen. 6,5; Hos. 9,15)

κακίαις ▸ 7
Noun · feminine · plural · dative · (common) ▸ **7** (3Mac. 2,5; Ode. 12,7; Hos. 7,3; Joel 2,13; Jonah 4,2; Jer. 3,2; Ezek. 20,43)

κακίαν ▸ 43 + 2 = 45
Noun · feminine · singular · accusative · (common) ▸ 43 + 2 = **45** (Judg. 9,56; Judg. 9,57; Judg. 20,13; 1Sam. 6,9; 1Sam. 12,19; 1Sam. 12,20; 1Sam. 23,9; 1Sam. 25,39; 1Sam. 29,6; 1Sam. 29,7; 2Sam. 3,25; 2Sam. 3,39; 2Sam. 15,14; 1Kings 2,44; 1Kings 2,44; 1Kings 9,9; 1Kings 16,7; 1Kings 20,29; 1Kings 20,29; 1Kings 21,7; 1Chr. 21,8; 2Chr. 7,22; Esth. 8,3; Judith 2,2; 1Mac. 7,23; 1Mac. 7,42; 2Mac. 4,4; 2Mac. 9,4; 4Mac. 2,12; Psa. 49,19; Psa. 51,5; Prov. 1,16; Prov. 13,16; Prov. 14,18; Prov. 19,7; Prov. 19,9; Eccl. 5,12; Sir. 14,7; Sir. 25,19; Sir. 33,28; Sol. 17,27; Zech. 7,10; Zech. 8,17; Col. 3,8; 1Pet. 2,1)

κακίας ▸ 36 + 4 = 40
Noun · feminine · plural · accusative · (common) ▸ **10** (Deut. 31,18; Job 17,5; Hos. 7,2; Hos. 9,15; Jer. 11,15; Jer. 15,7; Jer. 28,24; Ezek. 16,23; Ezek. 16,37; Ezek. 16,57)
Noun · feminine · singular · genitive · (common) ▸ 26 + 4 = **30** (Ex. 32,14; 1Kings 13,33; 1Esdr. 2,24; 1Mac. 5,4; 1Mac. 9,61; 1Mac. 10,46; 2Mac. 4,47; 2Mac. 6,3; 2Mac. 7,31; 3Mac. 2,25; Psa. 106,34; Prov. 16,30; Eccl. 7,14; Eccl. 12,1; Wis. 12,2; Wis. 12,20; Sir. 14,6; Sol. 4,5; Jonah 1,2; Jer. 1,16; Jer. 4,14; Jer. 7,12; Jer. 8,6; Jer. 11,17; Jer. 12,4; Ezek. 22,12; Acts 8,22; 1Cor. 5,8; James 1,21; 1Pet. 2,16)

κακιῶν ▸ 1
Noun · feminine · plural · genitive · (common) ▸ **1** (Hos. 10,15)

κακίζω (κακός) to reproach, accuse ▸ 1

κακισθείς ▸ 1
Verb · aorist · passive · participle · masculine · singular · nominative ▸ **1** (4Mac. 12,2)

κακοήθεια (κακός; ἔθος) meanness ▸ 6 + 1 = 7

κακοηθείᾳ ▸ 2
Noun · feminine · singular · dative · (common) ▸ **2** (3Mac. 3,22; 4Mac. 3,4)

κακοήθειαν ▸ 1
Noun · feminine · singular · accusative · (common) ▸ **1** (3Mac. 7,3)

κακοήθειάν ▸ 1
Noun · feminine · singular · accusative · (common) ▸ **1** (4Mac. 3,4)

κακοηθείας ▸ 2 + 1 = 3
Noun · feminine · singular · genitive · (common) ▸ 2 + 1 = **3** (Esth. 16,6 # 8,12f; 4Mac. 1,4; Rom. 1,29)

κακοήθης (κακός; ἔθος) malicious ▸ 2

κακοήθη ▸ 1
Adjective · neuter · plural · accusative · noDegree ▸ **1** (4Mac. 2,16)

κακοήθης ▸ 1
Adjective · feminine · singular · nominative · noDegree ▸ **1** (4Mac. 1,25)

κακολογέω (κακός; λέγω) to speak evil of, curse ▸ 6 + 4 = 10

ἐκακολόγει ▸ 1
Verb · third · singular · imperfect · active · indicative ▸ **1** (2Mac. 4,1)

ἐκακολόγουν ▸ 1
Verb · third · plural · imperfect · active · indicative ▸ **1** (Ezek. 22,7)

κακολογῆσαι ▸ 1
Verb · aorist · active · infinitive ▸ **1** (Mark 9,39)

κακολογήσεις ▸ 1
Verb · second · singular · future · active · indicative ▸ **1** (Ex. 22,27)

κακολογοῦντες ▸ 1 + 1 = 2
Verb · present · active · participle · masculine · plural · nominative ▸ 1 + 1 = **2** (1Sam. 3,13; Acts 19,9)

κακολογοῦντος ▸ 1
Verb · present · active · participle · masculine · singular

· genitive ▸ 1 (Prov. 20,20 # 20,9a)
κακολογῶν ▸ 1 + 2 = 3
Verb · present · active · participle · masculine · singular
· nominative ▸ 1 + 2 = 3 (Ex. 21,16; Matt. 15,4; Mark 7,10)
κακόμοχθος (κακός; μόγος) working evil ▸ 1
κακόμοχθος ▸ 1
Adjective · masculine · singular · nominative · noDegree ▸ 1
(Wis. 15,8)
κακοπάθεια (κακός; πάσχω) endurance, painful labor, misery ▸ 4 + 1 = 5
κακοπάθειαν ▸ 2
Noun · feminine · singular · accusative · (common) ▸ 2 (2Mac. 2,26; 2Mac. 2,27)
κακοπαθείας ▸ 2 + 1 = 3
Noun · feminine · singular · genitive · (common) ▸ 2 + 1 = 3
(4Mac. 9,8; Mal. 1,13; James 5,10)
κακοπαθέω (κακός; πάσχω) to suffer hardship ▸ 1 + 3 = 4
ἐκακοπάθησας ▸ 1
Verb · second · singular · aorist · active · indicative ▸ 1 (Jonah 4,10)
Κακοπαθεῖ ▸ 1
Verb · third · singular · present · active · indicative ▸ 1 (James 5,13)
κακοπάθησον ▸ 1
Verb · second · singular · aorist · active · imperative ▸ 1 (2Tim. 4,5)
κακοπαθῶ ▸ 1
Verb · first · singular · present · active · indicative ▸ 1 (2Tim. 2,9)
κακοποιέω (κακός; ποιέω) to do evil, harm ▸ 27 + 1 + 4 = 32
ἐκακοποίησα ▸ 2
Verb · first · singular · aorist · active · indicative ▸ 2 (2Sam. 24,17; 1Chr. 21,17)
ἐκακοποιήσατέ ▸ 1
Verb · second · plural · aorist · active · indicative ▸ 1 (Gen. 43,6)
ἐκακοποίησεν ▸ 1
Verb · third · singular · aorist · active · indicative ▸ 1 (1Kings 16,33)
κακοποιεῖ ▸ 2
Verb · third · singular · present · active · indicative ▸ 2 (Ezra 4,13; Prov. 11,15)
κακοποιεῖν ▸ 2
Verb · present · active · infinitive ▸ 2 (Esth. 16,3 # 8,12c; Prov. 6,18)
κακοποιῆσαι ▸ 5 + 2 = 7
Verb · aorist · active · infinitive ▸ 5 + 2 = 7 (Lev. 5,4; Num. 35,23; 1Esdr. 6,32; Esth. 12,6 # 1,1r; Jer. 4,22; Mark 3,4; Luke 6,9)
κακοποιῆσαί ▸ 3
Verb · aorist · active · infinitive ▸ 3 (Gen. 31,7; Gen. 31,29; 1Sam. 25,34)
κακοποιήσει ▸ 3
Verb · third · singular · future · active · indicative ▸ 3 (2Sam. 20,6; 1Mac. 5,48; Sir. 19,28)
κακοποιήσητε ▸ 1 + 1 = 2
Verb · second · plural · aorist · active · subjunctive ▸ 1 + 1 = 2
(1Sam. 12,25; Judg. 19,23)
κακοποιήσω ▸ 1
Verb · first · singular · aorist · active · subjunctive ▸ 1 (1Sam. 26,21)
κακοποιήσωσιν ▸ 3

Verb · third · plural · aorist · active · subjunctive ▸ 3 (Prov. 4,16; Is. 11,9; Jer. 10,5)
κακοποιοῦντας ▸ 1
Verb · present · active · participle · masculine · plural · accusative ▸ 1 (1Pet. 3,17)
κακοποιοῦσα ▸ 1
Verb · present · active · participle · feminine · singular
· nominative ▸ 1 (Ezra 4,15)
κακοποιῶν ▸ 2 + 1 = 3
Verb · present · active · participle · masculine · singular
· nominative ▸ 2 + 1 = 3 (1Chr. 21,17; Prov. 19,7; 3John 11)
κακοποίησις (κακός; ποιέω) evil doing ▸ 2
κακοποίησιν ▸ 2
Noun · feminine · singular · accusative · (common) ▸ 2 (Ezra 4,22; 3Mac. 3,2)
κακοποιός (κακός; ποιέω) mischievous; evil-doing ▸ 2 + 3 = 5
κακοποιοῖς ▸ 1
Adjective · masculine · plural · dative · noDegree ▸ 1 (Prov. 24,19)
κακοποιός ▸ 1
Adjective · feminine · singular · nominative · noDegree ▸ 1
(Prov. 12,4)
κακοποιός ▸ 1
Noun · masculine · singular · nominative ▸ 1 (1Pet. 4,15)
κακοποιῶν ▸ 2
Noun · masculine · plural · genitive ▸ 2 (1Pet. 2,12; 1Pet. 2,14)
κακοπραγία (κακός; πράσσω) wrongdoing; disaster ▸ 1
κακοπραγία ▸ 1
Noun · feminine · singular · nominative · (common) ▸ 1 (Wis. 5,23)
κακός evil, bad, wrong, harm ▸ 394 + 12 + 63 = 469
ἧσσον ▸ 2
Adverb · (comparative) ▸ 1 (1Cor. 11,17)
Adjective · neuter · singular · accusative · comparative ▸ 1
(2Cor. 12,15)
ἡσσόνων ▸ 1
Adjective · masculine · plural · genitive · comparative ▸ 1 (Job 5,4)
ἥσσων ▸ 1
Adjective · feminine · singular · nominative · comparative ▸ 1
(Is. 23,8)
ἧττον ▸ 6
Adjective · neuter · singular · accusative · comparative ▸ 3
(2Mac. 10,17; 2Mac. 15,27; Job 13,10)
Adjective · neuter · singular · nominative · comparative ▸ 3
(1Sam. 30,24; 2Mac. 4,40; 2Mac. 5,14)
ἥττονα ▸ 1
Adjective · masculine · singular · accusative · comparative ▸ 1
(LetterJ 35)
ἥττονες ▸ 1
Adjective · masculine · plural · nominative · comparative ▸ 1
(Job 20,10)
ἥττονι ▸ 1
Adjective · neuter · singular · dative · comparative ▸ 1 (2Mac. 15,18)
ἥττων ▸ 2 + 1 = 3
Adjective · feminine · singular · nominative · comparative ▸ 1 + 1 = 2 (Wis. 17,12; Dan. 2,39)
Adjective · masculine · singular · nominative · comparative ▸ 1
(2Mac. 13,22)

κακός   1267

κακά ▸ 96 + **1** + **3** = 100
  Adjective ▪ neuter ▪ plural ▪ accusative ▪ noDegree   ▸ 77 + **1** + **3** = **81** (Gen. 44,34; Gen. 50,15; Judg. 2,15; Judg. 15,3; 1Sam. 24,18; 1Sam. 25,26; 2Sam. 12,18; 2Sam. 18,32; 1Kings 22,8; 1Kings 22,18; 1Kings 22,23; 2Kings 8,12; 2Chr. 18,7; 2Chr. 18,17; 2Chr. 18,22; Esth. 9,25; 2Mac. 10,10; Psa. 7,5; Psa. 20,12; Psa. 34,4; Psa. 37,13; Psa. 39,15; Psa. 40,6; Psa. 40,8; Psa. 69,3; Psa. 70,13; Psa. 70,24; Psa. 89,15; Ode. 5,15; Ode. 12,13; Prov. 1,18; Prov. 9,12; Prov. 10,23; Prov. 10,29; Prov. 11,27; Prov. 12,20; Prov. 13,10; Prov. 13,17; Prov. 14,22; Prov. 15,2; Prov. 15,14; Prov. 15,15; Prov. 15,28; Prov. 16,12; Prov. 16,27; Prov. 16,30; Prov. 17,12; Prov. 17,16a; Prov. 17,20; Prov. 18,6; Prov. 22,8; Prov. 27,21a; Job 13,26; Sir. 7,1; Sir. 13,25; Sir. 27,22; Sir. 39,27; Mic. 2,3; Mic. 4,9; Zech. 1,15; Is. 26,15; Is. 31,2; Is. 45,7; Is. 57,12; Jer. 6,19; Jer. 11,11; Jer. 13,23; Jer. 19,15; Jer. 28,60; Jer. 31,2; Jer. 42,17; Jer. 43,3; Jer. 43,31; Jer. 48,11; Jer. 51,2; Lam. 1,21; Ezek. 14,22; Judg. 2,15; Luke 16,25; Rom. 3,8; 1Pet. 3,12)
  Adjective ▪ neuter ▪ plural ▪ nominative ▪ noDegree   ▸ **19** (Num. 32,23; 2Chr. 20,9; 1Mac. 2,30; 1Mac. 15,12; Psa. 22,4; Psa. 39,13; Psa. 90,10; Prov. 12,26; Prov. 13,21; Sir. 11,14; Sir. 22,26; Sir. 39,25; Amos 9,10; Mic. 3,11; Jer. 5,12; Jer. 18,20; Jer. 23,17; Bar. 3,4; LetterJ 48)

κακὰ ▸ 95 + **4** + **3** = 102
  Adjective ▪ neuter ▪ plural ▪ accusative ▪ noDegree   ▸ 73 + **2** + **2** = **77** (Deut. 29,20; Deut. 32,23; 1Sam. 20,13; 2Sam. 12,11; 2Sam. 17,14; 1Kings 20,21; 2Kings 21,12; 2Kings 22,16; 2Chr. 34,24; Neh. 13,18; Esth. 11,9 # 1,1h; Esth. 13,5 # 3,13e; 1Mac. 1,9; 1Mac. 1,11; 1Mac. 1,52; 1Mac. 3,59; 1Mac. 6,18; 1Mac. 15,19; 1Mac. 16,17; Psa. 33,17; Psa. 37,21; Psa. 53,7; Psa. 108,5; Ode. 2,23; Ode. 5,15; Ode. 7,44; Prov. 3,29; Prov. 6,14; Prov. 16,28; Prov. 17,13; Job 1,5; Job 2,10; Job 2,11; Wis. 14,22; Sir. 11,31; Sir. 12,3; Sir. 12,5; Sir. 17,7; Sir. 31,10; Sir. 39,4; Amos 9,4; Mic. 2,1; Zeph. 3,15; Is. 13,11; Is. 26,15; Is. 28,9; Jer. 4,6; Jer. 9,2; Jer. 11,17; Jer. 11,23; Jer. 14,16; Jer. 16,10; Jer. 18,11; Jer. 19,3; Jer. 21,10; Jer. 23,12; Jer. 25,17; Jer. 33,19; Jer. 36,11; Jer. 39,23; Jer. 39,42; Jer. 46,16; Jer. 47,2; Jer. 51,7; Jer. 51,17; Jer. 51,35; Bar. 1,22; Bar. 4,18; Bar. 4,29; Ezek. 14,22; Dan. 3,44; Dan. 9,12; Dan. 9,14; Dan. 3,44; Dan. 9,12; Acts 9,13; 2Tim. 4,14)
  Adjective ▪ neuter ▪ plural ▪ nominative ▪ noDegree   ▸ 22 + **2** + **1** = **25** (Gen. 19,19; Deut. 31,17; Deut. 31,17; Deut. 31,29; Judg. 6,13; 1Mac. 3,42; 1Mac. 6,13; Psa. 27,3; Psa. 139,12; Prov. 17,13; Sir. 12,17; Mic. 1,12; Joel 4,13; Jer. 1,14; Jer. 2,3; Jer. 6,1; Jer. 32,32; Jer. 51,23; Bar. 1,20; Bar. 2,7; Lam. 3,38; Dan. 9,13; Judg. 6,13; Dan. 9,13; Titus 1,12)

κακαὶ ▸ 1
  Adjective ▪ feminine ▪ plural ▪ nominative ▪ noDegree   ▸ **1** (Prov. 22,14a)

κακαί ▸ 1 + **1** = 2
  Adjective ▪ feminine ▪ plural ▪ nominative ▪ noDegree   ▸ 1 + **1** = **2** (Prov. 12,12; 1Cor. 15,33)

κακάς ▸ 3
  Adjective ▪ feminine ▪ plural ▪ accusative ▪ noDegree   ▸ **3** (Psa. 70,20; Prov. 19,27; Prov. 21,26)

κακὰς ▸ 2
  Adjective ▪ feminine ▪ plural ▪ accusative ▪ noDegree   ▸ **2** (4Mac. 17,2; Ezek. 20,44)

κακή ▸ 3
  Adjective ▪ feminine ▪ singular ▪ nominative ▪ noDegree   ▸ **3** (Prov. 1,18; Prov. 14,24; Prov. 16,22)

κακὴ ▸ 1
  Adjective ▪ feminine ▪ singular ▪ nominative ▪ noDegree   ▸ **1** (Prov. 2,17)

κακῇ ▸ 5
  Adjective ▪ feminine ▪ singular ▪ dative ▪ noDegree   ▸ **5** (Prov. 2,14; Prov. 16,2; Prov. 24,10; Prov. 25,19; Prov. 28,10)

κακήν ▸ 2 + **1** = 3
  Adjective ▪ feminine ▪ singular ▪ accusative ▪ noDegree   ▸ 2 + **1** = **3** (Prov. 16,9; Amos 6,3; Col. 3,5)

κακὴν ▸ 1
  Adjective ▪ feminine ▪ singular ▪ accusative ▪ noDegree   ▸ **1** (Hab. 2,9)

κακῆς ▸ 6
  Adjective ▪ feminine ▪ singular ▪ genitive ▪ noDegree   ▸ **6** (2Mac. 5,8; Prov. 2,12; Prov. 4,27; Prov. 22,14a; Jer. 7,24; Jer. 9,13)

κακοὶ ▸ 3 + **1** = 4
  Adjective ▪ masculine ▪ plural ▪ nominative ▪ noDegree   ▸ 3 + **1** = **4** (Prov. 1,28; Prov. 14,19; Prov. 28,5; Mark 7,21)

κακοῖς ▸ 22 + **1** = 23
  Adjective ▪ masculine ▪ plural ▪ dative ▪ noDegree   ▸ **1** (Prov. 14,6)
  Adjective ▪ neuter ▪ plural ▪ dative ▪ noDegree   ▸ 21 + **1** = **22** (Ex. 5,19; 2Kings 22,20; 1Chr. 7,23; 2Chr. 34,28; Esth. 7,7; 2Mac. 10,4; 4Mac. 6,14; Psa. 34,26; Psa. 106,26; Prov. 2,14; Prov. 16,28; Prov. 20,30; Prov. 21,12; Prov. 24,16; Prov. 28,14; Sir. 12,8; Sir. 12,9; Sir. 20,9; Jer. 49,10; Bar. 2,9; Dan. 7,24; Dan. 7,24)

κακόν ▸ 15 + **1** + **8** = 24
  Adjective ▪ neuter ▪ singular ▪ accusative ▪ noDegree   ▸ 8 + **7** = **15** (Gen. 26,29; Num. 14,23; Deut. 1,39; Deut. 30,15; 2Sam. 19,8; Psa. 55,6; Prov. 3,30; Eccl. 4,17; Mark 15,14; Acts 16,28; Acts 28,5; Rom. 2,9; Rom. 12,21; Rom. 16,19; 1Cor. 13,5)
  Adjective ▪ neuter ▪ singular ▪ nominative ▪ noDegree   ▸ 7 + **1** + **1** = **9** (Job 5,19; Sir. 7,1; Sir. 33,1; Sir. 37,18; Mal. 1,8; Mal. 1,8; Jer. 49,6; Tob. 8,14; James 3,8)

κακὸν ▸ 19 + **1** + **16** = 36
  Adjective ▪ masculine ▪ singular ▪ accusative ▪ noDegree   ▸ **4** (Gen. 24,50; 1Mac. 7,15; 1Mac. 9,71; Psa. 14,3)
  Adjective ▪ neuter ▪ singular ▪ accusative ▪ noDegree   ▸ 7 + **13** = **20** (Num. 32,11; 2Sam. 19,8; Mic. 7,3; Is. 7,16; Jer. 7,6; LetterJ 33; Sus. 10-11; Matt. 27,23; Luke 23,22; John 18,30; Acts 23,9; Rom. 7,19; Rom. 12,17; Rom. 13,4; Rom. 13,4; Rom. 13,10; 2Cor. 13,7; 1Th. 5,15; 1Pet. 3,9; 3John 11)
  Adjective ▪ neuter ▪ singular ▪ nominative ▪ noDegree   ▸ 8 + **1** + **3** = **12** (Tob. 12,7; Prov. 30,11; Prov. 30,12; Prov. 30,13; Prov. 30,14; Job 4,12; Sir. 18,8; Sir. 31,13; Tob. 12,7; Rom. 7,21; Rom. 14,20; Rev. 16,2)

κακός ▸ 1
  Adjective ▪ masculine ▪ singular ▪ nominative ▪ noDegree   ▸ **1** (Prov. 17,11)

κακὸς ▸ 8 + **1** = 9
  Adjective ▪ masculine ▪ singular ▪ nominative ▪ noDegree   ▸ 8 + **1** = **9** (Prov. 6,11; Prov. 6,11a; Prov. 9,12; Prov. 13,10; Prov. 15,23; Prov. 17,4; Prov. 19,6; Prov. 28,20; Matt. 24,48)

κακοῦ ▸ 20 + **8** = 28
  Adjective ▪ masculine ▪ singular ▪ genitive ▪ noDegree   ▸ **1** (Prov. 25,19)
  Adjective ▪ neuter ▪ singular ▪ genitive ▪ noDegree   ▸ 19 + **8** = **27** (2Sam. 19,36; 1Kings 3,9; 2Mac. 1,25; Psa. 9,27; Psa. 33,14; Psa. 33,15; Psa. 36,27; Psa. 120,7; Prov. 1,33; Prov. 3,7; Prov. 14,16; Prov. 15,27a; Job 2,3; Wis. 14,27; Wis. 15,12; Wis. 16,8; Sir. 33,14; Sol. 15,4; Sol. 17,17; John 18,23; Rom. 12,17; Rom. 12,21; 1Th. 5,15; Heb. 5,14; 1Pet. 3,9; 1Pet. 3,10; 1Pet. 3,11)

κακούς ▸ 2 + **1** = 3
  Adjective ▪ masculine ▪ plural ▪ accusative ▪ noDegree   ▸ 2 + **1** = **3** (Prov. 9,8; Prov. 15,3; Rev. 2,2)

κακούς ▸ 3 + 2 = 5
   Adjective · masculine · plural · accusative · noDegree ▸ 3 + 2 = 5 (Prov. 6,18; Prov. 9,7; Prov. 24,1; Matt. 21,41; Phil. 3,2)
κακῷ ▸ 3 + 1 = 4
   Adjective · masculine · singular · dative · noDegree ▸ 1 (Eccl. 9,2)
   Adjective · neuter · singular · dative · noDegree ▸ 2 + 1 = 3 (Prov. 5,14; Eccl. 9,12; Rom. 13,3)
κακῶν ▸ 59 + 3 + 4 = 66
   Adjective · feminine · plural · genitive · noDegree ▸ 2 + 1 = 3 (1Sam. 25,39; Sus. 52; Sus. 52)
   Adjective · masculine · plural · genitive · noDegree ▸ 6 (Prov. 3,31; Prov. 6,3; Prov. 8,13; Prov. 15,15; Prov. 27,12; Jer. 14,8)
   Adjective · neuter · plural · genitive · noDegree ▸ 51 + 2 + 4 = 57 (Gen. 48,16; 1Sam. 10,19; Esth. 10,9 # 10,3f; 1Mac. 2,43; 1Mac. 6,12; 1Mac. 8,31; 1Mac. 10,5; 2Mac. 2,18; 2Mac. 4,1; 2Mac. 13,4; 2Mac. 13,6; 3Mac. 2,12; Psa. 26,5; Psa. 87,4; Psa. 106,39; Prov. 12,21; Prov. 14,22; Prov. 14,25; Prov. 16,17; Prov. 18,3; Job 5,5; Job 5,21; Job 13,4; Job 16,2; Job 28,28; Job 30,26; Wis. 15,6; Sir. 11,25; Sir. 11,25; Sir. 20,18; Jonah 4,6; Hab. 2,9; Is. 46,7; Jer. 2,27; Jer. 9,2; Jer. 11,12; Jer. 15,11; Jer. 16,19; Jer. 18,8; Jer. 18,8; Jer. 28,64; Jer. 33,3; Jer. 33,13; Jer. 33,19; Jer. 49,17; Jer. 51,5; Jer. 51,9; Jer. 51,9; Jer. 51,9; Jer. 51,9; LetterJ 49; Tob. 3,10; Tob. 7,6; Rom. 1,30; 1Cor. 10,6; 1Tim. 6,10; James 1,13)
χείριστα ▸ 4
   Adjective · neuter · plural · accusative · superlative ▸ 4 (Esth. 13,5 # 3,13e; 2Mac. 5,23; 2Mac. 9,28; 2Mac. 13,9)
χειρίστους ▸ 1
   Adjective · masculine · plural · accusative · superlative ▸ 1 (3Mac. 6,26)
χειρίστῳ ▸ 1
   Adjective · masculine · singular · dative · superlative ▸ 1 (3Mac. 3,1)
χεῖρον ▸ 4
   Adjective · neuter · singular · accusative · comparative ▸ 2 (Mark 5,26; 2Tim. 3,13)
   Adjective · neuter · singular · nominative · comparative ▸ 2 (Matt. 9,16; Mark 2,21)
χεῖρόν ▸ 1
   Adjective · neuter · singular · nominative · comparative ▸ 1 (John 5,14)
χείρονα ▸ 2 + 3 = 5
   Adjective · feminine · singular · accusative · comparative ▸ 1 (3Mac. 5,20)
   Adjective · neuter · plural · nominative · comparative ▸ 1 + 3 = 4 (Wis. 15,18; Matt. 12,45; Luke 11,26; 2Pet. 2,20)
χείρονος ▸ 1
   Adjective · feminine · singular · genitive · comparative ▸ 1 (Heb. 10,29)
χείρω ▸ 2
   Adjective · masculine · singular · accusative · comparative ▸ 1 (1Sam. 17,43)
   Adjective · neuter · plural · accusative · comparative ▸ 1 (Wis. 17,6)
χείρων ▸ 2
   Adjective · feminine · singular · nominative · comparative ▸ 1 (Matt. 27,64)
   Adjective · masculine · singular · nominative · comparative ▸ 1 (1Tim. 5,8)
κακοτεχνέω (κακός; τίκτω) to devise evil ▸ 1
   κακοτεχνήσωμεν ▸ 1
      Verb · first · plural · aorist · active · subjunctive ▸ 1 (3Mac. 7,9)
κακότεχνος (κακός; τίκτω) wily, sly; plotting evil ▸ 3
   κακότεχνον ▸ 1
      Adjective · feminine · singular · accusative · noDegree ▸ 1 (Wis. 1,4)
   κακότεχνος ▸ 1
      Adjective · feminine · singular · nominative · noDegree ▸ 1 (Wis. 15,4)
   κακοτέχνων ▸ 1
      Adjective · neuter · plural · genitive · noDegree ▸ 1 (4Mac. 6,25)
κακουργία (κακός; ἔργον) wickedness, treachery ▸ 3
   κακουργία ▸ 1
      Noun · feminine · singular · nominative · (common) ▸ 1 (2Mac. 14,22)
   κακουργίαν ▸ 1
      Noun · feminine · singular · accusative · (common) ▸ 1 (2Mac. 3,32)
   κακουργίας ▸ 1
      Noun · feminine · singular · genitive · (common) ▸ 1 (Psa. 34,17)
κακοῦργος (κακός; ἔργον) evil, evil-doer, criminal ▸ 4 + 4 = 8
   κακοῦργοι ▸ 1
      Adjective · masculine · plural · nominative ▸ 1 (Luke 23,32)
   κακούργοις ▸ 1
      Adjective · masculine · plural · dative · noDegree ▸ 1 (Prov. 21,15)
   κακοῦργος ▸ 1
      Adjective · masculine · singular · nominative ▸ 1 (2Tim. 2,9)
   κακούργου ▸ 1
      Adjective · masculine · singular · genitive · noDegree ▸ 1 (Sir. 11,33)
   κακούργους ▸ 1 + 1 = 2
      Adjective · masculine · plural · accusative · noDegree ▸ 1 + 1 = 2 (Esth. 16,15 # 8,12p; Luke 23,33)
   κακούργῳ ▸ 1
      Adjective · masculine · singular · dative · noDegree ▸ 1 (Sir. 33,27)
   κακούργων ▸ 1
      Adjective · masculine · plural · genitive ▸ 1 (Luke 23,39)
κακουχέω (κακός; ἔχω) to mistreat ▸ 2 + 2 = 4
   ἐκακουχήθη ▸ 1
      Verb · third · singular · aorist · passive · indicative ▸ 1 (1Kings 2,26)
   ἐκακουχήθης ▸ 1
      Verb · second · singular · aorist · passive · indicative ▸ 1 (1Kings 2,26)
   κακουχούμενοι ▸ 1
      Verb · present · passive · participle · masculine · plural · nominative ▸ 1 (Heb. 11,37)
   κακουχουμένων ▸ 1
      Verb · present · passive · participle · masculine · plural · genitive ▸ 1 (Heb. 13,3)
κακοφροσύνη (κακός; φρήν) folly ▸ 1
   κακοφροσύνη ▸ 1
      Noun · feminine · singular · nominative · (common) ▸ 1 (Prov. 16,18)
κακόφρων (κακός; φρήν) evil minded ▸ 2
   κακόφρονι ▸ 1
      Adjective · feminine · singular · dative · noDegree ▸ 1 (Prov. 11,22)
   κακόφρων ▸ 1

Adjective · masculine · singular · nominative · noDegree ▸ **1** (Prov. 19,19)

κακόω (κακός) to do evil, harm ▸ 64 + 1 + 6 = 71

   ἐκακώθη ▸ **1**
      Verb · third · singular · aorist · passive · indicative ▸ **1** (Psa. 105,32)

   ἐκακώθην ▸ **1**
      Verb · first · singular · aorist · passive · indicative ▸ **1** (Psa. 37,9)

   ἐκακώθησαν ▸ **2**
      Verb · third · plural · aorist · passive · indicative ▸ **2** (Psa. 106,39; Zech. 10,2)

   ἐκάκωσα ▸ **2**
      Verb · first · singular · aorist · active · indicative ▸ **2** (Num. 16,15; Judith 11,1)

   ἐκάκωσαν ▸ 6 + 1 = 7
      Verb · third · plural · aorist · active · indicative ▸ 6 + 1 = 7 (Num. 20,15; Deut. 26,6; Josh. 24,5; Psa. 93,5; Wis. 19,16; Sir. 49,7; Acts 14,2)

   ἐκάκωσας ▸ **4**
      Verb · second · singular · aorist · active · indicative ▸ **4** (Ex. 5,22; Num. 11,11; Psa. 43,3; Job 22,9)

   ἐκάκωσεν ▸ 3 + 1 = 4
      Verb · third · singular · aorist · active · indicative ▸ 3 + 1 = 4 (Gen. 16,6; Ex. 5,23; Job 24,24; Acts 7,19)

   ἐκάκωσέν ▸ **3**
      Verb · third · singular · aorist · active · indicative ▸ **3** (Deut. 8,3; Ruth 1,21; Job 30,11)

   κακούμενος ▸ **1**
      Verb · present · passive · participle · masculine · singular · nominative ▸ **1** (Job 31,30)

   κακοῦν ▸ **3**
      Verb · present · active · infinitive ▸ **3** (2Mac. 5,22; Sir. 49,7; Jer. 38,28)

   κακοῦντας ▸ **1**
      Verb · present · active · participle · masculine · plural · accusative ▸ **1** (Psa. 26,2)

   κακοῦντες ▸ **1**
      Verb · present · active · participle · masculine · plural · nominative ▸ **1** (Sir. 36,8)

   κακούντων ▸ **1**
      Verb · present · active · participle · masculine · plural · genitive ▸ **1** (Judg. 2,18)

   κακωθῆναι ▸ **1**
      Verb · aorist · passive · infinitive ▸ **1** (Dan. 10,12)

   κακωθήσεται ▸ **2**
      Verb · third · singular · future · passive · indicative ▸ **2** (Sir. 3,26; Hos. 9,7)

   κακωθήσομαι ▸ **1**
      Verb · first · singular · future · passive · indicative ▸ **1** (Sir. 11,24)

   κακώσαι ▸ **1**
      Verb · third · singular · aorist · active · optative ▸ **1** (Job 20,26)

   κακῶσαι ▸ **8**
      Verb · aorist · active · infinitive ▸ **8** (Num. 30,14; 4Mac. 4,1; Psa. 88,23; Eccl. 8,9; Zech. 8,14; Jer. 25,6; Jer. 32,29; Jer. 51,27)

   κακῶσαί ▸ **2**
      Verb · aorist · active · infinitive ▸ **2** (Acts 12,1; Acts 18,10)

   κακώσαντες ▸ **1**
      Verb · aorist · active · participle · masculine · plural · nominative ▸ **1** (Bar. 4,31)

   κακώσατε ▸ **1**
      Verb · second · plural · aorist · active · imperative ▸ **1** (Is. 41,23)

   κακώσει ▸ **3**
      Verb · third · singular · future · active · indicative ▸ **3** (Josh. 24,20; Eccl. 7,22; Is. 50,9)

   κακώσεις ▸ **1**
      Verb · second · singular · future · active · indicative ▸ **1** (Sir. 38,21)

   κακώσετε ▸ **3**
      Verb · second · plural · future · active · indicative ▸ **3** (Ex. 22,20; Ex. 22,21; Num. 29,7)

   κακώσῃ ▸ **4**
      Verb · third · singular · aorist · active · subjunctive ▸ **4** (Deut. 8,2; Deut. 8,16; Zeph. 1,12; Ezek. 33,12)

   κακώσῃς ▸ **2**
      Verb · second · singular · aorist · active · subjunctive ▸ **2** (Sir. 7,20; Sir. 33,33)

   κακώσητε ▸ **1**
      Verb · second · plural · aorist · active · subjunctive ▸ **1** (Ex. 22,22)

   κακώσομεν ▸ **1**
      Verb · first · plural · future · active · indicative ▸ **1** (Gen. 19,9)

   κακώσουσιν ▸ 3 + 1 = 4
      Verb · third · plural · future · active · indicative ▸ 3 + 1 = 4 (Gen. 15,13; Num. 24,24; Num. 24,24; Acts 7,6)

   κακώσων ▸ **1**
      Verb · future · active · participle · masculine · singular · nominative ▸ **1** (1Pet. 3,13)

   κακώσωσιν ▸ **1**
      Verb · third · plural · aorist · active · subjunctive ▸ **1** (Ex. 1,11)

   κεκάκωκας ▸ **1**
      Verb · second · singular · perfect · active · indicative ▸ **1** (1Kings 17,20)

   κεκακῶσθαι ▸ **1**
      Verb · perfect · passive · infinitive ▸ **1** (Is. 53,7)

κακῶς (κακός) badly, severely, wrong, fierce ▸ 15 + 16 = 31

   κακῶς ▸ 15 + 16 = 31
      Adverb ▸ 15 + 16 = 31 (Ex. 22,27; Lev. 19,14; Lev. 20,9; Lev. 20,9; 1Mac. 7,42; 3Mac. 1,14; 3Mac. 1,16; 4Mac. 6,17; 4Mac. 12,14; Wis. 14,29; Wis. 14,30; Wis. 18,19; Is. 8,21; Jer. 7,9; Ezek. 34,4; Matt. 4,24; Matt. 8,16; Matt. 9,12; Matt. 14,35; Matt. 15,22; Matt. 17,15; Matt. 21,41; Mark 1,32; Mark 1,34; Mark 2,17; Mark 6,55; Luke 5,31; Luke 7,2; John 18,23; Acts 23,5; James 4,3)

κάκωσις (κακός) suffering, affliction ▸ 18 + 1 = 19

   κακώσει ▸ **2**
      Noun · feminine · singular · dative · (common) ▸ **2** (2Mac. 3,39; Is. 53,4)

   κακώσεως ▸ **7**
      Noun · feminine · singular · genitive · (common) ▸ **7** (Ex. 3,17; Deut. 16,3; Psa. 43,20; Sir. 13,12; Sir. 29,12; Jer. 11,14; Jer. 28,2)

   κακώσεώς ▸ **3**
      Noun · feminine · singular · genitive · (common) ▸ **3** (Psa. 17,19; Jer. 2,28; Bar. 5,1)

   κάκωσιν ▸ 3 + 1 = 4
      Noun · feminine · singular · accusative · (common) ▸ 3 + 1 = 4 (Ex. 3,7; Num. 11,15; Esth. 8,6; Acts 7,34)

   κάκωσις ▸ **3**
      Noun · feminine · singular · nominative · (common) ▸ **3** (Esth. 11,8 # 1,1g; Wis. 3,2; Sir. 11,27)

καλαβώτης lizard ▸ **2**

   καλαβώτης ▸ **2**
      Noun · masculine · singular · nominative · (common) ▸ **2** (Lev.

11,30; Prov. 30,28)

κάλαθος basket ▸ 3
  κάλαθος ▸ 2
    Noun · masculine · singular · nominative · (common) ▸ **2** (Jer. 24,2; Jer. 24,2)
  καλάθους ▸ 1
    Noun · masculine · plural · accusative · (common) ▸ **1** (Jer. 24,1)

καλαμάομαι (καλάμη) to gather, glean ▸ 8 + 1 = 9
  ἐκαλαμήσαντο ▸ 1 + 1 = 2
    Verb · third · plural · aorist · middle · indicative ▸ 1 + 1 = **2** (Judg. 20,45; Judg. 20,45)
  Καλαμᾶσθε ▸ 1
    Verb · second · plural · present · middle · indicative ▸ **1** (Jer. 6,9)
  καλαμᾶσθε ▸ 1
    Verb · second · plural · present · middle · indicative ▸ **1** (Jer. 6,9)
  καλαμήσασθαι ▸ 1
    Verb · aorist · middle · infinitive ▸ **1** (Deut. 24,20)
  καλαμήσηται ▸ 1
    Verb · third · singular · aorist · middle · subjunctive ▸ **1** (Is. 24,13)
  καλαμήσονται ▸ 1
    Verb · third · plural · future · middle · indicative ▸ **1** (Is. 24,13)
  καλαμώμενος ▸ 1
    Verb · present · middle · participle · masculine · singular · nominative ▸ **1** (Sir. 33,16)
  καλαμῶνται ▸ 1
    Verb · third · plural · present · middle · indicative ▸ **1** (Is. 3,12)

καλάμη straw ▸ 18 + 1 = 19
  καλάμη ▸ 6
    Noun · feminine · singular · nominative · (common) ▸ **6** (Job 41,21; Nah. 1,10; Mal. 3,19; Is. 1,31; Is. 5,24; Is. 17,6)
  καλάμῃ ▸ 2
    Noun · feminine · singular · dative · (common) ▸ **2** (Wis. 3,7; Zech. 12,6)
  καλάμην ▸ 8 + 1 = 9
    Noun · feminine · singular · accusative · (common) ▸ 8 + 1 = **9** (Ex. 5,12; Ex. 15,7; Psa. 82,14; Ode. 1,7; Mic. 7,1; Joel 2,5; Obad. 18; Is. 27,4; 1Cor. 3,12)
  καλάμης ▸ 2
    Noun · feminine · singular · genitive · (common) ▸ **2** (Job 24,24; Amos 2,13)

καλάμινος (καλάμη) strawlike ▸ 3
  καλαμίνη ▸ 1
    Adjective · feminine · singular · nominative · noDegree ▸ **1** (Ezek. 29,6)
  καλαμίνην ▸ 2
    Adjective · feminine · singular · accusative · noDegree ▸ **2** (2Kings 18,21; Is. 36,6)

καλαμίσκος (καλάμη) branch on a candlestick ▸ 13
  καλαμίσκοι ▸ 5
    Noun · masculine · plural · nominative · (common) ▸ **5** (Ex. 25,31; Ex. 25,32; Ex. 25,32; Ex. 25,32; Ex. 25,36)
  καλαμίσκοις ▸ 2
    Noun · masculine · plural · dative · (common) ▸ **2** (Ex. 25,33; Ex. 25,35)
  καλαμίσκους ▸ 3
    Noun · masculine · plural · accusative · (common) ▸ **3** (Ex. 25,35; Ex. 25,35; Ex. 38,14)
  καλαμίσκῳ ▸ 2
    Noun · masculine · singular · dative · (common) ▸ **2** (Ex. 25,33; Ex. 25,34)
  καλαμίσκων ▸ 1
    Noun · masculine · plural · genitive · (common) ▸ **1** (Ex. 38,15)

κάλαμος (καλάμη) reed ▸ 28 + 12 = 40
  κάλαμον ▸ 3 + 6 = 9
    Noun · masculine · singular · accusative · (common) ▸ 3 + 6 = **9** (3Mac. 2,22; Job 40,21; Is. 42,3; Matt. 11,7; Matt. 12,20; Matt. 27,29; Matt. 27,30; Luke 7,24; Rev. 21,15)
  κάλαμος ▸ 4 + 1 = 5
    Noun · masculine · singular · nominative · (common) ▸ 4 + 1 = **5** (Psa. 44,2; Song 4,14; Ezek. 40,3; Ezek. 40,5; Rev. 11,1)
  καλάμου ▸ 6 + 1 = 7
    Noun · masculine · singular · genitive · (common) ▸ 6 + 1 = **7** (Ex. 30,23; Psa. 67,31; Is. 19,6; Is. 35,7; Ezek. 42,12; Ezek. 42,20; 3John 13)
  καλάμους ▸ 1
    Noun · masculine · plural · accusative · (common) ▸ **1** (3Mac. 4,20)
  καλάμῳ ▸ 14 + 4 = 18
    Noun · masculine · singular · dative · (common) ▸ 14 + 4 = **18** (Ezek. 40,5; Ezek. 40,5; Ezek. 40,6; Ezek. 40,7; Ezek. 40,7; Ezek. 40,7; Ezek. 40,7; Ezek. 40,8; Ezek. 40,8; Ezek. 41,8; Ezek. 42,16; Ezek. 42,17; Ezek. 42,18; Ezek. 42,19; Matt. 27,48; Mark 15,19; Mark 15,36; Rev. 21,16)

Καλαμω Kalamo, Calamo (Ialus) ▸ 1
  Καλαμω ▸ 1
    Noun · masculine · singular · genitive · (proper) ▸ **1** (1Esdr. 5,22)

καλέω to call, summon, invite ▸ 467 + 44 + 148 = 659
  ἐκάλει ▸ 2
    Verb · third · singular · imperfect · active · indicative ▸ **2** (1Sam. 9,9; 3Mac. 5,26)
  ἐκάλεσα ▸ 16 + 2 + 1 = 19
    Verb · first · singular · aorist · active · indicative ▸ 16 + 2 + 1 = **19** (Deut. 32,3; Ezra 8,21; Neh. 5,12; Ode. 2,3; Song 3,1; Song 5,6; Job 19,16; Zech. 11,7; Zech. 11,7; Is. 48,15; Is. 50,2; Is. 51,2; Is. 65,12; Is. 66,4; Jer. 7,13; Dan. 4,18; Tob. 1,9; Tob. 2,13; Matt. 2,15)
  Ἐκάλεσα ▸ 1
    Verb · first · singular · aorist · active · indicative ▸ **1** (Lam. 1,19)
  ἐκάλεσά ▸ 4
    Verb · first · singular · aorist · active · indicative ▸ **4** (Is. 41,9; Is. 42,6; Is. 43,1; Is. 43,22)
  ἐκάλεσαν ▸ 16 + 3 = 19
    Verb · third · plural · aorist · active · indicative ▸ 16 + 3 = **19** (Gen. 24,58; Num. 25,2; Josh. 19,48; Judg. 1,17; Judg. 16,25; Judg. 18,29; Judg. 21,13; Ruth 4,17; Ruth 4,17; 1Kings 12,20; 1Kings 20,12; 2Chr. 10,3; 2Chr. 20,26; Judith 14,6; Wis. 13,10; Sus. 29; Judg. 16,25; Judg. 18,29; Judg. 21,13)
  ἐκάλεσάν ▸ 1
    Verb · third · plural · aorist · active · indicative ▸ **1** (Is. 65,1)
  ἐκάλεσας ▸ 2
    Verb · second · singular · aorist · active · indicative ▸ **2** (Jer. 3,4; Lam. 1,21)
  ἐκαλέσατε ▸ 1
    Verb · second · plural · aorist · active · indicative ▸ **1** (Judg. 14,15)
  ἐκάλεσε ▸ 6
    Verb · third · singular · aorist · active · indicative ▸ **6** (Dan. 5,9; Dan. 6,21; Dan. 8,16; Sus. 52; Bel 8; Bel 30)
  ἐκάλεσέ ▸ 1
    Verb · third · singular · aorist · active · indicative ▸ **1** (Dan. 4,34)
  ἐκάλεσεν ▸ 197 + 26 + 10 = 233
    Verb · third · singular · aorist · active · indicative ▸ 196 + 26 + 10 = **232** (Gen. 1,5; Gen. 1,5; Gen. 1,8; Gen. 1,10; Gen. 1,10;

καλέω 1271

Gen. 2,19; Gen. 2,20; Gen. 3,9; Gen. 3,20; Gen. 16,13; Gen. 16,14; Gen. 16,15; Gen. 19,22; Gen. 19,37; Gen. 19,38; Gen. 20,8; Gen. 20,9; Gen. 21,3; Gen. 21,17; Gen. 22,11; Gen. 22,14; Gen. 22,15; Gen. 25,26; Gen. 26,9; Gen. 26,20; Gen. 26,33; Gen. 27,1; Gen. 27,42; Gen. 28,19; Gen. 29,32; Gen. 29,33; Gen. 29,34; Gen. 29,35; Gen. 30,6; Gen. 30,8; Gen. 30,13; Gen. 30,18; Gen. 30,20; Gen. 30,21; Gen. 30,24; Gen. 31,4; Gen. 31,47; Gen. 31,47; Gen. 31,54; Gen. 32,3; Gen. 32,31; Gen. 33,17; Gen. 35,7; Gen. 35,8; Gen. 35,18; Gen. 35,18; Gen. 38,3; Gen. 38,4; Gen. 38,5; Gen. 38,29; Gen. 38,30; Gen. 39,14; Gen. 41,8; Gen. 41,14; Gen. 41,45; Gen. 41,51; Gen. 41,52; Gen. 47,29; Gen. 50,11; Ex. 1,18; Ex. 2,8; Ex. 3,4; Ex. 8,4; Ex. 8,21; Ex. 9,27; Ex. 10,24; Ex. 12,31; Ex. 19,3; Ex. 19,7; Ex. 19,20; Ex. 24,16; Ex. 34,5; Ex. 34,6; Ex. 34,31; Ex. 36,2; Lev. 9,1; Lev. 10,4; Deut. 5,1; Deut. 29,1; Deut. 31,7; Josh. 5,9; Josh. 24,9; Judg. 1,26; Judg. 4,6; Judg. 4,13; Judg. 6,24; Judg. 6,32; Judg. 9,7; Judg. 10,4; Judg. 13,24; Judg. 15,17; Judg. 16,18; Judg. 16,19; 1Sam. 1,20; 1Sam. 3,4; 1Sam. 3,6; 1Sam. 3,10; 1Sam. 4,21; 1Sam. 7,12; 1Sam. 9,26; 1Sam. 16,5; 1Sam. 16,8; 1Sam. 19,7; 1Sam. 29,6; 2Sam. 1,15; 2Sam. 2,26; 2Sam. 9,9; 2Sam. 11,13; 2Sam. 12,24; 2Sam. 12,25; 2Sam. 13,17; 2Sam. 13,23; 2Sam. 14,33; 2Sam. 15,12; 2Sam. 18,18; 2Sam. 21,2; 1Kings 1,9; 1Kings 1,10; 1Kings 1,19; 1Kings 1,19; 1Kings 1,25; 1Kings 1,26; 1Kings 2,36; 1Kings 2,42; 1Kings 9,13; 1Kings 18,3; 1Kings 21,7; 1Kings 22,9; 2Kings 4,12; 2Kings 4,15; 2Kings 4,22; 2Kings 4,36; 2Kings 6,11; 2Kings 9,1; 2Kings 12,8; 2Kings 14,7; 2Kings 18,4; 1Chr. 4,9; 1Chr. 6,50; 1Chr. 7,16; 1Chr. 7,23; 1Chr. 11,7; 1Chr. 13,11; 1Chr. 14,11; 1Chr. 15,11; 1Chr. 22,6; 2Chr. 3,17; 2Chr. 18,8; 2Chr. 24,6; 1Esdr. 3,14; Esth. 5,10; Judith 2,4; Judith 2,14; Judith 5,2; Judith 8,10; Judith 10,2; Judith 12,10; Tob. 5,10; Tob. 7,13; Tob. 7,14; Tob. 7,15; Tob. 9,1; Tob. 12,1; Tob. 12,5; Tob. 14,3; 1Mac. 1,6; 1Mac. 6,10; 1Mac. 6,14; 1Mac. 6,17; 1Mac. 11,47; 1Mac. 16,2; Psa. 49,1; Psa. 104,16; Job 42,14; Amos 7,4; Is. 22,12; Is. 41,2; Is. 41,4; Is. 49,1; Jer. 11,16; Jer. 20,3; Jer. 43,4; Jer. 44,17; Jer. 45,14; Jer. 49,8; Bar. 3,33; Bar. 3,35; Lam. 1,15; Ezek. 9,3; Dan. 3,93; Dan. 5,0; Judg. 1,17; Judg. 1,26; Judg. 4,6; Judg. 4,13; Judg. 6,32; Judg. 13,24; Judg. 15,17; Judg. 16,18; Judg. 16,19; Tob. 4,3; Tob. 5,10; Tob. 5,17; Tob. 7,13; Tob. 7,14; Tob. 7,15; Tob. 8,10; Tob. 8,11; Tob. 8,20; Tob. 9,1; Tob. 12,1; Tob. 12,5; Tob. 12,6; Tob. 14,3; Dan. 8,16; Sus. 52; Bel 8; Matt. 1,25; Matt. 4,21; Matt. 25,14; Mark 1,20; Luke 14,16; Rom. 8,30; Rom. 8,30; Rom. 9,24; 1Th. 4,7; 2Th. 2,14)

Verb · third · singular · imperfect · active · indicative ▸ **1** (Gen. 35,15)

Ἐκάλεσεν ▸ 3
Verb · third · singular · aorist · active · indicative ▸ **3** (Gen. 49,1; Ex. 12,21; Lam. 2,22)

ἐκάλεσέν ▸ 2
Verb · third · singular · aorist · active · indicative ▸ **2** (2Sam. 1,7; 2Kings 1,9)

ἐκάλουν ▸ 1 + 1 + 2 = 4
Verb · first · singular · imperfect · active · indicative ▸ **1** (Prov. 1,24)
Verb · third · plural · imperfect · active · indicative ▸ 1 + 2 = **3** (Judg. 10,4; Luke 1,59; Acts 14,12)

ἐκλήθη ▸ 18 + 2 + 7 = 27
Verb · third · singular · aorist · passive · indicative ▸ 18 + 2 + 7 = **27** (Gen. 11,9; Gen. 25,30; Gen. 27,36; Gen. 31,48; Ex. 33,7; Num. 11,3; Num. 11,34; Judg. 2,5; Judg. 15,19; Judg. 18,12; 2Sam. 2,16; 2Sam. 5,9; 2Sam. 5,20; 2Sam. 6,8; 1Esdr. 5,38; Ezra 2,61; Ezra 4,18; Neh. 7,63; Judg. 15,19; Judg. 18,12; Matt. 27,8; Luke 2,21; John 2,2; 1Cor. 7,18; 1Cor. 7,20; 1Cor. 7,24; James 2,23)

ἐκλήθης ▸ 1 + 2 = 3
Verb · second · singular · aorist · passive · indicative ▸ 1 + 2 = **3** (Jer. 37,17; 1Cor. 7,21; 1Tim. 6,12)

ἐκλήθησαν ▸ 5
Verb · third · plural · aorist · passive · indicative ▸ **5** (Num. 12,5; 1Chr. 23,14; 1Esdr. 3,15; Esth. 3,12; Esth. 8,9)

ἐκλήθητε ▸ 7
Verb · second · plural · aorist · passive · indicative ▸ **7** (1Cor. 1,9; Gal. 5,13; Eph. 4,1; Eph. 4,4; Col. 3,15; 1Pet. 2,21; 1Pet. 3,9)

καλεῖ ▸ 3 + 2 + 4 = 9
Verb · third · singular · present · active · indicative ▸ 3 + 2 + 4 = **9** (1Esdr. 4,36; 4Mac. 3,19; Is. 21,11; Tob. 5,10; Tob. 9,5; Matt. 22,43; Matt. 22,45; Luke 20,44; 1Cor. 10,27)

κάλει ▸ 1
Verb · second · singular · present · active · imperative ▸ **1** (Luke 14,13)

καλεῖν ▸ 1 + 1 = 2
Verb · present · active · infinitive ▸ 1 + 1 = **2** (Is. 8,4; Heb. 2,11)

καλεῖσθαι ▸ 3
Verb · present · passive · infinitive ▸ **3** (Matt. 23,7; Luke 1,62; 1Cor. 15,9)

καλεῖσθαί ▸ 1
Verb · present · passive · infinitive ▸ **1** (1Mac. 10,20)

καλεῖται ▸ 5 + 5 = 10
Verb · third · singular · present · passive · indicative ▸ 5 + 5 = **10** (2Mac. 1,36; Prov. 21,24; Prov. 27,16; Is. 9,5; Is. 13,19; Luke 1,61; Luke 2,4; Acts 28,1; Heb. 3,13; Rev. 11,8)

καλεῖτε ▸ 1
Verb · second · plural · present · active · indicative ▸ **1** (Luke 6,46)

καλεῖτέ ▸ 2
Verb · second · plural · present · active · indicative ▸ **1** (Ruth 1,21)
Verb · second · plural · present · active · imperative ▸ **1** (Ruth 1,20)

καλέσαι ▸ 16 + 2 + 4 = 22
Verb · aorist · active · infinitive ▸ 15 + 2 + 4 = **21** (Ex. 10,16; Num. 16,12; Num. 22,5; Num. 22,20; Num. 22,37; Judg. 8,1; 1Sam. 3,8; 1Sam. 22,11; 1Kings 22,13; 2Chr. 18,12; Is. 61,2; Jer. 41,8; Jer. 41,15; Jer. 41,17; Dan. 5,7; Judg. 8,1; Dan. 2,2; Matt. 9,13; Matt. 22,3; Mark 2,17; Luke 5,32)
Verb · third · singular · aorist · active · optative ▸ **1** (Ruth 4,14)

καλέσαντα ▸ 1
Verb · aorist · active · participle · masculine · singular · accusative ▸ **1** (1Pet. 1,15)

καλέσαντες ▸ 1
Verb · aorist · active · participle · masculine · plural · nominative ▸ **1** (Acts 4,18)

καλέσαντος ▸ 4
Verb · aorist · active · participle · masculine · singular · genitive ▸ **4** (Gal. 1,6; 2Tim. 1,9; 1Pet. 2,9; 2Pet. 1,3)

καλέσας ▸ 4 + 6 = 10
Verb · aorist · active · participle · masculine · singular · nominative ▸ 4 + 6 = **10** (Gen. 12,18; Tob. 4,3; Tob. 12,6; 4Mac. 8,4; Matt. 2,7; Luke 7,39; Luke 14,9; Luke 19,13; Gal. 1,15; 1Pet. 5,10)

Καλέσατε ▸ 5 + 1 = 6
Verb · second · plural · aorist · active · imperative ▸ 5 + 1 = **6** (Judg. 16,25; 2Sam. 17,5; 1Esdr. 3,15; Esth. 6,5; Jer. 9,16; Judg. 16,25)

καλέσατε ▸ 6 + 1 = 7
Verb · second · plural · aorist · active · imperative ▸ 6 + 1 = **7** (Ex. 2,20; 2Kings 10,19; Jer. 6,30; Jer. 26,17; Jer. 30,24; Lam.

K, κ

4,15; Matt. 22,9)

Καλέσατέ ▸ 2
Verb · second · plural · aorist · active · imperative ▸ **2** (1Kings 1,28; 1Kings 1,32)

καλέσατέ ▸ 2
Verb · second · plural · aorist · active · imperative ▸ **2** (Ruth 1,20; Judith 14,5)

καλεσάτω ▸ 1
Verb · third · singular · aorist · active · imperative ▸ **1** (Is. 44,7)

καλέσει ▸ 7
Verb · third · singular · future · active · indicative ▸ **7** (Gen. 2,19; Hos. 2,18; Hos. 2,18; Is. 40,26; Is. 62,2; Is. 62,12; Jer. 23,6)

καλέσεις ▸ 8 + 3 = 11
Verb · second · singular · future · active · indicative ▸ 8 + 3 = **11** (Gen. 16,11; Gen. 17,19; 1Sam. 16,3; Job 13,22; Job 14,15; Job 38,34; Is. 7,14; Is. 58,13; Matt. 1,21; Luke 1,13; Luke 1,31)

καλέσετε ▸ 5
Verb · second · plural · future · active · indicative ▸ **5** (Lev. 23,2; Lev. 23,4; Lev. 23,21; Lev. 23,37; Is. 58,5)

καλέσετέ ▸ 1
Verb · second · plural · future · active · indicative ▸ **1** (Jer. 3,19)

καλέσῃ ▸ 2
Verb · third · singular · aorist · active · subjunctive ▸ **2** (Gen. 46,33; 1Sam. 3,9)

καλέσητε ▸ 1
Verb · second · plural · aorist · active · subjunctive ▸ **1** (Matt. 23,9)

Κάλεσον ▸ 5
Verb · second · singular · aorist · active · imperative ▸ **5** (2Kings 4,36; Hos. 1,4; Hos. 1,6; Hos. 1,9; Is. 8,3)

κάλεσον ▸ 2 + 1 = 3
Verb · second · singular · aorist · active · imperative ▸ 2 + 1 = **3** (Deut. 31,14; Is. 21,8; Matt. 20,8)

Κάλεσόν ▸ 1 + 1 = 2
Verb · second · singular · aorist · active · imperative ▸ 1 + 1 = **2** (2Kings 4,12; Tob. 5,9)

καλέσουσιν ▸ 2 + 1 = 3
Verb · third · plural · future · active · indicative ▸ 2 + 1 = **3** (Deut. 25,8; Jer. 3,17; Matt. 1,23)

καλέσω ▸ 8 + 1 = 9
Verb · first · singular · aorist · active · subjunctive ▸ **2** (Ex. 2,7; Job 9,16)
Verb · first · singular · future · active · indicative ▸ 6 + 1 = **7** (Ex. 33,19; Is. 22,20; Is. 45,4; Is. 48,13; Ezek. 36,29; Ezek. 38,21; Rom. 9,25)

Καλέσωμεν ▸ 1
Verb · first · plural · aorist · active · subjunctive ▸ **1** (Gen. 24,57)

καλέσωσίν ▸ 1
Verb · third · plural · aorist · active · subjunctive ▸ **1** (Ex. 34,15)

καλουμένη ▸ 3
Verb · present · passive · participle · feminine · singular · nominative ▸ **3** (Luke 8,2; Luke 10,39; Acts 8,10)

καλουμένῃ ▸ 3
Verb · present · passive · participle · feminine · singular · dative ▸ **3** (Luke 1,36; Acts 3,11; Rev. 1,9)

καλουμένην ▸ 3
Verb · present · passive · participle · feminine · singular · accusative ▸ **3** (Luke 7,11; Luke 9,10; Acts 9,11)

καλουμένης ▸ 1
Verb · present · passive · participle · feminine · singular · genitive ▸ **1** (Acts 10,1)

καλούμενον ▸ 2 + 11 = 13
Verb · present · passive · participle · masculine · singular · accusative ▸ **8** (Luke 6,15; Luke 22,3; Luke 23,33; Acts 1,23; Acts 15,22; Acts 15,37; Acts 27,8; Rev. 16,16)
Verb · present · passive · participle · neuter · singular · accusative ▸ 2 + 3 = **5** (1Mac. 12,37; 1Mac. 16,15; Luke 19,29; Luke 21,37; Acts 27,16)

καλούμενος ▸ 7 + 7 = 14
Verb · present · passive · participle · masculine · singular · nominative ▸ 7 + 7 = **14** (1Mac. 2,3; 1Mac. 2,4; 1Mac. 2,5; 1Mac. 2,5; 1Mac. 3,1; 2Mac. 10,12; Job 42,17d; Luke 19,2; Acts 13,1; Acts 27,14; Heb. 5,4; Heb. 11,8; Rev. 12,9; Rev. 19,11)

καλουμένου ▸ 2 + 2 = 4
Verb · present · passive · participle · masculine · singular · genitive ▸ 2 + 1 = **3** (Josh. 5,3; 1Mac. 11,7; Acts 7,58)
Verb · present · passive · participle · neuter · singular · genitive ▸ **1** (Acts 1,12)

καλουμένους ▸ 1
Verb · present · passive · participle · masculine · plural · accusative ▸ **1** (1Mac. 12,31)

καλοῦνται ▸ 1 + 1 = 2
Verb · third · plural · present · passive · indicative ▸ 1 + 1 = **2** (Esth. 9,26; Luke 22,25)

καλοῦντες ▸ 1
Verb · present · active · participle · masculine · plural · nominative ▸ **1** (Mark 3,31)

καλοῦντος ▸ 1 + 4 = 5
Verb · present · active · participle · masculine · singular · genitive ▸ 1 + 4 = **5** (4Mac. 8,17; Rom. 4,17; Rom. 9,12; Gal. 5,8; 1Th. 2,12)

καλοῦσα ▸ 1
Verb · present · active · participle · feminine · singular · nominative ▸ **1** (1Pet. 3,6)

καλοῦσιν ▸ 3
Verb · third · plural · present · active · indicative ▸ **3** (1Sam. 6,2; 2Sam. 9,2; Prov. 16,21)

καλῶ ▸ 4 + 1 = 5
Verb · first · singular · present · active · indicative ▸ 4 + 1 = **5** (Tob. 4,2; Is. 48,12; Jer. 32,29; Jer. 41,17; Tob. 4,2)

καλῶν ▸ 5 + 1 = 6
Verb · present · active · participle · masculine · singular · nominative ▸ 5 + 1 = **6** (1Sam. 26,14; Psa. 146,4; Is. 41,4; Is. 45,3; Is. 46,11; 1Th. 5,24)

κέκληκά ▸ 5
Verb · first · singular · perfect · active · indicative ▸ **5** (Num. 23,11; Num. 24,10; 1Sam. 3,5; 1Sam. 3,6; 1Sam. 28,15)

κέκληκας ▸ 1 + 1 = 2
Verb · second · singular · perfect · active · indicative ▸ 1 + 1 = **2** (Judg. 12,1; Judg. 12,1)

κέκληκάς ▸ 3
Verb · second · singular · perfect · active · indicative ▸ **3** (1Sam. 3,5; 1Sam. 3,6; 1Sam. 3,8)

κεκλήκατε ▸ 1
Verb · second · plural · perfect · active · indicative ▸ **1** (Judg. 14,15)

κέκληκεν ▸ 5 + 2 = 7
Verb · third · singular · perfect · active · indicative ▸ 5 + 2 = **7** (1Sam. 3,8; 2Kings 3,10; 2Kings 3,13; 2Kings 8,1; Esth. 5,12; 1Cor. 7,15; 1Cor. 7,17)

κέκληκέν ▸ 1
Verb · third · singular · perfect · active · indicative ▸ **1** (Is. 54,6)

κεκληκότι ▸ 1
Verb · perfect · active · participle · masculine · singular · dative

καλέω–καλλονή

    ▸ 1 (Luke 14,12)
  κεκληκώς ▸ 1
    Verb · perfect · active · participle · masculine · singular · nominative ▸ **1** (Luke 14,10)
  κέκλημαι ▸ 2
    Verb · first · singular · perfect · passive · indicative ▸ **2** (Esth. 4,11; Esth. 5,12)
  κεκλημένοι ▸ 1 + 3 = 4
    Verb · perfect · passive · participle · masculine · plural · nominative ▸ **1 + 3 = 4** (Is. 48,1; Matt. 22,8; Heb. 9,15; Rev. 19,9)
  κεκλημένοις ▸ 2
    Verb · perfect · passive · participle · masculine · plural · dative ▸ **2** (Matt. 22,4; Luke 14,17)
  κεκλημένον ▸ 1
    Verb · perfect · passive · participle · masculine · singular · accusative ▸ **1** (Sir. 36,11)
  κεκλημένος ▸ 1
    Verb · perfect · passive · participle · masculine · singular · nominative ▸ **1** (Luke 14,8)
  κεκλημένους ▸ 2
    Verb · perfect · passive · participle · masculine · plural · accusative ▸ **2** (Matt. 22,3; Luke 14,7)
  κεκλημένων ▸ 1 + 1 = 2
    Verb · perfect · passive · participle · masculine · plural · genitive ▸ **1 + 1 = 2** (1Sam. 9,22; Luke 14,24)
  κεκλήσεται ▸ 2
    Verb · third · singular · future · passive · indicative ▸ **2** (Lev. 13,45; Hos. 12,1)
  κεκλήσθω ▸ 1
    Verb · third · singular · perfect · passive · imperative ▸ **1** (Is. 4,1)
  κέκληται ▸ 1 + 1 = 2
    Verb · third · singular · perfect · passive · indicative ▸ **1 + 1 = 2** (Eccl. 6,10; Rev. 19,13)
  κέκληταί ▸ 1
    Verb · third · singular · perfect · passive · indicative ▸ **1** (1Cor. 7,18)
  κληθείησαν ▸ 1
    Verb · third · plural · aorist · passive · optative ▸ **1** (LetterJ 29)
  κληθείς ▸ 2
    Verb · aorist · passive · participle · masculine · singular · nominative ▸ **2** (1Cor. 7,22; 1Cor. 7,22)
  κληθεῖσα ▸ 1
    Verb · aorist · passive · participle · feminine · singular · nominative ▸ **1** (4Mac. 16,9)
  κληθέν ▸ 1 + 1 = 2
    Verb · aorist · passive · participle · neuter · singular · nominative ▸ **1 + 1 = 2** (Wis. 11,25; Luke 2,21)
  κληθέντες ▸ 2
    Verb · aorist · passive · participle · masculine · plural · nominative ▸ **2** (4Mac. 11,20; 4Mac. 16,16)
  κληθέντος ▸ 1
    Verb · aorist · passive · participle · masculine · singular · genitive ▸ **1** (Acts 24,2)
  κληθῇ ▸ 2
    Verb · third · singular · aorist · passive · subjunctive ▸ **2** (2Sam. 12,28; Esth. 2,14)
  κληθῆναι ▸ 1 + 3 = 4
    Verb · aorist · passive · infinitive ▸ **1 + 3 = 4** (Is. 47,1; Luke 15,19; Luke 15,21; Acts 1,19)
  κληθῆναί ▸ 1
    Verb · aorist · passive · infinitive ▸ **1** (Is. 49,6)
  κληθῇς ▸ 2 + 2 = 4
    Verb · second · singular · aorist · passive · subjunctive ▸ **2 + 2 = 4** (Sir. 5,14; Is. 47,5; Luke 14,8; Luke 14,10)
  κληθήσεσθε ▸ 1
    Verb · second · plural · future · passive · indicative ▸ **1** (Is. 61,6)
  κληθήσεται ▸ 23 + 9 = 32
    Verb · third · singular · future · passive · indicative ▸ **23 + 9 = 32** (Gen. 2,23; Gen. 17,5; Gen. 17,15; Gen. 32,29; Gen. 35,10; Ex. 12,16; Deut. 25,10; 1Esdr. 3,7; Amos 5,16; Zech. 8,3; Is. 19,18; Is. 35,8; Is. 54,5; Is. 56,7; Is. 60,18; Is. 62,4; Is. 62,4; Is. 65,15; Jer. 19,6; Jer. 26,19; Bar. 5,4; Ezek. 39,11; Dan. 4,30; Matt. 2,23; Matt. 5,19; Matt. 5,19; Matt. 21,13; Mark 11,17; Luke 1,32; Luke 1,35; Luke 1,60; Luke 2,23)
  κληθήσεταί ▸ 1 + 2 = 3
    Verb · third · singular · future · passive · indicative ▸ **1 + 2 = 3** (Gen. 21,12; Rom. 9,7; Heb. 11,18)
  κληθήσῃ ▸ 8 + 2 = 10
    Verb · second · singular · future · passive · indicative ▸ **8 + 2 = 10** (1Esdr. 4,42; Ode. 9,76; Is. 1,26; Is. 48,8; Is. 58,12; Is. 60,14; Is. 62,4; Is. 62,12; Luke 1,76; John 1,42)
  κληθήσονται ▸ 5 + 2 = 7
    Verb · third · plural · future · passive · indicative ▸ **5 + 2 = 7** (Gen. 48,6; Hos. 2,1; Is. 4,3; Is. 41,25; Is. 61,3; Matt. 5,9; Rom. 9,26)
  κληθῆτε ▸ 2
    Verb · second · plural · aorist · passive · subjunctive ▸ **2** (Matt. 23,8; Matt. 23,10)
  κληθήτω ▸ 1
    Verb · third · singular · aorist · passive · imperative ▸ **1** (Dan. 5,12)
  κληθῶμεν ▸ 1
    Verb · first · plural · aorist · passive · subjunctive ▸ **1** (1John 3,1)

Καλιτα Kelita ▸ 1
  Καλιτα ▸ 1
    Noun · masculine · singular · nominative · (proper) ▸ **1** (Neh. 10,11)

Καλιτας Kelita ▸ 2
  Καλιτας ▸ 2
    Noun · masculine · singular · nominative · (proper) ▸ **2** (1Esdr. 9,23; 1Esdr. 9,48)

Καλλαι Kallai ▸ 1
  Καλλαι ▸ 1
    Noun · masculine · singular · nominative · (proper) ▸ **1** (Neh. 12,20)

καλλιέλαιος (καλός; ἐλαία) cultivated olive tree ▸ 1
  καλλιέλαιον ▸ 1
    Noun · feminine · singular · accusative ▸ **1** (Rom. 11,24)

καλλιόομαι (καλός) to be beautiful ▸ 2
  ἐκαλλιώθησαν ▸ 2
    Verb · third · plural · aorist · passive · indicative ▸ **2** (Song 4,10; Song 4,10)

καλλίπαις (καλός; παῖς) beautiful child ▸ 1
  καλλίπαις ▸ 1
    Noun · feminine · singular · nominative · (common) ▸ **1** (4Mac. 16,10)

Καλλισθένης Callisthenes ▸ 1
  Καλλισθένην ▸ 1
    Noun · masculine · singular · accusative · (proper) ▸ **1** (2Mac. 8,33)

καλλονή (καλός) beauty, excellence ▸ 8
  καλλονή ▸ 1
    Noun · feminine · singular · nominative · (common) ▸ **1** (1Mac.

2,12)
- **καλλονῇ** ▸ 1
  - **Noun** · feminine · singular · dative · (common) ▸ **1** (Wis. 13,3)
- **καλλονήν** ▸ 3
  - **Noun** · feminine · singular · accusative · (common) ▸ **3** (Psa. 46,5; Psa. 77,61; Sol. 12,2)
- **καλλονῆς** ▸ 3
  - **Noun** · feminine · singular · genitive · (common) ▸ **3** (Wis. 13,5; Sir. 6,15; Sir. 31,23)

Κάλλος (καλός) Beauty ▸ 1
- **Κάλλος** ▸ 1
  - **Noun** · neuter · singular · accusative · (proper) ▸ **1** (Zech. 11,7)

κάλλος (καλός) beauty ▸ 61 + 2 = 63
- **κάλλει** ▸ 16
  - **Noun** · neuter · singular · dative · (common) ▸ **16** (1Esdr. 4,18; Judith 10,7; Judith 10,14; Judith 10,19; Judith 10,23; Judith 16,6; Psa. 29,8; Psa. 44,3; Psa. 44,4; Sir. 9,8; Sir. 11,2; Sir. 42,12; Ezek. 16,14; Ezek. 16,15; Ezek. 28,17; Ezek. 31,8)
- **κάλλος** ▸ 30 + 1 = 31
  - **Noun** · neuter · singular · accusative · (common) ▸ **16** (Gen. 49,21; Esth. 1,11; 4Mac. 8,5; Sir. 9,8; Sir. 25,21; Sir. 40,22; Sir. 43,18; Is. 37,24; Is. 53,2; LetterJ 23; Ezek. 16,25; Ezek. 27,3; Ezek. 27,4; Ezek. 27,11; Ezek. 28,7; Ezek. 28,7)
  - **Noun** · neuter · singular · nominative · (common) ▸ 14 + 1 = **15** (Deut. 33,17; Judith 16,9; 1Mac. 1,26; Prov. 11,22; Prov. 31,30; Sir. 26,16; Sir. 26,17; Sir. 36,22; Sir. 43,9; Sol. 2,5; Sol. 2,19; Sol. 2,21; Sol. 16,8; Sus. 56; Sus. 56)
- **κάλλους** ▸ 15 + 1 = 16
  - **Noun** · neuter · singular · genitive · (common) ▸ 15 + 1 = **16** (1Sam. 16,12; 1Sam. 17,42; Esth. 15,5 # 5,1b; 4Mac. 2,1; Psa. 44,12; Prov. 6,25; Wis. 5,16; Wis. 8,2; Wis. 13,3; Sol. 17,12; Is. 2,16; Is. 62,3; Ezek. 28,12; Ezek. 28,17; Sus. 32; Sus. 32)

κάλλυνθρον (κάλλυντρον) palm frond ▸ 1
- **κάλλυνθρα** ▸ 1
  - **Noun** · neuter · plural · accusative · (common) ▸ **1** (Lev. 23,40)

καλλωπίζω (καλός; ὁράω) to adorn oneself ▸ 5
- **ἐκαλλωπίσατο** ▸ 2
  - **Verb** · third · singular · aorist · middle · indicative ▸ **2** (Gen. 38,14; Judith 10,4)
- **κεκαλλωπισμένα** ▸ 1
  - **Verb** · perfect · passive · participle · neuter · plural · nominative ▸ **1** (Jer. 10,4)
- **κεκαλλωπισμέναι** ▸ 1
  - **Verb** · perfect · passive · participle · feminine · plural · nominative ▸ **1** (Psa. 143,12)
- **κεκαλλωπισμένη** ▸ 1
  - **Verb** · perfect · passive · participle · feminine · singular · nominative ▸ **1** (Jer. 26,20)

καλοδιδάσκαλος (καλός; διδάσκω) teaching the good, teacher of good ▸ 1
- **καλοδιδασκάλους** ▸ 1
  - **Adjective** · feminine · plural · accusative ▸ **1** (Titus 2,3)

καλοκἀγαθία (καλός; καί; ἀγαθός) nobility of character ▸ 5
- **καλοκἀγαθίᾳ** ▸ 2
  - **Noun** · feminine · singular · dative · (common) ▸ **2** (4Mac. 3,18; 4Mac. 11,22)
- **καλοκἀγαθίαν** ▸ 1
  - **Noun** · feminine · singular · accusative · (common) ▸ **1** (4Mac. 15,9)
- **καλοκἀγαθίας** ▸ 2
  - **Noun** · feminine · singular · genitive · (common) ▸ **2** (4Mac. 1,10; 4Mac. 13,25)

καλοποιέω (καλός; ποιέω) to do what is good ▸ 1
- **καλοποιοῦντες** ▸ 1
  - **Verb** · present · active · participle · masculine · plural · nominative ▸ **1** (2Th. 3,13)

Καλός (καλός) Fair, Beautiful ▸ 1
- **Καλοὺς** ▸ 1
  - **Adjective** · masculine · plural · accusative · (proper) ▸ **1** (Acts 27,8)

καλός good, beautiful; wise ▸ 221 + 14 + 100 = 335
- **καλά** ▸ 10
  - **Adjective** · neuter · plural · accusative · noDegree ▸ **9** (Gen. 1,21; Gen. 1,25; 1Kings 22,8; 1Kings 22,13; 1Kings 22,18; Wis. 4,12; Wis. 10,8; Amos 5,15; Jer. 12,6)
  - **Adjective** · neuter · plural · nominative · noDegree ▸ **1** (Josh. 23,15)
- **καλὰ** ▸ 17 + 7 = 24
  - **Adjective** · neuter · plural · accusative · noDegree ▸ 15 + 5 = **20** (Gen. 1,31; Num. 10,29; 1Kings 22,13; Esth. 2,2; Esth. 2,3; Prov. 3,4; Prov. 15,2; Prov. 15,30; Eccl. 3,11; Wis. 15,19; Sir. 13,6; Mic. 3,2; Joel 4,5; Zech. 1,13; Ezek. 20,25; Matt. 5,16; Matt. 13,48; John 10,32; Rom. 12,17; 2Cor. 8,21)
  - **Adjective** · neuter · plural · nominative · noDegree ▸ 2 + 2 = **4** (Wis. 13,7; Sir. 39,16; 1Tim. 5,25; Titus 3,8)
- **καλαὶ** ▸ 4
  - **Adjective** · feminine · plural · nominative · noDegree ▸ **4** (Gen. 41,2; Gen. 41,18; Gen. 41,26; Amos 8,13)
- **καλαί** ▸ 3
  - **Adjective** · feminine · plural · nominative · noDegree ▸ **3** (Gen. 6,2; Prov. 3,17; Is. 5,9)
- **Καλάς** ▸ 1
  - **Adjective** · feminine · plural · accusative · noDegree ▸ **1** (4Mac. 11,12)
- **καλάς** ▸ 1
  - **Adjective** · feminine · plural · accusative · noDegree ▸ **1** (Deut. 6,10)
- **καλὰς** ▸ 3
  - **Adjective** · feminine · plural · accusative · noDegree ▸ **3** (Gen. 41,4; Gen. 41,20; Deut. 8,12)
- **Καλὲ** ▸ 1
  - **Adjective** · masculine · singular · vocative · noDegree ▸ **1** (Tob. 9,6)
- **Καλὴ** ▸ 2
  - **Adjective** · feminine · singular · nominative · noDegree ▸ **2** (Song 6,4; Sir. 37,9)
- **καλή** ▸ 10
  - **Adjective** · feminine · singular · nominative · noDegree ▸ **10** (Gen. 49,15; Num. 13,19; Song 1,5; Song 1,15; Song 1,15; Song 2,10; Song 2,13; Song 4,1; Song 4,1; Jer. 22,17)
- **καλὴ** ▸ 22 + 2 = 24
  - **Adjective** · feminine · singular · nominative · noDegree ▸ 22 + 2 = **24** (Gen. 12,14; Gen. 24,16; Gen. 29,17; 1Sam. 25,3; 2Sam. 11,2; 2Sam. 13,1; 2Sam. 14,27; 1Kings 1,4; Esth. 1,11; Judith 8,7; Judith 12,13; Prov. 2,10; Prov. 2,11; Prov. 24,14; Song 1,8; Song 4,7; Song 5,9; Song 6,1; Song 6,10; Nah. 3,4; Ezek. 16,13; Dan. 1,15; Sus. 2; Sus. 31)
- **καλῇ** ▸ 2
  - **Adjective** · feminine · singular · dative ▸ **2** (Luke 8,15; Luke 8,15)
- **καλὴν** ▸ 3 + 1 = 4
  - **Adjective** · feminine · singular · accusative · noDegree ▸ 3 + 1 = **4** (Gen. 27,15; Tob. 10,12; Jer. 22,15; 1Pet. 2,12)
- **καλήν** ▸ 6 + 10 = 16

καλός

Adjective · feminine · singular · accusative · noDegree ▸ 6 + 10 = **16** (Deut. 21,11; Josh. 7,21; 1Kings 1,3; 1Esdr. 4,18; Zech. 11,10; Ezek. 34,18; Matt. 13,8; Matt. 13,23; Mark 4,8; Mark 4,20; 1Tim. 1,18; 1Tim. 3,7; 1Tim. 6,12; 1Tim. 6,13; 2Tim. 1,14; Heb. 13,18)

καλῆς ▸ 3 + 1 + 2 = 6

Adjective · feminine · singular · genitive · noDegree ▸ 3 + 1 + 2 = **6** (Lev. 27,14; Tob. 5,14; Tob. 5,14; Tob. 5,14; 1Tim. 4,6; James 3,13)

κάλλιον ▸ 3

Adjective · neuter · singular · accusative · comparative ▸ **1** (Wis. 14,19)

Adjective · neuter · singular · nominative · comparative ▸ **2** (Sir. 36,18; Sus. 23)

καλλίονα ▸ 1

Adjective · neuter · plural · accusative · comparative ▸ **1** (Jer. 18,11)

κάλλιστα ▸ 2

Adjective · neuter · plural · accusative · superlative ▸ **2** (Tob. 7,12; 2Mac. 3,1)

καλλίστας ▸ 1

Adjective · feminine · plural · accusative · superlative ▸ **1** (2Mac. 4,15)

καλλίστῃ ▸ 2

Adjective · feminine · singular · dative · superlative ▸ **2** (Esth. 16,16 # 8,12q; 2Mac. 3,25)

καλλίστην ▸ 1

Adjective · feminine · singular · accusative · superlative ▸ **1** (4Mac. 5,8)

καλλίστης ▸ 1

Adjective · feminine · singular · genitive · superlative ▸ **1** (2Mac. 6,23)

κάλλιστοι ▸ 1

Adjective · masculine · plural · nominative · superlative ▸ **1** (2Mac. 3,26)

καλλίστοις ▸ 2

Adjective · neuter · plural · dative · superlative ▸ **2** (2Mac. 9,16; 3Mac. 3,17)

κάλλιστον ▸ 2

Adjective · neuter · singular · accusative · superlative ▸ **2** (2Mac. 12,45; Hos. 10,11)

κάλλιστος ▸ 2

Adjective · masculine · singular · nominative · superlative ▸ **2** (2Mac. 6,18; Is. 3,25)

καλλίστων ▸ 1

Adjective · feminine · plural · genitive · superlative ▸ **1** (1Mac. 8,8)

Καλοὶ ▸ 1

Adjective · masculine · plural · nominative · noDegree ▸ **1** (Lam. 4,9)

καλοὶ ▸ 3 + 1 = 4

Adjective · masculine · plural · nominative · noDegree ▸ 3 + 1 = **4** (Gen. 41,26; Psa. 151,5; Mic. 2,7; 1Pet. 4,10)

καλοί ▸ 6

Adjective · masculine · plural · nominative · noDegree ▸ **6** (Gen. 41,5; Gen. 41,22; Num. 24,5; 4Mac. 8,3; Prov. 16,24; Prov. 22,17)

καλοῖς ▸ 1 + 3 = 4

Adjective · masculine · plural · dative · noDegree ▸ 1 + 1 = **2** (2Mac. 15,17; Luke 21,5)

Adjective · neuter · plural · dative ▸ **2** (1Tim. 5,10; 1Tim. 6,18)

Καλὸν ▸ 1

Adjective · neuter · singular · nominative · noDegree ▸ **1** (Jonah 4,8)

Καλὸν ▸ 2 + 1 = 3

Adjective · neuter · singular · nominative · noDegree ▸ 2 + 1 = **3** (Deut. 1,14; 1Kings 18,24; Luke 14,34)

καλὸν ▸ 28 + 2 + 12 = 42

Adjective · masculine · singular · accusative ▸ **2** (Matt. 12,33; Luke 6,43)

Adjective · neuter · singular · accusative · noDegree ▸ 7 + 1 = **8** (Gen. 30,20; Num. 24,1; Judith 10,19; Tob. 12,11; Job 34,2; Job 34,4; Ezek. 24,4; Rom. 7,21)

Adjective · neuter · singular · nominative · noDegree ▸ 21 + 2 + 9 = **32** (Gen. 1,4; Gen. 1,8; Gen. 1,10; Gen. 1,12; Gen. 1,18; Gen. 2,12; Tob. 2,1; 1Mac. 4,24; Psa. 134,3; Prov. 17,26; Prov. 18,5; Prov. 25,27; Prov. 24,23; Prov. 31,18; Eccl. 5,17; Job 10,3; Job 13,9; Sir. 41,2; Sir. 41,16; Mic. 6,8; Is. 41,7; Tob. 2,1; Tob. 12,7; Matt. 17,4; Matt. 18,8; Matt. 18,9; Mark 9,5; Mark 9,42; Mark 9,43; Mark 9,45; Mark 9,47; Luke 9,33)

καλὸν ▸ 49 + 4 + 41 = 94

Adjective · masculine · singular · accusative · noDegree ▸ 2 + 9 = **11** (2Mac. 15,12; 4Mac. 4,1; Matt. 3,10; Matt. 7,19; Luke 3,9; John 2,10; John 2,10; 1Tim. 3,13; 1Tim. 6,12; 1Tim. 6,19; 2Tim. 4,7)

Adjective · neuter · singular · accusative · noDegree ▸ 26 + 2 + 16 = **44** (Gen. 2,9; Gen. 2,17; Gen. 2,18; Gen. 3,5; Gen. 3,22; Gen. 18,7; Gen. 49,14; Lev. 27,10; Lev. 27,33; Num. 24,13; Deut. 6,18; Deut. 12,25; Deut. 12,28; Deut. 13,19; Deut. 21,9; 2Chr. 14,1; 2Chr. 31,20; 3Mac. 3,22; 3Mac. 5,11; Prov. 15,23; Amos 5,14; Mal. 2,17; Is. 1,17; Is. 22,18; Jer. 2,33; Ezek. 17,8; Tob. 8,6; Tob. 12,11; Matt. 12,33; Matt. 13,24; Matt. 13,27; Matt. 13,37; Matt. 26,10; Mark 14,6; Luke 6,38; Rom. 7,18; 1Cor. 7,26; 1Cor. 7,26; 2Cor. 13,7; Gal. 6,9; 1Th. 5,21; Heb. 6,5; James 2,7; James 4,17)

Adjective · neuter · singular · nominative · noDegree ▸ 21 + 2 + 14 = **37** (Gen. 3,6; Num. 11,18; 1Kings 12,24m; Esth. 2,7; Tob. 6,12; Tob. 8,6; Tob. 12,7; Tob. 12,8; Psa. 132,1; Prov. 20,23; Prov. 22,1; Sir. 20,2; Sir. 42,6; Sir. 46,10; Hos. 4,13; Jonah 4,3; Zech. 9,17; Zech. 11,12; Is. 5,20; Is. 5,20; Jer. 47,4; Tob. 6,12; Tob. 12,8; Matt. 13,38; Matt. 15,26; Mark 7,27; Mark 9,50; Luke 6,43; Rom. 14,21; 1Cor. 5,6; 1Cor. 7,1; 1Cor. 7,8; 1Cor. 9,15; Gal. 4,18; 1Tim. 2,3; 1Tim. 4,4; Heb. 13,9)

Adjective · neuter · singular · nominative · comparative ▸ **2** (Matt. 26,24; Mark 14,21)

καλός ▸ 2 + 1 + 2 = 5

Adjective · masculine · singular · nominative · noDegree ▸ 2 + 1 + 2 = **5** (Song 1,16; Is. 27,2; Tob. 6,12; John 10,11; Rom. 7,16)

καλὸς ▸ 4 + 5 = 9

Adjective · masculine · singular · nominative · noDegree ▸ 4 + 5 = **9** (Gen. 39,6; Sir. 14,3; Ezek. 31,3; Ezek. 31,7; John 10,11; John 10,14; 1Tim. 1,8; 1Tim. 4,6; 2Tim. 2,3)

καλοῦ ▸ 4 + 2 + 3 = 9

Adjective · masculine · singular · genitive · noDegree ▸ 2 + 2 = **4** (Tob. 7,6; Prov. 24,4; Tob. 7,6; Tob. 9,6)

Adjective · neuter · singular · genitive · noDegree ▸ 2 + 3 = **5** (Gen. 2,9; Lev. 27,12; John 10,33; 1Tim. 3,1; Heb. 5,14)

καλούς ▸ 2

Adjective · masculine · plural · accusative · noDegree ▸ **2** (Gen. 27,9; Prov. 23,8)

καλοὺς ▸ 1 + 1 + 3 = 5

Adjective · masculine · plural · accusative · noDegree ▸ 1 + 1 + 3 = **5** (Gen. 41,24; Dan. 1,4; Matt. 7,17; Matt. 7,18; Matt. 13,45)

κάλους ▸ 2

Adjective · masculine · plural · accusative · noDegree ▸ **2** (Num. 3,37; Num. 4,32)

καλῷ ▸ **6** + **1** = **7**
Adjective · masculine · singular · dative · noDegree ▸ **1** (Gen. 24,50)
Adjective · neuter · singular · dative · noDegree ▸ **5** + **1** = **6** (Gen. 15,15; Gen. 25,8; Lev. 27,10; 1Chr. 29,28; Judith 11,21; Gal. 4,18)

καλῶν ▸ **5** + **6** = **11**
Adjective · neuter · plural · genitive · noDegree ▸ **5** + **6** = **11** (Gen. 41,35; Gen. 44,4; Josh. 21,45; Psa. 34,12; Prov. 31,11; Titus 2,7; Titus 2,14; Titus 3,8; Titus 3,14; Heb. 10,24; 1Pet. 2,12)

κάλπη pitcher ▸ **1**
κάλπην ▸ **1**
Noun · feminine · singular · accusative · (common) ▸ **1** (4Mac. 3,12)

κάλυμμα (καλύπτω) veil, covering ▸ **19** + **4** = **23**
κάλυμμα ▸ **12** + **4** = **16**
Noun · neuter · singular · accusative · (common) ▸ **10** + **1** = **11** (Ex. 34,33; Ex. 34,34; Ex. 34,35; Ex. 40,5; Num. 4,10; Num. 4,14; Num. 4,14; Num. 4,25; Num. 4,25; Num. 4,25; 2Cor. 3,14)
Noun · neuter · singular · nominative · (common) ▸ **2** + **3** = **5** (Ex. 27,16; Num. 3,25; 2Cor. 3,13; 2Cor. 3,15; 2Cor. 3,16)

καλύμματα ▸ **4**
Noun · neuter · plural · accusative · (common) ▸ **3** (Ex. 35,11; Ex. 39,20; 1Mac. 4,6)
Noun · neuter · plural · nominative · (common) ▸ **1** (1Mac. 6,2)

καλύμματι ▸ **3**
Noun · neuter · singular · dative · (common) ▸ **3** (Num. 4,8; Num. 4,11; Num. 4,12)

κάλυξ (καλύπτω) cup ▸ **1**
κάλυξιν ▸ **1**
Noun · feminine · plural · dative · (common) ▸ **1** (Wis. 2,8)

καλυπτήρ (καλύπτω) covering ▸ **3**
καλυπτῆρα ▸ **3**
Noun · masculine · singular · accusative · (common) ▸ **3** (Ex. 27,3; Num. 4,13; Num. 4,14)

καλύπτω to cover ▸ **89** + **8** = **97**
ἐκάλυπτεν ▸ **1**
Verb · third · singular · imperfect · active · indicative ▸ **1** (Num. 9,16)

ἐκαλύπτετε ▸ **1**
Verb · second · plural · imperfect · active · indicative ▸ **1** (Mal. 2,13)

ἐκάλυψα ▸ **2**
Verb · first · singular · aorist · active · indicative ▸ **2** (Psa. 31,5; Ezek. 16,8)

ἐκάλυψαν ▸ **1**
Verb · third · plural · aorist · active · indicative ▸ **1** (Judith 7,18)

ἐκάλυψας ▸ **1**
Verb · second · singular · aorist · active · indicative ▸ **1** (Psa. 84,3)

ἐκάλυψεν ▸ **34**
Verb · third · singular · aorist · active · indicative ▸ **34** (Ex. 8,2; Ex. 10,15; Ex. 14,28; Ex. 15,5; Ex. 15,10; Ex. 16,13; Ex. 24,15; Ex. 24,16; Ex. 40,34; Lev. 13,13; Num. 9,15; Num. 16,33; Num. 17,7; Josh. 24,7; 1Sam. 19,13; Judith 5,10; Judith 16,3; Psa. 68,8; Psa. 77,53; Psa. 79,11; Psa. 105,11; Psa. 105,17; Ode. 1,5; Ode. 1,10; Ode. 4,3; Job 15,27; Job 21,26; Job 22,11; Job 23,17; Job 36,30; Job 36,32; Sir. 16,30; Sir. 40,27; Hab. 3,3)

ἐκάλυψέν ▸ **2**
Verb · third · singular · aorist · active · indicative ▸ **2** (Psa. 43,16; Psa. 54,6)

καλύπτει ▸ **2** + **2** = **4**
Verb · third · singular · present · active · indicative ▸ **2** + **2** = **4** (Prov. 10,12; Prov. 26,23; Luke 8,16; 1Pet. 4,8)

καλύπτειν ▸ **2**
Verb · present · active · infinitive ▸ **2** (1Kings 7,27; Hos. 2,11)

καλύπτεσθαι ▸ **1** + **1** = **2**
Verb · present · passive · infinitive ▸ **1** + **1** = **2** (Ezek. 40,43; Matt. 8,24)

καλύπτῃ ▸ **1**
Verb · third · singular · present · active · subjunctive ▸ **1** (Ex. 26,13)

καλύπτοντες ▸ **2**
Verb · present · active · participle · masculine · plural · nominative ▸ **2** (Num. 4,15; Ezek. 44,20)

καλύπτουσιν ▸ **2**
Verb · third · plural · present · active · indicative ▸ **2** (Prov. 10,18; Sir. 23,18)

καλύπτων ▸ **1**
Verb · present · active · participle · masculine · singular · nominative ▸ **1** (Sir. 29,21)

καλυφθήσεται ▸ **1**
Verb · third · singular · future · passive · indicative ▸ **1** (Eccl. 6,4)

καλύψαι ▸ **7**
Verb · aorist · active · infinitive ▸ **7** (Ex. 28,42; Judith 2,19; Psa. 103,9; Sir. 37,3; Ezek. 24,7; Ezek. 24,8; Ezek. 38,16)

Καλύψατε ▸ **1**
Verb · second · plural · aorist · active · imperative ▸ **1** (Hos. 10,8)

καλύψατε ▸ **1**
Verb · second · plural · aorist · active · imperative ▸ **1** (Luke 23,30)

καλύψει ▸ **12** + **1** = **13**
Verb · third · singular · future · active · indicative ▸ **12** + **1** = **13** (Ex. 10,5; Lev. 16,13; Lev. 17,13; Psa. 139,10; Prov. 10,6; Prov. 10,11; Obad. 10; Hab. 2,17; Mal. 2,16; Is. 60,2; Ezek. 7,18; Ezek. 30,18; James 5,20)

καλύψεις ▸ **2**
Verb · second · singular · future · active · indicative ▸ **2** (Ex. 27,2; Deut. 23,14)

καλύψῃ ▸ **2**
Verb · third · singular · aorist · active · subjunctive ▸ **2** (Ex. 21,33; Lev. 13,12)

καλύψῃς ▸ **1**
Verb · second · singular · aorist · active · subjunctive ▸ **1** (Neh. 3,37)

κάλυψον ▸ **1**
Verb · second · singular · aorist · active · imperative ▸ **1** (Dan. 12,4)

καλύψουσιν ▸ **5**
Verb · third · plural · future · active · indicative ▸ **5** (Num. 4,8; Num. 4,9; Num. 4,11; Num. 4,12; Ezek. 44,20)

καλύψουσίν ▸ **1**
Verb · third · plural · future · active · indicative ▸ **1** (Is. 60,6)

καλύψω ▸ **2**
Verb · first · singular · future · active · indicative ▸ **2** (Judith 2,7; Ezek. 32,7)

κεκαλυμμένον ▸ **3**
Verb · perfect · passive · participle · neuter · singular · nominative ▸ **3** (Matt. 10,26; 2Cor. 4,3; 2Cor. 4,3)

κεκάλυφεν ▸ **1**
Verb · third · singular · perfect · active · indicative ▸ **1** (Num.

καλύπτω–καμμύω

22,11)
κάλυψις (καλύπτω) covering ▸ 1
   καλύψεως ▸ 1
     Noun · feminine · singular · genitive · (common) ▸ **1** (Sir. 41,26)
καλώδιον (καλός) small cord ▸ 4 + 4 = 8
   καλώδια ▸ 2 + 2 = 4
     Noun · neuter · plural · accusative · (common) ▸ 1 + 1 = **2** (Judg. 16,12; Judg. 16,12)
     Noun · neuter · plural · nominative · (common) ▸ 1 + 1 = **2** (Judg. 15,14; Judg. 15,14)
   καλωδίοις ▸ 2 + 2 = 4
     Noun · neuter · plural · dative · (common) ▸ 2 + 2 = **4** (Judg. 15,13; Judg. 16,11; Judg. 15,13; Judg. 16,11)
καλῶς (καλός) well ▸ 34 + 2 + 37 = 73
   κάλλιον ▸ 1
     Adverb · (comparative) ▸ **1** (Acts 25,10)
   Καλῶς ▸ 4
     Adverb ▸ **4** (Gen. 32,13; 1Kings 2,18; 1Mac. 8,23; Jer. 1,12)
   καλῶς ▸ 30 + 2 + 36 = 68
     Adverb ▸ 30 + 2 + 36 = **68** (Gen. 26,29; Lev. 5,4; Judg. 9,16; 2Sam. 3,13; 1Kings 8,18; 2Kings 25,24; 2Chr. 6,8; 1Esdr. 2,16; Esth. 2,9; Esth. 16,17 # 8,12r; Tob. 14,9; Tob. 14,9; 1Mac. 12,18; 1Mac. 12,22; 2Mac. 2,16; 2Mac. 12,43; 2Mac. 14,37; 2Mac. 15,38; 3Mac. 3,24; 4Mac. 3,20; Psa. 32,3; Psa. 127,2; Prov. 23,24; Prov. 30,29; Hos. 2,9; Mic. 1,11; Zeph. 3,20; Zech. 8,15; Is. 23,16; Jer. 4,22; Tob. 4,3; Tob. 7,1; Matt. 12,12; Matt. 15,7; Mark 7,6; Mark 7,9; Mark 7,37; Mark 12,28; Mark 12,32; Mark 16,18; Luke 6,26; Luke 6,27; Luke 6,48; Luke 20,39; John 4,17; John 8,48; John 13,13; John 18,23; Acts 10,33; Acts 28,25; Rom. 11,20; 1Cor. 7,37; 1Cor. 7,38; 1Cor. 14,17; 2Cor. 11,4; Gal. 4,17; Gal. 5,7; Phil. 4,14; 1Tim. 3,4; 1Tim. 3,12; 1Tim. 3,13; 1Tim. 5,17; Heb. 13,18; James 2,3; James 2,8; James 2,19; 2Pet. 1,19; 3John 6)
κάμαξ pike, spear ▸ 1
   καμάκων ▸ 1
     Noun · masculine · plural · genitive · (common) ▸ **1** (2Mac. 5,3)
καμάρα vault, vaulted room, canopy ▸ 1
   καμάραν ▸ 1
     Noun · feminine · singular · accusative · (common) ▸ **1** (Is. 40,22)
καμηλοπάρδαλις (κάμηλος; πάρδαλις) giraffe ▸ 1
   καμηλοπάρδαλιν ▸ 1
     Noun · feminine · singular · accusative · (common) ▸ **1** (Deut. 14,5)
κάμηλος camel ▸ 58 + 7 + 6 = 71
   κάμηλοι ▸ 13 + 1 = 14
     Noun · feminine · plural · nominative · (common) ▸ **6** (Gen. 24,22; Gen. 37,25; 1Kings 10,2; 2Chr. 9,1; Job 1,3; Job 42,12)
     Noun · masculine · plural · nominative · (common) ▸ 7 + 1 = **8** (Gen. 12,16; Gen. 30,43; 1Esdr. 5,42; Ezra 2,67; Neh. 7,69; Is. 60,6; Jer. 30,27; Tob. 9,5)
   καμήλοις ▸ 8 + 2 = 10
     Noun · feminine · plural · dative · (common) ▸ 8 + 1 = **9** (Gen. 24,19; Gen. 24,20; Gen. 24,31; Gen. 24,32; Gen. 24,44; Ex. 9,3; Judg. 6,5; Judg. 7,12; Judg. 7,12)
     Noun · masculine · plural · dative · (common) ▸ **1** (Judg. 6,5)
   κάμηλον ▸ 2 + 4 = 6
     Noun · feminine · singular · accusative ▸ **2** (Matt. 23,24; Mark 10,25)
     Noun · masculine · singular · accusative · (common) ▸ 2 + 2 = **4** (Lev. 11,4; Deut. 14,7; Matt. 19,24; Luke 18,25)
   καμήλου ▸ 4 + 2 = 6
     Noun · feminine · singular · genitive · (common) ▸ 2 + 2 = **4** (Gen. 24,64; Gen. 31,34; Matt. 3,4; Mark 1,6)
     Noun · masculine · singular · genitive · (common) ▸ **2** (1Sam. 15,3; Is. 21,7)
   καμήλους ▸ 20 + 2 = 22
     Noun · plural · accusative · (common) ▸ **2** (Gen. 24,10; Gen. 24,35)
     Noun · feminine · plural · accusative · (common) ▸ **11** (Gen. 24,11; Gen. 24,14; Gen. 24,32; Gen. 24,46; Gen. 24,46; Gen. 24,61; Gen. 24,63; Gen. 31,17; Gen. 32,16; 1Sam. 30,17; Job 1,17)
     Noun · masculine · plural · accusative · (common) ▸ 7 + 2 = **9** (1Sam. 27,9; 1Chr. 5,21; 2Chr. 14,14; Judith 2,17; Tob. 9,2; Jer. 30,24; Ezek. 27,21; Tob. 9,2; Tob. 10,10)
   καμήλων ▸ 11 + 2 = 13
     Noun · plural · genitive · (common) ▸ **2** (Gen. 24,10; Gen. 24,30)
     Noun · feminine · plural · genitive · (common) ▸ 2 + 2 = **4** (Judg. 8,21; Judg. 8,26; Judg. 8,21; Judg. 8,26)
     Noun · masculine · plural · genitive · (common) ▸ **7** (2Kings 8,9; 1Chr. 12,41; 1Chr. 27,30; Zech. 14,15; Is. 30,6; Is. 60,6; Ezek. 25,5)
Καμιν Kamin (?) Mahanaim (?) ▸ 1
   Καμιν ▸ 1
     Noun · feminine · singular · accusative · (proper) ▸ **1** (Josh. 21,38)
καμιναία (καίω) furnace, kiln ▸ 2
   καμιναίας ▸ 2
     Noun · feminine · singular · genitive · (common) ▸ **2** (Ex. 9,8; Ex. 9,10)
κάμινος (καίω) furnace ▸ 44 + 18 + 4 = 66
   κάμινον ▸ 16 + 8 + 2 = 26
     Noun · feminine · singular · accusative · (common) ▸ 16 + 8 + 2 = **26** (Num. 25,8; 3Mac. 6,6; 4Mac. 16,21; Sir. 38,30; Sir. 43,4; Dan. 3,6; Dan. 3,11; Dan. 3,15; Dan. 3,19; Dan. 3,20; Dan. 3,21; Dan. 3,24; Dan. 3,46; Dan. 3,46; Dan. 3,48; Dan. 3,49; Dan. 3,6; Dan. 3,11; Dan. 3,15; Dan. 3,19; Dan. 3,20; Dan. 3,46; Dan. 3,48; Dan. 3,49; Matt. 13,42; Matt. 13,50)
   κάμινος ▸ 5 + 1 = 6
     Noun · feminine · singular · nominative · (common) ▸ 5 + 1 = **6** (4Mac. 16,3; Sir. 27,5; Sir. 31,26; Dan. 3,22; Dan. 3,46; Dan. 3,22)
   καμινός ▸ 1
     Noun · masculine · singular · nominative · (common) ▸ **1** (Prov. 16,30)
   καμίνου ▸ 18 + 8 + 1 = 27
     Noun · feminine · singular · genitive · (common) ▸ 18 + 8 + 1 = **27** (Gen. 19,28; Ex. 19,18; Deut. 4,20; 4Mac. 13,9; Job 41,12; Sir. 22,24; Sir. 38,28; Is. 48,10; Jer. 11,4; Ezek. 22,20; Ezek. 22,22; Dan. 3,17; Dan. 3,23; Dan. 3,25; Dan. 3,47; Dan. 3,49; Dan. 3,50; Dan. 3,93; Dan. 3,17; Dan. 3,21; Dan. 3,23; Dan. 3,47; Dan. 3,49; Dan. 3,50; Dan. 3,88; Dan. 3,93; Rev. 9,2)
   καμίνῳ ▸ 4 + 1 + 1 = 6
     Noun · feminine · singular · dative · (common) ▸ 4 + 1 + 1 = **6** (Prov. 17,3; Sir. 2,5; Dan. 3,22; Dan. 3,51; Dan. 3,51; Rev. 1,15)
καμμύω (κατά; μύω) to close ▸ 4 + 2 = 6
   ἐκάμμυσαν ▸ 1 + 2 = 3
     Verb · third · plural · aorist · active · indicative ▸ 1 + 2 = **3** (Is. 6,10; Matt. 13,15; Acts 28,27)
   καμμύσαι ▸ 1
     Verb · aorist · active · infinitive ▸ **1** (Lam. 3,45)
   καμμύσει ▸ 1
     Verb · third · singular · future · active · indicative ▸ **1** (Is. 29,10)
   καμμύων ▸ 1
     Verb · present · active · participle · masculine · singular

- nominative ▸ **1** (Is. 33,15)

κάμνω to be sick; be weary ▸ 6 + 2 = 8
- κάμητε ▸ **1**
    - **Verb** · second · plural · aorist · active · subjunctive ▸ **1** (Heb. 12,3)
- κάμνειν ▸ **1**
    - **Verb** · present · active · infinitive ▸ **1** (Wis. 15,9)
- κάμνοντα ▸ **1**
    - **Verb** · present · active · participle · masculine · singular · accusative ▸ **1** (James 5,15)
- κάμνων ▸ **2**
    - **Verb** · present · active · participle · masculine · singular · nominative ▸ **2** (Job 10,1; Job 17,2)
- καμών ▸ **1**
    - **Verb** · aorist · active · participle · masculine · singular · nominative ▸ **1** (Wis. 4,16)
- κεκμηκότων ▸ **1**
    - **Verb** · perfect · active · participle · neuter · plural · genitive ▸ **1** (4Mac. 7,13)
- κεκμηκώς ▸ **1**
    - **Verb** · perfect · active · participle · masculine · singular · nominative ▸ **1** (4Mac. 3,8)

Καμουηλ Kemuel ▸ 3
- Καμουηλ ▸ **3**
    - **Noun** · masculine · singular · accusative · (proper) ▸ **1** (Gen. 22,21)
    - **Noun** · masculine · singular · genitive · (proper) ▸ **1** (1Chr. 27,17)
    - **Noun** · masculine · singular · nominative · (proper) ▸ **1** (Num. 34,24)

καμπή (κάμπτω) corner, turning ▸ 2
- καμπῆς ▸ **2**
    - **Noun** · feminine · singular · genitive · (common) ▸ **2** (Neh. 3,24; Neh. 3,31)

κάμπη (κάμπτω) caterpillar ▸ 3
- κάμπη ▸ **2**
    - **Noun** · feminine · singular · nominative · (common) ▸ **2** (Amos 4,9; Joel 2,25)
- κάμπης ▸ **1**
    - **Noun** · feminine · singular · genitive · (common) ▸ **1** (Joel 1,4)

κάμπτω to bend ▸ 18 + **1** + 4 = 23
- ἐκάμφθησαν ▸ **1**
    - **Verb** · third · plural · aorist · passive · indicative ▸ **1** (Job 9,13)
- ἔκαμψαν ▸ 1 + 1 = **2**
    - **Verb** · third · plural · aorist · active · indicative ▸ 1 + 1 = **2** (Judg. 7,6; Rom. 11,4)
- ἔκαμψεν ▸ **4**
    - **Verb** · third · singular · aorist · active · indicative ▸ **4** (Judg. 5,27; 2Kings 1,13; 2Kings 9,24; 2Chr. 29,29)
- κάμπτω ▸ **1**
    - **Verb** · first · singular · present · active · indicative ▸ **1** (Eph. 3,14)
- κάμπτων ▸ **1**
    - **Verb** · present · active · participle · masculine · singular · nominative ▸ **1** (Dan. 6,11)
- καμφθῆναι ▸ **1**
    - **Verb** · aorist · passive · infinitive ▸ **1** (4Mac. 3,4)
- κάμψαντες ▸ **1**
    - **Verb** · aorist · active · participle · masculine · plural · nominative ▸ **1** (1Chr. 29,20)
- κάμψας ▸ **2**
    - **Verb** · aorist · active · participle · masculine · singular · nominative ▸ **2** (1Esdr. 8,70; 3Mac. 2,1)
- κάμψει ▸ 3 + 1 = **4**
    - **Verb** · third · singular · future · active · indicative ▸ 3 + 1 = **4** (Sir. 38,18; Sir. 38,30; Is. 45,23; Rom. 14,11)
- κάμψεις ▸ **1**
    - **Verb** · second · singular · future · active · indicative ▸ **1** (2Sam. 22,40)
- κάμψῃ ▸ 1 + 1 = **2**
    - **Verb** · third · singular · aorist · active · subjunctive ▸ 1 + 1 = **2** (Judg. 7,5; Phil. 2,10)
- κάμψῃς ▸ **1**
    - **Verb** · second · singular · aorist · active · subjunctive ▸ **1** (Is. 58,5)
- κάμψον ▸ **1**
    - **Verb** · second · singular · aorist · active · imperative ▸ **1** (Sir. 7,23)
- κάμψουσιν ▸ **1**
    - **Verb** · third · plural · future · active · indicative ▸ **1** (Sir. 33,27)

καμπύλος (κάμπτω) bent, crooked ▸ 1
- καμπύλαι ▸ **1**
    - **Adjective** · feminine · plural · nominative · noDegree ▸ **1** (Prov. 2,15)

Κανα Cana ▸ 1
- Κανα ▸ **1**
    - **Noun** · singular · nominative · (proper) ▸ **1** (Josh. 19,28)

Κανά Cana ▸ 4
- Κανὰ ▸ **4**
    - **Noun** · feminine · singular · accusative · (proper) ▸ **1** (John 4,46)
    - **Noun** · feminine · singular · dative · (proper) ▸ **2** (John 2,1; John 2,11)
    - **Noun** · feminine · singular · genitive · (proper) ▸ **1** (John 21,2)

Κανααθ Kenath ▸ 1
- Κανααθ ▸ **1**
    - **Noun** · feminine · singular · accusative · (proper) ▸ **1** (Num. 32,42)

Καναθ Kenath ▸ 1
- Καναθ ▸ **1**
    - **Noun** · feminine · singular · accusative · (proper) ▸ **1** (1Chr. 2,23)

Καναναῖος Cananaean (Zealot) ▸ 2
- Καναναῖον ▸ **1**
    - **Noun** · masculine · singular · accusative · (proper) ▸ **1** (Mark 3,18)
- Καναναῖος ▸ **1**
    - **Noun** · masculine · singular · nominative · (proper) ▸ **1** (Matt. 10,4)

Κανδάκη Candace ▸ 1
- Κανδάκης ▸ **1**
    - **Noun** · feminine · singular · genitive · (proper) ▸ **1** (Acts 8,27)

Κανθαν Kanah ▸ 1
- Κανθαν ▸ **1**
    - **Noun** · singular · nominative · (proper) ▸ **1** (Josh. 19,28)

κάνθαρος knot, beetle ▸ 1
- κάνθαρος ▸ **1**
    - **Noun** · masculine · singular · nominative · (common) ▸ **1** (Hab. 2,11)

κανθός corner of an eye ▸ 1 + 1 = 2
- κανθῶν ▸ 1 + 1 = **2**
    - **Noun** · masculine · plural · genitive · (common) ▸ 1 + 1 = **2** (Tob. 11,12; Tob. 11,12)

κανοῦν (κάννα) reed basket ▸ 15
- κανᾶ ▸ **2**
    - **Noun** · neuter · plural · accusative · (common) ▸ **1** (Gen. 40,16)
    - **Noun** · neuter · plural · nominative · (common) ▸ **1** (Gen. 40,18)

κανοῦ ▸ 4
  Noun · neuter · singular · genitive · (common) ▸ 4 (Gen. 40,17; Ex. 29,23; Lev. 8,26; Num. 6,19)
κανοῦν ▸ 4
  Noun · neuter · singular · accusative · (common) ▸ 4 (Ex. 29,3; Lev. 8,2; Num. 6,15; Judg. 6,19)
κανῷ ▸ 5
  Noun · neuter · singular · dative · (common) ▸ 5 (Gen. 40,17; Ex. 29,3; Ex. 29,32; Lev. 8,31; Num. 6,17)
κανών (κάννα) rail, post; limit, rule; principle; canon ▸ 3 + 4 = 7
  κανόνα ▸ 1 + 1 = 2
    Noun · masculine · singular · accusative · (common) ▸ 1 + 1 = 2 (4Mac. 7,21; 2Cor. 10,15)
  κανόνι ▸ 1 + 2 = 3
    Noun · masculine · singular · dative · (common) ▸ 1 + 2 = 3 (Judith 13,6; 2Cor. 10,16; Gal. 6,16)
  κανόνος ▸ 1 + 1 = 2
    Noun · masculine · singular · genitive · (common) ▸ 1 + 1 = 2 (Mic. 7,4; 2Cor. 10,13)
καπηλεύω to sell for profit ▸ 1
  καπηλεύοντες ▸ 1
    Verb · present · active · participle · masculine · plural · nominative ▸ 1 (2Cor. 2,17)
κάπηλος merchant, innkeeper ▸ 2
  κάπηλοί ▸ 1
    Noun · masculine · plural · nominative · (common) ▸ 1 (Is. 1,22)
  κάπηλος ▸ 1
    Noun · masculine · singular · nominative · (common) ▸ 1 (Sir. 26,29)
Καπιρας Chephirah ▸ 1
  Καπιρας ▸ 1
    Noun · masculine · singular · genitive · (proper) ▸ 1 (1Esdr. 5,19)
καπνίζω (καπνός) to make smoke ▸ 11 + 1 = 12
  ἐκαπνίζετο ▸ 1
    Verb · third · singular · imperfect · middle · indicative ▸ 1 (Ex. 19,18)
  ἐκάπνισεν ▸ 1
    Verb · third · singular · aorist · active · indicative ▸ 1 (Tob. 8,2)
  καπνιζομένη ▸ 1
    Verb · present · middle · participle · feminine · singular · nominative ▸ 1 (Wis. 10,7)
  καπνιζόμενον ▸ 1
    Verb · present · middle · participle · neuter · singular · accusative ▸ 1 (Is. 42,3)
  καπνιζόμενος ▸ 1
    Verb · present · middle · participle · masculine · singular · nominative ▸ 1 (Gen. 15,17)
  καπνιζομένων ▸ 1
    Verb · present · middle · participle · masculine · plural · genitive ▸ 1 (Is. 7,4)
  καπνίζον ▸ 1
    Verb · present · active · participle · neuter · singular · accusative ▸ 1 (Ex. 20,18)
  καπνίζονται ▸ 1
    Verb · third · plural · present · middle · indicative ▸ 1 (Psa. 103,32)
  καπνίσαι ▸ 1
    Verb · aorist · active · infinitive ▸ 1 (Tob. 6,8)
  καπνίσεις ▸ 1
    Verb · second · singular · future · active · indicative ▸ 1 (Tob. 6,17)
  καπνισθήσονται ▸ 1
    Verb · third · plural · future · passive · indicative ▸ 1 (Psa. 143,5)
  κάπνισον ▸ 1
    Verb · second · singular · aorist · active · imperative ▸ 1 (Tob. 6,8)
καπνός smoke ▸ 28 + 2 + 13 = 43
  καπνὸν ▸ 1 + 2 = 3
    Noun · masculine · singular · accusative · (common) ▸ 1 + 2 = 3 (Josh. 8,20; Rev. 18,9; Rev. 18,18)
  καπνός ▸ 2
    Noun · masculine · singular · nominative · (common) ▸ 2 (Psa. 67,3; Sir. 22,24)
  καπνὸς ▸ 16 + 6 = 22
    Noun · masculine · singular · nominative · (common) ▸ 16 + 6 = 22 (Ex. 19,18; Ex. 19,18; Josh. 8,21; 2Sam. 22,9; 1Mac. 4,20; Psa. 17,9; Psa. 36,20; Psa. 101,4; Prov. 10,26; Job 41,12; Wis. 2,2; Wis. 5,14; Is. 14,31; Is. 34,10; Is. 51,6; Is. 65,5; Rev. 8,4; Rev. 9,2; Rev. 9,2; Rev. 9,17; Rev. 14,11; Rev. 19,3)
  καπνοῦ ▸ 8 + 2 + 5 = 15
    Noun · masculine · singular · genitive · (common) ▸ 8 + 2 + 5 = 15 (Judg. 20,38; Judg. 20,40; Song 3,6; Wis. 11,18; Joel 3,3; Is. 4,5; Is. 6,4; LetterJ 20; Judg. 20,38; Judg. 20,40; Acts 2,19; Rev. 9,2; Rev. 9,3; Rev. 9,18; Rev. 15,8)
  καπνῷ ▸ 1
    Noun · masculine · singular · dative · (common) ▸ 1 (Nah. 2,14)
Καππάδοκες Caphtorite; Cappadocian ▸ 1
  Καππάδοκες ▸ 1
    Noun · masculine · plural · nominative · (proper) ▸ 1 (Deut. 2,23)
Καππαδοκία Caphtor; Cappadocia ▸ 2 + 2 = 4
  Καππαδοκίαν ▸ 1
    Noun · feminine · singular · accusative · (proper) ▸ 1 (Acts 2,9)
  Καππαδοκίας ▸ 2 + 1 = 3
    Noun · feminine · singular · genitive · (proper) ▸ 1 + 1 = 2 (Amos 9,7; 1Pet. 1,1)
    Noun · masculine · singular · genitive · (proper) ▸ 1 (Deut. 2,23)
κάππαρις caper plant ▸ 1
  κάππαρις ▸ 1
    Noun · feminine · singular · nominative · (common) ▸ 1 (Eccl. 12,5)
κάπτω to gulp down ▸ 1
  κάπτειν ▸ 1
    Verb · present · active · infinitive ▸ 1 (Dan. 1,12)
Καραβασιων Carabasion ▸ 1
  Καραβασιων ▸ 1
    Noun · masculine · singular · nominative · (proper) ▸ 1 (1Esdr. 9,34)
Καρανα Kanah ▸ 1
  Καρανα ▸ 1
    Noun · singular · genitive · (proper) ▸ 1 (Josh. 17,9)
καρασιμ karasim (?) ▸ 1
  καρασιμ ▸ 1
    Noun ▸ 1 (2Chr. 35,19a)
Καραφα Kephar ▸ 1
  Καραφα ▸ 1
    Noun · singular · nominative · (proper) ▸ 1 (Josh. 18,24)
καρδία heart ▸ 912 + 48 + 156 = 1116
  Καρδία ▸ 1
    Noun · feminine · singular · nominative · (common) ▸ 1 (Sir. 13,25)
  καρδία ▸ 246 + 19 + 19 = 284
    Noun · feminine · singular · nominative · (common) ▸ 246 + 19 + 19 = 284 (Gen. 42,28; Ex. 7,13; Ex. 7,14; Ex. 7,22; Ex. 8,11;

Κ, κ

Ex. 8,15; Ex. 9,7; Ex. 9,35; Ex. 14,5; Ex. 35,21; Lev. 26,41; Deut. 11,16; Deut. 17,17; Deut. 17,20; Deut. 20,3; Deut. 30,17; Josh. 7,5; Judg. 5,9; Judg. 9,3; Judg. 16,15; Judg. 16,25; Judg. 18,20; Judg. 19,6; Judg. 19,9; Ruth 3,7; 1Sam. 1,8; 1Sam. 2,1; 1Sam. 4,13; 1Sam. 4,20; 1Sam. 14,7; 1Sam. 14,7; 1Sam. 14,7; 1Sam. 17,32; 1Sam. 24,6; 1Sam. 25,36; 1Sam. 25,37; 1Sam. 28,5; 2Sam. 13,28; 2Sam. 14,1; 2Sam. 15,13; 2Sam. 17,10; 2Sam. 17,10; 2Sam. 24,10; 1Kings 2,44; 1Kings 9,3; 1Kings 11,4; 1Kings 11,4; 1Kings 12,27; 1Kings 15,3; 1Kings 15,3; 1Kings 15,14; 2Kings 5,26; 2Kings 10,15; 2Kings 10,15; 2Kings 14,10; 2Kings 22,19; 1Chr. 12,18; 1Chr. 16,10; 2Chr. 7,16; 2Chr. 15,17; 2Chr. 17,6; 2Chr. 25,19; 2Chr. 26,16; 2Chr. 32,25; 2Chr. 34,27; Neh. 5,7; Esth. 15,5 # 5,1b; Esth. 15,13 # 5,2a; Judith 12,16; Tob. 6,7; Tob. 6,8; 1Mac. 1,3; 1Mac. 16,13; Psa. 5,10; Psa. 12,6; Psa. 15,9; Psa. 21,15; Psa. 26,3; Psa. 26,8; Psa. 26,14; Psa. 27,7; Psa. 30,25; Psa. 32,21; Psa. 37,11; Psa. 38,4; Psa. 39,13; Psa. 40,7; Psa. 43,19; Psa. 44,2; Psa. 54,5; Psa. 54,22; Psa. 56,8; Psa. 56,8; Psa. 63,7; Psa. 72,21; Psa. 72,26; Psa. 77,37; Psa. 83,3; Psa. 85,11; Psa. 100,4; Psa. 101,5; Psa. 104,3; Psa. 106,12; Psa. 107,2; Psa. 107,2; Psa. 108,22; Psa. 111,7; Psa. 111,8; Psa. 118,70; Psa. 118,80; Psa. 118,161; Psa. 130,1; Psa. 142,4; Ode. 3,1; Prov. 3,1; Prov. 5,12; Prov. 6,18; Prov. 7,25; Prov. 10,20; Prov. 12,23; Prov. 14,10; Prov. 14,30; Prov. 15,14; Prov. 15,29b; Prov. 16,23; Prov. 17,21; Prov. 17,22; Prov. 18,12; Prov. 18,15; Prov. 21,1; Prov. 23,15; Prov. 23,17; Prov. 24,2; Prov. 25,3; Prov. 27,9; Prov. 27,11; Prov. 27,21a; Prov. 27,21a; Prov. 31,11; Eccl. 1,16; Eccl. 2,3; Eccl. 2,10; Eccl. 2,23; Eccl. 5,1; Eccl. 7,3; Eccl. 7,4; Eccl. 7,4; Eccl. 7,25; Eccl. 7,26; Eccl. 8,5; Eccl. 8,11; Eccl. 9,1; Eccl. 9,3; Eccl. 10,2; Eccl. 10,2; Eccl. 10,3; Eccl. 11,9; Song 5,2; Job 12,3; Job 15,12; Job 31,7; Job 31,9; Job 31,27; Job 31,29; Job 33,3; Job 36,28b; Job 37,1; Job 41,16; Wis. 15,10; Sir. 1,30; Sir. 3,26; Sir. 3,27; Sir. 3,29; Sir. 10,12; Sir. 11,30; Sir. 16,20; Sir. 21,26; Sir. 21,26; Sir. 22,16; Sir. 22,17; Sir. 22,18; Sir. 25,23; Sir. 26,4; Sir. 26,5; Sir. 26,28; Sir. 30,25; Sir. 34,5; Sir. 36,19; Sir. 36,20; Sir. 43,18; Sir. 46,11; Sir. 51,15; Sol. 4,1; Sol. 6,1; Sol. 8,5; Sol. 17,13; Hos. 4,11; Hos. 11,8; Hab. 1,15; Zech. 10,7; Zech. 10,7; Is. 1,5; Is. 6,10; Is. 15,5; Is. 19,1; Is. 21,4; Is. 29,13; Is. 32,4; Is. 32,6; Is. 44,20; Is. 66,14; Jer. 4,9; Jer. 4,9; Jer. 4,19; Jer. 5,23; Jer. 17,5; Jer. 17,9; Jer. 22,17; Jer. 23,9; Jer. 30,16; Jer. 30,16; Jer. 31,29; Jer. 31,36; Jer. 31,36; Lam. 1,20; Lam. 1,22; Lam. 2,11; Lam. 2,18; Lam. 5,17; Ezek. 11,21; Ezek. 21,12; Ezek. 21,20; Ezek. 22,14; Ezek. 28,2; Ezek. 28,5; Ezek. 28,17; Ezek. 33,31; Dan. 4,22; Dan. 4,33b; Dan. 5,2; Dan. 7,4; Dan. 8,25; Dan. 11,12; Dan. 11,25; Dan. 11,28; Sus. 35; Judg. 5,9; Judg. 9,3; Judg. 16,15; Judg. 16,25; Judg. 18,20; Judg. 19,6; Judg. 19,9; Tob. 6,4; Tob. 6,8; Tob. 6,19; Dan. 4,16; Dan. 4,16; Dan. 5,20; Dan. 5,21; Dan. 7,4; Dan. 11,12; Dan. 11,25; Dan. 11,28; Sus. 35; Matt. 6,21; Matt. 13,15; Matt. 15,8; Mark 6,52; Mark 7,6; Luke 12,34; Luke 24,32; John 14,1; John 14,27; John 16,22; Acts 2,26; Acts 4,32; Acts 8,21; Acts 28,27; Rom. 1,21; 2Cor. 6,11; Heb. 3,12; 1John 3,20; 1John 3,21)

καρδίᾳ ‣ 225 + 8 + 35 = 268

Noun ▪ feminine ▪ singular ▪ dative ▪ (common)   ‣ 225 + 8 + 35 = **268** (Gen. 6,5; Gen. 20,5; Gen. 20,6; Ex. 25,2; Ex. 31,6; Ex. 35,5; Ex. 35,10; Ex. 36,2; Deut. 6,6; Deut. 8,2; Deut. 8,5; Deut. 8,14; Deut. 8,17; Deut. 9,4; Deut. 15,9; Deut. 15,10; Deut. 18,21; Deut. 19,6; Deut. 20,8; Deut. 28,47; Deut. 29,18; Deut. 30,14; Deut. 32,46; Josh. 2,11; Josh. 23,14; Judg. 19,22; 1Sam. 1,13; 1Sam. 2,35; 1Sam. 7,3; 1Sam. 9,19; 1Sam. 12,20; 1Sam. 12,24; 1Sam. 21,13; 1Sam. 27,1; 1Sam. 29,10; 2Sam. 6,16; 2Sam. 7,3; 2Sam. 18,14; 2Sam. 18,14; 1Kings 2,4; 1Kings 8,23; 1Kings 8,48; 1Kings 8,66; 1Kings 10,2; 1Kings 10,24; 1Kings 12,26; 2Kings 10,30; 2Kings 10,31; 2Kings 20,3; 2Kings 23,3; 2Kings 23,25; 1Chr. 28,9; 1Chr. 29,9; 2Chr. 1,11; 2Chr. 6,14; 2Chr. 6,38; 2Chr. 7,10; 2Chr. 9,23; 2Chr. 13,7; 2Chr. 16,9; 2Chr. 19,9; 2Chr. 22,9; 2Chr. 25,2; 2Chr. 29,31; 2Chr. 32,31; 2Chr. 34,31; 2Chr. 35,19b; 1Esdr. 1,21; Ezra 7,10; Ezra 7,27; Esth. 11,12 # 1,1l; Judith 6,9; Judith 8,28; Judith 10,16; Judith 11,1; Judith 11,10; Judith 13,4; Tob. 4,13; Tob. 13,6; 1Mac. 6,10; 1Mac. 6,11; 1Mac. 8,25; 1Mac. 9,7; 1Mac. 9,14; 1Mac. 12,28; 2Mac. 1,3; 3Mac. 5,47; Psa. 7,11; Psa. 9,2; Psa. 9,27; Psa. 9,32; Psa. 9,34; Psa. 10,2; Psa. 11,3; Psa. 11,3; Psa. 12,3; Psa. 13,1; Psa. 14,2; Psa. 23,4; Psa. 31,11; Psa. 35,11; Psa. 36,14; Psa. 36,31; Psa. 39,11; Psa. 44,6; Psa. 52,2; Psa. 57,3; Psa. 61,5; Psa. 63,11; Psa. 65,18; Psa. 72,1; Psa. 73,8; Psa. 75,6; Psa. 83,6; Psa. 85,12; Psa. 89,12; Psa. 93,15; Psa. 93,19; Psa. 94,10; Psa. 96,11; Psa. 100,5; Psa. 108,16; Psa. 110,1; Psa. 118,2; Psa. 118,10; Psa. 118,11; Psa. 118,34; Psa. 118,58; Psa. 118,69; Psa. 118,145; Psa. 124,4; Psa. 137,1; Psa. 139,3; Ode. 7,41; Ode. 8,87; Prov. 3,5; Prov. 4,21; Prov. 6,14; Prov. 10,8; Prov. 10,22; Prov. 12,20; Prov. 13,12; Prov. 14,33; Prov. 14,33; Prov. 18,4; Prov. 19,3; Prov. 19,21; Prov. 20,5; Prov. 23,34; Prov. 26,24; Prov. 28,26; Eccl. 1,16; Eccl. 2,1; Eccl. 2,3; Eccl. 2,15; Eccl. 2,15; Eccl. 2,20; Eccl. 3,11; Eccl. 3,17; Eccl. 3,18; Eccl. 9,3; Eccl. 9,7; Job 22,22; Job 33,23; Job 36,13; Job 37,24; Job 38,2; Wis. 8,17; Sir. 1,28; Sir. 2,13; Sir. 7,27; Sir. 12,16; Sir. 14,21; Sir. 16,23; Sir. 16,24; Sir. 19,4; Sir. 19,5; Sir. 21,6; Sir. 21,17; Sir. 25,7; Sir. 39,35; Sir. 45,26; Sir. 47,8; Sol. 1,3; Sol. 8,3; Hos. 7,2; Obad. 3; Zeph. 2,15; Is. 6,10; Is. 9,8; Is. 38,3; Is. 44,18; Is. 44,19; Is. 46,8; Is. 47,7; Is. 47,8; Is. 47,10; Is. 49,21; Is. 51,7; Is. 57,1; Is. 60,5; Is. 61,1; Jer. 5,24; Jer. 7,31; Jer. 12,11; Jer. 13,22; Jer. 19,5; Jer. 23,26; Jer. 36,13; Jer. 39,41; Ezek. 6,9; Ezek. 27,4; Ezek. 27,25; Ezek. 27,26; Ezek. 27,27; Ezek. 28,2; Ezek. 28,8; Ezek. 44,7; Ezek. 44,9; Dan. 1,8; Dan. 2,30; Dan. 3,41; Dan. 3,87; Dan. 4,28; Dan. 7,28; Tob. 2,2; Tob. 4,2; Tob. 6,7; Tob. 13,6; Dan. 3,41; Dan. 3,87; Dan. 7,28; Dan. 8,25; Matt. 5,8; Matt. 5,28; Matt. 11,29; Matt. 12,40; Matt. 13,15; Matt. 13,19; Matt. 22,37; Matt. 24,48; Mark 11,23; Luke 1,66; Luke 2,19; Luke 2,51; Luke 8,15; Luke 12,45; Luke 24,25; Luke 24,38; John 12,40; Acts 5,4; Acts 28,27; Rom. 9,2; Rom. 10,6; Rom. 10,8; Rom. 10,9; Rom. 10,10; 1Cor. 7,37; 1Cor. 7,37; 2Cor. 5,12; 2Cor. 8,16; 2Cor. 9,7; Eph. 5,19; Phil. 1,7; 1Th. 2,17; Heb. 3,10; James 3,14; Rev. 18,7)

καρδίαι ‣ 11 + 1 + 2 = 14

Noun ▪ feminine ▪ plural ▪ nominative ▪ (common)   ‣ 11 + 1 + 2 = **14** (1Kings 8,61; Psa. 21,27; Prov. 15,7; Prov. 15,11; Prov. 15,28; Prov. 17,3; Prov. 27,19; Sir. 48,19; Hos. 7,6; Hos. 7,14; Hos. 13,6; Dan. 11,27; Luke 21,34; Col. 2,2)

καρδίαις ‣ 14 + 21 = 35

Noun ▪ feminine ▪ plural ▪ dative ▪ (common)   ‣ 14 + 21 = **35** (2Mac. 15,27; Psa. 4,5; Psa. 27,3; Psa. 34,25; Psa. 45,3; Psa. 77,18; Prov. 15,22; Sir. 2,12; Nah. 2,8; Zeph. 1,12; Hag. 2,18; Zech. 7,10; Zech. 8,17; Zech. 12,5; Matt. 9,4; Mark 2,6; Mark 2,8; Luke 3,15; Luke 5,22; Luke 21,14; Acts 7,39; Acts 7,51; Acts 7,54; Rom. 2,15; Rom. 5,5; 2Cor. 1,22; 2Cor. 3,2; 2Cor. 3,3; 2Cor. 4,6; 2Cor. 7,3; Eph. 3,17; Col. 3,15; Col. 3,16; 1Pet. 3,15; 2Pet. 1,19)

καρδίαν ‣ 222 + 17 + 18 = 257

Noun ▪ feminine ▪ singular ▪ accusative ▪ (common)   ‣ 222 + 17 + 18 = **257** (Gen. 50,21; Ex. 4,21; Ex. 7,3; Ex. 8,28; Ex. 9,12; Ex. 9,14; Ex. 9,34; Ex. 10,1; Ex. 10,20; Ex. 10,27; Ex. 11,10; Ex. 14,4; Ex. 14,8; Ex. 14,17; Lev. 26,36; Num. 32,9; Deut. 1,28; Deut. 2,30; Deut. 5,29; Deut. 11,18; Deut. 15,7; Deut. 20,8; Deut. 28,65; Deut. 29,3; Deut. 30,1; Deut. 30,6; Deut. 30,6; Josh. 11,20; Josh. 14,8; Josh. 24,23; Judg. 1,15; Judg. 16,18; Judg. 19,3; Judg. 19,5; Judg. 19,8; Ruth 2,13; 1Sam. 6,6; 1Sam. 9,20; 1Sam. 10,9; 1Sam. 13,14; 1Sam. 16,7; 1Sam. 25,25; 2Sam. 7,21; 2Sam. 7,27; 2Sam. 13,20; 2Sam. 13,33; 2Sam. 15,6; 2Sam. 18,3; 2Sam. 18,3; 2Sam.

19,8; 2Sam. 19,15; 2Sam. 19,20; 1Kings 3,9; 1Kings 3,12; 1Kings 8,18; 1Kings 8,18; 1Kings 8,39; 1Kings 8,39; 1Kings 11,4; 1Kings 11,9; 1Kings 18,37; 2Kings 12,5; 1Chr. 17,19; 1Chr. 28,2; 1Chr. 29,19; 2Chr. 6,7; 2Chr. 6,8; 2Chr. 6,8; 2Chr. 6,30; 2Chr. 6,30; 2Chr. 6,37; 2Chr. 11,16; 2Chr. 12,14; 2Chr. 19,3; 2Chr. 20,33; 2Chr. 24,4; 2Chr. 30,12; 2Chr. 30,22; 2Chr. 32,6; 2Chr. 36,13; 1Esdr. 1,46; 1Esdr. 8,25; Ezra 6,22; Neh. 2,12; Neh. 7,5; Neh. 9,8; Esth. 14,13 # 4,17s; Tob. 6,4; Tob. 8,2; 2Mac. 1,3; 2Mac. 1,4; 2Mac. 3,17; Psa. 4,8; Psa. 16,3; Psa. 18,9; Psa. 19,5; Psa. 25,2; Psa. 33,19; Psa. 36,15; Psa. 50,12; Psa. 50,19; Psa. 60,3; Psa. 61,11; Psa. 72,13; Psa. 77,8; Psa. 84,9; Psa. 103,15; Psa. 103,15; Psa. 104,25; Psa. 118,32; Psa. 118,36; Psa. 118,112; Psa. 138,23; Psa. 140,4; Psa. 146,3; Prov. 2,2; Prov. 4,4; Prov. 4,23; Prov. 8,5; Prov. 12,25; Prov. 15,30; Prov. 17,10; Prov. 20,9; Prov. 22,17; Prov. 22,18; Prov. 23,12; Prov. 23,15; Prov. 23,26; Prov. 25,20; Prov. 25,20a; Prov. 26,23; Prov. 27,23; Prov. 28,14; Eccl. 1,13; Eccl. 1,17; Eccl. 2,10; Eccl. 7,2; Eccl. 7,7; Eccl. 7,21; Eccl. 7,22; Eccl. 8,9; Eccl. 8,16; Eccl. 9,1; Song 8,6; Job 11,13; Job 17,4; Job 23,16; Sir. 1,12; Sir. 2,2; Sir. 4,3; Sir. 6,37; Sir. 8,19; Sir. 17,6; Sir. 22,19; Sir. 30,23; Sir. 34,6; Sir. 38,10; Sir. 38,20; Sir. 38,26; Sir. 38,27; Sir. 38,28; Sir. 38,30; Sir. 39,5; Sir. 40,20; Sir. 40,26; Sir. 42,18; Sir. 48,10; Sir. 49,3; Sir. 50,28; Sir. 51,20; Hos. 2,16; Hos. 7,11; Amos 2,16; Zech. 7,12; Mal. 2,2; Mal. 2,2; Mal. 3,23; Mal. 3,23; Is. 40,2; Is. 46,12; Is. 57,11; Is. 57,15; Is. 65,16; Is. 65,17; Jer. 3,15; Jer. 3,16; Jer. 4,14; Jer. 12,3; Jer. 24,7; Jer. 28,50; Jer. 37,21; Jer. 38,21; Jer. 39,35; Jer. 39,39; Jer. 39,40; Jer. 51,21; Bar. 2,30; Bar. 2,31; Bar. 3,7; Lam. 2,19; Lam. 3,21; Ezek. 3,10; Ezek. 11,19; Ezek. 11,19; Ezek. 11,19; Ezek. 11,21; Ezek. 13,22; Ezek. 14,4; Ezek. 14,7; Ezek. 18,31; Ezek. 28,2; Ezek. 28,2; Ezek. 28,6; Ezek. 28,6; Ezek. 32,9; Ezek. 36,26; Ezek. 36,26; Ezek. 36,26; Ezek. 38,10; Ezek. 40,4; Ezek. 44,5; Ezek. 44,5; Judg. 1,15; Judg. 5,15; Judg. 16,17; Judg. 16,18; Judg. 16,18; Judg. 19,3; Judg. 19,5; Judg. 19,8; Judg. 19,22; Tob. 6,4; Tob. 6,5; Tob. 6,17; Tob. 8,2; Dan. 1,8; Dan. 5,22; Dan. 10,12; Sus. 56; Mark 7,19; Mark 8,17; John 12,40; John 13,2; John 16,6; Acts 2,37; Acts 5,3; Acts 7,23; Acts 13,22; Acts 16,14; Acts 21,13; Rom. 2,5; 1Cor. 2,9; 2Cor. 3,15; Heb. 13,9; James 1,26; 2Pet. 2,14; 1John 3,19)

καρδίας ‣ 191 + 3 + 57 = 251

Noun · feminine · plural · accusative · (common) ‣ 42 + 25 = **67** (1Sam. 6,6; 1Sam. 7,3; 1Sam. 10,26; 1Kings 8,47; 1Kings 8,58; 1Kings 11,2; 1Chr. 22,19; 1Chr. 28,9; 1Chr. 29,18; 2Chr. 29,10; 1Esdr. 3,21; Psa. 7,10; Psa. 32,15; Psa. 47,14; Psa. 61,9; Psa. 94,8; Prov. 7,10; Prov. 21,2; Prov. 21,12; Prov. 22,11; Job 12,24; Sir. 2,17; Sir. 8,2; Sir. 17,8; Sir. 31,26; Hos. 10,2; Joel 2,13; Hag. 1,5; Hag. 1,7; Hag. 2,15; Hag. 2,18; Mal. 1,1; Is. 63,17; Jer. 9,25; Jer. 11,20; Jer. 17,10; Jer. 20,12; Jer. 38,33; Lam. 3,41; LetterJ 19; Ezek. 14,3; Ezek. 14,5; Luke 1,17; Luke 16,15; Acts 14,17; Acts 15,9; Rom. 8,27; Rom. 16,18; Gal. 4,6; Eph. 6,22; Phil. 4,7; Col. 4,8; 1Th. 2,4; 1Th. 3,13; 2Th. 2,17; 2Th. 3,5; Heb. 3,8; Heb. 3,15; Heb. 4,7; Heb. 8,10; Heb. 10,16; Heb. 10,22; James 4,8; James 5,5; James 5,8; Rev. 2,23; Rev. 17,17)

Noun · feminine · singular · genitive · (common) ‣ 149 + 3 + 32 = **184** (Deut. 4,9; Deut. 4,29; Deut. 6,5; Deut. 9,5; Deut. 10,12; Deut. 11,13; Deut. 13,4; Deut. 26,16; Deut. 28,67; Deut. 29,18; Deut. 30,2; Deut. 30,6; Deut. 30,10; Judg. 5,15; Judg. 5,16; Judg. 16,17; Judg. 16,18; 1Kings 2,35a; 1Kings 3,6; 1Kings 5,9; 1Kings 8,17; 1Kings 8,38; 1Kings 9,4; 1Kings 12,33; 2Kings 9,24; 2Kings 10,15; 2Kings 10,15; 1Chr. 29,17; 1Chr. 29,17; 1Chr. 29,18; 2Chr. 15,12; 2Chr. 30,19; 2Chr. 32,26; Neh. 2,2; Neh. 6,8; Judith 8,14; Judith 8,27; Judith 8,29; Judith 13,19; Tob. 4,19; Tob. 6,17; 2Mac. 2,3; 2Mac. 5,21; 3Mac. 4,2; 4Mac. 7,18; 4Mac. 13,13; Psa. 9,38; Psa. 18,15; Psa. 24,17; Psa. 30,13; Psa. 32,11; Psa. 36,4; Psa. 37,9; Psa. 43,22; Psa. 48,4; Psa. 72,7; Psa. 72,26; Psa. 76,7; Psa. 77,72; Psa. 100,2; Psa. 118,7; Psa. 118,111; Ode. 6,4; Ode. 9,51; Ode. 12,11; Prov. 7,3; Prov. 14,30; Prov. 15,13; Prov. 22,15; Prov. 22,20; Prov. 23,19; Prov. 24,6; Prov. 24,12; Eccl. 2,22; Eccl. 5,19; Eccl. 11,9; Eccl. 11,10; Song 3,11; Job 8,10; Job 17,11; Job 34,10; Job 34,34; Job 36,5; Wis. 1,1; Wis. 1,6; Wis. 2,2; Wis. 8,21; Sir. 5,2; Sir. 13,26; Sir. 23,2; Sir. 25,13; Sir. 25,23; Sir. 26,6; Sir. 27,6; Sir. 30,16; Sir. 30,22; Sir. 31,28; Sir. 37,13; Sir. 37,17; Sir. 38,18; Sir. 38,19; Sir. 40,2; Sir. 40,6; Sir. 50,23; Sir. 50,27; Sol. 2,15; Sol. 3,2; Sol. 6,4; Sol. 14,8; Sol. 15,3; Sol. 15,3; Sol. 16,6; Sol. 17,25; Hos. 13,8; Joel 2,12; Obad. 3; Jonah 2,4; Nah. 2,11; Zeph. 3,14; Is. 44,25; Is. 59,13; Is. 65,14; Jer. 3,10; Jer. 3,17; Jer. 4,18; Jer. 4,19; Jer. 7,24; Jer. 8,18; Jer. 9,13; Jer. 14,14; Jer. 15,16; Jer. 16,12; Jer. 18,12; Jer. 23,16; Jer. 23,17; Jer. 23,20; Jer. 23,26; Jer. 24,7; Jer. 30,10; Jer. 37,24; Bar. 1,22; Bar. 2,8; Bar. 3,7; Lam. 3,33; Lam. 3,65; Lam. 5,15; Ezek. 13,3; Ezek. 13,17; Ezek. 17,22; Judg. 5,16; Tob. 4,19; Dan. 2,30; Matt. 12,34; Matt. 15,18; Matt. 15,19; Mark 3,5; Mark 7,21; Mark 12,30; Mark 12,33; Luke 1,51; Luke 6,45; Luke 6,45; Luke 8,12; Luke 9,47; Luke 10,27; Acts 2,46; Acts 8,22; Acts 11,23; Rom. 2,29; Rom. 6,17; Rom. 10,1; 1Cor. 14,25; 2Cor. 2,4; Eph. 1,18; Eph. 4,18; Eph. 6,5; Col. 3,22; 1Tim. 1,5; 2Tim. 2,22; Heb. 4,12; Heb. 10,22; 1Pet. 1,22; 1Pet. 3,4; 1John 3,20)

καρδιῶν ‣ 2 + 4 = 6

Noun · feminine · plural · genitive · (common) ‣ 2 + 4 = **6** (Psa. 80,13; Ezek. 20,16; Matt. 18,35; Luke 2,35; Rom. 1,24; 1Cor. 4,5)

καρδιογνώστης (καρδία; γινώσκω) heart-knower ‣ 2

καρδιογνῶστα ‣ 1

Noun · masculine · singular · vocative ‣ **1** (Acts 1,24)

καρδιογνώστης ‣ 1

Noun · masculine · singular · nominative ‣ **1** (Acts 15,8)

καρδιόω (καρδία) hearten, steal the heart ‣ 2

ἐκαρδίωσας ‣ 1

Verb · second · singular · aorist · active · indicative ‣ **1** (Song 4,9)

Ἐκαρδίωσας ‣ 1

Verb · second · singular · aorist · active · indicative ‣ **1** (Song 4,9)

Καρεμ Karem (?) ‣ 1 + 1 = 2

Καρεμ ‣ 1 + 1 = 2

Noun · singular · nominative · (proper) ‣ 1 + 1 = **2** (Josh. 15,59a; Josh. 15,59a)

Καρηε Kareah ‣ 5

Καρηε ‣ 5

Noun · masculine · singular · genitive · (proper) ‣ **5** (2Kings 25,23; Jer. 47,8; Jer. 47,13; Jer. 48,11; Jer. 50,2)

Καρία Caria ‣ 1

Καρίαν ‣ 1

Noun · feminine · singular · accusative · (proper) ‣ **1** (1Mac. 15,23)

Καριαθαιμ Kiriathaim ‣ 5

Καριαθαιμ ‣ 5

Noun · singular · accusative · (proper) ‣ **2** (Josh. 13,19; Jer. 31,23)
Noun · singular · nominative · (proper) ‣ **1** (Jer. 31,1)
Noun · feminine · singular · accusative · (proper) ‣ **1** (1Chr. 6,61)
Noun · masculine · singular · accusative · (proper) ‣ **1** (Num. 32,37)

Καριαθαρβοκ Kiriath Arba ‣ 2

Καριαθαρβοκ ‣ 2

Noun · feminine · singular · accusative · (proper) ‣ **1** (Josh. 21,11)

Noun · masculine · singular · dative · (proper) ‣ **1** (Neh. 11,25)

Καριαθαρβοκσεφερ Kiriath Arba (sepher/book?)
▸ 1
  Καριαθαρβοκσεφερ ▸ 1
    Noun · singular · nominative · (proper) ▸ **1** (Judg. 1,10)
Καριαθαρβοξεφερ Kiriath Arba ▸ 1
  Καριαθαρβοξεφερ ▸ 1
    Noun · singular · nominative · (proper) ▸ **1** (Judg. 1,10)
Καριαθβααλ Kiriath Baal ▸ 3 + 1 = 4
  Καριαθβααλ ▸ 3 + 1 = 4
    Noun · singular · nominative · (proper) ▸ 1 + 1 = **2** (Josh. 15,60; Josh. 15,60)
    Noun · feminine · singular · accusative · (proper) ▸ **1** (Josh. 18,14)
    Noun · feminine · singular · genitive · (proper) ▸ **1** (Josh. 18,15)
Καριαθιαριμ Kiriath Jearim ▸ 12 + 2 = 14
  Καριαθιαριμ ▸ 12 + 2 = 14
    Noun · genitive · (proper) ▸ **1** (Josh. 3,16)
    Noun · plural · genitive · (proper) ▸ **2** (2Chr. 1,4; Ezra 2,25)
    Noun · singular · accusative · (proper) ▸ **1** (1Sam. 6,21)
    Noun · singular · dative · (proper) ▸ 2 + 1 = **3** (Judg. 18,12; 1Sam. 7,2; Judg. 18,12)
    Noun · singular · genitive · (proper) ▸ 3 + 1 = **4** (Judg. 18,12; 1Sam. 7,1; Jer. 33,20; Judg. 18,12)
    Noun · masculine · plural · genitive · (proper) ▸ **2** (1Chr. 2,50; 1Chr. 2,52)
    Noun · masculine · singular · genitive · (proper) ▸ **1** (Neh. 7,29)
Καριαθιαριν Kiriath Jearim ▸ 1
  Καριαθιαριν ▸ 1
    Noun · singular · nominative · (proper) ▸ **1** (Josh. 18,14)
Καριαθιαριος person from Kiriatharim ▸ 1
  Καριαθιαριος ▸ 1
    Noun · masculine · singular · genitive · (proper) ▸ **1** (1Esdr. 5,19)
Καριαθσωφαρ Kiriath Sepher ▸ 1
  Καριαθσωφαρ ▸ 1
    Noun · singular · nominative · (proper) ▸ **1** (Judg. 1,11)
Καριωθ Kerioth ▸ 1
  Καριωθ ▸ 1
    Noun · singular · accusative · (proper) ▸ **1** (Jer. 31,24)
Καρκαρ Qarqar ▸ 1 + 1 = 2
  Καρκαρ ▸ 1 + 1 = 2
    Noun · singular · dative · (proper) ▸ 1 + 1 = **2** (Judg. 8,10; Judg. 8,10)
Καρμήλια Carmel ▸ 1
  Καρμηλίας ▸ 1
    Noun · feminine · singular · genitive · (proper) ▸ **1** (2Sam. 3,3)
Καρμηλία Carmel ▸ 1
  Καρμηλία ▸ 1
    Noun · feminine · singular · dative · (proper) ▸ **1** (1Chr. 3,1)
Καρμήλιος Carmelite ▸ 9
  Καρμηλιον ▸ 4
    Noun · neuter · singular · accusative · (proper) ▸ **4** (1Kings 18,19; 1Kings 18,20; 2Kings 2,25; 2Kings 4,25)
  Καρμήλιος ▸ 2
    Noun · masculine · singular · nominative · (proper) ▸ **2** (1Sam. 25,4; 2Sam. 23,35)
  Καρμηλίου ▸ 3
    Noun · masculine · singular · genitive · (proper) ▸ **3** (1Sam. 27,3; 1Sam. 30,5; 2Sam. 2,2)
Κάρμηλον Carmel ▸ 1
  Κάρμηλον ▸ 1
    Noun · masculine · singular · accusative · (proper) ▸ **1** (1Kings 18,42)

Καρμήλος Carmel ▸ 5
  Καρμήλου ▸ 3
    Noun · masculine · singular · genitive · (proper) ▸ **3** (Amos 1,2; Amos 9,3; Mic. 7,14)
  Καρμήλῳ ▸ 2
    Noun · masculine · singular · dative · (proper) ▸ **2** (Is. 32,16; Jer. 27,19)
Κάρμηλος Carmel ▸ 18 + 1 = 19
  Κάρμηλον ▸ 4
    Noun · masculine · singular · accusative · (proper) ▸ **4** (1Sam. 15,12; 1Sam. 25,5; 1Sam. 25,40; Jer. 2,7)
  Κάρμηλος ▸ 5
    Noun · masculine · singular · nominative · (proper) ▸ **5** (Song 7,6; Nah. 1,4; Is. 33,9; Jer. 4,26; Jer. 26,18)
  Καρμήλου ▸ 3
    Noun · masculine · singular · genitive · (proper) ▸ **3** (2Kings 19,23; Judith 1,8; Is. 35,2)
  Καρμήλῳ ▸ 6 + 1 = 7
    Noun · masculine · singular · dative · (proper) ▸ 6 + 1 = **7** (Josh. 19,26; 1Sam. 25,2; 1Sam. 25,2; 1Sam. 25,7; 1Sam. 30,29; 2Chr. 26,10; Josh. 19,26)
Καρναιν Karnaim ▸ 4
  Καρναιν ▸ 4
    Noun · (proper) ▸ **1** (Gen. 14,5)
    Noun · singular · dative · (proper) ▸ **1** (1Mac. 5,26)
    Noun · singular · genitive · (proper) ▸ **1** (1Mac. 5,43)
    Noun · singular · nominative · (proper) ▸ **1** (1Mac. 5,44)
Καρνιον Karnaim ▸ 2
  Καρνιον ▸ 2
    Noun · neuter · singular · accusative · (proper) ▸ **2** (2Mac. 12,21; 2Mac. 12,26)
καρόομαι (καρόω) to be drunk ▸ 1
  καρωθῶσιν ▸ 1
    Verb · third · plural · aorist · passive · subjunctive ▸ **1** (Jer. 28,39)
καρπάσινος made of flax ▸ 1
  καρπασίνοις ▸ 1
    Adjective · masculine · plural · dative · noDegree ▸ **1** (Esth. 1,6)
καρπίζομαι (καρπός) to enjoy the fruit ▸ 2
  ἐκαρπίσαντο ▸ 1
    Verb · third · plural · aorist · middle · indicative ▸ **1** (Josh. 5,12)
  καρπίζεσθαι ▸ 1
    Verb · present · middle · infinitive ▸ **1** (Prov. 8,19)
κάρπιμος (καρπός) fruit bearing ▸ 2
  κάρπιμον ▸ 2
    Adjective · neuter · singular · accusative · noDegree ▸ **2** (Gen. 1,11; Gen. 1,12)
καρπόβρωτος (καρπός; βιβρώσκω) having edible fruit ▸ 1
  καρπόβρωτόν ▸ 1
    Adjective · neuter · singular · nominative · noDegree ▸ **1** (Deut. 20,20)
Κάρπος (καρπός) Carpus; Carpathian ▸ 1
  Κάρπῳ ▸ 1
    Noun · masculine · singular · dative · (proper) ▸ **1** (2Tim. 4,13)
καρπός fruit ▸ 124 + 4 + 66 = 194
  καρποί ▸ 5
    Noun · masculine · plural · nominative · (common) ▸ **5** (1Sam. 5,4; Prov. 10,16; Prov. 15,6; Sir. 37,22; Sir. 37,23)
  καρπόν ▸ 7 + 1 = 8
    Noun · masculine · singular · accusative · (common) ▸ 7 + 1 = **8** (Gen. 1,11; Gen. 1,12; Lev. 19,25; Sir. 23,25; Hag. 2,19; Jer.

καρπός–κάρπωμα   1283

12,2; Jer. 17,8; Matt. 13,8)

καρπὸν ‣ 48 + **1** + 37 = 86
  Noun ▪ masculine ▪ singular ▪ accusative ▪ (common) ‣ 48 + **1** + 37 = **86** (Gen. 1,29; Gen. 30,2; Ex. 10,12; Ex. 10,15; Lev. 23,40; Lev. 25,3; Lev. 26,4; Lev. 26,20; Num. 13,26; Deut. 7,13; Deut. 11,17; 2Kings 19,29; 2Kings 19,30; Neh. 9,36; Neh. 10,38; 1Mac. 14,8; Psa. 1,3; Psa. 20,11; Psa. 66,7; Psa. 77,46; Psa. 84,13; Psa. 104,35; Psa. 106,37; Prov. 31,20; Song 4,16; Song 8,12; Wis. 3,13; Sol. 15,3; Hos. 9,16; Hos. 10,12; Hos. 10,13; Hos. 14,3; Amos 2,9; Amos 6,12; Amos 9,14; Mic. 6,7; Joel 2,22; Zech. 8,12; Mal. 3,11; Is. 37,30; Jer. 6,19; Jer. 36,28; Lam. 2,20; Ezek. 17,8; Ezek. 17,23; Ezek. 34,27; Ezek. 36,8; Ezek. 36,30; Dan. 4,14; Matt. 3,8; Matt. 3,10; Matt. 7,19; Matt. 12,33; Matt. 12,33; Matt. 13,26; Mark 4,7; Mark 4,8; Mark 11,14; Luke 3,9; Luke 6,43; Luke 6,43; Luke 8,8; Luke 13,6; Luke 13,7; Luke 13,9; John 4,36; John 12,24; John 15,2; John 15,2; John 15,2; John 15,4; John 15,5; John 15,8; John 15,16; Rom. 1,13; Rom. 6,21; Rom. 6,22; Rom. 15,28; 1Cor. 9,7; Phil. 1,11; Phil. 4,17; Heb. 12,11; Heb. 13,15; James 5,7; James 5,18; Rev. 22,2)

καρπός ‣ 2 + **1** = 3
  Noun ▪ masculine ▪ singular ▪ nominative ▪ (common) ‣ 2 + **1** = **3** (Job 22,21; Hos. 14,9; Mark 4,29)

καρπὸς ‣ 18 + **2** + 7 = 27
  Noun ▪ masculine ▪ singular ▪ nominative ▪ (common) ‣ 18 + **2** + 7 = **27** (Lev. 19,23; Lev. 19,24; Num. 13,27; Psa. 57,12; Psa. 71,16; Prov. 19,22; Song 2,3; Wis. 3,15; Wis. 4,5; Sir. 11,3; Sir. 24,17; Sir. 27,6; Hos. 10,1; Ezek. 17,9; Ezek. 19,10; Ezek. 47,12; Ezek. 47,12; Dan. 4,12; Dan. 4,12; Dan. 4,21; Matt. 21,19; Luke 1,42; John 15,16; Gal. 5,22; Eph. 5,9; Phil. 1,22; James 3,18)

καρποῦ ‣ 14 + **4** = 18
  Noun ▪ masculine ▪ singular ▪ genitive ▪ (common) ‣ 14 + **4** = **18** (Gen. 3,2; Gen. 3,3; Gen. 3,6; Lev. 27,30; Deut. 1,25; Neh. 10,36; 1Mac. 10,30; Psa. 103,13; Psa. 126,3; Psa. 131,11; Prov. 11,30; Eccl. 2,5; Song 4,13; Is. 27,6; Matt. 12,33; Luke 6,44; Luke 20,10; Acts 2,30)

καρπούς ‣ 3 + **1** = 4
  Noun ▪ masculine ▪ plural ▪ accusative ▪ (common) ‣ 3 + **1** = **4** (Sir. 6,3; Jer. 27,27; Ezek. 25,4; Luke 12,17)

καρποὺς ‣ 9 + **1** + 9 = 19
  Noun ▪ masculine ▪ plural ▪ accusative ▪ (common) ‣ 9 + **1** + 9 = **19** (Prov. 1,31; Prov. 18,21; Prov. 27,18; Wis. 16,22; Sir. 6,19; Sir. 50,10; Jer. 2,7; Jer. 17,10; Jer. 36,5; Judg. 6,4; Matt. 7,17; Matt. 7,17; Matt. 7,18; Matt. 7,18; Matt. 21,34; Matt. 21,41; Matt. 21,43; Luke 3,8; Rev. 22,2)

καρπῷ ‣ 1
  Noun ▪ masculine ▪ singular ▪ dative ▪ (common) ‣ **1** (Song 8,11)

καρπῶν ‣ 17 + **6** = 23
  Noun ▪ masculine ▪ plural ▪ genitive ▪ (common) ‣ 17 + **6** = **23** (Gen. 4,3; Gen. 43,11; Num. 13,20; Deut. 26,2; Psa. 127,2; Prov. 3,9; Prov. 12,14; Prov. 13,2; Prov. 18,20; Prov. 18,20; Prov. 31,16; Prov. 31,31; Wis. 16,26; Sir. 1,16; Hos. 10,1; Mic. 7,13; Jer. 38,12; Matt. 7,16; Matt. 7,20; Matt. 21,34; Mark 12,2; 2Tim. 2,6; James 3,17)

καρποφορέω (καρπός; φέρω) to bring forth fruit ‣ 3 + **8** = 11
  καρποφορεῖ ‣ 2
    Verb ▪ third ▪ singular ▪ present ▪ active ▪ indicative ‣ **2** (Matt. 13,23; Mark 4,28)
  καρποφορῆσαι ‣ 1
    Verb ▪ aorist ▪ active ▪ infinitive ‣ **1** (Rom. 7,5)
  καρποφορήσει ‣ 2
    Verb ▪ third ▪ singular ▪ future ▪ active ▪ indicative ‣ **2** (Ode. 4,17; Hab. 3,17)
  καρποφορήσωμεν ‣ 1
    Verb ▪ first ▪ plural ▪ aorist ▪ active ▪ subjunctive ‣ **1** (Rom. 7,4)
  καρποφορούμενον ‣ 1
    Verb ▪ present ▪ middle ▪ participle ▪ neuter ▪ singular ▪ nominative ‣ **1** (Col. 1,6)
  καρποφοροῦντα ‣ 1
    Verb ▪ present ▪ active ▪ participle ▪ neuter ▪ plural ▪ nominative ‣ **1** (Wis. 10,7)
  καρποφοροῦντες ‣ 1
    Verb ▪ present ▪ active ▪ participle ▪ masculine ▪ plural ▪ nominative ‣ **1** (Col. 1,10)
  καρποφοροῦσιν ‣ 2
    Verb ▪ third ▪ plural ▪ present ▪ active ▪ indicative ‣ **2** (Mark 4,20; Luke 8,15)

καρποφόρος (καρπός; φέρω) fruitful ‣ 3 + **1** = 4
  καρποφόρα ‣ 1
    Adjective ▪ neuter ▪ plural ▪ nominative ▪ noDegree ‣ **1** (Psa. 148,9)
  καρποφόρον ‣ 2
    Adjective ▪ feminine ▪ singular ▪ accusative ▪ noDegree ‣ **2** (Psa. 106,34; Jer. 2,21)
  καρποφόρους ‣ 1
    Adjective ▪ masculine ▪ plural ▪ accusative ‣ **1** (Acts 14,17)

καρπόω (καρπός) to bear fruit; enjoy ‣ 5 + **1** = 6
  ἐκάρπωσα ‣ 1
    Verb ▪ first ▪ singular ▪ aorist ▪ active ▪ indicative ‣ **1** (Deut. 26,14)
  καρποῦσθαι ‣ 1
    Verb ▪ present ▪ middle ▪ infinitive ‣ **1** (1Esdr. 4,52)
  καρπῶσαι ‣ 3 + **1** = 4
    Verb ▪ aorist ▪ active ▪ infinitive ‣ 3 + **1** = **4** (Lev. 2,11; Ode. 7,38; Dan. 3,38; Dan. 3,38)

κάρπωμα (καρπός) offering, burnt offering ‣ 56
  κάρπωμα ‣ 23
    Noun ▪ neuter ▪ singular ▪ accusative ▪ (common) ‣ **19** (Ex. 29,38; Ex. 29,41; Ex. 30,9; Lev. 1,14; Lev. 3,3; Lev. 3,9; Lev. 3,14; Lev. 6,8; Lev. 7,5; Lev. 7,25; Lev. 22,27; Num. 15,5; Num. 15,10; Num. 15,14; Num. 15,25; Num. 18,17; Num. 28,13; Num. 28,24; Num. 29,11)
    Noun ▪ neuter ▪ singular ▪ nominative ▪ (common) ‣ **4** (Lev. 2,9; Lev. 3,5; Lev. 3,11; Lev. 3,16)
  κάρπωμά ‣ 7
    Noun ▪ neuter ▪ singular ▪ nominative ▪ (common) ‣ **7** (Ex. 29,25; Lev. 1,9; Lev. 1,13; Lev. 1,17; Lev. 2,16; Lev. 8,21; Lev. 8,28)
  καρπώμασιν ‣ 2
    Noun ▪ neuter ▪ plural ▪ dative ▪ (common) ‣ **2** (Josh. 22,27; Josh. 22,29)
  καρπώματα ‣ 9
    Noun ▪ neuter ▪ plural ▪ accusative ▪ (common) ‣ **7** (Lev. 7,30; Lev. 23,37; Num. 15,13; Num. 28,19; Num. 29,8; Num. 29,13; Num. 29,36)
    Noun ▪ neuter ▪ plural ▪ nominative ▪ (common) ‣ **2** (Num. 28,3; Deut. 18,1)
  καρπώματά ‣ 1
    Noun ▪ neuter ▪ plural ▪ accusative ▪ (common) ‣ **1** (Num. 28,2)
  καρπώματος ‣ 1
    Noun ▪ neuter ▪ singular ▪ genitive ▪ (common) ‣ **1** (Lev. 1,4)
  καρπωμάτων ‣ 13
    Noun ▪ neuter ▪ plural ▪ genitive ▪ (common) ‣ **13** (Ex. 40,6; Ex. 40,10; Ex. 40,29; Lev. 2,10; Lev. 6,10; Lev. 6,11; Lev. 7,35; Lev. 10,12; Lev. 10,13; Lev. 10,15; Num. 18,9; Josh. 22,26; Josh.

22,28)

κάρπωσις (καρπός) burnt offering, offering ▸ 6
  καρπώσεων ▸ 1
    Noun ▪ feminine ▪ plural ▪ genitive ▪ (common) ▸ **1** (Lev. 4,18)
  καρπώσεως ▸ 1
    Noun ▪ feminine ▪ singular ▪ genitive ▪ (common) ▸ **1** (Lev. 4,10)
  κάρπωσιν ▸ 3
    Noun ▪ feminine ▪ singular ▪ accusative ▪ (common) ▸ **2** (Lev. 22,22; Job 42,8)
    Noun ▪ feminine ▪ singular ▪ dative ▪ (common) ▸ **1** (Sir. 45,16)
  κάρπωσις ▸ 1
    Noun ▪ feminine ▪ singular ▪ nominative ▪ (common) ▸ **1** (Sir. 30,19)

καρπωτός (καρπός) extending to the wrist ▸ 2
  καρπωτόν ▸ 1
    Adjective ▪ masculine ▪ singular ▪ accusative ▪ noDegree ▸ **1** (2Sam. 13,19)
  καρπωτός ▸ 1
    Adjective ▪ masculine ▪ singular ▪ nominative ▪ noDegree ▸ **1** (2Sam. 13,18)

κάρταλλος basket ▸ 5
  καρτάλλοις ▸ 1
    Noun ▪ masculine ▪ plural ▪ dative ▪ (common) ▸ **1** (2Kings 10,7)
  κάρταλλον ▸ 3
    Noun ▪ masculine ▪ singular ▪ accusative ▪ (common) ▸ **3** (Deut. 26,2; Deut. 26,4; Jer. 6,9)
  καρτάλλῳ ▸ 1
    Noun ▪ masculine ▪ singular ▪ dative ▪ (common) ▸ **1** (Sir. 11,30)

καρτερέω (κεράννυμι) to endure, be patient, wait ▸ 10 + 1 = 11
  ἐκαρτέρησα ▸ 1
    Verb ▪ first ▪ singular ▪ aorist ▪ active ▪ indicative ▸ **1** (Is. 42,14)
  ἐκαρτέρησεν ▸ 1
    Verb ▪ third ▪ singular ▪ aorist ▪ active ▪ indicative ▸ **1** (Heb. 11,27)
  καρτέρει ▸ 1
    Verb ▪ second ▪ singular ▪ present ▪ active ▪ imperative ▸ **1** (2Mac. 7,17)
  καρτερήσαντος ▸ 1
    Verb ▪ aorist ▪ active ▪ participle ▪ masculine ▪ singular ▪ genitive ▸ **1** (4Mac. 10,1)
  καρτερήσεις ▸ 3
    Verb ▪ second ▪ singular ▪ future ▪ active ▪ indicative ▸ **3** (4Mac. 9,9; 4Mac. 10,11; Job 2,9)
  καρτερήσῃ ▸ 1
    Verb ▪ third ▪ singular ▪ aorist ▪ active ▪ subjunctive ▸ **1** (Sir. 12,15)
  καρτέρησον ▸ 2
    Verb ▪ second ▪ singular ▪ aorist ▪ active ▪ imperative ▸ **2** (4Mac. 13,11; Sir. 2,2)
  καρτερῶν ▸ 1
    Verb ▪ present ▪ active ▪ participle ▪ masculine ▪ singular ▪ nominative ▸ **1** (4Mac. 9,28)

καρτερία (κεράννυμι) endurance ▸ 6
  καρτερία ▸ 1
    Noun ▪ feminine ▪ singular ▪ nominative ▪ (common) ▸ **1** (4Mac. 8,26)
  καρτερίαν ▸ 3
    Noun ▪ feminine ▪ singular ▪ accusative ▪ (common) ▸ **3** (4Mac. 11,12; 4Mac. 15,30; 4Mac. 16,14)
  καρτερίας ▸ 2
    Noun ▪ feminine ▪ singular ▪ genitive ▪ (common) ▸ **2** (4Mac. 6,13; 4Mac. 15,28)

καρτερός (κεράννυμι) strong, violent; staunch ▸ 6
  καρτερᾶς ▸ 3
    Adjective ▪ feminine ▪ singular ▪ genitive ▪ noDegree ▸ **3** (2Mac. 10,29; 2Mac. 12,11; 3Mac. 1,4)
  καρτεροί ▸ 1
    Adjective ▪ masculine ▪ plural ▪ nominative ▪ noDegree ▸ **1** (4Mac. 3,12)
  καρτεροῖς ▸ 1
    Adjective ▪ masculine ▪ plural ▪ dative ▪ noDegree ▸ **1** (4Mac. 15,32)
  καρτερός ▸ 1
    Adjective ▪ masculine ▪ singular ▪ nominative ▪ noDegree ▸ **1** (2Mac. 12,35)

καρτεροψυχία (κεράννυμι; ψύχω) soul steadfastness ▸ 1
  καρτεροψυχίαν ▸ 1
    Noun ▪ feminine ▪ singular ▪ accusative ▪ (common) ▸ **1** (4Mac. 9,26)

καρτερῶς (κεράννυμι) strongly ▸ 1
  καρτερῶς ▸ 1
    Adverb ▪ **1** (4Mac. 15,31)

καρύα (κάρυον) tree bearing nuts ▸ 1
  καρύας ▸ 1
    Noun ▪ feminine ▪ singular ▪ genitive ▪ (common) ▸ **1** (Song 6,11)

καρύϊνος (κάρυον) of almond ▸ 2
  καρυΐνην ▸ 1
    Adjective ▪ feminine ▪ singular ▪ accusative ▪ noDegree ▸ **1** (Jer. 1,11)
  καρυΐνην ▸ 1
    Adjective ▪ feminine ▪ singular ▪ accusative ▪ noDegree ▸ **1** (Gen. 30,37)

καρυΐσκος (κάρυον) almond, almond flower ▸ 2
  καρυΐσκους ▸ 2
    Noun ▪ masculine ▪ plural ▪ accusative ▪ (common) ▸ **2** (Ex. 25,33; Ex. 25,34)

κάρυον almond ▸ 2
  κάρυα ▸ 2
    Noun ▪ neuter ▪ plural ▪ accusative ▪ (common) ▸ **2** (Gen. 43,11; Num. 17,23)

καρυωτός (κάρυον) almond-like ▸ 1
  καρυωτά ▸ 1
    Noun ▪ masculine ▪ plural ▪ accusative ▪ (common) ▸ **1** (Ex. 38,16)

κάρφος (κάρφω) twig, speck, splinter ▸ 1 + 6 = 7
  κάρφος ▸ 1 + 6 = 7
    Noun ▪ neuter ▪ singular ▪ accusative ▪ (common) ▸ 1 + 6 = 7 (Gen. 8,11; Matt. 7,3; Matt. 7,4; Matt. 7,5; Luke 6,41; Luke 6,42; Luke 6,42)

Καρχηδόνιοι Carthaginians ▸ 3
  Καρχηδόνιοι ▸ 3
    Noun ▪ masculine ▪ plural ▪ nominative ▪ (proper) ▸ **3** (Ezek. 27,12; Ezek. 27,25; Ezek. 38,13)

Καρχηδών Carchedon; Carthage ▸ 4
  Καρχηδόνα ▸ 1
    Noun ▪ feminine ▪ singular ▪ accusative ▪ (proper) ▸ **1** (Is. 23,6)
  Καρχηδόνος ▸ 3
    Noun ▪ feminine ▪ singular ▪ genitive ▪ (proper) ▸ **3** (Is. 23,1; Is. 23,10; Is. 23,14)

Κασεριν Kaserin ▸ 1
  Κασεριν ▸ 1
    Noun ▪ feminine ▪ singular ▪ accusative ▪ (proper) ▸ **1** (Tob. 11,1)

Κασία (κασία) Casia ▸ 1

Κασίαν ▸ 1
   Noun · feminine · singular · accusative · (proper) ▸ **1** (Job 42,14)
κασία cassia ▸ 2
   κασία ▸ 1
   Noun · feminine · singular · nominative · (common) ▸ **1** (Psa. 44,9)
   κασίας ▸ 1
   Noun · feminine · singular · genitive · (common) ▸ **1** (Ezek. 27,17)
Κασιμ Kazin ▸ 1
   Κασιμ ▸ 1
   Noun · singular · accusative · (proper) ▸ **1** (Josh. 19,13)
Κασπιν Caspin ▸ 1
   Κασπιν ▸ 1
   Noun · singular · nominative · (proper) ▸ **1** (2Mac. 12,13)
κασσιτέρινος (κασσίτερος) made of tin ▸ 1
   κασσιτέρινον ▸ 1
   Adjective · masculine · singular · accusative · noDegree ▸ **1** (Zech. 4,10)
κασσίτερος tin ▸ 5
   κασσίτερον ▸ 2
   Noun · masculine · singular · accusative · (common) ▸ **2** (Sir. 47,18; Ezek. 27,12)
   κασσίτερος ▸ 1
   Noun · masculine · singular · nominative · (common) ▸ **1** (Ezek. 22,20)
   κασσιτέρου ▸ 1
   Noun · masculine · singular · genitive · (common) ▸ **1** (Num. 31,22)
   κασσιτέρῳ ▸ 1
   Noun · masculine · singular · dative · (common) ▸ **1** (Ezek. 22,18)
Κασων Kason, (Hebr.) harvest ▸ 1
   Κασων ▸ 1
   Noun · singular · accusative · (proper) ▸ **1** (2Sam. 23,13)
κατά against, down; (+acc) according to ▸ 2069 + 76 + 477 = 2622
   καθ' ▸ 152 + 8 + 61 = 221
   Preposition · (+accusative) ▸ 133 + 7 + 46 = **186** (Gen. 1,11; Gen. 1,12; Gen. 1,26; Gen. 20,6; Gen. 30,40; Gen. 31,11; Gen. 31,24; Gen. 39,6; Gen. 43,32; Gen. 43,32; Gen. 46,28; Gen. 46,29; Ex. 5,8; Ex. 5,13; Ex. 16,5; Ex. 22,16; Ex. 36,12; Lev. 13,12; Lev. 23,37; Num. 2,17; Num. 4,16; Num. 7,11; Num. 7,11; Num. 9,2; Num. 15,3; Deut. 1,33; Deut. 11,14; Deut. 15,8; Deut. 33,14; Deut. 33,16; Josh. 3,15; Judg. 7,5; Judg. 7,21; Judg. 18,6; 1Sam. 23,24; 1Sam. 26,11; 1Sam. 26,12; 2Sam. 7,10; 2Sam. 24,19; 1Chr. 12,18; 1Chr. 17,9; 1Chr. 19,9; 2Chr. 30,21; 1Esdr. 4,52; 1Esdr. 5,50; 1Esdr. 6,29; Esth. 2,11; Esth. 3,4; Judith 10,13; Judith 13,3; Tob. 1,7; Tob. 10,7; 1Mac. 6,57; 1Mac. 8,15; 2Mac. 2,22; 2Mac. 3,14; 2Mac. 4,16; 2Mac. 4,21; 2Mac. 4,38; 2Mac. 5,2; 2Mac. 6,20; 2Mac. 9,23; 2Mac. 12,39; 2Mac. 13,13; 2Mac. 14,3; 2Mac. 14,9; 2Mac. 15,30; 3Mac. 3,29; 3Mac. 6,12; 3Mac. 7,6; 3Mac. 7,7; 4Mac. 2,23; 4Mac. 3,18; 4Mac. 9,26; 4Mac. 13,22; 4Mac. 14,17; 4Mac. 15,7; 4Mac. 15,12; Psa. 6,7; Psa. 7,12; Psa. 41,4; Psa. 41,11; Psa. 67,20; Psa. 102,12; Psa. 144,2; Ode. 14,29; Prov. 8,21a; Prov. 8,30; Prov. 8,34; Job 1,4; Job 4,8; Job 5,26; Job 12,3; Job 16,4; Sir. 17,3; Sir. 35,9; Sir. 36,23; Sir. 43,30; Sir. 45,14; Sol. 18,11; Hos. 2,11; Hos. 8,9; Mic. 7,14; Zech. 10,1; Zech. 12,6; Zech. 12,12; Zech. 12,12; Zech. 12,12; Zech. 12,12; Zech. 12,12; Zech. 12,12; Zech. 12,13; Zech. 12,13; Zech. 12,13; Zech. 12,13; Zech. 12,14; Zech. 12,14; Is. 47,15; Ezek. 42,15; Ezek. 43,25; Ezek. 45,23; Ezek. 45,23; Ezek. 46,13; Ezek. 47,10; Dan. 1,5; Dan. 6,12; Dan. 7,2; Dan. 11,7; Dan. 11,40; Bel 3; Bel 4; Bel 6; Bel 31-32; Tob. 1,7; Tob. 10,7; Dan. 1,5; Sus. 8; Sus. 12; Bel 4; Bel 6; Matt. 26,55; Mark 14,49; Luke 8,39; Luke 9,23; Luke 11,3; Luke 16,19; Luke 19,47; Luke 22,53; John 21,25; Acts 2,46; Acts 2,47; Acts 3,2; Acts 15,11; Acts 16,5; Acts 17,11; Acts 17,28; Acts 18,15; Acts 19,9; Acts 21,19; Acts 24,22; Acts 27,25; Acts 28,16; Rom. 2,7; Rom. 7,13; 1Cor. 2,1; 1Cor. 12,31; 1Cor. 14,31; 1Cor. 15,31; 2Cor. 1,8; 2Cor. 4,17; 2Cor. 11,28; Gal. 1,13; Eph. 1,15; Eph. 5,33; Phil. 4,11; Heb. 3,3; Heb. 3,13; Heb. 4,15; Heb. 7,20; Heb. 7,27; Heb. 9,9; Heb. 9,27; Heb. 10,11; James 2,17; James 3,9; Rev. 4,8)
   Preposition · (+genitive) ▸ 19 + 1 + 13 = **33** (Ex. 16,7; Ex. 16,8; Ex. 16,8; Ex. 22,10; Josh. 9,20; Josh. 24,22; 1Sam. 27,11; 2Kings 22,13; 1Esdr. 1,31; Esth. 4,8; Esth. 9,31; 1Mac. 10,4; 4Mac. 8,5; Job 16,4; Amos 6,8; Amos 8,7; Is. 3,9; Ezek. 22,3; Dan. 6,6; Bel 11; Matt. 5,11; Matt. 12,25; Matt. 12,25; Mark 9,40; Luke 4,14; Luke 9,50; Luke 23,5; Acts 9,31; Acts 9,42; Acts 10,37; Rom. 8,31; Col. 2,14; Heb. 6,13)
   Preposition · (+nominative) ▸ **2** (John 8,9; Rom. 12,5)
   Κατ' ▸ 2 + 1 = 3
   Preposition · (+accusative) ▸ 1 + 1 = **2** (1Sam. 6,4; Acts 12,1)
   Preposition · (+genitive) ▸ **1** (Gen. 22,16)
   κατ' ▸ 267 + 5 + 84 = 356
   Preposition · (+accusative) ▸ 213 + 2 + 66 = **281** (Gen. 1,26; Gen. 1,27; Gen. 2,18; Gen. 5,1; Gen. 12,8; Gen. 12,8; Gen. 25,13; Gen. 31,35; Ex. 12,3; Ex. 12,3; Ex. 32,18; Num. 1,2; Num. 1,4; Num. 1,20; Num. 1,22; Num. 1,24; Num. 1,26; Num. 1,28; Num. 1,30; Num. 1,32; Num. 1,34; Num. 1,36; Num. 1,38; Num. 1,40; Num. 1,42; Num. 2,2; Num. 2,3; Num. 2,32; Num. 2,34; Num. 3,15; Num. 3,20; Num. 4,2; Num. 4,22; Num. 4,29; Num. 4,34; Num. 4,38; Num. 4,40; Num. 4,42; Num. 4,44; Num. 4,46; Num. 4,49; Num. 14,14; Num. 16,29; Num. 17,17; Num. 17,17; Num. 17,21; Num. 26,2; Num. 26,47; Num. 34,14; Num. 34,15; Deut. 4,47; Deut. 4,49; Deut. 14,22; Josh. 7,14; Josh. 7,14; Josh. 11,8; Josh. 12,3; Josh. 13,8; Judg. 11,18; Judg. 21,19; 1Sam. 1,7; 1Sam. 6,18; 1Sam. 7,16; 1Sam. 27,5; 2Sam. 12,11; 2Sam. 13,5; 2Sam. 13,8; 2Sam. 16,22; 1Kings 5,25; 1Kings 7,23; 1Kings 7,25; 1Kings 10,25; 1Kings 18,31; 1Kings 21,23; 1Kings 21,25; 2Kings 10,33; 2Kings 13,17; 2Kings 25,7; 1Chr. 5,10; 1Chr. 5,13; 1Chr. 6,33; 1Chr. 7,4; 1Chr. 7,28; 1Chr. 9,9; 1Chr. 9,18; 1Chr. 9,24; 1Chr. 12,31; 1Chr. 23,24; 1Chr. 24,3; 1Chr. 24,4; 1Chr. 24,30; 1Chr. 26,13; 1Chr. 27,1; 2Chr. 4,4; 2Chr. 5,11; 2Chr. 9,24; 2Chr. 17,14; 2Chr. 24,5; 2Chr. 25,5; 2Chr. 27,5; 2Chr. 27,5; 2Chr. 31,17; 2Chr. 32,23; 2Chr. 35,4; 2Chr. 35,15; 1Esdr. 1,7; 1Esdr. 1,22; 1Esdr. 2,4; 1Esdr. 4,51; 1Esdr. 4,52; 1Esdr. 6,29; 1Esdr. 9,16; Ezra 3,7; Ezra 6,11; Neh. 10,33; Neh. 10,35; Neh. 10,36; 1Mac. 4,59; 1Mac. 7,49; 1Mac. 8,4; 1Mac. 8,16; 1Mac. 10,40; 1Mac. 10,42; 1Mac. 11,34; 1Mac. 13,52; 2Mac. 1,1; 2Mac. 3,5; 2Mac. 4,5; 2Mac. 6,21; 2Mac. 8,35; 2Mac. 9,3; 2Mac. 9,18; 2Mac. 9,22; 2Mac. 9,26; 2Mac. 10,8; 2Mac. 11,31; 2Mac. 12,43; 2Mac. 13,15; 2Mac. 14,21; 3Mac. 1,11; 3Mac. 1,20; 3Mac. 3,12; 3Mac. 7,1; 4Mac. 4,17; 4Mac. 4,22; 4Mac. 5,17; 4Mac. 6,5; 4Mac. 7,3; 4Mac. 17,5; Psa. 101,26; Psa. 118,152; Psa. 138,9; Job 1,8; Job 2,3; Job 9,32; Job 33,5; Job 36,22; Job 40,9; Wis. 12,2; Wis. 17,16; Sir. 1,2 Prol.; Sir. 4,18; Sir. 6,17; Sir. 17,3; Sir. 29,11; Sir. 36,24; Sir. 45,11; Sol. 9,5; Hos. 13,2; Zech. 14,16; Is. 10,26; Jer. 2,28; Jer. 2,28; Jer. 11,13; Jer. 11,13; Jer. 19,10; Jer. 28,24; Jer. 35,1; Jer. 35,5; Jer. 35,5; Jer. 35,11; Jer. 36,21; Jer. 39,12; Jer. 39,12; Jer. 39,12; Jer. 39,13; Jer. 39,30; Jer. 45,26; Jer. 50,9; Jer. 52,10; Bar. 1,22; LetterJ 68; Ezek. 4,9; Ezek. 4,12; Ezek. 12,4; Ezek. 15,4; Ezek. 20,14; Ezek. 20,22; Ezek. 20,41; Ezek. 21,11; Ezek. 22,16; Ezek. 36,23; Ezek. 36,34; Ezek. 40,19; Ezek. 42,12; Ezek. 43,17; Ezek. 44,1; Ezek. 46,9; Ezek. 46,12; Ezek. 47,1; Ezek. 47,1; Ezek.

47,2; Dan. 11,10; Judg. 21,19; Tob. 5,12; Matt. 1,20; Matt. 2,12; Matt. 2,13; Matt. 2,19; Matt. 2,22; Matt. 14,13; Matt. 14,23; Matt. 17,1; Matt. 17,19; Matt. 20,17; Matt. 24,3; Matt. 27,19; Mark 1,27; Mark 4,34; Mark 6,31; Mark 6,32; Mark 7,33; Mark 9,2; Mark 9,28; Mark 13,3; Luke 2,41; Luke 9,10; Luke 10,23; Luke 10,33; John 7,24; John 10,3; Acts 2,46; Acts 5,42; Acts 13,23; Acts 14,23; Acts 20,20; Acts 23,19; Acts 25,23; Rom. 1,15; Rom. 9,11; Rom. 10,2; Rom. 11,5; Rom. 16,5; Rom. 16,26; 1Cor. 7,6; 1Cor. 16,19; 2Cor. 8,8; Gal. 2,2; Gal. 3,1; Gal. 3,29; Eph. 4,16; Eph. 6,6; Eph. 6,21; Phil. 1,12; Phil. 2,3; Col. 3,10; Col. 4,7; Col. 4,15; 2Th. 2,9; 1Tim. 1,1; 1Tim. 6,3; 2Tim. 1,1; Titus 1,1; Titus 1,3; Titus 3,7; Philem. 2; Heb. 1,10; Heb. 9,25; Heb. 10,1; Heb. 10,3; 3John 15)

Preposition • (+genitive) ▸ 54 + 3 + 18 = **75** (Gen. 50,20; Lev. 5,5; Num. 14,36; Num. 16,11; Num. 30,12; 1Sam. 12,3; 1Sam. 12,3; 1Sam. 22,13; 2Kings 4,5; 2Kings 4,21; 1Esdr. 1,2; Neh. 6,12; 1Mac. 10,61; 1Mac. 10,63; 1Mac. 11,25; 2Mac. 10,21; 3Mac. 2,22; 3Mac. 3,11; 3Mac. 5,8; 4Mac. 2,17; 4Mac. 5,28; 4Mac. 10,14; Psa. 31,5; Psa. 34,15; Psa. 40,8; Psa. 40,8; Psa. 40,9; Psa. 55,6; Psa. 68,13; Psa. 101,9; Psa. 108,2; Psa. 108,5; Psa. 118,23; Psa. 139,9; Job 3,23; Job 13,26; Job 19,18; Job 33,10; Wis. 5,22; Hos. 7,13; Mic. 3,7; Hab. 2,6; Is. 27,2; Is. 45,23; Jer. 22,5; Jer. 25,13; Jer. 30,7; Lam. 3,5; Lam. 3,7; Lam. 3,61; Lam. 3,62; Ezek. 19,4; Dan. 6,11; Dan. 6,15; Judg. 3,23; Dan. 6,5; Sus. 43; Matt. 12,14; Matt. 12,30; Mark 3,6; Mark 14,56; Mark 14,57; Luke 11,23; Luke 23,14; John 19,11; Acts 16,22; Acts 19,16; Acts 25,3; Acts 25,15; Acts 25,27; Acts 27,14; Heb. 6,13; James 5,9; 2Pet. 2,11; Jude 15)

ΚΑΤΑ ▸ 4

Preposition • (+accusative) ▸ **4** (Matt. 1,0; Mark 1,0; Luke 1,0; John 1,0)

Κατά ▸ 14 + 5 = 19

Preposition • (+accusative) ▸ 14 + 5 = **19** (Gen. 32,20; Josh. 2,21; 1Sam. 4,3; 1Sam. 27,10; 2Sam. 9,11; 2Sam. 15,15; 2Sam. 17,6; Esth. 1,13; 3Mac. 5,36; Psa. 9,25; Wis. 19,22; Sol. 2,7; Hos. 13,1; Jer. 10,2; Matt. 27,15; Mark 15,6; Acts 16,25; 1Cor. 3,10; Heb. 11,13)

κατά ▸ 1 + 1 = 2

Preposition • (+genitive) ▸ 1 + 1 = **2** (Job 31,35; Mark 11,25)

κατά ▸ 1633 + 63 + 321 = 2017

Preposition • (+accusative) ▸ 1489 + 59 + 278 = **1826** (Gen. 1,11; Gen. 1,11; Gen. 1,12; Gen. 1,12; Gen. 1,20; Gen. 1,21; Gen. 1,21; Gen. 1,24; Gen. 1,24; Gen. 1,25; Gen. 1,25; Gen. 1,25; Gen. 2,8; Gen. 5,3; Gen. 5,3; Gen. 6,20; Gen. 6,20; Gen. 6,20; Gen. 7,14; Gen. 7,14; Gen. 7,14; Gen. 7,14; Gen. 8,19; Gen. 10,5; Gen. 10,20; Gen. 10,31; Gen. 10,32; Gen. 10,32; Gen. 12,8; Gen. 15,8; Gen. 16,12; Gen. 18,10; Gen. 18,21; Gen. 21,14; Gen. 21,23; Gen. 23,17; Gen. 24,1; Gen. 24,28; Gen. 24,62; Gen. 25,16; Gen. 25,18; Gen. 25,18; Gen. 26,18; Gen. 29,12; Gen. 30,34; Gen. 30,41; Gen. 32,17; Gen. 32,22; Gen. 33,14; Gen. 33,14; Gen. 33,18; Gen. 34,3; Gen. 36,40; Gen. 39,17; Gen. 40,13; Gen. 41,11; Gen. 43,7; Gen. 43,33; Gen. 43,33; Gen. 44,2; Gen. 44,6; Gen. 44,7; Gen. 44,7; Gen. 45,21; Gen. 45,23; Gen. 47,12; Gen. 47,30; Gen. 48,7; Gen. 49,19; Gen. 49,28; Ex. 1,14; Ex. 6,16; Ex. 6,19; Ex. 6,25; Ex. 11,6; Ex. 12,4; Ex. 12,21; Ex. 13,10; Ex. 14,16; Ex. 14,22; Ex. 16,16; Ex. 16,16; Ex. 17,1; Ex. 21,9; Ex. 21,31; Ex. 22,4; Ex. 22,8; Ex. 23,15; Ex. 23,24; Ex. 23,30; Ex. 25,9; Ex. 25,22; Ex. 25,40; Ex. 26,5; Ex. 26,9; Ex. 26,10; Ex. 26,22; Ex. 26,24; Ex. 26,30; Ex. 27,7; Ex. 27,8; Ex. 27,12; Ex. 28,8; Ex. 28,10; Ex. 28,14; Ex. 28,15; Ex. 28,20; Ex. 28,21; Ex. 28,21; Ex. 28,23 # 28,29a; Ex. 28,37; Ex. 29,17; Ex. 29,35; Ex. 29,41; Ex. 29,41; Ex. 30,13; Ex. 30,32; Ex. 30,37; Ex. 31,5; Ex. 31,11; Ex. 35,32; Ex. 36,1; Ex. 36,1; Ex. 36,4; Ex. 36,12; Ex. 36,15; Ex. 36,25; Ex. 36,27; Ex. 36,27; Ex. 37,13; Ex. 39,1; Ex. 39,1; Ex. 39,3; Lev. 1,6; Lev. 1,12; Lev. 1,16; Lev. 4,6; Lev. 5,4; Lev. 8,7; Lev. 8,9; Lev. 8,20; Lev. 9,13; Lev. 10,7; Lev. 10,18; Lev. 12,2; Lev. 12,5; Lev. 13,23; Lev. 13,28; Lev. 13,41; Lev. 13,51; Lev. 14,54; Lev. 15,26; Lev. 15,26; Lev. 16,14; Lev. 16,14; Lev. 16,15; Lev. 18,3; Lev. 18,3; Lev. 22,5; Lev. 22,13; Lev. 22,14; Lev. 22,18; Lev. 22,18; Lev. 22,21; Lev. 25,15; Lev. 25,15; Lev. 25,24; Lev. 25,52; Lev. 25,54; Lev. 26,21; Lev. 26,28; Lev. 27,16; Lev. 27,17; Lev. 27,27; Lev. 27,27; Num. 1,2; Num. 1,2; Num. 1,4; Num. 1,16; Num. 1,18; Num. 1,18; Num. 1,18; Num. 1,18; Num. 1,20; Num. 1,20; Num. 1,20; Num. 1,20; Num. 1,22; Num. 1,22; Num. 1,22; Num. 1,22; Num. 1,24; Num. 1,24; Num. 1,24; Num. 1,24; Num. 1,26; Num. 1,26; Num. 1,26; Num. 1,26; Num. 1,28; Num. 1,28; Num. 1,28; Num. 1,28; Num. 1,30; Num. 1,30; Num. 1,30; Num. 1,30; Num. 1,32; Num. 1,32; Num. 1,32; Num. 1,32; Num. 1,34; Num. 1,34; Num. 1,34; Num. 1,34; Num. 1,36; Num. 1,36; Num. 1,36; Num. 1,36; Num. 1,38; Num. 1,38; Num. 1,38; Num. 1,38; Num. 1,40; Num. 1,40; Num. 1,40; Num. 1,40; Num. 1,42; Num. 1,42; Num. 1,42; Num. 1,42; Num. 1,44; Num. 1,44; Num. 1,52; Num. 1,54; Num. 2,2; Num. 2,2; Num. 2,31; Num. 2,34; Num. 2,34; Num. 3,8; Num. 3,10; Num. 3,15; Num. 3,15; Num. 3,18; Num. 3,19; Num. 3,20; Num. 3,22; Num. 3,28; Num. 3,29; Num. 3,34; Num. 3,38; Num. 3,39; Num. 3,43; Num. 3,47; Num. 3,47; Num. 3,50; Num. 4,2; Num. 4,19; Num. 4,22; Num. 4,27; Num. 4,27; Num. 4,27; Num. 4,29; Num. 4,31; Num. 4,34; Num. 4,36; Num. 4,38; Num. 4,40; Num. 4,42; Num. 4,44; Num. 4,46; Num. 5,9; Num. 6,21; Num. 6,21; Num. 7,5; Num. 7,7; Num. 7,8; Num. 7,13; Num. 7,19; Num. 7,25; Num. 7,31; Num. 7,37; Num. 7,43; Num. 7,49; Num. 7,55; Num. 7,61; Num. 7,67; Num. 7,73; Num. 7,79; Num. 8,2; Num. 8,3; Num. 8,4; Num. 9,3; Num. 9,3; Num. 9,3; Num. 9,7; Num. 9,12; Num. 9,13; Num. 9,14; Num. 11,10; Num. 12,8; Num. 13,2; Num. 13,2; Num. 13,22; Num. 14,19; Num. 14,20; Num. 14,34; Num. 15,12; Num. 15,12; Num. 15,24; Num. 15,26; Num. 16,29; Num. 17,8; Num. 17,18; Num. 17,21; Num. 18,4; Num. 18,7; Num. 18,16; Num. 18,18; Num. 21,1; Num. 21,11; Num. 21,11; Num. 21,20; Num. 22,1; Num. 22,4; Num. 23,23; Num. 24,1; Num. 24,2; Num. 26,3; Num. 26,16; Num. 26,18; Num. 26,19; Num. 26,22; Num. 26,24; Num. 26,28; Num. 26,32; Num. 26,41; Num. 26,42; Num. 26,45; Num. 26,46; Num. 26,46; Num. 26,48; Num. 26,55; Num. 26,57; Num. 26,63; Num. 28,8; Num. 28,8; Num. 28,24; Num. 29,6; Num. 29,11; Num. 29,18; Num. 29,18; Num. 29,21; Num. 29,21; Num. 29,24; Num. 29,24; Num. 29,27; Num. 29,27; Num. 29,30; Num. 29,30; Num. 29,33; Num. 29,33; Num. 29,37; Num. 29,37; Num. 30,1; Num. 30,7; Num. 30,13; Num. 30,13; Num. 31,12; Num. 31,16; Num. 32,20; Num. 32,38; Num. 33,48; Num. 33,49; Num. 33,50; Num. 33,54; Num. 33,54; Num. 34,15; Num. 35,1; Num. 35,8; Num. 35,24; Num. 36,13; Deut. 1,3; Deut. 1,17; Deut. 1,17; Deut. 1,23; Deut. 1,30; Deut. 1,31; Deut. 1,41; Deut. 3,24; Deut. 3,27; Deut. 4,8; Deut. 4,32; Deut. 4,34; Deut. 5,4; Deut. 5,33; Deut. 7,10; Deut. 7,10; Deut. 7,22; Deut. 7,24; Deut. 9,2; Deut. 10,4; Deut. 10,15; Deut. 11,25; Deut. 12,15; Deut. 12,21; Deut. 13,12; Deut. 16,17; Deut. 16,17; Deut. 16,18; Deut. 17,10; Deut. 17,10; Deut. 17,11; Deut. 17,11; Deut. 18,8; Deut. 18,9; Deut. 18,16; Deut. 19,15; Deut. 19,15; Deut. 19,15; Deut. 19,20; Deut. 22,3; Deut. 24,8; Deut. 25,2; Deut. 26,13; Deut. 29,20; Deut. 29,26; Deut. 30,2; Deut. 31,21; Deut. 32,8; Deut. 32,49; Deut. 34,8; Deut. 34,10; Josh. 1,11; Josh. 1,17; Josh. 4,5; Josh. 4,18; Josh. 4,19; Josh. 5,7; Josh. 6,5; Josh. 6,27; Josh. 7,2; Josh. 7,12; Josh. 7,14; Josh. 7,14; Josh. 7,16; Josh. 7,17; Josh. 7,17; Josh. 8,8; Josh. 8,10; Josh. 8,27; Josh. 8,34 # 9,2e; Josh. 10,12; Josh. 10,12; Josh. 10,13; Josh. 11,2; Josh. 11,23; Josh. 12,2; Josh. 12,3; Josh. 12,7; Josh. 13,3; Josh. 13,7; Josh. 13,14;

κατά

Josh. 13,15; Josh. 13,16; Josh. 13,23; Josh. 13,24; Josh. 13,25; Josh. 13,26; Josh. 13,28; Josh. 13,29; Josh. 13,31; Josh. 13,32; Josh. 14,2; Josh. 14,7; Josh. 15,1; Josh. 15,3; Josh. 15,7; Josh. 15,8; Josh. 15,12; Josh. 16,1; Josh. 16,5; Josh. 16,8; Josh. 17,2; Josh. 17,2; Josh. 17,7; Josh. 17,9; Josh. 18,9; Josh. 18,11; Josh. 18,16; Josh. 18,20; Josh. 18,21; Josh. 18,28; Josh. 19,8; Josh. 19,8; Josh. 19,10; Josh. 19,11; Josh. 19,16; Josh. 19,22; Josh. 19,23; Josh. 19,26; Josh. 19,27; Josh. 19,31; Josh. 19,34; Josh. 19,47; Josh. 19,49; Josh. 19,51; Josh. 21,7; Josh. 21,33; Josh. 21,36; Josh. 21,40; Josh. 21,42b; Josh. 22,2; Judg. 1,15; Judg. 1,23; Judg. 2,14; Judg. 4,3; Judg. 4,10; Judg. 7,5; Judg. 8,8; Judg. 8,35; Judg. 9,16; Judg. 9,37; Judg. 10,15; Judg. 11,10; Judg. 16,17; Judg. 17,3; Judg. 18,7; Judg. 18,9; Judg. 18,29; Judg. 19,11; Judg. 19,29; Judg. 19,30; Judg. 20,10; Judg. 20,35; Judg. 21,22; Judg. 21,23; Ruth 3,6; 1Sam. 1,6; 1Sam. 1,6; 1Sam. 2,14; 1Sam. 2,23; 1Sam. 6,9; 1Sam. 8,8; 1Sam. 8,20; 1Sam. 9,12; 1Sam. 9,21; 1Sam. 10,19; 1Sam. 10,19; 1Sam. 11,7; 1Sam. 11,11; 1Sam. 13,14; 1Sam. 14,13; 1Sam. 14,25; 1Sam. 16,8; 1Sam. 18,24; 1Sam. 21,9; 1Sam. 25,9; 1Sam. 25,12; 1Sam. 25,25; 1Sam. 26,1; 1Sam. 27,10; 1Sam. 27,10; 1Sam. 30,24; 1Sam. 30,24; 1Sam. 31,6; 2Sam. 2,16; 2Sam. 3,33; 2Sam. 3,39; 2Sam. 4,7; 2Sam. 7,9; 2Sam. 7,17; 2Sam. 7,17; 2Sam. 7,21; 2Sam. 8,6; 2Sam. 10,9; 2Sam. 12,8; 2Sam. 13,27; 2Sam. 13,35; 2Sam. 14,3; 2Sam. 14,21; 2Sam. 14,33; 2Sam. 15,6; 2Sam. 15,26; 2Sam. 17,6; 2Sam. 19,9; 2Sam. 22,21; 2Sam. 22,21; 2Sam. 22,25; 2Sam. 22,25; 2Sam. 24,7; 2Sam. 24,19; 1Kings 1,23; 1Kings 1,23; 1Kings 2,3; 1Kings 2,6; 1Kings 3,12; 1Kings 3,15; 1Kings 3,15; 1Kings 3,18; 1Kings 5,1; 1Kings 5,20; 1Kings 5,25; 1Kings 6,3; 1Kings 6,3; 1Kings 6,17; 1Kings 6,21; 1Kings 6,36a; 1Kings 7,8; 1Kings 7,22; 1Kings 7,35; 1Kings 7,45; 1Kings 7,45; 1Kings 7,48; 1Kings 8,22; 1Kings 8,31; 1Kings 8,32; 1Kings 8,39; 1Kings 8,43; 1Kings 8,50; 1Kings 8,56; 1Kings 8,64; 1Kings 9,3; 1Kings 9,4; 1Kings 10,10; 1Kings 10,29; 1Kings 12,14; 1Kings 12,24; 1Kings 12,24z; 1Kings 12,32; 1Kings 13,5; 1Kings 15,29; 1Kings 16,7; 1Kings 16,12; 1Kings 16,34; 1Kings 17,3; 1Kings 17,5; 1Kings 17,13; 1Kings 17,16; 1Kings 18,4; 1Kings 18,28; 1Kings 19,3; 1Kings 20,26; 1Kings 21,25; 1Kings 21,25; 1Kings 21,25; 1Kings 22,13; 1Kings 22,38; 1Kings 22,54; 2Kings 1,17; 2Kings 2,22; 2Kings 4,44; 2Kings 5,14; 2Kings 6,18; 2Kings 7,16; 2Kings 8,2; 2Kings 9,26; 2Kings 10,4; 2Kings 10,17; 2Kings 11,14; 2Kings 11,18; 2Kings 14,3; 2Kings 14,25; 2Kings 15,3; 2Kings 15,34; 2Kings 16,3; 2Kings 16,11; 2Kings 16,14; 2Kings 16,16; 2Kings 17,15; 2Kings 17,33; 2Kings 17,34; 2Kings 17,34; 2Kings 17,34; 2Kings 17,34; 2Kings 17,34; 2Kings 18,3; 2Kings 21,2; 2Kings 21,8; 2Kings 22,13; 2Kings 23,16; 2Kings 23,25; 2Kings 23,32; 2Kings 23,35; 2Kings 23,37; 2Kings 24,2; 2Kings 24,3; 2Kings 24,9; 2Kings 24,13; 2Kings 24,19; 2Kings 25,17; 1Chr. 5,7; 1Chr. 6,4; 1Chr. 6,17; 1Chr. 6,34; 1Chr. 6,45; 1Chr. 6,47; 1Chr. 6,48; 1Chr. 6,55; 1Chr. 6,63; 1Chr. 7,2; 1Chr. 7,4; 1Chr. 7,9; 1Chr. 8,28; 1Chr. 9,9; 1Chr. 9,24; 1Chr. 9,25; 1Chr. 9,32; 1Chr. 9,34; 1Chr. 10,13; 1Chr. 11,3; 1Chr. 11,10; 1Chr. 12,24; 1Chr. 15,15; 1Chr. 16,4; 1Chr. 16,27; 1Chr. 16,29; 1Chr. 16,40; 1Chr. 17,8; 1Chr. 17,15; 1Chr. 17,15; 1Chr. 17,19; 1Chr. 17,20; 1Chr. 17,25; 1Chr. 18,6; 1Chr. 19,10; 1Chr. 21,19; 1Chr. 22,14; 1Chr. 23,3; 1Chr. 23,24; 1Chr. 23,24; 1Chr. 23,24; 1Chr. 23,31; 1Chr. 23,31; 1Chr. 24,3; 1Chr. 24,3; 1Chr. 24,5; 1Chr. 24,19; 1Chr. 24,19; 1Chr. 25,1; 1Chr. 25,8; 1Chr. 25,8; 1Chr. 26,13; 1Chr. 26,13; 1Chr. 26,31; 1Chr. 26,31; 1Chr. 27,1; 1Chr. 28,8; 1Chr. 28,19; 1Chr. 28,21; 1Chr. 29,2; 1Chr. 29,14; 2Chr. 2,15; 2Chr. 3,4; 2Chr. 3,17; 2Chr. 4,7; 2Chr. 4,20; 2Chr. 4,20; 2Chr. 6,23; 2Chr. 6,28; 2Chr. 6,30; 2Chr. 6,33; 2Chr. 6,34; 2Chr. 6,36; 2Chr. 7,17; 2Chr. 8,6; 2Chr. 8,13; 2Chr. 8,13; 2Chr. 8,14; 2Chr. 8,14; 2Chr. 8,14; 2Chr. 8,14; 2Chr. 9,9; 2Chr. 10,14; 2Chr. 11,12; 2Chr. 11,12; 2Chr. 13,7; 2Chr. 13,8; 2Chr. 14,9; 2Chr. 20,5; 2Chr. 20,16; 2Chr. 23,8; 2Chr. 25,4; 2Chr. 25,22; 2Chr. 26,4; 2Chr. 27,2; 2Chr. 28,2; 2Chr. 28,3; 2Chr. 29,2; 2Chr. 29,15; 2Chr. 29,25; 2Chr. 30,5; 2Chr. 30,6; 2Chr. 30,12; 2Chr. 30,16; 2Chr. 30,16; 2Chr. 30,19; 2Chr. 31,2; 2Chr. 31,14; 2Chr. 31,15; 2Chr. 31,15; 2Chr. 32,15; 2Chr. 32,25; 2Chr. 33,8; 2Chr. 33,14; 2Chr. 34,4; 2Chr. 34,21; 2Chr. 34,22; 2Chr. 35,4; 2Chr. 35,4; 2Chr. 35,5; 2Chr. 35,6; 2Chr. 35,10; 2Chr. 35,12; 2Chr. 35,13; 2Chr. 35,15; 2Chr. 35,16; 2Chr. 35,19b; 2Chr. 36,2b; 2Chr. 36,4a; 2Chr. 36,5; 2Chr. 36,5b; 1Esdr. 1,4; 1Esdr. 1,4; 1Esdr. 1,4; 1Esdr. 1,5; 1Esdr. 1,6; 1Esdr. 1,11; 1Esdr. 1,12; 1Esdr. 1,12; 1Esdr. 1,15; 1Esdr. 1,16; 1Esdr. 2,4; 1Esdr. 2,16; 1Esdr. 2,25; 1Esdr. 5,1; 1Esdr. 5,4; 1Esdr. 5,43; 1Esdr. 5,43; 1Esdr. 5,49; 1Esdr. 5,53; 1Esdr. 5,57; 1Esdr. 5,60; 1Esdr. 6,33; 1Esdr. 7,9; 1Esdr. 8,6; 1Esdr. 8,12; 1Esdr. 8,16; 1Esdr. 8,21; 1Esdr. 8,23; 1Esdr. 8,27; 1Esdr. 8,28; 1Esdr. 8,46; 1Esdr. 8,53; 1Esdr. 8,60; 1Esdr. 8,71; 1Esdr. 8,75; 1Esdr. 8,92; 1Esdr. 9,4; 1Esdr. 9,14; 1Esdr. 9,15; 1Esdr. 9,17; Ezra 3,2; Ezra 3,4; Ezra 4,8; Ezra 6,9; Ezra 6,18; Ezra 10,5; Neh. 4,7; Neh. 6,4; Neh. 8,15; Neh. 8,18; Neh. 12,37; Neh. 13,22; Esth. 1,8; Esth. 1,15; Esth. 1,19; Esth. 1,22; Esth. 1,22; Esth. 2,11; Esth. 3,12; Esth. 3,12; Esth. 13,4 # 3,13d; Esth. 3,14; Esth. 8,9; Esth. 8,9; Esth. 16,24 # 8,12x; Esth. 8,17; Esth. 9,27; Esth. 10,13 # 10,3k; Judith 1,7; Judith 2,23; Judith 2,25; Judith 3,5; Judith 3,9; Judith 4,6; Judith 4,11; Judith 4,11; Judith 4,13; Judith 6,4; Judith 7,6; Judith 7,28; Judith 7,28; Judith 7,28; Judith 7,31; Judith 10,16; Judith 10,23; Judith 11,5; Judith 11,17; Judith 11,19; Judith 12,7; Judith 12,13; Judith 13,3; Judith 13,10; Judith 14,11; Judith 15,2; Judith 16,20; Judith 16,21; Tob. 3,6; Tob. 4,8; Tob. 4,8; Tob. 6,13; Tob. 7,12; Tob. 7,13; Tob. 8,16; Tob. 10,9; 1Mac. 1,14; 1Mac. 1,22; 1Mac. 1,40; 1Mac. 1,42; 1Mac. 1,50; 1Mac. 1,51; 1Mac. 1,51; 1Mac. 1,60; 1Mac. 2,23; 1Mac. 2,24; 1Mac. 2,33; 1Mac. 2,61; 1Mac. 3,39; 1Mac. 3,53; 1Mac. 3,56; 1Mac. 3,57; 1Mac. 4,10; 1Mac. 4,47; 1Mac. 4,47; 1Mac. 4,53; 1Mac. 4,54; 1Mac. 4,54; 1Mac. 4,57; 1Mac. 4,61; 1Mac. 5,14; 1Mac. 5,37; 1Mac. 5,44; 1Mac. 5,52; 1Mac. 5,53; 1Mac. 5,55; 1Mac. 6,33; 1Mac. 6,63; 1Mac. 7,16; 1Mac. 7,31; 1Mac. 7,36; 1Mac. 7,42; 1Mac. 8,27; 1Mac. 8,29; 1Mac. 9,16; 1Mac. 9,71; 1Mac. 10,17; 1Mac. 10,25; 1Mac. 10,51; 1Mac. 10,72; 1Mac. 11,14; 1Mac. 12,2; 1Mac. 12,3; 1Mac. 12,4; 1Mac. 12,23; 1Mac. 12,36; 1Mac. 13,13; 1Mac. 13,35; 1Mac. 13,46; 1Mac. 13,46; 1Mac. 14,38; 1Mac. 14,46; 1Mac. 15,4; 1Mac. 15,21; 1Mac. 15,39; 1Mac. 16,6; 2Mac. 1,17; 2Mac. 2,13; 2Mac. 2,19; 2Mac. 2,30; 2Mac. 3,4; 2Mac. 3,8; 2Mac. 3,12; 2Mac. 3,16; 2Mac. 3,17; 2Mac. 3,19; 2Mac. 3,24; 2Mac. 3,40; 2Mac. 4,36; 2Mac. 4,36; 2Mac. 4,39; 2Mac. 6,7; 2Mac. 6,11; 2Mac. 6,30; 2Mac. 6,30; 2Mac. 7,6; 2Mac. 7,7; 2Mac. 8,8; 2Mac. 9,3; 2Mac. 9,8; 2Mac. 9,11; 2Mac. 9,20; 2Mac. 9,21; 2Mac. 9,24; 2Mac. 10,2; 2Mac. 10,5; 2Mac. 10,10; 2Mac. 11,3; 2Mac. 11,20; 2Mac. 11,25; 2Mac. 12,2; 2Mac. 12,4; 2Mac. 12,15; 2Mac. 12,38; 2Mac. 14,1; 2Mac. 14,37; 2Mac. 14,44; 2Mac. 15,1; 2Mac. 15,2; 2Mac. 15,8; 2Mac. 15,20; 2Mac. 15,33; 2Mac. 15,37; 2Mac. 15,39; 3Mac. 1,1; 3Mac. 1,17; 3Mac. 1,20; 3Mac. 2,19; 3Mac. 2,27; 3Mac. 2,30; 3Mac. 3,1; 3Mac. 3,4; 3Mac. 3,8; 3Mac. 3,11; 3Mac. 3,12; 3Mac. 3,14; 3Mac. 3,16; 3Mac. 3,24; 3Mac. 4,1; 3Mac. 4,4; 3Mac. 4,13; 3Mac. 4,18; 3Mac. 4,18; 3Mac. 4,18; 3Mac. 5,1; 3Mac. 5,5; 3Mac. 5,20; 3Mac. 5,24; 3Mac. 5,25; 3Mac. 5,27; 3Mac. 5,28; 3Mac. 5,29; 3Mac. 5,42; 3Mac. 6,1; 3Mac. 6,6; 3Mac. 6,10; 3Mac. 6,16; 3Mac. 6,26; 3Mac. 6,41; 3Mac. 7,3; 3Mac. 7,9; 3Mac. 7,12; 3Mac. 7,14; 3Mac. 7,17; 3Mac. 7,20; 4Mac. 1,10; 4Mac. 1,27; 4Mac. 1,34; 4Mac. 3,13; 4Mac. 4,24; 4Mac. 5,18; 4Mac. 5,25; 4Mac. 8,2; 4Mac. 9,14; 4Mac. 10,7; 4Mac. 11,5; 4Mac. 11,11; 4Mac. 14,15; 4Mac. 14,16; 4Mac. 15,2; 4Mac. 15,3; Psa. 4,9; Psa. 5,11; Psa. 7,9; Psa. 7,9; Psa. 7,18; Psa.

Κ, κ

11,9; Psa. 17,21; Psa. 17,21; Psa. 17,25; Psa. 17,25; Psa. 17,43; Psa. 19,5; Psa. 24,7; Psa. 27,4; Psa. 27,4; Psa. 27,4; Psa. 32,15; Psa. 34,5; Psa. 34,24; Psa. 47,11; Psa. 49,21; Psa. 50,3; Psa. 50,3; Psa. 57,5; Psa. 61,13; Psa. 67,34; Psa. 68,17; Psa. 78,11; Psa. 80,13; Psa. 82,14; Psa. 85,8; Psa. 91,3; Psa. 93,19; Psa. 93,23; Psa. 94,8; Psa. 102,10; Psa. 102,10; Psa. 102,11; Psa. 105,45; Psa. 108,26; Psa. 109,4; Psa. 118,25; Psa. 118,41; Psa. 118,58; Psa. 118,65; Psa. 118,76; Psa. 118,88; Psa. 118,107; Psa. 118,116; Psa. 118,124; Psa. 118,132; Psa. 118,133; Psa. 118,149; Psa. 118,149; Psa. 118,156; Psa. 118,169; Psa. 118,170; Psa. 140,10; Psa. 147,6; Psa. 150,2; Ode. 2,8; Ode. 7,28; Ode. 7,42; Ode. 7,42; Ode. 7,43; Ode. 12,14; Ode. 13,29; Ode. 13,31; Prov. 19,17; Prov. 24,12; Prov. 25,13; Prov. 26,5; Prov. 29,11; Job 1,5; Job 5,26; Job 8,8; Job 11,6; Job 16,8; Job 21,8; Job 29,2; Job 33,5; Job 39,18; Job 42,15; Wis. 5,1; Wis. 6,4; Wis. 7,15; Wis. 7,27; Wis. 12,8; Wis. 12,10; Sir. 1,20 Prol.; Sir. 1,10; Sir. 6,22; Sir. 7,26; Sir. 8,14; Sir. 8,15; Sir. 9,14; Sir. 10,2; Sir. 10,2; Sir. 10,28; Sir. 11,26; Sir. 13,16; Sir. 14,13; Sir. 14,25; Sir. 16,12; Sir. 16,12; Sir. 16,14; Sir. 17,25; Sir. 19,1; Sir. 20,18; Sir. 21,5; Sir. 25,26; Sir. 27,3; Sir. 28,10; Sir. 28,10; Sir. 28,10; Sir. 28,10; Sir. 29,9; Sir. 29,20; Sir. 31,6; Sir. 32,17; Sir. 33,13; Sir. 33,13; Sir. 35,9; Sir. 35,22; Sir. 35,22; Sir. 36,16; Sir. 37,12; Sir. 38,16; Sir. 38,17; Sir. 42,16; Sir. 43,8; Sir. 43,10; Sir. 43,22; Sir. 45,3; Sir. 45,5; Sir. 46,1; Sir. 50,22; Sir. 50,23; Sir. 51,3; Sol. 2,13; Sol. 2,16; Sol. 2,16; Sol. 2,34; Sol. 2,36; Sol. 8,22; Sol. 9,2; Sol. 17,2; Sol. 17,8; Sol. 17,8; Hos. 2,17; Hos. 2,17; Hos. 4,7; Hos. 9,9; Hos. 10,1; Hos. 10,1; Hos. 11,9; Hos. 12,3; Hos. 12,3; Hos. 13,6; Hos. 13,7; Mic. 1,10; Mic. 1,10; Mic. 7,15; Mic. 7,20; Jonah 3,2; Nah. 3,6; Zech. 1,6; Zech. 1,6; Zech. 8,11; Zech. 12,12; Zech. 14,10; Zech. 14,15; Is. 3,11; Is. 3,22; Is. 10,26; Is. 10,26; Is. 11,3; Is. 11,3; Is. 19,13; Is. 23,11; Is. 27,12; Is. 30,28; Is. 40,26; Is. 41,2; Is. 56,11; Is. 60,22; Is. 63,7; Is. 63,7; Is. 65,22; Jer. 1,7; Jer. 3,15; Jer. 5,24; Jer. 9,25; Jer. 13,2; Jer. 15,17; Jer. 17,10; Jer. 17,10; Jer. 18,17; Jer. 18,20; Jer. 21,2; Jer. 23,2; Jer. 24,1; Jer. 25,17; Jer. 27,8; Jer. 27,21; Jer. 27,29; Jer. 27,29; Jer. 27,44; Jer. 30,13; Jer. 32,23; Jer. 33,4; Jer. 33,20; Jer. 34,12; Jer. 37,18; Jer. 37,20; Jer. 38,32; Jer. 38,37; Jer. 39,19; Jer. 40,11; Jer. 41,15; Jer. 41,18; Jer. 42,5; Jer. 42,10; Jer. 42,19; Jer. 43,7; Jer. 43,8; Jer. 43,9; Jer. 43,22; Jer. 44,20; Jer. 45,4; Jer. 45,27; Jer. 47,10; Jer. 49,2; Jer. 49,4; Jer. 49,5; Jer. 49,20; Jer. 51,10; Jer. 52,7; Jer. 52,7; Jer. 52,12; Jer. 52,22; Jer. 52,33; Bar. 1,18; Bar. 1,21; Bar. 2,2; Bar. 2,10; Bar. 2,14; Bar. 2,19; Bar. 2,27; Bar. 2,27; Bar. 3,8; Lam. 1,5; Lam. 1,6; Lam. 1,12; Lam. 1,22; Lam. 3,28; Lam. 3,32; Lam. 3,64; Ezek. 1,12; Ezek. 4,4; Ezek. 5,2; Ezek. 5,7; Ezek. 5,9; Ezek. 7,27; Ezek. 8,4; Ezek. 10,22; Ezek. 11,1; Ezek. 12,7; Ezek. 14,5; Ezek. 14,10; Ezek. 14,10; Ezek. 16,47; Ezek. 16,51; Ezek. 16,63; Ezek. 18,14; Ezek. 18,24; Ezek. 18,30; Ezek. 20,35; Ezek. 20,44; Ezek. 20,44; Ezek. 23,48; Ezek. 24,6; Ezek. 24,14; Ezek. 24,14; Ezek. 24,14; Ezek. 24,14; Ezek. 24,24; Ezek. 25,14; Ezek. 25,14; Ezek. 35,11; Ezek. 36,17; Ezek. 36,19; Ezek. 36,19; Ezek. 36,31; Ezek. 39,24; Ezek. 39,24; Ezek. 40,6; Ezek. 40,18; Ezek. 40,21; Ezek. 40,21; Ezek. 40,22; Ezek. 40,23; Ezek. 40,24; Ezek. 40,24; Ezek. 40,28; Ezek. 40,29; Ezek. 40,32; Ezek. 40,32; Ezek. 40,33; Ezek. 40,35; Ezek. 40,40; Ezek. 41,4; Ezek. 41,7; Ezek. 41,12; Ezek. 41,14; Ezek. 41,15; Ezek. 41,21; Ezek. 41,25; Ezek. 41,25; Ezek. 42,1; Ezek. 42,10; Ezek. 42,10; Ezek. 42,10; Ezek. 42,10; Ezek. 42,11; Ezek. 42,11; Ezek. 42,11; Ezek. 42,11; Ezek. 42,11; Ezek. 42,11; Ezek. 42,11; Ezek. 42,11; Ezek. 42,12; Ezek. 42,13; Ezek. 42,16; Ezek. 42,17; Ezek. 42,18; Ezek. 43,1; Ezek. 43,2; Ezek. 43,3; Ezek. 43,3; Ezek. 43,4; Ezek. 43,4; Ezek. 44,1; Ezek. 44,3; Ezek. 44,3; Ezek. 44,4; Ezek. 44,5; Ezek. 44,5; Ezek. 44,5; Ezek. 45,7; Ezek. 45,7; Ezek. 45,8; Ezek. 45,25; Ezek. 46,2; Ezek. 46,3; Ezek. 46,8; Ezek. 46,8; Ezek. 46,9; Ezek. 46,9; Ezek. 46,9; Ezek. 46,9; Ezek. 46,9; Ezek. 46,21; Ezek. 46,21; Ezek. 47,2; Ezek. 48,1; Ezek. 48,1; Dan. 2,25; Dan. 3,2; Dan. 3,2; Dan. 3,28; Dan. 3,42; Dan. 3,42; Dan. 3,43; Dan. 3,46; Dan. 4,33a; Dan. 4,37b; Dan. 6,15; Dan. 7,10; Dan. 7,14; Dan. 8,22; Dan. 9,7; Dan. 9,13; Dan. 9,15; Dan. 9,16; Dan. 9,27; Dan. 11,4; Dan. 11,4; Dan. 11,13; Dan. 11,16; Dan. 11,18; Dan. 11,36; Dan. 12,1; Sus. 13-14; Sus. 52; Josh. 18,28; Josh. 19,8; Josh. 19,8; Josh. 19,10; Josh. 19,11; Josh. 19,16; Josh. 19,22; Josh. 19,23; Josh. 19,24; Josh. 19,26; Josh. 19,27; Josh. 19,31; Josh. 19,34; Judg. 1,15; Judg. 2,14; Judg. 4,3; Judg. 4,10; Judg. 7,5; Judg. 8,35; Judg. 9,37; Judg. 10,15; Judg. 11,10; Judg. 20,2; Judg. 20,10; Judg. 20,43; Tob. 1,8; Tob. 1,8; Tob. 3,6; Tob. 6,13; Tob. 7,12; Tob. 7,13; Tob. 7,13; Tob. 7,14; Tob. 8,16; Tob. 12,18; Tob. 14,10; Dan. 3,28; Dan. 3,42; Dan. 3,42; Dan. 3,43; Dan. 4,8; Dan. 4,35; Dan. 6,5; Dan. 6,6; Dan. 8,4; Dan. 8,4; Dan. 9,10; Dan. 9,12; Dan. 10,15; Dan. 11,3; Dan. 11,4; Dan. 11,16; Dan. 11,16; Dan. 11,36; Sus. 3; Sus. 18; Sus. 62; Bel 9; Bel 15; Matt. 2,16; Matt. 9,29; Matt. 16,27; Matt. 19,3; Matt. 23,3; Matt. 24,7; Matt. 25,15; Mark 4,10; Mark 6,40; Mark 6,40; Mark 7,5; Mark 13,8; Luke 1,9; Luke 1,18; Luke 1,38; Luke 2,22; Luke 2,24; Luke 2,27; Luke 2,29; Luke 2,31; Luke 2,39; Luke 2,42; Luke 4,16; Luke 6,23; Luke 6,26; Luke 8,1; Luke 8,4; Luke 9,6; Luke 9,18; Luke 10,4; Luke 10,31; Luke 10,32; Luke 13,22; Luke 15,14; Luke 17,30; Luke 21,11; Luke 22,22; Luke 22,39; Luke 23,56; John 2,6; John 8,15; John 18,31; John 19,7; Acts 2,10; Acts 3,13; Acts 3,17; Acts 3,22; Acts 7,44; Acts 8,1; Acts 8,3; Acts 8,26; Acts 8,36; Acts 11,1; Acts 13,1; Acts 13,22; Acts 13,27; Acts 14,1; Acts 15,21; Acts 15,21; Acts 15,23; Acts 15,36; Acts 16,7; Acts 17,2; Acts 17,17; Acts 17,22; Acts 18,4; Acts 18,14; Acts 19,20; Acts 19,23; Acts 20,23; Acts 21,21; Acts 22,3; Acts 22,12; Acts 22,19; Acts 23,3; Acts 23,31; Acts 24,5; Acts 24,12; Acts 24,14; Acts 24,14; Acts 25,3; Acts 25,14; Acts 25,16; Acts 26,3; Acts 26,5; Acts 26,11; Acts 26,13; Acts 27,2; Acts 27,5; Acts 27,7; Acts 27,7; Acts 27,12; Acts 27,12; Acts 27,27; Acts 27,29; Rom. 1,3; Rom. 1,4; Rom. 2,2; Rom. 2,5; Rom. 2,6; Rom. 2,16; Rom. 3,2; Rom. 3,5; Rom. 4,1; Rom. 4,4; Rom. 4,4; Rom. 4,16; Rom. 4,18; Rom. 5,6; Rom. 7,22; Rom. 8,4; Rom. 8,4; Rom. 8,5; Rom. 8,5; Rom. 8,12; Rom. 8,13; Rom. 8,27; Rom. 8,28; Rom. 9,3; Rom. 9,5; Rom. 9,9; Rom. 11,21; Rom. 11,24; Rom. 11,24; Rom. 11,28; Rom. 11,28; Rom. 12,6; Rom. 12,6; Rom. 14,15; Rom. 14,22; Rom. 15,5; Rom. 16,25; Rom. 16,25; 1Cor. 1,26; 1Cor. 3,3; 1Cor. 3,8; 1Cor. 7,6; 1Cor. 7,40; 1Cor. 9,8; 1Cor. 10,18; 1Cor. 12,8; 1Cor. 14,27; 1Cor. 14,40; 1Cor. 15,3; 1Cor. 15,4; 1Cor. 15,32; 1Cor. 16,2; 2Cor. 1,17; 2Cor. 4,13; 2Cor. 5,16; 2Cor. 5,16; 2Cor. 7,9; 2Cor. 7,10; 2Cor. 7,11; 2Cor. 8,3; 2Cor. 10,1; 2Cor. 10,2; 2Cor. 10,3; 2Cor. 10,7; 2Cor. 10,13; 2Cor. 10,15; 2Cor. 11,15; 2Cor. 11,17; 2Cor. 11,18; 2Cor. 11,21; 2Cor. 13,10; Gal. 1,4; Gal. 1,11; Gal. 2,2; Gal. 2,11; Gal. 3,15; Gal. 4,23; Gal. 4,28; Gal. 4,29; Gal. 4,29; Eph. 1,5; Eph. 1,7; Eph. 1,9; Eph. 1,11; Eph. 1,11; Eph. 1,19; Eph. 2,2; Eph. 2,2; Eph. 3,3; Eph. 3,7; Eph. 3,7; Eph. 3,11; Eph. 3,16; Eph. 3,20; Eph. 4,7; Eph. 4,22; Eph. 4,22; Eph. 4,24; Eph. 6,5; Phil. 1,20; Phil. 2,3; Phil. 3,5; Phil. 3,6; Phil. 3,6; Phil. 3,14; Phil. 3,21; Phil. 4,19; Col. 1,11; Col. 1,25; Col. 1,29; Col. 2,8; Col. 2,8; Col. 2,8; Col. 2,22; Col. 3,20; Col. 3,22; Col. 3,22; 2Th. 1,12; 2Th. 2,3; 2Th. 3,6; 1Tim. 1,11; 1Tim. 1,18; 1Tim. 5,21; 2Tim. 1,8; 2Tim. 1,9; 2Tim. 1,9; 2Tim. 2,8; 2Tim. 4,3; 2Tim. 4,14; Titus 1,1; Titus 1,4; Titus 1,5; Titus 1,9; Titus 3,5; Philem. 14; Philem. 14; Heb. 2,4; Heb. 2,17; Heb. 3,8; Heb. 4,15; Heb. 5,6; Heb. 5,10; Heb. 6,20; Heb. 7,5; Heb. 7,11; Heb. 7,11; Heb. 7,15; Heb. 7,16; Heb. 7,16; Heb. 7,17; Heb. 7,22; Heb. 8,4; Heb. 8,5; Heb. 8,9; Heb. 9,5; Heb. 9,9; Heb. 9,19; Heb. 9,22; Heb. 10,8; Heb. 11,7; Heb. 12,10; James 2,8; 1Pet. 1,2; 1Pet. 1,3; 1Pet. 1,15; 1Pet. 1,17; 1Pet. 3,7; 1Pet. 4,6; 1Pet. 4,6; 1Pet. 4,19; 1Pet.

κατά–καταβαίνω

5,2; 2Pet. 3,3; 2Pet. 3,13; 2Pet. 3,15; 1John 5,14; 2John 6; Jude 16; Jude 18; Rev. 2,23; Rev. 18,6; Rev. 20,12; Rev. 20,13; Rev. 22,2)

Preposition ▪ (+genitive) ▸ 144 + 4 + 42 = **190** (Gen. 31,53; Ex. 16,8; Ex. 20,16; Ex. 32,13; Ex. 37,12; Num. 1,2; Num. 12,1; Num. 12,8; Num. 14,37; Num. 21,5; Num. 21,7; Num. 21,7; Num. 30,5; Num. 30,5; Num. 30,6; Num. 30,7; Num. 30,8; Num. 30,9; Num. 30,10; Num. 30,11; Num. 30,12; Num. 30,13; Deut. 5,20; Deut. 9,27; Deut. 15,9; Deut. 19,15; Deut. 19,16; Deut. 19,18; Deut. 19,19; Deut. 24,15; Josh. 15,11; Josh. 18,12; Josh. 18,18; Judg. 3,22; 1Sam. 13,5; 1Sam. 14,39; 1Sam. 22,15; 1Sam. 29,6; 1Sam. 30,15; 2Sam. 1,16; 1Kings 2,23; 1Kings 2,23; 1Kings 2,35n; 1Kings 2,42; 1Kings 2,43; 2Kings 4,4; 2Kings 4,4; 2Kings 4,5; 2Kings 4,33; 2Kings 17,9; 2Chr. 36,13; 1Esdr. 2,12; Esth. 3,10; Esth. 3,10; Esth. 6,12; Esth. 9,31; Judith 1,12; Judith 9,13; Judith 13,11; 1Mac. 8,32; 1Mac. 11,39; 1Mac. 16,13; 2Mac. 6,8; 2Mac. 6,10; 3Mac. 2,27; 3Mac. 3,2; 3Mac. 3,24; 3Mac. 5,46; 3Mac. 6,7; 3Mac. 7,9; 4Mac. 1,11; 4Mac. 2,17; 4Mac. 2,18; 4Mac. 5,6; 4Mac. 9,10; 4Mac. 9,10; 4Mac. 10,8; 4Mac. 12,19; 4Mac. 17,1; Psa. 2,2; Psa. 2,2; Psa. 30,19; Psa. 49,20; Psa. 49,20; Psa. 74,6; Psa. 82,4; Psa. 82,6; Psa. 108,20; Job 1,8; Job 4,18; Job 4,18; Job 9,7; Job 12,14; Job 15,15; Job 22,13; Job 24,22; Job 32,3; Job 34,29; Job 34,29; Job 40,9; Job 42,8; Wis. 3,14; Wis. 4,6; Wis. 12,12; Wis. 12,12; Wis. 16,24; Sir. 4,22; Sir. 6,12; Sir. 8,15; Sir. 34,3; Sir. 38,19; Hos. 8,1; Amos 3,1; Amos 4,2; Amos 7,10; Amos 8,14; Mic. 6,5; Nah. 1,11; Zeph. 1,5; Zeph. 1,5; Mal. 3,13; Is. 1,1; Is. 1,1; Is. 13,1; Is. 15,1; Is. 17,1; Is. 62,8; Is. 62,8; Jer. 9,4; Jer. 18,20; Jer. 22,6; Jer. 28,14; Jer. 33,11; Ezek. 16,44; Ezek. 40,18; Ezek. 40,40; Ezek. 40,40; Ezek. 40,41; Ezek. 40,44; Ezek. 40,44; Ezek. 42,16; Ezek. 46,19; Dan. 6,5; Sus. 60-62; Judg. 3,22; Judg. 11,35; Dan. 3,96; Sus. 28; Matt. 5,23; Matt. 8,32; Matt. 10,35; Matt. 10,35; Matt. 10,35; Matt. 12,32; Matt. 12,32; Matt. 20,11; Matt. 26,59; Matt. 26,63; Matt. 27,1; Mark 5,13; Mark 14,55; Luke 8,33; John 18,29; Acts 4,26; Acts 4,26; Acts 6,13; Acts 14,2; Acts 21,28; Acts 24,1; Acts 25,2; Rom. 8,33; Rom. 11,2; 1Cor. 4,6; 1Cor. 11,4; 1Cor. 15,15; 2Cor. 8,2; 2Cor. 10,5; 2Cor. 13,8; Gal. 3,21; Gal. 5,17; Gal. 5,17; Gal. 5,23; 1Tim. 5,19; Heb. 6,16; James 3,14; 1Pet. 2,11; Jude 15; Rev. 2,4; Rev. 2,14; Rev. 2,20)

Preposition ▪ (+nominative) ▸ **1** (Mark 14,19)

Κατααθ Tahath ▸ 2

Κατααθ ▸ 2

Noun ▪ singular ▪ accusative ▪ (proper) ▸ **1** (Num. 33,26)

Noun ▪ singular ▪ genitive ▪ (proper) ▸ **1** (Num. 33,27)

καταβαίνω (κατά; βαίνω) to come down, go down
▸ 318 + 34 + 81 = 433

καταβαίνει ▸ 5 + 1 + 2 = 8

Verb ▪ third ▪ singular ▪ present ▪ active ▪ indicative ▸ 5 + 1 + 2 = **8** (Gen. 44,26; Josh. 15,7; Eccl. 3,21; Job 38,30; Sir. 35,15; Judg. 9,36; John 5,7; Rev. 16,21)

καταβαίνειν ▸ 2 + 1 = 3

Verb ▪ present ▪ active ▪ infinitive ▸ 2 + 1 = **3** (1Sam. 23,8; Judith 14,13; Rev. 13,13)

Καταβαίνετε ▸ 1

Verb ▪ second ▪ plural ▪ present ▪ active ▪ imperative ▸ **1** (Judg. 3,28)

καταβαινέτω ▸ 1

Verb ▪ third ▪ singular ▪ present ▪ active ▪ imperative ▸ **1** (1Sam. 23,20)

καταβαῖνον ▸ 5 + 7 = 12

Verb ▪ present ▪ active ▪ participle ▪ neuter ▪ singular ▪ accusative ▸ 1 + 6 = **7** (2Chr. 7,3; Matt. 3,16; Mark 1,10; John 1,32; John 1,33; Acts 10,11; Acts 11,5)

Verb ▪ present ▪ active ▪ participle ▪ neuter ▪ singular ▪ nominative ▸ 4 + 1 = **5** (Josh. 3,13; Josh. 3,16; Psa. 132,2; Psa. 132,2; James 1,17)

καταβαίνοντα ▸ 2 + 1 + 3 = 6

Verb ▪ present ▪ active ▪ participle ▪ masculine ▪ singular ▪ accusative ▸ 1 + 1 + 3 = **5** (Deut. 9,21; Dan. 4,23; Rev. 10,1; Rev. 18,1; Rev. 20,1)

Verb ▪ present ▪ active ▪ participle ▪ neuter ▪ plural ▪ nominative ▸ **1** (Josh. 3,16)

καταβαίνοντας ▸ 3 + 1 = 4

Verb ▪ present ▪ active ▪ participle ▪ masculine ▪ plural ▪ accusative ▸ 3 + 1 = **4** (Ezek. 26,20; Ezek. 31,14; Ezek. 32,18; John 1,51)

καταβαίνοντες ▸ 9 + 1 = 10

Verb ▪ present ▪ active ▪ participle ▪ masculine ▪ plural ▪ nominative ▸ 9 + 1 = **10** (Judith 14,2; Psa. 21,30; Psa. 106,23; Psa. 113,25; Is. 31,1; Is. 42,10; Jer. 28,14; Ezek. 32,24; Ezek. 32,30; Luke 22,44)

καταβαίνοντος ▸ 2 + 1 = 3

Verb ▪ present ▪ active ▪ participle ▪ masculine ▪ singular ▪ genitive ▸ 2 + 1 = **3** (Ex. 34,29; 1Sam. 30,24; John 4,51)

καταβαινόντων ▸ 10 + 2 = 12

Verb ▪ present ▪ active ▪ participle ▪ masculine ▪ plural ▪ genitive ▸ 10 + 2 = **12** (1Sam. 9,27; 1Sam. 10,5; Psa. 29,4; Psa. 87,5; Is. 14,19; Ezek. 26,20; Ezek. 31,16; Ezek. 32,24; Ezek. 32,29; Ezek. 32,30; Matt. 17,9; Mark 9,9)

καταβαίνουσα ▸ 1 + 1 = 2

Verb ▪ present ▪ active ▪ participle ▪ feminine ▪ singular ▪ nominative ▸ 1 + 1 = **2** (Psa. 132,3; Rev. 3,12)

καταβαίνουσαν ▸ 3

Verb ▪ present ▪ active ▪ participle ▪ feminine ▪ singular ▪ accusative ▸ **3** (Acts 8,26; Rev. 21,2; Rev. 21,10)

καταβαινούσης ▸ 2

Verb ▪ present ▪ active ▪ participle ▪ feminine ▪ singular ▪ genitive ▸ **2** (1Sam. 25,20; Ezek. 47,15)

καταβαίνουσιν ▸ 5

Verb ▪ present ▪ active ▪ participle ▪ masculine ▪ plural ▪ dative ▸ **2** (Psa. 27,1; Psa. 142,7)

Verb ▪ third ▪ plural ▪ present ▪ active ▪ indicative ▸ **3** (1Sam. 22,1; Psa. 103,8; Psa. 106,26)

καταβαινουσῶν ▸ 1

Verb ▪ present ▪ active ▪ participle ▪ feminine ▪ plural ▪ genitive ▸ **1** (Neh. 3,15)

καταβαίνω ▸ 1

Verb ▪ first ▪ singular ▪ present ▪ active ▪ indicative ▸ **1** (1Sam. 10,8)

καταβαίνων ▸ 2 + 1 + 2 = 5

Verb ▪ present ▪ active ▪ participle ▪ masculine ▪ singular ▪ nominative ▸ 2 + 1 + 2 = **5** (Judg. 9,36; Judg. 9,37; Judg. 9,37; John 6,33; John 6,50)

καταβὰν ▸ 1 + 1 = 2

Verb ▪ aorist ▪ active ▪ participle ▪ neuter ▪ singular ▪ nominative ▸ 1 + 1 = **2** (2Mac. 2,10; Acts 23,10)

καταβάντες ▸ 2 + 2 = 4

Verb ▪ aorist ▪ active ▪ participle ▪ masculine ▪ plural ▪ nominative ▸ 2 + 2 = **4** (Gen. 11,7; Judith 6,14; Mark 3,22; Acts 8,15)

Καταβάντος ▸ 1

Verb ▪ aorist ▪ active ▪ participle ▪ masculine ▪ singular ▪ genitive ▸ **1** (Matt. 8,1)

καταβάς ▸ 3

Verb ▪ aorist ▪ active ▪ participle ▪ masculine ▪ singular ▪ nominative ▸ **3** (John 3,13; John 6,51; John 6,58)

Καταβὰς ▸ 2

Verb ▪ aorist ▪ active ▪ participle ▪ masculine ▪ singular ▪ nominative ▸ **2** (Ex. 19,10; Ex. 19,21)

K, κ

καταβὰς ▸ 2 + 9 = 11
    Verb ▪ aorist ▪ active ▪ participle ▪ masculine ▪ singular ▪ nominative ▸ 2 + 9 = 11 (Gen. 18,21; Sir. 50,20; Matt. 14,29; Matt. 28,2; Mark 15,30; Luke 6,17; John 6,41; Acts 10,21; Acts 20,10; Acts 25,6; Eph. 4,10)

καταβᾶσα ▸ 1
    Verb ▪ aorist ▪ active ▪ participle ▪ feminine ▪ singular ▪ nominative ▸ 1 (Gen. 24,16)

καταβάτω ▸ 5
    Verb ▪ third ▪ singular ▪ aorist ▪ active ▪ imperative ▸ 5 (Matt. 24,17; Matt. 27,42; Mark 13,15; Mark 15,32; Luke 17,31)

καταβέβηκα ▸ 2
    Verb ▪ first ▪ singular ▪ perfect ▪ active ▪ indicative ▸ 2 (John 6,38; John 6,42)

καταβέβηκεν ▸ 1
    Verb ▪ third ▪ singular ▪ perfect ▪ active ▪ indicative ▸ 1 (1Kings 20,18)

καταβεβηκέναι ▸ 1
    Verb ▪ perfect ▪ active ▪ infinitive ▸ 1 (Ex. 19,18)

καταβεβηκότες ▸ 1
    Verb ▪ perfect ▪ active ▪ participle ▪ masculine ▪ plural ▪ nominative ▸ 1 (Acts 25,7)

καταβῇ ▸ 6 + 2 = 8
    Verb ▪ third ▪ singular ▪ aorist ▪ active ▪ subjunctive ▸ 6 + 2 = 8 (Gen. 44,23; 1Sam. 26,10; 2Sam. 1,21; Job 7,9; Is. 32,19; Is. 55,10; John 4,47; Acts 24,22)

Κατάβηθι ▸ 3
    Verb ▪ second ▪ singular ▪ aorist ▪ active ▪ imperative ▸ 3 (2Sam. 11,8; 2Kings 1,15; Is. 47,1)

κατάβηθι ▸ 20 + 2 + 4 = 26
    Verb ▪ second ▪ singular ▪ aorist ▪ active ▪ imperative ▸ 20 + 2 + 4 = 26 (Gen. 45,9; Ex. 19,24; Ex. 32,7; Ex. 32,34; Deut. 9,12; Judg. 7,9; Judg. 7,10; 1Sam. 23,4; 1Kings 18,44; 1Kings 20,18; 2Kings 1,9; 2Kings 1,11; 2Kings 9,32; 1Mac. 10,71; Psa. 143,5; Jer. 18,2; Jer. 22,1; Jer. 31,18; Ezek. 31,18; Ezek. 32,21; Judg. 7,9; Judg. 7,10; Matt. 27,40; Luke 19,5; John 4,49; Acts 10,20)

καταβῆναι ▸ 12 + 2 + 2 = 16
    Verb ▪ aorist ▪ active ▪ infinitive ▸ 12 + 2 + 2 = 16 (Gen. 44,26; Gen. 46,3; Ex. 32,1; Josh. 19,47a; Judg. 1,34; Judg. 7,10; 2Sam. 19,21; 2Kings 7,17; Neh. 6,3; Judith 10,15; Judith 13,12; Is. 30,2; Judg. 1,34; Judg. 7,10; Luke 3,22; Luke 9,54)

καταβῆναί ▸ 1
    Verb ▪ aorist ▪ active ▪ infinitive ▸ 1 (Psa. 29,10)

καταβῆς ▸ 1
    Verb ▪ second ▪ singular ▪ aorist ▪ active ▪ subjunctive ▸ 1 (Gen. 26,2)

καταβήσει ▸ 1
    Verb ▪ second ▪ singular ▪ future ▪ middle ▪ indicative ▸ 1 (2Sam. 5,24)

καταβήσεσθε ▸ 1
    Verb ▪ second ▪ plural ▪ future ▪ middle ▪ indicative ▸ 1 (Judith 14,2)

καταβήσεται ▸ 26 + 2 = 28
    Verb ▪ third ▪ singular ▪ future ▪ middle ▪ indicative ▸ 26 + 2 = 28 (Gen. 42,38; Ex. 19,11; Num. 34,11; Num. 34,11; Num. 34,12; Deut. 28,24; Josh. 15,10; Josh. 17,9; Josh. 18,13; Josh. 18,16; Josh. 18,16; Josh. 18,16; Josh. 18,17; Josh. 18,18; 1Sam. 23,11; 2Kings 1,10; 2Kings 1,12; Psa. 7,17; Psa. 71,6; Amos 8,8; Amos 9,5; Mic. 1,3; Is. 25,12; Is. 31,4; Is. 34,5; Ezek. 30,6; Rom. 10,7; 1Th. 4,16)

καταβήσῃ ▸ 7 + 1 + 2 = 10
    Verb ▪ second ▪ singular ▪ future ▪ middle ▪ indicative ▸ 7 + 1 + 2 = 10 (Deut. 28,43; Judg. 7,11; 1Sam. 10,8; 2Kings 1,4; 2Kings 1,6; 2Kings 1,16; Is. 14,15; Judg. 7,11; Matt. 11,23; Luke 10,15)

Καταβήσομαι ▸ 1
    Verb ▪ first ▪ singular ▪ future ▪ middle ▪ indicative ▸ 1 (Gen. 37,35)

καταβήσομαι ▸ 4 + 1 = 5
    Verb ▪ first ▪ singular ▪ future ▪ middle ▪ indicative ▸ 4 + 1 = 5 (Gen. 46,4; Num. 11,17; Judg. 11,37; Neh. 6,3; Judg. 11,37)

καταβησόμεθα ▸ 3
    Verb ▪ first ▪ plural ▪ future ▪ middle ▪ indicative ▸ 3 (Gen. 43,4; Gen. 44,26; Job 17,16)

καταβήσονται ▸ 9
    Verb ▪ third ▪ plural ▪ future ▪ middle ▪ indicative ▸ 9 (Ex. 11,8; Num. 16,30; 1Sam. 13,12; Job 17,16; Obad. 16; Hag. 2,22; Is. 5,14; Ezek. 26,16; Ezek. 27,29)

Κατάβητε ▸ 1 + 2 = 3
    Verb ▪ second ▪ plural ▪ aorist ▪ active ▪ imperative ▸ 1 + 2 = 3 (Judg. 7,24; Judg. 3,28; Judg. 7,24)

κατάβητε ▸ 5
    Verb ▪ second ▪ plural ▪ aorist ▪ active ▪ imperative ▸ 4 (Gen. 42,2; Gen. 43,13; 1Sam. 6,21; Amos 6,2)
    Verb ▪ second ▪ plural ▪ aorist ▪ passive ▪ imperative ▸ 1 (2Chr. 20,16)

καταβήτω ▸ 4
    Verb ▪ third ▪ singular ▪ aorist ▪ active ▪ imperative ▸ 4 (Deut. 32,2; 1Sam. 17,8; Ode. 2,2; Song 4,16)

καταβήτωσαν ▸ 2
    Verb ▪ third ▪ plural ▪ aorist ▪ active ▪ imperative ▸ 2 (Psa. 54,16; Jer. 27,27)

καταβῶ ▸ 2
    Verb ▪ first ▪ singular ▪ aorist ▪ active ▪ subjunctive ▸ 2 (1Sam. 14,37; Psa. 138,8)

Καταβῶμεν ▸ 1
    Verb ▪ first ▪ plural ▪ aorist ▪ active ▪ subjunctive ▸ 1 (1Sam. 14,36)

κατέβαινεν ▸ 7 + 2 = 9
    Verb ▪ third ▪ singular ▪ imperfect ▪ active ▪ indicative ▸ 7 + 2 = 9 (Ex. 33,9; Ex. 34,29; Num. 11,9; 1Kings 2,35n; 1Kings 6,32; Ezek. 47,1; Ezek. 47,8; Luke 10,30; Luke 10,31)

κατέβαινον ▸ 3
    Verb ▪ third ▪ plural ▪ imperfect ▪ active ▪ indicative ▸ 3 (Gen. 28,12; 1Sam. 13,20; 1Sam. 25,20)

Κατέβη ▸ 1
    Verb ▪ third ▪ singular ▪ aorist ▪ active ▪ indicative ▸ 1 (Ex. 19,25)

κατέβη ▸ 93 + 14 + 13 = 120
    Verb ▪ third ▪ singular ▪ aorist ▪ active ▪ indicative ▸ 93 + 14 + 13 = 120 (Gen. 11,5; Gen. 12,10; Gen. 15,11; Gen. 24,45; Gen. 38,1; Ex. 2,5; Ex. 19,14; Ex. 19,20; Ex. 24,16; Ex. 32,15; Ex. 34,5; Lev. 9,22; Num. 11,9; Num. 11,25; Num. 12,5; Num. 14,45; Num. 20,28; Deut. 26,5; Deut. 31,15; Josh. 3,16; Judg. 4,14; Judg. 4,15; Judg. 5,11; Judg. 7,11; Judg. 14,1; Judg. 14,5; Judg. 14,10; Judg. 14,19; Judg. 15,8; Ruth 3,6; 1Sam. 9,25; 1Sam. 15,12; 1Sam. 23,6; 1Sam. 23,25; 1Sam. 24,8; 1Sam. 25,1; 1Sam. 26,2; 2Sam. 5,17; 2Sam. 11,9; 2Sam. 11,10; 2Sam. 11,13; 2Sam. 19,17; 2Sam. 19,25; 2Sam. 19,32; 2Sam. 21,15; 2Sam. 22,10; 2Sam. 23,20; 2Sam. 23,21; 1Kings 1,25; 1Kings 1,38; 1Kings 2,8; 1Kings 20,16; 1Kings 22,2; 2Kings 1,10; 2Kings 1,12; 2Kings 1,14; 2Kings 1,15; 2Kings 3,12; 2Kings 5,14; 2Kings 6,33; 2Kings 8,29; 2Kings 9,16; 2Kings 9,16; 2Kings 13,14; 1Chr. 11,22; 1Chr. 11,23; 2Chr. 7,1; 2Chr. 18,2; 2Chr. 22,6; Judith 2,27; Judith 3,6; Judith 10,2; Judith 10,10; Tob. 3,17; Tob. 6,2; Tob. 14,10; 1Mac. 16,14; 2Mac. 2,10; Psa. 17,10; Prov. 30,4; Song 6,2; Job 36,16; Mic. 1,12; Jonah

1,3; Jonah 1,5; Is. 14,11; Is. 38,8; Is. 38,8; Is. 52,4; Is. 63,14; Jer. 43,12; Jer. 43,14; Ezek. 31,15; Judg. 4,14; Judg. 4,15; Judg. 5,11; Judg. 5,13; Judg. 5,13; Judg. 7,11; Judg. 14,1; Judg. 14,5; Judg. 14,10; Judg. 14,19; Judg. 15,8; Tob. 3,17; Tob. 6,2; Dan. 4,13; Matt. 7,25; Matt. 7,27; Luke 2,51; Luke 8,23; Luke 18,14; Luke 19,6; John 2,12; Acts 7,15; Acts 18,22; Acts 24,1; Eph. 4,9; Rev. 12,12; Rev. 20,9)

κατέβημεν ▸ 3 + 1 = 4
　Verb · first · plural · aorist · active · indicative ▸ 3 + 1 = 4 (Gen. 43,20; Judg. 15,12; 2Kings 10,13; Judg. 15,12)

κατέβην ▸ 7 + 1 = 8
　Verb · first · singular · aorist · active · indicative ▸ 7 + 1 = 8 (Ex. 3,8; Deut. 9,15; Deut. 10,5; Ode. 6,7; Song 6,11; Jonah 2,7; Jer. 18,3; Acts 7,34)

κατέβης ▸ 2
　Verb · second · singular · aorist · active · indicative ▸ 2 (2Sam. 11,10; Neh. 9,13)

κατέβησαν ▸ 30 + 8 + 5 = 43
　Verb · third · plural · aorist · active · indicative ▸ 30 + 8 + 5 = 43 (Gen. 42,3; Gen. 43,15; Num. 16,33; Num. 20,15; Deut. 10,22; Josh. 2,23; Josh. 24,4; Judg. 1,9; Judg. 3,27; Judg. 3,28; Judg. 5,14; Judg. 14,7; Judg. 15,11; Judg. 16,31; 2Sam. 17,18; 2Sam. 23,13; 2Kings 6,18; 1Chr. 7,21; 1Chr. 11,15; 1Esdr. 1,27; Judith 5,10; 1Mac. 2,29; 1Mac. 2,31; 3Mac. 6,18; Psa. 118,136; Jer. 31,15; Bar. 3,19; Ezek. 31,12; Ezek. 31,17; Ezek. 32,27; Judg. 1,9; Judg. 3,27; Judg. 3,28; Judg. 5,14; Judg. 14,7; Judg. 15,11; Judg. 16,31; Judg. 20,45; John 6,16; Acts 8,38; Acts 14,11; Acts 14,25; Acts 16,8)

καταβάλλω (κατά; βάλλω) to throw down ▸ 46 + 1 + 2 = 49

κατάβαλε ▸ 1
　Verb · second · singular · aorist · active · imperative ▸ 1 (1Mac. 4,33)

καταβαλεῖ ▸ 4 + 1 = 5
　Verb · third · singular · future · active · indicative ▸ 4 + 1 = 5 (Sir. 1,30; Sir. 8,16; Ezek. 26,9; Ezek. 26,12; Dan. 11,12)

καταβαλεῖν ▸ 7
　Verb · aorist · active · infinitive ▸ 7 (2Sam. 20,15; Judith 9,8; 2Mac. 8,18; Psa. 36,14; Psa. 105,26; Psa. 105,27; Sir. 47,4)

καταβαλεῖς ▸ 3
　Verb · second · singular · future · active · indicative ▸ 3 (Psa. 139,11; Sol. 17,7; Is. 26,5)

καταβαλεῖτε ▸ 1
　Verb · second · plural · future · active · indicative ▸ 1 (2Kings 3,19)

καταβάλῃ ▸ 1
　Verb · third · singular · aorist · active · subjunctive ▸ 1 (Job 12,14)

καταβάλῃς ▸ 1
　Verb · second · singular · aorist · active · subjunctive ▸ 1 (Sir. 7,7)

καταβάλλει ▸ 2
　Verb · third · singular · present · active · indicative ▸ 2 (Prov. 18,8; Sir. 14,18)

καταβάλλεσθαι ▸ 1
　Verb · present · middle · infinitive ▸ 1 (2Mac. 5,6)

καταβάλλομεν ▸ 1
　Verb · first · plural · present · active · indicative ▸ 1 (Bar. 2,19)

καταβαλλόμενοι ▸ 2
　Verb · present · middle · participle · masculine · plural · nominative ▸ 1 (Heb. 6,1)
　Verb · present · passive · participle · masculine · plural · nominative ▸ 1 (2Cor. 4,9)

καταβαλλόμενος ▸ 1
　Verb · present · middle · participle · masculine · singular · nominative ▸ 1 (2Mac. 2,13)

καταβάλλων ▸ 1
　Verb · present · active · participle · masculine · singular · nominative ▸ 1 (2Kings 6,5)

καταβαλοῦσι ▸ 1
　Verb · third · plural · future · active · indicative ▸ 1 (Ezek. 26,4)

καταβαλοῦσιν ▸ 2
　Verb · third · plural · future · active · indicative ▸ 2 (Ezek. 23,25; Ezek. 26,4)

καταβαλῶ ▸ 7
　Verb · first · singular · future · active · indicative ▸ 7 (2Kings 19,7; Jer. 19,7; Ezek. 6,4; Ezek. 29,5; Ezek. 30,22; Ezek. 32,12; Ezek. 39,3)

καταβέβληκεν ▸ 1
　Verb · third · singular · perfect · active · indicative ▸ 1 (Prov. 7,26)

καταβεβλημένη ▸ 1
　Verb · perfect · passive · participle · feminine · singular · nominative ▸ 1 (Prov. 25,28)

καταβληθείς ▸ 1
　Verb · aorist · passive · participle · masculine · singular · nominative ▸ 1 (4Mac. 12,1)

κατέβαλε ▸ 1
　Verb · third · singular · aorist · active · indicative ▸ 1 (Sol. 2,1)

κατέβαλεν ▸ 1
　Verb · third · singular · aorist · active · indicative ▸ 1 (Is. 16,9)

κατέβαλέν ▸ 1
　Verb · third · singular · aorist · active · indicative ▸ 1 (Job 16,9)

κατέβαλες ▸ 1
　Verb · second · singular · aorist · active · indicative ▸ 1 (Psa. 72,18)

κατέβαλον ▸ 4
　Verb · third · plural · aorist · active · indicative ▸ 4 (2Kings 3,25; 2Chr. 32,21; 2Mac. 4,42; Ezek. 31,12)

κατέβαλόν ▸ 1
　Verb · third · plural · aorist · active · indicative ▸ 1 (Job 16,14)

καταβαρέω (κατά; βαρύς) to burden ▸ 1

κατεβάρησα ▸ 1
　Verb · first · singular · aorist · active · indicative ▸ 1 (2Cor. 12,16)

καταβαρύνω (κατά; βαρύς) to be very heavy, weigh down on ▸ 3 + 1 = 4

καταβαρυνθῶμεν ▸ 1
　Verb · first · plural · aorist · passive · subjunctive ▸ 1 (2Sam. 13,25)

καταβαρυνόμενοι ▸ 1 + 1 = 2
　Verb · present · middle · participle · masculine · plural · nominative ▸ 1 (Mark 14,40)
　Verb · present · passive · participle · masculine · plural · nominative ▸ 1 (Joel 2,8)

κατεβαρύνετο ▸ 1
　Verb · third · singular · imperfect · middle · indicative ▸ 1 (2Sam. 14,26)

καταβάσιος (κατά; βαίνω) descending ▸ 1

καταβάσιον ▸ 1
　Adjective · neuter · singular · accusative · noDegree ▸ 1 (Wis. 10,6)

κατάβασις (κατά; βαίνω) descent, falling down ▸ 11 + 1 + 1 = 13

καταβάσει ‣ 4 + 1 = 5
    Noun · feminine · singular · dative · (common) ‣ 4 + 1 = 5
    (2Sam. 13,34; 1Mac. 3,24; Sir. 46,6; Mic. 1,4; Luke 19,37)

καταβάσεως ‣ 5 + 1 = 6
    Noun · feminine · singular · genitive · (common) ‣ 5 + 1 = 6
    (Josh. 8,24; Josh. 10,11; Judg. 1,16; 1Kings 7,16; Ezek. 48,1; Judg. 1,16)

κατάβασιν ‣ 1
    Noun · feminine · singular · accusative · (common) ‣ 1 (1Sam. 23,20)

κατάβασις ‣ 1
    Noun · feminine · singular · nominative · (common) ‣ 1 (Sir. 43,18)

καταβιάζομαι (κατά; βία) to hold back, constrain ‣ 2
    κατεβιάζετο ‣ 1
        Verb · third · singular · imperfect · middle · indicative ‣ 1 (Gen. 19,3)
    κατεβιάζοντο ‣ 1
        Verb · third · plural · imperfect · middle · indicative ‣ 1 (Ex. 12,33)

καταβιβάζω (κατά; βαίνω) to cause to go down, to bring down ‣ 11
    καταβιβάσθητι ‣ 1
        Verb · second · singular · aorist · passive · imperative ‣ 1 (Ezek. 31,18)
    καταβιβάσουσιν ‣ 2
        Verb · third · plural · future · active · indicative ‣ 2 (Deut. 21,4; Ezek. 32,18)
    καταβιβάσουσίν ‣ 1
        Verb · third · plural · future · active · indicative ‣ 1 (Ezek. 28,8)
    καταβιβάσω ‣ 2
        Verb · first · singular · future · active · indicative ‣ 2 (Jer. 28,40; Ezek. 26,20)
    κατεβίβαζον ‣ 1
        Verb · first · singular · imperfect · active · indicative ‣ 1 (Ezek. 31,16)
    κατεβίβασας ‣ 1
        Verb · second · singular · aorist · active · indicative ‣ 1 (Josh. 2,18)
    κατεβίβασεν ‣ 3
        Verb · third · singular · aorist · active · indicative ‣ 3 (Judg. 7,5; Bar. 3,29; Lam. 1,9)

καταβιβρώσκω (κατά; βιβρώσκω) to be devoured, consumed ‣ 6 + 1 = 7
    καταβρωθῇ ‣ 1
        Verb · third · singular · aorist · passive · subjunctive ‣ 1 (Bel 31-32)
    καταβρωθῆναι ‣ 1
        Verb · aorist · passive · infinitive ‣ 1 (Ezek. 39,4)
    καταβρωθήτω ‣ 1
        Verb · third · singular · aorist · passive · imperative ‣ 1 (Sir. 36,8)
    κατεβρώθησαν ‣ 3 + 1 = 4
        Verb · third · plural · aorist · passive · indicative ‣ 3 + 1 = 4 (Neh. 2,3; Neh. 2,13; Bel 42; Bel 42)

καταβιόω (κατά; βίος) to spend one's life ‣ 1
    καταβίου ‣ 1
        Verb · second · singular · present · active · imperative ‣ 1 (Amos 7,12)

καταβλάπτω (κατά; βλάπτω) to cause heavy damage ‣ 1
    καταβλάπτοντος ‣ 1
        Verb · present · active · participle · masculine · singular · genitive ‣ 1 (3Mac. 7,8)

καταβλέπω (κατά; βλέπω) to look down ‣ 1
    κατέβλεψαν ‣ 1
        Verb · third · plural · aorist · active · indicative ‣ 1 (Gen. 18,16)

καταβοάω (κατά; βοή) to cry out, make complaint ‣ 5
    καταβοήσεται ‣ 1
        Verb · third · singular · future · middle · indicative ‣ 1 (Deut. 24,15)
    καταβοήσῃ ‣ 1
        Verb · third · singular · aorist · active · subjunctive ‣ 1 (Ex. 22,26)
    καταβοήσωσι ‣ 1
        Verb · third · plural · aorist · active · subjunctive ‣ 1 (Ex. 22,22)
    καταβοώντων ‣ 1
        Verb · present · active · participle · neuter · plural · genitive ‣ 1 (2Mac. 8,3)
    κατεβόησαν ‣ 1
        Verb · third · plural · aorist · active · indicative ‣ 1 (Ex. 5,15)

καταβόησις (κατά; βοή) outcry ‣ 1
    καταβόησις ‣ 1
        Noun · feminine · singular · nominative · (common) ‣ 1 (Sir. 35,15)

καταβολή (κατά; βάλλω) foundation, building, structure ‣ 1 + 11 = 12
    καταβολήν ‣ 1
        Noun · feminine · singular · accusative ‣ 1 (Heb. 11,11)
    καταβολῆς ‣ 1 + 10 = 11
        Noun · feminine · singular · genitive · (common) ‣ 1 + 10 = 11 (2Mac. 2,29; Matt. 13,35; Matt. 25,34; Luke 11,50; John 17,24; Eph. 1,4; Heb. 4,3; Heb. 9,26; 1Pet. 1,20; Rev. 13,8; Rev. 17,8)

καταβόσκω (κατά; βόσκω) to feed flocks, graze flocks ‣ 3
    καταβοσκῆσαι ‣ 1
        Verb · aorist · active · infinitive ‣ 1 (Ex. 22,4)
    καταβοσκήσῃ ‣ 2
        Verb · third · singular · aorist · active · subjunctive ‣ 2 (Ex. 22,4; Ex. 22,4)

καταβραβεύω (κατά; βραβεύω) to cheat ‣ 1
    καταβραβευέτω ‣ 1
        Verb · third · singular · present · active · imperative ‣ 1 (Col. 2,18)

κατάβρωμα (κατά; βιβρώσκω) food ‣ 11
    κατάβρωμα ‣ 11
        Noun · neuter · singular · accusative · (common) ‣ 9 (Num. 14,9; Deut. 28,26; Judith 10,12; Ezek. 29,5; Ezek. 33,27; Ezek. 34,5; Ezek. 34,8; Ezek. 34,10; Ezek. 35,12)
        Noun · neuter · singular · nominative · (common) ‣ 2 (Deut. 31,17; Ezek. 21,37)

κατάβρωσις (κατά; βιβρώσκω) devouring ‣ 2
    καταβρώσει ‣ 1
        Noun · feminine · singular · dative · (common) ‣ 1 (Gen. 31,15)
    κατάβρωσιν ‣ 1
        Noun · feminine · singular · accusative · (common) ‣ 1 (Judith 5,24)

κατάγαιος (κατά; γῆ) under the earth, lower deck or floor ‣ 2
    κατάγαια ‣ 1
        Adjective · neuter · plural · accusative · noDegree ‣ 1 (Gen. 6,16)

καταγαίοις ▸ 1
 Adjective ▪ masculine ▪ plural ▪ dative ▪ noDegree ▸ **1** (Sol. 8,9)

καταγγελεύς (κατά; ἄγγελος) proclaimer ▸ 1
 καταγγελεὺς ▸ 1
  Noun ▪ masculine ▪ singular ▪ nominative ▸ **1** (Acts 17,18)

καταγγέλλω (κατά; ἄγγελος) to announce, declare, preach ▸ 2 + 18 = 20
 καταγγέλλειν ▸ 2
  Verb ▪ present ▪ active ▪ infinitive ▸ **2** (Acts 4,2; Acts 26,23)
 καταγγέλλεται ▸ 3
  Verb ▪ third ▪ singular ▪ present ▪ middle ▪ indicative ▪ (variant) ▸ **3** (Acts 13,38; Rom. 1,8; Phil. 1,18)
 καταγγέλλετε ▸ 1
  Verb ▪ second ▪ plural ▪ present ▪ active ▪ indicative ▸ **1** (1Cor. 11,26)
 καταγγέλλομεν ▸ 1
  Verb ▪ first ▪ plural ▪ present ▪ active ▪ indicative ▸ **1** (Col. 1,28)
 καταγγέλλοντα ▸ 1
  Verb ▪ present ▪ active ▪ participle ▪ masculine ▪ singular ▪ accusative ▸ **1** (2Mac. 9,17)
 καταγγέλλουσιν ▸ 4
  Verb ▪ present ▪ active ▪ participle ▪ masculine ▪ plural ▪ dative ▸ **1** (1Cor. 9,14)
  Verb ▪ third ▪ plural ▪ present ▪ active ▪ indicative ▸ **3** (Acts 16,17; Acts 16,21; Phil. 1,17)
 καταγγέλλω ▸ 2
  Verb ▪ first ▪ singular ▪ present ▪ active ▪ indicative ▸ **2** (Acts 17,3; Acts 17,23)
 καταγγέλλων ▸ 1
  Verb ▪ present ▪ active ▪ participle ▪ masculine ▪ singular ▪ nominative ▸ **1** (1Cor. 2,1)
 κατηγγείλαμεν ▸ 1
  Verb ▪ first ▪ plural ▪ aorist ▪ active ▪ indicative ▸ **1** (Acts 15,36)
 κατήγγειλαν ▸ 1
  Verb ▪ third ▪ plural ▪ aorist ▪ active ▪ indicative ▸ **1** (Acts 3,24)
 κατηγγέλη ▸ 1
  Verb ▪ third ▪ singular ▪ aorist ▪ passive ▪ indicative ▸ **1** (Acts 17,13)
 κατήγγελλεν ▸ 1
  Verb ▪ third ▪ singular ▪ imperfect ▪ active ▪ indicative ▸ **1** (2Mac. 8,36)
 κατήγγελλον ▸ 1
  Verb ▪ third ▪ plural ▪ imperfect ▪ active ▪ indicative ▸ **1** (Acts 13,5)

καταγέλαστος (κατά; γελάω) laughable ▸ 1
 καταγέλαστον ▸ 1
  Adjective ▪ feminine ▪ singular ▪ accusative ▪ noDegree ▸ **1** (Wis. 17,8)

καταγελάω (κατά; γελάω) to laugh at ▸ 21 + 1 + 3 = 25
 καταγέλα ▸ 1
  Verb ▪ second ▪ singular ▪ present ▪ active ▪ imperative ▸ **1** (Sir. 7,11)
 καταγελᾷ ▸ 2
  Verb ▪ third ▪ singular ▪ present ▪ active ▪ indicative ▸ **2** (Job 39,22; Job 41,21)
 καταγελασάτωσαν ▸ 1
  Verb ▪ third ▪ plural ▪ aorist ▪ active ▪ imperative ▸ **1** (Esth. 14,11 # 4,17q)
 καταγελασάτωσάν ▸ 1
  Verb ▪ third ▪ plural ▪ aorist ▪ active ▪ imperative ▸ **1** (Psa. 24,2)
 καταγελάσεται ▸ 2
  Verb ▪ third ▪ singular ▪ future ▪ active ▪ indicative ▸ **1** (Job 39,18)
  Verb ▪ third ▪ singular ▪ future ▪ middle ▪ indicative ▸ **1** (Judith 12,12)
 καταγελάσετέ ▸ 1
  Verb ▪ second ▪ plural ▪ future ▪ active ▪ indicative ▸ **1** (Job 21,3)
 καταγελάσῃ ▸ 1
  Verb ▪ second ▪ singular ▪ future ▪ middle ▪ indicative ▸ **1** (Job 5,22)
 καταγελασθήσονται ▸ 1
  Verb ▪ third ▪ plural ▪ future ▪ passive ▪ indicative ▸ **1** (Mic. 3,7)
 καταγελασθῶμεν ▸ 1
  Verb ▪ first ▪ plural ▪ aorist ▪ passive ▪ subjunctive ▸ **1** (Gen. 38,23)
 καταγελάσονται ▸ 1
  Verb ▪ third ▪ plural ▪ future ▪ middle ▪ indicative ▸ **1** (Sir. 20,17)
 καταγελᾶται ▸ 1
  Verb ▪ third ▪ singular ▪ present ▪ middle ▪ indicative ▸ **1** (Prov. 29,9)
 καταγελώμενοι ▸ 1
  Verb ▪ present ▪ passive ▪ participle ▪ masculine ▪ plural ▪ nominative ▸ **1** (4Mac. 6,20)
 καταγελῶν ▸ 2
  Verb ▪ present ▪ active ▪ participle ▪ masculine ▪ singular ▪ nominative ▸ **2** (Prov. 17,5; Job 39,7)
 καταγελῶντα ▸ 1
  Verb ▪ present ▪ active ▪ participle ▪ masculine ▪ singular ▪ accusative ▸ **1** (Prov. 30,17)
 καταγελῶνται ▸ 1
  Verb ▪ third ▪ plural ▪ present ▪ passive ▪ indicative ▸ **1** (Job 9,23)
 καταγελῶντες ▸ 1
  Verb ▪ present ▪ active ▪ participle ▪ masculine ▪ plural ▪ nominative ▸ **1** (2Chr. 30,10)
 κατεγέλασάν ▸ 1
  Verb ▪ third ▪ plural ▪ aorist ▪ active ▪ indicative ▸ **1** (Job 30,1)
 κατεγέλασεν ▸ 1
  Verb ▪ third ▪ singular ▪ aorist ▪ active ▪ indicative ▸ **1** (1Mac. 7,34)
 κατεγέλων ▸ 1 + 3 = 4
  Verb ▪ third ▪ plural ▪ imperfect ▪ active ▪ indicative ▸ 1 + 3 = 4 (Tob. 2,8; Matt. 9,24; Mark 5,40; Luke 8,53)

κατάγελως (κατά; γελάω) derision ▸ 3 + 1 = 4
 κατάγελως ▸ 1
  Adverb ▸ **1** (Tob. 8,10)
 καταγέλωτα ▸ 2
  Noun ▪ masculine ▪ singular ▪ accusative ▪ (common) ▸ **2** (1Mac. 10,70; Psa. 43,14)
 καταγέλωτι ▸ 1
  Noun ▪ masculine ▪ singular ▪ dative ▪ (common) ▸ **1** (Sol. 4,7)

καταγηράσκω (κατά; γέρων) to age, grow old ▸ 1
 καταγηράσητε ▸ 1
  Verb ▪ second ▪ plural ▪ aorist ▪ active ▪ subjunctive ▸ **1** (Is. 46,4)

καταγίνομαι (κατά; γίνομαι) to dwell ▸ 4
 καταγίνομαι ▸ 1
  Verb ▪ first ▪ singular ▪ present ▪ middle ▪ indicative ▸ **1** (Num. 5,3)
 καταγινόμενοι ▸ 1
  Verb ▪ present ▪ middle ▪ participle ▪ masculine ▪ plural ▪ nominative ▸ **1** (Bel 21)
 κατεγινόμην ▸ 1
  Verb ▪ first ▪ singular ▪ imperfect ▪ middle ▪ indicative ▸ **1** (Deut. 9,9)
 κατεγίνοντο ▸ 1
  Verb ▪ third ▪ plural ▪ imperfect ▪ middle ▪ indicative ▸ **1** (Ex.

καταγινώσκω (κατά; γινώσκω) to condemn ▸ 4 + 3 = 7
    καταγινώσκῃ ▸ 2
        Verb · third · singular · present · active · subjunctive ▸ **2** (1John 3,20; 1John 3,21)
    καταγνώσεται ▸ 1
        Verb · third · singular · future · middle · indicative ▸ **1** (Prov. 28,11)
    καταγνωσθήσεται ▸ 1
        Verb · third · singular · future · passive · indicative ▸ **1** (Sir. 19,5)
    καταγνῶσιν ▸ 1
        Verb · third · plural · aorist · active · subjunctive ▸ **1** (Deut. 25,1)
    κατέγνω ▸ 1
        Verb · third · singular · aorist · active · indicative ▸ **1** (Sir. 14,2)
    κατεγνωσμένος ▸ 1
        Verb · perfect · passive · participle · masculine · singular · nominative ▸ **1** (Gal. 2,11)

κατάγνυμι (κατά; ἀξίνη) to break, shatter ▸ 6 + 4 = 10
    κατάξας ▸ 1
        Verb · aorist · active · participle · masculine · singular · nominative ▸ **1** (2Sam. 22,35)
    κατάξεις ▸ 1
        Verb · second · singular · future · active · indicative ▸ **1** (Hab. 3,12)
    κάταξον ▸ 2
        Verb · second · singular · aorist · active · imperative ▸ **2** (Deut. 33,11; Judith 9,8)
    κατεαγῶσιν ▸ 1
        Verb · third · plural · aorist · passive · subjunctive ▸ **1** (John 19,31)
    κατέαξαν ▸ 1 + 2 = 3
        Verb · third · plural · aorist · active · indicative ▸ 1 + 2 = **3** (Zech. 2,4; John 19,32; John 19,33)
    κατεάξει ▸ 1
        Verb · third · singular · future · active · indicative ▸ **1** (Matt. 12,20)
    κατεάχθη ▸ 1
        Verb · third · singular · aorist · passive · indicative ▸ **1** (Jer. 31,25)

κατάγνωσις (κατά; γινώσκω) condemnation ▸ 1
    κατάγνωσις ▸ 1
        Noun · feminine · singular · nominative · (common) ▸ **1** (Sir. 5,14)

καταγογγύζω (κατά; γογγύζω) to grumble against ▸ 1
    καταγογγύζουσιν ▸ 1
        Verb · third · plural · present · active · indicative ▸ **1** (1Mac. 11,39)

καταγορεύω (κατά; ἀγορά) to announce ▸ 1
    κατείπαντες ▸ 1
        Verb · aorist · active · participle · masculine · plural · nominative ▸ **1** (Num. 14,37)

καταγράφω (κατά; γράφω) to write down, engrave ▸ 11 + 1 = 12
    καταγεγραμμέναι ▸ 1
        Verb · perfect · passive · participle · feminine · plural · nominative ▸ **1** (Ex. 32,15)
    καταγεγραμμένοι ▸ 1
        Verb · perfect · passive · participle · masculine · plural · nominative ▸ **1** (1Chr. 9,1)
    καταγεγραμμένων ▸ 1
        Verb · perfect · passive · participle · masculine · plural · genitive ▸ **1** (Num. 11,26)
    καταγραφείς ▸ 1
        Verb · aorist · passive · participle · masculine · singular · nominative ▸ **1** (Sir. 48,10)
    Κατάγραφον ▸ 1
        Verb · second · singular · aorist · active · imperative ▸ **1** (Ex. 17,14)
    καταγράψω ▸ 1
        Verb · first · singular · aorist · active · subjunctive ▸ **1** (Hos. 8,12)
    κατέγραφεν ▸ 1
        Verb · third · singular · imperfect · active · indicative ▸ **1** (John 8,6)
    κατεγράφη ▸ 1
        Verb · third · singular · aorist · passive · indicative ▸ **1** (1Mac. 9,22)
    κατέγραψαν ▸ 1
        Verb · third · plural · aorist · active · indicative ▸ **1** (1Mac. 14,26)
    κατέγραψας ▸ 1
        Verb · second · singular · aorist · active · indicative ▸ **1** (Job 13,26)
    κατέγραψεν ▸ 2
        Verb · third · singular · aorist · active · indicative ▸ **2** (2Chr. 20,34; 1Esdr. 2,12)

κατάγω (κατά; ἄγω) to bring down, lead down ▸ 68 + 3 + 9 = 80
    κατάγαγε ▸ 3
        Verb · second · singular · aorist · active · imperative ▸ **3** (Judg. 7,4; Psa. 58,12; Sir. 38,16)
    καταγαγεῖν ▸ 1 + 1 = 2
        Verb · aorist · active · infinitive ▸ 1 + 1 = **2** (Gen. 37,25; Rom. 10,6)
    Καταγάγετε ▸ 2
        Verb · second · plural · aorist · active · imperative ▸ **2** (Gen. 44,21; Jer. 14,17)
    καταγάγετε ▸ 4
        Verb · second · plural · aorist · active · imperative ▸ **4** (Gen. 43,11; Gen. 45,13; 1Kings 1,33; Lam. 2,18)
    καταγαγέτωσαν ▸ 1
        Verb · third · plural · aorist · active · imperative ▸ **1** (Jer. 9,17)
    καταγάγῃ ▸ 1
        Verb · third · singular · aorist · active · subjunctive ▸ **1** (Acts 23,15)
    καταγάγῃς ▸ 1
        Verb · second · singular · aorist · active · subjunctive ▸ **1** (Acts 23,20)
    καταγαγόντες ▸ 1 + 1 = 2
        Verb · aorist · active · participle · masculine · plural · nominative ▸ 1 + 1 = **2** (3Mac. 7,5; Luke 5,11)
    καταγαγόντι ▸ 1
        Verb · aorist · active · participle · masculine · singular · dative ▸ **1** (Sir. 35,15)
    καταγαγών ▸ 1 + 1 = 2
        Verb · aorist · active · participle · masculine · singular · nominative ▸ 1 + 1 = **2** (Sir. 48,6; Acts 22,30)
    κατάγει ▸ 5 + 1 = 6
        Verb · third · singular · present · active · indicative ▸ 5 + 1 = **6** (1Sam. 2,6; 1Sam. 19,12; 1Kings 18,40; Tob. 13,2; Ode. 3,6; Tob. 13,2)
    κατάγεις ▸ 1
        Verb · second · singular · present · active · indicative ▸ **1** (Wis.

16,13)
καταγομένῳ ▸ 1
   Verb · present · passive · participle · neuter · singular · dative ▸ 1 (1Kings 6,35)
κατάγουσαι ▸ 1
   Verb · present · active · participle · feminine · plural · nominative ▸ 1 (Prov. 7,27)
κατάγουσιν ▸ 1
   Verb · third · plural · present · active · indicative ▸ 1 (Prov. 5,5)
κατάξει ▸ 5
   Verb · third · singular · future · active · indicative ▸ 5 (Sir. 22,19; Amos 3,11; Obad. 3; Lam. 3,48; Ezek. 26,11)
κατάξεις ▸ 8
   Verb · second · singular · future · active · indicative ▸ 8 (1Sam. 30,15; 1Kings 2,6; 1Kings 2,9; 1Kings 2,350; Psa. 54,24; Psa. 55,8; Ode. 4,12; Is. 26,5)
κατάξετέ ▸ 2
   Verb · second · plural · future · active · indicative ▸ 2 (Gen. 42,38; Gen. 44,29)
κατάξουσιν ▸ 3
   Verb · third · plural · future · active · indicative ▸ 3 (Gen. 44,31; 1Kings 5,23; Jer. 13,17)
κατάξω ▸ 7 + 2 = 9
   Verb · first · singular · future · active · indicative ▸ 7 + 2 = 9 (1Sam. 30,15; Tob. 3,10; Tob. 6,15; Hos. 7,12; Amos 9,2; Joel 4,2; Obad. 4; Tob. 3,10; Tob. 6,15)
καταχθείησαν ▸ 1
   Verb · third · plural · aorist · passive · optative ▸ 1 (Psa. 30,18)
καταχθέντες ▸ 1 + 1 = 2
   Verb · aorist · passive · participle · masculine · plural · nominative ▸ 1 + 1 = 2 (3Mac. 7,19; Acts 28,12)
κατήγαγεν ▸ 6
   Verb · third · singular · aorist · active · indicative ▸ 6 (1Sam. 30,16; 1Kings 17,23; Psa. 77,16; Sir. 48,3; Lam. 1,13; Lam. 1,16)
κατήγαγες ▸ 2
   Verb · second · singular · aorist · active · indicative ▸ 2 (Is. 9,2; Is. 26,5)
κατήγαγές ▸ 1
   Verb · second · singular · aorist · active · indicative ▸ 1 (Psa. 21,16)
κατήγαγον ▸ 7 + 2 = 9
   Verb · first · singular · aorist · active · indicative ▸ 1 + 1 = 2 (Is. 63,6; Acts 23,28)
   Verb · third · plural · aorist · active · indicative ▸ 6 + 1 = 7 (Gen. 37,28; Gen. 39,1; Judg. 16,21; 2Kings 11,19; Is. 63,3; Lam. 2,10; Acts 9,30)
κατήχθη ▸ 1
   Verb · third · singular · aorist · passive · indicative ▸ 1 (Gen. 39,1)
κατήχθημεν ▸ 1
   Verb · first · plural · aorist · passive · indicative ▸ 1 (Acts 27,3)
κατήχθησαν ▸ 1
   Verb · third · plural · aorist · passive · indicative ▸ 1 (3Mac. 4,9)
καταγωνίζομαι (κατά; ἀγών)   to defeat, subdue ▸ 1
   κατηγωνίσαντο ▸ 1
      Verb · third · plural · aorist · middle · indicative ▸ 1 (Heb. 11,33)
καταδαμάζω (κατά; δαμάζω)   to bring to submission ▸ 1
   κατεδαμάσατέ ▸ 1
      Verb · second · plural · aorist · active · indicative ▸ 1 (Judg. 14,18)

καταδαπανάω (κατά; δαπάνη)   to be consumed ▸ 1
   κατεδαπανήθημεν ▸ 1
      Verb · first · plural · aorist · passive · indicative ▸ 1 (Wis. 5,13)
καταδείκνυμι (κατά; δείκνυμι)   to invent, create ▸ 5
   καταδείξας ▸ 3
      Verb · aorist · active · participle · masculine · singular · nominative ▸ 3 (Gen. 4,21; Is. 43,15; Is. 45,18)
   κατέδειξεν ▸ 2
      Verb · third · singular · aorist · active · indicative ▸ 2 (Is. 40,26; Is. 41,20)
καταδέομαι (κατά; δέω)   to plead with ▸ 2
   κατεδέετο ▸ 1
      Verb · third · singular · imperfect · middle · indicative ▸ 1 (Gen. 42,21)
   κατεδεήθης ▸ 1
      Verb · second · singular · aorist · passive · indicative ▸ 1 (Is. 57,10)
καταδεσμεύω (κατά; δέω)   to bind up ▸ 2
   καταδεσμεύσει ▸ 1
      Verb · third · singular · future · active · indicative ▸ 1 (Sir. 30,7)
   καταδεσμεύσῃς ▸ 1
      Verb · second · singular · aorist · active · subjunctive ▸ 1 (Sir. 7,8)
κατάδεσμος (κατά; δέω)   tie, band, bandage; magic knot ▸ 1
   καταδέσμους ▸ 1
      Noun · neuter · plural · accusative · (common) ▸ 1 (Is. 1,6)
καταδέχομαι (κατά; δέχομαι)   to receive ▸ 3
   καταδεξάσθωσαν ▸ 2
      Verb · third · plural · aorist · middle · imperative ▸ 2 (Deut. 32,29; Ode. 2,29)
   καταδεχόμενος ▸ 1
      Verb · present · middle · participle · masculine · singular · nominative ▸ 1 (Ex. 35,5)
καταδέω (κατά; δέω)   to bind up ▸ 8 + 1 = 9
   καταδεδεμένα ▸ 1
      Verb · perfect · passive · participle · neuter · plural · accusative ▸ 1 (Is. 46,1)
   καταδέδεται ▸ 1
      Verb · third · singular · perfect · passive · indicative ▸ 1 (Num. 19,15)
   καταδῆσαι ▸ 1
      Verb · aorist · active · infinitive ▸ 1 (Sir. 27,21)
   κατάδησον ▸ 1
      Verb · second · singular · aorist · active · imperative ▸ 1 (Sir. 28,24)
   καταδήσω ▸ 1
      Verb · first · singular · future · active · indicative ▸ 1 (Ezek. 34,16)
   κατεδέθη ▸ 1
      Verb · third · singular · aorist · passive · indicative ▸ 1 (Ezek. 30,21)
   κατεδήσατε ▸ 1
      Verb · second · plural · aorist · active · indicative ▸ 1 (Ezek. 34,4)
   κατεδήσατο ▸ 1
      Verb · third · singular · aorist · middle · indicative ▸ 1 (1Kings 21,38)
   κατέδησεν ▸ 1
      Verb · third · singular · aorist · active · indicative ▸ 1 (Luke 10,34)
κατάδηλος (κατά; δῆλος)   evident ▸ 1
   κατάδηλόν ▸ 1

Adjective • neuter • singular • nominative ▸ **1** (Heb. 7,15)

καταδιαιρέω (κατά; διά; αἱρέω) to divide up, observe ▸ 4
   καταδιείλαντο ▸ 1
      Verb • third • plural • aorist • middle • indicative ▸ **1** (Joel 4,2)
   καταδίελε ▸ 1
      Verb • second • singular • aorist • active • imperative ▸ **1** (Psa. 54,10)
   καταδιέλεσθε ▸ 1
      Verb • second • plural • aorist • middle • imperative ▸ **1** (Psa. 47,14)
   καταδιελόντι ▸ 1
      Verb • aorist • active • participle • masculine • singular • dative ▸ **1** (Psa. 135,13)

καταδικάζω (κατά; δίκη) to condemn ▸ 10 + 1 + 5 = 16
   καταδεδικασμένος ▸ 1
      Verb • perfect • passive • participle • masculine • singular • nominative ▸ **1** (Psa. 108,7)
   καταδικάζετε ▸ 1
      Verb • second • plural • present • active • imperative ▸ **1** (Luke 6,37)
   καταδικαζομένη ▸ 1
      Verb • present • passive • participle • feminine • singular • nominative ▸ **1** (Wis. 17,10)
   καταδικάζων ▸ 1
      Verb • present • active • participle • masculine • singular • nominative ▸ **1** (Wis. 11,10)
   καταδικάσαι ▸ 2
      Verb • aorist • active • infinitive ▸ **2** (Wis. 12,15; Lam. 3,36)
   καταδικάσεται ▸ 1
      Verb • third • singular • future • middle • indicative ▸ **1** (Job 34,29)
   καταδικάσῃς ▸ 1
      Verb • second • singular • aorist • active • subjunctive ▸ **1** (Ode. 12,13)
   καταδικάσηται ▸ 1
      Verb • third • singular • aorist • middle • subjunctive ▸ **1** (Psa. 36,33)
   καταδικάσητε ▸ 1
      Verb • second • plural • aorist • active • subjunctive ▸ **1** (Dan. 1,10)
   καταδικασθήσῃ ▸ 1
      Verb • second • singular • future • passive • indicative ▸ **1** (Matt. 12,37)
   καταδικασθῆτε ▸ 1
      Verb • second • plural • aorist • passive • subjunctive ▸ **1** (Luke 6,37)
   καταδικάσονται ▸ 1
      Verb • third • plural • future • middle • indicative ▸ **1** (Psa. 93,21)
   καταδικάσωμεν ▸ 1
      Verb • first • plural • aorist • active • subjunctive ▸ **1** (Wis. 2,20)
   κατεδικάσατε ▸ 2
      Verb • second • plural • aorist • active • indicative ▸ **2** (Matt. 12,7; James 5,6)

καταδίκη (κατά; δίκη) sentence, condemnation ▸ 1 + 1 = 2
   καταδίκην ▸ 1
      Noun • feminine • singular • accusative ▸ **1** (Acts 25,15)
   καταδίκης ▸ 1
      Noun • feminine • singular • genitive • (common) ▸ **1** (Wis. 12,27)

καταδιώκω (κατά; διώκω) to follow after, pursue ▸ 90 + 1 + 1 = 92
   Καταδίωκε ▸ 1
      Verb • second • singular • present • active • imperative ▸ **1** (1Sam. 30,8)
   καταδιώκει ▸ 3
      Verb • third • singular • present • active • indicative ▸ **3** (1Sam. 26,18; 1Sam. 26,20; Psa. 142,1)
   καταδιώκειν ▸ 1
      Verb • present • active • infinitive ▸ **1** (1Sam. 23,28)
   καταδιώκεις ▸ 1
      Verb • second • singular • present • active • indicative ▸ **1** (1Sam. 24,15)
   καταδιώκοντες ▸ 5
      Verb • present • active • participle • masculine • plural • nominative ▸ **5** (Josh. 2,16; Josh. 2,16; Josh. 2,22; Josh. 10,19; Lam. 1,3)
   καταδιώκοντές ▸ 1
      Verb • present • active • participle • masculine • plural • nominative ▸ **1** (Psa. 118,150)
   καταδιωκόντων ▸ 8
      Verb • present • active • participle • masculine • plural • genitive ▸ **8** (Deut. 11,4; Judith 16,2; Psa. 30,16; Psa. 34,3; Psa. 108,31; Psa. 118,84; Psa. 141,7; Jer. 15,15)
   καταδιώκων ▸ 2
      Verb • present • active • participle • masculine • singular • nominative ▸ **2** (1Sam. 25,29; Psa. 34,6)
   καταδιώξαι ▸ 1
      Verb • third • singular • aorist • active • optative ▸ **1** (Psa. 7,6)
   καταδιώξαντας ▸ 1
      Verb • aorist • active • participle • masculine • plural • accusative ▸ **1** (Neh. 9,11)
   καταδιώξατε ▸ 2
      Verb • second • plural • aorist • active • imperative ▸ **2** (Josh. 2,5; Psa. 70,11)
   καταδιώξεις ▸ 2
      Verb • second • singular • future • active • indicative ▸ **2** (Psa. 82,16; Lam. 3,66)
   καταδιώξεται ▸ 4
      Verb • third • singular • future • middle • indicative ▸ **4** (Ex. 14,4; Prov. 12,26; Prov. 13,21; Hos. 2,9)
   καταδιώξεταί ▸ 1
      Verb • third • singular • future • middle • indicative ▸ **1** (Psa. 22,6)
   καταδιώξῃς ▸ 1
      Verb • second • singular • aorist • active • subjunctive ▸ **1** (Sir. 27,17)
   καταδίωξον ▸ 1
      Verb • second • singular • aorist • active • imperative ▸ **1** (2Sam. 20,6)
   καταδιώξονται ▸ 2
      Verb • third • plural • future • middle • indicative ▸ **2** (Sol. 15,8; Joel 2,4)
   καταδιώξονταί ▸ 2
      Verb • third • plural • future • middle • indicative ▸ **2** (Deut. 28,22; Deut. 28,45)
   καταδιώξω ▸ 4
      Verb • first • singular • aorist • active • subjunctive ▸ **1** (Gen. 33,13)
      Verb • first • singular • future • active • indicative ▸ **3** (1Sam. 30,8; 2Sam. 17,1; Psa. 17,38)
   κατεδίωκον ▸ 3
      Verb • first • singular • imperfect • active • indicative ▸ **1** (Psa. 37,21)

καταδιώκω–καταδυναστεύω

    Verb · third · plural · imperfect · active · indicative ▸ **2** (Josh. 11,8; 1Mac. 7,45)

κατεδίωξαν ▸ **21** + **1** = **22**

    Verb · third · plural · aorist · active · indicative ▸ **21** + **1** = **22** (Gen. 35,5; Ex. 14,9; Ex. 14,23; Deut. 1,44; Josh. 2,7; Josh. 7,5; Josh. 8,16; Josh. 8,17; Josh. 8,24; Josh. 10,10; Josh. 24,6; Judg. 1,6; Judg. 7,23; Judg. 7,25; 1Sam. 7,11; 1Sam. 17,52; 1Sam. 30,22; 2Sam. 2,28; 1Chr. 10,2; Psa. 68,27; Hos. 8,3; Judg. 7,25)

κατεδίωξάν ▸ **2**

    Verb · third · plural · aorist · active · indicative ▸ **2** (Psa. 118,86; Psa. 118,161)

κατεδίωξας ▸ **1**

    Verb · second · singular · aorist · active · indicative ▸ **1** (Gen. 31,36)

κατεδίωξεν ▸ **18** + **1** = **19**

    Verb · third · singular · aorist · active · indicative ▸ **18** + **1** = **19** (Gen. 14,14; Ex. 14,8; Josh. 8,17; Judg. 9,40; 1Sam. 23,25; 1Sam. 30,10; 2Sam. 2,19; 2Sam. 2,24; 1Kings 21,20; 2Chr. 13,19; 2Chr. 14,12; 1Mac. 10,78; 1Mac. 12,30; 1Mac. 16,9; Psa. 108,16; Psa. 142,3; Jer. 52,8; Lam. 3,11; Mark 1,36)

κατεδίωξέν ▸ **1**

    Verb · third · singular · aorist · active · indicative ▸ **1** (Bar. 4,25)

κατεδιώχθητε ▸ **1**

    Verb · second · plural · aorist · passive · indicative ▸ **1** (Mic. 2,11)

καταδολεσχέω (κατά; α; δόλος; λέγω) to meditate, to chatter ▸ **1**

καταδολεσχήσει ▸ **1**

    Verb · third · singular · future · active · indicative ▸ **1** (Lam. 3,20)

καταδουλόω (κατά; δοῦλος) to enslave ▸ **10** + **2** = **12**

καταδουλοῖ ▸ **1**

    Verb · third · singular · present · active · indicative ▸ **1** (2Cor. 11,20)

καταδουλουμένους ▸ **1**

    Verb · present · middle · participle · masculine · plural · accusative ▸ **1** (1Mac. 8,18)

καταδουλοῦνται ▸ **1**

    Verb · third · plural · present · middle · indicative ▸ **1** (Ex. 6,5)

καταδουλοῦσθαι ▸ **1**

    Verb · present · middle · infinitive ▸ **1** (Ezra 7,24)

καταδουλωσάμενον ▸ **1**

    Verb · aorist · middle · participle · masculine · singular · accusative ▸ **1** (3Mac. 2,6)

καταδουλωσαμένων ▸ **1**

    Verb · aorist · middle · participle · masculine · plural · genitive ▸ **1** (Ezek. 34,27)

καταδουλώσουσιν ▸ **1**

    Verb · third · plural · future · active · indicative ▸ **1** (Gal. 2,4)

καταδουλώσω ▸ **1**

    Verb · first · singular · future · active · indicative ▸ **1** (Jer. 15,14)

κατεδουλοῦντο ▸ **1**

    Verb · third · plural · imperfect · middle · indicative ▸ **1** (Ex. 1,14)

κατεδουλώσαντο ▸ **1**

    Verb · third · plural · aorist · middle · indicative ▸ **1** (1Mac. 8,10)

κατεδουλώσατο ▸ **2**

    Verb · third · singular · aorist · middle · indicative ▸ **2** (Gen. 47,21; Ezek. 29,18)

καταδρομή (κατά; τρέχω) attack, charge; incursion ▸ **1**

καταδρομὰς ▸ **1**

    Noun · feminine · plural · accusative · (common) ▸ **1** (2Mac. 5,3)

καταδυναστεία (κατά; δύναμαι) oppression ▸ **5**

καταδυναστεία ▸ **1**

    Noun · feminine · singular · nominative · (common) ▸ **1** (Jer. 6,6)

καταδυναστείᾳ ▸ **1**

    Noun · feminine · singular · dative · (common) ▸ **1** (Ezek. 22,12)

καταδυναστείαν ▸ **2**

    Noun · feminine · singular · accusative · (common) ▸ **2** (Amos 3,9; Ezek. 45,9)

καταδυναστείας ▸ **1**

    Noun · feminine · singular · genitive · (common) ▸ **1** (Ex. 6,7)

καταδυναστεύω (κατά; δύναμαι) to oppress ▸ **34** + **2** = **36**

Καταδεδυνάστευνται ▸ **1**

    Verb · third · singular · perfect · passive · indicative ▸ **1** (Jer. 27,33)

καταδυναστεύει ▸ **1**

    Verb · third · singular · present · active · indicative ▸ **1** (Hab. 1,4)

καταδυναστεύειν ▸ **2**

    Verb · present · active · infinitive ▸ **2** (Wis. 17,2; Hos. 12,8)

καταδυναστεύετε ▸ **2**

    Verb · second · plural · present · active · imperative ▸ **2** (Zech. 7,10; Jer. 22,3)

καταδυναστευθῆναι ▸ **1**

    Verb · aorist · passive · infinitive ▸ **1** (Sol. 17,41)

καταδυναστεύομεν ▸ **1**

    Verb · first · plural · present · active · indicative ▸ **1** (Neh. 5,5)

καταδυναστευόμεναι ▸ **1**

    Verb · present · passive · participle · feminine · plural · nominative ▸ **1** (Neh. 5,5)

καταδυναστευομένους ▸ **1**

    Verb · present · passive · participle · masculine · plural · accusative ▸ **1** (Acts 10,38)

καταδυναστεύοντας ▸ **2**

    Verb · present · active · participle · masculine · plural · accusative ▸ **2** (2Mac. 1,28; Mal. 3,5)

καταδυναστεύοντες ▸ **2**

    Verb · present · active · participle · masculine · plural · nominative ▸ **2** (Amos 8,4; Ezek. 22,29)

καταδυναστεύουσαι ▸ **1**

    Verb · present · active · participle · feminine · plural · nominative ▸ **1** (Amos 4,1)

καταδυναστεῦσαι ▸ **1**

    Verb · aorist · active · infinitive ▸ **1** (Ezek. 46,18)

καταδυναστεύσαντες ▸ **1**

    Verb · aorist · active · participle · masculine · plural · nominative ▸ **1** (Wis. 15,14)

καταδυναστεύσας ▸ **2**

    Verb · aorist · active · participle · masculine · singular · nominative ▸ **2** (Ex. 21,17; Deut. 24,7)

καταδυναστεύσῃ ▸ **1**

    Verb · third · singular · aorist · active · subjunctive ▸ **1** (Ezek. 18,7)

καταδυναστεύσητε ▸ **1**

    Verb · second · plural · aorist · active · subjunctive ▸ **1** (Jer. 7,6)

καταδυναστεύουσιν ▸ **1**

    Verb · third · plural · present · active · indicative ▸ **1** (James 2,6)

καταδυναστεύσουσιν ▸ **1**

    Verb · third · plural · future · active · indicative ▸ **1** (Ezek. 45,8)

καταδυναστεύσωμεν ▸ **1**

    Verb · first · plural · aorist · active · subjunctive ▸ **1** (Wis. 2,10)

κατεδυνάστευον ▸ 4
: **Verb** · third · plural · imperfect · active · indicative ▸ **4** (Ex. 1,13; 2Chr. 21,17; Mic. 2,2; Ezek. 22,7)

κατεδυνάστευσα ▸ 1
: **Verb** · first · singular · aorist · active · indicative ▸ **1** (1Sam. 12,3)

κατεδυνάστευσαν ▸ 1
: **Verb** · third · plural · aorist · active · indicative ▸ **1** (Jer. 27,33)

κατεδυνάστευσας ▸ 1
: **Verb** · second · singular · aorist · active · indicative ▸ **1** (1Sam. 12,4)

κατεδυνάστευσεν ▸ 5
: **Verb** · third · singular · aorist · active · indicative ▸ **5** (2Sam. 8,11; Sir. 48,12; Hos. 5,11; Ezek. 18,12; Ezek. 18,16)

κατάδυσις (κατά; δύω) hole; descent ▸ 1

καταδύσεις ▸ 1
: **Noun** · feminine · plural · accusative · (common) ▸ **1** (1Kings 15,13)

καταδύω (κατά; δύω) to go down, sink ▸ 5

καταδύσει ▸ 1
: **Verb** · third · singular · future · active · indicative ▸ **1** (Mic. 7,19)

καταδύσεται ▸ 1
: **Verb** · third · singular · future · middle · indicative ▸ **1** (Jer. 28,64)

καταδύσωσιν ▸ 1
: **Verb** · third · plural · aorist · active · subjunctive ▸ **1** (Amos 9,3)

κατέδυσαν ▸ 2
: **Verb** · third · plural · aorist · active · indicative ▸ **2** (Ex. 15,5; Ode. 1,5)

καταθαρσύνω (κατά; θαρσύνω) to embolden ▸ 1

κατεθάρσησεν ▸ 1
: **Verb** · third · singular · aorist · active · indicative ▸ **1** (2Chr. 32,8)

κατάθεμα (κατά; τίθημι) divinely cursed thing ▸ 1

κατάθεμα ▸ 1
: **Noun** · neuter · singular · nominative ▸ **1** (Rev. 22,3)

καταθεματίζω (κατά; τίθημι) to curse, to put oneself under a curse ▸ 1

καταθεματίζειν ▸ 1
: **Verb** · present · active · infinitive ▸ **1** (Matt. 26,74)

καταθλάω (κατά; θλάω) to crush, break in pieces ▸ 2

καταθλάσαι ▸ 1
: **Verb** · aorist · active · infinitive ▸ **1** (Psa. 41,11)

κατέθλασα ▸ 1
: **Verb** · first · singular · aorist · active · indicative ▸ **1** (Is. 63,3)

καταθύμιος (κατά; θυμός) in the mind; minded; satisfactory ▸ 2

καταθύμια ▸ 1
: **Adjective** · neuter · plural · accusative · noDegree ▸ **1** (Is. 44,9)

καταθύμιον ▸ 1
: **Adjective** · neuter · singular · nominative · noDegree ▸ **1** (Mic. 7,3)

καταιγίς (κατά; αἴξ) storm, hurricane ▸ 29

καταιγίδι ▸ 4
: **Noun** · feminine · singular · dative · (common) ▸ **4** (Psa. 82,16; Psa. 106,29; Prov. 1,27; Sir. 33,2)

καταιγίδος ▸ 6
: **Noun** · feminine · singular · genitive · (common) ▸ **6** (Psa. 10,6; Psa. 54,9; Psa. 80,8; Psa. 106,25; Psa. 148,8; Prov. 10,25)

καταιγίδων ▸ 1
: **Noun** · feminine · plural · genitive · (common) ▸ **1** (Lam. 5,10)

καταιγὶς ▸ 14
: **Noun** · feminine · singular · nominative · (common) ▸ **14** (Psa. 49,3; Psa. 68,3; Psa. 68,16; Sir. 43,17; Sol. 8,2; Is. 17,13; Is. 21,1; Is. 28,15; Is. 28,18; Is. 29,6; Is. 40,24; Is. 41,16; Is. 66,15; Jer. 4,13)

καταιγίς ▸ 4
: **Noun** · feminine · singular · nominative · (common) ▸ **4** (Sir. 16,21; Is. 5,28; Is. 28,17; Is. 57,13)

καταιδέομαι (κατά; αἰδέομαι) to stand in awe ▸ 1

καταιδεσθέντες ▸ 1
: **Verb** · aorist · passive · participle · masculine · plural · nominative ▸ **1** (4Mac. 3,12)

καταικίζω (κατά; αἰκίζω) to mistreat, torture ▸ 6

καταικίζεις ▸ 1
: **Verb** · second · singular · present · active · indicative ▸ **1** (4Mac. 9,15)

καταικιζόμενος ▸ 1
: **Verb** · present · passive · participle · masculine · singular · nominative ▸ **1** (4Mac. 7,2)

καταικιζομένους ▸ 1
: **Verb** · present · passive · participle · masculine · plural · accusative ▸ **1** (4Mac. 13,27)

καταικίσας ▸ 1
: **Verb** · aorist · active · participle · masculine · singular · nominative ▸ **1** (4Mac. 12,13)

καταικισθεὶς ▸ 1
: **Verb** · aorist · passive · participle · masculine · singular · nominative ▸ **1** (4Mac. 11,1)

κατῄκιζον ▸ 1
: **Verb** · third · plural · imperfect · active · indicative ▸ **1** (4Mac. 6,3)

καταισχύνω (κατά; αἶσχος) to shame, dishonor, be ashamed ▸ 75 + 4 + 13 = 92

καταισχύνει ▸ 1 + 3 = 4
: **Verb** · third · singular · present · active · indicative ▸ **1 + 3 = 4** (Sir. 22,5; Rom. 5,5; 1Cor. 11,4; 1Cor. 11,5)

καταισχύνετε ▸ 1 + 1 = 2
: **Verb** · second · plural · present · active · indicative ▸ **1 + 1 = 2** (Is. 3,15; 1Cor. 11,22)

καταισχύνῃ ▸ 1 + 2 = 3
: **Verb** · third · singular · present · active · subjunctive ▸ **1 + 2 = 3** (Sir. 42,11; 1Cor. 1,27; 1Cor. 1,27)

καταισχύνῃς ▸ 5 + 1 = 6
: **Verb** · second · singular · present · active · subjunctive ▸ **5 + 1 = 6** (4Mac. 13,18; Psa. 118,31; Psa. 118,116; Ode. 7,41; Dan. 3,41; Dan. 3,41)

καταισχύνητε ▸ 1
: **Verb** · second · plural · present · active · subjunctive ▸ **1** (Ruth 2,15)

καταισχυνθείην ▸ 6
: **Verb** · first · singular · aorist · passive · optative ▸ **6** (Psa. 24,2; Psa. 24,20; Psa. 30,2; Psa. 30,18; Psa. 70,1; Jer. 17,18)

καταισχυνθείησαν ▸ 5 + 1 = 6
: **Verb** · third · plural · aorist · passive · optative ▸ **5 + 1 = 6** (Psa. 6,11; Psa. 39,15; Psa. 69,3; Ode. 7,44; Dan. 3,44; Dan. 3,44)

καταισχυνθῇ ▸ 5 + 1 = 6
: **Verb** · third · singular · aorist · passive · subjunctive ▸ **5 + 1 = 6** (Psa. 33,6; Sir. 15,4; Joel 2,26; Is. 28,16; Jer. 7,19; 1Pet. 2,6)

καταισχυνθῇς ▸ 1
: **Verb** · second · singular · future · passive · subjunctive ▸ **1** (Zeph. 3,11)

καταισχυνθήσεται ▸ 3 + 2 = 5
: **Verb** · third · singular · future · passive · indicative ▸ **3 + 2 = 5** (Prov. 19,26; Jer. 31,13; Ezek. 24,12; Rom. 9,33; Rom. 10,11)

κατακαίω

καταισχυνθήση ‣ 1
: **Verb** · second · singular · future · passive · indicative ‣ **1** (Jer. 2,36)

καταισχυνθήσονται ‣ 10
: **Verb** · third · plural · future · passive · indicative ‣ **10** (Psa. 36,19; Psa. 126,5; Hos. 4,19; Mic. 3,7; Mic. 7,16; Zeph. 3,20; Zech. 10,5; Zech. 13,4; Jer. 27,38; LetterJ 38)

καταισχυνθήτωσαν ‣ 3
: **Verb** · third · plural · aorist · passive · imperative ‣ **3** (Psa. 34,4; Jer. 17,13; Jer. 17,18)

καταισχυνθῶμεν ‣ 1
: **Verb** · first · plural · aorist · passive · subjunctive ‣ **1** (2Cor. 9,4)

καταισχυνθῶσιν ‣ 2 + 1 = 3
: **Verb** · third · plural · aorist · passive · subjunctive ‣ **2** + **1** = **3** (Psa. 24,3; Joel 2,27; 1Pet. 3,16)

καταισχυνόμενοι ‣ 1
: **Verb** · present · passive · participle · masculine · plural · nominative ‣ **1** (Jer. 6,15)

καταισχύνουσα ‣ 2
: **Verb** · present · active · participle · feminine · singular · nominative ‣ **2** (Sir. 22,4; Sir. 42,14)

καταισχυνῶ ‣ 1
: **Verb** · first · singular · present · active · indicative ‣ **1** (4Mac. 5,35)

καταισχύνων ‣ 1
: **Verb** · present · active · participle · masculine · singular · nominative ‣ **1** (Judg. 18,7)

κατησχυμμένος ‣ 1
: **Verb** · perfect · passive · participle · masculine · singular · nominative ‣ **1** (Psa. 73,21)

Κατῄσχυνας ‣ 1
: **Verb** · second · singular · aorist · active · indicative ‣ **1** (2Sam. 19,6)

κατῄσχυνας ‣ 3
: **Verb** · second · singular · aorist · active · indicative ‣ **3** (2Sam. 16,21; Psa. 43,8; Psa. 43,10)

κατῃσχύνατε ‣ 1
: **Verb** · second · plural · aorist · active · indicative ‣ **1** (Psa. 13,6)

κατῄσχυνεν ‣ 1
: **Verb** · third · singular · imperfect · active · indicative ‣ **1** (Hos. 2,7)

Κατῃσχύνθη ‣ 1
: **Verb** · third · singular · aorist · passive · indicative ‣ **1** (Jer. 30,29)

κατῃσχύνθη ‣ 8
: **Verb** · third · singular · aorist · passive · indicative ‣ **8** (Sir. 2,10; Jer. 10,14; Jer. 15,9; Jer. 26,24; Jer. 27,2; Jer. 28,17; Jer. 31,13; Jer. 31,20)

κατῃσχύνθημεν ‣ 1
: **Verb** · first · plural · aorist · passive · indicative ‣ **1** (Jer. 9,18)

κατῃσχύνθην ‣ 1
: **Verb** · first · singular · aorist · passive · indicative ‣ **1** (2Cor. 7,14)

κατῃσχύνθης ‣ 2
: **Verb** · second · singular · aorist · passive · indicative ‣ **2** (Is. 54,4; Jer. 2,36)

κατῃσχύνθησαν ‣ 6 + 1 = 7
: **Verb** · third · plural · aorist · passive · indicative ‣ **6** + **1** = **7** (2Sam. 10,6; 2Kings 19,26; Psa. 21,6; Psa. 52,6; Jer. 6,15; Jer. 6,15; Sus. 27)

κατῃσχύνοντο ‣ 1
: **Verb** · third · plural · imperfect · passive · indicative ‣ **1** (Luke 13,17)

κατῄσχυνται ‣ 1
: **Verb** · third · singular · perfect · passive · indicative ‣ **1** (Tob. 10,2)

κατακαίω (κατά; καίω) to burn up, consume ‣ 97 + 1 + 12 = 110

κατακαήσεται ‣ 1 + 1 = 2
: **Verb** · third · singular · future · passive · indicative ‣ **1** + **1** = **2** (Tob. 14,4; 1Cor. 3,15)

κατακαήσονται ‣ 1
: **Verb** · third · plural · future · passive · indicative ‣ **1** (Is. 47,14)

κατακαίειν ‣ 2
: **Verb** · present · active · infinitive ‣ **2** (Jer. 7,31; Jer. 19,5)

κατακαίεται ‣ 1 + 2 = 3
: **Verb** · third · singular · present · passive · indicative ‣ **1** + **2** = **3** (Ex. 3,3; Matt. 13,40; Heb. 13,11)

κατακαίουσιν ‣ 2
: **Verb** · third · plural · present · active · indicative ‣ **2** (Deut. 12,31; 1Sam. 31,12)

κατακαίων ‣ 2
: **Verb** · present · active · participle · masculine · singular · nominative ‣ **2** (Lev. 16,28; Num. 19,8)

κατακαυθῇ ‣ 1
: **Verb** · third · singular · aorist · passive · subjunctive ‣ **1** (Jer. 45,17)

κατακαυθῇς ‣ 1
: **Verb** · second · singular · aorist · passive · subjunctive ‣ **1** (Is. 43,2)

κατακαυθήσεται ‣ 14 + 1 = 15
: **Verb** · third · singular · future · passive · indicative ‣ **14** + **1** = **15** (Lev. 6,23; Lev. 7,17; Lev. 7,19; Lev. 8,32; Lev. 13,52; Lev. 13,55; Lev. 13,57; Lev. 19,6; Lev. 21,9; Num. 19,5; Josh. 7,15; Jer. 45,23; Ezek. 21,3; Ezek. 43,21; Rev. 18,8)

κατακαυθήσονται ‣ 3
: **Verb** · third · plural · future · passive · indicative ‣ **3** (Is. 1,31; Jer. 30,18; LetterJ 54)

κατακαυθήτω ‣ 1
: **Verb** · third · singular · aorist · passive · imperative ‣ **1** (Gen. 38,24)

κατακαῦσαι ‣ 1
: **Verb** · third · singular · aorist · active · optative ‣ **1** (Psa. 82,15)

κατακαῦσαι ‣ 3 + 1 = 4
: **Verb** · aorist · active · infinitive ‣ **3** + **1** = **4** (1Chr. 14,12; Jer. 43,25; Jer. 43,27; Matt. 13,30)

κατακαύσει ‣ 9 + 2 = 11
: **Verb** · third · singular · future · active · indicative ‣ **9** + **2** = **11** (Lev. 13,52; 4Mac. 18,14; Psa. 45,10; Prov. 6,27; Prov. 6,28; Is. 43,2; Is. 64,1; Jer. 21,10; Jer. 50,13; Matt. 3,12; Luke 3,17)

κατακαύσεις ‣ 5
: **Verb** · second · singular · future · active · indicative ‣ **5** (Ex. 29,14; Ex. 29,34; Josh. 11,6; Ezek. 5,2; Ezek. 5,4)

κατακαύσετε ‣ 5
: **Verb** · second · plural · future · active · indicative ‣ **5** (Ex. 12,10; Ex. 34,13; Deut. 7,5; Deut. 7,25; Deut. 12,3)

κατακαύσομεν ‣ 1
: **Verb** · first · plural · future · active · indicative ‣ **1** (Judith 6,4)

κατακαύσουσιν ‣ 8 + 1 = 9
: **Verb** · third · plural · future · active · indicative ‣ **8** + **1** = **9** (Lev. 4,12; Lev. 4,21; Lev. 16,27; Lev. 20,14; Num. 19,5; Jer. 39,29; Jer. 41,22; Ezek. 39,10; Rev. 17,16)

κατακαύσωμεν ‣ 1
: **Verb** · first · plural · aorist · active · subjunctive ‣ **1** (Psa. 73,8)

κατακαύσωμέν ▸ 1
  Verb ▪ first ▪ plural ▪ aorist ▪ active ▪ subjunctive ▸ 1 (Judg. 14,15)
κατακέκαυμαι ▸ 1
  Verb ▪ first ▪ singular ▪ perfect ▪ middle ▪ indicative ▸ 1 (Is. 27,4)
κατακεκαυμένα ▸ 1
  Verb ▪ perfect ▪ passive ▪ participle ▪ neuter ▪ plural ▪ nominative ▸ 1 (Is. 33,12)
κατακεκαυμένας ▸ 1
  Verb ▪ perfect ▪ passive ▪ participle ▪ feminine ▪ plural ▪ accusative ▸ 1 (1Mac. 4,38)
κατακεκαυμένη ▸ 1
  Verb ▪ perfect ▪ passive ▪ participle ▪ feminine ▪ singular ▪ nominative ▸ 1 (Is. 33,12)
κατακεκαυμένης ▸ 1
  Verb ▪ perfect ▪ passive ▪ participle ▪ feminine ▪ singular ▪ genitive ▸ 1 (Num. 19,17)
κατακεκαυμένοι ▸ 1
  Verb ▪ perfect ▪ passive ▪ participle ▪ masculine ▪ plural ▪ nominative ▸ 1 (Num. 17,4)
κατακεκαυμένον ▸ 1
  Verb ▪ perfect ▪ middle ▪ participle ▪ masculine ▪ singular ▪ accusative ▸ 1 (Deut. 29,22)
κατακεκαυμένος ▸ 2
  Verb ▪ perfect ▪ passive ▪ participle ▪ masculine ▪ singular ▪ nominative ▸ 2 (4Mac. 6,26; Is. 9,18)
κατακεκαυμένων ▸ 1
  Verb ▪ perfect ▪ passive ▪ participle ▪ masculine ▪ plural ▪ genitive ▸ 1 (Num. 17,2)
κατεκάη ▸ 3
  Verb ▪ third ▪ singular ▪ aorist ▪ passive ▪ indicative ▸ 3 (Rev. 8,7; Rev. 8,7; Rev. 8,7)
κατεκάησαν ▸ 1
  Verb ▪ third ▪ plural ▪ aorist ▪ passive ▪ indicative ▸ 1 (Dan. 3,94)
κατεκαίετο ▸ 1
  Verb ▪ third ▪ singular ▪ imperfect ▪ passive ▪ indicative ▸ 1 (Ex. 3,2)
κατέκαιον ▸ 2 + 1 = 3
  Verb ▪ third ▪ plural ▪ imperfect ▪ active ▪ indicative ▸ 2 + 1 = 3 (2Kings 17,31; 2Mac. 10,36; Acts 19,19)
κατέκαυσα ▸ 1
  Verb ▪ first ▪ singular ▪ aorist ▪ active ▪ indicative ▸ 1 (Deut. 9,21)
κατέκαυσαν ▸ 3
  Verb ▪ third ▪ plural ▪ aorist ▪ active ▪ indicative ▸ 3 (Lev. 4,21; Amos 2,1; Is. 44,16)
κατέκαυσας ▸ 1
  Verb ▪ second ▪ singular ▪ aorist ▪ active ▪ indicative ▸ 1 (Jer. 43,29)
κατέκαυσεν ▸ 16
  Verb ▪ third ▪ singular ▪ aorist ▪ active ▪ indicative ▸ 16 (Ex. 32,20; Lev. 8,17; Lev. 9,11; 2Kings 23,4; 2Kings 23,6; 2Kings 23,11; 2Kings 23,15; 2Kings 23,16; 2Kings 23,20; 2Chr. 15,16; 2Chr. 34,5; 1Mac. 5,68; Job 1,16; Is. 44,19; Jer. 43,28; Jer. 43,32)

κατακάλυμμα (κατά; καλύπτω) covering, curtain ▸ 11
  κατακάλυμμα ▸ 9
    Noun ▪ neuter ▪ singular ▪ accusative ▪ (common) ▸ 7 (Ex. 26,14; Ex. 38,19; Ex. 40,19; Ex. 40,21; Num. 4,6; Num. 4,31; Num. 4,31)
    Noun ▪ neuter ▪ singular ▪ nominative ▪ (common) ▸ 2 (Num. 3,25; Num. 3,31)
  κατακαλύμμά ▸ 2
    Noun ▪ neuter ▪ singular ▪ accusative ▪ (common) ▸ 1 (Is. 47,2)
    Noun ▪ neuter ▪ singular ▪ nominative ▪ (common) ▸ 1 (Is. 14,11)

κατακαλύπτω (κατά; καλύπτω) to cover ▸ 25 + 1 + 3 = 29
  κατακαλύπτεσθαι ▸ 1
    Verb ▪ present ▪ middle ▪ infinitive ▸ 1 (1Cor. 11,7)
  κατακαλυπτέσθω ▸ 1
    Verb ▪ third ▪ singular ▪ present ▪ middle ▪ imperative ▸ 1 (1Cor. 11,6)
  κατακαλύπτεται ▸ 1
    Verb ▪ third ▪ singular ▪ present ▪ middle ▪ indicative ▸ 1 (1Cor. 11,6)
  κατακαλύπτον ▸ 6
    Verb ▪ present ▪ active ▪ participle ▪ neuter ▪ singular ▪ accusative ▸ 6 (Ex. 29,22; Lev. 3,3; Lev. 3,14; Lev. 4,8; Lev. 7,3; Lev. 9,19)
  κατακαλύψαι ▸ 2
    Verb ▪ aorist ▪ active ▪ infinitive ▸ 2 (Is. 11,9; Ezek. 38,9)
  κατακαλύψει ▸ 3
    Verb ▪ third ▪ singular ▪ future ▪ active ▪ indicative ▸ 3 (Hab. 2,14; Is. 26,21; Ezek. 26,10)
  κατακαλύψεις ▸ 1
    Verb ▪ second ▪ singular ▪ future ▪ active ▪ indicative ▸ 1 (Ex. 26,34)
  κατακαλύψῃ ▸ 1
    Verb ▪ third ▪ singular ▪ aorist ▪ active ▪ subjunctive ▸ 1 (Ezek. 26,19)
  Κατακαλύψομαι ▸ 1
    Verb ▪ first ▪ singular ▪ future ▪ middle ▪ indicative ▸ 1 (2Chr. 18,29)
  κατακαλύψουσιν ▸ 1
    Verb ▪ third ▪ plural ▪ future ▪ active ▪ indicative ▸ 1 (Num. 4,5)
  κατακαλύψω ▸ 2
    Verb ▪ first ▪ singular ▪ future ▪ active ▪ indicative ▸ 2 (Jer. 26,8; Ezek. 32,7)
  κατακεκαλυμμένα ▸ 1
    Verb ▪ perfect ▪ passive ▪ participle ▪ neuter ▪ plural ▪ nominative ▸ 1 (Dan. 12,9)
  κατακεκαλυμμένη ▸ 1
    Verb ▪ perfect ▪ passive ▪ participle ▪ feminine ▪ singular ▪ nominative ▸ 1 (Sus. 32)
  κατεκάλυπτον ▸ 2
    Verb ▪ third ▪ plural ▪ imperfect ▪ active ▪ indicative ▸ 2 (Is. 6,2; Is. 6,2)
  κατεκαλύφθη ▸ 1
    Verb ▪ third ▪ singular ▪ aorist ▪ passive ▪ indicative ▸ 1 (Jer. 28,42)
  κατεκάλυψα ▸ 1
    Verb ▪ first ▪ singular ▪ aorist ▪ active ▪ indicative ▸ 1 (Sir. 24,3)
  κατεκαλύψατο ▸ 1
    Verb ▪ third ▪ singular ▪ aorist ▪ middle ▪ indicative ▸ 1 (Gen. 38,15)
  κατεκάλυψεν ▸ 2
    Verb ▪ third ▪ singular ▪ aorist ▪ active ▪ indicative ▸ 2 (Num. 22,5; Jer. 28,51)

κατακάμπτω (κατά; κάμπτω) to bend down ▸ 4
  κατακαμπτόμενος ▸ 1
    Verb ▪ present ▪ passive ▪ participle ▪ masculine ▪ singular ▪ nominative ▸ 1 (Ode. 12,10)
  κατεκάμφθην ▸ 1
    Verb ▪ first ▪ singular ▪ aorist ▪ passive ▪ indicative ▸ 1 (Psa. 37,7)
  κατέκαμψαν ▸ 2
    Verb ▪ third ▪ plural ▪ aorist ▪ active ▪ indicative ▸ 2 (4Mac. 11,10; Psa. 56,7)

κατάκαρπος (κατά; καρπός) fruitful ‣ 2
- κατάκαρπος ‣ 2
  - **Adjective** · feminine · singular · nominative · noDegree ‣ 2 (Psa. 51,10; Hos. 14,7)

κατακάρπως (κατά; καρπός) abundantly ‣ 1
- Κατακάρπως ‣ 1
  - **Adverb** ‣ 1 (Zech. 2,8)

κατακάρπωσις (κατά; καρπός) ashes from a burnt offering ‣ 2
- κατακάρπωσιν ‣ 2
  - **Noun** · feminine · singular · accusative · (common) ‣ 2 (Lev. 6,3; Lev. 6,4)

κατάκαυμα (κατά; καίω) burning, inflamation ‣ 10
- κατάκαυμα ‣ 3
  - **Noun** · neuter · singular · accusative · (common) ‣ 2 (Ex. 21,25; Jer. 31,34)
  - **Noun** · neuter · singular · nominative · (common) ‣ 1 (Lev. 13,24)
- κατακαύματι ‣ 1
  - **Noun** · neuter · singular · dative · (common) ‣ 1 (Lev. 13,25)
- κατακαύματος ‣ 4
  - **Noun** · neuter · singular · genitive · (common) ‣ 4 (Ex. 21,25; Lev. 13,24; Num. 19,6; Hos. 7,4)
- κατακαύματός ‣ 2
  - **Noun** · neuter · singular · genitive · (common) ‣ 2 (Lev. 13,28; Lev. 13,28)

κατακαυχάομαι (κατά; καυχάομαι) to boast against ‣ 3 + 4 = 7
- κατακαυχᾶσαι ‣ 1
  - **Verb** · second · singular · present · middle · indicative ‣ 1 (Rom. 11,18)
- κατακαυχᾶσθε ‣ 1
  - **Verb** · second · plural · present · middle · imperative ‣ 1 (James 3,14)
- κατακαυχᾶται ‣ 1
  - **Verb** · third · singular · present · middle · indicative ‣ 1 (James 2,13)
- κατακαυχήσονται ‣ 1
  - **Verb** · third · plural · future · middle · indicative ‣ 1 (Zech. 10,12)
- κατακαυχῶ ‣ 1
  - **Verb** · second · singular · present · middle · imperative ‣ 1 (Rom. 11,18)
- κατεκαυχᾶσθε ‣ 1
  - **Verb** · second · plural · imperfect · middle · indicative ‣ 1 (Jer. 27,11)
- κατεκαυχῶντο ‣ 1
  - **Verb** · third · plural · imperfect · middle · indicative ‣ 1 (Jer. 27,38)

κατάκειμαι (κατά; κεῖμαι) to lie down ‣ 4 + 12 = 16
- κατακείμενοι ‣ 1
  - **Verb** · present · middle · participle · masculine · plural · nominative ‣ 1 (Luke 5,29)
- κατακείμενον ‣ 3
  - **Verb** · present · middle · participle · masculine · singular · accusative ‣ 3 (John 5,6; Acts 9,33; 1Cor. 8,10)
- κατακειμένου ‣ 1
  - **Verb** · present · middle · participle · masculine · singular · genitive ‣ 1 (Mark 14,3)
- κατάκεισαι ‣ 1
  - **Verb** · second · singular · present · passive · indicative ‣ 1 (Prov. 6,9)
- κατακείσῃ ‣ 1
  - **Verb** · second · singular · future · passive · indicative ‣ 1 (Prov. 23,34)
- κατακεῖσθαι ‣ 2
  - **Verb** · present · middle · infinitive ‣ 2 (Mark 2,15; Acts 28,8)
- κατάκειται ‣ 1
  - **Verb** · third · singular · present · middle · indicative ‣ 1 (Luke 7,37)
- κατέκειτο ‣ 2 + 4 = 6
  - **Verb** · third · singular · imperfect · passive · indicative ‣ 2 + 4 = 6 (Judith 13,15; Wis. 17,7; Mark 1,30; Mark 2,4; Luke 5,25; John 5,3)

κατακενόω (κατά; κενός) to empty, pour out ‣ 2
- κατακενοῦν ‣ 1
  - **Verb** · present · active · infinitive ‣ 1 (Gen. 42,35)
- κατεκένωσεν ‣ 1
  - **Verb** · third · singular · aorist · active · indicative ‣ 1 (2Sam. 13,9)

κατακεντέω (κατά; κεντέω) to pierce, stab ‣ 3
- κατακεκεντημένοι ‣ 1
  - **Verb** · perfect · passive · participle · masculine · plural · nominative ‣ 1 (Jer. 28,4)
- κατακέντει ‣ 1
  - **Verb** · second · singular · present · active · imperative ‣ 1 (Ezek. 23,47)
- κατεκέντησαν ‣ 1
  - **Verb** · third · plural · aorist · active · indicative ‣ 1 (Judith 16,12)

κατακλάω (κατά; κλάω) to break ‣ 1 + 2 = 3
- κατέκλασεν ‣ 2
  - **Verb** · third · singular · aorist · active · indicative ‣ 2 (Mark 6,41; Luke 9,16)
- κατεκλάσθη ‣ 1
  - **Verb** · third · singular · aorist · passive · indicative ‣ 1 (Ezek. 19,12)

κατάκλειστος (κατά; κλείω) shut up ‣ 3
- κατάκλειστοι ‣ 2
  - **Adjective** · feminine · plural · nominative · noDegree ‣ 2 (2Mac. 3,19; 3Mac. 1,18)
- κατακλείστους ‣ 1
  - **Adjective** · masculine · plural · accusative · noDegree ‣ 1 (Wis. 18,4)

κατακλείω (κατά; κλείω) to shut up ‣ 5 + 2 = 7
- κατακεκλεισμένους ‣ 1
  - **Verb** · perfect · passive · participle · masculine · plural · accusative ‣ 1 (3Mac. 3,25)
- κατακλεισθείς ‣ 1
  - **Verb** · aorist · passive · participle · masculine · singular · nominative ‣ 1 (Wis. 17,15)
- κατακλεισθέντες ‣ 1
  - **Verb** · aorist · passive · participle · masculine · plural · nominative ‣ 1 (Wis. 17,2)
- κατέκλεισα ‣ 1
  - **Verb** · first · singular · aorist · active · indicative ‣ 1 (Acts 26,10)
- κατέκλεισεν ‣ 1 + 1 = 2
  - **Verb** · third · singular · aorist · active · indicative ‣ 1 + 1 = 2 (Jer. 39,3; Luke 3,20)
- κατεκλείσθη ‣ 1
  - **Verb** · third · singular · aorist · passive · indicative ‣ 1 (2Mac. 13,21)

κατακληροδοτέω (κατά; κληρόω; δίδωμι) to divide up, parcel out ‣ 2
- κατακληροδοτῇ ‣ 1

Verb · third · singular · present · active · subjunctive ▸ **1** (Deut. 21,16)
κατακληροδοτῆσαι ▸ 1
Verb · aorist · active · infinitive ▸ **1** (1Mac. 3,36)

κατακληρονομέω (κατά; κληρόω; νόμος 1st homograph) to divide by lot ▸ 61 + 1 + 1 = 63
κατακληρονομεῖ ▸ 1
Verb · third · singular · present · active · indicative ▸ **1** (Deut. 12,10)
κατακληρονομεῖν ▸ 1
Verb · present · active · infinitive ▸ **1** (Josh. 21,3)
κατακληρονομεῖς ▸ 1
Verb · second · singular · present · active · indicative ▸ **1** (Deut. 18,14)
κατακληρονομήθητι ▸ 1
Verb · second · singular · aorist · passive · imperative ▸ **1** (Sir. 24,8)
κατακληρονομῆσαι ▸ 9 + 1 = 10
Verb · aorist · active · infinitive ▸ 9 + 1 = **10** (Num. 34,18; Deut. 15,4; Deut. 25,19; Judg. 2,6; Judg. 18,9; Psa. 36,34; Sir. 44,21; Amos 2,10; Hab. 1,6; Judg. 2,6)
κατακληρονομήσαντας ▸ 1
Verb · aorist · active · participle · masculine · plural · accusative ▸ **1** (Obad. 17)
κατακληρονομήσαντες ▸ 1
Verb · aorist · active · participle · masculine · plural · nominative ▸ **1** (Josh. 14,1)
κατακληρονομήσατε ▸ 2
Verb · second · plural · aorist · active · imperative ▸ **2** (Josh. 22,19; Josh. 23,5)
κατακληρονομήσει ▸ 6
Verb · third · singular · future · active · indicative ▸ **6** (Deut. 1,38; Deut. 3,28; Sir. 4,16; Sir. 15,6; Zech. 2,16; Ezek. 46,18)
κατακληρονομήσεις ▸ 3
Verb · second · singular · future · active · indicative ▸ **3** (Deut. 31,3; Deut. 31,7; Psa. 81,8)
κατακληρονομήσετε ▸ 4
Verb · second · plural · future · active · indicative ▸ **4** (Num. 33,54; Num. 34,13; Ezek. 47,13; Ezek. 47,14)
κατακληρονομήση ▸ 1
Verb · third · singular · aorist · active · subjunctive ▸ **1** (Sir. 46,1)
κατακληρονομήσης ▸ 2
Verb · second · singular · aorist · active · subjunctive ▸ **2** (Deut. 12,29; Deut. 26,1)
κατακληρονομήσητε ▸ 3
Verb · second · plural · aorist · active · subjunctive ▸ **3** (Deut. 19,1; 1Chr. 28,8; 1Esdr. 8,82)
κατακληρονομήσομεν ▸ 1
Verb · first · plural · future · active · indicative ▸ **1** (Num. 13,30)
κατακληρονόμησον ▸ 1
Verb · second · singular · aorist · active · imperative ▸ **1** (Sir. 36,10)
κατακληρονομήσουσιν ▸ 6
Verb · third · plural · future · active · indicative ▸ **6** (Deut. 3,20; Obad. 17; Obad. 19; Obad. 19; Is. 14,2; Ezek. 45,8)
κατακληρονομήσω ▸ 2
Verb · first · singular · future · active · indicative ▸ **2** (Zech. 8,12; Ezek. 22,16)
κατακληρονομῶν ▸ 2
Verb · present · active · participle · masculine · singular · nominative ▸ **2** (1Sam. 2,8; Ode. 3,8)
κατεκληρονομήθης ▸ 1
Verb · second · singular · aorist · passive · indicative ▸ **1** (Deut. 19,14)
κατεκληρονόμησα ▸ 1
Verb · first · singular · aorist · active · indicative ▸ **1** (Jer. 3,18)
κατεκληρονόμησαν ▸ 4
Verb · third · plural · aorist · active · indicative ▸ **4** (Deut. 2,21; Deut. 2,22; Josh. 12,1; Josh. 21,43)
κατεκληρονομήσατε ▸ 1
Verb · second · plural · aorist · active · indicative ▸ **1** (Josh. 24,8)
κατεκληρονόμησεν ▸ 5 + 1 = 6
Verb · third · singular · aorist · active · indicative ▸ 5 + 1 = **6** (Josh. 13,32; Josh. 14,1; Josh. 19,51; Judg. 11,24; 2Sam. 7,1; Acts 13,19)
κατεκληρονόμησέν ▸ 1
Verb · third · singular · aorist · active · indicative ▸ **1** (Judg. 11,24)

κατακληρόω (κατά; κληρόω) to take by lot ▸ 6
κατακληροῦται ▸ 5
Verb · third · singular · present · passive · indicative ▸ **5** (1Sam. 10,20; 1Sam. 10,21; 1Sam. 10,21; 1Sam. 14,42; 1Sam. 14,47)
κατακληρώσηται ▸ 1
Verb · third · singular · aorist · middle · subjunctive ▸ **1** (1Sam. 14,42)

κατακλίνω (κατά; κλίνω) to sit down, cause to sit down ▸ 6 + 2 + 5 = 13
κατακλιθεὶς ▸ 2 + 1 = 3
Verb · aorist · passive · participle · masculine · singular · nominative ▸ 2 + 1 = **3** (Num. 24,9; Dan. 2,29; Judg. 5,27)
κατακλιθῇ ▸ 1
Verb · third · singular · aorist · passive · subjunctive ▸ **1** (Ex. 21,18)
κατακλιθῆναι ▸ 1
Verb · aorist · passive · infinitive ▸ **1** (Luke 24,30)
κατακλιθῇς ▸ 1
Verb · second · singular · aorist · passive · subjunctive ▸ **1** (Luke 14,8)
κατακλιθῶμεν ▸ 1
Verb · first · plural · aorist · passive · subjunctive ▸ **1** (1Sam. 16,11)
κατακλίνατε ▸ 1
Verb · second · plural · aorist · active · imperative ▸ **1** (Luke 9,14)
κατακλινομένην ▸ 1
Verb · present · passive · participle · feminine · singular · accusative ▸ **1** (Judith 12,15)
κατεκλίθη ▸ 1 + 1 = 2
Verb · third · singular · aorist · passive · indicative ▸ 1 + 1 = **2** (Judg. 5,27; Luke 7,36)
κατέκλιναν ▸ 1
Verb · third · plural · aorist · active · indicative ▸ **1** (Luke 9,15)
κατέκλινεν ▸ 1
Verb · third · singular · imperfect · active · indicative ▸ **1** (3Mac. 1,3)

κατάκλιτος (κατά; κλίνω) flowing downward ▸ 1
κατάκλιτα ▸ 1
Adjective · neuter · plural · accusative · noDegree ▸ **1** (Is. 3,23)

κατακλύζω (κατά; κλύζω) to overflow ▸ 9 + 4 + 1 = 14
κατακλυζομένην ▸ 1
Verb · present · passive · participle · feminine · singular · accusative ▸ **1** (Wis. 10,4)
κατακλύζοντα ▸ 1
Verb · present · active · participle · masculine · singular

- nominative ▸ **1** (Jer. 29,2)

κατακλύζοντι ▸ 1
: **Verb** · present · active · participle · masculine · singular · dative ▸ **1** (Ezek. 38,22)

κατακλύζοντος ▸ 1
: **Verb** · present · active · participle · masculine · singular · genitive ▸ **1** (Dan. 11,22)

κατακλύζων ▸ **2** + **1** = **3**
: **Verb** · present · active · participle · masculine · singular · nominative ▸ **2** + **1** = **3** (Ezek. 13,11; Ezek. 13,13; Dan. 11,10)

κατακλύσει ▸ **1** + **1** = **2**
: **Verb** · third · singular · future · active · indicative ▸ **1** + **1** = **2** (Jer. 29,2; Dan. 11,26)

κατακλυσθείς ▸ 1
: **Verb** · aorist · passive · participle · masculine · singular · nominative ▸ **1** (2Pet. 3,6)

κατακλυσθήσονται ▸ 1
: **Verb** · third · plural · future · passive · indicative ▸ **1** (Dan. 11,22)

κατέκλυσεν ▸ 2
: **Verb** · third · singular · aorist · active · indicative ▸ **2** (Job 14,19; Wis. 10,19)

κατεκλύσθησαν ▸ 1
: **Verb** · third · plural · aorist · passive · indicative ▸ **1** (Psa. 77,20)

κατακλυσμός (κατά; κλύζω) flood, deluge ▸ **22** + **1** + **4** = **27**

κατακλυσμόν ▸ 3
: **Noun** · masculine · singular · accusative · (common) ▸ **3** (Gen. 10,1; Gen. 10,32; Gen. 11,10)

κατακλυσμόν ▸ **4** + **1** = **5**
: **Noun** · masculine · singular · accusative · (common) ▸ **4** + **1** = **5** (Gen. 6,17; Gen. 9,15; Gen. 9,28; Psa. 28,10; 2Pet. 2,5)

κατακλυσμός ▸ 2
: **Noun** · masculine · singular · nominative · (common) ▸ **2** (Sir. 40,10; Sir. 44,17)

κατακλυσμὸς ▸ **5** + **2** = **7**
: **Noun** · masculine · singular · nominative · (common) ▸ **5** + **2** = **7** (Gen. 7,6; Gen. 7,17; Gen. 9,11; Sir. 21,13; Sir. 39,22; Matt. 24,39; Luke 17,27)

κατακλυσμοῦ ▸ **3** + **1** = **4**
: **Noun** · masculine · singular · genitive · (common) ▸ **3** + **1** = **4** (Gen. 7,7; Gen. 7,10; Gen. 9,11; Matt. 24,38)

κατακλυσμῷ ▸ **5** + **1** = **6**
: **Noun** · masculine · singular · dative · (common) ▸ **5** + **1** = **6** (4Mac. 15,31; 4Mac. 15,32; Psa. 31,6; Sir. 44,18; Nah. 1,8; Dan. 9,26)

κατακολουθέω (κατά; ἀκόλουθος) to follow after ▸ **5** + **2** = **7**

κατακολουθεῖν ▸ 1
: **Verb** · present · active · infinitive ▸ **1** (1Mac. 6,23)

κατακολουθῆσαι ▸ 1
: **Verb** · aorist · active · infinitive ▸ **1** (Dan. 9,10)

κατακολουθήσαντες ▸ 1
: **Verb** · aorist · active · participle · masculine · plural · nominative ▸ **1** (1Esdr. 7,1)

Κατακολουθήσασαι ▸ 1
: **Verb** · aorist · active · participle · feminine · plural · nominative ▸ **1** (Luke 23,55)

κατακολουθήσῃς ▸ 1
: **Verb** · second · singular · aorist · active · subjunctive ▸ **1** (Judith 11,6)

κατακολουθοῦσα ▸ 1
: **Verb** · present · active · participle · feminine · singular · nominative ▸ **1** (Acts 16,17)

κατακολουθῶν ▸ 1
: **Verb** · present · active · participle · masculine · singular · nominative ▸ **1** (Jer. 17,16)

κατακονδυλίζω (κατά; κόνδυλος) to hit with the fist ▸ **1**

κατεκονδυλίζετε ▸ 1
: **Verb** · second · plural · imperfect · active · indicative ▸ **1** (Amos 5,11)

κατακοντίζω (κατά; ἀκή) to shoot down ▸ **2**

κατηκόντισεν ▸ 1
: **Verb** · third · singular · aorist · active · indicative ▸ **1** (Judith 1,15)

κατηκόντισέν ▸ 1
: **Verb** · third · singular · aorist · active · indicative ▸ **1** (Job 30,14)

κατάκοπος (κατά; κόπτω) weary ▸ **4**

κατάκοποι ▸ 1
: **Adjective** · masculine · plural · nominative · noDegree ▸ **1** (Job 3,17)

κατάκοπόν ▸ 1
: **Adjective** · masculine · singular · accusative · noDegree ▸ **1** (Job 16,7)

κατακόπων ▸ 2
: **Adjective** · feminine · plural · genitive · noDegree ▸ **1** (Judg. 5,26)
: **Adjective** · masculine · plural · genitive · noDegree ▸ **1** (2Mac. 12,36)

κατακόπτω (κατά; κόπτω) to cut, cut down, cut in pieces ▸ **20** + **2** + **1** = **23**

κατακεκομμένην ▸ 1
: **Verb** · perfect · passive · participle · feminine · singular · accusative ▸ **1** (Zeph. 1,11)

κατακεκομμένους ▸ 1
: **Verb** · perfect · passive · participle · masculine · plural · accusative ▸ **1** (Is. 27,9)

κατακόπτων ▸ 1
: **Verb** · present · active · participle · masculine · singular · nominative ▸ **1** (Mark 5,5)

κατακόψει ▸ **1** + **1** = **2**
: **Verb** · third · singular · future · active · indicative ▸ **1** + **1** = **2** (Is. 18,5; Dan. 7,23)

κατακόψεις ▸ 1
: **Verb** · second · singular · future · active · indicative ▸ **1** (Ezek. 5,2)

κατακόψουσιν ▸ 5
: **Verb** · third · plural · future · active · indicative ▸ **5** (Mic. 1,7; Mic. 4,3; Zech. 11,6; Jer. 20,4; Jer. 21,7)

κατακόψω ▸ 1
: **Verb** · first · singular · future · active · indicative ▸ **1** (Amos 1,5)

κατεκόπησαν ▸ 1
: **Verb** · third · plural · aorist · passive · indicative ▸ **1** (2Mac. 1,13)

κατέκοπτον ▸ **1** + **1** = **2**
: **Verb** · third · plural · imperfect · active · indicative ▸ **1** + **1** = **2** (Josh. 10,10; Judg. 20,43)

κατέκοψαν ▸ 4
: **Verb** · third · plural · aorist · active · indicative ▸ **4** (Gen. 14,5; Gen. 14,7; Num. 14,45; Josh. 11,8)

κατέκοψε ▸ 1
: **Verb** · third · singular · aorist · active · indicative ▸ **1** (Judith 2,25)

κατέκοψεν ▸ 3

Verb · third · singular · aorist · active · indicative ▸ **3** (2Chr. 15,16; 2Chr. 28,24; 2Chr. 34,7)

κατακοσμέω (κατά; κόσμος) to adorn, fit out ▸ **3**
   κατεκόσμησαν ▸ **1**
      Verb · third · plural · aorist · active · indicative ▸ **1** (1Mac. 4,57)
   κατεκόσμησεν ▸ **1**
      Verb · third · singular · aorist · active · indicative ▸ **1** (Ex. 39,5)
   κατεκόσμησέν ▸ **1**
      Verb · third · singular · aorist · active · indicative ▸ **1** (Is. 61,10)

κατακρατέω (κατά; κεράννυμι) to prevail, occupy, seize, overcome ▸ **29**
   κατακρατεῖ ▸ **1**
      Verb · third · singular · present · active · indicative ▸ **1** (Sir. 21,11)
   κατακρατεῖτε ▸ **1**
      Verb · second · plural · present · active · indicative ▸ **1** (1Mac. 15,28)
   κατακρατῆσαι ▸ **3**
      Verb · aorist · active · infinitive ▸ **3** (1Mac. 8,3; 1Mac. 11,1; 1Mac. 16,13)
   κατακρατήσας ▸ **1**
      Verb · aorist · active · participle · masculine · singular · nominative ▸ **1** (3Mac. 1,6)
   κατακράτησον ▸ **2**
      Verb · second · singular · aorist · active · imperative ▸ **2** (Nah. 3,14; Nah. 3,14)
   κατακρατοῦντες ▸ **1**
      Verb · present · active · participle · masculine · plural · nominative ▸ **1** (1Esdr. 4,2)
   κατεκρατήθη ▸ **2**
      Verb · third · singular · aorist · passive · indicative ▸ **2** (2Chr. 12,1; 1Mac. 15,33)
   κατεκρατήθησαν ▸ **1**
      Verb · third · plural · aorist · passive · indicative ▸ **1** (Jer. 8,5)
   κατεκράτησαν ▸ **9**
      Verb · third · plural · aorist · active · indicative ▸ **9** (2Chr. 12,4; 1Mac. 7,22; 1Mac. 8,2; 1Mac. 8,4; 1Mac. 8,5; 1Mac. 8,10; 1Mac. 8,12; 1Mac. 11,49; 1Mac. 15,3)
   κατεκράτησάν ▸ **1**
      Verb · third · plural · aorist · active · indicative ▸ **1** (Mic. 4,9)
   κατεκρατήσατε ▸ **1**
      Verb · second · plural · aorist · active · indicative ▸ **1** (Jer. 47,10)
   κατεκράτησεν ▸ **6**
      Verb · third · singular · aorist · active · indicative ▸ **6** (1Sam. 14,42; 1Kings 12,24u; 1Mac. 6,54; 1Mac. 11,56; Mic. 1,9; Jer. 27,43)

κατακρημνίζω (κατά; κρεμάννυμι) to throw down a cliff ▸ **4 + 1 = 5**
   κατακρημνίσαι ▸ **1**
      Verb · aorist · active · infinitive ▸ **1** (Luke 4,29)
   κατακρημνίσαντα ▸ **1**
      Verb · aorist · active · participle · masculine · singular · accusative ▸ **1** (2Mac. 12,15)
   κατακρημνισθῆναι ▸ **1**
      Verb · aorist · passive · infinitive ▸ **1** (4Mac. 4,25)
   κατεκρήμνιζον ▸ **1**
      Verb · third · plural · imperfect · active · indicative ▸ **1** (2Chr. 25,12)
   κατεκρήμνισεν ▸ **1**
      Verb · third · singular · aorist · active · indicative ▸ **1** (2Mac. 14,43)

κατάκριμα (κατά; κρίνω) condemnation ▸ **3**
   κατάκριμα ▸ **3**
      Noun · neuter · singular · accusative ▸ **2** (Rom. 5,16; Rom. 5,18)
      Noun · neuter · singular · nominative ▸ **1** (Rom. 8,1)

κατακρίνω (κατά; κρίνω) to condemn ▸ **5 + 3 + 18 = 26**
   κατακέκριται ▸ **1**
      Verb · third · singular · perfect · passive · indicative ▸ **1** (Rom. 14,23)
   κατακριθήσεται ▸ **1**
      Verb · third · singular · future · passive · indicative ▸ **1** (Mark 16,16)
   κατακριθῶμεν ▸ **1**
      Verb · first · plural · aorist · passive · subjunctive ▸ **1** (1Cor. 11,32)
   κατακρῖναι ▸ **1**
      Verb · aorist · active · infinitive ▸ **1** (Sol. 4,2)
   κατακρινεῖ ▸ **1 + 2 = 3**
      Verb · third · singular · future · active · indicative ▸ **1 + 2 = 3** (Wis. 4,16; Matt. 12,42; Luke 11,31)
   κατακρίνεις ▸ **1**
      Verb · second · singular · present · active · indicative ▸ **1** (Rom. 2,1)
   κατακρινοῦσιν ▸ **4**
      Verb · third · plural · future · active · indicative ▸ **4** (Matt. 12,41; Matt. 20,18; Mark 10,33; Luke 11,32)
   κατακρίνω ▸ **1**
      Verb · first · singular · present · active · indicative ▸ **1** (John 8,11)
   κατακρινῶ ▸ **1**
      Verb · first · singular · future · active · indicative ▸ **1** (Dan. 4,37a)
   κατακρίνων ▸ **1**
      Verb · present · active · participle · masculine · singular · nominative ▸ **1** (Sus. 53)
   κατακρινῶν ▸ **1**
      Verb · future · active · participle · masculine · singular · nominative ▸ **1** (Rom. 8,34)
   κατεκρίθη ▸ **1**
      Verb · third · singular · aorist · passive · indicative ▸ **1** (Matt. 27,3)
   κατέκριναν ▸ **1 + 1 = 2**
      Verb · third · plural · aorist · active · indicative ▸ **1 + 1 = 2** (Sus. 41; Mark 14,64)
   κατέκρινας ▸ **1**
      Verb · second · singular · aorist · active · indicative ▸ **1** (Sus. 53)
   κατεκρίνατε ▸ **1**
      Verb · second · plural · aorist · active · indicative ▸ **1** (Sus. 48)
   κατέκρινεν ▸ **1 + 4 = 5**
      Verb · third · singular · aorist · active · indicative ▸ **1 + 4 = 5** (Esth. 2,1; John 8,10; Rom. 8,3; Heb. 11,7; 2Pet. 2,6)

κατάκρισις (κατά; κρίνω) condemnation ▸ **2**
   κατακρίσεως ▸ **1**
      Noun · feminine · singular · genitive ▸ **1** (2Cor. 3,9)
   κατάκρισιν ▸ **1**
      Noun · feminine · singular · accusative ▸ **1** (2Cor. 7,3)

κατακροτέω (κατά; κρότος) to prevail, occupy, seize, overcome ▸ **1**
   κατακροτήσατε ▸ **1**
      Verb · second · plural · aorist · active · imperative ▸ **1** (Jer. 27,15)

κατακρούω (κατά; κρούω) to nail ▸ **1**
   κατέκρουσεν ▸ **1**

κατακρούω–καταλαλέω

Verb · third · singular · aorist · active · indicative ▸ 1 (Judg. 16,14)

κατακρύπτω (κατά; κρύπτω) to hide ▸ 15

κατακεκρυμμένος ▸ 1
Verb · perfect · passive · participle · masculine · singular · nominative ▸ 1 (2Chr. 22,12)

κατακρύβηθι ▸ 1
Verb · second · singular · aorist · passive · imperative ▸ 1 (Jer. 43,19)

κατακρυβῆναι ▸ 1
Verb · aorist · passive · infinitive ▸ 1 (2Chr. 18,24)

κατακρύψαι ▸ 1
Verb · aorist · active · infinitive ▸ 1 (Jer. 13,6)

κατακρύψεις ▸ 1
Verb · second · singular · future · active · indicative ▸ 1 (Psa. 30,21)

κατάκρυψον ▸ 2
Verb · second · singular · aorist · active · imperative ▸ 2 (Jer. 13,4; Jer. 50,9)

κατακρύψουσιν ▸ 2
Verb · third · plural · future · active · indicative ▸ 2 (Psa. 55,7; Is. 2,18)

κατεκρύβησαν ▸ 2
Verb · third · plural · aorist · passive · indicative ▸ 2 (Josh. 10,16; Jer. 43,26)

κατέκρυψαν ▸ 2
Verb · third · plural · aorist · active · indicative ▸ 2 (2Kings 7,8; 2Mac. 1,19)

κατέκρυψας ▸ 1
Verb · second · singular · aorist · active · indicative ▸ 1 (Jer. 50,10)

κατέκρυψεν ▸ 1
Verb · third · singular · aorist · active · indicative ▸ 1 (Gen. 35,4)

κατακτάομαι (κατά; κτάομαι) to obtain, win ▸ 2

κατακτήσεσθαι ▸ 1
Verb · future · middle · infinitive ▸ 1 (2Chr. 28,10)

κατακτήσωμαι ▸ 1
Verb · first · singular · aorist · middle · subjunctive ▸ 1 (2Mac. 6,25)

κατακτείνω (κατά; κτείνω) to kill ▸ 2

κατακτεῖναι ▸ 1
Verb · aorist · active · infinitive ▸ 1 (4Mac. 12,11)

κατακτείνας ▸ 1
Verb · aorist · active · participle · masculine · singular · nominative ▸ 1 (4Mac. 11,3)

κατακυλίω (κατά; κυλίω) to roll down ▸ 2 + 1 = 3

κατακυλισθησόμεθα ▸ 1
Verb · first · plural · future · passive · indicative ▸ 1 (1Sam. 14,8)

κατακυλιῶ ▸ 1
Verb · first · singular · future · active · indicative ▸ 1 (Jer. 28,25)

κατεκυλίσθη ▸ 1
Verb · third · singular · aorist · passive · indicative ▸ 1 (Judg. 5,27)

κατακύπτω (κατά; κύπτω) to bend down, look down ▸ 2 + 1 = 3

κατακύψας ▸ 1
Verb · aorist · active · participle · masculine · singular · nominative ▸ 1 (John 8,8)

κατέκυψαν ▸ 1
Verb · third · plural · aorist · active · indicative ▸ 1 (2Kings 9,32)

κατεπέκυψεν ▸ 1
Verb · third · singular · aorist · active · indicative ▸ 1 (Esth. 15,7 # 5,1d)

κατακυριεύω (κατά; κύριος) to have power over ▸ 16 + 4 = 20

κατακυρίευε ▸ 1
Verb · second · singular · present · active · imperative ▸ 1 (Psa. 109,2)

κατακυριεύειν ▸ 1
Verb · present · active · infinitive ▸ 1 (Sir. 17,4)

κατακυριευθῇ ▸ 1
Verb · third · singular · aorist · passive · subjunctive ▸ 1 (Num. 32,22)

κατακυριεύοντες ▸ 1
Verb · present · active · participle · masculine · plural · nominative ▸ 1 (1Pet. 5,3)

κατακυριεύουσιν ▸ 2
Verb · third · plural · present · active · indicative ▸ 2 (Matt. 20,25; Mark 10,42)

κατακυριεῦσαι ▸ 1
Verb · aorist · active · infinitive ▸ 1 (Psa. 9,31)

κατακυριεύσας ▸ 1
Verb · aorist · active · participle · masculine · singular · nominative ▸ 1 (Acts 19,16)

κατακυριεύσατε ▸ 2
Verb · second · plural · aorist · active · imperative ▸ 2 (Gen. 1,28; Gen. 9,1)

κατακυριευσάτω ▸ 1
Verb · third · singular · aorist · active · imperative ▸ 1 (Psa. 118,133)

κατακυριεύσει ▸ 3
Verb · third · singular · future · active · indicative ▸ 3 (Psa. 9,26; Psa. 71,8; Dan. 11,39)

κατακυριεύσητε ▸ 1
Verb · second · plural · aorist · active · subjunctive ▸ 1 (Num. 32,29)

κατακυριεύσουσιν ▸ 1
Verb · third · plural · future · active · indicative ▸ 1 (Psa. 48,15)

κατακυριεύσω ▸ 1
Verb · first · singular · future · active · indicative ▸ 1 (Jer. 3,14)

κατακυριεύσωσιν ▸ 1
Verb · third · plural · aorist · active · subjunctive ▸ 1 (Psa. 18,14)

κατεκυρίευσαν ▸ 1
Verb · third · plural · aorist · active · indicative ▸ 1 (Num. 21,24)

κατεκυριεύσατε ▸ 1
Verb · second · plural · aorist · active · indicative ▸ 1 (1Mac. 15,30)

καταλαλέω (κατά; λάλος) to speak evil of ▸ 13 + 5 = 18

καταλαλεῖ ▸ 1
Verb · third · singular · present · active · indicative ▸ 1 (James 4,11)

καταλαλεῖν ▸ 1
Verb · present · active · infinitive ▸ 1 (Prov. 20,13)

καταλαλεῖσθε ▸ 1
Verb · second · plural · present · passive · indicative ▸ 1 (1Pet. 3,16)

καταλαλεῖτε ▸ 1
Verb · second · plural · present · active · imperative ▸ 1 (James 4,11)

καταλαλεῖτέ ▸ 1
Verb · second · plural · present · active · indicative ▸ 1 (Job 19,3)

καταλαλῆσαι ▸ 1
Verb · aorist · active · infinitive ▸ 1 (Num. 12,8)

καταλαλήσουσιν ▸ 1
> **Verb** · third · plural · future · active · indicative ▸ **1** (Mic. 3,7)

καταλαλοῦντα ▸ 1
> **Verb** · present · active · participle · masculine · singular · accusative ▸ **1** (Psa. 100,5)

καταλαλοῦσιν ▸ 1
> **Verb** · third · plural · present · active · indicative ▸ **1** (1Pet. 2,12)

καταλαλῶν ▸ 1
> **Verb** · present · active · participle · masculine · singular · nominative ▸ **1** (James 4,11)

κατελάλει ▸ 1
> **Verb** · third · singular · imperfect · active · indicative ▸ **1** (Num. 21,5)

κατελάλεις ▸ 1
> **Verb** · second · singular · imperfect · active · indicative ▸ **1** (Psa. 49,20)

κατελαλήσαμεν ▸ 2
> **Verb** · first · plural · aorist · active · indicative ▸ **2** (Num. 21,7; Mal. 3,13)

κατελάλησαν ▸ 3
> **Verb** · third · plural · aorist · active · indicative ▸ **3** (Psa. 77,19; Hos. 7,13; Mal. 3,16)

κατελάλουν ▸ 1
> **Verb** · third · plural · imperfect · active · indicative ▸ **1** (Psa. 118,23)

καταλαλιά (κατά; λάλος) slander, defamation ▸ 1 + 2 = 3

καταλαλιαί ▸ 1
> **Noun** · feminine · plural · nominative ▸ **1** (2Cor. 12,20)

καταλαλιὰς ▸ 1
> **Noun** · feminine · plural · accusative ▸ **1** (1Pet. 2,1)

καταλαλιᾶς ▸ 1
> **Noun** · feminine · singular · genitive · (common) ▸ **1** (Wis. 1,11)

κατάλαλος (κατά; λάλος) slanderer ▸ 1

καταλάλους ▸ 1
> **Noun** · masculine · plural · accusative ▸ **1** (Rom. 1,30)

καταλαμβάνω (κατά; λαμβάνω) to take, overtake, reach ▸ 118 + 8 + 15 = 141

καταλαβέσθαι ▸ 7 + 1 = 8
> **Verb** · aorist · middle · infinitive ▸ **7 + 1 = 8** (1Mac. 5,27; 1Mac. 5,30; 1Mac. 6,3; 1Mac. 6,26; 1Mac. 10,23; 1Mac. 16,20; 2Mac. 14,41; Eph. 3,18)

καταλάβετε ▸ 3 + 1 = 4
> **Verb** · second · plural · aorist · active · imperative ▸ **3 + 1 = 4** (Josh. 10,19; Judg. 7,24; Psa. 70,11; Judg. 7,24)

καταλαβέτωσάν ▸ 1
> **Verb** · third · plural · aorist · active · imperative ▸ **1** (Sir. 23,6)

καταλάβῃ ▸ 12 + 3 = 15
> **Verb** · third · singular · aorist · active · subjunctive ▸ **12 + 3 = 15** (Gen. 19,19; Num. 32,23; Deut. 19,6; 2Sam. 15,14; 1Kings 18,44; 3Mac. 2,10; Prov. 2,17; Sir. 7,1; Hos. 2,9; Hos. 10,9; Is. 59,9; Ezek. 33,4; Mark 9,18; John 12,35; 1Th. 5,4)

καταλάβῃς ▸ 1
> **Verb** · second · singular · aorist · active · subjunctive ▸ **1** (Sir. 11,10)

καταλάβητε ▸ 1
> **Verb** · second · plural · aorist · active · subjunctive ▸ **1** (1Cor. 9,24)

καταλάβοι ▸ 2
> **Verb** · third · singular · aorist · active · optative ▸ **2** (Psa. 7,6; Psa. 68,25)

καταλαβόμενοι ▸ 1
> **Verb** · aorist · middle · participle · masculine · plural · nominative ▸ **1** (Acts 4,13)

καταλαβόμενοί ▸ 1
> **Verb** · aorist · middle · participle · masculine · plural · nominative ▸ **1** (2Mac. 12,16)

καταλαβοῦσαν ▸ 1
> **Verb** · aorist · active · participle · feminine · singular · accusative ▸ **1** (3Mac. 2,23)

καταλάβω ▸ 1 + 1 = 2
> **Verb** · first · singular · aorist · active · subjunctive ▸ **1 + 1 = 2** (Mic. 6,6; Phil. 3,12)

καταλαβώμεθα ▸ 1
> **Verb** · first · plural · aorist · middle · subjunctive ▸ **1** (Prov. 1,13)

καταλάβωσιν ▸ 1
> **Verb** · third · plural · aorist · active · subjunctive ▸ **1** (Prov. 2,19)

καταλαμβάνομαι ▸ 1
> **Verb** · first · singular · present · middle · indicative ▸ **1** (Acts 10,34)

καταλαμβανομένης ▸ 1
> **Verb** · present · passive · participle · feminine · singular · genitive ▸ **1** (2Mac. 5,5)

καταλαμβανομένου ▸ 1
> **Verb** · present · middle · participle · masculine · singular · genitive ▸ **1** (Prov. 16,32)

καταλαμβάνονται ▸ 1
> **Verb** · third · plural · present · passive · indicative ▸ **1** (Prov. 2,19)

καταλαμβάνων ▸ 3
> **Verb** · present · active · participle · masculine · singular · nominative ▸ **3** (1Sam. 30,8; Job 5,13; Job 34,24)

καταλημφθῇ ▸ 1
> **Verb** · third · singular · aorist · passive · subjunctive ▸ **1** (Ex. 22,3)

καταλημφθήσονται ▸ 1
> **Verb** · third · plural · future · passive · indicative ▸ **1** (Sol. 15,9)

καταλήμψεσθε ▸ 1
> **Verb** · second · plural · future · middle · indicative ▸ **1** (Josh. 2,5)

καταλήμψεται ▸ 9
> **Verb** · third · singular · future · middle · indicative ▸ **9** (Lev. 26,5; Lev. 26,5; Prov. 11,27; Prov. 13,21; Sir. 15,1; Amos 9,13; Is. 35,10; Is. 51,11; Jer. 49,16)

καταλήμψῃ ▸ 3
> **Verb** · second · singular · future · middle · indicative ▸ **3** (Gen. 44,4; 1Sam. 30,8; Sir. 27,8)

καταλήμψομαι ▸ 6
> **Verb** · first · singular · future · middle · indicative ▸ **6** (Ex. 15,9; 1Sam. 30,8; Psa. 17,38; Ode. 1,9; Mic. 6,6; Is. 10,14)

καταλήμψονται ▸ 2
> **Verb** · third · plural · future · middle · indicative ▸ **2** (Sir. 15,7; Sol. 15,8)

καταλήμψονταί ▸ 2
> **Verb** · third · plural · future · middle · indicative ▸ **2** (Deut. 28,15; Deut. 28,45)

καταληφθήσεται ▸ 1
> **Verb** · third · singular · future · passive · indicative ▸ **1** (Sir. 23,8)

καταληφθῶσι ▸ 1
> **Verb** · third · plural · aorist · passive · subjunctive ▸ **1** (Dan. 4,37a)

κατειλημμένα ▸ 1
> **Verb** · perfect · passive · participle · neuter · plural · nominative ▸ **1** (2Chr. 9,20)

καταλαμβάνω–καταλείπω

κατειλημμένη ▸ 1
    Verb · perfect · passive · participle · feminine · singular · nominative ▸ 1 (Esth. 14,1 # 4,17k)

κατειλημμένην ▸ 1
    Verb · perfect · passive · participle · feminine · singular · accusative ▸ 1 (John 8,3)

κατειλημμένοις ▸ 1
    Verb · perfect · passive · participle · masculine · plural · dative ▸ 1 (2Mac. 15,19)

κατείληπται ▸ 1
    Verb · third · singular · perfect · passive · indicative ▸ 1 (John 8,4)

κατειληφέναι ▸ 1
    Verb · perfect · active · infinitive ▸ 1 (Phil. 3,13)

κατέλαβεν ▸ 8 + 1 + 2 = 11
    Verb · third · singular · aorist · active · indicative ▸ 8 + 1 + 2 = 11 (Gen. 31,23; Gen. 31,25; 2Sam. 12,26; 2Sam. 21,11; 2Chr. 25,23; 1Mac. 12,30; Is. 37,8; Dan. 1,20; Judg. 9,50; John 1,5; Rom. 9,30)

κατέλαβέν ▸ 2
    Verb · third · singular · aorist · active · indicative ▸ 2 (Jer. 10,19; Jer. 28,34)

κατέλαβες ▸ 1 + 1 = 2
    Verb · second · singular · aorist · active · indicative ▸ 1 + 1 = 2 (Sus. 58; Sus. 58)

κατελάβεσθε ▸ 1
    Verb · second · plural · aorist · middle · indicative ▸ 1 (1Mac. 15,30)

κατελάβετο ▸ 16 + 1 = 17
    Verb · third · singular · aorist · middle · indicative ▸ 16 + 1 = 17 (Josh. 11,10; 2Sam. 5,7; 2Sam. 12,29; 2Kings 18,10; Judith 2,25; Judith 11,11; 1Mac. 5,28; 1Mac. 5,35; 1Mac. 6,50; 1Mac. 6,63; 1Mac. 10,1; 1Mac. 11,66; 1Mac. 13,43; 2Mac. 10,22; Sol. 8,19; Is. 20,1; Judg. 9,45)

κατελάβομεν ▸ 1
    Verb · first · plural · aorist · active · indicative ▸ 1 (1Esdr. 6,8)

κατελαβόμην ▸ 1 + 1 = 2
    Verb · first · singular · aorist · middle · indicative ▸ 1 + 1 = 2 (2Sam. 12,27; Acts 25,25)

κατέλαβον ▸ 6 + 1 = 7
    Verb · third · plural · aorist · active · indicative ▸ 6 + 1 = 7 (2Kings 25,5; 2Chr. 22,9; 2Chr. 33,11; 2Mac. 12,18; Jer. 52,8; Lam. 1,3; Judg. 1,5)

κατέλαβόν ▸ 1
    Verb · third · plural · aorist · active · indicative ▸ 1 (Psa. 39,13)

κατελάβοντο ▸ 8 + 2 = 10
    Verb · third · plural · aorist · middle · indicative ▸ 8 + 2 = 10 (Num. 21,32; Josh. 8,19; Josh. 19,48; Judg. 1,8; Judg. 9,45; 1Mac. 1,19; 1Mac. 2,32; 1Mac. 11,46; Judg. 1,8; Judg. 18,22)

κατελάβοσαν ▸ 3 + 1 = 4
    Verb · third · plural · aorist · active · indicative ▸ 3 + 1 = 4 (Neh. 9,25; Zech. 1,6; Dan. 6,12; Judg. 1,6)

κατελήμφθη ▸ 3
    Verb · third · singular · aorist · passive · indicative ▸ 3 (2Mac. 13,21; Obad. 6; Jer. 3,8)

κατελήμφθην ▸ 1
    Verb · first · singular · aorist · passive · indicative ▸ 1 (Phil. 3,12)

καταλάμπω (κατά; λάμπω) to shine ▸ 1

κατελάμπετο ▸ 1
    Verb · third · singular · imperfect · passive · indicative ▸ 1 (Wis. 17,19)

καταλεαίνω (κατά; λεαίνω) to grind down ▸ 1

καταλεανεῖ ▸ 1
    Verb · third · singular · future · active · indicative ▸ 1 (Dan. 7,23)

καταλέγω (κατά; λέγω) to recount; include; accuse; lay down, lie down ▸ 2 + 1 = 3

καταλεγέσθω ▸ 1
    Verb · third · singular · present · passive · imperative ▸ 1 (1Tim. 5,9)

καταλέγων ▸ 1
    Verb · present · active · participle · masculine · singular · nominative ▸ 1 (Deut. 19,16)

καταληγούσης ▸ 1
    Verb · present · active · participle · feminine · singular · genitive ▸ 1 (2Mac. 7,30)

κατάλειμμα (κατά; λείπω) remnant, leftover ▸ 18 + 2 = 20

κατάλειμμα ▸ 16 + 2 = 18
    Noun · neuter · singular · accusative · (common) ▸ 12 (Gen. 45,7; 2Sam. 14,7; 1Kings 12,24y; 1Kings 15,4; 2Kings 10,11; 1Mac. 3,35; Job 22,20; Sir. 47,22; Is. 14,22; Is. 37,30; Jer. 27,26; Jer. 47,11)
    Noun · neuter · singular · nominative · (common) ▸ 4 + 2 = 6 (1Sam. 13,15; 2Kings 19,31; Sir. 44,17; Is. 10,22; Judg. 5,13; Tob. 13,17)

κατάλειμμά ▸ 1
    Noun · neuter · singular · accusative · (common) ▸ 1 (Is. 14,30)

καταλείμματα ▸ 1
    Noun · neuter · plural · accusative · (common) ▸ 1 (Jer. 30,3)

καταλείπω (κατά; λείπω) to leave, forsake ▸ 279 + 10 + 24 = 313

καταλείπει ▸ 1 + 1 = 2
    Verb · third · singular · present · active · indicative ▸ 1 + 1 = 2 (Prov. 14,26; Luke 15,4)

καταλειπόμενα ▸ 1
    Verb · present · passive · participle · neuter · plural · accusative ▸ 1 (Ex. 12,10)

καταλειπομένης ▸ 1
    Verb · present · passive · participle · feminine · singular · genitive ▸ 1 (Heb. 4,1)

καταλειπόμενοι ▸ 1
    Verb · present · passive · participle · masculine · plural · nominative ▸ 1 (Neh. 1,3)

καταλειπόμενος ▸ 1
    Verb · present · passive · participle · masculine · singular · nominative ▸ 1 (Ezra 1,4)

καταλειπομένων ▸ 1
    Verb · present · passive · participle · masculine · plural · genitive ▸ 1 (Jer. 45,4)

καταλείποντες ▸ 2
    Verb · present · active · participle · masculine · plural · nominative ▸ 2 (Sir. 28,23; Bar. 4,1)

καταλείπουσιν ▸ 1
    Verb · third · plural · present · active · indicative ▸ 1 (1Sam. 31,7)

καταλειφθείς ▸ 5
    Verb · aorist · passive · participle · masculine · singular · nominative ▸ 5 (2Kings 25,22; 2Chr. 8,7; 2Mac. 5,20; Is. 7,3; Is. 7,22)

καταλειφθεῖσαι ▸ 1
    Verb · aorist · passive · participle · feminine · plural · nominative ▸ 1 (Jer. 45,22)

καταλειφθεῖσαν ▸ 2
    Verb · aorist · passive · participle · feminine · singular · accusative

‣ **2** (Ex. 39,12; Lev. 10,12)

καταλειφθείσας ‣ 1
Verb ‧ aorist ‧ passive ‧ participle ‧ feminine ‧ plural ‧ accusative
‣ **1** (1Mac. 3,37)

καταλειφθείση ‣ 1
Verb ‧ aorist ‧ passive ‧ participle ‧ feminine ‧ singular ‧ dative
‣ **1** (Bar. 4,12)

καταλειφθεῖσιν ‣ 4
Verb ‧ aorist ‧ passive ‧ participle ‧ masculine ‧ plural ‧ dative
‣ **3** (Lev. 26,36; 1Mac. 9,8; Jer. 8,3)
Verb ‧ aorist ‧ passive ‧ participle ‧ neuter ‧ plural ‧ dative ‣ **1** (Ezek. 36,4)

καταλειφθὲν ‣ 14
Verb ‧ aorist ‧ passive ‧ participle ‧ neuter ‧ singular ‧ accusative
‣ **7** (Lev. 6,9; Lev. 14,17; Lev. 14,18; Lev. 14,29; 2Kings 25,11; Is. 4,2; Is. 11,11)
Verb ‧ aorist ‧ passive ‧ participle ‧ neuter ‧ singular ‧ nominative
‣ **7** (Lev. 2,10; Lev. 5,13; Lev. 7,17; Lev. 8,32; Is. 4,3; Is. 10,20; Is. 10,21)

καταλειφθέν ‣ 1
Verb ‧ aorist ‧ passive ‧ participle ‧ neuter ‧ singular ‧ accusative
‣ **1** (Ex. 10,5)

καταλειφθέντα ‣ 3
Verb ‧ aorist ‧ passive ‧ participle ‧ masculine ‧ singular
‧ accusative ‣ **3** (2Sam. 14,7; Jer. 21,7; Jer. 48,10)

καταλειφθέντας ‣ 6
Verb ‧ aorist ‧ passive ‧ participle ‧ masculine ‧ plural ‧ accusative
‣ **6** (Lev. 10,12; 2Kings 10,11; 2Kings 10,17; 1Chr. 4,43; 2Chr. 30,6; 2Mac. 12,19)

καταλειφθέντες ‣ 10
Verb ‧ aorist ‧ passive ‧ participle ‧ masculine ‧ plural ‧ nominative
‣ **10** (Gen. 14,10; Lev. 26,39; Judg. 8,10; Neh. 1,3; 1Mac. 2,18; 1Mac. 16,8; Sir. 23,27; Is. 6,12; Is. 10,19; Is. 24,14)

καταλειφθέντι ‣ 2
Verb ‧ aorist ‧ passive ‧ participle ‧ masculine ‧ singular ‧ dative
‣ **2** (Is. 11,16; Is. 28,5)

καταλειφθέντος ‣ 2
Verb ‧ aorist ‧ passive ‧ participle ‧ masculine ‧ singular
‧ genitive ‣ **2** (2Chr. 34,21; Jer. 47,6)

καταλειφθέντων ‣ 1
Verb ‧ aorist ‧ passive ‧ participle ‧ masculine ‧ plural ‧ genitive
‣ **1** (2Chr. 8,8)

καταλειφθῇ ‣ 8
Verb ‧ third ‧ singular ‧ aorist ‧ passive ‧ subjunctive ‣ **8** (Ex. 29,34; Lev. 19,6; Lev. 25,52; Deut. 28,54; 2Sam. 17,13; Is. 11,11; Is. 17,6; Is. 17,6)

καταλειφθῆναι ‣ 7 + **1** = 8
Verb ‧ aorist ‧ passive ‧ infinitive ‣ 7 + **1** = **8** (Deut. 28,55; Josh. 8,22; Josh. 10,33; Josh. 11,8; 1Esdr. 8,75; Jer. 51,7; Dan. 2,35; 1Th. 3,1)

καταλειφθήσεσθε ‣ 2
Verb ‧ second ‧ plural ‧ future ‧ passive ‧ indicative ‣ **2** (Deut. 4,27; Deut. 28,62)

καταλειφθήσεται ‣ 4
Verb ‧ third ‧ singular ‧ future ‧ passive ‧ indicative ‣ **4** (Is. 6,11; Is. 7,16; Is. 16,14; Is. 23,15)

καταλειφθήση ‣ 1
Verb ‧ second ‧ singular ‧ future ‧ passive ‧ indicative ‣ **1** (Is. 3,26)

καταλειφθήσονται ‣ 3
Verb ‧ third ‧ plural ‧ future ‧ passive ‧ indicative ‣ **3** (Is. 24,6; Is. 24,12; Is. 28,6)

καταλειφθῆτε ‣ 1
Verb ‧ second ‧ plural ‧ aorist ‧ passive ‧ subjunctive ‣ **1** (Is. 30,17)

καταλειφθῶσιν ‣ 2
Verb ‧ third ‧ plural ‧ aorist ‧ passive ‧ subjunctive ‣ **2** (Zech. 14,16; Ezek. 36,36)

καταλειφθῶσίν ‣ 1
Verb ‧ third ‧ plural ‧ aorist ‧ passive ‧ subjunctive ‣ **1** (Jer. 44,10)

καταλείψαντας ‣ 1
Verb ‧ aorist ‧ active ‧ participle ‧ masculine ‧ plural ‧ accusative
‣ **1** (Acts 6,2)

καταλείψει ‣ 10 + **3** = 13
Verb ‧ third ‧ singular ‧ future ‧ active ‧ indicative ‣ 10 + **3** = **13** (Gen. 2,24; 1Chr. 28,9; Prov. 12,11a; Prov. 20,7; Sir. 11,19; Sir. 13,4; Sir. 13,7; Sir. 23,26; Sir. 39,11; Is. 18,6; Matt. 19,5; Mark 10,7; Eph. 5,31)

καταλείψεις ‣ 4
Verb ‧ second ‧ singular ‧ future ‧ active ‧ indicative ‣ **4** (Lev. 19,10; 1Kings 19,18; Sir. 14,15; Lam. 5,20)

καταλείψετε ‣ 3
Verb ‧ second ‧ plural ‧ future ‧ active ‧ indicative ‣ **3** (Is. 10,3; Is. 30,18; Is. 65,15)

καταλείψης ‣ 1
Verb ‧ second ‧ singular ‧ aorist ‧ active ‧ subjunctive ‣ **1** (1Chr. 28,9)

καταλείψουσιν ‣ 4
Verb ‧ third ‧ plural ‧ future ‧ active ‧ indicative ‣ **4** (Lev. 7,15; Num. 9,12; 2Kings 4,43; Psa. 48,11)

καταλείψουσίν ‣ 1
Verb ‧ third ‧ plural ‧ future ‧ active ‧ indicative ‣ **1** (Jer. 30,3)

Καταλείψω ‣ 1
Verb ‧ first ‧ singular ‧ future ‧ active ‧ indicative ‣ **1** (Gen. 33,15)

καταλείψω ‣ 8
Verb ‧ first ‧ singular ‧ future ‧ active ‧ indicative ‣ **8** (Deut. 31,17; 2Kings 2,2; Ode. 11,10; Sir. 24,33; Is. 38,10; Is. 66,19; Jer. 9,1; Jer. 34,11)

καταλελειμμένα ‣ 4
Verb ‧ perfect ‧ passive ‧ participle ‧ neuter ‧ plural ‧ accusative
‣ **4** (Deut. 28,54; Josh. 23,4; Josh. 23,7; Is. 10,14)

Καταλελειμμένη ‣ 1
Verb ‧ perfect ‧ passive ‧ participle ‧ feminine ‧ singular
‧ nominative ‣ **1** (Is. 62,4)

καταλελειμμένη ‣ 2
Verb ‧ perfect ‧ passive ‧ participle ‧ feminine ‧ singular
‧ nominative ‣ **2** (Josh. 13,2; Is. 17,2)

καταλελειμμένην ‣ 1
Verb ‧ perfect ‧ passive ‧ participle ‧ feminine ‧ singular
‧ accusative ‣ **1** (Is. 54,6)

καταλελειμμένοι ‣ 6 + **1** = 7
Verb ‧ perfect ‧ passive ‧ participle ‧ masculine ‧ plural
‧ nominative ‣ 6 + **1** = **7** (Deut. 7,20; Is. 13,12; Is. 13,14; Is. 21,10; Is. 37,31; Is. 37,32; Judg. 8,10)

καταλελειμμένοις ‣ 3
Verb ‧ perfect ‧ passive ‧ participle ‧ masculine ‧ plural ‧ dative
‣ **3** (Josh. 17,6; Josh. 21,5; Josh. 21,20)

καταλελειμμένον ‣ 1
Verb ‧ perfect ‧ passive ‧ participle ‧ neuter ‧ singular ‧ nominative
‣ **1** (Is. 27,10)

καταλελειμμένος ‣ 1 + **1** = 2
Verb ‧ perfect ‧ passive ‧ participle ‧ masculine ‧ singular

καταλείπω–καταλήγω

- nominative ‣ 1 + 1 = **2** (Lam. 2,22; Acts 25,14)

καταλελειμμένους ‣ 3
    Verb · perfect · passive · participle · masculine · plural
    · accusative ‣ **3** (Lev. 10,6; Lev. 10,16; Ezek. 39,14)

καταλελειμμένων ‣ 2
    Verb · perfect · passive · participle · masculine · plural · genitive
    ‣ **2** (Josh. 21,40; Is. 37,4)

καταλέλειπται ‣ 2
    Verb · third · singular · perfect · passive · indicative ‣ **2** (Gen. 42,38; 2Mac. 9,24)

καταλελεῖφθαι ‣ 1
    Verb · perfect · middle · infinitive ‣ **1** (2Mac. 7,16)

καταλελοίπατε ‣ 1
    Verb · second · plural · perfect · active · indicative ‣ **1** (Ex. 2,20)

καταλελοιπότα ‣ 1
    Verb · perfect · active · participle · masculine · singular
    · accusative ‣ **1** (2Mac. 12,18)

καταλελοιπότες ‣ 1
    Verb · perfect · active · participle · masculine · plural · nominative
    ‣ **1** (Zech. 11,17)

καταλελοιπὼς ‣ 1
    Verb · perfect · active · participle · masculine · singular
    · nominative ‣ **1** (2Mac. 6,28)

καταλιπεῖν ‣ 17 + **1** = **18**
    Verb · aorist · active · infinitive ‣ 17 + **1** = **18** (Gen. 44,22; Num. 21,35; Num. 32,15; Deut. 3,3; Deut. 28,51; Josh. 24,16; Ruth 1,16; 2Kings 3,25; 2Kings 10,11; 2Chr. 28,6; 1Esdr. 8,85; Ezra 9,8; Tob. 12,13; 1Mac. 2,21; Jer. 2,17; Jer. 2,19; LetterJ 41; Tob. 12,13)

καταλίπετε ‣ 1
    Verb · second · plural · aorist · active · imperative ‣ **1** (Ex. 16,23)

καταλιπέτω ‣ 1
    Verb · third · singular · aorist · active · imperative ‣ **1** (Ex. 16,19)

καταλίπῃ ‣ 2 + **1** = **3**
    Verb · third · singular · aorist · active · subjunctive ‣ 2 + 1 = **3** (Gen. 44,22; Sir. 47,22; Mark 12,19)

καταλίπητε ‣ 1
    Verb · second · plural · aorist · active · subjunctive ‣ **1** (Num. 33,55)

καταλιπόντας ‣ 1
    Verb · aorist · active · participle · masculine · plural · accusative
    ‣ **1** (Dan. 11,30)

καταλιπόντες ‣ 1 + **2** = **3**
    Verb · aorist · active · participle · masculine · plural · nominative
    ‣ 1 + **2** = **3** (Jer. 17,13; Acts 21,3; 2Pet. 2,15)

καταλιπόντων ‣ 1
    Verb · aorist · active · participle · masculine · plural · genitive
    ‣ **1** (1Mac. 10,14)

καταλιποῦσα ‣ 1
    Verb · aorist · active · participle · feminine · singular · nominative
    ‣ **1** (Sir. 23,22)

καταλίπωμεν ‣ 2
    Verb · first · plural · aorist · active · subjunctive ‣ **2** (1Mac. 9,10; Wis. 2,9)

καταλιπών ‣ 1
    Verb · aorist · active · participle · masculine · singular · nominative
    ‣ **1** (2Mac. 6,31)

καταλιπὼν ‣ 3 + **6** = **9**
    Verb · aorist · active · participle · masculine · singular · nominative
    ‣ 3 + **6** = **9** (Gen. 39,12; Gen. 39,15; 2Mac. 4,31; Matt. 4,13; Matt. 16,4; Matt. 21,17; Mark 12,21; Mark 14,52; Luke 5,28)

καταλίπωσιν ‣ 1
    Verb · third · plural · aorist · active · subjunctive ‣ **1** (Is. 39,6)

κατελείφθη ‣ 25 + **3** + **1** = **29**
    Verb · third · singular · aorist · passive · indicative ‣ 25 + **3** + **1** = **29** (Gen. 7,23; Ex. 8,27; Ex. 14,28; Num. 26,65; Deut. 3,11; Josh. 8,17; Josh. 10,28; Josh. 10,30; Josh. 11,11; Josh. 11,22; Josh. 11,22; Josh. 13,12; Judg. 4,16; Ruth 1,3; Ruth 1,5; 2Sam. 13,30; 2Kings 10,21; 2Chr. 21,17; Neh. 6,1; Judith 13,4; Tob. 1,20; 1Mac. 7,46; 1Mac. 11,70; Sir. 48,16; Dan. 10,17; Judg. 4,16; Judg. 9,5; Tob. 1,20; John 8,9)

κατελείφθημεν ‣ 4
    Verb · first · plural · aorist · passive · indicative ‣ **4** (1Esdr. 8,86; Ezra 9,15; Jer. 49,2; Bar. 2,13)

κατελείφθην ‣ 6
    Verb · first · singular · aorist · passive · indicative ‣ **6** (Tob. 1,8; 1Mac. 13,4; Job 6,18; Is. 49,21; Bar. 4,19; Dan. 10,8)

κατελείφθησαν ‣ 6
    Verb · third · plural · aorist · passive · indicative ‣ **6** (Num. 11,26; Josh. 18,2; 2Kings 7,13; Neh. 1,2; 1Mac. 9,6; Jer. 41,7)

κατέλιπεν ‣ 26 + **1** + **4** = **31**
    Verb · third · singular · aorist · active · indicative ‣ 26 + **1** + **4** = **31** (Gen. 39,13; Gen. 39,18; Ex. 10,5; Judg. 2,21; Ruth 2,14; Ruth 2,18; 2Sam. 16,21; 1Kings 19,20; 2Kings 8,6; 2Kings 10,14; 2Kings 25,22; 2Chr. 1,14; 2Chr. 10,8; 1Mac. 3,32; 1Mac. 5,18; 1Mac. 6,2; 1Mac. 10,13; 1Mac. 11,64; 1Mac. 12,47; 2Mac. 5,22; 2Mac. 13,24; Sir. 30,4; Sir. 30,6; Sir. 47,23; Jer. 50,6; Jer. 52,16; Judg. 2,21; Luke 10,40; Acts 18,19; Acts 24,27; Heb. 11,27)

κατέλιπέν ‣ 2 + **1** = **3**
    Verb · third · singular · aorist · active · indicative ‣ 2 + 1 = **3** (1Sam. 30,13; 1Kings 11,33; Tob. 1,8)

κατέλιπες ‣ 2
    Verb · second · singular · aorist · active · indicative ‣ **2** (Ruth 2,11; Is. 17,10)

κατελίπομεν ‣ 3
    Verb · first · plural · aorist · active · indicative ‣ **3** (Deut. 2,34; 2Chr. 31,10; 2Chr. 31,10)

κατέλιπον ‣ 16 + **2** + **2** = **20**
    Verb · first · singular · aorist · active · indicative ‣ 3 + **1** + **1** = **5** (Ode. 11,12; Is. 38,12; Dan. 10,13; Dan. 10,13; Rom. 11,4)
    Verb · third · plural · aorist · active · indicative ‣ 13 + **1** + **1** = **15** (Josh. 8,17; Josh. 10,39; Josh. 10,40; Josh. 11,14; 1Sam. 2,11; 2Kings 4,44; 1Chr. 10,7; 1Chr. 16,37; Neh. 3,8; Sir. 44,8; Sir. 49,4; Jer. 31,28; LetterJ 47; Judg. 6,4; Luke 20,31)

κατέλιπόν ‣ 2
    Verb · first · singular · aorist · active · indicative ‣ **1** (Is. 54,7)
    Verb · third · plural · aorist · active · indicative ‣ **1** (Ex. 16,20)

κατελίποσαν ‣ 2
    Verb · third · plural · aorist · active · indicative ‣ **2** (Ex. 16,24; Deut. 29,24)

κατάλειψις (κατά; λείπω) remnant, leftover ‣ 1
    κατάλειψιν ‣ 1
        Noun · feminine · singular · accusative · (common) ‣ **1** (Gen. 45,7)

καταλέω (κατά; ἀλέω) to grind ‣ 3
    καταλέσας ‣ 1
        Verb · aorist · active · participle · masculine · singular · nominative
        ‣ **1** (Deut. 9,21)
    κατήλεσεν ‣ 2
        Verb · third · singular · aorist · active · indicative ‣ **2** (Ex. 32,20; Dan. 2,34)

καταλήγω (κατά; λήγω) to leave off, end, stop ‣ 2
    καταλήξαντες ‣ 1
        Verb · aorist · active · participle · masculine · plural · nominative

▸ 1 (3Mac. 6,32)
καταλήξαντος ▸ 1
    Verb · aorist · active · participle · masculine · singular · genitive
    ▸ 1 (2Mac. 9,5)

κατάληψις (κατά; λαμβάνω) capture; occupation; comprehension ▸ 1
  κατάλημψιν ▸ 1
    Noun · feminine · singular · accusative · (common) ▸ 1 (Deut. 20,19)

καταλιθάζω (κατά; λίθος) to stone ▸ 1
  καταλιθάσει ▸ 1
    Verb · third · singular · future · active · indicative ▸ 1 (Luke 20,6)

καταλιθοβολέω (κατά; λίθος; βάλλω) to throw stones ▸ 2
  καταλιθοβολῆσαι ▸ 1
    Verb · aorist · active · infinitive ▸ 1 (Num. 14,10)
  καταλιθοβολήσουσίν ▸ 1
    Verb · third · plural · future · active · indicative ▸ 1 (Ex. 17,4)

κατάλιθος (κατά; λίθος) set with stones ▸ 2
  κατάλιθον ▸ 2
    Adjective · neuter · singular · accusative · noDegree ▸ 1 (Ex. 28,17)
    Adjective · neuter · singular · nominative · noDegree ▸ 1 (Ex. 36,17)

καταλιμπάνω (κατά; λείπω) to leave, leave behind, forsake ▸ 3
  καταλιμπάνει ▸ 1
    Verb · third · singular · present · active · indicative ▸ 1 (Gen. 39,16)
  καταλιμπάνειν ▸ 1
    Verb · present · active · infinitive ▸ 1 (1Kings 18,18)
  καταλιμπάνουσιν ▸ 1
    Verb · third · plural · present · active · indicative ▸ 1 (2Sam. 5,21)

καταλλαγή (κατά; ἄλλος) reconciliation ▸ 2 + 4 = 6
  καταλλαγή ▸ 1
    Noun · feminine · singular · nominative ▸ 1 (Rom. 11,15)
  καταλλαγῇ ▸ 1
    Noun · feminine · singular · dative · (common) ▸ 1 (2Mac. 5,20)
  καταλλαγήν ▸ 1
    Noun · feminine · singular · accusative ▸ 1 (Rom. 5,11)
  καταλλαγῆς ▸ 1 + 2 = 3
    Noun · feminine · singular · genitive · (common) ▸ 1 + 2 = 3 (Is. 9,4; 2Cor. 5,18; 2Cor. 5,19)

καταλλάσσω (κατά; ἄλλος) to reconcile ▸ 4 + 6 = 10
  καταλλαγείη ▸ 1
    Verb · third · singular · aorist · active · optative ▸ 1 (2Mac. 1,5)
  καταλλαγέντες ▸ 1
    Verb · aorist · passive · participle · masculine · plural · nominative ▸ 1 (Rom. 5,10)
  καταλλαγῆναι ▸ 1
    Verb · aorist · passive · infinitive ▸ 1 (2Mac. 8,29)
  καταλλαγήσεται ▸ 1
    Verb · third · singular · future · middle · indicative ▸ 1 (2Mac. 7,33)
  καταλλάγητε ▸ 1
    Verb · second · plural · aorist · passive · imperative ▸ 1 (2Cor. 5,20)
  καταλλαγήτω ▸ 1
    Verb · third · singular · aorist · passive · imperative ▸ 1 (1Cor. 7,11)

καταλλάξαντος ▸ 1
    Verb · aorist · active · participle · masculine · singular · genitive ▸ 1 (2Cor. 5,18)
καταλλάσσων ▸ 1
    Verb · present · active · participle · masculine · singular · nominative ▸ 1 (2Cor. 5,19)
κατηλλάγημεν ▸ 1
    Verb · first · plural · aorist · passive · indicative ▸ 1 (Rom. 5,10)
κατήλλαξεν ▸ 1
    Verb · third · singular · aorist · active · indicative ▸ 1 (Jer. 31,39)

καταλογίζομαι (κατά; λέγω) to be counted ▸ 3
  κατελογίσθη ▸ 2
    Verb · third · singular · aorist · passive · indicative ▸ 2 (Wis. 5,5; Dan. 5,17)
  κατελογίσθης ▸ 1
    Verb · second · singular · aorist · passive · indicative ▸ 1 (Is. 14,10)

κατάλοιπος (κατά; λείπω) rest, remaining, remnant ▸ 96 + 1 + 1 = 98
  κατάλοιπα ▸ 10
    Adjective · neuter · plural · accusative · noDegree ▸ 6 (Psa. 16,14; Joel 1,4; Joel 1,4; Joel 1,4; Jer. 6,9; Ezek. 34,18)
    Adjective · neuter · plural · nominative · noDegree ▸ 4 (Num. 3,26; 2Chr. 32,32; Zech. 11,9; Jer. 32,37)
  κατάλοιποι ▸ 24 + 1 = 25
    Adjective · masculine · plural · nominative · noDegree ▸ 24 + 1 = 25 (1Kings 21,30; 2Chr. 9,29; Ezra 3,8; Ezra 4,3; Ezra 4,9; Ezra 4,10; Ezra 6,16; Neh. 7,72; Neh. 10,29; Neh. 11,1; Amos 1,8; Amos 6,9; Amos 9,12; Mic. 3,1; Mic. 3,9; Zeph. 2,9; Zeph. 2,9; Zeph. 3,13; Hag. 1,12; Zech. 14,2; Jer. 29,5; Jer. 46,3; Jer. 47,15; Jer. 51,28; Acts 15,17)
  καταλοίποις ▸ 14
    Adjective · masculine · plural · dative · noDegree ▸ 13 (1Chr. 6,46; 1Chr. 6,55; 1Chr. 6,62; 1Chr. 7,24; 1Chr. 24,20; Neh. 2,16; Neh. 6,1; Neh. 6,14; Mic. 7,18; Zeph. 2,7; Zech. 8,11; Zech. 8,12; Jer. 8,3)
    Adjective · neuter · plural · dative · noDegree ▸ 1 (Ezek. 36,3)
  κατάλοιπον ▸ 14 + 1 = 15
    Adjective · neuter · singular · accusative · noDegree ▸ 11 (Lev. 5,9; Deut. 3,13; 1Sam. 13,2; 2Sam. 10,10; 2Sam. 12,28; 1Chr. 19,11; 2Chr. 24,14; Ezra 4,10; Is. 15,9; Jer. 24,8; Jer. 38,7)
    Adjective · neuter · singular · nominative · noDegree ▸ 3 + 1 = 4 (Ezra 7,20; Is. 21,17; Is. 46,3; Judg. 7,6)
  κατάλοιπος ▸ 1
    Adjective · masculine · singular · nominative · noDegree ▸ 1 (1Chr. 12,39)
  καταλοίπου ▸ 1
    Adjective · masculine · singular · genitive · noDegree ▸ 1 (2Chr. 34,9)
  καταλοίπους ▸ 26
    Adjective · feminine · plural · accusative · noDegree ▸ 1 (Jer. 29,7)
    Adjective · masculine · plural · accusative · noDegree ▸ 25 (1Chr. 4,43; 2Chr. 36,20; Ezra 4,17; Ezra 4,17; Neh. 4,8; Neh. 4,13; Amos 9,1; Mic. 2,12; Hag. 2,2; Jer. 15,9; Jer. 23,3; Jer. 29,4; Jer. 29,4; Jer. 48,16; Jer. 49,19; Jer. 50,5; Jer. 51,12; Jer. 52,16; Ezek. 5,10; Ezek. 9,8; Ezek. 11,13; Ezek. 17,21; Ezek. 23,25; Ezek. 23,25; Ezek. 25,16)
  καταλοίπῳ ▸ 2
    Adjective · neuter · singular · dative · noDegree ▸ 2 (1Kings 12,23; Ezra 7,18)
  καταλοίπων ▸ 4

κατάλοιπος–καταλύω

Adjective · masculine · plural · genitive · noDegree ▸ **4** (1Kings 21,30; Hag. 1,14; Zech. 8,6; Jer. 49,2)

καταλοχία (κατά; λόχος) enrollment ▸ **1**
  καταλοχίαις ▸ 1
    Adjective · feminine · plural · dative · noDegree ▸ **1** (2Chr. 31,18)

καταλοχισμός (κατά; λόχος) registration; register ▸ **6**
  καταλοχισμοῖς ▸ 1
    Noun · masculine · plural · dative · (common) ▸ **1** (1Chr. 5,7)
  καταλοχισμὸς ▸ 4
    Noun · masculine · singular · nominative · (common) ▸ **4** (1Chr. 4,33; 1Chr. 5,17; 1Chr. 9,22; 2Chr. 31,17)
  καταλοχισμῷ ▸ 1
    Noun · masculine · singular · dative · (common) ▸ **1** (1Esdr. 5,39)

κατάλυμα (κατά; λύω) inn, guest room ▸ **14 + 3 = 17**
  κατάλυμα ▸ 7 + 1 = 8
    Noun · neuter · singular · accusative · (common) ▸ **6** (Ex. 15,13; 1Sam. 1,18; 1Sam. 9,22; Ode. 1,13; Jer. 14,8; Jer. 32,38)
    Noun · neuter · singular · nominative · (common) ▸ **1 + 1 = 2** (1Mac. 3,45; Luke 22,11)
  κατάλυμά ▸ 1
    Noun · neuter · singular · nominative ▸ **1** (Mark 14,14)
  καταλύματα ▸ 1
    Noun · neuter · plural · nominative · (common) ▸ **1** (Jer. 40,12)
  καταλύματι ▸ 4 + 1 = 5
    Noun · neuter · singular · dative · (common) ▸ **4 + 1 = 5** (Ex. 4,24; 2Sam. 7,6; 1Chr. 17,5; Sir. 14,25; Luke 2,7)
  καταλύματί ▸ 1
    Noun · neuter · singular · dative · (common) ▸ **1** (Ezek. 23,21)
  καταλυμάτων ▸ 1
    Noun · neuter · plural · genitive · (common) ▸ **1** (1Chr. 28,13)

κατάλυσις (κατά; λύω) destruction, dissolution, lodging ▸ **5**
  καταλύσει ▸ 1
    Noun · feminine · singular · dative · (common) ▸ **1** (Sir. 43,20)
  καταλύσιν ▸ 1
    Noun · feminine · singular · accusative · (common) ▸ **1** (2Mac. 8,17)
  κατάλυσις ▸ 2
    Noun · feminine · singular · nominative · (common) ▸ **2** (Jer. 30,14; Dan. 2,22)
  κατάλυσίς ▸ 1
    Noun · feminine · singular · nominative · (common) ▸ **1** (4Mac. 11,25)

καταλύτης (κατά; λύω) guest, lodger ▸ **1**
  καταλύτου ▸ 1
    Noun · masculine · singular · genitive · (common) ▸ **1** (Wis. 5,14)

καταλύω (κατά; λύω) to destroy, lodge ▸ **65 + 17 = 82**
  καταλελύκαμέν ▸ 1
    Verb · first · plural · perfect · active · indicative ▸ **1** (4Mac. 11,24)
  κατάλυε ▸ 1
    Verb · second · singular · present · active · imperative ▸ **1** (Rom. 14,20)
  καταλύεσθαι ▸ 1
    Verb · present · passive · infinitive ▸ **1** (2Mac. 2,22)
  καταλυθῇ ▸ 2
    Verb · third · singular · aorist · passive · subjunctive ▸ **2** (Mark 13,2; 2Cor. 5,1)
  καταλυθῆναι ▸ 1
    Verb · aorist · passive · infinitive ▸ **1** (4Mac. 1,11)
  καταλυθήσεται ▸ 3
    Verb · third · singular · future · passive · indicative ▸ **3** (Matt. 24,2; Luke 21,6; Acts 5,38)
  καταλυομένας ▸ 1
    Verb · present · passive · participle · feminine · plural · accusative ▸ **1** (4Mac. 4,24)
  καταλύοντας ▸ 1
    Verb · present · active · participle · masculine · plural · accusative ▸ **1** (Jer. 32,24)
  καταλύοντες ▸ 1
    Verb · present · active · participle · masculine · plural · nominative ▸ **1** (4Mac. 14,8)
  καταλύοντι ▸ 1
    Verb · present · active · participle · masculine · singular · dative ▸ **1** (Sir. 36,27)
  καταλυόντων ▸ 2
    Verb · present · active · participle · masculine · plural · genitive ▸ **2** (Ezek. 16,8; Ezek. 23,17)
  καταλύουσα ▸ 2
    Verb · present · active · participle · feminine · singular · nominative ▸ **2** (Judith 14,17; Sir. 43,18)
  καταλύουσιν ▸ 1
    Verb · third · plural · present · active · indicative ▸ **1** (Jer. 30,26)
  καταλῦσαι ▸ 12 + 5 = 17
    Verb · aorist · active · infinitive ▸ **12 + 5 = 17** (Gen. 24,23; Gen. 24,25; Gen. 43,21; Judg. 19,15; Judg. 19,15; Judg. 20,4; 4Mac. 1,6; 4Mac. 4,20; 4Mac. 4,24; 4Mac. 5,33; 4Mac. 17,9; Psa. 8,3; Matt. 5,17; Matt. 5,17; Matt. 26,61; Luke 19,7; Acts 5,39)
  καταλύσας ▸ 1
    Verb · aorist · active · participle · masculine · singular · nominative ▸ **1** (4Mac. 4,16)
  καταλύσασα ▸ 1
    Verb · aorist · active · participle · feminine · singular · nominative ▸ **1** (4Mac. 17,2)
  Καταλύσατε ▸ 1
    Verb · second · plural · aorist · active · imperative ▸ **1** (Num. 22,8)
  καταλύσατε ▸ 1
    Verb · second · plural · aorist · active · imperative ▸ **1** (Gen. 19,2)
  καταλύσει ▸ 5 + 1 = 6
    Verb · third · singular · future · active · indicative ▸ **5 + 1 = 6** (Sir. 14,25; Sir. 14,27; Sir. 27,9; Zech. 5,4; Ezek. 26,13; Acts 6,14)
  καταλύσῃ ▸ 2
    Verb · second · singular · future · middle · indicative ▸ **1** (Jer. 28,43)
    Verb · third · singular · aorist · active · subjunctive ▸ **1** (2Sam. 17,8)
  καταλύσῃς ▸ 2
    Verb · second · singular · aorist · active · subjunctive ▸ **2** (Judg. 19,20; Ezek. 21,35)
  καταλύσομεν ▸ 1
    Verb · first · plural · future · active · indicative ▸ **1** (Gen. 19,2)
  κατάλυσον ▸ 1
    Verb · second · singular · aorist · active · imperative ▸ **1** (Judg. 19,9)
  καταλύσουσιν ▸ 2
    Verb · third · plural · future · active · indicative ▸ **2** (Zeph. 2,7; Jer. 45,22)
  καταλύσω ▸ 1 + 1 = 2
    Verb · first · singular · future · active · indicative ▸ **1 + 1 = 2** (Jer. 7,34; Mark 14,58)

καταλύσωσιν ▸ 1
    Verb · third · plural · aorist · active · subjunctive ▸ **1** (Luke 9,12)
καταλύω ▸ 1
    Verb · first · singular · present · active · indicative ▸ **1** (Jer. 16,9)
καταλύων ▸ **4** + **2** = 6
    Verb · present · active · participle · masculine · singular · nominative ▸ **4** (2Mac. 4,11; Ode. 11,12; Sir. 14,24; Is. 38,12)
    Verb · present · active · participle · masculine · singular · vocative ▸ **2** (Matt. 27,40; Mark 15,29)
κατέλυεν ▸ 1
    Verb · third · singular · imperfect · active · indicative ▸ **1** (Jer. 44,13)
κατελύθης ▸ 1
    Verb · second · singular · aorist · passive · indicative ▸ **1** (Ezek. 26,17)
κατέλυον ▸ 1
    Verb · third · plural · imperfect · active · indicative ▸ **1** (Jer. 5,7)
κατέλυσα ▸ 1
    Verb · first · singular · aorist · active · indicative ▸ **1** (Gal. 2,18)
κατέλυσαν ▸ 4
    Verb · third · plural · aorist · active · indicative ▸ **4** (Gen. 42,27; Josh. 2,1; Josh. 3,1; 4Mac. 8,15)
κατέλυσας ▸ 2
    Verb · second · singular · aorist · active · indicative ▸ **2** (4Mac. 7,9; Psa. 88,45)
κατέλυσέ ▸ 1
    Verb · third · singular · aorist · active · indicative ▸ **1** (Ruth 4,14)
κατέλυσεν ▸ 8
    Verb · third · singular · aorist · active · indicative ▸ **8** (Gen. 26,17; Num. 25,1; 1Kings 19,9; 2Chr. 23,8; Ezra 5,12; Sir. 47,12; Jer. 30,10; Lam. 5,15)

καταμανθάνω (κατά; μανθάνω) to consider, examine; ogle ▸ **8** + **1** = 9
κατάμαθε ▸ 1
    Verb · second · singular · aorist · active · imperative ▸ **1** (Job 35,5)
καταμαθεῖν ▸ 2
    Verb · aorist · active · infinitive ▸ **2** (Gen. 34,1; Lev. 14,36)
καταμάθετε ▸ 1
    Verb · second · plural · aorist · active · imperative ▸ **1** (Matt. 6,28)
καταμάνθανε ▸ 2
    Verb · second · singular · present · active · imperative ▸ **2** (Sir. 9,5; Sir. 9,8)
καταμανθάνων ▸ 1
    Verb · present · active · participle · masculine · singular · nominative ▸ **1** (Sir. 38,28)
κατέμαθον ▸ 1
    Verb · first · singular · aorist · active · indicative ▸ **1** (1Esdr. 8,41)
κατεμάνθανεν ▸ 1
    Verb · third · singular · imperfect · active · indicative ▸ **1** (Gen. 24,21)

καταμαρτυρέω (κατά; μάρτυς) to witness against ▸ **5** + **3** + **3** = 11
καταμαρτυρήσαντες ▸ 1
    Verb · aorist · active · participle · masculine · plural · nominative ▸ **1** (Dan. 6,25)
καταμαρτυρησάτωσαν ▸ 1
    Verb · third · plural · aorist · active · imperative ▸ **1** (1Kings 20,10)
καταμαρτυρήσομέν ▸ 1
    Verb · first · plural · future · active · indicative ▸ **1** (Sus. 21)
καταμαρτυρήσουσίν ▸ 1
    Verb · third · plural · future · active · indicative ▸ **1** (Job 15,6)
καταμαρτυροῦσιν ▸ 3
    Verb · third · plural · present · active · indicative ▸ **3** (Matt. 26,62; Matt. 27,13; Mark 14,60)
καταμαρτυρῶν ▸ 1
    Verb · present · active · participle · masculine · singular · nominative ▸ **1** (Prov. 25,18)
κατεμαρτύρησαν ▸ **1** + **2** = 3
    Verb · third · plural · aorist · active · indicative ▸ **1** + **2** = **3** (1Kings 20,13; Sus. 43; Sus. 49)

καταμένω (κατά; μένω) to stay, live ▸ **7** + **1** = 8
καταμείνῃ ▸ 1
    Verb · third · singular · aorist · active · subjunctive ▸ **1** (Gen. 6,3)
καταμένοντες ▸ 1
    Verb · present · active · participle · masculine · plural · nominative ▸ **1** (Acts 1,13)
κατεμείναμεν ▸ 1
    Verb · first · plural · aorist · active · indicative ▸ **1** (Josh. 7,7)
κατέμειναν ▸ 2
    Verb · third · plural · aorist · active · indicative ▸ **2** (Num. 22,8; Josh. 2,22)
κατέμεινεν ▸ 3
    Verb · third · singular · aorist · active · indicative ▸ **3** (Num. 20,1; Judith 16,20; Judith 16,21)

καταμερίζω (κατά; μέρος) to part, distribute ▸ 7
καταμεριεῖτε ▸ 1
    Verb · second · plural · future · active · indicative ▸ **1** (Lev. 25,46)
καταμερίζει ▸ 1
    Verb · third · singular · present · active · indicative ▸ **1** (Deut. 19,3)
καταμερίσαι ▸ 1
    Verb · aorist · active · infinitive ▸ **1** (Num. 34,29)
καταμερίσει ▸ 1
    Verb · third · singular · future · active · indicative ▸ **1** (Sol. 17,28)
καταμερισθῶσιν ▸ 1
    Verb · third · plural · aorist · passive · subjunctive ▸ **1** (Num. 32,18)
κατεμερίσαντο ▸ 1
    Verb · third · plural · aorist · middle · indicative ▸ **1** (3Mac. 6,31)
κατεμέρισεν ▸ 1
    Verb · third · singular · aorist · active · indicative ▸ **1** (Josh. 13,14)

καταμερισμός (κατά; μέρος) dividing up ▸ 1
καταμερισμός ▸ 1
    Noun · masculine · singular · nominative · (common) ▸ **1** (Josh. 13,14)

καταμεστόω (κατά; μεστός) to fill up ▸ 1
καταμεμεστωμένης ▸ 1
    Verb · present · passive · participle · feminine · singular · genitive ▸ **1** (3Mac. 5,46)

καταμετρέω (κατά; μέτρον) to measure ▸ 7
καταμετρεῖσθαι ▸ 1
    Verb · present · middle · infinitive ▸ **1** (Ezek. 45,1)
καταμετρηθήσεται ▸ 2
    Verb · third · singular · future · passive · indicative ▸ **2** (Amos 7,17; Ezek. 48,14)
καταμετρήσετε ▸ 3
    Verb · second · plural · future · active · indicative ▸ **3** (Num.

καταμετρέω–κατανοέω

34,7; Num. 34,8; Num. 34,10)
κατεμετρήθη ▸ 1
    Verb · third · singular · aorist · passive · indicative ▸ 1 (Mic. 2,4)

καταμήνια (κατά; μήν) menstruation ▸ 1
καταμηνίων ▸ 1
    Noun · neuter · plural · genitive · (common) ▸ 1 (Esth. 14,16 # 4,17w)

καταμηνύω (κατά; μηνύω) to make known ▸ 1
κατεμήνυσε ▸ 1
    Verb · third · singular · aorist · active · indicative ▸ 1 (4Mac. 4,4)

καταμίγνυμι (κατά; μίγνυμι) to mix up, to mingle, combine ▸ 1
καταμεμιγμένα ▸ 1
    Verb · perfect · passive · participle · neuter · plural · accusative ▸ 1 (Ex. 28,14)

καταμιμνήσκομαι (κατά; μιμνήσκομαι) to remember ▸ 1
καταμνησθείς ▸ 1
    Verb · aorist · passive · participle · masculine · singular · nominative ▸ 1 (4Mac. 13,12)

καταμωκάομαι (κατά; μωκάομαι) to mock ▸ 3
καταμωκήσεταί ▸ 1
    Verb · third · singular · future · middle · indicative ▸ 1 (Sir. 13,7)
καταμωκήσονταί ▸ 1
    Verb · third · plural · future · middle · indicative ▸ 1 (Jer. 45,19)
καταμωκώμενοι ▸ 1
    Verb · present · middle · participle · masculine · plural · nominative ▸ 1 (2Chr. 30,10)

καταναγκάζω (κατά; ἀνά; ἄγχω) to compel ▸ 1
καταναγκάζοντες ▸ 1
    Verb · present · active · participle · masculine · plural · nominative ▸ 1 (1Mac. 2,15)

Καταναθ Kattath ▸ 1
Καταναθ ▸ 1
    Noun · singular · nominative · (proper) ▸ 1 (Josh. 19,15)

καταναλίσκω (κατά; ἄλωσις) to use up, spend, lavish ▸ 18 + 1 = 19
καταναλισκόμενοι ▸ 1
    Verb · present · passive · participle · masculine · plural · nominative ▸ 1 (Wis. 16,16)
καταναλίσκον ▸ 2 + 1 = 3
    Verb · present · active · participle · neuter · singular · nominative ▸ 2 + 1 = 3 (Deut. 4,24; Deut. 9,3; Heb. 12,29)
κατανάλισκον ▸ 1
    Verb · third · plural · imperfect · active · indicative ▸ 1 (Jer. 27,7)
καταναλώθη ▸ 1
    Verb · third · singular · aorist · passive · indicative ▸ 1 (Is. 59,14)
καταναλωθήσεται ▸ 4
    Verb · third · singular · future · passive · indicative ▸ 4 (Esth. 16,24 # 8,12x; Zeph. 1,18; Zeph. 3,8; Zech. 9,4)
καταναλῶσαι ▸ 1
    Verb · aorist · active · infinitive ▸ 1 (Sir. 45,19)
καταναλώσει ▸ 2
    Verb · third · singular · future · active · indicative ▸ 2 (Deut. 7,22; Sir. 27,29)
κατανάλωσεν ▸ 2
    Verb · third · singular · aorist · active · indicative ▸ 2 (1Chr. 21,26; Jer. 3,24)
καταναλώσῃ ▸ 1
    Verb · third · singular · aorist · active · subjunctive ▸ 1 (Lev. 6,3)
καταναλώσουσιν ▸ 3
    Verb · third · plural · future · active · indicative ▸ 3 (Zech. 9,15; LetterJ 9; Dan. 11,26)

καταναρκάω to be a burden ▸ 3
καταναρκήσω ▸ 1
    Verb · first · singular · future · active · indicative ▸ 1 (2Cor. 12,14)
κατενάρκησα ▸ 2
    Verb · first · singular · aorist · active · indicative ▸ 2 (2Cor. 11,9; 2Cor. 12,13)

κατανέμω (κατά; νέμω) to devour ▸ 1 + 1 = 2
κατενεμήσατο ▸ 1
    Verb · third · singular · aorist · middle · indicative ▸ 1 (Psa. 79,14)
κατένευσαν ▸ 1
    Verb · third · plural · aorist · active · indicative ▸ 1 (Luke 5,7)

κατανίστημι (κατά; ἀνά; ἵστημι) to rise up ▸ 1
κατανίστασθε ▸ 1
    Verb · second · plural · present · middle · indicative ▸ 1 (Num. 16,3)

κατανοέω (κατά; νοῦς) to understand, consider ▸ 29 + 14 = 43
κατανοεῖ ▸ 3
    Verb · third · singular · present · active · indicative ▸ 3 (Psa. 36,32; Psa. 93,9; Is. 57,1)
κατανοεῖς ▸ 1 + 2 = 3
    Verb · second · singular · present · active · indicative ▸ 1 + 2 = 3 (Psa. 9,35; Matt. 7,3; Luke 6,41)
κατανοῆσαι ▸ 4 + 2 = 6
    Verb · aorist · active · infinitive ▸ 4 + 2 = 6 (Gen. 3,6; Gen. 42,9; Ex. 19,21; Num. 32,8; Acts 7,31; Acts 7,32)
κατανοήσας ▸ 1
    Verb · aorist · active · participle · masculine · singular · nominative ▸ 1 (Ex. 2,11)
Κατανοήσας ▸ 1
    Verb · aorist · active · participle · masculine · singular · nominative ▸ 1 (Luke 20,23)
κατανοήσατε ▸ 1 + 3 = 4
    Verb · second · plural · aorist · active · imperative ▸ 1 + 3 = 4 (Sir. 33,18; Luke 12,24; Luke 12,27; Heb. 3,1)
κατανοήσεις ▸ 1
    Verb · second · singular · future · active · indicative ▸ 1 (Psa. 90,8)
κατανοήσετε ▸ 1
    Verb · second · plural · future · active · indicative ▸ 1 (Judith 8,14)
κατανοήσω ▸ 3
    Verb · first · singular · future · active · indicative ▸ 3 (Psa. 118,15; Psa. 118,18; Job 23,15a)
κατανοοῦντες ▸ 1
    Verb · present · active · participle · masculine · plural · nominative ▸ 1 (Sir. 23,19)
κατανοοῦντι ▸ 1
    Verb · present · active · participle · masculine · singular · dative ▸ 1 (James 1,23)
κατανοοῦσιν ▸ 1
    Verb · third · plural · present · active · indicative ▸ 1 (Is. 5,12)
κατανοῶμεν ▸ 1
    Verb · first · plural · present · active · subjunctive ▸ 1 (Heb. 10,24)
κατανοῶν ▸ 1
    Verb · present · active · participle · masculine · singular · nominative ▸ 1 (2Mac. 9,25)
κατενόησα ▸ 3

Verb · first · singular · aorist · active · indicative ▸ 3 (1Kings 3,21; Ode. 4,2; Hab. 3,2)
κατενόησαν ▸ 3
Verb · third · plural · aorist · active · indicative ▸ 3 (Num. 32,9; Judith 10,14; Psa. 21,18)
κατενόησάν ▸ 1
Verb · third · plural · aorist · active · indicative ▸ 1 (Job 30,20)
κατενόησεν ▸ 1 + 2 = 3
Verb · third · singular · aorist · active · indicative ▸ 1 + 2 = 3 (Is. 59,16; Rom. 4,19; James 1,24)
κατενόουν ▸ 2 + 2 = 4
Verb · first · singular · imperfect · active · indicative ▸ 2 + 1 = 3 (Psa. 141,5; Dan. 7,21; Acts 11,6)
Verb · third · plural · imperfect · active · indicative ▸ 1 (Acts 27,39)
κατενοοῦσαν ▸ 1
Verb · third · plural · imperfect · active · indicative ▸ 1 (Ex. 33,8)

κατανόησις (κατά; νοῦς) gazing; contemplating ▸ 1
κατανοήσεως ▸ 1
Noun · feminine · singular · genitive · (common) ▸ 1 (Sir. 41,23)

καταντάω (κατά; ἀντί) to come, arrive ▸ 5 + 13 = 18
καταντῆσαι ▸ 1
Verb · aorist · active · infinitive ▸ 1 (Acts 26,7)
καταντήσαντας ▸ 1
Verb · aorist · active · participle · masculine · plural · accusative ▸ 1 (2Mac. 6,14)
καταντήσαντες ▸ 1
Verb · aorist · active · participle · masculine · plural · nominative ▸ 1 (Acts 27,12)
καταντήσαντος ▸ 1
Verb · aorist · active · participle · masculine · singular · genitive ▸ 1 (2Mac. 4,44)
καταντησάτωσαν ▸ 1
Verb · third · plural · aorist · active · subjunctive ▸ 1 (2Sam. 3,29)
καταντήσω ▸ 1
Verb · first · singular · aorist · active · subjunctive ▸ 1 (Phil. 3,11)
καταντήσωμεν ▸ 1
Verb · first · plural · aorist · active · subjunctive ▸ 1 (Eph. 4,13)
κατήντηκεν ▸ 1
Verb · third · singular · perfect · active · indicative ▸ 1 (1Cor. 10,11)
κατηντήσαμεν ▸ 3
Verb · first · plural · aorist · active · indicative ▸ 3 (Acts 20,15; Acts 21,7; Acts 28,13)
κατήντησαν ▸ 2
Verb · third · plural · aorist · active · indicative ▸ 2 (Acts 18,19; Acts 25,13)
κατήντησεν ▸ 2 + 2 = 4
Verb · third · singular · aorist · active · indicative ▸ 2 + 2 = 4 (2Mac. 4,21; 2Mac. 4,24; Acts 18,24; 1Cor. 14,36)
Κατήντησεν ▸ 1
Verb · third · singular · aorist · active · indicative ▸ 1 (Acts 16,1)

κατάντημα (κατά; ἀντί) goal ▸ 1
κατάντημα ▸ 1
Noun · neuter · singular · nominative · (common) ▸ 1 (Psa. 18,7)

καταντλέω (κατά; ἄντλος) to overwhelm ▸ 1
καταντλούμενος ▸ 1
Verb · present · passive · participle · masculine · singular · nominative ▸ 1 (4Mac. 7,2)

κατάνυξις (κατά; νύσσω) astonishment, insensitivity, stupor ▸ 2 + 1 = 3
κατανύξεως ▸ 2 + 1 = 3
Noun · feminine · singular · genitive · (common) ▸ 2 + 1 = 3 (Psa. 59,5; Is. 29,10; Rom. 11,8)

κατανύσσομαι (κατά; νύσσω) to stab; to slumber ▸ 16 + 3 + 1 = 20
κατανένυγμαι ▸ 1
Verb · first · singular · perfect · passive · indicative ▸ 1 (Is. 6,5)
κατανενυγμένη ▸ 1
Verb · perfect · passive · participle · feminine · singular · nominative ▸ 1 (Is. 47,5)
κατανενυγμένοι ▸ 1 + 1 = 2
Verb · perfect · passive · participle · masculine · plural · nominative ▸ 1 + 1 = 2 (Sus. 10-11; Sus. 10)
κατανενυγμένον ▸ 1
Verb · perfect · passive · participle · masculine · singular · accusative ▸ 1 (Psa. 108,16)
κατανενυγμένος ▸ 1
Verb · perfect · passive · participle · masculine · singular · nominative ▸ 1 (Dan. 10,9)
κατανυγῆναι ▸ 1
Verb · aorist · passive · infinitive ▸ 1 (Sir. 47,20)
κατανυγήσεται ▸ 1
Verb · third · singular · future · passive · indicative ▸ 1 (Sir. 20,21)
κατανυγήσῃ ▸ 1
Verb · second · singular · future · middle · indicative ▸ 1 (Sir. 12,12)
κατανύγητε ▸ 1
Verb · second · plural · aorist · passive · imperative ▸ 1 (Psa. 4,5)
κατανυγῶ ▸ 1
Verb · second · singular · aorist · passive · subjunctive ▸ 1 (Psa. 29,13)
κατανυχθέντος ▸ 1
Verb · aorist · passive · participle · masculine · singular · genitive ▸ 1 (Gen. 27,38)
κατενύγη ▸ 3
Verb · third · singular · aorist · passive · indicative ▸ 3 (1Kings 20,27; 1Kings 20,29; Sir. 14,1)
κατενύγην ▸ 1
Verb · first · singular · aorist · passive · indicative ▸ 1 (Dan. 10,15)
κατενύγησαν ▸ 1 + 1 = 2
Verb · third · plural · aorist · passive · indicative ▸ 1 + 1 = 2 (Psa. 34,15; Acts 2,37)
κατενύχθη ▸ 1
Verb · third · singular · aorist · passive · indicative ▸ 1 (Lev. 10,3)
κατενύχθησαν ▸ 1
Verb · third · plural · aorist · passive · indicative ▸ 1 (Gen. 34,7)

κατανύω (κατά; ἀνύω) to carry out, bring to an end ▸ 1
κατανύειν ▸ 1
Verb · present · active · infinitive ▸ 1 (2Mac. 9,4)

κατανωτίζομαι (κατά; νῶτον) to ignore ▸ 1
κατενωτίσαντο ▸ 1
Verb · third · plural · aorist · middle · indicative ▸ 1 (Judith 5,4)

καταξαίνω (κατά; ξαίνω) to tear apart, shred ▸ 3
καταξανῶ ▸ 1
Verb · first · singular · future · active · indicative ▸ 1 (Judg. 8,7)
κατέξανεν ▸ 2
Verb · third · singular · aorist · active · indicative ▸ 2 (Judg. 8,16;

καταξαίνω–καταπατέω

Judg. 8,16)

καταξηραίνω (κατά; ξηρός) to dry up ▸ 3
- καταξηρανεῖ ▸ 1
  - Verb · third · singular · future · active · indicative ▸ 1 (Hos. 13,15)
- κατεξήρανεν ▸ 2
  - Verb · third · singular · aorist · active · indicative ▸ 2 (Josh. 2,10; Judith 5,13)

κατάξηρος (κατά; ξηρός) dry, parched ▸ 1
- κατάξηρος ▸ 1
  - Adjective · feminine · singular · nominative · noDegree ▸ 1 (Num. 11,6)

κατάξιος (κατά; ἄξιος) worthy ▸ 1
- καταξίαν ▸ 1
  - Adjective · feminine · singular · accusative · noDegree ▸ 1 (Esth. 16,17 # 8,12r)

καταξιόω (κατά; ἄξιος) to consider worthy ▸ 5 + 3 = 8
- καταξιωθέντες ▸ 1
  - Verb · aorist · passive · participle · masculine · plural · nominative ▸ 1 (Luke 20,35)
- καταξιωθῆναι ▸ 1
  - Verb · aorist · passive · infinitive ▸ 1 (2Th. 1,5)
- καταξιῶσαι ▸ 2
  - Verb · aorist · active · infinitive ▸ 2 (3Mac. 3,21; 3Mac. 4,11)
- καταξιωσάντων ▸ 1
  - Verb · aorist · active · participle · masculine · plural · genitive ▸ 1 (2Mac. 13,12)
- καταξίωσον ▸ 1
  - Verb · second · singular · aorist · active · imperative ▸ 1 (Ode. 14,32)
- κατηξιώθησαν ▸ 1 + 1 = 2
  - Verb · third · plural · aorist · passive · indicative ▸ 1 + 1 = 2 (4Mac. 18,3; Acts 5,41)

καταξύω (κατά; ξύω) to polish ▸ 1
- κατεξυσμένη ▸ 1
  - Verb · perfect · passive · participle · feminine · singular · nominative ▸ 1 (LetterJ 7)

καταπαίζω (κατά; παῖς) to mock, deceive ▸ 3
- καταπαίξεται ▸ 1
  - Verb · third · singular · future · active · indicative ▸ 1 (Jer. 9,4)
- κατέπαιζον ▸ 1
  - Verb · third · plural · imperfect · active · indicative ▸ 1 (2Kings 2,23)
- κατέπαιζόν ▸ 1
  - Verb · third · plural · imperfect · active · indicative ▸ 1 (Jer. 2,16)

καταπαλαίω (κατά; πάλλω) to throw down, overthrow ▸ 1
- καταπαλαῖσαι ▸ 1
  - Verb · aorist · active · infinitive ▸ 1 (4Mac. 3,18)

καταπανουργεύομαι (κατά; ἀπό; ἀνά; ἔργον) to conspire wickedly ▸ 1
- κατεπανουργεύσαντο ▸ 1
  - Verb · third · plural · aorist · middle · indicative ▸ 1 (Psa. 82,4)

καταπάσσω (κατά; πάσσω) to sprinkle ▸ 6
- κατάπασαι ▸ 1
  - Verb · second · singular · aorist · middle · imperative ▸ 1 (Jer. 6,26)
- καταπασάμενοι ▸ 2
  - Verb · aorist · middle · participle · masculine · plural · nominative ▸ 1 (Job 2,12)
  - Verb · present · middle · participle · masculine · plural · nominative ▸ 1 (2Mac. 14,15)
- καταπάσαντες ▸ 1
  - Verb · aorist · active · participle · masculine · plural · nominative ▸ 1 (2Mac. 10,25)
- καταπάσασθε ▸ 1
  - Verb · second · plural · aorist · middle · imperative ▸ 1 (Mic. 1,10)
- κατεπάσατο ▸ 1
  - Verb · third · singular · aorist · middle · indicative ▸ 1 (Esth. 4,1)

καταπατέω (κατά; ἀπό; πατέω) to trample on, oppress ▸ 51 + 1 + 5 = 57
- καταπατεῖν ▸ 1 + 1 = 2
  - Verb · present · active · infinitive ▸ 1 + 1 = 2 (Is. 10,6; Luke 12,1)
- καταπατεῖσθαι ▸ 1
  - Verb · present · passive · infinitive ▸ 1 (Matt. 5,13)
- καταπατηθήσεσθε ▸ 1
  - Verb · second · plural · future · passive · indicative ▸ 1 (Is. 41,25)
- καταπατηθήσεται ▸ 2
  - Verb · third · singular · future · passive · indicative ▸ 2 (Is. 25,10; Is. 28,3)
- καταπατῆσαι ▸ 1
  - Verb · third · singular · aorist · active · optative ▸ 1 (Psa. 7,6)
- καταπατήσας ▸ 1
  - Verb · aorist · active · participle · masculine · singular · nominative ▸ 1 (Heb. 10,29)
- καταπατήσατε ▸ 1
  - Verb · second · plural · aorist · active · imperative ▸ 1 (Is. 16,8)
- καταπατήσει ▸ 4 + 1 = 5
  - Verb · third · singular · future · active · indicative ▸ 4 + 1 = 5 (Judg. 5,21; Psa. 138,11; Job 39,15; Is. 28,28; Judg. 5,21)
- καταπατήσεις ▸ 1
  - Verb · second · singular · future · active · indicative ▸ 1 (Psa. 90,13)
- καταπατήσετε ▸ 1
  - Verb · second · plural · future · active · indicative ▸ 1 (Mal. 3,21)
- καταπατήσῃ ▸ 1
  - Verb · third · singular · aorist · active · subjunctive ▸ 1 (Ezek. 32,13)
- καταπατήσουσιν ▸ 1
  - Verb · third · plural · future · active · indicative ▸ 1 (Matt. 7,6)
- καταπατήσουσίν ▸ 1
  - Verb · third · plural · future · active · indicative ▸ 1 (Ezek. 26,11)
- καταπατήσω ▸ 1
  - Verb · first · singular · future · active · indicative ▸ 1 (Is. 16,9)
- καταπατήσωσιν ▸ 1
  - Verb · third · plural · aorist · active · subjunctive ▸ 1 (1Mac. 4,60)
- καταπατούμενον ▸ 3
  - Verb · present · passive · participle · masculine · singular · accusative ▸ 2 (2Mac. 8,2; Zech. 12,3)
  - Verb · present · passive · participle · neuter · singular · nominative ▸ 1 (1Mac. 3,45)
- καταπατοῦν ▸ 1
  - Verb · present · active · participle · neuter · singular · accusative ▸ 1 (Dan. 7,7)
- καταπατοῦνται ▸ 1
  - Verb · third · plural · present · passive · indicative ▸ 1 (3Mac. 2,18)
- καταπατοῦντάς ▸ 1
  - Verb · present · active · participle · masculine · plural · accusative ▸ 1 (Psa. 56,4)
- καταπατοῦντες ▸ 2
  - Verb · present · active · participle · masculine · plural · nominative

▸ 2 (Amos 5,12; Dan. 7,19)
καταπατούντων ▸ 2
    Verb · present · active · participle · masculine · plural · genitive ▸ **1** (1Sam. 14,48)
    Verb · present · active · participle · neuter · plural · genitive ▸ **1** (Sol. 17,22)
καταπατοῦσαι ▸ 1
    Verb · present · active · participle · feminine · plural · nominative ▸ **1** (Amos 4,1)
καταπατοῦσιν ▸ 1
    Verb · third · plural · present · active · indicative ▸ **1** (1Sam. 23,1)
καταπατῶν ▸ 3
    Verb · present · active · participle · masculine · singular · nominative ▸ **3** (Zech. 12,3; Is. 16,4; Is. 41,25)
καταπεπατημένης ▸ 1
    Verb · present · passive · participle · feminine · singular · genitive ▸ **1** (Is. 63,3)
καταπεπατημένον ▸ 2
    Verb · perfect · passive · participle · neuter · singular · nominative ▸ **2** (Is. 18,2; Is. 18,7)
καταπεπάτηνται ▸ 1
    Verb · third · plural · perfect · passive · indicative ▸ **1** (1Mac. 3,51)
κατεπάτεις ▸ 1
    Verb · second · singular · imperfect · active · indicative ▸ **1** (Ezek. 32,2)
κατεπατεῖτε ▸ 1
    Verb · second · plural · imperfect · active · indicative ▸ **1** (Ezek. 34,18)
κατεπατήθη ▸ 1 + 1 = 2
    Verb · third · singular · aorist · passive · indicative ▸ 1 + 1 = 2 (Dan. 8,10; Luke 8,5)
κατεπάτησα ▸ 2
    Verb · first · singular · aorist · active · indicative ▸ **2** (Is. 63,3; Is. 63,6)
κατεπατήσαμεν ▸ 1
    Verb · first · plural · aorist · active · indicative ▸ **1** (3Mac. 2,18)
κατεπάτησαν ▸ 3
    Verb · third · plural · aorist · active · indicative ▸ **3** (Judg. 20,43; 2Chr. 25,18; Is. 63,18)
κατεπάτησάν ▸ 1
    Verb · third · plural · aorist · active · indicative ▸ **1** (Psa. 55,3)
κατεπάτησεν ▸ 1
    Verb · third · singular · aorist · active · indicative ▸ **1** (Hos. 5,11)
κατεπάτησέν ▸ 1
    Verb · third · singular · aorist · active · indicative ▸ **1** (Psa. 55,2)
κατεπάτουν ▸ 3
    Verb · third · plural · imperfect · active · indicative ▸ **3** (Judg. 9,27; 1Sam. 17,53; 3Mac. 6,21)
κατεπατοῦσαν ▸ 1
    Verb · third · plural · imperfect · active · indicative ▸ **1** (Sol. 2,2)

καταπάτημα (κατά; πατέω) trampled thing ▸ 11
    καταπάτημα ▸ 9
        Noun · neuter · singular · accusative · (common) ▸ **9** (Ode. 10,5; Mic. 7,10; Is. 5,5; Is. 7,25; Is. 14,25; Is. 22,18; Is. 28,18; Ezek. 36,4; Dan. 8,13)
    καταπατήματος ▸ 2
        Noun · masculine · singular · genitive · (common) ▸ **1** (Is. 22,5)
        Noun · neuter · singular · genitive · (common) ▸ **1** (Lam. 2,8)

καταπάτησις (κατά; πατέω) trampling ▸ 2
    καταπατήσει ▸ 1
        Noun · feminine · singular · dative · (common) ▸ **1** (Sol. 2,19)
    καταπάτησιν ▸ 1
        Noun · feminine · singular · accusative · (common) ▸ **1** (2Kings 13,7)

κατάπαυμα (κατά; παύω) rest ▸ 1
    καταπαύματός ▸ 1
        Noun · neuter · singular · genitive · (common) ▸ **1** (Sir. 36,12)

κατάπαυσις (κατά; παύω) rest, place of rest ▸ 13 + 9 = 22
    καταπαύσει ▸ 3
        Noun · feminine · singular · dative · (common) ▸ **3** (Num. 10,35; 1Chr. 6,16; Sir. 5,6)
    καταπαύσεως ▸ 2
        Noun · feminine · singular · genitive · (common) ▸ **2** (Judith 9,8; 2Mac. 15,1)
    καταπαύσεώς ▸ 1 + 1 = 2
        Noun · feminine · singular · genitive · (common) ▸ 1 + 1 = 2 (Is. 66,1; Acts 7,49)
    κατάπαυσιν ▸ 3 + 5 = 8
        Noun · feminine · singular · accusative · (common) ▸ 3 + 5 = **8** (Deut. 12,9; Judg. 20,43; 1Kings 8,56; Heb. 3,18; Heb. 4,1; Heb. 4,3; Heb. 4,10; Heb. 4,11)
    κατάπαυσίν ▸ 2 + 3 = 5
        Noun · feminine · singular · accusative · (common) ▸ 2 + 3 = **5** (2Chr. 6,41; Psa. 94,11; Heb. 3,11; Heb. 4,3; Heb. 4,5)
    κατάπαυσις ▸ 1
        Noun · feminine · singular · nominative · (common) ▸ **1** (Ex. 35,2)
    κατάπαυσίς ▸ 1
        Noun · feminine · singular · nominative · (common) ▸ **1** (Psa. 131,14)

καταπαύω (κατά; παύω) to put to rest, depose ▸ 66 + 1 + 4 = 71
    καταπαυομένης ▸ 1
        Verb · present · middle · participle · feminine · singular · genitive ▸ **1** (Ex. 16,13)
    καταπαῦσαι ▸ 3
        Verb · aorist · active · infinitive ▸ **3** (Josh. 23,1; Judg. 20,43; 2Sam. 21,10)
    καταπαύσασθαι ▸ 1
        Verb · aorist · middle · infinitive ▸ **1** (Job 21,34)
    καταπαύσει ▸ 2 + 1 = 3
        Verb · third · singular · future · active · indicative ▸ 2 + 1 = 3 (Deut. 12,10; Eccl. 10,4; Dan. 11,18)
    καταπαύσεις ▸ 2
        Verb · second · singular · future · active · indicative ▸ **2** (Ex. 34,21; Ex. 34,21)
    καταπαύσῃ ▸ 5
        Verb · third · singular · aorist · active · subjunctive ▸ **5** (Deut. 3,20; Deut. 5,33; Deut. 25,19; Josh. 1,15; Neh. 6,3)
    κατάπαυσον ▸ 1
        Verb · second · singular · aorist · active · imperative ▸ **1** (Sir. 38,23)
    καταπαύσουσιν ▸ 1
        Verb · third · plural · future · active · indicative ▸ **1** (Gen. 8,22)
    καταπαύσω ▸ 4
        Verb · first · singular · future · active · indicative ▸ **4** (Ex. 33,14; 2Mac. 15,37; Psa. 54,7; Hos. 1,4)
    καταπαύσωμεν ▸ 2
        Verb · first · plural · aorist · active · subjunctive ▸ **2** (Ex. 5,5; Neh. 4,5)
    καταπαύσωσιν ▸ 1

καταπαύω–καταπίνω

    Verb · third · plural · aorist · active · subjunctive ▸ **1** (Josh. 3,13)
  κατέπαυον ▸ 1
    Verb · third · plural · imperfect · active · indicative ▸ **1** (Ezek. 1,24)
  κατέπαυσαν ▸ 5 + **1** = 6
    Verb · third · plural · aorist · active · indicative ▸ 5 + **1** = **6** (Judg. 8,3; Judg. 18,2; 1Kings 12,24; Lam. 5,14; Lam. 5,14; Acts 14,18)
  κατέπαυσας ▸ 1
    Verb · second · singular · aorist · active · indicative ▸ **1** (Psa. 84,4)
  Κατέπαυσεν ▸ 1
    Verb · third · singular · aorist · active · indicative ▸ **1** (1Chr. 23,25)
  κατέπαυσεν ▸ 34 + **3** = 37
    Verb · third · singular · aorist · active · indicative ▸ 34 + **3** = **37** (Gen. 2,2; Gen. 2,3; Gen. 49,33; Ex. 10,14; Ex. 20,11; Ex. 31,17; Ex. 31,18; Ex. 34,33; Num. 25,11; Deut. 33,12; Josh. 1,13; Josh. 10,20; Josh. 11,23; Josh. 21,44; Josh. 22,4; Ruth 2,7; 2Kings 23,5; 2Kings 23,11; 2Chr. 14,5; 2Chr. 14,6; 2Chr. 15,15; 2Chr. 16,5; 2Chr. 20,30; 2Chr. 32,22; Judith 6,1; 1Mac. 9,73; Job 26,12; Sir. 10,17; Sir. 24,8; Sir. 24,11; Sir. 44,23; Sir. 45,3; Sir. 47,13; Hos. 11,6; Heb. 4,4; Heb. 4,8; Heb. 4,10)
  κατέπαυσέν ▸ 1
    Verb · third · singular · aorist · active · indicative ▸ **1** (Lam. 3,11)

καταπειράζω (κατά; πεῖρα) to attempt ▸ 1
  κατεπείρασεν ▸ 1
    Verb · third · singular · aorist · active · indicative ▸ **1** (2Mac. 13,18)

καταπελματόομαι (κατά; πελματόομαι) to be patched ▸ 1
  καταπεπελματωμένα ▸ 1
    Verb · perfect · passive · participle · neuter · plural · nominative ▸ **1** (Josh. 9,5)

καταπέλτης (κατά; πέλτη) catapult ▸ 5
  καταπέλται ▸ 1
    Noun · masculine · plural · nominative · (common) ▸ **1** (4Mac. 11,26)
  καταπέλτας ▸ 1
    Noun · masculine · plural · accusative · (common) ▸ **1** (4Mac. 8,13)
  καταπέλτῃ ▸ 1
    Noun · masculine · singular · dative · (common) ▸ **1** (4Mac. 9,26)
  καταπέλτην ▸ 2
    Noun · masculine · singular · accusative · (common) ▸ **2** (4Mac. 11,9; 4Mac. 18,20)

καταπενθέω (κατά; πενθέω) to mourn, lament ▸ 1
  κατεπένθησαν ▸ 1
    Verb · third · plural · aorist · active · indicative ▸ **1** (Ex. 33,4)

καταπετάννυμι (κατά; πετάννυμι) to spread out over, cover with ▸ 1
  καταπετασθῇ ▸ 1
    Verb · third · singular · aorist · passive · subjunctive ▸ **1** (Prov. 27,8)

καταπέτασμα (κατά; πέτομαι) veil, curtain ▸ 38 + **6** = 44
  καταπέτασμα ▸ 15 + **4** = 19
    Noun · neuter · singular · accusative · (common) ▸ 13 + **1** = **14** (Ex. 26,31; Ex. 26,33; Ex. 26,33; Ex. 35,12; Ex. 37,3; Ex. 37,5; Ex. 39,19; Lev. 4,6; Lev. 21,23; Num. 4,5; 1Kings 6,36a; 2Chr. 3,14; 1Mac. 1,22; Heb. 9,3)
    Noun · neuter · singular · nominative · (common) ▸ 2 + **3** = **5** (Ex. 37,16; Num. 3,26; Matt. 27,51; Mark 15,38; Luke 23,45)
  καταπετάσματα ▸ 1
    Noun · neuter · plural · accusative · (common) ▸ **1** (1Mac. 4,51)
  καταπετάσματι ▸ 3
    Noun · neuter · singular · dative · (common) ▸ **3** (Ex. 26,34; Ex. 26,37; Ex. 40,3)
  καταπετάσματος ▸ 19 + **2** = 21
    Noun · neuter · singular · genitive · (common) ▸ 19 + **2** = **21** (Ex. 26,33; Ex. 26,35; Ex. 27,21; Ex. 30,6; Ex. 38,18; Ex. 39,4; Ex. 40,5; Ex. 40,21; Ex. 40,22; Ex. 40,26; Lev. 4,17; Lev. 16,2; Lev. 16,12; Lev. 16,15; Lev. 24,3; Num. 3,10; Num. 4,32; Num. 18,7; Sir. 50,5; Heb. 6,19; Heb. 10,20)

καταπήγνυμι (κατά; πήγνυμι) to plant firmly, fasten, establish ▸ 3
  κατέπηξαν ▸ 3
    Verb · third · plural · aorist · active · indicative ▸ **3** (1Sam. 31,10; Hos. 5,2; Hos. 9,8)

καταπηδάω (κατά; πηδάω) to jump down, dismount ▸ 2
  κατεπήδησεν ▸ 2
    Verb · third · singular · aorist · active · indicative ▸ **2** (Gen. 24,64; 1Sam. 25,23)

κατάπικρος (κατά; πικρός) very bitter ▸ 1
  κατάπικροι ▸ 1
    Adjective · masculine · plural · nominative · noDegree ▸ **1** (2Sam. 17,8)

καταπίνω (κατά; πίνω) to swallow, swallow up, drown ▸ 40 + **1** + 7 = 48
  καταπιεῖν ▸ 3 + **1** + 1 = 5
    Verb · aorist · active · infinitive ▸ 3 + **1** + 1 = **5** (Tob. 6,2; Jonah 2,1; Is. 28,4; Tob. 6,2; 1Pet. 5,8)
  καταπίεται ▸ 3
    Verb · third · singular · future · middle · indicative ▸ **3** (Num. 16,30; Psa. 57,10; Prov. 19,28)
  καταπιέτω ▸ 1
    Verb · third · singular · aorist · active · imperative ▸ **1** (Psa. 68,16)
  καταπίῃ ▸ 3
    Verb · third · singular · aorist · active · subjunctive ▸ **3** (Num. 16,34; 2Sam. 17,16; Job 8,18)
  καταπίνειν ▸ 1
    Verb · present · active · infinitive ▸ **1** (Hab. 1,13)
  καταπίνοντες ▸ 1 + **1** = 2
    Verb · present · active · participle · masculine · plural · nominative ▸ **1** (Is. 16,8)
    Verb · present · active · participle · masculine · plural · vocative ▸ **1** (Matt. 23,24)
  καταπίνοντές ▸ 1
    Verb · present · active · participle · masculine · plural · nominative ▸ **1** (Is. 49,19)
  καταπίοι ▸ 1
    Verb · third · singular · aorist · active · optative ▸ **1** (Prov. 23,7)
  καταπίονται ▸ 1
    Verb · third · plural · future · middle · indicative ▸ **1** (Prov. 21,20)
  καταπίω ▸ 1
    Verb · first · singular · aorist · active · subjunctive ▸ **1** (Job 7,19)
  καταπίωμεν ▸ 1
    Verb · first · plural · aorist · active · subjunctive ▸ **1** (Prov. 1,12)
  καταπίωσιν ▸ 2
    Verb · third · plural · aorist · active · subjunctive ▸ **2** (Sol. 8,30; Is. 9,15)
  καταποθῇ ▸ 1 + **2** = 3

    Verb · third · singular · aorist · passive · subjunctive · **1 + 2 = 3** (Sir. 23,17; 2Cor. 2,7; 2Cor. 5,4)
 κατέπιεν · **10 + 1 = 11**
    Verb · third · singular · aorist · active · indicative · **10 + 1 = 11** (Ex. 7,12; Ex. 15,12; Num. 16,32; Num. 21,28; Num. 26,10; Deut. 11,6; Psa. 105,17; Ode. 1,12; Is. 25,8; Jer. 28,44; Rev. 12,16)
 κατεπιέν · **1**
    Verb · third · singular · aorist · active · indicative · **1** (Jer. 28,34)
 Κατεπίομεν · **2**
    Verb · first · plural · aorist · active · indicative · **1** (Psa. 34,25)
    Verb · first · plural · imperfect · active · indicative · **1** (Lam. 2,16)
 κατέπιον · **3**
    Verb · third · plural · aorist · active · indicative · **3** (Gen. 41,7; Gen. 41,24; Psa. 123,3)
 κατεπόθη · **3 + 1 = 4**
    Verb · third · singular · aorist · passive · indicative · **3 + 1 = 4** (Psa. 106,27; Hos. 8,8; Lam. 3,49; 1Cor. 15,54)
 κατεπόθησαν · **1 + 1 = 2**
    Verb · third · plural · aorist · passive · indicative · **1 + 1 = 2** (Psa. 140,6; Heb. 11,29)
καταπίπτω (κατά; πίπτω) to fall down · **7 + 3 = 10**
 καταπεπτωκότων · **1**
    Verb · perfect · active · participle · masculine · plural · genitive · **1** (3Mac. 2,20)
 καταπέση · **1**
    Verb · third · singular · aorist · active · subjunctive · **1** (Wis. 13,16)
 καταπεσόντων · **1**
    Verb · aorist · active · participle · masculine · plural · genitive · **1** (Acts 26,14)
 καταπεσών · **1**
    Verb · aorist · active · participle · masculine · singular · nominative · **1** (4Mac. 4,11)
 καταπίπτειν · **1**
    Verb · present · active · infinitive · **1** (Acts 28,6)
 καταπίπτετε · **1**
    Verb · second · plural · present · active · imperative · **1** (Neh. 8,11)
 καταπίπτοντας · **1**
    Verb · present · active · participle · masculine · plural · accusative · **1** (Psa. 144,14)
 καταπίπτων · **1**
    Verb · present · active · participle · masculine · singular · nominative · **1** (Wis. 17,15)
 κατέπεσεν · **1**
    Verb · third · singular · aorist · active · indicative · **1** (Luke 8,6)
 κατέπεσον · **1**
    Verb · third · plural · aorist · active · indicative · **1** (Wis. 7,3)
καταπιστεύω (κατά; πείθω) to trust · **1**
 καταπιστεύετε · **1**
    Verb · second · plural · present · active · indicative · **1** (Mic. 7,5)
καταπλάσσω (κατά; πλάσσω) to plaster · **2**
 κατάπλασαι · **1**
    Verb · second · singular · aorist · middle · imperative · **1** (Is. 38,21)
 καταπλάσσει · **1**
    Verb · third · singular · present · active · indicative · **1** (Job 37,11)
καταπλέω (κατά; πλέω) to arrive · **1**
 κατέπλευσαν · **1**
    Verb · third · plural · aorist · active · indicative · **1** (Luke 8,26)

καταπληγμός (κατά; πλήσσω) panic · **1**
 καταπληγμός · **1**
    Noun · masculine · singular · nominative · (common) · **1** (Sir. 21,4)
κατάπληξις (κατά; πλήσσω) terror · **1**
 καταπλήξει · **1**
    Noun · feminine · singular · dative · (common) · **1** (Ezra 3,3)
καταπλήσσω (κατά; πλήσσω) to terrify; be astounded · **10**
 καταπεπληγμένοι · **1**
    Verb · perfect · passive · participle · masculine · plural · nominative · **1** (3Mac. 2,23)
 καταπλαγείησαν · **1**
    Verb · third · plural · aorist · passive · optative · **1** (2Mac. 15,24)
 καταπλαγείς · **1**
    Verb · aorist · passive · participle · masculine · singular · nominative · **1** (3Mac. 1,9)
 καταπλαγέντας · **1**
    Verb · aorist · passive · participle · masculine · plural · accusative · **1** (2Mac. 3,24)
 καταπλαγέντος · **1**
    Verb · aorist · passive · participle · masculine · singular · genitive · **1** (3Mac. 5,27)
 καταπλαγῆναι · **2**
    Verb · aorist · passive · infinitive · **2** (2Mac. 8,16; 4Mac. 16,17)
 καταπλήσσεις · **1**
    Verb · second · singular · present · active · indicative · **1** (Job 7,14)
 καταπλησσέτω · **1**
    Verb · third · singular · present · active · imperative · **1** (Job 13,21)
 κατεπλάγησαν · **1**
    Verb · third · plural · aorist · passive · indicative · **1** (Josh. 5,1)
κατάπλους (κατά; πλέω) voyage · **1**
 κατάπλῳ · **1**
    Noun · masculine · singular · dative · (common) · **1** (3Mac. 4,10)
καταπολεμέω (κατά; πόλεμος) to fight against · **1**
 καταπολεμεῖτε · **1**
    Verb · second · plural · present · active · indicative · **1** (Josh. 10,25)
καταπονέω (κατά; πόνος) to oppress · **2 + 2 = 4**
 καταπονούμεθα · **1**
    Verb · first · plural · present · passive · indicative · **1** (3Mac. 2,13)
 καταπονουμένοις · **1**
    Verb · present · passive · participle · masculine · plural · dative · **1** (3Mac. 2,2)
 καταπονούμενον · **1**
    Verb · present · passive · participle · masculine · singular · accusative · **1** (2Pet. 2,7)
 καταπονουμένῳ · **1**
    Verb · present · passive · participle · masculine · singular · dative · **1** (Acts 7,24)
κατάπονος (κατά; πένομαι) tired, wearied · **1**
 κατάπονον · **1**
    Adjective · feminine · singular · accusative · noDegree · **1** (3Mac. 4,14)
καταποντίζω (κατά; πόντος) to throw into the sea, sink · **12 + 2 = 14**
 καταποντίζεις · **1**
    Verb · second · singular · present · active · indicative · **1** (2Sam. 20,19)

καταποντίζεσθαι ‣ 1
    Verb · present · passive · infinitive ‣ **1** (Matt. 14,30)
καταποντιοῦσιν ‣ 1
    Verb · third · plural · future · active · indicative ‣ **1** (Eccl. 10,12)
καταποντισάτω ‣ 1
    Verb · third · singular · aorist · active · imperative ‣ **1** (Psa. 68,16)
καταποντισθῇ ‣ 1
    Verb · third · singular · aorist · passive · subjunctive ‣ **1** (Matt. 18,6)
καταπόντισον ‣ 1
    Verb · second · singular · aorist · active · imperative ‣ **1** (Psa. 54,10)
καταποντιῶ ‣ 1
    Verb · first · singular · future · active · indicative ‣ **1** (2Sam. 20,20)
Κατεπόντισεν ‣ 1
    Verb · third · singular · aorist · active · indicative ‣ **1** (Lam. 2,2)
κατεπόντισεν ‣ 5
    Verb · third · singular · aorist · active · indicative ‣ **5** (Ex. 15,4; Psa. 123,4; Ode. 1,4; Lam. 2,5; Lam. 2,5)
κατεπόντισέν ‣ 1
    Verb · third · singular · aorist · active · indicative ‣ **1** (Psa. 68,3)
καταποντισμός (κατά; πόντος) drowning, swallowing up, ‣ 1
καταποντισμοῦ ‣ 1
    Noun · masculine · singular · genitive · (common) ‣ **1** (Psa. 51,6)
καταπορεύομαι (κατά; πορεύομαι) to return home ‣ 2
καταπορευομένοις ‣ 2
    Verb · present · middle · participle · masculine · plural · dative ‣ **2** (2Mac. 11,30; 3Mac. 4,11)
καταπραΰνω (κατά; πραΰς) to appease, satisfy ‣ 4
καταπραΰνει ‣ 1
    Verb · third · singular · present · active · indicative ‣ **1** (Prov. 15,18)
καταπραΰνεις ‣ 1
    Verb · second · singular · present · active · indicative ‣ **1** (Psa. 88,10)
καταπραΰνῃς ‣ 1
    Verb · second · singular · aorist · active · subjunctive ‣ **1** (Psa. 82,2)
κατεπράυνεν ‣ 1
    Verb · third · singular · aorist · active · indicative ‣ **1** (2Mac. 13,26)
καταπρίω (κατά; πρίω) to saw in pieces ‣ 1
καταπρίσῃ ‣ 1
    Verb · third · singular · aorist · active · subjunctive ‣ **1** (Sus. 59)
καταπροδίδωμι (κατά; πρό; δίδωμι) to surrender ‣ 1
καταπροδιδοὺς ‣ 1
    Verb · present · active · participle · masculine · singular · nominative ‣ **1** (4Mac. 2,10)
καταπρονομεύω (κατά; πρό; νέμω) to carry off as spoil ‣ 1 + 1 = 2
κατεπρονόμευσαν ‣ 1 + 1 = 2
    Verb · third · plural · aorist · active · indicative ‣ 1 + 1 = **2** (Num. 21,1; Judg. 2,14)
καταπτήσσω (κατά; πτήσσω) to crouch down; tremble ‣ 5
καταπτήξει ‣ 1
    Verb · third · singular · future · active · indicative ‣ **1** (Sir. 32,18)
καταπτήσσει ‣ 3
    Verb · third · singular · present · active · indicative ‣ **3** (Prov. 28,14; Prov. 29,9; Prov. 30,30)
κατέπτηκεν ‣ 1
    Verb · third · singular · perfect · active · indicative ‣ **1** (Josh. 2,24)
κατάπτωμα (κατά; πίπτω) falling down, gap ‣ 1
κατάπτωμα ‣ 1
    Noun · neuter · singular · nominative · (common) ‣ **1** (Psa. 143,14)
κατάπτωσις (κατά; πίπτω) downfall ‣ 1
καταπτώσει ‣ 1
    Noun · feminine · singular · dative · (common) ‣ **1** (3Mac. 2,14)
κατάρα (κατά; ἀρά) curse, cursing ‣ 40 + 2 + 6 = 48
κατάρα ‣ 6 + 2 + 2 = 10
    Noun · feminine · singular · nominative · (common) ‣ 6 + 2 + 2 = **10** (Gen. 27,13; Deut. 30,1; Judg. 9,57; Prov. 3,33; Sir. 3,9; Dan. 9,11; Judg. 9,57; Dan. 9,11; Gal. 3,13; James 3,10)
κατάρᾳ ‣ 1
    Noun · feminine · singular · dative · (common) ‣ **1** (Zech. 8,13)
κατάραι ‣ 2
    Noun · feminine · plural · nominative · (common) ‣ **2** (Deut. 28,15; Deut. 28,45)
κατάραις ‣ 1
    Noun · feminine · plural · dative · (common) ‣ **1** (Num. 23,25)
κατάραν ‣ 22 + 1 = 23
    Noun · feminine · singular · accusative · (common) ‣ 22 + 1 = **23** (Gen. 27,12; Deut. 11,26; Deut. 11,29; Deut. 30,19; 1Kings 2,8; 1Kings 2,35m; 2Kings 22,19; Neh. 13,2; Psa. 108,17; Psa. 108,18; Job 31,30; Sir. 23,26; Sir. 41,9; Sir. 41,9; Mal. 2,2; Is. 64,9; Is. 65,23; Jer. 24,9; Jer. 33,6; Jer. 36,22; Jer. 51,8; Jer. 51,12; Gal. 3,10)
κατάρας ‣ 8 + 3 = 11
    Noun · feminine · plural · accusative · (common) ‣ **5** (Deut. 11,28; Deut. 23,6; Deut. 29,26; Josh. 8,34 # 9,2e; Sir. 29,6)
    Noun · feminine · singular · genitive · (common) ‣ 3 + 3 = **6** (Deut. 27,13; 2Sam. 16,12; Sir. 41,10; Gal. 3,13; Heb. 6,8; 2Pet. 2,14)
καταράκτης waterfall, cataract; sea-bird; eagle ‣ 1
καταράκτην ‣ 1
    Noun · masculine · singular · accusative · (common) ‣ **1** (Deut. 14,17)
καταράομαι (κατά; ἀρά) to curse ‣ 71 + 3 + 5 = 79
καταραθείη ‣ 2
    Verb · third · singular · aorist · passive · optative ‣ **2** (Job 3,6; Job 24,18)
κατάρασαί ‣ 2
    Verb · second · singular · aorist · middle · imperative ‣ **2** (Num. 23,13; Num. 23,27)
καταράσαιτο ‣ 1
    Verb · third · singular · aorist · middle · optative ‣ **1** (Job 3,8)
καταρασάμενον ‣ 2
    Verb · aorist · middle · participle · masculine · singular · accusative ‣ **2** (Lev. 24,14; Lev. 24,23)
καταράσασθαι ‣ 2
    Verb · aorist · middle · infinitive ‣ **2** (Gen. 8,21; Neh. 13,2)
καταράσασθαί ‣ 2
    Verb · aorist · middle · infinitive ‣ **2** (Deut. 23,5; Sir. 4,5)
καταράσασθε ‣ 3
    Verb · second · plural · aorist · middle · imperative ‣ **3** (Judg. 5,23; Judg. 5,23; Sir. 28,13)
καταράσῃ ‣ 6

Verb · second · singular · aorist · middle · subjunctive ▸ **3** (Num. 22,6; Eccl. 10,20; Eccl. 10,20)
Verb · second · singular · future · middle · indicative ▸ **3** (Num. 22,12; Num. 23,25; Sir. 23,14)

καταράσηται ▸ 1
Verb · third · singular · aorist · middle · subjunctive ▸ **1** (Lev. 24,15)

καταράσηταί ▸ 1
Verb · third · singular · aorist · middle · subjunctive ▸ **1** (Prov. 30,10)

Καταρᾶσθαι ▸ 1
Verb · present · middle · infinitive ▸ **1** (Num. 24,10)

καταρᾶσθαι ▸ 4
Verb · present · middle · infinitive ▸ **4** (2Sam. 16,7; 2Sam. 16,10; 2Sam. 16,11; Sir. 21,27)

καταράσθω ▸ 1
Verb · third · singular · present · middle · imperative ▸ **1** (2Sam. 16,10)

καταρᾶσθε ▸ 2 + 1 = 3
Verb · second · plural · present · middle · imperative ▸ **2 + 1 = 3** (Judg. 5,23; Judg. 5,23; Rom. 12,14)

καταράσομαι ▸ 2
Verb · first · singular · future · middle · indicative ▸ **2** (Gen. 12,3; Mal. 2,2)

καταράσονται ▸ 1
Verb · third · plural · future · middle · indicative ▸ **1** (Psa. 108,28)

καταράσωμαι ▸ 1
Verb · first · singular · aorist · middle · subjunctive ▸ **1** (Num. 23,8)

καταράσωνται ▸ 1
Verb · third · plural · aorist · middle · subjunctive ▸ **1** (LetterJ 65)

καταρᾶται ▸ 6
Verb · third · singular · present · middle · indicative ▸ **6** (Num. 23,8; Num. 23,8; 2Sam. 16,9; Prov. 30,11; Sir. 21,27; Sol. 3,9)

καταρώμεθα ▸ 1
Verb · first · plural · present · middle · indicative ▸ **1** (James 3,9)

καταρώμενοι ▸ 1
Verb · present · middle · participle · masculine · plural · nominative ▸ **1** (Psa. 36,22)

καταρωμένοί ▸ 1
Verb · present · middle · participle · masculine · plural · nominative ▸ **1** (Num. 24,9)

καταρωμένοις ▸ 1
Verb · present · middle · participle · masculine · plural · dative ▸ **1** (Jer. 15,10)

καταρώμενος ▸ 4
Verb · present · middle · participle · masculine · singular · nominative ▸ **4** (2Sam. 16,5; 2Sam. 16,13; Job 3,8; Sir. 34,24)

καταρωμένός ▸ 1
Verb · present · middle · participle · masculine · singular · nominative ▸ **1** (Gen. 27,29)

καταρωμένου ▸ 3
Verb · present · middle · participle · masculine · singular · genitive ▸ **3** (Prov. 27,14; Eccl. 7,21; Sir. 4,6)

καταρωμένους ▸ 1 + 1 = 2
Verb · present · middle · participle · masculine · plural · accusative ▸ **1 + 1 = 2** (Gen. 12,3; Luke 6,28)

κατηραμένην ▸ 1
Verb · perfect · passive · participle · feminine · singular · accusative ▸ **1** (2Kings 9,34)

κατηραμένοι ▸ 1
Verb · perfect · middle · participle · masculine · plural · vocative ▸ **1** (Matt. 25,41)

κατηραμένον ▸ 1
Verb · perfect · passive · participle · neuter · singular · nominative ▸ **1** (Wis. 12,11)

κατηρασάμην ▸ 1
Verb · first · singular · aorist · middle · indicative ▸ **1** (Neh. 13,25)

κατηράσαντο ▸ 1 + 1 = 2
Verb · third · plural · aorist · middle · indicative ▸ **1 + 1 = 2** (Neh. 10,30; Judg. 9,27)

κατηράσατο ▸ 7
Verb · third · singular · aorist · middle · indicative ▸ **7** (Gen. 5,29; Lev. 24,11; 1Sam. 17,43; 2Sam. 19,22; 2Kings 2,24; Job 3,1; Sir. 33,12)

κατηράσατό ▸ 2
Verb · third · singular · aorist · middle · indicative ▸ **2** (1Kings 2,8; 1Kings 2,35m)

κατηράσω ▸ 1 + 1 = 2
Verb · second · singular · aorist · middle · indicative ▸ **1 + 1 = 2** (Eccl. 7,22; Mark 11,21)

κατηρῶντο ▸ 2
Verb · third · plural · imperfect · middle · indicative ▸ **2** (Judg. 9,27; Psa. 61,5)

κεκατηραμένος ▸ 2
Verb · perfect · passive · participle · masculine · singular · nominative ▸ **2** (Deut. 21,23; Sir. 3,16)

κεκατήρανται ▸ 2
Verb · third · plural · perfect · passive · indicative ▸ **2** (Num. 22,6; Num. 24,9)

κατάρασις (κατά; ἀρά) cursing ▸ 3
καταράσει ▸ 1
Noun · feminine · singular · dative · (common) ▸ **1** (Judg. 5,23)

κατάρασιν ▸ 2
Noun · feminine · singular · accusative · (common) ▸ **2** (Num. 23,11; Jer. 30,7)

καταράσσω (κατά; ἀράσσω) to break down, break in pieces ▸ 8
καταράσσειν ▸ 1
Verb · present · active · infinitive ▸ **1** (Hos. 7,6)

καταραχθήσεται ▸ 1
Verb · third · singular · future · passive · indicative ▸ **1** (Psa. 36,24)

κατερραγμένους ▸ 2
Verb · perfect · passive · participle · masculine · plural · accusative ▸ **2** (Psa. 144,14; Psa. 145,8)

κατέρραξαν ▸ 1
Verb · third · plural · aorist · active · indicative ▸ **1** (Psa. 73,6)

κατέρραξας ▸ 1
Verb · second · singular · aorist · active · indicative ▸ **1** (Psa. 88,45)

κατέρραξάς ▸ 1
Verb · second · singular · aorist · active · indicative ▸ **1** (Psa. 101,11)

κατέρραξεν ▸ 1
Verb · third · singular · aorist · active · indicative ▸ **1** (Sir. 46,6)

κατάρατος (κατά; ἀρά) accursed ▸ 2
κατάρατον ▸ 1
Adjective · masculine · singular · accusative · noDegree ▸ **1** (2Mac. 12,35)

καταράτου ▸ 1

  Adjective · masculine · singular · genitive · noDegree ▸ **1** (4Mac. 4,5)

καταργέω (κατά; ἔργον) to leave idle, occupy, make of no effect, nullify ▸ 4 + 27 = 31
 καταργεῖ ▸ 1
  Verb · third · singular · present · active · indicative ▸ **1** (Luke 13,7)
 καταργεῖται ▸ 2
  Verb · third · singular · present · passive · indicative ▸ **2** (1Cor. 15,26; 2Cor. 3,14)
 καταργηθῇ ▸ 1
  Verb · third · singular · aorist · passive · subjunctive ▸ **1** (Rom. 6,6)
 καταργηθῆναι ▸ 1
  Verb · aorist · passive · infinitive ▸ **1** (Ezra 6,8)
 καταργηθήσεται ▸ 2
  Verb · third · singular · future · passive · indicative ▸ **2** (1Cor. 13,8; 1Cor. 13,10)
 καταργηθήσονται ▸ 1
  Verb · third · plural · future · passive · indicative ▸ **1** (1Cor. 13,8)
 καταργῆσαι ▸ 1 + 1 = 2
  Verb · aorist · active · infinitive ▸ 1 + 1 = **2** (Ezra 4,21; Gal. 3,17)
 καταργήσαντος ▸ 1
  Verb · aorist · active · participle · masculine · singular · genitive ▸ **1** (2Tim. 1,10)
 καταργήσας ▸ 1
  Verb · aorist · active · participle · masculine · singular · nominative ▸ **1** (Eph. 2,15)
 καταργήσει ▸ 3
  Verb · third · singular · future · active · indicative ▸ **3** (Rom. 3,3; 1Cor. 6,13; 2Th. 2,8)
 καταργήσῃ ▸ 3
  Verb · third · singular · aorist · active · subjunctive ▸ **3** (1Cor. 1,28; 1Cor. 15,24; Heb. 2,14)
 καταργοῦμεν ▸ 1
  Verb · first · plural · present · active · indicative ▸ **1** (Rom. 3,31)
 καταργουμένην ▸ 1
  Verb · present · passive · participle · feminine · singular · accusative ▸ **1** (2Cor. 3,7)
 καταργούμενον ▸ 1
  Verb · present · passive · participle · neuter · singular · nominative ▸ **1** (2Cor. 3,11)
 καταργουμένου ▸ 1
  Verb · present · passive · participle · neuter · singular · genitive ▸ **1** (2Cor. 3,13)
 καταργουμένων ▸ 1
  Verb · present · passive · participle · masculine · plural · genitive ▸ **1** (1Cor. 2,6)
 κατηργήθημεν ▸ 1
  Verb · first · plural · aorist · passive · indicative ▸ **1** (Rom. 7,6)
 κατηργήθητε ▸ 1
  Verb · second · plural · aorist · passive · indicative ▸ **1** (Gal. 5,4)
 κατήργηκα ▸ 1
  Verb · first · singular · perfect · active · indicative ▸ **1** (1Cor. 13,11)
 κατήργησαν ▸ 2
  Verb · third · plural · aorist · active · indicative ▸ **2** (Ezra 4,23; Ezra 5,5)
 κατήργηται ▸ 3
  Verb · third · singular · perfect · passive · indicative ▸ **3** (Rom. 4,14; Rom. 7,2; Gal. 5,11)

καταργυρόω (κατά; ἄργυρος) to silver-plate ▸ 1
 κατηργυρωμένοι ▸ 1
  Verb · perfect · passive · participle · masculine · plural · nominative ▸ **1** (Ex. 27,17)

καταριθμέω (κατά; ἀριθμός) to enumerate, number, count ▸ 3 + 1 = 4
 καταριθμουμένῳ ▸ 1
  Verb · present · passive · participle · masculine · singular · dative ▸ **1** (2Chr. 31,19)
 καταριθμοῦνται ▸ 1
  Verb · third · plural · present · passive · indicative ▸ **1** (Gen. 50,3)
 κατηριθμημένοι ▸ 1
  Verb · perfect · passive · participle · masculine · plural · nominative ▸ **1** (Num. 14,29)
 κατηριθμημένος ▸ 1
  Verb · perfect · passive · participle · masculine · singular · nominative ▸ **1** (Acts 1,17)

καταρράκτης (κατά; ῥήγνυμι) down-rushing, waterfall, cataract ▸ 10
 καταρράκται ▸ 2
  Noun · masculine · plural · nominative · (common) ▸ **2** (Gen. 7,11; Gen. 8,2)
 καταρράκτας ▸ 3
  Noun · masculine · plural · accusative · (common) ▸ **3** (2Kings 7,2; 2Kings 7,19; Mal. 3,10)
 καταρράκτην ▸ 3
  Noun · masculine · singular · accusative · (common) ▸ **3** (Lev. 11,17; Jer. 20,2; Jer. 36,26)
 καταρράκτου ▸ 1
  Noun · masculine · singular · genitive · (common) ▸ **1** (Jer. 20,3)
 καταρρακτῶν ▸ 1
  Noun · masculine · plural · genitive · (common) ▸ **1** (Psa. 41,8)

καταρρέω (κατά; ῥέω) to stream down, fall off, perish ▸ 4
 καταρρεῖν ▸ 1
  Verb · present · active · infinitive ▸ **1** (1Sam. 2,33)
 κατέρρει ▸ 1
  Verb · third · singular · present · active · indicative ▸ **1** (1Sam. 21,14)
 κατερρεῖτο ▸ 1
  Verb · third · singular · imperfect · passive · indicative ▸ **1** (4Mac. 6,6)
 κατερρύηκεν ▸ 1
  Verb · third · singular · perfect · active · indicative ▸ **1** (Jer. 8,13)

καταρρήγνυμι (κατά; ῥήγνυμι) to tear in pieces, break down, rend ▸ 2
 καταρρήγνυται ▸ 1
  Verb · third · singular · present · passive · indicative ▸ **1** (Prov. 27,9)
 κατερρωγότας ▸ 1
  Verb · perfect · active · participle · masculine · plural · accusative ▸ **1** (Josh. 9,4)

καταρρίπτω (κατά; ῥίπτω) to cast down, fall down ▸ 2
 καταρριπτομένων ▸ 1
  Verb · present · middle · participle · masculine · plural · genitive ▸ **1** (Wis. 17,17)
 κατέρριψεν ▸ 1
  Verb · third · singular · aorist · active · indicative ▸ **1** (Lam. 2,1)

καταρρομβεύω (κατά; ῥέμβω) to lead astray ▸ 1
 κατερρόμβευσεν ▸ 1
  Verb · third · singular · aorist · active · indicative ▸ **1** (Num.

32,13)

κατάρρυτος (κατά; ῥέω) irrigated, watered ▸ 1
  κατάρρυτον ▸ 1
    Adjective · feminine · singular · accusative · noDegree ▸ 1 (2Mac. 12,16)

καταρτίζω (κατά; ἄρτι) to mend, restore, create, strengthen ▸ 17 + 13 = 30
  καταρτίζεσθε ▸ 1
    Verb · second · plural · present · passive · imperative ▸ 1 (2Cor. 13,11)
  καταρτίζετε ▸ 1
    Verb · second · plural · present · active · imperative ▸ 1 (Gal. 6,1)
  καταρτιζόμενος ▸ 1
    Verb · present · middle · participle · masculine · singular · nominative ▸ 1 (Psa. 17,34)
  καταρτιζομένου ▸ 1
    Verb · present · middle · participle · masculine · singular · genitive ▸ 1 (Psa. 28,9)
  καταρτίζοντας ▸ 2
    Verb · present · active · participle · masculine · plural · accusative ▸ 2 (Matt. 4,21; Mark 1,19)
  καταρτίσαι ▸ 2
    Verb · second · singular · aorist · middle · imperative ▸ 2 (Psa. 16,5; Psa. 79,16)
  καταρτίσαι ▸ 2
    Verb · aorist · active · infinitive ▸ 1 (1Th. 3,10)
    Verb · third · singular · aorist · active · optative ▸ 1 (Heb. 13,21)
  καταρτίσασθαι ▸ 2
    Verb · aorist · middle · infinitive ▸ 2 (Ezra 5,3; Ezra 5,9)
  καταρτίσει ▸ 1
    Verb · third · singular · future · active · indicative ▸ 1 (1Pet. 5,10)
  καταρτισθῇ ▸ 1
    Verb · third · singular · aorist · passive · subjunctive ▸ 1 (Ezra 4,16)
  καταρτισθῶσιν ▸ 1
    Verb · third · plural · aorist · passive · subjunctive ▸ 1 (Ezra 4,13)
  κατηρτίσαντο ▸ 1
    Verb · third · plural · aorist · middle · indicative ▸ 1 (Ezra 6,14)
  κατηρτίσατο ▸ 1
    Verb · third · singular · aorist · middle · indicative ▸ 1 (Ezra 5,11)
  κατηρτίσθαι ▸ 1
    Verb · perfect · passive · infinitive ▸ 1 (Heb. 11,3)
  κατηρτισμένα ▸ 1
    Verb · perfect · passive · participle · neuter · plural · accusative · (variant) ▸ 1 (Rom. 9,22)
  κατηρτισμένη ▸ 1
    Verb · perfect · passive · participle · feminine · singular · nominative ▸ 1 (Psa. 88,38)
  κατηρτισμένοι ▸ 1 + 1 = 2
    Verb · perfect · passive · participle · masculine · plural · nominative ▸ 1 + 1 = 2 (Ezra 4,12; 1Cor. 1,10)
  κατηρτισμένος ▸ 1
    Verb · perfect · passive · participle · masculine · singular · nominative ▸ 1 (Luke 6,40)
  κατηρτίσω ▸ 5 + 2 = 7
    Verb · second · singular · aorist · middle · indicative ▸ 5 + 2 = 7 (Psa. 8,3; Psa. 10,3; Psa. 39,7; Psa. 67,10; Psa. 73,16; Matt. 21,16; Heb. 10,5)

κατάρτισις (κατά; ἄρτι) maturation ▸ 1
  κατάρτισιν ▸ 1
    Noun · feminine · singular · accusative ▸ 1 (2Cor. 13,9)

καταρτισμός (κατά; ἄρτι) training, equipping ▸ 1
  καταρτισμόν ▸ 1
    Noun · masculine · singular · accusative ▸ 1 (Eph. 4,12)

κατάρχω (κατά; ἄρχω) to lead, initiate, begin, govern ▸ 11
  κατάρξαι ▸ 2
    Verb · aorist · active · infinitive ▸ 2 (1Kings 10,22a # 9,15; Joel 2,17)
  καταρξάμενος ▸ 1
    Verb · aorist · middle · participle · masculine · singular · nominative ▸ 1 (2Mac. 12,37)
  κατάρξει ▸ 2
    Verb · third · singular · future · active · indicative ▸ 2 (Zech. 6,13; Zech. 9,10)
  κατάρξω ▸ 1
    Verb · first · singular · aorist · active · subjunctive ▸ 1 (1Kings 12,24r)
  κατάρχεις ▸ 1
    Verb · second · singular · present · active · indicative ▸ 1 (Num. 16,13)
  καταρχομένου ▸ 1
    Verb · present · middle · participle · masculine · singular · genitive ▸ 1 (2Mac. 1,23)
  κατάρχων ▸ 1
    Verb · present · active · participle · masculine · singular · nominative ▸ 1 (Nah. 1,12)
  κατῆρξαν ▸ 1
    Verb · third · plural · aorist · active · indicative ▸ 1 (Neh. 9,28)
  κατήρξατο ▸ 1
    Verb · third · singular · aorist · middle · indicative ▸ 1 (2Mac. 4,40)

κατασβέννυμι (κατά; σβέννυμι) to quench ▸ 3
  κατασβέσει ▸ 2
    Verb · third · singular · future · active · indicative ▸ 2 (Prov. 15,18a; Prov. 28,2)
  κατέσβεσεν ▸ 1
    Verb · third · singular · aorist · active · indicative ▸ 1 (4Mac. 16,4)

κατασείω (κατά; σείω) to make a sign, give a signal ▸ 1 + 4 = 5
  κατασείοντες ▸ 1
    Verb · present · active · participle · masculine · plural · nominative ▸ 1 (1Mac. 6,38)
  κατασείσας ▸ 3
    Verb · aorist · active · participle · masculine · singular · nominative ▸ 3 (Acts 12,17; Acts 13,16; Acts 19,33)
  κατέσεισεν ▸ 1
    Verb · third · singular · aorist · active · indicative ▸ 1 (Acts 21,40)

Κατασεμ Eth Kazin ▸ 1
  Κατασεμ ▸ 1
    Noun · singular · genitive · (proper) ▸ 1 (Josh. 19,13)

κατασήθω to strew; strain through a sieve ▸ 1 + 1 = 2
  κατασῆσαι ▸ 1
    Verb · aorist · active · infinitive ▸ 1 (Bel 14)
  κατέσησαν ▸ 1
    Verb · third · plural · aorist · active · indicative ▸ 1 (Bel 14)

κατασιωπάω (κατά; σιωπή) to be silent; make silent ▸ 4
  κατασιωπήσω ▸ 1
    Verb · first · singular · aorist · active · subjunctive ▸ 1 (Job 37,20)
  κατεσιώπησεν ▸ 2

κατασιωπάω–κατασκευάζω

Verb · third · singular · aorist · active · indicative ▸ 2 (Num. 13,30; Job 39,17)
κατεσιώπων ▸ 1
Verb · third · plural · imperfect · active · indicative ▸ 1 (Neh. 8,11)

κατασκάπτω (κατά; σκάπτω) to ruin, destroy, burn to the ground ▸ 33 + 1 + 2 = 36
κατασκάπτει ▸ 1
Verb · third · singular · present · active · indicative ▸ 1 (Prov. 29,4)
κατασκάπτειν ▸ 1
Verb · present · active · infinitive ▸ 1 (Jer. 1,10)
κατασκαπτόμενον ▸ 1
Verb · present · passive · participle · neuter · singular · nominative ▸ 1 (Jer. 28,58)
κατασκάπτονται ▸ 1
Verb · third · plural · present · passive · indicative ▸ 1 (Prov. 24,31)
κατασκαφήσεται ▸ 2
Verb · third · singular · future · passive · indicative ▸ 2 (Amos 3,14; Jer. 28,58)
κατασκάψατε ▸ 1
Verb · second · plural · aorist · active · imperative ▸ 1 (Jer. 5,10)
κατασκάψει ▸ 1
Verb · third · singular · future · active · indicative ▸ 1 (Hos. 10,2)
κατασκάψετε ▸ 2
Verb · second · plural · future · active · indicative ▸ 2 (Deut. 12,3; Judg. 2,2)
κατασκάψουσιν ▸ 1
Verb · third · plural · future · active · indicative ▸ 1 (Ezek. 16,39)
κατασκάψω ▸ 3 + 1 = 4
Verb · first · singular · future · active · indicative ▸ 3 + 1 = 4 (Judg. 8,9; 2Mac. 14,33; Ezek. 13,14; Judg. 8,9)
κατεσκαμμένα ▸ 1 + 1 = 2
Verb · perfect · passive · participle · neuter · plural · accusative ▸ 1 + 1 = 2 (Amos 9,11; Acts 15,16)
κατεσκαμμέναι ▸ 1
Verb · perfect · passive · participle · feminine · plural · nominative ▸ 1 (Ezek. 36,35)
κατεσκαμμένον ▸ 3
Verb · perfect · passive · participle · neuter · singular · accusative ▸ 2 (1Kings 18,32; 2Chr. 32,5)
Verb · perfect · passive · participle · neuter · singular · nominative ▸ 1 (Judg. 6,28)
κατεσκάφη ▸ 2
Verb · third · singular · aorist · passive · indicative ▸ 2 (Prov. 11,11; Jer. 27,15)
κατεσκάφησαν ▸ 2
Verb · third · plural · aorist · passive · indicative ▸ 2 (Joel 1,17; Jer. 2,15)
κατέσκαψαν ▸ 1 + 1 = 2
Verb · third · plural · aorist · active · indicative ▸ 1 + 1 = 2 (1Kings 19,10; Rom. 11,3)
κατέσκαψεν ▸ 9
Verb · third · singular · aorist · active · indicative ▸ 9 (Judg. 6,30; Judg. 6,31; Judg. 6,32; Judg. 8,17; 1Chr. 20,1; 2Chr. 36,19; Judith 2,24; Judith 3,8; Prov. 14,1)

κατασκεδάννυμι (κατά; σκεδάννυμι) to sprinkle ▸ 1
κατεσκέδασεν ▸ 1
Verb · third · singular · aorist · active · indicative ▸ 1 (Ex. 24,8)

κατασκέπτομαι (κατά; σκέπτομαι) to look over closely, spy out ▸ 25 + 4 = 29
κατασκεψάμενοι ▸ 1
Verb · aorist · middle · participle · masculine · plural · nominative ▸ 1 (Num. 13,25)
κατασκεψαμένων ▸ 1
Verb · aorist · middle · participle · masculine · plural · genitive ▸ 1 (Num. 14,6)
κατασκέψασθαι ▸ 13 + 3 = 16
Verb · aorist · middle · infinitive ▸ 13 + 3 = 16 (Num. 10,33; Num. 13,16; Num. 13,17; Num. 13,32; Num. 14,36; Num. 14,38; Num. 21,32; Judg. 18,2; Judg. 18,14; Judg. 18,17; 2Sam. 10,3; Eccl. 1,13; Eccl. 7,25; Judg. 18,2; Judg. 18,14; Judg. 18,17)
Κατασκέψασθε ▸ 1
Verb · second · plural · aorist · middle · imperative ▸ 1 (Josh. 7,2)
κατασκεψάσθωσαν ▸ 1
Verb · third · plural · aorist · middle · imperative ▸ 1 (Num. 13,2)
κατασκέψεται ▸ 1
Verb · third · singular · future · middle · indicative ▸ 1 (Job 39,8)
κατεσκεψάμεθα ▸ 1
Verb · first · plural · aorist · middle · indicative ▸ 1 (Num. 14,7)
κατεσκεψάμην ▸ 1
Verb · first · singular · aorist · middle · indicative ▸ 1 (Eccl. 2,3)
κατεσκέψαντο ▸ 4 + 1 = 5
Verb · third · plural · aorist · middle · indicative ▸ 4 + 1 = 5 (Num. 13,21; Num. 13,23; Num. 13,32; Josh. 7,2; Judg. 1,23)
κατεσκέψασθε ▸ 1
Verb · second · plural · aorist · middle · indicative ▸ 1 (Num. 14,34)

κατασκευάζω (κατά; σκεῦος) to prepare, construct, build, create ▸ 28 + 11 = 39
κατασκευάζει ▸ 1
Verb · third · singular · present · active · indicative ▸ 1 (Wis. 7,27)
κατασκευάζειν ▸ 1
Verb · present · active · infinitive ▸ 1 (1Mac. 10,6)
κατασκευάζεται ▸ 1
Verb · third · singular · present · passive · indicative ▸ 1 (Heb. 3,4)
κατασκευαζομένης ▸ 1
Verb · present · passive · participle · feminine · singular · genitive ▸ 1 (1Pet. 3,20)
κατασκευάζοντες ▸ 1
Verb · present · active · participle · masculine · plural · nominative ▸ 1 (LetterJ 46)
κατασκευάζουσιν ▸ 1
Verb · third · plural · present · active · indicative ▸ 1 (LetterJ 8)
κατασκευάσαι ▸ 1
Verb · aorist · active · infinitive ▸ 1 (4Mac. 4,20)
κατασκευάσας ▸ 5 + 2 = 7
Verb · aorist · active · participle · masculine · singular · nominative ▸ 5 + 2 = 7 (Wis. 9,2; Wis. 13,4; Is. 40,28; Is. 45,7; Bar. 3,32; Heb. 3,3; Heb. 3,4)
κατασκευάσει ▸ 3
Verb · third · singular · future · active · indicative ▸ 3 (Matt. 11,10; Mark 1,2; Luke 7,27)
κατασκευασθέντα ▸ 1
Verb · aorist · passive · participle · neuter · plural · nominative ▸ 1 (LetterJ 46)
κατασκευασθέντος ▸ 1
Verb · aorist · passive · participle · neuter · singular · genitive

K, κ

▸ 1 (1Esdr. 9,42)

κατασκευασθῇ ▸ 1
  Verb · third · singular · aorist · passive · subjunctive ▸ 1 (Num. 21,27)

κατεσκεύαζον ▸ 1
  Verb · third · plural · imperfect · active · indicative ▸ 1 (4Mac. 13,26)

κατεσκεύασα ▸ 3
  Verb · first · singular · aorist · active · indicative ▸ 3 (1Mac. 15,3; Is. 43,7; Is. 45,9)

κατεσκεύασας ▸ 2
  Verb · second · singular · aorist · active · indicative ▸ 2 (1Mac. 15,7; Wis. 11,24)

κατεσκεύασεν ▸ 7 + 1 = 8
  Verb · third · singular · aorist · active · indicative ▸ 7 + 1 = 8 (2Chr. 32,5; 1Mac. 3,29; 1Mac. 10,21; 4Mac. 2,21; Wis. 13,11; Wis. 14,2; Is. 40,19; Heb. 11,7)

κατεσκευάσθη ▸ 1
  Verb · third · singular · aorist · passive · indicative ▸ 1 (Heb. 9,2)

κατεσκευασμένα ▸ 1
  Verb · perfect · passive · participle · neuter · plural · nominative ▸ 1 (LetterJ 45)

κατεσκευασμένον ▸ 1
  Verb · perfect · passive · participle · masculine · singular · accusative ▸ 1 (Luke 1,17)

κατεσκευασμένων ▸ 1
  Verb · perfect · passive · participle · neuter · plural · genitive ▸ 1 (Heb. 9,6)

κατεσκεύασται ▸ 1
  Verb · third · singular · perfect · passive · indicative ▸ 1 (Prov. 23,5)

κατασκεύασμα (κατά; σκεῦος) artwork; building, structure; furniture ▸ 2
  κατασκευάσματα ▸ 1
    Noun · neuter · plural · accusative · (common) ▸ 1 (Judith 15,11)
  κατασκευάσματι ▸ 1
    Noun · neuter · singular · dative · (common) ▸ 1 (Sir. 32,6)

κατασκευή (κατά; σκεῦος) preparation, construction, equipment, instrument ▸ 9
  κατασκευαῖς ▸ 1
    Noun · feminine · plural · dative · (common) ▸ 1 (3Mac. 5,45)
  κατασκευάς ▸ 1
    Noun · feminine · plural · accusative · (common) ▸ 1 (2Mac. 4,20)
  κατασκευή ▸ 3
    Noun · feminine · singular · nominative · (common) ▸ 3 (Ex. 27,19; Num. 8,4; 2Chr. 26,15)
  κατασκευήν ▸ 2
    Noun · feminine · singular · accusative · (common) ▸ 2 (Ex. 36,7; 1Chr. 29,19)
  κατασκευῆς ▸ 2
    Noun · feminine · singular · genitive · (common) ▸ 2 (Ex. 35,24; 2Mac. 15,39)

κατασκηνόω (κατά; σκηνή) to live, settle, nest ▸ 63 + 3 + 4 = 70
  κατασκηνοῖ ▸ 2
    Verb · third · singular · present · active · indicative ▸ 2 (Josh. 22,19; Ezra 6,12)
  κατασκήνου ▸ 2
    Verb · second · singular · present · active · imperative ▸ 2 (Psa. 36,3; Psa. 36,27)
  κατασκηνοῦν ▸ 1 + 2 = 3
    Verb · present · active · infinitive ▸ 1 + 2 = 3 (Sol. 7,6; Matt. 13,32; Mark 4,32)
  κατασκηνοῦντα ▸ 1
    Verb · present · active · participle · masculine · singular · accusative ▸ 1 (Obad. 3)
  κατασκηνοῦντας ▸ 2
    Verb · present · active · participle · masculine · plural · accusative ▸ 2 (Mic. 7,14; Jer. 28,13)
  κατασκηνοῦντι ▸ 1
    Verb · present · active · participle · masculine · singular · dative ▸ 1 (Ezra 7,15)
  κατασκηνῶν ▸ 2
    Verb · present · active · participle · masculine · singular · nominative ▸ 2 (Num. 35,34; Joel 4,17)
  κατασκηνώσαι ▸ 1
    Verb · third · singular · aorist · active · optative ▸ 1 (Psa. 7,6)
  κατασκηνῶσαι ▸ 6
    Verb · aorist · active · infinitive ▸ 6 (Num. 14,30; 2Chr. 6,1; 2Chr. 6,2; Neh. 1,9; Psa. 67,19; Psa. 84,10)
  κατασκηνώσας ▸ 1
    Verb · aorist · active · participle · masculine · singular · nominative ▸ 1 (1Esdr. 2,3)
  κατασκηνώσει ▸ 17 + 1 = 18
    Verb · third · singular · future · active · indicative ▸ 17 + 1 = 18 (Deut. 33,12; Deut. 33,28; 2Sam. 7,10; 1Chr. 17,9; Psa. 14,1; Psa. 15,9; Psa. 64,5; Psa. 67,17; Psa. 103,12; Prov. 1,33; Job 18,15; Sir. 4,15; Sir. 28,16; Joel 4,21; Jer. 17,6; Jer. 23,6; Ezek. 43,7; Acts 2,26)
  κατασκηνώσεις ▸ 2
    Verb · second · singular · future · active · indicative ▸ 2 (Psa. 5,12; Mic. 4,10)
  κατασκήνωσον ▸ 1
    Verb · second · singular · aorist · active · imperative ▸ 1 (Sir. 24,8)
  κατασκηνώσουσι ▸ 1
    Verb · third · plural · future · active · indicative ▸ 1 (Prov. 2,21)
  κατασκηνώσουσιν ▸ 5
    Verb · third · plural · future · active · indicative ▸ 5 (Psa. 36,29; Psa. 68,37; Psa. 101,29; Zech. 2,15; Ezek. 25,4)
  κατασκηνώσω ▸ 6
    Verb · first · singular · aorist · active · subjunctive ▸ 1 (Psa. 138,9)
    Verb · first · singular · future · active · indicative ▸ 5 (Num. 35,34; Zech. 2,14; Zech. 8,3; Zech. 8,8; Ezek. 43,9)
  κατεσκήνουν ▸ 1 + 2 = 3
    Verb · first · singular · imperfect · active · indicative ▸ 1 + 2 = 3 (Job 29,25; Dan. 4,12; Dan. 4,21)
  κατεσκήνωσα ▸ 4
    Verb · first · singular · aorist · active · indicative ▸ 4 (Psa. 119,5; Prov. 8,12; Sir. 24,4; Jer. 7,12)
  κατεσκήνωσαν ▸ 1
    Verb · third · plural · aorist · active · indicative ▸ 1 (Judg. 18,28)
  κατεσκήνωσας ▸ 1
    Verb · second · singular · aorist · active · indicative ▸ 1 (Psa. 73,2)
  κατεσκήνωσεν ▸ 6 + 1 = 7
    Verb · third · singular · aorist · active · indicative ▸ 6 + 1 = 7 (Judg. 5,17; Judg. 5,17; 1Chr. 23,25; Psa. 22,2; Psa. 77,55; Psa. 77,60; Luke 13,19)

κατασκήνωσις (κατά; σκηνή) building, nest ▸ 4 + 1 + 2 = 7
  κατασκηνώσεις ▸ 2

κατασκήνωσις–κατασπείρω

Noun · feminine · plural · accusative ▸ 2 (Matt. 8,20; Luke 9,58)
κατασκηνώσεως ▸ 1 + 1 = 2
  Noun · feminine · singular · genitive · (common) ▸ 1 + 1 = 2 (Tob. 1,4; Tob. 1,4)
κατασκηνώσεώς ▸ 1
  Noun · feminine · singular · genitive · (common) ▸ 1 (Wis. 9,8)
κατασκήνωσιν ▸ 1
  Noun · feminine · singular · accusative · (common) ▸ 1 (1Chr. 28,2)
κατασκήνωσίς ▸ 1
  Noun · feminine · singular · nominative · (common) ▸ 1 (Ezek. 37,27)

κατασκιάζω (κατά; σκιά) to shadow ▸ 1
  κατασκιάζοντα ▸ 1
    Verb · present · active · participle · neuter · plural · nominative ▸ 1 (Heb. 9,5)

κατάσκιος (κατά; σκιά) overshadowing, shady ▸ 5
  κατάσκιον ▸ 1
    Adjective · neuter · singular · accusative · noDegree ▸ 1 (Ezek. 20,28)
  κατασκίου ▸ 3
    Adjective · neuter · singular · genitive · noDegree ▸ 3 (Ode. 4,3; Hab. 3,3; Jer. 2,20)
  κατασκίων ▸ 1
    Adjective · neuter · plural · genitive · noDegree ▸ 1 (Zech. 1,8)

κατασκοπεύω (κατά; σκοπός) to spy, inspect ▸ 12
  κατασκοπεύοντας ▸ 1
    Verb · present · active · participle · masculine · plural · accusative ▸ 1 (Gen. 42,30)
  κατασκοπεῦσαι ▸ 6
    Verb · aorist · active · infinitive ▸ 6 (Josh. 2,1; Josh. 2,2; Josh. 2,3; Josh. 6,25; Josh. 14,7; 1Mac. 5,38)
  κατασκοπεύσαντας ▸ 1
    Verb · aorist · active · participle · masculine · plural · accusative ▸ 1 (Josh. 6,25)
  κατασκοπεύσαντες ▸ 1
    Verb · aorist · active · participle · masculine · plural · nominative ▸ 1 (Josh. 6,23)
  κατασκοπεύσασιν ▸ 1
    Verb · aorist · active · participle · masculine · plural · dative ▸ 1 (Josh. 6,22)
  κατεσκόπευεν ▸ 1
    Verb · third · singular · imperfect · active · indicative ▸ 1 (Ex. 2,4)
  κατεσκόπευσαν ▸ 1
    Verb · third · plural · aorist · active · indicative ▸ 1 (Deut. 1,24)

κατασκοπέω (κατά; σκοπός) to spy out ▸ 2 + 1 = 3
  κατασκοπῆσαι ▸ 1 + 1 = 2
    Verb · aorist · active · infinitive ▸ 1 + 1 = 2 (1Chr. 19,3; Gal. 2,4)
  κατασκοπήσωσιν ▸ 1
    Verb · third · plural · aorist · active · subjunctive ▸ 1 (2Sam. 10,3)

κατάσκοπος (κατά; σκοπός) spy, scout ▸ 10 + 1 = 11
  κατάσκοποι ▸ 2
    Noun · masculine · plural · nominative · (common) ▸ 2 (Gen. 42,11; Gen. 42,31)
  Κατάσκοποί ▸ 2
    Noun · masculine · plural · nominative · (common) ▸ 2 (Gen. 42,9; Gen. 42,14)
  κατάσκοποί ▸ 2
    Noun · masculine · plural · nominative · (common) ▸ 2 (Gen. 42,16; Gen. 42,34)

κατάσκοπος ▸ 1
  Noun · masculine · singular · nominative · (common) ▸ 1 (Sir. 11,30)
κατασκόπους ▸ 3 + 1 = 4
  Noun · masculine · plural · accusative · (common) ▸ 3 + 1 = 4 (1Sam. 26,4; 2Sam. 15,10; 1Mac. 12,26; Heb. 11,31)

κατασμικρύνομαι (κατά; μικρός) to be small ▸ 1
  κατεσμικρύνθη ▸ 1
    Verb · third · singular · aorist · passive · indicative ▸ 1 (2Sam. 7,19)

κατασοφίζομαι (κατά; σοφός) to outwit, trick ▸ 3 + 1 = 4
  κατασοφισάμενος ▸ 1
    Verb · aorist · middle · participle · masculine · singular · nominative ▸ 1 (Acts 7,19)
  κατασοφίσασθαι ▸ 1
    Verb · aorist · middle · infinitive ▸ 1 (Judith 10,19)
  κατασοφισώμεθα ▸ 1
    Verb · first · plural · aorist · middle · subjunctive ▸ 1 (Ex. 1,10)
  κατεσοφίσατο ▸ 1
    Verb · third · singular · aorist · middle · indicative ▸ 1 (Judith 5,11)

κατασπαταλάω (κατά; σπατάλη) to live in luxury ▸ 2
  κατασπαταλᾷ ▸ 1
    Verb · third · singular · present · active · indicative ▸ 1 (Prov. 29,21)
  κατασπαταλῶντες ▸ 1
    Verb · present · active · participle · masculine · plural · nominative ▸ 1 (Amos 6,4)

κατασπάω (κατά; σπάω) to pull down; swallow down ▸ 21 + 2 = 23
  κατασπᾷ ▸ 1
    Verb · third · singular · present · active · indicative ▸ 1 (Prov. 15,25)
  κατασπάσαι ▸ 1
    Verb · aorist · active · infinitive ▸ 1 (2Chr. 32,18)
  κατάσπασον ▸ 1
    Verb · second · singular · aorist · active · imperative ▸ 1 (2Sam. 11,25)
  κατασπάσω ▸ 1
    Verb · first · singular · future · active · indicative ▸ 1 (Mic. 1,6)
  κατασπῶντες ▸ 1
    Verb · present · active · participle · masculine · plural · nominative ▸ 1 (Tob. 13,14)
  κατέσπασα ▸ 1
    Verb · first · singular · aorist · active · indicative ▸ 1 (Zeph. 3,6)
  κατέσπασαν ▸ 6
    Verb · third · plural · aorist · active · indicative ▸ 6 (2Kings 10,27; 2Kings 11,18; 2Chr. 23,17; 2Chr. 24,7; 2Chr. 30,14; 2Chr. 31,1)
  κατέσπασεν ▸ 8 + 1 = 9
    Verb · third · singular · aorist · active · indicative ▸ 8 + 1 = 9 (2Kings 21,3; 2Kings 23,12; 2Kings 23,15; 2Chr. 25,23; 2Chr. 26,6; 2Chr. 33,3; 2Chr. 34,4; 2Chr. 34,7; Bel 28)
  κατεσπάσθη ▸ 2
    Verb · third · singular · aorist · passive · indicative ▸ 2 (Sol. 2,19; Zech. 11,2)

κατασπείρω (κατά; σπείρω) to scatter, sow ▸ 4
  κατασπαρήσονται ▸ 1
    Verb · third · plural · future · passive · indicative ▸ 1 (Job 18,15)
  κατασπερεῖς ▸ 2

Verb · second · singular · future · active · indicative ▸ 2 (Lev. 19,19; Deut. 22,9)
  κατεσπείροντο ▸ 1
    Verb · third · plural · imperfect · passive · indicative ▸ 1 (3Mac. 5,26)

κατασπεύδω (κατά; σπεύδω) to hasten ▸ 20 + 1 = 21
  κατασπεύδει ▸ 1
    Verb · third · singular · present · active · indicative ▸ 1 (Sir. 32,10)
  κατασπευδομένη ▸ 1
    Verb · present · middle · participle · feminine · singular · nominative ▸ 1 (Sir. 28,11)
  κατασπεύδοντας ▸ 2
    Verb · present · active · participle · masculine · plural · accusative ▸ 2 (1Mac. 13,21; Sir. 18,14)
  κατασπεύδουσα ▸ 1
    Verb · present · active · participle · feminine · singular · nominative ▸ 1 (Sir. 28,11)
  κατασπεῦσαί ▸ 1
    Verb · aorist · active · infinitive ▸ 1 (2Chr. 35,21)
  Κατασπεύσατε ▸ 1
    Verb · second · plural · aorist · active · imperative ▸ 1 (Esth. 5,5)
  κατασπευσάτω ▸ 1
    Verb · third · singular · aorist · active · imperative ▸ 1 (Dan. 4,19)
  κατάσπευσον ▸ 1
    Verb · second · singular · aorist · active · imperative ▸ 1 (Ex. 9,19)
  κατέσπευδεν ▸ 3
    Verb · third · singular · imperfect · active · indicative ▸ 3 (Ex. 10,16; 1Mac. 6,57; Dan. 4,19)
  κατέσπευδον ▸ 3
    Verb · third · plural · imperfect · active · indicative ▸ 3 (Ex. 5,10; Ex. 5,13; Dan. 5,6)
  κατέσπευσαν ▸ 2
    Verb · third · plural · aorist · active · indicative ▸ 2 (2Chr. 26,20; Sir. 50,17)
  κατέσπευσεν ▸ 4
    Verb · third · singular · aorist · active · indicative ▸ 4 (Deut. 33,2; 1Chr. 21,30; Sir. 43,5; Sir. 43,13)

κατασπουδάζομαι (κατά; σπεύδω) to be troubled ▸ 1
  κατασπουδασθῶ ▸ 1
    Verb · first · singular · aorist · passive · subjunctive ▸ 1 (Job 23,15a)

καταστασιάζω (κατά; ἵστημι) to rebel ▸ 1
  καταστασιάσασι ▸ 1
    Verb · aorist · active · participle · masculine · plural · dative ▸ 1 (Ex. 38,22)

κατάστασις (κατά; ἵστημι) constitution, condition, arrangement; rebellion ▸ 1
  κατάστασίν ▸ 1
    Noun · feminine · singular · accusative · (common) ▸ 1 (Wis. 12,12)

καταστέλλω (κατά; στέλλω) to settle, appease ▸ 2 + 2 = 4
  καταστεῖλαι ▸ 1
    Verb · aorist · active · infinitive ▸ 1 (2Mac. 4,31)
  καταστείλας ▸ 1
    Verb · aorist · active · participle · masculine · singular · nominative ▸ 1 (3Mac. 6,1)
  Καταστείλας ▸ 1
    Verb · aorist · active · participle · masculine · singular · nominative ▸ 1 (Acts 19,35)
  κατεσταλμένους ▸ 1
    Verb · perfect · passive · participle · masculine · plural · accusative ▸ 1 (Acts 19,36)

κατάστεμα (κατά; ἵστημι) state, mood, disposition ▸ 1
  κατάστεμα ▸ 1
    Noun · neuter · singular · accusative · (common) ▸ 1 (3Mac. 5,45)

καταστενάζω (κατά; στένος) to sigh ▸ 6
  καταστενάζοντες ▸ 1
    Verb · present · active · participle · masculine · plural · nominative ▸ 1 (Lam. 1,11)
  καταστεναζόντων ▸ 1
    Verb · present · active · participle · masculine · plural · genitive ▸ 1 (Ezek. 9,4)
  καταστενάξεις ▸ 1
    Verb · second · singular · future · active · indicative ▸ 1 (Jer. 22,23)
  καταστέναξον ▸ 1
    Verb · second · singular · aorist · active · imperative ▸ 1 (Ezek. 21,11)
  κατεστέναξαν ▸ 2
    Verb · third · plural · aorist · active · indicative ▸ 2 (Ex. 2,23; 3Mac. 6,34)

καταστέφω (κατά; στέφω) to receive a wreath ▸ 1
  κατεστεμμένοι ▸ 1
    Verb · aorist · middle · participle · masculine · plural · nominative ▸ 1 (3Mac. 7,16)

κατάστημα (κατά; ἵστημι) behavior, condition ▸ 1
  καταστήματι ▸ 1
    Noun · neuter · singular · dative ▸ 1 (Titus 2,3)

καταστηρίζω (κατά; στηρίζω) to establish ▸ 1
  κατεστηρίχθαι ▸ 1
    Verb · perfect · passive · infinitive ▸ 1 (Job 20,7)

καταστολή (κατά; στέλλω) dress, clothing ▸ 1 + 1 = 2
  καταστολῇ ▸ 1
    Noun · feminine · singular · dative ▸ 1 (1Tim. 2,9)
  καταστολὴν ▸ 1
    Noun · feminine · singular · accusative · (common) ▸ 1 (Is. 61,3)

καταστραγγίζω (κατά; στράγξ) to drain, squeeze out ▸ 1
  καταστραγγιεῖ ▸ 1
    Verb · third · singular · future · active · indicative ▸ 1 (Lev. 5,9)

καταστρατοπεδεύω (κατά; στρατιά) to camp ▸ 4
  κατεστρατοπέδευσαν ▸ 3
    Verb · third · plural · aorist · active · indicative ▸ 3 (Josh. 4,19; Judith 3,10; Judith 7,18)
  κατεστρατοπέδευσεν ▸ 1
    Verb · third · singular · aorist · active · indicative ▸ 1 (2Mac. 4,22)

καταστρέφω (κατά; στρέφω) to overthrow; be subdued; ended ▸ 40 + 2 + 2 = 44
  καταστραφήσεται ▸ 4
    Verb · third · singular · future · passive · indicative ▸ 4 (Tob. 14,4; Job 18,4; Sir. 27,3; Jonah 3,4)
  καταστρέφεται ▸ 1
    Verb · third · singular · present · passive · indicative ▸ 1 (2Kings 21,13)
  καταστρέφων ▸ 1
    Verb · present · active · participle · masculine · singular

καταστρέφω–κατασφάζω

- nominative ▸ **1** (Job 9,5)

καταστρέψαι ▸ **4**
   Verb · aorist · active · infinitive ▸ **4** (Gen. 13,10; Gen. 19,21; Gen. 19,29; 3Mac. 3,23)

καταστρέψας ▸ **1**
   Verb · aorist · active · participle · masculine · singular · nominative ▸ **1** (Job 12,15)

καταστρέψει ▸ **2**
   Verb · third · singular · future · active · indicative ▸ **2** (Ezra 6,12; Dan. 11,8)

καταστρέψῃ ▸ **1**
   Verb · second · singular · future · middle · indicative ▸ **1** (Job 11,10)

καταστρέψω ▸ **3**
   Verb · first · singular · future · active · indicative ▸ **3** (Hag. 2,22; Hag. 2,22; Mal. 1,4)

κατεστραμμένη ▸ **1**
   Verb · perfect · passive · participle · feminine · singular · nominative ▸ **1** (Is. 1,7)

κατεστραμμένης ▸ **1**
   Verb · perfect · passive · participle · feminine · singular · genitive ▸ **1** (Lam. 4,6)

Κατέστραπται ▸ **1**
   Verb · third · singular · perfect · passive · indicative ▸ **1** (Mal. 1,4)

κατεστράφη ▸ **2**
   Verb · third · singular · aorist · passive · indicative ▸ **2** (Deut. 29,22; Jer. 30,12)

κατέστρεψα ▸ **1**
   Verb · first · singular · aorist · active · indicative ▸ **1** (Amos 4,11)

κατέστρεψας ▸ **1**
   Verb · second · singular · aorist · active · indicative ▸ **1** (Psa. 88,40)

κατέστρεψε ▸ **2**
   Verb · third · singular · aorist · active · indicative ▸ **2** (Bel 22; Bel 28)

κατέστρεψεν ▸ **14** + **2** + **2** = **18**
   Verb · third · singular · aorist · active · indicative ▸ **14** + **2** + **2** = **18** (Gen. 19,25; Deut. 29,22; Judg. 7,13; 2Mac. 9,28; Job 12,19; Job 24,22; Job 28,9; Sir. 10,13; Sir. 10,16; Sir. 28,14; Amos 4,11; Is. 13,19; Jer. 20,16; Jer. 27,40; Judg. 8,17; Bel 22; Matt. 21,12; Mark 11,15)

καταστρηνιάω (κατά; στρῆνος) to be drawn away by impulse ▸ **1**
   καταστρηνιάσωσιν ▸ **1**
      Verb · third · plural · aorist · active · subjunctive ▸ **1** (1Tim. 5,11)

καταστροφή (κατά; στρέφω) ruin, destruction ▸ **18** + **2** = **20**
   καταστροφή ▸ **2**
      Noun · feminine · singular · nominative · (common) ▸ **2** (Job 15,21; Job 21,17)
   καταστροφή ▸ **9**
      Noun · feminine · singular · nominative · (common) ▸ **9** (2Chr. 22,7; Prov. 1,18; Prov. 1,27; Job 8,19; Job 27,7; Sir. 9,11; Sol. 13,6; Sol. 13,7; Hos. 8,7)
   καταστροφῇ ▸ **2**
      Noun · feminine · singular · dative ▸ **2** (2Tim. 2,14; 2Pet. 2,6)
   καταστροφήν ▸ **1**
      Noun · feminine · singular · accusative · (common) ▸ **1** (3Mac. 5,47)
   καταστροφὴν ▸ **2**
      Noun · feminine · singular · accusative · (common) ▸ **2** (3Mac. 4,4; Sir. 18,12)
   καταστροφῆς ▸ **4**
      Noun · feminine · singular · genitive · (common) ▸ **4** (Gen. 19,29; 1Mac. 2,49; 2Mac. 5,8; Dan. 7,28)

καταστρώννυμι (κατά; στρωννύω) to set a table, scatter, overthrow ▸ **10** + **1** = **11**
   καταστρωθῆναι ▸ **1**
      Verb · aorist · passive · infinitive ▸ **1** (Judith 7,25)
   καταστρωθήσονται ▸ **1**
      Verb · third · plural · future · passive · indicative ▸ **1** (Judith 7,14)
   καταστρωννύων ▸ **1**
      Verb · present · active · participle · masculine · singular · nominative ▸ **1** (Job 12,23)
   καταστρῶσαι ▸ **1**
      Verb · aorist · active · infinitive ▸ **1** (Judith 12,1)
   καταστρώσατε ▸ **1**
      Verb · second · plural · aorist · active · imperative ▸ **1** (Judith 14,4)
   κατεστρώθησαν ▸ **1**
      Verb · third · plural · aorist · passive · indicative ▸ **1** (1Cor. 10,5)
   κατέστρωσαν ▸ **3**
      Verb · third · plural · aorist · active · indicative ▸ **3** (2Mac. 11,11; 2Mac. 12,28; 2Mac. 15,27)
   κατέστρωσεν ▸ **2**
      Verb · third · singular · aorist · active · indicative ▸ **2** (Num. 14,16; 2Mac. 5,26)

κατασύρω (κατά; σύρω) to drag ▸ **3** + **1** = **4**
   κατασύρῃ ▸ **1**
      Verb · third · singular · present · active · subjunctive ▸ **1** (Luke 12,58)
   κατασυριεῖ ▸ **1**
      Verb · third · singular · future · active · indicative ▸ **1** (Dan. 11,26)
   κατασύρων ▸ **1**
      Verb · present · active · participle · masculine · singular · nominative ▸ **1** (Dan. 11,10)
   κατέσυρα ▸ **1**
      Verb · first · singular · aorist · active · indicative ▸ **1** (Jer. 30,4)

κατασφάζω (κατά; σφάζω) to slay ▸ **10** + **1** + **1** = **12**
   κατασφάζειν ▸ **2**
      Verb · present · active · infinitive ▸ **2** (2Mac. 5,12; 2Mac. 6,9)
   κατασφάξαι ▸ **1**
      Verb · aorist · active · infinitive ▸ **1** (2Mac. 5,24)
   κατασφάξατε ▸ **1**
      Verb · second · plural · aorist · active · imperative ▸ **1** (Luke 19,27)
   κατασφάξουσίν ▸ **1**
      Verb · third · plural · future · active · indicative ▸ **1** (Ezek. 16,40)
   κατεσφάγησαν ▸ **1**
      Verb · third · plural · aorist · passive · indicative ▸ **1** (2Mac. 10,31)
   κατέσφαζον ▸ **1**
      Verb · third · plural · imperfect · active · indicative ▸ **1** (Zech. 11,5)
   κατέσφαζόν ▸ **1**
      Verb · third · plural · imperfect · active · indicative ▸ **1** (2Mac. 10,17)
   κατέσφαξαν ▸ **2**
      Verb · third · plural · aorist · active · indicative ▸ **2** (2Mac. 8,24; 2Mac. 10,37)

κατέσφαξεν ▸ 1 + **1** = 2
    Verb · third · singular · aorist · active · indicative ▸ 1 + **1** = 2 (2Mac. 12,26; Bel 28)

κατασφαλίζομαι (κατά; σφάλλω) to make certain, make secure; seal ▸ 2
    κατησφαλίσαντο ▸ 1
        Verb · third · plural · aorist · middle · indicative ▸ 1 (2Mac. 1,19)
    κατησφαλισμένοι ▸ 1
        Verb · perfect · passive · participle · masculine · plural · nominative ▸ 1 (3Mac. 4,9)

κατασφραγίζω (κατά; σφραγίς) to seal ▸ 3 + 1 = 4
    κατασφραγίζει ▸ 2
        Verb · third · singular · present · active · indicative ▸ 2 (Job 9,7; Job 37,7)
    κατεσφραγίσθη ▸ 1
        Verb · third · singular · aorist · passive · indicative ▸ 1 (Wis. 2,5)
    κατεσφραγισμένον ▸ 1
        Verb · perfect · passive · participle · neuter · singular · accusative ▸ 1 (Rev. 5,1)

κατάσχεσις (κατά; ἔχω) possession, holding back ▸ 68 + 2 = 70
    κατασχέσει ▸ 7 + 1 = 8
        Noun · feminine · singular · dative · (common) ▸ 7 + 1 = 8 (Num. 27,12; Num. 32,5; Num. 32,22; Num. 32,29; Josh. 21,12; Neh. 11,3; Sir. 4,16; Acts 7,45)
    κατασχέσεσιν ▸ 1
        Noun · feminine · plural · dative · (common) ▸ 1 (1Chr. 9,2)
    κατασχέσεως ▸ 25
        Noun · feminine · singular · genitive · (common) ▸ 25 (Lev. 25,24; Lev. 25,25; Lev. 25,32; Lev. 25,33; Lev. 27,16; Lev. 27,22; Lev. 27,28; Num. 35,2; Num. 35,8; Num. 35,28; Num. 36,3; Josh. 21,41; Josh. 22,4; Josh. 22,9; Josh. 22,19; Josh. 22,19; 1Chr. 13,2; 2Chr. 11,14; Judith 9,13; Ezek. 45,7; Ezek. 46,18; Ezek. 46,18; Ezek. 48,20; Ezek. 48,22; Ezek. 48,22)
    κατάσχεσιν ▸ 25 + 1 = 26
        Noun · feminine · singular · accusative · (common) ▸ 25 + 1 = 26 (Gen. 17,8; Gen. 47,11; Gen. 48,4; Lev. 25,27; Lev. 25,28; Lev. 25,41; Lev. 25,45; Num. 13,2; Num. 27,4; Num. 27,7; Num. 32,32; Num. 33,54; Num. 33,54; Deut. 32,49; Zech. 11,14; Ezek. 33,24; Ezek. 36,2; Ezek. 36,3; Ezek. 36,5; Ezek. 36,12; Ezek. 45,5; Ezek. 45,6; Ezek. 45,7; Ezek. 45,8; Ezek. 48,21; Acts 7,5)
    κατάσχεσίν ▸ 1
        Noun · feminine · singular · accusative · (common) ▸ 1 (Psa. 2,8)
    κατάσχεσις ▸ 9
        Noun · feminine · singular · nominative · (common) ▸ 9 (Lev. 25,33; Lev. 25,34; Lev. 27,21; Lev. 27,24; 1Chr. 4,33; 1Chr. 7,28; Ezek. 44,28; Ezek. 44,28; Ezek. 46,16)

κατασχίζω (κατά; σχίζω) to cut up ▸ 1
    κατασχίσαντες ▸ 1
        Verb · aorist · active · participle · masculine · plural · nominative ▸ 1 (1Mac. 1,56)

κατατάσσω (κατά; τάσσω) to appoint ▸ 4
    κατατάξουσιν ▸ 1
        Verb · third · plural · future · active · indicative ▸ 1 (Ezek. 44,14)
    κατατάσσων ▸ 1
        Verb · present · active · participle · masculine · singular · nominative ▸ 1 (Job 35,10)
    κατατέτακται ▸ 1
        Verb · third · singular · perfect · passive · indicative ▸ 1 (Job 15,23)
    κατέταξας ▸ 1
        Verb · second · singular · aorist · active · indicative ▸ 1 (Job 7,12)

κατατείνω (κατά; τείνω) to stretch, strain ▸ 5
    κατατεινόμενος ▸ 2
        Verb · present · passive · participle · masculine · singular · nominative ▸ 2 (4Mac. 9,13; 4Mac. 11,18)
    κατατενεῖ ▸ 1
        Verb · third · singular · future · active · indicative ▸ 1 (Lev. 25,46)
    κατατενεῖς ▸ 2
        Verb · second · singular · future · active · indicative ▸ 2 (Lev. 25,43; Lev. 25,53)

κατατέμνω (κατά; τέμνω) to cut, gash ▸ 4
    κατατεμοῦσιν ▸ 1
        Verb · third · plural · future · active · indicative ▸ 1 (Lev. 21,5)
    κατατετμημένοι ▸ 1
        Verb · perfect · passive · participle · masculine · plural · nominative ▸ 1 (Is. 15,2)
    κατετέμνοντο ▸ 2
        Verb · third · plural · imperfect · middle · indicative ▸ 2 (1Kings 18,28; Hos. 7,14)

κατατέρπομαι (κατά; τέρπω) to rejoice ▸ 1
    κατατέρπου ▸ 1
        Verb · second · singular · present · middle · imperative ▸ 1 (Zeph. 3,14)

κατατήκω (κατά; τήκω) to dissolve, destroy ▸ 1
    κατατήξεις ▸ 1
        Verb · second · singular · future · active · indicative ▸ 1 (Mic. 4,13)

κατατίθημι (κατά; τίθημι) to lay, place ▸ 6 + 2 = 8
    καταθέσθαι ▸ 2 + 2 = 4
        Verb · aorist · middle · infinitive ▸ 2 + 2 = 4 (2Mac. 4,19; 3Mac. 5,17; Acts 24,27; Acts 25,9)
    κατάθου ▸ 1
        Verb · second · singular · aorist · middle · imperative ▸ 1 (Judith 11,10)
    κατατίθεσθαι ▸ 1
        Verb · present · middle · infinitive ▸ 1 (Esth. 13,4 # 3,13d)
    κατέθεντο ▸ 1
        Verb · third · plural · aorist · middle · indicative ▸ 1 (Psa. 40,9)
    κατέθηκεν ▸ 1
        Verb · third · singular · aorist · active · indicative ▸ 1 (1Chr. 21,27)

κατατίλλω (κατά; τίλλω) to pull off ▸ 1
    κατέτιλα ▸ 1
        Verb · third · singular · aorist · active · indicative ▸ 1 (1Esdr. 8,68)

κατατιτρώσκω (κατά; τιτρώσκω) to receive mortal wounds ▸ 1
    κατετιτρώσκετο ▸ 1
        Verb · third · singular · imperfect · passive · indicative ▸ 1 (4Mac. 6,6)

κατατολμάω (κατά; τολμάω) to dare, be bold ▸ 2
    κατατολμήσαντας ▸ 1
        Verb · aorist · active · participle · masculine · plural · accusative ▸ 1 (2Mac. 3,24)
    κατετόλμησεν ▸ 1
        Verb · third · singular · aorist · active · indicative ▸ 1 (2Mac. 5,15)

κατατομή (κατά; τομός) mutilation ▸ 1
    κατατομήν ▸ 1
        Noun · feminine · singular · accusative ▸ 1 (Phil. 3,2)

κατατοξεύω (κατά; τοξεύω) to shoot ▸ 6
    κατατοξευθήσεται ▸ 1

Verb · third · singular · future · passive · indicative ▸ 1 (Ex. 19,13)
κατατοξεῦσαι ▸ 2
Verb · aorist · active · infinitive ▸ 2 (Psa. 10,2; Psa. 63,5)
κατατοξεύσει ▸ 1
Verb · third · singular · future · active · indicative ▸ 1 (Num. 24,8)
κατατοξεύσουσιν ▸ 1
Verb · third · plural · future · active · indicative ▸ 1 (Psa. 63,5)
κατετόξευσαν ▸ 1
Verb · third · plural · aorist · active · indicative ▸ 1 (2Kings 9,16)

κατατρέχω (κατά; τρέχω) to run down; pursue ▸ 5 + 1 + 1 = 7
κατατρέχοντες ▸ 1
Verb · present · active · participle · masculine · plural · nominative ▸ 1 (2Mac. 8,26)
κατατρέχοντος ▸ 1
Verb · present · active · participle · masculine · singular · genitive ▸ 1 (Lev. 26,37)
κατατρέχουσιν ▸ 1
Verb · third · plural · present · active · indicative ▸ 1 (Dan. 4,24)
κατέδραμεν ▸ 1 + 1 = 2
Verb · third · singular · aorist · active · indicative ▸ 1 + 1 = 2 (1Kings 19,20; Acts 21,32)
κατέδραμον ▸ 1 + 1 = 2
Verb · third · plural · aorist · active · indicative ▸ 1 + 1 = 2 (Job 16,10; Judg. 1,6)

κατατρίβω (κατά; τρίβω) to wear out, exhaust ▸ 4
κατατριβῶσιν ▸ 1
Verb · third · plural · aorist · passive · subjunctive ▸ 1 (Prov. 5,11)
κατατρίψει ▸ 1
Verb · third · singular · future · active · indicative ▸ 1 (Dan. 7,25)
κατετρίβη ▸ 2
Verb · third · singular · aorist · passive · indicative ▸ 2 (Deut. 8,4; Deut. 29,4)

κατατρυφάω (κατά; τρυφή) to delight in ▸ 2
κατατρύφησον ▸ 1
Verb · second · singular · aorist · active · imperative ▸ 1 (Psa. 36,4)
κατατρυφήσουσιν ▸ 1
Verb · third · plural · future · active · indicative ▸ 1 (Psa. 36,11)

κατατρώγω (κατά; τρώγω) to devour ▸ 1
κατατρώγει ▸ 1
Verb · third · singular · present · active · indicative ▸ 1 (Prov. 24,22e)

κατατυγχάνω (κατά; τυγχάνω) to gain ▸ 1
κατατύχωσιν ▸ 1
Verb · third · plural · aorist · active · subjunctive ▸ 1 (Job 3,22)

καταυγάζω (κατά; αὐγή) to shine, illuminate ▸ 2
καταυγάζειν ▸ 1
Verb · present · active · infinitive ▸ 1 (Wis. 17,5)
κατηύγαζεν ▸ 1
Verb · third · singular · imperfect · active · indicative ▸ 1 (1Mac. 6,39)

καταφαίνω (κατά; φαίνω) to appear ▸ 1
κατεφάνη ▸ 1
Verb · third · singular · aorist · passive · indicative ▸ 1 (Gen. 48,17)

καταφερής (κατά; φέρω) descent, steep ▸ 1
καταφεροῦς ▸ 1
Adjective · neuter · singular · genitive · noDegree ▸ 1 (Josh. 7,5)

καταφέρω (κατά; φέρω) to bring down, flow down, fall ▸ 11 + 5 + 4 = 20
καταφερομένη ▸ 2
Verb · present · middle · participle · feminine · singular · nominative ▸ 2 (Is. 28,2; Is. 28,2)
καταφερομένην ▸ 1
Verb · present · middle · participle · feminine · singular · accusative ▸ 1 (4Mac. 16,20)
καταφερόμενον ▸ 2
Verb · present · passive · participle · neuter · singular · nominative ▸ 2 (2Sam. 14,14; Mic. 1,4)
καταφερόμενος ▸ 1
Verb · present · passive · participle · masculine · singular · nominative ▸ 1 (Acts 20,9)
καταφερομένου ▸ 1
Verb · present · middle · participle · masculine · singular · genitive ▸ 1 (Is. 17,13)
καταφέροντες ▸ 1
Verb · present · active · participle · masculine · plural · nominative ▸ 1 (Acts 25,7)
κατενέγκῃ ▸ 1
Verb · third · singular · aorist · active · subjunctive ▸ 1 (Deut. 22,14)
κατένεγκον ▸ 1
Verb · second · singular · aorist · active · imperative ▸ 1 (Judg. 7,4)
κατενεχθείς ▸ 1
Verb · aorist · passive · participle · masculine · singular · nominative ▸ 1 (Acts 20,9)
κατεφέρετο ▸ 1
Verb · third · singular · imperfect · passive · indicative ▸ 1 (Ezek. 47,2)
κατήνεγκα ▸ 1
Verb · first · singular · aorist · active · indicative ▸ 1 (Acts 26,10)
κατήνεγκαν ▸ 1 + 1 = 2
Verb · third · plural · aorist · active · indicative ▸ 1 + 1 = 2 (Deut. 1,25; Judg. 16,21)
κατήνεγκεν ▸ 2 + 1 = 3
Verb · third · singular · aorist · active · indicative ▸ 2 + 1 = 3 (Gen. 37,2; 1Kings 1,53; Judg. 7,5)
κατηνέχθη ▸ 2
Verb · third · singular · aorist · passive · indicative ▸ 2 (Tob. 14,10; Dan. 5,20)

καταφεύγω (κατά; φεύγω) to flee ▸ 20 + 2 = 22
καταφεύξεσθε ▸ 2
Verb · second · plural · future · middle · indicative ▸ 2 (Lev. 26,25; Is. 10,3)
καταφεύξεται ▸ 2
Verb · third · singular · future · middle · indicative ▸ 2 (Deut. 4,42; Deut. 19,5)
καταφεύξονται ▸ 4
Verb · third · plural · future · middle · indicative ▸ 4 (Zech. 2,15; Is. 54,15; Is. 55,5; Jer. 27,5)
καταφυγεῖν ▸ 3
Verb · aorist · active · infinitive ▸ 3 (Gen. 19,20; Josh. 20,9; Is. 17,3)
καταφύγῃ ▸ 1
Verb · third · singular · aorist · active · subjunctive ▸ 1 (Ex. 21,14)
καταφυγόντες ▸ 1
Verb · aorist · active · participle · masculine · plural · nominative ▸ 1 (Heb. 6,18)

καταφυγοῦσα ‣ 1
 Verb · aorist · active · participle · feminine · singular · nominative ‣ 1 (Wis. 14,6)
κατέφυγα ‣ 1
 Verb · first · singular · aorist · active · imperative ‣ 1 (Ode. 14,42)
κατέφυγεν ‣ 3
 Verb · third · singular · aorist · active · indicative ‣ 3 (Num. 35,25; Num. 35,26; Esth. 14,1 # 4,17k)
κατεφύγομεν ‣ 1
 Verb · first · plural · aorist · active · indicative ‣ 1 (1Mac. 5,11)
κατέφυγον ‣ 1 + 1 = 2
 Verb · first · singular · aorist · active · indicative ‣ 1 + 1 = 2 (Psa. 142,9; Acts 14,6)
κατεφύγοσαν ‣ 1
 Verb · third · plural · aorist · active · indicative ‣ 1 (Josh. 10,27)

καταφθάνω (κατά; φθάνω) to overtake; fall upon suddenly ‣ 1
κατέφθασεν ‣ 1
 Verb · third · singular · aorist · active · indicative ‣ 1 (Judg. 20,42)

καταφθείρω (κατά; φθείρω) to corrupt ‣ 26 + 1 + 1 = 28
καταφθαρήσεται ‣ 1
 Verb · third · singular · future · passive · indicative ‣ 1 (Is. 10,27)
καταφθαρήσῃ ‣ 1
 Verb · second · singular · future · passive · indicative ‣ 1 (Ex. 18,18)
καταφθαρήσονται ‣ 1
 Verb · third · plural · future · passive · indicative ‣ 1 (Lev. 26,39)
καταφθεῖραι ‣ 6
 Verb · aorist · active · infinitive ‣ 6 (Gen. 6,17; Gen. 9,11; 2Chr. 26,16; 1Mac. 3,39; Is. 13,5; Is. 32,7)
καταφθεῖραί ‣ 1
 Verb · aorist · active · infinitive ‣ 1 (2Chr. 25,16)
καταφθείρατε ‣ 1
 Verb · second · plural · aorist · active · imperative ‣ 1 (Dan. 4,14)
καταφθείρει ‣ 1
 Verb · third · singular · present · active · indicative ‣ 1 (Is. 24,1)
καταφθείρῃ ‣ 2
 Verb · third · singular · present · active · subjunctive ‣ 2 (2Chr. 35,21; Dan. 4,27)
καταφθειρομένην ‣ 1
 Verb · present · passive · participle · feminine · singular · accusative ‣ 1 (2Mac. 8,3)
καταφθείρω ‣ 1
 Verb · first · singular · present · active · indicative ‣ 1 (Gen. 6,13)
καταφθερῶ ‣ 1
 Verb · first · singular · future · active · indicative ‣ 1 (2Chr. 12,7)
κατεφθάρησαν ‣ 1
 Verb · third · plural · aorist · passive · indicative ‣ 1 (2Mac. 5,14)
κατεφθάρκατε ‣ 1
 Verb · second · plural · perfect · active · indicative ‣ 1 (1Mac. 15,31)
κατεφθαρκότας ‣ 1
 Verb · perfect · active · participle · masculine · plural · accusative ‣ 1 (1Mac. 15,4)
κατεφθαρμένη ‣ 1
 Verb · perfect · passive · participle · feminine · singular · nominative ‣ 1 (Gen. 6,12)
κατεφθαρμένοι ‣ 1
 Verb · perfect · passive · participle · masculine · plural · nominative ‣ 1 (2Tim. 3,8)
κατέφθειραν ‣ 2 + 1 = 3
 Verb · third · plural · aorist · active · indicative ‣ 2 + 1 = 3 (2Chr. 24,23; 1Mac. 8,11; Judg. 6,4)
κατέφθειρε ‣ 1
 Verb · third · singular · aorist · active · indicative ‣ 1 (Wis. 16,22)
κατέφθειρεν ‣ 1
 Verb · third · singular · aorist · active · indicative ‣ 1 (Gen. 6,12)
κατεφθείρετο ‣ 1
 Verb · third · singular · imperfect · middle · indicative ‣ 1 (2Chr. 27,2)

καταφθορά (κατά; φθείρω) death, destruction ‣ 6
καταφθορά ‣ 1
 Noun · feminine · singular · nominative · (common) ‣ 1 (Dan. 4,17a)
καταφθοράν ‣ 1
 Noun · feminine · singular · accusative · (common) ‣ 1 (Psa. 48,10)
καταφθοράν ‣ 3
 Noun · feminine · singular · accusative · (common) ‣ 3 (2Chr. 12,12; Esth. 13,15 # 4,17f; Sir. 28,6)
καταφθορᾶς ‣ 1
 Noun · feminine · singular · genitive · (common) ‣ 1 (1Mac. 15,31)

καταφιλέω (κατά; φίλος) to kiss ‣ 18 + 2 + 6 = 26
καταφιλῆσαι ‣ 2
 Verb · aorist · active · infinitive ‣ 2 (Gen. 31,28; 2Sam. 20,9)
καταφιλήσας ‣ 1
 Verb · aorist · active · participle · masculine · singular · nominative ‣ 1 (Gen. 45,15)
καταφιλήσει ‣ 1
 Verb · third · singular · future · active · indicative ‣ 1 (Sir. 29,5)
Καταφιλήσω ‣ 1
 Verb · first · singular · future · active · indicative ‣ 1 (1Kings 19,20)
καταφιλοῦσά ‣ 1
 Verb · present · active · participle · feminine · singular · nominative ‣ 1 (Luke 7,45)
κατεφίλει ‣ 1
 Verb · third · singular · imperfect · active · indicative ‣ 1 (Luke 7,38)
κατεφίλησαν ‣ 2
 Verb · third · plural · aorist · active · indicative ‣ 2 (Ex. 4,27; Psa. 84,11)
κατεφίλησεν ‣ 10 + 2 + 3 = 15
 Verb · third · singular · aorist · active · indicative ‣ 10 + 2 + 3 = 15 (Gen. 32,1; Ruth 1,9; Ruth 1,14; 1Sam. 20,41; 2Sam. 14,33; 2Sam. 15,5; 2Sam. 19,40; 1Kings 2,19; 1Esdr. 4,47; Tob. 7,6; Tob. 7,6; Tob. 10,13; Matt. 26,49; Mark 14,45; Luke 15,20)
κατεφίλουν ‣ 1 + 1 = 2
 Verb · third · plural · imperfect · active · indicative ‣ 1 + 1 = 2 (3Mac. 5,49; Acts 20,37)

καταφλέγω (κατά; φλέγω) to burn, consume ‣ 7
καταφλέγον ‣ 1
 Verb · present · active · participle · neuter · singular · accusative ‣ 1 (Psa. 104,32)
καταφλέγοντες ‣ 1
 Verb · present · active · participle · masculine · plural · nominative

καταφλέγω–καταφυγή

▸ 1 (4Mac. 6,25)
καταφλέξῃ ▸ 1
    Verb · third · singular · aorist · active · subjunctive ▸ 1 (Wis. 16,18)
κατέφλεγεν ▸ 1
    Verb · third · singular · imperfect · active · indicative ▸ 1 (4Mac. 3,11)
κατέφλεξας ▸ 1
    Verb · second · singular · aorist · active · indicative ▸ 1 (3Mac. 2,5)
κατέφλεξεν ▸ 2
    Verb · third · singular · aorist · active · indicative ▸ 2 (2Mac. 12,6; Psa. 105,18)

καταφλογίζω (κατά; φλόξ) to flame up ▸ 1
κατεφλόγισεν ▸ 1
    Verb · third · singular · aorist · active · indicative ▸ 1 (Psa. 17,9)

κατάφοβος (κατά; φόβος) frightening, fearful ▸ 1
κατάφοβοι ▸ 1
    Adjective · masculine · singular · nominative · noDegree ▸ 1 (Prov. 29,16)

καταφορά (κατά; φέρω) moving downward ▸ 1
καταφορᾷ ▸ 1
    Noun · feminine · singular · dative · (common) ▸ 1 (Sol. 16,1)

καταφράσσω (κατά; φράσσω) to be fortified ▸ 1
καταφρασσόμενοι ▸ 1
    Verb · present · passive · participle · masculine · plural · nominative ▸ 1 (1Mac. 6,38)

καταφρονέω (κατά; φρήν) to despise ▸ 22 + 1 + 9 = 32
καταφρόνει ▸ 2
    Verb · second · singular · present · active · imperative ▸ 2 (Prov. 23,22; Prov. 25,9)
καταφρονεῖ ▸ 2
    Verb · third · singular · present · active · indicative ▸ 2 (Prov. 13,13; Prov. 18,3)
καταφρονεῖς ▸ 1
    Verb · second · singular · present · active · indicative ▸ 1 (Rom. 2,4)
καταφρονεῖσθαι ▸ 1
    Verb · present · passive · infinitive ▸ 1 (2Mac. 7,24)
καταφρονεῖτε ▸ 1
    Verb · second · plural · present · active · indicative ▸ 1 (1Cor. 11,22)
καταφρονείτω ▸ 1
    Verb · third · singular · present · active · imperative ▸ 1 (1Tim. 4,12)
καταφρονείτωσαν ▸ 1
    Verb · third · plural · present · active · imperative ▸ 1 (1Tim. 6,2)
καταφρονηθήσεται ▸ 1
    Verb · third · singular · future · passive · indicative ▸ 1 (Prov. 13,13)
καταφρονηθῶμεν ▸ 1
    Verb · first · plural · aorist · passive · subjunctive ▸ 1 (4Mac. 6,21)
καταφρονήσας ▸ 1
    Verb · aorist · active · participle · masculine · singular · nominative ▸ 1 (Heb. 12,2)
καταφρονήσαντες ▸ 1
    Verb · aorist · active · participle · masculine · plural · nominative ▸ 1 (Wis. 14,30)
καταφρονήσει ▸ 1 + 2 = 3
    Verb · third · singular · future · active · indicative ▸ 1 + 2 = 3 (Judith 10,19; Matt. 6,24; Luke 16,13)
καταφρονήσεις ▸ 1
    Verb · second · singular · future · active · indicative ▸ 1 (4Mac. 5,10)
καταφρονήσῃς ▸ 1
    Verb · second · singular · aorist · active · subjunctive ▸ 1 (Tob. 4,18)
καταφρονήσητε ▸ 1
    Verb · second · plural · aorist · active · subjunctive ▸ 1 (Matt. 18,10)
καταφρονουμένου ▸ 1
    Verb · present · passive · participle · masculine · singular · genitive ▸ 1 (4Mac. 4,9)
καταφρονοῦντας ▸ 2 + 1 = 3
    Verb · present · active · participle · masculine · plural · accusative ▸ 2 + 1 = 3 (Hab. 1,13; Zeph. 1,12; 2Pet. 2,10)
καταφρονοῦντες ▸ 1
    Verb · present · active · participle · masculine · plural · nominative ▸ 1 (2Mac. 4,14)
καταφρονούντων ▸ 1
    Verb · present · active · participle · masculine · plural · genitive ▸ 1 (Prov. 13,15)
καταφρονῶν ▸ 2
    Verb · present · active · participle · masculine · singular · nominative ▸ 2 (Gen. 27,12; Prov. 19,16)
κατεφρονεῖτο ▸ 1
    Verb · third · singular · imperfect · passive · indicative ▸ 1 (4Mac. 4,26)
κατεφρόνησαν ▸ 1
    Verb · third · plural · aorist · active · indicative ▸ 1 (4Mac. 13,9)
κατεφρόνησας ▸ 1
    Verb · second · singular · aorist · active · indicative ▸ 1 (Jer. 2,36)
κατεφρόνησέν ▸ 1
    Verb · third · singular · aorist · active · indicative ▸ 1 (Hos. 6,7)
κατεφρόνουν ▸ 1
    Verb · third · plural · imperfect · active · indicative ▸ 1 (Bel 12)

καταφρόνησις (κατά; φρήν) disdain, contempt ▸ 1
καταφρόνησιν ▸ 1
    Noun · feminine · singular · accusative · (common) ▸ 1 (2Mac. 3,18)

καταφρονητής (κατά; φρήν) despiser ▸ 3 + 1 = 4
καταφρονηταί ▸ 2 + 1 = 3
    Noun · masculine · plural · nominative · (common) ▸ 2 (Hab. 1,5; Zeph. 3,4)
    Noun · masculine · plural · vocative ▸ 1 (Acts 13,41)
καταφρονητής ▸ 1
    Noun · masculine · singular · nominative · (common) ▸ 1 (Hab. 2,5)

καταφυγή (κατά; φεύγω) refuge, resource ▸ 25 + 1 = 26
καταφυγή ▸ 8
    Noun · feminine · singular · nominative · (common) ▸ 8 (Ex. 17,15; 2Sam. 22,3; Psa. 17,3; Psa. 30,4; Psa. 70,3; Psa. 90,2; Psa. 143,2; Jer. 16,19)
καταφυγή ▸ 10
    Noun · feminine · singular · nominative · (common) ▸ 10 (Deut. 19,3; Psa. 9,10; Psa. 31,7; Psa. 45,2; Psa. 58,17; Psa. 89,1; Psa. 103,18; Ode. 14,39; Sol. 5,2; Sol. 15,1)
καταφυγήν ▸ 2
    Noun · feminine · singular · accusative · (common) ▸ 2 (2Mac. 10,28; Psa. 90,9)
καταφυγὴν ▸ 1

Noun · feminine · singular · accusative · (common) ▸ 1 (Psa. 93,22)
καταφυγῆς ▸ 4
Noun · feminine · singular · genitive · (common) ▸ 4 (Num. 35,27; Num. 35,28; Psa. 30,3; Is. 25,12)
καταφυγῶν ▸ 1
Noun · feminine · plural · genitive · (common) ▸ 1 (Dan. 11,39)

καταφύτευσις (κατά; φύω) planting ▸ 1
καταφύτευσιν ▸ 1
Noun · feminine · singular · accusative · (common) ▸ 1 (Jer. 38,22)

καταφυτεύω (κατά; φύω) to plant ▸ 24
καταφυτεύειν ▸ 3
Verb · present · active · infinitive ▸ 3 (Sir. 49,7; Jer. 1,10; Jer. 38,28)
καταφυτεύεσθαι ▸ 1
Verb · present · middle · infinitive ▸ 1 (Jer. 18,9)
καταφυτεύσας ▸ 1
Verb · aorist · active · participle · masculine · singular · nominative ▸ 1 (Jer. 11,17)
καταφυτεύσετε ▸ 1
Verb · second · plural · future · active · indicative ▸ 1 (Lev. 19,23)
καταφύτευσον ▸ 3
Verb · second · singular · aorist · active · imperative ▸ 3 (Ex. 15,17; 2Mac. 1,29; Ode. 1,17)
καταφυτεύσουσιν ▸ 3
Verb · third · plural · future · active · indicative ▸ 3 (Amos 9,14; Zeph. 1,13; Is. 65,21)
καταφυτεύσω ▸ 6
Verb · first · singular · aorist · active · subjunctive ▸ 2 (2Sam. 7,10; 1Chr. 17,9)
Verb · first · singular · future · active · indicative ▸ 4 (Amos 9,15; Jer. 24,6; Ezek. 17,22; Ezek. 17,23)
κατεφύτευσα ▸ 1
Verb · first · singular · aorist · active · indicative ▸ 1 (Ezek. 36,36)
κατεφύτευσας ▸ 4
Verb · second · singular · aorist · active · indicative ▸ 4 (Deut. 6,11; Psa. 43,3; Psa. 79,9; Psa. 79,10)
κατεφύτευσεν ▸ 1
Verb · third · singular · aorist · active · indicative ▸ 1 (Prov. 31,16)

καταχαίρω (κατά; χάρις) to rejoice ▸ 1
καταχαροῦμαι ▸ 1
Verb · first · singular · future · middle · indicative ▸ 1 (Prov. 1,26)

καταχαλάω (κατά; χαλάω) to lower ▸ 1
κατεχάλασεν ▸ 1
Verb · third · singular · aorist · active · indicative ▸ 1 (Josh. 2,15)

καταχαλκόω (κατά; χαλκός) to braze, embronze ▸ 1
κατακεχαλκωμένα ▸ 1
Verb · perfect · passive · participle · neuter · plural · accusative ▸ 1 (2Chr. 4,9)

καταχέω (κατά; χέω) to pour ▸ 5 + 2 = 7
καταχέει ▸ 1
Verb · third · singular · present · active · indicative ▸ 1 (Job 41,15)
καταχεῖν ▸ 1
Verb · present · active · infinitive ▸ 1 (2Mac. 1,31)
κατέχεας ▸ 1
Verb · second · singular · aorist · active · indicative ▸ 1 (Psa. 88,46)
κατέχεεν ▸ 1 + 2 = 3
Verb · third · singular · aorist · active · indicative ▸ 1 + 2 = 3 (Gen. 39,21; Matt. 26,7; Mark 14,3)
κατέχεον ▸ 1
Verb · third · plural · imperfect · active · indicative ▸ 1 (4Mac. 6,25)

καταχθόνιος under the earth ▸ 1
καταχθονίων ▸ 1
Adjective · masculine · plural · genitive ▸ 1 (Phil. 2,10)

καταχράομαι (κατά; χράομαι) to use, make full use ▸ 3 + 2 = 5
καταχρήσασθαι ▸ 1
Verb · aorist · middle · infinitive ▸ 1 (1Cor. 9,18)
καταχρώμενοι ▸ 1
Verb · present · middle · participle · masculine · plural · nominative ▸ 1 (1Cor. 7,31)
καταχρωμένων ▸ 1
Verb · present · middle · participle · masculine · plural · genitive ▸ 1 (3Mac. 4,5)
καταχρῶνται ▸ 1
Verb · third · plural · present · middle · indicative ▸ 1 (LetterJ 27)
κατεχρήσαντο ▸ 1
Verb · third · plural · aorist · middle · indicative ▸ 1 (3Mac. 5,22)

κατάχρεος (κατά; χράομαι) involved in ▸ 1
κατάχρεω ▸ 1
Adjective · neuter · singular · dative · noDegree ▸ 1 (Wis. 1,4)

καταχρίω (κατά; χρίω) to smear with ▸ 3
καταχρίσας ▸ 2
Verb · aorist · active · participle · masculine · singular · nominative ▸ 2 (Wis. 13,14; Wis. 13,14)
κατέχρισεν ▸ 1
Verb · third · singular · aorist · active · indicative ▸ 1 (Ex. 2,3)

Καταχρύσεα (κατά; χρυσός) Dizahab; Gilded ▸ 1
Καταχρύσεα ▸ 1
Noun · (proper) ▸ 1 (Deut. 1,1)

καταχρυσόω (κατά; χρυσός) to cover with gold, to gild ▸ 17
κατακεχρυσωμένους ▸ 1
Verb · perfect · passive · participle · masculine · plural · accusative ▸ 1 (Ex. 37,4)
καταχρυσώσεις ▸ 7
Verb · second · singular · future · active · indicative ▸ 7 (Ex. 25,11; Ex. 25,13; Ex. 25,28; Ex. 26,29; Ex. 26,29; Ex. 30,3; Ex. 30,5)
κατεχρύσωσαν ▸ 1
Verb · third · plural · aorist · active · indicative ▸ 1 (Ex. 37,6)
κατεχρύσωσεν ▸ 8
Verb · third · singular · aorist · active · indicative ▸ 8 (Ex. 38,2; Ex. 38,11; Ex. 38,18; Ex. 39,5; 2Chr. 3,4; 2Chr. 3,5; 2Chr. 3,8; 2Chr. 9,17)

κατάχυσις (κατά; χέω) pouring over ▸ 1
κατάχυσις ▸ 1
Noun · feminine · singular · nominative · (common) ▸ 1 (Job 36,16)

καταχώννυμι (κατά; χέω) to overwhelm ▸ 1
καταχώσουσιν ▸ 1
Verb · third · plural · future · active · indicative ▸ 1 (Zech. 9,15)

καταχωρίζω (κατά; χωρίς) to enter in, record ▸ 3
καταχωρίσαι ▸ 2
Verb · aorist · active · infinitive ▸ 2 (Esth. 2,23; 3Mac. 2,29)

κατεχωρίσθη ▸ 1
    Verb · third · singular · aorist · passive · indicative ▸ **1** (1Chr. 27,24)

καταψεύδομαι (κατά; ψεύδω) to lie against, malign; pretend; misrepresent ▸ 1
  καταψευδόμενον ▸ 1
    Verb · present · middle · participle · neuter · singular · nominative ▸ **1** (Wis. 1,11)

καταψευσμός (κατά; ψεύδω) slander, false accusation ▸ 1
  καταψευσμόν ▸ 1
    Noun · masculine · singular · accusative · (common) ▸ **1** (Sir. 26,5)

καταψύχω (κατά; ψύχω) to cool, cool off ▸ 1 + 1 = 2
  καταψύξατε ▸ 1
    Verb · second · plural · aorist · active · imperative ▸ **1** (Gen. 18,4)
  καταψύξῃ ▸ 1
    Verb · third · singular · aorist · active · subjunctive ▸ **1** (Luke 16,24)

κατεγχειρέω (κατά; ἐν; χείρ) to plot ▸ 1
  κατεγχειρουμένοις ▸ 1
    Verb · present · middle · participle · neuter · plural · dative ▸ **1** (3Mac. 1,21)

κατείδωλος (κατά; εἶδος) full of idols ▸ 1
  κατείδωλον ▸ 1
    Adjective · feminine · singular · accusative ▸ **1** (Acts 17,16)

κατελεέω (κατά; ἔλεος) to have mercy on ▸ 1
  κατελεήσατε ▸ 1
    Verb · second · plural · aorist · active · imperative ▸ **1** (4Mac. 8,10)

κατεμβλέπω (κατά; ἐν; βλέπω) to look down ▸ 1
  κατεμβλέψαι ▸ 1
    Verb · aorist · active · infinitive ▸ **1** (Ex. 3,6)

κατέναντι (κατά; ἐν; ἀντί) opposite, before, in the presence of ▸ 80 + 6 + 8 = 94
  Κατέναντι ▸ 1
    Preposition · (+genitive) ▸ **1** (2Chr. 32,12)
  κατέναντι ▸ 79 + 6 + 8 = 93
    Adverb · (place) ▸ 13 + 3 = **16** (1Chr. 19,7; 1Chr. 19,14; 1Chr. 26,16; 2Chr. 4,10; 1Mac. 3,46; Sir. 38,28; Amos 3,12; Zech. 14,4; Lam. 3,35; Ezek. 11,1; Ezek. 40,10; Ezek. 40,27; Ezek. 41,14; Matt. 21,2; Mark 11,2; Luke 19,30)
    ImproperPreposition · (+genitive) ▸ 66 + 6 + 5 = **77** (Gen. 2,14; Gen. 4,16; Gen. 50,13; Ex. 19,2; Ex. 32,5; Num. 17,19; Judg. 19,10; 2Kings 1,13; 1Chr. 5,11; 1Chr. 8,32; 1Chr. 24,6; 1Chr. 26,15; 2Chr. 2,5; 2Chr. 5,12; 2Chr. 6,12; 2Chr. 6,22; 2Chr. 6,24; 2Chr. 6,28; 2Chr. 8,14; Neh. 3,10; Neh. 3,23; Neh. 12,37; Judith 12,15; Judith 12,19; 1Mac. 2,41; 1Mac. 13,28; 2Mac. 15,33; Psa. 5,6; Psa. 25,3; Ode. 11,20; Eccl. 4,12; Eccl. 6,8; Sir. 22,18; Sir. 22,18; Sir. 26,12; Sir. 28,26; Sir. 29,13; Sir. 33,15; Sir. 34,3; Sir. 42,24; Sir. 47,9; Sir. 50,19; Sol. 2,11; Sol. 4,19; Amos 4,3; Mic. 2,8; Joel 1,16; Is. 38,20; Bar. 4,2; Ezek. 1,9; Ezek. 3,8; Ezek. 3,8; Ezek. 40,41; Ezek. 41,13; Ezek. 42,1; Ezek. 42,4; Ezek. 42,19; Ezek. 44,4; Ezek. 47,20; Dan. 3,3; Dan. 3,7; Dan. 5,0; Dan. 5,5; Dan. 5,17; Dan. 6,11; Dan. 8,7; Tob. 11,1; Dan. 5,1; Dan. 5,5; Dan. 6,11; Dan. 6,23; Sus. 24; Mark 12,41; Mark 13,3; Rom. 4,17; 2Cor. 2,17; 2Cor. 12,19)

κατεναντίον (κατά; ἐν; ἀντί) before, over against, in the presence of ▸ 5
  κατεναντίον ▸ 5
    Preposition · (+genitive) ▸ **5** (2Sam. 22,23; 2Chr. 34,27; Neh. 12,24; Psa. 43,16; Dan. 8,15)

κατεντευκτής (κατά; ἐν; τυγχάνω) accuser ▸ 1
  κατεντευκτήν ▸ 1
    Noun · masculine · singular · accusative · (common) ▸ **1** (Job 7,20)

κατενώπιον (κατά; ὁράω) before ▸ 5 + 1 + 3 = 9
  κατενώπιον ▸ 5 + 1 + 3 = 9
    ImproperPreposition · (+genitive) ▸ 5 + 1 + 3 = **9** (Lev. 4,17; Josh. 1,5; Josh. 3,7; Josh. 21,44; Josh. 23,9; Dan. 5,22; Eph. 1,4; Col. 1,22; Jude 24)

κατεξουσιάζω (κατά; ἐκ; εἰμί) to rule over ▸ 2
  κατεξουσιάζουσιν ▸ 2
    Verb · third · plural · present · active · indicative ▸ **2** (Matt. 20,25; Mark 10,42)

κατεπείγω (κατά; ἐπείγω) to press down; urge on, hasten ▸ 1
  κατεπείγων ▸ 1
    Verb · present · active · participle · masculine · singular · nominative ▸ **1** (Ex. 22,24)

κατεπίθυμος (κατά; ἐπί; θυμός) very eager ▸ 1
  κατεπίθυμος ▸ 1
    Adjective · masculine · singular · nominative · noDegree ▸ **1** (Judith 12,16)

κατεργάζομαι (κατά; ἔργον) to work, prepare, make, oppress, subdue ▸ 13 + 23 = 36
  κατειργάσασθε ▸ 1
    Verb · second · plural · aorist · middle · indicative ▸ **1** (Ezek. 34,4)
  κατειργάσατο ▸ 2 + 3 = 5
    Verb · third · singular · aorist · middle · indicative ▸ 2 + 3 = **5** (Judg. 16,16; Sol. 17,37; Rom. 7,8; Rom. 15,18; 2Cor. 7,11)
  κατειργάσθαι ▸ 1
    Verb · perfect · passive · infinitive ▸ **1** (1Pet. 4,3)
  κατειργάσθη ▸ 1 + 1 = 2
    Verb · third · singular · aorist · passive · indicative ▸ 1 + 1 = **2** (Ex. 39,1; 2Cor. 12,12)
  κατειργασμένης ▸ 1
    Verb · perfect · passive · participle · feminine · singular · genitive ▸ **1** (1Kings 6,36)
  κατειργάσω ▸ 3
    Verb · second · singular · aorist · middle · indicative ▸ **3** (Ex. 15,17; Psa. 67,29; Ode. 1,17)
  κατεργᾷ ▸ 1
    Verb · second · singular · future · middle · indicative ▸ **1** (Deut. 28,39)
  κατεργάζεσθαι ▸ 1 + 1 = 2
    Verb · present · middle · infinitive ▸ 1 + 1 = **2** (Ex. 35,33; Rom. 7,18)
  κατεργάζεσθε ▸ 1
    Verb · second · plural · present · middle · imperative ▸ **1** (Phil. 2,12)
  κατεργάζεται ▸ 1 + 7 = 8
    Verb · third · singular · present · middle · indicative ▸ 1 + 7 = **8** (Num. 6,3; Rom. 4,15; Rom. 5,3; 2Cor. 4,17; 2Cor. 7,10; 2Cor. 9,11; James 1,3; James 1,20)
  κατεργάζομαι ▸ 3
    Verb · first · singular · present · middle · indicative ▸ **3** (Rom. 7,15; Rom. 7,17; Rom. 7,20)
  κατεργαζομένη ▸ 1
    Verb · present · middle · participle · feminine · singular · nominative ▸ **1** (Rom. 7,13)
  κατεργαζόμενοι ▸ 1

    Verb · present · middle · participle · masculine · plural · nominative ▸ **1** (Rom. 1,27)
  κατεργαζομένου ▸ **1**
    Verb · present · middle · participle · masculine · singular · genitive ▸ **1** (Rom. 2,9)
  κατεργάζονται ▸ **1**
    Verb · third · plural · present · middle · indicative ▸ **1** (1Esdr. 4,4)
  κατεργασάμενοι ▸ **1**
    Verb · aorist · middle · participle · masculine · plural · nominative ▸ **1** (Eph. 6,13)
  κατεργασάμενον ▸ **1**
    Verb · aorist · middle · participle · masculine · singular · accusative ▸ **1** (1Cor. 5,3)
  κατεργασάμενος ▸ **1**
    Verb · aorist · middle · participle · masculine · singular · nominative ▸ **1** (2Cor. 5,5)
  κατεργασθήσεσθε ▸ **1**
    Verb · second · plural · future · passive · indicative ▸ **1** (Ezek. 36,9)

κατεργασία (κατά; ἔργον) working ▸ **1**
  κατεργασίας ▸ **1**
    Noun · feminine · singular · genitive · (common) ▸ **1** (1Chr. 28,19)

κάτεργον (κατά; ἔργον) wages ▸ **2**
  κάτεργα ▸ **1**
    Noun · neuter · plural · accusative · (common) ▸ **1** (Ex. 35,21)
  κάτεργον ▸ **1**
    Noun · neuter · singular · accusative · (common) ▸ **1** (Ex. 30,16)

κατέρχομαι (κατά; ἔρχομαι) to come down, go down, return ▸ **4** + **2** + **16** = **22**
  κατελθεῖν ▸ **2**
    Verb · aorist · active · infinitive ▸ **2** (Acts 9,32; Acts 19,1)
  κατελθόντας ▸ **1**
    Verb · aorist · active · participle · masculine · plural · accusative ▸ **1** (2Mac. 11,29)
  κατελθόντες ▸ **1** + **1** = **2**
    Verb · aorist · active · participle · masculine · plural · nominative ▸ **1** + **1** = **2** (Esth. 13,7 # 3,13g; Acts 15,1)
  κατελθόντων ▸ **1**
    Verb · aorist · active · participle · masculine · plural · genitive ▸ **1** (Luke 9,37)
  κατελθοῦσα ▸ **1**
    Verb · aorist · active · participle · feminine · singular · nominative ▸ **1** (Wis. 11,22)
  κατελθών ▸ **3**
    Verb · aorist · active · participle · masculine · singular · nominative ▸ **3** (Acts 8,5; Acts 12,19; Acts 18,22)
  κατερχομένη ▸ **1**
    Verb · present · middle · participle · feminine · singular · nominative ▸ **1** (James 3,15)
  κατῆλθεν ▸ **1**
    Verb · third · singular · aorist · active · indicative ▸ **1** (Luke 4,31)
  κατῆλθέν ▸ **1**
    Verb · third · singular · aorist · active · indicative ▸ **1** (Acts 21,10)
  κατήλθομεν ▸ **2**
    Verb · first · plural · aorist · active · indicative ▸ **2** (Acts 21,3; Acts 27,5)
  κατῆλθον ▸ **1** + **2** + **4** = **7**
    Verb · first · singular · aorist · active · indicative ▸ **1** + **2** = **3** (Tob. 2,1; Tob. 1,22; Tob. 2,1)
    Verb · third · plural · aorist · active · indicative ▸ **4** (Acts 11,27; Acts 13,4; Acts 15,30; Acts 18,5)

κατεσθίω (κατά; ἐσθίω) to devour ▸ **147** + **7** + **14** = **168**
  κατάφαγε ▸ **2** + **1** = **3**
    Verb · second · singular · aorist · active · imperative ▸ **2** + **1** = **3** (Ezek. 3,1; Dan. 7,5; Rev. 10,9)
  καταφαγεῖν ▸ **4**
    Verb · aorist · active · infinitive ▸ **4** (Gen. 43,2; 2Sam. 18,8; 2Chr. 7,13; Amos 7,2)
  καταφάγεσαι ▸ **1**
    Verb · second · singular · future · middle · indicative ▸ **1** (Sir. 6,3)
  καταφάγεται ▸ **39** + **1** = **40**
    Verb · third · singular · future · middle · indicative ▸ **39** + **1** = **40** (Deut. 28,39; Deut. 28,57; Deut. 32,22; Deut. 32,42; 2Sam. 2,26; 1Kings 12,24m; Psa. 20,10; Ode. 2,22; Ode. 2,42; Job 22,20; Sir. 43,21; Hos. 2,14; Hos. 5,7; Hos. 8,14; Amos 1,4; Amos 1,7; Amos 1,10; Amos 1,12; Amos 1,14; Amos 2,2; Amos 2,5; Amos 5,6; Nah. 2,14; Nah. 3,13; Zech. 11,16; Is. 10,18; Is. 31,8; Is. 50,9; Jer. 5,14; Jer. 8,16; Jer. 12,12; Jer. 17,27; Jer. 26,10; Jer. 27,32; Jer. 30,33; Ezek. 15,7; Ezek. 21,3; Ezek. 23,25; Ezek. 36,8; Dan. 7,23)
  καταφάγεται ▸ **5** + **1** = **6**
    Verb · third · singular · future · middle · indicative ▸ **5** + **1** = **6** (2Kings 1,10; 2Kings 1,12; Nah. 3,15; Nah. 3,15; Ezek. 28,18; John 2,17)
  καταφαγέτω ▸ **1**
    Verb · third · singular · aorist · active · imperative ▸ **1** (Zech. 11,1)
  καταφάγῃ ▸ **1** + **1** = **2**
    Verb · third · singular · aorist · active · subjunctive ▸ **1** + **1** = **2** (Judg. 9,15; Rev. 12,4)
  καταφάγοι ▸ **3** + **1** = **4**
    Verb · third · singular · aorist · active · optative ▸ **3** + **1** = **4** (Judg. 9,15; Judg. 9,20; Judg. 9,20; Judg. 9,20)
  καταφάγοισαν ▸ **1**
    Verb · third · plural · aorist · active · optative ▸ **1** (Prov. 30,17)
  καταφάγονται ▸ **10**
    Verb · third · plural · future · middle · indicative ▸ **10** (1Kings 12,24m; 1Kings 16,4; 1Kings 16,4; 1Kings 20,23; 2Kings 9,10; 2Kings 9,36; Hos. 8,7; Hos. 13,8; Obad. 18; Zech. 12,6)
  καταφαγών ▸ **1**
    Verb · aorist · active · participle · masculine · singular · nominative ▸ **1** (Luke 15,30)
  καταφάγωσιν ▸ **1**
    Verb · third · plural · aorist · active · subjunctive ▸ **1** (Bel 32)
  κατέδεσθε ▸ **1**
    Verb · second · plural · future · middle · indicative ▸ **1** (Is. 61,6)
  κατέδεται ▸ **12**
    Verb · third · singular · future · middle · indicative ▸ **12** (Ex. 10,5; Ex. 10,5; Ex. 10,12; Lev. 26,22; Lev. 26,38; Deut. 28,38; Deut. 28,51; 2Sam. 22,9; Job 18,13; Job 20,26; Is. 1,20; Is. 33,11)
  κατέδονται ▸ **4**
    Verb · third · plural · future · middle · indicative ▸ **4** (Jer. 5,17; Jer. 5,17; Jer. 5,17; Jer. 5,17)
  κατεσθίει ▸ **1** + **1** + **2** = **4**
    Verb · third · singular · present · active · indicative ▸ **1** + **1** + **2** = **4** (Num. 12,12; Bel 8; 2Cor. 11,20; Rev. 11,5)
  κατεσθίειν ▸ **1**
    Verb · present · active · infinitive ▸ **1** (Prov. 30,14)
  κατεσθίετε ▸ **1**
    Verb · second · plural · present · active · indicative ▸ **1** (Gal. 5,15)

κατεσθίετωσαν ▸ 1
    Verb ▪ third ▪ plural ▪ present ▪ active ▪ imperative ▸ 1 (Zech. 11,9)

κατεσθίοντας ▸ 1
    Verb ▪ present ▪ active ▪ participle ▪ masculine ▪ plural ▪ accusative ▸ 1 (Is. 9,11)

κατεσθίοντες ▸ 3 + 1 = 4
    Verb ▪ present ▪ active ▪ participle ▪ masculine ▪ plural ▪ nominative ▸ 3 + 1 = 4 (Psa. 13,4; Ezek. 22,25; Dan. 7,19; Mark 12,40)

κατεσθίουσα ▸ 1
    Verb ▪ present ▪ active ▪ participle ▪ feminine ▪ singular ▪ nominative ▸ 1 (Is. 29,6)

κατεσθιούσης ▸ 2
    Verb ▪ present ▪ active ▪ participle ▪ feminine ▪ singular ▪ genitive ▸ 2 (Joel 2,5; Is. 30,30)

κατεσθίουσιν ▸ 1 + 1 = 2
    Verb ▪ third ▪ plural ▪ present ▪ active ▪ indicative ▸ 1 + 1 = 2 (Is. 1,7; Luke 20,47)

κατεσθίων ▸ 2
    Verb ▪ present ▪ active ▪ participle ▪ masculine ▪ singular ▪ nominative ▸ 2 (Bel 8; Bel 9)

κατέφαγε ▸ 1
    Verb ▪ third ▪ singular ▪ aorist ▪ active ▪ indicative ▸ 1 (Amos 7,4)

κατέφαγεν ▸ 36 + 1 + 4 = 41
    Verb ▪ third ▪ singular ▪ aorist ▪ active ▪ indicative ▸ 36 + 1 + 4 = 41 (Gen. 31,15; Gen. 37,20; Gen. 37,33; Ex. 10,15; Ex. 15,7; Lev. 9,24; Lev. 10,2; Num. 11,1; Num. 16,35; Num. 21,28; Num. 26,10; Judg. 6,21; 2Sam. 18,8; 1Kings 18,38; 2Kings 1,10; 2Kings 1,12; 2Kings 1,14; 2Chr. 7,1; Psa. 77,45; Psa. 77,63; Psa. 104,35; Psa. 104,35; Ode. 1,7; Job 1,16; Amos 4,9; Amos 7,4; Joel 1,4; Joel 1,4; Joel 1,4; Joel 1,20; Joel 2,25; Jer. 2,30; Jer. 26,14; Lam. 2,3; Lam. 4,11; Ezek. 19,14; Judg. 6,21; Matt. 13,4; Mark 4,4; Luke 8,5; Rev. 20,9)

κατέφαγέν ▸ 2
    Verb ▪ third ▪ singular ▪ aorist ▪ active ▪ indicative ▸ 2 (Psa. 68,10; Jer. 28,34)

κατέφαγον ▸ 10 + 1 + 1 = 12
    Verb ▪ first ▪ singular ▪ aorist ▪ active ▪ indicative ▸ 1 + 1 = 2 (Gen. 31,38; Rev. 10,10)
    Verb ▪ third ▪ plural ▪ aorist ▪ active ▪ indicative ▸ 9 + 1 = 10 (Gen. 41,4; Gen. 41,20; Esth. 11,11 # 1,1k; 1Mac. 6,53; Psa. 78,7; Hos. 7,7; Hos. 7,9; Mic. 3,3; Jer. 10,25; Bel 15)

κατεφάγοσαν ▸ 1
    Verb ▪ third ▪ plural ▪ aorist ▪ active ▪ indicative ▸ 1 (Bel 15-17)

κατήσθιεν ▸ 1
    Verb ▪ third ▪ singular ▪ imperfect ▪ active ▪ indicative ▸ 1 (Gen. 40,17)

κατέσθω (κατά; ἐσθίω) to devour ▸ 5 + 1 = 6
    κατέσθετε ▸ 1
        Verb ▪ second ▪ plural ▪ present ▪ active ▪ indicative ▸ 1 (Ezek. 34,3)

    κατέσθῃ ▸ 1
        Verb ▪ third ▪ singular ▪ present ▪ active ▪ subjunctive ▸ 1 (Deut. 28,55)

    κατεσθόντων ▸ 1
        Verb ▪ present ▪ active ▪ participle ▪ neuter ▪ plural ▪ genitive ▸ 1 (LetterJ 19)

    Κατέσθουσα ▸ 1
        Verb ▪ present ▪ active ▪ participle ▪ feminine ▪ singular ▪ nominative ▸ 1 (Ezek. 36,13)

    κατέσθουσα ▸ 1
        Verb ▪ present ▪ active ▪ participle ▪ feminine ▪ singular ▪ nominative ▸ 1 (Num. 13,32)

    κατέσθων ▸ 1
        Verb ▪ present ▪ active ▪ participle ▪ masculine ▪ singular ▪ nominative ▸ 1 (Bel 8)

κατευθικτέω (κατά; εὖ; θιγγάνω) to hit squarely ▸ 1
    κατευθικτήσας ▸ 1
        Verb ▪ aorist ▪ active ▪ participle ▪ masculine ▪ singular ▪ nominative ▸ 1 (2Mac. 14,43)

κατευθύνω (κατά; εὐθύς) to direct, keep straight, guide, prosper ▸ 65 + 7 + 3 = 75
    κατεύθυνα ▸ 1
        Verb ▪ first ▪ singular ▪ aorist ▪ active ▪ indicative ▸ 1 (Sir. 51,20)

    κατευθύναι ▸ 1 + 2 = 3
        Verb ▪ third ▪ singular ▪ aorist ▪ active ▪ optative ▸ 1 + 2 = 3 (Sol. 12,5; 1Th. 3,11; 2Th. 3,5)

    κατευθῦναι ▸ 3 + 1 = 4
        Verb ▪ aorist ▪ active ▪ infinitive ▸ 3 + 1 = 4 (Judith 12,8; Ode. 9,79; Sol. 18,8; Luke 1,79)

    κατεύθυναν ▸ 3
        Verb ▪ third ▪ plural ▪ aorist ▪ active ▪ indicative ▸ 3 (1Sam. 6,12; 2Sam. 19,18; Psa. 58,5)

    κατευθύναντος ▸ 1
        Verb ▪ aorist ▪ active ▪ participle ▪ masculine ▪ singular ▪ genitive ▸ 1 (3Mac. 7,2)

    κατευθύνατε ▸ 1
        Verb ▪ second ▪ plural ▪ aorist ▪ active ▪ imperative ▸ 1 (Jer. 21,12)

    κατεύθυνε ▸ 2
        Verb ▪ second ▪ singular ▪ present ▪ active ▪ imperative ▸ 2 (Prov. 4,26; Prov. 23,19)

    κατευθύνει ▸ 5
        Verb ▪ third ▪ singular ▪ present ▪ active ▪ indicative ▸ 5 (1Kings 11,43; Prov. 21,2; Ezek. 18,25; Ezek. 18,25; Ezek. 18,25)

    κατευθυνεῖ ▸ 4 + 4 = 8
        Verb ▪ third ▪ singular ▪ future ▪ active ▪ indicative ▸ 4 + 4 = 8 (Sir. 39,7; Ezek. 17,9; Ezek. 17,10; Ezek. 17,15; Dan. 8,24; Dan. 8,25; Dan. 11,27; Dan. 11,36)

    κατευθύνειν ▸ 1
        Verb ▪ present ▪ active ▪ infinitive ▸ 1 (Prov. 1,3)

    κατευθυνεῖς ▸ 2
        Verb ▪ second ▪ singular ▪ future ▪ active ▪ indicative ▸ 2 (Psa. 7,10; Sol. 7,10)

    κατεύθυνεν ▸ 5 + 3 = 8
        Verb ▪ third ▪ singular ▪ aorist ▪ active ▪ indicative ▸ 5 + 3 = 8 (Judg. 14,19; 2Chr. 12,14; 2Chr. 20,33; Psa. 100,7; Sir. 49,3; Judg. 12,6; Dan. 3,97; Dan. 6,29)

    κατεύθυνέν ▸ 1
        Verb ▪ third ▪ singular ▪ aorist ▪ active ▪ indicative ▸ 1 (Judith 13,18)

    κατευθύνεται ▸ 1
        Verb ▪ third ▪ singular ▪ present ▪ passive ▪ indicative ▸ 1 (Psa. 36,23)

    κατευθύνῃ ▸ 1
        Verb ▪ third ▪ singular ▪ aorist ▪ active ▪ subjunctive ▸ 1 (Zech. 11,16)

    κατευθυνθείησαν ▸ 1
        Verb ▪ third ▪ plural ▪ aorist ▪ passive ▪ optative ▸ 1 (Psa. 118,5)

    κατευθύνθη ▸ 1
        Verb ▪ third ▪ singular ▪ aorist ▪ passive ▪ indicative ▸ 1 (Sir. 49,2)

    κατευθυνθήσεται ▸ 4
        Verb ▪ third ▪ singular ▪ future ▪ passive ▪ indicative ▸ 4 (Judith 8,23; Psa. 101,29; Psa. 139,12; Prov. 13,13a)

κατευθνθήτω ▸ 1
    Verb · third · singular · aorist · passive · imperative ▸ 1 (Psa. 140,2)

κατευθυνομένην ▸ 1
    Verb · perfect · passive · participle · feminine · singular · accusative ▸ 1 (Esth. 13,4 # 3,13d)

κατεύθυνον ▸ 5
    Verb · second · singular · aorist · active · imperative ▸ 5 (1Chr. 29,18; Psa. 5,9; Psa. 89,17; Psa. 118,133; Sol. 16,9)

κατευθύνονται ▸ 1
    Verb · third · plural · present · middle · indicative ▸ 1 (Sol. 6,2)

κατευθύνοντας ▸ 2
    Verb · present · active · participle · masculine · plural · accusative ▸ 2 (Prov. 9,15; Sir. 29,17)

κατευθύνοντος ▸ 1
    Verb · present · active · participle · masculine · singular · genitive ▸ 1 (Esth. 16,16 # 8,12q)

κατευθυνόντων ▸ 2
    Verb · present · active · participle · masculine · plural · genitive ▸ 2 (Prov. 15,8; Jer. 15,11)

κατευθύνουσα ▸ 1
    Verb · present · active · participle · feminine · singular · nominative ▸ 1 (Prov. 29,27)

κατευθυνούσης ▸ 1
    Verb · aorist · passive · participle · feminine · singular · genitive ▸ 1 (2Chr. 30,19)

Κατευθυνοῦσιν ▸ 1
    Verb · third · plural · present · active · indicative ▸ 1 (Sol. 8,6)

κατευθύνων ▸ 2
    Verb · present · active · participle · masculine · singular · nominative ▸ 2 (Prov. 15,21; Mal. 2,6)

κατευθύνωσιν ▸ 1
    Verb · third · plural · aorist · active · subjunctive ▸ 1 (Hos. 4,10)

κατηύθυναν ▸ 1
    Verb · third · plural · aorist · active · indicative ▸ 1 (Judg. 12,6)

κατηύθυνας ▸ 1
    Verb · second · singular · aorist · active · indicative ▸ 1 (2Chr. 19,3)

κατηύθυνεν ▸ 6
    Verb · third · singular · aorist · active · indicative ▸ 6 (Judg. 14,6; Judg. 15,14; 2Chr. 17,5; 2Chr. 32,30; Psa. 39,3; Psa. 77,8)

κατευλογέω (κατά; εὖ; λέγω) to bless ▸ 2 + 1 = 3
    κατευλόγει ▸ 1 + 1 = 2
        Verb · third · singular · imperfect · active · indicative ▸ 1 + 1 = 2 (Tob. 10,14; Mark 10,16)
    κατευλόγησεν ▸ 1
        Verb · third · singular · aorist · active · indicative ▸ 1 (Tob. 11,17)

κατευοδόω (κατά; εὖ; ὁδός) to grant prosperity, prosper ▸ 7 + 1 = 8
    κατευοδοῖ ▸ 1
        Verb · third · singular · present · active · indicative ▸ 1 (Judg. 18,5)
    κατευοδοῦ ▸ 1
        Verb · second · singular · present · active · imperative ▸ 1 (Psa. 44,5)
    κατευοδουμένῳ ▸ 1
        Verb · present · passive · participle · masculine · singular · dative ▸ 1 (Psa. 36,7)
    κατευοδοῦνται ▸ 1
        Verb · third · plural · present · passive · indicative ▸ 1 (Prov. 17,23)

κατευοδώθη ▸ 1 + 1 = 2
    Verb · third · singular · aorist · passive · indicative ▸ 1 + 1 = 2 (1Mac. 2,47; Dan. 8,11)

κατευοδωθήσεται ▸ 1
    Verb · third · singular · future · passive · indicative ▸ 1 (Psa. 1,3)

κατευοδώσει ▸ 1
    Verb · third · singular · future · active · indicative ▸ 1 (Psa. 67,20)

κατευφημέω (κατά; εὖ; φημί) to extol ▸ 1
    κατευφημήσαντες ▸ 1
        Verb · aorist · active · participle · masculine · plural · nominative ▸ 1 (3Mac. 7,13)

κατεύχομαι (κατά; εὔχομαι) to pray ▸ 2
    κατευξάμενος ▸ 1
        Verb · aorist · middle · participle · masculine · singular · nominative ▸ 1 (4Mac. 12,19)
    κατεύχεσθαι ▸ 1
        Verb · present · middle · infinitive ▸ 1 (2Mac. 15,12)

κατεφίσταμαι (κατά; ἐπί; ἵστημι) to attack ▸ 1
    κατεπέστησαν ▸ 1
        Verb · third · plural · aorist · active · indicative ▸ 1 (Acts 18,12)

κατέχω (κατά; ἔχω) to hold, withhold ▸ 47 + 6 + 17 = 70
    καθέξει ▸ 2
        Verb · third · singular · future · active · indicative ▸ 2 (Psa. 138,10; Job 15,24)
    καθέξουσι ▸ 1
        Verb · third · plural · future · active · indicative ▸ 1 (Dan. 7,18)
    καθέξουσιν ▸ 4 + 1 = 5
        Verb · third · plural · future · active · indicative ▸ 4 + 1 = 5 (Ex. 32,13; Psa. 68,37; Job 27,17; Jer. 37,6; Dan. 7,18)
    καθέξουσίν ▸ 1
        Verb · third · plural · future · active · indicative ▸ 1 (Jer. 13,21)
    κάτασχε ▸ 1
        Verb · second · singular · aorist · active · imperative ▸ 1 (2Sam. 2,21)
    κατασχεθήσεσθε ▸ 1
        Verb · second · plural · future · passive · indicative ▸ 1 (Ruth 1,13)
    κατασχεθήτω ▸ 1
        Verb · third · singular · aorist · passive · imperative ▸ 1 (Gen. 42,19)
    κατασχεῖν ▸ 7
        Verb · aorist · active · infinitive ▸ 7 (Josh. 1,11; 2Sam. 6,6; 2Sam. 6,6; 2Kings 12,13; 1Chr. 13,9; 1Mac. 6,27; Job 34,14)
    κατάσχῃς ▸ 1
        Verb · second · singular · aorist · active · subjunctive ▸ 1 (Judg. 13,16)
    κατάσχωμεν ▸ 2
        Verb · first · plural · aorist · active · subjunctive ▸ 2 (Heb. 3,6; Heb. 3,14)
    Κατάσχωμεν ▸ 1
        Verb · first · plural · aorist · active · subjunctive ▸ 1 (Judg. 13,15)
    κατειχόμεθα ▸ 1
        Verb · first · plural · imperfect · middle · indicative ▸ 1 (Rom. 7,6)
    κατεῖχον ▸ 2
        Verb · third · plural · imperfect · active · indicative ▸ 2 (Luke 4,42; Acts 27,40)
    κατεσχέθη ▸ 1 + 1 = 2
        Verb · third · singular · aorist · passive · indicative ▸ 1 + 1 = 2 (3Mac. 5,12; Tob. 10,2)

κατέσχεν ▸ 11 + 1 = 12
   Verb · third · singular · aorist · active · indicative ▸ 11 + 1 = **12** (2Sam. 1,9; 1Kings 2,28; 2Chr. 15,8; Neh. 3,4; Neh. 3,4; Neh. 3,4; 2Mac. 15,5; Psa. 118,53; Sir. 46,9; Jer. 6,24; Ezek. 33,24; Judg. 19,4)

κατέσχον ▸ 5 + 1 = 6
   Verb · first · singular · aorist · active · indicative ▸ **2** (2Sam. 4,10; Job 23,9)
   Verb · third · plural · aorist · active · indicative ▸ 3 + 1 = **4** (Judith 5,19; Psa. 72,12; Dan. 7,22; Dan. 7,22)

κατέσχοσαν ▸ 1
   Verb · third · plural · aorist · active · indicative ▸ **1** (Neh. 3,5)

κατέχει ▸ 3
   Verb · third · singular · present · active · indicative ▸ **3** (1Kings 1,51; 1Kings 2,29; Prov. 19,15)

κατέχειν ▸ 2
   Verb · present · active · infinitive ▸ **2** (Luke 14,9; Philem. 13)

κατέχετε ▸ 3
   Verb · second · plural · present · active · indicative ▸ **2** (1Cor. 11,2; 1Cor. 15,2)
   Verb · second · plural · present · active · imperative ▸ **1** (1Th. 5,21)

κατέχετέ ▸ 1
   Verb · second · plural · present · active · imperative ▸ **1** (Gen. 24,56)

κατεχόμενος ▸ 1
   Verb · present · passive · participle · masculine · singular · nominative ▸ **1** (Gen. 22,13)

κατέχον ▸ 1
   Verb · present · active · participle · neuter · singular · accusative ▸ **1** (2Th. 2,6)

κατέχοντα ▸ 1
   Verb · present · active · participle · masculine · singular · accusative ▸ **1** (Jer. 27,16)

κατέχονται ▸ 1
   Verb · third · plural · present · passive · indicative ▸ **1** (Gen. 39,20)

κατέχοντες ▸ 1 + 2 = 3
   Verb · present · active · participle · masculine · plural · nominative ▸ 1 + 2 = **3** (Song 3,8; 1Cor. 7,30; 2Cor. 6,10)

κατεχόντων ▸ 1
   Verb · present · active · participle · masculine · plural · genitive ▸ **1** (Rom. 1,18)

κατέχουσιν ▸ 1
   Verb · third · plural · present · active · indicative ▸ **1** (Luke 8,15)

κατέχωμεν ▸ 1
   Verb · first · plural · present · active · subjunctive ▸ **1** (Heb. 10,23)

κατέχων ▸ 3 + 1 = 4
   Verb · present · active · participle · masculine · singular · nominative ▸ 3 + 1 = **4** (Prov. 18,22a; Wis. 17,4; Is. 40,22; 2Th. 2,7)

κατηγορέω (κατά; ἄγω) to accuse, reproach; to be predicate ▸ 6 + 23 = 29
   κατηγορεῖν ▸ 6
      Verb · present · active · infinitive ▸ **6** (Luke 6,7; Luke 23,2; John 8,6; Acts 24,2; Acts 24,19; Acts 28,19)
   κατηγορεῖσθαι ▸ 1
      Verb · present · middle · infinitive · (variant) ▸ **1** (Matt. 27,12)
   κατηγορεῖται ▸ 1
      Verb · third · singular · present · middle · indicative · (variant) ▸ **1** (Acts 22,30)
   κατηγορεῖτε ▸ 1
      Verb · second · plural · present · active · indicative ▸ **1** (Luke 23,14)
   κατηγορείτωσαν ▸ 1
      Verb · third · plural · present · active · imperative ▸ **1** (Acts 25,5)
   κατηγορημένων ▸ 1
      Verb · perfect · passive · participle · masculine · plural · genitive ▸ **1** (2Mac. 4,47)
   κατηγόρησαν ▸ 1
      Verb · third · plural · aorist · active · indicative ▸ **1** (1Mac. 7,6)
   κατηγόρησεν ▸ 2
      Verb · third · singular · aorist · active · indicative ▸ **2** (1Mac. 7,25; 2Mac. 10,21)
   κατηγορήσουσιν ▸ 1
      Verb · third · plural · future · active · indicative ▸ **1** (Dan. 6,5)
   κατηγορήσω ▸ 1
      Verb · first · singular · future · active · indicative ▸ **1** (John 5,45)
   κατηγορήσωσιν ▸ 2
      Verb · third · plural · aorist · active · subjunctive ▸ **2** (Matt. 12,10; Mark 3,2)
   κατηγοροῦμεν ▸ 1
      Verb · first · plural · present · active · indicative ▸ **1** (Acts 24,8)
   κατηγορούμενος ▸ 1 + 1 = 2
      Verb · present · passive · participle · masculine · singular · nominative ▸ 1 + 1 = **2** (2Mac. 10,13; Acts 25,16)
   κατηγόρουν ▸ 1
      Verb · third · plural · imperfect · active · indicative ▸ **1** (Mark 15,3)
   κατηγοροῦντες ▸ 1
      Verb · present · active · participle · masculine · plural · nominative ▸ **1** (Luke 23,10)
   κατηγορούντων ▸ 1
      Verb · present · active · participle · masculine · plural · genitive ▸ **1** (Rom. 2,15)
   κατηγοροῦσιν ▸ 1
      Verb · third · plural · present · active · indicative ▸ **1** (Mark 15,4)
   κατηγοροῦσίν ▸ 2
      Verb · third · plural · present · active · indicative ▸ **2** (Acts 24,13; Acts 25,11)
   κατηγορῶν ▸ 2
      Verb · present · active · participle · masculine · singular · nominative ▸ **2** (John 5,45; Rev. 12,10)

κατηγορία (κατά; ἄγω) accusation ▸ 3
   κατηγορίᾳ ▸ 1
      Noun · feminine · singular · dative ▸ **1** (Titus 1,6)
   κατηγορίαν ▸ 2
      Noun · feminine · singular · accusative ▸ **2** (John 18,29; 1Tim. 5,19)

κατήγορος (κατά; ἄγω) accuser ▸ 2 + 4 = 6
   κατήγοροι ▸ 1
      Noun · masculine · plural · nominative ▸ **1** (Acts 25,18)
   κατήγοροί ▸ 1
      Noun · masculine · plural · nominative ▸ **1** (Acts 23,35)
   κατηγόροις ▸ 1
      Noun · masculine · plural · dative ▸ **1** (Acts 23,30)
   κατήγορος ▸ 2
      Noun · masculine · singular · nominative · (common) ▸ **2** (2Mac. 4,5; Prov. 18,17)
   κατηγόρους ▸ 1
      Noun · masculine · plural · accusative ▸ **1** (Acts 25,16)

κατήγωρ (κατά; ἄγω) accuser ▸ 1
   κατήγωρ ▸ 1

Noun • masculine • singular • nominative ▸ **1** (Rev. 12,10)

κατήφεια (κατά; φαίνω) gloom ▸ **1**
  κατήφειαν ▸ **1**
    Noun • feminine • singular • accusative ▸ **1** (James 4,9)

κατηφής sad, downcast ▸ **1**
  κατηφῆ ▸ **1**
    Adjective • neuter • plural • nominative • noDegree ▸ **1** (Wis. 17,4)

κατηχέω (κατά; ἠχή) to instruct, catechize ▸ **8**
  κατηχήθης ▸ **1**
    Verb • second • singular • aorist • passive • indicative ▸ **1** (Luke 1,4)
  κατηχήθησαν ▸ **1**
    Verb • third • plural • aorist • passive • indicative ▸ **1** (Acts 21,21)
  κατηχημένος ▸ **1**
    Verb • perfect • middle • participle • masculine • singular • nominative • (variant) ▸ **1** (Acts 18,25)
  κατήχηνται ▸ **1**
    Verb • third • plural • perfect • middle • indicative • (variant) ▸ **1** (Acts 21,24)
  κατηχήσω ▸ **1**
    Verb • first • singular • aorist • active • subjunctive ▸ **1** (1Cor. 14,19)
  κατηχούμενος ▸ **2**
    Verb • present • middle • participle • masculine • singular • nominative • (variant) ▸ **2** (Rom. 2,18; Gal. 6,6)
  κατηχοῦντι ▸ **1**
    Verb • present • active • participle • masculine • singular • dative ▸ **1** (Gal. 6,6)

κατιόω (κατά; ἰός) to rust, make rusty ▸ **1 + 1 = 2**
  κατίωσεν ▸ **1**
    Verb • third • singular • aorist • active • indicative ▸ **1** (Sir. 12,11)
  κατίωται ▸ **1**
    Verb • third • singular • perfect • passive • indicative ▸ **1** (James 5,3)

κατισχύω (κατά; ἰσχύς) to overcome, strengthen ▸ **99 + 6 + 3 = 108**
  κατίσχυε ▸ **2**
    Verb • second • singular • present • active • imperative ▸ **2** (Hag. 2,4; Hag. 2,4)
  κατισχύει ▸ **2**
    Verb • third • singular • present • active • indicative ▸ **2** (Judith 11,10; Wis. 7,30)
  κατίσχυεν ▸ **3**
    Verb • third • singular • imperfect • active • indicative ▸ **3** (Ex. 17,11; Ex. 17,11; Wis. 17,5)
  κατισχύετε ▸ **2**
    Verb • second • plural • present • active • indicative ▸ **1** (Is. 50,11)
    Verb • second • plural • present • active • imperative ▸ **1** (Zech. 8,13)
  κατισχυέτω ▸ **1**
    Verb • third • singular • present • active • imperative ▸ **1** (Hag. 2,4)
  Κατισχυέτωσαν ▸ **1**
    Verb • third • plural • present • active • imperative ▸ **1** (Zech. 8,9)
  κατίσχυον ▸ **1 + 1 = 2**
    Verb • third • plural • imperfect • active • indicative ▸ **1 + 1 = 2** (Ex. 1,7; Luke 23,23)
  κατισχύοντες ▸ **2**
    Verb • present • active • participle • masculine • plural • nominative ▸ **2** (1Chr. 11,10; Dan. 12,3)
  κατισχυόντων ▸ **2**
    Verb • present • active • participle • masculine • plural • genitive ▸ **2** (Wis. 10,11; Sol. 2,7)
  κατισχύουσίν ▸ **1**
    Verb • third • plural • present • active • indicative ▸ **1** (Jer. 15,18)
  κατίσχυσα ▸ **2**
    Verb • first • singular • aorist • active • indicative ▸ **2** (Hos. 7,15; Dan. 10,8)
  κατισχύσαι ▸ **1**
    Verb • third • singular • aorist • active • optative ▸ **1** (1Chr. 22,12)
  κατισχῦσαι ▸ **15**
    Verb • aorist • active • infinitive ▸ **15** (Josh. 11,20; 2Kings 22,5; 2Kings 24,2; 1Chr. 15,26; 1Chr. 29,12; 2Chr. 16,9; 2Chr. 22,9; 2Chr. 24,5; 2Chr. 25,8; 2Chr. 34,10; 1Esdr. 7,15; Ezek. 13,22; Dan. 9,27; Dan. 11,2; Dan. 11,19)
  κατίσχυσαν ▸ **6**
    Verb • third • plural • aorist • active • indicative ▸ **6** (Josh. 17,13; 1Chr. 5,20; 2Chr. 11,17; 2Chr. 11,17; 2Chr. 13,18; 1Esdr. 5,49)
  κατισχυσάν ▸ **1**
    Verb • third • plural • aorist • active • indicative ▸ **1** (Jer. 8,21)
  κατισχύσαντας ▸ **1**
    Verb • aorist • active • participle • masculine • plural • accusative ▸ **1** (Judg. 9,24)
  κατισχύσας ▸ **1**
    Verb • aorist • active • participle • masculine • singular • nominative ▸ **1** (Gen. 49,24)
  κατισχύσατε ▸ **1**
    Verb • second • plural • aorist • active • imperative ▸ **1** (Josh. 23,6)
  κατισχυσάτω ▸ **1**
    Verb • third • singular • aorist • active • imperative ▸ **1** (2Chr. 14,10)
  κατίσχυσε ▸ **3**
    Verb • third • singular • aorist • active • indicative ▸ **3** (Dan. 8,8; Dan. 8,8; Dan. 8,9)
  κατίσχυσέ ▸ **1**
    Verb • third • singular • aorist • active • indicative ▸ **1** (Dan. 10,18)
  κατισχύσει ▸ **6 + 3 = 9**
    Verb • third • singular • future • active • indicative ▸ **6 + 3 = 9** (Ex. 18,23; Psa. 88,22; Job 18,9; Dan. 11,5; Dan. 11,7; Dan. 11,21; Dan. 11,7; Dan. 11,12; Dan. 11,21)
  κατίσχυσεν ▸ **28 + 1 = 29**
    Verb • third • singular • aorist • active • indicative ▸ **28 + 1 = 29** (Ex. 7,13; Deut. 2,30; Judg. 6,2; 1Sam. 19,8; 2Kings 14,5; 1Chr. 21,6; 2Chr. 8,3; 2Chr. 11,12; 2Chr. 12,13; 2Chr. 13,21; 2Chr. 15,8; 2Chr. 17,1; 2Chr. 25,11; 2Chr. 26,7; 2Chr. 26,8; 2Chr. 26,9; 2Chr. 26,15; 2Chr. 26,16; 2Chr. 27,5; 2Chr. 27,6; 2Chr. 32,5; 2Chr. 32,5; 2Chr. 35,2; 2Chr. 36,13; Sir. 49,3; Is. 24,20; Is. 42,25; Is. 63,12; Judg. 7,8)
  κατισχύσῃ ▸ **2**
    Verb • third • singular • aorist • active • subjunctive ▸ **2** (2Chr. 32,4; Dan. 11,6)
  κατισχύσητε ▸ **1 + 1 = 2**
    Verb • second • plural • aorist • active • subjunctive ▸ **1 + 1 = 2** (Is. 22,4; Luke 21,36)
  κατίσχυσον ▸ **4**
    Verb • second • singular • aorist • active • imperative ▸ **4** (Deut. 1,38; Deut. 3,28; 2Chr. 14,10; Is. 54,2)
  κατισχύσουσι ▸ **1**
    Verb • third • plural • future • active • indicative ▸ **1** (Dan. 11,32)
  κατισχύσουσιν ▸ **1 + 1 + 1 = 3**
    Verb • third • plural • future • active • indicative ▸ **1 + 1 + 1 = 3**

κατισχύω–κατοικέω

(2Chr. 28,23; Dan. 11,32; Matt. 16,18)
κατισχύσω ▸ 5
   Verb ▪ first ▪ singular ▪ future ▪ active ▪ indicative ▸ 5 (Hos. 14,9; Zech. 10,6; Zech. 10,12; Ezek. 3,8; Ezek. 30,24)
κατισχύσωσιν ▸ 1
   Verb ▪ third ▪ plural ▪ aorist ▪ active ▪ subjunctive ▸ 1 (2Chr. 31,4)
κατισχύων ▸ 1
   Verb ▪ present ▪ active ▪ participle ▪ masculine ▪ singular ▪ nominative ▸ 1 (Dan. 11,6)
κατοδυνάω (κατά; ὀδύνη) to make bitter; afflict ▸ 2 + 1 = 3
   κατωδυνωμένην ▸ 1
      Verb ▪ perfect ▪ passive ▪ participle ▪ feminine ▪ singular ▪ accusative ▸ 1 (Tob. 8,20)
   κατωδυνωμένων ▸ 1
      Verb ▪ perfect ▪ passive ▪ participle ▪ masculine ▪ plural ▪ genitive ▸ 1 (Ezek. 9,4)
   κατωδύνων ▸ 1
      Verb ▪ third ▪ plural ▪ imperfect ▪ active ▪ indicative ▸ 1 (Ex. 1,14)
κατοικεσία (κατά; οἶκος) dwelling ▸ 1
   κατοικεσίας ▸ 1
      Noun ▪ feminine ▪ singular ▪ genitive ▪ (common) ▸ 1 (Psa. 106,36)
κατοικέω (κατά; οἶκος) to settle, dwell, inhabit ▸ 641 + 42 + 44 = 727
   κατοικεῖ ▸ 7 + 7 = 14
      Verb ▪ third ▪ singular ▪ present ▪ active ▪ indicative ▸ 7 + 7 = 14 (Num. 13,29; Num. 13,29; Num. 13,29; Judith 5,5; Prov. 30,28; Is. 8,18; Jer. 4,29; Matt. 12,45; Luke 11,26; Acts 7,48; Acts 17,24; Col. 2,9; 2Pet. 3,13; Rev. 2,13)
   κατοίκει ▸ 1
      Verb ▪ second ▪ singular ▪ present ▪ active ▪ imperative ▸ 1 (Gen. 20,15)
   κατοικεῖν ▸ 31 + 2 + 1 = 34
      Verb ▪ present ▪ active ▪ infinitive ▸ 31 + 2 + 1 = 34 (Gen. 13,6; Gen. 13,6; Gen. 34,22; Lev. 20,22; Num. 35,2; Num. 35,3; Num. 35,32; Deut. 1,6; Deut. 13,13; Deut. 30,20; Josh. 14,4; Josh. 17,12; Josh. 19,48a; Josh. 21,2; Judg. 1,27; Judg. 1,35; Judg. 18,1; 1Kings 8,53a; 1Kings 8,53a; Psa. 22,6; Psa. 26,4; Psa. 67,17; Psa. 132,1; Zeph. 3,6; Is. 14,23; Is. 40,22; Jer. 42,9; Jer. 49,15; Jer. 49,22; Jer. 50,5; Ezek. 45,5; Judg. 1,27; Judg. 1,35; Acts 17,26)
   κατοικεῖς ▸ 5 + 1 = 6
      Verb ▪ second ▪ singular ▪ present ▪ active ▪ indicative ▸ 5 + 1 = 6 (Josh. 9,7; Judg. 5,15; Psa. 21,4; Ezek. 2,6; Ezek. 12,2; Rev. 2,13)
   κατοικεῖσθαι ▸ 6
      Verb ▪ present ▪ middle ▪ infinitive ▸ 5 (Is. 45,18; Jer. 2,15; Jer. 4,7; Jer. 9,10; Jer. 28,29)
      Verb ▪ present ▪ passive ▪ infinitive ▸ 1 (Is. 6,11)
   κατοικεῖται ▸ 2
      Verb ▪ third ▪ singular ▪ present ▪ middle ▪ indicative ▸ 1 (Zech. 1,11)
      Verb ▪ third ▪ singular ▪ present ▪ passive ▪ indicative ▸ 1 (Jer. 17,6)
   κατοικεῖτε ▸ 5 + 1 = 6
      Verb ▪ second ▪ plural ▪ present ▪ active ▪ indicative ▸ 3 + 1 = 4 (Num. 35,33; Num. 35,34; Josh. 24,15; Acts 7,4)
      Verb ▪ second ▪ plural ▪ present ▪ active ▪ imperative ▸ 2 (Gen. 34,10; Gen. 34,10)
   κατοικείτω ▸ 1
      Verb ▪ third ▪ singular ▪ present ▪ active ▪ imperative ▸ 1 (Num. 35,28)
   Κατοικείτωσαν ▸ 1
      Verb ▪ third ▪ plural ▪ present ▪ active ▪ imperative ▸ 1 (Gen. 47,5)
   κατοικείτωσαν ▸ 3
      Verb ▪ third ▪ plural ▪ present ▪ active ▪ imperative ▸ 3 (Deut. 3,19; Josh. 1,14; 2Kings 17,27)
   κατοικηθῇ ▸ 2
      Verb ▪ third ▪ singular ▪ aorist ▪ passive ▪ subjunctive ▸ 2 (Zech. 9,5; Jer. 27,39)
   κατοικηθῇς ▸ 1
      Verb ▪ second ▪ singular ▪ aorist ▪ passive ▪ subjunctive ▸ 1 (Ezek. 26,20)
   κατοικηθήσεται ▸ 9
      Verb ▪ third ▪ singular ▪ future ▪ passive ▪ indicative ▸ 9 (Joel 4,20; Zech. 2,8; Is. 13,20; Is. 18,3; Jer. 6,8; Jer. 27,13; Jer. 28,37; Bar. 4,35; Ezek. 29,11)
   Κατοικηθήσῃ ▸ 1
      Verb ▪ second ▪ singular ▪ future ▪ passive ▪ indicative ▸ 1 (Is. 44,26)
   κατοικηθησομένας ▸ 2
      Verb ▪ future ▪ passive ▪ participle ▪ feminine ▪ plural ▪ accusative ▸ 2 (Jer. 22,6; Ezek. 26,19)
   κατοικηθήσονται ▸ 2
      Verb ▪ third ▪ plural ▪ future ▪ passive ▪ indicative ▸ 2 (Ezek. 36,10; Ezek. 39,6)
   κατοικηθῶσιν ▸ 1
      Verb ▪ third ▪ plural ▪ aorist ▪ passive ▪ subjunctive ▸ 1 (Ezek. 35,9)
   κατοικῆσαι ▸ 4 + 1 + 3 = 8
      Verb ▪ aorist ▪ active ▪ infinitive ▸ 4 + 1 + 3 = 8 (Gen. 19,30; 2Chr. 2,2; Jer. 50,4; Jer. 51,28; Judg. 18,1; Acts 7,2; Eph. 3,17; Col. 1,19)
   κατοικῆσαί ▸ 2
      Verb ▪ aorist ▪ active ▪ infinitive ▸ 2 (2Sam. 7,5; 1Chr. 17,4)
   κατοικήσαντα ▸ 2
      Verb ▪ aorist ▪ active ▪ participle ▪ masculine ▪ singular ▪ accusative ▸ 2 (Deut. 1,4; Deut. 1,4)
   κατοικήσαντες ▸ 1
      Verb ▪ aorist ▪ active ▪ participle ▪ masculine ▪ plural ▪ nominative ▸ 1 (4Mac. 13,20)
   κατοικήσας ▸ 1 + 1 = 2
      Verb ▪ aorist ▪ active ▪ participle ▪ masculine ▪ singular ▪ nominative ▸ 1 + 1 = 2 (Deut. 8,12; Heb. 11,9)
   κατοικήσατε ▸ 3
      Verb ▪ second ▪ plural ▪ aorist ▪ active ▪ imperative ▸ 3 (Jer. 36,5; Jer. 36,28; Jer. 47,9)
   κατοικησάτω ▸ 1
      Verb ▪ third ▪ singular ▪ aorist ▪ active ▪ imperative ▸ 1 (Gen. 9,27)
   κατοικήσει ▸ 18
      Verb ▪ third ▪ singular ▪ future ▪ active ▪ indicative ▸ 18 (Gen. 16,12; Gen. 49,13; Lev. 23,42; Num. 23,9; Num. 32,17; Num. 35,25; Deut. 23,17; Deut. 23,17; 1Kings 8,27; 2Chr. 6,18; 2Chr. 8,11; Wis. 1,4; Sol. 17,27; Zech. 12,6; Zech. 14,11; Is. 32,16; Is. 32,18; Jer. 28,43)
   κατοικήσεις ▸ 2
      Verb ▪ second ▪ singular ▪ future ▪ active ▪ indicative ▸ 2 (Gen. 45,10; Lam. 5,19)
   κατοικήσετε ▸ 11
      Verb ▪ second ▪ plural ▪ future ▪ active ▪ indicative ▸ 11 (Lev. 23,42; Lev. 25,18; Lev. 25,19; Lev. 26,5; Num. 33,53; Num. 33,55; Deut. 11,31; Deut. 12,10; Deut. 12,10; Jer. 25,5; Ezek. 36,28)
   κατοικήσῃ ▸ 2
      Verb ▪ third ▪ singular ▪ aorist ▪ active ▪ subjunctive ▸ 2 (Jer.

27,40; Jer. 30,28)

κατοικήσῃς ▸ 3
    Verb · second · singular · aorist · active · subjunctive ▸ **3** (Deut. 12,29; Deut. 17,14; Deut. 26,1)

κατοικήσητε ▸ 3
    Verb · second · plural · aorist · active · subjunctive ▸ **3** (Gen. 46,34; Deut. 19,1; Amos 5,11)

κατοικήσομεν ▸ 2
    Verb · first · plural · future · active · indicative ▸ **2** (Gen. 34,15; Gen. 47,4)

κατοίκησον ▸ 1
    Verb · second · singular · aorist · active · imperative ▸ **1** (Gen. 26,2)

κατοικήσουσιν ▸ 21
    Verb · third · plural · future · active · indicative ▸ **21** (Psa. 68,36; Psa. 139,14; Amos 9,14; Zeph. 1,13; Zech. 9,6; Zech. 14,11; Is. 13,22; Is. 34,11; Is. 62,5; Is. 65,9; Jer. 27,39; Jer. 27,39; Ezek. 28,25; Ezek. 28,26; Ezek. 28,26; Ezek. 34,25; Ezek. 34,27; Ezek. 34,28; Ezek. 37,25; Ezek. 37,25; Ezek. 38,8)

κατοικήσω ▸ 2
    Verb · first · singular · aorist · active · subjunctive ▸ **1** (Is. 49,20)
    Verb · first · singular · future · active · indicative ▸ **1** (Psa. 131,14)

κατοικήσωσιν ▸ 1
    Verb · third · plural · aorist · active · subjunctive ▸ **1** (Neh. 8,14)

κατοικούμεναι ▸ 1
    Verb · present · passive · participle · feminine · plural · nominative ▸ **1** (Ezek. 12,20)

κατοικουμένας ▸ 1
    Verb · present · passive · participle · feminine · plural · accusative ▸ **1** (Is. 10,13)

κατοικουμένη ▸ 2
    Verb · present · passive · participle · feminine · singular · nominative ▸ **2** (Zech. 7,7; Is. 18,3)

κατοικουμένην ▸ 1
    Verb · present · passive · participle · feminine · singular · accusative ▸ **1** (2Mac. 12,13)

κατοικουμένης ▸ 1
    Verb · present · passive · participle · feminine · singular · genitive ▸ **1** (2Mac. 3,1)

κατοικούμενον ▸ 1
    Verb · present · middle · participle · neuter · singular · nominative ▸ **1** (Is. 27,10)

κατοικοῦν ▸ 2
    Verb · present · active · participle · neuter · singular · nominative ▸ **2** (Num. 13,28; Deut. 11,30)

κατοικοῦντα ▸ 18 + 7 = 25
    Verb · present · active · participle · masculine · singular · accusative ▸ 16 + 7 = **23** (Num. 21,32; Num. 32,39; Josh. 16,10; Judg. 1,10; Judg. 1,17; Judg. 1,21; Judg. 1,29; Judg. 3,3; Judg. 18,7; Judg. 18,9; 2Sam. 5,6; 1Kings 5,14b; 2Chr. 16,2; Psa. 122,1; Jer. 21,13; Ezek. 7,4; Judg. 1,9; Judg. 1,10; Judg. 1,17; Judg. 1,21; Judg. 1,27; Judg. 1,29; Judg. 3,3)
    Verb · present · active · participle · neuter · plural · accusative ▸ **2** (Josh. 24,18; 3Mac. 3,15)

κατοικοῦντας ▸ 117 + 13 + 9 = 139
    Verb · present · active · participle · masculine · plural · accusative ▸ 117 + 13 + 9 = **139** (Gen. 14,7; Gen. 19,25; Ex. 15,14; Num. 13,32; Num. 32,17; Num. 33,52; Num. 33,53; Num. 33,55; Deut. 2,8; Deut. 13,14; Deut. 13,16; Josh. 8,25; Josh. 9,24; Josh. 13,21; Josh. 15,15; Josh. 16,10; Josh. 17,11; Josh. 17,11; Judg. 1,11; Judg. 1,19; Judg. 1,27; Judg. 1,27; Judg. 1,27; Judg. 1,27; Judg. 1,30; Judg. 1,30; Judg. 1,31; Judg. 1,31; Judg. 1,31; Judg. 1,31; Judg. 1,31; Judg. 1,31; Judg. 1,33; Judg. 1,33; Judg. 21,10; 1Sam. 6,21; 1Sam. 23,5; 1Kings 20,8; 1Chr. 8,13; 1Chr. 12,16; 1Chr. 22,18; 2Chr. 15,5; 2Chr. 19,8; 2Chr. 20,7; 2Chr. 20,23; 2Chr. 20,23; 2Chr. 21,11; 2Chr. 21,13; 2Chr. 26,7; 2Chr. 32,22; 2Chr. 33,9; 2Chr. 34,27; 2Chr. 34,28; Neh. 9,24; Judith 1,7; Judith 1,7; Judith 1,7; Judith 1,7; Judith 1,10; Judith 1,12; Judith 2,28; Judith 2,28; Judith 2,28; Judith 5,4; Judith 5,14; Judith 7,20; 1Mac. 1,28; 1Mac. 6,12; Psa. 32,14; Psa. 67,7; Ode. 1,14; Job 4,19; Hos. 4,1; Amos 1,5; Amos 1,8; Mic. 6,16; Joel 1,14; Zeph. 1,4; Zeph. 1,18; Zech. 11,6; Zech. 12,5; Zech. 12,10; Is. 24,5; Jer. 1,14; Jer. 6,12; Jer. 8,16; Jer. 9,25; Jer. 10,18; Jer. 11,2; Jer. 11,23; Jer. 13,13; Jer. 13,13; Jer. 18,11; Jer. 21,6; Jer. 24,8; Jer. 25,2; Jer. 25,9; Jer. 26,8; Jer. 26,19; Jer. 27,21; Jer. 27,35; Jer. 27,45; Jer. 28,1; Jer. 28,12; Jer. 28,35; Jer. 28,62; Jer. 29,2; Jer. 30,14; Jer. 33,15; Jer. 42,17; Jer. 43,31; Jer. 49,18; Ezek. 3,15; Ezek. 15,6; Ezek. 25,16; Ezek. 32,15; Ezek. 38,11; Ezek. 38,12; Dan. 3,1; Judg. 1,11; Judg. 1,19; Judg. 1,27; Judg. 1,27; Judg. 1,27; Judg. 1,30; Judg. 1,30; Judg. 1,31; Judg. 1,31; Judg. 1,31; Judg. 1,31; Judg. 1,33; Judg. 1,33; Luke 13,4; Acts 9,22; Acts 9,32; Acts 19,10; Rev. 3,10; Rev. 8,13; Rev. 11,10; Rev. 13,12; Rev. 13,14)

κατοικοῦντες ▸ 105 + 3 + 9 = 117
    Verb · present · active · participle · masculine · plural · nominative ▸ 105 + 3 + 8 = **116** (Ex. 15,15; Num. 14,14; Deut. 2,23; Deut. 2,29; Deut. 2,29; Deut. 9,28; Josh. 7,9; Josh. 8,5; Josh. 9,3; Josh. 9,11; Josh. 9,27; Josh. 10,1; Josh. 10,6; Josh. 10,6; Josh. 24,11; Judg. 1,33; 1Sam. 31,11; 1Kings 20,11; 2Kings 23,2; 1Chr. 2,55; 1Chr. 4,23; 1Chr. 5,10; 1Chr. 9,2; 1Chr. 10,11; 1Chr. 11,4; 1Chr. 11,5; 2Chr. 10,17; 2Chr. 20,15; 2Chr. 20,18; 2Chr. 20,20; 2Chr. 22,1; 2Chr. 30,25; 2Chr. 31,6; 2Chr. 32,26; 2Chr. 32,33; 2Chr. 34,30; 2Chr. 34,32; 2Chr. 35,18; Neh. 3,13; Esth. 9,19; Judith 1,6; Judith 1,6; Judith 1,11; Judith 2,28; Judith 3,4; Judith 4,1; Judith 4,11; Judith 5,22; Judith 7,13; Judith 11,14; Judith 14,4; Judith 15,6; Judith 15,8; Psa. 23,1; Psa. 32,8; Psa. 48,2; Psa. 64,9; Psa. 74,4; Psa. 83,5; Psa. 97,7; Ode. 1,15; Sir. 10,2; Hos. 10,5; Amos 3,12; Amos 9,5; Mic. 6,12; Joel 1,2; Joel 2,1; Nah. 1,5; Zeph. 1,11; Zeph. 2,5; Zech. 2,11; Zech. 8,20; Zech. 8,21; Is. 8,23; Is. 9,1; Is. 10,24; Is. 10,31; Is. 12,6; Is. 20,6; Is. 24,6; Is. 42,10; Is. 42,11; Is. 42,11; Is. 51,6; Jer. 4,4; Jer. 11,12; Jer. 17,25; Jer. 19,3; Jer. 20,6; Jer. 23,14; Jer. 29,2; Jer. 30,2; Jer. 31,28; Jer. 39,32; Jer. 51,27; Lam. 4,12; Ezek. 11,15; Ezek. 12,19; Ezek. 27,8; Ezek. 27,35; Ezek. 29,6; Ezek. 31,17; Ezek. 33,24; Ezek. 39,9; Judg. 1,33; Tob. 14,4; Dan. 4,35; Acts 2,5; Acts 2,9; Acts 9,35; Acts 13,27; Rev. 11,10; Rev. 13,8; Rev. 17,2; Rev. 17,8)
    Verb · present · active · participle · masculine · plural · vocative ▸ **1** (Acts 2,14)

κατοικοῦντι ▸ 3 + 1 = 4
    Verb · present · active · participle · masculine · singular · dative ▸ 3 + 1 = **4** (Josh. 17,16; Judg. 1,9; Psa. 9,12; Matt. 23,21)

κατοικοῦντος ▸ 5 + 3 = 8
    Verb · present · active · participle · masculine · singular · genitive ▸ 5 + 3 = **8** (Gen. 36,20; Judg. 1,32; Judg. 1,33; Judg. 11,21; 1Kings 15,18; Judg. 1,32; Judg. 1,33; Judg. 11,21)

κατοικούντων ▸ 27 + 2 = 29
    Verb · present · active · participle · masculine · plural · genitive ▸ 27 + 2 = **29** (Deut. 33,19; Josh. 9,22; Josh. 24,8; Josh. 24,32; Judg. 8,11; Judg. 20,15; Judg. 21,9; Judg. 21,12; Judg. 21,21; 1Chr. 4,40; 2Chr. 19,10; 1Esdr. 2,12; Judith 8,11; 1Mac. 3,34; Psa. 82,8; Psa. 106,34; Ode. 11,11; Hab. 2,8; Hab. 2,17; Zech. 12,7; Zech. 12,8; Is. 49,19; Jer. 8,1; Jer. 12,4; Jer. 33,9; Jer. 41,22; Bar. 1,4; Acts 22,12; Rev. 6,10)

κατοικοῦσα ▸ 13

κατοικέω–κατοικητήριον

Verb · present · active · participle · feminine · singular · nominative ▸ **12** (Mic. 1,11; Mic. 1,11; Mic. 1,13; Mic. 1,15; Nah. 3,8; Zeph. 2,15; Jer. 10,17; Jer. 22,23; Jer. 28,35; Lam. 4,21; Ezek. 16,46; Ezek. 16,46)
Verb · present · active · participle · feminine · singular · vocative ▸ **1** (Jer. 26,19)

κατοικούσῃ ▸ 2
Verb · present · active · participle · feminine · singular · dative ▸ **2** (Mic. 1,12; Ezek. 27,3)

κατοικοῦσι ▸ 3
Verb · present · active · participle · masculine · plural · dative ▸ **3** (Judith 4,6; Jer. 27,34; Jer. 28,24)

κατοικοῦσιν ▸ 32 + 2 + 5 = 39
Verb · present · active · participle · masculine · plural · dative ▸ 22 + 1 + 5 = 28 (Gen. 34,30; Lev. 25,10; Deut. 2,22; Judg. 10,18; Judg. 11,8; 1Chr. 8,6; 1Chr. 8,13; 2Chr. 31,4; 2Chr. 32,12; Hos. 4,3; Amos 6,8; Mic. 7,13; Is. 16,7; Is. 23,18; Jer. 4,3; Jer. 11,9; Jer. 19,12; Jer. 42,13; Jer. 51,1; Bar. 1,15; Ezek. 12,19; Ezek. 26,17; Judg. 10,18; Acts 1,19; Acts 4,16; Acts 11,29; Acts 19,17; Rev. 13,14)
Verb · third · plural · present · active · indicative ▸ 10 + 1 = **11** (Num. 13,19; Num. 14,25; Deut. 2,4; Josh. 9,16; 1Sam. 31,7; 2Sam. 11,11; Judith 5,3; 1Mac. 9,58; Psa. 67,11; Jonah 4,11; Dan. 2,38)

κατοικῶ ▸ 3
Verb · first · singular · present · active · indicative ▸ **3** (2Sam. 7,2; 1Kings 17,20; 1Chr. 17,1)

κατοικῶν ▸ 22 + 1 + 1 = 24
Verb · present · active · participle · masculine · singular · nominative ▸ 22 + 1 + 1 = **24** (Gen. 14,12; Num. 21,1; Deut. 1,44; Josh. 2,24; Josh. 12,4; Josh. 13,6; 1Chr. 9,16; Judith 11,2; Psa. 2,4; Psa. 68,26; Psa. 90,1; Psa. 112,5; Psa. 124,1; Psa. 134,21; Job 42,17b; Sir. 50,26; Sol. 18,10; Amos 8,8; Is. 33,5; Is. 57,15; Jer. 27,3; Jer. 45,2; Judg. 5,23; Acts 1,20)

κατοικῶσιν ▸ 1
Verb · third · plural · present · active · subjunctive ▸ **1** (Deut. 25,5)

Κατῴκει ▸ 1
Verb · third · singular · imperfect · active · indicative ▸ **1** (Gen. 37,1)

κατῴκει ▸ 27 + 1 = 28
Verb · third · singular · imperfect · active · indicative ▸ 27 + 1 = **28** (Gen. 14,13; Gen. 19,29; Gen. 24,62; Num. 21,34; Num. 33,40; Deut. 3,2; Deut. 4,46; Josh. 9,10; Josh. 12,2; Josh. 13,13; Josh. 15,63; Josh. 16,10; Josh. 19,50; Judg. 1,29; Judg. 4,2; Judg. 10,1; Judg. 15,8; 2Sam. 9,13; 1Kings 2,46g; 1Kings 12,25; 1Kings 13,11; 1Kings 13,25; 2Kings 22,14; 2Chr. 34,22; 2Mac. 12,27; Psa. 100,7; Jer. 1,1; Judg. 4,2)

κατῴκεις ▸ 1
Verb · second · singular · imperfect · active · indicative ▸ **1** (Bar. 3,13)

κατῳκεῖτε ▸ 2
Verb · second · plural · imperfect · active · indicative ▸ **2** (Lev. 26,35; 1Sam. 12,11)

κατῳκεῖτο ▸ 2
Verb · third · singular · imperfect · middle · indicative ▸ **1** (Zech. 7,7)
Verb · third · singular · imperfect · passive · indicative ▸ **1** (1Sam. 27,8)

κατῴκηκα ▸ 2
Verb · first · singular · perfect · active · indicative ▸ **2** (2Sam. 7,6; Ezek. 28,2)

κατῴκησα ▸ 1
Verb · first · singular · aorist · active · indicative ▸ **1** (1Chr. 17,5)

κατῳκήσαμεν ▸ 1
Verb · first · plural · aorist · active · indicative ▸ **1** (Deut. 29,15)

κατῴκησαν ▸ 35 + 2 = 37
Verb · third · plural · aorist · active · indicative ▸ 35 + 2 = **37** (Gen. 11,2; Ex. 12,40; Josh. 15,63; Josh. 19,48; Josh. 21,43; Josh. 22,33; Josh. 24,2; Judg. 3,5; Judg. 18,28; Judg. 21,23; Ruth 1,4; 2Kings 16,6; 2Kings 17,24; 1Chr. 4,22; 1Chr. 4,23; 1Chr. 4,28; 1Chr. 4,43; 1Chr. 5,11; 1Chr. 5,22; 1Chr. 5,23; 1Chr. 7,29; 1Chr. 8,28; 1Chr. 8,32; 1Chr. 9,3; 1Chr. 9,34; 1Chr. 9,38; 1Chr. 10,7; 2Chr. 20,8; 2Chr. 28,18; 1Esdr. 9,37; Judith 5,9; Judith 5,16; Hos. 9,3; Bar. 3,20; Ezek. 37,25; Judg. 1,16; Judg. 3,5)

κατῳκήσατε ▸ 1
Verb · second · plural · aorist · active · indicative ▸ **1** (Lev. 18,3)

Κατῴκησεν ▸ 2
Verb · third · singular · aorist · active · indicative ▸ **2** (Gen. 47,27; Num. 21,31)

κατῴκησεν ▸ 38 + 5 + 3 = 46
Verb · third · singular · aorist · active · indicative ▸ 38 + 5 + 3 = **46** (Gen. 11,31; Gen. 13,12; Gen. 13,12; Gen. 13,18; Gen. 21,20; Gen. 21,21; Gen. 22,19; Gen. 25,11; Gen. 25,18; Gen. 25,18; Gen. 26,6; Gen. 26,17; Gen. 35,22; Gen. 50,22; Num. 21,25; Num. 32,40; Josh. 6,25; Judg. 1,16; Judg. 1,21; Judg. 1,30; Judg. 1,32; Judg. 1,33; Judg. 8,29; Judg. 9,21; Judg. 11,3; 1Chr. 5,8; 1Chr. 5,9; 1Chr. 8,29; 1Chr. 9,35; 1Chr. 17,1; 2Chr. 10,2; 2Chr. 11,5; 2Chr. 19,4; Hos. 9,3; Hos. 11,5; Jer. 2,6; Ezek. 31,6; Ezek. 36,17; Judg. 1,21; Judg. 1,29; Judg. 1,30; Judg. 1,32; Judg. 1,33; Matt. 2,23; Matt. 4,13; Acts 7,4)

κατῴκουν ▸ 8 + 2 = 10
Verb · third · plural · imperfect · active · indicative ▸ 8 + 2 = **10** (Gen. 12,6; Gen. 13,7; Deut. 2,20; 1Sam. 22,4; 2Sam. 2,3; 2Kings 17,29; 2Kings 17,32; 1Chr. 5,16; Dan. 4,12; Dan. 4,21)

κατοίκησις (κατά; οἶκος) dwelling, abode ▸ 9 + 1 = 10

κατοικήσει ▸ 1
Noun · feminine · singular · dative · (common) ▸ **1** (1Esdr. 1,19)

κατοικήσεως ▸ 1
Noun · feminine · singular · genitive · (common) ▸ **1** (Num. 15,2)

κατοικήσεώς ▸ 2
Noun · feminine · singular · genitive · (common) ▸ **2** (1Kings 8,30; 2Chr. 6,21)

κατοίκησιν ▸ 1
Noun · feminine · singular · accusative ▸ **1** (Mark 5,3)

κατοίκησις ▸ 4
Noun · feminine · singular · nominative · (common) ▸ **4** (Gen. 10,30; Ex. 12,40; 2Sam. 9,12; 2Kings 2,19)

κατοίκησίς ▸ 1
Noun · feminine · singular · nominative · (common) ▸ **1** (Gen. 27,39)

κατοικητήριον (κατά; οἶκος) house, dwelling place ▸ 20 + 2 = 22

κατοικητήριον ▸ 7 + 2 = 9
Noun · neuter · singular · accusative · (common) ▸ 4 + 1 = **5** (2Chr. 30,27; Nah. 2,13; Jer. 9,10; Jer. 21,13; Eph. 2,22)
Noun · neuter · singular · nominative · (common) ▸ 3 + 1 = **4** (Psa. 75,3; Nah. 2,12; Dan. 2,11; Rev. 18,2)

κατοικητήριόν ▸ 3
Noun · neuter · singular · accusative · (common) ▸ **2** (Ex. 15,17; Ode. 1,17)
Noun · neuter · singular · nominative · (common) ▸ **1** (3Mac. 2,15)

κατοικητηρίου ‣ 9
    Noun ▪ neuter ▪ singular ▪ genitive ▪ (common) ‣ 9 (1Kings 8,39; 1Kings 8,43; 1Kings 8,49; 2Chr. 6,30; 2Chr. 6,33; 2Chr. 6,39; Psa. 32,14; Psa. 106,4; Psa. 106,7)
κατοικητηρίῳ ‣ 1
    Noun ▪ neuter ▪ singular ▪ dative ▪ (common) ‣ 1 (Ex. 12,20)

κατοικία (κατά; οἶκος) dwelling ‣ 31 + 5 + 1 = 37
κατοικία ‣ 7 + 4 = 11
    Noun ▪ feminine ▪ singular ▪ nominative ▪ (common) ‣ 7 + 4 = 11 (Num. 24,21; 1Chr. 7,28; 1Mac. 1,38; Psa. 86,7; Jer. 3,6; Jer. 3,8; Jer. 3,12; Dan. 2,11; Dan. 4,25; Dan. 4,32; Dan. 5,21)
κατοικίᾳ ‣ 8 + 1 = 9
    Noun ▪ feminine ▪ singular ▪ dative ▪ (common) ‣ 8 + 1 = 9 (Ex. 35,3; Lev. 3,17; Lev. 7,26; Lev. 23,3; Lev. 23,14; Lev. 23,21; Ezek. 6,6; Ezek. 34,13; Dan. 4,35)
κατοικίαι ‣ 1
    Noun ▪ feminine ▪ plural ▪ nominative ▪ (common) ‣ 1 (1Chr. 6,39)
κατοικίαις ‣ 4
    Noun ▪ feminine ▪ plural ▪ dative ▪ (common) ‣ 4 (Lev. 23,31; Num. 35,29; 1Esdr. 9,37; Sir. 44,6)
κατοικίαν ‣ 5
    Noun ▪ feminine ▪ singular ▪ accusative ▪ (common) ‣ 5 (2Mac. 3,39; Psa. 131,13; Obad. 3; Ezek. 28,2; Ezek. 48,15)
κατοικίας ‣ 5 + 1 = 6
    Noun ▪ feminine ▪ plural ▪ accusative ▪ (common) ‣ 1 (Hos. 14,5)
    Noun ▪ feminine ▪ singular ▪ genitive ▪ (common) ‣ 4 + 1 = 5 (Lev. 23,17; Hos. 11,7; Zeph. 2,5; Ezek. 6,14; Acts 17,26)
κατοικιῶν ‣ 1
    Noun ▪ feminine ▪ plural ▪ genitive ▪ (common) ‣ 1 (1Esdr. 9,12)

κατοικίζω (κατά; οἶκος) to settle, establish, place, put ‣ 45 + 1 = 46
κατοικιεῖ ‣ 1
    Verb ▪ third ▪ singular ▪ future ▪ active ▪ indicative ‣ 1 (Psa. 28,10)
κατοικιεῖς ‣ 1
    Verb ▪ second ▪ singular ▪ future ▪ active ▪ indicative ‣ 1 (Is. 54,3)
κατοικίζει ‣ 1
    Verb ▪ third ▪ singular ▪ present ▪ active ▪ indicative ‣ 1 (Psa. 67,7)
κατοικίζων ‣ 1
    Verb ▪ present ▪ active ▪ participle ▪ masculine ▪ singular ▪ nominative ‣ 1 (Psa. 112,9)
κατοικίσαι ‣ 2
    Verb ▪ aorist ▪ active ▪ infinitive ‣ 2 (Num. 21,15; 1Mac. 3,36)
κατοικισθῆναι ‣ 2
    Verb ▪ aorist ▪ passive ▪ infinitive ‣ 2 (Ezek. 38,14; Ezek. 39,26)
κατοικισθήσεται ‣ 1
    Verb ▪ third ▪ singular ▪ future ▪ passive ▪ indicative ‣ 1 (Jer. 17,25)
κατοίκισον ‣ 1
    Verb ▪ second ▪ singular ▪ aorist ▪ active ▪ imperative ‣ 1 (Gen. 47,6)
κατοικίσω ‣ 1
    Verb ▪ first ▪ singular ▪ future ▪ active ▪ indicative ‣ 1 (Ezek. 29,14)
κατοικιῶ ‣ 9
    Verb ▪ first ▪ singular ▪ future ▪ active ▪ indicative ‣ 9 (Hos. 2,20; Hos. 12,10; Zech. 10,6; Jer. 7,3; Jer. 7,7; Jer. 12,15; Ezek. 26,20; Ezek. 36,11; Ezek. 36,33)
κατῴκισα ‣ 1
    Verb ▪ first ▪ singular ▪ aorist ▪ active ▪ indicative ‣ 1 (Lev. 23,43)
κατῴκισαν ‣ 1
    Verb ▪ third ▪ plural ▪ aorist ▪ active ▪ indicative ‣ 1 (2Kings 17,32)
κατῴκισάς ‣ 1
    Verb ▪ second ▪ singular ▪ aorist ▪ active ▪ indicative ‣ 1 (Psa. 4,9)
κατῴκισεν ‣ 10 + 1 = 11
    Verb ▪ third ▪ singular ▪ aorist ▪ active ▪ indicative ‣ 10 + 1 = 11 (Gen. 3,24; Gen. 47,11; 1Sam. 12,8; 2Kings 17,6; 2Chr. 8,2; Ezra 4,10; 1Mac. 13,48; 1Mac. 14,34; 1Mac. 14,37; Psa. 106,36; James 4,5)
κατῳκίσθη ‣ 2
    Verb ▪ third ▪ singular ▪ aorist ▪ passive ▪ indicative ‣ 2 (Ex. 2,21; Ezek. 38,12)
κατῳκίσθημεν ‣ 1
    Verb ▪ first ▪ plural ▪ aorist ▪ passive ▪ indicative ‣ 1 (Josh. 7,7)
κατῳκίσθησαν ‣ 7
    Verb ▪ third ▪ plural ▪ aorist ▪ passive ▪ indicative ‣ 7 (Deut. 2,12; Deut. 2,21; Deut. 2,22; Deut. 2,23; 2Kings 17,24; 1Esdr. 5,45; Judith 5,19)
κατῳκίσθητε ‣ 1
    Verb ▪ second ▪ plural ▪ aorist ▪ passive ▪ indicative ‣ 1 (Josh. 24,13)
κατῴκισται ‣ 1
    Verb ▪ third ▪ singular ▪ perfect ▪ passive ▪ indicative ‣ 1 (Psa. 92,1)

κατοικοδομέω (κατά; οἶκος) to build on, to dwell ‣ 1
κατῳκοδομημέναις ‣ 1
    Verb ▪ perfect ▪ middle ▪ participle ▪ feminine ▪ plural ▪ dative ‣ 1 (Gen. 36,43)

κάτοικος (κατά; οἶκος) inhabitant ‣ 4 + 1 = 5
κάτοικοι ‣ 3 + 1 = 4
    Noun ▪ masculine ▪ plural ▪ nominative ▪ (common) ‣ 3 + 1 = 4 (Gen. 50,11; Josh. 8,20; 1Mac. 1,38; Tob. 13,13)
κατοίκων ‣ 1
    Noun ▪ masculine ▪ plural ▪ genitive ▪ (common) ‣ 1 (Prov. 31,23)

κατοικτειρέω have mercy; have compassion on ‣ 1
κατοικτιρήσωμεν ‣ 1
    Verb ▪ first ▪ plural ▪ aorist ▪ active ▪ subjunctive ‣ 1 (4Mac. 8,20)

κατοικτείρω (κατά; οἶκος) to show compassion ‣ 1
κατοικτίρας ‣ 1
    Verb ▪ aorist ▪ active ▪ participle ▪ masculine ▪ singular ▪ nominative ‣ 1 (4Mac. 12,2)

κατοινόομαι (κατά; οἶνος) to be drunk ‣ 1
κατοινωμένος ‣ 1
    Verb ▪ present ▪ passive ▪ participle ▪ masculine ▪ singular ▪ nominative ‣ 1 (Hab. 2,5)

κατόπισθεν (κατά; ὀπίσω; θεν) after, behind ‣ 25
κατόπισθεν ‣ 22
    Adverb ‣ 2 (Ruth 2,2; 2Sam. 2,19)
    Preposition ▪ (+genitive) ‣ 20 (Gen. 37,17; Judg. 18,12; Judg. 19,3; Ruth 2,3; Ruth 2,9; 2Sam. 2,27; 2Sam. 16,18; 2Sam. 20,14; 1Kings 13,14; 2Kings 6,32; 2Chr. 25,27; Neh. 4,7; 1Mac. 10,79; 1Mac. 10,80; 1Mac. 16,6; Zech. 6,6; Zech. 7,14; Ezek. 41,15; Ezek. 44,10; Dan. 8,8)
κατόπισθέν ‣ 3
    Preposition ▪ (+genitive) ‣ 3 (2Sam. 15,34; Prov. 24,27; Ezek. 3,12)

κατοπίσω (κατά; ὀπίσω) after, behind ‣ 1
κατοπίσω ‣ 1
    Preposition ▪ (+genitive) ‣ 1 (Judg. 18,22)

κατοπτεύω (κατά; ὁράω) to spy out ‣ 1

κατοπτεύοντος ▸ 1
    Verb · present · active · participle · masculine · singular · genitive ▸ 1 (Esth. 16,4 # 8,12d)
κατοπτρίζω (κατά; ὁράω)   to look, reflect ▸ 1
    κατοπτριζόμενοι ▸ 1
    Verb · present · middle · participle · masculine · plural · nominative ▸ 1 (2Cor. 3,18)
κάτοπτρον (κατά; ὁράω)   mirror ▸ 1
    κατόπτρων ▸ 1
    Noun · neuter · plural · genitive · (common) ▸ 1 (Ex. 38,26)
κατορθόω (κατά; ὀρθός)   to set up, direct, establish; be right ▸ 28
    κατορθοῖ ▸ 4
    Verb · third · singular · present · active · indicative ▸ 4 (Prov. 12,19; Ezek. 18,29; Ezek. 18,29; Ezek. 18,29)
    κατορθούντων ▸ 1
    Verb · present · active · participle · masculine · plural · genitive ▸ 1 (Prov. 14,11)
    κατορθοῦσι ▸ 1
    Verb · present · active · participle · masculine · plural · dative ▸ 1 (Prov. 2,7)
    κατορθωθήτω ▸ 1
    Verb · third · singular · aorist · passive · imperative ▸ 1 (1Chr. 16,30)
    κατορθῶν ▸ 1
    Verb · present · active · participle · masculine · singular · nominative ▸ 1 (Mic. 7,2)
    κατορθῶσαι ▸ 2
    Verb · aorist · active · infinitive ▸ 2 (Zech. 4,7; Is. 9,6)
    κατορθώσασθαι ▸ 1
    Verb · aorist · middle · infinitive ▸ 1 (2Mac. 8,36)
    κατορθώσατε ▸ 1
    Verb · second · plural · aorist · active · imperative ▸ 1 (Prov. 9,6)
    κατορθώσει ▸ 4
    Verb · third · singular · future · active · indicative ▸ 4 (Psa. 118,9; Prov. 12,3; Prov. 25,5; Jer. 10,23)
    κατορθώσεις ▸ 1
    Verb · second · singular · future · active · indicative ▸ 1 (Prov. 2,9)
    κατορθώσῃ ▸ 1
    Verb · third · singular · aorist · active · subjunctive ▸ 1 (Prov. 4,18)
    κατορθώσω ▸ 1
    Verb · first · singular · future · active · indicative ▸ 1 (1Chr. 28,7)
    κατωρθούμην ▸ 1
    Verb · first · singular · imperfect · middle · indicative ▸ 1 (Psa. 118,128)
    κατωρθοῦτο ▸ 1
    Verb · third · singular · imperfect · passive · indicative ▸ 1 (1Kings 2,35)
    κατωρθώθη ▸ 3
    Verb · third · singular · aorist · passive · indicative ▸ 3 (2Chr. 29,35; 2Chr. 35,10; 2Chr. 35,16)
    κατώρθωσαν ▸ 1
    Verb · third · plural · aorist · active · indicative ▸ 1 (1Esdr. 5,49)
    κατώρθωσεν ▸ 3
    Verb · third · singular · aorist · active · indicative ▸ 3 (2Chr. 33,16; Psa. 95,10; Prov. 11,10)
Κατόρθωσις (κατά; ὀρθός)   for (Hebr.) Jakin ▸ 1
    Κατόρθωσις ▸ 1
    Noun · feminine · singular · nominative · (proper) ▸ 1 (2Chr. 3,17)
κατόρθωσις (κατά; ὀρθός)   setting up; success; reform; right action ▸ 2
    κατόρθωσιν ▸ 1
    Noun · feminine · singular · accusative · (common) ▸ 1 (Judith 11,7)
    κατόρθωσις ▸ 1
    Noun · feminine · singular · nominative · (common) ▸ 1 (Psa. 96,2)
κατορύσσω (κατά; ὀρύσσω)   to dig a grave, to bury ▸ 10
    κατορυγῶσιν ▸ 2
    Verb · third · plural · aorist · active · subjunctive ▸ 1 (Jer. 32,33)
    Verb · third · plural · aorist · passive · subjunctive ▸ 1 (Amos 9,2)
    κατορύξουσιν ▸ 4
    Verb · third · plural · future · active · indicative ▸ 4 (Tob. 14,6; Ezek. 39,11; Ezek. 39,12; Ezek. 39,13)
    κατωρύγη ▸ 1
    Verb · third · singular · aorist · passive · indicative ▸ 1 (Josh. 24,33a)
    κατώρυξα ▸ 2
    Verb · first · singular · aorist · active · indicative ▸ 2 (Gen. 48,7; Jer. 13,7)
    κατώρυξαν ▸ 1
    Verb · third · plural · aorist · active · indicative ▸ 1 (Josh. 24,32)
κατορχέομαι (κατά; ὄρχος)   to mock ▸ 1
    κατωρχήσαντο ▸ 1
    Verb · third · plural · aorist · middle · indicative ▸ 1 (Zech. 12,10)
κατοχεύω (κατά; ὀχεύω)   to inter-breed ▸ 1
    κατοχεύσεις ▸ 1
    Verb · second · singular · future · active · indicative ▸ 1 (Lev. 19,19)
κατόχιμος (κατά; ἔχω)   held as property ▸ 1
    κατόχιμοι ▸ 1
    Adjective · masculine · plural · nominative · noDegree ▸ 1 (Lev. 25,46)
κάτοχος (κατά; ἔχω)   barrier ▸ 2
    κάτοχοι ▸ 2
    Adjective · masculine · plural · nominative · noDegree ▸ 2 (Ode. 6,7; Jonah 2,7)
Κατταθ   Kattath ▸ 1
    Κατταθ ▸ 1
    Noun · singular · nominative · (proper) ▸ 1 (Josh. 19,15)
κάτω (κατά)   down, below, under ▸ 27 + 9 = 36
    κάτω ▸ 26 + 9 = 35
    Adverb · (place) ▸ 26 + 9 = 35 (Ex. 20,4; Deut. 4,39; Deut. 5,8; Deut. 28,43; Deut. 28,43; Deut. 32,22; Josh. 2,11; Josh. 15,19; Josh. 16,3; Josh. 18,13; 1Kings 8,23; 2Kings 19,30; 1Chr. 7,24; 1Chr. 27,23; 2Chr. 8,5; 2Chr. 32,30; Ode. 2,22; Eccl. 3,21; Sir. 51,6; Sol. 15,10; Is. 8,22; Is. 37,31; Is. 51,6; Jer. 38,35; Ezek. 1,27; Ezek. 8,2; Matt. 4,6; Matt. 27,51; Mark 14,66; Mark 15,38; Luke 4,9; John 8,6; John 8,23; Acts 2,19; Acts 20,9)
    κατώτερον ▸ 1
    Preposition · (+genitive) ▸ 1 (Gen. 35,8)
κατώδυνος (κατά; ὀδύνη)   in pain, grief ▸ 5
    κατώδυνοι ▸ 1
    Adjective · masculine · plural · nominative · noDegree ▸ 1 (Judg. 18,25)
    κατώδυνος ▸ 4
    Adjective · feminine · singular · nominative · noDegree ▸ 3 (1Sam. 1,10; 1Sam. 30,6; 2Kings 4,27)
    Adjective · masculine · singular · nominative · noDegree ▸ 1

(1Sam. 22,2)

κάτωθεν (κατά; θεν) below, under ▸ 9
  κάτωθεν ▸ 9
    Adverb ▸ **7** (Ex. 26,24; Ex. 27,5; Ex. 28,33; Ex. 36,31; Deut. 33,13; Is. 14,9; Ezek. 41,7)
    Preposition · (+genitive) ▸ **2** (Ex. 36,27; Ex. 38,24)

κατώτατος (κατά) lowest ▸ 7
  κατώτατα ▸ 2
    Adjective · neuter · plural · accusative · superlative ▸ **2** (Neh. 4,7; Psa. 62,10)
  κατωτάτοις ▸ 2
    Adjective · neuter · plural · dative · superlative ▸ **2** (Psa. 138,15; Ode. 12,13)
  κατωτάτου ▸ 2
    Adjective · masculine · singular · genitive · superlative ▸ **2** (Psa. 85,13; Lam. 3,55)
  κατωτάτῳ ▸ 1
    Adjective · masculine · singular · dative · superlative ▸ **1** (Psa. 87,7)

κατωτάτω very low, lower than ▸ 2
  κατωτάτω ▸ 2
    Adverb ▸ **1** (Tob. 4,19)
    Preposition · (+genitive) ▸ **1** (Tob. 13,2)

κατώτερος (κατά) lower ▸ 1
  κατώτερα ▸ 1
    Adjective · neuter · plural · accusative · comparative ▸ **1** (Eph. 4,9)

κατωτέρω (κατά) lower, below ▸ 1
  κατωτέρω ▸ 1
    Adverb · (place) ▸ **1** (Matt. 2,16)

Καῦδα Cauda ▸ 1
  Καῦδα ▸ 1
    Noun · feminine · singular · accusative · (proper) ▸ **1** (Acts 27,16)

καυλός stem ▸ 3
  καυλόν ▸ 1
    Noun · masculine · singular · accusative · (common) ▸ **1** (Ex. 38,13)
  καυλός ▸ 2
    Noun · masculine · singular · nominative · (common) ▸ **2** (Ex. 25,31; Num. 8,4)

καῦμα (καίω) heat ▸ 19 + 3 + 2 = 24
  καῦμα ▸ 5 + 3 + 2 = 10
    Noun · neuter · singular · accusative · (common) ▸ **1 + 1 + 1 = 3** (Prov. 25,13; Tob. 2,9; Rev. 16,9)
    Noun · neuter · singular · nominative · (common) ▸ **4 + 2 + 1 = 7** (Gen. 8,22; Ode. 8,66; Jer. 17,8; Dan. 3,66; Dan. 3,66; Sus. 15; Rev. 7,16)
  καύματι ▸ 5
    Noun · neuter · singular · dative · (common) ▸ **5** (Gen. 31,40; 2Sam. 4,5; Job 24,24; Jer. 43,30; Bar. 2,25)
  καύματος ▸ 9
    Noun · neuter · singular · genitive · (common) ▸ **9** (Deut. 32,10; Ode. 2,10; Prov. 10,5; Job 30,30; Sir. 14,27; Sir. 43,3; Sir. 43,4; Is. 4,6; Is. 18,4)

καυματίζω (καίω) to scorch ▸ 4
  ἐκαυματίσθη ▸ 2
    Verb · third · singular · aorist · passive · indicative ▸ **2** (Matt. 13,6; Mark 4,6)
  ἐκαυματίσθησαν ▸ 1
    Verb · third · plural · aorist · passive · indicative ▸ **1** (Rev. 16,9)
  καυματίσαι ▸ 1
    Verb · aorist · active · infinitive ▸ **1** (Rev. 16,8)

καῦσις (καίω) burning ▸ 7 + 1 + 1 = 9
  καύσεως ▸ 4
    Noun · feminine · singular · genitive · (common) ▸ **4** (Ex. 39,16; Lev. 6,2; 2Chr. 13,11; Is. 4,4)
  καῦσιν ▸ 3 + 1 + 1 = 5
    Noun · feminine · singular · accusative · (common) ▸ **3 + 1 + 1 = 5** (Is. 40,16; Is. 44,15; Dan. 7,11; Dan. 7,11; Heb. 6,8)

καυσόω (καίω) to burn up ▸ 2
  καυσούμενα ▸ 2
    Verb · present · passive · participle · neuter · plural · nominative ▸ **2** (2Pet. 3,10; 2Pet. 3,12)

καυστηριάζω (καίω) to brand, sear with a hot iron ▸ 1
  κεκαυστηριασμένων ▸ 1
    Verb · perfect · passive · participle · masculine · plural · genitive ▸ **1** (1Tim. 4,2)

καυστικός (καίω) burning, fiery ▸ 2
  καυστικαῖς ▸ 1
    Adjective · feminine · plural · dative · noDegree ▸ **1** (4Mac. 6,27)
  καυστικώτερον ▸ 1
    Adjective · neuter · singular · accusative · comparative ▸ **1** (4Mac. 10,14)

καύσων (καίω) burning heat ▸ 12 + 1 + 3 = 16
  καύσων ▸ 3 + 1 + 1 = 5
    Noun · masculine · singular · nominative · (common) ▸ **3 + 1 + 1 = 5** (Judith 8,3; Is. 49,10; Ezek. 19,12; Dan. 3,67; Luke 12,55)
  καύσωνα ▸ 6 + 1 = 7
    Noun · masculine · singular · accusative · (common) ▸ **6 + 1 = 7** (Sir. 18,16; Hos. 12,2; Hos. 13,15; Jer. 18,17; Jer. 28,1; Ezek. 17,10; Matt. 20,12)
  καύσωνι ▸ 1
    Noun · masculine · singular · dative ▸ **1** (James 1,11)
  καύσωνος ▸ 3
    Noun · masculine · singular · genitive · (common) ▸ **3** (Sir. 34,16; Sir. 43,22; Jonah 4,8)

καυτήριον (καίω) branding iron ▸ 1
  καυτηρίοις ▸ 1
    Noun · neuter · plural · dative · (common) ▸ **1** (4Mac. 15,22)

καυχάομαι to boast, glory ▸ 40 + 1 + 37 = 78
  ἐκαυχῶντο ▸ 1
    Verb · third · plural · imperfect · middle · indicative ▸ **1** (Dan. 5,6)
  καυχᾶσαι ▸ 3
    Verb · second · singular · present · middle · indicative ▸ **3** (Rom. 2,17; Rom. 2,23; 1Cor. 4,7)
  καυχᾶσθαι ▸ 2 + 2 = 4
    Verb · present · middle · infinitive ▸ **2 + 2 = 4** (1Chr. 16,35; Sir. 48,4; 2Cor. 11,30; Gal. 6,14)
  Καυχᾶσθαι ▸ 1
    Verb · present · middle · infinitive ▸ **1** (2Cor. 12,1)
  καυχᾶσθε ▸ 3 + 1 = 4
    Verb · second · plural · present · middle · imperative ▸ **3 + 1 = 4** (1Sam. 2,3; Psa. 31,11; Ode. 3,3; James 4,16)
  καυχάσθω ▸ 13 + 3 = 16
    Verb · third · singular · present · middle · imperative ▸ **13 + 3 = 16** (1Sam. 2,10; 1Sam. 2,10; 1Sam. 2,10; 1Sam. 2,10; 1Kings 21,11; Ode. 3,10; Ode. 3,10; Ode. 3,10; Ode. 3,10; Jer. 9,22; Jer. 9,22; Jer. 9,22; Jer. 9,23; 1Cor. 1,31; 1Cor. 3,21; 2Cor. 10,17)
  Καυχάσθω ▸ 1
    Verb · third · singular · present · middle · imperative ▸ **1** (James 1,9)
  καυχήσασθαι ▸ 1 + 2 = 3

κauχάομαι–καψάκης

Verb · aorist · middle · infinitive ▸ 1 + 2 = **3** (Sir. 50,20; 2Cor. 10,16; 2Cor. 12,6)

καυχήσεται ▸ 6
  Verb · third · singular · future · middle · indicative ▸ **6** (Prov. 20,9; Sir. 24,1; Sir. 24,2; Sir. 30,2; Sir. 39,8; Sol. 17,1)

καυχήσῃ ▸ 1
  Verb · second · singular · aorist · middle · subjunctive ▸ **1** (Sir. 11,4)

καυχήσηται ▸ 1 + **1** + 2 = **4**
  Verb · third · singular · aorist · middle · subjunctive ▸ 1 + 1 + 2 = **4** (Judg. 7,2; Judg. 7,2; 1Cor. 1,29; Eph. 2,9)

καυχήσομαι ▸ 5
  Verb · first · singular · future · middle · indicative ▸ **5** (2Cor. 11,18; 2Cor. 11,30; 2Cor. 12,5; 2Cor. 12,5; 2Cor. 12,9)

καυχησόμεθα ▸ 1
  Verb · first · plural · future · middle · indicative ▸ **1** (2Cor. 10,13)

καυχήσονται ▸ 3
  Verb · third · plural · future · middle · indicative ▸ **3** (Psa. 5,12; Psa. 93,3; Psa. 149,5)

καυχήσωμαι ▸ 3
  Verb · first · singular · aorist · middle · subjunctive ▸ **3** (1Cor. 13,3; 2Cor. 10,8; 2Cor. 11,16)

καυχήσωνται ▸ 1 + **1** = **2**
  Verb · third · plural · aorist · middle · subjunctive ▸ 1 + 1 = **2** (3Mac. 2,17; Gal. 6,13)

καυχῶ ▸ 1
  Verb · second · singular · present · middle · imperative ▸ **1** (Prov. 27,1)

καυχῶμαι ▸ 1
  Verb · first · singular · present · middle · indicative ▸ **1** (2Cor. 9,2)

καυχώμεθα ▸ 2
  Verb · first · plural · present · middle · indicative ▸ **2** (Rom. 5,2; Rom. 5,3)

καυχώμενοι ▸ 2 + **3** = **5**
  Verb · present · middle · participle · masculine · plural · nominative ▸ 2 + 3 = **5** (Psa. 48,7; Prov. 25,14; Rom. 5,11; 2Cor. 10,15; Phil. 3,3)

καυχώμενος ▸ 5 + **2** = **7**
  Verb · present · active · participle · masculine · singular · nominative ▸ **1** (Ode. 3,10)
  Verb · present · middle · participle · masculine · singular · nominative ▸ 4 + 2 = **6** (1Sam. 2,10; Sir. 38,25; Jer. 9,23; Dan. 5,0; 1Cor. 1,31; 2Cor. 10,17)

καυχωμένους ▸ 1
  Verb · present · middle · participle · masculine · plural · accusative ▸ **1** (2Cor. 5,12)

καυχῶνται ▸ 2
  Verb · third · plural · present · middle · indicative ▸ **2** (2Cor. 11,12; 2Cor. 11,18)

κεκαύχημαι ▸ 1
  Verb · first · singular · perfect · middle · indicative ▸ **1** (2Cor. 7,14)

καύχημα (καυχάομαι) object of boasting, pride ▸ 24 + **11** = **35**
  καύχημα ▸ **18** + **9** = 27
    Noun · neuter · singular · accusative · (common) ▸ 5 + 4 = **9** (Deut. 26,19; Sir. 45,12; Zeph. 3,19; Zeph. 3,20; Jer. 13,11; Rom. 4,2; Gal. 6,4; Phil. 2,16; Heb. 3,6)
    Noun · neuter · singular · nominative · (common) ▸ 13 + 5 = **18** (1Chr. 16,27; 1Chr. 29,11; Judith 15,9; Psa. 88,18; Prov. 11,7; Prov. 17,6; Prov. 19,11; Sir. 1,11; Sir. 10,22; Sir. 25,6; Sir. 44,7; Zech. 12,7; Jer. 28,41; 1Cor. 5,6; 1Cor. 9,16; 2Cor. 1,14; 2Cor. 9,3; Phil. 1,26)
  καύχημά ▸ **4** + **1** = 5
    Noun · neuter · singular · nominative · (common) ▸ 4 + 1 = **5** (Deut. 10,21; Deut. 33,29; Sir. 9,16; Jer. 17,14; 1Cor. 9,15)
  καυχήματος ▸ **2** + **1** = 3
    Noun · neuter · singular · genitive · (common) ▸ 2 + 1 = **3** (Sir. 45,8; Sir. 50,11; 2Cor. 5,12)

καύχησις (καυχάομαι) boasting, pride ▸ 10 + **11** = 21
  καυχήσεως ▸ **5** + **3** = **8**
    Noun · feminine · singular · genitive · (common) ▸ 5 + 3 = **8** (Prov. 16,31; Jer. 12,13; Ezek. 16,12; Ezek. 23,42; Ezek. 24,25; 2Cor. 8,24; 2Cor. 11,17; 1Th. 2,19)
  καυχήσεώς ▸ 4
    Noun · feminine · singular · genitive · (common) ▸ **4** (1Chr. 29,13; Ezek. 16,17; Ezek. 16,39; Ezek. 23,26)
  καύχησιν ▸ 1 + **2** = 3
    Noun · feminine · singular · accusative · (common) ▸ 1 + 2 = **3** (Sir. 31,10; Rom. 15,17; 1Cor. 15,31)
  καύχησις ▸ 6
    Noun · feminine · singular · nominative ▸ **6** (Rom. 3,27; 2Cor. 1,12; 2Cor. 7,4; 2Cor. 7,14; 2Cor. 11,10; James 4,16)

Καφαν Kaphan (?) ▸ 1
  Καφαν ▸ 1
    Noun · singular · nominative · (proper) ▸ **1** (Josh. 18,27)

Καφαρναούμ Capernaum ▸ 16
  Καφαρναούμ ▸ 8
    Noun · feminine · singular · accusative · (proper) ▸ **4** (Mark 1,21; Mark 9,33; Luke 7,1; John 6,17)
    Noun · feminine · singular · dative · (proper) ▸ **2** (John 4,46; John 6,59)
    Noun · feminine · singular · vocative · (proper) ▸ **2** (Matt. 11,23; Luke 10,15)
  Καφαρναοὺμ ▸ 8
    Noun · feminine · singular · accusative · (proper) ▸ **8** (Matt. 4,13; Matt. 8,5; Matt. 17,24; Mark 2,1; Luke 4,23; Luke 4,31; John 2,12; John 6,24)

Καφηραμμιν Kephar Ammoni ▸ 1
  Καφηραμμιν ▸ 1
    Noun · singular · nominative · (proper) ▸ **1** (Josh. 18,24)

Καφθοριιμ Caphtorites ▸ 1
  Καφθοριιμ ▸ 1
    Noun · masculine · plural · accusative · (proper) ▸ **1** (Gen. 10,14)

Καφιρα Kephirah ▸ 2
  Καφιρα ▸ 2
    Noun · singular · genitive · (proper) ▸ **1** (Ezra 2,25)
    Noun · masculine · singular · nominative · (proper) ▸ **1** (Neh. 7,29)

καφουρη (Hebr.) bowel ▸ 1
  καφουρη ▸ 1
    Noun · masculine · plural · nominative · (common) ▸ **1** (Ezra 8,27)

καψάκης jar, jug ▸ 5
  καψάκῃ ▸ 1
    Noun · masculine · singular · dative · (common) ▸ **1** (1Kings 17,12)
  καψάκην ▸ 1
    Noun · masculine · singular · accusative · (common) ▸ **1** (Judith 10,5)
  καψάκης ▸ 3
    Noun · masculine · singular · nominative · (common) ▸ **3** (1Kings 17,14; 1Kings 17,16; 1Kings 19,6)

κβ′ number twenty two; (Hebr.) tav ▸ 1
    κβ′ ▸ 1
        Adjective · neuter · singular · (ordinal · numeral) ▸ 1 (Psa. 118,169)

Κεαφ Acshaph ▸ 1
    Κεαφ ▸ 1
        Noun · singular · nominative · (proper) ▸ 1 (Josh. 19,25)

Κεβλααμ Keblaam (Hebr.) in front of the people ▸ 1
    Κεβλααμ ▸ 1
        Noun · masculine · singular · nominative · (proper) ▸ 1 (2Kings 15,10)

Κεγχρεαί Cenchrea ▸ 2
    Κεγχρεαῖς ▸ 2
        Noun · feminine · plural · dative · (proper) ▸ 2 (Acts 18,18; Rom. 16,1)

κέγχρος millet ▸ 1
    κέγχρον ▸ 1
        Noun · masculine · singular · accusative · (common) ▸ 1 (Ezek. 4,9)

Κεδαμωθ Kedemoth ▸ 1
    Κεδαμωθ ▸ 1
        Noun · (proper) ▸ 1 (Deut. 2,26)

Κεδελ Giddel ▸ 1
    Κεδελ ▸ 1
        Noun · masculine · singular · genitive · (proper) ▸ 1 (Ezra 2,47)

Κεδεμ Kedem (Hebr.) the East ▸ 3
    Κεδεμ ▸ 3
        Noun · masculine · singular · genitive · (proper) ▸ 3 (Jer. 30,23; Ezek. 25,4; Ezek. 25,10)

Κεδες Kedesh ▸ 7 + 3 = 10
    Κεδες ▸ 7 + 3 = 10
        Noun · singular · accusative · (proper) ▸ 2 (Judg. 4,9; Judg. 4,10)
        Noun · singular · genitive · (proper) ▸ 3 + 1 = 4 (Judg. 4,6; Judg. 4,11; 1Mac. 11,73; Judg. 4,11)
        Noun · feminine · singular · accusative · (proper) ▸ 2 (1Chr. 6,57; 1Chr. 6,61)
        Noun · singular · nominative · (proper) ▸ 2 (Josh. 15,23; Josh. 19,37)

Κεδημωθ Kedemoth ▸ 1
    Κεδημωθ ▸ 1
        Noun · singular · accusative · (proper) ▸ 1 (Josh. 13,18)

Κεδμα Kedemah ▸ 2
    Κεδμα ▸ 2
        Noun · masculine · singular · nominative · (proper) ▸ 2 (Gen. 25,15; 1Chr. 1,31)

Κεδμωναῖος Kadmonite ▸ 1
    Κεδμωναίους ▸ 1
        Noun · masculine · plural · accusative · (proper) ▸ 1 (Gen. 15,19)

κέδρινος (κέδρος) cedar, made of cedar ▸ 26
    κέδρινα ▸ 9
        Adjective · neuter · plural · accusative · noDegree ▸ 9 (2Sam. 5,11; 1Kings 5,22; 1Chr. 14,1; 1Chr. 22,4; 1Chr. 22,4; 2Chr. 2,7; 1Esdr. 4,48; 1Esdr. 5,53; Ezra 3,7)
    κέδριναι ▸ 1
        Adjective · feminine · plural · nominative · noDegree ▸ 1 (1Kings 7,39)
    κεδρίνην ▸ 1
        Adjective · feminine · singular · accusative · noDegree ▸ 1 (Song 8,9)
    κεδρίνοις ▸ 3
        Adjective · neuter · plural · dative · noDegree ▸ 3 (1Kings 6,10; 1Kings 9,11; 2Chr. 3,5)
    κέδρινον ▸ 7
        Adjective · masculine · singular · accusative · noDegree ▸ 2 (2Sam. 7,7; 1Chr. 17,6)
        Adjective · neuter · singular · accusative · noDegree ▸ 5 (Lev. 14,4; Lev. 14,6; Lev. 14,49; Lev. 14,51; Num. 19,6)
    κεδρίνῳ ▸ 3
        Adjective · masculine · singular · dative · noDegree ▸ 2 (2Sam. 7,2; 1Chr. 17,1)
        Adjective · neuter · singular · dative · noDegree ▸ 1 (Lev. 14,52)
    κεδρίνων ▸ 2
        Adjective · masculine · plural · genitive · noDegree ▸ 1 (1Kings 7,39)
        Adjective · neuter · plural · genitive · noDegree ▸ 1 (1Kings 6,15)

κέδρος cedar ▸ 43 + 1 = 44
    κέδροι ▸ 5
        Noun · feminine · plural · nominative · (common) ▸ 5 (Num. 24,6; Psa. 103,16; Psa. 148,9; Song 1,17; Song 5,15)
    κέδροις ▸ 3
        Noun · feminine · plural · dative · (common) ▸ 3 (1Kings 6,9; 1Kings 7,48; Jer. 22,23)
    κέδρον ▸ 5
        Noun · feminine · singular · accusative · (common) ▸ 5 (2Kings 14,9; 2Chr. 25,18; Is. 2,13; Is. 41,19; Ezek. 17,23)
    κέδρος ▸ 6
        Noun · feminine · singular · nominative · (common) ▸ 6 (Psa. 91,13; Sir. 24,13; Zeph. 2,14; Zech. 11,2; Is. 14,8; Ezek. 27,5)
    κέδρου ▸ 8
        Noun · feminine · singular · genitive · (common) ▸ 8 (1Kings 5,13; 1Kings 6,36; 1Kings 7,49; 2Kings 19,23; Amos 2,9; Is. 37,24; Ezek. 17,3; Ezek. 17,22)
    κέδρους ▸ 13 + 1 = 14
        Noun · feminine · plural · accusative · (common) ▸ 13 + 1 = 14 (Judg. 9,15; 1Kings 5,24; 1Kings 10,27; 2Chr. 1,15; 2Chr. 2,2; 2Chr. 9,27; Psa. 28,5; Psa. 28,5; Psa. 36,35; Psa. 79,11; Zech. 11,1; Is. 9,9; Jer. 22,7; Judg. 9,15)
    κέδρῳ ▸ 2
        Noun · feminine · singular · dative · (common) ▸ 2 (Is. 60,13; Jer. 22,14)
    κέδρων ▸ 1
        Noun · feminine · plural · genitive · (common) ▸ 1 (Sir. 50,12)

Κεδρων Kidron; Kitron ▸ 16 + 1 = 17
    Κεδρων ▸ 16 + 1 = 17
        Noun · singular · accusative · (proper) ▸ 2 + 1 = 3 (Judg. 1,30; 2Sam. 15,23; Judg. 1,30)
        Noun · singular · dative · (proper) ▸ 1 (2Sam. 15,23)
        Noun · singular · genitive · (proper) ▸ 4 (1Kings 15,13; 2Chr. 15,16; 2Chr. 30,14; Jer. 38,40)
        Noun · feminine · singular · accusative · (proper) ▸ 3 (1Mac. 15,39; 1Mac. 15,41; 1Mac. 16,9)
        Noun · feminine · singular · genitive · (proper) ▸ 5 (1Kings 2,37; 2Kings 23,4; 2Kings 23,6; 2Kings 23,6; 2Kings 23,12)
        Noun · masculine · singular · accusative · (proper) ▸ 1 (2Chr. 29,16)

Κεδρών Kidron; Kitron ▸ 1
    Κεδρών ▸ 1
        Noun · masculine · singular · genitive · (proper) ▸ 1 (John 18,1)

Κεζιβ Aczib (?) ▸ 1
    Κεζιβ ▸ 1
        Noun · singular · nominative · (proper) ▸ 1 (Josh. 15,44)

Κεϊλα Keilah ▸ 17 + 1 = 18
    Κεϊλα ▸ 17 + 1 = 18
        Noun · feminine · singular · accusative · (proper) ▸ 9 (1Sam.

23,2; 1Sam. 23,3; 1Sam. 23,4; 1Sam. 23,5; 1Sam. 23,5; 1Sam. 23,6; 1Sam. 23,7; 1Sam. 23,8; 1Sam. 23,10)
- **Noun** · feminine · singular · dative · (proper) ▸ **1** (1Sam. 23,1)
- **Noun** · feminine · singular · genitive · (proper) ▸ **3** (1Sam. 23,13; 1Sam. 23,13; 1Sam. 26,4)
- **Noun** · masculine · singular · genitive · (proper) ▸ **4** (1Chr. 4,19; 1Chr. 4,19; Neh. 3,17; Neh. 3,18)
- **Noun** · singular · nominative · (proper) ▸ **1** (Josh. 15,44)

Κεϊλαμ Keilah ▸ 1
- Κεϊλαμ ▸ 1
  - **Noun** · singular · nominative · (proper) ▸ **1** (Josh. 15,44)

κεῖμαι to lie down; to be valid for ▸ 23 + 2 + 24 = 49
- ἔκειντο ▸ 1
  - **Verb** · third · plural · imperfect · passive · indicative ▸ **1** (Wis. 17,2)
- ἔκειτο ▸ 4
  - **Verb** · third · singular · imperfect · middle · indicative ▸ **4** (Matt. 28,6; John 19,29; John 20,12; Rev. 4,2)
- κεῖμαι ▸ 1 + 1 = 2
  - **Verb** · first · singular · present · middle · indicative ▸ **1 + 1 = 2** (Tob. 5,10; Phil. 1,16)
- κείμεθα ▸ 1
  - **Verb** · first · plural · present · middle · indicative ▸ **1** (1Th. 3,3)
- κείμενα ▸ 3 + 3 = 6
  - **Verb** · present · middle · participle · neuter · plural · accusative ▸ **3** (Luke 12,19; John 20,5; John 20,6)
  - **Verb** · present · passive · participle · neuter · plural · accusative ▸ **2** (2Mac. 4,11; Is. 30,33)
  - **Verb** · present · passive · participle · neuter · plural · nominative ▸ **1** (1Esdr. 6,25)
- κείμεναι ▸ 1
  - **Verb** · present · middle · participle · feminine · plural · nominative ▸ **1** (John 2,6)
- κειμένη ▸ 1
  - **Verb** · present · middle · participle · feminine · singular · nominative ▸ **1** (Matt. 5,14)
- κειμένην ▸ 1
  - **Verb** · present · middle · participle · feminine · singular · accusative ▸ **1** (John 21,9)
- κειμένης ▸ 1
  - **Verb** · present · passive · participle · feminine · singular · genitive ▸ **1** (2Mac. 4,33)
- κείμενοι ▸ 1
  - **Verb** · present · passive · participle · masculine · plural · nominative ▸ **1** (Sir. 22,18)
- κειμένοις ▸ 1
  - **Verb** · present · passive · participle · neuter · plural · dative ▸ **1** (1Esdr. 6,22)
- κείμενον ▸ 3 + 4 = 7
  - **Verb** · present · middle · participle · masculine · singular · accusative ▸ **1** (1Cor. 3,11)
  - **Verb** · present · middle · participle · neuter · singular · accusative ▸ **3** (Luke 2,12; Luke 2,16; John 20,7)
  - **Verb** · present · passive · participle · masculine · singular · accusative ▸ **1** (3Mac. 4,8)
  - **Verb** · present · passive · participle · neuter · singular · accusative ▸ **2** (Josh. 4,6; Esth. 13,5 # 3,13e)
- κείμενος ▸ 5 + 1 = 6
  - **Verb** · present · middle · participle · masculine · singular · nominative ▸ **1** (Luke 23,53)
  - **Verb** · present · passive · participle · masculine · singular · nominative ▸ **5** (2Sam. 13,32; 2Mac. 4,34; 2Mac. 15,18; 4Mac. 13,15; Is. 9,3)
- κειμένου ▸ 1
  - **Verb** · present · passive · participle · masculine · singular · genitive ▸ **1** (2Mac. 3,11)
- κειμένους ▸ 1
  - **Verb** · present · passive · participle · masculine · plural · accusative ▸ **1** (Jer. 24,1)
- κειμένῳ ▸ 1
  - **Verb** · present · passive · participle · masculine · singular · dative ▸ **1** (2Mac. 3,31)
- κειμένων ▸ 1
  - **Verb** · present · passive · participle · masculine · plural · genitive ▸ **1** (2Mac. 4,31)
- κεῖνται ▸ 1
  - **Verb** · third · plural · present · passive · indicative ▸ **1** (Tob. 5,6)
- κεῖσθαι ▸ 1
  - **Verb** · present · passive · infinitive ▸ **1** (3Mac. 5,26)
- κεῖται ▸ 3 + 7 = 10
  - **Verb** · third · singular · present · middle · indicative ▸ **7** (Matt. 3,10; Luke 2,34; Luke 3,9; 2Cor. 3,15; 1Tim. 1,9; 1John 5,19; Rev. 21,16)
  - **Verb** · third · singular · present · passive · indicative ▸ **3** (Ezra 6,1; Sir. 38,29; Bel 11)

κειρία (κείρω) bedsheet; sheet of cloth (for burial) ▸ 1 + 1 = 2
- κειρίαις ▸ 1 + 1 = 2
  - **Noun** · feminine · plural · dative · (common) ▸ **1 + 1 = 2** (Prov. 7,16; John 11,44)

κείρω to cut, shave, shear ▸ 21 + 4 = 25
- ἐκείρατο ▸ 1
  - **Verb** · third · singular · aorist · middle · indicative ▸ **1** (Job 1,20)
- ἐκείρετο ▸ 1
  - **Verb** · third · singular · imperfect · middle · indicative ▸ **1** (2Sam. 14,26)
- Κεῖραι ▸ 1
  - **Verb** · second · singular · aorist · middle · imperative ▸ **1** (Jer. 7,29)
- κεῖραι ▸ 3
  - **Verb** · aorist · active · infinitive ▸ **2** (Gen. 31,19; Gen. 38,13)
  - **Verb** · second · singular · aorist · middle · imperative ▸ **1** (Mic. 1,16)
- κειράμενος ▸ 1
  - **Verb** · aorist · middle · participle · masculine · singular · nominative ▸ **1** (Acts 18,18)
- κείραντος ▸ 1
  - **Verb** · aorist · active · participle · masculine · singular · genitive ▸ **1** (Acts 8,32)
- κείρασθαι ▸ 1
  - **Verb** · aorist · middle · infinitive ▸ **1** (1Cor. 11,6)
- κειράσθω ▸ 1
  - **Verb** · third · singular · aorist · middle · imperative ▸ **1** (1Cor. 11,6)
- κείρει ▸ 1
  - **Verb** · third · singular · present · active · indicative ▸ **1** (1Sam. 25,4)
- κείρειν ▸ 1
  - **Verb** · present · active · infinitive ▸ **1** (1Sam. 25,2)
- κείρεσθαι ▸ 1
  - **Verb** · present · middle · infinitive ▸ **1** (2Sam. 14,26)
- κείρῃς ▸ 1
  - **Verb** · second · singular · aorist · active · subjunctive ▸ **1** (Deut. 15,19)

κειρόμενος ‣ 1
   Verb · present · middle · participle · masculine · singular · nominative ‣ **1** (2Sam. 14,26)
κείροντας ‣ 1
   Verb · present · active · participle · masculine · plural · accusative ‣ **1** (Gen. 38,12)
κείροντες ‣ 1
   Verb · present · active · participle · masculine · plural · nominative ‣ **1** (2Sam. 13,23)
κείροντος ‣ 1
   Verb · present · active · participle · masculine · singular · genitive ‣ **1** (Is. 53,7)
κείρουσιν ‣ 1
   Verb · third · plural · present · active · indicative ‣ **1** (2Sam. 13,24)
κείρουσίν ‣ 2
   Verb · present · active · participle · masculine · plural · dative ‣ **1** (1Sam. 25,11)
   Verb · third · plural · present · active · indicative ‣ **1** (1Sam. 25,7)
κεκαρμένους ‣ 1
   Verb · perfect · middle · participle · masculine · plural · accusative ‣ **1** (Jer. 30,27)
κεκαρμένων ‣ 2
   Verb · perfect · passive · participle · feminine · plural · genitive ‣ **2** (Song 4,2; Song 6,6)
κερεῖς ‣ 1
   Verb · second · singular · future · active · indicative ‣ **1** (Prov. 27,25)

κεκρυμμένως (κρύπτω)   secretly ‣ 1
   κεκρυμμένως ‣ 1
      Adverb ‣ **1** (Jer. 13,17)

Κελεζ Helek ‣ 1
   Κελεζ ‣ 1
      Noun · masculine · singular · genitive · (proper) ‣ **1** (Josh. 17,2)

κέλευσμα (κελεύω)   command, shout ‣ 1 + 1 = 2
   κελεύσματι ‣ 1
      Noun · neuter · singular · dative ‣ **1** (1Th. 4,16)
   κελεύσματος ‣ 1
      Noun · neuter · singular · genitive · (common) ‣ **1** (Prov. 30,27)

κελεύω to command ‣ 27 + 2 + 25 = 54
   ἐκέλευον ‣ 1 + 1 = 2
      Verb · third · plural · imperfect · active · indicative ‣ 1 + 1 = **2** (1Esdr. 9,53; Acts 16,22)
   ἐκέλευσα ‣ 2
      Verb · first · singular · aorist · active · indicative ‣ **2** (Acts 25,17; Acts 25,21)
   ἐκέλευσαν ‣ 1
      Verb · third · plural · aorist · active · indicative ‣ **1** (Sus. 32)
   ἐκέλευσε ‣ 2
      Verb · third · singular · aorist · active · indicative ‣ **2** (Bel 14; Bel 14)
   ἐκέλευσεν ‣ 19 + 1 + 14 = 34
      Verb · third · singular · aorist · active · indicative ‣ 19 + 1 + 14 = **34** (Judith 2,15; Judith 12,1; Tob. 8,18; 1Mac. 11,23; 2Mac. 1,20; 2Mac. 1,21; 2Mac. 1,31; 2Mac. 2,1; 2Mac. 2,4; 2Mac. 5,12; 2Mac. 7,5; 2Mac. 13,12; 2Mac. 14,31; 3Mac. 5,2; 3Mac. 5,16; 3Mac. 6,30; 4Mac. 8,2; 4Mac. 8,12; 4Mac. 10,17; Sus. 56; Matt. 8,18; Matt. 14,9; Matt. 18,25; Matt. 27,58; Luke 18,40; Acts 5,34; Acts 8,38; Acts 12,19; Acts 21,33; Acts 21,34; Acts 22,24; Acts 22,30; Acts 23,10; Acts 25,6)
   ἐκέλευσέν ‣ 1
      Verb · third · singular · aorist · active · indicative ‣ **1** (Acts 27,43)
   κελεύεις ‣ 1
      Verb · second · singular · present · active · indicative ‣ **1** (Acts 23,3)
   κελευόντων ‣ 1
      Verb · present · active · participle · masculine · plural · genitive ‣ **1** (2Mac. 14,41)
   κελεύσαντες ‣ 1
      Verb · aorist · active · participle · masculine · plural · nominative ‣ **1** (Acts 4,15)
   κελεύσαντος ‣ 1
      Verb · aorist · active · participle · masculine · singular · genitive ‣ **1** (Acts 25,23)
   κελεύσας ‣ 1 + 2 = 3
      Verb · aorist · active · participle · masculine · singular · nominative ‣ 1 + 2 = **3** (2Mac. 15,4; Matt. 14,19; Acts 23,35)
   κελευσθέντες ‣ 1
      Verb · aorist · passive · participle · masculine · plural · nominative ‣ **1** (4Mac. 9,11)
   κέλευσον ‣ 1
      Verb · second · singular · aorist · active · imperative ‣ **1** (Matt. 27,64)
   κέλευσόν ‣ 1
      Verb · second · singular · aorist · active · imperative ‣ **1** (Matt. 14,28)
   κελεύων ‣ 2
      Verb · present · active · participle · masculine · singular · nominative ‣ **2** (2Mac. 9,7; 2Mac. 14,27)

Κενδεβαῖος Cendebeus ‣ 5
   Κενδεβαῖον ‣ 2
      Noun · masculine · singular · accusative · (proper) ‣ **2** (1Mac. 15,38; 1Mac. 16,4)
   Κενδεβαῖος ‣ 3
      Noun · masculine · singular · nominative · (proper) ‣ **3** (1Mac. 15,40; 1Mac. 16,1; 1Mac. 16,8)

Κενεζ Kenaz ‣ 13 + 3 = 16
   Κενεζ ‣ 13 + 3 = 16
      Noun · singular · genitive · (proper) ‣ **2** (Josh. 14,13; Josh. 15,17)
      Noun · feminine · singular · accusative · (proper) ‣ **1** (2Kings 15,29)
      Noun · masculine · singular · genitive · (proper) ‣ 4 + 3 = **7** (Judg. 1,13; Judg. 3,9; Judg. 3,11; 1Chr. 4,13; Judg. 1,13; Judg. 3,9; Judg. 3,11)
      Noun · masculine · singular · nominative · (proper) ‣ **6** (Gen. 36,11; Gen. 36,15; Gen. 36,42; 1Chr. 1,36; 1Chr. 1,53; 1Chr. 4,15)

Κενεζαῖος Kenizzite ‣ 3
   Κενεζαῖος ‣ 1
      Noun · masculine · singular · nominative · (proper) ‣ **1** (Josh. 14,6)
   Κενεζαίου ‣ 1
      Noun · masculine · singular · genitive · (proper) ‣ **1** (Josh. 14,14)
   Κενεζαίους ‣ 1
      Noun · masculine · plural · accusative · (proper) ‣ **1** (Gen. 15,19)

Κενεζι Kenite ‣ 3
   Κενεζι ‣ 3
      Noun · masculine · singular · genitive · (proper) ‣ **3** (1Sam. 27,10; 1Sam. 30,29; 1Chr. 4,12)

Κενερεθ Kinnereth ‣ 1
   Κενερεθ ‣ 1
      Noun · singular · nominative · (proper) ‣ **1** (Josh. 19,35)

Κενερωθ Kinnereth ‣ 1

Κενερωθ ▸ 1
    Noun · singular · genitive · (proper) ▸ **1** (Josh. 11,2)

κενεών (κενός) side, flank; empty space ▸ 2
    κενεῶνα ▸ 1
        Noun · masculine · singular · accusative · (common) ▸ **1** (2Mac. 14,44)
    κενεῶνας ▸ 1
        Noun · masculine · plural · accusative · (common) ▸ **1** (4Mac. 6,8)

κενοδοξέω (κενός; δοκέω) to boast in vain; vainly imagine ▸ 2
    κενοδοξήσωμεν ▸ 1
        Verb · first · plural · aorist · active · subjunctive ▸ **1** (4Mac. 8,24)
    κενοδοξῶν ▸ 1
        Verb · present · active · participle · masculine · singular · nominative ▸ **1** (4Mac. 5,10)

κενοδοξία (κενός; δοκέω) conceit ▸ 3 + **1** = 4
    κενοδοξίᾳ ▸ 1
        Noun · feminine · singular · dative · (common) ▸ **1** (Wis. 14,14)
    κενοδοξίαν ▸ 1 + **1** = 2
        Noun · feminine · singular · accusative · (common) ▸ 1 + **1** = 2 (4Mac. 8,19; Phil. 2,3)
    κενοδοξίας ▸ 1
        Noun · feminine · singular · genitive · (common) ▸ **1** (4Mac. 2,15)

κενόδοξος (κενός; δοκέω) conceited ▸ 1
    κενόδοξοι ▸ 1
        Adjective · masculine · plural · nominative ▸ **1** (Gal. 5,26)

κενολογέω (κενός; λέγω) to speak empty words ▸ 1
    κενολογοῦντας ▸ 1
        Verb · present · active · participle · masculine · plural · accusative ▸ **1** (Is. 8,19)

κενός empty, foolish, worthless ▸ 75 + **3** + 18 = 96
    κενά ▸ 7 + **1** = 8
        Adjective · neuter · plural · accusative · noDegree ▸ 6 + **1** = 7 (2Kings 4,3; Psa. 2,1; Job 21,34; Job 33,21; Is. 59,4; Jer. 14,3; Acts 4,25)
        Adjective · neuter · plural · nominative · noDegree ▸ **1** (Job 15,35)
    κενὰ ▸ 7
        Adjective · neuter · plural · accusative · noDegree ▸ **4** (Job 20,18; Job 27,12; Hos. 12,2; Mic. 1,14)
        Adjective · neuter · plural · nominative · noDegree ▸ **3** (Job 15,31; Job 34,20; Is. 30,7)
    Κεναὶ ▸ 1
        Adjective · feminine · plural · nominative · noDegree ▸ **1** (Sir. 34,1)
    κενάς ▸ 2
        Adjective · feminine · plural · accusative · noDegree ▸ **2** (Job 22,9; Bel 18)
    κενὰς ▸ 2 + **1** = 3
        Adjective · feminine · plural · accusative · noDegree ▸ 2 + **1** = 3 (Judg. 7,16; Is. 32,6; Judg. 7,16)
    κενέ ▸ 1
        Adjective · masculine · singular · vocative ▸ **1** (James 2,20)
    κενή ▸ 3
        Adjective · feminine · singular · nominative · noDegree ▸ **3** (2Sam. 1,22; 1Mac. 9,68; Jer. 27,9)
    κενὴ ▸ 2 + **3** = 5
        Adjective · feminine · singular · nominative · noDegree ▸ 2 + **3** = 5 (Ruth 3,17; Wis. 3,11; 1Cor. 15,10; 1Cor. 15,14; 1Th. 2,1)
    κενῇ ▸ 1
        Adjective · feminine · singular · dative · noDegree ▸ **1** (Job 7,6)
    κενήν ▸ 1
        Adjective · feminine · singular · accusative · noDegree ▸ **1** (1Sam. 6,3)
    κενὴν ▸ 2
        Adjective · feminine · singular · accusative · noDegree ▸ **2** (Ruth 1,21; Psa. 106,9)
    κενῆς ▸ 10 + **1** = 11
        Adjective · feminine · singular · genitive · noDegree ▸ 10 + **1** = 11 (Lev. 26,16; 1Mac. 6,12; Psa. 24,3; Psa. 30,7; Prov. 23,29; Job 2,3; Job 6,5; Job 9,17; Job 22,6; Sir. 23,11; Col. 2,8)
    κενοί ▸ 1
        Adjective · masculine · plural · nominative · noDegree ▸ **1** (Ex. 3,21)
    κενοὶ ▸ 1
        Adjective · masculine · plural · nominative · noDegree ▸ **1** (Judg. 11,3)
    κενοῖς ▸ 5 + **1** = 6
        Adjective · masculine · plural · dative · noDegree ▸ 1 + **1** = 2 (Ex. 5,9; Eph. 5,6)
        Adjective · neuter · plural · dative · noDegree ▸ **4** (3Mac. 6,6; 4Mac. 8,18; Job 6,6; Job 27,12)
    κενόν ▸ 5 + **3** = 8
        Adjective · masculine · singular · accusative · noDegree ▸ 3 + **3** = 6 (Gen. 31,42; Deut. 15,13; Sir. 29,9; Mark 12,3; Luke 20,10; Luke 20,11)
        Adjective · neuter · singular · accusative · noDegree ▸ **2** (Hab. 2,3; Jer. 28,58)
    κενὸν ▸ 11 + **6** = 17
        Adjective · neuter · singular · accusative · noDegree ▸ 9 + **5** = 14 (Lev. 26,20; Job 2,9b; Job 39,16; Is. 29,8; Is. 45,18; Is. 65,23; Jer. 6,29; Jer. 18,15; Jer. 26,11; 2Cor. 6,1; Gal. 2,2; Phil. 2,16; Phil. 2,16; 1Th. 3,5)
        Adjective · neuter · singular · nominative · noDegree ▸ 2 + **1** = 3 (2Sam. 1,22; Wis. 1,11; 1Cor. 15,14)
    κενός ▸ 7
        Adjective · masculine · singular · nominative · noDegree ▸ **7** (Gen. 37,24; Ex. 23,15; Ex. 34,20; Deut. 16,16; Neh. 5,13; Psa. 7,5; Sir. 35,4)
    κενὸς ▸ 3 + **1** = 4
        Adjective · masculine · singular · nominative · noDegree ▸ 3 + **1** = 4 (Deut. 32,47; Job 7,16; Sol. 4,17; 1Cor. 15,58)
    κενούς ▸ 2 + **1** = 3
        Adjective · masculine · plural · accusative · noDegree ▸ 2 + **1** = 3 (Ode. 9,53; Job 7,3; Luke 1,53)
    κενοὺς ▸ 2 + **1** = 3
        Adjective · masculine · plural · accusative · noDegree ▸ 2 + **1** = 3 (Judg. 9,4; Judith 1,11; Judg. 9,4)
    κενῷ ▸ 1
        Adjective · masculine · singular · dative · noDegree ▸ **1** (Job 31,34)

κενοτάφιον (κενός; θάπτω) idol, household god ▸ 2
    κενοτάφια ▸ 2
        Noun · neuter · plural · accusative · (common) ▸ **1** (1Sam. 19,13)
        Noun · neuter · plural · nominative · (common) ▸ **1** (1Sam. 19,16)

κενοφωνία (κενός; φωνή) foolish talk ▸ 2
    κενοφωνίας ▸ 2
        Noun · feminine · plural · accusative ▸ **2** (1Tim. 6,20; 2Tim. 2,16)

κενόω (κενός) to make of no effect, make empty ▸ 2 + **5** = 7
    ἐκενώθη ▸ 1

Verb · third · singular · aorist · passive · indicative ▸ **1** (Jer. 15,9)
  ἐκενώθησαν ▸ 1
    Verb · third · plural · aorist · passive · indicative ▸ **1** (Jer. 14,2)
  ἐκένωσεν ▸ 1
    Verb · third · singular · aorist · active · indicative ▸ **1** (Phil. 2,7)
  κεκένωται ▸ 1
    Verb · third · singular · perfect · middle · indicative · (variant) ▸ **1** (Rom. 4,14)
  κενωθῇ ▸ 2
    Verb · third · singular · aorist · passive · subjunctive ▸ **2** (1Cor. 1,17; 2Cor. 9,3)
  κενώσει ▸ 1
    Verb · third · singular · future · active · indicative ▸ **1** (1Cor. 9,15)

κεντέω to stab, pierce ▸ 2
  ἐκκεκεντημένοι ▸ 1
    Verb · perfect · passive · participle · masculine · plural · nominative ▸ **1** (Lam. 4,9)
  κεντοῦσί ▸ 1
    Verb · third · plural · present · active · indicative ▸ **1** (Job 6,4)

κέντρον sting, goad, point; centerpoint, pin ▸ 6 + 4 = 10
  κέντρα ▸ 2
    Noun · neuter · plural · accusative ▸ **2** (Acts 26,14; Rev. 9,10)
  κέντρον ▸ 4 + 2 = 6
    Noun · neuter · singular · nominative · (common) ▸ **4 + 2 = 6** (Prov. 26,3; Sol. 16,4; Hos. 5,12; Hos. 13,14; 1Cor. 15,55; 1Cor. 15,56)
  κέντρου ▸ 1
    Noun · neuter · singular · genitive · (common) ▸ **1** (Sir. 38,25)
  κέντρῳ ▸ 1
    Noun · neuter · singular · dative · (common) ▸ **1** (4Mac. 14,19)

κεντυρίων centurion, leader of a hundred ▸ 3
  κεντυρίων ▸ 1
    Noun · masculine · singular · nominative ▸ **1** (Mark 15,39)
  κεντυρίωνα ▸ 1
    Noun · masculine · singular · accusative ▸ **1** (Mark 15,44)
  κεντυρίωνος ▸ 1
    Noun · masculine · singular · genitive ▸ **1** (Mark 15,45)

κενῶς (κενός) in vain ▸ 1 + 1 = 2
  Κενῶς ▸ 1
    Adverb ▸ **1** (Is. 49,4)
  κενῶς ▸ 1
    Adverb ▸ **1** (James 4,5)

κεπφόομαι (κέπφος) to easily fool ▸ 1
  κεπφωθείς ▸ 1
    Verb · aorist · passive · participle · masculine · singular · nominative ▸ **1** (Prov. 7,22)

κεραία (κέρας) small stroke (of a letter) ▸ 2
  κεραία ▸ 1
    Noun · feminine · singular · nominative ▸ **1** (Matt. 5,18)
  κεραίαν ▸ 1
    Noun · feminine · singular · accusative ▸ **1** (Luke 16,17)

κεραμεύς (κέραμος) potter ▸ 17 + 3 = 20
  κεραμεῖ ▸ 1
    Noun · masculine · singular · dative · (common) ▸ **1** (Is. 45,9)
  κεραμεῖς ▸ 1
    Noun · masculine · plural · nominative · (common) ▸ **1** (1Chr. 4,23)
  κεραμεὺς ▸ 4 + 1 = 5
    Noun · masculine · singular · nominative · (common) ▸ **4 + 1 = 5** (Wis. 15,7; Sir. 38,29; Is. 41,25; Jer. 18,6; Rom. 9,21)
  κεραμέως ▸ 11 + 2 = 13
    Noun · masculine · singular · genitive · (common) ▸ **11 + 2 = 13** (Psa. 2,9; Sir. 27,5; Sir. 33,13; Sol. 17,23; Is. 29,16; Is. 41,25; Is. 45,9; Jer. 18,2; Jer. 18,3; Jer. 18,6; Lam. 4,2; Matt. 27,7; Matt. 27,10)

κεραμικός (κέραμος) made of clay ▸ 1 + 1 = 2
  κεραμικὰ ▸ 1
    Adjective · neuter · plural · nominative ▸ **1** (Rev. 2,27)
  κεραμικοῦ ▸ 1
    Adjective · neuter · singular · genitive · noDegree ▸ **1** (Dan. 2,41)

κεράμιον (κέραμος) jar, earthen vessel ▸ 3 + 2 = 5
  κεράμιον ▸ 2 + 2 = 4
    Noun · neuter · singular · accusative · (common) ▸ **2 + 2 = 4** (Is. 5,10; Jer. 42,5; Mark 14,13; Luke 22,10)
  κεραμίου ▸ 1
    Noun · neuter · singular · genitive · (common) ▸ **1** (Is. 30,14)

κέραμος potter's clay; tile; jar ▸ 1 + 1 = 2
  κεράμου ▸ 1
    Noun · masculine · singular · genitive · (common) ▸ **1** (2Sam. 17,28)
  κεράμων ▸ 1
    Noun · masculine · plural · genitive ▸ **1** (Luke 5,19)

κεράννυμι to mix, mingle ▸ 7 + 1 + 3 = 11
  ἐκέρασα ▸ 1
    Verb · first · singular · aorist · active · indicative ▸ **1** (Prov. 9,5)
  ἐκέρασεν ▸ 3 + 1 = 4
    Verb · third · singular · aorist · active · indicative ▸ **3 + 1 = 4** (Prov. 9,2; Sol. 8,14; Is. 19,14; Rev. 18,6)
  κεκερασμένου ▸ 1 + 1 = 2
    Verb · perfect · passive · participle · masculine · singular · genitive ▸ **1 + 1 = 2** (Bel 33; Rev. 14,10)
  κεραννύντες ▸ 1
    Verb · present · active · participle · masculine · plural · nominative ▸ **1** (Is. 5,22)
  κεράσας ▸ 1
    Verb · aorist · active · participle · masculine · singular · nominative ▸ **1** (Bel 11)
  κεράσατε ▸ 1
    Verb · second · plural · aorist · active · imperative ▸ **1** (Rev. 18,6)
  κερασθεὶς ▸ 1
    Verb · aorist · passive · participle · masculine · singular · nominative ▸ **1** (Bel 11)

κέρας horn; (army) wing, flank ▸ 101 + 21 + 11 = 133
  κέρας ▸ 43 + 8 + 1 = 52
    Noun · neuter · singular · accusative · (common) ▸ **25 + 1 = 26** (1Sam. 2,10; 1Sam. 16,1; 1Sam. 16,13; 1Kings 1,39; 1Chr. 25,5; Judith 9,8; 1Mac. 2,48; 1Mac. 9,1; 1Mac. 9,16; 2Mac. 15,20; Psa. 74,5; Psa. 74,6; Psa. 131,17; Psa. 148,14; Ode. 3,10; Ode. 9,69; Job 42,14; Sir. 47,5; Sir. 47,7; Sir. 47,11; Sir. 49,5; Zech. 2,4; Lam. 2,3; Lam. 2,17; Dan. 7,21; Luke 1,69)
    Noun · neuter · singular · nominative · (common) ▸ **18 + 8 = 26** (1Sam. 2,1; 2Sam. 22,3; 1Mac. 9,16; Psa. 17,3; Psa. 88,18; Psa. 88,25; Psa. 91,11; Psa. 111,9; Ode. 3,1; Jer. 31,25; Ezek. 29,21; Dan. 7,8; Dan. 7,11; Dan. 7,20; Dan. 8,5; Dan. 8,8; Dan. 8,9; Dan. 8,21; Dan. 7,8; Dan. 7,11; Dan. 7,20; Dan. 7,21; Dan. 8,5; Dan. 8,8; Dan. 8,9; Dan. 8,21)
  κέρασιν ▸ 3 + 1 = 4
    Noun · neuter · plural · dative · (common) ▸ **3 + 1 = 4** (Ezek. 34,21; Dan. 7,8; Dan. 7,8; Dan. 7,8)
  κέρατα ▸ 38 + 10 + 8 = 56
    Noun · neuter · plural · accusative · (common) ▸ **25 + 4 + 6 = 35**

(Ex. 27,2; Ex. 30,3; Lev. 4,7; Lev. 4,18; Lev. 4,25; Lev. 4,30; Lev. 4,34; Lev. 8,15; Lev. 9,9; Lev. 16,18; 1Kings 22,11; 2Chr. 18,10; Psa. 68,32; Psa. 74,11; Amos 6,13; Zech. 2,1; Zech. 2,4; Jer. 31,12; Ezek. 41,22; Ezek. 43,20; Dan. 7,7; Dan. 8,3; Dan. 8,6; Dan. 8,7; Dan. 8,20; Dan. 8,6; Dan. 8,7; Dan. 8,20; Dan. 8,22; Rev. 5,6; Rev. 12,3; Rev. 13,1; Rev. 13,11; Rev. 17,3; Rev. 17,7)
  - **Noun** · neuter · plural · nominative · (common)   ▸ 13 + 6 + 2 = **21** (Ex. 27,2; Ex. 30,2; Deut. 33,17; Deut. 33,17; Psa. 74,11; Ode. 4,4; Amos 3,14; Hab. 3,4; Zech. 2,2; Zech. 2,4; Dan. 7,24; Dan. 8,8; Dan. 8,22; Dan. 7,7; Dan. 7,8; Dan. 7,24; Dan. 8,3; Dan. 8,3; Dan. 8,8; Rev. 17,12; Rev. 17,16)
- κέρατά ▸ 1
  - **Noun** · neuter · plural · accusative · (common)   ▸ **1** (Mic. 4,13)
- κέρατι ▸ 4 + **1** = 5
  - **Noun** · neuter · singular · dative · (common)   ▸ 4 + **1** = **5** (1Mac. 9,11; Ode. 10,1; Is. 5,1; Dan. 7,8; Dan. 7,8)
- κεράτων ▸ 12 + **1** + 2 = 15
  - **Noun** · neuter · plural · genitive · (common)   ▸ 12 + **1** + 2 = **15** (Gen. 22,13; Ex. 29,12; Ex. 30,10; 1Kings 1,50; 1Kings 1,51; 1Kings 2,28; 1Kings 2,29; Psa. 21,22; Psa. 117,27; Ezek. 43,15; Dan. 7,8; Dan. 7,20; Dan. 7,20; Rev. 9,13; Rev. 13,1)

κέρασμα (κεράννυμι) mixture ▸ 2
- κέρασμα ▸ 1
  - **Noun** · neuter · singular · accusative · (common)   ▸ **1** (Is. 65,11)
- κεράσματος ▸ 1
  - **Noun** · neuter · singular · genitive · (common)   ▸ **1** (Psa. 74,9)

κεράστης (κέρας) viper, horned snake ▸ 1
- κεράστου ▸ 1
  - **Noun** · masculine · singular · genitive · (common)   ▸ **1** (Prov. 23,32)

κερατίζω (κέρας) to butt with horns, gore ▸ 12 + **1** = 13
- ἐκεράτιζες ▸ 1
  - **Verb** · second · singular · imperfect · active · indicative   ▸ **1** (Ezek. 32,2)
- ἐκερατίζετε ▸ 2
  - **Verb** · second · plural · imperfect · active · indicative   ▸ **2** (Jer. 27,11; Ezek. 34,21)
- κερατιεῖ ▸ 1
  - **Verb** · third · singular · future · active · indicative   ▸ **1** (Deut. 33,17)
- κερατιεῖς ▸ 2
  - **Verb** · second · singular · future · active · indicative   ▸ **2** (1Kings 22,11; 2Chr. 18,10)
- κερατίζοντα ▸ **1** + 1 = 2
  - **Verb** · present · active · participle · masculine · singular · accusative   ▸ **1** + 1 = **2** (Dan. 8,4; Dan. 8,4)
- κερατιοῦμεν ▸ 1
  - **Verb** · first · plural · future · active · indicative   ▸ **1** (Psa. 43,6)
- κερατίσῃ ▸ 4
  - **Verb** · third · singular · aorist · active · subjunctive   ▸ **4** (Ex. 21,28; Ex. 21,31; Ex. 21,32; Ex. 21,35)

κερατίνη (κέρας) made of horn ▸ 21 + **10** = 31
- κερατίναι ▸ 2
  - **Noun** · feminine · plural · nominative · (common)   ▸ **2** (Judg. 7,20; Judg. 7,22)
- κερατίναις ▸ 4 + **4** = 8
  - **Noun** · feminine · plural · dative · (common)   ▸ 4 + **4** = **8** (Judg. 7,18; Judg. 7,19; Judg. 7,20; 2Chr. 15,14; Judg. 7,18; Judg. 7,19; Judg. 7,20; Judg. 7,22)
- κερατίνας ▸ 2 + **3** = 5
  - **Noun** · feminine · plural · accusative · (common)   ▸ 2 + **3** = **5** (Judg. 7,8; Judg. 7,16; Judg. 7,8; Judg. 7,16; Judg. 7,20)
- κερατίνη ▸ 10 + **3** = 13
  - **Noun** · feminine · singular · dative · (common)   ▸ 10 + **3** = **13** (Judg. 3,27; Judg. 6,34; Judg. 7,18; 2Sam. 18,16; 2Sam. 20,1; 2Sam. 20,22; 1Kings 1,34; 1Kings 1,39; 2Kings 9,13; Neh. 4,12; Judg. 3,27; Judg. 6,34; Judg. 7,18)
- κερατίνης ▸ 3
  - **Noun** · feminine · singular · genitive · (common)   ▸ **3** (2Sam. 15,10; 1Kings 1,41; Neh. 4,14)

κεράτινος (κέρας) made of horn; horn (f) ▸ 1
- κερατίνης ▸ 1
  - **Adjective** · feminine · singular · genitive · noDegree   ▸ **1** (Psa. 97,6)

κεράτιον (κέρας) pod ▸ 1
- κερατίων ▸ 1
  - **Noun** · neuter · plural · genitive   ▸ **1** (Luke 15,16)

κερατιστής (κέρας) bull ▸ 2
- κερατιστής ▸ 1
  - **Noun** · masculine · singular · nominative · (common)   ▸ **1** (Ex. 21,36)
- κερατιστής ▸ 1
  - **Noun** · masculine · singular · nominative · (common)   ▸ **1** (Ex. 21,29)

κεραυνός thunderbolt, lightning ▸ 3
- κεραυνοὺς ▸ 2
  - **Noun** · masculine · plural · accusative · (common)   ▸ **2** (2Mac. 10,30; Job 38,35)
- κεραυνῶν ▸ 1
  - **Noun** · masculine · plural · genitive · (common)   ▸ **1** (Wis. 19,13)

κεραυνόω (κεραυνός) to hit with thunder ▸ 1
- κεραυνώσει ▸ 1
  - **Verb** · third · singular · future · active · indicative   ▸ **1** (Is. 30,30)

κερδαίνω (κέρδος) to gain ▸ 17
- ἐκέρδησα ▸ 2
  - **Verb** · first · singular · aorist · active · indicative   ▸ **2** (Matt. 25,20; Matt. 25,22)
- ἐκέρδησας ▸ 1
  - **Verb** · second · singular · aorist · active · indicative   ▸ **1** (Matt. 18,15)
- ἐκέρδησεν ▸ 2
  - **Verb** · third · singular · aorist · active · indicative   ▸ **2** (Matt. 25,16; Matt. 25,17)
- κερδάνω ▸ 1
  - **Verb** · first · singular · aorist · active · subjunctive   ▸ **1** (1Cor. 9,21)
- κερδηθήσονται ▸ 1
  - **Verb** · third · plural · future · passive · indicative   ▸ **1** (1Pet. 3,1)
- κερδῆσαι ▸ 1
  - **Verb** · aorist · active · infinitive   ▸ **1** (Mark 8,36)
- κερδῆσαί ▸ 1
  - **Verb** · aorist · active · infinitive   ▸ **1** (Acts 27,21)
- κερδήσας ▸ 1
  - **Verb** · aorist · active · participle · masculine · singular · nominative   ▸ **1** (Luke 9,25)
- κερδήσῃ ▸ 1
  - **Verb** · third · singular · aorist · active · subjunctive   ▸ **1** (Matt. 16,26)
- κερδήσομεν ▸ 1
  - **Verb** · first · plural · future · active · indicative   ▸ **1** (James 4,13)
- κερδήσω ▸ 5
  - **Verb** · first · singular · aorist · active · subjunctive   ▸ **5** (1Cor. 9,19; 1Cor. 9,20; 1Cor. 9,20; 1Cor. 9,22; Phil. 3,8)

κέρδος gain ▸ 3
  κέρδη ▸ 1
    Noun · neuter · plural · nominative ▸ 1 (Phil. 3,7)
  κέρδος ▸ 1
    Noun · neuter · singular · nominative ▸ 1 (Phil. 1,21)
  κέρδους ▸ 1
    Noun · neuter · singular · genitive ▸ 1 (Titus 1,11)

κέρκος tail ▸ 6 + 3 = 9
  κέρκον ▸ 2 + 2 = 4
    Noun · feminine · singular · accusative · (common) ▸ 2 + 2 = 4 (Judg. 15,4; Judg. 15,4; Judg. 15,4; Judg. 15,4)
  κέρκου ▸ 3
    Noun · feminine · singular · genitive · (common) ▸ 3 (Ex. 4,4; Ex. 4,4; Prov. 26,17)
  κέρκων ▸ 1 + 1 = 2
    Noun · feminine · plural · genitive · (common) ▸ 1 + 1 = 2 (Judg. 15,4; Judg. 15,4)

κέρκωψ (κέρκος; ὁράω) gossiper; teller of false tales ▸ 1
  κερκώπων ▸ 1
    Noun · masculine · plural · genitive · (common) ▸ 1 (Prov. 26,22)

κέρμα (κείρω) money, coin, small ware ▸ 1
  κέρμα ▸ 1
    Noun · neuter · singular · accusative ▸ 1 (John 2,15)

κερματιστής (κείρω) money changer ▸ 1
  κερματιστὰς ▸ 1
    Noun · masculine · plural · accusative ▸ 1 (John 2,14)

Κερωε Iron ▸ 1
  Κερωε ▸ 1
    Noun · singular · nominative · (proper) ▸ 1 (Josh. 19,38)

Κεσιων Kishion ▸ 1
  Κεσιων ▸ 1
    Noun · singular · nominative · (proper) ▸ 1 (Josh. 19,20)

κεφάλαιον (κεφαλή) main thing, main point; chapter ▸ 6 + 2 = 8
  κεφάλαια ▸ 1
    Noun · neuter · plural · accusative · (common) ▸ 1 (Dan. 7,1)
  κεφάλαιον ▸ 5
    Noun · neuter · singular · accusative · (common) ▸ 5 (Lev. 5,24; Num. 4,2; Num. 5,7; Num. 31,26; Num. 31,49)
  Κεφάλαιον ▸ 1
    Noun · neuter · singular · nominative ▸ 1 (Heb. 8,1)
  κεφαλαίου ▸ 1
    Noun · neuter · singular · genitive ▸ 1 (Acts 22,28)

κεφαλαιόω (κεφαλή) to sum up ▸ 1
  κεφαλαίωσον ▸ 1
    Verb · second · singular · aorist · active · imperative ▸ 1 (Sir. 32,8)

κεφαλή head ▸ 402 + 30 + 75 = 507
  κεφαλαὶ ▸ 5 + 1 + 3 = 9
    Noun · feminine · plural · nominative · (common) ▸ 5 + 1 + 3 = 9 (Gen. 8,5; 1Kings 8,8; 2Chr. 5,9; LetterJ 30; Dan. 7,6; Dan. 7,6; Rev. 9,17; Rev. 9,17; Rev. 17,9)
  κεφαλαῖς ▸ 4
    Noun · feminine · plural · dative · (common) ▸ 4 (1Sam. 29,4; 1Chr. 12,20; 4Mac. 15,20; Ezek. 44,18)
  κεφαλάς ▸ 1
    Noun · feminine · plural · accusative · (common) ▸ 1 (Sol. 2,25)
  κεφαλὰς ▸ 41 + 1 + 13 = 55
    Noun · feminine · plural · accusative · (common) ▸ 41 + 1 + 13 = 55 (Num. 8,12; Josh. 7,6; Judg. 9,25; 1Kings 7,4; 1Kings 21,31; 1Kings 21,32; 2Kings 10,7; 2Kings 10,8; 2Chr. 3,15; 2Chr. 4,12; 1Esdr. 8,72; Judith 4,11; Judith 9,9; 2Mac. 1,16; 2Mac. 10,25; 4Mac. 15,20; Psa. 65,12; Psa. 67,22; Psa. 73,13; Psa. 73,14; Psa. 108,25; Psa. 109,6; Ode. 4,13; Ode. 4,14; Job 1,17; Sir. 36,9; Amos 2,7; Amos 9,1; Joel 4,4; Joel 4,7; Hab. 3,13; Hab. 3,14; LetterJ 8; LetterJ 30; Ezek. 9,10; Ezek. 11,21; Ezek. 22,31; Ezek. 23,42; Ezek. 32,27; Ezek. 44,20; Ezek. 44,20; Judg. 9,25; Matt. 27,39; Mark 15,29; Luke 21,28; Rev. 4,4; Rev. 9,7; Rev. 9,19; Rev. 12,3; Rev. 12,3; Rev. 13,1; Rev. 13,1; Rev. 17,3; Rev. 17,7; Rev. 18,19)
  κεφαλή ▸ 5 + 1 = 6
    Noun · feminine · singular · nominative · (common) ▸ 5 + 1 = 6 (Deut. 28,44; Ode. 6,6; Song 5,2; Song 7,6; Jonah 2,6; Eph. 4,15)
  κεφαλὴ ▸ 27 + 2 + 10 = 39
    Noun · feminine · singular · nominative · (common) ▸ 27 + 2 + 10 = 39 (Gen. 11,4; Gen. 28,12; Lev. 13,40; Lev. 13,41; Lev. 13,45; Num. 6,9; Num. 6,12; 1Sam. 5,4; 2Sam. 3,8; 2Sam. 4,8; 2Sam. 18,9; 2Sam. 20,21; 2Kings 6,25; 2Kings 6,31; Judith 13,15; Judith 14,15; Judith 14,18; Psa. 139,10; Song 5,11; Sir. 25,15; Is. 1,5; Is. 7,8; Is. 7,9; Is. 7,9; Ezek. 29,18; Dan. 2,32; Dan. 2,38; Dan. 2,32; Dan. 2,38; Matt. 14,11; 1Cor. 11,3; 1Cor. 11,3; 1Cor. 11,3; 1Cor. 12,21; Eph. 5,23; Eph. 5,23; Col. 1,18; Col. 2,10; Rev. 1,14)
  κεφαλῇ ▸ 8 + 1 + 4 = 13
    Noun · feminine · singular · dative · (common) ▸ 8 + 1 + 4 = 13 (Ex. 29,17; Ex. 39,3; Lev. 4,11; Lev. 13,29; Lev. 13,44; Prov. 4,9; Eccl. 2,14; Jer. 8,23; Dan. 7,20; Matt. 5,36; John 19,2; John 20,12; 1Cor. 11,5)
  κεφαλήν ▸ 40 + 4 + 5 = 49
    Noun · feminine · singular · accusative · (common) ▸ 40 + 4 + 5 = 49 (Gen. 3,15; Gen. 40,19; Lev. 1,15; Lev. 9,13; Num. 3,47; Judg. 11,8; Judg. 11,9; Judg. 16,17; 1Sam. 17,46; 2Sam. 1,16; 1Kings 2,37; 1Kings 2,44; 2Kings 4,19; 2Kings 4,19; 2Kings 6,32; Psa. 3,4; Psa. 21,8; Psa. 22,5; Psa. 26,6; Psa. 37,5; Psa. 82,3; Psa. 109,7; Psa. 139,8; Psa. 140,5; Eccl. 9,8; Song 2,6; Song 8,3; Job 16,4; Sir. 4,7; Sir. 20,11; Obad. 15; Zech. 2,4; Jer. 7,29; Bar. 5,2; Lam. 1,5; Lam. 3,5; Lam. 3,54; Ezek. 5,1; Ezek. 16,12; Ezek. 16,43; Judg. 16,17; Dan. 1,10; Sus. 55; Sus. 59; Luke 7,46; John 13,9; Acts 18,18; Acts 21,24; Col. 2,19)
  κεφαλὴν ▸ 175 + 9 + 23 = 207
    Noun · feminine · singular · accusative · (common) ▸ 175 + 9 + 23 = 207 (Gen. 48,14; Gen. 48,14; Gen. 48,17; Gen. 48,17; Gen. 48,18; Gen. 49,26; Ex. 12,9; Ex. 16,16; Ex. 29,6; Ex. 29,7; Ex. 29,10; Ex. 29,15; Ex. 29,19; Lev. 1,4; Lev. 1,8; Lev. 1,10; Lev. 1,12; Lev. 3,2; Lev. 3,8; Lev. 3,13; Lev. 4,4; Lev. 4,15; Lev. 4,24; Lev. 4,29; Lev. 4,33; Lev. 5,8; Lev. 8,9; Lev. 8,12; Lev. 8,14; Lev. 8,18; Lev. 8,20; Lev. 8,22; Lev. 10,6; Lev. 14,9; Lev. 14,18; Lev. 14,29; Lev. 16,21; Lev. 16,21; Lev. 21,5; Lev. 21,10; Lev. 21,10; Lev. 24,14; Num. 1,2; Num. 1,18; Num. 1,20; Num. 1,22; Num. 1,24; Num. 1,26; Num. 1,28; Num. 1,30; Num. 1,32; Num. 1,34; Num. 1,36; Num. 1,38; Num. 1,40; Num. 1,42; Num. 5,18; Num. 6,5; Num. 6,9; Num. 6,11; Num. 6,18; Deut. 21,6; Deut. 21,12; Deut. 28,13; Deut. 33,16; Judg. 5,26; Judg. 5,30; Judg. 7,25; Judg. 8,28; Judg. 9,53; Judg. 9,57; Judg. 10,18; Judg. 11,11; Judg. 13,5; 1Sam. 1,11; 1Sam. 10,1; 1Sam. 17,38; 1Sam. 17,51; 1Sam. 17,54; 1Sam. 25,39; 2Sam. 1,10; 2Sam. 2,16; 2Sam. 2,25; 2Sam. 3,29; 2Sam. 4,7; 2Sam. 4,7; 2Sam. 4,8; 2Sam. 4,12; 2Sam. 13,19; 2Sam. 13,19; 2Sam. 14,26; 2Sam. 15,30; 2Sam. 15,30; 2Sam. 16,9; 2Sam. 20,22; 2Sam. 22,44; 1Kings 2,32; 1Kings 2,33; 1Kings 2,33; 1Kings 8,32; 2Kings 9,3; 2Kings 9,6; 2Kings 9,30; 2Kings 10,6; 2Kings 19,21; 2Kings 25,27; 1Chr. 10,9; 1Chr. 10,10; 1Chr. 20,2; 1Chr. 23,3; 1Chr. 23,24; 1Chr. 25,1; 2Chr. 6,23; Neh. 3,36; Esth. 14,1 # 4,17k; Esth. 15,7 # 5,1d; Judith 8,3; Judith 8,22; Judith 9,1; Judith 13,8; Judith 13,9; Judith 13,15; Judith 14,1;

κεφαλή–κηλίς

Judith 14,6; Judith 14,11; 1Mac. 3,47; 1Mac. 7,47; 1Mac. 11,13; 1Mac. 11,17; 1Mac. 11,71; 2Mac. 15,30; 2Mac. 15,32; Psa. 7,17; Psa. 17,44; Psa. 20,4; Psa. 117,22; Prov. 10,6; Prov. 10,22; Prov. 11,26; Prov. 25,22; Job 40,31; Sir. 11,1; Sir. 11,13; Sir. 12,18; Sir. 13,7; Sir. 17,23; Sir. 25,15; Sir. 27,25; Sir. 38,3; Sir. 44,23; Sol. 2,20; Amos 8,10; Jonah 4,8; Zech. 3,5; Zech. 3,5; Zech. 6,11; Is. 7,20; Is. 8,8; Is. 9,13; Is. 19,15; Is. 37,22; Jer. 14,4; Jer. 18,16; Jer. 31,37; Jer. 38,7; Jer. 52,31; Lam. 2,10; Lam. 2,15; LetterJ 21; Ezek. 7,18; Ezek. 13,18; Ezek. 17,19; Ezek. 27,30; Dan. 4,19; Dan. 7,1; Judg. 5,26; Judg. 5,30; Judg. 7,25; Judg. 8,28; Judg. 9,53; Judg. 9,57; Judg. 11,11; Judg. 13,5; Sus. 34; Matt. 6,17; Matt. 8,20; Matt. 14,8; Matt. 21,42; Matt. 27,30; Mark 6,24; Mark 6,25; Mark 6,27; Mark 6,28; Mark 12,10; Mark 15,19; Luke 9,58; Luke 20,17; John 19,30; Acts 4,11; Acts 18,6; Rom. 12,20; 1Cor. 11,4; 1Cor. 11,5; 1Cor. 11,7; Eph. 1,22; 1Pet. 2,7; Rev. 19,12)

κεφαλῆς ▸ 86 + 11 + 15 = 112
Noun · feminine · singular · genitive · (common) ▸ 86 + 11 + 15 = 112 (Gen. 28,11; Gen. 28,18; Gen. 40,16; Gen. 40,17; Gen. 48,17; Lev. 13,12; Lev. 13,30; Lev. 19,27; Num. 6,5; Num. 6,7; Deut. 28,23; Deut. 32,42; Judg. 16,13; Judg. 16,14; Judg. 16,19; Judg. 16,22; 1Sam. 4,12; 1Sam. 14,45; 1Sam. 17,5; 1Sam. 19,13; 1Sam. 19,16; 1Sam. 26,7; 1Sam. 26,11; 1Sam. 26,12; 1Sam. 26,16; 2Sam. 1,2; 2Sam. 12,30; 2Sam. 12,30; 2Sam. 14,26; 2Sam. 15,32; 1Kings 7,21; 1Kings 7,21; 1Kings 19,6; 2Kings 2,3; 2Kings 2,5; 1Chr. 20,2; 1Esdr. 4,30; 1Esdr. 8,68; Ezra 9,3; Ezra 9,6; Esth. 14,16 # 4,17w; Esth. 6,12; Judith 10,3; Judith 13,6; Judith 13,7; Judith 13,18; 2Mac. 7,7; 4Mac. 9,28; Psa. 39,13; Psa. 43,15; Psa. 59,9; Psa. 68,5; Psa. 107,9; Psa. 132,2; Ode. 2,42; Song 4,8; Song 7,6; Job 1,20; Job 2,7; Job 19,9; Job 29,3; Wis. 18,24; Jonah 4,6; Jonah 4,6; Is. 1,6; Is. 3,24; Is. 15,2; Is. 35,10; Is. 35,10; Is. 43,4; Is. 51,11; Is. 59,17; Is. 61,7; Jer. 2,37; Jer. 13,18; Lam. 5,16; Ezek. 1,22; Ezek. 1,25; Ezek. 10,1; Ezek. 24,23; Ezek. 33,4; Dan. 2,28; Dan. 7,9; Dan. 7,20; Sus. 34; Bel 36; Judg. 16,13; Judg. 16,14; Judg. 16,19; Judg. 16,22; Dan. 2,28; Dan. 3,94; Dan. 4,5; Dan. 7,1; Dan. 7,9; Dan. 7,15; Bel 36; Matt. 10,30; Matt. 26,7; Matt. 27,29; Matt. 27,37; Mark 14,3; Luke 7,38; Luke 12,7; Luke 21,18; John 20,7; Acts 27,34; 1Cor. 11,4; 1Cor. 11,10; Rev. 10,1; Rev. 12,1; Rev. 14,14)

κεφαλῶν ▸ 10 + 1 + 1 = 12
Noun · feminine · plural · genitive · (common) ▸ 10 + 1 + 1 = 12 (1Kings 7,8; 1Kings 7,27; 2Chr. 3,16; 2Chr. 4,12; 2Chr. 4,12; 1Mac. 6,35; 4Mac. 15,15; Ezek. 23,15; Ezek. 26,16; Dan. 3,21; Judg. 9,36; Rev. 13,3)

κεφαλιόω (κεφαλή) to beat over the head ▸ 1
ἐκεφαλίωσαν ▸ 1
Verb · third · plural · aorist · active · indicative ▸ 1 (Mark 12,4)

κεφαλίς (κεφαλή) roll, volume; extremity ▸ 24 + 1 = 25
κεφαλίδα ▸ 2
Noun · feminine · singular · accusative · (common) ▸ 2 (Ezek. 3,1; Ezek. 3,2)
κεφαλίδας ▸ 8
Noun · feminine · plural · accusative · (common) ▸ 8 (Ex. 37,6; Ex. 38,20; Ex. 38,20; Ex. 39,4; Ex. 39,5; Ex. 40,18; Num. 3,36; Num. 4,31)
κεφαλίδες ▸ 7
Noun · feminine · plural · nominative · (common) ▸ 7 (Ex. 26,32; Ex. 26,37; Ex. 27,17; Ex. 37,4; Ex. 37,15; Ex. 37,17; Ex. 39,4)
κεφαλίδι ▸ 2 + 1 = 3
Noun · feminine · singular · dative · (common) ▸ 2 + 1 = 3 (Ex. 39,4; Psa. 39,8; Heb. 10,7)
κεφαλίδος ▸ 1
Noun · feminine · singular · genitive · (common) ▸ 1 (Ezek. 3,3)
κεφαλίδων ▸ 2
Noun · feminine · plural · genitive · (common) ▸ 2 (Ex. 26,24; Ex. 39,4)
κεφαλίς ▸ 2
Noun · feminine · singular · nominative · (common) ▸ 2 (Ezra 6,2; Ezek. 2,9)

Κεφιρα Kephirah ▸ 2
Κεφιρα ▸ 2
Noun · singular · nominative · (proper) ▸ 2 (Josh. 9,17; Josh. 18,24)

κεφφουρε (Hebr.) bowls ▸ 1
κεφφουρε ▸ 1
Noun ▸ 1 (1Chr. 28,17)

κεφφουρη keffoure (Heb. bowls of) ▸ 1
κεφφουρη ▸ 1
Noun · masculine · plural · nominative · (common) ▸ 1 (Ezra 1,10)

Κεχαρ Kechar (Heb. plain) ▸ 1
Κεχαρ ▸ 1
Noun · singular · genitive · (proper) ▸ 1 (2Sam. 18,23)

Κηδαρ Kedar ▸ 12
Κηδαρ ▸ 12
Noun · singular · accusative · (proper) ▸ 2 (Is. 42,11; Jer. 2,10)
Noun · singular · genitive · (proper) ▸ 4 (Is. 21,16; Is. 21,17; Is. 60,7; Ezek. 27,21)
Noun · feminine · singular · accusative · (proper) ▸ 1 (Jer. 30,23)
Noun · feminine · singular · genitive · (proper) ▸ 3 (Psa. 119,5; Song 1,5; Jer. 30,23)
Noun · masculine · singular · nominative · (proper) ▸ 2 (Gen. 25,13; 1Chr. 1,29)

κηδεία (κήδω) alliance ▸ 2
κηδείαν ▸ 1
Noun · feminine · singular · accusative · (common) ▸ 1 (2Mac. 4,49)
κηδείας ▸ 1
Noun · feminine · singular · genitive · (common) ▸ 1 (2Mac. 5,10)

κηδεμονία (κήδω) care, service ▸ 2
κηδεμονίαν ▸ 1
Noun · feminine · singular · accusative · (common) ▸ 1 (4Mac. 4,20)
κηδεμονίας ▸ 1
Noun · feminine · singular · genitive · (common) ▸ 1 (4Mac. 4,4)

κηδεμών (κήδω) protector, guardian, care-giver ▸ 1
κηδεμόνα ▸ 1
Noun · masculine · singular · accusative · (common) ▸ 1 (2Mac. 4,2)

Κηδες Kadesh ▸ 1
Κηδες ▸ 1
Noun · feminine · singular · accusative · (proper) ▸ 1 (1Mac. 11,63)

κηλιδόω (κηλίς) to stain, soil ▸ 2
κεκηλίδωσαι ▸ 1
Verb · second · singular · perfect · passive · indicative ▸ 1 (Jer. 2,22)
κηλιδωθήσονται ▸ 1
Verb · third · plural · future · passive · indicative ▸ 1 (Dan. 11,33)

κηλίς stain, blemish ▸ 2
κηλῖδα ▸ 2
Noun · feminine · singular · accusative · (common) ▸ 2 (2Mac.

6,25; Wis. 13,14)

κημός muzzle ▸ 3
  κημῷ ▸ 3
    Noun · masculine · singular · dative · (common) ▸ 3 (Psa. 31,9; Ezek. 19,4; Ezek. 19,9)

κημόω to muzzle ▸ 1
  κημώσεις ▸ 1
    Verb · second · singular · future · active · indicative ▸ 1 (1Cor. 9,9)

κῆνσος tax ▸ 4
  κῆνσον ▸ 3
    Noun · masculine · singular · accusative ▸ 3 (Matt. 17,25; Matt. 22,17; Mark 12,14)
  κήνσου ▸ 1
    Noun · masculine · singular · genitive ▸ 1 (Matt. 22,19)

κῆπος garden ▸ 36 + 5 = 41
  κήποις ▸ 4
    Noun · masculine · plural · dative · (common) ▸ 4 (Song 6,2; Song 8,13; Is. 1,29; Is. 65,3)
  κῆπον ▸ 9 + 1 = 10
    Noun · masculine · singular · accusative · (common) ▸ 9 + 1 = 10 (Deut. 11,10; 1Kings 20,2; 1Kings 20,2; Esth. 7,7; Song 4,16; Song 6,2; Song 6,11; Sir. 24,31; Jer. 52,7; Luke 13,19)
  κῆπόν ▸ 2
    Noun · masculine · singular · accusative · (common) ▸ 2 (Song 4,16; Song 5,1)
  Κῆπος ▸ 1
    Noun · masculine · singular · nominative · (common) ▸ 1 (Song 4,12)
  κῆπος ▸ 4 + 2 = 6
    Noun · masculine · singular · nominative · (common) ▸ 4 + 2 = 6 (Song 4,12; Is. 58,11; Is. 61,11; Ezek. 36,35; John 18,1; John 19,41)
  κήπου ▸ 5
    Noun · masculine · singular · genitive · (common) ▸ 5 (2Kings 25,4; Neh. 3,16; Neh. 3,26; Esth. 7,8; Sus. 58)
  κήπους ▸ 6
    Noun · masculine · plural · accusative · (common) ▸ 6 (2Kings 5,26; Eccl. 2,5; Amos 4,9; Amos 9,14; Is. 66,17; Jer. 36,28)
  κήπῳ ▸ 4 + 2 = 6
    Noun · masculine · singular · dative · (common) ▸ 4 + 2 = 6 (2Kings 21,18; 2Kings 21,18; 2Kings 21,26; LetterJ 70; John 18,26; John 19,41)
  κήπων ▸ 1
    Noun · masculine · plural · genitive · (common) ▸ 1 (Song 4,15)

κηπουρός (κῆπος) gardener ▸ 1
  κηπουρός ▸ 1
    Noun · masculine · singular · nominative ▸ 1 (John 20,15)

Κηραος Keros ▸ 1
  Κηραος ▸ 1
    Noun · masculine · singular · genitive · (proper) ▸ 1 (Ezra 2,44)

Κηρας Keros ▸ 1
  Κηρας ▸ 1
    Noun · masculine · singular · genitive · (proper) ▸ 1 (1Esdr. 5,29)

κηρίον (κηρός) honeycomb ▸ 11
  κηρία ▸ 1
    Noun · neuter · plural · nominative · (common) ▸ 1 (Prov. 16,24)
  κηρίοις ▸ 1
    Noun · neuter · plural · dative · (common) ▸ 1 (Prov. 27,7)
  κηρίον ▸ 9
    Noun · neuter · singular · accusative · (common) ▸ 6 (1Sam. 14,27; Psa. 18,11; Psa. 117,12; Psa. 118,103; Song 4,11; Sir. 24,20)
    Noun · neuter · singular · nominative · (common) ▸ 3 (Prov. 24,13; Ezek. 20,6; Ezek. 20,15)

κηρογονία (κηρός; γίνομαι) making of honeycombs ▸ 1
  κηρογονίας ▸ 1
    Noun · feminine · singular · genitive · (common) ▸ 1 (4Mac. 14,19)

κηρός wax ▸ 7
  κηρός ▸ 7
    Noun · masculine · singular · nominative · (common) ▸ 7 (Judith 16,15; Psa. 21,15; Psa. 57,9; Psa. 67,3; Psa. 96,5; Mic. 1,4; Is. 64,1)

κήρυγμα (κηρύσσω) preaching, proclamation ▸ 4 + 9 = 13
  κήρυγμα ▸ 3 + 6 = 9
    Noun · neuter · singular · accusative · (common) ▸ 2 + 4 = 6 (2Chr. 30,5; Jonah 3,2; Matt. 12,41; Mark 16,8; Luke 11,32; Rom. 16,25)
    Noun · neuter · singular · nominative · (common) ▸ 1 + 2 = 3 (1Esdr. 9,3; 1Cor. 15,14; 2Tim. 4,17)
  κήρυγμά ▸ 1
    Noun · neuter · singular · nominative ▸ 1 (1Cor. 2,4)
  κηρύγματι ▸ 1
    Noun · neuter · singular · dative ▸ 1 (Titus 1,3)
  κηρύγματος ▸ 1 + 1 = 2
    Noun · neuter · singular · genitive · (common) ▸ 1 + 1 = 2 (Prov. 9,3; 1Cor. 1,21)

κῆρυξ (κηρύσσω) herald, preacher ▸ 4 + 1 + 3 = 8
  κήρυκα ▸ 1
    Noun · masculine · singular · accusative ▸ 1 (2Pet. 2,5)
  κήρυκος ▸ 1
    Noun · masculine · singular · genitive · (common) ▸ 1 (4Mac. 6,4)
  κῆρυξ ▸ 3 + 1 + 2 = 6
    Noun · masculine · singular · nominative · (common) ▸ 3 + 1 + 2 = 6 (Gen. 41,43; Sir. 20,15; Dan. 3,4; Dan. 3,4; 1Tim. 2,7; 2Tim. 1,11)

κηρύσσω to proclaim, preach ▸ 31 + 1 + 61 = 93
  ἐκηρύξαμεν ▸ 2
    Verb · first · plural · aorist · active · indicative ▸ 2 (2Cor. 11,4; 1Th. 2,9)
  ἐκήρυξαν ▸ 2 + 2 = 4
    Verb · third · plural · aorist · active · indicative ▸ 2 + 2 = 4 (2Kings 10,20; Jonah 3,5; Mark 6,12; Mark 16,20)
  ἐκήρυξε ▸ 1
    Verb · third · singular · aorist · active · indicative ▸ 1 (Dan. 3,4)
  ἐκήρυξεν ▸ 7 + 1 + 2 = 10
    Verb · third · singular · aorist · active · indicative ▸ 7 + 1 + 2 = 10 (Gen. 41,43; Ex. 32,5; Ex. 36,6; 2Chr. 20,3; 1Esdr. 2,1; 1Mac. 10,64; Jonah 3,4; Dan. 5,29; Acts 10,37; 1Pet. 3,19)
  ἐκήρυσσεν ▸ 1 + 3 = 4
    Verb · third · singular · imperfect · active · indicative ▸ 1 + 3 = 4 (Esth. 6,11; Mark 1,7; Acts 8,5; Acts 9,20)
  ἐκήρυσσον ▸ 1
    Verb · third · plural · imperfect · active · indicative ▸ 1 (Mark 7,36)
  ἐκηρύχθη ▸ 1 + 1 = 2
    Verb · third · singular · aorist · passive · indicative ▸ 1 + 1 = 2 (Jonah 3,7; 1Tim. 3,16)
  κηρύξαι ▸ 3 + 3 = 6
    Verb · aorist · active · infinitive ▸ 3 + 3 = 6 (2Chr. 36,22; 1Mac.

5,49; Is. 61,1; Luke 4,18; Luke 4,19; Acts 10,42)

κηρύξας ‣ 1
    Verb · aorist · active · participle · masculine · singular · nominative ‣ **1** (1Cor. 9,27)

Κηρύξατε ‣ 1
    Verb · second · plural · aorist · active · imperative ‣ **1** (Joel 4,9)

κηρύξατε ‣ 6 + 2 = 8
    Verb · second · plural · aorist · active · imperative ‣ 6 + 2 = **8** (1Mac. 10,63; Sol. 11,1; Hos. 5,8; Joel 1,14; Joel 2,1; Joel 2,15; Matt. 10,27; Mark 16,15)

κηρυξάτωσαν ‣ 1
    Verb · third · plural · aorist · active · imperative ‣ **1** (2Chr. 24,9)

κηρύξεις ‣ 1
    Verb · second · singular · future · active · indicative ‣ **1** (Prov. 8,1)

κήρυξον ‣ 2 + 1 = 3
    Verb · second · singular · aorist · active · imperative ‣ 2 + 1 = **3** (Jonah 1,2; Jonah 3,2; 2Tim. 4,2)

κηρύξω ‣ 1
    Verb · first · singular · aorist · active · subjunctive ‣ **1** (Mark 1,38)

κηρύξωσιν ‣ 1
    Verb · third · plural · aorist · active · subjunctive ‣ **1** (Rom. 10,15)

κήρυσσε ‣ 2
    Verb · second · singular · present · active · imperative ‣ **2** (Zeph. 3,14; Zech. 9,9)

κηρύσσει ‣ 2
    Verb · third · singular · present · active · indicative ‣ **2** (Acts 19,13; 2Cor. 11,4)

κηρύσσειν ‣ 6
    Verb · present · active · infinitive ‣ **6** (Matt. 4,17; Matt. 11,1; Mark 1,45; Mark 3,14; Mark 5,20; Luke 9,2)

κηρύσσεται ‣ 1 + 1 = 2
    Verb · third · singular · present · middle · indicative ‣ **1** (Prov. 1,21)
    Verb · third · singular · present · passive · indicative ‣ **1** (1Cor. 15,12)

κηρύσσετε ‣ 1
    Verb · second · plural · present · active · imperative ‣ **1** (Matt. 10,7)

κηρυσσέτω ‣ 1
    Verb · third · singular · present · active · imperative ‣ **1** (Esth. 6,9)

κηρύσσομεν ‣ 4
    Verb · first · plural · present · active · indicative ‣ **4** (Rom. 10,8; 1Cor. 1,23; 1Cor. 15,11; 2Cor. 4,5)

κηρύσσοντα ‣ 1
    Verb · present · active · participle · masculine · singular · accusative ‣ **1** (Rev. 5,2)

κηρύσσοντας ‣ 1 + 1 = 2
    Verb · present · active · participle · masculine · plural · accusative ‣ 1 + 1 = **2** (Mic. 3,5; Acts 15,21)

κηρύσσοντος ‣ 1
    Verb · present · active · participle · masculine · singular · genitive ‣ **1** (Rom. 10,14)

κηρύσσουσιν ‣ 1
    Verb · third · plural · present · active · indicative ‣ **1** (Phil. 1,15)

κηρύσσω ‣ 2
    Verb · first · singular · present · active · indicative ‣ **2** (Gal. 2,2; Gal. 5,11)

κηρύσσων ‣ 13
    Verb · present · active · participle · masculine · singular · nominative ‣ **12** (Matt. 3,1; Matt. 4,23; Matt. 9,35; Mark 1,4; Mark 1,14; Mark 1,39; Luke 3,3; Luke 4,44; Luke 8,1; Luke 8,39; Acts 20,25; Acts 28,31)
    Verb · present · active · participle · masculine · singular · vocative ‣ **1** (Rom. 2,21)

κηρυχθείς ‣ 1
    Verb · aorist · passive · participle · masculine · singular · nominative ‣ **1** (2Cor. 1,19)

κηρυχθέντος ‣ 1
    Verb · aorist · passive · participle · neuter · singular · genitive ‣ **1** (Col. 1,23)

κηρυχθῇ ‣ 2
    Verb · third · singular · aorist · passive · subjunctive ‣ **2** (Matt. 26,13; Mark 14,9)

κηρυχθῆναι ‣ 2
    Verb · aorist · passive · infinitive ‣ **2** (Mark 13,10; Luke 24,47)

κηρυχθήσεται ‣ 2
    Verb · third · singular · future · passive · indicative ‣ **2** (Matt. 24,14; Luke 12,3)

Κηταβ Ketab ‣ 1
    Κηταβ ‣ 1
    Noun · masculine · singular · genitive · (proper) ‣ **1** (1Esdr. 5,30)

κῆτος sea monster, large sea creature ‣ 12 + 1 + 1 = 14
    κήτει ‣ 2
    Noun · neuter · singular · dative · (common) ‣ **2** (Jonah 2,1; Jonah 2,11)
    κήτη ‣ 4 + 1 = 5
    Noun · neuter · plural · accusative · (common) ‣ **1** (Gen. 1,21)
    Noun · neuter · plural · nominative · (common) ‣ 3 + 1 = **4** (Ode. 8,79; Job 9,13; Dan. 3,79; Dan. 3,79)
    κῆτος ‣ 2
    Noun · neuter · singular · accusative · (common) ‣ **2** (Job 3,8; Job 26,12)
    κήτους ‣ 3 + 1 = 4
    Noun · neuter · singular · genitive · (common) ‣ 3 + 1 = **4** (3Mac. 6,8; Jonah 2,1; Jonah 2,2; Matt. 12,40)
    κητῶν ‣ 1
    Noun · neuter · plural · genitive · (common) ‣ **1** (Sir. 43,25)

Κηφᾶς Cephas (Aram. rock) ‣ 9
    Κηφᾶ ‣ 1
    Noun · masculine · singular · genitive · (proper) ‣ **1** (1Cor. 1,12)
    Κηφᾷ ‣ 2
    Noun · masculine · singular · dative · (proper) ‣ **2** (1Cor. 15,5; Gal. 2,14)
    Κηφᾶν ‣ 1
    Noun · masculine · singular · accusative · (proper) ‣ **1** (Gal. 1,18)
    Κηφᾶς ‣ 5
    Noun · masculine · singular · nominative · (proper) ‣ **5** (John 1,42; 1Cor. 3,22; 1Cor. 9,5; Gal. 2,9; Gal. 2,11)

κθ′ 29 ‣ 1
    κθ′ ‣ 1
    Adjective · neuter · singular · (ordinal · numeral) ‣ **1** (Josh. 15,32)

κίβδηλος (κίβδος) spurious, false ‣ 4
    κίβδηλα ‣ 1
    Adjective · neuter · plural · accusative · noDegree ‣ **1** (Wis. 15,9)
    κίβδηλον ‣ 3
    Adjective · neuter · singular · accusative · noDegree ‣ **3** (Lev. 19,19; Deut. 22,11; Wis. 2,16)

κιβωτός box, chest, ark ‣ 221 + 1 + 6 = 228

κιβωτόν ▸ **16** + **1** = **17**
  Noun ▪ feminine ▪ singular ▪ accusative ▪ (common) ▸ **16** + **1** = **17** (Gen. 6,15; Gen. 6,18; Gen. 6,19; Gen. 7,1; Gen. 7,9; Gen. 7,13; Gen. 7,15; Gen. 7,16; Gen. 7,17; Gen. 8,9; Gen. 8,9; Deut. 10,2; Deut. 10,5; 1Chr. 13,9; 1Chr. 13,10; 2Chr. 6,11; Matt. 24,38)

κιβωτόν ▸ **110** + **3** = **113**
  Noun ▪ feminine ▪ singular ▪ accusative ▪ (common) ▸ **110** + **3** = **113** (Gen. 6,14; Gen. 6,14; Gen. 6,16; Gen. 7,7; Ex. 25,10; Ex. 25,14; Ex. 25,16; Ex. 25,21; Ex. 25,21; Ex. 26,33; Ex. 26,34; Ex. 30,26; Ex. 31,7; Ex. 35,12; Ex. 38,1; Ex. 39,14; Ex. 40,3; Ex. 40,3; Ex. 40,20; Ex. 40,20; Ex. 40,21; Ex. 40,21; Num. 4,5; Num. 10,34; Deut. 10,1; Deut. 10,3; Deut. 10,8; Deut. 31,9; Deut. 31,25; Josh. 3,3; Josh. 3,6; Josh. 3,6; Josh. 3,8; Josh. 3,13; Josh. 3,14; Josh. 3,15; Josh. 3,15; Josh. 3,17; Josh. 4,9; Josh. 4,10; Josh. 4,16; Josh. 4,18; Josh. 6,12; Josh. 8,33 # 9,2d; Josh. 24,33a; 1Sam. 4,3; 1Sam. 4,4; 1Sam. 4,22; 1Sam. 5,1; 1Sam. 5,2; 1Sam. 5,10; 1Sam. 5,10; 1Sam. 5,11; 1Sam. 6,3; 1Sam. 6,8; 1Sam. 6,11; 1Sam. 6,13; 1Sam. 6,15; 1Sam. 6,18; 1Sam. 6,19; 1Sam. 6,21; 1Sam. 7,1; 1Sam. 7,1; 2Sam. 6,2; 2Sam. 6,3; 2Sam. 6,6; 2Sam. 6,7; 2Sam. 6,10; 2Sam. 6,12; 2Sam. 6,13; 2Sam. 6,15; 2Sam. 6,17; 2Sam. 15,24; 2Sam. 15,24; 2Sam. 15,25; 2Sam. 15,29; 1Kings 2,26; 1Kings 6,19; 1Kings 8,1; 1Kings 8,3; 1Kings 8,6; 1Kings 8,7; 2Kings 12,10; 1Chr. 13,3; 1Chr. 13,5; 1Chr. 13,6; 1Chr. 13,7; 1Chr. 13,12; 1Chr. 13,13; 1Chr. 15,2; 1Chr. 15,2; 1Chr. 15,3; 1Chr. 15,12; 1Chr. 15,14; 1Chr. 15,15; 1Chr. 15,25; 1Chr. 15,26; 1Chr. 15,27; 1Chr. 15,28; 1Chr. 16,1; 1Chr. 22,19; 2Chr. 1,4; 2Chr. 5,2; 2Chr. 5,4; 2Chr. 5,5; 2Chr. 5,7; 2Chr. 5,8; 2Chr. 35,3; 2Mac. 2,4; 2Mac. 2,5; Luke 17,27; Heb. 9,4; Heb. 11,7)

Κιβωτός ▸ **1**
  Noun ▪ feminine ▪ singular ▪ nominative ▪ (common) ▸ **1** (Jer. 3,16)

κιβωτός ▸ **35** + **1** + **1** = **37**
  Noun ▪ feminine ▪ singular ▪ nominative ▪ (common) ▸ **35** + **1** + **1** = **37** (Gen. 7,18; Gen. 8,4; Num. 3,31; Num. 10,33; Num. 14,44; Josh. 3,11; Josh. 4,11; Josh. 6,8; Josh. 6,11; Judg. 20,27; 1Sam. 3,3; 1Sam. 4,5; 1Sam. 4,6; 1Sam. 4,11; 1Sam. 4,17; 1Sam. 4,19; 1Sam. 5,7; 1Sam. 5,8; 1Sam. 5,8; 1Sam. 5,10; 1Sam. 5,11; 1Sam. 6,1; 1Sam. 6,20; 1Sam. 7,2; 2Sam. 6,9; 2Sam. 6,11; 2Sam. 7,2; 2Sam. 11,11; 1Chr. 13,14; 1Chr. 15,29; 1Chr. 17,1; 2Chr. 6,41; 2Chr. 8,11; 4Mac. 15,31; Psa. 131,8; Judg. 20,27; Rev. 11,19)

κιβωτοῦ ▸ **48** + **1** = **49**
  Noun ▪ feminine ▪ singular ▪ genitive ▪ (common) ▸ **48** + **1** = **49** (Gen. 6,15; Gen. 6,16; Gen. 8,6; Gen. 8,10; Gen. 8,13; Gen. 8,16; Gen. 8,19; Gen. 9,10; Gen. 9,18; Ex. 25,14; Ex. 25,15; Ex. 25,22; Ex. 30,6; Ex. 38,5; Ex. 38,11; Ex. 40,5; Lev. 16,2; Num. 7,89; Deut. 31,26; Josh. 4,7; Josh. 6,9; Josh. 6,13; Josh. 8,33 # 9,2d; 1Sam. 4,4; 1Sam. 4,13; 1Sam. 4,18; 1Sam. 4,21; 1Sam. 5,3; 1Sam. 5,4; 2Sam. 6,4; 2Sam. 6,12; 2Sam. 6,16; 1Kings 3,15; 1Kings 8,5; 1Kings 8,7; 1Chr. 6,16; 1Chr. 15,23; 1Chr. 15,24; 1Chr. 15,24; 1Chr. 16,4; 1Chr. 16,6; 1Chr. 16,37; 1Chr. 16,37; 1Chr. 28,2; 1Chr. 28,18; 2Chr. 5,6; 2Chr. 5,8; 1Esdr. 1,3; 1Pet. 3,20)

κιβωτούς ▸ **1**
  Noun ▪ feminine ▪ plural ▪ accusative ▪ (common) ▸ **1** (1Esdr. 1,51)

κιβωτῷ ▸ **10**
  Noun ▪ feminine ▪ singular ▪ dative ▪ (common) ▸ **10** (Gen. 7,23; Gen. 8,1; 1Sam. 5,8; 1Sam. 6,2; 2Sam. 6,4; 1Kings 8,9; 1Kings 8,21; 2Kings 12,11; 1Chr. 15,1; 2Chr. 5,10)

κίδαρις turban ▸ **14**
  κιδάρεις ▸ **6**
    Noun ▪ feminine ▪ plural ▪ accusative ▪ (common) ▸ **6** (Ex. 28,40; Ex. 29,9; Ex. 36,35; Lev. 8,13; Judith 4,15; Ezek. 44,18)

  κιδάρεως ▸ **1**
    Noun ▪ feminine ▪ singular ▪ genitive ▪ (common) ▸ **1** (Sir. 45,12)
  κίδαριν ▸ **7**
    Noun ▪ feminine ▪ singular ▪ accusative ▪ (common) ▸ **7** (Ex. 28,4; Ex. 28,39; Lev. 16,4; 1Esdr. 3,6; Zech. 3,5; Zech. 3,5; Ezek. 21,31)

κιθάρα harp, lyre ▸ **24** + **4** + **4** = **32**
  κιθάρα ▸ **5** + **1** = **6**
    Noun ▪ feminine ▪ singular ▪ nominative ▪ (common) ▸ **5** + **1** = **6** (Psa. 56,9; Psa. 107,3; Job 30,9; Job 30,31; Is. 16,11; 1Cor. 14,7)
  κιθάρᾳ ▸ **8**
    Noun ▪ feminine ▪ singular ▪ dative ▪ (common) ▸ **8** (Psa. 32,2; Psa. 42,4; Psa. 70,22; Psa. 91,4; Psa. 97,5; Psa. 97,5; Psa. 146,7; Psa. 150,3)
  κιθάραις ▸ **1** + **1** = **2**
    Noun ▪ feminine ▪ plural ▪ dative ▪ (common) ▸ **1** + **1** = **2** (1Mac. 4,54; Rev. 14,2)
  κιθάραν ▸ **3** + **1** = **4**
    Noun ▪ feminine ▪ singular ▪ accusative ▪ (common) ▸ **3** + **1** = **4** (Gen. 4,21; Job 21,12; Is. 23,16; Rev. 5,8)
  κιθάρας ▸ **7** + **4** + **1** = **12**
    Noun ▪ feminine ▪ plural ▪ accusative ▪ (common) ▸ **1** + **1** = **2** (2Chr. 9,11; Rev. 15,2)
    Noun ▪ feminine ▪ singular ▪ genitive ▪ (common) ▸ **6** + **4** = **10** (Gen. 31,27; Psa. 80,3; Is. 5,12; Is. 24,8; Is. 30,32; Dan. 3,5; Dan. 3,5; Dan. 3,7; Dan. 3,10; Dan. 3,15)

κιθαρίζω (κιθάρα) to play the harp or lyre ▸ **1** + **2** = **3**
  κιθαριζόμενον ▸ **1**
    Verb ▪ present ▪ passive ▪ participle ▪ neuter ▪ singular ▪ nominative ▸ **1** (1Cor. 14,7)
  κιθαριζόντων ▸ **1**
    Verb ▪ present ▪ active ▪ participle ▪ masculine ▪ plural ▪ genitive ▸ **1** (Rev. 14,2)
  κιθάρισον ▸ **1**
    Verb ▪ second ▪ singular ▪ aorist ▪ active ▪ imperative ▸ **1** (Is. 23,16)

κιθαρῳδός (κιθάρα; ᾄδω) harpist ▸ **2**
  κιθαρῳδῶν ▸ **2**
    Noun ▪ masculine ▪ plural ▪ genitive ▸ **2** (Rev. 14,2; Rev. 18,22)

Κιλαν Kilan ▸ **1**
  Κιλαν ▸ **1**
    Noun ▪ masculine ▪ singular ▪ genitive ▪ (proper) ▸ **1** (1Esdr. 5,15)

Κιλικία Cilicia ▸ **7** + **8** = **15**
  Κιλικίᾳ ▸ **1**
    Noun ▪ feminine ▪ singular ▪ dative ▪ (proper) ▸ **1** (1Mac. 11,14)
  Κιλικίαν ▸ **2** + **3** = **5**
    Noun ▪ feminine ▪ singular ▪ accusative ▪ (proper) ▸ **2** + **3** = **5** (Judith 1,7; 2Mac. 4,36; Acts 15,23; Acts 15,41; Acts 27,5)
  Κιλικίας ▸ **4** + **5** = **9**
    Noun ▪ feminine ▪ singular ▪ genitive ▪ (proper) ▸ **4** + **5** = **9** (Judith 1,12; Judith 2,21; Judith 2,25; 4Mac. 4,2; Acts 6,9; Acts 21,39; Acts 22,3; Acts 23,34; Gal. 1,21)

Κινα Kinah ▸ **1**
  Κινα ▸ **1**
    Noun ▪ singular ▪ nominative ▪ (proper) ▸ **1** (Josh. 15,22)

Κιναῖοι Kenite ▸ **1**
  Κιναῖοι ▸ **1**
    Noun ▪ masculine ▪ plural ▪ nominative ▪ (proper) ▸ **1** (1Chr. 2,55)

Κιναῖος Kenite ▸ **7** + **5** = **12**
  Κιναῖον ▸ **1**
    Noun ▪ masculine ▪ singular ▪ accusative ▪ (proper) ▸ **1** (1Sam. 15,6)
  Κιναῖος ▸ **1** + **1** = **2**

Κιναῖος–κινέω

Noun · masculine · singular · nominative · (proper) ▸ 1 + 1 = **2**
(1Sam. 15,6; Judg. 4,11)

Κιναίου ▸ **1**
Noun · masculine · singular · genitive · (proper) ▸ **1** (Judg. 1,16)

Κιναίου ▸ 5 + 3 = **8**
Noun · masculine · singular · genitive · (proper) ▸ 5 + 3 = **8**
(Judg. 1,16; Judg. 4,11; Judg. 4,17; Judg. 4,17; Judg. 5,24; Judg. 4,17; Judg. 4,17; Judg. 5,24)

Κιναν Kinan (?) ▸ **1**
Κιναν ▸ **1**
Noun · singular · dative · (proper) ▸ **1** (1Sam. 30,28a)

κινδυνεύω (κίνδυνος) to be in danger ▸ 7 + 4 = **11**

ἐκινδύνευεν ▸ **1**
Verb · third · singular · imperfect · active · indicative ▸ **1** (Jonah 1,4)

ἐκινδύνευον ▸ **1**
Verb · third · plural · imperfect · active · indicative ▸ **1** (Luke 8,23)

ἐκινδύνευσα ▸ **1**
Verb · first · singular · aorist · active · indicative ▸ **1** (Sir. 34,12)

κινδυνεύει ▸ 1 + 1 = **2**
Verb · third · singular · present · active · indicative ▸ 1 + 1 = **2**
(3Mac. 5,41; Acts 19,27)

κινδυνεύειν ▸ **1**
Verb · present · active · infinitive ▸ **1** (2Mac. 15,17)

κινδυνεύομεν ▸ **2**
Verb · first · plural · present · active · indicative ▸ **2** (Acts 19,40; 1Cor. 15,30)

κινδυνεύσει ▸ **1**
Verb · third · singular · future · active · indicative ▸ **1** (Eccl. 10,9)

κινδυνεύσουσιν ▸ **1**
Verb · third · plural · future · active · indicative ▸ **1** (Is. 28,13)

κινδυνεύσω ▸ **1**
Verb · first · singular · future · active · indicative ▸ **1** (Dan. 1,10)

κίνδυνος danger, peril ▸ 12 + 1 + 9 = **22**

κίνδυνοι ▸ **1**
Noun · masculine · plural · nominative · (common) ▸ **1** (Psa. 114,3)

κινδύνοις ▸ **8**
Noun · masculine · plural · dative ▸ **8** (2Cor. 11,26; 2Cor. 11,26; 2Cor. 11,26; 2Cor. 11,26; 2Cor. 11,26; 2Cor. 11,26; 2Cor. 11,26; 2Cor. 11,26)

κίνδυνον ▸ **3**
Noun · masculine · singular · accusative · (common) ▸ **3** (4Mac. 3,15; Sir. 3,26; Sir. 43,24)

κίνδυνος ▸ 1 + 1 = **2**
Noun · masculine · singular · nominative · (common) ▸ 1 + 1 = **2**
(4Mac. 13,15; Rom. 8,35)

κίνδυνός ▸ **1**
Noun · masculine · singular · nominative · (common) ▸ **1** (Esth. 14,3 # 4,17l)

κινδύνους ▸ 2 + 1 = **3**
Noun · masculine · plural · accusative · (common) ▸ 2 + 1 = **3**
(Tob. 4,4; 3Mac. 6,26; Tob. 4,4)

κινδύνῳ ▸ **2**
Noun · masculine · singular · dative · (common) ▸ **2** (1Mac. 11,23; 1Mac. 14,29)

κινδύνων ▸ **2**
Noun · masculine · plural · genitive · (common) ▸ **2** (2Mac. 1,11; Wis. 18,9)

κινέω to move, disturb ▸ 47 + 6 + 8 = **61**

ἐκινεῖτο ▸ **1**
Verb · third · singular · imperfect · passive · indicative ▸ **1** (1Sam. 1,13)

ἐκινήθη ▸ 2 + 1 + 1 = **4**
Verb · third · singular · aorist · passive · indicative ▸ 2 + 1 + 1 = **4** (1Mac. 10,74; Dan. 2,3; Judg. 20,37; Acts 21,30)

ἐκινήθησαν ▸ 1 + 1 = **2**
Verb · third · plural · aorist · passive · indicative ▸ 1 + 1 = **2** (Num. 14,44; Rev. 6,14)

ἐκίνησαν ▸ **2**
Verb · third · plural · aorist · active · indicative ▸ **2** (Psa. 21,8; Lam. 2,15)

ἐκίνησεν ▸ **3**
Verb · third · singular · aorist · active · indicative ▸ **3** (Gen. 20,1; 2Kings 19,21; Is. 37,22)

κινεῖν ▸ **1**
Verb · present · active · infinitive ▸ **1** (Jer. 14,10)

κινεῖσθαι ▸ 1 + 3 = **4**
Verb · present · passive · infinitive ▸ 1 + 3 = **4** (2Chr. 35,15; Judg. 9,9; Judg. 9,11; Judg. 9,13)

κινηθῇ ▸ **1**
Verb · third · singular · aorist · passive · subjunctive ▸ **1** (Is. 46,7)

κινηθῇς ▸ 1 + 1 = **2**
Verb · second · singular · aorist · passive · subjunctive ▸ 1 + 1 = **2** (Judg. 6,18; Tob. 8,20)

κινηθήσεται ▸ **3**
Verb · third · singular · future · passive · indicative ▸ **3** (Prov. 17,13; Is. 22,25; LetterJ 26)

κινηθήσονται ▸ **2**
Verb · third · plural · future · passive · indicative ▸ **2** (Is. 41,7; Jer. 10,4)

κινηθῶσιν ▸ **3**
Verb · third · plural · aorist · passive · subjunctive ▸ **3** (Song 2,17; Song 4,6; Is. 33,20)

κινῆσαι ▸ 1 + 1 = **2**
Verb · aorist · active · infinitive ▸ 1 + 1 = **2** (Gen. 11,2; Matt. 23,4)

κινήσας ▸ **1**
Verb · aorist · active · participle · masculine · singular · nominative ▸ **1** (Dan. 4,19)

κινήσατε ▸ **1**
Verb · second · plural · aorist · active · imperative ▸ **1** (Jer. 31,17)

κινησάτω ▸ **1**
Verb · third · singular · aorist · active · imperative ▸ **1** (2Kings 23,18)

κινήσει ▸ **4**
Verb · third · singular · future · active · indicative ▸ **4** (Sir. 12,18; Sir. 13,7; Zeph. 2,15; Dan. 11,38)

κινήσουσιν ▸ **1**
Verb · third · plural · future · active · indicative ▸ **1** (Jer. 18,16)

κινήσω ▸ 3 + 1 = **4**
Verb · first · singular · future · active · indicative ▸ 3 + 1 = **4** (2Sam. 15,20; Job 16,4; Bar. 2,35; Rev. 2,5)

κινούμεθα ▸ **1**
Verb · first · plural · present · passive · indicative ▸ **1** (Acts 17,28)

κινούμενα ▸ 3 + 1 = **4**
Verb · present · middle · participle · neuter · plural · accusative ▸ **1** (Gen. 9,2)
Verb · present · middle · participle · neuter · plural · nominative ▸ **2** (Ode. 8,79; Dan. 3,79)
Verb · present · middle · participle · neuter · plural · vocative ▸ **1** (Dan. 3,79)

κινουμένη ▸ 1
  Verb · present · middle · participle · feminine · singular · nominative ▸ **1** (Gen. 7,21)
κινουμένης ▸ 1
  Verb · present · middle · participle · feminine · singular · genitive ▸ **1** (Lev. 11,46)
κινούμενοι ▸ 1
  Verb · present · middle · participle · masculine · plural · nominative ▸ **1** (4Mac. 1,33)
κινουμένοις ▸ 1
  Verb · present · middle · participle · neuter · plural · dative ▸ **1** (Lev. 11,44)
κινούμενον ▸ 5
  Verb · present · middle · participle · masculine · singular · accusative ▸ **1** (Gen. 7,21)
  Verb · present · middle · participle · neuter · singular · accusative ▸ **1** (Gen. 8,17)
  Verb · present · middle · participle · neuter · singular · nominative ▸ **2** (Gen. 7,14; Gen. 8,19)
  Verb · present · passive · participle · neuter · singular · accusative ▸ **1** (Job 13,25)
κινουμένων ▸ 1
  Verb · present · middle · participle · feminine · plural · genitive ▸ **1** (Wis. 5,11)
κινοῦντα ▸ 1
  Verb · present · active · participle · masculine · singular · accusative ▸ **1** (Acts 24,5)
κινοῦνται ▸ 1
  Verb · third · plural · present · middle · indicative ▸ **1** (4Mac. 14,6)
κινοῦντες ▸ 2
  Verb · present · active · participle · masculine · plural · nominative ▸ **2** (Matt. 27,39; Mark 15,29)

κίνημα (κινέω) movement, disturbance ▸ 2
  κίνημα ▸ 1
    Noun · neuter · singular · nominative · (common) ▸ **1** (1Mac. 13,44)
  κινήματα ▸ 1
    Noun · neuter · plural · nominative · (common) ▸ **1** (4Mac. 1,35)

κίνησις (κινέω) movement, motion ▸ 5
  κινήσει ▸ 1
    Noun · feminine · singular · dative · (common) ▸ **1** (Wis. 2,2)
  κινήσεις ▸ 1
    Noun · feminine · plural · accusative · (common) ▸ **1** (2Mac. 5,3)
  κινήσεως ▸ 1
    Noun · feminine · singular · genitive · (common) ▸ **1** (Wis. 7,24)
  κίνησιν ▸ 2
    Noun · feminine · singular · accusative · (common) ▸ **2** (Psa. 43,15; Job 16,5)

κινητικός (κινέω) mobile ▸ 1
  κινητικώτερον ▸ 1
    Adjective · feminine · singular · nominative · comparative ▸ **1** (Wis. 7,24)

κιννάμωμον cinnamon ▸ 5 + 1 = 6
  κιννάμωμον ▸ 3 + 1 = 4
    Noun · neuter · singular · accusative · (common) ▸ **1** + **1** = **2** (Jer. 6,20; Rev. 18,13)
    Noun · neuter · singular · nominative · (common) ▸ **2** (Song 4,14; Sir. 24,15)
  κινναμώμου ▸ 1
    Noun · neuter · singular · genitive · (common) ▸ **1** (Ex. 30,23)
  κινναμώμῳ ▸ 1
    Noun · neuter · singular · dative · (common) ▸ **1** (Prov. 7,17)

κινύρα (Hebr.) lyre ▸ 22
  κινύρα ▸ 2
    Noun · feminine · singular · nominative · (common) ▸ **2** (1Sam. 10,5; 1Mac. 3,45)
  κινύρᾳ ▸ 3
    Noun · feminine · singular · dative · (common) ▸ **3** (1Sam. 16,16; 1Sam. 16,16; 1Chr. 25,3)
  κινύραι ▸ 1
    Noun · feminine · plural · nominative · (common) ▸ **1** (Neh. 12,27)
  κινύραις ▸ 14
    Noun · feminine · plural · dative · (common) ▸ **14** (2Sam. 6,5; 1Chr. 13,8; 1Chr. 15,16; 1Chr. 15,21; 1Chr. 15,28; 1Chr. 16,5; 1Chr. 25,1; 1Chr. 25,6; 2Chr. 5,12; 2Chr. 20,28; 2Chr. 29,25; 1Mac. 4,54; 1Mac. 13,51; Sir. 39,15)
  κινύραν ▸ 1
    Noun · feminine · singular · accusative · (common) ▸ **1** (1Sam. 16,23)
  κινύρας ▸ 1
    Noun · feminine · plural · accusative · (common) ▸ **1** (1Kings 10,12)

Κιραδας Kir Hareseth ▸ 2
  Κιραδας ▸ 2
    Noun · singular · genitive · (proper) ▸ **1** (Jer. 31,36)
    Noun · masculine · singular · genitive · (proper) ▸ **1** (Jer. 31,31)

Κιραμας Kirama ▸ 1
  Κιραμας ▸ 1
    Noun · masculine · singular · genitive · (proper) ▸ **1** (1Esdr. 5,20)

Κιρας Keros ▸ 1
  Κιρας ▸ 1
    Noun · masculine · singular · genitive · (proper) ▸ **1** (Neh. 7,47)

κιρνάω to mix ▸ 1
  ἐκίρνων ▸ 1
    Verb · first · singular · imperfect · active · indicative ▸ **1** (Psa. 101,10)

Κις Kish ▸ 20
  Κις ▸ 20
    Noun · singular · genitive · (proper) ▸ **1** (1Sam. 10,11)
    Noun · masculine · singular · accusative · (proper) ▸ **2** (1Chr. 8,33; 1Chr. 9,39)
    Noun · masculine · singular · dative · (proper) ▸ **1** (1Chr. 24,29)
    Noun · masculine · singular · genitive · (proper) ▸ **7** (1Sam. 9,3; 1Sam. 10,21; 2Sam. 21,14; 1Chr. 12,1; 1Chr. 23,22; 1Chr. 24,29; 1Chr. 26,28)
    Noun · masculine · singular · nominative · (proper) ▸ **9** (1Sam. 9,1; 1Sam. 9,3; 1Sam. 14,51; 1Chr. 8,30; 1Chr. 8,33; 1Chr. 9,36; 1Chr. 9,39; 1Chr. 23,21; 2Chr. 29,12)

Κίς Kish ▸ 1
  Κίς ▸ 1
    Noun · masculine · singular · genitive · (proper) ▸ **1** (Acts 13,21)

Κισαι Kishi ▸ 1
  Κισαι ▸ 1
    Noun · masculine · singular · genitive · (proper) ▸ **1** (1Chr. 6,29)

Κισαιας Kushaiah; Kish ▸ 3
  Κισαιου ▸ 3
    Noun · masculine · singular · genitive · (proper) ▸ **3** (1Chr. 15,17; Esth. 11,2 # 1,1a; Esth. 2,5)

κισσάω (κισσά) to conceive; crave for strange food ▸ 1
  ἐκίσσησέν ▸ 1
    Verb · third · singular · aorist · active · indicative ▸ **1** (Psa. 50,7)

κισσός ivy ▸ 1
  κισσοὺς ▸ 1
    Noun · masculine · plural · accusative · (common) ▸ **1** (2Mac. 6,7)
κισσόφυλλον (κισσός; φλέω) ivy leaf ▸ 1
  κισσοφύλλῳ ▸ 1
    Noun · neuter · singular · dative · (common) ▸ **1** (3Mac. 2,29)
Κισων Kishion; Kishon ▸ 8 + 4 = 12
  Κισων ▸ 8 + 4 = 12
    Noun · feminine · singular · accusative · (proper) ▸ **2** (Josh. 21,28; 1Kings 18,40)
    Noun · feminine · singular · genitive · (proper) ▸ 5 + 4 = **9** (Judg. 4,7; Judg. 4,13; Judg. 5,21; Judg. 5,21; Psa. 82,10; Judg. 4,7; Judg. 4,13; Judg. 5,21; Judg. 5,21)
    Noun · feminine · singular · nominative · (proper) ▸ **1** (Josh. 19,20)
Κιτιαῖοι Kittim ▸ 1
  Κιτιαίων ▸ 1
    Noun · masculine · plural · genitive · (proper) ▸ **1** (Num. 24,24)
Κιτιαίοι Kittim ▸ 1
  Κιτιαίων ▸ 1
    Noun · masculine · plural · genitive · (proper) ▸ **1** (Is. 23,1)
Κιτιεῖς Cyprus; Macedonia ▸ 2
  Κιτιεῖς ▸ 1
    Noun · plural · accusative · (proper) ▸ **1** (Is. 23,12)
  Κιτιέων ▸ 1
    Noun · plural · genitive · (proper) ▸ **1** (1Mac. 8,5)
Κίτιοι Kittim ▸ 1 + 1 = 2
  Κίτιοι ▸ 1 + 1 = 2
    Noun · masculine · plural · nominative · (proper)   ▸ 1 + 1 = **2** (1Chr. 1,7; Dan. 11,30)
Κίτιος Kittian ▸ 1
  Κίτιοι ▸ 1
    Noun · masculine · plural · nominative · (proper) ▸ **1** (Gen. 10,4)
κιχράω to lend ▸ 3
  κιχρᾷ ▸ 1
    Verb · third · singular · present · active · indicative ▸ **1** (Prov. 13,11)
  κιχρῶ ▸ 1
    Verb · first · singular · present · active · indicative ▸ **1** (1Sam. 1,28)
  κιχρῶν ▸ 1
    Verb · present · active · participle · masculine · singular · nominative ▸ **1** (Psa. 111,5)
κίχρημι (χράομαι) to lend ▸ 1
  χρῆσόν ▸ 1
    Verb · second · singular · aorist · active · imperative ▸ **1** (Luke 11,5)
κίων pillar ▸ 2 + 3 = 5
  κίονας ▸ 2 + 2 = 4
    Noun · masculine · plural · accusative · (common) ▸ 2 + 2 = **4** (1Kings 15,15; 1Kings 15,15; Judg. 16,26; Judg. 16,29)
  κιόνων ▸ 1
    Noun · masculine · plural · genitive · (common) ▸ **1** (Judg. 16,25)
κλάδος (κλάω) branch ▸ 25 + 6 + 11 = 42
  κλάδοι ▸ 11 + 2 = 13
    Noun · masculine · plural · nominative · (common) ▸ 11 + 2 = **13** (Sir. 1,20; Sir. 23,25; Sir. 24,16; Sir. 24,16; Hos. 14,7; Zech. 4,12; Jer. 11,16; Ezek. 31,5; Ezek. 31,12; Dan. 4,12; Dan. 4,17a; Rom. 11,16; Rom. 11,19)
  κλάδοις ▸ 3 + 2 + 2 = 7
    Noun · masculine · plural · dative · (common) ▸ 3 + 2 + 2 = **7** (Wis. 4,4; Is. 55,12; Ezek. 31,8; Dan. 4,12; Dan. 4,21; Matt. 13,32; Luke 13,19)
  κλάδον ▸ 2
    Noun · masculine · singular · accusative · (common) ▸ **2** (Judg. 9,48; Judg. 9,49)
  κλάδος ▸ 2
    Noun · masculine · singular · nominative ▸ **2** (Matt. 24,32; Mark 13,28)
  κλάδους ▸ 7 + 1 + 2 = 10
    Noun · masculine · plural · accusative · (common) ▸ 7 + 1 + 2 = **10** (Lev. 23,40; Lev. 23,40; 2Mac. 10,7; Wis. 17,17; Sir. 14,26; Sir. 24,16; Sir. 40,15; Dan. 4,14; Matt. 21,8; Mark 4,32)
  κλάδων ▸ 4 + 1 + 3 = 8
    Noun · masculine · plural · genitive · (common) ▸ 4 + 1 + 3 = **8** (Is. 17,6; Ezek. 31,6; Ezek. 31,7; Ezek. 31,9; Dan. 4,14; Rom. 11,17; Rom. 11,18; Rom. 11,21)
κλαίω to weep, cry ▸ 138 + 28 + 40 = 206
  ἔκλαιεν ▸ 5 + 1 + 2 = 8
    Verb · third · singular · imperfect · active · indicative ▸ 5 + 1 + 2 = **8** (Num. 14,1; 1Sam. 1,7; 2Sam. 15,23; 1Kings 18,45; Neh. 8,9; Tob. 10,7; Mark 14,72; John 20,11)
  ἔκλαιες ▸ 1
    Verb · second · singular · imperfect · active · indicative   ▸ **1** (2Sam. 12,21)
  ἐκλαίετε ▸ 1
    Verb · second · plural · imperfect · active · indicative ▸ **1** (Deut. 1,45)
  ἔκλαιον ▸ 8 + 1 + 2 = 11
    Verb · first · singular · imperfect · active · indicative ▸ **1** (Rev. 5,4)
    Verb · third · plural · imperfect · active · indicative ▸ 8 + 1 + 1 = **10** (Num. 11,4; Num. 25,6; 1Sam. 13,16; 1Esdr. 9,50; Ezra 3,12; Psa. 125,6; Jer. 48,6; Bar. 1,5; Sus. 33; Luke 8,52)
  ἐκλαίοσαν ▸ 1
    Verb · third · plural · imperfect · active · indicative ▸ **1** (Sus. 33)
  ἔκλαυσα ▸ 5 + 2 = 7
    Verb · first · singular · aorist · active · indicative ▸ 5 + 2 = **7** (2Sam. 12,22; Neh. 1,4; Tob. 2,6; Tob. 3,1; Job 30,25; Tob. 2,6; Tob. 3,1)
  ἐκλαύσαμεν ▸ 1
    Verb · first · plural · aorist · active · indicative ▸ **1** (Psa. 136,1)
  ἔκλαυσαν ▸ 23 + 4 = 27
    Verb · third · plural · aorist · active · indicative ▸ 23 + 4 = **27** (Gen. 33,4; Num. 20,29; Deut. 34,8; Judg. 2,4; Judg. 20,23; Judg. 20,26; Judg. 21,2; Ruth 1,9; Ruth 1,14; 1Sam. 11,4; 1Sam. 30,4; 2Sam. 1,12; 2Sam. 13,36; 2Sam. 13,36; Tob. 7,7; Tob. 11,9; 1Mac. 7,36; 1Mac. 9,20; Job 2,12; Job 31,38; Hos. 12,5; Joel 1,18; Jer. 41,5; Judg. 2,4; Judg. 20,23; Judg. 20,26; Judg. 21,2)
  ἔκλαυσας ▸ 3
    Verb · second · singular · aorist · active · indicative ▸ **3** (2Kings 22,19; 2Chr. 34,27; 4Mac. 15,19)
  ἐκλαύσατε ▸ 2 + 1 = 3
    Verb · second · plural · aorist · active · indicative   ▸ 2 + 1 = **3** (Num. 11,18; Num. 11,20; Luke 7,32)
  ἔκλαυσε ▸ 1
    Verb · third · singular · aorist · active · indicative ▸ **1** (Tob. 7,6)
  ἔκλαυσεν ▸ 33 + 16 + 3 = 52
    Verb · third · singular · aorist · active · indicative ▸ 33 + 16 + 3 = **52** (Gen. 21,16; Gen. 27,38; Gen. 29,11; Gen. 37,35; Gen. 42,24; Gen. 43,30; Gen. 45,14; Gen. 45,14; Gen. 45,15; Gen. 46,29; Gen. 50,1; Gen. 50,17; Judg. 11,38; Judg. 14,16; Judg. 14,17; 1Sam. 1,10; 1Sam. 20,41; 1Sam. 24,17; 2Sam. 3,32; 2Sam.

3,32; 2Sam. 19,1; 2Kings 8,11; 2Kings 13,14; 2Kings 20,3; Ezra 10,1; Tob. 5,18; Tob. 7,6; Tob. 7,16; Tob. 11,13; Is. 30,19; Is. 38,3; Lam. 1,2; Sus. 35; Judg. 9,7; Judg. 11,38; Judg. 14,16; Judg. 14,17; Judg. 15,18; Judg. 16,28; Tob. 3,10; Tob. 5,18; Tob. 7,6; Tob. 7,6; Tob. 7,7; Tob. 7,7; Tob. 7,16; Tob. 9,6; Tob. 11,9; Tob. 11,13; Matt. 26,75; Luke 19,41; Luke 22,62)

κλαῖε ▸ 2
Verb · second · singular · present · active · imperative ▸ 2 (Luke 7,13; Rev. 5,5)

κλαίει ▸ 3
Verb · third · singular · present · active · indicative ▸ 3 (1Sam. 11,5; 2Sam. 19,2; 2Kings 8,12)

κλαίειν ▸ 2 + 1 + 1 = 4
Verb · present · active · infinitive ▸ 2 + 1 + 1 = 4 (1Sam. 30,4; Is. 15,2; Tob. 10,4; Rom. 12,15)

κλαίεις ▸ 1 + 2 = 3
Verb · second · singular · present · active · indicative ▸ 1 + 2 = 3 (1Sam. 1,8; John 20,13; John 20,15)

κλαίετε ▸ 3 + 4 = 7
Verb · second · plural · present · active · indicative ▸ 1 (Mark 5,39)
Verb · second · plural · present · active · imperative ▸ 3 + 3 = 6 (Neh. 8,9; Mic. 2,6; Jer. 22,10; Luke 8,52; Luke 23,28; Luke 23,28)

κλαῖον ▸ 1
Verb · present · active · participle · neuter · singular · accusative ▸ 1 (Ex. 2,6)

κλαίοντας ▸ 2
Verb · present · active · participle · masculine · plural · accusative ▸ 2 (Mark 5,38; John 11,33)

κλαίοντες ▸ 4 + 6 = 10
Verb · present · active · participle · masculine · plural · nominative ▸ 4 + 5 = 9 (2Sam. 15,30; Is. 15,5; Is. 33,7; Jer. 27,4; Acts 21,13; 1Cor. 7,30; 1Cor. 7,30; Rev. 18,15; Rev. 18,19)
Verb · present · active · participle · masculine · plural · vocative ▸ 1 (Luke 6,21)

κλαιόντων ▸ 2 + 1 = 3
Verb · present · active · participle · masculine · plural · genitive ▸ 2 + 1 = 3 (Num. 11,10; Sir. 7,34; Rom. 12,15)

Κλαίουσα ▸ 1
Verb · present · active · participle · feminine · singular · nominative ▸ 1 (Lam. 1,2)

κλαίουσα ▸ 2 + 2 + 3 = 7
Verb · present · active · participle · feminine · singular · nominative ▸ 2 + 2 + 3 = 7 (1Sam. 1,10; Tob. 5,23; Tob. 5,23; Sus. 35; Matt. 2,18; Luke 7,38; John 20,11)

κλαίουσαι ▸ 1
Verb · present · active · participle · feminine · plural · nominative ▸ 1 (Acts 9,39)

κλαίουσαν ▸ 1
Verb · present · active · participle · feminine · singular · accusative ▸ 1 (John 11,33)

κλαίουσιν ▸ 1 + 2 = 3
Verb · present · active · participle · masculine · plural · dative ▸ 1 (Mark 16,10)
Verb · third · plural · present · active · indicative ▸ 1 + 1 = 2 (Num. 11,13; Rev. 18,11)

κλαίω ▸ 1
Verb · first · singular · present · active · indicative ▸ 1 (Lam. 1,15)

κλαίων ▸ 9 + 1 = 10
Verb · present · active · participle · masculine · singular · nominative ▸ 9 + 1 = 10 (2Sam. 3,16; 2Sam. 15,30; 1Kings 20,27; 1Esdr. 8,88; Ezra 10,1; Ezra 10,1; Wis. 7,3; Jer. 31,5; Lam. 1,1; Phil. 3,18)

κλαῦσαι ▸ 3
Verb · aorist · active · infinitive ▸ 3 (Gen. 43,30; 2Sam. 3,34; Eccl. 3,4)

κλαύσατε ▸ 3 + 2 = 5
Verb · second · plural · aorist · active · imperative ▸ 3 + 2 = 5 (2Sam. 1,24; Joel 1,5; Jer. 22,10; James 4,9; James 5,1)

κλαύσεται ▸ 2
Verb · third · singular · future · middle · indicative ▸ 2 (Deut. 21,13; Jer. 13,17)

κλαύσετε ▸ 2
Verb · second · plural · future · active · indicative ▸ 2 (Luke 6,25; John 16,20)

κλαύσῃ ▸ 1
Verb · third · singular · aorist · active · subjunctive ▸ 1 (John 11,31)

κλαύσητε ▸ 1
Verb · second · plural · aorist · active · subjunctive ▸ 1 (Ezek. 24,23)

κλαυσθῇς ▸ 1
Verb · second · singular · aorist · passive · subjunctive ▸ 1 (Ezek. 24,16)

κλαυσθήσονται ▸ 1
Verb · third · plural · future · passive · indicative ▸ 1 (Psa. 77,64)

κλαύσομαι ▸ 4 + 1 = 5
Verb · first · singular · future · middle · indicative ▸ 4 + 1 = 5 (Judg. 11,37; Is. 16,9; Is. 22,4; Jer. 8,23; Judg. 11,37)

κλαῦσον ▸ 3
Verb · second · singular · aorist · active · imperative ▸ 3 (Sir. 22,11; Sir. 22,11; Sir. 22,11)

κλαύσονται ▸ 5
Verb · third · plural · future · middle · indicative ▸ 5 (Lev. 10,6; Judith 16,17; Joel 2,17; Jer. 22,18; Jer. 41,5)

κλαύσουσιν ▸ 1
Verb · third · plural · future · active · indicative ▸ 1 (Rev. 18,9)

κλαύσωμεν ▸ 1
Verb · first · plural · aorist · active · subjunctive ▸ 1 (Psa. 94,6)

κλάσις (κλάω) breaking ▸ 2
κλάσει ▸ 2
Noun · feminine · singular · dative ▸ 2 (Luke 24,35; Acts 2,42)

κλάσμα (κλάω) fragment ▸ 8 + 1 + 9 = 18
κλάσμα ▸ 4 + 1 = 5
Noun · neuter · singular · accusative · (common) ▸ 4 + 1 = 5 (Judg. 9,53; 1Sam. 30,12; 2Sam. 11,21; 2Sam. 11,22; Judg. 9,53)

κλάσματα ▸ 1 + 2 = 3
Noun · neuter · plural · accusative · (common) ▸ 1 + 2 = 3 (Lev. 2,6; Mark 6,43; John 6,12)

κλάσματι ▸ 1
Noun · neuter · singular · dative · (common) ▸ 1 (Judg. 19,5)

κλασμάτων ▸ 2 + 7 = 9
Noun · neuter · plural · genitive · (common) ▸ 2 + 7 = 9 (Lev. 6,14; Ezek. 13,19; Matt. 14,20; Matt. 15,37; Mark 8,8; Mark 8,19; Mark 8,20; Luke 9,17; John 6,13)

Κλαυδία Claudia ▸ 1
Κλαυδία ▸ 1
Noun · feminine · singular · nominative · (proper) ▸ 1 (2Tim. 4,21)

Κλαύδιος Claudius ▸ 3
Κλαύδιον ▸ 1

Κλαύδιος–κλείω

    Noun · masculine · singular · accusative · (proper) ▸ **1** (Acts 18,2)
Κλαύδιος ▸ **1**
    Noun · masculine · singular · nominative · (proper) ▸ **1** (Acts 23,26)
Κλαυδίου ▸ **1**
    Noun · masculine · singular · genitive · (proper) ▸ **1** (Acts 11,28)

κλαυθμός (κλαίω)   weeping, crying ▸ **39** + **1** + **9** = **49**
  κλαυθμοί ▸ **1**
    Noun · masculine · plural · nominative · (common) ▸ **1** (Mic. 7,4)
  κλαυθμὸν ▸ **9** + **1** = **10**
    Noun · masculine · singular · accusative · (common) ▸ **9** + **1** = **10** (Judg. 21,2; 2Sam. 13,36; 1Esdr. 5,62; Job 30,31; Sir. 38,17; Is. 16,9; Is. 22,12; Jer. 31,32; Lam. 5,13; Judg. 21,2)
  κλαυθμὸς ▸ **3** + **9** = **12**
    Noun · masculine · singular · nominative · (common) ▸ **3** + **9** = **12** (1Esdr. 8,88; Judith 7,29; Psa. 29,6; Matt. 2,18; Matt. 8,12; Matt. 13,42; Matt. 13,50; Matt. 22,13; Matt. 24,51; Matt. 25,30; Luke 13,28; Acts 20,37)
  κλαυθμοῦ ▸ **17**
    Noun · masculine · singular · genitive · (common) ▸ **17** (Gen. 45,2; Deut. 34,8; 1Esdr. 5,60; Ezra 3,13; Judith 14,16; 2Mac. 13,12; Psa. 6,9; Psa. 101,10; Job 16,16; Is. 15,3; Is. 65,19; Jer. 3,21; Jer. 38,15; Jer. 38,16; Bar. 4,11; Bar. 4,23; Dan. 6,21)
  κλαυθμῷ ▸ **9**
    Noun · masculine · singular · dative · (common) ▸ **9** (Gen. 46,29; 2Kings 20,3; Joel 2,12; Mal. 2,13; Is. 30,19; Is. 38,3; Jer. 22,10; Jer. 31,5; Jer. 38,9)

Κλαυθμών (κλαίω)   Weeping Place ▸ **2** + **2** = **4**
  Κλαυθμών ▸ **1**
    Noun · masculine · singular · nominative · (proper) ▸ **1** (Judg. 2,5)
  Κλαυθμῶνα ▸ **1** + **1** = **2**
    Noun · masculine · singular · accusative · (proper) ▸ **1** + **1** = **2** (Judg. 2,1; Judg. 2,1)
  Κλαυθμῶνες ▸ **1**
    Noun · masculine · plural · nominative · (proper) ▸ **1** (Judg. 2,5)

κλαυθμών (κλαίω)   weeping place ▸ **3**
  κλαυθμῶνος ▸ **3**
    Noun · masculine · singular · genitive · (common) ▸ **3** (2Sam. 5,23; 2Sam. 5,24; Psa. 83,7)

κλάω   to break ▸ **2** + **1** + **14** = **17**
  ἔκλασα ▸ **1**
    Verb · first · singular · aorist · active · indicative ▸ **1** (Mark 8,19)
  ἔκλασεν ▸ **1** + **6** = **7**
    Verb · third · singular · aorist · active · indicative ▸ **1** + **6** = **7** (Judg. 9,53; Matt. 15,36; Matt. 26,26; Mark 8,6; Mark 14,22; Luke 22,19; 1Cor. 11,24)
  κλάσαι ▸ **1**
    Verb · aorist · active · infinitive ▸ **1** (Acts 20,7)
  κλάσας ▸ **4**
    Verb · aorist · active · participle · masculine · singular · nominative ▸ **4** (Matt. 14,19; Luke 24,30; Acts 20,11; Acts 27,35)
  κλασθῇ ▸ **1**
    Verb · third · singular · aorist · passive · subjunctive ▸ **1** (Jer. 16,7)
  κλῶμεν ▸ **1**
    Verb · first · plural · present · active · indicative ▸ **1** (1Cor. 10,16)
  κλώμενος ▸ **1**
    Verb · present · passive · participle · masculine · singular · nominative ▸ **1** (4Mac. 9,14)
  κλῶντές ▸ **1**
    Verb · present · active · participle · masculine · plural · nominative ▸ **1** (Acts 2,46)

κλεῖθρον (κλείω)   bar (for a door); barrier ▸ **8**
  κλεῖθρα ▸ **6**
    Noun · neuter · plural · accusative · (common) ▸ **5** (Neh. 3,3; Neh. 3,6; Neh. 3,13; Neh. 3,14; Job 38,10)
    Noun · neuter · plural · nominative · (common) ▸ **1** (Job 26,13)
  κλείθροις ▸ **1**
    Noun · neuter · plural · dative · (common) ▸ **1** (LetterJ 17)
  κλείθρου ▸ **1**
    Noun · neuter · singular · genitive · (common) ▸ **1** (Song 5,5)

κλείς (κλείω)   key ▸ **4** + **1** + **6** = **11**
  κλεῖδα ▸ **1** + **1** + **1** = **3**
    Noun · feminine · singular · accusative · (common) ▸ **1** + **1** + **1** = **3** (Judg. 3,25; Judg. 3,25; Luke 11,52)
  κλεῖδας ▸ **1** + **1** = **2**
    Noun · feminine · plural · accusative · (common) ▸ **1** + **1** = **2** (Bel 11; Matt. 16,19)
  κλειδός ▸ **1**
    Noun · feminine · singular · genitive · (common) ▸ **1** (Job 31,22)
  κλειδῶν ▸ **1**
    Noun · feminine · plural · genitive · (common) ▸ **1** (1Chr. 9,27)
  κλεῖν ▸ **2**
    Noun · feminine · singular · accusative ▸ **2** (Rev. 3,7; Rev. 20,1)
  κλεῖς ▸ **1**
    Noun · feminine · plural · accusative ▸ **1** (Rev. 1,18)
  κλείς ▸ **1**
    Noun · feminine · singular · nominative ▸ **1** (Rev. 9,1)

κλείω   to close, shut ▸ **24** + **4** + **16** = **44**
  ἐκλείετο ▸ **1**
    Verb · third · singular · imperfect · passive · indicative ▸ **1** (Josh. 2,5)
  ἔκλεισαν ▸ **1** + **2** = **3**
    Verb · third · plural · aorist · active · indicative ▸ **1** + **2** = **3** (Neh. 13,19; Judg. 9,51; Bel 14)
  ἔκλεισεν ▸ **2** + **1** = **3**
    Verb · third · singular · aorist · active · indicative ▸ **2** + **1** = **3** (Gen. 7,16; 2Chr. 28,24; Rev. 20,3)
  ἐκλείσθη ▸ **1** + **2** = **3**
    Verb · third · singular · aorist · passive · indicative ▸ **1** + **2** = **3** (Josh. 2,7; Matt. 25,10; Luke 4,25)
  ἐκλείσθησαν ▸ **1**
    Verb · third · plural · aorist · passive · indicative ▸ **1** (Acts 21,30)
  κεκλείκασιν ▸ **1**
    Verb · third · plural · perfect · active · indicative ▸ **1** (1Sam. 23,20)
  κέκλεινται ▸ **1**
    Verb · third · plural · perfect · passive · indicative ▸ **1** (Sus. 20)
  κεκλεισμένη ▸ **4**
    Verb · perfect · passive · participle · feminine · singular · nominative ▸ **4** (Ezek. 44,1; Ezek. 44,2; Ezek. 44,2; Ezek. 46,1)
  κεκλεισμένον ▸ **1**
    Verb · perfect · passive · participle · neuter · singular · accusative ▸ **1** (Acts 5,23)
  κεκλεισμένος ▸ **2**
    Verb · perfect · passive · participle · masculine · singular · nominative ▸ **2** (Song 4,12; Song 4,12)
  κεκλεισμένῳ ▸ **1**
    Verb · perfect · passive · participle · neuter · singular · dative ▸ **1** (Sir. 30,18)
  κεκλεισμένων ▸ **2**
    Verb · perfect · passive · participle · feminine · plural · genitive

▸ 2 (John 20,19; John 20,26)
- **κέκλεισται** ▸ 1
  - **Verb** · third · singular · perfect · passive · indicative ▸ 1 (Luke 11,7)
- **κλειέσθωσαν** ▸ 1
  - **Verb** · third · plural · present · passive · imperative ▸ 1 (Neh. 7,3)
- **κλείετε** ▸ 1
  - **Verb** · second · plural · present · active · indicative ▸ 1 (Matt. 23,13)
- **κλεῖσαι** ▸ 2
  - **Verb** · aorist · active · infinitive ▸ 2 (Rev. 3,8; Rev. 11,6)
- **κλείσας** ▸ 1 + 1 = 2
  - **Verb** · aorist · active · participle · masculine · singular · nominative ▸ 1 + 1 = 2 (Ode. 12,3; Matt. 6,6)
- **κλείσατε** ▸ 1
  - **Verb** · second · plural · aorist · active · imperative ▸ 1 (Sus. 17)
- **κλείσει** ▸ 2 + 1 = 3
  - **Verb** · third · singular · future · active · indicative ▸ 2 + 1 = 3 (Is. 24,10; Ezek. 46,12; Rev. 3,7)
- **κλείσῃ** ▸ 1 + 1 = 2
  - **Verb** · third · singular · aorist · active · subjunctive ▸ 1 + 1 = 2 (Job 12,14; 1John 3,17)
- **κλεισθῇ** ▸ 2
  - **Verb** · third · singular · aorist · passive · subjunctive ▸ 2 (Ezek. 46,2; Bel 11)
- **κλεισθήσονται** ▸ 1
  - **Verb** · third · plural · future · passive · indicative ▸ 1 (Is. 60,11)
- **κλεισθῶσιν** ▸ 1
  - **Verb** · third · plural · aorist · passive · subjunctive ▸ 1 (Rev. 21,25)
- **κλεῖσον** ▸ 1
  - **Verb** · second · singular · aorist · active · imperative ▸ 1 (Sir. 42,6)
- **κλείσουσιν** ▸ 1
  - **Verb** · third · plural · future · active · indicative ▸ 1 (Eccl. 12,4)
- **κλείσωμεν** ▸ 1
  - **Verb** · first · plural · aorist · active · subjunctive ▸ 1 (Neh. 6,10)
- **κλείων** ▸ 1
  - **Verb** · present · active · participle · masculine · singular · nominative ▸ 1 (Rev. 3,7)

κλέμμα (κλέπτω) theft, stolen object ▸ 4 + 1 = 5
- **κλέμμα** ▸ 1
  - **Noun** · neuter · singular · nominative · (common) ▸ 1 (Ex. 22,3)
- **κλέμματα** ▸ 2
  - **Noun** · neuter · plural · accusative · (common) ▸ 2 (Gen. 31,39; Gen. 31,39)
- **κλέμματος** ▸ 1
  - **Noun** · neuter · singular · genitive · (common) ▸ 1 (Ex. 22,2)
- **κλεμμάτων** ▸ 1
  - **Noun** · neuter · plural · genitive ▸ 1 (Rev. 9,21)

Κλεοπᾶς Cleopas ▸ 1
- **Κλεοπᾶς** ▸ 1
  - **Noun** · masculine · singular · nominative · (proper) ▸ 1 (Luke 24,18)

Κλεοπάτρα Cleopatra ▸ 3
- **Κλεοπάτρα** ▸ 1
  - **Noun** · feminine · singular · nominative · (proper) ▸ 1 (1Mac. 10,57)
- **Κλεοπάτραν** ▸ 1
  - **Noun** · feminine · singular · accusative · (proper) ▸ 1 (1Mac. 10,58)
- **Κλεοπάτρας** ▸ 1
  - **Noun** · feminine · singular · genitive · (proper) ▸ 1 (Esth. 11,1 # 10,3l)

κλέος (κλέω) report; fame ▸ 2 + 1 = 3
- **κλέος** ▸ 2 + 1 = 3
  - **Noun** · neuter · singular · accusative · (common) ▸ 2 + 1 = 3 (Job 28,22; Job 30,8; 1Pet. 2,20)

κλέπτης (κλέπτω) thief ▸ 17 + 16 = 33
- **κλέπται** ▸ 4 + 4 = 8
  - **Noun** · masculine · plural · nominative · (common) ▸ 4 + 4 = 8 (Job 30,5; Joel 2,9; Obad. 5; Jer. 30,3; Matt. 6,19; Matt. 6,20; John 10,8; 1Cor. 6,10)
- **κλέπτῃ** ▸ 2
  - **Noun** · masculine · singular · dative · (common) ▸ 2 (Prov. 29,24; Sir. 5,14)
- **κλέπτην** ▸ 1
  - **Noun** · masculine · singular · accusative · (common) ▸ 1 (Psa. 49,18)
- **κλέπτης** ▸ 6 + 12 = 18
  - **Noun** · masculine · singular · nominative · (common) ▸ 6 + 12 = 18 (Ex. 22,1; Deut. 24,7; Job 24,14; Sir. 20,25; Hos. 7,1; Zech. 5,3; Matt. 24,43; Luke 12,33; Luke 12,39; John 10,1; John 10,10; John 12,6; 1Th. 5,2; 1Th. 5,4; 1Pet. 4,15; 2Pet. 3,10; Rev. 3,3; Rev. 16,15)
- **κλέπτου** ▸ 2
  - **Noun** · masculine · singular · genitive · (common) ▸ 2 (Zech. 5,4; Jer. 2,26)
- **κλεπτῶν** ▸ 2
  - **Noun** · masculine · plural · genitive · (common) ▸ 2 (Is. 1,23; LetterJ 57)

κλέπτω to steal ▸ 33 + 1 + 13 = 47
- **ἐκλάπην** ▸ 1
  - **Verb** · first · singular · aorist · passive · indicative ▸ 1 (Gen. 40,15)
- **ἔκλεπτον** ▸ 1 + 1 = 2
  - **Verb** · first · singular · imperfect · active · indicative ▸ 1 (Tob. 1,18)
  - **Verb** · third · plural · imperfect · active · indicative ▸ 1 (Sus. 12)
- **ἔκλεψαν** ▸ 3 + 1 = 4
  - **Verb** · third · plural · aorist · active · indicative ▸ 3 + 1 = 4 (2Sam. 21,12; Job 17,3; Obad. 5; Matt. 28,13)
- **ἔκλεψάν** ▸ 1
  - **Verb** · third · plural · aorist · active · indicative ▸ 1 (2Sam. 19,42)
- **ἔκλεψας** ▸ 1
  - **Verb** · second · singular · aorist · active · indicative ▸ 1 (Gen. 31,30)
- **ἐκλέψατέ** ▸ 1
  - **Verb** · second · plural · aorist · active · indicative ▸ 1 (Gen. 44,5)
- **ἔκλεψεν** ▸ 4
  - **Verb** · third · singular · aorist · active · indicative ▸ 4 (Gen. 31,19; Gen. 31,32; 2Kings 11,2; 2Chr. 22,11)
- **κεκλεμμένον** ▸ 1
  - **Verb** · perfect · passive · participle · neuter · singular · nominative ▸ 1 (Gen. 30,33)
- **κλαπῇ** ▸ 2
  - **Verb** · third · singular · aorist · passive · subjunctive ▸ 2 (Ex. 22,6; Ex. 22,11)
- **κλέπτει** ▸ 1
  - **Verb** · third · singular · present · active · indicative ▸ 1 (Prov. 6,30)
- **κλέπτειν** ▸ 1 + 1 = 2
  - **Verb** · present · active · infinitive ▸ 1 + 1 = 2 (1Esdr. 4,23; Rom.

κλέπτω–κληρονομέω

2,21)
κλέπτεις ‣ 1
 Verb · second · singular · present · active · indicative ‣ 1 (Rom. 2,21)
κλέπτετε ‣ 1
 Verb · second · plural · present · active · indicative ‣ 1 (Jer. 7,9)
κλεπτέτω ‣ 1
 Verb · third · singular · present · active · imperative ‣ 1 (Eph. 4,28)
κλέπτοντας ‣ 1
 Verb · present · active · participle · masculine · plural · accusative ‣ 1 (Jer. 23,30)
κλέπτουσιν ‣ 2
 Verb · third · plural · present · active · indicative ‣ 2 (Matt. 6,19; Matt. 6,20)
κλέπτων ‣ 3 + 1 = 4
 Verb · present · active · participle · masculine · singular · nominative ‣ 3 + 1 = 4 (Deut. 24,7; Tob. 1,18; Prov. 6,30; Eph. 4,28)
κλέψαιμεν ‣ 1
 Verb · first · plural · aorist · active · optative ‣ 1 (Gen. 44,8)
κλέψαντες ‣ 1
 Verb · aorist · active · participle · masculine · plural · nominative ‣ 1 (Josh. 7,11)
κλέψας ‣ 2
 Verb · aorist · active · participle · masculine · singular · nominative ‣ 2 (Ex. 22,6; Ex. 22,7)
κλέψεις ‣ 2 + 2 = 4
 Verb · second · singular · future · active · indicative ‣ 2 + 2 = 4 (Ex. 20,14; Deut. 5,19; Matt. 19,18; Rom. 13,9)
κλέψετε ‣ 1
 Verb · second · plural · future · active · indicative ‣ 1 (Lev. 19,11)
κλέψῃ ‣ 3 + 1 = 4
 Verb · third · singular · aorist · active · subjunctive ‣ 3 + 1 = 4 (Ex. 21,17; Ex. 21,37; 1Esdr. 4,24; John 10,10)
κλέψῃς ‣ 2
 Verb · second · singular · aorist · active · subjunctive ‣ 2 (Mark 10,19; Luke 18,20)
κλέψω ‣ 1
 Verb · first · singular · future · active · indicative ‣ 1 (Prov. 30,9)
κλέψωσιν ‣ 1
 Verb · third · plural · aorist · active · subjunctive ‣ 1 (Matt. 27,64)

κλεψιμαῖος (κλέπτω) stolen ‣ 2 + 2 = 4
 κλεψιμαῖον ‣ 1 + 1 = 2
  Adjective · neuter · singular · accusative · noDegree ‣ 1 + 1 = 2 (Tob. 2,13; Tob. 2,13)
 κλεψιμαῖον ‣ 1 + 1 = 2
  Adjective · neuter · singular · nominative · noDegree ‣ 1 + 1 = 2 (Tob. 2,13; Tob. 2,13)

κληδονίζω (κλέω) to engage in divination ‣ 3
 ἐκληδονίζετο ‣ 2
  Verb · third · singular · imperfect · middle · indicative ‣ 2 (2Kings 21,6; 2Chr. 33,6)
 κληδονιζόμενος ‣ 1
  Verb · present · middle · participle · masculine · singular · nominative ‣ 1 (Deut. 18,10)

κληδονισμός (κλέω) divination ‣ 1
 κληδονισμῶν ‣ 1
  Noun · masculine · plural · genitive · (common) ‣ 1 (Is. 2,6)

κληδών (κλέω) omen ‣ 1
 κληδόνων ‣ 1
  Noun · feminine · plural · genitive · (common) ‣ 1 (Deut. 18,14)

κλῆμα (κλάω) branch; root ‣ 11 + 4 = 15
 κλῆμα ‣ 2 + 3 = 5
  Noun · neuter · singular · accusative · (common) ‣ 1 + 1 = 2 (Num. 13,23; John 15,2)
  Noun · neuter · singular · nominative · (common) ‣ 1 + 2 = 3 (Mal. 3,19; John 15,4; John 15,6)
 κλήματα ‣ 6 + 1 = 7
  Noun · neuter · plural · accusative · (common) ‣ 5 (Psa. 79,12; Joel 1,7; Nah. 2,3; Ezek. 17,6; Ezek. 17,7)
  Noun · neuter · plural · nominative · (common) ‣ 1 + 1 = 2 (Ezek. 17,23; John 15,5)
 κλήματά ‣ 1
  Noun · neuter · plural · accusative · (common) ‣ 1 (Jer. 31,32)
 κλημάτων ‣ 2
  Noun · neuter · plural · genitive · (common) ‣ 2 (Ezek. 15,2; Ezek. 19,11)

κληματίς (κλῆμα) small branch ‣ 4 + 1 = 5
 κληματίδα ‣ 1 + 1 = 2
  Noun · feminine · singular · accusative · (common) ‣ 1 + 1 = 2 (Dan. 3,46; Dan. 3,46)
 κληματίδας ‣ 1
  Noun · feminine · plural · accusative · (common) ‣ 1 (Is. 18,5)
 κληματίς ‣ 2
  Noun · feminine · singular · nominative · (common) ‣ 2 (Deut. 32,32; Ode. 2,32)

Κλήμης Clement ‣ 1
 Κλήμεντος ‣ 1
  Noun · masculine · singular · genitive · (proper) ‣ 1 (Phil. 4,3)

κληροδοσία (κληρόω; δίδωμι) land distribution; allotment ‣ 5
 κληροδοσίᾳ ‣ 2
  Noun · feminine · singular · dative · (common) ‣ 2 (Dan. 11,21; Dan. 11,34)
 κληροδοσίαν ‣ 1
  Noun · feminine · singular · accusative · (common) ‣ 1 (1Mac. 10,89)
 κληροδοσίας ‣ 2
  Noun · feminine · singular · genitive · (common) ‣ 2 (Psa. 77,55; Eccl. 7,11)

κληροδοτέω (κληρόω; δίδωμι) to distribute land; to allot ‣ 3
 ἐκληροδότησεν ‣ 2
  Verb · third · singular · aorist · active · indicative ‣ 2 (Psa. 77,55; Sir. 17,11)
 κληροδοτήσητε ‣ 1
  Verb · second · plural · aorist · active · subjunctive ‣ 1 (Ezra 9,12)

κληρονομέω (κληρόω; νόμος 1st homograph) to inherit ‣ 161 + 18 + 18 = 197
 ἐκληρονόμησα ‣ 1
  Verb · first · singular · aorist · active · indicative ‣ 1 (Psa. 118,111)
 ἐκληρονομήσαμεν ‣ 1
  Verb · first · plural · aorist · active · indicative ‣ 1 (Deut. 3,12)
 ἐκληρονόμησαν ‣ 18 + 2 = 20
  Verb · third · plural · aorist · active · indicative ‣ 18 + 2 = 20 (Gen. 47,27; Num. 21,35; Deut. 4,47; Deut. 30,5; Josh. 14,2; Josh. 16,4; Josh. 17,6; Josh. 18,2; Josh. 19,9; Josh. 22,9; 2Kings 17,24; Neh. 9,22; Neh. 9,23; Neh. 9,25; Judith 5,15; 1Mac. 1,32; Psa. 43,4; Psa. 104,44; Josh. 19,9; Judg. 1,21)

ἐκληρονόμησας ▸ 2
    Verb · second · singular · aorist · active · indicative   ▸ **2**   (Josh. 17,14; 1Kings 20,19)
ἐκληρονόμησεν ▸ **10** + **6** = **16**
    Verb · third · singular · aorist · active · indicative ▸ **10** + **6** = **16** (Judg. 1,18; Judg. 1,19; Judg. 1,20; Judg. 1,27; Judg. 3,13; Judg. 11,21; Judg. 11,22; Tob. 14,13; 1Mac. 2,10; 1Mac. 2,57; Judg. 1,18; Judg. 1,19; Judg. 1,20; Judg. 3,13; Judg. 11,21; Tob. 14,13)
κεκληρονόμηκεν ▸ 1
    Verb · third · singular · perfect · active · indicative ▸ **1** (Heb. 1,4)
κληρονόμει ▸ 1
    Verb · second · singular · present · active · imperative   ▸ **1** (1Kings 20,15)
κληρονομεῖ ▸ 1
    Verb · third · singular · present · active · indicative   ▸ **1**   (1Cor. 15,50)
κληρονομεῖν ▸ **8** + **1** = **9**
    Verb · present · active · infinitive   ▸ **8** + **1** = **9** (Num. 26,53; Deut. 2,9; Deut. 2,24; Deut. 4,5; Deut. 4,14; Deut. 4,38; Deut. 20,16; Josh. 12,7; Heb. 1,14)
κληρονομεῖτε ▸ 1
    Verb · second · plural · present · active · indicative   ▸ **1**   (Deut. 12,2)
κληρονομείτωσαν ▸ 1
    Verb · third · plural · present · active · imperative   ▸ **1**   (Deut. 10,11)
κληρονομῆσαι ▸ **34** + **4** + **2** = **40**
    Verb · aorist · active · infinitive   ▸ **34** + **4** + **2** = **40** (Gen. 15,7; Gen. 28,4; Deut. 2,31; Deut. 4,26; Deut. 6,1; Deut. 7,1; Deut. 9,1; Deut. 9,4; Deut. 9,5; Deut. 9,6; Deut. 11,8; Deut. 11,10; Deut. 11,11; Deut. 11,29; Deut. 11,31; Deut. 12,29; Deut. 21,1; Deut. 23,21; Deut. 28,21; Deut. 28,63; Deut. 30,16; Deut. 30,18; Deut. 31,13; Deut. 32,47; Josh. 18,3; Josh. 24,4; Judg. 1,19; 1Kings 20,16; 1Kings 20,18; 1Esdr. 8,80; Ezra 9,11; Neh. 9,15; Tob. 3,17; Is. 49,8; Judg. 18,9; Tob. 3,17; Tob. 6,12; Tob. 6,12; 1Cor. 15,50; Heb. 12,17)
κληρονομήσαισαν ▸ 1
    Verb · third · plural · aorist · active · optative ▸ **1** (Sol. 12,6)
κληρονομήσασιν ▸ 1
    Verb · aorist · active · participle · masculine · plural · dative ▸ **1** (Is. 17,14)
κληρονομήσατε ▸ **4** + **1** = **5**
    Verb · second · plural · aorist · active · imperative   ▸ **4** + **1** = **5** (Lev. 20,24; Deut. 1,8; Deut. 1,21; Deut. 9,23; Matt. 25,34)
κληρονομησάτω ▸ 1
    Verb · third · singular · aorist · active · imperative   ▸ **1**   (Gen. 24,60)
κληρονομήσει ▸ **25** + **1** + **3** = **29**
    Verb · third · singular · future · active · indicative   ▸ **25** + **1** + **3** = **29** (Gen. 15,3; Gen. 15,4; Gen. 15,4; Gen. 21,10; Gen. 22,17; Num. 14,24; Num. 27,11; Deut. 33,23; Tob. 3,15; Tob. 4,12; Psa. 24,13; Prov. 11,29; Prov. 13,22; Sir. 4,13; Sir. 5,15; Sir. 10,11; Sir. 22,4; Sir. 37,26; Sir. 39,23; Sir. 45,22; Hos. 9,6; Zech. 9,4; Is. 53,12; Is. 54,3; Is. 65,9; Judg. 11,24; Matt. 19,29; Gal. 4,30; Rev. 21,7)
κληρονομήσεις ▸ **5** + **3** = **8**
    Verb · second · singular · future · active · indicative   ▸ **5** + **3** = **8** (Num. 18,20; Deut. 30,5; Judg. 11,2; Judg. 11,23; Judg. 11,24; Judg. 11,2; Judg. 11,23; Judg. 11,24)
κληρονομήσετε ▸ 6
    Verb · second · plural · future · active · indicative   ▸ **6**   (Num. 33,54; Deut. 4,22; Deut. 5,33; Deut. 11,23; Deut. 11,31; Is. 34,17)
κληρονομήσῃ ▸ 1
    Verb · third · singular · aorist · active · subjunctive   ▸ **1**   (Tob. 3,15)
κληρονομήσῃς ▸ 3
    Verb · second · singular · aorist · active · subjunctive   ▸ **3**   (Ex. 23,30; Deut. 6,18; Deut. 17,14)
κληρονομήσητε ▸ **5** + **1** = **6**
    Verb · second · plural · aorist · active · subjunctive   ▸ **5** + **1** = **6** (Deut. 4,1; Deut. 8,1; Deut. 11,8; Deut. 16,20; 1Chr. 28,8; 1Pet. 3,9)
κληρονομήσομεν ▸ **1** + **1** = **2**
    Verb · first · plural · future · active · indicative   ▸ **1** + **1** = **2** (Judg. 11,24; Judg. 11,24)
κληρονομήσουσι ▸ 3
    Verb · third · plural · future · active · indicative   ▸ **3** (Psa. 36,22; Psa. 36,29; Is. 58,11)
κληρονομήσουσιν ▸ **21** + **4** = **25**
    Verb · third · plural · future · active · indicative   ▸ **21** + **4** = **25** (Num. 14,31; Num. 18,23; Num. 18,24; Num. 26,55; Num. 34,17; Num. 35,8; Deut. 1,39; Psa. 36,9; Psa. 36,11; Psa. 68,36; Prov. 3,35; Sir. 19,3; Sir. 20,25; Sol. 14,10; Obad. 20; Zeph. 2,9; Is. 57,13; Is. 60,21; Is. 61,7; Is. 65,9; Ezek. 36,12; Matt. 5,5; 1Cor. 6,9; 1Cor. 6,10; Gal. 5,21)
κληρονομήσω ▸ **2** + **3** = **5**
    Verb · first · singular · future · active · indicative   ▸ **2** (Gen. 15,8; Ezek. 35,10)
    Verb · first · singular · aorist · active · subjunctive · (variant)   ▸ **3** (Mark 10,17; Luke 10,25; Luke 18,18)
Κληρονομήσωμεν ▸ 1
    Verb · first · plural · aorist · active · subjunctive ▸ **1** (Psa. 82,13)
κληρονομήσωμεν ▸ 2
    Verb · first · plural · aorist · active · subjunctive   ▸ **2** (Num. 32,19; Is. 63,18)
κληρονομήσωσιν ▸ 2
    Verb · third · plural · aorist · active · subjunctive ▸ **2** (Josh. 1,15; Is. 14,21)
κληρονομούντων ▸ 1
    Verb · present · active · participle · masculine · plural · genitive   ▸ **1** (Heb. 6,12)
κληρονομούσης ▸ 1
    Verb · present · active · participle · feminine · singular · genitive   ▸ **1** (Psa. 5,1)
κληρονομία (κληρόω; νόμος 1st homograph)   inheritance ▸ **208** + **18** + **14** = **240**
Κληρονομία ▸ **1** + **1** = **2**
    Noun · feminine · singular · nominative · (common) ▸ **1** + **1** = **2** (Judg. 21,17; Judg. 21,17)
κληρονομία ▸ **56** + **10** + **3** = **69**
    Noun · feminine · singular · nominative · (common)   ▸ **56** + **10** + **3** = **69** (Gen. 31,14; Num. 18,20; Num. 24,18; Num. 24,18; Num. 26,54; Num. 36,4; Num. 36,4; Num. 36,7; Num. 36,12; Josh. 13,14; Josh. 13,14; Josh. 13,23; Josh. 13,28; Josh. 15,20; Josh. 16,8; Josh. 18,20; Josh. 18,28; Josh. 19,1; Josh. 19,8; Josh. 19,9; Josh. 19,16; Josh. 19,23; Josh. 19,31; Josh. 19,39; Josh. 19,47; Judg. 18,1; 2Sam. 20,1; 1Kings 8,51; 1Kings 12,16; 1Kings 12,24t; 2Chr. 10,16; Tob. 6,12; Psa. 15,6; Psa. 36,18; Psa. 126,3; Job 31,2; Sir. 24,20; Sir. 41,6; Sir. 44,11; Sir. 45,22; Sir. 45,25; Sir. 45,25; Sol. 14,5; Sol. 14,9; Sol. 15,10; Sol. 15,11; Mic. 1,15; Is. 17,14; Is. 19,25; Is. 54,17; Jer. 10,16; Jer. 12,8; Jer. 12,9; Jer. 28,19; Lam. 5,2; Ezek. 44,28; Josh. 18,28; Josh. 19,1; Josh. 19,8; Josh. 19,9; Josh. 19,16; Josh. 19,23; Josh. 19,31; Josh. 19,39; Judg.

κληρονομία–κληρόω

18,1; Tob. 6,13; Mark 12,7; Luke 20,14; Gal. 3,18)
- **κληρονομίᾳ** ▸ 18
  - **Noun** ▪ feminine ▪ singular ▪ dative ▪ (common) ▸ **18** (Num. 36,7; Num. 36,9; Deut. 19,14; Josh. 11,23; Josh. 12,6; Josh. 13,7; 1Sam. 26,19; 1Kings 8,36; 1Chr. 21,12; Psa. 67,10; Sir. 22,23; Sir. 23,12; Sir. 24,7; Sir. 44,23; Ezek. 45,1; Ezek. 46,16; Ezek. 47,14; Ezek. 47,22)
- **κληρονομίαι** ▸ 1
  - **Noun** ▪ feminine ▪ plural ▪ nominative ▪ (common) ▸ **1** (1Mac. 6,24)
- **κληρονομίαν** ▸ 87 + 4 + 7 = 98
  - **Noun** ▪ feminine ▪ singular ▪ accusative ▪ (common) ▸ 87 + 4 + 7 = **98** (Num. 18,23; Num. 26,54; Num. 26,54; Num. 26,56; Num. 27,8; Num. 27,9; Num. 27,10; Num. 27,11; Num. 32,18; Num. 34,2; Num. 35,8; Num. 36,2; Num. 36,3; Num. 36,4; Num. 36,8; Num. 36,8; Deut. 3,20; Deut. 12,9; Deut. 33,4; Josh. 1,15; Josh. 13,1; Josh. 17,4; Josh. 18,7; Judg. 2,6; Judg. 18,1; Judg. 21,23; Judg. 21,24; Ruth 4,6; 1Sam. 10,1; 2Sam. 20,19; 2Sam. 21,3; 1Kings 8,53; 1Kings 20,3; 1Kings 20,6; 2Chr. 6,27; 2Chr. 31,1; Esth. 13,15 # 4,17f; Esth. 14,5 # 4,17m; Esth. 14,8 # 4,17o; Esth. 10,12 # 10,3i; Judith 16,21; Tob. 6,13; 1Mac. 2,56; 2Mac. 2,4; 2Mac. 2,17; Psa. 2,8; Psa. 15,5; Psa. 27,9; Psa. 32,12; Psa. 46,5; Psa. 60,6; Psa. 77,62; Psa. 77,71; Psa. 78,1; Psa. 93,5; Psa. 93,14; Psa. 105,40; Psa. 110,6; Psa. 134,12; Psa. 134,12; Psa. 135,21; Psa. 135,22; Job 42,15; Sir. 9,6; Sir. 24,23; Sir. 33,24; Sir. 45,20; Sir. 46,8; Sir. 46,9; Sol. 7,2; Mic. 2,2; Joel 2,17; Mal. 1,3; Is. 47,6; Is. 49,8; Is. 58,14; Jer. 2,7; Jer. 3,19; Jer. 12,7; Jer. 12,15; Jer. 16,18; Jer. 27,11; Ezek. 11,15; Ezek. 25,4; Ezek. 25,10; Ezek. 44,28; Ezek. 47,23; Judg. 2,6; Judg. 18,1; Judg. 21,23; Judg. 21,24; Matt. 21,38; Luke 12,13; Acts 7,5; Acts 20,32; Eph. 5,5; Heb. 11,8; 1Pet. 1,4)
- **κληρονομίας** ▸ 45 + 3 + 4 = 52
  - **Noun** ▪ feminine ▪ singular ▪ genitive ▪ (common) ▸ 45 + 3 + 4 = **52** (Ex. 15,17; Num. 27,7; Num. 36,2; Num. 36,3; Num. 36,4; Deut. 2,12; Deut. 32,9; Josh. 16,5; Josh. 16,9; Josh. 19,10; Judg. 2,9; Judg. 20,6; Ruth 4,5; Ruth 4,10; 2Sam. 14,16; 2Kings 21,14; 1Chr. 16,18; 2Chr. 20,11; Judith 4,12; Judith 8,22; Judith 9,12; Judith 13,5; 1Mac. 15,33; 1Mac. 15,34; Psa. 15,5; Psa. 73,2; Psa. 104,11; Psa. 105,5; Ode. 1,17; Ode. 2,9; Sir. 24,12; Sir. 42,3; Sol. 9,1; Sol. 17,23; Mic. 1,14; Mic. 7,14; Mic. 7,18; Joel 4,2; Zech. 4,7; Is. 63,17; Jer. 12,14; Ezek. 46,16; Ezek. 46,17; Ezek. 46,18; Ezek. 48,28; Josh. 19,10; Judg. 2,9; Judg. 20,6; Eph. 1,14; Eph. 1,18; Col. 3,24; Heb. 9,15)

κληρονόμος (κληρόω; νόμος 1st homograph) heir ▸ 5 + 1 + 15 = 21
- **κληρονόμοι** ▸ 5
  - **Noun** ▪ masculine ▪ plural ▪ nominative ▸ **5** (Rom. 4,14; Rom. 8,17; Rom. 8,17; Gal. 3,29; Titus 3,7)
- **κληρονόμοις** ▸ 1 + 1 = 2
  - **Noun** ▪ masculine ▪ plural ▪ dative ▪ (common) ▸ 1 + 1 = **2** (Jer. 8,10; Heb. 6,17)
- **κληρονόμον** ▸ 2 + 2 = 4
  - **Noun** ▪ masculine ▪ singular ▪ accusative ▪ (common) ▸ 2 + 2 = **4** (2Sam. 14,7; Sir. 23,22; Rom. 4,13; Heb. 1,2)
- **κληρονόμος** ▸ 1 + 6 = 7
  - **Noun** ▪ masculine ▪ singular ▪ nominative ▸ 1 + 6 = **7** (Judg. 18,7; Matt. 21,38; Mark 12,7; Luke 20,14; Gal. 4,1; Gal. 4,7; Heb. 11,7)
- **κληρονόμου** ▸ 1
  - **Noun** ▪ masculine ▪ singular ▪ genitive ▪ (common) ▸ **1** (Sol. 8,11)
- **κληρονόμους** ▸ 1 + 1 = 2
  - **Noun** ▪ masculine ▪ plural ▪ accusative ▪ (common) ▸ 1 + 1 = **2** (Mic. 1,15; James 2,5)

κλῆρος (κληρόω) lot, portion; clergy ▸ 141 + 14 + 11 = 166
- **κλῆροι** ▸ 2
  - **Noun** ▪ masculine ▪ plural ▪ nominative ▪ (common) ▸ **2** (Esth. 10,11 # 10,3h; Jer. 12,13)
- **κλήροις** ▸ 2
  - **Noun** ▪ masculine ▪ plural ▪ dative ▪ (common) ▸ **2** (Gen. 48,6; Josh. 23,4)
- **κλῆρον** ▸ 18 + 5 = 23
  - **Noun** ▪ masculine ▪ singular ▪ accusative ▪ (common) ▸ 18 + 5 = **23** (Lev. 16,8; Lev. 16,8; Num. 16,14; Num. 18,24; Num. 27,7; Josh. 12,7; Josh. 14,3; Josh. 17,6; Josh. 17,14; Josh. 18,6; Josh. 18,8; Josh. 18,10; Josh. 19,49; Esth. 9,24; Psa. 21,19; Psa. 124,3; Prov. 1,14; Sir. 37,8; Matt. 27,35; Mark 15,24; John 19,24; Acts 1,17; Acts 26,18)
- **κλῆρόν** ▸ 1
  - **Noun** ▪ masculine ▪ singular ▪ accusative ▪ (common) ▸ **1** (Dan. 12,13)
- **κλῆρος** ▸ 40 + 7 + 2 = 49
  - **Noun** ▪ masculine ▪ singular ▪ nominative ▪ (common) ▸ 40 + 7 + 2 = **49** (Lev. 16,9; Lev. 16,10; Num. 26,62; Num. 36,3; Num. 36,9; Deut. 10,9; Deut. 10,9; Deut. 12,12; Deut. 14,27; Deut. 14,29; Deut. 18,1; Deut. 18,1; Deut. 18,2; Deut. 18,2; Josh. 17,4; Josh. 17,17; Josh. 18,11; Josh. 19,1; Josh. 19,2; Josh. 19,10; Josh. 19,17; Josh. 19,24; Josh. 19,32; Josh. 19,40; Josh. 21,4; Josh. 21,10; 1Chr. 6,39; 1Chr. 24,7; 1Chr. 25,9; 1Chr. 26,14; 1Chr. 26,14; Esth. 3,7; Prov. 18,18; Wis. 2,9; Wis. 3,14; Wis. 5,5; Sir. 25,19; Jonah 1,7; Is. 57,6; Ezek. 24,6; Josh. 19,1; Josh. 19,2; Josh. 19,10; Josh. 19,17; Josh. 19,24; Josh. 19,32; Josh. 19,40; Acts 1,26; Acts 8,21)
- **κλῆρός** ▸ 2
  - **Noun** ▪ masculine ▪ singular ▪ nominative ▪ (common) ▸ **2** (Deut. 9,29; Jer. 13,25)
- **κλήρου** ▸ 9 + 3 + 1 = 13
  - **Noun** ▪ masculine ▪ singular ▪ genitive ▪ (common) ▸ 9 + 3 + 1 = **13** (Num. 26,56; Num. 34,13; Num. 36,3; Josh. 18,11; Josh. 19,9; Josh. 19,9; Josh. 24,31; Neh. 10,35; Sir. 14,15; Josh. 19,1; Josh. 19,9; Josh. 19,9; Col. 1,12)
- **κλήρους** ▸ 23 + 2 = 25
  - **Noun** ▪ masculine ▪ plural ▪ accusative ▪ (common) ▸ 23 + 2 = **25** (Num. 32,19; Num. 34,14; Num. 34,15; Josh. 14,2; Josh. 19,51; 1Chr. 24,5; 1Chr. 24,31; 1Chr. 25,8; 1Chr. 26,13; 1Chr. 26,14; 1Esdr. 4,56; Neh. 10,35; Neh. 11,1; Esth. 3,7; Esth. 9,26; Esth. 10,10 # 10,3g; Hos. 5,7; Joel 4,3; Obad. 11; Jonah 1,7; Jonah 1,7; Nah. 3,10; Is. 34,17; Luke 23,34; Acts 1,26)
- **κλήρῳ** ▸ 40 + 3 = 43
  - **Noun** ▪ masculine ▪ singular ▪ dative ▪ (common) ▸ 40 + 3 = **43** (Ex. 6,8; Num. 18,21; Num. 18,24; Num. 18,26; Num. 33,53; Num. 33,54; Num. 36,2; Deut. 2,5; Deut. 2,9; Deut. 2,19; Deut. 2,19; Deut. 3,18; Deut. 4,21; Deut. 5,31; Deut. 11,31; Deut. 12,1; Deut. 15,4; Deut. 17,14; Deut. 19,10; Deut. 19,14; Deut. 21,23; Deut. 24,4; Deut. 25,15; Deut. 25,19; Deut. 26,1; Deut. 29,7; Josh. 13,6; Josh. 14,9; Josh. 14,13; Josh. 14,14; Judg. 1,3; Judg. 1,3; Judg. 20,9; 1Chr. 6,46; 1Chr. 6,48; 1Chr. 6,50; Esth. 13,17 # 4,17h; Mic. 2,5; Ezek. 47,22; Ezek. 48,29; Judg. 1,3; Judg. 1,3; Judg. 20,9)
- **κλήρων** ▸ 5 + 1 = 6
  - **Noun** ▪ masculine ▪ plural ▪ genitive ▪ (common) ▸ 5 + 1 = **6** (Gen. 49,14; Num. 26,55; Num. 35,2; Josh. 19,1; Psa. 67,14; 1Pet. 5,3)

κληρόω to receive by lot, choose ▸ 3 + 1 = 4
- **ἐκληρώθημεν** ▸ 1
  - **Verb** ▪ first ▪ plural ▪ aorist ▪ passive ▪ indicative ▸ **1** (Eph. 1,11)

κληροῦται ▸ 1
  Verb · third · singular · present · passive · indicative ▸ **1** (1Sam. 14,41)
κληρώσῃ ▸ 2
  Verb · second · singular · future · active · indicative ▸ **1** (Is. 17,11)
  Verb · second · singular · future · middle · indicative ▸ **1** (Is. 17,11)

κληρωτί (κληρόω) done by lot ▸ 4
κληρωτὶ ▸ 3
  Adverb ▸ **3** (Josh. 21,4; Josh. 21,5; Josh. 21,7)
κληρωτί ▸ 1
  Adverb ▸ **1** (Josh. 21,8)

κλῆσις (καλέω) calling ▸ 3 + 11 = 14
κλήσει ▸ 2
  Noun · feminine · singular · dative ▸ **2** (1Cor. 7,20; 2Tim. 1,9)
κλήσεσιν ▸ 1
  Noun · feminine · plural · dative · (common) ▸ **1** (3Mac. 5,14)
κλήσεως ▸ 1 + 6 = 7
  Noun · feminine · singular · genitive · (common) ▸ **1** + **6** = **7** (Jer. 38,6; Eph. 1,18; Eph. 4,1; Eph. 4,4; Phil. 3,14; 2Th. 1,11; Heb. 3,1)
κλῆσιν ▸ 1 + 2 = 3
  Noun · feminine · singular · accusative · (common) ▸ **1** + **2** = **3** (Judith 12,10; 1Cor. 1,26; 2Pet. 1,10)
κλῆσις ▸ 1
  Noun · feminine · singular · nominative ▸ **1** (Rom. 11,29)

κλητέον one must call ▸ 3
κλητέον ▸ 3
  Adjective · neuter · singular · nominative · noDegree · (verbal) ▸ **3** (LetterJ 39; LetterJ 44; LetterJ 63)

κλητός (καλέω) called, invited; guest ▸ 18 + 1 + 10 = 29
κληταὶ ▸ 1
  Adjective · feminine · plural · nominative · noDegree ▸ **1** (Lev. 23,4)
κλητὰς ▸ 2
  Adjective · feminine · plural · accusative · noDegree ▸ **2** (Lev. 23,2; Lev. 23,37)
κλητὴ ▸ 9
  Adjective · feminine · singular · nominative · noDegree ▸ **9** (Ex. 12,16; Lev. 23,3; Lev. 23,7; Lev. 23,8; Lev. 23,24; Lev. 23,27; Lev. 23,35; Lev. 23,36; Num. 28,25)
κλητήν ▸ 1
  Adjective · feminine · singular · accusative · noDegree ▸ **1** (Lev. 23,21)
κλητοὶ ▸ 3 + 2 = 5
  Adjective · masculine · plural · nominative · noDegree ▸ **3** + **2** = **5** (2Sam. 15,11; 1Kings 1,41; 1Kings 1,49; Rom. 1,6; Rev. 17,14)
κλητοί ▸ 1
  Adjective · masculine · plural · nominative · (verbal) ▸ **1** (Matt. 22,14)
κλητοῖς ▸ 5
  Adjective · masculine · plural · dative · (verbal) ▸ **5** (Rom. 1,7; Rom. 8,28; 1Cor. 1,2; 1Cor. 1,24; Jude 1)
κλητὸς ▸ 2
  Adjective · masculine · singular · nominative · (verbal) ▸ **2** (Rom. 1,1; 1Cor. 1,1)
κλητοὺς ▸ 2
  Adjective · masculine · plural · accusative · noDegree ▸ **2** (3Mac. 5,14; Zeph. 1,7)
κλητούς ▸ 1
  Adjective · masculine · plural · accusative · noDegree ▸ **1** (Judg. 14,11)

κλίβανος oven, furnace ▸ 12 + 2 = 14
κλίβανοι ▸ 1
  Noun · masculine · plural · nominative · (common) ▸ **1** (Lev. 11,35)
κλιβάνοις ▸ 1
  Noun · masculine · plural · dative · (common) ▸ **1** (Ex. 7,28)
κλίβανον ▸ 1 + 2 = 3
  Noun · masculine · singular · accusative · (common) ▸ **1** + **2** = **3** (Psa. 20,10; Matt. 6,30; Luke 12,28)
κλίβανος ▸ 6
  Noun · masculine · singular · nominative · (common) ▸ **6** (Gen. 15,17; Hos. 7,4; Hos. 7,6; Hos. 7,7; Mal. 3,19; Lam. 5,10)
κλιβάνῳ ▸ 3
  Noun · masculine · singular · dative · (common) ▸ **3** (Lev. 2,4; Lev. 7,9; Lev. 26,26)

κλίμα (κλίνω) region ▸ 1 + 3 = 4
κλίμα ▸ 1
  Noun · neuter · singular · nominative · (common) ▸ **1** (Judg. 20,2)
κλίμασιν ▸ 2
  Noun · neuter · plural · dative ▸ **2** (Rom. 15,23; 2Cor. 11,10)
κλίματα ▸ 1
  Noun · neuter · plural · accusative ▸ **1** (Gal. 1,21)

κλιμακτήρ (κλίνω) step ▸ 6
κλιμακτῆρες ▸ 5
  Noun · masculine · plural · nominative · (common) ▸ **5** (Ezek. 40,26; Ezek. 40,31; Ezek. 40,34; Ezek. 40,37; Ezek. 43,17)
κλιμακτῆρσιν ▸ 1
  Noun · masculine · plural · dative · (common) ▸ **1** (Ezek. 40,22)

κλῖμαξ (κλίνω) ladder, stair ▸ 5
κλίμακας ▸ 2
  Noun · feminine · plural · accusative · (common) ▸ **2** (Neh. 12,37; 1Mac. 5,30)
κλίμακος ▸ 1
  Noun · feminine · singular · genitive · (common) ▸ **1** (1Mac. 11,59)
κλιμάκων ▸ 1
  Noun · feminine · plural · genitive · (common) ▸ **1** (Neh. 3,15)
κλῖμαξ ▸ 1
  Noun · feminine · singular · nominative · (common) ▸ **1** (Gen. 28,12)

κλινάριον (κλίνω) cot, small bed ▸ 1
κλιναρίων ▸ 1
  Noun · neuter · plural · genitive ▸ **1** (Acts 5,15)

κλίνη (κλίνω) bed, cot, couch ▸ 45 + 2 + 9 = 56
κλῖναι ▸ 1
  Noun · feminine · plural · nominative · (common) ▸ **1** (Esth. 1,6)
κλίνας ▸ 1
  Noun · feminine · plural · accusative · (common) ▸ **1** (Judith 15,11)
κλίνη ▸ 8
  Noun · feminine · singular · nominative · (common) ▸ **8** (Deut. 3,11; Deut. 3,11; 2Kings 1,4; 2Kings 1,6; 2Kings 1,16; Song 1,16; Song 3,7; Job 7,13)
κλίνην ▸ 12 + 1 + 4 = 17
  Noun · feminine · singular · accusative · (common) ▸ **12** + **1** + **4** = **17** (Gen. 48,2; Gen. 49,33; 1Sam. 19,13; 2Kings 4,10; 2Kings 4,21; 2Kings 4,32; Esth. 7,8; Judith 8,3; Judith 13,2; Judith 13,4; Psa. 6,7; Prov. 7,16; Tob. 14,11; Matt. 9,6; Mark 4,21; Mark 7,30; Rev. 2,22)

κλίνης ▸ **19** + **1** + **4** = **24**
  Noun · feminine · singular · genitive · (common) ▸ **19** + **1** + **4** = **24** (1Sam. 19,15; 1Sam. 19,16; 2Sam. 3,31; 2Sam. 4,7; 1Kings 17,19; 1Kings 20,4; 2Chr. 16,14; 2Chr. 24,25; Judith 10,21; Judith 13,6; Judith 13,7; Tob. 8,4; Tob. 14,11; Psa. 40,4; Psa. 131,3; Prov. 26,14; Sir. 23,18; Sir. 48,6; Ezek. 23,41; Tob. 8,4; Matt. 9,2; Luke 5,18; Luke 8,16; Luke 17,34)
κλινῶν ▸ **4** + **1** = **5**
  Noun · feminine · plural · genitive · (common) ▸ **4** + **1** = **5** (Ex. 7,28; 2Kings 11,2; 2Chr. 22,11; Amos 6,4; Mark 7,4)

κλινίδιον (κλίνω) cot, stretcher ▸ **2**
  κλινίδιόν ▸ **1**
    Noun · neuter · singular · accusative ▸ **1** (Luke 5,24)
  κλινιδίῳ ▸ **1**
    Noun · neuter · singular · dative ▸ **1** (Luke 5,19)

κλίνω to lay, tip over ▸ **58** + **5** + **7** = **70**
  ἐκλίθη ▸ **1**
    Verb · third · singular · aorist · passive · indicative ▸ **1** (1Sam. 14,32)
  ἐκλίθησαν ▸ **1**
    Verb · third · plural · aorist · passive · indicative ▸ **1** (Psa. 101,12)
  ἔκλινα ▸ **2**
    Verb · first · singular · aorist · active · indicative ▸ **2** (Psa. 118,112; Sir. 51,16)
  ἔκλιναν ▸ **6** + **1** + **1** = **8**
    Verb · third · plural · aorist · active · indicative ▸ **6** + **1** + **1** = **8** (Judg. 20,42; Psa. 20,12; Psa. 45,7; Jer. 17,22; Jer. 41,14; Jer. 51,5; Judg. 7,6; Heb. 11,34)
  ἐκλίνατε ▸ **1**
    Verb · second · plural · aorist · active · indicative ▸ **1** (Jer. 42,15)
  ἔκλινεν ▸ **15** + **1** = **16**
    Verb · third · singular · aorist · active · indicative ▸ **15** + **1** = **16** (Judg. 9,3; Judg. 16,30; 1Sam. 4,2; 2Sam. 19,15; 2Sam. 22,10; 1Kings 2,28; Ezra 7,28; Ezra 9,9; Psa. 17,10; Psa. 74,9; Psa. 114,2; Prov. 21,1; Job 38,37; Is. 24,20; Is. 33,23; Judg. 9,3)
  κέκλικεν ▸ **2** + **1** = **3**
    Verb · third · singular · perfect · active · indicative ▸ **2** + **1** = **3** (Judg. 19,9; Jer. 6,4; Luke 24,29)
  κεκλικυῖα ▸ **1**
    Verb · perfect · active · participle · feminine · singular · nominative ▸ **1** (Judg. 19,11)
  κεκλικώς ▸ **1**
    Verb · perfect · active · participle · masculine · singular · nominative ▸ **1** (1Kings 2,28)
  κεκλιμένῳ ▸ **1**
    Verb · perfect · passive · participle · masculine · singular · dative ▸ **1** (Psa. 61,4)
  κλιθῇ ▸ **2**
    Verb · third · singular · aorist · passive · subjunctive ▸ **2** (Sir. 15,4; LetterJ 26)
  κλιθήσεται ▸ **1**
    Verb · third · singular · future · passive · indicative ▸ **1** (Psa. 103,5)
  κλῖναι ▸ **1** + **1** = **2**
    Verb · aorist · active · infinitive ▸ **1** + **1** = **2** (2Kings 20,10; Judg. 19,8)
  κλίνας ▸ **1**
    Verb · aorist · active · participle · masculine · singular · nominative ▸ **1** (John 19,30)
  Κλίνατε ▸ **1**
    Verb · second · plural · aorist · active · imperative ▸ **1** (Bar. 2,21)
  κλίνατε ▸ **1**
    Verb · second · plural · aorist · active · imperative ▸ **1** (Psa. 77,1)
  κλινεῖ ▸ **2**
    Verb · third · singular · future · active · indicative ▸ **2** (Sir. 38,28; Zech. 14,4)
  κλίνειν ▸ **1**
    Verb · present · active · infinitive ▸ **1** (Luke 9,12)
  κλίνῃ ▸ **1** + **1** + **2** = **4**
    Verb · third · singular · aorist · active · subjunctive ▸ **1** + **1** + **2** = **4** (Judg. 19,8; Judg. 7,5; Matt. 8,20; Luke 9,58)
  κλίνῃς ▸ **1**
    Verb · second · singular · present · active · subjunctive ▸ **1** (Sir. 6,33)
  Κλῖνον ▸ **1**
    Verb · second · singular · aorist · active · imperative ▸ **1** (Psa. 85,1)
  κλῖνον ▸ **11** + **1** = **12**
    Verb · second · singular · aorist · active · imperative ▸ **11** + **1** = **12** (2Kings 19,16; Psa. 16,6; Psa. 30,3; Psa. 44,11; Psa. 70,2; Psa. 87,3; Psa. 101,3; Psa. 118,36; Psa. 143,5; Sir. 4,8; Bar. 2,16; Dan. 9,18)
  κλίνοντας ▸ **1**
    Verb · present · active · participle · masculine · plural · accusative ▸ **1** (Jer. 31,12)
  κλινοῦσιν ▸ **1**
    Verb · third · plural · future · active · indicative ▸ **1** (Jer. 31,12)
  κλινουσῶν ▸ **1**
    Verb · present · active · participle · feminine · plural · genitive ▸ **1** (Luke 24,5)
  κλινῶ ▸ **1**
    Verb · first · singular · future · active · indicative ▸ **1** (Psa. 48,5)
  κλίνω ▸ **2**
    Verb · first · singular · present · active · indicative ▸ **2** (Ezra 9,5; Ode. 12,11)

κλισία (κλίνω) group ▸ **1** + **1** = **2**
  κλισίαις ▸ **1**
    Noun · feminine · plural · dative · (common) ▸ **1** (3Mac. 6,31)
  κλισίας ▸ **1**
    Noun · feminine · plural · accusative ▸ **1** (Luke 9,14)

κλίτος (κλίνω) side ▸ **47**
  κλίτει ▸ **5**
    Noun · neuter · singular · dative · (common) ▸ **5** (Ex. 26,27; Ex. 26,27; Ex. 27,9; Ex. 27,11; Ex. 27,14)
  κλίτεσι ▸ **2**
    Noun · neuter · plural · dative · (common) ▸ **2** (Ex. 25,14; Psa. 127,3)
  κλίτη ▸ **5**
    Noun · neuter · plural · accusative · (common) ▸ **5** (Ex. 25,12; Ex. 25,19; Ex. 27,4; Ex. 30,4; Ezek. 46,22)
  κλίτος ▸ **21**
    Noun · neuter · singular · accusative · (common) ▸ **20** (Ex. 25,12; Ex. 25,12; Ex. 26,20; Ex. 26,28; Ex. 27,9; Ex. 27,15; Ex. 37,9; Ex. 37,10; Ex. 37,11; Ex. 38,3; Ex. 38,3; Ex. 40,22; Ex. 40,24; Num. 35,5; Num. 35,5; Num. 35,5; Num. 35,5; 2Chr. 29,4; Ezek. 46,21; Ezek. 46,21)
    Noun · neuter · singular · nominative · (common) ▸ **1** (Num. 34,3)
  κλίτους ▸ **12**
    Noun · neuter · singular · genitive · (common) ▸ **12** (Ex. 25,19; Ex. 25,19; Ex. 25,32; Ex. 25,32; Ex. 26,18; Ex. 26,28; Ex. 38,10; Ex. 38,10; 1Kings 7,25; Psa. 90,7; Ezek. 47,1; Ezek. 47,2)
  κλιτῶν ▸ **2**

Noun · neuter · plural · genitive · (common) ▸ **2** (Ex. 25,18; Ex. 28,23 # 28,29a)

κλοιός (κλείω) chain; dog-collar ▸ 22 + 1 = 23

κλοιοί ▸ 1
Noun · masculine · plural · nominative · (common) ▸ **1** (Sir. 6,29)

κλοιὸν ▸ 11
Noun · masculine · singular · accusative · (common) ▸ **11** (Gen. 41,42; Deut. 28,48; 1Kings 12,4; 1Kings 12,10; 1Kings 12,11; 1Kings 12,14; 1Kings 12,14; 1Kings 12,24p; Prov. 1,9; Sir. 6,24; Hab. 2,6)

κλοιοῦ ▸ 2 + 1 = 3
Noun · masculine · singular · genitive · (common) ▸ **2 + 1 = 3** (1Kings 12,4; 1Kings 12,9; Dan. 8,25)

Κλοιοὺς ▸ 1
Noun · masculine · plural · accusative · (common) ▸ **1** (Jer. 35,13)

κλοιοὺς ▸ 5
Noun · masculine · plural · accusative · (common) ▸ **5** (1Chr. 18,7; Jer. 34,2; Jer. 35,10; Jer. 35,12; Jer. 35,13)

κλοιῷ ▸ 1
Noun · masculine · singular · dative · (common) ▸ **1** (1Kings 12,11)

κλοιῶν ▸ 1
Noun · masculine · plural · genitive · (common) ▸ **1** (Judg. 8,26)

κλοπή (κλέπτω) theft ▸ 6 + 2 = 8

κλοπαί ▸ 2
Noun · feminine · plural · nominative · (common) ▸ **2** (Matt. 15,19; Mark 7,21)

κλοπαῖς ▸ 1
Noun · feminine · plural · dative · (common) ▸ **1** (Jer. 31,27)

κλοπή ▸ 2
Noun · feminine · singular · nominative · (common) ▸ **2** (Wis. 14,25; Hos. 4,2)

κλοπῇ ▸ 1
Noun · feminine · singular · dative · (common) ▸ **1** (Gen. 40,15)

κλοπῆς ▸ 2
Noun · feminine · singular · genitive · (common) ▸ **2** (Prov. 9,17; Sir. 41,19)

κλοποφορέω (κλέπτω; φέρω) to rob ▸ 1

ἐκλοποφόρησάς ▸ 1
Verb · second · singular · aorist · active · indicative ▸ **1** (Gen. 31,26)

κλύδων wave, raging water ▸ 9 + 2 = 11

κλύδων ▸ 2
Noun · masculine · singular · nominative · (common) ▸ **2** (Jonah 1,4; Jonah 1,12)

κλύδωνα ▸ 2
Noun · masculine · singular · accusative · (common) ▸ **2** (Wis. 14,5; Jonah 1,11)

κλύδωνας ▸ 2
Noun · masculine · plural · accusative · (common) ▸ **2** (4Mac. 7,5; 4Mac. 15,31)

κλύδωνι ▸ 1 + 2 = 3
Noun · masculine · singular · dative · (common) ▸ **1 + 2 = 3** (Prov. 23,34; Luke 8,24; James 1,6)

κλύδωνος ▸ 2
Noun · masculine · singular · genitive · (common) ▸ **2** (1Mac. 6,11; Wis. 19,7)

κλυδωνίζομαι (κλύδων) to be sea-tossed, thrown into confusion ▸ 1 + 1 = 2

κλυδωνιζόμενοι ▸ 1
Verb · present · passive · participle · masculine · plural · nominative ▸ **1** (Eph. 4,14)

κλυδωνισθήσονται ▸ 1
Verb · third · plural · future · passive · indicative ▸ **1** (Is. 57,20)

κλώθω to spin ▸ 34

κεκλωσμένη ▸ 2
Verb · perfect · passive · participle · feminine · singular · dative ▸ **2** (Ex. 36,10; Sir. 45,10)

κεκλωσμένην ▸ 3
Verb · perfect · passive · participle · feminine · singular · accusative ▸ **3** (Ex. 25,4; Ex. 31,4; Ex. 35,6)

κεκλωσμένης ▸ 20
Verb · perfect · passive · participle · feminine · singular · genitive ▸ **20** (Ex. 26,1; Ex. 26,36; Ex. 27,9; Ex. 27,16; Ex. 27,18; Ex. 28,6; Ex. 28,8; Ex. 28,15; Ex. 28,33; Ex. 28,37; Ex. 36,9; Ex. 36,12; Ex. 36,15; Ex. 36,31; Ex. 36,35; Ex. 37,3; Ex. 37,5; Ex. 37,7; Ex. 37,14; Ex. 37,16)

κεκλωσμένον ▸ 3
Verb · perfect · passive · participle · neuter · singular · accusative ▸ **3** (Lev. 14,4; Lev. 14,49; Lev. 14,51)

κεκλωσμένου ▸ 5
Verb · perfect · passive · participle · neuter · singular · genitive ▸ **5** (Ex. 26,1; Ex. 26,31; Ex. 26,36; Ex. 27,16; Ex. 28,15)

κεκλωσμένῳ ▸ 1
Verb · perfect · passive · participle · neuter · singular · dative ▸ **1** (Lev. 14,52)

κλών (κλάω) twig, branch ▸ 3

κλῶνες ▸ 3
Noun · masculine · plural · nominative · (common) ▸ **3** (Job 18,13; Job 40,22; Wis. 4,5)

Κλωπᾶς Clopas ▸ 1

Κλωπᾶ ▸ 1
Noun · masculine · singular · genitive · (proper) ▸ **1** (John 19,25)

κλῶσμα (κλώθω) thread ▸ 3

κλῶσμα ▸ 3
Noun · neuter · singular · accusative · (common) ▸ **1** (Num. 15,38)
Noun · neuter · singular · nominative · (common) ▸ **2** (Judg. 16,9; Sir. 6,30)

κλωστός (κλώθω) spun ▸ 1

κλωστὸν ▸ 1
Adjective · neuter · singular · accusative · noDegree ▸ **1** (Lev. 14,6)

κνήθω (γναφεύς) to scratch, tickle; to itch ▸ 1

κνηθόμενοι ▸ 1
Verb · present · passive · participle · masculine · plural · nominative ▸ **1** (2Tim. 4,3)

κνήμη shin, lower leg ▸ 4 + 2 = 6

κνῆμαι ▸ 1 + 1 = 2
Noun · feminine · plural · nominative · (common) ▸ **1 + 1 = 2** (Song 5,15; Dan. 2,33)

κνήμαις ▸ 1
Noun · feminine · plural · dative · (common) ▸ **1** (Psa. 146,10)

κνήμας ▸ 2
Noun · feminine · plural · accusative · (common) ▸ **2** (Deut. 28,35; Is. 47,2)

κνήμην ▸ 1
Noun · feminine · singular · accusative · (common) ▸ **1** (Judg. 15,8)

κνημίς (κνήμη) greave, shin protector ▸ 1

κνημῖδες ▸ 1
Noun · feminine · plural · nominative · (common) ▸ **1** (1Sam. 17,6)

κνήφη (κνίζω) itch ▸ 1

κνήφη ‣ 1
   κνήφη ‣ 1
      Noun ▪ feminine ▪ singular ▪ dative ▪ (common) ‣ 1 (Deut. 28,27)
κνίδη (κνίζω) nettle ‣ 1
   κνίδη ‣ 1
      Noun ▪ feminine ▪ singular ▪ nominative ▪ (common) ‣ 1 (Job 31,40)
Κνίδος Cnidus ‣ 1 + 1 = 2
   Κνίδον ‣ 1 + 1 = 2
      Noun ▪ singular ▪ accusative ▪ (proper) ‣ 1 + 1 = 2 (1Mac. 15,23; Acts 27,7)
κνίζω to scape, scratch, sting; to provoke ‣ 1
   κνίζων ‣ 1
      Verb ▪ present ▪ active ▪ participle ▪ masculine ▪ singular ▪ nominative ‣ 1 (Amos 7,14)
κνώδαλον wild animal ‣ 3
   κνώδαλα ‣ 1
      Noun ▪ neuter ▪ plural ▪ accusative ▪ (common) ‣ 1 (Wis. 11,15)
   κνωδάλων ‣ 2
      Noun ▪ neuter ▪ plural ▪ genitive ▪ (common) ‣ 2 (Wis. 16,1; Wis. 17,9)
κοδράντης quadrans (copper coin) ‣ 2
   κοδράντην ‣ 1
      Noun ▪ masculine ▪ singular ▪ accusative ‣ 1 (Matt. 5,26)
   κοδράντης ‣ 1
      Noun ▪ masculine ▪ singular ▪ nominative ‣ 1 (Mark 12,42)
κοθωνοι kothenot (Heb. priestly garments) ‣ 1
   κοθωνοι ‣ 1
      Noun ‣ 1 (Ezra 2,69)
Κοιλάς (κοῖλος) Valley ‣ 1
   Κοιλάς ‣ 1
      Noun ▪ feminine ▪ singular ▪ nominative ▪ (proper) ‣ 1 (2Chr. 20,26)
κοιλάς (κοῖλος) hollow, deep valley ‣ 46 + 8 = 54
   κοιλάδα ‣ 13 + 2 = 15
      Noun ▪ feminine ▪ singular ▪ accusative ▪ (common) ‣ 13 + 2 = 15 (Gen. 14,17; Josh. 19,47a; Judg. 1,19; Judg. 1,34; Judg. 5,15; 2Sam. 5,18; 2Chr. 25,11; Psa. 59,8; Psa. 107,8; Hos. 2,17; Joel 4,2; Joel 4,12; Jer. 21,13; Judg. 1,19; Judg. 1,34)
   κοιλάδας ‣ 1
      Noun ▪ feminine ▪ plural ▪ accusative ▪ (common) ‣ 1 (Lev. 14,37)
   κοιλάδες ‣ 2
      Noun ▪ feminine ▪ plural ▪ nominative ▪ (common) ‣ 2 (Psa. 64,14; Mic. 1,4)
   κοιλάδι ‣ 24 + 5 = 29
      Noun ▪ feminine ▪ singular ▪ dative ▪ (common) ‣ 24 + 5 = 29 (Gen. 14,8; Num. 14,25; Josh. 17,16; Judg. 5,14; Judg. 6,33; Judg. 7,1; Judg. 7,8; Judg. 7,12; Judg. 18,28; 1Sam. 6,13; 1Sam. 17,2; 1Sam. 21,10; 2Sam. 5,22; 2Sam. 18,18; 2Sam. 23,13; 1Chr. 11,15; 1Chr. 14,9; 1Chr. 14,13; 1Chr. 18,12; 1Chr. 18,13; Psa. 83,7; Hos. 1,5; Joel 4,14; Joel 4,14; Judg. 6,33; Judg. 7,1; Judg. 7,8; Judg. 7,12; Judg. 18,28)
   κοιλάδος ‣ 2
      Noun ▪ feminine ▪ singular ▪ genitive ▪ (common) ‣ 2 (Gen. 37,14; 1Sam. 31,7)
   κοιλάδων ‣ 3
      Noun ▪ feminine ▪ plural ▪ genitive ▪ (common) ‣ 3 (1Kings 21,23; 1Kings 21,28; Song 2,1)
   κοιλάς ‣ 1
      Noun ▪ feminine ▪ singular ▪ nominative ▪ (common) ‣ 1 (Gen. 14,10)
   κοιλάσιν ‣ 1
      Noun ▪ feminine ▪ plural ▪ dative ▪ (common) ‣ 1 (Judg. 5,15)

κοίλασμα (κοῖλος) hollow ‣ 1
   κοιλάσματι ‣ 1
      Noun ▪ neuter ▪ singular ▪ dative ▪ (common) ‣ 1 (Is. 8,14)
Κοίλη (κοῖλος) Coele (Syria) ‣ 14
   Κοίλῃ ‣ 2
      Noun ▪ feminine ▪ singular ▪ dative ▪ (proper) ‣ 2 (1Esdr. 2,13; 1Esdr. 4,48)
   Κοίλην ‣ 4
      Noun ▪ feminine ▪ singular ▪ accusative ▪ (proper) ‣ 4 (1Esdr. 2,18; 1Esdr. 2,22; 2Mac. 3,8; 3Mac. 3,15)
   Κοίλης ‣ 8
      Noun ▪ feminine ▪ singular ▪ genitive ▪ (proper) ‣ 8 (1Esdr. 6,28; 1Esdr. 7,1; 1Esdr. 8,64; 1Mac. 10,69; 2Mac. 3,5; 2Mac. 4,4; 2Mac. 8,8; 2Mac. 10,11)
κοιλία (κοῖλος) stomach, womb ‣ 101 + 6 + 22 = 129
   κοιλία ‣ 16 + 1 + 4 = 21
      Noun ▪ feminine ▪ singular ▪ nominative ▪ (common) ‣ 16 + 1 + 4 = 21 (2Sam. 20,10; 2Chr. 21,15; 2Chr. 21,19; Ode. 4,16; Song 5,4; Song 5,14; Song 7,3; Job 15,35; Job 30,27; Sir. 36,18; Sir. 51,21; Hab. 3,16; Is. 16,11; Lam. 1,20; Ezek. 3,3; Dan. 2,32; Dan. 2,32; Luke 11,27; 1Cor. 6,13; Phil. 3,19; Rev. 10,10)
   κοιλίᾳ ‣ 13 + 2 + 6 = 21
      Noun ▪ feminine ▪ singular ▪ dative ▪ (common) ‣ 13 + 2 + 6 = 21 (Gen. 3,14; Gen. 25,24; Lev. 4,11; Ruth 1,11; Tob. 4,4; Job 3,11; Job 31,15; Wis. 7,1; Sir. 19,12; Sir. 40,30; Hos. 12,4; Jonah 2,1; Jer. 1,5; Judg. 3,21; Tob. 4,4; Matt. 12,40; Luke 1,41; Luke 1,44; Luke 2,21; Rom. 16,18; 1Cor. 6,13)
   κοιλίαι ‣ 1 + 1 = 2
      Noun ▪ feminine ▪ plural ▪ nominative ▪ (common) ‣ 1 + 1 = 2 (Ezek. 7,19; Luke 23,29)
   κοιλίαν ‣ 17 + 4 = 21
      Noun ▪ feminine ▪ singular ▪ accusative ▪ (common) ‣ 17 + 4 = 21 (Ex. 29,22; Lev. 3,3; Lev. 3,14; Lev. 8,21; Lev. 9,14; Num. 5,21; Num. 5,22; Num. 5,27; Judg. 3,21; 2Chr. 21,18; 2Mac. 7,22; 2Mac. 10,4; Prov. 18,20; Sol. 2,14; Jer. 4,19; Jer. 4,19; Jer. 28,34; Matt. 15,17; Mark 7,19; John 3,4; Rev. 10,9)
   κοιλίας ‣ 54 + 3 + 7 = 64
      Noun ▪ feminine ▪ plural ▪ accusative ▪ (common) ‣ 2 (Gen. 41,21; Gen. 41,21)
      Noun ▪ feminine ▪ singular ▪ genitive ▪ (common) ‣ 52 + 3 + 7 = 62 (Gen. 25,23; Gen. 30,2; Ex. 29,13; Lev. 3,3; Lev. 3,9; Lev. 3,14; Lev. 8,25; Lev. 9,19; Lev. 11,42; Deut. 7,13; Deut. 28,4; Deut. 28,11; Deut. 28,18; Deut. 28,53; Deut. 30,9; Judg. 3,22; Judg. 16,17; 2Sam. 7,12; 2Sam. 16,11; 1Chr. 17,11; 2Chr. 21,15; 2Chr. 32,21; Psa. 21,11; Psa. 21,15; Psa. 39,9; Psa. 70,6; Psa. 131,11; Ode. 6,3; Prov. 20,27; Prov. 20,30; Prov. 24,15; Prov. 31,2; Job 1,21; Job 2,9b; Job 10,18; Job 38,8; Sir. 23,6; Sir. 51,5; Hos. 9,16; Mic. 6,7; Jonah 2,2; Jonah 2,3; Is. 8,19; Is. 44,2; Is. 44,24; Is. 46,3; Is. 48,8; Is. 48,19; Is. 49,1; Is. 49,5; Is. 49,15; Lam. 2,20; Judg. 3,22; Judg. 13,5; Judg. 16,17; Matt. 19,12; Luke 1,15; Luke 1,42; John 7,38; Acts 3,2; Acts 14,8; Gal. 1,15)
κοῖλος hollow; belly; shoe; ship's hold ‣ 5
   κοῖλα ‣ 1
      Adjective ▪ neuter ▪ plural ▪ nominative ▪ noDegree ‣ 1 (Josh. 9,5)
   κοίλη ‣ 2
      Adjective ▪ feminine ▪ singular ▪ nominative ▪ noDegree ‣ 2 (Lev. 13,32; Lev. 13,34)
   κοίλην ‣ 1
      Adjective ▪ feminine ▪ singular ▪ accusative ▪ noDegree ‣ 1 (Jonah 1,5)
   κοῖλον ‣ 1

Adjective · neuter · singular · accusative · noDegree ▸ **1** (Ex. 27,8)
κοιλοσταθμέω (κοῖλος; ἵστημι) to roof ▸ **2**
  ἐκοιλοστάθμησεν ▸ **2**
    Verb · third · singular · aorist · active · indicative ▸ **2** (1Kings 6,9; 1Kings 6,15)
κοιλόσταθμος (κοῖλος; ἵστημι) paneled; well-roofed ▸ **1**
  κοιλοστάθμοις ▸ **1**
    Noun · masculine · plural · dative · (common) ▸ **1** (Hag. 1,4)
κοιλότης (κοῖλος) hollow ▸ **1**
  κοιλότητος ▸ **1**
    Noun · feminine · singular · genitive · (common) ▸ **1** (Wis. 17,18)
κοίλωμα (κοῖλος) hollow, valley ▸ **5**
  κοιλώματα ▸ **1**
    Noun · neuter · plural · nominative · (common) ▸ **1** (1Kings 7,3)
  κοιλώματι ▸ **2**
    Noun · neuter · singular · dative · (common) ▸ **2** (Gen. 23,2; 2Mac. 1,19)
  κοιλώματος ▸ **1**
    Noun · neuter · singular · genitive · (common) ▸ **1** (Ezek. 43,14)
  κοιλωμάτων ▸ **1**
    Noun · neuter · plural · genitive · (common) ▸ **1** (Song 2,17)
κοιμάομαι (κεῖμαι) to sleep ▸ **194 + 8 = 202**
  ἐκοιμήθη ▸ **63 + 3 = 66**
    Verb · third · singular · aorist · passive · indicative ▸ **63 + 3 = 66** (Gen. 19,33; Gen. 19,35; Gen. 26,10; Gen. 28,11; Gen. 28,11; Gen. 30,16; Gen. 32,14; Gen. 32,22; Gen. 34,2; Gen. 35,22; Josh. 6,11; Judg. 5,27; Judg. 16,3; Ruth 3,14; 1Sam. 3,9; 1Sam. 9,26; 2Sam. 11,4; 2Sam. 11,9; 2Sam. 12,24; 2Sam. 13,6; 2Sam. 13,14; 2Sam. 13,31; 1Kings 2,10; 1Kings 11,43; 1Kings 11,43; 1Kings 14,31; 1Kings 15,8; 1Kings 15,24; 1Kings 16,6; 1Kings 16,28; 1Kings 16,28h; 1Kings 19,5; 1Kings 19,6; 1Kings 20,4; 1Kings 22,40; 1Kings 22,51; 2Kings 4,11; 2Kings 4,20; 2Kings 4,34; 2Kings 8,24; 2Kings 10,35; 2Kings 13,9; 2Kings 13,13; 2Kings 14,16; 2Kings 14,29; 2Kings 15,7; 2Kings 15,22; 2Kings 15,38; 2Kings 16,20; 2Kings 20,21; 2Kings 21,18; 2Kings 24,6; 2Chr. 9,31; 2Chr. 16,13; 2Chr. 21,1; 2Chr. 26,23; 2Chr. 27,9; 2Chr. 28,27; 2Chr. 32,33; 2Chr. 33,20; 2Chr. 36,8; 1Esdr. 3,3; Is. 1,21; Judg. 5,27; Judg. 16,3; Dan. 6,19)
  ἐκοιμήθημεν ▸ **1**
    Verb · first · plural · aorist · passive · indicative ▸ **1** (Jer. 3,25)
  ἐκοιμήθην ▸ **7 + 2 = 9**
    Verb · first · singular · aorist · passive · indicative ▸ **7 + 2 = 9** (Gen. 19,34; Gen. 41,21; Tob. 2,9; Psa. 3,6; Psa. 56,5; Jer. 51,33; Dan. 8,18; Tob. 2,9; Dan. 8,27)
  ἐκοιμήθης ▸ **1**
    Verb · second · singular · aorist · passive · indicative ▸ **1** (Gen. 49,9)
  ἐκοιμήθησαν ▸ **11 + 1 = 12**
    Verb · third · plural · aorist · passive · indicative ▸ **11 + 1 = 12** (Gen. 24,54; Gen. 31,54; Tob. 8,9; 1Mac. 11,6; 1Mac. 16,4; Job 21,13; Is. 14,18; Is. 43,17; Ezek. 32,27; Ezek. 32,29; Ezek. 32,30; Tob. 8,9)
  Ἐκοιμήθησαν ▸ **1**
    Verb · third · plural · aorist · passive · indicative ▸ **1** (Lam. 2,21)
  ἐκοιμῶντο ▸ **1**
    Verb · third · plural · imperfect · middle · indicative ▸ **1** (Ezek. 23,8)
  κεκοιμημένοι ▸ **1**
    Verb · perfect · middle · participle · masculine · plural · nominative ▸ **1** (Sir. 48,11)
  κεκοίμησαι ▸ **1**
    Verb · second · singular · perfect · passive · indicative ▸ **1** (Is. 14,8)
  κεκοίμηται ▸ **1**
    Verb · third · singular · perfect · middle · indicative ▸ **1** (1Kings 11,21)
  κεκοίμηταί ▸ **1**
    Verb · third · singular · perfect · middle · indicative ▸ **1** (Num. 5,19)
  κοιμᾷ ▸ **1**
    Verb · second · singular · future · middle · indicative ▸ **1** (Deut. 31,16)
  κοιμᾶσθαι ▸ **1**
    Verb · present · middle · infinitive ▸ **1** (Judg. 16,14)
  κοιμᾶται ▸ **7**
    Verb · third · singular · future · middle · indicative ▸ **1** (Job 8,17)
    Verb · third · singular · present · middle · indicative ▸ **6** (Ruth 3,4; Ruth 3,8; 1Sam. 3,15; 1Kings 12,24a; Eccl. 2,23; Job 40,21)
  κοιμηθείς ▸ **5**
    Verb · aorist · passive · participle · masculine · singular · nominative ▸ **5** (Gen. 34,7; Deut. 22,29; Job 3,13; Job 14,12; Job 27,19)
  κοιμηθέντα ▸ **1**
    Verb · aorist · passive · participle · masculine · singular · accusative ▸ **1** (Job 22,11)
  κοιμηθῇ ▸ **20**
    Verb · third · singular · aorist · passive · subjunctive ▸ **20** (Ex. 22,15; Ex. 23,18; Lev. 15,4; Lev. 15,18; Lev. 15,24; Lev. 15,24; Lev. 15,26; Lev. 15,33; Lev. 19,20; Lev. 20,11; Lev. 20,12; Lev. 20,13; Lev. 20,18; Lev. 20,20; Num. 5,13; Deut. 22,23; Deut. 22,25; Deut. 22,28; 1Kings 1,21; LetterJ 43)
  κοιμηθῆναι ▸ **11 + 1 = 12**
    Verb · aorist · passive · infinitive ▸ **11 + 1 = 12** (Gen. 19,4; Gen. 19,33; Gen. 19,35; Josh. 2,8; Ruth 3,4; Ruth 3,7; 2Sam. 11,11; 2Sam. 11,13; 2Kings 14,22; 2Chr. 26,2; Job 39,9; Tob. 8,1)
  κοιμηθήσεσθε ▸ **2**
    Verb · second · plural · future · passive · indicative ▸ **2** (Lev. 26,6; Is. 50,11)
  κοιμηθήσεται ▸ **11**
    Verb · third · singular · future · passive · indicative ▸ **11** (Ex. 22,26; Ex. 34,25; Lev. 19,13; Num. 23,24; Deut. 16,4; Deut. 24,13; 2Sam. 12,11; 1Kings 1,2; Job 20,11; Ezek. 32,20; Ezek. 32,32)
  κοιμηθήσῃ ▸ **11**
    Verb · second · singular · future · passive · indicative ▸ **11** (Lev. 18,22; Deut. 24,12; Ruth 3,4; 2Sam. 7,12; 1Chr. 17,11; Is. 21,13; Ezek. 4,4; Ezek. 4,4; Ezek. 4,6; Ezek. 31,18; Ezek. 32,28)
  Κοιμηθήσομαι ▸ **1**
    Verb · first · singular · future · passive · indicative ▸ **1** (Gen. 39,17)
  κοιμηθήσομαι ▸ **2**
    Verb · first · singular · future · passive · indicative ▸ **2** (Gen. 47,30; Psa. 4,9)
  κοιμηθήσονται ▸ **2**
    Verb · third · plural · future · passive · indicative ▸ **2** (Is. 5,27; Ezek. 34,14)
  κοιμηθῆτε ▸ **1**
    Verb · second · plural · aorist · passive · subjunctive ▸ **1** (Psa. 67,14)
  Κοιμήθητι ▸ **4**
    Verb · second · singular · aorist · passive · imperative ▸ **4** (Gen. 39,7; Gen. 39,12; Gen. 39,14; 2Sam. 13,5)

κοιμήθητι ▸ 4
   Verb · second · singular · aorist · passive · imperative ▸ **4** (Gen. 19,34; Ruth 3,13; 2Sam. 13,11; Ezek. 32,21)
κοιμηθήτω ▸ 1
   Verb · third · singular · aorist · passive · imperative ▸ **1** (Gen. 30,15)
κοιμηθῶ ▸ 1
   Verb · first · singular · aorist · passive · subjunctive ▸ **1** (Job 7,4)
κοιμηθῶμεν ▸ 1
   Verb · first · plural · aorist · passive · subjunctive ▸ **1** (Gen. 19,32)
κοιμηθῶσιν ▸ 1
   Verb · third · plural · aorist · passive · subjunctive ▸ **1** (Eccl. 4,11)
κοιμώμενοι ▸ 1
   Verb · present · middle · participle · masculine · plural · nominative ▸ **1** (Wis. 17,13)
κοιμωμένοις ▸ 1
   Verb · present · middle · participle · masculine · plural · dative ▸ **1** (2Mac. 12,45)
κοιμώμενον ▸ 3
   Verb · present · middle · participle · masculine · singular · accusative ▸ **2** (Deut. 22,22; Deut. 22,25)
   Verb · present · middle · participle · neuter · singular · nominative ▸ **1** (Ex. 22,18)
κοιμώμενος ▸ 9
   Verb · present · middle · participle · masculine · singular · nominative ▸ **9** (Lev. 14,47; Deut. 22,22; Deut. 27,20; Deut. 27,21; Deut. 27,22; Deut. 27,23; Deut. 27,23; 2Sam. 13,8; Psa. 40,9)
κοιμωμένους ▸ 1
   Verb · present · middle · participle · masculine · plural · accusative ▸ **1** (Is. 57,8)
κοιμῶνται ▸ 3
   Verb · third · plural · present · middle · indicative ▸ **3** (Prov. 4,16; Job 21,26; Is. 65,4)
κοιμάω (κεῖμαι)   to sleep; to calm ▸ 18
   ἐκοιμήθη ▸ 2
      Verb · third · singular · aorist · passive · indicative ▸ **2** (Acts 7,60; Acts 13,36)
   ἐκοιμήθησαν ▸ 2
      Verb · third · plural · aorist · passive · indicative ▸ **2** (1Cor. 15,6; 2Pet. 3,4)
   κεκοιμημένων ▸ 2
      Verb · perfect · passive · participle · masculine · plural · genitive ▸ **2** (Matt. 27,52; 1Cor. 15,20)
   κεκοίμηται ▸ 2
      Verb · third · singular · perfect · passive · indicative ▸ **2** (John 11,11; John 11,12)
   κοιμηθέντας ▸ 2
      Verb · aorist · passive · participle · masculine · plural · accusative ▸ **2** (1Th. 4,14; 1Th. 4,15)
   κοιμηθέντες ▸ 1
      Verb · aorist · passive · participle · masculine · plural · nominative ▸ **1** (1Cor. 15,18)
   κοιμηθῇ ▸ 1
      Verb · third · singular · aorist · passive · subjunctive ▸ **1** (1Cor. 7,39)
   κοιμηθησόμεθα ▸ 1
      Verb · first · plural · future · passive · indicative ▸ **1** (1Cor. 15,51)
   κοιμώμενος ▸ 1
      Verb · present · passive · participle · masculine · singular · nominative ▸ **1** (Acts 12,6)
   κοιμωμένους ▸ 1
      Verb · present · passive · participle · masculine · plural · accusative ▸ **1** (Luke 22,45)
   κοιμωμένων ▸ 2
      Verb · present · passive · participle · masculine · plural · genitive ▸ **2** (Matt. 28,13; 1Th. 4,13)
   κοιμῶνται ▸ 1
      Verb · third · plural · present · passive · indicative ▸ **1** (1Cor. 11,30)
κοίμησις (κεῖμαι)   sleep ▸ 2 + 1 = 3
   κοιμήσει ▸ 1
      Noun · feminine · singular · dative · (common) ▸ **1** (Sir. 48,13)
   κοιμήσεως ▸ 1 + 1 = 2
      Noun · feminine · singular · genitive · (common) ▸ 1 + 1 = **2** (Sir. 46,19; John 11,13)
κοιμίζω (κεῖμαι)   to put to sleep ▸ 14 + 1 = 15
   ἐκοίμισαν ▸ 3
      Verb · third · plural · aorist · active · indicative ▸ **3** (2Chr. 16,14; Job 24,7; Job 24,10)
   ἐκοίμισεν ▸ 8 + 1 = 9
      Verb · third · singular · aorist · active · indicative ▸ 8 + 1 = **9** (Gen. 24,11; Judg. 16,14; Judg. 16,19; 1Kings 3,20; 1Kings 3,20; 1Kings 17,19; 2Kings 4,21; Nah. 3,18; Judg. 16,19)
   κεκοιμισμένον ▸ 1
      Verb · perfect · passive · participle · neuter · singular · nominative ▸ **1** (2Kings 4,32)
   κοιμίζων ▸ 1
      Verb · present · active · participle · masculine · singular · nominative ▸ **1** (Sol. 2,31)
   κοιμίσας ▸ 1
      Verb · aorist · active · participle · masculine · singular · nominative ▸ **1** (2Sam. 8,2)
κοινολογέομαι (κοινός; λέγω)   to commune with; to negotiate ▸ 2
   ἐκοινολογοῦντο ▸ 1
      Verb · third · plural · imperfect · middle · indicative ▸ **1** (1Mac. 14,9)
   κοινολογησόμενον ▸ 1
      Verb · future · middle · participle · masculine · singular · accusative ▸ **1** (1Mac. 15,28)
κοινολογία (κοινός; λέγω)   conference ▸ 1
   κοινολογίαν ▸ 1
      Noun · feminine · singular · accusative · (common) ▸ **1** (2Mac. 14,22)
κοινός   common; common assembly; the state, commonwealth (n.) ▸ 24 + 1 + 14 = 39
   κοινά ▸ 1
      Adjective · neuter · plural · nominative ▸ **1** (Acts 4,32)
   κοινά ▸ 2 + 1 = 3
      Adjective · neuter · plural · accusative · noDegree ▸ 2 + 1 = **3** (1Mac. 1,47; 1Mac. 1,62; Acts 2,44)
   κοιναῖς ▸ 2
      Adjective · feminine · plural · dative ▸ **2** (Mark 7,2; Mark 7,5)
   κοινῇ ▸ 5 + 1 = 6
      Adjective · feminine · singular · dative · noDegree ▸ 5 + 1 = **6** (2Mac. 4,5; 2Mac. 9,26; Prov. 25,24; Sir. 18,1; Sir. 50,17; Sus. 14)
   κοινὴν ▸ 3 + 1 = 4
      Adjective · feminine · singular · accusative · noDegree ▸ 3 + 1 = **4** (2Mac. 8,29; 3Mac. 7,17; 4Mac. 3,21; Titus 1,4)

κοινῆς ▸ 2 + **1** = 3
  Adjective · feminine · singular · genitive · noDegree ▸ 2 + 1 = 3 (2Mac. 9,21; 3Mac. 2,33; Jude 3)
κοινόν ▸ 1
  Adjective · neuter · singular · nominative ▸ 1 (Rom. 14,14)
κοινὸν ▸ 8 + 7 = 15
  Adjective · masculine · singular · accusative · noDegree ▸ 4 + 1 = **5** (2Mac. 15,6; 3Mac. 4,4; 3Mac. 6,36; Wis. 7,3; Acts 10,28)
  Adjective · neuter · singular · accusative · noDegree ▸ 2 + 3 = **5** (2Mac. 12,4; Prov. 1,14; Acts 10,14; Rom. 14,14; Heb. 10,29)
  Adjective · neuter · singular · nominative · noDegree ▸ 2 + 3 = **5** (Esth. 15,9 # 5,1f; 4Mac. 1,24; Acts 11,8; Rom. 14,14; Rev. 21,27)
κοινοῦ ▸ 2
  Adjective · neuter · singular · genitive · noDegree ▸ **2** (2Mac. 10,8; 2Mac. 15,36)
κοινῷ ▸ 2
  Adjective · masculine · singular · dative · noDegree ▸ **2** (Prov. 15,23; Prov. 21,9)
κοινόω (κοινός)   to make common; communicate; defile; have intercourse ▸ 1 + **14** = 15
  ἐκοίνωσας ▸ 1
    Verb · second · singular · aorist · active · indicative ▸ 1 (4Mac. 7,6)
  κεκοίνωκεν ▸ 1
    Verb · third · singular · perfect · active · indicative ▸ 1 (Acts 21,28)
  κεκοινωμένους ▸ 1
    Verb · perfect · passive · participle · masculine · plural · accusative ▸ 1 (Heb. 9,13)
  κοινοῖ ▸ 6
    Verb · third · singular · present · active · indicative ▸ **6** (Matt. 15,11; Matt. 15,11; Matt. 15,18; Matt. 15,20; Mark 7,20; Mark 7,23)
  κοίνου ▸ 2
    Verb · second · singular · present · active · imperative ▸ **2** (Acts 10,15; Acts 11,9)
  κοινοῦντα ▸ 2
    Verb · present · active · participle · neuter · plural · nominative ▸ **2** (Matt. 15,20; Mark 7,15)
  κοινῶσαι ▸ 2
    Verb · aorist · active · infinitive ▸ **2** (Mark 7,15; Mark 7,18)
Κόϊντος   Quintus ▸ 1
  Κόϊντος ▸ 1
    Noun · masculine · singular · nominative · (proper) ▸ 1 (2Mac. 11,34)
κοινωνέω (κοινός)   to share, take part ▸ 13 + 8 = 21
  ἐκοινώνησαν ▸ 1
    Verb · third · plural · aorist · active · indicative ▸ 1 (Rom. 15,27)
  ἐκοινώνησεν ▸ 3 + **1** = 4
    Verb · third · singular · aorist · active · indicative ▸ 3 + 1 = **4** (2Chr. 20,35; 2Mac. 5,20; 2Mac. 14,25; Phil. 4,15)
  κεκοινώνηκεν ▸ 1
    Verb · third · singular · perfect · active · indicative ▸ 1 (Heb. 2,14)
  κοινωνεῖ ▸ 1 + **1** = 2
    Verb · third · singular · present · active · indicative ▸ 1 + 1 = **2** (Eccl. 9,4; 2John 11)
  κοινώνει ▸ 1 + **1** = 2
    Verb · second · singular · present · active · imperative ▸ 1 + 1 = **2** (Sir. 13,2; 1Tim. 5,22)
  κοινωνεῖν ▸ 1
    Verb · present · active · infinitive ▸ 1 (3Mac. 4,11)
  κοινωνεῖτε ▸ 1
    Verb · second · plural · present · active · indicative ▸ **1** (1Pet. 4,13)
  Κοινωνείτω ▸ 1
    Verb · third · singular · present · active · imperative ▸ **1** (Gal. 6,6)
  κοινωνήσας ▸ 1
    Verb · aorist · active · participle · masculine · singular · nominative ▸ **1** (Job 34,8)
  κοινωνήσει ▸ 3
    Verb · third · singular · future · active · indicative ▸ **3** (Wis. 6,23; Sir. 13,2; Sir. 13,17)
  κοινώνησον ▸ 1
    Verb · second · singular · aorist · active · imperative ▸ **1** (Prov. 1,11)
  κοινωνήσοντες ▸ 1
    Verb · future · active · participle · masculine · plural · nominative ▸ **1** (3Mac. 2,31)
  κοινωνοῦντες ▸ 1
    Verb · present · active · participle · masculine · plural · nominative ▸ **1** (Rom. 12,13)
  κοινωνῶν ▸ 1
    Verb · present · active · participle · masculine · singular · nominative ▸ **1** (Sir. 13,1)
κοινωνία (κοινός)   fellowship, participation; society ▸ 3 + **19** = 22
  κοινωνία ▸ 7
    Noun · feminine · singular · nominative ▸ **7** (1Cor. 10,16; 1Cor. 10,16; 2Cor. 6,14; 2Cor. 13,13; Phil. 2,1; Philem. 6; 1John 1,3)
  κοινωνίᾳ ▸ 1 + **2** = 3
    Noun · feminine · singular · dative · (common) ▸ 1 + 2 = **3** (Wis. 8,18; Acts 2,42; Phil. 1,5)
  κοινωνίαν ▸ 1 + **7** = 8
    Noun · feminine · singular · accusative · (common) ▸ 1 + 7 = **8** (3Mac. 4,6; Rom. 15,26; 1Cor. 1,9; 2Cor. 8,4; Phil. 3,10; 1John 1,3; 1John 1,6; 1John 1,7)
  κοινωνίας ▸ 1 + **3** = 4
    Noun · feminine · singular · genitive · (common) ▸ 1 + 3 = **4** (Lev. 5,21; 2Cor. 9,13; Gal. 2,9; Heb. 13,16)
κοινωνικός (κοινός)   generous; communal, social ▸ 1
  κοινωνικούς ▸ 1
    Adjective · masculine · plural · accusative ▸ **1** (1Tim. 6,18)
κοινωνός (κοινός)   partaker; partner, companion ▸ 8 + **10** = 18
  κοινωνοὶ ▸ 1 + **5** = 6
    Noun · masculine · plural · nominative · (common) ▸ 1 + 5 = **6** (Is. 1,23; Matt. 23,30; Luke 5,10; 1Cor. 10,18; Heb. 10,33; 2Pet. 1,4)
  κοινωνοί ▸ 1
    Noun · masculine · plural · nominative ▸ **1** (2Cor. 1,7)
  κοινωνόν ▸ 1
    Noun · masculine · singular · accusative ▸ **1** (Philem. 17)
  κοινωνὸν ▸ 1
    Noun · feminine · singular · accusative · (common) ▸ **1** (Esth. 16,13 # 8,12n)
  κοινωνός ▸ 2 + **1** = 3
    Noun · feminine · singular · nominative · (common) ▸ **1** (Mal. 2,14)
    Noun · masculine · singular · nominative · (common) ▸ 1 + 1 = **2** (Prov. 28,24; 1Pet. 5,1)
  κοινωνὸς ▸ 1 + **1** = 2
    Noun · masculine · singular · nominative · (common) ▸ 1 + 1 = **2**

κοινωνός–κόκκος

(Sir. 6,10; 2Cor. 8,23)
- κοινωνοῦ ▸ 2
  - Noun · masculine · singular · genitive · (common) ▸ 2 (Sir. 41,19; Sir. 42,3)
- κοινωνοὺς ▸ 1 + 1 = 2
  - Noun · masculine · plural · accusative · (common) ▸ 1 + 1 = 2 (2Kings 17,11; 1Cor. 10,20)

κοινῶς (κοινός) together ▸ 2 + 6 = 8
- κοινῶς ▸ 2 + 6 = 8
  - Adverb ▸ 2 + 6 = 8 (Tob. 5,14; Tob. 9,6; Tob. 2,2; Tob. 6,6; Tob. 8,7; Tob. 8,13; Tob. 9,6; Tob. 11,4)

κοιτάζω (κεῖμαι) to lie down, cause to lie down ▸ 8 + 1 = 9
- κοιτάζεις ▸ 1
  - Verb · second · singular · present · active · indicative ▸ 1 (Song 1,7)
- κοιτάζηται ▸ 1
  - Verb · third · singular · present · middle · subjunctive ▸ 1 (Lev. 15,20)
- κοιταζόμενος ▸ 1
  - Verb · present · middle · participle · masculine · singular · nominative ▸ 1 (Deut. 6,7)
- κοιταζομένους ▸ 1
  - Verb · present · middle · participle · masculine · plural · accusative ▸ 1 (Deut. 11,19)
- κοιταζόντων ▸ 1
  - Verb · present · active · participle · masculine · plural · genitive ▸ 1 (Jer. 40,12)
- κοιτασθήσεται ▸ 1
  - Verb · third · singular · future · passive · indicative ▸ 1 (Dan. 4,15)
- κοιτασθήσονται ▸ 3
  - Verb · third · plural · future · passive · indicative ▸ 3 (Psa. 103,22; Zeph. 2,14; Zeph. 3,13)

κοιτασία (κεῖμαι) sexual intercourse ▸ 1
- κοιτασίαν ▸ 1
  - Noun · feminine · singular · accusative · (common) ▸ 1 (Lev. 20,15)

κοίτη (κεῖμαι) bed, marital relationship ▸ 73 + 8 + 4 = 85
- κοίταις ▸ 4 + 1 = 5
  - Noun · feminine · plural · dative · (common) ▸ 4 + 1 = 5 (Psa. 4,5; Job 38,40; Hos. 7,14; Mic. 2,1; Rom. 13,13)
- κοίτας ▸ 2
  - Noun · feminine · plural · accusative · (common) ▸ 2 (2Sam. 17,28; Judith 13,1)
- κοίτη ▸ 7 + 1 = 8
  - Noun · feminine · singular · nominative · (common) ▸ 7 + 1 = 8 (Lev. 15,4; Lev. 15,16; Lev. 15,17; Lev. 15,24; Lev. 15,32; Lev. 22,4; Is. 57,7; Heb. 13,4)
- κοίτῃ ▸ 4
  - Noun · feminine · singular · dative · (common) ▸ 4 (Lev. 15,23; Lev. 15,24; 2Sam. 4,5; Job 7,13)
- κοίτην ▸ 32 + 2 + 2 = 36
  - Noun · feminine · singular · accusative · (common) ▸ 32 + 2 + 2 = 36 (Gen. 49,4; Ex. 21,18; Lev. 15,18; Lev. 15,26; Lev. 15,26; Lev. 18,20; Lev. 18,22; Lev. 18,23; Lev. 19,20; Lev. 20,13; Num. 5,13; Num. 5,20; Num. 31,17; Num. 31,18; Num. 31,35; Judg. 21,11; Judg. 21,12; 1Kings 1,47; 1Chr. 5,1; Esth. 14,15 # 4,17u; 1Mac. 1,5; 1Mac. 6,8; Psa. 40,4; Prov. 7,17; Song 3,1; Wis. 3,13; Sir. 41,24; Is. 11,8; Is. 17,2; Is. 56,10; Jer. 10,22; Ezek. 23,17; Judg. 21,11; Judg. 21,12; Luke 11,7; Rom. 9,10)
- κοίτης ▸ 23 + 6 = 29
  - Noun · feminine · singular · genitive · (common) ▸ 23 + 6 = 29 (Ex. 10,23; Lev. 15,5; Lev. 15,21; 2Sam. 4,11; 2Sam. 11,2; 2Sam. 11,13; 2Sam. 13,5; Psa. 35,5; Job 33,15; Job 33,19; Job 36,28a; Job 37,8; Wis. 3,16; Sir. 31,19; Sir. 40,5; Sol. 17,16; Mic. 2,12; Jer. 27,6; Dan. 2,28; Dan. 2,29; Dan. 4,18; Dan. 7,1; Dan. 7,2; Dan. 2,28; Dan. 2,29; Dan. 4,5; Dan. 4,10; Dan. 4,13; Dan. 7,1)
- κοιτῶν ▸ 1
  - Noun · feminine · plural · genitive · (common) ▸ 1 (Psa. 149,5)

κοιτών (κεῖμαι) bedroom; bed-chamber ▸ 15 + 1 = 16
- κοιτῶνα ▸ 4
  - Noun · masculine · singular · accusative · (common) ▸ 4 (Judg. 15,1; 2Sam. 13,10; 1Esdr. 3,3; Judith 14,15)
- κοιτῶνι ▸ 3
  - Noun · masculine · singular · dative · (common) ▸ 3 (2Sam. 4,7; Judith 13,4; Ezek. 8,12)
- κοιτῶνος ▸ 5 + 1 = 6
  - Noun · masculine · singular · genitive · (common) ▸ 5 + 1 = 6 (Judg. 3,24; 1Kings 21,30; Judith 13,3; Judith 16,19; Joel 2,16; Acts 12,20)
- κοιτῶνός ▸ 1
  - Noun · masculine · singular · genitive · (common) ▸ 1 (2Kings 6,12)
- κοιτώνων ▸ 2
  - Noun · masculine · plural · genitive · (common) ▸ 2 (Ex. 7,28; Eccl. 10,20)

κόκκινος (κόκκος) scarlet; purple ▸ 43 + 6 = 49
- κόκκινα ▸ 2
  - Adjective · neuter · plural · accusative · noDegree ▸ 2 (2Sam. 1,24; Is. 3,23)
- κοκκίνην ▸ 1
  - Adjective · feminine · singular · accusative ▸ 1 (Matt. 27,28)
- κόκκινον ▸ 19 + 3 = 22
  - Adjective · masculine · singular · accusative · noDegree ▸ 2 (Ex. 25,4; Jer. 4,30)
  - Adjective · neuter · singular · accusative · noDegree ▸ 13 + 3 = 16 (Gen. 38,28; Ex. 28,5; Ex. 31,4; Ex. 35,6; Ex. 35,25; Ex. 39,12; Lev. 14,4; Lev. 14,6; Lev. 14,49; Lev. 14,51; Num. 4,8; Num. 19,6; Josh. 2,18; Rev. 17,3; Rev. 17,4; Rev. 18,16)
  - Adjective · neuter · singular · nominative · noDegree ▸ 4 (Gen. 38,30; Song 4,3; Song 6,7; Is. 1,18)
- κοκκίνου ▸ 16 + 2 = 18
  - Adjective · masculine · singular · genitive · noDegree ▸ 2 (Ex. 36,9; 2Chr. 3,14)
  - Adjective · neuter · singular · genitive · noDegree ▸ 14 + 2 = 16 (Ex. 26,1; Ex. 26,31; Ex. 26,36; Ex. 27,16; Ex. 28,8; Ex. 28,15; Ex. 28,33; Ex. 36,12; Ex. 36,15; Ex. 36,31; Ex. 36,36; Ex. 37,3; Ex. 37,5; Ex. 37,16; Heb. 9,19; Rev. 18,12)
- κοκκίνῳ ▸ 6
  - Adjective · masculine · singular · dative · noDegree ▸ 2 (2Chr. 2,6; 2Chr. 2,13)
  - Adjective · neuter · singular · dative · noDegree ▸ 4 (Ex. 35,35; Ex. 36,10; Ex. 37,21; Lev. 14,52)

κόκκος grain, seed, scarlet ▸ 2 + 7 = 9
- κόκκον ▸ 3
  - Noun · masculine · singular · accusative ▸ 3 (Matt. 17,20; Luke 17,6; 1Cor. 15,37)
- κόκκος ▸ 1
  - Noun · masculine · singular · nominative ▸ 1 (John 12,24)
- κόκκῳ ▸ 1 + 3 = 4
  - Noun · masculine · singular · dative · (common) ▸ 1 + 3 = 4 (Sir. 45,10; Matt. 13,31; Mark 4,31; Luke 13,19)

κόκκων ▸ 1
    Noun · masculine · plural · genitive · (common) ▸ **1** (Lam. 4,5)

κολαβρίζομαι (κωλύω; βρίθω) to be derided ▸ 1
  κολαβρισθείησαν ▸ 1
    Verb · third · plural · aorist · passive · optative ▸ **1** (Job 5,4)

κολάζω (κωλύω) to punish ▸ 22 + 2 = 24
  ἐκολάζοντο ▸ 1
    Verb · third · plural · imperfect · middle · indicative ▸ **1** (3Mac. 7,14)
  ἐκόλασας ▸ 2
    Verb · second · singular · aorist · active · indicative ▸ **2** (Wis. 11,8; Wis. 12,14)
  ἐκολάσθησαν ▸ 2
    Verb · third · plural · aorist · passive · indicative ▸ **2** (Wis. 11,5; Wis. 16,1)
  κολάζειν ▸ 1
    Verb · present · active · infinitive ▸ **1** (4Mac. 8,6)
  κολάζεται ▸ 2
    Verb · third · singular · present · middle · indicative ▸ **1** (Wis. 11,16)
    Verb · third · singular · present · passive · indicative ▸ **1** (4Mac. 18,5)
  κολαζόμενοι ▸ 1
    Verb · present · passive · participle · masculine · plural · nominative ▸ **1** (Wis. 12,27)
  κολαζομένους ▸ 1
    Verb · present · passive · participle · masculine · plural · accusative ▸ **1** (2Pet. 2,9)
  κολάζοντα ▸ 1
    Verb · present · active · participle · masculine · singular · accusative ▸ **1** (Wis. 18,22)
  κολάζων ▸ 1
    Verb · present · active · participle · masculine · singular · nominative ▸ **1** (4Mac. 2,12)
  κολάσαι ▸ 1
    Verb · aorist · active · infinitive ▸ **1** (2Mac. 6,14)
  κολάσασθαι ▸ 1
    Verb · aorist · middle · infinitive ▸ **1** (3Mac. 7,3)
  κολασάτω ▸ 1
    Verb · third · singular · aorist · active · imperative ▸ **1** (1Mac. 7,7)
  κολάσῃς ▸ 1
    Verb · second · singular · aorist · active · subjunctive ▸ **1** (Dan. 6,13a)
  κολασθείς ▸ 1
    Verb · aorist · passive · participle · masculine · singular · nominative ▸ **1** (Wis. 18,11)
  κολασθέντων ▸ 1
    Verb · aorist · passive · participle · masculine · plural · genitive ▸ **1** (3Mac. 3,26)
  κολασθῆναι ▸ 2
    Verb · aorist · passive · infinitive ▸ **2** (Wis. 12,15; Wis. 16,9)
  κολασθήσεται ▸ 1
    Verb · third · singular · future · passive · indicative ▸ **1** (Wis. 14,10)
  κολασθήσονται ▸ 1
    Verb · third · plural · future · passive · indicative ▸ **1** (1Esdr. 8,24)
  κολασθῶσιν ▸ 1
    Verb · third · plural · aorist · passive · subjunctive ▸ **1** (Wis. 3,4)
  κολάσωνται ▸ 1
    Verb · third · plural · aorist · middle · subjunctive ▸ **1** (Acts 4,21)

κολακεία flattery ▸ 1
  κολακείας ▸ 1
    Noun · feminine · singular · genitive ▸ **1** (1Th. 2,5)

κολακεύω (κωλύω) to flatter ▸ 3
  κολακεύει ▸ 1
    Verb · third · singular · present · active · indicative ▸ **1** (1Esdr. 4,31)
  κολακεύων ▸ 1
    Verb · present · active · participle · masculine · singular · nominative ▸ **1** (Job 19,17)
  κολακεύωσιν ▸ 1
    Verb · third · plural · present · active · subjunctive ▸ **1** (Wis. 14,17)

κολάπτω to carve, engrave ▸ 5
  ἐκόλαψεν ▸ 1
    Verb · third · singular · aorist · active · indicative ▸ **1** (3Mac. 2,27)
  κεκολαμμένα ▸ 1
    Verb · perfect · passive · participle · neuter · plural · nominative ▸ **1** (1Kings 7,46)
  κεκολαμμένη ▸ 1
    Verb · perfect · passive · participle · feminine · singular · nominative ▸ **1** (Ex. 32,16)
  κεκολαμμένῃ ▸ 1
    Verb · perfect · passive · participle · feminine · singular · dative ▸ **1** (Sir. 45,11)
  κεκολαμμένης ▸ 1
    Verb · perfect · passive · participle · feminine · singular · genitive ▸ **1** (1Kings 7,49)

κόλασις (κωλύω) punishment ▸ 15 + 2 = 17
  κολάσεσιν ▸ 1
    Noun · feminine · plural · dative · (common) ▸ **1** (4Mac. 8,9)
  κολάσεων ▸ 1
    Noun · feminine · plural · genitive · (common) ▸ **1** (Wis. 11,13)
  κολάσεως ▸ 2
    Noun · feminine · singular · genitive · (common) ▸ **2** (3Mac. 7,10; Wis. 16,2)
  κόλασιν ▸ 11 + 2 = 13
    Noun · feminine · singular · accusative · (common) ▸ **11 + 2 = 13** (2Mac. 4,38; 3Mac. 1,3; Wis. 16,24; Wis. 19,4; Jer. 18,20; Ezek. 14,3; Ezek. 14,4; Ezek. 14,7; Ezek. 18,30; Ezek. 43,11; Ezek. 44,12; Matt. 25,46; 1John 4,18)

κολαφίζω to beat ▸ 5
  ἐκολάφισαν ▸ 1
    Verb · third · plural · aorist · active · indicative ▸ **1** (Matt. 26,67)
  κολαφίζειν ▸ 1
    Verb · present · active · infinitive ▸ **1** (Mark 14,65)
  κολαφίζῃ ▸ 1
    Verb · third · singular · present · active · subjunctive ▸ **1** (2Cor. 12,7)
  κολαφιζόμεθα ▸ 1
    Verb · first · plural · present · middle · indicative · (variant) ▸ **1** (1Cor. 4,11)
  κολαφιζόμενοι ▸ 1
    Verb · present · middle · participle · masculine · plural · nominative · (variant) ▸ **1** (1Pet. 2,20)

κολεός (κωλύω) sheath, scabbard ▸ 6
  κολεόν ▸ 2
    Noun · masculine · singular · accusative · (common) ▸ **2** (1Chr. 21,27; Jer. 29,6)
  κολεοῦ ▸ 3
    Noun · masculine · singular · genitive · (common) ▸ **3** (Ezek.

21,8; Ezek. 21,9; Ezek. 21,10)
κολεῷ ▸ 1
  Noun · masculine · singular · dative · (common) ▸ **1** (2Sam. 20,8)
κόλλα glue ▸ 1
  κόλλῃ ▸ 1
    Noun · feminine · singular · dative · (common) ▸ **1** (Is. 44,13)
κολλάω to glue, join to ▸ 36 + **1** + 12 = 49
  ἐκολλήθη ▸ 13 + **1** + 1 = 15
    Verb · third · singular · aorist · passive · indicative ▸ 13 + **1** + 1 = **15** (2Sam. 20,2; 1Kings 11,2; 2Kings 1,18c; 2Kings 3,3; 2Kings 18,6; Tob. 6,19; Psa. 43,26; Psa. 62,9; Psa. 100,4; Psa. 101,6; Job 29,10; Bar. 1,20; Bar. 3,4; Tob. 6,19; Luke 15,15)
  Ἐκολλήθη ▸ 2
    Verb · third · singular · aorist · passive · indicative ▸ **2** (Psa. 118,25; Lam. 4,4)
  ἐκολλήθην ▸ 1
    Verb · first · singular · aorist · passive · indicative ▸ **1** (Psa. 118,31)
  ἐκολλήθησαν ▸ 2 + **1** = 3
    Verb · third · plural · aorist · passive · indicative ▸ 2 + **1** = **3** (1Mac. 3,2; 1Mac. 6,21; Rev. 18,5)
  ἐκόλλησα ▸ 1
    Verb · first · singular · aorist · active · indicative ▸ **1** (Jer. 13,11)
  ἐκόλλησεν ▸ 1
    Verb · third · singular · aorist · active · indicative ▸ **1** (Lam. 2,2)
  ἐκολλῶντό ▸ 1
    Verb · third · plural · imperfect · middle · indicative ▸ **1** (Psa. 24,21)
  κεκόλληκα ▸ 1
    Verb · first · singular · perfect · active · indicative ▸ **1** (Job 38,38)
  κεκόλληνται ▸ 1
    Verb · third · plural · perfect · passive · indicative ▸ **1** (Job 41,15)
  κεκόλληται ▸ 1
    Verb · third · singular · perfect · passive · indicative ▸ **1** (Psa. 21,16)
  κολλᾶσθαι ▸ 3
    Verb · present · passive · infinitive ▸ **3** (Acts 5,13; Acts 9,26; Acts 10,28)
  κολλᾶται ▸ 2
    Verb · third · singular · present · middle · indicative ▸ **2** (1Esdr. 4,20; Jer. 13,11)
  κολληθείη ▸ 1
    Verb · third · singular · aorist · passive · optative ▸ **1** (Psa. 136,6)
  κολληθέντα ▸ 1
    Verb · aorist · passive · participle · masculine · singular · accusative ▸ **1** (Luke 10,11)
  κολληθέντες ▸ 1
    Verb · aorist · passive · participle · masculine · plural · nominative ▸ **1** (Acts 17,34)
  κολληθήσεται ▸ 1 + **1** = 2
    Verb · third · singular · future · passive · indicative ▸ 1 + **1** = **2** (2Kings 5,27; Matt. 19,5)
  κολληθήσῃ ▸ 2
    Verb · second · singular · future · passive · indicative ▸ **2** (Deut. 6,13; Deut. 10,20)
  κολληθήσονται ▸ 2
    Verb · third · plural · future · passive · indicative ▸ **2** (Deut. 28,60; Deut. 29,19)
  κολλήθητι ▸ 2 + **1** = 3
    Verb · second · singular · aorist · passive · imperative ▸ 2 + **1** = **3** (Ruth 2,8; Sir. 2,3; Acts 8,29)
  κολλώμενοι ▸ 1
    Verb · present · passive · participle · masculine · plural · nominative ▸ **1** (Rom. 12,9)
  κολλώμενος ▸ **1** + 2 = 3
    Verb · present · middle · participle · masculine · singular · nominative ▸ **1** (Sir. 19,2)
    Verb · present · passive · participle · masculine · singular · nominative · (variant) ▸ **2** (1Cor. 6,16; 1Cor. 6,17)
  κολλῶνται ▸ 1
    Verb · third · plural · present · passive · indicative ▸ **1** (Job 41,8)
κολλούριον eyesalve ▸ 1
  κολλούριον ▸ 1
    Noun · neuter · singular · accusative ▸ **1** (Rev. 3,18)
κολλυβιστής moneychanger ▸ 3
  κολλυβιστῶν ▸ 3
    Noun · masculine · plural · genitive ▸ **3** (Matt. 21,12; Mark 11,15; John 2,15)
κολλυρίζω (κολλάω; ὕβρις) to bake ▸ 2
  ἐκολλύρισεν ▸ 1
    Verb · third · singular · aorist · active · indicative ▸ **1** (2Sam. 13,8)
  κολλυρισάτω ▸ 1
    Verb · third · singular · aorist · active · imperative ▸ **1** (2Sam. 13,6)
κολλύριον (κολλάω) small cake; eye-salve ▸ 3
  κολλύρια ▸ 3
    Noun · neuter · plural · accusative · (common) ▸ **3** (1Kings 12,24h; 1Kings 12,24i; 1Kings 12,24l)
κολλυρίς (κολλάω) cake ▸ 4
  κολλυρίδα ▸ 1
    Noun · feminine · singular · accusative · (common) ▸ **1** (2Sam. 6,19)
  κολλυρίδας ▸ 3
    Noun · feminine · plural · accusative · (common) ▸ **3** (2Sam. 13,6; 2Sam. 13,8; 2Sam. 13,10)
κολοβόκερκος (κόλος; κέρκος) stunted, deformed ▸ 1
  κολοβόκερκον ▸ 1
    Adjective · neuter · singular · accusative · noDegree ▸ **1** (Lev. 22,23)
κολοβόριν with deformed nose ▸ 1
  κολοβόριν ▸ 1
    Adjective · masculine · singular · nominative · noDegree ▸ **1** (Lev. 21,18)
κολοβόω (κωλύω) to shorten, cut off ▸ 1 + 4 = 5
  ἐκολοβώθησαν ▸ 1
    Verb · third · plural · aorist · passive · indicative ▸ **1** (Matt. 24,22)
  ἐκολόβωσεν ▸ 2
    Verb · third · singular · aorist · active · indicative ▸ **2** (Mark 13,20; Mark 13,20)
  κολοβοῦσιν ▸ 1
    Verb · third · plural · present · active · indicative ▸ **1** (2Sam. 4,12)
  κολοβωθήσονται ▸ 1
    Verb · third · plural · future · passive · indicative ▸ **1** (Matt. 24,22)
κολόκυνθα gourd, pumpkin ▸ 5
  κολόκυνθαν ▸ 1
    Noun · feminine · singular · accusative · (common) ▸ **1** (Jonah 4,7)
  κολοκύνθῃ ▸ 3
    Noun · feminine · singular · dative · (common) ▸ **3** (Jonah 4,6;

Jonah 4,6; Jonah 4,9)
    κολοκύνθης ▸ 1
        Noun · feminine · singular · genitive · (common) ▸ 1 (Jonah 4,10)
Κολοσσαεύς Colossian ▸ 1
    ΚΟΛΟΣΣΑΕΙΣ ▸ 1
        Noun · masculine · plural · accusative · (proper) ▸ 1 (Col. 1,0)
Κολοσσαί Colossae ▸ 1
    Κολοσσαῖς ▸ 1
        Noun · feminine · plural · dative · (proper) ▸ 1 (Col. 1,2)
κόλπος bosom, breast, chest; fold (garment); bay ▸ 41 + 6 = 47
    κόλποις ▸ 1
        Noun · masculine · plural · dative ▸ 1 (Luke 16,23)
    κόλπον ▸ 16 + 4 = 20
        Noun · masculine · singular · accusative · (common) ▸ 16 + 4 = 20 (Gen. 16,5; Ex. 4,6; Ex. 4,6; Ex. 4,7; Ex. 4,7; Num. 11,12; Ruth 4,16; 1Kings 22,35; Psa. 34,13; Psa. 78,12; Psa. 128,7; Prov. 19,24; Hos. 8,1; Is. 65,6; Is. 65,7; Lam. 2,12; Luke 6,38; Luke 16,22; John 1,18; Acts 27,39)
    κόλπου ▸ 6
        Noun · masculine · singular · genitive · (common) ▸ 6 (Ex. 4,6; Ex. 4,7; 1Kings 17,19; 1Kings 22,35; Psa. 73,11; Sir. 9,1)
    κόλπους ▸ 2
        Noun · masculine · plural · accusative · (common) ▸ 2 (Prov. 16,33; Jer. 39,18)
    κόλπῳ ▸ 17 + 1 = 18
        Noun · masculine · singular · dative · (common) ▸ 17 + 1 = 18 (Deut. 13,7; Deut. 28,54; Deut. 28,56; 2Sam. 12,3; 2Sam. 12,8; 1Kings 3,20; 1Kings 3,20; Psa. 88,51; Prov. 6,27; Prov. 17,23; Prov. 26,15; Prov. 30,4; Eccl. 7,9; Job 19,27; Job 23,12; Job 31,34; Is. 49,22; John 13,23)
κόλπωμα (κόλπος) bosom, cavity ▸ 1
    κόλπωμα ▸ 1
        Noun · neuter · singular · nominative · (common) ▸ 1 (Ezek. 43,13)
κολυμβάω to swim ▸ 1
    κολυμβᾶν ▸ 1
        Verb · present · active · infinitive ▸ 1 (Acts 27,43)
κολυμβήθρα (κολυμβάω) pool, reservoir ▸ 10 + 3 = 13
    κολυμβήθρα ▸ 1 + 1 = 2
        Noun · feminine · singular · nominative · (common) ▸ 1 + 1 = 2 (Nah. 2,9; John 5,2)
    κολυμβήθραν ▸ 2 + 2 = 4
        Noun · feminine · singular · accusative · (common) ▸ 2 + 2 = 4 (Neh. 2,14; Is. 7,3; John 5,7; John 9,7)
    κολυμβήθρας ▸ 7
        Noun · feminine · plural · accusative · (common) ▸ 1 (Eccl. 2,6)
        Noun · feminine · singular · genitive · (common) ▸ 6 (2Kings 18,17; Neh. 3,15; Neh. 3,16; Is. 22,9; Is. 22,11; Is. 36,2)
κολωνία colony ▸ 1
    κολωνία ▸ 1
        Noun · feminine · singular · nominative ▸ 1 (Acts 16,12)
κομάω (κόμη) to wear long hair ▸ 2
    κομᾷ ▸ 2
        Verb · third · singular · present · active · subjunctive ▸ 2 (1Cor. 11,14; 1Cor. 11,15)
κόμη hair ▸ 11 + 1 + 1 = 13
    κόμαι ▸ 1
        Noun · feminine · plural · nominative · (common) ▸ 1 (Ezek. 24,23)
    κόμας ▸ 2
        Noun · feminine · plural · accusative · (common) ▸ 2 (3Mac. 1,18; Ezek. 44,20)
    κόμη ▸ 1
        Noun · feminine · singular · nominative ▸ 1 (1Cor. 11,15)
    κόμην ▸ 3
        Noun · feminine · singular · accusative · (common) ▸ 3 (Num. 6,5; 3Mac. 4,6; Job 1,20)
    κόμης ▸ 5 + 1 = 6
        Noun · feminine · singular · genitive · (common) ▸ 5 + 1 = 6 (Lev. 19,27; Judith 13,7; Job 16,12; Job 38,32; Bel 36; Bel 36)
κομιδή (κομίζω) attendance, care; provision ▸ 1
    κομιδῇ ▸ 1
        Noun · feminine · singular · dative · (common) ▸ 1 (4Mac. 3,1)
κομίζω to bring, receive ▸ 26 + 3 + 10 = 39
    ἐκομισάμην ▸ 1
        Verb · first · singular · aorist · middle · indicative ▸ 1 (Matt. 25,27)
    ἐκόμισαν ▸ 1
        Verb · third · plural · aorist · active · indicative ▸ 1 (4Mac. 3,14)
    ἐκομίσαντο ▸ 2 + 1 = 3
        Verb · third · plural · aorist · middle · indicative ▸ 2 + 1 = 3 (2Mac. 10,1; 3Mac. 7,22; Heb. 11,39)
    ἐκομίσατο ▸ 2 + 1 = 3
        Verb · third · singular · aorist · middle · indicative ▸ 2 + 1 = 3 (2Mac. 8,33; 2Mac. 13,8; Heb. 11,19)
    ἐκόμισεν ▸ 2
        Verb · third · singular · aorist · active · indicative ▸ 2 (1Esdr. 9,40; Ezra 6,5)
    κεκόμισαι ▸ 1
        Verb · second · singular · perfect · middle · indicative ▸ 1 (Ezek. 16,58)
    κεκομίσμεθα ▸ 1
        Verb · first · plural · perfect · middle · indicative ▸ 1 (1Mac. 13,37)
    κομιεῖσθε ▸ 1
        Verb · second · plural · future · middle · indicative ▸ 1 (1Pet. 5,4)
    κομιζόμενοι ▸ 1
        Verb · present · middle · participle · masculine · plural · nominative ▸ 1 (1Pet. 1,9)
    Κομίζου ▸ 1
        Verb · second · singular · present · middle · imperative ▸ 1 (Tob. 7,12)
    κομίζου ▸ 1 + 1 = 2
        Verb · second · singular · present · middle · imperative ▸ 1 + 1 = 2 (Tob. 7,13; Tob. 7,12)
    κομίζουσιν ▸ 1
        Verb · third · plural · present · active · indicative ▸ 1 (1Esdr. 4,5)
    κομιοῦμαι ▸ 1
        Verb · first · singular · future · middle · indicative ▸ 1 (Hos. 2,11)
    κομιοῦνται ▸ 1
        Verb · third · plural · future · middle · indicative ▸ 1 (Lev. 20,17)
    κομιοῦντας ▸ 1
        Verb · future · active · participle · masculine · plural · accusative ▸ 1 (3Mac. 1,8)
    Κόμισαι ▸ 1
        Verb · second · singular · aorist · middle · imperative ▸ 1 (Tob. 7,13)
    κόμισαι ▸ 1 + 1 = 2
        Verb · second · singular · aorist · middle · imperative ▸ 1 + 1 = 2 (Ezek. 16,52; Tob. 9,2)
    κομίσαι ▸ 1
        Verb · aorist · active · infinitive ▸ 1 (1Esdr. 9,39)

κομίσαι ▸ 1
: **Verb** · second · singular · aorist · middle · imperative ▸ **1** (Tob. 9,2)

κομίσας ▸ 1
: **Verb** · aorist · active · participle · masculine · singular · nominative ▸ **1** (Wis. 18,21)

κομίσασα ▸ 1
: **Verb** · aorist · active · participle · feminine · singular · nominative ▸ **1** (Luke 7,37)

κομίσασθαι ▸ 3
: **Verb** · aorist · middle · infinitive ▸ **3** (Gen. 38,20; 2Mac. 7,11; 3Mac. 1,3)

κομισάσθωσαν ▸ 1
: **Verb** · third · plural · aorist · middle · imperative ▸ **1** (Psa. 39,16)

κομίσεται ▸ 1 + 2 = 3
: **Verb** · third · singular · future · middle · indicative ▸ **1** + **2** = **3** (Sir. 29,6; Eph. 6,8; Col. 3,25)

κομίση ▸ 1
: **Verb** · third · singular · aorist · active · subjunctive ▸ **1** (Ezek. 16,54)

κομίσησθε ▸ 1
: **Verb** · second · plural · aorist · middle · subjunctive ▸ **1** (Heb. 10,36)

κομίσηται ▸ 1
: **Verb** · third · singular · aorist · middle · subjunctive ▸ **1** (2Cor. 5,10)

κομίσωμαί ▸ 1
: **Verb** · first · singular · aorist · middle · subjunctive ▸ **1** (2Mac. 7,29)

κόμμα (κόπτω) stamp, coin impression ▸ 1
: κόμμα ▸ 1
: **Noun** · neuter · singular · accusative · (common) ▸ **1** (1Mac. 15,6)

κόμπος boast ▸ 2
: κόμποις ▸ 1
: **Noun** · masculine · plural · dative · (common) ▸ **1** (Esth. 16,4 # 8,12d)
: κόμπῳ ▸ 1
: **Noun** · masculine · singular · dative · (common) ▸ **1** (3Mac. 6,5)

κομψότερον (κομέω) better, recovering ▸ 1
: κομψότερον ▸ 1
: **Adverb** · (comparative) ▸ **1** (John 4,52)

κόνδυ cup ▸ 9
: κόνδυ ▸ 9
: **Noun** · neuter · singular · accusative · (common) ▸ **5** (Gen. 44,2; Gen. 44,5; Gen. 44,12; Is. 51,17; Is. 51,22)
: **Noun** · neuter · singular · nominative · (common) ▸ **4** (Gen. 44,9; Gen. 44,10; Gen. 44,16; Gen. 44,17)

κονδυλίζω (κόνδυλος) to strike with the fist ▸ 2
: ἐκονδύλιζον ▸ 1
: **Verb** · third · plural · imperfect · active · indicative ▸ **1** (Amos 2,7)
: κονδυλίζοντας ▸ 1
: **Verb** · present · active · participle · masculine · plural · accusative ▸ **1** (Mal. 3,5)

κονδυλισμός (κόνδυλος) cruel act ▸ 1
: κονδυλισμοὺς ▸ 1
: **Noun** · masculine · plural · accusative · (common) ▸ **1** (Zeph. 2,8)

κονία (κονιάω) dust, plaster ▸ 6
: κονία ▸ 1
: **Noun** · feminine · singular · nominative · (common) ▸ **1** (Job 38,38)

κονία ▸ 2
: **Noun** · feminine · singular · dative · (common) ▸ **2** (Deut. 27,2; Deut. 27,4)

κονίαν ▸ 2
: **Noun** · feminine · singular · accusative · (common) ▸ **2** (Amos 2,1; Is. 27,9)

κονίας ▸ 1
: **Noun** · feminine · singular · genitive · (common) ▸ **1** (Job 28,4)

κονίαμα (κονιάω) plaster, stucco ▸ 2 + 1 = 3
: κονίαμα ▸ 1
: **Noun** · neuter · singular · accusative · (common) ▸ **1** (Dan. 5,5)
: κονιάματος ▸ 2
: **Noun** · neuter · singular · genitive · (common) ▸ **2** (Dan. 5,0; Dan. 5,5)

κονιάω to whitewash, plaster ▸ 3 + 2 = 5
: κεκονιαμένε ▸ 1
: **Verb** · perfect · passive · participle · masculine · singular · vocative ▸ **1** (Acts 23,3)
: κεκονιαμένοις ▸ 1 + 1 = 2
: **Verb** · perfect · passive · participle · masculine · plural · dative ▸ **1** (Matt. 23,27)
: **Verb** · perfect · passive · participle · neuter · plural · dative ▸ **1** (Prov. 21,9)
: κονιάσεις ▸ 2
: **Verb** · second · singular · future · active · indicative ▸ **2** (Deut. 27,2; Deut. 27,4)

κονιορτός (κονιάω; ὁρμή) dust, dustcloud ▸ 18 + 1 + 5 = 24
: Κονιορτὸν ▸ 1
: **Noun** · masculine · singular · accusative · (common) ▸ **1** (2Kings 9,17)
: κονιορτόν ▸ 3
: **Noun** · masculine · singular · accusative · (common) ▸ **3** (Deut. 28,24; Is. 10,6; LetterJ 11)
: κονιορτὸν ▸ 4 + 5 = 9
: **Noun** · masculine · singular · accusative · (common) ▸ **4** + **5** = **9** (Deut. 9,21; 2Kings 9,17; 3Mac. 5,48; Is. 17,13; Matt. 10,14; Luke 9,5; Luke 10,11; Acts 13,51; Acts 22,23)
: κονιορτός ▸ 3
: **Noun** · masculine · singular · nominative · (common) ▸ **3** (Deut. 9,21; Job 21,18; Is. 3,24)
: κονιορτὸς ▸ 5 + 1 = 6
: **Noun** · masculine · singular · nominative · (common) ▸ **5** + **1** = **6** (Ex. 9,9; Nah. 1,3; Is. 5,24; Is. 29,5; Ezek. 26,10; Dan. 2,35)
: κονιορτοῦ ▸ 1
: **Noun** · masculine · singular · genitive · (common) ▸ **1** (LetterJ 16)
: κονιορτῶν ▸ 1
: **Noun** · masculine · plural · genitive · (common) ▸ **1** (Song 3,6)

κόνις ashes, dust ▸ 2
: κόνει ▸ 2
: **Noun** · feminine · singular · dative · (common) ▸ **2** (3Mac. 1,18; 3Mac. 4,6)

κοντός (κονιάω) pole, spear ▸ 2
: κοντοῖς ▸ 1
: **Noun** · masculine · plural · dative · (common) ▸ **1** (Ezek. 39,9)
: κοντὸς ▸ 1
: **Noun** · masculine · singular · nominative · (common) ▸ **1** (1Sam. 17,7)

κόνυζα nettle ▸ 1
: κονύζης ▸ 1
: **Noun** · feminine · singular · genitive · (common) ▸ **1** (Is. 55,13)

κοπάζω (κόπτω) to stop, cease, rest ▸ 26 + 1 + 3 = 30
   ἐκόπασεν ▸ 12 + 3 = 15
      Verb · third · singular · aorist · active · indicative ▸ 12 + 3 = **15** (Gen. 8,1; Num. 11,2; Num. 17,13; Num. 17,15; Josh. 14,15; Ruth 1,18; 2Sam. 13,39; Esth. 2,1; Esth. 7,10; Psa. 48,10; Psa. 105,30; Sir. 43,23; Matt. 14,32; Mark 4,39; Mark 6,51)
   κεκόπακεν ▸ 3
      Verb · third · singular · perfect · active · indicative ▸ **3** (Gen. 8,7; Gen. 8,8; Gen. 8,11)
   κοπάσαι ▸ 2
      Verb · aorist · active · infinitive ▸ **2** (Sir. 46,7; Sir. 48,10)
   κοπάσει ▸ 2
      Verb · third · singular · future · active · indicative ▸ **2** (Jonah 1,11; Jonah 1,12)
   κοπάσῃ ▸ 1
      Verb · third · singular · aorist · active · subjunctive ▸ **1** (Sir. 23,17)
   κόπασον ▸ 2
      Verb · second · singular · aorist · active · imperative ▸ **2** (Amos 7,5; Jer. 14,21)
   κοπάσουσιν ▸ 3
      Verb · third · plural · future · active · indicative ▸ **3** (Sir. 39,28; Hos. 8,10; Ezek. 43,10)
   κοπάσω ▸ 1 + 1 = 2
      Verb · first · singular · aorist · active · subjunctive ▸ 1 + 1 = **2** (Judg. 20,28; Judg. 15,7)

κοπανίζω (κόπτω) to grind ▸ 3
   κεκοπανισμένου ▸ 2
      Verb · perfect · passive · participle · neuter · singular · genitive ▸ **2** (1Kings 2,46e; 1Kings 5,2)
   κοπανίζον ▸ 1
      Verb · present · active · participle · neuter · singular · accusative ▸ **1** (Dan. 7,7)

κοπετός (κόπτω) mourning ▸ 20 + 1 = 21
   κοπετόν ▸ 1
      Noun · masculine · singular · accusative · (common) ▸ **1** (Psa. 29,12)
   κοπετὸν ▸ 12 + 1 = 13
      Noun · masculine · singular · accusative · (common) ▸ 12 + 1 = **13** (Gen. 50,10; 1Mac. 2,70; 1Mac. 4,39; 1Mac. 9,20; 1Mac. 13,26; Sir. 38,17; Amos 5,16; Mic. 1,8; Zech. 12,10; Is. 22,12; Jer. 6,26; Jer. 9,9; Acts 8,2)
   κοπετός ▸ 2
      Noun · masculine · singular · nominative · (common) ▸ **2** (Amos 5,16; Amos 5,17)
   κοπετὸς ▸ 3
      Noun · masculine · singular · nominative · (common) ▸ **3** (Esth. 4,3; Zech. 12,11; Zech. 12,11)
   κοπετοῦ ▸ 1
      Noun · masculine · singular · genitive · (common) ▸ **1** (3Mac. 4,3)
   κοπετῷ ▸ 1
      Noun · masculine · singular · dative · (common) ▸ **1** (Joel 2,12)

κοπή (κόπτω) slaughter ▸ 3 + 1 = 4
   κοπὴν ▸ 1
      Noun · feminine · singular · accusative · (common) ▸ **1** (Josh. 10,20)
   κοπῆς ▸ 2 + 1 = 3
      Noun · feminine · singular · genitive · (common) ▸ 2 + 1 = **3** (Gen. 14,17; Judith 15,7; Heb. 7,1)

κοπιάω (κόπτω) to toil, grow tired, be weary ▸ 50 + 1 + 23 = 74
   ἐκοπίας ▸ 1
      Verb · second · singular · imperfect · active · indicative ▸ **1** (Deut. 25,18)
   ἐκοπίασα ▸ 8 + 2 = 10
      Verb · first · singular · aorist · active · indicative ▸ 8 + 2 = **10** (Psa. 6,7; Psa. 68,4; Job 2,9b; Sir. 24,34; Sir. 33,18; Sir. 51,27; Is. 49,4; Jer. 17,16; 1Cor. 15,10; Phil. 2,16)
   ἐκοπιάσαμεν ▸ 1
      Verb · first · plural · aorist · active · indicative ▸ **1** (Lam. 5,5)
   ἐκοπίασαν ▸ 5
      Verb · third · plural · aorist · active · indicative ▸ **5** (1Mac. 10,81; 4Mac. 9,12; Psa. 126,1; Sir. 16,27; Is. 63,13)
   ἐκοπίασας ▸ 2
      Verb · second · singular · aorist · active · indicative ▸ **2** (Is. 47,15; Is. 57,10)
   ἐκοπιάσατε ▸ 1
      Verb · second · plural · aorist · active · indicative ▸ **1** (Josh. 24,13)
   ἐκοπίασεν ▸ 8 + 2 = 10
      Verb · third · singular · aorist · active · indicative ▸ 8 + 2 = **10** (1Sam. 14,31; 1Sam. 17,39; 2Sam. 23,10; Job 20,18; Job 39,16; Sir. 31,3; Sir. 31,4; Is. 16,12; Rom. 16,6; Rom. 16,12)
   Ἐκοπίασεν ▸ 1
      Verb · third · singular · aorist · active · indicative ▸ **1** (Is. 45,14)
   ἐκοπίων ▸ 1
      Verb · third · plural · imperfect · active · indicative ▸ **1** (1Sam. 6,12)
   κεκοπίακα ▸ 1
      Verb · first · singular · perfect · active · indicative ▸ **1** (Gal. 4,11)
   κεκοπίακας ▸ 1
      Verb · second · singular · perfect · active · indicative ▸ **1** (Is. 47,13)
   κεκοπιάκασιν ▸ 1
      Verb · third · plural · perfect · active · indicative ▸ **1** (John 4,38)
   κεκοπιάκατε ▸ 1
      Verb · second · plural · perfect · active · indicative ▸ **1** (John 4,38)
   κεκοπίακες ▸ 1
      Verb · second · singular · perfect · active · indicative ▸ **1** (Rev. 2,3)
   κεκοπιακὼς ▸ 1
      Verb · perfect · active · participle · masculine · singular · nominative ▸ **1** (John 4,6)
   κοπιᾷ ▸ 1
      Verb · third · singular · present · active · indicative ▸ **1** (Luke 12,27)
   κοπιᾶσαί ▸ 1
      Verb · aorist · active · infinitive ▸ **1** (Is. 43,22)
   κοπιάσαντες ▸ 1
      Verb · aorist · active · participle · masculine · plural · nominative ▸ **1** (Luke 5,5)
   κοπιάσει ▸ 3
      Verb · third · singular · future · active · indicative ▸ **3** (2Sam. 23,7; Wis. 6,14; Is. 40,28)
   κοπιάσεις ▸ 2
      Verb · second · singular · future · active · indicative ▸ **2** (Prov. 4,12; Sir. 6,19)
   κοπιάσῃ ▸ 1
      Verb · third · singular · aorist · active · subjunctive ▸ **1** (Wis. 9,10)
   κοπιάσουσιν ▸ 8
      Verb · third · plural · future · active · indicative ▸ **8** (Is. 5,27; Is.

κοπιάω–κόπτω

30,4; Is. 31,3; Is. 40,30; Is. 40,31; Is. 65,23; Jer. 2,24; Jer. 28,58)

κοπιᾶτε ▸ 1
   Verb · second · singular · present · active · imperative ▸ **1** (Sir. 43,30)

κοπιάτω ▸ 1
   Verb · third · singular · present · active · imperative ▸ **1** (Eph. 4,28)

Κοπιῶ ▸ 1
   Verb · first · singular · present · active · indicative ▸ **1** (Is. 33,24)

κοπιῶ ▸ 1
   Verb · first · singular · present · active · indicative ▸ **1** (Col. 1,29)

κοπιῶμεν ▸ 2
   Verb · first · plural · present · active · indicative ▸ **2** (1Cor. 4,12; 1Tim. 4,10)

κοπιῶν ▸ 2
   Verb · present · active · participle · masculine · singular · nominative ▸ **2** (2Sam. 17,2; Sir. 11,11)

κοπιῶντα ▸ 1
   Verb · present · active · participle · masculine · singular · accusative ▸ **1** (2Tim. 2,6)

κοπιῶντας ▸ 1 + 2 = 3
   Verb · present · active · participle · masculine · plural · accusative ▸ 1 + 2 = **3** (Deut. 25,18; Acts 20,35; 1Th. 5,12)

κοπιῶντες ▸ 2
   Verb · present · active · participle · masculine · plural · nominative ▸ **1** (1Tim. 5,17)
   Verb · present · active · participle · masculine · plural · vocative ▸ **1** (Matt. 11,28)

κοπιῶντι ▸ 1 + 1 = 2
   Verb · present · active · participle · masculine · singular · dative ▸ 1 + 1 = **2** (Is. 46,1; 1Cor. 16,16)

κοπιώντων ▸ 1
   Verb · present · active · participle · masculine · plural · genitive ▸ **1** (Judg. 5,26)

κοπιώσας ▸ 1
   Verb · present · active · participle · feminine · plural · accusative ▸ **1** (Rom. 16,12)

κοπιῶσιν ▸ 1
   Verb · third · plural · present · active · indicative ▸ **1** (Matt. 6,28)

κόπος (κόπτω) labor, trouble ▸ 35 + **1** + 18 = 54

κόποι ▸ 1
   Noun · masculine · plural · nominative · (common) ▸ **1** (Wis. 3,11)

κόποις ▸ 4 + 3 = 7
   Noun · masculine · plural · dative · (common) ▸ 4 + 3 = **7** (Psa. 72,5; Psa. 87,16; Psa. 106,12; Hos. 12,4; 2Cor. 6,5; 2Cor. 10,15; 2Cor. 11,23)

κόπον ▸ 8 + 5 = 13
   Noun · masculine · singular · accusative · (common) ▸ 8 + 5 = **13** (Gen. 31,42; Deut. 1,12; Psa. 24,18; Psa. 93,20; Job 11,16; Sir. 22,13; Sir. 29,4; Jer. 51,33; Luke 18,5; John 4,38; 1Cor. 3,8; 1Th. 2,9; Rev. 2,2)

κόπος ▸ 6 + 2 = 8
   Noun · masculine · singular · nominative · (common) ▸ 6 + 2 = **8** (Psa. 9,28; Psa. 54,11; Psa. 72,16; Psa. 89,10; Psa. 139,10; Job 5,6; 1Cor. 15,58; 1Th. 3,5)

κόπου ▸ 1 + 1 = 2
   Noun · masculine · singular · genitive · (common) ▸ 1 + 1 = **2** (Neh. 5,13; 1Th. 1,3)

κόπους ▸ 7 + 4 = 11
   Noun · masculine · plural · accusative · (common) ▸ 7 + 4 = **11** (1Mac. 10,15; Sir. 14,15; Sir. 34,23; Mic. 2,1; Hab. 1,3; Zech. 10,2; Jer. 20,18; Matt. 26,10; Mark 14,6; Luke 11,7; Gal. 6,17)

κόπῳ ▸ 3 + **1** + 2 = 6
   Noun · masculine · singular · dative · (common) ▸ 3 + **1** + 2 = **6** (Judg. 10,16; Job 4,2; Job 5,7; Judg. 10,16; 2Cor. 11,27; 2Th. 3,8)

κόπων ▸ 5 + 1 = 6
   Noun · masculine · plural · genitive · (common) ▸ 5 + 1 = **6** (Ode. 4,7; Wis. 10,17; Sir. 13,26; Hab. 3,7; Mal. 2,13; Rev. 14,13)

κοπόω (κόπτω) to grow weary ▸ 3

ἐκόπωσας ▸ 1
   Verb · second · singular · aorist · active · indicative ▸ **1** (1Mac. 12,44)

κεκοπωμένοι ▸ 1
   Verb · perfect · passive · participle · masculine · plural · nominative ▸ **1** (Judith 13,1)

κοπώσει ▸ 1
   Verb · third · singular · future · active · indicative ▸ **1** (Eccl. 10,15)

κοπρία (κόπρος) dung heap, garbage pile ▸ 12 + 1 = 13

κοπρία ▸ 2
   Noun · feminine · singular · nominative · (common) ▸ **2** (2Kings 9,37; Sir. 27,4)

κοπρίαν ▸ 1
   Noun · feminine · singular · accusative ▸ **1** (Luke 14,35)

κοπρίας ▸ 9
   Noun · feminine · plural · accusative · (common) ▸ **1** (Lam. 4,5)
   Noun · feminine · singular · genitive · (common) ▸ **8** (1Sam. 2,8; Neh. 2,13; Neh. 3,13; Neh. 3,14; Neh. 12,31; Psa. 112,7; Ode. 3,8; Job 2,8)

κοπριῶν ▸ 1
   Noun · feminine · plural · genitive · (common) ▸ **1** (Esth. 14,1 # 4,17k)

κόπριον (κόπρος) dirt, excrement, manure, dung ▸ 4 + 1 = 5

κόπρια ▸ 2 + 1 = 3
   Noun · neuter · plural · accusative · (common) ▸ 2 + 1 = **3** (1Mac. 2,62; Jer. 32,33; Luke 13,8)

κοπρία ▸ 1
   Noun · neuter · plural · nominative · (common) ▸ **1** (Is. 5,25)

κοπρίων ▸ 1
   Noun · neuter · plural · genitive · (common) ▸ **1** (Sir. 22,2)

κόπρος dung, excrement ▸ 11

κόπρον ▸ 6
   Noun · feminine · singular · accusative · (common) ▸ **6** (Ex. 29,14; Lev. 8,17; Lev. 16,27; 2Kings 18,27; Is. 30,22; Is. 36,12)

κόπρος ▸ 1
   Noun · feminine · singular · nominative · (common) ▸ **1** (Psa. 82,11)

κόπρου ▸ 2
   Noun · feminine · singular · genitive · (common) ▸ **2** (2Kings 6,25; Ezek. 4,12)

κόπρῳ ▸ 2
   Noun · feminine · singular · dative · (common) ▸ **2** (Lev. 4,11; Num. 19,5)

κόπτω to smite, cut down, mourn ▸ 84 + **5** + 8 = 97

ἔκοπτον ▸ 2 + 1 = 3
   Verb · third · plural · imperfect · active · indicative ▸ 2 + 1 = **3** (Judith 15,5; 2Mac. 10,35; Matt. 21,8)

ἐκόπτοντο ▸ 2
   Verb · third · plural · imperfect · middle · indicative ▸ **2** (Luke 8,52; Luke 23,27)

ἔκοψα ▸ 2

Verb · first · singular · aorist · active · indicative ▸ **2** (2Kings 19,23; Is. 37,24)
ἐκόψαμεν ▸ 1
    Verb · first · plural · aorist · active · indicative ▸ **1** (Jer. 31,2)
ἔκοψαν ▸ 5 + 3 = 8
    Verb · third · plural · aorist · active · indicative ▸ 5 + 3 = **8** (Num. 13,23; Num. 13,24; Judg. 9,49; Judg. 20,43; 1Kings 11,15; Judg. 1,4; Judg. 1,5; Judg. 9,49)
ἐκόψαντο ▸ 8
    Verb · third · plural · aorist · middle · indicative ▸ **8** (Gen. 50,10; 1Sam. 28,3; 2Sam. 1,12; 1Kings 13,30; 1Mac. 2,70; 1Mac. 4,39; 1Mac. 9,20; 1Mac. 13,26)
ἐκόψασθε ▸ 1
    Verb · second · plural · aorist · middle · indicative ▸ **1** (Matt. 11,17)
ἐκόψατο ▸ 1
    Verb · third · singular · aorist · middle · indicative ▸ **1** (2Sam. 11,26)
ἔκοψεν ▸ 6 + 2 = 8
    Verb · third · singular · aorist · active · indicative ▸ 6 + 2 = **8** (Judg. 6,30; Judg. 9,48; 2Sam. 5,20; 2Chr. 34,4; 2Chr. 34,7; Is. 44,14; Judg. 1,17; Judg. 9,48)
ἔκοψέν ▸ 1
    Verb · third · singular · aorist · active · indicative ▸ **1** (Deut. 25,18)
κεκομμένον ▸ 2
    Verb · perfect · passive · participle · neuter · singular · accusative ▸ **2** (Ex. 27,20; Lev. 24,2)
κεκομμένου ▸ 1
    Verb · perfect · passive · participle · neuter · singular · genitive ▸ **1** (1Kings 5,25)
κεκομμένῳ ▸ 1
    Verb · perfect · passive · participle · neuter · singular · dative ▸ **1** (Ex. 29,40)
κοπῇς ▸ 1
    Verb · second · singular · aorist · passive · subjunctive ▸ **1** (Ezek. 24,16)
κοπήσονται ▸ 3
    Verb · third · plural · future · passive · indicative ▸ **3** (Jer. 8,2; Jer. 16,4; Jer. 26,5)
Κοπήτω ▸ 1
    Verb · third · singular · aorist · passive · imperative ▸ **1** (Esth. 5,14)
κόπτειν ▸ 5
    Verb · present · active · infinitive ▸ **5** (2Sam. 5,24; 1Kings 5,20; 2Chr. 2,7; 2Mac. 5,12; Ezek. 9,8)
κόπτεσθε ▸ 6
    Verb · second · plural · present · middle · imperative ▸ **6** (2Sam. 3,31; Joel 1,13; Is. 15,3; Is. 32,12; Jer. 4,8; Jer. 32,34)
κόπτετε ▸ 2
    Verb · second · plural · present · active · imperative ▸ **2** (Ezek. 9,5; Ezek. 9,7)
κοπτόμενοι ▸ 2
    Verb · present · middle · participle · masculine · plural · nominative ▸ **2** (Eccl. 12,5; Jer. 48,5)
κόπτονται ▸ 1
    Verb · third · plural · present · middle · indicative ▸ **1** (1Sam. 25,1)
κόπτοντες ▸ 3
    Verb · present · active · participle · masculine · plural · nominative ▸ **3** (Josh. 10,20; Josh. 11,8; Jer. 26,22)
κόπτοντος ▸ 2
    Verb · present · active · participle · masculine · singular · genitive ▸ **2** (Deut. 19,5; Is. 10,15)
κόπτουσιν ▸ 1
    Verb · present · active · participle · masculine · plural · dative ▸ **1** (2Chr. 2,9)
κόπτων ▸ 2
    Verb · present · active · participle · masculine · singular · nominative ▸ **2** (Is. 14,8; Jer. 23,29)
κόψαι ▸ 1
    Verb · aorist · active · infinitive ▸ **1** (Jer. 26,13)
κόψαντες ▸ 1
    Verb · aorist · active · participle · masculine · plural · nominative ▸ **1** (Mark 11,8)
κόψασθαι ▸ 5
    Verb · aorist · middle · infinitive ▸ **5** (Gen. 23,2; 1Kings 13,31; Eccl. 3,4; Mic. 1,11; Jer. 16,5)
κόψασθε ▸ 1
    Verb · second · plural · aorist · middle · imperative ▸ **1** (Jer. 30,19)
κόψατε ▸ 1
    Verb · second · plural · aorist · active · imperative ▸ **1** (Hag. 1,8)
κοψάτωσάν ▸ 1
    Verb · third · plural · aorist · active · imperative ▸ **1** (1Kings 5,20)
κόψει ▸ 1
    Verb · third · singular · future · active · indicative ▸ **1** (Zech. 14,12)
κόψεις ▸ 1
    Verb · second · singular · future · active · indicative ▸ **1** (Jer. 29,5)
κόψεσθε ▸ 1
    Verb · second · plural · future · middle · indicative ▸ **1** (Ezek. 20,43)
κόψεται ▸ 2
    Verb · third · singular · future · middle · indicative ▸ **2** (Mic. 1,8; Zech. 12,12)
κόψησθε ▸ 2
    Verb · second · plural · aorist · middle · subjunctive ▸ **2** (Zech. 7,5; Ezek. 24,23)
κόψομεν ▸ 1
    Verb · first · plural · future · active · indicative ▸ **1** (2Chr. 2,15)
κόψονται ▸ 4 + 3 = 7
    Verb · third · plural · future · middle · indicative ▸ 4 + 3 = **7** (1Kings 12,24m; Zech. 12,10; Jer. 31,37; Ezek. 6,9; Matt. 24,30; Rev. 1,7; Rev. 18,9)
κόψονταί ▸ 1
    Verb · third · plural · future · middle · indicative ▸ **1** (Jer. 41,5)
κόψωνται ▸ 2
    Verb · third · plural · aorist · middle · subjunctive ▸ **2** (Jer. 16,6; Jer. 22,18)
κόψωσιν ▸ 1
    Verb · third · plural · aorist · active · subjunctive ▸ **1** (Ezek. 39,10)

κόπωσις (κόπτω) weariness ▸ 1
    κόπωσις ▸ 1
        Noun · feminine · singular · nominative · (common) ▸ **1** (Eccl. 12,12)

κόραξ raven; hook ▸ 12 + 1 = 13
    κόρακα ▸ 3
        Noun · masculine · singular · accusative · (common) ▸ **3** (Gen. 8,7; Lev. 11,15; Deut. 14,14)
    κόρακας ▸ 1

κόραξ–Κορίτης

Noun · masculine · plural · accusative ▸ **1** (Luke 12,24)
κόρακες ▸ 5
  Noun · masculine · plural · nominative · (common) ▸ **5** (1Kings 17,6; Prov. 30,17; Sol. 4,20; Zeph. 2,14; Is. 34,11)
κόρακι ▸ 1
  Noun · masculine · singular · dative · (common) ▸ **1** (Job 38,41)
κοράκων ▸ 1
  Noun · masculine · plural · genitive · (common) ▸ **1** (Psa. 146,9)
κόραξ ▸ 1
  Noun · masculine · singular · nominative · (common) ▸ **1** (Song 5,11)
κόραξιν ▸ 1
  Noun · masculine · plural · dative · (common) ▸ **1** (1Kings 17,4)

κοράσιον (κείρω) girl ▸ 21 + 7 + 8 = 36
κοράσια ▸ 8 + 2 = 10
  Noun · neuter · plural · accusative · (common) ▸ **5 + 2 = 7** (1Sam. 9,11; Esth. 2,2; Esth. 2,3; Esth. 2,9; Joel 4,3; Sus. 19; Sus. 21)
  Noun · neuter · plural · nominative · (common) ▸ **3** (1Sam. 9,12; 1Sam. 25,42; Esth. 2,8)
κορασιά ▸ 1
  Noun · neuter · plural · nominative · (common) ▸ **1** (1Kings 12,24l)
κορασίοις ▸ 1 + 1 = 2
  Noun · neuter · plural · dative · (common) ▸ **1 + 1 = 2** (Ruth 2,23; Sus. 17)
κοράσιον ▸ 4 + 1 + 5 = 10
  Noun · neuter · singular · accusative · (common) ▸ **1** (Tob. 6,14)
  Noun · neuter · singular · nominative · (common) ▸ **3 + 1 + 4 = 8** (Esth. 2,7; Esth. 2,9; Tob. 6,12; Tob. 6,12; Matt. 9,24; Matt. 9,25; Mark 5,42; Mark 6,28)
  Noun · neuter · singular · vocative ▸ **1** (Mark 5,41)
κορασίου ▸ 1 + 2 = 3
  Noun · neuter · singular · genitive · (common) ▸ **1 + 2 = 3** (Esth. 2,12; Tob. 6,13; Tob. 6,13)
κορασίῳ ▸ 3
  Noun · neuter · singular · dative ▸ **3** (Matt. 14,11; Mark 6,22; Mark 6,28)
κορασίων ▸ 6 + 1 = 7
  Noun · neuter · plural · genitive · (common) ▸ **6 + 1 = 7** (Ruth 2,8; Ruth 2,22; Ruth 3,2; 1Sam. 20,30; Judith 16,12; Zech. 8,5; Sus. 15)

κορβᾶν corban (Aram. gift) ▸ 1
κορβᾶν ▸ 1
  Noun · masculine · singular · (Hebr.) ▸ **1** (Mark 7,11)

κορβανᾶς (κορβᾶν) temple treasury ▸ 1
κορβανᾶν ▸ 1
  Noun · masculine · singular · accusative ▸ **1** (Matt. 27,6)

Κορε Korah ▸ 43
Κορε ▸ 43
  Noun · masculine · singular · accusative · (proper) ▸ **6** (Gen. 36,5; Gen. 36,14; Num. 16,5; Num. 16,8; Num. 16,16; Num. 26,10)
  Noun · masculine · singular · genitive · (proper) ▸ **25** (Ex. 6,24; Ex. 6,24; Ex. 38,22; Num. 16,24; Num. 16,32; Num. 17,14; Num. 26,9; Num. 26,11; Num. 27,3; 1Chr. 6,22; 1Chr. 9,19; 1Chr. 26,19; 2Chr. 20,19; Psa. 41,1; Psa. 43,1; Psa. 44,1; Psa. 45,1; Psa. 46,1; Psa. 47,1; Psa. 48,1; Psa. 83,1; Psa. 84,1; Psa. 86,1; Psa. 87,1; Sir. 45,18)
  Noun · masculine · singular · nominative · (proper) ▸ **12** (Gen. 36,16; Gen. 36,18; Ex. 6,21; Num. 16,1; Num. 16,6; Num. 16,19; Num. 16,27; Num. 17,5; Num. 26,58; 1Chr. 1,35; 1Chr. 2,43; 1Chr. 6,7)

Κόρε Korah ▸ 1
Κόρε ▸ 1
  Noun · masculine · singular · genitive · (proper) ▸ **1** (Jude 11)

Κορεϊμ Korah ▸ 1
Κορεϊμ ▸ 1
  Noun · masculine · singular · genitive · (proper) ▸ **1** (1Chr. 26,1)

κορέννυμι to fill, have enough ▸ 2
κεκορεσμένοι ▸ 1
  Verb · perfect · middle · participle · masculine · plural · nominative · (variant) ▸ **1** (1Cor. 4,8)
κορεσθέντες ▸ 1
  Verb · aorist · passive · participle · masculine · plural · nominative ▸ **1** (Acts 27,38)

κορέω to satisfy oneself ▸ 1
κορήσουσιν ▸ 1
  Verb · third · plural · future · active · indicative ▸ **1** (Deut. 31,20)

κόρη young girl; pupil of the eye; bug, insect ▸ 9
κόραι ▸ 1
  Noun · feminine · plural · nominative · (common) ▸ **1** (Prov. 20,20 # 20,9a)
κόραις ▸ 1
  Noun · feminine · plural · dative · (common) ▸ **1** (3Mac. 5,47)
κόραν ▸ 2
  Noun · feminine · singular · accusative · (common) ▸ **2** (Deut. 32,10; Psa. 16,8)
κόρας ▸ 2
  Noun · feminine · plural · accusative · (common) ▸ **2** (4Mac. 18,21; Prov. 7,2)
κόρην ▸ 2
  Noun · feminine · singular · accusative · (common) ▸ **2** (Ode. 2,10; Sir. 17,22)
κόρης ▸ 1
  Noun · feminine · singular · genitive · (common) ▸ **1** (Zech. 2,12)

Κορίνθιος Corinthian ▸ 1 + 4 = 5
Κορίνθιοι ▸ 1
  Adjective · masculine · plural · vocative · (proper) ▸ **1** (2Cor. 6,11)
Κορινθίου ▸ 1
  Adjective · masculine · singular · genitive · (proper) ▸ **1** (2Mac. 11,21)
ΚΟΡΙΝΘΙΟΥΣ ▸ 2
  Adjective · masculine · plural · accusative · (proper) ▸ **2** (1Cor. 1,0; 2Cor. 1,0)
Κορινθίων ▸ 1
  Adjective · masculine · plural · genitive · (proper) ▸ **1** (Acts 18,8)

Κόρινθος Corinth; Corinthos ▸ 6
Κόρινθον ▸ 2
  Noun · feminine · singular · accusative · (proper) ▸ **2** (Acts 18,1; 2Cor. 1,23)
Κορίνθῳ ▸ 4
  Noun · feminine · singular · dative · (proper) ▸ **4** (Acts 19,1; 1Cor. 1,2; 2Cor. 1,1; 2Tim. 4,20)

κόριον (κόρη) coriander plant; bug, insect; young maid, young wife ▸ 3
κόριον ▸ 1
  Noun · neuter · singular · nominative · (common) ▸ **1** (Ex. 16,14)
κορίου ▸ 2
  Noun · neuter · singular · genitive · (common) ▸ **2** (Ex. 16,31; Num. 11,7)

Κορίτη Korahite ▸ 1
Κορίτῃ ▸ 1
  Noun · masculine · singular · dative · (proper) ▸ **1** (1Chr. 9,31)

Κορίτης Korahite ▸ 2

Κορῖται ▸ 2
  Noun ▪ masculine ▪ plural ▪ nominative ▪ (proper) ▸ **2** (1Chr. 9,19; 1Chr. 12,7)

Κορνήλιος Cornelius ▸ 8
  Κορνήλιε ▸ 2
    Noun ▪ masculine ▪ singular ▪ vocative ▪ (proper) ▸ **2** (Acts 10,3; Acts 10,31)
  Κορνήλιος ▸ 5
    Noun ▪ masculine ▪ singular ▪ nominative ▪ (proper) ▸ **5** (Acts 10,1; Acts 10,22; Acts 10,24; Acts 10,25; Acts 10,30)
  Κορνηλίου ▸ 1
    Noun ▪ masculine ▪ singular ▪ genitive ▪ (proper) ▸ **1** (Acts 10,17)

κόρος prosperity; boy, lad; (Hebr.) cor, measure ▸ 14 + 1 = 15
  κόροι ▸ 4
    Noun ▪ masculine ▪ plural ▪ nominative ▪ (common) ▸ **4** (1Kings 2,46e; 1Kings 2,46e; 1Kings 5,2; 1Kings 5,2)
  κόρον ▸ 1
    Noun ▪ masculine ▪ singular ▪ accusative ▪ (common) ▸ **1** (Esth. 16,3 # 8,12c)
  κόρου ▸ 2
    Noun ▪ masculine ▪ singular ▪ genitive ▪ (common) ▸ **2** (Lev. 27,16; Ezek. 45,13)
  κόρους ▸ 2 + 1 = 3
    Noun ▪ masculine ▪ plural ▪ accusative ▪ (common) ▸ 2 + 1 = **3** (Num. 11,32; 1Kings 5,25; Luke 16,7)
  κόρων ▸ 5
    Noun ▪ masculine ▪ plural ▪ genitive ▪ (common) ▸ **5** (2Chr. 2,9; 2Chr. 2,9; 2Chr. 27,5; 1Esdr. 8,20; Ezra 7,22)

κορύνη (κάρα) club ▸ 1
  κορύνην ▸ 1
    Noun ▪ feminine ▪ singular ▪ accusative ▪ (common) ▸ **1** (2Sam. 21,16)

κόρυς (κάρα) helmet ▸ 1
  κόρυθα ▸ 1
    Noun ▪ feminine ▪ singular ▪ accusative ▪ (common) ▸ **1** (Wis. 5,18)

κορυφή (κάρα) top, summit, extremity ▸ 51 + 4 = 55
  κορυφαῖς ▸ 2
    Noun ▪ feminine ▪ plural ▪ dative ▪ (common) ▸ **2** (Judith 7,10; 4Mac. 10,7)
  κορυφὰς ▸ 6
    Noun ▪ feminine ▪ plural ▪ accusative ▪ (common) ▸ **6** (Judith 4,5; Judith 7,13; 4Mac. 14,16; Hos. 4,13; Mic. 4,1; Joel 2,5)
  κορυφὴ ▸ 2
    Noun ▪ feminine ▪ singular ▪ nominative ▪ (common) ▸ **2** (Amos 1,2; Dan. 4,11)
  κορυφῇ ▸ 1
    Noun ▪ feminine ▪ singular ▪ dative ▪ (common) ▸ **1** (Prov. 1,9)
  κορυφὴν ▸ 18 + 3 = 21
    Noun ▪ feminine ▪ singular ▪ accusative ▪ (common) ▸ 18 + 3 = **21** (Ex. 17,10; Ex. 19,20; Ex. 19,20; Num. 14,40; Num. 14,44; Num. 23,14; Num. 23,28; Deut. 3,27; Deut. 34,1; Josh. 15,8; Judg. 16,3; 1Sam. 26,13; Judith 5,1; Judith 6,12; Judith 6,12; Psa. 7,17; Psa. 67,22; Amos 9,3; Judg. 6,26; Judg. 9,7; Judg. 16,3)
  κορυφῆς ▸ 21 + 1 = 22
    Noun ▪ feminine ▪ singular ▪ genitive ▪ (common) ▸ 21 + 1 = **22** (Gen. 49,26; Ex. 17,9; Ex. 24,17; Ex. 38,16; Num. 20,28; Num. 21,20; Num. 23,9; Deut. 28,35; Deut. 33,15; Deut. 33,15; Deut. 33,16; Josh. 15,9; Judg. 6,26; Judg. 9,7; 2Sam. 14,25; 2Kings 1,9; Judith 9,13; Is. 28,1; Ezek. 8,3; Ezek. 17,22; Ezek. 43,12; Bel 36)
  κορυφῶν ▸ 1
    Noun ▪ feminine ▪ plural ▪ genitive ▪ (common) ▸ **1** (Judg. 9,36)

κορώνη (κόραξ) crow ▸ 2
  κορῶναι ▸ 1
    Noun ▪ feminine ▪ plural ▪ nominative ▪ (common) ▸ **1** (LetterJ 53)
  κορώνη ▸ 1
    Noun ▪ feminine ▪ singular ▪ nominative ▪ (common) ▸ **1** (Jer. 3,2)

κόσκινον sieve ▸ 1
  κοσκίνου ▸ 1
    Noun ▪ neuter ▪ singular ▪ genitive ▪ (common) ▸ **1** (Sir. 27,4)

κοσμέω (κόσμος) to adorn, set in order, arrange ▸ 23 + 10 = 33
  ἐκοσμήθη ▸ 1
    Verb ▪ third ▪ singular ▪ aorist ▪ passive ▪ indicative ▸ **1** (Judith 12,15)
  ἐκοσμήθης ▸ 1
    Verb ▪ second ▪ singular ▪ aorist ▪ passive ▪ indicative ▸ **1** (Ezek. 16,13)
  ἐκόσμησά ▸ 1
    Verb ▪ first ▪ singular ▪ aorist ▪ active ▪ indicative ▸ **1** (Ezek. 16,11)
  ἐκόσμησαν ▸ 1
    Verb ▪ third ▪ plural ▪ aorist ▪ active ▪ indicative ▸ **1** (Matt. 25,7)
  ἐκόσμησεν ▸ 4
    Verb ▪ third ▪ singular ▪ aorist ▪ active ▪ indicative ▸ **4** (2Chr. 3,6; Sir. 16,27; Sir. 42,21; Sir. 47,10)
  ἐκόσμου ▸ 1
    Verb ▪ second ▪ singular ▪ imperfect ▪ middle ▪ indicative ▸ **1** (Ezek. 23,40)
  ἐκόσμουν ▸ 1
    Verb ▪ third ▪ plural ▪ imperfect ▪ active ▪ indicative ▸ **1** (1Pet. 3,5)
  κεκοσμημένα ▸ 1
    Verb ▪ perfect ▪ passive ▪ participle ▪ neuter ▪ plural ▪ nominative ▸ **1** (3Mac. 5,45)
  κεκοσμημένη ▸ 1
    Verb ▪ perfect ▪ passive ▪ participle ▪ feminine ▪ singular ▪ nominative ▸ **1** (Ezek. 23,41)
  κεκοσμημένῃ ▸ 1
    Verb ▪ perfect ▪ passive ▪ participle ▪ feminine ▪ singular ▪ dative ▸ **1** (Esth. 1,6)
  κεκοσμημένην ▸ 1
    Verb ▪ perfect ▪ passive ▪ participle ▪ feminine ▪ singular ▪ accusative ▸ **1** (Rev. 21,2)
  κεκοσμημένοι ▸ 1
    Verb ▪ perfect ▪ passive ▪ participle ▪ masculine ▪ plural ▪ nominative ▸ **1** (Rev. 21,19)
  κεκοσμημένον ▸ 1 + 2 = 3
    Verb ▪ perfect ▪ passive ▪ participle ▪ masculine ▪ singular ▪ accusative ▸ **2** (Matt. 12,44; Luke 11,25)
    Verb ▪ perfect ▪ passive ▪ participle ▪ neuter ▪ singular ▪ nominative ▸ **1** (Sir. 50,9)
  κεκοσμημένος ▸ 1
    Verb ▪ perfect ▪ passive ▪ participle ▪ masculine ▪ singular ▪ nominative ▸ **1** (3Mac. 6,1)
  κεκόσμηται ▸ 1
    Verb ▪ third ▪ singular ▪ perfect ▪ passive ▪ indicative ▸ **1** (Luke 21,5)
  κοσμεῖν ▸ 1
    Verb ▪ present ▪ active ▪ infinitive ▸ **1** (1Tim. 2,9)
  κοσμεῖτε ▸ 1
    Verb ▪ second ▪ plural ▪ present ▪ active ▪ indicative ▸ **1** (Matt.

κοσμέω–κοσυμβωτός

23,29)
- κοσμῆσαι ▸ 3
    - Verb · aorist · active · infinitive ▸ 3 (Eccl. 7,13; Sir. 38,28; Sir. 50,14)
- κοσμήσει ▸ 1
    - Verb · third · singular · future · active · indicative ▸ 1 (Mic. 6,9)
- κοσμήσειν ▸ 1
    - Verb · future · active · infinitive ▸ 1 (2Mac. 9,16)
- κοσμήσῃ ▸ 1
    - Verb · second · singular · aorist · middle · subjunctive ▸ 1 (Jer. 4,30)
- κόσμησον ▸ 1
    - Verb · second · singular · aorist · active · imperative ▸ 1 (Sir. 29,26)
- κοσμούμενα ▸ 1
    - Verb · present · passive · participle · neuter · plural · accusative ▸ 1 (Sir. 45,12)
- κοσμοῦντες ▸ 1
    - Verb · present · active · participle · masculine · plural · nominative ▸ 1 (3Mac. 3,5)
- κοσμοῦσί ▸ 1
    - Verb · third · plural · present · active · indicative ▸ 1 (LetterJ 10)
- κοσμῶσιν ▸ 1
    - Verb · third · plural · present · active · subjunctive ▸ 1 (Titus 2,10)

κοσμικός (κόσμος) worldly, earthly ▸ 2
- κοσμικὰς ▸ 1
    - Adjective · feminine · plural · accusative ▸ 1 (Titus 2,12)
- κοσμικόν ▸ 1
    - Adjective · neuter · singular · accusative ▸ 1 (Heb. 9,1)

κόσμιον (κόσμος) ornament, embellishment; epithet ▸ 1
- κόσμιον ▸ 1
    - Noun · neuter · singular · accusative · (common) ▸ 1 (Eccl. 12,9)

κόσμιος (κόσμος) respectable, modest ▸ 2
- κόσμιον ▸ 1
    - Adjective · masculine · singular · accusative ▸ 1 (1Tim. 3,2)
- κοσμίῳ ▸ 1
    - Adjective · feminine · singular · dative ▸ 1 (1Tim. 2,9)

κοσμοκράτωρ (κόσμος; κεράννυμι) world ruler ▸ 1
- κοσμοκράτορας ▸ 1
    - Noun · masculine · plural · accusative ▸ 1 (Eph. 6,12)

κοσμοπληθής (κόσμος; πίμπλημι) worldwide ▸ 1
- κοσμοπληθεῖ ▸ 1
    - Adjective · masculine · singular · dative · noDegree ▸ 1 (4Mac. 15,31)

κοσμοποιΐα (κόσμος; ποιέω) creation of the world ▸ 1
- κοσμοποιίας ▸ 1
    - Noun · feminine · singular · genitive · (common) ▸ 1 (4Mac. 14,7)

κόσμος world, mankind, earth; adornment, decoration ▸ 71 + 186 = 257
- κόσμον ▸ 22 + 46 = 68
    - Noun · masculine · singular · accusative · (common) ▸ 22 + 46 = 68 (Ex. 33,5; Ex. 33,6; Deut. 4,19; 2Sam. 1,24; Judith 1,14; Judith 10,4; 1Mac. 1,22; 2Mac. 2,2; 2Mac. 3,12; 2Mac. 8,18; Prov. 28,17a; Prov. 29,17; Wis. 2,24; Wis. 9,3; Wis. 9,9; Wis. 11,17; Wis. 14,14; Is. 3,19; Is. 24,21; Is. 40,26; Is. 49,18; Jer. 2,32; Matt. 16,26; Mark 8,36; Mark 14,9; Mark 16,15; Luke 9,25; John 1,9; John 3,16; John 3,17; John 3,17; John 3,19; John 6,14; John 8,26; John 9,39; John 10,36; John 11,27; John 12,46; John 12,47; John 12,47; John 16,8; John 16,21; John 16,28; John 16,28; John 16,33; John 17,5; John 17,18; John 17,18; John 18,37; John 21,25; Acts 17,24; Rom. 3,6; Rom. 5,12; 1Cor. 6,2; 1Cor. 7,31; 2Cor. 5,19; 1Tim. 1,15; 1Tim. 6,7; Heb. 10,5; Heb. 11,7; 1John 2,15; 1John 2,15; 1John 4,1; 1John 4,9; 1John 5,4; 1John 5,4; 1John 5,5; 2John 7)
- κόσμος ▸ 16 + 32 = 48
    - Noun · masculine · singular · nominative · (common) ▸ 16 + 32 = 48 (Gen. 2,1; 1Mac. 2,11; 4Mac. 17,14; Prov. 17,6a; Prov. 20,29; Wis. 5,20; Wis. 11,22; Wis. 16,17; Wis. 17,19; Wis. 18,24; Sir. 6,30; Sir. 21,21; Sir. 22,17; Sir. 43,9; Sir. 50,19; Is. 13,10; Matt. 13,38; John 1,10; John 1,10; John 3,17; John 7,7; John 12,19; John 14,17; John 14,19; John 14,27; John 14,31; John 15,18; John 15,19; John 15,19; John 16,20; John 17,14; John 17,21; John 17,23; John 17,25; Rom. 3,19; 1Cor. 1,21; 1Cor. 3,22; 1Cor. 6,2; Gal. 6,14; Heb. 11,38; James 3,6; 1Pet. 3,3; 2Pet. 3,6; 1John 2,17; 1John 3,1; 1John 3,13; 1John 4,5; 1John 5,19)
- κόσμου ▸ 23 + 72 = 95
    - Noun · masculine · singular · genitive · (common) ▸ 23 + 72 = 95 (Deut. 17,3; 2Sam. 1,24; Esth. 14,1 # 4,17k; 2Mac. 7,9; 2Mac. 7,23; 2Mac. 12,15; 2Mac. 13,14; 4Mac. 5,25; 4Mac. 8,23; 4Mac. 16,18; Ode. 14,19; Ode. 14,21; Wis. 1,14; Wis. 6,24; Wis. 7,17; Wis. 10,1; Wis. 13,2; Wis. 14,6; Nah. 2,10; Is. 3,20; Is. 3,24; Is. 3,26; Ezek. 7,20; Matt. 4,8; Matt. 5,14; Matt. 13,35; Matt. 24,21; Matt. 25,34; Luke 11,50; Luke 12,30; John 1,29; John 4,42; John 6,51; John 8,12; John 8,23; John 8,23; John 9,5; John 11,9; John 12,31; John 12,31; John 13,1; John 14,30; John 15,19; John 15,19; John 15,19; John 16,11; John 17,6; John 17,9; John 17,14; John 17,14; John 17,15; John 17,16; John 17,16; John 17,24; John 18,36; John 18,36; Rom. 1,20; Rom. 4,13; Rom. 11,12; Rom. 11,15; 1Cor. 1,20; 1Cor. 1,27; 1Cor. 1,27; 1Cor. 1,28; 1Cor. 2,12; 1Cor. 3,19; 1Cor. 4,13; 1Cor. 5,10; 1Cor. 5,10; 1Cor. 7,31; 1Cor. 7,33; 1Cor. 7,34; 2Cor. 7,10; Gal. 4,3; Eph. 1,4; Eph. 2,2; Col. 2,8; Col. 2,20; Heb. 4,3; Heb. 9,26; James 1,27; James 4,4; James 4,4; 1Pet. 1,20; 2Pet. 2,5; 2Pet. 2,20; 1John 2,2; 1John 2,16; 1John 3,17; 1John 4,5; 1John 4,5; 1John 4,14; Rev. 11,15; Rev. 13,8; Rev. 17,8)
- κόσμους ▸ 1
    - Noun · masculine · plural · accusative · (common) ▸ 1 (Is. 3,18)
- κόσμῳ ▸ 8 + 36 = 44
    - Noun · masculine · singular · dative · (common) ▸ 8 + 36 = 44 (Judith 12,15; Ode. 12,2; Sir. 26,16; Sir. 32,5; Is. 61,10; Jer. 4,30; Ezek. 16,11; Ezek. 23,40; Matt. 18,7; Matt. 26,13; John 1,10; John 6,33; John 7,4; John 9,5; John 12,25; John 13,1; John 14,22; John 16,33; John 17,11; John 17,11; John 17,13; John 18,20; Rom. 1,8; Rom. 5,13; 1Cor. 4,9; 1Cor. 8,4; 1Cor. 11,32; 1Cor. 14,10; 2Cor. 1,12; Gal. 6,14; Eph. 2,12; Phil. 2,15; Col. 1,6; Col. 2,20; 1Tim. 3,16; James 2,5; 1Pet. 5,9; 2Pet. 1,4; 2Pet. 2,5; 1John 2,15; 1John 2,16; 1John 4,3; 1John 4,4; 1John 4,17)
- κόσμων ▸ 1
    - Noun · masculine · plural · genitive · (common) ▸ 1 (2Mac. 5,3)

κοσμοφορέω (κόσμος; φέρω) to carry the world ▸ 1
- κοσμοφοροῦσα ▸ 1
    - Verb · present · active · participle · feminine · singular · nominative ▸ 1 (4Mac. 15,31)

κόσυμβος fringe ▸ 2
- κόσυμβοι ▸ 1
    - Noun · masculine · plural · nominative · (common) ▸ 1 (Ex. 28,39)
- κοσύμβους ▸ 1
    - Noun · masculine · plural · accusative · (common) ▸ 1 (Is. 3,18)

κοσυμβωτός (κόσυμβος) fringed ▸ 1
- κοσυμβωτὸν ▸ 1

Adjective · masculine · singular · accusative · noDegree ▸ **1** (Ex. 28,4)

κοτύλη cup ▸ 8
  κοτύλαι ▸ 1
    Noun · feminine · plural · nominative · (common) ▸ **1** (Ezek. 45,14)
  κοτύλην ▸ 5
    Noun · feminine · singular · accusative · (common) ▸ **5** (Lev. 14,10; Lev. 14,12; Lev. 14,21; Lev. 14,24; Ezek. 45,14)
  κοτύλης ▸ 1
    Noun · feminine · singular · genitive · (common) ▸ **1** (Lev. 14,15)
  κοτυλῶν ▸ 1
    Noun · feminine · plural · genitive · (common) ▸ **1** (Ezek. 45,14)

Κούαρτος Quartus ▸ 1
  Κούαρτος ▸ 1
    Noun · masculine · singular · nominative · (proper) ▸ **1** (Rom. 16,23)

Κουε Koa ▸ 1
  Κουε ▸ 1
    Noun · singular · accusative · (proper) ▸ **1** (Ezek. 23,23)

Κουθα Kutha ▸ 1
  Κουθα ▸ 1
    Noun · masculine · singular · genitive · (proper) ▸ **1** (1Esdr. 5,32)

Κουλον Koulon ▸ 1 + 1 = 2
  Κουλον ▸ 1 + 1 = 2
    Noun · singular · nominative · (proper) ▸ 1 + 1 = 2 (Josh. 15,59a; Josh. 15,59a)

κοῦμ koum (Aram. arise!) ▸ 1
  κουμ ▸ 1
    Verb · imperative · second · singular · (aramaic) ▸ **1** (Mark 5,41)

κουρά (κείρω) fleece, wool ▸ 3
  κουρᾷ ▸ 1
    Noun · feminine · singular · dative · (common) ▸ **1** (Neh. 3,15)
  κουρᾶς ▸ 1
    Noun · feminine · singular · genitive · (common) ▸ **1** (Job 31,20)
  κουρῶν ▸ 1
    Noun · feminine · plural · genitive · (common) ▸ **1** (Deut. 18,4)

κουρεύς (κείρω) barber ▸ 2
  κουρέα ▸ 1
    Noun · masculine · singular · accusative · (common) ▸ **1** (Judg. 16,19)
  κουρέως ▸ 1
    Noun · masculine · singular · genitive · (common) ▸ **1** (Ezek. 5,1)

κουστωδία guard (of soldiers) ▸ 3
  κουστωδίαν ▸ 1
    Noun · feminine · singular · accusative ▸ **1** (Matt. 27,65)
  κουστωδίας ▸ 2
    Noun · feminine · singular · genitive ▸ **2** (Matt. 27,66; Matt. 28,11)

κουφίζω (κοῦφος) to lighten, relieve, raise up ▸ 11 + 1 = 12
  ἐκούφιζον ▸ 1
    Verb · third · plural · imperfect · active · indicative ▸ **1** (Acts 27,38)
  ἐκούφισας ▸ 2
    Verb · second · singular · aorist · active · indicative ▸ **2** (1Esdr. 8,84; Ezra 9,13)
  κουφιεῖς ▸ 1
    Verb · second · singular · future · active · indicative ▸ **1** (1Kings 12,24p)
  κουφίζεται ▸ 1
    Verb · third · singular · present · passive · indicative ▸ **1** (Job 21,30)
  κουφίζουσα ▸ 1
    Verb · present · active · participle · feminine · singular · nominative ▸ **1** (Esth. 15,2 # 5,1a)
  κουφιοῦσιν ▸ 1
    Verb · third · plural · future · active · indicative ▸ **1** (Ex. 18,22)
  κουφίσῃ ▸ 1
    Verb · third · singular · aorist · active · subjunctive ▸ **1** (1Sam. 6,5)
  κουφισθῆναι ▸ 1
    Verb · aorist · passive · infinitive ▸ **1** (Jonah 1,5)
  Κούφισον ▸ 1
    Verb · second · singular · aorist · active · imperative ▸ **1** (1Kings 12,9)
  κούφισον ▸ 2
    Verb · second · singular · aorist · active · imperative ▸ **2** (1Kings 12,4; 1Kings 12,10)

κοῦφος quick, swift, light ▸ 18
  κούφη ▸ 1
    Adjective · feminine · singular · nominative · noDegree ▸ **1** (2Kings 3,18)
  κούφης ▸ 1
    Adjective · feminine · singular · genitive · noDegree ▸ **1** (Is. 19,1)
  Κοῦφοι ▸ 1
    Adjective · masculine · plural · nominative · noDegree ▸ **1** (Lam. 4,19)
  κοῦφοι ▸ 4
    Adjective · masculine · plural · nominative · noDegree ▸ **4** (2Sam. 1,23; 1Chr. 12,9; Is. 18,2; Is. 30,16)
  κούφοις ▸ 2
    Adjective · masculine · plural · dative · noDegree ▸ **2** (Eccl. 9,11; Is. 30,16)
  Κοῦφον ▸ 1
    Adjective · neuter · singular · nominative · noDegree ▸ **1** (2Kings 20,10)
  κοῦφον ▸ 4
    Adjective · neuter · singular · accusative · noDegree ▸ **1** (1Sam. 18,23)
    Adjective · neuter · singular · nominative · noDegree ▸ **3** (Wis. 5,11; Sir. 11,21; Sir. 11,26)
  κοῦφος ▸ 3
    Adjective · masculine · singular · nominative · noDegree ▸ **3** (2Sam. 2,18; Sir. 19,4; Jer. 26,6)
  κουφότεροι ▸ 1
    Adjective · masculine · plural · nominative · comparative ▸ **1** (Jer. 4,13)

κούφως (κοῦφος) quickly, lightly ▸ 1
  κούφως ▸ 1
    Adverb ▸ **1** (Is. 5,26)

κόφινος basket ▸ 1 + 1 + 6 = 8
  κόφινοι ▸ 1
    Noun · masculine · plural · nominative ▸ **1** (Luke 9,17)
  κοφίνους ▸ 4
    Noun · masculine · plural · accusative ▸ **4** (Matt. 14,20; Matt. 16,9; Mark 8,19; John 6,13)
  κοφίνῳ ▸ 1 + 1 = 2
    Noun · masculine · singular · dative · (common) ▸ 1 + 1 = 2 (Psa. 80,7; Judg. 6,19)
  κοφίνων ▸ 1
    Noun · masculine · plural · genitive ▸ **1** (Mark 6,43)

κόχλαξ (χάλιξ) pebble ▸ 2

κόχλαξ ▸ 1
: **Noun** · masculine · singular · nominative · (common) ▸ **1** (1Mac. 10,73)

κόχλαξιν ▸ 1
: **Noun** · neuter · plural · dative · (common) ▸ **1** (1Sam. 14,14)

κράβαττος bed, cot ▸ 11

κραβάττοις ▸ 1
: **Noun** · masculine · plural · dative ▸ **1** (Mark 6,55)

κράβαττον ▸ 3
: **Noun** · masculine · singular · accusative ▸ **3** (Mark 2,4; Mark 2,12; John 5,9)

κράβαττόν ▸ 5
: **Noun** · masculine · singular · accusative ▸ **5** (Mark 2,9; Mark 2,11; John 5,8; John 5,10; John 5,11)

κραβάττου ▸ 1
: **Noun** · masculine · singular · genitive ▸ **1** (Acts 9,33)

κραβάττων ▸ 1
: **Noun** · masculine · plural · genitive ▸ **1** (Acts 5,15)

κραδαίνω (κράδη) to shake ▸ 2

κραδαίνων ▸ 1
: **Verb** · present · active · participle · masculine · singular · nominative ▸ **1** (2Mac. 11,8)

κραδάνας ▸ 1
: **Verb** · aorist · active · participle · masculine · singular · nominative ▸ **1** (3Mac. 2,22)

κράζω to call out; clamor; to croak ▸ 104 + 7 + 55 = 166

ἐκέκραγεν ▸ 1
: **Verb** · third · singular · aorist · active · indicative ▸ **1** (3Mac. 5,23)

ἐκέκραγον ▸ 1
: **Verb** · third · plural · aorist · active · indicative ▸ **1** (Is. 6,3)

ἐκέκραξα ▸ 19 + 1 = 20
: **Verb** · first · singular · aorist · active · indicative ▸ **19 + 1 = 20** (Psa. 3,5; Psa. 16,6; Psa. 17,7; Psa. 26,7; Psa. 27,1; Psa. 29,3; Psa. 54,17; Psa. 60,3; Psa. 65,17; Psa. 76,2; Psa. 85,7; Psa. 87,2; Psa. 87,10; Psa. 87,14; Psa. 118,147; Psa. 119,1; Psa. 140,1; Psa. 141,2; Psa. 141,6; Acts 24,21)

Ἐκέκραξα ▸ 1
: **Verb** · first · singular · aorist · active · indicative ▸ **1** (Psa. 118,145)

ἐκέκραξά ▸ 2
: **Verb** · first · singular · aorist · active · indicative ▸ **2** (Psa. 118,146; Psa. 129,1)

ἐκέκραξαν ▸ 14 + 3 = 17
: **Verb** · third · plural · aorist · active · indicative ▸ **14 + 3 = 17** (Judg. 3,9; Judg. 3,15; Judg. 4,3; Judg. 6,6; Judg. 6,7; Judg. 10,10; 1Mac. 11,49; Psa. 17,42; Psa. 21,6; Psa. 33,18; Psa. 106,6; Psa. 106,13; Psa. 106,19; Psa. 106,28; Judg. 3,9; Judg. 3,15; Judg. 4,3)

ἐκεκράξατε ▸ 1
: **Verb** · second · plural · aorist · active · indicative ▸ **1** (Judg. 10,12)

ἐκέκραξεν ▸ 5
: **Verb** · third · singular · aorist · active · indicative ▸ **5** (Gen. 41,55; Num. 11,2; Psa. 33,7; Ode. 5,17; Is. 26,17)

ἔκραζεν ▸ 5
: **Verb** · third · singular · imperfect · active · indicative ▸ **5** (Matt. 15,22; Mark 10,48; Luke 18,39; Acts 16,17; Acts 23,6)

ἔκραζον ▸ 1 + 8 = 9
: **Verb** · third · plural · imperfect · active · indicative ▸ **1 + 8 = 9** (Judg. 18,22; Matt. 21,9; Matt. 27,23; Mark 3,11; Mark 11,9; Acts 19,28; Acts 19,32; Rev. 18,18; Rev. 18,19)

ἔκραξαν ▸ 7
: **Verb** · third · plural · aorist · active · indicative ▸ **7** (Matt. 8,29; Matt. 14,26; Matt. 20,30; Matt. 20,31; Mark 15,13; Mark 15,14; Rev. 6,10)

ἔκραξας ▸ 1
: **Verb** · second · singular · aorist · active · indicative ▸ **1** (Judg. 18,23)

ἔκραξεν ▸ 2 + 2 + 10 = 14
: **Verb** · third · singular · aorist · active · indicative ▸ **2 + 2 + 10 = 14** (Judg. 1,14; 2Sam. 19,5; Judg. 1,14; Tob. 6,2; Matt. 14,30; John 7,28; John 7,37; John 12,44; Acts 7,60; Rev. 7,2; Rev. 10,3; Rev. 10,3; Rev. 18,2; Rev. 19,17)

κέκραγα ▸ 1
: **Verb** · first · singular · perfect · active · indicative ▸ **1** (Job 30,20)

κεκράγασιν ▸ 2
: **Verb** · third · plural · perfect · active · indicative ▸ **2** (Ex. 5,8; Job 38,41)

κέκραγεν ▸ 2 + 1 = 3
: **Verb** · third · singular · perfect · active · indicative ▸ **2 + 1 = 3** (Is. 15,4; Bar. 3,1; John 1,15)

κεκραγέναι ▸ 7
: **Verb** · perfect · active · infinitive ▸ **7** (2Sam. 19,29; Psa. 4,4; Psa. 21,25; Psa. 30,23; Psa. 140,1; Job 34,20; Sol. 5,2)

κεκραγέτωσαν ▸ 1
: **Verb** · third · plural · perfect · active · imperative ▸ **1** (Is. 14,31)

κεκραγότων ▸ 1
: **Verb** · perfect · active · participle · masculine · plural · genitive ▸ **1** (Jer. 31,3)

κεκραγώς ▸ 1
: **Verb** · perfect · active · participle · masculine · singular · nominative ▸ **1** (Job 30,28)

κεκράξαι ▸ 1
: **Verb** · aorist · active · infinitive ▸ **1** (Is. 65,24)

κεκράξαντες ▸ 1
: **Verb** · aorist · active · participle · masculine · plural · nominative ▸ **1** (Ex. 22,22)

Κεκράξατε ▸ 1
: **Verb** · second · plural · aorist · active · imperative ▸ **1** (Josh. 6,16)

κεκράξατε ▸ 5
: **Verb** · second · plural · aorist · active · imperative ▸ **5** (1Mac. 9,46; Joel 1,14; Jer. 4,5; Jer. 30,19; Jer. 32,34)

κεκράξεσθε ▸ 1
: **Verb** · second · plural · future · middle · indicative ▸ **1** (Is. 65,14)

κεκράξεται ▸ 2
: **Verb** · third · singular · future · middle · indicative ▸ **2** (Job 6,5; Is. 42,2)

κεκράξῃ ▸ 1
: **Verb** · third · singular · aorist · active · subjunctive ▸ **1** (Is. 31,4)

κεκράξομαι ▸ 9
: **Verb** · first · singular · future · middle · indicative ▸ **9** (Psa. 21,3; Psa. 29,9; Psa. 56,3; Psa. 85,3; Job 19,7; Sol. 5,8; Hab. 1,2; Bar. 4,20; Lam. 3,8)

Κέκραξον ▸ 1
: **Verb** · second · singular · aorist · active · imperative ▸ **1** (Jer. 40,3)

κέκραξον ▸ 2
: **Verb** · second · singular · aorist · active · imperative ▸ **2** (Jer. 22,20; Jer. 31,20)

κεκράξονται ▸ 11
: **Verb** · third · plural · future · middle · indicative ▸ **11** (Psa. 64,14; Job 35,9; Job 35,12; Hos. 8,2; Mic. 3,4; Zech. 7,13; Is.

19,20; Jer. 11,11; Jer. 11,12; Jer. 29,2; Ezek. 27,30)
- κράζει ▸ 5
  - **Verb** · third · singular · present · active · indicative ▸ 5 (Matt. 15,23; Luke 9,39; Rom. 9,27; James 5,4; Rev. 12,2)
- κράζειν ▸ 2 + 1 + 1 = 4
  - **Verb** · present · active · infinitive ▸ 2 + 1 + 1 = 4 (Tob. 2,13; Psa. 31,3; Tob. 2,13; Mark 10,47)
- κράζεις ▸ 1 + 1 = 2
  - **Verb** · second · singular · present · active · indicative ▸ 1 + 1 = 2 (Judg. 18,24; Judg. 18,24)
- κράζομεν ▸ 1
  - **Verb** · first · plural · present · active · indicative ▸ 1 (Rom. 8,15)
- κρᾶζον ▸ 1
  - **Verb** · present · active · participle · neuter · singular · accusative ▸ 1 (Gal. 4,6)
- κράζοντας ▸ 1
  - **Verb** · present · active · participle · masculine · plural · accusative ▸ 1 (Matt. 21,15)
- κράζοντες ▸ 4
  - **Verb** · present · active · participle · masculine · plural · nominative ▸ 4 (Matt. 9,27; Acts 14,14; Acts 21,28; Acts 21,36)
- κραζόντων ▸ 1 + 1 = 2
  - **Verb** · present · active · participle · masculine · plural · genitive ▸ 1 + 1 = 2 (Ex. 32,17; Acts 19,34)
- κράζουσα ▸ 1
  - **Verb** · present · active · participle · feminine · singular · nominative ▸ 1 (2Sam. 13,19)
- κράζουσιν ▸ 1
  - **Verb** · third · plural · present · active · indicative ▸ 1 (Rev. 7,10)
- κράζων ▸ 1 + 2 = 3
  - **Verb** · present · active · participle · masculine · singular · nominative ▸ 1 + 2 = 3 (Psa. 68,4; Mark 5,5; Rev. 14,15)
- κράξαντες ▸ 1
  - **Verb** · aorist · active · participle · masculine · plural · nominative ▸ 1 (Acts 7,57)
- κράξας ▸ 4
  - **Verb** · aorist · active · participle · masculine · singular · nominative ▸ 4 (Matt. 27,50; Mark 5,7; Mark 9,24; Mark 9,26)
- κράξουσιν ▸ 1
  - **Verb** · third · plural · future · active · indicative ▸ 1 (Luke 19,40)

κραιπαλάω (κραιπάλη) to become drunk ▸ 3
- κεκραιπαληκώς ▸ 1
  - **Verb** · perfect · active · participle · masculine · singular · nominative ▸ 1 (Psa. 77,65)
- κραιπαλήσατε ▸ 1
  - **Verb** · second · plural · aorist · active · imperative ▸ 1 (Is. 29,9)
- κραιπαλῶν ▸ 1
  - **Verb** · present · active · participle · masculine · singular · nominative ▸ 1 (Is. 24,20)

κραιπάλη drunken excess; drunken headache ▸ 1
- κραιπάλῃ ▸ 1
  - **Noun** · feminine · singular · dative ▸ 1 (Luke 21,34)

κρᾶμα (κεράννυμι) mixed wine ▸ 1
- κρᾶμα ▸ 1
  - **Noun** · neuter · singular · accusative · (common) ▸ 1 (Song 7,3)

Κρανίον (κρανίον) Skull ▸ 1
- Κρανίου ▸ 1
  - **Noun** · neuter · singular · genitive · (proper) ▸ 1 (John 19,17)

κρανίον skull ▸ 2 + 1 + 3 = 6
- Κρανίον ▸ 1
  - **Noun** · neuter · singular · accusative ▸ 1 (Luke 23,33)
- κρανίον ▸ 2 + 1 = 3
  - **Noun** · neuter · singular · accusative · (common) ▸ 2 + 1 = 3 (Judg. 9,53; 2Kings 9,35; Judg. 9,53)
- Κρανίου ▸ 2
  - **Noun** · neuter · singular · genitive · (proper) ▸ 2 (Matt. 27,33; Mark 15,22)

κράσπεδον fringe, border ▸ 5 + 5 = 10
- κράσπεδα ▸ 2 + 1 = 3
  - **Noun** · neuter · plural · accusative · (common) ▸ 2 + 1 = 3 (Num. 15,38; Num. 15,38; Matt. 23,5)
- κρασπέδοις ▸ 1
  - **Noun** · neuter · plural · dative · (common) ▸ 1 (Num. 15,39)
- κρασπέδου ▸ 1 + 4 = 5
  - **Noun** · neuter · singular · genitive · (common) ▸ 1 + 4 = 5 (Zech. 8,23; Matt. 9,20; Matt. 14,36; Mark 6,56; Luke 8,44)
- κρασπέδων ▸ 1
  - **Noun** · neuter · plural · genitive · (common) ▸ 1 (Deut. 22,12)

κραταιός (κεράννυμι) mighty, strong ▸ 65 + 4 + 1 = 70
- κραταιά ▸ 2
  - **Adjective** · feminine · singular · nominative · noDegree ▸ 2 (Sir. 6,14; Ezek. 3,14)
- κραταιὰ ▸ 3 + 1 = 4
  - **Adjective** · feminine · singular · nominative · noDegree ▸ 3 + 1 = 4 (1Kings 17,17; 1Kings 18,2; Song 8,6; Dan. 8,24)
- κραταιᾷ ▸ 18 + 1 = 19
  - **Adjective** · feminine · singular · dative · noDegree ▸ 18 + 1 = 19 (Ex. 6,1; Ex. 13,3; Ex. 13,9; Ex. 13,14; Ex. 13,16; Deut. 4,34; Deut. 5,15; Deut. 6,21; Deut. 7,8; Deut. 9,26; Deut. 26,8; Neh. 1,10; Psa. 135,12; Job 30,21; Jer. 39,21; Bar. 2,11; Ezek. 20,33; Ezek. 20,34; Dan. 9,15)
- κραταιάν ▸ 1
  - **Adjective** · feminine · singular · accusative · noDegree ▸ 1 (Deut. 34,12)
- κραταιὰν ▸ 10 + 1 + 1 = 12
  - **Adjective** · feminine · singular · accusative · noDegree ▸ 10 + 1 + 1 = 12 (Deut. 3,24; Deut. 7,19; Deut. 11,2; 1Kings 12,24g; 2Chr. 6,32; 1Esdr. 8,46; 1Esdr. 8,60; 1Mac. 5,6; Ode. 4,4; Hab. 3,4; Dan. 2,37; 1Pet. 5,6)
- κραταιᾶς ▸ 2
  - **Adjective** · feminine · singular · genitive · noDegree ▸ 2 (Ex. 3,19; Sir. 46,5)
- κραταιοί ▸ 3
  - **Adjective** · masculine · plural · nominative · noDegree ▸ 3 (Ezra 6,4; Psa. 46,10; Psa. 53,5)
- κραταιοί ▸ 1
  - **Adjective** · masculine · plural · nominative · noDegree ▸ 1 (Psa. 58,4)
- κραταιοῖς ▸ 1 + 1 = 2
  - **Adjective** · masculine · plural · dative · noDegree ▸ 1 + 1 = 2 (Wis. 6,8; Judg. 5,13)
- κραταιόν ▸ 2
  - **Adjective** · neuter · singular · accusative · noDegree ▸ 1 (Josh. 24,4)
  - **Adjective** · neuter · singular · nominative · noDegree ▸ 1 (2Sam. 22,31)
- κραταιὸν ▸ 1
  - **Adjective** · neuter · singular · nominative · noDegree ▸ 1 (1Kings 19,11)
- Κραταιὸς ▸ 1
  - **Adjective** · masculine · singular · nominative · noDegree ▸ 1 (Sir. 46,1)
- κραταιός ▸ 5
  - **Adjective** · masculine · singular · nominative · noDegree ▸ 5

κραταιός–κραταίωσις   1387

(Deut. 7,21; Psa. 70,7; Prov. 23,11; Job 9,4; Job 26,2)
- **κραταιὸς** ▸ 7
  - **Adjective** · masculine · singular · nominative · noDegree ▸ 7
    (1Sam. 14,52; Neh. 9,32; Psa. 23,8; Sol. 2,29; Sol. 4,24; Sol. 17,40; Amos 2,14)
- **κραταιότερον** ▸ 1
  - **Adjective** · neuter · singular · nominative · comparative ▸ 1
    (Ezek. 3,9)
- **κραταιοῦ** ▸ 2
  - **Adjective** · masculine · singular · genitive · noDegree ▸ 2 (2Sam. 11,15; Ezra 10,4)
- **κραταιούς** ▸ 2
  - **Adjective** · masculine · plural · accusative · noDegree ▸ 2 (Psa. 134,10; Psa. 135,18)
- **κραταιῷ** ▸ 1
  - **Adjective** · masculine · singular · dative · noDegree ▸ 1 (Jer. 21,5)
- **κραταιῶν** ▸ 2
  - **Adjective** · masculine · plural · genitive · noDegree ▸ 2 (2Sam. 22,33; Psa. 85,14)

κραταιότης (κεράννυμι) might, power ▸ 1
- **κραταιότητι** ▸ 1
  - **Noun** · feminine · singular · dative · (common) ▸ 1 (Psa. 45,4)

κραταιόω (κεράννυμι) to become strong, prevail
▸ 59 + 3 + 4 = 66
- **ἐκραταιοῦτε** ▸ 1
  - **Verb** · second · plural · imperfect · active · indicative ▸ 1 (2Kings 12,8)
- **ἐκραταιοῦτο** ▸ 1 + 2 = 3
  - **Verb** · third · singular · imperfect · middle · indicative ▸ 1 (2Sam. 3,1)
  - **Verb** · third · singular · imperfect · passive · indicative ▸ 2 (Luke 1,80; Luke 2,40)
- **ἐκραταιώθη** ▸ 9 + 2 = 11
  - **Verb** · third · singular · aorist · passive · indicative ▸ 9 + 2 = 11
    (Judg. 3,10; 1Sam. 30,6; 1Chr. 21,4; 2Chr. 21,4; 2Chr. 35,22; Judith 1,13; Psa. 116,2; Psa. 138,6; Lam. 1,16; Judg. 3,10; Dan. 5,20)
- **ἐκραταιώθην** ▸ 1 + 1 = 2
  - **Verb** · first · singular · aorist · passive · indicative ▸ 1 + 1 = 2
    (Ezra 7,28; Dan. 4,36)
- **ἐκραταιώθησαν** ▸ 7
  - **Verb** · third · plural · aorist · passive · indicative ▸ 7 (2Sam. 1,23; 2Sam. 22,18; Neh. 2,18; 1Mac. 1,62; Psa. 68,5; Psa. 138,17; Psa. 141,7)
- **ἐκραταίωσα** ▸ 1
  - **Verb** · first · singular · aorist · active · indicative ▸ 1 (Neh. 6,9)
- **ἐκραταίωσαν** ▸ 4
  - **Verb** · third · plural · aorist · active · indicative ▸ 4 (2Sam. 11,23; 2Kings 12,7; 2Kings 12,15; Psa. 63,6)
- **ἐκραταίωσας** ▸ 3
  - **Verb** · second · singular · aorist · active · indicative ▸ 3 (Psa. 73,13; Psa. 79,16; Psa. 79,18)
- **ἐκραταίωσεν** ▸ 7
  - **Verb** · third · singular · aorist · active · indicative ▸ 7 (1Sam. 23,16; 2Sam. 13,14; 1Kings 21,23; 2Kings 3,26; 2Chr. 23,1; Psa. 102,11; Psa. 104,24)
- **κεκραταίωνται** ▸ 1
  - **Verb** · third · plural · perfect · passive · indicative ▸ 1 (Psa. 37,20)
- **Κραταιοῦ** ▸ 1
  - **Verb** · second · singular · present · middle · imperative ▸ 1
    (1Kings 21,22)
- **κραταιοῦντας** ▸ 1
  - **Verb** · present · active · participle · masculine · plural · accusative ▸ 1 (Job 36,19)
- **κραταιοῦσθε** ▸ 1 + 1 = 2
  - **Verb** · second · plural · present · passive · imperative ▸ 1 + 1 = 2
    (1Sam. 4,9; 1Cor. 16,13)
- **κραταιούσθω** ▸ 3
  - **Verb** · third · singular · present · passive · imperative ▸ 3 (Psa. 9,20; Psa. 26,14; Psa. 30,25)
- **κραταιούσθωσαν** ▸ 1
  - **Verb** · third · plural · present · passive · imperative ▸ 1 (2Sam. 2,7)
- **κραταιοῦται** ▸ 1
  - **Verb** · third · singular · present · passive · indicative ▸ 1 (Ruth 1,18)
- **κραταιωθῇ** ▸ 1
  - **Verb** · third · singular · aorist · passive · subjunctive ▸ 1 (2Sam. 10,11)
- **κραταιωθῆναι** ▸ 1
  - **Verb** · aorist · passive · infinitive ▸ 1 (Eph. 3,16)
- **κραταιώθητε** ▸ 1
  - **Verb** · second · plural · aorist · passive · imperative ▸ 1 (Psa. 104,4)
- **κραταιωθήτω** ▸ 1
  - **Verb** · third · singular · aorist · passive · imperative ▸ 1 (Psa. 88,14)
- **κραταιωθῶμεν** ▸ 1
  - **Verb** · first · plural · aorist · passive · subjunctive ▸ 1 (2Sam. 10,12)
- **κραταιωθῶσιν** ▸ 1
  - **Verb** · third · plural · aorist · passive · subjunctive ▸ 1 (2Sam. 10,11)
- **κραταιῶσαι** ▸ 4
  - **Verb** · aorist · active · infinitive ▸ 4 (2Kings 12,13; 2Kings 22,6; 2Chr. 34,8; Ezra 6,22)
- **κραταιώσει** ▸ 1
  - **Verb** · third · singular · future · active · indicative ▸ 1 (Job 36,22)
- **κραταιώσητε** ▸ 1
  - **Verb** · second · plural · aorist · active · subjunctive ▸ 1 (2Sam. 23,3)
- **κραταιώσομεν** ▸ 2
  - **Verb** · first · plural · future · active · indicative ▸ 2 (1Kings 21,23; 1Kings 21,25)
- **κραταίωσον** ▸ 2
  - **Verb** · second · singular · aorist · active · imperative ▸ 2 (2Sam. 11,25; 2Sam. 11,25)
- **Κραταίωσόν** ▸ 1
  - **Verb** · second · singular · aorist · active · imperative ▸ 1 (Judith 13,7)

κραταίωμα (κεράννυμι) strength ▸ 4
- **κραταίωμα** ▸ 2
  - **Noun** · neuter · singular · nominative · (common) ▸ 2 (Psa. 24,14; Psa. 27,8)
- **κραταιώμά** ▸ 2
  - **Noun** · neuter · singular · nominative · (common) ▸ 2 (Psa. 30,4; Psa. 42,2)

κραταιῶς (κεράννυμι) strongly, severely ▸ 4
- **κραταιῶς** ▸ 4
  - **Adverb** ▸ 4 (Judg. 8,1; 1Sam. 2,16; Prov. 22,3; Sol. 8,15)

κραταίωσις (κεράννυμι) strength ▸ 3
- **κραταίωσιν** ▸ 1

Noun · feminine · singular · accusative · (common) ▸ **1** (Psa. 67,36)

κραταίωσις ▸ **2**
Noun · feminine · singular · nominative · (common) ▸ **2** (Judith 7,22; Psa. 59,9)

κρατέω (κεράννυμι) to grasp, be strong, take possession ▸ **140** + **13** + **47** = **200**

ἐκράτει ▸ **2**
Verb · third · singular · imperfect · active · indicative ▸ **2** (Neh. 4,11; 2Mac. 4,27)

ἐκρατήθη ▸ **1**
Verb · third · singular · aorist · passive · indicative ▸ **1** (Josh. 18,1)

ἐκρατήθησαν ▸ **1**
Verb · third · plural · aorist · passive · indicative ▸ **1** (Judith 5,18)

ἐκράτησα ▸ **6** + **2** = **8**
Verb · first · singular · aorist · active · indicative ▸ **6** + **2** = **8** (1Sam. 17,35; Neh. 5,16; 1Mac. 10,52; Song 3,4; Is. 45,1; Dan. 4,37b; Judg. 20,6; Dan. 10,8)

ἐκρατήσαμεν ▸ **2** + **1** = **3**
Verb · first · plural · aorist · active · indicative ▸ **2** + **1** = **3** (Deut. 2,34; Deut. 3,4; Acts 24,6)

ἐκράτησαν ▸ **13** + **2** + **4** = **19**
Verb · third · plural · aorist · active · indicative ▸ **13** + **2** + **4** = **19** (Gen. 19,16; 2Sam. 2,16; Neh. 3,6; Neh. 3,13; Neh. 3,17; Neh. 3,18; Neh. 3,22; Neh. 3,27; Neh. 3,28; Neh. 3,32; Judith 15,7; 4Mac. 16,2; Psa. 55,1; Judg. 7,20; Judg. 16,21; Matt. 26,50; Matt. 28,9; Mark 9,10; Mark 14,46)

ἐκράτησας ▸ **2**
Verb · second · singular · aorist · active · indicative ▸ **2** (Psa. 72,23; Jer. 20,7)

ἐκρατήσατέ ▸ **2**
Verb · second · plural · aorist · active · indicative ▸ **2** (Matt. 26,55; Mark 14,49)

ἐκράτησε ▸ **1**
Verb · third · singular · aorist · active · indicative ▸ **1** (Judith 1,14)

ἐκράτησεν ▸ **36** + **5** + **3** = **44**
Verb · third · singular · aorist · active · indicative ▸ **36** + **5** + **3** = **44** (Judg. 7,8; Judg. 8,12; Ruth 3,15; 1Sam. 15,27; 2Sam. 1,11; 2Sam. 6,6; 2Sam. 20,9; 2Kings 4,8; Neh. 3,8; Neh. 3,9; Neh. 3,10; Neh. 3,10; Neh. 3,11; Neh. 3,12; Neh. 3,14; Neh. 3,16; Neh. 3,17; Neh. 3,19; Neh. 3,20; Neh. 3,21; Neh. 3,23; Neh. 3,23; Neh. 3,24; Neh. 3,29; Neh. 3,29; Neh. 3,30; Neh. 3,30; Neh. 3,31; Esth. 1,1 # 1,1s; Tob. 6,3; 1Mac. 1,2; 1Mac. 2,10; 1Mac. 14,6; 2Mac. 5,7; Psa. 72,6; Prov. 30,4; Judg. 8,12; Judg. 16,29; Judg. 19,29; Tob. 6,3; Bel 19; Matt. 9,25; Mark 6,17; Rev. 20,2)

ἐκρατοῦντο ▸ **1**
Verb · third · plural · imperfect · passive · indicative ▸ **1** (Luke 24,16)

κεκρατήκαμεν ▸ **1**
Verb · first · plural · perfect · active · indicative ▸ **1** (1Mac. 15,33)

κεκρατήκει ▸ **1**
Verb · third · singular · pluperfect · active · indicative ▸ **1** (4Mac. 6,32)

κεκρατηκέναι ▸ **2** + **1** = **3**
Verb · perfect · active · infinitive ▸ **2** + **1** = **3** (2Mac. 14,2; 4Mac. 6,35; Acts 27,13)

κεκρατημένος ▸ **1**
Verb · perfect · passive · participle · masculine · singular · nominative ▸ **1** (3Mac. 5,27)

κεκράτηνται ▸ **1**
Verb · third · plural · perfect · passive · indicative ▸ **1** (John 20,23)

κράτει ▸ **1**
Verb · second · singular · present · active · imperative ▸ **1** (Rev. 3,11)

κρατεῖ ▸ **6**
Verb · third · singular · present · active · indicative ▸ **6** (1Esdr. 4,38; 4Mac. 1,5; 4Mac. 1,6; 4Mac. 2,10; 4Mac. 2,24; Job 9,19)

κρατεῖν ▸ **7** + **1** = **8**
Verb · present · active · infinitive ▸ **7** + **1** = **8** (4Mac. 2,6; 4Mac. 2,15; 4Mac. 2,20; 4Mac. 5,23; 4Mac. 6,35; 4Mac. 7,18; Ezek. 21,16; Mark 7,4)

κρατεῖς ▸ **1** + **1** = **2**
Verb · second · singular · present · active · indicative ▸ **1** + **1** = **2** (1Mac. 15,7; Rev. 2,13)

κρατεῖσθαι ▸ **1**
Verb · present · passive · infinitive ▸ **1** (Acts 2,24)

κρατεῖται ▸ **1**
Verb · third · singular · present · passive · indicative ▸ **1** (4Mac. 2,9)

κρατεῖτε ▸ **2**
Verb · second · plural · present · active · indicative ▸ **1** (Mark 7,8)
Verb · second · plural · present · active · imperative ▸ **1** (2Th. 2,15)

κρατηθείσης ▸ **1**
Verb · aorist · passive · participle · feminine · singular · genitive ▸ **1** (2Mac. 15,37)

κρατῆσαι ▸ **3** + **1** + **4** = **8**
Verb · aorist · active · infinitive ▸ **3** + **1** + **4** = **8** (4Mac. 14,1; Eccl. 2,3; Wis. 10,2; Dan. 11,2; Matt. 21,46; Mark 3,21; Mark 12,12; Heb. 6,18)

κρατήσαντας ▸ **1**
Verb · aorist · active · participle · masculine · plural · accusative ▸ **1** (3Mac. 6,25)

κρατήσαντες ▸ **3**
Verb · aorist · active · participle · masculine · plural · nominative ▸ **3** (Matt. 22,6; Matt. 26,57; Mark 14,1)

κρατήσας ▸ **1** + **6** = **7**
Verb · aorist · active · participle · masculine · singular · nominative ▸ **1** + **6** = **7** (2Mac. 4,10; Matt. 14,3; Matt. 18,28; Mark 1,31; Mark 5,41; Mark 9,27; Luke 8,54)

κρατήσατε ▸ **3**
Verb · second · plural · aorist · active · imperative ▸ **3** (Matt. 26,48; Mark 14,44; Rev. 2,25)

κρατήσει ▸ **10** + **1** + **1** = **12**
Verb · third · singular · future · active · indicative ▸ **10** + **1** + **1** = **12** (Psa. 136,9; Prov. 12,24; Prov. 17,2; Prov. 28,22; Sir. 21,14; Hab. 1,10; Is. 32,17; Ezek. 7,13; Dan. 4,31; Dan. 11,43; Dan. 11,6; Matt. 12,11)

κρατήσῃ ▸ **4**
Verb · third · singular · aorist · active · subjunctive ▸ **4** (1Chr. 19,12; Sir. 27,3; Sir. 28,22; Amos 2,14)

κράτησον ▸ **2**
Verb · second · singular · aorist · active · imperative ▸ **2** (Gen. 21,18; Nah. 2,2)

κρατήσουσιν ▸ **6**
Verb · third · plural · future · active · indicative ▸ **6** (2Kings 12,6; 1Esdr. 4,50; Prov. 14,18; Wis. 3,8; Jer. 6,23; Ezek. 22,14)

κρατήσω ▸ **2**
Verb · first · singular · future · active · indicative ▸ **2** (Song 7,9; Is.

42,6)
  κρατήσωμεν ▸ 1
    Verb ▪ first ▪ plural ▪ aorist ▪ active ▪ subjunctive ▸ **1** (1Mac. 15,9)
  κρατήσωσιν ▸ **1** + **1** = **2**
    Verb ▪ third ▪ plural ▪ aorist ▪ active ▪ subjunctive ▸ **1** + **1** = **2**
    (1Chr. 19,12; Matt. 26,4)
  κρατῆτε ▸ 1
    Verb ▪ second ▪ plural ▪ present ▪ active ▪ subjunctive ▸ **1** (John 20,23)
  κρατούμενα ▸ 1
    Verb ▪ present ▪ middle ▪ participle ▪ neuter ▪ plural ▪ accusative ▸ **1** (Dan. 5,12)
  κρατουμένων ▸ 1
    Verb ▪ present ▪ passive ▪ participle ▪ masculine ▪ plural ▪ genitive ▸ **1** (3Mac. 1,1)
  κρατοῦντα ▸ 1
    Verb ▪ present ▪ active ▪ participle ▪ masculine ▪ singular ▪ accusative ▸ **1** (Judg. 16,26)
  κρατοῦντας ▸ **1** + **3** = **4**
    Verb ▪ present ▪ active ▪ participle ▪ masculine ▪ plural ▪ accusative ▸ **1** + **3** = **4** (2Chr. 25,5; Rev. 2,14; Rev. 2,15; Rev. 7,1)
  κρατοῦντες ▸ **4** + **1** = **5**
    Verb ▪ present ▪ active ▪ participle ▪ masculine ▪ plural ▪ nominative ▸ **4** + **1** = **5** (Neh. 4,15; Prov. 18,21; Wis. 6,2; Bar. 4,1; Mark 7,3)
  κρατοῦντι ▸ 1
    Verb ▪ present ▪ active ▪ participle ▪ masculine ▪ singular ▪ dative ▸ **1** (Wis. 14,19)
  Κρατοῦντος ▸ 1
    Verb ▪ present ▪ active ▪ participle ▪ masculine ▪ singular ▪ genitive ▸ **1** (Acts 3,11)
  κρατούντων ▸ 2
    Verb ▪ present ▪ active ▪ participle ▪ masculine ▪ plural ▪ genitive ▸ **2** (2Mac. 4,50; Sir. 1,19)
  κρατοῦσα ▸ 1
    Verb ▪ present ▪ active ▪ participle ▪ feminine ▪ singular ▪ nominative ▸ **1** (4Mac. 15,26)
  κρατοῦσι ▸ 1
    Verb ▪ third ▪ plural ▪ present ▪ active ▪ indicative ▸ **1** (Prov. 8,16)
  κρατοῦσιν ▸ 1
    Verb ▪ third ▪ plural ▪ present ▪ active ▪ indicative ▸ **1** (Mark 14,51)
  κρατῶμεν ▸ 1
    Verb ▪ first ▪ plural ▪ present ▪ active ▪ subjunctive ▸ **1** (Heb. 4,14)
  κρατῶν ▸ **13** + **2** = **15**
    Verb ▪ present ▪ active ▪ participle ▪ masculine ▪ singular ▪ nominative ▸ **13** + **2** = **15** (2Sam. 3,6; 2Sam. 3,29; Esth. 13,9 # 4,17b; 4Mac. 2,9; Prov. 16,32; Prov. 26,17; Job 26,9; Sir. 4,13; Sir. 10,13; Sir. 25,11; Sir. 26,7; Sir. 38,25; Is. 41,13; Col. 2,19; Rev. 2,1)

κρατήρ (κεράννυμι) bowl ▸ 7
  κρατήρ ▸ 1
    Noun ▪ masculine ▪ singular ▪ nominative ▪ (common) ▸ **1** (Song 7,3)
  κρατῆρα ▸ 2
    Noun ▪ masculine ▪ singular ▪ accusative ▪ (common) ▸ **2** (Prov. 9,2; Prov. 9,3)
  κρατῆρας ▸ 1
    Noun ▪ masculine ▪ plural ▪ accusative ▪ (common) ▸ **1** (Ex. 24,6)
  κρατῆρες ▸ 3
    Noun ▪ masculine ▪ plural ▪ nominative ▪ (common) ▸ **3** (Ex. 25,31; Ex. 25,33; Ex. 25,34)

Κράτης (κεράννυμι) Crates ▸ 1
  Κράτητα ▸ 1
    Noun ▪ masculine ▪ singular ▪ accusative ▪ (proper) ▸ **1** (2Mac. 4,29)

κράτησις (κεράννυμι) might, power ▸ 1
  κράτησις ▸ 1
    Noun ▪ feminine ▪ singular ▪ nominative ▪ (common) ▸ **1** (Wis. 6,3)

κράτος (κεράννυμι) power, might ▸ **47** + **3** + **12** = **62**
  κράτει ▸ **3** + **1** + **1** = **5**
    Noun ▪ neuter ▪ singular ▪ dative ▪ (common) ▸ **3** + **1** + **1** = **5** (Job 21,23; Wis. 11,21; Is. 40,26; Dan. 4,30; Eph. 6,10)
  κράτη ▸ 1
    Noun ▪ neuter ▪ plural ▪ accusative ▪ (common) ▸ **1** (Psa. 75,4)
  κράτος ▸ **37** + **2** + **10** = **49**
    Noun ▪ neuter ▪ singular ▪ accusative ▪ (common) ▸ **26** + **2** + **4** = **32** (Judg. 4,3; Judith 6,2; Judith 6,3; Judith 9,8; Judith 9,9; Judith 11,22; Judith 13,11; 2Mac. 3,34; 2Mac. 7,17; 2Mac. 9,17; 2Mac. 11,4; 3Mac. 1,27; 3Mac. 2,6; 3Mac. 3,11; 3Mac. 5,13; 3Mac. 6,5; 4Mac. 6,34; Psa. 58,10; Psa. 85,16; Psa. 89,11; Ode. 9,51; Wis. 15,2; Wis. 15,3; Sir. 18,5; Sir. 47,5; Is. 22,21; Judg. 4,3; Dan. 11,1; Luke 1,51; Acts 19,20; Col. 1,11; Heb. 2,14)
    Noun ▪ neuter ▪ singular ▪ nominative ▪ (common) ▸ **11** + **6** = **17** (Deut. 8,17; Ezra 8,22; Judith 2,12; Judith 5,3; Judith 5,23; Judith 9,11; Judith 11,7; Psa. 61,13; Prov. 27,24; Job 12,16; Sol. 17,3; 1Tim. 6,16; 1Pet. 4,11; 1Pet. 5,11; Jude 25; Rev. 1,6; Rev. 5,13)
  κράτους ▸ **6** + **1** = **7**
    Noun ▪ neuter ▪ singular ▪ genitive ▪ (common) ▸ **6** + **1** = **7** (Gen. 49,24; Judith 9,14; 2Mac. 12,28; Psa. 88,10; Sir. 29,13; Dan. 4,30; Eph. 1,19)

κρατύνω (κεράννυμι) to grow strong ▸ 1
  κρατυνθὲν ▸ 1
    Verb ▪ aorist ▪ passive ▪ participle ▪ neuter ▪ singular ▪ nominative ▸ **1** (Wis. 14,16)

κραυγάζω (κράζω) to call out, shout ▸ **1** + **9** = **10**
  ἐκραύγαζον ▸ 1
    Verb ▪ third ▪ plural ▪ imperfect ▪ active ▪ indicative ▸ **1** (John 12,13)
  ἐκραύγασαν ▸ 4
    Verb ▪ third ▪ plural ▪ aorist ▪ active ▪ indicative ▸ **4** (John 18,40; John 19,6; John 19,12; John 19,15)
  ἐκραύγασεν ▸ **1** + **1** = **2**
    Verb ▪ third ▪ singular ▪ aorist ▪ active ▪ indicative ▸ **1** + **1** = **2** (Ezra 3,13; John 11,43)
  κραυγάζοντα ▸ 1
    Verb ▪ present ▪ active ▪ participle ▪ neuter ▪ plural ▪ nominative ▸ **1** (Luke 4,41)
  κραυγαζόντων ▸ 1
    Verb ▪ present ▪ active ▪ participle ▪ masculine ▪ plural ▪ genitive ▸ **1** (Acts 22,23)
  κραυγάσει ▸ 1
    Verb ▪ third ▪ singular ▪ future ▪ active ▪ indicative ▸ **1** (Matt. 12,19)

κραυγή (κράζω) shout, outcry ▸ **65** + **1** + **6** = **72**
  κραυγή ▸ 4
    Noun ▪ feminine ▪ singular ▪ nominative ▪ (common) ▸ **4** (2Sam. 22,7; Psa. 17,7; Psa. 101,2; Jer. 30,15)
  Κραυγή ▸ 1
    Noun ▪ feminine ▪ singular ▪ nominative ▪ (common) ▸ **1** (Gen. 18,20)
  κραυγὴ ▸ **17** + **4** = **21**
    Noun ▪ feminine ▪ singular ▪ nominative ▪ (common) ▸ **17** + **4** = **21** (Gen. 19,13; Ex. 3,9; Ex. 11,6; Ex. 12,30; 1Sam. 4,6;

1Sam. 5,12; 1Kings 12,24n; Neh. 5,1; Esth. 4,3; Judith 14,19; 1Mac. 5,31; Psa. 143,14; Sol. 1,2; Jonah 1,2; Jer. 14,2; Jer. 18,22; Jer. 27,46; Matt. 25,6; Acts 23,9; Eph. 4,31; Rev. 21,4)

κραυγῇ ‣ 4 + **1** = **5**
Noun · feminine · singular · dative · (common) ‣ 4 + **1** = **5**
(1Mac. 5,31; Job 16,18; Job 39,25; Is. 58,4; Luke 1,42)

κραυγήν ‣ 2
Noun · feminine · singular · accusative · (common) ‣ **2** (Ode. 10,7; Is. 5,7)

κραυγὴν ‣ 10 + **1** = **11**
Noun · feminine · singular · accusative · (common) ‣ 10 + **1** = **11** (Gen. 18,21; Neh. 5,6; Neh. 9,9; 2Mac. 12,37; Eccl. 9,17; Job 34,28; Job 34,28; Jer. 4,19; Jer. 31,5; Jer. 38,36; Sus. 26)

κραυγῆς ‣ 27 + **1** = **28**
Noun · feminine · singular · genitive · (common) ‣ 27 + **1** = **28** (Ex. 3,7; 1Sam. 4,6; 2Sam. 6,15; 1Esdr. 5,60; 2Mac. 15,29; 3Mac. 1,16; 3Mac. 1,28; 3Mac. 6,23; Psa. 5,2; Psa. 9,13; Ode. 6,3; Amos 1,14; Amos 2,2; Jonah 2,3; Zeph. 1,10; Zeph. 1,16; Is. 30,19; Is. 65,19; Is. 66,6; Jer. 8,19; Jer. 20,16; Jer. 26,12; Jer. 28,54; Jer. 31,34; Jer. 32,36; Ezek. 21,27; Ezek. 27,28; Heb. 5,7)

κρεάγρα (κρέας; ἀγρέω)   meat fork ‣ 9
κρεάγρα ‣ 1
Noun · feminine · singular · nominative · (common) ‣ **1** (1Sam. 2,13)

κρεάγρᾳ ‣ 1
Noun · feminine · singular · dative · (common) ‣ **1** (1Sam. 2,14)

κρεάγρας ‣ 6
Noun · feminine · plural · accusative · (common) ‣ **6** (Ex. 27,3; Ex. 38,23; Num. 4,14; 2Chr. 4,11; 2Chr. 4,16; Jer. 52,18)

κρεαγρῶν ‣ 1
Noun · feminine · plural · genitive · (common) ‣ **1** (1Chr. 28,17)

κρεανομέω (κρέας; νέμω)   to divide meat ‣ 1
ἐκρεανόμησεν ‣ 1
Verb · third · singular · aorist · active · indicative ‣ **1** (Lev. 8,20)

κρέας   meat ‣ 87 + **5** + 2 = **94**
Κρέα ‣ 1
Noun · neuter · plural · accusative · (common) ‣ **1** (Num. 11,21)

κρέα ‣ 53 + **3** + 2 = **58**
Noun · neuter · plural · accusative · (common) ‣ 41 + **3** + 2 = **46** (Ex. 12,8; Ex. 16,8; Ex. 16,12; Ex. 29,14; Ex. 29,31; Ex. 29,32; Lev. 7,19; Lev. 8,17; Lev. 8,31; Lev. 9,11; Lev. 16,27; Num. 11,4; Num. 11,13; Num. 11,18; Num. 11,18; Num. 11,18; Num. 11,18; Deut. 12,15; Deut. 12,20; Deut. 12,20; Deut. 12,20; Deut. 12,27; Deut. 12,27; Deut. 28,53; Deut. 32,42; Judg. 6,19; Judg. 6,20; Judg. 6,21; 1Kings 17,6; 2Mac. 6,21; Psa. 49,13; Ode. 2,42; Hos. 8,13; Mic. 3,3; Zech. 11,16; Is. 22,13; Is. 65,4; Jer. 7,21; Ezek. 11,11; Ezek. 39,17; Ezek. 39,18; Judg. 6,19; Judg. 6,20; Judg. 6,21; Rom. 14,21; 1Cor. 8,13)

Noun · neuter · plural · nominative · (common) ‣ **12** (Ex. 21,28; Lev. 7,15; Lev. 7,19; Num. 11,13; Num. 11,33; Num. 18,18; Num. 19,5; Sol. 8,12; Jer. 11,15; Ezek. 11,3; Ezek. 11,7; Ezek. 24,10)

κρέας ‣ 13 + **1** = **14**
Noun · neuter · singular · accusative · (common) ‣ **10** (Gen. 9,4; Ex. 22,30; 1Sam. 2,15; 2Mac. 6,18; Job 10,11; Hag. 2,12; Is. 44,16; Is. 44,19; Is. 66,17; Jer. 37,16)

Noun · neuter · singular · nominative · (common) ‣ 3 + **1** = **4** (1Sam. 2,13; Ezek. 4,14; Dan. 10,3; Dan. 10,3)

κρεῶν ‣ 20 + **1** = **21**
Noun · neuter · plural · genitive · (common) ‣ 20 + **1** = **21** (Ex. 12,46; Ex. 16,3; Ex. 29,34; Lev. 6,20; Lev. 7,17; Lev. 7,18; Lev. 7,20; Lev. 7,21; Lev. 8,32; Lev. 11,8; Lev. 11,11; Lev. 22,30; Deut. 12,23; Deut. 14,8; Deut. 16,4; Judg. 6,21; 2Mac. 6,21; 2Mac. 7,1; 4Mac. 5,2; Prov. 23,20; Judg. 6,21)

κρεμάζω   to hang, hang on, hang up ‣ 31
ἐκρέμασα ‣ 1
Verb · first · singular · aorist · active · indicative ‣ **1** (Esth. 8,7)

ἐκρεμάσαμεν ‣ 1
Verb · first · plural · aorist · active · indicative ‣ **1** (Psa. 136,2)

ἐκρέμασαν ‣ 5
Verb · third · plural · aorist · active · indicative ‣ **5** (2Sam. 4,12; Judith 14,11; 1Mac. 1,61; Ezek. 27,10; Ezek. 27,11)

ἐκρέμασεν ‣ 4
Verb · third · singular · aorist · active · indicative ‣ **4** (Gen. 40,22; Josh. 8,29; Josh. 10,26; Esth. 2,23)

ἐκρεμάσθη ‣ 4
Verb · third · singular · aorist · passive · indicative ‣ **4** (2Sam. 18,9; 2Sam. 18,9; Esth. 7,10; Esth. 9,25)

ἐκρεμάσθησαν ‣ 1
Verb · third · plural · aorist · passive · indicative ‣ **1** (Lam. 5,12)

κρεμάζων ‣ 1
Verb · present · active · participle · masculine · singular · nominative ‣ **1** (Job 26,7)

κρεμάσαι ‣ 6
Verb · aorist · active · infinitive ‣ **6** (Esth. 6,4; Esth. 9,13; Esth. 9,14; Esth. 9,25; 2Mac. 15,33; Ezek. 15,3)

κρεμάσαντες ‣ 1
Verb · aorist · active · participle · masculine · plural · nominative ‣ **1** (2Mac. 6,10)

κρεμάσατε ‣ 1
Verb · second · plural · aorist · active · imperative ‣ **1** (Judith 14,1)

κρεμάσει ‣ 1
Verb · third · singular · future · active · indicative ‣ **1** (Gen. 40,19)

κρεμάσητε ‣ 1
Verb · second · plural · aorist · active · subjunctive ‣ **1** (Deut. 21,22)

κρεμασθῆναι ‣ 2
Verb · aorist · passive · infinitive ‣ **2** (Gen. 41,13; 1Esdr. 6,31)

κρεμασθήτω ‣ 1
Verb · third · singular · aorist · passive · imperative ‣ **1** (Esth. 5,14)

κρεμάσω ‣ 1
Verb · first · singular · future · active · indicative ‣ **1** (Ezek. 17,22)

κρεμάννυμι   to hang, hang on, hang up ‣ 7
κρεμάμενον ‣ 1
Verb · present · middle · participle · neuter · singular · accusative ‣ **1** (Acts 28,4)

κρεμάμενος ‣ 1
Verb · aorist · middle · participle · masculine · singular · nominative ‣ **1** (Gal. 3,13)

κρεμάσαντες ‣ 2
Verb · aorist · active · participle · masculine · plural · nominative ‣ **2** (Acts 5,30; Acts 10,39)

κρεμασθέντων ‣ 1
Verb · aorist · passive · participle · masculine · plural · genitive ‣ **1** (Luke 23,39)

κρεμασθῇ ‣ 1
Verb · third · singular · aorist · passive · subjunctive ‣ **1** (Matt. 18,6)

κρέμαται ‣ 1
Verb · third · singular · present · middle · indicative · (variant)

▸ 1 (Matt. 22,40)
κρεμαστός (κρεμάννυμι) hung ▸ 2 + 1 = 3
  κρεμαστά ▸ 1
    Adjective ▪ neuter ▪ plural ▪ accusative ▪ noDegree ▸ 1 (Judg. 6,2)
  κρεμαστόν ▸ 2
    Adjective ▪ neuter ▪ singular ▪ nominative ▪ noDegree ▸ 2 (1Kings 7,6; 1Kings 7,6)
κρεμάω hang up ▸ 6
  κρεμαμένη ▸ 1
    Verb ▪ present ▪ passive ▪ participle ▪ feminine ▪ singular ▪ nominative ▸ 1 (Deut. 28,66)
  κρεμάμενοι ▸ 1
    Verb ▪ present ▪ passive ▪ participle ▪ masculine ▪ plural ▪ nominative ▸ 1 (Josh. 10,26)
  κρεμάμενον ▸ 1
    Verb ▪ present ▪ passive ▪ participle ▪ masculine ▪ singular ▪ accusative ▸ 1 (2Sam. 18,10)
  κρεμάμενος ▸ 1
    Verb ▪ present ▪ passive ▪ participle ▪ masculine ▪ singular ▪ nominative ▸ 1 (Deut. 21,23)
  κρέμανται ▸ 1
    Verb ▪ third ▪ plural ▪ present ▪ passive ▪ indicative ▸ 1 (Song 4,4)
  κρέμαται ▸ 1
    Verb ▪ third ▪ singular ▪ present ▪ passive ▪ indicative ▸ 1 (Judith 8,24)
κρημνίζω (κρεμάννυμι) to throw down ▸ 1
  ἐκρήμνισαν ▸ 1
    Verb ▪ aorist ▪ active ▪ participle ▪ feminine ▪ singular ▪ accusative ▸ 1 (2Mac. 6,10)
κρημνός (κρεμάννυμι) steep bank, precipice ▸ 2 + 3 = 5
  κρημνοῦ ▸ 2 + 3 = 5
    Noun ▪ masculine ▪ singular ▪ genitive ▪ (common) ▸ 2 + 3 = 5 (2Chr. 25,12; 2Chr. 25,12; Matt. 8,32; Mark 5,13; Luke 8,33)
κρήνη well, fountain ▸ 8
  κρήνας ▸ 1
    Noun ▪ feminine ▪ plural ▪ accusative ▪ (common) ▸ 1 (Sir. 48,17)
  κρήνην ▸ 6
    Noun ▪ feminine ▪ singular ▪ accusative ▪ (common) ▸ 6 (2Sam. 2,13; 2Sam. 2,13; 2Sam. 2,13; 1Kings 2,35e; 1Kings 22,38; 2Kings 20,20)
  κρήνης ▸ 1
    Noun ▪ feminine ▪ singular ▪ genitive ▪ (common) ▸ 1 (2Sam. 4,12)
κρηπίς half-boot; foundation; walled edge ▸ 6
  κρηπῖδα ▸ 3
    Noun ▪ feminine ▪ singular ▪ accusative ▪ (common) ▸ 3 (Josh. 3,15; 1Chr. 12,16; 2Mac. 10,26)
  κρηπῖδος ▸ 2
    Noun ▪ feminine ▪ singular ▪ genitive ▪ (common) ▸ 2 (Josh. 4,18; Joel 2,17)
  κρηπίδων ▸ 1
    Noun ▪ feminine ▪ plural ▪ genitive ▪ (common) ▸ 1 (1Mac. 9,43)
Κρής Cretan; Kerethite ▸ 1 + 2 = 3
  Κρῆτες ▸ 2
    Noun ▪ masculine ▪ plural ▪ nominative ▪ (proper) ▸ 2 (Acts 2,11; Titus 1,12)
  Κρητῶν ▸ 1
    Noun ▪ masculine ▪ plural ▪ genitive ▪ (proper) ▸ 1 (Zeph. 2,5)
Κρήσκης Crescens ▸ 1
  Κρήσκης ▸ 1
    Noun ▪ masculine ▪ singular ▪ nominative ▪ (proper) ▸ 1 (2Tim. 4,10)
Κρῆτες Kerethite ▸ 2
  Κρῆτας ▸ 1
    Noun ▪ masculine ▪ plural ▪ accusative ▪ (proper) ▸ 1 (Ezek. 25,16)
  Κρῆτες ▸ 1
    Noun ▪ masculine ▪ plural ▪ nominative ▪ (proper) ▸ 1 (Ezek. 30,5)
Κρήτη Crete; Cretan; Kerethite ▸ 2 + 5 = 7
  Κρήτη ▸ 1
    Noun ▪ feminine ▪ singular ▪ nominative ▪ (proper) ▸ 1 (Zeph. 2,6)
  Κρήτῃ ▸ 1
    Noun ▪ feminine ▪ singular ▪ dative ▪ (proper) ▸ 1 (Titus 1,5)
  Κρήτην ▸ 2
    Noun ▪ feminine ▪ singular ▪ accusative ▪ (proper) ▸ 2 (Acts 27,7; Acts 27,13)
  Κρήτης ▸ 1 + 2 = 3
    Noun ▪ feminine ▪ singular ▪ genitive ▪ (proper) ▸ 1 + 2 = 3 (1Mac. 10,67; Acts 27,12; Acts 27,21)
κριθή barley ▸ 35 + 1 = 36
  κριθαὶ ▸ 1
    Noun ▪ feminine ▪ plural ▪ nominative ▪ (common) ▸ 1 (2Sam. 14,30)
  κριθαί ▸ 1
    Noun ▪ feminine ▪ plural ▪ nominative ▪ (common) ▸ 1 (Jer. 48,8)
  κριθὰς ▸ 3
    Noun ▪ feminine ▪ plural ▪ accusative ▪ (common) ▸ 3 (2Sam. 17,28; 1Kings 5,1; Ezek. 4,9)
  κριθή ▸ 2
    Noun ▪ feminine ▪ singular ▪ nominative ▪ (common) ▸ 2 (Ex. 9,31; Ex. 9,31)
  κριθῇ ▸ 1
    Noun ▪ feminine ▪ singular ▪ dative ▪ (common) ▸ 1 (Is. 30,24)
  κριθήν ▸ 1
    Noun ▪ feminine ▪ singular ▪ accusative ▪ (common) ▸ 1 (Gen. 26,12)
  κριθὴν ▸ 2
    Noun ▪ feminine ▪ singular ▪ accusative ▪ (common) ▸ 2 (2Chr. 2,14; Is. 28,25)
  κριθῆς ▸ 6
    Noun ▪ feminine ▪ singular ▪ genitive ▪ (common) ▸ 6 (Deut. 8,8; 2Kings 7,18; Job 31,40; Joel 1,11; Hag. 2,16; Hag. 2,16)
  κριθῶν ▸ 18 + 1 = 19
    Noun ▪ feminine ▪ plural ▪ genitive ▪ (common) ▸ 18 + 1 = 19 (Lev. 27,16; Ruth 1,22; Ruth 2,17; Ruth 2,23; Ruth 3,2; Ruth 3,15; Ruth 3,17; 2Sam. 21,9; 2Sam. 21,10; 2Kings 7,1; 2Kings 7,16; 1Chr. 11,13; 2Chr. 2,9; 2Chr. 27,5; Judith 8,2; Hos. 3,2; Ezek. 13,19; Ezek. 45,13; Rev. 6,6)
κρίθινος (κριθή) made of barley ▸ 5 + 1 + 2 = 8
  κρίθινον ▸ 3
    Adjective ▪ masculine ▪ singular ▪ accusative ▪ noDegree ▸ 2 (Judg. 5,8; Ezek. 4,12)
    Adjective ▪ neuter ▪ singular ▪ accusative ▪ noDegree ▸ 1 (Num. 5,15)
  κριθίνου ▸ 1 + 1 = 2
    Adjective ▪ masculine ▪ singular ▪ genitive ▪ noDegree ▸ 1 + 1 = 2 (Judg. 7,13; Judg. 7,13)
  κριθίνους ▸ 1 + 1 = 2
    Adjective ▪ masculine ▪ plural ▪ accusative ▪ noDegree ▸ 1 + 1 = 2 (2Kings 4,42; John 6,9)
  κριθίνων ▸ 1
    Adjective ▪ masculine ▪ plural ▪ genitive ▸ 1 (John 6,13)
κρίκος ring ▸ 13
  κρίκοι ▸ 3

Noun · masculine · plural · nominative · (common) ▸ **3** (Ex. 27,10; Ex. 27,11; Job 38,6)

κρίκοις ▸ 1
    Noun · masculine · plural · dative · (common) ▸ **1** (Ex. 26,6)

κρίκον ▸ 2
    Noun · masculine · singular · accusative · (common) ▸ **2** (Job 40,26; Is. 58,5)

κρίκους ▸ 7
    Noun · masculine · plural · accusative · (common) ▸ **7** (Ex. 26,6; Ex. 26,11; Ex. 26,11; Ex. 37,6; Ex. 38,19; Ex. 38,19; Ex. 38,19)

κρίμα (κρίνω) judgment, decree, decision ▸ 249 + 6 + 27 = 282

    Κρίμα ▸ 1
        Noun · neuter · singular · accusative · (common) ▸ **1** (Zech. 7,9)

    κρίμα ▸ 116 + 2 + 21 = 139
        Noun · neuter · singular · accusative · (common) ▸ 94 + 1 + 16 = **111** (Ex. 23,6; 1Sam. 2,10; 2Sam. 8,15; 1Kings 3,11; 1Kings 3,28; 1Kings 10,9; 2Kings 11,14; 2Kings 17,26; 2Kings 17,26; 2Kings 17,27; 2Kings 17,33; 2Kings 17,34; 1Chr. 18,14; 2Chr. 4,7; 2Chr. 4,20; 2Chr. 9,8; 2Chr. 30,16; 1Esdr. 9,4; Neh. 8,18; 1Mac. 2,24; 1Mac. 2,29; Psa. 36,6; Psa. 71,1; Psa. 102,6; Psa. 118,121; Psa. 118,132; Psa. 118,149; Psa. 118,156; Psa. 145,7; Psa. 149,9; Ode. 3,10; Prov. 1,3; Prov. 2,9; Prov. 21,15; Prov. 28,5; Job 23,4; Job 23,7; Job 29,14; Job 31,13; Job 32,9; Job 34,5; Job 36,6; Job 36,15; Job 40,8; Sir. 19,25; Sir. 32,16; Sir. 38,22; Sir. 38,34; Sir. 41,3; Sir. 43,10; Sol. 2,13; Sol. 2,17; Sol. 2,32; Sol. 4,8; Sol. 5,4; Sol. 8,25; Sol. 15,8; Sol. 17,19; Hos. 5,11; Hos. 12,7; Amos 5,7; Amos 5,15; Amos 6,12; Mic. 3,1; Mic. 3,9; Mic. 6,8; Mic. 7,9; Hab. 1,12; Zeph. 2,3; Zeph. 3,5; Zech. 8,16; Is. 10,2; Is. 16,5; Jer. 5,1; Jer. 9,23; Jer. 21,12; Jer. 22,15; Jer. 23,5; Jer. 26,28; Jer. 28,10; Jer. 37,18; Jer. 39,7; Jer. 39,8; Ezek. 5,8; Ezek. 18,5; Ezek. 18,8; Ezek. 18,27; Ezek. 23,24; Ezek. 28,26; Ezek. 30,19; Ezek. 33,14; Ezek. 33,16; Ezek. 33,19; Ezek. 45,9; Dan. 7,22; Mark 12,40; Luke 20,47; Luke 24,20; John 9,39; Rom. 2,3; Rom. 13,2; 1Cor. 11,29; 1Cor. 11,34; Gal. 5,10; 1Tim. 3,6; 1Tim. 5,12; James 3,1; 1Pet. 4,17; Jude 4; Rev. 17,1; Rev. 18,20)

        Noun · neuter · singular · nominative · (common) ▸ 22 + 1 + 5 = **28** (Deut. 21,22; Judg. 13,12; Ezra 7,26; Psa. 16,2; Psa. 80,5; Psa. 88,15; Psa. 96,2; Job 19,7; Job 36,17; Sir. 21,5; Sir. 41,2; Sir. 41,4; Hos. 5,1; Hos. 6,5; Hos. 10,4; Amos 5,24; Hab. 1,4; Hab. 1,4; Hab. 1,7; Zeph. 3,8; Is. 32,16; Jer. 28,9; Dan. 9,26; Rom. 2,2; Rom. 3,8; Rom. 5,16; 2Pet. 2,3; Rev. 20,4)

    κρίμασί ▸ 1
        Noun · neuter · plural · dative · (common) ▸ **1** (Neh. 9,29)

    κρίμασιν ▸ 8
        Noun · neuter · plural · dative · (common) ▸ **8** (1Kings 10,9; Sol. 8,7; Sol. 8,23; Sol. 8,34; Sol. 10,5; Sol. 17,10; Ezek. 7,27; Ezek. 23,24)

    κρίμασίν ▸ 3
        Noun · neuter · plural · dative · (common) ▸ **3** (Lev. 26,15; Psa. 88,31; Sol. 2,15)

    κρίματα ▸ 61 + 2 + 2 = 65
        Noun · neuter · plural · accusative · (common) ▸ 44 + 2 + 1 = **47** (Num. 35,24; Deut. 5,1; Deut. 5,31; Deut. 7,11; Deut. 8,11; Deut. 26,16; Deut. 26,17; 1Kings 2,3; 2Kings 17,37; 1Chr. 16,12; 1Chr. 22,13; 2Chr. 6,39; 2Chr. 24,24; 2Chr. 33,8; 1Esdr. 8,7; Ezra 7,10; Neh. 1,7; Neh. 9,13; Neh. 10,30; Psa. 9,17; Psa. 104,5; Psa. 118,7; Psa. 118,13; Psa. 118,62; Psa. 118,106; Psa. 118,164; Psa. 147,8; Psa. 147,9; Sir. 17,12; Sir. 18,14; Sir. 20,4; Sir. 45,5; Sir. 48,7; Sol. 3,3; Sol. 8,7; Sol. 8,8; Jer. 4,12; Jer. 8,7; Jer. 12,1; Ezek. 5,10; Ezek. 5,15; Ezek. 11,9; Ezek. 28,22; Dan. 3,28; Dan. 3,28; Dan. 5,16; 1Cor. 6,7)

        Noun · neuter · plural · nominative · (common) ▸ 17 + 1 = **18** (Lev. 26,46; Num. 36,13; Deut. 4,8; Deut. 4,45; Deut. 6,1; Deut. 6,4; Deut. 6,20; 2Sam. 22,23; 1Chr. 16,14; 2Chr. 19,10; Psa. 17,23; Psa. 18,10; Psa. 104,7; Psa. 118,160; Ode. 7,28; Prov. 12,5; Sol. 9,5; Rom. 11,33)

    κρίματά ▸ 24
        Noun · neuter · plural · accusative · (common) ▸ **17** (Lev. 18,4; Lev. 18,5; Lev. 20,22; Lev. 26,43; 1Chr. 28,7; 2Chr. 7,17; Psa. 118,20; Psa. 118,30; Psa. 118,43; Psa. 118,108; Psa. 118,175; Sol. 5,1; Sol. 8,25; Ezek. 36,27; Ezek. 37,24; Ezek. 44,24; Dan. 9,5)

        Noun · neuter · plural · nominative · (common) ▸ **7** (Psa. 9,26; Psa. 35,7; Psa. 118,39; Psa. 118,75; Sol. 2,10; Sol. 8,32; Sol. 18,3)

    κρίματι ▸ 10 + 2 = 12
        Noun · neuter · singular · dative · (common) ▸ 10 + 2 = **12** (2Kings 17,40; 1Chr. 15,13; Job 9,19; Job 14,3; Sol. 15,12; Hos. 2,21; Is. 5,16; Is. 9,6; Is. 28,26; Jer. 22,13; Matt. 7,2; Luke 23,40)

    κρίματί ▸ 2
        Noun · neuter · singular · dative · (common) ▸ **2** (Job 34,6; Wis. 12,12)

    κρίματος ▸ 13 + 2 = 15
        Noun · neuter · singular · genitive · (common) ▸ 13 + 2 = **15** (Num. 35,29; Deut. 32,41; Ode. 2,41; Eccl. 5,7; Job 9,15; Sir. 38,33; Sir. 42,2; Sir. 43,13; Sol. 2,33; Mic. 3,8; Is. 1,27; Ezek. 22,29; Ezek. 34,16; Acts 24,25; Heb. 6,2)

    κρίματός ▸ 1
        Noun · neuter · singular · genitive · (common) ▸ **1** (Job 13,18)

    κριμάτων ▸ 9 + 2 = 11
        Noun · neuter · plural · genitive · (common) ▸ 9 + 2 = **11** (Ex. 18,22; Deut. 4,1; Psa. 47,12; Psa. 96,8; Psa. 118,52; Psa. 118,102; Psa. 118,120; Sir. 45,17; Sus. 9; Dan. 9,5; Sus. 9)

κρίνον (κρίνω) lily ▸ 19 + 2 = 21

    κρίνα ▸ 6 + 2 = 8
        Noun · neuter · plural · accusative · (common) ▸ 1 + 2 = **3** (Song 6,2; Matt. 6,28; Luke 12,27)
        Noun · neuter · plural · nominative · (common) ▸ **5** (Ex. 25,31; Ex. 25,34; Num. 8,4; Song 5,13; Sir. 50,8)

    κρίνοις ▸ 4
        Noun · neuter · plural · dative · (common) ▸ **4** (Song 2,16; Song 4,5; Song 6,3; Song 7,3)

    κρίνον ▸ 6
        Noun · neuter · singular · nominative · (common) ▸ **6** (Ex. 25,33; Song 2,1; Song 2,2; Sir. 39,14; Hos. 14,6; Is. 35,1)

    κρίνου ▸ 3
        Noun · neuter · singular · genitive · (common) ▸ **3** (1Kings 7,8; 1Kings 7,12; 2Chr. 4,5)

κρίνω to judge ▸ 248 + 21 + 114 = 383

    ἐκρίθη ▸ 1 + 1 = 2
        Verb · third · singular · aorist · passive · indicative ▸ 1 + 1 = **2** (1Esdr. 8,90; Acts 27,1)

    ἐκρίθησαν ▸ 1 + 2 = 3
        Verb · third · plural · aorist · passive · indicative ▸ 1 + 2 = **3** (Dan. 9,24; Rev. 20,12; Rev. 20,13)

    Ἔκρινα ▸ 1
        Verb · first · singular · aorist · active · indicative ▸ **1** (2Cor. 2,1)

    ἔκρινα ▸ 2 + 1 = 3
        Verb · first · singular · aorist · active · indicative ▸ 2 + 1 = **3** (Wis. 8,9; Ezek. 36,19; Acts 25,25)

    ἔκρινά ▸ 1
        Verb · first · singular · aorist · active · indicative ▸ **1** (1Cor. 2,2)

    ἐκρίναμεν ▸ 1
        Verb · first · plural · aorist · active · indicative ▸ **1** (1Mac. 11,33)

    ἔκριναν ▸ 4

κρίνω   1393

Verb · third · plural · aorist · active · indicative ▸ **4** (Judith 2,3; Wis. 2,22; Jer. 5,28; Jer. 22,16)

ἔκρινας ▸ **6** + **2** = **8**
   Verb · second · singular · aorist · active · indicative ▸ **6** + **2** = **8** (Job 10,2; Wis. 12,13; Wis. 12,21; Lam. 3,59; Dan. 3,10; Dan. 9,12; Luke 7,43; Rev. 16,5)

ἐκρίνατε ▸ **1**
   Verb · second · plural · aorist · active · indicative ▸ **1** (Wis. 6,4)

ἔκρινεν ▸ **25** + **13** + **2** = **40**
   Verb · third · singular · aorist · active · indicative ▸ **25** + **13** + **2** = **40** (Judg. 3,10; Judg. 3,30; Judg. 4,4; Judg. 10,2; Judg. 10,3; Judg. 12,7; Judg. 12,8; Judg. 12,9; Judg. 12,11; Judg. 12,11; Judg. 12,13; Judg. 12,14; Judg. 15,20; Judg. 16,31; 1Sam. 4,18; 1Sam. 25,39; 2Sam. 18,19; 1Kings 3,28; Ezra 4,9; 2Mac. 6,14; 2Mac. 11,36; 3Mac. 1,6; Job 23,13; Sir. 46,14; Sol. 8,15; Judg. 3,10; Judg. 3,30; Judg. 4,4; Judg. 10,2; Judg. 10,3; Judg. 12,7; Judg. 12,8; Judg. 12,9; Judg. 12,11; Judg. 12,13; Judg. 12,14; Judg. 15,20; Judg. 16,31; Rev. 18,20; Rev. 19,2)

ἔκρινέν ▸ **1**
   Verb · third · singular · aorist · active · indicative ▸ **1** (2Sam. 18,31)

Ἔκρινέν ▸ **1**
   Verb · third · singular · aorist · active · indicative ▸ **1** (Gen. 30,6)

ἐκρινόμεθα ▸ **1**
   Verb · first · plural · imperfect · passive · indicative ▸ **1** (1Cor. 11,31)

ἔκρινον ▸ **3** + **1** = **4**
   Verb · third · plural · imperfect · active · indicative ▸ **3** + **1** = **4** (2Kings 23,22; 3Mac. 2,33; Mic. 3,11; Dan. 9,12)

ἐκρίνοντο ▸ **2**
   Verb · third · plural · imperfect · middle · indicative ▸ **2** (Gen. 26,21; Judg. 8,1)

ἐκρίνοσαν ▸ **3**
   Verb · third · plural · imperfect · active · indicative ▸ **3** (Ex. 18,26; Ex. 18,26; Jer. 5,28)

κέκρικα ▸ **2**
   Verb · first · singular · perfect · active · indicative ▸ **2** (1Cor. 5,3; Titus 3,12)

κεκρίκασιν ▸ **1**
   Verb · third · plural · perfect · active · indicative ▸ **1** (Judith 11,13)

κεκρίκατέ ▸ **1**
   Verb · second · plural · perfect · active · indicative ▸ **1** (Acts 16,15)

κεκρίκει ▸ **1**
   Verb · third · singular · pluperfect · active · indicative ▸ **1** (Acts 20,16)

κέκρικεν ▸ **1** + **1** = **2**
   Verb · third · singular · perfect · active · indicative ▸ **1** + **1** = **2** (Job 27,2; 1Cor. 7,37)

κεκριμένα ▸ **1** + **1** = **2**
   Verb · perfect · passive · participle · neuter · plural · accusative ▸ **1** + **1** = **2** (Dan. 4,26; Acts 16,4)

κεκριμένον ▸ **1**
   Verb · perfect · passive · participle · neuter · singular · accusative ▸ **1** (2Chr. 24,6)

κεκριμένων ▸ **1**
   Verb · perfect · passive · participle · masculine · plural · genitive ▸ **1** (2Mac. 13,15)

κέκριται ▸ **2**
   Verb · third · singular · perfect · passive · indicative ▸ **2** (John 3,18; John 16,11)

κέκριταί ▸ **1**
   Verb · third · singular · perfect · passive · indicative ▸ **1** (Tob. 7,12)

κριθῇ ▸ **1**
   Verb · third · singular · aorist · passive · subjunctive ▸ **1** (2Mac. 15,21)

κριθῆναι ▸ **2** + **3** = **5**
   Verb · aorist · passive · infinitive ▸ **2** + **3** = **5** (Eccl. 6,10; Job 9,3; Matt. 5,40; Acts 25,9; Rev. 11,18)

κριθήσεσθε ▸ **1**
   Verb · second · plural · future · passive · indicative ▸ **1** (Matt. 7,2)

κριθήσεται ▸ **1**
   Verb · third · singular · future · passive · indicative ▸ **1** (Is. 66,16)

κριθήσομαι ▸ **2**
   Verb · first · singular · future · passive · indicative ▸ **2** (Jer. 2,9; Jer. 2,9)

κριθησόμενός ▸ **1**
   Verb · future · passive · participle · masculine · singular · nominative ▸ **1** (Job 13,19)

κριθήσονται ▸ **1**
   Verb · third · plural · future · passive · indicative ▸ **1** (Rom. 2,12)

Κρίθητε ▸ **1**
   Verb · second · plural · aorist · passive · imperative ▸ **1** (Hos. 2,4)

κρίθητε ▸ **1**
   Verb · second · plural · aorist · passive · imperative ▸ **1** (Hos. 2,4)

κριθῆτε ▸ **3**
   Verb · second · plural · aorist · passive · subjunctive ▸ **3** (Matt. 7,1; Luke 6,37; James 5,9)

κρίθητι ▸ **2**
   Verb · second · singular · aorist · passive · imperative ▸ **2** (Job 35,14; Mic. 6,1)

κριθήτωσαν ▸ **1**
   Verb · third · plural · aorist · passive · imperative ▸ **1** (Psa. 9,20)

κριθῶμεν ▸ **1**
   Verb · first · plural · aorist · passive · subjunctive ▸ **1** (Is. 43,26)

κριθῶσιν ▸ **2**
   Verb · third · plural · aorist · passive · subjunctive ▸ **2** (2Th. 2,12; 1Pet. 4,6)

Κρίναι ▸ **1**
   Verb · third · singular · aorist · active · optative ▸ **1** (Judith 7,24)

κρῖναι ▸ **8** + **1** = **9**
   Verb · aorist · active · infinitive ▸ **8** + **1** = **9** (1Chr. 16,33; 2Mac. 13,13; 2Mac. 15,17; Psa. 9,39; Psa. 95,13; Psa. 97,9; Prov. 31,5; LetterJ 63; 1Pet. 4,5)

κρίναι ▸ **4** + **1** = **5**
   Verb · third · singular · aorist · active · optative ▸ **4** + **1** = **5** (Gen. 16,5; Ex. 5,21; Judg. 11,27; 1Sam. 24,16; Judg. 11,27)

κρίναντας ▸ **1**
   Verb · aorist · active · participle · masculine · plural · accusative ▸ **1** (2Cor. 5,14)

κρίναντες ▸ **2**
   Verb · aorist · active · participle · masculine · plural · nominative ▸ **2** (Acts 13,27; Acts 21,25)

κρίναντος ▸ **1**
   Verb · aorist · active · participle · masculine · singular · genitive ▸ **1** (Acts 3,13)

κρίνας ▸ **2** + **1** = **3**
   Verb · aorist · active · participle · masculine · singular · nominative

▸ 2 + 1 = **3** (1Esdr. 8,10; 3Mac. 6,30; Rev. 18,8)

Κρίνατε ▸ 1
  Verb · second · plural · aorist · active · imperative ▸ **1** (Jer. 21,12)

κρίνατε ▸ 9 + 5 = **14**
  Verb · second · plural · aorist · active · imperative ▸ 9 + 5 = **14** (Deut. 1,16; Psa. 81,3; Ode. 10,3; Zech. 7,9; Zech. 8,16; Is. 1,17; Is. 5,3; Ezek. 7,14; Dan. 2,6; John 18,31; Acts 4,19; Rom. 14,13; 1Cor. 10,15; 1Cor. 11,13)

κρινάτω ▸ 2
  Verb · third · singular · aorist · active · imperative ▸ **2** (2Chr. 24,22; Hos. 13,10)

κρῖνε ▸ 2
  Verb · second · singular · present · active · imperative ▸ **2** (Prov. 31,8; Prov. 31,9)

κρινεῖ ▸ 34 + 6 = **40**
  Verb · third · singular · future · active · indicative ▸ 34 + 6 = **40** (Gen. 31,53; Gen. 49,16; Num. 35,24; Deut. 32,36; 1Sam. 2,10; 1Kings 7,44; 2Chr. 1,10; Psa. 7,9; Psa. 9,9; Psa. 9,9; Psa. 71,4; Psa. 95,10; Psa. 95,13; Psa. 97,9; Psa. 109,6; Psa. 134,14; Ode. 2,36; Ode. 3,10; Prov. 22,23; Prov. 23,11; Eccl. 3,17; Job 22,13; Job 36,31; Sir. 4,15; Sir. 16,12; Sir. 35,18; Sol. 8,3; Sol. 17,26; Sol. 17,29; Mic. 4,3; Is. 2,4; Is. 11,3; Is. 11,4; Jer. 27,34; John 12,48; Rom. 2,27; Rom. 3,6; 1Cor. 5,13; Heb. 10,30; Heb. 13,4)

κρίνει ▸ 4 + 7 = **11**
  Verb · third · singular · present · active · indicative ▸ 4 + 7 = **11** (Prov. 17,15; Prov. 28,25; Prov. 29,9; Prov. 30,12; John 5,22; John 7,51; Rom. 2,16; Rom. 14,5; Rom. 14,5; James 4,11; Rev. 19,11)

κρίνειν ▸ 11 + 4 = **15**
  Verb · present · active · infinitive ▸ 11 + 4 = **15** (Gen. 19,9; Ex. 18,13; Ruth 1,1; 1Kings 3,9; 2Chr. 19,8; 1Mac. 9,73; Psa. 71,2; Prov. 29,7; Sir. 4,9; Sir. 45,26; Sus. 53; John 8,26; Acts 17,31; 1Cor. 5,12; 2Tim. 4,1)

κρινεῖς ▸ 9
  Verb · second · singular · future · active · indicative ▸ **9** (Lev. 19,15; Deut. 1,17; 1Kings 8,32; 2Chr. 6,23; 2Chr. 20,12; Psa. 66,5; Job 7,18; Ezek. 22,2; Ezek. 23,36)

κρίνεις ▸ 3 + 1 + 4 = **8**
  Verb · second · singular · present · active · indicative ▸ 3 + 1 + 4 = **8** (Tob. 3,2; 3Mac. 2,3; Wis. 12,18; Tob. 3,2; Rom. 2,1; Rom. 14,10; James 4,11; Rev. 6,10)

κρίνεσθαι ▸ 4 + 1 + 4 = **9**
  Verb · present · middle · infinitive ▸ **1** (1Cor. 6,1)
  Verb · present · passive · infinitive ▸ 4 + 1 + 3 = **8** (Judg. 4,5; Judg. 21,22; Psa. 108,7; Lam. 3,36; Judg. 21,22; Acts 25,10; Acts 25,20; James 2,12)

κρίνεσθαί ▸ 1 + 1 = **2**
  Verb · present · middle · infinitive ▸ **1** (Psa. 50,6)
  Verb · present · passive · infinitive · (variant) ▸ **1** (Rom. 3,4)

κρίνεται ▸ 2 + 5 = **7**
  Verb · third · singular · present · middle · indicative ▸ 1 + 1 = **2** (Jer. 32,31; 1Cor. 6,6)
  Verb · third · singular · present · passive · indicative ▸ 1 + 4 = **5** (1Esdr. 6,20; John 3,18; Acts 26,8; 1Cor. 6,2; 1Cor. 10,29)

κρίνετε ▸ 3 + 10 = **13**
  Verb · second · plural · present · active · indicative ▸ 3 + 5 = **8** (2Chr. 19,6; Psa. 57,2; Psa. 81,2; Matt. 7,1; Luke 6,37; John 7,24; John 7,24; 1Cor. 4,5)
  Verb · second · plural · present · active · imperative ▸ **5** (Matt. 7,2; Luke 12,57; John 8,15; Acts 13,46; 1Cor. 5,12)

κρινέτω ▸ 2
  Verb · third · singular · present · active · imperative ▸ **2** (Rom. 14,3; Col. 2,16)

κρίνῃ ▸ 3 + 1 = **4**
  Verb · third · singular · aorist · active · subjunctive ▸ **2** (1Esdr. 3,9; Sir. 35,23)
  Verb · third · singular · present · active · subjunctive ▸ 1 + 1 = **2** (Wis. 9,3; John 3,17)

κρίνῃς ▸ 1
  Verb · second · singular · aorist · active · subjunctive ▸ **1** (2Chr. 1,11)

κρίνηται ▸ 2
  Verb · third · singular · aorist · middle · subjunctive ▸ **1** (Psa. 36,33)
  Verb · third · singular · present · passive · subjunctive ▸ **1** (1Esdr. 6,21)

κρίνομαι ▸ 2 + 3 = **5**
  Verb · first · singular · present · middle · indicative ▸ **1** (Jer. 2,35)
  Verb · first · singular · present · passive · indicative ▸ 1 + 3 = **4** (Job 40,4; Acts 23,6; Acts 24,21; Rom. 3,7)

κρίνομεν ▸ 1
  Verb · first · plural · present · active · indicative ▸ **1** (2Mac. 11,25)

κρινόμενοι ▸ 2 + 1 + 1 = **4**
  Verb · present · passive · participle · masculine · plural · nominative ▸ 2 + 1 + 1 = **4** (Wis. 11,9; Wis. 12,22; Sus. 6; 1Cor. 11,32)

κρινόμενος ▸ 1 + 1 = **2**
  Verb · present · middle · participle · masculine · singular · nominative ▸ **1** (2Sam. 19,10)
  Verb · present · passive · participle · masculine · singular · nominative ▸ **1** (Acts 26,6)

κρινόμενός ▸ 2
  Verb · present · middle · participle · masculine · singular · nominative ▸ **2** (Is. 50,8; Is. 50,8)

κρινομένου ▸ 1
  Verb · present · passive · participle · masculine · singular · genitive ▸ **1** (Sir. 42,8)

κρινομένων ▸ 1
  Verb · present · middle · participle · masculine · plural · genitive ▸ **1** (Job 31,13)

κρῖνον ▸ 4
  Verb · second · singular · aorist · active · imperative ▸ **4** (1Mac. 7,42; Psa. 5,11; Psa. 81,8; Psa. 118,154)

Κρῖνόν ▸ 2
  Verb · second · singular · aorist · active · imperative ▸ **2** (Psa. 25,1; Psa. 42,1)

κρῖνόν ▸ 3
  Verb · second · singular · aorist · active · imperative ▸ **3** (Psa. 7,9; Psa. 34,24; Psa. 53,3)

κρίνοντα ▸ 2
  Verb · present · active · participle · masculine · singular · accusative ▸ **2** (John 12,48; 1Pet. 1,17)

κρίνοντες ▸ 5 + 2 = **7**
  Verb · present · active · participle · masculine · plural · nominative ▸ 5 + 2 = **7** (Ezra 7,25; Psa. 2,10; Wis. 1,1; Wis. 12,22; Is. 1,23; Matt. 19,28; Luke 22,30)

κρίνοντι ▸ 1
  Verb · present · active · participle · masculine · singular · dative ▸ **1** (1Pet. 2,23)

κρίνοντος ▸ 1
  Verb · present · active · participle · masculine · singular

κρίνω–κρίσις

- genitive ▸ **1** (Prov. 29,14)
- **κρινόντων** ▸ **1**
  - **Verb** · present · active · participle · masculine · plural · genitive ▸ **1** (Dan. 4,18)
- **κρινοῦμεν** ▸ **1**
  - **Verb** · first · plural · future · active · indicative ▸ **1** (1Cor. 6,3)
- **κρινοῦσι** ▸ **1**
  - **Verb** · third · plural · future · active · indicative ▸ **1** (Dan. 2,7)
- **κρινοῦσιν** ▸ **6** + **1** = **7**
  - **Verb** · third · plural · future · active · indicative ▸ **6** + **1** = **7** (Ex. 18,22; Ex. 18,22; Deut. 16,18; Wis. 3,8; Sir. 8,14; Ezek. 44,24; 1Cor. 6,2)
- **κρινῶ** ▸ **16** + **2** = **18**
  - **Verb** · first · singular · future · active · indicative ▸ **16** + **2** = **18** (Gen. 15,14; Psa. 74,3; Is. 49,25; Jer. 28,36; Ezek. 7,5; Ezek. 11,10; Ezek. 11,11; Ezek. 18,30; Ezek. 20,36; Ezek. 21,35; Ezek. 24,14; Ezek. 24,14; Ezek. 24,14; Ezek. 33,20; Ezek. 34,22; Ezek. 38,22; Luke 19,22; Acts 7,7)
- **κρίνω** ▸ **2** + **6** = **8**
  - **Verb** · first · singular · aorist · active · subjunctive ▸ **1** + **1** = **2** (Ezek. 35,11; John 12,47)
  - **Verb** · first · singular · present · active · indicative ▸ **1** + **4** = **5** (Dan. 3,96; John 5,30; John 8,15; John 12,47; Acts 15,19)
  - **Verb** · first · singular · present · active · subjunctive ▸ **1** (John 8,16)
- **κρίνωμεν** ▸ **1**
  - **Verb** · first · plural · present · active · subjunctive ▸ **1** (Rom. 14,13)
- **κρίνων** ▸ **21** + **2** + **9** = **32**
  - **Verb** · present · active · participle · masculine · singular · nominative ▸ **21** + **2** + **6** = **29** (Gen. 18,25; Judg. 11,27; 2Kings 15,5; 2Chr. 26,21; Psa. 9,5; Psa. 57,12; Psa. 93,2; Job 8,3; Job 37,23; Wis. 12,10; Sol. 2,30; Sol. 2,32; Sol. 4,11; Sol. 8,24; Sol. 8,26; Is. 16,5; Is. 19,20; Is. 41,6; Is. 51,22; Jer. 11,20; Jer. 37,13; Judg. 11,27; Sus. 53; John 8,50; Acts 23,3; Rom. 2,1; Rom. 14,4; Rom. 14,22; James 4,11)
  - **Verb** · present · active · participle · masculine · singular · vocative ▸ **3** (Rom. 2,1; Rom. 2,3; James 4,12)
- **κρίνωσιν** ▸ **1**
  - **Verb** · third · plural · aorist · active · subjunctive ▸ **1** (Deut. 25,1)
- **κριός** ram ▸ **182** + **11** = **193**
  - **κριοί** ▸ **11**
    - **Noun** · masculine · plural · nominative · (common) ▸ **11** (Gen. 31,10; Num. 7,87; Num. 7,88; 2Chr. 29,32; Psa. 64,14; Psa. 113,4; Is. 34,7; Is. 60,7; Jer. 32,34; Jer. 32,34; Lam. 1,6)
  - **κριοί** ▸ **1**
    - **Noun** · masculine · plural · nominative · (common) ▸ **1** (Psa. 113,6)
  - **κριοῖς** ▸ **7**
    - **Noun** · masculine · plural · dative · (common) ▸ **7** (Num. 29,18; Num. 29,21; Num. 29,24; Num. 29,27; Num. 29,30; Num. 29,33; 2Chr. 13,9)
  - **κριόν** ▸ **3**
    - **Noun** · masculine · singular · accusative · (common) ▸ **3** (Lev. 8,19; Ezek. 34,22; Dan. 8,7)
  - **κριὸν** ▸ **57** + **4** = **61**
    - **Noun** · masculine · singular · accusative · (common) ▸ **57** + **4** = **61** (Gen. 15,9; Gen. 22,13; Gen. 30,40; Ex. 29,15; Ex. 29,17; Ex. 29,18; Ex. 29,19; Ex. 29,31; Lev. 5,15; Lev. 5,18; Lev. 5,25; Lev. 7,2; Lev. 8,18; Lev. 8,20; Lev. 8,21; Lev. 8,22; Lev. 8,22; Lev. 9,2; Lev. 9,4; Lev. 9,18; Lev. 16,3; Lev. 16,5; Lev. 19,21; Num. 6,14; Num. 6,17; Num. 7,15; Num. 7,21; Num. 7,27; Num. 7,33; Num. 7,39; Num. 7,45; Num. 7,51; Num. 7,57; Num. 7,63; Num. 7,69; Num. 7,75; Num. 7,81; Num. 23,2; Num. 23,4; Num. 23,14; Num. 23,30; Num. 28,11; Num. 28,19; Num. 28,27; Num. 29,2; Num. 29,8; Num. 29,36; Ezra 10,19; Tob. 7,8; Ezek. 43,23; Ezek. 43,25; Ezek. 46,4; Dan. 8,3; Dan. 8,4; Dan. 8,6; Dan. 8,7; Dan. 8,20; Tob. 7,8; Dan. 8,4; Dan. 8,7; Dan. 8,7)
  - **κριός** ▸ **1**
    - **Noun** · masculine · singular · nominative · (common) ▸ **1** (Dan. 8,20)
  - **κριὸς** ▸ **2** + **1** = **3**
    - **Noun** · masculine · singular · nominative · (common) ▸ **2** + **1** = **3** (Gen. 22,13; Ezek. 46,6; Dan. 8,3)
  - **κριοῦ** ▸ **15** + **2** = **17**
    - **Noun** · masculine · singular · genitive · (common) ▸ **15** + **2** = **17** (Ex. 29,15; Ex. 29,19; Ex. 29,21; Ex. 29,22; Ex. 29,26; Ex. 29,27; Ex. 29,32; Lev. 7,1; Lev. 8,18; Lev. 8,22; Lev. 8,29; Lev. 9,19; Num. 5,8; Num. 6,19; Ezek. 34,22; Dan. 8,6; Dan. 8,7)
  - **κριούς** ▸ **7**
    - **Noun** · masculine · plural · accusative · (common) ▸ **7** (Ex. 29,3; Num. 23,1; Num. 23,29; Num. 29,14; 1Chr. 15,26; 2Chr. 29,22; Ezra 7,17)
  - **κριοὺς** ▸ **40** + **1** = **41**
    - **Noun** · masculine · plural · accusative · (common) ▸ **40** + **1** = **41** (Gen. 31,12; Gen. 31,38; Gen. 32,15; Ex. 29,1; Lev. 8,2; Lev. 23,18; Num. 7,17; Num. 7,23; Num. 7,29; Num. 7,35; Num. 7,41; Num. 7,47; Num. 7,53; Num. 7,59; Num. 7,65; Num. 7,71; Num. 7,77; Num. 7,83; Num. 29,13; Num. 29,17; Num. 29,20; Num. 29,23; Num. 29,26; Num. 29,29; Num. 29,32; 1Chr. 29,21; 2Chr. 17,11; 2Chr. 29,21; 1Esdr. 6,28; 1Esdr. 7,7; 1Esdr. 8,14; 1Esdr. 8,63; 1Esdr. 9,20; Ezra 6,17; Ezra 8,35; Job 42,8; Jer. 28,40; Ezek. 27,21; Ezek. 39,18; Ezek. 45,23; Tob. 8,19)
  - **κριῷ** ▸ **18** + **1** = **19**
    - **Noun** · masculine · singular · dative · (common) ▸ **18** + **1** = **19** (Lev. 5,16; Lev. 19,22; Num. 15,6; Num. 15,11; Num. 28,12; Num. 28,14; Num. 28,20; Num. 28,28; Num. 29,3; Num. 29,9; Num. 29,14; Num. 29,37; Sol. 2,1; Ezek. 45,24; Ezek. 46,5; Ezek. 46,7; Ezek. 46,11; Dan. 8,7; Dan. 8,7)
  - **κριῶν** ▸ **21** + **1** = **22**
    - **Noun** · masculine · plural · genitive · (common) ▸ **21** + **1** = **22** (Ex. 25,5; Ex. 26,14; Ex. 35,7; Ex. 35,23; Ex. 39,20; Deut. 32,14; 1Sam. 15,22; 2Kings 3,4; Ezra 6,9; 2Mac. 12,15; Psa. 28,1; Psa. 65,15; Ode. 2,14; Ode. 7,39; Mic. 6,7; Is. 1,11; Is. 34,6; Jer. 32,35; Jer. 32,36; Ezek. 34,17; Dan. 3,39; Dan. 3,39)
- **κρίσις** (κρίνω) judgment, decision, legal case; meaning ▸ **263** + **14** + **47** = **324**
  - **κρίσει** ▸ **36** + **2** + **7** = **45**
    - **Noun** · feminine · singular · dative · (common) ▸ **36** + **2** + **7** = **45** (Ex. 6,6; Ex. 23,3; Ex. 23,6; Lev. 19,15; Lev. 19,35; Deut. 1,17; Deut. 17,8; 1Esdr. 4,39; 2Mac. 7,36; 3Mac. 2,22; Psa. 1,5; Psa. 9,8; Psa. 24,9; Psa. 34,23; Psa. 71,2; Psa. 111,5; Ode. 7,28; Ode. 7,31; Prov. 16,10; Prov. 18,5; Prov. 24,23; Eccl. 11,9; Eccl. 12,14; Job 35,2; Wis. 8,11; Wis. 16,18; Sir. 11,9; Sir. 16,26; Sol. 4,2; Sol. 17,3; Mal. 3,5; Is. 32,7; Jer. 4,2; Jer. 10,24; Dan. 3,28; Dan. 3,31; Dan. 3,28; Dan. 3,31; Matt. 5,21; Matt. 5,22; Matt. 12,41; Matt. 12,42; Luke 10,14; Luke 11,31; Luke 11,32)
  - **κρίσεις** ▸ **24** + **3** + **2** = **29**
    - **Noun** · feminine · plural · accusative · (common) ▸ **16** + **1** = **17** (Ex. 15,25; Ex. 28,30; Lev. 25,18; Deut. 4,5; Deut. 4,14; Deut. 11,1; Deut. 11,32; Deut. 30,10; Deut. 30,16; Prov. 6,19; Prov. 15,18a; Prov. 19,28; Prov. 28,2; Sir. 29,19; Is. 58,4; Sus. 53; Sus. 53)
    - **Noun** · feminine · plural · nominative · (common) ▸ **8** + **2** + **2**

= **12** (Deut. 12,1; Deut. 32,4; Tob. 3,5; Ode. 7,27; Prov. 30,33; Wis. 17,1; Dan. 3,27; Sus. 6; Tob. 3,5; Dan. 3,27; Rev. 16,7; Rev. 19,2)

κρίσεων ▸ **1**
Noun · feminine · plural · genitive · (common) ▸ **1** (Ex. 28,15)

κρίσεως ▸ **31** + **1** + **15** = **47**
Noun · feminine · singular · genitive · (common) ▸ **31** + **1** + **15** = **47** (Gen. 14,7; Ex. 28,29; Ex. 28,23 # 28,29a; Ex. 28,30; Num. 27,11; Deut. 17,8; Deut. 17,8; 2Chr. 19,6; Esth. 10,11 # 10,3h; Judith 16,17; 2Mac. 9,4; Prov. 6,34; Prov. 26,17; Eccl. 3,16; Eccl. 8,5; Wis. 9,5; Sir. 18,20; Sir. 33,30; Sir. 45,10; Sol. 15,12; Is. 1,21; Is. 4,4; Is. 28,6; Is. 32,1; Is. 33,5; Is. 34,5; Is. 34,8; Is. 34,8; Jer. 1,16; Jer. 17,11; Jer. 52,9; Tob. 1,18; Matt. 10,15; Matt. 11,22; Matt. 11,24; Matt. 12,36; Matt. 23,33; John 5,29; John 16,8; John 16,11; 2Th. 1,5; Heb. 10,27; James 2,13; 2Pet. 2,9; 2Pet. 3,7; 1John 4,17; Rev. 14,7)

κρίσιν ▸ **129** + **5** + **15** = **149**
Noun · feminine · singular · accusative · (common) ▸ **129** + **5** + **15** = **149** (Gen. 18,19; Gen. 18,25; Gen. 19,9; Ex. 18,15; Ex. 23,2; Num. 27,5; Num. 27,21; Num. 35,12; Deut. 10,18; Deut. 16,18; Deut. 16,19; Deut. 17,9; Deut. 17,11; Deut. 24,17; Deut. 25,1; Deut. 27,19; Deut. 33,21; Josh. 20,3; Josh. 20,9; Josh. 24,25; 1Sam. 24,16; 1Sam. 25,39; 2Sam. 15,2; 2Sam. 15,6; 2Kings 17,34; 2Kings 25,6; 1Chr. 6,17; 1Chr. 23,31; 1Chr. 24,19; 2Chr. 8,14; 2Chr. 19,8; 2Chr. 19,10; 2Chr. 35,13; Esth. 1,13; Esth. 16,17 # 8,12r; Tob. 3,2; Tob. 7,12; 1Mac. 6,22; 1Mac. 8,32; 2Mac. 7,35; 2Mac. 14,18; 2Mac. 14,38; 2Mac. 15,20; Psa. 9,5; Psa. 32,5; Psa. 36,28; Psa. 36,30; Psa. 75,9; Psa. 75,10; Psa. 93,15; Psa. 98,4; Psa. 98,4; Psa. 100,1; Psa. 105,3; Psa. 118,84; Psa. 118,154; Psa. 121,5; Psa. 139,13; Psa. 142,2; Ode. 10,7; Prov. 22,23; Prov. 23,11; Job 9,32; Job 13,6; Job 22,4; Job 34,4; Job 34,12; Job 40,2; Wis. 5,18; Wis. 9,3; Wis. 12,25; Wis. 12,26; Sir. 3,2; Sir. 33,13; Sir. 35,18; Sir. 35,23; Sir. 38,16; Mic. 6,2; Mal. 3,5; Is. 1,17; Is. 1,23; Is. 1,24; Is. 3,13; Is. 3,13; Is. 3,14; Is. 5,7; Is. 10,2; Is. 11,4; Is. 28,6; Is. 28,17; Is. 33,15; Is. 35,4; Is. 40,14; Is. 40,27; Is. 41,1; Is. 42,1; Is. 42,3; Is. 42,4; Is. 49,25; Is. 51,7; Is. 54,17; Is. 56,1; Is. 58,2; Is. 58,2; Is. 59,11; Is. 59,14; Is. 63,1; Jer. 5,4; Jer. 5,5; Jer. 5,28; Jer. 5,28; Jer. 5,28; Jer. 7,5; Jer. 22,3; Jer. 22,16; Jer. 22,16; Jer. 27,34; Jer. 37,13; Lam. 3,35; Lam. 3,59; LetterJ 53; LetterJ 63; Ezek. 39,21; Ezek. 44,24; Dan. 2,9; Dan. 2,36; Dan. 4,28; Dan. 7,16; Dan. 7,22; Judg. 4,5; Tob. 6,13; Tob. 7,12; Tob. 7,13; Tob. 7,14; Matt. 12,18; Matt. 12,20; Matt. 23,23; Luke 11,42; John 5,22; John 5,24; John 5,27; John 7,24; 1Tim. 5,24; James 5,12; 2Pet. 2,4; 2Pet. 2,11; Jude 6; Jude 9; Jude 15)

Κρίσις ▸ **1**
Noun · feminine · singular · nominative · (common) ▸ **1** (Jer. 33,11)

κρίσις ▸ **41** + **3** + **8** = **52**
Noun · feminine · singular · nominative · (common) ▸ **41** + **3** + **8** = **52** (Ex. 22,8; Ex. 24,14; Deut. 1,17; Deut. 17,8; Deut. 18,3; Deut. 19,6; 2Sam. 15,2; 2Sam. 15,4; 2Kings 1,7; 2Chr. 20,9; Ezra 3,4; Judith 9,6; 1Mac. 7,18; 2Mac. 4,43; 2Mac. 9,18; Psa. 110,7; Psa. 118,137; Ode. 2,4; Prov. 23,29; Eccl. 8,6; Wis. 6,5; Sir. 25,4; Hos. 4,1; Hos. 12,3; Mic. 6,2; Hab. 1,3; Is. 26,8; Is. 41,21; Is. 49,4; Is. 51,4; Is. 53,8; Is. 59,4; Is. 59,8; Is. 59,9; Is. 59,15; Jer. 31,21; Jer. 32,31; Jer. 33,16; Dan. 2,45; Dan. 4,23; Dan. 7,26; Judg. 13,12; Judg. 18,7; Dan. 4,37; John 3,19; John 5,30; John 8,16; John 12,31; Acts 8,33; Heb. 9,27; James 2,13; Rev. 18,10)

Κρίσπος Crispus ▸ **2**
Κρίσπον ▸ **1**
Noun · masculine · singular · accusative · (proper) ▸ **1** (1Cor. 1,14)

Κρίσπος ▸ **1**
Noun · masculine · singular · nominative · (proper) ▸ **1** (Acts 18,8)

κριτήριον (κρίνω) judgment-seat, tribunal, case; criterion ▸ **3** + **4** + **3** = **10**
κριτήρια ▸ **2**
Noun · neuter · plural · accusative ▸ **2** (1Cor. 6,4; James 2,6)

κριτήριον ▸ **2** + **3** = **5**
Noun · neuter · singular · accusative · (common) ▸ **1** + **1** = **2** (Ex. 21,6; Sus. 49)
Noun · neuter · singular · nominative · (common) ▸ **1** + **2** = **3** (Dan. 7,10; Dan. 7,10; Dan. 7,26)

κριτηρίου ▸ **1** + **1** = **2**
Noun · neuter · singular · genitive · (common) ▸ **1** + **1** = **2** (1Kings 7,44; Judg. 5,10)

κριτηρίων ▸ **1**
Noun · neuter · plural · genitive ▸ **1** (1Cor. 6,2)

κριτής (κρίνω) judge ▸ **73** + **10** + **19** = **102**
κριταί ▸ **12** + **1** + **3** = **16**
Noun · masculine · plural · nominative · (common) ▸ **12** + **1** + **3** = **16** (Deut. 19,18; Deut. 29,9; 1Chr. 23,4; 2Chr. 34,13; 1Esdr. 2,13; Ezra 10,14; Psa. 140,6; Psa. 148,11; Job 13,8; Zeph. 3,3; Sus. 29; Sus. 34; Sus. 5; Matt. 12,27; Luke 11,19; James 2,4)

κριταί ▸ **2**
Noun · masculine · plural · nominative · (common) ▸ **2** (Deut. 21,2; Sir. 46,11)

κριταῖς ▸ **4** + **1** = **5**
Noun · masculine · plural · dative · (common) ▸ **4** + **1** = **5** (Deut. 1,15; Deut. 1,16; 2Chr. 1,2; 2Chr. 19,6; Sus. 41)

κριτάς ▸ **3** + **1** = **4**
Noun · masculine · plural · accusative · (common) ▸ **3** + **1** = **4** (Judg. 2,18; Ezra 7,25; Is. 1,26; Judg. 2,16)

Κριτάς ▸ **1**
Noun · masculine · plural · accusative · (common) ▸ **1** (Deut. 16,18)

κριτάς ▸ **11** + **2** + **1** = **14**
Noun · masculine · plural · accusative · (common) ▸ **11** + **2** + **1** = **14** (Deut. 31,28; Judg. 2,16; Ruth 1,1; 2Sam. 7,11; 1Chr. 17,10; 2Chr. 19,5; 1Esdr. 8,23; 1Esdr. 9,13; Job 12,17; Hos. 7,7; Dan. 9,12; Judg. 2,18; Dan. 9,12; Acts 13,20)

κριτῇ ▸ **2**
Noun · masculine · singular · dative ▸ **2** (Matt. 5,25; Heb. 12,23)

κριτήν ▸ **1** + **1** = **2**
Noun · masculine · singular · accusative · (common) ▸ **1** + **1** = **2** (Deut. 17,9; Luke 12,58)

κριτήν ▸ **5** + **2** = **7**
Noun · masculine · singular · accusative · (common) ▸ **5** + **2** = **7** (1Sam. 24,16; 2Sam. 15,4; 2Mac. 12,6; Sir. 10,2; Amos 2,3; Luke 12,14; Acts 24,10)

κριτής ▸ **5** + **1** + **4** = **10**
Noun · masculine · singular · nominative · (common) ▸ **5** + **1** + **4** = **10** (Judg. 2,19; Psa. 49,6; Psa. 74,8; Sir. 7,6; Sir. 35,12; Judg. 2,19; Luke 12,58; Luke 18,2; 2Tim. 4,8; James 4,11)

Κριτής ▸ **1**
Noun · masculine · singular · nominative · (common) ▸ **1** (Sir. 10,1)

κριτής ▸ **14** + **6** = **20**
Noun · masculine · singular · nominative · (common) ▸ **14** + **6** = **20** (1Mac. 2,55; Psa. 7,12; Wis. 15,7; Sir. 10,24; Sol. 2,18; Sol. 4,24; Sol. 9,2; Sol. 17,20; Mic. 7,3; Hab. 1,3; Is. 30,18; Is. 33,22; Is. 63,7; LetterJ 12; Matt. 5,25; Luke 18,6; Acts 10,42; Acts 18,15; James 4,12; James 5,9)

κριτοῦ ▸ 7 + 2 = 9
   Noun · masculine · singular · genitive · (common)   ▸ 7 + 2 = 9
   (Deut. 17,12; Judg. 2,18; Judg. 2,18; 2Chr. 26,11; Psa. 67,6; Sir. 8,14; Sir. 41,18; Judg. 2,18; Judg. 2,18)
κριτῶν ▸ 7 + 2 = 9
   Noun · masculine · plural · genitive · (common)   ▸ 7 + 2 = 9
   (Deut. 19,17; Deut. 25,2; Judg. 2,17; 2Kings 23,22; 1Chr. 28,1; Job 9,24; Sus. 41; Judg. 2,17; Sus. 5)

κριτικός (κρίνω) discerner ▸ 1
   κριτικός ▸ 1
      Adjective · masculine · singular · nominative ▸ 1 (Heb. 4,12)

κρόκη (κρέκω) the thread for the woof ▸ 10
   κρόκη ▸ 1
      Noun · feminine · singular · nominative · (common)   ▸ 1 (Lev. 13,58)
   κρόκῃ ▸ 6
      Noun · feminine · singular · dative · (common)   ▸ 6 (Lev. 13,48; Lev. 13,49; Lev. 13,51; Lev. 13,53; Lev. 13,55; Lev. 13,57)
   κρόκην ▸ 1
      Noun · feminine · singular · accusative · (common)   ▸ 1 (Lev. 13,52)
   κρόκης ▸ 2
      Noun · feminine · singular · genitive · (common) ▸ 2 (Lev. 13,56; Lev. 13,59)

κροκόδειλος lizard; crocodile ▸ 1
   κροκόδειλος ▸ 1
      Noun · masculine · singular · nominative · (common)   ▸ 1 (Lev. 11,29)

κρόκος (Hebr.) crocus, saffron ▸ 2
   κρόκος ▸ 1
      Noun · masculine · singular · nominative · (common)   ▸ 1 (Song 4,14)
   κρόκῳ ▸ 1
      Noun · masculine · singular · dative · (common)   ▸ 1 (Prov. 7,17)

κρόμμυον onion ▸ 1
   κρόμμυα ▸ 1
      Noun · neuter · plural · accusative · (common)   ▸ 1 (Num. 11,5)

κροσσός tassel ▸ 3
   κροσσούς ▸ 1
      Noun · masculine · plural · accusative · (common)   ▸ 1 (Ex. 28,23 # 28,29a)
   κροσσοὺς ▸ 2
      Noun · masculine · plural · accusative · (common)   ▸ 2 (Ex. 28,22; Ex. 36,22)

κροσσωτός (κροσσός) fringed, tassled ▸ 3
   κροσσωτά ▸ 2
      Adjective · neuter · plural · accusative · noDegree ▸ 2 (Ex. 28,14; Ex. 28,14)
   κροσσωτοῖς ▸ 1
      Adjective · neuter · plural · dative · noDegree ▸ 1 (Psa. 44,14)

κρόταφος (κρότος) temple (on the head) ▸ 2 + 3 = 5
   κροτάφοις ▸ 1
      Noun · masculine · plural · dative · (common)   ▸ 1 (Psa. 131,4)
   κρόταφον ▸ 1
      Noun · masculine · singular · accusative · (common)   ▸ 1 (Judg. 5,26)
   κροτάφῳ ▸ 2
      Noun · masculine · singular · dative · (common)   ▸ 2 (Judg. 4,21; Judg. 4,22)
   κροτάφων ▸ 1
      Noun · masculine · plural · genitive · (common)   ▸ 1 (Sol. 4,16)

κροτέω (κρότος) to strike, clap ▸ 11
   ἐκρότησαν ▸ 1
      Verb · third · plural · aorist · active · indicative   ▸ 1 (2Kings 11,12)
   Ἐκρότησαν ▸ 1
      Verb · third · plural · aorist · active · indicative ▸ 1 (Lam. 2,15)
   ἐκρότησας ▸ 1
      Verb · second · singular · aorist · active · indicative   ▸ 1 (Ezek. 25,6)
   κροτήσατε ▸ 1
      Verb · second · plural · aorist · active · imperative ▸ 1 (Psa. 46,2)
   κροτήσει ▸ 1
      Verb · third · singular · future · active · indicative ▸ 1 (Job 27,23)
   Κρότησον ▸ 1
      Verb · second · singular · aorist · active · imperative   ▸ 1 (Ezek. 6,11)
   κρότησον ▸ 2
      Verb · second · singular · aorist · active · imperative   ▸ 2 (Ezek. 21,17; Ezek. 21,19)
   κροτήσουσιν ▸ 2
      Verb · third · plural · future · active · indicative   ▸ 2 (Psa. 97,8; Nah. 3,19)
   κροτήσω ▸ 1
      Verb · first · singular · future · active · indicative   ▸ 1 (Ezek. 21,22)

κρουνηδόν (κρουνός) gushing ▸ 1
   κρουνηδόν ▸ 1
      Adverb ▸ 1 (2Mac. 14,45)

κρούω to knock ▸ 3 + 1 + 9 = 13
   ἔκρουσαν ▸ 1
      Verb · third · plural · aorist · active · indicative ▸ 1 (Judg. 19,22)
   ἔκρουσε ▸ 1
      Verb · third · singular · aorist · active · indicative   ▸ 1 (Judith 14,14)
   κρούει ▸ 1
      Verb · third · singular · present · active · indicative ▸ 1 (Song 5,2)
   κρούειν ▸ 1
      Verb · present · active · infinitive ▸ 1 (Luke 13,25)
   κρούετε ▸ 2
      Verb · second · plural · present · active · imperative   ▸ 2 (Matt. 7,7; Luke 11,9)
   κρούοντες ▸ 1
      Verb · present · active · participle · masculine · plural · nominative ▸ 1 (Judg. 19,22)
   κρούοντι ▸ 2
      Verb · present · active · participle · masculine · singular · dative ▸ 2 (Matt. 7,8; Luke 11,10)
   κρούσαντος ▸ 2
      Verb · aorist · active · participle · masculine · singular · genitive ▸ 2 (Luke 12,36; Acts 12,13)
   κρούω ▸ 1
      Verb · first · singular · present · active · indicative ▸ 1 (Rev. 3,20)
   κρούων ▸ 1
      Verb · present · active · participle · masculine · singular · nominative ▸ 1 (Acts 12,16)

κρυβῇ (κρύπτω) secretly ▸ 3
   κρυβῇ ▸ 3
      Adverb ▸ 3 (1Sam. 19,2; 2Sam. 12,12; 3Mac. 4,12)

κρύπτη (κρύπτω) hidden place, cellar ▸ 1
   κρύπτην ▸ 1
      Noun · feminine · singular · accusative ▸ 1 (Luke 11,33)

κρυπτός (κρύπτω) hidden ▸ 17 + 2 + 17 = 36
   κρυπτά ▸ 2

Adjective · neuter · plural · accusative · noDegree ▸ **2** (Sir. 1,30; Is. 29,10)
κρυπτὰ ▸ 7 + **4** = 11
Adjective · neuter · plural · accusative · noDegree ▸ 4 + 3 = **7** (Sir. 4,18; Is. 22,9; Jer. 30,4; Dan. 2,47; Rom. 2,16; 1Cor. 4,5; 2Cor. 4,2)
Adjective · neuter · plural · nominative · noDegree ▸ 3 + 1 = **4** (Deut. 29,28; Wis. 7,21; Sir. 11,4; 1Cor. 14,25)
κρυπταὶ ▸ 1
Adjective · feminine · plural · nominative · noDegree ▸ **1** (Ezek. 40,16)
κρυπταί ▸ 1
Adjective · feminine · plural · nominative · noDegree ▸ **1** (Ezek. 41,26)
κρυπτάς ▸ 1
Adjective · feminine · plural · accusative · noDegree ▸ **1** (1Kings 6,4)
κρυπτὰς ▸ 1
Adjective · feminine · plural · accusative · noDegree ▸ **1** (Bel 21)
κρυπτὴν ▸ 1
Adjective · feminine · singular · accusative · noDegree ▸ **1** (2Mac. 1,16)
κρυπτόν ▸ 1
Adjective · masculine · singular · accusative · noDegree ▸ **1** (Sir. 8,18)
κρυπτὸν ▸ 1 + **4** = 5
Adjective · masculine · singular · accusative · noDegree ▸ 1 + 4 = **5** (Deut. 15,9; Matt. 10,26; Mark 4,22; Luke 8,17; Luke 12,2)
κρυπτὸς ▸ 1
Adjective · masculine · singular · nominative · (verbal) ▸ **1** (1Pet. 3,4)
κρυπτῷ ▸ 1 + **8** = 9
Adjective · masculine · singular · dative · noDegree ▸ **1** (Ezek. 8,12)
Adjective · neuter · singular · dative · (verbal) ▸ **8** (Matt. 6,4; Matt. 6,4; Matt. 6,6; Matt. 6,6; John 7,4; John 7,10; John 18,20; Rom. 2,29)
κρυπτῶν ▸ 1 + **1** = 2
Adjective · neuter · plural · genitive · noDegree ▸ 1 + 1 = **2** (Sir. 3,22; Sus. 42)
κρύπτω to hide ▸ 143 + **10** + 18 = 171
ἐκρύβη ▸ 8 + **1** + 4 = 13
Verb · third · singular · aorist · passive · indicative ▸ 8 + 1 + 4 = **13** (Judg. 9,5; 1Sam. 13,6; Psa. 37,10; Psa. 77,4; Psa. 138,15; Job 28,21; Sir. 42,20; Jer. 16,17; Judg. 9,5; Luke 19,42; John 8,59; John 12,36; Heb. 11,23)
ἐκρύβην ▸ 3 + **1** = 4
Verb · first · singular · aorist · passive · indicative ▸ 3 + 1 = **4** (Gen. 3,10; Tob. 1,19; Psa. 54,13; Tob. 1,19)
ἐκρύβης ▸ 1
Verb · second · singular · aorist · passive · indicative ▸ **1** (1Sam. 20,19)
ἐκρύβησαν ▸ 9
Verb · third · plural · aorist · passive · indicative ▸ **9** (Gen. 3,8; 1Sam. 14,11; 2Kings 7,12; 1Mac. 9,38; Psa. 68,6; Job 24,4; Job 29,8; Sir. 17,20; Jer. 4,29)
ἔκρυψα ▸ 7 + **1** = 8
Verb · first · singular · aorist · active · indicative ▸ 7 + 1 = **8** (1Kings 18,13; Psa. 39,11; Psa. 39,11; Psa. 118,11; Job 23,12; Job 31,33; Jer. 13,5; Matt. 25,25)
ἔκρυψαν ▸ 9 + **1** = 10
Verb · third · plural · aorist · active · indicative ▸ 9 + 1 = **10** (2Mac. 1,33; Psa. 9,16; Psa. 34,8; Psa. 139,6; Psa. 141,4; Job 15,18; Hos. 6,9; Is. 42,22; Jer. 18,22; Rev. 6,15)
ἔκρυψάν ▸ 3
Verb · third · plural · aorist · active · indicative ▸ **3** (Psa. 30,5; Psa. 34,7; Jer. 18,20)
ἔκρυψας ▸ 3 + **1** = 4
Verb · second · singular · aorist · active · indicative ▸ 3 + 1 = **4** (Psa. 30,20; Job 14,13; Job 17,4; Matt. 11,25)
ἔκρυψεν ▸ 12 + **2** = 14
Verb · third · singular · aorist · active · indicative ▸ 12 + 2 = **14** (Gen. 31,20; Ex. 2,12; Josh. 2,4; Josh. 2,6; Josh. 6,25; 1Sam. 3,18; 2Sam. 19,5; 1Kings 18,4; 2Kings 6,29; 2Kings 11,2; 2Chr. 22,11; 2Chr. 22,11; Matt. 13,44; Matt. 25,18)
ἔκρυψέν ▸ 2
Verb · third · singular · aorist · active · indicative ▸ **2** (Psa. 26,5; Is. 49,2)
κεκρυμμένα ▸ 2 + **1** = 3
Verb · perfect · passive · participle · neuter · plural · accusative ▸ 1 + 1 = **2** (2Mac. 12,41; Matt. 13,35)
Verb · perfect · passive · participle · neuter · plural · nominative ▸ **1** (Obad. 6)
κεκρυμμένη ▸ 2
Verb · perfect · middle · participle · feminine · singular · nominative ▸ **1** (Sir. 41,14)
Verb · perfect · passive · participle · feminine · singular · nominative ▸ **1** (Sir. 20,30)
κεκρυμμένην ▸ 1
Verb · perfect · passive · participle · feminine · singular · accusative ▸ **1** (Bel 12)
κεκρυμμένοι ▸ 2 + **2** = 4
Verb · perfect · passive · participle · masculine · plural · nominative ▸ 2 + 2 = **4** (Deut. 7,20; Josh. 10,17; Sus. 16; Sus. 18)
κεκρυμμένον ▸ 1
Verb · perfect · passive · participle · neuter · singular · nominative ▸ **1** (Luke 18,34)
κεκρυμμένος ▸ 3 + **1** + 1 = 5
Verb · perfect · passive · participle · masculine · singular · nominative ▸ 3 + 1 + 1 = **5** (Ezek. 12,6; Ezek. 12,7; Ezek. 12,12; Sus. 37; John 19,38)
κεκρυμμένου ▸ 1
Verb · perfect · passive · participle · neuter · singular · genitive ▸ **1** (Rev. 2,17)
κεκρυμμένῳ ▸ 1
Verb · perfect · passive · participle · masculine · singular · dative ▸ **1** (Matt. 13,44)
κεκρυμμένων ▸ 1
Verb · perfect · passive · participle · masculine · plural · genitive ▸ **1** (Psa. 16,14)
κέκρυπται ▸ 8 + **1** = 9
Verb · third · singular · perfect · passive · indicative ▸ 8 + 1 = **9** (Josh. 7,21; 1Sam. 10,22; 1Sam. 23,19; 2Sam. 17,9; 2Kings 6,9; Psa. 53,2; Job 18,10; Hos. 13,14; Col. 3,3)
κρύβηθι ▸ 2
Verb · second · singular · aorist · passive · imperative ▸ **2** (1Sam. 19,2; 1Kings 17,3)
κρυβῆναι ▸ 4 + **2** = 6
Verb · aorist · passive · infinitive ▸ 4 + 2 = **6** (1Kings 22,25; Job 34,22; Sir. 39,19; Jer. 30,4; Matt. 5,14; 1Tim. 5,25)
κρυβήσεσθε ▸ 1
Verb · second · plural · future · passive · indicative ▸ **1** (Josh. 2,16)

κρύπτω–κρύφιος

κρυβήσεται ▸ 6
  Verb · third · singular · future · passive · indicative ▸ **6** (Sir. 6,12; Sir. 12,8; Sol. 9,3; Sol. 9,3; Is. 32,2; Jer. 23,24)
κρυβήσεταί ▸ 1
  Verb · third · singular · future · passive · indicative ▸ **1** (Jer. 39,27)
κρυβήσομαι ▸ 4
  Verb · first · singular · future · passive · indicative ▸ **4** (Gen. 4,14; 1Sam. 20,5; Job 13,20; Sir. 16,17)
κρυβήσονται ▸ 1
  Verb · third · plural · future · passive · indicative ▸ **1** (Sir. 17,15)
κρυβόμενος ▸ 1
  Verb · aorist · passive · participle · masculine · singular · nominative ▸ **1** (2Kings 11,3)
κρυβῶ ▸ 1
  Verb · first · singular · aorist · passive · subjunctive ▸ **1** (Sir. 22,25)
κρύπτει ▸ 4
  Verb · third · singular · present · active · indicative ▸ **4** (Prov. 11,13; Prov. 12,16; Prov. 17,9; Prov. 25,2)
κρύπτειν ▸ 4 + 1 = 5
  Verb · present · active · infinitive ▸ **4 + 1 = 5** (Ex. 2,3; Prov. 17,9; Job 38,2; Job 42,3; Tob. 12,7)
κρύπτεσθε ▸ 1
  Verb · second · plural · present · middle · imperative ▸ **1** (Is. 2,10)
κρύπτεται ▸ 1
  Verb · third · singular · present · passive · indicative ▸ **1** (1Sam. 20,24)
κρύπτῃ ▸ 1
  Verb · second · singular · present · passive · indicative ▸ **1** (Job 13,24)
κρυπτομένης ▸ 1
  Verb · present · middle · participle · feminine · singular · genitive ▸ **1** (Prov. 27,5)
κρυπτόμενοι ▸ 1
  Verb · present · middle · participle · masculine · plural · nominative ▸ **1** (1Sam. 14,22)
κρύπτων ▸ 4
  Verb · present · active · participle · masculine · singular · nominative ▸ **4** (Prov. 26,26; Job 38,2; Job 42,3; Is. 32,2)
κρύψαι ▸ 3 + 1 = 4
  Verb · aorist · active · infinitive ▸ **3 + 1 = 4** (Tob. 12,7; Tob. 12,11; Psa. 63,6; Tob. 12,11)
κρύψας ▸ 1
  Verb · aorist · active · participle · masculine · singular · nominative ▸ **1** (Prov. 26,15)
κρύψατε ▸ 1
  Verb · second · plural · aorist · active · imperative ▸ **1** (Rev. 6,16)
κρύψει ▸ 5
  Verb · third · singular · future · active · indicative ▸ **5** (1Sam. 20,2; Job 5,21; Job 20,12; Job 34,29; Sir. 1,24)
κρύψῃ ▸ 2 + 1 = 3
  Verb · third · singular · aorist · active · subjunctive ▸ **2 + 1 = 3** (Num. 5,13; Tob. 13,6; Tob. 13,6)
κρύψῃς ▸ 8
  Verb · second · singular · aorist · active · subjunctive ▸ **8** (Josh. 7,19; 1Sam. 3,17; 1Sam. 3,17; 2Sam. 14,18; Prov. 2,1; Jer. 45,14; Jer. 45,25; Lam. 3,56)
κρύψητε ▸ 1
  Verb · second · plural · aorist · active · subjunctive ▸ **1** (Jer. 27,2)
κρύψον ▸ 3
  Verb · second · singular · aorist · active · imperative ▸ **3** (Prov. 7,1; Job 40,13; Sir. 37,10)
κρύψουσιν ▸ 1
  Verb · third · plural · future · active · indicative ▸ **1** (Prov. 10,14)
κρύψω ▸ 4 + 1 = 5
  Verb · first · singular · aorist · active · subjunctive ▸ **1** (Gen. 18,17)
  Verb · first · singular · future · active · indicative ▸ **3 + 1 = 4** (Tob. 12,11; Is. 29,14; Jer. 49,4; Tob. 12,11)
κρύψωμεν ▸ 2
  Verb · first · plural · aorist · active · subjunctive ▸ **2** (Gen. 37,26; Prov. 1,11)
κρυπτῶς (κρύπτω) secretly ▸ 2 + 1 = 3
  κρυπτῶς ▸ 2 + 1 = 3
    Adverb ▸ **2 + 1 = 3** (Tob. 12,6; 1Mac. 10,79; Tob. 12,6)
κρυσταλλίζω (κρύσταλλος) to be clear as crystal ▸ 1
  κρυσταλλίζοντι ▸ 1
    Verb · present · active · participle · masculine · singular · dative ▸ **1** (Rev. 21,11)
κρυσταλλοειδής (κρύσταλλος) like crystal, like ice ▸ 1
  κρυσταλλοειδές ▸ 1
    Adjective · neuter · singular · accusative · noDegree ▸ **1** (Wis. 19,21)
κρύσταλλος crystal, ice ▸ 9 + 2 = 11
  κρύσταλλον ▸ 1 + 1 = 2
    Noun · masculine · singular · accusative · (common) ▸ **1 + 1 = 2** (Psa. 147,6; Rev. 22,1)
  κρύσταλλος ▸ 5
    Noun · masculine · singular · nominative · (common) ▸ **5** (Psa. 148,8; Job 6,16; Job 38,29; Wis. 16,22; Sir. 43,20)
  κρυστάλλου ▸ 3
    Noun · masculine · singular · genitive · (common) ▸ **3** (Num. 11,7; Is. 54,12; Ezek. 1,22)
  κρυστάλλῳ ▸ 1
    Noun · masculine · singular · dative ▸ **1** (Rev. 4,6)
κρυφαῖος (κρύπτω) secret, hidden ▸ 4 + 2 = 6
  κρυφαίᾳ ▸ 1
    Adjective · feminine · singular · dative · noDegree ▸ **1** (Ex. 17,16)
  κρυφαίοις ▸ 3
    Adjective · masculine · plural · dative · noDegree ▸ **1** (Jer. 23,24)
    Adjective · neuter · plural · dative · noDegree ▸ **2** (Wis. 17,3; Lam. 3,10)
  κρυφαίῳ ▸ 2
    Adjective · neuter · singular · dative ▸ **2** (Matt. 6,18; Matt. 6,18)
κρυφαίως (κρύπτω) secretly ▸ 2
  κρυφαίως ▸ 2
    Adverb ▸ **2** (Jer. 44,17; Jer. 47,15)
κρυφῇ (κρύπτω) secretly ▸ 10 + 2 + 1 = 13
  κρυφῇ ▸ 10 + 2 + 1 = 13
    Adverb ▸ **10 + 2 + 1 = 13** (Gen. 31,26; Ex. 11,2; Deut. 28,57; Ruth 3,7; Psa. 138,15; Job 13,10; Wis. 18,9; Is. 29,15; Is. 45,19; Is. 48,16; Judg. 4,21; Judg. 9,31; Eph. 5,12)
κρύφιος (κρύπτω) secret ▸ 11 + 1 = 12
  κρύφια ▸ 3
    Adjective · neuter · plural · accusative · noDegree ▸ **3** (Psa. 43,22; Psa. 50,8; Wis. 14,23)
  κρύφιε ▸ 1
    Adjective · masculine · singular · vocative · noDegree ▸ **1** (Ruth 4,1)
  κρυφίοις ▸ 1

Adjective · masculine · plural · dative · noDegree ▸ **1** (Sol. 8,9)
κρύφιος ▸ 1 + **1** = **2**
   Adjective · masculine · singular · nominative · noDegree ▸ 1 + 1 = **2** (Judg. 3,19; Judg. 3,19)
κρυφίων ▸ **5**
   Adjective · masculine · plural · genitive · noDegree ▸ **2** (Prov. 9,17; Sir. 41,26)
   Adjective · neuter · plural · genitive · noDegree ▸ **3** (Psa. 9,1; Psa. 18,13; Psa. 45,1)

κρύφος (κρύπτω) hiding place ▸ **4**
  κρύφοις ▸ **2**
   Noun · masculine · plural · dative · (common) ▸ **2** (1Mac. 1,53; 1Mac. 2,41)
  κρύφους ▸ **2**
   Noun · masculine · plural · accusative · (common) ▸ **2** (1Mac. 2,31; 1Mac. 2,36)

κτάομαι to obtain, acquire ▸ **101** + **7** = **108**
  ἐκτησάμην ▸ 7 + **1** = **8**
   Verb · first · singular · aorist · middle · indicative ▸ 7 + 1 = **8** (Neh. 5,16; Eccl. 2,7; Sir. 24,6; Sir. 51,20; Sir. 51,21; Jer. 13,2; Jer. 39,9; Acts 22,28)
  Ἐκτησάμην ▸ **1**
   Verb · first · singular · aorist · middle · indicative ▸ **1** (Gen. 4,1)
  ἐκτήσαντο ▸ **5**
   Verb · third · plural · aorist · middle · indicative ▸ **5** (Gen. 12,5; Gen. 12,5; Gen. 46,6; Prov. 31,29; Jer. 16,19)
  ἐκτήσατο ▸ 15 + **1** = **16**
   Verb · third · singular · aorist · middle · indicative ▸ 15 + 1 = **16** (Gen. 25,10; Gen. 33,19; Gen. 36,6; Gen. 39,1; Gen. 47,20; Gen. 47,22; Gen. 49,30; Gen. 50,13; Josh. 24,32; 2Sam. 12,3; 2Sam. 24,24; 1Kings 16,24; Psa. 77,54; Sir. 20,23; Sir. 29,6; Acts 1,18)
  ἐκτήσατό ▸ **2**
   Verb · third · singular · aorist · middle · indicative ▸ **2** (Deut. 32,6; Ode. 2,6)
  ἐκτήσω ▸ **6**
   Verb · second · singular · aorist · middle · indicative ▸ **6** (Ex. 15,16; Psa. 73,2; Psa. 138,13; Ode. 1,16; Sir. 33,31; Is. 43,24)
  κέκτημαι ▸ **4**
   Verb · first · singular · perfect · middle · indicative ▸ **4** (Gen. 47,23; Ruth 4,9; Ruth 4,10; 2Mac. 7,11)
  κεκτήμεθα ▸ **1**
   Verb · first · plural · perfect · middle · indicative ▸ **1** (Neh. 5,8)
  κεκτημένοις ▸ **1**
   Verb · perfect · middle · participle · masculine · plural · dative ▸ **1** (Prov. 16,22)
  κεκτημένον ▸ **1**
   Verb · perfect · middle · participle · masculine · singular · accusative ▸ **1** (Lev. 25,50)
  κεκτημένος ▸ **1**
   Verb · perfect · middle · participle · masculine · singular · nominative ▸ **1** (LetterJ 58)
  κεκτημένῳ ▸ **1**
   Verb · perfect · middle · participle · masculine · singular · dative ▸ **1** (Prov. 17,21)
  κεκτημένων ▸ **1**
   Verb · perfect · middle · participle · masculine · plural · genitive ▸ **1** (Prov. 22,9a)
  κέκτηται ▸ **2**
   Verb · third · singular · perfect · middle · indicative ▸ **2** (Lev. 27,22; Lev. 27,24)
  κτᾶσαι ▸ **1**
   Verb · second · singular · present · middle · indicative ▸ **1** (Sir. 6,7)
  κτᾶσθαι ▸ 1 + **2** = **3**
   Verb · present · middle · infinitive ▸ 1 + 2 = **3** (Amos 8,6; Acts 8,20; 1Th. 4,4)
  κτᾶται ▸ **1**
   Verb · third · singular · present · middle · indicative ▸ **1** (Prov. 18,15)
  κτηθήσονται ▸ **2**
   Verb · third · plural · future · passive · indicative ▸ **2** (Jer. 39,15; Jer. 39,43)
  Κτῆσαι ▸ **5**
   Verb · second · singular · aorist · middle · imperative ▸ **5** (Ruth 4,4; Ruth 4,8; Jer. 39,7; Jer. 39,8; Jer. 39,25)
  κτῆσαι ▸ **7**
   Verb · second · singular · aorist · middle · imperative ▸ **7** (Gen. 47,19; Ode. 5,13; Sir. 6,7; Sir. 22,23; Is. 26,13; Jer. 13,1; Jer. 19,1)
  κτησάμενοι ▸ **2**
   Verb · aorist · middle · participle · masculine · plural · nominative ▸ **2** (Wis. 7,14; Zech. 11,5)
  κτησάμενον ▸ **2**
   Verb · aorist · middle · participle · masculine · singular · accusative ▸ **2** (Sir. 6,4; Is. 1,3)
  κτησαμένῳ ▸ **2**
   Verb · aorist · middle · participle · masculine · singular · dative ▸ **2** (Lev. 25,28; Lev. 25,30)
  Κτήσασθαι ▸ **1**
   Verb · aorist · middle · infinitive ▸ **1** (2Sam. 24,21)
  κτήσασθαι ▸ **4**
   Verb · aorist · middle · infinitive ▸ **4** (2Kings 12,13; 2Kings 22,6; Prov. 17,16; Jer. 39,8)
  κτήσασθαί ▸ **2**
   Verb · aorist · middle · infinitive ▸ **2** (Ruth 4,5; Ruth 4,5)
  Κτήσασθε ▸ **1**
   Verb · second · plural · aorist · middle · imperative ▸ **1** (Sir. 51,25)
  κτήσασθε ▸ 1 + **1** = **2**
   Verb · second · plural · aorist · middle · imperative ▸ 1 + 1 = **2** (Sir. 51,28; Luke 21,19)
  κτήσεσθε ▸ **2**
   Verb · second · plural · future · middle · indicative ▸ **2** (Lev. 25,44; Lev. 25,45)
  κτήσεται ▸ **1**
   Verb · third · singular · future · middle · indicative ▸ **1** (Prov. 1,5)
  κτήσῃ ▸ **5**
   Verb · second · singular · aorist · middle · subjunctive ▸ **3** (Ex. 21,2; Lev. 25,14; Prov. 3,31)
   Verb · second · singular · future · middle · indicative ▸ **2** (Lev. 25,15; Ezek. 5,1)
  κτήσησθε ▸ **1**
   Verb · second · plural · aorist · middle · subjunctive ▸ **1** (Matt. 10,9)
  κτήσηται ▸ **1**
   Verb · third · singular · aorist · middle · subjunctive ▸ **1** (Lev. 22,11)
  κτήσομαι ▸ **1**
   Verb · first · singular · future · middle · indicative ▸ **1** (2Sam. 24,24)
  κτήσονται ▸ **2**
   Verb · third · plural · future · middle · indicative ▸ **2** (Is. 57,13; Jer. 39,44)

κτησώμεθα ‣ 1
  Verb ▪ first ▪ plural ▪ aorist ▪ middle ▪ subjunctive ‣ **1** (Prov. 1,14)
κτῶμαι ‣ 1
  Verb ▪ first ▪ singular ▪ present ▪ middle ▪ indicative ‣ **1** (Luke 18,12)
κτώμενος ‣ 6
  Verb ▪ present ▪ middle ▪ participle ▪ masculine ▪ singular ▪ nominative ‣ **6** (Deut. 28,68; 2Sam. 24,24; Prov. 19,8; Sir. 36,24; Ezek. 7,12; Ezek. 7,13)
κτωμένου ‣ 1
  Verb ▪ present ▪ middle ▪ participle ▪ masculine ▪ singular ▪ genitive ‣ **1** (Ezek. 8,3)
κτωμένων ‣ 1
  Verb ▪ present ▪ middle ▪ participle ▪ masculine ▪ plural ▪ genitive ‣ **1** (Judith 8,22)

κτείνω to strike, kill, slay ‣ 4
  ἐκτείνας ‣ 1
    Verb ▪ second ▪ singular ▪ aorist ▪ active ▪ indicative ‣ **1** (2Mac. 15,32)
  κτεῖναι ‣ 1
    Verb ▪ aorist ▪ active ▪ infinitive ‣ **1** (3Mac. 1,2)
  κτεῖνε ‣ 1
    Verb ▪ second ▪ singular ▪ present ▪ active ▪ imperative ‣ **1** (Prov. 25,5)
  κτεινομένους ‣ 1
    Verb ▪ present ▪ passive ▪ participle ▪ masculine ▪ plural ▪ accusative ‣ **1** (Prov. 24,11)

κτῆμα (κτάομαι) possession ‣ 12 + 4 = 16
  κτῆμα ‣ 8 + 1 = 9
    Noun ▪ neuter ▪ singular ▪ accusative ▪ (common) ‣ 3 + 1 = **4** (Prov. 23,10; Prov. 31,16; Sir. 51,21; Acts 5,1)
    Noun ▪ neuter ▪ singular ▪ nominative ▪ (common) ‣ **5** (Prov. 12,27; Job 20,29; Job 27,13; Wis. 8,5; Sir. 36,25)
  κτῆμά ‣ 1
    Noun ▪ neuter ▪ singular ▪ accusative ▪ (common) ‣ **1** (Sir. 28,24)
  κτήματα ‣ 2 + 3 = 5
    Noun ▪ neuter ▪ plural ▪ accusative ▪ (common) ‣ 2 + 3 = **5** (Hos. 2,17; Joel 1,11; Matt. 19,22; Mark 10,22; Acts 2,45)
  κτημάτων ‣ 1
    Noun ▪ neuter ▪ plural ▪ genitive ▪ (common) ‣ **1** (Wis. 13,17)

κτῆνος (κτάομαι) animal ‣ 259 + 3 + 4 = 266
  κτήνει ‣ 2
    Noun ▪ neuter ▪ singular ▪ dative ▪ (common) ‣ **2** (Lev. 27,10; Neh. 2,14)
  κτήνεσι ‣ 1
    Noun ▪ neuter ▪ plural ▪ dative ▪ (common) ‣ **1** (Psa. 146,9)
  κτήνεσιν ‣ 31
    Noun ▪ neuter ▪ plural ▪ dative ▪ (common) ‣ **31** (Gen. 2,20; Gen. 13,2; Gen. 33,17; Gen. 47,4; Lev. 11,3; Lev. 11,26; Lev. 20,25; Num. 3,41; Num. 32,1; Num. 32,16; Num. 32,24; Num. 35,3; Deut. 14,6; Josh. 14,4; Josh. 21,2; 1Sam. 17,44; 2Kings 3,9; 1Chr. 4,39; 1Chr. 4,41; 1Esdr. 2,6; 1Esdr. 8,50; Ezra 1,4; Ezra 1,6; Neh. 9,37; Judith 5,9; Judith 11,12; Psa. 48,13; Psa. 48,21; Psa. 103,14; Job 36,28a; Mic. 5,7)
  κτήνεσίν ‣ 6
    Noun ▪ neuter ▪ plural ▪ dative ▪ (common) ‣ **6** (Ex. 9,3; Ex. 13,12; Lev. 25,7; Lev. 27,26; Deut. 7,14; Deut. 11,15)
  κτήνη ‣ 103 + 1 + 2 = 106
    Noun ▪ neuter ▪ plural ▪ accusative ▪ (common) ‣ 53 + 2 = **55** (Gen. 1,25; Gen. 29,7; Gen. 31,9; Gen. 36,6; Gen. 46,32; Gen. 47,16; Gen. 47,17; Ex. 9,19; Ex. 9,20; Ex. 9,21; Ex. 9,22; Ex. 10,26; Ex. 17,3; Lev. 19,19; Lev. 26,22; Num. 3,41; Num. 3,45; Num. 16,32; Num. 20,4; Num. 20,8; Num. 31,9; Num. 32,4; Num. 32,30; Deut. 2,35; Deut. 3,7; Deut. 3,19; Deut. 20,14; Josh. 22,8; 1Sam. 23,5; 1Chr. 5,9; 1Chr. 7,21; 2Chr. 20,25; Judith 8,7; Tob. 10,10; 1Mac. 1,32; 1Mac. 1,47; Psa. 8,8; Psa. 35,7; Psa. 77,48; Psa. 77,50; Psa. 106,38; Job 1,10; Sir. 7,22; Hag. 1,11; Is. 46,1; Jer. 7,20; Jer. 21,6; Jer. 40,10; Ezek. 14,13; Ezek. 29,8; Ezek. 32,13; Ezek. 35,7; Ezek. 36,11; Acts 23,24; Rev. 18,13)
    Noun ▪ neuter ▪ plural ▪ nominative ▪ (common) ‣ 49 + 1 = **50** (Gen. 7,14; Gen. 8,19; Gen. 26,14; Gen. 26,14; Gen. 30,29; Gen. 30,43; Gen. 31,43; Gen. 31,43; Gen. 33,13; Gen. 34,23; Gen. 47,1; Gen. 47,18; Ex. 9,6; Ex. 9,19; Ex. 12,38; Lev. 11,2; Num. 20,11; Num. 20,19; Num. 32,1; Num. 32,26; Deut. 3,19; Deut. 14,4; Josh. 1,14; Josh. 14,4; Judg. 6,5; 2Kings 3,17; 2Chr. 26,10; 1Esdr. 5,1; 1Esdr. 9,4; Judith 4,10; Judith 11,7; 1Mac. 2,30; 1Mac. 2,38; 1Mac. 12,23; Psa. 49,10; Psa. 148,10; Ode. 8,81; Eccl. 3,18; Job 1,3; Job 42,12; Joel 1,20; Jonah 3,7; Jonah 3,8; Jonah 4,11; Zeph. 1,3; Is. 30,23; Is. 63,14; Jer. 12,4; Jer. 43,29; Dan. 3,81)
    Noun ▪ neuter ▪ plural ▪ vocative ▪ (common) ‣ **1** (Joel 2,22)
  κτῆνος ‣ 20 + 1 = 21
    Noun ▪ neuter ▪ singular ▪ accusative ▪ (common) ‣ 15 + 1 = **16** (Ex. 22,4; Ex. 22,9; Lev. 11,3; Lev. 20,16; Lev. 20,16; Lev. 24,18; Lev. 27,10; Deut. 14,6; Prov. 30,30; Eccl. 3,19; Jer. 40,12; Ezek. 14,17; Ezek. 14,19; Ezek. 14,21; Ezek. 25,13; Luke 10,34)
    Noun ▪ neuter ▪ singular ▪ nominative ▪ (common) ‣ **5** (Ex. 19,13; Lev. 27,11; Lev. 27,11; Neh. 2,12; Neh. 2,12)
  κτήνός ‣ 2
    Noun ▪ neuter ▪ singular ▪ nominative ▪ (common) ‣ **2** (Ex. 20,10; Deut. 5,14)
  κτήνους ‣ 30 + 1 = 31
    Noun ▪ neuter ▪ singular ▪ genitive ▪ (common) ‣ 30 + 1 = **31** (Gen. 6,7; Gen. 7,23; Ex. 9,25; Ex. 11,5; Ex. 11,7; Ex. 12,12; Ex. 12,29; Ex. 13,2; Ex. 20,17; Ex. 22,18; Lev. 27,28; Num. 3,13; Num. 8,17; Num. 18,15; Num. 31,11; Num. 31,26; Deut. 4,17; Deut. 5,21; Deut. 27,21; Judg. 20,48; 2Chr. 32,28; Psa. 134,8; Eccl. 3,19; Eccl. 3,21; Sir. 40,8; Jer. 27,3; Jer. 28,62; Jer. 38,27; Jer. 39,43; Ezek. 29,11; Judg. 20,48)
  κτηνῶν ‣ 64 + 1 + 1 = 66
    Noun ▪ neuter ▪ plural ▪ genitive ▪ (common) ‣ 64 + 1 + 1 = **66** (Gen. 1,26; Gen. 1,28; Gen. 3,14; Gen. 6,19; Gen. 6,20; Gen. 7,2; Gen. 7,2; Gen. 7,8; Gen. 7,8; Gen. 7,21; Gen. 8,1; Gen. 8,17; Gen. 8,20; Gen. 9,10; Gen. 13,7; Gen. 13,7; Gen. 34,5; Gen. 47,5; Gen. 47,16; Gen. 47,17; Ex. 9,4; Ex. 9,4; Ex. 9,6; Ex. 9,7; Ex. 13,15; Lev. 1,2; Lev. 5,2; Lev. 7,25; Lev. 7,26; Lev. 11,2; Lev. 11,39; Lev. 11,46; Lev. 20,25; Lev. 20,25; Lev. 27,9; Num. 3,45; Num. 18,15; Num. 31,28; Num. 31,30; Num. 31,47; Deut. 28,11; Deut. 28,51; Deut. 30,9; Josh. 8,2; Josh. 8,27; 1Kings 5,13; 1Kings 18,5; 1Esdr. 2,4; Neh. 10,37; 1Mac. 10,33; Prov. 12,10; Prov. 30,30; Zech. 2,8; Zech. 8,10; Zech. 14,15; Jer. 9,9; Jer. 30,27; Jer. 38,12; Jer. 40,10; Bar. 3,32; Ezek. 24,5; Ezek. 27,20; Ezek. 32,13; Ezek. 44,31; Tob. 1,6; 1Cor. 15,39)

κτηνοτρόφος (κτάομαι; τρέφω) cattle-keeping; herder ‣ 4
  κτηνοτρόφοι ‣ 2
    Adjective ▪ masculine ▪ plural ▪ nominative ▪ noDegree ‣ **2** (Gen. 46,32; Gen. 46,34)
  κτηνοτρόφος ‣ 1
    Adjective ▪ feminine ▪ singular ▪ nominative ▪ noDegree ‣ **1** (Num. 32,4)
  κτηνοτρόφων ‣ 1
    Adjective ▪ masculine ▪ plural ▪ genitive ▪ noDegree ‣ **1** (Gen. 4,20)

κτηνώδης (κτάομαι; εἶδος) beastlike ‣ 1

κτηνώδης ▸ 1
  Adjective · masculine · singular · nominative · noDegree ▸ 1 (Psa. 72,22)

κτῆσις (κτάομαι) possession, property, acquisition ▸ 36 + 2 = 38
  κτήσει ▸ 6
    Noun · feminine · singular · dative · (common) ▸ 6 (Gen. 49,30; Gen. 49,32; Gen. 50,13; Lev. 14,34; Lev. 20,24; Ezra 8,21)
  κτήσεις ▸ 2 + 1 = 3
    Noun · feminine · plural · accusative · (common) ▸ 1 (Ezek. 38,12)
    Noun · feminine · plural · nominative · (common) ▸ 1 + 1 = 2 (2Kings 3,17; Judg. 6,5)
  κτήσεων ▸ 1
    Noun · feminine · plural · genitive · (common) ▸ 1 (2Chr. 14,14)
  κτήσεως ▸ 10
    Noun · feminine · singular · genitive · (common) ▸ 10 (Gen. 36,43; Psa. 104,21; Sir. 36,24; Sir. 42,4; Jer. 39,11; Jer. 39,12; Jer. 39,14; Jer. 39,16; Bar. 3,17; Bar. 3,24)
  κτήσεώς ▸ 1
    Noun · feminine · singular · genitive · (common) ▸ 1 (Psa. 103,24)
  κτῆσιν ▸ 12 + 1 = 13
    Noun · feminine · singular · accusative · (common) ▸ 12 + 1 = 13 (Gen. 23,4; Gen. 23,9; Gen. 23,18; Gen. 23,20; Gen. 46,6; Lev. 25,10; Lev. 25,13; Lev. 25,16; Judg. 18,21; Prov. 1,13; Jer. 39,7; Ezek. 38,13; Judg. 18,21)
  κτῆσις ▸ 4
    Noun · feminine · singular · nominative · (common) ▸ 4 (Prov. 8,18; Prov. 10,15; Eccl. 2,7; Job 36,33)

κτήτωρ (κτάομαι) possessor, creator ▸ 1
  κτήτορες ▸ 1
    Noun · masculine · plural · nominative ▸ 1 (Acts 4,34)

κτίζω to create, build, found ▸ 67 + 1 + 15 = 83
  ἔκτισα ▸ 1
    Verb · first · singular · aorist · active · indicative ▸ 1 (Is. 46,11)
  ἔκτισά ▸ 1
    Verb · first · singular · aorist · active · indicative ▸ 1 (Is. 54,16)
  ἔκτισαν ▸ 1
    Verb · third · plural · aorist · active · indicative ▸ 1 (Hos. 13,4)
  ἔκτισας ▸ 2 + 1 = 3
    Verb · second · singular · aorist · active · indicative ▸ 2 + 1 = 3 (Psa. 88,13; Psa. 88,48; Rev. 4,11)
  ἔκτισεν ▸ 18 + 3 = 21
    Verb · third · singular · aorist · active · indicative ▸ 18 + 3 = 21 (Gen. 14,19; Gen. 14,22; Deut. 4,32; Judith 13,18; Wis. 1,14; Wis. 2,23; Wis. 13,3; Sir. 1,9; Sir. 17,1; Sir. 18,1; Sir. 38,1; Sir. 38,4; Sir. 38,12; Sir. 44,2; Sol. 18,11; Sol. 18,12; Mal. 2,10; Jer. 38,22; Mark 13,19; 1Tim. 4,3; Rev. 10,6)
  ἔκτισέν ▸ 4
    Verb · third · singular · aorist · active · indicative ▸ 4 (Deut. 32,6; Ode. 2,6; Prov. 8,22; Sir. 24,9)
  ἐκτίσθη ▸ 3 + 2 = 5
    Verb · third · singular · aorist · passive · indicative ▸ 3 + 2 = 5 (Sir. 33,10; Sir. 40,10; Sir. 49,14; 1Cor. 11,9; Col. 1,16)
  ἐκτίσθης ▸ 2
    Verb · second · singular · aorist · passive · indicative ▸ 2 (Ezek. 28,13; Ezek. 28,15)
  ἐκτίσθησαν ▸ 2 + 1 = 3
    Verb · third · plural · aorist · passive · indicative ▸ 2 + 1 = 3 (Psa. 32,9; Psa. 148,5; Rev. 4,11)
  ἐκτισμένη ▸ 1
    Verb · perfect · passive · participle · feminine · singular · dative ▸ 1 (Lev. 16,16)
  ἐκτισμένην ▸ 1
    Verb · perfect · passive · participle · feminine · singular · accusative ▸ 1 (Sir. 7,15)
  ἔκτισται ▸ 10 + 1 = 11
    Verb · third · singular · perfect · passive · indicative ▸ 10 + 1 = 11 (Ex. 9,18; Sir. 1,4; Sir. 10,18; Sir. 31,13; Sir. 31,27; Sir. 39,21; Sir. 39,25; Sir. 39,28; Sir. 39,29; Sir. 40,1; Col. 1,16)
  κτιζόμενος ▸ 1
    Verb · present · passive · participle · masculine · singular · nominative ▸ 1 (Psa. 101,19)
  κτίζοντι ▸ 1
    Verb · present · active · participle · masculine · singular · dative ▸ 1 (Hag. 2,9)
  κτίζω ▸ 1
    Verb · first · singular · present · active · indicative ▸ 1 (Is. 54,16)
  κτίζων ▸ 3
    Verb · present · active · participle · masculine · singular · nominative ▸ 3 (Hos. 13,4; Amos 4,13; Is. 45,7)
  κτίσαι ▸ 1
    Verb · aorist · active · infinitive ▸ 1 (1Esdr. 4,53)
  κτίσαντα ▸ 2 + 1 + 1 = 4
    Verb · aorist · active · participle · masculine · singular · accusative ▸ 2 + 1 + 1 = 4 (Is. 22,11; Bel 5; Bel 5; Rom. 1,25)
  κτίσαντι ▸ 1 + 1 = 2
    Verb · aorist · active · participle · masculine · singular · dative ▸ 1 + 1 = 2 (Dan. 4,37; Eph. 3,9)
  κτίσαντος ▸ 1 + 1 = 2
    Verb · aorist · active · participle · masculine · singular · genitive ▸ 1 + 1 = 2 (1Esdr. 6,12; Col. 3,10)
  κτίσαντός ▸ 1
    Verb · aorist · active · participle · masculine · singular · genitive ▸ 1 (Eccl. 12,1)
  κτίσας ▸ 4 + 1 = 5
    Verb · aorist · active · participle · masculine · singular · nominative ▸ 4 + 1 = 5 (3Mac. 2,3; 3Mac. 2,9; Sir. 24,8; Is. 45,8; Matt. 19,4)
  κτίσασα ▸ 1
    Verb · aorist · active · participle · feminine · singular · nominative ▸ 1 (Wis. 11,17)
  κτίσῃ ▸ 1
    Verb · third · singular · aorist · active · subjunctive ▸ 1 (Eph. 2,15)
  κτισθέντα ▸ 1 + 1 = 2
    Verb · aorist · passive · participle · masculine · singular · accusative ▸ 1 + 1 = 2 (Wis. 10,1; Eph. 4,24)
  κτισθέντες ▸ 1
    Verb · aorist · passive · participle · masculine · plural · nominative ▸ 1 (Eph. 2,10)
  κτισθῆναι ▸ 1
    Verb · aorist · passive · infinitive ▸ 1 (Sir. 23,20)
  κτισθήσονται ▸ 1
    Verb · third · plural · future · passive · indicative ▸ 1 (Psa. 103,30)
  κτίσον ▸ 1
    Verb · second · singular · aorist · active · imperative ▸ 1 (Psa. 50,12)

κτίσις (κτίζω) creation, creature ▸ 15 + 1 + 19 = 35
  κτίσει ▸ 3 + 4 = 7
    Noun · feminine · singular · dative · (common) ▸ 3 + 4 = 7 (Wis. 2,6; Sir. 16,17; Sir. 49,16; Mark 16,15; Rom. 1,25; Col. 1,23; 1Pet. 2,13)

κτίσεις ‣ 2
  Noun · feminine · plural · nominative · (common) ‣ 2 (Tob. 8,5; Tob. 8,15)
κτίσεως ‣ 3 + 8 = 11
  Noun · feminine · singular · genitive · (common) ‣ 3 + 8 = 11 (3Mac. 2,2; 3Mac. 2,7; Sol. 8,7; Mark 10,6; Mark 13,19; Rom. 1,20; Rom. 8,19; Col. 1,15; Heb. 9,11; 2Pet. 3,4; Rev. 3,14)
κτίσεώς ‣ 1
  Noun · feminine · singular · genitive · (common) ‣ 1 (Judith 9,12)
κτίσιν ‣ 2
  Noun · feminine · singular · accusative · (common) ‣ 2 (3Mac. 6,2; Wis. 5,17)
κτίσις ‣ 4 + 1 + 7 = 12
  Noun · feminine · singular · nominative · (common) ‣ 4 + 1 + 7 = 12 (Judith 16,14; Wis. 16,24; Wis. 19,6; Sir. 43,25; Tob. 8,5; Rom. 8,20; Rom. 8,21; Rom. 8,22; Rom. 8,39; 2Cor. 5,17; Gal. 6,15; Heb. 4,13)

κτίσμα (κτίζω) what is created, creature ‣ 6 + 4 = 10
  κτίσμα ‣ 2 + 2 = 4
    Noun · neuter · singular · accusative · (common) ‣ 2 + 1 = 3 (3Mac. 5,11; Sir. 38,34; Rev. 5,13)
    Noun · neuter · singular · nominative ‣ 1 (1Tim. 4,4)
  κτίσμασίν ‣ 1
    Noun · neuter · plural · dative · (common) ‣ 1 (Sir. 36,14)
  κτίσματι ‣ 1
    Noun · neuter · singular · dative · (common) ‣ 1 (Wis. 14,11)
  κτισμάτων ‣ 2 + 2 = 4
    Noun · neuter · plural · genitive · (common) ‣ 2 + 2 = 4 (Wis. 9,2; Wis. 13,5; James 1,18; Rev. 8,9)

κτίστης (κτίζω) creator, founder ‣ 8 + 1 = 9
  κτίστα ‣ 1
    Noun · masculine · singular · vocative · (common) ‣ 1 (Judith 9,12)
  κτίστῃ ‣ 1 + 1 = 2
    Noun · masculine · singular · dative · (common) ‣ 1 + 1 = 2 (2Mac. 13,14; 1Pet. 4,19)
  κτίστην ‣ 1
    Noun · masculine · singular · accusative · (common) ‣ 1 (4Mac. 11,5)
  κτίστης ‣ 5
    Noun · masculine · singular · nominative · (common) ‣ 5 (2Sam. 22,32; 2Mac. 1,24; 2Mac. 7,23; 4Mac. 5,25; Sir. 24,8)

κτύπος crash, clash ‣ 1
  κτύπος ‣ 1
    Noun · masculine · singular · nominative · (common) ‣ 1 (Wis. 17,17)

κύαθος (κύω) cup ‣ 4
  κυάθους ‣ 4
    Noun · masculine · plural · accusative · (common) ‣ 4 (Ex. 25,29; Ex. 38,12; Num. 4,7; Jer. 52,19)

κύαμος bean ‣ 2
  κύαμον ‣ 2
    Noun · masculine · singular · accusative · (common) ‣ 2 (2Sam. 17,28; Ezek. 4,9)

Κυαμων Cyamon ‣ 1
  Κυαμωνος ‣ 1
    Noun · feminine · singular · genitive · (proper) ‣ 1 (Judith 7,3)

κυβεία trickery ‣ 1
  κυβείᾳ ‣ 1
    Noun · feminine · singular · dative ‣ 1 (Eph. 4,14)

κυβερνάω (κυβέρνησις) to guide, govern ‣ 3 + 1 = 4
  κυβερνᾶν ‣ 1
    Verb · present · active · infinitive ‣ 1 (Sus. 5)
  κυβερνηθεῖσα ‣ 1
    Verb · aorist · passive · participle · feminine · singular · nominative ‣ 1 (Wis. 14,6)
  κυβερνήσασα ‣ 1
    Verb · aorist · active · participle · feminine · singular · nominative ‣ 1 (Wis. 10,4)
  κυβερνῶσιν ‣ 1
    Verb · third · plural · present · active · indicative ‣ 1 (Prov. 12,5)

κυβέρνησις ability to lead. leadership; administration ‣ 3 + 1 = 4
  κυβερνήσεις ‣ 1
    Noun · feminine · plural · accusative ‣ 1 (1Cor. 12,28)
  κυβερνήσεως ‣ 1
    Noun · feminine · singular · genitive · (common) ‣ 1 (Prov. 24,6)
  κυβέρνησιν ‣ 1
    Noun · masculine · singular · accusative · (common) ‣ 1 (Prov. 1,5)
  κυβέρνησις ‣ 1
    Noun · feminine · singular · nominative · (common) ‣ 1 (Prov. 11,14)

κυβερνήτης (κυβέρνησις) leader, navigator; helmsman ‣ 5 + 2 = 7
  κυβερνῆται ‣ 3
    Noun · masculine · plural · nominative · (common) ‣ 3 (Ezek. 27,8; Ezek. 27,27; Ezek. 27,28)
  κυβερνήτῃ ‣ 1
    Noun · masculine · singular · dative ‣ 1 (Acts 27,11)
  κυβερνήτης ‣ 2 + 1 = 3
    Noun · masculine · singular · nominative · (common) ‣ 2 + 1 = 3 (4Mac. 7,1; Prov. 23,34; Rev. 18,17)

κύβος cube, dice-cube ‣ 2
  κύβοις ‣ 1
    Noun · masculine · plural · dative · (common) ‣ 1 (Esth. 1,6)
  κύβον ‣ 1
    Noun · masculine · singular · accusative · (common) ‣ 1 (Job 38,38)

Κυδιως Kedesh ‣ 1 + 1 = 2
  Κυδιως ‣ 1 + 1 = 2
    Noun · singular · genitive · (proper) ‣ 1 + 1 = 2 (Tob. 1,2; Tob. 1,2)

κυδοιμός thunder, storm noise ‣ 1
  κυδοιμῶν ‣ 1
    Noun · masculine · plural · genitive · (common) ‣ 1 (Job 38,25)

κῦδος glory ‣ 1
  κῦδος ‣ 1
    Noun · neuter · singular · nominative · (common) ‣ 1 (Is. 14,25)

κύησις (κύω) pregnancy ‣ 1
  κύησιν ‣ 1
    Noun · feminine · singular · accusative · (common) ‣ 1 (Ruth 4,13)

κύθρα clay pot ‣ 1
  κύθραν ‣ 1
    Noun · feminine · singular · accusative · (common) ‣ 1 (1Sam. 2,14)

κυθρόπους (κύθρα; πούς) pot ‣ 1
  κυθρόποδες ‣ 1
    Noun · masculine · plural · nominative · (common) ‣ 1 (Lev. 11,35)

κυκλεύω (κυκλόω) to surround ‣ 1 + 1 = 2
  ἐκύκλευσαν ‣ 1 + 1 = 2
    Verb · third · plural · aorist · active · indicative ‣ 1 + 1 = 2

(2Kings 3,25; Rev. 20,9)

κυκλόθεν (κυκλόω; θεν)   from all around; (+gen) about, all around ▸ 90 + 2 + 3 = 95
   κυκλόθεν ▸ 90 + 2 + 3 = 95
      Adverb ▪ (place) ▸ 82 + 2 + 1 = **85** (Josh. 21,44; Josh. 23,1; Judg. 2,14; Judg. 8,34; 1Sam. 10,1; 1Sam. 12,11; 1Kings 2,35c; 1Kings 2,46g; 1Kings 5,4; 1Kings 5,18; 1Kings 6,5; 1Kings 6,5; 1Kings 6,6; 1Kings 6,36; 1Kings 7,11; 1Kings 7,11; 1Kings 7,22; 1Chr. 22,9; 1Chr. 22,18; 2Chr. 4,2; 2Chr. 4,3; 2Chr. 14,6; 2Chr. 15,15; 2Chr. 32,22; 2Chr. 33,14; Ezra 1,6; Neh. 12,28; 1Mac. 4,60; 1Mac. 5,1; 1Mac. 5,65; 1Mac. 6,62; 1Mac. 7,24; 1Mac. 7,46; 1Mac. 10,11; 1Mac. 10,45; 1Mac. 13,10; Psa. 30,14; Sir. 45,9; Sir. 46,5; Sir. 46,16; Sir. 47,7; Sir. 47,13; Sir. 51,4; Amos 3,11; Joel 4,11; Joel 4,12; Zech. 2,9; Zech. 7,7; Zech. 12,6; Zech. 14,14; Is. 30,32; Jer. 6,25; Jer. 20,10; Jer. 26,5; Jer. 27,29; Jer. 28,2; Jer. 30,24; Lam. 2,22; Ezek. 1,18; Ezek. 1,28; Ezek. 5,17; Ezek. 10,12; Ezek. 16,33; Ezek. 16,37; Ezek. 19,8; Ezek. 23,22; Ezek. 37,2; Ezek. 40,16; Ezek. 40,25; Ezek. 41,5; Ezek. 41,11; Ezek. 41,12; Ezek. 41,19; Ezek. 42,15; Ezek. 43,2; Ezek. 43,12; Ezek. 43,17; Ezek. 43,17; Ezek. 45,1; Ezek. 45,2; Ezek. 45,2; Dan. 7,19; Judg. 2,14; Judg. 8,34; Rev. 4,8)
      ImproperPreposition ▪ (+genitive) ▸ 8 + 2 = **10** (1Kings 18,32; 2Chr. 20,30; 4Mac. 5,1; 4Mac. 14,17; Sir. 50,12; Jer. 17,26; Jer. 31,17; Ezek. 43,13; Rev. 4,3; Rev. 4,4)

κύκλος (κυκλόω)   cycle, course, circle, globe ▸ 6
   κύκλον ▸ 1
      Noun ▪ masculine ▪ singular ▪ accusative ▪ (common) ▸ **1** (Wis. 13,2)
   κύκλους ▸ 2
      Noun ▪ masculine ▪ plural ▪ accusative ▪ (common) ▸ **2** (Eccl. 1,6; Wis. 7,19)
   κύκλῳ ▸ 2
      Noun ▪ masculine ▪ singular ▪ dative ▪ (common) ▸ **2** (Ezek. 5,7; Ezek. 41,16)
   κυκλῶν ▸ 1
      Noun ▪ masculine ▪ plural ▪ genitive ▪ (common) ▸ **1** (Eccl. 1,6)

κυκλόω   to surround, encircle ▸ 91 + 4 + 4 = 99
   ἐκύκλου ▸ 2
      Verb ▪ third ▪ singular ▪ imperfect ▪ active ▪ indicative ▸ **2** (1Sam. 7,16; 1Kings 7,3)
   ἐκύκλουν ▸ 4
      Verb ▪ third ▪ plural ▪ imperfect ▪ active ▪ indicative ▸ **4** (1Kings 7,10; 1Kings 7,11; Judith 10,18; 4Mac. 14,8)
   ἐκυκλώθη ▸ 1
      Verb ▪ third ▪ singular ▪ aorist ▪ passive ▪ indicative ▸ **1** (Sol. 10,1)
   ἐκύκλωσα ▸ 3
      Verb ▪ first ▪ singular ▪ aorist ▪ active ▪ indicative ▸ **3** (Psa. 26,6; Eccl. 7,25; Sir. 24,5)
   ἐκυκλώσαμεν ▸ 1
      Verb ▪ first ▪ plural ▪ aorist ▪ active ▪ indicative ▸ **1** (Deut. 2,1)
   ἐκύκλωσαν ▸ 18 + 3 + 1 = 22
      Verb ▪ third ▪ plural ▪ aorist ▪ active ▪ indicative ▸ 18 + 3 + 1 = **22** (Judg. 16,2; 2Sam. 18,15; 2Sam. 24,6; 1Kings 22,32; 2Kings 3,9; 2Chr. 18,31; 2Chr. 23,2; Judith 7,19; Judith 13,10; 1Mac. 6,7; 1Mac. 10,80; 1Mac. 12,13; 1Mac. 13,20; Ode. 6,4; Eccl. 12,5; Job 1,17; Sir. 50,12; Jonah 2,4; Judg. 16,2; Judg. 19,22; Judg. 20,5; John 10,24)
   ἐκύκλωσάν ▸ 10
      Verb ▪ third ▪ plural ▪ aorist ▪ active ▪ indicative ▸ **10** (2Sam. 22,6; Psa. 21,17; Psa. 87,18; Psa. 108,3; Psa. 117,10; Psa. 117,11; Psa. 117,12; Job 16,13; Job 19,12; Job 22,10)
   ἐκύκλωσεν ▸ 12 + 1 = 13
      Verb ▪ third ▪ singular ▪ aorist ▪ active ▪ indicative ▸ 12 + 1 = **13** (Ex. 13,18; Deut. 32,10; Judg. 11,18; Judith 2,26; 1Mac. 2,45; 1Mac. 13,43; 1Mac. 15,14; Ode. 2,10; Sir. 45,9; Hos. 7,2; Hab. 2,16; Lam. 3,5; Judg. 11,18)
   ἐκύκλωσέν ▸ 2
      Verb ▪ third ▪ singular ▪ aorist ▪ active ▪ indicative ▸ **2** (Ode. 6,6; Jonah 2,6)
   Ἐκύκλωσέν ▸ 1
      Verb ▪ third ▪ singular ▪ aorist ▪ active ▪ indicative ▸ **1** (Hos. 12,1)
   κυκλοῖ ▸ 2
      Verb ▪ third ▪ singular ▪ present ▪ active ▪ indicative ▸ **2** (Eccl. 1,6; Eccl. 1,6)
   κυκλουμένην ▸ 1
      Verb ▪ present ▪ passive ▪ participle ▪ feminine ▪ singular ▪ accusative ▸ **1** (Luke 21,20)
   κυκλούμενον ▸ 1
      Verb ▪ present ▪ middle ▪ participle ▪ neuter ▪ singular ▪ accusative ▸ **1** (Ezek. 43,17)
   κυκλοῦν ▸ 1
      Verb ▪ present ▪ active ▪ infinitive ▸ **1** (Deut. 2,3)
   κυκλοῦντα ▸ 1
      Verb ▪ present ▪ active ▪ participle ▪ masculine ▪ singular ▪ accusative ▸ **1** (2Chr. 21,9)
   κυκλοῦντες ▸ 3
      Verb ▪ present ▪ active ▪ participle ▪ masculine ▪ plural ▪ nominative ▸ **3** (Song 3,3; Song 5,7; Sus. 37)
   κυκλοῦσα ▸ 1
      Verb ▪ present ▪ active ▪ participle ▪ feminine ▪ singular ▪ nominative ▸ **1** (2Kings 6,15)
   κυκλοῦσαν ▸ 1
      Verb ▪ present ▪ active ▪ participle ▪ feminine ▪ singular ▪ accusative ▸ **1** (1Mac. 4,7)
   κυκλοῦσιν ▸ 1
      Verb ▪ third ▪ plural ▪ present ▪ active ▪ indicative ▸ **1** (2Chr. 4,3)
   κυκλωθέντα ▸ 1
      Verb ▪ aorist ▪ passive ▪ participle ▪ neuter ▪ plural ▪ nominative ▸ **1** (Heb. 11,30)
   κυκλῶν ▸ 4
      Verb ▪ present ▪ active ▪ participle ▪ masculine ▪ singular ▪ nominative ▸ **4** (Gen. 2,11; Gen. 2,13; Judith 5,22; Zech. 14,10)
   κυκλῶσαι ▸ 1
      Verb ▪ aorist ▪ active ▪ infinitive ▸ **1** (Josh. 6,7)
   κυκλώσαντα ▸ 1
      Verb ▪ aorist ▪ active ▪ participle ▪ masculine ▪ singular ▪ accusative ▸ **1** (2Kings 8,21)
   κυκλώσαντες ▸ 1
      Verb ▪ aorist ▪ active ▪ participle ▪ masculine ▪ plural ▪ nominative ▸ **1** (Psa. 117,11)
   κυκλωσάντων ▸ 2 + 1 = 3
      Verb ▪ aorist ▪ active ▪ participle ▪ masculine ▪ plural ▪ genitive ▸ 2 + 1 = **3** (1Kings 5,17; Psa. 31,7; Acts 14,20)
   κυκλώσατε ▸ 2
      Verb ▪ second ▪ plural ▪ aorist ▪ active ▪ imperative ▸ **2** (2Kings 11,8; Psa. 47,13)
   κυκλώσει ▸ 7
      Verb ▪ third ▪ singular ▪ future ▪ active ▪ indicative ▸ **7** (Num. 34,4; Num. 34,5; Psa. 7,8; Psa. 31,10; Psa. 48,6; Psa. 54,11; Psa. 90,4)
   κυκλώσῃ ▸ 2
      Verb ▪ third ▪ singular ▪ aorist ▪ active ▪ subjunctive ▸ **2** (Eccl. 9,14; Is. 37,33)

κυκλώσουσιν ▸ 3
    Verb · third · plural · future · active · indicative ▸ **3** (2Chr. 23,7; Psa. 58,7; Psa. 58,15)
κυκλώσω ▸ 3
    Verb · first · singular · future · active · indicative ▸ **3** (Psa. 25,6; Song 3,2; Is. 29,3)
κύκλῳ (κυκλόω) round (prep.); in a circle (adv.) ▸ 231 + 3 + 8 = 242
    κύκλῳ ▸ 231 + 3 + 8 = 242
        Adverb · (place) ▸ 131 + 3 + 5 = **139** (Gen. 23,17; Gen. 35,5; Gen. 41,48; Ex. 19,12; Ex. 25,11; Ex. 25,24; Ex. 25,25; Ex. 25,25; Ex. 27,17; Ex. 28,33; Ex. 28,34; Ex. 29,16; Ex. 29,21; Ex. 30,3; Ex. 30,3; Ex. 36,30; Ex. 36,32; Ex. 36,33; Ex. 37,18; Ex. 39,8; Ex. 39,8; Ex. 40,8; Lev. 1,5; Lev. 1,11; Lev. 3,2; Lev. 3,8; Lev. 3,13; Lev. 7,2; Lev. 8,15; Lev. 8,19; Lev. 8,24; Lev. 9,12; Lev. 9,18; Lev. 14,41; Lev. 16,18; Lev. 17,6; Lev. 25,31; Num. 3,37; Num. 4,32; Num. 16,24; Num. 16,27; Num. 32,33; Num. 34,12; Num. 35,4; Deut. 12,10; Josh. 6,3; Josh. 6,20; Josh. 15,12; Josh. 18,20; Josh. 24,33b; Judg. 20,29; 1Sam. 14,47; 1Sam. 31,9; 2Sam. 5,9; 2Sam. 7,1; 2Sam. 7,1; 1Kings 2,35k; 1Kings 6,29; 1Kings 7,10; 1Kings 7,21; 1Kings 7,49; 2Kings 11,8; 2Kings 11,11; 2Kings 25,1; 2Kings 25,4; 2Kings 25,17; 1Chr. 10,9; 1Chr. 11,8; 1Chr. 28,12; 2Chr. 4,3; 2Chr. 23,7; 2Chr. 23,10; 2Chr. 34,6; 1Esdr. 4,11; 1Esdr. 4,34; Esth. 1,6; Judith 1,2; 1Mac. 1,31; 1Mac. 1,54; 2Mac. 4,32; Psa. 3,7; Psa. 11,9; Psa. 96,3; Job 1,10; Job 18,11; Job 19,8; Job 19,10; Zech. 12,2; Is. 42,25; Is. 49,18; Is. 60,4; Jer. 4,17; Jer. 6,3; Jer. 15,14; Jer. 27,14; Jer. 38,39; Jer. 52,4; Jer. 52,7; Jer. 52,14; Jer. 52,21; Jer. 52,22; Jer. 52,23; Bar. 2,4; Lam. 2,3; Ezek. 1,27; Ezek. 2,6; Ezek. 4,2; Ezek. 8,10; Ezek. 16,57; Ezek. 23,24; Ezek. 26,8; Ezek. 27,11; Ezek. 37,2; Ezek. 40,5; Ezek. 40,14; Ezek. 40,16; Ezek. 40,29; Ezek. 40,33; Ezek. 40,36; Ezek. 40,43; Ezek. 41,6; Ezek. 41,8; Ezek. 41,10; Ezek. 41,16; Ezek. 41,17; Ezek. 42,20; Ezek. 43,20; Ezek. 46,23; Ezek. 46,23; Ezek. 46,23; Dan. 7,7; Judg. 7,18; Judg. 7,21; Judg. 20,29; Mark 3,34; Mark 6,6; Mark 6,36; Luke 9,12; Rom. 15,19)
        ImproperPreposition · (+genitive) ▸ 100 + 3 = **103** (Ex. 7,24; Ex. 16,13; Ex. 28,32; Ex. 40,33; Lev. 25,44; Num. 1,50; Num. 1,53; Num. 2,2; Num. 11,24; Num. 11,31; Num. 11,32; Num. 16,34; Num. 22,4; Num. 35,2; Deut. 17,14; Deut. 21,2; Deut. 25,19; Josh. 19,8; Josh. 21,11; Josh. 21,42; Josh. 21,42; Judg. 7,18; Judg. 7,21; 1Sam. 26,5; 1Sam. 26,7; 2Sam. 22,12; 1Kings 18,35; 1Chr. 4,33; 1Chr. 6,40; 2Chr. 14,13; 2Chr. 17,10; Neh. 5,17; Neh. 6,16; Judith 6,1; Judith 7,20; Judith 15,3; 1Mac. 1,11; 1Mac. 1,37; 1Mac. 3,25; 1Mac. 5,10; 1Mac. 5,38; 1Mac. 5,57; 1Mac. 6,18; 1Mac. 7,17; 1Mac. 10,84; 1Mac. 12,13; 1Mac. 12,27; 1Mac. 12,53; 1Mac. 14,36; Psa. 17,12; Psa. 33,8; Psa. 43,14; Psa. 49,3; Psa. 75,12; Psa. 77,28; Psa. 78,3; Psa. 78,4; Psa. 88,9; Psa. 96,2; Psa. 124,2; Psa. 124,2; Psa. 127,3; Song 3,7; Job 29,5; Job 41,6; Sir. 23,18; Nah. 3,8; Is. 6,2; Is. 9,17; Is. 19,7; Jer. 1,15; Jer. 12,9; Jer. 21,14; Jer. 25,9; Jer. 27,32; Jer. 31,39; Jer. 39,44; Jer. 40,13; Bar. 2,4; Lam. 1,17; Ezek. 1,4; Ezek. 5,2; Ezek. 5,5; Ezek. 5,6; Ezek. 5,7; Ezek. 5,12; Ezek. 5,14; Ezek. 5,15; Ezek. 6,5; Ezek. 6,13; Ezek. 12,14; Ezek. 16,57; Ezek. 28,26; Ezek. 31,4; Ezek. 36,3; Ezek. 36,36; Ezek. 40,17; Ezek. 41,7; Dan. 5,6; Dan. 7,12; Rev. 4,6; Rev. 5,11; Rev. 7,11)
κύκλωμα (κυκλόω) rim, wheel ▸ 5
    κύκλωμα ▸ 3
        Noun · neuter · singular · accusative · (common) ▸ **2** (2Chr. 4,2; Ezek. 43,17)
        Noun · neuter · singular · nominative · (common) ▸ **1** (Ezek. 48,35)
    κυκλώματα ▸ 1
        Noun · neuter · plural · accusative · (common) ▸ **1** (Job 37,12)
    κυκλώματος ▸ 1
        Noun · neuter · singular · genitive · (common) ▸ **1** (Psa. 139,10)
κύκλωσις (κυκλόω) circle ▸ 1
    κυκλώσει ▸ 1
        Noun · feminine · singular · dative · (common) ▸ **1** (Sir. 43,12)
κύκνειος (κύκνος) pertaining to a swan ▸ 1
    κύκνειοι ▸ 1
        Adjective · masculine · plural · nominative · noDegree ▸ **1** (4Mac. 15,21)
κύκνος swan ▸ 2
    κύκνον ▸ 2
        Noun · masculine · singular · accusative · (common) ▸ **2** (Lev. 11,18; Deut. 14,16)
κυλικεῖον (κυλίω) cup stand ▸ 1
    κυλικεῖον ▸ 1
        Noun · neuter · singular · accusative · (common) ▸ **1** (1Mac. 15,32)
κυλίκιον (κυλίω) little cup ▸ 1
    κυλίκιον ▸ 1
        Noun · neuter · singular · nominative · (common) ▸ **1** (Esth. 1,7)
κυλισμός (κυλίω) wallowing, rolling ▸ 1
    κυλισμὸν ▸ 1
        Noun · masculine · singular · accusative ▸ **1** (2Pet. 2,22)
κυλίω to roll, wallow, throw down ▸ 12 + 1 = 13
    ἐκυλίετο ▸ 1
        Verb · third · singular · imperfect · middle · indicative ▸ **1** (Mark 9,20)
    ἐκύλισαν ▸ 1
        Verb · third · plural · aorist · active · indicative ▸ **1** (2Kings 9,33)
    κυλίει ▸ 1
        Verb · third · singular · present · active · indicative ▸ **1** (Prov. 26,27)
    κυλίεται ▸ 1
        Verb · third · singular · present · passive · indicative ▸ **1** (Amos 2,13)
    κυλιομένη ▸ 1
        Verb · present · passive · participle · feminine · singular · nominative ▸ **1** (Judg. 7,13)
    κυλίονται ▸ 1
        Verb · third · plural · present · passive · indicative ▸ **1** (Zech. 9,16)
    Κυλίσατε ▸ 2
        Verb · second · plural · aorist · active · imperative ▸ **2** (Josh. 10,18; 2Kings 9,33)
    Κυλίσατέ ▸ 1
        Verb · second · plural · aorist · active · imperative ▸ **1** (1Sam. 14,33)
    κυλισθήσεται ▸ 2
        Verb · third · singular · future · passive · indicative ▸ **2** (Sir. 27,27; Amos 5,24)
    κυλίω ▸ 1
        Verb · first · singular · present · active · indicative ▸ **1** (Amos 2,13)
    κυλίων ▸ 1
        Verb · present · active · participle · masculine · singular · nominative ▸ **1** (Prov. 26,27)
κυλλός crippled ▸ 4
    κυλλὸν ▸ 2
        Adjective · masculine · singular · accusative ▸ **2** (Matt. 18,8; Mark 9,43)
    ἐκυλούς ▸ 1

Adjective · masculine · plural · accusative ▸ **1** (Matt. 15,30)
κυλλοὺς ▸ 1
Adjective · masculine · plural · accusative ▸ **1** (Matt. 15,31)

κῦμα (κύω) wave ▸ **27** + **5** = **32**
κῦμα ▸ 4
Noun · neuter · singular · accusative · (common) ▸ **1** (Job 11,16)
Noun · neuter · singular · nominative · (common) ▸ **3** (Job 6,15; Sir. 29,17; Is. 48,18)
κύμασι ▸ 1
Noun · neuter · plural · dative · (common) ▸ **1** (Wis. 14,3)
κύμασιν ▸ 4
Noun · neuter · plural · dative · (common) ▸ **4** (2Mac. 9,8; Wis. 5,10; Sir. 24,6; Ezek. 26,3)
κύματα ▸ **10** + **2** = **12**
Noun · neuter · plural · accusative · (common) ▸ **3** (Wis. 14,1; Zech. 10,11; Is. 51,15)
Noun · neuter · plural · nominative · (common) ▸ **7** + **2** = **9** (Ex. 15,8; Psa. 106,25; Psa. 106,29; Ode. 1,8; Job 38,11; Jer. 5,22; Jer. 38,36; Mark 4,37; Jude 13)
κύματά ▸ 3
Noun · neuter · plural · nominative · (common) ▸ **3** (Psa. 41,8; Ode. 6,4; Jonah 2,4)
κυμάτων ▸ **5** + **3** = **8**
Noun · neuter · plural · genitive · (common) ▸ **5** + **3** = **8** (4Mac. 13,6; Psa. 64,8; Psa. 88,10; Sol. 2,27; Jer. 28,42; Matt. 8,24; Matt. 14,24; Acts 27,41)

κυμαίνω (κύω) to swell, rise up ▸ **5**
κυμαινόμενον ▸ 1
Verb · present · middle · participle · neuter · singular · accusative ▸ **1** (Wis. 5,10)
κυμαίνουσα ▸ 2
Verb · present · active · participle · feminine · singular · nominative ▸ **2** (Is. 17,12; Jer. 6,23)
κυμαινούσης ▸ 1
Verb · present · active · participle · feminine · singular · genitive ▸ **1** (Is. 5,30)
κυμαίνουσιν ▸ 1
Verb · third · plural · present · active · indicative ▸ **1** (Jer. 26,7)

κυμάτιον (κύω) molding ▸ **3**
κυμάτια ▸ 2
Noun · neuter · plural · accusative · (common) ▸ **2** (Ex. 25,11; Ex. 25,24)
κυμάτιον ▸ 1
Noun · neuter · singular · accusative · (common) ▸ **1** (Ex. 25,25)

κυμβαλίζω (κύμβαλον) to sound cymbals ▸ **1**
κυμβαλίζοντες ▸ 1
Verb · present · active · participle · masculine · plural · nominative ▸ **1** (Neh. 12,27)

κύμβαλον cymbal ▸ **20** + **1** = **21**
κύμβαλα ▸ 2
Noun · neuter · plural · accusative · (common) ▸ **1** (1Esdr. 5,57)
Noun · neuter · plural · nominative · (common) ▸ **1** (1Chr. 16,42)
κυμβάλοις ▸ 18
Noun · neuter · plural · dative · (common) ▸ **18** (1Sam. 18,6; 2Sam. 6,5; 1Chr. 13,8; 1Chr. 15,16; 1Chr. 15,19; 1Chr. 15,28; 1Chr. 16,5; 1Chr. 25,1; 1Chr. 25,6; 2Chr. 5,12; 2Chr. 5,13; 2Chr. 29,25; Ezra 3,10; Judith 16,1; 1Mac. 4,54; 1Mac. 13,51; Psa. 150,5; Psa. 150,5)
κύμβαλον ▸ 1
Noun · neuter · singular · nominative ▸ **1** (1Cor. 13,1)

κύμινον (Hebr.) cummin ▸ **3** + **1** = **4**
κύμινον ▸ **3** + **1** = **4**
Noun · neuter · singular · accusative · (common) ▸ **2** + **1** = **3** (Is. 28,25; Is. 28,27; Matt. 23,23)
Noun · neuter · singular · nominative · (common) ▸ **1** (Is. 28,27)

κυνάριον (κύων) little dog ▸ **4**
κυνάρια ▸ 2
Noun · neuter · plural · nominative ▸ **2** (Matt. 15,27; Mark 7,28)
κυναρίοις ▸ 2
Noun · neuter · plural · dative ▸ **2** (Matt. 15,26; Mark 7,27)

κυνηγέω (κύων; ἄγω) to hunt ▸ **1**
κυνηγεῖν ▸ 1
Verb · present · active · infinitive ▸ **1** (Gen. 25,27)

κυνήγιον (κύων) prey; hunt ▸ **1**
κυνήγια ▸ 1
Noun · neuter · plural · nominative · (common) ▸ **1** (Sir. 13,19)

κυνηγός (κύων; ἄγω) hunter ▸ **3**
κυνηγὸς ▸ 3
Noun · masculine · singular · nominative · (common) ▸ **3** (Gen. 10,9; Gen. 10,9; 1Chr. 1,10)

κυνικός (κύων) hard, harsh; Cynic ▸ **1**
κυνικός ▸ 1
Adjective · masculine · singular · nominative · noDegree ▸ **1** (1Sam. 25,3)

κυνόμυια (κύων; μυῖα) dog-fly ▸ **9**
κυνόμυια ▸ 4
Noun · feminine · singular · nominative · (common) ▸ **4** (Ex. 8,18; Ex. 8,20; Ex. 8,25; Psa. 104,31)
κυνόμυιαν ▸ 3
Noun · feminine · singular · accusative · (common) ▸ **3** (Ex. 8,17; Ex. 8,27; Psa. 77,45)
κυνομυίης ▸ 2
Noun · feminine · singular · genitive · (common) ▸ **2** (Ex. 8,17; Ex. 8,20)

κυοφορέω (κύων; φέρω) to be pregnant ▸ **1**
κυοφορούσης ▸ 1
Verb · present · active · participle · feminine · singular · genitive ▸ **1** (Eccl. 11,5)

κυοφορία (κύων; φέρω) pregnancy; conception ▸ **2**
κυοφορίαι ▸ 1
Noun · feminine · plural · nominative · (common) ▸ **1** (4Mac. 16,7)
κυοφορίαις ▸ 1
Noun · feminine · plural · dative · (common) ▸ **1** (4Mac. 15,6)

κυπαρίσσινος (κυπάρισσος) made of cypress wood ▸ **2**
κυπαρίσσινα ▸ 1
Adjective · neuter · plural · accusative · noDegree ▸ **1** (Ezek. 27,24)
κυπαρισσίνων ▸ 1
Adjective · neuter · plural · genitive · noDegree ▸ **1** (Neh. 8,15)

κυπάρισσος cypress ▸ **12**
κυπάρισσοι ▸ 2
Noun · feminine · plural · nominative · (common) ▸ **2** (Song 1,17; Ezek. 31,8)
κυπάρισσον ▸ 2
Noun · feminine · singular · accusative · (common) ▸ **1** (Is. 41,19)
Noun · masculine · singular · accusative · (common) ▸ **1** (Job 40,17)
κυπάρισσος ▸ 4
Noun · feminine · singular · nominative · (common) ▸ **4** (Sir. 24,13; Sir. 50,10; Is. 55,13; Ezek. 31,3)
κυπαρίσσου ▸ 2
Noun · feminine · singular · genitive · (common) ▸ **2** (Is. 37,24;

κυπάρισσος–κυριεύω

Ezek. 27,5)
  κυπαρίσσῳ ▸ 1
    Noun · feminine · singular · dative · (common) ▸ 1 (Is. 60,13)
  κυπαρίσσων ▸ 1
    Noun · feminine · plural · genitive · (common) ▸ 1 (2Kings 19,23)

Κυπριάρχης (Κύπρος; ἄρχω) ruler of Cyprus ▸ 1
  Κυπριάρχης ▸ 1
    Noun · masculine · singular · nominative · (proper) ▸ 1 (2Mac. 12,2)

κυπρίζω to blossom ▸ 2
  κυπρίζουσιν ▸ 2
    Verb · third · plural · present · active · indicative ▸ 2 (Song 2,13; Song 2,15)

Κύπριοι Cyprian ▸ 1
  Κυπρίων ▸ 1
    Noun · masculine · plural · genitive · (proper) ▸ 1 (2Mac. 4,29)

Κύπριος Cypriot ▸ 3
  Κύπριοι ▸ 1
    Noun · masculine · plural · nominative · (proper) ▸ 1 (Acts 11,20)
  Κύπριος ▸ 1
    Noun · masculine · singular · nominative · (proper) ▸ 1 (Acts 4,36)
  Κυπρίῳ ▸ 1
    Noun · masculine · singular · dative · (proper) ▸ 1 (Acts 21,16)

κυπρισμός blossom, bloom ▸ 1
  κυπρισμός ▸ 1
    Noun · masculine · singular · nominative · (common) ▸ 1 (Song 7,13)

Κύπρος Cyprus ▸ 2 + 5 = 7
  Κύπρον ▸ 2 + 4 = 6
    Noun · singular · accusative · (proper) ▸ 1 (1Mac. 15,23)
    Noun · feminine · singular · accusative · (proper) ▸ 1 + 4 = 5 (2Mac. 10,13; Acts 13,4; Acts 15,39; Acts 21,3; Acts 27,4)
  Κύπρου ▸ 1
    Noun · feminine · singular · genitive · (proper) ▸ 1 (Acts 11,19)

κύπρος henna ▸ 2
  κύπροι ▸ 1
    Noun · feminine · plural · nominative · (common) ▸ 1 (Song 4,13)
  κύπρου ▸ 1
    Noun · feminine · singular · genitive · (common) ▸ 1 (Song 1,14)

κύπτω to stoop, bow down ▸ 18 + 2 = 20
  ἔκυψαν ▸ 1
    Verb · third · plural · aorist · active · indicative ▸ 1 (Neh. 8,6)
  ἔκυψεν ▸ 6
    Verb · third · singular · aorist · active · indicative ▸ 6 (1Sam. 24,9; 1Sam. 28,14; 1Kings 1,16; 1Kings 1,31; 1Kings 18,42; Is. 2,9)
  κύπτον ▸ 1
    Verb · present · active · participle · neuter · singular · nominative ▸ 1 (Bar. 2,18)
  κύψαντες ▸ 3
    Verb · aorist · active · participle · masculine · plural · nominative ▸ 3 (Gen. 43,28; Judith 13,17; Is. 46,6)
  κύψας ▸ 5 + 2 = 7
    Verb · aorist · active · participle · masculine · singular · nominative ▸ 5 + 2 = 7 (Ex. 4,31; Ex. 12,27; Ex. 34,8; Num. 22,31; 2Chr. 20,18; Mark 1,7; John 8,6)
  κύψει ▸ 1
    Verb · third · singular · future · active · indicative ▸ 1 (Psa. 9,31)
  Κύψον ▸ 1
    Verb · second · singular · aorist · active · imperative ▸ 1 (Is. 51,23)

Κυρηναῖος Cyrenian ▸ 1 + 6 = 7
  Κυρηναῖοι ▸ 1
    Noun · masculine · plural · nominative · (proper) ▸ 1 (Acts 11,20)
  Κυρηναῖον ▸ 3
    Noun · masculine · singular · accusative · (proper) ▸ 3 (Matt. 27,32; Mark 15,21; Luke 23,26)
  Κυρηναῖος ▸ 1
    Noun · masculine · singular · nominative · (proper) ▸ 1 (Acts 13,1)
  Κυρηναίου ▸ 1
    Noun · masculine · singular · genitive · (proper) ▸ 1 (2Mac. 2,23)
  Κυρηναίων ▸ 1
    Noun · masculine · plural · genitive · (proper) ▸ 1 (Acts 6,9)

Κυρήνη Cyrene ▸ 1 + 1 = 2
  Κυρήνην ▸ 1 + 1 = 2
    Noun · feminine · singular · accusative · (proper) ▸ 1 + 1 = 2 (1Mac. 15,23; Acts 2,10)

Κυρήνιος Quirinius ▸ 1
  Κυρηνίου ▸ 1
    Noun · masculine · singular · genitive · (proper) ▸ 1 (Luke 2,2)

κυρία (κύριος) lady, master (f); dominion, power (LXX) ▸ 8 + 2 = 10
  κυρία ▸ 2 + 1 = 3
    Noun · feminine · singular · nominative · (common) ▸ 2 (Gen. 16,4; Is. 24,2)
    Noun · feminine · singular · vocative ▸ 1 (2John 5)
  κυρίᾳ ▸ 1 + 1 = 2
    Noun · feminine · singular · dative · (common) ▸ 1 + 1 = 2 (2Kings 5,3; 2John 1)
  κυρίαν ▸ 2
    Noun · feminine · singular · accusative · (common) ▸ 2 (Gen. 16,9; Prov. 30,23)
  κυρίας ▸ 3
    Noun · feminine · singular · genitive · (common) ▸ 3 (Gen. 16,8; 1Kings 17,17; Psa. 122,2)

κυριακός (κύριος) Lord's; Lord's Day (Sunday); "church" (f) ▸ 2
  κυριακῇ ▸ 1
    Adjective · feminine · singular · dative ▸ 1 (Rev. 1,10)
  κυριακὸν ▸ 1
    Adjective · neuter · singular · accusative ▸ 1 (1Cor. 11,20)

κυριεία (κύριος) power, authority ▸ 5 + 6 = 11
  κυριεία ▸ 2
    Noun · feminine · singular · nominative · (common) ▸ 2 (Dan. 4,22; Dan. 6,27)
  κυριείᾳ ▸ 1
    Noun · feminine · singular · dative · (common) ▸ 1 (1Mac. 8,24)
  κυριείαν ▸ 2 + 3 = 5
    Noun · feminine · singular · accusative · (common) ▸ 2 + 3 = 5 (Dan. 11,4; Bel 5; Dan. 11,4; Dan. 11,5; Bel 5)
  κυριείας ▸ 2 + 1 = 3
    Noun · feminine · singular · genitive · (common) ▸ 2 + 1 = 3 (Is. 40,10; Dan. 11,3; Dan. 11,3)

κυριεύω (κύριος) to rule over, dominate ▸ 50 + 14 + 7 = 71
  ἐκυρίευον ▸ 1
    Verb · third · plural · imperfect · active · indicative ▸ 1 (Judg. 14,4)
  ἐκυρίευσαν ▸ 3 + 1 = 4
    Verb · third · plural · aorist · active · indicative ▸ 3 + 1 = 4 (Judith 15,7; Psa. 105,41; Lam. 5,8; Dan. 6,25)
  ἐκυριεύσατε ▸ 1

Verb · second · plural · aorist · active · indicative ▸ **1** (1Mac. 15,29)

ἐκυρίευσε ▸ 1
Verb · third · singular · aorist · active · indicative ▸ **1** (Judith 1,14)

ἐκυρίευσεν ▸ 4 + 2 = 6
Verb · third · singular · aorist · active · indicative ▸ **4 + 2 = 6** (Josh. 24,33b; 1Mac. 10,76; 1Mac. 11,8; 1Mac. 14,7; Dan. 3,94; Dan. 11,4)

κυριεύει ▸ 4 + 3 + 2 = 9
Verb · third · singular · present · active · indicative ▸ **4 + 3 + 2 = 9** (1Esdr. 4,3; 1Esdr. 4,15; 4Mac. 2,12; Is. 7,18; Dan. 4,25; Dan. 4,32; Dan. 5,21; Rom. 6,9; Rom. 7,1)

κυριεύειν ▸ 4 + 1 = 5
Verb · present · active · infinitive ▸ **4 + 1 = 5** (Judg. 9,2; 1Mac. 8,16; 4Mac. 1,4; Dan. 2,38; Judg. 9,2)

κυριεύεις ▸ 1
Verb · second · singular · present · active · indicative ▸ **1** (2Chr. 20,6)

κυριευθησόμεθα ▸ 1
Verb · first · plural · future · passive · indicative ▸ **1** (Jer. 2,31)

κυριευθήσονται ▸ 1
Verb · third · plural · future · passive · indicative ▸ **1** (Is. 14,2)

κυριεύομεν ▸ 1
Verb · first · plural · present · active · indicative ▸ **1** (2Cor. 1,24)

κυριεύοντα ▸ 2
Verb · present · active · participle · masculine · singular · accusative ▸ **2** (1Mac. 6,63; 1Mac. 7,8)

κυριεύοντες ▸ 4 + 1 = 5
Verb · present · active · participle · masculine · plural · nominative ▸ **4 + 1 = 5** (1Esdr. 2,22; Sir. 44,3; Is. 42,19; Bar. 3,16; Judg. 14,4)

κυριευόντων ▸ 1
Verb · present · active · participle · masculine · plural · genitive ▸ **1** (1Tim. 6,15)

κυριεύουσα ▸ 1
Verb · present · active · participle · feminine · singular · nominative ▸ **1** (Sir. 37,18)

κυριεύουσιν ▸ 2 + 1 + 1 = 4
Verb · third · plural · present · active · indicative ▸ **2 + 1 + 1 = 4** (1Esdr. 4,22; Is. 3,12; Judg. 15,11; Luke 22,25)

κυριεῦσαι ▸ 1 + 1 = 2
Verb · aorist · active · infinitive ▸ **1 + 1 = 2** (Num. 21,18; Judg. 9,2)

κυριεύσαντες ▸ 1
Verb · aorist · active · participle · masculine · plural · nominative ▸ **1** (Is. 14,2)

κυριεύσει ▸ 7 + 4 + 1 = 12
Verb · third · singular · future · active · indicative ▸ **7 + 4 + 1 = 12** (Gen. 3,16; Ex. 15,9; Num. 24,7; Judith 10,13; Ode. 1,9; Dan. 2,39; Dan. 11,3; Dan. 2,39; Dan. 11,3; Dan. 11,5; Dan. 11,43; Rom. 6,14)

κυριεύσεις ▸ 1
Verb · second · singular · future · active · indicative ▸ **1** (Gen. 37,8)

κυριεύσῃ ▸ 1 + 1 = 2
Verb · third · singular · aorist · active · subjunctive ▸ **1 + 1 = 2** (Josh. 15,16; Rom. 14,9)

κυριεύσομεν ▸ 1
Verb · first · plural · future · active · indicative ▸ **1** (2Chr. 14,6)

κυριεύσουσιν ▸ 4
Verb · third · plural · future · active · indicative ▸ **4** (Is. 3,4; Is. 19,4; Jer. 37,3; Bar. 2,34)

κυριεύων ▸ 4
Verb · present · active · participle · masculine · singular · nominative ▸ **4** (Gen. 37,8; Josh. 12,2; 1Esdr. 4,14; Dan. 3,2)

κύριος Lord, lord, master (noun); lawful (adj) ▸ 8298 + 307 + 716 = 9321

κύρια ▸ 1
Adjective · neuter · plural · nominative · noDegree ▸ **1** (1Mac. 8,30)

Κύριε ▸ 71 + 6 = 77
Noun · masculine · singular · vocative · (common) ▸ **71 + 6 = 77** (Gen. 18,3; Gen. 20,4; Gen. 24,12; Gen. 24,42; Ex. 5,22; Num. 11,28; Deut. 3,24; Deut. 9,26; Judg. 16,28; 1Sam. 14,41; 1Sam. 23,10; 1Sam. 24,9; 2Sam. 22,2; 1Kings 8,23; 1Kings 17,21; 1Kings 18,36; 2Kings 6,17; 2Kings 8,5; 2Kings 19,15; 1Chr. 17,24; 2Chr. 6,14; 2Chr. 14,10; 2Chr. 20,6; 1Esdr. 8,71; Ezra 9,6; Esth. 13,9 # 4,17b; Judith 6,19; Judith 9,2; Judith 13,4; Judith 16,13; 2Mac. 1,24; 3Mac. 2,2; Psa. 3,2; Psa. 6,2; Psa. 7,2; Psa. 8,2; Psa. 14,1; Psa. 20,2; Psa. 34,10; Psa. 37,2; Psa. 40,5; Psa. 87,2; Psa. 89,1; Psa. 130,1; Psa. 138,1; Psa. 140,1; Psa. 142,1; Ode. 4,2; Ode. 12,1; Ode. 14,40; Sol. 5,1; Sol. 12,1; Sol. 17,1; Sol. 18,1; Amos 7,2; Amos 7,5; Hab. 3,2; Zech. 1,12; Is. 24,15; Is. 25,1; Is. 37,16; Jer. 11,18; Jer. 15,15; Jer. 28,62; Ezek. 37,3; Dan. 2,4; Dan. 3,9; Dan. 10,16; Dan. 12,8; Sus. 35a; Bel 35; Judg. 8,22; Dan. 4,19; Dan. 9,4; Dan. 10,16; Dan. 12,8; Bel 35)

κύριε ▸ 596 + 25 + 118 = 739
Noun · masculine · singular · vocative · (common) ▸ **596 + 25 + 118 = 739** (Gen. 15,8; Gen. 18,30; Gen. 18,32; Gen. 19,18; Gen. 23,6; Gen. 23,11; Gen. 23,15; Gen. 24,18; Gen. 31,35; Gen. 32,10; Gen. 33,8; Gen. 33,15; Gen. 42,10; Gen. 43,20; Gen. 44,18; Gen. 44,19; Ex. 4,10; Ex. 4,13; Ex. 15,6; Ex. 15,6; Ex. 15,11; Ex. 15,16; Ex. 15,17; Ex. 15,17; Ex. 32,11; Ex. 32,22; Ex. 32,31; Num. 10,34; Num. 10,35; Num. 12,11; Num. 14,14; Num. 14,17; Deut. 3,24; Deut. 9,26; Deut. 21,8; Deut. 26,10; Deut. 33,7; Deut. 33,11; Josh. 7,7; Judg. 5,4; Judg. 5,13; Judg. 5,31; Judg. 6,13; Judg. 6,15; Judg. 6,22; Judg. 6,22; Judg. 10,15; Judg. 13,8; Judg. 16,28; Judg. 21,3; Ruth 2,13; 1Sam. 1,8; 1Sam. 1,11; 1Sam. 1,15; 1Sam. 1,26; 1Sam. 3,9; 1Sam. 4,7; 1Sam. 14,41; 1Sam. 22,12; 1Sam. 23,11; 1Sam. 25,26; 1Sam. 26,17; 2Sam. 7,18; 2Sam. 7,19; 2Sam. 7,19; 2Sam. 7,20; 2Sam. 7,22; 2Sam. 7,24; 2Sam. 7,25; 2Sam. 7,25; 2Sam. 7,27; 2Sam. 7,28; 2Sam. 7,29; 2Sam. 15,31; 2Sam. 22,29; 2Sam. 22,50; 2Sam. 23,17; 2Sam. 24,10; 1Kings 3,7; 1Kings 3,17; 1Kings 3,26; 1Kings 8,25; 1Kings 8,26; 1Kings 8,28; 1Kings 8,53; 1Kings 8,53; 1Kings 12,24m; 1Kings 17,20; 1Kings 18,36; 1Kings 18,37; 1Kings 19,4; 1Kings 21,4; 2Kings 6,5; 2Kings 6,15; 2Kings 6,20; 2Kings 6,26; 2Kings 19,16; 2Kings 19,16; 2Kings 19,17; 2Kings 19,19; 2Kings 20,3; 1Chr. 17,16; 1Chr. 17,17; 1Chr. 17,20; 1Chr. 17,22; 1Chr. 17,23; 1Chr. 17,24; 1Chr. 17,25; 1Chr. 17,26; 1Chr. 17,27; 1Chr. 21,17; 1Chr. 21,17; 1Chr. 29,10; 1Chr. 29,11; 1Chr. 29,12; 1Chr. 29,13; 1Chr. 29,16; 1Chr. 29,17; 1Chr. 29,18; 2Chr. 1,9; 2Chr. 6,16; 2Chr. 6,17; 2Chr. 6,19; 2Chr. 6,40; 2Chr. 6,41; 2Chr. 6,41; 2Chr. 6,42; 2Chr. 14,10; 2Chr. 14,10; 2Chr. 20,12; 1Esdr. 2,18; 1Esdr. 4,46; 1Esdr. 8,75; 1Esdr. 8,79; 1Esdr. 8,84; 1Esdr. 8,86; Ezra 9,15; Neh. 1,5; Neh. 1,11; Esth. 13,9 # 4,17b; Esth. 13,12 # 4,17d; Esth. 13,15 # 4,17f; Esth. 13,17 # 4,17h; Esth. 14,5 # 4,17m; Esth. 14,6 # 4,17n; Esth. 14,11 # 4,17q; Esth. 14,12 # 4,17r; Esth. 14,14 # 4,17t; Esth. 14,18 # 4,17y; Esth. 15,13 # 5,2a; Esth. 15,13 # 5,2a; Judith 5,20; Judith 11,10; Judith 12,18; Judith 13,7; Tob. 3,2; Tob. 3,11; Tob. 3,12; Tob. 3,14; Tob. 8,7; 2Mac. 1,24; 2Mac. 14,35; 2Mac. 14,36; 3Mac. 2,2; 3Mac. 6,15; 3Mac. 6,15; Psa. 3,4; Psa. 3,8; Psa. 4,7; Psa. 4,9; Psa. 5,2; Psa. 5,3; Psa. 5,9; Psa. 5,11; Psa. 5,13; Psa. 6,3;

κύριος

Psa. 6,3; Psa. 6,4; Psa. 6,5; Psa. 7,4; Psa. 7,7; Psa. 7,7; Psa. 7,9; Psa. 8,10; Psa. 9,2; Psa. 9,11; Psa. 9,14; Psa. 9,20; Psa. 9,21; Psa. 9,22; Psa. 9,33; Psa. 11,2; Psa. 11,8; Psa. 12,2; Psa. 12,4; Psa. 15,1; Psa. 16,1; Psa. 16,13; Psa. 16,14; Psa. 17,2; Psa. 17,16; Psa. 17,29; Psa. 17,50; Psa. 18,15; Psa. 19,10; Psa. 20,14; Psa. 21,20; Psa. 24,1; Psa. 24,4; Psa. 24,6; Psa. 24,7; Psa. 24,11; Psa. 24,21; Psa. 25,1; Psa. 25,2; Psa. 25,6; Psa. 25,8; Psa. 25,12; Psa. 26,7; Psa. 26,8; Psa. 26,11; Psa. 27,1; Psa. 29,2; Psa. 29,3; Psa. 29,4; Psa. 29,8; Psa. 29,9; Psa. 29,13; Psa. 30,2; Psa. 30,6; Psa. 30,10; Psa. 30,15; Psa. 30,18; Psa. 30,20; Psa. 32,22; Psa. 34,1; Psa. 34,17; Psa. 34,18; Psa. 34,22; Psa. 34,22; Psa. 34,23; Psa. 34,24; Psa. 35,6; Psa. 35,7; Psa. 37,10; Psa. 37,16; Psa. 37,16; Psa. 37,22; Psa. 37,23; Psa. 38,5; Psa. 38,13; Psa. 39,6; Psa. 39,10; Psa. 39,12; Psa. 39,14; Psa. 39,14; Psa. 39,17; Psa. 40,11; Psa. 43,24; Psa. 43,27; Psa. 47,12; Psa. 50,17; Psa. 50,20; Psa. 53,8; Psa. 54,10; Psa. 54,24; Psa. 55,2; Psa. 56,10; Psa. 58,4; Psa. 58,6; Psa. 58,9; Psa. 58,12; Psa. 61,13; Psa. 68,7; Psa. 68,7; Psa. 68,14; Psa. 68,17; Psa. 69,6; Psa. 70,5; Psa. 70,16; Psa. 72,20; Psa. 78,5; Psa. 78,9; Psa. 78,12; Psa. 79,5; Psa. 79,8; Psa. 79,20; Psa. 82,17; Psa. 83,2; Psa. 83,4; Psa. 83,6; Psa. 83,9; Psa. 83,13; Psa. 84,2; Psa. 84,8; Psa. 85,1; Psa. 85,3; Psa. 85,4; Psa. 85,5; Psa. 85,6; Psa. 85,8; Psa. 85,9; Psa. 85,11; Psa. 85,12; Psa. 85,15; Psa. 85,17; Psa. 87,3; Psa. 87,10; Psa. 87,14; Psa. 87,15; Psa. 88,2; Psa. 88,6; Psa. 88,9; Psa. 88,9; Psa. 88,16; Psa. 88,47; Psa. 88,50; Psa. 88,51; Psa. 88,52; Psa. 89,13; Psa. 90,9; Psa. 91,5; Psa. 91,6; Psa. 91,9; Psa. 92,3; Psa. 92,5; Psa. 93,3; Psa. 93,5; Psa. 93,12; Psa. 93,18; Psa. 93,19; Psa. 96,8; Psa. 98,8; Psa. 100,1; Psa. 101,2; Psa. 101,13; Psa. 101,26; Psa. 103,1; Psa. 103,24; Psa. 105,4; Psa. 105,47; Psa. 107,4; Psa. 108,21; Psa. 108,21; Psa. 108,26; Psa. 108,27; Psa. 110,1; Psa. 113,9; Psa. 113,25; Psa. 114,4; Psa. 115,7; Psa. 117,25; Psa. 117,25; Psa. 118,7; Psa. 118,12; Psa. 118,31; Psa. 118,33; Psa. 118,41; Psa. 118,52; Psa. 118,55; Psa. 118,57; Psa. 118,64; Psa. 118,65; Psa. 118,68; Psa. 118,75; Psa. 118,85; Psa. 118,89; Psa. 118,93; Psa. 118,97; Psa. 118,107; Psa. 118,108; Psa. 118,137; Psa. 118,145; Psa. 118,149; Psa. 118,151; Psa. 118,156; Psa. 118,159; Psa. 118,166; Psa. 118,168; Psa. 118,169; Psa. 118,174; Psa. 119,2; Psa. 122,3; Psa. 124,4; Psa. 125,4; Psa. 129,1; Psa. 129,2; Psa. 129,3; Psa. 129,3; Psa. 129,5; Psa. 131,1; Psa. 131,8; Psa. 134,13; Psa. 134,13; Psa. 136,7; Psa. 137,1; Psa. 137,4; Psa. 137,8; Psa. 138,5; Psa. 138,13; Psa. 138,21; Psa. 139,2; Psa. 139,5; Psa. 139,7; Psa. 139,8; Psa. 139,8; Psa. 139,9; Psa. 140,3; Psa. 140,8; Psa. 140,8; Psa. 141,6; Psa. 141,8; Psa. 142,7; Psa. 142,8; Psa. 142,9; Psa. 142,11; Psa. 143,3; Psa. 143,5; Psa. 144,10; Ode. 1,6; Ode. 1,6; Ode. 1,11; Ode. 1,16; Ode. 1,17; Ode. 1,17; Ode. 4,8; Ode. 5,11; Ode. 5,12; Ode. 5,13; Ode. 5,13; Ode. 5,15; Ode. 5,16; Ode. 5,18; Ode. 6,7; Ode. 7,26; Ode. 7,43; Ode. 8,52; Ode. 11,16; Ode. 11,19; Ode. 12,8; Ode. 12,9; Ode. 12,12; Ode. 12,13; Ode. 12,13; Ode. 14,10; Ode. 14,13; Ode. 14,16; Ode. 14,32; Ode. 14,34; Ode. 14,36; Ode. 14,37; Ode. 14,38; Ode. 14,39; Ode. 14,42; Job 42,4; Wis. 9,1; Wis. 10,20; Wis. 12,2; Wis. 16,12; Wis. 16,26; Wis. 19,9; Wis. 19,22; Sir. 23,1; Sir. 23,4; Sir. 36,4; Sir. 36,11; Sir. 36,16; Sir. 51,1; Sir. 51,8; Sol. 2,22; Sol. 2,23; Sol. 4,14; Sol. 4,15; Sol. 4,25; Sol. 5,11; Sol. 5,15; Sol. 8,31; Sol. 8,33; Sol. 9,3; Sol. 9,9; Sol. 17,4; Sol. 17,21; Hos. 9,14; Amos 7,2; Amos 7,3; Amos 7,5; Amos 7,6; Joel 1,19; Joel 2,17; Jonah 1,14; Jonah 1,14; Jonah 2,7; Jonah 4,2; Jonah 4,3; Hab. 1,2; Hab. 1,12; Hab. 1,12; Hab. 3,8; Zech. 1,9; Zech. 2,2; Zech. 4,4; Zech. 4,5; Zech. 4,13; Zech. 6,4; Is. 6,11; Is. 12,1; Is. 25,1; Is. 26,4; Is. 26,11; Is. 26,12; Is. 26,13; Is. 26,13; Is. 26,15; Is. 26,16; Is. 26,17; Is. 33,2; Is. 37,17; Is. 37,17; Is. 37,20; Is. 38,3; Is. 38,16; Is. 38,20; Is. 53,1; Is. 63,16; Is. 63,17; Is. 64,7; Is. 64,11; Jer. 1,6; Jer. 3,19; Jer. 4,10; Jer. 5,3; Jer. 10,23; Jer. 10,24; Jer. 11,5; Jer. 11,20; Jer. 12,1; Jer. 12,3; Jer. 14,7; Jer. 14,8; Jer. 14,9; Jer. 14,13; Jer. 14,20; Jer. 15,16; Jer. 16,19; Jer. 17,13; Jer. 17,14; Jer. 18,19; Jer. 18,23; Jer. 20,7; Jer. 20,12; Jer. 22,18; Jer. 28,62; Jer. 39,17; Jer. 44,20; Bar. 2,11; Bar. 2,12; Bar. 2,14; Bar. 2,16; Bar. 2,16; Bar. 2,17; Bar. 2,18; Bar. 2,19; Bar. 2,27; Bar. 3,1; Bar. 3,2; Bar. 3,4; Bar. 3,6; Lam. 1,9; Lam. 1,11; Lam. 1,20; Lam. 2,20; Lam. 3,55; Lam. 3,58; Lam. 3,59; Lam. 3,64; Lam. 3,66; Lam. 5,1; Lam. 5,19; Lam. 5,21; Ezek. 4,14; Ezek. 9,8; Ezek. 11,13; Ezek. 21,5; Ezek. 21,5; Dan. 2,23; Dan. 3,26; Dan. 3,43; Dan. 3,52; Dan. 9,4; Dan. 9,7; Dan. 9,13; Dan. 9,15; Dan. 9,16; Dan. 9,18; Dan. 9,19; Dan. 9,19; Judg. 5,4; Judg. 5,31; Judg. 6,22; Judg. 13,8; Judg. 16,28; Judg. 21,3; Tob. 3,2; Tob. 3,3; Tob. 3,6; Tob. 3,6; Tob. 3,15; Dan. 3,26; Dan. 3,43; Dan. 3,52; Dan. 9,7; Dan. 9,8; Dan. 9,15; Dan. 9,16; Dan. 9,17; Dan. 9,17; Dan. 9,19; Dan. 9,19; Dan. 9,19; Dan. 10,17; Bel 41; Matt. 7,21; Matt. 7,21; Matt. 7,22; Matt. 7,22; Matt. 8,2; Matt. 8,6; Matt. 8,8; Matt. 8,21; Matt. 8,25; Matt. 9,28; Matt. 11,25; Matt. 13,27; Matt. 14,28; Matt. 14,30; Matt. 15,22; Matt. 15,25; Matt. 15,27; Matt. 16,22; Matt. 17,4; Matt. 17,15; Matt. 18,21; Matt. 20,30; Matt. 20,31; Matt. 20,33; Matt. 21,30; Matt. 25,11; Matt. 25,11; Matt. 25,20; Matt. 25,22; Matt. 25,24; Matt. 25,37; Matt. 25,44; Matt. 26,22; Matt. 27,63; Mark 7,28; Luke 5,8; Luke 5,12; Luke 6,46; Luke 6,46; Luke 7,6; Luke 9,54; Luke 9,59; Luke 9,61; Luke 10,17; Luke 10,21; Luke 10,40; Luke 11,1; Luke 12,41; Luke 13,8; Luke 13,23; Luke 13,25; Luke 14,22; Luke 17,37; Luke 18,41; Luke 19,8; Luke 19,16; Luke 19,18; Luke 19,20; Luke 19,25; Luke 22,33; Luke 22,38; Luke 22,49; John 4,11; John 4,15; John 4,19; John 4,49; John 5,7; John 6,34; John 6,68; John 8,11; John 9,36; John 9,38; John 11,3; John 11,12; John 11,21; John 11,27; John 11,32; John 11,34; John 11,39; John 12,21; John 12,38; John 13,6; John 13,9; John 13,25; John 13,36; John 13,37; John 14,5; John 14,8; John 14,22; John 20,15; John 21,15; John 21,16; John 21,17; John 21,20; John 21,21; Acts 1,6; Acts 1,24; Acts 4,29; Acts 7,59; Acts 7,60; Acts 9,5; Acts 9,10; Acts 9,13; Acts 10,4; Acts 10,14; Acts 11,8; Acts 22,8; Acts 22,10; Acts 22,19; Acts 26,15; Rom. 10,16; Rom. 11,3; Heb. 1,10; Rev. 11,17; Rev. 15,3; Rev. 15,4; Rev. 16,7; Rev. 22,20)

Κύριέ ‣ 4
Noun ▪ masculine ▪ singular ▪ vocative ▪ (common) ‣ 4 (2Sam. 19,27; 1Kings 1,17; 1Kings 1,24; Esth. 14,3 # 4,17l)

κύριέ ‣ 23 + 4 + 1 = 28
Noun ▪ masculine ▪ singular ▪ vocative ▪ (common) ‣ 23 + 4 + 1 = 28 (Judg. 4,18; 1Sam. 25,24; 2Sam. 7,18; 2Sam. 7,19; 2Sam. 7,19; 2Sam. 7,20; 2Sam. 7,22; 2Sam. 7,25; 2Sam. 7,28; 2Sam. 7,29; 2Sam. 14,9; 2Sam. 14,19; 2Sam. 14,22; 2Sam. 16,4; 1Kings 1,13; 1Kings 1,18; 1Kings 1,20; 1Kings 2,38; 1Kings 18,7; 2Kings 4,16; 2Kings 6,12; Judith 11,17; Judith 12,4; Judg. 4,18; Judg. 6,13; Judg. 6,15; Judg. 6,22; Rev. 7,14)

κύριοι ‣ 2 + 6 = 8
Noun ▪ masculine ▪ plural ▪ nominative ▪ (common) ‣ 1 + 3 = 4 (Gen. 49,23; Luke 19,33; Acts 16,19; 1Cor. 8,5)
Noun ▪ masculine ▪ plural ▪ vocative ▪ (common) ‣ 1 + 3 = 4 (Gen. 19,2; Acts 16,30; Eph. 6,9; Col. 4,1)

κυρίοις ‣ 4 + 4 + 5 = 13
Noun ▪ masculine ▪ plural ▪ dative ▪ (common) ‣ 4 + 4 + 5 = 13 (Tob. 2,12; Tob. 2,13; Tob. 2,14; Amos 4,1; Tob. 2,12; Tob. 2,12; Tob. 2,13; Tob. 2,14; Matt. 6,24; Luke 16,13; Acts 16,16; Eph. 6,5; Col. 3,22)

κύριον ‣ 702 + 69 + 67 = 838
Noun ▪ masculine ▪ singular ▪ accusative ▪ (common) ‣ 702 + 69 + 67 = 838 (Gen. 4,13; Gen. 18,27; Gen. 18,31; Gen. 19,16; Gen. 19,29; Gen. 19,29; Gen. 24,3; Gen. 24,48; Gen. 27,37; Gen. 39,23;

Gen. 45,8; Gen. 45,9; Gen. 47,18; Ex. 4,10; Ex. 5,2; Ex. 5,22; Ex. 7,25; Ex. 8,4; Ex. 8,8; Ex. 8,24; Ex. 9,28; Ex. 9,29; Ex. 9,30; Ex. 9,33; Ex. 10,17; Ex. 14,10; Ex. 14,31; Ex. 15,25; Ex. 16,8; Ex. 16,8; Ex. 17,2; Ex. 17,4; Ex. 17,7; Ex. 19,9; Ex. 24,1; Ex. 32,26; Ex. 32,31; Ex. 33,7; Ex. 33,12; Lev. 19,14; Lev. 25,17; Lev. 25,43; Num. 5,21; Num. 11,2; Num. 11,11; Num. 12,13; Num. 14,13; Num. 14,16; Num. 16,15; Num. 16,30; Num. 20,16; Num. 21,7; Num. 21,7; Num. 22,13; Num. 27,15; Deut. 1,27; Deut. 1,36; Deut. 4,29; Deut. 4,30; Deut. 6,2; Deut. 6,5; Deut. 6,13; Deut. 6,16; Deut. 6,24; Deut. 7,8; Deut. 8,10; Deut. 9,4; Deut. 9,7; Deut. 9,7; Deut. 9,8; Deut. 9,22; Deut. 9,24; Deut. 9,28; Deut. 10,12; Deut. 10,20; Deut. 11,1; Deut. 11,13; Deut. 11,22; Deut. 13,4; Deut. 14,23; Deut. 15,9; Deut. 17,19; Deut. 19,9; Deut. 24,15; Deut. 26,7; Deut. 28,58; Deut. 30,2; Deut. 30,6; Deut. 30,10; Deut. 30,16; Deut. 30,20; Deut. 31,12; Deut. 31,13; Josh. 2,12; Josh. 4,24; Josh. 9,14; Josh. 9,18; Josh. 9,19; Josh. 10,12; Josh. 22,5; Josh. 22,25; Josh. 23,1; Josh. 23,11; Josh. 24,7; Josh. 24,14; Josh. 24,16; Josh. 24,20; Josh. 24,22; Josh. 24,23; Judg. 2,10; Judg. 2,12; Judg. 2,12; Judg. 2,13; Judg. 2,17; Judg. 3,9; Judg. 3,15; Judg. 4,3; Judg. 5,2; Judg. 5,9; Judg. 6,6; Judg. 6,7; Judg. 7,15; Judg. 8,7; Judg. 10,6; Judg. 10,10; Judg. 10,15; Judg. 11,35; Judg. 11,36; Judg. 15,18; Judg. 16,28; Judg. 19,11; Judg. 19,22; Judg. 20,1; Judg. 20,3; Judg. 21,5; Judg. 21,5; Judg. 21,8; 1Sam. 1,10; 1Sam. 1,26; 1Sam. 2,10; 1Sam. 2,12; 1Sam. 2,25; 1Sam. 7,3; 1Sam. 7,3; 1Sam. 7,5; 1Sam. 7,8; 1Sam. 7,9; 1Sam. 8,6; 1Sam. 10,17; 1Sam. 12,8; 1Sam. 12,10; 1Sam. 12,10; 1Sam. 12,14; 1Sam. 12,17; 1Sam. 12,18; 1Sam. 12,18; 1Sam. 12,19; 1Sam. 12,24; 1Sam. 15,11; 1Sam. 20,15; 1Sam. 20,38; 1Sam. 25,14; 1Sam. 25,17; 1Sam. 26,16; 1Sam. 30,23; 2Sam. 2,5; 2Sam. 6,9; 2Sam. 10,3; 2Sam. 14,11; 2Sam. 22,4; 2Sam. 22,7; 2Sam. 22,42; 2Sam. 24,10; 2Sam. 24,17; 1Kings 1,47; 1Kings 2,29; 1Kings 3,3; 1Kings 5,17; 1Kings 8,54; 1Kings 8,59; 1Kings 8,61; 1Kings 9,9; 1Kings 10,9; 1Kings 11,14; 1Kings 12,27; 1Kings 12,27; 1Kings 15,30; 1Kings 16,13; 1Kings 16,26; 1Kings 17,14; 1Kings 17,21; 1Kings 18,3; 1Kings 18,12; 1Kings 18,18; 1Kings 22,5; 1Kings 22,7; 1Kings 22,8; 1Kings 22,19; 1Kings 22,54; 2Kings 2,1; 2Kings 3,11; 2Kings 4,1; 2Kings 4,33; 2Kings 5,25; 2Kings 6,18; 2Kings 6,22; 2Kings 6,23; 2Kings 8,8; 2Kings 8,14; 2Kings 17,11; 2Kings 17,20; 2Kings 17,25; 2Kings 17,28; 2Kings 17,32; 2Kings 17,32; 2Kings 17,33; 2Kings 17,39; 2Kings 17,41; 2Kings 18,22; 2Kings 18,30; 2Kings 19,6; 2Kings 19,23; 2Kings 20,2; 2Kings 20,11; 2Kings 21,22; 2Kings 22,13; 2Kings 22,18; 2Kings 23,19; 2Kings 23,25; 1Chr. 10,14; 1Chr. 12,20; 1Chr. 16,4; 1Chr. 16,7; 1Chr. 16,11; 1Chr. 16,41; 1Chr. 21,26; 1Chr. 29,10; 1Chr. 29,20; 1Chr. 29,20; 2Chr. 2,10; 2Chr. 7,22; 2Chr. 9,8; 2Chr. 11,16; 2Chr. 12,7; 2Chr. 12,14; 2Chr. 13,10; 2Chr. 13,12; 2Chr. 13,14; 2Chr. 13,18; 2Chr. 14,3; 2Chr. 14,6; 2Chr. 14,10; 2Chr. 15,4; 2Chr. 15,12; 2Chr. 15,13; 2Chr. 16,7; 2Chr. 16,8; 2Chr. 16,12; 2Chr. 17,4; 2Chr. 18,4; 2Chr. 18,7; 2Chr. 18,18; 2Chr. 19,3; 2Chr. 19,4; 2Chr. 20,3; 2Chr. 20,4; 2Chr. 20,4; 2Chr. 20,26; 2Chr. 20,33; 2Chr. 21,10; 2Chr. 22,9; 2Chr. 24,18; 2Chr. 24,19; 2Chr. 24,20; 2Chr. 24,24; 2Chr. 26,5; 2Chr. 26,5; 2Chr. 28,6; 2Chr. 28,25; 2Chr. 29,30; 2Chr. 30,9; 2Chr. 30,19; 2Chr. 31,8; 2Chr. 32,16; 2Chr. 32,17; 2Chr. 32,24; 2Chr. 34,3; 2Chr. 34,21; 2Chr. 34,26; 2Chr. 35,19b; 2Chr. 36,13; 1Esdr. 1,22; 1Esdr. 6,14; 1Esdr. 7,13; 1Esdr. 8,70; 1Esdr. 8,89; 1Esdr. 8,90; Ezra 3,10; Ezra 6,21; Ezra 9,5; Neh. 5,13; Neh. 8,6; Neh. 9,4; Neh. 9,5; Esth. 4,8; Esth. 14,1 # 4,17k; Judith 4,15; Judith 6,13; Judith 7,19; Judith 7,28; Judith 7,29; Judith 8,13; Judith 8,14; Judith 9,1; Judith 14,13; Judith 16,16; Tob. 4,19; Tob. 13,7; Tob. 13,15; Tob. 14,2; Tob. 14,6; Tob. 14,6; Tob. 14,7; 2Mac. 2,10; 2Mac. 3,22; 2Mac. 3,30; 2Mac. 7,20; 2Mac. 8,2; 2Mac. 8,14; 2Mac. 8,29; 2Mac. 10,4; 2Mac. 10,28; 2Mac. 11,6; 2Mac. 12,36; 2Mac. 13,10; 2Mac. 13,12; 2Mac. 15,21; 2Mac. 15,34; 3Mac. 5,7; 3Mac. 5,35; Psa. 3,5; Psa. 4,6; Psa. 9,25; Psa. 13,4; Psa. 13,7; Psa. 14,4; Psa. 15,7; Psa. 15,8; Psa. 17,4; Psa. 17,7; Psa. 17,42; Psa. 20,8; Psa. 21,9; Psa. 21,24; Psa. 21,27; Psa. 21,28; Psa. 24,12; Psa. 24,15; Psa. 26,14; Psa. 26,14; Psa. 30,24; Psa. 30,25; Psa. 31,10; Psa. 31,11; Psa. 32,8; Psa. 33,2; Psa. 33,4; Psa. 33,5; Psa. 33,10; Psa. 33,11; Psa. 36,3; Psa. 36,5; Psa. 36,9; Psa. 36,34; Psa. 39,2; Psa. 39,4; Psa. 52,7; Psa. 54,23; Psa. 67,27; Psa. 69,2; Psa. 73,18; Psa. 76,2; Psa. 96,10; Psa. 98,5; Psa. 98,6; Psa. 98,9; Psa. 101,19; Psa. 102,1; Psa. 102,2; Psa. 102,20; Psa. 102,21; Psa. 102,22; Psa. 102,22; Psa. 103,1; Psa. 103,35; Psa. 104,3; Psa. 104,4; Psa. 104,21; Psa. 106,6; Psa. 106,13; Psa. 106,19; Psa. 106,28; Psa. 111,1; Psa. 111,7; Psa. 112,1; Psa. 113,17; Psa. 113,18; Psa. 113,19; Psa. 113,19; Psa. 113,21; Psa. 113,26; Psa. 116,1; Psa. 117,4; Psa. 117,5; Psa. 117,8; Psa. 117,9; Psa. 119,1; Psa. 122,2; Psa. 124,1; Psa. 125,1; Psa. 127,1; Psa. 127,4; Psa. 129,6; Psa. 129,6; Psa. 130,3; Psa. 133,1; Psa. 133,2; Psa. 134,1; Psa. 134,3; Psa. 134,19; Psa. 134,19; Psa. 134,20; Psa. 134,20; Psa. 134,20; Psa. 141,2; Psa. 141,2; Psa. 145,1; Psa. 145,2; Psa. 145,5; Psa. 146,1; Psa. 147,1; Psa. 148,1; Psa. 148,7; Psa. 150,6; Ode. 3,10; Ode. 6,3; Ode. 8,57; Ode. 8,58; Ode. 8,59; Ode. 8,60; Ode. 8,61; Ode. 8,62; Ode. 8,63; Ode. 8,64; Ode. 8,65; Ode. 8,66; Ode. 8,67; Ode. 8,68; Ode. 8,69; Ode. 8,70; Ode. 8,71; Ode. 8,72; Ode. 8,73; Ode. 8,74; Ode. 8,75; Ode. 8,76; Ode. 8,77; Ode. 8,78; Ode. 8,79; Ode. 8,80; Ode. 8,81; Ode. 8,82; Ode. 8,83; Ode. 8,84; Ode. 8,85; Ode. 8,86; Ode. 8,87; Ode. 8,88; Ode. 9,46; Ode. 11,14; Prov. 3,9; Prov. 3,18; Prov. 7,1a; Prov. 14,2; Prov. 16,8; Prov. 20,20 # 20,9c; Prov. 22,19; Prov. 27,18; Prov. 28,5; Prov. 28,25; Prov. 29,25; Job 2,9e; Job 3,19; Job 5,8; Job 7,2; Job 8,5; Job 10,2; Job 12,6; Job 13,3; Job 16,20; Job 18,21; Job 24,1; Job 27,8; Job 33,23; Job 33,26; Job 34,12; Job 36,12; Job 38,41; Job 40,4; Job 42,7; Wis. 1,9; Sir. 1,13; Sir. 1,14; Sir. 1,16; Sir. 1,20; Sir. 2,7; Sir. 2,8; Sir. 2,9; Sir. 2,15; Sir. 2,16; Sir. 2,17; Sir. 5,7; Sir. 6,16; Sir. 6,17; Sir. 7,29; Sir. 7,31; Sir. 10,19; Sir. 10,20; Sir. 10,24; Sir. 15,1; Sir. 15,11; Sir. 17,25; Sir. 17,28; Sir. 18,23; Sir. 21,6; Sir. 25,10; Sir. 26,3; Sir. 28,23; Sir. 32,14; Sir. 32,16; Sir. 33,1; Sir. 34,13; Sir. 34,14; Sir. 34,15; Sir. 35,7; Sir. 39,5; Sir. 39,14; Sir. 43,30; Sir. 46,16; Sir. 47,5; Sir. 48,20; Sir. 49,3; Sir. 51,10; Sol. 1,1; Sol. 2,33; Sol. 3,1; Sol. 3,5; Sol. 3,12; Sol. 4,23; Sol. 5,18; Sol. 9,6; Sol. 12,4; Sol. 15,13; Sol. 17,30; Sol. 17,39; Hos. 2,22; Hos. 3,5; Hos. 4,10; Hos. 4,15; Hos. 5,4; Hos. 5,6; Hos. 5,7; Hos. 6,1; Hos. 6,3; Hos. 7,10; Hos. 10,3; Hos. 10,12; Hos. 14,2; Hos. 14,3; Amos 5,6; Amos 9,1; Mic. 3,4; Mic. 3,11; Mic. 6,6; Mic. 7,7; Joel 1,14; Joel 2,13; Jonah 1,9; Jonah 1,14; Jonah 1,16; Jonah 2,2; Jonah 2,3; Jonah 4,2; Nah. 1,9; Zeph. 1,6; Zeph. 2,3; Zeph. 2,10; Zech. 2,15; Zech. 7,2; Mal. 1,6; Mal. 3,16; Mal. 3,16; Is. 1,4; Is. 1,28; Is. 3,8; Is. 5,13; Is. 6,1; Is. 6,5; Is. 7,12; Is. 8,13; Is. 9,12; Is. 11,9; Is. 12,4; Is. 19,20; Is. 19,21; Is. 19,22; Is. 29,19; Is. 32,6; Is. 33,6; Is. 35,10; Is. 36,7; Is. 36,12; Is. 37,4; Is. 37,6; Is. 37,15; Is. 37,24; Is. 38,2; Is. 38,14; Is. 40,18; Is. 50,10; Is. 51,1; Is. 54,17; Is. 55,7; Is. 56,3; Is. 58,14; Is. 61,10; Is. 62,9; Jer. 3,13; Jer. 5,24; Jer. 10,21; Jer. 17,13; Jer. 21,2; Jer. 27,4; Jer. 27,5; Jer. 27,29; Jer. 31,26; Jer. 31,42; Jer. 33,19; Jer. 36,7; Jer. 38,6; Jer. 38,34; Jer. 39,16; Jer. 44,3; Jer. 49,2; Jer. 49,4; Jer. 49,20; Bar. 1,13; Bar. 1,19; Lam. 2,18; Ezek. 20,1; Ezek. 40,46; Ezek. 42,13; Dan. 2,19; Dan. 3,57; Dan. 3,58; Dan. 3,59; Dan. 3,60; Dan. 3,61; Dan. 3,62; Dan. 3,63; Dan. 3,64; Dan. 3,65; Dan. 3,66; Dan. 3,67; Dan. 3,68; Dan. 3,69; Dan. 3,70; Dan. 3,71; Dan. 3,72; Dan. 3,73; Dan. 3,74; Dan. 3,75; Dan. 3,76; Dan. 3,77; Dan. 3,78; Dan. 3,79; Dan. 3,80; Dan. 3,81; Dan. 3,82; Dan. 3,83; Dan. 3,84; Dan. 3,85; Dan. 3,86; Dan. 3,87; Dan. 3,88; Dan. 3,96; Dan. 4,17; Dan. 9,3; Dan. 9,4; Bel 4; Bel 5; Bel 7; Judg.

κύριος

2,10; Judg. 2,12; Judg. 2,12; Judg. 3,9; Judg. 3,15; Judg. 4,3; Judg. 5,2; Judg. 5,9; Judg. 6,6; Judg. 8,7; Judg. 10,6; Judg. 10,10; Judg. 10,15; Judg. 11,35; Judg. 11,36; Judg. 11,36; Judg. 13,8; Judg. 15,18; Judg. 16,28; Judg. 19,11; Judg. 19,22; Judg. 20,1; Judg. 21,5; Judg. 21,5; Judg. 21,8; Tob. 12,20; Tob. 13,7; Tob. 13,15; Tob. 13,16; Tob. 14,15; Dan. 2,38; Dan. 3,24; Dan. 3,57; Dan. 3,59; Dan. 3,58; Dan. 3,60; Dan. 3,61; Dan. 3,62; Dan. 3,63; Dan. 3,64; Dan. 3,65; Dan. 3,66; Dan. 3,67; Dan. 3,68; Dan. 3,71; Dan. 3,72; Dan. 3,69; Dan. 3,70; Dan. 3,73; Dan. 3,74; Dan. 3,75; Dan. 3,76; Dan. 3,78; Dan. 3,77; Dan. 3,79; Dan. 3,80; Dan. 3,81; Dan. 3,82; Dan. 3,83; Dan. 3,84; Dan. 3,85; Dan. 3,86; Dan. 3,87; Dan. 3,88; Dan. 3,90; Dan. 5,23; Dan. 9,3; Dan. 9,4; Sus. 2; Matt. 4,7; Matt. 4,10; Matt. 10,24; Matt. 22,37; Matt. 22,43; Matt. 22,45; Mark 12,30; Mark 12,37; Luke 1,16; Luke 1,46; Luke 4,8; Luke 4,12; Luke 7,19; Luke 10,27; Luke 12,36; Luke 19,8; Luke 20,37; Luke 20,44; John 11,2; John 20,2; John 20,18; John 20,20; John 20,25; Acts 2,25; Acts 2,36; Acts 8,24; Acts 9,27; Acts 9,35; Acts 9,42; Acts 11,17; Acts 11,20; Acts 11,21; Acts 15,17; Acts 16,31; Acts 20,21; Rom. 4,24; Rom. 10,9; Rom. 13,14; Rom. 15,11; 1Cor. 2,8; 1Cor. 6,14; 1Cor. 9,1; 1Cor. 10,22; 1Cor. 16,22; 2Cor. 3,16; 2Cor. 4,5; 2Cor. 4,14; 2Cor. 5,8; 2Cor. 11,17; 2Cor. 12,8; Eph. 6,24; Phil. 3,20; Col. 2,6; Col. 3,22; Col. 4,1; 1Th. 2,15; 1Th. 5,27; 2Tim. 2,22; Philem. 5; Heb. 8,11; Heb. 12,14; Heb. 13,20; James 3,9; 1Pet. 2,13; 1Pet. 3,6; 1Pet. 3,15; Jude 4)

κύριόν ▸ 25 + 2 + 1 = 28

Noun · masculine · singular · accusative · (common) ▸ 25 + 2 + 1 = **28** (Gen. 24,35; Gen. 24,49; Gen. 24,54; Gen. 24,56; Gen. 33,14; Ex. 21,5; 1Sam. 24,11; 1Sam. 26,15; 1Sam. 26,15; 2Sam. 3,21; 2Sam. 14,12; 2Sam. 14,15; 2Sam. 16,9; 2Sam. 19,28; 2Sam. 19,31; 2Sam. 19,36; 2Kings 2,3; 2Kings 2,5; 2Kings 2,16; 2Kings 5,18; 2Kings 10,9; 2Kings 18,27; Judith 11,22; Judith 12,13; Dan. 1,10; Dan. 1,10; Dan. 4,24; John 20,13)

Κύριος ▸ 40 + 3 + 1 = 44

Noun · masculine · singular · nominative · (common) ▸ 40 + 3 + 1 = **44** (Gen. 22,14; Gen. 24,40; Ex. 3,15; Ex. 3,16; Ex. 7,16; Ex. 33,19; Ex. 34,6; Num. 14,18; Deut. 1,6; Deut. 3,18; Deut. 33,2; Josh. 1,13; Judg. 2,1; Judg. 6,12; Judg. 6,16; Judg. 11,10; Ruth 2,4; 1Sam. 3,18; 1Sam. 20,12; 1Sam. 20,42; 2Sam. 24,23; 2Kings 18,32; 1Chr. 16,31; 2Chr. 6,1; 2Chr. 30,18; 2Chr. 32,11; Psa. 2,7; Psa. 22,1; Psa. 26,1; Job 22,17; Sir. 17,1; Sol. 17,34; Hos. 2,25; Amos 1,2; Zech. 13,9; Is. 50,4; Jer. 32,30; Jer. 33,12; Jer. 36,26; Jer. 47,2; Judg. 6,12; Judg. 6,16; Judg. 11,10; 1Cor. 12,3)

κύριος ▸ 3463 + 83 + 163 = 3709

Noun · masculine · singular · nominative · (common) ▸ 3463 + 83 + 162 = **3708** (Gen. 2,8; Gen. 2,15; Gen. 2,16; Gen. 2,18; Gen. 2,22; Gen. 3,1; Gen. 3,9; Gen. 3,13; Gen. 3,14; Gen. 3,21; Gen. 3,23; Gen. 4,6; Gen. 4,15; Gen. 4,15; Gen. 5,29; Gen. 6,3; Gen. 6,5; Gen. 6,12; Gen. 6,22; Gen. 7,1; Gen. 7,5; Gen. 7,16; Gen. 8,15; Gen. 8,21; Gen. 8,21; Gen. 9,12; Gen. 9,26; Gen. 11,5; Gen. 11,6; Gen. 11,8; Gen. 11,9; Gen. 11,9; Gen. 12,1; Gen. 12,4; Gen. 12,7; Gen. 15,18; Gen. 16,2; Gen. 16,11; Gen. 17,1; Gen. 18,13; Gen. 18,17; Gen. 18,19; Gen. 18,20; Gen. 18,26; Gen. 18,33; Gen. 19,13; Gen. 19,14; Gen. 19,24; Gen. 20,18; Gen. 21,1; Gen. 21,1; Gen. 21,2; Gen. 21,6; Gen. 22,14; Gen. 22,16; Gen. 24,1; Gen. 24,7; Gen. 24,21; Gen. 24,27; Gen. 24,27; Gen. 24,31; Gen. 24,35; Gen. 24,44; Gen. 24,51; Gen. 24,56; Gen. 25,23; Gen. 26,2; Gen. 26,12; Gen. 26,22; Gen. 26,24; Gen. 26,28; Gen. 27,20; Gen. 27,27; Gen. 27,29; Gen. 28,13; Gen. 28,13; Gen. 28,16; Gen. 28,20; Gen. 28,21; Gen. 29,31; Gen. 29,32; Gen. 29,33; Gen. 30,30; Gen. 31,3; Gen. 39,2; Gen. 39,3; Gen. 39,3; Gen. 39,3; Gen. 39,5; Gen. 39,16; Gen. 39,19; Gen. 39,20; Gen. 39,21; Gen. 39,23; Gen. 42,30; Gen. 42,33; Gen. 44,7; Ex. 3,4; Ex. 3,4; Ex. 3,7; Ex. 4,2; Ex. 4,4; Ex. 4,5; Ex. 4,6; Ex. 4,11; Ex. 4,14; Ex. 4,19; Ex. 4,21; Ex. 4,22; Ex. 4,27; Ex. 5,1; Ex. 6,1; Ex. 6,2; Ex. 6,3; Ex. 6,6; Ex. 6,7; Ex. 6,8; Ex. 6,10; Ex. 6,13; Ex. 6,28; Ex. 6,29; Ex. 6,29; Ex. 7,1; Ex. 7,5; Ex. 7,6; Ex. 7,8; Ex. 7,10; Ex. 7,13; Ex. 7,14; Ex. 7,17; Ex. 7,17; Ex. 7,19; Ex. 7,20; Ex. 7,22; Ex. 7,26; Ex. 7,26; Ex. 8,1; Ex. 8,9; Ex. 8,11; Ex. 8,12; Ex. 8,15; Ex. 8,16; Ex. 8,16; Ex. 8,18; Ex. 8,18; Ex. 8,20; Ex. 8,27; Ex. 9,1; Ex. 9,1; Ex. 9,5; Ex. 9,6; Ex. 9,8; Ex. 9,12; Ex. 9,12; Ex. 9,13; Ex. 9,13; Ex. 9,22; Ex. 9,23; Ex. 9,23; Ex. 9,27; Ex. 9,35; Ex. 10,1; Ex. 10,2; Ex. 10,3; Ex. 10,10; Ex. 10,12; Ex. 10,13; Ex. 10,19; Ex. 10,20; Ex. 10,21; Ex. 10,27; Ex. 11,1; Ex. 11,3; Ex. 11,4; Ex. 11,7; Ex. 11,9; Ex. 11,10; Ex. 12,1; Ex. 12,12; Ex. 12,23; Ex. 12,23; Ex. 12,25; Ex. 12,28; Ex. 12,29; Ex. 12,36; Ex. 12,43; Ex. 12,50; Ex. 12,51; Ex. 13,1; Ex. 13,3; Ex. 13,5; Ex. 13,8; Ex. 13,9; Ex. 13,11; Ex. 13,14; Ex. 13,16; Ex. 13,19; Ex. 14,1; Ex. 14,4; Ex. 14,8; Ex. 14,14; Ex. 14,15; Ex. 14,18; Ex. 14,21; Ex. 14,24; Ex. 14,25; Ex. 14,26; Ex. 14,27; Ex. 14,30; Ex. 14,31; Ex. 15,3; Ex. 15,3; Ex. 15,18; Ex. 15,19; Ex. 15,25; Ex. 15,26; Ex. 16,4; Ex. 16,6; Ex. 16,11; Ex. 16,12; Ex. 16,15; Ex. 16,16; Ex. 16,23; Ex. 16,28; Ex. 16,29; Ex. 16,32; Ex. 16,32; Ex. 16,34; Ex. 17,5; Ex. 17,7; Ex. 17,14; Ex. 17,16; Ex. 18,1; Ex. 18,1; Ex. 18,8; Ex. 18,8; Ex. 18,9; Ex. 18,10; Ex. 18,11; Ex. 19,9; Ex. 19,10; Ex. 19,11; Ex. 19,20; Ex. 19,20; Ex. 19,22; Ex. 19,24; Ex. 19,24; Ex. 20,1; Ex. 20,2; Ex. 20,5; Ex. 20,7; Ex. 20,11; Ex. 20,11; Ex. 20,12; Ex. 20,22; Ex. 21,4; Ex. 21,6; Ex. 21,6; Ex. 21,28; Ex. 21,29; Ex. 21,34; Ex. 22,7; Ex. 22,10; Ex. 22,13; Ex. 22,14; Ex. 24,3; Ex. 24,7; Ex. 24,8; Ex. 24,12; Ex. 24,16; Ex. 25,1; Ex. 29,46; Ex. 30,11; Ex. 30,17; Ex. 30,22; Ex. 30,34; Ex. 31,1; Ex. 31,12; Ex. 31,13; Ex. 31,17; Ex. 32,7; Ex. 32,14; Ex. 32,27; Ex. 32,33; Ex. 32,35; Ex. 33,1; Ex. 33,5; Ex. 33,11; Ex. 33,17; Ex. 33,21; Ex. 34,1; Ex. 34,4; Ex. 34,5; Ex. 34,6; Ex. 34,10; Ex. 34,14; Ex. 34,27; Ex. 34,32; Ex. 34,34; Ex. 35,1; Ex. 35,3; Ex. 35,4; Ex. 35,10; Ex. 35,29; Ex. 36,1; Ex. 36,5; Ex. 36,8; Ex. 36,12; Ex. 36,14; Ex. 36,28; Ex. 36,33; Ex. 36,36; Ex. 36,38; Ex. 37,20; Ex. 38,27; Ex. 39,10; Ex. 39,22; Ex. 39,23; Ex. 40,1; Ex. 40,16; Ex. 40,19; Ex. 40,21; Ex. 40,23; Ex. 40,25; Ex. 40,27; Lev. 1,1; Lev. 4,1; Lev. 5,14; Lev. 5,20; Lev. 6,1; Lev. 6,12; Lev. 6,17; Lev. 7,22; Lev. 7,28; Lev. 7,36; Lev. 7,38; Lev. 8,1; Lev. 8,4; Lev. 8,5; Lev. 8,9; Lev. 8,13; Lev. 8,17; Lev. 8,21; Lev. 8,29; Lev. 8,34; Lev. 8,35; Lev. 8,36; Lev. 9,4; Lev. 9,6; Lev. 9,7; Lev. 9,10; Lev. 9,21; Lev. 10,1; Lev. 10,3; Lev. 10,8; Lev. 10,11; Lev. 10,15; Lev. 10,18; Lev. 11,1; Lev. 11,44; Lev. 11,44; Lev. 11,45; Lev. 11,45; Lev. 12,1; Lev. 13,1; Lev. 14,1; Lev. 14,33; Lev. 15,1; Lev. 16,1; Lev. 16,2; Lev. 16,34; Lev. 17,1; Lev. 17,2; Lev. 18,1; Lev. 18,2; Lev. 18,4; Lev. 18,5; Lev. 18,6; Lev. 18,21; Lev. 18,30; Lev. 19,1; Lev. 19,2; Lev. 19,3; Lev. 19,4; Lev. 19,10; Lev. 19,12; Lev. 19,14; Lev. 19,16; Lev. 19,18; Lev. 19,23; Lev. 19,25; Lev. 19,28; Lev. 19,30; Lev. 19,31; Lev. 19,32; Lev. 19,34; Lev. 19,36; Lev. 19,37; Lev. 20,1; Lev. 20,7; Lev. 20,8; Lev. 20,24; Lev. 20,26; Lev. 21,1; Lev. 21,8; Lev. 21,12; Lev. 21,15; Lev. 21,16; Lev. 21,23; Lev. 22,1; Lev. 22,2; Lev. 22,3; Lev. 22,8; Lev. 22,9; Lev. 22,16; Lev. 22,17; Lev. 22,26; Lev. 22,30; Lev. 22,32; Lev. 22,33; Lev. 23,1; Lev. 23,9; Lev. 23,22; Lev. 23,23; Lev. 23,26; Lev. 23,33; Lev. 23,43; Lev. 24,1; Lev. 24,13; Lev. 24,22; Lev. 24,23; Lev. 25,1; Lev. 25,17; Lev. 25,36; Lev. 25,38; Lev. 25,55; Lev. 26,1; Lev. 26,2; Lev. 26,13; Lev. 26,44; Lev. 26,45; Lev. 26,46; Lev. 27,1; Lev. 27,34; Num. 1,1; Num. 1,19; Num. 1,48; Num. 1,54; Num. 2,1; Num. 2,33; Num. 2,34; Num. 3,1; Num. 3,5; Num. 3,11; Num. 3,13; Num. 3,14; Num. 3,16; Num. 3,40; Num. 3,41; Num. 3,42; Num. 3,44; Num. 3,45; Num. 3,51; Num. 4,1; Num. 4,17; Num. 4,21; Num. 4,49; Num. 5,1; Num. 5,4; Num. 5,5; Num. 5,11; Num. 6,1; Num. 6,22; Num. 6,23; Num. 6,24; Num. 6,25; Num. 6,26; Num. 7,4; Num. 7,11; Num. 8,1; Num. 8,3; Num. 8,4; Num. 8,5; Num. 8,20;

Num. 8,22; Num. 8,23; Num. 9,1; Num. 9,5; Num. 9,8; Num. 9,9; Num. 10,1; Num. 10,10; Num. 10,29; Num. 10,29; Num. 10,32; Num. 11,1; Num. 11,10; Num. 11,16; Num. 11,18; Num. 11,23; Num. 11,25; Num. 11,29; Num. 11,33; Num. 11,33; Num. 12,2; Num. 12,2; Num. 12,4; Num. 12,5; Num. 12,14; Num. 13,1; Num. 14,3; Num. 14,8; Num. 14,9; Num. 14,11; Num. 14,14; Num. 14,20; Num. 14,26; Num. 14,28; Num. 14,35; Num. 14,40; Num. 14,42; Num. 14,43; Num. 15,1; Num. 15,17; Num. 15,22; Num. 15,23; Num. 15,23; Num. 15,35; Num. 15,36; Num. 15,37; Num. 15,41; Num. 15,41; Num. 16,3; Num. 16,7; Num. 16,20; Num. 16,23; Num. 16,28; Num. 16,29; Num. 16,30; Num. 17,1; Num. 17,5; Num. 17,9; Num. 17,16; Num. 17,25; Num. 17,26; Num. 18,1; Num. 18,8; Num. 18,20; Num. 18,25; Num. 19,1; Num. 19,2; Num. 20,7; Num. 20,9; Num. 20,12; Num. 20,16; Num. 20,23; Num. 20,27; Num. 21,3; Num. 21,6; Num. 21,8; Num. 21,16; Num. 21,34; Num. 22,8; Num. 22,19; Num. 23,8; Num. 23,17; Num. 23,21; Num. 24,6; Num. 24,11; Num. 25,3; Num. 25,4; Num. 25,10; Num. 25,16; Num. 26,1; Num. 26,4; Num. 26,52; Num. 26,65; Num. 27,6; Num. 27,11; Num. 27,12; Num. 27,16; Num. 27,18; Num. 27,22; Num. 27,23; Num. 28,1; Num. 30,1; Num. 30,2; Num. 30,6; Num. 30,9; Num. 30,13; Num. 30,17; Num. 31,1; Num. 31,7; Num. 31,21; Num. 31,25; Num. 31,31; Num. 31,41; Num. 31,47; Num. 32,4; Num. 32,7; Num. 32,9; Num. 32,10; Num. 32,13; Num. 32,25; Num. 32,27; Num. 32,31; Num. 33,4; Num. 33,4; Num. 33,50; Num. 34,1; Num. 34,13; Num. 34,16; Num. 34,29; Num. 35,1; Num. 35,9; Num. 35,34; Num. 36,2; Num. 36,2; Num. 36,6; Num. 36,10; Num. 36,13; Deut. 1,3; Deut. 1,10; Deut. 1,11; Deut. 1,19; Deut. 1,20; Deut. 1,21; Deut. 1,21; Deut. 1,25; Deut. 1,30; Deut. 1,31; Deut. 1,34; Deut. 1,37; Deut. 1,41; Deut. 1,42; Deut. 1,45; Deut. 2,1; Deut. 2,2; Deut. 2,7; Deut. 2,7; Deut. 2,9; Deut. 2,12; Deut. 2,17; Deut. 2,21; Deut. 2,29; Deut. 2,30; Deut. 2,31; Deut. 2,33; Deut. 2,36; Deut. 2,37; Deut. 3,2; Deut. 3,3; Deut. 3,20; Deut. 3,20; Deut. 3,21; Deut. 3,21; Deut. 3,22; Deut. 3,26; Deut. 3,26; Deut. 4,1; Deut. 4,3; Deut. 4,3; Deut. 4,5; Deut. 4,7; Deut. 4,10; Deut. 4,12; Deut. 4,14; Deut. 4,15; Deut. 4,19; Deut. 4,21; Deut. 4,21; Deut. 4,23; Deut. 4,24; Deut. 4,27; Deut. 4,27; Deut. 4,31; Deut. 4,34; Deut. 4,35; Deut. 4,39; Deut. 4,40; Deut. 5,2; Deut. 5,3; Deut. 5,4; Deut. 5,6; Deut. 5,9; Deut. 5,11; Deut. 5,12; Deut. 5,15; Deut. 5,15; Deut. 5,16; Deut. 5,16; Deut. 5,22; Deut. 5,24; Deut. 5,27; Deut. 5,27; Deut. 5,28; Deut. 5,28; Deut. 5,32; Deut. 5,33; Deut. 6,1; Deut. 6,3; Deut. 6,4; Deut. 6,4; Deut. 6,4; Deut. 6,10; Deut. 6,15; Deut. 6,15; Deut. 6,18; Deut. 6,20; Deut. 6,21; Deut. 6,22; Deut. 6,24; Deut. 6,25; Deut. 7,1; Deut. 7,2; Deut. 7,4; Deut. 7,6; Deut. 7,7; Deut. 7,8; Deut. 7,9; Deut. 7,12; Deut. 7,13; Deut. 7,15; Deut. 7,16; Deut. 7,18; Deut. 7,19; Deut. 7,19; Deut. 7,20; Deut. 7,21; Deut. 7,22; Deut. 7,23; Deut. 8,1; Deut. 8,2; Deut. 8,5; Deut. 8,7; Deut. 8,18; Deut. 8,20; Deut. 9,3; Deut. 9,3; Deut. 9,4; Deut. 9,4; Deut. 9,5; Deut. 9,6; Deut. 9,8; Deut. 9,9; Deut. 9,10; Deut. 9,10; Deut. 9,11; Deut. 9,12; Deut. 9,13; Deut. 9,16; Deut. 9,19; Deut. 9,19; Deut. 9,20; Deut. 9,23; Deut. 9,25; Deut. 10,1; Deut. 10,4; Deut. 10,4; Deut. 10,5; Deut. 10,8; Deut. 10,9; Deut. 10,10; Deut. 10,10; Deut. 10,11; Deut. 10,12; Deut. 10,15; Deut. 10,17; Deut. 10,17; Deut. 10,22; Deut. 11,4; Deut. 11,9; Deut. 11,12; Deut. 11,17; Deut. 11,17; Deut. 11,21; Deut. 11,23; Deut. 11,25; Deut. 11,25; Deut. 11,29; Deut. 11,31; Deut. 12,1; Deut. 12,5; Deut. 12,7; Deut. 12,9; Deut. 12,10; Deut. 12,11; Deut. 12,14; Deut. 12,18; Deut. 12,20; Deut. 12,21; Deut. 12,26; Deut. 12,29; Deut. 12,31; Deut. 13,4; Deut. 13,6; Deut. 13,13; Deut. 13,18; Deut. 13,18; Deut. 14,2; Deut. 14,23; Deut. 14,24; Deut. 14,24; Deut. 14,25; Deut. 14,29; Deut. 15,4; Deut. 15,4; Deut. 15,6; Deut. 15,7; Deut. 15,10; Deut. 15,14; Deut. 15,15; Deut. 15,18; Deut. 15,20; Deut. 16,2; Deut. 16,5; Deut. 16,6; Deut. 16,7; Deut. 16,10; Deut. 16,11; Deut. 16,15; Deut. 16,15; Deut. 16,16; Deut. 16,18; Deut. 16,20; Deut. 16,22; Deut. 17,2; Deut. 17,8; Deut. 17,10; Deut. 17,14; Deut. 17,15; Deut. 17,16; Deut. 18,2; Deut. 18,5; Deut. 18,6; Deut. 18,9; Deut. 18,12; Deut. 18,14; Deut. 18,15; Deut. 18,17; Deut. 18,21; Deut. 18,22; Deut. 19,1; Deut. 19,2; Deut. 19,3; Deut. 19,8; Deut. 19,8; Deut. 19,10; Deut. 19,14; Deut. 20,1; Deut. 20,4; Deut. 20,13; Deut. 20,14; Deut. 20,16; Deut. 20,17; Deut. 21,1; Deut. 21,5; Deut. 21,10; Deut. 21,23; Deut. 23,6; Deut. 23,6; Deut. 23,6; Deut. 23,15; Deut. 23,21; Deut. 23,22; Deut. 24,4; Deut. 24,9; Deut. 24,18; Deut. 24,19; Deut. 25,15; Deut. 25,19; Deut. 25,19; Deut. 26,1; Deut. 26,2; Deut. 26,2; Deut. 26,3; Deut. 26,7; Deut. 26,8; Deut. 26,11; Deut. 26,16; Deut. 26,18; Deut. 27,2; Deut. 27,3; Deut. 27,3; Deut. 28,1; Deut. 28,1; Deut. 28,7; Deut. 28,8; Deut. 28,8; Deut. 28,9; Deut. 28,11; Deut. 28,11; Deut. 28,12; Deut. 28,13; Deut. 28,21; Deut. 28,22; Deut. 28,24; Deut. 28,25; Deut. 28,27; Deut. 28,28; Deut. 28,35; Deut. 28,37; Deut. 28,48; Deut. 28,49; Deut. 28,52; Deut. 28,53; Deut. 28,59; Deut. 28,61; Deut. 28,63; Deut. 28,63; Deut. 28,64; Deut. 28,65; Deut. 28,68; Deut. 28,69; Deut. 29,1; Deut. 29,3; Deut. 29,5; Deut. 29,11; Deut. 29,19; Deut. 29,20; Deut. 29,21; Deut. 29,22; Deut. 29,23; Deut. 29,26; Deut. 29,27; Deut. 30,1; Deut. 30,3; Deut. 30,3; Deut. 30,4; Deut. 30,4; Deut. 30,5; Deut. 30,6; Deut. 30,7; Deut. 30,9; Deut. 30,9; Deut. 30,16; Deut. 30,18; Deut. 30,20; Deut. 31,2; Deut. 31,3; Deut. 31,3; Deut. 31,4; Deut. 31,5; Deut. 31,6; Deut. 31,7; Deut. 31,8; Deut. 31,11; Deut. 31,14; Deut. 31,15; Deut. 31,16; Deut. 31,17; Deut. 31,23; Deut. 32,4; Deut. 32,12; Deut. 32,19; Deut. 32,27; Deut. 32,30; Deut. 32,36; Deut. 32,37; Deut. 32,43; Deut. 32,48; Deut. 33,21; Deut. 34,1; Deut. 34,4; Deut. 34,9; Deut. 34,10; Deut. 34,11; Josh. 1,1; Josh. 1,9; Josh. 1,11; Josh. 1,15; Josh. 1,15; Josh. 1,17; Josh. 2,9; Josh. 2,10; Josh. 2,11; Josh. 2,14; Josh. 2,24; Josh. 3,5; Josh. 3,7; Josh. 4,1; Josh. 4,8; Josh. 4,8; Josh. 4,10; Josh. 4,14; Josh. 4,15; Josh. 4,23; Josh. 4,23; Josh. 5,1; Josh. 5,2; Josh. 5,6; Josh. 5,9; Josh. 6,2; Josh. 6,16; Josh. 6,27; Josh. 7,1; Josh. 7,10; Josh. 7,13; Josh. 7,14; Josh. 7,14; Josh. 7,14; Josh. 7,25; Josh. 7,26; Josh. 8,1; Josh. 8,18; Josh. 8,27; Josh. 9,3; Josh. 9,24; Josh. 9,27; Josh. 10,8; Josh. 10,10; Josh. 10,10; Josh. 10,11; Josh. 10,14; Josh. 10,19; Josh. 10,25; Josh. 10,30; Josh. 10,32; Josh. 10,35; Josh. 10,40; Josh. 10,42; Josh. 11,6; Josh. 11,8; Josh. 11,9; Josh. 11,15; Josh. 11,20; Josh. 11,23; Josh. 13,1; Josh. 13,14; Josh. 13,14; Josh. 14,2; Josh. 14,5; Josh. 14,6; Josh. 14,10; Josh. 14,10; Josh. 14,12; Josh. 14,12; Josh. 14,12; Josh. 18,3; Josh. 20,1; Josh. 21,2; Josh. 21,8; Josh. 21,43; Josh. 21,44; Josh. 21,44; Josh. 21,45; Josh. 22,4; Josh. 22,22; Josh. 22,22; Josh. 22,23; Josh. 22,25; Josh. 22,31; Josh. 22,34; Josh. 23,3; Josh. 23,3; Josh. 23,5; Josh. 23,5; Josh. 23,9; Josh. 23,10; Josh. 23,13; Josh. 23,13; Josh. 23,14; Josh. 23,15; Josh. 23,15; Josh. 23,15; Josh. 24,2; Josh. 24,5; Josh. 24,7; Josh. 24,8; Josh. 24,10; Josh. 24,11; Josh. 24,17; Josh. 24,18; Josh. 24,31a; Josh. 24,33b; Judg. 1,2; Judg. 1,4; Judg. 1,19; Judg. 2,1; Judg. 2,14; Judg. 2,15; Judg. 2,15; Judg. 2,16; Judg. 2,18; Judg. 2,18; Judg. 2,18; Judg. 2,20; Judg. 2,23; Judg. 3,8; Judg. 3,9; Judg. 3,10; Judg. 3,12; Judg. 3,15; Judg. 3,25; Judg. 3,28; Judg. 4,2; Judg. 4,6; Judg. 4,8; Judg. 4,9; Judg. 4,14; Judg. 4,14; Judg. 4,15; Judg. 4,23; Judg. 5,14; Judg. 5,23; Judg. 6,1; Judg. 6,8; Judg. 6,8; Judg. 6,10; Judg. 6,13; Judg. 6,13; Judg. 6,23; Judg. 6,25; Judg. 6,27; Judg. 7,2; Judg. 7,3; Judg. 7,4; Judg. 7,5; Judg. 7,7; Judg. 7,9; Judg. 7,14; Judg. 7,15; Judg. 7,22; Judg. 8,3; Judg. 8,19; Judg. 8,23; Judg. 10,7; Judg. 10,11; Judg. 11,9; Judg. 11,21; Judg. 11,23; Judg. 11,24; Judg. 11,27; Judg. 11,32; Judg. 11,36; Judg. 12,3; Judg. 13,1; Judg. 13,23; Judg. 13,24; Judg. 16,20; Judg. 17,13; Judg. 19,12; Judg. 19,23; Judg. 19,26;

κύριος

Judg. 19,27; Judg. 20,18; Judg. 20,23; Judg. 20,28; Judg. 20,35; Judg. 21,15; Ruth 1,6; Ruth 1,8; Ruth 1,9; Ruth 1,17; Ruth 1,21; Ruth 1,21; Ruth 2,4; Ruth 2,12; Ruth 3,13; Ruth 4,11; Ruth 4,13; Ruth 4,14; 1Sam. 1,5; 1Sam. 1,6; 1Sam. 1,6; 1Sam. 1,19; 1Sam. 1,23; 1Sam. 1,27; 1Sam. 2,2; 1Sam. 2,3; 1Sam. 2,6; 1Sam. 2,7; 1Sam. 2,10; 1Sam. 2,10; 1Sam. 2,10; 1Sam. 2,20; 1Sam. 2,21; 1Sam. 2,25; 1Sam. 2,27; 1Sam. 2,30; 1Sam. 2,30; 1Sam. 3,4; 1Sam. 3,6; 1Sam. 3,8; 1Sam. 3,8; 1Sam. 3,10; 1Sam. 3,11; 1Sam. 3,19; 1Sam. 3,21; 1Sam. 3,21; 1Sam. 4,3; 1Sam. 6,19; 1Sam. 7,9; 1Sam. 7,10; 1Sam. 7,12; 1Sam. 7,13; 1Sam. 8,7; 1Sam. 8,18; 1Sam. 8,22; 1Sam. 9,15; 1Sam. 9,17; 1Sam. 10,1; 1Sam. 10,1; 1Sam. 10,18; 1Sam. 10,22; 1Sam. 10,24; 1Sam. 10,26; 1Sam. 11,13; 1Sam. 12,5; 1Sam. 12,6; 1Sam. 12,8; 1Sam. 12,11; 1Sam. 12,12; 1Sam. 12,13; 1Sam. 12,16; 1Sam. 12,18; 1Sam. 12,22; 1Sam. 12,22; 1Sam. 13,13; 1Sam. 13,13; 1Sam. 13,14; 1Sam. 13,14; 1Sam. 13,14; 1Sam. 14,6; 1Sam. 14,10; 1Sam. 14,12; 1Sam. 14,23; 1Sam. 14,39; 1Sam. 14,42; 1Sam. 14,45; 1Sam. 15,1; 1Sam. 15,2; 1Sam. 15,13; 1Sam. 15,16; 1Sam. 15,17; 1Sam. 15,18; 1Sam. 15,20; 1Sam. 15,23; 1Sam. 15,26; 1Sam. 15,28; 1Sam. 15,35; 1Sam. 16,1; 1Sam. 16,2; 1Sam. 16,4; 1Sam. 16,7; 1Sam. 16,8; 1Sam. 16,9; 1Sam. 16,10; 1Sam. 16,12; 1Sam. 16,18; 1Sam. 17,37; 1Sam. 17,37; 1Sam. 17,46; 1Sam. 17,47; 1Sam. 17,47; 1Sam. 18,14; 1Sam. 18,28; 1Sam. 19,5; 1Sam. 19,6; 1Sam. 20,3; 1Sam. 20,13; 1Sam. 20,16; 1Sam. 20,21; 1Sam. 20,22; 1Sam. 20,23; 1Sam. 23,2; 1Sam. 23,4; 1Sam. 23,11; 1Sam. 23,14; 1Sam. 24,5; 1Sam. 24,11; 1Sam. 24,13; 1Sam. 24,13; 1Sam. 24,16; 1Sam. 24,16; 1Sam. 24,19; 1Sam. 24,20; 1Sam. 25,26; 1Sam. 25,26; 1Sam. 25,28; 1Sam. 25,30; 1Sam. 25,30; 1Sam. 25,31; 1Sam. 25,32; 1Sam. 25,34; 1Sam. 25,38; 1Sam. 25,39; 1Sam. 25,39; 1Sam. 26,8; 1Sam. 26,10; 1Sam. 26,10; 1Sam. 26,16; 1Sam. 26,23; 1Sam. 26,23; 1Sam. 28,6; 1Sam. 28,10; 1Sam. 28,16; 1Sam. 28,17; 1Sam. 28,19; 1Sam. 28,19; 1Sam. 29,6; 1Sam. 30,23; 2Sam. 2,1; 2Sam. 2,6; 2Sam. 2,7; 2Sam. 2,27; 2Sam. 3,9; 2Sam. 3,18; 2Sam. 3,39; 2Sam. 4,8; 2Sam. 4,9; 2Sam. 5,2; 2Sam. 5,10; 2Sam. 5,12; 2Sam. 5,19; 2Sam. 5,20; 2Sam. 5,23; 2Sam. 5,24; 2Sam. 5,25; 2Sam. 6,7; 2Sam. 6,8; 2Sam. 6,11; 2Sam. 6,12; 2Sam. 6,21; 2Sam. 7,1; 2Sam. 7,3; 2Sam. 7,5; 2Sam. 7,8; 2Sam. 7,11; 2Sam. 8,6; 2Sam. 8,14; 2Sam. 10,12; 2Sam. 12,1; 2Sam. 12,5; 2Sam. 12,7; 2Sam. 12,11; 2Sam. 12,13; 2Sam. 12,15; 2Sam. 12,22; 2Sam. 12,24; 2Sam. 14,11; 2Sam. 14,17; 2Sam. 15,8; 2Sam. 15,15; 2Sam. 15,20; 2Sam. 15,21; 2Sam. 16,8; 2Sam. 16,8; 2Sam. 16,10; 2Sam. 16,11; 2Sam. 16,12; 2Sam. 16,18; 2Sam. 17,14; 2Sam. 17,14; 2Sam. 18,19; 2Sam. 18,28; 2Sam. 18,31; 2Sam. 21,1; 2Sam. 22,1; 2Sam. 22,8; 2Sam. 22,14; 2Sam. 22,19; 2Sam. 22,21; 2Sam. 22,25; 2Sam. 22,29; 2Sam. 22,47; 2Sam. 22,48; 2Sam. 23,1; 2Sam. 23,10; 2Sam. 23,12; 2Sam. 24,3; 2Sam. 24,12; 2Sam. 24,15; 2Sam. 24,16; 2Sam. 24,19; 2Sam. 24,25; 1Kings 1,2; 1Kings 1,11; 1Kings 1,29; 1Kings 1,36; 1Kings 1,37; 1Kings 1,43; 1Kings 1,48; 1Kings 2,4; 1Kings 2,24; 1Kings 2,24; 1Kings 2,32; 1Kings 2,35a; 1Kings 2,44; 1Kings 3,5; 1Kings 3,5; 1Kings 3,11; 1Kings 5,9; 1Kings 5,18; 1Kings 5,19; 1Kings 5,26; 1Kings 8,9; 1Kings 8,15; 1Kings 8,18; 1Kings 8,20; 1Kings 8,20; 1Kings 8,21; 1Kings 8,53a; 1Kings 8,56; 1Kings 8,57; 1Kings 8,60; 1Kings 8,66; 1Kings 9,2; 1Kings 9,3; 1Kings 9,8; 1Kings 9,9; 1Kings 10,9; 1Kings 10,24; 1Kings 11,2; 1Kings 11,9; 1Kings 11,10; 1Kings 11,11; 1Kings 11,14; 1Kings 11,31; 1Kings 12,24; 1Kings 12,24k; 1Kings 12,24l; 1Kings 12,24m; 1Kings 12,24o; 1Kings 12,24o; 1Kings 12,24y; 1Kings 13,2; 1Kings 13,3; 1Kings 13,9; 1Kings 13,17; 1Kings 13,21; 1Kings 13,21; 1Kings 14,21; 1Kings 14,24; 1Kings 15,4; 1Kings 16,7; 1Kings 16,12; 1Kings 17,1; 1Kings 17,12; 1Kings 17,14; 1Kings 18,10; 1Kings 18,15; 1Kings 18,21; 1Kings 18,31; 1Kings 18,36; 1Kings 18,37; 1Kings 19,11; 1Kings 19,11; 1Kings 19,11; 1Kings 19,12; 1Kings 19,12; 1Kings 19,15; 1Kings 20,17; 1Kings 20,19; 1Kings 20,19; 1Kings 20,21; 1Kings 20,23; 1Kings 20,26; 1Kings 20,28; 1Kings 21,13; 1Kings 21,13; 1Kings 21,14; 1Kings 21,28; 1Kings 21,28; 1Kings 21,28; 1Kings 21,42; 1Kings 22,6; 1Kings 22,11; 1Kings 22,12; 1Kings 22,14; 1Kings 22,14; 1Kings 22,15; 1Kings 22,17; 1Kings 22,17; 1Kings 22,20; 1Kings 22,21; 1Kings 22,23; 1Kings 22,23; 1Kings 22,28; 2Kings 1,4; 2Kings 1,6; 2Kings 1,16; 2Kings 1,18d; 2Kings 2,2; 2Kings 2,2; 2Kings 2,3; 2Kings 2,4; 2Kings 2,4; 2Kings 2,5; 2Kings 2,6; 2Kings 2,6; 2Kings 2,19; 2Kings 2,21; 2Kings 3,10; 2Kings 3,13; 2Kings 3,14; 2Kings 3,16; 2Kings 3,17; 2Kings 4,27; 2Kings 4,30; 2Kings 4,43; 2Kings 5,1; 2Kings 5,16; 2Kings 5,18; 2Kings 5,18; 2Kings 5,20; 2Kings 6,17; 2Kings 6,20; 2Kings 6,27; 2Kings 7,1; 2Kings 7,2; 2Kings 7,6; 2Kings 7,19; 2Kings 8,1; 2Kings 8,10; 2Kings 8,19; 2Kings 9,3; 2Kings 9,6; 2Kings 9,12; 2Kings 9,25; 2Kings 9,26; 2Kings 9,26; 2Kings 10,10; 2Kings 10,10; 2Kings 10,30; 2Kings 10,32; 2Kings 13,3; 2Kings 13,4; 2Kings 13,5; 2Kings 13,23; 2Kings 13,23; 2Kings 14,6; 2Kings 14,26; 2Kings 14,27; 2Kings 15,5; 2Kings 15,37; 2Kings 16,3; 2Kings 17,8; 2Kings 17,11; 2Kings 17,12; 2Kings 17,13; 2Kings 17,18; 2Kings 17,23; 2Kings 17,23; 2Kings 17,25; 2Kings 17,34; 2Kings 17,35; 2Kings 18,7; 2Kings 18,25; 2Kings 18,30; 2Kings 18,35; 2Kings 19,4; 2Kings 19,4; 2Kings 19,4; 2Kings 19,6; 2Kings 19,19; 2Kings 19,20; 2Kings 19,21; 2Kings 19,32; 2Kings 19,33; 2Kings 20,1; 2Kings 20,5; 2Kings 20,8; 2Kings 20,9; 2Kings 20,17; 2Kings 21,2; 2Kings 21,7; 2Kings 21,9; 2Kings 21,10; 2Kings 21,12; 2Kings 22,15; 2Kings 22,16; 2Kings 22,18; 2Kings 22,19; 2Kings 23,26; 2Kings 23,27; 2Kings 24,4; 1Chr. 11,2; 1Chr. 11,9; 1Chr. 11,14; 1Chr. 13,10; 1Chr. 13,11; 1Chr. 14,2; 1Chr. 14,10; 1Chr. 14,17; 1Chr. 15,2; 1Chr. 16,9; 1Chr. 16,14; 1Chr. 16,25; 1Chr. 16,36; 1Chr. 17,4; 1Chr. 17,7; 1Chr. 17,10; 1Chr. 18,6; 1Chr. 18,13; 1Chr. 19,13; 1Chr. 21,3; 1Chr. 21,9; 1Chr. 21,10; 1Chr. 21,11; 1Chr. 21,14; 1Chr. 21,15; 1Chr. 21,27; 1Chr. 21,28; 1Chr. 22,11; 1Chr. 22,12; 1Chr. 22,13; 1Chr. 22,16; 1Chr. 22,18; 1Chr. 23,25; 1Chr. 24,19; 1Chr. 27,23; 1Chr. 28,4; 1Chr. 28,5; 1Chr. 28,9; 1Chr. 28,10; 1Chr. 28,20; 1Chr. 29,1; 1Chr. 29,25; 2Chr. 1,1; 2Chr. 2,11; 2Chr. 3,1; 2Chr. 5,10; 2Chr. 6,4; 2Chr. 6,8; 2Chr. 6,10; 2Chr. 6,10; 2Chr. 7,10; 2Chr. 7,21; 2Chr. 9,8; 2Chr. 10,15; 2Chr. 11,4; 2Chr. 12,5; 2Chr. 12,6; 2Chr. 12,13; 2Chr. 13,5; 2Chr. 13,12; 2Chr. 13,15; 2Chr. 13,16; 2Chr. 13,20; 2Chr. 14,5; 2Chr. 14,11; 2Chr. 15,2; 2Chr. 15,9; 2Chr. 15,15; 2Chr. 17,3; 2Chr. 17,5; 2Chr. 18,10; 2Chr. 18,11; 2Chr. 18,13; 2Chr. 18,16; 2Chr. 18,19; 2Chr. 18,20; 2Chr. 18,22; 2Chr. 18,22; 2Chr. 18,27; 2Chr. 18,31; 2Chr. 19,11; 2Chr. 20,7; 2Chr. 20,15; 2Chr. 20,17; 2Chr. 20,22; 2Chr. 20,27; 2Chr. 20,29; 2Chr. 20,37; 2Chr. 21,7; 2Chr. 21,12; 2Chr. 21,14; 2Chr. 21,16; 2Chr. 21,18; 2Chr. 23,3; 2Chr. 24,20; 2Chr. 24,22; 2Chr. 25,4; 2Chr. 25,7; 2Chr. 25,8; 2Chr. 26,5; 2Chr. 26,7; 2Chr. 26,20; 2Chr. 28,3; 2Chr. 28,5; 2Chr. 28,19; 2Chr. 29,8; 2Chr. 29,11; 2Chr. 30,9; 2Chr. 30,20; 2Chr. 31,10; 2Chr. 32,8; 2Chr. 32,21; 2Chr. 32,22; 2Chr. 32,29; 2Chr. 32,31; 2Chr. 33,2; 2Chr. 33,4; 2Chr. 33,9; 2Chr. 33,10; 2Chr. 33,11; 2Chr. 33,13; 2Chr. 33,17; 2Chr. 34,23; 2Chr. 34,24; 2Chr. 34,26; 2Chr. 34,27; 2Chr. 35,19c; 2Chr. 35,19c; 2Chr. 35,19d; 2Chr. 36,5b; 2Chr. 36,5d; 2Chr. 36,15; 2Chr. 36,22; 2Chr. 36,23; 1Esdr. 1,25; 1Esdr. 1,25; 1Esdr. 1,49; 1Esdr. 2,1; 1Esdr. 2,2; 1Esdr. 2,2; 1Esdr. 2,3; 1Esdr. 2,3; 1Esdr. 2,5; 1Esdr. 6,32; 1Esdr. 8,25; 1Esdr. 9,52; Ezra 1,1; Ezra 1,2; Ezra 6,22; Ezra 7,6; Ezra 7,27; Ezra 9,8; Ezra 9,9; Neh. 8,1; Neh. 8,14; Neh. 9,6; Neh. 9,7; Esth. 13,10 # 4,17c; Esth. 6,1; Esth. 10,9 # 10,3f; Esth. 10,9 # 10,3f; Judith 2,5; Judith 2,15; Judith 4,13; Judith 5,21; Judith 6,4; Judith 7,30; Judith 8,11; Judith 8,23; Judith 8,27; Judith 8,31; Judith 8,33; Judith 8,35; Judith 9,7; Judith 9,8; Judith 12,4; Judith

Κ, κ

13,15; Judith 13,16; Judith 13,18; Judith 15,8; Judith 16,2; Judith 16,5; Judith 16,17; Tob. 4,19; Tob. 7,17; Tob. 8,4; Tob. 10,13; Tob. 13,4; Tob. 14,7; 1Mac. 2,53; 2Mac. 2,8; 2Mac. 3,33; 2Mac. 5,19; 2Mac. 7,6; 2Mac. 7,33; 2Mac. 9,5; 2Mac. 15,4; 4Mac. 7,23; Psa. 1,6; Psa. 2,4; Psa. 2,12; Psa. 3,6; Psa. 4,4; Psa. 4,4; Psa. 5,7; Psa. 6,9; Psa. 6,10; Psa. 6,10; Psa. 7,9; Psa. 8,2; Psa. 8,10; Psa. 9,8; Psa. 9,10; Psa. 9,17; Psa. 9,37; Psa. 9,38; Psa. 10,4; Psa. 10,4; Psa. 10,5; Psa. 10,7; Psa. 11,4; Psa. 11,6; Psa. 13,2; Psa. 13,6; Psa. 15,5; Psa. 17,1; Psa. 17,3; Psa. 17,14; Psa. 17,19; Psa. 17,21; Psa. 17,25; Psa. 17,47; Psa. 19,2; Psa. 19,6; Psa. 19,7; Psa. 20,10; Psa. 21,32; Psa. 23,8; Psa. 23,8; Psa. 23,10; Psa. 24,8; Psa. 24,14; Psa. 26,1; Psa. 26,10; Psa. 27,6; Psa. 27,7; Psa. 27,8; Psa. 28,3; Psa. 28,5; Psa. 28,8; Psa. 28,10; Psa. 28,10; Psa. 28,11; Psa. 28,11; Psa. 29,11; Psa. 29,11; Psa. 30,22; Psa. 30,24; Psa. 31,2; Psa. 32,10; Psa. 32,12; Psa. 32,13; Psa. 33,7; Psa. 33,9; Psa. 33,18; Psa. 33,19; Psa. 33,21; Psa. 33,23; Psa. 34,27; Psa. 36,13; Psa. 36,17; Psa. 36,18; Psa. 36,24; Psa. 36,28; Psa. 36,33; Psa. 36,40; Psa. 38,8; Psa. 39,17; Psa. 39,18; Psa. 40,2; Psa. 40,3; Psa. 40,4; Psa. 40,14; Psa. 41,9; Psa. 45,8; Psa. 45,12; Psa. 46,3; Psa. 46,6; Psa. 47,2; Psa. 49,1; Psa. 53,6; Psa. 54,17; Psa. 57,7; Psa. 65,18; Psa. 67,5; Psa. 67,12; Psa. 67,17; Psa. 67,18; Psa. 67,19; Psa. 67,20; Psa. 67,23; Psa. 68,34; Psa. 70,5; Psa. 71,18; Psa. 76,8; Psa. 77,21; Psa. 77,65; Psa. 80,11; Psa. 82,19; Psa. 83,12; Psa. 83,12; Psa. 84,9; Psa. 84,13; Psa. 86,2; Psa. 86,6; Psa. 88,53; Psa. 91,16; Psa. 92,1; Psa. 92,1; Psa. 92,4; Psa. 93,1; Psa. 93,7; Psa. 93,11; Psa. 93,14; Psa. 93,17; Psa. 93,22; Psa. 93,23; Psa. 94,3; Psa. 95,4; Psa. 95,5; Psa. 95,10; Psa. 96,1; Psa. 96,9; Psa. 96,10; Psa. 97,1; Psa. 97,2; Psa. 98,1; Psa. 98,2; Psa. 98,9; Psa. 99,3; Psa. 99,5; Psa. 101,17; Psa. 101,20; Psa. 102,6; Psa. 102,8; Psa. 102,11; Psa. 102,13; Psa. 102,19; Psa. 103,31; Psa. 104,7; Psa. 105,34; Psa. 105,40; Psa. 105,48; Psa. 109,1; Psa. 109,2; Psa. 109,4; Psa. 109,5; Psa. 110,4; Psa. 112,4; Psa. 112,5; Psa. 113,20; Psa. 113,22; Psa. 114,1; Psa. 114,5; Psa. 114,6; Psa. 114,7; Psa. 117,6; Psa. 117,7; Psa. 117,13; Psa. 117,14; Psa. 117,18; Psa. 117,24; Psa. 117,27; Psa. 120,5; Psa. 120,5; Psa. 120,7; Psa. 120,8; Psa. 123,1; Psa. 123,2; Psa. 123,6; Psa. 124,2; Psa. 124,5; Psa. 125,2; Psa. 125,3; Psa. 126,1; Psa. 126,1; Psa. 127,5; Psa. 128,4; Psa. 131,11; Psa. 131,13; Psa. 132,3; Psa. 133,3; Psa. 134,3; Psa. 134,4; Psa. 134,5; Psa. 134,5; Psa. 134,6; Psa. 134,14; Psa. 134,21; Psa. 135,23; Psa. 137,6; Psa. 137,8; Psa. 139,13; Psa. 143,1; Psa. 143,15; Psa. 144,3; Psa. 144,8; Psa. 144,9; Psa. 144,13a; Psa. 144,14; Psa. 144,17; Psa. 144,18; Psa. 144,20; Psa. 145,7; Psa. 145,8; Psa. 145,8; Psa. 145,8; Psa. 145,9; Psa. 145,10; Psa. 146,2; Psa. 146,5; Psa. 146,6; Psa. 146,11; Psa. 149,4; Psa. 151,3; Psa. 151,5; Ode. 1,3; Ode. 1,3; Ode. 1,18; Ode. 1,19; Ode. 2,4; Ode. 2,12; Ode. 2,19; Ode. 2,27; Ode. 2,30; Ode. 2,36; Ode. 2,37; Ode. 2,43; Ode. 3,2; Ode. 3,3; Ode. 3,6; Ode. 3,7; Ode. 3,10; Ode. 3,10; Ode. 3,10; Ode. 4,9; Ode. 4,19; Ode. 7,45; Ode. 9,68; Ode. 12,7; Ode. 14,26; Prov. 2,6; Prov. 3,12; Prov. 3,26; Prov. 3,34; Prov. 6,16; Prov. 8,22; Prov. 8,26; Prov. 10,3; Prov. 15,25; Prov. 17,11; Prov. 21,2; Prov. 22,2; Prov. 22,11; Prov. 22,23; Prov. 23,11; Prov. 24,12; Prov. 24,18; Prov. 25,22; Prov. 29,13; Prov. 29,23; Job 1,7; Job 1,8; Job 1,12; Job 1,21; Job 1,21; Job 2,2; Job 2,3; Job 2,6; Job 3,4; Job 5,17; Job 6,8; Job 6,9; Job 8,3; Job 8,20; Job 11,5; Job 16,11; Job 19,3; Job 19,22; Job 23,16; Job 27,2; Job 27,9; Job 31,6; Job 31,14; Job 33,14; Job 34,5; Job 34,23; Job 35,13; Job 36,5; Job 38,1; Job 40,1; Job 40,6; Job 42,7; Job 42,9; Job 42,10; Job 42,10; Job 42,11; Job 42,12; Job 42,17a; Wis. 3,8; Wis. 4,17; Wis. 4,18; Wis. 9,13; Sir. 1,9; Sir. 1,26; Sir. 1,30; Sir. 2,11; Sir. 2,14; Sir. 3,2; Sir. 4,13; Sir. 4,14; Sir. 4,28; Sir. 5,3; Sir. 10,13; Sir. 10,14; Sir. 10,15; Sir. 10,16; Sir. 15,10; Sir. 15,13; Sir. 16,29; Sir. 18,2; Sir. 18,11; Sir. 26,28; Sir. 27,24; Sir. 33,11; Sir. 35,10; Sir. 35,12;

Sir. 35,19; Sir. 36,17; Sir. 38,1; Sir. 38,4; Sir. 38,12; Sir. 39,6; Sir. 42,17; Sir. 43,5; Sir. 43,29; Sir. 43,33; Sir. 44,2; Sir. 45,19; Sir. 46,5; Sir. 46,9; Sir. 46,14; Sir. 46,17; Sir. 47,11; Sir. 47,22; Sir. 51,22; Sol. 2,29; Sol. 2,36; Sol. 2,37; Sol. 3,8; Sol. 4,23; Sol. 4,24; Sol. 6,5; Sol. 6,6; Sol. 6,6; Sol. 8,24; Sol. 8,34; Sol. 9,1; Sol. 10,1; Sol. 10,2; Sol. 10,4; Sol. 10,5; Sol. 11,8; Sol. 11,8; Sol. 12,5; Sol. 12,5; Sol. 13,4; Sol. 13,10; Sol. 14,1; Sol. 16,3; Sol. 17,10; Sol. 17,46; Hos. 1,2; Hos. 1,4; Hos. 2,15; Hos. 2,18; Hos. 2,23; Hos. 3,1; Hos. 4,16; Hos. 8,13; Hos. 11,11; Hos. 12,6; Hos. 12,10; Hos. 12,14; Hos. 12,15; Hos. 13,4; Hos. 13,15; Amos 1,3; Amos 1,5; Amos 1,6; Amos 1,8; Amos 1,9; Amos 1,11; Amos 1,13; Amos 1,15; Amos 2,1; Amos 2,3; Amos 2,4; Amos 2,6; Amos 2,11; Amos 2,16; Amos 3,1; Amos 3,6; Amos 3,7; Amos 3,8; Amos 3,10; Amos 3,11; Amos 3,12; Amos 3,13; Amos 3,15; Amos 4,2; Amos 4,3; Amos 4,5; Amos 4,6; Amos 4,8; Amos 4,9; Amos 4,10; Amos 4,11; Amos 4,13; Amos 5,3; Amos 5,3; Amos 5,4; Amos 5,7; Amos 5,8; Amos 5,14; Amos 5,15; Amos 5,16; Amos 5,17; Amos 5,27; Amos 6,8; Amos 6,11; Amos 7,1; Amos 7,3; Amos 7,4; Amos 7,4; Amos 7,6; Amos 7,7; Amos 7,8; Amos 7,8; Amos 7,15; Amos 7,15; Amos 7,17; Amos 8,1; Amos 8,2; Amos 8,3; Amos 8,7; Amos 8,9; Amos 8,11; Amos 9,5; Amos 9,5; Amos 9,6; Amos 9,7; Amos 9,8; Amos 9,12; Amos 9,13; Amos 9,15; Mic. 1,2; Mic. 1,2; Mic. 1,3; Mic. 2,3; Mic. 2,13; Mic. 3,5; Mic. 3,11; Mic. 4,6; Mic. 4,7; Mic. 4,10; Mic. 5,9; Mic. 6,1; Mic. 6,7; Mic. 6,8; Mic. 7,8; Mic. 7,10; Joel 2,11; Joel 2,12; Joel 2,18; Joel 2,19; Joel 2,21; Joel 2,27; Joel 3,5; Joel 3,5; Joel 4,8; Joel 4,16; Joel 4,16; Joel 4,16; Joel 4,17; Joel 4,21; Obad. 1; Obad. 4; Obad. 8; Obad. 18; Jonah 1,4; Jonah 2,1; Jonah 3,3; Jonah 4,4; Jonah 4,6; Jonah 4,10; Nah. 1,2; Nah. 1,2; Nah. 1,2; Nah. 1,3; Nah. 1,3; Nah. 1,7; Nah. 1,12; Nah. 1,14; Nah. 2,3; Nah. 2,14; Nah. 3,5; Hab. 2,2; Hab. 2,20; Hab. 3,9; Hab. 3,19; Zeph. 1,2; Zeph. 1,3; Zeph. 1,7; Zeph. 1,10; Zeph. 1,12; Zeph. 2,7; Zeph. 2,9; Zeph. 2,11; Zeph. 3,5; Zeph. 3,8; Zeph. 3,15; Zeph. 3,15; Zeph. 3,16; Zeph. 3,17; Zeph. 3,19; Zeph. 3,20; Hag. 1,2; Hag. 1,5; Hag. 1,7; Hag. 1,8; Hag. 1,9; Hag. 1,12; Hag. 1,13; Hag. 1,14; Hag. 2,1; Hag. 2,4; Hag. 2,4; Hag. 2,4; Hag. 2,6; Hag. 2,7; Hag. 2,8; Hag. 2,9; Hag. 2,9; Hag. 2,11; Hag. 2,14; Hag. 2,17; Hag. 2,23; Hag. 2,23; Hag. 2,23; Zech. 1,2; Zech. 1,3; Zech. 1,3; Zech. 1,4; Zech. 1,4; Zech. 1,6; Zech. 1,10; Zech. 1,13; Zech. 1,14; Zech. 1,16; Zech. 1,16; Zech. 1,17; Zech. 1,17; Zech. 2,3; Zech. 2,9; Zech. 2,10; Zech. 2,10; Zech. 2,12; Zech. 2,13; Zech. 2,14; Zech. 2,15; Zech. 2,16; Zech. 3,2; Zech. 3,2; Zech. 3,2; Zech. 3,7; Zech. 3,9; Zech. 3,10; Zech. 4,6; Zech. 4,9; Zech. 5,4; Zech. 6,12; Zech. 6,15; Zech. 7,7; Zech. 7,9; Zech. 7,12; Zech. 7,13; Zech. 8,2; Zech. 8,3; Zech. 8,4; Zech. 8,6; Zech. 8,6; Zech. 8,7; Zech. 8,9; Zech. 8,11; Zech. 8,14; Zech. 8,14; Zech. 8,17; Zech. 8,19; Zech. 8,20; Zech. 8,23; Zech. 9,1; Zech. 9,4; Zech. 9,14; Zech. 9,14; Zech. 9,15; Zech. 9,16; Zech. 10,1; Zech. 10,3; Zech. 10,5; Zech. 10,6; Zech. 10,12; Zech. 11,4; Zech. 11,5; Zech. 11,6; Zech. 11,13; Zech. 11,15; Zech. 12,1; Zech. 12,4; Zech. 12,7; Zech. 12,8; Zech. 13,2; Zech. 13,7; Zech. 13,8; Zech. 14,3; Zech. 14,5; Zech. 14,9; Zech. 14,9; Zech. 14,12; Zech. 14,18; Mal. 1,2; Mal. 1,2; Mal. 1,4; Mal. 1,4; Mal. 1,5; Mal. 1,6; Mal. 1,8; Mal. 1,9; Mal. 1,10; Mal. 1,11; Mal. 1,13; Mal. 1,13; Mal. 1,14; Mal. 2,2; Mal. 2,4; Mal. 2,8; Mal. 2,12; Mal. 2,14; Mal. 2,16; Mal. 2,16; Mal. 3,1; Mal. 3,1; Mal. 3,5; Mal. 3,6; Mal. 3,7; Mal. 3,10; Mal. 3,11; Mal. 3,12; Mal. 3,13; Mal. 3,16; Mal. 3,17; Mal. 3,19; Mal. 3,21; Is. 1,2; Is. 1,9; Is. 1,11; Is. 1,18; Is. 1,24; Is. 2,11; Is. 2,17; Is. 3,1; Is. 3,13; Is. 3,14; Is. 3,16; Is. 3,17; Is. 3,18; Is. 4,4; Is. 5,16; Is. 5,25; Is. 6,3; Is. 7,3; Is. 7,7; Is. 7,10; Is. 7,14; Is. 7,18; Is. 7,20; Is. 8,1; Is. 8,5; Is. 8,7; Is. 8,10; Is. 8,10; Is. 8,11; Is. 9,3; Is. 9,7; Is. 9,13; Is. 10,12; Is. 10,16; Is. 10,24; Is. 10,33; Is. 11,11; Is. 11,15; Is. 12,2; Is. 12,2; Is. 13,4; Is. 13,5; Is. 14,1; Is. 14,22; Is. 14,22; Is. 14,24; Is. 14,26; Is. 14,32;

κύριος

Is. 16,13; Is. 17,3; Is. 17,6; Is. 18,4; Is. 19,1; Is. 19,4; Is. 19,12; Is. 19,14; Is. 19,17; Is. 19,20; Is. 19,21; Is. 19,22; Is. 19,25; Is. 20,2; Is. 20,3; Is. 21,6; Is. 21,16; Is. 21,17; Is. 22,12; Is. 22,15; Is. 22,17; Is. 22,25; Is. 22,25; Is. 23,9; Is. 23,11; Is. 24,1; Is. 24,2; Is. 24,23; Is. 25,6; Is. 26,21; Is. 27,4; Is. 27,12; Is. 28,5; Is. 28,16; Is. 29,10; Is. 29,13; Is. 29,22; Is. 30,1; Is. 30,12; Is. 30,15; Is. 30,18; Is. 30,20; Is. 30,26; Is. 31,3; Is. 31,4; Is. 31,4; Is. 31,5; Is. 31,9; Is. 33,10; Is. 33,22; Is. 33,22; Is. 33,22; Is. 33,22; Is. 34,16; Is. 37,4; Is. 37,4; Is. 37,6; Is. 37,21; Is. 37,33; Is. 37,34; Is. 38,1; Is. 38,5; Is. 39,6; Is. 40,5; Is. 40,10; Is. 41,17; Is. 41,21; Is. 42,5; Is. 42,6; Is. 42,8; Is. 42,13; Is. 42,21; Is. 43,1; Is. 43,3; Is. 43,10; Is. 43,12; Is. 43,14; Is. 43,15; Is. 43,16; Is. 44,2; Is. 44,14; Is. 44,24; Is. 44,24; Is. 45,1; Is. 45,3; Is. 45,5; Is. 45,6; Is. 45,7; Is. 45,8; Is. 45,11; Is. 45,13; Is. 45,14; Is. 45,18; Is. 45,19; Is. 47,4; Is. 48,2; Is. 48,16; Is. 48,17; Is. 48,20; Is. 48,22; Is. 49,1; Is. 49,5; Is. 49,7; Is. 49,8; Is. 49,14; Is. 49,14; Is. 49,15; Is. 49,18; Is. 49,22; Is. 49,23; Is. 49,25; Is. 49,26; Is. 50,1; Is. 50,7; Is. 50,9; Is. 51,15; Is. 51,22; Is. 52,3; Is. 52,4; Is. 52,5; Is. 52,5; Is. 52,8; Is. 52,9; Is. 52,10; Is. 52,12; Is. 52,12; Is. 53,6; Is. 53,10; Is. 53,10; Is. 54,1; Is. 54,5; Is. 54,5; Is. 54,6; Is. 54,8; Is. 54,10; Is. 54,17; Is. 55,8; Is. 55,13; Is. 56,1; Is. 56,3; Is. 56,4; Is. 56,8; Is. 57,15; Is. 57,15; Is. 57,19; Is. 57,21; Is. 58,6; Is. 59,15; Is. 59,21; Is. 59,21; Is. 60,2; Is. 60,16; Is. 60,19; Is. 60,22; Is. 61,8; Is. 61,11; Is. 62,2; Is. 62,5; Is. 62,8; Is. 62,11; Is. 63,7; Is. 63,7; Is. 63,9; Is. 65,7; Is. 65,8; Is. 65,13; Is. 65,15; Is. 65,25; Is. 66,1; Is. 66,2; Is. 66,9; Is. 66,12; Is. 66,15; Is. 66,17; Is. 66,20; Is. 66,21; Is. 66,22; Is. 66,23; Jer. 1,7; Jer. 1,8; Jer. 1,9; Jer. 1,9; Jer. 1,12; Jer. 1,14; Jer. 1,15; Jer. 1,17; Jer. 1,19; Jer. 2,2; Jer. 2,2; Jer. 2,3; Jer. 2,5; Jer. 2,6; Jer. 2,8; Jer. 2,9; Jer. 2,12; Jer. 2,17; Jer. 2,19; Jer. 2,19; Jer. 2,22; Jer. 2,29; Jer. 2,31; Jer. 2,37; Jer. 3,1; Jer. 3,6; Jer. 3,11; Jer. 3,12; Jer. 3,12; Jer. 3,13; Jer. 3,14; Jer. 3,16; Jer. 3,20; Jer. 3,22; Jer. 4,1; Jer. 4,2; Jer. 4,3; Jer. 4,9; Jer. 4,17; Jer. 4,27; Jer. 5,1; Jer. 5,2; Jer. 5,9; Jer. 5,11; Jer. 5,14; Jer. 5,15; Jer. 5,18; Jer. 5,19; Jer. 5,22; Jer. 5,29; Jer. 6,6; Jer. 6,9; Jer. 6,12; Jer. 6,15; Jer. 6,16; Jer. 6,21; Jer. 6,22; Jer. 6,30; Jer. 7,3; Jer. 7,11; Jer. 7,19; Jer. 7,20; Jer. 7,21; Jer. 7,29; Jer. 7,30; Jer. 7,32; Jer. 8,1; Jer. 8,4; Jer. 8,13; Jer. 8,19; Jer. 9,6; Jer. 9,8; Jer. 9,12; Jer. 9,14; Jer. 9,16; Jer. 9,22; Jer. 9,23; Jer. 9,23; Jer. 9,24; Jer. 10,2; Jer. 10,12; Jer. 10,16; Jer. 10,18; Jer. 11,3; Jer. 11,6; Jer. 11,9; Jer. 11,11; Jer. 11,16; Jer. 11,17; Jer. 11,21; Jer. 12,14; Jer. 12,16; Jer. 13,1; Jer. 13,5; Jer. 13,6; Jer. 13,9; Jer. 13,13; Jer. 13,14; Jer. 13,15; Jer. 13,25; Jer. 14,10; Jer. 14,11; Jer. 14,14; Jer. 14,15; Jer. 15,1; Jer. 15,2; Jer. 15,3; Jer. 15,6; Jer. 15,19; Jer. 16,1; Jer. 16,3; Jer. 16,5; Jer. 16,9; Jer. 16,10; Jer. 16,11; Jer. 16,14; Jer. 16,14; Jer. 16,15; Jer. 16,16; Jer. 16,21; Jer. 17,7; Jer. 17,10; Jer. 17,19; Jer. 17,21; Jer. 17,24; Jer. 18,13; Jer. 19,1; Jer. 19,3; Jer. 19,6; Jer. 19,11; Jer. 19,12; Jer. 19,14; Jer. 19,15; Jer. 20,3; Jer. 20,4; Jer. 20,11; Jer. 20,16; Jer. 21,2; Jer. 21,4; Jer. 21,7; Jer. 21,8; Jer. 21,12; Jer. 22,1; Jer. 22,3; Jer. 22,5; Jer. 22,6; Jer. 22,8; Jer. 22,11; Jer. 22,16; Jer. 22,18; Jer. 22,24; Jer. 23,2; Jer. 23,4; Jer. 23,5; Jer. 23,6; Jer. 23,12; Jer. 23,15; Jer. 23,16; Jer. 23,23; Jer. 23,24; Jer. 23,28; Jer. 23,29; Jer. 23,30; Jer. 23,33; Jer. 23,35; Jer. 23,35; Jer. 23,37; Jer. 23,38; Jer. 23,7; Jer. 23,7; Jer. 23,8; Jer. 24,1; Jer. 24,3; Jer. 24,5; Jer. 24,7; Jer. 24,8; Jer. 25,8; Jer. 25,12; Jer. 25,15; Jer. 25,19; Jer. 26,5; Jer. 26,13; Jer. 26,15; Jer. 26,18; Jer. 26,23; Jer. 26,28; Jer. 27,18; Jer. 27,20; Jer. 27,21; Jer. 27,25; Jer. 27,30; Jer. 27,31; Jer. 27,33; Jer. 27,34; Jer. 27,40; Jer. 28,1; Jer. 28,10; Jer. 28,11; Jer. 28,12; Jer. 28,14; Jer. 28,19; Jer. 28,24; Jer. 28,26; Jer. 28,33; Jer. 28,36; Jer. 28,39; Jer. 28,52; Jer. 28,53; Jer. 28,55; Jer. 28,56; Jer. 28,57; Jer. 28,58; Jer. 28,59; Jer. 29,2; Jer. 29,4; Jer. 29,7; Jer. 30,1; Jer. 30,6; Jer. 30,7; Jer. 30,12; Jer. 30,17; Jer. 30,18; Jer. 30,21; Jer. 30,23; Jer. 30,27; Jer. 30,32; Jer. 31,1; Jer. 31,8; Jer. 31,12; Jer. 31,35; Jer. 31,38; Jer. 31,40; Jer. 32,15; Jer. 32,17; Jer. 32,27; Jer. 32,28; Jer. 32,31; Jer. 32,32; Jer. 32,36; Jer. 33,2; Jer. 33,4; Jer. 33,8; Jer. 33,13; Jer. 33,15; Jer. 33,18; Jer. 33,19; Jer. 34,2; Jer. 34,4; Jer. 34,8; Jer. 34,15; Jer. 34,16; Jer. 34,19; Jer. 34,22; Jer. 35,2; Jer. 35,6; Jer. 35,9; Jer. 35,11; Jer. 35,13; Jer. 35,14; Jer. 35,15; Jer. 35,16; Jer. 36,4; Jer. 36,8; Jer. 36,10; Jer. 36,15; Jer. 36,21; Jer. 36,22; Jer. 36,23; Jer. 36,31; Jer. 36,32; Jer. 37,2; Jer. 37,3; Jer. 37,3; Jer. 37,4; Jer. 37,5; Jer. 37,8; Jer. 37,12; Jer. 37,17; Jer. 37,18; Jer. 37,21; Jer. 38,1; Jer. 38,2; Jer. 38,3; Jer. 38,7; Jer. 38,7; Jer. 38,11; Jer. 38,15; Jer. 38,16; Jer. 38,18; Jer. 38,20; Jer. 38,22; Jer. 38,23; Jer. 38,23; Jer. 38,27; Jer. 38,28; Jer. 38,31; Jer. 38,32; Jer. 38,33; Jer. 38,35; Jer. 38,35; Jer. 38,36; Jer. 38,36; Jer. 38,37; Jer. 38,38; Jer. 39,3; Jer. 39,14; Jer. 39,15; Jer. 39,19; Jer. 39,19; Jer. 39,27; Jer. 39,28; Jer. 39,36; Jer. 39,42; Jer. 40,2; Jer. 40,2; Jer. 40,4; Jer. 40,10; Jer. 40,11; Jer. 40,11; Jer. 40,12; Jer. 40,13; Jer. 41,2; Jer. 41,2; Jer. 41,4; Jer. 41,5; Jer. 41,13; Jer. 41,17; Jer. 41,22; Jer. 42,13; Jer. 42,17; Jer. 42,18; Jer. 43,29; Jer. 43,30; Jer. 44,7; Jer. 44,9; Jer. 45,2; Jer. 45,3; Jer. 45,16; Jer. 45,17; Jer. 45,21; Jer. 46,16; Jer. 46,18; Jer. 47,3; Jer. 49,3; Jer. 49,4; Jer. 49,5; Jer. 49,5; Jer. 49,9; Jer. 49,11; Jer. 49,15; Jer. 49,18; Jer. 49,19; Jer. 49,20; Jer. 50,1; Jer. 50,2; Jer. 50,10; Jer. 51,2; Jer. 51,7; Jer. 51,11; Jer. 51,21; Jer. 51,22; Jer. 51,25; Jer. 51,26; Jer. 51,26; Jer. 51,26; Jer. 51,30; Jer. 51,32; Jer. 51,33; Jer. 51,34; Jer. 51,35; Bar. 1,12; Bar. 1,19; Bar. 1,20; Bar. 2,1; Bar. 2,4; Bar. 2,7; Bar. 2,9; Bar. 2,9; Bar. 2,9; Bar. 2,15; Bar. 2,21; Bar. 2,31; Bar. 3,6; Lam. 1,5; Lam. 1,12; Lam. 1,14; Lam. 1,15; Lam. 1,15; Lam. 1,17; Lam. 1,18; Lam. 2,1; Lam. 2,2; Lam. 2,5; Lam. 2,6; Lam. 2,7; Lam. 2,8; Lam. 2,17; Lam. 3,25; Lam. 3,31; Lam. 3,36; Lam. 3,37; Lam. 3,50; Lam. 4,11; Ezek. 2,4; Ezek. 3,11; Ezek. 3,27; Ezek. 4,13; Ezek. 5,5; Ezek. 5,7; Ezek. 5,8; Ezek. 5,11; Ezek. 5,13; Ezek. 5,15; Ezek. 5,17; Ezek. 6,3; Ezek. 6,7; Ezek. 6,10; Ezek. 6,11; Ezek. 6,13; Ezek. 6,14; Ezek. 7,2; Ezek. 7,6; Ezek. 7,8; Ezek. 7,9; Ezek. 7,27; Ezek. 8,12; Ezek. 8,12; Ezek. 9,9; Ezek. 9,9; Ezek. 11,2; Ezek. 11,5; Ezek. 11,7; Ezek. 11,8; Ezek. 11,10; Ezek. 11,12; Ezek. 11,16; Ezek. 11,17; Ezek. 11,21; Ezek. 12,10; Ezek. 12,10; Ezek. 12,15; Ezek. 12,16; Ezek. 12,19; Ezek. 12,20; Ezek. 12,23; Ezek. 12,25; Ezek. 12,25; Ezek. 12,28; Ezek. 12,28; Ezek. 13,3; Ezek. 13,6; Ezek. 13,6; Ezek. 13,8; Ezek. 13,8; Ezek. 13,9; Ezek. 13,13; Ezek. 13,14; Ezek. 13,16; Ezek. 13,18; Ezek. 13,20; Ezek. 13,20; Ezek. 13,21; Ezek. 13,23; Ezek. 14,4; Ezek. 14,4; Ezek. 14,6; Ezek. 14,6; Ezek. 14,7; Ezek. 14,8; Ezek. 14,9; Ezek. 14,11; Ezek. 14,14; Ezek. 14,16; Ezek. 14,18; Ezek. 14,20; Ezek. 14,21; Ezek. 14,23; Ezek. 15,6; Ezek. 15,7; Ezek. 15,8; Ezek. 16,3; Ezek. 16,8; Ezek. 16,14; Ezek. 16,19; Ezek. 16,23; Ezek. 16,30; Ezek. 16,36; Ezek. 16,43; Ezek. 16,48; Ezek. 16,58; Ezek. 16,59; Ezek. 16,62; Ezek. 16,63; Ezek. 17,3; Ezek. 17,9; Ezek. 17,16; Ezek. 17,19; Ezek. 17,21; Ezek. 17,22; Ezek. 17,24; Ezek. 17,24; Ezek. 18,3; Ezek. 18,9; Ezek. 18,23; Ezek. 18,30; Ezek. 18,32; Ezek. 20,3; Ezek. 20,3; Ezek. 20,5; Ezek. 20,5; Ezek. 20,7; Ezek. 20,12; Ezek. 20,19; Ezek. 20,20; Ezek. 20,27; Ezek. 20,30; Ezek. 20,31; Ezek. 20,33; Ezek. 20,36; Ezek. 20,38; Ezek. 20,39; Ezek. 20,39; Ezek. 20,40; Ezek. 20,40; Ezek. 20,42; Ezek. 20,44; Ezek. 20,44; Ezek. 21,3; Ezek. 21,3; Ezek. 21,4; Ezek. 21,10; Ezek. 21,12; Ezek. 21,12; Ezek. 21,14; Ezek. 21,18; Ezek. 21,18; Ezek. 21,22; Ezek. 21,29; Ezek. 21,31; Ezek. 21,33; Ezek. 21,37; Ezek. 22,3; Ezek. 22,3; Ezek. 22,12; Ezek. 22,14; Ezek. 22,16; Ezek. 22,19; Ezek. 22,22; Ezek. 22,28; Ezek. 22,28; Ezek. 22,31; Ezek. 22,31; Ezek. 23,22; Ezek. 23,28; Ezek. 23,28; Ezek. 23,32; Ezek. 23,34; Ezek. 23,35; Ezek. 23,36; Ezek. 23,46; Ezek. 23,46; Ezek. 23,49; Ezek. 24,3; Ezek. 24,6; Ezek. 24,9; Ezek. 24,14; Ezek. 24,14; Ezek. 24,21; Ezek. 24,24; Ezek. 24,27; Ezek. 25,3; Ezek. 25,5; Ezek. 25,6; Ezek. 25,7; Ezek. 25,8; Ezek. 25,11; Ezek. 25,12; Ezek. 25,13; Ezek. 25,14; Ezek.

Κ, κ

κύριος

25,15; Ezek. 25,16; Ezek. 25,17; Ezek. 26,3; Ezek. 26,5; Ezek. 26,6; Ezek. 26,7; Ezek. 26,14; Ezek. 26,15; Ezek. 26,15; Ezek. 26,19; Ezek. 26,19; Ezek. 26,21; Ezek. 26,21; Ezek. 27,3; Ezek. 28,2; Ezek. 28,6; Ezek. 28,10; Ezek. 28,12; Ezek. 28,12; Ezek. 28,22; Ezek. 28,22; Ezek. 28,23; Ezek. 28,24; Ezek. 28,25; Ezek. 28,25; Ezek. 28,26; Ezek. 29,3; Ezek. 29,6; Ezek. 29,8; Ezek. 29,9; Ezek. 29,13; Ezek. 29,16; Ezek. 29,19; Ezek. 29,19; Ezek. 29,20; Ezek. 29,20; Ezek. 29,21; Ezek. 30,2; Ezek. 30,6; Ezek. 30,8; Ezek. 30,10; Ezek. 30,10; Ezek. 30,12; Ezek. 30,13; Ezek. 30,13; Ezek. 30,19; Ezek. 30,22; Ezek. 30,22; Ezek. 30,25; Ezek. 30,26; Ezek. 31,10; Ezek. 31,15; Ezek. 31,15; Ezek. 31,18; Ezek. 31,18; Ezek. 32,3; Ezek. 32,8; Ezek. 32,8; Ezek. 32,11; Ezek. 32,14; Ezek. 32,15; Ezek. 32,16; Ezek. 32,16; Ezek. 32,31; Ezek. 32,31; Ezek. 32,32; Ezek. 32,32; Ezek. 33,11; Ezek. 33,25; Ezek. 33,25; Ezek. 33,29; Ezek. 34,2; Ezek. 34,2; Ezek. 34,8; Ezek. 34,8; Ezek. 34,10; Ezek. 34,10; Ezek. 34,11; Ezek. 34,15; Ezek. 34,15; Ezek. 34,15; Ezek. 34,17; Ezek. 34,17; Ezek. 34,20; Ezek. 34,20; Ezek. 34,24; Ezek. 34,24; Ezek. 34,27; Ezek. 34,30; Ezek. 34,30; Ezek. 34,31; Ezek. 34,31; Ezek. 34,31; Ezek. 35,3; Ezek. 35,3; Ezek. 35,4; Ezek. 35,6; Ezek. 35,6; Ezek. 35,9; Ezek. 35,10; Ezek. 35,11; Ezek. 35,12; Ezek. 35,14; Ezek. 35,15; Ezek. 36,2; Ezek. 36,2; Ezek. 36,3; Ezek. 36,3; Ezek. 36,4; Ezek. 36,5; Ezek. 36,5; Ezek. 36,6; Ezek. 36,11; Ezek. 36,13; Ezek. 36,13; Ezek. 36,14; Ezek. 36,14; Ezek. 36,15; Ezek. 36,15; Ezek. 36,22; Ezek. 36,23; Ezek. 36,32; Ezek. 36,32; Ezek. 36,33; Ezek. 36,36; Ezek. 36,36; Ezek. 36,37; Ezek. 36,38; Ezek. 37,1; Ezek. 37,5; Ezek. 37,6; Ezek. 37,9; Ezek. 37,11; Ezek. 37,12; Ezek. 37,13; Ezek. 37,14; Ezek. 37,14; Ezek. 37,19; Ezek. 37,21; Ezek. 37,21; Ezek. 37,23; Ezek. 37,28; Ezek. 38,3; Ezek. 38,3; Ezek. 38,10; Ezek. 38,10; Ezek. 38,14; Ezek. 38,17; Ezek. 38,17; Ezek. 38,18; Ezek. 38,18; Ezek. 38,21; Ezek. 38,23; Ezek. 39,1; Ezek. 39,5; Ezek. 39,6; Ezek. 39,7; Ezek. 39,8; Ezek. 39,8; Ezek. 39,10; Ezek. 39,13; Ezek. 39,17; Ezek. 39,20; Ezek. 39,22; Ezek. 39,25; Ezek. 39,25; Ezek. 39,28; Ezek. 39,29; Ezek. 39,29; Ezek. 43,18; Ezek. 43,19; Ezek. 43,27; Ezek. 44,2; Ezek. 44,2; Ezek. 44,5; Ezek. 44,6; Ezek. 44,9; Ezek. 44,12; Ezek. 44,15; Ezek. 44,27; Ezek. 45,9; Ezek. 45,9; Ezek. 45,15; Ezek. 45,18; Ezek. 46,1; Ezek. 46,16; Ezek. 47,13; Ezek. 47,23; Ezek. 48,29; Dan. 1,2; Dan. 1,9; Dan. 1,17; Dan. 2,37; Dan. 2,47; Dan. 3,17; Dan. 3,45; Dan. 3,95; Dan. 4,27; Dan. 4,37; Dan. 9,14; Dan. 9,14; Sus. 35a; Bel 34; Bel 37; Bel 38; Bel 39; Bel 41; Judg. 1,2; Judg. 1,4; Judg. 1,19; Judg. 1,22; Judg. 2,1; Judg. 2,14; Judg. 2,15; Judg. 2,15; Judg. 2,16; Judg. 2,16; Judg. 2,18; Judg. 2,18; Judg. 2,18; Judg. 2,20; Judg. 2,23; Judg. 3,1; Judg. 3,8; Judg. 3,9; Judg. 3,10; Judg. 3,12; Judg. 3,25; Judg. 3,28; Judg. 4,2; Judg. 4,6; Judg. 4,8; Judg. 4,9; Judg. 4,14; Judg. 4,14; Judg. 4,15; Judg. 6,1; Judg. 6,8; Judg. 6,8; Judg. 6,10; Judg. 6,13; Judg. 6,13; Judg. 6,23; Judg. 6,25; Judg. 6,27; Judg. 7,2; Judg. 7,4; Judg. 7,5; Judg. 7,7; Judg. 7,9; Judg. 7,15; Judg. 7,22; Judg. 8,3; Judg. 8,19; Judg. 8,23; Judg. 10,7; Judg. 10,11; Judg. 11,9; Judg. 11,21; Judg. 11,23; Judg. 11,24; Judg. 11,27; Judg. 11,32; Judg. 12,3; Judg. 13,1; Judg. 13,23; Judg. 13,24; Judg. 16,20; Judg. 17,13; Judg. 19,12; Judg. 19,23; Judg. 20,18; Judg. 20,23; Judg. 20,28; Judg. 20,35; Judg. 21,15; Tob. 4,19; Tob. 4,19; Tob. 7,11; Tob. 7,12; Tob. 7,17; Tob. 9,6; Tob. 10,11; Tob. 10,13; Dan. 1,2; Dan. 2,47; Dan. 3,45; Dan. 9,14; Dan. 9,14; Sus. 44; Matt. 10,25; Matt. 12,8; Matt. 18,25; Matt. 18,27; Matt. 18,32; Matt. 18,34; Matt. 20,8; Matt. 21,3; Matt. 21,40; Matt. 22,44; Matt. 24,42; Matt. 24,45; Matt. 24,46; Matt. 24,48; Matt. 24,50; Matt. 25,19; Matt. 25,21; Matt. 25,23; Matt. 25,26; Matt. 27,10; Mark 11,3; Mark 12,9; Mark 12,29; Mark 12,29; Mark 12,36; Mark 13,20; Mark 13,35; Mark 16,19; Luke 1,25; Luke 1,28; Luke 1,32; Luke 1,58; Luke 1,68; Luke 2,11; Luke 2,15; Luke 7,13; Luke 10,1; Luke 10,41; Luke 11,39; Luke 12,37; Luke 12,42; Luke 12,42; Luke 12,43; Luke 12,46; Luke 13,15; Luke 14,23; Luke 16,8; Luke 17,6; Luke 18,6; Luke 19,31; Luke 19,34; Luke 20,13; Luke 20,15; Luke 20,42; Luke 22,61; Luke 24,34; John 13,13; John 13,14; John 15,15; Acts 1,21; Acts 2,34; Acts 2,39; Acts 2,47; Acts 3,22; Acts 7,33; Acts 7,49; Acts 9,10; Acts 9,11; Acts 9,15; Acts 9,17; Acts 10,36; Acts 12,11; Acts 12,17; Acts 13,47; Acts 15,17; Acts 16,14; Acts 17,24; Acts 18,9; Acts 22,10; Acts 23,11; Acts 26,15; Rom. 4,8; Rom. 9,28; Rom. 9,29; Rom. 10,12; Rom. 12,19; Rom. 14,4; Rom. 14,11; 1Cor. 3,5; 1Cor. 3,20; 1Cor. 4,5; 1Cor. 4,19; 1Cor. 6,13; 1Cor. 7,10; 1Cor. 7,12; 1Cor. 7,17; 1Cor. 8,6; 1Cor. 9,14; 1Cor. 11,23; 1Cor. 12,5; 1Cor. 14,21; 1Cor. 16,7; 2Cor. 3,17; 2Cor. 6,17; 2Cor. 6,18; 2Cor. 10,8; 2Cor. 10,18; 2Cor. 13,10; Gal. 4,1; Eph. 4,5; Phil. 2,11; Phil. 4,5; Col. 3,13; 1Th. 3,11; 1Th. 3,12; 1Th. 4,6; 1Th. 4,16; 2Th. 2,8; 2Th. 2,16; 2Th. 3,3; 2Th. 3,5; 2Th. 3,16; 2Th. 3,16; 1Tim. 6,15; 2Tim. 1,16; 2Tim. 1,18; 2Tim. 2,7; 2Tim. 2,19; 2Tim. 3,11; 2Tim. 4,8; 2Tim. 4,14; 2Tim. 4,18; 2Tim. 4,22; Heb. 7,14; Heb. 7,21; Heb. 8,2; Heb. 8,8; Heb. 8,9; Heb. 8,10; Heb. 10,16; Heb. 10,30; Heb. 12,6; Heb. 13,6; James 4,15; James 5,11; James 5,15; 1Pet. 2,3; 2Pet. 1,14; 2Pet. 2,9; 2Pet. 3,9; Jude 9; Jude 14; Rev. 1,8; Rev. 4,8; Rev. 11,8; Rev. 17,14; Rev. 18,8; Rev. 19,6; Rev. 19,16; Rev. 21,22; Rev. 22,5; Rev. 22,6)

Noun · masculine · singular · vocative ▸ **1** (Rev. 4,11)

Κύριός ▸ **2**

Noun · masculine · singular · nominative · (common) ▸ **2** (Ex. 17,15; Psa. 15,2)

κύριός ▸ **69** + **3** + **12** = **84**

Noun · masculine · singular · nominative · (common) ▸ 69 + 3 + 11 = **83** (Gen. 18,12; Gen. 24,37; Gen. 24,65; Gen. 33,13; Gen. 33,14; Gen. 39,8; Gen. 44,5; Ex. 21,8; Ex. 34,9; Num. 5,21; Deut. 28,20; Deut. 28,36; Ruth 4,12; 1Sam. 25,25; 1Sam. 25,28; 1Sam. 26,18; 1Sam. 26,19; 1Sam. 28,17; 1Sam. 28,18; 1Sam. 30,13; 2Sam. 9,11; 2Sam. 11,11; 2Sam. 13,32; 2Sam. 13,33; 2Sam. 14,17; 2Sam. 14,18; 2Sam. 14,19; 2Sam. 14,20; 2Sam. 14,22; 2Sam. 15,21; 2Sam. 15,21; 2Sam. 18,31; 2Sam. 19,20; 2Sam. 19,20; 2Sam. 19,28; 2Sam. 24,3; 2Sam. 24,21; 2Sam. 24,22; 1Kings 1,21; 1Kings 1,31; 1Kings 18,10; 1Kings 18,39; 2Kings 5,3; 2Kings 5,20; 2Kings 5,22; 2Kings 8,12; 2Kings 8,13; 2Kings 18,27; 1Chr. 21,3; 1Chr. 21,23; 2Chr. 2,14; Judith 5,5; Judith 5,21; Judith 11,6; Judith 11,11; Judith 12,6; 4Mac. 2,7; Psa. 11,5; Psa. 34,23; Psa. 44,12; Job 19,6; Job 21,22; Job 22,2; Sir. 5,4; Mal. 1,6; Is. 8,3; Is. 36,12; Is. 60,20; Dan. 10,19; Tob. 13,4; Dan. 4,17; Dan. 10,19; Mark 2,28; Mark 5,19; Luke 6,5; Luke 12,45; Luke 16,3; John 21,7; John 21,7; John 21,12; 1Cor. 4,4; Eph. 6,9; 2Tim. 4,17)

Noun · masculine · singular · vocative ▸ **1** (John 20,28)

Κυρίου ▸ **1**

Noun · masculine · singular · genitive · (common) ▸ **1** (Jer. 46,15)

κυρίου ▸ **2482** + **83** + **239** = **2804**

Noun · masculine · singular · genitive · (common) ▸ 2482 + 83 + 239 = **2804** (Gen. 3,8; Gen. 3,8; Gen. 4,26; Gen. 6,8; Gen. 10,9; Gen. 10,9; Gen. 12,8; Gen. 13,4; Gen. 15,1; Gen. 15,4; Gen. 16,7; Gen. 16,8; Gen. 16,9; Gen. 16,10; Gen. 16,11; Gen. 16,13; Gen. 18,19; Gen. 18,22; Gen. 19,13; Gen. 19,24; Gen. 19,27; Gen. 21,33; Gen. 22,11; Gen. 22,15; Gen. 24,9; Gen. 24,10; Gen. 24,10; Gen. 24,12; Gen. 24,12; Gen. 24,27; Gen. 24,27; Gen. 24,27; Gen. 24,36; Gen. 24,42; Gen. 24,48; Gen. 24,48; Gen. 24,50; Gen. 24,51; Gen. 25,21; Gen. 25,22; Gen. 26,25; Gen. 26,29; Gen. 27,7; Gen. 38,7; Gen. 39,4; Gen. 39,5; Gen. 39,7; Gen. 39,8; Gen. 44,8; Gen. 44,24; Gen. 44,33; Gen. 47,18; Gen. 47,18; Gen. 47,25; Gen. 49,18; Ex. 3,2; Ex. 4,24; Ex. 4,28; Ex. 6,12; Ex. 6,30; Ex. 8,6; Ex. 9,3; Ex. 9,20; Ex. 9,21; Ex. 9,29; Ex. 10,9; Ex. 10,16; Ex.

κύριος

12,41; Ex. 13,6; Ex. 13,9; Ex. 15,26; Ex. 16,3; Ex. 16,7; Ex. 16,10; Ex. 17,1; Ex. 20,7; Ex. 23,17; Ex. 23,19; Ex. 24,4; Ex. 24,17; Ex. 27,21; Ex. 28,12; Ex. 28,30; Ex. 28,30; Ex. 28,35; Ex. 28,36; Ex. 28,38; Ex. 29,10; Ex. 29,11; Ex. 29,23; Ex. 29,24; Ex. 29,25; Ex. 29,26; Ex. 29,42; Ex. 30,8; Ex. 30,16; Ex. 31,14; Ex. 32,5; Ex. 32,11; Ex. 34,5; Ex. 34,10; Ex. 34,23; Ex. 34,24; Ex. 34,26; Ex. 34,28; Ex. 34,34; Ex. 39,11; Ex. 40,23; Ex. 40,25; Ex. 40,34; Ex. 40,35; Lev. 1,3; Lev. 1,5; Lev. 1,11; Lev. 2,3; Lev. 2,10; Lev. 2,13; Lev. 3,1; Lev. 3,7; Lev. 3,12; Lev. 3,13; Lev. 4,2; Lev. 4,2; Lev. 4,4; Lev. 4,4; Lev. 4,4; Lev. 4,6; Lev. 4,7; Lev. 4,13; Lev. 4,15; Lev. 4,15; Lev. 4,17; Lev. 4,18; Lev. 4,22; Lev. 4,24; Lev. 4,27; Lev. 4,35; Lev. 5,15; Lev. 5,17; Lev. 5,19; Lev. 5,21; Lev. 5,26; Lev. 6,7; Lev. 6,10; Lev. 6,11; Lev. 6,18; Lev. 6,22; Lev. 7,2; Lev. 7,20; Lev. 7,21; Lev. 7,30; Lev. 7,35; Lev. 7,38; Lev. 8,26; Lev. 8,27; Lev. 8,29; Lev. 8,35; Lev. 9,2; Lev. 9,4; Lev. 9,5; Lev. 9,6; Lev. 9,21; Lev. 9,23; Lev. 9,24; Lev. 10,1; Lev. 10,2; Lev. 10,2; Lev. 10,6; Lev. 10,7; Lev. 10,12; Lev. 10,13; Lev. 10,15; Lev. 10,17; Lev. 10,19; Lev. 12,7; Lev. 14,11; Lev. 14,12; Lev. 14,16; Lev. 14,18; Lev. 14,20; Lev. 14,23; Lev. 14,24; Lev. 14,27; Lev. 14,29; Lev. 14,31; Lev. 15,14; Lev. 15,15; Lev. 15,30; Lev. 16,1; Lev. 16,7; Lev. 16,10; Lev. 16,12; Lev. 16,13; Lev. 16,15; Lev. 16,18; Lev. 16,30; Lev. 17,4; Lev. 17,6; Lev. 19,8; Lev. 19,22; Lev. 21,6; Lev. 21,8; Lev. 23,2; Lev. 23,11; Lev. 23,20; Lev. 23,28; Lev. 23,38; Lev. 23,40; Lev. 23,44; Lev. 24,3; Lev. 24,4; Lev. 24,6; Lev. 24,8; Lev. 24,12; Lev. 24,16; Lev. 24,16; Num. 1,53; Num. 3,4; Num. 3,4; Num. 3,16; Num. 3,39; Num. 3,51; Num. 4,37; Num. 4,41; Num. 4,45; Num. 4,49; Num. 5,16; Num. 5,18; Num. 5,25; Num. 5,30; Num. 6,16; Num. 6,20; Num. 7,3; Num. 7,89; Num. 8,10; Num. 8,11; Num. 8,11; Num. 8,13; Num. 8,13; Num. 8,15; Num. 8,21; Num. 9,18; Num. 9,18; Num. 9,20; Num. 9,20; Num. 9,23; Num. 9,23; Num. 9,23; Num. 10,9; Num. 10,13; Num. 10,33; Num. 10,33; Num. 11,1; Num. 11,1; Num. 11,3; Num. 11,18; Num. 11,23; Num. 11,24; Num. 11,29; Num. 11,31; Num. 12,8; Num. 12,9; Num. 13,3; Num. 14,9; Num. 14,10; Num. 14,21; Num. 14,37; Num. 14,41; Num. 14,44; Num. 15,15; Num. 15,25; Num. 15,28; Num. 15,31; Num. 15,39; Num. 16,3; Num. 16,7; Num. 16,9; Num. 16,16; Num. 16,17; Num. 16,19; Num. 16,22; Num. 16,35; Num. 17,3; Num. 17,5; Num. 17,6; Num. 17,7; Num. 17,11; Num. 17,22; Num. 17,24; Num. 17,28; Num. 18,19; Num. 18,28; Num. 19,13; Num. 19,20; Num. 20,3; Num. 20,4; Num. 20,6; Num. 20,9; Num. 20,13; Num. 21,7; Num. 21,14; Num. 22,18; Num. 22,31; Num. 22,34; Num. 24,1; Num. 24,13; Num. 25,4; Num. 26,9; Num. 26,61; Num. 27,3; Num. 27,5; Num. 27,17; Num. 27,21; Num. 31,3; Num. 31,3; Num. 31,16; Num. 31,16; Num. 31,29; Num. 31,30; Num. 31,47; Num. 31,50; Num. 31,54; Num. 32,12; Num. 32,13; Num. 32,14; Num. 32,20; Num. 32,21; Num. 32,22; Num. 32,22; Num. 32,22; Num. 32,23; Num. 32,27; Num. 32,29; Num. 32,30; Num. 32,32; Num. 33,2; Num. 33,38; Num. 36,5; Deut. 1,26; Deut. 1,41; Deut. 1,43; Deut. 1,45; Deut. 3,23; Deut. 4,2; Deut. 4,10; Deut. 4,23; Deut. 4,25; Deut. 5,5; Deut. 5,5; Deut. 5,11; Deut. 5,25; Deut. 6,12; Deut. 6,17; Deut. 6,18; Deut. 6,25; Deut. 8,6; Deut. 8,11; Deut. 8,14; Deut. 8,18; Deut. 8,19; Deut. 8,20; Deut. 9,16; Deut. 9,18; Deut. 9,18; Deut. 9,23; Deut. 9,25; Deut. 10,8; Deut. 10,8; Deut. 10,13; Deut. 10,14; Deut. 11,2; Deut. 11,7; Deut. 11,12; Deut. 11,27; Deut. 11,28; Deut. 12,7; Deut. 12,12; Deut. 12,15; Deut. 12,18; Deut. 12,18; Deut. 12,25; Deut. 12,27; Deut. 12,27; Deut. 12,28; Deut. 13,5; Deut. 13,6; Deut. 13,11; Deut. 13,17; Deut. 13,19; Deut. 13,19; Deut. 14,1; Deut. 14,23; Deut. 14,26; Deut. 15,5; Deut. 15,20; Deut. 16,11; Deut. 16,16; Deut. 16,16; Deut. 16,17; Deut. 16,21; Deut. 17,2; Deut. 17,12; Deut. 18,1; Deut. 18,5; Deut. 18,7; Deut. 18,7; Deut. 18,13; Deut. 18,16; Deut. 18,16; Deut. 18,22; Deut. 19,17; Deut. 20,18; Deut. 21,9; Deut. 23,2; Deut. 23,3; Deut. 23,4; Deut. 23,4; Deut. 23,9; Deut. 23,16; Deut. 23,19; Deut. 24,4; Deut. 24,13; Deut. 26,4; Deut. 26,5; Deut. 26,10; Deut. 26,10; Deut. 26,13; Deut. 26,14; Deut. 27,7; Deut. 27,10; Deut. 28,1; Deut. 28,2; Deut. 28,9; Deut. 28,10; Deut. 28,13; Deut. 28,15; Deut. 28,45; Deut. 28,62; Deut. 29,9; Deut. 29,11; Deut. 29,14; Deut. 29,17; Deut. 29,19; Deut. 29,24; Deut. 30,8; Deut. 30,10; Deut. 30,16; Deut. 31,9; Deut. 31,11; Deut. 31,25; Deut. 31,26; Deut. 31,29; Deut. 32,3; Deut. 32,9; Deut. 33,12; Deut. 33,13; Deut. 33,23; Deut. 33,29; Deut. 34,5; Deut. 34,5; Josh. 1,13; Josh. 1,13; Josh. 3,3; Josh. 3,6; Josh. 3,6; Josh. 3,9; Josh. 3,11; Josh. 3,13; Josh. 3,14; Josh. 3,15; Josh. 3,17; Josh. 4,5; Josh. 4,7; Josh. 4,9; Josh. 4,11; Josh. 4,13; Josh. 4,16; Josh. 4,18; Josh. 4,23; Josh. 4,24; Josh. 5,14; Josh. 5,15; Josh. 6,7; Josh. 6,8; Josh. 6,8; Josh. 6,9; Josh. 6,12; Josh. 6,13; Josh. 6,13; Josh. 6,19; Josh. 6,24; Josh. 6,26; Josh. 7,6; Josh. 7,15; Josh. 7,20; Josh. 7,23; Josh. 8,27; Josh. 8,31 # 9,2b; Josh. 8,33 # 9,2d; Josh. 8,33 # 9,2d; Josh. 9,9; Josh. 11,12; Josh. 11,20; Josh. 12,6; Josh. 13,8; Josh. 14,9; Josh. 14,14; Josh. 17,4; Josh. 18,6; Josh. 18,7; Josh. 18,7; Josh. 18,8; Josh. 18,10; Josh. 19,51; Josh. 21,3; Josh. 21,42b; Josh. 22,2; Josh. 22,3; Josh. 22,5; Josh. 22,9; Josh. 22,16; Josh. 22,16; Josh. 22,16; Josh. 22,17; Josh. 22,18; Josh. 22,18; Josh. 22,19; Josh. 22,19; Josh. 22,19; Josh. 22,19; Josh. 22,22; Josh. 22,23; Josh. 22,25; Josh. 22,27; Josh. 22,28; Josh. 22,29; Josh. 22,29; Josh. 22,29; Josh. 22,31; Josh. 22,31; Josh. 23,16; Josh. 24,26; Josh. 24,27; Josh. 24,29; Josh. 24,30; Judg. 2,1; Judg. 2,4; Judg. 2,7; Judg. 2,8; Judg. 2,11; Judg. 2,15; Judg. 2,17; Judg. 2,22; Judg. 3,4; Judg. 3,7; Judg. 3,7; Judg. 3,10; Judg. 3,12; Judg. 3,12; Judg. 4,1; Judg. 5,5; Judg. 5,5; Judg. 5,11; Judg. 5,23; Judg. 5,23; Judg. 6,1; Judg. 6,11; Judg. 6,12; Judg. 6,14; Judg. 6,16; Judg. 6,20; Judg. 6,21; Judg. 6,21; Judg. 6,22; Judg. 6,22; Judg. 6,24; Judg. 8,34; Judg. 10,6; Judg. 11,11; Judg. 11,29; Judg. 13,1; Judg. 13,3; Judg. 13,8; Judg. 13,13; Judg. 13,15; Judg. 13,16; Judg. 13,16; Judg. 13,17; Judg. 13,18; Judg. 13,20; Judg. 13,21; Judg. 13,21; Judg. 13,25; Judg. 14,4; Judg. 14,6; Judg. 14,19; Judg. 15,14; Judg. 18,6; Judg. 20,23; Judg. 20,26; Judg. 20,26; Judg. 20,27; Ruth 1,13; Ruth 2,12; 1Sam. 1,3; 1Sam. 1,7; 1Sam. 1,9; 1Sam. 1,9; 1Sam. 1,12; 1Sam. 1,14; 1Sam. 1,15; 1Sam. 1,20; 1Sam. 1,22; 1Sam. 1,24; 1Sam. 1,25; 1Sam. 2,11; 1Sam. 2,11; 1Sam. 2,17; 1Sam. 2,17; 1Sam. 2,18; 1Sam. 2,21; 1Sam. 2,23; 1Sam. 2,26; 1Sam. 3,1; 1Sam. 3,7; 1Sam. 3,15; 1Sam. 3,21; 1Sam. 4,4; 1Sam. 4,5; 1Sam. 4,6; 1Sam. 4,22; 1Sam. 5,2; 1Sam. 5,3; 1Sam. 5,4; 1Sam. 5,6; 1Sam. 5,9; 1Sam. 6,2; 1Sam. 6,3; 1Sam. 6,13; 1Sam. 6,15; 1Sam. 6,18; 1Sam. 6,19; 1Sam. 6,20; 1Sam. 6,20; 1Sam. 6,21; 1Sam. 7,1; 1Sam. 7,1; 1Sam. 7,2; 1Sam. 7,6; 1Sam. 7,6; 1Sam. 7,13; 1Sam. 8,10; 1Sam. 8,21; 1Sam. 10,1; 1Sam. 10,6; 1Sam. 10,19; 1Sam. 10,25; 1Sam. 11,6; 1Sam. 11,7; 1Sam. 11,15; 1Sam. 11,15; 1Sam. 12,3; 1Sam. 12,7; 1Sam. 12,7; 1Sam. 12,9; 1Sam. 12,14; 1Sam. 12,14; 1Sam. 12,15; 1Sam. 12,15; 1Sam. 12,15; 1Sam. 12,17; 1Sam. 12,20; 1Sam. 13,12; 1Sam. 14,15; 1Sam. 14,26; 1Sam. 15,1; 1Sam. 15,10; 1Sam. 15,19; 1Sam. 15,19; 1Sam. 15,21; 1Sam. 15,22; 1Sam. 15,23; 1Sam. 15,24; 1Sam. 15,26; 1Sam. 15,33; 1Sam. 16,6; 1Sam. 16,13; 1Sam. 16,14; 1Sam. 16,14; 1Sam. 16,15; 1Sam. 17,32; 1Sam. 17,45; 1Sam. 17,47; 1Sam. 20,8; 1Sam. 20,42; 1Sam. 21,7; 1Sam. 21,8; 1Sam. 22,17; 1Sam. 22,17; 1Sam. 22,18; 1Sam. 22,21; 1Sam. 23,2; 1Sam. 23,4; 1Sam. 23,9; 1Sam. 23,18; 1Sam. 24,7; 1Sam. 24,7; 1Sam. 24,7; 1Sam. 24,11; 1Sam. 25,10; 1Sam. 25,28; 1Sam. 25,29; 1Sam. 25,31; 1Sam. 26,9; 1Sam. 26,11; 1Sam. 26,11; 1Sam. 26,12; 1Sam. 26,16; 1Sam. 26,19; 1Sam. 26,19; 1Sam. 26,20; 1Sam. 26,23; 1Sam. 26,24; 1Sam. 28,6; 1Sam. 28,18; 1Sam. 29,8; 1Sam. 29,10; 1Sam. 30,8; 1Sam.

K, κ

30,15; 1Sam. 30,26; 2Sam. 1,14; 2Sam. 1,16; 2Sam. 2,5; 2Sam. 3,28; 2Sam. 5,3; 2Sam. 5,8; 2Sam. 5,19; 2Sam. 5,23; 2Sam. 6,2; 2Sam. 6,3; 2Sam. 6,5; 2Sam. 6,7; 2Sam. 6,9; 2Sam. 6,10; 2Sam. 6,11; 2Sam. 6,12; 2Sam. 6,14; 2Sam. 6,15; 2Sam. 6,16; 2Sam. 6,17; 2Sam. 6,17; 2Sam. 6,18; 2Sam. 6,21; 2Sam. 6,21; 2Sam. 7,4; 2Sam. 7,18; 2Sam. 9,9; 2Sam. 9,10; 2Sam. 9,10; 2Sam. 11,9; 2Sam. 11,11; 2Sam. 11,13; 2Sam. 11,27; 2Sam. 12,8; 2Sam. 12,8; 2Sam. 12,9; 2Sam. 12,14; 2Sam. 12,25; 2Sam. 14,17; 2Sam. 15,24; 2Sam. 15,25; 2Sam. 16,3; 2Sam. 18,32; 2Sam. 19,21; 2Sam. 19,22; 2Sam. 19,38; 2Sam. 20,6; 2Sam. 20,19; 2Sam. 21,1; 2Sam. 21,3; 2Sam. 21,6; 2Sam. 21,7; 2Sam. 21,9; 2Sam. 22,16; 2Sam. 22,22; 2Sam. 22,31; 2Sam. 22,32; 2Sam. 23,2; 2Sam. 24,1; 2Sam. 24,3; 2Sam. 24,11; 2Sam. 24,14; 2Sam. 24,16; 1Kings 1,20; 1Kings 1,27; 1Kings 1,27; 1Kings 1,33; 1Kings 1,36; 1Kings 1,37; 1Kings 1,37; 1Kings 2,3; 1Kings 2,15; 1Kings 2,23; 1Kings 2,26; 1Kings 2,27; 1Kings 2,27; 1Kings 2,28; 1Kings 2,29; 1Kings 2,30; 1Kings 2,33; 1Kings 2,35c; 1Kings 2,35g; 1Kings 2,35k; 1Kings 2,35n; 1Kings 2,42; 1Kings 2,43; 1Kings 2,45; 1Kings 3,2; 1Kings 3,10; 1Kings 3,15; 1Kings 5,14a; 1Kings 5,17; 1Kings 5,19; 1Kings 6,1c; 1Kings 6,19; 1Kings 7,26; 1Kings 7,31; 1Kings 7,31; 1Kings 7,34; 1Kings 7,37; 1Kings 7,37; 1Kings 8,1; 1Kings 8,1; 1Kings 8,11; 1Kings 8,17; 1Kings 8,20; 1Kings 8,21; 1Kings 8,22; 1Kings 8,44; 1Kings 8,54; 1Kings 8,59; 1Kings 8,62; 1Kings 8,63; 1Kings 8,64; 1Kings 8,64; 1Kings 8,65; 1Kings 8,65; 1Kings 9,1; 1Kings 9,10; 1Kings 10,1; 1Kings 10,5; 1Kings 10,12; 1Kings 10,22a # 9,15; 1Kings 11,4; 1Kings 11,8; 1Kings 11,8; 1Kings 11,9; 1Kings 12,15; 1Kings 12,22; 1Kings 12,24; 1Kings 12,24; 1Kings 12,24a; 1Kings 12,24h; 1Kings 12,24m; 1Kings 12,24o; 1Kings 12,24y; 1Kings 12,24z; 1Kings 12,24z; 1Kings 12,27; 1Kings 13,1; 1Kings 13,2; 1Kings 13,5; 1Kings 13,6; 1Kings 13,6; 1Kings 13,18; 1Kings 13,20; 1Kings 13,21; 1Kings 13,26; 1Kings 13,32; 1Kings 14,22; 1Kings 14,26; 1Kings 14,28; 1Kings 15,3; 1Kings 15,5; 1Kings 15,11; 1Kings 15,14; 1Kings 15,15; 1Kings 15,26; 1Kings 15,29; 1Kings 15,34; 1Kings 16,1; 1Kings 16,7; 1Kings 16,19; 1Kings 16,24; 1Kings 16,24; 1Kings 16,25; 1Kings 16,28b; 1Kings 16,30; 1Kings 16,34; 1Kings 17,2; 1Kings 17,5; 1Kings 17,8; 1Kings 17,16; 1Kings 17,24; 1Kings 18,1; 1Kings 18,4; 1Kings 18,12; 1Kings 18,13; 1Kings 18,13; 1Kings 18,22; 1Kings 18,24; 1Kings 18,32; 1Kings 18,38; 1Kings 18,46; 1Kings 19,7; 1Kings 19,9; 1Kings 19,11; 1Kings 19,11; 1Kings 20,20; 1Kings 20,25; 1Kings 20,27; 1Kings 20,28; 1Kings 21,35; 1Kings 21,36; 1Kings 22,7; 1Kings 22,16; 1Kings 22,19; 1Kings 22,21; 1Kings 22,24; 1Kings 22,38; 1Kings 22,43; 1Kings 22,53; 2Kings 1,3; 2Kings 1,15; 2Kings 1,17; 2Kings 1,18b; 2Kings 2,16; 2Kings 2,24; 2Kings 3,2; 2Kings 3,11; 2Kings 3,12; 2Kings 3,15; 2Kings 3,18; 2Kings 4,28; 2Kings 4,44; 2Kings 5,1; 2Kings 6,32; 2Kings 6,33; 2Kings 7,1; 2Kings 7,16; 2Kings 8,18; 2Kings 8,27; 2Kings 9,6; 2Kings 9,7; 2Kings 9,7; 2Kings 9,11; 2Kings 9,26; 2Kings 9,31; 2Kings 9,36; 2Kings 10,2; 2Kings 10,3; 2Kings 10,3; 2Kings 10,6; 2Kings 10,10; 2Kings 10,17; 2Kings 10,23; 2Kings 10,31; 2Kings 11,3; 2Kings 11,4; 2Kings 11,4; 2Kings 11,4; 2Kings 11,7; 2Kings 11,10; 2Kings 11,13; 2Kings 11,15; 2Kings 11,17; 2Kings 11,18; 2Kings 11,19; 2Kings 12,3; 2Kings 12,5; 2Kings 12,5; 2Kings 12,10; 2Kings 12,10; 2Kings 12,11; 2Kings 12,12; 2Kings 12,12; 2Kings 12,13; 2Kings 12,14; 2Kings 12,14; 2Kings 12,15; 2Kings 12,17; 2Kings 12,19; 2Kings 13,2; 2Kings 13,4; 2Kings 13,11; 2Kings 14,3; 2Kings 14,14; 2Kings 14,24; 2Kings 14,25; 2Kings 15,3; 2Kings 15,9; 2Kings 15,12; 2Kings 15,18; 2Kings 15,24; 2Kings 15,28; 2Kings 15,34; 2Kings 15,35; 2Kings 16,2; 2Kings 16,8; 2Kings 16,14; 2Kings 16,14; 2Kings 16,14; 2Kings 16,18; 2Kings 16,18; 2Kings 17,2; 2Kings 17,9; 2Kings 17,16; 2Kings 17,17; 2Kings 17,19; 2Kings 17,21; 2Kings 18,3; 2Kings 18,12;

2Kings 18,12; 2Kings 18,15; 2Kings 18,16; 2Kings 18,24; 2Kings 18,25; 2Kings 19,1; 2Kings 19,14; 2Kings 19,14; 2Kings 19,31; 2Kings 19,35; 2Kings 20,4; 2Kings 20,5; 2Kings 20,8; 2Kings 20,9; 2Kings 20,16; 2Kings 20,19; 2Kings 21,2; 2Kings 21,4; 2Kings 21,5; 2Kings 21,6; 2Kings 21,9; 2Kings 21,16; 2Kings 21,20; 2Kings 21,22; 2Kings 22,2; 2Kings 22,3; 2Kings 22,4; 2Kings 22,5; 2Kings 22,5; 2Kings 22,8; 2Kings 22,9; 2Kings 22,9; 2Kings 22,13; 2Kings 22,19; 2Kings 23,2; 2Kings 23,2; 2Kings 23,3; 2Kings 23,3; 2Kings 23,4; 2Kings 23,6; 2Kings 23,7; 2Kings 23,9; 2Kings 23,11; 2Kings 23,12; 2Kings 23,16; 2Kings 23,24; 2Kings 23,32; 2Kings 23,37; 2Kings 24,2; 2Kings 24,3; 2Kings 24,9; 2Kings 24,13; 2Kings 24,13; 2Kings 24,13; 2Kings 24,19; 2Kings 24,20; 2Kings 25,9; 2Kings 25,13; 2Kings 25,13; 2Kings 25,16; 1Chr. 2,3; 1Chr. 6,16; 1Chr. 6,17; 1Chr. 9,19; 1Chr. 9,23; 1Chr. 10,13; 1Chr. 11,3; 1Chr. 11,3; 1Chr. 11,10; 1Chr. 12,24; 1Chr. 13,2; 1Chr. 13,6; 1Chr. 15,2; 1Chr. 15,3; 1Chr. 15,25; 1Chr. 15,26; 1Chr. 15,27; 1Chr. 15,28; 1Chr. 15,29; 1Chr. 16,2; 1Chr. 16,4; 1Chr. 16,33; 1Chr. 16,37; 1Chr. 16,39; 1Chr. 16,40; 1Chr. 17,1; 1Chr. 17,3; 1Chr. 17,16; 1Chr. 21,3; 1Chr. 21,12; 1Chr. 21,12; 1Chr. 21,13; 1Chr. 21,15; 1Chr. 21,16; 1Chr. 21,18; 1Chr. 21,19; 1Chr. 21,29; 1Chr. 21,30; 1Chr. 22,1; 1Chr. 22,7; 1Chr. 22,8; 1Chr. 22,12; 1Chr. 22,14; 1Chr. 22,18; 1Chr. 22,19; 1Chr. 22,19; 1Chr. 23,4; 1Chr. 23,13; 1Chr. 23,24; 1Chr. 23,28; 1Chr. 23,32; 1Chr. 24,5; 1Chr. 24,19; 1Chr. 25,6; 1Chr. 26,12; 1Chr. 26,20; 1Chr. 26,22; 1Chr. 26,30; 1Chr. 26,32; 1Chr. 28,2; 1Chr. 28,2; 1Chr. 28,5; 1Chr. 28,8; 1Chr. 28,8; 1Chr. 28,12; 1Chr. 28,12; 1Chr. 28,13; 1Chr. 28,13; 1Chr. 28,18; 1Chr. 28,19; 1Chr. 28,20; 1Chr. 29,7; 1Chr. 29,8; 1Chr. 29,22; 2Chr. 1,3; 2Chr. 1,5; 2Chr. 1,6; 2Chr. 1,18; 2Chr. 2,3; 2Chr. 2,3; 2Chr. 2,13; 2Chr. 3,1; 2Chr. 4,16; 2Chr. 4,19; 2Chr. 5,1; 2Chr. 5,1; 2Chr. 5,2; 2Chr. 5,7; 2Chr. 5,13; 2Chr. 5,14; 2Chr. 6,7; 2Chr. 6,10; 2Chr. 6,11; 2Chr. 6,12; 2Chr. 7,1; 2Chr. 7,2; 2Chr. 7,2; 2Chr. 7,3; 2Chr. 7,4; 2Chr. 7,6; 2Chr. 7,6; 2Chr. 7,7; 2Chr. 7,11; 2Chr. 7,11; 2Chr. 8,1; 2Chr. 8,11; 2Chr. 8,16; 2Chr. 9,4; 2Chr. 9,11; 2Chr. 11,2; 2Chr. 11,4; 2Chr. 12,1; 2Chr. 12,2; 2Chr. 12,7; 2Chr. 12,9; 2Chr. 12,11; 2Chr. 12,12; 2Chr. 13,6; 2Chr. 13,8; 2Chr. 13,9; 2Chr. 13,11; 2Chr. 14,1; 2Chr. 14,12; 2Chr. 14,13; 2Chr. 15,1; 2Chr. 15,5; 2Chr. 15,8; 2Chr. 15,8; 2Chr. 15,18; 2Chr. 16,2; 2Chr. 16,9; 2Chr. 17,6; 2Chr. 17,9; 2Chr. 17,10; 2Chr. 18,6; 2Chr. 18,15; 2Chr. 18,18; 2Chr. 18,20; 2Chr. 18,23; 2Chr. 19,2; 2Chr. 19,2; 2Chr. 19,7; 2Chr. 19,7; 2Chr. 19,8; 2Chr. 19,9; 2Chr. 19,11; 2Chr. 20,5; 2Chr. 20,13; 2Chr. 20,14; 2Chr. 20,17; 2Chr. 20,18; 2Chr. 20,28; 2Chr. 20,29; 2Chr. 20,32; 2Chr. 21,6; 2Chr. 22,4; 2Chr. 22,7; 2Chr. 23,5; 2Chr. 23,6; 2Chr. 23,6; 2Chr. 23,12; 2Chr. 23,14; 2Chr. 23,18; 2Chr. 23,18; 2Chr. 23,19; 2Chr. 23,20; 2Chr. 24,2; 2Chr. 24,4; 2Chr. 24,5; 2Chr. 24,7; 2Chr. 24,8; 2Chr. 24,12; 2Chr. 24,12; 2Chr. 24,12; 2Chr. 24,13; 2Chr. 24,14; 2Chr. 24,14; 2Chr. 24,20; 2Chr. 24,21; 2Chr. 25,2; 2Chr. 25,4; 2Chr. 25,8; 2Chr. 25,15; 2Chr. 25,20; 2Chr. 25,24; 2Chr. 25,27; 2Chr. 26,4; 2Chr. 26,5; 2Chr. 26,16; 2Chr. 26,17; 2Chr. 26,18; 2Chr. 26,18; 2Chr. 26,19; 2Chr. 26,21; 2Chr. 27,2; 2Chr. 27,2; 2Chr. 27,3; 2Chr. 27,6; 2Chr. 28,1; 2Chr. 28,9; 2Chr. 28,9; 2Chr. 28,11; 2Chr. 28,13; 2Chr. 28,19; 2Chr. 28,21; 2Chr. 28,22; 2Chr. 28,24; 2Chr. 28,24; 2Chr. 29,2; 2Chr. 29,3; 2Chr. 29,5; 2Chr. 29,6; 2Chr. 29,6; 2Chr. 29,10; 2Chr. 29,15; 2Chr. 29,15; 2Chr. 29,16; 2Chr. 29,16; 2Chr. 29,16; 2Chr. 29,17; 2Chr. 29,17; 2Chr. 29,18; 2Chr. 29,19; 2Chr. 29,20; 2Chr. 29,21; 2Chr. 29,25; 2Chr. 29,25; 2Chr. 29,31; 2Chr. 29,31; 2Chr. 29,35; 2Chr. 30,1; 2Chr. 30,7; 2Chr. 30,12; 2Chr. 30,12; 2Chr. 30,15; 2Chr. 31,2; 2Chr. 31,3; 2Chr. 31,4; 2Chr. 31,10; 2Chr. 31,11; 2Chr. 31,13; 2Chr. 31,16; 2Chr. 31,20; 2Chr. 31,21; 2Chr. 32,26; 2Chr. 33,2; 2Chr. 33,4; 2Chr. 33,5; 2Chr. 33,6; 2Chr. 33,12; 2Chr. 33,15; 2Chr. 33,15; 2Chr. 33,16;

κύριος

2Chr. 33,18; 2Chr. 33,22; 2Chr. 33,23; 2Chr. 34,2; 2Chr. 34,8; 2Chr. 34,10; 2Chr. 34,10; 2Chr. 34,14; 2Chr. 34,14; 2Chr. 34,15; 2Chr. 34,17; 2Chr. 34,21; 2Chr. 34,21; 2Chr. 34,30; 2Chr. 34,30; 2Chr. 34,31; 2Chr. 34,31; 2Chr. 34,32; 2Chr. 34,33; 2Chr. 35,2; 2Chr. 35,6; 2Chr. 35,16; 2Chr. 35,16; 2Chr. 35,19a; 2Chr. 35,26; 2Chr. 36,2b; 2Chr. 36,5; 2Chr. 36,5b; 2Chr. 36,5c; 2Chr. 36,7; 2Chr. 36,9; 2Chr. 36,10; 2Chr. 36,12; 2Chr. 36,12; 2Chr. 36,14; 2Chr. 36,16; 2Chr. 36,19; 2Chr. 36,21; 2Chr. 36,22; 1Esdr. 1,2; 1Esdr. 1,3; 1Esdr. 1,6; 1Esdr. 1,16; 1Esdr. 1,16; 1Esdr. 1,21; 1Esdr. 1,22; 1Esdr. 1,25; 1Esdr. 1,26; 1Esdr. 1,31; 1Esdr. 1,37; 1Esdr. 1,39; 1Esdr. 1,42; 1Esdr. 1,43; 1Esdr. 1,45; 1Esdr. 1,45; 1Esdr. 1,46; 1Esdr. 1,46; 1Esdr. 1,47; 1Esdr. 1,51; 1Esdr. 1,51; 1Esdr. 1,52; 1Esdr. 1,54; 1Esdr. 2,1; 1Esdr. 2,3; 1Esdr. 2,4; 1Esdr. 2,7; 1Esdr. 5,56; 1Esdr. 5,57; 1Esdr. 5,59; 1Esdr. 5,66; 1Esdr. 6,1; 1Esdr. 6,2; 1Esdr. 6,2; 1Esdr. 6,5; 1Esdr. 6,12; 1Esdr. 6,18; 1Esdr. 6,19; 1Esdr. 6,20; 1Esdr. 6,21; 1Esdr. 6,23; 1Esdr. 6,25; 1Esdr. 6,26; 1Esdr. 6,26; 1Esdr. 6,27; 1Esdr. 6,32; 1Esdr. 7,4; 1Esdr. 7,7; 1Esdr. 7,9; 1Esdr. 7,14; 1Esdr. 7,15; 1Esdr. 8,6; 1Esdr. 8,7; 1Esdr. 8,8; 1Esdr. 8,9; 1Esdr. 8,12; 1Esdr. 8,13; 1Esdr. 8,15; 1Esdr. 8,17; 1Esdr. 8,27; 1Esdr. 8,45; 1Esdr. 8,46; 1Esdr. 8,49; 1Esdr. 8,52; 1Esdr. 8,53; 1Esdr. 8,55; 1Esdr. 8,58; 1Esdr. 8,59; 1Esdr. 8,60; 1Esdr. 8,61; 1Esdr. 8,64; 1Esdr. 8,69; 1Esdr. 8,76; 1Esdr. 8,77; 1Esdr. 8,78; 1Esdr. 8,90; 1Esdr. 9,13; 1Esdr. 9,39; 1Esdr. 9,48; 1Esdr. 9,48; Ezra 1,1; Ezra 1,5; Ezra 1,7; Ezra 2,68; Ezra 3,6; Ezra 3,8; Ezra 3,10; Ezra 3,11; Ezra 7,6; Ezra 7,11; Ezra 7,15; Ezra 7,27; Ezra 8,29; Neh. 8,8; Neh. 9,3; Neh. 10,30; Neh. 10,35; Neh. 10,36; Neh. 13,14; Esth. 13,8 # 4,17a; Esth. 13,8 # 4,17a; Esth. 13,14 # 4,17e; Esth. 14,1 # 4,17k; Judith 2,13; Judith 2,14; Judith 4,2; Judith 4,11; Judith 4,13; Judith 4,14; Judith 8,16; Judith 10,15; Judith 11,4; Judith 12,8; Judith 13,1; Judith 16,12; Tob. 2,2; Tob. 4,5; Tob. 5,20; Tob. 10,13; Tob. 12,22; Tob. 13,13; 2Mac. 1,8; 2Mac. 2,2; 2Mac. 2,8; 2Mac. 2,22; 2Mac. 3,30; 2Mac. 4,38; 2Mac. 8,5; 2Mac. 8,35; 2Mac. 10,1; 2Mac. 11,10; 2Mac. 12,41; 2Mac. 13,17; 2Mac. 15,7; 2Mac. 15,35; Psa. 1,2; Psa. 2,2; Psa. 2,7; Psa. 3,9; Psa. 7,18; Psa. 11,7; Psa. 12,6; Psa. 17,1; Psa. 17,22; Psa. 17,31; Psa. 17,32; Psa. 18,8; Psa. 18,8; Psa. 18,9; Psa. 18,9; Psa. 18,10; Psa. 18,10; Psa. 19,8; Psa. 21,29; Psa. 22,6; Psa. 23,1; Psa. 23,3; Psa. 23,5; Psa. 24,10; Psa. 24,14; Psa. 26,4; Psa. 26,4; Psa. 26,4; Psa. 26,13; Psa. 27,5; Psa. 28,3; Psa. 28,4; Psa. 28,4; Psa. 28,5; Psa. 28,7; Psa. 28,8; Psa. 28,9; Psa. 32,4; Psa. 32,5; Psa. 32,6; Psa. 32,11; Psa. 32,18; Psa. 33,8; Psa. 33,12; Psa. 33,16; Psa. 33,17; Psa. 34,5; Psa. 34,6; Psa. 35,1; Psa. 36,4; Psa. 36,20; Psa. 36,23; Psa. 36,39; Psa. 39,5; Psa. 45,9; Psa. 47,9; Psa. 67,21; Psa. 67,21; Psa. 70,16; Psa. 74,9; Psa. 76,12; Psa. 77,4; Psa. 80,16; Psa. 83,3; Psa. 88,19; Psa. 89,17; Psa. 91,14; Psa. 94,6; Psa. 95,13; Psa. 96,5; Psa. 96,5; Psa. 97,6; Psa. 100,8; Psa. 101,1; Psa. 101,16; Psa. 101,22; Psa. 102,17; Psa. 103,31; Psa. 104,19; Psa. 105,2; Psa. 105,16; Psa. 105,25; Psa. 106,2; Psa. 106,24; Psa. 106,43; Psa. 108,14; Psa. 108,15; Psa. 108,20; Psa. 110,2; Psa. 110,10; Psa. 112,1; Psa. 112,2; Psa. 112,3; Psa. 113,7; Psa. 114,4; Psa. 114,9; Psa. 115,4; Psa. 115,6; Psa. 115,10; Psa. 116,2; Psa. 117,10; Psa. 117,11; Psa. 117,12; Psa. 117,15; Psa. 117,16; Psa. 117,16; Psa. 117,17; Psa. 117,20; Psa. 117,23; Psa. 117,26; Psa. 117,26; Psa. 118,1; Psa. 120,2; Psa. 121,1; Psa. 121,4; Psa. 121,4; Psa. 121,9; Psa. 123,8; Psa. 126,3; Psa. 128,8; Psa. 128,8; Psa. 133,1; Psa. 133,1; Psa. 134,1; Psa. 134,2; Psa. 136,4; Psa. 137,5; Psa. 137,5; Psa. 144,21; Psa. 148,5; Psa. 148,13; Ode. 2,3; Ode. 2,9; Ode. 5,10; Ode. 5,20; Ode. 6,8; Ode. 8,57; Ode. 8,58; Ode. 8,61; Ode. 8,84; Ode. 8,85; Ode. 9,76; Ode. 10,7; Ode. 10,9; Prov. 1,29; Prov. 2,5; Prov. 3,4; Prov. 3,11; Prov. 3,32; Prov. 8,13; Prov. 8,35; Prov. 9,10; Prov. 10,6; Prov. 10,22; Prov. 10,27; Prov. 10,29; Prov. 11,1; Prov. 14,26; Prov. 14,27; Prov. 15,3; Prov. 15,16; Prov. 15,27a; Prov. 16,9; Prov. 16,33; Prov. 18,10; Prov. 19,21; Prov. 19,23; Prov. 20,10; Prov. 20,12; Prov. 20,24; Prov. 20,27; Prov. 21,31; Prov. 22,4; Prov. 22,12; Prov. 22,14; Prov. 23,17; Prov. 24,7; Prov. 29,26; Prov. 31,30; Job 1,6; Job 1,9; Job 1,12; Job 1,21; Job 1,22; Job 2,1; Job 2,1; Job 2,2; Job 2,7; Job 2,10; Job 4,9; Job 4,17; Job 5,8; Job 6,4; Job 6,14; Job 8,13; Job 11,6; Job 11,7; Job 12,9; Job 13,7; Job 15,4; Job 15,8; Job 15,13; Job 15,25; Job 15,25; Job 16,21; Job 19,21; Job 19,26; Job 20,29; Job 21,9; Job 21,20; Job 22,23; Job 22,26; Job 25,4; Job 27,11; Job 27,13; Job 31,23; Job 31,28; Job 31,35; Job 31,39; Job 32,2; Job 34,9; Job 34,10; Job 34,37; Job 35,2; Job 37,2; Job 37,14; Job 40,9; Job 40,19; Wis. 1,1; Wis. 1,7; Wis. 2,13; Wis. 3,10; Wis. 3,14; Wis. 3,14; Wis. 5,7; Wis. 5,16; Wis. 6,3; Wis. 10,16; Wis. 11,13; Sir. 1,1; Sir. 1,11; Sir. 1,12; Sir. 1,18; Sir. 1,27; Sir. 1,28; Sir. 1,30; Sir. 2,18; Sir. 3,6; Sir. 3,16; Sir. 3,18; Sir. 3,20; Sir. 5,7; Sir. 6,37; Sir. 7,4; Sir. 7,5; Sir. 9,16; Sir. 10,4; Sir. 10,5; Sir. 10,7; Sir. 10,12; Sir. 10,22; Sir. 11,4; Sir. 11,12; Sir. 11,14; Sir. 11,17; Sir. 11,21; Sir. 11,22; Sir. 11,26; Sir. 15,9; Sir. 15,18; Sir. 16,2; Sir. 16,17; Sir. 16,26; Sir. 17,17; Sir. 17,20; Sir. 17,29; Sir. 18,6; Sir. 18,13; Sir. 18,26; Sir. 19,20; Sir. 21,11; Sir. 23,19; Sir. 23,27; Sir. 23,27; Sir. 24,12; Sir. 25,1; Sir. 25,6; Sir. 25,11; Sir. 26,14; Sir. 26,16; Sir. 27,3; Sir. 28,1; Sir. 28,3; Sir. 30,19; Sir. 33,8; Sir. 33,17; Sir. 34,16; Sir. 35,3; Sir. 35,4; Sir. 37,21; Sir. 38,14; Sir. 39,8; Sir. 39,16; Sir. 39,33; Sir. 39,35; Sir. 40,26; Sir. 40,26; Sir. 40,27; Sir. 41,4; Sir. 42,15; Sir. 42,15; Sir. 42,16; Sir. 42,17; Sir. 43,9; Sir. 45,21; Sir. 45,23; Sir. 46,3; Sir. 46,6; Sir. 46,10; Sir. 46,11; Sir. 46,13; Sir. 46,13; Sir. 46,14; Sir. 46,19; Sir. 47,6; Sir. 47,18; Sir. 48,3; Sir. 50,13; Sir. 50,19; Sir. 50,19; Sir. 50,20; Sir. 50,29; Sir. 51,10; Sir. 51,12; Sol. 1,8; Sol. 2,3; Sol. 2,22; Sol. 2,32; Sol. 2,33; Sol. 3,3; Sol. 3,3; Sol. 3,4; Sol. 3,4; Sol. 3,12; Sol. 4,1; Sol. 5,17; Sol. 5,19; Sol. 6,1; Sol. 6,1; Sol. 6,2; Sol. 6,2; Sol. 6,4; Sol. 6,5; Sol. 8,12; Sol. 8,34; Sol. 9,1; Sol. 9,5; Sol. 9,11; Sol. 10,3; Sol. 10,4; Sol. 10,5; Sol. 10,7; Sol. 10,8; Sol. 11,2; Sol. 11,9; Sol. 12,6; Sol. 12,6; Sol. 12,6; Sol. 12,6; Sol. 13,1; Sol. 13,1; Sol. 13,2; Sol. 13,12; Sol. 14,3; Sol. 14,3; Sol. 14,10; Sol. 15,1; Sol. 15,5; Sol. 15,8; Sol. 15,12; Sol. 16,1; Sol. 16,3; Sol. 16,15; Sol. 17,26; Sol. 17,31; Sol. 17,32; Sol. 17,35; Sol. 17,38; Sol. 17,40; Sol. 18,0; Sol. 18,6; Sol. 18,7; Sol. 18,8; Hos. 1,1; Hos. 1,2; Hos. 1,2; Hos. 4,1; Hos. 6,9; Hos. 8,1; Hos. 9,3; Hos. 9,4; Hos. 9,5; Hos. 9,8; Hos. 11,10; Hos. 14,10; Amos 2,4; Amos 5,1; Amos 5,18; Amos 5,18; Amos 5,20; Amos 6,10; Amos 7,16; Amos 8,11; Amos 8,12; Amos 9,8; Mic. 1,1; Mic. 1,12; Mic. 2,5; Mic. 2,7; Mic. 3,8; Mic. 4,1; Mic. 4,2; Mic. 4,2; Mic. 4,4; Mic. 4,5; Mic. 4,12; Mic. 5,3; Mic. 5,3; Mic. 5,6; Mic. 6,1; Mic. 6,2; Mic. 6,5; Mic. 6,8; Mic. 6,9; Mic. 7,9; Joel 1,1; Joel 1,9; Joel 1,15; Joel 2,1; Joel 2,11; Joel 2,26; Joel 3,4; Joel 3,5; Joel 4,14; Joel 4,18; Obad. 1; Obad. 15; Jonah 1,1; Jonah 1,3; Jonah 1,9; Jonah 1,10; Jonah 2,8; Jonah 3,1; Nah. 1,11; Hab. 2,13; Hab. 2,14; Hab. 2,16; Zeph. 1,1; Zeph. 1,5; Zeph. 1,6; Zeph. 1,6; Zeph. 1,7; Zeph. 1,7; Zeph. 1,8; Zeph. 1,9; Zeph. 1,14; Zeph. 1,14; Zeph. 1,18; Zeph. 2,2; Zeph. 2,2; Zeph. 2,3; Zeph. 2,5; Zeph. 3,9; Zeph. 3,12; Hag. 1,1; Hag. 1,2; Hag. 1,3; Hag. 1,12; Hag. 1,12; Hag. 1,13; Hag. 1,14; Hag. 2,10; Hag. 2,15; Hag. 2,18; Hag. 2,20; Zech. 1,1; Zech. 1,7; Zech. 1,11; Zech. 1,12; Zech. 2,4; Zech. 2,17; Zech. 3,1; Zech. 3,5; Zech. 3,6; Zech. 4,6; Zech. 4,8; Zech. 4,10; Zech. 6,9; Zech. 6,12; Zech. 6,14; Zech. 6,15; Zech. 6,15; Zech. 7,1; Zech. 7,3; Zech. 7,4; Zech. 7,8; Zech. 7,12; Zech. 8,1; Zech. 8,3; Zech. 8,9; Zech. 8,18; Zech. 8,21; Zech. 8,21; Zech. 8,22; Zech. 8,22; Zech. 9,1; Zech. 10,1; Zech. 11,11; Zech. 11,13; Zech. 12,1; Zech. 12,8; Zech. 13,3; Zech. 14,1; Zech. 14,13; Zech. 14,20; Zech. 14,21; Mal. 1,1; Mal. 1,7; Mal. 1,12; Mal. 2,7; Mal. 2,11; Mal. 2,13; Mal. 2,17; Mal. 3,14; Mal. 3,19; Mal. 3,22; Is. 1,3; Is. 1,10; Is. 1,20; Is. 2,1; Is. 2,2; Is. 2,3; Is. 2,3; Is. 2,5; Is. 2,10; Is.

Κ, κ

2,11; Is. 2,12; Is. 2,19; Is. 2,21; Is. 5,7; Is. 5,9; Is. 5,12; Is. 5,24; Is. 6,8; Is. 7,11; Is. 8,18; Is. 9,6; Is. 9,18; Is. 12,5; Is. 13,6; Is. 13,9; Is. 13,13; Is. 17,10; Is. 18,7; Is. 19,16; Is. 19,18; Is. 21,8; Is. 21,10; Is. 22,5; Is. 22,14; Is. 23,18; Is. 23,18; Is. 24,3; Is. 24,14; Is. 24,15; Is. 24,15; Is. 25,8; Is. 26,8; Is. 26,10; Is. 26,20; Is. 28,2; Is. 28,13; Is. 28,14; Is. 28,22; Is. 28,29; Is. 29,6; Is. 29,15; Is. 30,27; Is. 30,29; Is. 30,31; Is. 30,33; Is. 33,21; Is. 34,2; Is. 34,6; Is. 34,8; Is. 35,2; Is. 36,10; Is. 37,1; Is. 37,14; Is. 37,32; Is. 37,36; Is. 38,4; Is. 38,7; Is. 38,22; Is. 39,5; Is. 39,8; Is. 40,2; Is. 40,3; Is. 40,5; Is. 40,13; Is. 41,20; Is. 45,17; Is. 45,25; Is. 48,1; Is. 49,5; Is. 49,7; Is. 50,5; Is. 50,10; Is. 51,3; Is. 51,11; Is. 51,17; Is. 51,20; Is. 51,20; Is. 52,11; Is. 53,1; Is. 56,6; Is. 58,14; Is. 59,1; Is. 59,19; Is. 59,19; Is. 60,1; Is. 60,6; Is. 60,9; Is. 60,14; Is. 61,1; Is. 61,2; Is. 61,3; Is. 61,6; Is. 62,3; Is. 62,6; Is. 62,12; Is. 63,7; Is. 63,7; Is. 63,14; Is. 64,1; Is. 65,8; Is. 66,5; Is. 66,5; Is. 66,6; Is. 66,14; Is. 66,16; Is. 66,16; Is. 66,20; Jer. 1,4; Jer. 1,11; Jer. 1,13; Jer. 2,4; Jer. 2,31; Jer. 3,17; Jer. 3,23; Jer. 3,25; Jer. 4,8; Jer. 4,26; Jer. 5,4; Jer. 5,5; Jer. 5,10; Jer. 5,13; Jer. 6,10; Jer. 6,16; Jer. 7,2; Jer. 7,4; Jer. 7,4; Jer. 7,27; Jer. 8,7; Jer. 8,8; Jer. 8,9; Jer. 9,11; Jer. 10,1; Jer. 11,1; Jer. 11,21; Jer. 12,12; Jer. 12,13; Jer. 13,2; Jer. 13,3; Jer. 13,8; Jer. 13,17; Jer. 14,1; Jer. 16,10; Jer. 17,5; Jer. 17,15; Jer. 17,20; Jer. 17,26; Jer. 18,1; Jer. 18,5; Jer. 19,3; Jer. 19,14; Jer. 20,1; Jer. 20,2; Jer. 20,8; Jer. 20,9; Jer. 21,1; Jer. 21,11; Jer. 22,2; Jer. 22,9; Jer. 22,29; Jer. 23,9; Jer. 23,16; Jer. 23,17; Jer. 23,18; Jer. 23,19; Jer. 23,20; Jer. 23,33; Jer. 23,34; Jer. 23,36; Jer. 23,38; Jer. 23,38; Jer. 24,1; Jer. 24,4; Jer. 26,10; Jer. 27,1; Jer. 27,13; Jer. 27,28; Jer. 27,45; Jer. 28,5; Jer. 28,6; Jer. 28,7; Jer. 28,10; Jer. 28,11; Jer. 28,29; Jer. 28,50; Jer. 28,51; Jer. 29,6; Jer. 30,8; Jer. 30,14; Jer. 31,10; Jer. 32,17; Jer. 32,33; Jer. 32,33; Jer. 33,1; Jer. 33,2; Jer. 33,2; Jer. 33,7; Jer. 33,9; Jer. 33,9; Jer. 33,10; Jer. 33,10; Jer. 33,13; Jer. 33,16; Jer. 33,19; Jer. 33,20; Jer. 34,16; Jer. 34,18; Jer. 35,1; Jer. 35,3; Jer. 35,5; Jer. 35,6; Jer. 35,7; Jer. 35,12; Jer. 36,26; Jer. 36,30; Jer. 37,1; Jer. 37,23; Jer. 37,24; Jer. 38,10; Jer. 38,12; Jer. 39,1; Jer. 39,6; Jer. 39,8; Jer. 39,26; Jer. 40,1; Jer. 40,11; Jer. 41,1; Jer. 41,4; Jer. 41,8; Jer. 41,12; Jer. 42,1; Jer. 42,2; Jer. 42,4; Jer. 42,12; Jer. 43,1; Jer. 43,4; Jer. 43,5; Jer. 43,6; Jer. 43,7; Jer. 43,7; Jer. 43,8; Jer. 43,8; Jer. 43,9; Jer. 43,10; Jer. 43,10; Jer. 43,11; Jer. 43,27; Jer. 44,2; Jer. 44,6; Jer. 44,17; Jer. 45,14; Jer. 45,20; Jer. 45,27; Jer. 47,1; Jer. 48,5; Jer. 49,6; Jer. 49,6; Jer. 49,7; Jer. 49,13; Jer. 49,15; Jer. 49,21; Jer. 50,1; Jer. 50,4; Jer. 50,7; Jer. 50,8; Jer. 51,16; Jer. 51,23; Jer. 51,24; Jer. 51,26; Jer. 52,13; Jer. 52,17; Jer. 52,17; Jer. 52,20; Bar. 1,5; Bar. 1,8; Bar. 1,10; Bar. 1,13; Bar. 1,14; Bar. 1,17; Bar. 1,18; Bar. 1,18; Bar. 1,21; Bar. 1,22; Bar. 2,8; Bar. 2,10; Bar. 2,22; Bar. 2,33; Bar. 3,4; Bar. 3,8; Lam. 2,7; Lam. 2,9; Lam. 2,19; Lam. 2,20; Lam. 2,22; Lam. 3,18; Lam. 3,26; Lam. 3,40; Lam. 4,16; Lam. 4,20; Lam. 4,21; Ezek. 1,3; Ezek. 1,3; Ezek. 1,28; Ezek. 3,12; Ezek. 3,14; Ezek. 3,16; Ezek. 3,22; Ezek. 3,23; Ezek. 6,1; Ezek. 6,3; Ezek. 7,1; Ezek. 7,10; Ezek. 8,1; Ezek. 8,4; Ezek. 8,14; Ezek. 8,16; Ezek. 8,16; Ezek. 8,16; Ezek. 10,4; Ezek. 10,4; Ezek. 10,18; Ezek. 10,19; Ezek. 11,1; Ezek. 11,5; Ezek. 11,14; Ezek. 11,15; Ezek. 11,23; Ezek. 11,25; Ezek. 12,1; Ezek. 12,8; Ezek. 12,17; Ezek. 12,21; Ezek. 12,26; Ezek. 13,1; Ezek. 13,2; Ezek. 13,5; Ezek. 14,2; Ezek. 14,12; Ezek. 15,1; Ezek. 16,1; Ezek. 16,35; Ezek. 17,1; Ezek. 17,11; Ezek. 18,1; Ezek. 18,25; Ezek. 18,29; Ezek. 20,2; Ezek. 21,1; Ezek. 21,3; Ezek. 21,6; Ezek. 21,13; Ezek. 21,23; Ezek. 22,1; Ezek. 22,17; Ezek. 22,23; Ezek. 23,1; Ezek. 24,1; Ezek. 24,15; Ezek. 24,20; Ezek. 25,1; Ezek. 25,3; Ezek. 26,1; Ezek. 27,1; Ezek. 28,1; Ezek. 28,11; Ezek. 28,20; Ezek. 29,1; Ezek. 29,17; Ezek. 30,1; Ezek. 30,3; Ezek. 30,20; Ezek. 31,1; Ezek. 32,1; Ezek. 32,17; Ezek. 33,1; Ezek. 33,17; Ezek. 33,20; Ezek. 33,22; Ezek. 33,23; Ezek. 33,30; Ezek. 34,1; Ezek. 34,7; Ezek. 35,1; Ezek. 36,1; Ezek. 36,4; Ezek. 36,16; Ezek. 36,20; Ezek. 37,1; Ezek. 37,4; Ezek. 37,15; Ezek. 38,1; Ezek. 38,20; Ezek. 40,1; Ezek. 41,22; Ezek. 43,4; Ezek. 43,5; Ezek. 43,24; Ezek. 44,3; Ezek. 44,4; Ezek. 44,5; Ezek. 46,3; Ezek. 46,9; Dan. 1,2; Dan. 2,18; Dan. 2,20; Dan. 3,49; Dan. 3,57; Dan. 3,58; Dan. 3,61; Dan. 4,23; Dan. 4,33a; Dan. 6,6; Dan. 9,10; Dan. 9,13; Dan. 9,20; Dan. 9,23; Dan. 10,12; Dan. 10,17; Sus. 23; Sus. 44-45; Sus. 53; Sus. 55; Sus. 59; Sus. 60-62; Bel 34; Bel 36; Bel 39; Judg. 1,1; Judg. 2,1; Judg. 2,4; Judg. 2,7; Judg. 2,8; Judg. 2,11; Judg. 2,15; Judg. 2,17; Judg. 2,22; Judg. 3,4; Judg. 3,7; Judg. 3,7; Judg. 3,10; Judg. 3,12; Judg. 3,12; Judg. 4,1; Judg. 5,5; Judg. 5,5; Judg. 5,11; Judg. 5,13; Judg. 5,23; Judg. 5,23; Judg. 6,1; Judg. 6,11; Judg. 6,12; Judg. 6,14; Judg. 6,16; Judg. 6,21; Judg. 6,21; Judg. 6,22; Judg. 6,22; Judg. 6,24; Judg. 6,34; Judg. 8,34; Judg. 10,6; Judg. 11,11; Judg. 11,29; Judg. 13,1; Judg. 13,3; Judg. 13,13; Judg. 13,15; Judg. 13,16; Judg. 13,16; Judg. 13,17; Judg. 13,18; Judg. 13,20; Judg. 13,21; Judg. 13,21; Judg. 13,25; Judg. 14,4; Judg. 14,6; Judg. 14,19; Judg. 15,14; Judg. 18,6; Judg. 20,2; Judg. 20,23; Judg. 20,26; Judg. 20,26; Judg. 20,27; Judg. 21,19; Tob. 3,10; Tob. 4,5; Tob. 4,21; Tob. 5,20; Tob. 6,18; Tob. 8,4; Tob. 10,13; Tob. 12,12; Tob. 12,15; Dan. 3,49; Dan. 3,57; Dan. 3,58; Dan. 3,84; Dan. 3,85; Dan. 9,2; Dan. 9,10; Dan. 9,13; Dan. 9,20; Dan. 10,17; Sus. 23; Sus. 53; Bel 34; Bel 36; Matt. 1,20; Matt. 1,22; Matt. 1,24; Matt. 2,13; Matt. 2,15; Matt. 2,19; Matt. 3,3; Matt. 9,38; Matt. 21,9; Matt. 21,42; Matt. 23,39; Matt. 25,18; Matt. 25,21; Matt. 25,23; Matt. 28,2; Mark 1,3; Mark 11,9; Mark 12,11; Mark 16,20; Luke 1,6; Luke 1,9; Luke 1,11; Luke 1,15; Luke 1,38; Luke 1,43; Luke 1,45; Luke 1,66; Luke 1,76; Luke 2,9; Luke 2,9; Luke 2,23; Luke 2,24; Luke 2,26; Luke 2,39; Luke 3,4; Luke 4,18; Luke 4,19; Luke 5,17; Luke 10,2; Luke 10,39; Luke 12,47; Luke 13,35; Luke 16,5; Luke 19,38; Luke 22,61; Luke 24,3; John 1,23; John 6,23; John 12,13; John 12,38; John 13,16; John 15,20; Acts 2,20; Acts 2,21; Acts 3,20; Acts 4,26; Acts 4,33; Acts 5,9; Acts 5,19; Acts 7,31; Acts 8,16; Acts 8,22; Acts 8,25; Acts 8,26; Acts 8,39; Acts 9,1; Acts 9,28; Acts 9,31; Acts 10,33; Acts 11,16; Acts 11,21; Acts 12,7; Acts 12,23; Acts 13,10; Acts 13,11; Acts 13,12; Acts 13,44; Acts 13,48; Acts 13,49; Acts 15,11; Acts 15,26; Acts 15,35; Acts 15,36; Acts 15,40; Acts 16,32; Acts 18,25; Acts 19,5; Acts 19,10; Acts 19,13; Acts 19,17; Acts 19,20; Acts 20,24; Acts 20,35; Acts 21,13; Acts 21,14; Acts 28,31; Rom. 1,4; Rom. 1,7; Rom. 5,1; Rom. 5,11; Rom. 5,21; Rom. 7,25; Rom. 10,13; Rom. 11,34; Rom. 14,8; Rom. 15,6; Rom. 15,30; Rom. 16,20; 1Cor. 1,2; 1Cor. 1,3; 1Cor. 1,7; 1Cor. 1,8; 1Cor. 1,9; 1Cor. 1,10; 1Cor. 2,16; 1Cor. 5,4; 1Cor. 5,4; 1Cor. 5,5; 1Cor. 6,11; 1Cor. 7,22; 1Cor. 7,25; 1Cor. 7,25; 1Cor. 7,32; 1Cor. 7,34; 1Cor. 9,5; 1Cor. 10,21; 1Cor. 10,21; 1Cor. 10,26; 1Cor. 11,23; 1Cor. 11,26; 1Cor. 11,27; 1Cor. 11,27; 1Cor. 11,32; 1Cor. 14,37; 1Cor. 15,57; 1Cor. 15,58; 1Cor. 16,10; 1Cor. 16,23; 2Cor. 1,2; 2Cor. 1,3; 2Cor. 1,14; 2Cor. 3,17; 2Cor. 3,18; 2Cor. 3,18; 2Cor. 5,6; 2Cor. 5,11; 2Cor. 8,9; 2Cor. 8,19; 2Cor. 8,21; 2Cor. 11,31; 2Cor. 12,1; 2Cor. 13,13; Gal. 1,3; Gal. 1,19; Gal. 6,14; Gal. 6,18; Eph. 1,2; Eph. 1,3; Eph. 1,17; Eph. 5,17; Eph. 5,20; Eph. 6,4; Eph. 6,8; Eph. 6,23; Phil. 1,2; Phil. 3,8; Phil. 4,23; Col. 1,3; Col. 1,10; Col. 3,17; Col. 3,24; 1Th. 1,3; 1Th. 1,6; 1Th. 1,8; 1Th. 2,19; 1Th. 3,13; 1Th. 4,2; 1Th. 4,15; 1Th. 4,15; 1Th. 4,17; 1Th. 5,2; 1Th. 5,9; 1Th. 5,23; 1Th. 5,28; 2Th. 1,2; 2Th. 1,7; 2Th. 1,8; 2Th. 1,9; 2Th. 1,12; 2Th. 1,12; 2Th. 2,1; 2Th. 2,2; 2Th. 2,13; 2Th. 2,14; 2Th. 3,1; 2Th. 3,6; 2Th. 3,18; 1Tim. 1,2; 1Tim. 1,14; 1Tim. 6,3; 1Tim. 6,14; 2Tim. 1,2; 2Tim. 1,8; 2Tim. 1,18; 2Tim. 2,19; 2Tim. 2,24; Philem. 3; Philem. 25; Heb. 2,3; Heb. 12,5; James 1,1; James 1,7; James 2,1; James 4,10; James 5,4; James 5,7; James 5,8; James 5,10; James 5,11; James 5,14; 1Pet. 1,3; 1Pet. 1,25; 1Pet. 3,12; 1Pet. 3,12; 2Pet. 1,2; 2Pet. 1,8; 2Pet. 1,11; 2Pet. 1,16; 2Pet. 2,20; 2Pet. 3,2; 2Pet. 3,10; 2Pet. 3,15;

κύριος

2Pet. 3,18; Jude 17; Jude 21; Jude 25; Rev. 11,4; Rev. 11,15; Rev. 22,21)

κυρίους ‣ 3
  Noun · masculine · plural · accusative · (common) ‣ 3 (1Mac. 9,25; Jer. 34,4; Jer. 34,4)

Κυρίῳ ‣ 2 + 1 = 3
  Noun · masculine · singular · dative · (common) ‣ 2 + 1 = 3
  (Josh. 24,24; Dan. 4,37b; Bel 25)

κυρίῳ ‣ 801 + 24 + 100 = 925
  Noun · masculine · singular · dative · (common) ‣ 801 + 24 + 100 = 925 (Gen. 4,3; Gen. 12,7; Gen. 12,8; Gen. 13,18; Gen. 24,14; Gen. 24,26; Gen. 24,36; Gen. 24,39; Gen. 24,44; Gen. 24,48; Gen. 24,52; Gen. 29,35; Gen. 32,5; Gen. 32,6; Gen. 32,19; Gen. 39,2; Gen. 40,1; Gen. 40,7; Gen. 44,9; Gen. 44,16; Gen. 44,16; Gen. 44,20; Gen. 44,22; Ex. 8,4; Ex. 8,22; Ex. 8,23; Ex. 8,24; Ex. 8,25; Ex. 10,24; Ex. 10,25; Ex. 10,26; Ex. 10,26; Ex. 12,11; Ex. 12,14; Ex. 12,27; Ex. 12,31; Ex. 12,42; Ex. 12,42; Ex. 12,48; Ex. 13,12; Ex. 13,12; Ex. 13,15; Ex. 15,1; Ex. 15,21; Ex. 16,23; Ex. 16,25; Ex. 17,15; Ex. 19,22; Ex. 20,10; Ex. 21,4; Ex. 21,8; Ex. 21,29; Ex. 21,32; Ex. 21,34; Ex. 21,36; Ex. 22,11; Ex. 22,19; Ex. 23,25; Ex. 24,1; Ex. 29,18; Ex. 29,18; Ex. 29,25; Ex. 29,28; Ex. 29,41; Ex. 30,10; Ex. 30,12; Ex. 30,13; Ex. 30,14; Ex. 30,15; Ex. 30,20; Ex. 30,37; Ex. 31,15; Ex. 32,29; Ex. 35,2; Ex. 35,5; Ex. 35,5; Ex. 35,21; Ex. 35,22; Ex. 35,24; Ex. 35,29; Ex. 36,37; Lev. 1,2; Lev. 1,9; Lev. 1,10; Lev. 1,13; Lev. 1,14; Lev. 1,17; Lev. 2,1; Lev. 2,2; Lev. 2,4; Lev. 2,6; Lev. 2,8; Lev. 2,9; Lev. 2,11; Lev. 2,11; Lev. 2,12; Lev. 2,12; Lev. 2,13; Lev. 2,14; Lev. 2,14; Lev. 2,16; Lev. 3,1; Lev. 3,3; Lev. 3,5; Lev. 3,6; Lev. 3,11; Lev. 3,14; Lev. 3,16; Lev. 3,16; Lev. 4,3; Lev. 4,31; Lev. 5,6; Lev. 5,7; Lev. 5,12; Lev. 5,15; Lev. 5,25; Lev. 6,8; Lev. 6,13; Lev. 6,14; Lev. 7,5; Lev. 7,11; Lev. 7,14; Lev. 7,25; Lev. 7,29; Lev. 7,29; Lev. 7,30; Lev. 7,35; Lev. 8,21; Lev. 8,28; Lev. 10,19; Lev. 16,8; Lev. 16,9; Lev. 17,4; Lev. 17,4; Lev. 17,5; Lev. 17,5; Lev. 17,6; Lev. 17,9; Lev. 19,5; Lev. 19,21; Lev. 19,24; Lev. 21,7; Lev. 22,3; Lev. 22,15; Lev. 22,20; Lev. 22,21; Lev. 22,22; Lev. 22,22; Lev. 22,24; Lev. 22,27; Lev. 22,29; Lev. 23,3; Lev. 23,3; Lev. 23,4; Lev. 23,5; Lev. 23,6; Lev. 23,8; Lev. 23,12; Lev. 23,13; Lev. 23,13; Lev. 23,16; Lev. 23,17; Lev. 23,18; Lev. 23,18; Lev. 23,20; Lev. 23,25; Lev. 23,27; Lev. 23,34; Lev. 23,36; Lev. 23,36; Lev. 23,37; Lev. 23,37; Lev. 23,38; Lev. 23,39; Lev. 24,7; Lev. 24,9; Lev. 25,2; Lev. 25,4; Lev. 27,2; Lev. 27,9; Lev. 27,9; Lev. 27,11; Lev. 27,14; Lev. 27,16; Lev. 27,21; Lev. 27,22; Lev. 27,23; Lev. 27,26; Lev. 27,26; Lev. 27,28; Lev. 27,28; Lev. 27,30; Lev. 27,30; Lev. 27,32; Num. 5,8; Num. 5,9; Num. 6,2; Num. 6,5; Num. 6,6; Num. 6,8; Num. 6,12; Num. 6,14; Num. 6,17; Num. 6,21; Num. 6,21; Num. 8,12; Num. 9,7; Num. 9,10; Num. 9,13; Num. 9,14; Num. 11,20; Num. 12,6; Num. 14,43; Num. 15,3; Num. 15,3; Num. 15,4; Num. 15,5; Num. 15,7; Num. 15,8; Num. 15,10; Num. 15,13; Num. 15,14; Num. 15,14; Num. 15,19; Num. 15,21; Num. 15,24; Num. 15,25; Num. 18,6; Num. 18,12; Num. 18,13; Num. 18,15; Num. 18,17; Num. 18,19; Num. 18,24; Num. 18,26; Num. 18,28; Num. 18,29; Num. 21,2; Num. 25,4; Num. 28,3; Num. 28,6; Num. 28,7; Num. 28,8; Num. 28,11; Num. 28,13; Num. 28,15; Num. 28,16; Num. 28,19; Num. 28,24; Num. 28,26; Num. 28,27; Num. 29,2; Num. 29,6; Num. 29,8; Num. 29,11; Num. 29,12; Num. 29,13; Num. 29,36; Num. 29,39; Num. 30,3; Num. 30,4; Num. 31,28; Num. 31,37; Num. 31,38; Num. 31,39; Num. 31,40; Num. 31,41; Num. 31,50; Num. 31,52; Num. 36,2; Num. 36,2; Deut. 1,32; Deut. 4,4; Deut. 5,14; Deut. 7,6; Deut. 7,25; Deut. 10,12; Deut. 12,4; Deut. 12,31; Deut. 14,2; Deut. 14,21; Deut. 15,2; Deut. 15,19; Deut. 15,21; Deut. 16,1; Deut. 16,2; Deut. 16,8; Deut. 16,10; Deut. 16,15; Deut. 17,1; Deut. 17,1; Deut. 18,12; Deut. 22,5; Deut. 23,16; Deut. 23,19; Deut. 23,22; Deut. 23,24; Deut. 25,16; Deut. 26,3; Deut. 26,19; Deut. 27,5; Deut. 27,6; Deut. 27,6; Deut. 27,7; Deut. 27,9; Deut. 27,15; Deut. 28,47; Deut. 29,28; Deut. 32,6; Josh. 6,17; Josh. 6,19; Josh. 7,19; Josh. 8,30 # 9,2a; Josh. 8,31 # 9,2b; Josh. 14,8; Josh. 22,24; Josh. 22,27; Josh. 23,8; Josh. 24,14; Josh. 24,15; Josh. 24,15; Josh. 24,18; Josh. 24,19; Josh. 24,21; Josh. 24,27; Josh. 24,29; Judg. 1,1; Judg. 2,5; Judg. 2,7; Judg. 5,3; Judg. 5,11; Judg. 6,24; Judg. 6,26; Judg. 7,18; Judg. 7,20; Judg. 10,16; Judg. 11,30; Judg. 11,31; Judg. 13,16; Judg. 13,19; Judg. 13,19; Judg. 17,2; Judg. 17,3; Judg. 20,23; Judg. 20,27; Judg. 21,7; Judg. 21,19; Ruth 2,20; Ruth 3,10; 1Sam. 1,3; 1Sam. 1,11; 1Sam. 1,19; 1Sam. 1,25; 1Sam. 1,28; 1Sam. 1,28; 1Sam. 2,1; 1Sam. 2,14; 1Sam. 2,20; 1Sam. 2,25; 1Sam. 3,1; 1Sam. 3,20; 1Sam. 3,21; 1Sam. 6,5; 1Sam. 6,14; 1Sam. 6,15; 1Sam. 6,17; 1Sam. 7,4; 1Sam. 7,9; 1Sam. 7,17; 1Sam. 10,22; 1Sam. 12,20; 1Sam. 12,23; 1Sam. 12,23; 1Sam. 14,6; 1Sam. 14,33; 1Sam. 14,34; 1Sam. 14,35; 1Sam. 14,35; 1Sam. 15,12; 1Sam. 15,13; 1Sam. 15,15; 1Sam. 15,22; 1Sam. 15,25; 1Sam. 15,30; 1Sam. 15,31; 1Sam. 16,2; 1Sam. 16,5; 1Sam. 16,12; 1Sam. 16,16; 1Sam. 23,16; 1Sam. 23,21; 1Sam. 24,7; 1Sam. 24,22; 1Sam. 25,26; 1Sam. 25,27; 1Sam. 25,27; 1Sam. 25,28; 1Sam. 25,29; 1Sam. 25,30; 1Sam. 25,31; 1Sam. 25,31; 1Sam. 29,4; 1Sam. 30,6; 2Sam. 1,10; 2Sam. 2,1; 2Sam. 2,5; 2Sam. 4,8; 2Sam. 8,11; 2Sam. 12,13; 2Sam. 15,7; 2Sam. 15,8; 2Sam. 18,28; 2Sam. 19,8; 2Sam. 19,29; 2Sam. 21,6; 2Sam. 22,1; 2Sam. 23,16; 2Sam. 24,18; 2Sam. 24,21; 2Sam. 24,22; 2Sam. 24,24; 2Sam. 24,25; 1Kings 1,2; 1Kings 1,17; 1Kings 1,30; 1Kings 2,8; 1Kings 2,35g; 1Kings 6,2; 1Kings 8,63; 1Kings 18,8; 1Kings 18,11; 1Kings 18,13; 1Kings 18,14; 1Kings 19,10; 1Kings 19,14; 1Kings 21,9; 2Kings 5,4; 2Kings 5,17; 2Kings 6,33; 2Kings 10,16; 2Kings 11,17; 2Kings 13,17; 2Kings 17,7; 2Kings 17,12; 2Kings 17,36; 2Kings 18,5; 2Kings 18,6; 2Kings 18,23; 2Kings 23,21; 2Kings 23,23; 1Chr. 10,13; 1Chr. 11,18; 1Chr. 16,8; 1Chr. 16,23; 1Chr. 16,28; 1Chr. 16,28; 1Chr. 16,29; 1Chr. 16,29; 1Chr. 16,34; 1Chr. 16,36; 1Chr. 16,40; 1Chr. 18,11; 1Chr. 21,3; 1Chr. 21,18; 1Chr. 21,22; 1Chr. 21,24; 1Chr. 21,24; 1Chr. 21,26; 1Chr. 22,5; 1Chr. 22,6; 1Chr. 22,11; 1Chr. 22,19; 1Chr. 22,19; 1Chr. 23,5; 1Chr. 23,5; 1Chr. 23,30; 1Chr. 23,31; 1Chr. 23,31; 1Chr. 25,3; 1Chr. 25,7; 1Chr. 29,1; 1Chr. 29,5; 1Chr. 29,9; 1Chr. 29,20; 1Chr. 29,21; 1Chr. 29,22; 2Chr. 2,11; 2Chr. 5,13; 2Chr. 5,13; 2Chr. 7,3; 2Chr. 8,12; 2Chr. 9,8; 2Chr. 11,14; 2Chr. 11,16; 2Chr. 13,10; 2Chr. 13,11; 2Chr. 15,11; 2Chr. 15,14; 2Chr. 17,16; 2Chr. 19,6; 2Chr. 19,10; 2Chr. 20,18; 2Chr. 20,19; 2Chr. 20,20; 2Chr. 20,21; 2Chr. 23,16; 2Chr. 23,18; 2Chr. 24,9; 2Chr. 25,9; 2Chr. 26,16; 2Chr. 26,18; 2Chr. 28,10; 2Chr. 28,13; 2Chr. 29,27; 2Chr. 29,31; 2Chr. 29,32; 2Chr. 30,1; 2Chr. 30,5; 2Chr. 30,8; 2Chr. 30,8; 2Chr. 30,17; 2Chr. 30,21; 2Chr. 30,21; 2Chr. 30,22; 2Chr. 30,22; 2Chr. 31,6; 2Chr. 31,14; 2Chr. 32,23; 2Chr. 33,16; 2Chr. 34,33; 2Chr. 35,1; 2Chr. 35,3; 2Chr. 35,3; 2Chr. 35,12; 2Chr. 35,18; 1Esdr. 1,1; 1Esdr. 1,3; 1Esdr. 1,4; 1Esdr. 1,12; 1Esdr. 1,25; 1Esdr. 2,5; 1Esdr. 2,13; 1Esdr. 2,14; 1Esdr. 2,16; 1Esdr. 5,49; 1Esdr. 5,57; 1Esdr. 5,58; 1Esdr. 5,59; 1Esdr. 5,64; 1Esdr. 5,67; 1Esdr. 5,68; 1Esdr. 6,8; 1Esdr. 6,8; 1Esdr. 6,21; 1Esdr. 6,28; 1Esdr. 8,13; 1Esdr. 8,13; 1Esdr. 8,57; 1Esdr. 8,57; 1Esdr. 8,57; 1Esdr. 8,63; 1Esdr. 8,63; 1Esdr. 9,8; 1Esdr. 9,46; 1Esdr. 9,47; 1Esdr. 9,50; 1Esdr. 9,52; Ezra 3,3; Ezra 3,5; Ezra 3,6; Ezra 3,11; Ezra 3,11; Ezra 4,1; Ezra 4,3; Ezra 8,28; Ezra 8,28; Ezra 8,35; Ezra 10,11; Neh. 8,6; Neh. 8,9; Neh. 8,10; Neh. 9,3; Neh. 9,3; Esth. 13,10 # 4,17c; Judith 4,14; Judith 8,25; Judith 11,5; Judith 12,14; Judith 15,10; Judith 16,1; Tob. 13,11; 2Mac. 3,35; 2Mac. 6,30; 2Mac. 7,40; 2Mac. 8,27; 2Mac. 10,38; Psa. 2,11; Psa. 7,1; Psa. 7,18; Psa. 9,12; Psa. 10,1; Psa. 12,6; Psa. 15,2; Psa. 17,1; Psa. 21,31;

K, κ

Psa. 25,1; Psa. 26,6; Psa. 28,1; Psa. 28,1; Psa. 28,1; Psa. 28,2; Psa. 28,2; Psa. 29,5; Psa. 30,7; Psa. 31,5; Psa. 32,1; Psa. 32,2; Psa. 32,20; Psa. 33,3; Psa. 34,9; Psa. 36,7; Psa. 55,11; Psa. 63,11; Psa. 67,33; Psa. 72,28; Psa. 75,12; Psa. 88,7; Psa. 88,7; Psa. 90,2; Psa. 91,2; Psa. 94,1; Psa. 95,1; Psa. 95,1; Psa. 95,2; Psa. 95,7; Psa. 95,7; Psa. 95,8; Psa. 95,9; Psa. 96,12; Psa. 97,1; Psa. 97,5; Psa. 99,1; Psa. 99,2; Psa. 101,23; Psa. 103,33; Psa. 103,34; Psa. 104,1; Psa. 105,1; Psa. 106,1; Psa. 106,8; Psa. 106,15; Psa. 106,21; Psa. 106,31; Psa. 108,30; Psa. 109,1; Psa. 113,23; Psa. 113,24; Psa. 115,3; Psa. 115,9; Psa. 117,1; Psa. 117,19; Psa. 117,29; Psa. 118,126; Psa. 129,7; Psa. 131,2; Psa. 131,5; Psa. 135,1; Psa. 135,3; Psa. 135,26; Psa. 139,7; Psa. 146,7; Psa. 149,1; Psa. 151,3; Ode. 1,1; Ode. 2,6; Ode. 3,1; Ode. 4,18; Ode. 6,10; Prov. 11,20; Prov. 12,2; Prov. 12,22; Prov. 15,8; Prov. 15,9; Prov. 15,11; Prov. 15,26; Prov. 15,28a; Prov. 16,11; Prov. 17,3; Prov. 20,23; Prov. 21,27; Prov. 27,20a; Job 1,7; Job 1,21; Job 2,4; Job 9,2; Job 21,14; Job 22,3; Job 32,13; Job 40,3; Job 42,1; Wis. 4,14; Wis. 5,15; Wis. 8,21; Sir. 2,1; Sir. 2,10; Sir. 11,21; Sir. 14,11; Sir. 32,24; Sir. 38,9; Sir. 39,6; Sir. 44,16; Sir. 45,16; Sir. 48,22; Sir. 49,12; Sir. 50,17; Sol. 9,5; Hos. 1,7; Hos. 3,5; Hos. 4,1; Hos. 9,4; Hos. 12,3; Mic. 4,13; Mic. 4,13; Mic. 6,2; Mic. 7,17; Joel 2,14; Joel 2,17; Joel 2,23; Obad. 21; Jonah 1,16; Jonah 2,10; Hab. 3,18; Zeph. 1,17; Zeph. 3,2; Zech. 4,14; Zech. 6,5; Zech. 10,7; Zech. 10,12; Zech. 12,5; Zech. 14,7; Zech. 14,16; Zech. 14,17; Zech. 14,20; Zech. 14,21; Mal. 1,14; Mal. 2,12; Mal. 3,3; Mal. 3,4; Is. 7,13; Is. 18,7; Is. 19,19; Is. 19,19; Is. 19,20; Is. 19,21; Is. 23,18; Is. 27,13; Is. 34,6; Is. 36,8; Is. 42,10; Is. 49,4; Is. 56,6; Is. 61,10; Is. 66,20; Jer. 2,3; Jer. 5,12; Jer. 13,16; Jer. 17,7; Jer. 20,13; Jer. 26,10; Jer. 26,10; Jer. 27,7; Jer. 27,24; Jer. 27,25; Jer. 32,31; Jer. 37,9; Jer. 38,38; Jer. 38,40; Jer. 40,11; Jer. 51,23; Bar. 1,13; Bar. 1,15; Bar. 2,5; Bar. 2,6; Bar. 2,17; Ezek. 43,24; Ezek. 45,1; Ezek. 45,4; Ezek. 45,23; Ezek. 46,4; Ezek. 46,12; Ezek. 46,13; Ezek. 46,14; Ezek. 48,9; Ezek. 48,14; Dan. 3,24; Dan. 3,25; Dan. 3,89; Dan. 4,37a; Dan. 9,9; Dan. 9,25; Sus. 35; Judg. 2,5; Judg. 2,7; Judg. 5,3; Judg. 5,3; Judg. 5,11; Judg. 6,24; Judg. 6,26; Judg. 7,15; Judg. 7,18; Judg. 7,20; Judg. 10,16; Judg. 11,30; Judg. 11,31; Judg. 13,16; Judg. 13,19; Judg. 17,2; Judg. 17,3; Judg. 20,23; Judg. 20,28; Judg. 21,7; Tob. 10,14; Dan. 3,89; Dan. 9,9; Sus. 35; Matt. 5,33; Matt. 18,31; Matt. 22,44; Mark 12,36; Luke 1,17; Luke 2,22; Luke 2,23; Luke 14,21; Luke 16,5; Luke 17,5; Luke 20,42; Acts 2,34; Acts 5,14; Acts 11,23; Acts 11,24; Acts 13,2; Acts 14,3; Acts 14,23; Acts 16,15; Acts 18,8; Acts 20,19; Acts 25,26; Rom. 6,23; Rom. 8,39; Rom. 12,11; Rom. 14,4; Rom. 14,6; Rom. 14,6; Rom. 14,6; Rom. 14,8; Rom. 14,8; Rom. 14,14; Rom. 16,2; Rom. 16,8; Rom. 16,11; Rom. 16,12; Rom. 16,12; Rom. 16,13; Rom. 16,18; Rom. 16,22; 1Cor. 1,31; 1Cor. 4,17; 1Cor. 6,13; 1Cor. 6,17; 1Cor. 7,22; 1Cor. 7,32; 1Cor. 7,35; 1Cor. 7,39; 1Cor. 9,1; 1Cor. 9,2; 1Cor. 11,11; 1Cor. 15,31; 1Cor. 15,58; 1Cor. 16,19; 2Cor. 2,12; 2Cor. 8,5; 2Cor. 10,17; Gal. 5,10; Eph. 1,15; Eph. 2,21; Eph. 3,11; Eph. 4,1; Eph. 4,17; Eph. 5,8; Eph. 5,10; Eph. 5,19; Eph. 5,22; Eph. 6,1; Eph. 6,7; Eph. 6,10; Eph. 6,21; Phil. 1,14; Phil. 2,19; Phil. 2,24; Phil. 2,29; Phil. 3,1; Phil. 4,1; Phil. 4,2; Phil. 4,4; Phil. 4,10; Col. 3,18; Col. 3,20; Col. 3,23; Col. 3,24; Col. 4,7; Col. 4,17; 1Th. 1,1; 1Th. 3,8; 1Th. 4,1; 1Th. 4,17; 1Th. 5,12; 2Th. 1,1; 2Th. 3,4; 2Th. 3,12; 1Tim. 1,12; Philem. 16; Philem. 20; 2Pet. 2,11; 2Pet. 3,8; Rev. 14,13)

   κυρίων ▸ 6 + 3 = 9
      Noun · masculine · plural · genitive · (common) ▸ 6 + 3 = 9 (Deut. 10,17; Psa. 122,2; Psa. 135,3; Psa. 135,26; Is. 19,4; Dan. 4,37; Matt. 15,27; Rev. 17,14; Rev. 19,16)
   κυριωτάτη ▸ 1
      Adjective · feminine · singular · nominative · superlative ▸ 1 (4Mac. 1,19)

κυριότης (κύριος) power, authority ▸ 4
   κυριότητα ▸ 1
      Noun · feminine · singular · accusative ▸ 1 (Jude 8)
   κυριότητες ▸ 1
      Noun · feminine · plural · nominative ▸ 1 (Col. 1,16)
   κυριότητος ▸ 2
      Noun · feminine · singular · genitive ▸ 2 (Eph. 1,21; 2Pet. 2,10)

Κῦρος Cyrus ▸ 43 + 5 = 48
   Κῦρος ▸ 19 + 1 = 20
      Noun · masculine · singular · nominative · (proper) ▸ 19 + 1 = 20 (2Chr. 36,23; 1Esdr. 2,2; 1Esdr. 2,7; 1Esdr. 2,8; 1Esdr. 4,44; 1Esdr. 4,57; 1Esdr. 4,57; 1Esdr. 5,68; 1Esdr. 6,16; 1Esdr. 6,17; 1Esdr. 6,23; Ezra 1,2; Ezra 1,7; Ezra 1,8; Ezra 4,3; Ezra 5,13; Ezra 5,14; Ezra 6,3; Dan. 6,29; Bel 1)
   Κύρου ▸ 22 + 4 = 26
      Noun · masculine · singular · genitive · (proper) ▸ 22 + 4 = 26 (2Chr. 36,22; 2Chr. 36,22; 1Esdr. 2,1; 1Esdr. 2,1; 1Esdr. 5,53; 1Esdr. 5,70; 1Esdr. 6,16; 1Esdr. 6,21; 1Esdr. 6,23; 1Esdr. 6,24; 1Esdr. 7,5; Ezra 1,1; Ezra 1,1; Ezra 3,7; Ezra 4,5; Ezra 5,13; Ezra 5,17; Ezra 6,3; Ezra 6,14; Dan. 1,21; Dan. 10,1; Dan. 11,1; Dan. 1,21; Dan. 6,29; Dan. 10,1; Dan. 11,1)
   Κύρῳ ▸ 2
      Noun · masculine · singular · dative · (proper) ▸ 2 (Is. 44,28; Is. 45,1)

κυρόω (κύριος) to ratify, confirm, put into effect ▸ 4 + 2 = 6
   ἐκυρώθη ▸ 1
      Verb · third · singular · aorist · passive · indicative ▸ 1 (Gen. 23,20)
   ἐκύρωσας ▸ 1
      Verb · second · singular · aorist · active · indicative ▸ 1 (4Mac. 7,9)
   ἐκύρωσεν ▸ 1
      Verb · third · singular · aorist · active · indicative ▸ 1 (Dan. 6,10)
   κεκυρωμένην ▸ 1
      Verb · perfect · passive · participle · feminine · singular · accusative ▸ 1 (Gal. 3,15)
   κυρωθήσεται ▸ 1
      Verb · third · singular · future · passive · indicative ▸ 1 (Lev. 25,30)
   κυρῶσαι ▸ 1
      Verb · aorist · active · infinitive ▸ 1 (2Cor. 2,8)

κυρτός hunchbacked, hump-backed ▸ 2
   κυρτὸς ▸ 2
      Adjective · masculine · singular · nominative · noDegree ▸ 2 (Lev. 21,20; 1Kings 21,11)

κύτος (κύω) hollow, jar, urn ▸ 3 + 2 = 5
   κύτος ▸ 3 + 2 = 5
      Noun · neuter · singular · accusative · (common) ▸ 2 (Psa. 64,8; Dan. 4,22)
      Noun · neuter · singular · nominative · (common) ▸ 1 + 2 = 3 (Dan. 4,11; Dan. 4,11; Dan. 4,20)

κύφω (κύπτω) to bend over ▸ 1
   κύφοντα ▸ 1
      Verb · present · active · participle · masculine · singular · accusative ▸ 1 (Job 22,29)

κυψέλη grain bin ▸ 1
   κυψέλην ▸ 1
      Noun · feminine · singular · accusative · (common) ▸ 1 (Hag. 2,16)

κύω to conceive ▸ 2

ἐκύομεν ▸ 1
  Verb · first · plural · aorist · active · indicative ▸ 1 (Is. 59,13)
κύουσιν ▸ 1
  Verb · third · plural · present · active · indicative ▸ 1 (Is. 59,4)
κύων dog; (metaph) male prostitute ▸ 38 + 3 + 5 = 46
  κύνα ▸ 3
    Noun · masculine · singular · accusative · (common) ▸ 3 (2Sam. 9,8; Sir. 13,18; Is. 66,3)
  κύνας ▸ 1 + 1 = 2
    Noun · masculine · plural · accusative · (common) ▸ 1 + 1 = 2 (Jer. 15,3; Phil. 3,2)
  κύνες ▸ 12 + 2 = 14
    Noun · masculine · plural · nominative · (common) ▸ 12 + 2 = 14 (1Kings 12,24m; 1Kings 16,4; 1Kings 20,19; 1Kings 20,19; 1Kings 20,23; 1Kings 20,24; 1Kings 22,38; 2Kings 9,10; 2Kings 9,36; Psa. 21,17; Is. 56,10; Is. 56,11; Luke 16,21; Rev. 22,15)
  κυνὶ ▸ 1
    Noun · masculine · singular · dative · (common) ▸ 1 (Ex. 22,30)
  κυνός ▸ 2
    Noun · masculine · singular · genitive · (common) ▸ 2 (1Sam. 17,43; Prov. 26,17)
  κυνὸς ▸ 4
    Noun · masculine · singular · genitive · (common) ▸ 4 (Deut. 23,19; 1Sam. 24,15; 2Sam. 3,8; Psa. 21,21)
  κυνῶν ▸ 2
    Noun · masculine · plural · genitive · (common) ▸ 2 (Psa. 67,24; Job 30,1)
  κυσὶν ▸ 1
    Noun · masculine · plural · dative ▸ 1 (Matt. 7,6)
  κύων ▸ 13 + 3 + 1 = 17
    Noun · masculine · singular · nominative · (common) ▸ 13 + 3 + 1 = 17 (Ex. 11,7; Judg. 7,5; 1Sam. 17,43; 2Sam. 16,9; 2Kings 8,13; Judith 11,19; Tob. 5,17; Tob. 11,4; Psa. 58,7; Psa. 58,15; Prov. 7,22; Prov. 26,11; Eccl. 9,4; Judg. 7,5; Tob. 6,1; Tob. 11,4; 2Pet. 2,22)
κώδιον (κῶας) sheepskin ▸ 1
  κωδίων ▸ 1
    Noun · neuter · plural · genitive · (common) ▸ 1 (Neh. 3,15)
κώδιον (κῶας) sheepskin ▸ 1
  κώδια ▸ 1
    Noun · neuter · plural · accusative · (common) ▸ 1 (Judith 12,15)
κώδων bell ▸ 7
  κώδων ▸ 1
    Noun · masculine · singular · nominative · (common) ▸ 1 (Ex. 36,33)
  κώδωνα ▸ 1
    Noun · masculine · singular · accusative · (common) ▸ 1 (Ex. 28,34)
  κώδωνας ▸ 4
    Noun · masculine · plural · accusative · (common) ▸ 4 (Ex. 28,33; Ex. 36,32; Ex. 36,32; 2Chr. 4,13)
  κώδωσιν ▸ 1
    Noun · masculine · plural · dative · (common) ▸ 1 (Sir. 45,9)
κώθων feast, party ▸ 2
  κώθων ▸ 1
    Noun · masculine · singular · nominative · (common) ▸ 1 (Esth. 8,17)
  κώθωνα ▸ 1
    Noun · masculine · singular · accusative · (common) ▸ 1 (3Mac. 6,31)
κωθωνίζομαι (κώθων) to drink, get drunk ▸ 2
  ἐκωθωνίζοντο ▸ 2
    Verb · third · plural · imperfect · middle · indicative ▸ 2 (1Esdr. 4,63; Esth. 3,15)
κωκυτός (κωκύω) outcry, wailing; Cocytus (River of Wailing) ▸ 1
  κωκυτὸν ▸ 1
    Noun · masculine · singular · accusative · (common) ▸ 1 (3Mac. 6,32)
Κωλα Kola ▸ 1
  Κωλα ▸ 1
    Noun · singular · accusative · (proper) ▸ 1 (Judith 15,4)
Κωλαδαμ Moladah ▸ 1
  Κωλαδαμ ▸ 1
    Noun · singular · nominative · (proper) ▸ 1 (Josh. 19,2)
κωλέα (κῶλον) legbone meat ▸ 1
  κωλέαν ▸ 1
    Noun · feminine · singular · accusative · (common) ▸ 1 (1Sam. 9,24)
Κωλια Kelaiah; Kolaiah ▸ 2
  Κωλια ▸ 2
    Noun · masculine · singular · genitive · (proper) ▸ 1 (Neh. 11,7)
    Noun · masculine · singular · nominative · (proper) ▸ 1 (Ezra 10,23)
Κωλιος Keliah ▸ 1
  Κωλιος ▸ 1
    Noun · masculine · singular · nominative · (proper) ▸ 1 (1Esdr. 9,23)
Κωλιτας Kelita ▸ 1
  Κωλιτας ▸ 1
    Noun · masculine · singular · nominative · (proper) ▸ 1 (Ezra 10,23)
κῶλον limb; corpse ▸ 8 + 1 = 9
  κῶλα ▸ 7 + 1 = 8
    Noun · neuter · plural · accusative · (common) ▸ 4 (Lev. 26,30; Lev. 26,30; 1Sam. 17,46; Is. 66,24)
    Noun · neuter · plural · nominative · (common) ▸ 3 + 1 = 4 (Num. 14,29; Num. 14,32; Num. 14,33; Heb. 3,17)
  κῶλά ▸ 1
    Noun · neuter · plural · accusative · (common) ▸ 1 (1Sam. 17,46)
κώλυμα (κωλύω) hindrance ▸ 1
  κωλύματι ▸ 1
    Noun · neuter · singular · dative · (common) ▸ 1 (Job 13,27)
κωλυτικός (κωλύω) hindering ▸ 3
  κωλυτικῶν ▸ 3
    Adjective · neuter · plural · genitive · noDegree ▸ 3 (4Mac. 1,3; 4Mac. 1,30; 4Mac. 2,6)
κωλύω to hinder ▸ 31 + 2 + 23 = 56
  ἐκωλύθη ▸ 1
    Verb · third · singular · aorist · passive · indicative ▸ 1 (Ex. 36,6)
  ἐκωλύθην ▸ 1
    Verb · first · singular · aorist · passive · indicative ▸ 1 (Rom. 1,13)
  ἐκωλύθησαν ▸ 1
    Verb · third · plural · aorist · passive · indicative ▸ 1 (1Esdr. 6,6)
  ἐκωλύομεν ▸ 2
    Verb · first · plural · imperfect · active · indicative ▸ 2 (Mark 9,38; Luke 9,49)
  ἐκώλυον ▸ 1
    Verb · third · plural · imperfect · active · indicative ▸ 1 (4Mac. 4,7)
  ἐκωλύοντο ▸ 1
    Verb · third · plural · imperfect · passive · indicative ▸ 1 (1Mac. 13,49)

ἐκώλυσα ‣ 2
: **Verb** ‧ first ‧ singular ‧ aorist ‧ active ‧ indicative ‣ 2 (Psa. 118,101; Ezek. 31,15)

ἐκώλυσας ‣ 1
: **Verb** ‧ second ‧ singular ‧ aorist ‧ active ‧ indicative ‣ 1 (Sol. 2,1)

ἐκωλύσατε ‣ 1
: **Verb** ‧ second ‧ plural ‧ aorist ‧ active ‧ indicative ‣ 1 (Luke 11,52)

ἐκώλυσεν ‣ 2 + 1 + 2 = 5
: **Verb** ‧ third ‧ singular ‧ aorist ‧ active ‧ indicative ‣ 2 + 1 + 2 = 5 (3Mac. 1,13; 4Mac. 5,26; Tob. 8,3; Acts 27,43; 2Pet. 2,16)

ἐκώλυσέν ‣ 1
: **Verb** ‧ third ‧ singular ‧ aorist ‧ active ‧ indicative ‣ 1 (1Sam. 25,26)

κώλυε ‣ 1
: **Verb** ‧ second ‧ singular ‧ present ‧ active ‧ imperative ‣ 1 (Is. 43,6)

κωλύει ‣ 1 + 2 = 3
: **Verb** ‧ third ‧ singular ‧ present ‧ active ‧ indicative ‣ 1 + 2 = 3 (4Mac. 14,16; Acts 8,36; 3John 10)

κωλύειν ‣ 2 + 1 = 3
: **Verb** ‧ present ‧ active ‧ infinitive ‣ 2 + 1 = 3 (1Esdr. 2,25; 4Mac. 14,17; Acts 24,23)

κωλύεσθαι ‣ 1
: **Verb** ‧ present ‧ passive ‧ infinitive ‣ 1 (Heb. 7,23)

κωλύετε ‣ 6
: **Verb** ‧ second ‧ plural ‧ present ‧ active ‧ imperative ‣ 6 (Matt. 19,14; Mark 9,39; Mark 10,14; Luke 9,50; Luke 18,16; 1Cor. 14,39)

κωλυθέντες ‣ 1
: **Verb** ‧ aorist ‧ passive ‧ participle ‧ masculine ‧ plural ‧ nominative ‣ 1 (Acts 16,6)

κωλυθῇ ‣ 1
: **Verb** ‧ third ‧ singular ‧ aorist ‧ passive ‧ subjunctive ‣ 1 (Sir. 19,28)

κωλυθήσεται ‣ 1
: **Verb** ‧ third ‧ singular ‧ future ‧ passive ‧ indicative ‣ 1 (Sir. 20,3)

κωλυόμενος ‣ 1
: **Verb** ‧ present ‧ passive ‧ participle ‧ masculine ‧ singular ‧ nominative ‣ 1 (Sir. 20,21)

κωλύοντα ‣ 1
: **Verb** ‧ present ‧ active ‧ participle ‧ masculine ‧ singular ‧ accusative ‣ 1 (Luke 23,2)

κωλυόντων ‣ 1 + 2 = 3
: **Verb** ‧ present ‧ active ‧ participle ‧ masculine ‧ plural ‧ genitive ‣ 1 + 2 = 3 (3Mac. 3,2; 1Th. 2,16; 1Tim. 4,3)

κωλύου ‣ 1
: **Verb** ‧ second ‧ singular ‧ present ‧ middle ‧ imperative ‣ 1 (Sir. 18,30)

κωλῦσαι ‣ 4 + 1 + 1 = 6
: **Verb** ‧ aorist ‧ active ‧ infinitive ‣ 4 + 1 + 1 = 6 (1Esdr. 6,32; 1Mac. 1,45; Eccl. 8,8; Sir. 46,7; Tob. 6,13; Acts 11,17)

κωλῦσαί ‣ 1
: **Verb** ‧ aorist ‧ active ‧ infinitive ‣ 1 (Acts 10,47)

κωλύσει ‣ 1
: **Verb** ‧ third ‧ singular ‧ future ‧ active ‧ indicative ‣ 1 (Gen. 23,6)

κωλύσῃ ‣ 2
: **Verb** ‧ third ‧ singular ‧ aorist ‧ active ‧ subjunctive ‣ 2 (2Sam. 13,13; Job 12,15)

κωλύσῃς ‣ 1 + 1 = 2
: **Verb** ‧ second ‧ singular ‧ aorist ‧ active ‧ subjunctive ‣ 1 + 1 = 2 (Sir. 4,23; Luke 6,29)

κώλυσον ‣ 1
: **Verb** ‧ second ‧ singular ‧ aorist ‧ active ‧ imperative ‣ 1 (Num. 11,28)

κωλύσω ‣ 1
: **Verb** ‧ first ‧ singular ‧ aorist ‧ active ‧ subjunctive ‣ 1 (Psa. 39,10)

κωλύσων ‣ 1
: **Verb** ‧ future ‧ active ‧ participle ‧ masculine ‧ singular ‧ nominative ‣ 1 (Mic. 2,4)

κωλύων ‣ 1
: **Verb** ‧ present ‧ active ‧ participle ‧ masculine ‧ singular ‧ nominative ‣ 1 (Is. 28,6)

κωμάρχης (κώμη; ἄρχω) village leader ‣ 1
: κωμάρχας ‣ 1
: **Noun** ‧ masculine ‧ plural ‧ accusative ‧ (common) ‣ 1 (Esth. 2,3)

κώμη village ‣ 76 + 21 + 27 = 124
: κῶμαι ‣ 39 + 21 = 60
: **Noun** ‧ feminine ‧ plural ‧ nominative ‧ (common) ‣ 39 + 21 = 60 (Josh. 15,24; Josh. 15,28; Josh. 15,32; Josh. 15,36; Josh. 15,41; Josh. 15,44; Josh. 15,45; Josh. 15,46; Josh. 15,47; Josh. 15,47; Josh. 15,51; Josh. 15,57; Josh. 15,59; Josh. 15,59a; Josh. 15,62; Josh. 16,7; Josh. 16,9; Josh. 17,11; Josh. 18,24; Josh. 18,28; Josh. 19,6; Josh. 19,7; Josh. 19,16; Josh. 19,23; Josh. 19,31; Josh. 19,47; 1Chr. 7,28; 1Chr. 7,28; 1Chr. 7,28; 1Chr. 7,28; 1Chr. 7,29; 1Chr. 7,29; 1Chr. 7,29; 1Chr. 7,29; 1Chr. 7,29; Judith 15,7; Is. 32,14; Is. 42,11; Ezek. 38,13; Josh. 15,28; Josh. 15,32; Josh. 15,36; Josh. 15,41; Josh. 15,44; Josh. 15,45; Josh. 15,46; Josh. 15,47; Josh. 15,51; Josh. 15,54; Josh. 15,57; Josh. 15,59; Josh. 15,59a; Josh. 15,60; Josh. 15,62; Josh. 18,24; Josh. 18,28; Josh. 19,6; Josh. 19,7; Josh. 19,16; Josh. 19,31)

κώμαις ‣ 8
: **Noun** ‧ feminine ‧ plural ‧ dative ‧ (common) ‣ 8 (Josh. 17,16; 1Chr. 5,16; 1Chr. 6,39; 1Chr. 9,16; 1Chr. 27,25; 1Esdr. 5,45; Neh. 6,2; Song 7,12)

κώμας ‣ 25 + 10 = 35
: **Noun** ‧ feminine ‧ plural ‧ accusative ‧ (common) ‣ 25 + 10 = 35 (Num. 21,32; Num. 32,42; Josh. 10,39; Josh. 13,30; Josh. 17,11; Josh. 17,11; Josh. 17,11; Josh. 21,12; 1Chr. 2,23; 1Chr. 2,23; 1Chr. 6,41; 1Chr. 8,12; 1Chr. 18,1; 2Chr. 13,19; 2Chr. 13,19; 2Chr. 13,19; 2Chr. 14,13; 2Chr. 28,18; 2Chr. 28,18; 2Chr. 28,18; 1Esdr. 4,50; Judith 4,5; 2Mac. 8,1; 2Mac. 8,6; Jer. 19,15; Matt. 9,35; Matt. 14,15; Mark 6,6; Mark 6,36; Mark 6,56; Mark 8,27; Luke 9,6; Luke 9,12; Luke 13,22; Acts 8,25)

κώμην ‣ 2 + 13 = 15
: **Noun** ‧ feminine ‧ singular ‧ accusative ‧ (common) ‣ 2 + 13 = 15 (2Mac. 14,16; Jer. 30,31; Matt. 10,11; Matt. 21,2; Mark 8,26; Mark 11,2; Luke 8,1; Luke 9,52; Luke 9,56; Luke 10,38; Luke 17,12; Luke 19,30; Luke 24,13; Luke 24,28; John 11,30)

κώμης ‣ 1 + 4 = 5
: **Noun** ‧ feminine ‧ singular ‧ genitive ‧ (common) ‣ 1 + 4 = 5 (1Sam. 6,18; Mark 8,23; Luke 5,17; John 7,42; John 11,1)

κωμῶν ‣ 1
: **Noun** ‧ feminine ‧ plural ‧ genitive ‧ (common) ‣ 1 (1Mac. 7,46)

κωμόπολις (κώμη; πόλις) town ‣ 1
: κωμοπόλεις ‣ 1
: **Noun** ‧ feminine ‧ plural ‧ accusative ‣ 1 (Mark 1,38)

κῶμος (κώμη) carousing ‣ 2 + 3 = 5
: κῶμοι ‣ 1
: **Noun** ‧ masculine ‧ plural ‧ nominative ‣ 1 (Gal. 5,21)
: κώμοις ‣ 2
: **Noun** ‧ masculine ‧ plural ‧ dative ‣ 2 (Rom. 13,13; 1Pet. 4,3)

κώμους ▸ 1
   Noun · masculine · plural · accusative · (common) ▸ 1
      (Wis. 14,23)
κώμων ▸ 1
   Noun · masculine · plural · genitive · (common) ▸ 1 (2Mac. 6,4)

Κωνα Kona ▸ 1
  Κωνα ▸ 1
   Noun · singular · genitive · (proper) ▸ 1 (Judith 4,4)

κωνώπιον (κώνωψ) canopy ▸ 4
  κωνώπιον ▸ 3
   Noun · neuter · singular · accusative · (common) ▸ 2
      (Judith 13,9; Judith 16,19)
   Noun · neuter · singular · nominative · (common) ▸ 1
      (Judith 13,15)
  κωνωπίῳ ▸ 1
   Noun · neuter · singular · dative · (common) ▸ 1 (Judith 10,21)

κώνωψ gnat ▸ 1
  κώνωπα ▸ 1
   Noun · masculine · singular · accusative ▸ 1 (Matt. 23,24)

κώπη oar-handle ▸ 1
  κώπας ▸ 1
   Noun · feminine · plural · accusative · (common) ▸ 1 (Ezek. 27,6)

κωπηλάτης (κώπη) rower ▸ 6
  κωπηλάται ▸ 6
   Noun · masculine · plural · nominative · (common) ▸ 6
      (Ezek. 27,8; Ezek. 27,9; Ezek. 27,26; Ezek. 27,27; Ezek. 27,29; Ezek. 27,34)

Κωρη Kore; Korah ▸ 3
  Κωρη ▸ 3
   Noun · masculine · singular · genitive · (proper) ▸ 2
      (1Chr. 9,19; 1Chr. 26,1)
   Noun · masculine · singular · nominative · (proper) ▸ 1
      (2Chr. 31,14)

Κως Cos ▸ 2
  Κως ▸ 2
   Noun · masculine · singular · dative · (proper) ▸ 1 (1Chr. 24,10)
   Noun · masculine · singular · nominative · (proper) ▸ 1
      (1Chr. 4,8)

Κῶς Cos ▸ 1 + 1 = 2
  Κῶ ▸ 1 + 1 = 2
   Noun · feminine · singular · accusative · (proper) ▸ 1 + 1 = 2
      (1Mac. 15,23; Acts 21,1)

Κωσάμ Cosam ▸ 1
  Κωσὰμ ▸ 1
   Noun · masculine · singular · genitive · (proper) ▸ 1 (Luke 3,28)

κωφ Qoph ▸ 1
  κωφ ▸ 1
   Noun ▸ 1 (Psa. 118,145)

κωφεύω (κόπτω) to keep quiet ▸ 11 + 2 = 13
  ἐκώφευσαν ▸ 2 + 1 = 3
   Verb · third · plural · aorist · active · indicative ▸ 2 + 1 = 3
      (Judg. 16,2; 2Kings 18,36; Judg. 16,2)
  κωφεύετε ▸ 1
   Verb · second · plural · present · active · indicative ▸ 1
      (2Sam. 19,11)
  κωφεῦσαι ▸ 1
   Verb · aorist · active · infinitive ▸ 1 (Job 13,5)
  κωφεύσατε ▸ 1
   Verb · second · plural · aorist · active · imperative ▸ 1 (Job 13,13)
  Κώφευσον ▸ 1 + 1 = 2
   Verb · second · singular · aorist · active · imperative ▸ 1 + 1 = 2
      (Judg. 18,19; Judg. 18,19)
  κώφευσον ▸ 3
   Verb · second · singular · aorist · active · imperative ▸ 3
      (2Sam. 13,20; Job 33,31; Job 33,33)
  κωφεύσω ▸ 2
   Verb · first · singular · future · active · indicative ▸ 2 (Job 6,24; Job 13,19)

κωφός (κόπτω) speechless, deaf ▸ 13 + 14 = 27
  κωφά ▸ 1
   Adjective · neuter · plural · accusative · noDegree ▸ 1
      (Hab. 2,18)
  κωφὰ ▸ 1
   Adjective · neuter · plural · accusative · noDegree ▸ 1
      (3Mac. 4,16)
  κωφῆς ▸ 1
   Adjective · feminine · singular · genitive · noDegree ▸ 1
      (Psa. 57,5)
  κωφοί ▸ 4 + 2 = 6
   Adjective · masculine · plural · nominative · noDegree ▸ 4 + 2 = 6 (Is. 29,18; Is. 42,19; Is. 43,8; Is. 44,11; Matt. 11,5; Luke 7,22)
  κωφοὶ ▸ 1
   Adjective · masculine · plural · nominative · noDegree ▸ 1
      (Is. 42,18)
  κωφόν ▸ 1 + 1 = 2
   Adjective · masculine · singular · accusative · noDegree ▸ 1
      (Ex. 4,11)
   Adjective · neuter · singular · nominative ▸ 1 (Luke 11,14)
  κωφὸν ▸ 1 + 4 = 5
   Adjective · masculine · singular · accusative · noDegree ▸ 1 + 3 = 4 (Lev. 19,14; Matt. 9,32; Matt. 12,22; Mark 7,32)
   Adjective · neuter · singular · vocative · (variant) ▸ 1
      (Mark 9,25)
  κωφός ▸ 3
   Adjective · masculine · singular · nominative ▸ 3
      (Matt. 9,33; Matt. 12,22; Luke 1,22)
  κωφὸς ▸ 1 + 1 = 2
   Adjective · masculine · singular · nominative · noDegree ▸ 1 + 1 = 2 (Psa. 37,14; Luke 11,14)
  κωφούς ▸ 1
   Adjective · masculine · plural · accusative ▸ 1 (Matt. 15,30)
  κωφοὺς ▸ 2
   Adjective · masculine · plural · accusative ▸ 2
      (Matt. 15,31; Mark 7,37)
  κωφῶν ▸ 2
   Adjective · masculine · plural · genitive · noDegree ▸ 2
      (Wis. 10,21; Is. 35,5)

κωφόω (κόπτω) to make dull ▸ 2
  ἐκωφώθην ▸ 2
   Verb · first · singular · aorist · passive · indicative ▸ 2
      (Psa. 38,3; Psa. 38,10)

Λ, λ

Λααδ Lahad ▸ 1
    Λααδ ▸ 1
        Noun ▪ masculine ▪ singular ▪ accusative ▪ (proper) ▸ 1 (1Chr. 4,2)

Λααδα Laadah ▸ 1
    Λααδα ▸ 1
        Noun ▪ masculine ▪ singular ▪ nominative ▪ (proper) ▸ 1 (1Chr. 4,21)

Λααδαν Ladan ▸ 2
    Λααδαν ▸ 2
        Noun ▪ masculine ▪ singular ▪ dative ▪ (proper) ▸ 1 (1Chr. 7,26)
        Noun ▪ masculine ▪ singular ▪ genitive ▪ (proper) ▸ 1 (Is. 39,1)

Λαβαν Laban ▸ 59
    Λαβαν ▸ 59
        Noun ▪ masculine ▪ singular ▪ accusative ▪ (proper) ▸ 7 (Gen. 27,43; Gen. 28,5; Gen. 29,1; Gen. 29,5; Gen. 29,21; Gen. 31,20; Gen. 31,24)
        Noun ▪ masculine ▪ singular ▪ dative ▪ (proper) ▸ 8 (Gen. 29,13; Gen. 29,16; Gen. 29,25; Gen. 30,25; Gen. 31,22; Gen. 31,31; Gen. 31,36; Gen. 31,36)
        Noun ▪ masculine ▪ singular ▪ genitive ▪ (proper) ▸ 13 (Gen. 25,20; Gen. 28,2; Gen. 29,9; Gen. 29,10; Gen. 29,10; Gen. 29,10; Gen. 30,36; Gen. 30,40; Gen. 30,42; Gen. 31,1; Gen. 31,2; Gen. 32,5; Judith 8,26)
        Noun ▪ masculine ▪ singular ▪ nominative ▪ (proper) ▸ 31 (Gen. 24,29; Gen. 24,29; Gen. 24,50; Gen. 29,13; Gen. 29,14; Gen. 29,15; Gen. 29,19; Gen. 29,22; Gen. 29,23; Gen. 29,24; Gen. 29,26; Gen. 29,28; Gen. 29,29; Gen. 30,27; Gen. 30,31; Gen. 30,34; Gen. 31,12; Gen. 31,19; Gen. 31,25; Gen. 31,25; Gen. 31,26; Gen. 31,33; Gen. 31,35; Gen. 31,43; Gen. 31,46; Gen. 31,47; Gen. 31,48; Gen. 32,1; Gen. 32,1; Gen. 46,18; Gen. 46,25)

Λαβανα Lebanah ▸ 2
    Λαβανα ▸ 2
        Noun ▪ masculine ▪ singular ▪ genitive ▪ (proper) ▸ 2 (1Esdr. 5,29; Neh. 7,48)

Λαβαναθ Libnath ▸ 1 + 1 = 2
    Λαβαναθ ▸ 1 + 1 = 2
        Noun ▪ singular ▪ dative ▪ (proper) ▸ 1 + 1 = 2 (Josh. 19,26; Josh. 19,26)

Λαβανω Lebanah ▸ 1
    Λαβανω ▸ 1
        Noun ▪ masculine ▪ singular ▪ genitive ▪ (proper) ▸ 1 (Ezra 2,45)

λαβδ lamedh ▸ 1
    λαβδ ▸ 1
        Noun ▸ 1 (Psa. 118,89)

Λαβδων Abdon ▸ 2
    Λαβδων ▸ 2
        Noun ▪ masculine ▪ singular ▪ nominative ▪ (proper) ▸ 2 (Judg. 12,13; Judg. 12,15)

Λαβεκ Labek; (Hebr.) part ▸ 1
    Λαβεκ ▸ 1
        Noun ▪ singular ▪ genitive ▪ (proper) ▸ 1 (Josh. 17,5)

λαβή (λαμβάνω) handle, shaft ▸ 1 + 1 = 2
    λαβὴν ▸ 1 + 1 = 2
        Noun ▪ feminine ▪ singular ▪ accusative ▪ (common) ▸ 1 + 1 = 2 (Judg. 3,22; Judg. 3,22)

Λαβιιμ Lehabites ▸ 1
    Λαβιιμ ▸ 1
        Noun ▪ masculine ▪ plural ▪ accusative ▪ (proper) ▸ 1 (Gen. 10,13)

λαβίς (λαμβάνω) tongs, trimmers ▸ 4
    λαβίδας ▸ 2
        Noun ▪ feminine ▪ plural ▪ accusative ▪ (common) ▸ 2 (Ex. 38,17; Num. 4,9)
    λαβίδες ▸ 1
        Noun ▪ feminine ▪ plural ▪ nominative ▪ (common) ▸ 1 (2Chr. 4,21)
    λαβίδι ▸ 1
        Noun ▪ feminine ▪ singular ▪ dative ▪ (common) ▸ 1 (Is. 6,6)

λάβρος violent ▸ 4
    λάβρος ▸ 1
        Adjective ▪ masculine ▪ singular ▪ nominative ▪ noDegree ▸ 1 (Prov. 28,3)
    λαβροτάτῳ ▸ 1
        Adjective ▪ neuter ▪ singular ▪ dative ▪ superlative ▸ 1 (4Mac. 16,3)
    λάβρῳ ▸ 2
        Adjective ▪ masculine ▪ singular ▪ dative ▪ noDegree ▸ 2 (Job 38,25; Job 38,34)

Λαβωεμαθ Lebo Hamath ▸ 1
    Λαβωεμαθ ▸ 1
        Noun ▪ singular ▪ genitive ▪ (proper) ▸ 1 (Judg. 3,3)

Λαβωθ Lebaoth ▸ 1
    Λαβωθ ▸ 1
        Noun ▪ singular ▪ nominative ▪ (proper) ▸ 1 (Josh. 15,32)

Λαβως Lebaoth ▸ 1
    Λαβως ▸ 1
        Noun ▪ singular ▪ nominative ▪ (proper) ▸ 1 (Josh. 15,32)

λάγανον cake ▸ 9
    λάγανα ▸ 5

Noun · neuter · plural · accusative · (common) ▸ **5** (Ex. 29,2; Lev. 2,4; Lev. 7,12; Num. 6,15; 1Chr. 23,29)

λάγανον ▸ **4**

Noun · neuter · singular · accusative · (common) ▸ **4** (Ex. 29,23; Lev. 8,26; Num. 6,19; 2Sam. 6,19)

λαγχάνω to receive; cast lots ▸ **2 + 4 = 6**

ἔλαχεν ▸ **2**

Verb · third · singular · aorist · active · indicative ▸ **2** (Luke 1,9; Acts 1,17)

ἔλαχον ▸ **1**

Verb · first · singular · aorist · active · indicative ▸ **1** (Wis. 8,19)

λαχοῦσιν ▸ **1**

Verb · aorist · active · participle · masculine · plural · dative ▸ **1** (2Pet. 1,1)

λάχωμεν ▸ **1**

Verb · first · plural · aorist · active · subjunctive ▸ **1** (John 19,24)

λελογχώς ▸ **1**

Verb · perfect · active · participle · masculine · singular · nominative ▸ **1** (3Mac. 6,1)

λαγών (λαγαρός) flank, side ▸ **1**

λαγόνας ▸ **1**

Noun · feminine · plural · accusative · (common) ▸ **1** (Sir. 47,19)

Λαδαβαρ Lo Debar ▸ **2**

Λαδαβαρ ▸ **2**

Noun · feminine · singular · genitive · (proper) ▸ **2** (2Sam. 9,4; 2Sam. 9,5)

Λαδαν Ladan ▸ **3**

Λαδαν ▸ **3**

Noun · masculine · singular · dative · (proper) ▸ **2** (1Chr. 26,21; 1Chr. 26,21)

Noun · masculine · singular · genitive · (proper) ▸ **1** (1Chr. 26,21)

Λάζαρος Lazarus ▸ **15**

Λάζαρε ▸ **1**

Noun · masculine · singular · vocative · (proper) ▸ **1** (John 11,43)

Λάζαρον ▸ **6**

Noun · masculine · singular · accusative · (proper) ▸ **6** (Luke 16,23; Luke 16,24; John 11,5; John 12,9; John 12,10; John 12,17)

Λάζαρος ▸ **8**

Noun · masculine · singular · nominative · (proper) ▸ **8** (Luke 16,20; Luke 16,25; John 11,1; John 11,2; John 11,11; John 11,14; John 12,1; John 12,2)

Λαηλ Lael ▸ **1**

Λαηλ ▸ **1**

Noun · masculine · singular · genitive · (proper) ▸ **1** (Num. 3,24)

λάθρα (λανθάνω) secretly ▸ **9 + 4 = 13**

λάθρα ▸ **9 + 4 = 13**

Adverb ▸ **9 + 4 = 13** (Deut. 13,7; 1Sam. 18,22; 1Sam. 26,5; 1Mac. 9,60; 3Mac. 6,24; Psa. 100,5; Ode. 4,14; Job 31,27; Hab. 3,14; Matt. 1,19; Matt. 2,7; John 11,28; Acts 16,37)

λαθραῖος (λανθάνω) secret ▸ **1**

λαθραῖον ▸ **1**

Adjective · neuter · singular · nominative · noDegree ▸ **1** (Wis. 1,11)

λαθραίως (λανθάνω) secretly ▸ **2**

λαθραίως ▸ **2**

Adverb ▸ **2** (1Sam. 24,5; 2Mac. 1,19)

λάθριος (λανθάνω) secret ▸ **1**

λάθριος ▸ **1**

Adjective · feminine · singular · nominative · noDegree ▸ **1** (Prov. 21,14)

λαῖλαψ storm, whirlwind ▸ **7 + 3 = 10**

λαίλαπι ▸ **2**

Noun · feminine · singular · dative · (common) ▸ **2** (Sir. 48,9; Sir. 48,12)

λαίλαπος ▸ **2 + 1 = 3**

Noun · feminine · singular · genitive · (common) ▸ **2 + 1 = 3** (Job 38,1; Wis. 5,14; 2Pet. 2,17)

λαῖλαψ ▸ **3 + 2 = 5**

Noun · feminine · singular · nominative · (common) ▸ **2 + 2 = 4** (Job 21,18; Wis. 5,23; Mark 4,37; Luke 8,23)

Noun · neuter · singular · nominative · (common) ▸ **1** (Jer. 32,32)

λαιμαργία (λαιμός; α; ἔργον) gluttony ▸ **1**

λαιμαργία ▸ **1**

Noun · feminine · singular · nominative · (common) ▸ **1** (4Mac. 1,27)

Λαις Laish ▸ **2**

Λαις ▸ **2**

Noun · singular · nominative · (proper) ▸ **1** (Judg. 18,29)

Noun · masculine · singular · genitive · (proper) ▸ **1** (1Sam. 25,44)

Λαισα Laishah ▸ **4 + 3 = 7**

Λαισα ▸ **4 + 3 = 7**

Noun · singular · accusative · (proper) ▸ **1 + 2 = 3** (Judg. 18,7; Judg. 18,7; Judg. 18,27)

Noun · singular · genitive · (proper) ▸ **2 + 1 = 3** (Judg. 18,9; Judg. 18,27; Judg. 18,14)

Noun · singular · nominative · (proper) ▸ **1** (Is. 10,30)

Λακαιδαιμόνιοι Lacedaemonian ▸ **1**

Λακεδαιμονίους ▸ **1**

Noun · masculine · plural · accusative · (proper) ▸ **1** (2Mac. 5,9)

λακάνη (λέκος) bowl, dish ▸ **1**

λακάνη ▸ **1**

Noun · feminine · singular · dative · (common) ▸ **1** (Judg. 5,25)

λακάω to burst apart, burst open ▸ **1**

ἐλάκησεν ▸ **1**

Verb · third · singular · aorist · active · indicative ▸ **1** (Acts 1,18)

Λακεϊ Likhi ▸ **1**

Λακεϊ ▸ **1**

Noun · masculine · singular · nominative · (proper) ▸ **1** (1Chr. 7,19)

λάκκος pit, prison, cistern ▸ **78 + 18 = 96**

λάκκοι ▸ **1**

Noun · masculine · plural · nominative · (common) ▸ **1** (Judith 7,21)

λάκκοις ▸ **1**

Noun · masculine · plural · dative · (common) ▸ **1** (1Sam. 13,6)

λάκκον ▸ **30 + 11 = 41**

Noun · masculine · singular · accusative · (common) ▸ **30 + 11 = 41** (Gen. 37,22; Gen. 37,24; Gen. 37,29; Gen. 40,15; Ex. 21,33; Ex. 21,33; Psa. 7,16; Psa. 27,1; Psa. 29,4; Psa. 87,5; Psa. 142,7; Eccl. 12,6; Wis. 10,14; Jer. 45,6; Jer. 45,6; Jer. 45,7; Jer. 45,11; Ezek. 31,16; Dan. 6,6; Dan. 6,8; Dan. 6,9; Dan. 6,13; Dan. 6,15; Dan. 6,18; Dan. 6,23; Bel 31-32; Bel 34; Bel 35; Bel 40; Bel 42; Judg. 15,19; Dan. 6,8; Dan. 6,13; Dan. 6,17; Dan. 6,20; Dan. 6,25; Bel 31; Bel 34; Bel 35; Bel 40; Bel 42)

λάκκος ▸ **5**

Noun · masculine · singular · nominative · (common) ▸ **5** (Gen. 37,24; 2Sam. 17,18; Sir. 50,3; Jer. 6,7; Bel 31-32)

λάκκου ▸ **26 + 5 = 31**

Noun · masculine · singular · genitive · (common) ▸ **26 + 5 = 31** (Gen. 37,28; Ex. 21,34; Lev. 11,36; Num. 20,17; 2Sam. 17,19; 2Sam. 17,21; 2Sam. 23,15; 2Sam. 23,16; 2Sam. 23,20; 2Kings 18,31; 1Chr. 11,17; 1Chr. 11,18; 1Mac. 9,33; Psa. 39,3; Zech. 9,11; Is. 36,16; Is. 51,1; Jer. 44,16; Jer. 45,10; Jer. 45,13; Lam.

3,55; Dan. 6,18; Dan. 6,18; Dan. 6,20; Bel 36; Bel 42; Dan. 6,18; Dan. 6,24; Dan. 6,24; Dan. 6,25; Bel 36)

λάκκους ▸ 4
   Noun • masculine • plural • accusative • (common) ▸ 4 (Deut. 6,11; 2Chr. 26,10; Neh. 9,25; Jer. 2,13)

λάκκῳ ▸ 9 + 2 = 11
   Noun • masculine • singular • dative • (common) ▸ 9 + 2 = 11 (Gen. 37,29; Ex. 12,29; 1Chr. 11,22; 2Mac. 10,37; 4Mac. 18,13; Psa. 87,7; Jer. 45,6; Lam. 3,53; Bel 31-32; Dan. 6,21; Bel 32)

λάκκων ▸ 2
   Noun • masculine • plural • genitive • (common) ▸ 2 (Gen. 37,20; Judith 8,31)

Λακκουνος Laccunus ▸ 1
   Λακκουνος ▸ 1
      Noun • masculine • singular • nominative • (proper) ▸ 1 (1Esdr. 9,31)

Λακος Lakkum ▸ 1
   Λακου ▸ 1
      Noun • singular • genitive • (proper) ▸ 1 (Josh. 19,33)

λακτίζω to kick ▸ 1
   λακτίζειν ▸ 1
      Verb • present • active • infinitive ▸ 1 (Acts 26,14)

λακωνικός Laconian (?) ▸ 1
   Λακωνικὰ ▸ 1
      Adjective • neuter • plural • accusative • noDegree ▸ 1 (Is. 3,22)

λαλέω (λάλος) to speak ▸ 1127 + 62 + 296 = 1485
   ἐλάλει ▸ 16 + 1 + 20 = 37
      Verb • third • singular • imperfect • active • indicative ▸ 16 + 1 + 20 = 37 (Gen. 39,10; Ex. 16,10; Ex. 19,19; Ex. 33,9; Ex. 34,34; Num. 7,89; 1Sam. 1,13; 1Sam. 14,19; 2Kings 8,4; Judith 14,8; Psa. 40,7; Psa. 40,7; Psa. 98,7; Jer. 26,16; Jer. 45,1; Dan. 7,11; Dan. 7,11; Matt. 13,34; Mark 2,2; Mark 4,33; Mark 4,34; Mark 7,35; Mark 8,32; Mark 14,31; Luke 1,64; Luke 2,38; Luke 9,11; Luke 24,32; John 4,27; John 7,13; John 10,6; Acts 6,10; Acts 9,29; Acts 18,25; Heb. 4,8; Rev. 1,12; Rev. 13,11)

   ἐλαλήθη ▸ 3 + 2 = 5
      Verb • third • singular • aorist • passive • indicative ▸ 3 + 2 = 5 (Judith 11,19; Psa. 86,3; Hos. 12,5; Luke 2,20; Heb. 11,18)

   ἐλάλησα ▸ 56 + 1 + 8 = 65
      Verb • first • singular • aorist • active • indicative ▸ 56 + 1 + 8 = 65 (Gen. 42,22; Num. 14,35; Num. 24,12; Deut. 1,43; 1Sam. 3,12; 2Sam. 7,7; 1Kings 9,5; 1Kings 20,6; 2Kings 22,19; 1Chr. 17,6; Judith 6,9; Psa. 38,4; Psa. 39,6; Psa. 76,5; Psa. 115,1; Eccl. 1,16; Eccl. 2,15; Sir. 51,25; Jonah 3,2; Is. 46,11; Is. 48,15; Is. 48,16; Is. 65,12; Is. 66,4; Jer. 4,28; Jer. 7,13; Jer. 7,22; Jer. 14,14; Jer. 18,10; Jer. 19,5; Jer. 19,15; Jer. 22,21; Jer. 23,21; Jer. 25,3; Jer. 25,13; Jer. 34,12; Jer. 34,16; Jer. 39,42; Jer. 41,5; Jer. 42,14; Jer. 42,14; Jer. 42,17; Jer. 43,31; Ezek. 11,25; Ezek. 24,18; Ezek. 26,14; Ezek. 28,10; Ezek. 34,24; Ezek. 36,5; Ezek. 36,6; Ezek. 36,36; Ezek. 38,17; Ezek. 38,19; Ezek. 39,5; Ezek. 39,8; Dan. 10,16; Dan. 10,16; Luke 24,44; John 12,48; John 12,49; John 15,22; John 18,20; John 18,21; John 18,23; 2Cor. 4,13)

   ἐλάλησά ▸ 3
      Verb • first • singular • aorist • active • indicative ▸ 3 (Gen. 28,15; Num. 23,26; Jer. 45,25)

   ἐλαλήσαμεν ▸ 5 + 1 = 6
      Verb • first • plural • aorist • active • indicative ▸ 5 + 1 = 6 (Ex. 14,12; 1Sam. 20,23; 2Sam. 12,18; Judith 8,30; Is. 59,13; 2Cor. 7,14)

   ἐλάλησαν ▸ 47 + 6 + 11 = 64
      Verb • third • plural • aorist • active • indicative ▸ 47 + 6 + 11 = 64 (Gen. 34,13; Gen. 34,20; Gen. 43,19; Gen. 45,15; Gen. 45,27; Num. 36,1; Deut. 5,28; Deut. 5,28; Deut. 18,17; Josh. 22,15; Josh. 22,21; Josh. 22,30; Josh. 22,33; Judg. 9,3; Judg. 14,7; Judg. 21,13; 1Sam. 18,23; 1Sam. 25,40; 2Sam. 20,18; 1Kings 3,22; 1Kings 12,7; 1Kings 12,10; 1Kings 13,25; 2Kings 5,13; 2Kings 20,14; 2Kings 22,14; 2Chr. 10,7; 2Chr. 10,9; 2Chr. 10,10; 2Chr. 18,12; 2Chr. 32,16; 2Chr. 34,22; Esth. 3,3; Judith 7,16; Tob. 14,5; Psa. 11,3; Psa. 21,8; Psa. 37,13; Psa. 57,4; Psa. 72,8; Psa. 72,8; Psa. 108,2; Job 32,16; Zech. 10,2; Dan. 2,4; Dan. 4,37a; Dan. 9,6; Judg. 9,3; Judg. 14,7; Judg. 21,13; Tob. 14,4; Tob. 14,5; Dan. 2,4; Luke 24,25; Acts 3,24; Acts 16,32; Acts 26,22; Heb. 13,7; James 5,10; 2Pet. 1,21; Jude 15; Rev. 10,3; Rev. 10,4; Rev. 10,4)

   ἐλάλησας ▸ 50 + 7 = 57
      Verb • second • singular • aorist • active • indicative ▸ 50 + 7 = 57 (Gen. 19,21; Ex. 32,13; Deut. 1,14; Deut. 23,24; Judg. 6,36; Judg. 6,37; Judg. 16,10; Judg. 16,13; Ruth 2,13; 1Sam. 9,21; 2Sam. 2,27; 2Sam. 7,19; 2Sam. 7,25; 2Sam. 7,25; 2Sam. 7,28; 2Sam. 7,29; 1Kings 2,38; 1Kings 8,24; 1Kings 8,25; 1Kings 8,53; 1Kings 18,24; 1Kings 21,4; 1Chr. 17,17; 1Chr. 17,23; 1Chr. 17,26; 2Chr. 6,15; 2Chr. 6,15; 2Chr. 6,16; 2Chr. 6,17; Neh. 9,13; Esth. 14,5 # 4,17m; Esth. 6,10; Esth. 6,10; Judith 6,5; Judith 8,28; Judith 11,23; Psa. 88,20; Ode. 7,36; Job 2,10; Zech. 13,3; Is. 40,27; Jer. 3,5; Jer. 28,62; Jer. 39,24; Jer. 51,16; Bar. 2,20; Bar. 2,24; Bar. 2,28; Ezek. 3,18; Dan. 3,36; Judg. 6,17; Judg. 6,36; Judg. 6,37; Judg. 9,38; Judg. 16,10; Judg. 16,13; Dan. 3,36)

   ἐλάλησάς ▸ 2
      Verb • second • singular • aorist • active • indicative ▸ 2 (Gen. 27,19; 1Sam. 28,21)

   ἐλαλήσατε ▸ 8 + 1 = 9
      Verb • second • plural • aorist • active • indicative ▸ 8 + 1 = 9 (Judith 8,11; Judith 8,11; Judith 10,9; Job 42,7; Job 42,8; Jer. 5,14; Jer. 51,25; Ezek. 33,10; Luke 12,3)

   ἐλάλησε ▸ 1
      Verb • third • singular • aorist • active • indicative ▸ 1 (Dan. 9,22)

   ἐλάλησεν ▸ 419 + 14 + 30 = 463
      Verb • third • singular • aorist • active • indicative ▸ 419 + 14 + 30 = 463 (Gen. 12,4; Gen. 17,3; Gen. 17,23; Gen. 18,19; Gen. 19,14; Gen. 20,8; Gen. 21,1; Gen. 21,2; Gen. 23,8; Gen. 23,16; Gen. 24,51; Gen. 34,3; Gen. 34,8; Gen. 35,13; Gen. 35,14; Gen. 35,15; Gen. 39,17; Gen. 39,19; Gen. 41,9; Gen. 41,17; Gen. 42,7; Gen. 49,28; Gen. 50,4; Gen. 50,21; Ex. 4,30; Ex. 4,30; Ex. 6,9; Ex. 6,12; Ex. 6,28; Ex. 6,29; Ex. 7,7; Ex. 7,13; Ex. 8,11; Ex. 8,15; Ex. 9,35; Ex. 12,25; Ex. 14,1; Ex. 16,11; Ex. 16,23; Ex. 20,1; Ex. 24,3; Ex. 24,7; Ex. 25,1; Ex. 30,11; Ex. 30,17; Ex. 30,22; Ex. 31,1; Ex. 31,12; Ex. 32,7; Ex. 32,28; Ex. 33,11; Ex. 34,31; Ex. 34,32; Ex. 40,1; Lev. 1,1; Lev. 4,1; Lev. 5,14; Lev. 5,20; Lev. 6,1; Lev. 6,12; Lev. 6,17; Lev. 7,22; Lev. 7,28; Lev. 8,1; Lev. 10,8; Lev. 10,11; Lev. 10,19; Lev. 11,1; Lev. 12,1; Lev. 13,1; Lev. 14,1; Lev. 14,33; Lev. 15,1; Lev. 16,1; Lev. 17,1; Lev. 19,1; Lev. 20,1; Lev. 21,16; Lev. 21,24; Lev. 22,1; Lev. 22,17; Lev. 22,26; Lev. 23,9; Lev. 23,23; Lev. 23,26; Lev. 23,33; Lev. 23,44; Lev. 24,1; Lev. 24,13; Lev. 24,23; Lev. 25,1; Lev. 27,1; Num. 1,1; Num. 1,48; Num. 2,1; Num. 3,1; Num. 3,5; Num. 3,11; Num. 3,14; Num. 3,44; Num. 4,1; Num. 4,17; Num. 4,21; Num. 5,1; Num. 5,4; Num. 5,5; Num. 5,11; Num. 6,1; Num. 6,22; Num. 8,1; Num. 8,5; Num. 8,23; Num. 9,1; Num. 9,4; Num. 9,9; Num. 10,1; Num. 10,29; Num. 11,24; Num. 11,25; Num. 12,1; Num. 12,2; Num. 13,1; Num. 14,39; Num. 15,17; Num. 15,22; Num. 15,35; Num. 16,1; Num. 16,5; Num. 16,20; Num. 16,23; Num. 16,26; Num. 17,5; Num. 17,9; Num. 17,12; Num. 17,16; Num. 17,21; Num. 18,8; Num. 18,20; Num. 18,25; Num. 19,1; Num. 20,7; Num. 23,17; Num. 25,10; Num. 25,16; Num. 26,1; Num. 26,3; Num. 26,52; Num.

27,6; Num. 27,18; Num. 28,1; Num. 30,1; Num. 30,2; Num. 31,1; Num. 31,3; Num. 31,25; Num. 33,50; Num. 34,1; Num. 34,16; Num. 35,1; Num. 35,9; Deut. 1,1; Deut. 1,3; Deut. 1,6; Deut. 1,11; Deut. 2,1; Deut. 2,17; Deut. 4,12; Deut. 4,15; Deut. 4,45; Deut. 5,4; Deut. 5,22; Deut. 6,3; Deut. 6,19; Deut. 9,10; Deut. 10,4; Deut. 11,25; Deut. 13,3; Deut. 13,6; Deut. 18,21; Deut. 18,22; Deut. 18,22; Deut. 26,19; Deut. 27,9; Deut. 31,3; Deut. 31,30; Deut. 32,44; Deut. 32,48; Josh. 10,12; Josh. 14,6; Josh. 14,10; Josh. 20,1; Josh. 21,45; Josh. 23,5; Josh. 23,15; Josh. 24,27; Judg. 1,20; Judg. 2,4; Judg. 2,15; Judg. 6,27; Judg. 8,8; Judg. 9,1; Judg. 11,11; 1Sam. 8,21; 1Sam. 15,13; 1Sam. 15,16; 1Sam. 16,4; 1Sam. 18,24; 1Sam. 19,1; 1Sam. 19,4; 1Sam. 20,26; 1Sam. 25,30; 1Sam. 25,39; 1Sam. 26,14; 1Sam. 28,17; 2Sam. 3,18; 2Sam. 3,19; 2Sam. 7,17; 2Sam. 13,22; 2Sam. 14,19; 2Sam. 17,6; 2Sam. 20,22; 2Sam. 22,1; 2Sam. 23,2; 2Sam. 23,3; 1Kings 2,4; 1Kings 2,23; 1Kings 2,24; 1Kings 2,27; 1Kings 5,12; 1Kings 5,13; 1Kings 5,13; 1Kings 5,19; 1Kings 5,26; 1Kings 8,15; 1Kings 8,20; 1Kings 8,20; 1Kings 8,53a; 1Kings 8,56; 1Kings 8,56; 1Kings 10,2; 1Kings 12,3; 1Kings 12,12; 1Kings 12,14; 1Kings 12,15; 1Kings 12,24d; 1Kings 12,24q; 1Kings 12,24q; 1Kings 12,24г; 1Kings 13,3; 1Kings 13,7; 1Kings 13,11; 1Kings 13,12; 1Kings 13,22; 1Kings 13,32; 1Kings 15,29; 1Kings 16,7; 1Kings 16,12; 1Kings 16,34; 1Kings 17,16; 1Kings 18,29; 1Kings 18,31; 1Kings 20,2; 1Kings 20,5; 1Kings 20,23; 1Kings 22,13; 1Kings 22,23; 1Kings 22,28; 1Kings 22,38; 2Kings 1,3; 2Kings 1,7; 2Kings 1,9; 2Kings 1,11; 2Kings 1,12; 2Kings 1,13; 2Kings 1,15; 2Kings 1,16; 2Kings 1,17; 2Kings 2,22; 2Kings 4,17; 2Kings 5,4; 2Kings 5,13; 2Kings 7,17; 2Kings 7,17; 2Kings 7,18; 2Kings 8,1; 2Kings 9,12; 2Kings 9,36; 2Kings 10,10; 2Kings 10,10; 2Kings 10,17; 2Kings 14,25; 2Kings 14,27; 2Kings 15,12; 2Kings 17,23; 2Kings 18,28; 2Kings 19,21; 2Kings 20,9; 2Kings 20,19; 2Kings 21,10; 2Kings 23,16; 2Kings 24,2; 2Kings 25,6; 2Kings 25,28; 1Chr. 17,15; 1Chr. 21,9; 1Chr. 21,19; 1Chr. 22,11; 2Chr. 6,4; 2Chr. 6,10; 2Chr. 6,10; 2Chr. 9,1; 2Chr. 10,12; 2Chr. 10,14; 2Chr. 10,15; 2Chr. 18,12; 2Chr. 18,22; 2Chr. 18,27; 2Chr. 23,3; 2Chr. 30,22; 2Chr. 32,6; 2Chr. 32,19; 2Chr. 33,10; 1Esdr. 1,49; 1Esdr. 5,6; Esth. 1,13; Esth. 1,21; Esth. 2,1; Esth. 3,8; Esth. 4,8; Esth. 4,9; Esth. 8,3; Judith 2,1; Judith 6,17; Judith 8,9; Judith 10,9; Judith 11,9; Judith 13,3; Tob. 14,4; Tob. 14,8; 1Mac. 1,24; 1Mac. 1,30; 1Mac. 7,15; 1Mac. 7,34; 1Mac. 7,42; Psa. 11,3; Psa. 16,10; Psa. 17,1; Psa. 49,1; Psa. 59,8; Psa. 61,12; Psa. 65,14; Psa. 107,8; Psa. 143,8; Psa. 143,11; Ode. 9,55; Ode. 9,70; Job 2,13; Job 33,2; Job 34,35; Sir. 13,22; Sir. 13,23; Sir. 13,23; Sol. 11,7; Sol. 11,8; Amos 3,1; Amos 3,8; Mic. 4,4; Mic. 7,3; Joel 4,8; Obad. 18; Jonah 3,3; Jonah 3,10; Hag. 2,1; Zech. 6,8; Zech. 7,7; Is. 1,2; Is. 1,20; Is. 16,13; Is. 16,13; Is. 20,2; Is. 21,17; Is. 22,25; Is. 24,3; Is. 25,8; Is. 37,22; Is. 39,8; Is. 40,5; Is. 58,14; Is. 59,3; Jer. 10,1; Jer. 11,17; Jer. 13,15; Jer. 16,10; Jer. 23,35; Jer. 23,37; Jer. 25,2; Jer. 26,13; Jer. 27,1; Jer. 28,12; Jer. 33,13; Jer. 33,16; Jer. 33,19; Jer. 37,4; Jer. 41,6; Jer. 43,7; Jer. 44,2; Jer. 45,8; Jer. 45,25; Jer. 47,2; Jer. 49,19; Jer. 51,31; Jer. 52,9; Jer. 52,32; Bar. 2,1; Bar. 2,7; Ezek. 3,24; Ezek. 37,11; Dan. 9,12; Bel 34; Judg. 1,20; Judg. 2,4; Judg. 2,15; Judg. 6,27; Judg. 8,8; Judg. 9,1; Judg. 11,11; Tob. 2,6; Tob. 7,6; Tob. 14,4; Dan. 1,19; Dan. 9,12; Dan. 9,22; Sus. 5; Matt. 9,33; Matt. 13,3; Matt. 13,33; Matt. 13,34; Matt. 14,27; Matt. 23,1; Matt. 28,18; Mark 6,50; Luke 1,55; Luke 1,70; Luke 2,50; Luke 11,14; Luke 24,6; John 7,46; John 8,12; John 8,20; John 12,36; John 12,41; John 17,1; Acts 2,31; Acts 3,21; Acts 7,6; Acts 8,26; Acts 9,27; Acts 23,9; Acts 28,25; Heb. 1,2; Heb. 7,14; Rev. 17,1; Rev. 21,9)

Ἐλάλησεν ▸ 1
   Verb · third · singular · aorist · active · indicative ▸ **1** (Ex. 6,2)

ἐλάλησέν ▸ 4 + 1 = 5
   Verb · third · singular · aorist · active · indicative ▸ 4 + 1 = **5** (Gen. 24,7; Deut. 12,20; Deut. 15,6; Jer. 45,25; Acts 28,21)

ἐλαλοῦμεν ▸ 1
   Verb · first · plural · imperfect · active · indicative ▸ **1** (Acts 16,13)

ἐλάλουν ▸ 10 + 1 + 6 = 17
   Verb · first · singular · imperfect · active · indicative ▸ 5 + 1 = **6** (Psa. 118,46; Psa. 119,7; Psa. 121,8; Job 29,22; Dan. 9,20; 1Cor. 13,11)
   Verb · third · plural · imperfect · active · indicative ▸ 5 + 1 + 5 = **11** (2Kings 2,11; Esth. 3,4; Psa. 34,20; Mic. 6,12; Zech. 10,2; Dan. 9,6; Luke 2,15; Acts 4,31; Acts 11,20; Acts 19,6; Acts 26,31)

Λάλει ▸ 3
   Verb · second · singular · present · active · imperative ▸ **3** (1Sam. 3,9; 1Sam. 3,10; 1Kings 2,16)

λαλεῖ ▸ 9 + 18 = 27
   Verb · third · singular · present · active · indicative ▸ 9 + 18 = **27** (Gen. 44,7; 1Kings 22,8; Prov. 24,2; Eccl. 2,15; Eccl. 8,4; Sol. 4,5; Is. 9,16; Is. 59,4; Jer. 9,7; Matt. 12,34; Mark 2,7; Mark 11,23; Luke 5,21; Luke 6,45; John 3,31; John 3,34; John 7,26; John 8,44; John 16,18; Rom. 3,19; 1Cor. 14,2; 1Cor. 14,2; 1Cor. 14,3; 1Cor. 14,27; Heb. 11,4; 1Pet. 4,11; Jude 16)

λάλει ▸ 3 + 3 = 6
   Verb · second · singular · present · active · imperative ▸ 3 + 3 = **6** (Judg. 5,12; 1Sam. 22,12; Is. 36,11; Acts 18,9; Titus 2,1; Titus 2,15)

λαλεῖν ▸ 22 + 1 + 21 = 44
   Verb · present · active · infinitive ▸ 22 + 1 + 21 = **44** (Gen. 37,4; Ex. 4,10; Ex. 34,29; Ex. 34,34; Deut. 11,19; 1Esdr. 3,21; 1Esdr. 4,1; 1Esdr. 4,13; 1Esdr. 4,34; 1Esdr. 4,41; Neh. 13,24; 3Mac. 4,16; Eccl. 1,8; Eccl. 3,7; Job 6,4; Is. 29,24; Is. 32,4; Is. 32,6; Jer. 1,6; Jer. 9,4; LetterJ 7; Ezek. 3,27; Dan. 8,18; Matt. 12,22; Matt. 12,34; Mark 1,34; Mark 7,37; Mark 12,1; Luke 4,41; Luke 7,15; John 8,26; Acts 2,4; Acts 4,17; Acts 4,20; Acts 4,29; Acts 5,40; Acts 11,15; Rom. 15,18; 1Cor. 14,5; 1Cor. 14,34; 1Cor. 14,35; 1Cor. 14,39; Phil. 1,14; 1Th. 1,8)

λαλεῖς ▸ 4 + 4 = 8
   Verb · second · singular · present · active · indicative ▸ 4 + 4 = **8** (Judg. 6,17; 2Sam. 19,30; 2Kings 18,26; Is. 36,11; Matt. 13,10; John 4,27; John 16,29; John 19,10)

λαλεῖσθαι ▸ 1
   Verb · present · passive · infinitive ▸ **1** (Heb. 2,3)

λαλεῖτε ▸ 9 + 4 = 13
   Verb · second · plural · present · active · indicative ▸ **3** (Psa. 57,2; Job 13,7; Jer. 2,29)
   Verb · second · plural · present · active · imperative ▸ 6 + 4 = **10** (1Sam. 2,3; Psa. 74,6; Ode. 3,3; Zech. 8,16; Is. 30,10; Is. 30,10; Mark 13,11; Acts 5,20; Eph. 4,25; James 2,12)

Λαλείτω ▸ 1
   Verb · third · singular · present · active · imperative ▸ **1** (Dan. 10,19)

λαλείτω ▸ 2 + 1 = 3
   Verb · third · singular · present · active · imperative ▸ 2 + 1 = **3** (Ex. 20,19; 2Chr. 18,7; 1Cor. 14,28)

λαλείτωσαν ▸ 1
   Verb · third · plural · present · active · imperative ▸ **1** (1Cor. 14,29)

λαλῇ ▸ 1
   Verb · third · singular · present · active · subjunctive ▸ **1** (John 8,44)

λαληθείς ▸ 1
   Verb · aorist · passive · participle · masculine · singular

λαλέω

- nominative ▸ **1** (Heb. 2,2)

λαληθείσης ▸ **1**
  Verb ▪ aorist ▪ passive ▪ participle ▪ feminine ▪ singular ▪ genitive
  ▸ **1** (Heb. 9,19)

λαληθὲν ▸ **1**
  Verb ▪ aorist ▪ passive ▪ participle ▪ neuter ▪ singular ▪ nominative
  ▸ **1** (1Sam. 3,17)

λαληθέντος ▸ **1**
  Verb ▪ aorist ▪ passive ▪ participle ▪ neuter ▪ singular ▪ genitive
  ▸ **1** (Luke 2,17)

λαληθέντων ▸ **1** + **1** = **2**
  Verb ▪ aorist ▪ passive ▪ participle ▪ masculine ▪ plural ▪ genitive
  ▸ **1** + **1** = **2** (1Sam. 3,17; Luke 2,18)

λαληθῇ ▸ **1**
  Verb ▪ third ▪ singular ▪ aorist ▪ passive ▪ subjunctive ▸ **1** (Song 8,8)

λαληθῆναι ▸ **2**
  Verb ▪ aorist ▪ passive ▪ infinitive ▸ **2** (Acts 13,42; Acts 13,46)

λαληθήσεται ▸ **1** + **3** = **4**
  Verb ▪ third ▪ singular ▪ future ▪ passive ▪ indicative ▸ **1** + **3** = **4**
  (Ezek. 3,22; Matt. 26,13; Mark 14,9; Acts 22,10)

λαληθήσεταί ▸ **1**
  Verb ▪ third ▪ singular ▪ future ▪ passive ▪ indicative ▸ **1** (Acts 9,6)

λαληθησομένων ▸ **1**
  Verb ▪ future ▪ passive ▪ participle ▪ neuter ▪ plural ▪ genitive ▸ **1** (Heb. 3,5)

λαλήσαι ▸ **2**
  Verb ▪ third ▪ singular ▪ aorist ▪ active ▪ optative ▸ **2** (Job 11,5; Job 33,14)

λαλῆσαι ▸ **51** + **8** + **21** = **80**
  Verb ▪ aorist ▪ active ▪ infinitive ▸ **51** + **8** + **21** = **80** (Gen. 18,27; Gen. 18,29; Gen. 18,31; Gen. 34,6; Ex. 4,12; Ex. 5,23; Num. 7,89; Num. 22,19; Num. 22,35; Num. 23,12; Deut. 3,26; Deut. 18,20; Deut. 18,20; Deut. 20,8; Judg. 8,3; Judg. 9,37; Judg. 12,6; Judg. 18,7; Judg. 19,3; Ruth 1,18; 1Sam. 25,17; 2Sam. 3,19; 2Sam. 3,27; 2Sam. 7,20; 2Sam. 11,19; 2Sam. 13,20; 2Sam. 14,15; 1Kings 2,19; 2Kings 18,27; 2Chr. 18,23; 2Chr. 24,5; 2Chr. 25,16; Ezra 8,17; Judith 15,8; 1Mac. 9,55; Psa. 33,14; Psa. 51,5; Job 19,4a; Job 32,14; Job 42,7; Sir. 18,19; Is. 7,10; Is. 36,12; Jer. 18,20; Jer. 33,8; Jer. 33,15; LetterJ 40; Dan. 10,11; Dan. 10,15; Dan. 10,17; Dan. 10,19; Judg. 8,3; Judg. 9,37; Judg. 12,6; Judg. 19,3; Dan. 10,11; Dan. 10,15; Dan. 10,17; Dan. 10,19; Matt. 12,46; Matt. 12,47; Mark 16,19; Luke 1,19; Luke 1,20; Luke 1,22; Luke 11,37; Acts 14,1; Acts 16,6; Acts 21,39; 1Cor. 3,1; 1Cor. 14,19; 2Cor. 12,4; Eph. 6,20; Col. 4,3; Col. 4,4; 1Th. 2,2; 1Th. 2,16; James 1,19; 1Pet. 3,10; 2John 12)

λαλῆσαί ▸ **4** + **1** = **5**
  Verb ▪ aorist ▪ active ▪ infinitive ▸ **4** + **1** = **5** (Gen. 24,33; Ex. 29,42; Num. 22,38; Is. 8,5; Acts 23,18)

λαλῆσαν ▸ **1**
  Verb ▪ aorist ▪ active ▪ participle ▪ neuter ▪ singular ▪ nominative
  ▸ **1** (1Kings 22,24)

λαλήσαντες ▸ **1** + **2** = **3**
  Verb ▪ aorist ▪ active ▪ participle ▪ masculine ▪ plural ▪ nominative
  ▸ **1** + **2** = **3** (Judith 7,24; Acts 8,25; Acts 14,25)

λαλήσαντι ▸ **2**
  Verb ▪ aorist ▪ active ▪ participle ▪ masculine ▪ singular ▪ dative
  ▸ **2** (2Chr. 10,10; Esth. 7,9)

λαλήσαντος ▸ **2**
  Verb ▪ aorist ▪ active ▪ participle ▪ masculine ▪ singular ▪ genitive
  ▸ **2** (2Kings 1,7; 2Kings 23,16)

λαλήσαντός ▸ **1**

Verb ▪ aorist ▪ active ▪ participle ▪ masculine ▪ singular ▪ genitive
  ▸ **1** (Jer. 43,2)

λαλήσας ▸ **1** + **1** + **2** = **4**
  Verb ▪ aorist ▪ active ▪ participle ▪ masculine ▪ singular ▪ nominative
  ▸ **1** + **1** + **2** = **4** (Judg. 13,11; Judg. 13,11; Heb. 1,1; Heb. 5,5)

λαλήσασι ▸ **1**
  Verb ▪ aorist ▪ active ▪ participle ▪ masculine ▪ plural ▪ dative ▸ **1** (1Kings 12,10)

λαλήσασιν ▸ **1**
  Verb ▪ aorist ▪ active ▪ participle ▪ masculine ▪ plural ▪ dative ▸ **1** (1Kings 12,9)

Λαλήσατε ▸ **5** + **2** = **7**
  Verb ▪ second ▪ plural ▪ aorist ▪ active ▪ imperative ▸ **5** + **2** = **7** (Lev. 11,2; Judg. 9,2; Judg. 20,3; 1Sam. 18,22; 2Sam. 19,12; Judg. 9,2; Judg. 20,3)

λαλήσατε ▸ **7** + **1** = **8**
  Verb ▪ second ▪ plural ▪ aorist ▪ active ▪ imperative ▸ **7** + **1** = **8** (Gen. 23,8; Gen. 32,20; Gen. 50,4; Num. 20,8; Judg. 19,30; 2Kings 1,6; Is. 40,2; Judg. 19,30)

Λαλησάτω ▸ **4**
  Verb ▪ third ▪ singular ▪ aorist ▪ active ▪ imperative ▸ **4** (2Sam. 14,12; 2Sam. 14,15; 2Sam. 14,18; Dan. 10,19)

λαλησάτω ▸ **3**
  Verb ▪ third ▪ singular ▪ aorist ▪ active ▪ imperative ▸ **3** (Gen. 44,18; 1Sam. 25,24; Judith 11,5)

λαλησάτωσαν ▸ **1**
  Verb ▪ third ▪ plural ▪ aorist ▪ active ▪ imperative ▸ **1** (Is. 41,1)

λαλήσει ▸ **26** + **2** + **4** = **32**
  Verb ▪ third ▪ singular ▪ future ▪ active ▪ indicative ▸ **26** + **2** + **4** = **32** (Ex. 4,14; Ex. 7,2; Ex. 33,11; Num. 23,19; Deut. 5,24; Deut. 18,18; Deut. 20,2; Psa. 2,5; Psa. 36,30; Psa. 48,4; Psa. 84,9; Psa. 84,9; Psa. 105,2; Psa. 144,21; Prov. 21,28; Prov. 23,33; Eccl. 1,10; Job 40,27; Sir. 13,6; Hab. 2,1; Is. 32,6; Jer. 39,4; Jer. 41,3; Dan. 7,25; Dan. 11,36; Sus. 12; Dan. 7,25; Dan. 11,36; John 9,21; John 16,13; John 16,13; Acts 11,14)

λαλήσειν ▸ **1**
  Verb ▪ future ▪ active ▪ infinitive ▸ **1** (Job 27,4)

λαλήσεις ▸ **29**
  Verb ▪ second ▪ singular ▪ future ▪ active ▪ indicative ▸ **29** (Ex. 7,2; Ex. 30,31; Lev. 7,29; Lev. 20,2; Num. 18,26; Num. 23,5; Num. 23,16; Num. 27,8; Deut. 5,27; Deut. 6,7; 2Sam. 14,3; 1Kings 12,10; 1Kings 12,10; 1Kings 12,24r; 1Kings 20,19; 2Kings 1,3; 2Kings 18,26; 2Chr. 10,10; 2Chr. 18,12; Job 8,2; Job 13,22; Is. 58,13; Jer. 1,7; Jer. 11,2; Jer. 22,1; Ezek. 2,7; Ezek. 3,11; Ezek. 12,23; Ezek. 24,27)

λαλήσῃ ▸ **11** + **2** = **13**
  Verb ▪ third ▪ singular ▪ aorist ▪ active ▪ subjunctive ▸ **11** + **2** = **13** (Ex. 7,9; Num. 22,8; Num. 23,26; Deut. 5,27; Deut. 18,19; Deut. 18,20; Deut. 18,22; 1Sam. 9,6; Psa. 16,4; Jer. 49,20; Ezek. 14,9; Acts 3,22; Rev. 13,15)

λαλήσῃς ▸ **9**
  Verb ▪ second ▪ singular ▪ aorist ▪ active ▪ subjunctive ▸ **9** (Gen. 31,24; Gen. 31,29; 1Kings 12,7; 1Kings 22,16; 2Kings 6,12; 2Chr. 10,7; 2Chr. 18,15; Ezek. 33,8; Dan. 4,32)

λαλήσητε ▸ **1** + **3** = **4**
  Verb ▪ second ▪ plural ▪ aorist ▪ active ▪ subjunctive ▸ **1** + **3** = **4** (Is. 8,10; Matt. 10,19; Matt. 10,19; Mark 13,11)

λαλήσομεν ▸ **1** + **1** = **2**
  Verb ▪ first ▪ plural ▪ future ▪ active ▪ indicative ▸ **1** + **1** = **2** (Tob. 6,13; 3John 14)

Λάλησον ▸ **43**
  Verb ▪ second ▪ singular ▪ aorist ▪ active ▪ imperative ▸ **43** (Gen.

Δ, λ

24,33; Ex. 14,2; Ex. 20,19; Lev. 1,2; Lev. 4,2; Lev. 6,18; Lev. 7,23; Lev. 12,2; Lev. 15,2; Lev. 16,2; Lev. 17,2; Lev. 18,2; Lev. 19,2; Lev. 22,18; Lev. 23,2; Lev. 23,24; Lev. 23,34; Lev. 25,2; Lev. 27,2; Num. 5,6; Num. 5,12; Num. 6,2; Num. 6,23; Num. 8,2; Num. 9,10; Num. 15,2; Num. 15,18; Num. 15,38; Num. 16,24; Num. 17,17; Num. 19,2; Num. 25,16; Num. 33,51; Num. 35,10; Josh. 20,2; Judg. 7,3; 1Sam. 15,16; 2Sam. 14,12; 1Kings 2,14; 2Kings 18,26; Sir. 32,3; Sir. 32,7; Is. 36,11)

λάλησον ‣ **26** + **2** = **28**
  Verb · second · singular · aorist · active · imperative ‣ **26** + **2** = **28** (Ex. 6,11; Ex. 6,29; Ex. 11,2; Ex. 12,3; Ex. 14,15; Ex. 16,12; Ex. 28,3; Lev. 9,3; Lev. 24,15; 2Sam. 13,13; 2Sam. 17,6; 2Sam. 19,8; 2Sam. 24,12; 1Kings 22,13; 1Chr. 21,10; Esth. 4,8; Tob. 7,9; Job 33,32; Job 34,33; Zech. 2,8; Ezek. 3,1; Ezek. 3,4; Ezek. 14,4; Ezek. 20,3; Ezek. 20,27; Ezek. 33,2; Judg. 5,12; Judg. 7,3)

Λάλησόν ‣ **1**
  Verb · second · singular · aorist · active · imperative ‣ **1** (Esth. 15,11 # 5:2)

λαλήσουσιν ‣ **12** + **2** + **2** = **16**
  Verb · third · plural · future · active · indicative ‣ **12** + **2** + **2** = **16** (Deut. 20,5; Psa. 93,4; Psa. 93,4; Psa. 113,13; Psa. 134,16; Psa. 144,5; Psa. 144,11; Eccl. 7,21; Zeph. 3,13; Is. 28,11; Jer. 8,6; Jer. 12,6; Judg. 7,11; Dan. 11,27; Matt. 12,36; Mark 16,17)

λαλήσω ‣ **51** + **2** + **5** = **58**
  Verb · first · singular · aorist · active · subjunctive ‣ **8** + **2** = **10** (Gen. 18,30; Gen. 18,32; Num. 22,20; Deut. 31,28; Job 13,13; Job 16,4; Job 42,4; Jer. 6,10; John 12,49; 1Cor. 14,6)
  Verb · first · singular · future · active · indicative ‣ **43** + **2** + **3** = **48** (Ex. 25,22; Num. 11,17; Num. 12,6; Num. 12,8; Num. 22,38; Deut. 5,31; Deut. 32,1; Judg. 6,39; 1Sam. 19,3; 2Sam. 20,16; 1Kings 2,18; 1Kings 22,14; 2Chr. 18,13; Tob. 6,12; Tob. 6,13; Psa. 49,7; Ode. 2,1; Job 7,11; Job 9,35; Job 10,1; Job 13,3; Job 13,15; Job 16,6; Job 19,7; Job 21,3; Job 32,18; Job 32,20; Job 33,31; Hos. 2,16; Hos. 12,11; Jer. 1,16; Jer. 5,5; Jer. 12,1; Jer. 18,7; Jer. 18,9; Jer. 19,2; Jer. 20,9; Ezek. 2,1; Ezek. 12,25; Ezek. 12,25; Ezek. 12,25; Ezek. 12,28; Ezek. 12,28; Judg. 6,39; Tob. 6,13; John 14,30; John 16,25; 1Cor. 14,21)

λαλήσωμεν ‣ **2**
  Verb · first · plural · aorist · active · subjunctive ‣ **2** (Gen. 44,16; Job 18,2)

λαλήσωσιν ‣ **2**
  Verb · third · plural · aorist · active · subjunctive ‣ **2** (Josh. 22,28; Jer. 9,4)

λαλήσωσίν ‣ **1**
  Verb · third · plural · aorist · active · subjunctive ‣ **1** (1Sam. 8,7)

λαλοῦμεν ‣ **10**
  Verb · first · plural · present · active · indicative ‣ **10** (John 3,11; 1Cor. 2,6; 1Cor. 2,7; 1Cor. 2,13; 2Cor. 2,17; 2Cor. 4,13; 2Cor. 12,19; 1Th. 2,4; Heb. 2,5; Heb. 6,9)

λαλουμένη ‣ **1**
  Verb · present · passive · participle · feminine · singular · nominative ‣ **1** (Acts 17,19)

λαλουμένοις ‣ **3**
  Verb · present · passive · participle · neuter · plural · dative ‣ **3** (Luke 2,33; Acts 13,45; Acts 16,14)

λαλούμενον ‣ **2**
  Verb · present · passive · participle · masculine · singular · accusative ‣ **1** (Mark 5,36)
  Verb · present · passive · participle · neuter · singular · nominative ‣ **1** (1Cor. 14,9)

λαλοῦν ‣ **3** + **2** + **2** = **7**
  Verb · present · active · participle · neuter · singular · accusative ‣ **1** (Dan. 7,20)
  Verb · present · active · participle · neuter · singular · nominative ‣ **2** + **2** + **2** = **6** (Gen. 45,12; Dan. 7,8; Dan. 7,8; Dan. 7,20; Matt. 10,20; Rev. 13,5)

λαλοῦντα ‣ **10** + **1** = **11**
  Verb · present · active · participle · masculine · singular · accusative ‣ **9** + **1** = **10** (Gen. 24,15; Gen. 24,45; 3Mac. 6,5; Prov. 7,9; Sol. 4,8; Zech. 2,2; Zech. 4,4; Zech. 5,10; Zech. 6,4; Heb. 12,25)
  Verb · present · active · participle · neuter · plural · nominative ‣ **1** (Psa. 30,19)

λαλοῦντας ‣ **1** + **1** = **2**
  Verb · present · active · participle · masculine · plural · accusative ‣ **1** + **1** = **2** (Psa. 5,7; Matt. 15,31)

λαλοῦντες ‣ **5** + **7** = **12**
  Verb · present · active · participle · masculine · plural · nominative ‣ **5** + **7** = **12** (Deut. 20,9; Neh. 13,24; 2Mac. 12,14; Job 29,9; Ezek. 33,30; Matt. 10,20; Mark 13,11; Acts 2,7; Acts 11,19; Acts 20,30; 1Cor. 14,9; Eph. 5,19)

λαλοῦντές ‣ **1**
  Verb · present · active · participle · masculine · plural · nominative ‣ **1** (Dan. 4,37a)

λαλοῦντι ‣ **2** + **1** + **2** = **5**
  Verb · present · active · participle · masculine · singular · dative ‣ **2** + **1** + **1** = **4** (Zech. 1,13; Dan. 8,13; Dan. 8,13; 1Cor. 14,11)
  Verb · present · active · participle · neuter · singular · dative ‣ **1** (Heb. 12,24)

λαλοῦντος ‣ **23** + **3** + **16** = **42**
  Verb · present · active · participle · masculine · singular · genitive ‣ **23** + **3** + **16** = **42** (Gen. 16,13; Gen. 27,5; Gen. 27,6; Gen. 29,9; Num. 7,89; Deut. 4,33; Deut. 5,26; 1Kings 1,42; 2Kings 6,33; Prov. 2,12; Job 1,16; Job 1,17; Job 1,18; Wis. 8,12; Jer. 33,7; Jer. 33,8; Ezek. 1,28; Ezek. 2,2; Ezek. 2,8; Ezek. 10,5; Ezek. 43,6; Dan. 8,13; Dan. 8,18; Dan. 8,13; Dan. 9,20; Dan. 9,21; Matt. 9,18; Matt. 12,46; Matt. 17,5; Matt. 26,47; Mark 5,35; Mark 14,43; Luke 8,49; Luke 22,47; Luke 22,60; John 1,37; John 8,30; Acts 6,11; Acts 7,38; Acts 10,44; Acts 14,9; 2Cor. 13,3)

λαλοῦντός ‣ **3** + **1** = **4**
  Verb · present · active · participle · masculine · singular · genitive ‣ **3** + **1** = **4** (Ex. 19,9; Is. 58,9; Dan. 9,21; Acts 22,9)

Λαλούντων ‣ **1**
  Verb · present · active · participle · masculine · plural · genitive ‣ **1** (Acts 4,1)

λαλούντων ‣ **9** + **4** = **13**
  Verb · present · active · participle · masculine · plural · genitive ‣ **9** + **4** = **13** (Gen. 50,17; Deut. 5,28; 2Chr. 33,18; Esth. 6,14; Psa. 27,3; Psa. 62,12; Psa. 108,20; Job 34,37; Is. 65,24; Luke 24,36; Acts 2,6; Acts 2,11; Acts 10,46)

λαλοῦσα ‣ **1**
  Verb · present · active · participle · feminine · singular · nominative ‣ **1** (Judith 14,9)

λαλοῦσαι ‣ **1** + **1** = **2**
  Verb · present · active · participle · feminine · plural · nominative ‣ **1** + **1** = **2** (Is. 19,18; 1Tim. 5,13)

λαλοῦσαν ‣ **1**
  Verb · present · active · participle · feminine · singular · accusative ‣ **1** (Rev. 10,8)

λαλούσης ‣ **3** + **1** = **4**
  Verb · present · active · participle · feminine · singular · genitive ‣ **3** + **1** = **4** (1Kings 1,14; 1Kings 1,22; Sol. 12,1; Rev. 4,1)

λαλοῦσιν ‣ **10** + **2** = **12**

λαλέω–λαμβάνω

Verb · third · plural · present · active · indicative ▸ 10 + 2 = **12** (Judg. 7,11; 1Sam. 11,4; 1Sam. 25,9; 1Kings 22,13; 1Mac. 13,17; Job 19,18; Is. 59,4; Jer. 23,16; Jer. 23,25; Ezek. 33,30; 1Cor. 12,30; 1John 4,5)

λαλοῦσίν ▸ 1
   Verb · present · active · participle · masculine · plural · dative ▸ **1** (1Kings 10,7)

λαλῶ ▸ 4 + 1 + 19 = 24
   Verb · first · singular · present · active · indicative ▸ 4 + 1 + 18 = **23** (Deut. 5,1; Jer. 4,12; Ezek. 44,5; Dan. 10,11; Dan. 10,11; Matt. 13,13; John 7,17; John 8,25; John 8,26; John 8,28; John 8,38; John 12,50; John 12,50; John 14,10; John 17,13; Acts 26,26; Rom. 7,1; 1Cor. 9,8; 1Cor. 14,18; 1Cor. 15,34; 2Cor. 11,17; 2Cor. 11,17; 2Cor. 11,23)
   Verb · first · singular · present · active · subjunctive ▸ **1** (1Cor. 13,1)

λαλῶν ▸ 36 + 1 + 16 = 53
   Verb · present · active · participle · masculine · singular · nominative ▸ 36 + 1 + 16 = **53** (Gen. 17,22; Gen. 18,33; Ex. 4,14; Ex. 31,18; Ex. 34,33; Num. 16,31; Deut. 31,1; Deut. 32,45; Judg. 15,17; 1Sam. 14,26; 1Sam. 24,17; 2Sam. 7,7; 2Sam. 13,36; 2Sam. 14,10; 1Chr. 17,6; Judith 5,22; 1Mac. 2,23; 1Mac. 3,23; 3Mac. 4,16; Psa. 14,2; Psa. 100,7; Job 9,27; Job 32,7; Hos. 10,4; Zech. 1,9; Zech. 1,14; Zech. 1,17; Zech. 2,7; Zech. 4,1; Zech. 4,5; Zech. 5,5; Zech. 6,5; Is. 33,15; Is. 45,19; Is. 52,6; Jer. 45,4; Judg. 15,17; Luke 5,4; John 4,26; John 7,18; John 9,37; Acts 6,13; Acts 7,44; Acts 10,7; 1Cor. 12,3; 1Cor. 14,2; 1Cor. 14,4; 1Cor. 14,5; 1Cor. 14,6; 1Cor. 14,11; 1Cor. 14,13; 2Pet. 3,16; Rev. 21,15)

λαλῶσι ▸ 1
   Verb · third · plural · present · active · subjunctive ▸ **1** (Psa. 126,5)

λαλῶσιν ▸ 1
   Verb · third · plural · present · active · subjunctive ▸ **1** (1Cor. 14,23)

Λελάληκα ▸ 1
   Verb · first · singular · perfect · active · indicative ▸ **1** (Deut. 9,13)

λελάληκα ▸ 19 + 11 = 30
   Verb · first · singular · perfect · active · indicative ▸ 19 + 11 = **30** (Ex. 20,22; Judith 2,12; Job 40,5; Is. 45,19; Ezek. 3,10; Ezek. 5,13; Ezek. 5,15; Ezek. 5,17; Ezek. 6,10; Ezek. 17,21; Ezek. 17,24; Ezek. 21,22; Ezek. 21,37; Ezek. 22,14; Ezek. 23,34; Ezek. 24,14; Ezek. 26,5; Ezek. 30,12; Ezek. 37,14; John 6,63; John 8,40; John 14,25; John 15,3; John 15,11; John 16,1; John 16,4; John 16,6; John 16,25; John 16,33; John 18,20)

λελάληκας ▸ 1 + 1 = 2
   Verb · second · singular · perfect · active · indicative ▸ 1 + 1 = **2** (Job 15,11; Sus. 47)

λελαλήκασιν ▸ 1
   Verb · third · plural · perfect · active · indicative ▸ **1** (Num. 27,7)

λελαλήκατε ▸ 1
   Verb · second · plural · perfect · active · indicative ▸ **1** (Num. 14,28)

Λελάληκεν ▸ 1
   Verb · third · singular · perfect · active · indicative ▸ **1** (Gen. 42,30)

λελάληκεν ▸ 4 + 2 = 6
   Verb · third · singular · perfect · active · indicative ▸ 4 + 2 = **6** (Num. 12,2; 1Kings 2,30; 1Kings 13,18; Ezek. 22,28; John 9,29; John 12,29)

λελάληκέν ▸ 1
   Verb · third · singular · perfect · active · indicative ▸ **1** (Gen. 24,30)

λελαλημένοις ▸ 1
   Verb · perfect · passive · participle · neuter · plural · dative ▸ **1** (Luke 1,45)

λελάληται ▸ 1
   Verb · third · singular · perfect · passive · indicative ▸ **1** (Job 4,2)

λελάληταί ▸ 1
   Verb · third · singular · perfect · passive · indicative ▸ **1** (Acts 27,25)

λάλημα (λάλος) chatter, talk ▸ 3 + 1 = 4
   λάλημα ▸ 3 + 1 = 4
      Noun · neuter · singular · accusative · (common) ▸ 2 + 1 = **3** (1Kings 9,7; Ezek. 36,3; Tob. 3,4)
      Noun · neuter · singular · nominative · (common) ▸ **1** (Ezek. 23,10)

λαλητός (λάλος) able to speak ▸ 1
   λαλητὸν ▸ 1
      Adjective · masculine · singular · accusative · noDegree ▸ **1** (Job 38,14)

λαλιά (λάλος) speech ▸ 22 + 3 = 25
   λαλιά ▸ 2 + 1 = 3
      Noun · feminine · singular · nominative · (common) ▸ 2 + 1 = **3** (Song 4,3; Song 6,7; Matt. 26,73)
   λαλιὰ ▸ 2
      Noun · feminine · singular · nominative · (common) ▸ **2** (2Mac. 8,7; Sir. 27,14)
   λαλιᾷ ▸ 1
      Noun · feminine · singular · dative · (common) ▸ **1** (Sir. 5,13)
   λαλιαί ▸ 1
      Noun · feminine · plural · nominative · (common) ▸ **1** (Psa. 18,4)
   λαλιάν ▸ 2
      Noun · feminine · singular · accusative · (common) ▸ **2** (Job 29,23; Sir. 35,14)
   λαλιὰν ▸ 6 + 2 = 8
      Noun · feminine · singular · accusative · (common) ▸ 6 + 2 = **8** (2Mac. 15,12; Job 33,1; Sir. 19,6; Sir. 32,4; Sir. 42,11; Is. 11,3; John 4,42; John 8,43)
   λαλιᾶς ▸ 8
      Noun · feminine · singular · genitive · (common) ▸ **8** (2Mac. 5,5; Eccl. 3,18; Eccl. 7,14; Job 7,6; Sir. 13,11; Sir. 20,5; Dan. 10,6; Dan. 10,9)

Λαμας Lahmas ▸ 1
   Λαμας ▸ 1
      Noun · singular · nominative · (proper) ▸ **1** (Josh. 15,40)

λαμβάνω to take, receive, choose ▸ 1260 + 76 + 258 = 1594
   εἰλημμένων ▸ 1
      Verb · perfect · passive · participle · neuter · plural · genitive ▸ **1** (Ezek. 24,5)
   Εἴληφα ▸ 1
      Verb · first · singular · perfect · active · indicative ▸ **1** (Job 34,31)
   εἴληφα ▸ 12 + 1 = 13
      Verb · first · singular · perfect · active · indicative ▸ 12 + 1 = **13** (Lev. 7,34; Num. 3,12; Num. 8,16; Num. 16,15; Num. 18,6; Deut. 22,14; 1Sam. 12,3; 1Sam. 12,3; 1Sam. 12,3; 1Sam. 21,9; Sir. 46,19; Is. 51,22; Rev. 2,28)
   εἰλήφαμεν ▸ 1
      Verb · first · plural · perfect · active · indicative ▸ **1** (1Mac. 15,33)
   εἴληφας ▸ 1 + 2 = 3
      Verb · second · singular · perfect · active · indicative ▸ 1 + 2 = **3** (1Sam. 12,4; Rev. 3,3; Rev. 11,17)

εἰλήφασι ▸ 1
    Verb · third · plural · perfect · active · indicative ▸ **1** (Dan. 4,33b)
εἰλήφασιν ▸ 1
    Verb · third · plural · perfect · active · indicative ▸ **1** (Num. 31,49)
εἴληφέ ▸ 1
    Verb · third · singular · perfect · active · indicative ▸ **1** (Dan. 4,37a)
Εἴληφεν ▸ 1
    Verb · third · singular · perfect · active · indicative ▸ **1** (Gen. 31,1)
εἴληφεν ▸ 2 + 3 = 5
    Verb · third · singular · perfect · active · indicative ▸ 2 + 3 = **5** (Gen. 27,36; Gen. 27,36; 1Cor. 10,13; Rev. 5,7; Rev. 8,5)
εἰληφέναι ▸ 1
    Verb · perfect · active · infinitive ▸ **1** (2Mac. 4,32)
εἰληφότας ▸ 1
    Verb · perfect · active · participle · masculine · plural · accusative ▸ **1** (Gen. 19,14)
εἰληφότες ▸ 1
    Verb · perfect · active · participle · masculine · plural · nominative ▸ **1** (3Mac. 7,16)
εἰληφώς ▸ 1 + 1 = 2
    Verb · perfect · active · participle · masculine · singular · nominative ▸ 1 + 1 = **2** (2Mac. 13,18; Matt. 25,24)
ἔλαβαν ▸ 2
    Verb · third · plural · aorist · active · indicative ▸ **2** (Judg. 1,24; 2Sam. 23,16)
ἔλαβε ▸ 4
    Verb · third · singular · aorist · active · indicative ▸ **4** (Judith 1,15; Ezek. 17,3; Dan. 4,33b; Bel 39)
ἔλαβεν ▸ 353 + 27 + 21 = 401
    Verb · third · singular · aorist · active · indicative ▸ 353 + 27 + 21 = **401** (Gen. 2,15; Gen. 2,21; Gen. 2,22; Gen. 4,19; Gen. 8,9; Gen. 8,20; Gen. 11,31; Gen. 12,5; Gen. 15,10; Gen. 17,23; Gen. 18,7; Gen. 18,8; Gen. 20,2; Gen. 20,14; Gen. 21,14; Gen. 21,21; Gen. 21,27; Gen. 22,6; Gen. 22,6; Gen. 22,13; Gen. 24,10; Gen. 24,22; Gen. 24,67; Gen. 25,1; Gen. 25,20; Gen. 25,21; Gen. 26,34; Gen. 27,14; Gen. 27,35; Gen. 28,9; Gen. 28,11; Gen. 28,18; Gen. 30,9; Gen. 30,37; Gen. 31,17; Gen. 31,34; Gen. 32,14; Gen. 32,23; Gen. 32,24; Gen. 33,11; Gen. 36,2; Gen. 36,6; Gen. 38,2; Gen. 38,6; Gen. 38,18; Gen. 42,24; Ex. 2,1; Ex. 2,2; Ex. 2,3; Ex. 2,9; Ex. 4,20; Ex. 6,20; Ex. 6,23; Ex. 6,25; Ex. 9,10; Ex. 13,19; Ex. 15,15; Ex. 18,2; Ex. 18,12; Ex. 34,4; Lev. 8,10; Lev. 8,15; Lev. 8,16; Lev. 8,23; Lev. 8,25; Lev. 8,26; Lev. 8,28; Lev. 8,30; Lev. 9,15; Num. 1,17; Num. 3,49; Num. 3,50; Num. 12,1; Num. 16,18; Num. 17,4; Num. 17,12; Num. 20,9; Num. 21,25; Num. 31,47; Num. 31,51; Num. 31,54; Num. 32,39; Num. 32,41; Num. 32,42; Num. 34,14; Deut. 3,14; Deut. 4,20; Deut. 20,7; Deut. 24,3; Deut. 24,5; Deut. 28,56; Josh. 4,20; Josh. 7,1; Josh. 7,24; Josh. 10,1; Josh. 10,32; Josh. 10,35; Josh. 11,12; Josh. 11,16; Josh. 11,17; Josh. 11,19; Josh. 11,23; Josh. 15,17; Josh. 16,10; Josh. 21,42d; Josh. 24,26; Judg. 3,21; Judg. 4,21; Judg. 6,27; Judg. 8,16; Judg. 8,21; Judg. 9,48; Judg. 9,48; Judg. 11,13; Judg. 11,15; Judg. 13,19; Judg. 14,19; Judg. 15,4; Judg. 15,6; Judg. 15,15; Judg. 16,12; Judg. 17,4; Judg. 18,20; Judg. 19,1; Judg. 19,29; Ruth 4,2; Ruth 4,13; Ruth 4,16; 1Sam. 7,9; 1Sam. 7,12; 1Sam. 9,22; 1Sam. 10,1; 1Sam. 11,7; 1Sam. 14,32; 1Sam. 15,21; 1Sam. 16,13; 1Sam. 16,20; 1Sam. 17,40; 1Sam. 17,49; 1Sam. 17,51; 1Sam. 17,54; 1Sam. 19,13; 1Sam. 21,7; 1Sam. 24,3; 1Sam. 25,18; 1Sam. 25,35; 1Sam. 25,43; 1Sam. 26,12; 1Sam. 28,24; 1Sam. 30,20; 1Sam. 31,4; 2Sam. 2,8; 2Sam. 3,15; 2Sam. 5,13; 2Sam. 8,1; 2Sam. 8,7; 2Sam. 8,7; 2Sam. 8,8; 2Sam. 9,5; 2Sam. 10,4; 2Sam. 11,4; 2Sam. 11,5; 2Sam. 12,4; 2Sam. 12,30; 2Sam. 13,8; 2Sam. 13,9; 2Sam. 13,10; 2Sam. 13,19; 2Sam. 14,2; 2Sam. 17,19; 2Sam. 18,14; 2Sam. 18,17; 2Sam. 20,3; 2Sam. 21,8; 2Sam. 21,10; 2Sam. 21,12; 1Kings 1,39; 1Kings 2,35c; 1Kings 3,20; 1Kings 4,15; 1Kings 5,14a; 1Kings 7,1; 1Kings 7,45; 1Kings 11,1; 1Kings 12,24i; 1Kings 12,24o; 1Kings 14,26; 1Kings 14,26; 1Kings 14,26; 1Kings 15,18; 1Kings 16,31; 1Kings 17,19; 1Kings 18,4; 1Kings 18,31; 1Kings 19,21; 1Kings 21,21; 1Kings 21,34; 2Kings 2,8; 2Kings 2,14; 2Kings 3,26; 2Kings 3,27; 2Kings 4,17; 2Kings 4,37; 2Kings 5,5; 2Kings 5,23; 2Kings 5,24; 2Kings 6,7; 2Kings 8,9; 2Kings 8,15; 2Kings 9,25; 2Kings 11,2; 2Kings 11,4; 2Kings 11,9; 2Kings 11,19; 2Kings 12,10; 2Kings 12,19; 2Kings 13,15; 2Kings 13,18; 2Kings 13,25; 2Kings 13,25; 2Kings 14,14; 2Kings 14,21; 2Kings 15,29; 2Kings 16,8; 2Kings 19,14; 2Kings 23,4; 2Kings 23,16; 2Kings 23,30; 2Kings 23,34; 2Kings 24,7; 2Kings 24,12; 2Kings 25,14; 2Kings 25,15; 2Kings 25,18; 2Kings 25,19; 2Kings 25,20; 1Chr. 2,19; 1Chr. 2,21; 1Chr. 2,23; 1Chr. 4,18; 1Chr. 7,15; 1Chr. 7,23; 1Chr. 10,4; 1Chr. 11,8; 1Chr. 14,3; 1Chr. 18,1; 1Chr. 18,7; 1Chr. 18,8; 1Chr. 18,11; 1Chr. 19,4; 1Chr. 20,2; 1Chr. 26,27; 1Chr. 27,23; 2Chr. 11,18; 2Chr. 11,20; 2Chr. 12,9; 2Chr. 12,9; 2Chr. 12,9; 2Chr. 13,21; 2Chr. 16,2; 2Chr. 16,6; 2Chr. 16,6; 2Chr. 22,11; 2Chr. 23,1; 2Chr. 23,20; 2Chr. 24,3; 2Chr. 26,1; 2Chr. 28,21; 2Chr. 36,1; 2Chr. 36,4; 1Esdr. 4,61; 1Esdr. 6,19; Ezra 1,7; Ezra 2,61; Neh. 6,18; Neh. 7,63; Esth. 6,11; Esth. 8,2; Judith 2,17; Judith 2,22; Judith 3,6; Judith 10,4; Judith 12,15; Judith 15,12; Judith 16,8; Judith 16,19; Tob. 8,2; 1Mac. 1,3; 1Mac. 1,19; 1Mac. 1,21; 1Mac. 1,23; 1Mac. 1,23; 1Mac. 1,31; 1Mac. 2,54; 1Mac. 2,56; 1Mac. 3,12; 1Mac. 5,3; 1Mac. 5,22; 1Mac. 5,28; 1Mac. 5,35; 1Mac. 5,51; 1Mac. 9,53; 1Mac. 10,84; 1Mac. 11,56; 1Mac. 11,62; 1Mac. 12,8; 1Mac. 12,31; 1Mac. 13,25; 1Mac. 14,5; 2Mac. 5,11; 2Mac. 7,8; 2Mac. 9,5; 2Mac. 13,22; 3Mac. 6,20; Psa. 14,3; Psa. 14,5; Psa. 23,4; Psa. 77,71; Ode. 1,15; Prov. 18,22; Job 2,8; Wis. 11,12; Hos. 1,3; Hos. 13,1; Zeph. 3,18; Is. 6,6; Is. 8,3; Is. 31,4; Is. 36,1; Is. 37,14; Jer. 34,20; Jer. 35,10; Jer. 43,14; Jer. 43,21; Jer. 43,32; Jer. 45,11; Jer. 45,11; Jer. 47,2; Jer. 48,16; Jer. 50,5; Jer. 52,19; Jer. 52,24; Jer. 52,26; Jer. 52,31; Bar. 3,29; Ezek. 10,7; Ezek. 10,7; Ezek. 17,5; Ezek. 18,13; Ezek. 18,17; Ezek. 18,19; Ezek. 19,5; Judg. 3,21; Judg. 4,21; Judg. 6,27; Judg. 8,16; Judg. 8,21; Judg. 9,43; Judg. 9,48; Judg. 11,13; Judg. 11,15; Judg. 13,19; Judg. 13,23; Judg. 14,19; Judg. 15,4; Judg. 15,6; Judg. 15,15; Judg. 16,12; Judg. 16,14; Judg. 17,4; Judg. 18,20; Judg. 19,1; Judg. 19,28; Judg. 19,29; Tob. 8,2; Tob. 9,5; Tob. 11,15; Sus. 2; Bel 27; Matt. 8,17; Matt. 15,36; Mark 12,20; Mark 12,21; Mark 15,23; Luke 5,26; Luke 7,16; Luke 20,31; John 6,11; John 13,12; John 19,1; John 19,27; John 19,30; Acts 24,27; Acts 28,15; Rom. 4,11; 1Cor. 11,23; Heb. 2,2; Heb. 11,11; 1Pet. 4,10; Rev. 5,8)
ἔλαβέν ▸ 3
    Verb · third · singular · aorist · active · indicative ▸ **3** (Gen. 24,7; 2Sam. 22,17; Psa. 17,17)
ἔλαβες ▸ 12 + 1 + 2 = 15
    Verb · second · singular · aorist · active · indicative ▸ 12 + 1 + 2 = **15** (Gen. 20,3; Gen. 30,15; 2Sam. 12,9; 2Sam. 12,10; 2Kings 5,26; 2Kings 5,26; Esth. 14,5 # 4,17m; Psa. 67,19; Ezek. 16,16; Ezek. 16,17; Ezek. 16,18; Ezek. 16,20; Judg. 17,2; 1Cor. 4,7; 1Cor. 4,7)
ἔλαβές ▸ 1
    Verb · second · singular · aorist · active · indicative ▸ **1** (Is. 57,11)
ἐλάβετε ▸ 2 + 1 + 12 = 15
    Verb · second · plural · aorist · active · indicative ▸ 2 + 1 + 12 = **15** (Judg. 18,24; Joel 4,5; Judg. 18,24; Matt. 10,8; Matt. 16,9;

λαμβάνω

Matt. 16,10; Mark 11,24; Acts 7,53; Acts 19,2; Rom. 8,15; Rom. 8,15; 2Cor. 11,4; Gal. 3,2; Col. 4,10; 1John 2,27)

ἐλάβετο ▸ 1
Verb · third · singular · aorist · middle · indicative ▸ 1 (Tob. 11,11)

ἐλάβομεν ▸ 6 + 2 + 7 = 15
Verb · first · plural · aorist · active · indicative ▸ 6 + 2 + 7 = 15 (Deut. 2,35; Deut. 3,4; Deut. 3,8; Deut. 29,7; Ode. 5,18; Is. 26,18; Judg. 21,22; Tob. 5,3; Matt. 16,7; Luke 5,5; John 1,16; Rom. 1,5; Rom. 5,11; 1Cor. 2,12; 2John 4)

Ἔλαβον ▸ 1
Verb · third · plural · aorist · active · indicative ▸ 1 (Heb. 11,35)

ἔλαβον ▸ 105 + 12 + 25 = 142
Verb · first · singular · aorist · active · indicative ▸ 26 + 1 + 6 = 33 (Gen. 12,19; Gen. 40,11; Gen. 48,22; Num. 8,18; Num. 11,12; Deut. 1,15; Deut. 1,23; Deut. 9,21; Josh. 7,21; Josh. 24,3; Judg. 17,2; 2Sam. 1,10; 2Sam. 3,14; Neh. 2,1; Tob. 1,9; 1Mac. 6,12; Amos 2,11; Zech. 11,13; Is. 10,9; Is. 10,9; Is. 10,10; Jer. 13,7; Jer. 15,15; Jer. 32,17; Jer. 38,19; Jer. 39,11; Judg. 17,2; John 10,18; Acts 20,24; 2Cor. 11,24; 2Cor. 12,16; Phil. 3,12; Rev. 10,10)

Verb · third · plural · aorist · active · indicative ▸ 79 + 11 + 19 = 109 (Gen. 6,2; Gen. 11,29; Gen. 14,11; Gen. 14,12; Gen. 34,25; Gen. 34,26; Gen. 34,28; Gen. 43,15; Ex. 15,14; Ex. 36,3; Lev. 9,5; Num. 17,24; Num. 21,26; Num. 31,11; Num. 34,15; Josh. 8,21; Josh. 9,14; Josh. 10,30; Josh. 10,39; Judg. 1,6; Judg. 3,6; Judg. 3,25; Judg. 5,19; Judg. 7,8; Judg. 16,31; Judg. 18,17; Judg. 18,18; Judg. 18,27; Judg. 21,22; Judg. 21,23; 1Sam. 5,1; 1Sam. 5,2; 1Sam. 6,10; 1Sam. 7,14; 1Sam. 30,16; 1Sam. 30,18; 1Sam. 30,19; 1Sam. 31,12; 2Sam. 4,7; 1Kings 9,28; 1Kings 18,26; 2Kings 2,20; 2Kings 7,8; 2Kings 7,14; 2Kings 9,13; 2Kings 10,7; 1Chr. 10,9; 1Chr. 10,12; 1Chr. 11,18; 1Chr. 15,15; 1Chr. 23,22; 1Chr. 24,31; 2Chr. 5,4; 2Chr. 8,18; 2Chr. 14,14; 2Chr. 23,8; 2Chr. 28,18; Tob. 4,12; 1Mac. 3,12; 1Mac. 3,41; 1Mac. 4,23; 1Mac. 4,47; 1Mac. 6,6; 1Mac. 7,47; 1Mac. 8,7; 1Mac. 9,40; 1Mac. 11,48; 1Mac. 16,16; 2Mac. 8,20; 2Mac. 8,25; 2Mac. 12,28; Ode. 1,14; Jonah 1,15; Is. 22,6; Jer. 46,14; Jer. 52,17; Bar. 1,2; Lam. 4,16; Ezek. 23,10; Judg. 1,24; Judg. 3,6; Judg. 3,25; Judg. 5,19; Judg. 7,8; Judg. 14,11; Judg. 16,31; Judg. 18,18; Judg. 18,27; Judg. 21,23; Tob. 1,9; Matt. 12,14; Matt. 20,9; Matt. 20,10; Matt. 22,15; Matt. 25,3; Matt. 25,4; Matt. 27,1; Matt. 27,9; Matt. 27,30; Mark 14,65; John 1,12; John 12,13; John 17,8; John 19,23; John 19,40; Acts 10,47; Heb. 11,36; Rev. 17,12; Rev. 20,4)

ἔλαβόν ▸ 1
Verb · third · plural · aorist · active · indicative ▸ 1 (Is. 21,3)

Ἔλαβόν ▸ 2
Verb · first · singular · aorist · active · indicative ▸ 2 (2Sam. 7,8; 1Chr. 17,7)

ἐλάβοντο ▸ 1
Verb · third · plural · aorist · middle · indicative ▸ 1 (Judg. 7,20)

ἐλάβοσαν ▸ 11
Verb · third · plural · aorist · active · indicative ▸ 11 (Deut. 1,25; Josh. 10,28; Josh. 11,19; Josh. 18,7; Ruth 1,4; 2Sam. 5,21; Ezra 9,2; Ezra 10,44; Neh. 5,15; Jer. 39,23; Ezek. 32,24)

ἐλάμβανεν ▸ 8
Verb · third · singular · imperfect · active · indicative ▸ 8 (1Sam. 2,14; 1Sam. 16,23; 1Sam. 17,34; 1Sam. 27,9; 1Kings 5,14; 1Mac. 11,34; 2Mac. 1,35; 2Mac. 8,7)

ἐλαμβάνετε ▸ 1
Verb · second · plural · imperfect · active · indicative ▸ 1 (Mal. 2,9)

ἐλάμβανον ▸ 3 + 1 = 4
Verb · third · plural · imperfect · active · indicative ▸ 3 + 1 = 4 (1Sam. 8,3; 1Kings 10,28; 1Mac. 10,42; Acts 8,17)

ἐλαμβάνοσαν ▸ 2
Verb · third · plural · imperfect · active · indicative ▸ 2 (Ezek. 22,12; Ezek. 22,12)

ἐλήμφθη ▸ 11
Verb · third · singular · aorist · passive · indicative ▸ 11 (Gen. 2,23; Gen. 3,23; 1Sam. 4,11; 1Sam. 4,17; 1Sam. 4,19; 2Sam. 18,18; Wis. 15,8; Is. 52,5; Jer. 31,1; Bar. 2,17; Ezek. 33,6)

Ἐλήμφθη ▸ 1
Verb · third · singular · aorist · passive · indicative ▸ 1 (Jer. 31,41)

ἐλήμφθης ▸ 2
Verb · second · singular · aorist · passive · indicative ▸ 2 (Gen. 3,19; Jer. 27,24)

ἐλήμφθησαν ▸ 3
Verb · third · plural · aorist · passive · indicative ▸ 3 (Jer. 28,32; Ezek. 27,5; Ezek. 29,14)

λάβε ▸ 2
Verb · second · singular · aorist · active · imperative ▸ 2 (Rev. 10,8; Rev. 10,9)

Λαβὲ ▸ 47 + 4 = 51
Verb · second · singular · aorist · active · imperative ▸ 47 + 4 = 51 (Gen. 22,2; Ex. 7,9; Ex. 7,19; Ex. 16,33; Ex. 30,34; Lev. 8,2; Lev. 9,2; Num. 3,6; Num. 3,45; Num. 4,2; Num. 4,22; Num. 7,5; Num. 8,6; Num. 11,12; Num. 17,11; Num. 20,8; Num. 25,4; Num. 26,2; Num. 27,18; Num. 31,26; Judg. 6,20; Judg. 6,25; 1Sam. 9,3; 1Kings 11,31; 1Kings 12,240; 1Kings 12,240; 1Kings 17,10; 2Kings 4,36; 2Kings 5,23; 2Kings 8,8; 2Kings 9,17; 2Kings 13,15; 2Kings 13,18; 1Chr. 21,23; Tob. 12,5; 2Mac. 15,16; Zech. 6,10; Is. 8,1; Is. 23,16; Is. 38,21; Jer. 13,4; Jer. 32,15; Jer. 39,14; Jer. 43,2; Jer. 45,10; Jer. 50,9; Ezek. 10,6; Judg. 6,20; Judg. 6,25; Tob. 11,4; Tob. 12,5)

λαβὲ ▸ 56 + 3 = 59
Verb · second · singular · aorist · active · imperative ▸ 56 + 3 = 59 (Gen. 14,21; Gen. 19,15; Gen. 21,18; Gen. 23,13; Gen. 27,3; Gen. 28,2; Gen. 33,11; Ex. 17,5; Ex. 17,5; Ex. 30,23; Num. 3,40; Num. 17,17; Num. 20,25; Josh. 8,1; 1Sam. 2,16; 1Sam. 16,2; 1Sam. 16,11; 1Sam. 20,21; 1Sam. 20,31; 1Sam. 25,27; 1Sam. 26,11; 2Sam. 2,21; 2Sam. 20,6; 1Kings 12,24h; 1Kings 19,4; 2Kings 4,29; 2Kings 5,15; 2Kings 9,1; Ezra 5,15; Tob. 4,12; Tob. 5,3; Tob. 9,2; Tob. 11,4; Tob. 14,3; 4Mac. 6,29; Sir. 14,16; Hos. 1,2; Jonah 4,3; Zech. 11,15; Is. 47,2; Jer. 13,6; Jer. 26,11; Jer. 43,14; Jer. 43,28; Ezek. 3,10; Ezek. 4,1; Ezek. 4,3; Ezek. 4,9; Ezek. 5,1; Ezek. 16,52; Ezek. 19,1; Ezek. 23,35; Ezek. 27,2; Ezek. 28,12; Ezek. 32,2; Ezek. 37,16; Tob. 5,3; Tob. 6,17; Bel 37)

Λαβέ ▸ 2
Verb · second · singular · aorist · active · imperative ▸ 2 (Gen. 15,9; Gen. 34,4)

λαβέ ▸ 5 + 2 = 7
Verb · second · singular · aorist · active · imperative ▸ 5 + 2 = 7 (Gen. 27,9; Gen. 31,32; Judg. 14,3; 1Sam. 21,10; 2Kings 3,15; Judg. 14,3; Tob. 6,16)

λαβεῖν ▸ 58 + 11 + 22 = 91
Verb · aorist · active · infinitive ▸ 58 + 11 + 22 = 91 (Gen. 22,10; Gen. 24,48; Gen. 28,6; Gen. 43,18; Gen. 45,19; Num. 18,22; Deut. 4,34; Deut. 9,9; Deut. 24,4; Deut. 24,19; Deut. 25,7; Deut. 25,8; Judg. 14,3; Judg. 14,8; Judg. 20,10; 1Sam. 19,14; 1Sam. 19,20; 1Sam. 24,12; 1Sam. 25,21; 1Sam. 25,39; 1Sam. 25,40; 2Sam. 12,4; 2Sam. 18,18; 1Kings 17,11; 1Kings 19,10; 1Kings 19,14; 1Kings 22,3; 2Kings 4,1; 2Kings 5,16; 2Kings 5,20; 2Kings 12,9; 1Chr. 7,21; 2Chr. 19,7; Tob. 4,13; Tob. 5,2; Tob. 6,13; Tob. 6,16;

Tob. 7,10; 1Mac. 3,31; 1Mac. 3,41; 1Mac. 10,30; 1Mac. 10,30; 1Mac. 11,66; 1Mac. 13,17; 1Mac. 13,50; 2Mac. 1,14; 2Mac. 2,1; 2Mac. 12,35; 2Mac. 14,19; Psa. 30,14; Eccl. 5,18; Sir. 4,31; Mal. 2,13; Is. 28,4; Jer. 43,21; Jer. 47,1; Bar. 1,8; Ezek. 38,13; Judg. 11,5; Judg. 14,3; Judg. 14,8; Judg. 20,10; Tob. 3,17; Tob. 5,2; Tob. 6,13; Tob. 6,13; Tob. 6,16; Tob. 7,10; Tob. 12,4; Matt. 5,40; Matt. 15,26; Matt. 16,5; Matt. 21,34; Mark 7,27; Mark 8,14; Luke 6,34; Luke 19,12; John 6,21; John 10,18; John 14,17; Acts 1,25; Acts 3,3; Acts 3,5; Acts 10,43; Acts 15,14; Acts 26,18; Heb. 10,26; Rev. 4,11; Rev. 5,9; Rev. 5,12; Rev. 6,4)

Λάβετε ‣ 10

Verb ▪ second ▪ plural ▪ aorist ▪ active ▪ imperative ‣ **10** (Ex. 9,8; Ex. 35,5; Lev. 9,3; Lev. 10,12; Num. 1,2; Josh. 9,11; 1Kings 1,33; 1Kings 22,26; 2Kings 4,41; 2Chr. 18,25)

λάβετε ‣ 22 + 1 + 7 = 30

Verb ▪ second ▪ plural ▪ aorist ▪ active ▪ imperative ‣ 22 + 1 + 7 = **30** (Gen. 34,9; Gen. 42,16; Gen. 43,11; Gen. 43,12; Gen. 43,13; Gen. 47,23; Ex. 12,21; Num. 16,6; Num. 16,17; 1Sam. 6,7; 1Kings 21,33; 2Kings 10,6; 1Chr. 16,29; 1Mac. 4,18; Psa. 80,3; Prov. 8,10; Job 42,8; Hos. 14,3; Jer. 9,9; Jer. 28,8; Jer. 36,6; Jer. 36,6; Judg. 14,2; Matt. 26,26; Mark 14,22; Luke 22,17; John 18,31; John 19,6; John 20,22; James 5,10)

Λάβετέ ‣ 3

Verb ▪ second ▪ plural ▪ aorist ▪ active ▪ imperative ‣ **3** (1Kings 3,24; 1Kings 18,34; 2Kings 2,20)

λάβετέ ‣ 2

Verb ▪ second ▪ plural ▪ aorist ▪ active ▪ imperative ‣ **2** (Ex. 25,2; Judg. 14,2)

Λαβέτω ‣ 1

Verb ▪ third ▪ singular ▪ aorist ▪ active ▪ imperative ‣ **1** (2Sam. 24,22)

λαβέτω ‣ 2 + 2 = 4

Verb ▪ third ▪ singular ▪ aorist ▪ active ▪ imperative ‣ 2 + 2 = **4** (1Sam. 26,22; 2Sam. 19,31; Acts 1,20; Rev. 22,17)

Λαβέτωσαν ‣ 2

Verb ▪ third ▪ plural ▪ aorist ▪ active ▪ imperative ‣ **2** (2Kings 7,13; 2Kings 20,7)

λαβέτωσαν ‣ 4

Verb ▪ third ▪ plural ▪ aorist ▪ active ▪ imperative ‣ **4** (Ex. 12,3; Num. 19,2; 2Kings 12,6; Jer. 9,17)

λαβέτωσάν ‣ 2

Verb ▪ third ▪ plural ▪ aorist ▪ active ▪ imperative ‣ **2** (Ex. 27,20; Lev. 24,2)

λάβῃ ‣ 20 + 8 = 28

Verb ▪ third ▪ singular ▪ aorist ▪ active ▪ subjunctive ‣ 20 + 8 = **28** (Gen. 3,22; Ex. 21,10; Lev. 5,17; Lev. 20,14; Lev. 20,17; Lev. 20,21; Deut. 10,17; Deut. 22,13; Deut. 24,1; Deut. 24,5; Deut. 27,25; Josh. 15,16; 1Kings 8,31; 2Chr. 6,22; Sir. 29,5; Hag. 2,12; LetterJ 4; Ezek. 33,2; Ezek. 33,6; Ezek. 46,18; Mark 10,30; Mark 12,2; Mark 12,19; Luke 20,28; John 6,7; 1Cor. 14,5; James 5,7; Rev. 3,11)

λάβῃς ‣ 12

Verb ▪ second ▪ singular ▪ aorist ▪ active ▪ subjunctive ‣ **12** (Gen. 24,3; Ex. 4,9; Ex. 30,12; Ex. 34,16; Deut. 21,11; Tob. 4,12; Prov. 22,25; Sir. 4,22; Sir. 4,27; Sir. 32,2; Sir. 42,1; Jer. 16,1)

λάβητε ‣ 12 + 1 = 13

Verb ▪ second ▪ plural ▪ aorist ▪ active ▪ subjunctive ‣ 12 + 1 = **13** (Gen. 44,29; Num. 18,26; Num. 18,28; Josh. 6,18; 2Kings 12,8; 1Esdr. 8,81; Ezra 9,12; Neh. 13,25; Hos. 14,3; Hos. 14,3; Jer. 42,13; Ezek. 36,30; Rev. 18,4)

λάβοι ‣ 2 + 1 = 3

Verb ▪ third ▪ singular ▪ aorist ▪ active ▪ optative ‣ 2 + 1 = **3**

(4Mac. 4,6; Psa. 108,8; Acts 25,16)

λαβόμενος ‣ 1 + 1 = 2

Verb ▪ aorist ▪ middle ▪ participle ▪ masculine ▪ singular ▪ nominative ‣ 1 + 1 = **2** (2Mac. 12,35; Tob. 7,13)

λαβόντα ‣ 2 + 1 = 3

Verb ▪ aorist ▪ active ▪ participle ▪ masculine ▪ singular ▪ accusative ‣ 2 + 1 = **3** (Tob. 8,21; 3Mac. 6,5; Luke 19,15)

λαβόντας ‣ 1 + 1 = 2

Verb ▪ aorist ▪ active ▪ participle ▪ masculine ▪ plural ▪ accusative ‣ 1 + 1 = **2** (2Mac. 8,17; Rev. 19,20)

Λαβόντες ‣ 4

Verb ▪ aorist ▪ active ▪ participle ▪ masculine ▪ plural ▪ nominative ‣ **4** (Gen. 37,31; Gen. 43,15; Deut. 31,26; 3Mac. 7,10)

λαβόντες ‣ 20 + 15 = 35

Verb ▪ aorist ▪ active ▪ participle ▪ masculine ▪ plural ▪ nominative ‣ 20 + 15 = **35** (Gen. 9,23; Gen. 34,17; Gen. 37,24; Gen. 42,33; Ex. 17,12; Lev. 10,1; Josh. 4,8; Josh. 9,4; Josh. 24,33a; 1Esdr. 3,13; 1Esdr. 9,12; Judith 14,1; 1Mac. 8,8; 1Mac. 8,26; 2Mac. 1,19; 2Mac. 10,3; 2Mac. 10,20; 2Mac. 10,30; 2Mac. 12,12; 4Mac. 3,12; Matt. 20,11; Matt. 21,35; Matt. 21,39; Matt. 26,52; Matt. 27,6; Matt. 27,7; Matt. 28,12; Matt. 28,15; Mark 12,3; Mark 12,8; Acts 9,25; Acts 17,9; Acts 17,15; Heb. 11,13; Heb. 11,29)

λαβόντος ‣ 2

Verb ▪ aorist ▪ active ▪ participle ▪ masculine ▪ singular ▪ genitive ‣ **2** (1Esdr. 5,38; Dan. 4,19)

Λαβοῦσα ‣ 1

Verb ▪ aorist ▪ active ▪ participle ▪ feminine ▪ singular ▪ nominative ‣ **1** (Ex. 15,20)

λαβοῦσα ‣ 10 + 6 = 16

Verb ▪ aorist ▪ active ▪ participle ▪ feminine ▪ singular ▪ nominative ‣ 10 + 6 = **16** (Gen. 3,6; Gen. 16,3; Gen. 24,65; Gen. 27,15; Gen. 38,28; Ex. 2,22; Ex. 4,25; Josh. 2,4; Judith 12,19; Judith 15,11; Matt. 13,33; Luke 13,21; John 12,3; Rom. 7,8; Rom. 7,11; Heb. 2,3)

λαβοῦσαι ‣ 2

Verb ▪ aorist ▪ active ▪ participle ▪ feminine ▪ plural ▪ nominative ‣ **2** (Matt. 25,1; Matt. 25,3)

λάβω ‣ 8 + 1 = 9

Verb ▪ first ▪ singular ▪ aorist ▪ active ▪ subjunctive ‣ 8 + 1 = **9** (1Sam. 2,15; 1Kings 11,13; 1Kings 11,34; 2Kings 18,32; 1Chr. 21,24; Psa. 74,3; Wis. 8,18; Is. 36,17; John 10,17)

λάβωμεν ‣ 2 + 2 = 4

Verb ▪ first ▪ plural ▪ aorist ▪ active ▪ subjunctive ‣ 2 + 2 = **4** (1Sam. 4,3; 2Kings 6,2; Gal. 3,14; Heb. 4,16)

λαβών ‣ 1 + 2 = 3

Verb ▪ aorist ▪ active ▪ participle ▪ masculine ▪ singular ▪ nominative ‣ 1 + 2 = **3** (Job 16,12; 1Cor. 4,7; Phil. 2,7)

λαβών ‣ 52 + 1 + 38 = 91

Verb ▪ aorist ▪ active ▪ participle ▪ masculine ▪ singular ▪ nominative ‣ 52 + 1 + 38 = **91** (Gen. 12,19; Gen. 24,51; Gen. 29,23; Gen. 31,45; Gen. 34,2; Gen. 39,20; Gen. 48,13; Ex. 14,7; Ex. 24,6; Ex. 24,7; Ex. 24,8; Ex. 29,5; Ex. 29,16; Ex. 32,20; Ex. 33,7; Ex. 40,20; Lev. 4,5; Lev. 4,34; Lev. 8,29; Lev. 14,15; Lev. 14,24; Num. 5,17; Num. 7,6; Num. 25,7; Num. 27,22; Deut. 12,26; Deut. 22,15; 2Kings 12,5; 1Esdr. 1,39; Esth. 16,14 # 8,120; Tob. 6,4; Tob. 7,13; Tob. 7,14; 1Mac. 1,24; 1Mac. 11,24; 2Mac. 4,25; 2Mac. 4,34; 2Mac. 5,7; 2Mac. 5,25; 2Mac. 14,5; 2Mac. 14,26; 2Mac. 14,46; 4Mac. 4,5; 4Mac. 5,15; 4Mac. 12,11; Prov. 7,20; Job 31,37; Job 38,14; Job 42,17c; Wis. 13,13; Is. 44,15; Bel 27; Sus. 55; Matt. 13,31; Matt. 14,19; Matt. 17,27; Matt. 25,16; Matt. 25,18; Matt. 25,20; Matt. 26,26; Matt. 26,27; Matt. 27,24; Matt. 27,48; Matt. 27,59; Mark 6,41; Mark 8,6; Mark 9,36; Mark 14,22; Mark 14,23;

λαμβάνω

Luke 6,4; Luke 9,16; Luke 13,19; Luke 20,29; Luke 22,19; Luke 24,30; Luke 24,43; John 3,33; John 13,4; John 13,30; John 18,3; Acts 2,33; Acts 9,19; Acts 16,3; Acts 16,24; Acts 26,10; Acts 27,35; 2Cor. 11,8; 2Tim. 1,5; Heb. 9,19; 2Pet. 1,9; 2Pet. 1,17)

λάβωσιν ▸ 3 + 3 = 6
  Verb · third · plural · aorist · active · subjunctive ▸ 3 + 3 = 6 (Lev. 22,9; Jer. 28,26; Ezek. 39,10; Acts 8,15; 1Cor. 9,25; Heb. 9,15)

λάμβανε ▸ 1
  Verb · second · singular · present · active · imperative ▸ 1 (Tob. 8,21)

λαμβάνει ▸ 5 + 18 = 23
  Verb · third · singular · present · active · indicative ▸ 5 + 18 = 23 (1Sam. 10,23; 2Kings 2,3; 2Kings 2,5; 1Esdr. 4,23; Hab. 1,3; Matt. 7,8; Matt. 10,38; Luke 9,39; Luke 11,10; John 3,32; John 4,36; John 7,23; John 13,20; John 13,20; John 13,26; John 16,15; John 21,13; 1Cor. 9,24; 2Cor. 11,20; Gal. 2,6; Heb. 5,4; Rev. 14,9; Rev. 14,11)

λαμβάνειν ▸ 2 + 4 = 6
  Verb · present · active · infinitive ▸ 2 + 4 = 6 (1Esdr. 4,39; Ezek. 45,11; John 3,27; John 7,39; Acts 20,35; Heb. 11,8)

λαμβάνεις ▸ 1
  Verb · second · singular · present · active · indicative ▸ 1 (Luke 20,21)

λαμβάνετε ▸ 1 + 4 = 5
  Verb · second · plural · present · active · indicative ▸ 1 + 3 = 4 (Psa. 81,2; John 3,11; 2Cor. 11,4; James 4,3)
  Verb · second · plural · present · active · imperative ▸ 1 (2John 10)

λαμβάνετέ ▸ 1
  Verb · second · plural · present · active · indicative ▸ 1 (John 5,43)

λαμβάνῃ ▸ 1 + 1 = 2
  Verb · third · singular · present · active · subjunctive ▸ 1 + 1 = 2 (Psa. 48,16; Acts 8,19)

λαμβάνομεν ▸ 2
  Verb · first · plural · present · active · indicative ▸ 2 (1John 3,22; 1John 5,9)

λαμβανόμενον ▸ 1
  Verb · present · passive · participle · neuter · singular · nominative ▸ 1 (1Tim. 4,4)

λαμβανόμενος ▸ 1
  Verb · present · passive · participle · masculine · singular · nominative ▸ 1 (Heb. 5,1)

λαμβάνοντα ▸ 3
  Verb · present · active · participle · masculine · singular · accusative ▸ 2 (Ex. 20,7; Deut. 5,11)
  Verb · present · active · participle · neuter · plural · nominative ▸ 1 (Gen. 30,41)

λαμβάνοντας ▸ 1
  Verb · present · active · participle · masculine · plural · accusative ▸ 1 (3Mac. 4,4)

λαμβάνοντες ▸ 3 + 5 = 8
  Verb · present · active · participle · masculine · plural · nominative ▸ 3 + 5 = 8 (Amos 5,12; LetterJ 8; Ezek. 22,25; Matt. 17,24; John 5,44; Rom. 5,17; Heb. 7,5; 3John 7)

λαμβάνοντος ▸ 1
  Verb · present · active · participle · masculine · singular · genitive ▸ 1 (Prov. 17,23)

λαμβάνουσα ▸ 2
  Verb · present · active · participle · feminine · singular · nominative ▸ 2 (3Mac. 4,15; Ezek. 16,32)

λαμβάνουσιν ▸ 3 + 4 = 7
  Verb · third · plural · present · active · indicative ▸ 3 + 4 = 7 (1Sam. 30,11; 1Sam. 31,13; 1Kings 11,18; Matt. 17,25; Mark 4,16; Heb. 7,8; Rev. 17,12)

λαμβάνω ▸ 7 + 1 + 2 = 10
  Verb · first · singular · present · active · indicative ▸ 7 + 1 + 2 = 10 (2Kings 3,14; Tob. 8,7; Amos 5,1; Jer. 23,39; Ezek. 24,16; Ezek. 24,25; Ezek. 37,21; Tob. 8,7; John 5,34; John 5,41)

λαμβάνων ▸ 2 + 6 = 8
  Verb · present · active · participle · masculine · singular · nominative ▸ 2 + 6 = 8 (2Mac. 5,16; Is. 49,25; Matt. 13,20; John 12,48; John 13,20; John 13,20; Heb. 7,9; Rev. 2,17)

λαμβάνωσιν ▸ 1
  Verb · third · plural · present · active · subjunctive ▸ 1 (3Mac. 4,10)

λημφθέντα ▸ 1
  Verb · aorist · passive · participle · neuter · plural · accusative ▸ 1 (1Esdr. 4,44)

λημφθέντας ▸ 1
  Verb · aorist · passive · participle · masculine · plural · accusative ▸ 1 (Judg. 17,2)

λημφθῆναι ▸ 3
  Verb · aorist · passive · infinitive ▸ 3 (1Sam. 4,22; 1Esdr. 6,31; Judith 8,21)

λημφθήσεται ▸ 3
  Verb · third · singular · future · passive · indicative ▸ 3 (2Kings 20,17; Judith 8,21; Mic. 2,4)

λημφθήσονται ▸ 1
  Verb · third · plural · future · passive · indicative ▸ 1 (2Sam. 23,6)

λημφθήτω ▸ 1
  Verb · third · singular · aorist · passive · imperative ▸ 1 (Gen. 18,4)

λήμψεσθαι ▸ 1
  Verb · future · middle · infinitive ▸ 1 (3Mac. 5,5)

λήμψεσθε ▸ 22 + 1 + 5 = 28
  Verb · second · plural · future · middle · indicative ▸ 22 + 1 + 5 = 28 (Gen. 42,36; Ex. 12,5; Ex. 12,22; Ex. 25,2; Ex. 25,3; Lev. 23,40; Lev. 24,5; Num. 13,20; Num. 14,34; Num. 18,1; Num. 18,1; Num. 18,32; Num. 31,29; Num. 34,18; Num. 35,31; Num. 35,32; Deut. 2,6; 1Sam. 6,8; 4Mac. 8,7; Mic. 6,16; Ezek. 23,49; Ezek. 45,18; Dan. 2,6; Matt. 21,22; John 5,43; John 16,24; Acts 1,8; Acts 2,38)

λήμψεται ▸ 92 + 1 + 7 = 100
  Verb · third · singular · future · middle · indicative ▸ 92 + 1 + 7 = 100 (Gen. 27,46; Ex. 28,29; Lev. 4,30; Lev. 5,1; Lev. 7,18; Lev. 12,8; Lev. 14,6; Lev. 14,10; Lev. 14,12; Lev. 14,14; Lev. 14,21; Lev. 14,25; Lev. 14,49; Lev. 14,51; Lev. 15,14; Lev. 15,29; Lev. 16,5; Lev. 16,7; Lev. 16,12; Lev. 16,14; Lev. 16,18; Lev. 16,22; Lev. 17,16; Lev. 19,8; Lev. 21,13; Lev. 21,14; Lev. 21,14; Lev. 24,15; Num. 5,17; Num. 5,25; Num. 5,31; Num. 6,19; Num. 9,13; Num. 19,4; Num. 19,6; Num. 19,18; Num. 30,16; Deut. 20,7; Deut. 21,3; Deut. 22,18; Deut. 23,1; Deut. 25,5; Deut. 26,4; Deut. 30,12; Deut. 30,13; 1Sam. 8,11; 1Sam. 8,13; 1Sam. 8,14; 1Sam. 8,16; 2Sam. 14,14; 2Sam. 17,13; 2Kings 20,18; 3Mac. 3,28; Psa. 23,5; Psa. 48,18; Ode. 5,11; Prov. 9,7; Prov. 11,21; Eccl. 5,14; Job 15,35; Job 35,7; Wis. 5,17; Wis. 5,19; Sir. 35,13; Sir. 37,5; Sir. 38,2; Mic. 1,11; Zech. 6,13; Mal. 1,8; Is. 2,4; Is. 8,4; Is. 10,29; Is. 19,9; Is. 23,5; Is. 26,11; Is. 28,19; Is. 30,28; Is. 33,14; Is. 41,16; Is. 49,25; Is. 57,13; Is. 63,19; Is. 64,2; Jer. 39,3; Jer. 39,28; Ezek. 17,12; Ezek. 17,13; Ezek. 17,13; Ezek. 18,8; Ezek. 18,20; Ezek. 18,20; Ezek. 45,19; Dan. 11,12; Matt. 10,41; Matt. 10,41; Matt.

19,29; John 16,14; 1Cor. 3,8; 1Cor. 3,14; James 1,12)
λήμψεταί ▸ 2 + 1 = 3
Verb · third · singular · future · middle · indicative ▸ 2 + 1 = 3 (Deut. 30,4; Is. 49,24; James 1,7)
Λήμψη ▸ 1
Verb · second · singular · future · middle · indicative ▸ 1 (1Kings 17,11)
λήμψῃ ▸ 74 + 2 = 76
Verb · second · singular · future · middle · indicative ▸ 74 + 2 = 76 (Gen. 6,21; Gen. 21,30; Gen. 24,4; Gen. 24,7; Gen. 24,37; Gen. 24,38; Gen. 24,40; Gen. 28,1; Gen. 28,6; Gen. 30,15; Gen. 31,50; Ex. 4,9; Ex. 4,17; Ex. 7,15; Ex. 20,7; Ex. 21,14; Ex. 23,8; Ex. 28,9; Ex. 29,1; Ex. 29,7; Ex. 29,12; Ex. 29,13; Ex. 29,15; Ex. 29,19; Ex. 29,20; Ex. 29,21; Ex. 29,22; Ex. 29,25; Ex. 29,26; Ex. 29,31; Ex. 30,16; Ex. 40,9; Lev. 18,17; Lev. 18,18; Lev. 19,15; Lev. 19,17; Lev. 25,36; Num. 1,49; Num. 3,41; Num. 3,47; Num. 3,47; Num. 8,8; Num. 31,30; Deut. 5,11; Deut. 7,3; Deut. 7,25; Deut. 14,25; Deut. 15,17; Deut. 22,6; Deut. 22,7; Deut. 26,2; Deut. 28,30; Judg. 4,6; Judg. 6,26; 1Sam. 10,4; 1Sam. 21,10; 2Kings 5,26; 2Kings 9,3; 2Kings 19,4; Judith 2,5; Tob. 6,17; Job 40,28; Zech. 6,11; Is. 14,4; Jer. 38,4; Ezek. 4,4; Ezek. 4,5; Ezek. 4,6; Ezek. 5,1; Ezek. 5,2; Ezek. 5,3; Ezek. 5,4; Ezek. 37,16; Ezek. 45,20; Judg. 4,6; Judg. 6,26)
λήμψομαι ▸ 28
Verb · first · singular · future · middle · indicative ▸ 28 (Gen. 14,23; Gen. 18,5; Ex. 6,7; 1Sam. 2,16; 1Sam. 25,11; 2Sam. 12,11; 1Kings 11,12; 1Kings 11,35; 1Kings 11,37; 2Kings 5,16; 2Kings 5,20; 2Kings 6,13; Psa. 115,4; Job 42,8; Hos. 5,14; Amos 9,3; Zech. 11,7; Zech. 11,10; Mal. 1,9; Mal. 2,3; Is. 10,10; Is. 47,3; Is. 66,21; Jer. 3,14; Jer. 25,9; Ezek. 17,22; Ezek. 36,24; Ezek. 37,19)
λήμψομαί ▸ 1
Verb · first · singular · future · middle · indicative ▸ 1 (Hag. 2,23)
λημψόμεθα ▸ 8 + 2 + 1 = 11
Verb · first · plural · future · middle · indicative ▸ 8 + 2 + 1 = 11 (Gen. 34,16; Gen. 34,21; Ex. 10,26; Judg. 20,10; Neh. 5,2; Neh. 5,3; Neh. 10,31; Jer. 20,10; Judg. 20,10; Tob. 6,13; James 3,1)
λημψόμεθά ▸ 1
Verb · first · plural · future · middle · indicative ▸ 1 (Tob. 6,13)
λημψόμενον ▸ 1
Verb · future · middle · participle · masculine · singular · accusative ▸ 1 (2Mac. 4,6)
λημψόμενος ▸ 1
Verb · future · middle · participle · masculine · singular · nominative ▸ 1 (2Mac. 10,24)
λήμψονται ▸ 52 + 4 = 56
Verb · third · plural · future · middle · indicative ▸ 52 + 4 = 56 (Gen. 14,24; Ex. 12,7; Ex. 28,5; Lev. 14,4; Lev. 14,42; Lev. 14,42; Lev. 21,7; Num. 4,9; Num. 4,12; Num. 4,14; Num. 8,8; Num. 18,23; Num. 19,17; Deut. 16,19; Deut. 19,12; 1Kings 21,6; Ezra 1,4; Psa. 138,20; Prov. 22,27; Wis. 5,16; Hos. 4,8; Amos 4,2; Amos 6,10; Hab. 2,6; Zech. 14,21; Is. 14,2; Is. 15,7; Is. 39,6; Is. 39,7; Jer. 30,24; Jer. 30,24; Jer. 36,22; Jer. 41,22; Ezek. 14,10; Ezek. 15,3; Ezek. 15,3; Ezek. 16,39; Ezek. 23,25; Ezek. 23,26; Ezek. 23,29; Ezek. 26,17; Ezek. 27,32; Ezek. 36,7; Ezek. 39,26; Ezek. 43,11; Ezek. 43,20; Ezek. 43,21; Ezek. 43,22; Ezek. 44,10; Ezek. 44,13; Ezek. 44,22; Ezek. 44,22; Matt. 20,10; Mark 12,40; Luke 20,47; Rom. 13,2)
λήψεσθε ▸ 1
Verb · second · plural · future · middle · indicative ▸ 1 (Dan. 2,6)
λήψεται ▸ 4
Verb · third · singular · future · middle · indicative ▸ 4 (Sol. 5,3; Dan. 11,12; Dan. 11,15; Dan. 11,18)
λήψεταί ▸ 1
Verb · third · singular · future · middle · indicative ▸ 1 (Sol. 5,3)
Λαμεχ Lamech ▸ 11
Λαμεχ ▸ 11
Noun · masculine · singular · accusative · (proper) ▸ 3 (Gen. 4,18; Gen. 5,25; Gen. 5,26)
Noun · masculine · singular · genitive · (proper) ▸ 3 (Gen. 4,23; Gen. 4,24; Gen. 5,31)
Noun · masculine · singular · nominative · (proper) ▸ 5 (Gen. 4,19; Gen. 4,23; Gen. 5,28; Gen. 5,30; 1Chr. 1,3)
Λάμεχ Lamech ▸ 1
Λάμεχ ▸ 1
Noun · masculine · singular · genitive · (proper) ▸ 1 (Luke 3,36)
λαμπαδεῖον lamp-bowl ▸ 5
λαμπαδεῖα ▸ 2
Noun · neuter · plural · accusative · (common) ▸ 2 (Ex. 38,16; 1Kings 7,35)
λαμπαδεῖον ▸ 1
Noun · neuter · singular · nominative · (common) ▸ 1 (Zech. 4,2)
λαμπαδείου ▸ 2
Noun · neuter · singular · genitive · (common) ▸ 2 (Ex. 38,16; Zech. 4,3)
λαμπάς (λάμπω) lamp ▸ 16 + 7 + 9 = 32
λαμπάδα ▸ 2 + 1 = 3
Noun · feminine · singular · accusative · (common) ▸ 2 + 1 = 3 (Judg. 15,4; Zech. 12,6; Judg. 15,4)
λαμπάδας ▸ 3 + 3 + 3 = 9
Noun · feminine · plural · accusative · (common) ▸ 3 + 3 + 3 = 9 (Ex. 20,18; Judg. 7,16; Judg. 15,4; Judg. 7,16; Judg. 7,20; Judg. 15,4; Matt. 25,1; Matt. 25,3; Matt. 25,7)
λαμπάδες ▸ 6 + 1 + 3 = 10
Noun · feminine · plural · nominative · (common) ▸ 6 + 1 + 3 = 10 (Gen. 15,17; Judith 10,22; 1Mac. 6,39; Job 41,11; Nah. 2,5; Dan. 10,6; Dan. 10,6; Matt. 25,8; Acts 20,8; Rev. 4,5)
λαμπάδος ▸ 1
Noun · feminine · singular · genitive · (common) ▸ 1 (Dan. 5,5)
λαμπάδων ▸ 2 + 2 = 4
Noun · feminine · plural · genitive · (common) ▸ 2 + 2 = 4 (Judg. 7,20; Ezek. 1,13; Matt. 25,4; John 18,3)
λαμπὰς ▸ 2 + 1 = 3
Noun · feminine · singular · nominative · (common) ▸ 2 + 1 = 3 (Sir. 48,1; Is. 62,1; Rev. 8,10)
λαμπάσιν ▸ 1 + 1 = 2
Noun · feminine · plural · dative · (common) ▸ 1 + 1 = 2 (Judg. 15,5; Judg. 15,5)
λαμπήνη (λάμπω) covered chariot ▸ 4
λαμπήναις ▸ 1
Noun · feminine · plural · dative · (common) ▸ 1 (Is. 66,20)
λαμπήνῃ ▸ 2
Noun · feminine · singular · dative · (common) ▸ 2 (1Sam. 26,5; 1Sam. 26,7)
λαμπηνῶν ▸ 1
Noun · feminine · plural · genitive · (common) ▸ 1 (Judg. 5,10)
λαμπηνικός (λάμπω) covered ▸ 1
λαμπηνικὰς ▸ 1
Adjective · feminine · plural · accusative · noDegree ▸ 1 (Num. 7,3)
λαμπρός (λάμπω) bright; illustrious ▸ 6 + 1 + 9 = 16
Λαμπρὰ ▸ 1
Adjective · feminine · singular · nominative · noDegree ▸ 1 (Wis. 6,12)

λαμπρά ▸ 3 + 1 = 4
 Adjective · feminine · singular · nominative · noDegree ▸ **1** (Sir. 30,25)
 Adjective · neuter · plural · nominative · noDegree ▸ 2 + 1 = **3** (Sir. 29,22; LetterJ 59; Rev. 18,14)
λαμπρᾷ ▸ 2
 Adjective · feminine · singular · dative ▸ **2** (Acts 10,30; James 2,2)
λαμπρὰν ▸ 2
 Adjective · feminine · singular · accusative ▸ **2** (Luke 23,11; James 2,3)
λαμπρὸν ▸ 1 + 1 + 3 = 5
 Adjective · masculine · singular · accusative · noDegree ▸ 1 + 1 = **2** (Sir. 31,23; Rev. 22,1)
 Adjective · neuter · singular · accusative ▸ **2** (Rev. 15,6; Rev. 19,8)
 Adjective · neuter · singular · nominative · noDegree ▸ **1** (Tob. 13,13)
λαμπρὸς ▸ 1
 Adjective · masculine · singular · nominative ▸ **1** (Rev. 22,16)
λαμπρῷ ▸ 1
 Adjective · neuter · singular · dative · noDegree ▸ **1** (Wis. 17,19)

λαμπρότης (λάμπω) brightness ▸ 5 + 1 + 1 = 7
λαμπρότης ▸ 1 + 1 = 2
 Noun · feminine · singular · nominative · (common) ▸ 1 + 1 = **2** (Psa. 89,17; Dan. 12,3)
λαμπρότησιν ▸ 1
 Noun · feminine · plural · dative · (common) ▸ **1** (Psa. 109,3)
λαμπρότητα ▸ 1 + 1 = 2
 Noun · feminine · singular · accusative · (common) ▸ 1 + 1 = **2** (Bar. 5,3; Acts 26,13)
λαμπρότητί ▸ 1
 Noun · feminine · singular · dative · (common) ▸ **1** (Is. 60,3)
λαμπρότητος ▸ 1
 Noun · feminine · singular · genitive · (common) ▸ **1** (Bar. 4,24)

λαμπρῶς (λάμπω) splendidly, vigorously ▸ 1
λαμπρῶς ▸ 1
 Adverb ▸ **1** (Luke 16,19)

λαμπτήρ (λάμπω) lamp, torch ▸ 4
λαμπτήρ ▸ 1
 Noun · masculine · singular · nominative · (common) ▸ **1** (Prov. 20,20 # 20,9a)
λαμπτὴρ ▸ 2
 Noun · masculine · singular · nominative · (common) ▸ **2** (Prov. 21,4; Prov. 24,20)
λαμπτῆρα ▸ 1
 Noun · masculine · singular · accusative · (common) ▸ **1** (Prov. 16,28)

λάμπω to shine ▸ 6 + 1 + 7 = 14
ἔλαμψαν ▸ 3
 Verb · third · plural · aorist · active · indicative ▸ **3** (Bar. 3,34; Bar. 3,35; Lam. 4,7)
ἔλαμψεν ▸ 3
 Verb · third · singular · aorist · active · indicative ▸ **3** (Matt. 17,2; Acts 12,7; 2Cor. 4,6)
λάμπει ▸ 2
 Verb · third · singular · present · active · indicative ▸ **2** (Matt. 5,15; Luke 17,24)
λάμπουσιν ▸ 1
 Verb · third · plural · present · active · indicative ▸ **1** (Prov. 4,18)
λαμψάτω ▸ 1
 Verb · third · singular · aorist · active · imperative ▸ **1** (Matt. 5,16)
λάμψει ▸ 1 + 1 + 1 = 3
 Verb · third · singular · future · active · indicative ▸ 1 + 1 + 1 = **3** (Is. 9,1; Tob. 13,13; 2Cor. 4,6)
λάμψουσιν ▸ 1
 Verb · third · plural · future · active · indicative ▸ **1** (LetterJ 66)

λάμψις (λάμπω) light, shining ▸ 1
λάμψιν ▸ 1
 Noun · feminine · singular · accusative · (common) ▸ **1** (Bar. 4,2)

Λανακ Lanak (Amalek?) ▸ 1
Λανακ ▸ 1
 Noun · singular · genitive · (proper) ▸ **1** (Judg. 12,15)

λανθάνω to forget, to hide ▸ 17 + 6 = 23
ἔλαθεν ▸ 3 + 1 = 4
 Verb · third · singular · aorist · active · indicative ▸ 3 + 1 = **4** (Lev. 5,3; 2Sam. 17,22; Is. 40,26; Luke 8,47)
ἔλαθές ▸ 1
 Verb · second · singular · aorist · active · indicative ▸ **1** (Tob. 12,13)
ἔλαθον ▸ 1
 Verb · third · plural · aorist · active · indicative ▸ **1** (Job 24,1)
ἔλαθόν ▸ 1
 Verb · third · plural · aorist · active · indicative ▸ **1** (Heb. 13,2)
λαθεῖν ▸ 1 + 1 = 2
 Verb · aorist · active · infinitive ▸ 1 + 1 = **2** (Wis. 10,8; Mark 7,24)
λάθῃ ▸ 6
 Verb · third · singular · aorist · active · subjunctive ▸ **6** (Lev. 4,13; Lev. 5,4; Lev. 5,15; Num. 5,13; Num. 5,27; Wis. 1,8)
λαθόντες ▸ 1
 Verb · aorist · active · participle · masculine · plural · nominative ▸ **1** (4Mac. 3,13)
λανθάνει ▸ 1
 Verb · third · singular · present · active · indicative ▸ **1** (2Pet. 3,5)
λανθάνειν ▸ 1 + 1 = 2
 Verb · present · active · infinitive ▸ 1 + 1 = **2** (Wis. 17,3; Acts 26,26)
λανθανέτω ▸ 1
 Verb · third · singular · present · active · imperative ▸ **1** (2Pet. 3,8)
λέληθεν ▸ 2
 Verb · third · singular · perfect · active · indicative ▸ **2** (Job 28,21; Job 34,21)
λήσεται ▸ 1
 Verb · third · singular · future · middle · indicative ▸ **1** (2Sam. 18,13)

λάξ with the foot, under foot ▸ 1
λάξ ▸ 1
 Adverb ▸ **1** (4Mac. 6,8)

λαξευτήριον (λᾶς) stone-cutting tool ▸ 1
λαξευτηρίῳ ▸ 1
 Noun · neuter · singular · dative · (common) ▸ **1** (Psa. 73,6)

λαξευτός (λᾶς) cut out in rock ▸ 1 + 1 = 2
λαξευτὴν ▸ 1
 Adjective · feminine · singular · accusative · noDegree ▸ **1** (Deut. 4,49)
λαξευτῷ ▸ 1
 Adjective · neuter · singular · dative · (verbal) ▸ **1** (Luke 23,53)

λαξεύω (λᾶς) to cut stone ▸ 11
ἐλάξευσα ▸ 1
 Verb · first · singular · aorist · active · indicative ▸ **1** (Deut. 10,3)
ἐλάξευσεν ▸ 1
 Verb · third · singular · aorist · active · indicative ▸ **1** (Ex. 34,4)

Λάξευσον ▸ 2
    Verb · second · singular · aorist · active · imperative ▸ **2** (Ex. 34,1; Deut. 10,1)

λαξεύσωμεν ▸ 1
    Verb · first · plural · aorist · active · subjunctive ▸ **1** (Is. 9,9)

λελαξευμέναι ▸ 1
    Verb · perfect · passive · participle · feminine · plural · nominative ▸ **1** (Ezek. 40,42)

λελαξευμένον ▸ 1
    Verb · perfect · passive · participle · neuter · singular · accusative ▸ **1** (Ezek. 40,43)

Λελαξευμένου ▸ 1
    Verb · perfect · passive · participle · neuter · singular · genitive ▸ **1** (Deut. 3,27)

λελαξευμένου ▸ 2
    Verb · perfect · passive · participle · masculine · singular · genitive ▸ **1** (Num. 23,14)
    Verb · perfect · passive · participle · neuter · singular · genitive ▸ **1** (Num. 21,20)

λελαξευμένων ▸ 1
    Verb · perfect · passive · participle · masculine · plural · genitive ▸ **1** (Judith 1,2)

λαογραφία (λαός; γράφω) census ▸ 1
    λαογραφίαν ▸ 1
    Noun · feminine · singular · accusative · (common) ▸ **1** (3Mac. 2,28)

Λαοδίκεια Laodicea ▸ 6
    Λαοδικείᾳ ▸ 4
    Noun · feminine · singular · dative · (proper) ▸ **4** (Col. 2,1; Col. 4,13; Col. 4,15; Rev. 3,14)
    Λαοδίκειαν ▸ 1
    Noun · feminine · singular · accusative · (proper) ▸ **1** (Rev. 1,11)
    Λαοδικείας ▸ 1
    Noun · feminine · singular · genitive · (proper) ▸ **1** (Col. 4,16)

Λαοδικεύς Laodicean ▸ 1
    Λαοδικέων ▸ 1
    Noun · masculine · plural · genitive · (proper) ▸ **1** (Col. 4,16)

λαός people ▸ 1965 + 94 + 142 = 2201
    λαοί ▸ 24 + 1 + 3 = 28
    Noun · masculine · plural · nominative · (common) ▸ 23 + 1 + 3 = **27** (Gen. 25,23; 1Kings 5,14; 1Kings 8,43; 1Kings 8,60; 2Chr. 6,33; 2Chr. 18,27; Neh. 10,32; Psa. 2,1; Psa. 44,6; Psa. 44,18; Psa. 66,4; Psa. 66,6; Psa. 96,6; Wis. 4,14; Hos. 10,10; Mic. 4,5; Hab. 2,8; Hab. 2,13; Zech. 8,20; Zech. 8,22; Is. 33,3; Jer. 28,58; Ezek. 31,12; Dan. 3,7; Acts 4,25; Rev. 17,15; Rev. 21,3)
    Noun · masculine · plural · vocative · (common) ▸ **1** (Dan. 3,4)

    λαοί ▸ 15 + 4 + 1 = 20
    Noun · masculine · plural · nominative · (common) ▸ 14 + 4 + 1 = **19** (Psa. 66,4; Psa. 66,6; Psa. 98,1; Psa. 116,1; Psa. 148,11; Ode. 4,10; Prov. 29,2; Sir. 44,15; Hos. 9,1; Mic. 4,1; Joel 2,6; Hab. 3,10; Is. 55,5; Lam. 1,18; Dan. 3,4; Dan. 3,7; Dan. 5,19; Dan. 7,14; Rom. 15,11)
    Noun · masculine · plural · vocative · (common) ▸ **1** (Mic. 1,2)

    λαοῖς ▸ 22 + 3 + 2 = 27
    Noun · masculine · plural · dative · (common) ▸ 22 + 3 + 2 = **27** (Judg. 5,14; 1Chr. 16,8; 2Chr. 32,13; Ezra 9,2; Ezra 9,14; Neh. 1,8; Neh. 10,31; Psa. 43,15; Psa. 56,10; Psa. 73,14; Psa. 76,15; Psa. 95,3; Psa. 107,4; Psa. 149,7; Prov. 24,24; Sol. 17,33; Hos. 7,8; Zeph. 3,20; Zech. 10,9; Zech. 12,2; Jer. 6,27; Bar. 2,4; Judg. 5,14; Dan. 4,1; Dan. 6,26; Acts 4,27; Rev. 10,11)

    λαόν ▸ 206 + 5 + 17 = 228
    Noun · masculine · singular · accusative · (common) ▸ 206 + 5 + 17 = **228** (Gen. 14,16; Gen. 48,19; Gen. 49,29; Ex. 3,10; Ex. 3,12; Ex. 4,16; Ex. 4,21; Ex. 4,23; Ex. 5,1; Ex. 5,4; Ex. 5,16; Ex. 5,23; Ex. 7,4; Ex. 7,14; Ex. 7,16; Ex. 7,26; Ex. 7,29; Ex. 8,4; Ex. 8,16; Ex. 8,17; Ex. 8,17; Ex. 8,28; Ex. 9,1; Ex. 9,2; Ex. 9,7; Ex. 9,13; Ex. 9,15; Ex. 10,3; Ex. 10,4; Ex. 13,3; Ex. 13,17; Ex. 14,5; Ex. 14,13; Ex. 15,13; Ex. 18,13; Ex. 32,11; Ex. 32,30; Lev. 9,23; Num. 11,33; Num. 17,11; Num. 21,6; Num. 21,16; Num. 22,12; Num. 24,14; Num. 27,13; Num. 31,2; Deut. 4,10; Deut. 9,26; Deut. 20,9; Deut. 26,15; Deut. 29,12; Deut. 31,12; Deut. 32,50; Josh. 8,10; Josh. 24,2; Josh. 24,19; Josh. 24,22; Josh. 24,27; Josh. 24,28; Judg. 2,3; Judg. 2,6; Judg. 21,10; Ruth 1,10; 1Sam. 9,16; 1Sam. 9,16; 1Sam. 10,24; 1Sam. 10,25; 1Sam. 12,5; 1Sam. 12,20; 1Sam. 12,22; 1Sam. 14,27; 2Sam. 2,30; 2Sam. 5,2; 2Sam. 7,7; 2Sam. 7,8; 2Sam. 7,11; 2Sam. 7,24; 2Sam. 17,8; 2Sam. 18,2; 2Sam. 18,2; 2Sam. 24,2; 2Sam. 24,10; 1Kings 3,9; 1Kings 3,9; 1Kings 8,16; 1Kings 8,16; 1Kings 8,32; 1Kings 8,33; 1Kings 12,24p; 1Kings 12,28; 1Kings 16,2; 1Kings 16,2; 1Kings 18,22; 1Kings 18,30; 1Kings 18,40; 1Kings 21,15; 2Kings 10,9; 1Chr. 11,2; 1Chr. 17,6; 1Chr. 17,7; 1Chr. 17,10; 1Chr. 17,22; 1Chr. 29,17; 2Chr. 1,10; 2Chr. 1,11; 2Chr. 2,17; 2Chr. 6,5; 2Chr. 6,5; 2Chr. 17,9; 2Chr. 23,10; 2Chr. 30,20; 2Chr. 30,27; 2Chr. 32,6; 1Esdr. 4,15; Ezra 6,12; Neh. 5,15; Esth. 13,4 # 3,13d; 1Mac. 4,17; 1Mac. 7,18; 1Mac. 7,26; 1Mac. 13,2; 1Mac. 15,39; 2Mac. 1,29; 2Mac. 6,16; 2Mac. 8,2; 2Mac. 14,15; 2Mac. 15,24; 3Mac. 2,6; Psa. 3,9; Psa. 13,4; Psa. 27,9; Psa. 43,13; Psa. 52,5; Psa. 71,2; Psa. 76,16; Psa. 76,21; Psa. 82,4; Psa. 93,5; Psa. 143,2; Psa. 143,15; Ode. 1,13; Eccl. 12,9; Wis. 9,12; Wis. 16,2; Wis. 16,20; Wis. 19,22; Sir. 36,8; Sir. 36,11; Sir. 36,13; Amos 7,15; Amos 8,2; Mic. 3,5; Mic. 7,14; Joel 2,16; Joel 4,3; Zeph. 2,8; Zech. 8,7; Zech. 8,8; Is. 3,15; Is. 7,17; Is. 14,20; Is. 30,5; Is. 33,19; Is. 40,1; Is. 43,21; Is. 63,14; Is. 65,18; Jer. 7,23; Jer. 8,23; Jer. 9,1; Jer. 11,4; Jer. 12,16; Jer. 15,7; Jer. 19,14; Jer. 23,2; Jer. 23,13; Jer. 23,22; Jer. 23,32; Jer. 24,7; Jer. 38,1; Jer. 38,33; Jer. 39,21; Jer. 39,38; Jer. 41,19; Bar. 2,11; Bar. 2,35; Bar. 2,35; Ezek. 11,20; Ezek. 13,10; Ezek. 13,19; Ezek. 13,21; Ezek. 13,23; Ezek. 14,11; Ezek. 26,11; Ezek. 36,12; Ezek. 36,28; Ezek. 37,13; Ezek. 37,23; Ezek. 38,14; Ezek. 38,16; Ezek. 44,23; Ezek. 45,8; Ezek. 46,20; Dan. 9,15; Dan. 9,19; Dan. 9,24; Judg. 2,6; Dan. 9,15; Dan. 9,19; Dan. 9,24; Sus. 5; Matt. 2,6; Luke 3,18; Luke 20,19; Luke 22,2; Luke 23,14; Acts 2,47; Acts 3,12; Acts 4,21; Acts 5,25; Acts 13,15; Acts 13,31; Acts 21,39; Rom. 9,25; Rom. 9,25; Heb. 8,10; Heb. 13,12; Rev. 14,6)

    λαὸν ▸ 313 + 15 + 27 = 355
    Noun · masculine · singular · accusative · (common) ▸ 313 + 15 + 27 = **355** (Gen. 25,8; Gen. 32,8; Gen. 34,22; Gen. 47,21; Gen. 49,16; Gen. 49,33; Ex. 5,10; Ex. 5,22; Ex. 5,23; Ex. 6,7; Ex. 8,25; Ex. 12,33; Ex. 13,18; Ex. 14,6; Ex. 17,13; Ex. 18,10; Ex. 18,22; Ex. 18,26; Ex. 19,12; Ex. 19,14; Ex. 19,17; Ex. 19,25; Ex. 32,14; Ex. 32,25; Ex. 32,34; Ex. 32,35; Ex. 33,3; Ex. 33,12; Lev. 4,3; Lev. 9,22; Num. 11,12; Num. 11,14; Num. 11,24; Num. 11,29; Num. 11,33; Num. 11,34; Num. 13,18; Num. 13,30; Num. 14,9; Num. 14,13; Num. 14,15; Num. 14,16; Num. 17,6; Num. 20,24; Num. 21,2; Num. 21,6; Num. 21,23; Num. 21,34; Num. 21,35; Num. 22,3; Num. 22,6; Num. 22,17; Num. 31,3; Deut. 2,33; Deut. 3,2; Deut. 3,3; Deut. 4,20; Deut. 7,6; Deut. 9,2; Deut. 9,13; Deut. 14,2; Deut. 16,18; Deut. 17,16; Deut. 20,1; Deut. 20,5; Deut. 20,8; Deut. 26,18; Deut. 26,19; Deut. 27,9; Deut. 27,12; Deut. 28,9; Deut. 32,36; Deut. 32,50; Deut. 33,7; Josh. 7,3; Josh. 7,7; Josh. 7,13; Josh. 7,16; Josh. 8,33 # 9,2d; Josh. 10,33; Josh. 24,25; Judg. 4,13; Judg. 7,5; Judg. 9,29; Judg. 9,36; Judg. 9,43; Judg. 9,45; Judg. 9,48; Judg. 11,20; Judg. 11,21; Judg. 16,30; Judg. 18,7; Judg. 18,9; Judg. 18,10; Judg. 18,27; Ruth 1,6; Ruth 1,14; Ruth 1,15; Ruth 2,11; 1Sam. 2,24; 1Sam. 5,10; 1Sam. 5,11; 1Sam.

λαός

8,10; 1Sam. 10,1; 1Sam. 10,23; 1Sam. 10,25; 1Sam. 11,7; 1Sam. 11,11; 1Sam. 11,14; 1Sam. 12,6; 1Sam. 12,22; 1Sam. 13,14; 1Sam. 13,15; 1Sam. 14,28; 1Sam. 15,8; 1Sam. 15,24; 1Sam. 26,7; 1Sam. 26,14; 2Sam. 1,12; 2Sam. 3,31; 2Sam. 5,12; 2Sam. 6,18; 2Sam. 6,21; 2Sam. 7,23; 2Sam. 7,24; 2Sam. 8,15; 2Sam. 12,29; 2Sam. 12,31; 2Sam. 14,13; 2Sam. 17,3; 2Sam. 17,16; 2Sam. 18,1; 2Sam. 20,22; 2Sam. 22,28; 2Sam. 24,3; 2Sam. 24,4; 1Kings 3,8; 1Kings 5,21; 1Kings 8,66; 1Kings 10,22b # 9,20; 1Kings 12,13; 1Kings 12,24r; 1Kings 16,22; 2Kings 9,6; 2Kings 10,18; 2Kings 11,13; 2Kings 11,17; 2Kings 11,19; 2Kings 15,5; 2Kings 25,19; 1Chr. 14,2; 1Chr. 16,2; 1Chr. 16,20; 1Chr. 17,21; 1Chr. 17,22; 1Chr. 19,7; 1Chr. 20,3; 1Chr. 21,3; 2Chr. 1,9; 2Chr. 2,10; 2Chr. 7,10; 2Chr. 19,4; 2Chr. 23,16; 2Chr. 23,20; 2Chr. 25,11; 2Chr. 25,15; 2Chr. 26,21; 2Chr. 31,8; 2Chr. 31,10; 2Chr. 32,4; 2Chr. 32,13; 2Chr. 32,14; 2Chr. 32,15; 2Chr. 32,17; 2Chr. 32,18; 2Chr. 33,10; 1Esdr. 5,62; 1Esdr. 6,15; Ezra 5,12; Ezra 8,36; Neh. 4,7; Neh. 5,18; Neh. 7,5; Neh. 8,7; Neh. 8,9; Neh. 8,11; Neh. 12,30; Esth. 12,6 # 1,1r; Esth. 10,9 # 10,3f; Judith 7,7; Judith 7,32; Judith 14,17; Judith 16,22; Tob. 14,7; 1Mac. 1,30; 1Mac. 1,41; 1Mac. 1,51; 1Mac. 3,5; 1Mac. 4,61; 1Mac. 5,6; 1Mac. 5,53; 1Mac. 6,19; 1Mac. 6,44; 1Mac. 7,22; 1Mac. 9,73; 1Mac. 10,80; 1Mac. 12,44; 1Mac. 13,2; 1Mac. 13,17; 1Mac. 14,30; 1Mac. 14,35; 1Mac. 15,40; 1Mac. 15,40; 1Mac. 16,6; 1Mac. 16,7; 2Mac. 2,17; 2Mac. 13,11; 3Mac. 6,3; Psa. 17,28; Psa. 28,11; Psa. 49,4; Psa. 77,52; Psa. 77,62; Psa. 77,71; Psa. 84,9; Psa. 93,14; Psa. 104,13; Psa. 104,24; Psa. 104,25; Psa. 104,43; Psa. 105,40; Psa. 134,14; Psa. 135,16; Ode. 2,36; Ode. 4,16; Ode. 5,11; Wis. 10,15; Wis. 12,19; Wis. 18,13; Sir. 10,1; Sir. 10,3; Sir. 37,23; Sir. 45,3; Sir. 45,15; Sir. 45,26; Sir. 46,7; Sir. 46,13; Sir. 47,23; Sol. 17,26; Sol. 17,35; Mic. 6,2; Hab. 3,16; Zeph. 3,12; Zech. 2,15; Zech. 7,5; Zech. 9,16; Is. 2,4; Is. 2,6; Is. 3,13; Is. 5,25; Is. 6,8; Is. 8,6; Is. 9,15; Is. 13,14; Is. 18,2; Is. 26,11; Is. 29,14; Is. 34,5; Is. 43,8; Is. 49,13; Is. 51,22; Is. 62,12; Is. 65,2; Jer. 4,10; Jer. 5,14; Jer. 6,19; Jer. 6,21; Jer. 11,11; Jer. 13,11; Jer. 13,12; Jer. 15,1; Jer. 19,11; Jer. 21,7; Jer. 21,8; Jer. 23,32; Jer. 25,1; Jer. 25,2; Jer. 26,16; Jer. 27,16; Jer. 32,19; Jer. 35,15; Jer. 36,1; Jer. 36,10; Jer. 38,7; Jer. 39,42; Jer. 41,8; Jer. 43,7; Jer. 44,18; Jer. 45,1; Jer. 48,10; Jer. 49,8; Jer. 50,1; Bar. 1,7; Bar. 1,9; Lam. 1,7; Ezek. 3,5; Ezek. 12,19; Ezek. 17,15; Ezek. 22,29; Ezek. 24,18; Ezek. 26,20; Ezek. 44,19; Ezek. 44,19; Judg. 4,13; Judg. 5,2; Judg. 7,5; Judg. 9,29; Judg. 9,36; Judg. 9,43; Judg. 9,45; Judg. 11,20; Judg. 11,21; Judg. 16,30; Judg. 18,7; Judg. 18,10; Judg. 18,27; Dan. 8,24; Dan. 9,6; Matt. 1,21; Luke 1,17; Luke 3,21; Luke 7,16; Luke 9,13; Luke 20,1; Luke 20,9; Luke 23,5; Luke 23,13; Acts 4,1; Acts 4,2; Acts 4,17; Acts 5,26; Acts 5,37; Acts 6,12; Acts 13,17; Acts 15,14; Acts 28,26; Rom. 10,21; Rom. 11,1; Rom. 11,2; Titus 2,14; Heb. 7,5; Heb. 9,19; Heb. 10,30; Jude 5; Rev. 13,7)

Λαός ▸ 3
  Noun ▪ masculine ▪ singular ▪ nominative ▪ (common) ▸ **3** (Hos. 2,25; Zech. 13,9; Is. 51,16)
λαός ▸ 152 + 6 + 6 = 164
  Noun ▪ masculine ▪ singular ▪ nominative ▪ (common) ▸ 152 + 6 + 5 = **163** (Gen. 35,6; Gen. 41,40; Ex. 5,5; Ex. 8,18; Ex. 9,27; Ex. 11,8; Ex. 14,5; Ex. 15,16; Ex. 15,16; Ex. 17,6; Ex. 32,7; Ex. 33,1; Ex. 33,13; Ex. 33,16; Ex. 33,16; Ex. 34,10; Lev. 26,12; Num. 11,21; Num. 13,32; Deut. 9,12; Deut. 9,29; Deut. 27,16; Deut. 27,17; Deut. 27,18; Deut. 27,19; Deut. 27,20; Deut. 27,21; Deut. 27,22; Deut. 27,23; Deut. 27,23; Deut. 27,24; Deut. 27,25; Deut. 27,26; Josh. 7,3; Judg. 9,38; Judg. 12,2; Judg. 21,9; Ruth 1,16; Ruth 1,16; 1Sam. 6,19; 1Sam. 11,5; 1Sam. 14,28; 1Sam. 15,15; 2Sam. 3,36; 2Sam. 7,23; 2Sam. 14,15; 2Sam. 20,12; 2Sam. 22,44; 1Kings 1,39; 1Kings 8,43; 1Kings 8,44; 1Kings 8,51; 1Kings 12,24q; 1Kings 12,24r; 1Kings 21,8; 1Kings 21,42; 1Kings 22,4; 1Kings 22,4; 2Kings 3,7; 2Kings 3,7; 1Chr. 12,19; 1Chr. 16,36; 1Chr. 17,21; 1Chr. 28,2; 1Chr. 29,14; 2Chr. 6,24; 2Chr. 6,33; 2Chr. 6,34; 2Chr. 7,5; 2Chr. 7,14; 2Chr. 10,5; 2Chr. 18,3; 2Chr. 18,3; Neh. 1,10; Neh. 8,5; Neh. 8,9; Neh. 10,35; Esth. 7,3; Esth. 7,4; Judith 11,2; Judith 13,20; Judith 15,10; Judith 16,18; Psa. 17,44; Psa. 32,12; Psa. 49,7; Psa. 72,10; Psa. 77,1; Psa. 78,13; Psa. 80,9; Psa. 80,12; Psa. 80,14; Psa. 84,7; Psa. 105,48; Psa. 143,15; Ode. 1,16; Ode. 1,16; Ode. 5,20; Wis. 19,5; Sol. 9,8; Hos. 1,9; Hos. 2,1; Hos. 4,4; Hos. 4,6; Mic. 2,8; Mic. 6,3; Mic. 6,5; Joel 2,26; Joel 2,27; Nah. 3,13; Nah. 3,18; Is. 1,3; Is. 3,5; Is. 3,12; Is. 3,12; Is. 5,13; Is. 10,24; Is. 19,25; Is. 26,20; Is. 27,11; Is. 35,2; Is. 48,21; Is. 51,4; Is. 51,7; Is. 52,4; Is. 52,5; Is. 52,6; Is. 60,21; Is. 63,8; Is. 64,8; Jer. 2,11; Jer. 2,13; Jer. 2,31; Jer. 2,32; Jer. 5,31; Jer. 8,5; Jer. 8,7; Jer. 14,16; Jer. 18,15; Jer. 22,2; Jer. 23,34; Jer. 27,6; Jer. 38,14; Bar. 4,5; Ezek. 24,19; Ezek. 33,31; Ezek. 34,30; Ezek. 36,8; Ezek. 37,27; Ezek. 46,18; Dan. 4,37a; Dan. 12,1; Judg. 9,38; Judg. 12,2; Judg. 21,9; Dan. 3,96; Dan. 9,16; Dan. 12,1; Acts 5,13; Acts 18,10; Rom. 9,26; 2Cor. 6,16; 1Pet. 2,10)
  Noun ▪ masculine ▪ singular ▪ vocative ▸ **1** (Rev. 18,4)
Λαὸς ▸ 1
  Noun ▪ masculine ▪ singular ▪ nominative ▪ (common) ▸ **1** (Ezek. 36,20)
λαὸς ▸ 436 + 31 + 19 = 486
  Noun ▪ masculine ▪ singular ▪ nominative ▪ (common) ▸ 436 + 31 + 19 = **486** (Gen. 19,4; Gen. 25,23; Gen. 41,55; Gen. 50,20; Ex. 1,20; Ex. 4,31; Ex. 4,31; Ex. 5,12; Ex. 12,27; Ex. 12,34; Ex. 14,31; Ex. 15,24; Ex. 16,4; Ex. 16,30; Ex. 17,2; Ex. 17,3; Ex. 17,3; Ex. 18,13; Ex. 18,14; Ex. 18,15; Ex. 18,18; Ex. 18,23; Ex. 19,5; Ex. 19,8; Ex. 19,9; Ex. 19,16; Ex. 19,18; Ex. 19,23; Ex. 19,24; Ex. 20,18; Ex. 20,18; Ex. 20,21; Ex. 23,22; Ex. 24,2; Ex. 24,3; Ex. 32,1; Ex. 32,1; Ex. 32,3; Ex. 32,6; Ex. 32,21; Ex. 32,31; Ex. 33,4; Ex. 33,5; Ex. 33,8; Ex. 33,10; Ex. 33,10; Ex. 34,9; Ex. 36,5; Ex. 36,6; Lev. 9,24; Num. 11,1; Num. 11,2; Num. 11,8; Num. 11,32; Num. 11,35; Num. 11,35; Num. 12,15; Num. 12,16; Num. 14,1; Num. 14,11; Num. 14,39; Num. 20,1; Num. 20,3; Num. 21,4; Num. 21,5; Num. 21,6; Num. 21,7; Num. 21,29; Num. 21,33; Num. 22,5; Num. 22,11; Num. 23,9; Num. 23,24; Num. 24,14; Num. 25,1; Num. 25,2; Deut. 2,32; Deut. 3,1; Deut. 4,6; Deut. 7,6; Deut. 9,6; Deut. 9,13; Deut. 14,2; Deut. 14,21; Deut. 17,13; Deut. 20,11; Deut. 27,15; Deut. 31,16; Deut. 32,6; Deut. 32,9; Deut. 33,29; Josh. 1,2; Josh. 3,14; Josh. 3,16; Josh. 3,17; Josh. 4,1; Josh. 4,10; Josh. 4,11; Josh. 4,19; Josh. 6,5; Josh. 6,5; Josh. 6,20; Josh. 6,20; Josh. 6,20; Josh. 7,11; Josh. 7,24; Josh. 8,3; Josh. 8,11; Josh. 8,14; Josh. 10,5; Josh. 10,7; Josh. 10,21; Josh. 11,7; Josh. 17,14; Josh. 17,15; Josh. 17,17; Josh. 24,16; Josh. 24,21; Josh. 24,24; Judg. 2,4; Judg. 2,7; Judg. 5,11; Judg. 5,14; Judg. 5,18; Judg. 7,1; Judg. 7,2; Judg. 7,4; Judg. 7,7; Judg. 9,32; Judg. 9,33; Judg. 9,34; Judg. 9,35; Judg. 9,36; Judg. 9,37; Judg. 9,42; Judg. 9,43; Judg. 9,48; Judg. 16,24; Judg. 20,8; Judg. 20,26; Judg. 21,2; Judg. 21,4; Judg. 21,15; Ruth 4,11; 1Sam. 4,3; 1Sam. 4,4; 1Sam. 8,19; 1Sam. 9,9; 1Sam. 9,13; 1Sam. 10,11; 1Sam. 10,24; 1Sam. 11,4; 1Sam. 11,12; 1Sam. 11,15; 1Sam. 12,18; 1Sam. 12,19; 1Sam. 13,4; 1Sam. 13,5; 1Sam. 13,6; 1Sam. 13,7; 1Sam. 13,8; 1Sam. 13,11; 1Sam. 13,16; 1Sam. 14,3; 1Sam. 14,15; 1Sam. 14,20; 1Sam. 14,23; 1Sam. 14,24; 1Sam. 14,26; 1Sam. 14,26; 1Sam. 14,30; 1Sam. 14,31; 1Sam. 14,32; 1Sam. 14,32; 1Sam. 14,32; 1Sam. 14,33; 1Sam. 14,34; 1Sam. 14,40; 1Sam. 14,41; 1Sam. 14,42; 1Sam. 14,45; 1Sam. 14,45; 1Sam. 14,45; 1Sam. 15,9; 1Sam. 15,21; 1Sam. 26,5; 1Sam. 26,7; 1Sam. 30,6; 2Sam. 1,4; 2Sam. 2,27; 2Sam. 2,28; 2Sam. 3,32; 2Sam. 3,34; 2Sam. 3,35; 2Sam. 3,37; 2Sam. 6,2; 2Sam. 6,19; 2Sam.

λαός

10,6; 2Sam. 10,13; 2Sam. 12,31; 2Sam. 13,34; 2Sam. 15,12; 2Sam. 15,18; 2Sam. 15,23; 2Sam. 15,23; 2Sam. 15,24; 2Sam. 15,30; 2Sam. 16,6; 2Sam. 16,14; 2Sam. 16,18; 2Sam. 17,2; 2Sam. 17,22; 2Sam. 17,29; 2Sam. 18,4; 2Sam. 18,5; 2Sam. 18,6; 2Sam. 18,7; 2Sam. 18,16; 2Sam. 19,3; 2Sam. 19,4; 2Sam. 19,4; 2Sam. 19,9; 2Sam. 19,9; 2Sam. 19,10; 2Sam. 19,40; 2Sam. 19,41; 2Sam. 20,15; 2Sam. 23,10; 2Sam. 23,11; 1Kings 1,40; 1Kings 3,2; 1Kings 12,3; 1Kings 12,16; 1Kings 12,24p; 1Kings 12,24q; 1Kings 12,24t; 1Kings 12,24u; 1Kings 12,27; 1Kings 12,30; 1Kings 16,16; 1Kings 16,21; 1Kings 16,22; 1Kings 18,21; 1Kings 18,24; 1Kings 18,30; 1Kings 18,36; 1Kings 18,37; 1Kings 18,39; 1Kings 22,44; 2Kings 6,30; 2Kings 7,16; 2Kings 7,17; 2Kings 7,20; 2Kings 8,21; 2Kings 11,14; 2Kings 11,18; 2Kings 11,20; 2Kings 12,4; 2Kings 13,7; 2Kings 14,4; 2Kings 14,21; 2Kings 15,4; 2Kings 15,35; 2Kings 21,24; 2Kings 21,24; 2Kings 23,2; 2Kings 23,3; 2Kings 23,30; 2Kings 25,22; 2Kings 25,26; 1Chr. 11,13; 1Chr. 16,43; 1Chr. 19,6; 1Chr. 19,14; 1Chr. 20,3; 1Chr. 28,21; 1Chr. 29,9; 2Chr. 1,14; 2Chr. 7,4; 2Chr. 8,7; 2Chr. 10,12; 2Chr. 10,16; 2Chr. 13,17; 2Chr. 14,12; 2Chr. 20,25; 2Chr. 20,33; 2Chr. 21,9; 2Chr. 21,19; 2Chr. 23,5; 2Chr. 23,6; 2Chr. 23,13; 2Chr. 23,17; 2Chr. 23,21; 2Chr. 24,10; 2Chr. 26,1; 2Chr. 27,2; 2Chr. 29,36; 2Chr. 30,3; 2Chr. 30,13; 2Chr. 32,8; 2Chr. 33,17; 2Chr. 33,25; 2Chr. 33,25; 2Chr. 34,30; 2Chr. 36,1; 2Chr. 36,14; 1Esdr. 4,10; 1Esdr. 4,41; 1Esdr. 5,59; Ezra 3,1; Ezra 3,11; Ezra 3,13; Ezra 3,13; Ezra 4,4; Ezra 9,1; Ezra 10,1; Ezra 10,9; Ezra 10,13; Neh. 5,13; Neh. 7,4; Neh. 8,1; Neh. 8,6; Neh. 8,7; Neh. 8,8; Neh. 8,12; Neh. 8,16; Neh. 11,2; Judith 4,3; Judith 4,13; Judith 5,3; Judith 5,6; Judith 5,22; Judith 5,23; Judith 6,6; Judith 6,18; Judith 7,10; Judith 7,13; Judith 7,23; Judith 8,29; Judith 8,30; Judith 13,17; Judith 14,9; Judith 15,11; Judith 15,14; Judith 16,19; Judith 16,20; Tob. 14,7; 1Mac. 4,55; 1Mac. 5,16; 1Mac. 5,30; 1Mac. 5,43; 1Mac. 7,48; 1Mac. 10,46; 1Mac. 10,81; 1Mac. 13,42; 1Mac. 14,35; 1Mac. 14,46; 1Mac. 16,6; Psa. 73,18; Psa. 86,4; Psa. 88,16; Psa. 94,7; Psa. 99,3; Psa. 101,19; Ode. 2,6; Ode. 2,9; Sir. 48,15; Sir. 48,16; Sir. 50,17; Sir. 50,19; Sir. 50,26; Sol. 17,20; Hos. 4,9; Hos. 4,14; Hos. 10,5; Hos. 11,7; Hos. 12,1; Amos 1,5; Amos 3,6; Joel 2,2; Joel 2,5; Zeph. 1,11; Hag. 1,2; Hag. 1,12; Hag. 2,4; Hag. 2,14; Mal. 1,4; Is. 1,4; Is. 1,10; Is. 8,12; Is. 9,1; Is. 9,8; Is. 9,12; Is. 9,18; Is. 10,22; Is. 24,2; Is. 25,3; Is. 26,2; Is. 29,13; Is. 30,9; Is. 30,19; Is. 32,18; Is. 33,19; Is. 33,24; Is. 34,1; Is. 42,22; Is. 58,2; Is. 65,3; Jer. 5,21; Jer. 6,22; Jer. 22,4; Jer. 23,33; Jer. 27,41; Jer. 30,17; Jer. 33,7; Jer. 33,8; Jer. 33,9; Jer. 33,16; Jer. 41,10; Jer. 42,16; Jer. 43,9; Jer. 44,2; Jer. 48,13; Jer. 49,1; Jer. 50,4; Jer. 51,15; Jer. 51,21; Bar. 2,30; Lam. 1,11; Ezek. 33,2; Ezek. 33,6; Ezek. 39,13; Ezek. 45,16; Ezek. 46,3; Ezek. 46,9; Sus. 59; Judg. 2,4; Judg. 2,7; Judg. 5,11; Judg. 5,13; Judg. 5,18; Judg. 7,1; Judg. 7,2; Judg. 7,4; Judg. 7,7; Judg. 9,32; Judg. 9,33; Judg. 9,34; Judg. 9,35; Judg. 9,36; Judg. 9,37; Judg. 9,42; Judg. 9,43; Judg. 9,48; Judg. 10,18; Judg. 11,11; Judg. 16,24; Judg. 20,8; Judg. 20,26; Judg. 21,2; Judg. 21,4; Judg. 21,15; Dan. 11,32; Sus. 7; Sus. 28; Sus. 47; Sus. 50; Matt. 4,16; Matt. 15,8; Matt. 27,25; Mark 7,6; Luke 1,21; Luke 7,29; Luke 18,43; Luke 19,48; Luke 20,6; Luke 21,38; Luke 23,35; John 8,2; Acts 3,9; Acts 3,11; Acts 7,17; 1Cor. 10,7; Heb. 7,11; 1Pet. 2,9; 1Pet. 2,10)

λαοῦ ▸ 494 + 23 + 38 = 555

Noun · masculine · singular · genitive · (common)   ▸ 494 + 23 + 38 = **555** (Gen. 23,12; Gen. 23,13; Gen. 25,23; Gen. 33,15; Ex. 3,7; Ex. 4,30; Ex. 5,6; Ex. 7,28; Ex. 8,4; Ex. 8,5; Ex. 8,5; Ex. 8,7; Ex. 8,19; Ex. 8,19; Ex. 8,25; Ex. 8,27; Ex. 9,14; Ex. 9,17; Ex. 11,2; Ex. 12,31; Ex. 13,22; Ex. 16,27; Ex. 17,5; Ex. 17,5; Ex. 18,21; Ex. 19,7; Ex. 19,8; Ex. 19,9; Ex. 19,11; Ex. 22,27; Ex. 24,7; Ex. 24,8; Ex. 30,33; Ex. 30,38; Ex. 31,14; Ex. 32,12; Ex. 32,17; Ex. 32,22; Ex. 32,28; Ex. 34,10; Lev. 4,27; Lev. 7,20; Lev. 7,21; Lev. 7,25; Lev. 7,27; Lev. 9,7; Lev. 9,15; Lev. 9,15; Lev. 9,18; Lev. 16,15; Lev. 16,24; Lev. 16,24; Lev. 17,4; Lev. 17,9; Lev. 17,10; Lev. 18,29; Lev. 19,8; Lev. 19,18; Lev. 20,3; Lev. 20,5; Lev. 20,6; Lev. 23,29; Lev. 23,30; Num. 5,21; Num. 9,13; Num. 11,11; Num. 11,16; Num. 11,17; Num. 11,24; Num. 15,30; Num. 17,12; Num. 21,7; Num. 22,5; Num. 22,41; Num. 25,4; Deut. 2,16; Deut. 3,28; Deut. 5,28; Deut. 9,27; Deut. 10,11; Deut. 13,10; Deut. 17,7; Deut. 18,3; Deut. 20,9; Deut. 31,7; Deut. 32,43; Deut. 32,43; Deut. 32,44; Deut. 33,3; Josh. 1,10; Josh. 1,11; Josh. 3,6; Josh. 3,6; Josh. 3,14; Josh. 4,2; Josh. 7,5; Josh. 8,10; Josh. 14,8; Judg. 1,16; Judg. 5,2; Judg. 5,9; Judg. 5,12; Judg. 7,3; Judg. 7,3; Judg. 7,6; Judg. 7,8; Judg. 10,18; Judg. 11,23; Judg. 14,16; Judg. 14,17; Judg. 18,20; Judg. 20,2; Judg. 20,2; Judg. 20,25; Judg. 20,31; Judg. 20,31; Ruth 3,11; Ruth 4,4; Ruth 4,10; 1Sam. 2,13; 1Sam. 2,23; 1Sam. 8,7; 1Sam. 8,21; 1Sam. 9,16; 1Sam. 10,23; 1Sam. 11,4; 1Sam. 13,2; 1Sam. 13,15; 1Sam. 13,15; 1Sam. 13,22; 1Sam. 14,28; 1Sam. 14,39; 1Sam. 14,42; 1Sam. 15,20; 1Sam. 15,30; 1Sam. 18,13; 1Sam. 18,16; 1Sam. 24,10; 1Sam. 26,15; 1Sam. 30,6; 1Sam. 30,21; 1Sam. 30,21; 2Sam. 1,2; 2Sam. 1,4; 2Sam. 3,36; 2Sam. 7,23; 2Sam. 10,10; 2Sam. 10,12; 2Sam. 11,7; 2Sam. 11,17; 2Sam. 12,28; 2Sam. 18,8; 2Sam. 18,16; 2Sam. 19,41; 2Sam. 24,2; 2Sam. 24,9; 2Sam. 24,15; 2Sam. 24,21; 1Kings 2,35h; 1Kings 3,8; 1Kings 8,30; 1Kings 8,34; 1Kings 8,36; 1Kings 8,41; 1Kings 8,52; 1Kings 8,59; 1Kings 12,15; 1Kings 12,23; 1Kings 12,24q; 1Kings 12,24y; 1Kings 12,27; 1Kings 12,31; 1Kings 13,33; 1Kings 16,21; 1Kings 16,21; 1Kings 18,37; 1Kings 20,9; 1Kings 20,12; 1Kings 21,42; 2Kings 4,13; 2Kings 11,13; 2Kings 11,17; 2Kings 11,17; 2Kings 12,9; 2Kings 16,15; 2Kings 18,26; 2Kings 20,5; 2Kings 22,4; 2Kings 22,13; 2Kings 23,6; 2Kings 23,35; 2Kings 25,11; 2Kings 25,19; 1Chr. 13,4; 1Chr. 17,21; 1Chr. 19,11; 1Chr. 19,13; 1Chr. 21,5; 1Chr. 21,22; 1Chr. 22,18; 1Chr. 29,18; 2Chr. 1,10; 2Chr. 6,6; 2Chr. 6,21; 2Chr. 6,25; 2Chr. 6,27; 2Chr. 6,32; 2Chr. 10,15; 2Chr. 13,9; 2Chr. 20,7; 2Chr. 20,21; 2Chr. 23,12; 2Chr. 23,16; 2Chr. 23,20; 2Chr. 24,20; 2Chr. 24,23; 2Chr. 25,15; 2Chr. 30,18; 2Chr. 35,5; 2Chr. 35,7; 2Chr. 35,12; 2Chr. 35,13; 2Chr. 36,4a; 2Chr. 36,15; 2Chr. 36,23; 1Esdr. 1,12; 1Esdr. 1,13; 1Esdr. 1,47; 1Esdr. 5,45; 1Esdr. 5,62; Ezra 1,3; Ezra 2,2; Ezra 2,70; Ezra 3,13; Ezra 4,4; Ezra 7,13; Ezra 7,16; Neh. 4,8; Neh. 4,13; Neh. 5,1; Neh. 7,7; Neh. 7,72; Neh. 7,73; Neh. 8,3; Neh. 8,5; Neh. 8,5; Neh. 10,15; Neh. 10,29; Neh. 11,1; Neh. 11,1; Neh. 12,38; Neh. 13,1; Esth. 4,8; Esth. 13,15 # 4,17f; Esth. 8,6; Esth. 10,12 # 10,3i; Judith 4,14; Judith 5,5; Judith 6,16; Judith 7,8; Judith 7,11; Judith 8,9; Judith 8,11; Judith 10,19; Judith 11,13; Judith 11,22; Judith 12,8; Judith 13,17; Judith 14,6; Judith 14,8; Judith 15,13; Judith 16,2; Tob. 4,13; 1Mac. 1,13; 1Mac. 1,52; 1Mac. 2,7; 1Mac. 2,67; 1Mac. 3,43; 1Mac. 3,43; 1Mac. 3,55; 1Mac. 4,31; 1Mac. 5,18; 1Mac. 5,19; 1Mac. 5,42; 1Mac. 5,60; 1Mac. 6,24; 1Mac. 7,6; 1Mac. 7,19; 1Mac. 7,33; 1Mac. 10,7; 1Mac. 12,35; 1Mac. 13,7; 1Mac. 14,14; 1Mac. 14,28; 1Mac. 14,44; 2Mac. 1,26; 2Mac. 2,7; 2Mac. 10,21; 2Mac. 15,14; 4Mac. 4,26; Psa. 3,7; Psa. 13,7; Psa. 17,44; Psa. 21,7; Psa. 27,8; Psa. 44,11; Psa. 44,13; Psa. 52,7; Psa. 55,1; Psa. 58,12; Psa. 61,9; Psa. 67,8; Psa. 71,4; Psa. 88,20; Psa. 105,4; Psa. 106,32; Psa. 112,8; Psa. 113,1; Psa. 115,9; Psa. 124,5; Psa. 148,14; Ode. 2,43; Ode. 2,43; Ode. 3,8; Ode. 4,13; Ode. 13,32; Prov. 14,28; Job 31,30; Job 34,30; Wis. 9,7; Wis. 15,14; Wis. 18,7; Sir. 9,17; Sir. 10,2; Sir. 24,1; Sir. 33,19; Sir. 35,23; Sir. 36,16; Sir. 38,33; Sir. 41,18; Sir. 42,11; Sir. 44,4; Sir. 44,4; Sir. 45,7; Sir. 45,9; Sir. 45,16; Sir. 45,22; Sir. 45,23; Sir. 45,24; Sir. 46,20; Sir. 47,4; Sir. 47,5; Sir. 47,23; Sir. 49,2; Sir. 49,15; Sir. 50,4; Sir. 50,5; Sol. 8,2; Sol. 10,6; Sol. 17,20; Sol. 17,26; Sol. 17,36; Sol. 17,43; Hos. 4,8; Hos. 4,11; Hos. 6,11; Amos 7,8; Amos 9,10; Amos 9,14; Mic. 1,9; Mic. 2,4; Mic. 2,9; Mic. 2,11; Mic. 3,3;

λαός–λάρυγξ

Mic. 6,15; Joel 2,17; Joel 2,18; Joel 4,2; Joel 4,16; Jonah 1,8; Hab. 3,13; Zeph. 2,9; Hag. 1,12; Hag. 1,14; Hag. 2,2; Zech. 8,6; Zech. 8,11; Zech. 8,12; Zech. 14,2; Is. 3,7; Is. 3,14; Is. 6,5; Is. 6,10; Is. 7,2; Is. 7,8; Is. 8,11; Is. 9,2; Is. 10,2; Is. 11,11; Is. 14,32; Is. 18,7; Is. 18,7; Is. 25,8; Is. 28,14; Is. 30,26; Is. 32,13; Is. 45,13; Is. 49,13; Is. 53,8; Is. 56,3; Is. 57,14; Is. 65,22; Jer. 4,11; Jer. 4,22; Jer. 6,14; Jer. 6,26; Jer. 7,12; Jer. 7,16; Jer. 7,33; Jer. 8,19; Jer. 8,21; Jer. 8,22; Jer. 8,23; Jer. 9,6; Jer. 11,14; Jer. 12,16; Jer. 12,16; Jer. 14,6; Jer. 14,11; Jer. 14,17; Jer. 15,7; Jer. 16,5; Jer. 17,19; Jer. 19,1; Jer. 23,3; Jer. 26,24; Jer. 28,11; Jer. 33,17; Jer. 33,23; Jer. 33,24; Jer. 35,1; Jer. 35,5; Jer. 35,7; Jer. 35,10; Jer. 35,11; Jer. 37,3; Jer. 43,6; Jer. 43,10; Jer. 43,13; Jer. 43,14; Jer. 44,12; Jer. 45,4; Jer. 46,14; Jer. 47,5; Jer. 47,6; Jer. 48,16; Jer. 52,16; Jer. 52,25; Bar. 1,3; Bar. 1,4; Lam. 2,11; Lam. 3,48; Lam. 4,3; Lam. 4,6; Lam. 4,10; Ezek. 3,11; Ezek. 7,27; Ezek. 11,1; Ezek. 13,9; Ezek. 13,17; Ezek. 13,18; Ezek. 14,8; Ezek. 14,9; Ezek. 18,18; Ezek. 25,14; Ezek. 30,11; Ezek. 33,2; Ezek. 33,12; Ezek. 33,17; Ezek. 33,30; Ezek. 37,18; Ezek. 39,7; Ezek. 42,14; Ezek. 44,11; Ezek. 45,9; Ezek. 45,22; Ezek. 46,18; Ezek. 46,24; Dan. 4,22; Dan. 8,19; Dan. 9,20; Dan. 12,1; Dan. 12,7; Sus. 41; Judg. 1,16; Judg. 7,3; Judg. 7,3; Judg. 7,6; Judg. 7,8; Judg. 11,23; Judg. 14,3; Judg. 14,16; Judg. 14,17; Judg. 18,20; Judg. 20,2; Judg. 20,16; Judg. 20,31; Judg. 20,31; Dan. 9,20; Dan. 11,14; Dan. 11,33; Dan. 12,1; Dan. 12,7; Sus. 5; Sus. 29; Sus. 41; Sus. 64; Matt. 2,4; Matt. 13,15; Matt. 21,23; Matt. 26,3; Matt. 26,47; Matt. 27,1; Mark 14,2; Luke 1,10; Luke 2,32; Luke 3,15; Luke 6,17; Luke 7,1; Luke 8,47; Luke 19,47; Luke 20,26; Luke 20,45; Luke 22,66; Luke 23,27; Luke 24,19; John 11,50; John 18,14; Acts 3,23; Acts 4,8; Acts 7,34; Acts 12,11; Acts 13,17; Acts 21,28; Acts 21,30; Acts 21,36; Acts 23,5; Acts 26,17; Acts 28,27; Rom. 15,10; Heb. 2,17; Heb. 5,3; Heb. 7,27; Heb. 9,7; Rev. 5,9)

λαούς ▸ 8

Noun ▪ masculine ▪ plural ▪ accusative ▪ (common) ▸ 8 (1Kings 9,7; Psa. 7,9; Psa. 98,2; Job 36,31; Wis. 8,14; Hab. 2,5; Zech. 11,10; Zech. 14,12)

λαούς ▸ 24

Noun ▪ masculine ▪ plural ▪ accusative ▪ (common) ▸ 24 (2Sam. 22,48; 2Chr. 32,17; Neh. 9,22; Neh. 9,24; Psa. 9,9; Psa. 17,48; Psa. 43,3; Psa. 46,4; Psa. 55,8; Psa. 66,5; Psa. 95,10; Psa. 95,13; Psa. 97,9; Psa. 101,23; Job 36,20; Sol. 5,11; Sol. 9,2; Sol. 17,29; Sol. 17,30; Mic. 4,13; Hab. 2,10; Zeph. 3,9; Zech. 12,6; Ezek. 3,6)

λαῷ ▸ 216 + 6 + 26 = 248

Noun ▪ masculine ▪ singular ▪ dative ▪ (common) ▸ 216 + 6 + 26 = 248 (Gen. 23,7; Gen. 26,11; Gen. 42,6; Ex. 1,22; Ex. 3,21; Ex. 5,7; Ex. 11,3; Ex. 12,36; Ex. 13,17; Ex. 14,3; Ex. 17,1; Ex. 17,4; Ex. 18,1; Ex. 18,14; Ex. 18,14; Ex. 18,19; Ex. 19,10; Ex. 19,15; Ex. 19,21; Ex. 24,3; Lev. 9,23; Lev. 21,4; Lev. 21,15; Num. 5,27; Num. 11,13; Num. 11,18; Num. 14,14; Num. 14,19; Num. 15,26; Num. 17,12; Num. 33,14; Deut. 2,4; Deut. 20,2; Deut. 21,8; Deut. 21,8; Deut. 27,11; Josh. 1,6; Josh. 1,11; Josh. 3,3; Josh. 3,5; Josh. 4,10; Josh. 6,7; Josh. 6,10; Judg. 8,5; Judg. 10,16; Judg. 14,3; Judg. 20,10; Ruth 4,9; 1Sam. 4,17; 1Sam. 6,4; 1Sam. 6,19; 1Sam. 7,9; 1Sam. 9,12; 1Sam. 9,17; 1Sam. 10,1; 1Sam. 10,17; 1Sam. 14,17; 1Sam. 14,24; 1Sam. 14,34; 1Sam. 14,41; 1Sam. 15,4; 1Sam. 23,8; 1Sam. 27,12; 1Sam. 31,9; 2Sam. 2,26; 2Sam. 6,19; 2Sam. 7,10; 2Sam. 17,3; 2Sam. 17,9; 2Sam. 17,29; 2Sam. 18,8; 2Sam. 19,3; 2Sam. 24,15; 2Sam. 24,16; 2Sam. 24,17; 1Kings 8,36; 1Kings 8,56; 1Kings 8,66; 1Kings 12,6; 1Kings 12,7; 1Kings 12,9; 1Kings 12,10; 1Kings 12,24q; 1Kings 12,24s; 1Kings 19,21; 1Kings 21,10; 2Kings 4,41; 2Kings 4,42; 2Kings 4,43; 2Kings 23,21; 2Kings 25,3; 1Chr. 10,9; 1Chr. 17,9; 1Chr. 18,14; 1Chr. 21,17; 1Chr. 21,17; 1Chr. 23,25; 1Chr. 27,1; 1Chr. 27,24; 2Chr. 6,27; 2Chr. 6,29;

2Chr. 6,39; 2Chr. 7,10; 2Chr. 7,13; 2Chr. 8,10; 2Chr. 10,6; 2Chr. 10,7; 2Chr. 10,9; 2Chr. 10,10; 2Chr. 16,10; 2Chr. 18,2; 2Chr. 21,14; 2Chr. 24,23; 2Chr. 29,36; 2Chr. 30,24; 2Chr. 31,4; 2Chr. 35,3; 2Chr. 35,8; 2Chr. 36,16; 1Esdr. 1,7; 1Esdr. 1,7; Ezra 7,25; Ezra 8,15; Neh. 4,16; Neh. 5,19; Neh. 8,9; Neh. 8,13; Neh. 9,10; Neh. 9,32; Neh. 11,24; Esth. 10,10 # 10,3g; Esth. 10,13 # 10,3k; Judith 5,20; Judith 7,1; Judith 7,26; 1Mac. 3,3; 1Mac. 3,42; 1Mac. 4,58; 1Mac. 5,2; 1Mac. 5,4; 1Mac. 5,61; 1Mac. 7,37; 1Mac. 15,35; 3Mac. 2,16; Psa. 21,32; Psa. 28,11; Psa. 34,18; Psa. 59,5; Psa. 67,36; Psa. 71,3; Psa. 77,20; Psa. 84,3; Psa. 93,8; Psa. 110,6; Psa. 110,9; Psa. 134,12; Psa. 148,14; Psa. 149,4; Ode. 9,68; Ode. 9,77; Eccl. 4,16; Job 18,19; Sir. 16,17; Sir. 24,6; Sir. 24,12; Sir. 31,9; Sir. 37,26; Sir. 45,22; Sol. 12,2; Hos. 10,14; Joel 2,19; Hag. 1,13; Is. 6,9; Is. 10,6; Is. 11,16; Is. 28,5; Is. 28,11; Is. 42,5; Is. 47,6; Is. 58,1; Is. 62,10; Is. 65,10; Is. 65,19; Jer. 1,18; Jer. 4,11; Jer. 5,23; Jer. 5,26; Jer. 9,8; Jer. 12,14; Jer. 14,10; Jer. 15,20; Jer. 16,10; Jer. 33,8; Jer. 33,11; Jer. 33,12; Jer. 33,18; Jer. 34,16; Jer. 40,9; Jer. 45,4; Jer. 51,20; Jer. 51,20; Jer. 51,24; Jer. 52,6; Jer. 52,25; Lam. 3,14; Ezek. 13,19; Ezek. 17,9; Ezek. 21,17; Ezek. 21,17; Ezek. 33,3; Ezek. 44,11; Dan. 4,37b; Dan. 7,27; Dan. 9,7; Dan. 10,14; Dan. 11,32; Judg. 5,9; Judg. 8,5; Judg. 9,48; Dan. 2,44; Dan. 10,14; Sus. 34; Matt. 4,23; Matt. 26,5; Matt. 27,64; Luke 1,68; Luke 1,77; Luke 2,10; Luke 21,23; Acts 4,10; Acts 5,12; Acts 5,20; Acts 5,34; Acts 6,8; Acts 10,2; Acts 10,41; Acts 10,42; Acts 12,4; Acts 13,24; Acts 19,4; Acts 21,40; Acts 26,23; Acts 28,17; 1Cor. 14,21; Heb. 4,9; Heb. 9,19; Heb. 11,25; 2Pet. 2,1)

λαῶν ▸ 51 + 3 = 54

Noun ▪ masculine ▪ plural ▪ genitive ▪ (common) ▸ 51 + 3 = 54 (Deut. 33,5; Deut. 33,21; Judg. 2,12; 1Sam. 2,8; 2Sam. 22,44; 1Kings 8,53; 1Chr. 5,25; 2Chr. 32,19; Ezra 3,3; Ezra 9,1; Ezra 9,11; Ezra 10,2; Ezra 10,11; Neh. 9,30; Neh. 10,29; 1Mac. 2,66; Psa. 7,8; Psa. 32,10; Psa. 46,10; Psa. 67,31; Psa. 86,6; Psa. 104,20; Psa. 104,44; Ode. 13,31; Wis. 3,8; Wis. 6,21; Sol. 17,43; Mic. 4,3; Mic. 5,6; Mic. 5,7; Mic. 6,16; Obad. 13; Zech. 12,4; Zech. 14,14; Is. 1,7; Is. 60,5; Lam. 1,1a; Lam. 3,45; Ezek. 7,23; Ezek. 9,9; Ezek. 20,34; Ezek. 20,35; Ezek. 20,41; Ezek. 20,41; Ezek. 23,24; Ezek. 25,7; Ezek. 27,3; Ezek. 28,25; Ezek. 32,3; Ezek. 32,9; Ezek. 36,15; Luke 2,31; Rev. 7,9; Rev. 11,9)

Λαόσ-μου Ammi (Heb. My People) ▸ 1

Λαόσ-μου ▸ 1

Noun ▪ masculine ▪ singular ▪ nominative ▪ (proper) ▸ 1 (Hos. 2,3)

λαπιστής (λαπίζω) arrogant person ▸ 1

λαπιστής ▸ 1

Noun ▪ masculine ▪ singular ▪ nominative ▪ (common) ▸ 1 (Sir. 20,7)

λάπτω to lap up with the tongue ▸ 4 + 4 = 8

λαψάντων ▸ 1 + 1 = 2

Verb ▪ aorist ▪ active ▪ participle ▪ masculine ▪ plural ▪ genitive ▸ 1 + 1 = 2 (Judg. 7,6; Judg. 7,6)

λάψασιν ▸ 1 + 1 = 2

Verb ▪ aorist ▪ active ▪ participle ▪ masculine ▪ plural ▪ dative ▸ 1 + 1 = 2 (Judg. 7,7; Judg. 7,7)

λάψη ▸ 2 + 2 = 4

Verb ▪ third ▪ singular ▪ aorist ▪ active ▪ subjunctive ▸ 2 + 2 = 4 (Judg. 7,5; Judg. 7,5; Judg. 7,5; Judg. 7,5)

λάρος sea gull ▸ 2

λάρον ▸ 2

Noun ▪ masculine ▪ singular ▪ accusative ▪ (common) ▸ 2 (Lev. 11,16; Deut. 14,15)

λάρυγξ throat ▸ 17 + 1 = 18

λάρυγγι ▸ 4

Noun ▪ masculine ▪ singular ▪ dative ▪ (common) ▸ 4 (Psa. 113,15;

Psa. 134,17; Psa. 149,6; Job 29,10)
  λάρυγγί ▸ 4
    Noun ▪ masculine ▪ singular ▪ dative ▪ (common) ▸ **4** (Psa. 21,16; Psa. 118,103; Psa. 136,6; Song 2,3)
  λάρυγγος ▸ 1
    Noun ▪ masculine ▪ singular ▪ genitive ▪ (common) ▸ **1** (Job 20,13)
  Λάρυγξ ▸ 1
    Noun ▪ masculine ▪ singular ▪ nominative ▪ (common) ▸ **1** (Sir. 6,5)
  λάρυγξ ▸ 7 + **1** = 8
    Noun ▪ masculine ▪ singular ▪ nominative ▪ (common) ▸ 7 + **1** = **8** (Psa. 5,10; Psa. 13,3; Psa. 68,4; Song 7,10; Job 6,30; Job 12,11; Job 34,3; Rom. 3,13)

Λασα Lasha ▸ 1
  Λασα ▸ 1
    Noun ▪ singular ▪ genitive ▪ (proper) ▸ **1** (Gen. 10,19)

Λασαία Lasea ▸ 1
  Λασαία ▸ 1
    Noun ▪ feminine ▪ singular ▪ nominative ▪ (proper) ▸ **1** (Acts 27,8)

Λασενδακ Leshem-Dan (?) ▸ 1
  Λασενδακ ▸ 1
    Noun ▪ singular ▪ accusative ▪ (proper) ▸ **1** (Josh. 19,48)

Λασθενής Lasthenes ▸ 1
  Λασθένει ▸ 1
    Noun ▪ masculine ▪ singular ▪ dative ▪ (proper) ▸ **1** (1Mac. 11,32)

Λασθένης Lasthenes ▸ 1
  Λασθένει ▸ 1
    Noun ▪ masculine ▪ singular ▪ dative ▪ (proper) ▸ **1** (1Mac. 11,31)

λατομέω (λᾶς; τέμνω) to cut, hew ▸ 11 + 2 = 13
  ἐλατομήθη ▸ 1
    Verb ▪ third ▪ singular ▪ aorist ▪ passive ▪ indicative ▸ **1** (Sir. 50,3)
  ἐλατόμησας ▸ 1
    Verb ▪ second ▪ singular ▪ aorist ▪ active ▪ indicative ▸ **1** (Is. 22,16)
  ἐλατομήσατε ▸ 1
    Verb ▪ second ▪ plural ▪ aorist ▪ active ▪ indicative ▸ **1** (Is. 51,1)
  ἐλατόμησεν ▸ 1 + **1** = 2
    Verb ▪ third ▪ singular ▪ aorist ▪ active ▪ indicative ▸ 1 + **1** = **2** (2Chr. 26,10; Matt. 27,60)
  λατομεῖται ▸ 1
    Verb ▪ third ▪ singular ▪ present ▪ passive ▪ indicative ▸ **1** (Job 28,2)
  λατομῆσαι ▸ 1
    Verb ▪ aorist ▪ active ▪ infinitive ▸ **1** (1Chr. 22,2)
  λατομήσῃ ▸ 1
    Verb ▪ third ▪ singular ▪ aorist ▪ active ▪ subjunctive ▸ **1** (Ex. 21,33)
  λατόμων ▸ 2
    Noun ▪ masculine ▪ plural ▪ genitive ▪ (common) ▸ **2** (1Kings 2,35d; 1Kings 5,29)
  λελατομημένον ▸ 1
    Verb ▪ perfect ▪ passive ▪ participle ▪ neuter ▪ singular ▪ nominative ▸ **1** (Mark 15,46)
  λελατομημένους ▸ 2
    Verb ▪ perfect ▪ passive ▪ participle ▪ masculine ▪ plural ▪ accusative ▸ **2** (Deut. 6,11; Neh. 9,25)

λατομητός (λᾶς; τέμνω) cut out, hewn ▸ 2
  λατομητούς ▸ 2
    Adjective ▪ masculine ▪ plural ▪ accusative ▪ noDegree ▸ **2** (2Kings 12,13; 2Kings 22,6)

λατόμος (λᾶς; τέμνω) stone cutter ▸ 7
  λατόμοις ▸ 3
    Noun ▪ masculine ▪ plural ▪ dative ▪ (common) ▸ **3** (2Kings 12,13; 1Esdr. 5,53; Ezra 3,7)
  λατόμους ▸ 2
    Noun ▪ masculine ▪ plural ▪ accusative ▪ (common) ▸ **2** (1Chr. 22,2; 2Chr. 24,12)
  λατόμων ▸ 2
    Noun ▪ masculine ▪ plural ▪ genitive ▪ (common) ▸ **2** (2Chr. 2,1; 2Chr. 2,17)

Λατουσιιμ Letushites ▸ 1
  Λατουσιιμ ▸ 1
    Noun ▪ masculine ▪ plural ▪ nominative ▪ (proper) ▸ **1** (Gen. 25,3)

λατρεία (λατρεύω) service, worship ▸ 9 + 5 = 14
  λατρεία ▸ 1 + **1** = 2
    Noun ▪ feminine ▪ singular ▪ nominative ▪ (common) ▸ 1 + **1** = **2** (Ex. 12,26; Rom. 9,4)
  λατρείᾳ ▸ 1
    Noun ▪ feminine ▪ singular ▪ dative ▪ (common) ▸ **1** (1Mac. 1,43)
  λατρείαν ▸ 5 + **2** = 7
    Noun ▪ feminine ▪ singular ▪ accusative ▪ (common) ▸ 5 + **2** = **7** (Ex. 12,25; Ex. 13,5; Josh. 22,27; 1Mac. 2,22; 3Mac. 4,14; John 16,2; Rom. 12,1)
  λατρείας ▸ 2 + **2** = 4
    Noun ▪ feminine ▪ plural ▪ accusative ▸ **1** (Heb. 9,6)
    Noun ▪ feminine ▪ singular ▪ genitive ▪ (common) ▸ 2 + **1** = **3** (1Chr. 28,13; 1Mac. 2,19; Heb. 9,1)

λατρευτός (λατρεύω) menial, servile ▸ 13
  λατρευτὸν ▸ 13
    Adjective ▪ neuter ▪ singular ▪ accusative ▪ noDegree ▸ **13** (Ex. 12,16; Lev. 23,7; Lev. 23,8; Lev. 23,21; Lev. 23,25; Lev. 23,35; Lev. 23,36; Num. 28,18; Num. 28,25; Num. 28,26; Num. 29,1; Num. 29,12; Num. 29,35)

λατρεύω to serve, worship ▸ 97 + **12** + 21 = 130
  ἐλάτρευον ▸ 2
    Verb ▪ third ▪ plural ▪ imperfect ▪ active ▪ indicative ▸ **2** (Judg. 2,11; 2Kings 17,33)
  ἐλατρεύσαμεν ▸ 1
    Verb ▪ first ▪ plural ▪ aorist ▪ active ▪ indicative ▸ **1** (Judg. 10,10)
  ἐλάτρευσαν ▸ 12 + **4** + 1 = 17
    Verb ▪ third ▪ plural ▪ aorist ▪ active ▪ indicative ▸ 12 + **4** + 1 = **17** (Deut. 12,2; Deut. 29,25; Josh. 24,2; Josh. 24,14; Judg. 2,13; Judg. 3,6; Judg. 3,7; Judg. 10,6; Judg. 10,16; 2Kings 17,12; 2Kings 17,16; Dan. 3,12; Judg. 2,11; Judg. 2,13; Judg. 3,6; Judg. 3,7; Rom. 1,25)
  ἐλάτρευσας ▸ 1
    Verb ▪ second ▪ singular ▪ aorist ▪ active ▪ indicative ▸ **1** (Deut. 28,47)
  ἐλατρεύσατε ▸ 1
    Verb ▪ second ▪ plural ▪ aorist ▪ active ▪ indicative ▸ **1** (Judg. 10,13)
  ἐλάτρευσεν ▸ 3
    Verb ▪ third ▪ singular ▪ aorist ▪ active ▪ indicative ▸ **3** (Josh. 24,29; 2Kings 21,21; 2Kings 21,21)
  λατρεύειν ▸ 16 + **1** + 3 = 20
    Verb ▪ present ▪ active ▪ infinitive ▸ 16 + **1** + 3 = **20** (Lev. 18,21; Num. 16,9; Deut. 10,12; Deut. 11,13; Deut. 11,28; Deut. 28,14; Deut. 29,17; Josh. 22,5; Josh. 22,27; Josh. 24,15; Josh. 24,16; Josh. 24,19; Josh. 24,22; Judg. 2,19; Ode. 9,75; Ezek. 20,32; Judg. 2,19; Luke 1,74; Acts 7,42; Heb. 9,14)
  λατρεύεις ▸ 2 + **2** = 4
    Verb ▪ second ▪ singular ▪ present ▪ active ▪ indicative ▸ 2 + **2** = **4** (Dan. 6,17; Dan. 6,21; Dan. 6,17; Dan. 6,21)
  λατρεύετε ▸ 3 + **1** = 4

Verb · second · plural · present · active · indicative ▸ 1 + 1 = 2 (Dan. 3,14; Dan. 3,14)
Verb · second · plural · present · active · imperative ▸ 2 (Josh. 24,14; 1Esdr. 1,4)
λατρεύομεν ▸ 1 + 2 = 3
Verb · first · plural · present · active · indicative ▸ 1 + 2 = 3 (Dan. 3,18; Dan. 3,17; Dan. 3,18)
λατρεῦον ▸ 1
Verb · present · active · participle · neuter · singular · nominative ▸ 1 (Acts 26,7)
λατρεύοντα ▸ 1
Verb · present · active · participle · masculine · singular · accusative ▸ 1 (Heb. 9,9)
λατρεύοντας ▸ 1
Verb · present · active · participle · masculine · plural · accusative ▸ 1 (Heb. 10,2)
λατρεύοντες ▸ 2 + 2 = 4
Verb · present · active · participle · masculine · plural · nominative ▸ 2 + 2 = 4 (Sir. 4,14; Dan. 6,27; Phil. 3,3; Heb. 13,10)
λατρεύουσα ▸ 1 + 1 = 2
Verb · present · active · participle · feminine · singular · nominative ▸ 1 + 1 = 2 (Dan. 7,14; Luke 2,37)
λατρεύουσιν ▸ 1 + 1 + 2 = 4
Verb · third · plural · present · active · indicative ▸ 1 + 1 + 2 = 4 (1Esdr. 4,54; Dan. 3,12; Heb. 8,5; Rev. 7,15)
λατρεῦσαι ▸ 2
Verb · aorist · active · infinitive ▸ 2 (Ex. 10,26; 3Mac. 6,6)
λατρεύσατε ▸ 5
Verb · second · plural · aorist · active · imperative ▸ 5 (Ex. 10,8; Ex. 10,11; Ex. 10,24; Ex. 12,31; Josh. 24,14)
λατρεύσει ▸ 1
Verb · third · singular · future · active · indicative ▸ 1 (Deut. 7,4)
λατρεύσεις ▸ 6 + 2 = 8
Verb · second · singular · future · active · indicative ▸ 6 + 2 = 8 (Ex. 23,25; Deut. 6,13; Deut. 7,16; Deut. 10,20; Deut. 28,36; Deut. 28,48; Matt. 4,10; Luke 4,8)
λατρεύσετε ▸ 3
Verb · second · plural · future · active · indicative ▸ 3 (Ex. 3,12; Deut. 4,28; 2Kings 17,35)
λατρεύσῃ ▸ 2
Verb · third · singular · aorist · active · subjunctive ▸ 2 (Ex. 4,23; Ex. 7,16)
λατρεύσῃς ▸ 6
Verb · second · singular · aorist · active · subjunctive ▸ 6 (Ex. 20,5; Ex. 23,24; Deut. 4,19; Deut. 5,9; Deut. 8,19; Deut. 30,17)
λατρεύσητε ▸ 6
Verb · second · plural · aorist · active · subjunctive ▸ 6 (Deut. 11,16; Josh. 23,7; Josh. 23,16; Josh. 24,15; Josh. 24,20; 2Chr. 7,19)
λατρεύσομεν ▸ 4
Verb · first · plural · future · active · indicative ▸ 4 (Josh. 24,15; Josh. 24,18; Josh. 24,21; Josh. 24,24)
λατρεύσουσιν ▸ 1 + 1 = 2
Verb · third · plural · future · active · indicative ▸ 1 + 1 = 2 (Deut. 31,20; Rev. 22,3)
λατρεύσουσίν ▸ 1
Verb · third · plural · future · active · indicative ▸ 1 (Acts 7,7)
λατρεύσω ▸ 2
Verb · first · singular · future · active · indicative ▸ 2 (2Sam. 15,8; Dan. 4,37a)
λατρεύσωμεν ▸ 4
Verb · first · plural · aorist · active · subjunctive ▸ 4 (Ex. 10,26; Deut. 13,3; Deut. 13,7; Deut. 13,14)
λατρεύσωσι ▸ 2
Verb · third · plural · aorist · active · subjunctive ▸ 2 (Judith 3,8; Dan. 3,95)
λατρεύσωσιν ▸ 5 + 1 = 6
Verb · third · plural · aorist · active · subjunctive ▸ 5 + 1 = 6 (Ex. 7,26; Ex. 8,16; Ex. 9,1; Ex. 10,7; Deut. 17,3; Dan. 3,95)
λατρεύσωσίν ▸ 2
Verb · third · plural · aorist · active · subjunctive ▸ 2 (Ex. 9,13; Ex. 10,3)
λατρεύω ▸ 4
Verb · first · singular · present · active · indicative ▸ 4 (Acts 24,14; Acts 27,23; Rom. 1,9; 2Tim. 1,3)
λατρεύωμεν ▸ 1
Verb · first · plural · present · active · subjunctive ▸ 1 (Heb. 12,28)
λάτρις (λάτρον) hired servant ▸ 1
λάτρις ▸ 1
Noun · feminine · singular · nominative · (common) ▸ 1 (Job 2,9d)
Λαφιδωθ Lappidoth ▸ 1 + 1 = 2
Λαφιδωθ ▸ 1 + 1 = 2
Noun · masculine · singular · genitive · (proper) ▸ 1 + 1 = 2 (Judg. 4,4; Judg. 4,4)
λάφυρα (λαμβάνω) plunder, spoils ▸ 3
λάφυρα ▸ 1
Noun · neuter · plural · accusative · (common) ▸ 1 (2Mac. 8,30)
λαφύρων ▸ 2
Noun · neuter · plural · genitive · (common) ▸ 2 (1Chr. 26,27; Judith 15,7)
λαφυρεύω (λαμβάνω) to plunder ▸ 1
ἐλαφύρευσεν ▸ 1
Verb · third · singular · aorist · active · indicative ▸ 1 (Judith 15,11)
λαχανεία (λαχαίνω) vegetable garden ▸ 1
λαχανείας ▸ 1
Noun · feminine · singular · genitive · (common) ▸ 1 (Deut. 11,10)
λάχανον (λαχαίνω) vegetable ▸ 5 + 4 = 9
λάχανα ▸ 2 + 1 = 3
Noun · neuter · plural · nominative · (common) ▸ 2 + 1 = 3 (Gen. 9,3; Psa. 36,2; Rom. 14,2)
λάχανον ▸ 1
Noun · neuter · singular · accusative ▸ 1 (Luke 11,42)
λαχάνων ▸ 3 + 2 = 5
Noun · neuter · plural · genitive · (common) ▸ 3 + 2 = 5 (1Kings 20,2; 1Kings 20,2; Prov. 15,17; Matt. 13,32; Mark 4,32)
Λαχης Lachish ▸ 1
Λαχης ▸ 1
Noun · singular · nominative · (proper) ▸ 1 (Josh. 15,39)
Λαχις Lachish ▸ 24 + 1 = 25
Λαχις ▸ 24 + 1 = 25
Noun · feminine · singular · accusative · (proper) ▸ 13 (Josh. 10,31; Josh. 10,32; Josh. 19,48; 2Kings 14,19; 2Kings 14,19; 2Kings 18,14; 2Chr. 11,9; 2Chr. 25,27; 2Chr. 25,27; 2Chr. 32,9; Mic. 1,13; Mic. 1,15; Jer. 41,7)
Noun · feminine · singular · dative · (proper) ▸ 2 (Josh. 10,33; Josh. 10,35)
Noun · feminine · singular · genitive · (proper) ▸ 8 (Josh. 10,3; Josh. 10,5; Josh. 10,23; Josh. 10,34; Josh. 12,11; 2Kings 18,17; 2Kings 19,8; Is. 36,2)
Noun · feminine · singular · nominative · (proper) ▸ 1 + 1 = 2

(Neh. 11,30; Josh. 15,39)

λέαινα (λέων) female lion, lioness ‣ 2 + 1 = 3
   λέαινα ‣ 1 + 1 = 2
      Noun · feminine · singular · nominative · (common) ‣ 1 + 1 = 2 (Dan. 7,4; Dan. 7,4)
   λεαίνης ‣ 1
      Noun · feminine · singular · genitive · (common) ‣ 1 (Job 4,10)

λεαίνω (λεῖος) to wear away, grind down, polish, massage ‣ 3
   ἐλέανα ‣ 1
      Verb · first · singular · aorist · active · indicative ‣ 1 (2Sam. 22,43)
   ἐλέαναν ‣ 1
      Verb · third · plural · aorist · active · indicative ‣ 1 (Job 14,19)
   λεανῶ ‣ 1
      Verb · first · singular · future · active · indicative ‣ 1 (Psa. 17,43)

Λεασαμυς Leasamus ‣ 1
   Λεασαμυς ‣ 1
      Noun · singular · nominative · (proper) ‣ 1 (2Sam. 5,16a)

Λεβ Leb (?) ‣ 1
   Λεβ ‣ 1
      Noun · singular · genitive · (proper) ‣ 1 (Josh. 19,29)

λέβης cauldron, kettle ‣ 33
   λέβης ‣ 6
      Noun · masculine · singular · nominative · (common) ‣ 6 (Psa. 59,10; Psa. 107,10; Zech. 14,21; Ezek. 11,3; Ezek. 11,7; Ezek. 24,6)
   λέβησιν ‣ 3
      Noun · masculine · plural · dative · (common) ‣ 3 (2Chr. 35,13; 1Esdr. 1,13; 4Mac. 18,20)
   Λέβητα ‣ 1
      Noun · masculine · singular · accusative · (common) ‣ 1 (Jer. 1,13)
   λέβητα ‣ 10
      Noun · masculine · singular · accusative · (common) ‣ 10 (1Sam. 2,14; 2Kings 4,38; 2Kings 4,39; 2Kings 4,41; 4Mac. 12,1; Eccl. 7,6; Sir. 13,2; Mic. 3,3; Ezek. 11,11; Ezek. 24,3)
   λέβητας ‣ 8
      Noun · masculine · plural · accusative · (common) ‣ 8 (2Sam. 17,28; 1Kings 7,26; 1Kings 7,31; 2Kings 25,14; 2Chr. 4,16; 2Mac. 7,3; 4Mac. 8,13; Amos 4,2)
   λέβητες ‣ 1
      Noun · masculine · plural · nominative · (common) ‣ 1 (Zech. 14,20)
   λέβητι ‣ 2
      Noun · masculine · singular · dative · (common) ‣ 2 (2Kings 4,40; 2Kings 4,41)
   λέβητος ‣ 1
      Noun · masculine · singular · genitive · (common) ‣ 1 (1Sam. 2,15)
   λεβήτων ‣ 1
      Noun · masculine · plural · genitive · (common) ‣ 1 (Ex. 16,3)

Λεβνα Libnah ‣ 5 + 1 = 6
   Λεβνα ‣ 5 + 1 = 6
      Noun · singular · accusative · (proper) ‣ 2 (Josh. 10,29; Josh. 10,29)
      Noun · singular · genitive · (proper) ‣ 2 (Josh. 10,31; Josh. 12,15)
      Noun · singular · nominative · (proper) ‣ 1 (Josh. 15,42)
      Noun · feminine · singular · accusative · (proper) ‣ 1 (Josh. 10,32)

Λεβωνα Lebonah ‣ 1 + 1 = 2
   Λεβωνα ‣ 1 + 1 = 2
      Noun · feminine · singular · genitive · (proper) ‣ 1 + 1 = 2 (Judg. 21,19; Judg. 21,19)

λεγιών legion ‣ 4
   λεγιών ‣ 1
      Noun · feminine · singular · nominative ‣ 1 (Luke 8,30)
   λεγιών ‣ 1
      Noun · feminine · singular · nominative · (proper) ‣ 1 (Mark 5,9)
   λεγιῶνα ‣ 1
      Noun · masculine · singular · accusative ‣ 1 (Mark 5,15)
   λεγιῶνας ‣ 1
      Noun · feminine · plural · accusative ‣ 1 (Matt. 26,53)

λέγω to say, speak, tell ‣ 6269 + 523 + 2353 = 9145
   Εἶπα ‣ 5
      Verb · first · singular · aorist · active · indicative ‣ 5 (Gen. 20,11; Gen. 26,9; Gen. 31,31; 1Sam. 2,30; Psa. 38,2)
   εἶπα ‣ 175 + 12 + 3 = 190
      Verb · first · singular · aorist · active · indicative ‣ 175 + 12 + 3 = 190 (Gen. 20,13; Gen. 24,39; Gen. 24,42; Gen. 24,45; Gen. 24,47; Gen. 31,11; Gen. 41,24; Ex. 4,23; Ex. 32,24; Lev. 17,14; Lev. 20,24; Num. 24,11; Deut. 1,9; Deut. 1,20; Deut. 1,29; Deut. 9,26; Deut. 28,68; Deut. 32,26; Josh. 20,2; Judg. 2,3; Judg. 2,3; Judg. 6,10; Judg. 13,13; Judg. 15,2; Ruth 1,12; Ruth 4,4; 1Sam. 13,12; 1Sam. 24,11; 1Sam. 25,34; 2Sam. 1,7; 2Sam. 1,8; 2Sam. 12,22; 1Kings 22,18; 2Kings 4,28; 1Chr. 21,17; 2Chr. 35,19d; 1Esdr. 8,44; 1Esdr. 8,57; Ezra 8,28; Ezra 9,6; Neh. 1,5; Neh. 2,3; Neh. 2,5; Neh. 2,7; Neh. 2,17; Neh. 2,18; Neh. 2,20; Neh. 4,8; Neh. 4,13; Neh. 4,16; Neh. 5,7; Neh. 5,8; Neh. 5,9; Neh. 5,13; Neh. 6,11; Neh. 7,3; Neh. 13,9; Neh. 13,11; Neh. 13,17; Neh. 13,19; Neh. 13,19; Neh. 13,21; Neh. 13,22; Tob. 2,2; Tob. 2,13; 1Mac. 6,11; Psa. 15,2; Psa. 29,7; Psa. 30,15; Psa. 30,23; Psa. 31,5; Psa. 37,17; Psa. 39,11; Psa. 40,5; Psa. 54,7; Psa. 72,13; Psa. 74,5; Psa. 76,11; Psa. 81,6; Psa. 94,10; Psa. 115,2; Psa. 118,57; Psa. 138,11; Psa. 139,7; Psa. 141,6; Ode. 2,26; Ode. 6,5; Ode. 11,10; Ode. 11,11; Ode. 14,40; Eccl. 2,2; Eccl. 2,15; Eccl. 3,17; Eccl. 3,18; Eccl. 6,3; Eccl. 7,23; Eccl. 8,14; Eccl. 9,16; Song 7,9; Job 7,13; Job 29,18; Job 32,7; Job 32,10; Job 38,11; Sir. 24,31; Sol. 1,2; Sol. 8,3; Sol. 8,6; Hos. 3,3; Amos 7,2; Amos 7,5; Amos 7,8; Amos 8,2; Jonah 2,5; Zeph. 3,7; Zech. 1,9; Zech. 2,2; Zech. 2,4; Zech. 2,6; Zech. 4,2; Zech. 4,5; Zech. 4,11; Zech. 4,12; Zech. 4,13; Zech. 5,2; Zech. 5,6; Zech. 5,10; Zech. 6,4; Zech. 11,9; Is. 6,5; Is. 6,8; Is. 6,11; Is. 22,4; Is. 38,10; Is. 38,11; Is. 40,6; Is. 45,19; Is. 46,10; Is. 49,4; Is. 65,1; Jer. 1,6; Jer. 1,11; Jer. 1,13; Jer. 3,7; Jer. 3,19; Jer. 3,19; Jer. 4,10; Jer. 5,4; Jer. 10,19; Jer. 11,5; Jer. 14,13; Jer. 20,9; Jer. 24,3; Jer. 42,5; Lam. 3,18; Lam. 3,54; Ezek. 4,14; Ezek. 9,8; Ezek. 11,13; Ezek. 13,15; Ezek. 20,7; Ezek. 20,8; Ezek. 20,13; Ezek. 20,13; Ezek. 20,18; Ezek. 20,21; Ezek. 21,5; Ezek. 23,43; Ezek. 24,20; Ezek. 37,3; Dan. 9,4; Dan. 10,16; Dan. 10,19; Dan. 12,6; Dan. 12,8; Judg. 2,1; Judg. 6,10; Judg. 15,2; Tob. 2,2; Tob. 2,3; Tob. 2,13; Dan. 4,7; Dan. 4,8; Dan. 9,4; Dan. 10,16; Dan. 10,19; Dan. 12,8; Mark 9,18; John 10,34; Acts 26,15)
   εἶπά ‣ 6
      Verb · first · singular · aorist · active · indicative ‣ 6 (Ex. 32,34; 1Sam. 9,17; 1Sam. 9,23; 2Chr. 18,17; Is. 41,9; Ezek. 16,6)
   εἶπαί ‣ 3
      Verb · aorist · active · infinitive ‣ 3 (Ezek. 33,8; Ezek. 33,13; Ezek. 33,14)
   εἴπαισαν ‣ 2
      Verb · third · plural · aorist · passive · optative ‣ 2 (Psa. 34,25; Psa. 34,25)
   εἴπαμεν ‣ 12
      Verb · first · plural · aorist · active · indicative ‣ 12 (Gen. 26,28; Gen. 42,31; Gen. 44,20; Gen. 44,22; Gen. 44,26; Josh. 22,26; Josh.

λέγω 1447

22,28; 1Esdr. 8,52; Ezra 5,9; Ezra 8,22; Jer. 42,11; Lam. 4,20)

Εἶπαν ▸ 1 + 1 = 2
    Verb ▪ third ▪ plural ▪ aorist ▪ active ▪ indicative ▸ 1 + 1 = **2** (Gen. 19,12; John 8,41)

εἶπαν ▸ 304 + 62 + 94 = 460
    Verb ▪ third ▪ plural ▪ aorist ▪ active ▪ indicative ▸ 304 + 62 + 94 = **460** (Gen. 11,4; Gen. 18,5; Gen. 19,2; Gen. 19,9; Gen. 19,17; Gen. 24,33; Gen. 24,50; Gen. 24,55; Gen. 24,57; Gen. 24,58; Gen. 24,60; Gen. 26,28; Gen. 26,32; Gen. 29,4; Gen. 29,5; Gen. 29,6; Gen. 29,8; Gen. 31,14; Gen. 34,14; Gen. 34,31; Gen. 37,8; Gen. 37,19; Gen. 37,32; Gen. 38,21; Gen. 40,8; Gen. 42,7; Gen. 42,10; Gen. 42,13; Gen. 43,7; Gen. 43,18; Gen. 43,28; Gen. 47,3; Gen. 47,4; Gen. 47,18; Gen. 47,25; Gen. 50,11; Gen. 50,15; Gen. 50,18; Ex. 1,19; Ex. 2,19; Ex. 5,1; Ex. 5,21; Ex. 8,15; Ex. 10,3; Ex. 12,33; Ex. 14,5; Ex. 14,25; Ex. 15,1; Ex. 16,3; Ex. 16,15; Ex. 19,8; Ex. 20,19; Ex. 24,7; Ex. 24,14; Ex. 32,8; Ex. 36,5; Num. 9,7; Num. 11,4; Num. 12,2; Num. 13,27; Num. 13,31; Num. 14,2; Num. 14,4; Num. 14,7; Num. 16,3; Num. 16,12; Num. 16,22; Num. 17,27; Num. 22,7; Num. 22,14; Num. 31,49; Num. 32,2; Num. 32,25; Num. 36,2; Josh. 1,16; Josh. 2,14; Josh. 2,17; Josh. 2,24; Josh. 7,3; Josh. 9,6; Josh. 9,7; Josh. 9,8; Josh. 9,9; Josh. 9,11; Josh. 9,19; Josh. 9,21; Josh. 17,16; Josh. 22,33; Judg. 3,24; Judg. 6,29; Judg. 6,30; Judg. 8,6; Judg. 8,18; Judg. 8,25; Judg. 9,3; Judg. 9,10; Judg. 9,12; Judg. 9,14; Judg. 10,15; Judg. 11,6; Judg. 11,8; Judg. 11,10; Judg. 12,4; Judg. 12,5; Judg. 12,5; Judg. 12,5; Judg. 12,6; Judg. 14,13; Judg. 14,15; Judg. 14,18; Judg. 15,6; Judg. 15,6; Judg. 15,10; Judg. 15,10; Judg. 15,11; Judg. 15,12; Judg. 16,5; Judg. 16,23; Judg. 16,24; Judg. 16,25; Judg. 18,2; Judg. 18,3; Judg. 18,5; Judg. 18,9; Judg. 18,14; Judg. 18,19; Judg. 18,23; Judg. 19,22; Judg. 20,3; Judg. 20,18; Judg. 20,32; Judg. 20,32; Judg. 20,39; Judg. 21,3; Judg. 21,5; Judg. 21,6; Judg. 21,8; Judg. 21,16; Judg. 21,17; Judg. 21,19; Ruth 1,10; Ruth 4,14; 1Sam. 4,3; 1Sam. 4,22; 1Sam. 6,3; 1Sam. 6,4; 1Sam. 6,20; 1Sam. 7,6; 1Sam. 7,8; 1Sam. 8,5; 1Sam. 8,6; 1Sam. 8,19; 1Sam. 10,14; 1Sam. 10,24; 1Sam. 10,27; 1Sam. 11,10; 1Sam. 12,4; 1Sam. 12,5; 1Sam. 12,19; 1Sam. 14,36; 1Sam. 16,4; 1Sam. 16,15; 1Sam. 19,22; 1Sam. 21,12; 1Sam. 23,3; 1Sam. 28,7; 1Sam. 30,22; 2Sam. 4,8; 2Sam. 5,1; 2Sam. 12,18; 2Sam. 12,19; 2Sam. 12,21; 2Sam. 14,7; 2Sam. 14,30; 2Sam. 17,20; 2Sam. 17,21; 2Sam. 17,29; 2Sam. 18,3; 2Sam. 19,43; 2Sam. 21,4; 2Sam. 21,5; 1Kings 1,25; 1Kings 12,24r; 1Kings 21,8; 1Kings 22,6; 2Kings 1,6; 2Kings 2,5; 2Kings 3,23; 2Kings 11,12; 1Chr. 11,5; 2Chr. 12,6; 2Chr. 18,5; 2Chr. 18,31; 2Chr. 22,9; 2Chr. 23,11; 2Chr. 25,15; 2Chr. 26,18; 2Chr. 26,23; 2Chr. 28,13; 2Chr. 29,18; 2Chr. 35,25; 1Esdr. 3,4; 1Esdr. 3,8; 1Esdr. 3,16; 1Esdr. 6,3; Ezra 4,2; Ezra 5,3; Ezra 10,12; Neh. 2,19; Neh. 3,35; Neh. 4,5; Neh. 5,12; Neh. 8,1; Neh. 8,6; Neh. 8,9; Neh. 9,18; Esth. 2,2; Esth. 6,3; Esth. 6,5; Esth. 6,13; Judith 5,22; Judith 7,4; Judith 7,8; Judith 7,23; Judith 9,6; Judith 10,7; Judith 10,14; Judith 11,20; Judith 13,17; Judith 13,20; Judith 14,13; Judith 15,9; Tob. 3,8; Tob. 7,3; Tob. 7,4; Tob. 7,5; 1Mac. 3,43; 1Mac. 13,46; 1Mac. 14,25; Psa. 34,21; Psa. 40,6; Psa. 63,6; Psa. 70,10; Psa. 72,11; Psa. 73,8; Psa. 77,19; Psa. 82,5; Psa. 82,13; Psa. 93,7; Psa. 128,8; Job 3,3; Job 28,22; Sir. 13,23; Sol. 1,5; Sol. 8,16; Jonah 1,10; Jonah 1,11; Jonah 1,14; Hag. 2,12; Hag. 2,13; Zech. 1,6; Is. 37,3; Is. 51,23; Jer. 2,6; Jer. 2,8; Jer. 2,27; Jer. 5,12; Jer. 6,16; Jer. 6,17; Jer. 12,4; Jer. 18,12; Jer. 18,18; Jer. 23,17; Jer. 27,7; Jer. 33,11; Jer. 33,16; Jer. 33,17; Jer. 42,6; Jer. 43,15; Jer. 43,16; Jer. 43,19; Jer. 45,4; Jer. 47,14; Jer. 48,8; Jer. 49,2; Jer. 49,5; Bar. 1,10; Lam. 2,12; Lam. 2,16; Ezek. 8,12; Ezek. 9,9; Ezek. 11,15; Ezek. 12,9; Ezek. 16,44; Dan. 3,16; Dan. 3,25; Dan. 6,6; Dan. 6,7; Dan. 6,13; Dan. 6,14; Sus. 29; Sus. 36; Bel 8; Bel 28; Judg. 3,24; Judg. 8,1; Judg. 8,18; Judg. 8,25; Judg. 9,3; Judg. 9,12; Judg. 9,14; Judg. 10,15; Judg. 11,2; Judg. 11,6; Judg. 11,8; Judg. 11,10; Judg. 12,1; Judg. 12,4; Judg. 12,5; Judg. 12,5; Judg. 12,6; Judg. 14,13; Judg. 14,15; Judg. 14,18; Judg. 15,6; Judg. 15,6; Judg. 15,10; Judg. 15,11; Judg. 15,12; Judg. 16,5; Judg. 16,23; Judg. 16,25; Judg. 18,2; Judg. 18,3; Judg. 18,5; Judg. 18,9; Judg. 18,14; Judg. 18,19; Judg. 18,23; Judg. 20,3; Judg. 20,18; Judg. 20,32; Judg. 20,39; Judg. 21,3; Judg. 21,6; Judg. 21,8; Judg. 21,17; Judg. 21,19; Tob. 7,3; Tob. 7,4; Tob. 7,5; Tob. 8,8; Tob. 8,15; Dan. 2,7; Dan. 3,91; Dan. 4,26; Dan. 6,7; Sus. 13; Sus. 27; Sus. 29; Sus. 36; Sus. 47; Sus. 50; Bel 11; Bel 28; Bel 29; Matt. 2,5; Matt. 9,3; Matt. 12,2; Matt. 13,10; Matt. 15,34; Matt. 16,14; Matt. 17,24; Matt. 21,16; Matt. 21,27; Matt. 25,8; Matt. 26,35; Matt. 26,61; Matt. 26,66; Matt. 27,4; Matt. 27,6; Matt. 27,21; Mark 8,5; Mark 8,28; Mark 10,4; Mark 10,37; Mark 10,39; Mark 11,6; Mark 12,7; Mark 12,16; Mark 16,8; Luke 1,61; Luke 3,12; Luke 5,33; Luke 6,2; Luke 7,20; Luke 9,12; Luke 9,13; Luke 9,19; Luke 9,54; Luke 17,5; Luke 18,26; Luke 19,25; Luke 19,33; Luke 19,34; Luke 19,39; Luke 20,2; Luke 20,16; Luke 20,24; Luke 20,39; Luke 22,9; Luke 22,35; Luke 22,38; Luke 22,49; Luke 22,70; Luke 22,71; Luke 24,5; Luke 24,19; Luke 24,32; John 1,22; John 1,25; John 1,38; John 2,18; John 2,20; John 3,26; John 4,52; John 6,60; John 7,52; John 8,39; John 8,48; John 9,12; John 9,20; John 9,22; John 9,23; John 9,24; John 9,34; John 11,12; John 11,37; John 11,46; John 12,19; John 16,17; John 18,7; John 18,30; John 19,24; Acts 1,11; Acts 1,24; Acts 4,23; Acts 4,24; Acts 5,29; Acts 6,2; Acts 10,22; Acts 12,15; Acts 13,46; Acts 16,20; Acts 16,31; Acts 17,32; Acts 19,3; Acts 23,4; Acts 23,14; Acts 28,21)

εἰπάν ▸ 1
    Verb ▪ third ▪ plural ▪ aorist ▪ active ▪ indicative ▸ **1** (Ezek. 36,13)

εἴπαντες ▸ 1
    Verb ▪ aorist ▪ active ▪ participle ▪ masculine ▪ plural ▪ nominative ▸ **1** (Jer. 50,2)

Εἴπας ▸ 1
    Verb ▪ aorist ▪ active ▪ participle ▪ masculine ▪ singular ▪ nominative ▸ **1** (Judg. 15,2)

εἶπας ▸ 48 + 1 + 4 = 53
    Verb ▪ second ▪ singular ▪ aorist ▪ active ▪ indicative ▸ 48 + 1 + 4 = **53** (Gen. 12,19; Gen. 26,9; Gen. 32,13; Gen. 44,21; Gen. 44,23; Ex. 32,13; Ex. 33,12; Num. 11,21; Num. 14,17; Judg. 17,2; 1Kings 1,24; 1Kings 8,29; 2Kings 18,20; 2Kings 18,22; 2Kings 19,23; 2Chr. 6,20; 2Chr. 25,19; Neh. 9,15; Neh. 9,23; Judith 6,2; Judith 8,28; Judith 9,2; Judith 16,14; Tob. 8,6; 3Mac. 6,15; Psa. 88,3; Psa. 88,20; Psa. 89,3; Job 2,3; Job 22,13; Job 33,8; Job 35,2; Wis. 9,8; Hos. 13,10; Is. 14,13; Is. 37,24; Is. 47,7; Is. 47,10; Is. 47,10; Is. 48,6; Is. 57,10; Jer. 2,20; Jer. 2,35; Jer. 22,21; Jer. 51,33; Ezek. 27,3; Ezek. 28,2; Ezek. 35,12; Tob. 8,6; Matt. 26,25; Matt. 26,64; Luke 20,39; John 4,17)

εἴπας ▸ 10 + 4 = 14
    Verb ▪ aorist ▪ active ▪ participle ▪ masculine ▪ singular ▪ nominative ▸ 10 + 4 = **14** (Gen. 22,7; Gen. 32,10; Gen. 46,2; Num. 23,19; 1Sam. 11,12; 1Esdr. 3,17; 1Esdr. 3,24; 1Esdr. 4,1; 1Esdr. 4,13; Job 36,23; Acts 7,37; Acts 22,24; Acts 24,22; Acts 27,35)

εἰπάς ▸ 2
    Verb ▪ second ▪ singular ▪ aorist ▪ active ▪ indicative ▸ **2** (2Sam. 6,22; Lam. 3,57)

Εἴπατε ▸ 6
    Verb ▪ second ▪ plural ▪ aorist ▪ active ▪ imperative ▸ **6** (Judg. 12,6; 2Kings 18,19; 2Kings 22,15; 2Chr. 34,23; Is. 36,4; Is. 62,11)

εἴπατε ▸ 56 + 13 = 69
    Verb ▪ second ▪ plural ▪ aorist ▪ active ▪ indicative ▸ **34** (Gen. 43,27; Gen. 43,29; Gen. 44,28; Num. 14,31; Deut. 1,14; Deut. 1,22; Deut. 1,27; Deut. 1,41; 1Sam. 10,19; 1Sam. 12,12; 1Sam.

23,22; Judith 8,11; Judith 8,33; Amos 5,14; Mal. 1,2; Mal. 1,6; Mal. 1,7; Mal. 1,13; Mal. 2,14; Mal. 2,15; Mal. 2,17; Mal. 3,7; Mal. 3,13; Mal. 3,14; Is. 28,15; Is. 30,16; Is. 30,16; Is. 41,22; Jer. 7,10; Jer. 23,38; Jer. 36,15; Ezek. 11,5; Ezek. 18,25; Ezek. 33,20)

Verb ▪ second ▪ plural ▪ aorist ▪ active ▪ imperative ▸ 22 + 13 = **35** (Gen. 45,9; Gen. 50,17; 1Sam. 14,34; 2Sam. 20,16; 1Chr. 16,35; Psa. 65,3; Psa. 95,10; Hos. 2,3; Hos. 14,3; Amos 3,9; Is. 41,22; Is. 66,5; Jer. 4,5; Jer. 4,5; Jer. 13,18; Jer. 26,14; Jer. 27,2; Jer. 31,17; Jer. 38,7; Jer. 38,10; Lam. 4,15; LetterJ 5; Matt. 10,27; Matt. 21,5; Matt. 22,4; Matt. 26,18; Matt. 28,7; Matt. 28,13; Mark 11,3; Mark 14,14; Mark 16,7; Luke 10,10; Luke 12,3; Luke 13,32; Col. 4,17)

εἴπατέ ▸ **1** + **1** + **1** = **3**
Verb ▪ second ▪ plural ▪ aorist ▪ active ▪ indicative ▸ 1 + 1 + 1 = **3** (1Sam. 12,1; Dan. 2,9; Luke 20,3)

εἰπάτω ▸ **6** + **1** + **1** = **8**
Verb ▪ third ▪ singular ▪ aorist ▪ active ▪ imperative ▸ 6 + 1 + 1 = **8** (2Sam. 13,32; 2Kings 9,17; Psa. 117,2; Psa. 117,3; Psa. 123,1; Psa. 128,1; Dan. 2,7; Rev. 22,17)

εἰπάτωσαν ▸ **8** + **1** = **9**
Verb ▪ third ▪ plural ▪ aorist ▪ active ▪ imperative ▸ 8 + 1 = **9** (1Sam. 16,16; 1Chr. 16,31; Psa. 34,27; Psa. 39,17; Psa. 106,2; Psa. 117,4; Is. 19,12; Is. 43,9; Acts 24,20)

εἶπε ▸ **13**
Verb ▪ third ▪ singular ▪ aorist ▪ active ▪ indicative ▸ **13** (1Kings 12,24g; 1Esdr. 4,8; Jer. 19,14; Dan. 2,5; Dan. 2,14; Dan. 2,26; Dan. 4,15; Dan. 5,11; Dan. 6,17; Sus. 56; Bel 5; Bel 9; Bel 38)

εἰπέ ▸ **2**
Verb ▪ third ▪ singular ▪ aorist ▪ active ▪ indicative ▸ **2** (Dan. 8,19; Dan. 10,19)

εἰπὲ ▸ **12**
Verb ▪ second ▪ singular ▪ aorist ▪ active ▪ imperative ▸ **12** (Matt. 4,3; Matt. 8,8; Matt. 18,17; Matt. 20,21; Matt. 22,17; Matt. 24,3; Luke 4,3; Luke 7,7; Luke 10,40; Luke 12,13; John 10,24; John 20,17)

εἰπέ ▸ **1** + **3** = **4**
Verb ▪ second ▪ singular ▪ aorist ▪ active ▪ imperative ▸ 1 + 3 = **4** (Jer. 36,25; Luke 7,40; John 20,15; Acts 5,8)

εἰπεῖν ▸ **25** + **2** + **16** = **43**
Verb ▪ aorist ▪ active ▪ infinitive ▸ 25 + 2 + 16 = **43** (Gen. 20,2; Gen. 26,7; 2Kings 9,37; 1Chr. 21,18; Esth. 6,4; 2Mac. 15,14; 3Mac. 5,45; Psa. 51,2; Psa. 53,2; Prov. 25,11; Prov. 30,15; Wis. 7,15; Sir. 11,19; Sir. 39,16; Sir. 39,21; Sir. 39,34; Sol. 2,25; Is. 50,4; Jer. 28,59; Jer. 34,4; Jer. 37,1; Jer. 44,17; Jer. 51,26; Ezek. 35,10; Dan. 2,10; Dan. 2,9; Bel 24; Matt. 9,5; Matt. 9,5; Mark 2,9; Mark 2,9; Luke 5,14; Luke 5,23; Luke 5,23; Luke 7,40; Luke 8,56; Luke 12,12; Luke 14,17; Acts 2,29; Acts 21,37; 1Cor. 12,3; 1Cor. 12,21; Heb. 7,9)

Εἶπεν ▸ **33** + **24** = **57**
Verb ▪ third ▪ singular ▪ aorist ▪ active ▪ indicative ▸ 33 + 24 = **57** (Gen. 17,15; Gen. 18,9; Gen. 27,46; Gen. 29,15; Gen. 35,1; Gen. 42,18; Ex. 4,27; Ex. 6,10; Ex. 7,14; Ex. 7,26; Ex. 8,1; Ex. 8,12; Ex. 8,16; Ex. 9,1; Ex. 9,8; Ex. 9,13; Ex. 10,1; Ex. 10,21; Ex. 11,1; Ex. 12,1; Ex. 12,43; Ex. 13,1; Ex. 13,3; Ex. 14,15; Ex. 20,22; Ruth 3,1; Tob. 7,9; Tob. 10,8; 1Mac. 4,36; Psa. 13,1; Psa. 52,2; Psa. 109,1; Is. 49,14; Luke 6,39; Luke 9,59; Luke 9,61; Luke 12,13; Luke 12,15; Luke 12,16; Luke 12,22; Luke 12,41; Luke 13,23; Luke 15,3; Luke 15,11; Luke 17,1; Luke 17,22; Luke 18,6; Luke 18,9; Luke 18,28; Luke 20,41; Luke 22,52; Luke 24,44; John 7,33; John 8,21; John 10,7; Acts 7,1; Acts 18,9)

εἶπεν ▸ **2691** + **330** + **572** = **3593**
Verb ▪ third ▪ singular ▪ aorist ▪ active ▪ indicative ▸ 2691 + 330 + 572 = **3593** (Gen. 1,3; Gen. 1,6; Gen. 1,9; Gen. 1,11; Gen. 1,14; Gen. 1,20; Gen. 1,24; Gen. 1,26; Gen. 1,29; Gen. 2,18; Gen. 2,23; Gen. 3,1; Gen. 3,1; Gen. 3,2; Gen. 3,3; Gen. 3,4; Gen. 3,9; Gen. 3,10; Gen. 3,11; Gen. 3,12; Gen. 3,13; Gen. 3,13; Gen. 3,14; Gen. 3,16; Gen. 3,17; Gen. 3,22; Gen. 4,1; Gen. 4,6; Gen. 4,8; Gen. 4,9; Gen. 4,9; Gen. 4,10; Gen. 4,13; Gen. 4,15; Gen. 4,23; Gen. 6,3; Gen. 6,7; Gen. 6,13; Gen. 7,1; Gen. 8,15; Gen. 8,21; Gen. 9,1; Gen. 9,8; Gen. 9,12; Gen. 9,17; Gen. 9,25; Gen. 9,26; Gen. 11,3; Gen. 11,6; Gen. 12,1; Gen. 12,7; Gen. 12,11; Gen. 12,18; Gen. 13,8; Gen. 13,14; Gen. 14,19; Gen. 14,21; Gen. 14,22; Gen. 15,3; Gen. 15,5; Gen. 15,5; Gen. 15,7; Gen. 15,8; Gen. 15,9; Gen. 16,2; Gen. 16,5; Gen. 16,6; Gen. 16,8; Gen. 16,8; Gen. 16,9; Gen. 16,10; Gen. 16,11; Gen. 16,13; Gen. 17,1; Gen. 17,9; Gen. 17,17; Gen. 17,18; Gen. 17,19; Gen. 18,3; Gen. 18,6; Gen. 18,9; Gen. 18,10; Gen. 18,13; Gen. 18,15; Gen. 18,17; Gen. 18,20; Gen. 18,23; Gen. 18,26; Gen. 18,27; Gen. 18,28; Gen. 18,29; Gen. 18,29; Gen. 18,30; Gen. 18,30; Gen. 18,31; Gen. 18,31; Gen. 18,32; Gen. 18,32; Gen. 19,2; Gen. 19,7; Gen. 19,14; Gen. 19,18; Gen. 19,21; Gen. 19,31; Gen. 19,34; Gen. 20,2; Gen. 20,3; Gen. 20,4; Gen. 20,5; Gen. 20,5; Gen. 20,6; Gen. 20,9; Gen. 20,10; Gen. 20,11; Gen. 20,15; Gen. 20,16; Gen. 21,1; Gen. 21,6; Gen. 21,7; Gen. 21,10; Gen. 21,12; Gen. 21,16; Gen. 21,17; Gen. 21,22; Gen. 21,24; Gen. 21,26; Gen. 21,29; Gen. 21,30; Gen. 22,1; Gen. 22,1; Gen. 22,2; Gen. 22,3; Gen. 22,5; Gen. 22,7; Gen. 22,7; Gen. 22,8; Gen. 22,9; Gen. 22,11; Gen. 22,11; Gen. 22,12; Gen. 23,3; Gen. 23,10; Gen. 23,13; Gen. 24,2; Gen. 24,5; Gen. 24,6; Gen. 24,12; Gen. 24,17; Gen. 24,18; Gen. 24,19; Gen. 24,23; Gen. 24,24; Gen. 24,25; Gen. 24,27; Gen. 24,31; Gen. 24,33; Gen. 24,34; Gen. 24,46; Gen. 24,54; Gen. 24,56; Gen. 24,58; Gen. 24,65; Gen. 24,65; Gen. 25,22; Gen. 25,23; Gen. 25,30; Gen. 25,31; Gen. 25,32; Gen. 25,33; Gen. 26,2; Gen. 26,7; Gen. 26,9; Gen. 26,9; Gen. 26,10; Gen. 26,16; Gen. 26,24; Gen. 26,27; Gen. 27,1; Gen. 27,1; Gen. 27,2; Gen. 27,6; Gen. 27,11; Gen. 27,13; Gen. 27,18; Gen. 27,18; Gen. 27,19; Gen. 27,20; Gen. 27,20; Gen. 27,21; Gen. 27,22; Gen. 27,24; Gen. 27,24; Gen. 27,25; Gen. 27,26; Gen. 27,27; Gen. 27,31; Gen. 27,32; Gen. 27,32; Gen. 27,33; Gen. 27,34; Gen. 27,35; Gen. 27,36; Gen. 27,36; Gen. 27,37; Gen. 27,38; Gen. 27,39; Gen. 27,41; Gen. 27,42; Gen. 28,13; Gen. 28,16; Gen. 28,17; Gen. 29,4; Gen. 29,5; Gen. 29,6; Gen. 29,7; Gen. 29,14; Gen. 29,18; Gen. 29,19; Gen. 29,21; Gen. 29,25; Gen. 29,26; Gen. 29,33; Gen. 29,34; Gen. 29,35; Gen. 30,1; Gen. 30,2; Gen. 30,3; Gen. 30,6; Gen. 30,8; Gen. 30,11; Gen. 30,13; Gen. 30,14; Gen. 30,15; Gen. 30,15; Gen. 30,16; Gen. 30,18; Gen. 30,20; Gen. 30,23; Gen. 30,25; Gen. 30,27; Gen. 30,29; Gen. 30,31; Gen. 30,31; Gen. 30,34; Gen. 31,3; Gen. 31,5; Gen. 31,12; Gen. 31,24; Gen. 31,26; Gen. 31,29; Gen. 31,31; Gen. 31,32; Gen. 31,35; Gen. 31,36; Gen. 31,43; Gen. 31,44; Gen. 31,46; Gen. 31,46; Gen. 31,48; Gen. 31,49; Gen. 32,3; Gen. 32,9; Gen. 32,10; Gen. 32,17; Gen. 32,21; Gen. 32,27; Gen. 32,27; Gen. 32,28; Gen. 32,28; Gen. 32,29; Gen. 32,30; Gen. 32,30; Gen. 33,5; Gen. 33,5; Gen. 33,8; Gen. 33,8; Gen. 33,9; Gen. 33,10; Gen. 33,12; Gen. 33,13; Gen. 33,15; Gen. 33,15; Gen. 34,4; Gen. 34,11; Gen. 34,30; Gen. 35,2; Gen. 35,10; Gen. 35,11; Gen. 35,17; Gen. 37,6; Gen. 37,9; Gen. 37,10; Gen. 37,13; Gen. 37,13; Gen. 37,14; Gen. 37,16; Gen. 37,17; Gen. 37,21; Gen. 37,22; Gen. 37,26; Gen. 37,30; Gen. 37,33; Gen. 38,8; Gen. 38,11; Gen. 38,11; Gen. 38,16; Gen. 38,16; Gen. 38,17; Gen. 38,17; Gen. 38,18; Gen. 38,18; Gen. 38,22; Gen. 38,23; Gen. 38,24; Gen. 38,25; Gen. 38,26; Gen. 38,29; Gen. 39,7; Gen. 39,8; Gen. 39,14; Gen. 40,8; Gen. 40,9; Gen. 40,12; Gen. 40,16; Gen. 40,18; Gen. 41,15; Gen. 41,16; Gen. 41,25; Gen. 41,38; Gen. 41,39; Gen. 41,41; Gen. 41,44; Gen. 41,54; Gen. 41,55; Gen. 42,1; Gen. 42,4; Gen. 42,7; Gen. 42,9; Gen. 42,12;

λέγω

Gen. 42,14; Gen. 42,21; Gen. 42,22; Gen. 42,24; Gen. 42,28; Gen. 42,33; Gen. 42,36; Gen. 42,37; Gen. 42,38; Gen. 43,2; Gen. 43,3; Gen. 43,5; Gen. 43,6; Gen. 43,8; Gen. 43,11; Gen. 43,16; Gen. 43,17; Gen. 43,23; Gen. 43,27; Gen. 43,28; Gen. 43,29; Gen. 43,29; Gen. 43,31; Gen. 44,2; Gen. 44,4; Gen. 44,6; Gen. 44,10; Gen. 44,15; Gen. 44,16; Gen. 44,17; Gen. 44,18; Gen. 44,25; Gen. 44,27; Gen. 45,1; Gen. 45,3; Gen. 45,4; Gen. 45,4; Gen. 45,17; Gen. 45,24; Gen. 45,27; Gen. 45,28; Gen. 46,2; Gen. 46,2; Gen. 46,30; Gen. 46,31; Gen. 47,3; Gen. 47,5; Gen. 47,5; Gen. 47,8; Gen. 47,9; Gen. 47,16; Gen. 47,23; Gen. 47,29; Gen. 47,30; Gen. 47,31; Gen. 48,3; Gen. 48,8; Gen. 48,9; Gen. 48,9; Gen. 48,11; Gen. 48,15; Gen. 48,18; Gen. 48,19; Gen. 48,21; Gen. 49,1; Gen. 49,29; Gen. 50,6; Gen. 50,19; Gen. 50,21; Gen. 50,24; Ex. 1,9; Ex. 1,15; Ex. 1,16; Ex. 1,18; Ex. 2,7; Ex. 2,8; Ex. 2,9; Ex. 2,14; Ex. 2,14; Ex. 2,18; Ex. 2,20; Ex. 3,3; Ex. 3,4; Ex. 3,5; Ex. 3,6; Ex. 3,7; Ex. 3,11; Ex. 3,12; Ex. 3,13; Ex. 3,14; Ex. 3,14; Ex. 3,15; Ex. 4,1; Ex. 4,2; Ex. 4,2; Ex. 4,3; Ex. 4,4; Ex. 4,6; Ex. 4,7; Ex. 4,10; Ex. 4,11; Ex. 4,13; Ex. 4,14; Ex. 4,18; Ex. 4,19; Ex. 4,21; Ex. 4,25; Ex. 4,26; Ex. 5,2; Ex. 5,4; Ex. 5,5; Ex. 5,17; Ex. 5,22; Ex. 6,1; Ex. 6,2; Ex. 6,13; Ex. 6,26; Ex. 6,30; Ex. 7,1; Ex. 7,8; Ex. 7,19; Ex. 7,22; Ex. 8,4; Ex. 8,5; Ex. 8,6; Ex. 8,6; Ex. 8,9; Ex. 8,22; Ex. 8,23; Ex. 8,24; Ex. 8,25; Ex. 8,27; Ex. 9,22; Ex. 9,27; Ex. 9,29; Ex. 10,8; Ex. 10,10; Ex. 10,12; Ex. 10,25; Ex. 11,4; Ex. 11,9; Ex. 12,21; Ex. 12,31; Ex. 13,17; Ex. 14,11; Ex. 14,13; Ex. 14,26; Ex. 15,9; Ex. 15,26; Ex. 16,4; Ex. 16,6; Ex. 16,8; Ex. 16,9; Ex. 16,15; Ex. 16,19; Ex. 16,23; Ex. 16,25; Ex. 16,28; Ex. 16,32; Ex. 16,33; Ex. 17,2; Ex. 17,5; Ex. 17,9; Ex. 17,10; Ex. 17,14; Ex. 18,10; Ex. 18,17; Ex. 18,24; Ex. 19,8; Ex. 19,9; Ex. 19,10; Ex. 19,15; Ex. 19,21; Ex. 19,23; Ex. 19,24; Ex. 19,25; Ex. 24,1; Ex. 24,8; Ex. 24,12; Ex. 30,34; Ex. 32,4; Ex. 32,11; Ex. 32,14; Ex. 32,21; Ex. 32,22; Ex. 32,26; Ex. 32,29; Ex. 32,30; Ex. 32,31; Ex. 32,33; Ex. 33,1; Ex. 33,5; Ex. 33,12; Ex. 33,17; Ex. 33,19; Ex. 33,20; Ex. 33,21; Ex. 34,1; Ex. 34,9; Ex. 34,10; Ex. 34,27; Ex. 35,1; Ex. 35,1; Ex. 35,4; Ex. 35,30; Lev. 8,5; Lev. 8,31; Lev. 9,2; Lev. 9,6; Lev. 9,6; Lev. 9,7; Lev. 10,3; Lev. 10,3; Lev. 10,4; Lev. 10,5; Lev. 10,6; Lev. 10,12; Lev. 16,2; Lev. 18,1; Lev. 20,9; Lev. 21,1; Lev. 23,1; Num. 3,40; Num. 7,4; Num. 7,11; Num. 9,8; Num. 10,29; Num. 10,29; Num. 10,30; Num. 10,31; Num. 10,34; Num. 10,35; Num. 11,11; Num. 11,16; Num. 11,21; Num. 11,23; Num. 11,27; Num. 11,28; Num. 11,29; Num. 12,4; Num. 12,6; Num. 12,11; Num. 12,14; Num. 13,17; Num. 13,30; Num. 14,10; Num. 14,11; Num. 14,13; Num. 14,20; Num. 14,26; Num. 14,40; Num. 14,41; Num. 15,1; Num. 15,37; Num. 16,8; Num. 16,15; Num. 16,16; Num. 16,28; Num. 17,1; Num. 17,11; Num. 17,25; Num. 18,1; Num. 20,10; Num. 20,12; Num. 20,18; Num. 20,20; Num. 20,23; Num. 21,2; Num. 21,8; Num. 21,16; Num. 21,34; Num. 22,4; Num. 22,8; Num. 22,9; Num. 22,10; Num. 22,12; Num. 22,13; Num. 22,18; Num. 22,20; Num. 22,29; Num. 22,30; Num. 22,32; Num. 22,34; Num. 22,35; Num. 22,37; Num. 22,38; Num. 23,1; Num. 23,2; Num. 23,3; Num. 23,4; Num. 23,5; Num. 23,7; Num. 23,11; Num. 23,12; Num. 23,13; Num. 23,15; Num. 23,16; Num. 23,17; Num. 23,18; Num. 23,25; Num. 23,26; Num. 23,27; Num. 23,29; Num. 23,30; Num. 24,3; Num. 24,10; Num. 24,12; Num. 24,15; Num. 24,20; Num. 24,21; Num. 24,23; Num. 25,4; Num. 25,5; Num. 26,65; Num. 27,12; Num. 27,15; Num. 31,15; Num. 31,21; Num. 32,6; Num. 32,20; Num. 32,29; Deut. 1,21; Deut. 1,42; Deut. 2,2; Deut. 2,9; Deut. 2,31; Deut. 3,2; Deut. 3,26; Deut. 4,10; Deut. 5,1; Deut. 5,28; Deut. 9,12; Deut. 9,13; Deut. 9,25; Deut. 9,28; Deut. 10,1; Deut. 10,9; Deut. 10,11; Deut. 17,16; Deut. 18,2; Deut. 18,17; Deut. 19,8; Deut. 27,3; Deut. 29,1; Deut. 31,2; Deut. 31,2; Deut. 31,7; Deut. 31,14; Deut. 31,16; Deut. 31,23; Deut. 32,20; Deut. 32,37; Deut. 32,46; Deut. 33,2; Deut. 33,8; Deut. 33,12; Deut. 33,13; Deut. 33,18; Deut. 33,20; Deut. 33,22; Deut. 33,23; Deut. 33,24; Deut. 34,4; Josh. 1,1; Josh. 1,12; Josh. 2,3; Josh. 2,4; Josh. 2,9; Josh. 2,14; Josh. 2,16; Josh. 2,21; Josh. 3,5; Josh. 3,6; Josh. 3,7; Josh. 3,9; Josh. 4,1; Josh. 4,5; Josh. 4,15; Josh. 5,2; Josh. 5,9; Josh. 5,13; Josh. 5,14; Josh. 5,14; Josh. 6,2; Josh. 6,7; Josh. 6,16; Josh. 6,22; Josh. 7,7; Josh. 7,10; Josh. 7,19; Josh. 7,20; Josh. 7,25; Josh. 8,1; Josh. 8,18; Josh. 9,8; Josh. 9,22; Josh. 10,8; Josh. 10,12; Josh. 10,18; Josh. 10,22; Josh. 10,25; Josh. 11,6; Josh. 11,20; Josh. 13,1; Josh. 13,14; Josh. 14,6; Josh. 14,10; Josh. 14,12; Josh. 15,16; Josh. 15,18; Josh. 15,19; Josh. 17,15; Josh. 17,17; Josh. 18,3; Josh. 22,2; Josh. 22,4; Josh. 22,31; Josh. 22,34; Josh. 23,2; Josh. 23,10; Josh. 23,14; Josh. 24,2; Josh. 24,16; Josh. 24,19; Josh. 24,21; Josh. 24,22; Josh. 24,24; Josh. 24,27; Judg. 1,2; Judg. 1,3; Judg. 1,7; Judg. 1,12; Judg. 1,14; Judg. 1,15; Judg. 2,1; Judg. 2,1; Judg. 2,20; Judg. 3,19; Judg. 3,19; Judg. 3,20; Judg. 3,28; Judg. 4,6; Judg. 4,8; Judg. 4,9; Judg. 4,14; Judg. 4,18; Judg. 4,19; Judg. 4,20; Judg. 4,22; Judg. 5,1; Judg. 5,23; Judg. 6,8; Judg. 6,12; Judg. 6,13; Judg. 6,14; Judg. 6,15; Judg. 6,16; Judg. 6,17; Judg. 6,18; Judg. 6,20; Judg. 6,22; Judg. 6,23; Judg. 6,25; Judg. 6,29; Judg. 6,31; Judg. 6,36; Judg. 6,39; Judg. 7,2; Judg. 7,3; Judg. 7,4; Judg. 7,5; Judg. 7,7; Judg. 7,9; Judg. 7,13; Judg. 7,14; Judg. 7,15; Judg. 7,17; Judg. 8,1; Judg. 8,2; Judg. 8,5; Judg. 8,7; Judg. 8,9; Judg. 8,15; Judg. 8,18; Judg. 8,19; Judg. 8,20; Judg. 8,21; Judg. 8,22; Judg. 8,23; Judg. 8,24; Judg. 9,7; Judg. 9,9; Judg. 9,11; Judg. 9,13; Judg. 9,15; Judg. 9,28; Judg. 9,36; Judg. 9,36; Judg. 9,37; Judg. 9,38; Judg. 9,48; Judg. 9,54; Judg. 10,11; Judg. 11,7; Judg. 11,9; Judg. 11,13; Judg. 11,19; Judg. 11,30; Judg. 11,35; Judg. 11,36; Judg. 11,37; Judg. 11,38; Judg. 12,2; Judg. 13,3; Judg. 13,6; Judg. 13,8; Judg. 13,10; Judg. 13,11; Judg. 13,11; Judg. 13,12; Judg. 13,13; Judg. 13,15; Judg. 13,16; Judg. 13,17; Judg. 13,18; Judg. 13,22; Judg. 13,23; Judg. 14,2; Judg. 14,3; Judg. 14,3; Judg. 14,12; Judg. 14,14; Judg. 14,16; Judg. 14,16; Judg. 14,18; Judg. 15,1; Judg. 15,2; Judg. 15,3; Judg. 15,7; Judg. 15,11; Judg. 15,12; Judg. 15,16; Judg. 15,18; Judg. 16,6; Judg. 16,7; Judg. 16,9; Judg. 16,10; Judg. 16,11; Judg. 16,12; Judg. 16,13; Judg. 16,13; Judg. 16,14; Judg. 16,15; Judg. 16,17; Judg. 16,20; Judg. 16,20; Judg. 16,26; Judg. 16,28; Judg. 16,30; Judg. 17,2; Judg. 17,2; Judg. 17,3; Judg. 17,9; Judg. 17,9; Judg. 17,10; Judg. 17,13; Judg. 18,4; Judg. 18,6; Judg. 18,18; Judg. 18,24; Judg. 19,5; Judg. 19,6; Judg. 19,8; Judg. 19,9; Judg. 19,11; Judg. 19,12; Judg. 19,13; Judg. 19,17; Judg. 19,18; Judg. 19,20; Judg. 19,23; Judg. 19,28; Judg. 20,4; Judg. 20,18; Judg. 20,23; Judg. 20,28; Ruth 1,8; Ruth 1,11; Ruth 1,15; Ruth 1,16; Ruth 1,20; Ruth 2,2; Ruth 2,2; Ruth 2,4; Ruth 2,5; Ruth 2,6; Ruth 2,7; Ruth 2,8; Ruth 2,10; Ruth 2,11; Ruth 2,13; Ruth 2,14; Ruth 2,19; Ruth 2,19; Ruth 2,20; Ruth 2,20; Ruth 2,21; Ruth 2,21; Ruth 2,22; Ruth 3,5; Ruth 3,9; Ruth 3,9; Ruth 3,10; Ruth 3,14; Ruth 3,15; Ruth 3,16; Ruth 3,16; Ruth 3,17; Ruth 3,17; Ruth 3,18; Ruth 4,1; Ruth 4,1; Ruth 4,2; Ruth 4,3; Ruth 4,4; Ruth 4,5; Ruth 4,6; Ruth 4,8; Ruth 4,9; 1Sam. 1,8; 1Sam. 1,8; 1Sam. 1,8; 1Sam. 1,14; 1Sam. 1,15; 1Sam. 1,17; 1Sam. 1,18; 1Sam. 1,20; 1Sam. 1,22; 1Sam. 1,23; 1Sam. 1,26; 1Sam. 2,1; 1Sam. 2,16; 1Sam. 2,23; 1Sam. 2,27; 1Sam. 2,30; 1Sam. 3,4; 1Sam. 3,5; 1Sam. 3,5; 1Sam. 3,6; 1Sam. 3,6; 1Sam. 3,8; 1Sam. 3,9; 1Sam. 3,10; 1Sam. 3,11; 1Sam. 3,16; 1Sam. 3,16; 1Sam. 3,17; 1Sam. 3,18; 1Sam. 4,14; 1Sam. 4,15; 1Sam. 4,16; 1Sam. 4,16; 1Sam. 4,17; 1Sam. 7,3; 1Sam. 7,5; 1Sam. 7,12; 1Sam. 8,7; 1Sam. 8,10; 1Sam. 8,11; 1Sam. 8,22; 1Sam. 8,22; 1Sam. 9,3; 1Sam. 9,5; 1Sam. 9,6; 1Sam. 9,7; 1Sam. 9,8; 1Sam. 9,10; 1Sam. 9,18; 1Sam. 9,19; 1Sam. 9,21; 1Sam. 9,23; 1Sam. 9,24; 1Sam. 9,27; 1Sam. 10,1; 1Sam. 10,11; 1Sam. 10,12; 1Sam. 10,14; 1Sam. 10,15; 1Sam. 10,16; 1Sam. 10,18; 1Sam. 10,18; 1Sam. 10,22; 1Sam. 10,24; 1Sam. 10,25; 1Sam. 11,2; 1Sam. 11,5; 1Sam. 11,9; 1Sam. 11,12; 1Sam. 11,13;

Λ, λ

1Sam. 11,14; 1Sam. 12,1; 1Sam. 12,5; 1Sam. 12,6; 1Sam. 12,20; 1Sam. 13,8; 1Sam. 13,9; 1Sam. 13,11; 1Sam. 13,11; 1Sam. 13,13; 1Sam. 14,1; 1Sam. 14,6; 1Sam. 14,7; 1Sam. 14,8; 1Sam. 14,12; 1Sam. 14,17; 1Sam. 14,18; 1Sam. 14,19; 1Sam. 14,28; 1Sam. 14,29; 1Sam. 14,33; 1Sam. 14,34; 1Sam. 14,36; 1Sam. 14,36; 1Sam. 14,38; 1Sam. 14,40; 1Sam. 14,40; 1Sam. 14,41; 1Sam. 14,42; 1Sam. 14,42; 1Sam. 14,43; 1Sam. 14,43; 1Sam. 14,44; 1Sam. 14,45; 1Sam. 15,1; 1Sam. 15,2; 1Sam. 15,6; 1Sam. 15,13; 1Sam. 15,14; 1Sam. 15,15; 1Sam. 15,16; 1Sam. 15,16; 1Sam. 15,17; 1Sam. 15,20; 1Sam. 15,22; 1Sam. 15,24; 1Sam. 15,26; 1Sam. 15,28; 1Sam. 15,30; 1Sam. 15,32; 1Sam. 15,32; 1Sam. 15,33; 1Sam. 16,1; 1Sam. 16,2; 1Sam. 16,2; 1Sam. 16,5; 1Sam. 16,6; 1Sam. 16,7; 1Sam. 16,8; 1Sam. 16,9; 1Sam. 16,10; 1Sam. 16,11; 1Sam. 16,11; 1Sam. 16,11; 1Sam. 16,12; 1Sam. 16,17; 1Sam. 16,18; 1Sam. 17,8; 1Sam. 17,10; 1Sam. 17,32; 1Sam. 17,33; 1Sam. 17,34; 1Sam. 17,37; 1Sam. 17,39; 1Sam. 17,43; 1Sam. 17,43; 1Sam. 17,44; 1Sam. 17,45; 1Sam. 18,8; 1Sam. 18,21; 1Sam. 18,23; 1Sam. 18,25; 1Sam. 19,4; 1Sam. 19,17; 1Sam. 19,17; 1Sam. 19,17; 1Sam. 19,22; 1Sam. 20,1; 1Sam. 20,2; 1Sam. 20,3; 1Sam. 20,3; 1Sam. 20,4; 1Sam. 20,5; 1Sam. 20,9; 1Sam. 20,10; 1Sam. 20,11; 1Sam. 20,12; 1Sam. 20,18; 1Sam. 20,26; 1Sam. 20,27; 1Sam. 20,28; 1Sam. 20,29; 1Sam. 20,30; 1Sam. 20,36; 1Sam. 20,37; 1Sam. 20,40; 1Sam. 20,42; 1Sam. 21,2; 1Sam. 21,3; 1Sam. 21,5; 1Sam. 21,6; 1Sam. 21,9; 1Sam. 21,10; 1Sam. 21,10; 1Sam. 21,15; 1Sam. 22,3; 1Sam. 22,5; 1Sam. 22,7; 1Sam. 22,7; 1Sam. 22,9; 1Sam. 22,12; 1Sam. 22,12; 1Sam. 22,13; 1Sam. 22,14; 1Sam. 22,16; 1Sam. 22,17; 1Sam. 22,18; 1Sam. 22,22; 1Sam. 23,2; 1Sam. 23,4; 1Sam. 23,7; 1Sam. 23,9; 1Sam. 23,10; 1Sam. 23,11; 1Sam. 23,17; 1Sam. 23,21; 1Sam. 24,5; 1Sam. 24,7; 1Sam. 24,10; 1Sam. 24,17; 1Sam. 24,18; 1Sam. 25,5; 1Sam. 25,10; 1Sam. 25,13; 1Sam. 25,19; 1Sam. 25,21; 1Sam. 25,24; 1Sam. 25,32; 1Sam. 25,35; 1Sam. 25,39; 1Sam. 25,41; 1Sam. 26,6; 1Sam. 26,6; 1Sam. 26,8; 1Sam. 26,9; 1Sam. 26,10; 1Sam. 26,14; 1Sam. 26,15; 1Sam. 26,17; 1Sam. 26,17; 1Sam. 26,18; 1Sam. 26,21; 1Sam. 26,22; 1Sam. 26,25; 1Sam. 27,1; 1Sam. 27,5; 1Sam. 27,10; 1Sam. 27,10; 1Sam. 28,1; 1Sam. 28,2; 1Sam. 28,2; 1Sam. 28,7; 1Sam. 28,8; 1Sam. 28,9; 1Sam. 28,11; 1Sam. 28,11; 1Sam. 28,12; 1Sam. 28,13; 1Sam. 28,13; 1Sam. 28,14; 1Sam. 28,14; 1Sam. 28,15; 1Sam. 28,15; 1Sam. 28,16; 1Sam. 28,21; 1Sam. 29,3; 1Sam. 29,6; 1Sam. 29,8; 1Sam. 30,6; 1Sam. 30,7; 1Sam. 30,8; 1Sam. 30,13; 1Sam. 30,13; 1Sam. 30,15; 1Sam. 30,15; 1Sam. 30,23; 1Sam. 31,4; 2Sam. 1,3; 2Sam. 1,3; 2Sam. 1,4; 2Sam. 1,4; 2Sam. 1,5; 2Sam. 1,6; 2Sam. 1,9; 2Sam. 1,13; 2Sam. 1,13; 2Sam. 1,14; 2Sam. 1,15; 2Sam. 1,16; 2Sam. 1,18; 2Sam. 2,1; 2Sam. 2,1; 2Sam. 2,1; 2Sam. 2,5; 2Sam. 2,14; 2Sam. 2,14; 2Sam. 2,20; 2Sam. 2,20; 2Sam. 2,21; 2Sam. 2,26; 2Sam. 2,27; 2Sam. 3,7; 2Sam. 3,8; 2Sam. 3,13; 2Sam. 3,16; 2Sam. 3,17; 2Sam. 3,21; 2Sam. 3,24; 2Sam. 3,28; 2Sam. 3,31; 2Sam. 3,33; 2Sam. 3,38; 2Sam. 4,9; 2Sam. 5,2; 2Sam. 5,8; 2Sam. 5,19; 2Sam. 5,20; 2Sam. 5,23; 2Sam. 6,20; 2Sam. 6,21; 2Sam. 7,2; 2Sam. 7,3; 2Sam. 7,18; 2Sam. 9,1; 2Sam. 9,2; 2Sam. 9,2; 2Sam. 9,3; 2Sam. 9,3; 2Sam. 9,4; 2Sam. 9,4; 2Sam. 9,6; 2Sam. 9,6; 2Sam. 9,7; 2Sam. 9,8; 2Sam. 9,9; 2Sam. 9,11; 2Sam. 10,2; 2Sam. 10,5; 2Sam. 10,11; 2Sam. 11,3; 2Sam. 11,5; 2Sam. 11,8; 2Sam. 11,10; 2Sam. 11,11; 2Sam. 11,12; 2Sam. 11,22; 2Sam. 11,23; 2Sam. 11,25; 2Sam. 12,1; 2Sam. 12,5; 2Sam. 12,7; 2Sam. 12,13; 2Sam. 12,13; 2Sam. 12,19; 2Sam. 12,22; 2Sam. 12,27; 2Sam. 13,4; 2Sam. 13,4; 2Sam. 13,5; 2Sam. 13,6; 2Sam. 13,9; 2Sam. 13,10; 2Sam. 13,11; 2Sam. 13,12; 2Sam. 13,15; 2Sam. 13,16; 2Sam. 13,17; 2Sam. 13,20; 2Sam. 13,24; 2Sam. 13,25; 2Sam. 13,26; 2Sam. 13,26; 2Sam. 13,32; 2Sam. 13,34; 2Sam. 13,35; 2Sam. 14,2; 2Sam. 14,4; 2Sam. 14,5; 2Sam. 14,5; 2Sam. 14,8; 2Sam. 14,9; 2Sam. 14,10; 2Sam. 14,11; 2Sam. 14,11; 2Sam. 14,12; 2Sam. 14,12; 2Sam. 14,13; 2Sam. 14,17; 2Sam. 14,18; 2Sam. 14,18; 2Sam. 14,19; 2Sam. 14,19; 2Sam. 14,21; 2Sam. 14,22; 2Sam. 14,24; 2Sam. 14,30; 2Sam. 14,31; 2Sam. 14,32; 2Sam. 15,2; 2Sam. 15,3; 2Sam. 15,4; 2Sam. 15,7; 2Sam. 15,9; 2Sam. 15,14; 2Sam. 15,19; 2Sam. 15,21; 2Sam. 15,22; 2Sam. 15,25; 2Sam. 15,27; 2Sam. 15,31; 2Sam. 15,33; 2Sam. 16,2; 2Sam. 16,2; 2Sam. 16,3; 2Sam. 16,3; 2Sam. 16,3; 2Sam. 16,4; 2Sam. 16,4; 2Sam. 16,9; 2Sam. 16,10; 2Sam. 16,10; 2Sam. 16,11; 2Sam. 16,11; 2Sam. 16,16; 2Sam. 16,17; 2Sam. 16,18; 2Sam. 16,20; 2Sam. 16,21; 2Sam. 17,1; 2Sam. 17,5; 2Sam. 17,6; 2Sam. 17,7; 2Sam. 17,8; 2Sam. 17,14; 2Sam. 17,15; 2Sam. 17,20; 2Sam. 18,2; 2Sam. 18,4; 2Sam. 18,10; 2Sam. 18,11; 2Sam. 18,12; 2Sam. 18,14; 2Sam. 18,18; 2Sam. 18,19; 2Sam. 18,20; 2Sam. 18,21; 2Sam. 18,22; 2Sam. 18,22; 2Sam. 18,23; 2Sam. 18,23; 2Sam. 18,25; 2Sam. 18,26; 2Sam. 18,26; 2Sam. 18,27; 2Sam. 18,27; 2Sam. 18,28; 2Sam. 18,28; 2Sam. 18,29; 2Sam. 18,29; 2Sam. 18,30; 2Sam. 18,31; 2Sam. 18,32; 2Sam. 18,32; 2Sam. 19,1; 2Sam. 19,6; 2Sam. 19,20; 2Sam. 19,22; 2Sam. 19,23; 2Sam. 19,24; 2Sam. 19,26; 2Sam. 19,27; 2Sam. 19,27; 2Sam. 19,30; 2Sam. 19,31; 2Sam. 19,34; 2Sam. 19,35; 2Sam. 19,39; 2Sam. 19,44; 2Sam. 20,1; 2Sam. 20,4; 2Sam. 20,6; 2Sam. 20,9; 2Sam. 20,11; 2Sam. 20,16; 2Sam. 20,17; 2Sam. 20,17; 2Sam. 20,17; 2Sam. 20,17; 2Sam. 20,18; 2Sam. 20,20; 2Sam. 20,21; 2Sam. 21,1; 2Sam. 21,2; 2Sam. 21,3; 2Sam. 21,4; 2Sam. 21,6; 2Sam. 22,2; 2Sam. 23,15; 2Sam. 23,17; 2Sam. 24,2; 2Sam. 24,3; 2Sam. 24,10; 2Sam. 24,13; 2Sam. 24,14; 2Sam. 24,16; 2Sam. 24,17; 2Sam. 24,17; 2Sam. 24,18; 2Sam. 24,21; 2Sam. 24,21; 2Sam. 24,22; 2Sam. 24,23; 2Sam. 24,24; 1Kings 1,11; 1Kings 1,16; 1Kings 1,17; 1Kings 1,24; 1Kings 1,28; 1Kings 1,29; 1Kings 1,31; 1Kings 1,32; 1Kings 1,33; 1Kings 1,36; 1Kings 1,39; 1Kings 1,41; 1Kings 1,42; 1Kings 1,43; 1Kings 1,48; 1Kings 1,52; 1Kings 1,53; 1Kings 2,13; 1Kings 2,13; 1Kings 2,14; 1Kings 2,15; 1Kings 2,16; 1Kings 2,17; 1Kings 2,18; 1Kings 2,20; 1Kings 2,20; 1Kings 2,21; 1Kings 2,22; 1Kings 2,26; 1Kings 2,29; 1Kings 2,30; 1Kings 2,30; 1Kings 2,30; 1Kings 2,31; 1Kings 2,36; 1Kings 2,38; 1Kings 2,42; 1Kings 2,44; 1Kings 3,5; 1Kings 3,6; 1Kings 3,11; 1Kings 3,17; 1Kings 3,22; 1Kings 3,23; 1Kings 3,24; 1Kings 3,25; 1Kings 3,26; 1Kings 3,26; 1Kings 3,26; 1Kings 3,27; 1Kings 5,21; 1Kings 8,15; 1Kings 8,18; 1Kings 8,23; 1Kings 8,53a; 1Kings 9,3; 1Kings 9,13; 1Kings 10,6; 1Kings 11,11; 1Kings 11,21; 1Kings 11,22; 1Kings 11,22; 1Kings 11,31; 1Kings 12,5; 1Kings 12,9; 1Kings 12,24d; 1Kings 12,24f; 1Kings 12,24h; 1Kings 12,24k; 1Kings 12,24l; 1Kings 12,24o; 1Kings 12,24p; 1Kings 12,24p; 1Kings 12,24q; 1Kings 12,24t; 1Kings 12,26; 1Kings 12,28; 1Kings 13,2; 1Kings 13,6; 1Kings 13,8; 1Kings 13,13; 1Kings 13,14; 1Kings 13,14; 1Kings 13,15; 1Kings 13,16; 1Kings 13,18; 1Kings 13,21; 1Kings 13,26; 1Kings 13,31; 1Kings 16,28g; 1Kings 17,1; 1Kings 17,10; 1Kings 17,11; 1Kings 17,12; 1Kings 17,13; 1Kings 17,18; 1Kings 17,19; 1Kings 17,20; 1Kings 17,21; 1Kings 17,23; 1Kings 17,24; 1Kings 18,5; 1Kings 18,7; 1Kings 18,8; 1Kings 18,9; 1Kings 18,15; 1Kings 18,17; 1Kings 18,18; 1Kings 18,21; 1Kings 18,22; 1Kings 18,25; 1Kings 18,27; 1Kings 18,30; 1Kings 18,34; 1Kings 18,34; 1Kings 18,34; 1Kings 18,36; 1Kings 18,40; 1Kings 18,41; 1Kings 18,43; 1Kings 18,43; 1Kings 18,43; 1Kings 18,44; 1Kings 19,2; 1Kings 19,4; 1Kings 19,5; 1Kings 19,7; 1Kings 19,9; 1Kings 19,10; 1Kings 19,11; 1Kings 19,13; 1Kings 19,14; 1Kings 19,15; 1Kings 19,20; 1Kings 19,20; 1Kings 20,3; 1Kings 20,6; 1Kings 20,6; 1Kings 20,7; 1Kings 20,15; 1Kings 20,17; 1Kings 20,20; 1Kings 20,20; 1Kings 20,28; 1Kings 21,3; 1Kings 21,4; 1Kings 21,7; 1Kings 21,9; 1Kings 21,11; 1Kings 21,12; 1Kings 21,13; 1Kings 21,14; 1Kings 21,14; 1Kings 21,14; 1Kings 21,14; 1Kings

λέγω

21,18; 1Kings 21,22; 1Kings 21,28; 1Kings 21,28; 1Kings 21,31; 1Kings 21,32; 1Kings 21,33; 1Kings 21,34; 1Kings 21,35; 1Kings 21,36; 1Kings 21,37; 1Kings 21,39; 1Kings 21,39; 1Kings 21,40; 1Kings 21,42; 1Kings 22,3; 1Kings 22,4; 1Kings 22,4; 1Kings 22,5; 1Kings 22,6; 1Kings 22,7; 1Kings 22,8; 1Kings 22,8; 1Kings 22,9; 1Kings 22,11; 1Kings 22,14; 1Kings 22,15; 1Kings 22,15; 1Kings 22,16; 1Kings 22,17; 1Kings 22,17; 1Kings 22,18; 1Kings 22,19; 1Kings 22,20; 1Kings 22,20; 1Kings 22,21; 1Kings 22,21; 1Kings 22,22; 1Kings 22,22; 1Kings 22,24; 1Kings 22,25; 1Kings 22,26; 1Kings 22,28; 1Kings 22,30; 1Kings 22,34; 2Kings 1,2; 2Kings 1,4; 2Kings 1,5; 2Kings 1,6; 2Kings 1,8; 2Kings 1,9; 2Kings 1,10; 2Kings 1,11; 2Kings 1,12; 2Kings 1,13; 2Kings 1,15; 2Kings 1,16; 2Kings 2,2; 2Kings 2,2; 2Kings 2,3; 2Kings 2,4; 2Kings 2,4; 2Kings 2,5; 2Kings 2,6; 2Kings 2,6; 2Kings 2,9; 2Kings 2,9; 2Kings 2,10; 2Kings 2,14; 2Kings 2,16; 2Kings 2,17; 2Kings 2,18; 2Kings 2,20; 2Kings 2,21; 2Kings 3,7; 2Kings 3,8; 2Kings 3,8; 2Kings 3,10; 2Kings 3,11; 2Kings 3,11; 2Kings 3,12; 2Kings 3,13; 2Kings 3,13; 2Kings 3,14; 2Kings 3,16; 2Kings 4,2; 2Kings 4,2; 2Kings 4,3; 2Kings 4,6; 2Kings 4,7; 2Kings 4,9; 2Kings 4,12; 2Kings 4,13; 2Kings 4,13; 2Kings 4,14; 2Kings 4,14; 2Kings 4,16; 2Kings 4,16; 2Kings 4,19; 2Kings 4,19; 2Kings 4,22; 2Kings 4,23; 2Kings 4,23; 2Kings 4,24; 2Kings 4,25; 2Kings 4,26; 2Kings 4,27; 2Kings 4,28; 2Kings 4,29; 2Kings 4,30; 2Kings 4,36; 2Kings 4,36; 2Kings 4,38; 2Kings 4,41; 2Kings 4,41; 2Kings 4,42; 2Kings 4,43; 2Kings 4,43; 2Kings 5,3; 2Kings 5,4; 2Kings 5,5; 2Kings 5,7; 2Kings 5,11; 2Kings 5,13; 2Kings 5,15; 2Kings 5,16; 2Kings 5,17; 2Kings 5,19; 2Kings 5,20; 2Kings 5,22; 2Kings 5,23; 2Kings 5,25; 2Kings 5,25; 2Kings 5,26; 2Kings 6,2; 2Kings 6,3; 2Kings 6,3; 2Kings 6,6; 2Kings 6,7; 2Kings 6,10; 2Kings 6,11; 2Kings 6,12; 2Kings 6,13; 2Kings 6,15; 2Kings 6,16; 2Kings 6,17; 2Kings 6,18; 2Kings 6,19; 2Kings 6,20; 2Kings 6,21; 2Kings 6,22; 2Kings 6,27; 2Kings 6,28; 2Kings 6,28; 2Kings 6,28; 2Kings 6,31; 2Kings 6,32; 2Kings 6,33; 2Kings 7,1; 2Kings 7,2; 2Kings 7,2; 2Kings 7,3; 2Kings 7,6; 2Kings 7,9; 2Kings 7,12; 2Kings 7,13; 2Kings 7,19; 2Kings 7,19; 2Kings 8,5; 2Kings 8,8; 2Kings 8,9; 2Kings 8,10; 2Kings 8,12; 2Kings 8,12; 2Kings 8,13; 2Kings 8,13; 2Kings 8,14; 2Kings 8,14; 2Kings 8,19; 2Kings 9,1; 2Kings 9,5; 2Kings 9,5; 2Kings 9,5; 2Kings 9,6; 2Kings 9,11; 2Kings 9,12; 2Kings 9,15; 2Kings 9,17; 2Kings 9,17; 2Kings 9,18; 2Kings 9,18; 2Kings 9,19; 2Kings 9,19; 2Kings 9,21; 2Kings 9,22; 2Kings 9,22; 2Kings 9,23; 2Kings 9,25; 2Kings 9,27; 2Kings 9,31; 2Kings 9,32; 2Kings 9,33; 2Kings 9,34; 2Kings 9,36; 2Kings 10,8; 2Kings 10,9; 2Kings 10,13; 2Kings 10,14; 2Kings 10,15; 2Kings 10,15; 2Kings 10,15; 2Kings 10,16; 2Kings 10,18; 2Kings 10,20; 2Kings 10,22; 2Kings 10,23; 2Kings 10,24; 2Kings 10,25; 2Kings 10,30; 2Kings 11,15; 2Kings 11,15; 2Kings 12,5; 2Kings 12,8; 2Kings 13,14; 2Kings 13,15; 2Kings 13,16; 2Kings 13,17; 2Kings 13,17; 2Kings 13,17; 2Kings 13,18; 2Kings 13,18; 2Kings 13,19; 2Kings 17,12; 2Kings 18,19; 2Kings 18,22; 2Kings 18,25; 2Kings 18,26; 2Kings 18,27; 2Kings 18,28; 2Kings 19,6; 2Kings 19,15; 2Kings 20,1; 2Kings 20,7; 2Kings 20,8; 2Kings 20,9; 2Kings 20,10; 2Kings 20,14; 2Kings 20,14; 2Kings 20,15; 2Kings 20,15; 2Kings 20,16; 2Kings 20,17; 2Kings 20,19; 2Kings 21,4; 2Kings 21,7; 2Kings 22,8; 2Kings 22,9; 2Kings 22,10; 2Kings 22,15; 2Kings 23,17; 2Kings 23,18; 2Kings 23,27; 2Kings 25,24; 1Chr. 10,4; 1Chr. 11,2; 1Chr. 11,6; 1Chr. 11,17; 1Chr. 11,19; 1Chr. 12,18; 1Chr. 12,19; 1Chr. 13,2; 1Chr. 13,4; 1Chr. 14,10; 1Chr. 14,11; 1Chr. 14,12; 1Chr. 14,14; 1Chr. 15,2; 1Chr. 15,12; 1Chr. 15,16; 1Chr. 17,1; 1Chr. 17,2; 1Chr. 17,4; 1Chr. 17,16; 1Chr. 19,2; 1Chr. 19,5; 1Chr. 19,12; 1Chr. 21,2; 1Chr. 21,3; 1Chr. 21,8; 1Chr. 21,11; 1Chr. 21,13; 1Chr. 21,15; 1Chr. 21,17; 1Chr. 21,18; 1Chr. 21,22; 1Chr. 21,23; 1Chr. 21,24; 1Chr. 21,27; 1Chr. 22,1; 1Chr. 22,2; 1Chr. 22,5; 1Chr. 22,7; 1Chr. 23,25; 1Chr. 27,23; 1Chr. 28,2; 1Chr. 28,3; 1Chr. 28,20; 1Chr. 29,1; 1Chr. 29,20; 2Chr. 1,2; 2Chr. 1,7; 2Chr. 1,8; 2Chr. 1,11; 2Chr. 1,18; 2Chr. 2,10; 2Chr. 2,11; 2Chr. 2,14; 2Chr. 6,1; 2Chr. 6,1; 2Chr. 6,4; 2Chr. 6,8; 2Chr. 6,14; 2Chr. 7,12; 2Chr. 8,11; 2Chr. 9,5; 2Chr. 10,5; 2Chr. 10,9; 2Chr. 12,5; 2Chr. 12,5; 2Chr. 13,4; 2Chr. 14,3; 2Chr. 14,6; 2Chr. 14,10; 2Chr. 15,2; 2Chr. 16,7; 2Chr. 18,3; 2Chr. 18,3; 2Chr. 18,4; 2Chr. 18,5; 2Chr. 18,6; 2Chr. 18,7; 2Chr. 18,7; 2Chr. 18,8; 2Chr. 18,10; 2Chr. 18,13; 2Chr. 18,14; 2Chr. 18,14; 2Chr. 18,15; 2Chr. 18,16; 2Chr. 18,16; 2Chr. 18,17; 2Chr. 18,18; 2Chr. 18,19; 2Chr. 18,19; 2Chr. 18,19; 2Chr. 18,20; 2Chr. 18,20; 2Chr. 18,21; 2Chr. 18,21; 2Chr. 18,23; 2Chr. 18,24; 2Chr. 18,25; 2Chr. 18,26; 2Chr. 18,27; 2Chr. 18,29; 2Chr. 18,33; 2Chr. 19,2; 2Chr. 19,6; 2Chr. 20,6; 2Chr. 20,15; 2Chr. 20,20; 2Chr. 21,7; 2Chr. 22,9; 2Chr. 23,3; 2Chr. 23,13; 2Chr. 23,14; 2Chr. 23,14; 2Chr. 24,5; 2Chr. 24,6; 2Chr. 24,8; 2Chr. 24,9; 2Chr. 24,20; 2Chr. 24,22; 2Chr. 25,9; 2Chr. 25,9; 2Chr. 25,16; 2Chr. 25,16; 2Chr. 28,9; 2Chr. 28,22; 2Chr. 28,23; 2Chr. 29,5; 2Chr. 29,21; 2Chr. 29,24; 2Chr. 29,27; 2Chr. 29,30; 2Chr. 29,31; 2Chr. 31,4; 2Chr. 31,10; 2Chr. 31,10; 2Chr. 31,11; 2Chr. 32,1; 2Chr. 32,12; 2Chr. 32,17; 2Chr. 33,4; 2Chr. 33,7; 2Chr. 33,16; 2Chr. 34,15; 2Chr. 34,22; 2Chr. 34,23; 2Chr. 34,23; 2Chr. 35,3; 2Chr. 35,3; 2Chr. 35,19d; 2Chr. 35,21; 2Chr. 35,23; 1Esdr. 1,3; 1Esdr. 1,28; 1Esdr. 3,15; 1Esdr. 4,7; 1Esdr. 4,8; 1Esdr. 4,8; 1Esdr. 4,9; 1Esdr. 4,9; 1Esdr. 4,42; 1Esdr. 4,43; 1Esdr. 4,57; 1Esdr. 5,40; 1Esdr. 5,67; 1Esdr. 8,89; 1Esdr. 9,7; 1Esdr. 9,49; Ezra 1,2; Ezra 2,63; Ezra 4,3; Ezra 5,15; Ezra 10,2; Ezra 10,10; Neh. 3,34; Neh. 4,4; Neh. 5,13; Neh. 6,10; Neh. 7,65; Neh. 8,9; Neh. 8,10; Neh. 8,15; Neh. 9,6; Esth. 1,10; Esth. 1,13; Esth. 1,16; Esth. 3,11; Esth. 4,8; Esth. 4,10; Esth. 4,13; Esth. 13,8 # 4,17a; Esth. 14,1 # 4,17k; Esth. 15,8 # 5,1e; Esth. 15,11 # 5:2; Esth. 15,13 # 5,2a; Esth. 5,3; Esth. 5,4; Esth. 5,5; Esth. 5,5; Esth. 5,6; Esth. 5,7; Esth. 5,12; Esth. 5,14; Esth. 6,1; Esth. 6,3; Esth. 6,4; Esth. 6,5; Esth. 6,6; Esth. 6,6; Esth. 6,7; Esth. 6,10; Esth. 7,2; Esth. 7,3; Esth. 7,5; Esth. 7,6; Esth. 7,8; Esth. 7,9; Esth. 7,9; Esth. 8,5; Esth. 8,7; Esth. 9,12; Esth. 9,13; Esth. 10,4 # 10,3a; Judith 2,4; Judith 5,3; Judith 5,5; Judith 5,9; Judith 6,1; Judith 6,4; Judith 7,30; Judith 8,11; Judith 8,28; Judith 8,32; Judith 8,35; Judith 9,1; Judith 10,9; Judith 10,12; Judith 10,19; Judith 11,1; Judith 11,5; Judith 11,22; Judith 12,2; Judith 12,3; Judith 12,4; Judith 12,11; Judith 12,13; Judith 12,14; Judith 12,17; Judith 12,18; Judith 13,3; Judith 13,4; Judith 13,7; Judith 13,11; Judith 13,14; Judith 13,15; Judith 13,18; Judith 14,1; Judith 14,7; Judith 15,10; Judith 16,1; Judith 16,4; Tob. 2,3; Tob. 2,6; Tob. 2,14; Tob. 3,10; Tob. 3,11; Tob. 4,2; Tob. 4,3; Tob. 5,1; Tob. 5,3; Tob. 5,5; Tob. 5,6; Tob. 5,7; Tob. 5,8; Tob. 5,9; Tob. 5,9; Tob. 5,11; Tob. 5,12; Tob. 5,12; Tob. 5,13; Tob. 5,14; Tob. 5,17; Tob. 5,17; Tob. 5,18; Tob. 5,21; Tob. 6,3; Tob. 6,4; Tob. 6,5; Tob. 6,7; Tob. 6,8; Tob. 6,11; Tob. 6,14; Tob. 6,16; Tob. 7,2; Tob. 7,4; Tob. 7,5; Tob. 7,5; Tob. 7,6; Tob. 7,10; Tob. 7,12; Tob. 7,12; Tob. 7,13; Tob. 7,15; Tob. 7,16; Tob. 7,16; Tob. 8,4; Tob. 8,8; Tob. 8,12; Tob. 8,20; Tob. 9,1; Tob. 10,2; Tob. 10,4; Tob. 10,4; Tob. 10,7; Tob. 10,9; Tob. 10,12; Tob. 10,13; Tob. 11,1; Tob. 11,6; Tob. 11,7; Tob. 11,9; Tob. 11,13; Tob. 12,1; Tob. 12,2; Tob. 12,4; Tob. 12,5; Tob. 12,6; Tob. 12,17; Tob. 13,1; Tob. 14,3; 1Mac. 2,7; 1Mac. 2,19; 1Mac. 2,40; 1Mac. 2,49; 1Mac. 3,14; 1Mac. 3,18; 1Mac. 3,56; 1Mac. 3,58; 1Mac. 4,5; 1Mac. 4,8; 1Mac. 4,17; 1Mac. 4,30; 1Mac. 5,17; 1Mac. 5,32; 1Mac. 5,40; 1Mac. 6,10; 1Mac. 6,57; 1Mac. 7,3; 1Mac. 7,40; 1Mac. 9,8; 1Mac. 9,10; 1Mac. 9,44; 1Mac. 10,4; 1Mac. 10,6; 1Mac. 10,11; 1Mac. 10,16; 1Mac. 10,22; 1Mac. 10,63; 1Mac. 11,53; 1Mac. 12,44; 1Mac. 12,46; 1Mac. 13,3; 1Mac. 15,33; 1Mac. 16,2; 2Mac. 1,29; 2Mac. 2,7; 2Mac. 2,11; 2Mac. 6,30; 2Mac. 7,9; 2Mac. 7,11; 2Mac. 7,16; 2Mac. 7,30; 2Mac. 9,4; 3Mac. 5,30; 3Mac. 5,37; 4Mac. 2,20;

Λ, λ

4Mac. 6,26; 4Mac. 9,17; 4Mac. 16,5; Psa. 2,7; Psa. 9,27; Psa. 9,32; Psa. 9,34; Psa. 17,2; Psa. 26,8; Psa. 32,9; Psa. 49,16; Psa. 67,23; Psa. 104,31; Psa. 104,34; Psa. 105,23; Psa. 105,34; Psa. 106,25; Psa. 148,5; Ode. 1,9; Ode. 2,20; Ode. 2,37; Prov. 9,4; Eccl. 1,2; Eccl. 7,27; Eccl. 12,8; Job 1,7; Job 1,7; Job 1,8; Job 1,9; Job 1,12; Job 1,14; Job 1,16; Job 1,17; Job 1,20; Job 2,2; Job 2,2; Job 2,3; Job 2,4; Job 2,6; Job 2,9; Job 2,10; Job 27,1; Job 28,14; Job 28,14; Job 28,28; Job 29,1; Job 31,29; Job 32,6; Job 35,10; Job 36,10; Job 38,1; Job 40,1; Job 40,6; Job 42,7; Sir. 17,14; Sir. 19,14; Sir. 24,8; Sol. 2,4; Sol. 2,29; Hos. 1,2; Hos. 1,4; Hos. 1,6; Hos. 1,9; Hos. 2,7; Hos. 2,14; Hos. 3,1; Hos. 12,9; Amos 1,2; Amos 1,3; Amos 5,17; Amos 7,8; Amos 7,8; Amos 7,12; Amos 7,14; Amos 7,15; Amos 8,2; Amos 8,2; Amos 9,1; Mic. 6,1; Joel 2,19; Joel 3,5; Jonah 1,6; Jonah 1,7; Jonah 1,9; Jonah 1,12; Jonah 2,3; Jonah 3,4; Jonah 4,2; Jonah 4,4; Jonah 4,8; Jonah 4,9; Jonah 4,9; Jonah 4,10; Hab. 2,2; Hag. 1,8; Hag. 1,13; Hag. 2,13; Hag. 2,14; Zech. 1,9; Zech. 1,10; Zech. 1,12; Zech. 1,14; Zech. 1,17; Zech. 2,2; Zech. 2,4; Zech. 2,6; Zech. 2,8; Zech. 3,2; Zech. 3,4; Zech. 3,4; Zech. 4,2; Zech. 4,5; Zech. 4,6; Zech. 4,13; Zech. 4,14; Zech. 5,2; Zech. 5,3; Zech. 5,5; Zech. 5,6; Zech. 5,6; Zech. 5,8; Zech. 5,11; Zech. 6,5; Zech. 6,7; Zech. 7,13; Zech. 11,13; Zech. 11,15; Is. 6,7; Is. 6,9; Is. 6,11; Is. 7,3; Is. 7,12; Is. 7,13; Is. 8,1; Is. 8,3; Is. 10,13; Is. 20,3; Is. 21,6; Is. 21,8; Is. 21,9; Is. 23,4; Is. 23,4; Is. 29,13; Is. 36,4; Is. 36,11; Is. 36,12; Is. 36,13; Is. 37,6; Is. 37,21; Is. 38,1; Is. 38,21; Is. 38,22; Is. 39,3; Is. 39,3; Is. 39,4; Is. 39,4; Is. 39,5; Is. 39,6; Is. 39,8; Is. 40,25; Is. 44,16; Is. 45,13; Is. 47,4; Is. 49,15; Is. 54,1; Is. 54,6; Is. 54,8; Is. 54,10; Is. 56,8; Is. 57,19; Is. 57,21; Is. 59,21; Is. 59,21; Is. 63,8; Is. 66,9; Is. 66,9; Is. 66,17; Is. 66,20; Is. 66,21; Is. 66,23; Jer. 1,7; Jer. 1,9; Jer. 1,12; Jer. 1,14; Jer. 1,19; Jer. 2,2; Jer. 2,25; Jer. 2,31; Jer. 3,6; Jer. 3,11; Jer. 6,15; Jer. 9,12; Jer. 11,6; Jer. 11,9; Jer. 13,6; Jer. 14,11; Jer. 14,14; Jer. 15,1; Jer. 19,1; Jer. 20,3; Jer. 21,3; Jer. 24,3; Jer. 26,8; Jer. 27,30; Jer. 27,40; Jer. 28,61; Jer. 30,6; Jer. 30,12; Jer. 30,17; Jer. 30,21; Jer. 30,23; Jer. 30,27; Jer. 31,1; Jer. 31,8; Jer. 31,40; Jer. 32,15; Jer. 32,27; Jer. 32,28; Jer. 32,32; Jer. 33,2; Jer. 33,4; Jer. 33,12; Jer. 33,18; Jer. 33,18; Jer. 34,2; Jer. 34,4; Jer. 34,8; Jer. 34,16; Jer. 34,19; Jer. 35,2; Jer. 35,5; Jer. 35,6; Jer. 35,11; Jer. 35,11; Jer. 35,13; Jer. 35,14; Jer. 35,15; Jer. 35,16; Jer. 36,4; Jer. 36,8; Jer. 36,10; Jer. 36,21; Jer. 36,31; Jer. 36,32; Jer. 37,2; Jer. 37,3; Jer. 37,5; Jer. 37,8; Jer. 37,12; Jer. 37,18; Jer. 38,1; Jer. 38,2; Jer. 38,7; Jer. 38,15; Jer. 38,16; Jer. 38,23; Jer. 38,36; Jer. 39,3; Jer. 39,14; Jer. 39,15; Jer. 39,28; Jer. 39,36; Jer. 39,42; Jer. 40,2; Jer. 40,4; Jer. 40,10; Jer. 40,11; Jer. 40,12; Jer. 40,13; Jer. 41,2; Jer. 41,2; Jer. 41,5; Jer. 41,13; Jer. 41,17; Jer. 42,17; Jer. 42,18; Jer. 43,18; Jer. 43,29; Jer. 43,30; Jer. 44,7; Jer. 44,9; Jer. 44,14; Jer. 44,17; Jer. 44,18; Jer. 45,2; Jer. 45,3; Jer. 45,5; Jer. 45,8; Jer. 45,12; Jer. 45,14; Jer. 45,15; Jer. 45,17; Jer. 45,17; Jer. 45,19; Jer. 45,20; Jer. 45,24; Jer. 46,16; Jer. 47,2; Jer. 47,15; Jer. 47,16; Jer. 48,6; Jer. 49,4; Jer. 49,9; Jer. 49,9; Jer. 49,15; Jer. 49,18; Jer. 50,2; Jer. 50,10; Jer. 51,2; Jer. 51,7; Jer. 51,11; Jer. 51,20; Jer. 51,24; Jer. 51,25; Jer. 51,26; Jer. 51,30; Jer. 51,32; Jer. 51,34; Bar. 2,21; Bar. 4,9; Lam. 1,1; Lam. 3,36; Lam. 3,37; Ezek. 2,1; Ezek. 2,3; Ezek. 3,1; Ezek. 3,3; Ezek. 3,4; Ezek. 3,10; Ezek. 3,22; Ezek. 4,15; Ezek. 4,16; Ezek. 8,5; Ezek. 8,6; Ezek. 8,8; Ezek. 8,9; Ezek. 8,12; Ezek. 8,13; Ezek. 8,15; Ezek. 8,17; Ezek. 9,4; Ezek. 9,5; Ezek. 9,7; Ezek. 9,9; Ezek. 10,2; Ezek. 11,2; Ezek. 11,5; Ezek. 23,36; Ezek. 24,19; Ezek. 25,8; Ezek. 26,2; Ezek. 36,2; Ezek. 37,3; Ezek. 37,4; Ezek. 37,9; Ezek. 40,4; Ezek. 40,45; Ezek. 41,4; Ezek. 41,22; Ezek. 42,13; Ezek. 43,7; Ezek. 43,18; Ezek. 44,2; Ezek. 44,5; Ezek. 46,20; Ezek. 46,24; Ezek. 47,6; Ezek. 47,8; Dan. 1,3; Dan. 1,10; Dan. 1,11; Dan. 2,3; Dan. 2,8; Dan. 2,20; Dan. 2,24; Dan. 2,25; Dan. 2,27; Dan. 2,47; Dan. 3,14; Dan. 3,91; Dan. 3,95; Dan. 4,4; Dan. 4,14; Dan. 4,23; Dan. 4,30; Dan. 5,2; Dan. 5,13; Dan. 6,13; Dan. 6,13a; Dan. 6,15; Dan. 6,22; Dan. 7,5; Dan. 8,13; Dan. 8,14; Dan. 8,16; Dan. 8,16; Dan. 9,22; Dan. 10,12; Dan. 10,20; Sus. 19; Sus. 22; Sus. 48; Sus. 52; Sus. 52; Sus. 54; Sus. 55; Sus. 56; Sus. 58; Sus. 59; Bel 5; Bel 6; Bel 7; Bel 8; Bel 11; Bel 15-17; Bel 18; Bel 19; Bel 19; Bel 20; Bel 24; Bel 25; Bel 26; Bel 30; Bel 35; Bel 37; Bel 41; Judg. 1,2; Judg. 1,3; Judg. 1,7; Judg. 1,12; Judg. 1,14; Judg. 1,15; Judg. 2,1; Judg. 2,20; Judg. 3,19; Judg. 3,19; Judg. 3,20; Judg. 3,28; Judg. 4,6; Judg. 4,8; Judg. 4,9; Judg. 4,14; Judg. 4,18; Judg. 4,19; Judg. 4,20; Judg. 4,22; Judg. 5,23; Judg. 6,8; Judg. 6,12; Judg. 6,13; Judg. 6,14; Judg. 6,15; Judg. 6,16; Judg. 6,17; Judg. 6,18; Judg. 6,20; Judg. 6,22; Judg. 6,23; Judg. 6,25; Judg. 6,29; Judg. 6,31; Judg. 6,36; Judg. 6,39; Judg. 7,2; Judg. 7,4; Judg. 7,5; Judg. 7,7; Judg. 7,9; Judg. 7,13; Judg. 7,14; Judg. 7,15; Judg. 7,17; Judg. 8,2; Judg. 8,5; Judg. 8,7; Judg. 8,9; Judg. 8,15; Judg. 8,18; Judg. 8,19; Judg. 8,20; Judg. 8,21; Judg. 8,23; Judg. 8,24; Judg. 9,7; Judg. 9,9; Judg. 9,11; Judg. 9,13; Judg. 9,15; Judg. 9,28; Judg. 9,36; Judg. 9,36; Judg. 9,37; Judg. 9,38; Judg. 9,48; Judg. 9,54; Judg. 10,11; Judg. 11,7; Judg. 11,9; Judg. 11,13; Judg. 11,15; Judg. 11,19; Judg. 11,30; Judg. 11,35; Judg. 11,36; Judg. 11,37; Judg. 11,38; Judg. 12,2; Judg. 12,5; Judg. 13,3; Judg. 13,6; Judg. 13,8; Judg. 13,10; Judg. 13,11; Judg. 13,11; Judg. 13,12; Judg. 13,13; Judg. 13,15; Judg. 13,16; Judg. 13,17; Judg. 13,18; Judg. 13,22; Judg. 13,23; Judg. 14,2; Judg. 14,3; Judg. 14,3; Judg. 14,12; Judg. 14,14; Judg. 14,16; Judg. 14,16; Judg. 14,18; Judg. 15,1; Judg. 15,2; Judg. 15,3; Judg. 15,7; Judg. 15,11; Judg. 15,12; Judg. 15,16; Judg. 15,18; Judg. 16,6; Judg. 16,7; Judg. 16,9; Judg. 16,10; Judg. 16,11; Judg. 16,12; Judg. 16,13; Judg. 16,13; Judg. 16,14; Judg. 16,15; Judg. 16,17; Judg. 16,20; Judg. 16,20; Judg. 16,26; Judg. 16,28; Judg. 16,30; Judg. 17,2; Judg. 17,2; Judg. 17,3; Judg. 17,9; Judg. 17,9; Judg. 17,10; Judg. 17,13; Judg. 18,4; Judg. 18,6; Judg. 18,18; Judg. 18,24; Judg. 19,5; Judg. 19,6; Judg. 19,8; Judg. 19,9; Judg. 19,11; Judg. 19,12; Judg. 19,13; Judg. 19,17; Judg. 19,18; Judg. 19,20; Judg. 19,23; Judg. 19,28; Judg. 20,4; Judg. 20,18; Judg. 20,23; Judg. 20,28; Tob. 2,3; Tob. 3,8; Tob. 3,11; Tob. 4,2; Tob. 4,3; Tob. 5,1; Tob. 5,3; Tob. 5,5; Tob. 5,5; Tob. 5,5; Tob. 5,6; Tob. 5,7; Tob. 5,8; Tob. 5,9; Tob. 5,9; Tob. 5,10; Tob. 5,10; Tob. 5,10; Tob. 5,10; Tob. 5,10; Tob. 5,10; Tob. 5,11; Tob. 5,12; Tob. 5,12; Tob. 5,13; Tob. 5,14; Tob. 5,15; Tob. 5,17; Tob. 5,17; Tob. 5,17; Tob. 5,17; Tob. 5,18; Tob. 5,21; Tob. 6,3; Tob. 6,4; Tob. 6,7; Tob. 6,8; Tob. 6,11; Tob. 6,11; Tob. 6,13; Tob. 6,14; Tob. 7,1; Tob. 7,2; Tob. 7,3; Tob. 7,4; Tob. 7,5; Tob. 7,5; Tob. 7,6; Tob. 7,9; Tob. 7,10; Tob. 7,12; Tob. 7,12; Tob. 7,13; Tob. 7,14; Tob. 7,15; Tob. 7,16; Tob. 7,16; Tob. 8,4; Tob. 8,10; Tob. 8,12; Tob. 8,18; Tob. 8,19; Tob. 8,19; Tob. 8,20; Tob. 9,1; Tob. 9,6; Tob. 10,2; Tob. 10,4; Tob. 10,7; Tob. 10,8; Tob. 10,9; Tob. 10,9; Tob. 10,11; Tob. 10,12; Tob. 10,14; Tob. 11,1; Tob. 11,4; Tob. 11,6; Tob. 11,7; Tob. 11,9; Tob. 11,11; Tob. 11,13; Tob. 11,14; Tob. 11,17; Tob. 12,1; Tob. 12,2; Tob. 12,4; Tob. 12,5; Tob. 12,6; Tob. 12,17; Tob. 13,1; Tob. 14,4; Dan. 1,3; Dan. 1,10; Dan. 1,11; Dan. 1,18; Dan. 2,2; Dan. 2,3; Dan. 2,5; Dan. 2,8; Dan. 2,12; Dan. 2,20; Dan. 2,24; Dan. 2,25; Dan. 2,26; Dan. 2,46; Dan. 2,47; Dan. 3,13; Dan. 3,14; Dan. 3,19; Dan. 3,20; Dan. 3,25; Dan. 3,91; Dan. 3,92; Dan. 3,93; Dan. 3,95; Dan. 4,14; Dan. 4,19; Dan. 4,19; Dan. 4,23; Dan. 4,30; Dan. 5,2; Dan. 5,7; Dan. 5,10; Dan. 5,13; Dan. 5,17; Dan. 5,29; Dan. 6,13; Dan. 6,17; Dan. 6,17; Dan. 6,22; Dan. 6,24; Dan. 6,25; Dan. 7,23; Dan. 8,13; Dan. 8,14; Dan. 8,16; Dan. 8,17; Dan. 8,19; Dan. 9,22; Dan. 10,11; Dan. 10,12; Dan. 10,20; Dan. 12,6; Dan. 12,9; Sus. 17; Sus. 18; Sus. 22; Sus. 42; Sus. 48; Sus. 51; Sus. 52; Sus. 54; Sus. 55; Sus. 56; Sus. 58; Sus. 59; Bel 5; Bel 5; Bel 6; Bel 7; Bel 8; Bel 9; Bel 17; Bel 17; Bel 19; Bel 20; Bel 24; Bel 25; Bel 26; Bel 27; Bel 34; Bel 35; Bel 38; Bel 41;

λέγω 1453

Matt. 2,8; Matt. 3,7; Matt. 3,15; Matt. 4,3; Matt. 4,4; Matt. 4,9; Matt. 8,10; Matt. 8,13; Matt. 8,19; Matt. 8,21; Matt. 8,32; Matt. 9,2; Matt. 9,4; Matt. 9,12; Matt. 9,15; Matt. 9,22; Matt. 11,3; Matt. 11,4; Matt. 11,25; Matt. 12,3; Matt. 12,11; Matt. 12,25; Matt. 12,39; Matt. 12,47; Matt. 12,48; Matt. 12,49; Matt. 13,11; Matt. 13,37; Matt. 13,52; Matt. 13,57; Matt. 14,2; Matt. 14,16; Matt. 14,18; Matt. 14,28; Matt. 14,29; Matt. 15,3; Matt. 15,4; Matt. 15,10; Matt. 15,13; Matt. 15,15; Matt. 15,16; Matt. 15,24; Matt. 15,26; Matt. 15,27; Matt. 15,28; Matt. 15,32; Matt. 16,2; Matt. 16,6; Matt. 16,8; Matt. 16,12; Matt. 16,16; Matt. 16,17; Matt. 16,23; Matt. 16,24; Matt. 17,4; Matt. 17,7; Matt. 17,11; Matt. 17,13; Matt. 17,17; Matt. 17,22; Matt. 18,3; Matt. 18,21; Matt. 19,4; Matt. 19,5; Matt. 19,11; Matt. 19,14; Matt. 19,16; Matt. 19,17; Matt. 19,18; Matt. 19,23; Matt. 19,26; Matt. 19,27; Matt. 19,28; Matt. 20,4; Matt. 20,13; Matt. 20,17; Matt. 20,21; Matt. 20,22; Matt. 20,25; Matt. 20,32; Matt. 21,21; Matt. 21,24; Matt. 21,28; Matt. 21,29; Matt. 21,30; Matt. 21,30; Matt. 22,1; Matt. 22,13; Matt. 22,18; Matt. 22,24; Matt. 22,29; Matt. 22,44; Matt. 24,2; Matt. 24,4; Matt. 25,12; Matt. 25,22; Matt. 25,24; Matt. 25,26; Matt. 26,1; Matt. 26,10; Matt. 26,15; Matt. 26,18; Matt. 26,21; Matt. 26,23; Matt. 26,25; Matt. 26,26; Matt. 26,33; Matt. 26,49; Matt. 26,50; Matt. 26,55; Matt. 26,62; Matt. 26,63; Matt. 27,17; Matt. 27,21; Matt. 27,25; Matt. 27,43; Matt. 27,63; Matt. 28,5; Matt. 28,6; Mark 1,17; Mark 2,19; Mark 3,9; Mark 4,39; Mark 4,40; Mark 5,33; Mark 5,34; Mark 5,43; Mark 6,22; Mark 6,24; Mark 6,24; Mark 6,37; Mark 7,6; Mark 7,10; Mark 7,29; Mark 8,7; Mark 8,34; Mark 9,21; Mark 9,23; Mark 9,29; Mark 9,36; Mark 9,39; Mark 10,3; Mark 10,5; Mark 10,14; Mark 10,18; Mark 10,21; Mark 10,36; Mark 10,38; Mark 10,39; Mark 10,49; Mark 10,51; Mark 10,51; Mark 10,52; Mark 11,6; Mark 11,14; Mark 11,29; Mark 12,12; Mark 12,15; Mark 12,17; Mark 12,26; Mark 12,32; Mark 12,34; Mark 12,36; Mark 12,36; Mark 12,43; Mark 13,2; Mark 14,6; Mark 14,16; Mark 14,18; Mark 14,20; Mark 14,22; Mark 14,24; Mark 14,48; Mark 14,62; Mark 14,72; Mark 15,39; Mark 16,7; Mark 16,15; Luke 1,13; Luke 1,18; Luke 1,19; Luke 1,28; Luke 1,30; Luke 1,34; Luke 1,35; Luke 1,38; Luke 1,42; Luke 1,46; Luke 1,60; Luke 2,10; Luke 2,28; Luke 2,34; Luke 2,48; Luke 2,49; Luke 3,13; Luke 3,14; Luke 4,3; Luke 4,6; Luke 4,8; Luke 4,9; Luke 4,12; Luke 4,23; Luke 4,24; Luke 4,43; Luke 5,4; Luke 5,5; Luke 5,10; Luke 5,20; Luke 5,22; Luke 5,24; Luke 5,27; Luke 5,31; Luke 5,34; Luke 6,3; Luke 6,8; Luke 6,9; Luke 6,10; Luke 7,9; Luke 7,13; Luke 7,14; Luke 7,22; Luke 7,39; Luke 7,40; Luke 7,43; Luke 7,43; Luke 7,48; Luke 7,50; Luke 8,4; Luke 8,10; Luke 8,21; Luke 8,22; Luke 8,25; Luke 8,28; Luke 8,30; Luke 8,45; Luke 8,45; Luke 8,46; Luke 8,48; Luke 8,52; Luke 9,3; Luke 9,9; Luke 9,13; Luke 9,14; Luke 9,20; Luke 9,33; Luke 9,41; Luke 9,43; Luke 9,48; Luke 9,49; Luke 9,50; Luke 9,58; Luke 9,59; Luke 9,60; Luke 9,62; Luke 10,18; Luke 10,21; Luke 10,23; Luke 10,26; Luke 10,27; Luke 10,28; Luke 10,29; Luke 10,30; Luke 10,35; Luke 10,37; Luke 10,37; Luke 10,40; Luke 10,41; Luke 11,2; Luke 11,5; Luke 11,17; Luke 11,27; Luke 11,28; Luke 11,39; Luke 11,46; Luke 11,49; Luke 12,14; Luke 12,18; Luke 12,20; Luke 12,42; Luke 13,2; Luke 13,7; Luke 13,12; Luke 13,15; Luke 13,20; Luke 13,23; Luke 13,32; Luke 14,3; Luke 14,5; Luke 14,15; Luke 14,16; Luke 14,18; Luke 14,19; Luke 14,20; Luke 14,21; Luke 14,22; Luke 14,23; Luke 14,25; Luke 15,12; Luke 15,21; Luke 15,22; Luke 15,27; Luke 15,29; Luke 15,31; Luke 16,2; Luke 16,3; Luke 16,6; Luke 16,6; Luke 16,7; Luke 16,7; Luke 16,15; Luke 16,24; Luke 16,25; Luke 16,27; Luke 16,30; Luke 16,31; Luke 17,6; Luke 17,14; Luke 17,17; Luke 17,19; Luke 17,20; Luke 17,37; Luke 18,4; Luke 18,19; Luke 18,21; Luke 18,22; Luke 18,24; Luke 18,27; Luke 18,29; Luke 18,31; Luke 18,41; Luke 18,42; Luke 19,5; Luke 19,8; Luke 19,9; Luke 19,11; Luke 19,12; Luke 19,13; Luke 19,15; Luke 19,17; Luke 19,19; Luke 19,24; Luke 19,32; Luke 19,40; Luke 20,3; Luke 20,8; Luke 20,13; Luke 20,17; Luke 20,19; Luke 20,23; Luke 20,25; Luke 20,34; Luke 20,42; Luke 20,45; Luke 21,3; Luke 21,5; Luke 21,8; Luke 21,29; Luke 22,10; Luke 22,15; Luke 22,17; Luke 22,25; Luke 22,33; Luke 22,34; Luke 22,35; Luke 22,36; Luke 22,38; Luke 22,40; Luke 22,46; Luke 22,48; Luke 22,51; Luke 22,56; Luke 22,60; Luke 22,61; Luke 22,67; Luke 23,4; Luke 23,14; Luke 23,22; Luke 23,28; Luke 23,43; Luke 23,46; Luke 24,17; Luke 24,18; Luke 24,19; Luke 24,25; Luke 24,38; Luke 24,41; Luke 24,46; John 1,23; John 1,33; John 1,42; John 1,46; John 1,48; John 1,50; John 2,16; John 2,19; John 2,22; John 3,2; John 3,3; John 3,9; John 3,10; John 3,27; John 4,10; John 4,13; John 4,17; John 4,27; John 4,32; John 4,48; John 4,50; John 4,53; John 5,11; John 5,14; John 6,10; John 6,26; John 6,29; John 6,32; John 6,35; John 6,41; John 6,43; John 6,53; John 6,59; John 6,61; John 6,67; John 7,16; John 7,21; John 7,36; John 7,38; John 7,39; John 7,42; John 8,7; John 8,10; John 8,11; John 8,11; John 8,14; John 8,25; John 8,28; John 8,42; John 8,58; John 9,7; John 9,15; John 9,17; John 9,30; John 9,35; John 9,36; John 9,37; John 9,39; John 9,41; John 10,6; John 10,35; John 10,41; John 11,4; John 11,11; John 11,14; John 11,16; John 11,21; John 11,25; John 11,34; John 11,41; John 11,49; John 11,51; John 12,6; John 12,7; John 12,30; John 12,35; John 12,38; John 12,39; John 12,41; John 12,44; John 13,7; John 13,11; John 13,12; John 13,21; John 13,28; John 14,23; John 16,19; John 17,1; John 18,6; John 18,9; John 18,11; John 18,16; John 18,25; John 18,31; John 18,32; John 18,33; John 18,37; John 19,21; John 19,30; John 20,18; John 20,21; John 20,25; John 20,26; John 20,28; John 21,6; John 21,17; John 21,19; John 21,20; John 21,23; Acts 1,7; Acts 1,15; Acts 2,34; Acts 3,4; Acts 3,6; Acts 3,22; Acts 4,8; Acts 5,3; Acts 5,8; Acts 5,19; Acts 7,3; Acts 7,7; Acts 7,33; Acts 7,56; Acts 8,20; Acts 8,24; Acts 8,29; Acts 8,30; Acts 8,31; Acts 8,34; Acts 9,5; Acts 9,10; Acts 9,10; Acts 9,15; Acts 9,17; Acts 9,34; Acts 9,40; Acts 10,4; Acts 10,4; Acts 10,14; Acts 10,19; Acts 10,21; Acts 10,34; Acts 11,12; Acts 12,8; Acts 12,11; Acts 13,2; Acts 13,10; Acts 13,16; Acts 13,22; Acts 14,10; Acts 15,7; Acts 15,36; Acts 16,18; Acts 18,6; Acts 18,14; Acts 19,4; Acts 19,15; Acts 19,25; Acts 20,10; Acts 20,18; Acts 20,35; Acts 21,11; Acts 21,39; Acts 22,10; Acts 22,14; Acts 22,21; Acts 22,25; Acts 22,27; Acts 23,1; Acts 23,3; Acts 23,11; Acts 23,20; Acts 23,23; Acts 25,9; Acts 25,10; Acts 26,15; Acts 27,21; Acts 27,31; 1Cor. 11,24; 2Cor. 6,16; Heb. 12,21; James 2,11; Jude 9; Rev. 21,5)

Εἶπέν ▸ 1
    Verb · third · singular · aorist · active · indicative ▸ **1** (2Kings 8,14)

εἶπέν ▸ 33 + 3 + 17 = 53
    Verb · third · singular · aorist · active · indicative ▸ 33 + 3 + 17 = 53 (Gen. 24,40; Gen. 31,11; Gen. 39,17; Gen. 48,4; Deut. 9,3; Deut. 26,18; Deut. 29,12; Josh. 14,12; Judg. 13,7; 1Sam. 10,15; 1Sam. 15,18; 1Sam. 21,3; 2Sam. 1,8; 2Kings 8,14; 1Chr. 28,6; Neh. 2,2; Neh. 2,4; Neh. 2,6; Neh. 2,18; Tob. 2,14; Is. 18,4; Is. 21,16; Is. 31,4; Is. 49,3; Is. 49,6; Jer. 35,1; Jer. 39,8; Ezek. 3,24; Dan. 8,17; Dan. 10,11; Dan. 10,14; Dan. 11,1; Dan. 12,9; Judg. 13,7; Dan. 7,16; Dan. 10,19; Luke 9,57; Luke 11,1; John 4,29; John 4,39; John 9,11; Acts 5,35; Acts 12,17; Acts 19,2; Acts 19,3; Acts 22,8; Acts 22,13; Titus 1,12; Heb. 1,5; Rev. 7,14; Rev. 17,7; Rev. 21,6; Rev. 22,6)

εἶπες ▸ 1
    Verb · second · singular · aorist · active · indicative ▸ **1** (Mark 12,32)

εἴπῃ ▸ 30 + 2 + 22 = 54
Verb · third · singular · aorist · active · subjunctive ▸ 30 + 2 + 22 = 54 (Gen. 21,12; Gen. 24,14; Gen. 24,44; Gen. 31,8; Gen. 31,8; Gen. 41,55; Gen. 46,33; Ex. 21,5; Lev. 20,9; Num. 24,13; Deut. 5,27; Deut. 25,8; Judg. 4,20; 1Sam. 20,7; 2Sam. 11,20; 2Sam. 15,26; 2Sam. 17,9; 1Kings 22,14; 2Chr. 18,13; 1Esdr. 4,3; 1Esdr. 4,4; 1Esdr. 4,7; Esth. 2,13; Psa. 12,5; Prov. 15,23; Eccl. 8,17; Sir. 20,20; Sir. 37,9; Is. 8,12; Is. 33,24; Judg. 4,20; Dan. 3,96; Matt. 5,22; Matt. 5,22; Matt. 12,32; Matt. 12,32; Matt. 15,5; Matt. 21,3; Matt. 24,23; Matt. 24,48; Mark 7,11; Mark 11,3; Mark 11,23; Mark 13,21; Luke 11,5; Luke 11,7; Luke 12,45; 1Cor. 1,15; 1Cor. 10,28; 1Cor. 12,15; 1Cor. 12,16; 1Cor. 15,27; James 2,16; 1John 4,20)

εἴπῃς ▸ 1
Verb · second · singular · aorist · active · subjunctive ▸ 1 (Prov. 3,28)

εἴπῃς ▸ 37 + 4 = 41
Verb · second · singular · aorist · active · subjunctive ▸ 37 + 4 = 41 (Gen. 14,23; Num. 22,17; Deut. 8,17; Deut. 9,4; Deut. 17,14; Deut. 18,21; Ruth 3,5; Ruth 3,11; 1Sam. 14,41; 2Sam. 2,26; 1Kings 5,20; 2Kings 10,5; Esth. 4,13; 1Mac. 13,9; Prov. 20,20 # 20,9c; Prov. 24,12; Prov. 24,29; Eccl. 5,5; Eccl. 7,10; Job 34,9; Sir. 5,1; Sir. 5,3; Sir. 5,4; Sir. 5,6; Sir. 7,9; Sir. 11,23; Sir. 11,24; Sir. 15,11; Sir. 15,12; Sir. 16,17; Sir. 31,12; Sir. 31,31; Is. 40,27; Is. 48,5; Is. 48,5; Is. 48,7; Jer. 13,22; Matt. 8,4; Matt. 26,63; Mark 1,44; Rom. 10,6)

εἴπητε ▸ 4 + 7 = 11
Verb · second · plural · aorist · active · subjunctive ▸ 4 + 7 = 11 (Gen. 34,11; Job 32,13; Is. 8,12; Jer. 5,19; Matt. 17,9; Matt. 21,21; Matt. 23,39; Luke 12,11; Luke 13,35; James 2,3; James 2,3)

εἴπητέ ▸ 2 + 1 + 1 = 4
Verb · second · plural · aorist · active · subjunctive ▸ 2 + 1 + 1 = 4 (Gen. 34,12; Dan. 2,9; Bel 8; Matt. 21,24)

εἴποι ▸ 1
Verb · third · singular · aorist · active · optative ▸ 1 (4Mac. 2,24)

εἴποιεν ▸ 1
Verb · third · plural · aorist · active · optative ▸ 1 (4Mac. 1,5)

εἴποιέν ▸ 1
Verb · third · plural · aorist · active · optative ▸ 1 (4Mac. 7,17)

εἴποιμι ▸ 1
Verb · first · singular · aorist · active · optative ▸ 1 (Job 23,4)

Εἶπον ▸ 1 + 3 = 4
Verb · first · singular · aorist · active · indicative ▸ 1 (Eccl. 2,1)
Verb · third · plural · aorist · active · indicative ▸ 3 (John 6,30; John 8,13; John 8,52)

εἶπον ▸ 92 + 19 + 49 = 160
Verb · first · singular · aorist · active · indicative ▸ 12 + 1 + 29 = 42 (Ex. 3,17; 1Sam. 20,3; 2Sam. 19,30; 2Kings 2,18; 2Kings 6,29; 2Kings 23,27; Psa. 39,8; Job 9,22; Wis. 8,21; Sol. 2,22; Zech. 4,4; Ezek. 20,29; Judg. 2,3; Matt. 16,11; Matt. 28,7; John 1,15; John 1,30; John 3,12; John 3,28; John 6,36; John 8,24; John 9,27; John 10,25; John 10,36; John 11,42; John 13,33; John 14,2; John 14,26; John 14,28; John 15,20; John 16,4; John 16,4; John 16,15; John 16,19; John 18,8; John 18,21; Acts 11,8; Acts 22,10; Acts 22,19; Gal. 2,14; Heb. 3,10; Heb. 10,7)
Verb · second · singular · aorist · active · imperative ▸ 1 (Prov. 7,4)
Verb · third · plural · aorist · active · indicative ▸ 79 + 18 + 20 = 117 (Gen. 44,7; Josh. 21,2; Judg. 1,24; Judg. 9,8; Judg. 10,18; Judg. 11,2; Judg. 12,1; Judg. 18,25; Ruth 1,19; Ruth 2,4; 1Sam. 4,6; 1Sam. 4,7; 1Sam. 4,20; 1Sam. 5,11; 1Sam. 11,1; 1Sam. 13,19; 1Sam. 24,5; 1Sam. 29,3; 2Sam. 10,3; 2Sam. 15,15; 2Sam. 19,42; 1Kings 1,2; 1Kings 12,24q; 1Kings 18,10; 1Kings 18,24; 1Kings 18,26; 1Kings 18,39; 1Kings 21,5; 1Kings 21,23; 1Kings 21,32; 1Kings 21,33; 1Kings 22,32; 2Kings 1,8; 2Kings 2,3; 2Kings 2,15; 2Kings 2,16; 2Kings 2,19; 2Kings 2,23; 2Kings 4,6; 2Kings 4,40; 2Kings 6,1; 2Kings 9,11; 2Kings 9,12; 2Kings 9,13; 2Kings 10,4; 2Kings 10,13; 2Kings 17,26; 2Kings 19,3; 2Kings 23,17; 1Chr. 19,3; 1Esdr. 4,41; 1Esdr. 9,10; 1Esdr. 9,39; 1Mac. 2,17; 1Mac. 2,33; 1Mac. 2,34; 1Mac. 3,17; 1Mac. 5,57; 1Mac. 6,22; 1Mac. 7,14; 1Mac. 7,18; 1Mac. 7,36; 1Mac. 8,19; 1Mac. 9,20; 1Mac. 9,28; 1Mac. 12,3; 1Mac. 12,53; 1Mac. 14,48; 2Mac. 3,33; 4Mac. 8,27; 4Mac. 8,29; Job 31,31; Wis. 2,1; Jonah 1,8; Zech. 1,11; Jer. 5,24; Bar. 3,35; Dan. 3,9; Dan. 6,13a; Judg. 1,24; Judg. 6,30; Judg. 8,6; Judg. 8,22; Judg. 9,8; Judg. 9,10; Judg. 10,18; Judg. 15,10; Judg. 15,13; Judg. 18,8; Judg. 18,25; Judg. 19,22; Judg. 20,32; Judg. 21,5; Judg. 21,16; Tob. 12,11; Dan. 6,6; Sus. 20; Matt. 12,24; Matt. 13,27; Matt. 17,19; Matt. 21,38; Matt. 26,73; Luke 11,15; Luke 24,24; John 6,25; John 6,28; John 6,34; John 7,3; John 7,35; John 7,45; John 8,57; John 9,26; John 9,28; John 9,40; John 18,25; John 18,31; Acts 4,19)

εἶπόν ▸ 6
Verb · first · singular · aorist · active · indicative ▸ 3 (John 1,50; John 3,7; John 11,40)
Verb · third · plural · aorist · active · indicative ▸ 3 (John 18,34; Acts 2,37; Acts 21,20)

Εἰπόν ▸ 2
Verb · second · singular · aorist · active · imperative ▸ 2 (1Sam. 9,27; Ezek. 21,14)

Εἰπὸν ▸ 23 + 1 = 24
Verb · second · singular · aorist · active · imperative ▸ 23 + 1 = 24 (Gen. 45,17; Ex. 7,19; Ex. 8,1; Ex. 8,12; Ex. 16,9; Ex. 25,2; Lev. 21,1; Lev. 21,17; Lev. 22,2; Lev. 23,10; Num. 9,2; Deut. 1,42; 1Kings 2,17; 1Kings 12,23; 1Kings 12,24y; 2Kings 4,13; 2Chr. 11,3; Hag. 1,1; Hag. 2,2; Hag. 2,21; Zech. 7,5; Ezek. 24,21; Ezek. 39,17; Judg. 12,6)

εἰπόν ▸ 25 + 3 + 1 = 29
Verb · second · singular · aorist · active · imperative ▸ 25 + 3 + 1 = 29 (Num. 25,12; 2Sam. 23,3; 2Kings 9,3; Tob. 5,15; Job 2,9e; Jer. 31,19; Ezek. 6,11; Ezek. 7,2; Ezek. 11,16; Ezek. 11,17; Ezek. 13,8; Ezek. 15,6; Ezek. 17,9; Ezek. 17,12; Ezek. 17,19; Ezek. 22,19; Ezek. 28,22; Ezek. 29,3; Ezek. 30,2; Ezek. 35,3; Ezek. 36,3; Ezek. 37,12; Ezek. 39,1; Ezek. 39,17; Dan. 2,7; Dan. 4,9; Dan. 4,18; Sus. 54; Acts 28,26)

εἰπὸν ▸ 53 + 3 + 3 = 59
Verb · second · singular · aorist · active · imperative ▸ 53 + 3 + 3 = 59 (Gen. 12,13; Gen. 20,13; Ex. 6,6; Lev. 22,3; Num. 14,28; Deut. 5,30; Josh. 7,13; 1Sam. 28,13; 2Sam. 7,5; 1Kings 18,44; 1Kings 22,27; 2Kings 8,10; 1Chr. 17,4; Esth. 4,10; Esth. 4,13; Esth. 5,14; Tob. 3,13; Psa. 34,3; Is. 6,9; Is. 22,15; Is. 38,5; Is. 40,9; Jer. 1,17; Jer. 18,11; Jer. 35,13; Jer. 42,13; Jer. 46,16; Jer. 51,34; Ezek. 12,10; Ezek. 12,11; Ezek. 12,23; Ezek. 12,28; Ezek. 13,11; Ezek. 14,6; Ezek. 17,2; Ezek. 17,12; Ezek. 20,30; Ezek. 22,24; Ezek. 24,3; Ezek. 28,2; Ezek. 28,12; Ezek. 31,2; Ezek. 33,10; Ezek. 33,11; Ezek. 33,12; Ezek. 33,25; Ezek. 34,2; Ezek. 36,1; Ezek. 36,6; Ezek. 36,22; Ezek. 37,9; Ezek. 38,3; Ezek. 38,14; Tob. 3,13; Tob. 7,9; Dan. 2,4; Mark 13,4; Luke 20,2; Luke 22,67)

εἰπόντα ▸ 1 + 3 = 4
Verb · aorist · active · participle · masculine · singular · accusative ▸ 1 + 3 = 4 (4Mac. 11,17; Acts 10,3; Acts 11,13; Heb. 10,30)

εἰπόντας ▸ 1
Verb · aorist · active · participle · masculine · plural · accusative ▸ 1 (Psa. 11,5)

εἰπόντες ▸ 2 + 3 = 5

λέγω

Verb · aorist · active · participle · masculine · plural · nominative
▸ 2 + 3 = **5** (2Mac. 3,34; Is. 3,10; Acts 7,35; Acts 7,40; Acts 21,14)

εἰπόντος ▸ 1 + 4 = 5
Verb · aorist · active · participle · masculine · singular · genitive
▸ 1 + 4 = **5** (3Mac. 5,21; Matt. 17,26; John 18,22; Acts 23,7; Acts 28,25)

εἰπόντων ▸ 2
Verb · aorist · active · participle · masculine · plural · genitive
▸ **2** (3Mac. 1,11; 4Mac. 9,10)

εἴποσαν ▸ 6
Verb · third · plural · aorist · active · indicative ▸ **6** (Ruth 4,11; Ruth 4,11; Ezra 5,4; Neh. 1,3; Neh. 4,6; Neh. 9,5)

εἰποῦσα ▸ 3
Verb · aorist · active · participle · feminine · singular · nominative
▸ **3** (John 11,28; John 11,28; John 20,14)

εἰπούσῃ ▸ 1
Verb · aorist · active · participle · feminine · singular · dative
▸ **1** (1Kings 3,27)

εἴπω ▸ 19 + 2 + 7 = 28
Verb · first · singular · aorist · active · subjunctive ▸ 19 + 2 + 7 = **28** (Gen. 22,2; Gen. 24,14; Gen. 24,43; Gen. 26,2; Ex. 23,22; Num. 22,35; Judg. 7,4; Judg. 7,4; 1Sam. 16,3; 1Sam. 20,21; 1Sam. 20,22; 1Sam. 28,8; 2Sam. 13,28; 2Kings 4,24; 4Mac. 12,8; Psa. 49,12; Prov. 30,9; Job 9,27; Ezek. 14,17; Judg. 7,4; Judg. 7,4; Matt. 2,13; Luke 22,67; John 3,12; John 8,55; John 12,27; John 12,49; 1Cor. 11,22)

Εἴπωμεν ▸ 1
Verb · first · plural · aorist · active · subjunctive ▸ **1** (1Esdr. 3,5)

εἴπωμεν ▸ 4 + 10 = 14
Verb · first · plural · aorist · active · subjunctive ▸ 4 + 10 = **14** (2Sam. 12,18; 2Kings 7,4; Ezra 9,10; Hos. 14,4; Matt. 21,25; Matt. 21,26; Mark 11,31; Mark 11,32; Luke 9,54; Luke 20,5; Luke 20,6; 1John 1,6; 1John 1,8; 1John 1,10)

εἰπών ▸ 10
Verb · aorist · active · participle · masculine · singular · nominative
▸ **10** (Mark 14,39; Luke 22,8; John 5,12; John 18,22; Acts 4,25; Acts 7,26; Acts 7,27; Acts 18,21; 2Cor. 4,6; James 2,11)

εἰπών ▸ 5 + 19 = 24
Verb · aorist · active · participle · masculine · singular · nominative
▸ 5 + 19 = **24** (2Mac. 6,28; 2Mac. 14,34; 4Mac. 6,30; 4Mac. 9,25; Prov. 24,24; Matt. 26,44; Luke 9,22; Luke 19,28; Luke 23,46; Luke 24,40; John 7,9; John 9,6; John 11,43; John 13,21; John 18,1; John 18,38; John 20,20; John 20,22; John 21,19; Acts 1,9; Acts 7,60; Acts 19,21; Acts 19,40; Acts 20,36)

εἴπωσιν ▸ 26 + 1 + 6 = 33
Verb · third · plural · aorist · active · subjunctive ▸ 26 + 1 + 6 = **33** (Gen. 22,14; Ex. 32,12; Deut. 9,28; Deut. 32,27; Josh. 22,24; Judg. 9,54; 1Sam. 14,9; 1Sam. 14,10; Psa. 78,10; Psa. 113,10; Ode. 2,27; Prov. 30,16; Job 12,7; Joel 2,17; Is. 8,19; Is. 8,20; Is. 10,8; Is. 32,5; Is. 32,5; Jer. 13,12; Jer. 15,2; Jer. 16,10; Jer. 23,34; Jer. 38,29; Ezek. 12,23; Ezek. 21,12; Judg. 9,54; Matt. 5,11; Matt. 16,20; Matt. 23,3; Matt. 24,26; Matt. 27,64; Luke 6,26)

εἴπωσίν ▸ 2
Verb · third · plural · aorist · active · subjunctive ▸ **2** (Deut. 17,11; Jer. 45,25)

εἴρηκα ▸ 8 + 1 + 4 = 13
Verb · first · singular · perfect · active · indicative ▸ 8 + 1 + 4 = **13** (Gen. 41,28; Gen. 42,14; Ex. 23,13; Lev. 17,12; Num. 18,24; Josh. 1,3; Tob. 12,11; Is. 14,24; Judg. 13,13; John 6,65; John 14,29; John 15,15; Rev. 7,14)

εἴρηκαν ▸ 1
Verb · third · plural · perfect · active · indicative ▸ **1** (Rev. 19,3)

Εἴρηκας ▸ 1
Verb · second · singular · perfect · active · indicative ▸ **1** (Ex. 10,29)

εἴρηκας ▸ 5 + 1 + 1 = 7
Verb · second · singular · perfect · active · indicative ▸ 5 + 1 + 1 = **7** (Gen. 18,5; Ex. 8,6; Ex. 33,17; 1Esdr. 9,10; 1Mac. 10,56; Dan. 12,6; John 4,18)

εἴρηκάς ▸ 1
Verb · second · singular · perfect · active · indicative ▸ **1** (Dan. 12,6)

εἰρήκασιν ▸ 1
Verb · third · plural · perfect · active · indicative ▸ **1** (Acts 17,28)

εἰρήκατε ▸ 1 + 1 = 2
Verb · second · plural · perfect · active · indicative ▸ 1 + 1 = **2** (Ezek. 13,7; Acts 8,24)

εἰρήκει ▸ 3
Verb · third · singular · pluperfect · active · indicative ▸ **3** (Luke 22,13; John 11,13; Acts 20,38)

εἴρηκεν ▸ 4 + 5 = 9
Verb · third · singular · perfect · active · indicative ▸ 4 + 5 = **9** (1Kings 2,31; 4Mac. 2,6; Job 34,5; Sir. 19,14; Acts 13,34; Heb. 4,3; Heb. 4,4; Heb. 10,9; Heb. 13,5)

εἰρηκέν ▸ 1 + 3 = 4
Verb · third · singular · perfect · active · indicative ▸ 1 + 3 = **4** (Gen. 31,16; John 12,50; 2Cor. 12,9; Heb. 1,13)

εἰρηκέναι ▸ 1
Verb · perfect · active · infinitive ▸ **1** (Heb. 10,15)

εἰρηκόσιν ▸ 1
Verb · perfect · active · participle · masculine · plural · dative
▸ **1** (Psa. 121,1)

εἰρηκότος ▸ 1
Verb · perfect · active · participle · masculine · singular · genitive ▸ **1** (Matt. 26,75)

εἰρημένα ▸ 2
Verb · perfect · passive · participle · neuter · plural · accusative
▸ **2** (Gen. 45,21; 1Mac. 14,22)

εἰρημένον ▸ 4
Verb · perfect · passive · participle · neuter · singular · accusative
▸ **2** (Luke 2,24; Rom. 4,18)
Verb · perfect · passive · participle · neuter · singular · nominative
▸ **2** (Acts 2,16; Acts 13,40)

εἰρημένων ▸ 1
Verb · perfect · passive · participle · masculine · plural · genitive
▸ **1** (Dan. 6,13a)

εἴρηνται ▸ 1
Verb · third · plural · perfect · passive · indicative ▸ **1** (Prov. 31,1)

εἰρήσθω ▸ 1
Verb · third · singular · perfect · passive · imperative ▸ **1** (2Mac. 6,17)

εἴρηται ▸ 1
Verb · third · singular · perfect · passive · indicative ▸ **1** (Luke 4,12)

ἔλεγεν ▸ 19 + 2 + 59 = 80
Verb · third · singular · imperfect · active · indicative ▸ 19 + 2 + 59 = **80** (Judg. 19,30; 1Sam. 2,15; 1Sam. 2,16; 1Sam. 9,9; 2Sam. 15,2; 2Sam. 16,7; 2Mac. 3,13; 2Mac. 14,26; 2Mac. 15,22; 4Mac. 4,2; 4Mac. 4,6; 4Mac. 4,12; 4Mac. 9,28; 4Mac. 11,12; 4Mac. 11,20; 4Mac. 13,11; 4Mac. 13,12; 4Mac. 18,12; Job 1,5; Judg. 19,30; Tob. 10,6; Matt. 9,21; Matt. 9,24; Matt. 14,4; Mark 2,27; Mark 3,23; Mark 4,2; Mark 4,9; Mark 4,11; Mark 4,21;

Mark 4,24; Mark 4,26; Mark 4,30; Mark 5,8; Mark 5,28; Mark 5,30; Mark 6,4; Mark 6,10; Mark 6,16; Mark 6,18; Mark 7,9; Mark 7,14; Mark 7,20; Mark 7,27; Mark 8,21; Mark 8,24; Mark 9,1; Mark 9,24; Mark 9,31; Mark 11,17; Mark 12,35; Mark 12,38; Mark 14,36; Mark 15,12; Mark 15,14; Luke 3,11; Luke 6,5; Luke 6,20; Luke 13,14; Luke 16,5; Luke 21,10; Luke 23,34; Luke 23,42; John 2,21; John 2,22; John 5,18; John 5,19; John 6,6; John 6,65; John 6,71; John 8,23; John 8,27; John 9,9; John 12,29; John 12,33; Acts 4,32; Acts 11,16; Acts 13,25; Acts 28,17; Rom. 7,7)

Ἔλεγεν ▸ 1 + 12 = 13
Verb · third · singular · imperfect · active · indicative ▸ 1 + 12 = 13 (4Mac. 18,6; Luke 3,7; Luke 5,36; Luke 9,23; Luke 10,2; Luke 12,54; Luke 13,6; Luke 13,18; Luke 14,7; Luke 14,12; Luke 16,1; Luke 18,1; John 8,31)

ἔλεγες ▸ 2
Verb · second · singular · imperfect · active · indicative ▸ 2 (Tob. 7,9; 4Mac. 16,15)

ἐλέγετε ▸ 1 + 1 = 2
Verb · second · plural · imperfect · active · indicative ▸ 1 + 1 = 2 (Deut. 5,24; Luke 17,6)

ἐλέγετο ▸ 1
Verb · third · singular · imperfect · passive · indicative ▸ 1 (1Sam. 30,20)

ἐλέγομεν ▸ 1
Verb · first · plural · imperfect · active · indicative ▸ 1 (4Mac. 13,2)

ἔλεγον ▸ 26 + 2 + 77 = 105
Verb · first · singular · imperfect · active · indicative ▸ 5 + 1 + 4 = 10 (2Kings 5,11; 1Esdr. 8,70; Tob. 2,14; Psa. 72,15; Psa. 93,18; Tob. 2,14; Acts 25,20; 2Cor. 9,3; Phil. 3,18; 2Th. 2,5)
Verb · third · plural · imperfect · active · indicative ▸ 21 + 1 + 73 = 95 (Gen. 19,5; Gen. 19,15; Ex. 5,10; Num. 21,7; Num. 32,5; Num. 32,16; Deut. 1,25; Judg. 18,8; 1Sam. 12,10; 1Sam. 18,7; 1Sam. 19,24; 2Chr. 5,13; 2Chr. 20,21; 2Mac. 4,47; 4Mac. 6,13; 4Mac. 13,13; 4Mac. 13,18; Prov. 4,4; Zech. 11,5; Is. 6,3; Jer. 45,22; Dan. 7,5; Matt. 9,11; Matt. 9,34; Matt. 12,23; Matt. 21,11; Matt. 26,5; Matt. 27,41; Matt. 27,47; Matt. 27,49; Mark 2,16; Mark 2,24; Mark 3,21; Mark 3,22; Mark 3,30; Mark 4,41; Mark 5,31; Mark 6,14; Mark 6,15; Mark 6,15; Mark 6,35; Mark 11,5; Mark 11,28; Mark 14,2; Mark 14,31; Mark 14,70; Mark 15,31; Mark 15,35; Mark 16,3; Luke 4,22; Luke 9,31; Luke 22,65; Luke 24,10; John 4,33; John 4,42; John 5,10; John 6,14; John 6,42; John 7,11; John 7,12; John 7,12; John 7,31; John 7,40; John 7,41; John 7,41; John 8,6; John 8,19; John 8,22; John 9,8; John 9,9; John 9,9; John 9,10; John 9,16; John 9,16; John 10,20; John 10,21; John 10,24; John 10,41; John 11,36; John 11,47; John 11,56; John 12,29; John 16,18; John 19,3; John 19,21; John 20,25; Acts 2,13; Acts 9,21; Acts 12,15; Acts 17,18; Acts 21,4; Acts 28,4; Acts 28,6; Jude 18; Rev. 5,14)

Ἔλεγον ▸ 1 + 2 = 3
Verb · third · plural · imperfect · active · indicative ▸ 1 + 2 = 3 (4Mac. 17,1; John 7,25; John 8,25)

ἔλεξεν ▸ 1
Verb · third · singular · aorist · active · indicative ▸ 1 (3Mac. 6,29)

ἐρεῖ ▸ 57 + 1 + 17 = 75
Verb · third · singular · future · active · indicative ▸ 57 + 1 + 17 = 75 (Gen. 43,7; Ex. 14,3; Num. 5,19; Num. 5,21; Num. 5,22; Deut. 20,3; Deut. 22,16; Deut. 25,7; Deut. 25,9; Deut. 31,17; 2Sam. 14,15; 2Sam. 16,10; 1Chr. 16,36; 2Chr. 7,21; Judith 11,17; Psa. 57,12; Psa. 86,5; Psa. 90,2; Psa. 105,48; Eccl. 1,10; Eccl. 8,4; Job 9,12; Job 11,10; Job 23,5; Wis. 12,12; Sir. 13,6; Sir. 20,16; Sir. 22,10; Sir. 37,1; Hos. 2,9; Hos. 2,25; Amos 6,10; Amos 6,10; Amos 6,10; Mic. 3,1; Nah. 3,7; Zeph. 3,16; Zech. 13,3; Zech. 13,5; Zech. 13,6; Zech. 13,9; Mal. 1,4; Is. 3,7; Is. 8,17; Is. 10,9; Is. 29,11; Is. 29,12; Is. 29,12; Is. 29,16; Is. 41,6; Is. 41,7; Is. 44,5; Is. 45,9; Is. 51,16; Is. 58,9; Jer. 28,35; Jer. 28,35; Dan. 4,35; Matt. 21,25; Matt. 25,34; Matt. 25,40; Matt. 25,41; Mark 11,31; Luke 12,10; Luke 13,25; Luke 13,27; Luke 14,9; Luke 14,10; Luke 17,7; Luke 17,8; Luke 20,5; Rom. 9,20; 1Cor. 14,16; 1Cor. 15,35; James 2,18)

ἐρεῖς ▸ 152 + 1 + 3 = 156
Verb · second · singular · future · active · indicative ▸ 152 + 1 + 3 = 156 (Gen. 32,19; Gen. 44,4; Ex. 3,14; Ex. 3,15; Ex. 3,16; Ex. 3,18; Ex. 4,15; Ex. 4,22; Ex. 7,9; Ex. 7,16; Ex. 7,26; Ex. 8,16; Ex. 9,1; Ex. 9,13; Ex. 13,14; Ex. 19,3; Ex. 19,6; Ex. 20,22; Ex. 22,27; Ex. 23,22; Lev. 1,2; Lev. 12,2; Lev. 15,2; Lev. 17,2; Lev. 17,8; Lev. 18,2; Lev. 19,2; Lev. 19,14; Lev. 21,1; Lev. 22,18; Lev. 23,2; Lev. 23,10; Lev. 24,15; Lev. 25,2; Lev. 27,2; Num. 5,12; Num. 6,2; Num. 8,2; Num. 11,18; Num. 15,2; Num. 15,18; Num. 15,38; Num. 18,26; Num. 18,30; Num. 28,2; Num. 28,3; Num. 33,51; Num. 34,2; Num. 35,10; Deut. 6,21; Deut. 12,20; Deut. 26,3; Deut. 26,5; Deut. 26,13; Deut. 28,67; Deut. 28,67; Judg. 4,20; Judg. 16,15; 1Sam. 3,9; 1Sam. 16,2; 1Sam. 20,6; 2Sam. 7,8; 2Sam. 11,21; 2Sam. 11,25; 2Sam. 13,5; 2Sam. 15,34; 1Kings 1,13; 1Kings 12,24k; 1Kings 12,24o; 2Kings 4,26; 2Kings 20,5; 1Chr. 17,7; 2Chr. 10,10; 2Chr. 18,26; Psa. 138,20; Prov. 5,12; Prov. 23,35; Eccl. 12,1; Job 22,29; Job 35,3; Zech. 1,3; Zech. 6,12; Is. 7,4; Is. 12,1; Is. 12,4; Is. 14,4; Is. 49,21; Jer. 2,23; Jer. 3,12; Jer. 5,19; Jer. 7,27; Jer. 11,3; Jer. 13,12; Jer. 13,13; Jer. 13,21; Jer. 14,17; Jer. 15,2; Jer. 16,11; Jer. 17,20; Jer. 19,3; Jer. 19,11; Jer. 21,8; Jer. 22,2; Jer. 23,33; Jer. 28,62; Jer. 28,64; Jer. 32,27; Jer. 32,28; Jer. 32,30; Jer. 33,4; Jer. 36,24; Jer. 41,2; Jer. 43,29; Jer. 44,7; Jer. 45,26; Jer. 50,10; Ezek. 2,4; Ezek. 3,11; Ezek. 3,27; Ezek. 4,13; Ezek. 5,4; Ezek. 5,6; Ezek. 6,3; Ezek. 12,19; Ezek. 13,2; Ezek. 13,18; Ezek. 14,4; Ezek. 16,3; Ezek. 17,3; Ezek. 19,2; Ezek. 20,3; Ezek. 20,5; Ezek. 20,27; Ezek. 21,3; Ezek. 21,8; Ezek. 21,12; Ezek. 21,14; Ezek. 21,33; Ezek. 21,33; Ezek. 22,3; Ezek. 24,3; Ezek. 25,3; Ezek. 27,3; Ezek. 28,9; Ezek. 32,2; Ezek. 33,2; Ezek. 37,4; Ezek. 37,19; Ezek. 37,21; Ezek. 38,11; Ezek. 44,6; Bel 24; Judg. 4,20; Matt. 7,4; Acts 23,5; Rom. 11,19)

Ἐρεῖς ▸ 1
Verb · second · singular · future · active · indicative ▸ 1 (Rom. 9,19)

ἐρεῖτε ▸ 36 + 1 + 4 = 41
Verb · second · plural · future · active · indicative ▸ 36 + 1 + 4 = 41 (Gen. 32,5; Gen. 32,21; Gen. 46,34; Ex. 12,27; Josh. 9,11; Judg. 7,18; Judg. 19,30; 1Sam. 11,9; 1Sam. 18,25; 1Sam. 25,6; 2Sam. 15,10; 2Sam. 19,14; 1Kings 1,34; 2Kings 19,6; 2Kings 22,18; 2Chr. 34,26; Psa. 10,1; Job 19,28; Job 21,28; Sir. 39,15; Mal. 1,5; Mal. 3,8; Is. 8,21; Is. 19,11; Is. 37,6; Is. 37,10; Is. 44,20; Jer. 8,8; Jer. 10,11; Jer. 21,3; Jer. 23,35; Jer. 23,38; Jer. 31,14; Jer. 34,4; Bar. 1,15; Ezek. 18,19; Judg. 7,18; Matt. 17,20; Matt. 21,3; Luke 19,31; Luke 22,11)

ἐρεῖτέ ▸ 1
Verb · second · plural · future · active · indicative ▸ 1 (Luke 4,23)

ἐροῦμεν ▸ 9 + 2 + 7 = 18
Verb · first · plural · future · active · indicative ▸ 9 + 2 + 7 = 18 (Gen. 37,20; Judg. 21,22; 1Esdr. 8,79; 4Mac. 12,7; Job 19,28; Job 37,19; Sir. 43,27; Is. 41,26; Dan. 2,36; Judg. 21,22; Dan. 2,36; Rom. 3,5; Rom. 4,1; Rom. 6,1; Rom. 7,7; Rom. 8,31; Rom. 9,14; Rom. 9,30)

ἐροῦσιν ▸ 78 + 4 + 4 = 86
Verb · third · plural · future · active · indicative ▸ 78 + 4 + 4 = 86 (Gen. 10,9; Gen. 12,12; Ex. 4,1; Num. 14,15; Num. 21,27;

λέγω

Deut. 4,6; Deut. 20,8; Deut. 21,7; Deut. 21,20; Deut. 25,8; Deut. 27,14; Deut. 27,15; Deut. 27,16; Deut. 27,17; Deut. 27,18; Deut. 27,19; Deut. 27,20; Deut. 27,21; Deut. 27,22; Deut. 27,23; Deut. 27,23; Deut. 27,24; Deut. 27,25; Deut. 27,26; Deut. 29,21; Deut. 29,23; Deut. 29,24; Josh. 8,6; Josh. 22,27; Josh. 22,28; 2Sam. 5,8; 1Kings 9,8; 1Kings 9,9; 2Chr. 7,22; Tob. 13,18; Psa. 34,10; Psa. 51,8; Psa. 125,2; Psa. 144,6; Psa. 144,11; Job 15,18; Job 20,7; Job 34,34; Job 38,35; Wis. 5,3; Wis. 5,3; Hos. 10,3; Hos. 10,8; Mic. 4,2; Joel 2,17; Hab. 2,6; Zech. 12,5; Is. 2,3; Is. 14,16; Is. 20,6; Is. 23,12; Is. 24,16; Is. 25,9; Is. 29,15; Is. 45,14; Is. 49,20; Is. 57,14; Is. 65,8; Jer. 2,27; Jer. 3,16; Jer. 4,11; Jer. 7,32; Jer. 16,14; Jer. 16,19; Jer. 22,8; Jer. 22,9; Jer. 23,7; Jer. 38,23; Lam. 2,15; Ezek. 13,12; Ezek. 33,17; Ezek. 33,33; Ezek. 36,35; Tob. 3,10; Tob. 13,14; Tob. 13,18; Tob. 13,18; Luke 17,21; Luke 17,23; Luke 23,29; 1Cor. 14,23)

ἐροῦσίν ▸ 8 + 1 = 9
  Verb · third · plural · future · active · indicative   ▸ 8 + 1 = **9**
  (Deut. 32,7; 1Sam. 10,2; 1Kings 12,24l; Ode. 2,7; Is. 14,10; Ezek. 26,17; Ezek. 32,21; Ezek. 38,13; Matt. 7,22)

ἐρρέθη ▸ 5 + 1 + 9 = 15
  Verb · third · singular · aorist · passive · indicative   ▸ 5 + 1 + 9 = **15** (Gen. 15,13; 2Sam. 5,6; Hos. 2,1; Jonah 3,7; Dan. 7,23; Sus. 27; Matt. 5,21; Matt. 5,27; Matt. 5,33; Matt. 5,38; Matt. 5,43; Rom. 9,12; Rom. 9,26; Rev. 6,11; Rev. 9,4)

Ἐρρέθη ▸ 1
  Verb · third · singular · aorist · passive · indicative   ▸ 1   (Matt. 5,31)

ἐρρέθησαν ▸ 1
  Verb · third · plural · aorist · passive · indicative ▸ 1 (Gal. 3,16)

ἐρῶ ▸ 23 + 1 + 8 = 32
  Verb · first · singular · future · active · indicative   ▸ 23 + 1 + 8 = **32** (Gen. 46,31; Ex. 3,13; Ex. 3,13; Ex. 4,1; Num. 24,13; Deut. 32,40; Josh. 7,8; Judg. 9,29; Judith 8,34; Tob. 5,7; Psa. 41,10; Ode. 2,40; Prov. 8,6; Job 10,2; Job 32,11; Job 36,3; Sir. 25,7; Hos. 2,25; Zech. 11,12; Zech. 13,6; Zech. 13,9; Is. 43,6; Is. 65,24; Judg. 9,29; Matt. 13,30; Matt. 21,24; Mark 11,29; Luke 12,19; Luke 15,18; 2Cor. 12,6; Phil. 4,4; Rev. 17,7)

Λέγε ▸ 1
  Verb · second · singular · present · active · imperative   ▸ 1 (Ezek. 11,5)

λέγε ▸ 9 + 1 + 1 = 11
  Verb · second · singular · present · active · imperative   ▸ 9 + 1 + 1 = **11** (1Kings 18,8; 1Kings 18,14; Judith 11,3; Prov. 23,9; Prov. 25,7; Job 11,4; Is. 43,26; Jer. 1,7; Sus. 58; Sus. 58; Acts 22,27)

Λέγει ▸ 1 + 14 = 15
  Verb · third · singular · present · active · indicative   ▸ 1 + 14 = **15** (Ezek. 13,6; Matt. 19,18; Matt. 21,42; John 3,4; John 4,11; John 4,15; John 4,19; John 4,25; John 12,4; John 13,36; John 14,5; John 14,8; John 14,22; John 21,12; Rev. 22,20)

λέγει ▸ 738 + 13 + 324 = 1075
  Verb · third · singular · present · active · indicative   ▸ 738 + 13 + 324 = **1075** (Gen. 15,2; Gen. 22,16; Gen. 32,5; Gen. 45,9; Ex. 2,13; Ex. 4,18; Ex. 4,22; Ex. 5,1; Ex. 5,10; Ex. 7,17; Ex. 7,26; Ex. 8,16; Ex. 9,1; Ex. 9,13; Ex. 10,3; Ex. 10,9; Ex. 10,28; Ex. 10,29; Ex. 11,4; Ex. 18,14; Ex. 18,15; Ex. 20,20; Ex. 32,2; Ex. 32,17; Ex. 32,18; Ex. 32,27; Ex. 32,27; Ex. 33,14; Ex. 33,15; Ex. 33,18; Num. 14,28; Num. 20,14; Num. 22,16; Num. 22,28; Num. 22,30; Num. 32,27; Num. 32,31; Josh. 5,15; Josh. 7,13; Josh. 22,16; Josh. 24,2; Judg. 6,8; Judg. 11,15; 1Sam. 2,27; 2Sam. 7,5; 2Sam. 7,8; 2Sam. 12,7; 2Sam. 12,11; 2Sam. 23,3; 2Sam. 24,12; 1Kings 2,30; 1Kings 11,31; 1Kings 12,24; 1Kings 12,24k; 1Kings 12,24l; 1Kings 12,24m; 1Kings 12,24o; 1Kings 12,24o; 1Kings 12,24y; 1Kings 13,2; 1Kings 13,21; 1Kings 17,14; 1Kings 20,19; 1Kings 20,19; 1Kings 20,21; 1Kings 21,3; 1Kings 21,5; 1Kings 21,13; 1Kings 21,14; 1Kings 21,28; 1Kings 21,32; 1Kings 21,42; 1Kings 22,11; 2Kings 1,4; 2Kings 1,6; 2Kings 1,11; 2Kings 1,16; 2Kings 2,21; 2Kings 3,16; 2Kings 3,17; 2Kings 4,43; 2Kings 7,1; 2Kings 9,3; 2Kings 9,6; 2Kings 9,12; 2Kings 9,18; 2Kings 9,19; 2Kings 18,19; 2Kings 18,29; 2Kings 18,31; 2Kings 19,3; 2Kings 19,6; 2Kings 19,20; 2Kings 19,32; 2Kings 19,33; 2Kings 20,1; 2Kings 20,5; 2Kings 21,12; 2Kings 22,15; 2Kings 22,16; 2Kings 22,18; 2Kings 22,19; 1Chr. 17,7; 1Chr. 21,10; 1Chr. 21,11; 2Chr. 11,4; 2Chr. 18,10; 2Chr. 20,15; 2Chr. 21,12; 2Chr. 24,20; 2Chr. 32,10; 2Chr. 34,24; 2Chr. 34,26; 2Chr. 36,23; 1Esdr. 2,2; Judith 2,5; Judith 6,4; Tob. 10,6; Tob. 10,9; 4Mac. 2,5; Psa. 11,6; Psa. 28,9; Ode. 4,9; Prov. 1,21; Prov. 22,13; Prov. 26,13; Prov. 30,1; Song 2,10; Job 4,1; Job 6,1; Job 8,1; Job 9,1; Job 11,1; Job 12,1; Job 15,1; Job 16,1; Job 18,1; Job 19,1; Job 20,1; Job 21,1; Job 21,14; Job 22,1; Job 23,1; Job 25,1; Job 26,1; Job 32,17; Job 34,1; Job 35,1; Job 36,1; Job 39,25; Job 40,3; Job 42,1; Hos. 2,15; Hos. 2,18; Hos. 2,23; Hos. 11,11; Amos 1,5; Amos 1,6; Amos 1,8; Amos 1,9; Amos 1,11; Amos 1,13; Amos 1,15; Amos 2,1; Amos 2,3; Amos 2,4; Amos 2,6; Amos 2,11; Amos 2,16; Amos 3,10; Amos 3,11; Amos 3,12; Amos 3,13; Amos 3,15; Amos 4,3; Amos 4,5; Amos 4,6; Amos 4,8; Amos 4,9; Amos 4,10; Amos 4,11; Amos 5,3; Amos 5,4; Amos 5,16; Amos 5,27; Amos 7,3; Amos 7,6; Amos 7,11; Amos 7,17; Amos 8,3; Amos 8,9; Amos 8,11; Amos 9,7; Amos 9,8; Amos 9,12; Amos 9,13; Amos 9,15; Mic. 2,3; Mic. 3,5; Mic. 4,6; Mic. 5,9; Joel 2,12; Obad. 1; Obad. 4; Obad. 8; Nah. 1,12; Nah. 2,14; Nah. 3,5; Hab. 3,9; Zeph. 1,2; Zeph. 1,3; Zeph. 1,10; Zeph. 2,9; Zeph. 3,8; Zeph. 3,19; Zeph. 3,20; Hag. 1,2; Hag. 1,5; Hag. 1,7; Hag. 1,9; Hag. 1,13; Hag. 2,4; Hag. 2,4; Hag. 2,4; Hag. 2,6; Hag. 2,7; Hag. 2,8; Hag. 2,9; Hag. 2,9; Hag. 2,11; Hag. 2,14; Hag. 2,17; Hag. 2,23; Hag. 2,23; Hag. 2,23; Zech. 1,3; Zech. 1,3; Zech. 1,4; Zech. 1,4; Zech. 1,14; Zech. 1,16; Zech. 1,16; Zech. 1,17; Zech. 2,9; Zech. 2,10; Zech. 2,10; Zech. 2,12; Zech. 2,14; Zech. 3,7; Zech. 3,9; Zech. 3,10; Zech. 4,6; Zech. 5,4; Zech. 6,12; Zech. 7,9; Zech. 7,13; Zech. 8,2; Zech. 8,3; Zech. 8,4; Zech. 8,6; Zech. 8,6; Zech. 8,7; Zech. 8,9; Zech. 8,11; Zech. 8,14; Zech. 8,14; Zech. 8,17; Zech. 8,19; Zech. 8,20; Zech. 8,23; Zech. 10,12; Zech. 11,4; Zech. 11,6; Zech. 12,1; Zech. 12,4; Zech. 13,2; Zech. 13,7; Zech. 13,8; Mal. 1,2; Mal. 1,2; Mal. 1,4; Mal. 1,6; Mal. 1,8; Mal. 1,9; Mal. 1,10; Mal. 1,11; Mal. 1,13; Mal. 1,13; Mal. 1,14; Mal. 2,2; Mal. 2,4; Mal. 2,8; Mal. 2,16; Mal. 2,16; Mal. 3,1; Mal. 3,5; Mal. 3,7; Mal. 3,10; Mal. 3,11; Mal. 3,12; Mal. 3,13; Mal. 3,17; Mal. 3,19; Mal. 3,21; Is. 1,11; Is. 1,18; Is. 1,24; Is. 3,16; Is. 7,7; Is. 8,11; Is. 10,24; Is. 14,22; Is. 14,24; Is. 17,3; Is. 17,6; Is. 19,4; Is. 22,15; Is. 22,25; Is. 28,16; Is. 29,22; Is. 30,1; Is. 30,12; Is. 30,15; Is. 31,9; Is. 33,10; Is. 36,4; Is. 36,14; Is. 36,16; Is. 37,3; Is. 37,6; Is. 37,21; Is. 37,33; Is. 37,34; Is. 38,1; Is. 38,5; Is. 39,6; Is. 40,1; Is. 41,14; Is. 41,21; Is. 41,21; Is. 42,5; Is. 43,1; Is. 43,10; Is. 43,12; Is. 43,14; Is. 43,16; Is. 44,2; Is. 44,6; Is. 44,24; Is. 45,1; Is. 45,11; Is. 45,14; Is. 45,18; Is. 48,17; Is. 48,22; Is. 49,1; Is. 49,5; Is. 49,7; Is. 49,8; Is. 49,18; Is. 49,22; Is. 49,25; Is. 50,1; Is. 51,22; Is. 52,3; Is. 52,4; Is. 52,5; Is. 52,5; Is. 54,17; Is. 55,8; Is. 56,1; Is. 56,4; Is. 57,15; Is. 58,6; Is. 65,7; Is. 65,8; Is. 65,13; Is. 65,25; Is. 66,1; Is. 66,2; Is. 66,12; Is. 66,22; Jer. 1,8; Jer. 1,15; Jer. 1,17; Jer. 2,2; Jer. 2,2; Jer. 2,5; Jer. 2,9; Jer. 2,12; Jer. 2,17; Jer. 2,19; Jer. 2,19; Jer. 2,22; Jer. 2,29; Jer. 2,31; Jer. 3,1; Jer. 3,12; Jer. 3,12; Jer. 3,13; Jer. 3,14; Jer. 3,16; Jer. 3,20; Jer. 4,1; Jer. 4,3; Jer. 4,9; Jer. 4,17; Jer. 4,27; Jer. 5,1; Jer. 5,9; Jer. 5,11; Jer. 5,14; Jer. 5,15; Jer. 5,18; Jer. 5,22; Jer. 5,29; Jer. 6,6; Jer. 6,9; Jer. 6,12; Jer. 6,16; Jer. 6,21; Jer. 6,22; Jer. 7,3; Jer. 7,11; Jer. 7,19; Jer. 7,20; Jer. 7,21; Jer.

Λ, λ

7,30; Jer. 7,32; Jer. 8,1; Jer. 8,4; Jer. 8,13; Jer. 9,6; Jer. 9,8; Jer. 9,14; Jer. 9,16; Jer. 9,22; Jer. 9,23; Jer. 9,24; Jer. 10,2; Jer. 10,18; Jer. 11,3; Jer. 11,11; Jer. 11,21; Jer. 12,14; Jer. 13,1; Jer. 13,9; Jer. 13,13; Jer. 13,14; Jer. 13,25; Jer. 14,10; Jer. 14,15; Jer. 15,2; Jer. 15,3; Jer. 15,6; Jer. 15,19; Jer. 16,1; Jer. 16,3; Jer. 16,5; Jer. 16,9; Jer. 16,11; Jer. 16,14; Jer. 16,16; Jer. 17,19; Jer. 17,21; Jer. 17,24; Jer. 18,13; Jer. 19,3; Jer. 19,6; Jer. 19,11; Jer. 19,12; Jer. 19,15; Jer. 20,4; Jer. 21,4; Jer. 21,7; Jer. 21,8; Jer. 21,12; Jer. 22,1; Jer. 22,3; Jer. 22,5; Jer. 22,6; Jer. 22,11; Jer. 22,16; Jer. 22,18; Jer. 22,24; Jer. 23,2; Jer. 23,4; Jer. 23,5; Jer. 23,15; Jer. 23,16; Jer. 23,23; Jer. 23,24; Jer. 23,28; Jer. 23,29; Jer. 23,30; Jer. 23,33; Jer. 23,38; Jer. 23,7; Jer. 24,5; Jer. 24,8; Jer. 25,8; Jer. 25,15; Jer. 25,19; Jer. 26,5; Jer. 26,18; Jer. 26,23; Jer. 26,28; Jer. 27,18; Jer. 27,20; Jer. 27,21; Jer. 27,31; Jer. 27,33; Jer. 28,1; Jer. 28,24; Jer. 28,26; Jer. 28,33; Jer. 28,36; Jer. 28,39; Jer. 28,52; Jer. 28,53; Jer. 28,57; Jer. 28,58; Jer. 29,2; Jer. 30,1; Jer. 30,7; Jer. 32,31; Jer. 34,22; Jer. 41,4; Jer. 42,13; Jer. 51,35; Ezek. 2,4; Ezek. 3,11; Ezek. 3,27; Ezek. 4,13; Ezek. 5,5; Ezek. 5,7; Ezek. 5,8; Ezek. 5,11; Ezek. 6,3; Ezek. 6,11; Ezek. 7,2; Ezek. 7,9; Ezek. 11,5; Ezek. 11,7; Ezek. 11,8; Ezek. 11,16; Ezek. 11,17; Ezek. 11,21; Ezek. 12,10; Ezek. 12,19; Ezek. 12,23; Ezek. 12,25; Ezek. 12,28; Ezek. 12,28; Ezek. 13,3; Ezek. 13,8; Ezek. 13,8; Ezek. 13,13; Ezek. 13,16; Ezek. 13,18; Ezek. 13,20; Ezek. 14,4; Ezek. 14,6; Ezek. 14,11; Ezek. 14,14; Ezek. 14,16; Ezek. 14,18; Ezek. 14,20; Ezek. 14,21; Ezek. 14,23; Ezek. 15,6; Ezek. 15,8; Ezek. 16,3; Ezek. 16,8; Ezek. 16,14; Ezek. 16,19; Ezek. 16,23; Ezek. 16,30; Ezek. 16,36; Ezek. 16,43; Ezek. 16,48; Ezek. 16,58; Ezek. 16,59; Ezek. 16,63; Ezek. 17,3; Ezek. 17,9; Ezek. 17,16; Ezek. 17,19; Ezek. 17,22; Ezek. 18,3; Ezek. 18,9; Ezek. 18,23; Ezek. 18,30; Ezek. 18,32; Ezek. 20,3; Ezek. 20,3; Ezek. 20,5; Ezek. 20,27; Ezek. 20,30; Ezek. 20,31; Ezek. 20,33; Ezek. 20,36; Ezek. 20,39; Ezek. 20,40; Ezek. 20,44; Ezek. 21,3; Ezek. 21,12; Ezek. 21,14; Ezek. 21,18; Ezek. 21,29; Ezek. 21,31; Ezek. 21,33; Ezek. 22,3; Ezek. 22,12; Ezek. 22,19; Ezek. 22,28; Ezek. 22,31; Ezek. 23,22; Ezek. 23,28; Ezek. 23,32; Ezek. 23,34; Ezek. 23,35; Ezek. 23,46; Ezek. 24,3; Ezek. 24,6; Ezek. 24,9; Ezek. 24,14; Ezek. 24,21; Ezek. 25,3; Ezek. 25,6; Ezek. 25,8; Ezek. 25,12; Ezek. 25,13; Ezek. 25,14; Ezek. 25,15; Ezek. 25,16; Ezek. 26,3; Ezek. 26,5; Ezek. 26,7; Ezek. 26,14; Ezek. 26,15; Ezek. 26,19; Ezek. 26,21; Ezek. 27,3; Ezek. 28,2; Ezek. 28,6; Ezek. 28,10; Ezek. 28,12; Ezek. 28,22; Ezek. 28,25; Ezek. 29,3; Ezek. 29,8; Ezek. 29,13; Ezek. 29,19; Ezek. 29,20; Ezek. 30,2; Ezek. 30,6; Ezek. 30,10; Ezek. 30,13; Ezek. 30,22; Ezek. 31,10; Ezek. 31,15; Ezek. 31,18; Ezek. 32,3; Ezek. 32,8; Ezek. 32,11; Ezek. 32,14; Ezek. 32,16; Ezek. 32,31; Ezek. 32,32; Ezek. 33,11; Ezek. 33,25; Ezek. 34,2; Ezek. 34,8; Ezek. 34,10; Ezek. 34,11; Ezek. 34,15; Ezek. 34,17; Ezek. 34,20; Ezek. 34,30; Ezek. 34,31; Ezek. 35,3; Ezek. 35,6; Ezek. 35,11; Ezek. 35,14; Ezek. 36,2; Ezek. 36,3; Ezek. 36,4; Ezek. 36,5; Ezek. 36,6; Ezek. 36,13; Ezek. 36,14; Ezek. 36,15; Ezek. 36,22; Ezek. 36,32; Ezek. 36,33; Ezek. 36,37; Ezek. 37,5; Ezek. 37,9; Ezek. 37,12; Ezek. 37,14; Ezek. 37,19; Ezek. 37,21; Ezek. 38,3; Ezek. 38,10; Ezek. 38,14; Ezek. 38,17; Ezek. 38,18; Ezek. 38,21; Ezek. 39,1; Ezek. 39,5; Ezek. 39,8; Ezek. 39,10; Ezek. 39,13; Ezek. 39,17; Ezek. 39,20; Ezek. 39,25; Ezek. 39,29; Ezek. 43,18; Ezek. 43,19; Ezek. 43,27; Ezek. 44,6; Ezek. 44,9; Ezek. 44,12; Ezek. 44,15; Ezek. 44,27; Ezek. 45,9; Ezek. 45,9; Ezek. 45,15; Ezek. 45,18; Ezek. 46,1; Ezek. 46,16; Ezek. 47,13; Ezek. 47,23; Ezek. 48,29; Dan. 7,16; Bel 34; Judg. 2,1; Judg. 6,8; Judg. 11,15; Tob. 2,3; Tob. 2,14; Tob. 2,14; Tob. 3,10; Tob. 6,11; Tob. 6,16; Tob. 7,1; Tob. 10,4; Tob. 10,13; Dan. 2,27; Matt. 4,6; Matt. 4,10; Matt. 4,19; Matt. 8,4; Matt. 8,7; Matt. 8,20; Matt. 8,22; Matt. 8,26; Matt. 9,6; Matt. 9,9; Matt. 9,28; Matt. 9,37; Matt. 12,13; Matt. 12,44; Matt. 14,31; Matt. 15,34; Matt. 16,15; Matt. 17,20; Matt. 17,25; Matt. 18,22; Matt. 18,32; Matt. 19,8; Matt. 19,20; Matt. 20,6; Matt. 20,7; Matt. 20,8; Matt. 20,21; Matt. 20,23; Matt. 21,13; Matt. 21,16; Matt. 21,19; Matt. 21,31; Matt. 21,45; Matt. 22,8; Matt. 22,12; Matt. 22,20; Matt. 22,21; Matt. 22,43; Matt. 26,18; Matt. 26,25; Matt. 26,31; Matt. 26,35; Matt. 26,36; Matt. 26,38; Matt. 26,40; Matt. 26,45; Matt. 26,52; Matt. 26,64; Matt. 26,71; Matt. 27,13; Matt. 27,22; Matt. 28,10; Mark 1,38; Mark 1,41; Mark 1,44; Mark 2,5; Mark 2,8; Mark 2,10; Mark 2,14; Mark 2,17; Mark 2,25; Mark 3,3; Mark 3,4; Mark 3,5; Mark 3,33; Mark 3,34; Mark 4,13; Mark 4,35; Mark 5,7; Mark 5,9; Mark 5,19; Mark 5,36; Mark 5,39; Mark 5,41; Mark 6,31; Mark 6,38; Mark 6,50; Mark 7,18; Mark 7,28; Mark 7,34; Mark 8,1; Mark 8,12; Mark 8,17; Mark 8,29; Mark 8,33; Mark 9,5; Mark 9,19; Mark 9,35; Mark 10,11; Mark 10,23; Mark 10,24; Mark 10,27; Mark 10,42; Mark 11,2; Mark 11,21; Mark 11,22; Mark 11,33; Mark 12,16; Mark 12,37; Mark 13,1; Mark 14,13; Mark 14,14; Mark 14,27; Mark 14,30; Mark 14,32; Mark 14,34; Mark 14,37; Mark 14,41; Mark 14,45; Mark 14,61; Mark 14,63; Mark 14,67; Mark 15,2; Mark 16,6; Luke 5,39; Luke 7,32; Luke 9,33; Luke 11,24; Luke 11,45; Luke 13,8; Luke 16,7; Luke 16,29; Luke 18,6; Luke 19,22; Luke 20,37; Luke 20,42; Luke 22,11; Luke 24,36; John 1,21; John 1,29; John 1,36; John 1,38; John 1,39; John 1,41; John 1,43; John 1,45; John 1,46; John 1,47; John 1,48; John 1,51; John 2,3; John 2,4; John 2,5; John 2,7; John 2,8; John 2,10; John 4,7; John 4,9; John 4,16; John 4,17; John 4,21; John 4,26; John 4,28; John 4,34; John 4,49; John 4,50; John 5,6; John 5,8; John 6,5; John 6,8; John 6,12; John 6,20; John 6,42; John 7,6; John 7,50; John 8,22; John 8,39; John 9,12; John 11,7; John 11,11; John 11,13; John 11,23; John 11,24; John 11,27; John 11,39; John 11,39; John 11,40; John 11,44; John 12,22; John 13,6; John 13,8; John 13,9; John 13,10; John 13,22; John 13,24; John 13,25; John 13,27; John 13,29; John 13,31; John 13,37; John 14,6; John 14,9; John 16,17; John 16,18; John 18,4; John 18,5; John 18,17; John 18,17; John 18,26; John 18,38; John 18,38; John 19,4; John 19,5; John 19,6; John 19,9; John 19,10; John 19,14; John 19,15; John 19,26; John 19,27; John 19,28; John 19,35; John 19,37; John 20,2; John 20,13; John 20,15; John 20,15; John 20,16; John 20,16; John 20,17; John 20,19; John 20,22; John 20,27; John 20,29; John 21,3; John 21,5; John 21,7; John 21,10; John 21,15; John 21,15; John 21,15; John 21,16; John 21,16; John 21,16; John 21,17; John 21,17; John 21,17; John 21,19; John 21,21; John 21,22; Acts 2,17; Acts 2,25; Acts 2,34; Acts 7,48; Acts 7,49; Acts 8,34; Acts 12,8; Acts 13,35; Acts 15,17; Acts 21,11; Acts 21,37; Rom. 3,19; Rom. 4,3; Rom. 4,6; Rom. 9,15; Rom. 9,17; Rom. 9,25; Rom. 10,6; Rom. 10,8; Rom. 10,11; Rom. 10,16; Rom. 10,19; Rom. 10,20; Rom. 10,21; Rom. 11,2; Rom. 11,4; Rom. 11,9; Rom. 12,19; Rom. 14,11; Rom. 15,10; Rom. 15,12; 1Cor. 1,12; 1Cor. 9,8; 1Cor. 9,10; 1Cor. 12,3; 1Cor. 14,21; 1Cor. 14,34; 2Cor. 6,2; 2Cor. 6,17; 2Cor. 6,18; Gal. 3,16; Gal. 4,30; Eph. 4,8; Eph. 5,14; 1Tim. 4,1; 1Tim. 5,18; Heb. 1,6; Heb. 1,7; Heb. 3,7; Heb. 5,6; Heb. 8,8; Heb. 8,8; Heb. 8,9; Heb. 8,10; Heb. 10,5; Heb. 10,16; James 4,5; James 4,6; Rev. 1,8; Rev. 2,1; Rev. 2,7; Rev. 2,8; Rev. 2,11; Rev. 2,12; Rev. 2,17; Rev. 2,18; Rev. 2,29; Rev. 3,1; Rev. 3,6; Rev. 3,7; Rev. 3,13; Rev. 3,14; Rev. 3,22; Rev. 5,5; Rev. 10,9; Rev. 14,13; Rev. 17,15; Rev. 18,7; Rev. 19,9; Rev. 19,9; Rev. 19,10; Rev. 21,5; Rev. 22,9; Rev. 22,10)

λέγειν ‣ 15 + 1 + 40 = 56

Verb · present · active · infinitive ‣ 15 + 1 + 40 = **56** (Tob. 8,5; 2Mac. 4,2; 3Mac. 7,12; 4Mac. 1,5; 4Mac. 1,12; 4Mac. 5,15; Psa. 41,11; Eccl. 1,16; Job 24,25; Mal. 1,7; Mal. 1,12; Mal. 2,17; Jer. 2,35; Ezek. 3,18; Ezek. 29,9; Tob. 8,5; Matt. 3,9; Matt. 4,17; Matt. 11,7; Matt. 13,54; Matt. 26,22; Mark 9,26; Mark 10,28; Mark

λέγω

10,32; Mark 10,47; Mark 13,5; Mark 14,19; Mark 14,65; Mark 14,69; Luke 3,8; Luke 4,21; Luke 6,42; Luke 7,24; Luke 7,49; Luke 9,21; Luke 11,27; Luke 11,29; Luke 12,1; Luke 13,26; Luke 20,9; Luke 23,30; John 16,12; Acts 10,28; Acts 17,18; Acts 17,21; Acts 23,30; Acts 24,10; Acts 26,1; Rom. 3,8; Eph. 5,12; Titus 2,8; Heb. 5,11; Heb. 8,13; Heb. 9,5; Heb. 13,6; James 4,15)

λέγεις ▸ **16** + **1** + **23** = **40**
    Verb · second · singular · present · active · indicative ▸ **16** + **1** + **23** = **40** (Ex. 33,12; Num. 11,12; 1Kings 3,23; 1Kings 3,23; 1Kings 18,11; 1Kings 18,14; Neh. 5,12; Neh. 6,8; Job 33,9; Job 33,12; Job 33,13; Amos 7,16; Jer. 39,25; Jer. 39,36; Jer. 39,43; Jer. 47,16; Judg. 16,15; Matt. 26,70; Matt. 27,11; Mark 5,31; Mark 10,18; Mark 14,68; Mark 15,2; Luke 12,41; Luke 18,19; Luke 20,21; Luke 22,60; Luke 23,3; John 1,22; John 8,5; John 8,33; John 8,52; John 9,17; John 12,34; John 14,9; John 16,29; John 18,34; John 18,37; 1Cor. 14,16; Rev. 3,17)

λέγεσθαι ▸ **1** + **4** = **5**
    Verb · present · passive · infinitive ▸ **1** + **4** = **5** (Ezek. 36,20; Luke 9,7; Heb. 3,15; Heb. 7,11; Heb. 11,24)

λέγεσθαί ▸ **1**
    Verb · present · middle · infinitive ▸ **1** (Psa. 41,4)

λεγέσθω ▸ **1**
    Verb · third · singular · present · passive · imperative ▸ **1** (Prov. 24,22b)

λέγεται ▸ **5** + **1** + **8** = **14**
    Verb · third · singular · present · middle · indicative ▸ **1** (1Sam. 24,14)
    Verb · third · singular · present · passive · indicative ▸ **4** + **1** + **8** = **13** (Num. 21,14; 1Esdr. 8,22; 2Mac. 15,36; Dan. 4,31; Dan. 3,4; Matt. 13,55; John 1,38; John 19,17; John 20,16; Acts 9,36; Heb. 7,13; Heb. 9,2; Rev. 8,11)

Λέγετε ▸ **1**
    Verb · second · plural · present · active · imperative ▸ **1** (1Kings 21,9)

λέγετε ▸ **15** + **1** + **28** = **44**
    Verb · second · plural · present · active · indicative ▸ **13** + **1** + **22** = **36** (Gen. 44,10; Ex. 5,17; Ex. 12,31; 2Sam. 21,4; 2Chr. 13,8; 2Chr. 28,10; 2Chr. 28,13; Sir. 51,24; Is. 36,7; Jer. 40,10; Jer. 49,13; Ezek. 20,32; Dan. 6,13a; Judg. 18,24; Matt. 15,5; Matt. 16,2; Matt. 16,15; Matt. 23,30; Mark 7,11; Mark 8,29; Mark 14,71; Mark 15,12; Luke 7,33; Luke 7,34; Luke 9,20; Luke 11,18; Luke 12,54; Luke 12,55; Luke 22,70; John 4,20; John 4,35; John 8,54; John 9,19; John 9,41; John 10,36; John 13,13)
    Verb · second · plural · present · active · imperative ▸ **2** + **6** = **8** (Psa. 4,5; Is. 48,20; Luke 10,5; Luke 10,9; Luke 11,2; Luke 17,10; Acts 13,15; 2John 10)

Λέγετέ ▸ **1**
    Verb · second · plural · present · active · imperative ▸ **1** (Gal. 4,21)

λέγετέ ▸ **1**
    Verb · second · plural · present · active · indicative ▸ **1** (Judg. 18,24)

λεγέτω ▸ **5** + **1** = **6**
    Verb · third · singular · present · active · imperative ▸ **5** + **1** = **6** (1Kings 22,8; Joel 4,10; Is. 36,15; Is. 56,3; Is. 56,3; James 1,13)

λεγέτωσαν ▸ **2**
    Verb · third · plural · present · active · imperative ▸ **2** (Tob. 13,10; Psa. 69,5)

λέγῃ ▸ **2** + **3** = **5**
    Verb · third · singular · present · active · subjunctive ▸ **2** + **3** = **5** (Deut. 15,16; Deut. 22,14; John 2,5; 1Cor. 3,4; James 2,14)

λέγῃς ▸ **1**
    Verb · second · singular · present · active · subjunctive ▸ **1** (Deut. 7,17)

λέγητε ▸ **1** + **1** = **2**
    Verb · second · plural · present · active · subjunctive ▸ **1** + **1** = **2** (Lev. 25,20; 1Cor. 1,10)

λέγομεν ▸ **4**
    Verb · first · plural · present · active · indicative ▸ **4** (John 8,48; Acts 21,23; Rom. 4,9; 1Th. 4,15)

λεγόμενα ▸ **5** + **1** = **6**
    Verb · present · passive · participle · neuter · plural · accusative ▸ **3** + **1** = **4** (Esth. 3,3; Esth. 8,14; 4Mac. 17,8; Luke 18,34)
    Verb · present · passive · participle · neuter · plural · nominative ▸ **2** (Sir. 1,22 Prol.; Sir. 1,26 Prol.)

λεγομένη ▸ **2** + **2** = **4**
    Verb · present · passive · participle · feminine · singular · nominative ▸ **2** + **2** = **4** (Ezek. 18,3; Ezek. 21,5; Luke 22,1; Heb. 9,3)

λεγομένην ▸ **3** + **4** = **7**
    Verb · present · passive · participle · feminine · singular · accusative ▸ **3** + **4** = **7** (2Mac. 9,2; 2Mac. 12,32; 3Mac. 4,11; Matt. 2,23; John 4,5; John 11,54; Acts 3,2)

λεγομένης ▸ **2**
    Verb · present · passive · participle · feminine · singular · genitive · (variant) ▸ **2** (Acts 6,9; Eph. 2,11)

λεγόμενοι ▸ **1** + **2** = **3**
    Verb · present · passive · participle · masculine · plural · nominative ▸ **1** + **2** = **3** (2Mac. 14,6; 1Cor. 8,5; Eph. 2,11)

λεγομένοις ▸ **2** + **4** = **6**
    Verb · present · passive · participle · neuter · plural · dative ▸ **2** + **4** = **6** (1Mac. 6,23; Job 41,1; Acts 8,6; Acts 27,11; Acts 28,24; Heb. 8,1)

λεγόμενον ▸ **3** + **10** = **13**
    Verb · present · passive · participle · masculine · singular · accusative ▸ **1** + **9** = **10** (1Esdr. 8,41; Matt. 4,18; Matt. 9,9; Matt. 27,16; Matt. 27,17; Matt. 27,22; Matt. 27,33; John 19,13; John 19,17; 2Th. 2,4)
    Verb · present · passive · participle · neuter · singular · accusative ▸ **2** + **1** = **3** (2Mac. 10,32; 2Mac. 12,21; Matt. 26,36)

λεγόμενος ▸ **1** + **12** = **13**
    Verb · present · passive · participle · masculine · singular · nominative ▸ **1** + **12** = **13** (3Mac. 1,3; Matt. 1,16; Matt. 10,2; Matt. 26,14; Matt. 27,33; Mark 15,7; Luke 22,47; John 4,25; John 9,11; John 11,16; John 20,24; John 21,2; Col. 4,11)

λεγομένου ▸ **1**
    Verb · present · passive · participle · masculine · singular · genitive · (variant) ▸ **1** (Matt. 26,3)

λεγομένους ▸ **1**
    Verb · present · passive · participle · masculine · plural · accusative ▸ **1** (2Mac. 12,17)

λεγομένῳ ▸ **1**
    Verb · present · passive · participle · masculine · singular · dative ▸ **1** (1Sam. 21,3)

λεγομένων ▸ **1**
    Verb · present · passive · participle · neuter · plural · genitive ▸ **1** (Deut. 4,21)

λέγον ▸ **1** + **1** = **2**
    Verb · present · active · participle · neuter · singular · nominative ▸ **1** + **1** = **2** (Judg. 9,38; Acts 20,23)

λέγοντα ▸ **6** + **4** = **10**
    Verb · present · active · participle · masculine · singular · accusative ▸ **6** + **3** = **9** (4Mac. 11,9; 4Mac. 18,15; 4Mac. 18,16; 4Mac. 18,17; Is. 49,9; Ezek. 29,3; Luke 23,2; Acts 7,59; Rev. 9,14)

Verb · present · active · participle · neuter · plural · nominative
▸ **1** (Luke 4,41)

λέγοντά ▸ **1**
   Verb · present · active · participle · masculine · singular
· accusative ▸ **1** (Acts 22,18)

λέγοντας ▸ **4** + **8** = **12**
   Verb · present · active · participle · masculine · plural · accusative
▸ **4** + **8** = **12** (Ex. 17,7; Sir. 1,6 Prol.; Jer. 11,21; Jer. 21,13; Matt. 21,15; Mark 1,27; Mark 2,12; Luke 24,34; Acts 6,11; Acts 6,13; Rev. 2,2; Rev. 5,13)

λέγοντες ▸ **243** + **21** + **151** = **415**
   Verb · present · active · participle · masculine · plural · nominative
▸ **243** + **21** + **149** = **413** (Gen. 22,20; Gen. 23,5; Gen. 32,7; Gen. 34,20; Gen. 38,13; Gen. 38,24; Gen. 42,28; Gen. 42,29; Gen. 43,20; Gen. 45,16; Gen. 45,26; Gen. 47,15; Gen. 48,2; Gen. 48,20; Gen. 50,4; Gen. 50,16; Ex. 5,8; Ex. 5,10; Ex. 5,13; Ex. 5,14; Ex. 5,15; Ex. 5,19; Ex. 11,8; Ex. 14,12; Ex. 15,1; Ex. 15,24; Ex. 17,2; Ex. 17,3; Ex. 18,6; Ex. 24,3; Ex. 32,12; Lev. 11,2; Num. 6,23; Num. 11,13; Num. 11,18; Num. 11,20; Num. 13,32; Num. 14,7; Num. 14,15; Num. 14,40; Num. 16,34; Num. 17,6; Num. 17,27; Num. 20,3; Num. 21,5; Num. 32,2; Num. 32,25; Num. 32,31; Deut. 1,28; Deut. 9,28; Deut. 13,14; Deut. 18,16; Deut. 20,5; Deut. 27,9; Josh. 1,11; Josh. 2,2; Josh. 3,3; Josh. 4,21; Josh. 9,11; Josh. 9,22; Josh. 9,24; Josh. 10,6; Josh. 10,17; Josh. 17,14; Josh. 21,2; Josh. 22,15; Josh. 22,21; Josh. 22,24; Judg. 1,1; Judg. 6,13; Judg. 8,15; Judg. 10,10; Judg. 15,13; Judg. 16,2; Judg. 16,2; Judg. 19,22; Judg. 20,12; Judg. 20,23; Judg. 21,5; Judg. 21,10; Judg. 21,18; Judg. 21,20; 1Sam. 5,10; 1Sam. 6,2; 1Sam. 6,21; 1Sam. 14,33; 1Sam. 15,12; 1Sam. 18,22; 1Sam. 19,19; 1Sam. 20,42; 1Sam. 23,1; 1Sam. 23,19; 1Sam. 25,40; 1Sam. 26,1; 1Sam. 26,19; 1Sam. 27,11; 1Sam. 29,5; 2Sam. 2,4; 2Sam. 3,23; 2Sam. 5,6; 2Sam. 6,12; 2Sam. 11,10; 2Sam. 15,31; 2Sam. 17,16; 2Sam. 19,2; 2Sam. 19,9; 2Sam. 19,10; 2Sam. 19,12; 2Sam. 19,15; 2Sam. 20,18; 2Sam. 21,17; 1Kings 1,47; 1Kings 1,51; 1Kings 2,29; 1Kings 2,39; 1Kings 2,41; 1Kings 8,47; 1Kings 12,3; 1Kings 12,7; 1Kings 12,10; 1Kings 12,10; 1Kings 12,24t; 1Kings 20,10; 1Kings 20,13; 1Kings 20,14; 1Kings 21,17; 1Kings 22,12; 2Kings 6,13; 2Kings 7,10; 2Kings 7,12; 2Kings 8,7; 2Kings 10,5; 2Kings 17,26; 1Chr. 11,1; 2Chr. 6,37; 2Chr. 10,3; 2Chr. 10,7; 2Chr. 10,9; 2Chr. 18,11; 2Chr. 20,2; 2Chr. 20,8; 2Chr. 30,6; 1Esdr. 6,10; 1Esdr. 6,12; 1Esdr. 8,65; 1Esdr. 9,53; Ezra 5,11; Ezra 8,22; Ezra 9,1; Neh. 5,2; Neh. 5,3; Neh. 5,4; Neh. 6,9; Neh. 6,19; Neh. 8,11; Judith 3,1; Judith 6,18; Tob. 2,8; Tob. 13,18; 1Mac. 1,11; 1Mac. 2,17; 1Mac. 2,37; 1Mac. 2,41; 1Mac. 3,50; 1Mac. 5,10; 1Mac. 5,15; 1Mac. 5,38; 1Mac. 7,6; 1Mac. 8,31; 1Mac. 9,9; 1Mac. 9,58; 1Mac. 11,49; 1Mac. 13,8; 1Mac. 13,18; 2Mac. 7,5; 2Mac. 14,34; 2Mac. 15,34; 3Mac. 2,17; 3Mac. 6,11; 4Mac. 10,12; 4Mac. 13,8; Psa. 70,11; Psa. 118,82; Prov. 1,10; Prov. 12,18; Job 22,17; Job 37,19; Hos. 5,15; Amos 2,12; Amos 6,13; Amos 8,5; Amos 8,14; Amos 9,10; Mic. 3,11; Mic. 4,11; Jonah 3,8; Zeph. 1,12; Zech. 1,4; Zech. 8,21; Zech. 8,23; Is. 5,19; Is. 5,20; Is. 7,2; Is. 7,5; Is. 8,11; Is. 9,8; Is. 22,13; Is. 26,1; Is. 28,12; Is. 29,11; Is. 30,10; Is. 30,21; Is. 42,17; Is. 58,3; Is. 65,5; Jer. 6,14; Jer. 7,4; Jer. 11,19; Jer. 23,25; Jer. 36,22; Jer. 43,14; Jer. 43,17; Jer. 44,9; Jer. 44,19; Jer. 49,20; Jer. 50,2; Jer. 51,15; Ezek. 11,3; Ezek. 12,22; Ezek. 12,27; Ezek. 13,5; Ezek. 13,6; Ezek. 13,10; Ezek. 16,44; Ezek. 18,2; Ezek. 22,28; Ezek. 33,10; Ezek. 33,30; Dan. 2,7; Dan. 3,51; Dan. 6,5; Sus. 38; Sus. 52; Judg. 1,1; Judg. 5,1; Judg. 6,13; Judg. 8,15; Judg. 10,10; Judg. 15,13; Judg. 16,2; Judg. 16,2; Judg. 19,22; Judg. 20,8; Judg. 20,12; Judg. 20,23; Judg. 20,28; Judg. 21,1; Judg. 21,5; Judg. 21,10; Judg. 21,18; Judg. 21,20; Tob. 2,8; Dan. 3,16; Dan. 3,51; Matt. 2,2; Matt. 6,31; Matt. 8,25; Matt. 8,27; Matt. 8,29; Matt. 8,31; Matt. 9,14; Matt. 9,27; Matt. 9,33; Matt. 10,7; Matt. 12,10; Matt. 12,38; Matt. 13,36; Matt. 14,15; Matt. 14,26; Matt. 14,33; Matt. 15,1; Matt. 15,23; Matt. 16,7; Matt. 17,10; Matt. 18,1; Matt. 19,3; Matt. 19,25; Matt. 20,12; Matt. 20,30; Matt. 20,31; Matt. 21,9; Matt. 21,20; Matt. 21,23; Matt. 21,25; Matt. 22,16; Matt. 22,23; Matt. 22,24; Matt. 24,3; Matt. 24,5; Matt. 25,37; Matt. 25,44; Matt. 26,8; Matt. 26,17; Matt. 26,68; Matt. 27,23; Matt. 27,29; Matt. 27,40; Matt. 27,54; Matt. 27,63; Matt. 28,13; Mark 3,11; Mark 5,12; Mark 5,35; Mark 6,2; Mark 7,37; Mark 8,28; Mark 9,11; Mark 10,26; Mark 10,35; Mark 10,49; Mark 11,31; Mark 12,18; Mark 13,6; Mark 14,57; Mark 15,29; Luke 1,66; Luke 3,10; Luke 3,14; Luke 4,36; Luke 5,21; Luke 5,26; Luke 5,30; Luke 7,4; Luke 7,16; Luke 8,24; Luke 8,25; Luke 10,17; Luke 13,25; Luke 13,31; Luke 14,30; Luke 15,2; Luke 17,13; Luke 19,7; Luke 19,14; Luke 19,38; Luke 20,2; Luke 20,5; Luke 20,14; Luke 20,21; Luke 20,28; Luke 21,7; Luke 21,8; Luke 22,64; Luke 22,67; Luke 23,2; Luke 23,5; Luke 23,18; Luke 23,21; Luke 23,35; Luke 23,37; Luke 24,29; John 4,31; John 4,51; John 6,52; John 7,15; John 9,2; John 9,19; John 12,21; John 18,40; John 19,6; John 19,12; Acts 1,6; Acts 2,7; Acts 2,12; Acts 4,16; Acts 5,23; Acts 8,10; Acts 11,3; Acts 11,18; Acts 13,15; Acts 14,11; Acts 14,15; Acts 14,18; Acts 15,5; Acts 16,35; Acts 17,7; Acts 17,19; Acts 18,13; Acts 19,13; Acts 19,28; Acts 22,22; Acts 23,9; Acts 23,12; Acts 26,31; 2Tim. 2,18; Heb. 11,14; 2Pet. 3,4; Rev. 4,8; Rev. 4,10; Rev. 5,9; Rev. 5,12; Rev. 6,10; Rev. 7,10; Rev. 7,12; Rev. 11,15; Rev. 11,17; Rev. 13,4; Rev. 15,3; Rev. 18,10; Rev. 18,16; Rev. 18,18; Rev. 18,19; Rev. 19,4)

   Verb · present · active · participle · masculine · plural · vocative
▸ **2** (Matt. 23,16; James 4,13)

λέγοντές ▸ **2**
   Verb · present · active · participle · masculine · plural · nominative
▸ **2** (Psa. 39,16; Psa. 69,4)

λέγοντι ▸ **1** + **1** = **2**
   Verb · present · active · participle · masculine · singular · dative
▸ **1** + **1** = **2** (4Mac. 9,19; Matt. 12,48)

λέγοντος ▸ **6** + **1** + **23** = **30**
   Verb · present · active · participle · masculine · singular
· genitive ▸ **6** + **1** + **16** = **23** (Gen. 27,6; Tob. 14,11; Sir. 32,9; Is. 6,8; Is. 40,6; Sus. 53; Sus. 53; Matt. 1,22; Matt. 2,15; Matt. 2,17; Matt. 3,3; Matt. 8,17; Matt. 12,17; Matt. 13,35; Matt. 22,31; Matt. 27,9; Mark 14,58; Luke 9,34; Luke 13,17; Acts 6,14; Heb. 7,21; Rev. 8,13; Rev. 16,5)

   Verb · present · active · participle · neuter · singular · genitive
· (variant) ▸ **7** (Matt. 4,14; Matt. 21,4; Rev. 6,1; Rev. 6,3; Rev. 6,5; Rev. 6,7; Rev. 16,7)

λεγόντων ▸ **20** + **1** + **6** = **27**
   Verb · present · active · participle · masculine · plural · genitive
▸ **20** + **1** + **6** = **27** (Gen. 31,1; Gen. 37,17; Gen. 41,15; Deut. 13,13; Josh. 22,11; 1Sam. 13,4; 1Sam. 24,2; 1Sam. 24,10; 1Kings 12,9; 1Kings 16,16; 1Chr. 12,20; 1Chr. 17,24; 2Mac. 15,2; 3Mac. 4,20; 4Mac. 9,16; Psa. 136,7; Sir. 36,9; Jer. 34,9; Jer. 34,16; Jer. 40,11; Tob. 6,14; Luke 2,13; Luke 21,5; Rev. 2,9; Rev. 3,9; Rev. 19,1; Rev. 19,6)

λέγουσα ▸ **36** + **2** + **21** = **59**
   Verb · present · active · participle · feminine · singular
· nominative ▸ **36** + **2** + **21** = **59** (Gen. 4,25; Gen. 18,12; Gen. 18,13; Gen. 18,15; Gen. 19,37; Gen. 29,32; Gen. 30,24; Gen. 38,25; Gen. 38,28; Gen. 39,12; Gen. 39,14; Gen. 39,17; Gen. 39,19; Ex. 2,10; Ex. 15,21; Josh. 2,4; Josh. 15,18; Judg. 13,6; Judg. 16,18; 1Sam. 1,11; 1Sam. 19,11; 2Sam. 20,18; 1Kings 1,13; 2Kings 4,1; 2Kings 6,26; 1Chr. 4,9; Esth. 4,15; Judith 12,6; 2Mac. 7,21; Prov. 9,3; Prov. 9,16; Mic. 7,10; Zeph. 2,15; Is. 47,8; Jer.

λέγω

30,20; Sus. 35; Judg. 13,6; Judg. 16,18; Matt. 3,17; Matt. 13,14; Matt. 15,22; Matt. 15,25; Matt. 17,5; Matt. 21,10; Matt. 26,69; Matt. 27,19; Mark 6,25; Luke 1,24; Luke 9,35; Luke 15,9; Luke 18,3; John 11,32; John 19,24; Acts 16,15; Acts 16,17; James 2,23; Rev. 2,20; Rev. 16,17; Rev. 19,5)

λέγουσαι ‣ 6 + 4 = 10
Verb · present · active · participle · feminine · plural · nominative ‣ 6 + 4 = **10** (Josh. 17,4; Ruth 4,17; 1Sam. 21,12; Amos 4,1; Is. 4,1; Jer. 51,25; Matt. 25,9; Matt. 25,11; Luke 24,23; John 11,3)

λέγουσαν ‣ 2 + 7 = 9
Verb · present · active · participle · feminine · singular · accusative ‣ 2 + 7 = **9** (4Mac. 18,14; 4Mac. 18,18; Acts 9,4; Acts 26,14; Rev. 6,6; Rev. 10,4; Rev. 10,8; Rev. 12,10; Rev. 18,4)

λεγούσης ‣ 1 + 7 = 8
Verb · present · active · participle · feminine · singular · genitive ‣ 1 + 7 = **8** (Gen. 24,30; Acts 11,7; Acts 22,7; Rev. 1,11; Rev. 11,12; Rev. 14,13; Rev. 16,1; Rev. 21,3)

λέγουσι ‣ 1
Verb · third · plural · present · active · indicative ‣ **1** (Jer. 17,15)

λέγουσιν ‣ 39 + 5 + 56 = 100
Verb · third · plural · present · active · indicative ‣ 39 + 5 + 56 = **100** (Gen. 38,22; Ex. 5,3; Ex. 5,16; Ex. 10,7; Ex. 32,1; Ex. 32,23; Num. 20,19; Num. 22,16; Num. 27,2; Num. 36,5; 1Sam. 5,7; 1Sam. 5,8; 1Sam. 5,8; 1Sam. 6,4; 1Sam. 9,11; 1Sam. 9,12; 1Sam. 11,3; 1Sam. 14,11; 1Sam. 14,12; 1Sam. 19,14; 1Sam. 29,4; 1Sam. 29,9; 1Esdr. 5,65; 1Mac. 10,72; Psa. 3,3; Psa. 4,7; Prov. 26,19; Hos. 13,2; Hag. 1,2; Is. 39,3; Jer. 5,2; Jer. 14,13; Jer. 14,15; Jer. 23,17; Ezek. 12,27; Ezek. 18,29; Ezek. 21,5; Ezek. 33,24; Ezek. 37,11; Dan. 2,10; Dan. 4,31; Dan. 6,13; Dan. 6,14; Dan. 6,16; Matt. 9,28; Matt. 11,17; Matt. 11,18; Matt. 11,19; Matt. 13,28; Matt. 13,51; Matt. 14,17; Matt. 15,12; Matt. 15,33; Matt. 16,13; Matt. 17,10; Matt. 20,7; Matt. 20,22; Matt. 20,33; Matt. 21,16; Matt. 21,31; Matt. 21,41; Matt. 22,21; Matt. 22,42; Matt. 23,3; Matt. 27,22; Mark 1,30; Mark 1,37; Mark 2,18; Mark 3,32; Mark 4,38; Mark 6,37; Mark 6,38; Mark 8,19; Mark 8,20; Mark 8,27; Mark 9,11; Mark 11,33; Mark 12,14; Mark 12,18; Mark 12,35; Mark 14,12; Luke 9,18; Luke 17,37; Luke 20,41; Luke 24,23; John 7,26; John 8,4; John 9,17; John 11,8; John 11,34; John 12,22; John 20,13; John 21,3; Acts 23,8; Acts 24,14; 1Cor. 15,12; 1Tim. 1,7; Rev. 2,24; Rev. 6,16; Rev. 22,17)

Λέγουσιν ‣ 3
Verb · third · plural · present · active · indicative ‣ **3** (Matt. 19,7; Matt. 19,10; John 16,29)

λέγουσίν ‣ 1
Verb · third · plural · present · active · indicative ‣ **1** (Rev. 10,11)

λέγω ‣ 11 + 202 = 213
Verb · first · singular · present · active · indicative ‣ 11 + 199 = **210** (Ex. 6,29; 1Kings 5,19; 2Mac. 14,7; 4Mac. 1,2; Psa. 44,2; Prov. 24,23; Prov. 31,2; Job 7,4; Is. 16,14; Jer. 35,7; Jer. 45,20; Matt. 3,9; Matt. 5,18; Matt. 5,22; Matt. 5,26; Matt. 5,28; Matt. 5,32; Matt. 5,34; Matt. 5,39; Matt. 5,44; Matt. 6,2; Matt. 6,5; Matt. 6,16; Matt. 6,25; Matt. 6,29; Matt. 8,9; Matt. 8,10; Matt. 10,15; Matt. 10,23; Matt. 10,27; Matt. 10,42; Matt. 11,9; Matt. 11,11; Matt. 11,22; Matt. 11,24; Matt. 12,6; Matt. 12,31; Matt. 12,36; Matt. 13,17; Matt. 16,18; Matt. 16,28; Matt. 17,12; Matt. 17,20; Matt. 18,3; Matt. 18,10; Matt. 18,13; Matt. 18,18; Matt. 18,19; Matt. 18,22; Matt. 19,9; Matt. 19,23; Matt. 19,24; Matt. 19,28; Matt. 21,21; Matt. 21,27; Matt. 21,31; Matt. 21,43; Matt. 23,36; Matt. 23,39; Matt. 24,2; Matt. 24,34; Matt. 24,47; Matt. 25,12; Matt. 25,40; Matt. 25,45; Matt. 26,13; Matt. 26,21; Matt. 26,29; Matt. 26,34; Matt. 26,64; Mark 2,11; Mark 3,28; Mark 5,41; Mark 8,12; Mark 9,1; Mark 9,13; Mark 9,41; Mark 10,15; Mark 10,29; Mark 11,23; Mark 11,24; Mark 11,33; Mark 12,43; Mark 13,30; Mark 13,37; Mark 13,37; Mark 14,9; Mark 14,18; Mark 14,25; Mark 14,30; Luke 3,8; Luke 4,24; Luke 4,25; Luke 5,24; Luke 6,27; Luke 6,46; Luke 7,8; Luke 7,9; Luke 7,14; Luke 7,26; Luke 7,28; Luke 7,47; Luke 9,27; Luke 10,12; Luke 10,24; Luke 11,8; Luke 11,9; Luke 11,51; Luke 12,5; Luke 12,22; Luke 12,27; Luke 12,37; Luke 12,44; Luke 12,51; Luke 12,59; Luke 13,3; Luke 13,5; Luke 13,24; Luke 13,35; Luke 14,24; Luke 15,7; Luke 15,10; Luke 16,9; Luke 17,34; Luke 18,8; Luke 18,14; Luke 18,17; Luke 18,29; Luke 19,26; Luke 19,40; Luke 20,8; Luke 21,3; Luke 21,32; Luke 22,16; Luke 22,18; Luke 22,34; Luke 22,37; Luke 23,43; John 1,51; John 3,3; John 3,5; John 3,11; John 4,35; John 5,19; John 5,24; John 5,25; John 5,34; John 6,26; John 6,32; John 6,47; John 6,53; John 8,34; John 8,45; John 8,46; John 8,51; John 8,58; John 10,1; John 10,7; John 12,24; John 13,16; John 13,18; John 13,19; John 13,20; John 13,21; John 13,33; John 13,38; John 14,10; John 14,12; John 15,15; John 16,7; John 16,20; John 16,23; John 16,26; John 21,18; Acts 5,38; Rom. 3,5; Rom. 6,19; Rom. 9,1; Rom. 10,18; Rom. 10,19; Rom. 11,13; Rom. 15,8; 1Cor. 1,12; 1Cor. 6,5; 1Cor. 7,6; 1Cor. 7,12; 1Cor. 7,35; 1Cor. 10,15; 1Cor. 10,29; 1Cor. 15,51; 2Cor. 6,13; 2Cor. 7,3; 2Cor. 8,8; 2Cor. 11,16; 2Cor. 11,21; 2Cor. 11,21; Gal. 1,9; Gal. 3,15; Gal. 3,17; Gal. 5,2; Eph. 4,17; Eph. 5,32; Phil. 3,18; Phil. 4,11; Col. 2,4; 1Tim. 2,7; 2Tim. 2,7; Philem. 21; 1John 5,16; Rev. 2,24)

Verb · first · singular · present · active · subjunctive ‣ **3** (2Cor. 9,4; Philem. 19; Heb. 11,32)

Λέγω ‣ 10
Verb · first · singular · present · active · indicative ‣ **10** (Matt. 5,20; Matt. 8,11; Luke 12,4; Luke 12,8; Rom. 11,1; Rom. 11,11; Rom. 12,3; 1Cor. 7,8; Gal. 4,1; Gal. 5,16)

Λέγων ‣ 1
Verb · present · active · participle · masculine · singular · nominative ‣ **1** (Judg. 15,2)

λέγων ‣ 801 + 12 + 179 = 992
Verb · present · active · participle · masculine · singular · nominative ‣ 801 + 12 + 178 = **991** (Gen. 1,22; Gen. 1,28; Gen. 2,16; Gen. 5,29; Gen. 8,15; Gen. 9,8; Gen. 15,1; Gen. 15,4; Gen. 15,18; Gen. 17,3; Gen. 17,17; Gen. 21,22; Gen. 22,7; Gen. 22,16; Gen. 23,3; Gen. 23,8; Gen. 23,10; Gen. 23,14; Gen. 24,7; Gen. 24,37; Gen. 26,11; Gen. 26,22; Gen. 28,1; Gen. 28,6; Gen. 28,20; Gen. 31,29; Gen. 32,5; Gen. 32,18; Gen. 32,18; Gen. 32,20; Gen. 34,4; Gen. 34,8; Gen. 37,15; Gen. 37,35; Gen. 39,14; Gen. 40,7; Gen. 41,9; Gen. 41,17; Gen. 42,14; Gen. 42,22; Gen. 42,37; Gen. 43,3; Gen. 43,3; Gen. 43,5; Gen. 43,7; Gen. 44,1; Gen. 44,19; Gen. 44,32; Gen. 46,3; Gen. 47,1; Gen. 47,5; Gen. 48,20; Gen. 50,4; Gen. 50,5; Gen. 50,16; Gen. 50,24; Gen. 50,25; Ex. 1,22; Ex. 2,22; Ex. 3,4; Ex. 3,12; Ex. 3,16; Ex. 5,6; Ex. 6,6; Ex. 6,10; Ex. 6,12; Ex. 6,29; Ex. 7,1; Ex. 7,8; Ex. 7,9; Ex. 7,16; Ex. 8,21; Ex. 9,5; Ex. 9,8; Ex. 10,1; Ex. 10,16; Ex. 10,24; Ex. 12,1; Ex. 12,3; Ex. 12,43; Ex. 13,1; Ex. 13,8; Ex. 13,14; Ex. 13,19; Ex. 14,1; Ex. 16,11; Ex. 16,12; Ex. 17,4; Ex. 18,3; Ex. 18,4; Ex. 19,3; Ex. 19,12; Ex. 19,21; Ex. 19,23; Ex. 20,1; Ex. 25,1; Ex. 30,11; Ex. 30,17; Ex. 30,22; Ex. 30,31; Ex. 31,1; Ex. 31,12; Ex. 31,13; Ex. 32,5; Ex. 32,7; Ex. 32,13; Ex. 33,1; Ex. 35,4; Ex. 35,4; Ex. 36,6; Ex. 40,1; Lev. 1,1; Lev. 4,1; Lev. 4,2; Lev. 5,14; Lev. 5,20; Lev. 6,1; Lev. 6,2; Lev. 6,12; Lev. 6,17; Lev. 6,18; Lev. 7,22; Lev. 7,23; Lev. 7,28; Lev. 7,29; Lev. 8,1; Lev. 8,31; Lev. 9,3; Lev. 10,3; Lev. 10,8; Lev. 10,16; Lev. 10,19; Lev. 11,1; Lev. 12,1; Lev. 13,1; Lev. 14,1; Lev. 14,33; Lev. 14,35; Lev. 15,1; Lev. 17,1; Lev. 17,2; Lev. 18,1; Lev. 19,1; Lev. 20,1; Lev. 21,1; Lev. 21,16; Lev. 22,1; Lev. 22,17; Lev. 22,26; Lev. 23,1; Lev. 23,9; Lev. 23,23; Lev. 23,24; Lev. 23,26; Lev. 23,33; Lev. 23,34; Lev. 24,1; Lev. 24,13; Lev.

Λ, λ **λέγω**

25,1; Lev. 27,1; Num. 1,1; Num. 1,48; Num. 2,1; Num. 3,5; Num. 3,11; Num. 3,14; Num. 3,40; Num. 3,44; Num. 4,1; Num. 4,17; Num. 4,21; Num. 5,1; Num. 5,5; Num. 5,6; Num. 5,11; Num. 6,1; Num. 6,22; Num. 6,23; Num. 7,4; Num. 8,1; Num. 8,5; Num. 8,23; Num. 9,1; Num. 9,9; Num. 9,10; Num. 10,1; Num. 11,27; Num. 12,13; Num. 13,1; Num. 14,17; Num. 14,26; Num. 15,1; Num. 15,17; Num. 15,35; Num. 15,37; Num. 16,5; Num. 16,20; Num. 16,23; Num. 16,24; Num. 16,26; Num. 17,9; Num. 17,16; Num. 18,1; Num. 18,25; Num. 19,1; Num. 19,2; Num. 20,7; Num. 20,14; Num. 20,23; Num. 21,21; Num. 22,5; Num. 22,10; Num. 23,7; Num. 23,26; Num. 24,12; Num. 25,10; Num. 25,16; Num. 25,16; Num. 26,1; Num. 26,3; Num. 26,52; Num. 27,6; Num. 27,8; Num. 27,18; Num. 28,1; Num. 28,2; Num. 30,2; Num. 31,1; Num. 31,3; Num. 31,25; Num. 32,10; Num. 33,50; Num. 34,1; Num. 34,13; Num. 34,16; Num. 35,1; Num. 35,9; Num. 36,5; Num. 36,6; Deut. 1,5; Deut. 1,6; Deut. 1,9; Deut. 1,16; Deut. 1,34; Deut. 1,37; Deut. 2,4; Deut. 2,17; Deut. 2,26; Deut. 3,18; Deut. 3,21; Deut. 3,23; Deut. 5,5; Deut. 6,20; Deut. 9,4; Deut. 9,13; Deut. 9,23; Deut. 12,30; Deut. 13,3; Deut. 13,7; Deut. 15,9; Deut. 15,11; Deut. 19,7; Deut. 22,17; Deut. 27,1; Deut. 27,11; Deut. 29,18; Deut. 30,12; Deut. 30,13; Deut. 31,10; Deut. 31,25; Deut. 32,48; Deut. 33,9; Deut. 33,27; Deut. 34,4; Josh. 1,1; Josh. 1,10; Josh. 1,13; Josh. 2,1; Josh. 2,3; Josh. 3,8; Josh. 4,1; Josh. 4,3; Josh. 4,6; Josh. 4,7; Josh. 4,15; Josh. 4,17; Josh. 4,21; Josh. 6,7; Josh. 6,10; Josh. 6,26; Josh. 7,2; Josh. 8,4; Josh. 10,3; Josh. 10,24; Josh. 14,9; Josh. 18,8; Josh. 20,1; Josh. 20,2; Judg. 7,2; Judg. 7,3; Judg. 7,24; Judg. 8,9; Judg. 9,1; Judg. 9,31; Judg. 11,12; Judg. 11,15; Judg. 11,17; Judg. 19,30; Judg. 20,8; Judg. 20,28; Judg. 21,1; Ruth 2,15; Ruth 4,4; 1Sam. 2,20; 1Sam. 2,36; 1Sam. 7,3; 1Sam. 9,15; 1Sam. 9,26; 1Sam. 10,2; 1Sam. 10,18; 1Sam. 11,7; 1Sam. 11,14; 1Sam. 12,6; 1Sam. 13,3; 1Sam. 14,24; 1Sam. 14,28; 1Sam. 15,10; 1Sam. 16,19; 1Sam. 16,22; 1Sam. 18,22; 1Sam. 19,2; 1Sam. 19,6; 1Sam. 19,15; 1Sam. 20,21; 1Sam. 20,21; 1Sam. 20,38; 1Sam. 23,2; 1Sam. 23,27; 1Sam. 24,9; 1Sam. 25,14; 1Sam. 26,6; 1Sam. 26,14; 1Sam. 27,1; 1Sam. 27,11; 1Sam. 27,12; 1Sam. 28,10; 1Sam. 30,8; 1Sam. 30,26; 2Sam. 1,16; 2Sam. 2,1; 2Sam. 2,22; 2Sam. 3,12; 2Sam. 3,13; 2Sam. 3,14; 2Sam. 3,17; 2Sam. 3,18; 2Sam. 3,35; 2Sam. 5,19; 2Sam. 6,9; 2Sam. 7,4; 2Sam. 7,7; 2Sam. 7,27; 2Sam. 11,6; 2Sam. 11,15; 2Sam. 11,19; 2Sam. 13,7; 2Sam. 13,28; 2Sam. 13,30; 2Sam. 13,33; 2Sam. 14,32; 2Sam. 14,32; 2Sam. 15,8; 2Sam. 15,10; 2Sam. 15,13; 2Sam. 17,6; 2Sam. 18,5; 2Sam. 18,12; 2Sam. 19,3; 2Sam. 19,5; 2Sam. 19,12; 2Sam. 24,1; 2Sam. 24,11; 2Sam. 24,12; 1Kings 1,5; 1Kings 1,6; 1Kings 1,11; 1Kings 1,13; 1Kings 1,17; 1Kings 1,30; 1Kings 1,51; 1Kings 2,1; 1Kings 2,4; 1Kings 2,4; 1Kings 2,8; 1Kings 2,23; 1Kings 2,29; 1Kings 2,29; 1Kings 2,30; 1Kings 2,35l; 1Kings 2,35n; 1Kings 2,42; 1Kings 5,16; 1Kings 5,19; 1Kings 5,22; 1Kings 8,15; 1Kings 8,25; 1Kings 8,55; 1Kings 9,5; 1Kings 12,6; 1Kings 12,12; 1Kings 12,14; 1Kings 12,16; 1Kings 12,22; 1Kings 12,23; 1Kings 12,24d; 1Kings 12,24o; 1Kings 12,24r; 1Kings 12,24г; 1Kings 12,24y; 1Kings 12,24y; 1Kings 13,3; 1Kings 13,3; 1Kings 13,4; 1Kings 13,9; 1Kings 13,12; 1Kings 13,17; 1Kings 13,18; 1Kings 13,21; 1Kings 13,22; 1Kings 13,31; 1Kings 15,18; 1Kings 18,1; 1Kings 18,29; 1Kings 18,31; 1Kings 20,2; 1Kings 20,6; 1Kings 20,9; 1Kings 20,17; 1Kings 20,19; 1Kings 20,23; 1Kings 21,5; 1Kings 21,10; 1Kings 22,13; 1Kings 22,31; 1Kings 22,36; 2Kings 1,3; 2Kings 1,7; 2Kings 3,7; 2Kings 4,31; 2Kings 5,6; 2Kings 5,8; 2Kings 5,10; 2Kings 5,22; 2Kings 6,8; 2Kings 6,9; 2Kings 7,14; 2Kings 7,18; 2Kings 8,1; 2Kings 8,4; 2Kings 8,6; 2Kings 8,8; 2Kings 8,9; 2Kings 9,12; 2Kings 9,18; 2Kings 9,20; 2Kings 9,25; 2Kings 9,36; 2Kings 10,1; 2Kings 10,6; 2Kings 10,8; 2Kings 10,21; 2Kings 11,5; 2Kings 14,6; 2Kings 14,8; 2Kings 14,9; 2Kings 14,9; 2Kings 15,12; 2Kings 16,7; 2Kings 16,15; 2Kings 17,13; 2Kings 17,27; 2Kings 17,35; 2Kings 18,14; 2Kings 18,30; 2Kings 18,32; 2Kings 18,36; 2Kings 19,9; 2Kings 19,9; 2Kings 19,10; 2Kings 19,20; 2Kings 20,2; 2Kings 20,4; 2Kings 21,10; 2Kings 22,3; 2Kings 22,10; 2Kings 22,12; 2Kings 23,21; 1Chr. 4,10; 1Chr. 13,12; 1Chr. 14,10; 1Chr. 16,18; 1Chr. 17,3; 1Chr. 17,6; 1Chr. 21,9; 1Chr. 21,10; 1Chr. 22,8; 1Chr. 29,10; 2Chr. 2,2; 2Chr. 6,4; 2Chr. 6,15; 2Chr. 6,16; 2Chr. 7,18; 2Chr. 10,6; 2Chr. 10,10; 2Chr. 10,12; 2Chr. 10,14; 2Chr. 10,15; 2Chr. 10,16; 2Chr. 11,2; 2Chr. 11,3; 2Chr. 12,7; 2Chr. 16,2; 2Chr. 18,12; 2Chr. 18,30; 2Chr. 19,9; 2Chr. 20,37; 2Chr. 21,12; 2Chr. 25,4; 2Chr. 25,7; 2Chr. 25,17; 2Chr. 25,18; 2Chr. 25,18; 2Chr. 30,18; 2Chr. 32,4; 2Chr. 32,6; 2Chr. 32,9; 2Chr. 32,11; 2Chr. 32,12; 2Chr. 32,17; 2Chr. 34,18; 2Chr. 34,20; 2Chr. 35,21; 2Chr. 36,22; 1Esdr. 1,24; 1Esdr. 2,1; 1Esdr. 4,58; 1Esdr. 8,79; Ezra 1,1; Ezra 9,11; Neh. 1,8; Neh. 6,2; Neh. 6,3; Neh. 6,8; Esth. 3,8; Esth. 6,9; Esth. 6,11; Esth. 9,25; Judith 4,7; Tob. 3,1; Tob. 8,10; Tob. 8,15; Tob. 10,11; Tob. 11,11; Tob. 11,17; 1Mac. 2,27; 1Mac. 5,19; 1Mac. 5,42; 1Mac. 5,48; 1Mac. 7,15; 1Mac. 7,27; 1Mac. 7,35; 1Mac. 10,17; 1Mac. 10,51; 1Mac. 10,55; 1Mac. 10,69; 1Mac. 11,9; 1Mac. 11,42; 1Mac. 11,57; 1Mac. 13,14; 1Mac. 15,28; 2Mac. 2,3; 2Mac. 6,23; 2Mac. 7,6; 2Mac. 9,13; 3Mac. 1,12; 3Mac. 6,23; 4Mac. 2,19; 4Mac. 8,12; 4Mac. 9,14; 4Mac. 9,23; 4Mac. 11,1; 4Mac. 12,2; Psa. 104,11; Ode. 7,36; Job 1,18; Job 2,9; Job 3,2; Job 9,7; Job 11,2; Job 24,15; Job 33,27; Job 34,18; Job 34,31; Sir. 23,18; Amos 3,1; Amos 7,10; Mic. 2,4; Mic. 2,7; Obad. 3; Jonah 1,1; Jonah 3,1; Jonah 3,7; Hab. 2,19; Hag. 1,1; Hag. 1,1; Hag. 1,2; Hag. 1,3; Hag. 2,1; Hag. 2,2; Hag. 2,10; Hag. 2,11; Hag. 2,20; Hag. 2,21; Zech. 1,1; Zech. 1,7; Zech. 1,14; Zech. 1,17; Zech. 2,8; Zech. 2,8; Zech. 3,4; Zech. 3,6; Zech. 4,4; Zech. 4,6; Zech. 4,6; Zech. 4,8; Zech. 6,8; Zech. 6,9; Zech. 7,3; Zech. 7,3; Zech. 7,4; Zech. 7,5; Zech. 7,8; Zech. 8,1; Zech. 8,18; Is. 3,6; Is. 7,10; Is. 19,25; Is. 20,2; Is. 36,18; Is. 37,9; Is. 37,10; Is. 37,15; Is. 38,3; Is. 38,4; Is. 41,13; Is. 42,22; Is. 44,17; Is. 44,26; Is. 44,27; Is. 44,28; Is. 44,28; Is. 45,10; Is. 45,24; Is. 52,7; Jer. 1,4; Jer. 1,11; Jer. 1,13; Jer. 4,10; Jer. 7,23; Jer. 8,6; Jer. 11,1; Jer. 11,4; Jer. 11,6; Jer. 13,3; Jer. 13,8; Jer. 18,1; Jer. 18,5; Jer. 20,15; Jer. 21,1; Jer. 23,33; Jer. 23,38; Jer. 24,4; Jer. 25,2; Jer. 25,3; Jer. 25,5; Jer. 33,8; Jer. 33,9; Jer. 33,12; Jer. 34,12; Jer. 34,16; Jer. 35,1; Jer. 35,11; Jer. 35,12; Jer. 35,13; Jer. 36,3; Jer. 36,28; Jer. 36,30; Jer. 36,31; Jer. 37,2; Jer. 38,34; Jer. 39,3; Jer. 39,3; Jer. 39,6; Jer. 39,7; Jer. 39,13; Jer. 39,16; Jer. 39,26; Jer. 40,1; Jer. 41,1; Jer. 41,12; Jer. 41,13; Jer. 42,1; Jer. 42,6; Jer. 42,12; Jer. 42,15; Jer. 43,1; Jer. 43,5; Jer. 43,27; Jer. 43,29; Jer. 43,29; Jer. 44,3; Jer. 44,6; Jer. 44,13; Jer. 45,1; Jer. 45,10; Jer. 45,16; Jer. 46,15; Jer. 47,9; Jer. 50,1; Jer. 50,2; Jer. 50,8; Jer. 51,1; Jer. 51,4; Jer. 51,20; Bar. 2,20; Bar. 2,28; Ezek. 3,16; Ezek. 6,1; Ezek. 7,1; Ezek. 9,1; Ezek. 9,11; Ezek. 10,6; Ezek. 11,14; Ezek. 12,1; Ezek. 12,8; Ezek. 12,17; Ezek. 12,21; Ezek. 12,26; Ezek. 13,1; Ezek. 14,2; Ezek. 14,12; Ezek. 15,1; Ezek. 16,1; Ezek. 17,1; Ezek. 17,11; Ezek. 18,1; Ezek. 20,2; Ezek. 20,5; Ezek. 21,1; Ezek. 21,6; Ezek. 21,13; Ezek. 21,23; Ezek. 22,1; Ezek. 22,17; Ezek. 22,23; Ezek. 23,1; Ezek. 24,1; Ezek. 24,15; Ezek. 24,20; Ezek. 25,1; Ezek. 26,1; Ezek. 27,1; Ezek. 28,1; Ezek. 28,9; Ezek. 28,11; Ezek. 28,20; Ezek. 29,1; Ezek. 29,17; Ezek. 30,1; Ezek. 30,20; Ezek. 31,1; Ezek. 32,1; Ezek. 32,17; Ezek. 33,1; Ezek. 33,21; Ezek. 33,23; Ezek. 34,1; Ezek. 35,1; Ezek. 36,16; Ezek. 37,11; Ezek. 37,15; Ezek. 38,1; Dan. 2,15; Dan. 3,36; Dan. 4,34; Dan. 5,7; Dan. 6,21; Dan. 6,26; Sus. 13-14; Bel 27; Bel 34; Judg. 6,32; Judg. 7,2; Judg. 7,3; Judg. 7,24; Judg. 9,1; Judg. 9,31; Judg. 11,12; Judg. 11,17; Tob. 2,6; Tob. 14,3; Dan. 3,36; Bel 37; Matt. 1,20; Matt. 2,13; Matt. 2,20; Matt. 3,2; Matt. 3,14; Matt. 5,2; Matt. 7,21; Matt.

λέγω–λείπω

8,2; Matt. 8,3; Matt. 8,6; Matt. 9,18; Matt. 9,29; Matt. 9,30; Matt. 10,5; Matt. 13,3; Matt. 13,24; Matt. 13,31; Matt. 14,27; Matt. 14,30; Matt. 15,7; Matt. 16,13; Matt. 16,22; Matt. 17,9; Matt. 17,15; Matt. 17,25; Matt. 18,26; Matt. 18,28; Matt. 18,29; Matt. 21,2; Matt. 21,37; Matt. 22,1; Matt. 22,4; Matt. 22,42; Matt. 22,43; Matt. 23,2; Matt. 25,20; Matt. 25,45; Matt. 26,27; Matt. 26,39; Matt. 26,42; Matt. 26,48; Matt. 26,65; Matt. 26,70; Matt. 27,4; Matt. 27,11; Matt. 27,24; Matt. 27,46; Matt. 28,9; Matt. 28,18; Mark 1,7; Mark 1,15; Mark 1,24; Mark 1,25; Mark 1,40; Mark 5,23; Mark 8,15; Mark 8,26; Mark 8,27; Mark 9,25; Mark 12,6; Mark 12,26; Mark 14,44; Mark 14,60; Mark 14,68; Mark 15,4; Mark 15,9; Mark 15,36; Luke 1,63; Luke 1,67; Luke 3,16; Luke 4,35; Luke 5,8; Luke 5,12; Luke 5,13; Luke 7,6; Luke 7,19; Luke 7,20; Luke 7,39; Luke 8,8; Luke 8,38; Luke 8,49; Luke 8,54; Luke 9,18; Luke 9,38; Luke 10,25; Luke 11,45; Luke 12,16; Luke 12,17; Luke 13,27; Luke 14,3; Luke 14,7; Luke 15,3; Luke 15,6; Luke 17,4; Luke 18,2; Luke 18,13; Luke 18,16; Luke 18,18; Luke 18,38; Luke 19,16; Luke 19,18; Luke 19,20; Luke 19,30; Luke 19,42; Luke 19,46; Luke 22,19; Luke 22,20; Luke 22,42; Luke 22,57; Luke 22,59; Luke 23,3; Luke 23,39; Luke 23,47; Luke 24,7; John 1,15; John 1,26; John 1,32; John 4,10; John 7,28; John 7,37; John 8,12; John 12,23; Acts 1,3; Acts 2,40; Acts 3,25; Acts 5,28; Acts 5,36; Acts 8,9; Acts 8,19; Acts 8,26; Acts 10,26; Acts 11,4; Acts 12,7; Acts 15,13; Acts 16,9; Acts 16,28; Acts 19,4; Acts 19,26; Acts 21,21; Acts 21,40; Acts 22,26; Acts 24,2; Acts 25,14; Acts 26,22; Acts 27,10; Acts 27,24; Acts 27,33; Acts 28,26; 1Cor. 11,25; Heb. 2,6; Heb. 2,12; Heb. 4,7; Heb. 6,14; Heb. 8,11; Heb. 9,20; Heb. 10,8; Heb. 12,26; 1John 2,4; 1John 2,6; 1John 2,9; 2John 11; Jude 14; Rev. 1,17; Rev. 4,1; Rev. 7,3; Rev. 7,13; Rev. 10,9; Rev. 11,1; Rev. 13,14; Rev. 14,7; Rev. 14,8; Rev. 14,9; Rev. 14,18; Rev. 17,1; Rev. 18,2; Rev. 18,21; Rev. 19,17; Rev. 21,9)

Verb · present · active · participle · masculine · singular · vocative ▸ **1** (Rom. 2,22)

λέγωσιν ▸ 2 + 3 = 5
Verb · third · plural · present · active · subjunctive ▸ 2 + 3 = 5 (Ex. 12,26; Ezek. 37,18; Mark 7,36; Mark 8,30; 1Th. 5,3)

λεχθέντα ▸ 2
Verb · aorist · passive · participle · neuter · plural · accusative ▸ **2** (Josh. 24,27; Esth. 1,18)

ῥηθείς ▸ 1
Verb · aorist · passive · participle · masculine · singular · nominative ▸ **1** (Matt. 3,3)

ῥηθείσης ▸ 1
Verb · aorist · passive · participle · feminine · singular · genitive ▸ **1** (Dan. 8,26)

ῥηθεῖσιν ▸ 1
Verb · aorist · passive · participle · neuter · plural · dative ▸ **1** (3Mac. 5,30)

ῥηθέν ▸ 12
Verb · aorist · passive · participle · neuter · singular · accusative ▸ **2** (Matt. 22,31; Matt. 24,15)
Verb · aorist · passive · participle · neuter · singular · nominative ▸ **10** (Matt. 1,22; Matt. 2,15; Matt. 2,17; Matt. 2,23; Matt. 4,14; Matt. 8,17; Matt. 12,17; Matt. 13,35; Matt. 21,4; Matt. 27,9)

ῥηθέντα ▸ 1
Verb · aorist · passive · participle · neuter · plural · accusative ▸ **1** (Gen. 45,27)

ῥηθέντων ▸ 2
Verb · aorist · passive · participle · masculine · plural · genitive ▸ **1** (1Esdr. 1,45)
Verb · aorist · passive · participle · neuter · plural · genitive ▸ **1** (2Mac. 14,11)

ῥηθῆναι ▸ 1
Verb · aorist · passive · infinitive ▸ **1** (Prov. 25,7)

ῥηθήσεται ▸ 3
Verb · third · singular · future · passive · indicative ▸ **3** (Num. 23,23; Sir. 15,10; Amos 5,16)

ῥηθησομένοις ▸ 1
Verb · future · passive · participle · neuter · plural · dative ▸ **1** (1Mac. 14,44)

Λεεμι Lahmi ▸ 1
Λεεμι ▸ 1
Noun · masculine · singular · accusative · (proper) ▸ **1** (1Chr. 20,5)

ληλατέω (λεία; ἐλαύνω) to plunder ▸ 1
ληλατεῖν ▸ 1
Verb · present · active · infinitive ▸ **1** (2Mac. 2,21)

Λεια (λεία) Leah ▸ 37
Λεια ▸ 18
Noun · feminine · singular · dative · (proper) ▸ **3** (Gen. 29,24; Gen. 30,14; Gen. 46,18)
Noun · feminine · singular · nominative · (proper) ▸ **15** (Gen. 29,16; Gen. 29,25; Gen. 29,31; Gen. 29,32; Gen. 29,33; Gen. 30,9; Gen. 30,11; Gen. 30,13; Gen. 30,15; Gen. 30,16; Gen. 30,18; Gen. 30,19; Gen. 30,20; Gen. 31,14; Gen. 33,7)

Λειαν ▸ 8
Noun · feminine · singular · accusative · (proper) ▸ **8** (Gen. 29,23; Gen. 29,30; Gen. 30,14; Gen. 31,4; Gen. 33,1; Gen. 33,2; Gen. 49,31; Ruth 4,11)

Λειας ▸ 11
Noun · feminine · singular · genitive · (proper) ▸ **11** (Gen. 29,17; Gen. 30,10; Gen. 30,12; Gen. 30,17; Gen. 31,33; Gen. 31,33; Gen. 34,1; Gen. 34,14; Gen. 35,23; Gen. 35,26; Gen. 46,15)

λεία plunder ▸ 1
λείας ▸ 1
Noun · feminine · singular · genitive · (common) ▸ **1** (4Mac. 8,2)

λεῖμμα (λείπω) remnant ▸ 2 + 1 = 3
λεῖμμα ▸ 1
Noun · neuter · singular · nominative ▸ **1** (Rom. 11,5)
λείμματος ▸ 2
Noun · neuter · singular · genitive · (common) ▸ **2** (2Sam. 21,2; 2Kings 19,4)

λεῖος smooth, plain, soft ▸ 5 + 1 = 6
λεῖα ▸ 2
Adjective · neuter · plural · accusative · noDegree ▸ **1** (Prov. 12,13a)
Adjective · neuter · plural · nominative · noDegree ▸ **1** (Prov. 26,23)
λείας ▸ 1
Adjective · feminine · plural · accusative ▸ **1** (Luke 3,5)
λεῖος ▸ 1
Adjective · masculine · singular · nominative · noDegree ▸ **1** (Gen. 27,11)
λείους ▸ 2
Adjective · masculine · plural · accusative · noDegree ▸ **2** (1Sam. 17,40; Prov. 2,20)

λειποτακτέω (λείπω; τάσσω) to leave a post during battle ▸ 1
λειποτακτήσητε ▸ 1
Verb · second · plural · aorist · active · subjunctive ▸ **1** (4Mac. 9,23)

λείπω to leave, lack, forsake ▸ 7 + 6 = 13
ἔλιπεν ▸ 1
Verb · third · singular · aorist · active · indicative ▸ **1** (Prov. 11,3)

Λ, λ

ἔλιπον ▸ 1
    Verb · third · plural · aorist · active · indicative ▸ **1** (Job 4,11)
λείπει ▸ 1
    Verb · third · singular · present · active · indicative ▸ **1** (Luke 18,22)
λείπεται ▸ 1 + 1 = 2
    Verb · third · singular · present · passive · indicative ▸ 1 + 1 = **2** (Prov. 19,4; James 1,5)
λείπῃ ▸ 1
    Verb · third · singular · present · active · subjunctive ▸ **1** (Titus 3,13)
λειπόμενοι ▸ 1 + 2 = 3
    Verb · present · passive · participle · masculine · plural · nominative ▸ 1 + 2 = **3** (3Mac. 3,18; James 1,4; James 2,15)
λειπομένοις ▸ 1
    Verb · present · passive · participle · masculine · plural · dative ▸ **1** (3Mac. 4,13)
λείποντα ▸ 1
    Verb · present · active · participle · neuter · plural · accusative ▸ **1** (Titus 1,5)
λείπουσαν ▸ 1
    Verb · present · active · participle · feminine · singular · accusative ▸ **1** (Wis. 19,4)
λελειμμένος ▸ 1
    Verb · perfect · passive · participle · masculine · singular · nominative ▸ **1** (2Mac. 4,45)

λειτουργέω (λαός; ἔργον)   to serve, worship ▸ 97 + 1 + 3 = 101
ἐλειτούργει ▸ 3
    Verb · third · singular · imperfect · active · indicative ▸ **3** (1Kings 1,4; 1Kings 19,21; Psa. 100,6)
ἐλειτούργησα ▸ 1
    Verb · first · singular · aorist · active · indicative ▸ **1** (Sir. 24,10)
ἐλειτούργησαν ▸ 1
    Verb · third · plural · aorist · active · indicative ▸ **1** (2Sam. 19,19)
ἐλειτούργουν ▸ 2 + 1 = 3
    Verb · third · plural · imperfect · active · indicative ▸ 2 + 1 = **3** (Jer. 52,18; Ezek. 44,12; Dan. 7,10)
λειτουργεῖν ▸ 42
    Verb · present · active · infinitive ▸ **42** (Ex. 28,35; Ex. 28,43; Ex. 29,30; Ex. 30,20; Ex. 36,33; Ex. 38,27; Ex. 39,11; Ex. 39,12; Num. 4,3; Num. 4,23; Num. 4,24; Num. 4,30; Num. 4,35; Num. 4,39; Num. 4,43; Num. 8,22; Num. 16,9; Num. 18,6; Deut. 10,8; Deut. 17,12; Deut. 18,5; 1Kings 8,11; 1Chr. 15,2; 1Chr. 16,37; 1Chr. 23,13; 1Chr. 23,28; 1Chr. 23,32; 1Chr. 26,12; 2Chr. 5,14; 2Chr. 8,14; 2Chr. 11,14; 2Chr. 29,11; 2Chr. 31,2; Sir. 45,15; Ezek. 40,46; Ezek. 43,19; Ezek. 44,11; Ezek. 44,15; Ezek. 44,16; Ezek. 44,17; Ezek. 44,27; Ezek. 45,4)
λειτουργείτωσάν ▸ 1
    Verb · third · plural · present · active · imperative ▸ **1** (Num. 18,2)
λειτουργῆσαι ▸ 1 + 1 = 2
    Verb · aorist · active · infinitive ▸ 1 + 1 = **2** (Sir. 8,8; Rom. 15,27)
λειτουργήσατε ▸ 1
    Verb · second · plural · aorist · active · imperative ▸ **1** (2Chr. 35,3)
λειτουργήσει ▸ 3
    Verb · third · singular · future · active · indicative ▸ **3** (Num. 8,26; Num. 18,23; Deut. 18,7)
λειτουργήσετε ▸ 1
    Verb · second · plural · future · active · indicative ▸ **1** (Num. 18,7)
λειτουργήσουσιν ▸ 5
    Verb · third · plural · future · active · indicative ▸ **5** (Ex. 35,19; Num. 1,50; Num. 3,6; Sir. 4,14; Sir. 10,25)
λειτουργοῦντας ▸ 3
    Verb · present · active · participle · masculine · plural · accusative ▸ **3** (1Chr. 16,4; 2Chr. 22,8; 2Chr. 29,11)
λειτουργοῦντες ▸ 12
    Verb · present · active · participle · masculine · plural · nominative ▸ **12** (1Chr. 6,17; 1Chr. 27,1; 2Chr. 17,19; 2Chr. 23,6; Judith 4,14; Joel 1,9; Joel 1,13; Joel 1,13; Joel 2,17; Ezek. 44,11; Ezek. 44,11; Ezek. 46,24)
Λειτουργούντων ▸ 1
    Verb · present · active · participle · masculine · plural · genitive ▸ **1** (Acts 13,2)
λειτουργοῦσα ▸ 1
    Verb · present · active · participle · feminine · singular · nominative ▸ **1** (1Kings 1,15)
λειτουργοῦσαν ▸ 1
    Verb · present · active · participle · feminine · singular · accusative ▸ **1** (2Chr. 15,16)
λειτουργοῦσιν ▸ 14
    Verb · present · active · participle · masculine · plural · dative ▸ **4** (Neh. 10,37; 1Mac. 10,42; Ezek. 45,4; Ezek. 45,5)
    Verb · third · plural · present · active · indicative ▸ **10** (Num. 3,31; Num. 4,9; Num. 4,12; Num. 4,14; Num. 4,26; Num. 18,21; 2Kings 25,14; 2Chr. 13,10; Ezek. 42,14; Ezek. 44,19)
λειτουργῶν ▸ 5 + 1 = 6
    Verb · present · active · participle · masculine · singular · nominative ▸ 5 + 1 = **6** (Num. 4,37; Num. 4,41; 1Sam. 2,11; 1Sam. 2,18; 1Sam. 3,1; Heb. 10,11)

λειτούργημα (λαός; ἔργον)   object used in worship ▸ 2
λειτουργήματα ▸ 2
    Noun · neuter · plural · accusative · (common) ▸ **2** (Num. 4,32; Num. 7,9)

λειτουργήσιμος (λαός; ἔργον)   for use in worship ▸ 1
λειτουργησίμων ▸ 1
    Adjective · neuter · plural · genitive · noDegree ▸ **1** (1Chr. 28,13)

λειτουργία (λαός; ἔργον)   service, ministry, worship ▸ 47 + 6 = 53
λειτουργία ▸ 6
    Noun · feminine · singular · nominative · (common) ▸ **6** (Num. 4,24; Num. 4,27; Num. 4,28; Num. 4,33; 2Chr. 35,10; 2Chr. 35,16)
λειτουργίᾳ ▸ 1 + 1 = 2
    Noun · feminine · singular · dative · (common) ▸ 1 + 1 = **2** (2Chr. 31,4; Phil. 2,17)
λειτουργίαν ▸ 15
    Noun · feminine · singular · accusative · (common) ▸ **15** (Ex. 37,19; Num. 7,5; Num. 8,22; Num. 18,21; Num. 18,23; 2Sam. 19,19; 1Chr. 23,26; 1Chr. 24,3; 1Chr. 24,19; 1Chr. 26,30; 1Chr. 28,21; 2Chr. 31,2; 2Chr. 31,16; Ezra 7,19; Sir. 50,19)
λειτουργίας ▸ 23 + 5 = 28
    Noun · feminine · plural · accusative · (common) ▸ **11** (Num. 4,27; Num. 7,7; Num. 7,8; Num. 16,9; Num. 18,4; Num. 18,6; Num. 18,7; 1Chr. 6,17; 2Chr. 8,14; 2Mac. 3,3; 2Mac. 4,14)
    Noun · feminine · singular · genitive · (common) ▸ 12 + 5 = **17** (Num. 8,25; 1Chr. 6,33; 1Chr. 9,13; 1Chr. 9,19; 1Chr. 9,28; 1Chr. 23,24; 1Chr. 23,28; 1Chr. 28,13; 1Chr. 28,20; 2Chr. 35,15; Wis. 18,21; Ezek. 29,20; Luke 1,23; 2Cor. 9,12; Phil. 2,30; Heb. 8,6; Heb. 9,21)

λειτουργιῶν ▸ 2
   Noun · feminine · plural · genitive · (common) ▸ **2** (Num. 18,21; Num. 18,31).
λειτουργικός (λαός; ἔργον) ministering ▸ 6 + 1 = 7
   λειτουργικά ▸ 2
      Adjective · neuter · plural · accusative · noDegree ▸ **2** (Num. 4,12; Num. 4,26)
   λειτουργικὰ ▸ 2 + 1 = 3
      Adjective · neuter · plural · accusative · noDegree ▸ **2** (Num. 7,5; 2Chr. 24,14)
      Adjective · neuter · plural · nominative ▸ **1** (Heb. 1,14)
   λειτουργικὰς ▸ 2
      Adjective · feminine · plural · accusative · noDegree ▸ **2** (Ex. 31,10; Ex. 39,12)
λειτουργός (λαός; ἔργον) servant, minister ▸ 14 + 5 = 19
   λειτουργοί ▸ 5 + 1 = 6
      Noun · masculine · plural · nominative · (common) ▸ 5 + 1 = **6** (Neh. 10,40; 3Mac. 5,5; Psa. 102,21; Sir. 10,2; Is. 61,6; Rom. 13,6)
   λειτουργοῖς ▸ 1
      Noun · masculine · plural · dative · (common) ▸ **1** (Ezra 7,24)
   λειτουργὸν ▸ 2
      Noun · masculine · singular · accusative ▸ **2** (Rom. 15,16; Phil. 2,25)
   λειτουργὸς ▸ 3 + 1 = 4
      Noun · masculine · singular · nominative · (common) ▸ 3 + 1 = **4** (2Sam. 13,18; 2Kings 4,43; 2Kings 6,15; Heb. 8,2)
   λειτουργοὺς ▸ 2 + 1 = 3
      Noun · masculine · plural · accusative · (common) ▸ 2 + 1 = **3** (Psa. 103,4; Sir. 7,30; Heb. 1,7)
   λειτουργῶν ▸ 3
      Noun · masculine · plural · genitive · (common) ▸ **2** (1Kings 10,5; 2Chr. 9,4)
      Verb · present · active · participle · masculine · singular · nominative ▸ **1** (Sir. 50,14)
λειχήν (λείχω) wild lichen ▸ 2
   λειχήν ▸ 1
      Noun · masculine · singular · nominative · (common) ▸ **1** (Lev. 21,20)
   λειχῆνας ▸ 1
      Noun · masculine · plural · accusative · (common) ▸ **1** (Lev. 22,22)
λείχω to lick ▸ 5
   ἔλειξαν ▸ 1
      Verb · third · plural · aorist · active · indicative ▸ **1** (1Kings 20,19)
   λείξουσιν ▸ 4
      Verb · third · plural · future · active · indicative ▸ **4** (1Kings 20,19; Psa. 71,9; Mic. 7,17; Is. 49,23)
λεκάνη (λέκος) dish, pan ▸ 1 + 2 = 3
   λεκάνη ▸ 1 + 1 = 2
      Noun · feminine · singular · nominative · (common) ▸ 1 + 1 = **2** (Judg. 6,38; Judg. 6,38)
   λεκάνῃ ▸ 1
      Noun · feminine · singular · dative · (common) ▸ **1** (Judg. 5,25)
λεληθότως (λανθάνω) secretly; imperceptibly ▸ 2
   λεληθότως ▸ 2
      Adverb ▸ **2** (2Mac. 6,11; 2Mac. 8,1)
λεμά lema (Aram. why?) ▸ 2
   λεμα ▸ 2
      Pronoun · interrogative · (aramaic) ▸ **2** (Matt. 27,46; Mark 15,34)

Λεμνα Libnah ▸ 3
   Λεμνα ▸ 3
      Noun · singular · genitive · (proper) ▸ **1** (2Kings 23,31)
      Noun · singular · nominative · (proper) ▸ **1** (Josh. 15,42)
      Noun · feminine · singular · accusative · (proper) ▸ **1** (Josh. 21,13)
Λεμωνα Libnah ▸ 2
   Λεμωνα ▸ 2
      Noun · singular · dative · (proper) ▸ **1** (Num. 33,20)
      Noun · singular · genitive · (proper) ▸ **1** (Num. 33,21)
λέντιον towel, cloth, apron ▸ 2
   λέντιον ▸ 1
      Noun · neuter · singular · accusative ▸ **1** (John 13,4)
   λεντίῳ ▸ 1
      Noun · neuter · singular · dative ▸ **1** (John 13,5)
λέξις (λέγω) speech, expression, dialect ▸ 8
   λέξεων ▸ 1
      Noun · feminine · plural · genitive · (common) ▸ **1** (Sir. 1,20 Prol.)
   λέξεως ▸ 2
      Noun · feminine · singular · genitive · (common) ▸ **2** (2Mac. 2,31; Job 38,1)
   λέξιν ▸ 3
      Noun · feminine · singular · accusative · (common) ▸ **3** (Esth. 1,22; Esth. 3,12; Esth. 8,9)
   λέξις ▸ 2
      Noun · feminine · singular · nominative · (common) ▸ **2** (Job 36,2; Sir. 23,12)
λεοντηδόν (λέων) lion-like, lionish ▸ 1
   λεοντηδὸν ▸ 1
      Adverb ▸ **1** (2Mac. 11,11)
λεπίζω (λεπίς) to peel, scale ▸ 6
   ἐλέπισεν ▸ 4
      Verb · third · singular · aorist · active · indicative ▸ **4** (Gen. 30,37; Gen. 30,37; Gen. 30,38; 1Mac. 1,22)
   ἐλεπίσθη ▸ 1
      Verb · third · singular · aorist · passive · indicative ▸ **1** (Tob. 11,12)
   λεπίσαι ▸ 1
      Verb · aorist · active · infinitive ▸ **1** (Tob. 3,17)
λεπίς flake, scale ▸ 6 + 1 = 7
   λεπίδας ▸ 1
      Noun · feminine · plural · accusative · (common) ▸ **1** (Num. 17,3)
   λεπίδες ▸ 5 + 1 = 6
      Noun · feminine · plural · nominative · (common) ▸ 5 + 1 = **6** (Lev. 11,9; Lev. 11,10; Lev. 11,12; Deut. 14,9; Deut. 14,10; Acts 9,18)
λέπισμα (λεπίς) peel ▸ 1
   λεπίσματα ▸ 1
      Noun · neuter · plural · accusative · (common) ▸ **1** (Gen. 30,37)
λέπρα (λεπίς) leprosy ▸ 39 + 4 = 43
   λέπρα ▸ 17 + 3 = 20
      Noun · feminine · singular · nominative · (common) ▸ 17 + 3 = **20** (Lev. 13,8; Lev. 13,11; Lev. 13,12; Lev. 13,12; Lev. 13,13; Lev. 13,15; Lev. 13,20; Lev. 13,25; Lev. 13,30; Lev. 13,30; Lev. 13,42; Lev. 13,51; Lev. 13,52; Lev. 13,57; Lev. 14,44; 2Kings 5,27; 2Chr. 26,19; Matt. 8,3; Mark 1,42; Luke 5,13)
   λέπρας ▸ 22 + 1 = 23
      Noun · feminine · singular · genitive · (common) ▸ 22 + 1 = **23** (Lev. 13,2; Lev. 13,3; Lev. 13,9; Lev. 13,22; Lev. 13,25; Lev. 13,27; Lev. 13,29; Lev. 13,43; Lev. 13,47; Lev. 13,49; Lev. 13,59; Lev. 14,3; Lev. 14,7; Lev. 14,32; Lev. 14,34; Lev. 14,54; Lev.

14,55; Lev. 14,57; Deut. 24,8; 2Kings 5,3; 2Kings 5,6; 2Kings 5,7; Luke 5,12)

λεπράω (λεπίς) to have leprosy ▸ 3
  λεπρᾷ ▸ 1
    Verb · third · singular · present · active · indicative ▸ 1 (Lev. 22,4)
  λεπρῶσα ▸ 2
    Verb · present · active · participle · feminine · singular · nominative ▸ 2 (Num. 12,10; Num. 12,10)

λεπρόομαι (λεπίς) to become leprous ▸ 3
  λελεπρωμένος ▸ 3
    Verb · perfect · middle · participle · masculine · singular · nominative ▸ 2 (2Kings 5,27; 2Kings 15,5)
    Verb · perfect · passive · participle · masculine · singular · nominative ▸ 1 (2Kings 5,1)

λεπρός (λεπίς) leper; leprous, scaly, scabby ▸ 13 + 9 = 22
  λεπροί ▸ 2 + 4 = 6
    Adjective · masculine · plural · nominative · noDegree ▸ 2 + 4 = 6 (2Kings 7,3; 2Kings 7,8; Matt. 11,5; Luke 4,27; Luke 7,22; Luke 17,12)
  λεπρόν ▸ 1
    Adjective · neuter · singular · accusative · noDegree ▸ 1 (2Kings 5,11)
  λεπρὸν ▸ 1
    Adjective · masculine · singular · accusative · noDegree ▸ 1 (Num. 5,2)
  Λεπρός ▸ 1
    Adjective · masculine · singular · nominative · noDegree ▸ 1 (2Chr. 26,23)
  λεπρός ▸ 3
    Adjective · masculine · singular · nominative · noDegree ▸ 3 (Lev. 13,44; Lev. 13,45; 2Chr. 26,21)
  λεπρὸς ▸ 3 + 2 = 5
    Adjective · masculine · singular · nominative · noDegree ▸ 3 + 2 = 5 (2Sam. 3,29; 2Chr. 26,20; 2Chr. 26,21; Matt. 8,2; Mark 1,40)
  λεπροῦ ▸ 2 + 2 = 4
    Adjective · masculine · singular · genitive · noDegree ▸ 2 + 2 = 4 (Lev. 14,2; Lev. 14,3; Matt. 26,6; Mark 14,3)
  λεπροὺς ▸ 1
    Adjective · masculine · plural · accusative ▸ 1 (Matt. 10,8)

λεπτόν lepton (copper coin) ▸ 3
  λεπτὰ ▸ 2
    Noun · neuter · plural · accusative ▸ 2 (Mark 12,42; Luke 21,2)
  λεπτὸν ▸ 1
    Noun · neuter · singular · accusative ▸ 1 (Luke 12,59)

λεπτός (λεπίς) small, fine, light ▸ 28
  λεπτὰ ▸ 4
    Adjective · neuter · plural · accusative · noDegree ▸ 2 (2Chr. 34,7; Is. 30,22)
    Adjective · neuter · plural · nominative · noDegree ▸ 2 (Is. 30,14; Dan. 2,35)
  λεπταί ▸ 5
    Adjective · feminine · plural · nominative · noDegree ▸ 5 (Gen. 41,3; Gen. 41,4; Gen. 41,19; Gen. 41,20; Gen. 41,27)
  λεπτή ▸ 1
    Adjective · feminine · singular · nominative · noDegree ▸ 1 (Lev. 13,30)
  λεπτὴ ▸ 1
    Adjective · feminine · singular · nominative · noDegree ▸ 1 (Wis. 5,14)
  λεπτήν ▸ 1
    Adjective · feminine · singular · accusative · noDegree ▸ 1 (Is. 27,9)
  λεπτῆς ▸ 2
    Adjective · feminine · singular · genitive · noDegree ▸ 2 (Lev. 16,12; 1Kings 19,12)
  λεπτοί ▸ 5
    Adjective · masculine · plural · nominative · noDegree ▸ 5 (Gen. 41,6; Gen. 41,7; Gen. 41,23; Gen. 41,24; Gen. 41,27)
  λεπτόν ▸ 3
    Adjective · masculine · singular · accusative · noDegree ▸ 1 (Deut. 9,21)
    Adjective · neuter · singular · accusative · noDegree ▸ 1 (Ex. 30,7)
    Adjective · neuter · singular · nominative · noDegree ▸ 1 (Wis. 7,22)
  λεπτὸν ▸ 4
    Adjective · masculine · singular · accusative · noDegree ▸ 2 (Ex. 30,36; Ex. 32,20)
    Adjective · neuter · singular · accusative · noDegree ▸ 1 (Jer. 28,34)
    Adjective · neuter · singular · nominative · noDegree ▸ 1 (Ex. 16,14)
  λεπτοτάτων ▸ 1
    Adjective · masculine · plural · genitive · superlative ▸ 1 (Wis. 7,23)
  λεπτότερον ▸ 1
    Adjective · neuter · singular · nominative · comparative ▸ 1 (Dan. 2,35)

λεπτύνω (λεπίς) to crush, grind to powder ▸ 10 + 9 = 19
  ἐλέπτυνα ▸ 1
    Verb · first · singular · aorist · active · indicative ▸ 1 (2Sam. 22,43)
  ἐλέπτυναν ▸ 1 + 1 = 2
    Verb · third · plural · aorist · active · indicative ▸ 1 + 1 = 2 (2Chr. 23,17; Dan. 6,25)
  ἐλέπτυνεν ▸ 3 + 2 = 5
    Verb · third · singular · aorist · active · indicative ▸ 3 + 2 = 5 (2Kings 23,6; 2Kings 23,15; 2Chr. 34,4; Dan. 2,34; Dan. 2,45)
  ἐλεπτύνθησαν ▸ 1
    Verb · third · plural · aorist · passive · indicative ▸ 1 (Dan. 2,35)
  λεπτύνει ▸ 1
    Verb · third · singular · present · active · indicative ▸ 1 (Dan. 2,40)
  λεπτυνεῖ ▸ 1 + 2 = 3
    Verb · third · singular · future · active · indicative ▸ 1 + 2 = 3 (Psa. 28,6; Dan. 2,40; Dan. 2,44)
  λεπτυνεῖς ▸ 2
    Verb · second · singular · future · active · indicative ▸ 2 (Mic. 4,13; Is. 41,15)
  λεπτῦνον ▸ 2
    Verb · present · active · participle · neuter · singular · nominative ▸ 2 (Dan. 7,7; Dan. 7,19)
  λεπτυνοῦσιν ▸ 1
    Verb · third · plural · future · active · indicative ▸ 1 (Jer. 31,12)
  λεπτυνῶ ▸ 1
    Verb · first · singular · future · active · indicative ▸ 1 (Psa. 17,43)

λέπυρον (λέπω) rind ▸ 2
  λέπυρον ▸ 2
    Noun · neuter · singular · nominative · (common) ▸ 2 (Song 4,3; Song 6,7)

λέσχη (λέγω) talk ▸ 1

λέσχαι ▸ 1
    Noun ▪ feminine ▪ plural ▪ nominative ▪ (common) ▸ 1 (Prov. 23,29)

Λευι Levi ▸ 76 + 2 = 78
  Λευι ▸ 76 + 2 = 78
    Noun ▪ masculine ▪ singular ▪ accusative ▪ (proper) ▸ 2 (Gen. 29,34; 1Chr. 21,6)
    Noun ▪ masculine ▪ singular ▪ dative ▪ (proper) ▸ 5 + 1 = 6 (Gen. 34,30; Num. 26,59; Deut. 33,8; Deut. 33,8; 1Chr. 27,17; Judg. 15,9)
    Noun ▪ masculine ▪ singular ▪ genitive ▪ (proper) ▸ 62 + 1 = 63 (Gen. 46,11; Ex. 2,1; Ex. 2,1; Ex. 6,16; Ex. 6,16; Ex. 6,19; Ex. 32,26; Ex. 32,28; Num. 1,49; Num. 3,6; Num. 3,15; Num. 3,17; Num. 4,2; Num. 16,1; Num. 16,7; Num. 16,8; Num. 16,10; Num. 17,18; Num. 17,23; Num. 18,2; Num. 18,21; Num. 26,57; Num. 26,58; Num. 26,59; Deut. 10,8; Deut. 18,1; Deut. 31,9; Josh. 13,14; Josh. 18,7; Josh. 21,1; Josh. 21,10; Josh. 21,40; 1Kings 12,31; 1Chr. 5,27; 1Chr. 6,1; 1Chr. 6,4; 1Chr. 6,23; 1Chr. 6,28; 1Chr. 6,32; 1Chr. 9,18; 1Chr. 12,27; 1Chr. 23,6; 1Chr. 23,14; 1Chr. 23,24; 1Chr. 23,27; 1Chr. 24,6; 1Chr. 24,20; 1Esdr. 8,46; Ezra 8,15; Ezra 8,18; Neh. 10,40; Neh. 12,23; Tob. 1,7; Psa. 134,20; Sir. 45,6; Zech. 12,13; Mal. 2,8; Mal. 3,3; Jer. 38,14; Ezek. 40,46; Ezek. 48,31; Bel 1; Tob. 1,7)
    Noun ▪ masculine ▪ singular ▪ nominative ▪ (proper) ▸ 7 (Gen. 34,14; Gen. 34,25; Gen. 35,23; Gen. 49,5; Ex. 1,2; Deut. 27,12; 1Chr. 2,1)

Λευί Levi ▸ 8
  Λευὶ ▸ 5
    Noun ▪ masculine ▪ singular ▪ genitive ▪ (proper) ▸ 4 (Luke 3,24; Luke 3,29; Heb. 7,5; Rev. 7,7)
    Noun ▪ masculine ▪ singular ▪ nominative ▪ (proper) ▸ 1 (Heb. 7,9)
  Λευὶν ▸ 2
    Noun ▪ masculine ▪ singular ▪ accusative ▪ (proper) ▸ 2 (Mark 2,14; Luke 5,27)
  Λευὶς ▸ 1
    Noun ▪ masculine ▪ singular ▪ nominative ▪ (proper) ▸ 1 (Luke 5,29)

Λευις Levi ▸ 2
  Λευιν ▸ 1
    Noun ▪ masculine ▪ singular ▪ genitive ▪ (proper) ▸ 1 (4Mac. 2,19)
  Λευις ▸ 1
    Noun ▪ masculine ▪ singular ▪ nominative ▪ (proper) ▸ 1 (1Esdr. 9,14)

Λευίτης Levite ▸ 310 + 9 + 3 = 322
  Λευῖται ▸ 121
    Noun ▪ masculine ▪ plural ▪ nominative ▪ (proper) ▸ 121 (Num. 1,47; Num. 1,51; Num. 1,53; Num. 1,53; Num. 2,33; Num. 3,12; Num. 3,45; Num. 8,12; Num. 8,15; Num. 8,21; Num. 8,22; Deut. 18,7; Deut. 21,5; Deut. 24,8; Deut. 27,9; Deut. 27,14; Josh. 8,33 # 9,2d; 1Sam. 6,15; 2Sam. 15,24; 1Chr. 6,33; 1Chr. 9,2; 1Chr. 9,26; 1Chr. 13,2; 1Chr. 15,14; 1Chr. 15,17; 1Chr. 15,27; 1Chr. 23,3; 1Chr. 23,26; 1Chr. 26,20; 2Chr. 5,4; 2Chr. 5,5; 2Chr. 5,12; 2Chr. 7,6; 2Chr. 8,14; 2Chr. 11,13; 2Chr. 11,14; 2Chr. 13,10; 2Chr. 17,8; 2Chr. 17,8; 2Chr. 19,11; 2Chr. 20,19; 2Chr. 23,6; 2Chr. 23,7; 2Chr. 23,8; 2Chr. 24,5; 2Chr. 29,5; 2Chr. 29,12; 2Chr. 29,16; 2Chr. 29,26; 2Chr. 29,34; 2Chr. 29,34; 2Chr. 30,15; 2Chr. 30,17; 2Chr. 30,21; 2Chr. 30,25; 2Chr. 30,27; 2Chr. 31,17; 2Chr. 34,9; 2Chr. 34,12; 2Chr. 34,30; 2Chr. 35,10; 2Chr. 35,11; 2Chr. 35,14; 2Chr. 35,15; 2Chr. 35,18; 1Esdr. 1,10; 1Esdr. 1,14; 1Esdr. 1,15; 1Esdr. 1,19; 1Esdr. 2,5; 1Esdr. 5,26; 1Esdr. 5,45; 1Esdr. 5,54; 1Esdr. 5,56; 1Esdr. 5,57; 1Esdr. 7,6; 1Esdr. 7,9; 1Esdr. 7,10; 1Esdr. 7,11; 1Esdr. 8,59; 1Esdr. 8,62; 1Esdr. 8,66; 1Esdr. 9,37; 1Esdr. 9,48; 1Esdr. 9,53; Ezra 1,5; Ezra 2,40; Ezra 2,70; Ezra 3,8; Ezra 3,9; Ezra 3,10; Ezra 6,14; Ezra 6,16; Ezra 6,20; Ezra 8,30; Ezra 8,33; Ezra 9,1; Neh. 3,17; Neh. 7,1; Neh. 7,43; Neh. 7,73; Neh. 8,9; Neh. 8,11; Neh. 8,13; Neh. 9,5; Neh. 10,1; Neh. 10,10; Neh. 10,29; Neh. 10,35; Neh. 10,38; Neh. 10,39; Neh. 11,3; Neh. 12,1; Neh. 12,8; Neh. 12,22; Neh. 12,30; Neh. 12,47; Neh. 13,10; Ezek. 44,10; Ezek. 44,15; Ezek. 48,11)
  Λευίταις ▸ 50
    Noun ▪ masculine ▪ plural ▪ dative ▪ (proper) ▸ 50 (Lev. 25,32; Num. 7,5; Num. 7,6; Num. 8,20; Num. 8,26; Num. 18,24; Num. 18,26; Num. 18,30; Num. 31,30; Num. 31,47; Num. 35,2; Num. 35,2; Num. 35,4; Num. 35,6; Num. 35,7; Num. 35,8; Deut. 10,9; Deut. 18,1; Deut. 31,25; Josh. 14,3; Josh. 14,4; Josh. 21,3; Josh. 21,4; Josh. 21,8; Josh. 21,20; Josh. 21,27; Josh. 21,34; 1Chr. 6,49; 2Chr. 29,30; 2Chr. 31,2; 2Chr. 31,19; 2Chr. 35,3; 2Chr. 35,5; 2Chr. 35,8; 2Chr. 35,9; 1Esdr. 1,3; 1Esdr. 1,7; 1Esdr. 1,9; 1Esdr. 4,55; 1Esdr. 8,22; 1Esdr. 9,49; Ezra 7,24; Neh. 10,38; Neh. 12,44; Neh. 12,47; Neh. 13,22; Neh. 13,30; Ezek. 43,19; Ezek. 45,5; Ezek. 48,13)
  Λευίτας ▸ 38 + 1 = 39
    Noun ▪ masculine ▪ plural ▪ accusative ▪ (proper) ▸ 38 + 1 = 39 (Num. 1,50; Num. 3,9; Num. 3,12; Num. 3,41; Num. 3,45; Num. 3,46; Num. 4,46; Num. 8,6; Num. 8,9; Num. 8,10; Num. 8,10; Num. 8,11; Num. 8,13; Num. 8,14; Num. 8,18; Num. 8,19; Num. 18,6; Deut. 17,9; Josh. 3,3; 1Chr. 15,2; 1Chr. 15,4; 1Chr. 15,11; 1Chr. 15,26; 1Chr. 23,2; 2Chr. 13,9; 2Chr. 23,2; 2Chr. 24,5; 2Chr. 29,4; 2Chr. 29,25; 1Esdr. 5,56; Ezra 3,8; Ezra 6,18; Ezra 10,5; Neh. 12,27; Neh. 12,44; Neh. 13,29; Mal. 2,4; Is. 66,21; John 1,19)
  Λευίτῃ ▸ 2
    Noun ▪ masculine ▪ singular ▪ dative ▪ (proper) ▸ 2 (Deut. 26,12; Deut. 26,13)
  Λευίτην ▸ 1
    Noun ▪ masculine ▪ singular ▪ accusative ▪ (proper) ▸ 1 (Deut. 12,19)
  Λευίτης ▸ 20 + 6 + 2 = 28
    Noun ▪ masculine ▪ singular ▪ nominative ▪ (common) ▸ 1 (Deut. 14,29)
    Noun ▪ masculine ▪ singular ▪ nominative ▪ (proper) ▸ 19 + 6 + 2 = 27 (Ex. 4,14; Num. 18,23; Deut. 12,12; Deut. 14,27; Deut. 16,11; Deut. 16,14; Deut. 18,6; Deut. 26,11; Judg. 17,7; Judg. 17,9; Judg. 17,10; Judg. 17,13; Judg. 19,1; Judg. 20,4; 2Chr. 31,12; 2Chr. 31,14; 2Chr. 34,12; Ezra 10,15; Esth. 11,1 # 10,3l; Judg. 17,7; Judg. 17,9; Judg. 17,10; Judg. 17,13; Judg. 19,1; Judg. 20,4; Luke 10,32; Acts 4,36)
  Λευίτου ▸ 6 + 3 = 9
    Noun ▪ masculine ▪ singular ▪ genitive ▪ (proper) ▸ 6 + 3 = 9 (Judg. 17,12; Judg. 18,3; Judg. 18,15; 2Chr. 20,14; Neh. 10,39; Neh. 10,39; Judg. 17,12; Judg. 18,3; Judg. 18,15)
  Λευιτῶν ▸ 72
    Noun ▪ masculine ▪ plural ▪ genitive ▪ (proper) ▸ 72 (Ex. 6,25; Ex. 37,19; Lev. 25,32; Lev. 25,33; Lev. 25,33; Num. 2,17; Num. 3,20; Num. 3,32; Num. 3,39; Num. 3,41; Num. 3,45; Num. 3,49; Num. 4,18; Num. 8,20; Num. 8,22; Num. 8,24; Deut. 17,18; Josh. 21,41; 1Chr. 9,14; 1Chr. 9,31; 1Chr. 9,33; 1Chr. 9,34; 1Chr. 15,12; 1Chr. 15,15; 1Chr. 15,16; 1Chr. 15,22; 1Chr. 16,4; 1Chr. 24,6; 1Chr. 24,30; 1Chr. 24,31; 1Chr. 28,13; 1Chr. 28,21; 2Chr. 8,15; 2Chr. 19,8; 2Chr. 23,4; 2Chr. 23,6; 2Chr. 23,18; 2Chr. 23,18; 2Chr. 24,6; 2Chr. 24,11; 2Chr. 30,16; 2Chr. 30,22; 2Chr. 31,2; 2Chr. 31,4; 2Chr. 31,9; 2Chr. 34,13; 2Chr. 35,9; 1Esdr. 1,5; 1Esdr. 5,60; 1Esdr. 8,5; 1Esdr. 8,10; 1Esdr. 8,42; 1Esdr. 8,48; 1Esdr. 8,58; 1Esdr. 8,92; 1Esdr. 9,23; Ezra 3,12; Ezra 7,7; Ezra 7,13; Ezra

8,20; Ezra 8,29; Ezra 10,23; Neh. 9,4; Neh. 11,15; Neh. 11,22; Neh. 11,36; Neh. 12,24; Neh. 13,5; Neh. 13,10; Neh. 13,13; Ezek. 48,12; Ezek. 48,22)

Λευιτικός Levitical ▸ 1
  Λευιτικῆς ▸ 1
    Adjective · feminine · singular · genitive · (proper) ▸ **1** (Heb. 7,11)

λευκαθίζω (λευκός) to be white ▸ 2
  λευκαθίζοντα ▸ 2
    Verb · present · active · participle · neuter · plural · nominative ▸ **2** (Lev. 13,38; Lev. 13,39)

λευκαίνω (λευκός) to whiten ▸ 5 + 2 = 7
  ἐλεύκαναν ▸ 1
    Verb · third · plural · aorist · active · indicative ▸ **1** (Rev. 7,14)
  ἐλεύκανεν ▸ 1
    Verb · third · singular · aorist · active · indicative ▸ **1** (Joel 1,7)
  λευκαίνουσα ▸ 1
    Verb · present · active · participle · feminine · singular · nominative ▸ **1** (Lev. 13,19)
  λευκᾶναι ▸ 1
    Verb · aorist · active · infinitive ▸ **1** (Mark 9,3)
  λευκανθήσομαι ▸ 1
    Verb · first · singular · future · passive · indicative ▸ **1** (Psa. 50,9)
  λευκανῶ ▸ 2
    Verb · first · singular · future · active · indicative ▸ **2** (Is. 1,18; Is. 1,18)

λευκανθίζω (λευκός) to be white ▸ 1
  λελευκανθισμένη ▸ 1
    Verb · perfect · passive · participle · feminine · singular · nominative ▸ **1** (Song 8,5)

λεύκη (λευκός) white poplar tree ▸ 2
  λεύκην ▸ 1
    Noun · feminine · singular · accusative · (common) ▸ **1** (Is. 41,19)
  λεύκης ▸ 1
    Noun · feminine · singular · genitive · (common) ▸ **1** (Hos. 4,13)

Λεύκιος Leucius ▸ 1
  Λεύκιος ▸ 1
    Noun · masculine · singular · nominative · (proper) ▸ **1** (1Mac. 15,16)

λευκός white ▸ 31 + 1 + 25 = 57
  λευκά ▸ 2
    Adjective · neuter · plural · nominative · noDegree ▸ **2** (Gen. 31,8; Eccl. 9,8)
  λευκὰ ▸ 2 + 3 = 5
    Adjective · neuter · plural · accusative · noDegree ▸ 1 + 1 = **2** (Gen. 30,37; Rev. 3,18)
    Adjective · neuter · plural · nominative · noDegree ▸ 1 + 2 = **3** (Gen. 31,8; Matt. 17,2; Mark 9,3)
  λευκαί ▸ 1
    Adjective · feminine · plural · nominative ▸ **1** (Rev. 1,14)
  λευκαί ▸ 1
    Adjective · feminine · plural · nominative ▸ **1** (John 4,35)
  λευκαῖς ▸ 1
    Adjective · feminine · plural · dative ▸ **1** (Acts 1,10)
  λευκὰς ▸ 2
    Adjective · feminine · plural · accusative ▸ **2** (Rev. 7,9; Rev. 7,13)
  λευκή ▸ 4 + 1 = 5
    Adjective · feminine · singular · nominative · noDegree ▸ 4 + 1 = **5** (Lev. 13,3; Lev. 13,16; Lev. 13,21; Lev. 13,26; Rev. 14,14)
  λευκὴ ▸ 6 + 1 = 7
    Adjective · feminine · singular · nominative · noDegree ▸ 6 + 1 = **7** (Lev. 13,4; Lev. 13,10; Lev. 13,19; Lev. 13,25; Lev. 13,42; Lev. 13,43; Rev. 6,11)
  λευκῇ ▸ 1
    Adjective · feminine · singular · dative · noDegree ▸ **1** (2Mac. 11,8)
  λευκήν ▸ 3 + 2 = 5
    Adjective · feminine · singular · accusative · noDegree ▸ 3 + 2 = **5** (Lev. 13,4; Lev. 13,10; Lev. 13,20; Mark 16,5; Rev. 2,17)
  λευκὴν ▸ 1
    Adjective · feminine · singular · accusative ▸ **1** (Matt. 5,36)
  λευκοί ▸ 2
    Adjective · masculine · plural · nominative · noDegree ▸ **2** (Gen. 49,12; Zech. 6,6)
  λευκοὶ ▸ 2
    Adjective · masculine · plural · nominative · noDegree ▸ **2** (Zech. 1,8; Zech. 6,3)
  λευκοῖς ▸ 5
    Adjective · masculine · plural · dative ▸ **1** (Rev. 19,14)
    Adjective · neuter · plural · dative ▸ **4** (John 20,12; Rev. 3,4; Rev. 3,5; Rev. 4,4)
  λευκόν ▸ 4 + 1 = 5
    Adjective · neuter · singular · accusative · noDegree ▸ **2** (Lev. 13,13; Lev. 13,17)
    Adjective · neuter · singular · nominative · noDegree ▸ 2 + 1 = **3** (Gen. 30,37; Ex. 16,31; Dan. 7,9)
  λευκὸν ▸ 4 + 4 = 8
    Adjective · masculine · singular · accusative ▸ **1** (Rev. 20,11)
    Adjective · neuter · singular · accusative ▸ **1** (Rev. 19,14)
    Adjective · neuter · singular · nominative · noDegree ▸ 4 + 2 = **6** (Gen. 30,35; Ex. 16,14; Lev. 13,24; Dan. 7,9; Matt. 28,3; Rev. 1,14)
  λευκός ▸ 1
    Adjective · masculine · singular · nominative ▸ **1** (Rev. 6,2)
  λευκὸς ▸ 1 + 2 = 3
    Adjective · masculine · singular · nominative · noDegree ▸ 1 + 2 = **3** (Song 5,10; Luke 9,29; Rev. 19,11)

λευκότης (λευκός) whiteness ▸ 1
  λευκότητος ▸ 1
    Noun · feminine · singular · genitive · (common) ▸ **1** (Sir. 43,18)

λεύκωμα (λευκός) tablet; notice-board, register ▸ 5 + 6 = 11
  λευκώμασιν ▸ 1
    Noun · neuter · singular · dative · (common) ▸ **1** (Tob. 2,10)
  λευκώματα ▸ 5 + 4 = 9
    Noun · neuter · plural · accusative · (common) ▸ 4 + 3 = **7** (Tob. 3,17; Tob. 6,9; Tob. 11,8; Tob. 11,12; Tob. 2,10; Tob. 3,17; Tob. 11,8)
    Noun · neuter · plural · nominative · (common) ▸ 1 + 1 = **2** (Tob. 2,10; Tob. 6,9)
  λευκωμάτων ▸ 1
    Noun · neuter · plural · genitive · (common) ▸ **1** (Tob. 6,9)

Λεχι Lehi ▸ 1
  Λεχι ▸ 1
    Noun · singular · dative · (proper) ▸ **1** (Judg. 15,9)

λεχώ (λέχος) woman in childbirth ▸ 1
  λεχώ ▸ 1
    Noun · feminine · singular · nominative · (common) ▸ **1** (LetterJ 27)

λέων lion ▸ 142 + 19 + 9 = 170
  λέοντα ▸ 7
    Noun · masculine · singular · accusative · (common) ▸ **7** (1Sam. 17,36; 2Sam. 23,20; 1Chr. 11,22; 1Esdr. 4,24; Psa. 90,13; Eccl. 9,4; Ezek. 19,5)

λέοντας ▸ 5
  Noun · masculine · plural · accusative · (common) ▸ **5** (2Sam. 1,23; 2Kings 17,25; 2Kings 17,26; 4Mac. 16,21; Wis. 11,17)
λεόντάς ▸ 1
  Noun · masculine · plural · accusative · (common) ▸ **1** (Nah. 2,14)
λέοντες ▸ **16** + **2** = **18**
  Noun · masculine · plural · nominative · (common) ▸ **16** + **2** = **18** (1Kings 7,16; 1Kings 7,22; 1Kings 10,19; 1Kings 10,20; 2Chr. 9,18; 2Chr. 9,19; 4Mac. 16,3; Zeph. 3,3; Is. 5,29; Jer. 2,15; Jer. 27,17; Jer. 28,38; Ezek. 22,25; Dan. 6,24; Dan. 6,25; Bel 31-32; Dan. 6,25; Bel 32)
Λέοντι ▸ 1
  Noun · masculine · singular · dative · (common) ▸ **1** (Ezek. 32,2)
λέοντι ▸ **4** + **1** = **5**
  Noun · masculine · singular · dative · (common) ▸ **4** + **1** = **5** (1Mac. 3,4; Ode. 11,13; Sir. 25,16; Is. 38,13; Rev. 4,7)
λέοντος ▸ **26** + **5** + **2** = **33**
  Noun · masculine · singular · genitive · (common) ▸ **26** + **5** + **2** = **33** (Gen. 49,9; Deut. 33,22; Judg. 14,8; Judg. 14,8; Judg. 14,9; Judg. 14,18; 1Sam. 17,37; 2Sam. 17,10; 1Chr. 12,9; Esth. 14,13 # 4,17s; Psa. 21,22; Prov. 19,12; Prov. 20,2; Prov. 30,30; Job 4,10; Job 6,7; Sir. 21,2; Amos 3,12; Amos 5,19; Joel 1,6; Nah. 2,12; Is. 5,29; Is. 30,6; Ezek. 1,10; Ezek. 41,19; Dan. 4,33b; Judg. 14,5; Judg. 14,8; Judg. 14,8; Judg. 14,9; Judg. 14,18; 2Tim. 4,17; Rev. 13,2)
λεόντων ▸ **28** + **12** + **3** = **43**
  Noun · masculine · plural · genitive · (common) ▸ **28** + **12** + **3** = **43** (Judg. 14,5; 1Kings 7,16; 1Mac. 2,60; 4Mac. 18,13; Psa. 34,17; Psa. 57,7; Song 4,8; Job 4,11; Sir. 13,19; Nah. 2,12; Zech. 11,3; Jer. 28,38; Ezek. 19,2; Ezek. 19,2; Ezek. 19,6; Dan. 6,6; Dan. 6,8; Dan. 6,9; Dan. 6,13; Dan. 6,15; Dan. 6,17; Dan. 6,18; Dan. 6,19; Dan. 6,20; Dan. 6,21; Dan. 6,23; Dan. 6,23; Bel 34; Dan. 4,33; Dan. 6,8; Dan. 6,13; Dan. 6,17; Dan. 6,19; Dan. 6,20; Dan. 6,21; Dan. 6,23; Dan. 6,25; Dan. 6,28; Bel 31; Bel 34; Heb. 11,33; Rev. 9,8; Rev. 9,17)
λέουσι ▸ 2
  Noun · masculine · plural · dative · (common) ▸ **2** (3Mac. 6,7; Dan. 6,25)
λέουσιν ▸ 3
  Noun · masculine · plural · dative · (common) ▸ **3** (Job 38,39; Sir. 47,3; Nah. 2,13)
Λέων ▸ 2
  Noun · masculine · singular · nominative · (common) ▸ **2** (Prov. 22,13; Prov. 26,13)
λέων ▸ **47** + **3** = **50**
  Noun · masculine · singular · nominative · (common) ▸ **47** + **3** = **50** (Gen. 49,9; Num. 23,24; Num. 24,9; Deut. 33,20; 1Sam. 17,34; 1Kings 13,24; 1Kings 13,24; 1Kings 13,25; 1Kings 13,28; 1Kings 13,28; 1Kings 21,36; 1Kings 21,36; Psa. 7,3; Psa. 9,30; Psa. 16,12; Psa. 21,14; Prov. 28,1; Prov. 28,15; Job 10,16; Job 28,8; Sir. 4,30; Sir. 27,10; Sir. 27,28; Sir. 28,23; Hos. 5,14; Hos. 11,10; Amos 3,4; Amos 3,8; Mic. 5,7; Nah. 2,12; Nah. 2,13; Is. 11,6; Is. 11,7; Is. 30,6; Is. 31,4; Is. 35,9; Is. 65,25; Jer. 2,30; Jer. 4,7; Jer. 5,6; Jer. 12,8; Jer. 27,44; Jer. 30,13; Jer. 32,38; Lam. 3,10; Ezek. 19,3; Ezek. 19,6; 1Pet. 5,8; Rev. 5,5; Rev. 10,3)

λεωπετρία (λεῖος; πέτρος) bare rock ▸ 4
  λεωπετρίαν ▸ 4
    Noun · feminine · singular · accusative · (common) ▸ **4** (Ezek. 24,7; Ezek. 24,8; Ezek. 26,4; Ezek. 26,14)

λήγω to stop ▸ 6
  ἔληγεν ▸ 1
    Verb · third · singular · imperfect · active · indicative ▸ **1** (2Mac. 9,7)
  ἔληξεν ▸ 1
    Verb · third · singular · aorist · active · indicative ▸ **1** (2Mac. 15,24)
  λήγειν ▸ 1
    Verb · present · active · infinitive ▸ **1** (2Mac. 9,11)
  λήγοντος ▸ 1
    Verb · present · active · participle · masculine · singular · genitive ▸ **1** (3Mac. 6,16)
  ληγόντων ▸ 2
    Verb · present · active · participle · masculine · plural · genitive ▸ **2** (2Mac. 9,18; 3Mac. 3,16)

λήθη (λανθάνω) forgetfulness ▸ **11** + **1** = **12**
  λήθη ▸ 2
    Noun · feminine · singular · nominative · (common) ▸ **2** (Lev. 5,15; 3Mac. 6,20)
  λήθῃ ▸ 3
    Noun · feminine · singular · dative · (common) ▸ **3** (Num. 5,27; Deut. 8,19; Sir. 14,7)
  λήθην ▸ **3** + **1** = **4**
    Noun · feminine · singular · accusative · (common) ▸ **3** + **1** = **4** (3Mac. 5,28; Job 7,21; Wis. 16,11; 2Pet. 1,9)
  λήθης ▸ 3
    Noun · feminine · singular · genitive · (common) ▸ **3** (4Mac. 1,5; 4Mac. 2,24; Wis. 17,3)

λῆμμα (λαμβάνω) profit; burden, oracle; assumption, premise ▸ 17
  Λῆμμα ▸ 8
    Noun · neuter · singular · nominative · (common) ▸ **8** (Nah. 1,1; Zech. 9,1; Zech. 12,1; Mal. 1,1; Jer. 23,34; Jer. 23,36; Jer. 23,38; Jer. 23,38)
  λῆμμα ▸ 6
    Noun · neuter · singular · accusative · (common) ▸ **1** (2Kings 9,25)
    Noun · neuter · singular · nominative · (common) ▸ **5** (Hab. 1,1; Hab. 1,7; Jer. 23,33; Jer. 23,33; Jer. 23,36)
  λήμματα ▸ 1
    Noun · neuter · plural · accusative · (common) ▸ **1** (Lam. 2,14)
  λήμματος ▸ 1
    Noun · neuter · singular · genitive · (common) ▸ **1** (Job 31,23)
  λημμάτων ▸ 1
    Noun · neuter · plural · genitive · (common) ▸ **1** (Hag. 2,14)

λῆμψις (λαμβάνω) receiving ▸ **4** + **1** = **5**
  λήμψεις ▸ 1
    Noun · feminine · plural · accusative · (common) ▸ **1** (Prov. 15,27)
  λήμψεως ▸ **1** + **1** = **2**
    Noun · feminine · singular · genitive · (common) ▸ **1** + **1** = **2** (Sir. 41,21; Phil. 4,15)
  λῆμψις ▸ 2
    Noun · feminine · singular · nominative · (common) ▸ **2** (Prov. 15,29a; Sir. 42,7)

ληνός winepress ▸ **22** + **1** + **5** = **28**
  ληνοὶ ▸ 1
    Noun · feminine · plural · nominative · (common) ▸ **1** (Joel 2,24)
  ληνοί ▸ 2
    Noun · feminine · plural · nominative · (common) ▸ **2** (Prov. 3,10; Joel 1,17)
  ληνοῖς ▸ 3
    Noun · feminine · plural · dative · (common) ▸ **3** (Gen. 30,38; Gen. 30,41; Jer. 31,33)

ληνόν ▸ 1
: **Noun** · feminine · singular · accusative · (common) ▸ **1** (Sir. 33,17)

ληνὸν ▸ **1** + **3** = **4**
: **Noun** · feminine · singular · accusative · (common) ▸ **1** + **3** = **4** (Lam. 1,15; Matt. 21,33; Rev. 14,19; Rev. 19,15)

ληνός ▸ 1
: **Noun** · feminine · singular · nominative · (common) ▸ **1** (Joel 4,13)

ληνὸς ▸ **1** + **1** = **2**
: **Noun** · feminine · singular · nominative · (common) ▸ **1** + **1** = **2** (Hos. 9,2; Rev. 14,20)

ληνοῦ ▸ **7** + **1** = **8**
: **Noun** · feminine · singular · genitive · (common) ▸ **7** + **1** = **8** (Ex. 22,28; Num. 18,27; Num. 18,30; Deut. 15,14; Deut. 16,13; 2Kings 6,27; Is. 63,2; Rev. 14,20)

ληνοὺς ▸ 1
: **Noun** · feminine · plural · accusative · (common) ▸ **1** (Neh. 13,15)

ληνῷ ▸ **1** + **1** = **2**
: **Noun** · feminine · singular · dative · (common) ▸ **1** + **1** = **2** (Judg. 6,11; Judg. 6,11)

ληνῶν ▸ 3
: **Noun** · feminine · plural · genitive · (common) ▸ **3** (Psa. 8,1; Psa. 80,1; Psa. 83,1)

λῆρος empty talk, nonsense ▸ **1** + **1** = **2**

λῆρον ▸ 1
: **Noun** · masculine · singular · accusative · (common) ▸ **1** (4Mac. 5,11)

λῆρος ▸ 1
: **Noun** · masculine · singular · nominative ▸ **1** (Luke 24,11)

ληρώδης (λῆρος; εἶδος) nonsensical; silly ▸ 1

ληρῶδες ▸ 1
: **Adjective** · neuter · singular · accusative · noDegree ▸ **1** (2Mac. 12,44)

ληστεύω (ληστής) to rob, raid ▸ 1

ληστεύειν ▸ 1
: **Verb** · present · active · infinitive ▸ **1** (1Esdr. 4,23)

ληστήριον (ληστής) band of robbers; nest of robbers; robbery ▸ 3

ληστήρια ▸ 2
: **Noun** · neuter · plural · accusative · (common) ▸ **2** (2Chr. 36,5b; 2Chr. 36,5b)

ληστήριον ▸ 1
: **Noun** · neuter · singular · nominative · (common) ▸ **1** (2Chr. 22,1)

ληστής robber, bandit; insurrectionist ▸ **9** + **15** = **24**

λησταί ▸ **2** + **1** = **3**
: **Noun** · masculine · plural · nominative · (common) ▸ **2** + **1** = **3** (Obad. 5; Ezek. 22,9; Matt. 27,44)

λησταί ▸ 2
: **Noun** · masculine · plural · nominative ▸ **2** (Matt. 27,38; John 10,8)

λησταῖς ▸ 1
: **Noun** · masculine · plural · dative ▸ **1** (Luke 10,30)

ληστάς ▸ 2
: **Noun** · masculine · plural · accusative ▸ **2** (Mark 15,27; Luke 10,36)

ληστὰς ▸ 1
: **Noun** · masculine · plural · accusative · (common) ▸ **1** (Jer. 18,22)

ληστῇ ▸ 1
: **Noun** · masculine · singular · dative · (common) ▸ **1** (Sir. 36,26)

ληστὴν ▸ 3
: **Noun** · masculine · singular · accusative ▸ **3** (Matt. 26,55; Mark 14,48; Luke 22,52)

ληστής ▸ 2
: **Noun** · masculine · singular · nominative ▸ **2** (John 10,1; John 18,40)

ληστής ▸ 1
: **Noun** · masculine · singular · nominative · (common) ▸ **1** (Hos. 7,1)

ληστῶν ▸ **4** + **4** = **8**
: **Noun** · masculine · plural · genitive · (common) ▸ **4** + **4** = **8** (Jer. 7,11; LetterJ 13; LetterJ 17; LetterJ 57; Matt. 21,13; Mark 11,17; Luke 19,46; 2Cor. 11,26)

Ληχα Lecah ▸ 1

Ληχα ▸ 1
: **Noun** · masculine · singular · genitive · (proper) ▸ **1** (1Chr. 4,21)

λίαν exceedingly ▸ **18** + **4** + **12** = **34**

λίαν ▸ **18** + **4** + **12** = **34**
: **Adverb** ▸ **18** + **4** + **12** = **34** (Gen. 1,31; Gen. 4,5; 1Sam. 11,15; 2Sam. 2,17; 1Esdr. 1,28; Tob. 9,4; Tob. 10,3; 2Mac. 11,1; 4Mac. 8,17; Psa. 138,17; Psa. 138,17; Job 29,5; Job 31,31; Jer. 24,3; Jer. 24,3; Jer. 30,25; Jer. 31,29; Dan. 11,25; Tob. 6,12; Tob. 6,19; Tob. 9,3-4; Bel 28; Matt. 2,16; Matt. 4,8; Matt. 8,28; Matt. 27,14; Mark 1,35; Mark 6,51; Mark 9,3; Mark 16,2; Luke 23,8; 2Tim. 4,15; 2John 4; 3John 3)

λιβανόομαι (λίβανος) to be mixed with frankincense ▸ 1

λελιβανωμένου ▸ 1
: **Verb** · perfect · passive · participle · masculine · singular · genitive ▸ **1** (3Mac. 5,45)

Λιβάνος (λίβανος) Lebanon ▸ 10

Λιβάνου ▸ 6
: **Noun** · masculine · singular · genitive · (proper) ▸ **6** (2Chr. 2,7; 2Chr. 2,7; 2Chr. 2,15; 2Chr. 9,16; 2Chr. 9,20; Ezra 3,7)

Λιβάνῳ ▸ 4
: **Noun** · masculine · singular · dative · (proper) ▸ **4** (2Chr. 8,6; 2Chr. 25,18; 2Chr. 25,18; 2Chr. 25,18)

Λίβανος (λίβανος) Lebanon ▸ **69** + **2** = **71**

Λίβανον ▸ **9** + **1** = **10**
: **Noun** · masculine · singular · accusative · (proper) ▸ **9** + **1** = **10** (Josh. 13,5; Judg. 3,3; 1Kings 5,28; Judith 1,7; Psa. 28,6; Psa. 71,16; Zech. 10,10; Jer. 22,20; Ezek. 17,3; Judg. 3,3)

Λίβανος ▸ 8
: **Noun** · masculine · singular · nominative · (proper) ▸ **8** (Song 5,15; Hos. 14,6; Zech. 11,1; Is. 10,34; Is. 29,17; Is. 33,9; Is. 40,16; Ezek. 31,15)

Λιβάνου ▸ **40** + **1** = **41**
: **Noun** · masculine · singular · genitive · (proper) ▸ **40** + **1** = **41** (Josh. 11,17; Josh. 12,7; Josh. 13,6; Judg. 9,15; Judg. 21,19; 1Kings 2,46c; 1Kings 5,20; 1Kings 5,23; 1Kings 7,39; 1Kings 10,17; 1Kings 10,21; 2Kings 19,23; 1Esdr. 4,48; 1Esdr. 5,53; Psa. 28,5; Psa. 36,35; Psa. 103,16; Song 3,9; Song 4,6; Song 4,8; Song 4,8; Song 4,11; Song 4,14; Song 4,15; Song 7,5; Sir. 50,8; Hos. 14,7; Hos. 14,8; Nah. 1,4; Hab. 2,17; Is. 2,13; Is. 14,8; Is. 14,8; Is. 35,2; Is. 37,24; Is. 60,13; Jer. 18,14; Jer. 22,6; Ezek. 27,5; Ezek. 31,16; Judg. 9,15)

Λιβάνῳ ▸ 12
: **Noun** · masculine · singular · dative · (proper) ▸ **12** (1Kings 5,13; 1Kings 5,28; 2Kings 14,9; 2Kings 14,9; 2Kings 14,9; 1Chr. 5,23; 1Esdr. 4,48; Psa. 91,13; Sir. 24,13; Sir. 50,12; Jer. 22,23; Ezek. 31,3)

λίβανος frankincense ▸ **23** + **2** = **25**

λίβανος–λιθοβολέω

λίβανον ‣ 16 + 2 = 18
   Noun · masculine · singular · accusative · (common) ‣ 16 + 2 = 18 (Ex. 30,34; Lev. 2,1; Lev. 2,2; Lev. 2,15; Lev. 2,16; Lev. 5,11; Lev. 24,7; Num. 5,15; Neh. 13,5; Neh. 13,9; Song 3,6; Is. 60,6; Is. 66,3; Jer. 6,20; Jer. 17,26; Bar. 1,10; Matt. 2,11; Rev. 18,13)

λίβανος ‣ 3
   Noun · masculine · singular · nominative · (common) ‣ 3 (Sir. 39,14; Sir. 50,9; Jer. 48,5)

λιβάνου ‣ 2
   Noun · masculine · singular · genitive · (common) ‣ 2 (3Mac. 5,10; Sir. 24,15)

λιβάνῳ ‣ 2
   Noun · masculine · singular · dative · (common) ‣ 2 (Lev. 6,8; Is. 43,23)

λιβανωτός (λίβανος) frankincense; censer ‣ 2 + 2 = 4
   λιβανωτόν ‣ 2
      Noun · masculine · singular · accusative ‣ 2 (Rev. 8,3; Rev. 8,5)
   λιβανωτοῦ ‣ 2
      Noun · masculine · singular · genitive · (common) ‣ 2 (1Chr. 9,29; 3Mac. 5,2)

Λιβερτῖνος Freedman ‣ 1
   Λιβερτίνων ‣ 1
      Noun · masculine · plural · genitive · (proper) ‣ 1 (Acts 6,9)

Λιβύη Libya ‣ 1
   Λιβύης ‣ 1
      Noun · feminine · singular · genitive · (proper) ‣ 1 (Acts 2,10)

Λίβυς Lybian ‣ 8 + 1 = 9
   Λίβυες ‣ 8
      Noun · masculine · plural · genitive · (proper) ‣ 1 (Jer. 26,9)
      Noun · masculine · plural · nominative · (proper) ‣ 7 (2Chr. 12,3; 2Chr. 16,8; Nah. 3,9; Ezek. 27,10; Ezek. 30,5; Ezek. 38,5; Dan. 11,43)
   Λιβύων ‣ 1
      Noun · masculine · plural · genitive · (proper) ‣ 1 (Dan. 11,43)

λιγύριον (λιγύς) Ligurian stone ‣ 3
   λιγύριον ‣ 3
      Noun · neuter · singular · accusative · (common) ‣ 1 (Ezek. 28,13)
      Noun · neuter · singular · nominative · (common) ‣ 2 (Ex. 28,19; Ex. 36,19)

λιθάζω (λίθος) to stone ‣ 2 + 9 = 11
   ἐλιθάσθην ‣ 1
      Verb · first · singular · aorist · passive · indicative ‣ 1 (2Cor. 11,25)
   ἐλιθάσθησαν ‣ 1
      Verb · third · plural · aorist · passive · indicative ‣ 1 (Heb. 11,37)
   λιθάζειν ‣ 1
      Verb · present · active · infinitive ‣ 1 (John 8,5)
   λιθάζετε ‣ 1
      Verb · second · plural · present · active · indicative ‣ 1 (John 10,32)
   λιθάζομέν ‣ 1
      Verb · first · plural · present · active · indicative ‣ 1 (John 10,33)
   λιθάζων ‣ 2
      Verb · present · active · participle · masculine · singular · nominative ‣ 2 (2Sam. 16,6; 2Sam. 16,13)
   λιθάσαι ‣ 1
      Verb · aorist · active · infinitive ‣ 1 (John 11,8)
   λιθάσαντες ‣ 1
      Verb · aorist · active · participle · masculine · plural · nominative ‣ 1 (Acts 14,19)

λιθασθῶσιν ‣ 1
   Verb · third · plural · aorist · passive · subjunctive ‣ 1 (Acts 5,26)
λιθάσωσιν ‣ 1
   Verb · third · plural · aorist · active · subjunctive ‣ 1 (John 10,31)

λίθινος (λίθος) made of stone ‣ 22 + 2 + 3 = 27
   λίθινα ‣ 1 + 1 = 2
      Adjective · neuter · plural · accusative · noDegree ‣ 1 + 1 = 2 (Ex. 24,12; Rev. 9,20)
   λίθιναι ‣ 3 + 1 = 4
      Adjective · feminine · plural · nominative · noDegree ‣ 3 + 1 = 4 (Ex. 32,15; 1Kings 8,9; Ezek. 40,42; John 2,6)
   λιθίναις ‣ 1
      Adjective · feminine · plural · dative ‣ 1 (2Cor. 3,3)
   λιθίνας ‣ 11
      Adjective · feminine · plural · accusative · noDegree ‣ 11 (Ex. 31,18; Ex. 34,1; Ex. 34,4; Ex. 34,4; Deut. 4,13; Deut. 5,22; Deut. 9,9; Deut. 9,10; Deut. 9,11; Deut. 10,1; Deut. 10,3)
   λιθίνην ‣ 4
      Adjective · feminine · singular · accusative · noDegree ‣ 4 (Gen. 35,14; 2Kings 16,17; Ezek. 11,19; Ezek. 36,26)
   λίθινοι ‣ 1
      Adjective · masculine · plural · nominative · noDegree ‣ 1 (Ezra 6,4)
   λιθίνοις ‣ 1
      Adjective · masculine · plural · dative · noDegree ‣ 1 (Esth. 1,6)
   λιθίνους ‣ 2
      Adjective · masculine · plural · accusative · noDegree ‣ 2 (Dan. 5,4; Dan. 5,23)
   λιθίνων ‣ 1
      Adjective · masculine · plural · genitive · noDegree ‣ 1 (1Esdr. 6,24)

λιθοβολέω (λίθος; βάλλω) to throw stones ‣ 27 + 7 = 34
   ἐλιθοβόλησαν ‣ 7 + 1 = 8
      Verb · third · plural · aorist · active · indicative ‣ 7 + 1 = 8 (Lev. 24,23; Num. 15,36; Josh. 7,25; 1Kings 12,18; 1Kings 20,13; 2Chr. 10,18; 2Chr. 24,21; Matt. 21,35)
   ἐλιθοβόλουν ‣ 2
      Verb · third · plural · imperfect · active · indicative ‣ 2 (Acts 7,58; Acts 7,59)
   Λελιθοβόληται ‣ 1
      Verb · third · singular · perfect · passive · indicative ‣ 1 (1Kings 20,14)
   λιθοβολείτω ‣ 1
      Verb · third · singular · present · active · imperative ‣ 1 (Lev. 24,16)
   λιθοβοληθήσεται ‣ 4 + 1 = 5
      Verb · third · singular · future · passive · indicative ‣ 4 + 1 = 5 (Ex. 19,13; Ex. 21,28; Ex. 21,29; Ex. 21,32; Heb. 12,20)
   λιθοβοληθησόμεθα ‣ 1
      Verb · first · plural · future · passive · indicative ‣ 1 (Ex. 8,22)
   λιθοβοληθήσονται ‣ 1
      Verb · third · plural · future · passive · indicative ‣ 1 (Deut. 22,24)
   λιθοβολῆσαι ‣ 1 + 1 = 2
      Verb · aorist · active · infinitive ‣ 1 + 1 = 2 (1Sam. 30,6; Acts 14,5)
   λιθοβολήσατε ‣ 2
      Verb · second · plural · aorist · active · imperative ‣ 2 (Lev. 20,27; Num. 15,35)
   λιθοβολησάτωσαν ‣ 1
      Verb · third · plural · aorist · active · imperative ‣ 1 (1Kings 20,10)

λιθοβολήσετε ▸ 1
   Verb · second · plural · future · active · indicative ▸ **1** (Deut. 17,5)
λιθοβολήσον ▸ 1
   Verb · second · singular · aorist · active · imperative ▸ **1** (Ezek. 23,47)
λιθοβολήσουσιν ▸ 5
   Verb · third · plural · future · active · indicative ▸ **5** (Lev. 20,2; Lev. 24,14; Deut. 13,11; Deut. 21,21; Deut. 22,21)
λιθοβολήσουσίν ▸ 1
   Verb · third · plural · future · active · indicative ▸ **1** (Ezek. 16,40)
λιθοβολοῦσα ▸ 2
   Verb · present · active · participle · feminine · singular · vocative ▸ **2** (Matt. 23,37; Luke 13,34)

λιθοβόλον (λίθος; βάλλω) stone-thrower; catapult ▸ 1
   λιθοβόλα ▸ 1
   Noun · neuter · plural · accusative · (common) ▸ **1** (1Mac. 6,51)

λίθος stone ▸ 292 + 10 + 59 = 361
   λίθοι ▸ 14 + 4 = 18
   Noun · masculine · plural · nominative · (common) ▸ **14 + 4 = 18** (Ex. 28,12; Ex. 28,21; Ex. 36,21; Deut. 8,9; Josh. 4,6; Josh. 4,7; Josh. 4,11; Josh. 4,21; 2Kings 19,18; Job 28,6; Sir. 43,15; Zech. 9,16; Is. 37,19; Lam. 4,1; Matt. 4,3; Mark 13,1; Luke 19,40; 1Pet. 2,5)
   λίθοις ▸ 46 + 1 + 3 = 50
   Noun · masculine · plural · dative · (common) ▸ **46 + 1 + 3 = 50** (Ex. 7,19; Ex. 19,13; Ex. 21,28; Lev. 20,2; Lev. 20,27; Lev. 24,16; Lev. 24,23; Num. 14,10; Num. 15,35; Num. 15,36; Deut. 4,28; Deut. 13,11; Deut. 17,5; Deut. 21,21; Deut. 22,21; Deut. 22,24; Deut. 28,36; Deut. 28,64; Josh. 7,25; 1Sam. 17,43; 2Sam. 16,6; 2Sam. 16,13; 1Kings 6,7; 1Kings 7,47; 1Kings 7,47; 1Kings 12,18; 1Kings 20,13; 2Kings 3,19; 1Chr. 12,2; 2Chr. 2,13; 2Chr. 3,6; 2Chr. 10,18; 2Chr. 26,15; Ezra 5,8; Judith 6,12; 1Mac. 5,47; Wis. 14,21; Sir. 45,11; Sir. 46,5; Zech. 9,15; Jer. 52,4; LetterJ 38; Ezek. 16,40; Ezek. 20,32; Ezek. 23,47; Ezek. 38,22; Judg. 20,16; Mark 5,5; Luke 21,5; 2Cor. 3,7)
   λίθον ▸ 61 + 3 + 26 = 90
   Noun · masculine · singular · accusative · (common) ▸ **61 + 3 + 26 = 90** (Gen. 11,3; Gen. 28,18; Gen. 29,3; Gen. 29,3; Gen. 29,8; Gen. 29,10; Gen. 31,45; Ex. 17,12; Ex. 28,10; Ex. 28,10; Ex. 35,33; Lev. 26,1; Deut. 29,16; Josh. 4,5; Josh. 15,6; Josh. 18,17; Josh. 24,26; Judg. 9,5; Judg. 9,18; 1Sam. 6,14; 1Sam. 7,12; 1Sam. 14,33; 1Sam. 17,49; 1Kings 10,2; 1Kings 10,10; 1Kings 10,11; 2Kings 3,25; 1Chr. 29,2; 2Chr. 9,1; 2Chr. 9,9; 2Chr. 9,10; Neh. 9,11; 1Mac. 2,36; Psa. 18,11; Psa. 90,12; Psa. 117,22; Prov. 8,19; Prov. 26,8; Prov. 26,27; Job 38,6; Wis. 7,9; Wis. 13,10; Sir. 22,20; Sir. 27,25; Sir. 29,10; Hag. 2,15; Hag. 2,15; Zech. 3,9; Zech. 4,7; Zech. 4,10; Zech. 5,8; Zech. 12,3; Is. 28,16; Is. 54,11; Jer. 3,9; Jer. 28,26; Jer. 28,26; Jer. 28,63; Lam. 3,53; Ezek. 28,13; Dan. 2,45; Judg. 9,5; Judg. 9,18; Dan. 6,18; Matt. 4,6; Matt. 7,9; Matt. 21,42; Matt. 21,44; Matt. 24,2; Matt. 27,60; Matt. 27,66; Matt. 28,2; Mark 12,10; Mark 13,2; Mark 15,46; Mark 16,3; Luke 4,11; Luke 19,44; Luke 19,44; Luke 20,17; Luke 20,18; Luke 24,2; John 8,7; John 11,39; John 11,41; John 20,1; Rom. 9,33; 1Pet. 2,4; 1Pet. 2,6; Rev. 18,21)
   Λίθος ▸ 1
   Noun · masculine · singular · nominative · (common) ▸ **1** (1Sam. 7,12)
   λίθος ▸ 24 + 3 + 9 = 36
   Noun · masculine · singular · nominative · (common) ▸ **24 + 3 + 9 = 36** (Gen. 2,12; Gen. 28,22; Gen. 29,2; Ex. 15,5; Josh. 24,27; 1Sam. 17,49; 1Sam. 25,37; 2Sam. 17,13; 1Chr. 20,2; 1Chr. 29,8; 1Mac. 10,73; Ode. 1,5; Prov. 27,3; Job 28,3; Job 41,7; Job 41,16; Sir. 6,21; Hab. 2,11; Zech. 3,9; Is. 13,12; Ezek. 10,1; Dan. 2,34; Dan. 2,35; Dan. 6,18; Dan. 2,34; Dan. 2,35; Dan. 2,45; Matt. 24,2; Mark 13,2; Mark 16,4; Luke 17,2; Luke 21,6; John 11,38; Acts 4,11; 1Pet. 2,7; 1Pet. 2,8)
   λίθου ▸ 13 + 2 = 15
   Noun · masculine · singular · genitive · (common) ▸ **13 + 2 = 15** (1Sam. 6,15; 1Sam. 6,18; 2Sam. 12,30; 1Kings 1,9; 2Chr. 32,27; Esth. 1,6; Esth. 1,6; Psa. 20,4; Song 5,14; Wis. 11,4; Is. 8,14; Ezek. 1,26; Ezek. 10,9; Luke 22,41; Rev. 18,12)
   λίθους ▸ 77 + 3 = 80
   Noun · masculine · plural · accusative · (common) ▸ **77 + 3 = 80** (Gen. 31,46; Gen. 31,46; Ex. 24,4; Ex. 25,7; Ex. 25,7; Ex. 28,9; Ex. 28,9; Ex. 28,11; Ex. 28,12; Ex. 35,9; Ex. 35,9; Ex. 35,17 # 35,12a; Ex. 35,27; Ex. 35,27; Ex. 36,13; Ex. 36,14; Lev. 14,40; Lev. 14,42; Lev. 14,43; Lev. 14,45; Deut. 27,2; Deut. 27,4; Deut. 27,6; Josh. 4,3; Josh. 4,8; Josh. 4,9; Josh. 4,20; Josh. 10,11; Josh. 10,11; Josh. 10,18; Josh. 10,27; Judg. 20,16; 1Sam. 17,40; 1Kings 5,32; 1Kings 6,1a; 1Kings 6,1a; 1Kings 10,27; 1Kings 15,22; 1Kings 18,31; 1Kings 18,32; 1Kings 18,38; 2Kings 3,25; 2Kings 12,13; 2Kings 22,6; 2Kings 23,15; 1Chr. 22,2; 1Chr. 22,14; 1Chr. 29,2; 1Chr. 29,2; 2Chr. 1,15; 2Chr. 9,27; 2Chr. 16,6; 2Chr. 26,14; 2Chr. 34,11; 1Mac. 4,43; 1Mac. 4,46; 1Mac. 4,47; 2Mac. 1,31; 2Mac. 10,3; Psa. 101,15; Eccl. 3,5; Eccl. 3,5; Eccl. 10,9; Job 14,19; Sir. 21,8; Mic. 1,6; Zech. 5,4; Is. 9,9; Is. 27,9; Is. 54,12; Is. 54,12; Is. 62,10; Jer. 50,9; Lam. 4,7; Ezek. 13,11; Ezek. 13,13; Ezek. 26,12; John 8,59; John 10,31; 1Cor. 3,12)
   Λίθῳ ▸ 1
   Noun · masculine · singular · dative · (common) ▸ **1** (Sir. 22,1)
   λίθῳ ▸ 15 + 3 + 10 = 28
   Noun · masculine · singular · dative · (common) ▸ **15 + 3 + 10 = 28** (Ex. 21,18; Num. 35,17; Num. 35,23; 2Sam. 20,8; Tob. 13,17; Tob. 13,17; 1Mac. 13,27; Job 28,2; Job 31,24; Job 38,38; Sir. 47,4; Sir. 50,9; Hab. 2,19; Jer. 2,27; Dan. 11,38; Tob. 13,17; Tob. 13,17; Dan. 11,38; Luke 4,3; Luke 21,6; Acts 17,29; Rom. 9,32; Rev. 4,3; Rev. 17,4; Rev. 18,16; Rev. 21,11; Rev. 21,19)
   λίθων ▸ 40 + 2 = 42
   Noun · masculine · plural · genitive · (common) ▸ **40 + 2 = 42** (Gen. 28,11; Ex. 20,25; Ex. 28,17; Ex. 36,17; Lev. 14,42; Deut. 27,3; Deut. 27,5; Deut. 27,8; Josh. 7,26; Josh. 8,29; Josh. 8,31 # 9,2b; Josh. 8,32 # 9,2c; 2Sam. 5,11; 2Sam. 18,17; 1Kings 7,46; 1Kings 10,22; 2Kings 12,13; 2Chr. 22,15; 1Esdr. 6,8; Neh. 3,35; Esth. 15,6 # 5,1c; Judith 1,2; Judith 10,21; 1Mac. 10,11; Prov. 3,15; Prov. 8,11; Prov. 24,31; Prov. 31,10; Job 6,12; Job 8,17; Wis. 18,24; Sir. 21,10; Sir. 27,2; Is. 60,17; Jer. 18,3; Jer. 38,39; Jer. 50,10; Ezek. 27,22; Ezek. 28,14; Ezek. 28,16; Matt. 3,9; Luke 3,8)

Λιθόστρωτος (λίθος; στρωννύω) pavement ▸ 1
   Λιθόστρωτον ▸ 1
   Noun · neuter · singular · accusative · (proper) ▸ **1** (John 19,13)

λιθόστρωτος (λίθος; στρωννύω) pavement ▸ 3
   λιθόστρωτον ▸ 2
   Adjective · neuter · singular · accusative · noDegree ▸ **1** (2Chr. 7,3)
   Adjective · neuter · singular · nominative · noDegree ▸ **1** (Song 3,10)
   λιθοστρώτου ▸ 1
   Adjective · masculine · singular · genitive · noDegree ▸ **1** (Esth. 1,6)

λιθουργέω (λίθος; ἔργον) to work in stone, carve stone ▸ 1

λιθουργῆσαι ▸ 1
  Verb · aorist · active · infinitive ▸ **1** (Ex. 35,33)
λιθουργικός (λίθος; ἔργον) stone carver ▸ 2
  λιθουργικά ▸ 1
    Adjective · neuter · plural · accusative · noDegree ▸ **1** (Ex. 31,5)
  λιθουργικῆς ▸ 1
    Adjective · feminine · singular · genitive · noDegree ▸ **1** (Ex. 28,11)
λιθούργος (λίθος; ἔργον) engraver of stone, gems ▸ 1
  λιθουργοῦ ▸ 1
    Noun · masculine · singular · genitive · (common) ▸ **1** (Sir. 45,11)
λιθώδης (λίθος; εἶδος) rocky, stony ▸ 1
  λιθώδεσιν ▸ 1
    Adjective · neuter · plural · dative · noDegree ▸ **1** (Sir. 32,20)
λικμάω (λίκνον) to winnow, crush, scatter ▸ 17 + 1 + 2 = 20
  ἐλίκμησα ▸ 1
    Verb · first · singular · aorist · active · indicative ▸ **1** (Ezek. 36,19)
  λελικμημένα ▸ 1
    Verb · perfect · passive · participle · neuter · plural · accusative ▸ **1** (Is. 30,24)
  λίκμα ▸ 1
    Verb · second · singular · present · active · imperative ▸ **1** (Sir. 5,9)
  λικμᾷ ▸ 1
    Verb · third · singular · present · active · indicative ▸ **1** (Ruth 3,2)
  λικμᾶται ▸ 1
    Verb · third · singular · present · passive · indicative ▸ **1** (Amos 9,9)
  λικμηθέντες ▸ 1
    Verb · aorist · passive · participle · masculine · plural · nominative ▸ **1** (Wis. 11,20)
  λικμήσας ▸ 1
    Verb · aorist · active · participle · masculine · singular · nominative ▸ **1** (Jer. 38,10)
  λικμήσει ▸ 1 + 1 + 2 = 4
    Verb · third · singular · future · active · indicative ▸ **1 + 1 + 2 = 4** (Job 27,21; Dan. 2,44; Matt. 21,44; Luke 20,18)
  λικμήσεις ▸ 2
    Verb · second · singular · future · active · indicative ▸ **2** (Is. 30,22; Is. 41,16)
  λικμήσω ▸ 5
    Verb · first · singular · future · active · indicative ▸ **5** (Jer. 30,27; Ezek. 26,4; Ezek. 29,12; Ezek. 30,23; Ezek. 30,26)
  λικμωμένους ▸ 1
    Verb · present · middle · participle · masculine · plural · accusative ▸ **1** (Wis. 11,18)
  λικμώντων ▸ 1
    Verb · present · active · participle · masculine · plural · genitive ▸ **1** (Is. 17,13)
λικμήτωρ (λίκνον) winnower ▸ 1
  λικμήτωρ ▸ 1
    Noun · masculine · singular · nominative · (common) ▸ **1** (Prov. 20,26)
λικμίζω (λίκνον) to winnow, crush, scatter ▸ 1
  λικμιῶ ▸ 1
    Verb · first · singular · future · active · indicative ▸ **1** (Amos 9,9)
λικμός (λίκνον) winnowing fork ▸ 1
  λικμῷ ▸ 1
    Noun · masculine · singular · dative · (common) ▸ **1** (Amos 9,9)

λιμαγχονέω (λιμός; ἄγχω) to get weak for lack of food ▸ 1
  ἐλιμαγχόνησέν ▸ 1
    Verb · third · singular · aorist · active · indicative ▸ **1** (Deut. 8,3)
Λιμήν (λιμήν) Harbor ▸ 1
  λιμένας ▸ 1
    Noun · masculine · plural · accusative · (proper) ▸ **1** (Acts 27,8)
λιμήν harbor, haven, refuge; basin, pool ▸ 9 + 2 = 11
  λιμένα ▸ 7 + 1 = 8
    Noun · masculine · singular · accusative · (common) ▸ **7 + 1 = 8** (1Esdr. 5,53; 1Mac. 14,5; 2Mac. 12,6; 2Mac. 12,9; 4Mac. 7,3; 4Mac. 13,7; Psa. 106,30; Acts 27,12)
  λιμένος ▸ 1 + 1 = 2
    Noun · masculine · singular · genitive · (common) ▸ **1 + 1 = 2** (2Mac. 14,1; Acts 27,12)
  λιμένων ▸ 1
    Noun · masculine · plural · genitive · (common) ▸ **1** (4Mac. 13,6)
λίμνη lake ▸ 5 + 11 = 16
  λίμναι ▸ 1
    Noun · feminine · plural · nominative · (common) ▸ **1** (Song 7,5)
  λίμνας ▸ 3
    Noun · feminine · plural · accusative · (common) ▸ **3** (1Mac. 11,35; Psa. 106,35; Psa. 113,8)
  λίμνη ▸ 1
    Noun · feminine · singular · nominative ▸ **1** (Rev. 20,14)
  λίμνῃ ▸ 1
    Noun · feminine · singular · dative ▸ **1** (Rev. 21,8)
  λίμνην ▸ 1 + 8 = 9
    Noun · feminine · singular · accusative · (common) ▸ **1 + 8 = 9** (2Mac. 12,16; Luke 5,1; Luke 5,2; Luke 8,23; Luke 8,33; Rev. 19,20; Rev. 20,10; Rev. 20,14; Rev. 20,15)
  λίμνης ▸ 1
    Noun · feminine · singular · genitive · (common) ▸ **1** (Luke 8,22)
λιμοκτονέω (λιμός; κτείνω) to let starve ▸ 1
  λιμοκτονήσει ▸ 1
    Verb · third · singular · future · active · indicative ▸ **1** (Prov. 10,3)
λιμός famine ▸ 114 + 12 = 126
  λιμοί ▸ 2
    Noun · feminine · plural · nominative ▸ **1** (Matt. 24,7)
    Noun · masculine · plural · nominative ▸ **1** (Luke 21,11)
  λιμοί ▸ 1
    Noun · feminine · plural · nominative ▸ **1** (Mark 13,8)
  λιμόν ▸ 3
    Noun · masculine · singular · accusative · (common) ▸ **3** (Jer. 15,2; Jer. 15,2; Ezek. 36,29)
  λιμὸν ▸ 15 + 1 = 16
    Noun · masculine · singular · accusative · (common) ▸ **15 + 1 = 16** (2Kings 8,1; 2Chr. 32,11; Psa. 104,16; Sir. 48,2; Amos 8,11; Amos 8,11; Amos 8,11; Is. 5,13; Jer. 5,12; Jer. 18,21; Jer. 24,10; Jer. 41,17; Ezek. 5,17; Ezek. 14,13; Ezek. 14,21; Acts 11,28)
  λιμός ▸ 7 + 1 = 8
    Noun · feminine · singular · nominative · (common) ▸ **1** (Is. 8,21)
    Noun · masculine · singular · nominative · (common) ▸ **6 + 1 = 7** (Gen. 45,11; Gen. 47,20; 2Chr. 20,9; Judith 5,10; 1Mac. 6,54; Jer. 49,16; Rev. 18,8)
  Λιμὸς ▸ 1
    Noun · masculine · singular · nominative · (common) ▸ **1** (Sol. 15,7)
  λιμὸς ▸ 31 + 4 = 35
    Noun · feminine · singular · nominative · (common) ▸ **1 + 1 = 2**

(1Kings 18,2; Luke 15,14)
    Noun · masculine · singular · nominative · (common) ▸ 30 + 3 = 33 (Gen. 12,10; Gen. 12,10; Gen. 26,1; Gen. 41,30; Gen. 41,54; Gen. 41,56; Gen. 41,57; Gen. 42,5; Gen. 43,1; Gen. 45,6; Gen. 47,4; Gen. 47,13; Ruth 1,1; 2Sam. 21,1; 2Sam. 24,13; 1Kings 8,37; 2Kings 4,38; 2Kings 6,25; 2Kings 7,4; 2Kings 25,3; 2Chr. 6,28; 1Mac. 9,24; Sir. 39,29; Sir. 40,9; Is. 51,19; Jer. 14,13; Jer. 14,15; Jer. 52,6; Ezek. 7,15; Ezek. 7,15; Luke 4,25; Acts 7,11; Rom. 8,35)

  λιμοῦ ▸ 24
    Noun · masculine · singular · genitive · (common) ▸ 24 (Gen. 26,1; Gen. 41,27; Gen. 41,30; Gen. 41,31; Gen. 41,36; Gen. 41,50; Gen. 41,54; Gen. 47,13; 1Chr. 21,12; Tob. 4,13; Psa. 36,19; Job 30,4; Sir. 18,25; Sol. 13,2; Jer. 14,16; Jer. 14,18; Jer. 21,7; Jer. 39,24; Jer. 45,9; Lam. 4,9; Lam. 5,10; Ezek. 5,16; Ezek. 12,16; Ezek. 36,30)

  λιμῷ ▸ 33 + 3 = 36
    Noun · feminine · singular · dative ▸ 1 (Luke 15,17)
    Noun · masculine · singular · dative · (common) ▸ 33 + 2 = 35 (Gen. 41,36; Ex. 16,3; Deut. 28,48; Deut. 32,24; Judith 7,14; 1Mac. 13,49; Psa. 32,19; Ode. 2,24; Job 5,20; Job 18,11; Job 30,3; Is. 14,30; Jer. 11,22; Jer. 14,12; Jer. 14,15; Jer. 16,4; Jer. 21,9; Jer. 34,8; Jer. 39,36; Jer. 45,2; Jer. 49,17; Jer. 49,22; Jer. 51,12; Jer. 51,13; Jer. 51,18; Jer. 51,27; Bar. 2,25; Lam. 2,19; Lam. 2,21; Ezek. 5,12; Ezek. 6,11; Ezek. 6,12; Ezek. 34,29; 2Cor. 11,27; Rev. 6,8)

λιμώσσω (λιμός)   to be hungry, famished ▸ 2
  λιμώξουσιν ▸ 2
    Verb · third · plural · future · active · indicative ▸ 2 (Psa. 58,7; Psa. 58,15)

λινοκαλάμη (λίνον; κάλαμος)   flax straw ▸ 1
  λινοκαλάμη ▸ 1
    Noun · feminine · singular · dative · (common) ▸ 1 (Josh. 2,6)

λίνον   linen ▸ 8 + 2 = 10
  λίνον ▸ 8 + 2 = 10
    Noun · neuter · singular · accusative · (common) ▸ 4 + 2 = 6 (Deut. 22,11; Prov. 31,13; Is. 19,9; Is. 42,3; Matt. 12,20; Rev. 15,6)
    Noun · neuter · singular · nominative · (common) ▸ 4 (Ex. 9,31; Ex. 9,31; Sol. 8,5; Is. 43,17)

Λίνος   Linus ▸ 1
  Λίνος ▸ 1
    Noun · masculine · singular · nominative · (proper) ▸ 1 (2Tim. 4,21)

λινοῦς (λίνον)   linen, made of linen ▸ 16
  λινᾶ ▸ 2
    Adjective · neuter · plural · accusative · noDegree ▸ 2 (Ex. 28,42; Ezek. 44,18)
  λινᾶς ▸ 2
    Adjective · feminine · plural · accusative · noDegree ▸ 2 (Ezek. 44,17; Ezek. 44,18)
  λινῇ ▸ 1
    Adjective · feminine · singular · dative · noDegree ▸ 1 (Lev. 16,4)
  λινῆν ▸ 4
    Adjective · feminine · singular · accusative · noDegree ▸ 4 (Lev. 16,4; Lev. 16,23; Lev. 16,32; Judith 16,8)
  λινοῖς ▸ 2
    Adjective · neuter · plural · dative · noDegree ▸ 2 (Lev. 13,48; Lev. 13,52)
  λινοῦν ▸ 5
    Adjective · masculine · singular · accusative · noDegree ▸ 2 (Lev. 6,3; Lev. 16,4)
    Adjective · neuter · singular · accusative · noDegree ▸ 2 (Lev. 6,3; Jer. 13,1)
    Adjective · neuter · singular · nominative · noDegree ▸ 1 (Lev. 16,4)

λιπαίνω (λίπος)   to anoint, make fat, grease up ▸ 9
  ἐλίπανας ▸ 1
    Verb · second · singular · aorist · active · indicative ▸ 1 (Psa. 22,5)
  ἐλίπανεν ▸ 1
    Verb · third · singular · aorist · active · indicative ▸ 1 (Hab. 1,16)
  ἐλιπάνθη ▸ 2
    Verb · third · singular · aorist · passive · indicative ▸ 2 (Deut. 32,15; Ode. 2,15)
  ἐλιπάνθησαν ▸ 1
    Verb · third · plural · aorist · passive · indicative ▸ 1 (Neh. 9,25)
  λιπαίνει ▸ 2
    Verb · third · singular · present · active · indicative ▸ 2 (Prov. 5,3; Sir. 35,5)
  λιπανάτω ▸ 1
    Verb · third · singular · aorist · active · imperative ▸ 1 (Psa. 140,5)
  λίπανον ▸ 1
    Verb · second · singular · aorist · active · imperative ▸ 1 (Sir. 38,11)

λιπαρός (λίπος)   luxurious ▸ 2 + 1 + 1 = 4
  λιπαρά ▸ 1
    Adjective · neuter · plural · nominative ▸ 1 (Rev. 18,14)
  λιπαρᾷ ▸ 1
    Adjective · feminine · singular · dative · noDegree ▸ 1 (Neh. 9,35)
  λιπαρὸν ▸ 1
    Adjective · neuter · singular · accusative · noDegree ▸ 1 (Judg. 3,29)
  λιπαρός ▸ 1
    Adjective · masculine · singular · nominative · noDegree ▸ 1 (Is. 30,23)

λίπασμα (λίπος)   something that fattens ▸ 2
  λιπάσματα ▸ 2
    Noun · neuter · plural · accusative · (common) ▸ 2 (1Esdr. 9,51; Neh. 8,10)

λιποθυμέω (λίπος; θυμός)   to faint ▸ 1
  λιποθυμεῖν ▸ 1
    Verb · present · active · infinitive ▸ 1 (4Mac. 6,26)

λίσσομαι   to beg, pray, entreat ▸ 1
  λίσσομαι ▸ 1
    Verb · first · singular · present · middle · indicative ▸ 1 (Job 17,2)

λιτανεία (λίτομαι)   entreaty ▸ 4
  λιτανεία ▸ 1
    Noun · feminine · singular · nominative · (common) ▸ 1 (3Mac. 5,9)
  λιτανείαν ▸ 2
    Noun · feminine · singular · accusative · (common) ▸ 2 (2Mac. 3,20; 2Mac. 10,16)
  λιτανείας ▸ 1
    Noun · feminine · singular · genitive · (common) ▸ 1 (3Mac. 2,21)

λιτανεύω (λίτομαι)   to entreat ▸ 2
  ἐλιτάνευον ▸ 1
    Verb · third · plural · imperfect · active · indicative ▸ 1 (2Mac. 14,15)
  λιτανεύσουσιν ▸ 1
    Verb · third · plural · future · active · indicative ▸ 1 (Psa. 44,13)

λιτανεύω–λογίζομαι

λιτός (λίτομαι) poor, plain, simple; supplicatory ▸ 1
  λιτοί ▸ 1
    Adjective · masculine · plural · nominative · noDegree ▸ **1** (Judg. 11,3)
λίτρα pound (Roman weight) ▸ 2
  λίτραν ▸ 1
    Noun · feminine · singular · accusative ▸ **1** (John 12,3)
  λίτρας ▸ 1
    Noun · feminine · plural · accusative ▸ **1** (John 19,39)
λιχνεία (λείχω) gluttony ▸ 1
  λιχνείας ▸ 1
    Noun · feminine · singular · genitive · (common) ▸ **1** (3Mac. 6,36)
λίψ south; west; southwest wind ▸ 45 + 2 + 1 = 48
  λίβα ▸ 29 + 1 + 1 = 31
    Noun · masculine · singular · accusative · (common) ▸ 29 + 1 + 1 = **31** (Gen. 13,14; Gen. 20,1; Gen. 24,62; Gen. 28,14; Ex. 27,9; Ex. 37,7; Num. 2,10; Num. 3,29; Num. 10,6; Num. 34,3; Num. 34,3; Num. 34,4; Num. 35,5; Deut. 1,7; Deut. 3,27; Deut. 33,23; Josh. 15,1; Josh. 15,2; Josh. 15,7; Josh. 15,10; Josh. 17,9; Josh. 18,13; Josh. 18,14; Josh. 18,15; Josh. 19,8; 2Chr. 32,30; Psa. 77,26; Ezek. 47,19; Ezek. 48,28; Josh. 19,8; Acts 27,12)
  λιβί ▸ 1
    Noun · masculine · singular · dative · (common) ▸ **1** (Is. 43,6)
  λιβός ▸ 6
    Noun · masculine · singular · genitive · (common) ▸ **6** (Josh. 15,4; Josh. 15,8; Josh. 18,5; Josh. 18,13; Josh. 18,19; Josh. 18,19)
  λιβὸς ▸ 8 + 1 = 9
    Noun · masculine · singular · genitive · (common) ▸ 8 + 1 = **9** (Num. 34,4; Josh. 15,2; Josh. 15,3; Josh. 17,10; Josh. 18,14; Josh. 18,16; 2Chr. 28,18; 2Chr. 33,14; Dan. 8,5)
  λίψ ▸ 1
    Noun · masculine · singular · nominative · (common) ▸ **1** (Ezek. 47,19)
Λοβενα Libnah ▸ 3
  Λοβενα ▸ 3
    Noun · singular · genitive · (proper) ▸ **2** (2Chr. 36,2a; Jer. 52,1)
    Noun · singular · nominative · (proper) ▸ **1** (2Kings 8,22)
Λοβενι Libeni; Libni ▸ 7
  Λοβενι ▸ 7
    Noun · masculine · singular · dative · (proper) ▸ **1** (1Chr. 6,5)
    Noun · masculine · singular · genitive · (proper) ▸ **1** (Num. 3,21)
    Noun · masculine · singular · nominative · (proper) ▸ **5** (Ex. 6,17; Num. 3,18; Num. 26,58; 1Chr. 6,2; 1Chr. 6,14)
Λοβνα Libnah ▸ 1
  Λοβνα ▸ 1
    Noun · feminine · singular · accusative · (proper) ▸ **1** (1Chr. 6,42)
Λοβον Laban ▸ 1
  Λοβον ▸ 1
    Noun · singular · genitive · (proper) ▸ **1** (Deut. 1,1)
λοβός (λέπω) lobe ▸ 21
  λοβὸν ▸ 19
    Noun · masculine · singular · accusative · (common) ▸ **19** (Ex. 29,13; Ex. 29,20; Ex. 29,22; Lev. 3,4; Lev. 3,10; Lev. 3,15; Lev. 4,9; Lev. 7,4; Lev. 7,30; Lev. 8,16; Lev. 8,23; Lev. 8,25; Lev. 9,10; Lev. 9,19; Lev. 14,14; Lev. 14,17; Lev. 14,25; Lev. 14,28; Amos 3,12)
  λοβοὺς ▸ 2
    Noun · masculine · plural · accusative · (common) ▸ **2** (Ex. 29,20; Lev. 8,24)
Λοβωημαθ Lebo Hamath ▸ 1
  Λοβωημαθ ▸ 1
    Noun · singular · genitive · (proper) ▸ **1** (Judg. 3,3)
λογεία (λέγω) contribution ▸ 2
  λογεῖαι ▸ 1
    Noun · feminine · plural · nominative ▸ **1** (1Cor. 16,2)
  λογείας ▸ 1
    Noun · feminine · singular · genitive ▸ **1** (1Cor. 16,1)
λογεῖον (λέγω) oracular breast-piece (for high priest) ▸ 20
  λογεῖον ▸ 14
    Noun · neuter · singular · accusative · (common) ▸ **13** (Ex. 28,15; Ex. 28,22; Ex. 28,23 # 28,29a; Ex. 28,30; Ex. 29,5; Ex. 29,5; Ex. 35,27; Ex. 36,15; Ex. 36,16; Ex. 36,22; Ex. 36,28; Lev. 8,8; Lev. 8,8)
    Noun · neuter · singular · nominative · (common) ▸ **1** (Ex. 36,28)
  λογείου ▸ 5
    Noun · neuter · singular · genitive · (common) ▸ **5** (Ex. 28,29; Ex. 28,23 # 28,29a; Ex. 36,23; Ex. 36,24; Ex. 36,26)
  λογείῳ ▸ 1
    Noun · neuter · singular · dative · (common) ▸ **1** (Sir. 45,10)
λογίζομαι (λέγω) to count, think, calculate ▸ 115 + 5 + 40 = 160
  ἐλογίζετο ▸ 2 + 1 = 3
    Verb · third · singular · imperfect · middle · indicative ▸ 1 + 1 = **2** (Tob. 10,1; Tob. 10,1)
    Verb · third · singular · imperfect · passive · indicative ▸ **1** (2Sam. 4,2)
  ἐλογιζόμην ▸ 1
    Verb · first · singular · imperfect · middle · indicative ▸ **1** (1Cor. 13,11)
  ἐλογίζοντο ▸ 1
    Verb · third · plural · imperfect · middle · indicative ▸ **1** (Psa. 40,8)
  ἐλογισάμεθα ▸ 2
    Verb · first · plural · aorist · middle · indicative ▸ **2** (Wis. 5,4; Is. 53,4)
  ἐλογισάμην ▸ 3
    Verb · first · singular · aorist · middle · indicative ▸ **3** (Psa. 118,119; Sol. 1,3; Jer. 18,8)
  ἐλογίσαντο ▸ 11
    Verb · third · plural · aorist · middle · indicative ▸ **11** (Psa. 139,3; Psa. 139,5; Wis. 2,21; Wis. 3,10; Wis. 14,20; Wis. 15,12; Wis. 15,15; Hos. 7,15; Amos 6,5; Jer. 11,19; Jer. 31,2)
  ἐλογίσατο ▸ 13 + 1 = 14
    Verb · third · singular · aorist · middle · indicative ▸ 13 + 1 = **14** (1Sam. 1,13; 1Sam. 18,25; 1Mac. 6,9; 1Mac. 6,19; 4Mac. 3,15; Psa. 51,4; Job 41,24; Sol. 2,28; Sol. 2,28; Is. 44,19; Jer. 27,45; Jer. 30,14; Jer. 30,25; Tob. 3,10)
  ἐλογίσθη ▸ 7 + 8 = 15
    Verb · third · singular · aorist · passive · indicative ▸ 7 + 8 = **15** (Gen. 15,6; 2Sam. 19,44; 1Mac. 2,52; Psa. 105,31; Wis. 3,2; Is. 53,3; Is. 53,12; Luke 22,37; Rom. 4,3; Rom. 4,9; Rom. 4,10; Rom. 4,22; Rom. 4,23; Gal. 3,6; James 2,23)
  ἐλογίσθημεν ▸ 2 + 1 = 3
    Verb · first · plural · aorist · passive · indicative ▸ 2 + 1 = **3** (Psa. 43,23; Wis. 2,16; Rom. 8,36)
  ἐλογίσθησαν ▸ 7 + 1 = 8
    Verb · third · plural · aorist · passive · indicative ▸ 7 + 1 = **8** (Neh. 13,13; Job 41,21; Hos. 8,12; Is. 5,28; Is. 40,15; Is. 40,17; Lam. 4,2; Dan. 4,35)
  ἐλογίσω ▸ 2
    Verb · second · singular · aorist · middle · indicative ▸ **2** (2Sam. 14,13; Sol. 16,5)

λελογίσμεθα ▸ 2
  Verb · first · plural · perfect · passive · indicative ▸ **2** (Gen. 31,15; Wis. 15,2)
λελόγισται ▸ 1
  Verb · third · singular · perfect · middle · indicative ▸ **1** (Is. 10,7)
λογιεῖται ▸ **3** + **1** = **4**
  Verb · third · singular · future · middle · indicative ▸ **3** + **1** = **4** (Lev. 27,23; Eccl. 10,3; Sir. 29,6; Dan. 11,24)
λογίζεσθαι ▸ **1** + **1** = **2**
  Verb · present · middle · infinitive ▸ **1** (2Mac. 6,12)
  Verb · present · passive · infinitive · (variant) ▸ **1** (Rom. 4,24)
λογίζεσθε ▸ **3** + **3** = **6**
  Verb · second · plural · present · middle · indicative ▸ 2 + 1 = **3** (Neh. 6,6; Nah. 1,9; John 11,50)
  Verb · second · plural · present · middle · imperative ▸ 1 + 2 = **3** (Zech. 8,17; Rom. 6,11; Phil. 4,8)
λογιζέσθω ▸ **1** + **3** = **4**
  Verb · third · singular · present · middle · imperative ▸ 1 + 3 = **4** (Prov. 15,29b; 1Cor. 4,1; 2Cor. 10,7; 2Cor. 10,11)
λογίζεται ▸ **3** + **5** = **8**
  Verb · third · singular · present · middle · indicative ▸ 2 + 2 = **4** (Prov. 16,30; Wis. 17,12; Rom. 4,6; 1Cor. 13,5)
  Verb · third · singular · present · passive · indicative ▸ 1 + 3 = **4** (Sir. 40,19; Rom. 4,4; Rom. 4,5; Rom. 9,8)
λογίζῃ ▸ **1** + **1** = **2**
  Verb · second · singular · present · middle · indicative ▸ 1 + 1 = **2** (Psa. 143,3; Rom. 2,3)
Λογίζομαι ▸ 2
  Verb · first · singular · present · middle · indicative ▸ **2** (Rom. 8,18; 2Cor. 11,5)
λογίζομαι ▸ **4** + **3** = **7**
  Verb · first · singular · present · middle · indicative ▸ **4** + **3** = **7** (Mic. 2,3; Jer. 18,11; Jer. 33,3; Jer. 43,3; 2Cor. 10,2; Phil. 3,13; 1Pet. 5,12)
λογιζόμεθα ▸ 1
  Verb · first · plural · present · middle · indicative ▸ **1** (Rom. 3,28)
λογιζόμενοι ▸ 3
  Verb · present · middle · participle · masculine · plural · nominative ▸ **3** (Neh. 6,2; Mic. 2,1; Ezek. 11,2)
λογιζόμενοί ▸ 1
  Verb · present · middle · participle · masculine · plural · nominative ▸ **1** (Psa. 34,4)
λογιζόμενον ▸ 2
  Verb · present · passive · participle · neuter · singular · nominative ▸ **2** (1Kings 10,21; 2Chr. 9,20)
λογιζόμενος ▸ **3** + **1** = **4**
  Verb · present · middle · participle · masculine · singular · nominative ▸ 3 + 1 = **4** (2Sam. 14,14; 2Mac. 11,2; Nah. 1,11; 2Cor. 5,19)
λογιζομένους ▸ **1** + **1** = **2**
  Verb · present · middle · participle · masculine · plural · accusative ▸ 1 + 1 = **2** (3Mac. 4,4; 2Cor. 10,2)
λογιζομένῳ ▸ 1
  Verb · present · middle · participle · masculine · singular · dative ▸ **1** (Rom. 14,14)
λογιζομένων ▸ 1
  Verb · present · middle · participle · masculine · plural · genitive ▸ **1** (Jer. 23,27)
λογίζονται ▸ 3
  Verb · third · plural · present · middle · indicative ▸ **3** (1Mac. 3,52; Prov. 24,8; Is. 13,17)
λογιῇ ▸ 1
  Verb · second · singular · future · middle · indicative ▸ **1** (Ezek. 38,10)
λογιοῦμαι ▸ 1
  Verb · first · singular · future · middle · indicative ▸ **1** (Jer. 36,11)
λογιούμεθα ▸ 1
  Verb · first · plural · future · middle · indicative ▸ **1** (4Mac. 8,19)
λογιοῦνται ▸ 1
  Verb · third · plural · future · middle · indicative ▸ **1** (Dan. 11,25)
λογισάμενοι ▸ 1
  Verb · aorist · middle · participle · masculine · plural · nominative ▸ **1** (Wis. 2,1)
λογισάμενος ▸ **2** + **1** = **3**
  Verb · aorist · middle · participle · masculine · singular · nominative ▸ 2 + 1 = **3** (3Mac. 5,16; Wis. 8,17; Heb. 11,19)
λογίσασθαί ▸ 1
  Verb · aorist · middle · infinitive ▸ **1** (2Cor. 3,5)
λογίσησθε ▸ 1
  Verb · second · plural · aorist · middle · subjunctive ▸ **1** (Is. 33,8)
λογίσηται ▸ **1** + **2** = **3**
  Verb · third · singular · aorist · middle · subjunctive ▸ 1 + 2 = **3** (Psa. 31,2; Rom. 4,8; 2Cor. 12,6)
λογισθείη ▸ **1** + **1** = **2**
  Verb · third · singular · aorist · passive · optative ▸ 1 + 1 = **2** (Job 31,28; 2Tim. 4,16)
λογισθὲν ▸ 1
  Verb · aorist · passive · participle · neuter · singular · accusative ▸ **1** (4Mac. 3,15)
λογισθῆναι ▸ **1** + **2** = **3**
  Verb · aorist · passive · infinitive ▸ 1 + 2 = **3** (1Mac. 10,38; Acts 19,27; Rom. 4,11)
λογισθήσεσθε ▸ 1
  Verb · second · plural · future · passive · indicative ▸ **1** (Is. 29,16)
λογισθήσεται ▸ **13** + **1** = **14**
  Verb · third · singular · future · passive · indicative ▸ **13** + **1** = **14** (Lev. 7,18; Lev. 17,4; Num. 18,27; Num. 18,30; Deut. 2,20; Deut. 3,13; Prov. 17,28; Job 34,37; Wis. 7,9; Wis. 9,6; Is. 29,17; Is. 32,15; Bar. 3,36; Rom. 2,26)
λογισθήσονται ▸ 4
  Verb · third · plural · future · passive · indicative ▸ **4** (Deut. 2,11; 2Chr. 5,6; Wis. 3,17; Is. 40,15)
λογισθήτωσαν ▸ 1
  Verb · third · plural · aorist · passive · imperative ▸ **1** (Lev. 25,31)
λογισώμεθα ▸ 2
  Verb · first · plural · aorist · middle · subjunctive ▸ **2** (4Mac. 8,16; Jer. 18,18)
λογικός (λέγω)   rational ▸ 2
  λογικὴν ▸ 1
    Adjective · feminine · singular · accusative ▸ **1** (Rom. 12,1)
  λογικὸν ▸ 1
    Adjective · neuter · singular · accusative ▸ **1** (1Pet. 2,2)
λόγιον (λέγω)   oracle, revelation; oracular breastpiece ▸ **35** + **4** = **39**
  λόγια ▸ **7** + **3** = **10**
    Noun · neuter · plural · accusative · (common) ▸ 3 + 3 = **6** (Num. 24,4; Num. 24,16; Psa. 106,11; Acts 7,38; Rom. 3,2; 1Pet. 4,11)
    Noun · neuter · plural · nominative · (common) ▸ **4** (Psa. 11,7; Psa. 11,7; Psa. 17,31; Psa. 18,15)
  λόγιά ▸ 6
    Noun · neuter · plural · accusative · (common) ▸ **5** (Deut. 33,9;

λόγιον–λόγος

Psa. 118,11; Psa. 118,148; Psa. 118,158; Psa. 118,162)
  Noun · neuter · plural · nominative · (common) ▸ **1** (Psa. 118,103)
λόγιον ▸ 7
  Noun · neuter · singular · accusative · (common) ▸ **4** (Psa. 104,19; Psa. 118,123; Psa. 147,4; Is. 5,24)
  Noun · neuter · singular · nominative · (common) ▸ **3** (Is. 28,13; Is. 30,27; Is. 30,27)
λογίον ▸ 14
  Noun · neuter · singular · accusative · (common) ▸ **12** (Psa. 118,38; Psa. 118,41; Psa. 118,58; Psa. 118,67; Psa. 118,76; Psa. 118,82; Psa. 118,116; Psa. 118,133; Psa. 118,169; Psa. 118,170; Psa. 118,172; Psa. 137,2)
  Noun · neuter · singular · nominative · (common) ▸ **2** (Psa. 118,50; Psa. 118,140)
λογίων ▸ 1 + 1 = 2
  Noun · neuter · plural · genitive · (common) ▸ 1 + 1 = **2** (Wis. 16,11; Heb. 5,12)
λόγιος (λέγω) eloquent ▸ 1
λόγιος ▸ 1
  Adjective · masculine · singular · nominative ▸ **1** (Acts 18,24)
λογισμός (λέγω) thought, deliberation, reasoning; reason ▸ 113 + 2 + 2 = 117
λογισμὲ ▸ 1
  Noun · masculine · singular · vocative · (common) ▸ **1** (4Mac. 15,1)
λογισμοί ▸ 7
  Noun · masculine · plural · nominative · (common) ▸ **7** (4Mac. 14,2; Psa. 32,11; Prov. 12,5; Prov. 19,21; Wis. 1,3; Wis. 9,14; Dan. 11,24)
λογισμόν ▸ 12
  Noun · masculine · singular · accusative · (common) ▸ **12** (4Mac. 5,31; 4Mac. 6,7; 4Mac. 6,35; 4Mac. 7,4; 4Mac. 7,12; 4Mac. 7,17; 4Mac. 7,20; 4Mac. 11,27; Eccl. 7,27; Jer. 18,11; Jer. 18,18; Jer. 30,25)
λογισμόν ▸ 17
  Noun · masculine · singular · accusative · (common) ▸ **17** (Judith 8,14; 2Mac. 6,23; 2Mac. 7,21; 4Mac. 2,9; 4Mac. 3,3; 4Mac. 3,16; 4Mac. 9,17; 4Mac. 9,30; 4Mac. 10,19; 4Mac. 11,25; 4Mac. 15,11; Wis. 19,3; Mic. 4,12; Is. 66,18; Jer. 11,19; Jer. 30,14; Jer. 36,11)
λογισμός ▸ 15
  Noun · masculine · singular · nominative · (common) ▸ **15** (4Mac. 1,1; 4Mac. 1,7; 4Mac. 1,9; 4Mac. 1,13; 4Mac. 1,14; 4Mac. 1,30; 4Mac. 1,33; 4Mac. 2,6; 4Mac. 2,7; 4Mac. 2,24; 4Mac. 3,5; 4Mac. 6,31; 4Mac. 7,16; 4Mac. 13,1; 4Mac. 16,1)
λογισμὸς ▸ 26
  Noun · masculine · singular · nominative · (common) ▸ **26** (4Mac. 1,3; 4Mac. 1,5; 4Mac. 1,6; 4Mac. 1,14; 4Mac. 1,15; 4Mac. 1,19; 4Mac. 1,29; 4Mac. 1,30; 4Mac. 1,32; 4Mac. 2,4; 4Mac. 2,9; 4Mac. 2,14; 4Mac. 2,15; 4Mac. 2,20; 4Mac. 3,1; 4Mac. 3,2; 4Mac. 3,4; 4Mac. 7,1; 4Mac. 14,11; 4Mac. 15,23; 4Mac. 18,2; Prov. 15,26; Eccl. 9,10; Wis. 12,10; Nah. 1,11; Jer. 28,29)
λογισμοῦ ▸ 12
  Noun · masculine · singular · genitive · (common) ▸ **12** (3Mac. 5,12; 4Mac. 1,34; 4Mac. 1,35; 4Mac. 3,18; 4Mac. 3,19; 4Mac. 6,32; 4Mac. 6,33; 4Mac. 6,34; 4Mac. 7,14; 4Mac. 13,16; Wis. 17,11; Sir. 27,7)
λογισμούς ▸ 1
  Noun · masculine · plural · accusative · (common) ▸ **1** (Dan. 11,25)
λογισμοὺς ▸ 8 + 1 + 1 = 10
  Noun · masculine · plural · accusative · (common) ▸ 8 + 1 + 1 = **10** (Esth. 12,2 # 1,1n; 1Mac. 11,8; Psa. 32,10; Prov. 6,18; Prov. 15,22; Eccl. 7,29; Jer. 27,45; Ezek. 38,10; Dan. 11,24; 2Cor. 10,4)
Λογισμῷ ▸ 1
  Noun · masculine · singular · dative · (common) ▸ **1** (Sir. 43,23)
λογισμῷ ▸ 10
  Noun · masculine · singular · dative · (common) ▸ **10** (4Mac. 2,3; 4Mac. 2,17; 4Mac. 2,19; 4Mac. 6,30; 4Mac. 7,14; 4Mac. 8,1; 4Mac. 13,3; 4Mac. 16,4; Sir. 27,4; Sir. 40,29)
λογισμῶν ▸ 4 + 1 = 5
  Noun · masculine · plural · genitive · (common) ▸ 4 + 1 = **5** (4Mac. 5,11; 4Mac. 5,38; Wis. 1,5; Wis. 11,15; Rom. 2,15)
λογιστής (λέγω) engineer; auditor (magistrate) ▸ 1
λογιστοῦ ▸ 1
  Noun · masculine · singular · genitive · (common) ▸ **1** (2Chr. 26,15)
λογομαχέω (λέγω; μάχη) to fight about words ▸ 1
λογομαχεῖν ▸ 1
  Verb · present · active · infinitive ▸ **1** (2Tim. 2,14)
λογομαχία (λέγω; μάχη) dispute about words ▸ 1
λογομαχίας ▸ 1
  Noun · feminine · plural · accusative ▸ **1** (1Tim. 6,4)
λόγος (λέγω) word, speech, message, argument; book, volume ▸ 1180 + 59 + 330 = 1569
λόγε ▸ 1
  Noun · masculine · singular · vocative · (common) ▸ **1** (4Mac. 5,35)
Λόγοι ▸ 3
  Noun · masculine · plural · nominative · (common) ▸ **3** (Neh. 1,1; Eccl. 12,11; Amos 1,1)
λόγοι ▸ 80 + 3 + 10 = 93
  Noun · masculine · plural · nominative · (common) ▸ 80 + 3 + 10 = **93** (Gen. 34,18; Ex. 35,1; Deut. 1,1; Deut. 4,30; Deut. 9,10; Deut. 28,69; 2Sam. 7,28; 2Sam. 15,3; 2Sam. 23,1; 1Kings 1,7; 1Kings 8,59; 2Kings 18,20; 2Kings 22,18; 1Chr. 29,29; 2Chr. 9,29; 2Chr. 12,12; 2Chr. 12,15; 2Chr. 13,22; 2Chr. 13,22; 2Chr. 16,11; 2Chr. 18,12; 2Chr. 19,3; 2Chr. 19,6; 2Chr. 20,34; 2Chr. 25,26; 2Chr. 26,22; 2Chr. 27,7; 2Chr. 28,26; 2Chr. 33,18; 2Chr. 35,26; 2Chr. 35,27; 1Esdr. 1,22; Neh. 6,7; Neh. 6,8; Judith 7,16; Judith 11,20; Psa. 18,4; Psa. 21,2; Psa. 54,22; Psa. 64,4; Prov. 12,6; Prov. 16,24; Prov. 26,22; Prov. 30,5; Prov. 31,1; Eccl. 1,8; Eccl. 5,1; Eccl. 5,6; Eccl. 6,11; Eccl. 9,16; Eccl. 9,17; Eccl. 10,12; Job 33,32; Wis. 2,17; Wis. 6,9; Wis. 7,16; Sir. 21,18; Sir. 21,25; Sir. 44,4; Sol. 4,10; Sol. 12,2; Sol. 17,43; Sol. 17,43; Mic. 2,7; Jonah 4,2; Zech. 7,7; Zech. 8,16; Is. 29,4; Is. 29,4; Is. 29,11; Is. 45,23; Jer. 23,28; Jer. 23,29; Jer. 36,1; Jer. 37,4; Jer. 38,20; Jer. 43,32; Bar. 1,1; Ezek. 12,28; Ezek. 13,8; Tob. 14,1; Dan. 10,12; Dan. 12,9; Matt. 24,35; Mark 13,31; Luke 21,33; Luke 24,17; Luke 24,44; Acts 15,15; Rev. 17,17; Rev. 19,9; Rev. 21,5; Rev. 22,6)
Λόγοις ▸ 1
  Noun · masculine · plural · dative · (common) ▸ **1** (Prov. 22,17)
λόγοις ▸ 82 + 3 + 17 = 102
  Noun · masculine · plural · dative · (common) ▸ 82 + 3 + 17 = **102** (Ex. 5,9; Num. 21,21; Deut. 2,26; Deut. 27,26; Judg. 16,16; 1Sam. 24,8; 1Kings 8,56; 2Kings 18,29; 2Kings 19,4; 1Chr. 23,27; 1Chr. 25,5; 1Chr. 29,29; 2Chr. 9,6; 2Chr. 12,15; 2Chr. 20,34; 2Chr. 29,30; 2Chr. 32,8; Neh. 8,12; Esth. 3,4; Esth. 15,8 # 5,1e; Judith 3,1; Judith 8,28; Judith 11,6; Judith 11,23; 1Mac. 5,48; 1Mac. 7,10; 1Mac. 7,11; 1Mac. 7,27; 1Mac. 10,3; 1Mac. 11,2; 2Mac. 15,11; 2Mac. 15,17; 4Mac. 4,13; 4Mac. 5,38; 4Mac. 8,16; 4Mac. 16,14; Psa. 50,6; Psa. 105,12; Psa. 108,3; Psa. 118,28; Psa. 144,13a; Prov. 4,20; Prov. 5,1; Prov. 7,5; Prov. 17,14; Prov.

23,12; Prov. 23,16; Prov. 29,19; Prov. 29,20; Prov. 30,6; Job 4,12; Job 11,12; Job 15,3; Job 19,2; Wis. 1,16; Sir. 7,36; Sir. 13,11; Sir. 18,29; Sir. 20,13; Sir. 20,27; Sir. 23,15; Sir. 27,23; Sir. 28,25; Sir. 37,20; Sir. 42,15; Sir. 43,5; Sir. 43,10; Sir. 45,3; Sol. 4,2; Sol. 4,2; Sol. 4,9; Sol. 4,11; Sol. 4,12; Sol. 16,10; Mal. 2,17; Is. 30,12; Is. 32,7; Is. 36,5; Is. 36,14; Jer. 7,4; Jer. 7,8; Jer. 25,8; Judg. 16,16; Dan. 10,11; Dan. 10,12; Mark 10,24; Luke 1,20; Luke 4,22; Luke 23,9; Acts 2,40; Acts 7,22; Acts 15,24; Rom. 3,4; 1Cor. 2,4; 1Cor. 2,13; Eph. 5,6; 1Th. 4,18; 1Tim. 4,6; 1Tim. 6,3; 2Tim. 4,15; 2Pet. 2,3; 3John 10)

Λόγον ▸ 1
  Noun ▪ masculine ▪ singular ▪ accusative ▪ (common) ▸ 1 (2Sam. 20,18)

λόγον ▸ 237 + 14 + 130 = 381
  Noun ▪ masculine ▪ singular ▪ accusative ▪ (common) ▸ 237 + 14 + 130 = 381 (Ex. 33,17; Deut. 3,26; Josh. 14,7; Judg. 8,3; Judg. 20,7; Ruth 4,7; 1Sam. 15,24; 1Sam. 22,15; 1Sam. 25,24; 1Sam. 29,10; 2Sam. 3,13; 2Sam. 7,21; 2Sam. 12,9; 2Sam. 13,35; 2Sam. 14,20; 2Sam. 14,21; 2Sam. 14,22; 2Sam. 17,6; 2Sam. 19,44; 2Sam. 24,19; 1Kings 2,4; 1Kings 2,23; 1Kings 5,1; 1Kings 6,1d; 1Kings 12,6; 1Kings 18,21; 1Kings 21,9; 1Kings 21,12; 1Kings 21,33; 2Kings 5,13; 2Kings 7,1; 2Kings 18,36; 2Kings 20,9; 2Kings 20,16; 2Kings 24,2; 2Kings 25,30; 1Chr. 10,13; 1Chr. 11,3; 1Chr. 11,10; 1Chr. 12,24; 1Chr. 16,15; 1Chr. 21,12; 1Chr. 21,19; 1Chr. 26,32; 1Chr. 27,1; 1Chr. 27,1; 2Chr. 6,10; 2Chr. 8,13; 2Chr. 8,14; 2Chr. 8,15; 2Chr. 10,6; 2Chr. 10,9; 2Chr. 10,15; 2Chr. 18,18; 2Chr. 19,11; 2Chr. 19,11; 2Chr. 30,5; 2Chr. 31,5; 2Chr. 31,16; 2Chr. 34,16; 2Chr. 34,28; 2Chr. 35,6; 2Chr. 36,5b; 2Chr. 36,5b; 2Chr. 36,21; 1Esdr. 3,5; 1Esdr. 3,8; 1Esdr. 4,5; Ezra 1,1; Ezra 3,4; Ezra 9,3; Ezra 9,4; Neh. 1,8; Neh. 2,20; Neh. 5,8; Neh. 5,13; Neh. 12,47; Esth. 14,13 # 4,17s; Esth. 5,5; Judith 5,5; Judith 7,9; Judith 9,13; Judith 11,10; Tob. 5,21; Tob. 6,16; Tob. 7,10; Tob. 10,6; 1Mac. 1,42; 1Mac. 1,50; 1Mac. 2,33; 1Mac. 2,34; 1Mac. 2,55; 1Mac. 3,14; 1Mac. 3,39; 1Mac. 7,16; 1Mac. 9,55; 1Mac. 15,36; 2Mac. 1,14; 2Mac. 3,6; 2Mac. 4,36; 2Mac. 9,5; 2Mac. 15,37; 3Mac. 3,14; 3Mac. 5,15; 3Mac. 7,8; 4Mac. 1,1; 4Mac. 1,12; 4Mac. 4,7; 4Mac. 5,14; 4Mac. 14,9; Psa. 40,9; Psa. 44,2; Psa. 55,11; Psa. 58,13; Psa. 63,6; Psa. 102,20; Psa. 104,19; Psa. 106,20; Psa. 118,25; Psa. 118,42; Psa. 118,43; Psa. 118,49; Psa. 118,65; Psa. 118,81; Psa. 118,107; Psa. 118,114; Psa. 118,154; Psa. 129,5; Psa. 147,7; Psa. 147,8; Psa. 148,8; Prov. 1,6; Prov. 1,23; Prov. 13,5; Prov. 18,13; Prov. 22,17; Prov. 22,21; Prov. 24,22a; Prov. 25,2; Prov. 25,11; Prov. 26,6; Prov. 29,12; Prov. 30,8; Eccl. 5,1; Eccl. 10,20; Job 7,13; Job 9,3; Job 14,3; Job 22,4; Job 41,4; Sir. 4,23; Sir. 7,14; Sir. 8,17; Sir. 13,23; Sir. 19,7; Sir. 19,10; Sir. 21,15; Sir. 22,13; Sir. 29,3; Sir. 31,31; Sir. 32,8; Sir. 33,4; Sir. 39,31; Hos. 4,1; Hos. 13,1; Amos 3,1; Amos 4,1; Amos 5,1; Amos 5,10; Amos 7,16; Amos 8,11; Amos 8,12; Mic. 6,1; Is. 1,10; Is. 8,10; Is. 10,22; Is. 10,23; Is. 28,14; Is. 36,21; Is. 39,5; Is. 50,4; Is. 58,13; Is. 66,5; Jer. 2,4; Jer. 2,31; Jer. 7,2; Jer. 7,27; Jer. 8,9; Jer. 9,19; Jer. 10,1; Jer. 13,2; Jer. 14,17; Jer. 17,20; Jer. 18,22; Jer. 19,3; Jer. 21,11; Jer. 22,1; Jer. 22,2; Jer. 22,4; Jer. 22,29; Jer. 23,17; Jer. 23,18; Jer. 23,28; Jer. 23,38; Jer. 32,30; Jer. 33,10; Jer. 35,6; Jer. 35,7; Jer. 36,23; Jer. 38,10; Jer. 38,23; Jer. 41,4; Jer. 41,5; Jer. 45,14; Jer. 45,19; Jer. 45,20; Jer. 49,3; Jer. 49,5; Jer. 49,15; Jer. 49,16; Jer. 51,17; Jer. 51,24; Jer. 51,26; Bar. 2,1; Ezek. 3,17; Ezek. 6,3; Ezek. 12,25; Ezek. 13,2; Ezek. 13,6; Ezek. 16,35; Ezek. 21,3; Ezek. 25,3; Ezek. 33,7; Ezek. 34,7; Ezek. 36,1; Ezek. 36,4; Ezek. 37,4; Judg. 8,3; Judg. 11,37; Judg. 18,7; Judg. 18,7; Judg. 20,7; Tob. 5,21; Tob. 5,22; Tob. 6,16; Tob. 6,18; Tob. 7,10; Tob. 10,6; Tob. 13,14; Dan. 6,3; Dan. 10,11; Matt. 12,32; Matt. 12,36; Matt. 13,19; Matt. 13,20; Matt. 13,21; Matt. 13,22; Matt. 13,22; Matt. 13,23; Matt. 15,6; Matt. 15,12; Matt. 15,23; Matt. 18,23; Matt. 19,11; Matt. 19,22; Matt. 21,24; Matt. 22,46; Matt. 25,19; Matt. 26,44; Mark 1,45; Mark 2,2; Mark 4,14; Mark 4,15; Mark 4,16; Mark 4,17; Mark 4,18; Mark 4,19; Mark 4,20; Mark 4,33; Mark 5,36; Mark 7,13; Mark 7,29; Mark 8,32; Mark 9,10; Mark 11,29; Mark 14,39; Mark 16,20; Luke 5,1; Luke 8,12; Luke 8,13; Luke 8,15; Luke 8,21; Luke 10,39; Luke 11,28; Luke 12,10; Luke 16,2; Luke 20,3; John 4,39; John 4,41; John 5,24; John 5,38; John 8,43; John 8,51; John 8,52; John 8,55; John 14,23; John 15,3; John 15,20; John 17,6; John 17,14; John 19,8; Acts 1,1; Acts 2,41; Acts 4,4; Acts 4,29; Acts 4,31; Acts 6,2; Acts 8,4; Acts 8,14; Acts 8,25; Acts 10,36; Acts 10,44; Acts 11,1; Acts 11,19; Acts 13,5; Acts 13,7; Acts 13,44; Acts 13,46; Acts 13,48; Acts 14,25; Acts 15,7; Acts 15,35; Acts 15,36; Acts 16,6; Acts 16,32; Acts 17,11; Acts 18,11; Acts 18,14; Acts 19,10; Acts 19,38; Acts 19,40; Acts 20,7; Rom. 9,28; Rom. 14,12; 1Cor. 4,19; 1Cor. 14,9; 2Cor. 2,17; 2Cor. 4,2; 2Cor. 5,19; Gal. 6,6; Eph. 1,13; Phil. 1,14; Phil. 2,16; Phil. 4,15; Phil. 4,17; Col. 1,25; Col. 2,23; 1Th. 1,6; 1Th. 2,13; 1Th. 2,13; 1Th. 2,13; 2Tim. 2,15; 2Tim. 4,2; Titus 1,3; Titus 2,8; Heb. 6,1; Heb. 12,19; Heb. 13,7; Heb. 13,17; James 1,21; 1Pet. 3,15; 1Pet. 4,5; 2Pet. 1,19; 1John 2,5; Rev. 1,2; Rev. 1,9; Rev. 3,8; Rev. 3,10; Rev. 6,9; Rev. 12,11; Rev. 20,4)

Λόγος ▸ 9 + 2 = 11
  Noun ▪ masculine ▪ singular ▪ nominative ▪ (common) ▸ 9 + 2 = 11 (Judg. 3,19; Judg. 3,20; 2Kings 9,5; 2Kings 9,36; Hos. 1,1; Joel 1,1; Zeph. 1,1; Jer. 27,1; Ezek. 24,20; Judg. 3,19; Judg. 3,20)

λόγος ▸ 229 + 13 + 68 = 310
  Noun ▪ masculine ▪ singular ▪ nominative ▪ (common) ▸ 229 + 13 + 68 = 310 (Num. 11,23; Deut. 13,15; Deut. 22,20; Deut. 32,47; Josh. 23,14; Judg. 18,7; Judg. 18,9; Judg. 18,28; Judg. 21,11; 1Sam. 18,26; 1Sam. 20,21; 2Sam. 1,4; 2Sam. 14,13; 2Sam. 14,17; 2Sam. 17,4; 2Sam. 18,13; 2Sam. 19,12; 2Sam. 19,44; 2Sam. 19,44; 2Sam. 20,21; 2Sam. 23,2; 2Sam. 24,4; 2Sam. 24,11; 1Kings 2,14; 1Kings 8,56; 1Kings 10,3; 1Kings 10,6; 1Kings 12,22; 1Kings 12,240; 1Kings 12,30; 1Kings 13,20; 1Kings 16,1; 2Kings 4,13; 2Kings 11,5; 2Kings 15,12; 2Kings 19,21; 2Kings 20,13; 2Kings 20,19; 1Chr. 13,4; 1Chr. 17,3; 1Chr. 17,23; 1Chr. 21,6; 1Chr. 22,8; 2Chr. 9,2; 2Chr. 9,5; 2Chr. 11,2; 2Chr. 12,7; 2Chr. 23,4; 2Chr. 29,36; 2Chr. 30,4; 1Esdr. 3,9; Ezra 7,12; Neh. 5,9; Neh. 6,12; Neh. 13,17; Esth. 1,21; Esth. 2,22; Esth. 6,10; Esth. 10,5 # 10,3b; Judith 2,1; Judith 8,11; Judith 11,9; 1Mac. 1,12; 1Mac. 6,3; 1Mac. 6,60; 1Mac. 7,30; 1Mac. 8,10; 1Mac. 8,21; 4Mac. 1,2; 4Mac. 3,1; Psa. 32,4; Psa. 118,89; Psa. 118,105; Psa. 138,4; Psa. 147,4; Ode. 4,5; Prov. 4,4; Prov. 12,25; Prov. 15,1; Prov. 18,4; Prov. 25,12; Wis. 2,2; Wis. 16,12; Wis. 18,15; Sir. 5,10; Sir. 18,16; Sir. 18,17; Sir. 19,12; Sir. 23,13; Sir. 27,6; Sir. 37,16; Sir. 42,20; Sir. 48,1; Sir. 48,13; Mic. 1,1; Mic. 4,2; Jonah 1,1; Jonah 3,1; Jonah 3,6; Hab. 3,5; Zeph. 2,5; Hag. 1,1; Hag. 1,3; Hag. 2,10; Hag. 2,20; Zech. 1,1; Zech. 1,7; Zech. 4,6; Zech. 4,8; Zech. 6,9; Zech. 7,1; Zech. 7,4; Zech. 7,8; Zech. 8,1; Zech. 8,18; Zech. 11,11; Is. 2,1; Is. 2,3; Is. 31,2; Is. 37,22; Is. 38,4; Is. 39,8; Jer. 1,2; Jer. 1,4; Jer. 1,11; Jer. 1,13; Jer. 5,13; Jer. 9,11; Jer. 11,1; Jer. 13,3; Jer. 13,8; Jer. 14,1; Jer. 15,16; Jer. 17,15; Jer. 18,1; Jer. 18,5; Jer. 18,18; Jer. 20,8; Jer. 21,1; Jer. 23,28; Jer. 23,36; Jer. 24,4; Jer. 25,1; Jer. 25,20; Jer. 28,59; Jer. 33,1; Jer. 34,18; Jer. 35,12; Jer. 36,30; Jer. 37,1; Jer. 39,1; Jer. 39,6; Jer. 39,8; Jer. 39,26; Jer. 40,1; Jer. 41,1; Jer. 41,8; Jer. 41,12; Jer. 42,1; Jer. 42,12; Jer. 43,1; Jer. 43,27; Jer. 44,6; Jer. 44,17; Jer. 45,21; Jer. 45,27; Jer. 46,15; Jer. 47,1; Jer. 49,4; Jer. 49,7; Jer. 50,8; Jer. 51,1; Jer. 51,16; Jer. 51,28; Jer. 51,31; Ezek. 1,3; Ezek. 3,16; Ezek. 6,1; Ezek. 7,1; Ezek. 11,14; Ezek. 12,1; Ezek. 12,8; Ezek. 12,17; Ezek. 12,21; Ezek. 12,23; Ezek. 12,26; Ezek. 13,1; Ezek. 14,2; Ezek. 14,12;

λόγος 1479

Ezek. 15,1; Ezek. 16,1; Ezek. 17,1; Ezek. 17,11; Ezek. 18,1; Ezek. 20,2; Ezek. 21,1; Ezek. 21,6; Ezek. 21,13; Ezek. 21,23; Ezek. 22,1; Ezek. 22,17; Ezek. 22,23; Ezek. 23,1; Ezek. 24,1; Ezek. 24,15; Ezek. 25,1; Ezek. 26,1; Ezek. 27,1; Ezek. 28,1; Ezek. 28,11; Ezek. 28,20; Ezek. 29,1; Ezek. 29,17; Ezek. 30,1; Ezek. 30,20; Ezek. 31,1; Ezek. 32,1; Ezek. 32,17; Ezek. 33,1; Ezek. 33,23; Ezek. 34,1; Ezek. 35,1; Ezek. 36,16; Ezek. 37,15; Ezek. 38,1; Dan. 2,11; Dan. 4,27; Dan. 6,13; Bel 13; Judg. 13,12; Judg. 18,28; Dan. 2,5; Dan. 2,11; Dan. 4,17; Dan. 4,33; Dan. 6,13; Dan. 9,2; Dan. 9,23; Dan. 10,1; Dan. 10,1; Sus. 27; Sus. 47; Matt. 5,37; Matt. 28,15; Mark 4,15; Luke 4,32; Luke 4,36; Luke 5,15; Luke 7,17; Luke 8,11; John 1,1; John 1,1; John 1,1; John 1,14; John 4,37; John 6,60; John 7,36; John 8,37; John 10,35; John 12,38; John 12,48; John 14,24; John 15,25; John 17,17; John 18,9; John 18,32; John 21,23; Acts 6,5; Acts 6,7; Acts 11,22; Acts 12,24; Acts 13,15; Acts 13,26; Acts 13,49; Acts 17,13; Acts 19,20; Rom. 9,6; Rom. 9,9; 1Cor. 1,18; 1Cor. 2,4; 1Cor. 12,8; 1Cor. 12,8; 1Cor. 14,36; 1Cor. 15,54; 2Cor. 1,18; 2Cor. 10,10; Eph. 4,29; Eph. 6,19; Col. 3,16; Col. 4,6; 1Th. 1,8; 2Th. 3,1; 1Tim. 1,15; 1Tim. 3,1; 1Tim. 4,9; 2Tim. 2,9; 2Tim. 2,11; 2Tim. 2,17; Titus 2,5; Titus 3,8; Heb. 2,2; Heb. 4,2; Heb. 4,12; Heb. 4,13; Heb. 5,11; Heb. 7,28; 1John 1,10; 1John 2,7; 1John 2,14; Rev. 19,13)

λόγου ▸ 40 + 3 + 27 = 70

Noun ▪ masculine ▪ singular ▪ genitive ▪ (common) ▸ 40 + 3 + 27 = 70 (Deut. 32,47; 1Sam. 18,8; 2Sam. 3,8; 2Sam. 13,22; 2Sam. 19,43; 1Kings 10,6; 1Kings 11,10; 1Kings 12,24; 1Kings 12,24z; 1Kings 17,1; 1Kings 20,27; 2Kings 6,11; 2Chr. 11,4; 1Mac. 10,42; 1Mac. 10,44; 1Mac. 10,45; 1Mac. 10,63; 2Mac. 15,39; 4Mac. 1,15; Psa. 64,1; Psa. 90,3; Psa. 104,8; Psa. 104,42; Eccl. 8,2; Eccl. 12,13; Job 19,28; Job 26,14; Sir. 19,11; Sir. 41,26; Sir. 42,3; Sir. 51,5; Sol. 17,36; Hos. 1,2; Zech. 9,1; Zech. 12,1; Mal. 1,1; Jer. 35,9; Dan. 4,31; Dan. 7,28; Dan. 12,8; Dan. 4,31; Dan. 7,28; Dan. 9,25; Matt. 5,32; Luke 1,2; Luke 20,20; John 15,20; John 17,20; Acts 6,4; Acts 14,12; Acts 15,6; Acts 15,27; Acts 15,32; Acts 18,15; Acts 20,24; Acts 22,22; 1Cor. 1,17; 1Cor. 2,1; Col. 4,3; 2Th. 2,2; 2Th. 2,15; 1Tim. 4,5; Titus 1,9; Heb. 5,13; Heb. 13,22; James 1,22; James 1,23; 1Pet. 1,23; 1Pet. 3,1; 1John 1,1)

λόγους ▸ 278 + 11 + 23 = 312

Noun ▪ masculine ▪ plural ▪ accusative ▪ (common) ▸ 278 + 11 + 23 = 312 (Gen. 4,23; Gen. 29,13; Ex. 4,28; Ex. 18,19; Ex. 19,7; Ex. 19,8; Ex. 20,1; Ex. 24,3; Ex. 34,28; Lev. 8,36; Num. 16,31; Deut. 1,18; Deut. 4,9; Deut. 10,4; Deut. 12,28; Deut. 16,19; Deut. 22,14; Deut. 22,17; Deut. 27,3; Deut. 29,8; Deut. 31,1; Deut. 31,12; Deut. 31,24; Deut. 31,28; Deut. 32,44; Deut. 32,46; Deut. 32,46; Josh. 2,20; Josh. 22,30; Josh. 22,32; Judg. 2,4; Judg. 9,3; Judg. 9,30; Judg. 11,11; 1Sam. 3,18; 1Sam. 8,21; 1Sam. 11,4; 1Sam. 15,11; 1Sam. 25,9; 1Sam. 28,21; 2Sam. 7,17; 2Sam. 11,18; 2Sam. 11,19; 2Sam. 13,21; 2Sam. 14,3; 2Sam. 14,19; 2Sam. 19,30; 2Sam. 20,17; 2Sam. 22,1; 1Kings 1,14; 1Kings 10,3; 1Kings 12,7; 1Kings 13,11; 1Kings 22,13; 1Kings 22,13; 2Kings 1,7; 2Kings 6,12; 2Kings 6,30; 2Kings 17,9; 2Kings 18,27; 2Kings 18,28; 2Kings 18,37; 2Kings 19,4; 2Kings 19,16; 2Kings 22,11; 2Kings 22,16; 2Kings 23,2; 2Kings 23,3; 2Kings 23,16; 2Kings 23,17; 2Kings 23,24; 1Chr. 17,15; 1Chr. 28,21; 2Chr. 9,2; 2Chr. 10,7; 2Chr. 15,8; 2Chr. 32,1; 2Chr. 34,19; 2Chr. 34,24; 2Chr. 34,26; 2Chr. 34,27; 2Chr. 34,30; 2Chr. 34,31; 2Chr. 35,19a; 2Chr. 36,16; 1Esdr. 3,15; 1Esdr. 5,6; Ezra 8,17; Neh. 1,4; Neh. 2,18; Neh. 5,6; Neh. 6,19; Neh. 6,19; Neh. 8,9; Neh. 8,13; Neh. 9,8; Esth. 12,4 # 1,1p; Esth. 1,1 # 1,1s; Esth. 2,1; Esth. 4,9; Esth. 4,12; Esth. 9,20; Esth. 9,26; Judith 5,22; Judith 6,5; Judith 8,9; Judith 8,14; Tob. 12,6; 1Mac. 1,30; 1Mac. 1,51; 1Mac. 2,23; 1Mac. 3,27; 1Mac. 3,42; 1Mac. 5,16; 1Mac. 6,8; 1Mac. 7,15; 1Mac. 7,33; 1Mac. 8,29; 1Mac. 8,30; 1Mac. 9,37; 1Mac. 9,71; 1Mac. 10,17; 1Mac. 10,22; 1Mac. 10,24; 1Mac. 10,25; 1Mac. 10,46; 1Mac. 10,51; 1Mac. 10,88; 1Mac. 13,35; 1Mac. 14,46; 1Mac. 15,32; 1Mac. 15,36; 2Mac. 6,29; 2Mac. 10,34; 4Mac. 7,9; Psa. 16,4; Psa. 17,1; Psa. 49,17; Psa. 55,5; Psa. 55,6; Psa. 104,27; Psa. 104,28; Psa. 111,5; Psa. 118,9; Psa. 118,17; Psa. 118,42; Psa. 118,74; Psa. 118,101; Psa. 118,147; Psa. 136,3; Psa. 140,4; Prov. 1,2; Prov. 1,24; Prov. 4,10; Prov. 5,7; Prov. 7,1; Prov. 7,2; Prov. 16,13; Prov. 19,7; Prov. 22,12; Prov. 22,21; Prov. 23,8; Prov. 23,9; Prov. 25,27; Prov. 26,18; Prov. 27,11; Prov. 30,1; Prov. 24,26; Prov. 30,33; Eccl. 7,21; Eccl. 10,14; Eccl. 12,10; Eccl. 12,10; Job 32,11; Job 32,15; Job 34,3; Sir. 1,24; Sir. 12,12; Sir. 13,12; Sir. 21,17; Sir. 29,5; Sir. 31,22; Sir. 36,19; Hos. 14,3; Amos 7,10; Mic. 1,2; Mic. 7,3; Zech. 1,6; Zech. 1,13; Zech. 7,12; Zech. 8,9; Mal. 3,13; Is. 28,23; Is. 29,18; Is. 30,21; Is. 32,2; Is. 32,7; Is. 32,9; Is. 36,12; Is. 36,13; Is. 36,22; Is. 37,4; Is. 37,4; Is. 37,17; Is. 41,26; Is. 51,16; Is. 59,13; Is. 66,2; Jer. 1,9; Jer. 1,12; Jer. 3,12; Jer. 5,14; Jer. 9,19; Jer. 11,2; Jer. 11,6; Jer. 11,6; Jer. 15,16; Jer. 18,2; Jer. 18,18; Jer. 19,2; Jer. 20,1; Jer. 22,5; Jer. 23,16; Jer. 23,30; Jer. 25,13; Jer. 28,60; Jer. 28,61; Jer. 32,30; Jer. 33,2; Jer. 33,7; Jer. 33,12; Jer. 33,15; Jer. 33,20; Jer. 33,21; Jer. 34,12; Jer. 36,10; Jer. 37,2; Jer. 41,6; Jer. 42,13; Jer. 43,2; Jer. 43,4; Jer. 43,8; Jer. 43,10; Jer. 43,11; Jer. 43,13; Jer. 43,16; Jer. 43,16; Jer. 43,17; Jer. 43,18; Jer. 43,20; Jer. 43,24; Jer. 43,27; Jer. 43,28; Jer. 43,32; Jer. 44,2; Jer. 45,1; Jer. 45,4; Jer. 45,27; Jer. 46,16; Jer. 49,4; Jer. 50,1; Jer. 50,1; Jer. 51,20; Jer. 51,31; Bar. 1,3; Bar. 1,21; Bar. 2,24; Ezek. 2,6; Ezek. 2,7; Ezek. 3,4; Ezek. 3,6; Ezek. 3,10; Ezek. 11,25; Ezek. 12,25; Dan. 2,9; Dan. 4,27; Dan. 4,28; Dan. 12,3; Judg. 2,4; Judg. 5,29; Judg. 9,3; Judg. 9,30; Judg. 11,11; Tob. 12,6; Dan. 7,25; Dan. 9,12; Dan. 10,15; Dan. 12,4; Sus. 27; Matt. 7,24; Matt. 7,26; Matt. 7,28; Matt. 10,14; Matt. 19,1; Matt. 26,1; Mark 8,38; Luke 9,26; Luke 9,28; Luke 9,44; John 10,19; John 14,24; Acts 2,22; Acts 5,5; Acts 5,24; Acts 16,36; 1Cor. 14,19; 1Cor. 14,19; Rev. 1,3; Rev. 22,7; Rev. 22,9; Rev. 22,10; Rev. 22,18)

λόγῳ ▸ 52 + 45 = 97

Noun ▪ masculine ▪ singular ▪ dative ▪ (common) ▸ 52 + 45 = 97 (Deut. 1,32; 1Sam. 16,18; 1Sam. 28,10; 2Sam. 16,23; 2Sam. 24,3; 1Kings 13,1; 1Kings 13,2; 1Kings 13,5; 1Kings 13,9; 1Kings 13,17; 1Kings 13,32; 1Kings 21,35; 2Kings 5,18; 1Chr. 15,15; 2Chr. 30,12; Esth. 11,12 # 1,1l; Esth. 9,32; Judith 2,3; 3Mac. 3,17; 3Mac. 3,23; Psa. 32,6; Psa. 105,24; Ode. 12,3; Prov. 14,15; Prov. 16,21; Prov. 26,18; Prov. 31,8; Eccl. 8,3; Song 5,6; Wis. 9,1; Wis. 12,9; Wis. 18,22; Sir. 3,8; Sir. 4,24; Sir. 9,17; Sir. 9,18; Sir. 19,15; Sir. 20,8; Sir. 32,12; Sir. 39,17; Sir. 43,26; Sir. 48,3; Sir. 48,5; Sol. 17,24; Sol. 17,25; Sol. 17,35; Amos 6,13; Is. 11,4; Is. 29,21; Is. 30,12; Jer. 20,8; Dan. 1,20; Matt. 8,8; Matt. 8,16; Matt. 22,15; Mark 10,22; Mark 12,13; Luke 1,29; Luke 7,7; Luke 24,19; John 2,22; John 4,50; John 8,31; Acts 7,29; Acts 8,21; Acts 10,29; Acts 14,3; Acts 18,5; Acts 20,2; Acts 20,32; Acts 20,38; Rom. 13,9; Rom. 15,18; 1Cor. 1,5; 1Cor. 4,20; 1Cor. 15,2; 2Cor. 6,7; 2Cor. 8,7; 2Cor. 10,11; 2Cor. 11,6; Gal. 5,14; Col. 1,5; Col. 3,17; 1Th. 1,5; 1Th. 2,5; 1Th. 4,15; 2Th. 2,17; 2Th. 3,14; 1Tim. 4,12; 1Tim. 5,17; James 1,18; James 3,2; 1Pet. 2,8; 1Pet. 3,1; 2Pet. 3,5; 2Pet. 3,7; 1John 3,18)

λόγων ▸ 167 + 10 + 10 = 187

Noun ▪ masculine ▪ plural ▪ genitive ▪ (common) ▸ 167 + 10 + 10 = **187** (Ex. 24,8; Ex. 34,27; Num. 12,6; Deut. 1,34; Deut. 5,28; Deut. 5,28; Deut. 13,4; Deut. 28,14; Deut. 33,3; Josh. 23,14; Judg. 11,28; 1Sam. 3,17; 1Sam. 3,19; 1Sam. 24,10; 1Sam. 28,20; 1Sam. 30,24; 1Kings 5,21; 1Kings 13,4; 1Kings 14,29; 1Kings 14,29; 1Kings 15,7; 1Kings 15,7; 1Kings 15,23; 1Kings 15,23; 1Kings 15,31; 1Kings 15,31; 1Kings 16,5; 1Kings 16,5; 1Kings 16,14;

1Kings 16,14; 1Kings 16,20; 1Kings 16,20; 1Kings 16,27; 1Kings 16,27; 1Kings 16,28c; 1Kings 22,39; 1Kings 22,39; 1Kings 22,46; 1Kings 22,46; 2Kings 1,18; 2Kings 1,18; 2Kings 8,23; 2Kings 8,23; 2Kings 10,34; 2Kings 10,34; 2Kings 12,20; 2Kings 12,20; 2Kings 13,8; 2Kings 13,8; 2Kings 13,12; 2Kings 13,12; 2Kings 14,15; 2Kings 14,15; 2Kings 14,18; 2Kings 14,18; 2Kings 14,28; 2Kings 14,28; 2Kings 15,6; 2Kings 15,6; 2Kings 15,11; 2Kings 15,11; 2Kings 15,15; 2Kings 15,15; 2Kings 15,21; 2Kings 15,21; 2Kings 15,26; 2Kings 15,26; 2Kings 15,31; 2Kings 15,31; 2Kings 15,36; 2Kings 15,36; 2Kings 16,19; 2Kings 16,19; 2Kings 19,6; 2Kings 20,20; 2Kings 20,20; 2Kings 21,17; 2Kings 21,17; 2Kings 21,25; 2Kings 21,25; 2Kings 22,13; 2Kings 22,13; 2Kings 23,28; 2Kings 23,28; 2Kings 24,5; 2Kings 24,5; 1Chr. 27,24; 1Chr. 29,29; 1Chr. 29,29; 2Chr. 9,5; 2Chr. 9,29; 2Chr. 9,29; 2Chr. 32,32; 2Chr. 33,18; 2Chr. 33,18; 2Chr. 33,19; 2Chr. 34,21; 2Chr. 34,21; 2Chr. 35,22; 2Chr. 36,8; 2Chr. 36,8; 1Esdr. 1,45; Ezra 7,11; Neh. 12,23; Esth. 12,4 # 1,1p; Esth. 10,5 # 10,3b; Judith 6,4; Judith 10,9; Judith 11,21; Tob. 1,1; Tob. 6,16; Tob. 8,2; 1Mac. 2,22; 1Mac. 2,62; 1Mac. 9,22; 1Mac. 10,40; 1Mac. 10,47; 1Mac. 10,74; 1Mac. 13,7; 1Mac. 14,23; 1Mac. 14,25; 1Mac. 16,23; 2Mac. 2,30; 2Mac. 7,24; 4Mac. 16,24; Psa. 7,1; Psa. 102,20; Psa. 118,16; Psa. 118,130; Psa. 118,139; Psa. 118,160; Psa. 118,161; Prov. 1,3; Eccl. 5,2; Eccl. 7,8; Eccl. 10,13; Job 21,2; Wis. 1,9; Wis. 2,20; Wis. 6,11; Wis. 8,8; Wis. 8,18; Sir. 11,8; Sir. 16,24; Sir. 18,15; Sir. 27,23; Sir. 34,11; Sir. 41,25; Sir. 41,26; Sir. 43,27; Sir. 47,22; Joel 2,11; Hag. 1,12; Is. 37,6; Jer. 6,19; Jer. 11,3; Jer. 11,10; Jer. 13,10; Jer. 19,15; Jer. 23,22; Jer. 33,5; Jer. 34,16; Jer. 45,24; Dan. 4,28; Dan. 7,1; Dan. 7,11; Dan. 7,16; Judg. 2,17; Judg. 11,28; Tob. 1,1; Tob. 6,19; Tob. 8,2; Tob. 14,4; Dan. 7,11; Dan. 7,16; Dan. 10,6; Dan. 10,9; Matt. 12,37; Matt. 12,37; Luke 1,4; Luke 3,4; Luke 6,47; John 7,40; John 19,13; Acts 20,35; 2Tim. 1,13; Rev. 22,19)

λόγχη spear ▸ 10 + 1 + 1 = 12
   λόγχαι ▸ 2
      Noun · feminine · plural · nominative · (common) ▸ 2 (Neh. 4,10; Job 41,18)
   λόγχαις ▸ 2
      Noun · feminine · plural · dative · (common) ▸ 2 (Job 16,13; Ezek. 39,9)
   λόγχας ▸ 4
      Noun · feminine · plural · accusative · (common) ▸ 4 (Neh. 4,7; Neh. 4,15; 2Mac. 5,2; Ezek. 26,8)
   λόγχη ▸ 1 + 1 = 2
      Noun · feminine · singular · nominative · (common) ▸ 1 + 1 = 2 (1Sam. 17,7; Judg. 5,8)
   λόγχῃ ▸ 1
      Noun · feminine · singular · dative ▸ 1 (John 19,34)
   λογχῶν ▸ 1
      Noun · feminine · plural · genitive · (common) ▸ 1 (2Mac. 15,11)

Λοδ Lod ▸ 3
   Λοδ ▸ 3
      Noun · feminine · singular · accusative · (proper) ▸ 1 (1Chr. 8,12)
      Noun · feminine · singular · genitive · (proper) ▸ 2 (Ezra 2,33; Neh. 7,37)

Λοζων Lozon ▸ 1
   Λοζων ▸ 1
      Noun · masculine · singular · genitive · (proper) ▸ 1 (1Esdr. 5,33)

λοιδορέω (λοίδορος) to revile, abuse ▸ 8 + 4 = 12
   ἐλοιδορεῖτο ▸ 2
      Verb · third · singular · imperfect · middle · indicative ▸ 2 (Ex. 17,2; Num. 20,3)
   ἐλοιδορήθησαν ▸ 1
      Verb · third · plural · aorist · passive · indicative ▸ 1 (Num. 20,13)
   ἐλοιδόρησαν ▸ 1 + 1 = 2
      Verb · third · plural · aorist · active · indicative ▸ 1 + 1 = 2 (Deut. 33,8; John 9,28)
   ἐλοιδόρουν ▸ 1
      Verb · third · plural · imperfect · active · indicative ▸ 1 (Gen. 49,23)
   λοιδορεῖς ▸ 1
      Verb · second · singular · present · active · indicative ▸ 1 (Acts 23,4)
   λοιδορεῖσθέ ▸ 1
      Verb · second · plural · present · middle · indicative ▸ 1 (Ex. 17,2)
   λοιδορούμενοι ▸ 1
      Verb · present · passive · participle · masculine · plural · nominative ▸ 1 (1Cor. 4,12)
   λοιδορούμενος ▸ 1
      Verb · present · passive · participle · masculine · singular · nominative ▸ 1 (1Pet. 2,23)
   λοιδοροῦντες ▸ 1
      Verb · present · active · participle · masculine · plural · nominative ▸ 1 (2Mac. 12,14)
   λοιδορῶνται ▸ 1
      Verb · third · plural · present · middle · subjunctive ▸ 1 (Ex. 21,18)

λοιδόρησις (λοίδορος) Insulting ▸ 1
   Λοιδόρησις ▸ 1
      Noun · feminine · singular · nominative · (common) ▸ 1 (Ex. 17,7)

λοιδορία (λοίδορος) insult, cursing, reviling ▸ 7 + 3 = 10
   λοιδορίαι ▸ 1
      Noun · feminine · plural · nominative · (common) ▸ 1 (Sir. 22,24)
   λοιδορίαν ▸ 1 + 1 = 2
      Noun · feminine · singular · accusative · (common) ▸ 1 + 1 = 2 (Ex. 17,7; 1Pet. 3,9)
   λοιδορίας ▸ 5 + 2 = 7
      Noun · feminine · plural · accusative · (common) ▸ 3 (Prov. 10,18; Prov. 20,3; Sir. 29,6)
      Noun · feminine · singular · genitive · (common) ▸ 2 + 2 = 4 (Num. 20,24; Sir. 27,21; 1Tim. 5,14; 1Pet. 3,9)

λοίδορος abusive, slanderer ▸ 4 + 2 = 6
   λοίδοροι ▸ 1
      Noun · masculine · plural · nominative ▸ 1 (1Cor. 6,10)
   λοίδορος ▸ 3 + 1 = 4
      Adjective · feminine · singular · nominative · noDegree ▸ 1 (Prov. 27,15)
      Adjective · masculine · singular · nominative · noDegree ▸ 2 (Prov. 26,21; Sir. 23,8)
      Noun · masculine · singular · nominative ▸ 1 (1Cor. 5,11)
   λοιδόρου ▸ 1
      Adjective · feminine · singular · genitive · noDegree ▸ 1 (Prov. 25,24)

λοιμεύομαι (λοιμός) to injure, be a pest to ▸ 1
   λοιμεύηται ▸ 1
      Verb · third · singular · present · passive · subjunctive ▸ 1 (Prov. 19,19)

λοιμός pestilence, pestilent ▸ 27 + 1 + 2 = 30
   λοιμήν ▸ 1
      Adjective · feminine · singular · accusative · noDegree ▸ 1 (1Sam. 1,16)
   λοιμοί ▸ 11 + 1 = 12

λοιμός–λοιπός

Adjective · masculine · plural · nominative · noDegree ▸ **8** (1Sam. 2,12; 1Sam. 10,27; 2Chr. 13,7; 1Mac. 10,61; 1Mac. 15,3; 1Mac. 15,21; Prov. 29,8; Is. 5,14)

Noun · masculine · plural · nominative · (common) ▸ 3 + 1 = **4** (Ezek. 30,11; Ezek. 31,12; Ezek. 32,12; Luke 21,11)

λοιμοί ▸ 1
   Noun · masculine · plural · nominative · (common) ▸ **1** (Amos 4,2)

λοιμοῖς ▸ 1
   Noun · masculine · plural · dative · (common) ▸ **1** (Ezek. 7,21)

λοιμόν ▸ 1
   Adjective · masculine · singular · accusative · noDegree ▸ **1** (Prov. 22,10)

λοιμὸν ▸ 3 + 1 = 4
   Adjective · masculine · singular · accusative · noDegree ▸ 3 + 1 = **4** (1Sam. 25,25; 1Sam. 29,10; Ezek. 18,10; Acts 24,5)

λοιμός ▸ 1
   Adjective · masculine · singular · nominative · noDegree ▸ **1** (1Sam. 25,17)

λοιμὸς ▸ 2
   Adjective · masculine · singular · nominative · noDegree ▸ **2** (1Sam. 30,22; Prov. 21,24)

λοιμοῦ ▸ 1
   Noun · masculine · singular · genitive · (common) ▸ **1** (Prov. 19,25)

λοιμούς ▸ 1
   Noun · masculine · plural · accusative · (common) ▸ **1** (Ezek. 28,7)

λοιμῷ ▸ 1
   Adjective · masculine · singular · dative · noDegree ▸ **1** (Prov. 24,9)

λοιμῶν ▸ 3 + 1 = 4
   Adjective · masculine · plural · genitive · noDegree ▸ **1** (Psa. 1,1)
   Noun · masculine · plural · genitive · (common) ▸ 2 + 1 = **3** (Hos. 7,5; Jer. 15,21; Dan. 11,14)

λοιμότης (λοιμός) pestilence ▸ 1
   λοιμότητι ▸ 1
      Noun · feminine · singular · dative · (common) ▸ **1** (Esth. 16,7 # 8,12g)

λοιπός (λείπω) rest, remaining, other; from now on, finally ▸ 114 + 5 + 55 = 174

λοιπά ▸ 2
   Adjective · neuter · plural · accusative · noDegree ▸ **2** (1Esdr. 8,18; Tob. 8,21)

λοιπὰ ▸ 54 + 3 = 57
   Adjective · neuter · plural · accusative · noDegree ▸ 14 + 3 = **17** (Gen. 45,6; Ex. 28,10; Ex. 29,34; Deut. 17,14; 1Sam. 8,5; 1Sam. 15,15; 1Mac. 12,45; 2Mac. 8,28; 2Mac. 8,31; 2Mac. 11,3; 2Mac. 12,31; 3Mac. 6,30; Jer. 48,16; Ezek. 36,5; Mark 4,19; 1Cor. 11,34; Rev. 3,2)
   Adjective · neuter · plural · nominative · noDegree ▸ **40** (Deut. 8,20; 1Kings 11,41; 1Kings 14,29; 1Kings 15,7; 1Kings 15,23; 1Kings 15,31; 1Kings 16,5; 1Kings 16,14; 1Kings 16,20; 1Kings 16,27; 1Kings 16,28d; 1Kings 22,39; 1Kings 22,46; 2Kings 1,18; 2Kings 8,23; 2Kings 10,34; 2Kings 12,20; 2Kings 13,8; 2Kings 13,12; 2Kings 14,15; 2Kings 14,18; 2Kings 14,28; 2Kings 15,6; 2Kings 15,11; 2Kings 15,15; 2Kings 15,21; 2Kings 15,26; 2Kings 15,31; 2Kings 15,36; 2Kings 16,19; 2Kings 20,20; 2Kings 21,17; 2Kings 21,25; 2Kings 23,28; 2Kings 24,5; 2Chr. 24,27; 2Chr. 33,18; 2Chr. 36,8; 1Mac. 16,23; Sir. 1,25 Prol.)

λοιπαὶ ▸ 1 + 2 = 3
   Adjective · feminine · plural · nominative · noDegree ▸ 1 + 2 = 3 (Esth. 1,18; Matt. 25,11; Luke 24,10)

λοιπαῖς ▸ 2
   Adjective · feminine · plural · dative · noDegree ▸ **2** (1Mac. 5,27; 1Mac. 12,11)

λοιπὰς ▸ 2 + 2 = 4
   Adjective · feminine · plural · accusative · noDegree ▸ 2 + 2 = **4** (1Mac. 5,36; 1Mac. 12,45; 2Cor. 12,13; 2Pet. 3,16)

λοιπὴ ▸ 2
   Adjective · feminine · singular · nominative · noDegree ▸ **2** (Esth. 2,3; Judith 7,18)

λοιπὴν ▸ 4
   Adjective · feminine · singular · accusative · noDegree ▸ **4** (Josh. 13,27; 1Esdr. 5,8; 2Mac. 10,36; 3Mac. 5,5)

λοιποὶ ▸ 18 + 2 + 14 = 34
   Adjective · masculine · plural · nominative · noDegree ▸ 18 + 2 + 14 = **34** (1Chr. 16,41; 1Chr. 29,29; 2Chr. 13,22; 2Chr. 20,34; 2Chr. 25,26; 2Chr. 26,22; 2Chr. 27,7; 2Chr. 28,26; 1Esdr. 2,12; 1Esdr. 7,6; Esth. 9,16; Judith 15,6; 1Mac. 2,44; 1Mac. 3,24; 1Mac. 9,18; 1Mac. 10,72; 2Mac. 14,11; Is. 8,23; Judg. 20,45; Judg. 20,47; Matt. 22,6; Matt. 27,49; Luke 18,11; Acts 28,9; Rom. 11,7; 1Cor. 9,5; Gal. 2,13; 1Th. 4,13; 1Th. 5,6; 1Tim. 5,20; Rev. 9,20; Rev. 11,13; Rev. 19,21; Rev. 20,5)

λοιποί ▸ 1
   Adjective · masculine · plural · nominative ▸ **1** (Eph. 2,3)

λοιποῖς ▸ 7 + 8 = 15
   Adjective · masculine · plural · dative · noDegree ▸ 5 + 7 = **12** (Josh. 17,2; Josh. 21,34; 1Esdr. 2,19; Ezra 4,7; 1Mac. 12,14; Mark 16,13; Luke 8,10; Luke 24,9; 1Cor. 7,12; 2Cor. 13,2; Phil. 1,13; Rev. 2,24)
   Adjective · neuter · plural · dative · noDegree ▸ 2 + 1 = **3** (Esth. 1,3; 2Mac. 12,11; Rom. 1,13)

Λοιπόν ▸ 1
   Adverb ▸ **1** (2Cor. 13,11)

λοιπόν ▸ 1 + 3 = 4
   Adjective · neuter · singular · accusative · noDegree ▸ **1** (Judith 11,3)
   Adverb ▸ **3** (1Cor. 7,29; Phil. 3,1; Phil. 4,8)

Λοιπὸν ▸ 1
   Adverb ▸ **1** (1Th. 4,1)

λοιπὸν ▸ 13 + 8 = 21
   Adjective · neuter · singular · accusative · noDegree ▸ **10** (Ex. 29,12; Ex. 39,11; Lev. 23,22; 2Kings 25,11; 2Mac. 11,19; Ode. 11,12; Is. 44,15; Is. 44,17; Is. 44,19; Ezek. 34,18)
   Adjective · neuter · singular · nominative · noDegree ▸ **3** (Lev. 2,3; Is. 17,3; Is. 38,12)
   Adverb ▸ **8** (Matt. 26,45; Mark 14,41; Acts 27,20; 1Cor. 1,16; 1Cor. 4,2; 2Th. 3,1; 2Tim. 4,8; Heb. 10,13)

λοιπὸς ▸ 3
   Adjective · masculine · singular · nominative · noDegree ▸ **3** (Josh. 6,13; Josh. 6,13; 1Mac. 12,6)

λοιποῦ ▸ 2
   Adverb ▸ **2** (Gal. 6,17; Eph. 6,10)

λοιποὺς ▸ 3
   Adjective · masculine · plural · accusative ▸ **3** (Luke 18,9; Acts 2,37; Acts 27,44)

λοιπῷ ▸ 1
   Adjective · masculine · singular · dative · noDegree ▸ **1** (1Mac. 14,20)

λοιπῶν ▸ 4 + 3 + 7 = 14
   Adjective · feminine · plural · genitive · noDegree ▸ 1 + 1 = **2** (Dan. 7,20; Rev. 8,13)
   Adjective · masculine · plural · genitive · noDegree ▸ 2 + 4 = **6**

(2Mac. 1,23; 2Mac. 7,4; Acts 5,13; Acts 17,9; Phil. 4,3; Rev. 12,17)
Adjective · neuter · plural · genitive · noDegree ▸ 2 + 2 + 2 = **6** (Ex. 39,20; Judith 15,7; Tob. 1,7; Dan. 7,12; Luke 12,26; 1Cor. 15,37)

Λομνα Libnah ▸ 3
Λομνα ▸ 2
Noun · feminine · singular · accusative · (proper) ▸ **1** (2Kings 19,8)
Noun · masculine · singular · nominative · (proper) ▸ **1** (2Chr. 21,10)
Λομναν ▸ 1
Noun · masculine · singular · accusative · (proper) ▸ **1** (Is. 37,8)

Λουδ Lud ▸ 3
Λουδ ▸ 3
Noun · singular · accusative · (proper) ▸ **1** (Is. 66,19)
Noun · masculine · singular · nominative · (proper) ▸ **1** (Gen. 10,22)
Noun · neuter · singular · accusative · (proper) ▸ **1** (Judith 2,23)

Λουδιιμ Ludites ▸ 1
Λουδιιμ ▸ 1
Noun · masculine · plural · accusative · (proper) ▸ **1** (Gen. 10,13)

Λουζα Luz ▸ 8 + 2 = 10
Λουζα ▸ 8 + 2 = 10
Noun · singular · accusative · (proper) ▸ 2 + 1 = **3** (Josh. 18,13; Judg. 1,26; Judg. 1,26)
Noun · singular · dative · (proper) ▸ **2** (Gen. 35,9; Gen. 48,3)
Noun · singular · genitive · (proper) ▸ **2** (Josh. 16,1; Josh. 18,13)
Noun · singular · nominative · (proper) ▸ 1 + 1 = **2** (Judg. 1,23; Judg. 1,23)
Noun · feminine · singular · accusative · (proper) ▸ **1** (Gen. 35,6)

Λουιθ Luhith ▸ 1
Λουιθ ▸ 1
Noun · feminine · singular · genitive · (proper) ▸ **1** (Is. 15,5)

Λουκαμ Jokmeam (?) ▸ 1
Λουκαμ ▸ 1
Noun · masculine · singular · genitive · (proper) ▸ **1** (1Kings 4,12)

Λουκᾶς Luke ▸ 4
ΛΟΥΚΑΝ ▸ 1
Noun · masculine · singular · accusative · (proper) ▸ **1** (Luke 1,0)
Λουκᾶς ▸ 3
Noun · masculine · singular · nominative · (proper) ▸ **3** (Col. 4,14; 2Tim. 4,11; Philem. 24)

Λούκιος Lucius ▸ 2
Λούκιος ▸ 2
Noun · masculine · singular · nominative · (proper) ▸ **2** (Acts 13,1; Rom. 16,21)

Λουσαμηνχα Lousamencha (?) ▸ 1
Λουσαμηνχα ▸ 1
Noun · masculine · singular · nominative · (proper) ▸ **1** (1Kings 4,10)

λουτήρ (λούω) laver, wash-basin ▸ 15
λουτῆρα ▸ 9
Noun · masculine · singular · accusative · (common) ▸ **9** (Ex. 30,18; Ex. 30,28; Ex. 31,9; Ex. 38,26; Ex. 38,27; Lev. 8,11; Num. 4,14; 2Kings 16,17; 2Chr. 4,3)
λουτῆρας ▸ 4
Noun · masculine · plural · accusative · (common) ▸ **4** (2Sam. 8,8; 1Kings 2,35e; 2Chr. 4,6; 2Chr. 4,14)
λουτῆρες ▸ 1
Noun · masculine · plural · nominative · (common) ▸ **1** (1Kings 10,21)
λουτήρων ▸ 1
Noun · masculine · plural · genitive · (common) ▸ **1** (1Kings 7,17)

λουτρόν (λούω) washing, washing place; baptism ▸ 3 + 2 = 5
λουτροῦ ▸ 2 + 1 = 3
Noun · neuter · singular · genitive · (common) ▸ 2 + 1 = **3** (Song 4,2; Song 6,6; Titus 3,5)
λουτρῷ ▸ 1 + 1 = 2
Noun · neuter · singular · dative · (common) ▸ 1 + 1 = **2** (Sir. 34,25; Eph. 5,26)

λούω to wash ▸ 45 + 5 + 5 = 55
ἐλούου ▸ 1
Verb · second · singular · imperfect · middle · indicative ▸ **1** (Ezek. 23,40)
ἔλουσά ▸ 1
Verb · first · singular · aorist · active · indicative ▸ **1** (Ezek. 16,9)
ἐλουσάμην ▸ 1 + 2 = 3
Verb · first · singular · aorist · middle · indicative ▸ 1 + 2 = **3** (Tob. 2,5; Tob. 2,5; Tob. 2,9)
ἐλούσαντο ▸ 1 + 1 = 2
Verb · third · plural · aorist · middle · indicative ▸ 1 + 1 = **2** (1Kings 22,38; Tob. 7,9)
ἐλούσατο ▸ 1
Verb · third · singular · aorist · middle · indicative ▸ **1** (2Sam. 12,20)
ἔλουσεν ▸ 1 + 1 = 2
Verb · third · singular · aorist · active · indicative ▸ 1 + 1 = **2** (Lev. 8,6; Acts 16,33)
ἐλούσθης ▸ 1
Verb · second · singular · aorist · passive · indicative ▸ **1** (Ezek. 16,4)
λελουμένος ▸ 1
Verb · perfect · passive · participle · masculine · singular · nominative ▸ **1** (John 13,10)
λελουσμέναι ▸ 1
Verb · perfect · passive · participle · feminine · plural · nominative ▸ **1** (Song 5,12)
λελουσμένοι ▸ 1
Verb · perfect · passive · participle · masculine · plural · nominative ▸ **1** (Heb. 10,22)
λουομένην ▸ 1
Verb · present · middle · participle · feminine · singular · accusative ▸ **1** (2Sam. 11,2)
Λοῦσαι ▸ 1
Verb · second · singular · aorist · middle · imperative ▸ **1** (2Kings 5,13)
λοῦσαι ▸ 1
Verb · second · singular · aorist · middle · imperative ▸ **1** (2Kings 5,10)
λουσαμένη ▸ 1
Verb · aorist · middle · participle · feminine · singular · nominative ▸ **1** (2Pet. 2,22)
λούσαντες ▸ 1
Verb · aorist · active · participle · masculine · plural · nominative ▸ **1** (Acts 9,37)
λούσασθαι ▸ 1 + 1 = 2
Verb · aorist · middle · infinitive ▸ 1 + 1 = **2** (Ex. 2,5; Sus. 15)
λούσασθε ▸ 1
Verb · second · plural · aorist · middle · imperative ▸ **1** (Is. 1,16)
λούσεις ▸ 2
Verb · second · singular · future · active · indicative ▸ **2** (Ex. 29,4; Ex. 40,12)
λούσεται ▸ 23

Verb · third · singular · future · middle · indicative ▸ 23 (Lev. 11,40; Lev. 14,8; Lev. 14,9; Lev. 15,5; Lev. 15,6; Lev. 15,7; Lev. 15,8; Lev. 15,10; Lev. 15,11; Lev. 15,13; Lev. 15,16; Lev. 15,21; Lev. 15,22; Lev. 15,27; Lev. 16,4; Lev. 16,24; Lev. 16,26; Lev. 16,28; Lev. 17,15; Num. 19,7; Num. 19,8; Num. 19,19; Deut. 23,12)

λούσῃ ▸ 1
Verb · second · singular · future · middle · indicative ▸ 1 (Ruth 3,3)

λούσηται ▸ 2
Verb · third · singular · aorist · middle · subjunctive ▸ 2 (Lev. 17,16; Lev. 22,6)

λούσομαι ▸ 1
Verb · first · singular · future · middle · indicative ▸ 1 (2Kings 5,12)

λούσονται ▸ 2
Verb · third · plural · future · middle · indicative ▸ 2 (Lev. 15,18; 1Kings 20,19)

λούσω ▸ 1
Verb · first · singular · future · active · indicative ▸ 1 (Psa. 6,7)

λούσωμαι ▸ 1
Verb · first · singular · aorist · middle · subjunctive ▸ 1 (Sus. 17)

λοφιά (λόφος) ridge ▸ 3
λοφιὰν ▸ 1
Noun · feminine · singular · accusative · (common) ▸ 1 (Josh. 18,19)

λοφιᾶς ▸ 2
Noun · feminine · singular · genitive · (common) ▸ 2 (Josh. 15,2; Josh. 15,5)

λοχεύω (λόχος) to give birth ▸ 2
λοχευομένων ▸ 1
Verb · present · middle · participle · neuter · plural · genitive ▸ 1 (Psa. 77,71)

λοχεύονται ▸ 1
Verb · third · plural · present · middle · indicative ▸ 1 (Gen. 33,13)

λόχος ambush ▸ 1
λοχῶν ▸ 1
Noun · masculine · plural · genitive · (common) ▸ 1 (Wis. 14,24)

Λοωμιμ Leummites ▸ 1
Λοωμιμ ▸ 1
Noun · masculine · plural · nominative · (proper) ▸ 1 (Gen. 25,3)

Λυδδα Lydda ▸ 1
Λυδδα ▸ 1
Noun · singular · accusative · (proper) ▸ 1 (1Mac. 11,34)

Λύδδα Lydda ▸ 3
Λύδδα ▸ 2
Noun · feminine · singular · accusative · (proper) ▸ 2 (Acts 9,32; Acts 9,35)

Λύδδας ▸ 1
Noun · feminine · singular · genitive · (proper) ▸ 1 (Acts 9,38)

Λυδία Lydia ▸ 1 + 2 = 3
Λυδία ▸ 1
Noun · feminine · singular · nominative · (proper) ▸ 1 (Acts 16,14)

Λυδίαν ▸ 1 + 1 = 2
Noun · feminine · singular · accusative · (proper) ▸ 1 + 1 = 2 (1Mac. 8,8; Acts 16,40)

Λυδοί Lauds; Lyddites, Lydians ▸ 2
Λυδοὶ ▸ 2
Noun · masculine · plural · nominative · (proper) ▸ 2 (Ezek. 27,10; Ezek. 30,5)

Λυδός Laud; Lyddite, Lydian ▸ 1
Λυδοί ▸ 1
Noun · masculine · plural · nominative · (proper) ▸ 1 (Jer. 26,9)

λυθρώδης (λύθρον; εἶδος) defiled with blood ▸ 1
λυθρώδει ▸ 1
Adjective · neuter · singular · dative · noDegree ▸ 1 (Wis. 11,6)

Λυκαονία Lycaonia ▸ 1
Λυκαονίας ▸ 1
Noun · feminine · singular · genitive · (proper) ▸ 1 (Acts 14,6)

Λυκαονιστί in the Lycaonian language ▸ 1
Λυκαονιστὶ ▸ 1
Adverb · (proper) ▸ 1 (Acts 14,11)

Λυκία Lycia ▸ 1 + 1 = 2
Λυκίαν ▸ 1
Noun · feminine · singular · accusative · (proper) ▸ 1 (1Mac. 15,23)

Λυκίας ▸ 1
Noun · feminine · singular · genitive · (proper) ▸ 1 (Acts 27,5)

λύκος wolf ▸ 9 + 6 = 15
λύκοι ▸ 3 + 2 = 5
Noun · masculine · plural · nominative · (common) ▸ 3 + 2 = 5 (Zeph. 3,3; Is. 65,25; Ezek. 22,27; Matt. 7,15; Acts 20,29)

λύκον ▸ 1
Noun · masculine · singular · accusative ▸ 1 (John 10,12)

λύκος ▸ 5 + 1 = 6
Noun · masculine · singular · nominative · (common) ▸ 5 + 1 = 6 (Gen. 49,27; Prov. 28,15; Sir. 13,17; Is. 11,6; Jer. 5,6; John 10,12)

λύκους ▸ 1
Noun · masculine · plural · accusative · (common) ▸ 1 (Hab. 1,8)

λύκων ▸ 2
Noun · masculine · plural · genitive ▸ 2 (Matt. 10,16; Luke 10,3)

λυμαίνω (λύμη) to mistreat, harass, ruin ▸ 16 + 1 + 1 = 18
ἐλυμαίνετο ▸ 1
Verb · third · singular · imperfect · middle · indicative ▸ 1 (Acts 8,3)

ἐλυμήναντό ▸ 1
Verb · third · plural · aorist · middle · indicative ▸ 1 (Dan. 6,23)

ἐλυμήνατο ▸ 3
Verb · third · singular · aorist · middle · indicative ▸ 3 (2Chr. 16,10; Psa. 79,14; Amos 1,11)

ἐλυμήνατό ▸ 1
Verb · third · singular · aorist · middle · indicative ▸ 1 (4Mac. 18,8)

ἐλυμήνω ▸ 1
Verb · second · singular · aorist · middle · indicative ▸ 1 (Ezek. 16,25)

λυμαίνεται ▸ 3
Verb · third · singular · present · middle · indicative ▸ 3 (Ex. 23,8; Prov. 19,3; Prov. 27,13)

λυμαίνοιτο ▸ 1
Verb · third · singular · present · middle · optative ▸ 1 (Prov. 25,26)

λυμαινόμενος ▸ 1
Verb · present · middle · participle · masculine · singular · nominative ▸ 1 (Jer. 31,18)

λυμαινομένου ▸ 1
Verb · present · middle · participle · masculine · singular · genitive ▸ 1 (Prov. 18,9)

λυμανεῖται ▸ 2
Verb · third · singular · future · middle · indicative ▸ 2 (Prov. 23,8; Sir. 28,23)

λυμανοῦνται ▸ 2
Verb · third · plural · future · middle · indicative ▸ **2** (Is. 65,25; Jer. 28,2)

λυμήνῃ ▸ 1
Verb · second · singular · aorist · middle · subjunctive ▸ **1** (Is. 65,8)

λυμεών (λύμη) destroyer, corrupter ▸ 2
λυμεών ▸ 2
Noun · masculine · singular · nominative · (common) ▸ **2** (4Mac. 18,8; 4Mac. 18,8)

λυπέω (λύπη) to grieve, pain ▸ 54 + 10 + 26 = 90
ἐλύπεις ▸ 1
Verb · second · singular · imperfect · active · indicative ▸ **1** (Ezek. 16,43)

ἐλυπεῖτο ▸ 1
Verb · third · singular · imperfect · passive · indicative ▸ **1** (Tob. 10,3)

ἐλυπήθη ▸ 11 + 2 + 1 = 14
Verb · third · singular · aorist · passive · indicative ▸ **11 + 2 + 1 = 14** (2Kings 13,19; Esth. 1,12; Tob. 3,10; Tob. 7,6; 1Mac. 10,22; 1Mac. 10,68; 4Mac. 16,12; Sir. 30,5; Jonah 4,1; Is. 57,17; Dan. 6,15; Tob. 3,10; Dan. 6,15; John 21,17)

ἐλυπήθην ▸ 2
Verb · first · singular · aorist · passive · indicative ▸ **2** (Neh. 5,6; Psa. 54,3)

ἐλυπήθησαν ▸ 4 + 2 = 6
Verb · third · plural · aorist · passive · indicative ▸ **4 + 2 = 6** (1Sam. 29,4; Esth. 2,21; Tob. 13,16; 1Mac. 14,16; Matt. 17,23; Matt. 18,31)

ἐλυπήθητε ▸ 3
Verb · second · plural · aorist · passive · indicative ▸ **3** (2Cor. 7,9; 2Cor. 7,9; 2Cor. 7,9)

ἐλύπησα ▸ 2 + 1 = 3
Verb · first · singular · aorist · active · indicative ▸ **2 + 1 = 3** (Job 31,39; Is. 57,17; 2Cor. 7,8)

ἐλύπησά ▸ 1
Verb · first · singular · aorist · active · indicative ▸ **1** (Mic. 6,3)

ἐλύπησαν ▸ 1
Verb · third · plural · aorist · active · indicative ▸ **1** (1Esdr. 1,22)

ἐλυπήσατε ▸ 1
Verb · second · plural · aorist · active · indicative ▸ **1** (Bar. 4,8)

ἐλύπησε ▸ 1
Verb · third · singular · aorist · active · indicative ▸ **1** (Dan. 3,50)

ἐλύπησεν ▸ 2 + 1 + 1 = 4
Verb · third · singular · aorist · active · indicative ▸ **2 + 1 + 1 = 4** (Gen. 4,5; 2Sam. 13,21; Dan. 3,50; 2Cor. 7,8)

ἐλυποῦντο ▸ 1
Verb · third · plural · imperfect · passive · indicative ▸ **1** (Tob. 2,10)

λελύπηκεν ▸ 2
Verb · third · singular · perfect · active · indicative ▸ **2** (2Cor. 2,5; 2Cor. 2,5)

λελύπημαι ▸ 1
Verb · first · singular · perfect · passive · indicative ▸ **1** (Jonah 4,9)

λελύπησαι ▸ 2
Verb · second · singular · perfect · passive · indicative ▸ **2** (Jonah 4,4; Jonah 4,9)

λελύπηται ▸ 1
Verb · third · singular · perfect · passive · indicative ▸ **1** (Sir. 26,28)

λυπεῖ ▸ 1
Verb · third · singular · present · active · indicative ▸ **1** (Prov. 25,20)

λυπεῖσθαι ▸ 1 + 2 = 3
Verb · present · passive · infinitive · (variant) ▸ **1 + 2 = 3** (Tob. 10,3; Matt. 26,37; Mark 14,19)

λυπεῖσθε ▸ 4
Verb · second · plural · present · middle · imperative ▸ **4** (Gen. 45,5; 1Esdr. 9,52; 1Esdr. 9,53; Is. 15,2)

Λυπεῖται ▸ 1
Verb · third · singular · present · passive · indicative ▸ **1** (2Sam. 19,3)

λυπεῖται ▸ 1 + 1 = 2
Verb · third · singular · present · passive · indicative ▸ **1 + 1 = 2** (Lam. 1,22; Rom. 14,15)

λυπεῖτε ▸ 1
Verb · second · plural · present · active · imperative ▸ **1** (Eph. 4,30)

λυπηθείς ▸ 1 + 1 = 2
Verb · aorist · passive · participle · masculine · singular · nominative ▸ **1 + 1 = 2** (Tob. 3,1; Matt. 14,9)

λυπηθέντας ▸ 1
Verb · aorist · passive · participle · masculine · plural · accusative ▸ **1** (1Pet. 1,6)

λυπηθῆναι ▸ 1
Verb · aorist · passive · infinitive ▸ **1** (2Cor. 7,11)

λυπηθήσεσθε ▸ 1 + 1 = 2
Verb · second · plural · future · passive · indicative ▸ **1 + 1 = 2** (Is. 8,21; John 16,20)

λυπηθήσεται ▸ 1
Verb · third · singular · future · passive · indicative ▸ **1** (Bar. 4,33)

λυπηθήσῃ ▸ 1
Verb · second · singular · future · passive · indicative ▸ **1** (Deut. 15,10)

λυπηθήσονται ▸ 1 + 1 = 2
Verb · third · plural · future · passive · indicative ▸ **1 + 1 = 2** (Is. 19,10; Tob. 13,16)

λυπήθητε ▸ 1
Verb · second · plural · aorist · passive · imperative ▸ **1** (Is. 32,11)

λυπηθῆτε ▸ 1
Verb · second · plural · aorist · passive · subjunctive ▸ **1** (2Cor. 2,4)

λυπήσει ▸ 1
Verb · third · singular · future · active · indicative ▸ **1** (Sir. 30,9)

λυπήσῃς ▸ 4 + 2 = 6
Verb · second · singular · aorist · active · subjunctive ▸ **4 + 2 = 6** (Tob. 4,3; Tob. 10,13; Sir. 3,12; Sir. 4,2; Tob. 4,3; Tob. 10,13)

λυπῆσθε ▸ 1
Verb · second · plural · present · passive · subjunctive ▸ **1** (1Th. 4,13)

λυπήσω ▸ 1
Verb · first · singular · future · active · indicative ▸ **1** (Tob. 9,3-4)

λυπουμένη ▸ 1
Verb · present · passive · participle · feminine · singular · nominative ▸ **1** (Bar. 2,18)

λυπούμενοι ▸ 2
Verb · present · passive · participle · masculine · plural · nominative ▸ **2** (Matt. 26,22; 2Cor. 6,10)

λυπούμενος ▸ 3 + 3 = 6
Verb · present · passive · participle · masculine · singular · nominative ▸ **3 + 3 = 6** (Esth. 6,12; Dan. 6,15; Dan. 6,19;

λυπέω–λύτρον

Matt. 19,22; Mark 10,22; 2Cor. 2,2)
- λυποῦ ▸ 1
  - Verb ▪ second ▪ singular ▪ present ▪ middle ▪ imperative ▸ 1 (Tob. 10,6)
- λυποῦντές ▸ 1
  - Verb ▪ present ▪ active ▪ participle ▪ masculine ▪ plural ▪ nominative ▸ 1 (Jer. 15,18)
- λυπῶ ▸ 1
  - Verb ▪ first ▪ singular ▪ present ▪ active ▪ indicative ▸ 1 (2Cor. 2,2)

λύπη grief, pain ▸ 45 + 4 + 16 = 65
- λύπαις ▸ 5
  - Noun ▪ feminine ▪ plural ▪ dative ▪ (common) ▸ 5 (Gen. 3,16; Gen. 3,17; Prov. 15,13; Prov. 31,6; Sol. 4,15)
- λύπας ▸ 2 + 1 = 3
  - Noun ▪ feminine ▪ plural ▪ accusative ▪ (common) ▸ 2 + 1 = 3 (Gen. 3,16; Prov. 10,10; 1Pet. 2,19)
- λύπη ▸ 14 + 1 + 5 = 20
  - Noun ▪ feminine ▪ singular ▪ nominative ▪ (common) ▸ 14 + 1 + 5 = 20 (Tob. 3,6; 1Mac. 6,9; 4Mac. 1,23; Prov. 10,1; Prov. 10,22; Prov. 14,13; Prov. 25,20a; Wis. 11,12; Sir. 30,23; Sir. 37,2; Sir. 38,18; Sir. 38,19; Is. 35,10; Is. 51,11; Tob. 3,6; John 16,6; John 16,20; Rom. 9,2; 2Cor. 7,10; 2Cor. 7,10)
- λύπῃ ▸ 5 + 1 + 2 = 8
  - Noun ▪ feminine ▪ singular ▪ dative ▪ (common) ▸ 5 + 1 + 2 = 8 (Tob. 2,5; 1Mac. 6,13; Sir. 12,9; Sir. 14,1; Is. 50,11; Tob. 14,4; 2Cor. 2,1; 2Cor. 2,7)
- λύπην ▸ 10 + 5 = 15
  - Noun ▪ feminine ▪ singular ▪ accusative ▪ (common) ▸ 10 + 5 = 15 (1Esdr. 3,20; Sir. 18,15; Sir. 22,4; Sir. 30,21; Sir. 30,23; Sir. 36,20; Sir. 38,20; Jonah 4,1; Is. 1,5; Is. 40,29; John 16,21; John 16,22; 2Cor. 2,3; Phil. 2,27; Phil. 2,27)
- λύπης ▸ 8 + 2 + 3 = 13
  - Noun ▪ feminine ▪ singular ▪ genitive ▪ (common) ▸ 8 + 2 + 3 = 13 (Gen. 42,38; Gen. 44,29; Tob. 7,17; 1Mac. 6,4; 1Mac. 6,8; Wis. 8,9; Sir. 38,17; Sir. 38,18; Tob. 3,10; Tob. 7,17; Luke 22,45; 2Cor. 9,7; Heb. 12,11)
- λυπῶν ▸ 1
  - Noun ▪ feminine ▪ plural ▪ genitive ▪ (common) ▸ 1 (Gen. 5,29)

λυπηρός (λύπη) grievous, painful ▸ 6
- λυπηρά ▸ 1
  - Adjective ▪ feminine ▪ singular ▪ nominative ▪ noDegree ▸ 1 (Prov. 14,10)
- λυπηράν ▸ 1
  - Adjective ▪ feminine ▪ singular ▪ accusative ▪ noDegree ▸ 1 (Prov. 26,23)
- λυπηρόν ▸ 1
  - Adjective ▪ neuter ▪ singular ▪ nominative ▪ noDegree ▸ 1 (Gen. 34,7)
- λυπηρός ▸ 2
  - Adjective ▪ masculine ▪ singular ▪ nominative ▪ noDegree ▸ 2 (Prov. 15,1; Wis. 2,1)
- λυπηροῦ ▸ 1
  - Adjective ▪ masculine ▪ singular ▪ genitive ▪ noDegree ▸ 1 (Prov. 17,22)

Λυσανίας Lysanias ▸ 1
- Λυσανίου ▸ 1
  - Noun ▪ masculine ▪ singular ▪ genitive ▪ (proper) ▸ 1 (Luke 3,1)

Λυσίας Lysias ▸ 24 + 2 = 26
- Λυσίᾳ ▸ 3
  - Noun ▪ masculine ▪ singular ▪ dative ▪ (proper) ▸ 3 (1Mac. 4,26; 2Mac. 11,15; 2Mac. 11,22)
- Λυσίαν ▸ 5
  - Noun ▪ masculine ▪ singular ▪ accusative ▪ (proper) ▸ 5 (1Mac. 3,32; 1Mac. 7,2; 2Mac. 10,11; 2Mac. 13,2; 2Mac. 14,2)
- Λυσίας ▸ 13 + 2 = 15
  - Noun ▪ masculine ▪ singular ▪ nominative ▪ (proper) ▸ 13 + 2 = 15 (1Mac. 3,38; 1Mac. 4,35; 1Mac. 6,6; 1Mac. 6,17; 1Mac. 6,55; 2Mac. 11,1; 2Mac. 11,12; 2Mac. 11,15; 2Mac. 11,16; 2Mac. 11,35; 2Mac. 12,1; 2Mac. 12,27; 2Mac. 13,26; Acts 23,26; Acts 24,22)
- Λυσίου ▸ 3
  - Noun ▪ masculine ▪ singular ▪ genitive ▪ (proper) ▸ 3 (1Mac. 4,34; 2Mac. 11,16; 2Mac. 13,4)

Λυσίμαχος Lysimachus ▸ 7
- Λυσίμαχον ▸ 4
  - Noun ▪ masculine ▪ singular ▪ accusative ▪ (proper) ▸ 4 (Esth. 11,1 # 10,3l; 2Mac. 4,29; 2Mac. 4,39; 2Mac. 4,41)
- Λυσίμαχος ▸ 1
  - Noun ▪ masculine ▪ singular ▪ nominative ▪ (proper) ▸ 1 (2Mac. 4,40)
- Λυσιμάχου ▸ 2
  - Noun ▪ masculine ▪ singular ▪ genitive ▪ (proper) ▸ 2 (2Mac. 4,39; 2Mac. 4,41)

λύσις (λύω) loosing, setting free; divorce; interpretation ▸ 3 + 1 = 4
- λύσεις ▸ 1
  - Noun ▪ feminine ▪ plural ▪ accusative ▪ (common) ▸ 1 (Wis. 8,8)
- λύσιν ▸ 1 + 1 = 2
  - Noun ▪ feminine ▪ singular ▪ accusative ▪ (common) ▸ 1 + 1 = 2 (Eccl. 8,1; 1Cor. 7,27)
- λύσις ▸ 1
  - Noun ▪ feminine ▪ singular ▪ nominative ▪ (common) ▸ 1 (Dan. 12,8)

λυσιτέλεια (λύω; τέλος) benefit, profit ▸ 1
- λυσιτέλειαν ▸ 1
  - Noun ▪ feminine ▪ singular ▪ accusative ▪ (common) ▸ 1 (2Mac. 2,27)

λυσιτελέω (λύω; τέλος) to be better; to profit from ▸ 4 + 2 + 1 = 7
- λυσιτελεῖ ▸ 1 + 2 + 1 = 4
  - Verb ▪ third ▪ singular ▪ present ▪ active ▪ indicative ▸ 1 + 2 + 1 = 4 (Tob. 3,6; Tob. 3,6; Tob. 3,6; Luke 17,2)
- λυσιτελήσει ▸ 3
  - Verb ▪ third ▪ singular ▪ future ▪ active ▪ indicative ▸ 3 (Sir. 20,10; Sir. 20,14; Sir. 29,11)

λυσιτελής (λύω; τέλος) advantageous, beneficial ▸ 1
- λυσιτελής ▸ 1
  - Adjective ▪ masculine ▪ singular ▪ nominative ▪ noDegree ▸ 1 (Sir. 28,21)

Λύστρα Lystra ▸ 6
- Λύστραν ▸ 3
  - Noun ▪ feminine ▪ singular ▪ accusative ▪ (proper) ▸ 3 (Acts 14,6; Acts 14,21; Acts 16,1)
- Λύστροις ▸ 3
  - Noun ▪ neuter ▪ plural ▪ dative ▪ (proper) ▸ 3 (Acts 14,8; Acts 16,2; 2Tim. 3,11)

λύτρον (λύω) ransom ▸ 20 + 2 = 22
- λύτρα ▸ 14
  - Noun ▪ neuter ▪ plural ▪ accusative ▪ (common) ▸ 12 (Ex. 21,30; Ex. 30,12; Lev. 25,24; Lev. 25,51; Lev. 25,52; Num. 3,12; Num. 3,46; Num. 3,48; Num. 3,49; Num. 3,51; Num. 35,31; Num. 35,32)
  - Noun ▪ neuter ▪ plural ▪ nominative ▪ (common) ▸ 2 (Ex. 21,30; Lev. 25,26)

λύτροις ▸ 2
  Noun · neuter · plural · dative · (common) ▸ **2** (Lev. 19,20; Num. 18,15)
λύτρον ▸ **1** + **2** = **3**
  Noun · neuter · singular · accusative ▸ **2** (Matt. 20,28; Mark 10,45)
  Noun · neuter · singular · nominative · (common) ▸ **1** (Prov. 13,8)
λύτρου ▸ 1
  Noun · neuter · singular · genitive · (common) ▸ **1** (Prov. 6,35)
λύτρῳ ▸ 1
  Noun · neuter · singular · dative · (common) ▸ **1** (Lev. 27,31)
λύτρων ▸ 1
  Noun · neuter · plural · genitive · (common) ▸ **1** (Is. 45,13)

λυτρόω (λύω)   to ransom, redeem ▸ **108** + **1** + **3** = **112**
  ἐλυτρώθητε ▸ 1
    Verb · second · plural · aorist · passive · indicative ▸ **1** (1Pet. 1,18)
  ἐλυτρωσάμην ▸ 3
    Verb · first · singular · aorist · middle · indicative ▸ **3** (Hos. 7,13; Mic. 6,4; Is. 43,1)
  ἐλυτρώσαντο ▸ 1
    Verb · third · plural · aorist · middle · indicative ▸ **1** (Sir. 49,10)
  ἐλυτρώσατο ▸ 13
    Verb · third · singular · aorist · middle · indicative ▸ **13** (Deut. 7,8; 2Sam. 4,9; 1Kings 1,29; Psa. 77,42; Psa. 105,10; Psa. 106,2; Psa. 135,24; Sir. 48,20; Is. 44,23; Is. 63,9; Jer. 38,11; Dan. 3,88; Dan. 6,28)
  ἐλυτρώσατό ▸ 2
    Verb · third · singular · aorist · middle · indicative ▸ **2** (Deut. 15,15; Deut. 24,18)
  ἐλυτρώσω ▸ 15
    Verb · second · singular · aorist · middle · indicative ▸ **15** (Ex. 15,13; Deut. 9,26; Deut. 21,8; 2Sam. 7,23; 1Chr. 17,21; Neh. 1,10; Esth. 13,16 # 4,17g; Psa. 30,6; Psa. 70,23; Psa. 73,2; Psa. 76,16; Ode. 1,13; Sir. 51,2; Sir. 51,2; Lam. 3,58)
  λελυτρωμένοι ▸ 2
    Verb · perfect · passive · participle · masculine · plural · nominative ▸ **2** (Psa. 106,2; Is. 35,9)
  λελυτρωμένοις ▸ 1
    Verb · perfect · passive · participle · masculine · plural · dative ▸ **1** (Is. 51,11)
  λελυτρωμένον ▸ 1
    Verb · perfect · passive · participle · masculine · singular · accusative ▸ **1** (Is. 62,12)
  λελύτρωται ▸ 1
    Verb · third · singular · perfect · passive · indicative ▸ **1** (Lev. 19,20)
  λελύτρωταί ▸ 1
    Verb · third · singular · perfect · middle · indicative ▸ **1** (Zeph. 3,15)
  λυτρούμενον ▸ 1
    Verb · present · middle · participle · masculine · singular · accusative ▸ **1** (Psa. 102,4)
  λυτρούμενος ▸ 6
    Verb · present · middle · participle · masculine · singular · nominative ▸ **6** (Lev. 27,13; 1Mac. 4,11; Prov. 23,11; Is. 43,14; Jer. 27,34; Lam. 5,8)
  λυτρούμενός ▸ 2
    Verb · present · middle · participle · masculine · singular · nominative ▸ **2** (Is. 41,14; Is. 44,24)
  λυτρουμένου ▸ 3
    Verb · present · middle · participle · masculine · singular · genitive ▸ **3** (Psa. 7,3; Sol. 8,11; Sol. 8,30)
  λυτρουμένῳ ▸ 1
    Verb · present · middle · participle · masculine · singular · dative ▸ **1** (Psa. 143,10)
  λυτροῦσθαι ▸ 1
    Verb · present · middle · infinitive ▸ **1** (Luke 24,21)
  λυτροῦται ▸ 1
    Verb · third · singular · present · middle · indicative ▸ **1** (Psa. 48,8)
  λυτρωθῇ ▸ 1
    Verb · third · singular · aorist · passive · subjunctive ▸ **1** (Lev. 25,30)
  λυτρωθήσεσθε ▸ 1
    Verb · second · plural · future · passive · indicative ▸ **1** (Is. 52,3)
  λυτρωθήσεται ▸ 3
    Verb · third · singular · future · passive · indicative ▸ **3** (Lev. 27,29; Lev. 27,33; Num. 18,15)
  λύτρωσαι ▸ **4** + **1** = **5**
    Verb · second · singular · aorist · middle · imperative ▸ **4** + **1** = **5** (Psa. 24,22; Psa. 43,27; Psa. 68,19; Dan. 4,27; Dan. 4,27)
  λύτρωσαί ▸ 5
    Verb · second · singular · aorist · middle · imperative ▸ **5** (Psa. 25,11; Psa. 31,7; Psa. 58,2; Psa. 118,134; Psa. 118,154)
  λυτρωσάμενος ▸ 1
    Verb · aorist · middle · participle · masculine · singular · nominative ▸ **1** (Lev. 25,33)
  λυτρωσαμένου ▸ 2
    Verb · aorist · middle · participle · masculine · singular · genitive ▸ **2** (Deut. 13,6; Sol. 9,1)
  λυτρώσασθαι ▸ 2
    Verb · aorist · middle · infinitive ▸ **2** (2Sam. 7,23; 1Chr. 17,21)
  λυτρωσάσθω ▸ 1
    Verb · third · singular · aorist · middle · imperative ▸ **1** (Sir. 50,24)
  λυτρώσεται ▸ 11
    Verb · third · singular · future · middle · indicative ▸ **11** (Lev. 25,25; Lev. 25,48; Lev. 25,49; Lev. 25,49; Lev. 27,28; Psa. 33,23; Psa. 48,8; Psa. 48,16; Psa. 54,19; Psa. 71,14; Psa. 129,8)
  λυτρώσεταί ▸ 1
    Verb · third · singular · future · middle · indicative ▸ **1** (Mic. 4,10)
  λυτρώσῃ ▸ 7
    Verb · second · singular · aorist · middle · subjunctive ▸ **1** (Ex. 34,20)
    Verb · second · singular · future · middle · indicative ▸ **6** (Ex. 13,13; Ex. 13,13; Ex. 34,20; Ex. 34,20; Num. 18,15; Num. 18,17)
  λυτρώσηται ▸ **3** + **1** = **4**
    Verb · third · singular · aorist · middle · subjunctive ▸ **3** + **1** = **4** (Lev. 25,49; Lev. 27,13; Lev. 27,20; Titus 2,14)
  λυτρώσομαι ▸ 4
    Verb · first · singular · future · middle · indicative ▸ **4** (Ex. 6,6; Ex. 13,15; Hos. 13,14; Zech. 10,8)
  λυτρώσομαί ▸ 2
    Verb · first · singular · future · middle · indicative ▸ **2** (Is. 44,22; Jer. 15,21)
  λυτρῶται ▸ 6
    Verb · third · singular · present · middle · subjunctive ▸ **5** (Lev. 27,15; Lev. 27,19; Lev. 27,20; Lev. 27,27; Lev. 27,31)
    Verb · third · singular · present · passive · subjunctive ▸ **1** (Lev. 25,54)

λυτρών (λύω)   latrine ▸ 1

λυτρών–λύω

λυτρῶνας ‣ 1
    Noun · masculine · plural · accusative · (common) ‣ **1** (2Kings 10,27)

λύτρωσις (λύω) redemption, ransoming ‣ 12 + 3 + 3 = 18
  λυτρώσεως ‣ 2
    Noun · feminine · singular · genitive · (common) ‣ **2** (Psa. 48,9; Is. 63,4)
  λύτρωσιν ‣ 5 + 3 + 3 = 11
    Noun · feminine · singular · accusative · (common) ‣ 5 + 3 + 3 = **11** (Judg. 1,15; Judg. 1,15; Judg. 1,15; Psa. 110,9; Ode. 9,68; Judg. 1,15; Judg. 1,15; Judg. 1,15; Luke 1,68; Luke 2,38; Heb. 9,12)
  λύτρωσις ‣ 5
    Noun · feminine · singular · nominative · (common) ‣ **5** (Lev. 25,29; Lev. 25,29; Lev. 25,48; Num. 18,16; Psa. 129,7)

λυτρωτής (λύω) redeemer, ransomer ‣ 4 + 1 = 5
  λυτρωτά ‣ 1
    Noun · masculine · singular · vocative · (common) ‣ **1** (Psa. 18,15)
  λυτρωταὶ ‣ 2
    Noun · masculine · plural · nominative · (common) ‣ **2** (Lev. 25,31; Lev. 25,32)
  λυτρωτὴν ‣ 1
    Noun · masculine · singular · accusative ‣ **1** (Acts 7,35)
  λυτρωτὴς ‣ 1
    Noun · masculine · singular · nominative · (common) ‣ **1** (Psa. 77,35)

λυχνία (λύχνος) lampstand, candlestick ‣ 35 + 12 = 47
  λυχνία ‣ 3 + 1 = 4
    Noun · feminine · singular · nominative · (common) ‣ 3 + 1 = **4** (Num. 3,31; 2Chr. 13,11; Zech. 4,2; Heb. 9,2)
  λυχνίᾳ ‣ 1
    Noun · feminine · singular · dative · (common) ‣ **1** (Ex. 25,34)
  λυχνίαι ‣ 2
    Noun · feminine · plural · nominative ‣ **2** (Rev. 1,20; Rev. 11,4)
  λυχνίαν ‣ 15 + 4 = 19
    Noun · feminine · singular · accusative · (common) ‣ 15 + 4 = **19** (Ex. 25,31; Ex. 25,31; Ex. 26,35; Ex. 30,27; Ex. 31,8; Ex. 35,14; Ex. 38,13; Ex. 39,16; Ex. 40,4; Ex. 40,24; Num. 4,9; Num. 8,4; 2Kings 4,10; 1Mac. 1,21; 1Mac. 4,49; Matt. 5,15; Mark 4,21; Luke 11,33; Rev. 2,5)
  λυχνίας ‣ 15 + 3 = 18
    Noun · feminine · plural · accusative · (common) ‣ 4 + 2 = **6** (1Kings 7,35; 2Chr. 4,7; 2Chr. 4,20; Jer. 52,19; Rev. 1,12; Rev. 1,20)
    Noun · feminine · singular · genitive · (common) ‣ 11 + 1 = **12** (Ex. 25,32; Ex. 25,32; Ex. 25,33; Ex. 25,35; Lev. 24,4; Num. 8,2; Num. 8,3; Num. 8,4; 1Mac. 4,50; Sir. 26,17; Zech. 4,11; Luke 8,16)
  λυχνιῶν ‣ 1 + 2 = 3
    Noun · feminine · plural · genitive · (common) ‣ 1 + 2 = **3** (1Chr. 28,15; Rev. 1,13; Rev. 2,1)

λύχνος lamp ‣ 46 + 1 + 14 = 61
  λύχνοι ‣ 5 + 1 = 6
    Noun · masculine · plural · nominative · (common) ‣ 5 + 1 = **6** (Ex. 38,16; Num. 8,2; 2Chr. 4,21; 2Chr. 13,11; Zech. 4,2; Luke 12,35)
  λύχνοις ‣ 1
    Noun · masculine · plural · dative · (common) ‣ **1** (Zech. 4,2)
  λύχνον ‣ 6 + 1 + 4 = 11
    Noun · masculine · singular · accusative · (common) ‣ 6 + 1 + 4 = **11** (Lev. 24,2; 2Sam. 21,17; 2Kings 8,19; 2Chr. 21,7; Psa. 17,29; Psa. 131,17; Tob. 8,13; Matt. 5,15; Luke 8,16; Luke 11,33; Luke 15,8)
  Λύχνος ‣ 1
    Noun · masculine · singular · nominative · (common) ‣ **1** (Psa. 118,105)
  λύχνος ‣ 9 + 6 = 15
    Noun · masculine · singular · nominative · (common) ‣ 9 + 6 = **15** (Ex. 27,20; 1Sam. 3,3; 2Sam. 22,29; Prov. 6,23; Prov. 31,18; Job 18,6; Job 21,17; Job 29,3; Sir. 26,17; Matt. 6,22; Mark 4,21; Luke 11,34; Luke 11,36; John 5,35; Rev. 21,23)
  λύχνου ‣ 3 + 2 = 5
    Noun · masculine · singular · genitive · (common) ‣ 3 + 2 = **5** (Zeph. 1,12; Jer. 25,10; Dan. 5,0; Rev. 18,23; Rev. 22,5)
  λύχνους ‣ 20
    Noun · masculine · plural · accusative · (common) ‣ **20** (Ex. 25,37; Ex. 25,37; Ex. 30,7; Ex. 30,8; Ex. 38,17; Ex. 39,16; Ex. 39,16; Ex. 40,4; Ex. 40,25; Lev. 24,4; Num. 4,9; Num. 8,2; Num. 8,3; 1Kings 7,35; 2Chr. 4,20; 2Chr. 29,7; 1Mac. 4,50; 2Mac. 1,8; 2Mac. 10,3; LetterJ 18)
  λύχνῳ ‣ 1
    Noun · masculine · singular · dative ‣ **1** (2Pet. 1,19)
  λύχνων ‣ 1
    Noun · masculine · plural · genitive · (common) ‣ **1** (1Chr. 28,15)

λύω to loosen, release ‣ 29 + 3 + 42 = 74
  ἔλυεν ‣ 1
    Verb · third · singular · imperfect · active · indicative ‣ **1** (John 5,18)
  ἐλύετο ‣ 1
    Verb · third · singular · imperfect · middle · indicative · (variant) ‣ **1** (Acts 27,41)
  ἐλύθη ‣ 1
    Verb · third · singular · aorist · passive · indicative ‣ **1** (Mark 7,35)
  ἐλύθησαν ‣ 1
    Verb · third · plural · aorist · passive · indicative ‣ **1** (Rev. 9,15)
  ἔλυσά ‣ 1
    Verb · first · singular · aorist · active · indicative ‣ **1** (Jer. 47,4)
  ἔλυσαν ‣ 3
    Verb · third · plural · aorist · active · indicative ‣ **3** (1Esdr. 1,52; Judith 9,2; 4Mac. 12,9)
  ἔλυσας ‣ 1
    Verb · second · singular · aorist · active · indicative ‣ **1** (Job 39,2)
  ἔλυσεν ‣ 4 + 1 = 5
    Verb · third · singular · aorist · active · indicative ‣ 4 + 1 = **5** (Psa. 104,20; Job 39,5; Job 42,9; Is. 14,17; Acts 22,30)
  λελυμένα ‣ 1
    Verb · perfect · passive · participle · neuter · plural · nominative ‣ **1** (Matt. 18,18)
  λελυμένη ‣ 1
    Verb · perfect · middle · participle · feminine · singular · nominative ‣ **1** (3Mac. 1,4)
  λελυμένον ‣ 1
    Verb · perfect · passive · participle · neuter · singular · nominative ‣ **1** (Matt. 16,19)
  λελυμένους ‣ 1 + 1 = 2
    Verb · perfect · passive · participle · masculine · plural · accusative ‣ 1 + 1 = **2** (Dan. 3,92; Dan. 3,92)
  λελυμένων ‣ 1
    Verb · perfect · passive · participle · masculine · plural · genitive ‣ **1** (4Mac. 7,13)
  λέλυσαι ‣ 1

Verb · second · singular · perfect · passive · indicative · (variant)
▸ **1** (1Cor. 7,27)

λέλυται ▸ **1**
Verb · third · singular · perfect · passive · indicative ▸ **1** (Is. 40,2)

λῦε ▸ **1**
Verb · second · singular · present · active · imperative ▸ **1** (Is. 58,6)

λύει ▸ **1** + **1** = **2**
Verb · third · singular · present · active · indicative ▸ **1** + **1** = **2** (Psa. 145,7; Luke 13,15)

λύετε ▸ **2**
Verb · second · plural · present · active · indicative ▸ **2** (Luke 19,31; Luke 19,33)

λυθείσης ▸ **1**
Verb · aorist · passive · participle · feminine · singular · genitive ▸ **1** (Acts 13,43)

λυθέντες ▸ **1**
Verb · aorist · passive · participle · masculine · plural · nominative ▸ **1** (3Mac. 6,29)

λυθῇ ▸ **1**
Verb · third · singular · aorist · passive · subjunctive ▸ **1** (John 7,23)

λυθῆναι ▸ **3**
Verb · aorist · passive · infinitive ▸ **3** (Luke 13,16; John 10,35; Rev. 20,3)

λυθήσεται ▸ **2**
Verb · third · singular · future · passive · indicative ▸ **2** (2Pet. 3,10; Rev. 20,7)

λυθήσονται ▸ **1** + **1** = **2**
Verb · third · plural · future · passive · indicative ▸ **1** + **1** = **2** (Sir. 28,2; 2Pet. 3,12)

λυομένων ▸ **1**
Verb · present · passive · participle · neuter · plural · genitive ▸ **1** (2Pet. 3,11)

λύοντες ▸ **1**
Verb · present · active · participle · masculine · plural · nominative ▸ **1** (Mark 11,5)

λυόντων ▸ **1**
Verb · present · active · participle · masculine · plural · genitive ▸ **1** (Luke 19,33)

λύουσα ▸ **1**
Verb · present · active · participle · feminine · singular · nominative ▸ **1** (4Mac. 3,11)

λύουσιν ▸ **1**
Verb · third · plural · present · active · indicative ▸ **1** (Mark 11,4)

Λῦσαι ▸ **1**
Verb · second · singular · aorist · middle · imperative ▸ **1** (Josh. 5,15)

λῦσαι ▸ **4** + **1** + **4** = **9**
Verb · aorist · active · infinitive ▸ **3** + **1** + **4** = **8** (1Esdr. 9,13; 1Esdr. 9,46; Psa. 101,21; Tob. 3,17; Mark 1,7; Luke 3,16; Acts 13,25; Rev. 5,2)
Verb · second · singular · aorist · middle · imperative ▸ **1** (Ex. 3,5)

λύσαντες ▸ **1** + **2** = **3**
Verb · aorist · active · participle · masculine · plural · nominative ▸ **1** + **2** = **3** (Judith 6,14; Matt. 21,2; Luke 19,30)

λύσαντι ▸ **1**
Verb · aorist · active · participle · masculine · singular · dative ▸ **1** (Rev. 1,5)

λύσας ▸ **1** + **2** = **3**
Verb · aorist · active · participle · masculine · singular · nominative

▸ **1** + **2** = **3** (Gen. 42,27; Acts 2,24; Eph. 2,14)

λύσατε ▸ **1** + **3** = **4**
Verb · second · plural · aorist · active · imperative ▸ **1** + **3** = **4** (3Mac. 6,27; Mark 11,2; John 2,19; John 11,44)

Λύσατέ ▸ **1**
Verb · second · plural · aorist · active · imperative ▸ **1** (4Mac. 12,8)

λύσει ▸ **1**
Verb · third · singular · future · active · indicative ▸ **1** (Job 5,20)

λύσῃ ▸ **2**
Verb · third · singular · aorist · active · subjunctive ▸ **2** (Matt. 5,19; 1John 3,8)

λύσῃς ▸ **1**
Verb · second · singular · aorist · active · subjunctive ▸ **1** (Matt. 16,19)

λύσητε ▸ **1**
Verb · second · plural · aorist · active · subjunctive ▸ **1** (Matt. 18,18)

λῦσον ▸ **2**
Verb · second · singular · aorist · active · imperative ▸ **2** (Acts 7,33; Rev. 9,14)

λύσουσιν ▸ **1**
Verb · third · plural · future · active · indicative ▸ **1** (Is. 5,27)

λύσω ▸ **1**
Verb · first · singular · aorist · active · subjunctive ▸ **1** (John 1,27)

λύων ▸ **1**
Verb · present · active · participle · masculine · singular · nominative ▸ **1** (Dan. 5,12)

Λωδαβαρ Lo Debar ▸ **1**
Λωδαβαρ ▸ **1**
Noun · genitive · (proper) ▸ **1** (2Sam. 17,27)

Λωθασουβος Lothasubus ▸ **1**
Λωθασουβος ▸ **1**
Noun · masculine · singular · nominative · (proper) ▸ **1** (1Esdr. 9,44)

Λωΐς Lois ▸ **1**
Λωΐδι ▸ **1**
Noun · feminine · singular · dative · (proper) ▸ **1** (2Tim. 1,5)

λῶμα fringe, hem ▸ **7**
λῶμα ▸ **3**
Noun · neuter · singular · accusative · (common) ▸ **3** (Ex. 28,33; Ex. 36,32; Ex. 36,38)
λώματος ▸ **4**
Noun · neuter · singular · genitive · (common) ▸ **4** (Ex. 28,33; Ex. 28,34; Ex. 36,31; Ex. 36,33)

λωποδυτέω (λέπω; δύω) to plunder, rob ▸ **1**
λωποδυτήσῃ ▸ **1**
Verb · third · singular · aorist · active · subjunctive ▸ **1** (1Esdr. 4,24)

Λωτ Lot ▸ **36**
Λωτ ▸ **36**
Noun · masculine · singular · accusative · (proper) ▸ **13** (Gen. 11,27; Gen. 11,31; Gen. 12,5; Gen. 12,20; Gen. 13,14; Gen. 14,12; Gen. 14,16; Gen. 19,5; Gen. 19,9; Gen. 19,10; Gen. 19,12; Gen. 19,15; Gen. 19,29)
Noun · masculine · singular · dative · (proper) ▸ **2** (Gen. 13,5; Gen. 13,8)
Noun · masculine · singular · genitive · (proper) ▸ **6** (Gen. 13,7; Gen. 19,36; Deut. 2,9; Deut. 2,19; Psa. 82,9; Sir. 16,8)
Noun · masculine · singular · nominative · (proper) ▸ **15** (Gen. 12,4; Gen. 13,1; Gen. 13,10; Gen. 13,11; Gen. 13,11; Gen. 13,12; Gen. 14,14; Gen. 19,1; Gen. 19,1; Gen. 19,6; Gen. 19,14;

Gen. 19,18; Gen. 19,23; Gen. 19,29; Gen. 19,30)

Λώτ Lot ▸ 4
- Λώτ ▸ 2
  - **Noun** · masculine · singular · genitive · (proper) ▸ 2
    (Luke 17,28; Luke 17,32)
- Λώτ ▸ 2
  - **Noun** · masculine · singular · accusative · (proper) ▸ 1 (2Pet. 2,7)
  - **Noun** · masculine · singular · nominative · (proper) ▸ 1

(Luke 17,29)

Λωταν Lotan ▸ 6
- Λωταν ▸ 6
  - **Noun** · masculine · singular · genitive · (proper) ▸ 3
    (Gen. 36,22; Gen. 36,22; 1Chr. 1,39)
  - **Noun** · masculine · singular · nominative · (proper) ▸ 3
    (Gen. 36,20; Gen. 36,29; 1Chr. 1,38)

M, μ

μά by (oath a deity) ▸ 1
   μὰ ▸ 1
      Particle ▸ 1 (4Mac. 10,15)
Μααζια Maaziah ▸ 1
   Μααζια ▸ 1
      Noun · masculine · singular · nominative · (proper) ▸ 1
      (Neh. 10,9)
Μααθ Mahath; Maath ▸ 2
   Μααθ ▸ 2
      Noun · masculine · singular · nominative · (proper) ▸ 2
      (2Chr. 29,12; 2Chr. 31,13)
Μάαθ Mahath; Maath ▸ 1
   Μάαθ ▸ 1
      Noun · masculine · singular · genitive · (proper) ▸ 1 (Luke 3,26)
Μααλα Mahlah ▸ 2
   Μααλα ▸ 2
      Noun · feminine · singular · nominative · (proper) ▸ 2
      (Num. 36,11; Josh. 17,3)
Μααλαθ Aloth ▸ 1
   Μααλαθ ▸ 1
      Noun · feminine · singular · dative · (proper) ▸ 1 (1Kings 4,16)
Μααλλων Millo ▸ 3
   Μααλλων ▸ 3
      Noun · singular · genitive · (proper) ▸ 3
      (Judg. 9,6; Judg. 9,20; Judg. 9,20)
Μααλων Mahlon ▸ 4
   Μααλων ▸ 4
      Noun · masculine · singular · dative · (proper) ▸ 1 (Ruth 4,9)
      Noun · masculine · singular · genitive · (proper) ▸ 1 (Ruth 4,10)
      Noun · masculine · singular · nominative · (proper) ▸ 2
      (Ruth 1,2; Ruth 1,5)
Μααν Maon ▸ 6
   Μααν ▸ 6
      Noun · feminine · singular · accusative · (proper) ▸ 2
      (Josh. 21,34; 1Sam. 25,2)
      Noun · feminine · singular · genitive · (proper) ▸ 4
      (1Sam. 23,24; 1Sam. 23,25; 1Sam. 23,25; 1Sam. 25,1)
Μααναιμ Mahanaim ▸ 2
   Μααναιμ ▸ 2
      Noun · singular · genitive · (proper) ▸ 1 (Josh. 13,30)
      Noun · feminine · singular · accusative · (proper) ▸ 1 (1Chr. 6,65)
Μααναιν Mahanaim ▸ 2
   Μααναιν ▸ 2
      Noun · nominative · (proper) ▸ 1 (1Kings 4,14)
      Noun · singular · accusative · (proper) ▸ 1 (Josh. 13,26)
Μααvι Maani ▸ 1
   Μααvι ▸ 1
      Noun · masculine · singular · genitive · (proper) ▸ 1 (1Esdr. 5,31)
Μααραγαβε Maarah Geba ▸ 1
   Μααραγαβε ▸ 1
      Noun · singular · genitive · (proper) ▸ 1 (Judg. 20,33)
Μαας Maaz ▸ 1
   Μαας ▸ 1
      Noun · masculine · singular · nominative · (proper) ▸ 1
      (1Chr. 2,27)
Μαασα Mishal ▸ 1
   Μαασα ▸ 1
      Noun · singular · nominative · (proper) ▸ 1 (Josh. 19,26)
Μαασαι Maaziah ▸ 1
   Μαασαι ▸ 1
      Noun · masculine · singular · dative · (proper) ▸ 1 (1Chr. 24,18)
Μαασαια Maasai; Maaseiah ▸ 5
   Μαασαια ▸ 5
      Noun · masculine · singular · nominative · (proper) ▸ 5
      (1Chr. 9,12; 1Chr. 15,18; Ezra 10,22; Neh. 8,4; Neh. 10,26)
Μαασαιας Maaseiah ▸ 12
   Μαασαιαν ▸ 2
      Noun · masculine · singular · accusative · (proper) ▸ 2
      (2Chr. 23,1; 2Chr. 28,7)
   Μαασαιου ▸ 10
      Noun · masculine · singular · genitive · (proper) ▸ 10
      (2Chr. 26,11; Jer. 21,1; Jer. 28,59; Jer. 36,25; Jer. 39,12; Jer. 42,4;
      Jer. 44,3; Jer. 49,1; Jer. 50,2; Bar. 1,1)
Μαασηα Maaseiah ▸ 2
   Μαασηα ▸ 2
      Noun · masculine · singular · genitive · (proper) ▸ 1 (Neh. 3,23)
      Noun · masculine · singular · nominative · (proper) ▸ 1
      (Ezra 10,18)
Μαασια Baaseiah; Maaseiah ▸ 2
   Μαασια ▸ 2
      Noun · masculine · singular · genitive · (proper) ▸ 1 (1Chr. 6,25)
      Noun · masculine · singular · nominative · (proper) ▸ 1
      (Neh. 11,5)
Μαασιας Maaseiah ▸ 3
   Μαασιαν ▸ 1
      Noun · masculine · singular · accusative · (proper) ▸ 1
      (2Chr. 34,8)
   Μαασιας ▸ 2

Noun · masculine · singular · nominative · (proper) ▸ **2** (Neh. 12,41; Neh. 12,42)

Μαασμαν Maasmas ▸ **1**
  Μαασμαν ▸ **1**
    Noun · masculine · singular · accusative · (proper) ▸ **1** (1Esdr. 8,43)

Μααταρωθορεχ Ataroth Addar ▸ **1**
  Μααταρωθορεχ ▸ **1**
    Noun · singular · accusative · (proper) ▸ **1** (Josh. 18,13)

Μααχα Maacah ▸ **11**
  Μααχα ▸ **11**
    Noun · singular · genitive · (proper) ▸ **1** (2Sam. 10,6)
    Noun · singular · nominative · (proper) ▸ **1** (2Sam. 10,8)
    Noun · feminine · singular · accusative · (proper) ▸ **2** (2Chr. 11,20; 2Chr. 15,16)
    Noun · feminine · singular · genitive · (proper) ▸ **2** (2Sam. 3,3; 2Chr. 11,22)
    Noun · feminine · singular · nominative · (proper) ▸ **3** (1Kings 15,2; 1Chr. 8,29; 2Chr. 13,2)
    Noun · masculine · singular · genitive · (proper) ▸ **2** (1Kings 2,39; 1Chr. 27,16)

Μααχαν Maacah ▸ **1**
  Μααχαν ▸ **1**
    Noun · feminine · singular · accusative · (proper) ▸ **1** (2Chr. 11,21)

Μααχατι Maacathite ▸ **1**
  Μααχατι ▸ **1**
    Noun · masculine · singular · genitive · (proper) ▸ **1** (2Sam. 23,34)

Μααχως Maachos (Kitlish?) ▸ **1**
  Μααχως ▸ **1**
    Noun · singular · nominative · (proper) ▸ **1** (Josh. 15,40)

Μαβασαμ Mibsam ▸ **1**
  Μαβασαμ ▸ **1**
    Noun · masculine · singular · nominative · (proper) ▸ **1** (1Chr. 4,25)

Μαβσαν Mibsam ▸ **1**
  Μαβσαν ▸ **1**
    Noun · masculine · singular · nominative · (proper) ▸ **1** (1Chr. 1,29)

Μαβσαρ Mibzar ▸ **1**
  Μαβσαρ ▸ **1**
    Noun · masculine · singular · nominative · (proper) ▸ **1** (1Chr. 1,53)

Μαγαδαγαδ Migdal Gad ▸ **1**
  Μαγαδαγαδ ▸ **1**
    Noun · singular · nominative · (proper) ▸ **1** (Josh. 15,37)

Μαγαδάν Magadan ▸ **1**
  Μαγαδάν ▸ **1**
    Noun · feminine · singular · genitive · (proper) ▸ **1** (Matt. 15,39)

Μαγαρωθ Maarath ▸ **1**
  Μαγαρωθ ▸ **1**
    Noun · singular · nominative · (proper) ▸ **1** (Josh. 15,59)

Μαγαφης Magpiash ▸ **1**
  Μαγαφης ▸ **1**
    Noun · masculine · singular · nominative · (proper) ▸ **1** (Neh. 10,21)

Μαγδαλγαδ Migdal Gad ▸ **1**
  Μαγδαλγαδ ▸ **1**
    Noun · singular · nominative · (proper) ▸ **1** (Josh. 15,37)

Μαγδαληνή Magdalene ▸ **12**
  Μαγδαληνή ▸ **2**
    Noun · feminine · singular · nominative · (proper) ▸ **2** (Luke 8,2; John 19,25)
  Μαγδαληνή ▸ **9**
    Noun · feminine · singular · nominative · (proper) ▸ **9** (Matt. 27,56; Matt. 27,61; Matt. 28,1; Mark 15,40; Mark 15,47; Mark 16,1; Luke 24,10; John 20,1; John 20,18)
  Μαγδαληνῇ ▸ **1**
    Noun · feminine · singular · dative · (proper) ▸ **1** (Mark 16,9)

Μαγδαλιηλ Migdal El ▸ **1**
  Μαγδαλιηλ ▸ **1**
    Noun · singular · nominative · (proper) ▸ **1** (Josh. 19,38)

Μαγδαν Megiddo ▸ **1**
  Μαγδαν ▸ **1**
    Noun · feminine · singular · accusative · (proper) ▸ **1** (1Kings 10,22a # 9,15)

Μαγδω Megiddo ▸ **1**
  Μαγδω ▸ **1**
    Noun · feminine · singular · accusative · (proper) ▸ **1** (1Kings 2,35i)

Μαγδώλος Migdol ▸ **1**
  Μαγδώλου ▸ **1**
    Noun · masculine · singular · genitive · (proper) ▸ **1** (Ex. 14,2)

Μάγδωλος Migdol ▸ **5**
  Μάγδωλον ▸ **1**
    Noun · masculine · singular · accusative · (proper) ▸ **1** (Jer. 26,14)
  Μαγδώλου ▸ **3**
    Noun · singular · genitive · (proper) ▸ **3** (Num. 33,7; Ezek. 29,10; Ezek. 30,6)
  Μαγδώλῳ ▸ **1**
    Noun · singular · dative · (proper) ▸ **1** (Jer. 51,1)

Μαγδων Migron ▸ **1**
  Μαγδων ▸ **1**
    Noun · singular · dative · (proper) ▸ **1** (1Sam. 14,2)

Μαγεβως Magbish ▸ **1**
  Μαγεβως ▸ **1**
    Noun · singular · genitive · (proper) ▸ **1** (Ezra 2,30)

Μαγεδδαους Megiddo ▸ **1**
  Μαγεδδαους ▸ **1**
    Noun · singular · genitive · (proper) ▸ **1** (1Esdr. 1,27)

Μαγεδδω Megiddo ▸ **5**
  Μαγεδδω ▸ **5**
    Noun · singular · genitive · (proper) ▸ **1** (Judg. 5,19)
    Noun · feminine · singular · accusative · (proper) ▸ **1** (Josh. 17,11)
    Noun · feminine · singular · dative · (proper) ▸ **1** (2Kings 23,29)
    Noun · feminine · singular · genitive · (proper) ▸ **1** (2Kings 23,30)
    Noun · feminine · singular · nominative · (proper) ▸ **1** (1Chr. 7,29)

Μαγεδδων Megiddo ▸ **1**
  Μαγεδδων ▸ **1**
    Noun · singular · accusative · (proper) ▸ **1** (2Kings 9,27)

Μαγεδω Migron ▸ **1** + **1** = **2**
  Μαγεδω ▸ **1** + **1** = **2**
    Noun · singular · accusative · (proper) ▸ **1** + **1** = **2** (Is. 10,28; Judg. 1,27)

Μαγεδων Megiddo ▸ **3**
  Μαγεδων ▸ **3**
    Noun · singular · genitive · (proper) ▸ **2** (Josh. 12,22; 2Chr. 35,22)
    Noun · feminine · singular · accusative · (proper) ▸ **1** (Judg. 1,27)

μαγεία (μάγος) magic, magical art, sorcery ▸ **1**
  μαγείαις ▸ **1**

μαγεία–Μαδιανίτης

Noun · feminine · plural · dative ▸ **1** (Acts 8,11)

μαγειρεῖον (μάσσω) cook-house, kitchen ▸ 2
  μαγειρεῖα ▸ 1
    Noun · neuter · plural · nominative · (common) ▸ **1** (Ezek. 46,23)
  μαγειρείων ▸ 1
    Noun · neuter · plural · genitive · (common) ▸ **1** (Ezek. 46,24)

μαγειρεύω (μάσσω) to cook ▸ 1
  ἐμαγείρευσας ▸ 1
    Verb · second · singular · aorist · active · indicative ▸ **1** (Lam. 2,21)

μαγείρισσα (μάσσω) cook (f) ▸ 1
  μαγειρίσσας ▸ 1
    Noun · feminine · plural · accusative · (common) ▸ **1** (1Sam. 8,13)

μάγειρος (μάγος) cook ▸ 3
  μάγειρος ▸ 2
    Noun · masculine · singular · nominative · (common) ▸ **2** (1Sam. 9,24; Lam. 2,20)
  μαγείρῳ ▸ 1
    Noun · masculine · singular · dative · (common) ▸ **1** (1Sam. 9,23)

μαγεύω (μάγος) to practice magic ▸ 1
  μαγεύων ▸ 1
    Verb · present · active · participle · masculine · singular · nominative ▸ **1** (Acts 8,9)

μαγικός (μάγος) magical ▸ 1
  μαγικῆς ▸ 1
    Adjective · feminine · singular · genitive · noDegree ▸ **1** (Wis. 17,7)

μαγίς (μάγος) cake ▸ 1 + 1 = 2
  μαγὶς ▸ 1 + 1 = 2
    Noun · feminine · singular · nominative · (common) ▸ **1 + 1 = 2** (Judg. 7,13; Judg. 7,13)

μάγος wise man, magician ▸ 2 + 8 + 6 = 16
  μάγοι ▸ 2 + 1 = 3
    Noun · masculine · plural · nominative ▸ **2 + 1 = 3** (Dan. 4,7; Dan. 5,15; Matt. 2,1)
  μάγον ▸ 1 + 1 + 1 = 3
    Noun · masculine · singular · accusative · (common) ▸ **1 + 1 + 1 = 3** (Dan. 2,10; Dan. 2,10; Acts 13,6)
  μάγος ▸ 1
    Noun · masculine · singular · nominative ▸ **1** (Acts 13,8)
  μάγους ▸ 1 + 3 + 1 = 5
    Noun · masculine · plural · accusative · (common) ▸ **1 + 3 + 1 = 5** (Dan. 2,2; Dan. 1,20; Dan. 2,2; Dan. 5,7; Matt. 2,7)
  μάγων ▸ 2 + 2 = 4
    Noun · masculine · plural · genitive ▸ **2 + 2 = 4** (Dan. 2,27; Dan. 5,11; Matt. 2,16; Matt. 2,16)

Μαγωγ Magog ▸ 3
  Μαγωγ ▸ 3
    Noun · masculine · singular · genitive · (proper) ▸ **1** (Ezek. 38,2)
    Noun · masculine · singular · nominative · (proper) ▸ **2** (Gen. 10,2; 1Chr. 1,5)

Μαγώγ Magog ▸ 1
  Μαγώγ ▸ 1
    Noun · masculine · singular · accusative · (proper) ▸ **1** (Rev. 20,8)

Μαδαι Madai ▸ 2
  Μαδαι ▸ 2
    Noun · masculine · singular · nominative · (proper) ▸ **2** (Gen. 10,2; 1Chr. 1,5)

Μαδαν Medan ▸ 2
  Μαδαν ▸ 2
    Noun · masculine · singular · accusative · (proper) ▸ **2** (Gen. 25,2; 1Chr. 1,32)

μαδαρόω (μαδάω) to pull out the hair ▸ 1
  ἐμαδάρωσα ▸ 1
    Verb · first · singular · aorist · active · indicative ▸ **1** (Neh. 13,25)

μαδάω to lose hair, become bald ▸ 3
  μαδήσῃ ▸ 2
    Verb · third · singular · aorist · active · subjunctive ▸ **2** (Lev. 13,40; Lev. 13,41)
  μαδῶν ▸ 1
    Verb · present · active · participle · masculine · singular · nominative ▸ **1** (Ezek. 29,18)

Μαδβαρῖτις Madbaritis (desert?) ▸ 2
  Μαδβαρίτιδι ▸ 1
    Adjective · feminine · singular · dative · noDegree ▸ **1** (Josh. 5,6)
  Μαδβαρῖτις ▸ 1
    Adjective · feminine · singular · nominative · noDegree ▸ **1** (Josh. 18,12)

Μαδεβηνα Madmenah ▸ 1
  Μαδεβηνα ▸ 1
    Noun · singular · nominative · (proper) ▸ **1** (Is. 10,31)

Μαδιαμ Midian; Madiam ▸ 56 + 32 = 88
  Μαδιαμ ▸ 56 + 32 = 88
    Noun · singular · dative · (proper) ▸ **1** (Judg. 8,1)
    Noun · singular · genitive · (proper) ▸ **6** (Judith 2,26; Ode. 4,7; Hab. 3,7; Is. 9,3; Is. 10,26; Is. 60,6)
    Noun · feminine · singular · accusative · (proper) ▸ **7 + 5 = 12** (Judg. 6,7; Judg. 6,16; Judg. 7,2; Judg. 7,7; Judg. 7,14; Judg. 7,25; Job 42,17d; Judg. 6,16; Judg. 7,2; Judg. 7,7; Judg. 7,14; Judg. 7,25)
    Noun · feminine · singular · dative · (proper) ▸ **2** (Judg. 8,1; Psa. 82,10)
    Noun · feminine · singular · genitive · (proper) ▸ **22 + 20 = 42** (Josh. 13,21; Judg. 6,1; Judg. 6,2; Judg. 6,2; Judg. 6,6; Judg. 6,11; Judg. 6,13; Judg. 7,1; Judg. 7,8; Judg. 7,13; Judg. 7,13; Judg. 7,15; Judg. 7,23; Judg. 7,24; Judg. 7,25; Judg. 8,3; Judg. 8,5; Judg. 8,12; Judg. 8,22; Judg. 8,26; Judg. 9,17; 1Kings 11,18; Judg. 6,1; Judg. 6,2; Judg. 6,2; Judg. 6,7; Judg. 6,13; Judg. 6,14; Judg. 7,1; Judg. 7,8; Judg. 7,13; Judg. 7,15; Judg. 7,23; Judg. 7,24; Judg. 7,25; Judg. 8,3; Judg. 8,5; Judg. 8,12; Judg. 8,22; Judg. 8,26; Judg. 9,17; Judg. 10,12)
    Noun · feminine · singular · nominative · (proper) ▸ **5 + 5 = 10** (Judg. 6,3; Judg. 6,33; Judg. 7,12; Judg. 8,28; Judg. 10,12; Judg. 6,3; Judg. 6,6; Judg. 6,33; Judg. 7,12; Judg. 8,28)
    Noun · masculine · singular · accusative · (proper) ▸ **4** (Gen. 25,2; Gen. 36,35; 1Chr. 1,32; 1Chr. 1,46)
    Noun · masculine · singular · dative · (proper) ▸ **1** (Ex. 4,19)
    Noun · masculine · singular · genitive · (proper) ▸ **9 + 1 = 10** (Gen. 25,4; Ex. 2,15; Ex. 2,15; Ex. 2,16; Ex. 3,1; Ex. 18,1; Num. 22,4; Num. 22,7; 1Chr. 1,33; Judg. 6,11)

Μαδιάμ Midian; Madiam ▸ 1
  Μαδιάμ ▸ 1
    Noun · masculine · singular · genitive · (proper) ▸ **1** (Acts 7,29)

Μαδιαν Midian ▸ 8
  Μαδιαν ▸ 8
    Noun · feminine · singular · accusative · (proper) ▸ **2** (Num. 31,3; Num. 31,7)
    Noun · feminine · singular · dative · (proper) ▸ **1** (Num. 31,3)
    Noun · feminine · singular · genitive · (proper) ▸ **5** (Num. 25,15; Num. 25,18; Num. 31,8; Num. 31,8; Num. 31,9)

Μαδιανίτης Midianite ▸ 1
  Μαδιανίτῃ ▸ 1
    Noun · masculine · singular · dative · (proper) ▸ **1** (Num. 10,29)

Μαδιανῖτις Midianite (f) ▸ 3
  Μαδιανίτιδι ▸ 1
    Adjective · feminine · singular · dative · noDegree ▸ **1** (Num. 25,15)
  Μαδιανίτιδος ▸ 1
    Adjective · feminine · singular · genitive · noDegree ▸ **1** (Num. 25,14)
  Μαδιανῖτιν ▸ 1
    Adjective · feminine · singular · accusative · noDegree ▸ **1** (Num. 25,6)
Μαδιανιτῶν Midianite ▸ 1
  Μαδιανιτῶν ▸ 1
    Noun · masculine · plural · genitive · (proper) ▸ **1** (Num. 31,2)
Μαδιηναῖος Midianite ▸ 3
  Μαδιηναῖοι ▸ 2
    Noun · masculine · plural · nominative · (proper) ▸ **2** (Gen. 37,28; Gen. 37,36)
  Μαδιηναίοις ▸ 1
    Noun · masculine · plural · dative · (proper) ▸ **1** (Num. 25,17)
Μαδων Madon (Heb. stature) ▸ 1 + 1 = 2
  Μαδων ▸ 1 + 1 = 2
    Noun · singular · genitive · (proper) ▸ **1** (2Sam. 21,20)
    Noun · singular · nominative · (proper) ▸ **1** (Josh. 15,61)
Μαεβερ Maeber (Heb. beyond) ▸ 1
  Μαεβερ ▸ 1
    Noun · masculine · singular · genitive · (proper) ▸ **1** (1Kings 4,12)
Μαελα Mahlah ▸ 1
  Μαελα ▸ 1
    Noun · masculine · singular · accusative · (proper) ▸ **1** (1Chr. 7,18)
Μαελεθ Mahalath ▸ 1
  Μαελεθ ▸ 1
    Noun · feminine · singular · accusative · (proper) ▸ **1** (Gen. 28,9)
μαελεθ (Hebr.) Mahalath ▸ 2
  μαελεθ ▸ 2
    Noun ▸ **1** (Psa. 52,1)
    Noun · masculine · singular · accusative · (common) ▸ **1** (Psa. 87,1)
μάζα cake ▸ 1 + 1 = 2
  μάζαν ▸ 1
    Noun · feminine · singular · accusative · (common) ▸ **1** (Bel 27)
  μάζας ▸ 1
    Noun · feminine · plural · accusative · (common) ▸ **1** (Bel 27)
Μαζαρ Mibzar ▸ 1
  Μαζαρ ▸ 1
    Noun · masculine · singular · nominative · (proper) ▸ **1** (Gen. 36,42)
Μαζιτιας Mazitias ▸ 1
  Μαζιτιας ▸ 1
    Noun · masculine · singular · nominative · (proper) ▸ **1** (1Esdr. 9,35)
μαζουρωθ (Hebr.) constellation ▸ 2
  μαζουρωθ ▸ 2
    Noun · masculine · plural · accusative · (common) ▸ **1** (Job 38,32)
    Noun · masculine · plural · dative · (common) ▸ **1** (2Kings 23,5)
Μαηλων from the oak tree ▸ 1
  Μαηλων ▸ 1
    Noun · singular · nominative · (proper) ▸ **1** (Josh. 19,33)
Μαηρος Maerus ▸ 1
  Μαηρος ▸ 1
    Noun · masculine · singular · nominative · (proper) ▸ **1** (1Esdr. 9,34)

Μαθαθα Mattattah ▸ 1
  Μαθαθα ▸ 1
    Noun · masculine · singular · nominative · (proper) ▸ **1** (Ezra 10,33)
Μαθαθια Mattithiah ▸ 1
  Μαθαθια ▸ 1
    Noun · masculine · singular · nominative · (proper) ▸ **1** (Ezra 10,43)
Μαθαν Mattan ▸ 1
  Μαθαν ▸ 1
    Noun · masculine · singular · genitive · (proper) ▸ **1** (Jer. 45,1)
Μαθαναι Mattenai ▸ 1
  Μαθαναι ▸ 1
    Noun · masculine · singular · nominative · (proper) ▸ **1** (Ezra 10,37)
Μαθανι Mattenai ▸ 1
  Μαθανι ▸ 1
    Noun · masculine · singular · nominative · (proper) ▸ **1** (Ezra 10,33)
Μαθανια Mattaniah ▸ 7
  Μαθανια ▸ 7
    Noun · masculine · singular · genitive · (proper) ▸ **2** (Neh. 12,35; Neh. 13,13)
    Noun · masculine · singular · nominative · (proper) ▸ **5** (Ezra 10,26; Ezra 10,27; Ezra 10,30; Ezra 10,37; Neh. 11,17)
μάθημα knowledge, teaching, lesson; study ▸ 1
  μαθήματα ▸ 1
    Noun · neuter · plural · accusative · (common) ▸ **1** (Jer. 13,21)
μαθητεύω (μανθάνω) to make a disciple of, teach ▸ 4
  ἐμαθητεύθη ▸ 1
    Verb · third · singular · aorist · passive · indicative ▸ **1** (Matt. 27,57)
  μαθητευθείς ▸ 1
    Verb · aorist · passive · participle · masculine · singular · nominative ▸ **1** (Matt. 13,52)
  μαθητεύσαντες ▸ 1
    Verb · aorist · active · participle · masculine · plural · nominative ▸ **1** (Acts 14,21)
  μαθητεύσατε ▸ 1
    Verb · second · plural · aorist · active · imperative ▸ **1** (Matt. 28,19)
μαθητής (μανθάνω) disciple, student ▸ 261
  μαθηταί ▸ 93
    Noun · masculine · plural · nominative ▸ **93** (Matt. 5,1; Matt. 8,23; Matt. 9,14; Matt. 9,19; Matt. 12,1; Matt. 13,10; Matt. 13,36; Matt. 14,12; Matt. 14,15; Matt. 14,19; Matt. 14,26; Matt. 15,12; Matt. 15,23; Matt. 15,36; Matt. 16,5; Matt. 17,6; Matt. 17,10; Matt. 17,13; Matt. 17,19; Matt. 18,1; Matt. 19,10; Matt. 19,13; Matt. 19,25; Matt. 21,6; Matt. 21,20; Matt. 24,1; Matt. 24,3; Matt. 26,8; Matt. 26,17; Matt. 26,19; Matt. 26,35; Matt. 26,56; Matt. 27,64; Matt. 28,13; Matt. 28,16; Mark 2,18; Mark 2,18; Mark 2,18; Mark 2,18; Mark 2,23; Mark 5,31; Mark 6,1; Mark 6,29; Mark 6,35; Mark 7,17; Mark 8,4; Mark 8,27; Mark 9,28; Mark 10,10; Mark 10,13; Mark 10,24; Mark 11,14; Mark 14,12; Mark 14,16; Luke 5,33; Luke 6,1; Luke 7,11; Luke 7,18; Luke 8,9; Luke 8,22; Luke 9,54; Luke 18,15; John 1,37; John 2,2; John 2,11; John 2,12; John 2,17; John 2,22; John 3,22; John 4,2; John 4,8; John 4,27; John 4,31; John 4,33; John 6,16; John 6,22; John 6,24; John 6,61; John 9,2; John 9,27; John 11,12; John 12,16; John 13,22; John 16,29; John 18,1; John 20,19; John 20,20; John 20,26; John 21,4; John 21,8; Acts 9,25; Acts 9,38; Acts 13,52)
  μαθηταί ▸ 16

μαθητής–Μαιηλ

Noun · masculine · plural · nominative ▸ **16** (Matt. 9,14; Matt. 12,2; Matt. 15,2; Matt. 15,33; Mark 7,5; Luke 9,18; Luke 22,39; John 7,3; John 8,31; John 9,28; John 11,8; John 13,35; John 15,8; John 20,10; John 20,25; Acts 19,30)

μαθηταῖς ▸ 41

Noun · masculine · plural · dative ▸ **41** (Matt. 9,10; Matt. 9,11; Matt. 9,37; Matt. 11,1; Matt. 14,19; Matt. 15,36; Matt. 16,20; Matt. 16,21; Matt. 16,24; Matt. 17,16; Matt. 19,23; Matt. 23,1; Matt. 26,1; Matt. 26,26; Matt. 26,36; Matt. 28,7; Matt. 28,8; Mark 2,15; Mark 2,16; Mark 3,9; Mark 4,34; Mark 6,41; Mark 8,6; Mark 8,34; Mark 9,18; Mark 10,23; Mark 14,32; Mark 16,7; Luke 9,16; Luke 19,39; Luke 20,45; John 6,12; John 6,22; John 11,7; John 18,1; John 20,18; John 21,1; John 21,14; Acts 9,26; Acts 14,28; Acts 18,27)

μαθητάς ▸ 3

Noun · masculine · plural · accusative ▸ **3** (Luke 16,1; Luke 17,22; Acts 18,23)

μαθητὰς ▸ 36

Noun · masculine · plural · accusative ▸ **36** (Matt. 10,1; Matt. 12,49; Matt. 14,22; Matt. 15,32; Matt. 16,13; Matt. 20,17; Matt. 21,1; Matt. 22,16; Matt. 26,40; Matt. 26,45; Mark 6,45; Mark 8,1; Mark 8,27; Mark 8,33; Mark 9,14; Mark 9,31; Mark 12,43; Luke 5,30; Luke 6,13; Luke 6,20; Luke 9,14; Luke 9,43; Luke 10,23; Luke 11,1; Luke 12,1; Luke 12,22; Luke 17,1; Luke 22,45; John 4,1; Acts 9,1; Acts 11,26; Acts 19,1; Acts 19,9; Acts 20,1; Acts 20,30; Acts 21,4)

μαθητῇ ▸ 3

Noun · masculine · singular · dative ▸ **3** (Matt. 10,25; John 19,27; Acts 21,16)

μαθητὴν ▸ 3

Noun · masculine · singular · accusative ▸ **3** (John 19,26; John 20,2; John 21,20)

μαθητής ▸ 6

Noun · masculine · singular · nominative ▸ **6** (Luke 14,26; Luke 14,27; Luke 14,33; John 18,15; Acts 9,26; Acts 16,1)

μαθητὴς ▸ 14

Noun · masculine · singular · nominative ▸ **14** (Matt. 10,24; Luke 6,40; John 9,28; John 18,15; John 18,16; John 19,27; John 19,38; John 20,3; John 20,4; John 20,8; John 21,7; John 21,23; John 21,24; Acts 9,10)

μαθητοῦ ▸ 1

Noun · masculine · singular · genitive ▸ **1** (Matt. 10,42)

μαθητῶν ▸ 45

Noun · masculine · plural · genitive ▸ **45** (Matt. 8,21; Matt. 11,2; Matt. 26,18; Mark 3,7; Mark 7,2; Mark 8,10; Mark 10,46; Mark 11,1; Mark 13,1; Mark 14,13; Mark 14,14; Luke 6,17; Luke 7,18; Luke 9,40; Luke 11,1; Luke 19,29; Luke 19,37; Luke 22,11; John 1,35; John 3,25; John 6,3; John 6,8; John 6,60; John 6,66; John 11,54; John 12,4; John 13,5; John 13,23; John 16,17; John 18,2; John 18,17; John 18,19; John 18,25; John 20,30; John 21,2; John 21,12; Acts 6,1; Acts 6,2; Acts 6,7; Acts 9,19; Acts 11,29; Acts 14,20; Acts 14,22; Acts 15,10; Acts 21,16)

μαθήτρια (μανθάνω) disciple, student (f) ▸ 1

μαθήτρια ▸ 1

Noun · feminine · singular · nominative ▸ **1** (Acts 9,36)

Μαθθαῖος Matthew ▸ 6

ΜΑΘΘΑΙΟΝ ▸ 1

Noun · masculine · singular · accusative · (proper) ▸ **1** (Matt. 1,0)

Μαθθαῖον ▸ 3

Noun · masculine · singular · accusative · (proper) ▸ **3** (Matt. 9,9; Mark 3,18; Luke 6,15)

Μαθθαῖος ▸ 2

Noun · masculine · singular · nominative · (proper) ▸ **2** (Matt. 10,3; Acts 1,13)

Μαθθαναι Mattenai ▸ 1

Μαθθαναι ▸ 1

Noun · masculine · singular · nominative · (proper) ▸ **1** (Neh. 12,19)

Μαθθανιας Mattaniah, Mattanias ▸ 2

Μαθθανιαν ▸ 1

Noun · masculine · singular · accusative · (proper) ▸ **1** (2Kings 24,17)

Μαθθανιας ▸ 1

Noun · masculine · singular · nominative · (proper) ▸ **1** (2Chr. 29,13)

Μαθθάτ Matthat ▸ 2

Μαθθὰτ ▸ 2

Noun · masculine · singular · genitive · (proper) ▸ **2** (Luke 3,24; Luke 3,29)

Μαθθίας Matthias ▸ 2

Μαθθίαν ▸ 2

Noun · masculine · singular · accusative · (proper) ▸ **2** (Acts 1,23; Acts 1,26)

Μαθουσαλα Methuselah ▸ 8

Μαθουσαλα ▸ 8

Noun · masculine · singular · accusative · (proper) ▸ **3** (Gen. 4,18; Gen. 5,21; Gen. 5,22)

Noun · masculine · singular · genitive · (proper) ▸ **1** (Gen. 5,27)

Noun · masculine · singular · nominative · (proper) ▸ **4** (Gen. 4,18; Gen. 5,25; Gen. 5,26; 1Chr. 1,3)

Μαθουσαλά Methuselah ▸ 1

Μαθουσαλὰ ▸ 1

Noun · masculine · singular · genitive · (proper) ▸ **1** (Luke 3,37)

μαῖα midwife ▸ 9

μαῖα ▸ 2

Noun · feminine · singular · nominative · (common) ▸ **2** (Gen. 35,17; Gen. 38,28)

μαῖαι ▸ 3

Noun · feminine · plural · nominative · (common) ▸ **3** (Ex. 1,17; Ex. 1,19; Ex. 1,21)

μαίαις ▸ 2

Noun · feminine · plural · dative · (common) ▸ **2** (Ex. 1,15; Ex. 1,20)

μαίας ▸ 2

Noun · feminine · plural · accusative · (common) ▸ **2** (Ex. 1,18; Ex. 1,19)

Μαιανι Mainani (Enam?) ▸ 1

Μαιανι ▸ 1

Noun · singular · nominative · (proper) ▸ **1** (Josh. 15,34)

Μαιαννας Maiannas ▸ 1

Μαιαννας ▸ 1

Noun · masculine · singular · nominative · (proper) ▸ **1** (1Esdr. 9,48)

Μαιδαβα Medeba ▸ 2

Μαιδαβα ▸ 2

Noun · singular · genitive · (proper) ▸ **1** (Josh. 13,9)

Noun · feminine · singular · genitive · (proper) ▸ **1** (1Chr. 19,7)

Μαιζοοβ Me-zahab ▸ 1

Μαιζοοβ ▸ 1

Noun · masculine · singular · genitive · (proper) ▸ **1** (Gen. 36,39)

Μαιηλ Mehujael ▸ 2

Μαιηλ ▸ 2

Noun · masculine · singular · accusative · (proper) ▸ **1** (Gen. 4,18)

Noun · masculine · singular · nominative · (proper) ▸ **1** (Gen. 4,18)

μαιμάσσω (μαιμάω) to rush out, be eager, be stirred ▸ 2
    ἐμαίμασσεν ▸ 1
        Verb · third · singular · imperfect · active · indicative ▸ **1** (Job 38,8)
    μαιμάσσει ▸ 1
        Verb · third · singular · present · active · indicative ▸ **1** (Jer. 4,19)

Μαιναμ Mainam (?) ▸ 1
    Μαιναμ ▸ 1
        Noun · singular · nominative · (proper) ▸ **1** (Josh. 15,24)

μαίνομαι to be insane; be furious ▸ 5 + 5 = 10
    μαίνεσθε ▸ 1
        Verb · second · plural · present · middle · indicative ▸ **1** (1Cor. 14,23)
    μαίνεται ▸ 1
        Verb · third · singular · present · middle · indicative ▸ **1** (John 10,20)
    μαίνῃ ▸ 2
        Verb · second · singular · present · middle · indicative ▸ **2** (Acts 12,15; Acts 26,24)
    μαίνομαι ▸ 1
        Verb · first · singular · present · middle · indicative ▸ **1** (Acts 26,25)
    μαινομένῳ ▸ 1
        Verb · present · passive · participle · masculine · singular · dative ▸ **1** (Jer. 36,26)
    μανῆναι ▸ 1
        Verb · aorist · passive · infinitive ▸ **1** (4Mac. 8,5)
    μανῇς ▸ 1
        Verb · second · singular · aorist · passive · subjunctive ▸ **1** (4Mac. 10,13)
    μανήσονται ▸ 1
        Verb · third · plural · future · passive · indicative ▸ **1** (Jer. 32,16)
    μεμήνασιν ▸ 1
        Verb · third · plural · perfect · active · indicative ▸ **1** (Wis. 14,28)

μαιόομαι (μαιεύομαι) to deliver ▸ 2
    μαιοῦσθε ▸ 1
        Verb · second · plural · present · middle · indicative ▸ **1** (Ex. 1,16)
    μαιωθήσονται ▸ 1
        Verb · third · plural · future · passive · indicative ▸ **1** (Job 26,5)

Μαισα Moza ▸ 2
    Μαισα ▸ 2
        Noun · masculine · singular · accusative · (proper) ▸ **1** (1Chr. 8,36)
        Noun · masculine · singular · nominative · (proper) ▸ **1** (1Chr. 8,37)

Μαισαλωθ Mesaloth ▸ 1
    Μαισαλωθ ▸ 1
        Noun · feminine · singular · accusative · (proper) ▸ **1** (1Mac. 9,2)

Μαιτεβεηλ Mehetabel ▸ 1
    Μαιτεβεηλ ▸ 1
        Noun · feminine · singular · nominative · (proper) ▸ **1** (Gen. 36,39)

Μακαλωθ Mikloth ▸ 2
    Μακαλωθ ▸ 2
        Noun · masculine · singular · nominative · (proper) ▸ **2** (1Chr. 8,31; 1Chr. 8,32)

Μακαλων Macalon ▸ 1
    Μακαλων ▸ 1
        Noun · masculine · singular · genitive · (proper) ▸ **1** (1Esdr. 5,21)

μακαρίζω (μακάριος) to bless, call happy ▸ 24 + 2 = 26
    ἐμακάριζεν ▸ 1
        Verb · third · singular · imperfect · active · indicative ▸ **1** (4Mac. 18,13)
    ἐμακάριζον ▸ 1
        Verb · third · plural · imperfect · active · indicative ▸ **1** (Wis. 18,1)
    ἐμακάρισα ▸ 1
        Verb · first · singular · aorist · active · indicative ▸ **1** (Sir. 25,7)
    ἐμακάρισαν ▸ 1
        Verb · third · plural · aorist · active · indicative ▸ **1** (Psa. 143,15)
    ἐμακάρισάν ▸ 1
        Verb · third · plural · aorist · active · indicative ▸ **1** (Job 29,10)
    ἐμακάρισεν ▸ 1
        Verb · third · singular · aorist · active · indicative ▸ **1** (Sir. 45,7)
    ἐμακάρισέν ▸ 1
        Verb · third · singular · aorist · active · indicative ▸ **1** (Job 29,11)
    μακαριεῖ ▸ 1
        Verb · third · singular · future · active · indicative ▸ **1** (Sir. 25,23)
    μακάριζε ▸ 1
        Verb · second · singular · present · active · imperative ▸ **1** (Sir. 11,28)
    μακαρίζει ▸ 1
        Verb · third · singular · present · active · indicative ▸ **1** (Wis. 2,16)
    μακαρίζομεν ▸ 1 + 1 = 2
        Verb · first · plural · present · active · indicative ▸ 1 + 1 = **2** (Mal. 3,15; James 5,11)
    μακαρίζοντες ▸ 2
        Verb · present · active · participle · masculine · plural · nominative ▸ **2** (Is. 3,12; Is. 9,15)
    μακαρίζουσίν ▸ 1
        Verb · third · plural · present · active · indicative ▸ **1** (Gen. 30,13)
    μακαρίζω ▸ 1
        Verb · first · singular · present · active · indicative ▸ **1** (Num. 24,17)
    μακαριοῦμεν ▸ 1
        Verb · first · plural · future · active · indicative ▸ **1** (Sir. 31,9)
    μακαριοῦσιν ▸ 4
        Verb · third · plural · future · active · indicative ▸ **4** (Psa. 71,17; Song 6,9; Sir. 37,24; Mal. 3,12)
    μακαριοῦσίν ▸ 1 + 1 = 2
        Verb · third · plural · future · active · indicative ▸ 1 + 1 = **2** (Ode. 9,48; Luke 1,48)
    μακαρίσαι ▸ 1
        Verb · third · singular · aorist · active · optative ▸ **1** (Psa. 40,3)
    μακαρίσαιμ' ▸ 1
        Verb · first · singular · aorist · active · optative ▸ **1** (4Mac. 1,10)
    μακαρισθήσομαι ▸ 1
        Verb · first · singular · future · passive · indicative ▸ **1** (4Mac. 16,9)

μακάριος blessed, happy ▸ 68 + 5 + 50 = 123
    Μακαρία ▸ 1
        Adjective · feminine · singular · nominative · noDegree ▸ **1** (Gen. 30,13)
    μακαρία ▸ 3 + 2 = 5
        Adjective · feminine · singular · nominative · noDegree ▸ 3 + 2 = **5** (Eccl. 10,17; Wis. 3,13; Sir. 34,15; Luke 1,45; Luke 11,27)

μακάριαι ‣ 1 + 1 = 2
    Adjective · feminine · plural · nominative · noDegree ‣ 1 + 1 = **2** (1Kings 10,8; Luke 23,29)
μακαρίαν ‣ 1
    Adjective · feminine · singular · accusative ‣ **1** (Titus 2,13)
Μακάριοι ‣ 5 + 3 = 8
    Adjective · masculine · plural · nominative · noDegree ‣ 5 + 3 = **8** (Psa. 31,1; Psa. 118,1; Psa. 127,1; Sol. 4,23; Sol. 18,6; Matt. 5,3; Luke 6,20; Rev. 22,14)
μακάριοι ‣ 13 + 3 + 19 = 35
    Adjective · masculine · plural · nominative · noDegree ‣ 13 + 3 + 19 = **35** (1Kings 10,8; 2Chr. 9,7; 2Chr. 9,7; Tob. 13,15; Tob. 13,16; Psa. 2,12; Psa. 83,5; Psa. 105,3; Psa. 118,2; Sir. 48,11; Sol. 17,44; Is. 30,18; Is. 32,20; Tob. 13,15; Tob. 13,15; Tob. 13,16; Matt. 5,4; Matt. 5,5; Matt. 5,6; Matt. 5,7; Matt. 5,8; Matt. 5,9; Matt. 5,10; Matt. 13,16; Luke 6,21; Luke 6,21; Luke 10,23; Luke 11,28; Luke 12,37; John 20,29; Rom. 4,7; 1Pet. 3,14; 1Pet. 4,14; Rev. 14,13; Rev. 19,9)
μακάριοί ‣ 1 + 4 = 5
    Adjective · masculine · plural · nominative · noDegree ‣ 1 + 4 = **5** (Bar. 4,4; Matt. 5,11; Luke 6,22; Luke 12,38; John 13,17)
μακάριον ‣ 3 + 1 = 4
    Adjective · masculine · singular · accusative · noDegree ‣ 2 + 1 = **3** (4Mac. 10,15; 4Mac. 17,18; Acts 26,2)
    Adjective · neuter · singular · nominative · noDegree ‣ **1** (Psa. 32,12)
μακάριόν ‣ 1 + 1 = 2
    Adjective · neuter · singular · nominative · noDegree ‣ 1 + 1 = **2** (4Mac. 7,22; Acts 20,35)
Μακάριος ‣ 8 + 2 = 10
    Adjective · masculine · singular · nominative · noDegree ‣ 8 + 2 = **10** (Psa. 1,1; Psa. 40,2; Psa. 111,1; Sir. 14,20; Sol. 5,16; Sol. 6,1; Sol. 10,1; Is. 31,9; James 1,12; Rev. 1,3)
μακάριος ‣ 30 + 2 + 12 = 44
    Adjective · masculine · singular · nominative · noDegree ‣ 30 + 2 + 12 = **44** (Deut. 33,29; 4Mac. 18,9; Psa. 31,2; Psa. 33,9; Psa. 39,5; Psa. 64,5; Psa. 83,6; Psa. 83,13; Psa. 88,16; Psa. 93,12; Psa. 126,5; Psa. 127,2; Psa. 136,8; Psa. 136,9; Psa. 143,15; Psa. 145,5; Prov. 3,13; Prov. 8,34; Prov. 28,14; Job 5,17; Sir. 14,1; Sir. 14,2; Sir. 25,8; Sir. 25,9; Sir. 26,1; Sir. 28,19; Sir. 31,8; Sir. 50,28; Is. 56,2; Dan. 12,12; Tob. 13,17; Dan. 12,12; Matt. 16,17; Matt. 24,46; Luke 12,43; Luke 14,14; Luke 14,15; Rom. 4,8; Rom. 14,22; 1Tim. 6,15; James 1,25; Rev. 16,15; Rev. 20,6; Rev. 22,7)
μακάριός ‣ 2
    Adjective · masculine · singular · nominative ‣ **2** (Matt. 11,6; Luke 7,23)
μακαρίου ‣ 1 + 1 = 2
    Adjective · neuter · singular · genitive · noDegree ‣ 1 + 1 = **2** (4Mac. 7,15; 1Tim. 1,11)
μακαρίους ‣ 1
    Adjective · masculine · plural · accusative · noDegree ‣ **1** (Prov. 20,7)
μακαριωτέρα ‣ 1
    Adjective · feminine · singular · nominative · comparative ‣ **1** (1Cor. 7,40)
μακαριότης (μακάριος) blessedness, happiness ‣ 1
    μακαριότητα ‣ 1
        Noun · feminine · singular · accusative · (common) ‣ **1** (4Mac. 4,12)
μακαρισμός (μακάριος) blessedness, happiness ‣ 3
    μακαρισμὸν ‣ 1
        Noun · masculine · singular · accusative ‣ **1** (Rom. 4,6)
    μακαρισμὸς ‣ 2
        Noun · masculine · singular · nominative ‣ **2** (Rom. 4,9; Gal. 4,15)
μακαριστός (μακάριος) blessed, enviable, happy ‣ 4
    μακαριστὸν ‣ 1
        Adjective · masculine · singular · accusative · noDegree ‣ **1** (2Mac. 7,24)
    μακαριστός ‣ 3
        Adjective · masculine · singular · nominative · noDegree ‣ **3** (Prov. 14,21; Prov. 16,20; Prov. 29,18)
μακαρίως (μακάριος) blessedly; happily ‣ 1
    μακαρίως ‣ 1
        Adverb ‣ **1** (4Mac. 12,1)
Μακεδ Maked ‣ 2
    Μακεδ ‣ 2
        Noun · singular · accusative · (proper) ‣ **1** (1Mac. 5,36)
        Noun · singular · dative · (proper) ‣ **1** (1Mac. 5,26)
Μακεδονία Macedonia ‣ 22
    Μακεδονία ‣ 1
        Noun · feminine · singular · nominative · (proper) ‣ **1** (Rom. 15,26)
    Μακεδονίᾳ ‣ 3
        Noun · feminine · singular · dative · (proper) ‣ **3** (1Th. 1,7; 1Th. 1,8; 1Th. 4,10)
    Μακεδονίαν ‣ 11
        Noun · feminine · singular · accusative · (proper) ‣ **11** (Acts 16,9; Acts 16,10; Acts 19,21; Acts 19,22; Acts 20,1; 1Cor. 16,5; 1Cor. 16,5; 2Cor. 1,16; 2Cor. 2,13; 2Cor. 7,5; 1Tim. 1,3)
    Μακεδονίας ‣ 7
        Noun · feminine · singular · genitive · (proper) ‣ **7** (Acts 16,12; Acts 18,5; Acts 20,3; 2Cor. 1,16; 2Cor. 8,1; 2Cor. 11,9; Phil. 4,15)
Μακεδών Macedonian ‣ 7 + 5 = 12
    Μακεδόνα ‣ 1
        Noun · masculine · singular · accusative · (proper) ‣ **1** (1Mac. 1,1)
    Μακεδόνας ‣ 1 + 1 = 2
        Noun · masculine · plural · accusative · (proper) ‣ 1 + 1 = **2** (Esth. 16,14 # 8,120; Acts 19,29)
    Μακεδόνες ‣ 1
        Noun · masculine · plural · nominative · (proper) ‣ **1** (2Cor. 9,4)
    Μακεδόνος ‣ 1
        Noun · masculine · singular · genitive · (proper) ‣ **1** (Acts 27,2)
    Μακεδόνων ‣ 1
        Noun · masculine · plural · genitive · (proper) ‣ **1** (2Mac. 8,20)
    Μακεδόσιν ‣ 1 + 1 = 2
        Noun · masculine · plural · dative · (proper) ‣ 1 + 1 = **2** (2Mac. 8,20; 2Cor. 9,2)
    Μακεδών ‣ 2 + 1 = 3
        Noun · masculine · singular · nominative · (proper) ‣ 2 + 1 = **3** (Esth. 16,10 # 8,12k; 1Mac. 6,2; Acts 16,9)
    Μακεδών ‣ 1
        Noun · masculine · singular · nominative · (proper) ‣ **1** (Esth. 9,24)
Μακελλαθ Kehelathah ‣ 2
    Μακελλαθ ‣ 2
        Noun · singular · accusative · (proper) ‣ **1** (Num. 33,22)
        Noun · singular · genitive · (proper) ‣ **1** (Num. 33,23)
μάκελλον meat market ‣ 1
    μακέλλῳ ‣ 1
        Noun · neuter · singular · dative ‣ **1** (1Cor. 10,25)
Μακελλωθ Mikloth ‣ 2
    Μακελλωθ ‣ 2

Μακενια Mikneiah ▸ 1
    Μακενια ▸ 1
        Noun · masculine · singular · nominative · (proper) ▸ **1** (1Chr. 15,18)

Μακενιας Mikneiah ▸ 1
    Μακενιας ▸ 1
        Noun · masculine · singular · nominative · (proper) ▸ **1** (1Chr. 15,21)

Μακηδα Makkedah ▸ 8 + 1 = 9
    Μακηδα ▸ 8 + 1 = 9
        Noun · singular · nominative · (proper) ▸ **1** (Josh. 15,41)
        Noun · feminine · singular · accusative · (proper) ▸ **2** (Josh. 10,21; Josh. 10,28)
        Noun · feminine · singular · dative · (proper) ▸ **2** (Josh. 10,16; Josh. 10,17)
        Noun · feminine · singular · genitive · (proper) ▸ **4** (Josh. 10,10; Josh. 10,28; Josh. 10,29; Josh. 12,16)

Μακηδαν Makkedah ▸ 1
    Μακηδαν ▸ 1
        Noun · singular · nominative · (proper) ▸ **1** (Josh. 15,41)

Μακηλωθ Makheloth ▸ 2
    Μακηλωθ ▸ 2
        Noun · singular · accusative · (proper) ▸ **1** (Num. 33,25)
        Noun · singular · genitive · (proper) ▸ **1** (Num. 33,26)

Μακκαβαῖος Maccabeus ▸ 31
    Μακκαβαῖον ▸ 10
        Noun · masculine · singular · accusative · (proper) ▸ **10** (2Mac. 2,19; 2Mac. 10,16; 2Mac. 10,25; 2Mac. 10,30; 2Mac. 10,33; 2Mac. 10,35; 2Mac. 11,6; 2Mac. 12,19; 2Mac. 13,24; 2Mac. 14,27)
    Μακκαβαῖος ▸ 19
        Noun · masculine · singular · genitive · (proper) ▸ **1** (2Mac. 8,5)
        Noun · masculine · singular · nominative · (proper) ▸ **18** (1Mac. 2,4; 1Mac. 2,66; 1Mac. 3,1; 1Mac. 5,24; 1Mac. 8,20; 2Mac. 5,27; 2Mac. 8,1; 2Mac. 8,16; 2Mac. 10,1; 2Mac. 10,19; 2Mac. 11,7; 2Mac. 11,15; 2Mac. 11,15; 2Mac. 12,20; 2Mac. 14,6; 2Mac. 14,30; 2Mac. 15,7; 2Mac. 15,21)
    Μακκαβαῖός ▸ 1
        Noun · masculine · singular · nominative · (proper) ▸ **1** (1Mac. 5,34)
    Μακκαβαίῳ ▸ 1
        Noun · masculine · singular · dative · (proper) ▸ **1** (2Mac. 10,21)

μακράν (μῆκος) far, far off, far away ▸ 72 + 4 + 10 = 86
    Μακράν ▸ 1
        Adverb ▸ **1** (Jer. 36,28)
    μακράν ▸ 17 + 3 + 1 = 21
        Adverb · (place) ▸ 16 + 2 + 1 = **19** (Gen. 44,4; Judg. 18,7; Judg. 18,28; 2Sam. 7,19; 2Sam. 15,17; Esth. 9,20; 1Mac. 8,12; Psa. 64,6; Prov. 2,16; Prov. 30,8; Job 30,10; Sir. 24,32; Sol. 15,7; Mic. 4,3; Is. 27,9; Sus. 51; Judg. 18,28; Sus. 51; Acts 2,39)
        Preposition · (+genitive) ▸ 1 + 1 = **2** (Sir. 15,8; Judg. 18,7)
    Μακράν ▸ 3
        Adverb ▸ **3** (Josh. 9,22; Ezek. 11,15; Ezek. 12,22)
    μακράν ▸ 51 + 1 + 9 = 61
        Adverb · (place) ▸ 51 + 1 + 9 = **61** (Ex. 8,24; Ex. 33,7; Num. 9,10; Deut. 13,8; Deut. 14,24; Deut. 14,24; Deut. 20,15; Deut. 30,11; Josh. 3,4; Josh. 3,16; Josh. 8,4; Judg. 18,9; 1Kings 8,46; 2Chr. 6,36; Ezra 6,6; Neh. 4,13; 1Mac. 8,4; Psa. 21,2; Psa. 118,155; Prov. 4,24; Prov. 5,8; Prov. 13,19; Prov. 15,29; Prov. 19,7; Prov. 22,15; Prov. 27,10; Eccl. 7,24; Job 36,3; Wis. 14,17; Sir. 9,13; Sir. 13,10; Sir. 16,22; Sir. 27,20; Sir. 30,23; Sol. 2,4; Sol. 4,1; Sol. 16,1; Sol. 16,10; Joel 4,8; Zech. 6,15; Zech. 10,9; Is. 5,26; Is. 46,12; Is. 57,9; Is. 57,19; Is. 59,11; Is. 59,14; Jer. 2,5; LetterJ 72; Ezek. 6,12; Ezek. 22,5; Dan. 9,7; Matt. 8,30; Mark 12,34; Luke 7,6; Luke 15,20; John 21,8; Acts 17,27; Acts 22,21; Eph. 2,13; Eph. 2,17)

μακρόβιος (μῆκος; βίος) long-lived ▸ 2
    μακρόβιοι ▸ 1
        Adjective · masculine · plural · nominative · noDegree ▸ **1** (Wis. 3,17)
    μακρόβιον ▸ 1
        Adjective · neuter · singular · accusative · noDegree ▸ **1** (Is. 53,10)

μακροβίωσις (μῆκος; βίος) long of life; longevity ▸ 1
    μακροβίωσις ▸ 1
        Noun · feminine · singular · nominative · (common) ▸ **1** (Bar. 3,14)

μακροημέρευσις (μῆκος; ἡμέρα) length of days ▸ 3
    μακροημέρευσιν ▸ 1
        Noun · feminine · singular · accusative · (common) ▸ **1** (Sir. 1,12)
    μακροημέρευσις ▸ 2
        Noun · feminine · singular · nominative · (common) ▸ **2** (Sir. 1,20; Sir. 30,22)

μακροημερεύω (μῆκος; ἡμέρα) to live long, lengthen one's days ▸ 6 + 1 = 7
    ἐμακροημέρευσαν ▸ 1 + 1 = 2
        Verb · third · plural · aorist · active · indicative ▸ 1 + 1 = **2** (Judg. 2,7; Judg. 2,7)
    μακροημερεύσει ▸ 1
        Verb · third · singular · future · active · indicative ▸ **1** (Sir. 3,6)
    μακροημερεύσετε ▸ 1
        Verb · second · plural · future · active · indicative ▸ **1** (Deut. 32,47)
    μακροημερεύσητε ▸ 3
        Verb · second · plural · aorist · active · subjunctive ▸ **3** (Deut. 5,33; Deut. 6,2; Deut. 11,9)

μακροήμερος (μῆκος; ἡμέρα) long-lived ▸ 1
    μακροήμεροι ▸ 1
        Adjective · masculine · plural · nominative · noDegree ▸ **1** (Deut. 4,40)

μακρόθεν (μῆκος; θεν) far off, from afar ▸ 37 + 1 + 14 = 52
    μακρόθεν ▸ 37 + 1 + 14 = 52
        Adverb · (place) ▸ 37 + 1 + 14 = **52** (Gen. 21,16; Gen. 22,4; Gen. 37,18; Ex. 2,4; Ex. 20,18; Ex. 20,21; Ex. 24,1; Deut. 28,49; Deut. 29,21; Josh. 9,6; Josh. 9,9; 1Sam. 26,13; 2Kings 2,7; 2Chr. 6,32; 1Esdr. 5,62; Ezra 3,13; Neh. 12,43; Judith 13,11; Tob. 13,13; Psa. 9,22; Psa. 37,12; Psa. 137,6; Psa. 138,2; Prov. 25,25; Prov. 31,14; Sir. 21,7; Sol. 11,3; Hab. 1,8; Is. 60,4; Is. 60,9; Jer. 4,16; Jer. 6,20; Jer. 8,19; Jer. 26,27; Jer. 28,50; Bar. 4,15; Ezek. 23,40; Tob. 13,13; Matt. 26,58; Matt. 27,55; Mark 5,6; Mark 8,3; Mark 11,13; Mark 14,54; Mark 15,40; Luke 16,23; Luke 18,13; Luke 22,54; Luke 23,49; Rev. 18,10; Rev. 18,15; Rev. 18,17)

μακροθυμέω (μῆκος; θυμός) to be patient ▸ 8 + 10 = 18
    ἐμακροθύμησεν ▸ 1
        Verb · third · singular · aorist · active · indicative ▸ **1** (Sir. 18,11)
    μακροθυμεῖ ▸ 1 + 3 = 4
        Verb · third · singular · present · active · indicative ▸ 1 + 3 = **4** (Prov. 19,11; Luke 18,7; 1Cor. 13,4; 2Pet. 3,9)
    μακροθυμεῖτε ▸ 1
        Verb · second · plural · present · active · imperative ▸ **1** (1Th. 5,14)

μακροθυμήσας ▸ 1
   Verb · aorist · active · participle · masculine · singular · nominative
      ▸ 1 (Heb. 6,15)
Μακροθυμήσατε ▸ 1
   Verb · second · plural · aorist · active · imperative ▸ 1 (James
      5,7)
μακροθυμήσατε ▸ 1 + 1 = 2
   Verb · second · plural · aorist · active · imperative ▸ 1 + 1 = 2
      (Bar. 4,25; James 5,8)
μακροθυμήση ▸ 1
   Verb · third · singular · aorist · active · subjunctive ▸ 1 (Sir.
      35,19)
μακροθύμησον ▸ 2 + 2 = 4
   Verb · second · singular · aorist · active · imperative ▸ 2 + 2 = 4
      (Sir. 2,4; Sir. 29,8; Matt. 18,26; Matt. 18,29)
μακροθυμήσω ▸ 1
   Verb · first · singular · aorist · active · subjunctive ▸ 1 (Job 7,16)
μακροθυμῶν ▸ 1 + 1 = 2
   Verb · present · active · participle · masculine · singular
      · nominative ▸ 1 + 1 = 2 (2Mac. 6,14; James 5,7)
μακροθυμία (μῆκος; θυμός) patience, endurance ▸ 5
   + 14 = 19
   μακροθυμία ▸ 2
      Noun · feminine · singular · nominative ▸ 2 (Gal. 5,22; 1Pet. 3,20)
   μακροθυμία ▸ 3 + 4 = 7
      Noun · feminine · singular · dative · (common) ▸ 3 + 4 = 7
         (1Mac. 8,4; Prov. 25,15; Sir. 5,11; Rom. 9,22; 2Cor. 6,6; 2Tim.
         3,10; 2Tim. 4,2)
   μακροθυμίαν ▸ 2 + 4 = 6
      Noun · feminine · singular · accusative · (common) ▸ 2 + 4 = 6
         (Is. 57,15; Jer. 15,15; Col. 1,11; Col. 3,12; 1Tim. 1,16; 2Pet. 3,15)
   μακροθυμίας ▸ 4
      Noun · feminine · singular · genitive ▸ 4 (Rom. 2,4; Eph. 4,2; Heb.
         6,12; James 5,10)
μακρόθυμος (μῆκος; θυμός) patient, long-suffering,
   enduring ▸ 20 + 1 = 21
   μακρόθυμος ▸ 20 + 1 = 21
      Adjective · masculine · singular · nominative · noDegree ▸ 20
         + 1 = 21 (Ex. 34,6; Num. 14,18; Neh. 9,17; Psa. 7,12; Psa. 85,15;
         Psa. 102,8; Psa. 144,8; Ode. 12,7; Prov. 14,29; Prov. 15,18; Prov.
         15,18a; Prov. 16,32; Prov. 17,27; Eccl. 7,8; Wis. 15,1; Sir. 1,23;
         Sir. 5,4; Joel 2,13; Jonah 4,2; Nah. 1,3; Dan. 4,27)
μακροθύμως (μακρος; θυμός) patiently ▸ 1
   μακροθύμως ▸ 1
      Adverb ▸ 1 (Acts 26,3)
μακρός (μῆκος) long, far ▸ 17 + 4 = 21
   μακρὰ ▸ 2
      Adverb ▸ 2 (Mark 12,40; Luke 20,47)
   μακρᾷ ▸ 1
      Adjective · feminine · singular · dative · noDegree ▸ 1 (Num.
         9,13)
   μακρὰν ▸ 1 + 2 = 3
      Adjective · feminine · singular · accusative · noDegree ▸ 1 + 2
         = 3 (Prov. 7,19; Luke 15,13; Luke 19,12)
   μακρᾶς ▸ 1
      Adjective · feminine · plural · accusative · noDegree ▸ 1 (Bar.
         4,35)
   μακρᾶς ▸ 1
      Adjective · feminine · singular · genitive · noDegree ▸ 1 (Wis.
         17,2)
   μακρὸν ▸ 3
      Adjective · masculine · singular · accusative · noDegree ▸ 2
         (Prov. 28,16; LetterJ 2)
      Adjective · neuter · singular · accusative · noDegree ▸ 1 (Sir.
         10,10)
   μακρὸς ▸ 1
      Adjective · masculine · singular · nominative · noDegree ▸ 1
         (Ezek. 17,3)
   μακρότερα ▸ 1
      Adjective · neuter · plural · accusative · comparative ▸ 1 (Job
         11,9)
   μακροτέρα ▸ 1
      Adjective · feminine · singular · nominative · noDegree ▸ 1
         (Deut. 19,6)
   μακρότερον ▸ 3
      Adverb ▸ 3 (Deut. 12,21; Wis. 12,24; Jer. 38,10)
   μακρούς ▸ 1
      Adjective · masculine · plural · accusative · noDegree ▸ 1 (Wis.
         4,13)
   μακροὺς ▸ 1
      Adjective · masculine · plural · accusative · noDegree ▸ 1 (Ezek.
         12,27)
   μακρῷ ▸ 1
      Adjective · neuter · singular · dative · noDegree ▸ 1 (Is. 5,18)
   μακρῶν ▸ 1
      Adjective · neuter · plural · genitive · noDegree ▸ 1 (1Chr. 17,17)
μακρότης (μῆκος) length, long time ▸ 8 + 1 = 9
   μακρότης ▸ 2 + 1 = 3
      Noun · feminine · singular · nominative · (common) ▸ 2 + 1 = 3
         (Deut. 30,20; 4Mac. 18,19; Dan. 7,12)
   μακρότητα ▸ 5
      Noun · feminine · singular · accusative · (common) ▸ 5 (Psa.
         20,5; Psa. 22,6; Psa. 90,16; Psa. 92,5; Lam. 5,20)
   μακρότητος ▸ 1
      Noun · feminine · singular · genitive · (common) ▸ 1 (Eccl. 8,12)
μακροτονέω (μῆκος; τείνω) to persevere, endure
   ▸ 1
   ἐμακροτόνησαν ▸ 1
      Verb · third · plural · aorist · active · indicative ▸ 1 (2Mac. 8,26)
μακροχρονίζω (μῆκος; χρόνος) to last long ▸ 3
   μακροχρονίσῃ ▸ 1
      Verb · third · singular · aorist · active · subjunctive ▸ 1 (Deut.
         17,20)
   μακροχρονίσωσιν ▸ 2
      Verb · third · plural · aorist · active · subjunctive ▸ 2 (Deut.
         32,27; Ode. 2,27)
μακροχρόνιος (μῆκος; χρόνος) long-lived ▸ 2 + 1 = 3
   μακροχρόνιος ▸ 2 + 1 = 3
      Adjective · masculine · singular · nominative · noDegree ▸ 2 + 1
         = 3 (Ex. 20,12; Deut. 5,16; Eph. 6,3)
μάκρυμμα (μῆκος) an abominable, destestable thing
   ▸ 2
   μακρύμμασιν ▸ 2
      Noun · neuter · plural · dative · (common) ▸ 1 (Ezra 9,11)
      Noun · neuter · singular · dative · (common) ▸ 1 (Ezra 9,1)
μακρύνω (μῆκος) to lengthen, delay, go far ▸ 26 + 1
   = 27
   ἐμάκρυνα ▸ 1
      Verb · first · singular · aorist · active · indicative ▸ 1 (Psa. 54,8)
   ἐμάκρυναν ▸ 1 + 1 = 2
      Verb · third · plural · aorist · active · indicative ▸ 1 + 1 = 2 (Psa.
         128,3; Judg. 18,22)
   ἐμάκρυνας ▸ 2
      Verb · second · singular · aorist · active · indicative ▸ 2 (Psa.

87,9; Psa. 87,19)
- ἐμάκρυνεν ▸ 1
  - **Verb** · third · singular · aorist · active · indicative ▸ **1** (Psa. 102,12)
- ἐμακρύνθη ▸ 3
  - **Verb** · third · singular · aorist · passive · indicative ▸ **3** (Psa. 119,5; Eccl. 7,24; Lam. 1,16)
- ἐμακρύνθησαν ▸ 1
  - **Verb** · third · plural · aorist · passive · indicative ▸ **1** (Psa. 118,150)
- Μακρύναι ▸ 1
  - **Verb** · third · singular · aorist · active · optative ▸ **1** (Sol. 12,4)
- μακρῦναι ▸ 1
  - **Verb** · aorist · active · infinitive ▸ **1** (Jer. 34,10)
- μακρυνεῖ ▸ 2
  - **Verb** · third · singular · future · active · indicative ▸ **2** (Eccl. 8,13; Is. 6,12)
- μακρυνεῖς ▸ 1
  - **Verb** · second · singular · future · active · indicative ▸ **1** (Judith 2,13)
- μακρύνῃς ▸ 3
  - **Verb** · second · singular · present · active · subjunctive ▸ **3** (Psa. 21,20; Psa. 39,12; Psa. 70,12)
- μακρυνθείη ▸ 1
  - **Verb** · third · singular · aorist · passive · optative ▸ **1** (1Mac. 8,23)
- μακρυνθῆναι ▸ 1
  - **Verb** · aorist · passive · infinitive ▸ **1** (Eccl. 3,5)
- μακρυνθήσεται ▸ 1
  - **Verb** · third · singular · future · passive · indicative ▸ **1** (Psa. 108,17)
- μακρυνθήσονται ▸ 1
  - **Verb** · third · plural · future · passive · indicative ▸ **1** (Is. 49,19)
- μάκρυνον ▸ 2
  - **Verb** · second · singular · aorist · active · imperative ▸ **2** (Sol. 16,11; Is. 54,2)
- μακρύνοντες ▸ 1
  - **Verb** · present · active · participle · masculine · plural · nominative ▸ **1** (Psa. 72,27)
- μεμακρυγκότων ▸ 1
  - **Verb** · perfect · active · participle · masculine · plural · genitive ▸ **1** (Judg. 18,22)
- μεμακρυμμένου ▸ 1
  - **Verb** · perfect · passive · participle · masculine · singular · genitive ▸ **1** (Psa. 55,1)

Μάκρων Macron ▸ 1
- Μάκρων ▸ 1
  - **Noun** · masculine · singular · nominative · (proper) ▸ **1** (2Mac. 10,12)

Μακχι Maki ▸ 1
- Μακχι ▸ 1
  - **Noun** · masculine · singular · genitive · (proper) ▸ **1** (Num. 13,15)

Μαλ Mahol ▸ 1
- Μαλ ▸ 1
  - **Noun** · masculine · singular · genitive · (proper) ▸ **1** (1Kings 5,11)

Μαλα (μᾶλλον) Mala ▸ 2
- Μαλα ▸ 2
  - **Noun** · feminine · singular · nominative · (proper) ▸ **2** (Num. 26,37; Num. 27,1)

μάλα (μᾶλλον) exceedingly; rather ▸ 9 + 2 = 11
- μάλα ▸ 9 + 2 = 11
  - **Adverb** ▸ 9 + 2 = **11** (2Sam. 14,5; 1Kings 1,43; 2Kings 4,14; 2Mac. 8,30; 2Mac. 10,18; 2Mac. 10,32; 2Mac. 12,18; 4Mac. 13,13; Dan. 10,21; Tob. 7,10; Tob. 10,6)

μάλαγμα (μαλάσσω) medicine plaster ▸ 3
- μάλαγμα ▸ 3
  - **Noun** · neuter · singular · accusative · (common) ▸ **2** (Is. 1,6; Ezek. 30,21)
  - **Noun** · neuter · singular · nominative · (common) ▸ **1** (Wis. 16,12)

μαλακία (μαλακός) sickness, disease, weakness ▸ 15 + 3 = 18
- μαλακία ▸ 2
  - **Noun** · feminine · singular · nominative · (common) ▸ **2** (Gen. 42,4; Gen. 44,29)
- μαλακίᾳ ▸ 5
  - **Noun** · feminine · singular · dative · (common) ▸ **5** (2Chr. 16,12; 2Chr. 21,15; 2Chr. 21,18; 2Chr. 21,19; Job 33,19)
- μαλακίαις ▸ 1
  - **Noun** · feminine · plural · dative · (common) ▸ **1** (2Chr. 24,25)
- μαλακίαν ▸ 5 + 3 = 8
  - **Noun** · feminine · singular · accusative · (common) ▸ 5 + 3 = **8** (Ex. 23,25; Deut. 7,15; Deut. 28,61; 2Chr. 6,29; Is. 53,3; Matt. 4,23; Matt. 9,35; Matt. 10,1)
- μαλακίας ▸ 2
  - **Noun** · feminine · singular · genitive · (common) ▸ **2** (2Chr. 21,15; Is. 38,9)

μαλακίζομαι (μαλακός) to be sick, weak ▸ 9 + 1 = 10
- ἐμαλακίσθη ▸ 5
  - **Verb** · third · singular · aorist · passive · indicative ▸ **5** (2Chr. 16,12; 2Chr. 16,12; Is. 38,1; Is. 38,9; Is. 39,1)
- ἐμαλακίσθην ▸ 1
  - **Verb** · first · singular · aorist · passive · indicative ▸ **1** (Dan. 8,27)
- μαλακισθείς ▸ 1
  - **Verb** · aorist · passive · participle · masculine · singular · nominative ▸ **1** (Job 24,23)
- μαλακισθῆναι ▸ 1
  - **Verb** · aorist · passive · infinitive ▸ **1** (Gen. 42,38)
- μαλακίσθητι ▸ 1
  - **Verb** · second · singular · aorist · passive · imperative ▸ **1** (2Sam. 13,5)
- μεμαλάκισται ▸ 1
  - **Verb** · third · singular · perfect · passive · indicative ▸ **1** (Is. 53,5)

μαλακός soft, fancy; homosexual ▸ 2 + 4 = 6
- μαλακά ▸ 1
  - **Adjective** · neuter · plural · accusative ▸ **1** (Matt. 11,8)
- μαλακή ▸ 1
  - **Adjective** · feminine · singular · nominative · noDegree ▸ **1** (Prov. 25,15)
- μαλακοί ▸ 1
  - **Adjective** · masculine · plural · nominative · noDegree ▸ **1** (Prov. 26,22)
- μαλακοί ▸ 1
  - **Adjective** · masculine · plural · nominative ▸ **1** (1Cor. 6,9)
- μαλακοῖς ▸ 2
  - **Adjective** · neuter · plural · dative ▸ **2** (Matt. 11,8; Luke 7,25)

μαλακοψυχέω (μαλακός; ψύχω) to be cowardly ▸ 1
- μαλακοψυχήσαντας ▸ 1
  - **Verb** · aorist · active · participle · masculine · plural · accusative ▸ **1** (4Mac. 6,17)

μαλακύνω (μαλακός) to soften ▸ 1
- ἐμαλάκυνεν ▸ 1
  - **Verb** · third · singular · imperfect · active · indicative ▸ **1** (Job

μαλακύνω–Μαμφιν

23,16)

μαλακῶς (μαλακός) softly; weakly ▸ 1
  μαλακῶς ▸ 1
    Adverb ▸ 1 (Job 40,27)

Μαλαχ Melech ▸ 1
  Μαλαχ ▸ 1
    Noun · masculine · singular · nominative · (proper) ▸ 1 (1Chr. 9,41)

Μαλελεηλ Maleleel ▸ 6
  Μαλελεηλ ▸ 6
    Noun · masculine · singular · accusative · (proper) ▸ 2 (Gen. 5,12; Gen. 5,13)
    Noun · masculine · singular · genitive · (proper) ▸ 1 (Gen. 5,17)
    Noun · masculine · singular · nominative · (proper) ▸ 3 (Gen. 5,15; Gen. 5,16; 1Chr. 1,2)

Μαλελεὴλ Maleleel ▸ 1
  Μαλελεὴλ ▸ 1
    Noun · masculine · singular · genitive · (proper) ▸ 1 (Luke 3,37)

Μαλεληλ Mahalalel ▸ 1
  Μαλεληλ ▸ 1
    Noun · masculine · singular · genitive · (proper) ▸ 1 (Neh. 11,4)

Μαλεχεθ Hammoleketh ▸ 1
  Μαλεχεθ ▸ 1
    Noun · feminine · singular · nominative · (proper) ▸ 1 (1Chr. 7,18)

Μαλησεαρ Marsena (?) ▸ 1
  Μαλησεαρ ▸ 1
    Noun · masculine · singular · nominative · (proper) ▸ 1 (Esth. 1,14)

μάλιστα (μᾶλλον) especially, exceedingly ▸ 6 + 12 = 18
  μάλιστα ▸ 6 + 12 = 18
    Adverb · (superlative) ▸ 6 + 12 = **18** (2Mac. 8,7; 3Mac. 5,3; 4Mac. 3,10; 4Mac. 4,22; 4Mac. 12,9; 4Mac. 15,4; Acts 20,38; Acts 25,26; Acts 26,3; Gal. 6,10; Phil. 4,22; 1Tim. 4,10; 1Tim. 5,8; 1Tim. 5,17; 2Tim. 4,13; Titus 1,10; Philem. 16; 2Pet. 2,10)

Μαλληθι Mallothi ▸ 1
  Μαλληθι ▸ 1
    Noun · masculine · singular · nominative · (proper) ▸ 1 (1Chr. 25,4)

μᾶλλον more, rather ▸ 46 + 6 + 81 = 133
  μᾶλλον ▸ 43 + 6 + 81 = 130
    Adverb · (comparative) ▸ 43 + 6 + 81 = **130** (Gen. 19,9; Gen. 29,30; Num. 13,31; Num. 14,12; Deut. 9,1; Deut. 9,14; Deut. 11,23; 1Esdr. 4,19; 1Esdr. 4,25; Tob. 14,4; 2Mac. 6,19; 2Mac. 6,23; 3Mac. 1,4; 3Mac. 1,8; 3Mac. 6,31; 3Mac. 7,5; 4Mac. 13,24; 4Mac. 15,3; 4Mac. 16,13; 4Mac. 16,24; Psa. 83,11; Prov. 5,4; Prov. 15,18a; Prov. 16,7; Prov. 18,2; Prov. 21,3; Prov. 26,12; Prov. 28,23; Prov. 29,20; Job 20,2; Job 30,26; Wis. 8,20; Sir. 1,14 Prol.; Sir. 4,10; Sir. 11,11; Sir. 20,18; Sir. 28,21; Sir. 29,11; Jonah 1,11; Jonah 1,13; Is. 13,12; Is. 13,12; Is. 54,1; Tob. 2,10; Tob. 3,6; Tob. 3,6; Tob. 12,8; Tob. 12,8; Tob. 14,4; Matt. 6,26; Matt. 6,30; Matt. 7,11; Matt. 10,6; Matt. 10,25; Matt. 10,28; Matt. 18,13; Matt. 25,9; Matt. 27,24; Mark 5,26; Mark 7,36; Mark 9,42; Mark 10,48; Mark 15,11; Luke 5,15; Luke 11,13; Luke 12,24; Luke 12,28; Luke 18,39; John 3,19; John 5,18; John 12,43; John 19,8; Acts 4,19; Acts 5,14; Acts 5,29; Acts 9,22; Acts 20,35; Acts 22,2; Acts 27,11; Rom. 5,9; Rom. 5,10; Rom. 5,15; Rom. 5,17; Rom. 8,34; Rom. 11,12; Rom. 11,24; Rom. 14,13; 1Cor. 5,2; 1Cor. 6,7; 1Cor. 6,7; 1Cor. 7,21; 1Cor. 9,12; 1Cor. 9,15; 1Cor. 12,22; 1Cor. 14,1; 1Cor. 14,5; 1Cor. 14,18; 2Cor. 2,7; 2Cor. 3,8; 2Cor. 3,9; 2Cor. 3,11; 2Cor. 5,8; 2Cor. 7,7; 2Cor. 7,13; 2Cor. 12,9; Gal. 4,9; Gal. 4,27; Eph. 4,28; Eph. 5,4; Eph. 5,11; Phil. 1,9; Phil. 1,9; Phil. 1,12; Phil. 1,23; Phil. 2,12; Phil. 3,4; 1Th. 4,1; 1Th. 4,10; 1Tim. 1,4; 1Tim. 6,2; 2Tim. 3,4; Philem. 9; Philem. 16; Heb. 9,14; Heb. 10,25; Heb. 11,25; Heb. 12,9; Heb. 12,13; Heb. 12,25; 2Pet. 1,10)

  μᾶλλόν ▸ 3
    Adverb ▸ 3 (4Mac. 15,5; Wis. 8,6; Sir. 13,9)

Μαλλω Millo ▸ 1
  Μαλλω ▸ 1
    Noun · masculine · singular · genitive · (proper) ▸ 1 (2Kings 12,21)

Μαλλῶται Mallus ▸ 1
  Μαλλώτας ▸ 1
    Noun · masculine · plural · accusative · (proper) ▸ 1 (2Mac. 4,30)

Μαλουχ Malluch ▸ 6
  Μαλουχ ▸ 6
    Noun · masculine · singular · dative · (proper) ▸ 1 (Neh. 12,14)
    Noun · masculine · singular · nominative · (proper) ▸ 5 (Ezra 10,29; Ezra 10,32; Neh. 10,5; Neh. 10,28; Neh. 12,2)

Μαλτανναιος Mattenai ▸ 1
  Μαλταννaιος ▸ 1
    Noun · masculine · singular · nominative · (proper) ▸ 1 (1Esdr. 9,33)

Μαλχια Malkijah ▸ 1
  Μαλχια ▸ 1
    Noun · masculine · singular · genitive · (proper) ▸ 1 (1Chr. 9,12)

Μάλχος Malchus ▸ 1
  Μάλχος ▸ 1
    Noun · masculine · singular · nominative · (proper) ▸ 1 (John 18,10)

Μαλωχ Malluch ▸ 1
  Μαλωχ ▸ 1
    Noun · masculine · singular · genitive · (proper) ▸ 1 (1Chr. 6,29)

Μαμβρη Mamre ▸ 10
  Μαμβρη ▸ 10
    Noun · feminine · singular · accusative · (proper) ▸ 1 (Gen. 35,27)
    Noun · feminine · singular · genitive · (proper) ▸ 8 (Gen. 13,18; Gen. 14,13; Gen. 18,1; Gen. 23,17; Gen. 23,19; Gen. 25,9; Gen. 49,30; Gen. 50,13)
    Noun · feminine · singular · nominative · (proper) ▸ 1 (Gen. 14,24)

Μαμδαι Mamdai ▸ 1
  Μαμδαι ▸ 1
    Noun · masculine · singular · nominative · (proper) ▸ 1 (1Esdr. 9,34)

μάμμη grandmother ▸ 1 + 1 = 2
  μάμμη ▸ 1
    Noun · feminine · singular · nominative · (common) ▸ 1 (4Mac. 16,9)
  μάμμῃ ▸ 1
    Noun · feminine · singular · dative ▸ 1 (2Tim. 1,5)

Μαμνιτaναιμος Mamitanemus ▸ 1
  Μαμνιτaναιμος ▸ 1
    Noun · masculine · singular · nominative · (proper) ▸ 1 (1Esdr. 9,34)

Μαμουχος Mamuchus ▸ 1
  Μαμουχος ▸ 1
    Noun · masculine · singular · nominative · (proper) ▸ 1 (1Esdr. 9,30)

Μαμφιν Muppim; Shuppite ▸ 2
  Μαμφιν ▸ 2

Noun · masculine · singular · dative · (proper) ▸ **1** (1Chr. 7,15)
Noun · masculine · singular · nominative · (proper) ▸ **1** (Gen. 46,21)

μαμωνᾶς mammon (Aram. money, wealth) ▸ 4
μαμωνᾶ ▸ 1
Noun · masculine · singular · genitive ▸ **1** (Luke 16,9)
μαμωνᾷ ▸ 3
Noun · masculine · singular · dative ▸ **3** (Matt. 6,24; Luke 16,11; Luke 16,13)

Μαν (Hebr.) manna ▸ 1
Μαν ▸ 1
Noun · neuter · singular · accusative · (proper) ▸ **1** (Ex. 16,31)

μαν (Hebr.) manna ▸ 4
μαν ▸ 4
Noun · neuter · singular · accusative · (common) ▸ **2** (Ex. 16,35; Ex. 16,35)
Noun · neuter · singular · genitive · (common) ▸ **2** (Ex. 16,32; Ex. 16,33)

μαναα (Hebr.) gift, offering ▸ 17 + 1 = 18
μαναα ▸ 17 + 1 = 18
Noun ▸ 17 + 1 = 18 (2Kings 8,8; 2Kings 8,9; 2Kings 17,3; 2Kings 17,4; 2Kings 20,12; 2Chr. 7,7; Neh. 13,9; Jer. 17,26; Jer. 48,5; Ezek. 45,25; Ezek. 46,5; Ezek. 46,7; Ezek. 46,11; Ezek. 46,14; Ezek. 46,14; Ezek. 46,15; Ezek. 46,20; Dan. 2,46)

μαναav (Hebr.) gift, offering ▸ 1
μαναav ▸ 1
Noun · feminine · singular · accusative · (common) ▸ **1** (Neh. 13,5)

Μαναεμ Mahanaim ▸ 2
Μαναεμ ▸ 2
Noun · singular · genitive · (proper) ▸ **1** (2Sam. 2,12)
Noun · masculine · singular · accusative · (proper) ▸ **1** (2Sam. 2,8)

Μαναημ Menahem ▸ 8
Μαναημ ▸ 8
Noun · masculine · singular · genitive · (proper) ▸ **2** (2Kings 15,21; 2Kings 15,23)
Noun · masculine · singular · nominative · (proper) ▸ **6** (2Kings 15,14; 2Kings 15,16; 2Kings 15,17; 2Kings 15,19; 2Kings 15,20; 2Kings 15,22)

Μαναήν Manaen ▸ 1
Μαναήν ▸ 1
Noun · masculine · singular · nominative · (proper) ▸ **1** (Acts 13,1)

Μαναθι Manahathite; Meonothai ▸ 2
Μαναθι ▸ 2
Noun · feminine · singular · genitive · (proper) ▸ **1** (1Chr. 2,54)
Noun · masculine · singular · nominative · (proper) ▸ **1** (1Chr. 4,14)

Μαναϊμ Mahanaim ▸ 3
Μαναϊμ ▸ 3
Noun · dative · (proper) ▸ **1** (2Sam. 19,33)
Noun · plural · accusative · (proper) ▸ **2** (2Sam. 17,24; 2Sam. 17,27)

Μανασση Manasseh ▸ 131 + 7 = 138
Μανασση ▸ 130 + 7 = 137
Noun · masculine · singular · accusative · (proper) ▸ **9 + 2 = 11** (Gen. 41,51; Gen. 46,20; Gen. 48,1; Gen. 48,13; Judg. 11,29; 2Chr. 30,1; 2Chr. 33,10; 2Chr. 33,11; Jer. 15,4; Judg. 6,35; Judg. 11,29)
Noun · masculine · singular · dative · (proper) ▸ **4 + 1 = 5** (Deut. 4,43; Josh. 17,8; Judg. 6,15; Judg. 6,35; Judg. 6,15)

Noun · masculine · singular · genitive · (proper) ▸ **107 + 3 = 110** (Gen. 46,20; Gen. 46,20; Gen. 48,14; Gen. 48,17; Gen. 48,20; Gen. 50,23; Num. 1,10; Num. 1,32; Num. 1,33; Num. 2,20; Num. 2,20; Num. 7,54; Num. 10,23; Num. 13,11; Num. 26,33; Num. 26,38; Num. 27,1; Num. 32,33; Num. 32,39; Num. 32,40; Num. 32,41; Num. 34,13; Num. 34,14; Num. 34,23; Num. 36,1; Num. 36,12; Deut. 3,13; Deut. 3,14; Deut. 29,7; Deut. 33,17; Deut. 34,2; Josh. 1,12; Josh. 4,12; Josh. 12,6; Josh. 13,7; Josh. 13,8; Josh. 13,29; Josh. 13,31; Josh. 13,31; Josh. 14,4; Josh. 16,9; Josh. 17,1; Josh. 17,1; Josh. 17,2; Josh. 17,6; Josh. 17,6; Josh. 17,7; Josh. 17,8; Josh. 17,9; Josh. 17,9; Josh. 17,10; Josh. 17,12; Josh. 18,7; Josh. 20,8; Josh. 21,5; Josh. 21,6; Josh. 21,25; Josh. 21,27; Josh. 22,1; Josh. 22,7; Josh. 22,9; Josh. 22,10; Josh. 22,11; Josh. 22,13; Josh. 22,15; Josh. 22,21; Josh. 22,30; Josh. 22,31; Josh. 22,32; Josh. 22,33; Josh. 22,34; Judg. 7,23; Judg. 12,4; 2Kings 10,33; 1Chr. 5,18; 1Chr. 5,23; 1Chr. 5,26; 1Chr. 6,46; 1Chr. 6,47; 1Chr. 6,55; 1Chr. 6,56; 1Chr. 7,14; 1Chr. 7,17; 1Chr. 7,29; 1Chr. 9,3; 1Chr. 12,20; 1Chr. 12,21; 1Chr. 12,21; 1Chr. 12,32; 1Chr. 12,38; 1Chr. 26,32; 1Chr. 27,20; 1Chr. 27,21; 2Chr. 15,9; 2Chr. 30,10; 2Chr. 30,11; 2Chr. 30,18; 2Chr. 31,1; 2Chr. 33,18; 2Chr. 34,6; 2Chr. 34,9; 2Chr. 36,5c; Psa. 79,3; Ode. 12,0; Is. 9,20; Ezek. 48,4; Ezek. 48,5; Judg. 7,23; Judg. 12,4; Judg. 18,30)
Noun · masculine · singular · nominative · (proper) ▸ **10 + 1 = 11** (Gen. 48,5; Gen. 48,20; Num. 26,32; Josh. 16,4; Josh. 17,11; Ezra 10,30; Ezra 10,33; Psa. 59,9; Psa. 107,9; Is. 9,20; Judg. 1,27)
Μανασσης ▸ 1
Noun · masculine · singular · nominative · (proper) ▸ **1** (1Chr. 3,13)

Μανασσηας Manasseas ▸ 1
Μανασσηας ▸ 1
Noun · masculine · singular · nominative · (proper) ▸ **1** (1Esdr. 9,31)

Μανασσής Manasseh ▸ 17
Μανασση ▸ 3
Noun · masculine · singular · genitive · (proper) ▸ **3** (Judith 10,3; Judith 16,23; Judith 16,24)
Μανασσης ▸ 14
Noun · masculine · singular · nominative · (proper) ▸ **14** (2Chr. 32,33; 2Chr. 33,1; 2Chr. 33,9; 2Chr. 33,13; 2Chr. 33,20; 2Chr. 33,22; 2Chr. 33,22; 2Chr. 33,23; 2Chr. 35,19c; 1Esdr. 9,33; Judith 8,2; Judith 8,7; Judith 16,22; Tob. 14,10)

Μανασσῆς Manasseh ▸ 12 + 3 = 15
Μανασση ▸ 2
Noun · masculine · singular · genitive · (proper) ▸ **2** (2Kings 21,17; 2Kings 24,3)
Μανασσης ▸ 10
Noun · masculine · singular · nominative · (proper) ▸ **10** (Judg. 1,27; 2Kings 20,21; 2Kings 21,1; 2Kings 21,9; 2Kings 21,11; 2Kings 21,16; 2Kings 21,18; 2Kings 21,20; 2Kings 23,12; 2Kings 23,26)
Μανασσῆ ▸ 2
Noun · masculine · singular · accusative · (proper) ▸ **1** (Matt. 1,10)
Noun · masculine · singular · genitive · (proper) ▸ **1** (Rev. 7,6)
Μανασσῆς ▸ 1
Noun · masculine · singular · nominative · (proper) ▸ **1** (Matt. 1,10)

Μαναχαθ Manahath ▸ 2
Μαναχαθ ▸ 2
Noun · masculine · singular · nominative · (proper) ▸ **2** (Gen. 36,23; 1Chr. 1,40)

Μαναχαθι Manahath ▸ 1
   Μαναχαθι ▸ 1
      Noun · singular · accusative · (proper) ▸ **1** (1Chr. 8,6)

μάνδρα cave, fold, den, stable ▸ 14
   μάνδρα ▸ 1
      Noun · feminine · singular · nominative · (common) ▸ **1** (Zeph. 2,6)
   μάνδρᾳ ▸ 1
      Noun · feminine · singular · dative · (common) ▸ **1** (Psa. 9,30)
   μάνδραι ▸ 2
      Noun · feminine · plural · nominative · (common) ▸ **2** (Judith 3,3; Ezek. 34,14)
   μάνδραις ▸ 2
      Noun · feminine · plural · dative · (common) ▸ **2** (1Sam. 13,6; Psa. 103,22)
   μάνδρας ▸ 7
      Noun · feminine · plural · accusative · (common) ▸ **3** (Judg. 6,2; 2Chr. 32,28; Judith 2,26)
      Noun · feminine · singular · genitive · (common) ▸ **4** (2Sam. 7,8; 1Chr. 17,7; Amos 3,4; Jer. 4,7)
   μανδρῶν ▸ 1
      Noun · feminine · plural · genitive · (common) ▸ **1** (Song 4,8)

μανδραγόρας mandrake plant ▸ 6
   μανδραγόραι ▸ 1
      Noun · masculine · plural · nominative · (common) ▸ **1** (Song 7,14)
   μανδραγόρας ▸ 1
      Noun · masculine · plural · accusative · (common) ▸ **1** (Gen. 30,15)
   μανδραγόρου ▸ 1
      Noun · masculine · singular · genitive · (common) ▸ **1** (Gen. 30,14)
   μανδραγορῶν ▸ 3
      Noun · masculine · plural · genitive · (common) ▸ **3** (Gen. 30,14; Gen. 30,15; Gen. 30,16)

μανδύας wool cloak ▸ 6 + **1** = 7
   μανδύαν ▸ 3 + **1** = 4
      Noun · masculine · singular · accusative · (common) ▸ 3 + **1** = 4 (Judg. 3,16; 1Sam. 17,38; 2Sam. 20,8; Judg. 3,16)
   μανδύας ▸ 1
      Noun · masculine · plural · accusative · (common) ▸ **1** (2Sam. 10,4)
   μανδύου ▸ 1
      Noun · masculine · singular · genitive · (common) ▸ **1** (1Sam. 17,39)
   μανδυῶν ▸ 1
      Noun · masculine · plural · genitive · (common) ▸ **1** (1Chr. 19,4)

μανη mene: numbered ▸ 2 + **2** = 4
   Μανη ▸ 1 + **1** = 2
      Noun ▸ 1 + **1** = 2 (Dan. 5,0; Dan. 5,25)
   μανη ▸ 1 + **1** = 2
      Noun ▸ 1 + **1** = 2 (Dan. 5,0; Dan. 5,26)

Μανης Maaseiah ▸ 1
   Μανης ▸ 1
      Noun · masculine · singular · nominative · (proper) ▸ **1** (1Esdr. 9,21)

Μανθαναιν Mattanah ▸ 2
   Μανθαναιν ▸ 2
      Noun · accusative · (proper) ▸ **1** (Num. 21,18)
      Noun · genitive · (proper) ▸ **1** (Num. 21,19)

Μανθανιας Mattaniah ▸ 4
   Μανθανιας ▸ 3
      Noun · masculine · singular · nominative · (proper) ▸ **3** (1Chr. 9,15; 1Chr. 25,4; 1Chr. 25,16)
   Μανθανιου ▸ 1
      Noun · masculine · singular · genitive · (proper) ▸ **1** (2Chr. 20,14)

μανθάνω to learn ▸ 56 + **25** = 81
   ἔμαθεν ▸ 3 + **1** = 4
      Verb · third · singular · aorist · active · indicative ▸ 3 + **1** = 4 (Esth. 12,2 # 1,1n; Ezek. 19,3; Ezek. 19,6; Heb. 5,8)
   ἔμαθες ▸ 2
      Verb · second · singular · aorist · active · indicative ▸ **2** (2Tim. 3,14; 2Tim. 3,14)
   ἐμάθετε ▸ 4
      Verb · second · plural · aorist · active · indicative ▸ **4** (Rom. 16,17; Eph. 4,20; Phil. 4,9; Col. 1,7)
   ἔμαθον ▸ 3 + **1** = 4
      Verb · first · singular · aorist · active · indicative ▸ 1 + **1** = 2 (Wis. 7,13; Phil. 4,11)
      Verb · third · plural · aorist · active · indicative ▸ **2** (Psa. 105,35; Sir. 8,9)
   ἐμάνθανες ▸ 1
      Verb · second · singular · imperfect · active · indicative ▸ **1** (Is. 47,12)
   μάθε ▸ 5
      Verb · second · singular · aorist · active · imperative ▸ **5** (1Mac. 10,72; Prov. 6,8a; Job 34,36; Sir. 16,24; Bar. 3,14)
   μαθεῖν ▸ 4 + **3** = 7
      Verb · aorist · active · infinitive ▸ 4 + **3** = 7 (Ex. 2,4; Esth. 4,5; Prov. 17,16a; Is. 8,16; 1Cor. 14,35; Gal. 3,2; Rev. 14,3)
   μάθετε ▸ 5 + **4** = 9
      Verb · second · plural · aorist · active · imperative ▸ 5 + **4** = 9 (Ode. 5,9; Wis. 6,1; Is. 1,17; Is. 26,9; Is. 28,19; Matt. 9,13; Matt. 11,29; Matt. 24,32; Mark 13,28)
   μάθῃ ▸ 3
      Verb · third · singular · aorist · active · subjunctive ▸ **3** (Deut. 17,19; Ode. 5,10; Is. 26,10)
   μάθῃς ▸ 3
      Verb · second · singular · aorist · active · subjunctive ▸ **3** (Deut. 14,23; 4Mac. 10,16; Prov. 22,25)
   μαθήσεσθε ▸ 1
      Verb · second · plural · future · middle · indicative ▸ **1** (Deut. 5,1)
   μαθήσῃ ▸ 3
      Verb · second · singular · future · middle · indicative ▸ **3** (Deut. 18,9; Sir. 8,8; Sir. 8,9)
   μαθήσομαι ▸ 1
      Verb · first · singular · future · middle · indicative ▸ **1** (Psa. 118,73)
   μαθήσονται ▸ 4
      Verb · third · plural · future · middle · indicative ▸ **4** (Deut. 31,13; Is. 29,24; Is. 29,24; Is. 32,4)
   μάθητε ▸ 1 + **1** = 2
      Verb · second · plural · aorist · active · subjunctive ▸ 1 + **1** = 2 (Wis. 6,9; 1Cor. 4,6)
   μαθόντες ▸ 1
      Verb · aorist · active · participle · masculine · plural · nominative ▸ **1** (Jer. 12,16)
   μάθω ▸ 1
      Verb · first · singular · aorist · active · subjunctive ▸ **1** (Psa. 118,71)
   Μάθωμεν ▸ 1
      Verb · first · plural · aorist · active · subjunctive ▸ **1** (Sus. 38)
   μαθών ▸ 1

Verb · aorist · active · participle · masculine · singular · nominative ▸ **1** (4Mac. 9,5)
μαθών ▸ **1** + **2** = **3**
Verb · aorist · active · participle · masculine · singular · nominative ▸ **1** + **2** = **3** (3Mac. 1,1; John 6,45; Acts 23,27)
μάθωσιν ▸ **6**
Verb · third · plural · aorist · active · subjunctive ▸ **6** (Deut. 4,10; Deut. 31,12; Wis. 16,26; Mic. 4,3; Is. 2,4; Jer. 12,16)
μάνθανε ▸ **1**
Verb · second · singular · present · active · imperative ▸ **1** (Sir. 18,19)
μανθάνειν ▸ **1**
Verb · present · active · infinitive ▸ **1** (2Mac. 7,2)
μανθάνετε ▸ **1**
Verb · second · plural · present · active · imperative ▸ **1** (Jer. 10,2)
μανθανέτω ▸ **1**
Verb · third · singular · present · active · imperative ▸ **1** (1Tim. 2,11)
μανθανέτωσαν ▸ **2**
Verb · third · plural · present · active · imperative ▸ **2** (1Tim. 5,4; Titus 3,14)
μανθάνομεν ▸ **1**
Verb · first · plural · present · active · indicative ▸ **1** (4Mac. 1,17)
μανθάνοντα ▸ **1**
Verb · present · active · participle · neuter · plural · accusative ▸ **1** (2Tim. 3,7)
μανθανόντων ▸ **1**
Verb · present · active · participle · masculine · plural · genitive ▸ **1** (1Chr. 25,8)
μανθάνουσιν ▸ **1**
Verb · third · plural · present · active · indicative ▸ **1** (1Tim. 5,13)
μανθάνωσιν ▸ **1**
Verb · third · plural · present · active · subjunctive ▸ **1** (1Cor. 14,31)
μεμάθηκεν ▸ **1**
Verb · third · singular · perfect · active · indicative ▸ **1** (Jer. 9,4)
μεμαθηκέναι ▸ **1**
Verb · perfect · active · infinitive ▸ **1** (Psa. 118,7)
μεμαθηκότες ▸ **1**
Verb · perfect · active · participle · masculine · plural · nominative ▸ **1** (Jer. 13,23)
μεμαθηκώς ▸ **1**
Verb · perfect · active · participle · masculine · singular · nominative ▸ **1** (John 7,15)

Μανι Mani ▸ **1**
Μανι ▸ **1**
Noun · masculine · singular · genitive · (proper) ▸ **1** (1Esdr. 9,30)

μανία (μαίνομαι) insanity ▸ **6** + **1** = **7**
μανία ▸ **1**
Noun · feminine · singular · nominative · (common) ▸ **1** (Hos. 9,7)
μανίαν ▸ **4** + **1** = **5**
Noun · feminine · singular · accusative · (common) ▸ **4** + **1** = **5** (4Mac. 8,5; 4Mac. 10,13; Wis. 5,4; Hos. 9,8; Acts 26,24)
μανίας ▸ **1**
Noun · feminine · plural · accusative · (common) ▸ **1** (Psa. 39,5)

μανιάκης (μαίνομαι) necklace ▸ **4** + **3** = **7**
μανιάκην ▸ **4** + **1** = **5**
Noun · masculine · singular · accusative · (common) ▸ **4** + **1** = **5** (1Esdr. 3,6; Dan. 5,7; Dan. 5,16; Dan. 5,29; Dan. 5,29)
μανιάκης ▸ **2**
Noun · masculine · singular · nominative · (common) ▸ **2** (Dan. 5,7; Dan. 5,16)

Μάνιος Manius ▸ **1**
Μάνιος ▸ **1**
Noun · masculine · singular · nominative · (proper) ▸ **1** (2Mac. 11,34)

μανιώδης (μαίνομαι; εἶδος) insane, maniacal ▸ **1**
μανιῶδες ▸ **1**
Adjective · neuter · singular · accusative · noDegree ▸ **1** (3Mac. 5,45)

μαννα manna ▸ **10**
μαννα ▸ **10**
Noun · neuter · singular · accusative · (common) ▸ **6** (Num. 11,6; Deut. 8,3; Deut. 8,16; Neh. 9,20; Psa. 77,24; Bar. 1,10)
Noun · neuter · singular · nominative · (common) ▸ **4** (Num. 11,7; Num. 11,9; Josh. 5,12; Josh. 5,12)

μάννα manna ▸ **4**
μάννα ▸ **4**
Noun · neuter · singular · accusative · (common) ▸ **3** (John 6,31; John 6,49; Heb. 9,4)
Noun · neuter · singular · genitive ▸ **1** (Rev. 2,17)

Μανοχω Manocho (?) ▸ **1** + **1** = **2**
Μανοχω ▸ **1** + **1** = **2**
Noun · singular · nominative · (proper) ▸ **1** + **1** = **2** (Josh. 15,59a; Josh. 15,59a)

μαντεία (μαίνομαι) divination; oracle ▸ **14**
μαντεία ▸ **2**
Noun · feminine · singular · nominative · (common) ▸ **2** (Num. 23,23; Is. 16,6)
μαντεῖαι ▸ **2**
Noun · feminine · plural · nominative · (common) ▸ **2** (Sir. 34,5; Ezek. 13,8)
μαντείαν ▸ **3**
Noun · feminine · singular · accusative · (common) ▸ **3** (Deut. 18,10; Ezek. 21,26; Ezek. 21,28)
μαντείας ▸ **6**
Noun · feminine · plural · accusative · (common) ▸ **5** (2Kings 17,17; Is. 44,25; Jer. 14,14; Ezek. 13,7; Ezek. 13,23)
Noun · feminine · singular · genitive · (common) ▸ **1** (Mic. 3,6)
μαντειῶν ▸ **1**
Noun · feminine · plural · genitive · (common) ▸ **1** (Deut. 18,14)

μαντεῖον (μαίνομαι) oracle; oracular location ▸ **3**
μαντεῖα ▸ **1**
Noun · neuter · plural · nominative · (common) ▸ **1** (Num. 22,7)
μαντεῖον ▸ **2**
Noun · neuter · singular · nominative · (common) ▸ **2** (Prov. 16,10; Ezek. 21,27)

μαντεύομαι (μαίνομαι) to divine; to prophesy; to tell fortunes ▸ **12** + **1** = **13**
ἐμαντεύοντο ▸ **2**
Verb · third · plural · imperfect · middle · indicative ▸ **2** (2Kings 17,17; Mic. 3,11)
μαντεύεσθαί ▸ **1**
Verb · present · middle · infinitive ▸ **1** (Ezek. 21,34)
μαντευομένη ▸ **1**
Verb · present · middle · participle · feminine · singular · nominative ▸ **1** (Acts 16,16)
μαντευόμενοι ▸ **2**
Verb · present · middle · participle · masculine · plural · nominative ▸ **2** (Ezek. 13,6; Ezek. 22,28)
μαντευόμενος ▸ **3**

μαντεύομαι–Μαρεθ

    Verb · present · middle · participle · masculine · singular · nominative ▸ **3** (Deut. 18,10; Ezek. 12,24; Ezek. 21,28)

μαντευομένων ▸ 1
    Verb · present · middle · participle · masculine · plural · genitive ▸ **1** (Jer. 34,9)

Μάντευσαι ▸ 1
    Verb · second · singular · aorist · middle · imperative ▸ **1** (1Sam. 28,8)

μαντεύσασθαι ▸ 1
    Verb · aorist · middle · infinitive ▸ **1** (Ezek. 21,26)

μαντεύσησθε ▸ 1
    Verb · second · plural · aorist · middle · subjunctive ▸ **1** (Ezek. 13,23)

μάντις (μαίνομαι) diviner, seer ▸ **5**

μάντεις ▸ 4
    Noun · masculine · plural · accusative · (common) ▸ **1** (1Sam. 6,2)
    Noun · masculine · plural · nominative · (common) ▸ **3** (Mic. 3,7; Zech. 10,2; Jer. 36,8)

μάντιν ▸ 1
    Noun · masculine · singular · accusative · (common) ▸ **1** (Josh. 13,22)

Μανωε Manoah ▸ **18 + 18 = 36**

Μανωε ▸ **18 + 18 = 36**
    Noun · masculine · singular · accusative · (proper) ▸ **3 + 3 = 6** (Judg. 13,13; Judg. 13,16; Judg. 13,21; Judg. 13,13; Judg. 13,16; Judg. 13,21)
    Noun · masculine · singular · dative · (proper) ▸ **1** (Judg. 16,31)
    Noun · masculine · singular · genitive · (proper) ▸ **1 + 2 = 3** (Judg. 13,9; Judg. 13,9; Judg. 16,31)
    Noun · masculine · singular · nominative · (proper) ▸ **13 + 13 = 26** (Judg. 13,2; Judg. 13,8; Judg. 13,9; Judg. 13,11; Judg. 13,12; Judg. 13,15; Judg. 13,16; Judg. 13,17; Judg. 13,19; Judg. 13,19; Judg. 13,20; Judg. 13,21; Judg. 13,22; Judg. 13,2; Judg. 13,8; Judg. 13,9; Judg. 13,11; Judg. 13,12; Judg. 13,15; Judg. 13,16; Judg. 13,17; Judg. 13,19; Judg. 13,19; Judg. 13,20; Judg. 13,21; Judg. 13,22)

Μαουδα Mehida ▸ **1**

Μαουδα ▸ 1
    Noun · masculine · singular · genitive · (proper) ▸ **1** (Ezra 2,52)

Μαουεκ stronghold ▸ **1**

Μαουεκ ▸ 1
    Noun · masculine · singular · genitive · (proper) ▸ **1** (Judg. 6,26)

Μαραγελλα Maralah ▸ **1**

Μαραγελλα ▸ 1
    Noun · singular · nominative · (proper) ▸ **1** (Josh. 19,11)

Μαραια Meraiah ▸ **1**

Μαραια ▸ 1
    Noun · masculine · singular · nominative · (proper) ▸ **1** (Neh. 12,12)

μαραίνω to wither away; waste ▸ **4 + 1 = 5**

ἐμάραναν ▸ 1
    Verb · third · plural · aorist · active · indicative ▸ **1** (Wis. 19,21)

ἐμαράνθη ▸ 1
    Verb · third · singular · aorist · passive · indicative ▸ **1** (Job 24,24)

μαράναι ▸ 1
    Verb · third · singular · aorist · active · optative ▸ **1** (Job 15,30)

μαρανθῆναι ▸ 1
    Verb · aorist · passive · infinitive ▸ **1** (Wis. 2,8)

μαρανθήσεται ▸ 1
    Verb · third · singular · future · passive · indicative ▸ **1** (James 1,11)

Μαραιωθ Meraioth ▸ **1**

Μαραιωθ ▸ 1
    Noun · masculine · singular · genitive · (proper) ▸ **1** (1Chr. 9,11)

Μαραλα Maralah ▸ **1**

Μαραλα ▸ 1
    Noun · singular · nominative · (proper) ▸ **1** (Josh. 19,11)

μαράνα marana (Aram. Our Lord!) ▸ **1**

μαράνα ▸ 1
    Noun · masculine · singular · vocative · (aramaic) ▸ **1** (1Cor. 16,22)

μαργαρίτης pearl ▸ **9**

μαργαρῖται ▸ 1
    Noun · masculine · plural · nominative ▸ **1** (Rev. 21,21)

μαργαρίταις ▸ 2
    Noun · masculine · plural · dative ▸ **2** (1Tim. 2,9; Rev. 17,4)

μαργαρίτας ▸ 2
    Noun · masculine · plural · accusative ▸ **2** (Matt. 7,6; Matt. 13,45)

μαργαρίτῃ ▸ 1
    Noun · masculine · singular · dative ▸ **1** (Rev. 18,16)

μαργαρίτην ▸ 1
    Noun · masculine · singular · accusative ▸ **1** (Matt. 13,46)

μαργαρίτου ▸ 1
    Noun · masculine · singular · genitive ▸ **1** (Rev. 21,21)

μαργαριτῶν ▸ 1
    Noun · masculine · plural · genitive ▸ **1** (Rev. 18,12)

Μαρδοχαϊκός Mordecaic; pertaining to Mordecai ▸ **1**

Μαρδοχαϊκῆς ▸ 1
    Adjective · feminine · singular · genitive · noDegree ▸ **1** (2Mac. 15,36)

Μαρδοχαιος Mordecai ▸ **3**

Μαρδοχαιος ▸ 2
    Noun · masculine · singular · genitive · (proper) ▸ **1** (Neh. 7,7)
    Noun · masculine · singular · nominative · (proper) ▸ **1** (Ezra 2,2)

Μαρδοχαιου ▸ 1
    Noun · masculine · singular · genitive · (proper) ▸ **1** (1Esdr. 5,8)

Μαρδοχαῖος Mordecai ▸ **57**

Μαρδοχαῖε ▸ 1
    Noun · masculine · singular · vocative · (proper) ▸ **1** (Esth. 3,3)

Μαρδοχαῖον ▸ 12
    Noun · masculine · singular · accusative · (proper) ▸ **12** (Esth. 12,6 # 1,1r; Esth. 3,4; Esth. 4,4; Esth. 4,10; Esth. 4,15; Esth. 5,9; Esth. 5,13; Esth. 6,4; Esth. 6,11; Esth. 8,2; Esth. 16,13 # 8,12n; Esth. 9,25)

Μαρδοχαῖος ▸ 28
    Noun · masculine · singular · nominative · (proper) ▸ **28** (Esth. 11,2 # 1,1a; Esth. 11,12 # 1,1l; Esth. 12,1 # 1,1m; Esth. 12,4 # 1,1p; Esth. 2,5; Esth. 2,10; Esth. 2,11; Esth. 2,19; Esth. 2,20; Esth. 2,21; Esth. 3,2; Esth. 3,4; Esth. 3,5; Esth. 4,1; Esth. 4,7; Esth. 4,13; Esth. 4,17; Esth. 5,14; Esth. 6,12; Esth. 6,13; Esth. 8,1; Esth. 8,15; Esth. 9,20; Esth. 9,23; Esth. 9,29; Esth. 9,31; Esth. 10,3; Esth. 10,4 # 10,3a)

Μαρδοχαίου ▸ 7
    Noun · masculine · singular · genitive · (proper) ▸ **7** (Esth. 2,15; Esth. 2,23; Esth. 3,7; Esth. 4,5; Esth. 6,2; Esth. 6,4; Esth. 9,3)

Μαρδοχαίῳ ▸ 9
    Noun · masculine · singular · dative · (proper) ▸ **9** (Esth. 1,1q; Esth. 2,22; Esth. 3,3; Esth. 4,12; Esth. 6,3; Esth. 6,10; Esth. 7,9; Esth. 7,10; Esth. 8,2)

Μαρεθ Mareth (?) ▸ **1**

Μαρεθ ▸ 1

Noun · masculine · singular · accusative · (proper) ▸ **1** (1Chr. 4,17)

Μαρερωθ Meraioth ▸ 1
　Μαρερωθ ▸ 1
　　Noun · masculine · singular · genitive · (proper) ▸ **1** (Ezra 7,3)

Μαρησα Mareshah ▸ 1 + 1 = 2
　Μαρησα ▸ 1 + 1 = 2
　　Noun · masculine · singular · genitive · (proper) ▸ 1 + 1 = 2 (1Chr. 4,21; Josh. 15,44)

Μάρθα Martha ▸ 13
　Μάρθα ▸ 10
　　Noun · feminine · singular · nominative · (proper) ▸ **8** (Luke 10,38; Luke 10,40; John 11,20; John 11,21; John 11,24; John 11,30; John 11,39; John 12,2)
　　Noun · feminine · singular · vocative · (proper) ▸ **2** (Luke 10,41; Luke 10,41)
　Μάρθαν ▸ 2
　　Noun · feminine · singular · accusative · (proper) ▸ **2** (John 11,5; John 11,19)
　Μάρθας ▸ 1
　　Noun · feminine · singular · genitive · (proper) ▸ **1** (John 11,1)

Μαρι Bariah ▸ 1
　Μαρι ▸ 1
　　Noun · masculine · singular · nominative · (proper) ▸ **1** (1Chr. 3,22)

Μαρια Amariah ▸ 1
　Μαριας ▸ 1
　　Noun · feminine · singular · genitive · (proper) ▸ **1** (Ode. 9,0)

Μαρία Mary ▸ 27
　Μαρία ▸ 17
　　Noun · feminine · singular · nominative · (proper) ▸ **17** (Matt. 27,56; Matt. 27,56; Matt. 27,61; Matt. 28,1; Mark 15,40; Mark 15,40; Mark 15,47; Mark 15,47; Mark 16,1; Mark 16,1; Luke 8,2; Luke 24,10; Luke 24,10; John 19,25; John 19,25; John 20,1; John 20,11)
　Μαρίᾳ ▸ 1
　　Noun · feminine · singular · dative · (proper) ▸ **1** (Mark 16,9)
　Μαρίαν ▸ 2
　　Noun · feminine · singular · accusative · (proper) ▸ **2** (Matt. 1,20; Rom. 16,6)
　Μαρίας ▸ 7
　　Noun · feminine · singular · genitive · (proper) ▸ **7** (Matt. 1,16; Matt. 1,18; Matt. 2,11; Mark 6,3; Luke 1,41; John 11,1; Acts 12,12)

Μαριαμ Miriam; Mary ▸ 15
　Μαριαμ ▸ 15
　　Noun · feminine · singular · accusative · (proper) ▸ **5** (Ex. 6,20; Num. 12,4; Num. 12,10; Num. 26,59; Mic. 6,4)
　　Noun · feminine · singular · dative · (proper) ▸ **1** (Deut. 24,9)
　　Noun · feminine · singular · nominative · (proper) ▸ **9** (Ex. 15,20; Ex. 15,21; Num. 12,1; Num. 12,5; Num. 12,10; Num. 12,15; Num. 12,15; Num. 20,1; 1Chr. 5,29)

Μαριάμ Miriam; Mary ▸ 27
　Μαριάμ ▸ 6
　　Noun · feminine · singular · nominative · (proper) ▸ **4** (Luke 1,27; Luke 1,38; Luke 1,46; Luke 10,39)
　　Noun · feminine · singular · vocative · (proper) ▸ **2** (Luke 1,30; John 20,16)
　Μαριάμ ▸ 21
　　Noun · feminine · singular · accusative · (proper) ▸ **6** (Luke 2,16; Luke 2,34; John 11,19; John 11,28; John 11,31; John 11,45)
　　Noun · feminine · singular · dative · (proper) ▸ **2** (Luke 2,5; Acts 1,14)
　　Noun · feminine · singular · nominative · (proper) ▸ **13** (Matt. 13,55; Matt. 27,61; Matt. 28,1; Luke 1,34; Luke 1,39; Luke 1,56; Luke 2,19; Luke 10,42; John 11,2; John 11,20; John 11,32; John 12,3; John 20,18)

Μαριβααλ Merib-baal ▸ 2
　Μαριβααλ ▸ 2
　　Noun · masculine · singular · nominative · (proper) ▸ **2** (1Chr. 9,40; 1Chr. 9,40)

Μαριηλ Meraioth ▸ 3
　Μαριηλ ▸ 3
　　Noun · masculine · singular · accusative · (proper) ▸ **1** (1Chr. 5,32)
　　Noun · masculine · singular · nominative · (proper) ▸ **2** (1Chr. 5,33; 1Chr. 6,37)

Μαριμωθ Meribah ▸ 2
　Μαριμωθ ▸ 2
　　Noun · genitive · (proper) ▸ **2** (Ezek. 47,19; Ezek. 48,28)

Μαρισα Mesha; Mareshah ▸ 8
　Μαρισα ▸ 4
　　Noun · feminine · singular · accusative · (proper) ▸ **1** (2Mac. 12,35)
　　Noun · feminine · singular · genitive · (proper) ▸ **1** (2Chr. 14,8)
　　Noun · masculine · singular · genitive · (proper) ▸ **1** (1Chr. 2,42)
　　Noun · masculine · singular · nominative · (proper) ▸ **1** (1Chr. 2,42)
　Μαρισαν ▸ 2
　　Noun · feminine · singular · accusative · (proper) ▸ **2** (2Chr. 11,8; 1Mac. 5,66)
　Μαρισης ▸ 2
　　Noun · feminine · singular · genitive · (proper) ▸ **2** (2Chr. 14,9; 2Chr. 20,37)

Μαριωθ Meraioth; Meremoth ▸ 2
　Μαριωθ ▸ 2
　　Noun · masculine · singular · dative · (proper) ▸ **1** (Neh. 12,15)
　　Noun · masculine · singular · genitive · (proper) ▸ **1** (Neh. 11,11)

Μᾶρκος Mark; Marcus ▸ 9
　ΜΑΡΚΟΝ ▸ 1
　　Noun · masculine · singular · accusative · (proper) ▸ **1** (Mark 1,0)
　Μᾶρκον ▸ 4
　　Noun · masculine · singular · accusative · (proper) ▸ **4** (Acts 12,25; Acts 15,37; Acts 15,39; 2Tim. 4,11)
　Μᾶρκος ▸ 3
　　Noun · masculine · singular · nominative · (proper) ▸ **3** (Col. 4,10; Philem. 24; 1Pet. 5,13)
　Μάρκου ▸ 1
　　Noun · masculine · singular · genitive · (proper) ▸ **1** (Acts 12,12)

Μαρμα Mirmah ▸ 1
　Μαρμα ▸ 1
　　Noun · masculine · singular · accusative · (proper) ▸ **1** (1Chr. 8,10)

μαρμάρινος (μάρμαρος) made of marble ▸ 1
　μαρμάρινοι ▸ 1
　　Adjective · masculine · plural · nominative · noDegree ▸ **1** (Song 5,15)

μάρμαρος (μαρμαίρω) marble ▸ 1 + 1 = 2
　μαρμάρου ▸ 1 + 1 = 2
　　Noun · feminine · singular · genitive · (common) ▸ 1 + 1 = 2 (LetterJ 71; Rev. 18,12)

Μαρμασιμα Marmasima/Parmashta ▸ 1
　Μαρμασιμα ▸ 1
　　Noun · masculine · singular · accusative · (proper) ▸ **1** (Esth. 9,9)

Μαρμηνα Madmannah ▸ 1
   Μαρμηνα ▸ 1
      Noun · masculine · singular · genitive · (proper) ▸ **1** (1Chr. 2,49)
Μαρμωθι Meremoth ▸ 1
   Μαρμωθι ▸ 1
      Noun · masculine · singular · dative · (proper) ▸ **1** (1Esdr. 8,61)
Μαρρων Madon; Merom ▸ 4
   Μαρρων ▸ 4
      Noun · singular · genitive · (proper) ▸ **4** (Josh. 11,1; Josh. 11,5; Josh. 11,7; Josh. 12,20)
μαρσίππιον (μαρσίππος) small bag ▸ 3
   μαρσίππιον ▸ 1
      Noun · neuter · singular · accusative · (common) ▸ **1** (Prov. 1,14)
   μαρσιππίου ▸ 1
      Noun · neuter · singular · genitive · (common) ▸ **1** (Is. 46,6)
   μαρσιππίῳ ▸ 1
      Noun · neuter · singular · dative · (common) ▸ **1** (Sir. 18,33)
μάρσιππος bag ▸ 19
   μαρσίπποις ▸ 4
      Noun · masculine · plural · dative · (common) ▸ **4** (Gen. 43,12; Gen. 43,18; Gen. 43,23; Gen. 44,8)
   μαρσίππον ▸ 5
      Noun · masculine · singular · accusative · (common) ▸ **5** (Gen. 42,27; Gen. 44,2; Gen. 44,11; Gen. 44,11; Gen. 44,13)
   μαρσίππου ▸ 2
      Noun · masculine · singular · genitive · (common) ▸ **2** (Gen. 42,27; Gen. 44,1)
   μαρσίππους ▸ 3
      Noun · masculine · plural · accusative · (common) ▸ **3** (Gen. 43,21; Gen. 43,22; Gen. 44,1)
   μαρσίππῳ ▸ 5
      Noun · masculine · singular · dative · (common) ▸ **5** (Gen. 42,28; Gen. 43,21; Gen. 44,12; Deut. 25,13; Mic. 6,11)
μαρτυρέω (μάρτυς) to bear witness; suffer martyrdom ▸ 13 + 1 + 76 = 90
   Ἐμαρτύρει ▸ 1
      Verb · third · singular · imperfect · active · indicative ▸ **1** (John 12,17)
   ἐμαρτυρεῖτο ▸ 1
      Verb · third · singular · imperfect · passive · indicative ▸ **1** (Acts 16,2)
   ἐμαρτυρήθη ▸ 1
      Verb · third · singular · aorist · passive · indicative ▸ **1** (Heb. 11,4)
   ἐμαρτυρήθησαν ▸ 1
      Verb · third · plural · aorist · passive · indicative ▸ **1** (Heb. 11,2)
   ἐμαρτυρήσαμεν ▸ 1
      Verb · first · plural · aorist · active · indicative ▸ **1** (1Cor. 15,15)
   ἐμαρτύρησάν ▸ 1
      Verb · third · plural · aorist · active · indicative ▸ **1** (3John 6)
   ἐμαρτύρησεν ▸ 1 + 5 = 6
      Verb · third · singular · aorist · active · indicative ▸ **1 + 5 = 6** (Deut. 19,18; John 1,32; John 4,44; John 13,21; Acts 15,8; Rev. 1,2)
   ἐμαρτύρουν ▸ 1
      Verb · third · plural · imperfect · active · indicative ▸ **1** (Luke 4,22)
   μαρτύρασθαι ▸ 1
      Verb · aorist · middle · infinitive ▸ **1** (1Mac. 2,56)
   Μαρτυρεῖ ▸ 1
      Verb · third · singular · present · active · indicative ▸ **1** (Heb. 10,15)
   μαρτυρεῖ ▸ 5 + 7 = 12
      Verb · third · singular · present · active · indicative ▸ **5 + 7 = 12** (Gen. 31,46; Gen. 31,48; Gen. 31,48; Gen. 31,48; 1Mac. 2,37; John 1,15; John 3,32; John 5,32; John 5,36; John 8,18; John 10,25; Acts 22,5)
   μαρτυρεῖν ▸ 1
      Verb · present · active · infinitive ▸ **1** (Acts 26,5)
   μαρτυρεῖς ▸ 1
      Verb · second · singular · present · active · indicative ▸ **1** (John 8,13)
   μαρτυρεῖται ▸ 1
      Verb · third · singular · present · passive · indicative ▸ **1** (Heb. 7,17)
   μαρτυρεῖτε ▸ 3
      Verb · second · plural · present · active · indicative ▸ **3** (Matt. 23,31; John 3,28; John 15,27)
   μαρτυρηθέντες ▸ 1
      Verb · aorist · passive · participle · masculine · plural · nominative ▸ **1** (Heb. 11,39)
   μαρτυρῆσαι ▸ 2 + 2 = 4
      Verb · aorist · active · infinitive ▸ **2 + 2 = 4** (Deut. 19,15; 2Chr. 28,10; Acts 23,11; Rev. 22,16)
   μαρτυρήσαντος ▸ 1
      Verb · aorist · active · participle · masculine · singular · genitive ▸ **1** (1Tim. 6,13)
   μαρτυρήσας ▸ 1
      Verb · aorist · active · participle · masculine · singular · nominative ▸ **1** (Acts 13,22)
   μαρτυρήσει ▸ 1 + 1 = 2
      Verb · third · singular · future · active · indicative ▸ **1 + 1 = 2** (Num. 35,30; John 15,26)
   μαρτυρήσῃ ▸ 3
      Verb · third · singular · aorist · active · subjunctive ▸ **3** (John 1,7; John 1,8; John 2,25)
   μαρτύρησον ▸ 1
      Verb · second · singular · aorist · active · imperative ▸ **1** (John 18,23)
   μαρτυρήσω ▸ 1 + 1 = 2
      Verb · first · singular · future · active · indicative ▸ **1 + 1 = 2** (Lam. 2,13; John 18,37)
   μαρτυροῦμεν ▸ 1 + 1 + 4 = 6
      Verb · first · plural · present · active · indicative ▸ **1 + 1 + 4 = 6** (Sus. 41; Sus. 41; John 3,11; 1John 1,2; 1John 4,14; 3John 12)
   μαρτυρουμένη ▸ 2
      Verb · present · passive · participle · feminine · singular · nominative ▸ **2** (Rom. 3,21; 1Tim. 5,10)
   μαρτυρούμενος ▸ 2
      Verb · present · passive · participle · masculine · singular · nominative ▸ **2** (Acts 22,12; Heb. 7,8)
   μαρτυρούμενός ▸ 1
      Verb · present · passive · participle · masculine · singular · nominative ▸ **1** (Acts 10,22)
   μαρτυρουμένους ▸ 1
      Verb · present · passive · participle · masculine · plural · accusative ▸ **1** (Acts 6,3)
   μαρτυροῦν ▸ 1
      Verb · present · active · participle · neuter · singular · nominative ▸ **1** (1John 5,6)
   μαρτυροῦντες ▸ 1
      Verb · present · active · participle · masculine · plural · nominative ▸ **1** (1John 5,7)
   μαρτυροῦντι ▸ 1

Verb · present · active · participle · masculine · singular · dative
▸ 1 (Acts 14,3)

μαρτυροῦντος ▸ 1
Verb · present · active · participle · masculine · singular · genitive ▸ 1 (Heb. 11,4)

μαρτυρούντων ▸ 1
Verb · present · active · participle · masculine · plural · genitive ▸ 1 (3John 3)

μαρτυροῦσα ▸ 1
Verb · present · active · participle · feminine · singular · nominative ▸ 1 (Deut. 31,21)

μαρτυροῦσαι ▸ 1
Verb · present · active · participle · feminine · plural · nominative ▸ 1 (John 5,39)

μαρτυρούσης ▸ 1
Verb · present · active · participle · feminine · singular · genitive ▸ 1 (John 4,39)

μαρτυροῦσιν ▸ 1
Verb · third · plural · present · active · indicative ▸ 1 (Acts 10,43)

Μαρτυρῶ ▸ 1
Verb · first · singular · present · active · indicative ▸ 1 (Rev. 22,18)

μαρτυρῶ ▸ 7
Verb · first · singular · present · active · indicative ▸ 5 (John 7,7; Rom. 10,2; 2Cor. 8,3; Gal. 4,15; Col. 4,13)
Verb · first · singular · present · active · subjunctive ▸ 2 (John 5,31; John 8,14)

μαρτυρῶν ▸ 4
Verb · present · active · participle · masculine · singular · nominative ▸ 4 (John 5,32; John 8,18; John 21,24; Rev. 22,20)

μεμαρτύρηκα ▸ 1
Verb · first · singular · perfect · active · indicative ▸ 1 (John 1,34)

μεμαρτύρηκας ▸ 1
Verb · second · singular · perfect · active · indicative ▸ 1 (John 3,26)

μεμαρτύρηκεν ▸ 5
Verb · third · singular · perfect · active · indicative ▸ 5 (John 5,33; John 5,37; John 19,35; 1John 5,9; 1John 5,10)

μεμαρτύρηται ▸ 2
Verb · third · singular · perfect · passive · indicative ▸ 2 (Heb. 11,5; 3John 12)

μαρτυρία (μάρτυς) testimony; martyrdom ▸ 11 + 37 = 48

μαρτυρία ▸ 5 + 15 = 20
Noun · feminine · singular · nominative · (common) ▸ 5 + 15 = 20 (Psa. 18,8; Sir. 31,23; Sir. 31,24; Sol. 10,4; Sol. 10,4; Mark 14,59; John 1,19; John 5,31; John 5,32; John 8,13; John 8,14; John 8,17; John 19,35; John 21,24; Titus 1,13; 1John 5,9; 1John 5,9; 1John 5,11; 3John 12; Rev. 19,10)

μαρτυρίαι ▸ 1
Noun · feminine · plural · nominative ▸ 1 (Mark 14,56)

μαρτυρίαν ▸ 5 + 19 = 24
Noun · feminine · singular · accusative · (common) ▸ 5 + 19 = 24 (Ex. 20,16; Deut. 5,20; 4Mac. 6,32; Prov. 12,19; Prov. 25,18; Mark 14,55; John 1,7; John 3,11; John 3,32; John 3,33; John 5,34; John 5,36; Acts 22,18; 1Tim. 3,7; 1John 5,9; 1John 5,10; 1John 5,10; Rev. 1,2; Rev. 1,9; Rev. 6,9; Rev. 11,7; Rev. 12,17; Rev. 19,10; Rev. 20,4)

μαρτυρίας ▸ 1 + 2 = 3
Noun · feminine · singular · genitive · (common) ▸ 1 + 2 = 3 (Gen. 31,47; Luke 22,71; Rev. 12,11)

μαρτύριον (μάρτυς) testimony; martyrdom ▸ 257 + 19 = 276

μαρτύρια ▸ 17
Noun · neuter · plural · accusative · (common) ▸ 14 (Ex. 25,16; Ex. 25,21; Ex. 40,20; Deut. 6,17; 2Kings 17,15; 2Kings 23,3; 2Chr. 23,11; 2Chr. 34,31; Psa. 24,10; Psa. 77,56; Psa. 98,7; Psa. 118,2; Psa. 118,88; Sir. 45,17)
Noun · neuter · plural · nominative · (common) ▸ 3 (Deut. 4,45; Deut. 6,20; Jer. 37,20)

μαρτύριά ▸ 20
Noun · neuter · plural · accusative · (common) ▸ 15 (1Chr. 29,19; Neh. 9,34; Psa. 118,22; Psa. 118,36; Psa. 118,59; Psa. 118,79; Psa. 118,95; Psa. 118,111; Psa. 118,119; Psa. 118,125; Psa. 118,138; Psa. 118,146; Psa. 118,167; Psa. 118,168; Psa. 131,12)
Noun · neuter · plural · nominative · (common) ▸ 5 (Psa. 92,5; Psa. 118,24; Psa. 118,99; Psa. 118,129; Psa. 118,144)

μαρτυρίοις ▸ 3
Noun · neuter · plural · dative · (common) ▸ 3 (Psa. 118,31; Psa. 118,46; Jer. 51,23)

μαρτύριον ▸ 26 + 17 = 43
Noun · neuter · singular · accusative · (common) ▸ 21 + 14 = 35 (Gen. 21,30; Gen. 31,44; Deut. 31,19; Deut. 31,26; Josh. 24,27; Josh. 24,27; 1Sam. 9,24; 1Sam. 20,35; 2Kings 11,12; Psa. 77,5; Psa. 80,6; Psa. 121,4; Prov. 29,14; Job 16,8; Sir. 36,14; Hos. 2,14; Amos 1,11; Mic. 1,2; Mic. 7,18; Zeph. 3,8; Is. 55,4; Matt. 8,4; Matt. 10,18; Matt. 24,14; Mark 1,44; Mark 6,11; Mark 13,9; Luke 5,14; Luke 9,5; Luke 21,13; Acts 4,33; 1Tim. 2,6; 2Tim. 1,8; Heb. 3,5; James 5,3)
Noun · neuter · singular · nominative · (common) ▸ 5 + 3 = 8 (Josh. 22,27; Ruth 4,7; Psa. 79,1; Job 15,34; Wis. 10,7; 1Cor. 1,6; 2Cor. 1,12; 2Th. 1,10)

Μαρτύριόν ▸ 1
Noun · neuter · singular · nominative · (common) ▸ 1 (Josh. 22,34)

μαρτύριόν ▸ 1
Noun · neuter · singular · nominative · (common) ▸ 1 (Josh. 22,28)

μαρτυρίου ▸ 180 + 2 = 182
Noun · neuter · singular · genitive · (common) ▸ 180 + 2 = 182 (Ex. 16,34; Ex. 25,10; Ex. 25,22; Ex. 26,33; Ex. 26,34; Ex. 27,21; Ex. 28,43; Ex. 29,4; Ex. 29,10; Ex. 29,10; Ex. 29,11; Ex. 29,30; Ex. 29,32; Ex. 29,42; Ex. 29,44; Ex. 30,16; Ex. 30,18; Ex. 30,20; Ex. 30,21; Ex. 30,26; Ex. 30,26; Ex. 30,36; Ex. 31,7; Ex. 31,18; Ex. 32,15; Ex. 33,7; Ex. 35,12; Ex. 35,21; Ex. 37,5; Ex. 37,19; Ex. 38,26; Ex. 38,27; Ex. 39,7; Ex. 39,9; Ex. 39,21; Ex. 40,2; Ex. 40,3; Ex. 40,5; Ex. 40,6; Ex. 40,12; Ex. 40,21; Ex. 40,22; Ex. 40,22; Ex. 40,24; Ex. 40,26; Ex. 40,34; Ex. 40,35; Lev. 1,1; Lev. 1,3; Lev. 1,5; Lev. 3,2; Lev. 3,8; Lev. 3,13; Lev. 4,4; Lev. 4,5; Lev. 4,7; Lev. 4,7; Lev. 4,14; Lev. 4,16; Lev. 4,18; Lev. 4,18; Lev. 6,9; Lev. 6,19; Lev. 6,23; Lev. 8,3; Lev. 8,4; Lev. 8,31; Lev. 8,33; Lev. 8,35; Lev. 9,5; Lev. 9,23; Lev. 10,7; Lev. 10,9; Lev. 12,6; Lev. 14,11; Lev. 14,23; Lev. 15,14; Lev. 15,29; Lev. 16,2; Lev. 16,7; Lev. 16,16; Lev. 16,17; Lev. 16,20; Lev. 16,23; Lev. 16,33; Lev. 17,4; Lev. 17,4; Lev. 17,5; Lev. 17,6; Lev. 17,9; Lev. 19,21; Lev. 24,3; Num. 1,1; Num. 1,50; Num. 1,53; Num. 1,53; Num. 2,2; Num. 2,17; Num. 3,7; Num. 3,8; Num. 3,10; Num. 3,25; Num. 3,25; Num. 3,38; Num. 4,3; Num. 4,4; Num. 4,5; Num. 4,15; Num. 4,23; Num. 4,25; Num. 4,25; Num. 4,26; Num. 4,28; Num. 4,30; Num. 4,31; Num. 4,33; Num. 4,35; Num. 4,37; Num. 4,39; Num. 4,41; Num. 4,43; Num. 4,47; Num. 5,17; Num. 6,10; Num. 6,13; Num. 6,18; Num. 7,5; Num. 7,89; Num. 7,89; Num. 8,9; Num. 8,15; Num. 8,19; Num. 8,22; Num. 8,24; Num. 8,26; Num. 9,15; Num. 10,3; Num. 10,11; Num. 11,16; Num. 12,4; Num. 12,4; Num.

12,5; Num. 14,10; Num. 16,18; Num. 16,19; Num. 17,7; Num. 17,8; Num. 17,15; Num. 17,19; Num. 17,19; Num. 17,22; Num. 17,23; Num. 18,2; Num. 18,4; Num. 18,6; Num. 18,21; Num. 18,22; Num. 18,23; Num. 18,31; Num. 19,4; Num. 20,6; Num. 25,6; Num. 27,2; Num. 31,54; Deut. 31,14; Deut. 31,14; Deut. 31,14; Deut. 31,15; Josh. 4,16; Josh. 18,1; Josh. 19,51; 1Kings 8,4; 1Kings 8,4; 1Chr. 6,17; 1Chr. 9,21; 1Chr. 23,32; 2Chr. 1,3; 2Chr. 1,13; 2Chr. 5,5; 2Chr. 24,6; Acts 7,44; Rev. 15,5)

μαρτυρίῳ ▸ 2
Noun · neuter · singular · dative · (common) ▸ 2 (1Sam. 13,8; 1Sam. 13,11)

μαρτυρίων ▸ 7
Noun · neuter · plural · genitive · (common) ▸ 7 (Ex. 30,6; Ex. 30,36; Lev. 16,13; Num. 17,25; Psa. 118,14; Psa. 118,152; Psa. 118,157)

μαρτύρομαι (μάρτυς) to testify; to call to witness ▸ 1 + 5 = 6

μαρτύρομαι ▸ 3
Verb · first · singular · present · middle · indicative ▸ 3 (Acts 20,26; Gal. 5,3; Eph. 4,17)

μαρτυρόμεθα ▸ 1
Verb · first · plural · present · middle · indicative ▸ 1 (Judith 7,28)

μαρτυρόμενοι ▸ 1
Verb · present · middle · participle · masculine · plural · nominative ▸ 1 (1Th. 2,12)

μαρτυρόμενος ▸ 1
Verb · present · middle · participle · masculine · singular · nominative ▸ 1 (Acts 26,22)

μάρτυς witness; martyr ▸ 58 + 35 = 93

μάρτυρα ▸ 1 + 3 = 4
Noun · masculine · singular · accusative · (common) ▸ 1 + 3 = 4 (Jer. 49,5; Acts 1,22; Acts 26,16; 2Cor. 1,23)

μάρτυρας ▸ 4 + 1 = 5
Noun · masculine · plural · accusative · (common) ▸ 4 + 1 = 5 (Is. 43,9; Jer. 39,10; Jer. 39,25; Jer. 39,44; Acts 6,13)

μάρτυράς ▸ 1
Noun · masculine · plural · accusative · (common) ▸ 1 (Is. 8,2)

Μάρτυρες ▸ 3
Noun · masculine · plural · nominative · (common) ▸ 3 (Josh. 24,22; Ruth 4,9; Ruth 4,11)

μάρτυρες ▸ 6 + 8 = 14
Noun · masculine · plural · nominative · (common) ▸ 6 + 8 = 14 (Ruth 4,10; Psa. 26,12; Psa. 34,11; Is. 43,10; Is. 43,12; Is. 44,8; Luke 24,48; Acts 1,8; Acts 2,32; Acts 5,32; Acts 7,58; Acts 10,39; Acts 13,31; 1Th. 2,10)

μάρτυρές ▸ 1 + 2 = 3
Noun · masculine · plural · nominative · (common) ▸ 1 + 2 = 3 (Wis. 4,6; Luke 11,48; Acts 3,15)

μάρτυρι ▸ 2
Noun · masculine · singular · dative · (common) ▸ 2 (Deut. 17,6; Wis. 17,10)

μάρτυρός ▸ 1
Noun · masculine · singular · genitive ▸ 1 (Acts 22,20)

μαρτύρων ▸ 4 + 9 = 13
Noun · masculine · plural · genitive · (common) ▸ 4 + 9 = 13 (Num. 35,30; Deut. 17,7; Deut. 19,15; Deut. 19,15; Matt. 18,16; Matt. 26,65; Mark 14,63; 2Cor. 13,1; 1Tim. 5,19; 1Tim. 6,12; 2Tim. 2,2; Heb. 12,1; Rev. 17,6)

Μάρτυς ▸ 3
Noun · masculine · singular · nominative · (common) ▸ 3 (1Sam. 12,5; 1Sam. 12,5; 1Sam. 12,6)

μάρτυς ▸ 31 + 8 = 39
Noun · masculine · singular · nominative · (common) ▸ 31 + 8 = 39 (Gen. 31,44; Gen. 31,47; Ex. 23,1; Lev. 5,1; Num. 5,13; Num. 23,18; Num. 35,30; Deut. 19,15; Deut. 19,16; Deut. 19,18; 1Sam. 12,5; 1Sam. 20,23; 1Sam. 20,42; 1Kings 17,20; Psa. 88,38; Prov. 6,19; Prov. 12,17; Prov. 12,19; Prov. 14,5; Prov. 14,5; Prov. 14,25; Prov. 19,5; Prov. 19,9; Prov. 21,28; Prov. 24,28; Job 16,19; Wis. 1,6; Mal. 3,5; Is. 43,10; Is. 43,12; Jer. 36,23; Acts 22,15; Rom. 1,9; Phil. 1,8; 1Th. 2,5; 1Pet. 5,1; Rev. 1,5; Rev. 2,13; Rev. 3,14)

μάρτυσιν ▸ 2 + 2 = 4
Noun · masculine · plural · dative · (common) ▸ 2 + 2 = 4 (Deut. 17,6; Deut. 17,6; Acts 10,41; Heb. 10,28)

μάρτυσίν ▸ 1
Noun · masculine · plural · dative ▸ 1 (Rev. 11,3)

μαρυκάομαι to chew ▸ 2
μαρυκᾶται ▸ 2
Verb · third · singular · present · middle · indicative ▸ 2 (Lev. 11,26; Deut. 14,8)

Μαρωδαχ Marodach; Marduk ▸ 2
Μαρωδαχ ▸ 2
Noun · feminine · singular · nominative · (proper) ▸ 1 (Jer. 27,2)
Noun · masculine · singular · nominative · (proper) ▸ 1 (Is. 39,1)

Μαρωδαχβαλαδαν Marodach-baladan ▸ 1
Μαρωδαχβαλαδαν ▸ 1
Noun · masculine · singular · nominative · (proper) ▸ 1 (2Kings 20,12)

Μαρωζ Meroz ▸ 1
Μαρωζ ▸ 1
Noun · feminine · singular · accusative · (proper) ▸ 1 (Judg. 5,23)

Μαρωθ Maarath ▸ 1
Μαρωθ ▸ 1
Noun · singular · nominative · (proper) ▸ 1 (Josh. 15,59)

Μαρων Maron (Miriam?) ▸ 1
Μαρων ▸ 1
Noun · masculine · singular · accusative · (proper) ▸ 1 (1Chr. 4,17)

Μασα Moza ▸ 2
Μασα ▸ 2
Noun · masculine · singular · accusative · (proper) ▸ 1 (1Chr. 9,42)
Noun · masculine · singular · nominative · (proper) ▸ 1 (1Chr. 9,43)

Μασαια Maaseiah ▸ 2
Μασαια ▸ 2
Noun · masculine · singular · genitive · (proper) ▸ 1 (Neh. 11,7)
Noun · masculine · singular · nominative · (proper) ▸ 1 (Ezra 10,21)

Μασαιας Maaseiah ▸ 1
Μασαιας ▸ 1
Noun · masculine · singular · nominative · (proper) ▸ 1 (1Chr. 15,20)

Μασαλ Mashal ▸ 1 + 1 = 2
Μασαλ ▸ 1 + 1 = 2
Noun · feminine · singular · accusative · (proper) ▸ 1 + 1 = 2 (1Chr. 6,59; Josh. 19,26)

Μασαλαμι Meshelemiah ▸ 1
Μασαλαμι ▸ 1
Noun · masculine · singular · genitive · (proper) ▸ 1 (1Chr. 9,21)

μασανα (Hebr.) Second Quarter ▸ 1
μασανα ▸ 1
Noun ▸ 1 (2Chr. 34,22)

μασάομαι (μαστιγόω) to gnaw, chew ▸ 1 + 1 = 2
   ἐμασῶντο ▸ 1 + 1 = 2
      Verb · third · plural · imperfect · middle · indicative ▸ 1 + 1 = **2** (Job 30,4; Rev. 16,10)

Μασβακ Masbak (Tebah?) ▸ 1
   Μασβακ ▸ 1
      Noun · feminine · singular · genitive · (proper) ▸ **1** (2Sam. 8,8)

Μασεζεβηλ Meshezabel ▸ 1
   Μασεζεβηλ ▸ 1
      Noun · masculine · singular · genitive · (proper) ▸ **1** (Neh. 3,4)

Μασεκ Masek (Heb. inheritance) ▸ 1
   Μασεκ ▸ 1
      Noun · feminine · singular · genitive · (proper) ▸ **1** (Gen. 15,2)

Μασεκκα Masrekah ▸ 2
   Μασεκκας ▸ 2
      Noun · feminine · singular · genitive · (proper) ▸ **2** (Gen. 36,36; 1Chr. 1,47)

Μασελμωθ Meshillemith ▸ 1
   Μασελμωθ ▸ 1
      Noun · masculine · singular · genitive · (proper) ▸ **1** (1Chr. 9,12)

Μασεμαννη Mishmannah ▸ 1
   Μασεμαννη ▸ 1
      Noun · masculine · singular · nominative · (proper) ▸ **1** (1Chr. 12,11)

μασενα (Hebr.) Second Quarter ▸ 1
   μασενα ▸ 1
      Noun · feminine · singular · dative · (common) ▸ **1** (2Kings 22,14)

Μασερεμ Maserem (Heb. stronghold) ▸ 1
   Μασερεμ ▸ 1
      Noun · feminine · singular · dative · (proper) ▸ **1** (1Sam. 23,14)

Μασερεφωθμαιμ Misrephoth Maim ▸ 1
   Μασερεφωθμαιμ ▸ 1
      Noun · feminine · singular · genitive · (proper) ▸ **1** (Josh. 13,6)

Μασερων Misrephoth ▸ 1
   Μασερων ▸ 1
      Noun · singular · genitive · (proper) ▸ **1** (Josh. 11,8)

Μασηα Maaseiah ▸ 1
   Μασηα ▸ 1
      Noun · masculine · singular · nominative · (proper) ▸ **1** (Ezra 10,30)

Μασηας Maaseiah ▸ 1
   Μασηας ▸ 1
      Noun · masculine · singular · nominative · (proper) ▸ **1** (1Esdr. 9,19)

Μασιας Masiah ▸ 1
   Μασιας ▸ 1
      Noun · masculine · singular · genitive · (proper) ▸ **1** (1Esdr. 5,34)

Μασμα Mishma ▸ 3
   Μασμα ▸ 3
      Noun · masculine · singular · nominative · (proper) ▸ **3** (Gen. 25,14; 1Chr. 1,30; 1Chr. 4,25)

μασμαρωθ (Hebr.) snuffers; extinguishers ▸ 1
   μασμαρωθ ▸ 1
      Noun · **1** (Jer. 52,19)

Μασομελ (Hebr.) to the north, left ▸ 1
   μασομελ ▸ 1
      Noun · singular · accusative · (proper) ▸ **1** (Josh. 19,27)

Μασσαλημ Meshullam ▸ 1
   Μασσαλημ ▸ 1
      Noun · masculine · singular · nominative · (proper) ▸ **1** (1Chr. 9,8)

Μασσαμ Mibsam ▸ 1
   Μασσαμ ▸ 1
      Noun · masculine · singular · nominative · (proper) ▸ **1** (Gen. 25,13)

Μασση Mesha; Massa ▸ 3
   Μασση ▸ 3
      Noun · singular · genitive · (proper) ▸ **1** (Gen. 10,30)
      Noun · masculine · singular · nominative · (proper) ▸ **2** (Gen. 25,14; 1Chr. 1,30)

Μασσημα Mizpah (?) ▸ 1
   Μασσημα ▸ 1
      Noun · singular · nominative · (proper) ▸ **1** (Josh. 18,26)

Μασσηφα Mizpah ▸ 24 + 7 = 31
   Μασσηφα ▸ 24 + 7 = 31
      Noun · singular · accusative · (proper) ▸ **15** (Judg. 11,34; Judg. 20,1; Judg. 20,3; Judg. 21,2; Judg. 21,5; Judg. 21,8; 1Sam. 22,3; 1Mac. 3,46; Jer. 47,6; Jer. 47,8; Jer. 47,10; Jer. 47,12; Jer. 47,13; Jer. 48,1; Jer. 48,10)
      Noun · singular · dative · (proper) ▸ **4** (Judg. 21,1; 1Mac. 3,46; Jer. 47,15; Jer. 48,3)
      Noun · feminine · singular · accusative · (proper) ▸ 2 + 5 = **7** (Josh. 13,26; 1Sam. 10,17; Judg. 11,34; Judg. 20,1; Judg. 20,3; Judg. 21,5; Judg. 21,8)
      Noun · feminine · singular · dative · (proper) ▸ 2 + 2 = **4** (Judg. 10,17; Judg. 11,11; Judg. 11,11; Judg. 21,1)
      Noun · feminine · singular · genitive · (proper) ▸ **1** (Josh. 11,3)

Μασσηφαθ Mizpah ▸ 9
   Μασσηφαθ ▸ 9
      Noun · feminine · singular · accusative · (proper) ▸ **7** (1Sam. 7,5; 1Sam. 7,6; 1Sam. 7,6; 1Sam. 7,7; 1Sam. 7,16; 2Kings 25,23; 2Kings 25,25)
      Noun · feminine · singular · genitive · (proper) ▸ **2** (1Sam. 7,11; 1Sam. 7,12)

Μασσιας Maaseiah ▸ 1
   Μασσιας ▸ 1
      Noun · masculine · singular · nominative · (proper) ▸ **1** (1Esdr. 9,22)

Μασσουρουθ Moseroth ▸ 2
   Μασσουρουθ ▸ 2
      Noun · singular · accusative · (proper) ▸ **1** (Num. 33,30)
      Noun · singular · genitive · (proper) ▸ **1** (Num. 33,31)

Μασσωχ Massoch (Mizpah?) ▸ 1
   Μασσωχ ▸ 1
      Noun · singular · genitive · (proper) ▸ **1** (Josh. 11,8)

μαστιγόω to whip, beat with a whip ▸ 31 + 4 + 7 = 42
   ἐμαστίγωσεν ▸ 1
      Verb · third · singular · aorist · active · indicative ▸ **1** (John 19,1)
   ἐμαστίγωσέν ▸ 1
      Verb · third · singular · aorist · active · indicative ▸ **1** (Tob. 11,14)
   ἐμαστίγου ▸ 1
      Verb · third · singular · imperfect · active · indicative ▸ **1** (1Kings 12,24r)
   ἐμαστίγουν ▸ 1
      Verb · third · plural · imperfect · active · indicative ▸ **1** (2Mac. 3,26)
   ἐμαστιγώθησαν ▸ 2
      Verb · third · plural · aorist · passive · indicative ▸ **2** (Ex. 5,14; Wis. 16,16)
   ἐμαστίγωσας ▸ 3
      Verb · second · singular · aorist · active · indicative ▸ **3** (Tob. 11,14; Job 30,21; Jer. 5,3)

μαστιγοῖ ▸ 3 + **1** + **1** = 5
   Verb · third · singular · present · active · indicative   ▸ 3 + **1** + **1** = 5 (Judith 8,27; Tob. 13,2; Prov. 3,12; Tob. 13,2; Heb. 12,6)
μαστιγοῖς ▸ 3 + **1** = 4
   Verb · second · singular · present · active · indicative ▸ 3 + **1** = 4 (Tob. 3,9; Prov. 27,22; Wis. 12,22; Tob. 3,9)
μαστιγούμενος ▸ 1
   Verb · present · passive · participle · masculine · singular · nominative ▸ **1** (2Mac. 6,30)
μαστιγουμένου ▸ 1
   Verb · present · passive · participle · masculine · singular · genitive ▸ **1** (Prov. 19,25)
μαστιγωθείς ▸ 2
   Verb · aorist · passive · participle · masculine · singular · nominative ▸ **2** (2Mac. 5,18; Prov. 17,10)
μαστιγωθῇς ▸ 1
   Verb · second · singular · aorist · passive · subjunctive ▸ **1** (2Chr. 25,16)
μαστιγωθήσονται ▸ 1
   Verb · third · plural · future · passive · indicative ▸ **1** (Psa. 72,5)
μαστιγῶσαι ▸ **1** + **1** = 2
   Verb · aorist · active · infinitive ▸ **1** + **1** = **2** (Deut. 25,3; Matt. 20,19)
μαστιγώσαντες ▸ 1
   Verb · aorist · active · participle · masculine · plural · nominative ▸ **1** (Luke 18,33)
μαστιγώσει ▸ 2 + **1** = 3
   Verb · third · singular · future · active · indicative ▸ 2 + **1** = 3 (Tob. 13,5; Tob. 13,10; Tob. 13,5)
μαστιγώσετε ▸ 1
   Verb · second · plural · future · active · indicative ▸ **1** (Matt. 23,34)
μαστιγώσουσί ▸ 1
   Verb · third · plural · future · active · indicative ▸ **1** (Dan. 4,26)
μαστιγώσουσιν ▸ 2 + **2** = 4
   Verb · third · plural · future · active · indicative ▸ 2 + **2** = 4 (Deut. 25,2; Deut. 25,3; Matt. 10,17; Mark 10,34)
μεμαστιγωμένον ▸ 1
   Verb · perfect · passive · participle · masculine · singular · accusative ▸ **1** (2Mac. 3,38)
μεμαστιγωμένος ▸ 3
   Verb · perfect · passive · participle · masculine · singular · nominative ▸ **3** (2Mac. 3,34; Psa. 72,14; Sir. 30,14)
μεμαστίγωνται ▸ 1
   Verb · third · plural · perfect · passive · indicative ▸ **1** (Ex. 5,16)
μεμαστίγωσαι ▸ 1
   Verb · second · singular · perfect · passive · indicative ▸ **1** (Job 15,11)
μαστίζω (μαστιγόω) to whip, scourge ▸ 3 + **1** = 4
   ἐμάστιξεν ▸ 1
      Verb · third · singular · aorist · active · indicative ▸ **1** (3Mac. 2,21)
   μαστίζειν ▸ 1
      Verb · present · active · infinitive ▸ **1** (Acts 22,25)
   μαστιζόμενον ▸ 1
      Verb · present · passive · participle · neuter · singular · nominative ▸ **1** (Wis. 5,11)
   μαστίξαι ▸ 1
      Verb · aorist · active · infinitive ▸ **1** (Num. 22,25)
μάστιξ (μαστιγόω) whip; affliction, illness ▸ 37 + **1** + 6 = 44
   μάστιγα ▸ 1
      Noun · feminine · singular · accusative · (common) ▸ **1** (Sol. 7,9)
   μάστιγας ▸ 6 + **1** = 7
      Noun · feminine · plural · accusative · (common) ▸ 6 + **1** = 7 (Psa. 37,18; Sir. 23,2; Sir. 30,1; Sir. 39,28; Sol. 10,2; Is. 50,6; Mark 3,10)
   μάστιγάς ▸ 1
      Noun · feminine · plural · accusative · (common) ▸ **1** (Psa. 38,11)
   μάστιγες ▸ 4
      Noun · feminine · plural · nominative · (common) ▸ **4** (Psa. 31,10; Psa. 34,15; Prov. 19,29; Sir. 22,6)
   μάστιγι ▸ 4
      Noun · feminine · singular · dative · (common) ▸ **4** (2Mac. 9,11; Psa. 72,4; Sol. 10,1; Jer. 6,7)
   μάστιγξιν ▸ 5
      Noun · feminine · plural · dative · (common) ▸ **4** (1Kings 12,11; 1Kings 12,14; 2Chr. 10,11; 2Chr. 10,14)
      Noun · neuter · plural · dative · (common) ▸ **1** (1Kings 12,24r)
   μάστιγος ▸ 2 + **1** = 3
      Noun · feminine · singular · genitive · (common) ▸ 2 + **1** = 3 (Job 5,21; Sir. 28,17; Mark 5,29)
   μάστιγός ▸ 1
      Noun · feminine · singular · genitive ▸ **1** (Mark 5,34)
   μάστιγων ▸ 2 + **2** = 4
      Noun · feminine · plural · genitive · (common) ▸ 2 + **2** = 4 (2Mac. 7,37; Nah. 3,2; Luke 7,21; Heb. 11,36)
   μάστιξ ▸ 6
      Noun · feminine · singular · nominative · (common) ▸ **6** (Psa. 90,10; Prov. 26,3; Job 21,9; Sir. 23,11; Sir. 26,6; Sir. 40,9)
   μάστιξιν ▸ 5 + **1** = 6
      Noun · feminine · plural · dative · (common) ▸ 5 + **1** = 6 (2Mac. 7,1; 4Mac. 6,3; 4Mac. 6,6; 4Mac. 9,12; Psa. 88,33; Acts 22,24)
   μάστιξίν ▸ **1** + **1** = 2
      Noun · feminine · plural · dative · (common) ▸ **1** + **1** = **2** (Tob. 13,16; Tob. 13,16)
μαστός breast, chest ▸ 35 + **3** = 38
   μαστοί ▸ 3 + **2** = 5
      Noun · masculine · plural · nominative · (common) ▸ 3 + 2 = 5 (Jer. 18,14; Ezek. 23,3; Ezek. 23,21; Luke 11,27; Luke 23,29)
   μαστοί ▸ 9
      Noun · masculine · plural · nominative · (common) ▸ **9** (Song 1,2; Song 4,5; Song 4,10; Song 4,10; Song 7,4; Song 7,8; Song 7,9; Song 8,10; Ezek. 16,7)
   μαστοῖς ▸ 1
      Noun · masculine · plural · dative ▸ **1** (Rev. 1,13)
   μαστοῦ ▸ 3
      Noun · masculine · singular · genitive · (common) ▸ **3** (Job 24,9; Is. 28,9; Is. 66,11)
   μαστούς ▸ 7
      Noun · masculine · plural · accusative · (common) ▸ **7** (Song 1,4; Song 6,11; Song 7,13; Joel 2,16; Lam. 2,20; Lam. 4,3; Ezek. 16,4)
   μαστοὺς ▸ 6
      Noun · masculine · plural · accusative · (common) ▸ **6** (2Mac. 3,19; 3Mac. 5,49; Song 8,1; Song 8,8; Job 3,12; Hos. 9,14)
   μαστῶν ▸ 7
      Noun · masculine · plural · genitive · (common) ▸ **7** (Gen. 49,25; 2Mac. 6,10; 3Mac. 5,50; Psa. 21,10; Song 1,13; Hos. 2,4; Is. 32,12)
Μασφα Mizpah ▸ 2 + **2** = 4
   Μασφα ▸ 2 + **2** = 4
      Noun · singular · nominative · (proper) ▸ 1 + **2** = 3 (Josh. 15,38; Josh. 15,38; Josh. 18,26)
      Noun · feminine · singular · accusative · (proper) ▸ **1** (2Chr. 16,6)
Μασφαρ Mispar ▸ 2
   Μασφαρ ▸ 2

Noun · masculine · singular · genitive · (proper) ▸ **1** (Neh. 7,7)
Noun · masculine · singular · nominative · (proper) ▸ **1** (Ezra 2,2)

Μασφαραθ Mispereth ▸ **1**
  Μασφαραθ ▸ **1**
    Noun · masculine · singular · genitive · (proper) ▸ **1** (Neh. 7,7)

Μασφασσατ Masphassat (?) ▸ **1**
  Μασφασσατ ▸ **1**
    Noun · singular · genitive · (proper) ▸ **1** (Josh. 19,29)

Μασφε Mizpah ▸ **1**
  Μασφε ▸ **1**
    Noun · masculine · singular · genitive · (proper) ▸ **1** (Neh. 3,19)

ματαιολογία (μάταιος; λέγω) empty talk ▸ **1**
  ματαιολογίαν ▸ **1**
    Noun · feminine · singular · accusative ▸ **1** (1Tim. 1,6)

ματαιολόγος (μάταιος; λέγω) empty talker; empty talking ▸ **1**
  ματαιολόγοι ▸ **1**
    Noun · masculine · plural · nominative ▸ **1** (Titus 1,10)

μάταιος empty, vain ▸ **75** + **6** = **81**
  Ματαία ▸ **1**
    Adjective · feminine · singular · nominative · noDegree ▸ **1** (Is. 30,7)
  ματαία ▸ **6** + **1** = **7**
    Adjective · feminine · singular · nominative · noDegree ▸ **6** + **1** = **7** (Psa. 5,10; Psa. 59,13; Psa. 107,13; Prov. 26,2; Is. 30,15; Is. 33,11; 1Cor. 15,17)
  μάταια ▸ **25**
    Adjective · neuter · plural · accusative · noDegree ▸ **20** (Psa. 11,3; Ode. 6,9; Prov. 12,11; Prov. 21,6; Job 20,18; Hos. 6,8; Hos. 12,2; Jonah 2,9; Zeph. 3,13; Zech. 10,2; Zech. 11,17; Is. 32,6; Lam. 2,14; Lam. 2,14; Lam. 4,17; Ezek. 11,2; Ezek. 13,6; Ezek. 13,9; Ezek. 13,19; Ezek. 22,28)
    Adjective · neuter · plural · nominative · noDegree ▸ **5** (Amos 2,4; Is. 22,2; Is. 30,7; Jer. 10,3; Ezek. 8,10)
  ματαία ▸ **2**
    Adjective · feminine · singular · dative · noDegree ▸ **2** (Is. 30,28; Ezek. 21,34)
  μάταιά ▸ **3**
    Adjective · neuter · plural · nominative · noDegree ▸ **3** (Sir. 34,5; Jer. 10,15; Jer. 28,18)
  μάταιαι ▸ **1**
    Adjective · feminine · plural · nominative · noDegree ▸ **1** (Ezek. 13,8)
  ματαίαν ▸ **3**
    Adjective · feminine · singular · accusative · noDegree ▸ **3** (Ex. 23,1; Is. 28,29; Is. 31,2)
  ματαίας ▸ **1** + **1** = **2**
    Adjective · feminine · plural · accusative · noDegree ▸ **1** + **1** = **2** (Ezek. 13,7; 1Pet. 1,18)
  Μάταιοι ▸ **1**
    Adjective · masculine · plural · nominative · noDegree ▸ **1** (Wis. 13,1)
  μάταιοι ▸ **4** + **2** = **6**
    Adjective · feminine · plural · nominative · noDegree ▸ **1** + **1** = **2** (4Mac. 16,7; Titus 3,9)
    Adjective · masculine · plural · nominative · noDegree ▸ **3** + **1** = **4** (Psa. 61,10; Psa. 93,11; Is. 44,9; 1Cor. 3,20)
  ματαίοις ▸ **10**
    Adjective · neuter · plural · dative · noDegree ▸ **10** (Lev. 17,7; 1Kings 16,2; 1Kings 16,13; 1Kings 16,26; 2Chr. 11,15; 3Mac. 6,11; Is. 2,20; Is. 30,15; Is. 59,4; Jer. 8,19)
  Μάταιον ▸ **1**
    Adjective · neuter · singular · accusative · noDegree ▸ **1** (Is. 45,19)
  μάταιον ▸ **6**
    Adjective · masculine · singular · accusative · noDegree ▸ **2** (Prov. 30,8; Wis. 15,8)
    Adjective · neuter · singular · accusative · noDegree ▸ **1** (Is. 49,4)
    Adjective · neuter · singular · nominative · noDegree ▸ **3** (Prov. 31,30; Is. 1,13; Is. 29,8)
  Μάταιος ▸ **1**
    Adjective · masculine · singular · nominative · noDegree ▸ **1** (Mal. 3,14)
  μάταιος ▸ **1**
    Adjective · feminine · singular · nominative ▸ **1** (James 1,26)
  ματαίους ▸ **1**
    Adjective · masculine · plural · accusative · noDegree ▸ **1** (Mic. 1,14)
  ματαίῳ ▸ **5**
    Adjective · neuter · singular · dative · noDegree ▸ **5** (Ex. 20,7; Ex. 20,7; Deut. 5,11; Deut. 5,11; Psa. 23,4)
  ματαίων ▸ **4** + **1** = **5**
    Adjective · masculine · plural · genitive · noDegree ▸ **1** (Esth. 14,10 # 4,17p)
    Adjective · neuter · plural · genitive · noDegree ▸ **3** + **1** = **4** (2Kings 17,15; Hos. 5,11; Jer. 2,5; Acts 14,15)

ματαιότης (μάταιος) futility ▸ **54** + **3** = **57**
  Ματαιότης ▸ **1**
    Noun · feminine · singular · nominative · (common) ▸ **1** (Eccl. 1,2)
  ματαιότης ▸ **28**
    Noun · feminine · singular · nominative · (common) ▸ **28** (Psa. 38,6; Eccl. 1,2; Eccl. 1,2; Eccl. 1,14; Eccl. 2,1; Eccl. 2,11; Eccl. 2,15; Eccl. 2,17; Eccl. 2,19; Eccl. 2,21; Eccl. 2,23; Eccl. 2,26; Eccl. 3,19; Eccl. 4,4; Eccl. 4,8; Eccl. 4,16; Eccl. 5,9; Eccl. 6,2; Eccl. 6,9; Eccl. 7,6; Eccl. 8,10; Eccl. 8,14; Eccl. 8,14; Eccl. 9,2; Eccl. 11,8; Eccl. 11,10; Eccl. 12,8; Eccl. 12,8)
  ματαιότητα ▸ **8**
    Noun · feminine · singular · accusative · (common) ▸ **8** (Psa. 4,3; Psa. 118,37; Psa. 138,20; Psa. 143,8; Psa. 143,11; Prov. 22,8a; Eccl. 4,7; Eccl. 6,11)
  ματαιότητας ▸ **3**
    Noun · feminine · plural · accusative · (common) ▸ **3** (Psa. 30,7; Psa. 37,13; Psa. 39,5)
  ματαιότητες ▸ **1**
    Noun · feminine · plural · nominative · (common) ▸ **1** (Eccl. 5,6)
  ματαιότητι ▸ **4** + **2** = **6**
    Noun · feminine · singular · dative · (common) ▸ **4** + **2** = **6** (Psa. 51,9; Psa. 77,33; Psa. 143,4; Eccl. 6,4; Rom. 8,20; Eph. 4,17)
  ματαιότητος ▸ **3** + **1** = **4**
    Noun · feminine · singular · genitive · (common) ▸ **3** + **1** = **4** (Psa. 25,4; Psa. 61,10; Eccl. 6,12; 2Pet. 2,18)
  ματαιότητός ▸ **3**
    Noun · feminine · singular · genitive · (common) ▸ **3** (Eccl. 7,15; Eccl. 9,9; Eccl. 9,9)
  ματαιοτήτων ▸ **3**
    Noun · feminine · plural · genitive · (common) ▸ **3** (Eccl. 1,2; Eccl. 1,2; Eccl. 12,8)

ματαιόφρων (μάταιος; φρήν) vain minded ▸ **1**
  ματαιόφρονες ▸ **1**
    Noun · masculine · plural · nominative · (common) ▸ **1** (3Mac. 6,11)

ματαιόω (μάταιος) to be given to futility ▸ **7** + **1** = **8**

ἐματαιώθην ▸ 1
   Verb · first · singular · aorist · passive · indicative   ▸ 1   (1Chr. 21,8)
ἐματαιώθησαν ▸ 2 + 1 = 3
   Verb · third · plural · aorist · passive · indicative   ▸ 2 + 1 = 3 (2Kings 17,15; Jer. 2,5; Rom. 1,21)
ματαιοῦσιν ▸ 1
   Verb · third · plural · present · active · indicative ▸ 1 (Jer. 23,16)
ματαιωθήσεται ▸ 1
   Verb · third · singular · future · passive · indicative   ▸ 1   (Judith 6,4)
μεματαίωμαι ▸ 1
   Verb · first · singular · perfect · passive · indicative   ▸ 1   (1Sam. 26,21)
Μεματαίωταί ▸ 1
   Verb · third · singular · perfect · passive · indicative   ▸ 1   (1Sam. 13,13)
ματαίως (μάταιος)   vainly, weakly ▸ 5
   ματαίως ▸ 5
      Adverb ▸ 5 (1Kings 20,25; Psa. 3,8; Psa. 72,13; Psa. 88,48; Job 35,16)
Ματανιας   Mattaniah ▸ 1
   Ματανιας ▸ 1
      Noun · masculine · singular · nominative · (proper) ▸ 1 (1Esdr. 9,27)
Ματεκκα   Mithcah ▸ 2
   Ματεκκα ▸ 2
      Noun · singular · accusative · (proper) ▸ 1 (Num. 33,28)
      Noun · singular · genitive · (proper) ▸ 1 (Num. 33,29)
μάτην (μάταιος)   futile, purposeless, vainly ▸ 23 + 2 = 25
   μάτην ▸ 23 + 2 = 25
      Adverb ▸ 23 + 2 = 25 (1Kings 20,20; 2Mac. 7,18; 2Mac. 7,34; 4Mac. 16,8; Psa. 34,7; Psa. 38,7; Psa. 38,12; Psa. 40,7; Psa. 62,10; Psa. 126,1; Psa. 126,1; Psa. 126,2; Prov. 3,30; Is. 27,3; Is. 28,17; Is. 29,13; Is. 30,4; Is. 41,29; Jer. 2,30; Jer. 4,30; Jer. 8,8; Ezek. 14,23; Dan. 11,24; Matt. 15,9; Mark 7,7)
Ματθαν   Matthan ▸ 2
   Ματθαν ▸ 2
      Noun · masculine · singular · accusative · (proper)   ▸ 2   (2Kings 11,18; 2Chr. 23,17)
Ματθάν   Matthan ▸ 2
   Ματθάν ▸ 1
      Noun · masculine · singular · accusative · (proper)   ▸ 1   (Matt. 1,15)
   Ματθὰν ▸ 1
      Noun · masculine · singular · nominative · (proper)   ▸ 1   (Matt. 1,15)
Ματραιθ   Matred ▸ 1
   Ματραιθ ▸ 1
      Noun · masculine · singular · genitive · (proper) ▸ 1 (Gen. 36,39)
Ματταθά   Mattatha ▸ 1
   Ματταθὰ ▸ 1
      Noun · masculine · singular · genitive · (proper) ▸ 1 (Luke 3,31)
Ματταθια   Mattithiah ▸ 1
   Ματταθια ▸ 1
      Noun · masculine · singular · nominative · (proper)   ▸ 1   (1Chr. 15,18)
Ματταθιας   Mattithiah; Mattathias ▸ 22
   Ματταθια ▸ 1
      Noun · masculine · singular · dative · (proper) ▸ 1 (1Mac. 2,17)
   Ματταθιαν ▸ 1
      Noun · masculine · singular · accusative · (proper)   ▸ 1   (2Mac. 14,19)
   Ματταθιας ▸ 18
      Noun · masculine · singular · nominative · (proper)   ▸ 18   (1Chr. 9,31; 1Chr. 15,21; 1Chr. 16,5; 1Chr. 25,3; 1Chr. 25,21; 1Esdr. 9,33; 1Esdr. 9,43; Neh. 8,4; 1Mac. 2,1; 1Mac. 2,14; 1Mac. 2,16; 1Mac. 2,19; 1Mac. 2,24; 1Mac. 2,27; 1Mac. 2,39; 1Mac. 2,45; 1Mac. 11,70; 1Mac. 16,14)
   Ματταθιου ▸ 2
      Noun · masculine · singular · genitive · (proper)   ▸ 2   (1Mac. 2,49; 1Mac. 14,29)
Ματταθίας   Mattithiah; Mattathias ▸ 2
   Ματταθίου ▸ 2
      Noun · masculine · singular · genitive · (proper)   ▸ 2   (Luke 3,25; Luke 3,26)
Ματταρι   Matri ▸ 2
   Ματταρι ▸ 2
      Noun · singular · genitive · (proper)   ▸ 2   (1Sam. 10,21; 1Sam. 10,21)
Μαφα   Mephaath ▸ 1
   Μαφα ▸ 1
      Noun · feminine · singular · accusative · (proper)   ▸ 1   (Josh. 21,37)
Μαφεκαδ   (Hebr.) Inspection; Census ▸ 1
   Μαφεκαδ ▸ 1
      Noun · masculine · singular · genitive · (proper) ▸ 1 (Neh. 3,31)
Μαχαβανναι   Macbannai ▸ 1
   Μαχαβανναι ▸ 1
      Noun · masculine · singular · nominative · (proper)   ▸ 1   (1Chr. 12,14)
Μαχαβηνα   Macbenah ▸ 1
   Μαχαβηνα ▸ 1
      Noun · masculine · singular · genitive · (proper) ▸ 1 (1Chr. 2,49)
Μαχαδ   Machad (?) ▸ 1
   Μαχαδ ▸ 1
      Noun · singular · genitive · (proper) ▸ 1 (2Sam. 13,37)
Μαχαθι   Maacathite ▸ 2
   Μαχαθι ▸ 2
      Noun · masculine · singular · genitive · (proper)   ▸ 1   (2Kings 25,23)
      Noun · masculine · singular · nominative · (proper)   ▸ 1   (1Chr. 4,19)
μάχαιρα (μάχη)   dagger; short-sword ▸ 187 + 4 + 29 = 220
   Μάχαιρα ▸ 1
      Noun · masculine · singular · nominative · (common)   ▸ 1   (Jer. 14,15)
   μάχαιρα ▸ 29 + 2 = 31
      Noun · feminine · singular · nominative · (common)   ▸ 28 + 2 = 30 (Lev. 26,33; Deut. 32,25; Deut. 33,29; 2Sam. 2,16; 2Sam. 11,25; 2Sam. 18,8; 2Sam. 20,8; Psa. 56,5; Ode. 2,25; Prov. 24,22c; Prov. 25,18; Job 39,23; Zech. 11,17; Is. 1,20; Is. 31,8; Is. 31,8; Is. 34,6; Is. 51,19; Jer. 2,30; Jer. 4,10; Jer. 12,12; Jer. 26,10; Jer. 26,14; Jer. 29,6; Jer. 31,2; Lam. 1,20; Ezek. 30,4; Ezek. 38,21; Rom. 8,35; Rev. 6,4)
      Noun · feminine · singular · vocative · (common) ▸ 1 (Jer. 27,21)
   μαχαίρᾳ ▸ 41
      Noun · feminine · singular · dative · (common)   ▸ 41   (Gen. 31,26; Gen. 48,22; Ex. 22,23; Lev. 26,8; Num. 14,43; Josh. 10,11; 2Kings 19,37; 2Chr. 23,14; 2Chr. 23,21; 2Chr. 29,9; 1Mac. 10,85; Prov. 12,18; Is. 3,25; Is. 3,25; Is. 10,34; Is. 13,15; Is. 37,7; Jer. 11,22; Jer. 14,12; Jer. 16,4; Jer. 18,21; Jer. 19,7; Jer. 20,4; Jer. 21,9;

Jer. 33,23; Jer. 34,8; Jer. 38,2; Jer. 39,36; Ezek. 26,6; Ezek. 26,8; Ezek. 26,11; Ezek. 30,5; Ezek. 30,6; Ezek. 30,17; Ezek. 32,22; Ezek. 32,24; Ezek. 32,28; Ezek. 33,27; Ezek. 35,5; Ezek. 35,8; Ezek. 39,23)

μάχαιρά ▸ 3
Noun · feminine · singular · nominative · (common) ▸ **3** (Deut. 32,42; Ode. 2,42; Is. 34,5)

μάχαιραι ▸ 1 + 1 = 2
Noun · feminine · plural · nominative · (common) ▸ 1 + 1 = **2** (Ezek. 38,4; Luke 22,38)

μαχαίραις ▸ 10
Noun · feminine · plural · dative · (common) ▸ **10** (1Kings 18,28; Esth. 13,6 # 3,13f; Job 1,15; Job 1,17; Is. 14,19; Is. 37,38; Jer. 20,4; Ezek. 26,9; Ezek. 28,23; Ezek. 32,12)

μάχαιραν ▸ 48 + 3 + 11 = 62
Noun · feminine · singular · accusative · (common) ▸ 48 + 3 + 11 = **62** (Gen. 22,6; Gen. 22,10; Gen. 34,25; Lev. 26,25; Num. 22,29; Num. 22,31; Judg. 3,16; Judg. 3,21; Judg. 3,22; Judg. 7,22; Judg. 8,20; Judg. 19,29; 2Sam. 20,8; 2Sam. 20,10; 2Sam. 23,10; 1Kings 3,24; 1Kings 3,24; 1Chr. 5,18; 1Chr. 21,5; 1Chr. 21,5; 1Chr. 21,12; 1Mac. 3,12; Psa. 151,7; Is. 2,4; Is. 27,1; Is. 49,2; Is. 65,12; Jer. 5,12; Jer. 9,15; Jer. 14,13; Jer. 15,2; Jer. 15,2; Jer. 15,3; Jer. 15,9; Jer. 24,10; Jer. 27,35; Jer. 27,36; Jer. 27,37; Jer. 27,37; Jer. 27,37; Jer. 31,10; Jer. 32,29; Jer. 32,31; Jer. 41,17; Ezek. 5,2; Ezek. 5,12; Ezek. 26,15; Ezek. 30,22; Judg. 3,16; Judg. 3,21; Judg. 3,22; Matt. 10,34; Matt. 26,51; Matt. 26,52; Mark 14,47; Luke 22,36; John 18,10; John 18,11; Acts 16,27; Rom. 13,4; Eph. 6,17; Heb. 4,12)

μαχαιράν ▸ 4 + 1 = 5
Noun · feminine · singular · accusative · (common) ▸ 4 + 1 = **5** (Deut. 32,41; Judg. 9,54; Ode. 2,41; Jer. 25,17; Matt. 26,52)

μαχαίρας ▸ 44 + 1 = 45
Noun · feminine · plural · accusative · (common) ▸ **17** (Josh. 5,2; Josh. 5,3; Josh. 21,42d; Josh. 24,31a; 2Chr. 23,9; 1Esdr. 3,22; 1Mac. 4,6; Prov. 30,14; Is. 2,4; Is. 41,2; Ezek. 28,7; Ezek. 30,11; Ezek. 30,21; Ezek. 31,17; Ezek. 32,26; Ezek. 32,27; Ezek. 38,8)
Noun · feminine · singular · genitive · (common) ▸ 27 + 1 = **28** (Gen. 34,26; Ex. 17,13; Deut. 13,16; Deut. 20,13; Josh. 19,48; Prov. 5,4; Sir. 28,18; Is. 21,15; Is. 22,2; Is. 31,8; Jer. 14,16; Jer. 14,18; Jer. 18,21; Jer. 21,7; Jer. 21,7; Jer. 26,16; Jer. 27,16; Jer. 32,16; Jer. 32,27; Jer. 32,38; Jer. 39,24; Ezek. 31,18; Ezek. 32,20; Ezek. 32,21; Ezek. 32,29; Ezek. 32,30; Ezek. 32,32; Bel 25)

μαχαίρῃ ▸ 3 + 5 = 8
Noun · feminine · singular · dative · (common) ▸ 3 + 5 = **8** (Gen. 27,40; Ex. 15,9; Ode. 1,9; Matt. 26,52; Luke 22,49; Acts 12,2; Rev. 13,10; Rev. 13,10)

μαχαίρης ▸ 2 + 4 = 6
Noun · feminine · singular · genitive · (common) ▸ 2 + 4 = **6** (Num. 21,24; 2Sam. 15,14; Luke 21,24; Heb. 11,34; Heb. 11,37; Rev. 13,14)

μαχαιρῶν ▸ 1 + 5 = 6
Noun · feminine · plural · genitive · (common) ▸ 1 + 5 = **6** (2Mac. 5,2; Matt. 26,47; Matt. 26,55; Mark 14,43; Mark 14,48; Luke 22,52)

Μαχαμας Micmash ▸ 1
Μαχαμας ▸ 1
Noun · masculine · singular · genitive · (proper) ▸ **1** (Neh. 11,31)

Μαχαναρεθ Kinnereth ▸ 1
Μαχαναρεθ ▸ 1
Noun · (proper) ▸ **1** (Deut. 3,17)

Μαχανια Mattaniah ▸ 1
Μαχανια ▸ 1
Noun · masculine · singular · nominative · (proper) ▸ **1** (Neh. 12,8)

Μαχαριμ Madmannah ▸ 1
Μαχαριμ ▸ 1
Noun · singular · nominative · (proper) ▸ **1** (Josh. 15,31)

Μαχατι Maacah ▸ 4
Μαχατι ▸ 4
Noun · feminine · singular · accusative · (proper) ▸ **1** (Josh. 12,5)
Noun · masculine · singular · accusative · (proper) ▸ **1** (Josh. 13,13)
Noun · masculine · singular · genitive · (proper) ▸ **1** (Josh. 13,11)
Noun · masculine · singular · nominative · (proper) ▸ **1** (Josh. 13,13)

Μαχεμας Micmash ▸ 9
Μαχεμας ▸ 9
Noun · singular · accusative · (proper) ▸ **2** (1Sam. 13,11; 1Sam. 13,16)
Noun · singular · dative · (proper) ▸ **4** (1Sam. 13,2; 1Sam. 13,5; 1Sam. 14,31; 1Kings 4,9)
Noun · singular · genitive · (proper) ▸ **2** (1Sam. 13,22; 1Sam. 13,23)
Noun · masculine · singular · genitive · (proper) ▸ **1** (Neh. 7,31)

Μαχες Maches (Lahmas?) ▸ 1
Μαχες ▸ 1
Noun · singular · nominative · (proper) ▸ **1** (Josh. 15,40)

μάχη battle, quarrel, strife; contradiction ▸ 32 + 1 + 4 = 37
μάχαι ▸ 1 + 2 = 3
Noun · feminine · plural · nominative · (common) ▸ 1 + 2 = **3** (Prov. 30,33; 2Cor. 7,5; James 4,1)

μάχαις ▸ 1
Noun · feminine · plural · dative · (common) ▸ **1** (Prov. 17,19)

μάχας ▸ 2 + 2 = 4
Noun · feminine · plural · accusative · (common) ▸ 2 + 2 = **4** (Prov. 15,18; Is. 58,4; 2Tim. 2,23; Titus 3,9)

μάχη ▸ 9
Noun · feminine · singular · nominative · (common) ▸ **9** (Gen. 13,7; Gen. 13,8; 1Mac. 7,28; Prov. 17,14; Prov. 25,10; Prov. 26,20; Sir. 27,14; Sir. 27,15; Sir. 28,11)

μάχῃ ▸ 2
Noun · feminine · singular · dative · (common) ▸ **2** (Judg. 11,25; Sir. 31,26)

μάχην ▸ 6
Noun · feminine · singular · accusative · (common) ▸ **6** (Josh. 4,13; 1Mac. 10,53; Prov. 25,8; Sir. 6,9; Sir. 8,16; Sir. 28,8)

μάχης ▸ 11 + 1 = 12
Noun · feminine · singular · genitive · (common) ▸ 11 + 1 = **12** (2Sam. 22,44; 1Esdr. 1,28; 2Mac. 10,29; 2Mac. 12,11; 3Mac. 1,4; Prov. 17,1; Prov. 26,21; Prov. 30,32; Job 38,23; Sir. 28,8; Sir. 28,10; Judg. 20,38)

μαχητής (μάχη) fighter ▸ 23 + 1 = 24
μαχηταί ▸ 5
Noun · masculine · plural · nominative · (common) ▸ **5** (Joel 2,7; Zech. 10,5; Zech. 10,7; Jer. 26,9; Jer. 28,56)

μαχηταί ▸ 2
Noun · masculine · plural · nominative · (common) ▸ **2** (2Sam. 15,18; Obad. 9)

μαχηταῖς ▸ 1
Noun · masculine · plural · dative · (common) ▸ **1** (Judg. 5,23)

μαχητάς ▸ 2
Noun · masculine · plural · accusative · (common) ▸ **2** (Joel 4,9; Hab. 1,6)

μαχητάς ▸ 4

Noun · masculine · plural · accusative · (common) ▸ **4** (Judg. 3,29; 1Chr. 28,1; Jer. 27,36; Jer. 27,37)
- μαχητήν ▸ **1**
  - **Noun** · masculine · singular · accusative · (common) ▸ **1** (Jer. 26,12)
- μαχητής ▸ **1**
  - **Noun** · masculine · singular · nominative · (common) ▸ **1** (Joel 4,11)
- μαχητὴς ▸ **4** + **1** = **5**
  - **Noun** · masculine · singular · nominative · (common) ▸ **4** + **1** = **5** (Amos 2,14; Jer. 20,11; Jer. 26,12; Jer. 28,30; Judg. 12,2)
- μαχητοῦ ▸ **2**
  - **Noun** · masculine · singular · genitive · (common) ▸ **2** (Zech. 9,13; Jer. 27,9)
- μαχητῶν ▸ **1**
  - **Noun** · masculine · plural · genitive · (common) ▸ **1** (2Sam. 24,9)

μάχιμος (μάχη) fighting, quarrelsome ▸ **7**
- μάχιμοι ▸ **3**
  - **Adjective** · masculine · plural · nominative · noDegree ▸ **3** (Josh. 6,7; Josh. 6,9; Josh. 6,13)
- μαχίμου ▸ **1**
  - **Adjective** · feminine · singular · genitive · noDegree ▸ **1** (Prov. 21,19)
- μαχίμους ▸ **1**
  - **Adjective** · masculine · plural · accusative · noDegree ▸ **1** (Josh. 6,3)
- μαχίμων ▸ **2**
  - **Adjective** · feminine · plural · genitive · noDegree ▸ **1** (2Kings 19,25)
  - **Adjective** · masculine · plural · genitive · noDegree ▸ **1** (Josh. 5,6)

Μαχιρ food (?); Makir ▸ **25** + **1** = **26**
- Μαχιρ ▸ **25** + **1** = **26**
  - **Noun** · singular · dative · (proper) ▸ **1** (Judg. 5,14)
  - **Noun** · singular · genitive · (proper) ▸ **1** (Judg. 5,14)
  - **Noun** · masculine · singular · accusative · (proper) ▸ **3** (Gen. 46,20; 1Chr. 4,11; 1Chr. 7,14)
  - **Noun** · masculine · singular · dative · (proper) ▸ **4** (Num. 26,33; Num. 32,40; Deut. 3,15; Josh. 17,1)
  - **Noun** · masculine · singular · genitive · (proper) ▸ **13** (Gen. 50,23; Num. 27,1; Num. 32,39; Num. 36,1; Josh. 13,31; Josh. 13,31; 2Sam. 9,4; 2Sam. 9,5; 1Chr. 2,21; 1Chr. 2,23; 1Chr. 7,16; 1Chr. 7,17; 1Chr. 9,8)
  - **Noun** · masculine · singular · nominative · (proper) ▸ **4** (Gen. 46,20; Num. 26,33; 2Sam. 17,27; 1Chr. 7,15)

μαχιρ food (?); Makir ▸ **1**
- μαχιρ ▸ **1**
  - **Noun** ▸ **1** (1Kings 5,25)

Μαχιρι Makirite ▸ **1**
- Μαχιρι ▸ **1**
  - **Noun** · masculine · singular · nominative · (proper) ▸ **1** (Num. 26,33)

μαχμα (Hebr.) thick cloth ▸ **1**
- μαχμα ▸ **1**
  - **Noun** · neuter · singular · accusative · (common) ▸ **1** (2Kings 8,15)

Μαχμας Micmash ▸ **5**
- Μαχμας ▸ **5**
  - **Noun** · singular · dative · (proper) ▸ **3** (1Sam. 14,5; 1Mac. 9,73; Is. 10,28)
  - **Noun** · singular · genitive · (proper) ▸ **1** (Ezra 2,27)
  - **Noun** · singular · nominative · (proper) ▸ **1** (Hos. 9,6)

Μαχναδαβου Macnadebai ▸ **1**
- Μαχναδαβου ▸ **1**
  - **Noun** · masculine · singular · nominative · (proper) ▸ **1** (Ezra 10,40)

μάχομαι (μάχη) to quarrel, fight; contradict ▸ **21** + **2** + **4** = **27**
- ἐμαχεσάμην ▸ **4**
  - **Verb** · first · singular · aorist · middle · indicative ▸ **4** (Neh. 5,7; Neh. 13,11; Neh. 13,17; Neh. 13,25)
- ἐμαχέσαντο ▸ **7**
  - **Verb** · third · plural · aorist · middle · indicative ▸ **7** (Gen. 26,20; Gen. 26,22; Lev. 24,10; Josh. 9,18; 2Sam. 14,6; 2Kings 3,23; Song 1,6)
- ἐμαχέσατο ▸ **3** + **1** = **4**
  - **Verb** · third · singular · aorist · middle · indicative ▸ **3** + **1** = **4** (Gen. 31,36; Judg. 11,25; 2Chr. 27,5; Judg. 11,25)
- Ἐμάχοντο ▸ **1**
  - **Verb** · third · plural · imperfect · middle · indicative ▸ **1** (John 6,52)
- μάχεσθαι ▸ **2** + **1** = **3**
  - **Verb** · present · middle · infinitive ▸ **2** + **1** = **3** (Is. 28,20; Jer. 40,5; 2Tim. 2,24)
- μάχεσθε ▸ **1**
  - **Verb** · second · plural · present · middle · indicative ▸ **1** (James 4,2)
- μαχομένοις ▸ **1**
  - **Verb** · present · middle · participle · masculine · plural · dative ▸ **1** (Acts 7,26)
- μαχόμενος ▸ **1** + **1** = **2**
  - **Verb** · present · middle · participle · masculine · singular · nominative ▸ **1** + **1** = **2** (Is. 27,8; Judg. 11,25)
- μαχομένους ▸ **1**
  - **Verb** · present · middle · participle · masculine · plural · accusative ▸ **1** (2Mac. 10,17)
- μαχομένων ▸ **1**
  - **Verb** · present · middle · participle · masculine · plural · genitive ▸ **1** (2Mac. 12,36)
- μάχωνται ▸ **2**
  - **Verb** · third · plural · present · middle · subjunctive ▸ **2** (Ex. 21,22; Deut. 25,11)

Μαχω Macho (?) ▸ **1**
- Μαχω ▸ **1**
  - **Noun** · singular · accusative · (proper) ▸ **1** (Josh. 16,7)

Μαψαρ Mapsar (Heb. from the fortress) ▸ **1**
- Μαψαρ ▸ **1**
  - **Noun** · singular · accusative · (proper) ▸ **1** (2Sam. 24,7)

Μαωζ Maoz (Heb. stronghold, height) ▸ **1**
- Μαωζ ▸ **1**
  - **Noun** · singular · genitive · (proper) ▸ **1** (Judg. 6,26)

μαωζιν fortresses ▸ **1**
- μαωζιν ▸ **1**
  - **Noun** ▸ **1** (Dan. 11,38)

Μαων Maon ▸ **3** + **1** = **4**
- Μαων ▸ **3** + **1** = **4**
  - **Noun** · singular · genitive · (proper) ▸ **1** (Jer. 31,23)
  - **Noun** · masculine · singular · nominative · (proper) ▸ **2** + **1** = **3** (1Chr. 2,45; 1Chr. 2,45; Josh. 15,55)

Μαωνιμ Meunim ▸ **1**
- Μαωνιμ ▸ **1**
  - **Noun** · masculine · singular · genitive · (proper) ▸ **1** (Ezra 2,50)

Μαωρ Maon ▸ **1**
- Μαωρ ▸ **1**

Μεαζωθ Mahazioth ▸ 2
- Μεαζωθ ▸ 2
  - **Noun** · masculine · singular · nominative · (proper) ▸ 2 (1Chr. 25,4; 1Chr. 25,30)

Μεαμιν Mijamin ▸ 1
- Μεαμιν ▸ 1
  - **Noun** · masculine · singular · nominative · (proper) ▸ 1 (Ezra 10,25)

Μεβααρ Mibhar ▸ 1
- Μεβααρ ▸ 1
  - **Noun** · masculine · singular · nominative · (proper) ▸ 1 (1Chr. 11,38)

Μεγαλα Migdal El ▸ 1
- Μεγαλα ▸ 1
  - **Noun** · singular · nominative · (proper) ▸ 1 (Josh. 19,38)

μεγαλαυχέω (μέγας; αὐχέω) to boast ▸ 5
- ἐμεγαλαύχησεν ▸ 2
  - **Verb** · third · singular · aorist · active · indicative ▸ 2 (2Mac. 15,32; Sir. 48,18)
- ἐμεγαλαύχουν ▸ 1
  - **Verb** · third · plural · imperfect · active · indicative ▸ 1 (Ezek. 16,50)
- μεγαλαυχεῖν ▸ 1
  - **Verb** · present · active · infinitive ▸ 1 (Psa. 9,39)
- μεγαλαυχῆσαι ▸ 1
  - **Verb** · aorist · active · infinitive ▸ 1 (Zeph. 3,11)

μεγαλαυχία (μέγας; αὐχέω) great boasting, arrogance ▸ 1
- μεγαλαυχίας ▸ 1
  - **Noun** · feminine · singular · genitive · (common) ▸ 1 (4Mac. 2,15)

μεγαλεῖος (μέγας) mighty, magnificent; mighty act ▸ 15 + 1 = 16
- μεγαλεῖα ▸ 8 + 1 = 9
  - **Adjective** · neuter · plural · accusative · noDegree ▸ 8 + 1 = 9 (Deut. 11,2; Tob. 11,15; 3Mac. 7,22; Psa. 70,19; Ode. 9,49; Sir. 17,10; Sir. 18,4; Sir. 42,21; Acts 2,11)
- μεγαλεῖά ▸ 1
  - **Adjective** · neuter · plural · accusative · noDegree ▸ 1 (Sir. 36,7)
- μεγαλεῖον ▸ 5
  - **Adjective** · neuter · singular · accusative · noDegree ▸ 4 (2Mac. 3,34; 2Mac. 7,17; Sir. 17,8; Sir. 17,13)
  - **Adjective** · neuter · singular · nominative · noDegree ▸ 1 (Sir. 45,24)
- μεγαλείῳ ▸ 1
  - **Adjective** · neuter · singular · dative · noDegree ▸ 1 (Sir. 43,15)

μεγαλειότης (μέγας) majesty ▸ 4 + 3 = 7
- μεγαλειότης ▸ 1
  - **Noun** · feminine · singular · nominative · (common) ▸ 1 (1Esdr. 4,40)
- μεγαλειότητα ▸ 3
  - **Noun** · feminine · singular · accusative · (common) ▸ 2 (1Esdr. 1,4; Dan. 7,27)
  - **Noun** · masculine · singular · accusative · (common) ▸ 1 (Jer. 40,9)
- μεγαλειότητι ▸ 1
  - **Noun** · feminine · singular · dative ▸ 1 (Luke 9,43)
- μεγαλειότητος ▸ 2
  - **Noun** · feminine · singular · genitive ▸ 2 (Acts 19,27; 2Pet. 1,16)

μεγαλόδοξος (μέγας; δόξα) greatly in glory ▸ 1
- μεγαλόδοξος ▸ 1
  - **Adjective** · masculine · singular · nominative · noDegree ▸ 1 (3Mac. 6,18)

μεγαλοδόξως (μέγας; δόξα) gloriously ▸ 1
- μεγαλοδόξως ▸ 1
  - **Adverb** ▸ 1 (3Mac. 6,39)

μεγαλοκράτωρ (μέγας; κεράννυμι) great in power ▸ 1
- μεγαλοκράτωρ ▸ 1
  - **Noun** · masculine · singular · nominative · (common) ▸ 1 (3Mac. 6,2)

μεγαλομερής (μέγας; μέρος) glorious ▸ 1
- μεγαλομεροῦς ▸ 1
  - **Adjective** · feminine · singular · genitive · noDegree ▸ 1 (3Mac. 5,8)

μεγαλομερῶς (μέγας; μέρος) majestically ▸ 2
- μεγαλομερῶς ▸ 2
  - **Adverb** ▸ 2 (2Mac. 4,22; 3Mac. 6,33)

μεγαλοπρέπεια (μέγας; πρέπω) majesty, nobility ▸ 10
- μεγαλοπρέπεια ▸ 4
  - **Noun** · feminine · singular · nominative · (common) ▸ 4 (Psa. 67,35; Psa. 95,6; Psa. 110,3; Ode. 12,5)
- μεγαλοπρεπείᾳ ▸ 1
  - **Noun** · feminine · singular · dative · (common) ▸ 1 (Psa. 28,4)
- μεγαλοπρέπειά ▸ 1
  - **Noun** · feminine · singular · nominative · (common) ▸ 1 (Psa. 8,2)
- μεγαλοπρέπειαν ▸ 2
  - **Noun** · feminine · singular · accusative · (common) ▸ 2 (Psa. 20,6; Psa. 144,5)
- μεγαλοπρέπειάν ▸ 1
  - **Noun** · feminine · singular · accusative · (common) ▸ 1 (Psa. 70,8)
- μεγαλοπρεπείας ▸ 1
  - **Noun** · feminine · singular · genitive · (common) ▸ 1 (Psa. 144,12)

μεγαλοπρεπής (μέγας; πρέπω) majestic, noble ▸ 4 + 1 = 5
- μεγαλοπρεπεῖ ▸ 1
  - **Adjective** · feminine · singular · dative · noDegree ▸ 1 (3Mac. 2,9)
- μεγαλοπρεπεστάτην ▸ 1
  - **Adjective** · feminine · singular · accusative · superlative ▸ 1 (2Mac. 15,13)
- μεγαλοπρεπής ▸ 1
  - **Adjective** · masculine · singular · nominative · noDegree ▸ 1 (Deut. 33,26)
- μεγαλοπρεποῦς ▸ 1 + 1 = 2
  - **Adjective** · neuter · singular · genitive · noDegree ▸ 1 + 1 = 2 (2Mac. 8,15; 2Pet. 1,17)

μεγαλοπρεπῶς (μέγας; πρέπω) majestically, nobly ▸ 2
- μεγαλοπρεπῶς ▸ 2
  - **Adverb** ▸ 2 (2Mac. 4,49; 4Mac. 5,24)

μεγαλοπτέρυγος (μέγας; πέτομαι) with big wings ▸ 2
- μεγαλοπτέρυγος ▸ 2
  - **Adjective** · masculine · singular · nominative · noDegree ▸ 2 (Ezek. 17,3; Ezek. 17,7)

μεγαλορρημονέω (μέγας; ῥέω) to boast ▸ 6
- ἐμεγαλορημόνησας ▸ 1
  - **Verb** · second · singular · aorist · active · indicative ▸ 1 (Ezek.

35,13)
 ἐμεγαλορρημόνησαν ▸ 1
  Verb · third · plural · aorist · active · indicative ▸ **1** (Psa. 37,17)
 ἐμεγαλορρημόνησεν ▸ 2
  Verb · third · singular · aorist · active · indicative ▸ **2** (Judith 6,17; Psa. 54,13)
 μεγαλορρημονήσῃς ▸ 1
  Verb · second · singular · aorist · active · subjunctive ▸ **1** (Obad. 12)
 μεγαλορρημονοῦντες ▸ 1
  Verb · present · active · participle · masculine · plural · nominative ▸ **1** (Psa. 34,26)

μεγαλορρημοσύνη (μέγας; ῥέω) boasting ▸ 2
 μεγαλορημοσύνη ▸ 1
  Noun · feminine · singular · nominative · (common) ▸ **1** (Ode. 3,3)
 μεγαλορρημοσύνη ▸ 1
  Noun · feminine · singular · nominative · (common) ▸ **1** (1Sam. 2,3)

μεγαλορρήμων (μέγας; ῥέω) boasting ▸ 2
 μεγαλορήμονα ▸ 1
  Adjective · feminine · singular · accusative · noDegree ▸ **1** (Psa. 11,4)
 μεγαλορρήμονι ▸ 1
  Adjective · feminine · singular · dative · noDegree ▸ **1** (3Mac. 6,4)

μεγαλόσαρκος (μέγας; σάρξ) large fleshed; lustful ▸ 1
 μεγαλοσάρκους ▸ 1
  Adjective · masculine · plural · accusative · noDegree ▸ **1** (Ezek. 16,26)

μεγαλοσθενής (μέγας; σθενόω) of great power ▸ 1
 μεγαλοσθενοῦς ▸ 1
  Adjective · feminine · singular · genitive · noDegree ▸ **1** (3Mac. 5,13)

μεγαλοσύνη (μέγας) greatness ▸ 1
 μεγαλοσύνην ▸ 1
  Noun · feminine · singular · accusative · (common) ▸ **1** (Psa. 70,21)

μεγαλοφρονέω (μέγας; φρήν) to be confident ▸ 1
 μεγαλοφρονοῦντα ▸ 1
  Verb · present · active · participle · masculine · singular · accusative ▸ **1** (4Mac. 6,24)

μεγαλόφρων (μέγας; φρήν) generous, proud ▸ 3
 μεγαλόφρων ▸ 3
  Noun · masculine · singular · nominative · (common) ▸ **3** (4Mac. 6,5; 4Mac. 9,21; Prov. 21,4)

μεγαλόψυχος (μέγας; ψύχω) generous ▸ 1
 μεγαλόψυχοι ▸ 1
  Adjective · masculine · plural · nominative · noDegree ▸ **1** (4Mac. 15,10)

μεγαλοψύχως (μέγας; ψύχω) generously ▸ 1
 μεγαλοψύχως ▸ 1
  Adverb ▸ **1** (3Mac. 6,41)

μεγαλύνω (μέγας) to enlarge, magnify, boast, grow ▸ 79 + 13 + 8 = 100
 ἐμεγάλυνα ▸ 1
  Verb · first · singular · aorist · active · indicative ▸ **1** (Eccl. 2,4)
 ἐμεγάλυνας ▸ 4
  Verb · second · singular · aorist · active · indicative ▸ **4** (Gen. 19,19; Psa. 137,2; Job 7,17; Wis. 19,22)
 ἐμεγάλυνεν ▸ 8 + 1 + 2 = 11
  Verb · third · singular · aorist · active · indicative ▸ 7 + 1 = **8** (1Chr. 29,25; 2Chr. 1,1; Psa. 40,10; Psa. 125,3; Sir. 45,2; Joel 2,20; Joel 2,21; Dan. 2,48)
  Verb · third · singular · imperfect · active · indicative ▸ 1 + 2 = **3** (1Sam. 12,24; Luke 1,58; Acts 5,13)
 Ἐμεγάλυνεν ▸ 1
  Verb · third · singular · aorist · active · indicative ▸ **1** (Psa. 125,2)
 ἐμεγαλύνετο ▸ 1 + 1 = 2
  Verb · third · singular · imperfect · passive · indicative ▸ 1 + 1 = **2** (1Sam. 2,26; Acts 19,17)
 ἐμεγαλύνθη ▸ 16 + 6 = 22
  Verb · third · singular · aorist · passive · indicative ▸ 16 + 6 = **22** (Gen. 43,34; Judg. 5,13; 1Sam. 2,21; 1Sam. 3,19; 1Sam. 26,24; 1Kings 10,23; 2Chr. 9,22; Judith 12,18; Psa. 56,11; Psa. 91,6; Psa. 103,24; Jer. 31,26; Jer. 31,42; Lam. 1,9; Lam. 2,13; Lam. 4,6; Dan. 4,11; Dan. 4,22; Dan. 8,4; Dan. 8,8; Dan. 8,9; Dan. 8,10)
 Ἐμεγαλύνθη ▸ 1
  Verb · third · singular · aorist · passive · indicative ▸ **1** (Mal. 1,5)
 ἐμεγαλύνθην ▸ 2
  Verb · first · singular · aorist · passive · indicative ▸ **2** (Eccl. 1,16; Eccl. 2,9)
 ἐμεγαλύνθης ▸ 2 + 1 = 3
  Verb · second · singular · aorist · passive · indicative ▸ 2 + 1 = **3** (Psa. 103,1; Ezek. 16,7; Dan. 4,22)
 ἐμεγαλύνθησαν ▸ 3 + 1 = 4
  Verb · third · plural · aorist · passive · indicative ▸ 3 + 1 = **4** (Ezra 9,6; Zeph. 2,10; Jer. 5,27; Dan. 4,33)
 ἐμεγαλύνοντο ▸ 1
  Verb · third · plural · imperfect · middle · indicative ▸ **1** (Zeph. 2,8)
 μεγαλύναι ▸ 2
  Verb · third · singular · aorist · active · optative ▸ **2** (1Kings 1,37; 1Kings 1,47)
 μεγαλῦναι ▸ 5
  Verb · aorist · active · infinitive ▸ **5** (Num. 15,3; Num. 15,8; 1Chr. 29,12; 1Mac. 10,3; Amos 8,5)
 μεγαλῦναί ▸ 1
  Verb · aorist · active · infinitive ▸ **1** (2Sam. 7,22)
 μεγαλύνας ▸ 1
  Verb · aorist · active · participle · masculine · singular · nominative ▸ **1** (Dan. 2,48)
 μεγαλύνατε ▸ 1
  Verb · second · plural · aorist · active · imperative ▸ **1** (Psa. 33,4)
 Μεγαλύνει ▸ 1 + 1 = 2
  Verb · third · singular · present · active · indicative ▸ 1 + 1 = **2** (Ode. 9,46; Luke 1,46)
 μεγαλυνεῖ ▸ 1
  Verb · third · singular · present · active · indicative ▸ **1** (Sir. 43,31)
 μεγαλύνεσθε ▸ 2
  Verb · second · plural · present · middle · indicative ▸ **1** (Job 19,5)
  Verb · second · plural · present · middle · imperative ▸ **1** (Mic. 1,10)
 μεγαλύνῃ ▸ 1
  Verb · third · singular · aorist · active · subjunctive ▸ **1** (Is. 42,21)
 μεγαλύνηται ▸ 1
  Verb · third · singular · aorist · passive · subjunctive ▸ **1** (Zech. 12,7)
 μεγαλυνθείη ▸ 2
  Verb · third · singular · aorist · passive · optative ▸ **2** (1Sam. 26,24; 2Sam. 7,26)

μεγαλυνθείης ‣ 1
 Verb · second · singular · aorist · passive · optative ‣ 1 (Sir. 36,3)
μεγαλυνθὲν ‣ 1
 Verb · aorist · passive · participle · neuter · singular · nominative ‣ 1 (Dan. 4,20)
μεγαλυνθῆναι ‣ 1
 Verb · aorist · passive · infinitive ‣ 1 (2Cor. 10,15)
μεγαλυνθήσεται ‣ 2 + 3 + 1 = 6
 Verb · third · singular · future · passive · indicative ‣ 2 + 3 + 1 = 6 (Mic. 5,3; Zech. 12,11; Dan. 8,25; Dan. 11,36; Dan. 11,37; Phil. 1,20)
μεγαλυνθήσομαι ‣ 1
 Verb · first · singular · future · passive · indicative ‣ 1 (Ezek. 38,23)
μεγαλυνθησόμεθα ‣ 2
 Verb · first · plural · future · passive · indicative ‣ 2 (Psa. 19,6; Psa. 19,8)
Μεγαλυνθήτω ‣ 3
 Verb · third · singular · aorist · passive · imperative ‣ 3 (Psa. 34,27; Psa. 39,17; Psa. 69,5)
μεγαλυνόμενος ‣ 2
 Verb · present · passive · participle · masculine · singular · nominative ‣ 2 (2Sam. 5,10; 1Chr. 11,9)
μεγαλύνονται ‣ 1
 Verb · third · plural · present · passive · indicative ‣ 1 (Prov. 8,16)
μεγαλυνόντων ‣ 1
 Verb · present · active · participle · masculine · plural · genitive ‣ 1 (Acts 10,46)
μεγαλυνοῦμεν ‣ 1
 Verb · first · plural · future · active · indicative ‣ 1 (Psa. 11,5)
μεγαλύνουσιν ‣ 1
 Verb · third · plural · present · active · indicative ‣ 1 (Matt. 23,5)
μεγαλυνῶ ‣ 4
 Verb · first · singular · future · active · indicative ‣ 4 (Gen. 12,2; Psa. 68,31; Jer. 38,14; Ezek. 24,9)
μεγαλύνωμεν ‣ 1
 Verb · first · plural · aorist · active · subjunctive ‣ 1 (Sir. 49,11)
μεγαλύνων ‣ 2
 Verb · present · active · participle · masculine · singular · nominative ‣ 2 (2Sam. 22,51; Psa. 17,51)
μεμεγάλυνται ‣ 1
 Verb · third · singular · perfect · passive · indicative ‣ 1 (Ezek. 9,9)

μεγάλωμα (μέγας) might ‣ 1
 μεγαλώματος ‣ 1
 Noun · neuter · singular · genitive · (common) ‣ 1 (Jer. 31,17)

μεγαλώνυμος (μέγας; ὄνομα) having a great name ‣ 1
 μεγαλώνυμος ‣ 1
 Adjective · masculine · singular · nominative · noDegree ‣ 1 (Jer. 39,19)

μεγάλως (μέγας) greatly ‣ 20 + 1 = 21
 Μεγάλως ‣ 1
 Adverb ‣ 1 (3Mac. 4,16)
 μεγάλως ‣ 19 + 1 = 20
 Adverb ‣ 19 + 1 = 20 (Num. 6,2; 1Chr. 29,9; 1Esdr. 9,54; Neh. 12,43; Tob. 14,3; 2Mac. 1,11; 2Mac. 2,8; 2Mac. 3,21; 2Mac. 10,38; 2Mac. 15,27; 3Mac. 2,21; 3Mac. 5,12; Job 4,14; Job 15,11; Job 17,7; Job 30,30; Wis. 11,21; Zech. 11,2; Dan. 4,19; Phil. 4,10)

μεγαλωστί (μέγας) exceedingly ‣ 1
 μεγαλωστὶ ‣ 1
 Adverb ‣ 1 (1Esdr. 5,62)

μεγαλωσύνη (μέγας) majesty ‣ 26 + 7 + 3 = 36
 μεγαλωσύνη ‣ 7 + 3 + 1 = 11
 Noun · feminine · singular · nominative · (common) ‣ 7 + 3 + 1 = 11 (1Chr. 29,11; 1Esdr. 4,46; Wis. 18,24; Sir. 2,18; Zech. 11,3; Dan. 2,20; Dan. 4,37b; Dan. 4,22; Dan. 4,36; Dan. 7,27; Jude 25)
 μεγαλωσύνην ‣ 14 + 3 = 17
 Noun · feminine · singular · accusative · (common) ‣ 14 + 3 = 17 (Deut. 32,3; 2Sam. 7,21; 2Sam. 7,23; 1Chr. 17,19; 1Chr. 22,5; Tob. 12,6; Tob. 13,4; Tob. 13,8; Tob. 13,9; Psa. 78,11; Psa. 144,6; Ode. 2,3; Sir. 39,15; Sir. 44,2; Tob. 13,4; Tob. 14,2; Dan. 5,18)
 μεγαλωσύνης ‣ 5 + 1 + 2 = 8
 Noun · feminine · singular · genitive · (common) ‣ 5 + 1 + 2 = 8 (1Mac. 9,22; Psa. 144,3; Psa. 150,2; Prov. 18,10; Sir. 18,5; Dan. 5,19; Heb. 1,3; Heb. 8,1)

μέγας great, large, old ‣ 850 + 63 + 243 = 1156
 Μέγα ‣ 3
 Adjective · neuter · plural · nominative · noDegree ‣ 1 (Gen. 45,28)
 Adjective · neuter · singular · nominative · noDegree ‣ 2 (Ezra 10,12; Is. 49,6)
 μέγα ‣ 97 + 8 + 18 = 123
 Adjective · neuter · singular · accusative · noDegree ‣ 60 + 3 + 10 = 73 (Gen. 12,2; Gen. 17,20; Gen. 18,18; Gen. 21,13; Gen. 21,18; Gen. 46,3; Ex. 3,3; Ex. 19,16; Ex. 32,10; Num. 14,12; Num. 14,19; Num. 22,18; Deut. 4,32; Deut. 4,36; Deut. 9,14; Deut. 18,16; Deut. 26,5; Deut. 26,5; Josh. 7,9; Josh. 24,4; Judg. 2,7; 1Sam. 12,16; 1Sam. 12,22; 1Sam. 20,2; 1Sam. 22,15; 1Sam. 25,36; 2Sam. 13,15; 2Sam. 18,17; 2Sam. 18,29; 1Kings 3,6; 1Kings 3,6; 2Kings 16,15; 1Chr. 17,21; 2Chr. 1,8; 2Chr. 6,32; Neh. 6,3; Neh. 13,5; Judith 1,8; Judith 8,19; Tob. 9,4; 1Mac. 5,52; 1Mac. 7,19; 1Mac. 12,36; 1Mac. 12,49; 1Mac. 12,52; 3Mac. 2,6; 3Mac. 3,7; 3Mac. 6,17; Psa. 50,3; Prov. 18,11; Job 3,8; Job 24,12; Sir. 7,25; Is. 9,1; Is. 60,22; Jer. 4,5; Bar. 4,9; Ezek. 36,23; Ezek. 43,14; Ezek. 43,14; Judg. 2,7; Judg. 16,23; Dan. 5,1; Matt. 4,16; Mark 14,15; Luke 14,16; Luke 22,12; Rev. 15,1; Rev. 16,9; Rev. 17,6; Rev. 19,17; Rev. 21,10; Rev. 21,12)
 Adjective · neuter · singular · nominative · noDegree ‣ 37 + 5 + 8 = 50 (Gen. 50,11; Ex. 1,9; Ex. 33,13; Deut. 1,28; Deut. 2,10; Deut. 2,21; Deut. 4,6; Deut. 4,7; Deut. 4,8; Deut. 5,25; Deut. 25,13; Deut. 25,14; 2Sam. 13,15; 1Kings 19,11; 1Chr. 29,1; Esth. 4,3; Judith 15,9; Judith 15,9; 1Mac. 1,25; 1Mac. 13,44; Psa. 75,2; Psa. 85,13; Psa. 107,5; Prov. 20,6; Prov. 20,10; Job 1,19; Zech. 4,7; Zech. 14,4; Mal. 1,11; Is. 33,21; Jer. 27,41; Jer. 31,3; Jer. 48,9; Dan. 2,35; Dan. 5,9; Dan. 8,8; Dan. 8,21; Tob. 11,14; Tob. 11,14; Dan. 2,35; Dan. 8,8; Dan. 8,21; Luke 6,49; Luke 16,26; 1Cor. 9,11; 2Cor. 11,15; Eph. 5,32; 1Tim. 3,16; Rev. 8,8; Rev. 12,1)
 μεγάλα ‣ 45 + 8 + 8 = 61
 Adjective · neuter · plural · accusative · noDegree ‣ 39 + 6 + 6 = 51 (Gen. 1,21; Deut. 4,38; Deut. 6,22; Deut. 7,1; Deut. 7,19; Deut. 9,1; Deut. 10,21; Deut. 11,7; Deut. 11,23; Deut. 29,2; Deut. 34,12; Josh. 23,9; 1Sam. 10,2; 2Kings 8,4; 2Chr. 36,18; 1Esdr. 1,51; 1Esdr. 3,5; Neh. 12,43; Esth. 10,9 # 10,3f; Tob. 12,22; Psa. 105,21; Psa. 135,4; Psa. 135,7; Job 5,9; Job 9,10; Job 37,5; Job 42,3; Wis. 3,5; Sir. 50,22; Jer. 33,19; Jer. 39,42; Jer. 40,3; Jer. 51,7; Jer. 51,35; Dan. 4,37a; Dan. 4,37a; Dan. 7,8; Dan. 7,20; Dan. 9,12; Tob. 12,22; Dan. 2,48; Dan. 4,3; Dan. 7,8; Dan. 7,20; Dan. 9,12; Matt. 24,24; Luke 1,49; Acts 6,8; James 3,5; Rev. 13,5; Rev. 13,13)
 Adjective · neuter · plural · nominative · noDegree ‣ 6 + 2 + 2 = 10 (Psa. 110,2; Job 1,3; Job 36,24; Job 40,22; Dan. 4,37c; Dan.

μέγας

7,17; Dan. 7,3; Dan. 7,17; Luke 21,11; Rev. 15,3)

Μεγάλαι ▸ 1
   Adjective · feminine · plural · nominative · noDegree ▸ **1** (Wis. 17,1)

μεγάλαι ▸ 7 + **1** = 8
   Adjective · feminine · plural · nominative · noDegree ▸ 7 + **1** = **8** (Gen. 18,20; Num. 13,28; Deut. 1,28; Josh. 14,12; 1Kings 4,13; 1Mac. 5,26; Is. 5,9; Rev. 11,15)

μεγάλαις ▸ 1 + **1** = 2
   Adjective · feminine · plural · dative · noDegree ▸ 1 + **1** = **2** (2Chr. 24,25; Luke 23,23)

μεγάλας ▸ 12 + **2** = 14
   Adjective · feminine · plural · accusative · noDegree ▸ 12 + **2** = **14** (Deut. 6,10; Deut. 9,1; Deut. 28,59; 1Esdr. 3,5; 1Esdr. 8,83; 1Mac. 10,48; 3Mac. 2,13; Eccl. 10,4; Jer. 35,8; Ezek. 8,6; Ezek. 25,17; Dan. 2,48; Mark 13,2; Acts 8,13)

Μεγάλη ▸ 1
   Adjective · feminine · singular · nominative · noDegree ▸ **1** (1Esdr. 4,41)

μεγάλη ▸ 94 + **8** + 35 = 137
   Adjective · feminine · singular · nominative · noDegree ▸ 94 + **8** + 32 = **134** (Gen. 10,12; Gen. 50,9; Ex. 11,6; Ex. 12,30; Num. 34,6; Deut. 4,11; Deut. 5,22; Deut. 15,9; Josh. 10,2; Josh. 13,7; Josh. 15,12; Josh. 15,47; Judg. 16,5; Judg. 16,6; Judg. 16,15; 1Sam. 2,17; 1Sam. 4,6; 1Sam. 4,10; 1Sam. 4,17; 1Sam. 5,6; 1Sam. 12,17; 1Sam. 14,20; 2Sam. 13,16; 2Sam. 18,7; 1Kings 3,4; 1Kings 8,65; 1Kings 12,24e; 2Kings 4,8; 2Kings 10,19; 2Kings 22,13; 2Chr. 7,8; 2Chr. 30,26; 1Esdr. 4,34; 1Esdr. 4,35; Neh. 5,1; Neh. 7,4; Neh. 8,17; Esth. 11,6 # 1,1e; Judith 14,19; Judith 16,23; Tob. 4,13; 1Mac. 1,64; 1Mac. 4,25; 1Mac. 4,58; 1Mac. 5,16; 1Mac. 5,46; 1Mac. 5,61; 1Mac. 6,9; 1Mac. 6,41; 1Mac. 9,27; 2Mac. 1,22; Psa. 20,6; Psa. 103,25; Psa. 137,5; Psa. 146,5; Prov. 29,6; Eccl. 2,21; Eccl. 9,13; Job 37,22; Sir. 3,20; Sir. 17,29; Sir. 25,22; Sir. 26,8; Sir. 40,1; Sir. 40,13; Hos. 2,2; Joel 2,11; Joel 2,11; Joel 2,25; Jonah 3,3; Nah. 1,3; Zeph. 1,14; Hag. 2,9; Zech. 7,12; Zech. 14,13; Is. 9,6; Is. 34,6; Jer. 6,1; Jer. 11,16; Jer. 27,22; Jer. 28,54; Jer. 32,32; Jer. 37,7; Jer. 51,15; Bar. 2,29; Ezek. 1,4; Ezek. 21,19; Ezek. 38,15; Dan. 2,31; Dan. 4,10; Dan. 4,11; Dan. 4,20; Dan. 4,30; Dan. 11,5; Josh. 15,47; Judg. 16,5; Judg. 16,6; Judg. 16,15; Dan. 2,31; Dan. 4,30; Dan. 10,1; Dan. 10,7; Matt. 7,27; Matt. 8,26; Matt. 15,28; Matt. 22,36; Matt. 22,38; Matt. 24,21; Mark 4,37; Mark 4,39; Mark 5,11; Luke 21,23; John 19,31; Acts 4,33; Acts 7,11; Acts 8,10; Acts 19,28; Acts 19,34; Acts 23,9; Rom. 9,2; 1Cor. 16,9; Rev. 6,4; Rev. 6,17; Rev. 11,19; Rev. 14,8; Rev. 16,17; Rev. 16,19; Rev. 16,19; Rev. 16,21; Rev. 16,21; Rev. 17,5; Rev. 17,18; Rev. 18,2; Rev. 18,21)
   Adjective · feminine · singular · vocative ▸ **3** (Rev. 18,10; Rev. 18,16; Rev. 18,19)

μεγάλη ▸ 89 + **9** + 34 = 132
   Adjective · feminine · singular · dative · noDegree ▸ 89 + **9** + 34 = **132** (Gen. 39,14; Ex. 6,6; Ex. 7,4; Ex. 32,11; Deut. 4,37; Deut. 7,23; Deut. 9,26; Deut. 9,26; Deut. 9,29; Deut. 26,8; Deut. 27,14; 1Sam. 4,5; 1Sam. 7,10; 1Sam. 28,12; 2Sam. 15,23; 2Sam. 19,5; 1Kings 8,55; 1Kings 18,27; 1Kings 18,28; 2Kings 17,36; 2Kings 18,28; 2Chr. 15,14; 2Chr. 20,19; 2Chr. 20,27; 2Chr. 30,21; 2Chr. 32,18; 1Esdr. 5,59; 1Esdr. 5,61; 1Esdr. 8,73; 1Esdr. 9,10; Ezra 3,12; Ezra 3,13; Ezra 9,7; Ezra 9,13; Neh. 1,3; Neh. 1,10; Neh. 9,4; Neh. 9,25; Neh. 9,37; Esth. 4,1; Judith 1,1; Judith 4,9; Judith 4,9; Judith 7,23; Judith 7,25; Judith 7,29; Judith 9,1; Judith 13,14; Judith 14,9; Judith 14,16; Judith 15,5; 1Mac. 2,19; 1Mac. 2,27; 1Mac. 3,54; 1Mac. 5,31; 1Mac. 6,13; 1Mac. 10,58; 1Mac. 10,86; 1Mac. 13,8; 1Mac. 13,45; 1Mac. 14,29; 1Mac. 14,39; 1Mac. 15,9; 2Mac. 1,3; 3Mac. 5,51; Psa. 21,26; Psa. 39,10; Prov. 2,3; Prov. 26,25; Prov. 27,14; Job 2,12; Job 10,17; Job 38,7; Sol. 2,29; Zech. 4,6; Is. 19,22; Is. 27,13; Is. 36,13; Jer. 22,8; Jer. 34,5; Jer. 39,17; Bar. 2,11; Ezek. 9,1; Ezek. 11,13; Ezek. 17,17; Ezek. 29,18; Dan. 5,7; Dan. 6,21; Dan. 6,22; Dan. 11,13; Dan. 11,25; Dan. 11,25; Sus. 24; Sus. 42; Sus. 46; Sus. 60; Bel 18; Bel 41; Matt. 27,46; Matt. 27,50; Mark 1,26; Mark 5,7; Mark 5,42; Mark 15,34; Luke 1,42; Luke 4,33; Luke 8,28; Luke 19,37; Luke 23,46; John 7,37; John 11,43; Acts 4,33; Acts 7,57; Acts 7,60; Acts 8,7; Acts 14,10; Acts 16,28; Acts 26,24; 2Tim. 2,20; Rev. 5,2; Rev. 5,12; Rev. 6,10; Rev. 7,2; Rev. 7,10; Rev. 8,13; Rev. 10,3; Rev. 14,7; Rev. 14,9; Rev. 14,15; Rev. 14,18; Rev. 18,18; Rev. 19,17)

μεγάλην ▸ 100 + **5** + 19 = 124
   Adjective · feminine · singular · accusative · noDegree ▸ 100 + **5** + 19 = **124** (Gen. 20,9; Gen. 21,8; Gen. 27,33; Gen. 27,34; Gen. 45,7; Ex. 14,31; Ex. 32,21; Ex. 32,30; Ex. 32,31; Num. 11,33; Deut. 1,19; Deut. 2,7; Deut. 8,17; Josh. 7,1; Josh. 10,10; Josh. 10,20; Josh. 11,2; Josh. 17,17; Judg. 11,33; Judg. 15,8; Judg. 15,18; Judg. 16,23; 1Sam. 6,9; 1Sam. 6,19; 1Sam. 14,24; 1Sam. 14,45; 1Sam. 19,5; 1Sam. 19,8; 1Sam. 23,5; 2Sam. 23,10; 2Sam. 23,12; 1Kings 1,40; 1Kings 7,46; 1Kings 21,21; 1Kings 21,28; 2Kings 6,23; 2Kings 10,21; 2Kings 17,21; 1Chr. 11,14; 1Chr. 12,23; 2Chr. 4,9; 2Chr. 13,17; 2Chr. 16,14; 2Chr. 21,14; 2Chr. 28,5; 1Esdr. 3,1; Ezra 3,11; Neh. 5,7; Neh. 8,12; Judith 7,24; 1Mac. 1,24; 1Mac. 1,30; 1Mac. 1,35; 1Mac. 2,51; 1Mac. 3,10; 1Mac. 5,3; 1Mac. 5,34; 1Mac. 5,45; 1Mac. 7,22; 1Mac. 7,48; 1Mac. 8,4; 1Mac. 10,69; 1Mac. 13,17; 1Mac. 13,32; 1Mac. 13,37; 1Mac. 14,11; 1Mac. 14,24; 1Mac. 14,36; 1Mac. 15,29; 1Mac. 15,35; 1Mac. 15,36; 1Mac. 16,17; 2Mac. 3,24; Ode. 14,9; Job 2,13; Sir. 50,16; Joel 3,4; Jonah 1,2; Jonah 3,2; Jonah 4,1; Jonah 4,6; Zech. 1,2; Zech. 1,15; Mal. 3,22; Is. 1,13; Is. 22,18; Is. 27,1; Is. 39,2; Jer. 4,6; Jer. 28,55; Jer. 52,13; Ezek. 17,8; Ezek. 17,23; Ezek. 39,17; Ezek. 47,19; Dan. 5,0; Dan. 5,1; Dan. 7,2; Dan. 10,7; Dan. 10,8; Judg. 11,33; Judg. 15,8; Judg. 15,18; Dan. 7,2; Dan. 10,8; Matt. 2,10; Mark 15,37; Luke 2,10; Luke 5,29; Acts 2,20; Acts 10,11; Acts 11,5; Acts 11,28; Acts 15,3; Heb. 10,35; Rev. 1,10; Rev. 2,22; Rev. 11,17; Rev. 12,10; Rev. 13,2; Rev. 18,1; Rev. 19,1; Rev. 19,2; Rev. 20,1)

Μεγάλης ▸ 1
   Adjective · feminine · singular · genitive · noDegree ▸ **1** (Is. 9,5)

μεγάλης ▸ 32 + **2** + 16 = 50
   Adjective · feminine · singular · genitive · noDegree ▸ 32 + **2** + 16 = **50** (Num. 34,7; Deut. 8,15; Josh. 9,1; Josh. 11,8; Josh. 13,7; Josh. 19,28; Josh. 23,4; 1Sam. 20,41; 2Sam. 18,9; 1Kings 7,49; 2Kings 7,6; 1Mac. 5,23; 1Mac. 6,4; 1Mac. 9,37; 1Mac. 9,56; 1Mac. 10,46; 1Mac. 14,28; 2Mac. 6,13; 3Mac. 2,31; Psa. 18,14; Eccl. 10,1; Sir. 24,29; Sir. 31,12; Jonah 4,11; Is. 29,6; Jer. 32,38; Jer. 39,19; Bar. 4,24; Ezek. 47,10; Ezek. 47,15; Ezek. 47,20; Ezek. 48,28; Josh. 19,28; Tob. 13,2; Matt. 24,31; Matt. 28,8; Luke 17,15; Luke 24,52; Acts 19,27; Acts 19,35; Jude 6; Rev. 7,14; Rev. 9,2; Rev. 11,8; Rev. 11,12; Rev. 14,2; Rev. 16,1; Rev. 16,14; Rev. 17,1; Rev. 21,3)

μεγάλοι ▸ 7 + **4** + 4 = 15
   Adjective · masculine · plural · nominative · noDegree ▸ 7 + **4** + 3 = **14** (Judg. 5,15; Judg. 5,16; Esth. 11,6 # 1,1e; Psa. 151,5; Prov. 15,16; Sir. 41,12; Is. 5,14; Judg. 5,15; Judg. 5,16; Dan. 3,3; Dan. 7,7; Matt. 20,25; Mark 10,42; Luke 21,11)
   Adjective · masculine · plural · vocative ▸ **1** (Rev. 19,5)

μεγάλοις ▸ 13
   Adjective · masculine · plural · dative · noDegree ▸ **6** (Gen. 12,17; 1Kings 7,47; 2Chr. 26,15; Neh. 9,27; 1Mac. 10,37; Eccl. 10,6)
   Adjective · neuter · plural · dative · noDegree ▸ **7** (Deut. 4,34;

Deut. 26,8; 1Sam. 30,16; 1Mac. 13,33; 4Mac. 5,20; Psa. 130,1; Jer. 39,21)

μεγάλου ▸ 69 + 3 + 7 = 79
Adjective · masculine · singular · genitive · noDegree ▸ 65 + 3 + 5 = **73** (Gen. 15,18; Gen. 19,11; Ex. 23,31; Deut. 1,7; Deut. 11,24; Josh. 1,4; 1Sam. 5,9; 1Sam. 6,15; 1Sam. 6,18; 1Sam. 30,19; 2Kings 18,28; 2Kings 23,2; 2Kings 23,26; 2Kings 25,26; 1Chr. 9,31; 2Chr. 24,11; 2Chr. 34,30; 2Chr. 35,19c; 1Esdr. 5,60; 1Esdr. 6,13; Ezra 5,8; Neh. 3,20; Neh. 3,27; Neh. 4,8; Neh. 13,28; Esth. 11,2 # 1,1a; Judith 3,2; Judith 3,9; Judith 13,4; Judith 13,13; Tob. 3,16; Tob. 5,13; Tob. 5,14; 1Mac. 5,45; 1Mac. 6,11; 1Mac. 7,35; 1Mac. 13,42; 1Mac. 14,27; 2Mac. 5,20; 3Mac. 7,2; Psa. 47,3; Job 30,4; Sol. 17,36; Jonah 3,5; Hag. 1,14; Zech. 6,11; Is. 8,1; Is. 18,7; Is. 22,5; Is. 22,24; Is. 33,4; Is. 36,13; Jer. 6,13; Jer. 21,5; Jer. 38,34; Jer. 49,1; Jer. 49,8; Jer. 51,12; Bar. 1,4; Ezek. 3,12; Dan. 2,20; Dan. 4,23; Dan. 4,33a; Dan. 4,34; Dan. 10,4; Tob. 5,13; Tob. 5,14; Dan. 10,4; Matt. 5,35; John 6,18; Titus 2,13; Rev. 6,13; Rev. 12,14)

Adjective · masculine · singular · genitive · superlative ▸ **2** (Acts 8,10; Heb. 8,11)

Adjective · neuter · singular · genitive · noDegree ▸ **4** (1Sam. 30,2; 3Mac. 2,9; Prov. 24,5; Is. 54,7)

μεγάλους ▸ 15 + 4 = 19
Adjective · masculine · plural · accusative · noDegree ▸ 15 + 4 = **19** (Gen. 1,16; Deut. 7,19; Deut. 27,2; Deut. 29,2; 1Kings 2,35e; 1Kings 6,1a; 1Chr. 22,8; Neh. 9,18; Neh. 9,26; Neh. 12,31; 1Mac. 13,29; Psa. 135,17; Eccl. 9,14; Jer. 50,9; Dan. 7,7; Mark 4,32; Rev. 11,18; Rev. 13,16; Rev. 20,12)

μεγάλῳ ▸ 27 + 5 = 32
Adjective · masculine · singular · dative · noDegree ▸ 17 + 4 = **21** (Deut. 29,27; Josh. 6,20; 2Sam. 20,8; 2Kings 20,3; 2Kings 23,4; 1Mac. 1,17; 1Mac. 12,20; 1Mac. 14,20; 1Mac. 15,2; Wis. 14,22; Sir. 46,17; Jonah 1,16; Zech. 8,2; Is. 38,3; Jer. 21,6; Jer. 39,37; Ezek. 17,9; Luke 4,38; Luke 8,37; Acts 26,22; Rev. 9,14)

Adjective · neuter · singular · dative · noDegree ▸ 10 + 1 = **11** (Judith 1,5; 1Mac. 1,33; 3Mac. 5,23; Psa. 98,3; Sir. 5,15; Sir. 29,23; Sir. 48,24; Jonah 2,1; Is. 7,20; Jer. 51,26; Acts 26,29)

μεγάλων ▸ 11 + 1 + 2 = 14
Adjective · feminine · plural · genitive · noDegree ▸ **1** (1Esdr. 9,2)

Adjective · masculine · plural · genitive · noDegree ▸ 6 + 1 + 2 = **9** (2Sam. 7,9; 1Chr. 17,8; 1Mac. 9,37; 2Mac. 1,11; Psa. 113,21; Dan. 7,11; Dan. 7,11; John 21,11; Rev. 19,18)

Adjective · neuter · plural · genitive · noDegree ▸ **4** (2Mac. 2,18; 3Mac. 2,12; Psa. 103,25; Sir. 1,1 Prol.)

Μέγαν ▸ 2
Adjective · masculine · singular · accusative · noDegree ▸ **2** (2Kings 5,13; Job 9,22)

μέγαν ▸ 60 + 3 + 13 = 76
Adjective · masculine · singular · accusative · noDegree ▸ 60 + 3 + 13 = **76** (Gen. 1,16; Gen. 50,10; Num. 35,28; Deut. 1,17; Deut. 9,2; Josh. 7,26; Josh. 22,10; Josh. 24,26; Judg. 21,2; 1Sam. 2,14; 1Sam. 6,14; 1Sam. 14,33; 2Sam. 13,36; 2Sam. 18,17; 2Sam. 18,17; 1Kings 3,15; 1Kings 10,18; 1Kings 21,13; 1Kings 22,31; 2Kings 4,38; 2Kings 22,4; 1Chr. 25,8; 1Chr. 26,13; 2Chr. 1,10; 2Chr. 3,5; 2Chr. 9,17; 2Chr. 18,30; 2Chr. 31,15; 2Chr. 34,9; 1Esdr. 6,8; Neh. 8,6; Tob. 13,16; 1Mac. 2,70; 1Mac. 4,23; 1Mac. 4,39; 1Mac. 7,8; 1Mac. 8,6; 1Mac. 8,7; 1Mac. 9,20; 1Mac. 9,37; 1Mac. 10,8; 1Mac. 13,26; 1Mac. 16,15; 2Mac. 12,15; 4Mac. 11,23; Wis. 6,7; Amos 6,11; Jonah 1,10; Hag. 1,1; Hag. 2,2; Zech. 1,14; Zech. 3,1; Zech. 8,2; Is. 9,13; Is. 10,12; Is. 33,19; Bar. 2,27; Ezek. 29,3; Dan. 8,3; Dan. 11,2; Judg. 21,2; Tob. 13,16; Dan. 11,2; Matt. 27,60; Mark 4,41; Luke 2,9; Acts 8,2; Acts 8,9; Heb. 4,14; Heb. 10,21; Heb. 13,20; Rev. 12,12; Rev. 14,19; Rev. 16,12; Rev. 18,21; Rev. 20,11)

Μέγας ▸ 4 + 2 = 6
Adjective · masculine · singular · nominative · noDegree ▸ 4 + 2 = **6** (Psa. 47,2; Sol. 18,10; Bel 18; Bel 41; Bel 18; Bel 41)

μέγας ▸ 118 + 8 + 25 = 151
Adjective · masculine · singular · nominative · noDegree ▸ 118 + 8 + 25 = **151** (Gen. 15,12; Gen. 26,13; Gen. 29,2; Gen. 38,11; Gen. 38,14; Ex. 2,11; Ex. 9,3; Ex. 11,3; Ex. 18,11; Lev. 21,10; Num. 35,25; Num. 35,28; Num. 35,32; Deut. 7,21; Deut. 10,17; Deut. 29,23; Judg. 21,5; 1Sam. 5,9; 1Sam. 25,2; 2Sam. 3,38; 2Sam. 19,33; 1Kings 2,22; 1Kings 18,45; 2Kings 3,27; 2Kings 5,1; 2Kings 6,25; 2Kings 12,11; 2Kings 18,19; 2Kings 22,8; 1Chr. 12,15; 1Chr. 16,25; 2Chr. 2,4; 2Chr. 2,4; 2Chr. 2,8; 2Chr. 34,21; 1Esdr. 4,14; 1Esdr. 4,28; 1Esdr. 4,35; 1Esdr. 8,88; Ezra 4,10; Ezra 5,11; Neh. 1,5; Neh. 3,1; Neh. 9,32; Esth. 11,3 # 1,1b; Esth. 11,8 # 1,1g; Esth. 11,10 # 1,1i; Esth. 13,1 # 3,13a; Esth. 16,2 # 8,12b; Esth. 10,3; Judith 2,5; Judith 4,6; Judith 4,8; Judith 4,14; Judith 7,29; Judith 15,8; Judith 16,13; Judith 16,16; 1Mac. 2,17; 1Mac. 9,24; 1Mac. 13,51; 2Mac. 4,50; 4Mac. 13,15; Psa. 46,3; Psa. 76,14; Psa. 85,10; Psa. 85,10; Psa. 88,8; Psa. 94,3; Psa. 94,3; Psa. 95,4; Psa. 98,2; Psa. 134,5; Psa. 144,3; Psa. 146,5; Prov. 28,16; Eccl. 9,14; Job 3,19; Job 9,4; Sir. 3,18; Sir. 25,10; Sir. 39,6; Sir. 43,5; Sir. 43,28; Sir. 43,29; Sir. 44,19; Sir. 46,1; Sir. 46,5; Sir. 48,22; Sir. 50,1; Sol. 2,29; Sol. 2,32; Sol. 4,24; Jonah 1,4; Jonah 1,12; Zeph. 1,10; Hag. 1,12; Hag. 2,4; Zech. 3,8; Mal. 1,14; Is. 26,4; Is. 33,22; Is. 36,4; Jer. 10,22; Jer. 39,18; Jer. 39,19; Jer. 43,7; Bar. 3,24; Bar. 3,25; Ezek. 17,3; Ezek. 17,7; Ezek. 31,10; Ezek. 38,19; Dan. 2,45; Dan. 4,37c; Dan. 6,4; Dan. 9,4; Dan. 12,1; Judg. 21,5; Tob. 6,2; Dan. 2,10; Dan. 2,45; Dan. 9,4; Dan. 12,1; Sus. 64; Bel 23; Matt. 5,19; Matt. 8,24; Matt. 20,26; Matt. 28,2; Mark 10,43; Mark 16,4; Luke 1,15; Luke 1,32; Luke 4,25; Luke 7,16; Luke 9,48; Acts 5,5; Acts 5,11; Acts 8,1; Acts 16,26; 1Tim. 6,6; Heb. 11,24; Rev. 6,12; Rev. 8,10; Rev. 11,11; Rev. 11,13; Rev. 12,3; Rev. 12,9; Rev. 16,18; Rev. 16,18)

μέγιστα ▸ 1
Adjective · neuter · plural · accusative · superlative ▸ **1** (2Pet. 1,4)

μεγίστας ▸ 1
Adjective · feminine · plural · accusative · superlative ▸ **1** (2Mac. 3,35)

μέγιστε ▸ 1
Adjective · masculine · singular · vocative · superlative ▸ **1** (4Mac. 7,10)

μεγίστη ▸ 2
Adjective · feminine · singular · nominative · superlative ▸ **2** (Job 26,3; Job 31,28)

μεγίστην ▸ 1
Adjective · feminine · singular · accusative · superlative ▸ **1** (2Mac. 5,6)

μεγίστης ▸ 1
Adjective · feminine · singular · genitive · superlative ▸ **1** (4Mac. 1,2)

μέγιστον ▸ 3
Adjective · masculine · singular · accusative · superlative ▸ **1** (3Mac. 4,16)

Adjective · neuter · singular · accusative · superlative ▸ **1** (2Mac. 14,31)

Adjective · neuter · singular · nominative · superlative ▸ **1** (Wis. 18,1)

μέγιστος ▸ 1

μέγας–μεγιστάν

Adjective · masculine · singular · nominative · superlative ▸ **1**
(2Mac. 15,18)

μεγίστου ▸ 9
Adjective · masculine · singular · genitive · superlative ▸ **7** (Esth. 16,16 # 8,12q; 2Mac. 3,36; 3Mac. 1,16; 3Mac. 3,11; 3Mac. 5,25; 3Mac. 7,22; 3Mac. 7,22)
Adjective · neuter · singular · genitive · superlative ▸ **2** (2Mac. 2,19; 2Mac. 14,13)

μεγίστῳ ▸ 1
Adjective · masculine · singular · dative · superlative ▸ **1** (3Mac. 1,9)

μεγίστων ▸ 1
Adjective · feminine · plural · genitive · superlative ▸ **1** (4Mac. 16,2)

μεῖζον ▸ 1 + 5 = 6
Adjective · neuter · singular · accusative · comparative ▸ **1 + 1 = 2** (Esth. 16,3 # 8,12c; James 3,1)
Adverb · (comparative) ▸ **1** (Matt. 20,31)
Adjective · neuter · singular · nominative · comparative ▸ **3** (Matt. 13,32; Matt. 23,19; Mark 4,32)

μεῖζόν ▸ 2
Adjective · neuter · singular · nominative · comparative ▸ **2** (Matt. 12,6; John 10,29)

μείζονα ▸ 4 + 7 = 11
Adjective · feminine · singular · accusative · comparative ▸ **1 + 3 = 4** (Dan. 11,13; John 15,13; John 19,11; James 4,6)
Adjective · masculine · singular · accusative · comparative ▸ **1** (Heb. 11,26)
Adjective · neuter · plural · accusative · comparative ▸ **2 + 3 = 5** (1Mac. 6,27; Ezek. 8,15; John 5,20; John 14,12; 1Cor. 12,31)
Adjective · neuter · plural · nominative · comparative ▸ **1** (Sir. 43,32)

μείζονας ▸ 3 + 1 = 4
Adjective · feminine · plural · accusative · comparative ▸ **2 + 1 = 3** (Ezek. 8,6; Ezek. 8,13; Luke 12,18)
Adjective · masculine · plural · accusative · comparative ▸ **1** (2Mac. 1,31)

μείζονες ▸ 1
Adjective · masculine · plural · nominative · comparative ▸ **1** (2Pet. 2,11)

μείζονι ▸ 1
Adjective · feminine · singular · dative · comparative ▸ **1** (Gen. 29,16)

μείζονος ▸ 1 + 3 = 4
Adjective · feminine · singular · genitive · comparative ▸ **1** (Heb. 9,11)
Adjective · masculine · singular · genitive · comparative ▸ **1 + 2 = 3** (Gen. 10,21; Heb. 6,13; Heb. 6,16)

μειζοτέραν ▸ 1
Adjective · feminine · singular · accusative · comparative ▸ **1** (3John 4)

μείζω ▸ 2 + 2 = 4
Adjective · feminine · singular · accusative · comparative ▸ **2 + 1 = 3** (1Kings 11,19; 4Mac. 15,9; John 5,36)
Adjective · neuter · plural · accusative · comparative ▸ **1** (John 1,50)

Μείζων ▸ 1
Adjective · feminine · singular · nominative · comparative ▸ **1** (Gen. 4,13)

μείζων ▸ 7 + 2 + 26 = 35
Adjective · feminine · singular · nominative · comparative ▸ **2 + 2 + 2 = 6** (Josh. 19,9; 1Sam. 14,30; Josh. 19,9; Dan. 7,20; Mark 12,31; 1John 5,9)
Adjective · masculine · singular · nominative · comparative ▸ **5 + 22 = 27** (Gen. 25,23; Gen. 26,13; Gen. 48,19; 2Chr. 17,12; Sir. 10,24; Matt. 11,11; Matt. 11,11; Matt. 18,1; Matt. 18,4; Matt. 23,17; Mark 9,34; Luke 7,28; Luke 7,28; Luke 9,46; Luke 22,24; Luke 22,26; Luke 22,27; John 4,12; John 8,53; John 13,16; John 13,16; John 14,28; John 15,20; Rom. 9,12; 1Cor. 14,5; 1John 3,20; 1John 4,4)
Adjective · feminine · singular · nominative · superlative ▸ **1** (1Cor. 13,13)
Adjective · masculine · singular · nominative · superlative ▸ **1** (Matt. 23,11)

Μεγεδδω Megiddo ▸ 1
Μεγεδδω ▸ 1
Noun · singular · genitive · (proper) ▸ **1** (Judg. 5,19)

Μεγεδιηλ Magdiel ▸ 2
Μεγεδιηλ ▸ 2
Noun · masculine · singular · nominative · (proper) ▸ **2** (Gen. 36,43; 1Chr. 1,54)

μέγεθος (μέγας) greatness; magnificence ▸ 18 + 1 = 19
μεγέθει ▸ 8
Noun · neuter · singular · dative · (common) ▸ **8** (Ex. 15,16; 2Mac. 15,24; Ode. 1,16; Ezek. 17,6; Ezek. 19,11; Ezek. 31,3; Ezek. 31,10; Ezek. 31,14)

μέγεθος ▸ 7 + 1 = 8
Noun · neuter · singular · accusative · (common) ▸ **6** (1Kings 6,23; 1Kings 7,21; 2Kings 19,23; Wis. 6,7; Bar. 2,18; Ezek. 19,11)
Noun · neuter · singular · nominative · (common) ▸ **1 + 1 = 2** (Ezek. 31,5; Eph. 1,19)

μέγεθός ▸ 1
Noun · neuter · singular · nominative · (common) ▸ **1** (Song 7,8)

μεγέθους ▸ 2
Noun · neuter · singular · genitive · (common) ▸ **2** (1Sam. 16,7; Wis. 13,5)

μεγιστάν (μέγας) person of greatness, noble ▸ 42 + 8 + 3 = 53
μεγιστάν ▸ 1
Noun · masculine · singular · nominative · (common) ▸ **1** (Sir. 10,24)

μεγιστάνας ▸ 8
Noun · masculine · plural · accusative · (common) ▸ **8** (1Esdr. 1,36; 1Esdr. 3,14; Judith 2,2; Jer. 24,8; Jer. 25,18; Jer. 27,35; Jer. 32,19; Ezek. 30,13)

μεγιστᾶνες ▸ 14 + 3 + 2 = 19
Noun · masculine · plural · nominative · (common) ▸ **13 + 3 + 2 = 18** (1Esdr. 3,9; 1Esdr. 4,33; 1Esdr. 8,55; 1Esdr. 8,67; Judith 5,22; Prov. 8,16; Sol. 2,32; Nah. 2,6; Nah. 3,10; Zech. 11,2; Is. 34,12; Jer. 14,3; Jer. 41,10; Dan. 5,2; Dan. 5,3; Dan. 5,9; Rev. 6,15; Rev. 18,23)
Noun · masculine · plural · vocative · (common) ▸ **1** (Sir. 33,19)

μεγιστᾶνές ▸ 1 + 2 = 3
Noun · masculine · plural · nominative · (common) ▸ **1 + 2 = 3** (Dan. 5,23; Dan. 4,36; Dan. 5,23)

μεγιστᾶνι ▸ 1
Noun · masculine · singular · dative · (common) ▸ **1** (Sir. 4,7)

μεγιστάνων ▸ 13 + 1 = 14
Noun · masculine · plural · genitive · (common) ▸ **13 + 1 = 14** (2Chr. 36,18; 1Esdr. 8,26; 1Mac. 9,37; Sir. 11,1; Sir. 23,14; Sir. 28,14; Sir. 32,9; Sir. 38,3; Sir. 39,4; Jonah 3,7; Dan. 1,3; Dan. 5,0; Dan. 6,18; Dan. 6,18)

μεγιστᾶσιν ▸ 4 + 2 + 1 = 7

Noun · masculine · plural · dative · (common) ▸ 4 + 2 + 1 = 7 (1Esdr. 3,1; Sir. 8,8; Sir. 20,27; Sir. 20,28; Dan. 3,91; Dan. 5,1; Mark 6,21)

Μεδεβηνα Madmannah ▸ 1
   Μεδεβηνα ▸ 1
      Noun · singular · nominative · (proper) ▸ 1 (Josh. 15,31)

Μεεδδα Mehida ▸ 1
   Μεεδδα ▸ 1
      Noun · masculine · singular · genitive · (proper) ▸ 1 (1Esdr. 5,32)

Μεελεφ from Heleph ▸ 1
   Μεελεφ ▸ 1
      Noun · singular · nominative · (proper) ▸ 1 (Josh. 19,33)

Μεηρα Maharai ▸ 1
   Μεηρα ▸ 1
      Noun · masculine · singular · nominative · (proper) ▸ 1 (1Chr. 27,13)

Μεηταβηλ Mehetabel ▸ 1
   Μεηταβηλ ▸ 1
      Noun · masculine · singular · genitive · (proper) ▸ 1 (Neh. 6,10)

Μεθ Mahath ▸ 1
   Μεθ ▸ 1
      Noun · masculine · singular · genitive · (proper) ▸ 1 (1Chr. 6,20)

μεθαρμόζω (μετά; ἁρμόζω) to correct; to rearrange ▸ 1
   μεθαρμοζόμενα ▸ 1
      Verb · present · middle · participle · neuter · plural · nominative ▸ 1 (Wis. 19,18)

μεθαχαβιν (Hebr.) hiding themselves ▸ 1
   μεθαχαβιν ▸ 1
      Noun ▸ 1 (1Chr. 21,20)

μεθερμηνεύω (μετά; ἑρμηνεύω) to translate, interpret ▸ 1 + 8 = 9
   μεθερμηνεύεται ▸ 1
      Verb · third · singular · present · passive · indicative ▸ 1 (Acts 13,8)
   μεθερμηνευόμενον ▸ 7
      Verb · present · passive · participle · neuter · singular · nominative ▸ 7 (Matt. 1,23; Mark 5,41; Mark 15,22; Mark 15,34; John 1,38; John 1,41; Acts 4,36)
   μεθερμηνεῦσαι ▸ 1
      Verb · aorist · active · infinitive ▸ 1 (Sir. 1,30 Prol.)

μέθη (μεθύω) strong drink; drunkenness ▸ 13 + 3 = 16
   μέθαι ▸ 1
      Noun · feminine · plural · nominative ▸ 1 (Gal. 5,21)
   μέθαις ▸ 1 + 1 = 2
      Noun · feminine · plural · dative · (common) ▸ 1 + 1 = 2 (Judith 13,15; Rom. 13,13)
   μέθη ▸ 3
      Noun · feminine · singular · nominative · (common) ▸ 3 (Tob. 4,15; Prov. 20,1; Sir. 31,30)
   μέθῃ ▸ 1 + 1 = 2
      Noun · feminine · singular · dative · (common) ▸ 1 + 1 = 2 (Jer. 28,57; Luke 21,34)
   μέθην ▸ 7
      Noun · feminine · singular · accusative · (common) ▸ 7 (Tob. 4,15; Prov. 31,6; Sol. 8,14; Joel 1,5; Hag. 1,6; Ezek. 23,33; Ezek. 39,19)
   μέθης ▸ 1
      Noun · feminine · singular · genitive · (common) ▸ 1 (Is. 28,7)

μεθίστημι (μετά; ἵστημι) to remove, change, turn aside ▸ 29 + 6 + 5 = 40
   μεθιστᾷ ▸ 1
      Verb · third · singular · present · active · indicative ▸ 1 (Dan. 2,21)
   μεθισταμένους ▸ 1
      Verb · present · passive · participle · masculine · plural · accusative ▸ 1 (3Mac. 6,12)
   μεθιστᾶν ▸ 1
      Verb · present · active · participle · neuter · singular · nominative ▸ 1 (3Mac. 6,24)
   μεθιστάναι ▸ 1
      Verb · present · active · infinitive ▸ 1 (1Cor. 13,2)
   μεθίσταντο ▸ 1
      Verb · third · plural · imperfect · middle · indicative ▸ 1 (1Sam. 6,12)
   μεθιστῶν ▸ 1
      Verb · present · active · participle · masculine · singular · nominative ▸ 1 (Dan. 2,21)
   μεθιστῶσιν ▸ 1
      Verb · third · plural · present · active · subjunctive ▸ 1 (1Mac. 8,13)
   μετασταθῶ ▸ 1
      Verb · first · singular · aorist · passive · subjunctive ▸ 1 (Luke 16,4)
   μεταστάντος ▸ 1
      Verb · aorist · active · participle · masculine · singular · genitive ▸ 1 (2Mac. 11,23)
   μεταστῇ ▸ 2
      Verb · third · singular · aorist · active · subjunctive ▸ 2 (Deut. 30,17; Is. 54,10)
   μεταστῆσαι ▸ 3
      Verb · aorist · active · infinitive ▸ 3 (1Mac. 11,63; 3Mac. 2,28; 3Mac. 3,1)
   μεταστήσας ▸ 1 + 1 + 1 = 3
      Verb · aorist · active · participle · masculine · singular · nominative ▸ 1 + 1 + 1 = 3 (Sus. 56; Sus. 56; Acts 13,22)
   μεταστήσεις ▸ 1
      Verb · second · singular · future · active · indicative ▸ 1 (Judg. 7,5)
   μεταστήσεσθαι ▸ 1
      Verb · future · middle · infinitive ▸ 1 (Is. 54,10)
   μεταστήσεται ▸ 1
      Verb · third · singular · future · middle · indicative ▸ 1 (Deut. 17,17)
   μετάστησον ▸ 1
      Verb · second · singular · aorist · active · imperative ▸ 1 (Amos 5,23)
   μεταστήσουσιν ▸ 2
      Verb · third · plural · future · active · indicative ▸ 2 (Dan. 7,26; Dan. 11,31)
   μεταστήσω ▸ 1 + 1 = 2
      Verb · first · singular · future · active · indicative ▸ 1 + 1 = 2 (Judg. 9,29; Judg. 9,29)
   Μετάστητε ▸ 1
      Verb · second · plural · aorist · active · imperative ▸ 1 (1Kings 18,29)
   μετεστάθη ▸ 1
      Verb · third · singular · aorist · passive · indicative ▸ 1 (Dan. 7,12)
   μετεστάθησαν ▸ 1
      Verb · third · plural · aorist · passive · indicative ▸ 1 (2Kings 12,4)
   μετέστησαν ▸ 4
      Verb · third · plural · aorist · active · indicative ▸ 4 (Josh. 14,8;

Judg. 10,16; 1Kings 18,29; Is. 59,15)
- μετέστησε ▸ 1
  - **Verb** · third · singular · aorist · active · indicative ▸ 1 (2Mac. 4,10)
- μετέστησεν ▸ 5 + 2 = 7
  - **Verb** · third · singular · aorist · active · indicative ▸ 5 + 2 = 7 (1Kings 15,13; 2Kings 3,2; 2Kings 17,23; 2Kings 23,33; 2Chr. 15,16; Acts 19,26; Col. 1,13)

Μεθλα Methla ▸ 1
- Μεθλα ▸ 1
  - **Noun** · singular · genitive · (proper) ▸ 1 (Judg. 20,48)

μεθοδεία (μετά; ὁδός) craftiness ▸ 2
- μεθοδείαν ▸ 1
  - **Noun** · feminine · singular · accusative ▸ 1 (Eph. 4,14)
- μεθοδείας ▸ 1
  - **Noun** · feminine · plural · accusative ▸ 1 (Eph. 6,11)

μεθοδεύω (μετά; ὁδός) to trick, deceive ▸ 1
- μεθώδευσεν ▸ 1
  - **Verb** · third · singular · aorist · active · indicative ▸ 1 (2Sam. 19,28)

μέθοδος (μεθύω) trick, deception ▸ 2
- μεθόδων ▸ 2
  - **Noun** · feminine · plural · genitive · (common) ▸ 2 (Esth. 16,13 # 8,12n; 2Mac. 13,18)

μεθόριον boundary ▸ 1
- μεθόριον ▸ 1
  - **Noun** · neuter · singular · nominative · (common) ▸ 1 (Josh. 19,27)

μεθύσκω (μεθύω) to get drunk ▸ 37 + 5 = 42
- ἐμέθυσα ▸ 1
  - **Verb** · first · singular · aorist · active · indicative ▸ 1 (Jer. 38,25)
- ἐμέθυσας ▸ 1
  - **Verb** · second · singular · aorist · active · indicative ▸ 1 (Psa. 64,10)
- ἐμέθυσεν ▸ 2
  - **Verb** · third · plural · aorist · active · indicative ▸ 1 (2Sam. 11,13)
  - **Verb** · third · singular · aorist · active · indicative ▸ 1 (Sir. 39,22)
- ἐμέθυσέν ▸ 1
  - **Verb** · third · singular · aorist · active · indicative ▸ 1 (Lam. 3,15)
- ἐμεθύσθη ▸ 3
  - **Verb** · third · singular · aorist · passive · indicative ▸ 3 (Gen. 9,21; 1Mac. 16,16; Is. 34,5)
- ἐμεθύσθησαν ▸ 1 + 1 = 2
  - **Verb** · third · plural · aorist · passive · indicative ▸ 1 + 1 = 2 (Gen. 43,34; Rev. 17,2)
- μεθύσατε ▸ 1
  - **Verb** · second · plural · aorist · active · imperative ▸ 1 (Jer. 31,26)
- μεθύσει ▸ 1
  - **Verb** · third · singular · future · active · indicative ▸ 1 (Jer. 28,57)
- μεθύσῃ ▸ 1
  - **Verb** · third · singular · aorist · active · subjunctive ▸ 1 (Is. 55,10)
- μεθυσθήσεται ▸ 3
  - **Verb** · third · singular · future · passive · indicative ▸ 3 (Judith 6,4; Is. 34,7; Jer. 26,10)
- μεθυσθήσῃ ▸ 3
  - **Verb** · second · singular · aorist · passive · subjunctive ▸ 1 (1Sam. 1,14)
  - **Verb** · second · singular · future · passive · indicative ▸ 2 (Nah. 3,11; Lam. 4,21)
- μεθυσθήσονται ▸ 3
  - **Verb** · third · plural · future · passive · indicative ▸ 3 (Psa. 35,9;
Hos. 14,8; Is. 49,26)
- μεθύσθητε ▸ 2
  - **Verb** · second · plural · aorist · passive · imperative ▸ 1 (Song 5,1)
  - **Verb** · second · plural · aorist · passive · subjunctive ▸ 1 (Jer. 32,27)
- μεθυσθῶσιν ▸ 1
  - **Verb** · third · plural · aorist · passive · subjunctive ▸ 1 (John 2,10)
- μεθύσκει ▸ 1
  - **Verb** · third · singular · present · active · indicative ▸ 1 (Sir. 1,16)
- μεθύσκεσθαι ▸ 1
  - **Verb** · present · passive · infinitive ▸ 1 (Luke 12,45)
- μεθύσκεσθε ▸ 1 + 1 = 2
  - **Verb** · second · plural · present · passive · imperative ▸ 1 + 1 = 2 (Prov. 23,31; Eph. 5,18)
- μεθυσκόμενοι ▸ 1
  - **Verb** · present · passive · participle · masculine · plural · nominative ▸ 1 (1Th. 5,7)
- μεθύσκον ▸ 2
  - **Verb** · present · active · participle · neuter · singular · nominative ▸ 2 (Psa. 22,5; Jer. 28,7)
- μεθύσκοντά ▸ 1
  - **Verb** · present · active · participle · masculine · singular · accusative ▸ 1 (Sir. 32,13)
- μεθύσκονται ▸ 1
  - **Verb** · third · plural · present · passive · indicative ▸ 1 (Prov. 4,17)
- μεθύσκων ▸ 1
  - **Verb** · present · active · participle · masculine · singular · nominative ▸ 1 (Hab. 2,15)
- μέθυσον ▸ 1
  - **Verb** · second · singular · aorist · active · imperative ▸ 1 (Psa. 64,11)
- μεθύσω ▸ 5
  - **Verb** · first · singular · future · active · indicative ▸ 5 (Deut. 32,42; Ode. 2,42; Sir. 24,31; Jer. 28,39; Jer. 38,14)
- μεμεθυσμένῳ ▸ 1
  - **Verb** · perfect · passive · participle · neuter · singular · dative ▸ 1 (Is. 7,20)

μέθυσμα (μεθύω) strong drink ▸ 5 + 3 = 8
- μέθυσμα ▸ 4 + 3 = 7
  - **Noun** · neuter · singular · accusative · (common) ▸ 4 + 3 = 7 (1Sam. 1,11; 1Sam. 1,15; Hos. 4,11; Mic. 2,11; Judg. 13,4; Judg. 13,7; Judg. 13,14)
- μεθύσματι ▸ 1
  - **Noun** · neuter · singular · dative · (common) ▸ 1 (Jer. 13,13)

μέθυσος (μεθύω) drunken; drunkard ▸ 5 + 2 = 7
- μέθυσοι ▸ 1
  - **Noun** · masculine · plural · nominative ▸ 1 (1Cor. 6,10)
- μέθυσος ▸ 4 + 1 = 5
  - **Adjective** · feminine · singular · nominative · noDegree ▸ 1 (Sir. 26,8)
  - **Adjective** · masculine · singular · nominative · noDegree ▸ 3 + 1 = 4 (4Mac. 2,7; Prov. 23,21; Sir. 19,1; 1Cor. 5,11)
- μεθύσου ▸ 1
  - **Adjective** · masculine · singular · genitive · noDegree ▸ 1 (Prov. 26,9)

μεθύω to be drunk, drink freely ▸ 12 + 5 = 17
- μεθύει ▸ 1
  - **Verb** · third · singular · present · active · indicative ▸ 1 (1Cor. 11,21)

μεθύοντες ▸ 2
  Verb · present · active · participle · masculine · plural · nominative ▸ 2 (Joel 1,5; Is. 28,1)
μεθυόντων ▸ 1
  Verb · present · active · participle · masculine · plural · genitive ▸ 1 (Matt. 24,49)
μεθύουσα ▸ 1
  Verb · present · active · participle · feminine · singular · nominative ▸ 1 (Is. 51,21)
μεθύουσαν ▸ 1 + 1 = 2
  Verb · present · active · participle · feminine · singular · accusative ▸ 1 + 1 = 2 (1Sam. 1,13; Rev. 17,6)
μεθύουσιν ▸ 2
  Verb · third · plural · present · active · indicative ▸ 2 (Acts 2,15; 1Th. 5,7)
μεθύων ▸ 8
  Verb · present · active · participle · masculine · singular · nominative ▸ 8 (1Sam. 25,36; 1Kings 16,9; 1Kings 21,16; Psa. 106,27; Job 12,25; Is. 19,14; Is. 24,20; Is. 58,11)

μεθωεσιμ (Hebr.) recorded in a geneology list ▸ 1
  μεθωεσιμ ▸ 1
    Noun ▸ 1 (Ezra 2,62)

μεῖγμα (μίγνυμι) mixture, compound ▸ 1
  μεῖγμα ▸ 1
    Noun · neuter · singular · accusative · (common) ▸ 1 (Sir. 38,7)

Μεϊδα Mehida ▸ 1
  Μεϊδα ▸ 1
    Noun · masculine · singular · genitive · (proper) ▸ 1 (Neh. 7,54)

μειδιάω (μειδάω) to smile ▸ 1
  μειδιάσει ▸ 1
    Verb · third · singular · future · active · indicative ▸ 1 (Sir. 21,20)

Μεϊνωμ Meunim ▸ 1
  Μεϊνωμ ▸ 1
    Noun · masculine · singular · genitive · (proper) ▸ 1 (Neh. 7,52)

μειόω (μικρός) to lessen, decrease; to moderate ▸ 1
  μειούμενος ▸ 1
    Verb · present · passive · participle · masculine · singular · nominative ▸ 1 (Sir. 43,7)

μειράκιον (μεῖραξ) boy, lad ▸ 4
  Μειράκια ▸ 1
    Noun · neuter · plural · vocative · (common) ▸ 1 (4Mac. 8,14)
  μειράκια ▸ 1
    Noun · neuter · plural · nominative · (common) ▸ 1 (4Mac. 11,24)
  μειρακίου ▸ 1
    Noun · neuter · singular · genitive · (common) ▸ 1 (2Mac. 7,25)
  μειρακίων ▸ 1
    Noun · neuter · plural · genitive · (common) ▸ 1 (4Mac. 14,4)

μειρακίσκος (μεῖραξ) youth, young boy ▸ 2
  μειρακίσκοι ▸ 1
    Noun · masculine · plural · nominative · (common) ▸ 1 (4Mac. 8,1)
  μειρακίσκος ▸ 1
    Noun · masculine · singular · nominative · (common) ▸ 1 (4Mac. 11,13)

μεῖραξ youth ▸ 2
  μείρακες ▸ 2
    Noun · masculine · plural · nominative · (common) ▸ 2 (4Mac. 14,6; 4Mac. 14,8)

Μειχαηλος Michael ▸ 1
  Μιχαηλου ▸ 1
    Noun · masculine · singular · genitive · (proper) ▸ 1 (1Esdr. 8,34)

Μεκεδω Megiddo ▸ 1
  Μεκεδω ▸ 1
    Noun · masculine · singular · nominative · (proper) ▸ 1 (1Kings 4,12)

μέλαθρον structure ▸ 4
  μέλαθρα ▸ 2
    Noun · neuter · plural · accusative · (common) ▸ 1 (1Kings 6,5)
    Noun · neuter · plural · nominative · (common) ▸ 1 (1Kings 7,41)
  μέλαθρον ▸ 2
    Noun · neuter · singular · nominative · (common) ▸ 2 (1Kings 7,9; 1Kings 7,9)

μελαθρόομαι (μέλαθρον) to be connected with beams ▸ 1
  μεμελαθρωμέναι ▸ 1
    Verb · perfect · passive · participle · feminine · plural · nominative ▸ 1 (1Kings 7,42)

μελάνθιον (μέλας) cummin ▸ 3
  μελάνθιον ▸ 3
    Noun · neuter · singular · accusative · (common) ▸ 1 (Is. 28,25)
    Noun · neuter · singular · nominative · (common) ▸ 2 (Is. 28,27; Is. 28,27)

μελανία (μέλας) mourning, grief ▸ 1
  μελανίᾳ ▸ 1
    Noun · feminine · singular · dative · (common) ▸ 1 (Sir. 19,26)

μελανόομαι (μέλας) to be black ▸ 2
  μεμελανωμένη ▸ 1
    Verb · perfect · passive · participle · feminine · singular · nominative ▸ 1 (Song 1,6)
  μεμελανωμένοι ▸ 1
    Verb · perfect · passive · participle · masculine · plural · nominative ▸ 1 (LetterJ 20)

μέλας black ▸ 5 + 6 = 11
  μέλαινα ▸ 1
    Adjective · feminine · singular · nominative · noDegree ▸ 1 (Lev. 13,37)
  Μέλαινά ▸ 1
    Adjective · feminine · singular · nominative · noDegree ▸ 1 (Song 1,5)
  μέλαιναν ▸ 1
    Adjective · feminine · singular · accusative ▸ 1 (Matt. 5,36)
  μέλανες ▸ 3
    Adjective · masculine · plural · nominative · noDegree ▸ 3 (Song 5,11; Zech. 6,2; Zech. 6,6)
  μέλανι ▸ 1
    Adjective · neuter · singular · dative ▸ 1 (2Cor. 3,3)
  μέλανος ▸ 2
    Adjective · neuter · singular · genitive ▸ 2 (2John 12; 3John 13)
  μέλας ▸ 2
    Adjective · masculine · singular · nominative ▸ 2 (Rev. 6,5; Rev. 6,12)

Μελεά Melea ▸ 1
  Μελεά ▸ 1
    Noun · masculine · singular · genitive · (proper) ▸ 1 (Luke 3,31)

μέλει (μέλω) it is a concern, it is a care ▸ 10
  ἔμελεν ▸ 2
    Verb · third · singular · imperfect · active · indicative ▸ 2 (John 12,6; Acts 18,17)
  μέλει ▸ 7
    Verb · third · singular · present · active · indicative ▸ 7 (Matt. 22,16; Mark 4,38; Mark 12,14; Luke 10,40; John 10,13; 1Cor. 9,9; 1Pet. 5,7)
  μελέτω ▸ 1

Verb · third · singular · present · active · imperative ▸ **1** (1Cor. 7,21)

μέλεος unhappy ▸ 1
  μελέα ▸ 1
    Adjective · feminine · singular · nominative · noDegree ▸ **1** (4Mac. 16,6)

μελετάω (μέλω) to care for, study, practice, think about ▸ 34 + 2 = 36
  ἐμελέτησα ▸ 3
    Verb · first · singular · aorist · active · indicative ▸ **3** (Psa. 76,6; Psa. 118,70; Psa. 142,5)
  ἐμελετήσαμεν ▸ 1
    Verb · first · plural · aorist · active · indicative ▸ **1** (Is. 59,13)
  ἐμελέτησαν ▸ 2 + 1 = 3
    Verb · third · plural · aorist · active · indicative ▸ **2 + 1 = 3** (Psa. 2,1; Psa. 37,13; Acts 4,25)
  ἐμελέτων ▸ 4
    Verb · first · singular · imperfect · active · indicative ▸ **3** (Psa. 62,7; Psa. 118,47; Psa. 142,5)
    Verb · third · plural · imperfect · active · indicative ▸ **1** (Psa. 89,9)
  μελέτα ▸ 1 + 1 = 2
    Verb · second · singular · present · active · imperative ▸ **1 + 1 = 2** (Sir. 6,37; 1Tim. 4,15)
  μελετᾷ ▸ 4
    Verb · third · singular · present · active · indicative ▸ **4** (Prov. 11,2; Prov. 24,2; Job 6,30; Is. 59,3)
  μελετᾶν ▸ 1
    Verb · present · active · infinitive ▸ **1** (Psa. 118,148)
  μελετήσει ▸ 9
    Verb · third · singular · future · active · indicative ▸ **9** (Psa. 1,2; Psa. 34,28; Psa. 36,30; Psa. 70,24; Prov. 8,7; Prov. 19,27; Job 27,4; Sir. 14,20; Is. 33,18)
  μελετήσεις ▸ 2
    Verb · second · singular · future · active · indicative ▸ **2** (Josh. 1,8; Is. 16,7)
  μελετήσω ▸ 5
    Verb · first · singular · future · active · indicative ▸ **5** (Psa. 76,13; Psa. 118,16; Psa. 118,117; Ode. 11,14; Is. 38,14)
  μελετῶν ▸ 1
    Verb · present · active · participle · masculine · singular · nominative ▸ **1** (Is. 27,8)
  μελετῶσιν ▸ 1
    Verb · third · plural · present · active · indicative ▸ **1** (Prov. 15,28)

μελέτη (μέλω) meditation, discourse ▸ 14
  μελέτας ▸ 1
    Noun · feminine · plural · accusative · (common) ▸ **1** (Lam. 3,62)
  μελέτη ▸ 11
    Noun · feminine · singular · nominative · (common) ▸ **11** (Psa. 18,15; Psa. 48,4; Psa. 118,24; Psa. 118,77; Psa. 118,92; Psa. 118,97; Psa. 118,99; Psa. 118,143; Psa. 118,174; Eccl. 12,12; Job 37,2)
  μελέτῃ ▸ 2
    Noun · feminine · singular · dative · (common) ▸ **2** (Psa. 38,4; Job 33,15)

μέλι honey ▸ 63 + 3 + 4 = 70
  μέλι ▸ 48 + 2 + 4 = 54
    Noun · feminine · singular · accusative · (common) ▸ **1** (Psa. 80,17)
    Noun · masculine · singular · nominative · (common) ▸ **1** (Jer. 48,8)
    Noun · neuter · singular · accusative · (common) ▸ 39 + 1 + 1 = **41** (Ex. 3,8; Ex. 3,17; Ex. 13,5; Ex. 33,3; Lev. 2,11; Lev. 20,24; Num. 13,27; Num. 14,8; Num. 16,13; Num. 16,14; Deut. 6,3; Deut. 11,9; Deut. 26,9; Deut. 26,10; Deut. 26,15; Deut. 27,3; Deut. 31,20; Deut. 32,13; Josh. 5,6; Judg. 14,9; 1Sam. 14,43; 2Sam. 17,29; Psa. 18,11; Psa. 118,103; Prov. 24,13; Prov. 25,16; Prov. 25,27; Sir. 24,20; Sir. 46,8; Is. 7,15; Is. 7,22; Jer. 11,5; Jer. 39,22; Bar. 1,20; Ezek. 16,13; Ezek. 16,19; Ezek. 20,6; Ezek. 20,15; Ezek. 27,17; Judg. 14,9; Mark 1,6)
    Noun · neuter · singular · nominative · (common) ▸ 7 + 1 + 3 = **11** (Judg. 14,8; Ode. 2,13; Prov. 5,3; Song 4,11; Sir. 39,26; Sir. 49,1; Ezek. 3,3; Judg. 14,8; Matt. 3,4; Rev. 10,9; Rev. 10,10)
  μέλιτι ▸ 1
    Noun · neuter · singular · dative · (common) ▸ **1** (Ex. 16,31)
  μέλιτος ▸ 13 + 1 = 14
    Noun · neuter · singular · genitive · (common) ▸ 13 + 1 = **14** (Gen. 43,11; Deut. 8,8; Judg. 14,18; 1Sam. 14,27; 1Sam. 14,29; 1Kings 12,24h; 1Kings 12,24i; 1Kings 12,24l; 2Kings 18,32; 2Chr. 31,5; Prov. 16,24; Job 20,17; Sir. 24,20; Judg. 14,18)
  μελιτός ▸ 1
    Noun · neuter · singular · genitive · (common) ▸ **1** (Song 5,1)

μελίζω (μέλος) to cut into pieces ▸ 7 + 2 = 9
  ἐμέλισα ▸ 1 + 1 = 2
    Verb · first · singular · aorist · active · indicative ▸ **1 + 1 = 2** (Judg. 20,6; Judg. 20,6)
  ἐμέλισαν ▸ 1
    Verb · third · plural · aorist · active · indicative ▸ **1** (Mic. 3,3)
  ἐμέλισεν ▸ 3 + 1 = 4
    Verb · third · singular · aorist · active · indicative ▸ **3 + 1 = 4** (Judg. 19,29; 1Sam. 11,7; 1Kings 18,33; Judg. 19,29)
  μελιοῦσιν ▸ 1
    Verb · third · plural · future · active · indicative ▸ **1** (Lev. 1,6)
  μελισάτωσαν ▸ 1
    Verb · third · plural · aorist · active · imperative ▸ **1** (1Kings 18,23)

μέλισσα (μέλι) bee ▸ 7 + 1 = 8
  μέλισσα ▸ 1
    Noun · feminine · singular · nominative · (common) ▸ **1** (Sir. 11,3)
  μέλισσαι ▸ 3
    Noun · feminine · plural · nominative · (common) ▸ **2** (Deut. 1,44; 4Mac. 14,19)
    Noun · masculine · plural · nominative · (common) ▸ **1** (Psa. 117,12)
  μέλισσαν ▸ 1
    Noun · feminine · singular · accusative · (common) ▸ **1** (Prov. 6,8a)
  μελίσσῃ ▸ 1
    Noun · feminine · singular · dative · (common) ▸ **1** (Is. 7,18)
  μελισσῶν ▸ 1 + 1 = 2
    Noun · feminine · plural · genitive · (common) ▸ 1 + 1 = **2** (Judg. 14,8; Judg. 14,8)

μελισσών (μέλι) beehive ▸ 2
  μελισσῶνα ▸ 1
    Noun · masculine · singular · accusative · (common) ▸ **1** (1Sam. 14,26)
  μελισσῶνος ▸ 1
    Noun · masculine · singular · genitive · (common) ▸ **1** (1Sam. 14,25)

Μελίτη Malta ▸ 1
  Μελίτη ▸ 1
    Noun · feminine · singular · nominative · (proper) ▸ **1** (Acts 28,1)

Μελληθι Mallothi ▸ 1
  Μελληθι ▸ 1
    Noun · masculine · singular · nominative · (proper) ▸ **1** (1Chr. 25,26)

μέλλω to be about to; to linger ▸ 43 + 1 + 109 = 153
  ἔμελλεν ▸ 1 + 3 = 4
    Verb · third · singular · imperfect · active · indicative ▸ 1 + 3 = **4** (4Mac. 17,1; John 6,6; John 6,71; John 11,51)
  ἔμελλον ▸ 1 + 3 = 4
    Verb · third · plural · imperfect · active · indicative ▸ 1 + 3 = **4** (Psa. 64,1; John 7,39; Acts 21,27; Rev. 3,2)
  ἤμελλεν ▸ 1 + 11 = 12
    Verb · third · singular · imperfect · active · indicative ▸ 1 + 11 = **12** (Wis. 18,4; Luke 7,2; Luke 9,31; Luke 10,1; Luke 19,4; John 4,47; John 12,33; John 18,32; Acts 12,6; Acts 16,27; Acts 27,33; Heb. 11,8)
  ἤμελλον ▸ 1
    Verb · first · singular · imperfect · active · indicative ▸ **1** (Rev. 10,4)
  μέλλει ▸ 9 + 16 = 25
    Verb · third · singular · present · active · indicative ▸ 9 + 16 = **25** (Gen. 25,22; Gen. 43,25; 1Mac. 13,14; Wis. 15,9; Is. 15,7; Is. 28,24; Is. 47,13; Is. 48,6; LetterJ 46; Matt. 2,13; Matt. 16,27; Matt. 17,12; Matt. 17,22; Luke 9,44; Luke 19,11; John 7,35; John 7,35; Acts 17,31; Acts 23,3; Acts 26,23; Rom. 4,24; Rev. 1,19; Rev. 2,10; Rev. 12,5; Rev. 17,8)
  μέλλειν ▸ 1 + 6 = 7
    Verb · present · active · infinitive ▸ 1 + 6 = **7** (2Mac. 3,18; Acts 11,28; Acts 19,27; Acts 24,15; Acts 25,4; Acts 27,10; Acts 28,6)
  μέλλεις ▸ 4 + 4 = 8
    Verb · second · singular · present · active · indicative ▸ 4 + 4 = **8** (Ex. 4,12; 2Mac. 7,2; 4Mac. 9,1; Job 26,2; John 14,22; Acts 22,16; Acts 22,26; Rev. 2,10)
  μέλλετε ▸ 1 + 2 = 3
    Verb · second · plural · present · active · indicative ▸ 1 + 2 = **3** (4Mac. 6,23; Acts 5,35; Rom. 8,13)
  μέλλῃ ▸ 1 + 3 = 4
    Verb · third · singular · present · active · subjunctive ▸ 1 + 3 = **4** (Jer. 36,10; Mark 13,4; Luke 21,7; Rev. 10,7)
  μέλλῃς ▸ 1
    Verb · second · singular · present · active · subjunctive ▸ **1** (Tob. 6,18)
  μελλήσετε ▸ 1
    Verb · second · plural · future · active · indicative ▸ **1** (Matt. 24,6)
  μελλήσω ▸ 1
    Verb · first · singular · future · active · indicative ▸ **1** (2Pet. 1,12)
  μέλλομεν ▸ 1
    Verb · first · plural · present · active · indicative ▸ **1** (1Th. 3,4)
  μέλλον ▸ 3
    Verb · present · active · participle · neuter · singular · accusative ▸ **3** (Luke 13,9; Acts 23,20; 1Tim. 6,19)
  μέλλοντα ▸ 2 + 6 = 8
    Verb · present · active · participle · masculine · singular · accusative ▸ **2** (Acts 13,34; Acts 23,27)
    Verb · present · active · participle · neuter · plural · accusative ▸ 2 + 2 = **4** (Wis. 8,8; Wis. 19,1; Mark 10,32; Luke 21,36)
    Verb · present · active · participle · neuter · plural · nominative ▸ **2** (Rom. 8,38; 1Cor. 3,22)
  μέλλοντας ▸ 1 + 3 = 4
    Verb · present · active · participle · masculine · plural · accusative ▸ 1 + 3 = **4** (2Mac. 2,22; Acts 3,3; Acts 23,15; Heb. 1,14)
  Μέλλοντες ▸ 1
    Verb · present · active · participle · masculine · plural · nominative ▸ **1** (2Mac. 2,16)
  μέλλοντες ▸ 2 + 4 = 6
    Verb · present · active · participle · masculine · plural · nominative ▸ 2 + 4 = **6** (2Mac. 1,18; 4Mac. 8,27; Acts 20,13; Acts 22,29; James 2,12; Rev. 6,11)
  μέλλοντι ▸ 4
    Verb · present · active · participle · masculine · singular · dative ▸ **3** (Matt. 12,32; Acts 20,3; Eph. 1,21)
    Verb · present · active · participle · neuter · singular · dative ▸ **1** (Acts 27,2)
  μέλλοντος ▸ 1 + 6 = 7
    Verb · present · active · participle · masculine · singular · genitive ▸ **4** (Acts 18,14; Rom. 5,14; 2Tim. 4,1; Heb. 6,5)
    Verb · present · active · participle · neuter · singular · genitive ▸ 1 + 2 = **3** (Wis. 17,20; Acts 24,25; Heb. 10,27)
  μελλόντων ▸ 1 + 8 = 9
    Verb · present · active · participle · masculine · plural · genitive ▸ **3** (Acts 27,30; 1Tim. 1,16; Rev. 8,13)
    Verb · present · active · participle · neuter · plural · genitive ▸ 1 + 5 = **6** (2Mac. 14,41; Acts 26,22; Col. 2,17; Heb. 10,1; Heb. 11,20; 2Pet. 2,6)
  μέλλουσαν ▸ 3 + 4 = 7
    Verb · present · active · participle · feminine · singular · accusative ▸ 3 + 4 = **7** (2Mac. 8,3; 2Mac. 8,11; Prov. 15,18; Rom. 8,18; Gal. 3,23; Heb. 2,5; Heb. 13,14)
  μελλούσης ▸ 6
    Verb · present · active · participle · feminine · singular · genitive ▸ **6** (Matt. 3,7; Luke 3,7; 1Tim. 4,8; 1Pet. 5,1; Rev. 3,10; Rev. 12,4)
  μέλλουσιν ▸ 2 + 2 = 4
    Verb · present · active · participle · masculine · plural · dative ▸ **1** (2Mac. 13,10)
    Verb · third · plural · present · active · indicative ▸ 1 + 2 = **3** (Judith 10,12; John 6,15; Acts 20,38)
  μέλλω ▸ 1 + 2 = 3
    Verb · first · singular · present · active · indicative ▸ 1 + 2 = **3** (4Mac. 11,2; Matt. 20,22; Rev. 3,16)
  Μέλλων ▸ 1
    Verb · present · active · participle · masculine · singular · nominative ▸ **1** (Acts 21,37)
  μέλλων ▸ 10 + 8 = 18
    Verb · present · active · participle · masculine · singular · nominative ▸ 10 + 8 = **18** (2Mac. 6,30; 2Mac. 7,18; 4Mac. 1,1; 4Mac. 6,26; 4Mac. 10,9; 4Mac. 12,15; Job 3,8; Job 19,25; Wis. 14,1; Is. 59,5; Matt. 11,14; Luke 22,23; Luke 24,21; John 12,4; Acts 20,7; Acts 20,13; Acts 26,2; Heb. 8,5)

μελον (Hebr.) retreat ▸ 1
  μελον ▸ 1
    Noun ▸ **1** (2Kings 19,23)

μέλος body part; musical part, melody ▸ 26 + 1 + 34 = 61
  μέλει ▸ 1
    Noun · neuter · singular · dative · (common) ▸ **1** (Mic. 2,4)
  μέλεσιν ▸ 4 + 3 = 7
    Noun · neuter · plural · dative · (common) ▸ 4 + 3 = **7** (2Mac. 8,24; 3Mac. 2,22; 3Mac. 5,25; Job 9,28; Rom. 7,5; James 3,6; James 4,1)
  μέλεσίν ▸ 2
    Noun · neuter · plural · dative ▸ **2** (Rom. 7,23; Rom. 7,23)
  μέλη ▸ 14 + 1 + 22 = 37

μέλος–μελῳδός

    Noun · neuter · plural · accusative · (common) ▸ 14 + 1 + 10 = **25** (Ex. 29,17; Lev. 1,6; Lev. 1,12; Lev. 8,20; Lev. 8,20; Lev. 9,13; 2Mac. 1,16; 2Mac. 9,7; 4Mac. 9,17; 4Mac. 10,20; Sir. 40,21; Sir. 44,5; Sir. 47,9; Sir. 50,12; Judg. 19,29; Rom. 6,13; Rom. 6,13; Rom. 6,19; Rom. 6,19; Rom. 12,4; 1Cor. 6,15; 1Cor. 6,15; 1Cor. 12,12; 1Cor. 12,18; Col. 3,5)

    Noun · neuter · plural · nominative ▸ **12** (Rom. 12,4; Rom. 12,5; 1Cor. 6,15; 1Cor. 12,12; 1Cor. 12,20; 1Cor. 12,22; 1Cor. 12,25; 1Cor. 12,26; 1Cor. 12,26; 1Cor. 12,27; Eph. 4,25; Eph. 5,30)

  μέλος ▸ 7 + 5 = 12

    Noun · neuter · singular · accusative · (common) ▸ **4** (2Mac. 7,7; 3Mac. 6,32; 4Mac. 9,14; Ezek. 24,6)

    Noun · neuter · singular · nominative · (common) ▸ 3 + 5 = **8** (Sir. 32,6; Sir. 50,18; Ezek. 2,10; 1Cor. 12,14; 1Cor. 12,19; 1Cor. 12,26; 1Cor. 12,26; James 3,5)

  μελῶν ▸ 2

    Noun · neuter · plural · genitive ▸ **2** (Matt. 5,29; Matt. 5,30)

Μελχα Milcah ▸ 11

  Μελχα ▸ 9

    Noun · feminine · singular · genitive · (proper) ▸ **1** (Gen. 11,29)

    Noun · feminine · singular · nominative · (proper) ▸ **8** (Gen. 11,29; Gen. 22,20; Gen. 22,23; Gen. 24,47; Num. 26,37; Num. 27,1; Num. 36,11; Josh. 17,3)

  Μελχας ▸ 2

    Noun · feminine · singular · genitive · (proper) ▸ **2** (Gen. 24,15; Gen. 24,24)

Μελχαμ Malcam ▸ 1

  Μελχαμ ▸ 1

    Noun · masculine · singular · accusative · (proper) ▸ **1** (1Chr. 8,9)

Μελχηλ Melech ▸ 1

  Μελχηλ ▸ 1

    Noun · masculine · singular · nominative · (proper) ▸ **1** (1Chr. 8,35)

Μελχί Melchi ▸ 2

  Μελχὶ ▸ 2

    Noun · masculine · singular · genitive · (proper) ▸ **2** (Luke 3,24; Luke 3,28)

Μελχια Malkijah ▸ 9

  Μελχια ▸ 9

    Noun · masculine · singular · dative · (proper) ▸ **2** (1Chr. 24,9; 1Chr. 26,14)

    Noun · masculine · singular · genitive · (proper) ▸ **2** (1Chr. 6,25; Neh. 11,12)

    Noun · masculine · singular · nominative · (proper) ▸ **5** (Ezra 10,25; Ezra 10,31; Neh. 3,14; Neh. 3,31; Neh. 10,4)

Μελχιας Malkijah ▸ 8

  Μελχιας ▸ 6

    Noun · masculine · singular · nominative · (proper) ▸ **6** (1Esdr. 9,26; 1Esdr. 9,32; 1Esdr. 9,44; Neh. 3,11; Neh. 8,4; Neh. 12,42)

  Μελχιου ▸ 2

    Noun · masculine · singular · genitive · (proper) ▸ **2** (Jer. 21,1; Jer. 45,6)

Μελχιηλ Malkiel ▸ 4

  Μελχιηλ ▸ 4

    Noun · masculine · singular · dative · (proper) ▸ **1** (Num. 26,29)

    Noun · masculine · singular · genitive · (proper) ▸ **1** (Judith 6,15)

    Noun · masculine · singular · nominative · (proper) ▸ **2** (Gen. 46,17; 1Chr. 7,31)

Μελχιηλι Malkielite ▸ 1

  Μελχιηλι ▸ 1

    Noun · masculine · singular · nominative · (proper) ▸ **1** (Num. 26,29)

Μελχιραμ Malkiram ▸ 1

  Μελχιραμ ▸ 1

    Noun · masculine · singular · nominative · (proper) ▸ **1** (1Chr. 3,18)

Μελχισα Malki-shua ▸ 2

  Μελχισα ▸ 2

    Noun · masculine · singular · accusative · (proper) ▸ **1** (1Sam. 31,2)

    Noun · masculine · singular · nominative · (proper) ▸ **1** (1Sam. 14,49)

Μελχισεδεκ Melchizedek ▸ 2

  Μελχισεδεκ ▸ 2

    Noun · masculine · singular · genitive · (proper) ▸ **1** (Psa. 109,4)

    Noun · masculine · singular · nominative · (proper) ▸ **1** (Gen. 14,18)

Μελχισέδεκ Melchizedek ▸ 8

  Μελχισέδεκ ▸ 8

    Noun · masculine · singular · genitive · (proper) ▸ **6** (Heb. 5,6; Heb. 5,10; Heb. 6,20; Heb. 7,11; Heb. 7,15; Heb. 7,17)

    Noun · masculine · singular · nominative · (proper) ▸ **2** (Heb. 7,1; Heb. 7,10)

Μελχισουε Malki-shua ▸ 3

  Μελχισουε ▸ 3

    Noun · masculine · singular · accusative · (proper) ▸ **3** (1Chr. 8,33; 1Chr. 9,39; 1Chr. 10,2)

Μελχολ Michal ▸ 17

  Μελχολ ▸ 17

    Noun · feminine · singular · accusative · (proper) ▸ **5** (1Sam. 18,27; 1Sam. 25,44; 2Sam. 3,13; 2Sam. 3,14; 2Sam. 6,21)

    Noun · feminine · singular · dative · (proper) ▸ **2** (1Sam. 19,17; 2Sam. 6,23)

    Noun · feminine · singular · nominative · (proper) ▸ **8** (1Sam. 14,49; 1Sam. 18,20; 1Sam. 19,11; 1Sam. 19,12; 1Sam. 19,13; 2Sam. 6,16; 2Sam. 6,20; 1Chr. 15,29)

    Noun · masculine · singular · genitive · (proper) ▸ **1** (2Sam. 12,30)

    Noun · masculine · singular · nominative · (proper) ▸ **1** (1Sam. 19,17)

Μελχομ Milcom, Molech ▸ 2

  Μελχομ ▸ 2

    Noun · masculine · singular · accusative · (proper) ▸ **1** (Jer. 30,19)

    Noun · masculine · singular · nominative · (proper) ▸ **1** (Jer. 30,17)

μέλω it is of concern, it is a care ▸ 5

  μέλει ▸ 3

    Verb · third · singular · present · active · indicative ▸ **3** (Tob. 10,5; Job 22,3; Wis. 12,13)

  μέλη ▸ 2

    Verb · third · singular · present · active · subjunctive ▸ **2** (1Mac. 14,42; 1Mac. 14,43)

μελῳδέω (μέλος; ᾄδω) to sing ▸ 1

  ἐμελῴδει ▸ 1

    Verb · third · singular · imperfect · active · indicative ▸ **1** (4Mac. 18,15)

μελῳδία (μέλος; ᾄδω) song ▸ 1

  μελῳδίαι ▸ 1

    Noun · feminine · plural · nominative · (common) ▸ **1** (4Mac. 15,21)

μελῳδός (μέλος; ᾄδω) singing ▸ 1

  μελῳδὸν ▸ 1

    Adjective · feminine · singular · accusative · noDegree ▸ **1**

(4Mac. 10,21)

Μεμβρα Membra (?) ▸ 1
   Μεμβρα ▸ 1
      Noun · singular · nominative · (proper) ▸ 1 (Josh. 15,35)

μεμβράνα parchment ▸ 1
   μεμβράνας ▸ 1
      Noun · feminine · plural · accusative ▸ 1 (2Tim. 4,13)

Μέμμιος Memmius ▸ 1
   Μέμμιος ▸ 1
      Noun · masculine · singular · nominative · (proper) ▸ 1 (2Mac. 11,34)

Μεμφιβοσθε Mephibosheth; Ish-Bosheth ▸ 29
   Μεμφιβοσθε ▸ 29
      Noun · masculine · singular · accusative · (proper) ▸ 4 (2Sam. 3,14; 2Sam. 9,6; 2Sam. 21,7; 2Sam. 21,8)
      Noun · masculine · singular · dative · (proper) ▸ 3 (2Sam. 4,2; 2Sam. 9,12; 2Sam. 16,4)
      Noun · masculine · singular · genitive · (proper) ▸ 7 (2Sam. 3,8; 2Sam. 4,5; 2Sam. 4,8; 2Sam. 4,8; 2Sam. 4,12; 2Sam. 9,12; 2Sam. 16,1)
      Noun · masculine · singular · nominative · (proper) ▸ 14 (2Sam. 3,7; 2Sam. 3,11; 2Sam. 3,15; 2Sam. 4,1; 2Sam. 4,4; 2Sam. 4,7; 2Sam. 9,6; 2Sam. 9,8; 2Sam. 9,10; 2Sam. 9,11; 2Sam. 9,13; 2Sam. 19,25; 2Sam. 19,27; 2Sam. 19,31)
      Noun · masculine · singular · vocative · (proper) ▸ 1 (2Sam. 19,26)

Μέμφις Memphis ▸ 8
   Μέμφεως ▸ 5
      Noun · feminine · singular · genitive · (proper) ▸ 5 (Judith 1,10; Is. 19,13; Jer. 2,16; Ezek. 30,13; Ezek. 30,15)
   Μέμφιν ▸ 1
      Noun · feminine · singular · accusative · (proper) ▸ 1 (Jer. 26,14)
   Μέμφις ▸ 2
      Noun · feminine · singular · nominative · (proper) ▸ 2 (Hos. 9,6; Jer. 26,19)

μέμφομαι to find fault with, to blame ▸ 3 + 2 = 5
   μέμφεται ▸ 1
      Verb · third · singular · present · middle · indicative ▸ 1 (Rom. 9,19)
   μεμφόμενος ▸ 1
      Verb · present · middle · participle · masculine · singular · nominative ▸ 1 (Heb. 8,8)
   μεμψάμενος ▸ 1
      Verb · aorist · middle · participle · masculine · singular · nominative ▸ 1 (2Mac. 2,7)
   μέμψεται ▸ 1
      Verb · third · singular · future · middle · indicative ▸ 1 (Sir. 41,7)
   μέμψῃ ▸ 1
      Verb · second · singular · aorist · middle · subjunctive ▸ 1 (Sir. 11,7)

μεμψίμοιρος (μέμφομαι) complaining; fault-finding ▸ 1
   μεμψίμοιροι ▸ 1
      Adjective · masculine · plural · nominative ▸ 1 (Jude 16)

μέμψις (μέμφομαι) blame, reproof, fault ▸ 4
   μέμψιν ▸ 3
      Noun · feminine · singular · accusative · (common) ▸ 3 (Job 33,10; Job 33,23; Job 39,7)
   μέμψις ▸ 1
      Noun · feminine · singular · nominative · (common) ▸ 1 (Wis. 13,6)

μέν indeed, on the one hand ▸ 218 + 5 + 179 = 402

μὲν ▸ 205 + 2 + 171 = 378
   Particle ▸ 205 + 2 + 52 = 259 (Gen. 27,22; Gen. 38,23; Gen. 43,4; Gen. 43,14; Gen. 44,8; Gen. 44,26; Ex. 1,16; Ex. 4,23; Ex. 9,2; Ex. 13,21; Ex. 32,32; Lev. 3,1; Lev. 4,3; Lev. 7,12; Lev. 27,7; Num. 15,3; Num. 22,33; Deut. 20,11; 1Sam. 20,14; 2Sam. 11,25; 2Sam. 15,33; Esth. 3,11; Esth. 15,2 # 5,1a; Esth. 8,14; Judith 5,20; Tob. 14,10; 2Mac. 2,25; 2Mac. 2,26; 2Mac. 2,28; 2Mac. 2,30; 2Mac. 2,32; 2Mac. 3,8; 2Mac. 3,19; 2Mac. 3,22; 2Mac. 3,26; 2Mac. 3,29; 2Mac. 3,40; 2Mac. 4,11; 2Mac. 4,14; 2Mac. 4,15; 2Mac. 4,20; 2Mac. 4,20; 2Mac. 4,25; 2Mac. 4,26; 2Mac. 4,27; 2Mac. 4,29; 2Mac. 4,41; 2Mac. 4,42; 2Mac. 4,47; 2Mac. 5,7; 2Mac. 5,11; 2Mac. 5,14; 2Mac. 5,21; 2Mac. 5,22; 2Mac. 5,22; 2Mac. 6,4; 2Mac. 6,16; 2Mac. 6,27; 2Mac. 6,27; 2Mac. 7,14; 2Mac. 7,36; 2Mac. 7,42; 2Mac. 8,18; 2Mac. 9,14; 2Mac. 9,28; 2Mac. 10,1; 2Mac. 10,9; 2Mac. 10,22; 2Mac. 10,28; 2Mac. 11,2; 2Mac. 11,5; 2Mac. 11,16; 2Mac. 11,18; 2Mac. 11,19; 2Mac. 12,1; 2Mac. 12,6; 2Mac. 12,18; 2Mac. 12,24; 2Mac. 14,8; 2Mac. 14,8; 2Mac. 14,13; 2Mac. 14,27; 2Mac. 15,6; 2Mac. 15,12; 2Mac. 15,24; 2Mac. 15,27; 2Mac. 15,38; 3Mac. 1,20; 3Mac. 1,24; 3Mac. 2,1; 3Mac. 2,15; 3Mac. 2,31; 3Mac. 3,3; 3Mac. 3,6; 3Mac. 3,8; 3Mac. 3,11; 3Mac. 3,17; 3Mac. 3,30; 3Mac. 4,9; 3Mac. 4,15; 3Mac. 4,16; 3Mac. 4,18; 3Mac. 5,3; 3Mac. 5,9; 3Mac. 5,12; 3Mac. 5,42; 3Mac. 6,29; 4Mac. 1,7; 4Mac. 1,10; 4Mac. 1,15; 4Mac. 1,22; 4Mac. 1,26; 4Mac. 1,30; 4Mac. 1,33; 4Mac. 2,18; 4Mac. 3,9; 4Mac. 4,4; 4Mac. 4,14; 4Mac. 5,26; 4Mac. 5,38; 4Mac. 6,2; 4Mac. 6,12; 4Mac. 6,19; 4Mac. 6,21; 4Mac. 7,13; 4Mac. 8,2; 4Mac. 9,8; 4Mac. 9,31; 4Mac. 11,14; 4Mac. 12,3; 4Mac. 12,4; 4Mac. 12,14; 4Mac. 13,5; 4Mac. 14,15; 4Mac. 16,9; 4Mac. 16,17; 4Mac. 18,9; 4Mac. 18,18; Psa. 34,20; Prov. 6,10; Prov. 11,31; Prov. 23,14; Prov. 25,10; Job 8,7; Job 9,19; Job 12,3; Job 12,11; Job 28,2; Job 31,26; Job 41,19; Job 41,20; Job 42,5; Job 42,14; Job 42,17b; Job 42,17c; Wis. 5,13; Wis. 7,1; Wis. 7,30; Wis. 11,6; Wis. 11,10; Wis. 13,1; Wis. 13,3; Wis. 13,16; Wis. 13,17; Wis. 14,2; Wis. 14,8; Wis. 14,19; Wis. 15,9; Wis. 15,17; Wis. 16,3; Wis. 16,4; Wis. 16,9; Wis. 16,14; Wis. 16,18; Wis. 16,21; Wis. 17,5; Wis. 17,14; Wis. 18,1; Wis. 18,1; Wis. 18,3; Wis. 18,4; Wis. 18,7; Wis. 18,16; Wis. 18,17; Wis. 19,5; Wis. 19,10; Wis. 19,14; Sir. 14,18; Sir. 14,18; Sir. 23,23; Sir. 48,16; Zech. 1,15; Is. 6,2; Is. 41,7; LetterJ 19; LetterJ 54; LetterJ 59; Dan. 1,7; Dan. 2,24; Dan. 3,15; Dan. 3,23; Dan. 3,46; Dan. 12,2; Sus. 53; Bel 7; Sus. 39; Sus. 53; Matt. 23,28; Mark 4,4; Mark 9,12; Luke 8,5; Luke 22,22; Luke 23,56; John 11,6; John 19,24; John 20,30; Acts 1,1; Acts 1,18; Acts 2,41; Acts 3,21; Acts 3,22; Acts 4,16; Acts 5,41; Acts 8,25; Acts 9,31; Acts 11,19; Acts 13,4; Acts 14,3; Acts 15,3; Acts 16,5; Acts 17,17; Acts 17,30; Acts 23,18; Acts 23,22; Acts 26,4; Acts 26,9; Acts 28,22; Rom. 1,8; Rom. 3,2; Rom. 7,12; Rom. 10,1; Rom. 11,13; Rom. 14,20; 1Cor. 6,4; 1Cor. 6,7; 1Cor. 11,18; 1Cor. 12,20; 1Cor. 12,28; 1Cor. 14,17; 2Cor. 9,1; 2Cor. 11,4; 2Cor. 12,12; Gal. 4,24; Col. 2,23; 1Th. 2,18; Heb. 7,5; Heb. 7,11; Heb. 8,4; Heb. 9,1)
   Particle · (alternating) ▸ 119 (Matt. 3,11; Matt. 9,37; Matt. 10,13; Matt. 13,4; Matt. 13,8; Matt. 13,23; Matt. 16,3; Matt. 16,14; Matt. 17,11; Matt. 20,23; Matt. 21,35; Matt. 22,5; Matt. 22,8; Matt. 23,27; Matt. 25,15; Matt. 25,33; Matt. 26,24; Matt. 26,41; Mark 12,5; Mark 14,21; Mark 14,38; Mark 16,19; Luke 3,16; Luke 3,18; Luke 10,2; Luke 11,48; Luke 13,9; Luke 23,33; Luke 23,41; John 7,12; John 10,41; John 16,22; John 19,32; Acts 1,5; Acts 1,6; Acts 3,13; Acts 8,4; Acts 9,7; Acts 11,16; Acts 12,5; Acts 13,36; Acts 14,4; Acts 15,30; Acts 17,12; Acts 17,32; Acts 18,14; Acts 19,15; Acts 19,32; Acts 19,38; Acts 22,9; Acts 23,8; Acts 23,31; Acts 25,4; Acts 25,11; Acts 27,41; Acts 27,44; Acts 28,5; Acts 28,24; Rom. 2,7; Rom. 2,25; Rom. 5,16; Rom. 6,11; Rom. 7,25; Rom. 8,10; Rom. 8,17; Rom. 9,21; Rom. 11,22; Rom. 11,28; Rom. 14,2; Rom. 14,5

1Cor. 1,18; 1Cor. 1,23; 1Cor. 5,3; 1Cor. 7,7; 1Cor. 9,24; 1Cor. 9,25; 1Cor. 11,7; 1Cor. 11,14; 1Cor. 11,21; 1Cor. 12,8; 1Cor. 15,39; 1Cor. 15,40; 2Cor. 2,16; 2Cor. 8,17; 2Cor. 10,1; Gal. 4,8; Gal. 4,23; Eph. 4,11; Phil. 1,15; Phil. 1,16; Phil. 2,23; Phil. 3,1; Phil. 3,13; 2Tim. 1,10; 2Tim. 2,20; 2Tim. 4,4; Heb. 1,7; Heb. 3,5; Heb. 7,2; Heb. 7,8; Heb. 7,18; Heb. 7,20; Heb. 7,23; Heb. 9,6; Heb. 9,23; Heb. 10,11; Heb. 10,33; Heb. 11,15; Heb. 12,9; Heb. 12,10; Heb. 12,11; James 3,17; 1Pet. 1,20; 1Pet. 2,4; 1Pet. 3,18; 1Pet. 4,6; Jude 8; Jude 10; Jude 22)

μέν ▸ 13 + 3 + 8 = 24
    Particle ▸ 13 + 3 + 1 = **17** (Gen. 18,12; Tob. 3,10; 2Mac. 7,9; 4Mac. 1,32; 4Mac. 6,15; 4Mac. 6,22; 4Mac. 10,10; 4Mac. 13,11; Job 32,6; Hag. 1,4; Dan. 2,33; Dan. 2,41; Dan. 2,42; Dan. 2,41; Dan. 2,42; Bel 7; Acts 27,21)
    Particle · (alternating) ▸ **7** (Matt. 13,32; John 16,9; Acts 21,39; 1Cor. 1,12; 1Cor. 3,4; 2Cor. 10,10; 2Cor. 12,1)

Μενέλαος Menelaus ▸ 16
  Μενέλαον ▸ 7
    Noun · masculine · singular · accusative · (proper) ▸ **7** (2Mac. 4,23; 2Mac. 4,43; 2Mac. 4,47; 2Mac. 5,15; 2Mac. 5,23; 2Mac. 11,32; 2Mac. 13,7)
  Μενέλαος ▸ 9
    Noun · masculine · singular · nominative · (proper) ▸ **9** (2Mac. 4,27; 2Mac. 4,29; 2Mac. 4,32; 2Mac. 4,34; 2Mac. 4,45; 2Mac. 4,50; 2Mac. 5,5; 2Mac. 11,29; 2Mac. 13,3)

Μενελάου Menelaus ▸ 1
  Μενελάου ▸ 1
    Noun · masculine · singular · genitive · (proper) ▸ **1** (2Mac. 4,39)

Μενεσθεύς Menestheus ▸ 2
  Μενεσθέως ▸ 2
    Noun · masculine · singular · genitive · (proper) ▸ **2** (2Mac. 4,4; 2Mac. 4,21)

Μεννά Menna ▸ 1
  Μεννά ▸ 1
    Noun · masculine · singular · genitive · (proper) ▸ **1** (Luke 3,31)

μενοῦν (μέν; οὖν) on the contrary ▸ 1
  μενοῦν ▸ 1
    Particle · (emphatic) ▸ **1** (Luke 11,28)

μενοῦνγε (μέν; οὖν; γέ) rather, on the contrary ▸ 3
  μενοῦνγε ▸ 3
    Particle · (emphatic) ▸ **3** (Rom. 9,20; Rom. 10,18; Phil. 3,8)

μέντοι (μέν; τοι) but, nevertheless ▸ 5 + 8 = 13
  μέντοι ▸ 5 + 8 = 13
    Particle ▸ **5** (Prov. 5,4; Prov. 16,25; Prov. 16,26; Prov. 22,9a; Prov. 26,12)
    Conjunction · coordinating · (adversative) ▸ **8** (John 4,27; John 7,13; John 12,42; John 20,5; John 21,4; 2Tim. 2,19; James 2,8; Jude 8)

μέντοιγε (μέν; τοι; γέ) nevertheless; but, indeed ▸ 1
  μέντοιγε ▸ 1
    Particle ▸ **1** (Psa. 38,7)

μένω to remain, abide, stay ▸ 80 + 9 + 118 = 207
  ἔμεινα ▸ 7
    Verb · first · singular · aorist · active · indicative ▸ **7** (4Mac. 18,9; Ode. 10,2; Ode. 10,4; Ode. 10,7; Is. 5,2; Is. 5,4; Is. 5,7)
  ἐμείναμεν ▸ 2
    Verb · first · plural · aorist · active · indicative ▸ **2** (Acts 21,7; Acts 21,8)
  ἔμειναν ▸ 2
    Verb · third · plural · aorist · active · indicative ▸ **2** (John 1,39; John 2,12)
  Ἔμεινεν ▸ 1
    Verb · third · singular · aorist · active · indicative ▸ **1** (Luke 1,56)
  ἔμεινεν ▸ 6 + 9 = 15
    Verb · third · singular · aorist · active · indicative ▸ 6 + 9 = **15** (Judith 7,20; 1Mac. 11,40; 1Mac. 13,11; Wis. 16,5; Wis. 18,20; Jer. 26,15; Matt. 11,23; John 1,32; John 4,40; John 7,9; John 10,40; John 11,6; John 11,54; Acts 27,41; 2Tim. 4,20)
  ἔμενεν ▸ 3 + 3 = 6
    Verb · third · singular · imperfect · active · indicative ▸ 3 + 3 = **6** (Judith 8,7; 2Mac. 4,50; Wis. 17,16; Luke 8,27; Acts 5,4; Acts 18,3)
  ἔμενον ▸ 1 + 1 = 2
    Verb · third · plural · imperfect · active · indicative ▸ 1 + 1 = **2** (Judith 7,5; Acts 20,5)
  μεῖναι ▸ 1 + 6 = 7
    Verb · aorist · active · infinitive ▸ 1 + 6 = **7** (Is. 10,32; Luke 19,5; Luke 24,29; John 4,40; Acts 9,43; Acts 18,20; Rev. 17,10)
  μείναντες ▸ 1
    Verb · aorist · active · participle · masculine · plural · nominative ▸ **1** (Is. 59,9)
  μείνατε ▸ 5
    Verb · second · plural · aorist · active · imperative ▸ **5** (Matt. 10,11; Matt. 26,38; Mark 14,34; John 15,4; John 15,9)
  Μεινάτω ▸ 1
    Verb · third · singular · aorist · active · imperative ▸ **1** (Gen. 24,55)
  μείνῃ ▸ 5 + 6 = 11
    Verb · third · singular · aorist · active · subjunctive ▸ 5 + 6 = **11** (Lev. 13,23; Lev. 13,28; Lev. 13,37; Job 15,29; Is. 27,9; John 12,46; John 15,7; John 19,31; 1Cor. 7,40; Heb. 12,27; 1John 2,24)
  μείνῃς ▸ 3 + 1 = 4
    Verb · second · singular · aorist · active · subjunctive ▸ 3 + 1 = **4** (Gen. 45,9; Sir. 18,22; Is. 14,20; Tob. 14,9)
  μείνητε ▸ 2
    Verb · second · plural · aorist · active · subjunctive ▸ **2** (John 8,31; John 15,7)
  Μεῖνον ▸ 1 + 1 = 2
    Verb · second · singular · aorist · active · imperative ▸ 1 + 1 = **2** (Tob. 10,9; Tob. 10,9)
  μεῖνον ▸ 1 + 1 = 2
    Verb · second · singular · aorist · active · imperative ▸ 1 + 1 = **2** (Tob. 10,9; Luke 24,29)
  Μεῖνόν ▸ 1 + 1 = 2
    Verb · second · singular · aorist · active · imperative ▸ 1 + 1 = **2** (Job 36,2; Tob. 5,7)
  μείνωμεν ▸ 1
    Verb · first · plural · aorist · active · subjunctive ▸ **1** (Judg. 16,2)
  μείνωσιν ▸ 1 + 3 = 4
    Verb · third · plural · aorist · active · subjunctive ▸ 1 + 3 = **4** (Tob. 6,8; Acts 27,31; 1Cor. 7,8; 1Tim. 2,15)
  μεμενήκεισαν ▸ 1
    Verb · third · plural · pluperfect · active · indicative ▸ **1** (1John 2,19)
  μεμενηκότας ▸ 1
    Verb · perfect · active · participle · masculine · plural · accusative ▸ **1** (2Mac. 8,1)
  μένε ▸ 1 + 1 = 2
    Verb · second · singular · present · active · imperative ▸ 1 + 1 = **2** (1Sam. 20,11; 2Tim. 3,14)
  μενεῖ ▸ 10 + 1 + 1 = 12
    Verb · third · singular · future · active · indicative ▸ 10 + 1 + 1 = **12** (Num. 30,13; Psa. 88,37; Sir. 44,13; Zech. 14,10; Is. 14,24; Is. 30,18; Is. 32,8; Dan. 6,13; Dan. 8,19; Dan. 11,6; Dan. 4,26;

1Cor. 3,14)

μένει ▸ 16 + 1 + 28 = 45
   Verb · third · singular · present · active · indicative ▸ 16 + 1 + 28 = 45 (Lev. 13,5; 1Esdr. 4,38; Psa. 9,8; Psa. 32,11; Psa. 110,3; Psa. 110,10; Psa. 111,3; Psa. 111,9; Psa. 116,2; Prov. 15,22; Prov. 19,21; Job 15,23; Sir. 42,23; Is. 40,8; Is. 46,7; Is. 66,22; Sus. 59; John 1,39; John 3,36; John 6,56; John 8,35; John 8,35; John 9,41; John 12,24; John 12,34; John 14,17; 1Cor. 13,13; 2Cor. 3,14; 2Cor. 9,9; 2Tim. 2,13; Heb. 7,3; 1Pet. 1,25; 1John 2,10; 1John 2,14; 1John 2,17; 1John 2,27; 1John 3,9; 1John 3,14; 1John 3,17; 1John 3,24; 1John 3,24; 1John 4,12; 1John 4,15; 1John 4,16; 1John 4,16)

μένειν ▸ 1 + 5 = 6
   Verb · present · active · infinitive ▸ 1 + 5 = 6 (Ex. 9,28; John 21,22; John 21,23; Acts 28,16; Heb. 7,24; 1John 2,6)

μενεῖς ▸ 1 + 1 = 2
   Verb · second · singular · future · active · indicative ▸ 1 + 1 = 2 (2Kings 9,3; Tob. 8,20)

μένεις ▸ 1 + 1 = 2
   Verb · second · singular · present · active · indicative ▸ 1 + 1 = 2 (Psa. 101,13; John 1,38)

μενεῖτε ▸ 2
   Verb · second · plural · future · active · indicative ▸ 2 (John 15,10; 1John 2,24)

μένετε ▸ 1 + 6 = 7
   Verb · second · plural · present · active · indicative ▸ 1 + 1 = 2 (2Mac. 7,30; 1John 2,27)
   Verb · second · plural · present · active · imperative ▸ 5 (Mark 6,10; Luke 9,4; Luke 10,7; Acts 16,15; 1John 2,28)

μενέτω ▸ 1 + 5 = 6
   Verb · third · singular · present · active · imperative ▸ 1 + 5 = 6 (1Mac. 15,7; 1Cor. 7,11; 1Cor. 7,20; 1Cor. 7,24; Heb. 13,1; 1John 2,24)

μένῃ ▸ 4
   Verb · third · singular · present · active · subjunctive ▸ 4 (John 15,4; John 15,6; John 15,16; Rom. 9,11)

μένητε ▸ 1
   Verb · second · plural · present · active · subjunctive ▸ 1 (John 15,4)

μένομεν ▸ 1 + 1 = 2
   Verb · first · plural · present · active · indicative ▸ 1 + 1 = 2 (2Kings 7,9; 1John 4,13)

μένον ▸ 3
   Verb · present · active · participle · neuter · singular · accusative ▸ 1 (John 1,33)
   Verb · present · active · participle · neuter · singular · nominative ▸ 2 (Acts 5,4; 2Cor. 3,11)

μένοντα ▸ 1 + 1 = 2
   Verb · present · active · participle · neuter · plural · nominative ▸ 1 + 1 = 2 (Wis. 19,18; John 5,38)

μένοντες ▸ 1
   Verb · present · active · participle · masculine · plural · nominative ▸ 1 (Is. 5,11)

μένοντος ▸ 1
   Verb · present · active · participle · masculine · singular · genitive ▸ 1 (1Pet. 1,23)

μένουσα ▸ 1
   Verb · present · active · participle · feminine · singular · nominative ▸ 1 (Wis. 7,27)

μένουσαν ▸ 5
   Verb · present · active · participle · feminine · singular · accusative ▸ 5 (John 6,27; Heb. 10,34; Heb. 13,14; 1John 3,15; 2John 2)

μενοῦσιν ▸ 3
   Verb · third · plural · future · active · indicative ▸ 3 (Num. 30,5; Num. 30,9; Num. 30,10)

μένουσιν ▸ 2 + 2 = 4
   Verb · third · plural · present · active · indicative ▸ 2 + 2 = 4 (Job 21,11; Bel 15-17; Acts 20,23; 1Cor. 15,6)

Μενῶ ▸ 1
   Verb · first · singular · future · active · indicative ▸ 1 (Is. 8,17)

μενῶ ▸ 3 + 1 = 4
   Verb · first · singular · future · active · indicative ▸ 3 + 1 = 4 (2Sam. 18,14; Judith 11,17; Tob. 2,2; Phil. 1,25)

μένω ▸ 1
   Verb · first · singular · present · active · indicative ▸ 1 (John 15,10)

μένων ▸ 3 + 1 + 7 = 11
   Verb · present · active · participle · masculine · singular · nominative ▸ 3 + 1 + 7 = 11 (Judith 15,2; Eccl. 7,15; Dan. 6,27; Dan. 6,27; John 14,10; John 14,25; John 15,5; 1John 3,6; 1John 4,16; 2John 9; 2John 9)

Μεραθων Meronoth ▸ 1
   Μεραθων ▸ 1
      Noun · masculine · singular · genitive · (proper) ▸ 1 (1Chr. 27,30)

Μεραμωθ Meremoth ▸ 2
   Μεραμωθ ▸ 2
      Noun · masculine · singular · nominative · (proper) ▸ 2 (Neh. 3,21; Neh. 10,6)

Μεραρι Merari ▸ 42
   Μεραρι ▸ 42
      Noun · masculine · plural · nominative · (proper) ▸ 1 (Num. 4,29)
      Noun · masculine · singular · dative · (proper) ▸ 3 (Num. 3,33; Num. 26,57; 1Chr. 23,6)
      Noun · masculine · singular · genitive · (proper) ▸ 32 (Ex. 6,19; Num. 3,20; Num. 3,33; Num. 3,35; Num. 3,36; Num. 4,33; Num. 4,42; Num. 4,45; Num. 7,8; Num. 10,17; Josh. 21,7; Josh. 21,34; Josh. 21,40; 1Chr. 6,4; 1Chr. 6,14; 1Chr. 6,29; 1Chr. 6,32; 1Chr. 6,48; 1Chr. 6,62; 1Chr. 9,14; 1Chr. 15,6; 1Chr. 15,17; 1Chr. 23,21; 1Chr. 24,26; 1Chr. 24,27; 1Chr. 26,10; 1Chr. 26,19; 2Chr. 29,12; 2Chr. 34,12; Ezra 8,19; Judith 8,1; Judith 16,6)
      Noun · masculine · singular · nominative · (proper) ▸ 6 (Gen. 46,11; Ex. 6,16; Num. 3,17; Num. 26,57; 1Chr. 5,27; 1Chr. 6,1)

Μεργαβ Mergab (?) ▸ 1
   Μεργαβ ▸ 1
      Noun · singular · dative · (proper) ▸ 1 (1Kings 5,14b)

Μεριβααλ Meri-baal ▸ 2
   Μεριβααλ ▸ 2
      Noun · masculine · singular · nominative · (proper) ▸ 2 (1Chr. 8,34; 1Chr. 8,34)

μεριδάρχης (μέρος; ἄρχω) provincial governor ▸ 1
   μεριδάρχην ▸ 1
      Noun · masculine · singular · accusative · (common) ▸ 1 (1Mac. 10,65)

μεριδαρχία (μέρος; ἄρχω) office, position; provincial governorship ▸ 4
   μεριδαρχίαν ▸ 2
      Noun · feminine · singular · accusative · (common) ▸ 2 (1Esdr. 1,5; 1Esdr. 5,4)
   μεριδαρχίας ▸ 2
      Noun · feminine · plural · accusative · (common) ▸ 2 (1Esdr. 1,12; 1Esdr. 8,28)

μερίζω (μέρος) to divide, distribute ▸ 34 + 1 + 14 = 49

ἐμέρισα ▸ 1
    Verb ▪ first ▪ singular ▪ aorist ▪ active ▪ indicative ▸ **1** (Jer. 12,14)
ἐμέρισαν ▸ 3
    Verb ▪ third ▪ plural ▪ aorist ▪ active ▪ indicative ▸ **3** (Josh. 14,5; 1Kings 18,6; Hos. 10,2)
ἐμερίσαντο ▸ 1
    Verb ▪ third ▪ plural ▪ aorist ▪ middle ▪ indicative ▸ **1** (2Mac. 8,30)
ἐμερίσατό ▸ 1
    Verb ▪ third ▪ singular ▪ aorist ▪ middle ▪ indicative ▸ **1** (Jer. 28,34)
ἐμέρισεν ▸ 5 + 5 = 10
    Verb ▪ third ▪ singular ▪ aorist ▪ active ▪ indicative ▸ **5 + 5 = 10** (4Mac. 13,19; Job 31,2; Job 39,17; Sir. 44,23; Sir. 45,20; Mark 6,41; Rom. 12,3; 1Cor. 7,17; 2Cor. 10,13; Heb. 7,2)
ἐμερίσθη ▸ 2 + 2 = 4
    Verb ▪ third ▪ singular ▪ aorist ▪ passive ▪ indicative ▸ **2 + 2 = 4** (Deut. 33,21; 1Mac. 9,11; Matt. 12,26; Mark 3,26)
ἐμερίσθησαν ▸ 1
    Verb ▪ third ▪ plural ▪ aorist ▪ passive ▪ indicative ▸ **1** (1Mac. 5,20)
μεμερισμένη ▸ 1
    Verb ▪ perfect ▪ passive ▪ participle ▪ feminine ▪ singular ▪ nominative ▸ **1** (Tob. 6,18)
μεμερισμένην ▸ 1
    Verb ▪ perfect ▪ passive ▪ participle ▪ feminine ▪ singular ▪ accusative ▸ **1** (Deut. 18,8)
μεμέρισται ▸ 2
    Verb ▪ third ▪ singular ▪ perfect ▪ passive ▪ indicative ▸ **2** (1Cor. 1,13; 1Cor. 7,34)
μεριεῖ ▸ 1
    Verb ▪ third ▪ singular ▪ future ▪ active ▪ indicative ▸ **1** (Is. 53,12)
μεριεῖς ▸ 1
    Verb ▪ second ▪ singular ▪ future ▪ active ▪ indicative ▸ **1** (Num. 26,56)
μερίζειν ▸ 1
    Verb ▪ present ▪ active ▪ infinitive ▸ **1** (Neh. 13,13)
μερίζεται ▸ 2
    Verb ▪ third ▪ singular ▪ present ▪ middle ▪ indicative ▸ **1** (Prov. 29,24)
    Verb ▪ third ▪ singular ▪ present ▪ passive ▪ indicative ▸ **1** (1Kings 16,21)
μερίζουσιν ▸ 1
    Verb ▪ third ▪ plural ▪ present ▪ active ▪ indicative ▸ **1** (Prov. 19,14)
μεριοῦνται ▸ 2
    Verb ▪ third ▪ plural ▪ future ▪ middle ▪ indicative ▸ **2** (1Sam. 30,24; Prov. 14,18)
μερίσαντες ▸ 1
    Verb ▪ aorist ▪ active ▪ participle ▪ masculine ▪ plural ▪ nominative ▸ **1** (2Mac. 8,28)
μερίσασθαι ▸ 1
    Verb ▪ aorist ▪ middle ▪ infinitive ▸ **1** (Luke 12,13)
μερίσατε ▸ 1
    Verb ▪ second ▪ plural ▪ aorist ▪ active ▪ imperative ▸ **1** (Josh. 18,6)
μερισθεῖσα ▸ 1 + 2 = 3
    Verb ▪ aorist ▪ passive ▪ participle ▪ feminine ▪ singular ▪ nominative ▸ **1 + 2 = 3** (1Sam. 23,28; Matt. 12,25; Matt. 12,25)
μερισθῇ ▸ 2
    Verb ▪ third ▪ singular ▪ aorist ▪ passive ▪ subjunctive ▸ **2** (Mark 3,24; Mark 3,25)
μερισθήσεσθε ▸ 1
    Verb ▪ second ▪ plural ▪ future ▪ passive ▪ indicative ▸ **1** (Sir. 41,9)
μερισθήσεται ▸ 3
    Verb ▪ third ▪ singular ▪ future ▪ passive ▪ indicative ▸ **3** (Num. 26,53; Num. 26,55; Dan. 11,4)
μέρισον ▸ 1
    Verb ▪ second ▪ singular ▪ aorist ▪ active ▪ imperative ▸ **1** (Josh. 13,7)
μερίσω ▸ 1
    Verb ▪ first ▪ singular ▪ aorist ▪ active ▪ subjunctive ▸ **1** (Prov. 8,21)
μεριῶ ▸ 2
    Verb ▪ first ▪ singular ▪ future ▪ active ▪ indicative ▸ **2** (Ex. 15,9; Ode. 1,9)

μέριμνα (μεριμνάω)   care, anxiety ▸ 11 + 6 = 17
μέριμνα ▸ 5 + 2 = 7
    Noun ▪ feminine ▪ singular ▪ nominative ▪ (common) ▸ **5 + 2 = 7** (Prov. 17,12; Sir. 30,24; Sir. 31,1; Sir. 31,2; Sir. 42,9; Matt. 13,22; 2Cor. 11,28)
μέριμναι ▸ 1 + 1 = 2
    Noun ▪ feminine ▪ plural ▪ nominative ▪ (common) ▸ **1 + 1 = 2** (Dan. 11,26; Mark 4,19)
μερίμναις ▸ 1
    Noun ▪ feminine ▪ plural ▪ dative ▸ **1** (Luke 21,34)
μέριμναν ▸ 1
    Noun ▪ feminine ▪ singular ▪ accusative ▸ **1** (1Pet. 5,7)
μέριμνάν ▸ 1
    Noun ▪ feminine ▪ singular ▪ accusative ▪ (common) ▸ **1** (Psa. 54,23)
μερίμνας ▸ 1
    Noun ▪ feminine ▪ plural ▪ accusative ▪ (common) ▸ **1** (Esth. 12,2 # 1,1n)
μερίμνη ▸ 1
    Noun ▪ feminine ▪ singular ▪ dative ▪ (common) ▸ **1** (Sir. 38,29)
μερίμνης ▸ 2
    Noun ▪ feminine ▪ singular ▪ genitive ▪ (common) ▸ **2** (1Mac. 6,10; Job 11,18)
μεριμνῶν ▸ 1
    Noun ▪ feminine ▪ plural ▪ genitive ▸ **1** (Luke 8,14)

μεριμνάω   to be anxious for ▸ 9 + 19 = 28
μεριμνᾷ ▸ 4
    Verb ▪ third ▪ singular ▪ present ▪ active ▪ indicative ▸ **4** (1Cor. 7,32; 1Cor. 7,33; 1Cor. 7,34; 1Cor. 7,34)
μεριμνᾷς ▸ 1
    Verb ▪ second ▪ singular ▪ present ▪ active ▪ indicative ▸ **1** (Luke 10,41)
μεριμνᾶτε ▸ 5
    Verb ▪ second ▪ plural ▪ present ▪ active ▪ indicative ▸ **2** (Matt. 6,28; Luke 12,26)
    Verb ▪ second ▪ plural ▪ present ▪ active ▪ imperative ▸ **3** (Matt. 6,25; Luke 12,22; Phil. 4,6)
μεριμνάτωσαν ▸ 2
    Verb ▪ third ▪ plural ▪ present ▪ active ▪ imperative ▸ **2** (Ex. 5,9; Ex. 5,9)
μεριμνήσει ▸ 2 + 2 = 4
    Verb ▪ third ▪ singular ▪ future ▪ active ▪ indicative ▸ **2 + 2 = 4** (2Sam. 7,10; 1Chr. 17,9; Matt. 6,34; Phil. 2,20)
μεριμνήσητε ▸ 4
    Verb ▪ second ▪ plural ▪ aorist ▪ active ▪ subjunctive ▸ **4** (Matt. 6,31; Matt. 6,34; Matt. 10,19; Luke 12,11)
μεριμνήσω ▸ 2
    Verb ▪ first ▪ singular ▪ future ▪ active ▪ indicative ▸ **2** (Psa. 37,19; Ezek. 16,42)
μεριμνῶμεν ▸ 1

Verb · first · plural · present · active · subjunctive ▸ **1** (Wis. 12,22)

μεριμνῶν ▸ 2
Verb · present · active · participle · masculine · singular · nominative ▸ **2** (Matt. 6,27; Luke 12,25)

μεριμνῶντες ▸ 1
Verb · present · active · participle · masculine · plural · nominative ▸ **1** (Bar. 3,18)

μεριμνῶντι ▸ 1
Verb · present · active · participle · masculine · singular · dative ▸ **1** (Prov. 14,23)

μεριμνῶσιν ▸ 1
Verb · third · plural · present · active · subjunctive ▸ **1** (1Cor. 12,25)

Μεριμωθ Meremoth ▸ 1
Μεριμωθ ▸ 1
Noun · masculine · singular · genitive · (proper) ▸ **1** (Ezra 8,33)

μερίς (μέρος) part, portion ▸ 147 + 4 + 5 = 156
μερίδα ▸ 31 + 2 = 33
Noun · feminine · singular · accusative · (common) ▸ 31 + 2 = **33** (Gen. 14,24; Gen. 33,19; Lev. 6,10; Deut. 9,26; Deut. 18,8; Josh. 15,13; Josh. 21,42b; Ruth 4,3; 1Sam. 1,5; 1Sam. 9,23; 1Sam. 30,24; 2Sam. 14,30; 2Sam. 14,31; 2Kings 3,19; 2Kings 3,25; 2Chr. 31,4; 2Chr. 31,19; Esth. 2,9; Esth. 13,16 # 4,17g; 2Mac. 1,26; Psa. 49,18; Eccl. 2,21; Eccl. 11,2; Sir. 7,31; Amos 7,4; Nah. 3,8; Nah. 3,8; Hab. 1,16; Zech. 2,16; Jer. 12,10; Jer. 12,10; Luke 10,42; Col. 1,12)

μερίδας ▸ 16 + 1 = 17
Noun · feminine · plural · accusative · (common) ▸ 16 + 1 = **17** (Gen. 43,34; Gen. 43,34; Josh. 18,5; Josh. 18,6; Josh. 18,9; Judg. 19,29; 1Sam. 1,4; Neh. 8,10; Neh. 8,12; Neh. 12,44; Neh. 12,47; Esth. 9,19; Esth. 9,19; Esth. 9,22; Sir. 16,26; Sir. 44,23; Judg. 5,15)

μερίδες ▸ 3
Noun · feminine · plural · nominative · (common) ▸ **3** (Neh. 11,36; Neh. 13,10; Psa. 62,11)

μερίδι ▸ 18
Noun · feminine · singular · dative · (common) ▸ **18** (Ex. 29,26; Lev. 7,33; Lev. 8,29; Josh. 24,32; Josh. 24,32; Ruth 2,3; Ruth 3,7; 2Kings 9,10; 2Kings 9,21; 2Kings 9,25; 2Kings 9,26; 2Kings 9,26; 2Kings 9,36; 2Kings 9,37; Job 17,5; Sir. 14,9; Sir. 24,12; Sir. 26,3)

μερίδος ▸ 10 + 1 = 11
Noun · feminine · singular · genitive · (common) ▸ 10 + 1 = **11** (Gen. 14,24; Josh. 19,47a; 2Sam. 23,12; 1Chr. 11,14; 2Mac. 14,15; 3Mac. 6,3; 4Mac. 18,3; Wis. 1,16; Wis. 2,24; Sir. 41,23; Acts 16,12)

μερίδων ▸ 3
Noun · feminine · plural · genitive · (common) ▸ **3** (Ezek. 45,7; Ezek. 48,8; Ezek. 48,21)

Μερὶς ▸ 1
Noun · feminine · singular · nominative · (common) ▸ **1** (2Sam. 2,16)

Μερίς ▸ 1
Noun · feminine · singular · nominative · (common) ▸ **1** (Psa. 118,57)

μερίς ▸ 55 + 3 + 2 = 60
Noun · feminine · singular · nominative · (common) ▸ 55 + 3 + 2 = **60** (Gen. 31,14; Gen. 43,34; Num. 18,20; Num. 31,36; Deut. 10,9; Deut. 12,12; Deut. 14,27; Deut. 14,29; Deut. 18,1; Deut. 32,9; Josh. 14,4; Josh. 18,7; Josh. 18,7; Josh. 19,9; Josh. 22,25; Josh. 22,27; 1Sam. 30,24; 2Sam. 14,30; 2Sam. 20,1; 2Sam. 23,11; 1Kings 12,16; 1Kings 12,24t; 1Chr. 11,13; 2Chr. 10,16; 2Chr. 31,3; 2Chr. 35,5; Neh. 2,20; Psa. 10,6; Psa. 15,5; Ode. 2,9; Prov. 15,16; Prov. 20,20 # 20,9b; Eccl. 3,22; Eccl. 5,17; Eccl. 9,6; Job 20,29; Job 24,18; Job 27,13; Wis. 2,9; Sir. 11,18; Sir. 14,14; Sir. 17,17; Sir. 26,3; Sir. 45,22; Sol. 3,12; Sol. 4,14; Sol. 5,4; Sol. 14,5; Amos 4,7; Mic. 2,4; Is. 17,14; Jer. 10,16; Jer. 13,25; Jer. 28,19; Lam. 4,16; Josh. 19,9; Dan. 4,15; Dan. 4,23; Acts 8,21; 2Cor. 6,15)

μερίς ▸ 9
Noun · feminine · singular · nominative · (common) ▸ **9** (Num. 18,20; Psa. 72,26; Psa. 141,6; Eccl. 2,10; Eccl. 9,9; Job 30,19; Sir. 45,22; Amos 4,7; Is. 57,6)

μερισμός (μέρος) division, distribution ▸ 2 + 2 = 4
μερισμοῖς ▸ 1 + 1 = 2
Noun · masculine · plural · dative · (common) ▸ 1 + 1 = **2** (Ezra 6,18; Heb. 2,4)

μερισμοῦ ▸ 1
Noun · masculine · singular · genitive ▸ **1** (Heb. 4,12)

μερισμῷ ▸ 1
Noun · masculine · singular · dative · (common) ▸ **1** (Josh. 11,23)

μεριστής (μέρος) divider ▸ 1
μεριστήν ▸ 1
Noun · masculine · singular · accusative ▸ **1** (Luke 12,14)

μεριτεύομαι (μέρος) to divide up ▸ 1
μεριτεύονται ▸ 1
Verb · third · plural · present · middle · indicative ▸ **1** (Job 40,30)

Μεροβ Merab ▸ 1
Μεροβ ▸ 1
Noun · feminine · singular · nominative · (proper) ▸ **1** (1Sam. 14,49)

μέρος part ▸ 127 + 11 + 43 = 181
μέρει ▸ 5 + 4 = 9
Noun · neuter · singular · dative · (common) ▸ 5 + 4 = **9** (Gen. 23,9; Judg. 7,19; 2Mac. 15,18; Job 30,1; Is. 18,7; 2Cor. 3,10; 2Cor. 9,3; Col. 2,16; 1Pet. 4,16)

μέρεσιν ▸ 1
Noun · neuter · plural · dative · (common) ▸ **1** (Ex. 28,7)

μέρη ▸ 26 + 1 + 11 = 38
Noun · neuter · plural · accusative · (common) ▸ 20 + 1 + 11 = **32** (Ex. 25,26; Ex. 26,19; Ex. 26,21; Ex. 26,21; Ex. 26,25; 1Sam. 30,14; Neh. 11,1; 1Mac. 6,38; 1Mac. 9,11; Prov. 17,2; Sir. 23,19; Ezek. 1,8; Ezek. 1,17; Ezek. 10,11; Ezek. 40,47; Ezek. 42,20; Ezek. 43,16; Ezek. 43,17; Ezek. 46,21; Tob. 8,3; Matt. 2,22; Matt. 15,21; Matt. 16,13; Mark 8,10; John 19,23; John 21,6; Acts 2,10; Acts 19,1; Acts 20,2; Eph. 4,9; Rev. 16,19)
Noun · neuter · plural · nominative · (common) ▸ **6** (Gen. 47,24; 1Kings 7,17; Job 26,14; Sir. 37,17; Zech. 13,8; Is. 8,23)

μέρος ▸ 50 + 8 + 16 = 74
Noun · neuter · singular · accusative · (common) ▸ 35 + 3 + 14 = **52** (Gen. 47,24; Ex. 16,35; Ex. 26,22; Num. 11,1; Num. 22,41; Num. 23,13; Josh. 2,18; Josh. 3,15; Josh. 4,19; Josh. 12,2; Josh. 18,14; Josh. 18,19; Judg. 7,11; 1Sam. 9,27; 1Kings 6,24; 1Kings 12,31; 2Kings 7,5; 2Chr. 36,7; 2Mac. 2,30; 2Mac. 8,24; 2Mac. 11,20; 2Mac. 15,20; 2Mac. 15,33; 3Mac. 5,11; 3Mac. 5,17; Prov. 29,11; Eccl. 5,18; Jer. 32,31; Jer. 32,33; Jer. 52,23; Ezek. 48,1; Ezek. 48,1; Dan. 1,2; Dan. 2,41; Dan. 2,41; Dan. 2,41; Dan. 2,41; Dan. 7,5; Matt. 24,51; Luke 11,36; Luke 12,46; Luke 15,12; Luke 24,42; John 13,8; John 19,23; Acts 5,2; Acts 19,27; 1Cor. 11,18; 1Cor. 14,27; Heb. 9,5; Rev. 20,6; Rev. 22,19)
Noun · neuter · singular · nominative · (common) ▸ 15 + 5 + 2 = **22** (Num. 33,6; Josh. 18,14; Josh. 18,15; Ezra 4,20; 1Mac. 4,19; 1Mac. 6,40; 1Mac. 9,15; Ezek. 47,19; Ezek. 47,20; Dan. 2,33; Dan. 2,33; Dan. 2,42; Dan. 2,42; Dan. 2,42; Dan. 2,42; Dan. 2,33;

μέρος–μέσος

Dan. 2,33; Dan. 2,42; Dan. 2,42; Dan. 2,42; Acts 23,6; Rev. 21,8)
μέρους ▸ 36 + 2 + 12 = 50
  Noun · neuter · singular · genitive · (common) ▸ 36 + 2 + 12 = 50 (Ex. 26,4; Ex. 26,5; Ex. 26,26; Ex. 26,35; Ex. 26,35; Num. 8,2; Num. 8,3; Num. 20,16; Num. 22,36; Num. 34,3; Josh. 3,8; Josh. 3,16; Josh. 13,27; Josh. 15,2; Josh. 15,5; Josh. 15,8; Josh. 18,15; Josh. 18,16; Josh. 18,16; Josh. 18,20; Judg. 18,2; 1Sam. 6,8; 1Sam. 23,26; 1Sam. 23,26; 2Sam. 13,34; 1Kings 6,24; 1Kings 13,33; 2Kings 7,8; Neh. 7,70; 2Mac. 3,26; Is. 7,18; Is. 37,24; Jer. 32,33; Dan. 5,7; Dan. 5,16; Dan. 5,29; Dan. 1,2; Dan. 11,45; Acts 23,9; Rom. 11,25; Rom. 15,15; Rom. 15,24; 1Cor. 12,27; 1Cor. 13,9; 1Cor. 13,9; 1Cor. 13,10; 1Cor. 13,12; 2Cor. 1,14; 2Cor. 2,5; Eph. 4,16)
μερῶν ▸ 9
  Noun · neuter · plural · genitive · (common) ▸ 9 (Ex. 32,15; Ex. 36,11; Ex. 36,24; Ex. 38,14; Ex. 38,24; 1Kings 2,46g; 1Kings 5,4; 1Mac. 9,12; Job 31,12)

Μερρα Marah ▸ 2
  Μερρα ▸ 1
    Noun · singular · accusative · (proper) ▸ 1 (Ex. 15,23)
  Μερρας ▸ 1
    Noun · singular · genitive · (proper) ▸ 1 (Ex. 15,23)

Μερραν Merran ▸ 1
  Μερραν ▸ 1
    Noun · feminine · singular · genitive · (proper) ▸ 1 (Bar. 3,23)

μεσάζω (μέσος) to be in the middle ▸ 1
  μεσαζούσης ▸ 1
    Verb · present · active · participle · feminine · singular · genitive ▸ 1 (Wis. 18,14)

μέσακλον weaver's beam ▸ 1
  μέσακλον ▸ 1
    Noun · neuter · singular · nominative · (common) ▸ 1 (1Sam. 17,7)

Μεσημα Hammath (?) ▸ 1
  Μεσημα ▸ 1
    Noun · masculine · singular · genitive · (proper) ▸ 1 (1Chr. 2,55)

μεσημβρία (μέσος; ἡμέρα) noon, south ▸ 25 + 1 + 2 = 28
  μεσημβρία ▸ 1
    Noun · feminine · singular · nominative · (common) ▸ 1 (Is. 58,10)
  μεσημβρίᾳ ▸ 5
    Noun · feminine · singular · dative · (common) ▸ 5 (1Kings 18,27; Song 1,7; Sir. 43,3; Is. 59,10; Jer. 15,8)
  μεσημβρίαν ▸ 4 + 2 = 6
    Noun · feminine · singular · accusative · (common) ▸ 4 + 2 = 6 (Gen. 43,16; Psa. 36,6; Dan. 8,4; Dan. 8,9; Acts 8,26; Acts 22,6)
  μεσημβρίας ▸ 15 + 1 = 16
    Noun · feminine · singular · genitive · (common) ▸ 15 + 1 = 16 (Gen. 18,1; Gen. 43,25; Deut. 28,29; 2Sam. 4,5; 1Kings 18,26; 1Kings 21,16; 2Kings 4,20; Psa. 54,18; Job 11,17; Sir. 34,16; Amos 8,9; Zeph. 2,4; Is. 18,4; Jer. 6,4; Jer. 20,16; Judg. 5,10)

μεσημβρινός (μέσος; ἡμέρα) connected with noon, midday ▸ 4
  μεσημβρινῇ ▸ 1
    Adjective · feminine · singular · dative · noDegree ▸ 1 (Is. 16,3)
  μεσημβρινὸν ▸ 1
    Adjective · neuter · singular · accusative · noDegree ▸ 1 (Job 5,14)
  μεσημβρινοῦ ▸ 2
    Adjective · neuter · singular · genitive · noDegree ▸ 2 (1Esdr. 9,41; Psa. 90,6)

μεσθααλ (Hebr.) wardrobe ▸ 1
  μεσθααλ ▸ 1
    Noun ▸ 1 (2Kings 10,22)

μεσιτεύω (μέσος) to confirm ▸ 1
  ἐμεσίτευσεν ▸ 1
    Verb · third · singular · aorist · active · indicative ▸ 1 (Heb. 6,17)

μεσίτης (μέσος) mediator ▸ 1 + 6 = 7
  μεσίτῃ ▸ 1
    Noun · masculine · singular · dative ▸ 1 (Heb. 12,24)
  μεσίτης ▸ 1 + 4 = 5
    Noun · masculine · singular · nominative · (common) ▸ 1 + 4 = 5 (Job 9,33; Gal. 3,20; 1Tim. 2,5; Heb. 8,6; Heb. 9,15)
  μεσίτου ▸ 1
    Noun · masculine · singular · genitive ▸ 1 (Gal. 3,19)

μεσόγειος (μέσος; γῆ) interior, inland ▸ 1
  μεσογείου ▸ 1
    Adjective · feminine · singular · genitive · noDegree ▸ 1 (2Mac. 8,35)

Μεσολαμον Mesolamon ▸ 1
  Μεσολαμον ▸ 1
    Noun · masculine · singular · accusative · (proper) ▸ 1 (1Esdr. 8,43)

Μεσολλαμ Meshullemeth ▸ 2
  Μεσολλαμ ▸ 2
    Noun · feminine · singular · nominative · (proper) ▸ 1 (2Kings 21,19)
    Noun · masculine · singular · genitive · (proper) ▸ 1 (2Kings 22,3)

μεσονύκτιον (μέσος; νύξ) midnight ▸ 5 + 1 + 4 = 10
  μεσονύκτιον ▸ 2 + 2 = 4
    Noun · neuter · singular · accusative · (common) ▸ 2 + 2 = 4 (Judg. 16,3; Psa. 118,62; Mark 13,35; Acts 16,25)
  μεσονυκτίου ▸ 1 + 1 + 2 = 4
    Noun · neuter · singular · genitive · (common) ▸ 1 + 1 + 2 = 4 (Judg. 16,3; Judg. 16,3; Luke 11,5; Acts 20,7)
  μεσονυκτίῳ ▸ 2
    Noun · neuter · singular · dative · (common) ▸ 2 (Ruth 3,8; Is. 59,10)

μεσοπόρφυρος (μέσος; πορφύρα) blended with purple ▸ 2
  μεσοπόρφυρα ▸ 1
    Adjective · neuter · plural · accusative · noDegree ▸ 1 (Is. 3,21)
  μεσοπορφύρου ▸ 1
    Adjective · masculine · singular · genitive · noDegree ▸ 1 (Is. 3,24)

Μεσοποταμία (μέσος; πόταμος) Mesopotamia ▸ 21 + 2 = 23
  Μεσοποταμίᾳ ▸ 5 + 1 = 6
    Noun · feminine · singular · dative · (proper) ▸ 5 + 1 = 6 (Gen. 31,18; Gen. 35,26; Gen. 46,15; Judith 5,7; Judith 8,26; Acts 7,2)
  Μεσοποταμίαν ▸ 9 + 1 = 10
    Noun · feminine · singular · accusative · (proper) ▸ 9 + 1 = 10 (Gen. 24,10; Gen. 27,43; Gen. 28,2; Gen. 28,5; Gen. 28,6; Gen. 28,7; Judith 2,24; Judith 5,8; Psa. 59,2; Acts 2,9)
  Μεσοποταμίας ▸ 7
    Noun · feminine · singular · genitive · (proper) ▸ 6 (Gen. 25,20; Gen. 33,18; Gen. 35,9; Gen. 48,7; Deut. 23,5; 1Chr. 19,6)
    Noun · masculine · singular · genitive · (proper) ▸ 1 (Num. 23,7)

μέσος middle; (prep +gen) in the middle; (adv) among ▸ 791 + 58 + 58 = 907
  μέσα ▸ 1
    Adjective · neuter · plural · accusative · noDegree ▸ 1 (Gen. 15,10)

μέσας ▸ 1
    Adjective · feminine · plural · accusative · noDegree ▸ 1 (Ex. 11,4)
μέση ▸ 4
    Adjective · feminine · singular · dative · noDegree ▸ 4 (2Kings 20,4; 2Chr. 23,5; Jer. 46,3; Ezek. 5,2)
μέσην ▸ 2
    Adjective · feminine · singular · accusative · noDegree ▸ 2 (4Mac. 8,4; Ezek. 9,4)
μέσης ▸ 3 + 1 + 2 = 6
    Adjective · feminine · singular · genitive · noDegree ▸ 3 + 1 + 2 = **6** (1Kings 3,20; 1Kings 6,8; Ezek. 11,23; Judg. 7,19; Matt. 25,6; Acts 26,13)
μέσοι ▸ 1
    Adjective · masculine · plural · nominative · noDegree ▸ 1 (LetterJ 54)
μέσον ▸ 393 + 32 + 16 = 441
    Adverb ▸ 2 (Luke 23,45; John 19,18)
    Adjective · neuter · singular · accusative · noDegree ▸ 390 + 32 + 13 = **435** (Gen. 1,4; Gen. 1,4; Gen. 1,6; Gen. 1,7; Gen. 1,7; Gen. 1,14; Gen. 1,14; Gen. 1,18; Gen. 1,18; Gen. 3,15; Gen. 3,15; Gen. 3,15; Gen. 3,15; Gen. 9,12; Gen. 9,12; Gen. 9,13; Gen. 9,15; Gen. 9,15; Gen. 9,16; Gen. 9,16; Gen. 9,17; Gen. 9,17; Gen. 10,12; Gen. 10,12; Gen. 13,3; Gen. 13,3; Gen. 13,7; Gen. 13,7; Gen. 13,8; Gen. 13,8; Gen. 13,8; Gen. 15,17; Gen. 16,5; Gen. 16,14; Gen. 16,14; Gen. 17,2; Gen. 17,2; Gen. 17,7; Gen. 17,7; Gen. 17,7; Gen. 17,10; Gen. 17,10; Gen. 17,11; Gen. 20,1; Gen. 20,1; Gen. 23,15; Gen. 26,28; Gen. 26,28; Gen. 30,36; Gen. 30,36; Gen. 31,37; Gen. 31,44; Gen. 31,44; Gen. 31,46; Gen. 31,48; Gen. 31,49; Gen. 31,53; Gen. 32,17; Gen. 42,23; Gen. 49,14; Ex. 8,19; Ex. 8,19; Ex. 9,4; Ex. 9,4; Ex. 11,4; Ex. 11,7; Ex. 14,2; Ex. 14,2; Ex. 14,16; Ex. 14,20; Ex. 14,20; Ex. 14,22; Ex. 14,23; Ex. 14,27; Ex. 16,1; Ex. 16,1; Ex. 22,10; Ex. 24,18; Ex. 25,22; Ex. 26,10; Ex. 26,28; Ex. 26,33; Ex. 26,33; Ex. 28,32; Ex. 28,33; Ex. 30,18; Ex. 30,18; Ex. 36,32; Lev. 10,10; Lev. 10,10; Lev. 11,47; Lev. 11,47; Lev. 11,47; Lev. 11,47; Lev. 20,25; Lev. 20,25; Lev. 20,25; Lev. 23,5; Lev. 26,46; Lev. 26,46; Lev. 27,12; Lev. 27,12; Lev. 27,14; Lev. 27,14; Num. 2,17; Num. 7,89; Num. 17,13; Num. 17,21; Num. 19,6; Num. 21,13; Num. 21,13; Num. 26,56; Num. 30,17; Num. 30,17; Num. 31,27; Num. 31,27; Num. 33,8; Num. 33,49; Num. 35,24; Num. 35,24; Deut. 1,1; Deut. 1,16; Deut. 1,16; Deut. 1,16; Deut. 1,16; Deut. 5,5; Deut. 14,1; Deut. 17,8; Deut. 17,8; Deut. 17,8; Deut. 17,8; Deut. 25,1; Deut. 33,12; Josh. 1,11; Josh. 3,4; Josh. 4,5; Josh. 8,9; Josh. 8,9; Josh. 8,22; Josh. 10,13; Josh. 16,9; Josh. 17,9; Josh. 18,11; Josh. 18,11; Josh. 19,1; Josh. 22,25; Josh. 22,27; Josh. 22,27; Josh. 22,28; Josh. 22,28; Josh. 22,28; Josh. 22,34; Josh. 24,7; Josh. 24,7; Judg. 4,5; Judg. 4,5; Judg. 4,17; Judg. 4,17; Judg. 4,21; Judg. 5,11; Judg. 5,16; Judg. 5,27; Judg. 9,23; Judg. 9,23; Judg. 11,10; Judg. 11,27; Judg. 11,27; Judg. 13,25; Judg. 13,25; Judg. 15,4; Judg. 16,19; Judg. 16,25; Judg. 16,31; Judg. 16,31; Ruth 1,17; Ruth 2,15; 1Sam. 5,6; 1Sam. 7,12; 1Sam. 7,12; 1Sam. 7,14; 1Sam. 7,14; 1Sam. 9,14; 1Sam. 9,18; 1Sam. 11,11; 1Sam. 14,4; 1Sam. 14,42; 1Sam. 14,42; 1Sam. 14,42; 1Sam. 14,42; 1Sam. 17,1; 1Sam. 17,1; 1Sam. 17,3; 1Sam. 17,6; 1Sam. 20,3; 1Sam. 20,23; 1Sam. 20,42; 1Sam. 20,42; 1Sam. 20,42; 1Sam. 24,13; 1Sam. 24,16; 1Sam. 24,16; 1Sam. 26,13; 2Sam. 3,1; 2Sam. 3,1; 2Sam. 3,6; 2Sam. 3,6; 2Sam. 6,17; 2Sam. 14,6; 2Sam. 18,9; 2Sam. 18,9; 2Sam. 18,24; 2Sam. 19,36; 2Sam. 21,7; 2Sam. 21,7; 2Sam. 21,7; 1Kings 3,9; 1Kings 5,26; 1Kings 5,26; 1Kings 5,26; 1Kings 6,8; 1Kings 7,15; 1Kings 7,16; 1Kings 7,33; 1Kings 7,33; 1Kings 8,64; 1Kings 14,30; 1Kings 14,30; 1Kings 15,7; 1Kings 15,7; 1Kings 15,16; 1Kings 15,16; 1Kings 15,19; 1Kings 15,19; 1Kings 15,19; 1Kings 18,42; 1Kings 22,1; 1Kings 22,1; 1Kings 22,34; 1Kings 22,34; 2Kings 2,11; 2Kings 9,24; 2Kings 11,17; 2Kings 11,17; 2Kings 11,17; 2Kings 11,17; 2Kings 11,17; 2Kings 16,14; 2Kings 16,14; 2Kings 25,4; 1Chr. 21,16; 1Chr. 21,16; 2Chr. 4,17; 2Chr. 7,7; 2Chr. 13,2; 2Chr. 13,2; 2Chr. 16,3; 2Chr. 16,3; 2Chr. 16,3; 2Chr. 18,33; 2Chr. 18,33; 2Chr. 19,10; 2Chr. 19,10; 2Chr. 23,16; Neh. 3,32; Neh. 4,5; Neh. 5,18; Judith 3,10; Judith 7,24; Judith 8,3; Judith 8,11; 1Mac. 6,45; 1Mac. 7,28; 1Mac. 10,63; 1Mac. 11,45; 1Mac. 12,36; 1Mac. 13,40; 1Mac. 16,5; 2Mac. 10,30; 2Mac. 14,44; Psa. 67,14; Psa. 77,28; Psa. 103,10; Ode. 10,3; Prov. 6,19; Prov. 8,2; Prov. 8,20; Song 1,13; Song 2,2; Song 2,3; Job 9,33; Job 30,7; Job 34,4; Wis. 18,15; Sir. 23,14; Sir. 25,18; Sir. 27,2; Sir. 27,2; Sir. 27,12; Sir. 27,12; Sir. 28,9; Sir. 30,2; Sir. 31,18; Sir. 39,4; Sir. 48,17; Sol. 2,34; Hos. 13,15; Mic. 4,3; Joel 2,17; Obad. 4; Zech. 1,8; Zech. 1,10; Zech. 1,11; Zech. 5,9; Zech. 5,9; Zech. 6,13; Zech. 11,14; Zech. 11,14; Zech. 13,6; Mal. 2,14; Mal. 2,14; Mal. 3,18; Mal. 3,18; Mal. 3,18; Is. 2,4; Is. 5,3; Is. 22,11; Is. 44,4; Is. 57,5; Is. 58,12; Is. 59,2; Jer. 7,5; Jer. 7,5; Jer. 21,4; Jer. 28,63; Jer. 32,16; Jer. 32,27; Jer. 48,7; Jer. 52,7; Lam. 1,3; Lam. 1,17; LetterJ 53; Ezek. 1,13; Ezek. 4,3; Ezek. 4,3; Ezek. 5,4; Ezek. 8,3; Ezek. 8,3; Ezek. 8,16; Ezek. 8,16; Ezek. 10,2; Ezek. 10,7; Ezek. 18,8; Ezek. 18,8; Ezek. 20,12; Ezek. 20,12; Ezek. 20,20; Ezek. 22,19; Ezek. 22,20; Ezek. 22,26; Ezek. 22,26; Ezek. 26,12; Ezek. 31,3; Ezek. 31,10; Ezek. 31,14; Ezek. 34,17; Ezek. 34,20; Ezek. 34,20; Ezek. 34,22; Ezek. 40,7; Ezek. 41,9; Ezek. 41,10; Ezek. 41,18; Ezek. 42,20; Ezek. 42,20; Ezek. 44,23; Ezek. 44,23; Ezek. 47,16; Ezek. 47,16; Ezek. 47,18; Ezek. 47,18; Ezek. 47,18; Ezek. 47,18; Ezek. 48,22; Ezek. 48,22; Dan. 3,50; Dan. 7,8; Dan. 8,5; Dan. 8,16; Dan. 8,21; Dan. 11,45; Josh. 19,1; Judg. 4,5; Judg. 4,5; Judg. 4,17; Judg. 4,17; Judg. 5,11; Judg. 5,16; Judg. 5,27; Judg. 5,27; Judg. 9,23; Judg. 9,23; Judg. 11,10; Judg. 11,27; Judg. 11,27; Judg. 13,25; Judg. 13,25; Judg. 15,4; Judg. 16,25; Judg. 16,31; Judg. 16,31; Dan. 3,21; Dan. 3,23; Dan. 3,50; Dan. 3,91; Dan. 7,5; Dan. 8,5; Dan. 8,16; Dan. 8,21; Dan. 11,45; Sus. 7; Sus. 55; Sus. 59; Matt. 13,25; Mark 3,3; Mark 7,31; Mark 14,60; Luke 4,35; Luke 5,19; Luke 6,8; Luke 17,11; John 20,19; John 20,26; Acts 27,27; 1Cor. 6,5; Rev. 7,17)
    Adjective · neuter · singular · nominative · noDegree ▸ 3 (Num. 35,5; Deut. 3,16; 1Kings 6,6)
    ImproperPreposition · (+genitive) ▸ 1 (Phil. 2,15)
μέσος ▸ 1 + 3 = 4
    Adverb ▸ 1 (Acts 1,18)
    Adjective · masculine · singular · nominative · noDegree ▸ 1 + 2 = **3** (Ex. 26,28; Luke 22,55; John 1,26)
μέσου ▸ 91 + 4 + 8 = 103
    Adjective · neuter · singular · genitive · noDegree ▸ 91 + 4 + 8 = **103** (Gen. 19,29; Gen. 35,2; Ex. 7,5; Ex. 24,16; Ex. 31,14; Num. 3,12; Num. 4,2; Num. 4,18; Num. 8,6; Num. 8,14; Num. 8,16; Num. 8,19; Num. 16,21; Num. 16,33; Num. 17,2; Num. 17,10; Num. 18,6; Num. 19,20; Num. 25,7; Num. 27,4; Deut. 2,16; Deut. 4,12; Deut. 4,15; Deut. 4,33; Deut. 4,34; Deut. 4,36; Deut. 5,4; Deut. 5,22; Deut. 5,23; Deut. 5,24; Deut. 5,26; Deut. 10,4; Josh. 4,3; Josh. 4,8; Judg. 3,19; Judg. 10,16; 1Sam. 7,3; 1Sam. 15,6; 1Sam. 15,6; 1Kings 8,51; 2Kings 9,2; 2Kings 11,2; 2Chr. 22,11; Judith 6,11; Judith 7,19; Judith 11,19; 1Mac. 5,46; Psa. 56,5; Psa. 73,11; Psa. 103,12; Psa. 135,11; Psa. 135,14; Job 29,17; Wis. 4,14; Wis. 12,5; Sir. 51,4; Hos. 2,4; Amos 5,17; Amos 6,4; Mic. 5,9; Mic. 5,12; Mic. 5,13; Zech. 6,1; Zech. 9,7; Is. 4,4; Is. 52,11; Is. 57,2; Jer. 6,1; Jer. 12,14; Jer. 27,8; Jer. 28,6; Jer. 30,13; Jer. 44,4; Jer. 51,7; Lam. 1,15; Ezek. 3,25; Ezek. 10,2; Ezek. 10,6; Ezek. 10,6; Ezek. 11,7; Ezek. 11,9; Ezek. 14,8; Ezek. 14,9; Ezek. 28,16; Ezek.

μέσος–Μεσσίας

28,18; Ezek. 29,4; Ezek. 37,21; Dan. 3,88; Dan. 3,93; Dan. 10,5; Sus. 60-62; Judg. 10,16; Dan. 3,88; Dan. 3,88; Dan. 3,93; Matt. 13,49; Luke 4,30; Acts 17,33; Acts 23,10; 1Cor. 5,2; 2Cor. 6,17; Col. 2,14; 2Th. 2,7)

μέσους ‣ 1
   Adjective · masculine · plural · accusative · noDegree ‣ **1** (Judg. 16,29)

μέσῳ ‣ 291 + 21 + 29 = 341
   Adjective · neuter · singular · dative · noDegree ‣ 291 + 21 + 29 = **341** (Gen. 1,6; Gen. 2,9; Gen. 3,3; Gen. 3,8; Gen. 23,10; Gen. 37,7; Gen. 40,20; Ex. 14,29; Ex. 15,8; Ex. 15,19; Ex. 36,30; Lev. 16,16; Lev. 22,32; Lev. 25,33; Num. 1,49; Num. 5,21; Num. 9,7; Num. 18,20; Num. 18,23; Num. 18,24; Num. 26,62; Num. 26,62; Num. 27,3; Num. 27,4; Num. 27,7; Num. 35,34; Deut. 11,3; Deut. 11,6; Deut. 19,2; Deut. 29,10; Deut. 29,15; Josh. 3,17; Josh. 13,9; Josh. 15,13; Josh. 17,4; Josh. 17,6; Josh. 19,9; Josh. 21,41; Judg. 1,29; Judg. 1,30; Judg. 1,32; Judg. 1,33; Judg. 3,5; Judg. 5,15; Judg. 7,16; Judg. 7,17; Judg. 9,51; Judg. 12,4; Judg. 12,4; Judg. 15,4; Judg. 18,1; Judg. 18,20; Judg. 20,42; 1Sam. 2,10; 1Sam. 4,3; 1Sam. 10,10; 1Sam. 10,11; 1Sam. 10,23; 1Sam. 16,13; 1Sam. 25,29; 2Sam. 1,25; 2Sam. 7,2; 2Sam. 17,11; 2Sam. 20,12; 2Sam. 23,12; 2Sam. 23,20; 2Sam. 24,5; 1Kings 3,8; 1Kings 6,19; 1Kings 6,27; 1Kings 6,27; 1Kings 11,20; 1Kings 11,20; 1Kings 12,24e; 2Kings 4,13; 2Kings 6,20; 2Kings 23,9; 1Chr. 9,38; 1Chr. 11,14; 1Chr. 16,1; 1Chr. 21,6; 1Chr. 28,2; 2Chr. 6,13; Ezra 4,15; Neh. 4,16; Neh. 6,10; Neh. 9,11; Judith 6,16; Judith 6,17; Judith 7,29; Judith 8,12; Judith 11,19; Judith 14,8; Judith 14,19; Judith 16,2; 1Mac. 5,2; 1Mac. 16,7; Psa. 21,15; Psa. 21,23; Psa. 22,4; Psa. 39,9; Psa. 45,6; Psa. 47,10; Psa. 54,11; Psa. 54,16; Psa. 67,26; Psa. 73,4; Psa. 73,12; Psa. 81,1; Psa. 100,2; Psa. 100,7; Psa. 108,30; Psa. 109,2; Psa. 115,10; Psa. 134,9; Psa. 136,2; Psa. 137,7; Ode. 1,8; Ode. 1,19; Ode. 3,10; Ode. 4,2; Ode. 10,2; Prov. 5,14; Prov. 27,22; Song 2,2; Job 2,1; Job 8,17; Job 20,13; Sir. 1,30; Sir. 9,13; Sir. 10,20; Sir. 11,1; Sir. 11,8; Sir. 15,5; Sir. 24,1; Sir. 32,9; Sir. 42,12; Sir. 50,6; Sol. 5,1; Sol. 7,6; Sol. 8,23; Sol. 17,15; Sol. 17,27; Sol. 17,32; Sol. 17,43; Amos 3,9; Amos 7,8; Amos 7,10; Mic. 2,12; Mic. 5,6; Mic. 5,7; Mic. 7,14; Joel 2,27; Hab. 3,2; Zeph. 2,14; Zeph. 3,5; Zeph. 3,15; Hag. 2,5; Zech. 2,8; Zech. 2,9; Zech. 2,14; Zech. 2,15; Zech. 3,7; Zech. 5,4; Zech. 5,7; Zech. 5,8; Zech. 8,3; Zech. 8,8; Is. 5,2; Is. 5,25; Is. 6,5; Is. 12,6; Is. 24,13; Is. 41,18; Jer. 12,16; Jer. 27,37; Jer. 30,7; Jer. 36,32; Jer. 44,12; Jer. 46,14; Jer. 47,1; Jer. 47,5; Jer. 47,6; Jer. 48,8; Jer. 52,25; Lam. 3,45; Lam. 4,13; Ezek. 1,1; Ezek. 1,4; Ezek. 1,4; Ezek. 1,5; Ezek. 1,13; Ezek. 2,5; Ezek. 2,6; Ezek. 3,15; Ezek. 3,24; Ezek. 5,2; Ezek. 5,5; Ezek. 5,8; Ezek. 5,10; Ezek. 5,12; Ezek. 6,7; Ezek. 6,13; Ezek. 7,6; Ezek. 7,8; Ezek. 8,11; Ezek. 9,2; Ezek. 9,4; Ezek. 10,7; Ezek. 10,10; Ezek. 11,1; Ezek. 11,7; Ezek. 11,11; Ezek. 12,2; Ezek. 12,10; Ezek. 12,11; Ezek. 12,12; Ezek. 12,24; Ezek. 14,14; Ezek. 14,16; Ezek. 14,18; Ezek. 14,20; Ezek. 16,53; Ezek. 17,16; Ezek. 18,18; Ezek. 19,2; Ezek. 19,2; Ezek. 19,6; Ezek. 19,11; Ezek. 20,8; Ezek. 20,9; Ezek. 21,25; Ezek. 21,37; Ezek. 22,3; Ezek. 22,9; Ezek. 22,13; Ezek. 22,18; Ezek. 22,21; Ezek. 22,22; Ezek. 22,22; Ezek. 22,25; Ezek. 22,25; Ezek. 22,26; Ezek. 22,27; Ezek. 23,39; Ezek. 24,5; Ezek. 24,7; Ezek. 24,11; Ezek. 26,5; Ezek. 26,15; Ezek. 27,27; Ezek. 27,34; Ezek. 28,14; Ezek. 29,3; Ezek. 29,12; Ezek. 29,12; Ezek. 29,21; Ezek. 30,7; Ezek. 30,7; Ezek. 31,14; Ezek. 31,17; Ezek. 31,18; Ezek. 32,20; Ezek. 32,21; Ezek. 32,25; Ezek. 32,28; Ezek. 32,32; Ezek. 33,33; Ezek. 34,12; Ezek. 34,24; Ezek. 36,23; Ezek. 37,1; Ezek. 37,24; Ezek. 37,26; Ezek. 37,28; Ezek. 39,7; Ezek. 43,7; Ezek. 43,7; Ezek. 43,9; Ezek. 44,9; Ezek. 46,10; Ezek. 47,22; Ezek. 47,22; Ezek. 47,22; Ezek. 48,8; Ezek. 48,10; Ezek. 48,15; Ezek. 48,21; Ezek. 48,22; Dan. 3,25; Sus. 48; Josh. 19,9;

Judg. 1,29; Judg. 1,30; Judg. 1,32; Judg. 1,33; Judg. 3,5; Judg. 9,51; Judg. 12,4; Judg. 12,4; Judg. 18,1; Judg. 18,7; Judg. 18,20; Judg. 20,42; Dan. 3,24; Dan. 3,25; Dan. 3,92; Dan. 4,10; Dan. 7,8; Sus. 34; Sus. 48; Sus. 50; Matt. 10,16; Matt. 14,6; Matt. 18,2; Matt. 18,20; Mark 6,47; Mark 9,36; Luke 2,46; Luke 8,7; Luke 10,3; Luke 21,21; Luke 22,27; Luke 22,55; Luke 24,36; John 8,3; John 8,9; Acts 1,15; Acts 2,22; Acts 4,7; Acts 17,22; Acts 27,21; 1Th. 2,7; Heb. 2,12; Rev. 1,13; Rev. 2,1; Rev. 4,6; Rev. 5,6; Rev. 5,6; Rev. 6,6; Rev. 22,2)

μέσων ‣ 2
   Adjective · neuter · plural · genitive · noDegree ‣ **2** (Ezek. 41,7; Ezek. 42,6)

μεσότης (μέσος) middle ‣ 1
   μεσότητα ‣ 1
      Noun · feminine · singular · accusative · (common) ‣ **1** (Wis. 7,18)

μεσότοιχον (μέσος; τεῖχος) dividing wall ‣ 1
   μεσότοιχον ‣ 1
      Noun · neuter · singular · accusative ‣ **1** (Eph. 2,14)

Μεσουλαμ Meshullam ‣ 12
   Μεσουλαμ ‣ 12
      Noun · masculine · singular · dative · (proper) ‣ **1** (Ezra 8,16)
      Noun · masculine · singular · genitive · (proper) ‣ **3** (Neh. 6,18; Neh. 11,7; Neh. 11,11)
      Noun · masculine · singular · nominative · (proper) ‣ **8** (Ezra 10,15; Ezra 10,29; Neh. 3,6; Neh. 3,30; Neh. 10,8; Neh. 10,21; Neh. 12,13; Neh. 12,33)

μεσουράνημα (μέσος; οὐρανός) mid-heaven ‣ 3
   μεσουρανήματι ‣ 3
      Noun · neuter · singular · dative ‣ **3** (Rev. 8,13; Rev. 14,6; Rev. 19,17)

μεσόω (μέσος) to be in the middle ‣ 6 + 1 = 7
   μεσοῦντος ‣ 1
      Verb · present · active · participle · masculine · singular · genitive ‣ **1** (Ex. 34,22)
   μεσούσης ‣ 5 + 1 = 6
      Verb · present · active · participle · feminine · singular · genitive ‣ 5 + 1 = **6** (Ex. 12,29; Judg. 7,19; Judith 12,5; 3Mac. 5,14; Jer. 15,9; John 7,14)

Μεσραιμ Mizraim ‣ 2
   Μεσραιμ ‣ 2
      Noun · masculine · singular · nominative · (proper) ‣ **2** (Gen. 10,6; Gen. 10,13)

Μεσσααμ Misham ‣ 1
   Μεσσααμ ‣ 1
      Noun · masculine · singular · nominative · (proper) ‣ **1** (1Chr. 8,12)

μεσσαβ (Hebr.) garrison ‣ 5
   μεσσαβ ‣ 5
      Noun · feminine · singular · accusative · (common) ‣ **3** (1Sam. 14,1; 1Sam. 14,6; 1Sam. 14,11)
      Noun · feminine · singular · dative · (common) ‣ **1** (1Sam. 14,15)
      Noun · feminine · singular · genitive · (common) ‣ **1** (1Sam. 14,12)

Μεσσαρα Masada; (Heb. stronghold) ‣ 2
   Μεσσαρα ‣ 2
      Noun · feminine · singular · accusative · (proper) ‣ **1** (1Sam. 24,23)
      Noun · feminine · singular · dative · (proper) ‣ **1** (1Sam. 23,19)

Μεσσίας Messiah ‣ 2
   Μεσσίαν ‣ 1
      Noun · masculine · singular · accusative · (proper) ‣ **1** (John

1,41)

Μεσσίας ▸ 1
  Noun · masculine · singular · nominative · (proper) ▸ 1 (John 4,25)

μεστός full ▸ 4 + 9 = 13
  μεστή ▸ 2
    Adjective · feminine · singular · nominative ▸ 2 (James 3,8; James 3,17)
  μεστή ▸ 1
    Adjective · feminine · singular · nominative · noDegree ▸ 1 (Nah. 1,10)
  μεστοί ▸ 1
    Adjective · masculine · plural · nominative ▸ 1 (Matt. 23,28)
  μεστοί ▸ 1
    Adjective · masculine · plural · nominative ▸ 1 (Rom. 15,14)
  μεστόν ▸ 1 + 1 = 2
    Adjective · neuter · singular · nominative · noDegree ▸ 1 + 1 = 2 (Esth. 15,13 # 5,2a; John 19,29)
  μεστόν ▸ 1 + 2 = 3
    Adjective · masculine · singular · accusative ▸ 1 (John 19,29)
    Adjective · neuter · singular · accusative ▸ 1 (John 21,11)
    Adjective · neuter · singular · nominative · noDegree ▸ 1 (Ezek. 37,1)
  μεστός ▸ 1
    Adjective · masculine · singular · nominative · noDegree ▸ 1 (Prov. 6,34)
  μεστούς ▸ 2
    Adjective · masculine · plural · accusative ▸ 2 (Rom. 1,29; 2Pet. 2,14)

μεστόω (μεστός) to fill ▸ 2 + 1 = 3
  μεμεστωμένοι ▸ 1
    Verb · perfect · passive · participle · masculine · plural · nominative ▸ 1 (Acts 2,13)
  μεμεστωμένος ▸ 1
    Verb · perfect · passive · participle · masculine · singular · nominative ▸ 1 (3Mac. 5,1)
  μεμεστωμένους ▸ 1
    Verb · perfect · passive · participle · masculine · plural · accusative ▸ 1 (3Mac. 5,10)

Μεστραιμ Mizraim ▸ 1
  Μεστραιμ ▸ 1
    Noun · masculine · singular · nominative · (proper) ▸ 1 (1Chr. 1,8)

Μεσωζεβηλ Meshezabel ▸ 1
  Μεσωζεβηλ ▸ 1
    Noun · masculine · singular · nominative · (proper) ▸ 1 (Neh. 10,22)

μετά with; (+acc) after ▸ 2323 + 199 + 469 = 2991
  μεθ' ▸ 191 + 17 + 43 = 251
    Preposition · (+accusative) ▸ 13 + 2 + 2 = 17 (Gen. 4,3; Gen. 9,9; Lev. 25,46; Deut. 29,21; Josh. 22,27; Josh. 23,1; Judg. 11,4; Judg. 14,8; Judg. 15,1; 1Kings 18,1; 1Chr. 28,8; Judith 8,33; Jer. 13,6; Judg. 14,8; Judg. 15,1; Matt. 17,1; John 20,26)
    Preposition · (+genitive) ▸ 178 + 15 + 41 = 234 (Gen. 9,10; Gen. 9,10; Gen. 9,12; Gen. 22,3; Gen. 23,4; Gen. 23,4; Gen. 24,3; Gen. 24,10; Gen. 24,55; Gen. 26,29; Gen. 31,23; Gen. 31,44; Gen. 31,50; Gen. 34,21; Gen. 34,22; Gen. 34,23; Gen. 35,2; Gen. 41,12; Gen. 42,38; Gen. 43,3; Gen. 43,4; Gen. 43,5; Gen. 43,5; Gen. 43,12; Gen. 43,22; Gen. 44,23; Gen. 44,26; Gen. 44,26; Gen. 44,30; Gen. 44,31; Gen. 44,34; Gen. 48,21; Gen. 50,25; Ex. 10,10; Ex. 10,24; Ex. 10,26; Ex. 12,4; Ex. 13,19; Ex. 13,19; Ex. 14,6; Ex. 24,14; Ex. 33,16; Ex. 34,9; Lev. 5,4; Lev. 26,9; Lev. 26,24; Lev. 26,28; Num. 1,4; Num. 1,5; Num. 10,29; Num. 10,31; Num. 10,32; Num. 14,42; Num. 22,13; Num. 22,14; Num. 30,11; Num. 32,29; Num. 32,30; Deut. 1,30; Deut. 1,42; Deut. 12,12; Deut. 20,4; Deut. 29,14; Deut. 29,14; Deut. 31,6; Deut. 31,27; Josh. 7,12; Josh. 22,31; Josh. 23,12; Judg. 2,1; Judg. 6,13; Judg. 15,3; Judg. 18,19; Judg. 18,25; Ruth 1,8; Ruth 2,4; Ruth 2,19; 1Sam. 5,7; 1Sam. 9,7; 1Sam. 12,24; 1Sam. 23,23; 1Sam. 24,3; 1Sam. 25,7; 1Sam. 26,1; 1Sam. 29,3; 1Sam. 29,4; 1Sam. 29,9; 1Sam. 30,22; 2Sam. 2,6; 2Sam. 2,6; 2Sam. 13,26; 2Sam. 15,19; 2Sam. 15,20; 2Sam. 15,20; 2Sam. 15,27; 2Sam. 18,2; 2Sam. 21,17; 1Kings 1,33; 1Kings 3,18; 1Kings 8,57; 1Kings 17,20; 1Kings 22,4; 2Kings 3,26; 2Kings 6,16; 2Kings 10,2; 2Kings 10,2; 2Kings 10,23; 2Kings 17,38; 2Kings 18,26; 2Kings 18,27; 1Chr. 22,18; 2Chr. 13,8; 2Chr. 13,12; 2Chr. 15,2; 2Chr. 19,6; 2Chr. 20,17; 2Chr. 20,17; 2Chr. 28,10; 2Chr. 32,7; 2Chr. 32,8; 1Esdr. 2,4; 1Esdr. 2,25; Ezra 4,2; Judith 12,3; Judith 12,11; Judith 12,13; Judith 12,17; Judith 13,11; Tob. 8,16; Tob. 12,6; Tob. 13,7; 1Mac. 8,20; 1Mac. 10,27; 1Mac. 12,47; 1Mac. 16,3; 2Mac. 4,34; 2Mac. 6,4; 2Mac. 10,38; 2Mac. 12,37; 2Mac. 14,32; 2Mac. 15,2; 3Mac. 6,15; Psa. 45,8; Psa. 45,12; Psa. 125,3; Ode. 7,42; Prov. 1,11; Prov. 13,10; Prov. 17,1; Prov. 19,10; Prov. 23,35; Job 12,2; Job 42,17a; Sir. 28,16; Sir. 50,22; Sir. 50,24; Sol. 4,4; Sol. 8,28; Hos. 14,3; Amos 4,2; Amos 5,14; Joel 2,26; Hag. 1,13; Hag. 2,4; Zech. 8,23; Mal. 3,8; Is. 8,8; Is. 8,10; Is. 36,12; Is. 66,20; Jer. 8,8; Jer. 14,21; Jer. 49,11; LetterJ 6; Ezek. 26,7; Ezek. 47,22; Dan. 3,42; Dan. 6,20; Judg. 2,1; Judg. 6,13; Judg. 11,8; Judg. 18,19; Judg. 18,25; Tob. 6,13; Tob. 8,8; Tob. 8,10; Tob. 8,16; Tob. 12,6; Tob. 12,18; Tob. 12,18; Tob. 13,7; Dan. 3,42; Sus. 20; Matt. 1,23; Matt. 12,45; Matt. 14,7; Matt. 15,30; Matt. 17,17; Matt. 25,3; Matt. 26,11; Matt. 26,29; Matt. 28,20; Mark 8,14; Mark 9,8; Mark 14,7; Luke 9,49; Luke 22,15; Luke 22,53; Luke 24,29; John 7,33; John 12,8; John 13,33; John 14,9; John 14,16; John 14,30; John 16,4; Acts 20,18; Rom. 16,20; 1Cor. 6,7; 1Cor. 16,23; 2Cor. 13,11; Phil. 4,9; Col. 4,18; 1Th. 5,28; 2Th. 1,7; 1Tim. 6,21; 2Tim. 4,22; Heb. 13,23; 1John 1,3; 1John 2,19; 1John 4,17; 2John 2; 2John 3; Rev. 17,2)
  Μετ' ▸ 3
    Preposition · (+accusative) ▸ 2 (2Mac. 6,1; 2Mac. 11,1)
    Preposition · (+genitive) ▸ 1 (2Sam. 19,39)
  μετ' ▸ 695 + 75 + 131 = 901
    Preposition · (+accusative) ▸ 71 + 7 + 5 = 83 (Gen. 6,4; Gen. 17,19; Gen. 18,19; Gen. 41,6; Ex. 28,43; Ex. 29,29; Ex. 30,21; Num. 3,4; Num. 25,13; Deut. 1,8; Deut. 4,37; Deut. 10,15; Deut. 11,9; Josh. 24,30; Judg. 2,10; Judg. 10,3; Judg. 12,8; Judg. 12,11; Judg. 12,13; 2Sam. 23,9; 2Sam. 23,11; 1Kings 1,13; 1Kings 1,17; 1Kings 1,20; 1Kings 1,27; 1Kings 1,30; 1Kings 10,22b # 9,20; 1Kings 15,4; 2Kings 18,5; 2Kings 23,25; 1Chr. 11,12; 2Chr. 8,8; 2Chr. 17,15; 2Chr. 17,16; 2Chr. 17,18; 2Chr. 35,19b; 1Esdr. 1,43; 1Esdr. 3,22; Neh. 3,18; Neh. 3,20; Neh. 3,21; Neh. 3,22; Neh. 3,23; Neh. 3,23; Neh. 3,24; Neh. 3,25; Neh. 3,27; Neh. 3,29; Neh. 3,29; Neh. 3,30; Neh. 3,30; Neh. 3,31; Judith 2,4; Judith 13,9; 1Mac. 8,7; Psa. 9,7; Eccl. 2,18; Eccl. 3,22; Job 21,21; Wis. 8,13; Wis. 15,8; Sir. 30,4; Sir. 44,9; Sir. 47,23; Sir. 48,8; Joel 2,2; Zeph. 2,15; Is. 43,10; Jer. 39,18; Jer. 39,39; Dan. 7,5; Judg. 2,10; Judg. 3,31; Judg. 10,3; Judg. 12,8; Judg. 12,11; Judg. 12,13; Tob. 1,21; Luke 15,13; Acts 7,5; Acts 13,25; Acts 19,4; Acts 27,14)
    Preposition · (+genitive) ▸ 624 + 68 + 126 = 818 (Gen. 3,6; Gen. 3,12; Gen. 7,7; Gen. 7,13; Gen. 7,23; Gen. 8,1; Gen. 8,18; Gen. 9,8; Gen. 12,4; Gen. 12,20; Gen. 13,1; Gen. 14,5; Gen. 14,17; Gen. 14,24; Gen. 15,15; Gen. 18,16; Gen. 19,30; Gen. 19,30; Gen. 19,32; Gen. 19,34; Gen. 21,23; Gen. 24,5; Gen. 24,32; Gen. 24,39; Gen. 24,54; Gen. 24,59; Gen. 26,29; Gen. 27,44; Gen. 28,20; Gen. 29,14; Gen. 29,19; Gen. 30,16; Gen. 30,29; Gen. 31,5; Gen. 31,27;

μετά

Gen. 32,7; Gen. 32,8; Gen. 32,25; Gen. 32,26; Gen. 33,1; Gen. 33,15; Gen. 34,2; Gen. 35,2; Gen. 35,3; Gen. 35,6; Gen. 35,13; Gen. 35,14; Gen. 35,15; Gen. 39,3; Gen. 39,7; Gen. 39,10; Gen. 39,12; Gen. 39,14; Gen. 39,23; Gen. 40,7; Gen. 42,33; Gen. 43,8; Gen. 43,16; Gen. 43,32; Gen. 43,34; Gen. 44,31; Gen. 46,6; Gen. 46,7; Gen. 50,7; Gen. 50,9; Ex. 18,6; Ex. 18,23; Ex. 21,3; Ex. 21,3; Ex. 22,13; Ex. 22,14; Ex. 22,15; Ex. 23,5; Ex. 24,2; Ex. 28,41; Ex. 29,21; Ex. 29,21; Ex. 33,12; Lev. 8,30; Lev. 8,30; Lev. 15,18; Lev. 15,24; Lev. 25,41; Lev. 25,50; Lev. 25,53; Lev. 25,54; Lev. 26,41; Num. 5,13; Num. 5,13; Num. 13,31; Num. 14,23; Num. 16,25; Num. 22,12; Num. 22,22; Num. 22,40; Num. 23,6; Num. 23,13; Num. 23,17; Num. 23,21; Deut. 5,31; Deut. 11,6; Deut. 17,19; Deut. 20,10; Deut. 22,4; Deut. 22,23; Deut. 22,25; Deut. 22,25; Deut. 22,28; Deut. 22,29; Deut. 32,12; Deut. 33,2; Josh. 7,24; Josh. 8,5; Josh. 8,11; Josh. 8,14; Josh. 10,7; Josh. 10,29; Josh. 10,31; Josh. 10,34; Josh. 10,36; Josh. 11,4; Josh. 14,8; Josh. 14,12; Josh. 22,14; Josh. 22,30; Josh. 24,31a; Judg. 1,3; Judg. 1,3; Judg. 1,22; Judg. 4,8; Judg. 4,8; Judg. 4,8; Judg. 4,10; Judg. 4,13; Judg. 5,12; Judg. 6,17; Judg. 7,1; Judg. 7,18; Judg. 7,19; Judg. 8,1; Judg. 8,4; Judg. 8,5; Judg. 8,9; Judg. 8,10; Judg. 9,33; Judg. 9,34; Judg. 9,35; Judg. 9,44; Judg. 9,48; Judg. 9,48; Judg. 11,3; Judg. 11,13; Judg. 11,27; Judg. 13,9; Judg. 14,11; Judg. 16,15; Judg. 17,10; Judg. 19,3; Judg. 19,4; Judg. 19,10; Judg. 19,10; Judg. 20,20; Ruth 1,7; Ruth 1,8; Ruth 1,11; Ruth 1,18; 1Sam. 1,22; 1Sam. 1,24; 1Sam. 1,24; 1Sam. 3,19; 1Sam. 6,15; 1Sam. 9,5; 1Sam. 9,7; 1Sam. 9,19; 1Sam. 10,6; 1Sam. 13,15; 1Sam. 13,16; 1Sam. 14,2; 1Sam. 14,13; 1Sam. 14,17; 1Sam. 14,20; 1Sam. 15,6; 1Sam. 15,25; 1Sam. 15,30; 1Sam. 16,5; 1Sam. 16,18; 1Sam. 17,33; 1Sam. 18,14; 1Sam. 20,14; 1Sam. 20,35; 1Sam. 22,2; 1Sam. 22,4; 1Sam. 22,6; 1Sam. 22,23; 1Sam. 23,5; 1Sam. 23,13; 1Sam. 25,25; 1Sam. 26,2; 1Sam. 26,6; 1Sam. 27,2; 1Sam. 28,1; 1Sam. 28,8; 1Sam. 29,6; 1Sam. 30,9; 1Sam. 30,21; 1Sam. 31,5; 2Sam. 1,11; 2Sam. 2,3; 2Sam. 2,32; 2Sam. 3,12; 2Sam. 3,16; 2Sam. 3,20; 2Sam. 3,20; 2Sam. 3,22; 2Sam. 3,31; 2Sam. 5,10; 2Sam. 5,21; 2Sam. 6,2; 2Sam. 6,13; 2Sam. 9,1; 2Sam. 9,3; 2Sam. 10,2; 2Sam. 10,13; 2Sam. 10,17; 2Sam. 11,1; 2Sam. 11,4; 2Sam. 12,3; 2Sam. 12,24; 2Sam. 13,11; 2Sam. 13,14; 2Sam. 13,16; 2Sam. 13,27; 2Sam. 15,14; 2Sam. 15,22; 2Sam. 15,24; 2Sam. 15,30; 2Sam. 15,33; 2Sam. 15,36; 2Sam. 16,15; 2Sam. 16,18; 2Sam. 17,2; 2Sam. 17,10; 2Sam. 17,12; 2Sam. 17,16; 2Sam. 17,22; 2Sam. 17,24; 2Sam. 17,29; 2Sam. 18,1; 2Sam. 19,18; 2Sam. 19,18; 2Sam. 19,18; 2Sam. 19,26; 2Sam. 19,34; 2Sam. 19,34; 2Sam. 19,41; 2Sam. 19,42; 2Sam. 21,15; 2Sam. 24,2; 1Kings 1,2; 1Kings 1,44; 1Kings 8,65; 1Kings 11,17; 1Kings 11,18; 1Kings 11,22; 1Kings 12,8; 1Kings 12,10; 1Kings 12,24c; 1Kings 12,24h; 1Kings 12,24q; 1Kings 13,7; 1Kings 13,15; 1Kings 16,17; 1Kings 17,20; 1Kings 21,1; 1Kings 21,12; 1Kings 21,16; 1Kings 22,29; 2Kings 1,15; 2Kings 1,15; 2Kings 3,7; 2Kings 4,28; 2Kings 6,4; 2Kings 6,16; 2Kings 6,32; 2Kings 6,33; 2Kings 8,21; 2Kings 9,15; 2Kings 9,32; 2Kings 10,16; 2Kings 11,3; 2Kings 15,19; 2Kings 15,25; 2Kings 17,35; 2Kings 18,7; 2Kings 18,31; 2Kings 23,2; 2Kings 25,6; 2Kings 25,25; 2Kings 25,25; 2Kings 25,28; 2Kings 25,28; 1Chr. 4,10; 1Chr. 9,20; 1Chr. 11,9; 1Chr. 11,10; 1Chr. 12,28; 1Chr. 12,33; 1Chr. 12,35; 1Chr. 13,2; 1Chr. 15,18; 1Chr. 16,41; 1Chr. 16,42; 1Chr. 19,2; 1Chr. 19,14; 1Chr. 21,20; 2Chr. 1,1; 2Chr. 1,3; 2Chr. 2,6; 2Chr. 5,12; 2Chr. 7,8; 2Chr. 10,8; 2Chr. 10,10; 2Chr. 12,1; 2Chr. 12,3; 2Chr. 15,2; 2Chr. 15,9; 2Chr. 15,9; 2Chr. 15,19; 2Chr. 17,8; 2Chr. 17,8; 2Chr. 17,9; 2Chr. 17,14; 2Chr. 17,15; 2Chr. 17,16; 2Chr. 17,17; 2Chr. 17,18; 2Chr. 18,2; 2Chr. 18,2; 2Chr. 18,3; 2Chr. 18,30; 2Chr. 20,1; 2Chr. 21,9; 2Chr. 22,7; 2Chr. 22,12; 2Chr. 23,1; 2Chr. 24,22; 2Chr. 25,13; 2Chr. 26,13; 2Chr. 26,17; 2Chr. 32,7; 2Chr. 32,7; 2Chr. 32,8; 2Chr. 32,9; 2Chr. 35,21; 2Chr. 36,23; 1Esdr. 1,13; 1Esdr. 1,25; 1Esdr. 1,25; 1Esdr. 2,3; 1Esdr. 4,36; 1Esdr. 4,47; 1Esdr. 4,48; 1Esdr. 5,2; 1Esdr. 5,2; 1Esdr. 5,3; 1Esdr. 8,28; 1Esdr. 8,30; 1Esdr. 8,31; 1Esdr. 8,32; 1Esdr. 8,32; 1Esdr. 8,33; 1Esdr. 8,34; 1Esdr. 8,35; 1Esdr. 8,36; 1Esdr. 8,37; 1Esdr. 8,38; 1Esdr. 8,39; 1Esdr. 8,40; 1Esdr. 8,54; 1Esdr. 8,62; 1Esdr. 8,62; Ezra 1,3; Ezra 3,12; Ezra 5,2; Ezra 7,28; Ezra 8,1; Ezra 8,3; Ezra 8,4; Ezra 8,5; Ezra 8,6; Ezra 8,7; Ezra 8,8; Ezra 8,9; Ezra 8,10; Ezra 8,11; Ezra 8,12; Ezra 8,13; Ezra 8,14; Ezra 8,24; Ezra 8,33; Ezra 8,33; Ezra 10,14; Ezra 10,15; Neh. 2,9; Neh. 2,12; Neh. 2,12; Neh. 9,17; Neh. 12,40; Neh. 13,25; Esth. 2,20; Esth. 6,13; Esth. 16,8 # 8,12h; Esth. 16,9 # 8,12i; Esth. 16,24 # 8,12x; Esth. 9,19; Judith 1,16; Judith 2,2; Judith 5,17; Judith 5,17; Judith 6,8; Judith 7,17; Judith 10,9; Judith 10,10; Judith 12,4; Judith 12,16; Judith 13,16; Judith 15,8; Judith 15,12; Judith 15,13; Judith 16,20; Tob. 1,3; Tob. 3,1; Tob. 3,6; Tob. 3,8; Tob. 3,9; Tob. 3,10; Tob. 5,17; Tob. 6,15; Tob. 8,8; Tob. 11,6; Tob. 11,19; Tob. 14,9; 1Mac. 3,2; 1Mac. 3,13; 1Mac. 3,15; 1Mac. 3,39; 1Mac. 4,8; 1Mac. 4,56; 1Mac. 4,59; 1Mac. 5,23; 1Mac. 5,58; 1Mac. 6,56; 1Mac. 6,58; 1Mac. 7,15; 1Mac. 7,19; 1Mac. 7,20; 1Mac. 7,23; 1Mac. 7,25; 1Mac. 7,28; 1Mac. 9,1; 1Mac. 9,5; 1Mac. 9,16; 1Mac. 9,24; 1Mac. 9,33; 1Mac. 9,48; 1Mac. 9,60; 1Mac. 9,62; 1Mac. 9,67; 1Mac. 10,4; 1Mac. 10,63; 1Mac. 10,63; 1Mac. 10,66; 1Mac. 10,71; 1Mac. 11,54; 1Mac. 11,73; 1Mac. 12,4; 1Mac. 12,35; 1Mac. 12,45; 1Mac. 12,48; 1Mac. 12,50; 1Mac. 12,52; 1Mac. 12,52; 1Mac. 13,11; 1Mac. 13,12; 1Mac. 14,8; 2Mac. 1,7; 2Mac. 1,15; 2Mac. 5,27; 2Mac. 6,19; 2Mac. 7,23; 2Mac. 10,6; 2Mac. 12,45; 2Mac. 14,15; 3Mac. 6,23; 3Mac. 6,27; 3Mac. 6,35; 3Mac. 7,16; 3Mac. 7,19; Psa. 17,24; Psa. 22,4; Psa. 37,11; Psa. 49,11; Psa. 68,31; Psa. 77,37; Psa. 82,9; Psa. 85,17; Psa. 88,25; Psa. 90,15; Psa. 91,4; Psa. 100,6; Psa. 108,21; Psa. 125,2; Ode. 2,12; Prov. 1,15; Prov. 10,7; Prov. 13,11; Prov. 23,8; Prov. 24,1; Job 1,4; Job 1,6; Job 17,16; Job 20,11; Job 28,14; Job 29,20; Job 37,18; Wis. 7,11; Wis. 11,9; Sir. 1,16 Prol.; Sir. 1,1; Sir. 4,17; Sir. 8,16; Sir. 9,9; Sir. 9,10; Sir. 13,11; Sir. 14,19; Sir. 16,2; Sir. 17,12; Sir. 17,22; Sir. 20,26; Sir. 27,17; Sir. 29,3; Sir. 31,20; Sir. 44,20; Sir. 51,20; Sol. 8,16; Sol. 8,18; Sol. 17,3; Sol. 17,27; Sol. 17,35; Sol. 17,38; Hos. 5,5; Amos 2,3; Amos 8,10; Mic. 2,7; Jonah 1,3; Zech. 10,5; Zech. 14,5; Mal. 2,5; Mal. 2,6; Is. 12,3; Is. 14,7; Is. 16,5; Is. 32,10; Is. 34,7; Is. 35,10; Is. 40,10; Is. 51,11; Is. 57,9; Is. 60,9; Is. 63,3; Is. 65,23; Jer. 3,15; Jer. 8,18; Jer. 16,8; Jer. 20,11; Jer. 28,40; Jer. 47,4; Jer. 47,5; Jer. 48,1; Jer. 48,2; Jer. 48,3; Jer. 48,11; Jer. 48,13; Jer. 48,16; Jer. 52,32; Bar. 1,7; Bar. 3,35; Bar. 4,11; Bar. 5,9; LetterJ 2; LetterJ 48; Ezek. 10,17; Ezek. 12,18; Ezek. 12,19; Ezek. 13,14; Ezek. 17,16; Ezek. 23,8; Ezek. 23,23; Ezek. 23,24; Ezek. 31,17; Ezek. 32,20; Ezek. 36,5; Ezek. 37,26; Ezek. 38,22; Ezek. 38,22; Ezek. 46,10; Ezek. 47,23; Dan. 2,13; Dan. 2,18; Dan. 4,37b; Dan. 4,37c; Dan. 6,4; Dan. 8,18; Dan. 9,22; Dan. 9,26; Dan. 10,7; Dan. 10,11; Dan. 10,15; Dan. 10,19; Dan. 10,21; Dan. 11,6; Dan. 11,17; Dan. 11,23; Judg. 1,3; Judg. 1,3; Judg. 1,22; Judg. 4,8; Judg. 4,8; Judg. 4,10; Judg. 4,13; Judg. 6,17; Judg. 7,1; Judg. 7,18; Judg. 7,19; Judg. 8,4; Judg. 8,9; Judg. 8,10; Judg. 9,33; Judg. 9,34; Judg. 9,35; Judg. 9,44; Judg. 9,48; Judg. 9,48; Judg. 11,3; Judg. 11,27; Judg. 13,9; Judg. 14,11; Judg. 15,3; Judg. 16,15; Judg. 17,10; Judg. 19,3; Judg. 19,4; Judg. 19,10; Judg. 19,10; Tob. 1,3; Tob. 2,2; Tob. 3,6; Tob. 3,6; Tob. 3,8; Tob. 3,9; Tob. 5,4; Tob. 5,7; Tob. 5,10; Tob. 5,14; Tob. 5,17; Tob. 6,1; Tob. 6,1; Tob. 6,1; Tob. 6,8; Tob. 6,15; Tob. 6,18; Tob. 8,17; Tob. 10,6; Tob. 10,9; Tob. 11,6; Tob. 12,2; Tob. 12,3; Tob. 14,9; Dan. 1,19; Dan. 2,22; Dan. 4,2; Dan. 8,18; Dan. 9,22; Dan. 10,7; Dan. 10,15; Dan. 10,19; Dan. 10,21; Dan. 11,6; Dan. 11,17; Sus. 37; Bel 16; Matt. 2,3; Matt. 5,25; Matt. 5,41; Matt. 9,15; Matt. 12,3; Matt. 12,4; Matt. 12,30; Matt. 12,30; Matt. 17,3; Matt. 21,2;

M, μ

Matt. 25,10; Matt. 25,19; Matt. 25,31; Matt. 26,23; Matt. 26,36; Matt. 26,38; Matt. 26,40; Matt. 26,47; Matt. 27,54; Mark 1,36; Mark 2,19; Mark 2,19; Mark 2,25; Mark 3,5; Mark 3,14; Mark 4,36; Mark 5,18; Mark 5,24; Mark 5,37; Mark 5,40; Mark 6,50; Mark 14,18; Mark 14,20; Mark 14,33; Mark 14,43; Mark 16,10; Luke 1,58; Luke 1,66; Luke 2,51; Luke 5,29; Luke 5,34; Luke 6,3; Luke 6,4; Luke 6,17; Luke 7,36; Luke 10,37; Luke 11,7; Luke 11,23; Luke 11,23; Luke 12,13; Luke 15,31; Luke 22,21; Luke 22,28; Luke 22,59; Luke 23,12; Luke 23,43; Luke 24,30; John 3,2; John 3,22; John 4,27; John 6,43; John 6,66; John 8,29; John 9,40; John 11,16; John 11,31; John 11,56; John 12,17; John 13,8; John 15,27; John 16,19; John 16,32; John 17,12; John 17,24; John 18,5; John 18,18; John 18,26; John 19,18; John 20,24; John 20,26; Acts 7,9; Acts 9,28; Acts 9,39; Acts 10,38; Acts 11,21; Acts 14,27; Acts 15,4; Acts 15,33; Acts 20,34; Acts 26,12; 1Cor. 7,12; 1Cor. 7,13; 2Cor. 8,18; Eph. 6,7; 2Th. 1,7; 2Tim. 4,11; Titus 3,15; Heb. 11,31; 1John 1,6; 1John 1,7; Rev. 1,12; Rev. 2,16; Rev. 2,22; Rev. 3,4; Rev. 3,20; Rev. 3,20; Rev. 3,21; Rev. 4,1; Rev. 6,8; Rev. 10,8; Rev. 11,7; Rev. 12,9; Rev. 13,4; Rev. 14,1; Rev. 14,13; Rev. 17,1; Rev. 17,14; Rev. 18,3; Rev. 18,9; Rev. 19,20; Rev. 20,6; Rev. 21,3; Rev. 21,3; Rev. 21,9; Rev. 21,15; Rev. 22,12)

Μετά ▸ 22 + 30 = 52

Preposition • (+accusative) ▸ 18 + 29 = **47** (Gen. 15,1; Ex. 2,23; Deut. 31,10; 1Esdr. 5,1; Esth. 3,1; Judith 16,21; 1Mac. 1,29; 1Mac. 11,54; 1Mac. 14,24; 2Mac. 4,23; 2Mac. 7,10; 2Mac. 7,18; 2Mac. 12,32; 2Mac. 14,1; Job 3,1; Job 38,1; Sir. 47,12; Ezek. 29,13; Matt. 1,12; Matt. 25,19; Matt. 26,73; Mark 1,14; Mark 16,8; Mark 16,12; Luke 1,24; Luke 10,1; John 2,12; John 3,22; John 4,43; John 5,1; John 6,1; John 19,28; John 19,38; John 21,1; Acts 15,13; Acts 15,36; Acts 18,1; Acts 20,1; Acts 21,15; Acts 24,1; Acts 24,24; Acts 28,11; Rev. 4,1; Rev. 7,1; Rev. 7,9; Rev. 18,1; Rev. 19,1)

Preposition • (+genitive) ▸ 4 + 1 = **5** (Gen. 32,5; Ex. 32,12; Ruth 1,10; Ruth 2,21; Col. 1,11)

μετά ▸ 1412 + 107 + 265 = 1784

Preposition • (+accusative) ▸ 347 + 22 + 68 = **437** (Gen. 5,4; Gen. 5,7; Gen. 5,10; Gen. 5,13; Gen. 5,16; Gen. 5,19; Gen. 5,22; Gen. 5,26; Gen. 5,30; Gen. 7,10; Gen. 8,3; Gen. 8,6; Gen. 9,28; Gen. 10,1; Gen. 10,18; Gen. 10,32; Gen. 11,10; Gen. 11,11; Gen. 11,13; Gen. 11,13; Gen. 11,15; Gen. 11,17; Gen. 11,19; Gen. 11,21; Gen. 11,23; Gen. 11,25; Gen. 13,14; Gen. 14,17; Gen. 15,14; Gen. 16,3; Gen. 17,7; Gen. 17,7; Gen. 17,8; Gen. 17,9; Gen. 17,10; Gen. 18,5; Gen. 22,1; Gen. 22,6; Gen. 22,20; Gen. 23,19; Gen. 24,36; Gen. 24,55; Gen. 25,11; Gen. 25,26; Gen. 26,18; Gen. 27,1; Gen. 27,30; Gen. 28,4; Gen. 30,21; Gen. 32,21; Gen. 33,7; Gen. 35,12; Gen. 38,24; Gen. 38,30; Gen. 39,5; Gen. 39,7; Gen. 40,1; Gen. 41,1; Gen. 41,3; Gen. 41,30; Gen. 41,31; Gen. 44,18; Gen. 45,15; Gen. 48,1; Gen. 48,4; Gen. 48,6; Ex. 3,20; Ex. 4,19; Ex. 5,1; Ex. 7,25; Ex. 10,14; Ex. 11,1; Ex. 11,8; Ex. 12,41; Ex. 13,14; Ex. 18,2; Ex. 18,13; Ex. 32,30; Ex. 34,32; Lev. 5,3; Lev. 13,7; Lev. 13,34; Lev. 13,35; Lev. 13,55; Lev. 13,56; Lev. 14,8; Lev. 14,19; Lev. 14,36; Lev. 14,43; Lev. 14,43; Lev. 14,43; Lev. 14,48; Lev. 15,25; Lev. 15,28; Lev. 16,1; Lev. 16,26; Lev. 16,28; Lev. 16,32; Lev. 25,15; Lev. 25,48; Lev. 26,21; Lev. 27,18; Num. 4,15; Num. 5,26; Num. 6,19; Num. 6,20; Num. 7,88; Num. 7,88; Num. 8,15; Num. 8,22; Num. 9,17; Num. 12,14; Num. 12,16; Num. 13,25; Num. 18,8; Num. 18,19; Num. 19,7; Num. 26,1; Num. 30,16; Num. 31,24; Num. 32,22; Num. 35,28; Deut. 1,4; Deut. 4,40; Deut. 12,25; Deut. 12,30; Deut. 14,28; Deut. 21,13; Deut. 24,4; Josh. 1,1; Josh. 2,16; Josh. 3,2; Josh. 5,12; Josh. 6,13; Josh. 8,34 # 9,2e; Josh. 9,16; Josh. 9,16; Josh. 23,1; Josh. 24,5; Josh. 24,33; Judg. 1,1; Judg. 1,9; Judg. 2,7; Judg. 3,31; Judg. 7,11; Judg. 10,1; Judg. 11,39; Judg. 16,4; Judg. 19,5; Judg. 19,23; Ruth 2,11; Ruth 4,4; 1Sam. 1,9; 1Sam. 5,9; 1Sam. 9,13; 1Sam. 10,5; 1Sam. 11,1; 1Sam. 11,5; 1Sam. 11,11; 1Sam. 24,6; 1Sam. 30,23; 2Sam. 1,1; 2Sam. 1,10; 2Sam. 2,1; 2Sam. 3,28; 2Sam. 5,13; 2Sam. 7,12; 2Sam. 8,1; 2Sam. 10,1; 2Sam. 13,1; 2Sam. 15,1; 2Sam. 17,21; 2Sam. 19,31; 2Sam. 21,14; 2Sam. 21,18; 2Sam. 24,10; 1Kings 2,35k; 1Kings 2,35k; 1Kings 2,39; 1Kings 3,12; 1Kings 8,1; 1Kings 13,23; 1Kings 13,31; 1Kings 13,33; 1Kings 16,22; 1Kings 17,7; 1Kings 17,17; 1Kings 19,11; 1Kings 19,12; 1Kings 19,12; 1Kings 20,16; 1Kings 21,15; 2Kings 1,1; 2Kings 3,5; 2Kings 6,24; 2Kings 8,3; 2Kings 14,17; 2Kings 14,22; 1Chr. 2,21; 1Chr. 2,24; 1Chr. 8,8; 1Chr. 17,11; 1Chr. 18,1; 1Chr. 19,1; 1Chr. 20,4; 1Chr. 25,3; 1Chr. 25,7; 1Chr. 26,16; 1Chr. 27,34; 2Chr. 1,12; 2Chr. 2,16; 2Chr. 8,1; 2Chr. 11,20; 2Chr. 20,1; 2Chr. 20,35; 2Chr. 21,18; 2Chr. 22,4; 2Chr. 24,4; 2Chr. 24,17; 2Chr. 24,23; 2Chr. 24,25; 2Chr. 25,14; 2Chr. 25,25; 2Chr. 26,2; 2Chr. 32,1; 2Chr. 32,9; 2Chr. 32,23; 2Chr. 33,14; 2Chr. 35,14; 2Chr. 36,5b; 2Chr. 36,22; 1Esdr. 1,14; 1Esdr. 1,23; 1Esdr. 5,51; Ezra 3,5; Ezra 7,1; Ezra 9,10; Ezra 9,13; Neh. 13,6; Esth. 1,1 # 1,1s; Esth. 1,4; Esth. 1,4; Esth. 2,1; Esth. 16,8 # 8,12h; Esth. 16,22 # 8,12u; Judith 8,9; Judith 16,25; Tob. 10,14; Tob. 14,2; Tob. 14,5; 1Mac. 1,1; 1Mac. 1,5; 1Mac. 1,9; 1Mac. 1,20; 1Mac. 3,55; 1Mac. 4,18; 1Mac. 5,37; 1Mac. 7,33; 1Mac. 8,30; 1Mac. 9,23; 1Mac. 9,37; 1Mac. 10,34; 1Mac. 13,20; 1Mac. 16,24; 2Mac. 4,14; 2Mac. 8,28; 2Mac. 10,3; 2Mac. 12,27; 3Mac. 4,17; 4Mac. 1,22; 4Mac. 1,23; 4Mac. 5,7; 4Mac. 12,7; Psa. 15,4; Psa. 27,3; Psa. 48,14; Psa. 95,1; Psa. 126,2; Prov. 20,25; Job 10,8; Job 34,8; Job 42,7; Job 42,16; Job 42,17d; Job 42,17d; Job 42,17d; Wis. 2,2; Wis. 4,19; Wis. 5,11; Sir. 3,31; Sir. 13,7; Sir. 16,29; Sir. 17,23; Sir. 23,20; Sir. 41,25; Sir. 46,20; Sir. 47,1; Hos. 3,5; Hos. 6,2; Joel 3,1; Is. 1,26; Is. 6,12; Is. 23,15; Is. 23,17; Is. 27,11; Is. 44,6; Jer. 3,7; Jer. 5,31; Jer. 12,15; Jer. 16,16; Jer. 21,7; Jer. 24,1; Jer. 35,12; Jer. 38,33; Jer. 39,16; Jer. 41,8; Jer. 43,27; Jer. 47,1; Jer. 49,7; Bar. 1,9; Bar. 3,38; Lam. 1,1; LetterJ 2; LetterJ 50; Ezek. 3,16; Ezek. 16,23; Ezek. 20,39; Ezek. 26,20; Ezek. 32,29; Ezek. 39,14; Ezek. 40,1; Ezek. 43,23; Ezek. 44,26; Ezek. 46,12; Dan. 1,15; Dan. 1,18; Dan. 2,39; Dan. 4,29; Dan. 4,33a; Dan. 7,6; Dan. 7,7; Dan. 7,24; Dan. 8,1; Dan. 8,4; Dan. 9,26; Dan. 9,27; Bel 40; Judg. 1,1; Judg. 1,9; Judg. 7,11; Judg. 10,1; Judg. 16,4; Judg. 19,5; Judg. 19,23; Tob. 1,10; Tob. 11,4; Tob. 14,2; Tob. 14,5; Dan. 1,5; Dan. 1,15; Dan. 1,18; Dan. 2,29; Dan. 2,45; Dan. 4,29; Dan. 4,34; Dan. 8,1; Dan. 9,26; Dan. 11,2; Dan. 11,6; Matt. 24,29; Matt. 26,2; Matt. 26,32; Matt. 27,53; Matt. 27,62; Matt. 27,63; Mark 8,31; Mark 9,2; Mark 9,31; Mark 10,34; Mark 13,24; Mark 14,1; Mark 14,28; Mark 14,70; Mark 16,19; Luke 2,46; Luke 5,27; Luke 9,28; Luke 12,4; Luke 12,5; Luke 17,8; Luke 18,4; Luke 22,20; Luke 22,58; John 5,14; John 7,1; John 11,7; John 11,11; John 13,7; John 13,27; Acts 1,3; Acts 1,5; Acts 5,37; Acts 7,4; Acts 7,7; Acts 10,37; Acts 10,41; Acts 12,4; Acts 13,15; Acts 13,20; Acts 15,16; Acts 19,21; Acts 20,6; Acts 20,29; Acts 25,1; Acts 28,13; Acts 28,17; 1Cor. 11,25; Gal. 1,18; Gal. 3,17; Titus 3,10; Heb. 4,7; Heb. 4,8; Heb. 7,28; Heb. 8,10; Heb. 9,3; Heb. 9,27; Heb. 10,15; Heb. 10,16; Heb. 10,26; 1Pet. 1,11; 2Pet. 1,15; Rev. 1,19; Rev. 4,1; Rev. 9,12; Rev. 11,11; Rev. 15,5; Rev. 20,3)

Preposition • (+genitive) ▸ 1065 + 85 + 197 = **1347** (Gen. 6,18; Gen. 6,19; Gen. 6,20; Gen. 8,16; Gen. 8,17; Gen. 8,17; Gen. 13,5; Gen. 14,2; Gen. 14,2; Gen. 15,14; Gen. 17,4; Gen. 18,23; Gen. 18,25; Gen. 19,33; Gen. 19,34; Gen. 19,35; Gen. 20,16; Gen. 21,9; Gen. 21,10; Gen. 21,20; Gen. 21,22; Gen. 21,23; Gen. 22,5; Gen. 24,8; Gen. 24,12; Gen. 24,40; Gen. 24,58; Gen. 24,61; Gen. 26,3; Gen. 26,8; Gen. 26,10; Gen. 26,20; Gen. 26,24; Gen. 26,28; Gen. 26,28; Gen. 26,31; Gen. 27,35; Gen. 28,15; Gen. 28,21; Gen. 29,6; Gen. 29,9; Gen. 30,15; Gen. 31,3; Gen. 31,13; Gen. 31,24; Gen. 31,27; Gen. 31,29; Gen. 31,38; Gen. 32,29; Gen. 32,29; Gen.

μετά

33,15; Gen. 34,5; Gen. 34,7; Gen. 34,13; Gen. 35,22; Gen. 37,2; Gen. 37,2; Gen. 37,2; Gen. 39,2; Gen. 39,17; Gen. 39,21; Gen. 42,4; Gen. 42,5; Gen. 42,13; Gen. 42,32; Gen. 42,38; Gen. 43,32; Gen. 44,17; Gen. 44,29; Gen. 44,33; Gen. 45,2; Gen. 46,4; Gen. 46,26; Gen. 47,30; Gen. 49,24; Gen. 49,29; Ex. 1,14; Ex. 3,12; Ex. 3,19; Ex. 11,8; Ex. 12,11; Ex. 14,25; Ex. 15,20; Ex. 17,5; Ex. 18,12; Ex. 18,18; Ex. 18,19; Ex. 19,24; Ex. 21,22; Ex. 22,18; Ex. 23,1; Ex. 23,2; Ex. 23,2; Ex. 23,2; Ex. 33,3; Ex. 34,3; Ex. 38,22; Lev. 10,9; Lev. 10,14; Lev. 10,15; Lev. 15,33; Lev. 18,22; Lev. 19,20; Lev. 20,11; Lev. 20,12; Lev. 20,13; Lev. 20,18; Lev. 20,20; Lev. 23,18; Lev. 23,19; Lev. 23,20; Lev. 23,20; Lev. 25,25; Lev. 25,35; Lev. 25,36; Lev. 26,5; Lev. 26,13; Num. 5,19; Num. 11,16; Num. 11,17; Num. 11,17; Num. 16,10; Num. 16,32; Num. 18,2; Num. 18,7; Num. 18,11; Num. 18,19; Num. 22,21; Num. 22,35; Num. 22,35; Num. 22,39; Num. 25,14; Num. 34,13; Deut. 2,7; Deut. 8,9; Deut. 12,10; Deut. 12,23; Deut. 14,27; Deut. 14,29; Deut. 18,1; Deut. 19,5; Deut. 20,1; Deut. 22,2; Deut. 22,6; Deut. 22,9; Deut. 22,22; Deut. 22,22; Deut. 23,5; Deut. 23,17; Deut. 25,11; Deut. 27,20; Deut. 27,21; Deut. 27,22; Deut. 27,23; Deut. 27,23; Deut. 31,8; Deut. 31,16; Deut. 31,23; Deut. 32,14; Deut. 32,14; Deut. 32,24; Deut. 32,25; Deut. 32,43; Deut. 33,21; Josh. 1,5; Josh. 1,5; Josh. 1,9; Josh. 1,17; Josh. 1,17; Josh. 2,19; Josh. 3,7; Josh. 3,7; Josh. 6,27; Josh. 8,1; Josh. 9,4; Josh. 22,7; Josh. 22,8; Josh. 24,29; Judg. 1,3; Judg. 1,16; Judg. 1,17; Judg. 1,19; Judg. 1,21; Judg. 1,24; Judg. 2,18; Judg. 3,19; Judg. 4,6; Judg. 4,9; Judg. 4,9; Judg. 5,12; Judg. 5,15; Judg. 5,20; Judg. 5,28; Judg. 6,12; Judg. 6,16; Judg. 7,2; Judg. 7,4; Judg. 7,4; Judg. 7,4; Judg. 7,4; Judg. 8,35; Judg. 8,35; Judg. 9,16; Judg. 9,16; Judg. 9,19; Judg. 9,31; Judg. 9,32; Judg. 11,4; Judg. 11,5; Judg. 11,11; Judg. 11,20; Judg. 11,25; Judg. 12,1; Judg. 16,13; Judg. 16,14; Judg. 16,30; Judg. 18,7; Judg. 18,9; Judg. 18,22; Judg. 18,28; Judg. 20,14; Judg. 20,18; Judg. 20,20; Judg. 20,23; Judg. 20,28; Ruth 1,8; Ruth 2,6; Ruth 2,8; Ruth 2,11; Ruth 2,20; Ruth 2,20; Ruth 2,22; Ruth 2,23; Ruth 3,2; 1Sam. 1,18; 1Sam. 2,8; 1Sam. 2,19; 1Sam. 2,26; 1Sam. 2,26; 1Sam. 4,4; 1Sam. 9,3; 1Sam. 9,24; 1Sam. 10,7; 1Sam. 10,26; 1Sam. 13,2; 1Sam. 13,2; 1Sam. 13,22; 1Sam. 13,22; 1Sam. 14,7; 1Sam. 14,21; 1Sam. 14,21; 1Sam. 14,21; 1Sam. 14,23; 1Sam. 15,6; 1Sam. 15,26; 1Sam. 16,12; 1Sam. 17,32; 1Sam. 17,37; 1Sam. 17,42; 1Sam. 18,28; 1Sam. 20,5; 1Sam. 20,8; 1Sam. 20,8; 1Sam. 20,13; 1Sam. 20,13; 1Sam. 21,2; 1Sam. 22,8; 1Sam. 22,17; 1Sam. 23,6; 1Sam. 25,13; 1Sam. 26,6; 1Sam. 27,3; 1Sam. 27,5; 1Sam. 28,1; 1Sam. 28,16; 1Sam. 28,19; 1Sam. 28,19; 1Sam. 29,2; 1Sam. 29,10; 1Sam. 30,22; 2Sam. 1,24; 2Sam. 3,8; 2Sam. 3,12; 2Sam. 3,21; 2Sam. 3,22; 2Sam. 6,15; 2Sam. 6,15; 2Sam. 6,22; 2Sam. 7,3; 2Sam. 7,9; 2Sam. 7,12; 2Sam. 8,11; 2Sam. 8,11; 2Sam. 9,7; 2Sam. 10,2; 2Sam. 10,19; 2Sam. 11,9; 2Sam. 11,11; 2Sam. 11,13; 2Sam. 11,17; 2Sam. 12,3; 2Sam. 12,11; 2Sam. 13,20; 2Sam. 13,22; 2Sam. 13,24; 2Sam. 13,26; 2Sam. 14,17; 2Sam. 14,19; 2Sam. 15,11; 2Sam. 15,12; 2Sam. 15,19; 2Sam. 15,20; 2Sam. 15,20; 2Sam. 15,31; 2Sam. 15,35; 2Sam. 16,17; 2Sam. 16,17; 2Sam. 16,21; 2Sam. 19,8; 2Sam. 19,17; 2Sam. 19,27; 2Sam. 19,32; 2Sam. 19,35; 2Sam. 19,37; 2Sam. 19,38; 2Sam. 19,41; 2Sam. 20,6; 2Sam. 20,15; 2Sam. 21,4; 2Sam. 21,4; 2Sam. 21,15; 2Sam. 21,15; 2Sam. 21,18; 2Sam. 21,19; 2Sam. 22,26; 2Sam. 22,26; 2Sam. 22,27; 2Sam. 22,27; 2Sam. 23,5; 2Sam. 23,9; 1Kings 1,7; 1Kings 1,7; 1Kings 1,9; 1Kings 1,14; 1Kings 1,21; 1Kings 1,22; 1Kings 1,37; 1Kings 1,37; 1Kings 2,8; 1Kings 2,10; 1Kings 2,35l; 1Kings 3,6; 1Kings 3,6; 1Kings 5,20; 1Kings 8,9; 1Kings 8,21; 1Kings 8,27; 1Kings 8,57; 1Kings 9,27; 1Kings 10,22; 1Kings 10,26; 1Kings 11,4; 1Kings 11,11; 1Kings 11,21; 1Kings 11,38; 1Kings 11,43; 1Kings 11,43; 1Kings 12,8; 1Kings 12,24; 1Kings 12,24a; 1Kings 12,24a; 1Kings 13,8; 1Kings 13,16; 1Kings 13,31; 1Kings 14,31; 1Kings 14,31; 1Kings 15,3; 1Kings 15,8; 1Kings 15,8; 1Kings 15,14; 1Kings 15,24; 1Kings 16,6; 1Kings 16,28; 1Kings 16,28h; 1Kings 16,28h; 1Kings 20,8; 1Kings 22,40; 1Kings 22,45; 1Kings 22,51; 2Kings 2,16; 2Kings 5,26; 2Kings 6,3; 2Kings 8,24; 2Kings 8,24; 2Kings 8,28; 2Kings 8,28; 2Kings 8,29; 2Kings 9,15; 2Kings 9,16; 2Kings 9,26; 2Kings 10,15; 2Kings 10,15; 2Kings 10,35; 2Kings 11,8; 2Kings 11,9; 2Kings 12,22; 2Kings 13,9; 2Kings 13,9; 2Kings 13,12; 2Kings 13,13; 2Kings 13,13; 2Kings 13,23; 2Kings 14,10; 2Kings 14,15; 2Kings 14,16; 2Kings 14,16; 2Kings 14,20; 2Kings 14,22; 2Kings 14,29; 2Kings 14,29; 2Kings 15,7; 2Kings 15,7; 2Kings 15,22; 2Kings 15,25; 2Kings 15,25; 2Kings 15,38; 2Kings 15,38; 2Kings 16,20; 2Kings 19,9; 2Kings 20,21; 2Kings 21,18; 2Kings 23,18; 2Kings 23,35; 2Kings 24,6; 1Chr. 4,23; 1Chr. 5,19; 1Chr. 5,41; 1Chr. 8,32; 1Chr. 9,1; 1Chr. 9,25; 1Chr. 9,38; 1Chr. 11,10; 1Chr. 11,13; 1Chr. 13,1; 1Chr. 17,2; 1Chr. 17,8; 1Chr. 17,11; 1Chr. 18,11; 1Chr. 19,2; 1Chr. 19,19; 1Chr. 20,4; 1Chr. 20,5; 1Chr. 22,11; 1Chr. 22,15; 1Chr. 22,16; 1Chr. 25,6; 1Chr. 27,32; 1Chr. 28,20; 1Chr. 28,21; 1Chr. 29,22; 2Chr. 1,8; 2Chr. 1,14; 2Chr. 2,2; 2Chr. 2,6; 2Chr. 2,7; 2Chr. 2,13; 2Chr. 5,10; 2Chr. 6,18; 2Chr. 8,18; 2Chr. 9,21; 2Chr. 9,25; 2Chr. 10,8; 2Chr. 12,16; 2Chr. 13,23; 2Chr. 16,9; 2Chr. 16,13; 2Chr. 17,3; 2Chr. 18,3; 2Chr. 19,7; 2Chr. 19,11; 2Chr. 20,21; 2Chr. 21,1; 2Chr. 21,3; 2Chr. 21,9; 2Chr. 21,15; 2Chr. 21,19; 2Chr. 22,5; 2Chr. 23,3; 2Chr. 23,7; 2Chr. 24,16; 2Chr. 24,16; 2Chr. 24,16; 2Chr. 24,24; 2Chr. 25,7; 2Chr. 25,7; 2Chr. 25,19; 2Chr. 25,28; 2Chr. 26,2; 2Chr. 26,23; 2Chr. 26,23; 2Chr. 27,9; 2Chr. 28,27; 2Chr. 32,3; 2Chr. 32,21; 2Chr. 32,33; 2Chr. 33,20; 2Chr. 35,24; 2Chr. 36,8; 2Chr. 36,8; 2Chr. 36,10; 1Esdr. 1,53; 1Esdr. 4,21; 1Esdr. 4,63; 1Esdr. 5,2; 1Esdr. 5,8; 1Esdr. 5,57; 1Esdr. 5,60; 1Esdr. 6,21; 1Esdr. 7,5; 1Esdr. 8,16; 1Esdr. 8,52; 1Esdr. 8,67; 1Esdr. 8,74; 1Esdr. 8,91; Ezra 1,4; Ezra 1,11; Ezra 2,2; Ezra 6,8; Ezra 7,13; Ezra 7,16; Ezra 10,4; Neh. 2,12; Neh. 4,7; Neh. 7,7; Neh. 10,39; Neh. 12,1; Esth. 11,4 # 1,1c; Esth. 12,1 # 1,1m; Esth. 1,12; Esth. 13,2 # 3,13b; Esth. 5,12; Esth. 16,19 # 8,12s; Esth. 16,22 # 8,12u; Esth. 9,17; Esth. 9,18; Esth. 10,13 # 10,3k; Judith 2,5; Judith 3,7; Judith 7,24; Judith 8,3; Judith 8,26; Judith 8,33; Judith 11,6; Judith 11,16; Judith 12,3; Judith 14,14; Judith 14,16; Judith 15,10; Judith 15,13; Tob. 2,14; Tob. 4,15; Tob. 5,5; Tob. 5,6; Tob. 5,9; Tob. 5,12; Tob. 5,17; Tob. 6,18; Tob. 8,17; Tob. 8,21; Tob. 9,2; Tob. 12,8; Tob. 12,8; Tob. 12,8; Tob. 13,11; Tob. 14,12; Tob. 14,12; 1Mac. 1,11; 1Mac. 4,18; 1Mac. 5,18; 1Mac. 6,4; 1Mac. 6,49; 1Mac. 6,56; 1Mac. 6,58; 1Mac. 7,10; 1Mac. 7,10; 1Mac. 7,11; 1Mac. 7,27; 1Mac. 7,30; 1Mac. 7,35; 1Mac. 7,35; 1Mac. 8,11; 1Mac. 8,28; 1Mac. 9,37; 1Mac. 9,39; 1Mac. 9,56; 1Mac. 9,60; 1Mac. 10,4; 1Mac. 10,60; 1Mac. 11,6; 1Mac. 11,7; 1Mac. 11,49; 1Mac. 11,63; 1Mac. 12,24; 1Mac. 12,42; 1Mac. 12,45; 1Mac. 13,12; 1Mac. 13,31; 1Mac. 13,51; 1Mac. 13,52; 1Mac. 14,5; 1Mac. 15,32; 1Mac. 15,36; 1Mac. 16,10; 1Mac. 16,15; 2Mac. 2,22; 2Mac. 3,1; 2Mac. 3,22; 2Mac. 3,28; 2Mac. 4,22; 2Mac. 4,39; 2Mac. 5,20; 2Mac. 5,24; 2Mac. 6,7; 2Mac. 6,16; 2Mac. 6,19; 2Mac. 7,1; 2Mac. 7,37; 2Mac. 10,4; 2Mac. 10,8; 2Mac. 10,28; 2Mac. 11,6; 2Mac. 11,30; 2Mac. 12,24; 2Mac. 12,28; 2Mac. 12,33; 2Mac. 12,39; 2Mac. 13,3; 2Mac. 13,12; 2Mac. 13,15; 2Mac. 14,1; 2Mac. 14,38; 2Mac. 15,1; 2Mac. 15,6; 2Mac. 15,7; 2Mac. 15,17; 2Mac. 15,24; 2Mac. 15,25; 2Mac. 15,26; 2Mac. 15,28; 2Mac. 15,36; 3Mac. 1,4; 3Mac. 1,16; 3Mac. 3,20; 3Mac. 3,21; 3Mac. 3,23; 3Mac. 3,25; 3Mac. 4,1; 3Mac. 4,1; 3Mac. 4,2; 3Mac. 4,4; 3Mac. 4,7; 3Mac. 4,8; 3Mac. 4,15; 3Mac. 4,20; 3Mac. 5,6; 3Mac. 5,7; 3Mac. 5,8; 3Mac. 5,18; 3Mac. 5,21; 3Mac. 5,24; 3Mac. 5,27; 3Mac. 5,30; 3Mac. 5,37; 3Mac. 5,44; 3Mac. 5,51; 3Mac. 6,14; 3Mac. 6,28; 3Mac. 6,34; 3Mac. 7,5; 3Mac. 7,12; 3Mac. 7,13; 3Mac. 7,14;

M, μ

3Mac. 7,15; 3Mac. 7,21; 3Mac. 7,22; 4Mac. 1,10; 4Mac. 1,15; 4Mac. 3,7; 4Mac. 4,5; 4Mac. 4,8; 4Mac. 4,9; 4Mac. 4,10; 4Mac. 4,11; 4Mac. 4,25; 4Mac. 5,1; 4Mac. 5,22; 4Mac. 8,3; 4Mac. 8,11; 4Mac. 8,26; 4Mac. 11,22; 4Mac. 15,21; 4Mac. 16,15; Psa. 9,29; Psa. 15,11; Psa. 17,26; Psa. 17,26; Psa. 17,27; Psa. 17,27; Psa. 20,7; Psa. 25,4; Psa. 25,4; Psa. 25,5; Psa. 25,9; Psa. 25,9; Psa. 27,3; Psa. 27,3; Psa. 46,10; Psa. 49,18; Psa. 65,15; Psa. 65,15; Psa. 68,29; Psa. 72,5; Psa. 72,23; Psa. 72,24; Psa. 76,7; Psa. 77,8; Psa. 77,33; Psa. 80,3; Psa. 82,8; Psa. 87,5; Psa. 88,14; Psa. 101,10; Psa. 103,25; Psa. 105,5; Psa. 105,6; Psa. 109,3; Psa. 112,8; Psa. 112,8; Psa. 113,21; Psa. 118,65; Psa. 118,124; Psa. 119,5; Psa. 119,7; Psa. 124,5; Psa. 138,18; Psa. 140,4; Psa. 142,2; Psa. 148,12; Ode. 2,14; Ode. 2,14; Ode. 2,24; Ode. 2,25; Ode. 2,43; Ode. 3,8; Ode. 6,10; Ode. 9,72; Ode. 11,11; Ode. 11,20; Prov. 2,18; Prov. 5,5; Prov. 5,18; Prov. 5,23; Prov. 6,22; Prov. 8,8; Prov. 9,3; Prov. 10,10; Prov. 10,10; Prov. 13,11; Prov. 13,16; Prov. 14,17; Prov. 15,12; Prov. 15,16; Prov. 15,16; Prov. 15,17; Prov. 15,29a; Prov. 15,29a; Prov. 16,8; Prov. 16,9; Prov. 16,12; Prov. 16,19; Prov. 16,19; Prov. 17,1; Prov. 20,11; Prov. 21,9; Prov. 21,19; Prov. 23,11; Prov. 24,3; Prov. 24,3; Prov. 24,4; Prov. 24,6; Prov. 24,6; Prov. 25,24; Prov. 25,28; Prov. 26,23; Prov. 28,8; Prov. 30,32; Prov. 31,4; Prov. 31,4; Prov. 31,23; Eccl. 1,11; Eccl. 2,16; Eccl. 2,16; Eccl. 4,15; Eccl. 6,10; Eccl. 7,11; Eccl. 9,9; Song 1,11; Song 4,13; Song 4,13; Song 4,14; Song 4,14; Song 5,1; Song 5,1; Song 5,1; Song 6,1; Job 2,9b; Job 3,14; Job 3,15; Job 11,5; Job 26,10; Job 31,5; Job 33,29; Job 34,8; Job 36,7; Job 40,2; Job 40,28; Wis. 4,1; Wis. 5,8; Wis. 9,9; Wis. 9,16; Wis. 12,18; Wis. 12,20; Wis. 12,21; Wis. 19,2; Wis. 19,16; Sir. 1,10; Sir. 1,14; Sir. 1,15; Sir. 1,15; Sir. 7,34; Sir. 8,1; Sir. 8,2; Sir. 8,3; Sir. 8,14; Sir. 8,15; Sir. 8,16; Sir. 8,17; Sir. 9,4; Sir. 9,9; Sir. 9,14; Sir. 9,15; Sir. 12,15; Sir. 13,13; Sir. 13,26; Sir. 22,13; Sir. 22,23; Sir. 24,7; Sir. 25,16; Sir. 31,20; Sir. 37,10; Sir. 37,11; Sir. 37,11; Sir. 37,11; Sir. 37,11; Sir. 37,11; Sir. 37,11; Sir. 37,11; Sir. 37,11; Sir. 37,12; Sir. 40,8; Sir. 40,23; Sir. 41,6; Sir. 42,10; Sir. 44,11; Sir. 47,23; Sol. 2,23; Sol. 2,33; Sol. 4,6; Sol. 4,8; Sol. 5,14; Sol. 8,9; Sol. 8,9; Sol. 8,10; Sol. 8,16; Sol. 8,18; Sol. 8,19; Sol. 8,28; Sol. 13,5; Sol. 15,0; Sol. 15,3; Sol. 16,2; Sol. 16,5; Sol. 16,12; Sol. 17,0; Sol. 17,5; Sol. 17,37; Sol. 18,1; Sol. 18,3; Hos. 2,20; Hos. 2,20; Hos. 2,20; Hos. 3,1; Hos. 4,5; Hos. 4,14; Hos. 4,14; Hos. 4,14; Hos. 5,6; Hos. 7,5; Hos. 9,8; Hos. 12,2; Hos. 12,5; Amos 1,14; Amos 2,2; Amos 2,2; Amos 4,10; Mic. 3,11; Mic. 3,11; Mic. 3,11; Mic. 6,2; Mic. 6,8; Mic. 6,10; Jonah 2,10; Nah. 1,2; Hab. 3,1; Zeph. 1,12; Zech. 8,23; Is. 1,27; Is. 1,27; Is. 3,8; Is. 3,14; Is. 3,14; Is. 4,2; Is. 5,12; Is. 7,24; Is. 9,4; Is. 10,33; Is. 11,6; Is. 14,19; Is. 15,3; Is. 16,5; Is. 28,15; Is. 28,15; Is. 28,21; Is. 28,27; Is. 28,28; Is. 29,6; Is. 30,27; Is. 30,29; Is. 30,30; Is. 30,32; Is. 32,1; Is. 32,18; Is. 33,17; Is. 34,5; Is. 34,15; Is. 36,2; Is. 38,3; Is. 38,20; Is. 40,10; Is. 40,10; Is. 41,10; Is. 42,13; Is. 43,2; Is. 43,5; Is. 45,13; Is. 45,13; Is. 45,13; Is. 48,1; Is. 48,1; Is. 52,3; Is. 52,12; Is. 54,7; Is. 57,8; Is. 58,11; Is. 59,19; Is. 62,5; Is. 63,1; Is. 66,20; Is. 66,20; Jer. 1,8; Jer. 1,16; Jer. 1,17; Jer. 1,19; Jer. 4,2; Jer. 6,11; Jer. 7,21; Jer. 15,20; Jer. 17,11; Jer. 19,10; Jer. 21,5; Jer. 22,13; Jer. 26,28; Jer. 33,24; Jer. 38,2; Jer. 38,4; Jer. 41,3; Jer. 48,13; Jer. 50,6; Jer. 52,9; Jer. 52,14; Bar. 3,11; Bar. 4,11; Bar. 4,23; Bar. 4,23; Bar. 4,24; Bar. 4,29; Bar. 5,6; Ezek. 3,10; Ezek. 7,4; Ezek. 7,4; Ezek. 7,11; Ezek. 7,11; Ezek. 8,18; Ezek. 12,18; Ezek. 12,19; Ezek. 13,13; Ezek. 16,8; Ezek. 16,34; Ezek. 16,60; Ezek. 16,62; Ezek. 18,13; Ezek. 21,27; Ezek. 22,29; Ezek. 23,25; Ezek. 27,7; Ezek. 27,20; Ezek. 27,22; Ezek. 28,14; Ezek. 28,17; Ezek. 31,16; Ezek. 31,18; Ezek. 31,18; Ezek. 32,21; Ezek. 32,24; Ezek. 32,27; Ezek. 32,28; Ezek. 32,29; Ezek. 32,30; Ezek. 32,30; Ezek. 32,32; Ezek. 34,16; Ezek. 38,6; Ezek. 38,7; Ezek. 38,9; Ezek. 38,15; Ezek. 39,4; Ezek. 44,5; Dan. 2,11; Dan. 4,15; Dan. 4,17a; Dan. 4,29; Dan. 4,32; Dan. 4,33b; Dan. 6,21; Dan. 9,26; Dan. 10,13; Dan. 10,17; Dan. 10,20; Dan. 11,8; Dan. 11,8; Dan. 11,11; Dan. 11,15; Dan. 11,23; Dan. 11,39; Sus. 37; Judg. 1,3; Judg. 1,16; Judg. 1,16; Judg. 1,17; Judg. 1,19; Judg. 1,21; Judg. 1,24; Judg. 2,7; Judg. 2,18; Judg. 3,19; Judg. 4,6; Judg. 4,9; Judg. 4,9; Judg. 5,15; Judg. 5,20; Judg. 6,12; Judg. 6,16; Judg. 7,2; Judg. 7,4; Judg. 7,4; Judg. 8,35; Judg. 8,35; Judg. 9,16; Judg. 9,16; Judg. 9,19; Judg. 9,19; Judg. 9,32; Judg. 11,5; Judg. 11,11; Judg. 11,25; Judg. 12,1; Judg. 16,30; Judg. 18,22; Judg. 18,28; Judg. 19,19; Judg. 20,38; Tob. 2,5; Tob. 2,14; Tob. 3,1; Tob. 3,10; Tob. 5,3; Tob. 5,3; Tob. 5,9; Tob. 5,16; Tob. 5,17; Tob. 5,17; Tob. 6,4; Tob. 6,18; Tob. 9,2; Tob. 9,2; Tob. 12,1; Tob. 12,8; Tob. 12,8; Tob. 12,8; Tob. 13,11; Tob. 14,7; Tob. 14,12; Tob. 14,12; Dan. 1,13; Dan. 2,11; Dan. 2,18; Dan. 2,43; Dan. 2,43; Dan. 4,15; Dan. 4,23; Dan. 4,25; Dan. 4,32; Dan. 5,21; Dan. 5,21; Dan. 7,13; Dan. 7,21; Dan. 10,13; Dan. 10,17; Dan. 10,20; Dan. 11,8; Dan. 11,8; Dan. 11,11; Dan. 11,39; Dan. 11,40; Sus. 15; Sus. 21; Sus. 36; Sus. 50; Sus. 63; Bel 10; Matt. 2,11; Matt. 4,21; Matt. 8,11; Matt. 9,11; Matt. 12,41; Matt. 12,42; Matt. 13,20; Matt. 16,27; Matt. 18,16; Matt. 18,23; Matt. 19,10; Matt. 20,2; Matt. 20,20; Matt. 22,16; Matt. 24,30; Matt. 24,31; Matt. 24,49; Matt. 24,51; Matt. 25,4; Matt. 26,18; Matt. 26,20; Matt. 26,47; Matt. 26,51; Matt. 26,55; Matt. 26,58; Matt. 26,69; Matt. 26,71; Matt. 26,72; Matt. 27,34; Matt. 27,41; Matt. 27,66; Matt. 28,8; Matt. 28,12; Mark 1,13; Mark 1,20; Mark 1,29; Mark 2,16; Mark 2,16; Mark 3,6; Mark 3,7; Mark 4,16; Mark 6,25; Mark 8,10; Mark 8,38; Mark 10,30; Mark 11,11; Mark 13,26; Mark 14,14; Mark 14,17; Mark 14,43; Mark 14,48; Mark 14,54; Mark 14,62; Mark 14,67; Mark 15,1; Mark 15,7; Mark 15,31; Luke 1,28; Luke 1,39; Luke 1,72; Luke 2,36; Luke 5,30; Luke 8,13; Luke 9,39; Luke 10,17; Luke 11,31; Luke 11,32; Luke 12,46; Luke 12,58; Luke 13,1; Luke 14,9; Luke 14,31; Luke 15,29; Luke 15,30; Luke 17,15; Luke 17,20; Luke 21,27; Luke 22,11; Luke 22,33; Luke 22,37; Luke 22,52; Luke 24,5; Luke 24,52; John 3,25; John 3,26; John 4,27; John 6,3; John 9,37; John 11,54; John 18,2; John 18,3; John 19,40; John 20,7; Acts 1,26; Acts 2,28; Acts 2,29; Acts 4,29; Acts 4,31; Acts 5,26; Acts 7,38; Acts 7,45; Acts 9,19; Acts 13,17; Acts 14,23; Acts 15,35; Acts 17,11; Acts 18,10; Acts 20,19; Acts 20,31; Acts 24,1; Acts 24,3; Acts 24,18; Acts 24,18; Acts 25,12; Acts 25,23; Acts 27,10; Acts 27,24; Acts 28,31; Rom. 12,15; Rom. 12,15; Rom. 12,18; Rom. 15,10; Rom. 15,33; 1Cor. 6,6; 1Cor. 16,11; 1Cor. 16,12; 1Cor. 16,24; 2Cor. 6,15; 2Cor. 6,16; 2Cor. 7,15; 2Cor. 8,4; 2Cor. 13,13; Gal. 2,1; Gal. 2,12; Gal. 4,25; Gal. 4,30; Gal. 6,18; Eph. 4,2; Eph. 4,2; Eph. 4,25; Eph. 6,5; Eph. 6,23; Eph. 6,24; Phil. 1,4; Phil. 2,12; Phil. 2,29; Phil. 4,3; Phil. 4,6; Phil. 4,23; 1Th. 1,6; 1Th. 3,13; 2Th. 3,12; 2Th. 3,16; 2Th. 3,18; 1Tim. 1,14; 1Tim. 2,9; 1Tim. 2,15; 1Tim. 3,4; 1Tim. 4,3; 1Tim. 4,4; 1Tim. 4,14; 1Tim. 6,6; 2Tim. 2,10; 2Tim. 2,22; 2Tim. 4,11; 2Tim. 4,22; Titus 2,15; Titus 3,15; Philem. 25; Heb. 4,16; Heb. 5,7; Heb. 7,21; Heb. 9,19; Heb. 10,22; Heb. 10,34; Heb. 11,9; Heb. 12,14; Heb. 12,17; Heb. 12,28; Heb. 13,17; Heb. 13,25; 1Pet. 3,16; 1John 1,3; 1John 1,3; Rev. 1,7; Rev. 3,21; Rev. 12,7; Rev. 12,17; Rev. 13,7; Rev. 14,4; Rev. 17,12; Rev. 17,14; Rev. 19,19; Rev. 19,19; Rev. 20,4; Rev. 21,3; Rev. 22,21)

μεταβαίνω (μετά; βαίνω) to turn, enter, depart ▸ 5 + 12 = 17

   μετάβα ▸ 1

      Verb ▪ second ▪ singular ▪ aorist ▪ active ▪ imperative ▸ 1 (Matt. 17,20)

   μεταβαίνειν ▸ 2

      Verb ▪ present ▪ active ▪ infinitive ▸ 2 (2Mac. 6,1; 2Mac. 6,9)

   μεταβαίνετε ▸ 1

μεταβαίνω–μετάγω 1541

Verb · second · plural · present · active · imperative ▸ **1** (Luke 10,7)
μεταβαίνουσα ▸ **1**
Verb · present · active · participle · feminine · singular · nominative ▸ **1** (Wis. 7,27)
μεταβὰς ▸ **3**
Verb · aorist · active · participle · masculine · singular · nominative ▸ **3** (Matt. 12,9; Matt. 15,29; Acts 18,7)
μεταβεβήκαμεν ▸ **1**
Verb · first · plural · perfect · active · indicative ▸ **1** (1John 3,14)
μεταβέβηκεν ▸ **1**
Verb · third · singular · perfect · active · indicative ▸ **1** (John 5,24)
μεταβεβηκέναι ▸ **1**
Verb · perfect · active · infinitive ▸ **1** (2Mac. 6,24)
μεταβῇ ▸ **2**
Verb · third · singular · aorist · active · subjunctive ▸ **2** (Matt. 8,34; John 13,1)
μετάβηθι ▸ **1**
Verb · second · singular · aorist · active · imperative ▸ **1** (John 7,3)
μεταβήσεται ▸ **1**
Verb · third · singular · future · middle · indicative ▸ **1** (Matt. 17,20)
μετέβαινεν ▸ **1**
Verb · third · singular · imperfect · active · indicative ▸ **1** (Wis. 19,19)
μετέβη ▸ **1**
Verb · third · singular · aorist · active · indicative ▸ **1** (Matt. 11,1)
μεταβάλλω (μετά; βάλλω) to turn, change one's mind ▸ **32 + 1 = 33**
μεταβαλεῖ ▸ **4**
Verb · third · singular · future · active · indicative ▸ **4** (Ex. 7,17; Hab. 1,11; Is. 29,22; Is. 60,5)
μεταβάλῃ ▸ **2**
Verb · third · singular · aorist · active · subjunctive ▸ **2** (Lev. 13,3; Lev. 13,16)
μεταβάλλει ▸ **1**
Verb · third · singular · present · active · indicative ▸ **1** (Sir. 18,26)
μεταβαλλόμενον ▸ **1**
Verb · present · passive · participle · masculine · singular · accusative ▸ **1** (4Mac. 6,24)
μεταβαλοίμεθα ▸ **1**
Verb · first · plural · aorist · middle · optative ▸ **1** (4Mac. 6,18)
μεταβαλόμενοι ▸ **2 + 1 = 3**
Verb · aorist · middle · participle · masculine · plural · nominative ▸ **2 + 1 = 3** (Josh. 8,21; Job 11,19; Acts 28,6)
μεταβαλόντων ▸ **1**
Verb · aorist · active · participle · masculine · plural · genitive ▸ **1** (2Mac. 6,29)
μεταβαλοῦσα ▸ **1**
Verb · aorist · active · participle · feminine · singular · nominative ▸ **1** (Lev. 13,7)
μεταβαλοῦσιν ▸ **1**
Verb · third · plural · future · active · indicative ▸ **1** (Is. 13,8)
μεταβαλών ▸ **1**
Verb · aorist · active · participle · masculine · singular · nominative ▸ **1** (Job 10,8)
μεταβαλών ▸ **2**
Verb · aorist · active · participle · masculine · singular · nominative ▸ **2** (3Mac. 1,3; Job 10,16)

μεταβεβληκυῖαν ▸ **1**
Verb · perfect · active · participle · feminine · singular · accusative ▸ **1** (Judith 10,7)
μετέβαλεν ▸ **12**
Verb · third · singular · aorist · active · indicative ▸ **12** (Ex. 7,20; Ex. 10,19; Lev. 13,4; Lev. 13,10; Lev. 13,13; Lev. 13,17; Lev. 13,20; Lev. 13,25; Lev. 13,55; Josh. 7,8; Esth. 15,7 # 5,1d; Esth. 15,8 # 5,1e)
μετεβάλλετο ▸ **2**
Verb · third · singular · imperfect · middle · indicative ▸ **1** (4Mac. 15,14)
Verb · third · singular · imperfect · passive · indicative ▸ **1** (Wis. 19,19)
μεταβηχας (Hebr.) from Tibhath ▸ **1**
μεταβηχας ▸ **1**
Noun · feminine · singular · genitive · (common) ▸ **1** (1Chr. 18,8)
μεταβολή (μετά; βάλλω) alteration, change; season; exchange, barter ▸ **7**
μεταβολαῖς ▸ **1**
Noun · feminine · plural · dative · (common) ▸ **1** (Esth. 16,9 # 8,12i)
μεταβολὰς ▸ **2**
Noun · feminine · plural · accusative · (common) ▸ **2** (3Mac. 5,42; Wis. 7,18)
μεταβολῇ ▸ **1**
Noun · feminine · singular · dative · (common) ▸ **1** (Is. 47,15)
μεταβολῆς ▸ **3**
Noun · feminine · singular · genitive · (common) ▸ **3** (Esth. 14,18 # 4,17y; 3Mac. 5,40; Is. 30,32)
μεταβολία (μετά; βάλλω) exchange ▸ **1**
μεταβολίας ▸ **1**
Noun · feminine · singular · genitive · (common) ▸ **1** (Sir. 37,11)
μεταβόλος (μετά; βάλλω) merchant ▸ **3**
μεταβόλοι ▸ **2**
Noun · masculine · plural · nominative · (common) ▸ **2** (Is. 23,2; Is. 23,3)
μεταβόλων ▸ **1**
Noun · masculine · plural · genitive · (common) ▸ **1** (Is. 23,3)
μεταγενής (μετά; γίνομαι) born after ▸ **1**
μεταγενέστερος ▸ **1**
Adjective · masculine · singular · nominative · comparative ▸ **1** (1Esdr. 8,1)
μεταγίνομαι (μετά; γίνομαι) to migrate ▸ **2**
μεταγενομένοις ▸ **1**
Verb · aorist · middle · participle · masculine · plural · dative ▸ **1** (2Mac. 2,2)
μεταγενομένους ▸ **1**
Verb · aorist · middle · participle · masculine · plural · accusative ▸ **1** (2Mac. 2,1)
μετάγω (μετά; ἄγω) to guide, direct ▸ **11 + 2 = 13**
μετάγεται ▸ **1 + 1 = 2**
Verb · third · singular · present · passive · indicative ▸ **1 + 1 = 2** (Sir. 10,8; James 3,4)
μετάγομεν ▸ **1**
Verb · first · plural · present · active · indicative ▸ **1** (James 3,3)
μετάξαι ▸ **1**
Verb · aorist · active · infinitive ▸ **1** (Esth. 16,14 # 8,120)
μεταχθέντες ▸ **1**
Verb · aorist · passive · participle · masculine · plural · nominative ▸ **1** (2Mac. 1,33)
μεταχθῇ ▸ **1**
Verb · third · singular · aorist · passive · subjunctive ▸ **1** (Sir.

M, μ

1,22 Prol.)
μετήγαγεν ▸ 4
    Verb · third · singular · aorist · active · indicative ▸ **4** (2Chr. 36,3; 1Esdr. 1,43; 1Esdr. 2,7; 1Esdr. 5,66)
μετήγαγες ▸ 1
    Verb · second · singular · aorist · active · indicative ▸ **1** (1Kings 8,48)
μετήχθησαν ▸ 2
    Verb · third · plural · aorist · passive · indicative ▸ **2** (1Kings 8,47; 2Chr. 6,37)

μεταδιαιτάω (μετά; διαιτάω) to change one's lifestyle ▸ 1
μεταδιαιτηθέντες ▸ 1
    Verb · aorist · passive · participle · masculine · plural · nominative ▸ **1** (4Mac. 8,8)

μεταδίδωμι (μετά; δίδωμι) to impart, share, distribute ▸ 7 + 5 = 12
μεταδιδόασιν ▸ 1
    Verb · third · plural · present · active · indicative ▸ **1** (LetterJ 27)
μεταδιδόναι ▸ 1
    Verb · present · active · infinitive ▸ **1** (Eph. 4,28)
μεταδιδόντος ▸ 1
    Verb · present · active · participle · masculine · singular · genitive ▸ **1** (Prov. 11,26)
μεταδιδούς ▸ 1
    Verb · present · active · participle · masculine · singular · nominative ▸ **1** (Rom. 12,8)
μεταδίδωμι ▸ 1
    Verb · first · singular · present · active · indicative ▸ **1** (Wis. 7,13)
μεταδόντος ▸ 1
    Verb · aorist · active · participle · masculine · singular · genitive ▸ **1** (2Mac. 8,12)
μεταδότω ▸ 1
    Verb · third · singular · aorist · active · imperative ▸ **1** (Luke 3,11)
μεταδοῦναι ▸ 1
    Verb · aorist · active · infinitive ▸ **1** (1Th. 2,8)
μεταδῶ ▸ 1
    Verb · first · singular · aorist · active · subjunctive ▸ **1** (Rom. 1,11)
μετεδίδου ▸ 1
    Verb · third · singular · imperfect · active · indicative ▸ **1** (2Mac. 1,35)
μετέδωκα ▸ 1
    Verb · first · singular · aorist · active · indicative ▸ **1** (Job 31,17)
μετέδωκεν ▸ 1
    Verb · third · singular · aorist · active · indicative ▸ **1** (Tob. 7,10)

μεταδιώκω (μετά; διώκω) to pursue ▸ 1
μεταδιώκειν ▸ 1
    Verb · present · active · infinitive ▸ **1** (2Mac. 2,31)

μετάθεσις (μετά; τίθημι) change ▸ 1 + 3 = 4
μεταθέσει ▸ 1
    Noun · feminine · singular · accusative · (common) ▸ **1** (2Mac. 11,24)
μεταθέσεως ▸ 1
    Noun · feminine · singular · genitive ▸ **1** (Heb. 11,5)
μετάθεσιν ▸ 1
    Noun · feminine · singular · accusative ▸ **1** (Heb. 12,27)
μετάθεσις ▸ 1
    Noun · feminine · singular · nominative ▸ **1** (Heb. 7,12)

μεταίρω (μετά; αἴρω) to depart, remove, carry off ▸ 4 + 2 = 6
μέταιρε ▸ 1
    Verb · second · singular · present · active · imperative ▸ **1** (Prov. 22,28)
μετῆρας ▸ 1
    Verb · second · singular · aorist · active · indicative ▸ **1** (Psa. 79,9)
μετῆρεν ▸ 2 + 2 = 4
    Verb · third · singular · aorist · active · indicative ▸ **2 + 2 = 4** (2Kings 16,17; 2Kings 25,11; Matt. 13,53; Matt. 19,1)

μεταίτιος (μετά; αἰτέω) accessory to; co-causing ▸ 1
μεταιτίους ▸ 1
    Adjective · masculine · plural · accusative · noDegree ▸ **1** (Esth. 16,5 # 8,12e)

μετακαλέω (μετά; καλέω) to call ▸ 3 + 4 = 7
μετακάλεσαι ▸ 1
    Verb · second · singular · aorist · middle · imperative ▸ **1** (Acts 10,32)
μετακαλέσαι ▸ 1
    Verb · aorist · active · infinitive ▸ **1** (1Esdr. 1,48)
μετεκάλεσα ▸ 2
    Verb · first · singular · aorist · active · indicative ▸ **2** (Hos. 11,1; Hos. 11,2)
μετακαλέσομαί ▸ 1
    Verb · first · singular · future · middle · indicative ▸ **1** (Acts 24,25)
μετεκαλέσατο ▸ 2
    Verb · third · singular · aorist · middle · indicative ▸ **2** (Acts 7,14; Acts 20,17)

μετακινέω (μετά; κινέω) to move away, shift ▸ 7 + 1 = 8
μετακινηθήσονται ▸ 1
    Verb · third · plural · future · passive · indicative ▸ **1** (Is. 54,10)
μετακινήσεις ▸ 1
    Verb · second · singular · future · active · indicative ▸ **1** (Deut. 19,14)
μετακινήσουσιν ▸ 2
    Verb · third · plural · future · active · indicative ▸ **2** (Deut. 32,30; Ode. 2,30)
μετακινήσω ▸ 1
    Verb · first · singular · future · active · indicative ▸ **1** (2Sam. 15,20)
μετακινουμένη ▸ 1
    Verb · present · passive · participle · feminine · singular · nominative ▸ **1** (Ezra 9,11)
μετακινούμενοι ▸ 1
    Verb · present · passive · participle · masculine · plural · nominative ▸ **1** (Col. 1,23)
μετεκίνησεν ▸ 1
    Verb · third · singular · aorist · active · indicative ▸ **1** (4Mac. 14,20)

μετακίνησις (μετά; κινέω) change ▸ 1
μετακινήσει ▸ 1
    Noun · feminine · singular · dative · (common) ▸ **1** (Ezra 9,11)

μετακιρνάομαι (μετά; κεράννυμι) to change ▸ 1
μετεκιρνᾶτο ▸ 1
    Verb · third · singular · imperfect · middle · indicative ▸ **1** (Wis. 16,21)

μετακομίζω (μετά; κομίζω) to bring back ▸ 1
μετακομίσοντας ▸ 1
    Verb · future · active · participle · masculine · plural · accusative ▸ **1** (Judith 11,14)

μεταλαμβάνω (μετά; λαμβάνω) to share in, receive ‣ 13 + 7 = 20
- μεταλαβεῖν ‣ 3
    - Verb · aorist · active · infinitive ‣ 3 (Acts 27,33; Acts 27,34; Heb. 12,10)
- μεταλαβόντες ‣ 1
    - Verb · aorist · active · participle · masculine · plural · nominative ‣ 1 (4Mac. 8,8)
- μεταλαβοῦσαι ‣ 1
    - Verb · aorist · active · participle · feminine · plural · nominative ‣ 1 (3Mac. 4,6)
- μεταλαβὼν ‣ 6 + 1 = 7
    - Verb · aorist · active · participle · masculine · singular · nominative ‣ 6 + 1 = 7 (2Mac. 4,21; 2Mac. 12,5; 2Mac. 12,8; 2Mac. 12,21; 2Mac. 13,10; 2Mac. 15,1; Acts 24,25)
- μεταλαμβάνει ‣ 1
    - Verb · third · singular · present · active · indicative ‣ 1 (Heb. 6,7)
- μεταλαμβάνειν ‣ 1
    - Verb · present · active · infinitive ‣ 1 (2Tim. 2,6)
- μεταλαμβάνων ‣ 1
    - Verb · present · active · participle · masculine · singular · nominative ‣ 1 (3Mac. 3,1)
- μεταλήμψεσθαι ‣ 1
    - Verb · future · middle · infinitive ‣ 1 (Wis. 18,9)
- μετέλαβεν ‣ 1
    - Verb · third · singular · aorist · active · indicative ‣ 1 (2Mac. 13,23)
- μετελάβετε ‣ 1
    - Verb · second · plural · aorist · active · indicative ‣ 1 (4Mac. 16,18)
- μετέλαβον ‣ 1
    - Verb · third · plural · aorist · active · indicative ‣ 1 (2Mac. 11,6)
- μετελάμβανον ‣ 1
    - Verb · third · plural · imperfect · active · indicative ‣ 1 (Acts 2,46)

μετάλημψις (μετά; λαμβάνω) receiving ‣ 1
- μετάλημψιν ‣ 1
    - Noun · feminine · singular · accusative ‣ 1 (1Tim. 4,3)

μεταλλάσσω (μετά; ἄλλος) to change; quit (life) ‣ 12 + 2 = 14
- μεταλλάξαι ‣ 1
    - Verb · aorist · active · infinitive ‣ 1 (Esth. 2,7)
- Μεταλλάξαντος ‣ 2
    - Verb · aorist · active · participle · masculine · singular · genitive ‣ 2 (2Mac. 4,7; 2Mac. 7,7)
- μεταλλάξαντος ‣ 1
    - Verb · aorist · active · participle · masculine · singular · genitive ‣ 1 (2Mac. 7,13)
- μεταλλάσσοντας ‣ 1
    - Verb · present · active · participle · masculine · plural · accusative ‣ 1 (2Mac. 7,14)
- μετήλλαξαν ‣ 2
    - Verb · third · plural · aorist · active · indicative ‣ 2 (Rom. 1,25; Rom. 1,26)
- μετήλλαξεν ‣ 5
    - Verb · third · singular · aorist · active · indicative ‣ 5 (1Esdr. 1,29; Esth. 2,20; 2Mac. 6,31; 2Mac. 7,40; 2Mac. 14,46)
- μετηλλαχότος ‣ 2
    - Verb · perfect · active · participle · masculine · singular · genitive ‣ 2 (2Mac. 4,37; 2Mac. 5,5)

μεταλλεύω (μετά; ἄλλος) to extract from a mine ‣ 3
- μεταλλεύει ‣ 1
    - Verb · third · singular · present · active · indicative ‣ 1 (Wis. 4,12)
- μεταλλευομένη ‣ 1
    - Verb · present · passive · participle · feminine · singular · nominative ‣ 1 (Wis. 16,25)
- μεταλλεύσεις ‣ 1
    - Verb · second · singular · future · active · indicative ‣ 1 (Deut. 8,9)

μέταλλον (μετά; ἄλλος) mine ‣ 1
- μετάλλων ‣ 1
    - Noun · neuter · plural · genitive · (common) ‣ 1 (1Mac. 8,3)

μεταμέλεια (μετά; μέλω) repentance ‣ 2
- μεταμελείᾳ ‣ 1
    - Noun · feminine · singular · dative · (common) ‣ 1 (Sol. 9,7)
- μεταμέλειά ‣ 1
    - Noun · feminine · singular · nominative · (common) ‣ 1 (Hos. 11,8)

μεταμέλομαι (μετά; μέλω) to regret, repent ‣ 13 + 6 = 19
- μεταμεληθεὶς ‣ 1 + 2 = 3
    - Verb · aorist · passive · participle · masculine · singular · nominative ‣ 1 + 2 = 3 (Sir. 33,20; Matt. 21,29; Matt. 27,3)
- μεταμεληθέντες ‣ 1
    - Verb · aorist · passive · participle · masculine · plural · nominative ‣ 1 (Wis. 19,2)
- μεταμεληθῇς ‣ 1
    - Verb · second · singular · aorist · passive · subjunctive ‣ 1 (Prov. 25,8)
- μεταμεληθήσεσθε ‣ 1
    - Verb · second · plural · future · passive · indicative ‣ 1 (Ezek. 14,22)
- μεταμεληθήσεται ‣ 1 + 1 = 2
    - Verb · third · singular · future · passive · indicative ‣ 1 + 1 = 2 (Psa. 109,4; Heb. 7,21)
- μεταμεληθήσῃ ‣ 1
    - Verb · second · singular · future · passive · indicative ‣ 1 (Prov. 5,11)
- μεταμέλομαι ‣ 1
    - Verb · first · singular · present · passive · indicative ‣ 1 (2Cor. 7,8)
- μεταμελοῦ ‣ 1
    - Verb · second · singular · present · middle · imperative ‣ 1 (Sir. 32,19)
- μεταμεμέλημαι ‣ 1
    - Verb · first · singular · perfect · middle · indicative ‣ 1 (1Mac. 11,10)
- μετεμελήθη ‣ 4
    - Verb · third · singular · aorist · passive · indicative ‣ 4 (1Sam. 15,35; 1Chr. 21,15; Psa. 105,45; Jer. 20,16)
- μετεμελήθητε ‣ 1
    - Verb · second · plural · aorist · passive · indicative ‣ 1 (Matt. 21,32)
- μετεμελόμην ‣ 1
    - Verb · first · singular · imperfect · passive · indicative ‣ 1 (2Cor. 7,8)
- μετεμέλοντο ‣ 1
    - Verb · third · plural · imperfect · middle · indicative ‣ 1 (Zech. 11,5)

μετάμελος (μετά; μέλω) repentance ‣ 3
- μετάμελον ‣ 2
    - Noun · masculine · singular · accusative · (common) ‣ 2 (3Mac.

2,24; Prov. 11,3)

μετάμελος ‣ 1
    Noun · masculine · singular · nominative · (common) ‣ **1** (2Kings 3,27)

μεταμέλω (μετά; μέλω) to regret, repent ‣ 1
    μεταμελήση ‣ 1
        Verb · third · singular · aorist · active · subjunctive ‣ **1** (Ex. 13,17)

μεταμορφόω (μετά; μορφή) to change form ‣ 4
    μεταμορφούμεθα ‣ 1
        Verb · first · plural · present · passive · indicative ‣ **1** (2Cor. 3,18)
    μεταμορφοῦσθε ‣ 1
        Verb · second · plural · present · passive · imperative ‣ **1** (Rom. 12,2)
    μετεμορφώθη ‣ 2
        Verb · third · singular · aorist · passive · indicative ‣ **2** (Matt. 17,2; Mark 9,2)

μεταναστεύω (μετά; ἀνά; ἵστημι) to flee ‣ 3
    Μεταναστεύου ‣ 1
        Verb · second · singular · present · middle · imperative ‣ **1** (Psa. 10,1)
    μεταναστεύσαι ‣ 1
        Verb · third · singular · aorist · active · optative ‣ **1** (Psa. 51,7)
    μεταναστεύσω ‣ 1
        Verb · first · singular · future · active · indicative ‣ **1** (Psa. 61,7)

μετανίστημι (μετά; ἀνά; ἵστημι) to leave ‣ 2
    μεταναστήσεις ‣ 1
        Verb · second · singular · future · active · indicative ‣ **1** (2Sam. 15,20)
    μεταναστήτωσαν ‣ 1
        Verb · third · plural · aorist · active · imperative ‣ **1** (Psa. 108,10)

μετανοέω (μετά; νοῦς) to repent ‣ 24 + 34 = 58
    μετανόει ‣ 1
        Verb · second · singular · present · active · imperative ‣ **1** (Prov. 30,1)
    μετανοεῖν ‣ 1 + 2 = 3
        Verb · present · active · infinitive ‣ 1 + 2 = **3** (Prov. 20,25; Acts 17,30; Acts 26,20)
    μετανοεῖτε ‣ 3
        Verb · second · plural · present · active · imperative ‣ **3** (Matt. 3,2; Matt. 4,17; Mark 1,15)
    μετανοῆσαι ‣ 1 + 1 = 2
        Verb · aorist · active · infinitive ‣ 1 + 1 = **2** (1Sam. 15,29; Rev. 2,21)
    μετανοησάντων ‣ 1
        Verb · aorist · active · participle · masculine · plural · genitive ‣ **1** (2Cor. 12,21)
    μετανοήσατε ‣ 1 + 2 = 3
        Verb · second · plural · aorist · active · imperative ‣ 1 + 2 = **3** (Is. 46,8; Acts 2,38; Acts 3,19)
    μετανοήσει ‣ 3
        Verb · third · singular · future · active · indicative ‣ **3** (1Sam. 15,29; Joel 2,14; Jonah 3,9)
    μετανοήση ‣ 2
        Verb · third · singular · aorist · active · subjunctive ‣ **2** (Luke 17,3; Rev. 2,21)
    μετανοήσης ‣ 1
        Verb · second · singular · aorist · active · subjunctive ‣ **1** (Rev. 2,5)
    μετανόησον ‣ 2 + 5 = 7
        Verb · second · singular · aorist · active · imperative ‣ 2 + 5 = 7 (Amos 7,3; Amos 7,6; Acts 8,22; Rev. 2,5; Rev. 2,16; Rev. 3,3; Rev. 3,19)
    μετανοήσουσιν ‣ 1
        Verb · third · plural · future · active · indicative ‣ **1** (Luke 16,30)
    μετανοήσω ‣ 3
        Verb · first · singular · future · active · indicative ‣ **3** (Jer. 4,28; Jer. 18,8; Jer. 18,10)
    μετανοήσωσιν ‣ 1
        Verb · third · plural · aorist · active · subjunctive ‣ **1** (Rev. 2,22)
    μετανοῆτε ‣ 2
        Verb · second · plural · present · active · subjunctive ‣ **2** (Luke 13,3; Luke 13,5)
    μετανοοῦντες ‣ 1
        Verb · present · active · participle · masculine · plural · nominative ‣ **1** (Wis. 5,3)
    μετανοοῦντι ‣ 2
        Verb · present · active · participle · masculine · singular · dative ‣ **2** (Luke 15,7; Luke 15,10)
    μετανοούντων ‣ 1
        Verb · present · active · participle · masculine · plural · genitive ‣ **1** (Ode. 12,13)
    μετανοοῦσιν ‣ 1
        Verb · third · plural · present · active · indicative ‣ **1** (Sir. 17,24)
    μετανοῶ ‣ 1
        Verb · first · singular · present · active · indicative ‣ **1** (Luke 17,4)
    μετανοῶν ‣ 4
        Verb · present · active · participle · masculine · singular · nominative ‣ **4** (Ode. 12,7; Joel 2,13; Jonah 4,2; Jer. 8,6)
    μετανοῶσιν ‣ 1
        Verb · third · plural · present · active · subjunctive ‣ **1** (Mark 6,12)
    μετενόησα ‣ 3
        Verb · first · singular · aorist · active · indicative ‣ **3** (Prov. 24,32; Zech. 8,14; Jer. 38,19)
    μετενόησαν ‣ 9
        Verb · third · plural · aorist · active · indicative ‣ **9** (Matt. 11,20; Matt. 11,21; Matt. 12,41; Luke 10,13; Luke 11,32; Rev. 9,20; Rev. 9,21; Rev. 16,9; Rev. 16,11)
    μετενόησεν ‣ 2
        Verb · third · singular · aorist · active · indicative ‣ **2** (Sir. 48,15; Jonah 3,10)

μετάνοια (μετά; νοῦς) repentance ‣ 7 + 22 = 29
    μετάνοιαν ‣ 5 + 11 = 16
        Noun · feminine · singular · accusative · (common) ‣ 5 + 11 = **16** (Ode. 12,8; Ode. 12,8; Prov. 14,15; Wis. 11,23; Wis. 12,19; Matt. 3,11; Luke 5,32; Luke 24,47; Acts 5,31; Acts 11,18; Acts 20,21; 2Cor. 7,9; 2Cor. 7,10; 2Tim. 2,25; Heb. 6,6; 2Pet. 3,9)
    μετάνοιάν ‣ 1
        Noun · feminine · singular · accusative ‣ **1** (Rom. 2,4)
    μετανοίας ‣ 2 + 10 = 12
        Noun · feminine · singular · genitive · (common) ‣ 2 + 10 = **12** (Wis. 12,10; Sir. 44,16; Matt. 3,8; Mark 1,4; Luke 3,3; Luke 3,8; Luke 15,7; Acts 13,24; Acts 19,4; Acts 26,20; Heb. 6,1; Heb. 12,17)

μεταξύ (μετά; σύν) between; meanwhile (adv.) ‣ 4 + 9 = 13
    μεταξὺ ‣ 4 + 9 = 13
        Adverb · (place) ‣ 1 + 2 = **3** (Wis. 18,23; John 4,31; Acts 13,42)
        ImproperPreposition · (+genitive) ‣ 3 + 7 = **10** (Judg. 5,27; Wis. 4,10; Wis. 16,19; Matt. 18,15; Matt. 23,35; Luke 11,51; Luke 16,26; Acts 12,6; Acts 15,9; Rom. 2,15)

μεταπαιδεύω (μετά; παῖς) to teach again ‣ 1

μεταπαιδεύεται ▸ 1
　　Verb · third · singular · present · middle · indicative ▸ 1 (4Mac. 2,7)

μεταπείθω (μετά; πείθω) to alter, change one's mind ▸ 1
　μεταπεῖσαι ▸ 1
　　Verb · aorist · active · infinitive ▸ 1 (4Mac. 11,25)

μεταπέμπομαι (μετά; πέμπω) to summon ▸ 5
　μεταπέμψομαί ▸ 1
　　Verb · first · singular · future · middle · indicative ▸ 1 (Gen. 27,45)
　μετεπέμψατο ▸ 3
　　Verb · third · singular · aorist · middle · indicative ▸ 3 (2Mac. 15,31; 4Mac. 12,2; 4Mac. 12,6)
　μετεπέμψατό ▸ 1
　　Verb · third · singular · aorist · middle · indicative ▸ 1 (Num. 23,7)

μεταπέμπω (μετά; πέμπω) to send for ▸ 9
　μεταπεμπόμενος ▸ 1
　　Verb · present · middle · participle · masculine · singular · nominative ▸ 1 (Acts 24,26)
　μεταπεμφθείς ▸ 1
　　Verb · aorist · passive · participle · masculine · singular · nominative ▸ 1 (Acts 10,29)
　μετάπεμψαι ▸ 2
　　Verb · second · singular · aorist · middle · imperative ▸ 2 (Acts 10,5; Acts 11,13)
　μεταπεμψάμενος ▸ 1
　　Verb · aorist · middle · participle · masculine · singular · nominative ▸ 1 (Acts 20,1)
　μεταπέμψασθαί ▸ 1
　　Verb · aorist · middle · infinitive ▸ 1 (Acts 10,22)
　μεταπέμψηται ▸ 1
　　Verb · third · singular · aorist · middle · subjunctive ▸ 1 (Acts 25,3)
　μετεπέμψασθέ ▸ 1
　　Verb · second · plural · aorist · middle · indicative ▸ 1 (Acts 10,29)
　μετεπέμψατο ▸ 1
　　Verb · third · singular · aorist · middle · indicative ▸ 1 (Acts 24,24)

μεταπίπτω (μετά; πίπτω) to change ▸ 5
　μεταπεσεῖσθαι ▸ 1
　　Verb · future · middle · infinitive ▸ 1 (3Mac. 3,8)
　μεταπέσῃ ▸ 1
　　Verb · third · singular · aorist · active · subjunctive ▸ 1 (Lev. 13,7)
　μετέπεσεν ▸ 3
　　Verb · third · singular · aorist · active · indicative ▸ 3 (Lev. 13,5; Lev. 13,6; Lev. 13,8)

μετασκευάζω (μετά; σκεῦος) to refashion ▸ 1
　μετασκευάζων ▸ 1
　　Verb · present · active · participle · masculine · singular · nominative ▸ 1 (Amos 5,8)

μεταστρέφω (μετά; στρέφω) to turn ▸ 25 + 1 + 2 = 28
　μεταστραφήσεται ▸ 1 + 1 = 2
　　Verb · third · singular · future · passive · indicative ▸ 1 + 1 = 2 (Joel 3,4; Acts 2,20)
　μεταστραφήσονται ▸ 1
　　Verb · third · plural · future · passive · indicative ▸ 1 (Jer. 6,12)
　μεταστρέφει ▸ 1
　　Verb · third · singular · present · active · indicative ▸ 1 (1Esdr. 3,20)
　μεταστρεφόμενος ▸ 1
　　Verb · present · passive · participle · masculine · singular · nominative ▸ 1 (Hos. 7,8)
　μεταστρέφοντας ▸ 1
　　Verb · present · active · participle · masculine · plural · accusative ▸ 1 (Judg. 5,28)
　μεταστρέφω ▸ 1
　　Verb · first · singular · present · active · indicative ▸ 1 (Jer. 21,4)
　μεταστρέφων ▸ 2
　　Verb · present · active · participle · masculine · singular · nominative ▸ 2 (Psa. 65,6; Sir. 11,31)
　μεταστρέψαι ▸ 1 + 1 = 2
　　Verb · aorist · active · infinitive ▸ 1 + 1 = 2 (3Mac. 5,8; Gal. 1,7)
　μεταστρέψω ▸ 2
　　Verb · first · singular · future · active · indicative ▸ 2 (Amos 8,10; Zeph. 3,9)
　μετεστράφη ▸ 5 + 1 = 6
　　Verb · third · singular · aorist · passive · indicative ▸ 5 + 1 = 6 (Ex. 14,5; 1Mac. 9,41; 3Mac. 6,22; Hos. 11,8; Lam. 5,2; Dan. 10,8)
　μετεστράφησαν ▸ 1
　　Verb · third · plural · aorist · passive · indicative ▸ 1 (Psa. 77,57)
　μετέστρεψεν ▸ 8
　　Verb · third · singular · aorist · active · indicative ▸ 8 (Deut. 23,6; 1Sam. 10,9; 2Chr. 36,4; 1Esdr. 7,15; Psa. 77,44; Psa. 104,25; Psa. 104,29; Sir. 39,23)

μεταστροφή (μετά; στρέφω) turn, change ▸ 2
　μεταστροφή ▸ 2
　　Noun · feminine · singular · nominative · (common) ▸ 2 (1Kings 12,15; 2Chr. 10,15)

μετασχηματίζω (μετά; ἔχω) to transform ▸ 1 + 5 = 6
　μετασχηματίζεται ▸ 1
　　Verb · third · singular · present · middle · indicative ▸ 1 (2Cor. 11,14)
　μετασχηματιζόμενοι ▸ 1
　　Verb · present · middle · participle · masculine · plural · nominative ▸ 1 (2Cor. 11,13)
　μετασχηματιζόμενος ▸ 1
　　Verb · present · passive · participle · masculine · singular · nominative ▸ 1 (4Mac. 9,22)
　μετασχηματίζονται ▸ 1
　　Verb · third · plural · present · middle · indicative ▸ 1 (2Cor. 11,15)
　μετασχηματίσει ▸ 1
　　Verb · third · singular · future · active · indicative ▸ 1 (Phil. 3,21)
　μετεσχημάτισα ▸ 1
　　Verb · first · singular · aorist · active · indicative ▸ 1 (1Cor. 4,6)

μετατίθημι (μετά; τίθημι) to remove, change ▸ 17 + 6 = 23
　μεταθεῖναι ▸ 3
　　Verb · aorist · active · infinitive ▸ 3 (3Mac. 1,16; 4Mac. 2,18; Is. 29,14)
　μετατιθεμένης ▸ 1
　　Verb · present · passive · participle · feminine · singular · genitive ▸ 1 (Heb. 7,12)
　μεταθέμενον ▸ 1
　　Verb · aorist · middle · participle · masculine · singular · accusative ▸ 1 (2Mac. 7,24)
　μετάθες ▸ 1
　　Verb · second · singular · aorist · active · imperative ▸ 1 (Esth. 14,13 # 4,17s)

μεταθῇς ▸ 1
: **Verb** · second · singular · aorist · active · subjunctive ▸ **1** (Prov. 23,10)

μεταθήσω ▸ 1
: **Verb** · first · singular · future · active · indicative ▸ **1** (Is. 29,14)

μετατεθήσεται ▸ 1
: **Verb** · third · singular · future · passive · indicative ▸ **1** (Is. 29,17)

μετατιθείς ▸ 1
: **Verb** · present · active · participle · masculine · singular · nominative ▸ **1** (Deut. 27,17)

μετατιθέμενος ▸ 1
: **Verb** · present · passive · participle · masculine · singular · nominative ▸ **1** (Sir. 6,9)

μετατιθέντες ▸ 1 + 1 = 2
: **Verb** · present · active · participle · masculine · plural · nominative ▸ 1 + 1 = **2** (Hos. 5,10; Jude 4)

μετατίθεσθαι ▸ 1
: **Verb** · present · middle · infinitive ▸ **1** (Psa. 45,3)

μετατίθεσθε ▸ 1
: **Verb** · second · plural · present · passive · indicative ▸ **1** (Gal. 1,6)

μετέθηκεν ▸ 3 + 1 = 4
: **Verb** · third · singular · aorist · active · indicative ▸ 3 + 1 = **4** (Gen. 5,24; 1Kings 20,25; 2Mac. 4,46; Heb. 11,5)

μετετέθη ▸ 2 + 1 = 3
: **Verb** · third · singular · aorist · passive · indicative ▸ 2 + 1 = **3** (Wis. 4,10; Sir. 44,16; Heb. 11,5)

μετετέθησαν ▸ 1
: **Verb** · third · plural · aorist · passive · indicative ▸ **1** (Acts 7,16)

μετατρέπω (μετά; τρέπω)   to turn, change ▸ 4 + 1 = 5
μετατραπήτω ▸ 1
: **Verb** · third · singular · aorist · passive · imperative ▸ **1** (James 4,9)

μετατρέψαι ▸ 1
: **Verb** · aorist · active · infinitive ▸ **1** (4Mac. 15,11)

μετετράπη ▸ 1
: **Verb** · third · singular · aorist · passive · indicative ▸ **1** (4Mac. 7,12)

μετετρέπετο ▸ 1
: **Verb** · third · singular · imperfect · middle · indicative ▸ **1** (4Mac. 6,5)

μετέτρεψέν ▸ 1
: **Verb** · third · singular · aorist · active · indicative ▸ **1** (4Mac. 15,18)

μεταφέρω (μετά; φέρω)   to transfer ▸ 2
μεταφέρειν ▸ 1
: **Verb** · present · active · infinitive ▸ **1** (1Esdr. 4,48)

μετενέγκωμεν ▸ 1
: **Verb** · first · plural · aorist · active · subjunctive ▸ **1** (1Chr. 13,3)

μετάφρασις (μετά; φράσις)   paraphrase ▸ 1
μετάφρασιν ▸ 1
: **Noun** · feminine · singular · accusative · (common) ▸ **1** (2Mac. 2,31)

μετάφρενον (μετά; φρήν)   midsection; back ▸ 5
μετάφρενα ▸ 1
: **Noun** · neuter · plural · accusative · (common) ▸ **1** (Psa. 67,14)

μετάφρενά ▸ 1
: **Noun** · neuter · plural · accusative · (common) ▸ **1** (Is. 51,23)

μεταφρένοις ▸ 1
: **Noun** · neuter · plural · dative · (common) ▸ **1** (Psa. 90,4)

μεταφρένων ▸ 2
: **Noun** · neuter · plural · genitive · (common) ▸ **2** (Deut. 32,11; Ode. 2,11)

μεταχέω (μετά; χέω)   to pour ▸ 1
μεταχέων ▸ 1
: **Verb** · present · active · participle · masculine · singular · nominative ▸ **1** (4Mac. 1,29)

μετέπειτα (μετά; εἶτα)   afterwards ▸ 3 + 1 = 4
μετέπειτα ▸ 3 + 1 = 4
: **Adverb** · (temporal) ▸ 3 + 1 = **4** (Esth. 13,7 # 3,13g; Judith 9,5; 3Mac. 3,24; Heb. 12,17)

μετέρχομαι (μετά; ἔρχομαι)   to pursue ▸ 8
μετελεύσεται ▸ 3
: **Verb** · third · singular · future · middle · indicative ▸ **3** (4Mac. 10,21; 4Mac. 18,22; Wis. 14,30)

μετελθεῖν ▸ 1
: **Verb** · aorist · active · infinitive ▸ **1** (1Sam. 5,9)

Μετελθέτω ▸ 1
: **Verb** · third · singular · aorist · active · imperative ▸ **1** (1Sam. 5,8)

μετέλθω ▸ 1
: **Verb** · first · singular · aorist · active · subjunctive ▸ **1** (1Mac. 15,4)

μετῆλθεν ▸ 2
: **Verb** · third · singular · aorist · active · indicative ▸ **2** (1Sam. 5,8; 4Mac. 18,22)

μετέχω (μετά; ἔχω)   to partake ▸ 10 + 8 = 18
μετασχεῖν ▸ 1
: **Verb** · aorist · active · infinitive ▸ **1** (2Mac. 5,27)

μετάσχετε ▸ 1
: **Verb** · second · plural · aorist · active · imperative ▸ **1** (Sir. 51,28)

μετασχέτω ▸ 1
: **Verb** · third · singular · aorist · active · imperative ▸ **1** (Prov. 5,17)

μετάσχωσι ▸ 1
: **Verb** · third · plural · aorist · active · subjunctive ▸ **1** (Wis. 16,3)

μετεῖχον ▸ 1
: **Verb** · third · plural · imperfect · active · indicative ▸ **1** (1Esdr. 8,67)

μετέσχεν ▸ 1 + 1 = 2
: **Verb** · third · singular · aorist · active · indicative ▸ 1 + 1 = **2** (2Mac. 5,10; Heb. 2,14)

μετέσχηκεν ▸ 1
: **Verb** · third · singular · perfect · active · indicative ▸ **1** (Heb. 7,13)

μετεσχηκότας ▸ 1
: **Verb** · perfect · active · participle · masculine · plural · accusative ▸ **1** (Wis. 19,16)

μετέχειν ▸ 2 + 2 = 4
: **Verb** · present · active · infinitive ▸ 2 + 2 = **4** (1Esdr. 5,40; 2Mac. 4,14; 1Cor. 9,10; 1Cor. 10,21)

μετέχομεν ▸ 1
: **Verb** · first · plural · present · active · indicative ▸ **1** (1Cor. 10,17)

μετέχοντες ▸ 1
: **Verb** · present · active · participle · masculine · plural · nominative ▸ **1** (Prov. 1,18)

μετέχουσιν ▸ 1
: **Verb** · third · plural · present · active · indicative ▸ **1** (1Cor. 9,12)

μετέχω ▸ 1
: **Verb** · first · singular · present · active · indicative ▸ **1** (1Cor. 10,30)

μετέχων ▸ 1

μετέχω–μετοικίζω

    Verb · present · active · participle · masculine · singular · nominative ▸ **1** (Heb. 5,13)
μετεωρίζομαι (μετέωρος) to soar on high, rise up; worry ▸ 10 + 1 = 11
  ἐμετεωρίζετο ▸ 1
    Verb · third · singular · imperfect · middle · indicative ▸ **1** (2Mac. 5,17)
  ἐμετεωρίζοντο ▸ 1
    Verb · third · plural · imperfect · middle · indicative ▸ **1** (Ezek. 10,17)
  ἐμετεωρίσθησαν ▸ 2
    Verb · third · plural · aorist · passive · indicative ▸ **2** (Psa. 130,1; Ezek. 10,19)
  μετεωρίζεσθαι ▸ 2
    Verb · present · middle · infinitive ▸ **2** (Ezek. 10,16; Ezek. 10,17)
  μετεωρίζεσθε ▸ 1
    Verb · second · plural · present · passive · imperative ▸ **1** (Luke 12,29)
  μετεωρίζου ▸ 1
    Verb · second · singular · present · middle · imperative ▸ **1** (2Mac. 7,34)
  μετεωρισθέντα ▸ 1
    Verb · aorist · passive · participle · neuter · plural · accusative ▸ **1** (3Mac. 6,5)
  μετεωρισθῇς ▸ 1
    Verb · second · singular · aorist · passive · subjunctive ▸ **1** (Obad. 4)
  μετεωρισθήσεται ▸ 1
    Verb · third · singular · future · passive · indicative ▸ **1** (Mic. 4,1)
μετεωρισμός (μετέωρος) lifting up, wave ▸ 8
  μετεωρισμοί ▸ 1
    Noun · masculine · plural · nominative · (common) ▸ **1** (Psa. 92,4)
  μετεωρισμοί ▸ 3
    Noun · masculine · plural · nominative · (common) ▸ **3** (Psa. 41,8; Ode. 6,4; Jonah 2,4)
  μετεωρισμοῖς ▸ 1
    Noun · masculine · plural · dative · (common) ▸ **1** (Sir. 26,9)
  μετεωρισμὸν ▸ 2
    Noun · masculine · singular · accusative · (common) ▸ **2** (2Mac. 5,21; Sir. 23,4)
  μετεωρισμούς ▸ 1
    Noun · masculine · plural · accusative · (common) ▸ **1** (Psa. 87,8)
μετέωρος high, lofty, lifted up; suspended; astronomical event ▸ 16 + 1 = 17
  μετέωρα ▸ 1
    Adjective · neuter · plural · nominative · noDegree ▸ **1** (Job 28,18)
  μετέωροι ▸ 1
    Adjective · masculine · plural · nominative · noDegree ▸ **1** (Is. 5,15)
  μετέωρον ▸ 4
    Adjective · masculine · singular · accusative · noDegree ▸ **1** (Is. 2,12)
    Adjective · neuter · singular · accusative · noDegree ▸ **3** (Is. 18,2; Is. 57,7; Jer. 38,35)
  μετέωρος ▸ 1
    Adjective · masculine · singular · nominative · noDegree ▸ **1** (Ezek. 3,15)
  μετεώρου ▸ 4
    Adjective · masculine · singular · genitive · noDegree ▸ **2** (Is. 17,6; Is. 30,25)
    Adjective · neuter · singular · genitive · noDegree ▸ **2** (Sir. 22,18; Sir. 37,14)
  μετεώρῳ ▸ 2
    Adjective · masculine · singular · dative · noDegree ▸ **1** (Jer. 39,17)
    Adjective · neuter · singular · dative · noDegree ▸ **1** (Ezek. 17,23)
  μετεώρων ▸ 3 + 1 = 4
    Adjective · feminine · plural · genitive · noDegree ▸ **1** (Is. 2,13)
    Adjective · neuter · plural · genitive · noDegree ▸ **2 + 1 = 3** (Judg. 1,15; 2Sam. 22,28; Judg. 1,15)
μετοικεσία (μετά; οἶκος) deportation, captivity ▸ 8 + 4 = 12
  μετοικεσία ▸ 1
    Noun · feminine · singular · nominative · (common) ▸ **1** (Obad. 20)
  μετοικεσίᾳ ▸ 2
    Noun · feminine · singular · dative · (common) ▸ **2** (Lam. 1,7; Ezek. 12,11)
  μετοικεσίαν ▸ 2 + 1 = 3
    Noun · feminine · singular · accusative · (common) ▸ **2 + 1 = 3** (2Kings 24,16; Nah. 3,10; Matt. 1,12)
  μετοικεσίας ▸ 3 + 3 = 6
    Noun · feminine · singular · genitive · (common) ▸ **3 + 3 = 6** (Judg. 18,30; 1Chr. 5,22; Obad. 20; Matt. 1,11; Matt. 1,17; Matt. 1,17)
μετοικέω (μετά; οἶκος) to move, change residence ▸ 1
  μετῴκηκας ▸ 1
    Verb · second · singular · perfect · active · indicative ▸ **1** (2Sam. 15,19)
μετοικία (μετά; οἶκος) captivity, deportation ▸ 4
  μετοικίᾳ ▸ 1
    Noun · feminine · singular · dative · (common) ▸ **1** (1Chr. 5,41)
  μετοικίαν ▸ 2
    Noun · feminine · singular · accusative · (common) ▸ **2** (Jer. 9,10; Jer. 20,4)
  μετοικίας ▸ 1
    Noun · feminine · singular · genitive · (common) ▸ **1** (1Kings 8,47)
μετοικίζω (μετά; οἶκος) to move, send off, deport ▸ 10 + 2 = 12
  μετοικιοῦσιν ▸ 1
    Verb · third · plural · future · active · indicative ▸ **1** (Jer. 20,4)
  μετοικίσαι ▸ 1
    Verb · aorist · active · infinitive ▸ **1** (Judg. 2,3)
  μετοικιῶ ▸ 1 + 1 = 2
    Verb · first · singular · future · active · indicative ▸ **1 + 1 = 2** (Amos 5,27; Acts 7,43)
  μετῴκισα ▸ 1
    Verb · first · singular · aorist · active · indicative ▸ **1** (Jer. 22,12)
  μετῴκισαν ▸ 1
    Verb · third · plural · aorist · active · indicative ▸ **1** (1Chr. 8,6)
  μετῴκισεν ▸ 3 + 1 = 4
    Verb · third · singular · aorist · active · indicative ▸ **3 + 1 = 4** (1Chr. 5,6; 1Chr. 5,26; 1Esdr. 5,7; Acts 7,4)
  Μετῳκίσθη ▸ 1
    Verb · third · singular · aorist · passive · indicative ▸ **1** (Lam. 1,3)
  μετῳκίσθη ▸ 1
    Verb · third · singular · aorist · passive · indicative ▸ **1** (Hos. 10,5)

μέτοικος (μετά; οἶκος) alien, sojourner ▸ 1
   Μέτοικον ▸ 1
      Noun · masculine · singular · accusative · (common) ▸ **1** (Jer. 20,3)

μετουσία (μετά; εἰμί) partnership, participation ▸ 1
   μετουσίαν ▸ 1
      Noun · feminine · singular · accusative · (common) ▸ **1** (4Mac. 2,1)

μετοχή (μετά; ἔχω) partnership, participation ▸ 2 + 1 = 3
   μετοχή ▸ 1 + 1 = 2
      Noun · feminine · singular · nominative · (common) ▸ 1 + 1 = **2** (Psa. 121,3; 2Cor. 6,14)
   μετοχῇ ▸ 1
      Noun · feminine · singular · dative · (common) ▸ **1** (Sol. 14,6)

μέτοχος (μετά; ἔχω) partaker ▸ 7 + 6 = 13
   μέτοχοι ▸ 1 + 3 = 4
      Adjective · masculine · plural · nominative · noDegree ▸ 1 + 2 = **3** (Prov. 29,10; Heb. 3,14; Heb. 12,8)
      Adjective · masculine · plural · vocative ▸ **1** (Heb. 3,1)
   μέτοχον ▸ 1
      Adjective · masculine · singular · accusative · noDegree ▸ **1** (Eccl. 4,10)
   μετόχοις ▸ 1
      Adjective · masculine · plural · dative ▸ **1** (Luke 5,7)
   μέτοχος ▸ 3
      Adjective · masculine · singular · nominative · noDegree ▸ **3** (1Sam. 20,30; Psa. 118,63; Hos. 4,17)
   μετόχους ▸ 2 + 2 = 4
      Adjective · masculine · plural · accusative · noDegree ▸ 2 + 2 = **4** (3Mac. 3,21; Psa. 44,8; Heb. 1,9; Heb. 6,4)

μετρέω (μέτρον) to measure ▸ 5 + 1 + 11 = 17
   ἐμέτρησεν ▸ 2 + 1 + 2 = 5
      Verb · third · singular · aorist · active · indicative ▸ 2 + 1 + 2 = **5** (Ruth 3,15; Is. 40,12; Dan. 5,26; Rev. 21,16; Rev. 21,17)
   μεμέτρηται ▸ 1
      Verb · third · singular · perfect · passive · indicative ▸ **1** (Wis. 4,8)
   μετρεῖτε ▸ 3
      Verb · second · plural · present · active · indicative ▸ **3** (Matt. 7,2; Mark 4,24; Luke 6,38)
   μετρηθήσεται ▸ 2
      Verb · third · singular · future · passive · indicative ▸ **2** (Matt. 7,2; Mark 4,24)
   μετρήσαντες ▸ 1
      Verb · aorist · active · participle · masculine · plural · nominative ▸ **1** (Ex. 16,18)
   μετρήσεις ▸ 1
      Verb · second · singular · future · active · indicative ▸ **1** (Num. 35,5)
   μετρήσῃ ▸ 1
      Verb · third · singular · aorist · active · subjunctive ▸ **1** (Rev. 21,15)
   μετρήσῃς ▸ 1
      Verb · second · singular · aorist · active · subjunctive ▸ **1** (Rev. 11,2)
   μέτρησον ▸ 1
      Verb · second · singular · aorist · active · imperative ▸ **1** (Rev. 11,1)
   μετροῦντες ▸ 1
      Verb · present · active · participle · masculine · plural · nominative ▸ **1** (2Cor. 10,12)

μέτρησις (μέτρον) measuring ▸ 1
   μετρήσει ▸ 1
      Noun · feminine · singular · dative · (common) ▸ **1** (1Kings 7,24)

μετρητής (μέτρον) measure (liquid); decanter ▸ 5 + 1 + 1 = 7
   μετρηταὶ ▸ 1 + 1 = 2
      Noun · masculine · plural · nominative · (common) ▸ 1 + 1 = **2** (Bel 3; Bel 3)
   μετρητάς ▸ 1
      Noun · masculine · plural · accusative · (common) ▸ **1** (Hag. 2,16)
   μετρητὰς ▸ 2 + 1 = 3
      Noun · masculine · plural · accusative · (common) ▸ 2 + 1 = **3** (1Kings 18,32; 2Chr. 4,5; John 2,6)
   μετρητῶν ▸ 1
      Noun · masculine · plural · genitive · (common) ▸ **1** (1Esdr. 8,20)

μετριάζω (μέτρον) to behave well ▸ 1
   μετριάζων ▸ 1
      Verb · present · active · participle · masculine · singular · nominative ▸ **1** (Neh. 2,2)

μετριοπαθέω (μέτρον; πάσχω) to have compassion on ▸ 1
   μετριοπαθεῖν ▸ 1
      Verb · present · active · infinitive ▸ **1** (Heb. 5,2)

μέτριος (μέτρον) moderate ▸ 2
   μέτριον ▸ 1
      Adjective · masculine · singular · nominative · noDegree ▸ **1** (Sol. 5,17)
   μετρίῳ ▸ 1
      Adjective · neuter · singular · dative · noDegree ▸ **1** (Sir. 31,20)

μετρίως (μέτρον) measurably, moderately ▸ 1 + 1 = 2
   μετρίως ▸ 1 + 1 = 2
      Adverb ▸ 1 + 1 = **2** (2Mac. 15,38; Acts 20,12)

μέτρον measurement, dimension; poetic meter ▸ 74 + 14 = 88
   μέτρα ▸ 15
      Noun · neuter · plural · accusative · (common) ▸ **12** (Gen. 18,6; Job 28,25; Job 38,5; Is. 5,10; Ezek. 40,21; Ezek. 40,24; Ezek. 40,28; Ezek. 40,29; Ezek. 40,32; Ezek. 40,33; Ezek. 40,35; Ezek. 42,11)
      Noun · neuter · plural · nominative · (common) ▸ **3** (Prov. 20,10; Ezek. 43,13; Ezek. 48,16)
   μέτροις ▸ 1
      Noun · neuter · plural · dative · (common) ▸ **1** (Lev. 19,35)
   μέτρον ▸ 32 + 8 = 40
      Noun · neuter · singular · accusative · (common) ▸ 15 + 8 = **23** (1Kings 7,23; 1Kings 7,48; 2Kings 7,18; 2Kings 21,13; 1Chr. 23,29; Neh. 3,19; Neh. 3,20; Neh. 3,21; Neh. 3,24; Neh. 3,27; Neh. 3,30; Amos 8,5; Zech. 5,9; Zech. 5,10; Lam. 2,8; Matt. 23,32; Luke 6,38; Rom. 12,3; 2Cor. 10,13; Eph. 4,7; Eph. 4,13; Rev. 21,15; Rev. 21,17)
      Noun · neuter · singular · nominative · (common) ▸ **17** (Ex. 26,2; Ex. 26,8; Deut. 25,14; Deut. 25,14; Deut. 25,15; 2Kings 7,1; 2Kings 7,16; Zech. 1,16; Zech. 5,6; Ezek. 40,5; Ezek. 40,10; Ezek. 40,10; Ezek. 45,10; Ezek. 45,11; Ezek. 45,11; Ezek. 46,22; Ezek. 47,3)
   μέτρου ▸ 10 + 2 = 12
      Noun · neuter · singular · genitive · (common) ▸ 10 + 2 = **12** (Job 11,9; Zech. 5,7; Zech. 5,8; Ezek. 40,3; Ezek. 42,16; Ezek. 42,17; Ezek. 42,18; Ezek. 42,19; Ezek. 45,13; Ezek. 46,14; John 3,34; 2Cor. 10,13)
   μέτρῳ ▸ 13 + 4 = 17
      Noun · neuter · singular · dative · (common) ▸ 13 + 4 = **17** (Deut.

2,6; 1Kings 6,25; Judith 7,21; Psa. 79,6; Wis. 11,20; Sir. 31,27; Is. 44,13; Ezek. 4,11; Ezek. 4,16; Ezek. 47,3; Ezek. 48,30; Ezek. 48,33; Ezek. 48,34; Matt. 7,2; Mark 4,24; Luke 6,38; Eph. 4,16)

μέτρων ▸ 3
  Noun · neuter · plural · genitive · (common) ▸ **3** (Ex. 16,36; 2Chr. 2,9; 2Chr. 2,9)

μέτωπον (μετά; ὁράω) forehead ▸ 9 + 8 = 17
  μέτωπα ▸ 1
  Noun · neuter · plural · accusative · (common) ▸ **1** (Ezek. 9,4)
  μέτωπον ▸ 2 + 3 = 5
  Noun · neuter · singular · accusative · (common) ▸ **2 + 3 = 5** (1Sam. 17,49; 1Sam. 17,49; Rev. 13,16; Rev. 17,5; Rev. 20,4)
  μέτωπόν ▸ 1
  Noun · neuter · singular · nominative · (common) ▸ **1** (Is. 48,4)
  μετώπου ▸ 3 + 1 = 4
  Noun · neuter · singular · genitive · (common) ▸ **3 + 1 = 4** (Ex. 28,38; Ex. 28,38; Sol. 15,9; Rev. 14,9)
  μετώπῳ ▸ 2
  Noun · neuter · singular · dative · (common) ▸ **2** (2Chr. 26,19; 2Chr. 26,20)
  μετώπων ▸ 4
  Noun · neuter · plural · genitive ▸ **4** (Rev. 7,3; Rev. 9,4; Rev. 14,1; Rev. 22,4)

Μεφααθ Mephaath ▸ 1
  Μεφααθ ▸ 1
  Noun · singular · accusative · (proper) ▸ **1** (Josh. 13,18)

μέχρι up to (prep.); until (conj.) ▸ 60 + 5 + 14 = 79
  Μέχρι ▸ 4
  Preposition · (+genitive) ▸ **4** (Job 2,9; Job 8,2; Job 18,2; Job 38,11)
  μέχρι ▸ 56 + 5 + 14 = 75
  Conjunction · subordinating · (temporal) ▸ **1 + 1 = 2** (3Mac. 7,4; Eph. 4,13)
  Preposition ▸ **2** (Esth. 14,18 # 4,17y; Psa. 70,17)
  ImproperPreposition · (+genitive) ▸ 53 + 5 + 13 = **71** (Josh. 4,23; 1Esdr. 1,54; 1Esdr. 2,26; 1Esdr. 3,2; 1Esdr. 4,51; 1Esdr. 6,6; 1Esdr. 6,19; 1Esdr. 6,27; 1Esdr. 8,74; Esth. 13,2 # 3,13b; Judith 12,5; Judith 12,9; Tob. 14,4; 1Mac. 4,46; 2Mac. 6,14; 2Mac. 11,30; 2Mac. 13,14; 3Mac. 1,1; 3Mac. 3,27; 3Mac. 3,27; 3Mac. 4,7; 3Mac. 4,15; 3Mac. 5,40; 3Mac. 6,6; 3Mac. 6,28; 3Mac. 6,40; 3Mac. 7,16; 4Mac. 5,37; 4Mac. 6,18; 4Mac. 6,21; 4Mac. 6,26; 4Mac. 6,30; 4Mac. 7,8; 4Mac. 7,16; 4Mac. 9,28; 4Mac. 13,1; 4Mac. 13,27; 4Mac. 15,10; 4Mac. 15,15; 4Mac. 16,1; 4Mac. 17,7; 4Mac. 17,10; Psa. 45,10; Psa. 49,1; Psa. 104,19; Psa. 112,3; Psa. 129,6; Eccl. 3,11; Job 26,10; Job 32,12; Wis. 16,5; Wis. 19,1; Sir. 47,10; Tob. 2,2; Tob. 2,4; Tob. 2,10; Tob. 5,7; Tob. 14,4; Matt. 11,23; Matt. 28,15; Luke 16,16; Acts 10,30; Acts 20,7; Rom. 5,14; Rom. 15,19; Phil. 2,8; Phil. 2,30; 1Tim. 6,14; 2Tim. 2,9; Heb. 3,14; Heb. 9,10)

μέχρις (μέχρι) up to (prep.); until (conj.) ▸ 3 + 1 + 3 = 7
  μέχρις ▸ 3 + 1 + 3 = 7
  Conjunction · subordinating ▸ 3 + 1 = **4** (Esth. 15,8 # 5,1e; Judith 5,10; Tob. 11,1; Dan. 11,36)
  ImproperPreposition · (+genitive) ▸ **3** (Mark 13,30; Gal. 4,19; Heb. 12,4)

μεχωνωθ (Hebr.) bases ▸ 20
  μεχωνωθ ▸ 20
  Noun ▸ **4** (1Kings 7,15; 1Kings 7,29; 2Kings 16,17; 2Chr. 4,14)
  Noun · feminine · plural · accusative · (common) ▸ **6** (1Kings 7,14; 1Kings 7,23; 1Kings 7,25; 1Kings 7,29; 2Kings 25,13; 2Chr. 4,14)
  Noun · feminine · plural · dative · (common) ▸ **1** (1Kings 7,24)
  Noun · feminine · singular · dative · (common) ▸ **2** (1Kings 7,17; 1Kings 7,18)
  Noun · feminine · singular · genitive · (common) ▸ **6** (1Kings 7,14; 1Kings 7,20; 1Kings 7,20; 1Kings 7,21; 1Kings 7,21; 1Kings 7,24)
  Noun · neuter · plural · nominative · (common) ▸ **1** (2Kings 25,16)

μή not, lest ▸ 3048 + 126 + 1042 = 4216
  Μή ▸ 15 + 1 + 1 = 17
  Particle · (negative) ▸ 15 + 1 + 1 = **17** (Gen. 18,30; Gen. 18,32; Gen. 23,6; Gen. 44,17; 2Sam. 13,12; 2Sam. 13,16; 1Kings 20,3; 2Kings 3,13; 2Kings 4,16; 2Kings 6,27; 1Mac. 7,3; Job 10,2; Job 34,10; Job 40,7; Is. 37,10; Judg. 19,23; 2Th. 2,3)
  μή ▸ 83 + 8 + 66 = 157
  Conjunction · subordinating · (complement) ▸ **2** (Heb. 12,15; Heb. 12,15)
  Conjunction · subordinating · (purposive) ▸ **26** (Matt. 24,4; Mark 13,5; Acts 8,31; Acts 27,29; Acts 27,42; Rom. 11,21; 1Cor. 1,15; 1Cor. 8,9; 1Cor. 9,27; 1Cor. 16,11; 2Cor. 2,7; 2Cor. 8,20; 2Cor. 9,4; 2Cor. 11,3; 2Cor. 12,6; 2Cor. 12,20; 2Cor. 12,20; Gal. 2,2; Gal. 4,11; Eph. 2,9; Col. 2,8; 1Th. 3,5; 1Th. 5,15; Heb. 12,16; Rev. 19,10; Rev. 22,9)
  Particle · (interrogative) ▸ **1** (John 4,33)
  Particle · (negative) ▸ 83 + 8 + 37 = **128** (Gen. 18,21; Gen. 20,9; Gen. 24,41; Gen. 24,49; Gen. 28,15; Gen. 30,1; Gen. 32,27; Gen. 32,27; Gen. 42,16; Gen. 42,20; Gen. 47,29; Ex. 32,32; Ex. 33,15; Ex. 34,12; Num. 20,18; Num. 22,34; Deut. 29,17; Deut. 29,17; Deut. 31,6; Deut. 31,6; Judg. 9,15; Judg. 9,20; Judg. 9,20; 1Sam. 2,16; 1Sam. 2,24; 1Sam. 6,9; 1Sam. 19,17; 1Sam. 20,9; 2Sam. 13,26; 2Sam. 17,6; 2Kings 2,10; 2Kings 5,17; 1Chr. 28,20; Ezra 7,23; Tob. 3,3; Tob. 5,14; Tob. 8,12; 1Mac. 13,5; 1Mac. 15,31; 1Mac. 15,31; 3Mac. 1,15; 4Mac. 9,23; Psa. 18,14; Psa. 49,12; Psa. 68,16; Psa. 118,8; Psa. 118,31; Psa. 136,6; Prov. 1,10; Prov. 2,17; Prov. 3,30; Prov. 6,25; Prov. 14,4; Prov. 25,10; Prov. 30,8; Job 6,9; Job 6,22; Job 9,34; Job 13,21; Job 24,25; Job 27,5; Job 32,22; Job 33,33; Job 36,19; Wis. 9,4; Sir. 5,12; Sir. 7,1; Sir. 13,24; Sir. 14,14; Sir. 16,2; Sir. 19,8; Sir. 19,10; Sir. 29,6; Sir. 31,22; Sir. 51,10; Jer. 11,21; Jer. 47,5; LetterJ 23; Dan. 3,15; Dan. 6,6; Dan. 6,13; Bel 8; Bel 15-17; Judg. 9,15; Tob. 3,3; Tob. 3,15; Tob. 5,14; Tob. 10,7; Dan. 3,18; Sus. 21; Bel 29; Matt. 6,1; Matt. 9,17; Matt. 23,39; Matt. 26,35; Mark 2,21; Mark 2,22; Mark 5,7; Mark 14,31; Luke 5,36; Luke 5,37; Luke 8,28; Luke 10,6; Luke 11,7; Luke 13,9; Luke 14,32; Luke 22,35; John 3,3; John 3,5; John 5,19; John 6,12; John 7,48; John 14,2; John 14,11; John 15,6; John 20,17; John 21,5; 1Cor. 7,21; 1Cor. 9,12; 2Cor. 11,16; 2Cor. 11,16; 2Cor. 12,17; Gal. 1,7; Heb. 13,5; Heb. 13,5; Rev. 2,5; Rev. 2,16; Rev. 13,17)
  Μὴ ▸ 192 + 17 + 22 = 231
  Particle · (negative) ▸ 192 + 17 + 22 = **231** (Gen. 13,8; Gen. 15,1; Gen. 18,17; Gen. 18,23; Gen. 21,12; Gen. 22,12; Gen. 24,56; Gen. 26,2; Gen. 27,38; Gen. 30,2; Gen. 31,14; Gen. 31,35; Gen. 37,8; Gen. 37,22; Gen. 41,38; Gen. 42,22; Gen. 45,24; Gen. 50,19; Gen. 50,21; Ex. 3,5; Ex. 32,22; Lev. 18,24; Lev. 19,26; Num. 4,18; Num. 10,31; Num. 11,23; Num. 11,29; Num. 12,2; Num. 16,15; Num. 21,34; Deut. 1,29; Deut. 2,9; Deut. 3,2; Deut. 22,1; Josh. 6,10; Josh. 7,3; Josh. 8,1; Josh. 10,6; Josh. 10,8; Josh. 10,25; Josh. 11,6; Josh. 24,16; Judg. 6,31; Judg. 6,39; Judg. 8,6; Judg. 8,15; Judg. 12,5; Judg. 14,3; Judg. 18,25; Ruth 1,16; Ruth 1,20; Ruth 3,14; Ruth 3,17; 1Sam. 4,20; 1Sam. 7,8; 1Sam. 12,20; 1Sam. 13,19; 1Sam. 16,7; 1Sam. 17,32; 1Sam. 19,4; 1Sam. 20,3; 1Sam. 22,5; 1Sam. 23,17; 1Sam. 26,9; 1Sam. 27,11; 1Sam. 28,13; 2Sam. 2,26; 2Sam. 3,8; 2Sam. 9,7; 2Sam. 10,3; 2Sam. 11,25; 2Sam. 13,20; 2Sam. 13,25; 2Sam. 13,32; 2Sam. 14,18; 2Sam.

14,19; 2Sam. 17,16; 2Sam. 19,20; 2Sam. 19,22; 1Kings 13,9; 1Kings 13,17; 1Kings 13,22; 1Kings 21,8; 1Kings 22,8; 1Kings 22,31; 2Kings 2,18; 2Kings 4,28; 2Kings 5,7; 2Kings 6,16; 2Kings 18,27; 2Kings 18,29; 2Kings 19,6; 2Kings 19,10; 2Kings 25,24; 1Chr. 16,22; 1Chr. 19,3; 2Chr. 18,7; 2Chr. 18,30; 2Chr. 20,15; 2Chr. 23,14; 2Chr. 25,16; 2Chr. 32,4; Neh. 1,5; Neh. 3,35; Neh. 4,8; Judith 12,13; Tob. 5,21; Tob. 8,10; Tob. 12,17; 1Mac. 4,8; 1Mac. 4,17; 1Mac. 5,42; 1Mac. 7,28; 1Mac. 9,10; 1Mac. 10,16; 1Mac. 13,46; 2Mac. 7,18; 4Mac. 6,17; 4Mac. 10,13; 4Mac. 13,18; Psa. 36,1; Psa. 40,9; Psa. 74,5; Psa. 74,5; Psa. 77,19; Psa. 87,11; Psa. 104,15; Prov. 22,22; Song 3,3; Job 1,9; Job 4,2; Job 40,2; Sir. 5,1; Sir. 5,8; Sir. 5,14; Sir. 6,2; Sir. 7,1; Sir. 7,18; Sir. 8,1; Sir. 9,1; Sir. 9,10; Sir. 10,26; Sir. 11,2; Sir. 11,29; Sir. 16,1; Sir. 16,17; Sir. 30,21; Sir. 35,11; Sir. 42,1; Sol. 7,1; Hos. 9,1; Amos 7,16; Is. 10,24; Is. 14,29; Is. 30,10; Is. 30,10; Is. 36,12; Is. 36,14; Is. 37,6; Is. 40,27; Is. 41,13; Is. 43,1; Is. 43,6; Is. 43,18; Is. 59,1; Is. 65,8; Jer. 1,7; Jer. 2,14; Jer. 2,31; Jer. 8,4; Jer. 8,19; Jer. 9,22; Jer. 13,12; Jer. 14,11; Jer. 16,5; Jer. 22,10; Jer. 23,16; Jer. 27,7; Jer. 30,17; Jer. 34,16; Jer. 36,8; Jer. 44,9; Jer. 47,9; Jer. 47,16; Jer. 48,8; Jer. 49,19; Jer. 50,2; Jer. 51,4; Lam. 3,56; Lam. 3,57; Dan. 10,12; Bel 24; Judg. 6,13; Judg. 6,31; Judg. 6,39; Judg. 8,6; Judg. 8,15; Judg. 9,9; Judg. 9,11; Judg. 9,13; Judg. 10,11; Judg. 12,5; Judg. 14,3; Judg. 18,25; Tob. 5,21; Tob. 12,17; Dan. 10,12; Dan. 10,19; Bel 7; Matt. 5,17; Matt. 6,19; Matt. 6,31; Matt. 6,34; Matt. 7,1; Matt. 7,6; Matt. 10,9; Matt. 10,26; Matt. 10,34; Luke 12,32; John 5,45; John 14,1; Rom. 6,12; 1Cor. 9,8; 2Cor. 6,14; Gal. 6,7; Col. 2,16; Heb. 10,35; James 1,16; James 3,1; James 4,11; 1John 2,15)

Μ, μ

μή ‣ 2758 + 100 + 953 = 3811

Conjunction • subordinating • (complement) ‣ 15 (Matt. 18,10; Matt. 24,6; Mark 13,36; Luke 11,35; Luke 21,8; Acts 5,26; Acts 13,40; Acts 23,10; Acts 27,17; 1Cor. 10,12; 2Cor. 12,21; Gal. 5,15; Gal. 6,1; Titus 2,3; Heb. 12,25)

Particle • (negative) ‣ 2758 + 100 + 938 = **3796** (Gen. 3,1; Gen. 3,3; Gen. 3,3; Gen. 3,11; Gen. 3,11; Gen. 3,17; Gen. 4,7; Gen. 4,9; Gen. 4,15; Gen. 6,3; Gen. 7,2; Gen. 7,3; Gen. 7,8; Gen. 11,7; Gen. 14,23; Gen. 16,2; Gen. 18,3; Gen. 18,14; Gen. 18,28; Gen. 18,29; Gen. 18,30; Gen. 18,31; Gen. 18,32; Gen. 19,7; Gen. 19,8; Gen. 19,9; Gen. 19,15; Gen. 19,17; Gen. 19,19; Gen. 19,21; Gen. 20,6; Gen. 20,7; Gen. 21,16; Gen. 21,17; Gen. 21,23; Gen. 24,3; Gen. 24,6; Gen. 24,8; Gen. 24,8; Gen. 24,33; Gen. 26,24; Gen. 26,29; Gen. 28,13; Gen. 30,15; Gen. 30,33; Gen. 31,20; Gen. 31,42; Gen. 31,52; Gen. 32,33; Gen. 34,17; Gen. 37,22; Gen. 37,27; Gen. 38,9; Gen. 38,22; Gen. 42,2; Gen. 42,15; Gen. 42,15; Gen. 42,37; Gen. 43,3; Gen. 43,5; Gen. 43,5; Gen. 43,7; Gen. 43,8; Gen. 43,9; Gen. 43,10; Gen. 43,23; Gen. 44,7; Gen. 44,18; Gen. 44,23; Gen. 44,26; Gen. 44,30; Gen. 44,31; Gen. 44,32; Gen. 44,34; Gen. 44,34; Gen. 45,5; Gen. 45,9; Gen. 45,11; Gen. 45,20; Gen. 46,3; Gen. 47,19; Gen. 47,19; Gen. 49,4; Gen. 49,6; Gen. 49,6; Ex. 2,14; Ex. 3,19; Ex. 4,1; Ex. 4,8; Ex. 4,9; Ex. 4,21; Ex. 4,23; Ex. 5,5; Ex. 5,9; Ex. 7,14; Ex. 7,27; Ex. 8,17; Ex. 8,25; Ex. 8,25; Ex. 9,2; Ex. 9,17; Ex. 9,19; Ex. 9,21; Ex. 10,4; Ex. 10,10; Ex. 10,11; Ex. 12,4; Ex. 13,13; Ex. 14,5; Ex. 14,11; Ex. 19,15; Ex. 19,24; Ex. 20,5; Ex. 20,7; Ex. 20,19; Ex. 20,20; Ex. 20,26; Ex. 21,8; Ex. 21,11; Ex. 21,18; Ex. 21,22; Ex. 21,29; Ex. 21,33; Ex. 21,36; Ex. 22,2; Ex. 22,7; Ex. 22,7; Ex. 22,10; Ex. 22,13; Ex. 22,16; Ex. 22,20; Ex. 23,13; Ex. 23,18; Ex. 23,21; Ex. 23,21; Ex. 23,24; Ex. 23,29; Ex. 23,33; Ex. 28,32; Ex. 28,35; Ex. 28,43; Ex. 30,20; Ex. 30,21; Ex. 33,3; Ex. 33,3; Ex. 33,5; Ex. 33,15; Ex. 33,20; Ex. 34,3; Ex. 34,14; Ex. 34,20; Ex. 36,28; Ex. 40,37; Lev. 5,1; Lev. 5,7; Lev. 5,11; Lev. 7,10; Lev. 8,35; Lev. 10,6; Lev. 10,7; Lev. 10,9; Lev. 10,19; Lev. 11,43; Lev. 11,47; Lev. 12,8; Lev. 13,4; Lev. 13,21; Lev. 13,23; Lev. 13,26; Lev. 13,28; Lev. 13,53; Lev. 13,55; Lev. 14,21; Lev. 14,32; Lev. 14,36; Lev. 16,2; Lev. 17,4; Lev. 17,4; Lev. 17,4; Lev. 17,9; Lev. 17,16; Lev. 17,16; Lev. 18,28; Lev. 18,30; Lev. 19,13; Lev. 20,4; Lev. 20,22; Lev. 21,3; Lev. 22,6; Lev. 22,9; Lev. 22,13; Lev. 23,29; Lev. 25,14; Lev. 25,17; Lev. 25,20; Lev. 25,26; Lev. 25,28; Lev. 25,30; Lev. 25,54; Lev. 26,14; Lev. 26,15; Lev. 26,18; Lev. 26,21; Lev. 26,23; Lev. 26,26; Lev. 26,27; Lev. 26,31; Lev. 27,20; Lev. 27,20; Lev. 27,27; Num. 4,15; Num. 4,19; Num. 4,20; Num. 5,3; Num. 5,8; Num. 5,13; Num. 5,13; Num. 5,14; Num. 5,19; Num. 5,19; Num. 5,28; Num. 9,7; Num. 9,19; Num. 9,22; Num. 11,12; Num. 11,15; Num. 11,22; Num. 12,11; Num. 12,12; Num. 13,31; Num. 14,9; Num. 14,9; Num. 14,9; Num. 14,16; Num. 14,42; Num. 15,22; Num. 16,9; Num. 16,13; Num. 16,26; Num. 16,26; Num. 17,5; Num. 17,25; Num. 18,32; Num. 19,12; Num. 19,13; Num. 19,20; Num. 20,10; Num. 20,24; Num. 21,35; Num. 22,16; Num. 22,30; Num. 22,33; Num. 23,8; Num. 23,8; Num. 23,13; Num. 23,20; Num. 23,25; Num. 27,4; Num. 27,8; Num. 27,9; Num. 27,10; Num. 27,11; Num. 30,12; Num. 31,23; Num. 32,5; Num. 32,7; Num. 32,9; Num. 32,18; Num. 32,23; Num. 32,30; Num. 33,55; Num. 35,12; Num. 35,33; Deut. 1,17; Deut. 1,21; Deut. 1,37; Deut. 1,42; Deut. 1,42; Deut. 2,5; Deut. 2,5; Deut. 2,9; Deut. 2,9; Deut. 2,19; Deut. 2,19; Deut. 2,19; Deut. 3,3; Deut. 3,26; Deut. 4,9; Deut. 4,9; Deut. 4,16; Deut. 4,19; Deut. 4,21; Deut. 4,21; Deut. 4,23; Deut. 4,28; Deut. 4,28; Deut. 4,28; Deut. 4,31; Deut. 5,9; Deut. 5,11; Deut. 5,25; Deut. 6,12; Deut. 6,15; Deut. 7,2; Deut. 7,3; Deut. 7,22; Deut. 7,25; Deut. 8,11; Deut. 8,11; Deut. 8,12; Deut. 8,17; Deut. 9,4; Deut. 9,7; Deut. 9,26; Deut. 9,27; Deut. 9,28; Deut. 9,28; Deut. 10,17; Deut. 11,16; Deut. 11,28; Deut. 12,13; Deut. 12,19; Deut. 12,23; Deut. 12,30; Deut. 12,30; Deut. 13,9; Deut. 14,24; Deut. 15,7; Deut. 15,9; Deut. 15,11; Deut. 15,19; Deut. 17,12; Deut. 17,16; Deut. 17,20; Deut. 17,20; Deut. 18,16; Deut. 18,19; Deut. 18,22; Deut. 18,22; Deut. 19,6; Deut. 20,3; Deut. 20,3; Deut. 20,5; Deut. 20,6; Deut. 20,7; Deut. 20,8; Deut. 20,12; Deut. 20,18; Deut. 20,19; Deut. 21,8; Deut. 21,14; Deut. 21,18; Deut. 22,2; Deut. 22,4; Deut. 22,5; Deut. 22,9; Deut. 22,20; Deut. 23,5; Deut. 23,23; Deut. 23,25; Deut. 24,1; Deut. 25,5; Deut. 25,5; Deut. 25,7; Deut. 25,19; Deut. 28,13; Deut. 28,15; Deut. 28,27; Deut. 28,35; Deut. 28,51; Deut. 28,55; Deut. 28,58; Deut. 28,61; Deut. 28,65; Deut. 29,14; Deut. 29,18; Deut. 29,19; Deut. 29,22; Deut. 30,17; Deut. 30,18; Deut. 31,6; Deut. 31,8; Deut. 31,8; Deut. 31,21; Deut. 32,27; Deut. 32,27; Deut. 32,27; Deut. 32,27; Deut. 32,30; Deut. 33,6; Deut. 33,11; Josh. 1,9; Josh. 1,18; Josh. 2,16; Josh. 3,4; Josh. 5,6; Josh. 7,3; Josh. 7,12; Josh. 7,12; Josh. 7,19; Josh. 8,4; Josh. 8,22; Josh. 9,7; Josh. 9,23; Josh. 10,19; Josh. 10,19; Josh. 10,33; Josh. 11,8; Josh. 11,20; Josh. 20,9; Josh. 22,17; Josh. 22,19; Josh. 22,19; Josh. 22,20; Josh. 22,22; Josh. 22,24; Josh. 22,25; Josh. 22,29; Josh. 23,6; Josh. 23,7; Josh. 23,7; Josh. 23,7; Josh. 23,13; Josh. 24,15; Josh. 24,19; Judg. 2,2; Judg. 2,23; Judg. 3,1; Judg. 4,8; Judg. 4,18; Judg. 6,18; Judg. 6,23; Judg. 6,23; Judg. 6,27; Judg. 7,2; Judg. 8,1; Judg. 9,41; Judg. 11,10; Judg. 11,25; Judg. 11,25; Judg. 13,4; Judg. 13,4; Judg. 13,7; Judg. 13,7; Judg. 13,14; Judg. 13,14; Judg. 14,13; Judg. 14,18; Judg. 15,12; Judg. 16,7; Judg. 16,8; Judg. 18,7; Judg. 18,9; Judg. 18,19; Judg. 19,12; Judg. 19,20; Judg. 19,23; Judg. 19,23; Judg. 19,24; Judg. 21,5; Judg. 21,5; Judg. 21,7; Judg. 21,17; Ruth 1,11; Ruth 1,12; Ruth 1,13; Ruth 1,13; Ruth 1,13; Ruth 2,8; Ruth 2,9; Ruth 2,15; Ruth 3,1; Ruth 3,3; Ruth 3,10; Ruth 3,11; Ruth 3,13; Ruth 3,18; Ruth 4,4; 1Sam. 1,6; 1Sam. 1,16; 1Sam. 2,3; 1Sam. 2,3; 1Sam. 2,3; 1Sam. 2,10; 1Sam. 2,10; 1Sam. 2,10; 1Sam. 2,15; 1Sam. 2,24; 1Sam. 2,24; 1Sam. 3,17; 1Sam. 5,11; 1Sam. 6,3; 1Sam. 6,3; 1Sam. 7,8; 1Sam. 8,7; 1Sam. 9,5; 1Sam. 9,13; 1Sam. 9,20; 1Sam. 11,3; 1Sam. 12,14; 1Sam. 12,15; 1Sam. 12,19; 1Sam. 12,20; 1Sam. 12,21; 1Sam.

μή

13,6; 1Sam. 14,9; 1Sam. 14,34; 1Sam. 14,36; 1Sam. 15,6; 1Sam. 15,23; 1Sam. 15,26; 1Sam. 16,1; 1Sam. 16,11; 1Sam. 17,33; 1Sam. 17,39; 1Sam. 19,11; 1Sam. 20,2; 1Sam. 20,2; 1Sam. 20,3; 1Sam. 20,12; 1Sam. 20,15; 1Sam. 20,26; 1Sam. 20,38; 1Sam. 22,15; 1Sam. 22,23; 1Sam. 23,17; 1Sam. 23,28; 1Sam. 25,25; 1Sam. 25,26; 1Sam. 25,33; 1Sam. 25,34; 1Sam. 26,10; 1Sam. 26,19; 1Sam. 26,20; 1Sam. 27,1; 1Sam. 29,4; 1Sam. 29,4; 1Sam. 29,7; 1Sam. 29,8; 1Sam. 29,10; 1Sam. 30,15; 1Sam. 30,15; 1Sam. 31,4; 2Sam. 1,20; 2Sam. 1,20; 2Sam. 1,21; 2Sam. 1,21; 2Sam. 2,22; 2Sam. 2,26; 2Sam. 2,27; 2Sam. 3,13; 2Sam. 3,29; 2Sam. 3,35; 2Sam. 3,35; 2Sam. 12,13; 2Sam. 12,23; 2Sam. 12,28; 2Sam. 13,12; 2Sam. 13,12; 2Sam. 13,13; 2Sam. 13,20; 2Sam. 13,25; 2Sam. 13,25; 2Sam. 13,28; 2Sam. 13,33; 2Sam. 14,2; 2Sam. 14,7; 2Sam. 14,11; 2Sam. 14,13; 2Sam. 14,24; 2Sam. 15,14; 2Sam. 17,8; 2Sam. 17,13; 2Sam. 18,12; 2Sam. 18,13; 2Sam. 18,16; 2Sam. 19,8; 2Sam. 19,14; 2Sam. 19,20; 2Sam. 19,24; 2Sam. 19,36; 2Sam. 19,43; 2Sam. 21,5; 2Sam. 21,17; 2Sam. 23,5; 2Sam. 24,14; 1Kings 2,9; 1Kings 2,16; 1Kings 2,20; 1Kings 2,27; 1Kings 2,350; 1Kings 3,26; 1Kings 3,27; 1Kings 6,6; 1Kings 8,35; 1Kings 8,57; 1Kings 8,64; 1Kings 9,6; 1Kings 10,22a # 9,15; 1Kings 10,22b # 9,20; 1Kings 11,2; 1Kings 11,10; 1Kings 11,13; 1Kings 11,34; 1Kings 12,24k; 1Kings 13,8; 1Kings 13,8; 1Kings 13,9; 1Kings 13,9; 1Kings 13,16; 1Kings 13,16; 1Kings 13,17; 1Kings 13,17; 1Kings 13,22; 1Kings 13,22; 1Kings 15,13; 1Kings 15,17; 1Kings 17,1; 1Kings 18,23; 1Kings 18,23; 1Kings 18,25; 1Kings 18,44; 1Kings 21,8; 1Kings 21,11; 1Kings 21,19; 1Kings 21,23; 2Kings 1,3; 2Kings 1,6; 2Kings 1,15; 2Kings 2,10; 2Kings 3,14; 2Kings 4,3; 2Kings 4,16; 2Kings 4,24; 2Kings 5,20; 2Kings 5,20; 2Kings 6,9; 2Kings 6,22; 2Kings 6,27; 2Kings 7,2; 2Kings 7,10; 2Kings 7,19; 2Kings 9,15; 2Kings 9,26; 2Kings 9,37; 2Kings 10,11; 2Kings 10,19; 2Kings 10,25; 2Kings 11,15; 2Kings 12,8; 2Kings 12,9; 2Kings 12,9; 2Kings 17,15; 2Kings 18,25; 2Kings 18,29; 2Kings 18,30; 2Kings 18,30; 2Kings 18,31; 2Kings 18,32; 2Kings 18,32; 2Kings 18,33; 2Kings 19,10; 2Kings 19,12; 2Kings 19,32; 2Kings 23,9; 2Kings 23,18; 2Kings 23,33; 1Chr. 4,10; 1Chr. 10,4; 1Chr. 16,22; 1Chr. 16,30; 1Chr. 21,3; 1Chr. 21,13; 1Chr. 21,17; 1Chr. 21,24; 1Chr. 22,13; 1Chr. 26,27; 1Chr. 28,20; 2Chr. 6,26; 2Chr. 6,42; 2Chr. 7,13; 2Chr. 11,4; 2Chr. 11,14; 2Chr. 12,7; 2Chr. 13,9; 2Chr. 14,10; 2Chr. 14,12; 2Chr. 15,7; 2Chr. 15,13; 2Chr. 15,16; 2Chr. 16,1; 2Chr. 16,7; 2Chr. 18,15; 2Chr. 20,17; 2Chr. 23,6; 2Chr. 23,6; 2Chr. 25,13; 2Chr. 25,16; 2Chr. 28,13; 2Chr. 29,11; 2Chr. 30,7; 2Chr. 30,8; 2Chr. 30,17; 2Chr. 32,7; 2Chr. 32,13; 2Chr. 32,14; 2Chr. 32,15; 2Chr. 32,15; 2Chr. 32,15; 2Chr. 32,15; 2Chr. 32,15; 2Chr. 32,17; 2Chr. 35,21; 2Chr. 36,2c; 2Chr. 36,13; 1Esdr. 1,25; 1Esdr. 2,15; 1Esdr. 2,16; 1Esdr. 2,24; 1Esdr. 4,49; 1Esdr. 5,39; 1Esdr. 5,40; 1Esdr. 5,62; 1Esdr. 8,21; 1Esdr. 8,23; 1Esdr. 8,81; 1Esdr. 8,81; 1Esdr. 8,85; 1Esdr. 9,4; 1Esdr. 9,51; 1Esdr. 9,52; 1Esdr. 9,53; 1Esdr. 9,54; Ezra 2,63; Ezra 6,8; Ezra 7,24; Ezra 7,25; Ezra 7,26; Ezra 9,12; Ezra 9,12; Ezra 9,14; Ezra 9,14; Ezra 10,8; Neh. 1,11; Neh. 2,2; Neh. 2,3; Neh. 2,12; Neh. 3,37; Neh. 7,65; Neh. 8,9; Neh. 8,10; Neh. 8,10; Neh. 8,11; Neh. 9,32; Neh. 10,31; Neh. 13,1; Neh. 13,14; Neh. 13,19; Neh. 13,19; Neh. 13,27; Esth. 1,19; Esth. 2,10; Esth. 2,14; Esth. 13,2 # 3,13b; Esth. 13,4 # 3,13d; Esth. 13,5 # 3,13e; Esth. 4,13; Esth. 4,16; Esth. 13,12 # 4,17d; Esth. 13,14 # 4,17e; Esth. 13,16 # 4,17g; Esth. 13,17 # 4,17h; Esth. 14,3 # 4,17l; Esth. 14,3 # 4,17l; Esth. 14,11 # 4,17q; Esth. 14,11 # 4,17q; Esth. 14,11 # 4,17q; Esth. 14,14 # 4,17t; Esth. 14,14 # 4,17t; Esth. 15,9 # 5,1f; Esth. 6,6; Esth. 6,10; Esth. 6,13; Esth. 16,17 # 8,12r; Esth. 16,24 # 8,12x; Esth. 9,28; Judith 4,12; Judith 5,4; Judith 6,2; Judith 6,2; Judith 6,9; Judith 7,9; Judith 7,11; Judith 7,13; Judith 7,28; Judith 7,31; Judith 8,11; Judith 8,14; Judith 8,15; Judith 8,16; Judith 9,14; Judith 10,16; Judith 11,1; Judith 11,2; Judith 11,10; Judith 11,10; Judith 11,11; Judith 11,12; Judith 12,2; Judith 12,7; Judith 12,12; Tob. 1,11; Tob. 2,13; Tob. 3,6; Tob. 3,9; Tob. 3,13; Tob. 3,15; Tob. 4,3; Tob. 4,3; Tob. 4,5; Tob. 4,5; Tob. 4,7; Tob. 4,7; Tob. 4,7; Tob. 4,8; Tob. 4,12; Tob. 4,13; Tob. 4,14; Tob. 4,15; Tob. 4,15; Tob. 4,16; Tob. 4,17; Tob. 4,18; Tob. 4,19; Tob. 4,21; Tob. 5,8; Tob. 5,19; Tob. 6,8; Tob. 6,13; Tob. 6,15; Tob. 6,15; Tob. 6,18; Tob. 8,20; Tob. 8,20; Tob. 9,3; Tob. 10,6; Tob. 10,7; Tob. 10,13; Tob. 12,6; Tob. 12,11; Tob. 13,6; 1Mac. 1,50; 1Mac. 1,62; 1Mac. 1,63; 1Mac. 1,63; 1Mac. 2,40; 1Mac. 2,41; 1Mac. 2,62; 1Mac. 2,63; 1Mac. 3,22; 1Mac. 3,30; 1Mac. 3,53; 1Mac. 4,8; 1Mac. 5,19; 1Mac. 6,27; 1Mac. 7,35; 1Mac. 7,38; 1Mac. 9,9; 1Mac. 9,10; 1Mac. 9,71; 1Mac. 10,38; 1Mac. 11,22; 1Mac. 12,10; 1Mac. 12,44; 1Mac. 13,16; 1Mac. 15,19; 1Mac. 15,19; 1Mac. 15,19; 2Mac. 1,5; 2Mac. 1,20; 2Mac. 2,2; 2Mac. 2,2; 2Mac. 2,3; 2Mac. 2,11; 2Mac. 3,5; 2Mac. 3,6; 2Mac. 4,19; 2Mac. 4,19; 2Mac. 5,18; 2Mac. 5,27; 2Mac. 6,1; 2Mac. 6,4; 2Mac. 6,9; 2Mac. 6,12; 2Mac. 6,12; 2Mac. 6,13; 2Mac. 6,15; 2Mac. 7,16; 2Mac. 7,19; 2Mac. 7,29; 2Mac. 7,31; 2Mac. 7,34; 2Mac. 8,15; 2Mac. 8,16; 2Mac. 9,12; 2Mac. 9,24; 2Mac. 10,4; 2Mac. 11,24; 2Mac. 12,14; 2Mac. 12,44; 2Mac. 13,11; 2Mac. 14,32; 2Mac. 14,33; 2Mac. 14,43; 2Mac. 15,8; 2Mac. 15,17; 3Mac. 1,11; 3Mac. 1,27; 3Mac. 1,29; 3Mac. 2,17; 3Mac. 2,17; 3Mac. 2,23; 3Mac. 2,28; 3Mac. 2,30; 3Mac. 3,9; 3Mac. 3,15; 3Mac. 4,13; 3Mac. 4,16; 3Mac. 4,16; 3Mac. 5,32; 3Mac. 6,6; 3Mac. 6,11; 3Mac. 6,24; 4Mac. 1,6; 4Mac. 2,6; 4Mac. 2,7; 4Mac. 2,10; 4Mac. 2,14; 4Mac. 2,19; 4Mac. 2,20; 4Mac. 3,2; 4Mac. 3,4; 4Mac. 4,3; 4Mac. 4,13; 4Mac. 4,20; 4Mac. 5,3; 4Mac. 5,9; 4Mac. 5,18; 4Mac. 5,19; 4Mac. 5,31; 4Mac. 5,37; 4Mac. 6,7; 4Mac. 6,21; 4Mac. 8,2; 4Mac. 8,5; 4Mac. 8,24; 4Mac. 9,2; 4Mac. 9,3; 4Mac. 9,7; 4Mac. 11,16; 4Mac. 11,25; 4Mac. 12,4; 4Mac. 13,10; 4Mac. 13,14; 4Mac. 14,1; 4Mac. 14,11; 4Mac. 14,17; 4Mac. 16,12; 4Mac. 16,22; 4Mac. 16,23; 4Mac. 17,1; 4Mac. 17,20; Psa. 4,5; Psa. 6,2; Psa. 7,3; Psa. 7,12; Psa. 7,13; Psa. 9,20; Psa. 9,27; Psa. 9,32; Psa. 9,33; Psa. 9,36; Psa. 9,39; Psa. 15,4; Psa. 15,4; Psa. 15,8; Psa. 16,4; Psa. 16,5; Psa. 17,39; Psa. 20,8; Psa. 20,12; Psa. 21,12; Psa. 21,20; Psa. 24,2; Psa. 24,3; Psa. 24,7; Psa. 24,20; Psa. 25,1; Psa. 25,4; Psa. 25,5; Psa. 25,9; Psa. 26,9; Psa. 26,9; Psa. 26,9; Psa. 26,9; Psa. 26,12; Psa. 27,1; Psa. 27,3; Psa. 27,3; Psa. 27,5; Psa. 29,7; Psa. 29,10; Psa. 29,13; Psa. 30,2; Psa. 30,18; Psa. 31,2; Psa. 31,9; Psa. 31,9; Psa. 33,6; Psa. 33,14; Psa. 33,23; Psa. 34,19; Psa. 34,22; Psa. 34,22; Psa. 34,24; Psa. 34,25; Psa. 35,12; Psa. 35,12; Psa. 35,13; Psa. 36,7; Psa. 36,8; Psa. 36,10; Psa. 36,10; Psa. 36,33; Psa. 36,33; Psa. 37,2; Psa. 37,22; Psa. 37,22; Psa. 38,2; Psa. 38,13; Psa. 38,14; Psa. 39,10; Psa. 39,12; Psa. 39,18; Psa. 40,3; Psa. 40,12; Psa. 43,24; Psa. 48,17; Psa. 49,13; Psa. 49,22; Psa. 50,13; Psa. 50,13; Psa. 54,2; Psa. 54,24; Psa. 56,1; Psa. 57,1; Psa. 58,1; Psa. 58,6; Psa. 58,12; Psa. 58,14; Psa. 58,16; Psa. 61,3; Psa. 61,7; Psa. 61,11; Psa. 61,11; Psa. 61,11; Psa. 65,7; Psa. 65,9; Psa. 65,18; Psa. 67,31; Psa. 68,7; Psa. 68,7; Psa. 68,15; Psa. 68,18; Psa. 68,24; Psa. 68,26; Psa. 68,28; Psa. 68,29; Psa. 69,6; Psa. 70,1; Psa. 70,9; Psa. 70,9; Psa. 70,12; Psa. 70,18; Psa. 73,19; Psa. 73,19; Psa. 73,21; Psa. 73,23; Psa. 74,1; Psa. 74,6; Psa. 74,6; Psa. 76,8; Psa. 77,7; Psa. 77,8; Psa. 77,20; Psa. 77,44; Psa. 78,6; Psa. 78,8; Psa. 79,19; Psa. 82,2; Psa. 82,5; Psa. 84,6; Psa. 87,12; Psa. 87,13; Psa. 88,31; Psa. 88,32; Psa. 88,34; Psa. 88,34; Psa. 88,35; Psa. 88,35; Psa. 88,48; Psa. 89,3; Psa. 93,17; Psa. 93,20; Psa. 94,8; Psa. 101,3; Psa. 101,25; Psa. 102,2; Psa. 103,35; Psa. 104,15; Psa. 105,23; Psa. 105,23; Psa. 108,1; Psa. 108,12; Psa. 108,14; Psa. 111,8; Psa. 113,9; Psa. 113,9; Psa. 118,6; Psa. 118,10; Psa. 118,11; Psa. 118,19; Psa. 118,36; Psa. 118,37; Psa. 118,43; Psa. 118,80; Psa. 118,92; Psa. 118,93; Psa. 118,116; Psa. 118,121;

Μ, μ

M, μ

Psa. 118,122; Psa. 118,133; Psa. 120,3; Psa. 123,1; Psa. 123,2; Psa. 124,3; Psa. 126,1; Psa. 126,1; Psa. 130,2; Psa. 131,10; Psa. 131,11; Psa. 136,6; Psa. 137,8; Psa. 138,6; Psa. 139,9; Psa. 139,9; Psa. 139,11; Psa. 140,4; Psa. 140,4; Psa. 140,5; Psa. 140,8; Psa. 142,2; Psa. 142,7; Psa. 145,3; Ode. 2,27; Ode. 2,27; Ode. 2,27; Ode. 2,27; Ode. 2,30; Ode. 3,3; Ode. 3,3; Ode. 3,10; Ode. 3,10; Ode. 3,10; Ode. 4,8; Ode. 5,10; Ode. 5,10; Ode. 5,10; Ode. 5,14; Ode. 5,14; Ode. 7,34; Ode. 7,34; Ode. 7,35; Ode. 7,41; Ode. 10,6; Ode. 10,6; Ode. 10,6; Ode. 10,8; Ode. 11,11; Ode. 11,11; Ode. 11,17; Ode. 12,13; Prov. 1,8; Prov. 1,15; Prov. 2,19; Prov. 3,1; Prov. 3,3; Prov. 3,5; Prov. 3,6; Prov. 3,7; Prov. 3,11; Prov. 3,21; Prov. 3,23; Prov. 3,26; Prov. 3,27; Prov. 3,28; Prov. 3,29; Prov. 3,30; Prov. 3,31; Prov. 4,2; Prov. 4,5; Prov. 4,13; Prov. 4,14; Prov. 4,15; Prov. 4,16; Prov. 4,16; Prov. 4,21; Prov. 4,27; Prov. 5,3; Prov. 5,7; Prov. 5,8; Prov. 5,9; Prov. 5,10; Prov. 5,16; Prov. 5,20; Prov. 5,20; Prov. 6,3; Prov. 6,4; Prov. 6,7; Prov. 6,20; Prov. 6,35; Prov. 7,1a; Prov. 7,25; Prov. 8,10; Prov. 9,8; Prov. 9,8; Prov. 9,18a; Prov. 9,18c; Prov. 10,12; Prov. 10,22; Prov. 11,14; Prov. 11,29; Prov. 15,22; Prov. 15,23; Prov. 15,23; Prov. 16,10; Prov. 18,9; Prov. 19,18; Prov. 19,24; Prov. 20,20 # 20,9c; Prov. 20,13; Prov. 20,13; Prov. 21,13; Prov. 22,22; Prov. 22,24; Prov. 22,24; Prov. 22,26; Prov. 22,27; Prov. 22,28; Prov. 22,29; Prov. 23,3; Prov. 23,4; Prov. 23,6; Prov. 23,10; Prov. 23,10; Prov. 23,13; Prov. 23,13; Prov. 23,17; Prov. 23,20; Prov. 23,22; Prov. 23,31; Prov. 24,1; Prov. 24,11; Prov. 24,15; Prov. 24,17; Prov. 24,17; Prov. 24,19; Prov. 24,20; Prov. 24,22b; Prov. 25,6; Prov. 25,8; Prov. 25,8; Prov. 25,9; Prov. 25,10a; Prov. 26,4; Prov. 26,4; Prov. 26,5; Prov. 26,25; Prov. 27,1; Prov. 27,2; Prov. 27,2; Prov. 27,10; Prov. 27,10; Prov. 27,22; Prov. 28,9; Prov. 28,17a; Prov. 28,24; Prov. 29,18; Prov. 29,24; Prov. 30,6; Prov. 30,6; Prov. 30,7; Prov. 30,9; Prov. 30,10; Prov. 24,28; Prov. 24,29; Prov. 30,16; Prov. 30,25; Prov. 31,3; Prov. 31,4; Prov. 31,5; Prov. 31,5; Prov. 31,7; Eccl. 3,11; Eccl. 3,12; Eccl. 3,22; Eccl. 4,10; Eccl. 5,1; Eccl. 5,1; Eccl. 5,3; Eccl. 5,4; Eccl. 5,4; Eccl. 5,5; Eccl. 5,5; Eccl. 5,5; Eccl. 5,7; Eccl. 6,6; Eccl. 7,9; Eccl. 7,10; Eccl. 7,14; Eccl. 7,16; Eccl. 7,16; Eccl. 7,17; Eccl. 7,17; Eccl. 7,17; Eccl. 7,18; Eccl. 7,21; Eccl. 7,21; Eccl. 8,2; Eccl. 8,3; Eccl. 8,15; Eccl. 9,2; Eccl. 9,8; Eccl. 10,4; Eccl. 10,20; Eccl. 10,20; Eccl. 11,6; Eccl. 12,1; Eccl. 12,2; Eccl. 12,6; Song 1,6; Song 1,8; Song 7,3; Job 1,12; Job 3,4; Job 3,6; Job 3,7; Job 3,9; Job 3,9; Job 4,11; Job 4,17; Job 4,20; Job 4,21; Job 5,6; Job 5,12; Job 5,17; Job 5,19; Job 5,21; Job 5,22; Job 5,24; Job 6,5; Job 6,10; Job 6,12; Job 6,29; Job 7,9; Job 7,10; Job 7,10; Job 8,3; Job 8,11; Job 8,12; Job 8,15; Job 8,15; Job 8,20; Job 9,3; Job 9,3; Job 9,11; Job 9,17; Job 9,24; Job 9,35; Job 11,3; Job 11,4; Job 11,14; Job 11,15; Job 12,10; Job 12,25; Job 14,2; Job 14,5; Job 14,7; Job 14,12; Job 14,12; Job 14,15; Job 14,16; Job 15,6; Job 15,7; Job 15,22; Job 15,29; Job 15,29; Job 15,29; Job 15,30; Job 15,31; Job 15,32; Job 16,3; Job 16,18; Job 17,4; Job 18,21; Job 19,8; Job 20,4; Job 20,8; Job 20,14; Job 20,17; Job 20,24; Job 21,2; Job 21,4; Job 21,20; Job 22,12; Job 22,15; Job 22,20; Job 23,11; Job 23,12; Job 24,8; Job 24,22; Job 24,23; Job 25,3; Job 26,5; Job 27,4; Job 27,6; Job 27,10; Job 28,13; Job 29,24; Job 31,20; Job 31,34; Job 31,35; Job 31,37; Job 32,13; Job 32,21; Job 32,21; Job 33,18; Job 33,20; Job 33,23; Job 33,24; Job 33,28; Job 34,9; Job 34,16; Job 34,32; Job 34,33; Job 34,36; Job 34,37; Job 35,12; Job 36,5; Job 36,6; Job 36,12; Job 36,20; Job 36,21; Job 37,20; Job 39,4; Job 39,16; Job 39,22; Job 39,24; Job 40,8; Job 40,23; Job 40,31; Job 41,8; Job 41,9; Job 41,18; Job 41,20; Job 42,8; Job 42,8; Wis. 1,2; Wis. 1,2; Wis. 1,8; Wis. 1,8; Wis. 1,12; Wis. 2,7; Wis. 2,10; Wis. 3,1; Wis. 3,14; Wis. 4,11; Wis. 4,14; Wis. 6,9; Wis. 6,22; Wis. 7,28; Wis. 8,21; Wis. 9,17; Wis. 10,8; Wis. 11,25; Wis. 11,25; Wis. 12,10; Wis. 12,15; Wis. 12,26; Wis. 13,16; Wis. 14,5; Wis. 14,17; Wis. 16,11; Wis. 16,18; Wis. 16,27; Wis. 17,6; Wis. 17,11; Wis. 18,19; Sir. 1,28; Sir. 1,28; Sir. 1,29; Sir. 1,30; Sir. 1,30; Sir. 2,2; Sir. 2,3; Sir. 2,7; Sir. 2,7; Sir. 2,8; Sir. 3,10; Sir. 3,12; Sir. 3,13; Sir. 3,21; Sir. 3,21; Sir. 3,23; Sir. 4,1; Sir. 4,1; Sir. 4,2; Sir. 4,2; Sir. 4,3; Sir. 4,3; Sir. 4,4; Sir. 4,4; Sir. 4,5; Sir. 4,5; Sir. 4,9; Sir. 4,20; Sir. 4,22; Sir. 4,22; Sir. 4,23; Sir. 4,25; Sir. 4,26; Sir. 4,26; Sir. 4,27; Sir. 4,27; Sir. 4,29; Sir. 4,30; Sir. 4,31; Sir. 5,1; Sir. 5,2; Sir. 5,3; Sir. 5,4; Sir. 5,5; Sir. 5,6; Sir. 5,7; Sir. 5,7; Sir. 5,9; Sir. 5,9; Sir. 5,14; Sir. 5,15; Sir. 5,15; Sir. 6,2; Sir. 6,7; Sir. 6,8; Sir. 6,10; Sir. 6,23; Sir. 6,25; Sir. 6,27; Sir. 6,35; Sir. 7,3; Sir. 7,3; Sir. 7,4; Sir. 7,5; Sir. 7,5; Sir. 7,6; Sir. 7,6; Sir. 7,7; Sir. 7,7; Sir. 7,8; Sir. 7,9; Sir. 7,10; Sir. 7,10; Sir. 7,11; Sir. 7,12; Sir. 7,13; Sir. 7,14; Sir. 7,14; Sir. 7,15; Sir. 7,16; Sir. 7,19; Sir. 7,20; Sir. 7,21; Sir. 7,24; Sir. 7,26; Sir. 7,26; Sir. 7,27; Sir. 7,30; Sir. 7,33; Sir. 7,34; Sir. 7,35; Sir. 8,2; Sir. 8,3; Sir. 8,3; Sir. 8,4; Sir. 8,4; Sir. 8,5; Sir. 8,6; Sir. 8,7; Sir. 8,8; Sir. 8,9; Sir. 8,10; Sir. 8,10; Sir. 8,11; Sir. 8,11; Sir. 8,12; Sir. 8,13; Sir. 8,14; Sir. 8,15; Sir. 8,15; Sir. 8,16; Sir. 8,16; Sir. 8,17; Sir. 8,18; Sir. 8,19; Sir. 8,19; Sir. 9,2; Sir. 9,3; Sir. 9,4; Sir. 9,5; Sir. 9,6; Sir. 9,6; Sir. 9,7; Sir. 9,7; Sir. 9,8; Sir. 9,9; Sir. 9,9; Sir. 9,11; Sir. 9,12; Sir. 9,12; Sir. 9,13; Sir. 9,13; Sir. 9,13; Sir. 10,6; Sir. 10,6; Sir. 10,26; Sir. 11,2; Sir. 11,4; Sir. 11,4; Sir. 11,7; Sir. 11,8; Sir. 11,8; Sir. 11,9; Sir. 11,9; Sir. 11,10; Sir. 11,10; Sir. 11,10; Sir. 11,21; Sir. 11,23; Sir. 11,24; Sir. 11,28; Sir. 12,2; Sir. 12,3; Sir. 12,4; Sir. 12,5; Sir. 12,5; Sir. 12,5; Sir. 12,7; Sir. 12,10; Sir. 12,12; Sir. 12,12; Sir. 12,12; Sir. 12,15; Sir. 13,2; Sir. 13,2; Sir. 13,8; Sir. 13,8; Sir. 13,10; Sir. 13,10; Sir. 13,10; Sir. 13,10; Sir. 13,11; Sir. 13,11; Sir. 13,12; Sir. 13,12; Sir. 14,5; Sir. 14,14; Sir. 15,4; Sir. 15,4; Sir. 15,7; Sir. 15,7; Sir. 15,8; Sir. 15,11; Sir. 15,12; Sir. 16,2; Sir. 16,3; Sir. 16,3; Sir. 16,13; Sir. 16,17; Sir. 18,15; Sir. 18,22; Sir. 18,22; Sir. 18,23; Sir. 18,30; Sir. 18,32; Sir. 18,32; Sir. 18,33; Sir. 19,7; Sir. 19,8; Sir. 19,8; Sir. 19,14; Sir. 19,15; Sir. 20,20; Sir. 21,1; Sir. 22,13; Sir. 22,13; Sir. 22,13; Sir. 22,13; Sir. 22,13; Sir. 22,18; Sir. 22,18; Sir. 22,21; Sir. 22,22; Sir. 22,25; Sir. 22,27; Sir. 23,1; Sir. 23,1; Sir. 23,2; Sir. 23,2; Sir. 23,3; Sir. 23,4; Sir. 23,6; Sir. 23,6; Sir. 23,7; Sir. 23,9; Sir. 23,9; Sir. 23,10; Sir. 23,12; Sir. 23,13; Sir. 23,14; Sir. 23,15; Sir. 23,17; Sir. 23,17; Sir. 23,17; Sir. 23,18; Sir. 24,9; Sir. 25,13; Sir. 25,13; Sir. 25,14; Sir. 25,14; Sir. 25,21; Sir. 25,21; Sir. 25,25; Sir. 25,26; Sir. 26,10; Sir. 26,11; Sir. 27,3; Sir. 27,7; Sir. 27,16; Sir. 27,17; Sir. 27,20; Sir. 27,27; Sir. 28,7; Sir. 28,16; Sir. 28,22; Sir. 28,23; Sir. 28,26; Sir. 29,8; Sir. 29,9; Sir. 29,10; Sir. 29,15; Sir. 29,20; Sir. 29,23; Sir. 30,10; Sir. 30,10; Sir. 30,11; Sir. 30,13; Sir. 30,19; Sir. 30,21; Sir. 31,12; Sir. 31,12; Sir. 31,14; Sir. 31,14; Sir. 31,16; Sir. 31,16; Sir. 31,17; Sir. 31,18; Sir. 31,22; Sir. 31,25; Sir. 31,31; Sir. 31,31; Sir. 31,31; Sir. 31,31; Sir. 32,1; Sir. 32,3; Sir. 32,4; Sir. 32,4; Sir. 32,9; Sir. 32,9; Sir. 32,11; Sir. 32,11; Sir. 32,12; Sir. 32,18; Sir. 32,19; Sir. 32,20; Sir. 32,20; Sir. 32,21; Sir. 33,20; Sir. 33,20; Sir. 33,20; Sir. 33,21; Sir. 33,23; Sir. 33,28; Sir. 33,29; Sir. 33,30; Sir. 33,30; Sir. 34,6; Sir. 34,6; Sir. 34,14; Sir. 35,4; Sir. 35,7; Sir. 35,11; Sir. 35,14; Sir. 35,17; Sir. 35,18; Sir. 35,19; Sir. 35,19; Sir. 36,27; Sir. 37,6; Sir. 37,6; Sir. 37,10; Sir. 37,11; Sir. 37,27; Sir. 37,29; Sir. 37,29; Sir. 38,8; Sir. 38,9; Sir. 38,11; Sir. 38,12; Sir. 38,16; Sir. 38,20; Sir. 38,21; Sir. 38,34; Sir. 40,28; Sir. 41,3; Sir. 41,24; Sir. 41,25; Sir. 42,1; Sir. 42,12; Sir. 42,12; Sir. 43,10; Sir. 43,27; Sir. 43,30; Sir. 43,30; Sir. 44,18; Sir. 45,26; Sir. 47,22; Sir. 47,22; Sir. 47,22; Sir. 47,22; Sir. 51,18; Sir. 51,20; Sir. 51,29; Sol. 1,5; Sol. 2,8; Sol. 2,23; Sol. 2,25; Sol. 5,2; Sol. 5,3; Sol. 5,6; Sol. 5,6; Sol. 5,7; Sol. 5,11; Sol. 7,1; Sol. 7,2; Sol. 7,3; Sol. 8,11; Sol. 8,30; Sol. 8,30; Sol. 8,30; Sol. 9,6; Sol. 9,7; Sol. 9,8; Sol. 9,8; Sol. 10,1; Sol. 13,8; Sol. 15,2; Sol. 15,2; Sol. 16,3; Sol. 16,6; Sol. 16,8; Sol. 16,13; Sol. 17,4; Sol. 18,12; Hos. 1,6; Hos. 2,6; Hos. 2,8; Hos. 2,9; Hos. 2,9; Hos. 2,11; Hos. 2,12; Hos. 2,19; Hos. 3,3; Hos.

μή

3,3; Hos. 4,6; Hos. 4,10; Hos. 4,10; Hos. 4,14; Hos. 4,15; Hos. 4,15; Hos. 4,15; Hos. 4,15; Hos. 5,6; Hos. 5,13; Hos. 8,5; Hos. 9,15; Hos. 9,16; Hos. 10,9; Hos. 11,7; Hos. 11,9; Hos. 11,9; Hos. 12,12; Hos. 13,13; Hos. 14,3; Hos. 14,4; Hos. 14,4; Amos 2,11; Amos 2,12; Amos 2,14; Amos 2,14; Amos 2,15; Amos 2,15; Amos 2,15; Amos 3,3; Amos 3,4; Amos 3,7; Amos 3,7; Amos 4,8; Amos 5,2; Amos 5,5; Amos 5,5; Amos 5,5; Amos 5,6; Amos 5,11; Amos 5,11; Amos 5,14; Amos 5,21; Amos 5,25; Amos 6,10; Amos 6,14; Amos 7,6; Amos 7,8; Amos 7,10; Amos 7,13; Amos 7,16; Amos 8,2; Amos 8,12; Amos 8,14; Amos 9,1; Amos 9,1; Amos 9,9; Amos 9,10; Amos 9,10; Amos 9,15; Mic. 1,10; Mic. 1,10; Mic. 2,3; Mic. 2,3; Mic. 2,6; Mic. 3,8; Mic. 3,11; Mic. 4,3; Mic. 4,3; Mic. 4,9; Mic. 5,6; Mic. 5,7; Mic. 5,12; Mic. 6,10; Mic. 6,14; Mic. 6,14; Mic. 6,15; Mic. 6,15; Mic. 6,15; Mic. 7,5; Mic. 7,5; Mic. 7,8; Joel 2,7; Joel 2,8; Joel 2,13; Joel 2,17; Joel 2,17; Joel 2,26; Joel 2,27; Joel 4,4; Joel 4,21; Obad. 12; Obad. 12; Obad. 12; Jonah 1,6; Jonah 1,14; Jonah 1,14; Jonah 3,7; Jonah 3,9; Nah. 2,1; Nah. 2,14; Hab. 1,2; Hab. 1,5; Hab. 1,12; Hab. 1,13; Hab. 2,3; Hab. 2,5; Hab. 3,8; Zeph. 1,6; Zeph. 1,6; Zeph. 1,12; Zeph. 1,12; Zeph. 1,13; Zeph. 1,13; Zeph. 1,18; Zeph. 3,5; Zeph. 3,6; Zeph. 3,7; Zeph. 3,11; Zeph. 3,11; Zeph. 3,13; Zeph. 3,16; Zech. 1,4; Zech. 1,5; Zech. 1,12; Zech. 7,5; Zech. 7,10; Zech. 7,10; Zech. 7,11; Zech. 7,12; Zech. 7,13; Zech. 8,6; Zech. 8,17; Zech. 8,17; Zech. 9,5; Zech. 9,8; Zech. 9,8; Zech. 10,10; Zech. 11,6; Zech. 11,16; Zech. 11,16; Zech. 11,16; Zech. 11,16; Zech. 12,7; Zech. 14,2; Zech. 14,17; Zech. 14,18; Zech. 14,18; Zech. 14,19; Mal. 2,2; Mal. 2,2; Mal. 2,15; Mal. 2,16; Mal. 3,5; Mal. 3,10; Mal. 3,11; Mal. 3,11; Mal. 3,18; Mal. 3,19; Mal. 3,23; Is. 1,9; Is. 1,20; Is. 1,30; Is. 2,4; Is. 2,9; Is. 5,6; Is. 5,6; Is. 5,6; Is. 5,8; Is. 5,13; Is. 5,14; Is. 5,27; Is. 6,9; Is. 6,9; Is. 6,11; Is. 6,11; Is. 7,4; Is. 7,7; Is. 7,9; Is. 7,9; Is. 7,12; Is. 7,12; Is. 7,13; Is. 7,25; Is. 8,6; Is. 8,10; Is. 8,12; Is. 8,12; Is. 8,16; Is. 8,22; Is. 9,19; Is. 10,4; Is. 10,15; Is. 10,20; Is. 11,9; Is. 11,9; Is. 13,2; Is. 13,18; Is. 13,20; Is. 13,20; Is. 13,20; Is. 14,20; Is. 14,21; Is. 15,7; Is. 16,1; Is. 16,3; Is. 16,8; Is. 16,10; Is. 16,10; Is. 16,12; Is. 17,8; Is. 21,3; Is. 21,3; Is. 22,4; Is. 23,8; Is. 23,12; Is. 24,10; Is. 24,20; Is. 25,2; Is. 26,10; Is. 26,10; Is. 26,10; Is. 26,14; Is. 26,14; Is. 27,7; Is. 27,9; Is. 27,11; Is. 27,11; Is. 28,15; Is. 28,16; Is. 28,17; Is. 28,18; Is. 28,18; Is. 28,22; Is. 28,24; Is. 29,12; Is. 29,16; Is. 30,14; Is. 30,20; Is. 30,29; Is. 30,33; Is. 31,2; Is. 32,5; Is. 32,5; Is. 32,10; Is. 33,8; Is. 33,15; Is. 33,15; Is. 33,19; Is. 33,20; Is. 33,20; Is. 33,20; Is. 33,24; Is. 35,4; Is. 35,8; Is. 35,8; Is. 35,9; Is. 35,9; Is. 36,5; Is. 36,10; Is. 36,11; Is. 36,15; Is. 36,15; Is. 36,16; Is. 36,18; Is. 36,18; Is. 36,19; Is. 37,10; Is. 37,12; Is. 37,33; Is. 37,33; Is. 37,33; Is. 37,33; Is. 38,11; Is. 38,11; Is. 38,17; Is. 39,6; Is. 40,9; Is. 40,19; Is. 40,20; Is. 40,24; Is. 40,24; Is. 40,24; Is. 40,28; Is. 40,29; Is. 41,10; Is. 41,10; Is. 41,12; Is. 41,28; Is. 42,14; Is. 43,2; Is. 43,5; Is. 43,18; Is. 43,25; Is. 44,2; Is. 44,8; Is. 44,12; Is. 44,21; Is. 45,9; Is. 45,9; Is. 45,17; Is. 46,7; Is. 46,7; Is. 46,7; Is. 47,3; Is. 47,5; Is. 47,11; Is. 47,11; Is. 47,11; Is. 47,14; Is. 48,5; Is. 48,5; Is. 48,7; Is. 48,9; Is. 48,19; Is. 49,15; Is. 49,15; Is. 49,24; Is. 50,2; Is. 50,2; Is. 50,7; Is. 51,6; Is. 51,7; Is. 51,7; Is. 52,11; Is. 54,2; Is. 54,4; Is. 54,4; Is. 54,9; Is. 54,10; Is. 55,1; Is. 55,10; Is. 55,11; Is. 56,2; Is. 56,2; Is. 56,3; Is. 56,3; Is. 56,6; Is. 58,1; Is. 58,2; Is. 58,11; Is. 58,13; Is. 59,1; Is. 59,2; Is. 59,6; Is. 59,9; Is. 59,21; Is. 63,8; Is. 63,17; Is. 64,8; Is. 64,8; Is. 65,1; Is. 65,1; Is. 65,5; Is. 65,8; Is. 65,17; Is. 65,17; Is. 65,19; Is. 65,20; Is. 65,22; Is. 65,22; Is. 65,25; Jer. 1,8; Jer. 1,17; Jer. 1,19; Jer. 2,15; Jer. 2,32; Jer. 3,1; Jer. 3,5; Jer. 4,3; Jer. 4,4; Jer. 4,6; Jer. 4,7; Jer. 4,27; Jer. 5,9; Jer. 5,10; Jer. 5,18; Jer. 5,22; Jer. 5,29; Jer. 6,8; Jer. 6,8; Jer. 6,10; Jer. 6,25; Jer. 6,25; Jer. 7,4; Jer. 7,6; Jer. 7,6; Jer. 7,6; Jer. 7,10; Jer. 7,11; Jer. 7,16; Jer. 7,16; Jer. 7,16; Jer. 7,16; Jer. 7,19; Jer. 7,32; Jer. 8,22; Jer. 9,3; Jer. 9,4; Jer. 9,8; Jer. 9,9; Jer. 9,10; Jer. 9,11; Jer. 9,22; Jer. 10,2; Jer. 10,2; Jer. 10,5; Jer. 10,5; Jer. 10,24; Jer. 10,24; Jer. 10,25; Jer. 11,12; Jer. 11,14; Jer. 11,14; Jer. 11,15; Jer. 11,19; Jer. 11,21; Jer. 12,6; Jer. 12,9; Jer. 12,17; Jer. 13,7; Jer. 13,10; Jer. 13,15; Jer. 13,17; Jer. 14,9; Jer. 14,9; Jer. 14,17; Jer. 14,19; Jer. 14,21; Jer. 14,21; Jer. 14,22; Jer. 15,11; Jer. 15,15; Jer. 15,20; Jer. 16,1; Jer. 16,5; Jer. 16,5; Jer. 16,6; Jer. 16,6; Jer. 16,7; Jer. 16,12; Jer. 17,17; Jer. 17,18; Jer. 17,18; Jer. 17,21; Jer. 17,21; Jer. 17,22; Jer. 17,23; Jer. 17,23; Jer. 17,24; Jer. 17,24; Jer. 17,27; Jer. 17,27; Jer. 17,27; Jer. 18,10; Jer. 18,14; Jer. 18,14; Jer. 18,23; Jer. 18,23; Jer. 19,15; Jer. 20,9; Jer. 20,9; Jer. 20,14; Jer. 21,7; Jer. 21,12; Jer. 22,3; Jer. 22,3; Jer. 22,3; Jer. 22,5; Jer. 22,6; Jer. 22,6; Jer. 22,10; Jer. 22,13; Jer. 22,15; Jer. 22,16; Jer. 22,18; Jer. 22,18; Jer. 22,27; Jer. 22,30; Jer. 23,14; Jer. 23,24; Jer. 23,36; Jer. 24,6; Jer. 24,6; Jer. 25,6; Jer. 25,6; Jer. 26,6; Jer. 26,6; Jer. 26,19; Jer. 26,23; Jer. 26,27; Jer. 26,28; Jer. 26,28; Jer. 27,2; Jer. 27,14; Jer. 27,20; Jer. 27,26; Jer. 27,29; Jer. 27,39; Jer. 27,40; Jer. 27,40; Jer. 27,42; Jer. 27,45; Jer. 27,45; Jer. 28,3; Jer. 28,6; Jer. 28,26; Jer. 28,29; Jer. 28,39; Jer. 28,43; Jer. 28,44; Jer. 28,50; Jer. 28,62; Jer. 28,64; Jer. 30,4; Jer. 30,6; Jer. 30,12; Jer. 30,12; Jer. 30,14; Jer. 30,14; Jer. 30,28; Jer. 30,28; Jer. 30,29; Jer. 31,8; Jer. 31,27; Jer. 32,27; Jer. 32,28; Jer. 32,29; Jer. 32,33; Jer. 33,2; Jer. 33,4; Jer. 33,19; Jer. 33,24; Jer. 33,24; Jer. 34,8; Jer. 34,9; Jer. 34,9; Jer. 36,6; Jer. 36,8; Jer. 36,8; Jer. 37,14; Jer. 37,19; Jer. 37,24; Jer. 38,2; Jer. 38,9; Jer. 38,29; Jer. 38,34; Jer. 38,34; Jer. 38,40; Jer. 38,40; Jer. 39,4; Jer. 39,17; Jer. 39,27; Jer. 39,40; Jer. 39,40; Jer. 40,8; Jer. 40,10; Jer. 40,12; Jer. 41,3; Jer. 41,9; Jer. 41,18; Jer. 42,6; Jer. 42,6; Jer. 42,7; Jer. 42,7; Jer. 42,8; Jer. 42,9; Jer. 42,13; Jer. 42,14; Jer. 42,19; Jer. 43,5; Jer. 43,19; Jer. 43,25; Jer. 44,9; Jer. 44,19; Jer. 44,20; Jer. 45,10; Jer. 45,14; Jer. 45,15; Jer. 45,17; Jer. 45,18; Jer. 45,18; Jer. 45,19; Jer. 45,20; Jer. 45,21; Jer. 45,23; Jer. 45,24; Jer. 45,24; Jer. 45,25; Jer. 45,25; Jer. 45,26; Jer. 46,17; Jer. 46,18; Jer. 47,15; Jer. 49,4; Jer. 49,5; Jer. 49,10; Jer. 49,10; Jer. 49,11; Jer. 49,11; Jer. 49,13; Jer. 49,13; Jer. 49,14; Jer. 49,14; Jer. 49,14; Jer. 49,18; Jer. 51,5; Jer. 51,7; Jer. 51,9; Jer. 51,14; Jer. 51,19; Jer. 51,35; Bar. 1,19; Bar. 2,5; Bar. 2,22; Bar. 2,29; Bar. 2,30; Bar. 2,34; Bar. 3,5; Bar. 3,28; Bar. 4,3; Lam. 1,4; Lam. 1,10; Lam. 2,18; Lam. 2,18; Lam. 3,49; Lam. 4,14; Lam. 4,15; Lam. 4,15; Lam. 4,18; LetterJ 4; LetterJ 14; LetterJ 17; LetterJ 22; LetterJ 23; LetterJ 26; LetterJ 28; LetterJ 34; LetterJ 34; LetterJ 34; LetterJ 35; LetterJ 35; LetterJ 36; LetterJ 36; LetterJ 37; LetterJ 45; LetterJ 46; LetterJ 52; LetterJ 52; LetterJ 53; LetterJ 53; LetterJ 55; LetterJ 57; LetterJ 57; LetterJ 64; LetterJ 65; LetterJ 65; LetterJ 66; LetterJ 68; Ezek. 2,6; Ezek. 2,6; Ezek. 2,6; Ezek. 2,8; Ezek. 3,7; Ezek. 3,9; Ezek. 3,19; Ezek. 3,20; Ezek. 3,21; Ezek. 3,21; Ezek. 3,25; Ezek. 4,8; Ezek. 5,11; Ezek. 7,6; Ezek. 7,8; Ezek. 7,12; Ezek. 7,12; Ezek. 7,13; Ezek. 7,19; Ezek. 7,19; Ezek. 8,17; Ezek. 8,18; Ezek. 9,5; Ezek. 9,5; Ezek. 9,6; Ezek. 9,10; Ezek. 11,11; Ezek. 12,6; Ezek. 12,12; Ezek. 12,23; Ezek. 12,25; Ezek. 12,28; Ezek. 13,3; Ezek. 13,22; Ezek. 13,23; Ezek. 13,23; Ezek. 14,11; Ezek. 14,11; Ezek. 14,18; Ezek. 15,4; Ezek. 15,5; Ezek. 16,16; Ezek. 16,16; Ezek. 16,41; Ezek. 16,42; Ezek. 16,56; Ezek. 16,63; Ezek. 17,10; Ezek. 17,14; Ezek. 17,16; Ezek. 17,18; Ezek. 17,19; Ezek. 18,6; Ezek. 18,6; Ezek. 18,7; Ezek. 18,14; Ezek. 18,21; Ezek. 18,23; Ezek. 18,24; Ezek. 18,25; Ezek. 18,28; Ezek. 18,29; Ezek. 19,9; Ezek. 20,7; Ezek. 20,9; Ezek. 20,14; Ezek. 20,15; Ezek. 20,18; Ezek. 20,18; Ezek. 20,18; Ezek. 20,18; Ezek. 20,22; Ezek. 20,39; Ezek. 20,44; Ezek. 21,35; Ezek. 21,37; Ezek. 22,30; Ezek. 23,27; Ezek. 23,27; Ezek. 23,48; Ezek. 24,8; Ezek. 24,12; Ezek. 24,13; Ezek. 24,14; Ezek. 24,16; Ezek. 24,16; Ezek. 24,17; Ezek. 24,17; Ezek. 24,23; Ezek. 24,23; Ezek. 24,27; Ezek. 25,10; Ezek. 26,13; Ezek. 26,14; Ezek. 26,19; Ezek. 26,20; Ezek. 28,3; Ezek. 28,4; Ezek. 28,9; Ezek. 29,5; Ezek. 29,5; Ezek. 29,11; Ezek.

M, μ

μή

M, μ

29,11; Ezek. 29,15; Ezek. 29,15; Ezek. 31,14; Ezek. 32,7; Ezek. 32,13; Ezek. 32,13; Ezek. 33,4; Ezek. 33,6; Ezek. 33,6; Ezek. 33,8; Ezek. 33,9; Ezek. 33,12; Ezek. 33,12; Ezek. 33,12; Ezek. 33,13; Ezek. 33,15; Ezek. 33,15; Ezek. 33,16; Ezek. 33,28; Ezek. 33,31; Ezek. 33,32; Ezek. 34,2; Ezek. 34,5; Ezek. 34,8; Ezek. 34,10; Ezek. 34,22; Ezek. 34,28; Ezek. 34,29; Ezek. 35,9; Ezek. 36,12; Ezek. 36,15; Ezek. 36,30; Ezek. 36,31; Ezek. 37,22; Ezek. 37,23; Ezek. 39,10; Ezek. 39,10; Ezek. 41,6; Ezek. 42,14; Ezek. 44,2; Ezek. 44,19; Ezek. 44,21; Ezek. 46,2; Ezek. 46,18; Ezek. 46,18; Ezek. 46,20; Ezek. 47,11; Ezek. 47,12; Ezek. 47,12; Dan. 1,8; Dan. 1,8; Dan. 1,10; Dan. 2,5; Dan. 2,9; Dan. 2,18; Dan. 2,24; Dan. 2,44; Dan. 3,6; Dan. 3,11; Dan. 3,15; Dan. 3,34; Dan. 3,34; Dan. 3,35; Dan. 3,41; Dan. 3,95; Dan. 4,27; Dan. 4,32; Dan. 4,32; Dan. 6,6; Dan. 6,9; Dan. 6,13; Dan. 6,13a; Dan. 6,13a; Dan. 6,18; Dan. 7,14; Dan. 7,14; Dan. 9,11; Dan. 9,19; Dan. 10,19; Dan. 11,6; Dan. 11,12; Dan. 11,37; Dan. 11,37; Dan. 12,10; Sus. 9; Sus. 22; Sus. 23; Sus. 52; Sus. 52; Bel 5; Bel 8; Bel 9; Bel 38; Judg. 2,3; Judg. 2,23; Judg. 3,1; Judg. 4,8; Judg. 4,18; Judg. 6,18; Judg. 6,23; Judg. 6,23; Judg. 7,2; Judg. 7,14; Judg. 8,1; Judg. 9,38; Judg. 9,41; Judg. 11,10; Judg. 11,25; Judg. 11,25; Judg. 13,4; Judg. 13,4; Judg. 13,7; Judg. 13,7; Judg. 13,14; Judg. 13,14; Judg. 14,13; Judg. 14,18; Judg. 15,2; Judg. 16,7; Judg. 16,8; Judg. 18,9; Judg. 18,19; Judg. 19,20; Judg. 19,23; Judg. 19,23; Judg. 21,7; Tob. 1,11; Tob. 3,6; Tob. 3,6; Tob. 3,9; Tob. 3,10; Tob. 3,13; Tob. 4,3; Tob. 4,3; Tob. 4,5; Tob. 4,5; Tob. 4,19; Tob. 4,21; Tob. 5,8; Tob. 5,17; Tob. 5,19; Tob. 5,22; Tob. 5,22; Tob. 6,8; Tob. 6,13; Tob. 6,15; Tob. 6,16; Tob. 6,17; Tob. 6,18; Tob. 6,18; Tob. 7,12; Tob. 7,12; Tob. 8,20; Tob. 10,6; Tob. 10,6; Tob. 10,13; Tob. 12,6; Tob. 12,11; Tob. 13,6; Tob. 14,4; Tob. 14,9; Tob. 14,9; Dan. 1,8; Dan. 1,8; Dan. 2,5; Dan. 2,9; Dan. 2,18; Dan. 2,24; Dan. 3,6; Dan. 3,11; Dan. 3,15; Dan. 3,34; Dan. 3,34; Dan. 3,35; Dan. 3,41; Dan. 3,95; Dan. 4,19; Dan. 5,10; Dan. 5,10; Dan. 6,3; Dan. 6,6; Dan. 6,9; Dan. 6,18; Dan. 9,11; Dan. 9,19; Dan. 11,17; Sus. 9; Sus. 22; Sus. 23; Sus. 43; Bel 8; Bel 11; Bel 19; Matt. 1,19; Matt. 1,20; Matt. 2,12; Matt. 3,9; Matt. 3,10; Matt. 5,13; Matt. 5,18; Matt. 5,20; Matt. 5,20; Matt. 5,26; Matt. 5,29; Matt. 5,30; Matt. 5,34; Matt. 5,39; Matt. 5,42; Matt. 6,1; Matt. 6,2; Matt. 6,3; Matt. 6,7; Matt. 6,8; Matt. 6,13; Matt. 6,15; Matt. 6,16; Matt. 6,18; Matt. 6,25; Matt. 7,1; Matt. 7,9; Matt. 7,10; Matt. 7,19; Matt. 7,26; Matt. 8,28; Matt. 9,15; Matt. 9,36; Matt. 10,5; Matt. 10,5; Matt. 10,10; Matt. 10,13; Matt. 10,14; Matt. 10,19; Matt. 10,23; Matt. 10,28; Matt. 10,28; Matt. 10,31; Matt. 10,42; Matt. 11,6; Matt. 11,23; Matt. 11,27; Matt. 11,27; Matt. 12,4; Matt. 12,16; Matt. 12,24; Matt. 12,29; Matt. 12,30; Matt. 12,30; Matt. 12,39; Matt. 13,5; Matt. 13,6; Matt. 13,14; Matt. 13,14; Matt. 13,19; Matt. 13,57; Matt. 14,17; Matt. 14,27; Matt. 15,6; Matt. 15,24; Matt. 16,4; Matt. 16,22; Matt. 16,28; Matt. 17,7; Matt. 17,8; Matt. 17,27; Matt. 18,3; Matt. 18,3; Matt. 18,13; Matt. 18,16; Matt. 18,25; Matt. 18,35; Matt. 19,6; Matt. 19,9; Matt. 19,14; Matt. 21,19; Matt. 21,21; Matt. 22,12; Matt. 22,23; Matt. 22,24; Matt. 22,25; Matt. 22,29; Matt. 23,3; Matt. 23,8; Matt. 23,9; Matt. 23,23; Matt. 24,2; Matt. 24,17; Matt. 24,18; Matt. 24,20; Matt. 24,21; Matt. 24,22; Matt. 24,23; Matt. 24,26; Matt. 24,26; Matt. 24,34; Matt. 24,35; Matt. 24,36; Matt. 25,9; Matt. 25,29; Matt. 26,5; Matt. 26,5; Matt. 26,29; Matt. 26,41; Matt. 26,42; Matt. 28,5; Matt. 28,10; Mark 2,4; Mark 2,7; Mark 2,19; Mark 2,26; Mark 3,9; Mark 3,12; Mark 3,20; Mark 3,27; Mark 4,5; Mark 4,6; Mark 4,12; Mark 4,12; Mark 4,22; Mark 5,10; Mark 5,36; Mark 5,37; Mark 6,4; Mark 6,5; Mark 6,8; Mark 6,8; Mark 6,8; Mark 6,8; Mark 6,9; Mark 6,11; Mark 6,34; Mark 6,50; Mark 7,3; Mark 7,4; Mark 8,1; Mark 8,14; Mark 9,1; Mark 9,9; Mark 9,29; Mark 9,39; Mark 9,41; Mark 10,9; Mark 10,14; Mark 10,15; Mark 10,15; Mark 10,18; Mark 10,19; Mark 10,19; Mark 10,19; Mark 10,19; Mark 10,19; Mark 10,30; Mark 11,13; Mark 11,23; Mark 12,14; Mark 12,18; Mark 12,19; Mark 12,21; Mark 12,24; Mark 13,2; Mark 13,2; Mark 13,7; Mark 13,11; Mark 13,15; Mark 13,16; Mark 13,18; Mark 13,19; Mark 13,20; Mark 13,21; Mark 13,30; Mark 13,31; Mark 13,32; Mark 14,2; Mark 14,25; Mark 14,38; Mark 16,6; Mark 16,18; Luke 1,13; Luke 1,15; Luke 1,20; Luke 1,30; Luke 2,10; Luke 2,26; Luke 2,45; Luke 3,8; Luke 3,9; Luke 3,11; Luke 4,26; Luke 4,27; Luke 4,42; Luke 5,10; Luke 5,19; Luke 5,21; Luke 5,34; Luke 6,4; Luke 6,29; Luke 6,30; Luke 6,37; Luke 6,37; Luke 6,37; Luke 6,37; Luke 6,49; Luke 7,6; Luke 7,13; Luke 7,23; Luke 7,30; Luke 7,33; Luke 7,42; Luke 8,6; Luke 8,10; Luke 8,10; Luke 8,12; Luke 8,17; Luke 8,18; Luke 8,31; Luke 8,50; Luke 8,51; Luke 8,52; Luke 9,5; Luke 9,27; Luke 9,33; Luke 9,45; Luke 9,50; Luke 10,4; Luke 10,4; Luke 10,4; Luke 10,7; Luke 10,10; Luke 10,15; Luke 10,19; Luke 10,20; Luke 10,22; Luke 10,22; Luke 11,4; Luke 11,23; Luke 11,23; Luke 11,24; Luke 11,29; Luke 11,36; Luke 11,42; Luke 12,4; Luke 12,4; Luke 12,7; Luke 12,11; Luke 12,21; Luke 12,22; Luke 12,29; Luke 12,29; Luke 12,33; Luke 12,47; Luke 12,48; Luke 12,59; Luke 13,3; Luke 13,5; Luke 13,11; Luke 13,14; Luke 13,35; Luke 14,8; Luke 14,12; Luke 14,29; Luke 16,26; Luke 16,28; Luke 17,1; Luke 17,9; Luke 17,18; Luke 17,23; Luke 17,31; Luke 17,31; Luke 18,1; Luke 18,2; Luke 18,2; Luke 18,5; Luke 18,7; Luke 18,16; Luke 18,17; Luke 18,17; Luke 18,19; Luke 18,20; Luke 18,20; Luke 18,20; Luke 18,20; Luke 18,30; Luke 19,26; Luke 19,27; Luke 20,7; Luke 20,16; Luke 20,27; Luke 21,8; Luke 21,9; Luke 21,14; Luke 21,18; Luke 21,21; Luke 21,32; Luke 21,33; Luke 22,16; Luke 22,18; Luke 22,32; Luke 22,36; Luke 22,40; Luke 22,42; Luke 22,46; Luke 22,67; Luke 22,68; Luke 23,28; Luke 24,16; Luke 24,23; John 2,16; John 3,2; John 3,4; John 3,7; John 3,13; John 3,16; John 3,18; John 3,18; John 3,20; John 3,27; John 4,12; John 4,14; John 4,15; John 4,48; John 4,48; John 5,14; John 5,23; John 5,28; John 6,20; John 6,22; John 6,27; John 6,35; John 6,35; John 6,37; John 6,39; John 6,43; John 6,44; John 6,46; John 6,50; John 6,53; John 6,64; John 6,65; John 6,67; John 7,15; John 7,23; John 7,24; John 7,31; John 7,35; John 7,41; John 7,47; John 7,49; John 7,51; John 7,51; John 7,52; John 8,12; John 8,24; John 8,51; John 8,52; John 8,53; John 9,27; John 9,33; John 9,39; John 9,40; John 10,1; John 10,5; John 10,10; John 10,21; John 10,28; John 10,37; John 10,38; John 11,26; John 11,37; John 11,50; John 11,56; John 12,15; John 12,24; John 12,35; John 12,40; John 12,42; John 12,46; John 12,47; John 12,48; John 13,8; John 13,8; John 13,9; John 13,10; John 13,38; John 14,6; John 14,24; John 14,27; John 15,2; John 15,4; John 15,4; John 15,22; John 15,24; John 16,1; John 16,7; John 17,12; John 18,11; John 18,17; John 18,25; John 18,28; John 18,30; John 18,36; John 18,40; John 19,11; John 19,15; John 19,21; John 19,24; John 19,31; John 20,25; John 20,25; John 20,27; John 20,29; Acts 1,4; Acts 1,20; Acts 2,25; Acts 3,23; Acts 4,17; Acts 4,18; Acts 4,20; Acts 5,7; Acts 5,28; Acts 5,40; Acts 7,19; Acts 7,28; Acts 7,42; Acts 7,60; Acts 9,9; Acts 9,26; Acts 9,38; Acts 10,15; Acts 10,47; Acts 11,9; Acts 11,19; Acts 12,19; Acts 13,11; Acts 13,41; Acts 14,18; Acts 15,1; Acts 15,19; Acts 15,38; Acts 15,38; Acts 17,6; Acts 18,9; Acts 18,9; Acts 19,31; Acts 20,10; Acts 20,16; Acts 20,20; Acts 20,22; Acts 20,27; Acts 20,29; Acts 21,4; Acts 21,12; Acts 21,14; Acts 21,21; Acts 21,34; Acts 23,8; Acts 23,21; Acts 24,4; Acts 25,24; Acts 25,27; Acts 26,32; Acts 27,7; Acts 27,15; Acts 27,21; Acts 27,24; Acts 27,31; Acts 28,26; Acts 28,26; Rom. 1,28; Rom. 2,14; Rom. 2,14; Rom. 2,21; Rom. 2,22; Rom. 3,3; Rom. 3,4; Rom. 3,5; Rom. 3,6; Rom. 3,8; Rom. 3,31; Rom. 4,5; Rom. 4,8; Rom. 4,17; Rom. 4,19; Rom. 5,13; Rom. 5,14; Rom. 6,2; Rom. 6,15; Rom. 7,3; Rom. 7,7; Rom. 7,7; Rom. 7,7; Rom. 7,13; Rom. 8,4; Rom. 9,14; Rom. 9,14; Rom. 9,20; Rom. 9,29; Rom.

9,30; Rom. 10,6; Rom. 10,15; Rom. 10,18; Rom. 10,19; Rom. 10,20; Rom. 10,20; Rom. 11,1; Rom. 11,1; Rom. 11,8; Rom. 11,8; Rom. 11,10; Rom. 11,11; Rom. 11,11; Rom. 11,15; Rom. 11,18; Rom. 11,20; Rom. 11,23; Rom. 11,25; Rom. 12,2; Rom. 12,3; Rom. 12,11; Rom. 12,14; Rom. 12,16; Rom. 12,16; Rom. 12,19; Rom. 12,21; Rom. 13,1; Rom. 13,3; Rom. 13,8; Rom. 13,13; Rom. 13,13; Rom. 13,13; Rom. 13,14; Rom. 14,1; Rom. 14,3; Rom. 14,3; Rom. 14,3; Rom. 14,3; Rom. 14,6; Rom. 14,13; Rom. 14,14; Rom. 14,15; Rom. 14,16; Rom. 14,20; Rom. 14,21; Rom. 14,22; Rom. 15,1; Rom. 15,20; 1Cor. 1,7; 1Cor. 1,10; 1Cor. 1,13; 1Cor. 1,14; 1Cor. 1,17; 1Cor. 1,28; 1Cor. 1,29; 1Cor. 2,2; 1Cor. 2,5; 1Cor. 2,11; 1Cor. 2,11; 1Cor. 4,5; 1Cor. 4,6; 1Cor. 4,6; 1Cor. 4,7; 1Cor. 4,18; 1Cor. 5,8; 1Cor. 5,9; 1Cor. 5,11; 1Cor. 6,9; 1Cor. 6,15; 1Cor. 7,1; 1Cor. 7,5; 1Cor. 7,5; 1Cor. 7,10; 1Cor. 7,11; 1Cor. 7,12; 1Cor. 7,13; 1Cor. 7,17; 1Cor. 7,18; 1Cor. 7,18; 1Cor. 7,23; 1Cor. 7,27; 1Cor. 7,27; 1Cor. 7,29; 1Cor. 7,30; 1Cor. 7,30; 1Cor. 7,30; 1Cor. 7,31; 1Cor. 7,37; 1Cor. 7,38; 1Cor. 8,4; 1Cor. 8,8; 1Cor. 8,13; 1Cor. 8,13; 1Cor. 9,4; 1Cor. 9,5; 1Cor. 9,6; 1Cor. 9,9; 1Cor. 9,16; 1Cor. 9,18; 1Cor. 9,20; 1Cor. 9,21; 1Cor. 10,6; 1Cor. 10,13; 1Cor. 10,22; 1Cor. 10,28; 1Cor. 10,33; 1Cor. 11,22; 1Cor. 11,22; 1Cor. 11,29; 1Cor. 11,32; 1Cor. 11,34; 1Cor. 12,3; 1Cor. 12,25; 1Cor. 12,29; 1Cor. 12,29; 1Cor. 12,29; 1Cor. 12,29; 1Cor. 12,30; 1Cor. 12,30; 1Cor. 12,30; 1Cor. 13,1; 1Cor. 13,2; 1Cor. 13,3; 1Cor. 14,5; 1Cor. 14,6; 1Cor. 14,7; 1Cor. 14,9; 1Cor. 14,11; 1Cor. 14,20; 1Cor. 14,28; 1Cor. 14,39; 1Cor. 15,2; 1Cor. 15,33; 1Cor. 15,34; 1Cor. 15,36; 1Cor. 16,2; 2Cor. 1,9; 2Cor. 2,1; 2Cor. 2,2; 2Cor. 2,3; 2Cor. 2,5; 2Cor. 2,11; 2Cor. 2,13; 2Cor. 3,1; 2Cor. 3,7; 2Cor. 3,13; 2Cor. 3,14; 2Cor. 4,2; 2Cor. 4,4; 2Cor. 4,7; 2Cor. 4,18; 2Cor. 4,18; 2Cor. 4,18; 2Cor. 5,12; 2Cor. 5,19; 2Cor. 5,21; 2Cor. 6,1; 2Cor. 6,3; 2Cor. 6,9; 2Cor. 6,17; 2Cor. 9,3; 2Cor. 9,4; 2Cor. 9,5; 2Cor. 9,7; 2Cor. 10,2; 2Cor. 10,9; 2Cor. 10,14; 2Cor. 12,5; 2Cor. 12,7; 2Cor. 12,7; 2Cor. 12,13; 2Cor. 12,21; 2Cor. 13,7; 2Cor. 13,10; Gal. 1,19; Gal. 2,16; Gal. 2,17; Gal. 3,21; Gal. 4,8; Gal. 4,18; Gal. 4,30; Gal. 5,1; Gal. 5,7; Gal. 5,13; Gal. 5,16; Gal. 5,17; Gal. 5,26; Gal. 6,9; Gal. 6,9; Gal. 6,12; Gal. 6,14; Gal. 6,14; Eph. 2,12; Eph. 3,13; Eph. 4,9; Eph. 4,26; Eph. 4,26; Eph. 4,29; Eph. 4,30; Eph. 5,7; Eph. 5,11; Eph. 5,15; Eph. 5,17; Eph. 5,18; Eph. 5,27; Eph. 6,4; Eph. 6,6; Phil. 1,28; Phil. 2,4; Phil. 2,12; Phil. 2,27; Phil. 3,9; Phil. 4,15; Col. 1,23; Col. 2,21; Col. 3,2; Col. 3,9; Col. 3,19; Col. 3,21; Col. 3,21; Col. 3,22; 1Th. 1,8; 1Th. 2,9; 1Th. 2,15; 1Th. 4,5; 1Th. 4,5; 1Th. 4,6; 1Th. 4,13; 1Th. 4,13; 1Th. 4,15; 1Th. 5,3; 1Th. 5,6; 1Th. 5,19; 1Th. 5,20; 2Th. 1,8; 2Th. 1,8; 2Th. 2,2; 2Th. 2,3; 2Th. 2,12; 2Th. 3,6; 2Th. 3,8; 2Th. 3,13; 2Th. 3,14; 2Th. 3,15; 1Tim. 1,3; 1Tim. 1,7; 1Tim. 1,20; 1Tim. 2,9; 1Tim. 3,3; 1Tim. 3,3; 1Tim. 3,6; 1Tim. 3,6; 1Tim. 3,7; 1Tim. 3,8; 1Tim. 3,8; 1Tim. 3,8; 1Tim. 3,11; 1Tim. 4,14; 1Tim. 5,1; 1Tim. 5,9; 1Tim. 5,13; 1Tim. 5,16; 1Tim. 5,19; 1Tim. 5,19; 1Tim. 6,1; 1Tim. 6,2; 1Tim. 6,3; 1Tim. 6,17; 2Tim. 1,8; 2Tim. 2,5; 2Tim. 2,14; 2Tim. 4,16; Titus 1,6; Titus 1,7; Titus 1,7; Titus 1,7; Titus 1,7; Titus 1,11; Titus 1,14; Titus 2,3; Titus 2,5; Titus 2,9; Titus 2,10; Titus 3,14; Philem. 14; Philem. 19; Heb. 3,8; Heb. 3,13; Heb. 3,15; Heb. 3,18; Heb. 3,18; Heb. 4,2; Heb. 4,7; Heb. 4,11; Heb. 4,15; Heb. 6,1; Heb. 6,12; Heb. 7,6; Heb. 8,11; Heb. 8,12; Heb. 9,9; Heb. 10,17; Heb. 10,25; Heb. 11,3; Heb. 11,5; Heb. 11,8; Heb. 11,13; Heb. 11,27; Heb. 11,28; Heb. 11,40; Heb. 12,3; Heb. 12,5; Heb. 12,13; Heb. 12,19; Heb. 12,27; Heb. 13,2; Heb. 13,9; Heb. 13,16; Heb. 13,17; James 1,5; James 1,7; James 1,22; James 1,26; James 2,1; James 2,11; James 2,11; James 2,13; James 2,14; James 2,14; James 2,16; James 2,17; James 3,12; James 3,14; James 4,2; James 4,17; James 5,9; James 5,9; James 5,12; James 5,12; James 5,17; 1Pet. 1,8; 1Pet. 1,14; 1Pet. 2,6; 1Pet. 2,16; 1Pet. 3,6; 1Pet. 3,7; 1Pet. 3,9; 1Pet. 3,10; 1Pet. 3,14; 1Pet. 4,4; 1Pet. 4,12; 1Pet. 4,15; 1Pet. 4,16; 1Pet. 5,2; 2Pet. 1,9; 2Pet. 1,10; 2Pet. 2,21; 2Pet. 3,8; 2Pet. 3,9; 2Pet. 3,17; 1John 2,1; 1John 2,4; 1John 2,22; 1John 2,28; 1John 3,10; 1John 3,10; 1John 3,13; 1John 3,14; 1John 3,18; 1John 3,21; 1John 4,1; 1John 4,3; 1John 4,8; 1John 4,20; 1John 5,5; 1John 5,10; 1John 5,12; 1John 5,16; 1John 5,16; 2John 7; 2John 8; 2John 9; 2John 10; 2John 10; 3John 10; 3John 11; Jude 5; Jude 6; Jude 19; Rev. 1,17; Rev. 2,5; Rev. 2,11; Rev. 2,17; Rev. 2,22; Rev. 3,3; Rev. 3,3; Rev. 3,5; Rev. 3,12; Rev. 3,18; Rev. 5,5; Rev. 6,6; Rev. 7,1; Rev. 7,3; Rev. 7,16; Rev. 8,12; Rev. 9,4; Rev. 9,4; Rev. 9,5; Rev. 9,6; Rev. 9,20; Rev. 10,4; Rev. 11,2; Rev. 11,6; Rev. 13,15; Rev. 13,17; Rev. 14,3; Rev. 15,4; Rev. 16,15; Rev. 18,4; Rev. 18,4; Rev. 18,7; Rev. 18,14; Rev. 18,21; Rev. 18,22; Rev. 18,22; Rev. 18,22; Rev. 18,23; Rev. 18,23; Rev. 19,12; Rev. 20,3; Rev. 21,25; Rev. 21,27; Rev. 21,27; Rev. 22,10)

Μηδαβα Medeba ▸ 1
  Μηδαβα ▸ 1
    Noun ▸ singular ▸ genitive ▸ (proper) ▸ 1 (1Mac. 9,36)

μηδαμόθεν (μή; δέ; ἐγώ; θεν) from nowhere ▸ 1
  μηδαμόθεν ▸ 1
    Adverb ▸ 1 (Wis. 17,9)

μηδαμῶς (μή; δέ; ἐγώ) by no means ▸ 19 + 1 + 2 = 22
  Μηδαμῶς ▸ 11 + 1 = 12
    Adverb ▸ 11 + 1 = 12 (Gen. 19,7; Judg. 19,23; 1Sam. 2,30; 1Sam. 20,2; 1Sam. 20,9; 1Sam. 24,7; 2Mac. 15,2; Jonah 1,14; Ezek. 4,14; Ezek. 21,5; Bel 7; Tob. 10,9)
  μηδαμῶς ▸ 8 + 2 = 10
    Adverb ▸ 8 + 2 = 10 (Gen. 18,25; Gen. 18,25; 1Sam. 12,23; 1Sam. 22,15; 1Sam. 26,11; Judith 8,14; 2Mac. 7,25; 2Mac. 15,36; Acts 10,14; Acts 11,8)

μηδέ (μή; δέ) nor, and not ▸ 136 + 3 + 56 = 195
  μηδ' ▸ 1
    Conjunction ▸ coordinating ▸ (disjunctive) ▸ 1 (1Pet. 5,3)
  μηδὲ ▸ 136 + 3 + 55 = 194
    Adverb ▸ 6 (Mark 2,2; Mark 3,20; Mark 8,26; 1Cor. 5,11; Eph. 5,3; 1Tim. 5,22)
    Conjunction ▸ coordinating ▸ (disjunctive) ▸ 136 + 3 + 49 = **188** (Gen. 19,17; Gen. 21,23; Gen. 21,23; Gen. 22,12; Gen. 31,52; Gen. 45,5; Ex. 4,1; Ex. 4,8; Ex. 4,9; Ex. 34,3; Lev. 25,20; Lev. 26,14; Deut. 1,21; Deut. 1,29; Deut. 20,3; Deut. 20,3; Deut. 22,2; Deut. 31,6; Deut. 31,6; Deut. 31,8; Josh. 1,9; Josh. 6,10; Josh. 8,1; Josh. 10,25; 1Sam. 16,7; 2Sam. 17,13; 1Kings 8,57; 1Chr. 22,13; 1Chr. 28,20; 2Chr. 20,15; 2Chr. 20,17; 1Esdr. 8,22; Neh. 8,9; Esth. 1,19; Esth. 4,16; 2Mac. 8,16; 2Mac. 9,12; 2Mac. 9,15; 2Mac. 13,7; 3Mac. 1,11; 3Mac. 1,11; 3Mac. 2,17; 3Mac. 2,17; 3Mac. 2,22; 3Mac. 4,11; 3Mac. 4,11; 3Mac. 7,11; 4Mac. 6,24; 4Mac. 8,24; 4Mac. 9,23; 4Mac. 13,18; Psa. 6,2; Psa. 7,3; Psa. 24,2; Psa. 34,25; Psa. 36,1; Psa. 37,2; Psa. 68,16; Psa. 68,16; Psa. 82,2; Psa. 108,12; Psa. 120,3; Ode. 3,3; Ode. 12,13; Ode. 12,13; Prov. 1,10; Prov. 3,11; Prov. 3,31; Prov. 4,5; Prov. 4,6; Prov. 4,14; Prov. 4,27; Prov. 5,20; Prov. 6,4; Prov. 6,7; Prov. 6,7; Prov. 6,25; Prov. 6,25; Prov. 9,18a; Prov. 23,6; Prov. 23,8; Prov. 23,20; Prov. 24,1; Prov. 24,15; Prov. 24,19; Prov. 25,6; Prov. 24,28; Job 3,4; Job 3,6; Job 3,7; Job 16,18; Job 20,17; Wis. 1,12; Wis. 2,10; Wis. 3,14; Wis. 4,14; Wis. 10,8; Wis. 13,18; Sir. 7,4; Sir. 7,12; Sir. 7,18; Sir. 7,20; Sir. 9,1; Sir. 16,1; Sir. 17,28; Sir. 25,25; Sol. 16,6; Hos. 9,1; Mic. 2,6; Mic. 5,6; Obad. 13; Obad. 13; Obad. 13; Obad. 14; Obad. 14; Jonah 3,7; Jonah 3,7; Zeph. 3,6; Zech. 9,8; Zech. 14,18; Is. 1,20; Is. 7,4; Is. 28,22; Is. 54,4; Is. 54,9; Jer. 1,17; Jer. 22,10; Jer. 26,27; Ezek. 2,6; Ezek. 3,9; Ezek. 26,20; Dan. 3,95; Dan. 6,13; Dan. 6,13a; Sus. 9; Bel 31-32; Tob. 3,9; Dan. 3,95; Sus. 9; Matt. 6,25; Matt. 7,6; Matt. 10,9; Matt. 10,9; Matt. 10,10; Matt. 10,10; Matt. 10,10; Matt. 10,14; Matt. 22,29; Matt. 23,10; Matt. 24,20; Mark

6,11; Mark 12,24; Mark 13,15; Luke 3,14; Luke 12,22; Luke 14,12; Luke 14,12; Luke 14,12; Luke 16,26; Luke 17,23; John 4,15; John 14,27; Acts 4,18; Acts 21,21; Rom. 6,13; Rom. 9,11; Rom. 14,21; Rom. 14,21; 1Cor. 5,8; 1Cor. 10,7; 1Cor. 10,8; 1Cor. 10,9; 1Cor. 10,10; 2Cor. 4,2; Eph. 4,27; Phil. 2,3; Col. 2,21; Col. 2,21; 2Th. 2,2; 2Th. 3,10; 1Tim. 1,4; 1Tim. 6,17; 2Tim. 1,8; Heb. 12,5; 1Pet. 3,14; 1Pet. 5,2; 1John 2,15; 1John 3,18)

μηδείς (μή; δέ; εἷς 1st homograph) no; no one ▸ 53 + 3 + 90 = 146

Μηδείς ▸ 2 + 2 = 4
  Adjective · masculine · singular · nominative · (indefinite) ▸ 2 + 2 = 4 (Ex. 16,19; 1Sam. 21,3; 1Cor. 3,18; Eph. 5,6)

μηδείς ▸ 12 + 1 + 11 = 24
  Adjective · masculine · singular · nominative · (indefinite) ▸ 12 + 1 + 11 = 24 (Ex. 16,29; Ex. 22,9; Ex. 34,3; 2Kings 10,21; Tob. 8,12; 1Mac. 10,63; Prov. 5,17; Job 12,6; Wis. 2,9; Hos. 4,4; Mic. 5,6; Bar. 4,12; Tob. 8,12; Matt. 9,30; Mark 5,43; Mark 11,14; 1Cor. 3,21; 1Cor. 10,24; Gal. 6,17; Col. 2,4; Col. 2,18; James 1,13; 1John 3,7; Rev. 3,11)

Μηδείς ▸ 1
  Adjective · masculine · singular · nominative · (indefinite) ▸ 1 (1Tim. 4,12)

μηδείς ▸ 2 + 1 = 3
  Adjective · masculine · singular · nominative · (indefinite) ▸ 2 + 1 = 3 (Hos. 4,4; Bel 7; Titus 2,15)

μηδεμία ▸ 1
  Adjective · feminine · singular · nominative · noDegree · (intensive) ▸ 1 (1Esdr. 8,22)

Μηδεμίαν ▸ 1
  Adjective · feminine · singular · accusative · (indefinite) ▸ 1 (2Cor. 6,3)

μηδεμίαν ▸ 6
  Adjective · feminine · singular · accusative · (indefinite) ▸ 6 (Acts 13,28; Acts 25,17; Acts 28,18; 1Tim. 5,14; Heb. 10,2; 1Pet. 3,6)

μηδεμιᾶς ▸ 1
  Adjective · feminine · singular · genitive · noDegree · (intensive) ▸ 1 (2Mac. 12,3)

μηδέν ▸ 16 + 1 + 34 = 51
  Adjective · neuter · singular · accusative · (indefinite) ▸ 14 + 1 + 30 = 45 (Gen. 19,8; 1Esdr. 8,7; Esth. 4,1; 2Mac. 12,4; 2Mac. 14,28; 3Mac. 3,9; 4Mac. 6,35; 4Mac. 9,12; Prov. 2,12; Prov. 13,7; Prov. 23,9; Sir. 10,6; Jonah 3,7; Dan. 2,35; Sus. 43; Mark 1,44; Mark 5,26; Mark 6,8; Luke 3,13; Luke 4,35; Luke 6,35; Luke 9,3; Acts 4,21; Acts 10,20; Acts 11,12; Acts 15,28; Acts 16,28; Acts 19,36; Acts 23,29; Acts 25,25; Acts 28,6; Rom. 13,8; 1Cor. 10,25; 1Cor. 10,27; 2Cor. 6,10; 2Cor. 11,5; Phil. 2,3; Phil. 4,6; 2Th. 3,11; 1Tim. 5,21; 1Tim. 6,4; Titus 2,8; James 1,6; 3John 7; Rev. 2,10)
  Adjective · neuter · singular · nominative · (indefinite) ▸ 1 + 4 = 5 (Wis. 17,9; Matt. 27,19; Acts 8,24; Gal. 6,3; Titus 3,13)
  Adjective · neuter · singular · nominative · noDegree · (intensive) ▸ 1 (Prov. 24,22b)

μηδέν ▸ 3 + 1 = 4
  Adjective · neuter · singular · accusative · (indefinite) ▸ 3 + 1 = 4 (Gen. 22,12; Eccl. 7,14; Sir. 33,30; 2Cor. 13,7)

μηδένα ▸ 11 + 8 = 19
  Adjective · feminine · singular · accusative · noDegree · (intensive) ▸ 1 (1Esdr. 8,22)
  Adjective · masculine · singular · accusative · noDegree · (intensive) ▸ 4 (Tob. 6,16; 3Mac. 4,13; 4Mac. 4,24; 4Mac. 10,7)
  Adjective · masculine · singular · accusative · (indefinite) ▸ 6 + 8 = 14 (1Mac. 10,63; 3Mac. 2,28; Sir. 11,28; Zeph. 3,6; Is. 36,21; Jer. 51,7; Luke 3,14; Luke 10,4; Acts 9,7; Acts 10,28; Acts 24,23; 1Th. 3,3; 2Th. 2,3; Titus 3,2)

Μηδενί ▸ 1
  Adjective · masculine · singular · dative · (indefinite) ▸ 1 (Rom. 13,8)

μηδενί ▸ 2 + 20 = 22
  Adjective · masculine · singular · dative · (indefinite) ▸ 1 + 15 = 16 (Tob. 4,15; Matt. 8,4; Matt. 16,20; Matt. 17,9; Mark 1,44; Mark 7,36; Mark 8,30; Mark 9,9; Luke 5,14; Luke 8,56; Luke 9,21; Acts 4,17; Acts 11,19; Acts 23,22; Rom. 12,17; 1Tim. 5,22)
  Adjective · neuter · singular · dative · (indefinite) ▸ 1 + 5 = 6 (Psa. 80,15; 1Cor. 1,7; 2Cor. 6,3; 2Cor. 7,9; Phil. 1,28; James 1,4)

μηδενός ▸ 3 + 1 + 3 = 7
  Adjective · masculine · singular · genitive · (indefinite) ▸ 2 + 1 = 3 (3Mac. 7,21; Prov. 28,1; Tob. 11,16)
  Adjective · neuter · singular · genitive · noDegree · (intensive) ▸ 1 (1Mac. 10,63)
  Adjective · neuter · singular · genitive · (indefinite) ▸ 3 (Acts 19,40; Acts 23,14; 1Th. 4,12)

μηθέν ▸ 1
  Adjective · neuter · singular · accusative · (indefinite) ▸ 1 (Acts 27,33)

μηδέποτε (μή; δέ; ποῦ) never ▸ 4 + 1 = 5
μηδέποτε ▸ 4 + 1 = 5
  Adverb ▸ 4 + 1 = 5 (3Mac. 3,16; 3Mac. 7,4; 3Mac. 7,11; Sir. 19,7; 2Tim. 3,7)

μηδέπω (μή; δέ; πω) not yet ▸ 1
μηδέπω ▸ 1
  Adverb ▸ 1 (Heb. 11,7)

Μηδία Media ▸ 19 + 21 = 40
Μηδίᾳ ▸ 3 + 1 = 4
  Noun · feminine · singular · dative · (proper) ▸ 3 + 1 = 4 (1Esdr. 6,22; Tob. 11,15; Tob. 14,4; Tob. 14,4)

Μηδίαν ▸ 5 + 12 = 17
  Noun · feminine · singular · accusative · (proper) ▸ 5 + 12 = 17 (Tob. 1,14; Tob. 1,15; Tob. 14,4; 1Mac. 8,8; 1Mac. 14,1; Tob. 1,14; Tob. 5,2; Tob. 5,4; Tob. 5,5; Tob. 5,6; Tob. 5,10; Tob. 5,10; Tob. 6,6; Tob. 6,10; Tob. 14,4; Tob. 14,12; Tob. 14,15)

Μηδίας ▸ 11 + 8 = 19
  Noun · feminine · singular · genitive · (proper) ▸ 11 + 8 = 19 (1Esdr. 3,1; 1Esdr. 3,14; Tob. 1,14; Tob. 3,7; Tob. 4,1; Tob. 4,20; Tob. 5,5; Tob. 9,2; Tob. 14,14; 1Mac. 6,56; 1Mac. 14,2; Tob. 1,14; Tob. 3,7; Tob. 4,1; Tob. 4,20; Tob. 5,6; Tob. 9,5; Tob. 14,13; Tob. 14,15)

Μηδίαν Media ▸ 1
Μηδίαν ▸ 1
  Noun · feminine · singular · accusative · (proper) ▸ 1 (Tob. 1,15)

Μηδίας Media ▸ 1
Μηδίας ▸ 1
  Noun · feminine · singular · genitive · (proper) ▸ 1 (Tob. 1,15)

Μηδικός Median, Mede ▸ 1
Μηδικῆς ▸ 1
  Adjective · feminine · singular · genitive · noDegree ▸ 1 (Dan. 9,1)

Μῆδοι Mede ▸ 2
Μήδων ▸ 2
  Noun · feminine · plural · genitive · (proper) ▸ 1 (2Kings 17,6)
  Noun · feminine · singular · genitive · (proper) ▸ 1 (2Kings 18,11)

Μῆδοι Medes ▸ 7
Μήδων ▸ 7
  Noun · masculine · plural · genitive · (proper) ▸ 7 (Ezra 6,2; Esth.

Μῆδοι–μήν (1st homograph)

1,3; Esth. 1,14; Esth. 1,18; Esth. 1,19; Esth. 10,2; 1Mac. 1,1)

Μῆδος Mede ▸ 11 + 7 + 1 = 19
   Μῆδοι ▸ 1 + 1 = 2
      Noun · masculine · plural · nominative · (proper) ▸ 1 + 1 = 2 (Judith 16,10; Acts 2,9)
   Μήδοις ▸ 2 + 2 = 4
      Noun · masculine · plural · dative · (proper) ▸ 2 + 2 = 4 (Dan. 5,26-28; Dan. 5,30; Dan. 5,28; Dan. 6,16)
   Μῆδος ▸ 1
      Noun · masculine · singular · nominative · (proper) ▸ 1 (Dan. 6,1)
   Μήδους ▸ 1
      Noun · masculine · plural · accusative · (proper) ▸ 1 (Is. 13,17)
   Μήδων ▸ 7 + 4 = 11
      Noun · plural · genitive · (proper) ▸ 1 (Dan. 8,20)
      Noun · masculine · plural · genitive · (proper) ▸ 6 + 4 = 10 (2Chr. 36,20; Judith 1,1; Jer. 28,11; Jer. 28,28; Dan. 6,1; Dan. 6,13a; Dan. 6,9; Dan. 6,13; Dan. 8,20; Dan. 9,1)

μηθείς (μή; εἷς 1st homograph) no one ▸ 10 + 1 = 11
   μηθεὶς ▸ 4
      Pronoun · (indefinite) · masculine · singular · nominative ▸ 4 (Num. 17,5; Josh. 6,10; 1Kings 18,40; Jer. 47,15)
   μηθὲν ▸ 4 + 1 = 5
      Pronoun · (indefinite) · neuter · singular · accusative ▸ 1 (Sir. 32,19)
      Pronoun · (indefinite) · neuter · singular · nominative ▸ 3 + 1 = 4 (Deut. 28,55; 1Sam. 12,21; 1Esdr. 2,24; Tob. 14,4)
   μηθενὸς ▸ 2
      Pronoun · (indefinite) · masculine · singular · genitive ▸ 1 (3Mac. 7,8)
      Pronoun · (indefinite) · neuter · singular · genitive ▸ 1 (Psa. 55,8)

μηθέτερος (μή; ἕτερος) neither of the two ▸ 1
   μηθετέρῳ ▸ 1
      Adjective · masculine · singular · dative · noDegree ▸ 1 (Prov. 24,21)

μηκέτι (μή; ἔτι) no longer, no more ▸ 12 + 3 + 22 = 37
   Μηκέτι ▸ 2
      Adverb · (temporal) ▸ 2 (Rom. 14,13; 1Tim. 5,23)
   μηκέτι ▸ 12 + 3 + 20 = 35
      Adverb · (temporal) ▸ 12 + 3 + 20 = 35 (Ex. 36,6; Josh. 22,33; 2Chr. 16,5; Tob. 3,13; Tob. 3,15; Tob. 14,9; 1Mac. 13,39; 2Mac. 4,14; 2Mac. 10,4; 3Mac. 4,17; Job 40,32; Sir. 21,1; Tob. 3,10; Tob. 3,13; Tob. 5,10; Matt. 21,19; Mark 1,45; Mark 2,2; Mark 9,25; Mark 11,14; Luke 8,49; John 5,14; John 8,11; Acts 4,17; Acts 13,34; Acts 25,24; Rom. 6,6; Rom. 15,23; 2Cor. 5,15; Eph. 4,14; Eph. 4,17; Eph. 4,28; 1Th. 3,1; 1Th. 3,5; 1Pet. 4,2)

μῆκος length (dimension) ▸ 85 + 1 + 3 = 89
   μήκει ▸ 1
      Noun · neuter · singular · dative · (common) ▸ 1 (Dan. 4,12)
   μῆκος ▸ 81 + 1 + 3 = 85
      Noun · neuter · singular · accusative · (common) ▸ 43 + 1 = 44 (Gen. 12,6; Gen. 13,17; Ex. 25,10; Ex. 25,17; Ex. 25,23; Ex. 27,1; Ex. 27,11; Ex. 30,2; Ex. 36,16; Judg. 3,16; 1Kings 6,2; 1Kings 6,3; 1Kings 7,14; 1Kings 7,43; 2Chr. 3,4; 2Chr. 3,11; 2Chr. 4,1; Judith 1,2; Judith 7,3; Prov. 3,2; Zech. 5,2; Ezek. 40,7; Ezek. 40,7; Ezek. 40,8; Ezek. 40,18; Ezek. 40,20; Ezek. 41,2; Ezek. 41,4; Ezek. 41,13; Ezek. 41,13; Ezek. 41,15; Ezek. 41,15; Ezek. 42,11; Ezek. 43,17; Ezek. 45,1; Ezek. 45,3; Ezek. 45,6; Ezek. 46,22; Ezek. 48,8; Ezek. 48,9; Ezek. 48,13; Ezek. 48,21; Dan. 9,27; Judg. 3,16)
      Noun · neuter · singular · nominative · (common) ▸ 38 + 3 = 41 (Gen. 6,15; Ex. 26,2; Ex. 26,8; Ex. 27,9; Ex. 27,18; Ex. 28,16; Ex. 37,2; Ex. 37,16; Deut. 3,11; 1Kings 6,20; 1Kings 7,39; 2Chr. 3,3; 2Chr. 3,8; 2Chr. 6,13; 2Chr. 24,13; Prov. 3,16; Prov. 16,17; Zech. 2,6; Jer. 52,22; Ezek. 40,21; Ezek. 40,25; Ezek. 40,29; Ezek. 40,33; Ezek. 40,36; Ezek. 40,42; Ezek. 40,47; Ezek. 40,49; Ezek. 41,12; Ezek. 41,22; Ezek. 42,2; Ezek. 42,4; Ezek. 42,7; Ezek. 42,8; Ezek. 45,5; Ezek. 45,7; Ezek. 45,7; Ezek. 48,10; Ezek. 48,13; Eph. 3,18; Rev. 21,16; Rev. 21,16)
   μήκους ▸ 3
      Noun · neuter · singular · genitive · (common) ▸ 3 (Ex. 26,13; Ezek. 43,16; Ezek. 48,18)

μηκύνω (μῆκος) to grow; to linger ▸ 3 + 1 = 4
   ἐμήκυνεν ▸ 1
      Verb · third · singular · imperfect · active · indicative ▸ 1 (Is. 44,14)
   μηκύνηται ▸ 1
      Verb · third · singular · present · passive · subjunctive ▸ 1 (Mark 4,27)
   μηκύνω ▸ 1
      Verb · first · singular · present · active · subjunctive ▸ 1 (Ezek. 12,25)
   μηκύνωσιν ▸ 1
      Verb · third · plural · present · active · subjunctive ▸ 1 (Ezek. 12,28)

μῆλον apple, tree-fruit; cheek ▸ 9
   μῆλα ▸ 2
      Noun · neuter · plural · accusative · (common) ▸ 1 (Gen. 30,14)
      Noun · neuter · plural · nominative · (common) ▸ 1 (Song 7,9)
   μήλοις ▸ 1
      Noun · neuter · plural · dative · (common) ▸ 1 (Song 2,5)
   μῆλον ▸ 4
      Noun · neuter · singular · accusative · (common) ▸ 1 (Song 8,5)
      Noun · neuter · singular · nominative · (common) ▸ 3 (Prov. 25,11; Song 2,3; Joel 1,12)
   μῆλόν ▸ 2
      Noun · neuter · singular · nominative · (common) ▸ 2 (Song 4,3; Song 6,7)

μηλωτή (μῆλον) sheep skin; goatskin ▸ 5 + 1 = 6
   μηλωταῖς ▸ 1
      Noun · feminine · plural · dative ▸ 1 (Heb. 11,37)
   μηλωτῇ ▸ 1
      Noun · feminine · singular · dative · (common) ▸ 1 (1Kings 19,13)
   μηλωτὴν ▸ 4
      Noun · feminine · singular · accusative · (common) ▸ 4 (1Kings 19,19; 2Kings 2,8; 2Kings 2,13; 2Kings 2,14)

μημ (Hebr.) mem ▸ 1
   μημ ▸ 1
      Noun ▸ 1 (Psa. 118,97)

μήν (1st homograph) month ▸ 302 + 6 + 18 = 326
   μὴν ▸ 9 + 1 = 10
      Noun · masculine · singular · nominative · (common) ▸ 9 + 1 = 10 (Ex. 12,2; 1Esdr. 9,5; Ezra 3,1; Neh. 7,73; 1Mac. 4,52; 1Mac. 16,14; Sir. 43,8; Amos 8,5; Zech. 1,7; Luke 1,36)
   μῆνα ▸ 19 + 2 = 21
      Noun · masculine · singular · accusative · (common) ▸ 19 + 2 = 21 (Gen. 29,14; Num. 11,21; Num. 28,14; Deut. 16,1; 1Sam. 11,1; 1Kings 4,7; 1Kings 5,1; 1Kings 5,28; 2Kings 15,13; 1Chr. 27,1; 1Chr. 27,5; 1Chr. 27,7; 1Chr. 27,15; Esth. 3,7; Esth. 9,22; Judith 3,10; 2Mac. 6,7; Job 29,2; Is. 66,23; Rev. 9,15; Rev. 22,2)
   μῆνας ▸ 26 + 3 + 14 = 43
      Noun · masculine · plural · accusative · (common) ▸ 26 + 3 + 14 = 43 (Ex. 2,2; Num. 28,14; Judg. 11,37; Judg. 11,38; 1Sam. 6,1;

1Sam. 27,7; 2Sam. 2,11; 2Sam. 5,5; 2Sam. 6,11; 2Sam. 24,13; 1Kings 5,28; 1Kings 11,16; 1Chr. 13,14; 1Chr. 21,12; 1Chr. 27,1; 1Esdr. 1,33; 1Esdr. 1,42; Esth. 2,12; Esth. 2,12; Esth. 2,12; Judith 8,4; Judith 16,20; 2Mac. 7,27; Job 7,3; Job 39,2; Dan. 4,29; Judg. 11,37; Judg. 11,38; Judg. 20,47; Luke 1,24; Luke 1,56; Luke 4,25; Acts 7,20; Acts 18,11; Acts 19,8; Acts 20,3; Acts 28,11; Gal. 4,10; James 5,17; Rev. 9,5; Rev. 9,10; Rev. 11,2; Rev. 13,5)

μῆνες ▸ 1
Noun · masculine · plural · nominative · (common) ▸ **1** (Job 14,5)

μηνί ▸ 90 + 1 = 91
Noun · masculine · singular · dative · (common) ▸ 90 + 1 = **91** (Gen. 8,4; Gen. 8,14; Ex. 13,4; Ex. 13,5; Ex. 16,1; Ex. 34,18; Ex. 34,18; Ex. 40,17; Lev. 16,29; Lev. 23,5; Lev. 23,41; Lev. 25,9; Num. 9,1; Num. 9,11; Num. 10,11; Num. 20,1; Num. 28,16; Num. 29,1; Num. 33,3; Num. 33,38; Deut. 1,3; Deut. 16,1; 1Kings 6,1; 1Kings 6,1c; 1Kings 6,1d; 1Kings 8,2; 1Kings 12,32; 1Kings 12,33; 2Kings 22,3; 2Kings 25,1; 2Kings 25,8; 2Kings 25,25; 2Kings 25,27; 1Chr. 12,16; 1Chr. 27,8; 1Chr. 27,9; 1Chr. 27,10; 1Chr. 27,11; 1Chr. 27,12; 1Chr. 27,13; 1Chr. 27,14; 2Chr. 3,2; 2Chr. 15,10; 2Chr. 29,3; 2Chr. 30,2; 2Chr. 30,13; 2Chr. 31,7; 2Chr. 31,7; 1Esdr. 5,6; Ezra 3,8; Ezra 7,8; Neh. 1,1; Neh. 2,1; Neh. 8,14; Esth. 3,12; Esth. 9,1; Esth. 10,13 # 10,3k; 1Mac. 1,58; 1Mac. 1,58; 1Mac. 9,54; 1Mac. 10,21; 1Mac. 16,14; Hag. 1,1; Hag. 2,1; Zech. 1,1; Zech. 7,3; Zech. 11,8; Jer. 35,1; Jer. 35,17; Jer. 43,9; Jer. 46,1; Jer. 46,2; Jer. 48,1; Jer. 52,4; Jer. 52,12; Jer. 52,31; Ezek. 1,1; Ezek. 8,1; Ezek. 20,1; Ezek. 24,1; Ezek. 29,1; Ezek. 30,20; Ezek. 31,1; Ezek. 32,1; Ezek. 33,21; Ezek. 40,1; Ezek. 45,18; Ezek. 45,20; Ezek. 45,21; Ezek. 45,25; Luke 1,26)

μηνί ▸ 8
Noun · masculine · singular · dative · (common) ▸ **8** (Gen. 8,5; 1Kings 5,28; 1Kings 6,1c; 1Esdr. 8,5; Esth. 2,16; Esth. 8,9; Zech. 1,7; Jer. 1,3)

μηνός ▸ 23
Noun · masculine · singular · genitive · (common) ▸ **23** (Gen. 7,11; Gen. 7,11; Gen. 8,4; Gen. 8,5; Gen. 8,5; Gen. 8,13; Gen. 8,13; Gen. 8,14; Lev. 25,9; Num. 33,38; 2Kings 25,8; 1Esdr. 5,6; 1Esdr. 7,10; 1Esdr. 9,5; 1Esdr. 9,17; 1Esdr. 9,37; 1Esdr. 9,40; Esth. 3,7; Esth. 8,12; Esth. 9,1; 2Mac. 1,9; 2Mac. 10,5; Ezek. 1,2)

μηνὸς ▸ 117 + 1 = 118
Noun · masculine · singular · genitive · (common) ▸ 117 + 1 = **118** (Ex. 12,3; Ex. 12,6; Ex. 12,18; Ex. 12,18; Ex. 19,1; Ex. 23,15; Ex. 40,2; Lev. 16,29; Lev. 23,5; Lev. 23,6; Lev. 23,24; Lev. 23,24; Lev. 23,27; Lev. 23,32; Lev. 23,34; Lev. 23,39; Num. 1,1; Num. 1,18; Num. 9,3; Num. 9,5; Num. 9,22; Num. 10,11; Num. 11,20; Num. 28,14; Num. 28,16; Num. 28,17; Num. 29,1; Num. 29,7; Num. 29,12; Num. 33,3; Deut. 1,3; Deut. 21,13; Josh. 4,19; Josh. 5,10; 1Sam. 20,27; 1Sam. 20,34; 1Kings 12,32; 2Kings 25,3; 2Kings 25,27; 1Chr. 27,1; 1Chr. 27,2; 1Chr. 27,3; 1Chr. 27,4; 2Chr. 7,10; 2Chr. 29,17; 2Chr. 29,17; 2Chr. 29,17; 2Chr. 30,15; 2Chr. 35,1; 1Esdr. 1,1; 1Esdr. 5,46; 1Esdr. 5,52; 1Esdr. 5,54; 1Esdr. 5,55; 1Esdr. 7,5; 1Esdr. 8,6; 1Esdr. 8,6; 1Esdr. 8,60; 1Esdr. 9,16; Ezra 3,6; Ezra 6,15; Ezra 6,19; Ezra 7,9; Ezra 7,9; Ezra 8,31; Ezra 10,9; Ezra 10,16; Ezra 10,17; Neh. 8,2; Neh. 9,1; Esth. 3,7; Esth. 3,13; Esth. 13,6 # 3,13f; Esth. 16,19 # 8,12s; Esth. 9,17; Esth. 10,13 # 10,3k; Judith 2,1; 1Mac. 1,59; 1Mac. 4,52; 1Mac. 4,59; 1Mac. 7,43; 1Mac. 9,3; 1Mac. 13,51; 2Mac. 15,36; Hag. 1,1; Hag. 1,15; Hag. 2,1; Hag. 2,10; Hag. 2,18; Hag. 2,20; Zech. 7,1; Is. 66,23; Jer. 46,2; Jer. 52,4; Jer. 52,6; Jer. 52,12; Jer. 52,31; Bar. 1,2; Ezek. 1,1; Ezek. 8,1; Ezek. 20,1; Ezek. 24,1; Ezek. 26,1; Ezek. 29,1; Ezek. 29,17; Ezek. 30,20; Ezek. 31,1; Ezek. 32,1; Ezek. 32,17; Ezek. 32,17; Ezek. 33,21; Ezek. 40,1; Ezek. 45,18; Ezek. 45,20; Ezek. 45,21; Ezek. 45,25; Dan. 10,4; Dan. 10,4)

μηνῶν ▸ 7 + 2 = 9
Noun · masculine · plural · genitive · (common) ▸ 7 + 2 = **9** (Ex. 12,2; Deut. 33,14; Judg. 11,39; 2Sam. 24,8; Job 3,6; Job 21,21; Amos 4,7; Judg. 11,39; Judg. 19,2)

μησὶν ▸ 2
Noun · masculine · plural · dative · (common) ▸ **2** (Ex. 12,2; 2Chr. 8,13)

μήν (2nd homograph) indeed, surely ▸ 37 + 1 + 1 = 39

μήν ▸ 36 + 1 + 1 = 38
Particle · (emphatic) ▸ 36 + 1 + 1 = **38** (Gen. 22,17; Gen. 42,16; Ex. 22,7; Ex. 22,10; Num. 14,23; Num. 14,28; Num. 14,35; 1Kings 6,1d; 2Chr. 5,3; Ezra 10,9; Esth. 9,27; Judith 1,12; 3Mac. 5,50; 4Mac. 15,9; Job 1,11; Job 2,5; Job 2,5; Job 5,8; Job 12,6; Job 13,3; Job 13,15; Job 17,10; Job 21,17; Job 27,3; Job 27,7; Job 32,21; Job 33,1; Job 34,36; Wis. 6,23; Is. 45,23; Bar. 2,29; Ezek. 33,27; Ezek. 34,8; Ezek. 35,6; Ezek. 36,5; Ezek. 38,19; Judg. 15,7; Heb. 6,14)

μήν ▸ 1
Particle ▸ **1** (1Sam. 20,24)

μηνιαῖος (μῆνις) month old ▸ 10
μηνιαίου ▸ 10
Adjective · masculine · singular · genitive · noDegree ▸ **2** (Lev. 27,6; Num. 18,16)
Adjective · neuter · singular · genitive · noDegree ▸ **8** (Num. 3,15; Num. 3,22; Num. 3,28; Num. 3,34; Num. 3,39; Num. 3,40; Num. 3,43; Num. 26,62)

μηνίαμα (μῆνις) cause for anger ▸ 1
μηνίαμα ▸ 1
Noun · neuter · singular · nominative · (common) ▸ **1** (Sir. 40,4)

μηνιάω (μῆνις) to stay angry, hold a grudge ▸ 1
μηνιάσῃς ▸ 1
Verb · second · singular · aorist · active · subjunctive ▸ **1** (Sir. 10,6)

μῆνις anger ▸ 4
μῆνιν ▸ 2
Noun · feminine · singular · accusative · (common) ▸ **2** (Num. 35,21; Sir. 28,5)
Μῆνις ▸ 1
Noun · feminine · singular · nominative · (common) ▸ **1** (Sir. 27,30)
μῆνις ▸ 1
Noun · feminine · singular · nominative · (common) ▸ **1** (Gen. 49,7)

μήνισις wrath, anger ▸ 1
μηνίσεως ▸ 1
Noun · feminine · singular · genitive · (common) ▸ **1** (Sol. 2,23)

μηνίσκος (μῆνις) pendant ▸ 2 + 2 = 4
μηνίσκους ▸ 2 + 1 = 3
Noun · masculine · plural · accusative · (common) ▸ 2 + 1 = **3** (Judg. 8,21; Is. 3,18; Judg. 8,21)
μηνίσκων ▸ 1
Noun · masculine · plural · genitive · (common) ▸ **1** (Judg. 8,26)

μηνίω (μῆνις) to stay angry, hold a grudge ▸ 5
μηνιεῖ ▸ 1
Verb · third · singular · future · active · indicative ▸ **1** (Psa. 102,9)
μηνιεῖς ▸ 1
Verb · second · singular · future · active · indicative ▸ **1** (Lev. 19,18)
μηνίσας ▸ 1
Verb · aorist · active · participle · masculine · singular · nominative ▸ **1** (Ode. 12,13)

μηνίω–μηρύομαι

μηνίσῃς ▸ 1
    Verb · second · singular · aorist · active · subjunctive ▸ 1 (Sir. 28,7)

μηνιῶ ▸ 1
    Verb · first · singular · future · active · indicative ▸ 1 (Jer. 3,12)

μηνύω to make known ▸ 5 + 4 = 9

ἐμηνύθη ▸ 1
    Verb · third · singular · aorist · passive · indicative ▸ 1 (2Mac. 14,37)

ἐμήνυσεν ▸ 1
    Verb · third · singular · aorist · active · indicative ▸ 1 (Luke 20,37)

μηνύειν ▸ 1
    Verb · present · active · infinitive ▸ 1 (3Mac. 3,28)

μηνυθείσης ▸ 1
    Verb · aorist · passive · participle · feminine · singular · genitive ▸ 1 (Acts 23,30)

μηνυθέντες ▸ 1
    Verb · aorist · passive · participle · masculine · plural · nominative ▸ 1 (2Mac. 6,11)

μηνυθέντων ▸ 1
    Verb · aorist · passive · participle · masculine · singular · nominative ▸ 1 (2Mac. 3,7)

μηνύσαντα ▸ 1
    Verb · aorist · active · participle · masculine · singular · accusative ▸ 1 (1Cor. 10,28)

μηνύσῃ ▸ 1
    Verb · third · singular · aorist · active · subjunctive ▸ 1 (John 11,57)

μηνύων ▸ 1
    Verb · present · active · participle · masculine · singular · nominative ▸ 1 (4Mac. 4,3)

μήποτε (μή; ποῦ) lest, perhaps ▸ 109 + 12 + 25 = 146

Μήποτε ▸ 15 + 4 = 19
    Conjunction · subordinating ▸ 6 (Gen. 26,9; Gen. 31,31; Gen. 38,11; Gen. 42,4; Ex. 13,17; Is. 8,12)
    Particle ▸ 9 + 4 = 13 (Gen. 24,5; Gen. 24,39; Gen. 47,18; Gen. 50,15; Num. 16,34; Judg. 3,24; Tob. 10,2; Psa. 37,17; Job 1,5; Judg. 3,24; Tob. 3,10; Tob. 8,10; Tob. 10,2)

μήποτε ▸ 93 + 8 + 24 = 125
    Conjunction · subordinating ▸ 77 + 5 + 19 = 101 (Gen. 3,22; Gen. 19,17; Gen. 20,2; Gen. 26,7; Gen. 27,12; Gen. 27,45; Gen. 31,24; Gen. 31,29; Gen. 32,12; Gen. 38,23; Ex. 1,10; Ex. 5,3; Ex. 19,21; Ex. 19,22; Ex. 19,24; Ex. 20,19; Ex. 32,12; Ex. 34,12; Ex. 34,15; Josh. 6,18; Judg. 7,2; Judg. 9,54; Judg. 14,15; Judg. 15,12; Judg. 18,25; 1Sam. 4,9; 2Sam. 1,20; 2Sam. 1,20; 2Sam. 20,6; Ezra 4,22; Ezra 7,23; Neh. 6,3; 1Mac. 4,45; 1Mac. 4,60; 1Mac. 12,40; 1Mac. 13,17; 2Mac. 3,32; Psa. 2,12; Psa. 7,3; Psa. 12,4; Psa. 12,5; Psa. 27,1; Psa. 49,22; Psa. 58,12; Psa. 78,10; Psa. 90,12; Psa. 113,10; Psa. 139,9; Prov. 22,25; Prov. 23,9; Prov. 25,16; Prov. 25,17; Prov. 30,10; Eccl. 7,16; Song 1,7; Sir. 7,6; Sir. 8,1; Sir. 8,2; Sir. 9,3; Sir. 9,4; Sir. 9,5; Sir. 9,9; Sir. 12,12; Sir. 19,13; Sir. 23,14; Sir. 30,12; Sir. 31,17; Sir. 37,8; Sir. 42,9; Sir. 42,9; Sir. 42,10; Sir. 42,10; Sir. 42,10; Sir. 42,11; Sol. 13,5; Is. 6,10; LetterJ 25; Judg. 7,2; Judg. 9,54; Judg. 14,15; Judg. 18,25; Dan. 1,10; Matt. 4,6; Matt. 7,6; Matt. 13,15; Matt. 13,29; Matt. 15,32; Matt. 25,9; Matt. 27,64; Mark 4,12; Mark 14,2; Luke 4,11; Luke 12,58; Luke 14,8; Luke 14,12; Luke 21,34; Acts 5,39; Acts 28,27; Heb. 2,1; Heb. 3,12; Heb. 4,1)
    Conjunction · coordinating · (interrogative) ▸ 2 (Luke 3,15; 2Tim. 2,25)
    Particle ▸ 16 + 3 + 2 = 21 (Gen. 43,12; Ruth 4,6; 1Sam. 23,22; 2Sam. 17,16; 1Kings 18,27; 1Kings 18,27; 2Kings 2,16; Judith 5,21; Tob. 10,2; 1Mac. 12,40; 2Mac. 14,22; 3Mac. 3,24; 4Mac. 4,13; Sir. 11,33; Sir. 19,13; Sir. 19,14; Judg. 15,12; Tob. 2,13; Tob. 10,2; Luke 14,29; John 7,26)
    Particle · (negative) ▸ 1 (Heb. 9,17)

μήποτέ ▸ 1 + 1 = 2
    Conjunction · subordinating · (purposive) ▸ 1 (Matt. 5,25)
    Particle ▸ 1 (Ezra 6,8)

μήπω (μή; πω) not yet ▸ 2

μήπω ▸ 2
    Adverb ▸ 2 (Rom. 9,11; Heb. 9,8)

μήπως (μή; πω) lest somehow ▸ 1

μήπως ▸ 1
    Conjunction · subordinating ▸ 1 (Sir. 28,26)

μηρία (μηρός) thigh pieces ▸ 6

μηρίων ▸ 6
    Noun · neuter · plural · genitive · (common) ▸ 6 (Lev. 3,4; Lev. 3,10; Lev. 3,15; Lev. 4,9; Lev. 7,4; Job 15,27)

μηρός thigh ▸ 34 + 7 + 1 = 42

μηροί ▸ 3 + 1 = 4
    Noun · masculine · plural · nominative · (common) ▸ 3 + 1 = 4 (Ezek. 7,17; Ezek. 21,12; Dan. 2,32; Dan. 2,32)

μηροῖς ▸ 1 + 1 = 2
    Noun · masculine · plural · dative · (common) ▸ 1 + 1 = 2 (Judg. 19,1; Judg. 19,1)

μηρόν ▸ 5
    Noun · masculine · singular · accusative · (common) ▸ 5 (Gen. 24,2; Gen. 47,29; Num. 5,21; Num. 5,22; Psa. 44,4)

μηρὸν ▸ 7 + 2 + 1 = 10
    Noun · masculine · singular · accusative · (common) ▸ 7 + 2 + 1 = 10 (Gen. 24,9; Ex. 32,27; Judg. 3,16; Judg. 15,8; 2Kings 16,14; Judith 9,2; Song 3,8; Judg. 3,16; Judg. 15,8; Rev. 19,16)

μηρός ▸ 1
    Noun · masculine · singular · nominative · (common) ▸ 1 (Num. 5,27)

μηροῦ ▸ 5 + 1 = 6
    Noun · masculine · singular · genitive · (common) ▸ 5 + 1 = 6 (Gen. 32,26; Gen. 32,26; Gen. 32,33; Gen. 32,33; Judg. 3,21; Judg. 3,21)

μηρούς ▸ 1
    Noun · masculine · plural · accusative · (common) ▸ 1 (2Kings 19,23)

μηρῷ ▸ 2
    Noun · masculine · singular · dative · (common) ▸ 2 (Gen. 32,32; Sir. 19,12)

μηρῶν ▸ 9 + 2 = 11
    Noun · masculine · plural · genitive · (common) ▸ 9 + 2 = 11 (Gen. 46,26; Gen. 49,10; Gen. 50,23; Ex. 28,42; Deut. 28,57; Judg. 8,30; Judg. 19,18; Song 7,2; Ezek. 47,4; Judg. 8,30; Judg. 19,18)

μηρυκισμός (μηρυκάομαι) chewing the cud ▸ 11

μηρυκισμόν ▸ 1
    Noun · masculine · singular · accusative · (common) ▸ 1 (Lev. 11,7)

μηρυκισμὸν ▸ 10
    Noun · masculine · singular · accusative · (common) ▸ 10 (Lev. 11,3; Lev. 11,4; Lev. 11,4; Lev. 11,5; Lev. 11,6; Lev. 11,26; Deut. 14,6; Deut. 14,7; Deut. 14,7; Deut. 14,8)

μηρύομαι to wind ▸ 1

μηρυομένη ▸ 1
    Verb · present · middle · participle · feminine · singular · nominative ▸ 1 (Prov. 31,13)

Μηρωζ Meroz ▸ 1
    Μηρωζ ▸ 1
        Noun · feminine · singular · accusative · (proper) ▸ 1 (Judg. 5,23)

μήτε (μή; τέ) and not; neither ... nor ▸ 16 + 34 = 50
    Μήτε ▸ 1
        Conjunction · coordinating ▸ 1 (1Kings 3,26)
    μήτε ▸ 15 + 34 = 49
        Conjunction · coordinating · (disjunctive) ▸ 15 + 34 = **49** (1Kings 3,26; 1Mac. 12,36; 1Mac. 12,36; 2Mac. 10,13; 3Mac. 3,7; 3Mac. 3,7; 3Mac. 7,8; 4Mac. 2,9; 4Mac. 2,9; 4Mac. 2,14; 4Mac. 11,25; Hos. 4,4; Hos. 4,4; LetterJ 26; LetterJ 26; Matt. 5,34; Matt. 5,35; Matt. 5,35; Matt. 5,36; Matt. 11,18; Matt. 11,18; Luke 7,33; Luke 9,3; Luke 9,3; Luke 9,3; Luke 9,3; Luke 9,3; Acts 23,8; Acts 23,8; Acts 23,12; Acts 23,12; Acts 23,21; Acts 23,21; Acts 27,20; Acts 27,20; 2Th. 2,2; 2Th. 2,2; 2Th. 2,2; 1Tim. 1,7; 1Tim. 1,7; Heb. 7,3; Heb. 7,3; James 5,12; James 5,12; James 5,12; Rev. 7,1; Rev. 7,1; Rev. 7,3; Rev. 7,3)

μήτηρ mother ▸ 306 + 32 + 83 = 421
    μῆτερ ▸ 3
        Noun · feminine · singular · vocative · (common) ▸ 3 (1Kings 2,20; 4Mac. 16,14; Jer. 15,10)
    μητέρα ▸ 64 + 5 + 26 = 95
        Noun · feminine · singular · accusative · (common) ▸ 64 + 5 + 26 = **95** (Gen. 2,24; Gen. 27,11; Gen. 30,14; Gen. 32,12; Ex. 2,8; Ex. 20,12; Ex. 21,15; Ex. 21,16; Ex. 22,29; Lev. 19,3; Lev. 20,9; Lev. 20,9; Lev. 20,14; Lev. 22,27; Deut. 5,16; Deut. 21,13; Deut. 22,6; Deut. 22,7; Deut. 27,16; Josh. 2,13; Josh. 2,18; Josh. 6,23; Judg. 14,9; Ruth 2,11; 1Kings 1,11; 1Kings 2,13; 1Kings 15,13; 2Kings 4,19; 2Kings 4,20; 2Kings 24,15; 2Chr. 15,16; 1Esdr. 4,21; 1Esdr. 4,25; Tob. 4,3; Tob. 4,9; 2Mac. 7,25; 4Mac. 8,4; 4Mac. 12,6; 4Mac. 14,20; 4Mac. 15,11; 4Mac. 15,21; 4Mac. 17,7; Psa. 112,9; Psa. 130,2; Prov. 15,20; Prov. 17,21; Prov. 19,26; Prov. 20,20 # 20,9a; Prov. 28,24; Prov. 30,11; Job 17,14; Sir. 3,4; Sir. 3,6; Sir. 3,16; Sir. 40,1; Hos. 2,4; Hos. 4,5; Hos. 10,14; Mic. 7,6; Is. 8,4; Is. 50,1; Jer. 15,8; Jer. 22,26; Ezek. 22,7; Judg. 14,9; Tob. 4,3; Tob. 5,17; Tob. 7,14; Tob. 14,9; Matt. 2,13; Matt. 2,14; Matt. 2,20; Matt. 2,21; Matt. 10,37; Matt. 15,4; Matt. 15,4; Matt. 19,5; Matt. 19,19; Matt. 19,29; Mark 5,40; Mark 7,10; Mark 7,10; Mark 10,7; Mark 10,19; Mark 10,29; Luke 2,34; Luke 8,51; Luke 12,53; Luke 14,26; Luke 18,20; John 6,42; John 19,26; Rom. 16,13; Eph. 5,31; Eph. 6,2)
    μητέρας ▸ 1 + 2 = 3
        Noun · feminine · plural · accusative · (common) ▸ 1 + 2 = **3** (4Mac. 15,4; Mark 10,30; 1Tim. 5,2)
    μητέρες ▸ 4
        Noun · feminine · plural · nominative · (common) ▸ **4** (3Mac. 1,20; 3Mac. 5,49; 4Mac. 15,5; Lam. 5,3)
    μητέρων ▸ 4
        Noun · feminine · plural · genitive · (common) ▸ **4** (4Mac. 15,6; 4Mac. 15,13; Jer. 16,3; Lam. 2,12)
    Μήτηρ ▸ 1
        Noun · feminine · singular · nominative · (common) ▸ **1** (Psa. 86,5)
    μήτηρ ▸ 85 + 14 + 32 = 131
        Noun · feminine · singular · nominative · (common) ▸ 85 + 14 + 32 = **131** (Gen. 3,20; Gen. 21,21; Gen. 24,55; Gen. 27,13; Gen. 27,14; Gen. 37,10; Gen. 48,7; Ex. 2,3; Lev. 18,7; Deut. 21,19; Deut. 22,6; Deut. 22,15; Judg. 5,7; Judg. 5,28; Judg. 14,3; Judg. 14,4; Judg. 14,5; Judg. 17,2; Judg. 17,3; Judg. 17,4; 1Sam. 1,25; 1Sam. 2,19; 1Sam. 15,33; 1Sam. 22,3; 1Kings 3,27; 2Kings 1,18b; 2Kings 3,2; 2Kings 4,30; 2Kings 11,1; 2Kings 24,12; 1Chr. 2,26; 1Chr. 4,9; 2Chr. 2,13; 2Chr. 22,3; 2Chr. 22,10; Tob. 1,8; Tob. 4,13; Tob. 5,18; Tob. 10,8; Tob. 11,17; 2Mac. 7,20; 2Mac. 7,41; 4Mac. 10,2; 4Mac. 14,12; 4Mac. 15,2; 4Mac. 15,6; 4Mac. 15,12; 4Mac. 15,14; 4Mac. 15,16; 4Mac. 15,22; 4Mac. 15,24; 4Mac. 15,26; 4Mac. 15,29; 4Mac. 16,1; 4Mac. 16,4; 4Mac. 16,5; 4Mac. 16,6; 4Mac. 16,12; 4Mac. 17,2; 4Mac. 17,4; 4Mac. 17,13; 4Mac. 18,6; Psa. 26,10; Psa. 50,7; Prov. 23,22; Prov. 23,25; Prov. 31,1; Song 3,11; Song 8,5; Sir. 3,11; Sir. 4,10; Sir. 15,2; Hos. 2,7; Zech. 13,3; Zech. 13,3; Is. 66,13; Jer. 20,14; Jer. 20,17; Jer. 27,12; Jer. 27,12; Ezek. 16,3; Ezek. 16,44; Ezek. 16,45; Ezek. 19,2; Ezek. 19,10; Judg. 5,7; Judg. 5,28; Judg. 14,3; Judg. 14,4; Judg. 14,5; Judg. 17,2; Judg. 17,3; Judg. 17,4; Tob. 1,8; Tob. 5,18; Tob. 8,21; Tob. 10,8; Tob. 10,13; Tob. 14,12; Matt. 12,46; Matt. 12,47; Matt. 12,48; Matt. 12,49; Matt. 12,50; Matt. 13,55; Matt. 20,20; Matt. 27,56; Matt. 27,56; Mark 3,31; Mark 3,32; Mark 3,33; Mark 3,34; Mark 3,35; Mark 15,40; Luke 1,43; Luke 1,60; Luke 2,33; Luke 2,48; Luke 2,51; Luke 8,19; Luke 8,20; Luke 8,21; Luke 12,53; John 2,1; John 2,3; John 2,5; John 2,12; John 19,25; John 19,27; Gal. 4,26; Rev. 17,5)
    μητράσιν ▸ 1
        Noun · feminine · plural · dative · (common) ▸ **1** (Lam. 2,12)
    μητρί ▸ 39 + 6 + 6 = 51
        Noun · feminine · singular · dative · (common) ▸ 39 + 6 + 6 = **51** (Gen. 24,53; Gen. 44,20; Lev. 21,2; Lev. 21,11; Num. 6,7; Judg. 14,2; Judg. 14,6; Judg. 17,2; Judg. 17,3; Judg. 17,4; 1Kings 2,19; 1Kings 2,22; 1Kings 17,23; 1Kings 22,42; 2Kings 15,2; 2Kings 18,2; 2Kings 21,1; 2Kings 21,19; 2Kings 22,1; 2Kings 23,31; 2Kings 23,36; 2Kings 24,8; 2Kings 24,18; 2Chr. 13,2; 2Chr. 20,31; 2Chr. 22,2; 2Chr. 24,1; 2Chr. 25,1; 2Chr. 26,3; 2Chr. 29,1; 1Mac. 13,28; 2Mac. 7,5; 4Mac. 15,1; 4Mac. 18,23; Song 6,9; Sir. 4,10; Jer. 16,7; Jer. 52,1; Ezek. 44,25; Judg. 14,2; Judg. 14,6; Judg. 17,2; Judg. 17,3; Judg. 17,4; Tob. 9,6; Matt. 14,11; Mark 6,24; Mark 6,28; Luke 7,12; Luke 7,15; Acts 1,14)
    μητρί ▸ 6 + 1 + 5 = 12
        Noun · feminine · singular · dative · (common) ▸ 6 + 1 + 5 = **12** (Gen. 27,14; Deut. 33,9; Judg. 14,16; Prov. 10,1; Is. 45,10; Sus. 30; Judg. 14,16; Matt. 15,5; Mark 7,11; Mark 7,12; John 19,26; 2Tim. 1,5)
    μητρός ▸ 38 + 3 + 1 = 42
        Noun · feminine · singular · genitive · (common) ▸ 38 + 3 + 1 = **42** (Gen. 20,12; Gen. 28,2; Gen. 28,2; Gen. 49,26; Lev. 18,7; Lev. 18,9; Lev. 18,13; Lev. 18,13; Lev. 20,19; Deut. 13,7; Judg. 8,19; Judg. 16,17; 1Sam. 20,30; 2Sam. 19,38; 2Kings 9,22; Tob. 6,15; 4Mac. 1,8; Psa. 21,10; Psa. 21,11; Psa. 49,20; Psa. 68,9; Psa. 70,6; Psa. 138,13; Prov. 1,8; Prov. 4,3; Prov. 6,20; Prov. 30,17; Song 1,6; Song 3,4; Song 8,1; Song 8,2; Job 1,21; Job 3,10; Job 31,18; Sir. 23,14; Sol. 3,9; Is. 49,1; Ezek. 16,45; Judg. 8,19; Judg. 16,17; Tob. 6,15; Gal. 1,15)
    μητρός ▸ 60 + 3 + 11 = 74
        Noun · feminine · singular · genitive · (common) ▸ 60 + 3 + 11 = **74** (Gen. 24,28; Gen. 24,67; Gen. 24,67; Gen. 28,5; Gen. 28,7; Gen. 29,1; Gen. 29,10; Gen. 29,10; Gen. 29,10; Ex. 23,19; Ex. 34,26; Lev. 20,17; Lev. 24,11; Num. 12,12; Deut. 14,21; Deut. 21,18; Deut. 27,22; Judg. 9,1; Judg. 9,1; Judg. 9,3; Ruth 1,8; 2Sam. 17,25; 1Kings 12,24a; 1Kings 12,24b; 1Kings 14,21; 1Kings 15,2; 1Kings 15,10; 1Kings 16,28a; 1Kings 22,53; 2Kings 8,26; 2Kings 12,2; 2Kings 14,2; 2Kings 15,33; 2Chr. 12,13; 2Chr. 27,1; 2Chr. 36,2a; 2Chr. 36,5; Judith 8,26; 2Mac. 7,1; 2Mac. 7,4; 4Mac. 1,10; 4Mac. 8,3; 4Mac. 8,20; 4Mac. 12,7; Psa. 108,14; Ode. 3,0; Eccl. 5,14; Job 3,16; Job 38,8; Job 42,17c; Wis. 7,1; Sir. 3,2; Sir. 3,9; Sir. 7,27; Sir. 40,1; Sir. 41,17; Sol. 8,9; Is. 50,1; Jer. 20,17; Ezek. 23,2; Judg. 9,1; Judg. 9,1; Judg. 9,3; Matt. 1,18; Matt. 2,11; Matt. 10,35; Matt. 14,8; Matt. 19,12; Luke 1,15; John 3,4; John 19,25

μήτηρ–μιαίνω

Acts 3,2; Acts 12,12; Acts 14,8)

μήτι (μή; τις) unless; neither, nor ▸ 1 + 18 = 19
  μήτι ▸ 1 + 18 = 19
    Particle · (interrogative) ▸ 1 + 18 = **19** (Dan. 2,11; Matt. 7,16; Matt. 12,23; Matt. 26,22; Matt. 26,25; Mark 4,21; Mark 14,19; Luke 6,39; Luke 9,13; John 4,29; John 8,22; John 18,35; Acts 10,47; 1Cor. 6,3; 1Cor. 7,5; 2Cor. 1,17; 2Cor. 12,18; 2Cor. 13,5; James 3,11)

μήτρα (μήτηρ) womb; matrix ▸ 33 + 2 = 35
  μήτρα ▸ 2
    Noun · feminine · singular · nominative · (common) ▸ **2** (1Kings 3,26; Jer. 20,17)
  μήτρᾳ ▸ 3
    Noun · feminine · singular · dative · (common) ▸ **3** (Sir. 1,14; Sir. 49,7; Jer. 20,17)
  μήτραν ▸ 19 + 1 = 20
    Noun · feminine · singular · accusative · (common) ▸ 19 + 1 = **20** (Gen. 20,18; Gen. 29,31; Gen. 30,22; Ex. 13,2; Ex. 13,12; Ex. 13,12; Ex. 13,13; Ex. 13,15; Ex. 34,19; Num. 3,12; Num. 8,16; Num. 18,15; 1Sam. 1,5; 1Sam. 1,6; Judith 9,2; Judith 9,2; Hos. 9,14; Amos 1,11; Ezek. 20,26; Luke 2,23)
  μήτρας ▸ 9 + 1 = 10
    Noun · feminine · singular · genitive · (common) ▸ 9 + 1 = **10** (Gen. 49,25; Num. 12,12; Num. 25,8; Psa. 21,11; Psa. 57,4; Job 3,16; Sir. 50,22; Jer. 1,5; Jer. 20,18; Rom. 4,19)

μητρολῴας (μήτηρ; ἀλοάω) mother-murderer ▸ 1
  μητρολῴαις ▸ 1
    Noun · masculine · plural · dative ▸ **1** (1Tim. 1,9)

μητρόπολις (μήτηρ; πόλις) mother-state; metropolis, capital city ▸ 7
  μητροπόλεσιν ▸ 1
    Noun · feminine · plural · dative · (common) ▸ **1** (Esth. 9,19)
  μητροπόλεων ▸ 1
    Noun · feminine · plural · genitive · (common) ▸ **1** (Josh. 10,2)
  μητρόπολιν ▸ 3
    Noun · feminine · singular · accusative · (common) ▸ **3** (Josh. 15,13; Josh. 21,11; 2Sam. 20,19)
  μητρόπολις ▸ 2
    Noun · feminine · singular · nominative · (common) ▸ **2** (Josh. 14,15; Is. 1,26)

μητρῷος (μήτηρ) maternal ▸ 1
  μητρῴας ▸ 1
    Adjective · feminine · singular · genitive · noDegree ▸ **1** (4Mac. 13,19)

μηχανάομαι (μῆχος) to take precautions; to make designs ▸ 5
  ἐμηχανῶντο ▸ 1
    Verb · third · plural · imperfect · middle · indicative ▸ **1** (3Mac. 5,5)
  μεμηχανημένων ▸ 1
    Verb · perfect · passive · participle · neuter · plural · genitive ▸ **1** (3Mac. 5,28)
  μηχανᾶσθαι ▸ 2
    Verb · present · middle · infinitive ▸ **2** (Esth. 16,3 # 8,12c; 3Mac. 5,22)
  μηχανώμενοι ▸ 1
    Verb · present · middle · participle · masculine · plural · nominative ▸ **1** (3Mac. 6,24)

μηχανεύομαι (μῆχος) to be invented, devised ▸ 2
  μεμηχανευμένας ▸ 1
    Verb · perfect · passive · participle · feminine · plural · accusative ▸ **1** (2Chr. 26,15)

  μεμηχανευμένων ▸ 1
    Verb · perfect · passive · participle · masculine · plural · genitive ▸ **1** (3Mac. 6,22)

μηχανή (μῆχος) device; plan; machine ▸ 14
  μηχαναῖς ▸ 1
    Noun · feminine · plural · dative · (common) ▸ **1** (1Mac. 6,37)
  μηχανάς ▸ 4
    Noun · feminine · plural · accusative · (common) ▸ **4** (1Mac. 6,20; 1Mac. 6,31; 1Mac. 9,64; 1Mac. 9,67)
  μηχανάς ▸ 7
    Noun · feminine · plural · accusative · (common) ▸ **7** (2Chr. 26,15; 1Mac. 5,30; 1Mac. 6,51; 1Mac. 6,52; 1Mac. 6,52; 1Mac. 11,20; 1Mac. 15,25)
  μηχανήν ▸ 1
    Noun · feminine · singular · accusative · (common) ▸ **1** (3Mac. 4,19)
  μηχανῶν ▸ 1
    Noun · feminine · plural · genitive · (common) ▸ **1** (2Mac. 12,15)

μηχάνημα (μῆχος) contrivance; engine ▸ 2
  μηχανήμασιν ▸ 1
    Noun · neuter · plural · dative · (common) ▸ **1** (4Mac. 7,4)
  μηχανήματα ▸ 1
    Noun · neuter · plural · accusative · (common) ▸ **1** (1Mac. 13,29)

μιαίνω to defile, pollute ▸ 128 + 5 = 133
  ἐμίαινεν ▸ 1
    Verb · third · singular · imperfect · active · indicative ▸ **1** (Ezek. 22,11)
  ἐμιαίνεσθε ▸ 1
    Verb · second · plural · imperfect · middle · indicative ▸ **1** (Ezek. 20,43)
  ἐμιαίνετο ▸ 1
    Verb · third · singular · imperfect · middle · indicative ▸ **1** (Ezek. 23,7)
  ἐμίαινον ▸ 3
    Verb · third · plural · imperfect · active · indicative ▸ **3** (1Mac. 14,36; Ezek. 23,17; Ezek. 23,38)
  ἐμιαίνου ▸ 3
    Verb · second · singular · imperfect · middle · indicative ▸ **3** (Ezek. 22,4; Ezek. 23,30; Ezek. 24,13)
  ἐμίαναν ▸ 11
    Verb · third · plural · aorist · active · indicative ▸ **11** (Gen. 34,13; Gen. 34,27; 2Chr. 36,14; 1Esdr. 1,47; 1Mac. 4,45; Psa. 78,1; Sol. 2,3; Sol. 8,12; Sol. 8,22; Is. 43,28; Ezek. 36,17)
  ἐμίανας ▸ 5
    Verb · second · singular · aorist · active · indicative ▸ **5** (Gen. 49,4; 4Mac. 7,6; Is. 47,6; Jer. 3,2; Ezek. 5,11)
  ἐμιάνατε ▸ 1
    Verb · second · plural · aorist · active · indicative ▸ **1** (Jer. 2,7)
  ἐμίανεν ▸ 11
    Verb · third · singular · aorist · active · indicative ▸ **11** (Gen. 34,5; Num. 19,13; Num. 19,20; 2Kings 23,8; 2Kings 23,10; 2Kings 23,13; 2Kings 23,16; 2Chr. 29,19; 1Mac. 7,34; Ezek. 18,11; Ezek. 18,15)
  ἐμιάνθη ▸ 7
    Verb · third · singular · aorist · passive · indicative ▸ **7** (Lev. 18,25; Lev. 18,27; Num. 6,12; Psa. 105,39; Hos. 5,3; Hos. 6,10; Ezek. 23,17)
  ἐμιάνθην ▸ 1
    Verb · first · singular · aorist · passive · indicative ▸ **1** (Jer. 2,23)
  ἐμιάνθησαν ▸ 1
    Verb · third · plural · aorist · passive · indicative ▸ **1** (Lev. 18,24)
  μεμιαμμένη ▸ 3

Verb · perfect · passive · participle · feminine · singular · nominative ▸ **3** (Num. 5,13; Num. 5,14; Num. 5,27)

μεμιαμμένοις ▸ 1
Verb · perfect · passive · participle · masculine · plural · dative ▸ **1** (Titus 1,15)

μεμιαμμένον ▸ 1
Verb · perfect · passive · participle · neuter · singular · nominative ▸ **1** (Wis. 7,25)

μεμιαμμένος ▸ 2
Verb · perfect · passive · participle · masculine · singular · nominative ▸ **2** (Tob. 2,9; Hag. 2,13)

μεμιαμμένων ▸ 1
Verb · perfect · passive · participle · masculine · plural · genitive ▸ **1** (3Mac. 7,14)

μεμίανσαι ▸ 1
Verb · second · singular · perfect · passive · indicative ▸ **1** (Num. 5,20)

μεμίανται ▸ 4 + 1 = 5
Verb · third · singular · perfect · passive · indicative ▸ **4 + 1 = 5** (Ex. 20,25; Num. 5,14; Ezek. 4,14; Ezek. 23,13; Titus 1,15)

μιαίνειν ▸ 3
Verb · present · active · infinitive ▸ **3** (Lev. 15,31; Lev. 18,28; Ezek. 22,3)

μιαίνεσθε ▸ 5
Verb · second · plural · present · middle · indicative ▸ **2** (Ezek. 20,30; Ezek. 20,31)
Verb · second · plural · present · middle · imperative ▸ **3** (Lev. 18,24; Ezek. 20,7; Ezek. 20,18)

μιαινομένη ▸ 1
Verb · present · passive · participle · feminine · singular · nominative ▸ **1** (Jer. 3,1)

μιαίνουσιν ▸ 1
Verb · third · plural · present · active · indicative ▸ **1** (Jude 8)

μιαίνωνται ▸ 2
Verb · third · plural · present · middle · subjunctive ▸ **2** (Ezek. 14,11; Ezek. 37,23)

μιᾶναι ▸ 7
Verb · aorist · active · infinitive ▸ **7** (Lev. 13,59; Judith 9,8; 1Mac. 1,46; Job 31,11; Jer. 2,33; Jer. 7,30; Dan. 7,26)

Μιάνατε ▸ 1
Verb · second · plural · aorist · active · imperative ▸ **1** (Ezek. 9,7)

μιανεῖ ▸ 12
Verb · third · singular · future · active · indicative ▸ **12** (Lev. 13,3; Lev. 13,8; Lev. 13,11; Lev. 13,15; Lev. 13,20; Lev. 13,22; Lev. 13,25; Lev. 13,27; Lev. 13,30; Lev. 13,44; Lev. 22,5; Lev. 22,5)

μιανεῖς ▸ 1
Verb · second · singular · future · active · indicative ▸ **1** (4Mac. 5,36)

μιανεῖτε ▸ 4
Verb · second · plural · future · active · indicative ▸ **4** (Lev. 11,44; Num. 35,34; Deut. 21,23; Deut. 24,4)

μιάνῃ ▸ 2
Verb · third · singular · aorist · active · subjunctive ▸ **2** (Lev. 20,3; Ezek. 18,6)

μιανθῇ ▸ 4
Verb · third · singular · aorist · passive · subjunctive ▸ **4** (Lev. 5,3; Num. 5,28; Num. 5,29; Num. 19,20)

μιανθῆναι ▸ 5
Verb · aorist · passive · infinitive ▸ **5** (Lev. 15,32; Lev. 22,8; Num. 5,19; Deut. 24,4; Ezek. 44,25)

μιανθήσεσθε ▸ 3
Verb · second · plural · future · passive · indicative ▸ **3** (Lev. 11,24; Lev. 11,43; Lev. 18,30)

Μιανθήσεται ▸ 1
Verb · third · singular · future · passive · indicative ▸ **1** (Hag. 2,13)

μιανθήσεται ▸ 11
Verb · third · singular · future · passive · indicative ▸ **11** (Lev. 13,14; Lev. 21,3; Lev. 21,4; Lev. 21,11; Num. 6,7; Num. 6,9; Hag. 2,13; Hag. 2,14; Jer. 3,1; Ezek. 7,24; Ezek. 44,25)

μιανθήσονται ▸ 2
Verb · third · plural · future · passive · indicative ▸ **2** (Lev. 21,1; Hos. 9,4)

μιανθῶσιν ▸ 1 + 2 = 3
Verb · third · plural · aorist · passive · subjunctive ▸ **1 + 2 = 3** (1Mac. 1,63; John 18,28; Heb. 12,15)

μιανοῦσι ▸ 1
Verb · third · plural · future · active · indicative ▸ **1** (Dan. 11,31)

μιανοῦσιν ▸ 3
Verb · third · plural · future · active · indicative ▸ **3** (Num. 5,3; Ezek. 7,22; Dan. 11,32)

μιανῶ ▸ 1
Verb · first · singular · future · active · indicative ▸ **1** (Ezek. 20,26)

μιαιόω (μιαίνω) stain; sully; defile ▸ 1
ἐμιαίωσαν ▸ 1
Verb · third · plural · aorist · active · indicative ▸ **1** (Sol. 2,13)

μιαιφονία (μιαίνω; φόνος) murder; defilement by murder ▸ 2
μιαιφονίαν ▸ 2
Noun · feminine · singular · accusative · (common) ▸ **2** (4Mac. 9,9; 4Mac. 10,11)

μιαιφόνος (μιαίνω; φόνος) murderous, bloody, blood-stained ▸ 2
μιαιφόνον ▸ 1
Adjective · masculine · singular · accusative · noDegree ▸ **1** (2Mac. 4,38)
μιαιφόνους ▸ 1
Adjective · masculine · plural · accusative · noDegree ▸ **1** (2Mac. 12,6)

Μιαμιν Mijamin ▸ 2
Μιαμιν ▸ 2
Noun · masculine · singular · dative · (proper) ▸ **1** (1Chr. 24,9)
Noun · masculine · singular · nominative · (proper) ▸ **1** (Neh. 10,8)

Μιαμινος Mijamin ▸ 1
Μιαμινος ▸ 1
Noun · masculine · singular · nominative · (proper) ▸ **1** (1Esdr. 9,26)

μίανσις (μιαίνω) defilement, pollution ▸ 1
μιάνσει ▸ 1
Noun · feminine · singular · dative · (common) ▸ **1** (Lev. 13,44)

μιαρός (μιαίνω) polluted; vile ▸ 11
μιαρά ▸ 1
Adjective · feminine · singular · nominative · noDegree ▸ **1** (Sus. 56)
μιαραῖς ▸ 1
Adjective · feminine · plural · dative · noDegree ▸ **1** (2Mac. 5,16)
μιαροί ▸ 1
Adjective · masculine · plural · vocative · noDegree ▸ **1** (4Mac. 9,17)
μιαρὸς ▸ 2
Adjective · masculine · singular · nominative · noDegree ▸ **2**

μιαρός–μικρός 1563

(2Mac. 4,19; 2Mac. 9,13)
   μιαροῦ ▸ 1
      Adjective · masculine · singular · genitive · noDegree ▸ **1** (2Mac. 15,32)
   μιαρῶν ▸ 1
      Adjective · feminine · plural · genitive · noDegree ▸ **1** (4Mac. 4,26)
   μιαρώτατε ▸ 4
      Adjective · masculine · singular · vocative · superlative ▸ **4** (2Mac. 7,34; 4Mac. 9,15; 4Mac. 9,32; 4Mac. 10,10)
μιαροφαγέω (μιαίνω; φάγος) to eat defiled food ▸ 9
   ἐμιαροφάγησαν ▸ 1
      Verb · third · plural · aorist · active · indicative ▸ **1** (4Mac. 13,2)
   μιαροφαγῆσαι ▸ 4
      Verb · aorist · active · infinitive ▸ **4** (4Mac. 5,3; 4Mac. 8,2; 4Mac. 8,12; 4Mac. 8,29)
   μιαροφαγήσαιεν ▸ 1
      Verb · third · plural · aorist · active · optative ▸ **1** (4Mac. 8,2)
   μιαροφαγήσαιμεν ▸ 1
      Verb · first · plural · aorist · active · optative ▸ **1** (4Mac. 5,19)
   μιαροφαγοῦμεν ▸ 1
      Verb · first · plural · present · active · indicative ▸ **1** (4Mac. 5,25)
   μιαροφαγοῦντα ▸ 1
      Verb · present · active · participle · masculine · singular · accusative ▸ **1** (4Mac. 11,16)
μιαροφαγία (μιαίνω; φάγος) eating of defiled food ▸ 4
   μιαροφαγίᾳ ▸ 2
      Noun · feminine · singular · dative · (common) ▸ **2** (4Mac. 5,27; 4Mac. 7,6)
   μιαροφαγίαν ▸ 1
      Noun · feminine · singular · accusative · (common) ▸ **1** (4Mac. 11,25)
   μιαροφαγίας ▸ 1
      Noun · feminine · singular · genitive · (common) ▸ **1** (4Mac. 6,19)
μίασμα (μιαίνω) pollution, defilement ▸ 7 + 1 = 8
   μίασμα ▸ 3
      Noun · neuter · singular · accusative · (common) ▸ **3** (Judith 9,2; Judith 9,4; Judith 13,16)
   μίασμά ▸ 1
      Noun · neuter · singular · nominative · (common) ▸ **1** (Lev. 7,18)
   μιάσματα ▸ 1 + 1 = 2
      Noun · neuter · plural · accusative · (common) ▸ **1** + **1** = **2** (Jer. 39,34; 2Pet. 2,20)
   μιασμάτων ▸ 2
      Noun · neuter · plural · genitive · (common) ▸ **2** (1Mac. 13,50; Ezek. 33,31)
μιασμός (μιαίνω) defilement, uncleanness ▸ 2 + 1 = 3
   μιασμός ▸ 1
      Noun · masculine · singular · nominative · (common) ▸ **1** (Wis. 14,26)
   μιασμοῦ ▸ 1 + 1 = 2
      Noun · masculine · singular · genitive · (common) ▸ **1** + **1** = **2** (1Mac. 4,43; 2Pet. 2,10)
μίγμα (μίγνυμι) mixture ▸ 1
   μίγμα ▸ 1
      Noun · neuter · singular · accusative ▸ **1** (John 19,39)
μίγνυμι to mix, mingle ▸ 6 + 4 = 10
   ἐμίγησαν ▸ 1
      Verb · third · plural · aorist · passive · indicative ▸ **1** (Psa. 105,35)
   ἔμιξεν ▸ 1 + 1 = 2
      Verb · third · singular · aorist · active · indicative ▸ **1** + **1** = **2** (Gen. 30,40; Luke 13,1)
   μείγνυται ▸ 1
      Verb · third · singular · present · middle · indicative ▸ **1** (Prov. 14,16)
   μείχθητε ▸ 1
      Verb · second · plural · aorist · passive · imperative ▸ **1** (Is. 36,8)
   μεμιγμένα ▸ 1
      Verb · perfect · passive · participle · neuter · plural · nominative ▸ **1** (Rev. 8,7)
   μεμιγμένην ▸ 1
      Verb · perfect · passive · participle · feminine · singular · accusative ▸ **1** (Rev. 15,2)
   μεμιγμένον ▸ 1 + 1 = 2
      Verb · perfect · passive · participle · neuter · singular · accusative ▸ **1** + **1** = **2** (Ex. 30,35; Matt. 27,34)
   μίχθητε ▸ 1
      Verb · second · plural · aorist · passive · imperative ▸ **1** (2Kings 18,23)
Μιθραδάτης Mithridates, Mithradates ▸ 4
   Μιθραδάτῃ ▸ 1
      Noun · masculine · singular · dative · (proper) ▸ **1** (Ezra 4,7)
   Μιθραδάτης ▸ 1
      Noun · masculine · singular · nominative · (proper) ▸ **1** (1Esdr. 2,12)
   Μιθραδάτου ▸ 1
      Noun · masculine · singular · genitive · (proper) ▸ **1** (Ezra 1,8)
   Μιθριδάτῃ ▸ 1
      Noun · masculine · singular · dative · (proper) ▸ **1** (1Esdr. 2,8)
Μιι Mahavite ▸ 1
   Μιι ▸ 1
      Noun · masculine · singular · nominative · (proper) ▸ **1** (1Chr. 11,46)
μικρολόγος (μικρός; λέγω) petty, small-minded ▸ 1
   μικρολόγῳ ▸ 1
      Adjective · masculine · singular · dative · noDegree ▸ **1** (Sir. 14,3)
μικρός small, little ▸ 197 + 4 + 64 = 265
   ἐλάσσονι ▸ 2 + 1 = 3
      Adjective · masculine · singular · dative · comparative ▸ **2** + **1** = **3** (Gen. 25,23; Prov. 22,16; Rom. 9,12)
   ἐλάσσω ▸ 2 + 1 = 3
      Adjective · masculine · singular · accusative · comparative ▸ **2** + **1** = **3** (Gen. 1,16; Gen. 27,6; John 2,10)
   ἐλάσσων ▸ 2
      Adjective · masculine · singular · nominative · comparative ▸ **2** (Prov. 13,11; Wis. 9,5)
   ἔλαττον ▸ 6 + 2 = 8
      Adverb · (comparative) ▸ **1** (1Tim. 5,9)
      Adjective · neuter · singular · accusative · comparative ▸ **5** (Ex. 16,17; Ex. 16,18; 2Mac. 10,18; 2Mac. 12,4; Job 16,6)
      Adjective · neuter · singular · nominative · comparative ▸ **1** + **1** = **2** (Lev. 25,16; Heb. 7,7)
   ἐλαττόνων ▸ 2
      Adjective · masculine · plural · genitive · comparative ▸ **2** (Num. 35,8; Judith 9,11)
   ἐλάττοσιν ▸ 2
      Adjective · masculine · plural · dative · comparative ▸ **2** (Num. 26,54; Num. 33,54)
   ἐλάττους ▸ 3
      Adjective · masculine · plural · accusative · comparative ▸ **2**

(2Mac. 5,5; 2Mac. 8,9)
 Adjective · masculine · plural · nominative · comparative ▸ **1** (2Mac. 12,10)

ἐλάττω ▸ **1**
 Adjective · masculine · singular · accusative · comparative ▸ **1** (Num. 35,8)

ἐλάττων ▸ **1**
 Adjective · feminine · singular · nominative · comparative ▸ **1** (Dan. 2,39)

ἐλάχιστα ▸ **2**
 Adjective · neuter · plural · nominative · superlative ▸ **2** (Prov. 30,24; Jer. 30,14)

ἐλαχίστη ▸ **1**
 Adjective · feminine · singular · nominative · superlative ▸ **1** (Matt. 2,6)

ἐλαχίστης ▸ **1**
 Adjective · feminine · singular · genitive · superlative ▸ **1** (1Sam. 9,21)

ἐλάχιστοι ▸ **2**
 Adjective · masculine · plural · nominative · superlative ▸ **2** (Job 18,7; Job 30,1)

ἐλάχιστον ▸ **2** + **1** = **3**
 Adjective · neuter · singular · accusative · superlative ▸ **1** + **1** = **2** (Sol. 2,26; Luke 12,26)
 Adjective · neuter · singular · nominative · superlative ▸ **1** (Judith 16,16)

ἐλάχιστόν ▸ **1**
 Adjective · neuter · singular · accusative · superlative ▸ **1** (1Cor. 4,3)

ἐλάχιστος ▸ **2** + **2** = **4**
 Adjective · masculine · singular · nominative · superlative ▸ **2** + **2** = **4** (Wis. 6,6; Is. 60,22; Matt. 5,19; 1Cor. 15,9)

ἐλαχιστοτέρῳ ▸ **1**
 Adjective · masculine · singular · dative · comparative ▸ **1** (Eph. 3,8)

ἐλαχίστου ▸ **1** + **1** = **2**
 Adjective · masculine · singular · genitive · superlative ▸ **1** (Sol. 17,20)
 Adjective · neuter · singular · genitive · superlative ▸ **1** (James 3,4)

ἐλαχίστῳ ▸ **3** + **3** = **6**
 Adjective · masculine · singular · dative · superlative ▸ **2** (Josh. 6,26; Josh. 6,26)
 Adjective · neuter · singular · dative · superlative ▸ **1** + **3** = **4** (Wis. 14,5; Luke 16,10; Luke 16,10; Luke 19,17)

ἐλαχίστων ▸ **2** + **4** = **6**
 Adjective · feminine · plural · genitive · superlative ▸ **1** (Matt. 5,19)
 Adjective · masculine · plural · genitive · superlative ▸ **2** + **2** = **4** (2Kings 18,24; 2Mac. 8,35; Matt. 25,40; Matt. 25,45)
 Adjective · neuter · plural · genitive · superlative ▸ **1** (1Cor. 6,2)

μικρά ▸ **4**
 Adjective · feminine · singular · nominative · noDegree ▸ **4** (Gen. 19,20; Gen. 19,20; 2Sam. 12,3; Ezek. 46,22)

μικρά ▸ **20** + **2** = **22**
 Adjective · feminine · singular · nominative · noDegree ▸ **9** + **2** = **11** (Josh. 22,19; 1Kings 18,44; Esth. 10,6 # 10,3c; 2Mac. 3,14; Prov. 15,16; Eccl. 9,14; Song 8,8; Sir. 11,3; Sir. 25,19; 1Cor. 5,6; Gal. 5,9)
 Adjective · neuter · plural · accusative · noDegree ▸ **7** (Gen. 42,2; Gen. 43,2; Gen. 44,25; 2Chr. 36,18; 1Esdr. 1,51; Is. 18,5; Ezek. 16,20)
 Adjective · neuter · plural · nominative · noDegree ▸ **4** (Gen. 30,30; 2Kings 2,23; Psa. 103,25; Ezek. 8,17)

μικρᾷ ▸ **2**
 Adjective · feminine · singular · dative · noDegree ▸ **2** (Ode. 5,16; Is. 26,16)

μικραί ▸ **1**
 Adjective · feminine · plural · nominative · noDegree ▸ **1** (Gen. 47,9)

μικράν ▸ **1** + **1** = **2**
 Adjective · feminine · singular · accusative · noDegree ▸ **1** + **1** = **2** (2Kings 5,2; Dan. 11,34)

μικρὰν ▸ **7** + **1** = **8**
 Adjective · feminine · singular · accusative · noDegree ▸ **7** + **1** = **8** (1Sam. 2,19; 1Kings 2,20; Ezra 9,8; 4Mac. 5,19; Sir. 1,26 Prol.; Bar. 2,29; Ezek. 17,6; Rev. 3,8)

μικράς ▸ **1**
 Adjective · feminine · plural · accusative · noDegree ▸ **1** (Zech. 4,10)

μικρᾶς ▸ **2**
 Adjective · feminine · singular · genitive · noDegree ▸ **2** (Esth. 11,10 # 1,1i; Sir. 1,29 Prol.)

μικροί ▸ **1**
 Adjective · masculine · plural · vocative ▸ **1** (Rev. 19,5)

μικροῖς ▸ **1**
 Adjective · neuter · plural · dative · noDegree ▸ **1** (4Mac. 5,20)

μικρόν ▸ **9** + **4** = **13**
 Adjective · masculine · singular · accusative ▸ **1** (Rev. 6,11)
 Adjective · neuter · singular · accusative · noDegree ▸ **4** + **3** = **7** (Deut. 7,22; Ruth 2,7; Is. 28,13; Is. 30,14; John 16,18; 2Cor. 11,1; 2Cor. 11,16)
 Adjective · neuter · singular · nominative · noDegree ▸ **5** (Num. 16,9; Deut. 25,13; Deut. 25,14; 2Sam. 12,8; 1Kings 11,17)

Μικρόν ▸ **1**
 Adjective · neuter · singular · accusative ▸ **1** (John 16,16)

μικρὸν ▸ **67** + **2** + **17** = **86**
 Adjective · masculine · singular · accusative · noDegree ▸ **15** + **4** = **19** (Deut. 1,17; 2Sam. 7,19; 1Kings 22,31; 2Kings 4,10; 1Chr. 25,8; 1Chr. 26,13; 2Chr. 18,30; 2Chr. 22,1; 2Chr. 31,15; 4Mac. 15,4; Wis. 6,7; Amos 6,11; Is. 9,13; Is. 33,19; Is. 54,7; John 7,33; John 12,35; Heb. 10,37; Rev. 20,3)
 Adjective · neuter · singular · accusative · noDegree ▸ **41** + **1** + **11** = **53** (Gen. 24,17; Gen. 24,43; Ex. 17,4; Ex. 23,30; Ex. 23,30; Num. 22,18; Deut. 7,22; Judg. 4,19; 1Sam. 20,2; 1Sam. 22,15; 1Sam. 25,36; 2Sam. 17,20; 1Kings 17,13; 2Chr. 12,7; 2Mac. 6,25; 2Mac. 8,8; 4Mac. 12,7; Psa. 72,2; Ode. 5,20; Prov. 6,10; Song 3,4; Job 2,9a; Job 10,20; Job 36,2; Sir. 19,1; Sol. 16,1; Hos. 1,4; Hos. 8,10; Amos 8,5; Is. 10,25; Is. 26,20; Is. 28,10; Is. 28,10; Is. 28,13; Is. 28,25; Is. 29,17; Is. 63,18; Jer. 28,33; Jer. 30,9; Ezek. 11,16; Ezek. 16,47; Judg. 4,19; Matt. 26,39; Matt. 26,73; Mark 14,35; Mark 14,70; John 13,33; John 14,19; John 16,16; John 16,17; John 16,17; John 16,19; John 16,19)
 Adjective · neuter · singular · nominative · noDegree ▸ **11** + **1** + **1** = **13** (Num. 16,13; Josh. 22,17; 1Sam. 20,35; 2Sam. 24,25; 1Kings 3,7; 1Kings 8,64; Judith 16,16; Prov. 20,10; Is. 7,13; Is. 11,6; Dan. 7,8; Dan. 7,8; James 3,5)
 Adjective · neuter · singular · vocative ▸ **1** (Luke 12,32)

Μικρὸς ▸ **1**
 Adjective · masculine · singular · nominative · noDegree ▸ **1** (Psa. 151,1)

μικρὸς ▸ **7** + **1** = **8**
 Adjective · masculine · singular · nominative · noDegree ▸ **7** + **1** = **8** (Judg. 6,15; 1Sam. 15,17; 1Sam. 16,11; 2Sam. 9,12; 1Chr.

μικρός–μιμνῄσκομαι

12,15; 2Chr. 10,10; Job 3,19; Luke 19,3)
- **μικρότατος** ▸ 1
  - **Adjective** · masculine · singular · nominative · superlative ▸ 1 (2Chr. 21,17)
- **μικρότερον** ▸ 2
  - **Adjective** · neuter · singular · nominative · comparative ▸ 2 (Matt. 13,32; Mark 4,31)
- **μικρότερος** ▸ 1 + 1 + 3 = 5
  - **Adjective** · masculine · singular · nominative · comparative ▸ 1 + 1 + 3 = 5 (Gen. 42,32; Judg. 6,15; Matt. 11,11; Luke 7,28; Luke 9,48)
- **μικροῦ** ▸ 27 + 3 = 30
  - **Adverb** ▸ 1 (Gen. 26,10)
  - **Adjective** · masculine · singular · genitive · noDegree ▸ 20 + 1 = 21 (Gen. 19,11; 1Sam. 5,9; 1Sam. 30,19; 2Kings 23,2; 2Kings 25,26; 2Chr. 34,30; Judith 13,4; Judith 13,13; 1Mac. 5,45; 2Mac. 10,6; Jonah 3,5; Is. 22,5; Is. 22,24; Is. 33,4; Jer. 6,13; Jer. 38,34; Jer. 49,1; Jer. 49,8; Jer. 51,12; Bar. 1,4; Mark 15,40)
  - **Adjective** · masculine · singular · genitive · superlative ▸ 2 (Acts 8,10; Heb. 8,11)
  - **Adjective** · neuter · singular · genitive · noDegree ▸ 6 (1Sam. 9,21; 1Sam. 30,2; 2Kings 5,14; Psa. 41,7; Wis. 15,8; Ezek. 43,14)
- **μικρούς** ▸ 1
  - **Adjective** · masculine · plural · accusative ▸ 1 (Rev. 20,12)
- **μικροὺς** ▸ 3 + 2 = 5
  - **Adjective** · masculine · plural · accusative · noDegree ▸ 3 + 2 = 5 (Psa. 113,21; Song 2,15; Lam. 4,18; Rev. 11,18; Rev. 13,16)
- **μικρῷ** ▸ 6 + 1 = 7
  - **Adverb** ▸ 3 (2Mac. 3,30; 2Mac. 6,29; 2Mac. 9,10)
  - **Adjective** · masculine · singular · dative · noDegree ▸ 1 + 1 = 2 (Is. 54,8; Acts 26,22)
  - **Adjective** · neuter · singular · dative · noDegree ▸ 2 (Sir. 5,15; Sir. 29,23)
- **μικρῶν** ▸ 7
  - **Adjective** · masculine · plural · genitive ▸ 6 (Matt. 10,42; Matt. 18,6; Matt. 18,10; Mark 9,42; Luke 17,2; Rev. 19,18)
  - **Adjective** · neuter · plural · genitive ▸ 1 (Matt. 18,14)
- **μικρότης (μικρός)** smallness ▸ 3
  - **μικρότης** ▸ 2
    - **Noun** · feminine · singular · nominative · (common) ▸ 2 (1Kings 12,10; 1Kings 12,24r)
  - **μικρότητι** ▸ 1
    - **Noun** · feminine · singular · dative · (common) ▸ 1 (Sol. 14,7)
- **μικρῶς (μικρός)** little ▸ 1
  - **μικρῶς** ▸ 1
    - **Adverb** ▸ 1 (2Mac. 14,8)
- **Μίλητος** Miletus ▸ 1 + 3 = 4
  - **Μίλητον** ▸ 1
    - **Noun** · feminine · singular · accusative · (proper) ▸ 1 (Acts 20,15)
  - **Μιλήτου** ▸ 1 + 1 = 2
    - **Noun** · feminine · singular · genitive · (proper) ▸ 1 + 1 = 2 (Ezek. 27,18; Acts 20,17)
  - **Μιλήτῳ** ▸ 1
    - **Noun** · feminine · singular · dative · (proper) ▸ 1 (2Tim. 4,20)
- **μίλιον** mile (Roman) ▸ 1
  - **μίλιον** ▸ 1
    - **Noun** · neuter · singular · accusative ▸ 1 (Matt. 5,41)
- **μίλτος** red ▸ 2
  - **μίλτῳ** ▸ 2
    - **Noun** · feminine · singular · dative · (common) ▸ 2 (Wis. 13,14; Jer. 22,14)
- **μιμέομαι** to imitate ▸ 4 + 4 = 8

- **μιμεῖσθαι** ▸ 2
  - **Verb** · present · middle · infinitive ▸ 2 (2Th. 3,7; 2Th. 3,9)
- **μιμεῖσθε** ▸ 1
  - **Verb** · second · plural · present · middle · imperative ▸ 1 (Heb. 13,7)
- **μιμεῖται** ▸ 1
  - **Verb** · third · singular · present · middle · indicative ▸ 1 (Wis. 15,9)
- **Μιμήσασθέ** ▸ 1
  - **Verb** · second · plural · aorist · middle · imperative ▸ 1 (4Mac. 9,23)
- **μιμησώμεθα** ▸ 1
  - **Verb** · first · plural · aorist · middle · subjunctive ▸ 1 (4Mac. 13,9)
- **μιμοῦ** ▸ 1
  - **Verb** · second · singular · present · middle · imperative ▸ 1 (3John 11)
- **μιμοῦνται** ▸ 1
  - **Verb** · third · plural · present · middle · indicative ▸ 1 (Wis. 4,2)
- **μίμημα (μιμέομαι)** copy ▸ 1
  - **μίμημα** ▸ 1
    - **Noun** · neuter · singular · accusative · (common) ▸ 1 (Wis. 9,8)
- **μιμητής (μιμέομαι)** imitator ▸ 6
  - **μιμηταί** ▸ 4
    - **Noun** · masculine · plural · nominative ▸ 4 (Eph. 5,1; 1Th. 1,6; 1Th. 2,14; Heb. 6,12)
  - **μιμηταί** ▸ 2
    - **Noun** · masculine · plural · nominative ▸ 2 (1Cor. 4,16; 1Cor. 11,1)
- **μιμνῄσκομαι (μιμνῄσκομαι)** to remember; remind ▸ 262 + 13 + 23 = 298
  - **ἐμεμνήμην** ▸ 1 + 1 = 2
    - **Verb** · first · singular · pluperfect · middle · indicative ▸ 1 + 1 = 2 (Tob. 1,12; Tob. 1,12)
  - **ἐμέμνηντο** ▸ 1
    - **Verb** · third · plural · pluperfect · middle · indicative ▸ 1 (Wis. 19,10)
  - **Ἐμνήσθη** ▸ 3
    - **Verb** · third · singular · aorist · passive · indicative ▸ 3 (Gen. 30,22; Lam. 1,7; Bel 38)
  - **ἐμνήσθη** ▸ 33 + 2 + 2 = 37
    - **Verb** · third · singular · aorist · passive · indicative ▸ 33 + 2 + 2 = 37 (Gen. 8,1; Gen. 19,29; Gen. 40,20; Gen. 40,23; Gen. 42,9; Ex. 2,24; 1Sam. 1,19; 1Sam. 4,18; 2Chr. 24,22; Esth. 2,1; Esth. 10,12 # 10,3i; Tob. 4,1; Tob. 8,2; 1Mac. 5,4; 4Mac. 15,28; Psa. 9,13; Psa. 77,39; Psa. 97,3; Psa. 104,8; Psa. 104,42; Psa. 105,45; Psa. 108,16; Psa. 113,20; Psa. 135,23; Eccl. 9,15; Sir. 49,9; Sol. 10,1; Is. 63,11; Jer. 51,21; Lam. 1,9; Lam. 2,1; Dan. 5,10; Bel 39; Tob. 4,1; Tob. 8,2; Matt. 26,75; Rev. 16,19)
  - **ἐμνήσθημεν** ▸ 1 + 1 = 2
    - **Verb** · first · plural · aorist · passive · indicative ▸ 1 + 1 = 2 (Num. 11,5; Matt. 27,63)
  - **ἐμνήσθην** ▸ 17 + 1 + 1 = 19
    - **Verb** · first · singular · aorist · passive · indicative ▸ 17 + 1 + 1 = 19 (Ex. 6,5; Esth. 10,5 # 10,3b; Tob. 2,6; Psa. 41,5; Psa. 76,4; Psa. 76,6; Psa. 76,12; Psa. 118,52; Psa. 118,55; Psa. 142,5; Ode. 5,16; Ode. 6,8; Sir. 51,8; Hos. 7,2; Jonah 2,8; Is. 26,16; Is. 63,7; Tob. 2,6; Acts 11,16)
  - **Ἐμνήσθην** ▸ 2
    - **Verb** · first · singular · aorist · passive · indicative ▸ 2 (Jer. 2,2; Lam. 3,19)
  - **Ἐμνήσθης** ▸ 1

M, μ

Verb · second · singular · aorist · passive · indicative ▸ **1** (Bel 38)

ἐμνήσθης ▸ 7
Verb · second · singular · aorist · passive · indicative ▸ **7** (Psa. 87,6; Is. 17,10; Is. 47,7; Is. 57,11; Is. 66,9; Ezek. 16,22; Ezek. 16,43)

ἐμνήσθησαν ▸ 10 + **1** + 5 = 16
Verb · third · plural · aorist · passive · indicative ▸ 10 + **1** + 5 = **16** (Judg. 8,34; Neh. 9,17; 1Mac. 9,38; Psa. 77,35; Psa. 77,42; Psa. 105,7; Sol. 4,21; Sol. 14,7; Amos 1,9; Bar. 3,23; Judg. 8,34; Luke 24,8; John 2,17; John 2,22; John 12,16; Acts 10,31)

μεμνημένοι ▸ 1
Verb · perfect · middle · participle · masculine · plural · nominative ▸ **1** (Tob. 14,8)

μεμνημένοις ▸ 1
Verb · perfect · middle · participle · masculine · plural · dative ▸ **1** (Psa. 102,18)

μεμνημένος ▸ 1
Verb · perfect · passive · participle · masculine · singular · nominative ▸ **1** (2Tim. 1,4)

μεμνημένους ▸ 1
Verb · perfect · middle · participle · masculine · plural · accusative ▸ **1** (2Mac. 9,26)

μέμνησαι ▸ 1 + **1** = 2
Verb · second · singular · perfect · middle · indicative ▸ 1 + **1** = **2** (Tob. 6,16; Tob. 6,16)

μέμνησθε ▸ 1
Verb · second · plural · perfect · passive · indicative ▸ **1** (1Cor. 11,2)

μέμνηται ▸ 7 + **1** = 8
Verb · third · singular · perfect · middle · indicative ▸ 7 + **1** = **8** (1Esdr. 3,20; 1Esdr. 3,21; 1Esdr. 3,22; 1Esdr. 3,23; 1Esdr. 4,21; Tob. 2,2; Sir. 3,31; Tob. 2,2)

μιμνήσκεσθε ▸ 1 + 1 = 2
Verb · second · plural · present · middle · imperative ▸ **1** (Is. 12,4)
Verb · second · plural · present · passive · imperative ▸ **1** (Heb. 13,3)

μιμνήσκῃ ▸ 1 + 1 = 2
Verb · second · singular · present · middle · indicative ▸ **1** (Psa. 8,5)
Verb · second · singular · present · passive · indicative ▸ **1** (Heb. 2,6)

μιμνήσκομαι ▸ 1
Verb · first · singular · present · middle · indicative ▸ **1** (1Mac. 6,12)

μιμνησκόμεθα ▸ 1
Verb · first · plural · present · middle · indicative ▸ **1** (1Mac. 12,11)

μιμνησκόμενοι ▸ 2
Verb · present · middle · participle · masculine · plural · nominative ▸ **2** (Is. 48,1; Is. 62,6)

μιμνήσκου ▸ 1
Verb · second · singular · present · middle · imperative ▸ **1** (Sir. 7,36)

μνησθείη ▸ 2
Verb · third · singular · aorist · passive · optative ▸ **2** (2Mac. 1,2; Psa. 19,4)

μνησθείς ▸ 4
Verb · aorist · passive · participle · masculine · singular · nominative ▸ **4** (Ex. 32,13; Job 40,32; Sir. 38,20; Is. 64,6)

μνησθεῖσα ▸ 1
Verb · aorist · passive · participle · feminine · singular · nominative ▸ **1** (Esth. 4,8)

μνησθῇ ▸ 2
Verb · third · singular · aorist · passive · subjunctive ▸ **2** (Psa. 82,5; Jer. 11,19)

μνησθῆναι ▸ 6 + **3** = 9
Verb · aorist · passive · infinitive ▸ 6 + **3** = **9** (Gen. 9,16; 2Mac. 8,4; Psa. 136,1; Ode. 9,54; Ode. 9,72; Ezek. 21,28; Luke 1,54; Luke 1,72; 2Pet. 3,2)

μνησθῇς ▸ 8 + **1** = 9
Verb · second · singular · aorist · passive · subjunctive ▸ 8 + **1** = **9** (1Sam. 1,11; 2Sam. 19,20; Psa. 24,7; Psa. 78,8; Is. 64,8; Bar. 3,5; Ezek. 16,63; Ezek. 23,27; Matt. 5,23)

μνησθήσεσθε ▸ 3
Verb · second · plural · future · passive · indicative ▸ **3** (Num. 15,39; Ezek. 20,43; Ezek. 36,31)

μνησθήσεται ▸ 17
Verb · third · singular · future · passive · indicative ▸ **17** (Gen. 40,13; 1Mac. 4,10; 1Mac. 10,5; Psa. 110,5; Eccl. 5,19; Eccl. 11,8; Job 28,18; Sir. 11,25; Sir. 16,17; Sir. 23,18; Sol. 3,11; Sol. 10,4; Hos. 8,13; Hos. 9,9; Jer. 14,10; Lam. 3,20; Ezek. 18,22)

μνησθήσῃ ▸ 15
Verb · second · singular · future · passive · indicative ▸ **15** (Gen. 40,14; Deut. 5,15; Deut. 7,18; Deut. 8,2; Deut. 8,18; Deut. 15,15; Deut. 16,12; Deut. 24,18; Deut. 24,20; Deut. 24,22; 1Sam. 25,31; Ode. 4,2; Hab. 3,2; Is. 54,4; Ezek. 16,61)

Μνησθήσομαι ▸ 1
Verb · first · singular · future · passive · indicative ▸ **1** (Sir. 42,15)

μνησθήσομαι ▸ 12 + **1** = 13
Verb · first · singular · future · passive · indicative ▸ 12 + **1** = **13** (Gen. 9,15; Lev. 26,42; Lev. 26,42; Lev. 26,45; Psa. 70,16; Psa. 76,12; Psa. 86,4; Is. 43,25; Jer. 38,20; Jer. 40,8; Ezek. 16,60; Heb. 10,17)

μνησθήσομαί ▸ 1
Verb · first · singular · future · passive · indicative ▸ **1** (Psa. 41,7)

μνησθήσονται ▸ 7
Verb · third · plural · future · passive · indicative ▸ **7** (Psa. 21,28; Psa. 44,18; Sir. 15,8; Nah. 2,6; Is. 64,4; Bar. 2,32; Bar. 2,33)

μνησθήσονταί ▸ 2
Verb · third · plural · future · passive · indicative ▸ **2** (Zech. 10,9; Ezek. 6,9)

Μνήσθητε ▸ 2
Verb · second · plural · aorist · passive · imperative ▸ **2** (Josh. 1,13; 4Mac. 13,12)

μνήσθητε ▸ 13 + **1** + 2 = 16
Verb · second · plural · aorist · passive · imperative ▸ 13 + **1** + 2 = **16** (Deut. 32,7; Judg. 9,2; Neh. 4,8; Judith 8,26; 1Mac. 2,51; 1Mac. 4,9; Psa. 104,5; Ode. 2,7; Mal. 3,24; Is. 46,8; Is. 46,9; Jer. 28,50; Bar. 4,14; Judg. 9,2; Luke 24,6; Jude 17)

μνησθῆτε ▸ 2
Verb · second · plural · aorist · passive · subjunctive ▸ **2** (Num. 15,40; Deut. 16,3)

Μνήσθητι ▸ 7
Verb · second · singular · aorist · passive · imperative ▸ **7** (Deut. 25,17; 1Esdr. 4,43; Psa. 118,49; Psa. 131,1; Is. 38,3; Is. 44,21; Lam. 5,1)

μνήσθητι ▸ 47 + **2** + 1 = 50
Verb · second · singular · aorist · passive · imperative ▸ 47 + **2** + 1 = **50** (Ex. 20,8; Deut. 9,7; Deut. 9,27; Deut. 24,9; 2Kings 20,3; 2Chr. 6,42; Neh. 1,8; Neh. 6,14; Neh. 13,29; Esth. 14,12 # 4,17г; Tob. 4,4; Tob. 4,12; 1Mac. 7,38; Psa. 24,6; Psa. 73,2; Psa. 73,18; Psa. 73,22; Psa. 88,48; Psa. 88,51; Psa. 102,14; Psa. 105,4; Psa.

μιμνήσκομαι–μισέω

136,7; Eccl. 12,1; Job 4,7; Job 7,7; Job 10,9; Job 36,24; Sir. 7,16; Sir. 7,28; Sir. 8,5; Sir. 8,7; Sir. 9,12; Sir. 14,12; Sir. 18,24; Sir. 18,25; Sir. 23,14; Sir. 28,6; Sir. 28,7; Sir. 31,13; Sir. 36,7; Sir. 38,22; Sir. 41,3; Mic. 6,5; Is. 43,26; Jer. 14,21; Jer. 18,20; Bar. 3,5; Judg. 16,28; Tob. 4,4; Luke 16,25)

μνήσθητί ▸ 9 + 1 + 1 = 11
    Verb · second · singular · aorist · passive · imperative ▸ 9 + 1 + 1 = 11 (Gen. 40,14; Judg. 16,28; Neh. 5,19; Neh. 13,14; Neh. 13,22; Neh. 13,31; Tob. 3,3; Psa. 24,7; Jer. 15,15; Tob. 3,3; Luke 23,42)

μνησθῶ ▸ 4 + 1 = 5
    Verb · first · singular · aorist · passive · subjunctive ▸ 4 + 1 = 5 (Psa. 15,4; Psa. 136,6; Job 21,6; Jer. 38,34; Heb. 8,12)

μνησθῶσιν ▸ 5
    Verb · third · plural · aorist · passive · subjunctive ▸ 5 (Prov. 31,7; Hos. 2,19; Is. 65,17; Ezek. 3,20; Ezek. 18,24)

Μιναῖοι Meunite; Naamathite (?) ▸ 1
  Μιναίων ▸ 1
    Noun · masculine · plural · genitive · (proper) ▸ 1 (2Chr. 20,1)

Μιναῖος Meunite; Naamathite (?) ▸ 8
  Μιναῖοι ▸ 1
    Noun · masculine · plural · nominative · (proper) ▸ 1 (2Chr. 26,8)
  Μιναῖος ▸ 3
    Noun · masculine · singular · nominative · (proper) ▸ 3 (Job 11,1; Job 20,1; Job 42,9)
  Μιναίους ▸ 2
    Noun · masculine · plural · accusative · (proper) ▸ 2 (1Chr. 4,41; 2Chr. 26,7)
  Μιναίων ▸ 2
    Noun · masculine · plural · genitive · (proper) ▸ 2 (Job 2,11; Job 42,17e)

Μιρων Miron (Kephirah?) ▸ 1
  Μιρων ▸ 1
    Noun · singular · nominative · (proper) ▸ 1 (Josh. 18,26)

Μισα Mesha ▸ 1
  Μισα ▸ 1
    Noun · masculine · singular · accusative · (proper) ▸ 1 (1Chr. 8,9)

Μισαβια Mezobaite ▸ 1
  Μισαβια ▸ 1
    Noun · masculine · singular · nominative · (proper) ▸ 1 (1Chr. 11,47)

Μισαδαι Mishael; Moserah ▸ 2
  Μισαδαι ▸ 2
    Noun · (proper) ▸ 1 (Deut. 10,6)
    Noun · masculine · singular · accusative · (proper) ▸ 1 (Lev. 10,4)

Μισαηλ Mishael ▸ 14 + 6 = 20
  Μισαηλ ▸ 14 + 6 = 20
    Noun · masculine · singular · accusative · (proper) ▸ 2 + 1 = 3 (4Mac. 18,12; Dan. 1,11; Dan. 1,11)
    Noun · masculine · singular · dative · (proper) ▸ 3 + 3 = 6 (Dan. 1,7; Dan. 1,19; Dan. 2,17; Dan. 1,7; Dan. 1,19; Dan. 2,17)
    Noun · masculine · singular · genitive · (proper) ▸ 1 (4Mac. 16,3)
    Noun · masculine · singular · nominative · (proper) ▸ 7 + 1 = 8 (1Esdr. 9,44; Neh. 8,4; 1Mac. 2,59; 4Mac. 16,21; Ode. 8,88; Dan. 1,6; Dan. 3,24; Dan. 1,6)
    Noun · masculine · singular · vocative · (proper) ▸ 1 + 1 = 2 (Dan. 3,88; Dan. 3,88)

μισάνθρωπος (μῖσος; ἄνθρωπος) people-hating ▸ 1
  μισάνθρωπε ▸ 1
    Adjective · masculine · singular · vocative · noDegree ▸ 1 (4Mac. 11,4)

μισάρετος (μῖσος; ἀρέσκω) good-hating ▸ 1
  μισάρετε ▸ 1
    Adjective · masculine · singular · vocative · noDegree ▸ 1 (4Mac. 11,4)

Μισαχ Meshach ▸ 11 + 14 = 25
  Μισαχ ▸ 11 + 14 = 25
    Noun · masculine · singular · accusative · (proper) ▸ 4 + 6 = 10 (Dan. 1,7; Dan. 2,49; Dan. 3,13; Dan. 3,20; Dan. 1,7; Dan. 2,49; Dan. 3,13; Dan. 3,19; Dan. 3,20; Dan. 3,97)
    Noun · masculine · singular · dative · (proper) ▸ 1 (Dan. 3,97)
    Noun · masculine · singular · genitive · (proper) ▸ 2 + 2 = 4 (Dan. 3,95; Dan. 3,96; Dan. 3,95; Dan. 3,96)
    Noun · masculine · singular · nominative · (proper) ▸ 3 + 4 = 7 (Dan. 3,12; Dan. 3,16; Dan. 3,93; Dan. 3,12; Dan. 3,16; Dan. 3,23; Dan. 3,93)
    Noun · masculine · singular · vocative · (proper) ▸ 1 + 2 = 3 (Dan. 3,14; Dan. 3,14; Dan. 3,93)

μίσγω (μίγνυμι) to mingle ▸ 2
  μίσγουσι ▸ 1
    Verb · third · plural · present · active · indicative ▸ 1 (Is. 1,22)
  μίσγουσιν ▸ 1
    Verb · third · plural · present · active · indicative ▸ 1 (Hos. 4,2)

μισέω (μῖσος) to hate ▸ 177 + 5 + 40 = 222
  ἐμίσει ▸ 1
    Verb · third · singular · imperfect · active · indicative ▸ 1 (2Sam. 13,22)
  ἐμίσεις ▸ 1
    Verb · second · singular · imperfect · active · indicative ▸ 1 (Ezek. 16,37)
  ἐμισεῖτε ▸ 1
    Verb · second · plural · imperfect · active · indicative ▸ 1 (Hag. 2,14)
  ἐμίσησα ▸ 18 + 1 = 19
    Verb · first · singular · aorist · active · indicative ▸ 18 + 1 = 19 (2Chr. 18,7; Esth. 14,15 # 4,17u; Psa. 25,5; Psa. 100,3; Psa. 118,104; Psa. 118,113; Psa. 118,128; Psa. 118,163; Psa. 138,21; Prov. 5,12; Eccl. 2,17; Eccl. 2,18; Sir. 27,24; Hos. 9,15; Zech. 8,17; Mal. 1,3; Jer. 12,8; Jer. 51,4; Rom. 9,13)
  ἐμίσησαν ▸ 5
    Verb · third · plural · aorist · active · indicative ▸ 5 (Gen. 37,4; Prov. 1,22; Prov. 1,29; Sol. 7,1; Amos 5,10)
  ἐμίσησάν ▸ 1 + 1 = 2
    Verb · third · plural · aorist · active · indicative ▸ 1 + 1 = 2 (Psa. 24,19; John 15,25)
  ἐμίσησας ▸ 5 + 1 + 1 = 7
    Verb · second · singular · aorist · active · indicative ▸ 5 + 1 + 1 = 7 (Judg. 15,2; Psa. 5,6; Psa. 30,7; Psa. 44,8; Psa. 49,17; Judg. 15,2; Heb. 1,9)
  ἐμισήσατέ ▸ 2 + 1 = 3
    Verb · second · plural · aorist · active · indicative ▸ 2 + 1 = 3 (Gen. 26,27; Judg. 11,7; Judg. 11,7)
  ἐμίσησεν ▸ 8 + 2 = 10
    Verb · third · singular · aorist · active · indicative ▸ 8 + 2 = 10 (Deut. 12,31; Deut. 16,22; 2Sam. 13,15; 2Sam. 13,15; Sir. 12,6; Sir. 15,11; Sir. 15,13; Sir. 25,2; John 17,14; Eph. 5,29)
  ἐμίσουν ▸ 2 + 1 = 3
    Verb · first · singular · imperfect · active · indicative ▸ 2 + 1 = 3 (Psa. 138,22; Mal. 2,13; Luke 19,14)
  μεμίσηκα ▸ 4
    Verb · first · singular · perfect · active · indicative ▸ 4 (1Kings 22,8; Prov. 8,13; Amos 5,21; Amos 6,8)
  Μεμισήκαμεν ▸ 1
    Verb · first · plural · perfect · active · indicative ▸ 1 (Amos 5,15)
  Μεμίσηκάς ▸ 1

Verb · second · singular · perfect · active · indicative ▸ **1** (Judg. 14,16)

μεμίσηκάς ▸ 1
    Verb · second · singular · perfect · active · indicative ▸ **1** (Judg. 14,16)

μεμισήκασιν ▸ 1
    Verb · third · plural · perfect · active · indicative ▸ **1** (John 15,24)

μεμίσηκεν ▸ 1
    Verb · third · singular · perfect · active · indicative ▸ **1** (John 15,18)

μεμισημένην ▸ 2
    Verb · perfect · passive · participle · feminine · singular · accusative ▸ **2** (Is. 54,6; Is. 60,15)

μεμισημένου ▸ 1
    Verb · perfect · passive · participle · neuter · singular · genitive ▸ **1** (Rev. 18,2)

μισεῖ ▸ 12 + 7 = 19
    Verb · third · singular · present · active · indicative ▸ **12 + 7 = 19** (Psa. 10,5; Prov. 6,16; Prov. 8,13; Prov. 11,15; Prov. 13,5; Prov. 13,24; Prov. 15,32; Prov. 17,9; Prov. 19,7; Prov. 26,28; Prov. 29,24; Is. 1,14; Luke 14,26; John 3,20; John 7,7; John 15,18; John 15,19; John 15,23; 1John 3,13)

μισεῖν ▸ 3 + 1 = 4
    Verb · present · active · infinitive ▸ **3 + 1 = 4** (Gen. 37,8; Deut. 1,27; 2Sam. 19,7; John 7,7)

μισεῖς ▸ 2 + 1 = 3
    Verb · second · singular · present · active · indicative ▸ **2 + 1 = 3** (Tob. 4,15; Ezek. 23,28; Rev. 2,6)

μισεῖται ▸ 1
    Verb · third · singular · present · passive · indicative ▸ **1** (Gen. 29,31)

μισεῖτε ▸ 1
    Verb · second · plural · present · active · imperative ▸ **1** (Psa. 96,10)

μισῇ ▸ 1
    Verb · third · singular · present · active · subjunctive ▸ **1** (1John 4,20)

μισηθείς ▸ 1
    Verb · aorist · passive · participle · masculine · singular · nominative ▸ **1** (Prov. 22,14)

μισηθῇ ▸ 1
    Verb · third · singular · aorist · passive · subjunctive ▸ **1** (Sir. 42,9)

μισηθῆναι ▸ 1
    Verb · aorist · passive · infinitive ▸ **1** (Ezek. 36,3)

μισηθῆς ▸ 1
    Verb · second · singular · aorist · passive · subjunctive ▸ **1** (Sir. 31,16)

μισηθήσεται ▸ 4
    Verb · third · singular · future · passive · indicative ▸ **4** (Eccl. 8,1; Sir. 9,18; Sir. 20,8; Sir. 21,28)

μισῆσαι ▸ 4
    Verb · aorist · active · infinitive ▸ **4** (Deut. 9,28; Psa. 35,3; Psa. 104,25; Eccl. 3,8)

μισήσας ▸ 3
    Verb · aorist · active · participle · masculine · singular · nominative ▸ **3** (Deut. 22,16; Wis. 12,4; Mal. 2,16)

μισήσει ▸ 3 + 2 = 5
    Verb · third · singular · future · active · indicative ▸ **3 + 2 = 5** (Sir. 19,9; Sir. 27,24; Sir. 33,2; Matt. 6,24; Luke 16,13)

μισήσεις ▸ 1 + 1 = 2
    Verb · second · singular · future · active · indicative ▸ **1 + 1 = 2** (Lev. 19,17; Matt. 5,43)

μισήσῃ ▸ 3
    Verb · third · singular · aorist · active · subjunctive ▸ **3** (Deut. 22,13; Deut. 24,3; Prov. 25,17)

μισήσῃς ▸ 1
    Verb · second · singular · aorist · active · subjunctive ▸ **1** (Sir. 7,15)

μίσησον ▸ 1
    Verb · second · singular · aorist · active · imperative ▸ **1** (Sir. 17,26)

μισήσουσιν ▸ 2 + 2 = 4
    Verb · third · plural · future · active · indicative ▸ **2 + 2 = 4** (Prov. 14,20; Prov. 29,10; Matt. 24,10; Rev. 17,16)

μισήσωσιν ▸ 1
    Verb · third · plural · aorist · active · subjunctive ▸ **1** (Luke 6,22)

μισοῦμαι ▸ 1
    Verb · first · singular · present · passive · indicative ▸ **1** (Gen. 29,33)

μισουμένη ▸ 2
    Verb · present · passive · participle · feminine · singular · nominative ▸ **2** (Deut. 21,15; Deut. 21,15)

μισουμένῃ ▸ 1
    Verb · present · passive · participle · feminine · singular · dative ▸ **1** (Sir. 7,26)

μισουμένης ▸ 3
    Verb · present · passive · participle · feminine · singular · genitive ▸ **3** (Deut. 21,15; Deut. 21,16; Deut. 21,17)

μισούμενοι ▸ 4
    Verb · present · passive · participle · masculine · plural · nominative ▸ **4** (Matt. 10,22; Matt. 24,9; Mark 13,13; Luke 21,17)

μισουμένῳ ▸ 1
    Verb · present · passive · participle · masculine · singular · dative ▸ **1** (2Chr. 19,2)

μισοῦντα ▸ 2
    Verb · present · active · participle · masculine · singular · accusative ▸ **2** (1Mac. 7,26; Job 34,17)

μισοῦντας ▸ 5
    Verb · present · active · participle · masculine · plural · accusative ▸ **5** (Ex. 18,21; 2Sam. 5,8; 2Sam. 18,28; Psa. 43,8; Psa. 88,24)

μισοῦντάς ▸ 7
    Verb · present · active · participle · masculine · plural · accusative ▸ **7** (Deut. 7,15; Deut. 30,7; 2Sam. 19,7; 2Sam. 22,41; Psa. 17,41; Psa. 20,9; Psa. 138,21)

μισοῦντες ▸ 10 + 2 = 12
    Verb · present · active · participle · masculine · plural · nominative ▸ **10 + 2 = 12** (Lev. 26,17; Deut. 33,11; 1Mac. 11,21; Psa. 33,22; Psa. 43,11; Psa. 67,2; Psa. 105,41; Psa. 128,5; Prov. 15,10; Mic. 3,2; Titus 3,3; Jude 23)

μισοῦντές ▸ 9
    Verb · present · active · participle · masculine · plural · nominative ▸ **9** (Num. 10,34; Tob. 13,14; Psa. 34,19; Psa. 37,20; Psa. 68,5; Psa. 73,4; Psa. 82,3; Psa. 85,17; Prov. 8,36)

μισούντων ▸ 10 + 1 = 11
    Verb · present · active · participle · masculine · plural · genitive ▸ **10 + 1 = 11** (2Sam. 22,18; Psa. 17,18; Psa. 17,20; Psa. 68,15; Psa. 73,23; Psa. 105,10; Psa. 119,7; Ode. 9,71; Sir. 25,14; Ezek. 16,27; Luke 1,71)

μισοῦσα ▸ 1
    Verb · present · active · participle · feminine · singular · nominative ▸ **1** (Prov. 11,16)

μισοῦσαν ▸ 1

μισέω–μισθόω

Verb · present · active · participle · feminine · singular · accusative ▸ **1** (Sol. 12,5)
- μισοῦσί ▸ **1**
  Verb · present · active · participle · masculine · plural · dative ▸ **1** (Dan. 4,19)
- μισοῦσιν ▸ **5** + **1** = **6**
  Verb · present · active · participle · masculine · plural · dative ▸ **5** + **1** = **6** (Deut. 7,10; Deut. 7,10; Deut. 32,43; Ode. 2,43; Is. 66,5; Luke 6,27)
- μισοῦσίν ▸ **4** + **1** = **5**
  Verb · present · active · participle · masculine · plural · dative ▸ **4** + **1** = **5** (Ex. 20,5; Deut. 5,9; Deut. 32,41; Ode. 2,41; Dan. 4,19)
- μισῶ ▸ **2**
  Verb · first · singular · present · active · indicative ▸ **2** (Rom. 7,15; Rev. 2,6)
- μισῶν ▸ **16** + **1** + **5** = **22**
  Verb · present · active · participle · masculine · singular · nominative ▸ **16** + **1** + **5** = **22** (Deut. 4,42; Deut. 19,4; Deut. 19,6; Deut. 19,11; Judg. 15,2; Judith 5,17; 4Mac. 9,3; Psa. 54,13; Prov. 12,1; Prov. 15,27; Prov. 28,16; Wis. 11,24; Sir. 19,6; Sir. 21,6; Is. 33,15; Is. 61,8; Judg. 15,2; John 12,25; John 15,23; 1John 2,9; 1John 2,11; 1John 3,15)
- μισῶσίν ▸ **1**
  Verb · third · plural · present · active · subjunctive ▸ **1** (Prov. 9,8)

μισητός (μῖσος) hated, hateful, detestable ▸ **9**
- μισητά ▸ **1**
  Adjective · neuter · plural · nominative · noDegree ▸ **1** (Wis. 14,9)
- μισητή ▸ **2**
  Adjective · feminine · singular · nominative · noDegree ▸ **2** (Prov. 30,23; Sir. 10,7)
- Μισητόν ▸ **1**
  Adjective · masculine · singular · accusative · noDegree ▸ **1** (Gen. 34,30)
- μισητός ▸ **1**
  Adjective · masculine · singular · nominative · noDegree ▸ **1** (Sir. 37,20)
- μισητὸς ▸ **4**
  Adjective · masculine · singular · nominative · noDegree ▸ **4** (Prov. 26,11; Prov. 24,24; Sir. 20,5; Sir. 20,15)

μισθαποδοσία (μισθός; ἀπό; δίδωμι) reward ▸ **3**
- μισθαποδοσίαν ▸ **3**
  Noun · feminine · singular · accusative ▸ **3** (Heb. 2,2; Heb. 10,35; Heb. 11,26)

μισθαποδότης (μισθός; ἀπό; δίδωμι) rewarder ▸ **1**
- μισθαποδότης ▸ **1**
  Noun · masculine · singular · nominative ▸ **1** (Heb. 11,6)

μίσθιος (μισθός) hired laborer ▸ **6** + **2** = **8**
- μίσθιοι ▸ **1**
  Noun · masculine · plural · nominative ▸ **1** (Luke 15,17)
- μίσθιον ▸ **2**
  Noun · masculine · singular · accusative · (common) ▸ **2** (Tob. 5,12; Sir. 7,20)
- μισθίου ▸ **4**
  Noun · masculine · singular · genitive · (common) ▸ **4** (Lev. 25,50; Job 7,1; Sir. 34,22; Sir. 37,11)
- μισθίων ▸ **1**
  Noun · masculine · plural · genitive ▸ **1** (Luke 15,19)

μισθόομαι (μισθός) to hire ▸ **1**
- ἐμισθοῦντο ▸ **1**
  Verb · third · singular · imperfect · middle · indicative ▸ **1** (2Chr. 24,12)

Μισθός (μισθός) Misthos (Reward) ▸ **1**
- Μισθός ▸ **1**
  Noun · masculine · singular · nominative · (proper) ▸ **1** (Gen. 30,18)

μισθός wages; reward ▸ **62** + **13** + **29** = **104**
- μισθόν ▸ **11** + **8** = **19**
  Noun · masculine · singular · accusative · (common) ▸ **11** + **8** = **19** (Gen. 30,18; Gen. 30,28; Gen. 31,7; Gen. 31,41; Ex. 2,9; Tob. 5,3; Tob. 5,16; 2Mac. 8,33; Sir. 51,22; Zech. 11,12; Zech. 11,12; Tob. 2,12; Tob. 5,3; Tob. 5,7; Tob. 5,10; Tob. 12,1; Tob. 12,2; Tob. 12,3; Tob. 12,5)
- μισθὸν ▸ **18** + **3** + **18** = **39**
  Noun · masculine · singular · accusative · (common) ▸ **18** + **3** + **18** = **39** (Deut. 15,18; Deut. 24,14; Deut. 24,15; 1Kings 5,20; Tob. 2,12; Tob. 5,15; Tob. 12,1; Prov. 11,21; Job 7,2; Wis. 2,22; Wis. 10,17; Sir. 34,22; Sir. 36,15; Sir. 51,30; Mal. 3,5; Is. 62,11; Jer. 22,13; Ezek. 27,33; Tob. 2,12; Tob. 5,15; Tob. 12,1; Matt. 5,46; Matt. 6,1; Matt. 6,2; Matt. 6,5; Matt. 6,16; Matt. 10,41; Matt. 10,41; Matt. 10,42; Matt. 20,8; Mark 9,41; John 4,36; 1Cor. 3,8; 1Cor. 3,14; 1Cor. 9,17; 2Pet. 2,13; 2Pet. 2,15; 2John 8; Rev. 11,18)
- μισθός ▸ **9** + **2** = **11**
  Noun · masculine · singular · nominative · (common) ▸ **9** + **2** = **11** (Gen. 15,1; Gen. 29,15; Gen. 30,32; Gen. 30,33; Gen. 31,8; Gen. 31,8; Ruth 2,12; Eccl. 9,5; Ezek. 27,27; 1Cor. 9,18; Rev. 22,12)
- μισθὸς ▸ **17** + **5** = **22**
  Noun · masculine · singular · nominative · (common) ▸ **17** + **5** = **22** (Lev. 19,13; Num. 18,31; 2Chr. 15,7; Tob. 4,14; Psa. 126,3; Prov. 11,18; Prov. 17,8; Eccl. 4,9; Wis. 5,15; Sir. 2,8; Zech. 8,10; Zech. 8,10; Is. 23,18; Is. 40,10; Jer. 38,16; Ezek. 29,18; Ezek. 29,19; Matt. 5,12; Luke 6,23; Luke 6,35; Rom. 4,4; James 5,4)
- μισθοῦ ▸ **3** + **4** = **7**
  Noun · masculine · singular · genitive · (common) ▸ **3** + **4** = **7** (Ex. 22,14; Sir. 11,18; Mic. 3,11; Luke 10,7; Acts 1,18; 1Tim. 5,18; Jude 11)
- μισθούς ▸ **1**
  Noun · masculine · plural · accusative · (common) ▸ **1** (Ezek. 27,15)
- μισθοὺς ▸ **1**
  Noun · masculine · plural · accusative · (common) ▸ **1** (Hag. 1,6)
- μισθῷ ▸ **2** + **2** = **4**
  Noun · masculine · singular · dative · (common) ▸ **2** + **2** = **4** (Tob. 2,14; Sir. 11,22; Tob. 2,14; Tob. 5,16)

μισθόω (μισθός) to hire ▸ **15** + **2** + **2** = **19**
- ἐμισθωσάμην ▸ **1**
  Verb · first · singular · aorist · middle · indicative ▸ **1** (Hos. 3,2)
- ἐμισθώσαντο ▸ **5**
  Verb · third · plural · aorist · middle · indicative ▸ **5** (Deut. 23,5; 2Sam. 10,6; 1Chr. 19,7; Neh. 6,12; Neh. 13,2)
- ἐμισθώσατο ▸ **3** + **1** + **1** = **5**
  Verb · third · singular · aorist · middle · indicative ▸ **3** + **1** + **1** = **5** (Judg. 9,4; 2Kings 7,6; 2Chr. 25,6; Judg. 9,4; Matt. 20,7)
- ἐμισθώσατό ▸ **1** + **1** = **2**
  Verb · third · singular · aorist · middle · indicative ▸ **1** + **1** = **2** (Judg. 18,4; Judg. 18,4)
- μεμίσθωμαι ▸ **1**
  Verb · first · singular · perfect · middle · indicative ▸ **1** (Gen. 30,16)
- μεμίσθωνται ▸ **1**
  Verb · third · plural · perfect · middle · indicative ▸ **1** (1Mac.

5,39)
μισθούμενοι ▸ 1
Verb · present · middle · participle · masculine · plural · nominative ▸ 1 (Ezra 4,5)
μισθωσάμενοι ▸ 1
Verb · aorist · middle · participle · masculine · plural · nominative ▸ 1 (Is. 46,6)
μισθώσασθαι ▸ 1 + 1 = 2
Verb · aorist · middle · infinitive ▸ 1 + 1 = 2 (1Chr. 19,6; Matt. 20,1)

μίσθωμα (μισθός)   rented quarters; price for hire ▸ 13 + 1 = 14
μίσθωμα ▸ 1
Noun · neuter · singular · accusative · (common) ▸ 1 (Deut. 23,19)
μισθώματα ▸ 8
Noun · neuter · plural · accusative · (common) ▸ 7 (Mic. 1,7; Ezek. 16,31; Ezek. 16,32; Ezek. 16,33; Ezek. 16,33; Ezek. 16,34; Ezek. 16,41)
Noun · neuter · plural · nominative · (common) ▸ 1 (Ezek. 16,34)
Μισθώματά ▸ 1
Noun · neuter · plural · nominative · (common) ▸ 1 (Hos. 2,14)
μισθώματι ▸ 1
Noun · neuter · singular · dative ▸ 1 (Acts 28,30)
μισθώματος ▸ 1
Noun · neuter · singular · genitive · (common) ▸ 1 (Prov. 19,13)
μισθωμάτων ▸ 2
Noun · neuter · plural · genitive · (common) ▸ 2 (Mic. 1,7; Mic. 1,7)

μισθωτός (μισθός)   hired laborer ▸ 20 + 3 = 23
μισθωταί ▸ 1
Adjective · feminine · plural · nominative · noDegree ▸ 1 (1Mac. 6,29)
μισθωτὲ ▸ 1
Adjective · masculine · singular · vocative · noDegree ▸ 1 (Judith 6,5)
μισθωτοί ▸ 4
Adjective · masculine · plural · nominative · noDegree ▸ 4 (Judith 6,2; Is. 28,1; Is. 28,3; Jer. 26,21)
μισθωτός ▸ 1 + 1 = 2
Adjective · masculine · singular · nominative · noDegree ▸ 1 + 1 = 2 (Job 14,6; John 10,13)
μισθωτὸς ▸ 7 + 1 = 8
Adjective · masculine · singular · nominative · noDegree ▸ 7 + 1 = 8 (Ex. 12,45; Ex. 22,14; Lev. 22,10; Lev. 25,40; Lev. 25,53; Judith 4,10; Job 7,2; John 10,12)
μισθωτοῦ ▸ 5
Adjective · masculine · singular · genitive · noDegree ▸ 5 (Lev. 19,13; Deut. 15,18; Mal. 3,5; Is. 16,14; Is. 21,16)
μισθωτῷ ▸ 1
Adjective · masculine · singular · dative · noDegree ▸ 1 (Lev. 25,6)
μισθωτῶν ▸ 1
Noun · masculine · plural · genitive ▸ 1 (Mark 1,20)

μισοξενία (μῖσος; ξένος)   hatred of strangers ▸ 1
μισοξενίαν ▸ 1
Noun · feminine · singular · accusative · (common) ▸ 1 (Wis. 19,13)

μισοπονηρέω (μῖσος; πόνος)   to hate wickedness ▸ 2
μισοπονηρῆσαι ▸ 1
Verb · aorist · active · infinitive ▸ 1 (2Mac. 8,4)
μισοπονηρήσαντες ▸ 1
Verb · aorist · active · participle · masculine · plural · nominative ▸ 1 (2Mac. 4,49)

μισοπονηρία (μῖσος; πόνος)   hatred of wickedness ▸ 1
μισοπονηρίαν ▸ 1
Noun · feminine · singular · accusative · (common) ▸ 1 (2Mac. 3,1)

μισοπόνηρος (μῖσος; πόνος)   wickedness-hating ▸ 1
μισοπόνηρον ▸ 1
Adjective · feminine · singular · accusative · noDegree ▸ 1 (Esth. 16,4 # 8,12d)

μῖσος   hate ▸ 12
μίσει ▸ 1
Noun · neuter · singular · dative · (common) ▸ 1 (Ezek. 23,29)
μῖσος ▸ 10
Noun · neuter · singular · accusative · (common) ▸ 7 (2Sam. 13,15; Esth. 14,13 # 4,17s; Psa. 24,19; Psa. 108,5; Psa. 138,22; Eccl. 9,1; Jer. 24,9)
Noun · neuter · singular · nominative · (common) ▸ 3 (2Sam. 13,15; Prov. 10,12; Eccl. 9,6)
μίσους ▸ 1
Noun · neuter · plural · genitive · (common) ▸ 1 (Psa. 108,3)

μίσυβρις (μῖσος; ὕβρις)   hater of insolence, pride ▸ 1
μίσυβρι ▸ 1
Noun · masculine · singular · vocative · (common) ▸ 1 (3Mac. 6,9)

Μισωρ   Misor (Heb. plateau, plain) ▸ 7
Μισωρ ▸ 7
Noun · singular · genitive · (proper) ▸ 1 (Deut. 3,10)
Noun · feminine · singular · accusative · (proper) ▸ 2 (Josh. 13,9; Josh. 13,16)
Noun · feminine · singular · dative · (proper) ▸ 2 (Josh. 13,17; Josh. 21,36)
Noun · masculine · singular · genitive · (proper) ▸ 2 (Josh. 13,21; Jer. 31,21)

μίτρα   head gear, crown, diadem ▸ 14
μίτρα ▸ 1
Noun · feminine · singular · dative · (common) ▸ 1 (Judith 16,8)
μίτραν ▸ 10
Noun · feminine · singular · accusative · (common) ▸ 10 (Ex. 29,6; Ex. 29,6; Ex. 36,35; Ex. 36,38; Lev. 8,9; Lev. 8,9; Judith 10,3; Sol. 2,21; Is. 61,10; Bar. 5,2)
μίτρας ▸ 3
Noun · feminine · plural · accusative · (common) ▸ 1 (Ezek. 26,16)
Noun · feminine · singular · genitive · (common) ▸ 2 (Ex. 28,37; Ex. 28,37)

Μιτυλήνη   Mitylene ▸ 1
Μιτυλήνην ▸ 1
Noun · feminine · singular · accusative · (proper) ▸ 1 (Acts 20,14)

Μιφιθιμ   Puthites (?) ▸ 1
Μιφιθιμ ▸ 1
Noun · masculine · plural · genitive · (proper) ▸ 1 (1Chr. 2,53)

Μιχα   Micah ▸ 36
Μιχα ▸ 36
Noun · masculine · singular · accusative · (proper) ▸ 2 (Judg. 18,23; 1Chr. 9,40)
Noun · masculine · singular · dative · (proper) ▸ 1 (Judg. 18,3)
Noun · masculine · singular · genitive · (proper) ▸ 18 (Judg. 17,4; Judg. 17,8; Judg. 17,12; Judg. 18,2; Judg. 18,13; Judg. 18,15; Judg. 18,18; Judg. 18,22; Judg. 18,22; Judg. 18,30; Judg. 18,31; 1Chr. 9,15; 1Chr. 9,41; 1Chr. 24,24; 1Chr. 24,25; Neh. 11,17;

Μιχα–μνημεῖον

Neh. 11,22; Judith 6,15)
Noun · masculine · singular · nominative · (proper) ▸ **15** (Judg. 17,1; Judg. 17,5; Judg. 17,9; Judg. 17,10; Judg. 17,12; Judg. 17,13; Judg. 18,4; Judg. 18,22; Judg. 18,24; Judg. 18,26; Judg. 18,27; 2Sam. 9,12; 1Chr. 5,5; 1Chr. 24,24; Neh. 10,12)

Μιχαηλ Michael ▸ 13 + 3 = 16
Μιχαηλ ▸ 13 + 3 = 16
Noun · masculine · singular · genitive · (proper) ▸ **5** (Num. 13,13; 1Chr. 5,14; 1Chr. 6,25; 1Chr. 27,18; Ezra 8,8)
Noun · masculine · singular · nominative · (proper) ▸ 8 + 3 = **11** (1Chr. 5,13; 1Chr. 7,3; 1Chr. 8,16; 1Chr. 12,21; 2Chr. 21,2; Dan. 10,13; Dan. 10,21; Dan. 12,1; Dan. 10,13; Dan. 10,21; Dan. 12,1)

Μιχαήλ Michael ▸ 2
Μιχαήλ ▸ 2
Noun · masculine · singular · nominative · (proper) ▸ **2** (Jude 9; Rev. 12,7)

Μιχαια Micaiah ▸ 3
Μιχαια ▸ 3
Noun · masculine · singular · genitive · (proper) ▸ **2** (2Chr. 34,20; Neh. 12,35)
Noun · masculine · singular · nominative · (proper) ▸ **1** (2Chr. 18,14)

Μιχαιας Micaiah; Micaias ▸ 26 + 23 = 49
Μιχαια ▸ 1 + 12 = 13
Noun · masculine · singular · dative · (proper) ▸ **1** (Judg. 18,23)
Noun · masculine · singular · genitive · (proper) ▸ **11** (Judg. 17,4; Judg. 17,5; Judg. 17,8; Judg. 17,12; Judg. 18,2; Judg. 18,3; Judg. 18,13; Judg. 18,15; Judg. 18,18; Judg. 18,22; Judg. 18,22)
Noun · masculine · singular · vocative · (proper) ▸ **1** (1Kings 22,15)
Μιχαιαν ▸ 10
Noun · masculine · singular · accusative · (proper) ▸ **10** (1Kings 22,9; 1Kings 22,13; 1Kings 22,24; 1Kings 22,26; 2Chr. 17,7; 2Chr. 18,8; 2Chr. 18,12; 2Chr. 18,23; 2Chr. 18,25; Mic. 1,1)
Μιχαιας ▸ 14 + 11 = 25
Noun · masculine · singular · nominative · (proper) ▸ 14 + 11 = **25** (1Kings 22,8; 1Kings 22,14; 1Kings 22,17; 1Kings 22,19; 1Kings 22,25; 1Kings 22,28; 2Chr. 18,7; 2Chr. 18,13; 2Chr. 18,24; 2Chr. 18,27; Neh. 12,41; Jer. 33,18; Jer. 43,11; Jer. 43,13; Judg. 17,1; Judg. 17,9; Judg. 17,10; Judg. 17,12; Judg. 17,13; Judg. 18,4; Judg. 18,22; Judg. 18,24; Judg. 18,26; Judg. 18,27; Judg. 18,31)
Μιχαιου ▸ 1
Noun · masculine · singular · genitive · (proper) ▸ **1** (2Kings 22,12)

Μιχας Micah ▸ 1
Μιχας ▸ 1
Noun · masculine · singular · nominative · (proper) ▸ **1** (1Chr. 23,20)

Μιχια Micah ▸ 2
Μιχια ▸ 2
Noun · masculine · singular · accusative · (proper) ▸ **1** (1Chr. 8,34)
Noun · masculine · singular · genitive · (proper) ▸ **1** (1Chr. 8,35)

Μιχολ Michal ▸ 1
Μιχολ ▸ 1
Noun · feminine · singular · genitive · (proper) ▸ **1** (2Sam. 21,8)

μνᾶ mina (coin) ▸ 12 + 9 = 21
μνᾶ ▸ 1 + 3 = 4
Noun · feminine · singular · nominative · (common) ▸ 1 + 3 = **4** (Ezek. 45,12; Luke 19,16; Luke 19,18; Luke 19,20)
μναῖ ▸ 3
Noun · feminine · plural · nominative · (common) ▸ **3** (1Kings 10,17; Ezra 2,69; Ezra 2,69)
μνᾶν ▸ 1
Noun · feminine · singular · accusative ▸ **1** (Luke 19,24)
μνᾶς ▸ 6 + 5 = 11
Noun · feminine · plural · accusative · (common) ▸ 6 + 5 = **11** (1Esdr. 5,44; 1Esdr. 5,44; Neh. 7,71; Neh. 7,72; 3Mac. 1,4; Bel 27; Luke 19,13; Luke 19,16; Luke 19,18; Luke 19,24; Luke 19,25)
μνῶν ▸ 2
Noun · feminine · plural · genitive · (common) ▸ **2** (1Mac. 14,24; 1Mac. 15,18)

Μνάσων Mnason ▸ 1
Μνάσωνί ▸ 1
Noun · masculine · singular · dative · (proper) ▸ **1** (Acts 21,16)

μνεία (μιμνήσκομαι) remembrance, mention ▸ 14 + 7 = 21
μνεία ▸ 6
Noun · feminine · singular · nominative · (common) ▸ **6** (Wis. 5,14; Zech. 13,2; Is. 23,16; Bar. 4,27; Ezek. 21,37; Ezek. 25,10)
μνείᾳ ▸ 4 + 1 = 5
Noun · feminine · singular · dative · (common) ▸ 4 + 1 = **5** (Deut. 7,18; Is. 26,8; Jer. 38,20; Bar. 5,5; Phil. 1,3)
μνείαν ▸ 4 + 6 = 10
Noun · feminine · singular · accusative · (common) ▸ 4 + 6 = **10** (4Mac. 17,8; Psa. 110,4; Job 14,13; Is. 32,10; Rom. 1,9; Eph. 1,16; 1Th. 1,2; 1Th. 3,6; 2Tim. 1,3; Philem. 4)

Μνῆμα (μιμνήσκομαι) Memorial, Tomb ▸ 3
Μνήμασιν ▸ 2
Noun · neuter · plural · dative · (proper) ▸ **2** (Num. 33,16; Deut. 9,22)
Μνημάτων ▸ 1
Noun · neuter · plural · genitive · (proper) ▸ **1** (Num. 33,17)

μνῆμα (μιμνήσκομαι) tomb ▸ 17 + 8 = 25
μνῆμα ▸ 3 + 3 = 6
Noun · neuter · singular · accusative · (common) ▸ 3 + 2 = **5** (Josh. 24,31a; Job 10,19; Jer. 33,23; Luke 24,1; Rev. 11,9)
Noun · neuter · singular · nominative ▸ **1** (Acts 2,29)
μνήμασιν ▸ 1 + 3 = 4
Noun · neuter · plural · dative · (common) ▸ 1 + 3 = **4** (Is. 65,4; Mark 5,3; Mark 5,5; Luke 8,27)
Μνήματα ▸ 1
Noun · neuter · plural · nominative · (common) ▸ **1** (Num. 11,34)
μνήματα ▸ 2
Noun · neuter · plural · accusative · (common) ▸ **2** (Ex. 14,11; Ezek. 37,12)
μνήματά ▸ 1
Noun · neuter · plural · accusative · (common) ▸ **1** (2Chr. 34,28)
μνήματι ▸ 1 + 2 = 3
Noun · neuter · singular · dative · (common) ▸ 1 + 2 = **3** (2Chr. 16,14; Luke 23,53; Acts 7,16)
μνήματος ▸ 5
Noun · neuter · singular · genitive · (common) ▸ **5** (Num. 19,16; Num. 19,18; Ezek. 32,22; Ezek. 32,24; Ezek. 32,26)
Μνημάτων ▸ 1
Noun · neuter · plural · genitive · (common) ▸ **1** (Num. 11,35)
μνημάτων ▸ 2
Noun · neuter · plural · genitive · (common) ▸ **2** (2Chr. 34,4; Ezek. 37,12)

μνημεῖον (μιμνήσκομαι) tomb, monument ▸ 16 + 40 = 56
μνημεῖα ▸ 4
Noun · neuter · plural · accusative ▸ **2** (Matt. 23,29; Luke 11,47)
Noun · neuter · plural · nominative ▸ **2** (Matt. 27,52; Luke 11,44)

μνημείοις ▸ 3 + 1 = 4
   Noun · neuter · plural · dative · (common) ▸ 3 + 1 = **4** (Gen. 23,6; Ode. 5,19; Is. 26,19; John 5,28)
μνημεῖον ▸ 5 + 17 = 22
   Noun · neuter · singular · accusative · (common) ▸ 4 + 15 = **19** (Gen. 23,6; Is. 22,16; Is. 22,16; Ezek. 39,11; Mark 16,2; Mark 16,5; Luke 23,55; Luke 24,12; Luke 24,22; Luke 24,24; John 11,31; John 11,38; John 20,1; John 20,3; John 20,4; John 20,6; John 20,8; John 20,11; Acts 13,29)
   Noun · neuter · singular · nominative · (common) ▸ 1 + 2 = **3** (Wis. 10,7; John 19,41; John 19,42)
μνημείου ▸ 5 + 10 = 15
   Noun · neuter · singular · genitive · (common) ▸ 5 + 10 = **15** (Gen. 23,9; Gen. 35,20; Gen. 35,20; Gen. 49,30; Gen. 50,13; Matt. 27,60; Matt. 28,8; Mark 15,46; Mark 16,3; Mark 16,8; Luke 24,2; Luke 24,9; John 12,17; John 20,1; John 20,2)
μνημείῳ ▸ 1 + 5 = 6
   Noun · neuter · singular · dative · (common) ▸ 1 + 5 = **6** (Gen. 50,5; Matt. 27,60; Mark 6,29; Mark 15,46; John 11,17; John 20,11)
μνημείων ▸ 2 + 3 = 5
   Noun · neuter · plural · genitive · (common) ▸ 2 + 3 = **5** (Neh. 2,3; Neh. 2,5; Matt. 8,28; Matt. 27,53; Mark 5,2)

μνήμη (μιμνήσκομαι) remembrance, memory ▸ 17 + 1 = 18
μνήμη ▸ 6
   Noun · feminine · singular · nominative · (common) ▸ **6** (Prov. 10,7; Eccl. 1,11; Eccl. 1,11; Eccl. 2,16; Eccl. 9,5; Wis. 4,19)
μνήμῃ ▸ 4
   Noun · feminine · singular · dative · (common) ▸ **4** (Psa. 29,5; Psa. 96,12; Wis. 4,1; Sol. 16,9)
μνήμην ▸ 4 + 1 = 5
   Noun · feminine · singular · accusative · (common) ▸ 4 + 1 = **5** (Psa. 144,7; Prov. 1,12; Wis. 8,13; Sol. 16,6; 2Pet. 1,15)
μνήμης ▸ 2
   Noun · feminine · singular · genitive · (common) ▸ **2** (2Mac. 2,25; 2Mac. 7,20)
μνημῶν ▸ 1
   Noun · feminine · plural · genitive · (common) ▸ **1** (Wis. 11,12)

μνημονεύω (μιμνήσκομαι) to remember, mention ▸ 22 + 4 + 21 = 47
ἐμνημόνευον ▸ 1 + 1 = 2
   Verb · first · singular · imperfect · active · indicative ▸ 1 + 1 = **2** (2Mac. 9,21; Heb. 11,15)
ἐμνημόνευόν ▸ 1
   Verb · first · singular · imperfect · active · indicative ▸ **1** (Psa. 62,7)
ἐμνημόνευσεν ▸ 2
   Verb · third · singular · aorist · active · indicative ▸ **2** (Heb. 11,22; Rev. 18,5)
Μνημόνευε ▸ 1
   Verb · second · singular · present · active · imperative ▸ **1** (2Tim. 2,8)
μνημόνευε ▸ 2 + 2 + 2 = 6
   Verb · second · singular · present · active · imperative ▸ 2 + 2 + 2 = **6** (Tob. 4,5; Tob. 4,19; Tob. 4,5; Tob. 4,19; Rev. 2,5; Rev. 3,3)
μνημονεύει ▸ 1 + 1 = 2
   Verb · third · singular · present · active · indicative ▸ 1 + 1 = **2** (Sol. 5,16; John 16,21)
μνημονεύειν ▸ 3 + 1 + 1 = 5
   Verb · present · active · infinitive ▸ 3 + 1 + 1 = **5** (1Mac. 12,11; Sol. 6,1; Sus. 9; Sus. 9; Acts 20,35)
Μνημονεύετε ▸ 1 + 2 = 3
   Verb · second · plural · present · active · indicative ▸ **1** (1Th. 2,9)
   Verb · second · plural · present · active · imperative ▸ 1 + 1 = **2** (Ex. 13,3; Heb. 13,7)
μνημονεύετε ▸ 2 + 6 = 8
   Verb · second · plural · present · active · indicative ▸ **3** (Matt. 16,9; Mark 8,18; 2Th. 2,5)
   Verb · second · plural · present · active · imperative ▸ 2 + 3 = **5** (1Chr. 16,12; Is. 43,18; Luke 17,32; John 15,20; Eph. 2,11)
μνημονεύετέ ▸ 1
   Verb · second · plural · present · active · imperative ▸ **1** (Col. 4,18)
μνημονεύητε ▸ 1
   Verb · second · plural · present · active · subjunctive ▸ **1** (John 16,4)
μνημονεύοντες ▸ 1 + 1 + 2 = 4
   Verb · present · active · participle · masculine · plural · nominative ▸ 1 + 1 + 2 = **4** (2Mac. 10,6; Tob. 14,7; Acts 20,31; 1Th. 1,3)
μνημονευόντων ▸ 1
   Verb · present · active · participle · masculine · plural · genitive ▸ **1** (Judith 13,19)
μνημονεύουσιν ▸ 1
   Verb · third · plural · present · active · indicative ▸ **1** (Sol. 3,3)
Μνημονευσάτω ▸ 1
   Verb · third · singular · aorist · active · imperative ▸ **1** (2Sam. 14,11)
μνημονεύσει ▸ 1
   Verb · third · singular · future · active · indicative ▸ **1** (Wis. 2,4)
μνημονεύσω ▸ 1
   Verb · first · singular · future · active · indicative ▸ **1** (Prov. 8,21a)
μνημονεύω ▸ 1
   Verb · first · singular · present · active · indicative ▸ **1** (2Kings 9,25)
μνημονεύωμεν ▸ 1
   Verb · first · plural · present · active · subjunctive ▸ **1** (Gal. 2,10)
μνημονεύων ▸ 4
   Verb · present · active · participle · masculine · singular · nominative ▸ **4** (1Chr. 16,15; Esth. 2,1; Esth. 13,8 # 4,17a; Psa. 6,6)

μνημόσυνον (μιμνήσκομαι) memorial ▸ 74 + 1 + 3 = 78
μνημόσυνά ▸ 1
   Noun · neuter · plural · accusative · (common) ▸ **1** (Is. 57,8)
Μνημόσυνον ▸ 1
   Noun · neuter · singular · nominative · (common) ▸ **1** (Sir. 49,1)
μνημόσυνον ▸ 63 + 1 + 3 = 67
   Noun · neuter · singular · accusative · (common) ▸ 37 + 1 + 3 = **41** (Ex. 17,14; Ex. 17,14; Ex. 28,12; Ex. 28,29; Lev. 2,2; Lev. 2,9; Lev. 2,16; Lev. 5,12; Num. 5,26; Num. 17,5; Num. 31,54; Deut. 32,26; Neh. 2,20; Esth. 12,4 # 1,1p; Esth. 2,23; Esth. 9,32; Esth. 10,2; Tob. 12,12; 1Mac. 3,35; 1Mac. 12,53; 1Mac. 14,23; 2Mac. 6,31; Psa. 33,17; Psa. 111,6; Ode. 2,26; Wis. 10,8; Sir. 10,17; Sir. 23,26; Sir. 38,11; Sir. 38,23; Sir. 45,9; Sir. 45,11; Sir. 45,16; Sir. 50,16; Sol. 2,17; Is. 23,18; Is. 66,3; Tob. 12,12; Matt. 26,13; Mark 14,9; Acts 10,4)
   Noun · neuter · singular · nominative · (common) ▸ **26** (Ex. 3,15; Ex. 12,14; Ex. 13,9; Ex. 30,16; Lev. 6,8; Lev. 23,24; Josh. 4,7; Esth. 16,22 # 8,12u; Esth. 9,27; Esth. 9,28; 1Mac. 3,7; 1Mac. 8,22; Psa. 9,7; Psa. 108,15; Job 2,9b; Job 18,17; Sir. 35,6; Sir. 39,9; Sir. 44,9; Sir. 45,1; Sir. 46,11; Sir. 49,13; Sol. 13,11; Hos. 12,6; Hos.

14,8; Bar. 4,5)
- **μνημόσυνόν** ▸ 4
  - **Noun** · neuter · singular · nominative · (common) ▸ 4 (Psa. 101,13; Psa. 134,13; Sir. 24,20; Sir. 41,1)
- **μνημοσύνου** ▸ 5
  - **Noun** · neuter · singular · genitive · (common) ▸ 5 (Ex. 28,12; Ex. 36,14; Num. 5,15; Num. 5,18; Mal. 3,16)

μνημόσυνος (μιμνήσκομαι) remembrance ▸ 1
- **μνημόσυνα** ▸ 1
  - **Adjective** · neuter · plural · accusative · noDegree ▸ 1 (Esth. 6,1)

μνησικακέω (μιμνήσκομαι; κακός) to bear malice ▸ 5
- **ἐμνησικάκησαν** ▸ 1
  - **Verb** · third · plural · aorist · active · indicative ▸ 1 (Ezek. 25,12)
- **μνησικακεῖ** ▸ 1
  - **Verb** · third · singular · present · active · indicative ▸ 1 (Prov. 21,24)
- **μνησικακεῖτε** ▸ 1
  - **Verb** · second · plural · present · active · indicative ▸ 1 (Joel 4,4)
- **μνησικακείτω** ▸ 1
  - **Verb** · third · singular · present · active · imperative ▸ 1 (Zech. 7,10)
- **μνησικακήσῃ** ▸ 1
  - **Verb** · third · singular · aorist · active · subjunctive ▸ 1 (Gen. 50,15)

μνησίκακος (μιμνήσκομαι; κακός) revengeful ▸ 1
- **μνησικάκων** ▸ 1
  - **Adjective** · masculine · plural · genitive · noDegree ▸ 1 (Prov. 12,28)

μνηστεύω (μιμνήσκομαι) to become betrothed, engaged for marriage ▸ 9 + 1 + 3 = 13
- **ἐμνηστευμένη** ▸ 1
  - **Verb** · perfect · passive · participle · feminine · singular · dative ▸ 1 (Luke 2,5)
- **ἐμνηστευμένην** ▸ 1
  - **Verb** · perfect · passive · participle · feminine · singular · accusative ▸ 1 (Luke 1,27)
- **μεμνηστευμένη** ▸ 2
  - **Verb** · perfect · passive · participle · feminine · singular · nominative ▸ 2 (Deut. 22,23; Deut. 22,27)
- **μεμνηστευμένην** ▸ 1
  - **Verb** · perfect · passive · participle · feminine · singular · accusative ▸ 1 (Deut. 22,25)
- **μεμνήστευται** ▸ 2
  - **Verb** · third · singular · perfect · middle · indicative ▸ 1 (Deut. 20,7)
  - **Verb** · third · singular · perfect · passive · indicative ▸ 1 (Deut. 22,28)
- **μνηστευθείσης** ▸ 1
  - **Verb** · aorist · passive · participle · feminine · singular · genitive ▸ 1 (Matt. 1,18)
- **μνηστευομένοις** ▸ 1
  - **Verb** · present · middle · participle · masculine · plural · dative ▸ 1 (1Mac. 3,56)
- **μνηστεύσομαί** ▸ 3
  - **Verb** · first · singular · future · middle · indicative ▸ 3 (Hos. 2,21; Hos. 2,21; Hos. 2,22)
- **μνηστευσόμεθά** ▸ 1
  - **Verb** · first · plural · future · middle · indicative ▸ 1 (Tob. 6,13)

μογιλάλος (μόγος; λάλος) mute, with speech impediment ▸ 1 + 1 = 2
- **μογιλάλον** ▸ 1
  - **Adjective** · masculine · singular · accusative ▸ 1 (Mark 7,32)
- **μογιλάλων** ▸ 1
  - **Adjective** · masculine · plural · genitive · noDegree ▸ 1 (Is. 35,6)

μόγις (μόγος) hardly, scarcely ▸ 1 + 1 = 2
- **μόγις** ▸ 1 + 1 = 2
  - **Adverb** ▸ 1 + 1 = 2 (3Mac. 7,6; Luke 9,39)

μόδιος basket (for grain) ▸ 3
- **μόδιον** ▸ 3
  - **Noun** · masculine · singular · accusative ▸ 3 (Matt. 5,15; Mark 4,21; Luke 11,33)

Μοζε Mizzah ▸ 3
- **Μοζε** ▸ 3
  - **Noun** · masculine · singular · nominative · (proper) ▸ 3 (Gen. 36,13; Gen. 36,17; 1Chr. 1,37)

μοιχαλίς (μοιχός) adulteress ▸ 7 + 7 = 14
- **μοιχαλίδα** ▸ 1 + 1 = 2
  - **Noun** · feminine · singular · accusative · (common) ▸ 1 + 1 = 2 (Prov. 18,22a; Rom. 7,3)
- **μοιχαλίδας** ▸ 1
  - **Noun** · feminine · plural · accusative · (common) ▸ 1 (Mal. 3,5)
- **μοιχαλίδες** ▸ 1 + 1 = 2
  - **Noun** · feminine · plural · nominative · (common) ▸ 1 + 1 = 2 (Ezek. 23,45; James 4,4)
- **μοιχαλίδι** ▸ 1
  - **Adjective** · feminine · singular · dative ▸ 1 (Mark 8,38)
- **μοιχαλίδος** ▸ 3 + 1 = 4
  - **Noun** · feminine · singular · genitive · (common) ▸ 3 + 1 = 4 (Prov. 30,20; Ezek. 16,38; Ezek. 23,45; 2Pet. 2,14)
- **μοιχαλίν** ▸ 1
  - **Noun** · feminine · singular · accusative · (common) ▸ 1 (Hos. 3,1)
- **μοιχαλίς** ▸ 3
  - **Adjective** · feminine · singular · nominative ▸ 2 (Matt. 12,39; Matt. 16,4)
  - **Noun** · feminine · singular · nominative ▸ 1 (Rom. 7,3)

μοιχάομαι (μοιχός) to commit adultery ▸ 10
- **ἐμοιχᾶτο** ▸ 1
  - **Verb** · third · singular · imperfect · middle · indicative ▸ 1 (Jer. 3,8)
- **ἐμοιχῶντο** ▸ 5
  - **Verb** · third · plural · imperfect · middle · indicative ▸ 5 (Sol. 8,10; Jer. 5,7; Jer. 36,23; Ezek. 23,37; Ezek. 23,37)
- **μοιχᾶσθε** ▸ 1
  - **Verb** · second · plural · present · middle · indicative ▸ 1 (Jer. 7,9)
- **μοιχωμένη** ▸ 1
  - **Verb** · present · middle · participle · feminine · singular · nominative ▸ 1 (Ezek. 16,32)
- **μοιχωμένους** ▸ 1
  - **Verb** · present · middle · participle · masculine · plural · accusative ▸ 1 (Jer. 23,14)
- **μοιχῶνται** ▸ 1
  - **Verb** · third · plural · present · middle · indicative ▸ 1 (Jer. 9,1)

μοιχάω (μοιχός) to commit adultery ▸ 4
- **μοιχᾶται** ▸ 4
  - **Verb** · third · singular · present · middle · indicative · (variant) ▸ 4 (Matt. 5,32; Matt. 19,9; Mark 10,11; Mark 10,12)

μοιχεία (μοιχός) adultery ▸ 4 + 3 = 7
- **μοιχεία** ▸ 3
  - **Noun** · feminine · singular · nominative · (common) ▸ 3 (Wis. 14,26; Hos. 4,2; Jer. 13,27)
- **μοιχείᾳ** ▸ 1
  - **Noun** · feminine · singular · dative ▸ 1 (John 8,3)
- **μοιχεῖαι** ▸ 2

Noun · feminine · plural · nominative · ▸ 2 (Matt. 15,19; Mark 7,22)
  μοιχείαν ▸ 1
    Noun · feminine · singular · accusative · (common) · ▸ 1 (Hos. 2,4)
μοιχεύω (μοιχός) to commit adultery · ▸ 12 + 15 = 27
  ἐμοιχεύθη ▸ 1
    Verb · third · singular · aorist · passive · indicative ▸ 1 (Sir. 23,23)
  ἐμοίχευσεν ▸ 1 + 1 = 2
    Verb · third · singular · aorist · active · indicative ▸ 1 + 1 = 2 (Jer. 3,9; Matt. 5,28)
  μοιχεύει ▸ 2
    Verb · third · singular · present · active · indicative ▸ 2 (Luke 16,18; Luke 16,18)
  μοιχεύειν ▸ 1
    Verb · present · active · infinitive ▸ 1 (Rom. 2,22)
  μοιχεύεις ▸ 2
    Verb · second · singular · present · active · indicative ▸ 2 (Rom. 2,22; James 2,11)
  μοιχευθῆναι ▸ 1
    Verb · aorist · passive · infinitive ▸ 1 (Matt. 5,32)
  μοιχευομένη ▸ 1 + 1 = 2
    Verb · present · passive · participle · feminine · singular · nominative ▸ 1 + 1 = 2 (Lev. 20,10; John 8,4)
  μοιχεύοντας ▸ 1
    Verb · present · active · participle · masculine · plural · accusative ▸ 1 (Rev. 2,22)
  μοιχεύοντες ▸ 1
    Verb · present · active · participle · masculine · plural · nominative ▸ 1 (Hos. 7,4)
  μοιχεύουσιν ▸ 1
    Verb · third · plural · present · active · indicative ▸ 1 (Ezek. 23,43)
  μοιχεύσεις ▸ 2 + 3 = 5
    Verb · second · singular · future · active · indicative ▸ 2 + 3 = 5 (Ex. 20,13; Deut. 5,17; Matt. 5,27; Matt. 19,18; Rom. 13,9)
  μοιχεύσῃς ▸ 3
    Verb · second · singular · aorist · active · subjunctive ▸ 3 (Mark 10,19; Luke 18,20; James 2,11)
  μοιχεύσηται ▸ 2
    Verb · third · singular · aorist · middle · subjunctive ▸ 2 (Lev. 20,10; Lev. 20,10)
  μοιχεύσουσιν ▸ 1
    Verb · third · plural · future · active · indicative ▸ 1 (Hos. 4,13)
  μοιχεύων ▸ 1
    Verb · present · active · participle · masculine · singular · nominative ▸ 1 (Lev. 20,10)
  μοιχεύωσιν ▸ 1
    Verb · third · plural · present · active · subjunctive ▸ 1 (Hos. 4,14)
μοιχός adulterer · ▸ 6 + 3 = 9
  μοιχοὶ ▸ 1
    Noun · masculine · plural · nominative ▸ 1 (1Cor. 6,9)
  μοιχοί ▸ 1
    Noun · masculine · plural · nominative ▸ 1 (Luke 18,11)
  μοιχὸν ▸ 1
    Noun · masculine · singular · accusative · (common) ▸ 1 (Sir. 25,2)
  μοιχὸς ▸ 1
    Noun · masculine · singular · nominative · (common) ▸ 1 (Prov. 6,32)
  μοιχοῦ ▸ 1
    Noun · masculine · singular · genitive · (common) ▸ 1 (Job 24,15)
  μοιχοὺς ▸ 1
    Noun · masculine · plural · accusative · ▸ 1 (Heb. 13,4)
  μοιχῶν ▸ 3
    Noun · masculine · plural · genitive · (common) ▸ 3 (Psa. 49,18; Wis. 3,16; Is. 57,3)
μόλιβος lead (metal) · ▸ 12
  μόλιβον ▸ 2
    Noun · masculine · singular · accusative · (common) ▸ 2 (Sir. 22,14; Sir. 47,18)
  μόλιβος ▸ 4
    Noun · masculine · singular · nominative · (common) ▸ 4 (Ex. 15,10; Ode. 1,10; Jer. 6,29; Ezek. 22,20)
  μολίβου ▸ 3
    Noun · masculine · singular · genitive · (common) ▸ 3 (Num. 31,22; Zech. 5,7; Zech. 5,8)
  μολίβῳ ▸ 2
    Noun · masculine · singular · dative · (common) ▸ 2 (Job 19,24; Ezek. 22,18)
  μόλυβον ▸ 1
    Noun · masculine · singular · accusative · (common) ▸ 1 (Ezek. 27,12)
μόλις (μόγος) scarcely, hardly · ▸ 8 + 6 = 14
  Μόλις ▸ 1
    Adverb ▸ 1 (Sir. 26,29)
  μόλις ▸ 7 + 6 = 13
    Adverb ▸ 7 + 6 = 13 (3Mac. 1,23; 3Mac. 5,15; Prov. 11,31; Wis. 9,16; Sir. 21,20; Sir. 29,6; Sir. 32,7; Acts 14,18; Acts 27,7; Acts 27,8; Acts 27,16; Rom. 5,7; 1Pet. 4,18)
Μολλαθ Mahalath · ▸ 1
  Μολλαθ ▸ 1
    Noun · feminine · singular · accusative · (proper) ▸ 1 (2Chr. 11,18)
Μολοχ Molech · ▸ 3
  Μολοχ ▸ 3
    Noun · masculine · singular · dative · (proper) ▸ 2 (2Kings 23,10; Jer. 39,35)
    Noun · masculine · singular · genitive · (proper) ▸ 1 (Amos 5,26)
Μόλοχ Molech · ▸ 1
  Μόλοχ ▸ 1
    Noun · masculine · singular · genitive · (proper) ▸ 1 (Acts 7,43)
μολόχη mallow plant · ▸ 1
  μολόχη ▸ 1
    Noun · feminine · singular · nominative · (common) ▸ 1 (Job 24,24)
μόλυνσις (μολύνω) defilement · ▸ 1
  μολύνσεως ▸ 1
    Noun · feminine · singular · genitive · (common) ▸ 1 (Jer. 51,4)
μολύνω to defile · ▸ 19 + 1 + 3 = 23
  ἐμόλυνα ▸ 1
    Verb · first · singular · aorist · active · indicative ▸ 1 (Tob. 3,15)
  ἐμόλυνά ▸ 1
    Verb · first · singular · aorist · active · indicative ▸ 1 (Tob. 3,15)
  ἐμόλυναν ▸ 3 + 1 = 4
    Verb · third · plural · aorist · active · indicative ▸ 3 + 1 = 4 (Gen. 37,31; 1Mac. 1,37; Jer. 12,10; Rev. 3,4)
  ἐμολύνετο ▸ 1
    Verb · third · singular · imperfect · passive · indicative ▸ 1 (4Mac. 9,20)
  ἐμολύνθησαν ▸ 2 + 1 = 3
    Verb · third · plural · aorist · passive · indicative ▸ 2 + 1 = 3 (Jer. 23,11; Lam. 4,14; Rev. 14,4)

μεμολυμμένα ▸ 1
: **Verb** · perfect · passive · participle · neuter · plural · nominative ▸ **1** (Is. 65,4)
μεμολυμμέναι ▸ 1
: **Verb** · perfect · passive · participle · feminine · plural · nominative ▸ **1** (Is. 59,3)
μεμολυσμένη ▸ 1
: **Verb** · perfect · passive · participle · feminine · singular · nominative ▸ **1** (1Esdr. 8,80)
μεμολυσμένος ▸ 1
: **Verb** · perfect · passive · participle · masculine · singular · nominative ▸ **1** (2Mac. 14,3)
μολῦναι ▸ 1
: **Verb** · aorist · active · infinitive ▸ **1** (2Mac. 6,2)
μολύνει ▸ 1
: **Verb** · third · singular · present · active · indicative ▸ **1** (Sir. 21,28)
μολύνεται ▸ 1
: **Verb** · third · singular · present · passive · indicative ▸ **1** (1Cor. 8,7)
μολυνθῇς ▸ 1
: **Verb** · second · singular · aorist · passive · subjunctive ▸ **1** (Sir. 22,13)
μολυνθήσεται ▸ 1
: **Verb** · third · singular · future · passive · indicative ▸ **1** (Sir. 13,1)
μολυνθήσονται ▸ 3
: **Verb** · third · plural · future · passive · indicative ▸ **3** (Zech. 14,2; Ezek. 7,17; Ezek. 21,12)
μολυνῶ ▸ 1
: **Verb** · first · singular · aorist · active · subjunctive ▸ **1** (Song 5,3)

μολυσμός (μολύνω) defilement ▸ 3 + 1 = 4
μολυσμός ▸ 1
: **Noun** · masculine · singular · nominative · (common) ▸ **1** (Jer. 23,15)
μολυσμοῦ ▸ 1 + 1 = 2
: **Noun** · masculine · singular · genitive · (common) ▸ **1** + **1** = **2** (2Mac. 5,27; 2Cor. 7,1)
μολυσμῷ ▸ 1
: **Noun** · masculine · singular · dative · (common) ▸ **1** (1Esdr. 8,80)

Μολχολ Molech ▸ 2
Μολχολ ▸ 2
: **Noun** · masculine · singular · dative · (proper) ▸ **1** (2Kings 23,13)
: **Noun** · masculine · singular · genitive · (proper) ▸ **1** (1Chr. 20,2)

Μομδιος Momdius ▸ 1
Μομδιος ▸ 1
: **Noun** · masculine · singular · nominative · (proper) ▸ **1** (1Esdr. 9,34)

μομφή (μέμφομαι) complaint ▸ 1
μομφήν ▸ 1
: **Noun** · feminine · singular · accusative ▸ **1** (Col. 3,13)

μονάζω (μόνος) to live alone ▸ 1
μονάζον ▸ 1
: **Verb** · present · active · participle · neuter · singular · nominative ▸ **1** (Psa. 101,8)

μόναρχος (μόνος; ἄρχω) monarch, sole ruler ▸ 1
μόναρχε ▸ 1
: **Noun** · masculine · singular · vocative · (common) ▸ **1** (3Mac. 2,2)

μονή (μένω) room, place to live ▸ 1 + 2 = 3
μοναὶ ▸ 1
: **Noun** · feminine · plural · nominative ▸ **1** (John 14,2)
μονήν ▸ 1
: **Noun** · feminine · singular · accusative · (common) ▸ **1** (1Mac. 7,38)
μονήν ▸ 1
: **Noun** · feminine · singular · accusative ▸ **1** (John 14,23)

Μονι Ammoni ▸ 1
Μονι ▸ 1
: **Noun** · singular · nominative · (proper) ▸ **1** (Josh. 18,24)

μόνιμος (μόνος) stable, steady; permanent ▸ 2
μόνιμον ▸ 1
: **Adjective** · masculine · singular · accusative · noDegree ▸ **1** (Jer. 38,17)
μονίμων ▸ 1
: **Adjective** · neuter · plural · genitive · noDegree ▸ **1** (Gen. 49,26)

μονιός (μόνος) alone, solitary ▸ 1
μονιὸς ▸ 1
: **Adjective** · masculine · singular · nominative · noDegree ▸ **1** (Psa. 79,14)

μονογενής (μόνος; γίνομαι) only, unique ▸ 10 + 4 + 9 = 23
μονογενεῖς ▸ 1 + 1 = 2
: **Adjective** · masculine · plural · accusative · noDegree ▸ **1** + **1** = **2** (Tob. 8,17; Tob. 8,17)
μονογενές ▸ 1
: **Adjective** · neuter · singular · nominative · noDegree ▸ **1** (Wis. 7,22)
μονογενῆ ▸ 1
: **Adjective** · masculine · singular · vocative · noDegree ▸ **1** (Ode. 14,13)
μονογενῆ ▸ 3 + 3 = 6
: **Adjective** · feminine · singular · accusative · noDegree ▸ **2** (Psa. 21,21; Psa. 34,17)
: **Adjective** · masculine · singular · accusative · noDegree ▸ **1** + **3** = **4** (Sol. 18,4; John 3,16; Heb. 11,17; 1John 4,9)
μονογενής ▸ 1 + 3 + 1 = 5
: **Adjective** · feminine · singular · nominative · noDegree ▸ **1** + **2** = **3** (Tob. 3,15; Judg. 11,34; Tob. 3,15)
: **Adjective** · masculine · singular · nominative · noDegree ▸ **1** + **1** = **2** (Tob. 6,15; Luke 9,38)
μονογενής ▸ 3 + 3 = 6
: **Adjective** · feminine · singular · nominative ▸ **2** + **1** = **3** (Judg. 11,34; Tob. 6,11; Luke 8,42)
: **Adjective** · masculine · singular · nominative ▸ **1** + **2** = **3** (Psa. 24,16; Luke 7,12; John 1,18)
μονογενοῦς ▸ 2
: **Adjective** · masculine · singular · genitive ▸ **2** (John 1,14; John 3,18)

μονόζωνος (μόνος; ζώννυμι) lightly armed ▸ 9
μονόζωνοι ▸ 3
: **Adjective** · masculine · plural · nominative · noDegree ▸ **3** (2Kings 5,2; 2Kings 6,23; 2Kings 13,20)
μονόζωνον ▸ 1
: **Adjective** · masculine · singular · accusative · noDegree ▸ **1** (2Kings 13,21)
μονόζωνος ▸ 1
: **Adjective** · masculine · singular · nominative · noDegree ▸ **1** (2Sam. 22,30)
μονοζώνους ▸ 4
: **Adjective** · masculine · plural · accusative · noDegree ▸ **4** (2Kings 24,2; 2Kings 24,2; 2Kings 24,2; 2Kings 24,2)

μονοζώνος (μόνος; ζώννυμι) lightly armed ▸ 1
μονοζώνοις ▸ 1

Adjective · masculine · plural · dative · noDegree ▸ **1** (Job 29,25)

μονοήμερος (μόνος; ἡμέρα) staying for a day ▸ **1**
  μονοημέρου ▸ **1**
    Adjective · masculine · singular · genitive · noDegree ▸ **1** (Wis. 5,14)

μονόκερως (μόνος; κέρας) unicorn ▸ **8**
  μονόκερως ▸ **1**
    Noun · masculine · singular · nominative · (common) ▸ **1** (Job 39,9)
  μονοκέρωτος ▸ **4**
    Noun · masculine · singular · genitive · (common) ▸ **4** (Num. 23,22; Num. 24,8; Deut. 33,17; Psa. 91,11)
  μονοκερώτων ▸ **3**
    Noun · masculine · plural · genitive · (common) ▸ **3** (Psa. 21,22; Psa. 28,6; Psa. 77,69)

μονομαχέω (μόνος; μάχη) to engage in single combat ▸ **2**
  ἐμονομάχησεν ▸ **1**
    Verb · third · singular · aorist · active · indicative ▸ **1** (Psa. 151,1)
  μονομαχήσομεν ▸ **1**
    Verb · first · plural · future · active · indicative ▸ **1** (1Sam. 17,10)

μόνορχις (μόνος; ὄρχις) having one testicle ▸ **1**
  μόνορχις ▸ **1**
    Noun · masculine · singular · nominative · (common) ▸ **1** (Lev. 21,20)

μόνος only, alone ▸ **206** + **17** + **114** = **337**
  μόνα ▸ **1**
    Adjective · neuter · plural · accusative ▸ **1** (Luke 24,12)
  μόνας ▸ **12** + **1** + **2** = **15**
    Adjective · feminine · plural · accusative · noDegree ▸ **12** + **1** + **2** = **15** (Gen. 21,28; Gen. 21,29; Gen. 32,17; Judg. 7,5; Judg. 17,3; 1Mac. 12,36; 2Mac. 15,39; Psa. 4,9; Psa. 32,15; Psa. 140,10; Jer. 15,17; Lam. 3,28; Judg. 7,5; Mark 4,10; Luke 9,18)
  μόνη ▸ **9**
    Adjective · feminine · singular · nominative · noDegree ▸ **8** (Esth. 4,13; Judith 13,2; 4Mac. 16,10; Wis. 18,25; Sir. 24,5; Is. 3,26; Is. 49,21; Lam. 1,1a)
    Adjective · feminine · singular · vocative · noDegree ▸ **1** (4Mac. 15,17)
  μόνῃ ▸ **2**
    Adjective · feminine · singular · dative · noDegree ▸ **2** (Esth. 14,3 # 4,17l; Esth. 14,14 # 4,17t)
  μόνην ▸ **2** + **1** + **1** = **4**
    Adjective · feminine · singular · accusative · noDegree ▸ **2** + **1** + **1** = **4** (Josh. 11,13; Bar. 4,16; Sus. 14; Luke 10,40)
  μόνης ▸ **1**
    Adjective · feminine · singular · genitive · noDegree ▸ **1** (Tob. 6,12)
  μόνοι ▸ **12** + **4** = **16**
    Adjective · masculine · plural · nominative · noDegree ▸ **12** + **4** = **16** (2Sam. 10,8; 1Kings 12,20; 1Esdr. 5,68; 4Mac. 7,18; 4Mac. 9,18; Ode. 10,8; Is. 5,8; Jer. 30,26; Jer. 39,30; Ezek. 14,16; Ezek. 14,18; Dan. 11,27; John 6,22; Phil. 4,15; Col. 4,11; 1Th. 3,1)
  μόνοις ▸ **4** + **1** = **5**
    Adjective · masculine · plural · dative · noDegree ▸ **4** + **1** = **5** (Deut. 29,13; Judith 12,10; Job 15,19; Wis. 17,20; Matt. 12,4)
  Μόνον ▸ **1**
    Adverb ▸ **1** (Phil. 1,27)
  μόνον ▸ **61** + **5** + **72** = **138**
    Adverb ▸ **54** + **4** + **69** = **127** (Gen. 19,8; Gen. 24,8; Gen. 27,13; Gen. 34,22; Gen. 34,23; Gen. 47,22; Gen. 47,26; Ex. 12,16; Deut. 22,25; Judg. 6,37; Judg. 6,39; Judg. 6,40; 2Chr. 18,30; Esth. 1,16; Esth. 16,3 # 8,12c; Esth. 16,4 # 8,12d; Esth. 16,24 # 8,12x; Judith 11,7; 1Mac. 6,25; 1Mac. 11,42; 2Mac. 4,35; 2Mac. 7,24; 2Mac. 11,9; 3Mac. 1,29; 3Mac. 2,26; 3Mac. 3,1; 3Mac. 3,23; 4Mac. 1,11; 4Mac. 2,4; 4Mac. 4,20; 4Mac. 5,24; 4Mac. 5,27; 4Mac. 6,35; 4Mac. 8,5; 4Mac. 8,15; 4Mac. 9,10; 4Mac. 14,1; 4Mac. 14,9; 4Mac. 14,9; 4Mac. 16,2; 4Mac. 17,20; 4Mac. 18,2; 4Mac. 18,3; Job 2,6; Job 19,3; Wis. 10,8; Wis. 11,19; Wis. 16,4; Wis. 17,6; Wis. 19,15; Sir. 1,4 Prol.; Sir. 1,23 Prol.; Sir. 37,1; Sir. 45,13; Judg. 6,37; Judg. 6,39; Judg. 6,40; Tob. 5,8; Matt. 5,47; Matt. 8,8; Matt. 9,21; Matt. 10,42; Matt. 14,36; Matt. 17,8; Matt. 21,19; Matt. 21,21; Mark 5,36; Mark 6,8; Mark 9,8; Luke 8,50; John 5,18; John 11,52; John 12,9; John 13,9; John 17,20; Acts 8,16; Acts 11,19; Acts 18,25; Acts 19,26; Acts 19,27; Acts 21,13; Acts 26,29; Acts 27,10; Rom. 1,32; Rom. 3,29; Rom. 4,12; Rom. 4,16; Rom. 4,23; Rom. 5,3; Rom. 5,11; Rom. 8,23; Rom. 9,10; Rom. 9,24; Rom. 13,5; 1Cor. 7,39; 1Cor. 15,19; 2Cor. 7,7; 2Cor. 8,10; 2Cor. 8,19; 2Cor. 8,21; 2Cor. 9,12; Gal. 1,23; Gal. 2,10; Gal. 3,2; Gal. 4,18; Gal. 5,13; Gal. 6,4; Gal. 6,12; Eph. 1,21; Phil. 1,29; Phil. 2,12; Phil. 2,27; 1Th. 1,5; 1Th. 1,8; 1Th. 2,8; 2Th. 2,7; 1Tim. 5,13; 2Tim. 2,20; 2Tim. 4,8; Heb. 9,10; Heb. 12,26; James 1,22; James 2,24; 1Pet. 2,18; 1John 2,2; 1John 5,6; Jude 4)
    Adjective · masculine · singular · accusative · noDegree ▸ **6** + **1** + **3** = **10** (Gen. 2,18; Lev. 16,11; 2Sam. 20,21; Tob. 8,6; 2Mac. 6,31; Wis. 10,1; Tob. 8,6; John 8,29; John 16,32; John 17,3)
    Adjective · neuter · singular · nominative · noDegree ▸ **1** (Ex. 22,26)
  μόνος ▸ **70** + **3** + **20** = **93**
    Adjective · masculine · singular · nominative · noDegree ▸ **70** + **3** + **20** = **93** (Gen. 7,23; Gen. 32,25; Gen. 42,38; Gen. 44,20; Ex. 18,14; Ex. 18,18; Ex. 21,3; Ex. 21,3; Ex. 21,4; Ex. 24,2; Num. 11,14; Num. 11,17; Num. 23,9; Deut. 1,9; Deut. 1,12; Deut. 32,12; Deut. 33,28; Josh. 22,20; Josh. 22,20; 1Sam. 21,2; 2Sam. 18,24; 2Sam. 18,25; 2Sam. 18,26; 1Kings 18,6; 1Kings 18,6; 1Kings 18,7; 1Kings 18,7; 2Kings 19,15; 2Kings 19,19; 2Chr. 6,30; 1Esdr. 4,7; 1Esdr. 8,25; Neh. 9,6; Esth. 14,3 # 4,17l; Judith 11,8; Tob. 1,6; Tob. 6,12; Tob. 6,15; 1Mac. 13,4; 2Mac. 1,24; 2Mac. 1,25; 2Mac. 1,25; 2Mac. 7,37; 3Mac. 1,2; 4Mac. 7,23; Psa. 71,18; Psa. 82,19; Psa. 85,10; Ode. 2,12; Ode. 7,45; Ode. 14,25; Ode. 14,26; Prov. 9,12; Job 1,15; Job 1,16; Job 1,17; Job 1,19; Job 9,8; Job 31,17; Job 31,39; Sir. 18,2; Is. 2,11; Is. 2,17; Is. 10,8; Is. 37,16; Is. 37,20; Is. 44,24; Dan. 2,47; Dan. 3,45; Dan. 10,8; Dan. 3,45; Dan. 10,7; Dan. 10,8; Matt. 14,23; Matt. 24,36; Mark 6,47; Luke 5,21; Luke 9,36; Luke 24,18; John 6,15; John 8,9; John 8,16; John 12,24; John 16,32; Rom. 11,3; Rom. 16,4; 1Cor. 9,6; 1Tim. 6,15; 1Tim. 6,16; 2Tim. 4,11; Heb. 9,7; 2John 1; Rev. 15,4)
  μόνου ▸ **5** + **1** + **2** = **8**
    Adjective · masculine · singular · genitive · noDegree ▸ **3** + **1** + **2** = **6** (Psa. 70,16; Psa. 148,13; Sir. 45,25; Bel 14; Matt. 18,15; John 5,44)
    Adjective · neuter · singular · genitive · noDegree ▸ **2** (Gen. 3,11; Gen. 3,17)
  μόνους ▸ **3**
    Adjective · masculine · plural · accusative ▸ **3** (Mark 9,2; Luke 6,4; 1Cor. 14,36)
  μόνῳ ▸ **15** + **1** + **7** = **23**
    Adjective · masculine · singular · dative · noDegree ▸ **15** + **1** + **7** = **23** (Gen. 43,32; Ex. 22,19; Num. 12,2; Deut. 8,3; 1Sam. 7,3; 1Sam. 7,4; 2Kings 5,17; Judith 3,8; 3Mac. 1,11; Psa. 50,6; Psa. 135,4; Psa. 135,7; Prov. 5,17; Sir. 24,34; Sir. 33,18; Judg. 10,16; Matt. 4,4; Matt. 4,10; Luke 4,4; Luke 4,8; Rom. 16,27; 1Tim. 1,17; Jude 25)
  μόνων ▸ **2**

μόνος–Μοσολλαμια 1577

    Adjective · masculine · plural · genitive · noDegree ▸ **1** (Sus. 15)
    Adjective · neuter · plural · genitive · noDegree ▸ **1** (Sus. 36)
  μονωτάτη ▸ 1
    Adjective · feminine · singular · nominative · superlative ▸ **1** (2Kings 17,18)
  μονώτατοι ▸ 2
    Adjective · masculine · plural · nominative · superlative ▸ **2** (2Kings 10,23; 3Mac. 3,19)
  μονώτατον ▸ 3
    Adjective · masculine · singular · accusative · superlative ▸ **2** (2Sam. 17,2; 1Kings 22,31)
    Adjective · neuter · singular · accusative · superlative ▸ **1** (Esth. 13,5 # 3,13e)
  μονώτατος ▸ 8 + 2 = 10
    Adjective · masculine · singular · nominative · superlative ▸ **8 + 2 = 10** (Judg. 3,20; 2Sam. 13,32; 2Sam. 13,33; 1Kings 8,39; 1Kings 18,22; 1Kings 19,10; 1Kings 19,14; 1Mac. 10,70; Judg. 3,20; Tob. 1,6)

μονότροπος (μόνος; τρέπω) living alone ▸ 1
  μονοτρόπους ▸ 1
    Adjective · masculine · plural · accusative · noDegree ▸ **1** (Psa. 67,7)

μονοφαγία (μόνος; φάγος) gluttony ▸ 1
  μονοφαγία ▸ 1
    Noun · feminine · singular · nominative · (common) ▸ **1** (4Mac. 1,27)

μονοφάγος (μόνος; φάγος) gluttonous ▸ 1
  μονοφάγος ▸ 1
    Noun · masculine · singular · nominative · (common) ▸ **1** (4Mac. 2,7)

μονόφθαλμος (μόνος; ὁράω) one-eyed ▸ 2
  μονόφθαλμον ▸ 2
    Adjective · masculine · singular · accusative ▸ **2** (Matt. 18,9; Mark 9,47)

μονόω (μόνος) to be left alone ▸ 1
  μεμονωμένη ▸ 1
    Verb · perfect · middle · participle · feminine · singular · nominative · (variant) ▸ **1** (1Tim. 5,5)

μόνωσις (μόνος) solitude ▸ 1
  μονώσει ▸ 1
    Noun · feminine · singular · dative · (common) ▸ **1** (Sol. 4,18)

Μοοδι Maadai ▸ 1
  Μοοδι ▸ 1
    Noun · masculine · singular · nominative · (proper) ▸ **1** (Ezra 10,34)

Μοολαμ Moolam (Heb. from Heleph) ▸ 1
  Μοολαμ ▸ 1
    Noun · singular · nominative · (proper) ▸ **1** (Josh. 19,33)

Μοολι Mahli ▸ 14
  Μοολι ▸ 14
    Noun · masculine · singular · dative · (proper) ▸ **1** (1Chr. 24,28)
    Noun · masculine · singular · genitive · (proper) ▸ **4** (1Chr. 6,32; 1Chr. 23,21; 1Esdr. 8,46; Ezra 8,18)
    Noun · masculine · singular · nominative · (proper) ▸ **9** (Ex. 6,19; Num. 3,20; Num. 3,33; 1Chr. 6,4; 1Chr. 6,14; 1Chr. 23,21; 1Chr. 23,23; 1Chr. 24,26; 1Chr. 24,30)

Μοοραι Maharai ▸ 1
  Μοοραι ▸ 1
    Noun · masculine · singular · nominative · (proper) ▸ **1** (1Chr. 11,30)

Μοορε Maharai ▸ 1
  Μοορε ▸ 1
    Noun · masculine · singular · nominative · (proper) ▸ **1** (2Sam. 23,28)

Μοοσσιας Moossias ▸ 1
  Μοοσσιας ▸ 1
    Noun · masculine · singular · nominative · (proper) ▸ **1** (1Esdr. 9,31)

Μοουλαθι Meholathite ▸ 1
  Μοουλαθι ▸ 1
    Noun · masculine · singular · dative · (proper) ▸ **1** (2Sam. 21,8)

Μοοχα Maacah ▸ 1
  Μοοχα ▸ 1
    Noun · feminine · singular · genitive · (proper) ▸ **1** (1Chr. 19,6)

μόρον mulberry ▸ 1
  μόρων ▸ 1
    Noun · neuter · plural · genitive · (common) ▸ **1** (1Mac. 6,34)

μόρος (μείρομαι) doom; fate ▸ 7
  μόρου ▸ 3
    Noun · masculine · singular · genitive · (common) ▸ **3** (3Mac. 5,2; 3Mac. 5,8; 3Mac. 6,31)
  μόρῳ ▸ 4
    Noun · masculine · singular · dative · (common) ▸ **4** (2Mac. 9,28; 2Mac. 13,7; 3Mac. 3,1; 3Mac. 6,10)

μορφή form, appearance ▸ 7 + 6 + 3 = 16
  μορφή ▸ 3
    Noun · feminine · singular · nominative · (common) ▸ **3** (Dan. 4,36; Dan. 5,10; Dan. 7,28)
  μορφὴ ▸ 3 + 2 = 5
    Noun · feminine · singular · nominative · (common) ▸ **3 + 2 = 5** (Judg. 8,18; Job 4,16; Dan. 3,19; Dan. 5,6; Dan. 5,9)
  μορφῇ ▸ 2
    Noun · feminine · singular · dative ▸ **2** (Mark 16,12; Phil. 2,6)
  μορφήν ▸ 3 + 1 + 1 = 5
    Noun · feminine · singular · accusative · (common) ▸ **3 + 1 + 1 = 5** (Tob. 1,13; Wis. 18,1; Is. 44,13; Tob. 1,13; Phil. 2,7)
  μορφῆς ▸ 1
    Noun · feminine · singular · genitive · (common) ▸ **1** (4Mac. 15,4)

μορφόω (μορφή) to form ▸ 1
  μορφωθῇ ▸ 1
    Verb · third · singular · aorist · passive · subjunctive ▸ **1** (Gal. 4,19)

μόρφωσις (μορφή) outward form ▸ 2
  μόρφωσιν ▸ 2
    Noun · feminine · singular · accusative ▸ **2** (Rom. 2,20; 2Tim. 3,5)

Μοσερι Moseri (Heb. Egyptian) ▸ 1
  Μοσερι ▸ 1
    Noun · masculine · singular · nominative · (proper) ▸ **1** (Ezra 9,1)

Μοσοαθ Mosoath (Heb. corruption) ▸ 1
  Μοσοαθ ▸ 1
    Noun · masculine · singular · genitive · (proper) ▸ **1** (2Kings 23,13)

Μοσολαμωθ Meshillemoth ▸ 1
  Μοσολαμωθ ▸ 1
    Noun · masculine · singular · nominative · (proper) ▸ **1** (2Chr. 28,12)

Μοσολλαμ Meshullam ▸ 9
  Μοσολλαμ ▸ 9
    Noun · masculine · singular · genitive · (proper) ▸ **3** (1Chr. 9,7; 1Chr. 9,11; 1Chr. 9,12)
    Noun · masculine · singular · nominative · (proper) ▸ **6** (1Chr. 5,13; 1Chr. 8,17; 2Chr. 34,12; Neh. 3,4; Neh. 8,4; Neh. 12,16)

Μοσολλαμια Meshelemiah ▸ 3
  Μοσολλαμια ▸ 3

Noun · masculine · singular · dative · (proper) ▸ **2** (1Chr. 26,2; 1Chr. 26,9)

Noun · masculine · singular · nominative · (proper) ▸ **1** (1Chr. 26,1)

Μοσολλαμος Meshullam ▸ 2
Μοσολλαμος ▸ 2
Noun · masculine · singular · nominative · (proper) ▸ **2** (1Chr. 3,19; 1Esdr. 9,14)

Μοσοχ Meshech ▸ 8
Μοσοχ ▸ 8
Noun · singular · accusative · (proper) ▸ **1** (Is. 66,19)
Noun · singular · genitive · (proper) ▸ **3** (Ezek. 38,2; Ezek. 38,3; Ezek. 39,1)
Noun · singular · nominative · (proper) ▸ **1** (Ezek. 32,26)
Noun · masculine · singular · nominative · (proper) ▸ **3** (Gen. 10,2; Gen. 10,23; 1Chr. 1,5)

μοσφαθαιμ (Hebr.) saddlebags ▸ 1
μοσφαθαιμ ▸ 1
Noun · masculine · plural · genitive · (common) ▸ **1** (Judg. 5,16)

μοσχάριον (μόσχος) little calf ▸ 12
μοσχάρια ▸ 3
Noun · neuter · plural · accusative · (common) ▸ **2** (Ex. 24,5; Amos 6,4)
Noun · neuter · plural · nominative · (common) ▸ **1** (Mal. 3,20)
μοσχάριον ▸ 9
Noun · neuter · singular · accusative · (common) ▸ **8** (Gen. 18,7; Gen. 18,8; Ex. 29,1; Ex. 29,3; Ex. 29,36; Lev. 9,2; Lev. 9,3; Lev. 9,8)
Noun · neuter · singular · nominative · (common) ▸ **1** (Is. 11,6)

μόσχευμα (μόσχος) seedling ▸ 1
μοσχευμάτων ▸ 1
Noun · neuter · plural · genitive · (common) ▸ **1** (Wis. 4,3)

μοσχοποιέω (μόσχος; ποιέω) to make a calf ▸ 1
ἐμοσχοποίησαν ▸ 1
Verb · third · plural · aorist · active · indicative ▸ **1** (Acts 7,41)

μόσχος calf ▸ 232 + 5 + 6 = 243
μόσχοι ▸ 12
Noun · masculine · plural · nominative · (common) ▸ **12** (Gen. 12,16; Num. 7,87; 1Kings 2,46e; 1Kings 5,3; 2Chr. 13,8; 2Chr. 29,32; 2Chr. 29,33; Psa. 21,13; Hos. 13,2; Jer. 26,21; Jer. 52,20; Ezek. 39,18)
μόσχοις ▸ 9
Noun · masculine · plural · dative · (common) ▸ **9** (Num. 29,14; Num. 29,18; Num. 29,21; Num. 29,24; Num. 29,27; Num. 29,30; Num. 29,33; 2Chr. 11,15; Mic. 6,6)
Μόσχον ▸ 1
Noun · masculine · singular · accusative · (common) ▸ **1** (Lev. 22,27)
μόσχον ▸ 88 + 4 + 3 = 95
Noun · feminine · singular · accusative · (common) ▸ **1** (Lev. 22,28)
Noun · masculine · singular · accusative · (common) ▸ 87 + 4 + 3 = **94** (Ex. 21,37; Ex. 22,9; Ex. 22,29; Ex. 29,10; Ex. 29,11; Ex. 32,4; Ex. 32,8; Ex. 32,19; Ex. 32,20; Lev. 1,5; Lev. 4,3; Lev. 4,4; Lev. 4,4; Lev. 4,12; Lev. 4,14; Lev. 4,15; Lev. 4,20; Lev. 4,20; Lev. 4,21; Lev. 4,21; Lev. 4,21; Lev. 8,2; Lev. 8,14; Lev. 8,17; Lev. 9,4; Lev. 9,18; Lev. 16,6; Lev. 16,11; Lev. 16,11; Lev. 16,27; Lev. 17,3; Lev. 22,23; Lev. 23,18; Lev. 27,26; Num. 7,3; Num. 7,15; Num. 7,21; Num. 7,27; Num. 7,33; Num. 7,39; Num. 7,45; Num. 7,51; Num. 7,57; Num. 7,63; Num. 7,69; Num. 7,75; Num. 7,81; Num. 8,8; Num. 8,8; Num. 15,24; Num. 23,2; Num. 23,4; Num. 23,14; Num. 23,30; Num. 29,2; Num. 29,8; Num. 29,36; Deut. 9,21; Deut. 14,4; Deut. 17,1; Deut. 18,3; Deut. 22,1; Deut. 22,4; Judg. 6,4; Judg. 6,25; Judg. 6,25; Judg. 6,26; 1Sam. 1,25; 1Sam. 12,3; 1Sam. 14,34; 1Kings 18,25; 1Kings 18,26; Neh. 9,18; Psa. 28,6; Psa. 68,32; Psa. 105,19; Job 1,5; Hos. 8,5; Is. 66,3; Jer. 41,18; Ezek. 43,19; Ezek. 43,21; Ezek. 43,23; Ezek. 43,25; Ezek. 45,18; Ezek. 45,22; Ezek. 46,6; Judg. 6,25; Judg. 6,25; Judg. 6,26; Judg. 6,28; Luke 15,23; Luke 15,27; Luke 15,30)

μόσχος ▸ 12
Noun · masculine · singular · nominative · (common) ▸ **12** (Ex. 21,33; Ex. 32,24; Num. 22,4; Deut. 28,31; Judg. 6,28; 2Sam. 6,6; 2Sam. 6,13; 1Chr. 13,9; Neh. 5,18; Hos. 8,6; Jer. 26,15; Jer. 38,18)
μόσχου ▸ 28
Noun · masculine · singular · genitive · (common) ▸ **28** (Ex. 21,37; Ex. 22,8; Ex. 29,10; Ex. 29,12; Ex. 29,14; Ex. 32,35; Ex. 34,19; Lev. 4,4; Lev. 4,5; Lev. 4,7; Lev. 4,7; Lev. 4,8; Lev. 4,10; Lev. 4,11; Lev. 4,15; Lev. 4,16; Lev. 4,17; Lev. 8,14; Lev. 9,19; Lev. 16,14; Lev. 16,15; Lev. 16,18; Num. 15,9; Josh. 6,21; 1Sam. 15,3; 1Sam. 22,19; Psa. 105,20; Ezek. 1,10)
μόσχους ▸ 52
Noun · masculine · plural · accusative · (common) ▸ **52** (Gen. 20,14; Gen. 21,27; Gen. 24,35; Ex. 20,24; Ex. 21,37; Num. 22,40; Num. 23,1; Num. 23,29; Num. 28,11; Num. 28,19; Num. 28,27; Num. 29,13; Num. 29,17; Num. 29,20; Num. 29,23; Num. 29,26; Num. 29,29; Num. 29,32; Josh. 7,24; 1Kings 1,9; 1Kings 1,19; 1Kings 1,25; 1Chr. 12,41; 1Chr. 15,26; 1Chr. 21,23; 1Chr. 29,21; 2Chr. 4,3; 2Chr. 4,4; 2Chr. 4,15; 2Chr. 5,6; 2Chr. 15,11; 2Chr. 18,2; 2Chr. 29,21; 2Chr. 29,22; 2Chr. 30,24; 2Chr. 30,24; 2Chr. 35,8; 2Chr. 35,9; 1Esdr. 1,7; 1Esdr. 1,8; 1Esdr. 1,9; Ezra 6,17; Ezra 7,17; Ezra 8,35; Psa. 49,9; Psa. 50,21; Job 42,8; Is. 22,13; Jer. 3,24; Jer. 5,17; Ezek. 39,18; Ezek. 45,23)
μόσχῳ ▸ 19 + 1 + 1 = 21
Noun · masculine · singular · dative · (common) ▸ 19 + 1 + 1 = **21** (Lev. 16,3; Num. 15,11; Num. 28,12; Num. 28,14; Num. 28,20; Num. 28,28; Num. 29,3; Num. 29,9; Num. 29,14; Num. 29,37; Deut. 15,19; Deut. 22,10; 1Sam. 1,24; 2Chr. 13,9; Hos. 10,5; Ezek. 43,22; Ezek. 45,24; Ezek. 46,7; Ezek. 46,11; Tob. 1,5; Rev. 4,7)
μόσχων ▸ 11 + 2 = 13
Noun · masculine · plural · genitive · (common) ▸ 11 + 2 = **13** (Num. 8,12; Num. 18,17; Judg. 3,31; 1Kings 10,19; 1Chr. 12,41; 2Chr. 4,3; 2Chr. 7,5; 2Chr. 31,6; 2Chr. 35,7; Prov. 15,17; Hos. 5,6; Heb. 9,12; Heb. 9,19)

Μοσωβαβ Meshobab ▸ 1
Μοσωβαβ ▸ 1
Noun · masculine · singular · nominative · (proper) ▸ **1** (1Chr. 4,34)

μοτόω (μοτός) to bind up ▸ 1
μοτώσει ▸ 1
Verb · third · singular · future · active · indicative ▸ **1** (Hos. 6,1)

Μουσι Mushi ▸ 8
Μουσι ▸ 8
Noun · masculine · singular · genitive · (proper) ▸ **3** (1Chr. 6,32; 1Chr. 23,23; 1Chr. 24,30)
Noun · masculine · singular · nominative · (proper) ▸ **5** (Num. 3,20; Num. 3,33; Num. 26,58; 1Chr. 23,21; 1Chr. 24,26)

μουσικός (μοῦσα) music; musical; musician; musical art ▸ 18 + 4 + 1 = 23
μουσικά ▸ 1
Adjective · neuter · plural · accusative · noDegree ▸ **1** (Sir. 32,3)
μουσικὰ ▸ 3
Adjective · neuter · plural · nominative · noDegree ▸ **3** (Sir. 22,6;

Sir. 40,20; Sir. 49,1)
  μουσικῶν ▸ 14 + 4 + 1 = 19
    Adjective · neuter · plural · genitive · noDegree ▸ 14 + 4 + 1 = 19 (Gen. 31,27; 1Esdr. 4,63; 1Esdr. 5,2; 1Esdr. 5,57; 1Mac. 9,39; 1Mac. 9,41; Sir. 32,5; Sir. 32,6; Sir. 44,5; Ezek. 26,13; Dan. 3,5; Dan. 3,7; Dan. 3,10; Dan. 3,15; Dan. 3,5; Dan. 3,7; Dan. 3,10; Dan. 3,15; Rev. 18,22)

Μουχαιος Muchaeus, Memucan ▸ 1
  Μουχαιος ▸ 1
    Noun · masculine · singular · nominative · (proper) ▸ 1 (Esth. 1,16)

Μουχαῖος Mouchaius, Memucan ▸ 1
  Μουχαιος ▸ 1
    Noun · masculine · singular · nominative · (proper) ▸ 1 (Esth. 1,21)

Μοχατι Maacathite ▸ 1
  Μοχατι ▸ 1
    Noun · masculine · singular · genitive · (proper) ▸ 1 (Jer. 47,8)

μοχθέω (μόγος) to be distressed, to labor ▸ 16
  ἐμόχθησα ▸ 3
    Verb · first · singular · aorist · active · indicative ▸ 3 (Eccl. 2,11; Eccl. 2,19; Eccl. 2,20)
  ἐμόχθησας ▸ 1
    Verb · second · singular · aorist · active · indicative ▸ 1 (Is. 62,8)
  ἐμόχθησεν ▸ 2
    Verb · third · singular · aorist · active · indicative ▸ 2 (Eccl. 2,21; Lam. 3,5)
  μοχθεῖ ▸ 4
    Verb · third · singular · present · active · indicative ▸ 4 (Eccl. 1,3; Eccl. 2,22; Eccl. 3,9; Eccl. 5,15)
  μοχθεῖς ▸ 1
    Verb · second · singular · present · active · indicative ▸ 1 (Eccl. 9,9)
  μοχθεῖτε ▸ 1
    Verb · second · plural · present · active · indicative ▸ 1 (1Esdr. 4,22)
  μοχθῇ ▸ 1
    Verb · third · singular · present · active · subjunctive ▸ 1 (Eccl. 5,17)
  μοχθήσῃ ▸ 1
    Verb · third · singular · aorist · active · subjunctive ▸ 1 (Eccl. 8,17)
  μοχθῶ ▸ 2
    Verb · first · singular · present · active · indicative ▸ 2 (Eccl. 2,18; Eccl. 4,8)

μοχθηρός (μόγος) laborious, distressing; wretched, worthless ▸ 2
  μοχθηρά ▸ 2
    Adjective · feminine · singular · nominative · noDegree ▸ 1 (Sir. 27,15)
    Adjective · neuter · plural · nominative · noDegree ▸ 1 (Sir. 26,5)

μόχθος (μόγος) labor, trouble ▸ 41 + 3 = 44
  μόχθοι ▸ 1
    Noun · masculine · plural · nominative · (common) ▸ 1 (Jer. 28,35)
  μόχθοις ▸ 2
    Noun · masculine · plural · dative · (common) ▸ 2 (Lev. 25,46; Wis. 10,10)
  μόχθον ▸ 8 + 1 = 9
    Noun · masculine · singular · accusative · (common) ▸ 8 + 1 = 9 (Ex. 18,8; Num. 20,14; Deut. 26,7; Eccl. 2,18; Eccl. 4,4; Is. 55,2; Is. 61,8; Lam. 3,65; 1Th. 2,9)
  μόχθος ▸ 5
    Noun · masculine · singular · nominative · (common) ▸ 5 (Num. 23,21; Neh. 9,32; Eccl. 2,21; Eccl. 6,7; Eccl. 10,15)
  μόχθου ▸ 2
    Noun · masculine · singular · genitive · (common) ▸ 2 (Eccl. 2,10; Eccl. 4,6)
  μόχθους ▸ 2
    Noun · masculine · plural · accusative · (common) ▸ 2 (Jer. 3,24; Ezek. 23,29)
  μόχθῳ ▸ 18 + 2 = 20
    Noun · masculine · singular · dative · (common) ▸ 18 + 2 = 20 (Lev. 25,43; Lev. 25,53; Eccl. 1,3; Eccl. 2,10; Eccl. 2,11; Eccl. 2,19; Eccl. 2,20; Eccl. 2,22; Eccl. 2,24; Eccl. 3,13; Eccl. 4,8; Eccl. 4,9; Eccl. 5,14; Eccl. 5,17; Eccl. 5,18; Eccl. 8,15; Eccl. 9,9; Ezek. 34,4; 2Cor. 11,27; 2Th. 3,8)
  μόχθων ▸ 3
    Noun · masculine · plural · genitive · (common) ▸ 3 (Job 2,9b; Job 2,9d; Wis. 17,16)

μοχλός bar, bolt ▸ 40 + 1 = 41
  μοχλοί ▸ 4
    Noun · masculine · plural · nominative · (common) ▸ 4 (1Kings 4,13; Ode. 6,7; Jonah 2,7; Jer. 28,30)
  μοχλοί ▸ 4
    Noun · masculine · plural · nominative · (common) ▸ 4 (Deut. 3,5; 2Chr. 8,5; Jer. 30,26; Ezek. 38,11)
  μοχλοῖς ▸ 4
    Noun · masculine · plural · dative · (common) ▸ 4 (Ex. 38,24; 1Mac. 9,50; 1Mac. 13,33; LetterJ 17)
  μοχλόν ▸ 1
    Noun · masculine · singular · accusative · (common) ▸ 1 (Sir. 28,25)
  μοχλός ▸ 1
    Noun · masculine · singular · nominative · (common) ▸ 1 (Ex. 26,28)
  μοχλούς ▸ 3
    Noun · masculine · plural · accusative · (common) ▸ 3 (Ex. 26,29; 1Mac. 12,38; Nah. 3,13)
  μοχλοὺς ▸ 21
    Noun · masculine · plural · accusative · (common) ▸ 21 (Ex. 26,26; Ex. 26,27; Ex. 26,27; Ex. 26,29; Ex. 35,11; Ex. 38,18; Ex. 39,13; Ex. 40,18; Num. 3,36; Num. 4,31; 2Chr. 14,6; Neh. 3,3; Neh. 3,6; Neh. 3,13; Neh. 3,14; Psa. 106,16; Psa. 147,2; Sir. 49,13; Amos 1,5; Is. 45,2; Lam. 2,9)
  μοχλῷ ▸ 1 + 1 = 2
    Noun · masculine · singular · dative · (common) ▸ 1 + 1 = 2 (Judg. 16,3; Judg. 16,3)
  μοχλῶν ▸ 1
    Noun · masculine · plural · genitive · (common) ▸ 1 (1Sam. 23,7)

Μοχμουρ Mochmur ▸ 1
  Μοχμουρ ▸ 1
    Noun · singular · genitive · (proper) ▸ 1 (Judith 7,18)

Μοχοραθι Mekerathite ▸ 1
  Μοχοραθι ▸ 1
    Noun · masculine · singular · nominative · (proper) ▸ 1 (1Chr. 11,36)

Μοωχα Maacah ▸ 4
  Μοωχα ▸ 4
    Noun · feminine · singular · nominative · (proper) ▸ 3 (1Chr. 7,15; 1Chr. 7,16; 1Chr. 9,35)
    Noun · masculine · singular · genitive · (proper) ▸ 1 (1Chr. 11,43)

μυαλόομαι (μυελός) to be full of marrow ▸ 1

μεμυαλωμένα ▸ 1
- **Verb** · perfect · passive · participle · neuter · plural · accusative ▸ **1** (Psa. 65,15)

μυγάλη (μῦς; γαλέη) field mouse ▸ 1
μυγαλῆ ▸ 1
- **Noun** · feminine · singular · nominative · (common) ▸ **1** (Lev. 11,30)

μυελός marrow; brain, inmost part ▸ 3 + 1 = 4
μυελόν ▸ 1
- **Noun** · masculine · singular · accusative · (common) ▸ **1** (Gen. 45,18)

μυελός ▸ 1
- **Noun** · masculine · singular · nominative · (common) ▸ **1** (Job 21,24)

μυελοῦ ▸ 1
- **Noun** · masculine · singular · genitive · (common) ▸ **1** (Job 33,24)

μυελῶν ▸ 1
- **Noun** · masculine · plural · genitive ▸ **1** (Heb. 4,12)

μυέω (μύω) to initiate; learn the secret of ▸ 1 + 1 = 2
μεμύημαι ▸ 1
- **Verb** · first · singular · perfect · passive · indicative ▸ **1** (Phil. 4,12)

μεμυημένοις ▸ 1
- **Verb** · perfect · passive · participle · masculine · plural · dative ▸ **1** (3Mac. 2,30)

μυθολόγος (μῦθος; λέγω) legend teller, story teller ▸ 1
μυθολόγοι ▸ 1
- **Noun** · masculine · plural · nominative · (common) ▸ **1** (Bar. 3,23)

μῦθος myth, fable, story ▸ 1 + 5 = 6
μύθοις ▸ 3
- **Noun** · masculine · plural · dative ▸ **3** (1Tim. 1,4; Titus 1,14; 2Pet. 1,16)

μῦθος ▸ 1
- **Noun** · masculine · singular · nominative · (common) ▸ **1** (Sir. 20,19)

μύθους ▸ 2
- **Noun** · masculine · plural · accusative ▸ **2** (1Tim. 4,7; 2Tim. 4,4)

μυῖα fly ▸ 7
Μυῖαι ▸ 1
- **Noun** · feminine · plural · nominative · (common) ▸ **1** (Eccl. 10,1)

μυίαις ▸ 1
- **Noun** · feminine · plural · dative · (common) ▸ **1** (Is. 7,18)

μυῖαν ▸ 4
- **Noun** · feminine · singular · accusative · (common) ▸ **4** (2Kings 1,2; 2Kings 1,3; 2Kings 1,6; 2Kings 1,16)

μυιῶν ▸ 1
- **Noun** · feminine · plural · genitive · (common) ▸ **1** (Wis. 16,9)

μυκάομαι to roar ▸ 1
μυκᾶται ▸ 1
- **Verb** · third · singular · present · middle · indicative ▸ **1** (Rev. 10,3)

μυκτήρ (μυκτηρίζω) nostril, nose ▸ 10
μυκτήρ ▸ 1
- **Noun** · masculine · singular · nominative · (common) ▸ **1** (Song 7,5)

μυκτηρά ▸ 2
- **Noun** · masculine · singular · accusative · (common) ▸ **2** (Ezek. 16,12; Ezek. 23,25)

μυκτῆρας ▸ 3
- **Noun** · masculine · plural · accusative · (common) ▸ **3** (4Mac. 6,25; 4Mac. 15,19; Prov. 30,33)

μυκτῆρι ▸ 1
- **Noun** · masculine · singular · dative · (common) ▸ **1** (Job 40,26)

μυκτῆρσίν ▸ 1
- **Noun** · masculine · plural · dative · (common) ▸ **1** (2Kings 19,28)

μυκτήρων ▸ 2
- **Noun** · masculine · plural · genitive · (common) ▸ **2** (Num. 11,20; Job 41,12)

μυκτηρίζω to mock, sneer ▸ 15 + 1 = 16
ἐμυκτήριζον ▸ 1
- **Verb** · third · plural · imperfect · active · indicative ▸ **1** (Prov. 1,30)

ἐμυκτήρισαν ▸ 1
- **Verb** · third · plural · aorist · active · indicative ▸ **1** (Psa. 79,7)

ἐμυκτήρισεν ▸ 3
- **Verb** · third · singular · aorist · active · indicative ▸ **3** (1Kings 18,27; 1Mac. 7,34; Job 22,19)

ἐμυκτήρισέν ▸ 2
- **Verb** · third · singular · aorist · active · indicative ▸ **2** (2Kings 19,21; Is. 37,22)

μυκτηρίζει ▸ 3
- **Verb** · third · singular · present · active · indicative ▸ **3** (Prov. 11,12; Prov. 15,5; Prov. 15,20)

μυκτηρίζεται ▸ 1 + 1 = 2
- **Verb** · third · singular · present · passive · indicative ▸ 1 + 1 = 2 (Prov. 12,8; Gal. 6,7)

μυκτηριζόμενος ▸ 1
- **Verb** · present · passive · participle · masculine · singular · nominative ▸ **1** (Jer. 20,7)

μυκτηρίζοντες ▸ 2
- **Verb** · present · active · participle · masculine · plural · nominative ▸ **2** (2Chr. 36,16; Ezek. 8,17)

μυκτηρίσῃ ▸ 1
- **Verb** · third · singular · aorist · active · subjunctive ▸ **1** (Prov. 23,9)

μυκτηρισμός (μυκτηρίζω) mocking, scorn ▸ 8
μυκτηρισμόν ▸ 2
- **Noun** · masculine · singular · accusative · (common) ▸ **2** (Neh. 3,36; Psa. 34,16)

μυκτηρισμὸν ▸ 3
- **Noun** · masculine · singular · accusative · (common) ▸ **3** (Neh. 3,36; Psa. 43,14; Job 34,7)

μυκτηρισμός ▸ 1
- **Noun** · masculine · singular · nominative · (common) ▸ **1** (Psa. 78,4)

μυκτηρισμῷ ▸ 2
- **Noun** · masculine · singular · dative · (common) ▸ **2** (2Mac. 7,39; Sol. 4,7)

μύλη molar, tooth ▸ 5
μύλαι ▸ 1
- **Noun** · feminine · plural · nominative · (common) ▸ **1** (Joel 1,6)

μύλαις ▸ 1
- **Noun** · feminine · plural · dative · (common) ▸ **1** (Sol. 13,3)

μύλας ▸ 3
- **Noun** · feminine · plural · accusative · (common) ▸ **3** (Psa. 57,7; Prov. 30,14; Job 29,17)

μυλικός (μύλη) of a mill ▸ 1
μυλικός ▸ 1
- **Adjective** · masculine · singular · nominative ▸ **1** (Luke 17,2)

μύλινος (μύλη) millstone ▸ 1
μύλινον ▸ 1
- **Adjective** · masculine · singular · accusative ▸ **1** (Rev. 18,21)

μύλινος–μυριότης

μύλος (μύλη) mill, millstone; molar ▸ 7 + 4 = 11
  μύλον ▸ 3
    Noun ▪ masculine ▪ singular ▪ accusative ▪ (common) ▸ 3 (Ex. 11,5; Deut. 24,6; Is. 47,2)
  μύλος ▸ 2
    Noun ▪ masculine ▪ singular ▪ nominative ▸ 2 (Matt. 18,6; Mark 9,42)
  μύλου ▸ 3 + 1 = 4
    Noun ▪ masculine ▪ singular ▪ genitive ▪ (common) ▸ 3 + 1 = 4 (Judg. 9,53; 2Sam. 11,21; 2Sam. 11,22; Rev. 18,22)
  μύλῳ ▸ 1 + 1 = 2
    Noun ▪ masculine ▪ singular ▪ dative ▪ (common) ▸ 1 + 1 = 2 (Num. 11,8; Matt. 24,41)
μυλών (μύλη) mill house ▸ 1
  μυλῶνος ▸ 1
    Noun ▪ masculine ▪ singular ▪ genitive ▪ (common) ▸ 1 (Jer. 52,11)
Μύνδος Myndos ▸ 1
  Μύνδον ▸ 1
    Noun ▪ singular ▪ accusative ▪ (proper) ▸ 1 (1Mac. 15,23)
μυξωτήρ nostril; oil pouring pipe ▸ 1
  μυξωτήρων ▸ 1
    Noun ▪ masculine ▪ plural ▪ genitive ▪ (common) ▸ 1 (Zech. 4,12)
Μύρα Myra ▸ 1
  Μύρα ▸ 1
    Noun ▪ neuter ▪ plural ▪ accusative ▪ (proper) ▸ 1 (Acts 27,5)
μυρεψικός (μύρον; ἕψω) perfumed ▸ 4
  μυρεψικά ▸ 1
    Adjective ▪ neuter ▪ plural ▪ accusative ▪ noDegree ▸ 1 (Song 5,13)
  μυρεψικὸν ▸ 2
    Adjective ▪ neuter ▪ singular ▪ accusative ▪ noDegree ▸ 2 (Ex. 30,25; Ex. 30,35)
  μυρεψικοῦ ▸ 1
    Adjective ▪ masculine ▪ singular ▪ genitive ▪ noDegree ▸ 1 (Song 8,2)
μυρεψός (μύρον; ἕψω) perfumer ▸ 9
  μυρεψοί ▸ 1
    Noun ▪ masculine ▪ plural ▪ nominative ▪ (common) ▸ 1 (1Chr. 9,30)
  μυρεψὸς ▸ 1
    Noun ▪ masculine ▪ singular ▪ nominative ▪ (common) ▸ 1 (Sir. 38,7)
  μυρεψοῦ ▸ 5
    Noun ▪ masculine ▪ singular ▪ genitive ▪ (common) ▸ 5 (Ex. 30,25; Ex. 30,35; Ex. 38,25; Song 3,6; Sir. 49,1)
  μυρεψοὺς ▸ 1
    Noun ▪ masculine ▪ plural ▪ accusative ▪ (common) ▸ 1 (1Sam. 8,13)
  μυρεψῶν ▸ 1
    Noun ▪ masculine ▪ plural ▪ genitive ▪ (common) ▸ 1 (2Chr. 16,14)
μυριάς (μυρίος) myriad, ten thousand; countless thousands ▸ 44 + 3 + 8 = 55
  μυριάδας ▸ 20 + 1 + 1 = 22
    Noun ▪ feminine ▪ plural ▪ accusative ▪ (common) ▸ 20 + 1 + 1 = 22 (Ex. 39,3; Lev. 26,8; Num. 10,35; Deut. 32,30; Judg. 5,12; 1Sam. 18,8; Neh. 7,71; Neh. 7,72; Judith 2,15; 1Mac. 11,45; 1Mac. 11,47; 2Mac. 8,20; 2Mac. 11,2; 2Mac. 12,20; 2Mac. 12,23; 2Mac. 12,26; 2Mac. 12,28; 2Mac. 13,2; 4Mac. 4,3; Ode. 2,30; Dan. 11,12; Acts 19,19)
  μυριάδες ▸ 9 + 1 + 2 = 12
    Noun ▪ feminine ▪ plural ▪ nominative ▪ (common) ▸ 9 + 1 + 2 = 12 (Deut. 33,17; 1Esdr. 5,41; Ezra 2,64; Ezra 2,69; Neh. 7,66; 1Mac. 15,13; 2Mac. 5,14; Jonah 4,11; Dan. 7,10; Dan. 7,10; Acts 21,20; Rev. 5,11)
  μυριάδων ▸ 4 + 3 = 7
    Noun ▪ feminine ▪ plural ▪ genitive ▪ (common) ▸ 4 + 3 = 7 (Gen. 24,60; 2Mac. 15,27; Psa. 3,7; Song 5,10; Luke 12,1; Rev. 5,11; Rev. 9,16)
  μυριάς ▸ 1
    Noun ▪ feminine ▪ singular ▪ nominative ▪ (common) ▸ 1 (Psa. 90,7)
  μυριάσι ▸ 1
    Noun ▪ feminine ▪ plural ▪ dative ▪ (common) ▸ 1 (Judith 16,3)
  μυριάσιν ▸ 9 + 1 + 2 = 12
    Noun ▪ feminine ▪ plural ▪ dative ▪ (common) ▸ 9 + 1 + 2 = 12 (Deut. 33,2; 1Sam. 18,7; 1Sam. 21,12; 1Sam. 29,5; 2Mac. 11,4; Ode. 7,39; Sir. 47,6; Mic. 6,7; Dan. 3,39; Dan. 3,39; Heb. 12,22; Jude 14)
μυρίζω (μύρον) to pour ointment on ▸ 1
  μυρίσαι ▸ 1
    Verb ▪ aorist ▪ active ▪ infinitive ▸ 1 (Mark 14,8)
μύριοι (μυρίος) ten thousand ▸ 12 + 2 + 1 = 15
  μύρια ▸ 3
    Adjective ▪ neuter ▪ plural ▪ accusative ▪ (cardinal ▪ numeral) ▸ 2 (1Chr. 29,7; Esth. 3,9)
    Adjective ▪ neuter ▪ plural ▪ nominative ▪ (cardinal ▪ numeral) ▸ 1 (Job 42,12)
  μύριαι ▸ 1 + 1 = 2
    Adjective ▪ feminine ▪ plural ▪ nominative ▪ (cardinal ▪ numeral) ▸ 1 + 1 = 2 (Dan. 7,10; Dan. 7,10)
  μυρίας ▸ 1
    Adjective ▪ feminine ▪ plural ▪ accusative ▪ (cardinal ▪ numeral) ▸ 1 (2Mac. 10,20)
  μυρίοις ▸ 2 + 1 = 3
    Adjective ▪ masculine ▪ plural ▪ dative ▪ (cardinal ▪ numeral) ▸ 2 + 1 = 3 (Judg. 20,10; 2Mac. 11,11; Judg. 20,10)
  μυρίους ▸ 3
    Adjective ▪ masculine ▪ plural ▪ accusative ▪ (cardinal ▪ numeral) ▸ 3 (1Chr. 29,7; Esth. 9,16; Judith 2,15)
  μυρίων ▸ 2 + 1 = 3
    Adjective ▪ masculine ▪ plural ▪ genitive ▪ (cardinal ▪ numeral) ▸ 1 (2Mac. 12,19)
    Adjective ▪ neuter ▪ plural ▪ genitive ▪ (cardinal ▪ numeral) ▸ 1 + 1 = 2 (Esth. 4,7; Matt. 18,24)
μυριοπλάσιος (μυρίος; πλάσσω) ten thousandfold ▸ 1
  μυριοπλάσιον ▸ 1
    Adjective ▪ neuter ▪ singular ▪ nominative ▪ (numeral) ▸ 1 (Psa. 67,18)
μυριοπλασίως (μυρίος; πλάσσω) ten thousand times ▸ 1
  μυριοπλασίως ▸ 1
    Adverb ▸ 1 (Sir. 23,19)
μυρίος innumerable, countless; (adv.) incessantly ▸ 1 + 2 = 3
  μυρία ▸ 1
    Adjective ▪ neuter ▪ plural ▪ accusative ▪ (cardinal ▪ numeral) ▸ 1 (3Mac. 3,21)
  μυρίους ▸ 2
    Adjective ▪ masculine ▪ plural ▪ accusative ▪ (cardinal ▪ numeral) ▸ 2 (1Cor. 4,15; 1Cor. 14,19)
μυριότης (μυρίος) ten thousand ▸ 1
  μυριότητι ▸ 1
    Noun ▪ feminine ▪ singular ▪ dative ▪ (common) ▸ 1 (Wis. 12,22)

μυρισμός (μυρίος) anointing ▸ 1
  μυρισμῷ ▸ 1
    Noun · masculine · singular · dative · (common) ▸ **1** (Judith 16,7)
μυρμηκιάω (μύρμηξ) to inflict with warts ▸ 1
  μυρμηκιῶντα ▸ 1
    Verb · present · active · participle · neuter · plural · accusative ▸ **1** (Lev. 22,22)
μυρμηκολέων (μύρμηξ; λέων) ant lion ▸ 1
  μυρμηκολέων ▸ 1
    Noun · masculine · singular · nominative · (common) ▸ **1** (Job 4,11)
μύρμηξ ant ▸ 2
  μύρμηκα ▸ 1
    Noun · masculine · singular · accusative · (common) ▸ **1** (Prov. 6,6)
  μύρμηκες ▸ 1
    Noun · masculine · plural · nominative · (common) ▸ **1** (Prov. 30,25)
μυροβρεχής (μύρον; βρέχω) damp with ointment ▸ 1
  μυροβρεχῆ ▸ 1
    Adjective · feminine · singular · accusative · noDegree ▸ **1** (3Mac. 4,6)
μύρον ointment ▸ 16 + 14 = 30
  μύρα ▸ 1 + 1 = 2
    Noun · neuter · plural · accusative · (common) ▸ 1 + 1 = **2** (Amos 6,6; Luke 23,56)
  μύροις ▸ 1
    Noun · neuter · plural · dative · (common) ▸ **1** (Prov. 27,9)
  μύρον ▸ 4 + 4 = 8
    Noun · neuter · singular · accusative · (common) ▸ 2 + 2 = **4** (Ex. 30,25; Is. 25,6; Matt. 26,12; Rev. 18,13)
    Noun · neuter · singular · nominative · (common) ▸ 2 + 2 = **4** (Psa. 132,2; Song 1,3; Mark 14,5; John 12,5)
  μύρου ▸ 3 + 6 = 9
    Noun · neuter · singular · genitive · (common) ▸ 3 + 6 = **9** (1Chr. 9,30; Is. 39,2; Jer. 25,10; Matt. 26,7; Mark 14,3; Mark 14,4; Luke 7,37; John 12,3; John 12,3)
  μύρῳ ▸ 1 + 3 = 4
    Noun · neuter · singular · dative · (common) ▸ 1 + 3 = **4** (Judith 10,3; Luke 7,38; Luke 7,46; John 11,2)
  μύρων ▸ 6
    Noun · neuter · plural · genitive · (common) ▸ **6** (2Chr. 16,14; Song 1,3; Song 1,4; Song 4,14; Wis. 2,7; Ezek. 27,17)
μυρσίνη (μύρτος) myrtle ▸ 3
  μυρσίνη ▸ 1
    Noun · feminine · singular · nominative · (common) ▸ **1** (Is. 55,13)
  μυρσίνην ▸ 1
    Noun · feminine · singular · accusative · (common) ▸ **1** (Is. 41,19)
  μυρσίνης ▸ 1
    Noun · feminine · singular · genitive · (common) ▸ **1** (Neh. 8,15)
Μυρσινῶν Mursinon, myrtle-grove (Heb. Heres) ▸ 1 + 1 = 2
  Μυρσινῶνι ▸ 1
    Noun · masculine · singular · dative · (proper) ▸ **1** (Judg. 1,35)
  Μυρσινῶνος ▸ 1
    Noun · masculine · singular · genitive · (proper) ▸ **1** (Judg. 1,35)
μῦς mouse; muscle ▸ 8
  μύας ▸ 1
    Noun · masculine · plural · accusative · (common) ▸ **1** (1Sam. 6,1)
  μύες ▸ 1
    Noun · masculine · plural · nominative · (common) ▸ **1** (1Sam. 5,6)
  μῦν ▸ 1
    Noun · masculine · singular · accusative · (common) ▸ **1** (Is. 66,17)
  μῦς ▸ 4
    Noun · masculine · singular · accusative · (common) ▸ **1** (1Sam. 6,11)
    Noun · masculine · plural · accusative · (common) ▸ **1** (1Sam. 6,18)
    Noun · masculine · singular · nominative · (common) ▸ **2** (Lev. 11,29; 1Sam. 6,5)
  μυῶν ▸ 1
    Noun · masculine · plural · genitive · (common) ▸ **1** (1Sam. 6,5)
Μυσάρχης Mysian leader ▸ 1
  Μυσάρχην ▸ 1
    Noun · masculine · singular · accusative · (proper) ▸ **1** (2Mac. 5,24)
μυσερός (μύσος) despicable ▸ 1
  μυσερόν ▸ 1
    Adjective · neuter · singular · nominative · noDegree ▸ **1** (Lev. 18,23)
Μυσία Mysia ▸ 2
  Μυσίαν ▸ 2
    Noun · feminine · singular · accusative · (proper) ▸ **2** (Acts 16,7; Acts 16,8)
μύσος uncleanness, defilement ▸ 2
  μύσος ▸ 1
    Noun · neuter · singular · accusative · (common) ▸ **1** (2Mac. 6,25)
  μύσους ▸ 1
    Noun · neuter · singular · genitive · (common) ▸ **1** (2Mac. 6,19)
μύσταξ moustache ▸ 1
  μύστακα ▸ 1
    Noun · masculine · singular · accusative · (common) ▸ **1** (2Sam. 19,25)
μυστήριον (μύω) mystery, secret ▸ 20 + 11 + 28 = 59
  μυστήρια ▸ 11 + 3 + 4 = 18
    Noun · neuter · plural · accusative · (common) ▸ 11 + 3 + 4 = **18** (2Mac. 13,21; Wis. 2,22; Wis. 6,22; Wis. 14,15; Wis. 14,23; Sir. 27,16; Sir. 27,17; Sir. 27,21; Dan. 2,28; Dan. 2,29; Dan. 2,47; Dan. 2,28; Dan. 2,29; Dan. 2,47; Matt. 13,11; Luke 8,10; 1Cor. 13,2; 1Cor. 14,2)
  Μυστήριον ▸ 1 + 1 = 2
    Noun · neuter · singular · accusative · (common) ▸ 1 + 1 = **2** (Tob. 12,11; Tob. 12,11)
  μυστήριον ▸ 6 + 6 + 17 = 29
    Noun · neuter · singular · accusative · (common) ▸ 3 + 2 + 10 = **15** (Judith 2,2; Tob. 12,7; Dan. 2,47; Tob. 12,7; Dan. 2,47; Rom. 11,25; 1Cor. 2,1; 1Cor. 15,51; Eph. 1,9; Eph. 6,19; Col. 1,26; Col. 4,3; 1Tim. 3,9; Rev. 1,20; Rev. 17,7)
    Noun · neuter · singular · nominative · (common) ▸ 3 + 4 + 7 = **14** (Dan. 2,19; Dan. 2,27; Dan. 2,30; Dan. 2,19; Dan. 2,27; Dan. 2,30; Dan. 4,9; Mark 4,11; Eph. 3,3; Eph. 5,32; 2Th. 2,7; 1Tim. 3,16; Rev. 10,7; Rev. 17,5)
  μυστηρίου ▸ 2 + 1 + 4 = 7
    Noun · neuter · singular · genitive · (common) ▸ 2 + 1 + 4 = **7** (Sir. 22,22; Dan. 2,18; Dan. 2,18; Rom. 16,25; Eph. 3,9; Col. 1,27; Col. 2,2)
  μυστηρίῳ ▸ 2
    Noun · neuter · singular · dative · (common) ▸ **2** (1Cor. 2,7; Eph. 3,4)

μυστηρίων ▸ 1
  Noun · neuter · plural · genitive ▸ **1** (1Cor. 4,1)
μύστης (μύω) an initiate to a mystery ▸ 1
  μύστας ▸ 1
    Noun · masculine · plural · accusative · (common) ▸ **1** (Wis. 12,5)
μυστικῶς (μύω) secretly ▸ 1
  μυστικῶς ▸ 1
    Adverb ▸ **1** (3Mac. 3,10)
μύστις (μύω) female initiate to a mystery ▸ 1
  μύστις ▸ 1
    Noun · feminine · singular · nominative · (common) ▸ **1** (Wis. 8,4)
μυχός (μύω) hidden nook ▸ 2
  μυχὸς ▸ 1
    Noun · masculine · singular · nominative · (common) ▸ **1** (Wis. 17,4)
  μυχῶν ▸ 1
    Noun · masculine · plural · genitive · (common) ▸ **1** (Wis. 17,13)
μυωπάζω (μύω; ὁράω) to be nearsighted ▸ 1
  μυωπάζων ▸ 1
    Verb · present · active · participle · masculine · singular · nominative ▸ **1** (2Pet. 1,9)
Μωαβ Moab ▸ 170 + 17 = 187
  Μωαβ ▸ 170 + 17 = 187
    Noun · feminine · singular · accusative · (proper) ▸ 18 + 2 = **20** (Num. 21,30; Judg. 3,28; Judg. 3,29; 2Sam. 8,2; 2Kings 3,7; 2Kings 3,18; 2Kings 3,24; 2Kings 3,24; 1Chr. 18,2; 2Chr. 20,22; Judith 5,22; Amos 2,2; Is. 11,14; Is. 16,13; Jer. 31,28; Jer. 31,31; Jer. 31,44; Ezek. 25,11; Judg. 3,28; Judg. 3,29)
    Noun · feminine · singular · dative · (proper) ▸ **6** (1Chr. 4,22; Is. 16,11; Is. 29,1; Jer. 31,1; Jer. 31,2; Jer. 31,9)
    Noun · feminine · singular · genitive · (proper) ▸ 108 + 13 = **121** (Gen. 36,35; Num. 21,11; Num. 21,13; Num. 21,13; Num. 21,15; Num. 21,20; Num. 21,26; Num. 21,28; Num. 22,1; Num. 22,4; Num. 22,7; Num. 22,8; Num. 22,10; Num. 22,14; Num. 22,21; Num. 22,36; Num. 23,6; Num. 23,7; Num. 23,17; Num. 24,17; Num. 25,1; Num. 26,3; Num. 26,63; Num. 31,12; Num. 33,44; Num. 33,48; Num. 33,49; Num. 33,50; Num. 35,1; Num. 36,13; Deut. 1,5; Deut. 2,8; Deut. 2,18; Deut. 28,69; Deut. 32,49; Deut. 34,1; Deut. 34,5; Deut. 34,6; Deut. 34,8; Josh. 13,14; Josh. 13,32; Josh. 24,9; Josh. 24,33b; Judg. 3,12; Judg. 3,14; Judg. 3,15; Judg. 3,17; Judg. 3,28; Judg. 10,6; Judg. 10,11; Judg. 11,15; Judg. 11,18; Judg. 11,18; Judg. 11,18; Judg. 11,18; Judg. 11,25; Ruth 1,1; Ruth 1,2; Ruth 1,6; Ruth 1,6; Ruth 1,22; Ruth 2,6; Ruth 4,3; 1Sam. 12,9; 1Sam. 22,3; 1Sam. 22,3; 1Sam. 22,4; 2Sam. 8,12; 1Kings 11,5; 1Kings 11,33; 2Kings 3,4; 2Kings 3,5; 2Kings 3,7; 2Kings 3,10; 2Kings 3,13; 2Kings 3,23; 2Kings 3,26; 2Kings 13,20; 2Kings 23,13; 2Kings 24,2; 1Chr. 1,46; 1Chr. 8,8; 1Chr. 11,22; 1Chr. 18,2; 1Chr. 18,11; 2Chr. 20,1; 2Chr. 20,10; 2Chr. 20,23; Judith 1,12; Judith 5,2; Judith 6,1; Judith 7,8; Job 42,17d; Mic. 6,5; Zeph. 2,8; Is. 15,9; Is. 16,2; Is. 16,4; Is. 16,6; Is. 16,14; Jer. 9,25; Jer. 31,24; Jer. 31,25; Jer. 31,38; Jer. 31,43; Jer. 34,3; Jer. 47,11; Ezek. 25,9; Judg. 3,12; Judg. 3,14; Judg. 3,15; Judg. 3,17; Judg. 3,28; Judg. 10,6; Judg. 11,15; Judg. 11,17; Judg. 11,18; Judg. 11,18; Judg. 11,18; Judg. 11,18; Judg. 11,25)
    Noun · feminine · singular · nominative · (proper) ▸ 24 + 2 = **26** (Num. 22,3; Num. 22,3; Num. 22,4; Judg. 3,30; Judg. 11,17; 2Sam. 8,2; 2Kings 1,1; 2Kings 3,21; 2Kings 3,22; Psa. 59,10; Psa. 82,7; Psa. 107,10; Amos 2,2; Zeph. 2,9; Is. 16,7; Is. 16,12; Jer. 31,4; Jer. 31,18; Jer. 31,20; Jer. 31,20; Jer. 31,39; Jer. 31,39; Jer. 31,42; Ezek. 25,8; Judg. 3,30; Dan. 11,41)
    Noun · feminine · singular · vocative · (proper) ▸ **2** (Num. 21,29; Jer. 31,36)
    Noun · masculine · singular · accusative · (proper) ▸ **4** (Gen. 19,37; 1Sam. 14,47; Jer. 31,35; Jer. 31,38)
    Noun · masculine · singular · genitive · (proper) ▸ **4** (2Sam. 23,20; Amos 2,1; Jer. 31,16; Jer. 31,29)
    Noun · masculine · singular · nominative · (proper) ▸ **4** (Jer. 31,11; Jer. 31,13; Jer. 31,15; Jer. 31,26)
Μωαβι Moabite ▸ 1
  Μωαβι ▸ 1
    Noun · masculine · singular · nominative · (proper) ▸ **1** (Ezra 9,1)
Μωαβίτης Moabite ▸ 12
  Μωαβῖται ▸ 3
    Noun · masculine · plural · nominative · (proper) ▸ **3** (Deut. 2,11; Deut. 2,29; Neh. 13,1)
  Μωαβίταις ▸ 1
    Noun · masculine · plural · dative · (proper) ▸ **1** (Deut. 2,9)
  Μωαβίτης ▸ 3
    Noun · masculine · singular · nominative · (proper) ▸ **3** (Deut. 23,4; 1Chr. 11,46; 2Chr. 24,26)
  Μωαβιτῶν ▸ 5
    Noun · masculine · plural · genitive · (proper) ▸ **5** (Gen. 19,37; Ex. 15,15; 2Chr. 36,5b; 1Esdr. 8,66; Ode. 1,15)
Μωαβῖτις Moabite (f) ▸ 19
  Μωαβίτιδας ▸ 3
    Noun · feminine · plural · accusative · (proper) ▸ **3** (Ruth 1,4; 1Kings 11,1; Neh. 13,23)
  Μωαβίτιδι ▸ 1
    Noun · feminine · singular · dative · (proper) ▸ **1** (Is. 16,7)
  Μωαβίτιδος ▸ 8
    Adjective · feminine · singular · genitive · noDegree ▸ **1** (Ruth 4,5)
    Noun · feminine · singular · genitive · (proper) ▸ **7** (Is. 15,1; Is. 15,1; Is. 15,2; Is. 15,4; Is. 15,5; Is. 15,8; Jer. 31,33)
  Μωαβῖτιν ▸ 2
    Adjective · feminine · singular · accusative · noDegree ▸ **1** (Ruth 4,10)
    Noun · feminine · singular · accusative · (proper) ▸ **1** (Jer. 32,21)
  Μωαβῖτις ▸ 4
    Adjective · feminine · singular · nominative · noDegree ▸ **2** (Ruth 1,22; Ruth 2,2)
    Noun · feminine · singular · nominative · (proper) ▸ **2** (Is. 15,1; Is. 25,10)
  Μωαβῖτίς ▸ 1
    Adjective · feminine · singular · nominative · noDegree ▸ **1** (Ruth 2,6)
Μωδαδ Medad ▸ 2
  Μωδαδ ▸ 2
    Noun · masculine · singular · nominative · (proper) ▸ **2** (Num. 11,26; Num. 11,27)
Μωδεϊν Modein ▸ 9
  Μωδεϊν ▸ 9
    Noun · singular · accusative · (proper) ▸ **1** (2Mac. 13,14)
    Noun · feminine · singular · accusative · (proper) ▸ **1** (1Mac. 2,15)
    Noun · feminine · singular · dative · (proper) ▸ **7** (1Mac. 2,1; 1Mac. 2,23; 1Mac. 2,70; 1Mac. 9,19; 1Mac. 13,25; 1Mac. 13,30; 1Mac. 16,4)
Μωεθ Moeth ▸ 1
  Μωεθ ▸ 1
    Noun · masculine · singular · nominative · (proper) ▸ **1** (1Esdr. 8,62)
μωκάομαι (μωκός) to be mocked ▸ 1

μεμωκημένα ‣ 1
  Verb · perfect · passive · participle · neuter · plural · nominative ‣ 1 (Jer. 28,18)
μωκός mocking ‣ 1
  μωκός ‣ 1
    Noun · masculine · singular · nominative · (common) ‣ 1 (Sir. 33,6)
Μωλα Mola (Heb. from the oak) ‣ 1
  Μωλα ‣ 1
    Noun · singular · nominative · (proper) ‣ 1 (Josh. 19,33)
Μωλαδα Moladah ‣ 2 + 2 = 4
  Μωλαδα ‣ 2 + 2 = 4
    Noun · singular · dative · (proper) ‣ 1 (1Chr. 4,28)
    Noun · singular · nominative · (proper) ‣ 1 + 2 = 3 (Josh. 15,26; Josh. 15,26; Josh. 19,2)
Μωλιδ Molid ‣ 1
  Μωλιδ ‣ 1
    Noun · masculine · singular · accusative · (proper) ‣ 1 (1Chr. 2,29)
μώλωψ wound ‣ 9 + 1 = 10
  μώλωπα ‣ 4
    Noun · masculine · singular · accusative · (common) ‣ 4 (Gen. 4,23; Ex. 21,25; Judith 9,13; Sir. 28,17)
  μώλωπές ‣ 1
    Noun · masculine · plural · nominative · (common) ‣ 1 (Psa. 37,6)
  μώλωπι ‣ 1 + 1 = 2
    Noun · masculine · singular · dative · (common) ‣ 1 + 1 = 2 (Is. 53,5; 1Pet. 2,24)
  μώλωπος ‣ 1
    Noun · masculine · singular · genitive · (common) ‣ 2 (Ex. 21,25; Sir. 23,10)
  μώλωψ ‣ 1
    Noun · masculine · singular · nominative · (common) ‣ 1 (Is. 1,6)
μωμάομαι (μῶμος) to blame ‣ 3 + 2 = 5
  μεμωμημένη ‣ 1
    Verb · perfect · passive · participle · feminine · singular · nominative ‣ 1 (Sir. 34,18)
  μωμηθῇ ‣ 1
    Verb · third · singular · aorist · passive · subjunctive ‣ 1 (2Cor. 6,3)
  μωμησαμένους ‣ 1
    Verb · aorist · middle · participle · masculine · plural · accusative ‣ 1 (Wis. 10,14)
  μωμήσεται ‣ 1
    Verb · third · singular · future · middle · indicative ‣ 1 (Prov. 9,7)
  μωμήσηται ‣ 1
    Verb · third · singular · aorist · middle · subjunctive ‣ 1 (2Cor. 8,20)
μωμητός (μῶμος) blameable ‣ 2
  μωμητά ‣ 2
    Adjective · neuter · plural · nominative · noDegree ‣ 2 (Deut. 32,5; Ode. 2,5)
μῶμος blemish ‣ 22 + 1 + 1 = 24
  μῶμοι ‣ 1
    Noun · masculine · plural · nominative ‣ 1 (2Pet. 2,13)
  μῶμον ‣ 10
    Noun · masculine · singular · accusative · (common) ‣ 10 (Lev. 21,23; Lev. 22,20; Lev. 24,19; Lev. 24,20; Num. 19,2; Sir. 11,31; Sir. 11,33; Sir. 18,15; Sir. 33,23; Sir. 47,20)
  Μῶμος ‣ 1
    Noun · masculine · singular · nominative · (common) ‣ 1 (Sir. 20,24)
  μῶμος ‣ 11 + 1 = 12
    Noun · masculine · singular · nominative · (common) ‣ 11 + 1 = 12 (Lev. 21,17; Lev. 21,18; Lev. 21,21; Lev. 21,21; Lev. 22,21; Lev. 22,25; Deut. 15,21; Deut. 15,21; Deut. 17,1; 2Sam. 14,25; Song 4,7; Dan. 1,4)
Μωραδ Mered ‣ 1
  Μωραδ ‣ 1
    Noun · masculine · singular · nominative · (proper) ‣ 1 (1Chr. 4,17)
Μωραθίτης Moreshethite ‣ 1
  Μωραθίτης ‣ 1
    Noun · masculine · singular · nominative · (proper) ‣ 1 (Jer. 33,18)
μωραίνω (μωρός) make foolish, tasteless ‣ 5 + 4 = 9
  ἐμώρανεν ‣ 1
    Verb · third · singular · aorist · active · indicative ‣ 1 (1Cor. 1,20)
  ἐμωράνθη ‣ 2
    Verb · third · singular · aorist · passive · indicative ‣ 2 (Jer. 10,14; Jer. 28,17)
  ἐμωράνθην ‣ 1
    Verb · first · singular · aorist · passive · indicative ‣ 1 (2Sam. 24,10)
  ἐμωράνθησαν ‣ 1
    Verb · third · plural · aorist · passive · indicative ‣ 1 (Rom. 1,22)
  μωρανθῇ ‣ 2
    Verb · third · singular · aorist · passive · subjunctive ‣ 2 (Matt. 5,13; Luke 14,34)
  μωρανθῆς ‣ 1
    Verb · second · singular · aorist · passive · subjunctive ‣ 1 (Sir. 23,14)
  μωρανθήσεται ‣ 1
    Verb · third · singular · future · passive · indicative ‣ 1 (Is. 19,11)
Μωρασθι from Morasheth ‣ 1
  Μωρασθι ‣ 1
    Noun · masculine · singular · genitive · (proper) ‣ 1 (Mic. 1,1)
μωρεύω to turn into folly ‣ 1
  μωρεύων ‣ 1
    Verb · present · active · participle · masculine · singular · nominative ‣ 1 (Is. 44,25)
Μωρηδ Mered ‣ 1
  Μωρηδ ‣ 1
    Noun · masculine · singular · nominative · (proper) ‣ 1 (1Chr. 4,18)
μωρία (μωρός) foolishness ‣ 2 + 5 = 7
  μωρία ‣ 3
    Noun · feminine · singular · nominative ‣ 3 (1Cor. 1,18; 1Cor. 2,14; 1Cor. 3,19)
  μωρίαν ‣ 2 + 1 = 3
    Noun · feminine · singular · accusative · (common) ‣ 2 + 1 = 3 (Sir. 20,31; Sir. 41,15; 1Cor. 1,23)
  μωρίας ‣ 1
    Noun · feminine · singular · genitive ‣ 1 (1Cor. 1,21)
μωρολογία (μωρός; λέγω) foolish talk ‣ 1
  μωρολογία ‣ 1
    Noun · feminine · singular · nominative ‣ 1 (Eph. 5,4)
μωρός foolish ‣ 36 + 1 + 12 = 49
  μωρά ‣ 1
    Adjective · neuter · plural · accusative · noDegree ‣ 1 (Sir.

16,23)
- μωρά ▸ **1** + **1** = **2**
    Adjective · neuter · plural · accusative · noDegree ▸ **1** + **1** = **2** (Is. 32,6; 1Cor. 1,27)
- μωραί ▸ **3**
    Adjective · feminine · plural · nominative ▸ **3** (Matt. 25,2; Matt. 25,3; Matt. 25,8)
- μωράς ▸ **2**
    Adjective · feminine · plural · accusative ▸ **2** (2Tim. 2,23; Titus 3,9)
- μωρέ ▸ **1**
    Adjective · masculine · singular · vocative ▸ **1** (Matt. 5,22)
- μωροί ▸ **1** + **2** = **3**
    Adjective · masculine · plural · nominative · noDegree ▸ **1** + **1** = **2** (Is. 19,11; 1Cor. 4,10)
    Adjective · masculine · plural · vocative ▸ **1** (Matt. 23,17)
- μωροί ▸ **2** + **1** = **3**
    Adjective · masculine · plural · nominative · noDegree ▸ **2** + **1** = **3** (Psa. 93,8; Sus. 48; Sus. 48)
- μωρόν ▸ **2**
    Adjective · masculine · singular · accusative · noDegree ▸ **2** (Job 16,7; Sir. 22,9)
- μωρόν ▸ **1**
    Adjective · neuter · singular · nominative ▸ **1** (1Cor. 1,25)
- μωρός ▸ **1**
    Adjective · masculine · singular · nominative · noDegree ▸ **1** (Sir. 22,14)
- μωρός ▸ **9** + **1** = **10**
    Adjective · masculine · singular · nominative · noDegree ▸ **9** + **1** = **10** (Deut. 32,6; Ode. 2,6; Sir. 18,18; Sir. 19,11; Sir. 20,16; Sir. 21,20; Sir. 50,26; Is. 32,6; Jer. 5,21; 1Cor. 3,18)
- μωροῦ ▸ **11**
    Adjective · masculine · singular · genitive · noDegree ▸ **11** (Sir. 8,17; Sir. 19,12; Sir. 20,20; Sir. 21,14; Sir. 21,16; Sir. 21,22; Sir. 22,11; Sir. 22,12; Sir. 22,18; Sir. 33,5; Sir. 42,8)
- μωρῷ ▸ **5** + **1** = **6**
    Adjective · masculine · singular · dative · noDegree ▸ **5** + **1** = **6** (Sir. 4,27; Sir. 21,18; Sir. 22,10; Sir. 22,11; Is. 32,5; Matt. 7,26)
- μωρῶν ▸ **3**
    Adjective · masculine · plural · genitive · noDegree ▸ **3** (Sir. 20,13; Sir. 21,26; Sir. 27,13)

Μωσα Mesha; Moza ▸ **2**
- Μωσα ▸ **2**
    Noun · masculine · singular · accusative · (proper) ▸ **1** (1Chr. 2,46)
    Noun · masculine · singular · nominative · (proper) ▸ **1** (2Kings 3,4)

Μωσῆ Moses ▸ **3** + **1** = **4**
- Μωσῆ ▸ **3** + **1** = **4**
    Noun · masculine · singular · genitive · (proper) ▸ **3** + **1** = **4** (Dan. 9,10; Dan. 9,11; Dan. 9,13; Tob. 1,8)

Μωυσῆς Moses ▸ **819** + **12** = **831**
- Μωυσεῖ ▸ **7**
    Noun · masculine · singular · dative · (proper) ▸ **7** (Ex. 3,12; Ex. 4,27; Ex. 16,22; Ex. 18,6; Ex. 18,13; Ex. 31,18; 4Mac. 9,2)
- Μωυσέως ▸ **11** + **6** = **17**
    Noun · masculine · singular · genitive · (proper) ▸ **11** + **6** = **17** (1Kings 2,3; 1Esdr. 5,48; 1Esdr. 7,6; 1Esdr. 7,9; 1Esdr. 8,3; 1Esdr. 9,39; Tob. 7,13; 2Mac. 7,30; Ode. 1,0; Ode. 2,0; Sir. 46,7; Judg. 1,16; Tob. 6,13; Tob. 7,12; Tob. 7,13; Tob. 7,14; Dan. 9,11)
- Μωυσῆ ▸ **98** + **5** = **103**
    Noun · masculine · singular · genitive · (proper) ▸ **94** + **5** = **99** (Ex. 6,9; Ex. 9,11; Ex. 16,20; Ex. 17,12; Ex. 17,12; Ex. 18,1; Ex. 18,2; Ex. 18,2; Ex. 18,5; Ex. 18,12; Ex. 18,12; Ex. 18,17; Ex. 33,8; Ex. 34,29; Ex. 34,35; Ex. 35,20; Ex. 35,29; Ex. 36,3; Lev. 10,7; Lev. 10,11; Lev. 26,46; Num. 3,1; Num. 4,37; Num. 4,41; Num. 4,45; Num. 4,49; Num. 9,6; Num. 9,23; Num. 10,13; Num. 10,29; Num. 11,10; Num. 12,1; Num. 12,8; Num. 15,23; Num. 16,2; Num. 17,5; Num. 21,5; Num. 25,6; Num. 26,63; Num. 26,64; Num. 27,2; Num. 33,1; Num. 36,1; Num. 36,13; Deut. 34,8; Josh. 1,1; Josh. 1,1; Josh. 1,5; Josh. 1,17; Josh. 1,17; Josh. 3,7; Josh. 8,31 # 9,2b; Josh. 8,32 # 9,2c; Josh. 8,34 # 9,2e; Josh. 17,4; Josh. 20,2; Josh. 21,2; Josh. 22,9; Josh. 23,6; Judg. 1,16; Judg. 3,4; Judg. 4,11; Judg. 18,30; 1Kings 8,53; 1Kings 8,56; 2Kings 14,6; 2Kings 23,25; 1Chr. 16,40; 1Chr. 23,15; 1Chr. 26,24; 2Chr. 8,13; 2Chr. 23,18; 2Chr. 24,6; 2Chr. 30,16; 2Chr. 33,8; 2Chr. 34,14; 2Chr. 35,6; 2Chr. 35,12; 2Chr. 35,19b; 1Esdr. 1,12; Ezra 3,2; Ezra 6,18; Ezra 7,6; Neh. 8,1; Neh. 9,14; Neh. 10,30; Neh. 13,1; Tob. 6,13; Psa. 76,21; Psa. 89,1; Sir. 46,1; Mal. 3,24; Bar. 2,2; Bar. 2,28; Judg. 3,4; Judg. 4,11; Dan. 9,13; Sus. 3; Sus. 62)
    Noun · masculine · singular · vocative · (proper) ▸ **4** (Ex. 3,4; Ex. 3,4; Ex. 5,4; Num. 11,28)
- Μωυσῇ ▸ **92**
    Noun · masculine · singular · dative · (proper) ▸ **92** (Ex. 2,21; Ex. 4,18; Ex. 5,20; Ex. 6,28; Ex. 9,35; Ex. 12,28; Ex. 12,50; Ex. 14,31; Ex. 16,34; Ex. 24,1; Ex. 33,9; Ex. 36,8; Ex. 36,12; Ex. 36,14; Ex. 36,28; Ex. 36,33; Ex. 36,36; Ex. 36,38; Ex. 37,19; Ex. 37,20; Ex. 38,27; Ex. 39,10; Ex. 39,22; Ex. 39,23; Ex. 40,19; Ex. 40,21; Ex. 40,23; Ex. 40,25; Ex. 40,27; Lev. 7,38; Lev. 8,9; Lev. 8,13; Lev. 8,17; Lev. 8,21; Lev. 8,29; Lev. 8,29; Lev. 8,36; Lev. 9,7; Lev. 9,10; Lev. 9,21; Lev. 10,15; Lev. 16,34; Lev. 24,23; Lev. 27,34; Num. 1,19; Num. 1,54; Num. 2,33; Num. 2,34; Num. 3,1; Num. 3,51; Num. 4,49; Num. 5,4; Num. 8,3; Num. 8,4; Num. 8,20; Num. 8,22; Num. 9,5; Num. 11,27; Num. 11,28; Num. 12,2; Num. 15,36; Num. 17,26; Num. 25,4; Num. 26,4; Num. 27,11; Num. 27,23; Num. 30,1; Num. 30,17; Num. 31,7; Num. 31,21; Num. 31,31; Num. 31,41; Num. 31,47; Num. 34,13; Num. 36,10; Deut. 28,69; Deut. 34,9; Josh. 1,3; Josh. 9,24; Josh. 11,15; Josh. 11,23; Josh. 14,5; Josh. 21,8; 2Kings 18,6; 1Chr. 22,13; 1Esdr. 1,6; Neh. 1,7; Neh. 1,8; Neh. 8,14; 2Mac. 2,8; Psa. 102,7; Bar. 1,20)
- Μωυσῆν ▸ **230**
    Noun · masculine · singular · accusative · (proper) ▸ **230** (Ex. 2,10; Ex. 2,15; Ex. 3,7; Ex. 3,14; Ex. 3,15; Ex. 4,4; Ex. 4,11; Ex. 4,14; Ex. 4,19; Ex. 4,21; Ex. 4,30; Ex. 6,1; Ex. 6,2; Ex. 6,10; Ex. 6,13; Ex. 6,20; Ex. 6,29; Ex. 7,1; Ex. 7,8; Ex. 7,14; Ex. 7,19; Ex. 7,26; Ex. 8,1; Ex. 8,4; Ex. 8,12; Ex. 8,16; Ex. 8,21; Ex. 9,1; Ex. 9,8; Ex. 9,13; Ex. 9,22; Ex. 9,27; Ex. 10,1; Ex. 10,8; Ex. 10,12; Ex. 10,16; Ex. 10,21; Ex. 10,24; Ex. 11,1; Ex. 11,9; Ex. 12,1; Ex. 12,31; Ex. 12,43; Ex. 13,1; Ex. 14,1; Ex. 14,11; Ex. 14,15; Ex. 14,26; Ex. 15,24; Ex. 16,2; Ex. 16,4; Ex. 16,11; Ex. 16,28; Ex. 17,2; Ex. 17,3; Ex. 17,5; Ex. 17,14; Ex. 18,5; Ex. 18,26; Ex. 19,9; Ex. 19,10; Ex. 19,20; Ex. 19,21; Ex. 20,19; Ex. 20,22; Ex. 24,12; Ex. 24,16; Ex. 25,1; Ex. 30,11; Ex. 30,17; Ex. 30,22; Ex. 30,34; Ex. 31,1; Ex. 31,12; Ex. 32,7; Ex. 32,17; Ex. 32,22; Ex. 32,33; Ex. 33,1; Ex. 33,11; Ex. 33,17; Ex. 34,1; Ex. 34,10; Ex. 34,27; Ex. 34,30; Ex. 36,5; Ex. 39,13; Ex. 40,1; Lev. 1,1; Lev. 4,1; Lev. 5,14; Lev. 5,20; Lev. 6,1; Lev. 6,12; Lev. 6,17; Lev. 7,22; Lev. 7,28; Lev. 8,1; Lev. 10,19; Lev. 11,1; Lev. 12,1; Lev. 13,1; Lev. 14,1; Lev. 14,33; Lev. 15,1; Lev. 16,1; Lev. 16,2; Lev. 17,1; Lev. 18,1; Lev. 19,1; Lev. 20,1; Lev. 21,1; Lev. 21,16; Lev. 22,1; Lev. 22,17; Lev. 22,26; Lev. 23,1; Lev. 23,9; Lev. 23,23; Lev. 23,26; Lev. 23,33; Lev. 24,1; Lev. 24,11; Lev. 24,13; Lev. 25,1; Lev. 27,1; Num. 1,1; Num. 1,48; Num. 2,1; Num. 3,5; Num. 3,11; Num. 3,14; Num. 3,40; Num. 3,44; Num. 4,1; Num. 4,17; Num. 4,21;

Num. 5,1; Num. 5,5; Num. 5,11; Num. 6,1; Num. 6,22; Num. 7,4; Num. 7,11; Num. 7,89; Num. 8,1; Num. 8,5; Num. 8,23; Num. 9,1; Num. 9,9; Num. 10,1; Num. 11,2; Num. 11,16; Num. 11,23; Num. 12,4; Num. 12,11; Num. 12,14; Num. 13,1; Num. 13,26; Num. 13,30; Num. 14,2; Num. 14,11; Num. 14,20; Num. 14,26; Num. 15,1; Num. 15,17; Num. 15,22; Num. 15,33; Num. 15,35; Num. 15,37; Num. 16,3; Num. 16,20; Num. 16,23; Num. 17,1; Num. 17,6; Num. 17,7; Num. 17,9; Num. 17,15; Num. 17,16; Num. 17,25; Num. 17,27; Num. 18,25; Num. 19,1; Num. 20,2; Num. 20,3; Num. 20,7; Num. 20,12; Num. 20,23; Num. 21,7; Num. 21,8; Num. 21,16; Num. 21,34; Num. 25,10; Num. 25,16; Num. 26,1; Num. 26,9; Num. 26,52; Num. 26,59; Num. 27,6; Num. 27,12; Num. 27,18; Num. 28,1; Num. 31,1; Num. 31,12; Num. 31,25; Num. 31,48; Num. 31,49; Num. 32,2; Num. 32,25; Num. 33,50; Num. 34,1; Num. 34,16; Num. 35,1; Num. 35,9; Deut. 31,14; Deut. 31,16; Deut. 32,48; Deut. 34,4; Deut. 34,8; Josh. 4,14; Josh. 11,20; Josh. 14,6; Josh. 14,10; 1Sam. 12,6; 1Sam. 12,8; Psa. 104,26; Psa. 105,16; Sir. 45,1; Mic. 6,4; Is. 63,12)

Μωυσῆς ▸ 381 + 1 = 382

    Noun · masculine · singular · nominative · (proper) ▸ 381 + 1 = 382 (Ex. 2,11; Ex. 2,14; Ex. 2,15; Ex. 2,17; Ex. 2,21; Ex. 2,22; Ex. 3,1; Ex. 3,3; Ex. 3,6; Ex. 3,11; Ex. 3,13; Ex. 4,1; Ex. 4,3; Ex. 4,10; Ex. 4,13; Ex. 4,18; Ex. 4,20; Ex. 4,20; Ex. 4,28; Ex. 4,29; Ex. 5,1; Ex. 5,22; Ex. 6,9; Ex. 6,12; Ex. 6,26; Ex. 6,27; Ex. 6,30; Ex. 7,6; Ex. 7,7; Ex. 7,10; Ex. 7,20; Ex. 8,5; Ex. 8,8; Ex. 8,8; Ex. 8,9; Ex. 8,22; Ex. 8,25; Ex. 8,26; Ex. 8,27; Ex. 9,8; Ex. 9,10; Ex. 9,23; Ex. 9,29; Ex. 9,33; Ex. 10,3; Ex. 10,6; Ex. 10,9; Ex. 10,13; Ex. 10,18; Ex. 10,22; Ex. 10,25; Ex. 10,29; Ex. 11,3; Ex. 11,4; Ex. 11,8; Ex. 11,10; Ex. 12,21; Ex. 12,35; Ex. 13,3; Ex. 13,19; Ex. 14,13; Ex. 14,21; Ex. 14,27; Ex. 15,1; Ex. 15,22; Ex. 15,25; Ex. 16,6; Ex. 16,8; Ex. 16,9; Ex. 16,15; Ex. 16,19; Ex. 16,20; Ex. 16,23; Ex. 16,24; Ex. 16,25; Ex. 16,32; Ex. 16,33; Ex. 17,2; Ex. 17,4; Ex. 17,6; Ex. 17,9; Ex. 17,10; Ex. 17,10; Ex. 17,11; Ex. 17,15; Ex. 18,7; Ex. 18,8; Ex. 18,13; Ex. 18,15; Ex. 18,24; Ex. 18,25; Ex. 18,27; Ex. 19,3; Ex. 19,7; Ex. 19,8; Ex. 19,9; Ex. 19,14; Ex. 19,17; Ex. 19,19; Ex. 19,20; Ex. 19,23; Ex. 19,25; Ex. 20,20; Ex. 20,21; Ex. 24,2; Ex. 24,3; Ex. 24,4; Ex. 24,4; Ex. 24,6; Ex. 24,8; Ex. 24,9; Ex. 24,13; Ex. 24,15; Ex. 24,18; Ex. 32,1; Ex. 32,1; Ex. 32,11; Ex. 32,15; Ex. 32,19; Ex. 32,21; Ex. 32,23; Ex. 32,25; Ex. 32,26; Ex. 32,28; Ex. 32,29; Ex. 32,30; Ex. 32,31; Ex. 33,7; Ex. 33,8; Ex. 33,9; Ex. 33,12; Ex. 34,4; Ex. 34,4; Ex. 34,8; Ex. 34,28; Ex. 34,29; Ex. 34,29; Ex. 34,31; Ex. 34,31; Ex. 34,34; Ex. 34,35; Ex. 35,1; Ex. 35,4; Ex. 35,30; Ex. 36,2; Ex. 36,6; Ex. 38,27; Ex. 39,23; Ex. 39,23; Ex. 40,16; Ex. 40,18; Ex. 40,33; Ex. 40,35; Lev. 8,4; Lev. 8,5; Lev. 8,6; Lev. 8,10; Lev. 8,12; Lev. 8,13; Lev. 8,14; Lev. 8,15; Lev. 8,16; Lev. 8,16; Lev. 8,18; Lev. 8,19; Lev. 8,19; Lev. 8,20; Lev. 8,21; Lev. 8,22; Lev. 8,23; Lev. 8,24; Lev. 8,24; Lev. 8,24; Lev. 8,28; Lev. 8,28; Lev. 8,29; Lev. 8,30; Lev. 8,31; Lev. 9,1; Lev. 9,2; Lev. 9,5; Lev. 9,6; Lev. 9,7; Lev. 9,23; Lev. 10,3; Lev. 10,4; Lev. 10,5; Lev. 10,6; Lev. 10,12; Lev. 10,16; Lev. 10,16; Lev. 10,20; Lev. 21,24; Lev. 23,44; Lev. 24,23; Num. 1,17; Num. 1,44; Num. 3,16; Num. 3,38; Num. 3,39; Num. 3,42; Num. 3,49; Num. 3,51; Num. 4,34; Num. 4,37; Num. 4,41; Num. 4,45; Num. 4,46; Num. 7,1; Num. 7,6; Num. 8,20; Num. 9,4; Num. 9,8; Num. 10,29; Num. 10,34; Num. 11,2; Num. 11,10; Num. 11,11; Num. 11,21; Num. 11,24; Num. 11,29; Num. 11,30; Num. 12,1; Num. 12,3; Num. 12,7; Num. 12,13; Num. 13,3; Num. 13,16; Num. 13,16; Num. 13,17; Num. 14,5; Num. 14,13; Num. 14,36; Num. 14,39; Num. 14,41; Num. 14,44; Num. 16,4; Num. 16,8; Num. 16,12; Num. 16,15; Num. 16,16; Num. 16,18; Num. 16,25; Num. 16,28; Num. 17,8; Num. 17,11; Num. 17,12; Num. 17,21; Num. 17,22; Num. 17,23; Num. 17,24; Num. 17,26; Num. 20,6; Num. 20,9; Num. 20,10; Num. 20,11; Num. 20,14; Num. 20,27; Num. 20,28; Num. 21,7; Num. 21,9; Num. 21,21; Jer. 21,32; Num. 25,5; Num. 26,3; Num. 27,5; Num. 27,15; Num. 27,22; Num. 30,1; Num. 30,2; Num. 31,3; Num. 31,6; Num. 31,13; Num. 31,14; Num. 31,15; Num. 31,31; Num. 31,41; Num. 31,42; Num. 31,47; Num. 31,51; Num. 31,54; Num. 32,6; Num. 32,20; Num. 32,28; Num. 32,29; Num. 32,33; Num. 32,40; Num. 33,2; Num. 34,13; Num. 36,5; Deut. 1,1; Deut. 1,3; Deut. 1,5; Deut. 4,41; Deut. 4,44; Deut. 4,45; Deut. 4,46; Deut. 5,1; Deut. 27,1; Deut. 27,9; Deut. 27,11; Deut. 29,1; Deut. 31,1; Deut. 31,7; Deut. 31,9; Deut. 31,10; Deut. 31,14; Deut. 31,22; Deut. 31,23; Deut. 31,24; Deut. 31,30; Deut. 32,44; Deut. 32,44; Deut. 32,45; Deut. 33,1; Deut. 33,4; Deut. 34,1; Deut. 34,5; Deut. 34,7; Deut. 34,9; Deut. 34,10; Deut. 34,12; Josh. 1,2; Josh. 1,7; Josh. 1,13; Josh. 1,15; Josh. 4,12; Josh. 8,31 # 9,2b; Josh. 8,33 # 9,2d; Josh. 8,35 # 9,2f; Josh. 11,12; Josh. 11,15; Josh. 11,15; Josh. 12,6; Josh. 12,6; Josh. 13,8; Josh. 13,8; Josh. 13,12; Josh. 13,14; Josh. 13,15; Josh. 13,21; Josh. 13,24; Josh. 13,29; Josh. 13,32; Josh. 14,7; Josh. 14,9; Josh. 14,11; Josh. 18,7; Josh. 22,2; Josh. 22,4; Josh. 22,5; Josh. 22,7; Judg. 1,20; 1Kings 8,9; 1Kings 9,6; 2Kings 18,4; 2Kings 18,12; 2Kings 21,8; 1Chr. 5,29; 1Chr. 6,34; 1Chr. 15,15; 1Chr. 21,29; 1Chr. 23,13; 1Chr. 23,14; 2Chr. 1,3; 2Chr. 5,10; 2Chr. 24,9; 2Mac. 1,29; 2Mac. 2,4; 2Mac. 2,10; 2Mac. 2,11; 2Mac. 7,6; 4Mac. 2,17; 4Mac. 17,19; 4Mac. 18,18; Psa. 98,6; Psa. 105,23; Psa. 105,32; Sir. 24,23; Sir. 45,15; Jer. 15,1; Judg. 1,20)

Μωϋσῆς Moses ▸ 80

    Μωϋσέα ▸ 1

        Noun · masculine · singular · accusative · (proper) ▸ 1 (Luke 16,29)

    Μωϋσεῖ ▸ 8

        Noun · masculine · singular · dative · (proper) ▸ 8 (Matt. 17,4; Mark 9,4; Mark 9,5; Luke 9,33; John 5,46; John 9,29; Rom. 9,15; 2Tim. 3,8)

    Μωϋσέως ▸ 23

        Noun · masculine · singular · genitive · (proper) ▸ 23 (Matt. 23,2; Mark 12,26; Luke 2,22; Luke 16,31; Luke 24,27; Luke 24,44; John 1,17; John 7,22; John 7,23; John 9,28; Acts 13,38; Acts 15,1; Acts 15,5; Acts 21,21; Acts 28,23; Rom. 5,14; 1Cor. 9,9; 2Cor. 3,7; Heb. 3,16; Heb. 9,19; Heb. 10,28; Jude 9; Rev. 15,3)

    Μωϋσῇ ▸ 1

        Noun · masculine · singular · dative · (proper) ▸ 1 (Acts 7,44)

    Μωϋσῆν ▸ 4

        Noun · masculine · singular · accusative · (proper) ▸ 4 (Acts 6,11; Acts 7,35; 1Cor. 10,2; Heb. 3,3)

    Μωϋσῆς ▸ 43

        Noun · masculine · singular · nominative · (proper) ▸ 43 (Matt. 8,4; Matt. 17,3; Matt. 19,7; Matt. 19,8; Matt. 22,24; Mark 1,44; Mark 7,10; Mark 10,3; Mark 10,4; Mark 12,19; Luke 5,14; Luke 9,30; Luke 20,28; Luke 20,37; John 1,45; John 3,14; John 5,45; John 6,32; John 7,19; John 7,22; John 8,5; Acts 3,22; Acts 6,14; Acts 7,20; Acts 7,22; Acts 7,29; Acts 7,31; Acts 7,32; Acts 7,37; Acts 7,40; Acts 15,21; Acts 26,22; Rom. 10,5; Rom. 10,19; 2Cor. 3,13; 2Cor. 3,15; Heb. 3,2; Heb. 3,5; Heb. 7,14; Heb. 8,5; Heb. 11,23; Heb. 11,24; Heb. 12,21)

Μωφααθ Mephaath ▸ 1

    Μωφααθ ▸ 1

        Noun · feminine · singular · accusative · (proper) ▸ 1 (1Chr. 6,64)

Μωφαζ Mophaz (Heb. from Uphaz) ▸ 1

    Μωφαζ ▸ 1

        Noun · singular · genitive · (proper) ▸ 1 (Jer. 10,9)

Μωφαθ Mephaath ▸ 1

    Μωφαθ ▸ 1

Μωχα

    Noun · singular · accusative · (proper) ▸ **1** (Jer. 31,21)

Μωχα Maacah ▸ 4
  Μωχα ▸ 4
    Noun · feminine · singular · genitive · (proper) ▸ **2**
      (1Chr. 3,2; 1Chr. 19,7)
    Noun · feminine · singular · nominative · (proper) ▸ **1**
      (1Chr. 2,48)
    Noun · masculine · singular · accusative · (proper) ▸ **1**
      (Gen. 22,24)

N, ν

Νααθ Nahath ▸ 1
   Νααθ ▸ 1
      Noun · masculine · singular · nominative · (proper) ▸ 1
         (1Chr. 6,11)

Νααθος Naathus ▸ 1
   Νααθος ▸ 1
      Noun · masculine · singular · nominative · (proper) ▸ 1
         (1Esdr. 9,31)

Νααλιηλ Nahaliel ▸ 2
   Νααλιηλ ▸ 2
      Noun · singular · accusative · (proper) ▸ 1 (Num. 21,19)
      Noun · singular · genitive · (proper) ▸ 1 (Num. 21,19)

Νααλωλ Nahalal ▸ 1
   Νααλωλ ▸ 1
      Noun · singular · nominative · (proper) ▸ 1 (Josh. 19,15)

Νααμα Naamah ▸ 1
   Νααμα ▸ 1
      Noun · feminine · singular · nominative · (proper) ▸ 1
         (1Kings 14,21)

Ναανα Naanah (Uzza?) ▸ 1
   Ναανα ▸ 1
      Noun · masculine · singular · accusative · (proper) ▸ 1 (1Chr. 8,7)

Νααναν Naanah (?) ▸ 1
   Νααναν ▸ 1
      Noun · feminine · singular · nominative · (proper) ▸ 1
         (1Kings 12,24a)

Νααραι Naarai ▸ 1
   Νααραι ▸ 1
      Noun · masculine · singular · nominative · (proper) ▸ 1
         (1Chr. 11,37)

Νααραν Naaran ▸ 1
   Νααραν ▸ 1
      Noun · feminine · singular · genitive · (proper) ▸ 1 (1Chr. 7,28)

Ναας Nahash ▸ 12
   Ναας ▸ 12
      Noun · singular · accusative · (proper) ▸ 1 (1Sam. 11,10)
      Noun · masculine · singular · accusative · (proper) ▸ 1
         (1Sam. 11,1)
      Noun · masculine · singular · genitive · (proper) ▸ 6 (2Sam. 10,2;
         2Sam. 17,25; 2Sam. 17,27; 1Kings 12,24a; 1Chr. 4,12; 1Chr. 19,2)
      Noun · masculine · singular · nominative · (proper) ▸ 4
         (1Sam. 11,1; 1Sam. 11,2; 1Sam. 12,12; 1Chr. 19,1)

Ναασσων Nahshon ▸ 10
   Ναασσων ▸ 10
      Noun · masculine · singular · accusative · (proper) ▸ 2
         (Ruth 4,20; 1Chr. 2,10)
      Noun · masculine · singular · genitive · (proper) ▸ 2
         (Ex. 6,23; Num. 7,17)
      Noun · masculine · singular · nominative · (proper) ▸ 6 (Num.
         1,7; Num. 2,3; Num. 7,12; Num. 10,14; Ruth 4,20; 1Chr. 2,11)

Ναασσών Nahshon ▸ 3
   Ναασσών ▸ 1
      Noun · masculine · singular · accusative · (proper) ▸ 1 (Matt. 1,4)
   Ναασσών ▸ 2
      Noun · masculine · singular · genitive · (proper) ▸ 1 (Luke 3,32)
      Noun · masculine · singular · nominative · (proper) ▸ 1
         (Matt. 1,4)

Ναβααλ Nahalal ▸ 1
   Ναβααλ ▸ 1
      Noun · singular · nominative · (proper) ▸ 1 (Josh. 19,15)

Ναβαδ Nabad ▸ 1
   Ναβαδ ▸ 1
      Noun · masculine · singular · nominative · (proper) ▸ 1
         (Tob. 11,19)

Ναβαι Nobah ▸ 1
   Ναβαι ▸ 1
      Noun · feminine · singular · genitive · (proper) ▸ 1 (Judg. 8,11)

Ναβαιωθ Nebaioth ▸ 5
   Ναβαιωθ ▸ 5
      Noun · singular · genitive · (proper) ▸ 1 (Is. 60,7)
      Noun · masculine · singular · genitive · (proper) ▸ 2
         (Gen. 28,9; Gen. 36,3)
      Noun · masculine · singular · nominative · (proper) ▸ 2
         (Gen. 25,13; 1Chr. 1,29)

Ναβαλ Nabal ▸ 21
   Ναβαλ ▸ 21
      Noun · masculine · singular · accusative · (proper) ▸ 5
         (1Sam. 25,5; 1Sam. 25,9; 1Sam. 25,36; 1Sam. 25,38; 1Sam.
         25,39)
      Noun · masculine · singular · dative · (proper) ▸ 1
         (1Sam. 25,34)
      Noun · masculine · singular · genitive · (proper) ▸ 8
         (1Sam. 25,14; 1Sam. 25,22; 1Sam. 25,36; 1Sam. 25,39; 1Sam.
         27,3; 1Sam. 30,5; 2Sam. 2,2; 2Sam. 3,33)
      Noun · masculine · singular · nominative · (proper) ▸ 7
         (1Sam. 25,3; 1Sam. 25,4; 1Sam. 25,10; 1Sam. 25,25; 1Sam.
         25,26; 1Sam. 25,37; 2Sam. 3,34)

Ναβαριας Nabariah ▸ 1

Ναβαριας ▸ 1
  Noun ▪ masculine ▪ singular ▪ nominative ▪ (proper) ▸ **1** (1Esdr. 9,44)

Ναβατ Nebat ▸ 30
  Ναβατ ▸ 30
    Noun ▪ masculine ▪ singular ▪ genitive ▪ (proper) ▸ **30** (1Kings 11,26; 1Kings 11,43; 1Kings 12,15; 1Kings 15,1; 1Kings 15,34; 1Kings 16,3; 1Kings 16,19; 1Kings 16,26; 1Kings 16,31; 1Kings 20,22; 1Kings 22,53; 2Kings 3,3; 2Kings 9,9; 2Kings 10,29; 2Kings 10,31; 2Kings 13,2; 2Kings 13,11; 2Kings 14,24; 2Kings 15,9; 2Kings 15,18; 2Kings 15,24; 2Kings 15,28; 2Kings 16,3; 2Kings 17,21; 2Kings 23,15; 2Chr. 9,29; 2Chr. 10,2; 2Chr. 10,15; 2Chr. 13,6; Sir. 47,24)

Ναβαταίοι Nabatean ▸ 1
  Ναβαταίοις ▸ 1
    Noun ▪ masculine ▪ plural ▪ dative ▪ (proper) ▸ **1** (1Mac. 5,25)

Ναβαταῖος Nabatean ▸ 1
  Ναβαταίους ▸ 1
    Noun ▪ masculine ▪ plural ▪ accusative ▪ (proper) ▸ **1** (1Mac. 9,35)

Ναβαυ Nebo; Nobah ▸ 10
  Ναβαυ ▸ 10
    Noun ▪ singular ▪ accusative ▪ (proper) ▸ **4** (1Chr. 5,8; Is. 15,2; Jer. 31,1; Jer. 31,22)
    Noun ▪ singular ▪ genitive ▪ (proper) ▸ **3** (Num. 33,47; Deut. 32,49; Deut. 34,1)
    Noun ▪ singular ▪ nominative ▪ (proper) ▸ **1** (Num. 27,12)
    Noun ▪ masculine ▪ singular ▪ nominative ▪ (proper) ▸ **2** (Num. 32,3; Num. 32,42)

Ναβδεηλ Abdeel ▸ 3
  Ναβδεηλ ▸ 3
    Noun ▪ masculine ▪ singular ▪ nominative ▪ (proper) ▸ **3** (Gen. 25,3; Gen. 25,13; 1Chr. 1,29)

Ναβεθ Nobah ▸ 1
  Ναβεθ ▸ 1
    Noun ▪ feminine ▪ singular ▪ genitive ▪ (proper) ▸ **1** (Judg. 8,11)

Ναβι Nahbi ▸ 1
  Ναβι ▸ 1
    Noun ▪ masculine ▪ singular ▪ nominative ▪ (proper) ▸ **1** (Num. 13,14)

Ναβι-ααρ (Hebr.) other Nebo ▸ 1
  Ναβι-ααρ ▸ 1
    Noun ▪ masculine ▪ singular ▪ genitive ▪ (proper) ▸ **1** (Neh. 7,33)

νάβλα harp ▸ 15
  νάβλα ▸ 1
    Noun ▪ neuter ▪ singular ▪ nominative ▪ (common) ▸ **1** (1Sam. 10,5)
  νάβλαις ▸ 12
    Noun ▪ feminine ▪ plural ▪ dative ▪ (common) ▸ **12** (2Sam. 6,5; 1Chr. 13,8; 1Chr. 15,16; 1Chr. 15,20; 1Chr. 15,28; 1Chr. 16,5; 1Chr. 25,1; 1Chr. 25,6; 2Chr. 5,12; 2Chr. 20,28; 2Chr. 29,25; 1Mac. 13,51)
  νάβλας ▸ 2
    Noun ▪ feminine ▪ plural ▪ accusative ▪ (common) ▸ **2** (1Kings 10,12; 2Chr. 9,11)

Ναβου Nebo ▸ 2
  Ναβου ▸ 2
    Noun ▪ singular ▪ genitive ▪ (proper) ▸ **1** (Ezra 2,29)
    Noun ▪ masculine ▪ singular ▪ genitive ▪ (proper) ▸ **1** (Ezra 10,43)

Ναβουζαρδαν Nebuzaradan ▸ 6
  Ναβουζαρδαν ▸ 6
    Noun ▪ masculine ▪ singular ▪ nominative ▪ (proper) ▸ **6** (2Kings 25,8; 2Kings 25,11; 2Kings 25,20; Jer. 50,6; Jer. 52,12; Jer. 52,26)

Ναβουζαρδας Nebuzaradan ▸ 1
  Ναβουζαρδαν ▸ 1
    Noun ▪ masculine ▪ singular ▪ accusative ▪ (proper) ▸ **1** (Jer. 47,1)

Ναβουθαι Naboth ▸ 19
  Ναβουθαι ▸ 19
    Noun ▪ masculine ▪ singular ▪ accusative ▪ (proper) ▸ **5** (1Kings 20,2; 1Kings 20,6; 1Kings 20,9; 1Kings 20,12; 1Kings 20,27)
    Noun ▪ masculine ▪ singular ▪ dative ▪ (proper) ▸ **1** (1Kings 20,1)
    Noun ▪ masculine ▪ singular ▪ genitive ▪ (proper) ▸ **9** (1Kings 20,7; 1Kings 20,8; 1Kings 20,15; 1Kings 20,16; 1Kings 20,18; 1Kings 20,19; 2Kings 9,21; 2Kings 9,25; 2Kings 9,26)
    Noun ▪ masculine ▪ singular ▪ nominative ▪ (proper) ▸ **4** (1Kings 20,3; 1Kings 20,14; 1Kings 20,15; 1Kings 20,16)

Ναβουσαρις Nabousaris (Heb. chief officer) ▸ 1
  Ναβουσαρις ▸ 1
    Noun ▪ masculine ▪ singular ▪ nominative ▪ (proper) ▸ **1** (Jer. 46,3)

Ναβουσαχαρ Nebo-sarsekim ▸ 1
  Ναβουσαχαρ ▸ 1
    Noun ▪ masculine ▪ singular ▪ nominative ▪ (proper) ▸ **1** (Jer. 46,3)

Ναβουχοδονοσορ Nebuchadnezzar ▸ 97 + 31 = 128
  Ναβουχοδονοσορ ▸ 97 + 31 = 128
    Noun ▪ masculine ▪ singular ▪ accusative ▪ (proper) ▸ 8 + 2 = **10** (2Chr. 36,13; Judith 11,7; Jer. 24,1; Jer. 26,13; Jer. 50,10; Bar. 1,9; Ezek. 26,7; Dan. 1,18; Dan. 4,28; Dan. 4,33)
    Noun ▪ masculine ▪ singular ▪ dative ▪ (proper) ▸ 8 + 4 = **12** (2Kings 25,8; Judith 3,8; Judith 11,1; Jer. 34,6; Ezek. 29,19; Dan. 2,28; Dan. 3,16; Dan. 5,12; Dan. 2,28; Dan. 3,9; Dan. 3,16; Dan. 5,18)
    Noun ▪ masculine ▪ singular ▪ genitive ▪ (proper) ▸ 21 + 3 = **24** (1Chr. 5,41; 1Esdr. 1,46; 1Esdr. 6,14; Judith 1,1; Judith 1,11; Judith 2,1; Judith 2,19; Judith 3,2; Judith 4,1; Judith 11,4; Judith 11,23; Judith 12,13; Judith 14,18; Jer. 39,1; Jer. 51,30; Bar. 1,11; Bar. 1,12; LetterJ 1; Ezek. 30,10; Dan. 2,1; Dan. 4,4; Dan. 1,18; Dan. 2,1; Dan. 3,1)
    Noun ▪ masculine ▪ singular ▪ nominative ▪ (proper) ▸ 57 + 21 = **78** (2Kings 24,1; 2Kings 24,10; 2Kings 24,11; 2Kings 25,1; 2Kings 25,22; 2Chr. 36,5a; 2Chr. 36,6; 2Chr. 36,10; 1Esdr. 1,38; 1Esdr. 1,39; 1Esdr. 1,43; 1Esdr. 2,7; 1Esdr. 5,7; 1Esdr. 6,17; 1Esdr. 6,25; Ezra 1,7; Ezra 2,1; Ezra 5,12; Ezra 5,14; Ezra 6,5; Neh. 7,6; Esth. 11,4 # 1,1c; Esth. 2,6; Judith 1,5; Judith 1,7; Judith 1,12; Judith 2,4; Judith 6,2; Judith 6,4; Judith 11,7; Jer. 26,2; Jer. 28,34; Jer. 30,23; Jer. 41,1; Jer. 42,11; Jer. 44,1; Jer. 46,1; Jer. 52,4; Ezek. 29,18; Dan. 1,1; Dan. 2,46; Dan. 2,48; Dan. 3,1; Dan. 3,2; Dan. 3,2; Dan. 3,5; Dan. 3,7; Dan. 3,13; Dan. 3,14; Dan. 3,19; Dan. 3,91; Dan. 3,95; Dan. 4,28; Dan. 4,33a; Dan. 4,37b; Dan. 4,37c; Dan. 5,2; Dan. 1,1; Dan. 2,1; Dan. 2,46; Dan. 3,2; Dan. 3,3; Dan. 3,3; Dan. 3,5; Dan. 3,7; Dan. 3,13; Dan. 3,14; Dan. 3,19; Dan. 3,91; Dan. 3,93; Dan. 3,95; Dan. 4,1; Dan. 4,4; Dan. 4,18; Dan. 4,34; Dan. 4,37; Dan. 5,2; Dan. 5,11)
    Noun ▪ masculine ▪ singular ▪ vocative ▪ (proper) ▸ 3 + 1 = **4** (Dan. 4,31; Dan. 4,33; Dan. 4,34; Dan. 4,31)

Ναβουχοδονοσόρ Nebuchadnezzar ▸ 1
  Ναβουχοδονοσορ ▸ 1
    Noun ▪ masculine ▪ singular ▪ nominative ▪ (proper) ▸ **1** (Tob. 14,15)

Ναβωθ Nobah ▸ 1
  Ναβωθ ▸ 1
    Noun ▪ masculine ▪ singular ▪ nominative ▪ (proper) ▸ **1** (Num. 32,42)

Ναβωκ Nabok (?) ▸ 1

Ναβωκ ▸ 1
  Noun · singular · nominative · (proper) ▸ **1** (Josh. 19,33)

Ναаргасνаσер Nergal-sharezer ▸ 1
  Ναγαργασνασερ ▸ 1
    Noun · masculine · singular · nominative · (proper) ▸ **1** (Jer. 46,3)

Ναγγαί Naggai ▸ 1
  Ναγγαί ▸ 1
    Noun · masculine · singular · genitive · (proper) ▸ **1** (Luke 3,25)

Ναγε Nogah ▸ 2
  Ναγε ▸ 2
    Noun · masculine · singular · nominative · (proper) ▸ **2** (1Chr. 3,7; 1Chr. 14,6)

Ναγεβ Negev ▸ 10
  Ναγεβ ▸ 10
    Noun · singular · accusative · (proper) ▸ **1** (Ezek. 21,2)
    Noun · singular · dative · (proper) ▸ **2** (Josh. 12,8; Obad. 19)
    Noun · singular · genitive · (proper) ▸ **3** (Josh. 15,19; Obad. 20; Ezek. 21,3)
    Noun · feminine · singular · accusative · (proper) ▸ **2** (Josh. 10,40; Josh. 11,16)
    Noun · feminine · singular · genitive · (proper) ▸ **2** (Jer. 39,44; Jer. 40,13)

Ναγεδ Naged (?) ▸ 1
  Ναγεδ ▸ 1
    Noun · singular · nominative · (proper) ▸ **1** (2Sam. 5,16a)

Ναδαβ Nadab ▸ 20 + 4 = 24
  Ναδαβ ▸ 20 + 4 = 24
    Noun · masculine · singular · accusative · (proper) ▸ **4** (Ex. 6,23; Ex. 28,1; Num. 3,4; Num. 26,60)
    Noun · masculine · singular · genitive · (proper) ▸ **3** (1Kings 15,31; 1Chr. 2,30; Song 7,2)
    Noun · masculine · singular · nominative · (proper) ▸ **13 + 4 = 17** (Ex. 24,1; Ex. 24,9; Lev. 10,1; Num. 3,2; Num. 26,61; 1Kings 15,25; 1Kings 15,27; 1Chr. 2,28; 1Chr. 5,29; 1Chr. 8,30; 1Chr. 9,36; 1Chr. 24,1; 1Chr. 24,2; Tob. 14,10; Tob. 14,10; Tob. 14,10; Tob. 14,10)

Ναδαβαθ Nadabath ▸ 1
  Ναδαβαθ ▸ 1
    Noun · singular · genitive · (proper) ▸ **1** (1Mac. 9,37)

Ναδαβαῖος Nodab ▸ 1
  Ναδαβαίων ▸ 1
    Noun · masculine · plural · genitive · (proper) ▸ **1** (1Chr. 5,19)

Ναεθ Nahath ▸ 1
  Ναεθ ▸ 1
    Noun · masculine · singular · nominative · (proper) ▸ **1** (2Chr. 31,13)

Ναεμανι Nahamani ▸ 1
  Ναεμανι ▸ 1
    Noun · masculine · singular · genitive · (proper) ▸ **1** (Neh. 7,7)

Ναζαρά Nazareth ▸ 12
  Ναζαρά ▸ 1
    Noun · feminine · singular · accusative · (proper) ▸ **1** (Luke 4,16)
  Ναζαρά ▸ 1
    Noun · feminine · singular · accusative · (proper) ▸ **1** (Matt. 4,13)
  Ναζαρέθ ▸ 4
    Noun · feminine · singular · accusative · (proper) ▸ **1** (Luke 2,51)
    Noun · feminine · singular · genitive · (proper) ▸ **2** (Matt. 21,11; Luke 2,4)
    Noun · feminine · singular · nominative · (proper) ▸ **1** (Luke 1,26)
  Ναζαρέθ ▸ 2
    Noun · feminine · singular · accusative · (proper) ▸ **1** (Luke 2,39)
    Noun · feminine · singular · genitive · (proper) ▸ **1** (Acts 10,38)
  Ναζαρέτ ▸ 2
    Noun · feminine · singular · genitive · (proper) ▸ **2** (Mark 1,9; John 1,46)
  Ναζαρέτ ▸ 2
    Noun · feminine · singular · accusative · (proper) ▸ **1** (Matt. 2,23)
    Noun · feminine · singular · genitive · (proper) ▸ **1** (John 1,45)

Ναζαρηνός Nazarene ▸ 6
  Ναζαρηνέ ▸ 2
    Adjective · masculine · singular · vocative · (proper) ▸ **2** (Mark 1,24; Luke 4,34)
  Ναζαρηνὸν ▸ 1
    Adjective · masculine · singular · accusative · (proper) ▸ **1** (Mark 16,6)
  Ναζαρηνός ▸ 1
    Adjective · masculine · singular · nominative · (proper) ▸ **1** (Mark 10,47)
  Ναζαρηνοῦ ▸ 2
    Adjective · masculine · singular · genitive · (proper) ▸ **2** (Mark 14,67; Luke 24,19)

ναζιρ Nazarite ▸ 1
  ναζιρ ▸ 1
    Noun · masculine · singular · nominative · (common) ▸ **1** (Judg. 13,5)

ναζιραῖος Nazarite ▸ 5
  ναζιραῖοι ▸ 1
    Adjective · masculine · plural · nominative · noDegree ▸ **1** (Lam. 4,7)
  ναζιραῖον ▸ 2
    Adjective · neuter · singular · nominative · noDegree ▸ **2** (Judg. 13,5; Judg. 13,7)
  ναζιραῖος ▸ 1
    Adjective · masculine · singular · nominative · noDegree ▸ **1** (Judg. 16,17)
  ναζιραίους ▸ 1
    Adjective · masculine · plural · accusative · noDegree ▸ **1** (1Mac. 3,49)

Ναζωραῖος Nazarene ▸ 13
  Ναζωραῖον ▸ 3
    Noun · masculine · singular · accusative · (proper) ▸ **3** (John 18,5; John 18,7; Acts 2,22)
  Ναζωραῖος ▸ 5
    Noun · masculine · singular · nominative · (proper) ▸ **5** (Matt. 2,23; Luke 18,37; John 19,19; Acts 6,14; Acts 22,8)
  Ναζωραίου ▸ 4
    Noun · masculine · singular · genitive · (proper) ▸ **4** (Matt. 26,71; Acts 3,6; Acts 4,10; Acts 26,9)
  Ναζωραίων ▸ 1
    Noun · masculine · plural · genitive · (proper) ▸ **1** (Acts 24,5)

Ναημ Naham ▸ 1
  Ναημ ▸ 1
    Noun · masculine · singular · genitive · (proper) ▸ **1** (1Chr. 4,19)

Ναθάμ Nathan ▸ 1
  Ναθάμ ▸ 1
    Noun · masculine · singular · genitive · (proper) ▸ **1** (Luke 3,31)

Ναθαν Nathan ▸ 48 + 1 = 49
  Ναθαν ▸ 48 + 1 = 49
    Noun · singular · nominative · (proper) ▸ **1** (2Sam. 5,16a)
    Noun · masculine · singular · accusative · (proper) ▸ **12 + 1 = 13** (2Sam. 7,2; 2Sam. 7,4; 2Sam. 12,1; 2Sam. 12,5; 1Kings 1,10; 1Kings 1,32; 1Kings 1,44; 1Chr. 2,36; 1Chr. 17,1; 1Chr. 17,3;

1Esdr. 8,43; Psa. 50,2; Tob. 5,14)
- **Noun** · masculine · singular · dative · (proper) ▸ **2** (2Sam. 12,13; Ezra 8,16)
- **Noun** · masculine · singular · genitive · (proper) ▸ **13** (2Sam. 5,14; 2Sam. 12,25; 2Sam. 23,36; 1Kings 2,46h; 1Kings 2,46h; 1Kings 4,5; 1Kings 4,5; 2Kings 23,11; 1Chr. 11,38; 1Chr. 29,29; 2Chr. 9,29; 2Chr. 29,25; Zech. 12,12)
- **Noun** · masculine · singular · nominative · (proper) ▸ **20** (2Sam. 7,3; 2Sam. 7,17; 2Sam. 12,7; 2Sam. 12,13; 2Sam. 12,15; 1Kings 1,8; 1Kings 1,11; 1Kings 1,22; 1Kings 1,23; 1Kings 1,24; 1Kings 1,34; 1Kings 1,38; 1Kings 1,45; 1Chr. 2,36; 1Chr. 3,5; 1Chr. 14,4; 1Chr. 17,2; 1Chr. 17,15; Ezra 10,39; Sir. 47,1)

Ναθαναηλ Nethanel; Nathanael ▸ **15**
- Ναθαναηλ ▸ **15**
  - **Noun** · masculine · singular · accusative · (proper) ▸ **1** (2Chr. 17,7)
  - **Noun** · masculine · singular · genitive · (proper) ▸ **3** (Num. 7,23; 1Chr. 24,6; Judith 8,1)
  - **Noun** · masculine · singular · nominative · (proper) ▸ **11** (Num. 1,8; Num. 2,5; Num. 7,18; Num. 10,15; 1Chr. 2,14; 1Chr. 15,24; 1Chr. 26,4; 2Chr. 35,9; 1Esdr. 1,9; Ezra 10,22; Neh. 12,21)

Ναθαναήλ Nethanel; Nathanael ▸ **6**
- Ναθαναήλ ▸ **3**
  - **Noun** · masculine · singular · nominative · (proper) ▸ **3** (John 1,46; John 1,48; John 1,49)
- Ναθαναήλ ▸ **3**
  - **Noun** · masculine · singular · accusative · (proper) ▸ **2** (John 1,45; John 1,47)
  - **Noun** · masculine · singular · nominative · (proper) ▸ **1** (John 21,2)

Ναθαναηλος Nathanael ▸ **1**
- Ναθαναηλος ▸ **1**
  - **Noun** · masculine · singular · nominative · (proper) ▸ **1** (1Esdr. 9,22)

Ναθανιας Nethaniah ▸ **8**
- Ναθανιας ▸ **4**
  - **Noun** · masculine · singular · nominative · (proper) ▸ **4** (1Chr. 25,2; 1Chr. 25,12; 2Chr. 17,8; 1Esdr. 9,34)
- Ναθανιου ▸ **4**
  - **Noun** · masculine · singular · genitive · (proper) ▸ **4** (2Kings 25,23; 2Kings 25,25; Jer. 47,8; Jer. 48,1)

Ναθανιου Nethaniah ▸ **1**
- Ναθανιου ▸ **1**
  - **Noun** · masculine · singular · genitive · (proper) ▸ **1** (Jer. 43,14)

ναθιναῖος temple servant ▸ **2**
- ναθιναῖοι ▸ **2**
  - **Noun** · masculine · plural · nominative · (common) ▸ **2** (Ezra 2,43; Neh. 11,3)

ναθινιμ (Hebr.) temple servants ▸ **11**
- ναθινιμ ▸ **11**
  - **Noun** · masculine · plural · accusative · (common) ▸ **1** (Ezra 8,17)
  - **Noun** · masculine · plural · dative · (common) ▸ **1** (Ezra 7,24)
  - **Noun** · masculine · plural · genitive · (common) ▸ **1** (Ezra 8,20)
  - **Noun** · masculine · plural · nominative · (common) ▸ **8** (Ezra 2,70; Ezra 7,7; Ezra 8,20; Neh. 3,26; Neh. 7,46; Neh. 7,60; Neh. 7,73; Neh. 10,29)

ναθινιν (Hebr.) temple servants ▸ **1**
- ναθινιν ▸ **1**
  - **Noun** · masculine · plural · nominative · (common) ▸ **1** (Ezra 2,58)

Ναϊ (ναί) yes ▸ **1**
- Ναϊ ▸ **1**
  - **Noun** · masculine · singular · accusative · (proper) ▸ **1** (Judg. 1,31)

ναί yes ▸ **6** + **1** + **33** = **40**
- Ναί ▸ **3** + **1** = **4**
  - **Particle** ▸ **3** + **1** = **4** (Gen. 17,19; Gen. 42,21; Is. 48,7; Tob. 5,6)
- ναί ▸ **3** + **23** = **26**
  - **Particle** ▸ **3** + **23** = **26** (Judith 9,12; Judith 9,12; Job 19,4; Matt. 5,37; Matt. 9,28; Matt. 11,9; Matt. 11,26; Matt. 15,27; Luke 7,26; Luke 10,21; Luke 11,51; Luke 12,5; John 11,27; John 21,15; John 21,16; Rom. 3,29; 2Cor. 1,17; 2Cor. 1,17; 2Cor. 1,18; 2Cor. 1,19; 2Cor. 1,19; Phil. 4,3; Philem. 20; James 5,12; James 5,12; Rev. 16,7)
- ναί ▸ **10**
  - **Particle** ▸ **10** (Matt. 5,37; Matt. 13,51; Matt. 17,25; Matt. 21,16; Acts 5,8; Acts 22,27; 2Cor. 1,20; Rev. 1,7; Rev. 14,13; Rev. 22,20)

Ναιδ Nod ▸ **1**
- Ναιδ ▸ **1**
  - **Noun** · singular · (proper) ▸ **1** (Gen. 4,16)

Ναϊδος Naidus ▸ **1**
- Ναϊδος ▸ **1**
  - **Noun** · masculine · singular · nominative · (proper) ▸ **1** (1Esdr. 9,31)

Ναιμαν Naaman ▸ **15**
- Ναιμαν ▸ **15**
  - **Noun** · masculine · singular · accusative · (proper) ▸ **3** (2Kings 5,5; 2Kings 5,6; 2Kings 5,19)
  - **Noun** · masculine · singular · genitive · (proper) ▸ **4** (2Kings 5,2; 2Kings 5,20; 2Kings 5,21; 2Kings 5,27)
  - **Noun** · masculine · singular · nominative · (proper) ▸ **8** (2Kings 5,1; 2Kings 5,8; 2Kings 5,9; 2Kings 5,11; 2Kings 5,14; 2Kings 5,17; 2Kings 5,21; 2Kings 5,23)

Ναιμάν Naaman ▸ **1**
- Ναιμὰν ▸ **1**
  - **Noun** · masculine · singular · nominative · (proper) ▸ **1** (Luke 4,27)

Ναΐν Nain ▸ **1**
- Ναΐν ▸ **1**
  - **Noun** · feminine · singular · accusative · (proper) ▸ **1** (Luke 7,11)

ναίω to inhabit ▸ **1**
- ναίων ▸ **1**
  - **Verb** · present · active · participle · masculine · singular · nominative ▸ **1** (Job 22,12)

Νακαν Nakan (?) ▸ **1**
- Νακαν ▸ **1**
  - **Noun** · singular · nominative · (proper) ▸ **1** (Josh. 18,27)

Νακεβ Nekeb ▸ **1**
- Νακεβ ▸ **1**
  - **Noun** · singular · nominative · (proper) ▸ **1** (Josh. 19,33)

νακκαριμ (Hebr.) shepherds ▸ **1**
- νακκαριμ ▸ **1**
  - **Noun** ▸ **1** (Amos 1,1)

νᾶμα (νάω) river, stream; nectar ▸ **1**
- νάματος ▸ **1**
  - **Noun** · neuter · singular · genitive · (common) ▸ **1** (Song 8,2)

Ναμβρα Nimrah ▸ **1**
- Ναμβρα ▸ **1**
  - **Noun** · singular · nominative · (proper) ▸ **1** (Num. 32,3)

Ναμβραν Nimrah ▸ **1**
- Ναμβραν ▸ **1**
  - **Noun** · feminine · singular · accusative · (proper) ▸ **1** (Num. 32,36)

Ναμεσσι Nimshi ▸ **4**

Ναμεσσι ▸ 4
  Noun · masculine · singular · genitive · (proper) ▸ 4 (1Kings 19,16; 2Kings 9,2; 2Kings 9,14; 2Chr. 22,7)

Ναμεσσιας Nimshi ▸ 1
  Ναμεσσιου ▸ 1
  Noun · masculine · singular · genitive · (proper) ▸ 1 (2Kings 9,20)

Ναμνα Timha (?) ▸ 1
  Ναμνα ▸ 1
  Noun · masculine · singular · nominative · (proper) ▸ 1 (1Chr. 1,39)

Ναμουηλ Nemuel ▸ 3
  Ναμουηλ ▸ 3
  Noun · masculine · singular · dative · (proper) ▸ 1 (Num. 26,12)
  Noun · masculine · singular · nominative · (proper) ▸ 2 (Num. 26,9; 1Chr. 4,24)

Ναμουηλι Nemuelite ▸ 1
  Ναμουηλι ▸ 1
  Noun · masculine · singular · nominative · (proper) ▸ 1 (Num. 26,12)

Ναναια Nanea ▸ 2
  Ναναίαν ▸ 1
  Noun · feminine · singular · accusative · (proper) ▸ 1 (2Mac. 1,13)
  Ναναίας ▸ 1
  Noun · feminine · singular · genitive · (proper) ▸ 1 (2Mac. 1,13)

Ναναῖος Nanean ▸ 1
  Ναναίου ▸ 1
  Noun · masculine · singular · genitive · (proper) ▸ 1 (2Mac. 1,15)

ναός temple, shrine; palace ▸ 112 + 6 + 45 = 163
  ναοῖς ▸ 1
  Noun · masculine · plural · dative ▸ 1 (Acts 17,24)
  ναόν ▸ 5
  Noun · masculine · singular · accusative · (common) ▸ 5 (1Esdr. 2,16; 1Esdr. 4,45; 1Mac. 4,49; Sir. 50,1; Ezek. 41,1)
  ναόν ▸ 33 + 1 + 13 = 47
  Noun · masculine · singular · accusative · (common) ▸ 33 + 1 + 13 = 47 (2Chr. 26,16; 2Chr. 27,2; 2Chr. 29,17; 1Esdr. 2,14; 1Esdr. 5,55; 1Esdr. 5,57; 1Esdr. 5,64; 1Esdr. 6,18; Ezra 5,14; Ezra 6,5; 2Mac. 8,2; 2Mac. 14,35; 3Mac. 1,10; 3Mac. 3,17; 3Mac. 5,43; Psa. 5,8; Psa. 26,4; Psa. 27,2; Psa. 44,16; Psa. 78,1; Psa. 137,2; Ode. 6,5; Ode. 6,8; Wis. 9,8; Sir. 49,12; Sir. 50,7; Jonah 2,5; Jonah 2,8; Hag. 2,9; Mal. 3,1; Ezek. 8,16; Bel 14; Bel 14; Bel 14; Matt. 26,61; Matt. 27,5; Matt. 27,40; Mark 14,58; Mark 15,29; Luke 1,9; John 2,19; 1Cor. 3,17; Eph. 2,21; 2Th. 2,4; Rev. 11,1; Rev. 15,8; Rev. 21,22)
  Ναός ▸ 1
  Noun · masculine · singular · nominative · (common) ▸ 1 (Jer. 7,4)
  ναός ▸ 1
  Noun · masculine · singular · nominative · (common) ▸ 1 (Psa. 64,5)
  ναός ▸ 11 + 1 + 10 = 22
  Noun · masculine · singular · nominative · (common) ▸ 11 + 1 + 10 = 22 (1Kings 6,17; 1Esdr. 5,52; Judith 5,18; Tob. 1,4; 1Mac. 2,8; Hag. 2,18; Zech. 8,9; Jer. 7,4; Jer. 37,18; Ezek. 41,15; Ezek. 41,21; Tob. 1,4; Matt. 23,17; John 2,20; 1Cor. 3,16; 1Cor. 3,17; 1Cor. 6,19; 2Cor. 6,16; Rev. 11,19; Rev. 15,5; Rev. 15,8; Rev. 21,22)
  ναοῦ ▸ 40 + 2 + 12 = 54
  Noun · masculine · singular · genitive · (common) ▸ 40 + 2 + 12 = 54 (1Sam. 1,9; 2Sam. 22,7; 1Kings 6,3; 1Kings 6,33; 1Kings 6,36a; 1Kings 7,7; 1Kings 7,36; 2Kings 18,16; 2Kings 23,4; 1Chr. 28,11; 2Chr. 3,17; 2Chr. 4,22; 2Chr. 8,12; 2Chr. 15,8; 2Chr. 29,7; 1Esdr. 6,17; Ezra 5,14; Judith 4,2; Judith 4,11; 1Mac. 1,22; 1Mac. 4,57; 1Mac. 7,36; 2Mac. 10,5; 2Mac. 15,18; 2Mac. 15,33; 3Mac. 2,1; Psa. 17,7; Psa. 47,10; Psa. 67,30; Psa. 143,12; Sir. 51,14; Amos 8,3; Is. 66,6; Jer. 24,1; Bar. 1,8; Ezek. 8,16; Ezek. 41,4; Ezek. 41,25; Bel 11; Bel 14; Dan. 5,2; Dan. 5,3; Matt. 23,16; Matt. 23,35; Matt. 27,51; Mark 15,38; Luke 23,45; John 2,21; Rev. 11,2; Rev. 14,15; Rev. 14,17; Rev. 15,6; Rev. 16,1; Rev. 16,17)
  ναούς ▸ 1 + 1 = 2
  Noun · masculine · plural · accusative · (common) ▸ 1 + 1 = 2 (Joel 4,5; Acts 19,24)
  ναῷ ▸ 20 + 2 + 8 = 30
  Noun · masculine · singular · dative · (common) ▸ 20 + 2 + 8 = 30 (1Sam. 3,3; 1Kings 6,5; 2Kings 24,13; 2Chr. 4,7; 2Chr. 4,8; 2Chr. 26,19; 2Chr. 36,7; 1Esdr. 1,39; 1Esdr. 6,17; 1Esdr. 6,18; 1Mac. 4,50; Psa. 10,4; Psa. 28,9; Ode. 8,53; Wis. 3,14; Sir. 45,9; Hab. 2,20; Hag. 2,15; Ezek. 41,23; Dan. 3,53; Dan. 3,53; Dan. 4,29; Matt. 23,16; Matt. 23,21; Luke 1,21; Luke 1,22; 2Cor. 6,16; Rev. 3,12; Rev. 7,15; Rev. 11,19)

Ναουμ Nahum; Nehum ▸ 2 + 1 = 3
  Ναουμ ▸ 2 + 1 = 3
  Noun · masculine · singular · genitive · (proper) ▸ 2 (Neh. 7,7; Nah. 1,1)
  Noun · masculine · singular · nominative · (proper) ▸ 1 (Tob. 14,4)

Ναούμ Nahum; Nehum ▸ 1
  Ναούμ ▸ 1
  Noun · masculine · singular · genitive · (proper) ▸ 1 (Luke 3,25)

νάπη wooded valley, glen; forest ▸ 8
  νάπαι ▸ 1
  Noun · feminine · plural · nominative · (common) ▸ 1 (Num. 24,6)
  νάπαις ▸ 2
  Noun · feminine · plural · dative · (common) ▸ 2 (Ezek. 6,3; Ezek. 36,6)
  νάπας ▸ 2
  Noun · feminine · plural · accusative · (common) ▸ 2 (Is. 40,12; Jer. 14,6)
  νάπη ▸ 1
  Noun · feminine · singular · dative · (common) ▸ 1 (Deut. 3,29)
  νάπην ▸ 1
  Noun · feminine · singular · accusative · (common) ▸ 1 (Num. 21,20)
  νάπης ▸ 1
  Noun · feminine · singular · genitive · (common) ▸ 1 (Josh. 18,16)

Ναργαλασαρ Nergal-sharezer ▸ 1
  Ναργαλασαρ ▸ 1
  Noun · masculine · singular · nominative · (proper) ▸ 1 (Jer. 46,3)

νάρδος oil of nard ▸ 3 + 2 = 5
  νάρδος ▸ 2
  Noun · feminine · singular · nominative · (common) ▸ 2 (Song 1,12; Song 4,14)
  νάρδου ▸ 2
  Noun · feminine · singular · genitive ▸ 2 (Mark 14,3; John 12,3)
  νάρδων ▸ 1
  Noun · feminine · plural · genitive · (common) ▸ 1 (Song 4,13)

ναρκάω (νάρκη) to grow stiff, numb ▸ 5
  ἐνάρκησεν ▸ 4
  Verb · third · singular · aorist · active · indicative ▸ 4 (Gen. 32,26; Gen. 32,33; Gen. 32,33; Job 33,19)

ναρκήσει ▸ 1
  Verb · third · singular · future · active · indicative ▸ **1** (Dan. 11,6)
Νάρκισσος Narcissus ▸ 1
  Ναρκίσσου ▸ 1
    Noun · masculine · singular · genitive · (proper) ▸ **1** (Rom. 16,11)
Νασαραχ Nisroch ▸ 1
  Νασαραχ ▸ 1
    Noun · masculine · singular · accusative · (proper) ▸ **1** (Is. 37,38)
Νασβας Nadab ▸ 1
  Νασβας ▸ 1
    Noun · masculine · singular · nominative · (proper) ▸ **1** (Tob. 11,19)
Νασι Nasith ▸ 1
  Νασι ▸ 1
    Noun · masculine · singular · genitive · (proper) ▸ **1** (1Esdr. 5,32)
Νασιβ Nezib; official ▸ 5
  Νασιβ ▸ 5
    Noun · singular · dative · (proper) ▸ **1** (1Sam. 1,1)
    Noun · singular · nominative · (proper) ▸ **1** (Josh. 15,43)
    Noun · masculine · singular · accusative · (proper) ▸ **2** (1Sam. 13,3; 1Sam. 13,4)
    Noun · masculine · singular · nominative · (proper) ▸ **1** (1Sam. 10,5)
νασιβ Nezib; official ▸ 1
  νασιβ ▸ 1
    Noun ▸ **1** (1Kings 16,28e)
νασιφ (Hebr.) official ▸ 1
  νασιφ ▸ 1
    Noun · masculine · singular · nominative · (common) ▸ **1** (1Kings 4,18)
Νασουε Neziah ▸ 1
  Νασουε ▸ 1
    Noun · masculine · singular · genitive · (proper) ▸ **1** (Ezra 2,54)
Ναταϊμ Netaim ▸ 1
  Ναταϊμ ▸ 1
    Noun · masculine · plural · dative · (proper) ▸ **1** (1Chr. 4,23)
ναυαγέω (ναῦς; ἀξίνη) to be shipwrecked ▸ 2
  ἐναυάγησα ▸ 1
    Verb · first · singular · aorist · active · indicative ▸ **1** (2Cor. 11,25)
  ἐναυάγησαν ▸ 1
    Verb · third · plural · aorist · active · indicative ▸ **1** (1Tim. 1,19)
Ναυαθ Naioth ▸ 6
  Ναυαθ ▸ 6
    Noun · singular · accusative · (proper) ▸ **2** (1Sam. 19,23; 1Sam. 19,23)
    Noun · singular · dative · (proper) ▸ **3** (1Sam. 19,18; 1Sam. 19,19; 1Sam. 19,22)
    Noun · singular · genitive · (proper) ▸ **1** (1Sam. 20,1)
Ναυη Nun ▸ 29 + 2 = 31
  Ναυη ▸ 29 + 2 = 31
    Noun · singular · genitive · (proper) ▸ 6 + 2 = **8** (Josh. 2,23; Josh. 5,9; Josh. 6,6; Josh. 14,1; Josh. 19,49; Josh. 24,30; Judg. 2,8; Judg. 2,21)
    Noun · masculine · singular · genitive · (proper) ▸ **23** (Ex. 33,11; Num. 11,28; Num. 13,8; Num. 13,16; Num. 14,6; Num. 14,30; Num. 14,38; Num. 26,65; Num. 27,18; Num. 32,12; Num. 32,28; Num. 34,17; Deut. 1,38; Deut. 32,44; Deut. 34,9; Josh. 1,1; Josh. 2,1; Josh. 19,51; Josh. 21,1; Judg. 2,8; 1Kings 16,34; Neh. 8,17; Sir. 46,1)
ναύκληρος (ναῦς; κληρόω) ship-owner; ship-master ▸ 1
  ναυκλήρῳ ▸ 1
    Noun · masculine · singular · dative ▸ **1** (Acts 27,11)
ναῦλον (ναῦς) passage-money, ship fare ▸ 1
  ναῦλον ▸ 1
    Noun · neuter · singular · accusative · (common) ▸ **1** (Jonah 1,3)
ναῦς ship ▸ 16 + 1 + 1 = 18
  ναῦν ▸ 3 + 1 = 4
    Noun · feminine · singular · accusative · (common) ▸ 3 + 1 = **4** (1Kings 9,26; 1Kings 16,28f; 4Mac. 7,1; Acts 27,41)
  ναῦς ▸ 8
    Noun · feminine · plural · accusative · (common) ▸ **2** (1Sam. 5,6; 1Kings 16,28f)
    Noun · feminine · singular · nominative · (common) ▸ **6** (1Kings 10,11; 1Kings 10,22; 1Kings 10,22; 2Chr. 9,21; Prov. 31,14; Wis. 5,10)
  ναυσὶν ▸ 1 + 1 = 2
    Noun · feminine · plural · dative · (common) ▸ 1 + 1 = **2** (Job 9,26; Dan. 11,40)
  νηὶ ▸ 1
    Noun · feminine · singular · dative · (common) ▸ **1** (1Kings 9,27)
  νηί ▸ 1
    Noun · feminine · singular · dative · (common) ▸ **1** (1Kings 16,28g)
  νηὸς ▸ 1
    Noun · feminine · singular · genitive · (common) ▸ **1** (Prov. 30,19)
  νηῶν ▸ 1
    Noun · feminine · plural · genitive · (common) ▸ **1** (1Kings 10,22)
ναύτης (ναῦς) sailor ▸ 3
  ναῦται ▸ 2
    Noun · masculine · plural · nominative ▸ **2** (Acts 27,27; Rev. 18,17)
  ναυτῶν ▸ 1
    Noun · masculine · plural · genitive ▸ **1** (Acts 27,30)
ναυτικός (ναῦς) nautical, seafaring, naval ▸ 2
  ναυτικοί ▸ 1
    Adjective · masculine · plural · nominative · noDegree ▸ **1** (Jonah 1,5)
  ναυτικοὺς ▸ 1
    Adjective · masculine · plural · accusative · noDegree ▸ **1** (1Kings 9,27)
Ναφαγ Nepheg ▸ 2
  Ναφαγ ▸ 2
    Noun · masculine · singular · nominative · (proper) ▸ **2** (1Chr. 3,7; 1Chr. 14,6)
Ναφεδδωρ Naphoth Dor ▸ 2
  Ναφεδδωρ ▸ 2
    Noun · masculine · singular · accusative · (proper) ▸ **1** (Josh. 11,2)
    Noun · masculine · singular · genitive · (proper) ▸ **1** (Josh. 12,23)
Ναφεκ Nepheg ▸ 3
  Ναφεκ ▸ 3
    Noun · singular · nominative · (proper) ▸ **2** (2Sam. 5,15; 2Sam. 5,16a)
    Noun · masculine · singular · nominative · (proper) ▸ **1** (Ex. 6,21)
Ναφες Naphish ▸ 2
  Ναφες ▸ 2
    Noun · masculine · singular · nominative · (proper) ▸ **2** (Gen. 25,15; 1Chr. 1,31)
Ναφετα Naphoth ▸ 1
  Ναφετα ▸ 1
    Noun · feminine · singular · genitive · (proper) ▸ **1** (Josh. 17,11)

Ναφετα–νεανίσκος

νάφθα naphtha ‣ 1 + 1 = 2
  νάφθαν ‣ 1 + 1 = 2
    Noun ‧ feminine ‧ singular ‧ accusative ‧ (common) ‣ 1 + 1 = 2 (Dan. 3,46; Dan. 3,46)

Ναφθω Nephtoah ‣ 2
  Ναφθω ‣ 2
    Noun ‧ singular ‧ genitive ‧ (proper) ‣ 2 (Josh. 15,9; Josh. 18,15)

Ναφισαῖος Naphish ‣ 1
  Ναφισαίων ‣ 1
    Noun ‧ masculine ‧ plural ‧ genitive ‧ (proper) ‣ 1 (1Chr. 5,19)

Ναφισι Naphisi ‣ 1
  Ναφισι ‣ 1
    Noun ‧ masculine ‧ singular ‧ genitive ‧ (proper) ‣ 1 (1Esdr. 5,31)

Ναφισων Nephussim ‣ 1
  Ναφισων ‣ 1
    Noun ‧ masculine ‧ singular ‧ genitive ‧ (proper) ‣ 1 (Ezra 2,50)

Ναφλαζων Nibshan ‣ 1
  Ναφλαζων ‣ 1
    Noun ‧ singular ‧ nominative ‧ (proper) ‣ 1 (Josh. 15,62)

ναχαλ (Hebr.) river ‣ 1
  ναχαλ ‣ 1
    Noun ‣ 1 (Jer. 38,40)

Ναχαλιγαας Nachaligaas (Heb. ravines of Gaash) ‣ 1
  Ναχαλιγαας ‣ 1
    Noun ‧ singular ‧ genitive ‧ (proper) ‣ 1 (1Chr. 11,32)

Ναχαλιγαιας Nachaligaias (Heb. ravines of Gaash) ‣ 1
  Ναχαλιγαιας ‣ 1
    Noun ‧ singular ‧ genitive ‧ (proper) ‣ 1 (2Sam. 23,30)

Ναχεθ Nahath ‣ 1
  Ναχεθ ‣ 1
    Noun ‧ masculine ‧ singular ‧ nominative ‧ (proper) ‣ 1 (1Chr. 1,37)

Ναχεμ Naham ‣ 1
  Ναχεμ ‣ 1
    Noun ‧ masculine ‧ singular ‧ genitive ‧ (proper) ‣ 1 (1Chr. 4,19)

Ναχοθ Nahath ‣ 2
  Ναχοθ ‣ 2
    Noun ‧ masculine ‧ singular ‧ nominative ‧ (proper) ‣ 2 (Gen. 36,13; Gen. 36,17)

Ναχωρ Nahor ‣ 19
  Ναχωρ ‣ 19
    Noun ‧ singular ‧ (proper) ‣ 1 (Gen. 24,10)
    Noun ‧ singular ‧ genitive ‧ (proper) ‣ 1 (Josh. 24,2)
    Noun ‧ masculine ‧ singular ‧ accusative ‧ (proper) ‣ 4 (Gen. 11,22; Gen. 11,23; Gen. 11,26; Gen. 11,27)
    Noun ‧ masculine ‧ singular ‧ dative ‧ (proper) ‣ 3 (Gen. 22,20; Gen. 22,23; Gen. 24,24)
    Noun ‧ masculine ‧ singular ‧ genitive ‧ (proper) ‣ 5 (Gen. 11,29; Gen. 24,15; Gen. 24,47; Gen. 29,5; Gen. 31,53)
    Noun ‧ masculine ‧ singular ‧ nominative ‧ (proper) ‣ 5 (Gen. 11,24; Gen. 11,25; Gen. 11,29; 1Chr. 1,26; 1Chr. 11,39)

Ναχώρ Nahor ‣ 1
  Ναχώρ ‣ 1
    Noun ‧ masculine ‧ singular ‧ genitive ‧ (proper) ‣ 1 (Luke 3,34)

νεάζω (νέος) to be young, vigorous ‣ 1
  νεάζειν ‣ 1
    Verb ‧ present ‧ active ‧ infinitive ‣ 1 (4Mac. 5,31)

νεανίας (νέος) young man ‣ 23 + 7 + 3 = 33
  νεανία ‣ 1
    Noun ‧ masculine ‧ singular ‧ dative ‧ (common) ‣ 1 (Judg. 19,13)
  νεανίαι ‣ 7
    Noun ‧ masculine ‧ plural ‧ nominative ‧ (common) ‣ 6 (1Esdr. 8,88; 2Mac. 3,26; 2Mac. 3,33; 2Mac. 10,35; 2Mac. 12,27; 4Mac. 8,27)
    Noun ‧ masculine ‧ plural ‧ vocative ‧ (common) ‣ 1 (4Mac. 8,5)
  νεανίαις ‣ 1
    Noun ‧ masculine ‧ plural ‧ dative ‧ (common) ‣ 1 (Prov. 20,29)
  νεανίαν ‣ 4 + 1 + 1 = 6
    Noun ‧ masculine ‧ singular ‧ accusative ‧ (common) ‣ 4 + 1 + 1 = 6 (1Sam. 20,31; 2Sam. 6,1; Prov. 7,7; Zech. 2,8; Judg. 16,26; Acts 23,17)
  νεανίας ‣ 5 + 5 + 1 = 11
    Noun ‧ masculine ‧ plural ‧ accusative ‧ (common) ‣ 1 (Dan. 1,10)
    Noun ‧ masculine ‧ singular ‧ nominative ‧ (common) ‣ 4 + 5 + 1 = 10 (2Mac. 7,30; 4Mac. 9,13; 4Mac. 9,21; 4Mac. 9,25; Judg. 17,7; Judg. 17,11; Judg. 19,3; Judg. 19,9; Judg. 19,11; Acts 20,9)
  νεανίου ‣ 3 + 1 = 4
    Noun ‧ masculine ‧ singular ‧ genitive ‧ (common) ‣ 3 + 1 = 4 (1Sam. 20,37; 1Chr. 19,10; 2Mac. 7,25; Acts 7,58)
  νεανιῶν ‣ 3
    Noun ‧ masculine ‧ plural ‧ genitive ‧ (common) ‣ 3 (Ruth 3,10; 1Kings 12,21; 4Mac. 14,9)

νεανικός (νέος) young, youthful ‣ 1
  νεανικῆς ‣ 1
    Adjective ‧ feminine ‧ singular ‧ genitive ‧ noDegree ‣ 1 (3Mac. 4,8)

νεᾶνις (νέος) young woman ‣ 28 + 8 = 36
  νεάνιδα ‣ 4
    Noun ‧ feminine ‧ singular ‧ accusative ‧ (common) ‣ 4 (1Kings 1,2; 1Kings 1,3; 2Kings 5,2; Sir. 20,4)
  νεάνιδας ‣ 1 + 1 = 2
    Noun ‧ feminine ‧ plural ‧ accusative ‧ (common) ‣ 1 + 1 = 2 (Judg. 21,12; Judg. 21,12)
  νεάνιδες ‣ 3
    Noun ‧ feminine ‧ plural ‧ nominative ‧ (common) ‣ 3 (3Mac. 4,6; Song 1,3; Song 6,8)
  νεάνιδι ‣ 3
    Noun ‧ feminine ‧ singular ‧ dative ‧ (common) ‣ 3 (Deut. 22,20; Deut. 22,26; Deut. 22,26)
  νεάνιδος ‣ 8 + 6 = 14
    Noun ‧ feminine ‧ singular ‧ genitive ‧ (common) ‣ 8 + 6 = 14 (Deut. 22,19; Deut. 22,29; Judg. 19,3; Judg. 19,4; Judg. 19,5; Judg. 19,6; Judg. 19,8; Judg. 19,9; Judg. 19,3; Judg. 19,4; Judg. 19,5; Judg. 19,6; Judg. 19,8; Judg. 19,9)
  νεανίδων ‣ 1
    Noun ‧ feminine ‧ plural ‧ genitive ‧ (common) ‣ 1 (Psa. 67,26)
  νεᾶνιν ‣ 2
    Noun ‧ feminine ‧ singular ‧ accusative ‧ (common) ‣ 2 (Deut. 22,21; Deut. 22,24)
  νεᾶνις ‣ 5 + 1 = 6
    Noun ‧ feminine ‧ singular ‧ nominative ‧ (common) ‣ 5 + 1 = 6 (Ex. 2,8; Deut. 22,27; Ruth 2,5; 1Kings 1,4; 2Kings 5,4; Dan. 11,6)
  νεάνισιν ‣ 1
    Noun ‧ feminine ‧ plural ‧ dative ‧ (common) ‣ 1 (3Mac. 5,49)

νεανίσκος (νέος) young man ‣ 97 + 13 + 11 = 121
  Νεανίσκε ‣ 1
    Noun ‧ masculine ‧ singular ‧ vocative ‧ (common) ‣ 1 (Tob. 5,10)
  νεανίσκε ‣ 2 + 2 + 1 = 5
    Noun ‧ masculine ‧ singular ‧ vocative ‧ (common) ‣ 2 + 2 + 1 = 5 (Eccl. 11,9; Sir. 32,7; Tob. 5,5; Tob. 5,7; Luke 7,14)
  νεανίσκοι ‣ 33 + 1 + 4 = 38
    Noun ‧ masculine ‧ plural ‧ nominative ‧ (common) ‣ 33 + 1 + 2

N, ν

= **36** (Gen. 14,24; Gen. 25,27; Josh. 2,1; Josh. 2,23; Josh. 6,23; Judg. 14,10; Judg. 20,15; 1Esdr. 3,4; Ezra 10,1; Judith 7,22; Judith 7,23; 1Mac. 1,26; 1Mac. 2,9; 1Mac. 14,9; 4Mac. 3,12; Psa. 148,12; Job 29,8; Amos 8,13; Joel 3,1; Is. 31,8; Is. 40,30; Jer. 11,22; Jer. 18,21; Jer. 27,30; Jer. 30,32; Jer. 31,15; Lam. 1,18; Lam. 2,21; Lam. 5,13; Ezek. 23,6; Ezek. 23,12; Ezek. 30,17; Dan. 6,5; Judg. 14,10; Acts 2,17; Acts 5,10)
  Noun · masculine · plural · vocative ▸ **2** (1John 2,13; 1John 2,14)
νεανίσκοις ▸ **6**
  Noun · masculine · plural · dative · (common) ▸ **6** (Ex. 10,9; Josh. 6,22; 1Esdr. 8,49; Judith 10,9; Zech. 9,17; Dan. 1,17)
νεανίσκον ▸ **4** + **1** + **3** = **8**
  Noun · masculine · singular · accusative · (common) ▸ **4** + **1** + **3** = **8** (Gen. 4,23; Jer. 27,44; Jer. 28,22; Ezek. 9,6; Tob. 8,1; Mark 16,5; Acts 23,18; Acts 23,22)
νεανίσκος ▸ **11** + **4** + **3** = **18**
  Noun · masculine · singular · nominative · (common) ▸ **11** + **4** + **3** = **18** (Gen. 34,19; Gen. 41,12; Num. 11,27; Deut. 32,25; 1Esdr. 4,58; Judith 6,16; Tob. 7,2; Ode. 2,25; Prov. 20,11; Is. 62,5; Sus. 39; Tob. 7,2; Sus. 21; Sus. 37; Sus. 40; Matt. 19,20; Matt. 19,22; Mark 14,51)
νεανίσκου ▸ **6** + **2** = **8**
  Noun · masculine · singular · genitive · (common) ▸ **6** + **2** = **8** (Gen. 19,4; Josh. 6,21; 1Esdr. 1,50; 2Mac. 7,12; Eccl. 4,15; Jer. 15,8; Judg. 18,3; Judg. 18,15)
νεανίσκους ▸ **21** + **1** = **22**
  Noun · masculine · plural · accusative · (common) ▸ **21** + **1** = **22** (Ex. 24,5; Josh. 2,1; 2Chr. 36,17; 1Esdr. 1,50; 1Esdr. 3,15; Judith 2,27; Judith 16,4; 4Mac. 13,9; 4Mac. 16,17; Psa. 77,63; Amos 4,10; Is. 3,4; Is. 9,16; Is. 20,4; Is. 23,4; Jer. 9,20; Jer. 28,3; Jer. 30,13; Ezek. 23,23; Dan. 1,4; Dan. 1,13; Dan. 1,4)
νεανίσκῳ ▸ **2** + **1** = **3**
  Noun · masculine · singular · dative · (common) ▸ **2** + **1** = **3** (1Sam. 9,27; 1Sam. 20,22; Judg. 19,19)
νεανίσκων ▸ **12**
  Noun · masculine · plural · genitive · (common) ▸ **12** (2Sam. 10,9; 2Chr. 11,1; Judith 16,6; 2Mac. 13,15; 4Mac. 13,7; 4Mac. 14,12; 4Mac. 14,20; Amos 2,11; Is. 13,18; Jer. 6,11; Jer. 38,13; Dan. 1,15)

νεβελ (Hebr.) flask, wineskin ▸ **3**
νεβελ ▸ **3**
  Noun · singular · dative · (common) ▸ **2** (1Sam. 1,24; Hos. 3,2)
  Noun · singular · nominative · (common) ▸ **1** (2Sam. 16,1)

Νεβριμ Nimrim ▸ **1**
Νεβριμ ▸ **1**
  Noun · genitive · (proper) ▸ **1** (Jer. 31,34)

νεβρός fawn, young deer ▸ **5**
νεβροί ▸ **2**
  Noun · masculine · plural · nominative · (common) ▸ **2** (Song 4,5; Song 7,4)
νεβρῷ ▸ **3**
  Noun · masculine · singular · dative · (common) ▸ **3** (Song 2,9; Song 2,17; Song 8,14)

Νεβρωδ Nimrod ▸ **4**
Νεβρωδ ▸ **4**
  Noun · singular · genitive · (proper) ▸ **1** (Mic. 5,5)
  Noun · masculine · singular · accusative · (proper) ▸ **2** (Gen. 10,8; 1Chr. 1,10)
  Noun · masculine · singular · nominative · (proper) ▸ **1** (Gen. 10,9)

Νεβσαν Nibshan ▸ **1**
Νεβσαν ▸ **1**
  Noun · singular · nominative · (proper) ▸ **1** (Josh. 15,62)

νεελασα (Hebr.) joyous, joyfully ▸ **1**
νεελασα ▸ **1**
  Noun · singular · accusative · (common) ▸ **1** (Job 39,13)

Νεεμείας Nehemiah ▸ **1**
Νεεμιου ▸ **1**
  Noun · masculine · singular · genitive · (proper) ▸ **1** (1Esdr. 5,8)

Νεεμια Nehemiah ▸ **4**
Νεεμια ▸ **4**
  Noun · masculine · singular · dative · (proper) ▸ **1** (Neh. 7,70)
  Noun · masculine · singular · genitive · (proper) ▸ **3** (Neh. 1,1; Neh. 7,7; Neh. 12,26)

Νεεμιας Nehemiah ▸ **14**
Νεεμιαν ▸ **3**
  Noun · masculine · singular · accusative · (proper) ▸ **3** (2Mac. 1,33; 2Mac. 1,36; 2Mac. 2,13)
Νεεμιας ▸ **9**
  Noun · masculine · singular · nominative · (proper) ▸ **9** (1Esdr. 5,40; Ezra 2,2; Neh. 3,16; Neh. 8,9; Neh. 10,2; 2Mac. 1,18; 2Mac. 1,20; 2Mac. 1,21; 2Mac. 1,31)
Νεεμιου ▸ **2**
  Noun · masculine · singular · genitive · (proper) ▸ **2** (2Mac. 1,23; Sir. 49,13)

Νεεσθαν Nehushtan ▸ **1**
Νεεσθαν ▸ **1**
  Noun · masculine · singular · accusative · (proper) ▸ **1** (2Kings 18,4)

νεεσσαραν (Hebr.) detained ▸ **1**
νεεσσαραν ▸ **1**
  Noun · singular · nominative · (common) ▸ **1** (1Sam. 21,8)

νεζερ (Hebr.) crown ▸ **1**
νεζερ ▸ **1**
  Noun ▸ **1** (2Kings 11,12)

νεῖκος quarrel, strife, dispute ▸ **7**
νεῖκος ▸ **5**
  Noun · neuter · singular · accusative · (common) ▸ **4** (Prov. 10,12; Prov. 29,22; Hos. 10,11; Zeph. 3,5)
  Noun · neuter · singular · nominative · (common) ▸ **1** (Prov. 22,10)
νεῖκός ▸ **1**
  Noun · neuter · singular · accusative · (common) ▸ **1** (Ezek. 3,8)
νείκους ▸ **1**
  Noun · neuter · singular · genitive · (common) ▸ **1** (Ezek. 3,8)

νεκρός dead; corpse ▸ **83** + **7** + **128** = **218**
νεκρά ▸ **2** + **1** + **3** = **6**
  Adjective · feminine · singular · nominative · noDegree ▸ **1** + **3** = **4** (Judg. 19,28; Rom. 7,8; James 2,17; James 2,26)
  Adjective · neuter · plural · accusative · noDegree ▸ **1** (Is. 37,36)
  Adjective · neuter · plural · nominative · noDegree ▸ **1** (2Kings 19,35)
νεκρὰν ▸ **1**
  Adjective · feminine · singular · accusative ▸ **1** (Acts 5,10)
νεκρὰς ▸ **1**
  Adjective · feminine · plural · accusative · noDegree ▸ **1** (Ezek. 32,18)
νεκρᾶς ▸ **1**
  Adjective · feminine · singular · genitive · noDegree ▸ **1** (Wis. 15,5)
νεκροί ▸ **9** + **1** + **11** = **21**
  Adjective · masculine · plural · nominative · noDegree ▸ **9** + **1** + **11** = **21** (Deut. 28,26; 2Chr. 20,24; Psa. 113,25; Ode. 5,14; Eccl. 9,5; Is. 22,2; Is. 26,14; Jer. 7,33; Jer. 9,21; Tob. 5,10; Matt. 11,5;

Luke 7,22; John 5,25; 1Cor. 15,15; 1Cor. 15,16; 1Cor. 15,29; 1Cor. 15,32; 1Cor. 15,52; 1Th. 4,16; Rev. 14,13; Rev. 20,12)

νεκροί ▸ 5 + 3 = 8
  Adjective · masculine · plural · nominative · noDegree ▸ 5 + 3 = 8 (2Sam. 19,7; Ode. 5,19; Is. 22,2; Is. 26,19; Is. 34,3; Matt. 28,4; Luke 20,37; 1Cor. 15,35)

νεκροῖς ▸ 8 + 1 + 2 = 11
  Adjective · masculine · plural · dative · noDegree ▸ 7 + 1 + 2 = 10 (Judith 2,8; 4Mac. 15,20; Psa. 87,5; Psa. 87,11; Wis. 4,19; Bar. 3,11; LetterJ 26; Tob. 5,10; Heb. 9,17; 1Pet. 4,6)
  Adjective · neuter · plural · dative · noDegree ▸ 1 (Wis. 13,10)

νεκρόν ▸ 10 + 1 + 2 = 13
  Adjective · masculine · singular · accusative · noDegree ▸ 10 + 1 + 1 = 12 (Gen. 23,4; Gen. 23,6; Gen. 23,6; Gen. 23,8; Gen. 23,11; Gen. 23,13; Gen. 23,15; Judith 14,15; Tob. 12,13; Eccl. 9,4; Tob. 12,13; Acts 28,6)
  Adjective · neuter · singular · nominative ▸ 1 (James 2,26)

νεκρὸν ▸ 7 + 1 = 8
  Adjective · masculine · singular · accusative · noDegree ▸ 5 (2Kings 23,30; Psa. 37,21; Wis. 14,15; Sir. 27,18; Sir. 48,5)
  Adjective · neuter · singular · accusative · noDegree ▸ 2 (Wis. 13,18; Wis. 15,17)
  Adjective · neuter · singular · nominative ▸ 1 (Rom. 8,10)

νεκρός ▸ 1 + 1 + 3 = 5
  Adjective · masculine · singular · nominative · noDegree ▸ 1 + 1 + 3 = 5 (Judg. 4,22; Judg. 4,22; Mark 9,26; Acts 20,9; Rev. 1,17)

νεκρὸς ▸ 2 + 6 = 8
  Adjective · masculine · singular · nominative · noDegree ▸ 2 + 6 = 8 (Psa. 30,13; Is. 14,19; Luke 7,15; Luke 15,24; Luke 15,32; Rev. 1,18; Rev. 2,8; Rev. 3,1)

νεκροῦ ▸ 7 + 1 = 8
  Adjective · masculine · singular · genitive · noDegree ▸ 7 + 1 = 8 (Gen. 23,3; Num. 19,16; Sir. 17,28; Sir. 22,12; Sir. 34,25; Sir. 38,23; LetterJ 31; Rev. 16,3)

νεκρούς ▸ 5 + 2 + 6 = 13
  Adjective · masculine · plural · accusative · noDegree ▸ 5 + 2 + 6 = 13 (Deut. 18,11; Tob. 2,8; Tob. 12,12; Eccl. 9,3; Is. 8,19; Tob. 2,8; Tob. 12,12; Matt. 8,22; Luke 9,60; 2Cor. 1,9; 2Tim. 4,1; 1Pet. 4,5; Rev. 20,12)

νεκροὺς ▸ 9 + 13 = 22
  Adjective · masculine · plural · accusative · noDegree ▸ 9 + 13 = 22 (1Sam. 31,8; 4Mac. 15,20; Psa. 142,3; Wis. 18,12; Jer. 19,7; Lam. 3,6; Ezek. 11,6; Ezek. 11,7; Ezek. 37,9; Matt. 8,22; Matt. 10,8; Luke 9,60; John 5,21; Acts 26,8; Rom. 4,17; Rom. 6,11; Eph. 2,1; Eph. 2,5; Col. 2,13; Heb. 11,35; Rev. 20,13; Rev. 20,13)

νεκρῷ ▸ 8
  Adjective · masculine · singular · dative · noDegree ▸ 8 (Lev. 21,5; Deut. 14,1; Sir. 7,33; Sir. 8,7; Sir. 22,11; Sir. 22,11; Sir. 38,16; LetterJ 70)

νεκρῶν ▸ 8 + 76 = 84
  Adjective · masculine · plural · genitive · noDegree ▸ 8 + 74 = 82 (Judith 6,4; 2Mac. 12,44; Psa. 105,28; Wis. 18,23; Wis. 19,3; Is. 5,13; Jer. 40,5; Ezek. 9,7; Matt. 14,2; Matt. 17,9; Matt. 22,31; Matt. 22,32; Matt. 23,27; Matt. 27,64; Matt. 28,7; Mark 6,14; Mark 9,9; Mark 9,10; Mark 12,25; Mark 12,26; Mark 12,27; Luke 9,7; Luke 16,30; Luke 16,31; Luke 20,35; Luke 20,38; Luke 24,5; Luke 24,46; John 2,22; John 12,1; John 12,9; John 12,17; John 20,9; John 21,14; Acts 3,15; Acts 4,2; Acts 4,10; Acts 10,41; Acts 10,42; Acts 13,30; Acts 13,34; Acts 17,3; Acts 17,31; Acts 17,32; Acts 23,6; Acts 24,21; Acts 26,23; Rom. 1,4; Rom. 4,24; Rom. 6,4; Rom. 6,9; Rom. 6,13; Rom. 7,4; Rom. 8,11; Rom. 8,11; Rom. 10,7; Rom. 10,9; Rom. 11,15; Rom. 14,9; 1Cor. 15,12; 1Cor. 15,12; 1Cor. 15,13; 1Cor. 15,20; 1Cor. 15,21; 1Cor. 15,29; 1Cor. 15,42; Gal. 1,1; Eph. 1,20; Eph. 5,14; Phil. 3,11; Col. 1,18; Col. 2,12; 1Th. 1,10; 2Tim. 2,8; Heb. 6,2; Heb. 11,19; Heb. 13,20; 1Pet. 1,3; 1Pet. 1,21; Rev. 1,5; Rev. 11,18; Rev. 20,5)
  Adjective · neuter · plural · genitive ▸ 2 (Heb. 6,1; Heb. 9,14)

νεκρόω (νεκρός) to put to death ▸ 3
  Νεκρώσατε ▸ 1
    Verb · second · plural · aorist · active · imperative ▸ 1 (Col. 3,5)
  νενεκρωμένον ▸ 1
    Verb · perfect · middle · participle · neuter · singular · accusative · (variant) ▸ 1 (Rom. 4,19)
  νενεκρωμένου ▸ 1
    Verb · perfect · middle · participle · masculine · singular · genitive · (variant) ▸ 1 (Heb. 11,12)

νέκρωσις (νεκρός) death ▸ 2
  νέκρωσιν ▸ 2
    Noun · feminine · singular · accusative ▸ 2 (Rom. 4,19; 2Cor. 4,10)

Νεκωδα Nekoda ▸ 4
  Νεκωδα ▸ 4
    Noun · masculine · singular · genitive · (proper) ▸ 4 (Ezra 2,48; Ezra 2,60; Neh. 7,50; Neh. 7,62)

Νεκωδαν Necodan ▸ 1
  Νεκωδαν ▸ 1
    Noun · masculine · singular · genitive · (proper) ▸ 1 (1Esdr. 5,37)

Νελαμίτης Nehelamite ▸ 2
  Νελαμίτην ▸ 2
    Noun · masculine · singular · accusative · (proper) ▸ 2 (Jer. 36,24; Jer. 36,31)

Νεμρα Nemrah ▸ 1
  Νεμρα ▸ 1
    Noun · singular · nominative · (proper) ▸ 1 (Josh. 15,35)

Νεμριμ Nimrim ▸ 1
  Νεμριμ ▸ 1
    Noun · feminine · singular · genitive · (proper) ▸ 1 (Is. 15,6)

νέμω to pasture, feed, graze ▸ 20
  ἔνεμεν ▸ 1
    Verb · third · singular · imperfect · active · indicative ▸ 1 (Gen. 36,24)
  ἐνέμεσθε ▸ 1
    Verb · second · plural · imperfect · middle · indicative ▸ 1 (Ezek. 34,18)
  ἐνέμετο ▸ 1
    Verb · third · singular · imperfect · middle · indicative ▸ 1 (Ezek. 19,7)
  ἐνεμήθησαν ▸ 1
    Verb · third · plural · aorist · passive · indicative ▸ 1 (Wis. 19,9)
  ἐνέμοντο ▸ 3
    Verb · third · plural · imperfect · middle · indicative ▸ 3 (Gen. 41,3; Gen. 41,18; Ezek. 34,19)
  νεμέσθωσαν ▸ 2
    Verb · third · plural · present · middle · imperative ▸ 2 (Ex. 34,3; Jonah 3,7)
  νεμήσει ▸ 1
    Verb · third · singular · future · active · indicative ▸ 1 (Hos. 4,16)
  νεμήσεται ▸ 1
    Verb · third · singular · future · middle · indicative ▸ 1 (Jer. 27,19)
  νεμήσονται ▸ 4
    Verb · third · plural · future · middle · indicative ▸ 4 (Mic. 7,14; Zeph. 2,7; Zeph. 2,14; Zeph. 3,13)
  νέμηται ▸ 1

Verb · third · singular · present · middle · subjunctive ▸ **1** (Dan. 4,15)
νεμόμενοι ▸ 3
Verb · present · middle · participle · masculine · plural · nominative ▸ **3** (Num. 14,33; 2Mac. 10,6; Song 4,5)
νέμων ▸ 1
Verb · present · active · participle · masculine · singular · nominative ▸ **1** (1Sam. 21,8)

νεογνός (νέος; γίνομαι) newborn ▸ **2**
νεογνὰ ▸ 2
Adjective · neuter · plural · accusative · noDegree ▸ **2** (3Mac. 1,20; 3Mac. 5,49)

νεόκτιστος (νέος; κτίζω) newly created ▸ **1**
νεοκτίστους ▸ 1
Adjective · feminine · plural · accusative · noDegree ▸ **1** (Wis. 11,18)

νεομηνία (νέος; μήν) new moon; new moon festival ▸ **6 + 1 = 7**
νεομηνία ▸ 2
Noun · feminine · singular · nominative · (common) ▸ **2** (1Sam. 20,5; 2Kings 4,23)
νεομηνίᾳ ▸ 1
Noun · feminine · singular · dative · (common) ▸ **1** (Psa. 80,4)
νεομηνίαις ▸ 2
Noun · feminine · plural · dative · (common) ▸ **2** (Num. 28,11; 1Chr. 23,31)
νεομηνίας ▸ **1 + 1 = 2**
Noun · feminine · plural · accusative · (common) ▸ **1** (Ezek. 23,34)
Noun · feminine · singular · genitive ▸ **1** (Col. 2,16)

νέος new, young ▸ **118 + 7 + 24 = 149**
νέα ▸ 4
Adjective · neuter · plural · accusative · noDegree ▸ **3** (Lev. 2,14; Lev. 23,14; Josh. 5,11)
Adjective · neuter · plural · nominative · noDegree ▸ **1** (Song 7,14)
Νέαν ▸ 1
Adjective · feminine · singular · accusative · (proper) ▸ **1** (Acts 16,11)
νέαν ▸ 3
Adjective · feminine · singular · accusative · noDegree ▸ **3** (Lev. 23,16; Num. 28,26; Wis. 19,11)
νέας ▸ 2
Adjective · feminine · plural · accusative ▸ **1** (Titus 2,4)
Adjective · feminine · singular · genitive ▸ **1** (Heb. 12,24)
νέοι ▸ 1
Adjective · masculine · plural · nominative · noDegree ▸ **1** (4Mac. 9,6)
νέοις ▸ 3
Adjective · masculine · plural · dative · noDegree ▸ **3** (2Mac. 6,28; 2Mac. 6,31; 4Mac. 6,19)
νέον ▸ **7 + 9 = 16**
Adjective · masculine · singular · accusative · noDegree ▸ **6 + 8 = 14** (Deut. 28,50; Psa. 68,32; Sol. 2,8; Sol. 17,11; Zech. 9,9; Is. 49,26; Matt. 9,17; Matt. 9,17; Mark 2,22; Mark 2,22; Luke 5,37; Luke 5,38; Luke 5,39; Col. 3,10)
Adjective · neuter · singular · nominative · noDegree ▸ **1 + 1 = 2** (Deut. 1,39; 1Cor. 5,7)
νέος ▸ **9 + 1 + 1 = 11**
Adjective · masculine · singular · nominative · noDegree ▸ **9 + 1 + 1 = 11** (Gen. 37,2; Ex. 33,11; 1Chr. 12,29; 1Chr. 29,1; 4Mac. 2,3; Wis. 8,10; Sir. 9,10; Sir. 9,10; Is. 65,20; Tob. 1,4; Luke 5,37)

νέου ▸ 1
Adjective · masculine · singular · genitive · noDegree ▸ **1** (Prov. 22,15)
νέους ▸ 1
Adjective · masculine · plural · accusative · noDegree ▸ **1** (Sir. 42,8)
νέῳ ▸ 1
Adjective · masculine · singular · dative · noDegree ▸ **1** (Prov. 1,4)
νέων ▸ 14
Adjective · masculine · plural · genitive · noDegree ▸ **6** (Ex. 13,4; 2Mac. 5,13; 2Mac. 6,24; 2Mac. 15,17; Prov. 7,10; Sir. 50,8)
Adjective · neuter · plural · genitive · noDegree ▸ **8** (Ex. 23,15; Ex. 34,18; Ex. 34,18; Lev. 26,10; Num. 28,26; Deut. 16,1; Deut. 16,1; Sir. 24,25)
νεώτατος ▸ 1
Adjective · masculine · singular · nominative · superlative ▸ **1** (Gen. 49,22)
νεωτέρα ▸ **4 + 1 = 5**
Adjective · feminine · singular · nominative · comparative ▸ **3 + 1 = 4** (Gen. 19,35; Gen. 19,38; Judg. 15,2; Judg. 15,2)
Adjective · feminine · singular · nominative · noDegree ▸ **1** (Ezek. 16,46)
νεωτέρᾳ ▸ 1
Adjective · feminine · singular · dative · comparative ▸ **1** (Gen. 29,16)
νεωτέραις ▸ 1
Adjective · feminine · plural · dative · comparative ▸ **1** (Ezek. 16,61)
νεωτέραν ▸ 3
Adjective · feminine · singular · accusative · comparative ▸ **3** (Gen. 19,31; Gen. 19,34; Gen. 29,26)
νεωτέρας ▸ **1 + 3 = 4**
Adjective · feminine · plural · accusative · comparative ▸ **3** (1Tim. 5,2; 1Tim. 5,11; 1Tim. 5,14)
Adjective · feminine · singular · genitive · comparative ▸ **1** (Gen. 29,18)
νεώτεροι ▸ **5 + 2 = 7**
Adjective · masculine · plural · nominative · comparative ▸ **5 + 1 = 6** (1Chr. 24,31; Is. 40,30; Bar. 3,20; Sus. 63; Sus. 63; Acts 5,6)
Adjective · masculine · plural · vocative · comparative ▸ **1** (1Pet. 5,5)
νεώτερον ▸ **9 + 1 = 10**
Adjective · masculine · singular · accusative · comparative ▸ **7 + 1 = 8** (Gen. 27,15; Gen. 27,42; Gen. 42,20; Gen. 42,34; Gen. 44,20; Judg. 3,9; 1Mac. 6,17; Judg. 3,9)
Adjective · neuter · singular · nominative · comparative ▸ **2** (Gen. 44,12; 1Mac. 11,54)
Νεώτερος ▸ 2
Adjective · masculine · singular · nominative · comparative ▸ **2** (Job 32,6; Jer. 1,7)
νεώτερος ▸ **28 + 3 + 4 = 35**
Adjective · masculine · singular · nominative · comparative ▸ **28 + 3 + 4 = 35** (Gen. 9,24; Gen. 42,13; Gen. 42,15; Gen. 43,3; Gen. 43,5; Gen. 43,29; Gen. 43,33; Gen. 44,23; Gen. 44,26; Gen. 48,14; Gen. 48,19; Num. 14,23; Josh. 15,17; Judg. 1,13; Judg. 8,20; Judg. 9,5; 2Chr. 13,7; 1Mac. 11,57; 4Mac. 11,14; 4Mac. 12,1; Psa. 36,25; Psa. 67,28; Psa. 118,9; Psa. 151,1; Eccl. 10,16; Sir. 51,13; Jer. 1,6; Sus. 55; Judg. 1,13; Judg. 8,20; Judg. 9,5; Luke 15,12; Luke 15,13; Luke 22,26; John 21,18)
νεώτερός ▸ 1

νέος–νεῦμα

    Adjective · masculine · singular · nominative · comparative ▸ **1** (Psa. 118,141)
- νεωτέρου ▸ **8 + 1 = 9**
  - **Adjective** · masculine · singular · genitive · comparative ▸ **7** (Gen. 44,2; Gen. 44,26; 2Chr. 15,13; 1Esdr. 1,50; Tob. 1,4; 1Mac. 13,31; 2Mac. 7,24)
  - **Adjective** · neuter · singular · genitive · comparative ▸ **1 + 1 = 2** (Judg. 18,3; Sus. 45)
- νεωτέρους ▸ **4 + 2 = 6**
  - **Adjective** · masculine · plural · accusative · comparative ▸ **4 + 2 = 6** (2Mac. 5,24; Job 24,5; Jer. 14,3; Sus. 63; 1Tim. 5,1; Titus 2,6)
- νεωτέρῳ ▸ **4**
  - **Adjective** · masculine · singular · dative · comparative ▸ **4** (1Kings 16,34; Sus. 44-45; Sus. 52; Sus. 60-62)
- νεωτέρων ▸ **2**
  - **Adjective** · masculine · plural · genitive · comparative ▸ **2** (2Chr. 10,14; Psa. 148,12)

νεοσσός (νέος) young bird ▸ **21**
- νεοσσοί ▸ **4**
  - **Noun** · masculine · plural · nominative · (common) ▸ **4** (Prov. 30,17; Job 5,7; Job 38,41; Job 39,30)
- νεοσσοῖς ▸ **6**
  - **Noun** · masculine · plural · dative · (common) ▸ **6** (Deut. 22,6; Deut. 32,11; Psa. 146,9; Ode. 2,11; Prov. 24,22e; Is. 60,8)
- νεοσσόν ▸ **1**
  - **Noun** · masculine · singular · accusative · (common) ▸ **1** (Lev. 12,6)
- νεοσσός ▸ **1**
  - **Noun** · masculine · singular · nominative · (common) ▸ **1** (Is. 16,2)
- νεοσσούς ▸ **7**
  - **Noun** · masculine · plural · accusative · (common) ▸ **7** (Lev. 5,7; Lev. 5,11; Lev. 12,8; Lev. 14,22; Lev. 15,14; Lev. 15,29; Num. 6,10)
- νεοσσῶν ▸ **2**
  - **Noun** · masculine · plural · genitive · (common) ▸ **2** (Lev. 14,30; Deut. 22,6)

νεότης (νέος) youth ▸ **64 + 4 = 68**
- νεότης ▸ **3**
  - **Noun** · feminine · singular · nominative · (common) ▸ **3** (Psa. 102,5; Eccl. 11,10; Wis. 4,16)
- νεότησιν ▸ **1**
  - **Noun** · feminine · plural · dative · (common) ▸ **1** (4Mac. 8,8)
- νεότητα ▸ **2**
  - **Noun** · feminine · singular · accusative · (common) ▸ **2** (Gen. 43,33; Lev. 22,13)
- νεότητά ▸ **1**
  - **Noun** · feminine · singular · accusative · (common) ▸ **1** (Psa. 42,4)
- νεότητι ▸ **13**
  - **Noun** · feminine · singular · dative · (common) ▸ **13** (Num. 30,4; Num. 30,17; Psa. 143,12; Prov. 30,19; Job 36,14; Wis. 2,6; Sir. 25,3; Sir. 30,11; Sir. 42,9; Sir. 47,4; Lam. 3,27; Ezek. 23,3; Ezek. 23,8)
- νεότητί ▸ **2**
  - **Noun** · feminine · singular · dative · (common) ▸ **2** (Eccl. 11,9; Sir. 47,14)
- νεότητος ▸ **16 + 3 = 19**
  - **Noun** · feminine · singular · genitive · (common) ▸ **16 + 3 = 19** (Gen. 8,21; Gen. 48,15; 1Sam. 17,33; 1Kings 18,12; 1Mac. 1,6; 1Mac. 2,66; 1Mac. 16,2; Prov. 2,17; Job 13,26; Job 20,11; Sir. 7,23; Is. 47,15; Is. 54,6; Jer. 3,24; Jer. 3,25; Jer. 39,30; Luke 18,21; Acts 26,4; 1Tim. 4,12)
- νεότητός ▸ **26 + 1 = 27**
  - **Noun** · feminine · singular · genitive · (common) ▸ **26 + 1 = 27** (Num. 22,30; 1Sam. 12,2; 2Sam. 19,8; Psa. 24,7; Psa. 70,5; Psa. 70,17; Psa. 87,16; Psa. 128,1; Psa. 128,2; Prov. 5,18; Eccl. 11,9; Eccl. 12,1; Job 31,18; Wis. 8,2; Sir. 6,18; Sir. 51,15; Zech. 13,5; Mal. 2,14; Mal. 2,15; Is. 47,12; Jer. 2,2; Jer. 22,21; Jer. 38,19; Ezek. 23,19; Ezek. 23,21; Ezek. 23,21; Mark 10,20)

νεοττός (νέος) young bird ▸ **1**
- νεοττῶν ▸ **1**
  - **Noun** · masculine · plural · genitive · (common) ▸ **1** (4Mac. 14,15)

νεόφυτος (νέος; φύω) newly converted ▸ **5 + 1 = 6**
- νεόφυτα ▸ **2**
  - **Adjective** · neuter · plural · nominative · noDegree ▸ **2** (Psa. 127,3; Psa. 143,12)
- νεόφυτον ▸ **3 + 1 = 4**
  - **Adjective** · masculine · singular · accusative ▸ **1** (1Tim. 3,6)
  - **Adjective** · neuter · singular · nominative · noDegree ▸ **3** (Ode. 10,7; Job 14,9; Is. 5,7)

νεόω (νέος) to renew, plow up ▸ **1**
- Νεώσατε ▸ **1**
  - **Verb** · second · plural · aorist · active · imperative ▸ **1** (Jer. 4,3)

Νεσεραχ Nisroch ▸ **1**
- Νεσεραχ ▸ **1**
  - **Noun** · masculine · singular · genitive · (proper) ▸ **1** (2Kings 19,37)

Νεσθα Nehushta ▸ **1**
- Νεσθα ▸ **1**
  - **Noun** · feminine · singular · nominative · (proper) ▸ **1** (2Kings 24,8)

Νεσιβ Nezib ▸ **1**
- Νεσιβ ▸ **1**
  - **Noun** · singular · nominative · (proper) ▸ **1** (Josh. 15,43)

νεσσα (Hebr.) falcon ▸ **1**
- νεσσα ▸ **1**
  - **Noun** ▸ **1** (Job 39,13)

Νετεβας Netophae ▸ **1**
- Νετεβας ▸ **1**
  - **Noun** · masculine · singular · genitive · (proper) ▸ **1** (1Esdr. 5,18)

Νετουφατ Netophathite ▸ **1**
- Νετουφατ ▸ **1**
  - **Noun** · masculine · singular · genitive · (proper) ▸ **1** (1Chr. 27,13)

Νετωφα Netophah ▸ **2**
- Νετωφα ▸ **2**
  - **Noun** · singular · genitive · (proper) ▸ **2** (Ezra 2,22; Neh. 7,26)

Νετωφαθι Netophathite ▸ **3**
- Νετωφαθι ▸ **3**
  - **Noun** · masculine · singular · nominative · (proper) ▸ **3** (1Chr. 2,54; 1Chr. 11,30; 1Chr. 11,30)

Νετωφαθίτης Netophathite ▸ **3**
- Νετωφαθίτης ▸ **3**
  - **Noun** · masculine · singular · nominative · (proper) ▸ **3** (2Sam. 23,28; 2Sam. 23,29; 2Kings 25,23)

Νετωφατι Netophathite ▸ **3**
- Νετωφατι ▸ **3**
  - **Noun** · plural · dative · (proper) ▸ **1** (1Chr. 9,16)
  - **Noun** · masculine · singular · genitive · (proper) ▸ **1** (Jer. 47,8)
  - **Noun** · masculine · singular · nominative · (proper) ▸ **1** (1Chr. 27,15)

νεῦμα (νεύω) nod ▸ **2**

νεύμασιν ▸ 1
: **Noun** ▪ neuter ▪ plural ▪ dative ▪ (common) ▸ **1** (Is. 3,16)

νεύματι ▸ 1
: **Noun** ▪ neuter ▪ singular ▪ dative ▪ (common) ▸ **1** (2Mac. 8,18)

νευρά (νεῦρον) string, bowstring ▸ 4 + 3 = 7

νευραῖς ▸ 2
: **Noun** ▪ feminine ▪ plural ▪ dative ▪ (common) ▸ **2** (Judg. 16,7; 2Mac. 7,1)

νευράς ▸ 1
: **Noun** ▪ feminine ▪ plural ▪ accusative ▪ (common) ▸ **1** (Judg. 16,9)

νευρὰς ▸ 1 + 1 = 2
: **Noun** ▪ feminine ▪ plural ▪ accusative ▪ (common) ▸ **1 + 1 = 2** (Judg. 16,8; Judg. 16,8)

νευρέαις ▸ 1
: **Noun** ▪ feminine ▪ plural ▪ dative ▪ (common) ▸ **1** (Judg. 16,7)

νευρέας ▸ 1
: **Noun** ▪ feminine ▪ plural ▪ accusative ▪ (common) ▸ **1** (Judg. 16,9)

νευροκοπέω (νεῦρον; κόπτω) to hamstring ▸ 5

ἐνευροκόπησαν ▸ 1
: **Verb** ▪ third ▪ plural ▪ aorist ▪ active ▪ indicative ▸ **1** (Gen. 49,6)

ἐνευροκόπησεν ▸ 1
: **Verb** ▪ third ▪ singular ▪ aorist ▪ active ▪ indicative ▸ **1** (Josh. 11,9)

νενευροκοπημένης ▸ 1
: **Verb** ▪ perfect ▪ passive ▪ participle ▪ feminine ▪ singular ▪ genitive ▸ **1** (Deut. 21,6)

νευροκοπήσεις ▸ 1
: **Verb** ▪ second ▪ singular ▪ future ▪ active ▪ indicative ▸ **1** (Josh. 11,6)

νευροκοπήσουσιν ▸ 1
: **Verb** ▪ third ▪ plural ▪ future ▪ active ▪ indicative ▸ **1** (Deut. 21,4)

νεῦρον sinew; strength ▸ 11

νεῦρα ▸ 4
: **Noun** ▪ neuter ▪ plural ▪ accusative ▪ (common) ▸ **1** (Ezek. 37,6)
: **Noun** ▪ neuter ▪ plural ▪ nominative ▪ (common) ▸ **3** (Gen. 49,24; Job 40,17; Ezek. 37,8)

νευρά ▸ 1
: **Noun** ▪ neuter ▪ plural ▪ nominative ▪ (common) ▸ **1** (Job 30,17)

νεύροις ▸ 2
: **Noun** ▪ neuter ▪ plural ▪ dative ▪ (common) ▸ **2** (Prov. 24,22d; Job 10,11)

νεῦρον ▸ 2
: **Noun** ▪ neuter ▪ singular ▪ accusative ▪ (common) ▸ **1** (Gen. 32,33)
: **Noun** ▪ neuter ▪ singular ▪ nominative ▪ (common) ▸ **1** (Is. 48,4)

νεύρου ▸ 1
: **Noun** ▪ neuter ▪ singular ▪ genitive ▪ (common) ▸ **1** (Gen. 32,33)

νεύρων ▸ 1
: **Noun** ▪ neuter ▪ plural ▪ genitive ▪ (common) ▸ **1** (4Mac. 7,13)

νεύω to motion, move ▸ 2 + 2 = 4

νεύει ▸ 1
: **Verb** ▪ third ▪ singular ▪ present ▪ active ▪ indicative ▸ **1** (John 13,24)

νευέτω ▸ 1
: **Verb** ▪ third ▪ singular ▪ present ▪ active ▪ imperative ▸ **1** (Prov. 4,25)

νεύσαντος ▸ 1
: **Verb** ▪ aorist ▪ active ▪ participle ▪ masculine ▪ singular ▪ genitive ▸ **1** (Acts 24,10)

νεύσῃ ▸ 1
: **Verb** ▪ third ▪ singular ▪ aorist ▪ active ▪ subjunctive ▸ **1** (Prov. 21,1)

νεφέλη (νέφος) cloud ▸ 133 + 3 + 25 = 161

νεφέλαι ▸ 10 + 2 + 1 = 13
: **Noun** ▪ feminine ▪ plural ▪ nominative ▪ (common) ▸ **10 + 2 + 1 = 13** (Judg. 5,4; Psa. 17,13; Psa. 76,18; Ode. 8,73; Sir. 35,24; Sir. 43,14; Nah. 1,3; Is. 45,8; Is. 60,8; Dan. 3,73; Judg. 5,4; Dan. 3,73; Jude 12)

νεφέλαις ▸ 14 + 2 = 16
: **Noun** ▪ feminine ▪ plural ▪ dative ▪ (common) ▸ **14 + 2 = 16** (2Sam. 22,12; 1Kings 18,45; Psa. 17,12; Psa. 67,35; Psa. 77,23; Psa. 88,7; Psa. 146,8; Ode. 10,6; Eccl. 11,4; Job 26,8; Sir. 50,7; Sir. 50,10; Is. 5,6; LetterJ 61; Mark 13,26; 1Th. 4,17)

νεφέλας ▸ 6
: **Noun** ▪ feminine ▪ plural ▪ accusative ▪ (common) ▸ **6** (Gen. 9,14; Psa. 134,7; Sir. 35,17; Sir. 43,15; Jer. 10,13; Jer. 28,16)

νεφέλη ▸ 44 + 5 = 49
: **Noun** ▪ feminine ▪ singular ▪ nominative ▪ (common) ▸ **44 + 5 = 49** (Ex. 19,13; Ex. 19,16; Ex. 24,15; Ex. 24,16; Ex. 40,34; Ex. 40,35; Ex. 40,36; Ex. 40,37; Ex. 40,37; Ex. 40,38; Num. 9,15; Num. 9,16; Num. 9,17; Num. 9,17; Num. 9,18; Num. 9,19; Num. 9,20; Num. 9,21; Num. 9,21; Num. 10,11; Num. 10,12; Num. 10,36; Num. 12,10; Num. 14,14; Num. 17,7; 1Kings 8,10; 1Kings 18,44; 2Mac. 2,8; Psa. 96,2; Job 37,11; Wis. 19,7; Hos. 6,4; Hos. 13,3; Is. 4,5; Is. 18,4; Jer. 4,13; Ezek. 1,4; Ezek. 1,20; Ezek. 10,3; Ezek. 10,4; Ezek. 30,18; Ezek. 34,12; Ezek. 38,9; Ezek. 38,16; Matt. 17,5; Mark 9,7; Luke 9,34; Acts 1,9; Rev. 14,14)

νεφέλῃ ▸ 13 + 3 = 16
: **Noun** ▪ feminine ▪ singular ▪ dative ▪ (common) ▸ **13 + 3 = 16** (Gen. 9,13; Gen. 9,14; Gen. 9,16; Ex. 16,10; Ex. 34,5; Lev. 16,2; Num. 11,25; Num. 14,10; Deut. 1,33; Deut. 31,15; Psa. 77,14; Ezek. 1,28; Ezek. 32,7; Luke 21,27; 1Cor. 10,2; Rev. 11,12)

νεφέλην ▸ 5 + 5 = 10
: **Noun** ▪ feminine ▪ singular ▪ accusative ▪ (common) ▸ **5 + 5 = 10** (Josh. 24,7; Psa. 104,39; Job 36,27; Is. 44,22; Lam. 3,44; Luke 9,34; Luke 12,54; 1Cor. 10,1; Rev. 10,1; Rev. 14,14)

νεφέλης ▸ 26 + 5 = 31
: **Noun** ▪ feminine ▪ singular ▪ genitive ▪ (common) ▸ **26 + 5 = 31** (Ex. 13,21; Ex. 13,22; Ex. 14,19; Ex. 14,24; Ex. 19,9; Ex. 24,16; Ex. 24,18; Ex. 33,9; Ex. 33,10; Num. 9,22; Num. 12,5; Num. 14,14; Deut. 31,15; 1Kings 8,11; 2Chr. 5,13; 2Chr. 5,14; Neh. 9,12; Neh. 9,19; Psa. 98,7; Job 36,29; Wis. 2,4; Sir. 24,4; Joel 2,2; Zeph. 1,15; Is. 19,1; Ezek. 34,12; Matt. 17,5; Mark 9,7; Luke 9,35; Rev. 14,15; Rev. 14,16)

νεφελῶν ▸ 15 + 1 + 4 = 20
: **Noun** ▪ feminine ▪ plural ▪ genitive ▪ (common) ▸ **15 + 1 + 4 = 20** (Psa. 35,6; Psa. 56,11; Psa. 107,5; Sir. 13,23; Sir. 35,16; Sir. 50,6; Zech. 2,17; Is. 14,14; Bar. 3,29; Ezek. 31,3; Ezek. 31,10; Ezek. 31,14; Dan. 4,11; Dan. 4,22; Dan. 7,13; Dan. 7,13; Matt. 24,30; Matt. 26,64; Mark 14,62; Rev. 1,7)

νεφθαι (Hebr.) naphtha ▸ 1

νεφθαι ▸ 1
: **Noun** ▪ singular ▪ nominative ▪ (common) ▸ **1** (2Mac. 1,36)

Νεφθαλι Naphtali ▸ 46 + 10 = 56

Νεφθαλι ▸ 46 + 10 = 56
: **Noun** ▪ masculine ▪ singular ▪ accusative ▪ (proper) ▸ **1 + 1 = 2** (Gen. 30,8; Judg. 4,10)
: **Noun** ▪ masculine ▪ singular ▪ dative ▪ (proper) ▸ **8 + 3 = 11** (Deut. 33,23; Josh. 19,32; Josh. 20,7; Judg. 4,6; Judg. 4,10; Judg. 6,35; 1Kings 4,15; 1Chr. 27,19; Josh. 19,32; Judg. 4,6; Judg. 6,35)
: **Noun** ▪ masculine ▪ singular ▪ genitive ▪ (proper) ▸ **29 + 3 = 32** (Gen. 46,24; Num. 1,15; Num. 1,42; Num. 1,43; Num. 2,29; Num. 2,29; Num. 7,78; Num. 10,27; Num. 13,14; Num. 26,48; Num. 26,50; Num. 34,28; Deut. 34,2; Josh. 19,39; Josh. 21,6; Josh. 21,32; Judg. 4,6; 1Kings 7,2; 1Kings 15,20; 2Kings 15,29; 1Chr. 6,47; 1Chr. 6,61; 1Chr. 7,13; 1Chr. 12,35; 1Chr. 12,41;

Νεφθαλι–νήθω

2Chr. 16,4; 2Chr. 34,6; Tob. 7,3; Psa. 67,28; Josh. 19,39; Judg. 4,6; Judg. 7,23)
    Noun · masculine · singular · nominative · (proper) ▸ 8 + 3 = **11** (Gen. 35,25; Gen. 49,21; Ex. 1,4; Deut. 27,13; Deut. 33,23; Judg. 1,33; 1Chr. 2,2; Ezek. 48,4; Judg. 1,33; Judg. 1,33; Judg. 5,18)

Νεφθαλιιμ Naphtuhites ▸ 1
  Νεφθαλιιμ ▸ 1
    Noun · masculine · plural · accusative · (proper) ▸ **1** (Gen. 10,13)

Νεφθαλιμ Naphtali ▸ 9 + 5 = 14
  Νεφθαλιμ ▸ 9 + 5 = 14
    Noun · feminine · singular · genitive · (proper) ▸ **1** (Tob. 1,2)
    Noun · masculine · singular · genitive · (proper) ▸ 8 + 4 = **12** (Judg. 7,23; Tob. 1,1; Tob. 1,2; Tob. 1,4; Tob. 1,5; Is. 8,23; Ezek. 48,3; Ezek. 48,34; Tob. 1,1; Tob. 1,4; Tob. 1,5; Tob. 7,3)
    Noun · masculine · singular · nominative · (proper) ▸ **1** (Judg. 5,18)

Νεφθαλίμ Naphtali ▸ 3
  Νεφθαλίμ ▸ 1
    Noun · masculine · singular · genitive · (proper) ▸ **1** (Rev. 7,6)
  Νεφθαλίμ ▸ 2
    Noun · masculine · singular · genitive · (proper) ▸ **2** (Matt. 4,13; Matt. 4,15)

νεφθαρ (Hebr.) naphtha ▸ 1
  νεφθαρ ▸ 1
    Noun ▸ **1** (2Mac. 1,36)

νέφος cloud, cloud mass ▸ 26 + 1 = 27
  νέφη ▸ 12
    Noun · neuter · plural · accusative · (common) ▸ **5** (Psa. 103,3; Prov. 8,28; Prov. 25,23; Job 35,5; Job 38,37)
    Noun · neuter · plural · nominative · (common) ▸ **7** (Prov. 3,20; Prov. 25,14; Eccl. 11,3; Eccl. 12,2; Job 22,14; Job 36,28; Job 37,22)
  νέφος ▸ 8 + 1 = 9
    Noun · neuter · singular · accusative · (common) ▸ 4 + 1 = **5** (Job 26,9; Job 37,11; Job 38,9; Job 38,34; Heb. 12,1)
    Noun · neuter · singular · nominative · (common) ▸ **4** (Prov. 16,15; Job 7,9; Job 26,8; Job 30,15)
  νέφους ▸ 1
    Noun · neuter · singular · genitive · (common) ▸ **1** (Job 40,6)
  νεφῶν ▸ 5
    Noun · neuter · plural · genitive · (common) ▸ **5** (Job 20,6; Job 37,16; Job 37,21; Job 38,1; Wis. 5,21)

νεφρός kidney, heart, mind ▸ 31 + 1 = 32
  νεφροί ▸ 1
    Noun · masculine · plural · nominative · (common) ▸ **1** (1Mac. 2,24)
  νεφροί ▸ 2
    Noun · masculine · plural · nominative · (common) ▸ **2** (Psa. 15,7; Psa. 72,21)
  νεφροῖς ▸ 6
    Noun · masculine · plural · dative · (common) ▸ **6** (Lev. 3,4; Lev. 3,10; Lev. 3,15; Lev. 4,9; Lev. 7,4; Lam. 3,13)
  νεφρούς ▸ 3
    Noun · masculine · plural · accusative · (common) ▸ **3** (Psa. 25,2; Psa. 138,13; Job 16,13)
  νεφρούς ▸ 15 + 1 = 16
    Noun · masculine · plural · accusative · (common) ▸ 15 + 1 = **16** (Ex. 29,13; Ex. 29,22; Lev. 3,4; Lev. 3,10; Lev. 3,15; Lev. 4,9; Lev. 7,4; Lev. 8,16; Lev. 8,25; Lev. 9,10; Lev. 9,19; Psa. 7,10; Jer. 11,20; Jer. 17,10; Jer. 20,12; Rev. 2,23)
  νεφρῶν ▸ 4
    Noun · masculine · plural · genitive · (common) ▸ **4** (Deut. 32,14; Ode. 2,14; Wis. 1,6; Jer. 12,2)

Νεφωσασιμ Nephushesim ▸ 1
  Νεφωσασιμ ▸ 1
    Noun · masculine · singular · genitive · (proper) ▸ **1** (Neh. 7,52)

Νεχαω Neco ▸ 13
  Νεχαω ▸ 13
    Noun · masculine · singular · dative · (proper) ▸ **2** (2Kings 23,35; 2Chr. 36,4a)
    Noun · masculine · singular · genitive · (proper) ▸ **3** (2Chr. 35,22; Jer. 26,2; Jer. 26,17)
    Noun · masculine · singular · nominative · (proper) ▸ **8** (2Kings 23,29; 2Kings 23,29; 2Kings 23,33; 2Kings 23,34; 2Chr. 35,20; 2Chr. 36,2c; 2Chr. 36,4; 2Chr. 36,4)

νεχωθα (Hebr.) treasure ▸ 2
  νεχωθα ▸ 2
    Noun ▸ **2** (2Kings 20,13; Is. 39,2)

νεωκόρος (ναός; κόρος) temple keeper ▸ 1
  νεωκόρον ▸ 1
    Noun · masculine · singular · accusative ▸ **1** (Acts 19,35)

νέωμα (νέος) newly plowed field ▸ 1
  νεώματα ▸ 1
    Noun · neuter · plural · accusative · (common) ▸ **1** (Jer. 4,3)

νεώς (ναός) temple; palace ▸ 7
  νεώ ▸ 6
    Noun · masculine · singular · accusative · (common) ▸ **5** (2Mac. 6,2; 2Mac. 9,16; 2Mac. 10,3; 2Mac. 13,23; 2Mac. 14,33)
    Noun · masculine · singular · genitive · (common) ▸ **1** (2Mac. 4,14)
  νεώς ▸ 1
    Noun · masculine · singular · nominative · (common) ▸ **1** (2Mac. 10,5)

νεωστί (νέος) lately, recently ▸ 1
  νεωστὶ ▸ 1
    Adverb ▸ **1** (Judith 4,3)

νεωτερίζω (νέος) to revolt, attempt a revolution ▸ 1
  νεωτερίσαντες ▸ 1
    Verb · aorist · active · participle · masculine · plural · nominative ▸ **1** (4Mac. 3,21)

νεωτερικός (νέος) innovative, recently invented; youthful ▸ 1 + 1 = 2
  νεωτερικὰς ▸ 1
    Adjective · feminine · plural · accusative ▸ **1** (2Tim. 2,22)
  νεωτερικῆς ▸ 1
    Adjective · feminine · singular · genitive · noDegree ▸ **1** (3Mac. 4,8)

νή by ▸ 2 + 1 = 3
  νή ▸ 2 + 1 = 3
    Particle · (emphatic) ▸ 2 + 1 = **3** (Gen. 42,15; Gen. 42,16; 1Cor. 15,31)

νήθω (νέω) to spin ▸ 10 + 2 = 12
  ἔνησαν ▸ 1
    Verb · third · plural · aorist · active · indicative ▸ **1** (Ex. 35,26)
  νενησμένα ▸ 1
    Verb · perfect · passive · participle · neuter · plural · accusative ▸ **1** (Ex. 35,25)
  νενησμένης ▸ 1
    Verb · perfect · passive · participle · feminine · singular · genitive ▸ **1** (Ex. 26,31)
  νενησμένου ▸ 6
    Verb · perfect · passive · participle · neuter · singular · genitive ▸ **6** (Ex. 36,9; Ex. 36,31; Ex. 36,36; Ex. 37,3; Ex. 37,5; Ex. 37,16)
  νήθει ▸ 1
    Verb · third · singular · present · active · indicative ▸ **1** (Luke

12,27)
νήθειν ‣ 1
  Verb · present · active · infinitive ‣ 1 (Ex. 35,25)
νήθουσιν ‣ 1
  Verb · third · plural · present · active · indicative ‣ 1 (Matt. 6,28)
νηκτός (νήχω) swimming, floating ‣ 1
  νηκτά ‣ 1
    Adjective · neuter · plural · nominative · noDegree ‣ 1 (Wis. 19,19)
νηπιάζω (νήπιος) to be a child ‣ 1
  νηπιάζετε ‣ 1
    Verb · second · plural · present · active · imperative ‣ 1 (1Cor. 14,20)
νηπιοκτόνος (νήπιος; κτείνω) slaying children ‣ 1
  νηπιοκτόνου ‣ 1
    Adjective · neuter · singular · genitive · noDegree ‣ 1 (Wis. 11,7)
νήπιος infant; child ‣ 47 + 15 = 62
  νήπια ‣ 18
    Adjective · neuter · plural · accusative · noDegree ‣ 13 (2Kings 8,12; Judith 4,12; 3Mac. 5,50; Psa. 18,8; Psa. 114,6; Wis. 18,5; Joel 2,16; Nah. 3,10; Jer. 6,11; Jer. 9,20; Jer. 50,6; Lam. 1,5; Ezek. 9,6)
    Adjective · neuter · plural · nominative · noDegree ‣ 5 (Judith 4,10; Judith 7,22; 1Mac. 2,9; Lam. 2,20; Lam. 4,4)
  νηπιά ‣ 3
    Adjective · neuter · plural · accusative · noDegree ‣ 2 (Judith 16,4; Psa. 136,9)
    Adjective · neuter · plural · nominative · noDegree ‣ 1 (Job 31,10)
  νήπιοι ‣ 1 + 3 = 4
    Adjective · masculine · plural · nominative · noDegree ‣ 1 + 2 = 3 (Job 3,16; Gal. 4,3; 1Th. 2,7)
    Noun · masculine · plural · nominative ‣ 1 (Eph. 4,14)
  νηπίοις ‣ 2 + 3 = 5
    Adjective · masculine · plural · dative · noDegree ‣ 2 + 3 = 5 (2Mac. 9,15; Psa. 16,14; Matt. 11,25; Luke 10,21; 1Cor. 3,1)
  νήπιον ‣ 4
    Adjective · masculine · singular · accusative · noDegree ‣ 2 (Prov. 23,13; Jer. 51,7)
    Adjective · neuter · singular · nominative · noDegree ‣ 2 (Is. 11,8; Lam. 2,11)
  νήπιος ‣ 2 + 5 = 7
    Adjective · masculine · singular · nominative · noDegree ‣ 2 + 5 = 7 (Sir. 30,12; Hos. 11,1; 1Cor. 13,11; 1Cor. 13,11; 1Cor. 13,11; 1Cor. 13,11; Heb. 5,13)
  νηπιός ‣ 1
    Adjective · masculine · singular · nominative ‣ 1 (Gal. 4,1)
  νηπίου ‣ 5 + 1 = 6
    Adjective · masculine · singular · genitive · noDegree ‣ 5 + 1 = 6 (1Sam. 15,3; 1Sam. 22,19; 3Mac. 3,27; Job 33,25; Wis. 15,14; 1Cor. 13,11)
  νηπίους ‣ 2
    Adjective · masculine · plural · accusative · noDegree ‣ 2 (Psa. 118,130; Prov. 1,32)
  νηπίων ‣ 10 + 2 = 12
    Adjective · masculine · plural · genitive · noDegree ‣ 10 + 2 = 12 (Judith 7,27; 2Mac. 5,13; 2Mac. 8,4; 3Mac. 6,14; Psa. 8,3; Psa. 63,8; Job 24,12; Wis. 10,21; Wis. 12,24; Lam. 2,19; Matt. 21,16; Rom. 2,20)
νηπιότης (νήπιος) infancy ‣ 4
  νηπιότητος ‣ 1
    Noun · feminine · singular · genitive · (common) ‣ 1 (Hos. 2,17)
  νηπιότητός ‣ 3
    Noun · feminine · singular · genitive · (common) ‣ 3 (Ezek. 16,22; Ezek. 16,43; Ezek. 16,60)
Νηρ Ner ‣ 17
  Νηρ ‣ 17
    Noun · singular · genitive · (proper) ‣ 5 (2Sam. 3,23; 2Sam. 3,25; 2Sam. 3,28; 2Sam. 3,37; 2Sam. 4,12)
    Noun · masculine · singular · genitive · (proper) ‣ 7 (1Sam. 14,50; 1Sam. 26,5; 2Sam. 2,8; 2Sam. 2,12; 1Kings 2,5; 1Kings 2,32; 1Chr. 26,28)
    Noun · masculine · singular · nominative · (proper) ‣ 5 (1Sam. 14,51; 1Chr. 8,30; 1Chr. 8,33; 1Chr. 9,36; 1Chr. 9,39)
Νηρεύς Nereus ‣ 1
  Νηρέα ‣ 1
    Noun · masculine · singular · accusative · (proper) ‣ 1 (Rom. 16,15)
Νηρί Neri ‣ 1
  Νηρί ‣ 1
    Noun · masculine · singular · genitive · (proper) ‣ 1 (Luke 3,27)
Νηριας Neriah ‣ 2
  Νηριου ‣ 2
    Noun · masculine · singular · genitive · (proper) ‣ 2 (Jer. 28,59; Bar. 1,1)
Νηριγελ Nergal ‣ 1
  Νηριγελ ‣ 1
    Noun · feminine · singular · accusative · (proper) ‣ 1 (2Kings 17,30)
Νηριος Neriah ‣ 3
  Νηριου ‣ 3
    Noun · masculine · singular · genitive · (proper) ‣ 3 (Jer. 39,12; Jer. 43,4; Jer. 51,31)
Νηριου Neriah ‣ 5
  Νηριου ‣ 5
    Noun · masculine · singular · genitive · (proper) ‣ 5 (2Chr. 36,5; Jer. 39,16; Jer. 43,14; Jer. 50,3; Jer. 50,6)
νησίον (νῆσος) island ‣ 1
  νησίον ‣ 1
    Noun · neuter · singular · accusative ‣ 1 (Acts 27,16)
νῆσος island ‣ 40 + 1 + 9 = 50
  νῆσοι ‣ 14
    Noun · feminine · plural · nominative · (common) ‣ 14 (Gen. 10,5; Gen. 10,32; Psa. 71,10; Psa. 96,1; Zeph. 2,11; Is. 41,1; Is. 42,10; Is. 45,16; Is. 49,1; Is. 51,5; Is. 60,9; Ezek. 26,15; Ezek. 26,18; Ezek. 39,6)
  νήσοις ‣ 5
    Noun · feminine · plural · dative · (common) ‣ 5 (1Mac. 14,5; Is. 24,15; Is. 42,12; Jer. 27,38; Jer. 27,39)
  νῆσον ‣ 2
    Noun · feminine · singular · accusative ‣ 2 (Acts 13,6; Acts 27,26)
  νῆσος ‣ 3
    Noun · feminine · singular · nominative ‣ 3 (Acts 28,1; Rev. 6,14; Rev. 16,20)
  νήσου ‣ 1
    Noun · feminine · singular · genitive ‣ 1 (Acts 28,7)
  νήσους ‣ 9 + 1 = 10
    Noun · feminine · plural · accusative · (common) ‣ 9 + 1 = 10 (1Mac. 8,11; Sir. 43,23; Sir. 47,16; Is. 42,15; Is. 49,22; Is. 66,19; Jer. 2,10; Jer. 38,10; Ezek. 27,35; Dan. 11,18)
  νήσω ‣ 3 + 3 = 6
    Noun · feminine · singular · dative · (common) ‣ 3 + 3 = 6 (Is. 20,6; Is. 23,2; Is. 23,6; Acts 28,9; Acts 28,11; Rev. 1,9)
  νήσων ‣ 9

νῆσος–νήφω

νηστεία (νη-; ἐσθίω) fast, fasting ▸ 32 + 1 + 5 = 38
  Νηστεία ▸ 1
    Noun · feminine · singular · nominative · (common) ▸ 1 (Zech. 8,19)
  νηστεία ▸ 3
    Noun · feminine · singular · nominative · (common) ▸ 3 (Zech. 8,19; Zech. 8,19; Zech. 8,19)
  νηστείᾳ ▸ 5
    Noun · feminine · singular · dative · (common) ▸ 5 (Neh. 9,1; Psa. 34,13; Psa. 68,11; Sol. 3,8; Joel 2,12)
  νηστείαις ▸ 1 + 1 + 3 = 5
    Noun · feminine · plural · dative · (common) ▸ 1 + 1 + 3 = 5 (Dan. 9,3; Dan. 9,3; Luke 2,37; 2Cor. 6,5; 2Cor. 11,27)
  νηστείαν ▸ 16 + 1 = 17
    Noun · feminine · singular · accusative · (common) ▸ 16 + 1 = 17 (2Sam. 12,16; 1Kings 20,9; 1Kings 20,12; 2Chr. 20,3; 1Esdr. 8,49; Ezra 8,21; Joel 1,14; Joel 2,15; Jonah 3,5; Zech. 7,5; Is. 1,13; Is. 58,5; Is. 58,5; Is. 58,6; Jer. 43,9; Dan. 2,18; Acts 27,9)
  νηστείας ▸ 4
    Noun · feminine · singular · genitive · (common) ▸ 4 (1Esdr. 8,70; Tob. 12,8; Psa. 108,24; Jer. 43,6)
  νηστειῶν ▸ 2 + 1 = 3
    Noun · feminine · plural · genitive · (common) ▸ 2 + 1 = 3 (2Mac. 13,12; Is. 58,3; Acts 14,23)
νηστεύω (νη-; ἐσθίω) to fast ▸ 27 + 1 + 20 = 48
  ἐνήστευε ▸ 1
    Verb · third · singular · imperfect · active · indicative ▸ 1 (Judith 8,6)
  ἐνήστευες ▸ 1
    Verb · second · singular · imperfect · active · indicative ▸ 1 (2Sam. 12,21)
  ἐνήστευον ▸ 1
    Verb · third · plural · imperfect · active · indicative ▸ 1 (Bar. 1,5)
  ἐνήστευσα ▸ 1
    Verb · first · singular · aorist · active · indicative ▸ 1 (2Sam. 12,22)
  ἐνηστεύσαμεν ▸ 2
    Verb · first · plural · aorist · active · indicative ▸ 2 (Ezra 8,23; Is. 58,3)
  ἐνήστευσαν ▸ 6 + 1 = 7
    Verb · third · plural · aorist · active · indicative ▸ 6 + 1 = 7 (Ex. 38,26; Judg. 20,26; 1Sam. 7,6; 2Sam. 1,12; 1Chr. 10,12; 1Mac. 3,47; Judg. 20,26)
  ἐνήστευσεν ▸ 2
    Verb · third · singular · aorist · active · indicative ▸ 2 (2Sam. 12,16; 1Kings 20,27)
  νενηστεύκατέ ▸ 1
    Verb · second · plural · perfect · active · indicative ▸ 1 (Zech. 7,5)
  νηστεύειν ▸ 2
    Verb · present · active · infinitive ▸ 2 (Mark 2,19; Mark 2,19)
  νηστεύετε ▸ 2
    Verb · second · plural · present · active · indicative ▸ 2 (Is. 58,4; Is. 58,4)
  νηστεύητε ▸ 1
    Verb · second · plural · present · active · subjunctive ▸ 1 (Matt. 6,16)
  νηστεύομεν ▸ 1
    Verb · first · plural · present · active · indicative ▸ 1 (Matt. 9,14)
  νηστεύοντες ▸ 2
    Verb · present · active · participle · masculine · plural · nominative ▸ 2 (Matt. 6,16; Mark 2,18)
  νηστευόντων ▸ 1
    Verb · present · active · participle · masculine · plural · genitive ▸ 1 (Acts 13,2)
  νηστεύουσιν ▸ 1 + 4 = 5
    Verb · third · plural · present · active · indicative ▸ 1 + 4 = 5 (1Sam. 31,13; Matt. 9,14; Mark 2,18; Mark 2,18; Luke 5,33)
  νηστεῦσαι ▸ 1
    Verb · aorist · active · infinitive ▸ 1 (Luke 5,34)
  νηστεύσαντες ▸ 1
    Verb · aorist · active · participle · masculine · plural · nominative ▸ 1 (Acts 13,3)
  νηστεύσας ▸ 1
    Verb · aorist · active · participle · masculine · singular · nominative ▸ 1 (Matt. 4,2)
  νηστευσασῶν ▸ 1
    Verb · aorist · active · participle · feminine · plural · genitive ▸ 1 (Ex. 38,26)
  Νηστεύσατε ▸ 1
    Verb · second · plural · aorist · active · imperative ▸ 1 (1Kings 20,9)
  νηστεύσατε ▸ 1
    Verb · second · plural · aorist · active · imperative ▸ 1 (Esth. 4,16)
  νηστεύσητε ▸ 1
    Verb · second · plural · aorist · active · subjunctive ▸ 1 (Zech. 7,5)
  νηστεύσουσιν ▸ 3
    Verb · third · plural · future · active · indicative ▸ 3 (Matt. 9,15; Mark 2,20; Luke 5,35)
  νηστεύσωσιν ▸ 1
    Verb · third · plural · aorist · active · subjunctive ▸ 1 (Jer. 14,12)
  νηστεύω ▸ 1 + 1 = 2
    Verb · first · singular · present · active · indicative ▸ 1 + 1 = 2 (2Sam. 12,23; Luke 18,12)
  νηστεύων ▸ 3 + 2 = 5
    Verb · present · active · participle · masculine · singular · nominative ▸ 3 + 2 = 5 (Neh. 1,4; Judith 4,13; Sir. 34,26; Matt. 6,17; Matt. 6,18)
νῆστις (νη-; ἐσθίω) fasting ▸ 1 + 2 = 3
  νήστεις ▸ 2
    Noun · masculine · plural · accusative ▸ 2 (Matt. 15,32; Mark 8,3)
  νῆστις ▸ 1
    Noun · feminine · singular · nominative · (common) ▸ 1 (Dan. 6,19)
νηστός (νη-; ἐσθίω) spun ▸ 1
  νηστόν ▸ 1
    Adjective · neuter · singular · accusative · noDegree ▸ 1 (Ex. 31,4)
νηφάλιος (νήφω) sober, self-controlled ▸ 3
  νηφάλιον ▸ 1
    Adjective · masculine · singular · accusative ▸ 1 (1Tim. 3,2)
  νηφαλίους ▸ 2
    Adjective · feminine · plural · accusative ▸ 1 (1Tim. 3,11)
    Adjective · masculine · plural · accusative ▸ 1 (Titus 2,2)
νήφω to be sober, self-controlled ▸ 6
  νῆφε ▸ 1
    Verb · second · singular · present · active · imperative ▸ 1 (2Tim. 4,5)
  νήφοντες ▸ 1
    Verb · present · active · participle · masculine · plural · nominative

▸ **1** (1Pet. 1,13)
νήφωμεν ▸ 2
Verb · first · plural · present · active · subjunctive ▸ **2** (1Th. 5,6; 1Th. 5,8)
νήψατε ▸ 2
Verb · second · plural · aorist · active · imperative ▸ **2** (1Pet. 4,7; 1Pet. 5,8)

νήχω to swim ▸ 1
νήχεται ▸ 1
Verb · third · singular · present · middle · indicative ▸ **1** (Job 11,12)

Νίγερ Niger ▸ 1
Νίγερ ▸ 1
Noun · masculine · singular · nominative · (proper) ▸ **1** (Acts 13,1)

Νικάνωρ Nicanor ▸ 43 + 1 = 44
Νικάνορα ▸ 12 + 1 = 13
Noun · masculine · singular · accusative · (proper) ▸ 12 + 1 = **13** (1Mac. 3,38; 1Mac. 7,26; 2Mac. 8,9; 2Mac. 9,3; 2Mac. 14,12; 2Mac. 14,26; 2Mac. 14,30; 2Mac. 14,30; 2Mac. 15,25; 2Mac. 15,28; 2Mac. 15,37; 4Mac. 3,20; Acts 6,5)
Νικάνορι ▸ 6
Noun · masculine · singular · dative · (proper) ▸ **6** (2Mac. 8,23; 2Mac. 14,14; 2Mac. 14,17; 2Mac. 14,27; 2Mac. 14,28; 2Mac. 14,37)
Νικάνορος ▸ 11
Noun · masculine · singular · genitive · (proper) ▸ **11** (1Mac. 7,32; 1Mac. 7,43; 1Mac. 7,47; 2Mac. 8,12; 2Mac. 8,14; 2Mac. 8,24; 2Mac. 14,15; 2Mac. 15,30; 2Mac. 15,32; 2Mac. 15,33; 2Mac. 15,35)
Νικάνωρ ▸ 14
Noun · masculine · singular · nominative · (proper) ▸ **14** (1Mac. 7,27; 1Mac. 7,31; 1Mac. 7,33; 1Mac. 7,39; 1Mac. 7,44; 1Mac. 9,1; 2Mac. 8,10; 2Mac. 8,34; 2Mac. 12,2; 2Mac. 14,18; 2Mac. 14,23; 2Mac. 14,39; 2Mac. 15,1; 2Mac. 15,6)

νικάω (νίκη) to conquer ▸ 27 + 28 = 55
ἐνίκα ▸ 2
Verb · third · singular · imperfect · active · indicative ▸ **2** (4Mac. 6,10; 4Mac. 17,15)
ἐνικήθη ▸ 1
Verb · third · singular · aorist · passive · indicative ▸ **1** (4Mac. 8,2)
ἐνικήθημεν ▸ 1
Verb · first · plural · aorist · passive · indicative ▸ **1** (4Mac. 11,20)
ἐνίκησα ▸ 1
Verb · first · singular · aorist · active · indicative ▸ **1** (Rev. 3,21)
ἐνίκησαν ▸ 1 + 1 = 2
Verb · third · plural · aorist · active · indicative ▸ 1 + 1 = **2** (Wis. 16,10; Rev. 12,11)
ἐνίκησας ▸ 1
Verb · second · singular · aorist · active · indicative ▸ **1** (4Mac. 16,14)
ἐνίκησεν ▸ 7 + 1 = 8
Verb · third · singular · aorist · active · indicative ▸ 7 + 1 = **8** (4Mac. 7,4; 4Mac. 7,11; 4Mac. 9,6; 4Mac. 13,7; 4Mac. 17,24; Wis. 18,22; Sol. 4,10; Rev. 5,5)
νενίκηκα ▸ 1
Verb · first · singular · perfect · active · indicative ▸ **1** (John 16,33)
νενικήκατε ▸ 3
Verb · second · plural · perfect · active · indicative ▸ **3** (1John 2,13; 1John 2,14; 1John 4,4)
νενικῆσθαι ▸ 1
Verb · perfect · passive · infinitive ▸ **1** (4Mac. 13,2)
νίκα ▸ 1
Verb · second · singular · present · active · imperative ▸ **1** (Rom. 12,21)
νικᾷ ▸ 1 + 1 = 2
Verb · third · singular · present · active · indicative ▸ 1 + 1 = **2** (1Esdr. 3,12; 1John 5,4)
νικῆσαι ▸ 4 + 1 = 5
Verb · aorist · active · infinitive ▸ 4 + 1 = **5** (2Mac. 3,5; 4Mac. 3,17; Ode. 4,19; Hab. 3,19; Rev. 13,7)
νικήσαντες ▸ 1
Verb · aorist · active · participle · masculine · plural · nominative ▸ **1** (4Mac. 1,11)
νικήσαντος ▸ 1
Verb · aorist · active · participle · masculine · singular · genitive ▸ **1** (4Mac. 6,33)
νικήσασα ▸ 1 + 1 = 2
Verb · aorist · active · participle · feminine · singular · nominative ▸ 1 + 1 = **2** (Wis. 4,2; 1John 5,4)
νικήσασιν ▸ 1
Verb · aorist · active · participle · masculine · plural · dative ▸ **1** (3Mac. 1,4)
νικήσει ▸ 2
Verb · third · singular · future · active · indicative ▸ **2** (Rev. 11,7; Rev. 17,14)
νικήσεις ▸ 1
Verb · second · singular · future · active · indicative ▸ **1** (Rom. 3,4)
νικήσῃ ▸ 1 + 2 = 3
Verb · third · singular · aorist · active · subjunctive ▸ 1 + 2 = **3** (Prov. 6,25; Luke 11,22; Rev. 6,2)
νικήσῃς ▸ 1
Verb · second · singular · aorist · active · subjunctive ▸ **1** (Psa. 50,6)
νικήσωσιν ▸ 1
Verb · third · plural · aorist · active · subjunctive ▸ **1** (1Esdr. 4,5)
νικῶ ▸ 1
Verb · second · singular · present · middle · imperative · (variant) ▸ **1** (Rom. 12,21)
νικώμενον ▸ 1
Verb · present · passive · participle · masculine · singular · accusative ▸ **1** (4Mac. 9,30)
νικῶν ▸ 8
Verb · present · active · participle · masculine · singular · nominative ▸ **8** (1John 5,5; Rev. 2,11; Rev. 2,26; Rev. 3,5; Rev. 3,12; Rev. 3,21; Rev. 6,2; Rev. 21,7)
νικῶντας ▸ 1
Verb · present · active · participle · masculine · plural · accusative ▸ **1** (Rev. 15,2)
νικῶντι ▸ 2
Verb · present · active · participle · masculine · singular · dative ▸ **2** (Rev. 2,7; Rev. 2,17)

νίκη victory ▸ 10 + 1 = 11
νίκη ▸ 3 + 1 = 4
Noun · feminine · singular · nominative · (common) ▸ 3 + 1 = **4** (1Chr. 29,11; 1Esdr. 4,59; 1Mac. 3,19; 1John 5,4)
νίκην ▸ 3
Noun · feminine · singular · accusative · (common) ▸ **3** (2Mac. 15,8; 2Mac. 15,21; Prov. 22,9a)
νίκης ▸ 4

Noun · feminine · singular · genitive · (common) ▸ 4 (2Mac. 10,28; 2Mac. 13,15; 3Mac. 3,20; 4Mac. 7,3)

Νικόδημος Nicodemus ▸ 5
  Νικόδημος ▸ 5
    Noun · masculine · singular · nominative · (proper) ▸ 5 (John 3,1; John 3,4; John 3,9; John 7,50; John 19,39)

Νικολαΐτης Nicolaitan ▸ 2
  Νικολαϊτῶν ▸ 2
    Noun · masculine · plural · genitive · (proper) ▸ 2 (Rev. 2,6; Rev. 2,15)

Νικόλαος Nicolas ▸ 1
  Νικόλαον ▸ 1
    Noun · masculine · singular · accusative · (proper) ▸ 1 (Acts 6,5)

Νικόπολις Nicopolis ▸ 1
  Νικόπολιν ▸ 1
    Noun · feminine · singular · accusative · (proper) ▸ 1 (Titus 3,12)

νῖκος (νίκη) victory, victory prize ▸ 11 + 4 = 15
  νῖκος ▸ 10 + 4 = 14
    Noun · neuter · singular · accusative · (common) ▸ 8 + 3 = 11 (2Sam. 2,26; 2Mac. 10,38; Job 36,7; Sol. 8,0; Amos 1,11; Amos 8,7; Jer. 3,5; Lam. 5,20; Matt. 12,20; 1Cor. 15,54; 1Cor. 15,57)
    Noun · neuter · singular · nominative · (common) ▸ 2 + 1 = 3 (1Esdr. 3,9; 4Mac. 17,12; 1Cor. 15,55)
  νῖκός ▸ 1
    Noun · neuter · singular · nominative · (common) ▸ 1 (Lam. 3,18)

Νινευη Nineveh ▸ 33 + 18 = 51
  Νινευη ▸ 33 + 18 = 51
    Noun · feminine · singular · accusative · (proper) ▸ 10 + 6 = 16 (Gen. 10,11; Tob. 1,3; Tob. 1,10; Tob. 1,22; Tob. 11,1; Tob. 14,9; Jonah 1,2; Jonah 3,2; Jonah 3,3; Zeph. 2,13; Tob. 1,3; Tob. 1,10; Tob. 1,22; Tob. 14,4; Tob. 14,4; Tob. 14,15)
    Noun · feminine · singular · dative · (proper) ▸ 10 + 4 = 14 (2Kings 19,36; Judith 1,1; Tob. 1,19; Tob. 7,3; Tob. 11,16; Tob. 11,18; Tob. 14,15; Jonah 3,7; Nah. 1,1; Is. 37,37; Tob. 7,3; Tob. 11,16; Tob. 11,18; Tob. 14,2)
    Noun · feminine · singular · genitive · (proper) ▸ 9 + 8 = 17 (Gen. 10,12; Judith 2,21; Tob. 1,17; Tob. 4,4; Tob. 14,8; Tob. 14,15; Jonah 3,5; Jonah 3,6; Jonah 4,11; Tob. 1,17; Tob. 1,19; Tob. 11,1; Tob. 11,15; Tob. 11,16; Tob. 14,9; Tob. 14,15; Tob. 14,15)
    Noun · feminine · singular · nominative · (proper) ▸ 4 (Jonah 3,3; Jonah 3,4; Nah. 2,9; Nah. 3,7)

Νινευήτης Ninevite ▸ 1
  Νινευητῶν ▸ 1
    Noun · masculine · plural · genitive · (proper) ▸ 1 (Tob. 2,2)

Νινευίτης Ninevite ▸ 3
  Νινευῖται ▸ 2
    Noun · masculine · plural · nominative · (proper) ▸ 2 (Matt. 12,41; Luke 11,32)
  Νινευίταις ▸ 1
    Noun · masculine · plural · dative · (proper) ▸ 1 (Luke 11,30)

νιπτήρ (νίπτω) washbasin ▸ 1
  νιπτῆρα ▸ 1
    Noun · masculine · singular · accusative · (proper) ▸ 1 (John 13,5)

νίπτω to wash ▸ 24 + 2 + 17 = 43
  ἐνίπτοντο ▸ 1
    Verb · third · plural · imperfect · middle · indicative ▸ 1 (Ex. 38,27)
  ἔνιψα ▸ 1
    Verb · first · singular · aorist · active · indicative ▸ 1 (John 13,14)
  ἐνιψάμην ▸ 2 + 1 = 3
    Verb · first · singular · aorist · middle · indicative ▸ 2 + 1 = 3 (Psa. 72,13; Song 5,3; John 9,15)
  ἐνίψαντο ▸ 1 + 2 = 3
    Verb · third · plural · aorist · middle · indicative ▸ 1 + 2 = 3 (Judg. 19,21; Judg. 19,21; Tob. 7,9)
  ἐνίψατο ▸ 1
    Verb · third · singular · aorist · middle · indicative ▸ 1 (John 9,7)
  ἔνιψεν ▸ 2
    Verb · third · singular · aorist · active · indicative ▸ 2 (John 13,12; 1Tim. 5,10)
  νένιπται ▸ 1
    Verb · third · singular · perfect · middle · indicative ▸ 1 (Lev. 15,11)
  νίπτειν ▸ 2
    Verb · present · active · infinitive ▸ 2 (John 13,5; John 13,14)
  νίπτεις ▸ 1
    Verb · second · singular · present · active · indicative ▸ 1 (John 13,6)
  νίπτεσθαι ▸ 2
    Verb · present · middle · infinitive ▸ 2 (Ex. 30,18; 2Chr. 4,6)
  νίπτονται ▸ 1
    Verb · third · plural · present · middle · indicative ▸ 1 (Matt. 15,2)
  νίπτωνται ▸ 1
    Verb · third · plural · present · middle · subjunctive ▸ 1 (Ex. 38,27)
  νιφήσεται ▸ 1
    Verb · third · singular · future · passive · indicative ▸ 1 (Lev. 15,12)
  νίψαι ▸ 4 + 3 = 7
    Verb · aorist · active · infinitive ▸ 2 (Gen. 43,24; 1Sam. 25,41)
    Verb · second · singular · aorist · middle · imperative ▸ 1 + 3 = 4 (2Sam. 11,8; Matt. 6,17; John 9,7; John 9,11)
    Verb · third · singular · aorist · active · optative ▸ 1 (Job 20,23)
  νιψάμενος ▸ 1 + 1 = 2
    Verb · aorist · middle · participle · masculine · singular · nominative ▸ 1 + 1 = 2 (Gen. 43,31; John 9,11)
  νίψασθαι ▸ 1 + 1 = 2
    Verb · aorist · middle · infinitive ▸ 1 + 1 = 2 (Gen. 24,32; John 13,10)
  νίψασθε ▸ 1
    Verb · second · plural · aorist · middle · imperative ▸ 1 (Gen. 19,2)
  νιψάτωσαν ▸ 1
    Verb · third · plural · aorist · active · imperative ▸ 1 (Gen. 18,4)
  νίψεται ▸ 2
    Verb · third · singular · future · middle · indicative ▸ 2 (Ex. 30,19; Psa. 57,11)
  νίψῃς ▸ 1
    Verb · second · singular · aorist · active · subjunctive ▸ 1 (John 13,8)
  νίψομαι ▸ 1
    Verb · first · singular · future · middle · indicative ▸ 1 (Psa. 25,6)
  νίψονται ▸ 4
    Verb · third · plural · future · middle · indicative ▸ 4 (Ex. 30,20; Ex. 30,21; Ex. 30,21; Deut. 21,6)
  νίψω ▸ 1
    Verb · first · singular · aorist · active · subjunctive ▸ 1 (John 13,8)
  νίψωνται ▸ 1
    Verb · third · plural · aorist · middle · subjunctive ▸ 1 (Mark 7,3)

Νισα Nisan, Nisa ▸ 2
  Νισα ▸ 2
    Noun · feminine · singular · nominative · (proper) ▸ 1 (Esth. 8,9)

Noun • masculine • singular • genitive • (proper) ▸ **1** (Esth. 11,2 # 1,1a)

Νισαν Nisan ▸ 2
    Νισαν ▸ 2
        Noun • singular • genitive • (proper) ▸ **1** (1Esdr. 5,6)
        Noun • masculine • singular • dative • (proper) ▸ **1** (Neh. 2,1)

Νισια Neziah ▸ 1
    Νισια ▸ 1
        Noun • masculine • singular • genitive • (proper) ▸ **1** (Neh. 7,56)

Νισω Niso (?) ▸ 1
    Νισω ▸ 1
        Noun • singular • genitive • (proper) ▸ **1** (1Kings 6,1c)

νίτρον soda, soap powder ▸ 1
    νίτρῳ ▸ 1
        Noun • neuter • singular • dative • (common) ▸ **1** (Jer. 2,22)

νιφετός (νίφω) snowfall ▸ 4 + **1** = 5
    νιφετοί ▸ 2 + **1** = 3
        Noun • masculine • plural • nominative • (common) ▸ 2 + **1** = **3** (Ode. 8,68; Dan. 3,68; Dan. 3,68)
    νιφετὸς ▸ 2
        Noun • masculine • singular • nominative • (common) ▸ **2** (Deut. 32,2; Ode. 2,2)

Νιφις Niphish ▸ 1
    Νιφις ▸ 1
        Noun • masculine • singular • genitive • (proper) ▸ **1** (1Esdr. 5,21)

Νοεβα Noeba ▸ 1
    Νοεβα ▸ 1
        Noun • masculine • singular • genitive • (proper) ▸ **1** (1Esdr. 5,31)

Νοεμα Naamah ▸ 1
    Νοεμα ▸ 1
        Noun • feminine • singular • nominative • (proper) ▸ **1** (Gen. 4,22)

Νοεμαν Naaman ▸ 3
    Νοεμαν ▸ 3
        Noun • masculine • singular • dative • (proper) ▸ **1** (Num. 26,44)
        Noun • masculine • singular • nominative • (proper) ▸ **2** (Gen. 46,21; Num. 26,44)

Νοεμανι Naamite ▸ 1
    Νοεμανι ▸ 1
        Noun • masculine • singular • nominative • (proper) ▸ **1** (Num. 26,44)

νοερός (νοῦς) rational, understanding, intellectual ▸ 2
    νοερόν ▸ 1
        Adjective • neuter • singular • nominative • noDegree ▸ **1** (Wis. 7,22)
    νοερῶν ▸ 1
        Adjective • neuter • plural • genitive • noDegree ▸ **1** (Wis. 7,23)

νοέω (νοῦς) to understand ▸ 30 + **14** = 44
    ἐνόησαν ▸ 1
        Verb • third • plural • aorist • active • indicative ▸ **1** (Jer. 20,11)
    ἐνόησας ▸ 1
        Verb • second • singular • aorist • active • indicative ▸ **1** (Is. 47,7)
    ἐνόησεν ▸ 3
        Verb • third • singular • aorist • active • indicative ▸ **3** (1Sam. 4,20; 2Sam. 12,19; Jer. 10,21)
    ἐνοοῦσαν ▸ 1
        Verb • third • plural • imperfect • active • indicative ▸ **1** (2Sam. 20,15)
    νόει ▸ 2 + **1** = 3
        Verb • second • singular • present • active • imperative ▸ 2 + **1** = **3** (Prov. 23,1; Sir. 31,15; 2Tim. 2,7)

νοεῖτε ▸ 5
    Verb • second • plural • present • active • indicative ▸ **5** (Matt. 15,17; Matt. 16,9; Matt. 16,11; Mark 7,18; Mark 8,17)

νοείτω ▸ 2
    Verb • third • singular • present • active • imperative ▸ **2** (Matt. 24,15; Mark 13,14)

νοῆσαι ▸ 1
    Verb • third • singular • aorist • active • optative ▸ **1** (Prov. 20,24)

νοῆσαι ▸ 3 + **1** = 4
    Verb • aorist • active • infinitive ▸ 3 + **1** = **4** (Prov. 30,18; Is. 44,18; Jer. 20,11; Eph. 3,4)

νοῆσαί ▸ 2
    Verb • aorist • active • infinitive ▸ **2** (Prov. 1,2; Prov. 1,3)

νοήσαντες ▸ 2
    Verb • aorist • active • participle • masculine • plural • nominative ▸ **2** (Wis. 4,14; LetterJ 41)

νοήσας ▸ 1
    Verb • aorist • active • participle • masculine • singular • nominative ▸ **1** (2Mac. 14,30)

νοήσατε ▸ 2
    Verb • second • plural • aorist • active • imperative ▸ **2** (Prov. 8,5; Jer. 2,10)

νοησάτωσαν ▸ 1
    Verb • third • plural • aorist • active • imperative ▸ **1** (Wis. 13,4)

νοήσει ▸ 4
    Verb • third • singular • future • active • indicative ▸ **4** (Prov. 1,6; Prov. 16,23; Prov. 19,25; Is. 32,6)

νοήσῃ ▸ 2
    Verb • third • singular • aorist • active • subjunctive ▸ **2** (Prov. 29,19; Job 33,23)

νόησον ▸ 1
    Verb • second • singular • aorist • active • imperative ▸ **1** (Sir. 11,7)

νοήσουσιν ▸ 3
    Verb • third • plural • future • active • indicative ▸ **3** (Prov. 28,5; Wis. 4,17; Jer. 23,20)

νοήσωσιν ▸ 1
    Verb • third • plural • aorist • active • subjunctive ▸ **1** (John 12,40)

νοοῦμεν ▸ 2
    Verb • first • plural • present • active • indicative ▸ **2** (Eph. 3,20; Heb. 11,3)

νοούμενα ▸ 1
    Verb • present • middle • participle • neuter • plural • nominative • (variant) ▸ **1** (Rom. 1,20)

νοοῦντες ▸ 1
    Verb • present • active • participle • masculine • plural • nominative ▸ **1** (1Tim. 1,7)

νόημα (νοῦς) mind, thought ▸ 2 + **6** = 8
    νόημα ▸ 1 + **1** = 2
        Noun • neuter • singular • accusative • (common) ▸ 1 + **1** = **2** (3Mac. 5,30; 2Cor. 10,5)
    νοήματα ▸ 5
        Noun • neuter • plural • accusative ▸ **3** (2Cor. 2,11; 2Cor. 4,4; Phil. 4,7)
        Noun • neuter • plural • nominative ▸ **2** (2Cor. 3,14; 2Cor. 11,3)
    νοημάτων ▸ 1
        Noun • neuter • plural • genitive • (common) ▸ **1** (Bar. 2,8)

νοήμων (νοῦς) understanding, thoughtful ▸ 9 + **1** = 10
    νοήμονες ▸ 1
        Adjective • masculine • plural • nominative • noDegree ▸ **1** (Dan. 12,10)
    νοήμονι ▸ 1

Adjective · masculine · singular · dative · noDegree ▸ **1** (Prov. 17,12)
νοήμων ▸ **8**
Adjective · masculine · singular · nominative · noDegree ▸ **8** (Prov. 1,5; Prov. 10,5; Prov. 10,19; Prov. 14,35; Prov. 17,2; Prov. 28,11; Sir. 19,29; Sir. 21,7)

νόησις intelligience ▸ **1**
νοήσει ▸ **1**
Noun · feminine · singular · dative · (common) ▸ **1** (Job 33,3)

νοητῶς (νοῦς) thoughtfully ▸ **1**
νοητῶς ▸ **1**
Adverb ▸ **1** (Prov. 23,1)

νοθεύω (νόθος) to commit adultery ▸ **1**
νοθεύων ▸ **1**
Verb · present · active · participle · masculine · singular · nominative ▸ **1** (Wis. 14,24)

νόθος illegitimate, spurious, counterfeit; illegitimate child ▸ **1 + 1 = 2**
νόθοι ▸ **1**
Adjective · masculine · plural · nominative ▸ **1** (Heb. 12,8)
νόθων ▸ **1**
Adjective · neuter · plural · genitive · noDegree ▸ **1** (Wis. 4,3)

νόθως (νόθος) insincerely ▸ **1**
νόθως ▸ **1**
Adverb ▸ **1** (3Mac. 3,17)

νομάς (νέμω) nomad, grazing (Philo defines it as a prostitute) ▸ **10**
νομάδες ▸ **5**
Noun · feminine · plural · nominative · (common) ▸ **2** (Job 1,3; Job 42,12)
Noun · masculine · plural · nominative · (common) ▸ **3** (1Kings 2,46e; 1Kings 5,3; 2Mac. 12,11)
νομάδων ▸ **4**
Noun · feminine · plural · genitive · (common) ▸ **1** (Job 20,17)
Noun · masculine · plural · genitive · (common) ▸ **3** (1Kings 2,46e; 1Chr. 27,29; Job 30,1)
νομάς ▸ **1**
Noun · feminine · singular · nominative · (common) ▸ **1** (1Sam. 28,24)

Νομβα Nob ▸ **4**
Νομβα ▸ **4**
Noun · singular · accusative · (proper) ▸ **2** (1Sam. 21,2; 1Sam. 22,9)
Noun · singular · dative · (proper) ▸ **1** (1Sam. 22,11)
Noun · feminine · singular · accusative · (proper) ▸ **1** (1Sam. 22,19)

Νομεε Nomee (Tahath?) ▸ **1**
Νομεε ▸ **1**
Noun · masculine · singular · nominative · (proper) ▸ **1** (1Chr. 7,20)

νομή (νέμω) pasture ▸ **37 + 2 = 39**
νομαί ▸ **4**
Noun · feminine · plural · nominative · (common) ▸ **4** (1Chr. 4,41; Sir. 13,19; Amos 1,2; Jer. 23,10)
νομαῖς ▸ **1**
Noun · feminine · plural · dative · (common) ▸ **1** (2Mac. 5,14)
νομάς ▸ **5**
Noun · feminine · plural · accusative · (common) ▸ **5** (1Chr. 4,39; 1Chr. 4,40; Job 20,17; Hos. 13,6; Ezek. 25,5)
νομή ▸ **1**
Noun · feminine · singular · nominative · (common) ▸ **1** (Dan. 4,32)
νομή ▸ **8**
Noun · feminine · singular · nominative · (common) ▸ **8** (Gen. 47,4; Joel 1,18; Nah. 2,12; Zeph. 2,6; Zeph. 2,15; Is. 49,9; Jer. 10,21; Jer. 27,45)
νομῇ ▸ **5**
Noun · feminine · singular · dative · (common) ▸ **5** (Prov. 24,15; Sol. 17,40; Jer. 27,7; Ezek. 34,14; Ezek. 34,14)
νομήν ▸ **7 + 2 = 9**
Noun · feminine · singular · accusative · (common) ▸ **7 + 2 = 9** (Job 39,8; Jer. 10,25; Jer. 23,3; Jer. 27,19; Lam. 1,6; Ezek. 25,5; Ezek. 34,18; John 10,9; 2Tim. 2,17)
νομῆς ▸ **6**
Noun · feminine · singular · genitive · (common) ▸ **6** (Psa. 73,1; Psa. 78,13; Psa. 94,7; Psa. 99,3; Jer. 23,1; Ezek. 34,18)

νομίζω (νόμος 1st homograph) to think, suppose ▸ **15 + 15 = 30**
ἐνόμιζεν ▸ **1**
Verb · third · singular · imperfect · active · indicative ▸ **1** (Acts 7,25)
ἐνομίζετο ▸ **1**
Verb · third · singular · imperfect · passive · indicative · (variant) ▸ **1** (Luke 3,23)
ἐνομίζομεν ▸ **1 + 1 = 2**
Verb · first · plural · imperfect · active · indicative ▸ **1 + 1 = 2** (4Mac. 5,18; Acts 16,13)
ἐνόμιζον ▸ **1**
Verb · third · plural · imperfect · active · indicative ▸ **1** (Acts 21,29)
ἐνόμισαν ▸ **2 + 1 = 3**
Verb · third · plural · aorist · active · indicative ▸ **2 + 1 = 3** (Wis. 13,2; Sir. 29,4; Matt. 20,10)
ἐνόμισας ▸ **1**
Verb · second · singular · aorist · active · indicative ▸ **1** (Acts 8,20)
νομίζει ▸ **1**
Verb · third · singular · present · active · indicative ▸ **1** (1Cor. 7,36)
νομίζειν ▸ **1**
Verb · present · active · infinitive ▸ **1** (Acts 17,29)
νομίζομεν ▸ **2**
Verb · first · plural · present · active · indicative ▸ **2** (4Mac. 5,16; 4Mac. 9,4)
νομιζομένων ▸ **2**
Verb · present · passive · participle · masculine · plural · genitive ▸ **2** (2Mac. 8,35; 2Mac. 14,4)
νομίζοντες ▸ **1 + 1 = 2**
Verb · present · active · participle · masculine · plural · nominative ▸ **1 + 1 = 2** (Wis. 17,3; Acts 14,19)
νομιζόντων ▸ **1**
Verb · present · active · participle · masculine · plural · genitive ▸ **1** (1Tim. 6,5)
Νομίζω ▸ **1**
Verb · first · singular · present · active · indicative ▸ **1** (1Cor. 7,26)
νομίζων ▸ **1**
Verb · present · active · participle · masculine · singular · nominative ▸ **1** (Acts 16,27)
νομίσαντες ▸ **1 + 1 = 2**
Verb · aorist · active · participle · masculine · plural · nominative ▸ **1 + 1 = 2** (4Mac. 4,7; Luke 2,44)
νομίσας ▸ **1**
Verb · aorist · active · participle · masculine · singular · nominative

▸ 1 (2Mac. 4,32)
νομίσειεν ▸ 1
    Verb · third · singular · aorist · active · optative ▸ 1 (4Mac. 4,13)
νομίσῃς ▸ 3
    Verb · second · singular · aorist · active · subjunctive ▸ 3 (2Mac. 7,19; 4Mac. 5,19; 4Mac. 9,7)
νομίσητε ▸ 1 + 2 = 3
    Verb · second · plural · aorist · active · subjunctive ▸ 1 + 2 = 3 (4Mac. 2,14; Matt. 5,17; Matt. 10,34)
νομικός (**νόμος 1st homograph**) lawyer; trained in law ▸ 1 + 9 = 10
    νομικὰς ▸ 1
        Adjective · feminine · plural · accusative ▸ 1 (Titus 3,9)
    νομικοὶ ▸ 1
        Adjective · masculine · plural · nominative ▸ 1 (Luke 7,30)
    νομικοῖς ▸ 2
        Adjective · masculine · plural · dative ▸ 2 (Luke 11,46; Luke 11,52)
    νομικὸν ▸ 1
        Adjective · masculine · singular · accusative ▸ 1 (Titus 3,13)
    νομικός ▸ 1
        Adjective · masculine · singular · nominative ▸ 1 (Luke 10,25)
    νομικὸς ▸ 1 + 1 = 2
        Adjective · masculine · singular · nominative · noDegree ▸ 1 + 1 = 2 (4Mac. 5,4; Matt. 22,35)
    νομικοὺς ▸ 1
        Adjective · masculine · plural · accusative ▸ 1 (Luke 14,3)
    νομικῶν ▸ 1
        Adjective · masculine · plural · genitive ▸ 1 (Luke 11,45)
νόμιμος (**νόμος 1st homograph**) lawful; ordinance; statute ▸ 73 + 1 = 74
    νόμιμα ▸ 13
        Adjective · neuter · plural · accusative · noDegree ▸ 10 (Lev. 10,11; 1Esdr. 1,46; 1Mac. 1,14; 1Mac. 1,42; 1Mac. 3,29; 2Mac. 11,24; 3Mac. 1,3; 4Mac. 15,10; Ezek. 43,11; Ezek. 44,5)
        Adjective · neuter · plural · nominative · noDegree ▸ 3 (Hos. 8,12; Mic. 6,15; Jer. 10,3)
    νόμιμά ▸ 9
        Adjective · neuter · plural · accusative · noDegree ▸ 9 (Gen. 26,5; Lev. 18,26; Mic. 7,11; Zech. 1,6; Mal. 3,7; Ezek. 5,6; Ezek. 16,27; Ezek. 18,19; Ezek. 44,24)
    νομίμοις ▸ 8 + 1 = 9
        Adjective · neuter · plural · dative · noDegree ▸ 8 + 1 = 9 (Lev. 18,3; Lev. 20,23; Esth. 16,19 # 8,12s; 1Mac. 6,59; Jer. 33,4; Ezek. 5,6; Ezek. 5,7; Ezek. 20,18; Dan. 6,6)
    νόμιμον ▸ 34
        Adjective · neuter · singular · accusative · noDegree ▸ 6 (Ex. 12,14; Ex. 12,17; Ex. 12,24; Num. 18,8; Num. 18,11; Num. 18,19)
        Adjective · neuter · singular · nominative · noDegree ▸ 28 (Ex. 27,21; Ex. 28,43; Ex. 29,28; Ex. 30,21; Lev. 3,17; Lev. 6,11; Lev. 7,34; Lev. 7,36; Lev. 10,9; Lev. 10,13; Lev. 10,14; Lev. 10,14; Lev. 10,15; Lev. 16,29; Lev. 16,31; Lev. 16,34; Lev. 17,7; Lev. 23,14; Lev. 23,21; Lev. 23,31; Lev. 23,41; Lev. 24,3; Lev. 24,9; Num. 10,8; Num. 18,23; Num. 19,10; Num. 19,21)
    νομίμου ▸ 2
        Adjective · masculine · singular · genitive · noDegree ▸ 2 (4Mac. 5,36; 4Mac. 7,15)
    νομίμους ▸ 1
        Adjective · masculine · plural · accusative · noDegree ▸ 1 (2Mac. 4,11)
    νομίμων ▸ 6
        Adjective · neuter · plural · genitive · noDegree ▸ 6 (Lev. 18,30; 1Mac. 1,44; 1Mac. 3,21; 1Mac. 6,59; 3Mac. 3,2; Prov. 3,1)
νομίμως (**νόμος 1st homograph**) lawfully ▸ 1 + 2 = 3
    νομίμως ▸ 1 + 2 = 3
        Adverb ▸ 1 + 2 = 3 (4Mac. 6,18; 1Tim. 1,8; 2Tim. 2,5)
νόμισμα (**νόμος 1st homograph**) money, coin ▸ 2 + 1 = 3
    νόμισμα ▸ 2 + 1 = 3
        Noun · neuter · singular · accusative · (common) ▸ 2 + 1 = 3 (Ezra 8,36; 1Mac. 15,6; Matt. 22,19)
νομιστέον one must suppose ▸ 4
    νομιστέον ▸ 4
        Adjective · neuter · singular · nominative · noDegree · (verbal) ▸ 4 (LetterJ 39; LetterJ 44; LetterJ 56; LetterJ 63)
νομοδιδάσκαλος (**νόμος; διδάσκω**) teacher of the law ▸ 3
    νομοδιδάσκαλοι ▸ 2
        Noun · masculine · plural · nominative ▸ 2 (Luke 5,17; 1Tim. 1,7)
    νομοδιδάσκαλος ▸ 1
        Noun · masculine · singular · nominative ▸ 1 (Acts 5,34)
νομοθεσία (**νόμος 1st homograph; τίθημι**) giving of the law ▸ 3 + 1 = 4
    νομοθεσία ▸ 1
        Noun · feminine · singular · nominative ▸ 1 (Rom. 9,4)
    νομοθεσίας ▸ 3
        Noun · feminine · singular · genitive · (common) ▸ 3 (2Mac. 6,23; 4Mac. 5,35; 4Mac. 17,16)
νομοθέσμως (**νόμος 1st homograph; τίθημι**) according to the law ▸ 1
    νομοθέσμως ▸ 1
        Adverb ▸ 1 (Prov. 31,28)
νομοθετέω (**νόμος 1st homograph; τίθημι**) to give the law; to legislate ▸ 11 + 2 = 13
    ἐνομοθέτησάς ▸ 2
        Verb · second · singular · aorist · active · indicative ▸ 2 (Psa. 118,102; Psa. 118,104)
    νενομοθέτηται ▸ 2
        Verb · third · singular · perfect · passive · indicative ▸ 2 (Heb. 7,11; Heb. 8,6)
    νομοθετηθῇ ▸ 1
        Verb · third · singular · aorist · passive · subjunctive ▸ 1 (Deut. 17,10)
    νομοθετῆσαι ▸ 1
        Verb · aorist · active · infinitive ▸ 1 (Ex. 24,12)
    νομοθετήσαντα ▸ 1
        Verb · aorist · active · participle · masculine · singular · accusative ▸ 1 (2Mac. 3,15)
    νομοθετήσει ▸ 2
        Verb · third · singular · future · active · indicative ▸ 2 (Psa. 24,8; Psa. 24,12)
    Νομοθέτησόν ▸ 1
        Verb · second · singular · aorist · active · imperative ▸ 1 (Psa. 118,33)
    νομοθέτησόν ▸ 1
        Verb · second · singular · aorist · active · imperative ▸ 1 (Psa. 26,11)
    νομοθετῶν ▸ 2
        Verb · present · active · participle · masculine · singular · nominative ▸ 2 (4Mac. 5,25; Psa. 83,7)
νομοθέτης (**νόμος 1st homograph; τίθημι**) lawgiver, lawmaker ▸ 1 + 1 = 2
    νομοθέτην ▸ 1

νόμος

Noun · masculine · singular · accusative · (common) ▸ **1** (Psa. 9,21)

νομοθέτης ▸ 1
Noun · masculine · singular · nominative ▸ **1** (James 4,12)

νόμος (νόμος 1st homograph) law, principle ▸ 418 + 10 + 194 = 622

νόμε ▸ 1
Noun · masculine · singular · vocative · (common) ▸ **1** (4Mac. 5,34)

νόμοι ▸ 2
Noun · masculine · plural · nominative · (common) ▸ **2** (Esth. 3,8; Jer. 38,37)

νόμοις ▸ 8 + 1 = 9
Noun · masculine · plural · dative · (common) ▸ 8 + 1 = **9** (Esth. 13,4 # 3,13d; Esth. 8,11; Esth. 16,15 # 8,12p; Judith 11,12; 1Mac. 10,37; 2Mac. 6,1; 2Mac. 8,36; 2Mac. 11,31; Dan. 9,10)

νόμον ▸ 149 + 5 + 59 = 213
Noun · masculine · singular · accusative · (common) ▸ 149 + 5 + 59 = **213** (Ex. 13,10; Ex. 16,28; Ex. 18,16; Ex. 18,20; Ex. 24,12; Lev. 19,19; Lev. 19,37; Num. 5,30; Num. 6,21; Num. 9,3; Num. 9,12; Num. 9,14; Deut. 1,5; Deut. 4,8; Deut. 17,11; Deut. 24,8; Deut. 27,8; Deut. 31,11; Deut. 33,4; Deut. 33,10; Josh. 8,32 # 9,2c; Josh. 22,5; Josh. 24,25; Josh. 24,26; 2Kings 17,13; 2Kings 17,34; 2Kings 17,37; 2Kings 23,25; 1Chr. 22,12; 2Chr. 14,3; 2Chr. 33,8; 2Chr. 35,19b; 1Esdr. 8,21; 1Esdr. 8,23; 1Esdr. 8,24; 1Esdr. 8,84; 1Esdr. 9,39; 1Esdr. 9,40; 1Esdr. 9,41; 1Esdr. 9,46; 1Esdr. 9,48; 1Esdr. 9,48; Ezra 7,10; Ezra 7,25; Ezra 7,26; Ezra 7,26; Neh. 8,2; Neh. 8,7; Neh. 9,14; Neh. 9,26; Neh. 9,29; Neh. 9,34; Neh. 10,29; Neh. 13,3; Esth. 1,8; Esth. 1,13; Esth. 4,16; Tob. 6,13; Tob. 7,13; Tob. 14,9; 1Mac. 1,52; 1Mac. 2,21; 1Mac. 3,56; 1Mac. 4,47; 1Mac. 4,53; 1Mac. 10,14; 1Mac. 13,48; 1Mac. 14,14; 1Mac. 15,21; 2Mac. 2,2; 2Mac. 2,3; 3Mac. 7,10; 3Mac. 7,12; 4Mac. 1,34; 4Mac. 2,14; 4Mac. 2,23; 4Mac. 5,16; 4Mac. 5,25; 4Mac. 5,29; 4Mac. 5,33; 4Mac. 6,21; 4Mac. 6,27; 4Mac. 6,30; 4Mac. 7,8; 4Mac. 11,5; 4Mac. 11,12; 4Mac. 13,13; 4Mac. 15,9; 4Mac. 18,10; Psa. 39,9; Psa. 77,1; Psa. 77,5; Psa. 88,31; Psa. 104,45; Psa. 118,34; Psa. 118,44; Psa. 118,53; Psa. 118,55; Psa. 118,57; Psa. 118,70; Psa. 118,97; Psa. 118,113; Psa. 118,126; Psa. 118,136; Psa. 118,153; Psa. 118,163; Psa. 118,165; Prov. 3,16a; Prov. 4,2; Prov. 9,10a; Prov. 13,15; Prov. 28,4; Prov. 28,4; Prov. 28,7; Prov. 29,18; Wis. 6,4; Wis. 18,9; Sir. 17,11; Sir. 19,24; Sir. 21,11; Sir. 24,23; Sir. 32,15; Sir. 33,2; Sir. 35,1; Sir. 41,8; Sir. 44,20; Sir. 45,5; Sir. 49,4; Sol. 4,8; Hos. 4,6; Amos 2,4; Amos 4,5; Zeph. 3,4; Hag. 2,11; Mal. 2,7; Is. 1,10; Is. 5,24; Is. 8,16; Is. 8,20; Is. 24,5; Is. 24,16; Is. 30,9; Jer. 6,19; Jer. 9,12; Jer. 16,11; Bar. 2,28; Ezek. 22,26; Dan. 7,25; Dan. 9,11; Tob. 7,13; Dan. 7,25; Dan. 9,11; Sus. 3; Sus. 62; Matt. 5,17; Luke 2,22; Luke 2,39; John 7,19; John 7,19; John 7,49; John 18,31; John 19,7; John 19,7; Acts 7,53; Acts 15,5; Acts 18,13; Acts 21,24; Acts 22,12; Acts 23,3; Acts 24,14; Acts 25,8; Rom. 2,14; Rom. 2,14; Rom. 2,25; Rom. 2,27; Rom. 3,31; Rom. 3,31; Rom. 6,14; Rom. 6,15; Rom. 7,1; Rom. 7,21; Rom. 7,23; Rom. 9,31; Rom. 9,31; Rom. 13,8; 1Cor. 9,20; 1Cor. 9,20; 1Cor. 9,20; 1Cor. 9,20; Gal. 3,23; Gal. 4,4; Gal. 4,5; Gal. 4,21; Gal. 4,21; Gal. 5,3; Gal. 5,18; Gal. 6,2; Gal. 6,13; Eph. 2,15; Phil. 3,5; Heb. 7,5; Heb. 7,16; Heb. 7,28; Heb. 8,4; Heb. 9,19; Heb. 9,22; Heb. 10,8; Heb. 10,28; James 1,25; James 2,8; James 2,10; James 4,11; James 4,11)

νόμος ▸ 70 + 34 = 104
Noun · masculine · singular · nominative · (common) ▸ 70 + 34 = **104** (Ex. 12,43; Ex. 12,49; Ex. 13,9; Lev. 6,2; Lev. 6,7; Lev. 6,15; Lev. 6,18; Lev. 7,1; Lev. 7,7; Lev. 7,11; Lev. 7,37; Lev. 11,46; Lev. 12,7; Lev. 13,59; Lev. 14,2; Lev. 14,32; Lev. 14,54; Lev. 14,57; Lev. 15,3; Lev. 15,32; Lev. 26,46; Num. 5,29; Num. 6,13; Num. 6,21; Num. 9,14; Num. 15,15; Num. 15,15; Num. 15,16; Num. 15,29; Num. 19,14; Deut. 4,44; 2Sam. 7,19; Ezra 10,3; Esth. 1,20; 1Mac. 14,29; 2Mac. 10,26; 2Mac. 12,40; 4Mac. 2,5; 4Mac. 2,6; 4Mac. 2,10; 4Mac. 5,18; 4Mac. 5,21; 4Mac. 8,25; Psa. 18,8; Psa. 36,31; Psa. 118,72; Psa. 118,77; Psa. 118,85; Psa. 118,92; Psa. 118,142; Psa. 118,174; Prov. 13,14; Wis. 2,11; Wis. 14,16; Sir. 1,24 Prol.; Sir. 33,3; Sir. 34,8; Mic. 4,2; Hab. 1,4; Mal. 2,6; Is. 2,3; Is. 51,4; Is. 51,7; Jer. 8,8; Jer. 18,18; Jer. 30,6; Bar. 4,1; Lam. 2,9; Ezek. 7,26; Sus. 60-62; Matt. 7,12; Matt. 11,13; Matt. 22,40; Luke 16,16; John 1,17; John 7,23; John 7,51; Rom. 2,14; Rom. 3,19; Rom. 4,15; Rom. 4,15; Rom. 5,20; Rom. 7,1; Rom. 7,7; Rom. 7,7; Rom. 7,12; Rom. 7,14; Rom. 8,2; 1Cor. 9,8; 1Cor. 14,34; 1Cor. 15,56; Gal. 3,12; Gal. 3,17; Gal. 3,19; Gal. 3,21; Gal. 3,21; Gal. 3,24; Gal. 5,14; Gal. 5,23; 1Tim. 1,8; 1Tim. 1,9; Heb. 7,19; Heb. 7,28; Heb. 10,1)

νόμου ▸ 98 + 1 + 67 = 166
Noun · masculine · singular · genitive · (common) ▸ 98 + 1 + 67 = **166** (Num. 19,2; Num. 31,21; Deut. 27,3; Deut. 27,26; Deut. 28,58; Deut. 28,61; Deut. 29,19; Deut. 29,20; Deut. 29,26; Deut. 29,28; Deut. 30,10; Deut. 31,9; Deut. 31,12; Deut. 31,24; Deut. 31,26; Deut. 32,44; Deut. 32,46; Josh. 1,8; Josh. 8,34 # 9,2e; Josh. 23,6; 2Kings 22,8; 2Kings 22,11; 2Kings 23,24; 2Chr. 17,9; 2Chr. 25,4; 2Chr. 34,14; 2Chr. 34,15; 2Chr. 34,19; 2Chr. 35,19a; 1Esdr. 8,7; 1Esdr. 8,8; 1Esdr. 8,9; 1Esdr. 8,19; 1Esdr. 9,40; 1Esdr. 9,42; 1Esdr. 9,45; 1Esdr. 9,50; Ezra 7,12; Ezra 7,21; Neh. 8,1; Neh. 8,3; Neh. 8,8; Neh. 8,9; Neh. 8,13; Neh. 8,18; Neh. 9,3; 1Mac. 1,49; 1Mac. 1,56; 1Mac. 2,48; 1Mac. 2,58; 1Mac. 2,67; 1Mac. 2,68; 1Mac. 3,48; 1Mac. 4,42; 2Mac. 2,18; 2Mac. 7,30; 2Mac. 13,10; 2Mac. 15,9; 3Mac. 1,12; 3Mac. 1,23; 3Mac. 7,5; 4Mac. 1,17; 4Mac. 2,9; 4Mac. 7,7; 4Mac. 9,2; 4Mac. 9,15; 4Mac. 11,27; 4Mac. 13,9; 4Mac. 15,29; 4Mac. 16,16; Psa. 93,12; Psa. 118,18; Psa. 118,51; Psa. 118,61; Psa. 118,109; Psa. 118,150; Psa. 129,5; Prov. 6,23; Prov. 28,9; Job 34,27; Wis. 2,12; Wis. 16,6; Wis. 18,4; Sir. 1,1 Prol.; Sir. 1,8 Prol.; Sir. 2,16; Sir. 15,1; Sir. 19,20; Sir. 42,2; Sir. 51,19; Hos. 8,1; Zech. 7,12; Mal. 3,24; Is. 42,24; Jer. 2,8; Jer. 23,27; Bar. 4,12; Dan. 3,29; Tob. 7,14; Matt. 5,18; Matt. 23,23; Luke 2,27; Luke 16,17; John 12,34; Acts 6,13; Acts 13,15; Acts 18,15; Acts 21,20; Acts 21,28; Acts 22,3; Acts 23,29; Acts 28,23; Rom. 2,12; Rom. 2,13; Rom. 2,13; Rom. 2,14; Rom. 2,15; Rom. 2,18; Rom. 2,23; Rom. 2,25; Rom. 2,26; Rom. 2,27; Rom. 3,20; Rom. 3,20; Rom. 3,21; Rom. 3,21; Rom. 3,27; Rom. 3,27; Rom. 3,28; Rom. 4,13; Rom. 4,14; Rom. 4,16; Rom. 5,13; Rom. 5,13; Rom. 7,2; Rom. 7,3; Rom. 7,5; Rom. 7,6; Rom. 7,7; Rom. 7,8; Rom. 7,9; Rom. 8,2; Rom. 8,3; Rom. 8,4; Rom. 10,4; Rom. 10,5; Rom. 13,10; Gal. 2,16; Gal. 2,16; Gal. 2,16; Gal. 2,19; Gal. 2,21; Gal. 3,2; Gal. 3,5; Gal. 3,10; Gal. 3,10; Gal. 3,13; Gal. 3,18; Gal. 3,21; Phil. 3,9; Heb. 7,12; James 2,9; James 2,11; James 2,12; James 4,11; James 4,11)

νόμους ▸ 11 + 2 = 13
Noun · masculine · plural · accusative · (common) ▸ 11 + 2 = **13** (Neh. 9,13; Esth. 1,15; Esth. 1,19; 2Mac. 2,22; 2Mac. 4,17; 2Mac. 7,2; 2Mac. 7,11; 2Mac. 7,23; 3Mac. 5,36; Prov. 6,20; Jer. 38,33; Heb. 8,10; Heb. 10,16)

νόμῳ ▸ 61 + 3 + 32 = 96
Noun · masculine · singular · dative · (common) ▸ 61 + 3 + 32 = **96** (Ex. 16,4; Josh. 8,31 # 9,2b; Josh. 8,34 # 9,2e; 1Kings 2,3; 2Kings 10,31; 1Chr. 16,40; 2Chr. 6,16; 2Chr. 15,3; 2Chr. 23,18; 2Chr. 31,3; 2Chr. 31,21; 2Chr. 35,26; 1Esdr. 1,31; 1Esdr. 5,50; 1Esdr. 8,3; 1Esdr. 8,12; 1Esdr. 8,90; Ezra 3,2; Ezra 7,6; Ezra 7,14; Neh. 8,14; Neh. 10,30; Neh. 10,35; Neh. 10,37; 1Mac. 1,57; 1Mac. 2,26; 1Mac. 2,27; 1Mac. 2,42; 1Mac. 2,50; 1Mac.

2,64; 2Mac. 1,4; 3Mac. 3,4; 4Mac. 2,8; 4Mac. 4,23; 4Mac. 5,16; 4Mac. 13,22; 4Mac. 13,24; 4Mac. 18,1; Psa. 1,2; Psa. 1,2; Psa. 77,10; Psa. 118,1; Psa. 118,29; Sir. 9,15; Sir. 19,17; Sir. 23,23; Sir. 32,24; Sir. 33,3; Sir. 39,1; Sir. 39,8; Sir. 45,17; Sir. 46,14; Sol. 10,4; Sol. 14,2; Mal. 2,8; Mal. 2,9; Is. 33,6; Jer. 51,23; Bar. 2,2; Dan. 9,10; Dan. 9,11; Tob. 1,8; Dan. 9,11; Dan. 9,13; Matt. 12,5; Matt. 22,36; Luke 2,23; Luke 2,24; Luke 10,26; Luke 24,44; John 1,45; John 8,5; John 8,17; John 10,34; John 15,25; Acts 13,38; Rom. 2,12; Rom. 2,17; Rom. 2,20; Rom. 2,23; Rom. 3,19; Rom. 7,2; Rom. 7,4; Rom. 7,16; Rom. 7,22; Rom. 7,23; Rom. 7,23; Rom. 7,25; Rom. 7,25; Rom. 8,7; 1Cor. 9,9; 1Cor. 14,21; Gal. 2,19; Gal. 3,11; Gal. 5,4; Phil. 3,6)

νόμων ▸ 18

Noun · masculine · plural · genitive · (common) ▸ **18** (2Kings 14,6; Esth. 3,8; Esth. 13,5 # 3,13e; 1Mac. 13,3; 2Mac. 3,1; 2Mac. 4,2; 2Mac. 5,8; 2Mac. 5,15; 2Mac. 6,1; 2Mac. 6,5; 2Mac. 6,28; 2Mac. 7,9; 2Mac. 7,37; 2Mac. 8,21; 2Mac. 13,14; Wis. 6,18; Wis. 6,18; Wis. 9,5)

νομός (νόμος 2nd homograph) field, pasture; Egyptian nome ▸ 7

νομόν ▸ 1

Noun · masculine · singular · accusative · (common) ▸ **1** (Is. 19,2)

νομός ▸ 2

Noun · masculine · singular · nominative · (common) ▸ **2** (3Mac. 4,3; Is. 19,2)

νομούς ▸ 2

Noun · masculine · plural · accusative · (common) ▸ **2** (1Mac. 10,38; 1Mac. 11,34)

νομῶν ▸ 2

Noun · masculine · plural · genitive · (common) ▸ **2** (1Mac. 10,30; 1Mac. 11,57)

νομοφύλαξ (νόμος 1st homograph; φυλάσσω) observer of the law ▸ 1

νομοφύλαξ ▸ 1

Noun · feminine · singular · nominative · (common) ▸ **1** (4Mac. 15,32)

Νοο Noo (?) ▸ 1

Νοο ▸ 1

Noun · singular · dative · (proper) ▸ **1** (1Sam. 30,30)

Νοοζα Nooza (Baanah?) ▸ 1

Νοοζα ▸ 1

Noun · masculine · singular · genitive · (proper) ▸ **1** (1Chr. 11,30)

Νοομ Naam ▸ 1

Νοομ ▸ 1

Noun · masculine · singular · nominative · (proper) ▸ **1** (1Chr. 4,15)

Νοομα Naaman; Nooma ▸ 3

Νοομα ▸ 3

Noun · masculine · singular · accusative · (proper) ▸ **1** (1Chr. 8,7)
Noun · masculine · singular · genitive · (proper) ▸ **1** (1Esdr. 9,35)
Noun · masculine · singular · nominative · (proper) ▸ **1** (1Chr. 8,4)

Νοομμα Naamah ▸ 1

Νοομμα ▸ 1

Noun · masculine · singular · nominative · (proper) ▸ **1** (2Chr. 12,13)

νοσερός (νόσος) sickening; disease ▸ 2

νοσερῷ ▸ 2

Adjective · masculine · singular · dative · noDegree ▸ **2** (Jer. 14,15; Jer. 16,4)

νοσέω (νόσος) to be sick; to have unhealthy desire ▸ 2 + 1 = 3

ἐνόσουν ▸ 1

Verb · third · plural · imperfect · active · indicative ▸ **1** (Wis. 17,8)

νοσούσης ▸ 1

Verb · present · active · participle · feminine · singular · genitive ▸ **1** (Wis. 17,8)

νοσῶν ▸ 1

Verb · present · active · participle · masculine · singular · nominative ▸ **1** (1Tim. 6,4)

νόσος disease ▸ 11 + 11 = 22

νόσοις ▸ 3

Noun · feminine · plural · dative ▸ **3** (Matt. 4,24; Mark 1,34; Luke 4,40)

νόσον ▸ 3 + 3 = 6

Noun · feminine · singular · accusative · (common) ▸ 3 + 3 = **6** (Ex. 15,26; Hos. 5,13; Sus. 57; Matt. 4,23; Matt. 9,35; Matt. 10,1)

νόσος ▸ 1

Noun · feminine · singular · nominative · (common) ▸ **1** (Sir. 37,30)

νόσου ▸ 1

Noun · feminine · singular · genitive · (common) ▸ **1** (2Chr. 21,19)

νόσους ▸ 4 + 3 = 7

Noun · feminine · plural · accusative · (common) ▸ 4 + 3 = **7** (Deut. 7,15; Deut. 28,59; Deut. 29,21; Psa. 102,3; Matt. 8,17; Luke 9,1; Acts 19,12)

νόσῳ ▸ 2

Noun · feminine · singular · dative · (common) ▸ **2** (2Chr. 21,15; Job 24,23)

νόσων ▸ 2

Noun · feminine · plural · genitive · (common) ▸ **2** (Luke 6,18; Luke 7,21)

νοσσεύω (νέος) to build a nest ▸ 6

ἐνόσσευον ▸ 1

Verb · third · plural · imperfect · active · indicative ▸ **1** (Dan. 4,12)

ἐνόσσευσαν ▸ 1

Verb · third · plural · aorist · active · indicative ▸ **1** (Ezek. 31,6)

ἐνόσσευσεν ▸ 2

Verb · third · singular · aorist · active · indicative ▸ **2** (Sir. 1,15; Is. 34,15)

νοσσεύοντα ▸ 1

Verb · present · active · participle · neuter · plural · nominative ▸ **1** (Dan. 4,21)

νοσσεύουσαι ▸ 1

Verb · present · active · participle · feminine · plural · nominative ▸ **1** (Jer. 31,28)

νοσσία (νέος) nest, brood ▸ 18 + 1 = 19

νεοσσιά ▸ 1

Noun · feminine · singular · nominative · (common) ▸ **1** (Num. 24,22)

νοσσιᾷ ▸ 2

Noun · feminine · singular · dative · (common) ▸ **2** (Deut. 22,6; 4Mac. 14,19)

νοσσιαί ▸ 2

Noun · feminine · plural · nominative · (common) ▸ **2** (Prov. 16,16; Prov. 16,16)

νοσσιάν ▸ 2

Noun · feminine · singular · accusative · (common) ▸ **2** (Num. 24,21; Obad. 4)

νοσσιὰν ▸ 8 + 1 = 9

Noun · feminine · singular · accusative · (common) ▸ 8 + 1 = **9** (Deut. 32,11; Psa. 83,4; Ode. 2,11; Sir. 36,27; Nah. 2,13; Hab.

νοσσία–νουθέτημα

2,9; Is. 10,14; Jer. 30,10; Luke 13,34)
νοσσιὰς ▸ 1
Noun · feminine · plural · accusative · (common) ▸ 1 (Gen. 6,14)
νοσσιᾶς ▸ 2
Noun · feminine · singular · genitive · (common) ▸ 2 (Prov. 27,8; Job 39,27)

νοσσίον (νέος) young bird ▸ 1 + 1 = 2
νοσσία ▸ 1 + 1 = 2
Noun · neuter · plural · accusative · (common) ▸ 1 + 1 = 2 (Psa. 83,4; Matt. 23,37)

νοσσοποιέω (νέος; ποιέω) to make a den, nest ▸ 1
νοσσοποιήσουσιν ▸ 1
Verb · third · plural · future · active · indicative ▸ 1 (Is. 13,22)

νοσσός (νέος) young, offspring ▸ 1
νοσσοὺς ▸ 1
Noun · masculine · plural · accusative ▸ 1 (Luke 2,24)

νοσφίζω (νόσφι) to steal, pilfer; turn away, deprive ▸ 2 + 3 = 5
ἐνοσφίσαντο ▸ 1
Verb · third · plural · aorist · middle · indicative ▸ 1 (Josh. 7,1)
ἐνοσφίσατο ▸ 1
Verb · third · singular · aorist · middle · indicative ▸ 1 (Acts 5,2)
νοσφιζομένους ▸ 1
Verb · present · middle · participle · masculine · plural · accusative ▸ 1 (Titus 2,10)
νοσφισάμενος ▸ 1
Verb · aorist · middle · participle · masculine · singular · nominative ▸ 1 (2Mac. 4,32)
νοσφίσασθαι ▸ 1
Verb · aorist · middle · infinitive ▸ 1 (Acts 5,3)

νότος south; south wind ▸ 75 + 18 + 7 = 100
νότε ▸ 1
Noun · masculine · singular · vocative · (common) ▸ 1 (Song 4,16)
νότον ▸ 51 + 3 + 1 = 55
Noun · masculine · singular · accusative · (common) ▸ 51 + 3 + 1 = 55 (Ex. 10,13; Ex. 26,20; Ex. 26,35; Ex. 27,13; Ex. 40,24; Num. 13,29; Judg. 1,9; 1Sam. 27,10; 1Sam. 27,10; 1Sam. 27,10; 1Sam. 30,1; 1Sam. 30,14; 1Sam. 30,14; 2Sam. 24,7; 1Kings 7,13; 1Chr. 9,24; 1Chr. 26,15; 1Chr. 26,17; 2Chr. 4,4; Judith 2,23; Judith 2,25; Judith 7,18; 1Mac. 3,57; 1Mac. 5,65; Psa. 77,26; Eccl. 1,6; Job 39,26; Zech. 14,4; Zech. 14,10; Jer. 13,19; Jer. 17,26; Ezek. 40,24; Ezek. 40,24; Ezek. 40,27; Ezek. 40,27; Ezek. 40,28; Ezek. 40,44; Ezek. 40,44; Ezek. 40,45; Ezek. 41,11; Ezek. 42,10; Ezek. 42,12; Ezek. 42,13; Ezek. 42,19; Ezek. 46,9; Ezek. 46,9; Ezek. 47,19; Ezek. 48,10; Ezek. 48,16; Ezek. 48,17; Ezek. 48,33; Judg. 1,9; Dan. 8,4; Dan. 8,9; Luke 12,55)
νότος ▸ 4
Noun · masculine · singular · nominative · (common) ▸ 4 (Ex. 10,13; Job 38,24; Sir. 43,16; Ezek. 47,19)
νότου ▸ 15 + 13 + 6 = 34
Noun · masculine · singular · genitive · (common) ▸ 15 + 13 + 6 = 34 (Num. 34,15; Josh. 19,34; Judg. 1,14; Judg. 1,15; Judg. 21,19; 1Sam. 13,5; 1Sam. 14,5; 1Sam. 30,27; 1Kings 7,25; Job 9,9; Zech. 6,6; Ezek. 27,26; Ezek. 42,10; Ezek. 42,19; Ezek. 47,1; Josh. 19,34; Judg. 1,14; Judg. 1,15; Judg. 21,19; Dan. 11,5; Dan. 11,6; Dan. 11,9; Dan. 11,11; Dan. 11,14; Dan. 11,15; Dan. 11,25; Dan. 11,25; Dan. 11,40; Matt. 12,42; Luke 11,31; Luke 13,29; Acts 27,13; Acts 28,13; Rev. 21,13)
νότῳ ▸ 4 + 2 = 6
Noun · masculine · singular · dative · (common) ▸ 4 + 2 = 6 (Ex. 14,21; Judg. 1,16; Psa. 125,4; Eccl. 11,3; Judg. 1,16; Dan. 11,29)

Νουα (Hebr.) rest; Noah ▸ 4 + 1 = 5
Νουα ▸ 4 + 1 = 5
Noun · feminine · singular · nominative · (proper) ▸ 4 (Num. 26,37; Num. 27,1; Num. 36,11; Josh. 17,3)
Noun · singular · genitive · (proper) ▸ 1 (Judg. 20,43)

νουθεσία (νοῦς; τίθημι) warning ▸ 1 + 3 = 4
νουθεσίᾳ ▸ 1
Noun · feminine · singular · dative ▸ 1 (Eph. 6,4)
νουθεσίαν ▸ 1 + 2 = 3
Noun · feminine · singular · accusative · (common) ▸ 1 + 2 = 3 (Wis. 16,6; 1Cor. 10,11; Titus 3,10)

νουθετέω (νοῦς; τίθημι) to warn, admonish ▸ 13 + 8 = 21
ἐνουθέτει ▸ 1
Verb · third · singular · imperfect · active · indicative ▸ 1 (1Sam. 3,13)
ἐνουθέτησας ▸ 1
Verb · second · singular · aorist · active · indicative ▸ 1 (Job 4,3)
νενουθέτησαι ▸ 1
Verb · second · singular · perfect · passive · indicative ▸ 1 (Job 38,18)
νουθετεῖν ▸ 1
Verb · present · active · infinitive ▸ 1 (Rom. 15,14)
νουθετεῖς ▸ 1
Verb · second · singular · present · active · indicative ▸ 1 (Wis. 12,2)
νουθετεῖτε ▸ 2
Verb · second · plural · present · active · imperative ▸ 2 (1Th. 5,14; 2Th. 3,15)
νουθετῇ ▸ 1
Verb · third · singular · present · active · subjunctive ▸ 1 (Job 34,16)
νουθετηθέντες ▸ 1
Verb · aorist · passive · participle · masculine · plural · nominative ▸ 1 (Wis. 12,26)
νουθετήσει ▸ 1
Verb · third · singular · future · active · indicative ▸ 1 (Sol. 13,9)
νουθετοῦ ▸ 1
Verb · second · singular · present · middle · imperative ▸ 1 (Job 37,14)
νουθετούμενοι ▸ 1
Verb · present · passive · participle · masculine · plural · nominative ▸ 1 (Job 36,12)
νουθετούμενος ▸ 2
Verb · present · middle · participle · masculine · singular · nominative ▸ 1 (Job 23,15)
Verb · present · passive · participle · masculine · singular · nominative ▸ 1 (Job 40,4)
νουθετοῦντας ▸ 1
Verb · present · active · participle · masculine · plural · accusative ▸ 1 (1Th. 5,12)
νουθετοῦντες ▸ 2
Verb · present · active · participle · masculine · plural · nominative ▸ 2 (Col. 1,28; Col. 3,16)
νουθετοῦσίν ▸ 1
Verb · third · plural · present · active · indicative ▸ 1 (Job 30,1)
νουθετῶν ▸ 1 + 2 = 3
Verb · present · active · participle · masculine · singular · nominative ▸ 1 + 2 = 3 (Wis. 11,10; Acts 20,31; 1Cor. 4,14)

νουθέτημα (νοῦς; τίθημι) admonition ▸ 1
νουθέτημα ▸ 1
Noun · neuter · singular · accusative · (common) ▸ 1 (Job 5,17)

νουθέτησις (νοῦς; τίθημι) warning, admonition ▸ 2
  νουθέτησιν ▸ 2
    Noun · feminine · singular · accusative · (common) ▸ **2** (Judith 8,27; Prov. 2,2)
Νουμ Nun ▸ 1
  Νουμ ▸ 1
    Noun · masculine · singular · nominative · (proper) ▸ **1** (1Chr. 7,27)
νουμηνία (νέος; μήν) new moon; new moon festival ▸ 28
  νουμηνία ▸ 1
    Noun · feminine · singular · nominative · (common) ▸ **1** (1Sam. 20,18)
  νουμηνίᾳ ▸ 9
    Noun · feminine · singular · dative · (common) ▸ **9** (Ex. 40,2; Ex. 40,17; 2Chr. 29,17; 1Esdr. 5,55; 1Esdr. 8,6; 1Esdr. 8,6; 1Esdr. 9,16; 1Esdr. 9,37; 1Esdr. 9,40)
  νουμηνίαι ▸ 1
    Noun · feminine · plural · nominative · (common) ▸ **1** (1Mac. 10,34)
  νουμηνίαις ▸ 4
    Noun · feminine · plural · dative · (common) ▸ **4** (Num. 10,10; 2Chr. 2,3; Ezek. 45,17; Ezek. 46,3)
  νουμηνίας ▸ 10
    Noun · feminine · plural · accusative · (common) ▸ **5** (2Chr. 31,3; Ezra 3,5; Hos. 2,13; Is. 1,13; Is. 1,14)
    Noun · feminine · singular · genitive · (common) ▸ **5** (Num. 29,6; 1Esdr. 5,52; 1Esdr. 9,17; Ezek. 46,1; Ezek. 46,6)
  νουμηνιῶν ▸ 3
    Noun · feminine · plural · genitive · (common) ▸ **3** (1Esdr. 5,51; Neh. 10,34; Judith 8,6)
Νουμήνιος (νέος; μήν) Numenius ▸ 4
  Νουμήνιον ▸ 2
    Noun · masculine · singular · accusative · (proper) ▸ **2** (1Mac. 12,16; 1Mac. 14,24)
  Νουμήνιος ▸ 2
    Noun · masculine · singular · nominative · (proper) ▸ **2** (1Mac. 14,22; 1Mac. 15,15)
νουν (Hebr.) nun ▸ 1
  νουν ▸ 1
    Noun ▸ **1** (Psa. 118,105)
νουνεχῶς (νοῦς; ἔχω) wisely, sensibly, discreetly; attentively ▸ 1
  νουνεχῶς ▸ 1
    Adverb ▸ **1** (Mark 12,34)
νοῦς mind, thought ▸ 29 + 1 + 24 = 54
  νοΐ ▸ 3
    Noun · masculine · singular · dative ▸ **3** (Rom. 7,25; Rom. 14,5; 1Cor. 1,10)
  νοΐ ▸ 3
    Noun · masculine · singular · dative ▸ **3** (1Cor. 14,15; 1Cor. 14,15; 1Cor. 14,19)
  νοός ▸ 1
    Noun · masculine · singular · genitive ▸ **1** (Rom. 7,23)
  νοός ▸ 1 + 5 = 6
    Noun · masculine · singular · genitive · (common) ▸ **1 + 5 = 6** (4Mac. 1,35; Rom. 12,2; Eph. 4,17; Eph. 4,23; Col. 2,18; 2Th. 2,2)
  νοῦν ▸ 19 + 1 + 9 = 29
    Noun · masculine · singular · accusative · (common) ▸ **19 + 1 + 9 = 29** (Ex. 7,23; Josh. 14,7; 1Esdr. 9,41; Judith 8,14; 2Mac. 15,8; 3Mac. 1,25; 4Mac. 2,22; 4Mac. 5,11; 4Mac. 16,13; Prov. 31,3; Job 7,17; Job 7,20; Job 33,16; Wis. 4,12; Wis. 9,15; Is. 10,12; Is. 40,13; Is. 41,22; Sus. 9; Sus. 9; Luke 24,45; Rom. 1,28; Rom. 11,34; 1Cor. 2,16; 1Cor. 2,16; Phil. 4,7; 1Tim. 6,5; 2Tim. 3,8; Rev. 13,18)
  νοῦς ▸ 9 + 3 = 12
    Noun · masculine · singular · nominative · (common) ▸ **9 + 3 = 12** (1Esdr. 2,6; 4Mac. 1,15; 4Mac. 2,16; 4Mac. 2,18; 4Mac. 3,17; 4Mac. 14,11; Prov. 29,7; Job 36,19; Is. 10,7; 1Cor. 14,14; Titus 1,15; Rev. 17,9)
νυκτερινός (νύξ) at night, nocturnal ▸ 6
  νυκτερινάς ▸ 1
    Adjective · feminine · singular · genitive · noDegree ▸ **1** (Job 35,10)
  νυκτερινή ▸ 1
    Adjective · feminine · singular · nominative · noDegree ▸ **1** (Job 4,13)
  νυκτερινή ▸ 1
    Adjective · feminine · singular · nominative · noDegree ▸ **1** (Prov. 7,9)
  νυκτερινῇ ▸ 1
    Adjective · feminine · singular · dative · noDegree ▸ **1** (Job 33,15)
  νυκτερινόν ▸ 1
    Adjective · neuter · singular · nominative · noDegree ▸ **1** (Job 20,8)
  νυκτερινοῦ ▸ 1
    Adjective · masculine · singular · genitive · noDegree ▸ **1** (Psa. 90,5)
νυκτερίς (νύξ) bat (nocturnal flying mammal) ▸ 4
  νυκτερίδα ▸ 2
    Noun · feminine · singular · accusative · (common) ▸ **2** (Lev. 11,19; Deut. 14,18)
  νυκτερίδες ▸ 1
    Noun · feminine · plural · nominative · (common) ▸ **1** (LetterJ 21)
  νυκτερίσιν ▸ 1
    Noun · feminine · plural · dative · (common) ▸ **1** (Is. 2,20)
νυκτικόραξ (νύξ; κόραξ) horned owl ▸ 4
  νυκτικόρακα ▸ 2
    Noun · masculine · singular · accusative · (common) ▸ **2** (Lev. 11,17; Deut. 14,17)
  νυκτικόραξ ▸ 2
    Noun · masculine · singular · nominative · (common) ▸ **2** (1Sam. 26,20; Psa. 101,7)
νύκτωρ (νύξ) at night, by night ▸ 4
  νύκτωρ ▸ 4
    Adverb ▸ **4** (2Mac. 12,6; 2Mac. 13,15; 3Mac. 1,2; Sir. 38,27)
Νύμφα Nympha ▸ 1
  Νύμφαν ▸ 1
    Noun · feminine · singular · accusative · (proper) ▸ **1** (Col. 4,15)
νυμφαγωγός (νύμφη; ἄγω) best man ▸ 4
  νυμφαγωγὸς ▸ 3
    Noun · masculine · singular · nominative · (common) ▸ **3** (Gen. 21,22; Gen. 21,32; Gen. 26,26)
  νυμφαγωγῷ ▸ 1
    Noun · masculine · singular · dative · (common) ▸ **1** (Judg. 14,20)
νύμφευσις (νύμφη) wedding ▸ 1
  νυμφεύσεως ▸ 1
    Noun · feminine · singular · genitive · (common) ▸ **1** (Song 3,11)
νύμφη bride ▸ 44 + 3 + 8 = 55
  νύμφαι ▸ 3
    Noun · feminine · plural · nominative · (common) ▸ **3** (Ruth 1,6; Ruth 1,7; Hos. 4,13)
  νύμφαις ▸ 1

νύμφη–νῦν

    Noun · feminine · plural · dative · (common) ▸ **1** (Ruth 1,8)
  νύμφας ▸ **1**
    Noun · feminine · plural · accusative · (common) ▸ **1** (Hos. 4,14)
  νύμφη ▸ **17** + **2** = **19**
    Noun · feminine · singular · nominative · (common) ▸ **12** + **2** = **14** (Gen. 38,16; Gen. 38,24; Ruth 1,22; Ruth 4,15; 1Sam. 4,19; 2Sam. 17,3; 1Chr. 2,4; Tob. 12,12; Song 4,12; Mic. 7,6; Joel 2,16; Jer. 2,32; Luke 12,53; Rev. 22,17)
    Noun · feminine · singular · vocative · (common) ▸ **5** (Song 4,8; Song 4,9; Song 4,10; Song 4,11; Song 5,1)
  νύμφῃ ▸ **6**
    Noun · feminine · singular · dative · (common) ▸ **6** (Gen. 38,11; Gen. 38,13; Ruth 2,20; Tob. 11,16; Tob. 11,17; Is. 62,5)
  νύμφην ▸ **8** + **2** + **5** = **15**
    Noun · feminine · singular · accusative · (common) ▸ **8** + **2** + **5** = **15** (Gen. 11,31; Ruth 2,22; Tob. 12,14; 1Mac. 9,37; Wis. 8,2; Joel 1,8; Is. 61,10; Ezek. 22,11; Tob. 6,13; Tob. 12,14; Matt. 10,35; Luke 12,53; John 3,29; Rev. 21,2; Rev. 21,9)
  νύμφης ▸ **8** + **1** + **1** = **10**
    Noun · feminine · singular · genitive · (common) ▸ **8** + **1** + **1** = **10** (Lev. 18,15; Lev. 20,12; Is. 49,18; Jer. 7,34; Jer. 16,9; Jer. 25,10; Jer. 40,11; Bar. 2,23; Tob. 11,16; Rev. 18,23)

νυμφίος (νύμφη) bridegroom ▸ **12** + **2** + **16** = **30**
  νυμφίον ▸ **1** + **2** = **3**
    Noun · masculine · singular · accusative · (common) ▸ **1** + **2** = **3** (Judg. 19,5; Mark 2,19; John 2,9)
  νυμφίος ▸ **5** + **1** + **9** = **15**
    Noun · masculine · singular · nominative · (common) ▸ **5** + **1** + **9** = **15** (1Mac. 1,27; 1Mac. 9,39; Psa. 18,6; Joel 2,16; Is. 62,5; Judg. 15,6; Matt. 9,15; Matt. 9,15; Matt. 25,6; Matt. 25,10; Mark 2,19; Mark 2,20; Luke 5,34; Luke 5,35; John 3,29)
  νυμφίου ▸ **6** + **5** = **11**
    Noun · masculine · singular · genitive · (common) ▸ **6** + **5** = **11** (Neh. 13,28; Jer. 7,34; Jer. 16,9; Jer. 25,10; Jer. 40,11; Bar. 2,23; Matt. 25,1; Matt. 25,5; John 3,29; John 3,29; Rev. 18,23)
  νυμφίῳ ▸ **1**
    Noun · masculine · singular · dative · (common) ▸ **1** (Is. 61,10)

νυμφών (νύμφη) wedding hall; bridal chamber ▸ **2** + **2** + **3** = **7**
  νυμφῶνα ▸ **1** + **1** = **2**
    Noun · masculine · singular · accusative · (common) ▸ **1** + **1** = **2** (Tob. 6,17; Tob. 6,17)
  νυμφῶνι ▸ **1**
    Noun · masculine · singular · dative · (common) ▸ **1** (Tob. 6,14)
  νυμφῶνος ▸ **3**
    Noun · masculine · singular · genitive ▸ **3** (Matt. 9,15; Mark 2,19; Luke 5,34)
  νυμφῶσιν ▸ **1**
    Noun · masculine · plural · dative · (common) ▸ **1** (Tob. 6,14)

νῦν now, present ▸ **624** + **73** + **147** = **844**
  Νῦν ▸ **18** + **2** + **4** = **24**
    Adverb ▸ **18** + **2** + **4** = **24** (Gen. 18,27; Gen. 29,35; Num. 22,4; Judg. 13,12; Judg. 17,13; 1Sam. 13,12; 1Sam. 15,2; 1Sam. 27,1; 2Sam. 20,6; 2Kings 7,6; 2Chr. 29,31; Judith 7,4; 1Mac. 2,49; Psa. 76,11; Ode. 13,29; Is. 30,8; Ezek. 39,25; Sus. 52; Judg. 13,12; Judg. 17,13; John 12,27; 1Cor. 14,6; Col. 1,24; Heb. 2,8)
  νῦν ▸ **606** + **71** + **143** = **820**
    Adverb ▸ **606** + **71** + **143** = **820** (Gen. 2,23; Gen. 3,22; Gen. 4,11; Gen. 11,6; Gen. 12,19; Gen. 13,14; Gen. 15,16; Gen. 18,12; Gen. 19,9; Gen. 20,7; Gen. 21,23; Gen. 22,12; Gen. 24,42; Gen. 26,22; Gen. 26,29; Gen. 27,3; Gen. 27,8; Gen. 27,36; Gen. 27,43; Gen. 29,32; Gen. 29,34; Gen. 30,20; Gen. 30,30; Gen. 31,13; Gen. 31,16; Gen. 31,28; Gen. 31,29; Gen. 31,30; Gen. 31,42; Gen. 31,44; Gen. 32,5; Gen. 32,11; Gen. 37,20; Gen. 41,33; Gen. 43,21; Gen. 44,10; Gen. 44,28; Gen. 44,30; Gen. 44,33; Gen. 45,5; Gen. 45,8; Gen. 46,30; Gen. 46,34; Gen. 47,4; Gen. 48,5; Gen. 50,5; Gen. 50,17; Ex. 3,9; Ex. 3,10; Ex. 4,12; Ex. 5,5; Ex. 5,18; Ex. 9,14; Ex. 9,15; Ex. 9,19; Ex. 9,27; Ex. 10,17; Ex. 18,11; Ex. 18,19; Ex. 19,5; Ex. 32,10; Ex. 32,30; Ex. 32,32; Ex. 33,5; Num. 14,3; Num. 14,17; Num. 14,19; Num. 20,16; Num. 22,6; Num. 22,11; Num. 22,19; Num. 22,33; Num. 22,34; Num. 22,38; Num. 24,11; Num. 24,11; Num. 24,14; Num. 24,17; Num. 31,17; Deut. 2,13; Deut. 2,24; Deut. 4,1; Deut. 5,25; Deut. 10,12; Deut. 12,9; Deut. 22,17; Deut. 26,10; Deut. 29,27; Deut. 31,19; Josh. 1,2; Josh. 2,12; Josh. 3,8; Josh. 9,6; Josh. 9,11; Josh. 9,12; Josh. 9,19; Josh. 9,23; Josh. 9,25; Josh. 13,7; Josh. 14,10; Josh. 14,10; Josh. 14,11; Josh. 14,12; Josh. 22,4; Josh. 22,4; Josh. 22,19; Josh. 24,14; Josh. 24,23; Judg. 6,13; Judg. 6,31; Judg. 8,2; Judg. 8,6; Judg. 8,15; Judg. 9,16; Judg. 9,32; Judg. 9,38; Judg. 9,38; Judg. 11,8; Judg. 11,13; Judg. 11,23; Judg. 11,25; Judg. 13,4; Judg. 13,7; Judg. 14,2; Judg. 15,18; Judg. 16,10; Judg. 16,13; Judg. 17,3; Judg. 18,14; Judg. 20,9; Judg. 20,13; Ruth 3,2; Ruth 3,11; 1Sam. 1,16; 1Sam. 2,16; 1Sam. 2,30; 1Sam. 6,7; 1Sam. 8,5; 1Sam. 8,9; 1Sam. 9,6; 1Sam. 9,12; 1Sam. 9,13; 1Sam. 10,19; 1Sam. 12,2; 1Sam. 12,7; 1Sam. 12,10; 1Sam. 12,13; 1Sam. 12,16; 1Sam. 13,13; 1Sam. 13,14; 1Sam. 14,30; 1Sam. 15,1; 1Sam. 15,3; 1Sam. 15,25; 1Sam. 20,29; 1Sam. 20,31; 1Sam. 21,4; 1Sam. 23,11; 1Sam. 23,20; 1Sam. 24,15; 1Sam. 24,21; 1Sam. 24,22; 1Sam. 25,7; 1Sam. 25,7; 1Sam. 25,17; 1Sam. 25,26; 1Sam. 25,26; 1Sam. 25,27; 1Sam. 26,8; 1Sam. 26,11; 1Sam. 26,16; 1Sam. 26,19; 1Sam. 26,20; 1Sam. 28,2; 1Sam. 28,15; 1Sam. 28,22; 1Sam. 29,7; 1Sam. 29,10; 2Sam. 2,6; 2Sam. 2,7; 2Sam. 3,18; 2Sam. 4,11; 2Sam. 4,11; 2Sam. 7,8; 2Sam. 7,20; 2Sam. 7,25; 2Sam. 7,25; 2Sam. 7,28; 2Sam. 7,29; 2Sam. 12,10; 2Sam. 12,23; 2Sam. 12,28; 2Sam. 13,13; 2Sam. 13,20; 2Sam. 13,33; 2Sam. 14,15; 2Sam. 14,32; 2Sam. 15,34; 2Sam. 15,34; 2Sam. 16,11; 2Sam. 17,9; 2Sam. 17,16; 2Sam. 18,3; 2Sam. 19,8; 2Sam. 19,8; 2Sam. 19,10; 2Sam. 19,11; 2Sam. 19,14; 2Sam. 20,6; 2Sam. 24,10; 2Sam. 24,13; 2Sam. 24,16; 1Kings 1,12; 1Kings 1,18; 1Kings 2,16; 1Kings 2,24; 1Kings 2,350; 1Kings 3,2; 1Kings 3,7; 1Kings 5,18; 1Kings 5,20; 1Kings 8,25; 1Kings 8,26; 1Kings 12,4; 1Kings 12,10; 1Kings 12,11; 1Kings 12,16; 1Kings 12,24p; 1Kings 12,26; 1Kings 18,11; 1Kings 18,14; 1Kings 18,19; 1Kings 18,29; 1Kings 19,4; 1Kings 20,7; 1Kings 22,23; 2Kings 1,14; 2Kings 3,23; 2Kings 4,26; 2Kings 5,6; 2Kings 5,15; 2Kings 5,22; 2Kings 5,26; 2Kings 5,26; 2Kings 7,4; 2Kings 7,9; 2Kings 8,6; 2Kings 9,26; 2Kings 10,2; 2Kings 10,19; 2Kings 10,21; 2Kings 12,8; 2Kings 13,19; 2Kings 18,20; 2Kings 18,21; 2Kings 18,23; 2Kings 18,25; 2Kings 19,19; 2Kings 19,25; 1Chr. 17,7; 1Chr. 17,23; 1Chr. 17,26; 1Chr. 17,27; 1Chr. 21,8; 1Chr. 21,12; 1Chr. 22,11; 1Chr. 22,19; 1Chr. 28,8; 1Chr. 28,9; 1Chr. 29,13; 1Chr. 29,17; 2Chr. 1,9; 2Chr. 1,10; 2Chr. 2,6; 2Chr. 2,12; 2Chr. 2,14; 2Chr. 6,16; 2Chr. 6,17; 2Chr. 6,40; 2Chr. 6,41; 2Chr. 7,15; 2Chr. 7,16; 2Chr. 10,4; 2Chr. 10,11; 2Chr. 10,16; 2Chr. 13,8; 2Chr. 16,9; 2Chr. 18,22; 2Chr. 19,7; 2Chr. 20,10; 2Chr. 20,11; 2Chr. 23,4; 2Chr. 25,19; 2Chr. 28,10; 2Chr. 28,11; 2Chr. 29,5; 2Chr. 29,9; 2Chr. 29,10; 2Chr. 29,11; 2Chr. 30,8; 2Chr. 32,15; 2Chr. 35,3; 1Esdr. 1,4; 1Esdr. 1,25; 1Esdr. 1,31; 1Esdr. 2,14; 1Esdr. 2,18; 1Esdr. 2,23; 1Esdr. 4,28; 1Esdr. 4,46; 1Esdr. 6,19; 1Esdr. 6,20; 1Esdr. 8,75; 1Esdr. 8,79; 1Esdr. 8,81; 1Esdr. 8,87; 1Esdr. 8,89; 1Esdr. 9,8; Ezra 4,13; Ezra 4,21; Ezra 5,16; Ezra 5,17; Ezra 6,6; Ezra 9,8; Ezra 9,12; Ezra 10,2; Ezra 10,3; Ezra 10,11; Neh. 5,5; Neh. 6,7; Neh. 6,7; Neh. 6,9; Neh. 9,32; Esth. 13,7 # 3,13g; Esth. 13,15 # 4,17f; Esth. 14,6 # 4,17n; Esth. 14,8 # 4,17o; Esth. 14,18 # 4,17y; Esth. 16,22 #

8,12u; Judith 5,19; Judith 5,20; Judith 7,11; Judith 7,25; Judith 7,26; Judith 8,12; Judith 8,13; Judith 8,24; Judith 8,31; Judith 9,5; Judith 10,15; Judith 11,2; Judith 11,3; Judith 11,9; Judith 11,11; Judith 11,17; Judith 11,23; Judith 13,5; Judith 14,8; Tob. 3,5; Tob. 3,6; Tob. 3,12; Tob. 4,13; Tob. 4,19; Tob. 4,20; Tob. 6,13; Tob. 6,15; Tob. 6,15; Tob. 6,16; Tob. 7,11; Tob. 7,12; Tob. 8,7; Tob. 10,12; Tob. 11,9; Tob. 12,12; Tob. 12,14; Tob. 12,20; Tob. 14,8; Tob. 14,11; 1Mac. 2,18; 1Mac. 2,33; 1Mac. 2,40; 1Mac. 2,50; 1Mac. 4,10; 1Mac. 4,18; 1Mac. 5,12; 1Mac. 6,11; 1Mac. 6,12; 1Mac. 6,58; 1Mac. 7,7; 1Mac. 7,35; 1Mac. 9,9; 1Mac. 9,30; 1Mac. 9,46; 1Mac. 9,58; 1Mac. 10,16; 1Mac. 10,20; 1Mac. 10,27; 1Mac. 10,29; 1Mac. 10,41; 1Mac. 10,54; 1Mac. 10,54; 1Mac. 10,56; 1Mac. 10,71; 1Mac. 10,73; 1Mac. 11,35; 1Mac. 11,36; 1Mac. 11,37; 1Mac. 11,43; 1Mac. 12,18; 1Mac. 12,22; 1Mac. 12,45; 1Mac. 12,53; 1Mac. 13,5; 1Mac. 13,16; 1Mac. 15,5; 1Mac. 15,8; 1Mac. 15,30; 2Mac. 1,6; 2Mac. 1,9; 2Mac. 6,27; 2Mac. 7,23; 2Mac. 7,36; 2Mac. 13,10; 2Mac. 14,7; 2Mac. 14,36; 2Mac. 15,8; 2Mac. 15,23; 3Mac. 2,13; 3Mac. 4,1; 3Mac. 5,38; 3Mac. 6,9; 3Mac. 6,12; 3Mac. 6,28; 4Mac. 1,12; 4Mac. 6,18; 4Mac. 12,18; 4Mac. 14,9; 4Mac. 15,16; 4Mac. 17,18; Psa. 2,10; Psa. 11,6; Psa. 19,7; Psa. 26,6; Psa. 38,8; Psa. 70,17; Psa. 112,2; Psa. 113,26; Psa. 120,8; Psa. 124,2; Psa. 130,3; Ode. 5,11; Ode. 7,33; Ode. 7,41; Ode. 9,48; Ode. 10,3; Ode. 10,5; Ode. 12,11; Prov. 5,7; Prov. 7,24; Prov. 8,32; Eccl. 4,2; Job 2,9d; Job 3,13; Job 4,5; Job 6,16; Job 13,19; Job 16,7; Job 16,19; Job 30,1; Job 30,16; Job 35,15; Job 42,8; Wis. 14,15; Wis. 14,20; Sir. 11,19; Sir. 11,23; Sir. 11,24; Sir. 39,35; Sir. 50,22; Sol. 2,32; Sol. 9,8; Hos. 2,9; Hos. 2,12; Hos. 4,16; Hos. 5,3; Hos. 5,7; Hos. 7,2; Hos. 8,8; Hos. 8,10; Hos. 8,13; Hos. 10,2; Hos. 10,3; Hos. 12,1; Amos 6,7; Amos 7,16; Mic. 4,7; Mic. 4,9; Mic. 4,10; Mic. 4,11; Mic. 4,14; Mic. 5,3; Mic. 7,4; Mic. 7,10; Joel 2,12; Jonah 4,3; Nah. 1,13; Hag. 1,5; Hag. 2,3; Hag. 2,4; Hag. 2,15; Zech. 8,11; Zech. 9,8; Mal. 1,9; Mal. 2,1; Mal. 3,15; Is. 1,21; Is. 2,5; Is. 2,10; Is. 3,8; Is. 3,13; Is. 5,3; Is. 5,5; Is. 9,6; Is. 14,15; Is. 16,14; Is. 18,2; Is. 18,7; Is. 19,12; Is. 21,2; Is. 22,1; Is. 26,11; Is. 29,22; Is. 29,22; Is. 33,4; Is. 33,10; Is. 33,10; Is. 33,10; Is. 33,11; Is. 33,11; Is. 36,5; Is. 36,8; Is. 36,10; Is. 37,26; Is. 37,28; Is. 40,25; Is. 40,28; Is. 43,1; Is. 43,19; Is. 43,22; Is. 44,1; Is. 47,8; Is. 47,9; Is. 47,12; Is. 48,6; Is. 48,7; Is. 48,16; Is. 48,19; Is. 49,5; Is. 49,19; Is. 51,3; Is. 51,13; Is. 52,5; Is. 58,2; Is. 59,21; Is. 64,7; Is. 64,8; Jer. 2,18; Jer. 4,12; Jer. 7,13; Jer. 14,10; Jer. 18,11; Jer. 33,13; Jer. 36,27; Jer. 39,36; Jer. 44,20; Jer. 49,19; Jer. 49,22; Jer. 51,7; Bar. 2,11; Bar. 4,24; Ezek. 4,14; Ezek. 7,5; Ezek. 7,7; Ezek. 16,57; Ezek. 19,13; Ezek. 27,34; Ezek. 43,9; Dan. 2,9; Dan. 2,23; Dan. 3,15; Dan. 3,31; Dan. 3,33; Dan. 3,41; Dan. 3,96; Dan. 4,37a; Dan. 4,37c; Dan. 8,26; Dan. 9,15; Dan. 9,17; Dan. 10,20; Dan. 11,2; Sus. 51; Sus. 52; Sus. 54; Sus. 58; Sus. 59; Judg. 6,13; Judg. 6,31; Judg. 7,3; Judg. 8,2; Judg. 8,6; Judg. 8,15; Judg. 9,16; Judg. 9,32; Judg. 9,38; Judg. 11,7; Judg. 11,8; Judg. 11,13; Judg. 11,23; Judg. 11,25; Judg. 11,27; Judg. 13,4; Judg. 13,7; Judg. 14,2; Judg. 15,18; Judg. 16,10; Judg. 16,28; Judg. 17,3; Judg. 18,14; Judg. 20,9; Judg. 20,13; Tob. 2,3; Tob. 3,3; Tob. 3,5; Tob. 3,6; Tob. 3,12; Tob. 3,15; Tob. 4,19; Tob. 4,20; Tob. 5,3; Tob. 5,3; Tob. 6,13; Tob. 6,15; Tob. 6,16; Tob. 7,11; Tob. 7,12; Tob. 8,7; Tob. 8,21; Tob. 10,8; Tob. 10,12; Tob. 10,13; Tob. 11,9; Tob. 12,12; Tob. 12,20; Tob. 13,7; Tob. 14,8; Tob. 14,9; Tob. 14,11; Dan. 2,23; Dan. 3,15; Dan. 3,33; Dan. 3,41; Dan. 4,37; Dan. 5,12; Dan. 5,15; Dan. 5,16; Dan. 6,9; Dan. 9,15; Dan. 9,17; Dan. 9,22; Dan. 10,11; Dan. 10,17; Dan. 10,20; Dan. 11,2; Sus. 52; Sus. 54; Sus. 58; Matt. 24,21; Matt. 26,65; Matt. 27,42; Matt. 27,43; Mark 10,30; Mark 13,19; Mark 15,32; Luke 1,48; Luke 2,29; Luke 5,10; Luke 6,21; Luke 6,21; Luke 6,25; Luke 6,25; Luke 11,39; Luke 12,52; Luke 16,25; Luke 19,42; Luke 22,18; Luke 22,36; Luke 22,69; John 2,8; John 4,18; John 4,23; John 5,25; John 6,42; John 8,11; John 8,40; John 8,52; John 9,21; John 9,41; John 11,8; John 11,22; John 12,31; John 12,31; John 13,31; John 13,36; John 14,29; John 15,22; John 15,24; John 16,5; John 16,22; John 16,29; John 16,30; John 17,5; John 17,7; John 17,13; John 18,36; John 21,10; Acts 3,17; Acts 4,29; Acts 5,38; Acts 7,4; Acts 7,34; Acts 7,52; Acts 10,5; Acts 10,33; Acts 12,11; Acts 13,11; Acts 13,31; Acts 15,10; Acts 16,36; Acts 16,37; Acts 17,30; Acts 18,6; Acts 20,22; Acts 20,25; Acts 20,32; Acts 22,16; Acts 23,15; Acts 23,21; Acts 24,25; Acts 26,6; Acts 27,22; Rom. 3,26; Rom. 5,9; Rom. 5,11; Rom. 6,19; Rom. 6,21; Rom. 8,1; Rom. 8,18; Rom. 8,22; Rom. 11,5; Rom. 11,30; Rom. 11,31; Rom. 11,31; Rom. 13,11; Rom. 16,26; 1Cor. 3,2; 1Cor. 5,11; 1Cor. 7,14; 1Cor. 12,20; 1Cor. 16,12; 2Cor. 5,16; 2Cor. 5,16; 2Cor. 6,2; 2Cor. 6,2; 2Cor. 7,9; 2Cor. 8,14; 2Cor. 13,2; Gal. 1,23; Gal. 2,20; Gal. 3,3; Gal. 4,9; Gal. 4,25; Gal. 4,29; Eph. 2,2; Eph. 3,5; Eph. 3,10; Eph. 5,8; Phil. 1,5; Phil. 1,20; Phil. 1,30; Phil. 2,12; Phil. 3,18; Col. 1,26; 1Th. 3,8; 2Th. 2,6; 1Tim. 4,8; 1Tim. 6,17; 2Tim. 1,10; 2Tim. 4,10; Titus 2,12; Heb. 9,5; Heb. 9,24; Heb. 11,16; Heb. 12,26; James 4,13; James 4,16; James 5,1; 1Pet. 1,12; 1Pet. 2,10; 1Pet. 2,10; 1Pet. 2,25; 1Pet. 3,21; 2Pet. 3,7; 2Pet. 3,18; 1John 2,18; 1John 2,28; 1John 3,2; 1John 4,3; 2John 5; Jude 25)

νυνί (νῦν) now ▸ 18 + 20 = 38

    Νυνὶ ▸ 1 + 4 = 5

        Adverb ▸ 1 + 4 = **5** (2Mac. 10,10; Rom. 3,21; Rom. 15,25; 1Cor. 13,13; 1Cor. 15,20)

    νυνὶ ▸ 17 + 16 = 33

        Adverb ▸ 17 + 16 = **33** (Ex. 32,34; Num. 11,6; Deut. 10,22; Josh. 5,14; Josh. 14,12; 2Kings 3,15; 1Mac. 16,3; 4Mac. 6,33; 4Mac. 13,3; Psa. 16,11; Psa. 43,10; Job 6,28; Job 7,21; Job 30,1; Job 30,9; Job 42,5; LetterJ 3; Acts 22,1; Acts 24,13; Rom. 6,22; Rom. 7,6; Rom. 7,17; Rom. 15,23; 1Cor. 12,18; 2Cor. 8,11; 2Cor. 8,22; Eph. 2,13; Col. 1,22; Col. 3,8; Philem. 9; Philem. 11; Heb. 8,6; Heb. 9,26)

νύξ night ▸ 265 + 30 + 61 = 356

    νύκτα ▸ 89 + 14 + 4 = 107

        Noun ▪ feminine ▪ singular ▪ accusative ▪ (common) ▸ 89 + 14 + 4 = **107** (Gen. 1,5; Gen. 8,22; Gen. 14,15; Gen. 19,5; Gen. 19,33; Gen. 19,34; Gen. 20,3; Gen. 30,15; Gen. 30,16; Gen. 31,24; Gen. 32,14; Gen. 32,22; Gen. 32,23; Ex. 10,13; Ex. 13,21; Ex. 14,20; Ex. 14,21; Lev. 6,2; Lev. 8,35; Num. 9,16; Num. 11,32; Num. 14,1; Num. 14,14; Num. 22,8; Num. 22,19; Josh. 2,3; Josh. 4,3; Josh. 10,9; Judg. 16,2; Judg. 16,2; Judg. 16,16; Judg. 19,25; Ruth 3,13; 1Sam. 14,36; 1Sam. 15,11; 1Sam. 15,16; 1Sam. 19,11; 1Sam. 19,24; 1Sam. 25,16; 1Sam. 26,7; 1Sam. 28,20; 1Sam. 28,25; 1Sam. 31,12; 2Sam. 2,29; 2Sam. 2,32; 2Sam. 4,7; 2Sam. 17,1; 2Sam. 17,16; 2Sam. 19,8; 1Kings 3,5; 1Kings 3,19; 2Chr. 7,12; Neh. 1,6; Neh. 9,12; Neh. 9,19; Esth. 4,16; Esth. 6,1; Judith 6,21; Judith 7,5; Judith 8,33; Judith 11,17; Judith 12,7; Tob. 6,16; Tob. 7,11; Tob. 8,9; 1Mac. 5,50; 1Mac. 12,26; Psa. 6,7; Psa. 77,14; Psa. 91,3; Psa. 104,39; Psa. 120,6; Prov. 31,18; Job 17,12; Job 34,25; Job 36,20; Wis. 10,17; Wis. 17,5; Wis. 17,13; Hos. 7,6; Amos 5,8; Jonah 4,10; Jonah 4,10; Zech. 1,8; Is. 21,8; Is. 21,12; Is. 60,19; Is. 62,6; Dan. 2,9; Judg. 16,2; Judg. 16,2; Judg. 19,25; Tob. 6,11; Tob. 6,13; Tob. 6,13; Tob. 6,14; Tob. 6,16; Tob. 7,10; Tob. 7,11; Tob. 7,12; Tob. 8,9; Tob. 10,7; Bel 15; Mark 4,27; Luke 2,37; Acts 20,31; Acts 26,7)

    νύκτας ▸ 16 + 4 = 20

        Noun ▪ feminine ▪ plural ▪ accusative ▪ (common) ▸ 16 + 4 = **20** (Gen. 7,4; Gen. 7,12; Gen. 7,17; Ex. 11,4; Ex. 24,18; Ex. 34,28; Deut. 9,9; Deut. 9,18; Deut. 9,25; Deut. 10,10; 1Sam. 30,12; 1Kings 19,8; Tob. 10,7; 2Mac. 8,7; Job 2,13; Jonah 2,1; Matt. 4,2;

Matt. 12,40; Matt. 12,40; Luke 21,37)
- **νύκτες** ▸ 3 + 1 = 4
  - Noun · feminine · plural · nominative · (common) ▸ 3 + 1 = 4 (Ode. 8,71; Job 7,3; Dan. 3,71; Dan. 3,71)
- **νυκτί** ▸ 37 + 5 + 12 = 54
  - Noun · feminine · singular · dative · (common) ▸ 37 + 5 + 12 = 54 (Gen. 19,33; Gen. 19,35; Gen. 26,24; Gen. 40,5; Gen. 41,11; Ex. 12,8; Ex. 12,12; Judg. 6,25; Judg. 6,40; Judg. 7,9; 1Sam. 19,11; 2Sam. 7,4; 1Chr. 17,3; 2Chr. 1,7; Judith 11,3; Judith 11,5; Judith 13,14; Tob. 2,9; 1Mac. 9,58; 1Mac. 13,22; 3Mac. 5,11; Psa. 18,3; Psa. 87,2; Psa. 118,55; Eccl. 2,23; Eccl. 8,16; Job 18,15; Job 27,20; Job 30,17; Sol. 4,5; Hos. 4,5; Is. 28,19; Jer. 6,5; Jer. 30,3; Lam. 2,19; Dan. 2,19; Dan. 5,0; Judg. 6,25; Judg. 6,40; Judg. 7,9; Tob. 2,9; Dan. 5,30; Matt. 26,31; Matt. 26,34; Mark 14,30; Luke 12,20; Luke 17,34; John 21,3; Acts 12,6; Acts 18,9; Acts 23,11; Acts 27,23; 1Cor. 11,23; 1Th. 5,2)
- **νυκτί** ▸ 5 + 1 = 6
  - Noun · feminine · singular · dative · (common) ▸ 5 + 1 = 6 (Ruth 3,2; Psa. 89,4; Job 5,14; Sol. 4,16; Lam. 1,2; John 11,10)
- **νυκτός** ▸ 34 + 2 + 3 = 39
  - Noun · feminine · singular · genitive · (common) ▸ 34 + 2 + 3 = 39 (Gen. 1,16; Gen. 31,39; Gen. 31,40; Num. 9,21; Num. 11,9; Deut. 16,1; Deut. 23,11; Josh. 1,8; Josh. 8,3; Judg. 6,27; 2Sam. 21,10; 1Kings 8,29; 1Kings 8,29; 2Chr. 6,20; 2Chr. 35,14; Esth. 11,12 # 1,1l; Judith 12,5; 1Mac. 5,29; 3Mac. 5,22; Psa. 1,2; Psa. 16,3; Psa. 21,3; Psa. 129,6; Psa. 135,9; Song 5,2; Obad. 5; Is. 4,5; Is. 27,3; Jer. 8,23; Jer. 14,17; Jer. 38,36; Jer. 43,30; Bar. 2,25; Lam. 2,18; Judg. 6,27; Judg. 20,5; Luke 18,7; Acts 23,23; Rev. 12,10)
- **Νυκτὸς** ▸ 1
  - Noun · feminine · singular · genitive · (common) ▸ 1 (Is. 15,1)
- **νυκτὸς** ▸ 58 + 7 + 30 = 95
  - Noun · feminine · singular · genitive · (common) ▸ 58 + 7 + 30 = 95 (Gen. 1,14; Gen. 1,18; Gen. 46,2; Ex. 12,29; Ex. 12,30; Ex. 12,31; Ex. 12,42; Ex. 13,22; Ex. 40,38; Num. 22,20; Deut. 1,33; Deut. 28,66; Judg. 9,32; Judg. 9,34; Judg. 20,5; 1Sam. 28,8; 1Kings 3,20; 1Kings 8,59; 2Kings 6,14; 2Kings 7,12; 2Kings 19,35; 2Kings 25,4; 2Chr. 21,9; Neh. 2,12; Neh. 2,15; Neh. 4,3; Neh. 6,10; Judith 11,17; 1Mac. 4,1; 1Mac. 4,5; 1Mac. 12,27; 2Mac. 12,9; 2Mac. 13,10; 3Mac. 5,19; Psa. 15,7; Psa. 31,4; Psa. 41,4; Psa. 41,9; Psa. 54,11; Psa. 76,3; Psa. 76,7; Ode. 5,9; Ode. 11,13; Job 3,9; Job 24,14; Wis. 17,2; Wis. 18,14; Sir. 40,5; Is. 15,1; Is. 26,9; Is. 34,10; Is. 38,13; Is. 60,11; Jer. 52,7; Dan. 7,2; Dan. 7,7; Dan. 7,13; Dan. 7,15; Judg. 9,32; Judg. 9,34; Judg. 16,3; Dan. 2,19; Dan. 4,13; Dan. 7,2; Dan. 7,13; Matt. 2,14; Matt. 14,25; Matt. 25,6; Matt. 28,13; Mark 5,5; Mark 6,48; Luke 2,8; Luke 5,5; John 3,2; John 19,39; Acts 5,19; Acts 9,24; Acts 9,25; Acts 16,9; Acts 16,33; Acts 17,10; Acts 23,31; Acts 27,27; 1Th. 2,9; 1Th. 3,10; 1Th. 5,5; 1Th. 5,7; 1Th. 5,7; 2Th. 3,8; 1Tim. 5,5; 2Tim. 1,3; Rev. 4,8; Rev. 7,15; Rev. 14,11; Rev. 20,10)
- **νυκτῶν** ▸ 2
  - Noun · feminine · plural · genitive · (common) ▸ 2 (Deut. 9,11; Prov. 31,15)
- **νύξ** ▸ 6 + 1 = 7
  - Noun · feminine · singular · nominative · (common) ▸ 6 + 1 = 7 (Ex. 14,20; Psa. 73,16; Psa. 103,20; Job 3,3; Wis. 7,30; Zech. 14,7; John 13,30)
- **νὺξ** ▸ 11 + 1 + 6 = 18
  - Noun · feminine · singular · nominative · (common) ▸ 11 + 1 + 6 = 18 (Ex. 12,42; 1Chr. 9,33; Neh. 4,16; Psa. 18,3; Psa. 138,11; Psa. 138,12; Job 3,6; Job 3,7; Wis. 17,20; Wis. 18,6; Mic. 3,6; Tob. 6,1; John 9,4; Acts 27,27; Rom. 13,12; Rev. 8,12; Rev. 21,25; Rev.

22,5)
- **νυξὶν** ▸ 2
  - Noun · feminine · plural · dative · (common) ▸ 2 (Psa. 133,2; Song 3,1)
- **νυξὶν** ▸ 1
  - Noun · feminine · plural · dative · (common) ▸ 1 (Song 3,8)
- **νύσσω** to stab, prick ▸ 4 + 1 = 5
  - **ἔνυξεν** ▸ 1 + 1 = 2
    - Verb · third · singular · aorist · active · indicative ▸ 1 + 1 = 2 (3Mac. 5,14; John 19,34)
  - **ἔνυξέν** ▸ 1
    - Verb · third · singular · aorist · active · indicative ▸ 1 (Sol. 16,4)
  - **νύσσων** ▸ 2
    - Verb · present · active · participle · masculine · singular · nominative ▸ 2 (Sir. 22,19; Sir. 22,19)
- **νύσταγμα** (νυστάζω) sleep ▸ 1
  - **νυσταγμάτων** ▸ 1
    - Noun · neuter · plural · genitive · (common) ▸ 1 (Job 33,15)
- **νυσταγμός** (νυστάζω) sleepiness; nap, sleep ▸ 4
  - **νυσταγμόν** ▸ 1
    - Noun · masculine · singular · accusative · (common) ▸ 1 (Sir. 31,2)
  - **νυσταγμὸν** ▸ 2
    - Noun · masculine · singular · accusative · (common) ▸ 2 (Psa. 131,4; Jer. 23,31)
  - **νυσταγμὸς** ▸ 1
    - Noun · masculine · singular · nominative · (common) ▸ 1 (Dan. 4,33b)
- **νυστάζω** to become sleepy, drowsy ▸ 12 + 2 = 14
  - **ἐνύσταξαν** ▸ 2 + 1 = 3
    - Verb · third · plural · aorist · active · indicative ▸ 2 + 1 = 3 (Psa. 75,7; Nah. 3,18; Matt. 25,5)
  - **ἐνύσταξεν** ▸ 1
    - Verb · third · singular · aorist · active · indicative ▸ 1 (2Sam. 4,6)
  - **νυστάζει** ▸ 1
    - Verb · third · singular · present · active · indicative ▸ 1 (2Pet. 2,3)
  - **νυστάζεις** ▸ 1
    - Verb · second · singular · present · active · indicative ▸ 1 (Prov. 6,10)
  - **νυστάζοντας** ▸ 1
    - Verb · present · active · participle · masculine · plural · accusative ▸ 1 (Jer. 23,31)
  - **νυστάζοντι** ▸ 1
    - Verb · present · active · participle · masculine · singular · dative ▸ 1 (Sir. 22,10)
  - **νυστάζω** ▸ 1
    - Verb · first · singular · present · active · indicative ▸ 1 (Prov. 24,33)
  - **νυστάξαι** ▸ 2
    - Verb · aorist · active · infinitive ▸ 2 (Sol. 16,1; Is. 56,10)
  - **νυστάξει** ▸ 1
    - Verb · third · singular · future · active · indicative ▸ 1 (Psa. 120,4)
  - **νυστάξῃ** ▸ 1
    - Verb · third · singular · aorist · active · subjunctive ▸ 1 (Psa. 120,3)
  - **νυστάξουσιν** ▸ 1
    - Verb · third · plural · future · active · indicative ▸ 1 (Is. 5,27)
- **νυχθήμερον** (νύξ; ἡμέρα) night and a day ▸ 1
  - **νυχθήμερον** ▸ 1
    - Noun · neuter · singular · accusative ▸ 1 (2Cor. 11,25)

Νωα Nohah ▸ 1
　Νωα ▸ 1
　　Noun · masculine · singular · accusative · (proper) ▸ **1** (1Chr. 8,2)

Νωαδια Neariah; Noadiah ▸ 5
　Νωαδια ▸ 5
　　Noun · masculine · singular · dative · (proper) ▸ **1** (Neh. 6,14)
　　Noun · masculine · singular · genitive · (proper) ▸ **1** (1Chr. 3,23)
　　Noun · masculine · singular · nominative · (proper) ▸ **3**
　　　(1Chr. 3,22; 1Chr. 4,42; Ezra 8,33)

Νωβαι Nebai ▸ 1
　Νωβαι ▸ 1
　　Noun · masculine · singular · nominative · (proper) ▸ **1**
　　　(Neh. 10,20)

Νωδαβ Nodab (Nacon?) ▸ 1
　Νωδαβ ▸ 1
　　Noun · singular · genitive · (proper) ▸ **1** (2Sam. 6,6)

Νωε Noah ▸ 51
　Νωε ▸ 51
　　Noun · masculine · singular · accusative · (proper) ▸ **9**
　　　(Gen. 5,29; Gen. 5,30; Gen. 6,13; Gen. 7,1; Gen. 7,9; Gen. 7,15; Gen. 9,1; Gen. 9,12; Is. 54,9)
　　Noun · masculine · singular · dative · (proper) ▸ **4**
　　　(Gen. 7,16; Gen. 8,15; Gen. 9,8; Gen. 9,17)
　　Noun · masculine · singular · genitive · (proper) ▸ **13**
　　　(Gen. 6,9; Gen. 7,11; Gen. 7,13; Gen. 7,13; Gen. 8,1; Gen. 8,13; Gen. 9,18; Gen. 9,19; Gen. 9,29; Gen. 10,1; Gen. 10,32; 1Chr. 1,4; 4Mac. 15,31)
　　Noun · masculine · singular · nominative · (proper) ▸ **25**
　　　(Gen. 5,32; Gen. 5,32; Gen. 6,8; Gen. 6,9; Gen. 6,9; Gen. 6,10; Gen. 6,22; Gen. 7,5; Gen. 7,6; Gen. 7,7; Gen. 7,13; Gen. 7,23; Gen. 8,6; Gen. 8,11; Gen. 8,13; Gen. 8,18; Gen. 8,20; Gen. 9,20; Gen. 9,24; Gen. 9,28; 1Chr. 1,4; Tob. 4,12; Sir. 44,17; Ezek. 14,14; Ezek. 14,20)

Νῶε Noah ▸ 8
　Νῶε ▸ 8
　　Noun · masculine · singular · accusative · (proper) ▸ **1** (2Pet. 2,5)
　　Noun · masculine · singular · genitive · (proper) ▸ **4**
　　　(Matt. 24,37; Luke 3,36; Luke 17,26; 1Pet. 3,20)
　　Noun · masculine · singular · nominative · (proper) ▸ **3**
　　　(Matt. 24,38; Luke 17,27; Heb. 11,7)

Νωεμιν Naomi ▸ 23
　Νωεμιν ▸ 23
　　Noun · feminine · singular · accusative · (proper) ▸ **4**
　　　(Ruth 1,20; Ruth 1,21; Ruth 2,2; Ruth 4,14)
　　Noun · feminine · singular · dative · (proper) ▸ **3**
　　　(Ruth 2,1; Ruth 4,3; Ruth 4,17)
　　Noun · feminine · singular · genitive · (proper) ▸ **3**
　　　(Ruth 1,3; Ruth 2,6; Ruth 4,9)
　　Noun · feminine · singular · nominative · (proper) ▸ **12**
　　　(Ruth 1,2; Ruth 1,8; Ruth 1,11; Ruth 1,15; Ruth 1,18; Ruth 1,19; Ruth 1,22; Ruth 2,20; Ruth 2,20; Ruth 2,22; Ruth 3,1; Ruth 4,16)
　　Noun · masculine · singular · genitive · (proper) ▸ **1** (Ruth 4,5)

νωθροκάρδιος (νωθρός; καρδία) slow of heart, stupid ▸ 1
　νωθροκάρδιος ▸ 1
　　Adjective · masculine · singular · nominative · noDegree ▸ **1**
　　　(Prov. 12,8)

νωθρός lazy, sluggish ▸ 3 + 2 = 5
　νωθροί ▸ 2
　　Adjective · masculine · plural · nominative ▸ **2**
　　　(Heb. 5,11; Heb. 6,12)
　νωθροῖς ▸ 1
　　Adjective · masculine · plural · dative · noDegree ▸ **1**
　　　(Prov. 22,29)
　νωθρός ▸ 2
　　Adjective · masculine · singular · nominative · noDegree ▸ **2**
　　　(Sir. 4,29; Sir. 11,12)

νωθρότης (νωθρός) sluggishness ▸ 1
　νωθρότητα ▸ 1
　　Noun · feminine · singular · accusative · (common) ▸ **1**
　　　(3Mac. 4,5)

νωκηδ (Hebr.) sheep owner ▸ 1
　νωκηδ ▸ 1
　　Noun ▸ **1** (2Kings 3,4)

Νωμα Naamah ▸ 1
　Νωμα ▸ 1
　　Noun · singular · nominative · (proper) ▸ **1** (Josh. 15,41)

Νωμαν Naamah ▸ 1
　Νωμαν ▸ 1
　　Noun · singular · nominative · (proper) ▸ **1** (Josh. 15,41)

νῶτον back; ridge ▸ 34
　νῶτα ▸ 2
　　Noun · neuter · plural · accusative · (common) ▸ **2**
　　　(Gen. 9,23; Jer. 2,27)
　νώτοις ▸ 1
　　Noun · neuter · plural · dative · (common) ▸ **1** (4Mac. 11,19)
　νῶτον ▸ 6
　　Noun · neuter · singular · accusative · (common) ▸ **6**
　　　(2Sam. 22,41; Psa. 17,41; Psa. 20,13; Sol. 10,2; Jer. 31,39; Jer. 39,33)
　νώτου ▸ 25
　　Noun · neuter · singular · genitive · (common) ▸ **25**
　　　(Gen. 49,8; Ex. 37,12; Ex. 37,13; Num. 34,11; Josh. 15,8; Josh. 15,10; Josh. 15,11; Josh. 18,12; Josh. 18,13; Josh. 18,16; Josh. 18,18; Josh. 18,19; 3Mac. 3,24; Psa. 128,3; Job 15,26; Sir. 21,15; Bar. 2,33; Ezek. 40,18; Ezek. 40,40; Ezek. 40,40; Ezek. 40,41; Ezek. 40,44; Ezek. 40,44; Ezek. 42,16; Ezek. 46,19)

νῶτος (νῶτον) back; slope ▸ 14 + 1 = 15
　νῶτοι ▸ 4
　　Noun · masculine · plural · nominative · (common) ▸ **4**
　　　(1Kings 7,19; Ezek. 1,18; Ezek. 1,18; Ezek. 10,12)
　νῶτον ▸ 7 + 1 = 8
　　Noun · masculine · singular · accusative · (common) ▸ **7 + 1 = 8**
　　　(2Kings 17,14; 2Kings 17,14; Neh. 9,29; Psa. 65,11; Psa. 68,24; Psa. 80,7; Zech. 7,11; Rom. 11,10)
　νῶτόν ▸ 1
　　Noun · masculine · singular · accusative · (common) ▸ **1** (Is. 50,6)
　νῶτος ▸ 2
　　Noun · masculine · singular · nominative · (common) ▸ **2**
　　　(1Sam. 4,18; Is. 17,12)

νωτοφόρος (νῶτον; φέρω) burden-bearing ▸ 3
　νωτοφόρων ▸ 3
　　Adjective · masculine · plural · genitive · noDegree ▸ **3**
　　　(2Chr. 2,1; 2Chr. 2,17; 2Chr. 34,13)

Ξ, ξ

ξανθίζω (ξανθός) to be yellow ‣ 3
   ξανθίζουσα ‣ 3
      Verb · present · active · participle · feminine · singular · nominative ‣ 3 (Lev. 13,30; Lev. 13,31; Lev. 13,32)

Ξανθικός Xanthicus (month) ‣ 3
   Ξανθικοῦ ‣ 3
      Noun · singular · genitive · (proper) ‣ 3 (2Mac. 11,30; 2Mac. 11,33; 2Mac. 11,38)

ξανθός yellow ‣ 1
   ξανθῆς ‣ 1
      Adjective · feminine · singular · genitive · noDegree ‣ 1 (Lev. 13,36)

ξενία (ξένος) hospitable; friendly gift; guest room ‣ 2
   ξενίαν ‣ 2
      Noun · feminine · singular · accusative ‣ 2 (Acts 28,23; Philem. 22)

ξενίζω (ξένος) to entertain as a guest ‣ 4 + 10 = 14
   ἐξένισεν ‣ 2
      Verb · third · singular · aorist · active · indicative ‣ 2 (Acts 10,23; Acts 28,7)
   ξενιεῖς ‣ 1
      Verb · second · singular · future · active · indicative ‣ 1 (Sir. 29,25)
   ξενίζεσθε ‣ 1
      Verb · second · plural · present · passive · imperative ‣ 1 (1Pet. 4,12)
   ξενίζεται ‣ 3
      Verb · third · singular · present · passive · indicative ‣ 3 (Acts 10,6; Acts 10,18; Acts 10,32)
   ξενίζοντα ‣ 1
      Verb · present · active · participle · neuter · plural · accusative ‣ 1 (Acts 17,20)
   ξενίζονται ‣ 1
      Verb · third · plural · present · passive · indicative ‣ 1 (1Pet. 4,4)
   ξενιζούσαις ‣ 2
      Verb · present · active · participle · feminine · plural · dative ‣ 2 (2Mac. 9,6; 3Mac. 7,3)
   ξενίζουσαν ‣ 1
      Verb · present · active · participle · feminine · singular · accusative ‣ 1 (Esth. 13,5 # 3,13e)
   ξενίσαντες ‣ 1
      Verb · aorist · active · participle · masculine · plural · nominative ‣ 1 (Heb. 13,2)
   ξενισθῶμεν ‣ 1
      Verb · first · plural · aorist · passive · subjunctive ‣ 1 (Acts 21,16)

Ξένιος (ξένος) Xenius ‣ 1
   Ξενίου ‣ 1
      Noun · masculine · singular · genitive · (proper) ‣ 1 (2Mac. 6,2)

ξένιος (ξένος) hospitable; friendly ‣ 8
   ξένια ‣ 7
      Adjective · neuter · plural · accusative · noDegree ‣ 5 (2Sam. 8,2; 2Sam. 8,6; 1Mac. 11,24; 3Mac. 1,8; Hos. 10,6)
      Adjective · neuter · plural · nominative · noDegree ‣ 2 (1Mac. 10,36; Sir. 20,29)
   ξενίοις ‣ 1
      Noun · neuter · plural · dative · (common) ‣ 1 (Ezra 1,6)

ξενισμός (ξένος) entertainment ‣ 1
   ξενισμὸς ‣ 1
      Noun · masculine · singular · nominative · (common) ‣ 1 (Prov. 15,17)

ξενιτεία (ξένος) wandering, traveling ‣ 1
   ξενιτείας ‣ 1
      Noun · feminine · singular · genitive · (common) ‣ 1 (Wis. 18,3)

ξενοδοχέω (ξένος; δέχομαι) to show hospitality ‣ 1
   ἐξενοδόχησεν ‣ 1
      Verb · third · singular · aorist · active · indicative ‣ 1 (1Tim. 5,10)

ξενολογέω to employ mercenaries ‣ 3
   ἐξενολόγει ‣ 1
      Verb · third · singular · imperfect · active · indicative ‣ 1 (1Mac. 4,35)
   ἐξενολόγησα ‣ 1
      Verb · first · singular · aorist · active · indicative ‣ 1 (1Mac. 15,3)
   ἐξενολόγησεν ‣ 1
      Verb · third · singular · aorist · active · indicative ‣ 1 (1Mac. 11,38)

ξένος stranger, strange; guest, host ‣ 20 + 14 = 34
   ξέναις ‣ 1
      Adjective · feminine · plural · dative ‣ 1 (Heb. 13,9)
   ξένας ‣ 1
      Adjective · feminine · plural · accusative · noDegree ‣ 1 (2Mac. 10,24)
   ξένη ‣ 1
      Adjective · feminine · singular · nominative · noDegree ‣ 1 (Ruth 2,10)
   ξένῃ ‣ 1
      Adjective · feminine · singular · dative · noDegree ‣ 1 (3Mac. 6,3)

ξένην ▸ 1
　Adjective · feminine · singular · accusative · noDegree ▸ 1 (Wis. 16,2)
ξένης ▸ 3
　Adjective · feminine · singular · genitive · noDegree ▸ 3 (2Mac. 5,9; 2Mac. 9,28; Wis. 16,3)
ξένοι ▸ 1 + 4 = 5
　Adjective · masculine · plural · nominative · noDegree ▸ 1 + 4 = 5 (1Sam. 9,13; Acts 17,21; Eph. 2,12; Eph. 2,19; Heb. 11,13)
ξένοις ▸ 2 + 1 = 3
　Adjective · masculine · plural · dative · noDegree ▸ 2 + 1 = 3 (Wis. 16,16; Lam. 5,2; Matt. 27,7)
ξένον ▸ 3 + 2 = 5
　Adjective · masculine · singular · accusative · noDegree ▸ 3 + 2 = 5 (3Mac. 6,3; Wis. 19,5; Is. 18,2; Matt. 25,38; Matt. 25,44)
ξένος ▸ 4 + 3 = 7
　Adjective · masculine · singular · nominative · noDegree ▸ 4 + 3 = 7 (2Sam. 15,19; Psa. 68,9; Eccl. 6,2; Job 31,32; Matt. 25,35; Matt. 25,43; Rom. 16,23)
ξένου ▸ 1
　Adjective · neuter · singular · genitive ▸ 1 (1Pet. 4,12)
ξένους ▸ 1 + 1 = 2
　Adjective · masculine · plural · accusative · noDegree ▸ 1 + 1 = 2 (Wis. 19,14; 3John 5)
ξένῳ ▸ 1
　Adjective · masculine · singular · dative · noDegree ▸ 1 (2Sam. 12,4)
ξένων ▸ 1 + 1 = 2
　Adjective · feminine · plural · genitive · noDegree ▸ 1 + 1 = 2 (1Mac. 11,38; Acts 17,18)

ξενοτροφέω (ξένος; τρέφω) to support mercenaries ▸ 1
　ἐξενοτρόφει ▸ 1
　　Verb · third · singular · imperfect · active · indicative ▸ 1 (2Mac. 10,14)

Ξέρξης Xerxes ▸ 1
　Ξέρξου ▸ 1
　　Noun · masculine · singular · genitive · (proper) ▸ 1 (Dan. 9,1)

ξέστης pitcher, pot; sextarius ▸ 1
　ξεστῶν ▸ 1
　　Noun · masculine · plural · genitive ▸ 1 (Mark 7,4)

ξεστός (ξέω) cut from stone ▸ 1
　ξεστῷ ▸ 1
　　Adjective · masculine · singular · dative · noDegree ▸ 1 (1Mac. 13,27)

ξηραίνω (ξηρός) to dry up ▸ 57 + 15 = 72
　ἐξηραμμένην ▸ 2
　　Verb · perfect · passive · participle · feminine · singular · accusative ▸ 2 (Mark 3,1; Mark 11,20)
　ἐξήρανας ▸ 1
　　Verb · second · singular · aorist · active · indicative ▸ 1 (Psa. 73,15)
　ἐξήρανεν ▸ 1 + 1 = 2
　　Verb · third · singular · aorist · active · indicative ▸ 1 + 1 = 2 (Ezek. 19,12; James 1,11)
　ἐξηράνθη ▸ 16 + 10 = 26
　　Verb · third · singular · aorist · passive · indicative ▸ 16 + 10 = 26 (Gen. 8,14; 1Kings 13,4; 1Kings 17,7; Psa. 21,16; Psa. 101,5; Psa. 105,9; Psa. 128,6; Job 14,11; Hos. 9,16; Amos 1,2; Joel 1,10; Joel 1,12; Joel 1,17; Is. 40,7; Is. 41,17; Ezek. 19,12; Matt. 13,6; Matt. 21,19; Matt. 21,20; Mark 4,6; Mark 5,29; Luke 8,6; John 15,6; 1Pet. 1,24; Rev. 14,15; Rev. 16,12)
　ἐξηράνθην ▸ 1
　　Verb · first · singular · aorist · passive · indicative ▸ 1 (Psa. 101,12)
　ἐξηράνθησαν ▸ 12
　　Verb · third · plural · aorist · passive · indicative ▸ 12 (Josh. 9,12; Job 4,21; Joel 1,11; Joel 1,12; Joel 1,20; Is. 37,27; Is. 40,24; Is. 44,11; Is. 51,12; Jer. 23,10; Lam. 4,8; Dan. 7,8)
　ἐξήρανται ▸ 1
　　Verb · third · singular · perfect · passive · indicative ▸ 1 (Mark 11,21)
　ξηραίνεται ▸ 2 + 1 = 3
　　Verb · third · singular · present · passive · indicative ▸ 2 + 1 = 3 (Prov. 17,22; Job 8,12; Mark 9,18)
　ξηραινόμενος ▸ 1
　　Verb · present · passive · participle · masculine · singular · nominative ▸ 1 (Zech. 11,17)
　ξηραίνων ▸ 2
　　Verb · present · active · participle · masculine · singular · nominative ▸ 2 (Nah. 1,4; Ezek. 17,24)
　ξηρανεῖ ▸ 1
　　Verb · third · singular · future · active · indicative ▸ 1 (Job 12,15)
　ξηρανθείη ▸ 1
　　Verb · third · singular · aorist · passive · optative ▸ 1 (Psa. 89,6)
　ξηρανθῆναι ▸ 2
　　Verb · aorist · passive · infinitive ▸ 2 (Gen. 8,7; Is. 27,11)
　ξηρανθήσεται ▸ 11
　　Verb · third · singular · future · passive · indicative ▸ 11 (Sir. 40,13; Amos 4,7; Zech. 10,11; Zech. 11,17; Is. 19,5; Is. 19,6; Is. 19,7; Jer. 12,4; Ezek. 17,9; Ezek. 17,10; Ezek. 17,10)
　ξηρανθήσονται ▸ 2
　　Verb · third · plural · future · passive · indicative ▸ 2 (Job 18,16; Is. 50,2)
　ξηρανῶ ▸ 4
　　Verb · first · singular · future · active · indicative ▸ 4 (Is. 42,14; Is. 42,15; Is. 44,27; Jer. 28,36)

ξηρασία (ξηρός) drought ▸ 7 + 3 = 10
　ξηρασία ▸ 3 + 3 = 6
　　Noun · feminine · singular · nominative · (common) ▸ 3 + 3 = 6 (Judg. 6,37; Judg. 6,39; Judg. 6,40; Judg. 6,37; Judg. 6,39; Judg. 6,40)
　ξηρασίᾳ ▸ 2
　　Noun · feminine · singular · dative · (common) ▸ 2 (Neh. 9,11; Ezek. 17,10)
　ξηρασίας ▸ 2
　　Noun · feminine · singular · genitive · (common) ▸ 2 (Nah. 1,10; Ezek. 40,43)

ξηρός dry, withered ▸ 39 + 1 + 8 = 48
　Ξηρά ▸ 1
　　Adjective · neuter · plural · nominative · noDegree ▸ 1 (Ezek. 37,11)
　ξηρά ▸ 4 + 1 = 5
　　Adjective · feminine · singular · nominative · noDegree ▸ 2 + 1 = 3 (Gen. 1,9; Gen. 1,9; Luke 6,6)
　　Adjective · neuter · plural · nominative · noDegree ▸ 2 (Job 24,19; Ezek. 37,4)
　ξηρᾷ ▸ 3
　　Adjective · feminine · singular · nominative · noDegree ▸ 1 (Is. 9,17)
　　Adjective · neuter · plural · nominative · noDegree ▸ 2 (4Mac. 18,17; Ezek. 37,2)
　ξηράν ▸ 5 + 1 = 6
　　Adjective · feminine · singular · accusative · noDegree ▸ 5 + 1

ξηρός–ξύλον

= **6** (Ex. 14,21; Psa. 65,6; Jonah 1,9; Jonah 2,11; Hag. 2,6; Matt. 12,10)
  ξηρὰν ▸ **5 + 3 = 8**
    Adjective ▪ feminine ▪ singular ▪ accusative ▪ noDegree ▸ **5 + 3 = 8** (Gen. 1,10; Psa. 94,5; Sir. 37,3; Sir. 39,22; Hag. 2,21; Matt. 23,15; Mark 3,3; Luke 6,8)
  ξηρᾶς ▸ **10 + 1 + 1 = 12**
    Adjective ▪ feminine ▪ singular ▪ genitive ▪ noDegree ▸ **10 + 1 + 1 = 12** (Gen. 7,22; Ex. 14,29; Ex. 15,19; Josh. 3,17; Josh. 3,17; Josh. 4,22; 1Mac. 8,23; 1Mac. 8,32; Ode. 1,19; Wis. 19,7; Dan. 2,10; Heb. 11,29)
  ξηρόν ▸ **7**
    Adjective ▪ neuter ▪ singular ▪ accusative ▪ noDegree ▸ **5** (Ex. 4,9; Ex. 14,16; Ex. 14,22; Sir. 6,3; Ezek. 17,24)
    Adjective ▪ neuter ▪ singular ▪ nominative ▪ noDegree ▸ **2** (Is. 56,3; Ezek. 21,3)
  ξηρὸς ▸ **2**
    Adjective ▪ masculine ▪ singular ▪ nominative ▪ noDegree ▸ **2** (Josh. 9,5; Is. 37,27)
  ξηροῦ ▸ **1**
    Adjective ▪ neuter ▪ singular ▪ genitive ▪ noDegree ▸ **1** (Ex. 4,9)
  ξηρούς ▸ **1**
    Adjective ▪ masculine ▪ plural ▪ accusative ▪ noDegree ▸ **1** (Hos. 9,14)
  ξηρῷ ▸ **1**
    Adjective ▪ neuter ▪ singular ▪ dative ▸ **1** (Luke 23,31)
  ξηρῶν ▸ **1**
    Adjective ▪ masculine ▪ plural ▪ genitive ▪ noDegree ▸ **1** (John 5,3)

ξιφηφόρος (ξίφος; φέρω) holding a sword ▸ **1**
  ξιφηφόρον ▸ **1**
    Adjective ▪ feminine ▪ singular ▪ accusative ▪ noDegree ▸ **1** (4Mac. 16,20)

ξίφος sword ▸ **16**
  ξίφει ▸ **1**
    Noun ▪ neuter ▪ singular ▪ dative ▪ (common) ▸ **1** (Josh. 11,11)
  ξίφεσιν ▸ **3**
    Noun ▪ neuter ▪ plural ▪ dative ▪ (common) ▸ **3** (Job 3,14; Ezek. 16,40; Ezek. 23,47)
  ξίφος ▸ **2**
    Noun ▪ neuter ▪ singular ▪ accusative ▪ (common) ▸ **2** (2Mac. 14,41; Wis. 18,15)
  ξίφους ▸ **9**
    Noun ▪ neuter ▪ singular ▪ genitive ▪ (common) ▸ **9** (Josh. 10,28; Josh. 10,30; Josh. 10,32; Josh. 10,33; Josh. 10,35; Josh. 10,37; Josh. 10,39; Josh. 11,12; Josh. 11,14)
  ξιφῶν ▸ **1**
    Noun ▪ neuter ▪ plural ▪ genitive ▪ (common) ▸ **1** (2Mac. 12,22)

ξυλάριον (ξύλον) small wood piece; stick ▸ **1**
  ξυλάρια ▸ **1**
    Noun ▪ neuter ▪ plural ▪ accusative ▪ (common) ▸ **1** (1Kings 17,12)

ξύλινος (ξύλον) wooden; wood-carrier ▸ **28 + 2 + 2 = 32**
  ξύλινα ▸ **3 + 2 = 5**
    Adjective ▪ neuter ▪ plural ▪ accusative ▪ noDegree ▸ **1 + 1 = 2** (Lev. 26,30; Rev. 9,20)
    Adjective ▪ neuter ▪ plural ▪ nominative ▪ noDegree ▸ **2 + 1 = 3** (LetterJ 38; LetterJ 50; 2Tim. 2,20)
  ξύλινά ▸ **1**
    Adjective ▪ neuter ▪ plural ▪ accusative ▪ noDegree ▸ **1** (Deut. 28,42)
  ξυλίνη ▸ **1**
    Adjective ▪ feminine ▪ singular ▪ nominative ▪ noDegree ▸ **1** (Sir. 22,16)
  ξυλίνην ▸ **1**
    Adjective ▪ feminine ▪ singular ▪ accusative ▪ noDegree ▸ **1** (Deut. 10,1)
  ξύλινοι ▸ **5**
    Adjective ▪ masculine ▪ plural ▪ nominative ▪ noDegree ▸ **5** (1Mac. 6,37; LetterJ 57; LetterJ 69; LetterJ 70; Ezek. 41,22)
  ξυλίνοις ▸ **1**
    Adjective ▪ masculine ▪ plural ▪ dative ▪ noDegree ▸ **1** (LetterJ 29)
  ξύλινον ▸ **2**
    Adjective ▪ neuter ▪ singular ▪ accusative ▪ noDegree ▸ **1** (Num. 31,20)
    Adjective ▪ neuter ▪ singular ▪ nominative ▪ noDegree ▸ **1** (Lev. 15,12)
  ξύλινος ▸ **2**
    Adjective ▪ masculine ▪ singular ▪ nominative ▪ noDegree ▸ **2** (Ezra 6,4; LetterJ 58)
  ξυλίνου ▸ **7**
    Adjective ▪ masculine ▪ singular ▪ genitive ▪ noDegree ▸ **3** (Lev. 27,30; 1Esdr. 6,24; 1Mac. 10,30)
    Adjective ▪ neuter ▪ singular ▪ genitive ▪ noDegree ▸ **4** (Lev. 11,32; 1Esdr. 9,42; Neh. 8,4; Ezek. 41,22)
  ξυλίνους ▸ **3 + 2 = 5**
    Adjective ▪ masculine ▪ plural ▪ accusative ▪ noDegree ▸ **3 + 2 = 5** (Jer. 35,13; LetterJ 3; LetterJ 10; Dan. 5,4; Dan. 5,23)
  ξυλίνῳ ▸ **1**
    Adjective ▪ neuter ▪ singular ▪ dative ▪ noDegree ▸ **1** (Num. 35,18)
  ξυλίνων ▸ **1**
    Adjective ▪ masculine ▪ plural ▪ genitive ▪ noDegree ▸ **1** (LetterJ 54)

ξυλοκόπος (ξύλον; κόπτω) wood cutter ▸ **5**
  ξυλοκόποι ▸ **2**
    Noun ▪ masculine ▪ plural ▪ nominative ▪ (common) ▸ **2** (Josh. 9,21; Josh. 9,27)
  ξυλοκόπος ▸ **1**
    Noun ▪ masculine ▪ singular ▪ nominative ▪ (common) ▸ **1** (Josh. 9,23)
  ξυλοκόπου ▸ **1**
    Noun ▪ masculine ▪ singular ▪ genitive ▪ (common) ▸ **1** (Deut. 29,10)
  ξυλοκόπους ▸ **1**
    Noun ▪ masculine ▪ plural ▪ accusative ▪ (common) ▸ **1** (Josh. 9,27)

ξύλον wood, tree ▸ **297 + 10 + 20 = 327**
  ξύλα ▸ **103 + 5 + 1 = 109**
    Noun ▪ neuter ▪ plural ▪ accusative ▪ (common) ▸ **72 + 1 + 1 = 74** (Gen. 22,3; Gen. 22,6; Gen. 22,9; Ex. 9,25; Ex. 25,5; Ex. 25,13; Ex. 35,7; Ex. 35,33; Lev. 1,7; Lev. 1,8; Lev. 1,12; Lev. 1,17; Lev. 3,5; Lev. 6,5; Lev. 14,45; Num. 15,32; Num. 15,33; Deut. 19,5; Judg. 9,15; 1Sam. 6,14; 2Sam. 5,11; 2Sam. 24,22; 1Kings 5,20; 1Kings 5,20; 1Kings 5,22; 1Kings 5,32; 1Kings 10,11; 1Kings 10,12; 1Kings 10,12; 1Kings 15,22; 1Kings 17,10; 2Kings 6,4; 2Kings 12,13; 2Kings 22,6; 1Chr. 14,1; 1Chr. 21,23; 1Chr. 22,4; 1Chr. 22,4; 1Chr. 22,14; 1Chr. 29,2; 2Chr. 2,7; 2Chr. 2,7; 2Chr. 2,8; 2Chr. 2,9; 2Chr. 2,15; 2Chr. 9,10; 2Chr. 9,11; 2Chr. 16,6; 2Chr. 34,11; 1Esdr. 4,48; 1Esdr. 5,53; Ezra 3,7; Neh. 2,8; 1Mac. 14,8; 2Mac. 1,21; Eccl. 2,6; Eccl. 10,9; Sir. 8,3; Joel 1,19; Hag. 1,8; Zech. 5,4; Is. 30,33; Is. 30,33; Jer. 5,14; Jer. 6,6; Jer. 7,18; Jer. 26,22; Ezek. 24,10; Ezek. 26,12; Ezek. 31,4; Ezek. 31,5; Ezek. 39,10; Judg. 9,15; 1Cor. 3,12)
    Noun ▪ neuter ▪ plural ▪ nominative ▪ (common) ▸ **31 + 4 = 35**

(Gen. 22,7; Ex. 35,24; Lev. 26,4; Judg. 9,8; Judg. 9,10; Judg. 9,12; Judg. 9,14; 1Kings 6,34; 2Kings 19,18; 1Chr. 16,33; Ezra 5,8; Psa. 95,12; Psa. 103,16; Psa. 148,9; Prov. 26,21; Sol. 14,3; Joel 1,12; Hag. 2,19; Is. 14,8; Is. 34,13; Is. 37,19; Is. 44,23; Is. 55,12; Lam. 5,4; Ezek. 17,24; Ezek. 31,9; Ezek. 31,14; Ezek. 31,15; Ezek. 31,16; Ezek. 34,27; Ezek. 41,25; Judg. 9,8; Judg. 9,10; Judg. 9,12; Judg. 9,14)

ξύλοις ▸ 19 + 1 = 20
Noun · neuter · plural · dative · (common) ▸ 19 + 1 = 20 (Ex. 7,19; Ex. 10,15; Deut. 4,28; Deut. 28,36; Deut. 28,64; Judg. 6,26; 1Kings 6,10; 1Kings 6,15; 1Kings 9,11; 1Kings 9,11; 2Chr. 2,13; 2Chr. 3,5; Prov. 26,20; Song 2,3; Wis. 14,21; Zech. 12,6; Ezek. 15,2; Ezek. 15,6; Ezek. 20,32; Judg. 6,26)

Ξύλον ▸ 1
Noun · neuter · singular · nominative · (common) ▸ 1 (4Mac. 18,16)

ξύλον ▸ 79 + 5 = 84
Noun · neuter · singular · accusative · (common) ▸ 47 + 4 = 51 (Gen. 1,11; Gen. 1,12; Gen. 1,29; Gen. 2,9; Gen. 2,9; Gen. 2,9; Ex. 10,5; Ex. 15,25; Lev. 14,4; Lev. 14,6; Lev. 14,49; Lev. 14,51; Lev. 19,23; Num. 19,6; Deut. 16,21; Deut. 19,5; Deut. 29,16; 2Kings 3,19; 2Kings 3,25; 2Kings 6,6; 2Chr. 7,13; 1Esdr. 6,31; Neh. 9,25; Esth. 5,14; Esth. 7,9; Psa. 104,33; Eccl. 2,5; Job 41,19; Wis. 13,13; Wis. 14,1; Sir. 6,3; Sol. 11,5; Is. 10,15; Is. 40,20; Is. 44,13; Is. 44,14; Is. 45,20; Jer. 3,9; Jer. 7,20; Jer. 11,19; Ezek. 15,3; Ezek. 17,24; Ezek. 17,24; Ezek. 17,24; Ezek. 17,24; Ezek. 20,28; Ezek. 21,15; Acts 16,24; 1Pet. 2,24; Rev. 18,12; Rev. 22,14)
Noun · neuter · singular · nominative · (common) ▸ 32 + 1 = 33 (Gen. 3,6; Lev. 26,20; Deut. 20,19; Deut. 20,20; 2Sam. 21,19; 2Sam. 23,7; 2Sam. 23,21; 1Chr. 16,32; 1Chr. 20,5; Ezra 6,11; Esth. 5,14; Esth. 7,9; Psa. 1,3; Prov. 3,18; Eccl. 11,3; Eccl. 11,3; Wis. 14,7; Sir. 31,7; Joel 2,22; Is. 7,2; Is. 56,3; Jer. 10,3; Jer. 17,8; Jer. 38,12; Bar. 5,8; Lam. 4,8; Ezek. 15,2; Ezek. 15,6; Ezek. 21,3; Ezek. 21,3; Ezek. 31,8; Ezek. 47,12; Rev. 22,2)

ξύλου ▸ 40 + 1 + 8 = 49
Noun · neuter · singular · genitive · (common) ▸ 40 + 1 + 8 = 49 (Gen. 2,16; Gen. 2,17; Gen. 3,1; Gen. 3,2; Gen. 3,3; Gen. 3,8; Gen. 3,11; Gen. 3,12; Gen. 3,17; Gen. 3,22; Gen. 3,24; Gen. 40,19; Lev. 23,40; Lev. 23,40; Deut. 19,5; Deut. 21,22; Deut. 21,23; Deut. 21,23; Josh. 8,29; Josh. 8,29; Josh. 8,29; 1Kings 14,23; 2Kings 16,4; 2Kings 17,10; 2Chr. 28,4; Neh. 8,15; Neh. 10,36; Neh. 10,38; Esth. 5,14; Esth. 7,10; Esth. 8,7; Wis. 10,4; Sir. 27,6; Sir. 38,5; Hab. 2,11; Is. 65,22; Jer. 2,20; Jer. 3,6; Jer. 3,13; Ezek. 36,30; Judg. 9,48; Acts 5,30; Acts 10,39; Acts 13,29; Gal. 3,13; Rev. 2,7; Rev. 18,12; Rev. 22,2; Rev. 22,19)

ξύλῳ ▸ 11 + 1 = 12
Noun · neuter · singular · dative · (common) ▸ 11 + 1 = 12 (Lev. 14,52; Esth. 6,4; Prov. 12,4; Prov. 25,20a; Job 24,20; Job 33,11; Wis. 14,5; Hab. 2,19; Is. 7,19; Jer. 2,27; Lam. 5,13; Luke 23,31)

ξύλων ▸ 44 + 3 + 5 = 52
Noun · neuter · plural · genitive · (common) ▸ 44 + 3 + 5 = 52 (Gen. 6,14; Gen. 22,9; Ex. 10,12; Ex. 10,15; Ex. 25,10; Ex. 25,28; Ex. 26,15; Ex. 26,26; Ex. 27,1; Ex. 27,6; Ex. 30,1; Ex. 30,5; Ex. 31,5; Lev. 4,12; Deut. 10,3; Josh. 10,26; Josh. 10,26; Josh. 10,27; Judg. 9,9; Judg. 9,11; Judg. 9,13; Judg. 9,48; 2Sam. 5,11; 1Kings 5,13; 1Kings 6,15; 1Kings 6,31; 1Kings 6,32; 1Kings 6,33; 1Kings 18,23; 2Kings 12,12; 1Chr. 14,1; 1Chr. 22,15; 2Chr. 3,10; 1Esdr. 6,8; Neh. 8,15; 2Mac. 4,41; Psa. 73,6; Song 3,9; Song 4,14; Job 30,4; Is. 7,4; Is. 60,17; Ezek. 15,2; Ezek. 31,18; Judg. 9,9; Judg. 9,11; Judg. 9,13; Matt. 26,47; Matt. 26,55; Mark 14,43; Mark 14,48; Luke 22,52)

ξυλοφορία (ξύλον; φέρω)   wood-carrying ▸ 1

ξυλοφορίας ▸ 1
Noun · feminine · singular · genitive · (common) ▸ 1 (Neh. 10,35)

ξυλοφόρος (ξύλον; φέρω)   wood-carrier ▸ 1
ξυλοφόρων ▸ 1
Adjective · masculine · plural · genitive · noDegree ▸ 1 (Neh. 13,31)

ξυλόω (ξύλον)   to make from wood ▸ 3
ἐξυλωμένα ▸ 2
Verb · perfect · passive · participle · neuter · plural · accusative ▸ 1 (Jer. 22,14)
Verb · perfect · passive · participle · neuter · plural · nominative ▸ 1 (Ezek. 41,16)
ἐξύλωσεν ▸ 1
Verb · third · singular · aorist · active · indicative ▸ 1 (2Chr. 3,5)

ξυράω (ξύω)   to shave ▸ 27 + 3 + 3 = 33
ἐξυρήθη ▸ 1
Verb · third · singular · aorist · passive · indicative ▸ 1 (Judg. 16,22)
ἐξυρημένη ▸ 1
Verb · perfect · passive · participle · feminine · singular · dative ▸ 1 (1Cor. 11,5)
ἐξυρημένοι ▸ 1
Verb · perfect · passive · participle · masculine · plural · nominative ▸ 1 (Jer. 48,5)
ἐξυρημένους ▸ 1
Verb · perfect · passive · participle · masculine · plural · accusative ▸ 1 (LetterJ 30)
ἐξύρησαν ▸ 1
Verb · third · plural · aorist · active · indicative ▸ 1 (Gen. 41,14)
ἐξυρήσατο ▸ 1
Verb · third · singular · aorist · middle · indicative ▸ 1 (Judg. 16,22)
ἐξύρησεν ▸ 3 + 1 = 4
Verb · third · singular · aorist · active · indicative ▸ 3 + 1 = 4 (Judg. 16,19; 2Sam. 10,4; 1Chr. 19,4; Judg. 16,19)
ξυρᾶσθαι ▸ 1
Verb · present · middle · infinitive ▸ 1 (1Cor. 11,6)
ξυρηθῆναι ▸ 1
Verb · aorist · passive · infinitive ▸ 1 (Lev. 13,34)
ξυρηθήσεσθε ▸ 1
Verb · second · plural · future · passive · indicative ▸ 1 (Lev. 21,5)
ξυρηθήσεται ▸ 7
Verb · third · singular · future · passive · indicative ▸ 7 (Lev. 13,33; Lev. 13,33; Lev. 14,8; Lev. 14,9; Lev. 14,9; Num. 6,9; Jer. 31,37)
ξύρησαι ▸ 1
Verb · second · singular · aorist · middle · imperative ▸ 1 (Mic. 1,16)
ξυρήσασθαι ▸ 1
Verb · aorist · middle · infinitive ▸ 1 (Num. 6,19)
ξυρήσει ▸ 1
Verb · third · singular · future · active · indicative ▸ 1 (Is. 7,20)
ξυρήσεις ▸ 1
Verb · second · singular · future · active · indicative ▸ 1 (Deut. 21,12)
ξυρήσεται ▸ 2
Verb · third · singular · future · middle · indicative ▸ 2 (Num. 6,9; Num. 6,18)
ξυρήσονται ▸ 4 + 1 = 5
Verb · third · plural · future · middle · indicative ▸ 4 + 1 = 5 (Lev. 21,5; Jer. 16,6; Jer. 31,37; Ezek. 44,20; Acts 21,24)

ξυρήσωμαι ▸ 1 + 1 = 2
    Verb · first · singular · aorist · middle · subjunctive ▸ 1 + 1 = 2 (Judg. 16,17; Judg. 16,17)

ξύρησις (ξύω) shaving ▸ 1
  ξύρησιν ▸ 1
    Noun · feminine · singular · accusative · (common) ▸ **1** (Is. 22,12)

ξυρόν (ξύω) razor ▸ 7
  Ξυρὸν ▸ 1
    Noun · neuter · singular · nominative · (common) ▸ **1** (Judg. 16,17)
  ξυρὸν ▸ 4
    Noun · neuter · singular · accusative · (common) ▸ **1** (Ezek. 5,1)
    Noun · neuter · singular · nominative · (common) ▸ **3** (Num. 6,5; Num. 8,7; Psa. 51,4)
  ξυρῷ ▸ 2
    Noun · neuter · singular · dative · (common) ▸ **2** (Is. 7,20; Jer. 43,23)

ξυστός (ξύω) covered colonnade, polished; (n) exercise site ▸ 5
  ξυστοῦ ▸ 1
    Adjective · masculine · singular · genitive · noDegree ▸ **1** (Sir. 22,17)
  ξυστοὺς ▸ 2
    Adjective · masculine · plural · accusative · noDegree ▸ **2** (1Chr. 22,2; Amos 5,11)
  ξυστῶν ▸ 2
    Adjective · masculine · plural · genitive · noDegree ▸ **2** (1Esdr. 6,8; 1Esdr. 6,24)

ξύω to scrape off ▸ 2
  ξύῃ ▸ 1
    Verb · third · singular · present · active · subjunctive ▸ **1** (Job 2,8)
  ξύων ▸ 1
    Verb · present · active · participle · masculine · singular · nominative ▸ **1** (Job 7,5)

O, o

ὁ the, who, which ‣ 83317 + 5143 + 19865 = 108325
  Αἱ ‣ 9 + 3 = 12
    Article • feminine • plural • nominative ‣ 9 + 3 = **12** (Gen. 31,43; Gen. 47,9; Lev. 23,2; Deut. 21,7; Psa. 118,73; Sir. 17,15; Zech. 4,9; Ezek. 33,10; Ezek. 42,13; Acts 16,5; Col. 3,18; Rev. 17,9)
  αἵ ‣ 1 + 1 = 2
    Article • feminine • plural • nominative ‣ 1 + 1 = **2** (3Mac. 1,18; Rom. 1,26)
  αἱ ‣ 1053 + 96 + 145 = 1294
    Article • feminine • plural • nominative ‣ 1053 + 96 + 145 = **1294**
    (Gen. 5,4; Gen. 5,5; Gen. 5,8; Gen. 5,11; Gen. 5,14; Gen. 5,17; Gen. 5,20; Gen. 5,23; Gen. 5,27; Gen. 5,31; Gen. 6,3; Gen. 6,5; Gen. 6,9; Gen. 6,18; Gen. 7,7; Gen. 7,11; Gen. 7,13; Gen. 8,2; Gen. 8,5; Gen. 8,16; Gen. 8,18; Gen. 9,29; Gen. 10,1; Gen. 10,18; Gen. 10,32; Gen. 11,10; Gen. 11,27; Gen. 11,32; Gen. 12,3; Gen. 15,16; Gen. 16,12; Gen. 16,12; Gen. 18,20; Gen. 19,30; Gen. 19,30; Gen. 19,36; Gen. 21,29; Gen. 24,11; Gen. 24,13; Gen. 24,22; Gen. 24,43; Gen. 24,61; Gen. 25,12; Gen. 25,19; Gen. 25,24; Gen. 27,22; Gen. 27,23; Gen. 27,41; Gen. 28,8; Gen. 28,14; Gen. 29,21; Gen. 30,13; Gen. 31,15; Gen. 31,38; Gen. 33,6; Gen. 33,8; Gen. 33,13; Gen. 35,28; Gen. 36,1; Gen. 36,9; Gen. 37,2; Gen. 37,25; Gen. 37,27; Gen. 37,35; Gen. 38,12; Gen. 41,4; Gen. 41,4; Gen. 41,20; Gen. 41,20; Gen. 41,21; Gen. 41,26; Gen. 41,26; Gen. 41,27; Gen. 41,27; Gen. 41,27; Gen. 41,57; Gen. 45,10; Gen. 46,15; Gen. 46,26; Gen. 46,27; Gen. 47,9; Gen. 47,28; Gen. 47,29; Gen. 49,8; Gen. 50,3; Gen. 50,4; Ex. 1,17; Ex. 1,19; Ex. 1,19; Ex. 1,21; Ex. 2,5; Ex. 2,19; Ex. 6,15; Ex. 6,24; Ex. 6,25; Ex. 8,17; Ex. 9,29; Ex. 9,33; Ex. 9,34; Ex. 10,6; Ex. 10,6; Ex. 10,6; Ex. 12,11; Ex. 12,11; Ex. 15,17; Ex. 15,20; Ex. 17,12; Ex. 17,12; Ex. 19,13; Ex. 19,13; Ex. 19,19; Ex. 21,7; Ex. 22,23; Ex. 26,25; Ex. 26,32; Ex. 26,32; Ex. 26,37; Ex. 27,10; Ex. 27,10; Ex. 27,11; Ex. 27,11; Ex. 27,11; Ex. 27,12; Ex. 27,13; Ex. 27,14; Ex. 27,15; Ex. 27,16; Ex. 27,17; Ex. 27,17; Ex. 27,18; Ex. 28,4; Ex. 29,21; Ex. 32,15; Ex. 32,16; Ex. 34,1; Ex. 34,3; Ex. 34,4; Ex. 34,16; Ex. 34,29; Ex. 35,26; Ex. 37,4; Ex. 37,4; Ex. 37,6; Ex. 37,8; Ex. 37,9; Ex. 37,10; Ex. 37,12; Ex. 37,13; Ex. 37,14; Ex. 37,15; Ex. 37,15; Ex. 37,15; Ex. 37,17; Ex. 37,17; Ex. 37,17; Lev. 7,30; Lev. 12,4; Lev. 12,6; Lev. 15,3; Lev. 15,25; Lev. 15,25; Lev. 18,29; Lev. 18,29; Lev. 19,8; Lev. 19,8; Lev. 23,4; Lev. 23,18; Lev. 23,18; Lev. 23,37; Lev. 23,43; Lev. 25,31; Lev. 25,31; Lev. 25,32; Lev. 26,22; Lev. 26,33; Lev. 27,34; Num. 3,1; Num. 4,31; Num. 4,32; Num. 6,5; Num. 6,12; Num. 6,12; Num. 7,87; Num. 7,87; Num. 7,87; Num. 7,88; Num. 10,5; Num. 10,5; Num. 10,6; Num. 10,6; Num. 10,6; Num. 10,6; Num. 10,6; Num. 10,6; Num. 10,28; Num. 13,19; Num. 13,20; Num. 13,28; Num. 14,3; Num. 16,27; Num. 21,29; Num. 21,30; Num. 24,5; Num. 27,1; Num. 29,6; Num. 29,6; Num. 29,6; Num. 29,6; Num. 29,14; Num. 29,16; Num. 29,16; Num. 29,19; Num. 29,19; Num. 29,22; Num. 29,22; Num. 29,24; Num. 29,24; Num. 29,25; Num. 29,25; Num. 29,27; Num. 29,27; Num. 29,28; Num. 29,28; Num. 29,30; Num. 29,30; Num. 29,31; Num. 29,31; Num. 29,33; Num. 29,33; Num. 29,34; Num. 29,34; Num. 29,37; Num. 29,37; Num. 29,38; Num. 29,38; Num. 30,5; Num. 30,7; Num. 30,8; Num. 30,9; Num. 30,12; Num. 31,6; Num. 32,26; Num. 35,3; Num. 35,12; Num. 35,13; Num. 35,15; Num. 36,13; Deut. 1,44; Deut. 2,14; Deut. 3,19; Deut. 6,1; Deut. 9,15; Deut. 10,3; Deut. 10,3; Deut. 11,21; Deut. 11,21; Deut. 12,1; Deut. 12,12; Deut. 12,12; Deut. 13,10; Deut. 13,10; Deut. 28,2; Deut. 28,5; Deut. 28,15; Deut. 28,17; Deut. 28,32; Deut. 28,45; Deut. 29,10; Deut. 29,19; Deut. 29,19; Deut. 31,14; Deut. 32,4; Deut. 33,7; Deut. 33,25; Deut. 34,8; Josh. 1,14; Josh. 5,1; Josh. 9,17; Josh. 13,23; Josh. 13,23; Josh. 13,25; Josh. 13,28; Josh. 13,28; Josh. 15,21; Josh. 15,24; Josh. 15,25; Josh. 15,28; Josh. 15,28; Josh. 15,32; Josh. 15,36; Josh. 15,36; Josh. 15,41; Josh. 15,44; Josh. 15,45; Josh. 15,45; Josh. 15,46; Josh. 15,47; Josh. 15,47; Josh. 15,47; Josh. 15,47; Josh. 15,51; Josh. 15,54; Josh. 15,57; Josh. 15,59; Josh. 15,59a; Josh. 15,60; Josh. 15,62; Josh. 15,62; Josh. 16,7; Josh. 16,9; Josh. 16,9; Josh. 16,9; Josh. 16,9; Josh. 17,11; Josh. 18,21; Josh. 18,24; Josh. 18,28; Josh. 19,6; Josh. 19,7; Josh. 19,16; Josh. 19,23; Josh. 19,23; Josh. 19,31; Josh. 19,33; Josh. 19,35; Josh. 19,47; Josh. 19,47; Josh. 19,51; Josh. 20,3; Josh. 20,9; Josh. 20,9; Josh. 21,19; Josh. 21,33; Josh. 21,39; Josh. 21,41; Judg. 1,35; Judg. 1,35; Judg. 3,24; Judg. 5,4; Judg. 7,11; Judg. 7,20; Judg. 7,20; Judg. 7,22; Judg. 9,44; Judg. 9,44; Judg. 9,44; Judg. 9,51; Judg. 11,37; Judg. 11,38; Judg. 11,40; Judg. 16,18; Judg. 19,27; Judg. 20,2; Judg. 20,12; Judg. 21,21; Ruth 1,6; Ruth 1,7; Ruth 4,14; Ruth 4,17; Ruth 4,18; 1Sam. 2,24; 1Sam. 4,20; 1Sam. 4,20; 1Sam. 6,12; 1Sam. 6,17; 1Sam. 6,17; 1Sam. 7,2; 1Sam. 7,14; 1Sam. 9,3; 1Sam. 10,2; 1Sam. 10,16; 1Sam. 18,6; 1Sam. 18,7; 1Sam. 21,12; 1Sam. 27,3; 1Sam. 30,3; 1Sam. 30,3; 1Sam. 30,5; 2Sam. 2,2; 2Sam. 2,7; 2Sam. 2,11; 2Sam. 3,34; 2Sam. 4,1; 2Sam. 5,1; 2Sam. 7,12; 2Sam. 13,18; 2Sam. 13,18; 2Sam. 16,21; 1Kings 2,1; 1Kings 2,11; 1Kings 6,27; 1Kings 6,27; 1Kings 7,19; 1Kings 7,20; 1Kings 7,36; 1Kings 7,36; 1Kings 7,42; 1Kings 8,8; 1Kings 8,54; 1Kings 8,61; 1Kings 9,13; 1Kings 10,8; 1Kings 11,4; 1Kings 11,4; 1Kings 11,42; 1Kings 16,5; 1Kings 20,19; 1Kings 20,19; 1Kings 21,3; 1Kings 22,38; 1Kings 22,38; 1Kings 22,46;

2Kings 3,17; 2Kings 7,10; 2Kings 9,22; 2Kings 10,29; 2Kings 10,29; 2Kings 10,36; 2Kings 11,14; 2Kings 13,8; 2Kings 13,12; 2Kings 14,28; 2Kings 19,19; 2Kings 23,7; 1Chr. 1,29; 1Chr. 4,2; 1Chr. 4,27; 1Chr. 4,33; 1Chr. 6,4; 1Chr. 6,39; 1Chr. 6,45; 1Chr. 7,28; 1Chr. 7,28; 1Chr. 7,28; 1Chr. 7,28; 1Chr. 7,29; 1Chr. 7,29; 1Chr. 7,29; 1Chr. 7,29; 1Chr. 7,29; 1Chr. 9,18; 1Chr. 9,24; 1Chr. 17,11; 1Chr. 26,12; 1Chr. 26,19; 1Chr. 28,21; 1Chr. 29,15; 2Chr. 3,11; 2Chr. 3,13; 2Chr. 5,9; 2Chr. 13,12; 2Chr. 13,22; 2Chr. 15,7; 2Chr. 18,7; 2Chr. 20,13; 2Chr. 23,13; 2Chr. 27,7; 2Chr. 28,26; 2Chr. 28,26; 2Chr. 28,26; 2Chr. 29,9; 2Chr. 29,9; 2Chr. 29,27; 2Chr. 29,28; 2Chr. 33,19; 2Chr. 33,19; 2Chr. 35,25; 1Esdr. 3,12; 1Esdr. 4,10; 1Esdr. 4,14; 1Esdr. 4,15; 1Esdr. 4,22; 1Esdr. 4,28; 1Esdr. 4,32; 1Esdr. 4,34; 1Esdr. 4,37; 1Esdr. 5,1; 1Esdr. 5,1; 1Esdr. 5,1; 1Esdr. 8,72; 1Esdr. 8,72; Ezra 9,6; Ezra 9,6; Neh. 1,3; Neh. 2,3; Neh. 2,17; Neh. 2,18; Neh. 3,12; Neh. 4,1; Neh. 6,9; Neh. 6,17; Neh. 7,3; Neh. 9,6; Neh. 12,40; Neh. 12,43; Neh. 13,26; Neh. 13,26; Esth. 1,5; Esth. 1,18; Esth. 1,18; Esth. 1,20; Esth. 2,12; Esth. 4,4; Esth. 4,16; Esth. 9,26; Esth. 9,27; Esth. 9,28; Esth. 10,13 # 10,3k; Judith 3,3; Judith 3,3; Judith 3,4; Judith 3,8; Judith 3,8; Judith 4,10; Judith 5,18; Judith 6,16; Judith 7,4; Judith 7,14; Judith 7,18; Judith 7,18; Judith 7,22; Judith 7,23; Judith 9,6; Judith 13,10; Judith 15,7; Judith 15,13; Tob. 1,5; Tob. 1,5; Tob. 1,15; Tob. 2,6; Tob. 2,6; Tob. 2,14; Tob. 2,14; Tob. 3,2; Tob. 3,5; Tob. 4,19; Tob. 4,19; Tob. 8,5; Tob. 8,15; Tob. 8,20; Tob. 10,1; Tob. 10,7; Tob. 13,17; Tob. 13,18; 1Mac. 1,39; 1Mac. 2,30; 1Mac. 2,38; 1Mac. 2,49; 1Mac. 3,42; 1Mac. 4,4; 1Mac. 4,59; 1Mac. 5,14; 1Mac. 5,26; 1Mac. 6,5; 1Mac. 6,5; 1Mac. 6,24; 1Mac. 6,33; 1Mac. 6,56; 1Mac. 6,56; 1Mac. 7,2; 1Mac. 7,4; 1Mac. 7,43; 1Mac. 10,31; 1Mac. 10,34; 1Mac. 10,78; 1Mac. 11,38; 1Mac. 11,38; 1Mac. 11,39; 1Mac. 11,40; 1Mac. 11,43; 1Mac. 11,55; 1Mac. 13,34; 1Mac. 15,10; 1Mac. 15,12; 2Mac. 3,19; 2Mac. 3,19; 2Mac. 3,19; 2Mac. 3,19; 2Mac. 11,16; 3Mac. 1,19; 3Mac. 1,20; 3Mac. 1,20; 3Mac. 1,20; 3Mac. 4,6; 4Mac. 1,20; 4Mac. 1,32; 4Mac. 1,32; 4Mac. 2,1; 4Mac. 9,20; 4Mac. 14,6; 4Mac. 15,5; 4Mac. 15,11; 4Mac. 18,15; Psa. 9,7; Psa. 9,26; Psa. 11,2; Psa. 15,4; Psa. 17,13; Psa. 17,16; Psa. 18,4; Psa. 21,27; Psa. 21,28; Psa. 24,10; Psa. 24,17; Psa. 31,1; Psa. 31,1; Psa. 31,10; Psa. 33,20; Psa. 37,5; Psa. 37,8; Psa. 39,13; Psa. 44,15; Psa. 47,12; Psa. 55,13; Psa. 57,3; Psa. 63,8; Psa. 63,9; Psa. 64,14; Psa. 67,21; Psa. 67,25; Psa. 67,25; Psa. 67,33; Psa. 68,6; Psa. 68,36; Psa. 71,10; Psa. 71,17; Psa. 76,18; Psa. 76,19; Psa. 76,20; Psa. 77,33; Psa. 77,63; Psa. 77,64; Psa. 79,11; Psa. 80,7; Psa. 87,17; Psa. 89,9; Psa. 89,10; Psa. 93,19; Psa. 94,5; Psa. 95,7; Psa. 96,4; Psa. 96,8; Psa. 101,4; Psa. 101,12; Psa. 102,15; Psa. 102,21; Psa. 103,16; Psa. 108,8; Psa. 110,7; Psa. 118,5; Psa. 118,24; Psa. 118,84; Psa. 118,86; Psa. 118,143; Psa. 118,151; Psa. 118,168; Psa. 118,172; Psa. 121,4; Psa. 138,17; Psa. 143,4; Psa. 143,12; Psa. 148,2; Psa. 149,6; Psa. 151,2; Ode. 1,17; Ode. 2,4; Ode. 4,7; Ode. 7,27; Ode. 7,27; Ode. 8,61; Ode. 8,77; Ode. 9,48; Ode. 12,9; Prov. 1,19; Prov. 2,15; Prov. 2,15; Prov. 3,10; Prov. 3,17; Prov. 4,18; Prov. 4,19; Prov. 4,21; Prov. 4,27a; Prov. 5,6; Prov. 8,35; Prov. 12,3; Prov. 12,12; Prov. 12,26; Prov. 15,11; Prov. 15,19; Prov. 20,20 # 20,9a; Prov. 21,25; Prov. 25,1; Prov. 25,1; Prov. 27,19; Prov. 30,15; Eccl. 2,11; Eccl. 2,16; Eccl. 2,16; Eccl. 2,23; Eccl. 5,16; Eccl. 7,10; Eccl. 7,10; Eccl. 12,3; Eccl. 12,3; Eccl. 12,4; Song 2,13; Song 2,15; Song 2,17; Song 4,2; Song 4,6; Song 6,6; Song 6,11; Song 7,13; Job 1,5; Job 1,13; Job 1,14; Job 5,12; Job 5,18; Job 6,12; Job 10,8; Job 13,23; Job 13,23; Job 14,22; Job 17,11; Job 18,16; Job 19,20; Job 20,10; Job 22,5; Job 27,20; Job 29,6; Job 30,15; Job 31,31; Job 33,21; Job 40,18; Job 42,11; Wis. 1,14; Wis. 2,15; Wis. 3,12; Wis. 9,14; Wis. 9,18; Wis. 13,10; Wis. 16,26; Wis. 17,1; Wis. 19,13; Sir. 1,24 Prol.; Sir. 3,15; Sir. 4,16; Sir. 6,29; Sir. 11,10; Sir. 17,20; Sir. 17,20; Sir. 22,12;

Sir. 23,3; Sir. 23,3; Sir. 28,2; Sir. 33,13; Sir. 37,25; Sir. 39,24; Sir. 44,10; Sir. 47,24; Sir. 48,19; Sir. 51,24; Sol. 1,7; Sol. 1,8; Sol. 2,6; Sol. 6,2; Sol. 8,9; Sol. 9,3; Sol. 15,10; Sol. 15,11; Hos. 4,13; Hos. 4,13; Hos. 7,5; Hos. 7,6; Hos. 7,14; Hos. 9,4; Hos. 9,7; Hos. 9,7; Hos. 9,11; Hos. 9,15; Hos. 10,2; Hos. 13,4; Hos. 13,6; Hos. 14,1; Hos. 14,10; Amos 1,2; Amos 3,11; Amos 4,1; Amos 4,1; Amos 4,1; Amos 5,12; Amos 7,9; Amos 7,17; Amos 8,13; Amos 8,13; Amos 9,11; Mic. 1,4; Mic. 3,1; Mic. 5,1; Mic. 6,2; Mic. 7,4; Mic. 7,12; Mic. 7,12; Mic. 7,12; Mic. 7,14; Joel 1,6; Joel 1,12; Joel 2,24; Joel 2,24; Joel 3,1; Joel 4,18; Nah. 1,6; Nah. 2,4; Nah. 2,8; Hab. 3,7; Zeph. 2,11; Zeph. 3,6; Zeph. 3,16; Zech. 4,9; Zech. 4,11; Zech. 4,11; Zech. 7,7; Zech. 8,5; Zech. 8,9; Zech. 11,8; Zech. 12,12; Zech. 12,12; Zech. 12,12; Zech. 12,13; Zech. 12,13; Zech. 12,14; Zech. 12,14; Zech. 12,14; Zech. 13,6; Zech. 14,2; Zech. 14,2; Zech. 14,12; Mal. 3,4; Mal. 3,8; Is. 1,7; Is. 1,15; Is. 1,18; Is. 1,31; Is. 3,8; Is. 3,16; Is. 3,26; Is. 13,21; Is. 17,9; Is. 19,6; Is. 22,7; Is. 29,24; Is. 29,24; Is. 31,7; Is. 32,4; Is. 32,4; Is. 32,11; Is. 32,14; Is. 33,8; Is. 34,9; Is. 41,21; Is. 42,10; Is. 42,11; Is. 45,8; Is. 45,13; Is. 49,23; Is. 55,8; Is. 55,8; Is. 55,8; Is. 55,8; Is. 56,7; Is. 58,12; Is. 59,3; Is. 59,8; Is. 59,12; Is. 59,12; Is. 60,4; Is. 60,11; Is. 60,18; Is. 60,20; Is. 65,22; Jer. 2,15; Jer. 2,37; Jer. 4,18; Jer. 4,20; Jer. 4,26; Jer. 5,25; Jer. 5,25; Jer. 6,4; Jer. 6,12; Jer. 6,12; Jer. 6,20; Jer. 6,24; Jer. 7,18; Jer. 10,20; Jer. 11,22; Jer. 13,19; Jer. 14,2; Jer. 14,7; Jer. 14,7; Jer. 14,16; Jer. 14,16; Jer. 18,21; Jer. 20,16; Jer. 20,18; Jer. 23,10; Jer. 27,15; Jer. 27,15; Jer. 27,43; Jer. 28,35; Jer. 28,43; Jer. 28,58; Jer. 28,58; Jer. 30,7; Jer. 30,12; Jer. 31,9; Jer. 31,34; Jer. 32,34; Jer. 37,6; Jer. 37,14; Jer. 37,16; Jer. 42,8; Jer. 42,8; Jer. 45,22; Jer. 45,22; Jer. 51,15; Jer. 51,15; Jer. 52,23; Jer. 52,23; Bar. 1,11; Bar. 1,11; Bar. 4,9; Bar. 4,14; Bar. 4,24; Bar. 4,32; Lam. 1,4; Lam. 1,4; Lam. 4,18; Lam. 5,3; LetterJ 17; LetterJ 27; LetterJ 30; LetterJ 42; Ezek. 1,7; Ezek. 1,11; Ezek. 1,23; Ezek. 1,24; Ezek. 3,20; Ezek. 4,8; Ezek. 6,6; Ezek. 7,19; Ezek. 7,19; Ezek. 7,27; Ezek. 10,12; Ezek. 10,12; Ezek. 11,3; Ezek. 12,20; Ezek. 12,20; Ezek. 12,22; Ezek. 12,23; Ezek. 13,8; Ezek. 13,18; Ezek. 16,46; Ezek. 16,46; Ezek. 16,48; Ezek. 16,48; Ezek. 16,49; Ezek. 16,55; Ezek. 16,55; Ezek. 16,55; Ezek. 17,6; Ezek. 17,7; Ezek. 17,9; Ezek. 18,4; Ezek. 18,24; Ezek. 20,32; Ezek. 21,24; Ezek. 22,14; Ezek. 22,25; Ezek. 23,20; Ezek. 23,48; Ezek. 24,21; Ezek. 24,21; Ezek. 24,23; Ezek. 26,6; Ezek. 26,6; Ezek. 26,15; Ezek. 26,18; Ezek. 29,12; Ezek. 30,7; Ezek. 30,17; Ezek. 30,18; Ezek. 31,7; Ezek. 32,16; Ezek. 32,27; Ezek. 33,10; Ezek. 33,13; Ezek. 33,16; Ezek. 34,14; Ezek. 35,9; Ezek. 35,10; Ezek. 36,10; Ezek. 36,33; Ezek. 36,35; Ezek. 36,35; Ezek. 36,38; Ezek. 36,38; Ezek. 37,20; Ezek. 38,13; Ezek. 38,20; Ezek. 39,6; Ezek. 40,18; Ezek. 40,22; Ezek. 40,25; Ezek. 40,25; Ezek. 41,11; Ezek. 41,15; Ezek. 41,16; Ezek. 41,16; Ezek. 42,3; Ezek. 42,7; Ezek. 42,7; Ezek. 42,9; Ezek. 42,13; Ezek. 42,13; Ezek. 42,13; Ezek. 42,13; Ezek. 42,13; Ezek. 45,14; Ezek. 45,17; Ezek. 45,17; Ezek. 48,18; Ezek. 48,30; Ezek. 48,30; Ezek. 48,31; Dan. 3,27; Dan. 3,27; Dan. 3,61; Dan. 3,77; Dan. 3,94; Dan. 4,21; Dan. 4,33b; Dan. 4,34; Dan. 4,34; Dan. 4,37a; Dan. 4,37a; Dan. 6,24; Dan. 6,25; Dan. 7,27; Dan. 8,12; Dan. 12,8; Sus. 30; Sus. 52; Josh. 15,28; Josh. 15,28; Josh. 15,32; Josh. 15,36; Josh. 15,36; Josh. 15,41; Josh. 15,44; Josh. 15,45; Josh. 15,45; Josh. 15,46; Josh. 15,47; Josh. 15,47; Josh. 15,47; Josh. 15,51; Josh. 15,54; Josh. 15,57; Josh. 15,59; Josh. 15,59a; Josh. 15,60; Josh. 15,60; Josh. 15,62; Josh. 15,62; Josh. 18,24; Josh. 18,28; Josh. 19,6; Josh. 19,7; Josh. 19,8; Josh. 19,16; Josh. 19,16; Josh. 19,23; Josh. 19,23; Josh. 19,31; Josh. 19,33; Judg. 1,35; Judg. 1,35; Judg. 3,24; Judg. 5,4; Judg. 5,29; Judg. 6,5; Judg. 6,5; Judg. 7,11; Judg. 7,20; Judg. 9,44; Judg. 9,51; Judg. 11,37; Judg. 11,38; Judg. 19,27; Judg. 20,2; Judg. 20,12; Judg. 21,21; Tob. 1,15; Tob. 2,6; Tob. 2,6; Tob. 2,14; Tob. 2,14; Tob. 3,2; Tob.

ὁ

3,5; Tob. 9,5; Tob. 10,1; Tob. 10,8; Tob. 13,17; Tob. 13,17; Tob. 13,18; Tob. 13,18; Dan. 1,13; Dan. 1,13; Dan. 1,15; Dan. 2,28; Dan. 2,32; Dan. 2,33; Dan. 3,27; Dan. 3,27; Dan. 3,61; Dan. 3,77; Dan. 4,5; Dan. 4,33; Dan. 4,34; Dan. 4,36; Dan. 4,37; Dan. 5,2; Dan. 5,2; Dan. 5,3; Dan. 5,3; Dan. 5,23; Dan. 5,23; Dan. 5,23; Dan. 6,11; Dan. 6,25; Dan. 7,1; Dan. 7,15; Dan. 7,27; Dan. 11,27; Sus. 20; Sus. 52; Bel 15; Bel 17; Matt. 1,17; Matt. 8,20; Matt. 9,2; Matt. 9,5; Matt. 10,16; Matt. 10,30; Matt. 11,20; Matt. 11,21; Matt. 11,21; Matt. 11,23; Matt. 11,23; Matt. 13,7; Matt. 13,54; Matt. 13,56; Matt. 14,2; Matt. 21,31; Matt. 21,32; Matt. 24,22; Matt. 24,22; Matt. 24,29; Matt. 24,30; Matt. 24,37; Matt. 25,3; Matt. 25,4; Matt. 25,7; Matt. 25,8; Matt. 25,8; Matt. 25,9; Matt. 25,10; Matt. 25,11; Matt. 26,54; Matt. 26,56; Matt. 27,51; Matt. 28,9; Mark 2,5; Mark 2,9; Mark 3,28; Mark 3,32; Mark 4,7; Mark 4,19; Mark 4,19; Mark 6,2; Mark 6,3; Mark 6,14; Mark 7,35; Mark 13,19; Mark 13,25; Mark 13,25; Mark 14,49; Mark 14,56; Mark 15,41; Luke 1,23; Luke 1,48; Luke 2,6; Luke 2,22; Luke 3,5; Luke 5,20; Luke 5,23; Luke 7,47; Luke 7,47; Luke 7,48; Luke 8,7; Luke 9,58; Luke 10,13; Luke 10,13; Luke 12,7; Luke 12,35; Luke 21,26; Luke 21,34; Luke 23,23; Luke 23,29; Luke 23,29; Luke 23,49; Luke 23,55; Luke 24,10; Luke 24,24; John 5,39; John 11,3; Acts 2,17; Acts 3,7; Acts 3,25; Acts 6,1; Acts 9,39; Acts 10,4; Acts 10,4; Acts 10,31; Acts 12,3; Acts 12,7; Acts 16,26; Acts 20,34; Acts 21,27; Acts 21,30; Acts 27,37; Rom. 4,7; Rom. 4,7; Rom. 9,4; Rom. 9,4; Rom. 11,33; Rom. 13,1; Rom. 16,4; Rom. 16,16; 1Cor. 11,16; 1Cor. 14,22; 1Cor. 14,34; 1Cor. 16,19; 2Cor. 10,10; Gal. 3,16; Eph. 5,16; Eph. 5,22; Eph. 5,24; Col. 2,2; 1Tim. 5,24; Heb. 9,4; James 5,4; 1Pet. 3,1; 1Pet. 3,5; 1Pet. 3,5; 1John 1,1; 1John 2,12; 1John 5,3; Jude 7; Rev. 1,7; Rev. 1,14; Rev. 1,20; Rev. 1,20; Rev. 2,23; Rev. 5,8; Rev. 9,17; Rev. 9,19; Rev. 10,3; Rev. 10,4; Rev. 10,4; Rev. 11,4; Rev. 11,4; Rev. 11,4; Rev. 12,14; Rev. 14,3; Rev. 14,18; Rev. 15,3; Rev. 15,8; Rev. 16,7; Rev. 16,19; Rev. 18,5; Rev. 18,8; Rev. 19,2)

ἡ ▸ 3590 + 247 + 952 = 4789

Article ▪ feminine ▪ singular ▪ nominative ▸ 3590 + 247 + 952 = 4789 (Gen. 1,2; Gen. 1,9; Gen. 1,9; Gen. 1,11; Gen. 1,12; Gen. 1,24; Gen. 2,1; Gen. 2,4; Gen. 2,25; Gen. 3,2; Gen. 3,6; Gen. 3,8; Gen. 3,13; Gen. 3,16; Gen. 3,17; Gen. 4,7; Gen. 4,13; Gen. 5,1; Gen. 6,11; Gen. 6,11; Gen. 6,13; Gen. 6,18; Gen. 7,7; Gen. 7,13; Gen. 7,18; Gen. 8,4; Gen. 8,9; Gen. 8,11; Gen. 8,14; Gen. 8,16; Gen. 8,18; Gen. 8,21; Gen. 10,12; Gen. 10,12; Gen. 10,25; Gen. 10,30; Gen. 11,1; Gen. 11,3; Gen. 11,4; Gen. 12,13; Gen. 12,19; Gen. 13,1; Gen. 13,3; Gen. 13,6; Gen. 13,9; Gen. 13,10; Gen. 14,3; Gen. 14,10; Gen. 14,10; Gen. 16,1; Gen. 16,3; Gen. 16,4; Gen. 16,6; Gen. 17,4; Gen. 17,10; Gen. 17,13; Gen. 17,14; Gen. 17,15; Gen. 17,19; Gen. 18,9; Gen. 18,10; Gen. 19,13; Gen. 19,20; Gen. 19,20; Gen. 19,26; Gen. 19,31; Gen. 19,33; Gen. 19,34; Gen. 19,35; Gen. 19,37; Gen. 19,38; Gen. 20,15; Gen. 21,21; Gen. 22,24; Gen. 23,1; Gen. 24,5; Gen. 24,8; Gen. 24,14; Gen. 24,15; Gen. 24,16; Gen. 24,18; Gen. 24,28; Gen. 24,36; Gen. 24,39; Gen. 24,43; Gen. 24,44; Gen. 24,47; Gen. 24,55; Gen. 24,55; Gen. 24,58; Gen. 24,65; Gen. 25,12; Gen. 25,21; Gen. 25,26; Gen. 25,28; Gen. 27,4; Gen. 27,13; Gen. 27,13; Gen. 27,14; Gen. 27,19; Gen. 27,25; Gen. 27,31; Gen. 27,39; Gen. 28,12; Gen. 28,13; Gen. 28,14; Gen. 28,17; Gen. 29,6; Gen. 29,9; Gen. 30,3; Gen. 30,5; Gen. 30,7; Gen. 30,10; Gen. 30,12; Gen. 30,33; Gen. 31,29; Gen. 31,32; Gen. 31,48; Gen. 31,48; Gen. 32,9; Gen. 32,9; Gen. 32,31; Gen. 34,1; Gen. 34,10; Gen. 34,21; Gen. 35,8; Gen. 35,17; Gen. 36,7; Gen. 37,9; Gen. 37,10; Gen. 38,12; Gen. 38,16; Gen. 38,16; Gen. 38,17; Gen. 38,18; Gen. 38,21; Gen. 38,21; Gen. 38,24; Gen. 38,25; Gen. 38,28; Gen. 38,29; Gen. 39,7; Gen. 40,8; Gen. 40,12; Gen. 40,18; Gen. 41,8; Gen. 41,31; Gen. 41,36; Gen. 41,47; Gen. 41,48; Gen. 41,55; Gen. 42,21; Gen. 42,28; Gen. 43,8; Gen. 43,34; Gen. 44,27; Gen. 44,30; Gen. 45,16; Gen. 45,16; Gen. 45,26; Gen. 46,20; Gen. 46,20; Gen. 47,6; Gen. 47,13; Gen. 47,13; Gen. 47,18; Gen. 47,19; Gen. 47,19; Gen. 47,19; Gen. 47,20; Gen. 48,7; Gen. 49,6; Gen. 49,7; Gen. 50,8; Gen. 50,8; Gen. 50,8; Gen. 50,9; Gen. 50,22; Ex. 1,6; Ex. 1,7; Ex. 2,3; Ex. 2,4; Ex. 2,5; Ex. 2,6; Ex. 2,7; Ex. 2,8; Ex. 2,8; Ex. 2,8; Ex. 2,9; Ex. 2,9; Ex. 2,22; Ex. 2,23; Ex. 3,18; Ex. 4,6; Ex. 6,14; Ex. 7,12; Ex. 7,12; Ex. 7,13; Ex. 7,14; Ex. 7,22; Ex. 8,10; Ex. 8,11; Ex. 8,15; Ex. 8,18; Ex. 8,20; Ex. 8,20; Ex. 8,25; Ex. 9,7; Ex. 9,19; Ex. 9,24; Ex. 9,24; Ex. 9,25; Ex. 9,25; Ex. 9,25; Ex. 9,26; Ex. 9,29; Ex. 9,29; Ex. 9,31; Ex. 9,31; Ex. 9,32; Ex. 9,33; Ex. 9,34; Ex. 9,35; Ex. 10,5; Ex. 10,12; Ex. 10,15; Ex. 10,24; Ex. 12,14; Ex. 12,15; Ex. 12,16; Ex. 12,16; Ex. 12,16; Ex. 12,16; Ex. 12,19; Ex. 12,26; Ex. 12,40; Ex. 12,41; Ex. 12,42; Ex. 14,3; Ex. 14,5; Ex. 14,9; Ex. 14,9; Ex. 14,20; Ex. 14,23; Ex. 15,6; Ex. 15,6; Ex. 15,9; Ex. 15,20; Ex. 15,20; Ex. 16,10; Ex. 17,9; Ex. 18,5; Ex. 18,6; Ex. 19,5; Ex. 19,13; Ex. 20,10; Ex. 20,10; Ex. 21,3; Ex. 21,4; Ex. 22,8; Ex. 22,16; Ex. 23,22; Ex. 23,29; Ex. 24,15; Ex. 24,16; Ex. 24,16; Ex. 25,3; Ex. 25,28; Ex. 26,2; Ex. 26,2; Ex. 26,3; Ex. 26,6; Ex. 27,5; Ex. 27,19; Ex. 28,35; Ex. 29,21; Ex. 29,29; Ex. 31,14; Ex. 32,16; Ex. 33,22; Ex. 34,29; Ex. 34,30; Ex. 35,21; Ex. 35,29; Ex. 37,19; Ex. 40,17; Ex. 40,34; Ex. 40,34; Ex. 40,35; Ex. 40,35; Ex. 40,36; Ex. 40,37; Ex. 40,37; Lev. 4,14; Lev. 4,14; Lev. 4,20; Lev. 4,23; Lev. 4,28; Lev. 5,4; Lev. 5,6; Lev. 5,7; Lev. 5,11; Lev. 5,13; Lev. 5,17; Lev. 6,2; Lev. 7,18; Lev. 7,20; Lev. 7,20; Lev. 7,20; Lev. 7,21; Lev. 7,25; Lev. 7,27; Lev. 7,35; Lev. 7,35; Lev. 9,23; Lev. 11,29; Lev. 12,8; Lev. 13,3; Lev. 13,3; Lev. 13,4; Lev. 13,4; Lev. 13,5; Lev. 13,5; Lev. 13,6; Lev. 13,6; Lev. 13,7; Lev. 13,8; Lev. 13,12; Lev. 13,12; Lev. 13,13; Lev. 13,17; Lev. 13,20; Lev. 13,20; Lev. 13,25; Lev. 13,28; Lev. 13,30; Lev. 13,31; Lev. 13,32; Lev. 13,34; Lev. 13,40; Lev. 13,41; Lev. 13,43; Lev. 13,44; Lev. 13,45; Lev. 13,45; Lev. 13,46; Lev. 13,46; Lev. 13,49; Lev. 13,51; Lev. 13,51; Lev. 13,52; Lev. 13,53; Lev. 13,54; Lev. 13,55; Lev. 13,55; Lev. 13,56; Lev. 13,57; Lev. 13,58; Lev. 13,58; Lev. 14,3; Lev. 14,21; Lev. 14,22; Lev. 14,22; Lev. 14,22; Lev. 14,30; Lev. 14,32; Lev. 14,35; Lev. 14,37; Lev. 14,39; Lev. 14,40; Lev. 14,44; Lev. 14,48; Lev. 14,48; Lev. 15,2; Lev. 15,3; Lev. 15,19; Lev. 15,24; Lev. 16,13; Lev. 17,4; Lev. 17,11; Lev. 17,14; Lev. 17,14; Lev. 18,25; Lev. 18,25; Lev. 18,27; Lev. 18,28; Lev. 19,18; Lev. 19,22; Lev. 19,29; Lev. 19,29; Lev. 20,10; Lev. 20,22; Lev. 22,3; Lev. 22,3; Lev. 23,7; Lev. 23,7; Lev. 23,8; Lev. 23,30; Lev. 23,35; Lev. 23,35; Lev. 23,36; Lev. 23,36; Lev. 24,14; Lev. 25,2; Lev. 25,19; Lev. 25,23; Lev. 25,23; Lev. 25,28; Lev. 25,28; Lev. 25,29; Lev. 25,29; Lev. 25,30; Lev. 25,30; Lev. 25,33; Lev. 25,47; Lev. 26,4; Lev. 26,11; Lev. 26,15; Lev. 26,20; Lev. 26,20; Lev. 26,30; Lev. 26,33; Lev. 26,33; Lev. 26,34; Lev. 26,34; Lev. 26,38; Lev. 26,41; Lev. 26,41; Lev. 26,43; Lev. 26,43; Lev. 27,3; Lev. 27,3; Lev. 27,4; Lev. 27,5; Lev. 27,6; Lev. 27,7; Lev. 27,8; Lev. 27,16; Lev. 27,21; Lev. 27,21; Lev. 27,24; Num. 1,21; Num. 1,23; Num. 1,25; Num. 1,27; Num. 1,29; Num. 1,31; Num. 1,33; Num. 1,35; Num. 1,37; Num. 1,39; Num. 1,41; Num. 1,44; Num. 1,45; Num. 2,17; Num. 2,17; Num. 2,32; Num. 2,32; Num. 3,22; Num. 3,22; Num. 3,25; Num. 3,25; Num. 3,31; Num. 3,31; Num. 3,31; Num. 3,31; Num. 3,34; Num. 3,36; Num. 3,36; Num. 3,39; Num. 4,5; Num. 4,16; Num. 4,16; Num. 4,16; Num. 4,24; Num. 4,27; Num. 4,28; Num. 4,28; Num. 4,33; Num. 4,36; Num. 4,37; Num. 4,40; Num. 4,41; Num. 4,44; Num. 4,45; Num. 5,6; Num. 5,12; Num. 5,22; Num. 5,27; Num. 5,28; Num. 5,29; Num. 5,31; Num. 6,9; Num. 6,21; Num. 7,85; Num. 7,85; Num. 7,88; Num. 8,4; Num. 9,13; Num. 9,15; Num. 9,15; Num. 9,16; Num. 9,17; Num. 9,17; Num. 9,18; Num. 9,19; Num. 9,20; Num. 9,21; Num. 9,21; Num. 10,3; Num. 10,11; Num. 10,12; Num. 10,33;

Ο, ο

Num. 10,36; Num. 11,6; Num. 11,8; Num. 11,9; Num. 12,10; Num. 13,19; Num. 13,20; Num. 14,1; Num. 14,2; Num. 14,10; Num. 14,10; Num. 14,14; Num. 14,17; Num. 14,21; Num. 14,29; Num. 14,44; Num. 15,14; Num. 15,24; Num. 15,30; Num. 15,31; Num. 15,31; Num. 15,35; Num. 15,36; Num. 15,36; Num. 16,3; Num. 16,6; Num. 16,11; Num. 16,11; Num. 16,19; Num. 16,27; Num. 16,30; Num. 16,31; Num. 16,32; Num. 16,33; Num. 16,34; Num. 17,5; Num. 17,7; Num. 17,7; Num. 17,12; Num. 17,13; Num. 17,15; Num. 17,20; Num. 17,21; Num. 17,23; Num. 18,16; Num. 18,16; Num. 19,2; Num. 19,13; Num. 19,13; Num. 19,20; Num. 19,22; Num. 19,22; Num. 20,1; Num. 20,6; Num. 20,11; Num. 20,22; Num. 20,29; Num. 21,5; Num. 22,4; Num. 22,7; Num. 22,7; Num. 22,23; Num. 22,23; Num. 22,25; Num. 22,27; Num. 22,30; Num. 22,30; Num. 22,32; Num. 22,33; Num. 23,10; Num. 24,7; Num. 24,21; Num. 25,8; Num. 26,7; Num. 26,10; Num. 26,51; Num. 26,53; Num. 26,54; Num. 26,55; Num. 26,63; Num. 27,17; Num. 27,21; Num. 28,6; Num. 28,14; Num. 28,15; Num. 28,18; Num. 28,18; Num. 28,20; Num. 28,25; Num. 28,25; Num. 28,28; Num. 29,3; Num. 29,9; Num. 29,11; Num. 29,11; Num. 29,11; Num. 29,11; Num. 29,18; Num. 29,18; Num. 29,21; Num. 29,21; Num. 30,11; Num. 31,16; Num. 31,19; Num. 31,36; Num. 32,5; Num. 32,13; Num. 32,17; Num. 32,22; Num. 32,22; Num. 32,26; Num. 34,4; Num. 34,5; Num. 34,5; Num. 34,6; Num. 34,6; Num. 34,8; Num. 34,9; Num. 34,12; Num. 34,12; Num. 34,12; Num. 34,13; Num. 35,5; Num. 35,24; Num. 35,25; Num. 35,25; Num. 35,33; Num. 36,4; Num. 36,4; Num. 36,4; Num. 36,12; Deut. 1,17; Deut. 1,25; Deut. 2,15; Deut. 3,11; Deut. 3,17; Deut. 4,6; Deut. 4,6; Deut. 4,36; Deut. 5,14; Deut. 5,14; Deut. 5,14; Deut. 5,23; Deut. 7,22; Deut. 10,14; Deut. 11,6; Deut. 11,10; Deut. 11,10; Deut. 11,11; Deut. 11,16; Deut. 11,17; Deut. 12,18; Deut. 12,18; Deut. 12,20; Deut. 12,22; Deut. 12,22; Deut. 12,23; Deut. 13,7; Deut. 13,7; Deut. 13,7; Deut. 14,24; Deut. 14,26; Deut. 14,26; Deut. 14,29; Deut. 14,29; Deut. 15,12; Deut. 16,10; Deut. 16,11; Deut. 16,11; Deut. 16,11; Deut. 16,11; Deut. 16,14; Deut. 16,14; Deut. 16,14; Deut. 16,14; Deut. 17,7; Deut. 17,7; Deut. 17,17; Deut. 17,20; Deut. 18,3; Deut. 18,6; Deut. 19,5; Deut. 19,6; Deut. 19,12; Deut. 19,17; Deut. 20,3; Deut. 20,8; Deut. 21,2; Deut. 21,3; Deut. 21,3; Deut. 21,3; Deut. 21,4; Deut. 21,6; Deut. 21,15; Deut. 21,15; Deut. 21,19; Deut. 22,6; Deut. 22,15; Deut. 22,18; Deut. 22,27; Deut. 22,27; Deut. 23,15; Deut. 25,5; Deut. 25,7; Deut. 25,8; Deut. 25,9; Deut. 27,1; Deut. 28,23; Deut. 28,23; Deut. 28,32; Deut. 28,38; Deut. 28,40; Deut. 28,42; Deut. 28,56; Deut. 28,56; Deut. 28,66; Deut. 29,9; Deut. 29,17; Deut. 29,21; Deut. 29,21; Deut. 29,22; Deut. 30,1; Deut. 30,1; Deut. 30,4; Deut. 30,11; Deut. 30,17; Deut. 30,20; Deut. 30,20; Deut. 31,19; Deut. 31,21; Deut. 32,27; Deut. 32,32; Deut. 32,32; Deut. 32,32; Deut. 32,41; Deut. 32,42; Deut. 32,47; Deut. 33,1; Deut. 33,13; Deut. 33,25; Deut. 33,29; Deut. 34,4; Josh. 1,8; Josh. 2,4; Josh. 2,5; Josh. 2,7; Josh. 3,11; Josh. 4,11; Josh. 4,24; Josh. 5,13; Josh. 6,8; Josh. 6,11; Josh. 6,17; Josh. 6,24; Josh. 7,5; Josh. 7,14; Josh. 7,16; Josh. 9,18; Josh. 10,12; Josh. 10,13; Josh. 11,4; Josh. 11,23; Josh. 13,1; Josh. 13,2; Josh. 13,2; Josh. 13,7; Josh. 13,7; Josh. 13,16; Josh. 13,16; Josh. 13,23; Josh. 13,28; Josh. 14,14; Josh. 14,15; Josh. 15,4; Josh. 15,5; Josh. 15,5; Josh. 15,7; Josh. 15,11; Josh. 15,12; Josh. 15,12; Josh. 15,20; Josh. 15,47; Josh. 15,47; Josh. 15,60; Josh. 16,3; Josh. 16,8; Josh. 16,8; Josh. 17,6; Josh. 17,9; Josh. 17,10; Josh. 18,1; Josh. 18,12; Josh. 18,12; Josh. 18,13; Josh. 18,14; Josh. 18,19; Josh. 18,20; Josh. 18,28; Josh. 19,1; Josh. 19,8; Josh. 19,9; Josh. 19,9; Josh. 19,11; Josh. 19,14; Josh. 19,16; Josh. 19,22; Josh. 19,23; Josh. 19,29; Josh. 19,29; Josh. 19,31; Josh. 19,39; Josh. 19,47; Josh. 19,48a; Josh. 21,9; Josh. 21,9; Josh. 22,16; Josh. 22,16; Josh. 22,18; Josh. 22,19; Josh. 22,19; Josh. 24,15; Judg. 1,35; Judg. 2,10; Judg. 3,10; Judg. 3,11; Judg. 3,30; Judg. 4,14; Judg. 4,16; Judg. 5,9; Judg. 5,13; Judg. 5,28; Judg. 5,31; Judg. 5,31; Judg. 6,15; Judg. 6,38; Judg. 7,8; Judg. 7,12; Judg. 7,12; Judg. 7,13; Judg. 7,21; Judg. 7,22; Judg. 8,10; Judg. 8,11; Judg. 8,21; Judg. 8,28; Judg. 8,31; Judg. 8,31; Judg. 9,9; Judg. 9,11; Judg. 9,13; Judg. 9,15; Judg. 9,33; Judg. 9,57; Judg. 11,2; Judg. 11,34; Judg. 13,2; Judg. 13,6; Judg. 13,6; Judg. 13,10; Judg. 13,19; Judg. 13,20; Judg. 13,23; Judg. 13,24; Judg. 14,3; Judg. 14,4; Judg. 14,5; Judg. 14,16; Judg. 14,20; Judg. 15,2; Judg. 15,2; Judg. 16,5; Judg. 16,5; Judg. 16,6; Judg. 16,6; Judg. 16,9; Judg. 16,14; Judg. 16,15; Judg. 16,15; Judg. 16,15; Judg. 16,17; Judg. 16,19; Judg. 16,22; Judg. 16,25; Judg. 16,30; Judg. 17,2; Judg. 17,3; Judg. 17,4; Judg. 18,1; Judg. 18,5; Judg. 18,6; Judg. 18,10; Judg. 18,20; Judg. 18,25; Judg. 19,2; Judg. 19,6; Judg. 19,8; Judg. 19,9; Judg. 19,9; Judg. 19,9; Judg. 19,10; Judg. 19,11; Judg. 19,24; Judg. 19,24; Judg. 19,24; Judg. 19,26; Judg. 19,27; Judg. 19,27; Judg. 20,1; Judg. 20,3; Judg. 20,4; Judg. 20,12; Judg. 20,12; Judg. 20,27; Judg. 20,34; Judg. 20,38; Judg. 20,41; Judg. 21,10; Judg. 21,13; Ruth 1,1; Ruth 1,5; Ruth 1,15; Ruth 1,19; Ruth 1,22; Ruth 1,22; Ruth 2,2; Ruth 2,5; Ruth 2,6; Ruth 2,6; Ruth 2,13; Ruth 2,18; Ruth 2,19; Ruth 3,1; Ruth 3,6; Ruth 3,7; Ruth 3,7; Ruth 3,9; Ruth 3,9; Ruth 3,14; Ruth 3,16; Ruth 3,18; Ruth 4,15; Ruth 4,15; 1Sam. 1,8; 1Sam. 1,18; 1Sam. 1,18; 1Sam. 1,23; 1Sam. 1,25; 1Sam. 1,26; 1Sam. 1,26; 1Sam. 1,26; 1Sam. 2,1; 1Sam. 2,5; 1Sam. 2,16; 1Sam. 2,17; 1Sam. 2,19; 1Sam. 2,24; 1Sam. 3,3; 1Sam. 3,21; 1Sam. 4,5; 1Sam. 4,6; 1Sam. 4,6; 1Sam. 4,13; 1Sam. 4,13; 1Sam. 4,14; 1Sam. 4,15; 1Sam. 4,17; 1Sam. 4,19; 1Sam. 4,20; 1Sam. 5,4; 1Sam. 5,4; 1Sam. 5,12; 1Sam. 6,1; 1Sam. 6,1; 1Sam. 6,3; 1Sam. 6,14; 1Sam. 7,2; 1Sam. 7,17; 1Sam. 10,7; 1Sam. 11,9; 1Sam. 11,11; 1Sam. 12,17; 1Sam. 13,5; 1Sam. 13,5; 1Sam. 13,14; 1Sam. 13,17; 1Sam. 13,17; 1Sam. 13,18; 1Sam. 13,18; 1Sam. 13,18; 1Sam. 13,21; 1Sam. 14,5; 1Sam. 14,5; 1Sam. 14,5; 1Sam. 14,5; 1Sam. 14,7; 1Sam. 14,7; 1Sam. 14,14; 1Sam. 14,14; 1Sam. 14,15; 1Sam. 14,16; 1Sam. 14,25; 1Sam. 14,30; 1Sam. 14,36; 1Sam. 14,38; 1Sam. 14,41; 1Sam. 15,14; 1Sam. 15,22; 1Sam. 15,33; 1Sam. 15,33; 1Sam. 16,4; 1Sam. 17,7; 1Sam. 17,32; 1Sam. 17,34; 1Sam. 17,46; 1Sam. 17,47; 1Sam. 18,20; 1Sam. 19,11; 1Sam. 19,12; 1Sam. 19,13; 1Sam. 20,3; 1Sam. 20,4; 1Sam. 20,7; 1Sam. 20,9; 1Sam. 20,21; 1Sam. 20,22; 1Sam. 20,31; 1Sam. 20,33; 1Sam. 20,37; 1Sam. 21,6; 1Sam. 21,10; 1Sam. 22,3; 1Sam. 22,8; 1Sam. 22,13; 1Sam. 22,17; 1Sam. 23,17; 1Sam. 23,28; 1Sam. 24,5; 1Sam. 24,13; 1Sam. 24,14; 1Sam. 24,14; 1Sam. 24,14; 1Sam. 25,3; 1Sam. 25,8; 1Sam. 25,17; 1Sam. 25,24; 1Sam. 25,24; 1Sam. 25,25; 1Sam. 25,26; 1Sam. 25,27; 1Sam. 25,29; 1Sam. 25,33; 1Sam. 25,36; 1Sam. 25,37; 1Sam. 25,37; 1Sam. 25,41; 1Sam. 26,10; 1Sam. 26,13; 1Sam. 26,24; 1Sam. 26,24; 1Sam. 27,3; 1Sam. 27,3; 1Sam. 27,8; 1Sam. 27,8; 1Sam. 28,5; 1Sam. 28,9; 1Sam. 28,11; 1Sam. 28,12; 1Sam. 28,12; 1Sam. 28,21; 1Sam. 28,21; 1Sam. 28,23; 1Sam. 29,6; 1Sam. 29,6; 1Sam. 30,5; 1Sam. 30,5; 1Sam. 30,24; 2Sam. 1,9; 2Sam. 1,26; 2Sam. 2,2; 2Sam. 2,2; 2Sam. 2,26; 2Sam. 3,12; 2Sam. 3,21; 2Sam. 3,23; 2Sam. 3,28; 2Sam. 4,4; 2Sam. 4,6; 2Sam. 4,8; 2Sam. 4,8; 2Sam. 5,7; 2Sam. 5,9; 2Sam. 5,12; 2Sam. 6,9; 2Sam. 6,11; 2Sam. 6,16; 2Sam. 6,20; 2Sam. 7,2; 2Sam. 7,14; 2Sam. 7,16; 2Sam. 9,12; 2Sam. 11,2; 2Sam. 11,5; 2Sam. 11,11; 2Sam. 11,25; 2Sam. 11,26; 2Sam. 12,15; 2Sam. 13,5; 2Sam. 13,6; 2Sam. 13,16; 2Sam. 13,16; 2Sam. 13,28; 2Sam. 13,30; 2Sam. 14,1; 2Sam. 14,4; 2Sam. 14,4; 2Sam. 14,5; 2Sam. 14,7; 2Sam. 14,9; 2Sam. 14,9; 2Sam. 14,9; 2Sam. 14,12; 2Sam. 14,12; 2Sam. 14,13; 2Sam. 14,15; 2Sam. 14,17; 2Sam. 14,18; 2Sam. 14,19; 2Sam. 14,19; 2Sam. 14,19; 2Sam. 14,30; 2Sam. 15,13; 2Sam. 15,20; 2Sam. 15,23; 2Sam. 16,23; 2Sam. 16,23; 2Sam. 17,3; 2Sam. 17,7;

ὁ

2Sam. 17,10; 2Sam. 17,10; 2Sam. 17,11; 2Sam. 17,11; 2Sam. 17,12; 2Sam. 17,14; 2Sam. 17,17; 2Sam. 17,19; 2Sam. 17,20; 2Sam. 17,23; 2Sam. 18,7; 2Sam. 18,8; 2Sam. 18,9; 2Sam. 19,3; 2Sam. 19,19; 2Sam. 20,8; 2Sam. 20,9; 2Sam. 20,9; 2Sam. 20,10; 2Sam. 20,17; 2Sam. 20,21; 2Sam. 20,21; 2Sam. 20,22; 2Sam. 22,7; 2Sam. 22,8; 2Sam. 22,12; 2Sam. 22,31; 2Sam. 22,36; 2Sam. 23,10; 2Sam. 23,10; 2Sam. 24,15; 2Sam. 24,17; 2Sam. 24,21; 2Sam. 24,25; 1Kings 1,4; 1Kings 1,15; 1Kings 1,17; 1Kings 1,40; 1Kings 1,41; 1Kings 1,45; 1Kings 1,45; 1Kings 2,12; 1Kings 2,13; 1Kings 2,13; 1Kings 2,15; 1Kings 2,15; 1Kings 2,21; 1Kings 2,28; 1Kings 2,35; 1Kings 2,35a; 1Kings 2,35a; 1Kings 2,35b; 1Kings 2,44; 1Kings 2,46a; 1Kings 2,46a; 1Kings 3,6; 1Kings 3,17; 1Kings 3,17; 1Kings 3,17; 1Kings 3,18; 1Kings 3,22; 1Kings 3,22; 1Kings 3,26; 1Kings 3,26; 1Kings 3,27; 1Kings 5,9; 1Kings 5,9; 1Kings 6,6; 1Kings 6,6; 1Kings 6,6; 1Kings 6,34; 1Kings 6,34; 1Kings 6,34; 1Kings 6,34; 1Kings 7,13; 1Kings 7,19; 1Kings 7,25; 1Kings 8,10; 1Kings 8,24; 1Kings 8,61; 1Kings 9,3; 1Kings 10,11; 1Kings 10,11; 1Kings 10,22a # 9,15; 1Kings 10,28; 1Kings 10,29; 1Kings 11,4; 1Kings 11,4; 1Kings 11,20; 1Kings 11,25; 1Kings 11,37; 1Kings 12,24i; 1Kings 12,24n; 1Kings 12,24n; 1Kings 12,26; 1Kings 13,3; 1Kings 13,3; 1Kings 13,4; 1Kings 13,5; 1Kings 13,6; 1Kings 14,21; 1Kings 15,3; 1Kings 15,3; 1Kings 15,14; 1Kings 15,23; 1Kings 16,15; 1Kings 16,18; 1Kings 16,27; 1Kings 16,28c; 1Kings 16,28f; 1Kings 17,12; 1Kings 17,15; 1Kings 17,16; 1Kings 17,17; 1Kings 17,21; 1Kings 17,24; 1Kings 18,2; 1Kings 19,7; 1Kings 20,5; 1Kings 20,7; 1Kings 20,25; 1Kings 21,19; 1Kings 21,32; 1Kings 21,39; 1Kings 21,42; 1Kings 22,19; 2Kings 1,6; 2Kings 1,7; 2Kings 1,13; 2Kings 1,13; 2Kings 1,14; 2Kings 1,16; 2Kings 1,18b; 2Kings 2,2; 2Kings 2,4; 2Kings 2,6; 2Kings 2,19; 2Kings 2,19; 2Kings 3,2; 2Kings 3,20; 2Kings 4,2; 2Kings 4,9; 2Kings 4,13; 2Kings 4,16; 2Kings 4,16; 2Kings 4,17; 2Kings 4,17; 2Kings 4,23; 2Kings 4,25; 2Kings 4,26; 2Kings 4,27; 2Kings 4,28; 2Kings 4,30; 2Kings 4,30; 2Kings 4,34; 2Kings 4,37; 2Kings 5,3; 2Kings 5,4; 2Kings 5,4; 2Kings 5,10; 2Kings 5,14; 2Kings 5,15; 2Kings 5,26; 2Kings 5,27; 2Kings 6,11; 2Kings 6,19; 2Kings 6,19; 2Kings 6,31; 2Kings 6,33; 2Kings 7,1; 2Kings 7,9; 2Kings 7,15; 2Kings 7,18; 2Kings 8,2; 2Kings 8,3; 2Kings 8,5; 2Kings 8,5; 2Kings 9,15; 2Kings 10,6; 2Kings 10,15; 2Kings 10,24; 2Kings 10,34; 2Kings 11,1; 2Kings 11,20; 2Kings 14,5; 2Kings 14,10; 2Kings 15,15; 2Kings 18,19; 2Kings 18,30; 2Kings 19,3; 2Kings 20,9; 2Kings 20,10; 2Kings 20,11; 2Kings 20,20; 2Kings 21,17; 2Kings 22,13; 2Kings 22,13; 2Kings 22,19; 2Kings 24,10; 2Kings 24,12; 2Kings 25,1; 2Kings 25,2; 2Kings 25,4; 2Kings 25,5; 2Kings 25,5; 2Kings 25,16; 2Kings 25,16; 2Kings 25,30; 1Chr. 2,4; 1Chr. 2,24; 1Chr. 2,46; 1Chr. 2,48; 1Chr. 4,9; 1Chr. 4,10; 1Chr. 4,18; 1Chr. 4,33; 1Chr. 4,40; 1Chr. 5,2; 1Chr. 7,14; 1Chr. 7,14; 1Chr. 7,18; 1Chr. 11,5; 1Chr. 13,4; 1Chr. 13,14; 1Chr. 14,2; 1Chr. 16,23; 1Chr. 16,30; 1Chr. 16,30; 1Chr. 16,31; 1Chr. 16,32; 1Chr. 17,1; 1Chr. 21,16; 1Chr. 21,17; 1Chr. 21,22; 1Chr. 22,18; 1Chr. 24,19; 1Chr. 28,7; 1Chr. 29,1; 1Chr. 29,11; 1Chr. 29,11; 1Chr. 29,11; 1Chr. 29,11; 1Chr. 29,12; 1Chr. 29,20; 2Chr. 1,3; 2Chr. 1,3; 2Chr. 1,5; 2Chr. 1,16; 2Chr. 1,16; 2Chr. 2,13; 2Chr. 3,3; 2Chr. 3,3; 2Chr. 3,11; 2Chr. 3,11; 2Chr. 3,11; 2Chr. 3,11; 2Chr. 3,12; 2Chr. 3,12; 2Chr. 3,12; 2Chr. 4,4; 2Chr. 4,6; 2Chr. 4,22; 2Chr. 4,22; 2Chr. 5,1; 2Chr. 6,15; 2Chr. 6,41; 2Chr. 7,3; 2Chr. 7,16; 2Chr. 8,11; 2Chr. 8,16; 2Chr. 9,28; 2Chr. 10,3; 2Chr. 12,1; 2Chr. 12,13; 2Chr. 13,11; 2Chr. 13,11; 2Chr. 13,23; 2Chr. 14,5; 2Chr. 20,15; 2Chr. 20,30; 2Chr. 21,9; 2Chr. 21,15; 2Chr. 21,19; 2Chr. 22,10; 2Chr. 22,11; 2Chr. 23,21; 2Chr. 24,7; 2Chr. 25,3; 2Chr. 25,19; 2Chr. 25,19; 2Chr. 26,15; 2Chr. 26,16; 2Chr. 26,19; 2Chr. 28,13; 2Chr. 29,24; 2Chr. 29,28; 2Chr. 29,28; 2Chr. 29,31; 2Chr. 29,32; 2Chr. 29,35; 2Chr. 30,2; 2Chr. 30,2; 2Chr. 30,23; 2Chr. 30,25; 2Chr. 30,25; 2Chr. 30,27; 2Chr. 30,27; 2Chr. 31,10; 2Chr. 32,9; 2Chr. 32,25; 2Chr. 33,18; 2Chr. 33,18; 2Chr. 34,27; 2Chr. 35,10; 2Chr. 35,16; 2Chr. 35,26; 2Chr. 36,4a; 1Esdr. 2,15; 1Esdr. 2,17; 1Esdr. 2,17; 1Esdr. 2,18; 1Esdr. 2,21; 1Esdr. 2,26; 1Esdr. 3,12; 1Esdr. 4,34; 1Esdr. 4,35; 1Esdr. 4,36; 1Esdr. 4,38; 1Esdr. 4,40; 1Esdr. 4,40; 1Esdr. 4,40; 1Esdr. 4,41; 1Esdr. 4,45; 1Esdr. 4,46; 1Esdr. 4,46; 1Esdr. 4,59; 1Esdr. 4,59; 1Esdr. 4,59; 1Esdr. 5,58; 1Esdr. 5,58; 1Esdr. 5,63; 1Esdr. 8,48; 1Esdr. 8,62; 1Esdr. 9,11; 1Esdr. 9,52; Ezra 2,64; Ezra 2,69; Ezra 3,4; Ezra 3,13; Ezra 4,11; Ezra 4,13; Ezra 4,15; Ezra 4,15; Ezra 4,16; Ezra 4,19; Ezra 4,21; Ezra 6,1; Ezra 6,4; Ezra 7,11; Ezra 7,12; Ezra 7,25; Ezra 7,28; Ezra 9,7; Ezra 9,15; Ezra 10,8; Ezra 10,8; Ezra 10,12; Neh. 1,9; Neh. 2,3; Neh. 2,6; Neh. 2,6; Neh. 2,6; Neh. 2,8; Neh. 3,34; Neh. 4,4; Neh. 4,16; Neh. 4,16; Neh. 5,13; Neh. 5,18; Neh. 6,12; Neh. 7,4; Neh. 7,66; Neh. 8,9; Neh. 8,10; Neh. 8,11; Neh. 8,17; Neh. 9,10; Neh. 9,36; Neh. 12,38; Neh. 12,43; Esth. 1,9; Esth. 1,12; Esth. 1,16; Esth. 1,19; Esth. 2,3; Esth. 2,4; Esth. 2,20; Esth. 3,15; Esth. 4,5; Esth. 14,1 # 4,17k; Esth. 14,17 # 4,17x; Esth. 14,18 # 4,17y; Esth. 15,2 # 5,1a; Esth. 15,5 # 5,1b; Esth. 15,7 # 5,1d; Esth. 15,13 # 5,2a; Esth. 15,15 # 5,2b; Esth. 5,12; Esth. 5,14; Esth. 6,13; Esth. 7,3; Esth. 9,29; Esth. 9,31; Esth. 10,6 # 10,3c; Judith 1,16; Judith 2,19; Judith 2,20; Judith 3,6; Judith 3,7; Judith 4,7; Judith 4,8; Judith 5,3; Judith 7,2; Judith 7,13; Judith 7,18; Judith 7,27; Judith 8,21; Judith 8,23; Judith 8,24; Judith 8,29; Judith 9,6; Judith 9,11; Judith 10,10; Judith 10,18; Judith 11,5; Judith 11,16; Judith 11,16; Judith 11,17; Judith 11,17; Judith 12,4; Judith 12,4; Judith 12,13; Judith 12,13; Judith 12,15; Judith 12,16; Judith 12,16; Judith 12,19; Judith 13,14; Judith 13,15; Judith 13,19; Judith 14,15; Judith 14,18; Judith 14,19; Judith 15,8; Judith 16,3; Judith 16,14; Tob. 1,8; Tob. 2,1; Tob. 2,11; Tob. 2,14; Tob. 2,14; Tob. 3,16; Tob. 3,17; Tob. 4,13; Tob. 5,18; Tob. 5,18; Tob. 5,22; Tob. 6,7; Tob. 6,7; Tob. 6,9; Tob. 6,12; Tob. 6,19; Tob. 7,7; Tob. 7,7; Tob. 8,13; Tob. 8,21; Tob. 10,4; Tob. 10,8; Tob. 11,17; Tob. 12,12; Tob. 13,2; Tob. 13,9; Tob. 13,11; Tob. 13,16; Tob. 14,11; 1Mac. 1,3; 1Mac. 1,3; 1Mac. 1,16; 1Mac. 1,28; 1Mac. 1,39; 1Mac. 1,40; 1Mac. 2,12; 1Mac. 2,12; 1Mac. 2,37; 1Mac. 2,62; 1Mac. 3,19; 1Mac. 3,23; 1Mac. 3,25; 1Mac. 3,44; 1Mac. 3,57; 1Mac. 4,1; 1Mac. 4,16; 1Mac. 4,18; 1Mac. 4,37; 1Mac. 4,59; 1Mac. 5,28; 1Mac. 5,31; 1Mac. 5,34; 1Mac. 5,50; 1Mac. 6,41; 1Mac. 6,42; 1Mac. 6,57; 1Mac. 7,31; 1Mac. 7,35; 1Mac. 7,43; 1Mac. 7,44; 1Mac. 7,50; 1Mac. 8,19; 1Mac. 9,1; 1Mac. 9,7; 1Mac. 9,11; 1Mac. 9,11; 1Mac. 9,12; 1Mac. 9,13; 1Mac. 9,24; 1Mac. 9,57; 1Mac. 9,60; 1Mac. 9,68; 1Mac. 9,68; 1Mac. 10,44; 1Mac. 10,45; 1Mac. 10,49; 1Mac. 10,53; 1Mac. 10,57; 1Mac. 10,82; 1Mac. 10,83; 1Mac. 11,1; 1Mac. 11,1; 1Mac. 11,12; 1Mac. 11,38; 1Mac. 11,52; 1Mac. 11,67; 1Mac. 11,68; 1Mac. 12,6; 1Mac. 12,23; 1Mac. 13,20; 1Mac. 14,4; 1Mac. 14,4; 1Mac. 14,4; 1Mac. 14,8; 1Mac. 14,20; 1Mac. 16,3; 1Mac. 16,8; 1Mac. 16,13; 2Mac. 1,10; 2Mac. 1,13; 2Mac. 1,24; 2Mac. 2,8; 2Mac. 2,8; 2Mac. 3,16; 2Mac. 4,28; 2Mac. 6,3; 2Mac. 7,20; 2Mac. 7,41; 2Mac. 8,26; 2Mac. 9,18; 2Mac. 11,27; 2Mac. 12,45; 2Mac. 13,8; 2Mac. 15,12; 2Mac. 15,39; 3Mac. 1,4; 3Mac. 1,21; 3Mac. 3,8; 3Mac. 4,15; 3Mac. 5,9; 3Mac. 5,28; 3Mac. 5,41; 3Mac. 6,22; 4Mac. 1,17; 4Mac. 1,19; 4Mac. 1,25; 4Mac. 4,21; 4Mac. 8,22; 4Mac. 8,26; 4Mac. 8,26; 4Mac. 9,24; 4Mac. 10,2; 4Mac. 10,19; 4Mac. 11,21; 4Mac. 11,26; 4Mac. 12,12; 4Mac. 13,7; 4Mac. 13,19; 4Mac. 13,25; 4Mac. 14,10; 4Mac. 14,12; 4Mac. 14,13; 4Mac. 15,6; 4Mac. 15,12; 4Mac. 15,22; 4Mac. 15,24; 4Mac. 15,28; 4Mac. 15,31; 4Mac. 15,32; 4Mac. 16,3; 4Mac. 16,3; 4Mac. 16,4; 4Mac. 16,5; 4Mac. 16,10; 4Mac. 16,12; 4Mac. 16,24; 4Mac. 17,6; 4Mac. 17,13; 4Mac. 17,22; 4Mac. 18,6; 4Mac. 18,19; 4Mac. 18,19; 4Mac. 18,22; 4Mac. 18,24; Psa. 3,9; Psa. 3,9; Psa. 5,10; Psa. 6,4; Psa. 7,11; Psa. 7,17; Psa. 8,2; Psa. 9,19; Psa. 9,33;

O, o

Psa. 9,36; Psa. 10,6; Psa. 12,6; Psa. 15,5; Psa. 15,6; Psa. 15,9; Psa. 15,9; Psa. 15,9; Psa. 16,14; Psa. 17,2; Psa. 17,7; Psa. 17,8; Psa. 17,12; Psa. 17,31; Psa. 17,36; Psa. 17,36; Psa. 17,36; Psa. 18,7; Psa. 18,8; Psa. 18,9; Psa. 18,15; Psa. 19,7; Psa. 20,6; Psa. 20,9; Psa. 20,9; Psa. 21,10; Psa. 21,15; Psa. 21,16; Psa. 21,16; Psa. 21,29; Psa. 21,30; Psa. 21,31; Psa. 22,4; Psa. 22,4; Psa. 23,1; Psa. 23,1; Psa. 23,6; Psa. 24,13; Psa. 24,14; Psa. 25,10; Psa. 26,3; Psa. 26,8; Psa. 26,10; Psa. 26,12; Psa. 26,14; Psa. 27,7; Psa. 27,7; Psa. 29,13; Psa. 30,10; Psa. 30,10; Psa. 30,11; Psa. 30,11; Psa. 30,25; Psa. 31,4; Psa. 32,5; Psa. 32,6; Psa. 32,8; Psa. 32,11; Psa. 32,20; Psa. 32,21; Psa. 33,2; Psa. 33,3; Psa. 34,6; Psa. 34,8; Psa. 34,9; Psa. 34,13; Psa. 34,28; Psa. 35,6; Psa. 35,7; Psa. 36,13; Psa. 36,15; Psa. 36,18; Psa. 36,30; Psa. 37,10; Psa. 37,11; Psa. 37,11; Psa. 37,18; Psa. 38,4; Psa. 38,6; Psa. 38,8; Psa. 38,8; Psa. 39,12; Psa. 39,13; Psa. 40,7; Psa. 41,2; Psa. 41,2; Psa. 41,3; Psa. 41,7; Psa. 41,12; Psa. 43,3; Psa. 43,4; Psa. 43,7; Psa. 43,16; Psa. 43,16; Psa. 43,19; Psa. 43,26; Psa. 43,26; Psa. 44,2; Psa. 44,2; Psa. 44,5; Psa. 44,7; Psa. 44,10; Psa. 44,14; Psa. 45,7; Psa. 47,3; Psa. 47,11; Psa. 47,11; Psa. 48,4; Psa. 48,6; Psa. 48,14; Psa. 48,15; Psa. 48,17; Psa. 48,18; Psa. 48,19; Psa. 49,2; Psa. 49,12; Psa. 49,19; Psa. 50,5; Psa. 50,7; Psa. 50,16; Psa. 51,4; Psa. 54,5; Psa. 54,22; Psa. 56,2; Psa. 56,2; Psa. 56,5; Psa. 56,6; Psa. 56,8; Psa. 56,8; Psa. 56,9; Psa. 56,11; Psa. 56,12; Psa. 58,4; Psa. 58,4; Psa. 61,2; Psa. 61,6; Psa. 61,6; Psa. 61,8; Psa. 61,8; Psa. 62,2; Psa. 62,2; Psa. 62,6; Psa. 62,9; Psa. 62,9; Psa. 64,6; Psa. 64,10; Psa. 65,1; Psa. 65,4; Psa. 67,24; Psa. 67,31; Psa. 67,35; Psa. 67,35; Psa. 68,21; Psa. 68,23; Psa. 68,26; Psa. 68,30; Psa. 68,33; Psa. 68,35; Psa. 70,5; Psa. 70,5; Psa. 70,6; Psa. 70,23; Psa. 70,24; Psa. 71,7; Psa. 71,19; Psa. 72,6; Psa. 72,7; Psa. 72,9; Psa. 72,21; Psa. 72,26; Psa. 72,26; Psa. 72,26; Psa. 73,8; Psa. 73,16; Psa. 73,16; Psa. 73,23; Psa. 74,4; Psa. 75,8; Psa. 76,3; Psa. 76,11; Psa. 76,14; Psa. 76,19; Psa. 76,20; Psa. 77,37; Psa. 77,54; Psa. 78,10; Psa. 79,10; Psa. 79,11; Psa. 79,16; Psa. 79,18; Psa. 83,3; Psa. 83,3; Psa. 83,3; Psa. 83,6; Psa. 84,13; Psa. 85,11; Psa. 86,3; Psa. 86,7; Psa. 87,3; Psa. 87,4; Psa. 87,4; Psa. 87,13; Psa. 87,14; Psa. 88,3; Psa. 88,9; Psa. 88,12; Psa. 88,14; Psa. 88,14; Psa. 88,19; Psa. 88,22; Psa. 88,25; Psa. 88,29; Psa. 88,38; Psa. 88,47; Psa. 88,48; Psa. 89,4; Psa. 89,4; Psa. 89,17; Psa. 90,4; Psa. 90,9; Psa. 91,13; Psa. 92,1; Psa. 93,17; Psa. 94,5; Psa. 95,1; Psa. 95,9; Psa. 95,11; Psa. 95,11; Psa. 96,1; Psa. 96,1; Psa. 96,4; Psa. 97,1; Psa. 97,4; Psa. 97,7; Psa. 97,7; Psa. 98,1; Psa. 99,1; Psa. 99,5; Psa. 101,2; Psa. 101,5; Psa. 102,1; Psa. 102,2; Psa. 102,5; Psa. 102,17; Psa. 102,19; Psa. 102,22; Psa. 103,1; Psa. 103,13; Psa. 103,17; Psa. 103,24; Psa. 103,25; Psa. 103,25; Psa. 103,31; Psa. 103,34; Psa. 103,35; Psa. 104,18; Psa. 104,30; Psa. 105,17; Psa. 105,29; Psa. 105,30; Psa. 105,38; Psa. 106,5; Psa. 106,12; Psa. 106,18; Psa. 106,26; Psa. 106,27; Psa. 107,2; Psa. 107,2; Psa. 107,5; Psa. 107,6; Psa. 108,7; Psa. 108,9; Psa. 108,14; Psa. 108,14; Psa. 108,22; Psa. 108,24; Psa. 108,27; Psa. 109,3; Psa. 110,3; Psa. 110,10; Psa. 111,3; Psa. 111,7; Psa. 111,8; Psa. 111,9; Psa. 112,4; Psa. 113,3; Psa. 113,7; Psa. 114,7; Psa. 116,2; Psa. 117,20; Psa. 117,24; Psa. 118,20; Psa. 118,25; Psa. 118,28; Psa. 118,64; Psa. 118,70; Psa. 118,80; Psa. 118,81; Psa. 118,90; Psa. 118,91; Psa. 118,96; Psa. 118,109; Psa. 118,129; Psa. 118,130; Psa. 118,137; Psa. 118,142; Psa. 118,161; Psa. 118,167; Psa. 118,169; Psa. 118,172; Psa. 118,173; Psa. 118,175; Psa. 119,5; Psa. 119,6; Psa. 120,1; Psa. 120,2; Psa. 120,6; Psa. 121,3; Psa. 122,4; Psa. 122,4; Psa. 123,4; Psa. 123,5; Psa. 123,7; Psa. 123,7; Psa. 123,8; Psa. 125,2; Psa. 126,3; Psa. 127,3; Psa. 129,5; Psa. 129,6; Psa. 130,1; Psa. 131,8; Psa. 131,14; Psa. 132,3; Psa. 136,5; Psa. 136,6; Psa. 136,8; Psa. 137,5; Psa. 137,7; Psa. 138,6; Psa. 138,10; Psa. 138,10; Psa. 138,14; Psa. 138,15; Psa. 139,10; Psa. 140,2; Psa. 140,5; Psa. 141,6; Psa. 142,4; Psa. 142,6; Psa. 143,8; Psa. 143,11; Psa. 144,13; Psa. 144,13; Psa. 145,1; Psa. 145,5; Psa. 146,5; Psa. 148,13; Psa. 149,1; Ode. 1,6; Ode. 1,6; Ode. 1,9; Ode. 1,12; Ode. 2,32; Ode. 2,32; Ode. 2,32; Ode. 2,41; Ode. 2,42; Ode. 3,1; Ode. 3,5; Ode. 4,3; Ode. 4,3; Ode. 4,6; Ode. 4,8; Ode. 4,10; Ode. 4,11; Ode. 4,16; Ode. 4,16; Ode. 5,16; Ode. 5,17; Ode. 5,19; Ode. 5,19; Ode. 5,19; Ode. 5,20; Ode. 6,6; Ode. 6,7; Ode. 6,8; Ode. 7,40; Ode. 7,44; Ode. 8,74; Ode. 9,46; Ode. 12,5; Ode. 12,5; Ode. 12,15; Ode. 12,15; Prov. 1,18; Prov. 1,27; Prov. 2,10; Prov. 2,10; Prov. 2,17; Prov. 3,22; Prov. 3,27; Prov. 3,28; Prov. 4,18; Prov. 5,12; Prov. 5,18; Prov. 5,19; Prov. 6,11; Prov. 6,11; Prov. 6,11a; Prov. 6,15; Prov. 7,10; Prov. 7,25; Prov. 8,12; Prov. 10,23; Prov. 12,26; Prov. 13,13a; Prov. 14,1; Prov. 14,24; Prov. 17,8; Prov. 18,11; Prov. 19,21; Prov. 20,11; Prov. 21,31; Prov. 22,19; Prov. 23,15; Prov. 23,17; Prov. 23,18; Prov. 23,22; Prov. 23,24; Prov. 23,25; Prov. 23,25; Prov. 24,2; Prov. 24,14; Prov. 25,10; Prov. 25,10; Prov. 26,10; Prov. 27,1; Prov. 27,11; Prov. 24,34; Prov. 24,34; Prov. 30,15; Prov. 30,21; Prov. 30,27; Prov. 31,1; Prov. 31,10; Prov. 31,11; Prov. 31,11; Prov. 31,28; Eccl. 1,4; Eccl. 1,7; Eccl. 2,23; Eccl. 6,7; Eccl. 7,7; Eccl. 7,12; Eccl. 7,25; Eccl. 7,28; Eccl. 9,5; Eccl. 9,10; Eccl. 9,10; Eccl. 10,18; Eccl. 10,18; Eccl. 11,5; Eccl. 11,6; Eccl. 11,9; Eccl. 11,10; Eccl. 11,10; Eccl. 12,2; Eccl. 12,5; Eccl. 12,5; Song 1,7; Song 1,8; Song 1,9; Song 1,15; Song 2,2; Song 2,6; Song 2,10; Song 2,13; Song 2,13; Song 2,14; Song 2,14; Song 2,17; Song 3,1; Song 3,2; Song 3,3; Song 3,4; Song 3,6; Song 3,7; Song 3,11; Song 4,1; Song 4,3; Song 4,6; Song 4,7; Song 5,2; Song 5,2; Song 5,2; Song 5,4; Song 5,9; Song 6,1; Song 6,4; Song 6,7; Song 6,10; Song 6,11; Song 6,12; Song 7,1; Song 7,1; Song 7,11; Song 7,13; Song 8,3; Song 8,5; Song 8,5; Song 8,5; Job 1,6; Job 1,13; Job 1,19; Job 2,1; Job 2,9; Job 3,3; Job 3,3; Job 3,4; Job 3,6; Job 3,6; Job 3,7; Job 4,6; Job 4,6; Job 5,3; Job 5,5; Job 5,24; Job 6,7; Job 6,8; Job 6,11; Job 6,11; Job 6,12; Job 7,1; Job 7,7; Job 7,13; Job 8,14; Job 9,21; Job 9,31; Job 10,12; Job 11,17; Job 11,20; Job 14,8; Job 14,13; Job 14,22; Job 15,12; Job 15,19; Job 15,21; Job 15,32; Job 15,35; Job 16,4; Job 16,16; Job 16,20; Job 17,13; Job 17,15; Job 18,4; Job 18,5; Job 18,7; Job 18,10; Job 19,21; Job 19,29; Job 20,6; Job 20,29; Job 21,2; Job 21,4; Job 21,10; Job 21,17; Job 21,28; Job 22,5; Job 22,20; Job 23,2; Job 23,2; Job 24,18; Job 24,20; Job 26,4; Job 27,4; Job 27,7; Job 27,7; Job 27,13; Job 28,12; Job 28,20; Job 28,22; Job 28,28; Job 29,19; Job 29,20; Job 30,15; Job 30,15; Job 30,16; Job 30,19; Job 30,27; Job 30,31; Job 31,7; Job 31,9; Job 31,10; Job 31,27; Job 31,28; Job 31,29; Job 31,32; Job 31,38; Job 32,8; Job 32,19; Job 33,2; Job 33,3; Job 33,4; Job 33,7; Job 33,20; Job 33,22; Job 33,22; Job 33,28; Job 33,30; Job 35,8; Job 35,8; Job 36,14; Job 36,14; Job 36,28b; Job 36,28b; Job 37,1; Job 37,17; Job 37,22; Job 39,11; Job 40,14; Job 40,16; Job 40,18; Job 41,3; Job 41,13; Job 41,16; Job 41,22; Wis. 1,3; Wis. 1,8; Wis. 2,2; Wis. 2,9; Wis. 2,11; Wis. 2,21; Wis. 3,2; Wis. 3,3; Wis. 3,4; Wis. 3,11; Wis. 3,12; Wis. 3,13; Wis. 3,15; Wis. 4,14; Wis. 4,19; Wis. 5,8; Wis. 5,15; Wis. 5,23; Wis. 6,3; Wis. 6,3; Wis. 6,12; Wis. 6,17; Wis. 7,21; Wis. 8,16; Wis. 8,16; Wis. 8,21; Wis. 9,9; Wis. 9,9; Wis. 10,21; Wis. 11,17; Wis. 11,19; Wis. 11,19; Wis. 12,7; Wis. 12,10; Wis. 12,10; Wis. 12,16; Wis. 14,3; Wis. 14,6; Wis. 14,9; Wis. 14,18; Wis. 14,27; Wis. 14,31; Wis. 14,31; Wis. 15,7; Wis. 15,10; Wis. 15,10; Wis. 16,5; Wis. 16,21; Wis. 17,12; Wis. 18,6; Wis. 18,10; Wis. 18,12; Wis. 18,20; Wis. 18,25; Wis. 19,4; Wis. 19,6; Wis. 19,7; Wis. 19,10; Sir. 1,22; Sir. 1,27; Sir. 1,30; Sir. 2,18; Sir. 3,11; Sir. 3,20; Sir. 3,24; Sir. 4,31; Sir. 5,12; Sir. 6,2; Sir. 6,37; Sir. 7,19; Sir. 7,21; Sir. 7,32; Sir. 9,9; Sir. 9,11; Sir. 10,4; Sir. 10,7; Sir. 10,12; Sir. 11,17; Sir. 11,18; Sir. 12,10; Sir. 13,6; Sir. 13,24; Sir. 14,2; Sir. 14,17; Sir. 14,18; Sir. 15,17; Sir. 15,18; Sir. 16,17; Sir. 16,22; Sir. 16,30; Sir. 17,29; Sir. 18,8; Sir. 19,11; Sir. 20,26; Sir. 21,9; Sir. 21,13; Sir. 21,26;

Sir. 22,4; Sir. 22,5; Sir. 22,11; Sir. 22,27; Sir. 24,11; Sir. 24,20; Sir. 24,29; Sir. 24,31; Sir. 25,2; Sir. 26,5; Sir. 26,13; Sir. 26,28; Sir. 27,14; Sir. 27,15; Sir. 27,28; Sir. 30,23; Sir. 31,1; Sir. 31,6; Sir. 31,20; Sir. 31,23; Sir. 31,24; Sir. 33,14; Sir. 33,28; Sir. 33,32; Sir. 34,13; Sir. 34,15; Sir. 35,5; Sir. 35,15; Sir. 35,16; Sir. 37,9; Sir. 37,18; Sir. 37,30; Sir. 38,25; Sir. 38,26; Sir. 38,27; Sir. 38,27; Sir. 38,28; Sir. 38,29; Sir. 38,30; Sir. 38,34; Sir. 39,18; Sir. 42,9; Sir. 43,6; Sir. 43,18; Sir. 43,29; Sir. 44,13; Sir. 45,18; Sir. 46,11; Sir. 47,15; Sir. 50,25; Sir. 51,6; Sir. 51,6; Sir. 51,11; Sir. 51,15; Sir. 51,19; Sir. 51,21; Sir. 51,26; Sir. 51,29; Sol. 1,4; Sol. 2,9; Sol. 2,10; Sol. 2,15; Sol. 3,4; Sol. 3,11; Sol. 3,12; Sol. 3,12; Sol. 4,1; Sol. 4,3; Sol. 4,4; Sol. 4,13; Sol. 4,14; Sol. 4,14; Sol. 4,14; Sol. 4,15; Sol. 4,15; Sol. 5,2; Sol. 5,4; Sol. 5,11; Sol. 5,13; Sol. 5,14; Sol. 5,17; Sol. 5,18; Sol. 5,19; Sol. 6,1; Sol. 6,3; Sol. 8,5; Sol. 8,5; Sol. 8,8; Sol. 8,16; Sol. 8,28; Sol. 8,31; Sol. 8,33; Sol. 9,2; Sol. 9,7; Sol. 9,11; Sol. 10,4; Sol. 10,4; Sol. 10,8; Sol. 12,3; Sol. 12,6; Sol. 13,6; Sol. 13,7; Sol. 13,7; Sol. 13,9; Sol. 13,11; Sol. 14,4; Sol. 14,5; Sol. 14,7; Sol. 14,9; Sol. 15,10; Sol. 15,11; Sol. 16,2; Sol. 16,14; Sol. 17,1; Sol. 17,2; Sol. 17,3; Sol. 17,13; Sol. 17,42; Sol. 18,1; Sol. 18,3; Sol. 18,4; Sol. 18,11; Hos. 1,2; Hos. 2,1; Hos. 2,2; Hos. 2,7; Hos. 2,7; Hos. 2,24; Hos. 4,3; Hos. 5,5; Hos. 5,7; Hos. 6,9; Hos. 7,1; Hos. 7,1; Hos. 7,10; Hos. 8,7; Hos. 11,8; Hos. 11,8; Hos. 13,12; Hos. 13,14; Hos. 14,5; Hos. 14,7; Amos 1,2; Amos 2,13; Amos 2,13; Amos 3,11; Amos 4,9; Amos 5,18; Amos 5,19; Amos 5,20; Amos 7,10; Amos 7,17; Amos 8,8; Amos 9,2; Amos 9,13; Mic. 1,2; Mic. 1,5; Mic. 1,5; Mic. 1,9; Mic. 1,15; Mic. 2,10; Mic. 3,6; Mic. 4,8; Mic. 4,8; Mic. 4,9; Mic. 5,8; Mic. 6,5; Mic. 6,12; Mic. 7,8; Mic. 7,10; Mic. 7,10; Mic. 7,11; Mic. 7,12; Mic. 7,13; Joel 1,4; Joel 1,4; Joel 1,10; Joel 1,12; Joel 2,3; Joel 2,4; Joel 2,10; Joel 2,10; Joel 2,11; Joel 2,11; Joel 2,20; Joel 2,25; Joel 2,25; Joel 2,25; Joel 2,25; Joel 2,25; Joel 3,4; Joel 4,13; Joel 4,15; Joel 4,16; Joel 4,19; Joel 4,20; Obad. 17; Obad. 20; Obad. 20; Obad. 21; Jonah 1,2; Jonah 1,7; Jonah 1,8; Jonah 1,8; Jonah 1,11; Jonah 1,11; Jonah 1,12; Jonah 1,13; Jonah 1,15; Jonah 2,6; Jonah 2,8; Jonah 3,3; Nah. 1,3; Nah. 1,3; Nah. 1,4; Nah. 1,5; Nah. 1,5; Nah. 1,12; Nah. 2,5; Nah. 2,8; Nah. 2,12; Nah. 2,12; Nah. 3,4; Nah. 3,8; Nah. 3,8; Nah. 3,9; Nah. 3,19; Nah. 3,19; Hab. 1,11; Hab. 1,15; Hab. 2,4; Hab. 2,10; Hab. 2,14; Hab. 2,20; Hab. 3,3; Hab. 3,3; Hab. 3,6; Hab. 3,8; Hab. 3,10; Hab. 3,11; Hab. 3,16; Hab. 3,16; Zeph. 1,7; Zeph. 1,13; Zeph. 1,14; Zeph. 1,14; Zeph. 1,15; Zeph. 1,18; Zeph. 2,15; Zeph. 2,15; Zeph. 2,15; Zeph. 2,15; Zeph. 3,1; Zeph. 3,1; Zeph. 3,1; Zeph. 3,7; Zeph. 3,8; Hag. 1,10; Hag. 1,11; Hag. 2,9; Hag. 2,9; Hag. 2,19; Hag. 2,19; Hag. 2,19; Zech. 1,11; Zech. 5,3; Zech. 5,3; Zech. 5,6; Zech. 5,8; Zech. 7,7; Zech. 7,7; Zech. 7,14; Zech. 8,3; Zech. 8,3; Zech. 8,12; Zech. 8,12; Zech. 8,19; Zech. 8,19; Zech. 8,19; Zech. 8,19; Zech. 10,7; Zech. 10,7; Zech. 11,3; Zech. 11,8; Zech. 12,12; Zech. 13,3; Zech. 13,3; Zech. 14,2; Zech. 14,7; Zech. 14,12; Zech. 14,12; Zech. 14,13; Zech. 14,15; Zech. 14,18; Zech. 14,19; Zech. 14,19; Mal. 1,4; Mal. 1,6; Mal. 2,1; Mal. 2,5; Mal. 3,10; Mal. 3,11; Mal. 3,11; Mal. 3,19; Mal. 3,19; Is. 1,7; Is. 1,8; Is. 1,14; Is. 1,27; Is. 1,31; Is. 2,6; Is. 2,6; Is. 2,7; Is. 2,7; Is. 2,8; Is. 3,8; Is. 3,8; Is. 3,9; Is. 3,14; Is. 5,19; Is. 5,24; Is. 5,25; Is. 6,3; Is. 6,10; Is. 6,11; Is. 7,2; Is. 7,2; Is. 7,4; Is. 7,7; Is. 7,8; Is. 7,8; Is. 7,9; Is. 7,9; Is. 7,14; Is. 7,16; Is. 7,24; Is. 8,8; Is. 8,23; Is. 9,3; Is. 9,3; Is. 9,5; Is. 9,6; Is. 9,11; Is. 9,14; Is. 9,14; Is. 9,16; Is. 9,17; Is. 9,18; Is. 9,20; Is. 10,3; Is. 10,4; Is. 10,5; Is. 10,22; Is. 10,25; Is. 10,30; Is. 11,9; Is. 11,10; Is. 11,10; Is. 11,16; Is. 12,2; Is. 12,2; Is. 13,6; Is. 13,10; Is. 13,13; Is. 14,7; Is. 14,8; Is. 14,11; Is. 14,11; Is. 14,26; Is. 14,26; Is. 14,26; Is. 15,1; Is. 15,4; Is. 15,4; Is. 15,4; Is. 15,5; Is. 15,8; Is. 16,4; Is. 16,6; Is. 16,11; Is. 16,14; Is. 17,14; Is. 18,3; Is. 19,1; Is. 19,11; Is. 19,17; Is. 19,18; Is. 19,25; Is. 21,3; Is. 21,4; Is. 21,4; Is. 21,14; Is. 21,16; Is. 22,2; Is. 22,14; Is. 22,25; Is. 22,25; Is. 23,4; Is. 23,4; Is. 23,7; Is. 23,7; Is. 23,11; Is. 23,11; Is. 23,18; Is. 23,18; Is. 24,2; Is. 24,2; Is. 24,3; Is. 24,3; Is. 24,4; Is. 24,4; Is. 24,5; Is. 24,15; Is. 24,19; Is. 24,19; Is. 24,20; Is. 24,20; Is. 24,23; Is. 25,7; Is. 25,10; Is. 26,7; Is. 26,8; Is. 26,9; Is. 26,16; Is. 26,17; Is. 26,19; Is. 26,19; Is. 26,19; Is. 26,20; Is. 26,21; Is. 27,6; Is. 27,9; Is. 27,9; Is. 28,8; Is. 28,17; Is. 28,18; Is. 28,18; Is. 28,21; Is. 29,2; Is. 29,4; Is. 29,4; Is. 29,8; Is. 29,13; Is. 30,3; Is. 30,7; Is. 30,13; Is. 30,15; Is. 30,21; Is. 30,27; Is. 30,32; Is. 32,4; Is. 32,6; Is. 32,7; Is. 32,8; Is. 32,13; Is. 32,17; Is. 32,19; Is. 33,2; Is. 33,6; Is. 33,8; Is. 33,9; Is. 33,9; Is. 33,11; Is. 33,18; Is. 33,20; Is. 33,24; Is. 34,1; Is. 34,1; Is. 34,3; Is. 34,5; Is. 34,6; Is. 34,7; Is. 34,9; Is. 34,9; Is. 34,15; Is. 34,17; Is. 35,2; Is. 35,2; Is. 35,7; Is. 36,15; Is. 36,17; Is. 37,3; Is. 37,3; Is. 37,29; Is. 38,8; Is. 40,2; Is. 40,2; Is. 40,4; Is. 40,5; Is. 40,24; Is. 40,27; Is. 41,3; Is. 41,17; Is. 41,21; Is. 41,24; Is. 42,1; Is. 42,2; Is. 42,10; Is. 42,14; Is. 42,22; Is. 44,20; Is. 45,8; Is. 46,10; Is. 47,3; Is. 47,8; Is. 47,8; Is. 47,8; Is. 47,10; Is. 47,10; Is. 48,13; Is. 48,13; Is. 48,18; Is. 48,18; Is. 48,19; Is. 49,4; Is. 49,9; Is. 49,13; Is. 50,2; Is. 50,5; Is. 51,4; Is. 51,5; Is. 51,6; Is. 51,6; Is. 51,8; Is. 51,10; Is. 51,10; Is. 51,17; Is. 52,1; Is. 52,2; Is. 52,14; Is. 53,8; Is. 53,8; Is. 53,10; Is. 53,12; Is. 54,1; Is. 54,1; Is. 54,10; Is. 55,2; Is. 55,3; Is. 55,9; Is. 57,2; Is. 57,6; Is. 57,7; Is. 58,8; Is. 58,8; Is. 58,11; Is. 59,1; Is. 59,3; Is. 59,9; Is. 59,12; Is. 59,14; Is. 59,14; Is. 59,15; Is. 59,19; Is. 59,21; Is. 60,1; Is. 60,2; Is. 60,13; Is. 60,20; Is. 61,10; Is. 62,1; Is. 62,4; Is. 63,15; Is. 64,5; Is. 64,10; Is. 65,17; Is. 66,1; Is. 66,2; Is. 66,3; Is. 66,14; Is. 66,14; Is. 66,16; Is. 66,22; Jer. 2,19; Jer. 2,19; Jer. 2,21; Jer. 2,21; Jer. 2,25; Jer. 3,1; Jer. 3,6; Jer. 3,7; Jer. 3,8; Jer. 3,8; Jer. 3,9; Jer. 3,10; Jer. 3,12; Jer. 3,23; Jer. 3,23; Jer. 3,24; Jer. 3,25; Jer. 4,9; Jer. 4,9; Jer. 4,10; Jer. 4,18; Jer. 4,19; Jer. 4,19; Jer. 4,19; Jer. 4,20; Jer. 4,20; Jer. 4,27; Jer. 4,28; Jer. 4,31; Jer. 5,9; Jer. 5,29; Jer. 6,4; Jer. 6,8; Jer. 6,16; Jer. 6,16; Jer. 7,2; Jer. 7,27; Jer. 7,34; Jer. 8,7; Jer. 8,16; Jer. 9,4; Jer. 9,7; Jer. 9,8; Jer. 9,11; Jer. 10,18; Jer. 10,19; Jer. 10,20; Jer. 10,21; Jer. 10,23; Jer. 11,5; Jer. 11,15; Jer. 11,16; Jer. 12,4; Jer. 12,8; Jer. 12,9; Jer. 12,11; Jer. 13,17; Jer. 13,26; Jer. 13,27; Jer. 13,27; Jer. 14,2; Jer. 14,2; Jer. 14,19; Jer. 15,1; Jer. 15,9; Jer. 15,9; Jer. 15,10; Jer. 15,13; Jer. 15,18; Jer. 16,10; Jer. 16,10; Jer. 17,5; Jer. 17,6; Jer. 17,6; Jer. 17,9; Jer. 17,25; Jer. 18,23; Jer. 20,14; Jer. 20,14; Jer. 20,14; Jer. 20,17; Jer. 20,17; Jer. 21,9; Jer. 21,12; Jer. 22,17; Jer. 22,21; Jer. 23,9; Jer. 23,10; Jer. 23,10; Jer. 23,12; Jer. 25,11; Jer. 26,10; Jer. 26,10; Jer. 26,12; Jer. 27,2; Jer. 27,2; Jer. 27,10; Jer. 27,12; Jer. 27,19; Jer. 27,23; Jer. 27,27; Jer. 27,31; Jer. 27,32; Jer. 27,46; Jer. 28,5; Jer. 28,11; Jer. 28,29; Jer. 28,30; Jer. 28,31; Jer. 28,42; Jer. 29,6; Jer. 30,10; Jer. 30,11; Jer. 30,15; Jer. 30,16; Jer. 30,20; Jer. 30,20; Jer. 30,28; Jer. 31,8; Jer. 31,29; Jer. 32,38; Jer. 33,9; Jer. 34,8; Jer. 37,7; Jer. 37,12; Jer. 38,12; Jer. 38,16; Jer. 38,33; Jer. 38,39; Jer. 39,20; Jer. 39,24; Jer. 39,25; Jer. 39,28; Jer. 39,31; Jer. 41,1; Jer. 41,2; Jer. 41,7; Jer. 43,7; Jer. 44,7; Jer. 44,11; Jer. 45,2; Jer. 45,3; Jer. 45,17; Jer. 45,17; Jer. 45,17; Jer. 45,18; Jer. 45,20; Jer. 45,23; Jer. 46,1; Jer. 46,2; Jer. 46,18; Jer. 49,16; Jer. 51,6; Jer. 51,6; Jer. 51,22; Jer. 52,4; Jer. 52,5; Jer. 52,7; Jer. 52,8; Jer. 52,14; Jer. 52,14; Jer. 52,20; Jer. 52,34; Bar. 1,6; Bar. 1,13; Bar. 1,15; Bar. 1,15; Bar. 1,20; Bar. 1,20; Bar. 2,6; Bar. 2,6; Bar. 2,6; Bar. 2,11; Bar. 2,15; Bar. 2,18; Bar. 2,18; Bar. 2,18; Bar. 2,18; Bar. 2,23; Bar. 2,26; Bar. 2,29; Bar. 2,29; Bar. 2,29; Bar. 4,1; Bar. 4,28; Bar. 4,32; Lam. 1,1a; Lam. 1,1a; Lam. 1,3; Lam. 1,6; Lam. 1,14; Lam. 1,20; Lam. 1,20; Lam. 1,22; Lam. 1,22; Lam. 2,11; Lam. 2,11; Lam. 2,15; Lam. 2,16; Lam. 3,18; Lam. 3,20; Lam. 3,40; Lam. 4,4; Lam. 4,21; Lam. 4,22; Lam. 5,17; Ezek. 1,5; Ezek. 1,20; Ezek. 1,28; Ezek. 1,28; Ezek. 3,3; Ezek. 3,12; Ezek. 3,23; Ezek. 3,23; Ezek. 4,14; Ezek. 5,5; Ezek. 5,7; Ezek. 5,13; Ezek. 7,4; Ezek. 7,10; Ezek. 7,10; Ezek. 7,12; Ezek. 7,23; Ezek. 7,23; Ezek. 8,3; Ezek. 8,11; Ezek. 9,1; Ezek.

9,3; Ezek. 9,9; Ezek. 9,9; Ezek. 10,3; Ezek. 10,4; Ezek. 10,4; Ezek. 10,4; Ezek. 10,9; Ezek. 10,10; Ezek. 10,11; Ezek. 10,11; Ezek. 11,15; Ezek. 11,21; Ezek. 11,22; Ezek. 11,23; Ezek. 12,19; Ezek. 12,20; Ezek. 12,22; Ezek. 13,12; Ezek. 14,4; Ezek. 14,16; Ezek. 16,3; Ezek. 16,3; Ezek. 16,4; Ezek. 16,7; Ezek. 16,7; Ezek. 16,32; Ezek. 16,32; Ezek. 16,36; Ezek. 16,44; Ezek. 16,44; Ezek. 16,45; Ezek. 16,45; Ezek. 16,46; Ezek. 16,46; Ezek. 16,46; Ezek. 16,46; Ezek. 16,46; Ezek. 16,46; Ezek. 16,48; Ezek. 16,55; Ezek. 16,56; Ezek. 17,7; Ezek. 18,2; Ezek. 18,3; Ezek. 18,4; Ezek. 18,4; Ezek. 18,4; Ezek. 18,4; Ezek. 18,20; Ezek. 18,20; Ezek. 18,25; Ezek. 18,25; Ezek. 18,25; Ezek. 18,29; Ezek. 18,29; Ezek. 18,29; Ezek. 19,2; Ezek. 19,5; Ezek. 19,9; Ezek. 19,10; Ezek. 19,12; Ezek. 21,3; Ezek. 21,3; Ezek. 21,19; Ezek. 21,19; Ezek. 21,20; Ezek. 21,30; Ezek. 21,34; Ezek. 22,5; Ezek. 22,14; Ezek. 22,15; Ezek. 22,24; Ezek. 23,4; Ezek. 23,4; Ezek. 23,4; Ezek. 23,4; Ezek. 23,5; Ezek. 23,11; Ezek. 23,17; Ezek. 23,18; Ezek. 23,18; Ezek. 23,22; Ezek. 23,28; Ezek. 23,29; Ezek. 23,49; Ezek. 24,14; Ezek. 24,14; Ezek. 24,18; Ezek. 25,12; Ezek. 26,2; Ezek. 26,3; Ezek. 26,13; Ezek. 26,17; Ezek. 26,17; Ezek. 26,17; Ezek. 27,11; Ezek. 27,13; Ezek. 27,13; Ezek. 27,21; Ezek. 27,27; Ezek. 27,34; Ezek. 28,2; Ezek. 28,5; Ezek. 28,17; Ezek. 28,17; Ezek. 29,9; Ezek. 30,2; Ezek. 30,3; Ezek. 30,6; Ezek. 30,11; Ezek. 30,18; Ezek. 30,18; Ezek. 31,3; Ezek. 31,4; Ezek. 31,15; Ezek. 32,6; Ezek. 32,12; Ezek. 32,15; Ezek. 32,20; Ezek. 32,22; Ezek. 32,22; Ezek. 32,22; Ezek. 32,24; Ezek. 32,26; Ezek. 33,4; Ezek. 33,6; Ezek. 33,17; Ezek. 33,17; Ezek. 33,20; Ezek. 33,21; Ezek. 33,24; Ezek. 33,28; Ezek. 33,31; Ezek. 34,27; Ezek. 35,15; Ezek. 36,10; Ezek. 36,17; Ezek. 36,34; Ezek. 36,34; Ezek. 36,35; Ezek. 37,11; Ezek. 37,27; Ezek. 38,7; Ezek. 39,8; Ezek. 39,12; Ezek. 39,16; Ezek. 40,3; Ezek. 40,22; Ezek. 40,22; Ezek. 40,45; Ezek. 40,46; Ezek. 40,46; Ezek. 41,11; Ezek. 41,11; Ezek. 41,22; Ezek. 41,22; Ezek. 41,22; Ezek. 42,15; Ezek. 43,2; Ezek. 43,3; Ezek. 43,3; Ezek. 45,6; Ezek. 45,11; Ezek. 45,11; Ezek. 45,12; Ezek. 45,13; Ezek. 46,1; Ezek. 46,1; Ezek. 46,2; Ezek. 46,7; Ezek. 46,11; Ezek. 47,14; Ezek. 48,8; Ezek. 48,10; Ezek. 48,12; Ezek. 48,15; Ezek. 48,20; Ezek. 48,21; Ezek. 48,29; Dan. 1,13; Dan. 1,15; Dan. 1,15; Dan. 2,20; Dan. 2,20; Dan. 2,27; Dan. 2,31; Dan. 2,31; Dan. 2,31; Dan. 2,32; Dan. 2,32; Dan. 2,38; Dan. 2,38; Dan. 2,40; Dan. 2,44; Dan. 2,45; Dan. 3,19; Dan. 3,22; Dan. 3,23; Dan. 3,40; Dan. 3,44; Dan. 3,46; Dan. 3,47; Dan. 3,74; Dan. 3,92; Dan. 3,96; Dan. 4,10; Dan. 4,11; Dan. 4,11; Dan. 4,11; Dan. 4,17a; Dan. 4,19; Dan. 4,20; Dan. 4,21; Dan. 4,22; Dan. 4,23; Dan. 4,23; Dan. 4,26; Dan. 4,26; Dan. 4,27; Dan. 4,30; Dan. 4,31; Dan. 4,32; Dan. 4,33b; Dan. 4,33b; Dan. 4,36; Dan. 4,36; Dan. 4,37b; Dan. 4,37c; Dan. 5,0; Dan. 5,2; Dan. 5,6; Dan. 5,10; Dan. 5,17; Dan. 5,17; Dan. 5,17; Dan. 5,26-28; Dan. 5,26-28; Dan. 7,14; Dan. 7,14; Dan. 7,20; Dan. 7,26; Dan. 7,28; Dan. 8,12; Dan. 8,13; Dan. 8,13; Dan. 8,13; Dan. 8,13; Dan. 8,16; Dan. 8,24; Dan. 8,25; Dan. 9,7; Dan. 9,7; Dan. 9,8; Dan. 9,9; Dan. 9,11; Dan. 9,16; Dan. 9,26; Dan. 9,27; Dan. 9,27; Dan. 9,27; Dan. 9,27; Dan. 11,4; Dan. 11,4; Dan. 11,5; Dan. 11,11; Dan. 11,12; Dan. 11,25; Dan. 11,25; Dan. 11,28; Dan. 11,29; Dan. 11,29; Dan. 11,36; Dan. 12,1; Dan. 12,4; Dan. 12,7; Dan. 12,8; Dan. 12,11; Sus. 10-11; Sus. 22; Sus. 30; Sus. 31; Sus. 35; Sus. 41; Sus. 56; Sus. 60-62; Bel 15-17; Josh. 15,47; Josh. 15,47; Josh. 18,28; Josh. 19,1; Josh. 19,8; Josh. 19,9; Josh. 19,11; Josh. 19,14; Josh. 19,16; Josh. 19,22; Josh. 19,23; Josh. 19,29; Josh. 19,29; Josh. 19,31; Josh. 19,39; Judg. 2,10; Judg. 3,10; Judg. 3,11; Judg. 3,30; Judg. 4,14; Judg. 5,9; Judg. 5,31; Judg. 6,15; Judg. 6,39; Judg. 7,8; Judg. 7,12; Judg. 7,12; Judg. 7,13; Judg. 7,21; Judg. 7,22; Judg. 8,10; Judg. 8,11; Judg. 8,21; Judg. 8,28; Judg. 9,3; Judg. 9,9; Judg. 9,11; Judg. 9,13; Judg. 9,15; Judg. 9,33; Judg. 9,57; Judg. 10,16; Judg. 11,2; Judg. 11,34; Judg. 11,36; Judg. 13,6; Judg. 13,10; Judg. 13,19; Judg. 13,20; Judg. 13,23; Judg. 13,24; Judg. 14,3; Judg. 14,4; Judg. 14,5; Judg. 14,16; Judg. 14,20; Judg. 15,2; Judg. 15,2; Judg. 16,5; Judg. 16,5; Judg. 16,6; Judg. 16,6; Judg. 16,9; Judg. 16,15; Judg. 16,15; Judg. 16,15; Judg. 16,17; Judg. 16,19; Judg. 16,25; Judg. 17,2; Judg. 17,3; Judg. 17,4; Judg. 18,1; Judg. 18,5; Judg. 18,6; Judg. 18,10; Judg. 18,20; Judg. 19,2; Judg. 19,6; Judg. 19,9; Judg. 19,9; Judg. 19,9; Judg. 19,10; Judg. 19,11; Judg. 19,24; Judg. 19,24; Judg. 19,24; Judg. 19,26; Judg. 19,27; Judg. 19,27; Judg. 20,1; Judg. 20,3; Judg. 20,4; Judg. 20,12; Judg. 20,12; Judg. 20,34; Judg. 20,39; Judg. 20,39; Judg. 20,40; Judg. 20,41; Judg. 20,42; Judg. 21,10; Judg. 21,13; Tob. 1,4; Tob. 1,8; Tob. 2,1; Tob. 2,2; Tob. 2,11; Tob. 3,8; Tob. 3,8; Tob. 3,16; Tob. 3,17; Tob. 5,17; Tob. 5,18; Tob. 5,22; Tob. 6,4; Tob. 6,4; Tob. 6,9; Tob. 6,17; Tob. 6,19; Tob. 7,7; Tob. 7,7; Tob. 8,3; Tob. 8,5; Tob. 8,14; Tob. 8,21; Tob. 8,21; Tob. 10,4; Tob. 10,8; Tob. 11,11; Tob. 11,15; Tob. 13,2; Tob. 13,11; Tob. 13,16; Tob. 14,4; Tob. 14,11; Tob. 14,12; Tob. 14,12; Dan. 2,11; Dan. 2,15; Dan. 2,15; Dan. 2,20; Dan. 2,20; Dan. 2,31; Dan. 2,31; Dan. 2,31; Dan. 2,32; Dan. 2,32; Dan. 2,32; Dan. 2,38; Dan. 2,38; Dan. 2,44; Dan. 2,45; Dan. 3,19; Dan. 3,22; Dan. 3,44; Dan. 3,47; Dan. 3,74; Dan. 3,92; Dan. 3,94; Dan. 4,3; Dan. 4,3; Dan. 4,15; Dan. 4,16; Dan. 4,19; Dan. 4,19; Dan. 4,22; Dan. 4,22; Dan. 4,23; Dan. 4,24; Dan. 4,25; Dan. 4,26; Dan. 4,27; Dan. 4,30; Dan. 4,31; Dan. 4,32; Dan. 4,34; Dan. 4,34; Dan. 4,36; Dan. 5,6; Dan. 5,9; Dan. 5,10; Dan. 5,10; Dan. 5,20; Dan. 5,20; Dan. 5,21; Dan. 5,21; Dan. 5,23; Dan. 5,25; Dan. 5,25; Dan. 5,28; Dan. 6,27; Dan. 6,27; Dan. 7,9; Dan. 7,12; Dan. 7,14; Dan. 7,14; Dan. 7,14; Dan. 7,14; Dan. 7,14; Dan. 7,20; Dan. 7,27; Dan. 7,27; Dan. 7,27; Dan. 7,27; Dan. 7,28; Dan. 8,12; Dan. 8,13; Dan. 8,13; Dan. 8,13; Dan. 8,13; Dan. 8,13; Dan. 8,13; Dan. 8,17; Dan. 8,19; Dan. 8,24; Dan. 8,26; Dan. 9,7; Dan. 9,7; Dan. 9,7; Dan. 9,8; Dan. 9,11; Dan. 9,15; Dan. 9,16; Dan. 10,5; Dan. 10,6; Dan. 10,8; Dan. 10,14; Dan. 11,4; Dan. 11,4; Dan. 11,6; Dan. 11,12; Dan. 11,25; Dan. 11,25; Dan. 11,28; Dan. 11,29; Dan. 11,29; Dan. 11,36; Dan. 12,3; Dan. 12,4; Sus. 31; Sus. 35; Sus. 35; Sus. 41; Sus. 56; Sus. 60; Sus. 63; Matt. 1,18; Matt. 1,23; Matt. 3,2; Matt. 3,4; Matt. 3,5; Matt. 3,5; Matt. 3,10; Matt. 4,17; Matt. 4,24; Matt. 5,3; Matt. 5,10; Matt. 5,18; Matt. 5,20; Matt. 5,30; Matt. 6,3; Matt. 6,3; Matt. 6,4; Matt. 6,10; Matt. 6,21; Matt. 6,25; Matt. 6,34; Matt. 6,34; Matt. 7,4; Matt. 7,13; Matt. 7,13; Matt. 7,13; Matt. 7,14; Matt. 7,14; Matt. 7,14; Matt. 7,25; Matt. 7,27; Matt. 7,27; Matt. 8,3; Matt. 8,27; Matt. 8,32; Matt. 8,34; Matt. 9,18; Matt. 9,22; Matt. 9,22; Matt. 9,26; Matt. 10,7; Matt. 10,13; Matt. 10,13; Matt. 10,13; Matt. 11,12; Matt. 11,19; Matt. 12,13; Matt. 12,18; Matt. 12,26; Matt. 12,28; Matt. 12,31; Matt. 12,46; Matt. 12,47; Matt. 12,48; Matt. 12,49; Matt. 13,14; Matt. 13,14; Matt. 13,15; Matt. 13,22; Matt. 13,22; Matt. 13,24; Matt. 13,31; Matt. 13,33; Matt. 13,44; Matt. 13,45; Matt. 13,47; Matt. 13,54; Matt. 13,55; Matt. 14,6; Matt. 14,8; Matt. 14,11; Matt. 14,15; Matt. 15,8; Matt. 15,22; Matt. 15,25; Matt. 15,27; Matt. 15,28; Matt. 15,28; Matt. 18,8; Matt. 18,23; Matt. 19,10; Matt. 19,14; Matt. 20,1; Matt. 20,20; Matt. 21,10; Matt. 21,19; Matt. 21,20; Matt. 21,43; Matt. 22,2; Matt. 22,20; Matt. 22,20; Matt. 22,27; Matt. 22,38; Matt. 23,37; Matt. 24,12; Matt. 24,20; Matt. 24,27; Matt. 24,27; Matt. 24,29; Matt. 24,34; Matt. 24,35; Matt. 24,37; Matt. 24,39; Matt. 25,1; Matt. 25,10; Matt. 26,8; Matt. 26,38; Matt. 26,41; Matt. 26,45; Matt. 26,73; Matt. 27,19; Matt. 27,51; Matt. 27,56; Matt. 27,56; Matt. 27,56; Matt. 27,61; Matt. 27,61; Matt. 27,64; Matt. 28,1; Matt. 28,1; Matt. 28,3; Mark 1,5; Mark 1,15; Mark 1,28; Mark 1,30; Mark 1,33; Mark 1,42; Mark 3,5; Mark 3,24; Mark 3,25; Mark 3,31; Mark 3,32; Mark 3,33; Mark 3,34; Mark 4,19; Mark 4,26; Mark 4,28; Mark 4,41; Mark 5,13; Mark 5,29; Mark 5,33; Mark 5,34; Mark 5,35; Mark

ὁ

6,2; Mark 6,2; Mark 6,19; Mark 6,24; Mark 6,52; Mark 7,6; Mark 7,26; Mark 7,28; Mark 8,12; Mark 9,43; Mark 10,14; Mark 10,52; Mark 11,10; Mark 11,21; Mark 12,7; Mark 12,16; Mark 12,16; Mark 12,22; Mark 12,43; Mark 12,43; Mark 13,24; Mark 13,30; Mark 13,31; Mark 14,4; Mark 14,34; Mark 14,35; Mark 14,38; Mark 14,41; Mark 14,59; Mark 14,69; Mark 15,26; Mark 15,40; Mark 15,40; Mark 15,47; Mark 15,47; Mark 15,47; Mark 16,1; Mark 16,1; Luke 1,7; Luke 1,13; Luke 1,13; Luke 1,18; Luke 1,24; Luke 1,29; Luke 1,36; Luke 1,38; Luke 1,41; Luke 1,41; Luke 1,43; Luke 1,44; Luke 1,45; Luke 1,46; Luke 1,60; Luke 1,64; Luke 2,19; Luke 2,33; Luke 2,48; Luke 2,51; Luke 3,9; Luke 4,21; Luke 4,29; Luke 5,13; Luke 6,6; Luke 6,6; Luke 6,10; Luke 6,20; Luke 7,35; Luke 7,39; Luke 7,50; Luke 8,2; Luke 8,9; Luke 8,11; Luke 8,19; Luke 8,20; Luke 8,25; Luke 8,33; Luke 8,44; Luke 8,47; Luke 8,48; Luke 8,49; Luke 8,54; Luke 10,6; Luke 10,9; Luke 10,11; Luke 10,40; Luke 10,40; Luke 11,2; Luke 11,7; Luke 11,18; Luke 11,20; Luke 11,27; Luke 11,27; Luke 11,29; Luke 11,49; Luke 12,15; Luke 12,16; Luke 12,23; Luke 12,34; Luke 13,18; Luke 13,34; Luke 16,16; Luke 17,19; Luke 17,20; Luke 17,20; Luke 17,21; Luke 17,24; Luke 17,35; Luke 17,35; Luke 18,16; Luke 18,42; Luke 19,11; Luke 19,16; Luke 19,18; Luke 19,20; Luke 20,14; Luke 20,32; Luke 20,33; Luke 21,3; Luke 21,3; Luke 21,20; Luke 21,28; Luke 21,31; Luke 21,32; Luke 21,33; Luke 21,34; Luke 22,1; Luke 22,1; Luke 22,7; Luke 22,14; Luke 22,18; Luke 22,20; Luke 22,21; Luke 22,32; Luke 22,53; Luke 22,53; Luke 24,10; Luke 24,10; Luke 24,29; Luke 24,32; John 1,4; John 1,5; John 1,17; John 1,17; John 1,19; John 2,1; John 2,3; John 2,4; John 2,5; John 2,12; John 3,19; John 3,29; John 3,29; John 3,36; John 4,9; John 4,9; John 4,11; John 4,15; John 4,17; John 4,19; John 4,22; John 4,25; John 4,28; John 4,53; John 5,2; John 5,30; John 5,30; John 5,31; John 5,32; John 6,4; John 6,51; John 6,55; John 6,63; John 7,2; John 7,2; John 7,16; John 7,30; John 7,38; John 7,42; John 8,4; John 8,9; John 8,11; John 8,13; John 8,14; John 8,16; John 8,16; John 8,17; John 8,20; John 8,32; John 8,54; John 9,41; John 10,7; John 10,9; John 10,35; John 11,2; John 11,4; John 11,18; John 11,21; John 11,24; John 11,25; John 11,25; John 11,30; John 11,39; John 11,44; John 12,2; John 12,3; John 12,23; John 12,27; John 12,30; John 12,50; John 13,1; John 13,18; John 14,1; John 14,6; John 14,6; John 14,6; John 14,27; John 15,1; John 15,1; John 15,5; John 15,11; John 15,11; John 15,11; John 15,12; John 15,12; John 16,4; John 16,6; John 16,20; John 16,21; John 16,21; John 16,22; John 16,24; John 17,1; John 17,3; John 17,12; John 17,26; John 18,17; John 18,17; John 18,36; John 18,36; John 18,36; John 18,36; John 18,36; John 18,36; John 19,24; John 19,24; John 19,25; John 19,25; John 19,25; John 19,25; John 19,27; John 19,28; John 19,31; John 19,35; John 19,36; John 20,1; John 20,18; John 21,24; Acts 1,20; Acts 2,20; Acts 2,26; Acts 2,26; Acts 2,26; Acts 2,31; Acts 2,39; Acts 3,16; Acts 3,16; Acts 4,12; Acts 4,28; Acts 4,28; Acts 5,7; Acts 5,8; Acts 5,15; Acts 5,17; Acts 5,38; Acts 7,21; Acts 7,49; Acts 7,50; Acts 8,10; Acts 8,10; Acts 8,14; Acts 8,21; Acts 8,22; Acts 8,32; Acts 8,33; Acts 8,33; Acts 9,24; Acts 9,39; Acts 9,40; Acts 10,21; Acts 10,31; Acts 10,45; Acts 12,15; Acts 13,44; Acts 16,19; Acts 17,19; Acts 17,19; Acts 18,7; Acts 19,25; Acts 19,27; Acts 19,27; Acts 19,28; Acts 19,29; Acts 19,32; Acts 19,34; Acts 20,10; Acts 21,11; Acts 21,26; Acts 21,30; Acts 27,41; Acts 27,41; Acts 28,1; Acts 28,4; Acts 28,27; Rom. 1,8; Rom. 1,21; Rom. 2,25; Rom. 2,26; Rom. 2,26; Rom. 2,27; Rom. 2,28; Rom. 3,1; Rom. 3,3; Rom. 3,5; Rom. 3,7; Rom. 3,27; Rom. 4,3; Rom. 4,5; Rom. 4,9; Rom. 4,13; Rom. 4,14; Rom. 4,14; Rom. 5,3; Rom. 5,4; Rom. 5,4; Rom. 5,5; Rom. 5,5; Rom. 5,12; Rom. 5,15; Rom. 5,15; Rom. 5,20; Rom. 5,20; Rom. 5,21; Rom. 5,21; Rom. 6,1; Rom. 6,12; Rom. 7,2; Rom. 7,8; Rom. 7,9; Rom. 7,10; Rom. 7,10; Rom. 7,11; Rom. 7,12; Rom. 7,13; Rom. 7,13; Rom. 7,17; Rom. 7,20; Rom. 8,19; Rom. 8,20; Rom. 8,21; Rom. 8,22; Rom. 9,4; Rom. 9,4; Rom. 9,4; Rom. 9,4; Rom. 9,11; Rom. 9,17; Rom. 9,27; Rom. 10,1; Rom. 10,1; Rom. 10,6; Rom. 10,11; Rom. 10,17; Rom. 10,17; Rom. 11,2; Rom. 11,6; Rom. 11,7; Rom. 11,9; Rom. 11,11; Rom. 11,15; Rom. 11,15; Rom. 11,16; Rom. 11,16; Rom. 11,18; Rom. 11,27; Rom. 11,29; Rom. 11,36; Rom. 13,10; Rom. 13,10; Rom. 13,11; Rom. 13,12; Rom. 13,12; Rom. 14,17; Rom. 15,12; Rom. 15,16; Rom. 15,31; Rom. 15,31; Rom. 16,19; Rom. 16,27; 1Cor. 2,5; 1Cor. 3,13; 1Cor. 3,19; 1Cor. 4,20; 1Cor. 6,13; 1Cor. 7,3; 1Cor. 7,4; 1Cor. 7,4; 1Cor. 7,14; 1Cor. 7,14; 1Cor. 7,15; 1Cor. 7,19; 1Cor. 7,19; 1Cor. 7,28; 1Cor. 7,34; 1Cor. 7,34; 1Cor. 7,34; 1Cor. 7,34; 1Cor. 8,1; 1Cor. 8,1; 1Cor. 8,7; 1Cor. 8,7; 1Cor. 8,9; 1Cor. 8,10; 1Cor. 9,2; 1Cor. 10,4; 1Cor. 10,26; 1Cor. 10,29; 1Cor. 11,3; 1Cor. 11,7; 1Cor. 11,10; 1Cor. 11,12; 1Cor. 11,14; 1Cor. 11,15; 1Cor. 11,25; 1Cor. 12,7; 1Cor. 12,17; 1Cor. 12,17; 1Cor. 12,21; 1Cor. 13,4; 1Cor. 13,4; 1Cor. 13,13; 1Cor. 14,5; 1Cor. 14,22; 1Cor. 14,23; 1Cor. 15,10; 1Cor. 15,10; 1Cor. 15,10; 1Cor. 15,10; 1Cor. 15,14; 1Cor. 15,17; 1Cor. 15,39; 1Cor. 15,40; 1Cor. 15,40; 1Cor. 15,42; 1Cor. 15,50; 1Cor. 15,56; 1Cor. 15,56; 1Cor. 16,23; 1Cor. 16,24; 2Cor. 1,5; 2Cor. 1,7; 2Cor. 2,3; 2Cor. 2,6; 2Cor. 2,6; 2Cor. 3,2; 2Cor. 3,5; 2Cor. 3,7; 2Cor. 3,8; 2Cor. 3,9; 2Cor. 4,7; 2Cor. 4,10; 2Cor. 4,11; 2Cor. 4,12; 2Cor. 4,15; 2Cor. 5,1; 2Cor. 5,14; 2Cor. 6,3; 2Cor. 6,11; 2Cor. 7,5; 2Cor. 7,8; 2Cor. 7,10; 2Cor. 7,10; 2Cor. 7,14; 2Cor. 7,14; 2Cor. 8,2; 2Cor. 8,2; 2Cor. 8,11; 2Cor. 8,12; 2Cor. 9,9; 2Cor. 9,12; 2Cor. 10,6; 2Cor. 10,10; 2Cor. 11,10; 2Cor. 11,28; 2Cor. 11,28; 2Cor. 11,28; 2Cor. 12,9; 2Cor. 12,9; 2Cor. 12,9; 2Cor. 13,13; 2Cor. 13,13; Gal. 1,5; Gal. 2,5; Gal. 3,8; Gal. 3,14; Gal. 3,18; Gal. 3,21; Gal. 3,22; Gal. 3,22; Gal. 4,26; Gal. 4,27; Gal. 4,27; Gal. 4,30; Gal. 5,8; Gal. 5,17; Eph. 1,18; Eph. 2,14; Eph. 3,8; Eph. 3,9; Eph. 3,10; Eph. 3,21; Eph. 4,7; Eph. 4,15; Eph. 5,6; Eph. 5,24; Eph. 5,33; Eph. 6,12; Eph. 6,24; Phil. 1,9; Phil. 3,3; Phil. 3,19; Phil. 3,19; Phil. 4,7; Phil. 4,7; Phil. 4,20; Col. 1,18; Col. 1,24; Col. 1,27; Col. 2,10; Col. 3,3; Col. 3,4; Col. 3,6; Col. 3,15; Col. 4,16; Col. 4,18; 1Th. 1,8; 1Th. 1,8; 1Th. 2,3; 1Th. 2,16; 1Th. 2,20; 1Th. 2,20; 1Th. 5,3; 1Th. 5,4; 1Th. 5,23; 2Th. 1,3; 2Th. 1,3; 2Th. 2,2; 2Th. 2,3; 2Th. 2,9; 2Th. 3,2; 1Tim. 1,14; 1Tim. 2,14; 1Tim. 4,8; 1Tim. 4,8; 1Tim. 4,15; 1Tim. 5,5; 1Tim. 5,6; 1Tim. 5,16; 1Tim. 5,18; 1Tim. 6,1; 1Tim. 6,6; 1Tim. 6,10; 2Tim. 3,9; 2Tim. 3,9; 2Tim. 4,18; 2Tim. 4,22; Titus 1,13; Titus 1,15; Titus 2,11; Titus 3,4; Titus 3,4; Philem. 6; Heb. 1,8; Heb. 5,14; Heb. 6,7; Heb. 8,7; Heb. 8,10; Heb. 9,1; Heb. 9,2; Heb. 9,2; Heb. 9,2; Heb. 9,3; Heb. 9,4; Heb. 9,4; Heb. 9,18; Heb. 10,16; Heb. 10,38; Heb. 11,12; Heb. 11,12; Heb. 11,12; Heb. 11,31; Heb. 12,26; Heb. 13,4; Heb. 13,21; James 1,4; James 1,11; James 1,15; James 1,15; James 1,26; James 2,13; James 2,14; James 2,17; James 2,20; James 2,22; James 2,22; James 2,23; James 2,23; James 2,25; James 2,26; James 3,4; James 3,5; James 3,6; James 3,6; James 3,6; James 3,11; James 3,15; James 3,17; James 4,4; James 4,5; James 4,9; James 4,14; James 4,14; James 5,8; James 5,15; James 5,18; 1Pet. 2,7; 1Pet. 3,20; 1Pet. 4,11; 1Pet. 5,13; 2Pet. 1,11; 2Pet. 1,14; 2Pet. 2,2; 2Pet. 2,3; 2Pet. 3,4; 2Pet. 3,7; 2Pet. 3,18; 1John 1,2; 1John 1,3; 1John 1,3; 1John 1,4; 1John 1,5; 1John 1,8; 1John 2,4; 1John 2,5; 1John 2,7; 1John 2,7; 1John 2,8; 1John 2,11; 1John 2,15; 1John 2,16; 1John 2,16; 1John 2,16; 1John 2,17; 1John 2,25; 1John 3,4; 1John 3,4; 1John 3,11; 1John 3,17; 1John 3,20; 1John 3,21; 1John 3,23; 1John 4,7; 1John 4,9; 1John 4,10; 1John 4,12; 1John 4,17; 1John 4,18; 1John 5,3; 1John 5,4; 1John 5,4; 1John 5,4; 1John 5,6; 1John 5,9; 1John 5,9; 1John 5,11; 1John 5,11; 1John 5,14; 2John 6; 2John 6; 2John 12; 3John 2; 3John 12; Rev. 1,6; Rev. 1,14; Rev. 1,15; Rev. 1,16; Rev. 2,20; Rev. 3,12; Rev. 3,14; Rev. 3,18; Rev. 4,1; Rev. 4,1; Rev.

Ο, ο

5,5; Rev. 5,13; Rev. 5,13; Rev. 5,13; Rev. 6,12; Rev. 6,17; Rev. 6,17; Rev. 7,10; Rev. 7,12; Rev. 7,12; Rev. 7,12; Rev. 7,12; Rev. 7,12; Rev. 7,12; Rev. 8,12; Rev. 8,12; Rev. 9,1; Rev. 9,9; Rev. 9,10; Rev. 9,12; Rev. 9,19; Rev. 10,1; Rev. 10,8; Rev. 10,10; Rev. 11,14; Rev. 11,14; Rev. 11,14; Rev. 11,15; Rev. 11,18; Rev. 11,19; Rev. 12,1; Rev. 12,4; Rev. 12,6; Rev. 12,10; Rev. 12,10; Rev. 12,10; Rev. 12,10; Rev. 12,16; Rev. 12,16; Rev. 13,3; Rev. 13,3; Rev. 13,10; Rev. 13,10; Rev. 13,12; Rev. 13,15; Rev. 13,18; Rev. 14,2; Rev. 14,7; Rev. 14,8; Rev. 14,12; Rev. 14,15; Rev. 14,16; Rev. 14,20; Rev. 16,10; Rev. 16,12; Rev. 16,19; Rev. 16,19; Rev. 16,19; Rev. 16,21; Rev. 17,4; Rev. 17,5; Rev. 17,5; Rev. 17,9; Rev. 17,15; Rev. 17,18; Rev. 17,18; Rev. 17,18; Rev. 17,18; Rev. 18,1; Rev. 18,2; Rev. 18,10; Rev. 18,10; Rev. 18,10; Rev. 18,10; Rev. 18,10; Rev. 18,14; Rev. 18,16; Rev. 18,16; Rev. 18,16; Rev. 18,19; Rev. 18,19; Rev. 18,21; Rev. 19,1; Rev. 19,1; Rev. 19,1; Rev. 19,7; Rev. 19,10; Rev. 20,5; Rev. 20,5; Rev. 20,8; Rev. 20,11; Rev. 20,13; Rev. 20,14; Rev. 21,1; Rev. 21,1; Rev. 21,3; Rev. 21,6; Rev. 21,16; Rev. 21,18; Rev. 21,18; Rev. 21,21; Rev. 21,23; Rev. 21,23; Rev. 22,13; Rev. 22,14; Rev. 22,16; Rev. 22,17)

ἥ ▸ 4
Article · feminine · singular · nominative ▸ **4** (John 6,18; Acts 26,30; Rom. 1,20; Heb. 9,2)

Ἡ ▸ 41 + 2 + 26 = 69
Article · feminine · singular · nominative ▸ 41 + 2 + 26 = **69** (Gen. 3,12; Gen. 27,22; Gen. 31,49; Num. 1,43; Num. 14,7; Deut. 8,17; Deut. 32,27; Josh. 2,14; Josh. 14,9; Judg. 7,2; Ruth 2,6; 2Sam. 11,11; 1Kings 12,10; 1Kings 12,24r; 1Kings 17,14; 2Kings 1,4; 2Kings 6,28; 1Esdr. 8,80; 1Esdr. 9,50; 1Esdr. 9,53; Ezra 9,11; Tob. 6,8; 2Mac. 11,22; Ode. 2,27; Prov. 9,1; Eccl. 7,19; Job 29,18; Wis. 16,24; Sir. 4,11; Sir. 24,1; Sir. 39,22; Sol. 5,13; Sol. 17,39; Amos 5,3; Amos 7,17; Is. 30,6; Ezek. 12,27; Ezek. 16,3; Ezek. 36,35; Ezek. 40,45; Ezek. 44,2; Judg. 7,2; Tob. 6,8; Luke 9,12; John 11,20; John 11,32; John 12,3; John 18,12; Acts 7,44; Acts 9,31; Rom. 12,9; Rom. 16,20; 1Cor. 9,3; 1Cor. 13,4; 1Cor. 13,8; 2Cor. 1,12; 2Cor. 13,13; Gal. 6,18; Phil. 4,23; 1Th. 5,28; 2Th. 3,18; 1Tim. 6,21; Titus 3,15; Philem. 25; Heb. 13,1; Heb. 13,25; Rev. 9,12; Rev. 11,14; Rev. 22,21)

ὁ ▸ 7963 + 464 + 2854 = 11281
Article · masculine · singular · nominative ▸ 7963 + 464 + 2854 = **11281** (Gen. 1,1; Gen. 1,3; Gen. 1,4; Gen. 1,4; Gen. 1,5; Gen. 1,6; Gen. 1,7; Gen. 1,7; Gen. 1,8; Gen. 1,8; Gen. 1,9; Gen. 1,10; Gen. 1,10; Gen. 1,11; Gen. 1,12; Gen. 1,14; Gen. 1,16; Gen. 1,17; Gen. 1,18; Gen. 1,20; Gen. 1,21; Gen. 1,21; Gen. 1,22; Gen. 1,24; Gen. 1,25; Gen. 1,25; Gen. 1,26; Gen. 1,27; Gen. 1,28; Gen. 1,29; Gen. 1,31; Gen. 2,1; Gen. 2,1; Gen. 2,2; Gen. 2,3; Gen. 2,3; Gen. 2,4; Gen. 2,5; Gen. 2,7; Gen. 2,7; Gen. 2,8; Gen. 2,9; Gen. 2,11; Gen. 2,12; Gen. 2,12; Gen. 2,12; Gen. 2,13; Gen. 2,14; Gen. 2,14; Gen. 2,14; Gen. 2,14; Gen. 2,14; Gen. 2,15; Gen. 2,16; Gen. 2,18; Gen. 2,19; Gen. 2,21; Gen. 2,22; Gen. 3,1; Gen. 3,1; Gen. 3,1; Gen. 3,3; Gen. 3,4; Gen. 3,5; Gen. 3,9; Gen. 3,12; Gen. 3,13; Gen. 3,14; Gen. 3,21; Gen. 3,22; Gen. 3,23; Gen. 4,4; Gen. 4,6; Gen. 4,9; Gen. 4,9; Gen. 4,9; Gen. 4,10; Gen. 4,14; Gen. 4,15; Gen. 4,15; Gen. 4,15; Gen. 4,20; Gen. 4,21; Gen. 4,25; Gen. 5,1; Gen. 5,24; Gen. 5,29; Gen. 6,3; Gen. 6,5; Gen. 6,6; Gen. 6,7; Gen. 6,12; Gen. 6,13; Gen. 6,22; Gen. 7,1; Gen. 7,1; Gen. 7,5; Gen. 7,6; Gen. 7,9; Gen. 7,12; Gen. 7,16; Gen. 7,16; Gen. 7,17; Gen. 8,1; Gen. 8,1; Gen. 8,2; Gen. 8,15; Gen. 8,21; Gen. 8,21; Gen. 9,1; Gen. 9,2; Gen. 9,2; Gen. 9,6; Gen. 9,8; Gen. 9,12; Gen. 9,17; Gen. 9,22; Gen. 9,24; Gen. 9,24; Gen. 9,26; Gen. 9,27; Gen. 11,3; Gen. 11,9; Gen. 12,10; Gen. 12,17; Gen. 13,10; Gen. 14,13; Gen. 14,14; Gen. 14,20; Gen. 14,20; Gen. 15,1; Gen. 15,2; Gen. 15,3; Gen. 15,7; Gen. 15,7; Gen. 15,17; Gen. 16,5; Gen. 16,8; Gen. 16,9; Gen. 16,10; Gen. 16,11; Gen. 16,13; Gen. 16,13; Gen. 17,1; Gen. 17,3; Gen. 17,9; Gen. 17,12; Gen. 17,12; Gen. 17,13; Gen. 17,13; Gen. 17,15; Gen. 17,19; Gen. 17,22; Gen. 17,23; Gen. 17,25; Gen. 17,26; Gen. 18,1; Gen. 18,9; Gen. 18,12; Gen. 18,17; Gen. 18,23; Gen. 18,23; Gen. 18,25; Gen. 18,25; Gen. 18,25; Gen. 19,4; Gen. 19,19; Gen. 19,23; Gen. 19,29; Gen. 20,3; Gen. 20,6; Gen. 20,13; Gen. 20,17; Gen. 21,4; Gen. 21,5; Gen. 21,8; Gen. 21,10; Gen. 21,12; Gen. 21,17; Gen. 21,17; Gen. 21,19; Gen. 21,20; Gen. 21,22; Gen. 21,22; Gen. 21,32; Gen. 21,32; Gen. 22,1; Gen. 22,1; Gen. 22,3; Gen. 22,7; Gen. 22,9; Gen. 22,11; Gen. 23,10; Gen. 23,17; Gen. 23,17; Gen. 23,20; Gen. 24,5; Gen. 24,7; Gen. 24,7; Gen. 24,9; Gen. 24,10; Gen. 24,12; Gen. 24,17; Gen. 24,21; Gen. 24,22; Gen. 24,26; Gen. 24,27; Gen. 24,30; Gen. 24,32; Gen. 24,37; Gen. 24,42; Gen. 24,53; Gen. 24,56; Gen. 24,61; Gen. 24,65; Gen. 24,65; Gen. 24,65; Gen. 24,65; Gen. 24,66; Gen. 25,11; Gen. 25,21; Gen. 25,23; Gen. 25,25; Gen. 25,25; Gen. 25,26; Gen. 26,5; Gen. 26,8; Gen. 26,11; Gen. 26,13; Gen. 26,18; Gen. 26,24; Gen. 26,26; Gen. 26,26; Gen. 27,10; Gen. 27,11; Gen. 27,12; Gen. 27,14; Gen. 27,18; Gen. 27,19; Gen. 27,20; Gen. 27,20; Gen. 27,21; Gen. 27,24; Gen. 27,24; Gen. 27,26; Gen. 27,28; Gen. 27,29; Gen. 27,29; Gen. 27,30; Gen. 27,31; Gen. 27,32; Gen. 27,32; Gen. 27,32; Gen. 27,32; Gen. 27,33; Gen. 27,35; Gen. 27,39; Gen. 27,41; Gen. 27,42; Gen. 28,3; Gen. 28,4; Gen. 28,11; Gen. 28,13; Gen. 28,13; Gen. 28,13; Gen. 28,17; Gen. 28,20; Gen. 28,22; Gen. 29,15; Gen. 29,32; Gen. 29,34; Gen. 30,6; Gen. 30,8; Gen. 30,17; Gen. 30,18; Gen. 30,20; Gen. 30,20; Gen. 30,22; Gen. 30,22; Gen. 30,23; Gen. 30,24; Gen. 30,27; Gen. 30,33; Gen. 30,43; Gen. 31,5; Gen. 31,7; Gen. 31,7; Gen. 31,9; Gen. 31,11; Gen. 31,13; Gen. 31,13; Gen. 31,16; Gen. 31,16; Gen. 31,24; Gen. 31,29; Gen. 31,40; Gen. 31,42; Gen. 31,42; Gen. 31,42; Gen. 31,44; Gen. 31,48; Gen. 31,48; Gen. 31,49; Gen. 31,53; Gen. 31,53; Gen. 32,5; Gen. 32,6; Gen. 32,10; Gen. 32,10; Gen. 32,18; Gen. 32,21; Gen. 32,27; Gen. 32,27; Gen. 32,28; Gen. 32,32; Gen. 33,1; Gen. 33,5; Gen. 33,5; Gen. 33,8; Gen. 33,8; Gen. 33,11; Gen. 33,14; Gen. 33,15; Gen. 34,2; Gen. 34,2; Gen. 34,2; Gen. 34,5; Gen. 34,6; Gen. 34,8; Gen. 34,19; Gen. 34,20; Gen. 34,30; Gen. 35,1; Gen. 35,6; Gen. 35,7; Gen. 35,9; Gen. 35,9; Gen. 35,10; Gen. 35,11; Gen. 35,11; Gen. 35,13; Gen. 35,15; Gen. 35,18; Gen. 36,24; Gen. 36,35; Gen. 37,1; Gen. 37,4; Gen. 37,9; Gen. 37,10; Gen. 37,11; Gen. 37,15; Gen. 37,16; Gen. 37,17; Gen. 37,19; Gen. 37,24; Gen. 37,35; Gen. 38,7; Gen. 38,11; Gen. 38,12; Gen. 38,12; Gen. 38,13; Gen. 38,17; Gen. 38,18; Gen. 38,25; Gen. 38,25; Gen. 38,28; Gen. 38,29; Gen. 38,30; Gen. 39,1; Gen. 39,3; Gen. 39,8; Gen. 39,16; Gen. 39,17; Gen. 39,17; Gen. 39,19; Gen. 39,19; Gen. 39,20; Gen. 39,22; Gen. 39,23; Gen. 40,1; Gen. 40,1; Gen. 40,4; Gen. 40,5; Gen. 40,5; Gen. 40,8; Gen. 40,9; Gen. 40,16; Gen. 40,17; Gen. 40,23; Gen. 41,8; Gen. 41,9; Gen. 41,15; Gen. 41,24; Gen. 41,25; Gen. 41,28; Gen. 41,30; Gen. 41,32; Gen. 41,35; Gen. 41,39; Gen. 41,40; Gen. 41,51; Gen. 41,52; Gen. 41,55; Gen. 41,56; Gen. 41,57; Gen. 42,5; Gen. 42,13; Gen. 42,13; Gen. 42,15; Gen. 42,15; Gen. 42,23; Gen. 42,28; Gen. 42,30; Gen. 42,30; Gen. 42,32; Gen. 42,32; Gen. 42,33; Gen. 42,33; Gen. 42,35; Gen. 42,35; Gen. 42,36; Gen. 42,38; Gen. 42,38; Gen. 42,38; Gen. 43,2; Gen. 43,3; Gen. 43,3; Gen. 43,3; Gen. 43,5; Gen. 43,5; Gen. 43,5; Gen. 43,7; Gen. 43,7; Gen. 43,11; Gen. 43,14; Gen. 43,17; Gen. 43,23; Gen. 43,23; Gen. 43,27; Gen. 43,27; Gen. 43,28; Gen. 43,28; Gen. 43,28; Gen. 43,29; Gen. 43,29; Gen. 43,33; Gen. 43,33; Gen. 44,5; Gen. 44,7; Gen. 44,10; Gen. 44,10; Gen. 44,16; Gen. 44,17; Gen. 44,18; Gen. 44,20; Gen. 44,20; Gen. 44,23; Gen. 44,23; Gen. 44,25; Gen. 44,26; Gen. 44,26; Gen. 44,27; Gen. 44,27; Gen. 44,28; Gen. 44,32; Gen. 45,3; Gen. 45,4; Gen.

ὀ

45,5; Gen. 45,7; Gen. 45,8; Gen. 45,9; Gen. 45,9; Gen. 45,28; Gen. 46,2; Gen. 46,2; Gen. 46,3; Gen. 46,31; Gen. 47,4; Gen. 47,13; Gen. 47,20; Gen. 47,30; Gen. 48,2; Gen. 48,9; Gen. 48,11; Gen. 48,14; Gen. 48,15; Gen. 48,15; Gen. 48,16; Gen. 48,16; Gen. 48,17; Gen. 48,18; Gen. 48,19; Gen. 48,19; Gen. 48,20; Gen. 48,21; Gen. 49,7; Gen. 49,17; Gen. 49,20; Gen. 49,24; Gen. 49,25; Gen. 49,25; Gen. 49,28; Gen. 50,15; Gen. 50,20; Gen. 50,24; Gen. 50,24; Gen. 50,25; Ex. 1,15; Ex. 1,17; Ex. 1,18; Ex. 1,20; Ex. 1,20; Ex. 2,14; Ex. 2,18; Ex. 2,20; Ex. 2,23; Ex. 2,24; Ex. 2,24; Ex. 2,25; Ex. 3,2; Ex. 3,2; Ex. 3,3; Ex. 3,4; Ex. 3,5; Ex. 3,6; Ex. 3,12; Ex. 3,14; Ex. 3,14; Ex. 3,15; Ex. 3,15; Ex. 3,16; Ex. 4,1; Ex. 4,2; Ex. 4,5; Ex. 4,11; Ex. 4,14; Ex. 4,14; Ex. 4,19; Ex. 4,30; Ex. 4,31; Ex. 4,31; Ex. 4,31; Ex. 5,1; Ex. 5,4; Ex. 5,5; Ex. 5,12; Ex. 5,21; Ex. 6,2; Ex. 6,7; Ex. 6,7; Ex. 6,15; Ex. 6,25; Ex. 6,26; Ex. 7,1; Ex. 7,2; Ex. 7,2; Ex. 7,7; Ex. 7,16; Ex. 7,18; Ex. 7,21; Ex. 7,28; Ex. 8,2; Ex. 8,6; Ex. 8,18; Ex. 8,18; Ex. 9,1; Ex. 9,5; Ex. 9,13; Ex. 9,20; Ex. 9,27; Ex. 9,27; Ex. 9,29; Ex. 9,32; Ex. 9,33; Ex. 9,34; Ex. 10,3; Ex. 10,13; Ex. 10,13; Ex. 11,3; Ex. 11,8; Ex. 12,27; Ex. 12,34; Ex. 12,43; Ex. 12,48; Ex. 13,5; Ex. 13,8; Ex. 13,9; Ex. 13,9; Ex. 13,11; Ex. 13,14; Ex. 13,17; Ex. 13,17; Ex. 13,18; Ex. 13,21; Ex. 13,22; Ex. 13,22; Ex. 14,5; Ex. 14,19; Ex. 14,19; Ex. 14,19; Ex. 14,25; Ex. 14,31; Ex. 15,9; Ex. 15,16; Ex. 15,16; Ex. 15,24; Ex. 15,26; Ex. 16,4; Ex. 16,8; Ex. 16,12; Ex. 16,15; Ex. 16,17; Ex. 16,17; Ex. 16,18; Ex. 16,18; Ex. 16,21; Ex. 16,29; Ex. 16,30; Ex. 17,2; Ex. 17,3; Ex. 17,3; Ex. 17,6; Ex. 18,1; Ex. 18,1; Ex. 18,2; Ex. 18,5; Ex. 18,6; Ex. 18,12; Ex. 18,13; Ex. 18,14; Ex. 18,15; Ex. 18,17; Ex. 18,18; Ex. 18,19; Ex. 18,23; Ex. 18,23; Ex. 19,3; Ex. 19,7; Ex. 19,8; Ex. 19,8; Ex. 19,9; Ex. 19,12; Ex. 19,16; Ex. 19,16; Ex. 19,18; Ex. 19,18; Ex. 19,19; Ex. 19,21; Ex. 19,23; Ex. 19,24; Ex. 20,2; Ex. 20,5; Ex. 20,10; Ex. 20,10; Ex. 20,10; Ex. 20,10; Ex. 20,10; Ex. 20,12; Ex. 20,18; Ex. 20,18; Ex. 20,19; Ex. 20,20; Ex. 20,20; Ex. 20,21; Ex. 20,21; Ex. 21,4; Ex. 21,5; Ex. 21,6; Ex. 21,6; Ex. 21,13; Ex. 21,13; Ex. 21,13; Ex. 21,16; Ex. 21,19; Ex. 21,19; Ex. 21,22; Ex. 21,28; Ex. 21,28; Ex. 21,29; Ex. 21,29; Ex. 21,29; Ex. 21,32; Ex. 21,32; Ex. 21,34; Ex. 21,36; Ex. 21,36; Ex. 22,1; Ex. 22,2; Ex. 22,5; Ex. 22,6; Ex. 22,7; Ex. 22,7; Ex. 22,8; Ex. 22,10; Ex. 22,13; Ex. 22,14; Ex. 22,16; Ex. 22,19; Ex. 23,12; Ex. 23,12; Ex. 23,12; Ex. 23,23; Ex. 24,2; Ex. 24,3; Ex. 24,10; Ex. 24,13; Ex. 25,31; Ex. 25,35; Ex. 26,28; Ex. 26,28; Ex. 28,17; Ex. 28,17; Ex. 28,18; Ex. 28,18; Ex. 28,19; Ex. 28,19; Ex. 28,20; Ex. 28,20; Ex. 29,30; Ex. 29,30; Ex. 29,37; Ex. 29,46; Ex. 29,46; Ex. 30,14; Ex. 30,15; Ex. 30,15; Ex. 30,29; Ex. 31,13; Ex. 31,14; Ex. 32,1; Ex. 32,1; Ex. 32,1; Ex. 32,1; Ex. 32,3; Ex. 32,6; Ex. 32,7; Ex. 32,21; Ex. 32,23; Ex. 32,23; Ex. 32,24; Ex. 32,27; Ex. 32,31; Ex. 32,34; Ex. 33,1; Ex. 33,4; Ex. 33,7; Ex. 33,8; Ex. 33,9; Ex. 33,10; Ex. 33,10; Ex. 33,11; Ex. 33,16; Ex. 33,16; Ex. 34,6; Ex. 34,9; Ex. 34,9; Ex. 34,10; Ex. 34,14; Ex. 34,14; Ex. 35,2; Ex. 35,5; Ex. 35,24; Ex. 35,30; Ex. 36,2; Ex. 36,5; Ex. 36,6; Ex. 36,17; Ex. 36,17; Ex. 36,18; Ex. 36,18; Ex. 36,19; Ex. 36,19; Ex. 36,20; Ex. 36,20; Ex. 37,20; Ex. 37,21; Ex. 39,3; Ex. 39,6; Lev. 1,13; Lev. 1,15; Lev. 1,15; Lev. 1,17; Lev. 2,2; Lev. 2,9; Lev. 2,9; Lev. 2,16; Lev. 3,11; Lev. 3,16; Lev. 4,3; Lev. 4,3; Lev. 4,5; Lev. 4,5; Lev. 4,5; Lev. 4,6; Lev. 4,7; Lev. 4,10; Lev. 4,16; Lev. 4,16; Lev. 4,17; Lev. 4,18; Lev. 4,20; Lev. 4,22; Lev. 4,25; Lev. 4,26; Lev. 4,30; Lev. 4,31; Lev. 4,31; Lev. 4,34; Lev. 4,35; Lev. 4,35; Lev. 5,4; Lev. 5,6; Lev. 5,8; Lev. 5,8; Lev. 5,10; Lev. 5,12; Lev. 5,13; Lev. 5,16; Lev. 5,18; Lev. 5,22; Lev. 5,26; Lev. 6,2; Lev. 6,3; Lev. 6,5; Lev. 6,7; Lev. 6,15; Lev. 6,15; Lev. 6,18; Lev. 6,19; Lev. 6,19; Lev. 6,20; Lev. 7,1; Lev. 7,5; Lev. 7,7; Lev. 7,8; Lev. 7,8; Lev. 7,11; Lev. 7,25; Lev. 7,31; Lev. 7,33; Lev. 7,33; Lev. 7,33; Lev. 7,37; Lev. 8,35; Lev. 9,24; Lev. 10,6; Lev. 10,14; Lev. 11,24; Lev. 11,25; Lev. 11,26; Lev. 11,27; Lev. 11,28; Lev. 11,29; Lev. 11,29; Lev. 11,29; Lev. 11,31; Lev. 11,36; Lev. 11,39; Lev. 11,40; Lev. 11,40; Lev. 11,42; Lev. 11,42; Lev. 11,44; Lev. 11,44; Lev. 11,45; Lev. 11,46; Lev. 12,7; Lev. 12,7; Lev. 12,8; Lev. 13,3; Lev. 13,3; Lev. 13,4; Lev. 13,5; Lev. 13,5; Lev. 13,6; Lev. 13,6; Lev. 13,8; Lev. 13,8; Lev. 13,10; Lev. 13,11; Lev. 13,13; Lev. 13,13; Lev. 13,15; Lev. 13,15; Lev. 13,15; Lev. 13,16; Lev. 13,16; Lev. 13,17; Lev. 13,17; Lev. 13,20; Lev. 13,20; Lev. 13,21; Lev. 13,21; Lev. 13,22; Lev. 13,23; Lev. 13,25; Lev. 13,25; Lev. 13,26; Lev. 13,26; Lev. 13,27; Lev. 13,27; Lev. 13,28; Lev. 13,28; Lev. 13,30; Lev. 13,30; Lev. 13,31; Lev. 13,31; Lev. 13,32; Lev. 13,33; Lev. 13,34; Lev. 13,34; Lev. 13,36; Lev. 13,36; Lev. 13,37; Lev. 13,39; Lev. 13,43; Lev. 13,44; Lev. 13,45; Lev. 13,50; Lev. 13,50; Lev. 13,51; Lev. 13,53; Lev. 13,54; Lev. 13,54; Lev. 13,55; Lev. 13,56; Lev. 13,58; Lev. 13,59; Lev. 14,2; Lev. 14,3; Lev. 14,3; Lev. 14,4; Lev. 14,5; Lev. 14,8; Lev. 14,11; Lev. 14,11; Lev. 14,12; Lev. 14,14; Lev. 14,14; Lev. 14,15; Lev. 14,17; Lev. 14,18; Lev. 14,18; Lev. 14,19; Lev. 14,19; Lev. 14,19; Lev. 14,20; Lev. 14,20; Lev. 14,24; Lev. 14,25; Lev. 14,26; Lev. 14,27; Lev. 14,28; Lev. 14,29; Lev. 14,31; Lev. 14,32; Lev. 14,36; Lev. 14,36; Lev. 14,38; Lev. 14,38; Lev. 14,39; Lev. 14,40; Lev. 14,44; Lev. 14,46; Lev. 14,47; Lev. 14,47; Lev. 14,48; Lev. 14,48; Lev. 14,54; Lev. 14,57; Lev. 15,3; Lev. 15,4; Lev. 15,4; Lev. 15,6; Lev. 15,6; Lev. 15,7; Lev. 15,8; Lev. 15,9; Lev. 15,10; Lev. 15,10; Lev. 15,11; Lev. 15,12; Lev. 15,13; Lev. 15,15; Lev. 15,15; Lev. 15,19; Lev. 15,22; Lev. 15,27; Lev. 15,30; Lev. 15,30; Lev. 15,32; Lev. 15,33; Lev. 16,9; Lev. 16,10; Lev. 16,22; Lev. 16,26; Lev. 16,28; Lev. 16,29; Lev. 16,29; Lev. 16,29; Lev. 16,32; Lev. 17,6; Lev. 17,9; Lev. 17,12; Lev. 17,12; Lev. 17,14; Lev. 18,2; Lev. 18,4; Lev. 18,5; Lev. 18,26; Lev. 18,26; Lev. 18,30; Lev. 19,2; Lev. 19,3; Lev. 19,4; Lev. 19,8; Lev. 19,10; Lev. 19,12; Lev. 19,13; Lev. 19,14; Lev. 19,16; Lev. 19,22; Lev. 19,23; Lev. 19,23; Lev. 19,24; Lev. 19,25; Lev. 19,28; Lev. 19,31; Lev. 19,32; Lev. 19,34; Lev. 19,34; Lev. 19,34; Lev. 19,34; Lev. 19,36; Lev. 19,36; Lev. 19,37; Lev. 20,7; Lev. 20,8; Lev. 20,10; Lev. 20,24; Lev. 20,26; Lev. 20,26; Lev. 21,8; Lev. 21,10; Lev. 21,10; Lev. 21,15; Lev. 21,23; Lev. 22,3; Lev. 22,4; Lev. 22,7; Lev. 22,9; Lev. 22,9; Lev. 22,16; Lev. 22,32; Lev. 22,33; Lev. 23,11; Lev. 23,20; Lev. 23,22; Lev. 23,42; Lev. 23,43; Lev. 24,5; Lev. 24,5; Lev. 24,10; Lev. 24,10; Lev. 24,10; Lev. 24,11; Lev. 24,22; Lev. 25,17; Lev. 25,25; Lev. 25,25; Lev. 25,25; Lev. 25,26; Lev. 25,35; Lev. 25,35; Lev. 25,36; Lev. 25,38; Lev. 25,38; Lev. 25,39; Lev. 25,47; Lev. 25,55; Lev. 26,1; Lev. 26,5; Lev. 26,5; Lev. 26,6; Lev. 26,13; Lev. 26,13; Lev. 26,37; Lev. 26,44; Lev. 26,46; Lev. 27,8; Lev. 27,8; Lev. 27,12; Lev. 27,12; Lev. 27,14; Lev. 27,14; Lev. 27,15; Lev. 27,18; Lev. 27,19; Lev. 27,21; Lev. 27,23; Lev. 27,24; Num. 1,3; Num. 1,20; Num. 1,22; Num. 1,24; Num. 1,26; Num. 1,28; Num. 1,30; Num. 1,32; Num. 1,34; Num. 1,36; Num. 1,38; Num. 1,40; Num. 1,42; Num. 1,45; Num. 1,51; Num. 1,51; Num. 2,3; Num. 2,5; Num. 2,7; Num. 2,10; Num. 2,12; Num. 2,14; Num. 2,18; Num. 2,20; Num. 2,22; Num. 2,25; Num. 2,27; Num. 2,29; Num. 3,10; Num. 3,10; Num. 3,24; Num. 3,27; Num. 3,27; Num. 3,27; Num. 3,27; Num. 3,30; Num. 3,32; Num. 3,32; Num. 3,33; Num. 3,33; Num. 3,35; Num. 3,38; Num. 3,38; Num. 4,3; Num. 4,23; Num. 4,30; Num. 4,35; Num. 4,37; Num. 4,39; Num. 4,41; Num. 4,43; Num. 4,47; Num. 5,8; Num. 5,15; Num. 5,16; Num. 5,17; Num. 5,17; Num. 5,18; Num. 5,19; Num. 5,21; Num. 5,21; Num. 5,23; Num. 5,25; Num. 5,26; Num. 5,27; Num. 5,29; Num. 5,30; Num. 5,31; Num. 6,11; Num. 6,11; Num. 6,13; Num. 6,16; Num. 6,17; Num. 6,18; Num. 6,19; Num. 6,20; Num. 6,20; Num. 6,21; Num. 7,12; Num. 7,84; Num. 8,4; Num. 8,26; Num. 9,13; Num. 10,10; Num. 10,20; Num. 10,23; Num. 10,24; Num. 10,25; Num. 11,1; Num. 11,2; Num. 11,4; Num. 11,4; Num. 11,8; Num. 11,21; Num. 11,23; Num. 11,27; Num. 11,28; Num. 11,28; Num. 11,28; Num. 11,32;

Num. 11,32; Num. 11,35; Num. 11,35; Num. 12,3; Num. 12,7; Num. 12,14; Num. 12,15; Num. 12,16; Num. 13,27; Num. 13,29; Num. 13,29; Num. 13,29; Num. 13,29; Num. 13,29; Num. 13,32; Num. 14,1; Num. 14,6; Num. 14,6; Num. 14,9; Num. 14,9; Num. 14,11; Num. 14,24; Num. 14,25; Num. 14,30; Num. 14,39; Num. 14,43; Num. 14,43; Num. 14,45; Num. 14,45; Num. 14,45; Num. 15,4; Num. 15,13; Num. 15,15; Num. 15,25; Num. 15,28; Num. 15,35; Num. 15,41; Num. 15,41; Num. 15,41; Num. 16,5; Num. 16,7; Num. 16,9; Num. 17,20; Num. 17,25; Num. 17,28; Num. 18,1; Num. 18,4; Num. 18,7; Num. 18,7; Num. 18,23; Num. 19,6; Num. 19,7; Num. 19,7; Num. 19,8; Num. 19,10; Num. 19,13; Num. 19,14; Num. 19,14; Num. 19,19; Num. 19,21; Num. 19,21; Num. 19,22; Num. 20,1; Num. 20,3; Num. 20,8; Num. 20,14; Num. 20,20; Num. 21,1; Num. 21,1; Num. 21,4; Num. 21,5; Num. 21,7; Num. 21,8; Num. 21,33; Num. 22,4; Num. 22,9; Num. 22,12; Num. 22,13; Num. 22,16; Num. 22,20; Num. 22,22; Num. 22,22; Num. 22,24; Num. 22,26; Num. 22,28; Num. 22,30; Num. 22,31; Num. 22,32; Num. 22,35; Num. 22,38; Num. 23,3; Num. 23,4; Num. 23,5; Num. 23,8; Num. 23,12; Num. 23,16; Num. 23,19; Num. 23,21; Num. 23,22; Num. 23,23; Num. 23,26; Num. 24,3; Num. 24,3; Num. 24,13; Num. 24,14; Num. 24,15; Num. 24,15; Num. 24,18; Num. 24,23; Num. 25,1; Num. 25,2; Num. 26,2; Num. 26,3; Num. 26,12; Num. 26,12; Num. 26,12; Num. 26,12; Num. 26,13; Num. 26,13; Num. 26,16; Num. 26,16; Num. 26,16; Num. 26,17; Num. 26,17; Num. 26,19; Num. 26,19; Num. 26,20; Num. 26,20; Num. 26,22; Num. 26,22; Num. 26,22; Num. 26,24; Num. 26,24; Num. 26,24; Num. 26,25; Num. 26,25; Num. 26,26; Num. 26,26; Num. 26,28; Num. 26,28; Num. 26,28; Num. 26,29; Num. 26,29; Num. 26,33; Num. 26,33; Num. 26,34; Num. 26,34; Num. 26,35; Num. 26,35; Num. 26,36; Num. 26,36; Num. 26,39; Num. 26,39; Num. 26,40; Num. 26,42; Num. 26,42; Num. 26,42; Num. 26,43; Num. 26,44; Num. 26,44; Num. 26,46; Num. 26,48; Num. 26,48; Num. 26,49; Num. 26,49; Num. 26,57; Num. 26,57; Num. 26,57; Num. 26,58; Num. 26,58; Num. 26,58; Num. 26,58; Num. 26,65; Num. 27,13; Num. 27,16; Num. 30,5; Num. 30,5; Num. 30,6; Num. 30,6; Num. 30,8; Num. 30,9; Num. 30,9; Num. 30,11; Num. 30,12; Num. 30,13; Num. 30,13; Num. 30,14; Num. 30,14; Num. 31,13; Num. 31,19; Num. 31,19; Num. 31,21; Num. 31,26; Num. 31,31; Num. 31,51; Num. 31,54; Num. 32,1; Num. 32,12; Num. 32,12; Num. 32,21; Num. 32,25; Num. 32,27; Num. 32,31; Num. 32,41; Num. 33,38; Num. 33,40; Num. 34,17; Num. 34,17; Num. 35,11; Num. 35,12; Num. 35,16; Num. 35,17; Num. 35,18; Num. 35,19; Num. 35,21; Num. 35,21; Num. 35,21; Num. 35,25; Num. 35,25; Num. 35,26; Num. 35,27; Num. 35,27; Num. 35,28; Num. 35,28; Num. 35,28; Num. 35,32; Num. 35,32; Num. 36,3; Deut. 1,6; Deut. 1,10; Deut. 1,11; Deut. 1,19; Deut. 1,20; Deut. 1,20; Deut. 1,21; Deut. 1,21; Deut. 1,25; Deut. 1,30; Deut. 1,30; Deut. 1,31; Deut. 1,38; Deut. 1,41; Deut. 1,44; Deut. 1,44; Deut. 2,7; Deut. 2,7; Deut. 2,7; Deut. 2,12; Deut. 2,14; Deut. 2,29; Deut. 2,30; Deut. 2,32; Deut. 2,33; Deut. 2,36; Deut. 2,37; Deut. 3,1; Deut. 3,3; Deut. 3,9; Deut. 3,16; Deut. 3,17; Deut. 3,18; Deut. 3,20; Deut. 3,20; Deut. 3,21; Deut. 3,21; Deut. 3,22; Deut. 4,1; Deut. 4,3; Deut. 4,3; Deut. 4,7; Deut. 4,19; Deut. 4,20; Deut. 4,21; Deut. 4,23; Deut. 4,24; Deut. 4,31; Deut. 4,32; Deut. 4,34; Deut. 4,34; Deut. 4,35; Deut. 4,39; Deut. 4,40; Deut. 4,44; Deut. 5,2; Deut. 5,6; Deut. 5,6; Deut. 5,9; Deut. 5,12; Deut. 5,14; Deut. 5,14; Deut. 5,14; Deut. 5,14; Deut. 5,14; Deut. 5,15; Deut. 5,15; Deut. 5,16; Deut. 5,16; Deut. 5,24; Deut. 5,24; Deut. 5,27; Deut. 5,27; Deut. 5,32; Deut. 5,33; Deut. 6,1; Deut. 6,3; Deut. 6,4; Deut. 6,10; Deut. 6,15; Deut. 6,15; Deut. 6,20; Deut. 6,20; Deut. 7,1; Deut. 7,2; Deut. 7,6; Deut. 7,9; Deut. 7,9; Deut. 7,12; Deut. 7,16; Deut. 7,16; Deut. 7,18; Deut. 7,19; Deut. 7,19; Deut. 7,20; Deut. 7,21; Deut. 7,22; Deut. 7,23; Deut. 8,1; Deut. 8,2; Deut. 8,3; Deut. 8,3; Deut. 8,5; Deut. 8,7; Deut. 8,7; Deut. 9,3; Deut. 9,6; Deut. 9,12; Deut. 10,12; Deut. 10,14; Deut. 10,14; Deut. 10,17; Deut. 10,17; Deut. 10,17; Deut. 10,17; Deut. 10,17; Deut. 10,22; Deut. 11,12; Deut. 11,17; Deut. 11,25; Deut. 11,29; Deut. 11,31; Deut. 12,1; Deut. 12,5; Deut. 12,7; Deut. 12,9; Deut. 12,10; Deut. 12,11; Deut. 12,11; Deut. 12,12; Deut. 12,12; Deut. 12,14; Deut. 12,15; Deut. 12,15; Deut. 12,18; Deut. 12,18; Deut. 12,18; Deut. 12,18; Deut. 12,18; Deut. 12,20; Deut. 12,21; Deut. 12,21; Deut. 12,21; Deut. 12,22; Deut. 12,22; Deut. 12,26; Deut. 12,29; Deut. 13,4; Deut. 13,6; Deut. 13,6; Deut. 13,6; Deut. 13,7; Deut. 13,7; Deut. 13,7; Deut. 13,7; Deut. 13,9; Deut. 13,13; Deut. 13,15; Deut. 14,2; Deut. 14,23; Deut. 14,24; Deut. 14,24; Deut. 14,24; Deut. 14,25; Deut. 14,26; Deut. 14,27; Deut. 14,27; Deut. 14,29; Deut. 14,29; Deut. 14,29; Deut. 14,29; Deut. 15,2; Deut. 15,4; Deut. 15,4; Deut. 15,6; Deut. 15,7; Deut. 15,9; Deut. 15,10; Deut. 15,12; Deut. 15,12; Deut. 15,14; Deut. 15,15; Deut. 15,18; Deut. 15,20; Deut. 15,20; Deut. 15,22; Deut. 15,22; Deut. 16,2; Deut. 16,5; Deut. 16,6; Deut. 16,7; Deut. 16,10; Deut. 16,11; Deut. 16,11; Deut. 16,11; Deut. 16,11; Deut. 16,11; Deut. 16,11; Deut. 16,11; Deut. 16,14; Deut. 16,14; Deut. 16,14; Deut. 16,14; Deut. 16,14; Deut. 16,15; Deut. 16,15; Deut. 16,18; Deut. 16,20; Deut. 16,22; Deut. 17,2; Deut. 17,6; Deut. 17,8; Deut. 17,10; Deut. 17,12; Deut. 17,12; Deut. 17,13; Deut. 17,14; Deut. 17,15; Deut. 17,16; Deut. 18,1; Deut. 18,5; Deut. 18,6; Deut. 18,9; Deut. 18,14; Deut. 18,15; Deut. 18,19; Deut. 18,19; Deut. 18,20; Deut. 18,20; Deut. 18,22; Deut. 18,22; Deut. 19,1; Deut. 19,1; Deut. 19,2; Deut. 19,3; Deut. 19,6; Deut. 19,8; Deut. 19,10; Deut. 19,13; Deut. 19,14; Deut. 19,21; Deut. 20,1; Deut. 20,1; Deut. 20,2; Deut. 20,4; Deut. 20,4; Deut. 20,5; Deut. 20,5; Deut. 20,6; Deut. 20,7; Deut. 20,8; Deut. 20,8; Deut. 20,11; Deut. 20,13; Deut. 20,14; Deut. 20,16; Deut. 20,17; Deut. 21,1; Deut. 21,5; Deut. 21,10; Deut. 21,19; Deut. 21,23; Deut. 22,2; Deut. 22,2; Deut. 22,8; Deut. 22,15; Deut. 22,16; Deut. 22,20; Deut. 22,27; Deut. 22,29; Deut. 22,29; Deut. 23,6; Deut. 23,6; Deut. 23,6; Deut. 23,15; Deut. 23,21; Deut. 23,22; Deut. 24,3; Deut. 24,3; Deut. 24,3; Deut. 24,3; Deut. 24,4; Deut. 24,4; Deut. 24,4; Deut. 24,4; Deut. 24,7; Deut. 24,9; Deut. 24,11; Deut. 24,12; Deut. 24,15; Deut. 24,18; Deut. 24,19; Deut. 25,2; Deut. 25,3; Deut. 25,5; Deut. 25,7; Deut. 25,7; Deut. 25,7; Deut. 25,12; Deut. 25,15; Deut. 25,19; Deut. 25,19; Deut. 26,1; Deut. 26,2; Deut. 26,2; Deut. 26,4; Deut. 26,5; Deut. 26,11; Deut. 26,11; Deut. 26,11; Deut. 26,11; Deut. 26,16; Deut. 27,2; Deut. 27,3; Deut. 27,3; Deut. 27,15; Deut. 27,16; Deut. 27,16; Deut. 27,17; Deut. 27,17; Deut. 27,18; Deut. 27,18; Deut. 27,19; Deut. 27,20; Deut. 27,20; Deut. 27,21; Deut. 27,21; Deut. 27,22; Deut. 27,22; Deut. 27,23; Deut. 27,23; Deut. 27,23; Deut. 27,23; Deut. 27,24; Deut. 27,24; Deut. 27,25; Deut. 27,26; Deut. 28,1; Deut. 28,1; Deut. 28,7; Deut. 28,8; Deut. 28,9; Deut. 28,11; Deut. 28,13; Deut. 28,23; Deut. 28,23; Deut. 28,26; Deut. 28,29; Deut. 28,29; Deut. 28,31; Deut. 28,31; Deut. 28,31; Deut. 28,39; Deut. 28,43; Deut. 28,52; Deut. 28,53; Deut. 28,53; Deut. 28,54; Deut. 28,54; Deut. 28,56; Deut. 28,57; Deut. 28,64; Deut. 28,68; Deut. 29,3; Deut. 29,5; Deut. 29,10; Deut. 29,10; Deut. 29,11; Deut. 29,18; Deut. 29,19; Deut. 29,19; Deut. 29,21; Deut. 29,23; Deut. 29,23; Deut. 30,4; Deut. 30,4; Deut. 30,5; Deut. 30,7; Deut. 30,9; Deut. 30,9; Deut. 30,16; Deut. 30,18; Deut. 31,3; Deut. 31,3; Deut. 31,3; Deut. 31,6; Deut. 31,6; Deut. 31,8; Deut. 31,15; Deut. 31,16; Deut. 31,17; Deut. 32,8; Deut. 32,15; Deut. 32,30; Deut. 32,31; Deut. 32,33; Deut. 32,35; Deut. 32,44; Deut. 32,50; Deut. 33,9; Deut. 33,12; Deut. 33,26; Deut. 33,26; Deut. 33,26; Deut. 33,28; Deut. 33,29; Josh. 1,2; Josh. 1,2; Josh. 1,3; Josh. 1,7; Josh. 1,9; Josh. 1,11; Josh. 1,13; Josh. 1,13; Josh. 1,14; Josh. 1,15; Josh.

1,15; Josh. 1,17; Josh. 1,18; Josh. 2,3; Josh. 2,9; Josh. 2,10; Josh. 2,11; Josh. 2,24; Josh. 3,14; Josh. 3,15; Josh. 3,16; Josh. 3,17; Josh. 4,1; Josh. 4,6; Josh. 4,7; Josh. 4,10; Josh. 4,11; Josh. 4,19; Josh. 4,23; Josh. 4,23; Josh. 5,1; Josh. 5,14; Josh. 5,15; Josh. 5,15; Josh. 6,5; Josh. 6,5; Josh. 6,6; Josh. 6,13; Josh. 6,13; Josh. 6,20; Josh. 6,20; Josh. 6,20; Josh. 6,26; Josh. 6,26; Josh. 7,3; Josh. 7,7; Josh. 7,9; Josh. 7,11; Josh. 7,13; Josh. 7,17; Josh. 7,24; Josh. 8,3; Josh. 8,3; Josh. 8,11; Josh. 8,11; Josh. 8,14; Josh. 8,14; Josh. 8,21; Josh. 8,31 # 9,2b; Josh. 8,33 # 9,2d; Josh. 8,33 # 9,2d; Josh. 8,33 # 9,2d; Josh. 9,5; Josh. 9,24; Josh. 10,5; Josh. 10,7; Josh. 10,7; Josh. 10,12; Josh. 10,12; Josh. 10,13; Josh. 10,13; Josh. 10,13; Josh. 10,19; Josh. 10,21; Josh. 10,40; Josh. 10,42; Josh. 11,7; Josh. 11,7; Josh. 11,12; Josh. 12,4; Josh. 12,6; Josh. 13,2; Josh. 13,2; Josh. 13,6; Josh. 13,8; Josh. 13,13; Josh. 13,14; Josh. 13,14; Josh. 13,27; Josh. 14,1; Josh. 14,1; Josh. 14,6; Josh. 14,6; Josh. 14,7; Josh. 15,17; Josh. 15,63; Josh. 16,10; Josh. 17,5; Josh. 17,12; Josh. 17,14; Josh. 17,18; Josh. 18,3; Josh. 18,7; Josh. 18,11; Josh. 18,20; Josh. 19,1; Josh. 19,2; Josh. 19,10; Josh. 19,10; Josh. 19,17; Josh. 19,17; Josh. 19,22; Josh. 19,24; Josh. 19,24; Josh. 19,32; Josh. 19,32; Josh. 19,33; Josh. 19,34; Josh. 19,40; Josh. 19,40; Josh. 19,48a; Josh. 19,51; Josh. 19,51; Josh. 20,3; Josh. 21,4; Josh. 21,10; Josh. 22,2; Josh. 22,4; Josh. 22,5; Josh. 22,20; Josh. 22,22; Josh. 22,30; Josh. 22,31; Josh. 22,32; Josh. 22,34; Josh. 23,3; Josh. 23,3; Josh. 23,3; Josh. 23,5; Josh. 23,5; Josh. 23,10; Josh. 23,13; Josh. 23,14; Josh. 23,15; Josh. 24,2; Josh. 24,2; Josh. 24,2; Josh. 24,9; Josh. 24,10; Josh. 24,11; Josh. 24,11; Josh. 24,11; Josh. 24,11; Josh. 24,11; Josh. 24,11; Josh. 24,11; Josh. 24,16; Josh. 24,17; Josh. 24,21; Josh. 24,24; Josh. 24,27; Josh. 24,33; Judg. 1,7; Judg. 1,13; Judg. 1,21; Judg. 1,26; Judg. 1,27; Judg. 1,29; Judg. 1,30; Judg. 1,34; Judg. 1,35; Judg. 1,36; Judg. 2,4; Judg. 2,4; Judg. 2,7; Judg. 2,19; Judg. 3,25; Judg. 3,25; Judg. 3,26; Judg. 3,28; Judg. 4,2; Judg. 4,6; Judg. 4,22; Judg. 4,23; Judg. 5,4; Judg. 5,11; Judg. 5,23; Judg. 6,8; Judg. 6,8; Judg. 6,10; Judg. 6,11; Judg. 6,14; Judg. 6,16; Judg. 6,20; Judg. 6,21; Judg. 6,21; Judg. 6,28; Judg. 6,28; Judg. 6,29; Judg. 6,39; Judg. 6,40; Judg. 7,1; Judg. 7,1; Judg. 7,2; Judg. 7,2; Judg. 7,4; Judg. 7,5; Judg. 7,6; Judg. 7,6; Judg. 7,7; Judg. 7,14; Judg. 8,23; Judg. 8,26; Judg. 9,5; Judg. 9,6; Judg. 9,7; Judg. 9,9; Judg. 9,17; Judg. 9,23; Judg. 9,28; Judg. 9,30; Judg. 9,32; Judg. 9,32; Judg. 9,33; Judg. 9,33; Judg. 9,34; Judg. 9,34; Judg. 9,35; Judg. 9,35; Judg. 9,38; Judg. 9,42; Judg. 9,48; Judg. 9,48; Judg. 9,56; Judg. 9,57; Judg. 10,3; Judg. 11,1; Judg. 11,10; Judg. 11,21; Judg. 11,23; Judg. 11,24; Judg. 11,24; Judg. 11,27; Judg. 12,2; Judg. 12,3; Judg. 12,7; Judg. 12,11; Judg. 12,12; Judg. 12,13; Judg. 12,15; Judg. 13,9; Judg. 13,9; Judg. 13,9; Judg. 13,10; Judg. 13,10; Judg. 13,11; Judg. 13,11; Judg. 13,11; Judg. 13,13; Judg. 13,16; Judg. 13,18; Judg. 13,20; Judg. 13,21; Judg. 14,3; Judg. 14,4; Judg. 14,5; Judg. 14,10; Judg. 14,17; Judg. 15,1; Judg. 15,2; Judg. 15,6; Judg. 15,19; Judg. 16,23; Judg. 16,24; Judg. 16,24; Judg. 16,26; Judg. 16,26; Judg. 16,27; Judg. 16,29; Judg. 16,30; Judg. 16,31; Judg. 17,2; Judg. 17,5; Judg. 17,8; Judg. 17,10; Judg. 17,13; Judg. 18,6; Judg. 18,10; Judg. 18,17; Judg. 18,18; Judg. 18,31; Judg. 19,1; Judg. 19,3; Judg. 19,3; Judg. 19,4; Judg. 19,4; Judg. 19,5; Judg. 19,6; Judg. 19,7; Judg. 19,7; Judg. 19,8; Judg. 19,9; Judg. 19,9; Judg. 19,9; Judg. 19,10; Judg. 19,12; Judg. 19,14; Judg. 19,15; Judg. 19,16; Judg. 19,17; Judg. 19,17; Judg. 19,20; Judg. 19,20; Judg. 19,23; Judg. 19,23; Judg. 19,25; Judg. 19,26; Judg. 19,27; Judg. 19,28; Judg. 19,30; Judg. 20,4; Judg. 20,4; Judg. 20,4; Judg. 20,8; Judg. 20,26; Judg. 20,34; Judg. 20,39; Judg. 20,39; Judg. 20,40; Judg. 20,42; Judg. 21,2; Judg. 21,3; Judg. 21,4; Judg. 21,5; Judg. 21,9; Judg. 21,11; Judg. 21,15; Judg. 21,18; Ruth 1,3; Ruth 1,16; Ruth 1,16; Ruth 1,20; Ruth 1,21; Ruth 1,21; Ruth 2,1; Ruth 2,12; Ruth 2,19; Ruth 2,20; Ruth 3,8; Ruth 3,16; Ruth 3,18; Ruth 4,1; Ruth 4,4; Ruth 4,6; Ruth 4,7; Ruth 4,8; Ruth 4,11; Ruth 4,12; Ruth 4,12; 1Sam. 1,3; 1Sam. 1,8; 1Sam. 1,9; 1Sam. 1,12; 1Sam. 1,17; 1Sam. 1,21; 1Sam. 1,21; 1Sam. 1,23; 1Sam. 1,25; 1Sam. 2,2; 1Sam. 2,10; 1Sam. 2,10; 1Sam. 2,10; 1Sam. 2,10; 1Sam. 2,14; 1Sam. 2,16; 1Sam. 2,16; 1Sam. 2,20; 1Sam. 2,30; 1Sam. 2,30; 1Sam. 2,30; 1Sam. 2,36; 1Sam. 3,3; 1Sam. 3,9; 1Sam. 3,10; 1Sam. 3,17; 1Sam. 4,2; 1Sam. 4,3; 1Sam. 4,4; 1Sam. 4,13; 1Sam. 4,14; 1Sam. 4,16; 1Sam. 4,16; 1Sam. 4,18; 1Sam. 4,18; 1Sam. 4,19; 1Sam. 4,19; 1Sam. 5,5; 1Sam. 6,19; 1Sam. 7,17; 1Sam. 8,19; 1Sam. 9,5; 1Sam. 9,6; 1Sam. 9,9; 1Sam. 9,10; 1Sam. 9,11; 1Sam. 9,13; 1Sam. 9,16; 1Sam. 9,17; 1Sam. 9,18; 1Sam. 9,24; 1Sam. 9,26; 1Sam. 10,2; 1Sam. 10,5; 1Sam. 10,9; 1Sam. 10,11; 1Sam. 10,14; 1Sam. 10,15; 1Sam. 10,18; 1Sam. 10,22; 1Sam. 10,24; 1Sam. 10,24; 1Sam. 11,1; 1Sam. 11,2; 1Sam. 11,3; 1Sam. 11,4; 1Sam. 11,5; 1Sam. 11,12; 1Sam. 11,12; 1Sam. 11,15; 1Sam. 12,2; 1Sam. 12,6; 1Sam. 12,6; 1Sam. 12,12; 1Sam. 12,13; 1Sam. 12,14; 1Sam. 12,14; 1Sam. 12,16; 1Sam. 12,18; 1Sam. 12,19; 1Sam. 12,25; 1Sam. 13,4; 1Sam. 13,6; 1Sam. 13,7; 1Sam. 13,8; 1Sam. 13,11; 1Sam. 13,16; 1Sam. 13,21; 1Sam. 14,3; 1Sam. 14,7; 1Sam. 14,13; 1Sam. 14,13; 1Sam. 14,14; 1Sam. 14,15; 1Sam. 14,17; 1Sam. 14,19; 1Sam. 14,20; 1Sam. 14,20; 1Sam. 14,23; 1Sam. 14,23; 1Sam. 14,23; 1Sam. 14,24; 1Sam. 14,24; 1Sam. 14,26; 1Sam. 14,26; 1Sam. 14,28; 1Sam. 14,28; 1Sam. 14,28; 1Sam. 14,29; 1Sam. 14,30; 1Sam. 14,31; 1Sam. 14,32; 1Sam. 14,32; 1Sam. 14,32; 1Sam. 14,33; 1Sam. 14,34; 1Sam. 14,36; 1Sam. 14,39; 1Sam. 14,39; 1Sam. 14,40; 1Sam. 14,40; 1Sam. 14,41; 1Sam. 14,41; 1Sam. 14,41; 1Sam. 14,42; 1Sam. 14,44; 1Sam. 14,45; 1Sam. 14,45; 1Sam. 14,45; 1Sam. 14,45; 1Sam. 14,52; 1Sam. 15,6; 1Sam. 15,9; 1Sam. 15,15; 1Sam. 15,21; 1Sam. 15,32; 1Sam. 16,4; 1Sam. 16,7; 1Sam. 16,7; 1Sam. 16,11; 1Sam. 16,18; 1Sam. 16,18; 1Sam. 17,3; 1Sam. 17,5; 1Sam. 17,7; 1Sam. 17,7; 1Sam. 17,10; 1Sam. 17,32; 1Sam. 17,34; 1Sam. 17,34; 1Sam. 17,36; 1Sam. 17,36; 1Sam. 17,36; 1Sam. 17,36; 1Sam. 17,43; 1Sam. 17,43; 1Sam. 17,44; 1Sam. 17,47; 1Sam. 17,48; 1Sam. 17,49; 1Sam. 17,51; 1Sam. 18,22; 1Sam. 18,25; 1Sam. 18,26; 1Sam. 19,4; 1Sam. 19,8; 1Sam. 20,2; 1Sam. 20,2; 1Sam. 20,3; 1Sam. 20,6; 1Sam. 20,10; 1Sam. 20,12; 1Sam. 20,12; 1Sam. 20,13; 1Sam. 20,24; 1Sam. 20,24; 1Sam. 20,25; 1Sam. 20,25; 1Sam. 20,27; 1Sam. 20,27; 1Sam. 20,31; 1Sam. 20,34; 1Sam. 21,5; 1Sam. 21,7; 1Sam. 21,8; 1Sam. 21,10; 1Sam. 21,12; 1Sam. 22,1; 1Sam. 22,3; 1Sam. 22,3; 1Sam. 22,5; 1Sam. 22,7; 1Sam. 22,8; 1Sam. 22,8; 1Sam. 22,9; 1Sam. 22,9; 1Sam. 22,11; 1Sam. 22,13; 1Sam. 22,15; 1Sam. 22,15; 1Sam. 22,15; 1Sam. 22,16; 1Sam. 22,16; 1Sam. 22,17; 1Sam. 22,18; 1Sam. 22,18; 1Sam. 22,22; 1Sam. 23,7; 1Sam. 23,10; 1Sam. 23,10; 1Sam. 23,11; 1Sam. 23,11; 1Sam. 23,17; 1Sam. 23,22; 1Sam. 23,28; 1Sam. 25,2; 1Sam. 25,3; 1Sam. 25,3; 1Sam. 25,4; 1Sam. 25,6; 1Sam. 25,10; 1Sam. 25,10; 1Sam. 25,22; 1Sam. 25,25; 1Sam. 25,28; 1Sam. 25,32; 1Sam. 25,33; 1Sam. 25,34; 1Sam. 26,5; 1Sam. 26,7; 1Sam. 26,12; 1Sam. 26,12; 1Sam. 26,12; 1Sam. 26,14; 1Sam. 26,16; 1Sam. 26,18; 1Sam. 26,19; 1Sam. 26,19; 1Sam. 26,19; 1Sam. 26,20; 1Sam. 26,20; 1Sam. 27,3; 1Sam. 27,5; 1Sam. 27,5; 1Sam. 27,7; 1Sam. 28,2; 1Sam. 28,13; 1Sam. 28,15; 1Sam. 29,3; 1Sam. 30,6; 1Sam. 30,13; 1Sam. 31,3; 1Sam. 31,4; 1Sam. 31,5; 1Sam. 31,6; 2Sam. 1,4; 2Sam. 1,4; 2Sam. 1,4; 2Sam. 1,5; 2Sam. 2,3; 2Sam. 2,7; 2Sam. 2,7; 2Sam. 2,17; 2Sam. 2,23; 2Sam. 2,24; 2Sam. 2,27; 2Sam. 2,28; 2Sam. 3,1; 2Sam. 3,1; 2Sam. 3,1; 2Sam. 3,2; 2Sam. 3,3; 2Sam. 3,3; 2Sam. 3,4; 2Sam. 3,4; 2Sam. 3,5; 2Sam. 3,9; 2Sam. 3,16; 2Sam. 3,30; 2Sam. 3,31; 2Sam. 3,32; 2Sam. 3,32; 2Sam. 3,33; 2Sam. 3,34; 2Sam. 3,35; 2Sam. 3,35; 2Sam. 3,35; 2Sam. 3,36; 2Sam. 3,36; 2Sam. 3,37; 2Sam. 3,38; 2Sam. 4,10; 2Sam. 5,2;

2Sam. 5,3; 2Sam. 6,2; 2Sam. 6,2; 2Sam. 6,6; 2Sam. 6,7; 2Sam. 6,8; 2Sam. 6,14; 2Sam. 6,15; 2Sam. 6,19; 2Sam. 6,20; 2Sam. 7,1; 2Sam. 7,2; 2Sam. 7,16; 2Sam. 7,16; 2Sam. 7,18; 2Sam. 7,18; 2Sam. 7,19; 2Sam. 7,23; 2Sam. 7,23; 2Sam. 7,27; 2Sam. 7,28; 2Sam. 7,29; 2Sam. 8,6; 2Sam. 8,8; 2Sam. 8,9; 2Sam. 8,11; 2Sam. 8,17; 2Sam. 8,18; 2Sam. 8,18; 2Sam. 9,2; 2Sam. 9,3; 2Sam. 9,4; 2Sam. 9,5; 2Sam. 9,6; 2Sam. 9,8; 2Sam. 9,9; 2Sam. 9,11; 2Sam. 9,11; 2Sam. 9,11; 2Sam. 10,2; 2Sam. 10,5; 2Sam. 10,6; 2Sam. 10,13; 2Sam. 11,11; 2Sam. 11,17; 2Sam. 11,20; 2Sam. 11,21; 2Sam. 11,21; 2Sam. 11,22; 2Sam. 11,23; 2Sam. 11,24; 2Sam. 11,24; 2Sam. 11,26; 2Sam. 12,5; 2Sam. 12,5; 2Sam. 12,7; 2Sam. 12,7; 2Sam. 12,7; 2Sam. 12,14; 2Sam. 12,14; 2Sam. 12,30; 2Sam. 12,31; 2Sam. 13,5; 2Sam. 13,6; 2Sam. 13,18; 2Sam. 13,20; 2Sam. 13,20; 2Sam. 13,21; 2Sam. 13,24; 2Sam. 13,25; 2Sam. 13,26; 2Sam. 13,26; 2Sam. 13,31; 2Sam. 13,32; 2Sam. 13,32; 2Sam. 13,33; 2Sam. 13,33; 2Sam. 13,34; 2Sam. 13,34; 2Sam. 13,36; 2Sam. 13,37; 2Sam. 14,5; 2Sam. 14,5; 2Sam. 14,6; 2Sam. 14,6; 2Sam. 14,8; 2Sam. 14,9; 2Sam. 14,9; 2Sam. 14,10; 2Sam. 14,10; 2Sam. 14,11; 2Sam. 14,13; 2Sam. 14,14; 2Sam. 14,15; 2Sam. 14,15; 2Sam. 14,16; 2Sam. 14,17; 2Sam. 14,17; 2Sam. 14,17; 2Sam. 14,17; 2Sam. 14,18; 2Sam. 14,18; 2Sam. 14,18; 2Sam. 14,19; 2Sam. 14,19; 2Sam. 14,19; 2Sam. 14,19; 2Sam. 14,20; 2Sam. 14,20; 2Sam. 14,21; 2Sam. 14,22; 2Sam. 14,22; 2Sam. 14,22; 2Sam. 14,24; 2Sam. 14,33; 2Sam. 15,2; 2Sam. 15,2; 2Sam. 15,8; 2Sam. 15,9; 2Sam. 15,12; 2Sam. 15,13; 2Sam. 15,15; 2Sam. 15,15; 2Sam. 15,16; 2Sam. 15,16; 2Sam. 15,16; 2Sam. 15,17; 2Sam. 15,18; 2Sam. 15,18; 2Sam. 15,18; 2Sam. 15,18; 2Sam. 15,18; 2Sam. 15,19; 2Sam. 15,21; 2Sam. 15,21; 2Sam. 15,21; 2Sam. 15,21; 2Sam. 15,22; 2Sam. 15,22; 2Sam. 15,22; 2Sam. 15,22; 2Sam. 15,23; 2Sam. 15,23; 2Sam. 15,23; 2Sam. 15,23; 2Sam. 15,24; 2Sam. 15,25; 2Sam. 15,27; 2Sam. 15,27; 2Sam. 15,27; 2Sam. 15,30; 2Sam. 15,30; 2Sam. 15,31; 2Sam. 15,32; 2Sam. 15,34; 2Sam. 15,34; 2Sam. 15,37; 2Sam. 16,2; 2Sam. 16,2; 2Sam. 16,3; 2Sam. 16,3; 2Sam. 16,3; 2Sam. 16,4; 2Sam. 16,5; 2Sam. 16,6; 2Sam. 16,7; 2Sam. 16,9; 2Sam. 16,9; 2Sam. 16,10; 2Sam. 16,11; 2Sam. 16,11; 2Sam. 16,11; 2Sam. 16,14; 2Sam. 16,14; 2Sam. 16,16; 2Sam. 16,16; 2Sam. 16,18; 2Sam. 17,2; 2Sam. 17,2; 2Sam. 17,4; 2Sam. 17,8; 2Sam. 17,9; 2Sam. 17,10; 2Sam. 17,15; 2Sam. 17,22; 2Sam. 17,22; 2Sam. 17,25; 2Sam. 17,27; 2Sam. 18,4; 2Sam. 18,4; 2Sam. 18,4; 2Sam. 18,5; 2Sam. 18,5; 2Sam. 18,6; 2Sam. 18,6; 2Sam. 18,7; 2Sam. 18,8; 2Sam. 18,8; 2Sam. 18,9; 2Sam. 18,9; 2Sam. 18,12; 2Sam. 18,12; 2Sam. 18,13; 2Sam. 18,16; 2Sam. 18,20; 2Sam. 18,24; 2Sam. 18,25; 2Sam. 18,25; 2Sam. 18,26; 2Sam. 18,26; 2Sam. 18,26; 2Sam. 18,27; 2Sam. 18,27; 2Sam. 18,28; 2Sam. 18,29; 2Sam. 18,30; 2Sam. 18,31; 2Sam. 18,31; 2Sam. 18,31; 2Sam. 18,32; 2Sam. 18,32; 2Sam. 19,1; 2Sam. 19,2; 2Sam. 19,3; 2Sam. 19,3; 2Sam. 19,4; 2Sam. 19,4; 2Sam. 19,5; 2Sam. 19,5; 2Sam. 19,9; 2Sam. 19,9; 2Sam. 19,9; 2Sam. 19,9; 2Sam. 19,10; 2Sam. 19,12; 2Sam. 19,14; 2Sam. 19,16; 2Sam. 19,20; 2Sam. 19,20; 2Sam. 19,20; 2Sam. 19,20; 2Sam. 19,21; 2Sam. 19,24; 2Sam. 19,24; 2Sam. 19,25; 2Sam. 19,26; 2Sam. 19,27; 2Sam. 19,27; 2Sam. 19,27; 2Sam. 19,28; 2Sam. 19,28; 2Sam. 19,29; 2Sam. 19,30; 2Sam. 19,32; 2Sam. 19,34; 2Sam. 19,36; 2Sam. 19,36; 2Sam. 19,37; 2Sam. 19,37; 2Sam. 19,38; 2Sam. 19,38; 2Sam. 19,39; 2Sam. 19,40; 2Sam. 19,40; 2Sam. 19,40; 2Sam. 19,41; 2Sam. 19,41; 2Sam. 19,43; 2Sam. 19,44; 2Sam. 19,44; 2Sam. 20,1; 2Sam. 20,3; 2Sam. 20,4; 2Sam. 20,7; 2Sam. 20,7; 2Sam. 20,10; 2Sam. 20,11; 2Sam. 20,12; 2Sam. 20,12; 2Sam. 20,15; 2Sam. 20,15; 2Sam. 20,17; 2Sam. 20,21; 2Sam. 20,26; 2Sam. 21,2; 2Sam. 21,6; 2Sam. 21,7; 2Sam. 21,8; 2Sam. 21,14; 2Sam. 21,14; 2Sam. 21,16; 2Sam. 21,18; 2Sam. 21,19; 2Sam. 21,19; 2Sam. 22,3; 2Sam. 22,14; 2Sam. 22,29; 2Sam. 22,31; 2Sam. 22,33; 2Sam. 22,33; 2Sam. 22,47; 2Sam. 22,47; 2Sam. 22,47; 2Sam. 22,48; 2Sam. 23,2; 2Sam. 23,3; 2Sam. 23,5; 2Sam. 23,5; 2Sam. 23,8; 2Sam. 23,8; 2Sam. 23,10; 2Sam. 23,11; 2Sam. 23,11; 2Sam. 23,25; 2Sam. 23,25; 2Sam. 23,26; 2Sam. 23,26; 2Sam. 23,27; 2Sam. 23,28; 2Sam. 23,28; 2Sam. 23,29; 2Sam. 23,30; 2Sam. 23,31; 2Sam. 23,32; 2Sam. 23,33; 2Sam. 23,33; 2Sam. 23,35; 2Sam. 23,35; 2Sam. 23,37; 2Sam. 23,37; 2Sam. 23,38; 2Sam. 23,38; 2Sam. 23,39; 2Sam. 24,2; 2Sam. 24,3; 2Sam. 24,3; 2Sam. 24,3; 2Sam. 24,4; 2Sam. 24,16; 2Sam. 24,16; 2Sam. 24,17; 2Sam. 24,21; 2Sam. 24,21; 2Sam. 24,22; 2Sam. 24,22; 2Sam. 24,23; 2Sam. 24,24; 1Kings 1,1; 1Kings 1,2; 1Kings 1,2; 1Kings 1,4; 1Kings 1,6; 1Kings 1,8; 1Kings 1,8; 1Kings 1,11; 1Kings 1,13; 1Kings 1,15; 1Kings 1,16; 1Kings 1,17; 1Kings 1,21; 1Kings 1,21; 1Kings 1,21; 1Kings 1,22; 1Kings 1,23; 1Kings 1,25; 1Kings 1,29; 1Kings 1,30; 1Kings 1,31; 1Kings 1,31; 1Kings 1,32; 1Kings 1,33; 1Kings 1,34; 1Kings 1,34; 1Kings 1,34; 1Kings 1,36; 1Kings 1,38; 1Kings 1,38; 1Kings 1,38; 1Kings 1,38; 1Kings 1,39; 1Kings 1,39; 1Kings 1,39; 1Kings 1,40; 1Kings 1,43; 1Kings 1,43; 1Kings 1,44; 1Kings 1,45; 1Kings 1,45; 1Kings 1,47; 1Kings 1,47; 1Kings 1,48; 1Kings 1,48; 1Kings 1,51; 1Kings 1,53; 1Kings 2,19; 1Kings 2,20; 1Kings 2,22; 1Kings 2,22; 1Kings 2,22; 1Kings 2,22; 1Kings 2,22; 1Kings 2,23; 1Kings 2,23; 1Kings 2,25; 1Kings 2,26; 1Kings 2,26; 1Kings 2,29; 1Kings 2,30; 1Kings 2,31; 1Kings 2,32; 1Kings 2,35; 1Kings 2,35; 1Kings 2,36; 1Kings 2,37; 1Kings 2,38; 1Kings 2,42; 1Kings 2,44; 1Kings 2,45; 1Kings 2,45; 1Kings 2,46; 1Kings 2,46a; 1Kings 2,46h; 1Kings 3,2; 1Kings 3,7; 1Kings 3,8; 1Kings 3,14; 1Kings 3,19; 1Kings 3,21; 1Kings 3,22; 1Kings 3,22; 1Kings 3,22; 1Kings 3,22; 1Kings 3,23; 1Kings 3,23; 1Kings 3,23; 1Kings 3,23; 1Kings 3,23; 1Kings 3,23; 1Kings 3,23; 1Kings 3,23; 1Kings 3,24; 1Kings 3,25; 1Kings 3,26; 1Kings 3,26; 1Kings 3,27; 1Kings 3,28; 1Kings 4,1; 1Kings 4,12; 1Kings 4,12; 1Kings 5,1; 1Kings 5,18; 1Kings 5,19; 1Kings 5,21; 1Kings 5,27; 1Kings 5,27; 1Kings 6,1a; 1Kings 6,1d; 1Kings 6,1d; 1Kings 6,1d; 1Kings 6,2; 1Kings 6,2; 1Kings 6,7; 1Kings 6,8; 1Kings 6,17; 1Kings 7,1; 1Kings 7,2; 1Kings 7,3; 1Kings 7,3; 1Kings 7,24; 1Kings 7,24; 1Kings 7,33; 1Kings 7,34; 1Kings 7,40; 1Kings 8,1; 1Kings 8,5; 1Kings 8,14; 1Kings 8,14; 1Kings 8,15; 1Kings 8,19; 1Kings 8,19; 1Kings 8,23; 1Kings 8,25; 1Kings 8,26; 1Kings 8,27; 1Kings 8,27; 1Kings 8,27; 1Kings 8,27; 1Kings 8,28; 1Kings 8,28; 1Kings 8,29; 1Kings 8,43; 1Kings 8,43; 1Kings 8,44; 1Kings 8,57; 1Kings 8,60; 1Kings 8,62; 1Kings 8,63; 1Kings 8,63; 1Kings 8,64; 1Kings 9,4; 1Kings 9,8; 1Kings 9,8; 1Kings 9,8; 1Kings 9,11; 1Kings 9,26; 1Kings 10,6; 1Kings 10,9; 1Kings 10,12; 1Kings 10,13; 1Kings 10,14; 1Kings 10,18; 1Kings 10,22a # 9,15; 1Kings 10,27; 1Kings 11,1; 1Kings 11,8; 1Kings 11,10; 1Kings 11,14; 1Kings 11,21; 1Kings 11,26; 1Kings 11,28; 1Kings 11,29; 1Kings 11,29; 1Kings 11,29; 1Kings 11,31; 1Kings 11,33; 1Kings 11,38; 1Kings 11,43; 1Kings 12,3; 1Kings 12,6; 1Kings 12,9; 1Kings 12,11; 1Kings 12,11; 1Kings 12,12; 1Kings 12,13; 1Kings 12,14; 1Kings 12,15; 1Kings 12,16; 1Kings 12,16; 1Kings 12,18; 1Kings 12,18; 1Kings 12,24a; 1Kings 12,24i; 1Kings 12,24p; 1Kings 12,24q; 1Kings 12,24q; 1Kings 12,24r; 1Kings 12,24r; 1Kings 12,24t; 1Kings 12,24t; 1Kings 12,24u; 1Kings 12,27; 1Kings 12,28; 1Kings 12,30; 1Kings 12,30; 1Kings 13,4; 1Kings 13,4; 1Kings 13,5; 1Kings 13,6; 1Kings 13,6; 1Kings 13,7; 1Kings 13,8; 1Kings 13,11; 1Kings 13,12; 1Kings 13,12; 1Kings 13,12; 1Kings 13,14; 1Kings 13,14; 1Kings 13,21; 1Kings 13,24; 1Kings 13,24; 1Kings 13,25; 1Kings 13,25; 1Kings 13,25; 1Kings 13,26; 1Kings 13,28; 1Kings 13,28; 1Kings 13,28; 1Kings 13,29; 1Kings 13,29; 1Kings 13,31; 1Kings 13,33; 1Kings 14,27; 1Kings 14,28; 1Kings 15,11; 1Kings 15,18; 1Kings 15,22; 1Kings 15,22; 1Kings 16,9; 1Kings 16,16; 1Kings 16,21; 1Kings ô

16,22; 1Kings 16,22; 1Kings 16,22; 1Kings 16,28f; 1Kings 16,28g; 1Kings 16,34; 1Kings 17,1; 1Kings 17,1; 1Kings 17,1; 1Kings 17,1; 1Kings 17,7; 1Kings 17,12; 1Kings 17,14; 1Kings 17,16; 1Kings 17,17; 1Kings 17,20; 1Kings 17,21; 1Kings 17,23; 1Kings 18,10; 1Kings 18,10; 1Kings 18,12; 1Kings 18,17; 1Kings 18,18; 1Kings 18,21; 1Kings 18,21; 1Kings 18,21; 1Kings 18,24; 1Kings 18,24; 1Kings 18,26; 1Kings 18,27; 1Kings 18,29; 1Kings 18,29; 1Kings 18,30; 1Kings 18,36; 1Kings 18,36; 1Kings 18,36; 1Kings 18,37; 1Kings 18,37; 1Kings 18,39; 1Kings 18,39; 1Kings 18,39; 1Kings 18,44; 1Kings 18,45; 1Kings 19,2; 1Kings 19,7; 1Kings 20,16; 1Kings 20,20; 1Kings 20,26; 1Kings 21,4; 1Kings 21,7; 1Kings 21,8; 1Kings 21,10; 1Kings 21,10; 1Kings 21,11; 1Kings 21,11; 1Kings 21,11; 1Kings 21,22; 1Kings 21,28; 1Kings 21,28; 1Kings 21,29; 1Kings 21,34; 1Kings 21,34; 1Kings 21,35; 1Kings 21,37; 1Kings 21,38; 1Kings 21,39; 1Kings 21,40; 1Kings 21,40; 1Kings 21,41; 1Kings 21,42; 1Kings 21,43; 1Kings 22,4; 1Kings 22,4; 1Kings 22,6; 1Kings 22,6; 1Kings 22,8; 1Kings 22,8; 1Kings 22,9; 1Kings 22,10; 1Kings 22,13; 1Kings 22,13; 1Kings 22,15; 1Kings 22,16; 1Kings 22,26; 1Kings 22,30; 1Kings 22,35; 1Kings 22,35; 1Kings 22,36; 1Kings 22,37; 1Kings 22,44; 2Kings 1,8; 2Kings 1,9; 2Kings 1,9; 2Kings 1,11; 2Kings 1,11; 2Kings 1,11; 2Kings 1,13; 2Kings 1,13; 2Kings 1,13; 2Kings 1,18c; 2Kings 2,14; 2Kings 2,19; 2Kings 3,2; 2Kings 3,2; 2Kings 3,6; 2Kings 3,7; 2Kings 3,7; 2Kings 3,9; 2Kings 3,9; 2Kings 3,9; 2Kings 3,10; 2Kings 3,13; 2Kings 3,15; 2Kings 3,17; 2Kings 3,22; 2Kings 3,26; 2Kings 3,26; 2Kings 4,1; 2Kings 4,1; 2Kings 4,14; 2Kings 4,38; 2Kings 4,43; 2Kings 5,1; 2Kings 5,1; 2Kings 5,3; 2Kings 5,8; 2Kings 5,13; 2Kings 5,17; 2Kings 5,20; 2Kings 5,22; 2Kings 5,25; 2Kings 5,26; 2Kings 6,1; 2Kings 6,3; 2Kings 6,5; 2Kings 6,6; 2Kings 6,10; 2Kings 6,12; 2Kings 6,12; 2Kings 6,15; 2Kings 6,21; 2Kings 6,26; 2Kings 6,28; 2Kings 6,30; 2Kings 6,30; 2Kings 6,31; 2Kings 6,32; 2Kings 6,32; 2Kings 7,2; 2Kings 7,2; 2Kings 7,4; 2Kings 7,12; 2Kings 7,14; 2Kings 7,16; 2Kings 7,17; 2Kings 7,17; 2Kings 7,17; 2Kings 7,17; 2Kings 7,19; 2Kings 7,20; 2Kings 8,1; 2Kings 8,2; 2Kings 8,4; 2Kings 8,5; 2Kings 8,6; 2Kings 8,6; 2Kings 8,7; 2Kings 8,8; 2Kings 8,11; 2Kings 8,12; 2Kings 8,13; 2Kings 8,13; 2Kings 8,13; 2Kings 8,21; 2Kings 8,27; 2Kings 8,29; 2Kings 9,1; 2Kings 9,4; 2Kings 9,5; 2Kings 9,5; 2Kings 9,6; 2Kings 9,10; 2Kings 9,11; 2Kings 9,15; 2Kings 9,17; 2Kings 9,18; 2Kings 9,18; 2Kings 9,18; 2Kings 9,19; 2Kings 9,20; 2Kings 9,20; 2Kings 9,31; 2Kings 10,8; 2Kings 10,21; 2Kings 10,22; 2Kings 11,4; 2Kings 11,5; 2Kings 11,7; 2Kings 11,8; 2Kings 11,9; 2Kings 11,10; 2Kings 11,12; 2Kings 11,14; 2Kings 11,14; 2Kings 11,15; 2Kings 11,15; 2Kings 11,15; 2Kings 11,18; 2Kings 11,18; 2Kings 11,20; 2Kings 12,3; 2Kings 12,4; 2Kings 12,8; 2Kings 12,10; 2Kings 12,11; 2Kings 12,11; 2Kings 12,11; 2Kings 12,12; 2Kings 12,22; 2Kings 13,18; 2Kings 13,19; 2Kings 14,3; 2Kings 14,3; 2Kings 14,4; 2Kings 14,9; 2Kings 14,11; 2Kings 14,21; 2Kings 14,26; 2Kings 15,3; 2Kings 15,4; 2Kings 15,12; 2Kings 15,25; 2Kings 15,34; 2Kings 15,35; 2Kings 16,2; 2Kings 16,10; 2Kings 16,11; 2Kings 16,11; 2Kings 16,12; 2Kings 16,15; 2Kings 16,16; 2Kings 16,16; 2Kings 16,17; 2Kings 17,4; 2Kings 17,5; 2Kings 17,27; 2Kings 18,3; 2Kings 18,9; 2Kings 18,12; 2Kings 18,14; 2Kings 18,18; 2Kings 18,18; 2Kings 18,18; 2Kings 18,19; 2Kings 18,19; 2Kings 18,27; 2Kings 18,29; 2Kings 18,31; 2Kings 18,34; 2Kings 18,34; 2Kings 18,37; 2Kings 18,37; 2Kings 18,37; 2Kings 19,1; 2Kings 19,4; 2Kings 19,4; 2Kings 19,4; 2Kings 19,10; 2Kings 19,13; 2Kings 19,13; 2Kings 19,15; 2Kings 19,15; 2Kings 19,15; 2Kings 19,19; 2Kings 19,19; 2Kings 19,20; 2Kings 19,20; 2Kings 19,21; 2Kings 19,31; 2Kings 19,37; 2Kings 20,1; 2Kings 20,5; 2Kings 20,11; 2Kings 20,14; 2Kings 20,19; 2Kings 21,3; 2Kings 21,8; 2Kings 21,11; 2Kings 21,11; 2Kings 21,11; 2Kings 21,12; 2Kings 21,13; 2Kings 21,20; 2Kings 21,21; 2Kings 21,21; 2Kings 21,24; 2Kings 21,24; 2Kings 22,3; 2Kings 22,8; 2Kings 22,8; 2Kings 22,10; 2Kings 22,11; 2Kings 22,12; 2Kings 22,14; 2Kings 22,15; 2Kings 22,17; 2Kings 22,18; 2Kings 23,1; 2Kings 23,2; 2Kings 23,2; 2Kings 23,3; 2Kings 23,3; 2Kings 23,4; 2Kings 23,12; 2Kings 23,13; 2Kings 23,16; 2Kings 23,17; 2Kings 23,21; 2Kings 23,24; 2Kings 23,24; 2Kings 23,30; 2Kings 24,9; 2Kings 25,3; 2Kings 25,8; 2Kings 25,10; 2Kings 25,11; 2Kings 25,12; 2Kings 25,15; 2Kings 25,18; 2Kings 25,20; 2Kings 25,22; 2Kings 25,22; 2Kings 25,23; 2Kings 25,26; 1Chr. 1,46; 1Chr. 2,3; 1Chr. 2,7; 1Chr. 2,9; 1Chr. 2,9; 1Chr. 2,9; 1Chr. 2,13; 1Chr. 2,13; 1Chr. 2,14; 1Chr. 2,14; 1Chr. 2,15; 1Chr. 2,15; 1Chr. 2,17; 1Chr. 2,25; 1Chr. 2,42; 1Chr. 3,1; 1Chr. 3,1; 1Chr. 3,2; 1Chr. 3,2; 1Chr. 3,3; 1Chr. 3,3; 1Chr. 3,15; 1Chr. 3,15; 1Chr. 3,15; 1Chr. 4,10; 1Chr. 4,33; 1Chr. 5,1; 1Chr. 5,7; 1Chr. 5,12; 1Chr. 5,12; 1Chr. 5,12; 1Chr. 5,17; 1Chr. 5,22; 1Chr. 5,25; 1Chr. 5,26; 1Chr. 6,13; 1Chr. 6,18; 1Chr. 6,24; 1Chr. 6,39; 1Chr. 7,2; 1Chr. 7,5; 1Chr. 7,7; 1Chr. 7,9; 1Chr. 8,30; 1Chr. 8,39; 1Chr. 8,39; 1Chr. 9,1; 1Chr. 9,16; 1Chr. 9,17; 1Chr. 9,22; 1Chr. 9,22; 1Chr. 9,31; 1Chr. 9,32; 1Chr. 9,36; 1Chr. 10,3; 1Chr. 10,4; 1Chr. 10,5; 1Chr. 10,6; 1Chr. 10,7; 1Chr. 10,13; 1Chr. 11,2; 1Chr. 11,2; 1Chr. 11,3; 1Chr. 11,4; 1Chr. 11,11; 1Chr. 11,12; 1Chr. 11,13; 1Chr. 11,19; 1Chr. 11,27; 1Chr. 11,27; 1Chr. 11,28; 1Chr. 11,28; 1Chr. 11,29; 1Chr. 11,29; 1Chr. 11,30; 1Chr. 11,30; 1Chr. 11,31; 1Chr. 11,32; 1Chr. 11,33; 1Chr. 11,33; 1Chr. 11,34; 1Chr. 11,34; 1Chr. 11,35; 1Chr. 11,36; 1Chr. 11,36; 1Chr. 11,37; 1Chr. 11,39; 1Chr. 11,39; 1Chr. 11,40; 1Chr. 11,40; 1Chr. 11,41; 1Chr. 11,43; 1Chr. 11,44; 1Chr. 11,45; 1Chr. 11,45; 1Chr. 11,46; 1Chr. 11,46; 1Chr. 11,47; 1Chr. 12,3; 1Chr. 12,3; 1Chr. 12,4; 1Chr. 12,5; 1Chr. 12,6; 1Chr. 12,10; 1Chr. 12,10; 1Chr. 12,10; 1Chr. 12,11; 1Chr. 12,11; 1Chr. 12,12; 1Chr. 12,12; 1Chr. 12,13; 1Chr. 12,13; 1Chr. 12,14; 1Chr. 12,14; 1Chr. 12,18; 1Chr. 12,19; 1Chr. 12,19; 1Chr. 12,28; 1Chr. 12,39; 1Chr. 13,4; 1Chr. 13,9; 1Chr. 13,14; 1Chr. 14,11; 1Chr. 14,14; 1Chr. 14,15; 1Chr. 14,16; 1Chr. 15,5; 1Chr. 15,6; 1Chr. 15,7; 1Chr. 15,8; 1Chr. 15,9; 1Chr. 15,10; 1Chr. 15,13; 1Chr. 15,27; 1Chr. 16,5; 1Chr. 16,14; 1Chr. 16,26; 1Chr. 16,31; 1Chr. 16,35; 1Chr. 16,36; 1Chr. 16,36; 1Chr. 16,43; 1Chr. 17,2; 1Chr. 17,14; 1Chr. 17,16; 1Chr. 17,16; 1Chr. 17,16; 1Chr. 17,17; 1Chr. 17,17; 1Chr. 17,21; 1Chr. 17,21; 1Chr. 17,23; 1Chr. 17,24; 1Chr. 17,25; 1Chr. 17,26; 1Chr. 19,2; 1Chr. 19,5; 1Chr. 19,14; 1Chr. 19,14; 1Chr. 20,2; 1Chr. 20,3; 1Chr. 20,4; 1Chr. 21,2; 1Chr. 21,3; 1Chr. 21,15; 1Chr. 21,15; 1Chr. 21,17; 1Chr. 21,17; 1Chr. 21,23; 1Chr. 21,23; 1Chr. 21,24; 1Chr. 22,1; 1Chr. 22,5; 1Chr. 22,5; 1Chr. 23,3; 1Chr. 23,8; 1Chr. 23,11; 1Chr. 23,11; 1Chr. 23,16; 1Chr. 23,17; 1Chr. 23,18; 1Chr. 23,19; 1Chr. 23,19; 1Chr. 23,19; 1Chr. 23,19; 1Chr. 23,20; 1Chr. 23,20; 1Chr. 23,25; 1Chr. 23,27; 1Chr. 24,6; 1Chr. 24,6; 1Chr. 24,7; 1Chr. 24,7; 1Chr. 24,8; 1Chr. 24,8; 1Chr. 24,9; 1Chr. 24,9; 1Chr. 24,10; 1Chr. 24,10; 1Chr. 24,11; 1Chr. 24,11; 1Chr. 24,12; 1Chr. 24,12; 1Chr. 24,13; 1Chr. 24,13; 1Chr. 24,14; 1Chr. 24,14; 1Chr. 24,15; 1Chr. 24,15; 1Chr. 24,16; 1Chr. 24,16; 1Chr. 24,17; 1Chr. 24,17; 1Chr. 24,18; 1Chr. 24,18; 1Chr. 24,19; 1Chr. 24,21; 1Chr. 24,23; 1Chr. 24,23; 1Chr. 24,23; 1Chr. 25,1; 1Chr. 25,1; 1Chr. 25,5; 1Chr. 25,7; 1Chr. 25,9; 1Chr. 25,9; 1Chr. 25,9; 1Chr. 25,10; 1Chr. 25,11; 1Chr. 25,12; 1Chr. 25,13; 1Chr. 25,14; 1Chr. 25,15; 1Chr. 25,16; 1Chr. 25,17; 1Chr. 25,18; 1Chr. 25,19; 1Chr. 25,20; 1Chr. 25,21; 1Chr. 25,22; 1Chr. 25,23; 1Chr. 25,24; 1Chr. 25,25; 1Chr. 25,26; 1Chr. 25,27; 1Chr. 25,28; 1Chr. 25,29; 1Chr. 25,30; 1Chr. 25,31; 1Chr. 26,2; 1Chr. 26,2; 1Chr. 26,2; 1Chr. 26,2; 1Chr. 26,3; 1Chr. 26,3; 1Chr. 26,3; 1Chr. 26,4; 1Chr. 26,4; 1Chr. 26,4; 1Chr. 26,4; 1Chr. 26,4; 1Chr. 26,5; 1Chr. 26,5; 1Chr. 26,5; 1Chr. 26,5; 1Chr. 26,10; 1Chr. 26,11; 1Chr. 26,11; 1Chr. 26,14; 1Chr. 26,14; 1Chr. 26,24; 1Chr. 26,26; 1Chr. 26,31; 1Chr. 26,32; 1Chr. 27,2; 1Chr. 27,4;

O, o

ὁ

1Chr. 27,5; 1Chr. 27,5; 1Chr. 27,5; 1Chr. 27,5; 1Chr. 27,7; 1Chr. 27,7; 1Chr. 27,7; 1Chr. 27,8; 1Chr. 27,8; 1Chr. 27,8; 1Chr. 27,9; 1Chr. 27,9; 1Chr. 27,9; 1Chr. 27,10; 1Chr. 27,10; 1Chr. 27,11; 1Chr. 27,11; 1Chr. 27,12; 1Chr. 27,12; 1Chr. 27,13; 1Chr. 27,13; 1Chr. 27,14; 1Chr. 27,14; 1Chr. 27,15; 1Chr. 27,15; 1Chr. 27,16; 1Chr. 27,16; 1Chr. 27,17; 1Chr. 27,18; 1Chr. 27,19; 1Chr. 27,19; 1Chr. 27,20; 1Chr. 27,20; 1Chr. 27,21; 1Chr. 27,21; 1Chr. 27,22; 1Chr. 27,24; 1Chr. 27,24; 1Chr. 27,25; 1Chr. 27,25; 1Chr. 27,26; 1Chr. 27,27; 1Chr. 27,27; 1Chr. 27,28; 1Chr. 27,29; 1Chr. 27,29; 1Chr. 27,30; 1Chr. 27,30; 1Chr. 27,31; 1Chr. 27,32; 1Chr. 27,32; 1Chr. 27,34; 1Chr. 28,3; 1Chr. 28,4; 1Chr. 28,6; 1Chr. 28,6; 1Chr. 28,20; 1Chr. 28,21; 1Chr. 29,1; 1Chr. 29,1; 1Chr. 29,5; 1Chr. 29,9; 1Chr. 29,9; 1Chr. 29,10; 1Chr. 29,10; 1Chr. 29,10; 1Chr. 29,12; 1Chr. 29,12; 1Chr. 29,14; 1Chr. 29,16; 1Chr. 29,17; 1Chr. 29,18; 2Chr. 1,1; 2Chr. 1,7; 2Chr. 1,9; 2Chr. 1,9; 2Chr. 1,11; 2Chr. 1,14; 2Chr. 1,15; 2Chr. 2,3; 2Chr. 2,4; 2Chr. 2,4; 2Chr. 2,5; 2Chr. 2,5; 2Chr. 2,6; 2Chr. 2,8; 2Chr. 2,11; 2Chr. 2,13; 2Chr. 2,14; 2Chr. 2,16; 2Chr. 4,17; 2Chr. 5,3; 2Chr. 5,6; 2Chr. 5,13; 2Chr. 6,3; 2Chr. 6,4; 2Chr. 6,9; 2Chr. 6,14; 2Chr. 6,16; 2Chr. 6,17; 2Chr. 6,18; 2Chr. 6,18; 2Chr. 6,18; 2Chr. 6,19; 2Chr. 6,19; 2Chr. 6,20; 2Chr. 6,24; 2Chr. 6,28; 2Chr. 6,33; 2Chr. 6,33; 2Chr. 6,34; 2Chr. 6,41; 2Chr. 6,41; 2Chr. 6,42; 2Chr. 7,4; 2Chr. 7,4; 2Chr. 7,5; 2Chr. 7,5; 2Chr. 7,12; 2Chr. 7,14; 2Chr. 7,17; 2Chr. 7,21; 2Chr. 7,21; 2Chr. 8,7; 2Chr. 8,7; 2Chr. 9,5; 2Chr. 9,8; 2Chr. 9,11; 2Chr. 9,12; 2Chr. 9,13; 2Chr. 9,15; 2Chr. 9,16; 2Chr. 9,17; 2Chr. 9,23; 2Chr. 9,27; 2Chr. 9,30; 2Chr. 10,5; 2Chr. 10,6; 2Chr. 10,9; 2Chr. 10,11; 2Chr. 10,11; 2Chr. 10,12; 2Chr. 10,12; 2Chr. 10,13; 2Chr. 10,13; 2Chr. 10,14; 2Chr. 10,15; 2Chr. 10,16; 2Chr. 10,16; 2Chr. 10,18; 2Chr. 10,18; 2Chr. 12,5; 2Chr. 12,6; 2Chr. 12,6; 2Chr. 12,7; 2Chr. 13,5; 2Chr. 13,6; 2Chr. 13,6; 2Chr. 13,9; 2Chr. 13,14; 2Chr. 13,17; 2Chr. 14,8; 2Chr. 14,10; 2Chr. 14,10; 2Chr. 14,12; 2Chr. 15,6; 2Chr. 15,9; 2Chr. 16,6; 2Chr. 16,7; 2Chr. 17,2; 2Chr. 17,14; 2Chr. 17,15; 2Chr. 17,16; 2Chr. 17,16; 2Chr. 17,19; 2Chr. 18,3; 2Chr. 18,3; 2Chr. 18,5; 2Chr. 18,5; 2Chr. 18,7; 2Chr. 18,8; 2Chr. 18,12; 2Chr. 18,12; 2Chr. 18,13; 2Chr. 18,14; 2Chr. 18,15; 2Chr. 18,17; 2Chr. 18,26; 2Chr. 18,31; 2Chr. 18,34; 2Chr. 18,34; 2Chr. 19,2; 2Chr. 19,2; 2Chr. 19,11; 2Chr. 19,11; 2Chr. 20,6; 2Chr. 20,7; 2Chr. 20,7; 2Chr. 20,12; 2Chr. 20,15; 2Chr. 20,25; 2Chr. 20,30; 2Chr. 20,33; 2Chr. 20,37; 2Chr. 21,3; 2Chr. 21,3; 2Chr. 21,9; 2Chr. 21,12; 2Chr. 21,17; 2Chr. 21,19; 2Chr. 22,10; 2Chr. 23,3; 2Chr. 23,4; 2Chr. 23,5; 2Chr. 23,6; 2Chr. 23,7; 2Chr. 23,8; 2Chr. 23,11; 2Chr. 23,13; 2Chr. 23,13; 2Chr. 23,14; 2Chr. 23,14; 2Chr. 23,14; 2Chr. 23,17; 2Chr. 23,18; 2Chr. 23,21; 2Chr. 24,6; 2Chr. 24,8; 2Chr. 24,10; 2Chr. 24,11; 2Chr. 24,11; 2Chr. 24,12; 2Chr. 24,12; 2Chr. 24,17; 2Chr. 24,22; 2Chr. 24,24; 2Chr. 24,26; 2Chr. 24,26; 2Chr. 24,26; 2Chr. 24,26; 2Chr. 25,9; 2Chr. 25,16; 2Chr. 25,18; 2Chr. 25,25; 2Chr. 26,1; 2Chr. 26,4; 2Chr. 26,11; 2Chr. 26,12; 2Chr. 26,17; 2Chr. 26,20; 2Chr. 26,20; 2Chr. 26,21; 2Chr. 26,21; 2Chr. 27,2; 2Chr. 27,2; 2Chr. 27,7; 2Chr. 28,1; 2Chr. 28,5; 2Chr. 28,6; 2Chr. 28,7; 2Chr. 28,9; 2Chr. 28,12; 2Chr. 28,12; 2Chr. 28,12; 2Chr. 28,12; 2Chr. 28,22; 2Chr. 29,2; 2Chr. 29,12; 2Chr. 29,12; 2Chr. 29,12; 2Chr. 29,12; 2Chr. 29,12; 2Chr. 29,12; 2Chr. 29,19; 2Chr. 29,20; 2Chr. 29,24; 2Chr. 29,29; 2Chr. 29,30; 2Chr. 29,32; 2Chr. 29,36; 2Chr. 29,36; 2Chr. 30,2; 2Chr. 30,3; 2Chr. 30,4; 2Chr. 30,9; 2Chr. 30,18; 2Chr. 31,10; 2Chr. 31,10; 2Chr. 31,12; 2Chr. 31,12; 2Chr. 31,13; 2Chr. 31,13; 2Chr. 31,14; 2Chr. 31,14; 2Chr. 31,14; 2Chr. 31,17; 2Chr. 32,8; 2Chr. 32,8; 2Chr. 32,10; 2Chr. 32,11; 2Chr. 32,14; 2Chr. 32,15; 2Chr. 32,15; 2Chr. 32,17; 2Chr. 32,20; 2Chr. 32,20; 2Chr. 33,3; 2Chr. 33,7; 2Chr. 33,13; 2Chr. 33,17; 2Chr. 33,17; 2Chr. 33,22; 2Chr. 33,22; 2Chr. 33,23; 2Chr. 33,25; 2Chr. 33,25; 2Chr. 34,14; 2Chr. 34,18; 2Chr. 34,18; 2Chr. 34,19; 2Chr. 34,20; 2Chr. 34,21; 2Chr. 34,22; 2Chr. 34,23; 2Chr. 34,25; 2Chr. 34,26; 2Chr. 34,29; 2Chr. 34,30; 2Chr. 34,30; 2Chr. 34,31; 2Chr. 35,3; 2Chr. 35,18; 2Chr. 35,19a; 2Chr. 35,19a; 2Chr. 35,20; 2Chr. 35,21; 2Chr. 35,23; 2Chr. 36,1; 2Chr. 36,3; 2Chr. 36,10; 2Chr. 36,14; 2Chr. 36,15; 2Chr. 36,16; 2Chr. 36,23; 2Chr. 36,23; 1Esdr. 1,3; 1Esdr. 1,3; 1Esdr. 1,9; 1Esdr. 1,25; 1Esdr. 1,28; 1Esdr. 1,30; 1Esdr. 1,35; 1Esdr. 1,41; 1Esdr. 1,48; 1Esdr. 2,2; 1Esdr. 2,2; 1Esdr. 2,2; 1Esdr. 2,3; 1Esdr. 2,3; 1Esdr. 2,3; 1Esdr. 2,6; 1Esdr. 2,7; 1Esdr. 2,8; 1Esdr. 2,9; 1Esdr. 2,12; 1Esdr. 2,13; 1Esdr. 2,19; 1Esdr. 2,25; 1Esdr. 2,25; 1Esdr. 3,3; 1Esdr. 3,3; 1Esdr. 3,5; 1Esdr. 3,9; 1Esdr. 3,9; 1Esdr. 3,9; 1Esdr. 3,10; 1Esdr. 3,10; 1Esdr. 3,11; 1Esdr. 3,11; 1Esdr. 3,12; 1Esdr. 3,13; 1Esdr. 3,17; 1Esdr. 3,17; 1Esdr. 3,18; 1Esdr. 3,24; 1Esdr. 4,1; 1Esdr. 4,1; 1Esdr. 4,3; 1Esdr. 4,10; 1Esdr. 4,12; 1Esdr. 4,13; 1Esdr. 4,14; 1Esdr. 4,14; 1Esdr. 4,14; 1Esdr. 4,14; 1Esdr. 4,16; 1Esdr. 4,28; 1Esdr. 4,31; 1Esdr. 4,33; 1Esdr. 4,34; 1Esdr. 4,34; 1Esdr. 4,36; 1Esdr. 4,37; 1Esdr. 4,37; 1Esdr. 4,40; 1Esdr. 4,41; 1Esdr. 4,42; 1Esdr. 4,47; 1Esdr. 4,55; 1Esdr. 4,58; 1Esdr. 5,5; 1Esdr. 5,5; 1Esdr. 5,47; 1Esdr. 5,47; 1Esdr. 5,52; 1Esdr. 5,54; 1Esdr. 5,54; 1Esdr. 5,56; 1Esdr. 5,59; 1Esdr. 5,62; 1Esdr. 5,62; 1Esdr. 5,68; 1Esdr. 6,1; 1Esdr. 6,2; 1Esdr. 6,2; 1Esdr. 6,3; 1Esdr. 6,7; 1Esdr. 6,13; 1Esdr. 6,16; 1Esdr. 6,17; 1Esdr. 6,19; 1Esdr. 6,22; 1Esdr. 6,32; 1Esdr. 7,1; 1Esdr. 7,5; 1Esdr. 7,5; 1Esdr. 8,4; 1Esdr. 8,7; 1Esdr. 8,19; 1Esdr. 8,19; 1Esdr. 8,25; 1Esdr. 8,25; 1Esdr. 8,29; 1Esdr. 8,40; 1Esdr. 8,55; 1Esdr. 8,62; 1Esdr. 9,5; 1Esdr. 9,16; 1Esdr. 9,40; 1Esdr. 9,42; 1Esdr. 9,52; Ezra 1,2; Ezra 1,3; Ezra 1,3; Ezra 1,3; Ezra 1,4; Ezra 1,5; Ezra 1,7; Ezra 1,9; Ezra 3,1; Ezra 3,1; Ezra 3,1; Ezra 3,2; Ezra 3,2; Ezra 3,6; Ezra 3,8; Ezra 3,8; Ezra 3,11; Ezra 3,13; Ezra 3,13; Ezra 4,3; Ezra 4,4; Ezra 4,7; Ezra 4,8; Ezra 4,9; Ezra 4,10; Ezra 4,10; Ezra 4,17; Ezra 4,23; Ezra 5,1; Ezra 5,1; Ezra 5,2; Ezra 5,2; Ezra 5,6; Ezra 5,13; Ezra 5,14; Ezra 5,17; Ezra 6,1; Ezra 6,3; Ezra 6,11; Ezra 6,12; Ezra 6,13; Ezra 6,21; Ezra 7,6; Ezra 7,6; Ezra 7,12; Ezra 7,13; Ezra 7,15; Ezra 7,21; Ezra 7,27; Ezra 8,25; Ezra 8,34; Ezra 9,1; Ezra 9,1; Ezra 9,1; Ezra 9,1; Ezra 9,1; Ezra 9,1; Ezra 9,1; Ezra 9,4; Ezra 9,8; Ezra 9,9; Ezra 9,10; Ezra 9,13; Ezra 9,15; Ezra 10,1; Ezra 10,3; Ezra 10,9; Ezra 10,9; Ezra 10,9; Ezra 10,10; Ezra 10,13; Ezra 10,13; Ezra 10,15; Ezra 10,16; Neh. 1,5; Neh. 1,5; Neh. 1,5; Neh. 1,5; Neh. 1,6; Neh. 2,1; Neh. 2,2; Neh. 2,3; Neh. 2,4; Neh. 2,5; Neh. 2,6; Neh. 2,8; Neh. 2,9; Neh. 2,10; Neh. 2,10; Neh. 2,10; Neh. 2,12; Neh. 2,19; Neh. 2,19; Neh. 2,19; Neh. 2,19; Neh. 2,20; Neh. 3,1; Neh. 3,1; Neh. 3,25; Neh. 3,25; Neh. 3,25; Neh. 3,25; Neh. 3,26; Neh. 3,26; Neh. 3,30; Neh. 3,35; Neh. 3,36; Neh. 4,4; Neh. 4,9; Neh. 4,12; Neh. 4,14; Neh. 5,9; Neh. 5,13; Neh. 5,13; Neh. 5,19; Neh. 6,11; Neh. 6,12; Neh. 6,14; Neh. 7,4; Neh. 7,5; Neh. 7,65; Neh. 7,73; Neh. 7,73; Neh. 8,1; Neh. 8,2; Neh. 8,2; Neh. 8,4; Neh. 8,5; Neh. 8,6; Neh. 8,7; Neh. 8,8; Neh. 8,9; Neh. 8,9; Neh. 8,12; Neh. 8,16; Neh. 9,7; Neh. 9,32; Neh. 9,32; Neh. 9,32; Neh. 9,32; Neh. 9,32; Neh. 10,29; Neh. 10,29; Neh. 10,35; Neh. 10,39; Neh. 11,2; Neh. 12,26; Neh. 12,26; Neh. 12,36; Neh. 12,43; Neh. 13,2; Neh. 13,4; Neh. 13,11; Neh. 13,14; Neh. 13,17; Neh. 13,17; Neh. 13,18; Neh. 13,22; Neh. 13,26; Neh. 13,29; Neh. 13,31; Esth. 11,2 # 1,1a; Esth. 11,4 # 1,1c; Esth. 11,11 # 1,1k; Esth. 11,12 # 1,1l; Esth. 11,12 # 1,1l; Esth. 12,3 # 1,1o; Esth. 12,4 # 1,1p; Esth. 12,5 # 1,1q; Esth. 1,1 # 1,1s; Esth. 1,2; Esth. 1,5; Esth. 1,7; Esth. 1,8; Esth. 1,8; Esth. 1,9; Esth. 1,10; Esth. 1,12; Esth. 1,16; Esth. 1,19; Esth. 1,20; Esth. 1,20; Esth. 1,21; Esth. 1,21; Esth. 1,21; Esth. 2,1; Esth. 2,3; Esth. 2,5; Esth. 2,10; Esth. 2,11; Esth. 2,14; Esth. 2,14; Esth. 2,15; Esth. 2,15; Esth. 2,17; Esth. 2,18; Esth. 2,19; Esth. 2,22; Esth. 2,23; Esth. 2,23; Esth. 3,1; Esth. 3,2; Esth. 3,2; Esth. 3,4; Esth. 3,7; Esth. 3,10; Esth. 3,11; Esth. 3,15; Esth. 4,4; Esth. 4,7; Esth. 4,8; Esth. 4,9; Esth. 4,11; Esth. 4,14; Esth. 13,9 # 4,17b;

ὀ

Esth. 13,15 # 4,17f; Esth. 13,15 # 4,17f; Esth. 13,15 # 4,17f; Esth. 14,3 # 4,17l; Esth. 14,18 # 4,17y; Esth. 14,19 # 4,17z; Esth. 14,19 # 4,17z; Esth. 15,8 # 5,1e; Esth. 15,9 # 5,1f; Esth. 15,15 # 5,2b; Esth. 5,3; Esth. 5,5; Esth. 5,6; Esth. 5,8; Esth. 5,9; Esth. 5,11; Esth. 6,3; Esth. 6,4; Esth. 6,4; Esth. 6,5; Esth. 6,6; Esth. 6,6; Esth. 6,7; Esth. 6,8; Esth. 6,8; Esth. 6,9; Esth. 6,9; Esth. 6,10; Esth. 6,11; Esth. 6,12; Esth. 7,1; Esth. 7,2; Esth. 7,3; Esth. 7,4; Esth. 7,4; Esth. 7,5; Esth. 7,6; Esth. 7,7; Esth. 7,7; Esth. 7,8; Esth. 7,8; Esth. 7,9; Esth. 7,10; Esth. 8,1; Esth. 8,2; Esth. 8,4; Esth. 8,7; Esth. 16,21 # 8,12t; Esth. 8,15; Esth. 9,3; Esth. 9,11; Esth. 9,12; Esth. 9,23; Esth. 9,24; Esth. 9,29; Esth. 10,1; Esth. 10,3; Esth. 10,6 # 10,3c; Esth. 10,6 # 10,3c; Esth. 10,9 # 10,3f; Esth. 10,12 # 10,3i; Esth. 11,1 # 10,3l; Judith 1,5; Judith 1,16; Judith 2,5; Judith 2,5; Judith 2,5; Judith 2,11; Judith 2,15; Judith 2,20; Judith 4,1; Judith 4,3; Judith 4,3; Judith 4,6; Judith 4,6; Judith 4,8; Judith 4,8; Judith 4,13; Judith 4,14; Judith 4,14; Judith 5,3; Judith 5,3; Judith 5,5; Judith 5,5; Judith 5,6; Judith 5,9; Judith 5,11; Judith 5,13; Judith 5,18; Judith 5,21; Judith 5,21; Judith 5,21; Judith 5,22; Judith 5,22; Judith 6,1; Judith 6,2; Judith 6,2; Judith 6,4; Judith 6,4; Judith 6,6; Judith 6,6; Judith 6,15; Judith 6,15; Judith 6,18; Judith 6,19; Judith 7,9; Judith 7,10; Judith 7,13; Judith 7,23; Judith 7,24; Judith 7,25; Judith 7,25; Judith 7,30; Judith 8,2; Judith 8,3; Judith 8,7; Judith 8,11; Judith 8,16; Judith 8,23; Judith 8,24; Judith 8,29; Judith 8,30; Judith 8,35; Judith 9,2; Judith 9,4; Judith 9,4; Judith 9,4; Judith 9,12; Judith 9,14; Judith 11,2; Judith 11,2; Judith 11,6; Judith 11,6; Judith 11,9; Judith 11,11; Judith 11,12; Judith 11,16; Judith 11,22; Judith 11,23; Judith 12,6; Judith 13,2; Judith 13,4; Judith 13,7; Judith 13,11; Judith 13,11; Judith 13,15; Judith 13,17; Judith 13,17; Judith 13,17; Judith 13,18; Judith 13,20; Judith 13,20; Judith 14,2; Judith 14,2; Judith 14,9; Judith 14,10; Judith 14,11; Judith 15,8; Judith 15,8; Judith 15,10; Judith 15,10; Judith 15,11; Judith 15,14; Judith 16,6; Judith 16,9; Judith 16,16; Judith 16,18; Judith 16,19; Judith 16,20; Judith 16,22; Judith 16,25; Tob. 1,4; Tob. 1,5; Tob. 1,13; Tob. 1,15; Tob. 1,18; Tob. 1,21; Tob. 1,22; Tob. 1,22; Tob. 2,1; Tob. 2,4; Tob. 2,7; Tob. 3,11; Tob. 4,7; Tob. 4,16; Tob. 4,19; Tob. 5,6; Tob. 5,9; Tob. 5,13; Tob. 5,17; Tob. 5,17; Tob. 5,17; Tob. 5,17; Tob. 5,17; Tob. 6,3; Tob. 6,4; Tob. 6,5; Tob. 6,11; Tob. 6,16; Tob. 6,16; Tob. 7,2; Tob. 7,12; Tob. 7,17; Tob. 8,2; Tob. 8,3; Tob. 8,4; Tob. 8,5; Tob. 8,15; Tob. 9,4; Tob. 10,1; Tob. 10,8; Tob. 10,9; Tob. 10,11; Tob. 10,13; Tob. 11,4; Tob. 11,6; Tob. 11,6; Tob. 11,6; Tob. 11,7; Tob. 11,10; Tob. 11,14; Tob. 11,15; Tob. 11,16; Tob. 11,17; Tob. 11,17; Tob. 11,19; Tob. 11,19; Tob. 12,4; Tob. 12,14; Tob. 12,22; Tob. 13,2; Tob. 13,2; Tob. 13,18; Tob. 14,4; Tob. 14,4; Tob. 14,5; Tob. 14,5; Tob. 14,5; Tob. 14,7; Tob. 14,8; 1Mac. 1,12; 1Mac. 1,28; 1Mac. 1,29; 1Mac. 1,41; 1Mac. 1,44; 1Mac. 1,52; 1Mac. 2,2; 1Mac. 2,3; 1Mac. 2,4; 1Mac. 2,5; 1Mac. 2,5; 1Mac. 2,8; 1Mac. 2,11; 1Mac. 2,27; 1Mac. 2,37; 1Mac. 2,42; 1Mac. 2,54; 1Mac. 2,63; 1Mac. 2,65; 1Mac. 3,1; 1Mac. 3,13; 1Mac. 3,25; 1Mac. 3,27; 1Mac. 3,37; 1Mac. 3,45; 1Mac. 4,11; 1Mac. 4,20; 1Mac. 4,20; 1Mac. 4,27; 1Mac. 4,27; 1Mac. 4,30; 1Mac. 4,30; 1Mac. 4,52; 1Mac. 4,55; 1Mac. 5,16; 1Mac. 5,17; 1Mac. 5,24; 1Mac. 5,24; 1Mac. 5,31; 1Mac. 5,43; 1Mac. 5,55; 1Mac. 5,56; 1Mac. 5,63; 1Mac. 6,1; 1Mac. 6,2; 1Mac. 6,2; 1Mac. 6,2; 1Mac. 6,3; 1Mac. 6,8; 1Mac. 6,10; 1Mac. 6,16; 1Mac. 6,17; 1Mac. 6,28; 1Mac. 6,30; 1Mac. 6,33; 1Mac. 6,37; 1Mac. 6,39; 1Mac. 6,43; 1Mac. 6,43; 1Mac. 6,48; 1Mac. 6,50; 1Mac. 6,54; 1Mac. 6,55; 1Mac. 6,57; 1Mac. 6,60; 1Mac. 6,61; 1Mac. 6,62; 1Mac. 7,1; 1Mac. 7,8; 1Mac. 7,17; 1Mac. 7,18; 1Mac. 7,18; 1Mac. 7,26; 1Mac. 7,30; 1Mac. 7,41; 1Mac. 7,48; 1Mac. 8,4; 1Mac. 8,10; 1Mac. 8,20; 1Mac. 8,21; 1Mac. 8,25; 1Mac. 8,27; 1Mac. 8,31; 1Mac. 9,7; 1Mac. 9,10; 1Mac. 9,13; 1Mac. 9,17; 1Mac. 9,29; 1Mac. 9,33; 1Mac. 9,39; 1Mac. 9,41; 1Mac. 9,45; 1Mac. 9,47; 1Mac. 10,1; 1Mac. 10,1; 1Mac. 10,2; 1Mac. 10,8; 1Mac. 10,15; 1Mac. 10,37; 1Mac. 10,46; 1Mac. 10,48; 1Mac. 10,49; 1Mac. 10,50; 1Mac. 10,50; 1Mac. 10,55; 1Mac. 10,58; 1Mac. 10,59; 1Mac. 10,61; 1Mac. 10,62; 1Mac. 10,63; 1Mac. 10,65; 1Mac. 10,68; 1Mac. 10,74; 1Mac. 10,81; 1Mac. 10,88; 1Mac. 11,5; 1Mac. 11,8; 1Mac. 11,14; 1Mac. 11,16; 1Mac. 11,17; 1Mac. 11,18; 1Mac. 11,26; 1Mac. 11,29; 1Mac. 11,34; 1Mac. 11,38; 1Mac. 11,40; 1Mac. 11,44; 1Mac. 11,46; 1Mac. 11,47; 1Mac. 11,52; 1Mac. 11,57; 1Mac. 11,70; 1Mac. 11,70; 1Mac. 12,1; 1Mac. 12,3; 1Mac. 12,6; 1Mac. 12,8; 1Mac. 12,27; 1Mac. 13,3; 1Mac. 13,15; 1Mac. 13,30; 1Mac. 13,35; 1Mac. 13,41; 1Mac. 13,42; 1Mac. 14,1; 1Mac. 14,2; 1Mac. 14,7; 1Mac. 14,12; 1Mac. 14,17; 1Mac. 14,25; 1Mac. 14,26; 1Mac. 14,29; 1Mac. 14,35; 1Mac. 14,38; 1Mac. 14,46; 1Mac. 15,25; 1Mac. 15,32; 1Mac. 15,36; 1Mac. 15,38; 1Mac. 15,39; 1Mac. 15,41; 1Mac. 16,2; 1Mac. 16,6; 1Mac. 16,9; 1Mac. 16,11; 1Mac. 16,14; 1Mac. 16,15; 1Mac. 16,21; 2Mac. 1,2; 2Mac. 1,13; 2Mac. 1,17; 2Mac. 1,18; 2Mac. 1,24; 2Mac. 1,24; 2Mac. 1,24; 2Mac. 1,24; 2Mac. 1,25; 2Mac. 1,25; 2Mac. 1,25; 2Mac. 1,25; 2Mac. 1,27; 2Mac. 1,31; 2Mac. 1,34; 2Mac. 1,35; 2Mac. 2,1; 2Mac. 2,2; 2Mac. 2,4; 2Mac. 2,4; 2Mac. 2,5; 2Mac. 2,7; 2Mac. 2,7; 2Mac. 2,7; 2Mac. 2,8; 2Mac. 2,8; 2Mac. 2,8; 2Mac. 2,12; 2Mac. 2,17; 2Mac. 2,17; 2Mac. 3,7; 2Mac. 3,7; 2Mac. 3,8; 2Mac. 3,11; 2Mac. 3,13; 2Mac. 3,23; 2Mac. 3,24; 2Mac. 3,25; 2Mac. 3,29; 2Mac. 3,32; 2Mac. 3,32; 2Mac. 3,33; 2Mac. 3,35; 2Mac. 3,39; 2Mac. 4,1; 2Mac. 4,4; 2Mac. 4,7; 2Mac. 4,17; 2Mac. 4,19; 2Mac. 4,24; 2Mac. 4,26; 2Mac. 4,26; 2Mac. 4,27; 2Mac. 4,29; 2Mac. 4,31; 2Mac. 4,32; 2Mac. 4,33; 2Mac. 4,34; 2Mac. 4,34; 2Mac. 4,37; 2Mac. 4,40; 2Mac. 4,45; 2Mac. 4,46; 2Mac. 4,50; 2Mac. 5,1; 2Mac. 5,5; 2Mac. 5,5; 2Mac. 5,6; 2Mac. 5,9; 2Mac. 5,10; 2Mac. 5,17; 2Mac. 5,17; 2Mac. 5,18; 2Mac. 5,18; 2Mac. 5,19; 2Mac. 5,20; 2Mac. 5,20; 2Mac. 5,27; 2Mac. 6,1; 2Mac. 6,14; 2Mac. 6,19; 2Mac. 6,23; 2Mac. 7,3; 2Mac. 7,6; 2Mac. 7,8; 2Mac. 7,8; 2Mac. 7,9; 2Mac. 7,10; 2Mac. 7,16; 2Mac. 7,23; 2Mac. 7,23; 2Mac. 7,25; 2Mac. 7,28; 2Mac. 7,30; 2Mac. 7,33; 2Mac. 7,39; 2Mac. 8,1; 2Mac. 8,5; 2Mac. 8,8; 2Mac. 8,9; 2Mac. 8,10; 2Mac. 8,16; 2Mac. 8,34; 2Mac. 8,34; 2Mac. 8,36; 2Mac. 9,5; 2Mac. 9,5; 2Mac. 9,7; 2Mac. 9,8; 2Mac. 9,13; 2Mac. 9,23; 2Mac. 9,29; 2Mac. 10,5; 2Mac. 10,12; 2Mac. 10,19; 2Mac. 10,24; 2Mac. 10,26; 2Mac. 10,32; 2Mac. 11,7; 2Mac. 11,12; 2Mac. 11,15; 2Mac. 11,15; 2Mac. 11,15; 2Mac. 11,15; 2Mac. 11,35; 2Mac. 12,1; 2Mac. 12,2; 2Mac. 12,2; 2Mac. 12,20; 2Mac. 12,21; 2Mac. 12,23; 2Mac. 12,24; 2Mac. 12,35; 2Mac. 12,40; 2Mac. 12,42; 2Mac. 13,4; 2Mac. 13,9; 2Mac. 13,12; 2Mac. 13,22; 2Mac. 14,6; 2Mac. 14,17; 2Mac. 14,18; 2Mac. 14,23; 2Mac. 14,27; 2Mac. 14,30; 2Mac. 14,31; 2Mac. 14,32; 2Mac. 15,3; 2Mac. 15,3; 2Mac. 15,4; 2Mac. 15,4; 2Mac. 15,5; 2Mac. 15,5; 2Mac. 15,6; 2Mac. 15,7; 2Mac. 15,14; 2Mac. 15,14; 2Mac. 15,18; 2Mac. 15,18; 2Mac. 15,21; 2Mac. 15,30; 2Mac. 15,30; 2Mac. 15,34; 3Mac. 1,3; 3Mac. 1,11; 3Mac. 2,3; 3Mac. 2,14; 3Mac. 2,21; 3Mac. 3,1; 3Mac. 3,30; 3Mac. 4,16; 3Mac. 5,3; 3Mac. 5,4; 3Mac. 5,14; 3Mac. 5,16; 3Mac. 5,18; 3Mac. 5,23; 3Mac. 5,26; 3Mac. 5,29; 3Mac. 5,30; 3Mac. 5,33; 3Mac. 5,34; 3Mac. 5,36; 3Mac. 5,42; 3Mac. 5,45; 3Mac. 5,47; 3Mac. 6,10; 3Mac. 6,11; 3Mac. 6,12; 3Mac. 6,16; 3Mac. 6,18; 3Mac. 6,29; 3Mac. 6,30; 3Mac. 6,33; 3Mac. 6,39; 3Mac. 6,41; 3Mac. 7,12; 3Mac. 7,17; 3Mac. 7,23; 4Mac. 1,1; 4Mac. 1,2; 4Mac. 1,3; 4Mac. 1,5; 4Mac. 1,6; 4Mac. 1,7; 4Mac. 1,9; 4Mac. 1,13; 4Mac. 1,14; 4Mac. 1,19; 4Mac. 1,29; 4Mac. 1,30; 4Mac. 1,30; 4Mac. 1,32; 4Mac. 1,33; 4Mac. 2,2; 4Mac. 2,4; 4Mac. 2,5; 4Mac. 2,6; 4Mac. 2,6; 4Mac. 2,7; 4Mac. 2,9; 4Mac. 2,10; 4Mac. 2,14; 4Mac. 2,15; 4Mac. 2,16; 4Mac. 2,18; 4Mac. 2,19; 4Mac. 2,19; 4Mac. 2,20; 4Mac. 2,21; 4Mac. 2,24; 4Mac. 3,1; 4Mac. 3,1; 4Mac. 3,2; 4Mac. 3,4; 4Mac. 3,5; 4Mac. 3,7; 4Mac. 3,8; 4Mac. 3,10;

Ο, ο

4Mac. 3,15; 4Mac. 3,17; 4Mac. 3,19; 4Mac. 4,4; 4Mac. 4,8; 4Mac. 4,11; 4Mac. 4,13; 4Mac. 4,13; 4Mac. 4,14; 4Mac. 4,15; 4Mac. 4,15; 4Mac. 4,18; 4Mac. 5,1; 4Mac. 5,5; 4Mac. 5,14; 4Mac. 5,18; 4Mac. 5,21; 4Mac. 5,25; 4Mac. 6,5; 4Mac. 6,6; 4Mac. 6,9; 4Mac. 6,10; 4Mac. 6,16; 4Mac. 6,26; 4Mac. 6,30; 4Mac. 6,31; 4Mac. 7,1; 4Mac. 7,4; 4Mac. 7,5; 4Mac. 7,11; 4Mac. 7,12; 4Mac. 7,16; 4Mac. 7,23; 4Mac. 8,2; 4Mac. 8,4; 4Mac. 8,10; 4Mac. 8,13; 4Mac. 8,25; 4Mac. 9,6; 4Mac. 9,10; 4Mac. 9,13; 4Mac. 9,17; 4Mac. 9,17; 4Mac. 9,20; 4Mac. 9,20; 4Mac. 9,21; 4Mac. 9,25; 4Mac. 9,28; 4Mac. 10,1; 4Mac. 10,2; 4Mac. 10,14; 4Mac. 10,17; 4Mac. 10,18; 4Mac. 10,18; 4Mac. 10,21; 4Mac. 11,1; 4Mac. 11,13; 4Mac. 11,13; 4Mac. 11,20; 4Mac. 12,1; 4Mac. 12,2; 4Mac. 12,7; 4Mac. 13,1; 4Mac. 13,11; 4Mac. 13,11; 4Mac. 13,12; 4Mac. 14,11; 4Mac. 15,23; 4Mac. 16,1; 4Mac. 16,16; 4Mac. 16,20; 4Mac. 16,21; 4Mac. 17,11; 4Mac. 17,14; 4Mac. 17,14; 4Mac. 17,14; 4Mac. 17,17; 4Mac. 17,19; 4Mac. 17,23; 4Mac. 17,23; 4Mac. 18,2; 4Mac. 18,5; 4Mac. 18,9; 4Mac. 18,20; Psa. 1,4; Psa. 1,4; Psa. 2,4; Psa. 2,4; Psa. 2,12; Psa. 3,8; Psa. 4,2; Psa. 5,3; Psa. 5,3; Psa. 5,10; Psa. 5,11; Psa. 6,6; Psa. 6,8; Psa. 7,2; Psa. 7,4; Psa. 7,6; Psa. 7,7; Psa. 7,10; Psa. 7,12; Psa. 7,17; Psa. 8,2; Psa. 8,10; Psa. 9,5; Psa. 9,6; Psa. 9,8; Psa. 9,14; Psa. 9,16; Psa. 9,17; Psa. 9,19; Psa. 9,23; Psa. 9,24; Psa. 9,24; Psa. 9,25; Psa. 9,25; Psa. 9,32; Psa. 9,33; Psa. 9,34; Psa. 9,35; Psa. 10,3; Psa. 10,4; Psa. 10,5; Psa. 12,3; Psa. 12,4; Psa. 12,5; Psa. 13,3; Psa. 13,5; Psa. 14,4; Psa. 14,5; Psa. 15,5; Psa. 16,6; Psa. 16,7; Psa. 17,3; Psa. 17,8; Psa. 17,14; Psa. 17,29; Psa. 17,31; Psa. 17,33; Psa. 17,33; Psa. 17,34; Psa. 17,42; Psa. 17,47; Psa. 17,47; Psa. 17,48; Psa. 17,48; Psa. 17,49; Psa. 18,5; Psa. 18,8; Psa. 18,10; Psa. 18,12; Psa. 20,2; Psa. 20,8; Psa. 21,2; Psa. 21,3; Psa. 21,4; Psa. 21,10; Psa. 21,12; Psa. 21,14; Psa. 21,26; Psa. 21,32; Psa. 23,7; Psa. 23,8; Psa. 23,9; Psa. 23,10; Psa. 23,10; Psa. 24,1; Psa. 24,5; Psa. 24,5; Psa. 24,8; Psa. 24,12; Psa. 24,22; Psa. 25,12; Psa. 26,9; Psa. 26,9; Psa. 26,10; Psa. 26,10; Psa. 27,1; Psa. 28,3; Psa. 28,6; Psa. 29,3; Psa. 29,13; Psa. 30,5; Psa. 30,6; Psa. 30,10; Psa. 30,15; Psa. 32,4; Psa. 32,12; Psa. 32,13; Psa. 32,15; Psa. 32,15; Psa. 33,7; Psa. 33,7; Psa. 33,9; Psa. 33,13; Psa. 33,18; Psa. 34,23; Psa. 34,23; Psa. 34,24; Psa. 34,27; Psa. 35,2; Psa. 35,8; Psa. 36,10; Psa. 36,12; Psa. 36,13; Psa. 36,21; Psa. 36,21; Psa. 36,31; Psa. 36,32; Psa. 36,33; Psa. 36,36; Psa. 37,10; Psa. 37,16; Psa. 37,22; Psa. 38,8; Psa. 38,10; Psa. 39,6; Psa. 39,9; Psa. 39,17; Psa. 39,18; Psa. 40,2; Psa. 40,2; Psa. 40,9; Psa. 40,10; Psa. 40,10; Psa. 40,12; Psa. 40,14; Psa. 41,2; Psa. 41,4; Psa. 41,6; Psa. 41,11; Psa. 41,12; Psa. 42,1; Psa. 42,2; Psa. 42,4; Psa. 42,4; Psa. 42,5; Psa. 43,4; Psa. 43,4; Psa. 43,4; Psa. 43,5; Psa. 43,5; Psa. 43,5; Psa. 43,22; Psa. 44,3; Psa. 44,7; Psa. 44,7; Psa. 44,8; Psa. 44,8; Psa. 44,12; Psa. 44,12; Psa. 45,5; Psa. 45,6; Psa. 45,6; Psa. 45,8; Psa. 45,11; Psa. 45,12; Psa. 46,6; Psa. 46,8; Psa. 46,9; Psa. 46,9; Psa. 47,4; Psa. 47,9; Psa. 47,10; Psa. 47,11; Psa. 47,15; Psa. 47,15; Psa. 48,16; Psa. 49,2; Psa. 49,3; Psa. 49,6; Psa. 49,7; Psa. 49,7; Psa. 49,16; Psa. 49,22; Psa. 50,3; Psa. 50,12; Psa. 50,16; Psa. 50,16; Psa. 50,19; Psa. 51,3; Psa. 51,7; Psa. 52,3; Psa. 52,6; Psa. 52,6; Psa. 53,4; Psa. 53,6; Psa. 53,6; Psa. 53,9; Psa. 54,2; Psa. 54,13; Psa. 54,17; Psa. 54,20; Psa. 54,20; Psa. 54,24; Psa. 55,8; Psa. 55,13; Psa. 56,2; Psa. 56,4; Psa. 56,6; Psa. 56,8; Psa. 56,12; Psa. 57,7; Psa. 57,9; Psa. 57,12; Psa. 58,2; Psa. 58,6; Psa. 58,6; Psa. 58,10; Psa. 58,11; Psa. 58,11; Psa. 58,12; Psa. 58,14; Psa. 58,18; Psa. 58,18; Psa. 59,8; Psa. 59,12; Psa. 59,12; Psa. 59,12; Psa. 60,2; Psa. 60,6; Psa. 61,8; Psa. 61,9; Psa. 61,12; Psa. 62,2; Psa. 62,12; Psa. 62,12; Psa. 63,2; Psa. 63,8; Psa. 64,2; Psa. 64,5; Psa. 64,6; Psa. 64,6; Psa. 64,8; Psa. 64,10; Psa. 65,6; Psa. 65,10; Psa. 65,19; Psa. 65,20; Psa. 66,4; Psa. 66,6; Psa. 66,7; Psa. 66,7; Psa. 66,8; Psa. 67,2; Psa. 67,6; Psa. 67,7; Psa. 67,8; Psa. 67,10; Psa. 67,11; Psa. 67,13; Psa. 67,17; Psa. 67,17; Psa. 67,18; Psa. 67,19; Psa. 67,20; Psa. 67,21; Psa. 67,22; Psa. 67,24; Psa. 67,25; Psa. 67,29; Psa. 67,29; Psa. 67,36; Psa. 67,36; Psa. 67,36; Psa. 68,2; Psa. 68,4; Psa. 68,6; Psa. 68,7; Psa. 68,10; Psa. 68,14; Psa. 68,25; Psa. 68,26; Psa. 68,30; Psa. 68,34; Psa. 68,36; Psa. 69,5; Psa. 69,6; Psa. 70,4; Psa. 70,11; Psa. 70,12; Psa. 70,12; Psa. 70,17; Psa. 70,18; Psa. 70,19; Psa. 70,19; Psa. 70,22; Psa. 70,22; Psa. 71,16; Psa. 71,18; Psa. 71,18; Psa. 71,18; Psa. 72,1; Psa. 72,10; Psa. 72,11; Psa. 72,14; Psa. 72,26; Psa. 72,26; Psa. 73,1; Psa. 73,1; Psa. 73,3; Psa. 73,10; Psa. 73,10; Psa. 73,10; Psa. 73,12; Psa. 73,22; Psa. 74,2; Psa. 74,8; Psa. 74,9; Psa. 75,2; Psa. 75,3; Psa. 75,7; Psa. 76,10; Psa. 76,14; Psa. 76,14; Psa. 76,15; Psa. 76,15; Psa. 76,17; Psa. 77,19; Psa. 77,35; Psa. 77,35; Psa. 77,35; Psa. 77,59; Psa. 77,65; Psa. 78,3; Psa. 78,5; Psa. 78,9; Psa. 78,9; Psa. 78,10; Psa. 78,11; Psa. 79,2; Psa. 79,2; Psa. 79,4; Psa. 79,5; Psa. 79,8; Psa. 79,15; Psa. 79,20; Psa. 80,11; Psa. 80,11; Psa. 80,12; Psa. 80,14; Psa. 80,16; Psa. 81,8; Psa. 82,2; Psa. 82,10; Psa. 82,14; Psa. 83,4; Psa. 83,4; Psa. 83,7; Psa. 83,8; Psa. 83,9; Psa. 83,9; Psa. 83,10; Psa. 83,12; Psa. 83,13; Psa. 84,5; Psa. 84,7; Psa. 84,7; Psa. 84,9; Psa. 84,13; Psa. 85,2; Psa. 85,10; Psa. 85,10; Psa. 85,12; Psa. 85,14; Psa. 85,15; Psa. 86,5; Psa. 87,2; Psa. 87,8; Psa. 88,8; Psa. 88,9; Psa. 88,14; Psa. 88,16; Psa. 88,16; Psa. 88,22; Psa. 88,37; Psa. 88,37; Psa. 88,38; Psa. 89,8; Psa. 90,2; Psa. 91,12; Psa. 91,16; Psa. 92,2; Psa. 92,4; Psa. 93,1; Psa. 93,2; Psa. 93,7; Psa. 93,9; Psa. 93,9; Psa. 93,10; Psa. 93,10; Psa. 93,18; Psa. 93,20; Psa. 93,22; Psa. 93,23; Psa. 94,7; Psa. 95,1; Psa. 95,5; Psa. 96,9; Psa. 97,1; Psa. 97,1; Psa. 98,1; Psa. 98,8; Psa. 98,8; Psa. 98,9; Psa. 99,3; Psa. 101,19; Psa. 101,28; Psa. 102,6; Psa. 102,8; Psa. 103,1; Psa. 103,3; Psa. 103,3; Psa. 103,3; Psa. 103,4; Psa. 103,10; Psa. 103,19; Psa. 103,22; Psa. 103,32; Psa. 103,32; Psa. 104,7; Psa. 104,38; Psa. 105,23; Psa. 105,47; Psa. 105,48; Psa. 105,48; Psa. 106,12; Psa. 106,27; Psa. 107,2; Psa. 107,6; Psa. 107,8; Psa. 107,12; Psa. 107,12; Psa. 107,12; Psa. 108,26; Psa. 108,28; Psa. 109,1; Psa. 110,4; Psa. 111,1; Psa. 111,5; Psa. 112,4; Psa. 112,5; Psa. 112,5; Psa. 112,7; Psa. 112,9; Psa. 113,3; Psa. 113,10; Psa. 113,11; Psa. 113,24; Psa. 114,5; Psa. 114,5; Psa. 114,6; Psa. 115,6; Psa. 117,13; Psa. 117,14; Psa. 117,18; Psa. 117,24; Psa. 117,26; Psa. 118,9; Psa. 118,23; Psa. 118,72; Psa. 118,77; Psa. 118,85; Psa. 118,89; Psa. 118,92; Psa. 118,105; Psa. 118,139; Psa. 118,140; Psa. 118,142; Psa. 118,162; Psa. 118,174; Psa. 120,3; Psa. 120,4; Psa. 120,6; Psa. 124,1; Psa. 126,1; Psa. 126,3; Psa. 127,4; Psa. 128,7; Psa. 128,7; Psa. 129,4; Psa. 133,3; Psa. 134,4; Psa. 134,5; Psa. 134,6; Psa. 134,7; Psa. 134,21; Psa. 135,23; Psa. 135,25; Psa. 136,7; Psa. 138,17; Psa. 138,19; Psa. 138,23; Psa. 141,5; Psa. 141,5; Psa. 142,1; Psa. 142,3; Psa. 142,10; Psa. 143,1; Psa. 143,1; Psa. 143,2; Psa. 143,9; Psa. 143,15; Psa. 143,15; Psa. 144,1; Psa. 144,1; Psa. 144,8; Psa. 145,5; Psa. 145,10; Psa. 146,2; Psa. 146,3; Psa. 146,4; Psa. 146,5; Psa. 146,6; Psa. 147,3; Psa. 147,4; Psa. 147,4; Psa. 151,1; Ode. 1,9; Ode. 1,16; Ode. 1,16; Ode. 2,8; Ode. 2,15; Ode. 2,30; Ode. 2,30; Ode. 2,31; Ode. 2,33; Ode. 2,35; Ode. 3,2; Ode. 3,10; Ode. 3,10; Ode. 3,10; Ode. 3,10; Ode. 4,3; Ode. 4,3; Ode. 4,8; Ode. 4,11; Ode. 4,19; Ode. 5,9; Ode. 5,10; Ode. 5,10; Ode. 5,11; Ode. 5,12; Ode. 5,13; Ode. 6,7; Ode. 7,26; Ode. 7,45; Ode. 8,52; Ode. 8,54; Ode. 9,49; Ode. 9,68; Ode. 10,7; Ode. 11,12; Ode. 12,1; Ode. 12,2; Ode. 12,3; Ode. 12,3; Ode. 12,8; Ode. 12,13; Ode. 14,16; Ode. 14,17; Ode. 14,18; Ode. 14,19; Ode. 14,21; Ode. 14,23; Ode. 14,34; Ode. 14,43; Prov. 1,5; Prov. 1,33; Prov. 3,6; Prov. 3,19; Prov. 3,23; Prov. 3,26; Prov. 4,4; Prov. 4,16; Prov. 4,27a; Prov. 6,11a; Prov. 6,13; Prov. 6,14; Prov. 6,16; Prov. 6,29; Prov. 6,29; Prov. 6,32; Prov. 7,19; Prov. 7,22; Prov. 7,27; Prov. 8,7; Prov. 9,12a; Prov. 9,18; Prov. 10,8; Prov. 10,9; Prov. 10,10; Prov. 10,10; Prov. 11,8; Prov. 11,17; Prov. 11,21; Prov. 11,26; Prov. 11,28; Prov. 11,28; Prov. 11,29; Prov. 11,31;

Prov. 11,31; Prov. 12,1; Prov. 12,1; Prov. 12,2; Prov. 12,11; Prov. 12,13a; Prov. 12,13a; Prov. 12,17; Prov. 12,22; Prov. 13,3; Prov. 13,8; Prov. 13,11; Prov. 13,13; Prov. 13,14; Prov. 13,16; Prov. 13,18; Prov. 13,20; Prov. 13,20; Prov. 13,24; Prov. 14,2; Prov. 14,2; Prov. 14,16; Prov. 14,21; Prov. 14,23; Prov. 14,29; Prov. 14,31; Prov. 14,31; Prov. 14,32; Prov. 15,4; Prov. 15,5; Prov. 15,18a; Prov. 15,23; Prov. 15,27; Prov. 15,27; Prov. 15,29; Prov. 15,32; Prov. 16,8; Prov. 16,9; Prov. 16,12; Prov. 16,17; Prov. 16,17; Prov. 16,26; Prov. 16,32; Prov. 17,5; Prov. 17,5; Prov. 17,5; Prov. 17,6a; Prov. 17,11; Prov. 17,16a; Prov. 17,18; Prov. 17,20; Prov. 18,9; Prov. 18,17; Prov. 18,22a; Prov. 19,4; Prov. 19,5; Prov. 19,6; Prov. 19,7; Prov. 19,8; Prov. 19,16; Prov. 19,17; Prov. 19,23; Prov. 19,24; Prov. 19,26; Prov. 19,28; Prov. 20,1; Prov. 20,2; Prov. 20,4; Prov. 20,11; Prov. 21,6; Prov. 21,8; Prov. 21,11; Prov. 21,13; Prov. 21,14; Prov. 21,26; Prov. 21,29; Prov. 22,2; Prov. 22,5; Prov. 22,8; Prov. 22,8a; Prov. 22,9; Prov. 22,9a; Prov. 22,14; Prov. 22,16; Prov. 22,23; Prov. 23,11; Prov. 23,25; Prov. 23,32; Prov. 24,12; Prov. 24,13; Prov. 24,16; Prov. 24,17; Prov. 24,22d; Prov. 25,5; Prov. 25,8; Prov. 25,10; Prov. 25,18; Prov. 25,21; Prov. 25,22; Prov. 26,6; Prov. 26,17; Prov. 26,17; Prov. 26,18; Prov. 26,25; Prov. 26,26; Prov. 26,27; Prov. 26,27; Prov. 27,2; Prov. 28,8; Prov. 28,9; Prov. 28,13; Prov. 28,13; Prov. 28,14; Prov. 28,16; Prov. 28,17; Prov. 28,18; Prov. 28,18; Prov. 28,19; Prov. 28,19; Prov. 28,20; Prov. 28,21; Prov. 28,23; Prov. 28,26; Prov. 29,7; Prov. 29,13; Prov. 29,14; Prov. 29,18; Prov. 29,25; Prov. 30,1; Prov. 24,24; Prov. 31,18; Prov. 31,21; Prov. 31,23; Prov. 31,28; Prov. 31,31; Eccl. 1,2; Eccl. 1,5; Eccl. 1,5; Eccl. 1,13; Eccl. 1,18; Eccl. 2,12; Eccl. 2,14; Eccl. 2,16; Eccl. 3,10; Eccl. 3,11; Eccl. 3,11; Eccl. 3,13; Eccl. 3,14; Eccl. 3,14; Eccl. 3,15; Eccl. 3,16; Eccl. 3,16; Eccl. 3,17; Eccl. 3,18; Eccl. 3,19; Eccl. 3,19; Eccl. 3,19; Eccl. 3,22; Eccl. 4,5; Eccl. 4,10; Eccl. 4,11; Eccl. 4,12; Eccl. 5,1; Eccl. 5,5; Eccl. 5,13; Eccl. 5,17; Eccl. 5,18; Eccl. 5,18; Eccl. 5,19; Eccl. 6,2; Eccl. 6,2; Eccl. 6,8; Eccl. 7,2; Eccl. 7,13; Eccl. 7,14; Eccl. 7,14; Eccl. 7,27; Eccl. 7,29; Eccl. 8,5; Eccl. 8,9; Eccl. 8,15; Eccl. 8,17; Eccl. 8,17; Eccl. 9,1; Eccl. 9,2; Eccl. 9,2; Eccl. 9,2; Eccl. 9,2; Eccl. 9,4; Eccl. 9,4; Eccl. 9,7; Eccl. 9,11; Eccl. 9,11; Eccl. 9,12; Eccl. 10,6; Eccl. 10,8; Eccl. 10,11; Eccl. 10,14; Eccl. 10,14; Eccl. 10,16; Eccl. 10,17; Eccl. 10,20; Eccl. 11,8; Eccl. 11,9; Eccl. 12,2; Eccl. 12,5; Eccl. 12,6; Eccl. 12,7; Eccl. 12,8; Eccl. 12,13; Eccl. 12,14; Song 1,4; Song 1,6; Song 1,12; Song 1,16; Song 2,11; Song 2,11; Song 2,16; Song 3,9; Song 4,4; Song 6,1; Song 6,1; Song 6,3; Song 6,10; Song 7,10; Song 7,13; Job 1,1; Job 1,3; Job 1,6; Job 1,7; Job 1,7; Job 1,8; Job 1,9; Job 1,12; Job 1,12; Job 1,21; Job 1,21; Job 2,1; Job 2,2; Job 2,2; Job 2,3; Job 2,4; Job 2,6; Job 2,7; Job 2,10; Job 2,11; Job 2,11; Job 3,4; Job 3,8; Job 3,8; Job 3,15; Job 3,23; Job 4,1; Job 4,6; Job 5,4; Job 5,13; Job 5,17; Job 5,24; Job 6,4; Job 6,8; Job 6,9; Job 6,11; Job 6,26; Job 6,30; Job 7,1; Job 7,6; Job 7,7; Job 7,10; Job 7,16; Job 7,20; Job 8,1; Job 8,3; Job 8,3; Job 8,9; Job 8,14; Job 8,16; Job 8,18; Job 8,20; Job 9,5; Job 9,5; Job 9,6; Job 9,7; Job 9,8; Job 9,9; Job 9,10; Job 9,25; Job 9,33; Job 9,34; Job 10,5; Job 10,7; Job 10,20; Job 11,1; Job 11,2; Job 11,3; Job 11,5; Job 11,7; Job 11,8; Job 11,19; Job 12,25; Job 13,1; Job 13,15; Job 13,19; Job 13,21; Job 14,5; Job 14,6; Job 14,7; Job 14,12; Job 15,1; Job 15,20; Job 15,21; Job 15,32; Job 16,11; Job 16,19; Job 16,19; Job 16,20; Job 17,13; Job 18,1; Job 18,6; Job 18,8; Job 18,19; Job 18,21; Job 19,3; Job 19,6; Job 19,6; Job 19,22; Job 19,25; Job 19,27; Job 20,1; Job 20,9; Job 20,27; Job 21,8; Job 21,22; Job 21,22; Job 21,25; Job 21,30; Job 22,1; Job 22,2; Job 22,2; Job 22,12; Job 22,13; Job 22,17; Job 22,21; Job 22,25; Job 23,13; Job 23,16; Job 24,25; Job 25,1; Job 25,2; Job 26,6; Job 26,9; Job 27,2; Job 27,2; Job 27,18; Job 28,10; Job 28,22; Job 28,23; Job 29,2; Job 29,3; Job 29,4; Job 29,7; Job 30,31; Job 31,2; Job 31,5; Job 31,6; Job 31,7; Job 31,14; Job 31,22; Job 31,22; Job 32,2; Job 32,2; Job 32,6; Job 32,6; Job 32,7; Job 33,7; Job 33,12; Job 33,14; Job 33,29; Job 34,5; Job 34,12; Job 34,13; Job 34,18; Job 34,23; Job 34,24; Job 34,25; Job 34,31; Job 35,10; Job 35,10; Job 35,10; Job 35,11; Job 35,13; Job 35,13; Job 36,5; Job 36,19; Job 36,22; Job 36,23; Job 36,23; Job 36,26; Job 37,5; Job 37,15; Job 37,23; Job 38,1; Job 38,2; Job 38,5; Job 38,6; Job 38,19; Job 38,28; Job 38,29; Job 38,37; Job 39,5; Job 39,17; Job 40,1; Job 40,6; Job 40,23; Job 41,2; Job 42,3; Job 42,5; Job 42,7; Job 42,7; Job 42,8; Job 42,9; Job 42,9; Job 42,9; Job 42,10; Job 42,10; Job 42,11; Job 42,12; Job 42,15; Job 42,17a; Job 42,17d; Job 42,17d; Job 42,17d; Job 42,17d; Job 42,17e; Job 42,17e; Wis. 1,6; Wis. 1,13; Wis. 2,1; Wis. 2,1; Wis. 2,2; Wis. 2,4; Wis. 2,5; Wis. 2,9; Wis. 2,15; Wis. 2,18; Wis. 2,23; Wis. 3,5; Wis. 3,11; Wis. 3,14; Wis. 4,5; Wis. 4,17; Wis. 4,18; Wis. 5,1; Wis. 5,5; Wis. 5,6; Wis. 5,12; Wis. 5,15; Wis. 5,20; Wis. 6,6; Wis. 6,7; Wis. 6,14; Wis. 6,15; Wis. 7,9; Wis. 7,15; Wis. 7,28; Wis. 8,3; Wis. 8,10; Wis. 8,21; Wis. 9,1; Wis. 9,13; Wis. 11,22; Wis. 12,10; Wis. 13,3; Wis. 13,3; Wis. 13,4; Wis. 13,5; Wis. 14,8; Wis. 14,8; Wis. 14,9; Wis. 14,19; Wis. 15,1; Wis. 15,7; Wis. 15,10; Wis. 16,7; Wis. 16,8; Wis. 16,12; Wis. 16,12; Wis. 16,17; Wis. 17,4; Wis. 17,19; Wis. 18,15; Wis. 18,24; Wis. 18,25; Wis. 19,5; Wis. 19,10; Sir. 1,7 Prol.; Sir. 1,24 Prol.; Sir. 2,8; Sir. 2,11; Sir. 2,14; Sir. 3,2; Sir. 3,3; Sir. 3,4; Sir. 3,4; Sir. 3,5; Sir. 3,6; Sir. 3,6; Sir. 3,16; Sir. 3,16; Sir. 3,26; Sir. 3,27; Sir. 3,31; Sir. 4,6; Sir. 4,12; Sir. 4,13; Sir. 4,14; Sir. 4,15; Sir. 4,15; Sir. 4,28; Sir. 5,3; Sir. 5,4; Sir. 5,6; Sir. 5,9; Sir. 5,9; Sir. 5,10; Sir. 5,15; Sir. 5,15; Sir. 6,14; Sir. 6,17; Sir. 6,17; Sir. 6,19; Sir. 6,19; Sir. 6,36; Sir. 7,11; Sir. 7,13; Sir. 9,10; Sir. 9,15; Sir. 9,17; Sir. 9,18; Sir. 10,13; Sir. 10,14; Sir. 10,15; Sir. 10,16; Sir. 10,20; Sir. 10,31; Sir. 10,31; Sir. 11,3; Sir. 11,5; Sir. 11,30; Sir. 12,6; Sir. 12,8; Sir. 12,8; Sir. 12,9; Sir. 12,10; Sir. 12,16; Sir. 12,16; Sir. 13,1; Sir. 13,12; Sir. 13,24; Sir. 14,3; Sir. 14,4; Sir. 14,5; Sir. 14,8; Sir. 14,19; Sir. 14,21; Sir. 14,23; Sir. 14,24; Sir. 15,1; Sir. 15,10; Sir. 15,13; Sir. 15,17; Sir. 16,5; Sir. 16,12; Sir. 16,18; Sir. 16,18; Sir. 17,19; Sir. 19,1; Sir. 19,2; Sir. 19,4; Sir. 19,5; Sir. 19,6; Sir. 20,3; Sir. 20,4; Sir. 20,7; Sir. 20,8; Sir. 20,8; Sir. 20,13; Sir. 20,15; Sir. 20,25; Sir. 20,28; Sir. 20,28; Sir. 21,6; Sir. 21,7; Sir. 21,7; Sir. 21,8; Sir. 21,15; Sir. 21,24; Sir. 21,28; Sir. 22,2; Sir. 22,9; Sir. 22,10; Sir. 22,20; Sir. 22,26; Sir. 23,3; Sir. 23,7; Sir. 23,10; Sir. 23,11; Sir. 23,18; Sir. 23,19; Sir. 24,4; Sir. 24,8; Sir. 24,8; Sir. 24,22; Sir. 24,25; Sir. 24,26; Sir. 24,27; Sir. 24,28; Sir. 24,28; Sir. 24,31; Sir. 25,8; Sir. 25,9; Sir. 25,10; Sir. 25,11; Sir. 25,18; Sir. 26,1; Sir. 26,7; Sir. 26,7; Sir. 26,28; Sir. 27,1; Sir. 27,3; Sir. 27,6; Sir. 27,11; Sir. 27,13; Sir. 27,21; Sir. 27,24; Sir. 27,25; Sir. 27,26; Sir. 27,26; Sir. 27,27; Sir. 28,1; Sir. 28,10; Sir. 28,16; Sir. 28,19; Sir. 28,20; Sir. 28,21; Sir. 28,21; Sir. 29,1; Sir. 29,14; Sir. 29,27; Sir. 30,2; Sir. 30,3; Sir. 30,4; Sir. 30,19; Sir. 31,5; Sir. 31,25; Sir. 32,15; Sir. 32,15; Sir. 32,24; Sir. 32,24; Sir. 33,2; Sir. 33,3; Sir. 33,5; Sir. 34,2; Sir. 34,9; Sir. 34,10; Sir. 34,14; Sir. 34,19; Sir. 34,20; Sir. 34,21; Sir. 34,22; Sir. 34,22; Sir. 34,24; Sir. 35,1; Sir. 35,2; Sir. 35,18; Sir. 35,19; Sir. 36,1; Sir. 36,8; Sir. 36,17; Sir. 36,23; Sir. 36,24; Sir. 37,26; Sir. 37,31; Sir. 38,15; Sir. 38,24; Sir. 38,25; Sir. 39,6; Sir. 40,10; Sir. 40,18; Sir. 40,29; Sir. 42,17; Sir. 42,18; Sir. 43,5; Sir. 43,28; Sir. 43,33; Sir. 44,2; Sir. 46,4; Sir. 46,6; Sir. 46,9; Sir. 46,17; Sir. 47,13; Sir. 47,22; Sir. 48,1; Sir. 48,5; Sir. 48,6; Sir. 48,8; Sir. 48,9; Sir. 48,10; Sir. 48,15; Sir. 48,16; Sir. 48,20; Sir. 48,21; Sir. 48,22; Sir. 48,22; Sir. 48,23; Sir. 50,1; Sir. 50,4; Sir. 50,17; Sir. 50,19; Sir. 50,26; Sir. 50,26; Sir. 50,26; Sir. 50,27; Sir. 51,7; Sir. 51,15; Sol. 1,4; Sol. 2,6; Sol. 2,9; Sol. 2,10; Sol. 2,11; Sol. 2,15; Sol. 2,15; Sol. 2,18; Sol. 2,21; Sol. 2,25; Sol. 2,26; Sol. 2,27; Sol. 2,29; Sol. 2,31; Sol. 2,36; Sol. 3,5; Sol. 3,5; Sol. 3,7; Sol. 3,8; Sol. 4,2; Sol. 4,6; Sol. 4,7; Sol. 4,15; Sol. 4,17; Sol. 4,23; Sol. 4,24; Sol. 4,24;

O, o

ὀ

Sol. 5,1; Sol. 5,4; Sol. 5,5; Sol. 5,8; Sol. 5,11; Sol. 5,16; Sol. 5,16; Sol. 6,6; Sol. 6,6; Sol. 7,1; Sol. 7,2; Sol. 7,2; Sol. 8,3; Sol. 8,8; Sol. 8,14; Sol. 8,19; Sol. 8,23; Sol. 8,24; Sol. 8,25; Sol. 8,25; Sol. 8,26; Sol. 8,27; Sol. 8,30; Sol. 8,31; Sol. 9,2; Sol. 9,3; Sol. 9,5; Sol. 9,5; Sol. 9,6; Sol. 9,8; Sol. 9,8; Sol. 10,1; Sol. 10,2; Sol. 10,2; Sol. 10,5; Sol. 10,6; Sol. 10,7; Sol. 11,1; Sol. 11,3; Sol. 11,5; Sol. 11,7; Sol. 12,4; Sol. 13,2; Sol. 13,5; Sol. 13,8; Sol. 14,3; Sol. 15,1; Sol. 15,2; Sol. 15,4; Sol. 15,12; Sol. 16,3; Sol. 16,4; Sol. 16,5; Sol. 16,6; Sol. 16,7; Sol. 17,1; Sol. 17,2; Sol. 17,7; Sol. 17,8; Sol. 17,9; Sol. 17,10; Sol. 17,11; Sol. 17,13; Sol. 17,15; Sol. 17,18; Sol. 17,18; Sol. 17,20; Sol. 17,20; Sol. 17,20; Sol. 17,21; Sol. 17,31; Sol. 17,37; Sol. 17,42; Sol. 17,44; Sol. 17,45; Sol. 18,5; Sol. 18,10; Sol. 18,10; Sol. 18,11; Sol. 18,12; Hos. 2,1; Hos. 2,23; Hos. 2,25; Hos. 3,1; Hos. 4,4; Hos. 4,6; Hos. 4,9; Hos. 4,9; Hos. 4,14; Hos. 4,14; Hos. 5,1; Hos. 5,14; Hos. 7,7; Hos. 7,16; Hos. 8,5; Hos. 8,6; Hos. 9,2; Hos. 9,7; Hos. 9,7; Hos. 9,7; Hos. 9,17; Hos. 10,1; Hos. 10,3; Hos. 10,5; Hos. 11,7; Hos. 11,7; Hos. 12,1; Hos. 12,2; Hos. 12,6; Hos. 12,6; Hos. 12,6; Hos. 12,10; Hos. 13,4; Hos. 13,10; Hos. 13,13; Hos. 14,4; Hos. 14,6; Hos. 14,9; Amos 2,14; Amos 2,14; Amos 2,15; Amos 2,15; Amos 2,15; Amos 2,16; Amos 3,7; Amos 3,8; Amos 3,11; Amos 3,12; Amos 3,13; Amos 3,13; Amos 4,3; Amos 4,5; Amos 4,11; Amos 4,13; Amos 4,13; Amos 5,2; Amos 5,6; Amos 5,6; Amos 5,7; Amos 5,8; Amos 5,8; Amos 5,8; Amos 5,9; Amos 5,13; Amos 5,14; Amos 5,14; Amos 5,15; Amos 5,15; Amos 5,16; Amos 5,16; Amos 5,19; Amos 5,27; Amos 5,27; Amos 7,1; Amos 7,10; Amos 7,11; Amos 7,17; Amos 8,3; Amos 8,5; Amos 8,8; Amos 8,9; Amos 8,9; Amos 8,14; Amos 8,14; Amos 9,5; Amos 9,5; Amos 9,5; Amos 9,6; Amos 9,6; Amos 9,6; Amos 9,6; Amos 9,12; Amos 9,12; Amos 9,13; Amos 9,15; Amos 9,15; Mic. 2,4; Mic. 2,7; Mic. 2,8; Mic. 2,13; Mic. 2,13; Mic. 3,6; Mic. 3,7; Mic. 4,4; Mic. 4,10; Mic. 5,7; Mic. 7,3; Mic. 7,3; Mic. 7,7; Mic. 7,10; Joel 1,4; Joel 2,10; Joel 2,10; Joel 2,12; Joel 2,17; Joel 2,20; Joel 2,25; Joel 2,26; Joel 2,27; Joel 2,27; Joel 3,4; Joel 4,10; Joel 4,11; Joel 4,15; Joel 4,16; Joel 4,16; Joel 4,16; Joel 4,17; Joel 4,17; Obad. 1; Obad. 17; Obad. 18; Obad. 18; Obad. 18; Jonah 1,6; Jonah 1,6; Jonah 1,7; Jonah 1,12; Jonah 1,12; Jonah 2,7; Jonah 3,6; Jonah 3,9; Jonah 3,10; Jonah 3,10; Jonah 4,6; Jonah 4,7; Jonah 4,8; Jonah 4,8; Jonah 4,9; Nah. 1,4; Nah. 1,6; Nah. 2,9; Nah. 2,12; Nah. 3,5; Nah. 3,5; Nah. 3,7; Nah. 3,13; Nah. 3,17; Nah. 3,17; Nah. 3,18; Nah. 3,18; Hab. 1,1; Hab. 1,3; Hab. 1,4; Hab. 1,12; Hab. 1,12; Hab. 2,2; Hab. 2,4; Hab. 2,5; Hab. 2,5; Hab. 2,6; Hab. 2,9; Hab. 2,12; Hab. 2,15; Hab. 2,18; Hab. 2,19; Hab. 2,20; Hab. 3,3; Hab. 3,3; Hab. 3,8; Hab. 3,11; Hab. 3,19; Zeph. 1,11; Zeph. 2,7; Zeph. 2,9; Zeph. 2,15; Zeph. 3,5; Zeph. 3,13; Zeph. 3,17; Hag. 1,2; Hag. 1,4; Hag. 1,6; Hag. 1,9; Hag. 1,10; Hag. 1,12; Hag. 1,12; Hag. 1,12; Hag. 1,12; Hag. 1,12; Hag. 1,12; Hag. 1,13; Hag. 2,4; Hag. 2,4; Hag. 2,4; Hag. 2,4; Hag. 2,14; Hag. 2,18; Zech. 1,7; Zech. 1,9; Zech. 1,9; Zech. 1,10; Zech. 1,10; Zech. 1,12; Zech. 1,14; Zech. 1,14; Zech. 1,16; Zech. 1,17; Zech. 1,17; Zech. 2,7; Zech. 2,7; Zech. 2,12; Zech. 3,1; Zech. 3,2; Zech. 3,5; Zech. 3,6; Zech. 3,8; Zech. 3,8; Zech. 3,9; Zech. 4,1; Zech. 4,1; Zech. 4,5; Zech. 4,5; Zech. 4,6; Zech. 5,3; Zech. 5,3; Zech. 5,5; Zech. 5,5; Zech. 6,5; Zech. 6,5; Zech. 6,13; Zech. 6,14; Zech. 7,2; Zech. 8,9; Zech. 8,9; Zech. 8,10; Zech. 8,10; Zech. 8,12; Zech. 8,23; Zech. 9,7; Zech. 9,9; Zech. 10,3; Zech. 10,3; Zech. 10,3; Zech. 10,4; Zech. 10,6; Zech. 11,1; Zech. 11,2; Zech. 11,2; Zech. 11,17; Zech. 11,17; Zech. 11,17; Zech. 12,3; Zech. 12,8; Zech. 12,8; Zech. 12,11; Zech. 13,3; Zech. 13,3; Zech. 13,9; Zech. 14,5; Zech. 14,14; Mal. 1,6; Mal. 2,15; Mal. 2,16; Mal. 2,17; Mal. 3,1; Mal. 3,6; Mal. 3,14; Is. 1,3; Is. 1,24; Is. 1,24; Is. 1,31; Is. 2,1; Is. 2,2; Is. 2,5; Is. 2,11; Is. 3,1; Is. 3,5; Is. 3,5; Is. 3,17; Is. 3,25; Is. 3,25; Is. 4,2; Is. 5,7; Is. 5,10; Is. 5,11; Is. 5,13; Is. 5,14; Is. 5,16; Is. 5,16; Is. 5,25; Is. 5,29; Is. 6,1; Is. 6,1; Is. 6,4; Is. 6,12; Is. 7,3; Is. 7,3; Is. 7,5; Is. 7,5; Is. 7,17; Is. 7,22; Is. 8,8; Is. 8,10; Is. 8,12; Is. 8,14; Is. 8,18; Is. 8,23; Is. 9,1; Is. 9,1; Is. 9,3; Is. 9,3; Is. 9,6; Is. 9,8; Is. 9,10; Is. 9,11; Is. 9,12; Is. 9,16; Is. 9,16; Is. 9,18; Is. 9,20; Is. 10,4; Is. 10,7; Is. 10,9; Is. 10,18; Is. 10,18; Is. 10,22; Is. 10,23; Is. 10,24; Is. 10,25; Is. 10,26; Is. 10,26; Is. 10,27; Is. 10,27; Is. 10,27; Is. 10,33; Is. 10,34; Is. 11,10; Is. 11,13; Is. 12,2; Is. 12,6; Is. 13,10; Is. 13,10; Is. 13,12; Is. 13,12; Is. 13,12; Is. 13,13; Is. 13,13; Is. 13,14; Is. 13,19; Is. 14,1; Is. 14,3; Is. 14,4; Is. 14,4; Is. 14,5; Is. 14,8; Is. 14,9; Is. 14,12; Is. 14,12; Is. 14,12; Is. 14,16; Is. 14,16; Is. 14,17; Is. 14,25; Is. 14,27; Is. 14,27; Is. 14,28; Is. 14,29; Is. 15,2; Is. 15,6; Is. 16,4; Is. 16,4; Is. 17,2; Is. 17,6; Is. 18,2; Is. 19,5; Is. 19,14; Is. 19,14; Is. 19,25; Is. 19,25; Is. 19,25; Is. 20,3; Is. 21,2; Is. 21,2; Is. 21,10; Is. 21,17; Is. 22,22; Is. 22,25; Is. 22,25; Is. 23,13; Is. 23,17; Is. 23,18; Is. 24,2; Is. 24,2; Is. 24,2; Is. 24,2; Is. 24,2; Is. 24,2; Is. 24,2; Is. 24,2; Is. 24,13; Is. 24,15; Is. 24,18; Is. 24,18; Is. 24,20; Is. 24,21; Is. 25,1; Is. 25,3; Is. 25,3; Is. 25,8; Is. 25,8; Is. 25,9; Is. 25,10; Is. 26,4; Is. 26,4; Is. 26,4; Is. 26,9; Is. 26,10; Is. 26,10; Is. 26,11; Is. 26,12; Is. 26,13; Is. 27,1; Is. 27,4; Is. 27,8; Is. 27,11; Is. 27,11; Is. 28,2; Is. 28,3; Is. 28,4; Is. 28,5; Is. 28,5; Is. 28,16; Is. 28,21; Is. 28,24; Is. 29,5; Is. 29,7; Is. 29,7; Is. 29,8; Is. 29,8; Is. 29,13; Is. 29,16; Is. 29,17; Is. 30,12; Is. 30,15; Is. 30,18; Is. 30,18; Is. 30,23; Is. 30,23; Is. 30,27; Is. 30,30; Is. 30,33; Is. 31,2; Is. 31,3; Is. 31,4; Is. 31,4; Is. 31,9; Is. 32,2; Is. 32,6; Is. 32,10; Is. 32,10; Is. 32,15; Is. 32,15; Is. 32,18; Is. 33,1; Is. 33,5; Is. 33,5; Is. 33,8; Is. 33,9; Is. 33,9; Is. 33,9; Is. 33,18; Is. 33,22; Is. 33,23; Is. 33,24; Is. 33,24; Is. 34,1; Is. 34,1; Is. 34,4; Is. 34,10; Is. 35,2; Is. 35,4; Is. 35,6; Is. 36,3; Is. 36,3; Is. 36,3; Is. 36,3; Is. 36,3; Is. 36,4; Is. 36,4; Is. 36,12; Is. 36,14; Is. 36,15; Is. 36,16; Is. 36,19; Is. 36,19; Is. 36,20; Is. 36,22; Is. 36,22; Is. 36,22; Is. 36,22; Is. 36,22; Is. 37,4; Is. 37,4; Is. 37,10; Is. 37,16; Is. 37,16; Is. 37,20; Is. 37,20; Is. 37,21; Is. 37,22; Is. 37,22; Is. 37,29; Is. 37,32; Is. 37,38; Is. 38,1; Is. 38,5; Is. 38,7; Is. 38,8; Is. 38,8; Is. 38,12; Is. 39,1; Is. 39,3; Is. 39,6; Is. 39,8; Is. 40,1; Is. 40,7; Is. 40,9; Is. 40,9; Is. 40,9; Is. 40,10; Is. 40,10; Is. 40,16; Is. 40,22; Is. 40,22; Is. 40,23; Is. 40,25; Is. 40,26; Is. 40,27; Is. 40,28; Is. 40,28; Is. 41,4; Is. 41,10; Is. 41,10; Is. 41,13; Is. 41,13; Is. 41,13; Is. 41,14; Is. 41,14; Is. 41,17; Is. 41,17; Is. 41,20; Is. 41,21; Is. 41,21; Is. 41,26; Is. 41,26; Is. 41,28; Is. 42,1; Is. 42,1; Is. 42,5; Is. 42,5; Is. 42,5; Is. 42,6; Is. 42,8; Is. 42,13; Is. 42,21; Is. 42,22; Is. 42,22; Is. 42,22; Is. 42,24; Is. 43,1; Is. 43,1; Is. 43,1; Is. 43,3; Is. 43,3; Is. 43,3; Is. 43,10; Is. 43,10; Is. 43,11; Is. 43,12; Is. 43,13; Is. 43,14; Is. 43,14; Is. 43,14; Is. 43,15; Is. 43,15; Is. 43,15; Is. 43,16; Is. 43,17; Is. 43,25; Is. 44,2; Is. 44,2; Is. 44,2; Is. 44,2; Is. 44,6; Is. 44,6; Is. 44,6; Is. 44,23; Is. 44,23; Is. 44,24; Is. 44,24; Is. 44,24; Is. 44,26; Is. 44,27; Is. 44,28; Is. 44,28; Is. 45,1; Is. 45,3; Is. 45,3; Is. 45,5; Is. 45,6; Is. 45,7; Is. 45,7; Is. 45,7; Is. 45,7; Is. 45,8; Is. 45,8; Is. 45,9; Is. 45,9; Is. 45,10; Is. 45,11; Is. 45,11; Is. 45,11; Is. 45,14; Is. 45,15; Is. 45,18; Is. 45,18; Is. 45,18; Is. 45,21; Is. 45,22; Is. 46,9; Is. 47,4; Is. 48,4; Is. 48,17; Is. 48,17; Is. 48,17; Is. 48,19; Is. 48,21; Is. 49,4; Is. 49,5; Is. 49,5; Is. 49,7; Is. 49,7; Is. 49,7; Is. 49,10; Is. 49,10; Is. 49,13; Is. 49,14; Is. 49,20; Is. 49,26; Is. 50,2; Is. 50,8; Is. 50,8; Is. 50,8; Is. 50,10; Is. 51,6; Is. 51,7; Is. 51,12; Is. 51,13; Is. 51,15; Is. 51,15; Is. 51,18; Is. 51,18; Is. 51,22; Is. 51,22; Is. 52,4; Is. 52,5; Is. 52,6; Is. 52,6; Is. 52,7; Is. 52,12; Is. 52,12; Is. 52,13; Is. 53,1; Is. 54,5; Is. 54,5; Is. 54,6; Is. 54,8; Is. 55,7; Is. 55,9; Is. 56,2; Is. 56,2; Is. 56,3; Is. 56,3; Is. 56,3; Is. 56,7; Is. 56,8; Is. 57,1; Is. 57,1; Is. 57,6; Is. 57,15; Is. 57,15; Is. 57,21; Is. 58,9; Is. 58,11; Is. 59,5; Is. 59,6; Is. 59,16; Is. 59,20; Is. 60,7; Is. 60,15; Is. 60,16; Is. 60,19; Is. 60,19; Is. 60,20; Is. 60,21; Is. 60,22; Is. 60,22; Is. 61,8; Is. 61,9; Is. 62,2; Is. 62,11; Is. 63,1; Is. 63,5; Is. 63,5; Is. 63,7; Is. 63,8; Is. 63,11; Is. 63,11; Is. 63,12; Is. 63,12; Is. 63,15; Is. 64,6; Is. 64,6; Is. 64,10; Is. 65,3; Is. 65,3; Is. 65,8; Is.

ὁ

65,17; Is. 65,20; Is. 65,20; Is. 66,3; Is. 66,3; Is. 66,3; Is. 66,3; Is. 66,3; Is. 66,9; Is. 66,22; Is. 66,24; Jer. 2,6; Jer. 2,6; Jer. 2,11; Jer. 2,12; Jer. 2,13; Jer. 2,17; Jer. 2,19; Jer. 2,19; Jer. 2,31; Jer. 2,32; Jer. 2,35; Jer. 3,22; Jer. 4,4; Jer. 4,4; Jer. 4,8; Jer. 4,26; Jer. 4,28; Jer. 4,30; Jer. 5,18; Jer. 5,19; Jer. 5,31; Jer. 6,9; Jer. 6,21; Jer. 7,3; Jer. 7,11; Jer. 7,33; Jer. 8,4; Jer. 8,4; Jer. 8,5; Jer. 8,6; Jer. 8,7; Jer. 8,14; Jer. 9,11; Jer. 9,11; Jer. 9,14; Jer. 9,21; Jer. 9,22; Jer. 9,22; Jer. 9,22; Jer. 9,23; Jer. 10,12; Jer. 10,12; Jer. 10,16; Jer. 11,1; Jer. 11,3; Jer. 11,3; Jer. 11,17; Jer. 12,4; Jer. 12,4; Jer. 12,6; Jer. 13,19; Jer. 13,25; Jer. 13,27; Jer. 14,10; Jer. 14,16; Jer. 14,16; Jer. 14,22; Jer. 15,9; Jer. 15,16; Jer. 16,1; Jer. 16,9; Jer. 16,14; Jer. 17,5; Jer. 17,7; Jer. 17,15; Jer. 18,1; Jer. 18,6; Jer. 18,6; Jer. 18,15; Jer. 19,3; Jer. 19,8; Jer. 19,13; Jer. 19,13; Jer. 20,1; Jer. 20,15; Jer. 20,15; Jer. 20,16; Jer. 21,1; Jer. 21,1; Jer. 21,9; Jer. 21,9; Jer. 21,11; Jer. 21,12; Jer. 22,2; Jer. 22,2; Jer. 22,2; Jer. 22,4; Jer. 22,5; Jer. 22,13; Jer. 23,10; Jer. 23,20; Jer. 23,28; Jer. 23,28; Jer. 23,30; Jer. 23,33; Jer. 23,34; Jer. 23,34; Jer. 23,34; Jer. 23,36; Jer. 23,37; Jer. 23,38; Jer. 24,2; Jer. 24,2; Jer. 24,2; Jer. 24,2; Jer. 24,5; Jer. 25,1; Jer. 25,20; Jer. 26,6; Jer. 26,6; Jer. 26,15; Jer. 26,15; Jer. 26,15; Jer. 26,18; Jer. 26,18; Jer. 26,23; Jer. 26,27; Jer. 27,3; Jer. 27,6; Jer. 27,13; Jer. 27,17; Jer. 27,31; Jer. 27,32; Jer. 27,34; Jer. 27,40; Jer. 28,3; Jer. 28,19; Jer. 28,33; Jer. 28,53; Jer. 28,57; Jer. 30,2; Jer. 30,11; Jer. 30,17; Jer. 30,21; Jer. 31,8; Jer. 31,10; Jer. 31,44; Jer. 31,44; Jer. 32,15; Jer. 33,1; Jer. 33,7; Jer. 33,8; Jer. 33,9; Jer. 33,9; Jer. 33,16; Jer. 33,18; Jer. 33,21; Jer. 33,22; Jer. 34,4; Jer. 35,1; Jer. 35,1; Jer. 35,9; Jer. 35,9; Jer. 36,4; Jer. 37,1; Jer. 37,2; Jer. 37,18; Jer. 37,21; Jer. 38,10; Jer. 38,14; Jer. 38,18; Jer. 38,26; Jer. 38,35; Jer. 38,36; Jer. 39,1; Jer. 39,3; Jer. 39,18; Jer. 39,18; Jer. 39,19; Jer. 39,19; Jer. 39,19; Jer. 39,27; Jer. 39,28; Jer. 39,36; Jer. 40,4; Jer. 41,1; Jer. 41,8; Jer. 41,10; Jer. 41,13; Jer. 42,1; Jer. 42,6; Jer. 42,10; Jer. 42,16; Jer. 42,18; Jer. 43,3; Jer. 43,7; Jer. 43,9; Jer. 43,12; Jer. 43,21; Jer. 43,22; Jer. 43,23; Jer. 43,24; Jer. 43,26; Jer. 43,28; Jer. 43,29; Jer. 44,2; Jer. 44,3; Jer. 44,17; Jer. 44,21; Jer. 45,2; Jer. 45,4; Jer. 45,4; Jer. 45,5; Jer. 45,5; Jer. 45,7; Jer. 45,7; Jer. 45,10; Jer. 45,14; Jer. 45,14; Jer. 45,16; Jer. 45,19; Jer. 45,21; Jer. 45,24; Jer. 45,25; Jer. 45,25; Jer. 45,27; Jer. 46,16; Jer. 47,1; Jer. 47,2; Jer. 47,2; Jer. 47,5; Jer. 48,9; Jer. 48,10; Jer. 48,13; Jer. 48,13; Jer. 49,1; Jer. 49,3; Jer. 49,4; Jer. 49,16; Jer. 49,18; Jer. 49,18; Jer. 50,4; Jer. 51,1; Jer. 51,2; Jer. 51,6; Jer. 51,15; Jer. 51,21; Jer. 51,25; Jer. 51,31; Jer. 52,6; Jer. 52,12; Jer. 52,12; Jer. 52,16; Jer. 52,19; Jer. 52,20; Jer. 52,24; Jer. 52,26; Bar. 1,13; Bar. 2,9; Bar. 2,11; Bar. 2,12; Bar. 2,13; Bar. 2,15; Bar. 2,19; Bar. 2,27; Bar. 2,31; Bar. 3,1; Bar. 3,4; Bar. 3,6; Bar. 3,24; Bar. 3,24; Bar. 3,27; Bar. 3,31; Bar. 3,31; Bar. 3,32; Bar. 3,32; Bar. 3,33; Bar. 3,36; Bar. 4,1; Bar. 4,1; Bar. 4,9; Bar. 4,10; Bar. 4,14; Bar. 4,18; Bar. 4,23; Bar. 4,25; Bar. 4,29; Bar. 4,30; Bar. 5,3; Bar. 5,6; Bar. 5,7; Bar. 5,9; Lam. 1,2; Lam. 1,7; Lam. 1,9; Lam. 1,11; Lam. 1,15; Lam. 1,16; Lam. 1,16; Lam. 1,16; Lam. 1,17; Lam. 1,21; Lam. 2,18; Lam. 3,1; Lam. 3,32; Lam. 3,48; Lam. 3,51; Lam. 4,4; Lam. 4,18; Lam. 4,18; Lam. 5,15; Lam. 5,16; Lam. 5,19; LetterJ 6; LetterJ 58; LetterJ 66; Ezek. 2,8; Ezek. 2,8; Ezek. 3,7; Ezek. 3,7; Ezek. 3,18; Ezek. 3,19; Ezek. 3,21; Ezek. 3,27; Ezek. 4,13; Ezek. 5,11; Ezek. 5,13; Ezek. 6,12; Ezek. 6,12; Ezek. 6,12; Ezek. 7,4; Ezek. 7,6; Ezek. 7,6; Ezek. 7,8; Ezek. 7,12; Ezek. 7,12; Ezek. 7,12; Ezek. 7,13; Ezek. 7,15; Ezek. 7,15; Ezek. 7,15; Ezek. 7,15; Ezek. 8,11; Ezek. 8,12; Ezek. 8,18; Ezek. 9,9; Ezek. 9,10; Ezek. 9,11; Ezek. 9,11; Ezek. 11,3; Ezek. 11,7; Ezek. 11,13; Ezek. 11,15; Ezek. 12,9; Ezek. 12,9; Ezek. 12,10; Ezek. 12,12; Ezek. 12,25; Ezek. 12,27; Ezek. 13,12; Ezek. 13,15; Ezek. 14,9; Ezek. 14,11; Ezek. 14,15; Ezek. 16,3; Ezek. 16,5; Ezek. 16,42; Ezek. 16,45; Ezek. 17,3; Ezek. 17,3; Ezek. 17,3; Ezek. 17,9; Ezek. 17,15; Ezek. 17,16; Ezek. 17,16; Ezek. 17,24; Ezek. 18,5; Ezek. 18,5; Ezek. 18,18; Ezek. 18,19; Ezek. 18,19; Ezek. 18,20; Ezek. 18,20; Ezek. 18,21; Ezek. 18,24; Ezek. 18,29; Ezek. 19,10; Ezek. 19,10; Ezek. 19,12; Ezek. 20,5; Ezek. 20,7; Ezek. 20,12; Ezek. 20,17; Ezek. 20,19; Ezek. 20,20; Ezek. 22,18; Ezek. 24,6; Ezek. 24,10; Ezek. 24,11; Ezek. 24,11; Ezek. 24,12; Ezek. 24,12; Ezek. 24,19; Ezek. 24,26; Ezek. 26,10; Ezek. 27,27; Ezek. 27,34; Ezek. 28,26; Ezek. 28,26; Ezek. 31,15; Ezek. 32,2; Ezek. 33,2; Ezek. 33,4; Ezek. 33,6; Ezek. 33,6; Ezek. 33,8; Ezek. 33,21; Ezek. 34,6; Ezek. 34,6; Ezek. 34,12; Ezek. 34,28; Ezek. 34,30; Ezek. 34,31; Ezek. 35,15; Ezek. 36,2; Ezek. 36,8; Ezek. 37,24; Ezek. 37,25; Ezek. 37,28; Ezek. 38,18; Ezek. 38,19; Ezek. 39,13; Ezek. 39,15; Ezek. 39,22; Ezek. 39,26; Ezek. 39,28; Ezek. 40,4; Ezek. 41,15; Ezek. 41,16; Ezek. 41,19; Ezek. 41,21; Ezek. 42,11; Ezek. 42,13; Ezek. 43,5; Ezek. 43,6; Ezek. 43,18; Ezek. 43,19; Ezek. 44,2; Ezek. 44,3; Ezek. 44,4; Ezek. 44,6; Ezek. 44,9; Ezek. 44,12; Ezek. 44,15; Ezek. 44,27; Ezek. 45,16; Ezek. 45,19; Ezek. 45,22; Ezek. 46,2; Ezek. 46,3; Ezek. 46,4; Ezek. 46,9; Ezek. 46,9; Ezek. 46,9; Ezek. 46,10; Ezek. 46,12; Ezek. 46,16; Ezek. 46,18; Ezek. 46,18; Ezek. 46,20; Ezek. 47,9; Ezek. 47,9; Ezek. 47,12; Ezek. 47,12; Ezek. 47,14; Ezek. 47,18; Dan. 1,3; Dan. 1,5; Dan. 1,7; Dan. 1,10; Dan. 1,17; Dan. 1,18; Dan. 1,19; Dan. 1,20; Dan. 1,20; Dan. 2,1; Dan. 2,2; Dan. 2,3; Dan. 2,5; Dan. 2,8; Dan. 2,9; Dan. 2,11; Dan. 2,12; Dan. 2,13; Dan. 2,15; Dan. 2,16; Dan. 2,26; Dan. 2,27; Dan. 2,27; Dan. 2,29; Dan. 2,35; Dan. 2,35; Dan. 2,35; Dan. 2,35; Dan. 2,35; Dan. 2,35; Dan. 2,37; Dan. 2,40; Dan. 2,40; Dan. 2,43; Dan. 2,44; Dan. 2,45; Dan. 2,45; Dan. 2,46; Dan. 2,47; Dan. 2,47; Dan. 2,47; Dan. 2,48; Dan. 3,2; Dan. 3,4; Dan. 3,14; Dan. 3,24; Dan. 3,26; Dan. 3,45; Dan. 3,52; Dan. 3,55; Dan. 3,91; Dan. 3,93; Dan. 3,95; Dan. 3,95; Dan. 3,97; Dan. 4,11; Dan. 4,12; Dan. 4,17a; Dan. 4,19; Dan. 4,24; Dan. 4,26; Dan. 4,27; Dan. 4,27; Dan. 4,29; Dan. 4,31; Dan. 4,34; Dan. 4,37a; Dan. 4,37a; Dan. 4,37b; Dan. 4,37c; Dan. 4,37c; Dan. 5,0; Dan. 5,1; Dan. 5,2; Dan. 5,6; Dan. 5,7; Dan. 5,7; Dan. 5,9; Dan. 5,13; Dan. 5,26-28; Dan. 5,29; Dan. 6,1; Dan. 6,4; Dan. 6,5; Dan. 6,10; Dan. 6,13; Dan. 6,13; Dan. 6,13; Dan. 6,15; Dan. 6,15; Dan. 6,17; Dan. 6,18; Dan. 6,18; Dan. 6,18; Dan. 6,19; Dan. 6,19; Dan. 6,20; Dan. 6,21; Dan. 6,21; Dan. 6,23; Dan. 6,28; Dan. 6,29; Dan. 6,29; Dan. 7,7; Dan. 7,9; Dan. 7,22; Dan. 7,24; Dan. 8,4; Dan. 8,7; Dan. 8,8; Dan. 8,11; Dan. 8,11; Dan. 8,13; Dan. 8,16; Dan. 8,21; Dan. 8,21; Dan. 8,21; Dan. 8,27; Dan. 9,4; Dan. 9,4; Dan. 9,4; Dan. 9,4; Dan. 9,11; Dan. 9,11; Dan. 9,14; Dan. 9,14; Dan. 9,15; Dan. 9,15; Dan. 9,16; Dan. 9,16; Dan. 9,21; Dan. 10,13; Dan. 10,17; Dan. 10,19; Dan. 10,21; Dan. 10,21; Dan. 11,2; Dan. 11,6; Dan. 11,6; Dan. 11,10; Dan. 11,16; Dan. 11,16; Dan. 11,25; Dan. 11,32; Dan. 11,32; Dan. 11,36; Dan. 11,40; Dan. 11,45; Dan. 12,1; Dan. 12,1; Dan. 12,1; Dan. 12,1; Dan. 12,6; Dan. 12,12; Sus. 13-14; Sus. 13-14; Sus. 35a; Sus. 35a; Sus. 35a; Sus. 39; Sus. 40; Sus. 44-45; Sus. 54; Sus. 55; Sus. 55; Sus. 58; Sus. 59; Sus. 59; Sus. 60-62; Sus. 60-62; Bel 4; Bel 4; Bel 5; Bel 6; Bel 8; Bel 8; Bel 8; Bel 8; Bel 9; Bel 9; Bel 13; Bel 14; Bel 18; Bel 18; Bel 20; Bel 22; Bel 24; Bel 26; Bel 27; Bel 28; Bel 30; Bel 30; Bel 34; Bel 35; Bel 36; Bel 37; Bel 38; Bel 38; Bel 39; Bel 39; Bel 39; Bel 40; Bel 41; Bel 41; Bel 42; Josh. 19,1; Josh. 19,1; Josh. 19,2; Josh. 19,10; Josh. 19,10; Josh. 19,17; Josh. 19,17; Josh. 19,22; Josh. 19,24; Josh. 19,24; Josh. 19,32; Josh. 19,32; Josh. 19,33; Josh. 19,34; Josh. 19,40; Josh. 19,40; Judg. 1,7; Judg. 1,13; Judg. 1,21; Judg. 1,26; Judg. 1,27; Judg. 1,29; Judg. 1,30; Judg. 1,32; Judg. 1,34; Judg. 1,35; Judg. 2,4; Judg. 2,4; Judg. 2,7; Judg. 2,19; Judg. 3,25; Judg. 3,25; Judg. 3,26; Judg. 3,28; Judg. 4,2; Judg. 4,6; Judg. 4,11; Judg. 4,22; Judg. 4,23; Judg. 5,4; Judg. 5,23; Judg. 6,8; Judg. 6,10; Judg. 6,12; Judg. 6,14; Judg. 6,15; Judg. 6,16; Judg. 6,20; Judg. 6,21; Judg. 6,21; Judg. 6,32; Judg. 6,39; Judg. 6,40; Judg. 7,1; Judg. 7,2; Judg. 7,2; Judg. 7,3; Judg.

O, o

7,4; Judg. 7,5; Judg. 7,6; Judg. 7,7; Judg. 7,14; Judg. 7,14; Judg. 8,22; Judg. 8,23; Judg. 8,26; Judg. 9,5; Judg. 9,7; Judg. 9,17; Judg. 9,23; Judg. 9,32; Judg. 9,32; Judg. 9,33; Judg. 9,33; Judg. 9,34; Judg. 9,35; Judg. 9,35; Judg. 9,38; Judg. 9,42; Judg. 9,43; Judg. 9,48; Judg. 9,48; Judg. 9,56; Judg. 9,57; Judg. 10,3; Judg. 10,18; Judg. 10,18; Judg. 11,1; Judg. 11,11; Judg. 11,21; Judg. 11,23; Judg. 11,24; Judg. 11,24; Judg. 11,31; Judg. 11,37; Judg. 12,2; Judg. 12,7; Judg. 12,11; Judg. 12,12; Judg. 12,13; Judg. 12,15; Judg. 13,9; Judg. 13,9; Judg. 13,9; Judg. 13,10; Judg. 13,11; Judg. 13,11; Judg. 13,11; Judg. 13,12; Judg. 13,13; Judg. 13,16; Judg. 13,18; Judg. 13,20; Judg. 13,21; Judg. 13,23; Judg. 14,3; Judg. 14,4; Judg. 14,5; Judg. 14,10; Judg. 14,17; Judg. 15,1; Judg. 15,2; Judg. 15,6; Judg. 15,19; Judg. 16,2; Judg. 16,20; Judg. 16,23; Judg. 16,24; Judg. 16,24; Judg. 16,26; Judg. 16,27; Judg. 16,29; Judg. 16,30; Judg. 16,31; Judg. 17,2; Judg. 17,5; Judg. 17,8; Judg. 17,10; Judg. 17,11; Judg. 17,13; Judg. 18,6; Judg. 18,10; Judg. 18,18; Judg. 18,18; Judg. 18,28; Judg. 18,31; Judg. 19,3; Judg. 19,3; Judg. 19,4; Judg. 19,4; Judg. 19,5; Judg. 19,6; Judg. 19,7; Judg. 19,7; Judg. 19,8; Judg. 19,9; Judg. 19,9; Judg. 19,9; Judg. 19,9; Judg. 19,10; Judg. 19,11; Judg. 19,12; Judg. 19,14; Judg. 19,16; Judg. 19,17; Judg. 19,17; Judg. 19,20; Judg. 19,20; Judg. 19,23; Judg. 19,23; Judg. 19,25; Judg. 19,26; Judg. 19,27; Judg. 19,30; Judg. 20,4; Judg. 20,4; Judg. 20,4; Judg. 20,8; Judg. 20,26; Judg. 21,2; Judg. 21,4; Judg. 21,5; Judg. 21,9; Judg. 21,15; Judg. 21,18; Tob. 1,4; Tob. 1,5; Tob. 1,5; Tob. 1,8; Tob. 1,13; Tob. 1,18; Tob. 1,19; Tob. 1,22; Tob. 2,1; Tob. 2,7; Tob. 2,13; Tob. 5,10; Tob. 5,10; Tob. 5,17; Tob. 5,17; Tob. 5,17; Tob. 6,1; Tob. 6,1; Tob. 6,3; Tob. 6,4; Tob. 6,11; Tob. 6,12; Tob. 7,2; Tob. 7,6; Tob. 7,12; Tob. 7,13; Tob. 7,17; Tob. 8,5; Tob. 8,21; Tob. 9,3-4; Tob. 9,6; Tob. 10,1; Tob. 10,2; Tob. 10,6; Tob. 10,6; Tob. 10,7; Tob. 10,7; Tob. 10,8; Tob. 10,11; Tob. 11,4; Tob. 11,6; Tob. 11,6; Tob. 11,6; Tob. 11,8; Tob. 11,14; Tob. 11,16; Tob. 11,17; Tob. 11,17; Tob. 11,17; Tob. 12,1; Tob. 12,14; Tob. 13,2; Tob. 13,2; Tob. 13,18; Tob. 14,4; Tob. 14,4; Tob. 14,4; Tob. 14,5; Tob. 14,5; Tob. 14,5; Tob. 14,5; Tob. 14,10; Tob. 14,15; Dan. 1,3; Dan. 1,5; Dan. 1,7; Dan. 1,9; Dan. 1,10; Dan. 1,11; Dan. 1,17; Dan. 1,18; Dan. 1,18; Dan. 1,19; Dan. 1,20; Dan. 2,1; Dan. 2,2; Dan. 2,3; Dan. 2,5; Dan. 2,8; Dan. 2,9; Dan. 2,11; Dan. 2,11; Dan. 2,12; Dan. 2,23; Dan. 2,24; Dan. 2,26; Dan. 2,27; Dan. 2,29; Dan. 2,35; Dan. 2,35; Dan. 2,35; Dan. 2,35; Dan. 2,35; Dan. 2,35; Dan. 2,37; Dan. 2,39; Dan. 2,40; Dan. 2,40; Dan. 2,43; Dan. 2,44; Dan. 2,45; Dan. 2,45; Dan. 2,46; Dan. 2,47; Dan. 2,47; Dan. 2,48; Dan. 3,1; Dan. 3,2; Dan. 3,3; Dan. 3,4; Dan. 3,5; Dan. 3,7; Dan. 3,26; Dan. 3,45; Dan. 3,49; Dan. 3,52; Dan. 3,55; Dan. 3,92; Dan. 3,95; Dan. 3,97; Dan. 4,1; Dan. 4,2; Dan. 4,2; Dan. 4,9; Dan. 4,12; Dan. 4,17; Dan. 4,17; Dan. 4,18; Dan. 4,19; Dan. 4,21; Dan. 4,23; Dan. 4,25; Dan. 4,27; Dan. 4,30; Dan. 4,32; Dan. 4,33; Dan. 5,1; Dan. 5,1; Dan. 5,2; Dan. 5,2; Dan. 5,3; Dan. 5,5; Dan. 5,7; Dan. 5,7; Dan. 5,7; Dan. 5,9; Dan. 5,11; Dan. 5,11; Dan. 5,12; Dan. 5,13; Dan. 5,13; Dan. 5,13; Dan. 5,13; Dan. 5,16; Dan. 5,16; Dan. 5,18; Dan. 5,18; Dan. 5,21; Dan. 5,21; Dan. 5,22; Dan. 5,26; Dan. 5,30; Dan. 5,30; Dan. 6,1; Dan. 6,3; Dan. 6,4; Dan. 6,10; Dan. 6,13; Dan. 6,13; Dan. 6,14; Dan. 6,15; Dan. 6,16; Dan. 6,17; Dan. 6,17; Dan. 6,18; Dan. 6,19; Dan. 6,19; Dan. 6,19; Dan. 6,20; Dan. 6,21; Dan. 6,21; Dan. 6,23; Dan. 6,24; Dan. 6,25; Dan. 6,26; Dan. 7,9; Dan. 7,22; Dan. 7,22; Dan. 8,4; Dan. 8,7; Dan. 8,8; Dan. 8,11; Dan. 8,20; Dan. 8,20; Dan. 8,21; Dan. 8,21; Dan. 8,21; Dan. 8,25; Dan. 8,27; Dan. 9,4; Dan. 9,4; Dan. 9,4; Dan. 9,11; Dan. 9,11; Dan. 9,14; Dan. 9,15; Dan. 9,16; Dan. 9,16; Dan. 9,17; Dan. 9,18; Dan. 9,19; Dan. 9,21; Dan. 10,1; Dan. 10,13; Dan. 10,17; Dan. 10,19; Dan. 10,20; Dan. 10,21; Dan. 11,2; Dan. 11,5; Dan. 11,6; Dan. 11,11; Dan. 11,16; Dan. 11,25; Dan. 11,36; Dan. 11,45; Dan. 12,1; Dan. 12,1; Dan. 12,1; Dan. 12,1; Dan. 12,1; Dan. 12,12; Sus. 5; Sus. 7; Sus. 25; Sus. 28; Sus. 40; Sus. 42; Sus. 42; Sus. 42; Sus. 45; Sus. 47; Sus. 47; Sus. 48; Sus. 50; Sus. 50; Sus. 54; Sus. 58; Sus. 59; Bel 1; Bel 1; Bel 4; Bel 5; Bel 5; Bel 6; Bel 8; Bel 8; Bel 10; Bel 11; Bel 13; Bel 16; Bel 17; Bel 17; Bel 18; Bel 20; Bel 21; Bel 22; Bel 24; Bel 26; Bel 27; Bel 28; Bel 30; Bel 33; Bel 36; Bel 37; Bel 38; Bel 39; Bel 40; Bel 41; Matt. 1,16; Matt. 1,19; Matt. 1,23; Matt. 1,24; Matt. 1,24; Matt. 2,2; Matt. 2,3; Matt. 2,4; Matt. 2,9; Matt. 2,14; Matt. 2,21; Matt. 3,1; Matt. 3,3; Matt. 3,4; Matt. 3,9; Matt. 3,11; Matt. 3,13; Matt. 3,14; Matt. 3,15; Matt. 3,16; Matt. 3,17; Matt. 3,17; Matt. 4,1; Matt. 4,3; Matt. 4,4; Matt. 4,4; Matt. 4,5; Matt. 4,7; Matt. 4,8; Matt. 4,10; Matt. 4,11; Matt. 4,16; Matt. 4,16; Matt. 4,17; Matt. 5,12; Matt. 5,18; Matt. 5,22; Matt. 5,23; Matt. 5,25; Matt. 5,25; Matt. 5,28; Matt. 5,29; Matt. 5,29; Matt. 5,32; Matt. 5,37; Matt. 5,48; Matt. 5,48; Matt. 6,4; Matt. 6,4; Matt. 6,6; Matt. 6,6; Matt. 6,8; Matt. 6,9; Matt. 6,14; Matt. 6,14; Matt. 6,15; Matt. 6,18; Matt. 6,18; Matt. 6,21; Matt. 6,22; Matt. 6,22; Matt. 6,23; Matt. 6,26; Matt. 6,26; Matt. 6,30; Matt. 6,32; Matt. 6,32; Matt. 7,8; Matt. 7,8; Matt. 7,9; Matt. 7,11; Matt. 7,11; Matt. 7,12; Matt. 7,21; Matt. 7,21; Matt. 7,26; Matt. 7,28; Matt. 8,4; Matt. 8,6; Matt. 8,8; Matt. 8,8; Matt. 8,10; Matt. 8,12; Matt. 8,12; Matt. 8,13; Matt. 8,13; Matt. 8,14; Matt. 8,15; Matt. 8,18; Matt. 8,20; Matt. 8,20; Matt. 8,22; Matt. 9,2; Matt. 9,4; Matt. 9,6; Matt. 9,9; Matt. 9,11; Matt. 9,15; Matt. 9,15; Matt. 9,15; Matt. 9,17; Matt. 9,19; Matt. 9,22; Matt. 9,23; Matt. 9,25; Matt. 9,28; Matt. 9,30; Matt. 9,33; Matt. 9,35; Matt. 9,37; Matt. 10,2; Matt. 10,2; Matt. 10,2; Matt. 10,2; Matt. 10,3; Matt. 10,3; Matt. 10,4; Matt. 10,4; Matt. 10,4; Matt. 10,5; Matt. 10,10; Matt. 10,22; Matt. 10,23; Matt. 10,25; Matt. 10,25; Matt. 10,25; Matt. 10,37; Matt. 10,39; Matt. 10,39; Matt. 10,40; Matt. 10,41; Matt. 10,41; Matt. 11,1; Matt. 11,3; Matt. 11,4; Matt. 11,7; Matt. 11,11; Matt. 11,13; Matt. 11,14; Matt. 11,15; Matt. 11,19; Matt. 11,25; Matt. 11,27; Matt. 11,27; Matt. 11,27; Matt. 11,30; Matt. 12,1; Matt. 12,3; Matt. 12,8; Matt. 12,11; Matt. 12,18; Matt. 12,18; Matt. 12,23; Matt. 12,26; Matt. 11,26; Matt. 12,30; Matt. 12,30; Matt. 12,35; Matt. 12,35; Matt. 12,39; Matt. 12,40; Matt. 12,48; Matt. 13,1; Matt. 13,2; Matt. 13,3; Matt. 13,9; Matt. 13,11; Matt. 13,19; Matt. 13,19; Matt. 13,20; Matt. 13,20; Matt. 13,22; Matt. 13,22; Matt. 13,23; Matt. 13,23; Matt. 13,25; Matt. 13,26; Matt. 13,28; Matt. 13,29; Matt. 13,34; Matt. 13,37; Matt. 13,37; Matt. 13,37; Matt. 13,38; Matt. 13,38; Matt. 13,39; Matt. 13,39; Matt. 13,39; Matt. 13,39; Matt. 13,41; Matt. 13,42; Matt. 13,42; Matt. 13,43; Matt. 13,43; Matt. 13,50; Matt. 13,50; Matt. 13,52; Matt. 13,53; Matt. 13,55; Matt. 13,57; Matt. 14,1; Matt. 14,2; Matt. 14,4; Matt. 14,9; Matt. 14,13; Matt. 14,15; Matt. 14,16; Matt. 14,18; Matt. 14,24; Matt. 14,27; Matt. 14,28; Matt. 14,29; Matt. 14,29; Matt. 14,31; Matt. 14,32; Matt. 15,3; Matt. 15,4; Matt. 15,4; Matt. 15,8; Matt. 15,13; Matt. 15,13; Matt. 15,13; Matt. 15,15; Matt. 15,16; Matt. 15,21; Matt. 15,23; Matt. 15,24; Matt. 15,26; Matt. 15,28; Matt. 15,29; Matt. 15,34; Matt. 16,2; Matt. 16,2; Matt. 16,3; Matt. 16,6; Matt. 16,8; Matt. 16,13; Matt. 16,16; Matt. 16,16; Matt. 16,17; Matt. 16,17; Matt. 16,17; Matt. 16,20; Matt. 16,21; Matt. 16,22; Matt. 16,23; Matt. 16,24; Matt. 16,27; Matt. 17,1; Matt. 17,2; Matt. 17,4; Matt. 17,5; Matt. 17,5; Matt. 17,7; Matt. 17,9; Matt. 17,9; Matt. 17,11; Matt. 17,12; Matt. 17,17; Matt. 17,18; Matt. 17,18; Matt. 17,20; Matt. 17,22; Matt. 17,22; Matt. 17,24; Matt. 17,25; Matt. 17,26; Matt. 18,4; Matt. 18,8; Matt. 18,9; Matt. 18,15; Matt. 18,17; Matt. 18,17; Matt. 18,21; Matt. 18,21; Matt. 18,22; Matt. 18,25; Matt. 18,26; Matt. 18,27; Matt. 18,28; Matt. 18,29; Matt. 18,30; Matt. 18,32; Matt. 18,34; Matt. 18,35; Matt. 18,35; Matt. 19,1; Matt. 19,4; Matt. 19,4; Matt. 19,6; Matt. 19,11; Matt. 19,12; Matt. 19,14; Matt. 19,17; Matt. 19,17; Matt. 19,18; Matt. 19,20;

ὁ

Matt. 19,21; Matt. 19,22; Matt. 19,26; Matt. 19,27; Matt. 19,28; Matt. 19,28; Matt. 20,8; Matt. 20,13; Matt. 20,15; Matt. 20,17; Matt. 20,18; Matt. 20,21; Matt. 20,22; Matt. 20,25; Matt. 20,28; Matt. 20,31; Matt. 20,32; Matt. 20,34; Matt. 21,3; Matt. 21,5; Matt. 21,6; Matt. 21,8; Matt. 21,9; Matt. 21,11; Matt. 21,11; Matt. 21,13; Matt. 21,16; Matt. 21,21; Matt. 21,24; Matt. 21,29; Matt. 21,30; Matt. 21,31; Matt. 21,31; Matt. 21,34; Matt. 21,38; Matt. 21,40; Matt. 21,42; Matt. 21,44; Matt. 22,1; Matt. 22,7; Matt. 22,8; Matt. 22,10; Matt. 22,11; Matt. 22,12; Matt. 22,13; Matt. 22,13; Matt. 22,13; Matt. 22,18; Matt. 22,24; Matt. 22,25; Matt. 22,26; Matt. 22,26; Matt. 22,29; Matt. 22,32; Matt. 22,32; Matt. 22,32; Matt. 22,32; Matt. 22,37; Matt. 22,40; Matt. 22,41; Matt. 23,1; Matt. 23,8; Matt. 23,9; Matt. 23,9; Matt. 23,10; Matt. 23,11; Matt. 23,17; Matt. 23,17; Matt. 23,17; Matt. 23,20; Matt. 23,21; Matt. 23,22; Matt. 23,38; Matt. 23,39; Matt. 24,1; Matt. 24,2; Matt. 24,4; Matt. 24,5; Matt. 24,13; Matt. 24,15; Matt. 24,17; Matt. 24,18; Matt. 24,23; Matt. 24,29; Matt. 24,32; Matt. 24,36; Matt. 24,36; Matt. 24,39; Matt. 24,42; Matt. 24,43; Matt. 24,43; Matt. 24,44; Matt. 24,45; Matt. 24,45; Matt. 24,46; Matt. 24,46; Matt. 24,48; Matt. 24,48; Matt. 24,50; Matt. 24,51; Matt. 24,51; Matt. 25,6; Matt. 25,10; Matt. 25,12; Matt. 25,16; Matt. 25,17; Matt. 25,18; Matt. 25,19; Matt. 25,20; Matt. 25,21; Matt. 25,22; Matt. 25,23; Matt. 25,24; Matt. 25,26; Matt. 25,30; Matt. 25,30; Matt. 25,31; Matt. 25,32; Matt. 25,34; Matt. 25,40; Matt. 26,1; Matt. 26,2; Matt. 26,10; Matt. 26,14; Matt. 26,18; Matt. 26,18; Matt. 26,18; Matt. 26,19; Matt. 26,23; Matt. 26,23; Matt. 26,24; Matt. 26,24; Matt. 26,24; Matt. 26,25; Matt. 26,26; Matt. 26,31; Matt. 26,33; Matt. 26,34; Matt. 26,35; Matt. 26,36; Matt. 26,45; Matt. 26,46; Matt. 26,48; Matt. 26,50; Matt. 26,52; Matt. 26,55; Matt. 26,58; Matt. 26,62; Matt. 26,63; Matt. 26,63; Matt. 26,63; Matt. 26,63; Matt. 26,64; Matt. 26,65; Matt. 26,68; Matt. 26,70; Matt. 26,75; Matt. 27,3; Matt. 27,8; Matt. 27,11; Matt. 27,11; Matt. 27,11; Matt. 27,13; Matt. 27,15; Matt. 27,17; Matt. 27,21; Matt. 27,22; Matt. 27,23; Matt. 27,24; Matt. 27,25; Matt. 27,37; Matt. 27,40; Matt. 27,46; Matt. 27,50; Matt. 27,58; Matt. 27,59; Matt. 27,63; Matt. 27,65; Matt. 28,5; Matt. 28,10; Matt. 28,15; Matt. 28,16; Matt. 28,18; Mark 1,4; Mark 1,6; Mark 1,7; Mark 1,11; Mark 1,11; Mark 1,14; Mark 1,15; Mark 1,17; Mark 1,24; Mark 1,25; Mark 1,31; Mark 1,32; Mark 2,4; Mark 2,5; Mark 2,7; Mark 2,8; Mark 2,10; Mark 2,13; Mark 2,17; Mark 2,19; Mark 2,19; Mark 2,20; Mark 2,22; Mark 2,22; Mark 2,27; Mark 2,28; Mark 3,7; Mark 3,11; Mark 3,20; Mark 3,26; Mark 4,1; Mark 4,3; Mark 4,6; Mark 4,14; Mark 4,15; Mark 4,15; Mark 4,21; Mark 4,27; Mark 4,29; Mark 4,29; Mark 4,39; Mark 4,41; Mark 5,18; Mark 5,19; Mark 5,20; Mark 5,30; Mark 5,34; Mark 5,36; Mark 6,3; Mark 6,3; Mark 6,4; Mark 6,14; Mark 6,14; Mark 6,16; Mark 6,17; Mark 6,18; Mark 6,20; Mark 6,22; Mark 6,26; Mark 6,27; Mark 6,35; Mark 6,37; Mark 6,38; Mark 6,48; Mark 6,50; Mark 6,51; Mark 7,6; Mark 7,10; Mark 7,35; Mark 8,27; Mark 8,29; Mark 8,29; Mark 8,32; Mark 8,33; Mark 8,38; Mark 9,2; Mark 9,5; Mark 9,7; Mark 9,7; Mark 9,9; Mark 9,12; Mark 9,15; Mark 9,19; Mark 9,21; Mark 9,23; Mark 9,24; Mark 9,25; Mark 9,27; Mark 9,31; Mark 9,38; Mark 9,39; Mark 9,45; Mark 9,47; Mark 9,48; Mark 10,3; Mark 10,5; Mark 10,9; Mark 10,14; Mark 10,18; Mark 10,18; Mark 10,20; Mark 10,22; Mark 10,23; Mark 10,24; Mark 10,27; Mark 10,28; Mark 10,29; Mark 10,32; Mark 10,33; Mark 10,36; Mark 10,38; Mark 10,39; Mark 10,42; Mark 10,45; Mark 10,46; Mark 10,47; Mark 10,48; Mark 10,49; Mark 10,50; Mark 10,51; Mark 10,51; Mark 10,52; Mark 11,3; Mark 11,6; Mark 11,9; Mark 11,13; Mark 11,17; Mark 11,18; Mark 11,21; Mark 11,22; Mark 11,25; Mark 11,25; Mark 11,33; Mark 12,7; Mark 12,9; Mark 12,17; Mark 12,19; Mark 12,20; Mark 12,21; Mark 12,21; Mark 12,24; Mark 12,26; Mark 12,26; Mark 12,26; Mark 12,26; Mark 12,29; Mark 12,29; Mark 12,32; Mark 12,34; Mark 12,35; Mark 12,35; Mark 12,37; Mark 12,41; Mark 13,2; Mark 13,13; Mark 13,14; Mark 13,15; Mark 13,16; Mark 13,19; Mark 13,21; Mark 13,24; Mark 13,28; Mark 13,31; Mark 13,32; Mark 13,32; Mark 13,33; Mark 13,35; Mark 14,10; Mark 14,14; Mark 14,18; Mark 14,18; Mark 14,20; Mark 14,20; Mark 14,21; Mark 14,21; Mark 14,21; Mark 14,27; Mark 14,29; Mark 14,30; Mark 14,31; Mark 14,36; Mark 14,41; Mark 14,42; Mark 14,44; Mark 14,48; Mark 14,52; Mark 14,54; Mark 14,60; Mark 14,61; Mark 14,61; Mark 14,61; Mark 14,61; Mark 14,62; Mark 14,63; Mark 14,68; Mark 14,70; Mark 14,71; Mark 14,72; Mark 14,72; Mark 15,2; Mark 15,2; Mark 15,2; Mark 15,4; Mark 15,5; Mark 15,7; Mark 15,8; Mark 15,9; Mark 15,12; Mark 15,14; Mark 15,26; Mark 15,29; Mark 15,32; Mark 15,32; Mark 15,34; Mark 15,34; Mark 15,34; Mark 15,37; Mark 15,39; Mark 15,39; Mark 15,39; Mark 15,43; Mark 15,44; Mark 16,4; Mark 16,6; Mark 16,6; Mark 16,8; Mark 16,16; Mark 16,16; Luke 1,13; Luke 1,19; Luke 1,19; Luke 1,21; Luke 1,26; Luke 1,28; Luke 1,29; Luke 1,30; Luke 1,32; Luke 1,35; Luke 1,38; Luke 1,42; Luke 1,49; Luke 1,57; Luke 1,67; Luke 1,68; Luke 2,10; Luke 2,15; Luke 2,25; Luke 2,33; Luke 2,43; Luke 2,48; Luke 3,8; Luke 3,11; Luke 3,11; Luke 3,13; Luke 3,15; Luke 3,16; Luke 3,16; Luke 3,19; Luke 3,19; Luke 3,22; Luke 3,22; Luke 4,3; Luke 4,4; Luke 4,4; Luke 4,6; Luke 4,8; Luke 4,12; Luke 4,13; Luke 4,14; Luke 4,25; Luke 4,27; Luke 4,32; Luke 4,34; Luke 4,35; Luke 4,36; Luke 4,40; Luke 4,41; Luke 4,43; Luke 5,10; Luke 5,15; Luke 5,21; Luke 5,22; Luke 5,24; Luke 5,31; Luke 5,34; Luke 5,34; Luke 5,35; Luke 5,37; Luke 5,37; Luke 5,39; Luke 6,3; Luke 6,5; Luke 6,9; Luke 6,10; Luke 6,19; Luke 6,23; Luke 6,35; Luke 6,36; Luke 6,40; Luke 6,45; Luke 6,45; Luke 6,47; Luke 6,48; Luke 6,49; Luke 6,49; Luke 7,6; Luke 7,6; Luke 7,7; Luke 7,9; Luke 7,13; Luke 7,15; Luke 7,16; Luke 7,17; Luke 7,18; Luke 7,19; Luke 7,20; Luke 7,20; Luke 7,28; Luke 7,29; Luke 7,33; Luke 7,34; Luke 7,39; Luke 7,39; Luke 7,40; Luke 7,40; Luke 7,41; Luke 7,41; Luke 7,43; Luke 8,5; Luke 8,8; Luke 8,10; Luke 8,11; Luke 8,11; Luke 8,12; Luke 8,21; Luke 8,24; Luke 8,30; Luke 8,30; Luke 8,36; Luke 8,38; Luke 8,39; Luke 8,39; Luke 8,40; Luke 8,45; Luke 8,45; Luke 8,45; Luke 8,46; Luke 8,48; Luke 8,50; Luke 8,52; Luke 8,56; Luke 9,7; Luke 9,21; Luke 9,26; Luke 9,29; Luke 9,32; Luke 9,33; Luke 9,35; Luke 9,35; Luke 9,41; Luke 9,42; Luke 9,44; Luke 9,47; Luke 9,48; Luke 9,50; Luke 9,58; Luke 9,58; Luke 9,59; Luke 9,62; Luke 10,1; Luke 10,2; Luke 10,7; Luke 10,16; Luke 10,16; Luke 10,21; Luke 10,22; Luke 10,22; Luke 10,22; Luke 10,22; Luke 10,22; Luke 10,26; Luke 10,27; Luke 10,29; Luke 10,30; Luke 10,37; Luke 10,37; Luke 10,37; Luke 10,41; Luke 11,10; Luke 11,10; Luke 11,11; Luke 11,13; Luke 11,13; Luke 11,14; Luke 11,18; Luke 11,21; Luke 11,23; Luke 11,30; Luke 11,34; Luke 11,34; Luke 11,36; Luke 11,38; Luke 11,39; Luke 11,40; Luke 11,46; Luke 12,8; Luke 12,9; Luke 12,14; Luke 12,20; Luke 12,21; Luke 12,24; Luke 12,28; Luke 12,30; Luke 12,32; Luke 12,34; Luke 12,37; Luke 12,39; Luke 12,39; Luke 12,40; Luke 12,41; Luke 12,42; Luke 12,42; Luke 12,42; Luke 12,43; Luke 12,43; Luke 12,45; Luke 12,45; Luke 12,46; Luke 12,47; Luke 12,47; Luke 12,48; Luke 12,58; Luke 12,58; Luke 13,4; Luke 13,8; Luke 13,12; Luke 13,14; Luke 13,14; Luke 13,15; Luke 13,16; Luke 13,17; Luke 13,23; Luke 13,25; Luke 13,28; Luke 13,28; Luke 13,35; Luke 13,35; Luke 14,3; Luke 14,9; Luke 14,10; Luke 14,11; Luke 14,11; Luke 14,18; Luke 14,21; Luke 14,21; Luke 14,22; Luke 14,23; Luke 14,23; Luke 14,30; Luke 14,35; Luke 15,12; Luke 15,12; Luke 15,13; Luke 15,20; Luke 15,21; Luke 15,22; Luke 15,24; Luke 15,25; Luke 15,25; Luke 15,27; Luke 15,27; Luke 15,27; Luke 15,28; Luke 15,29; Luke

Ο, ο

15,30; Luke 15,30; Luke 15,31; Luke 15,32; Luke 16,3; Luke 16,3; Luke 16,6; Luke 16,6; Luke 16,7; Luke 16,8; Luke 16,10; Luke 16,15; Luke 16,18; Luke 16,18; Luke 16,22; Luke 16,30; Luke 17,3; Luke 17,6; Luke 17,17; Luke 17,18; Luke 17,24; Luke 17,27; Luke 17,30; Luke 17,31; Luke 17,34; Luke 17,34; Luke 17,37; Luke 18,6; Luke 18,6; Luke 18,7; Luke 18,8; Luke 18,10; Luke 18,10; Luke 18,11; Luke 18,11; Luke 18,11; Luke 18,13; Luke 18,13; Luke 18,14; Luke 18,14; Luke 18,16; Luke 18,19; Luke 18,19; Luke 18,21; Luke 18,22; Luke 18,23; Luke 18,24; Luke 18,27; Luke 18,28; Luke 18,29; Luke 18,37; Luke 18,40; Luke 18,41; Luke 18,42; Luke 18,43; Luke 19,5; Luke 19,9; Luke 19,10; Luke 19,16; Luke 19,18; Luke 19,20; Luke 19,31; Luke 19,34; Luke 19,38; Luke 19,38; Luke 19,46; Luke 19,48; Luke 20,2; Luke 20,6; Luke 20,8; Luke 20,13; Luke 20,14; Luke 20,15; Luke 20,17; Luke 20,18; Luke 20,25; Luke 20,28; Luke 20,29; Luke 20,30; Luke 20,31; Luke 20,34; Luke 21,8; Luke 21,8; Luke 21,33; Luke 21,38; Luke 22,10; Luke 22,11; Luke 22,22; Luke 22,23; Luke 22,25; Luke 22,26; Luke 22,26; Luke 22,26; Luke 22,26; Luke 22,27; Luke 22,27; Luke 22,27; Luke 22,27; Luke 22,29; Luke 22,31; Luke 22,33; Luke 22,34; Luke 22,36; Luke 22,36; Luke 22,38; Luke 22,44; Luke 22,47; Luke 22,51; Luke 22,54; Luke 22,55; Luke 22,57; Luke 22,58; Luke 22,60; Luke 22,61; Luke 22,61; Luke 22,64; Luke 22,67; Luke 22,69; Luke 22,70; Luke 22,70; Luke 23,3; Luke 23,3; Luke 23,3; Luke 23,4; Luke 23,6; Luke 23,11; Luke 23,12; Luke 23,20; Luke 23,22; Luke 23,28; Luke 23,34; Luke 23,35; Luke 23,35; Luke 23,35; Luke 23,37; Luke 23,38; Luke 23,39; Luke 23,40; Luke 23,46; Luke 23,47; Luke 23,47; Luke 24,21; Luke 24,34; John 1,1; John 1,1; John 1,1; John 1,10; John 1,10; John 1,14; John 1,15; John 1,17; John 1,18; John 1,20; John 1,21; John 1,23; John 1,25; John 1,25; John 1,26; John 1,27; John 1,28; John 1,29; John 1,29; John 1,33; John 1,33; John 1,34; John 1,35; John 1,36; John 1,38; John 1,40; John 1,42; John 1,42; John 1,43; John 1,44; John 1,46; John 1,47; John 1,49; John 2,2; John 2,4; John 2,7; John 2,9; John 2,9; John 2,11; John 2,13; John 2,17; John 2,20; John 2,22; John 3,2; John 3,4; John 3,8; John 3,10; John 3,13; John 3,13; John 3,15; John 3,16; John 3,16; John 3,17; John 3,17; John 3,18; John 3,18; John 3,20; John 3,21; John 3,22; John 3,23; John 3,24; John 3,28; John 3,29; John 3,29; John 3,29; John 3,31; John 3,31; John 3,33; John 3,33; John 3,34; John 3,35; John 3,36; John 3,36; John 4,1; John 4,6; John 4,7; John 4,10; John 4,13; John 4,17; John 4,20; John 4,21; John 4,23; John 4,24; John 4,25; John 4,26; John 4,26; John 4,29; John 4,32; John 4,34; John 4,35; John 4,36; John 4,36; John 4,36; John 4,37; John 4,37; John 4,37; John 4,42; John 4,46; John 4,48; John 4,49; John 4,50; John 4,50; John 4,50; John 4,51; John 4,52; John 4,53; John 4,53; John 4,53; John 4,54; John 5,6; John 5,7; John 5,8; John 5,9; John 5,11; John 5,11; John 5,12; John 5,12; John 5,13; John 5,13; John 5,14; John 5,15; John 5,15; John 5,17; John 5,19; John 5,19; John 5,19; John 5,20; John 5,21; John 5,21; John 5,22; John 5,23; John 5,24; John 5,26; John 5,32; John 5,35; John 5,35; John 5,36; John 5,36; John 5,37; John 5,45; John 6,1; John 6,5; John 6,7; John 6,8; John 6,10; John 6,11; John 6,14; John 6,14; John 6,17; John 6,20; John 6,22; John 6,22; John 6,22; John 6,24; John 6,26; John 6,27; John 6,27; John 6,27; John 6,29; John 6,32; John 6,32; John 6,33; John 6,33; John 6,35; John 6,35; John 6,35; John 6,35; John 6,37; John 6,40; John 6,41; John 6,41; John 6,42; John 6,44; John 6,44; John 6,45; John 6,46; John 6,47; John 6,48; John 6,50; John 6,50; John 6,51; John 6,51; John 6,51; John 6,51; John 6,53; John 6,54; John 6,56; John 6,57; John 6,57; John 6,58; John 6,58; John 6,58; John 6,60; John 6,61; John 6,64; John 6,64; John 6,67; John 6,69; John 6,70; John 7,1; John 7,6; John 7,6; John 7,6; John 7,6; John 7,6; John 7,7; John 7,8; John 7,16; John 7,18; John 7,18; John 7,20; John 7,23; John 7,26; John 7,27; John 7,28; John 7,28; John 7,31; John 7,33; John 7,36; John 7,37; John 7,38; John 7,40; John 7,41; John 7,41; John 7,42; John 7,49; John 7,49; John 7,50; John 7,51; John 8,2; John 8,6; John 8,7; John 8,10; John 8,11; John 8,12; John 8,12; John 8,16; John 8,18; John 8,18; John 8,19; John 8,25; John 8,26; John 8,28; John 8,28; John 8,29; John 8,31; John 8,34; John 8,34; John 8,35; John 8,35; John 8,36; John 8,37; John 8,37; John 8,39; John 8,39; John 8,42; John 8,42; John 8,44; John 8,47; John 8,50; John 8,54; John 8,54; John 8,56; John 9,8; John 9,11; John 9,11; John 9,14; John 9,15; John 9,16; John 9,17; John 9,19; John 9,20; John 9,24; John 9,29; John 9,30; John 9,31; John 9,37; John 9,37; John 9,38; John 9,39; John 9,41; John 10,1; John 10,2; John 10,3; John 10,6; John 10,7; John 10,10; John 10,11; John 10,11; John 10,11; John 10,11; John 10,12; John 10,12; John 10,14; John 10,14; John 10,15; John 10,17; John 10,23; John 10,24; John 10,25; John 10,29; John 10,30; John 10,32; John 10,34; John 10,35; John 10,36; John 10,38; John 11,2; John 11,4; John 11,4; John 11,5; John 11,11; John 11,13; John 11,14; John 11,16; John 11,17; John 11,21; John 11,22; John 11,23; John 11,23; John 11,25; John 11,25; John 11,26; John 11,27; John 11,27; John 11,27; John 11,28; John 11,30; John 11,32; John 11,35; John 11,37; John 11,39; John 11,40; John 11,41; John 11,44; John 11,44; John 11,47; John 12,2; John 12,4; John 12,4; John 12,7; John 12,9; John 12,12; John 12,12; John 12,12; John 12,13; John 12,13; John 12,14; John 12,15; John 12,17; John 12,17; John 12,18; John 12,19; John 12,22; John 12,23; John 12,24; John 12,25; John 12,25; John 12,26; John 12,26; John 12,26; John 12,29; John 12,29; John 12,31; John 12,34; John 12,34; John 12,34; John 12,35; John 12,35; John 12,38; John 12,38; John 12,44; John 12,45; John 12,46; John 12,48; John 12,48; John 12,49; John 12,50; John 13,1; John 13,3; John 13,10; John 13,10; John 13,13; John 13,13; John 13,14; John 13,14; John 13,18; John 13,20; John 13,20; John 13,21; John 13,23; John 13,26; John 13,27; John 13,27; John 13,29; John 13,31; John 13,31; John 13,32; John 13,32; John 13,37; John 14,6; John 14,9; John 14,9; John 14,10; John 14,10; John 14,11; John 14,12; John 14,13; John 14,17; John 14,19; John 14,21; John 14,21; John 14,21; John 14,22; John 14,23; John 14,24; John 14,24; John 14,26; John 14,26; John 14,27; John 14,28; John 14,30; John 14,31; John 14,31; John 15,1; John 15,1; John 15,5; John 15,8; John 15,9; John 15,15; John 15,15; John 15,16; John 15,18; John 15,19; John 15,19; John 15,23; John 15,25; John 15,25; John 15,26; John 16,2; John 16,7; John 16,11; John 16,15; John 16,19; John 16,20; John 16,27; John 16,32; John 17,1; John 17,12; John 17,14; John 17,17; John 17,17; John 17,21; John 17,23; John 17,25; John 18,2; John 18,3; John 18,5; John 18,9; John 18,11; John 18,11; John 18,12; John 18,14; John 18,15; John 18,16; John 18,16; John 18,16; John 18,16; John 18,18; John 18,24; John 18,29; John 18,31; John 18,32; John 18,33; John 18,33; John 18,35; John 18,37; John 18,37; John 18,37; John 18,38; John 18,40; John 19,1; John 19,3; John 19,4; John 19,5; John 19,5; John 19,6; John 19,8; John 19,9; John 19,10; John 19,11; John 19,12; John 19,12; John 19,13; John 19,14; John 19,15; John 19,19; John 19,19; John 19,19; John 19,20; John 19,20; John 19,21; John 19,22; John 19,23; John 19,26; John 19,27; John 19,28; John 19,30; John 19,35; John 19,38; John 19,38; John 19,39; John 20,2; John 20,3; John 20,3; John 20,4; John 20,8; John 20,8; John 20,15; John 20,19; John 20,21; John 20,21; John 20,24; John 20,25; John 20,26; John 20,28; John 20,28; John 20,29; John 20,30; John 20,31; John 20,31; John 21,1; John 21,2; John 21,2; John 21,5; John 21,6; John 21,7; John 21,7; John 21,7; John 21,7; John 21,10; John 21,12; John 21,12; John 21,15; John 21,17; John 21,17; John 21,20; John 21,20; John 21,20; John 21,21; John 21,22; John 21,23; John 21,23; John 21,23; John 21,24; John 21,24; John 21,24; John 21,25; Acts

ὁ

1,1; Acts 1,7; Acts 1,11; Acts 1,11; Acts 1,13; Acts 1,20; Acts 1,21; Acts 1,26; Acts 2,14; Acts 2,17; Acts 2,20; Acts 2,22; Acts 2,24; Acts 2,30; Acts 2,32; Acts 2,34; Acts 2,36; Acts 2,39; Acts 2,47; Acts 3,5; Acts 3,9; Acts 3,10; Acts 3,11; Acts 3,12; Acts 3,13; Acts 3,13; Acts 3,13; Acts 3,13; Acts 3,15; Acts 3,18; Acts 3,21; Acts 3,22; Acts 3,25; Acts 3,26; Acts 4,1; Acts 4,4; Acts 4,6; Acts 4,10; Acts 4,11; Acts 4,11; Acts 4,11; Acts 4,19; Acts 4,22; Acts 4,24; Acts 4,25; Acts 4,31; Acts 4,36; Acts 5,3; Acts 5,3; Acts 5,5; Acts 5,9; Acts 5,13; Acts 5,17; Acts 5,21; Acts 5,26; Acts 5,27; Acts 5,30; Acts 5,31; Acts 5,32; Acts 5,37; Acts 6,5; Acts 6,7; Acts 6,7; Acts 6,13; Acts 6,14; Acts 7,1; Acts 7,2; Acts 7,6; Acts 7,7; Acts 7,9; Acts 7,17; Acts 7,17; Acts 7,17; Acts 7,25; Acts 7,27; Acts 7,31; Acts 7,32; Acts 7,32; Acts 7,33; Acts 7,33; Acts 7,35; Acts 7,37; Acts 7,37; Acts 7,37; Acts 7,38; Acts 7,40; Acts 7,42; Acts 7,44; Acts 7,45; Acts 7,48; Acts 7,48; Acts 7,49; Acts 8,13; Acts 8,18; Acts 8,24; Acts 8,30; Acts 8,31; Acts 8,34; Acts 8,34; Acts 8,35; Acts 8,36; Acts 8,38; Acts 8,39; Acts 9,5; Acts 9,10; Acts 9,10; Acts 9,11; Acts 9,15; Acts 9,17; Acts 9,17; Acts 9,20; Acts 9,21; Acts 9,22; Acts 9,34; Acts 9,40; Acts 10,4; Acts 10,7; Acts 10,7; Acts 10,14; Acts 10,15; Acts 10,17; Acts 10,18; Acts 10,24; Acts 10,25; Acts 10,26; Acts 10,28; Acts 10,30; Acts 10,34; Acts 10,35; Acts 10,38; Acts 10,38; Acts 10,40; Acts 10,42; Acts 11,9; Acts 11,14; Acts 11,17; Acts 11,18; Acts 11,21; Acts 11,22; Acts 12,1; Acts 12,5; Acts 12,6; Acts 12,6; Acts 12,8; Acts 12,10; Acts 12,11; Acts 12,11; Acts 12,15; Acts 12,16; Acts 12,17; Acts 12,18; Acts 12,21; Acts 12,22; Acts 13,1; Acts 13,1; Acts 13,8; Acts 13,9; Acts 13,12; Acts 13,17; Acts 13,21; Acts 13,23; Acts 13,26; Acts 13,30; Acts 13,33; Acts 13,37; Acts 13,39; Acts 13,46; Acts 13,46; Acts 13,47; Acts 13,49; Acts 14,12; Acts 14,27; Acts 15,4; Acts 15,7; Acts 15,8; Acts 15,12; Acts 15,14; Acts 16,3; Acts 16,3; Acts 16,10; Acts 16,14; Acts 16,15; Acts 16,22; Acts 16,27; Acts 16,28; Acts 16,31; Acts 16,36; Acts 16,37; Acts 17,3; Acts 17,3; Acts 17,13; Acts 17,14; Acts 17,18; Acts 17,22; Acts 17,24; Acts 17,24; Acts 17,30; Acts 17,33; Acts 17,34; Acts 18,5; Acts 18,5; Acts 18,8; Acts 18,9; Acts 18,14; Acts 19,11; Acts 19,16; Acts 19,20; Acts 19,21; Acts 19,26; Acts 19,33; Acts 19,35; Acts 20,1; Acts 20,7; Acts 20,10; Acts 20,16; Acts 21,13; Acts 21,18; Acts 21,19; Acts 21,26; Acts 21,28; Acts 21,28; Acts 21,29; Acts 21,33; Acts 21,37; Acts 21,37; Acts 21,38; Acts 21,38; Acts 21,39; Acts 21,40; Acts 22,5; Acts 22,8; Acts 22,10; Acts 22,14; Acts 22,14; Acts 22,24; Acts 22,25; Acts 22,26; Acts 22,26; Acts 22,27; Acts 22,27; Acts 22,28; Acts 22,28; Acts 22,29; Acts 23,1; Acts 23,2; Acts 23,3; Acts 23,3; Acts 23,5; Acts 23,6; Acts 23,10; Acts 23,10; Acts 23,11; Acts 23,16; Acts 23,17; Acts 23,18; Acts 23,18; Acts 23,19; Acts 23,22; Acts 24,1; Acts 24,2; Acts 24,10; Acts 24,22; Acts 24,22; Acts 24,24; Acts 24,25; Acts 24,27; Acts 24,27; Acts 25,4; Acts 25,10; Acts 25,12; Acts 25,13; Acts 25,14; Acts 25,16; Acts 25,19; Acts 25,23; Acts 25,24; Acts 26,1; Acts 26,8; Acts 26,15; Acts 26,23; Acts 26,24; Acts 26,25; Acts 26,26; Acts 26,28; Acts 26,29; Acts 26,30; Acts 26,30; Acts 26,31; Acts 26,32; Acts 27,3; Acts 27,6; Acts 27,9; Acts 27,11; Acts 27,14; Acts 27,21; Acts 27,24; Acts 27,31; Acts 27,33; Acts 27,43; Acts 28,4; Acts 28,5; Acts 28,8; Acts 28,15; Rom. 1,9; Rom. 1,17; Rom. 1,19; Rom. 1,24; Rom. 1,26; Rom. 1,28; Rom. 2,1; Rom. 2,1; Rom. 2,3; Rom. 2,16; Rom. 2,21; Rom. 2,21; Rom. 2,22; Rom. 2,22; Rom. 2,28; Rom. 2,29; Rom. 2,29; Rom. 3,4; Rom. 3,5; Rom. 3,5; Rom. 3,6; Rom. 3,11; Rom. 3,11; Rom. 3,12; Rom. 3,13; Rom. 3,19; Rom. 3,19; Rom. 3,25; Rom. 3,29; Rom. 3,30; Rom. 4,4; Rom. 4,6; Rom. 4,15; Rom. 5,8; Rom. 5,12; Rom. 5,12; Rom. 5,14; Rom. 5,17; Rom. 6,6; Rom. 6,7; Rom. 7,1; Rom. 7,2; Rom. 7,3; Rom. 7,7; Rom. 7,7; Rom. 7,12; Rom. 7,14; Rom. 8,2; Rom. 8,3; Rom. 8,11; Rom. 8,15; Rom. 8,27; Rom. 8,31; Rom. 8,33; Rom. 8,34; Rom. 8,34; Rom. 9,5; Rom. 9,5; Rom. 9,6; Rom. 9,9; Rom. 9,12; Rom. 9,20; Rom. 9,21; Rom. 9,22; Rom. 9,27; Rom. 9,33; Rom. 10,5; Rom. 10,9; Rom. 10,11; Rom. 10,12; Rom. 10,18; Rom. 11,1; Rom. 11,2; Rom. 11,4; Rom. 11,8; Rom. 11,21; Rom. 11,23; Rom. 11,26; Rom. 11,32; Rom. 12,3; Rom. 12,7; Rom. 12,8; Rom. 12,8; Rom. 12,8; Rom. 12,8; Rom. 12,20; Rom. 13,2; Rom. 13,8; Rom. 14,2; Rom. 14,3; Rom. 14,3; Rom. 14,3; Rom. 14,4; Rom. 14,4; Rom. 14,6; Rom. 14,6; Rom. 14,6; Rom. 14,15; Rom. 14,18; Rom. 14,21; Rom. 14,22; Rom. 14,23; Rom. 15,3; Rom. 15,5; Rom. 15,7; Rom. 15,12; Rom. 16,20; Rom. 16,21; Rom. 16,22; Rom. 16,23; Rom. 16,23; Rom. 16,23; 1Cor. 1,1; 1Cor. 1,9; 1Cor. 1,13; 1Cor. 1,17; 1Cor. 1,18; 1Cor. 1,20; 1Cor. 1,21; 1Cor. 1,21; 1Cor. 1,27; 1Cor. 1,27; 1Cor. 1,28; 1Cor. 1,31; 1Cor. 2,4; 1Cor. 2,7; 1Cor. 2,9; 1Cor. 2,10; 1Cor. 2,15; 1Cor. 3,5; 1Cor. 3,6; 1Cor. 3,7; 1Cor. 3,7; 1Cor. 3,7; 1Cor. 3,8; 1Cor. 3,8; 1Cor. 3,17; 1Cor. 3,17; 1Cor. 3,19; 1Cor. 4,4; 1Cor. 4,5; 1Cor. 4,5; 1Cor. 4,9; 1Cor. 4,19; 1Cor. 5,2; 1Cor. 5,13; 1Cor. 6,2; 1Cor. 6,13; 1Cor. 6,13; 1Cor. 6,14; 1Cor. 6,16; 1Cor. 6,17; 1Cor. 6,18; 1Cor. 7,3; 1Cor. 7,4; 1Cor. 7,4; 1Cor. 7,5; 1Cor. 7,7; 1Cor. 7,7; 1Cor. 7,10; 1Cor. 7,12; 1Cor. 7,14; 1Cor. 7,14; 1Cor. 7,15; 1Cor. 7,15; 1Cor. 7,15; 1Cor. 7,17; 1Cor. 7,17; 1Cor. 7,22; 1Cor. 7,22; 1Cor. 7,29; 1Cor. 7,32; 1Cor. 7,33; 1Cor. 7,38; 1Cor. 7,38; 1Cor. 7,39; 1Cor. 7,39; 1Cor. 8,6; 1Cor. 8,11; 1Cor. 8,11; 1Cor. 9,8; 1Cor. 9,10; 1Cor. 9,10; 1Cor. 9,14; 1Cor. 9,18; 1Cor. 9,25; 1Cor. 10,4; 1Cor. 10,5; 1Cor. 10,7; 1Cor. 10,12; 1Cor. 10,13; 1Cor. 11,3; 1Cor. 11,3; 1Cor. 11,3; 1Cor. 11,12; 1Cor. 11,23; 1Cor. 11,29; 1Cor. 12,5; 1Cor. 12,6; 1Cor. 12,6; 1Cor. 12,12; 1Cor. 12,15; 1Cor. 12,18; 1Cor. 12,21; 1Cor. 12,24; 1Cor. 12,28; 1Cor. 14,2; 1Cor. 14,3; 1Cor. 14,4; 1Cor. 14,4; 1Cor. 14,5; 1Cor. 14,5; 1Cor. 14,11; 1Cor. 14,13; 1Cor. 14,14; 1Cor. 14,16; 1Cor. 14,17; 1Cor. 14,25; 1Cor. 14,30; 1Cor. 14,33; 1Cor. 14,34; 1Cor. 14,36; 1Cor. 15,9; 1Cor. 15,26; 1Cor. 15,28; 1Cor. 15,28; 1Cor. 15,38; 1Cor. 15,45; 1Cor. 15,45; 1Cor. 15,47; 1Cor. 15,47; 1Cor. 15,48; 1Cor. 15,48; 1Cor. 15,54; 1Cor. 15,54; 1Cor. 15,54; 1Cor. 15,56; 1Cor. 15,58; 1Cor. 16,7; 2Cor. 1,1; 2Cor. 1,3; 2Cor. 1,3; 2Cor. 1,4; 2Cor. 1,18; 2Cor. 1,18; 2Cor. 1,18; 2Cor. 1,19; 2Cor. 1,19; 2Cor. 1,21; 2Cor. 1,22; 2Cor. 2,2; 2Cor. 2,2; 2Cor. 2,7; 2Cor. 3,17; 2Cor. 4,4; 2Cor. 4,6; 2Cor. 4,6; 2Cor. 4,12; 2Cor. 4,14; 2Cor. 4,16; 2Cor. 4,16; 2Cor. 5,5; 2Cor. 5,5; 2Cor. 6,16; 2Cor. 7,6; 2Cor. 7,6; 2Cor. 8,15; 2Cor. 8,15; 2Cor. 8,18; 2Cor. 9,6; 2Cor. 9,6; 2Cor. 9,7; 2Cor. 9,8; 2Cor. 9,10; 2Cor. 10,8; 2Cor. 10,10; 2Cor. 10,11; 2Cor. 10,13; 2Cor. 10,18; 2Cor. 10,18; 2Cor. 11,3; 2Cor. 11,4; 2Cor. 11,11; 2Cor. 11,14; 2Cor. 11,31; 2Cor. 11,31; 2Cor. 11,32; 2Cor. 12,2; 2Cor. 12,3; 2Cor. 12,21; 2Cor. 13,10; 2Cor. 13,11; Gal. 1,15; Gal. 1,15; Gal. 1,23; Gal. 2,3; Gal. 2,6; Gal. 2,8; Gal. 3,5; Gal. 3,8; Gal. 3,11; Gal. 3,12; Gal. 3,12; Gal. 3,13; Gal. 3,17; Gal. 3,18; Gal. 3,19; Gal. 3,20; Gal. 3,20; Gal. 3,21; Gal. 3,21; Gal. 3,24; Gal. 4,1; Gal. 4,4; Gal. 4,6; Gal. 4,6; Gal. 4,15; Gal. 4,23; Gal. 4,23; Gal. 4,29; Gal. 4,30; Gal. 5,10; Gal. 5,14; Gal. 5,22; Gal. 6,6; Gal. 6,8; Gal. 6,8; Eph. 1,3; Eph. 1,3; Eph. 1,17; Eph. 1,17; Eph. 1,18; Eph. 2,4; Eph. 2,10; Eph. 2,14; Eph. 3,1; Eph. 4,1; Eph. 4,6; Eph. 4,10; Eph. 4,10; Eph. 4,26; Eph. 4,28; Eph. 4,32; Eph. 5,2; Eph. 5,9; Eph. 5,14; Eph. 5,14; Eph. 5,23; Eph. 5,25; Eph. 5,28; Eph. 5,29; Eph. 6,9; Eph. 6,21; Phil. 1,6; Phil. 1,8; Phil. 2,9; Phil. 2,13; Phil. 2,27; Phil. 3,15; Phil. 3,19; Phil. 4,5; Phil. 4,9; Phil. 4,19; Col. 1,1; Col. 1,8; Col. 1,27; Col. 2,8; Col. 3,1; Col. 3,4; Col. 3,13; Col. 3,25; Col. 4,3; Col. 4,6; Col. 4,7; Col. 4,10; Col. 4,10; Col. 4,11; Col. 4,12; Col. 4,14; Col. 4,14; 1Th. 1,8; 1Th. 2,10; 1Th. 2,18; 1Th. 3,5; 1Th. 3,5; 1Th. 3,11; 1Th. 3,11; 1Th. 3,12; 1Th. 4,3; 1Th. 4,7; 1Th. 4,8; 1Th. 4,14; 1Th. 4,16; 1Th. 5,9; 1Th. 5,23; 1Th. 5,24; 2Th. 1,11; 2Th. 2,3; 2Th. 2,3; 2Th. 2,4; 2Th. 2,7; 2Th. 2,8; 2Th. 2,8; 2Th. 2,11; 2Th. 2,13; 2Th. 2,16; 2Th. 2,16; 2Th. 2,16; 2Th. 2,16; 2Th. 3,1; 2Th. 3,3; 2Th. 3,16; 2Th. 3,16; 1Tim. 1,8; 1Tim. 1,15; 1Tim. 2,6; 1Tim. 3,1; 1Tim. 4,3; 1Tim. 4,9; 1Tim. 5,18; 1Tim. 6,15; 1Tim. 6,15; 1Tim. 6,16; 2Tim. 1,7; 2Tim. 1,16;

2Tim. 1,18; 2Tim. 2,7; 2Tim. 2,9; 2Tim. 2,11; 2Tim. 2,17; 2Tim. 2,19; 2Tim. 2,19; 2Tim. 2,25; 2Tim. 3,11; 2Tim. 3,17; 2Tim. 4,6; 2Tim. 4,8; 2Tim. 4,8; 2Tim. 4,8; 2Tim. 4,14; 2Tim. 4,14; 2Tim. 4,17; 2Tim. 4,18; Titus 1,2; Titus 1,15; Titus 2,5; Titus 2,8; Titus 3,8; Titus 3,11; Philem. 1; Philem. 23; Heb. 1,1; Heb. 1,7; Heb. 1,8; Heb. 1,8; Heb. 1,9; Heb. 1,9; Heb. 1,12; Heb. 2,2; Heb. 2,13; Heb. 3,3; Heb. 3,4; Heb. 4,2; Heb. 4,4; Heb. 4,10; Heb. 4,10; Heb. 4,12; Heb. 4,13; Heb. 5,5; Heb. 5,5; Heb. 5,11; Heb. 5,13; Heb. 6,3; Heb. 6,10; Heb. 6,13; Heb. 6,16; Heb. 6,17; Heb. 7,1; Heb. 7,1; Heb. 7,4; Heb. 7,6; Heb. 7,9; Heb. 7,11; Heb. 7,14; Heb. 7,19; Heb. 7,21; Heb. 7,24; Heb. 7,28; Heb. 7,28; Heb. 8,2; Heb. 9,7; Heb. 9,17; Heb. 9,20; Heb. 9,25; Heb. 9,28; Heb. 10,1; Heb. 10,7; Heb. 10,23; Heb. 10,29; Heb. 10,37; Heb. 10,38; Heb. 11,5; Heb. 11,10; Heb. 11,16; Heb. 11,17; Heb. 11,19; Heb. 11,28; Heb. 11,32; Heb. 11,38; Heb. 12,7; Heb. 12,10; Heb. 12,29; Heb. 13,4; Heb. 13,4; Heb. 13,5; Heb. 13,8; Heb. 13,16; Heb. 13,20; James 1,6; James 1,7; James 1,9; James 1,9; James 1,10; James 1,11; James 1,11; James 1,13; James 1,25; James 2,5; James 2,11; James 2,19; James 2,21; James 3,6; James 4,6; James 4,9; James 4,11; James 4,12; James 4,12; James 4,12; James 4,15; James 5,2; James 5,3; James 5,3; James 5,3; James 5,4; James 5,4; James 5,7; James 5,9; James 5,11; James 5,15; James 5,18; James 5,20; 1Pet. 1,3; 1Pet. 1,3; 1Pet. 1,24; 1Pet. 2,3; 1Pet. 2,6; 1Pet. 3,3; 1Pet. 3,4; 1Pet. 3,10; 1Pet. 3,13; 1Pet. 4,1; 1Pet. 4,3; 1Pet. 4,11; 1Pet. 4,11; 1Pet. 4,17; 1Pet. 4,18; 1Pet. 4,18; 1Pet. 5,1; 1Pet. 5,1; 1Pet. 5,5; 1Pet. 5,8; 1Pet. 5,10; 1Pet. 5,10; 1Pet. 5,13; 2Pet. 1,14; 2Pet. 1,17; 2Pet. 1,17; 2Pet. 2,4; 2Pet. 2,8; 2Pet. 2,17; 2Pet. 3,6; 2Pet. 3,15; 1John 1,5; 1John 1,10; 1John 2,4; 1John 2,6; 1John 2,7; 1John 2,10; 1John 2,11; 1John 2,14; 1John 2,17; 1John 2,17; 1John 2,22; 1John 2,22; 1John 2,22; 1John 2,22; 1John 2,22; 1John 2,23; 1John 2,23; 1John 2,29; 1John 3,1; 1John 3,1; 1John 3,3; 1John 3,4; 1John 3,6; 1John 3,6; 1John 3,7; 1John 3,8; 1John 3,8; 1John 3,8; 1John 3,9; 1John 3,10; 1John 3,10; 1John 3,13; 1John 3,14; 1John 3,15; 1John 3,20; 1John 3,24; 1John 4,4; 1John 4,4; 1John 4,5; 1John 4,6; 1John 4,7; 1John 4,8; 1John 4,8; 1John 4,9; 1John 4,11; 1John 4,12; 1John 4,14; 1John 4,15; 1John 4,15; 1John 4,16; 1John 4,16; 1John 4,16; 1John 4,18; 1John 4,18; 1John 4,20; 1John 4,21; 1John 5,1; 1John 5,1; 1John 5,1; 1John 5,5; 1John 5,5; 1John 5,5; 1John 5,6; 1John 5,10; 1John 5,10; 1John 5,10; 1John 5,11; 1John 5,12; 1John 5,12; 1John 5,18; 1John 5,18; 1John 5,18; 1John 5,19; 1John 5,20; 1John 5,20; 2John 7; 2John 7; 2John 9; 2John 9; 2John 11; 3John 9; 3John 11; 3John 11; Jude 9; Jude 13; Rev. 1,1; Rev. 1,3; Rev. 1,3; Rev. 1,4; Rev. 1,4; Rev. 1,4; Rev. 1,5; Rev. 1,5; Rev. 1,5; Rev. 1,5; Rev. 1,8; Rev. 1,8; Rev. 1,8; Rev. 1,8; Rev. 1,8; Rev. 1,9; Rev. 1,16; Rev. 1,17; Rev. 1,17; Rev. 1,18; Rev. 2,1; Rev. 2,1; Rev. 2,8; Rev. 2,8; Rev. 2,10; Rev. 2,12; Rev. 2,13; Rev. 2,13; Rev. 2,13; Rev. 2,13; Rev. 2,17; Rev. 2,18; Rev. 2,18; Rev. 2,23; Rev. 2,26; Rev. 2,26; Rev. 3,1; Rev. 3,7; Rev. 3,7; Rev. 3,7; Rev. 3,7; Rev. 3,14; Rev. 3,14; Rev. 3,14; Rev. 3,17; Rev. 4,3; Rev. 4,8; Rev. 4,8; Rev. 4,8; Rev. 4,8; Rev. 4,8; Rev. 4,11; Rev. 4,11; Rev. 5,5; Rev. 5,5; Rev. 5,11; Rev. 6,2; Rev. 6,5; Rev. 6,8; Rev. 6,8; Rev. 6,8; Rev. 6,10; Rev. 6,10; Rev. 6,12; Rev. 6,14; Rev. 7,15; Rev. 7,16; Rev. 7,17; Rev. 8,4; Rev. 8,5; Rev. 8,7; Rev. 8,8; Rev. 8,10; Rev. 8,11; Rev. 8,12; Rev. 9,1; Rev. 9,2; Rev. 9,2; Rev. 9,5; Rev. 9,6; Rev. 9,13; Rev. 9,14; Rev. 9,16; Rev. 10,1; Rev. 10,5; Rev. 11,8; Rev. 11,15; Rev. 11,17; Rev. 11,17; Rev. 11,17; Rev. 11,17; Rev. 11,18; Rev. 11,19; Rev. 11,19; Rev. 12,4; Rev. 12,7; Rev. 12,7; Rev. 12,9; Rev. 12,9; Rev. 12,9; Rev. 12,9; Rev. 12,9; Rev. 12,9; Rev. 12,9; Rev. 12,10; Rev. 12,10; Rev. 12,12; Rev. 12,13; Rev. 12,15; Rev. 12,16; Rev. 12,17; Rev. 13,2; Rev. 13,17; Rev. 13,18; Rev. 13,18; Rev. 14,11; Rev. 14,15; Rev. 14,16; Rev. 14,18; Rev. 14,19; Rev. 15,1; Rev. 15,3; Rev. 15,3; Rev. 15,3; Rev. 15,5; Rev. 15,8; Rev. 16,2; Rev. 16,3; Rev. 16,4; Rev. 16,5; Rev. 16,5; Rev. 16,5; Rev. 16,7; Rev. 16,7; Rev. 16,8; Rev. 16,10; Rev. 16,12; Rev. 16,15; Rev. 16,17; Rev. 17,7; Rev. 17,9; Rev. 17,9; Rev. 17,10; Rev. 17,10; Rev. 17,17; Rev. 18,4; Rev. 18,5; Rev. 18,8; Rev. 18,8; Rev. 18,17; Rev. 18,17; Rev. 18,20; Rev. 19,3; Rev. 19,6; Rev. 19,6; Rev. 19,7; Rev. 19,11; Rev. 19,13; Rev. 19,20; Rev. 19,20; Rev. 20,2; Rev. 20,2; Rev. 20,2; Rev. 20,6; Rev. 20,6; Rev. 20,7; Rev. 20,8; Rev. 20,10; Rev. 20,10; Rev. 20,10; Rev. 20,11; Rev. 20,13; Rev. 20,13; Rev. 20,14; Rev. 20,14; Rev. 20,14; Rev. 20,14; Rev. 21,1; Rev. 21,3; Rev. 21,4; Rev. 21,5; Rev. 21,7; Rev. 21,8; Rev. 21,8; Rev. 21,11; Rev. 21,15; Rev. 21,19; Rev. 21,19; Rev. 21,19; Rev. 21,19; Rev. 21,19; Rev. 21,20; Rev. 21,20; Rev. 21,20; Rev. 21,20; Rev. 21,20; Rev. 21,20; Rev. 21,20; Rev. 21,22; Rev. 21,22; Rev. 21,22; Rev. 21,23; Rev. 21,27; Rev. 22,3; Rev. 22,5; Rev. 22,6; Rev. 22,6; Rev. 22,7; Rev. 22,8; Rev. 22,10; Rev. 22,11; Rev. 22,11; Rev. 22,11; Rev. 22,12; Rev. 22,13; Rev. 22,13; Rev. 22,16; Rev. 22,16; Rev. 22,16; Rev. 22,17; Rev. 22,17; Rev. 22,17; Rev. 22,18; Rev. 22,19; Rev. 22,20)

ὅ ▸ 5 + 9 = 14

Article ▪ masculine ▪ singular ▪ nominative ▸ 5 + 9 = **14** (Gen. 2,25; Gen. 3,8; Num. 26,60; 2Mac. 1,14; 2Mac. 1,22; Luke 23,12; Acts 1,13; Acts 5,24; Acts 8,38; Acts 13,1; Acts 14,13; Acts 17,14; Acts 18,5; Heb. 2,11)

Ὁ ▸ 144 + 5 + 70 = 219

Article ▪ masculine ▪ singular ▪ nominative ▸ 144 + 5 + 70 = **219** (Gen. 3,1; Gen. 3,13; Gen. 13,14; Gen. 19,31; Gen. 21,22; Gen. 22,8; Gen. 31,46; Gen. 32,10; Gen. 33,13; Gen. 43,1; Gen. 43,29; Gen. 45,26; Gen. 47,1; Gen. 47,5; Gen. 48,1; Gen. 48,3; Gen. 48,15; Gen. 50,5; Gen. 50,16; Ex. 3,13; Ex. 3,14; Ex. 3,18; Ex. 5,3; Ex. 12,2; Ex. 18,4; Lev. 7,29; Num. 12,13; Num. 14,25; Num. 19,11; Num. 27,3; Deut. 21,20; Josh. 17,4; Josh. 22,22; 1Sam. 2,30; 1Sam. 9,9; 1Sam. 21,3; 2Sam. 17,29; 2Sam. 19,10; 2Sam. 21,5; 1Kings 5,19; 1Kings 12,4; 1Kings 12,10; 1Kings 12,14; 1Kings 12,24p; 1Kings 13,26; 1Kings 21,39; 2Kings 4,1; 2Kings 8,9; 2Kings 14,9; 2Kings 23,17; 2Chr. 10,4; 2Chr. 10,10; 2Chr. 10,10; 2Chr. 10,14; 2Chr. 25,18; 1Esdr. 4,13; Ezra 4,18; Esth. 4,1; Esth. 6,1; Judith 10,8; Tob. 7,6; 1Mac. 13,31; 2Mac. 4,1; 2Mac. 5,21; 2Mac. 7,6; 2Mac. 7,24; 2Mac. 9,28; 2Mac. 13,18; 2Mac. 14,26; 2Mac. 15,1; 2Mac. 15,14; 3Mac. 1,1; 3Mac. 2,1; 3Mac. 5,10; Psa. 21,2; Psa. 43,2; Psa. 45,2; Psa. 53,3; Psa. 59,3; Psa. 62,2; Psa. 66,2; Psa. 69,2; Psa. 70,1; Psa. 70,11; Psa. 71,1; Psa. 78,1; Psa. 79,2; Psa. 81,1; Psa. 82,2; Psa. 90,1; Psa. 92,1; Psa. 93,1; Psa. 95,10; Psa. 96,1; Psa. 98,1; Psa. 108,1; Prov. 9,7; Song 8,13; Job 11,2; Job 32,7; Sir. 5,6; Sir. 13,1; Sir. 15,1; Sir. 18,1; Sir. 19,4; Sir. 20,27; Sir. 21,11; Sir. 22,19; Sir. 27,16; Sir. 29,1; Sir. 30,1; Sir. 31,5; Sir. 32,14; Sir. 35,1; Hos. 2,18; Hos. 8,2; Amos 7,12; Hag. 1,2; Is. 2,1; Is. 36,18; Is. 66,1; Jer. 11,1; Jer. 18,1; Jer. 21,1; Jer. 25,1; Jer. 28,59; Jer. 37,1; Jer. 38,10; Jer. 39,1; Jer. 41,1; Jer. 41,8; Jer. 42,1; Jer. 45,2; Jer. 47,1; Jer. 51,1; Jer. 51,16; Jer. 51,31; Lam. 1,16; Lam. 3,49; Ezek. 3,27; Ezek. 12,10; Ezek. 17,3; Dan. 5,11; Dan. 6,17; Tob. 7,5; Dan. 2,5; Dan. 2,7; Dan. 6,17; Sus. 42; Matt. 6,22; Matt. 9,12; Matt. 10,37; Matt. 10,40; Matt. 11,2; Matt. 12,15; Matt. 14,3; Matt. 15,32; Matt. 19,23; Matt. 24,35; Matt. 26,69; Matt. 27,11; Matt. 27,54; Mark 1,45; Mark 7,6; Mark 10,21; Mark 11,29; Mark 12,15; Mark 13,5; Mark 14,6; Mark 15,15; Mark 16,19; Luke 3,19; Luke 10,16; Luke 11,23; Luke 11,34; Luke 14,16; Luke 16,10; Luke 16,16; Luke 23,8; Luke 24,12; John 3,31; John 5,17; John 11,54; John 12,1; John 12,23; John 18,19; Acts 7,2; Acts 9,1; Acts 12,24; Acts 18,18; Acts 25,9; Rom. 4,9; Rom. 15,13; Rom. 15,33; 1Cor. 1,18; 1Cor. 16,21; 2Cor. 10,17; Col. 3,16; Col. 4,18; 2Th. 3,5; 2Th. 3,17; 2Tim. 4,22; Heb.

13,20; 1John 2,9; 1John 4,16; 2John 1; 3John 1; Jude 9; Rev. 2,7; Rev. 2,11; Rev. 2,11; Rev. 2,17; Rev. 2,29; Rev. 3,5; Rev. 3,6; Rev. 3,12; Rev. 3,13; Rev. 3,21; Rev. 3,22)

Οἱ ▸ 45 + 2 + 40 = 87

Article ▪ masculine ▪ plural ▪ nominative ▸ 45 + 2 + 40 = **87** (Gen. 34,21; Gen. 46,31; Ex. 14,3; Num. 1,47; Num. 31,49; Num. 32,6; Num. 32,25; Deut. 3,21; Judg. 12,4; Judg. 16,12; Judg. 16,14; Judg. 16,20; 2Sam. 2,4; 1Kings 20,23; 2Kings 10,13; 2Kings 22,18; Neh. 1,3; Esth. 8,14; Tob. 6,1; 1Mac. 6,48; 1Mac. 7,41; 1Mac. 13,49; 2Mac. 1,10; 2Mac. 1,30; 2Mac. 14,6; 2Mac. 15,25; 4Mac. 8,15; Psa. 18,2; Psa. 21,24; Psa. 86,1; Psa. 124,1; Prov. 31,1; Job 1,17; Wis. 3,10; Sir. 2,7; Jonah 3,7; Mal. 2,17; Is. 42,18; Is. 55,1; Jer. 35,8; Jer. 38,29; Lam. 4,5; Ezek. 18,2; Ezek. 29,9; Sus. 28; Judg. 12,4; Judg. 17,2; Matt. 2,9; Matt. 22,34; Matt. 26,57; Matt. 26,59; Matt. 27,6; Matt. 27,20; Matt. 27,39; Matt. 28,16; Mark 10,24; Mark 14,55; Mark 15,16; Luke 5,33; John 6,14; John 9,8; John 19,23; John 19,24; John 19,31; Acts 1,6; Acts 5,33; Acts 5,41; Acts 8,4; Acts 8,25; Acts 11,19; Acts 15,3; Acts 15,23; Acts 15,30; Acts 17,10; Acts 21,20; Acts 23,31; Eph. 5,25; Eph. 6,5; Col. 3,19; Col. 3,21; Col. 3,22; Col. 4,1; 1Th. 5,7; 1Tim. 5,17; 1Pet. 2,18; 1Pet. 3,7; Rev. 18,15)

οἵ ▸ 10 + 5 = 15

Article ▪ masculine ▪ plural ▪ nominative ▸ 10 + 5 = **15** (1Esdr. 5,45; 2Mac. 1,23; 3Mac. 2,23; 3Mac. 4,8; 3Mac. 5,5; 3Mac. 5,13; 3Mac. 5,35; 3Mac. 6,34; 3Mac. 6,35; Psa. 48,3; Luke 15,2; Acts 13,52; Acts 14,11; Acts 28,2; Eph. 2,13)

οἱ ▸ 4395 + 320 + 1072 = 5787

Article ▪ masculine ▪ plural ▪ nominative ▸ 4395 + 320 + 1072 = **5787** (Gen. 2,24; Gen. 2,25; Gen. 3,5; Gen. 3,7; Gen. 6,1; Gen. 6,2; Gen. 6,4; Gen. 6,4; Gen. 6,4; Gen. 6,4; Gen. 6,4; Gen. 6,4; Gen. 6,18; Gen. 7,7; Gen. 7,11; Gen. 7,23; Gen. 8,2; Gen. 8,16; Gen. 8,18; Gen. 9,18; Gen. 9,18; Gen. 9,19; Gen. 11,5; Gen. 12,6; Gen. 12,12; Gen. 12,14; Gen. 12,15; Gen. 13,7; Gen. 13,7; Gen. 13,13; Gen. 13,13; Gen. 14,5; Gen. 14,5; Gen. 14,9; Gen. 14,10; Gen. 14,15; Gen. 14,24; Gen. 17,27; Gen. 17,27; Gen. 17,27; Gen. 18,16; Gen. 18,22; Gen. 18,28; Gen. 19,1; Gen. 19,4; Gen. 19,4; Gen. 19,5; Gen. 19,5; Gen. 19,10; Gen. 19,12; Gen. 19,15; Gen. 19,16; Gen. 20,2; Gen. 20,8; Gen. 21,25; Gen. 22,6; Gen. 23,5; Gen. 24,54; Gen. 24,54; Gen. 24,55; Gen. 24,57; Gen. 25,9; Gen. 25,16; Gen. 25,27; Gen. 26,7; Gen. 26,7; Gen. 26,14; Gen. 26,15; Gen. 26,15; Gen. 26,18; Gen. 26,18; Gen. 26,19; Gen. 26,20; Gen. 26,25; Gen. 26,32; Gen. 27,1; Gen. 27,29; Gen. 28,12; Gen. 29,4; Gen. 29,5; Gen. 29,6; Gen. 29,8; Gen. 29,17; Gen. 31,10; Gen. 31,10; Gen. 31,43; Gen. 32,2; Gen. 32,7; Gen. 32,33; Gen. 34,5; Gen. 34,7; Gen. 34,7; Gen. 34,13; Gen. 34,14; Gen. 34,18; Gen. 34,22; Gen. 34,24; Gen. 34,25; Gen. 34,25; Gen. 34,27; Gen. 34,31; Gen. 35,22; Gen. 35,29; Gen. 36,31; Gen. 36,31; Gen. 37,4; Gen. 37,8; Gen. 37,10; Gen. 37,11; Gen. 37,12; Gen. 37,13; Gen. 37,14; Gen. 37,27; Gen. 37,28; Gen. 37,28; Gen. 37,28; Gen. 37,35; Gen. 37,36; Gen. 38,11; Gen. 38,22; Gen. 38,22; Gen. 39,20; Gen. 40,5; Gen. 40,8; Gen. 40,10; Gen. 40,12; Gen. 41,7; Gen. 41,7; Gen. 41,24; Gen. 41,24; Gen. 41,26; Gen. 41,26; Gen. 41,27; Gen. 41,27; Gen. 42,3; Gen. 42,3; Gen. 42,5; Gen. 42,6; Gen. 42,7; Gen. 42,10; Gen. 42,10; Gen. 42,11; Gen. 42,13; Gen. 42,13; Gen. 43,7; Gen. 43,15; Gen. 43,16; Gen. 43,18; Gen. 43,28; Gen. 43,32; Gen. 43,33; Gen. 44,3; Gen. 44,3; Gen. 44,7; Gen. 44,14; Gen. 44,31; Gen. 45,2; Gen. 45,3; Gen. 45,10; Gen. 45,10; Gen. 45,11; Gen. 45,12; Gen. 45,12; Gen. 45,15; Gen. 45,16; Gen. 45,21; Gen. 46,5; Gen. 46,7; Gen. 46,8; Gen. 46,26; Gen. 46,27; Gen. 46,32; Gen. 46,34; Gen. 46,34; Gen. 47,1; Gen. 47,1; Gen. 47,3; Gen. 47,3; Gen. 47,3; Gen. 47,4; Gen. 47,5; Gen. 47,5; Gen. 47,15; Gen. 47,20; Gen. 48,5; Gen. 48,5; Gen. 48,10; Gen. 48,15; Gen. 49,8; Gen. 49,8; Gen. 49,12; Gen. 49,12; Gen. 50,2; Gen. 50,7; Gen. 50,7; Gen. 50,7; Gen. 50,8; Gen. 50,11; Gen. 50,12; Gen. 50,13; Gen. 50,14; Gen. 50,14; Gen. 50,15; Gen. 50,22; Ex. 1,6; Ex. 1,7; Ex. 1,12; Ex. 1,13; Ex. 2,17; Ex. 2,23; Ex. 3,9; Ex. 4,19; Ex. 5,10; Ex. 5,10; Ex. 5,13; Ex. 5,14; Ex. 5,14; Ex. 5,15; Ex. 5,16; Ex. 5,19; Ex. 6,5; Ex. 6,12; Ex. 6,27; Ex. 7,5; Ex. 7,11; Ex. 7,18; Ex. 7,18; Ex. 7,18; Ex. 7,21; Ex. 7,21; Ex. 7,21; Ex. 7,22; Ex. 7,24; Ex. 7,29; Ex. 8,3; Ex. 8,7; Ex. 8,9; Ex. 8,13; Ex. 8,13; Ex. 8,14; Ex. 8,14; Ex. 8,15; Ex. 9,11; Ex. 9,19; Ex. 9,26; Ex. 9,30; Ex. 10,6; Ex. 10,6; Ex. 10,7; Ex. 10,8; Ex. 10,11; Ex. 11,8; Ex. 12,4; Ex. 12,26; Ex. 12,28; Ex. 12,30; Ex. 12,30; Ex. 12,31; Ex. 12,33; Ex. 12,35; Ex. 12,37; Ex. 12,37; Ex. 12,39; Ex. 12,50; Ex. 13,18; Ex. 13,20; Ex. 14,4; Ex. 14,8; Ex. 14,9; Ex. 14,9; Ex. 14,10; Ex. 14,10; Ex. 14,10; Ex. 14,16; Ex. 14,18; Ex. 14,22; Ex. 14,23; Ex. 14,23; Ex. 14,25; Ex. 14,27; Ex. 14,29; Ex. 15,1; Ex. 15,15; Ex. 15,19; Ex. 16,3; Ex. 16,15; Ex. 16,17; Ex. 16,22; Ex. 16,31; Ex. 16,35; Ex. 18,5; Ex. 18,6; Ex. 18,12; Ex. 19,22; Ex. 19,22; Ex. 19,24; Ex. 23,11; Ex. 25,15; Ex. 25,20; Ex. 25,27; Ex. 25,31; Ex. 25,31; Ex. 25,31; Ex. 25,34; Ex. 25,36; Ex. 25,36; Ex. 27,7; Ex. 27,10; Ex. 27,10; Ex. 27,11; Ex. 27,11; Ex. 27,17; Ex. 27,19; Ex. 27,21; Ex. 28,21; Ex. 28,38; Ex. 28,39; Ex. 28,43; Ex. 29,10; Ex. 29,15; Ex. 29,19; Ex. 29,21; Ex. 29,32; Ex. 30,19; Ex. 31,16; Ex. 32,4; Ex. 32,8; Ex. 32,12; Ex. 32,25; Ex. 32,28; Ex. 33,6; Ex. 34,30; Ex. 34,31; Ex. 34,32; Ex. 34,35; Ex. 35,1; Ex. 35,22; Ex. 35,27; Ex. 35,29; Ex. 36,3; Ex. 36,4; Ex. 36,4; Ex. 36,21; Ex. 37,8; Ex. 37,9; Ex. 37,12; Ex. 37,13; Ex. 37,15; Ex. 37,15; Ex. 37,17; Ex. 37,18; Ex. 38,15; Ex. 38,16; Ex. 38,27; Ex. 39,10; Ex. 39,22; Ex. 40,36; Lev. 1,5; Lev. 1,5; Lev. 1,7; Lev. 1,7; Lev. 1,8; Lev. 1,8; Lev. 1,9; Lev. 1,11; Lev. 1,11; Lev. 1,12; Lev. 3,2; Lev. 3,2; Lev. 3,5; Lev. 3,5; Lev. 3,8; Lev. 3,8; Lev. 3,13; Lev. 3,13; Lev. 4,15; Lev. 6,7; Lev. 6,9; Lev. 8,14; Lev. 8,18; Lev. 8,22; Lev. 8,31; Lev. 8,36; Lev. 9,9; Lev. 9,12; Lev. 9,18; Lev. 10,1; Lev. 10,6; Lev. 10,9; Lev. 10,14; Lev. 17,5; Lev. 18,27; Lev. 18,27; Lev. 20,4; Lev. 22,3; Lev. 22,11; Lev. 24,3; Lev. 24,14; Lev. 24,23; Lev. 25,34; Lev. 25,34; Lev. 25,55; Lev. 26,8; Lev. 26,16; Lev. 26,17; Lev. 26,32; Lev. 26,32; Lev. 26,39; Num. 1,20; Num. 1,44; Num. 1,51; Num. 1,52; Num. 1,53; Num. 1,53; Num. 1,54; Num. 2,2; Num. 2,2; Num. 2,3; Num. 2,4; Num. 2,5; Num. 2,6; Num. 2,7; Num. 2,8; Num. 2,9; Num. 2,11; Num. 2,12; Num. 2,13; Num. 2,14; Num. 2,15; Num. 2,16; Num. 2,19; Num. 2,20; Num. 2,21; Num. 2,22; Num. 2,23; Num. 2,24; Num. 2,26; Num. 2,27; Num. 2,28; Num. 2,29; Num. 2,30; Num. 2,31; Num. 2,33; Num. 2,34; Num. 3,3; Num. 3,3; Num. 3,12; Num. 3,17; Num. 3,29; Num. 3,38; Num. 3,38; Num. 3,45; Num. 3,46; Num. 4,5; Num. 4,7; Num. 4,7; Num. 4,15; Num. 4,15; Num. 4,19; Num. 4,31; Num. 4,34; Num. 4,46; Num. 4,46; Num. 4,48; Num. 5,4; Num. 5,4; Num. 7,2; Num. 7,2; Num. 7,10; Num. 7,10; Num. 8,2; Num. 8,10; Num. 8,12; Num. 8,15; Num. 8,20; Num. 8,21; Num. 8,22; Num. 9,2; Num. 9,5; Num. 9,6; Num. 9,7; Num. 9,17; Num. 9,17; Num. 9,18; Num. 9,18; Num. 9,19; Num. 9,22; Num. 10,4; Num. 10,8; Num. 10,8; Num. 10,12; Num. 10,17; Num. 10,17; Num. 10,21; Num. 10,34; Num. 10,34; Num. 11,4; Num. 11,6; Num. 11,30; Num. 12,4; Num. 12,4; Num. 13,24; Num. 13,31; Num. 13,31; Num. 14,2; Num. 14,14; Num. 14,22; Num. 14,22; Num. 14,23; Num. 14,29; Num. 14,33; Num. 14,36; Num. 14,37; Num. 14,37; Num. 15,32; Num. 15,33; Num. 16,25; Num. 16,30; Num. 16,34; Num. 17,4; Num. 17,6; Num. 17,14; Num. 17,21; Num. 17,27; Num. 18,1; Num. 18,1; Num. 18,2; Num. 18,7; Num. 18,10; Num. 18,19; Num. 18,22; Num. 18,31; Num. 20,1; Num. 20,10; Num. 20,13; Num. 20,15; Num. 20,15; Num. 20,19; Num. 20,22; Num. 21,10; Num. 21,27; Num. 21,29; Num. 22,1; Num. 22,8; Num. 22,9; Num. 22,14; Num. 22,20; Num. 23,6;

Num. 23,17; Num. 24,4; Num. 24,5; Num. 24,9; Num. 24,9; Num. 24,16; Num. 25,9; Num. 26,4; Num. 26,4; Num. 26,9; Num. 26,11; Num. 26,12; Num. 26,16; Num. 26,44; Num. 26,47; Num. 27,20; Num. 27,21; Num. 30,5; Num. 30,8; Num. 30,9; Num. 30,12; Num. 31,13; Num. 31,26; Num. 31,32; Num. 31,32; Num. 31,48; Num. 31,53; Num. 31,53; Num. 32,2; Num. 32,2; Num. 32,8; Num. 32,11; Num. 32,11; Num. 32,11; Num. 32,13; Num. 32,18; Num. 32,25; Num. 32,25; Num. 32,27; Num. 32,29; Num. 32,29; Num. 32,31; Num. 32,31; Num. 32,34; Num. 32,37; Num. 33,3; Num. 33,4; Num. 33,5; Num. 33,40; Num. 36,1; Num. 36,7; Num. 36,8; Num. 36,9; Deut. 1,1; Deut. 1,28; Deut. 2,10; Deut. 2,10; Deut. 2,11; Deut. 2,11; Deut. 2,16; Deut. 2,16; Deut. 2,20; Deut. 2,20; Deut. 2,21; Deut. 2,23; Deut. 2,23; Deut. 2,23; Deut. 2,23; Deut. 2,29; Deut. 2,29; Deut. 2,29; Deut. 2,29; Deut. 3,9; Deut. 4,3; Deut. 4,4; Deut. 4,9; Deut. 4,30; Deut. 4,46; Deut. 5,14; Deut. 5,23; Deut. 6,2; Deut. 6,2; Deut. 7,19; Deut. 7,20; Deut. 7,20; Deut. 8,3; Deut. 8,4; Deut. 8,9; Deut. 8,16; Deut. 9,10; Deut. 9,28; Deut. 10,6; Deut. 10,21; Deut. 10,22; Deut. 11,7; Deut. 11,12; Deut. 12,7; Deut. 12,12; Deut. 12,12; Deut. 13,7; Deut. 17,20; Deut. 18,5; Deut. 18,7; Deut. 18,7; Deut. 18,7; Deut. 19,14; Deut. 19,17; Deut. 19,18; Deut. 19,20; Deut. 20,5; Deut. 20,8; Deut. 20,9; Deut. 20,11; Deut. 21,2; Deut. 21,5; Deut. 21,5; Deut. 21,6; Deut. 21,7; Deut. 21,21; Deut. 21,21; Deut. 22,21; Deut. 24,8; Deut. 24,8; Deut. 26,6; Deut. 27,9; Deut. 27,9; Deut. 27,14; Deut. 28,26; Deut. 28,32; Deut. 28,32; Deut. 28,36; Deut. 28,55; Deut. 28,64; Deut. 28,69; Deut. 29,2; Deut. 29,9; Deut. 29,9; Deut. 29,9; Deut. 29,21; Deut. 30,5; Deut. 31,13; Deut. 32,17; Deut. 32,27; Deut. 32,31; Deut. 32,31; Deut. 32,37; Deut. 33,3; Deut. 33,11; Deut. 33,29; Deut. 34,7; Deut. 34,8; Deut. 34,9; Josh. 2,1; Josh. 2,4; Josh. 2,5; Josh. 2,7; Josh. 2,7; Josh. 2,14; Josh. 2,16; Josh. 2,16; Josh. 2,17; Josh. 2,22; Josh. 2,23; Josh. 3,2; Josh. 3,6; Josh. 3,13; Josh. 3,14; Josh. 3,15; Josh. 3,15; Josh. 3,15; Josh. 3,17; Josh. 3,17; Josh. 3,17; Josh. 4,6; Josh. 4,7; Josh. 4,8; Josh. 4,10; Josh. 4,10; Josh. 4,11; Josh. 4,12; Josh. 4,12; Josh. 4,12; Josh. 4,18; Josh. 4,18; Josh. 4,19; Josh. 4,21; Josh. 4,21; Josh. 5,1; Josh. 5,1; Josh. 5,1; Josh. 5,6; Josh. 5,6; Josh. 5,10; Josh. 6,7; Josh. 6,9; Josh. 6,9; Josh. 6,9; Josh. 6,12; Josh. 6,13; Josh. 6,13; Josh. 6,13; Josh. 6,13; Josh. 6,16; Josh. 6,20; Josh. 6,23; Josh. 6,23; Josh. 7,1; Josh. 7,2; Josh. 7,6; Josh. 7,9; Josh. 7,12; Josh. 8,5; Josh. 8,5; Josh. 8,10; Josh. 8,20; Josh. 8,24; Josh. 8,25; Josh. 8,27; Josh. 9,1; Josh. 9,1; Josh. 9,1; Josh. 9,1; Josh. 9,1; Josh. 9,1; Josh. 9,1; Josh. 9,1; Josh. 9,1; Josh. 9,1; Josh. 9,1; Josh. 9,1; Josh. 9,1; Josh. 9,1; Josh. 8,33 # 9,2d; Josh. 8,33 # 9,2d; Josh. 8,33 # 9,2d; Josh. 8,33 # 9,2d; Josh. 8,33 # 9,2d; Josh. 9,3; Josh. 9,7; Josh. 9,9; Josh. 9,11; Josh. 9,11; Josh. 9,12; Josh. 9,13; Josh. 9,14; Josh. 9,15; Josh. 9,17; Josh. 9,18; Josh. 9,18; Josh. 9,19; Josh. 9,21; Josh. 9,27; Josh. 10,1; Josh. 10,2; Josh. 10,5; Josh. 10,6; Josh. 10,6; Josh. 10,6; Josh. 10,11; Josh. 10,11; Josh. 10,16; Josh. 10,17; Josh. 10,20; Josh. 11,4; Josh. 11,5; Josh. 11,14; Josh. 12,1; Josh. 12,1; Josh. 12,6; Josh. 12,7; Josh. 12,7; Josh. 13,4; Josh. 13,13; Josh. 14,1; Josh. 14,1; Josh. 14,4; Josh. 14,5; Josh. 14,6; Josh. 14,8; Josh. 14,8; Josh. 14,12; Josh. 15,63; Josh. 15,63; Josh. 16,4; Josh. 17,2; Josh. 17,12; Josh. 17,13; Josh. 17,14; Josh. 18,2; Josh. 18,5; Josh. 18,8; Josh. 19,6; Josh. 19,9; Josh. 19,47a; Josh. 19,47a; Josh. 19,48; Josh. 19,49; Josh. 19,51; Josh. 21,1; Josh. 21,3; Josh. 21,8; Josh. 21,42b; Josh. 22,9; Josh. 22,9; Josh. 22,10; Josh. 22,10; Josh. 22,11; Josh. 22,11; Josh. 22,11; Josh. 22,12; Josh. 22,13; Josh. 22,21; Josh. 22,21; Josh. 22,25; Josh. 22,28; Josh. 22,30; Josh. 22,30; Josh. 22,30; Josh. 22,32; Josh. 23,14; Josh. 24,2; Josh. 24,4; Josh. 24,5; Josh. 24,6; Josh. 24,7; Josh. 24,11; Josh. 24,14; Josh. 24,32; Josh. 24,33a; Josh. 24,33b; Josh. 24,33b; Judg. 1,1; Judg. 1,8; Judg. 1,9; Judg. 1,16; Judg. 1,21; Judg. 1,22; Judg. 1,24; Judg. 1,33; Judg. 2,3; Judg. 2,6; Judg. 2,11; Judg. 2,17; Judg. 2,22; Judg. 3,2; Judg. 3,5; Judg. 3,7; Judg. 3,9; Judg. 3,12; Judg. 3,14; Judg. 3,15; Judg. 3,15; Judg. 3,19; Judg. 3,24; Judg. 3,27; Judg. 4,1; Judg. 4,3; Judg. 4,5; Judg. 4,11; Judg. 5,9; Judg. 5,31; Judg. 5,31; Judg. 6,1; Judg. 6,2; Judg. 6,3; Judg. 6,6; Judg. 6,7; Judg. 6,13; Judg. 6,28; Judg. 6,30; Judg. 7,12; Judg. 7,18; Judg. 8,4; Judg. 8,6; Judg. 8,8; Judg. 8,8; Judg. 8,10; Judg. 8,10; Judg. 8,18; Judg. 8,22; Judg. 8,33; Judg. 8,34; Judg. 9,3; Judg. 9,6; Judg. 9,23; Judg. 9,25; Judg. 9,26; Judg. 9,26; Judg. 9,31; Judg. 9,46; Judg. 9,47; Judg. 9,49; Judg. 9,51; Judg. 9,51; Judg. 10,6; Judg. 10,9; Judg. 10,9; Judg. 10,10; Judg. 10,11; Judg. 10,11; Judg. 10,11; Judg. 10,11; Judg. 10,15; Judg. 10,17; Judg. 10,17; Judg. 10,18; Judg. 11,2; Judg. 11,4; Judg. 11,5; Judg. 11,5; Judg. 11,8; Judg. 11,10; Judg. 11,14; Judg. 11,33; Judg. 12,1; Judg. 12,2; Judg. 12,5; Judg. 12,5; Judg. 13,1; Judg. 14,10; Judg. 14,18; Judg. 15,6; Judg. 15,6; Judg. 15,9; Judg. 15,10; Judg. 15,11; Judg. 15,14; Judg. 15,14; Judg. 16,5; Judg. 16,8; Judg. 16,21; Judg. 16,23; Judg. 16,27; Judg. 16,30; Judg. 16,31; Judg. 18,2; Judg. 18,7; Judg. 18,8; Judg. 18,8; Judg. 18,14; Judg. 18,14; Judg. 18,16; Judg. 18,16; Judg. 18,17; Judg. 18,17; Judg. 18,17; Judg. 18,17; Judg. 18,22; Judg. 18,22; Judg. 18,23; Judg. 18,25; Judg. 18,26; Judg. 18,30; Judg. 18,30; Judg. 19,16; Judg. 19,22; Judg. 19,25; Judg. 20,1; Judg. 20,3; Judg. 20,3; Judg. 20,3; Judg. 20,5; Judg. 20,5; Judg. 20,7; Judg. 20,13; Judg. 20,14; Judg. 20,15; Judg. 20,18; Judg. 20,19; Judg. 20,21; Judg. 20,23; Judg. 20,24; Judg. 20,26; Judg. 20,27; Judg. 20,29; Judg. 20,31; Judg. 20,32; Judg. 20,32; Judg. 20,35; Judg. 20,42; Judg. 20,46; Judg. 21,5; Judg. 21,6; Judg. 21,16; Judg. 21,18; Judg. 21,22; Judg. 21,22; Judg. 21,23; Judg. 21,24; Ruth 1,1; Ruth 1,3; Ruth 2,9; Ruth 4,11; Ruth 4,11; 1Sam. 1,3; 1Sam. 2,5; 1Sam. 2,12; 1Sam. 2,22; 1Sam. 3,2; 1Sam. 3,21; 1Sam. 4,1; 1Sam. 4,2; 1Sam. 4,3; 1Sam. 4,4; 1Sam. 4,6; 1Sam. 4,6; 1Sam. 4,7; 1Sam. 4,7; 1Sam. 4,8; 1Sam. 4,8; 1Sam. 4,15; 1Sam. 4,17; 1Sam. 5,3; 1Sam. 5,4; 1Sam. 5,5; 1Sam. 5,7; 1Sam. 5,8; 1Sam. 5,9; 1Sam. 5,10; 1Sam. 5,12; 1Sam. 6,10; 1Sam. 6,12; 1Sam. 6,13; 1Sam. 6,15; 1Sam. 6,15; 1Sam. 6,16; 1Sam. 6,17; 1Sam. 6,18; 1Sam. 6,19; 1Sam. 6,20; 1Sam. 6,20; 1Sam. 7,1; 1Sam. 7,4; 1Sam. 7,7; 1Sam. 7,7; 1Sam. 7,7; 1Sam. 7,8; 1Sam. 7,14; 1Sam. 8,3; 1Sam. 8,5; 1Sam. 9,7; 1Sam. 9,13; 1Sam. 10,11; 1Sam. 11,1; 1Sam. 11,3; 1Sam. 11,4; 1Sam. 11,9; 1Sam. 11,10; 1Sam. 11,11; 1Sam. 12,2; 1Sam. 12,8; 1Sam. 12,8; 1Sam. 13,3; 1Sam. 13,3; 1Sam. 13,5; 1Sam. 13,7; 1Sam. 13,11; 1Sam. 13,12; 1Sam. 13,16; 1Sam. 13,16; 1Sam. 13,19; 1Sam. 13,19; 1Sam. 14,11; 1Sam. 14,11; 1Sam. 14,12; 1Sam. 14,15; 1Sam. 14,15; 1Sam. 14,16; 1Sam. 14,21; 1Sam. 14,21; 1Sam. 14,21; 1Sam. 14,22; 1Sam. 14,22; 1Sam. 14,27; 1Sam. 14,29; 1Sam. 14,46; 1Sam. 16,4; 1Sam. 16,15; 1Sam. 16,16; 1Sam. 17,2; 1Sam. 17,51; 1Sam. 18,22; 1Sam. 18,23; 1Sam. 18,24; 1Sam. 18,26; 1Sam. 18,27; 1Sam. 19,16; 1Sam. 20,29; 1Sam. 21,7; 1Sam. 21,12; 1Sam. 22,1; 1Sam. 22,6; 1Sam. 22,6; 1Sam. 22,6; 1Sam. 22,17; 1Sam. 23,1; 1Sam. 23,3; 1Sam. 23,5; 1Sam. 23,5; 1Sam. 23,13; 1Sam. 23,13; 1Sam. 23,19; 1Sam. 23,24; 1Sam. 23,25; 1Sam. 23,26; 1Sam. 23,26; 1Sam. 23,26; 1Sam. 23,27; 1Sam. 24,4; 1Sam. 24,5; 1Sam. 24,11; 1Sam. 24,23; 1Sam. 25,7; 1Sam. 25,10; 1Sam. 25,13; 1Sam. 25,15; 1Sam. 25,20; 1Sam. 25,26; 1Sam. 25,26; 1Sam. 25,40; 1Sam. 26,1; 1Sam. 26,16; 1Sam. 27,2; 1Sam. 27,3; 1Sam. 27,8; 1Sam. 28,1; 1Sam. 28,4; 1Sam. 28,7; 1Sam. 28,15; 1Sam. 28,19; 1Sam. 28,23; 1Sam. 29,2; 1Sam. 29,3; 1Sam. 29,3; 1Sam. 29,4; 1Sam. 29,9; 1Sam. 29,10; 1Sam. 29,10; 1Sam. 29,11; 1Sam. 29,11; 1Sam. 30,3; 1Sam. 30,3; 1Sam. 30,4; 1Sam. 30,9; 1Sam. 30,9; 1Sam. 30,18; 1Sam. 30,31; 1Sam. 31,1; 1Sam. 31,1; 1Sam. 31,3; 1Sam. 31,4; 1Sam. 31,6; 1Sam. 31,7; 1Sam. 31,7; 1Sam. 31,7; 1Sam. 31,7; 1Sam. 31,7; 1Sam. 31,7; 1Sam. 31,8;

ó

1Sam. 31,11; 1Sam. 31,11; 2Sam. 1,6; 2Sam. 1,11; 2Sam. 1,11; 2Sam. 1,23; 2Sam. 2,3; 2Sam. 2,3; 2Sam. 2,12; 2Sam. 2,13; 2Sam. 2,25; 2Sam. 2,29; 2Sam. 2,31; 2Sam. 2,32; 2Sam. 2,32; 2Sam. 3,22; 2Sam. 3,34; 2Sam. 3,39; 2Sam. 4,1; 2Sam. 4,3; 2Sam. 4,6; 2Sam. 5,3; 2Sam. 5,6; 2Sam. 5,6; 2Sam. 5,6; 2Sam. 5,17; 2Sam. 5,18; 2Sam. 5,21; 2Sam. 5,21; 2Sam. 6,3; 2Sam. 6,4; 2Sam. 6,5; 2Sam. 7,28; 2Sam. 8,14; 2Sam. 9,10; 2Sam. 9,10; 2Sam. 10,2; 2Sam. 10,3; 2Sam. 10,5; 2Sam. 10,6; 2Sam. 10,6; 2Sam. 10,8; 2Sam. 10,14; 2Sam. 10,19; 2Sam. 10,19; 2Sam. 11,11; 2Sam. 11,17; 2Sam. 11,23; 2Sam. 11,24; 2Sam. 12,17; 2Sam. 12,18; 2Sam. 12,19; 2Sam. 12,21; 2Sam. 13,24; 2Sam. 13,29; 2Sam. 13,31; 2Sam. 13,31; 2Sam. 13,33; 2Sam. 13,35; 2Sam. 13,36; 2Sam. 13,36; 2Sam. 14,30; 2Sam. 14,30; 2Sam. 14,30; 2Sam. 14,31; 2Sam. 15,3; 2Sam. 15,15; 2Sam. 15,15; 2Sam. 15,17; 2Sam. 15,18; 2Sam. 15,18; 2Sam. 15,18; 2Sam. 15,18; 2Sam. 15,18; 2Sam. 15,18; 2Sam. 15,22; 2Sam. 15,24; 2Sam. 15,27; 2Sam. 15,34; 2Sam. 15,35; 2Sam. 16,2; 2Sam. 16,2; 2Sam. 16,6; 2Sam. 16,13; 2Sam. 17,10; 2Sam. 17,18; 2Sam. 17,20; 2Sam. 18,32; 2Sam. 19,4; 2Sam. 19,7; 2Sam. 19,15; 2Sam. 19,42; 2Sam. 20,7; 2Sam. 20,7; 2Sam. 20,18; 2Sam. 21,2; 2Sam. 21,2; 2Sam. 21,4; 2Sam. 21,9; 2Sam. 21,12; 2Sam. 21,12; 2Sam. 21,15; 2Sam. 21,17; 2Sam. 21,20; 2Sam. 21,20; 2Sam. 21,22; 2Sam. 23,1; 2Sam. 23,1; 2Sam. 23,11; 2Sam. 23,16; 2Sam. 23,17; 2Sam. 24,4; 2Sam. 24,14; 2Sam. 24,22; 2Sam. 24,22; 1Kings 1,2; 1Kings 1,7; 1Kings 1,8; 1Kings 1,20; 1Kings 1,41; 1Kings 1,47; 1Kings 1,48; 1Kings 1,49; 1Kings 2,4; 1Kings 2,35h; 1Kings 2,35h; 1Kings 2,39; 1Kings 2,46h; 1Kings 4,2; 1Kings 5,1; 1Kings 5,14; 1Kings 5,20; 1Kings 5,20; 1Kings 5,23; 1Kings 5,30; 1Kings 6,1b; 1Kings 6,1b; 1Kings 7,13; 1Kings 7,13; 1Kings 7,13; 1Kings 7,13; 1Kings 7,19; 1Kings 7,20; 1Kings 7,31; 1Kings 7,34; 1Kings 7,36; 1Kings 8,3; 1Kings 8,6; 1Kings 8,10; 1Kings 8,11; 1Kings 8,43; 1Kings 8,46; 1Kings 8,52; 1Kings 8,59; 1Kings 8,60; 1Kings 8,62; 1Kings 8,63; 1Kings 9,3; 1Kings 10,7; 1Kings 10,8; 1Kings 10,8; 1Kings 10,8; 1Kings 10,13; 1Kings 10,22b # 9,20; 1Kings 10,22c # 9,22; 1Kings 12,10; 1Kings 12,24i; 1Kings 12,24m; 1Kings 12,24m; 1Kings 12,24q; 1Kings 12,24r; 1Kings 12,24s; 1Kings 12,28; 1Kings 13,11; 1Kings 13,12; 1Kings 14,22; 1Kings 14,27; 1Kings 14,27; 1Kings 14,28; 1Kings 15,12; 1Kings 16,4; 1Kings 17,6; 1Kings 18,22; 1Kings 18,22; 1Kings 19,10; 1Kings 19,14; 1Kings 20,11; 1Kings 20,11; 1Kings 20,11; 1Kings 20,11; 1Kings 20,19; 1Kings 20,19; 1Kings 20,24; 1Kings 21,5; 1Kings 21,8; 1Kings 21,9; 1Kings 21,12; 1Kings 21,16; 1Kings 21,23; 1Kings 21,27; 1Kings 21,30; 1Kings 21,33; 1Kings 22,4; 1Kings 22,4; 1Kings 22,10; 1Kings 22,12; 1Kings 22,13; 1Kings 22,32; 1Kings 22,33; 1Kings 22,38; 2Kings 1,5; 2Kings 1,18b; 2Kings 2,3; 2Kings 2,3; 2Kings 2,5; 2Kings 2,5; 2Kings 2,15; 2Kings 2,15; 2Kings 2,19; 2Kings 3,7; 2Kings 3,7; 2Kings 3,21; 2Kings 3,23; 2Kings 3,25; 2Kings 4,7; 2Kings 4,38; 2Kings 5,13; 2Kings 6,1; 2Kings 6,16; 2Kings 6,32; 2Kings 7,8; 2Kings 7,11; 2Kings 7,15; 2Kings 8,28; 2Kings 9,5; 2Kings 9,10; 2Kings 9,15; 2Kings 9,16; 2Kings 9,28; 2Kings 9,35; 2Kings 9,36; 2Kings 10,2; 2Kings 10,2; 2Kings 10,4; 2Kings 10,5; 2Kings 10,5; 2Kings 10,5; 2Kings 10,5; 2Kings 10,6; 2Kings 10,19; 2Kings 10,21; 2Kings 10,21; 2Kings 10,21; 2Kings 10,21; 2Kings 10,21; 2Kings 10,21; 2Kings 10,23; 2Kings 10,25; 2Kings 10,25; 2Kings 11,1; 2Kings 11,9; 2Kings 11,11; 2Kings 11,14; 2Kings 12,6; 2Kings 12,7; 2Kings 12,9; 2Kings 12,10; 2Kings 12,10; 2Kings 12,19; 2Kings 12,21; 2Kings 12,22; 2Kings 13,5; 2Kings 15,9; 2Kings 17,2; 2Kings 17,7; 2Kings 17,8; 2Kings 17,9; 2Kings 17,22; 2Kings 17,29; 2Kings 17,30; 2Kings 17,30; 2Kings 17,30; 2Kings 17,31; 2Kings 17,31; 2Kings 17,41; 2Kings 17,41; 2Kings 17,41; 2Kings 18,4; 2Kings 18,33; 2Kings 19,5; 2Kings 19,12; 2Kings 19,12; 2Kings 19,26; 2Kings 19,37; 2Kings 20,14; 2Kings 20,17; 2Kings 20,18; 2Kings 21,23; 2Kings 22,4; 2Kings 22,9; 2Kings 22,13; 2Kings 23,2; 2Kings 23,2; 2Kings 23,2; 2Kings 23,8; 2Kings 23,9; 2Kings 23,17; 2Kings 23,30; 2Kings 23,32; 2Kings 23,37; 2Kings 24,11; 2Kings 24,12; 2Kings 24,12; 2Kings 24,12; 2Kings 24,14; 2Kings 25,4; 2Kings 25,4; 2Kings 25,13; 2Kings 25,23; 2Kings 25,23; 2Kings 25,23; 2Kings 25,26; 1Chr. 1,43; 1Chr. 2,53; 1Chr. 2,53; 1Chr. 2,55; 1Chr. 2,55; 1Chr. 3,1; 1Chr. 4,23; 1Chr. 4,38; 1Chr. 4,41; 1Chr. 5,13; 1Chr. 5,20; 1Chr. 5,23; 1Chr. 6,18; 1Chr. 6,18; 1Chr. 6,33; 1Chr. 6,34; 1Chr. 6,49; 1Chr. 7,21; 1Chr. 7,29; 1Chr. 9,2; 1Chr. 9,2; 1Chr. 9,2; 1Chr. 9,2; 1Chr. 9,9; 1Chr. 9,17; 1Chr. 9,19; 1Chr. 9,19; 1Chr. 9,22; 1Chr. 9,23; 1Chr. 9,26; 1Chr. 10,3; 1Chr. 10,4; 1Chr. 10,7; 1Chr. 10,11; 1Chr. 11,4; 1Chr. 11,4; 1Chr. 11,5; 1Chr. 11,10; 1Chr. 11,10; 1Chr. 11,13; 1Chr. 11,18; 1Chr. 11,19; 1Chr. 12,1; 1Chr. 12,7; 1Chr. 12,16; 1Chr. 12,24; 1Chr. 12,40; 1Chr. 12,41; 1Chr. 13,2; 1Chr. 13,2; 1Chr. 13,7; 1Chr. 14,8; 1Chr. 15,5; 1Chr. 15,6; 1Chr. 15,7; 1Chr. 15,8; 1Chr. 15,9; 1Chr. 15,10; 1Chr. 15,12; 1Chr. 15,14; 1Chr. 15,14; 1Chr. 15,15; 1Chr. 15,17; 1Chr. 15,18; 1Chr. 15,18; 1Chr. 15,19; 1Chr. 15,24; 1Chr. 15,25; 1Chr. 15,25; 1Chr. 15,25; 1Chr. 15,27; 1Chr. 15,27; 1Chr. 16,6; 1Chr. 16,26; 1Chr. 16,38; 1Chr. 16,41; 1Chr. 18,13; 1Chr. 18,17; 1Chr. 19,6; 1Chr. 19,6; 1Chr. 19,7; 1Chr. 19,9; 1Chr. 19,9; 1Chr. 19,9; 1Chr. 19,15; 1Chr. 21,3; 1Chr. 21,13; 1Chr. 21,16; 1Chr. 22,4; 1Chr. 22,4; 1Chr. 23,3; 1Chr. 23,13; 1Chr. 23,26; 1Chr. 24,31; 1Chr. 24,31; 1Chr. 24,31; 1Chr. 25,1; 1Chr. 26,8; 1Chr. 26,8; 1Chr. 26,12; 1Chr. 26,20; 1Chr. 26,22; 1Chr. 26,26; 1Chr. 26,26; 1Chr. 26,30; 1Chr. 26,32; 1Chr. 27,1; 1Chr. 27,7; 1Chr. 28,21; 1Chr. 29,6; 1Chr. 29,6; 1Chr. 29,6; 1Chr. 29,6; 1Chr. 29,6; 1Chr. 29,15; 1Chr. 29,24; 1Chr. 29,24; 1Chr. 29,29; 1Chr. 29,29; 1Chr. 29,29; 1Chr. 29,30; 2Chr. 2,1; 2Chr. 2,7; 2Chr. 2,7; 2Chr. 4,4; 2Chr. 4,4; 2Chr. 4,4; 2Chr. 4,4; 2Chr. 4,21; 2Chr. 5,4; 2Chr. 5,4; 2Chr. 5,5; 2Chr. 5,5; 2Chr. 5,6; 2Chr. 5,6; 2Chr. 5,7; 2Chr. 5,9; 2Chr. 5,11; 2Chr. 5,11; 2Chr. 5,12; 2Chr. 5,12; 2Chr. 5,14; 2Chr. 6,16; 2Chr. 6,33; 2Chr. 6,36; 2Chr. 6,40; 2Chr. 6,41; 2Chr. 6,41; 2Chr. 7,2; 2Chr. 7,3; 2Chr. 7,6; 2Chr. 7,6; 2Chr. 7,6; 2Chr. 7,15; 2Chr. 7,16; 2Chr. 8,8; 2Chr. 8,14; 2Chr. 8,14; 2Chr. 9,6; 2Chr. 9,7; 2Chr. 9,7; 2Chr. 9,7; 2Chr. 9,10; 2Chr. 9,10; 2Chr. 9,23; 2Chr. 9,29; 2Chr. 9,29; 2Chr. 9,29; 2Chr. 10,17; 2Chr. 10,18; 2Chr. 11,13; 2Chr. 11,13; 2Chr. 11,14; 2Chr. 11,14; 2Chr. 12,6; 2Chr. 12,11; 2Chr. 12,11; 2Chr. 12,11; 2Chr. 12,15; 2Chr. 12,15; 2Chr. 13,10; 2Chr. 13,10; 2Chr. 13,10; 2Chr. 13,11; 2Chr. 13,12; 2Chr. 13,12; 2Chr. 13,14; 2Chr. 13,16; 2Chr. 13,18; 2Chr. 13,18; 2Chr. 13,22; 2Chr. 13,22; 2Chr. 14,11; 2Chr. 16,8; 2Chr. 16,9; 2Chr. 16,11; 2Chr. 16,11; 2Chr. 16,11; 2Chr. 17,8; 2Chr. 17,8; 2Chr. 17,8; 2Chr. 17,11; 2Chr. 17,19; 2Chr. 18,9; 2Chr. 18,11; 2Chr. 18,12; 2Chr. 18,12; 2Chr. 18,31; 2Chr. 18,32; 2Chr. 19,11; 2Chr. 19,11; 2Chr. 20,1; 2Chr. 20,1; 2Chr. 20,12; 2Chr. 20,15; 2Chr. 20,18; 2Chr. 20,19; 2Chr. 20,20; 2Chr. 20,23; 2Chr. 20,34; 2Chr. 20,34; 2Chr. 20,34; 2Chr. 22,1; 2Chr. 22,1; 2Chr. 22,1; 2Chr. 22,5; 2Chr. 22,6; 2Chr. 23,6; 2Chr. 23,6; 2Chr. 23,6; 2Chr. 23,7; 2Chr. 23,8; 2Chr. 23,11; 2Chr. 23,13; 2Chr. 23,13; 2Chr. 23,19; 2Chr. 24,5; 2Chr. 24,7; 2Chr. 24,13; 2Chr. 24,17; 2Chr. 24,25; 2Chr. 24,26; 2Chr. 24,27; 2Chr. 24,27; 2Chr. 25,12; 2Chr. 25,13; 2Chr. 25,26; 2Chr. 25,26; 2Chr. 25,26; 2Chr. 26,8; 2Chr. 26,13; 2Chr. 26,20; 2Chr. 26,22; 2Chr. 26,22; 2Chr. 26,22; 2Chr. 27,5; 2Chr. 27,7; 2Chr. 28,8; 2Chr. 28,14; 2Chr. 28,18; 2Chr. 28,26; 2Chr. 29,5; 2Chr. 29,6; 2Chr. 29,9; 2Chr. 29,9; 2Chr. 29,12; 2Chr. 29,16; 2Chr. 29,16; 2Chr. 29,22; 2Chr. 29,24; 2Chr. 29,26; 2Chr. 29,26; 2Chr. 29,28; 2Chr. 29,29; 2Chr. 29,30; 2Chr. 29,33; 2Chr. 29,34; 2Chr. 29,34; 2Chr. 29,34; 2Chr. 29,34; 2Chr. 29,34; 2Chr. 30,2; 2Chr. 30,3; 2Chr. 30,6; 2Chr. 30,7; 2Chr. 30,7; 2Chr. 30,9; 2Chr. 30,10; 2Chr. 30,15; 2Chr. 30,15; 2Chr. 30,16; 2Chr. 30,17; 2Chr. 30,21; 2Chr.

30,21; 2Chr. 30,21; 2Chr. 30,21; 2Chr. 30,24; 2Chr. 30,25; 2Chr. 30,25; 2Chr. 30,25; 2Chr. 30,25; 2Chr. 30,25; 2Chr. 30,25; 2Chr. 30,27; 2Chr. 30,27; 2Chr. 31,1; 2Chr. 31,5; 2Chr. 31,6; 2Chr. 31,6; 2Chr. 31,7; 2Chr. 31,8; 2Chr. 31,13; 2Chr. 31,17; 2Chr. 31,19; 2Chr. 32,13; 2Chr. 32,14; 2Chr. 32,16; 2Chr. 32,26; 2Chr. 32,33; 2Chr. 33,19; 2Chr. 33,24; 2Chr. 34,9; 2Chr. 34,10; 2Chr. 34,12; 2Chr. 34,12; 2Chr. 34,21; 2Chr. 34,28; 2Chr. 34,30; 2Chr. 34,30; 2Chr. 34,30; 2Chr. 34,32; 2Chr. 35,8; 2Chr. 35,8; 2Chr. 35,10; 2Chr. 35,10; 2Chr. 35,11; 2Chr. 35,11; 2Chr. 35,14; 2Chr. 35,14; 2Chr. 35,15; 2Chr. 35,15; 2Chr. 35,15; 2Chr. 35,15; 2Chr. 35,15; 2Chr. 35,15; 2Chr. 35,17; 2Chr. 35,17; 2Chr. 35,18; 2Chr. 35,18; 2Chr. 35,18; 2Chr. 35,23; 2Chr. 35,24; 2Chr. 35,25; 2Chr. 35,26; 2Chr. 35,27; 2Chr. 35,27; 2Chr. 35,27; 2Chr. 36,2b; 2Chr. 36,5; 2Chr. 36,14; 2Chr. 36,14; 1Esdr. 1,8; 1Esdr. 1,10; 1Esdr. 1,10; 1Esdr. 1,14; 1Esdr. 1,14; 1Esdr. 1,15; 1Esdr. 1,15; 1Esdr. 1,15; 1Esdr. 1,15; 1Esdr. 1,15; 1Esdr. 1,17; 1Esdr. 1,17; 1Esdr. 1,19; 1Esdr. 1,19; 1Esdr. 1,19; 1Esdr. 1,19; 1Esdr. 1,19; 1Esdr. 1,22; 1Esdr. 1,27; 1Esdr. 1,28; 1Esdr. 1,30; 1Esdr. 1,32; 1Esdr. 1,47; 1Esdr. 2,4; 1Esdr. 2,5; 1Esdr. 2,5; 1Esdr. 2,5; 1Esdr. 2,6; 1Esdr. 2,12; 1Esdr. 2,12; 1Esdr. 2,13; 1Esdr. 2,13; 1Esdr. 2,13; 1Esdr. 2,14; 1Esdr. 2,17; 1Esdr. 2,21; 1Esdr. 2,25; 1Esdr. 3,4; 1Esdr. 3,4; 1Esdr. 3,4; 1Esdr. 3,9; 1Esdr. 4,2; 1Esdr. 4,14; 1Esdr. 4,17; 1Esdr. 4,33; 1Esdr. 4,37; 1Esdr. 4,45; 1Esdr. 4,50; 1Esdr. 5,1; 1Esdr. 5,1; 1Esdr. 5,3; 1Esdr. 5,5; 1Esdr. 5,7; 1Esdr. 5,8; 1Esdr. 5,9; 1Esdr. 5,18; 1Esdr. 5,18; 1Esdr. 5,18; 1Esdr. 5,19; 1Esdr. 5,19; 1Esdr. 5,20; 1Esdr. 5,20; 1Esdr. 5,21; 1Esdr. 5,21; 1Esdr. 5,24; 1Esdr. 5,26; 1Esdr. 5,27; 1Esdr. 5,28; 1Esdr. 5,28; 1Esdr. 5,29; 1Esdr. 5,35; 1Esdr. 5,35; 1Esdr. 5,38; 1Esdr. 5,41; 1Esdr. 5,45; 1Esdr. 5,45; 1Esdr. 5,45; 1Esdr. 5,45; 1Esdr. 5,47; 1Esdr. 5,47; 1Esdr. 5,47; 1Esdr. 5,54; 1Esdr. 5,54; 1Esdr. 5,54; 1Esdr. 5,54; 1Esdr. 5,56; 1Esdr. 5,56; 1Esdr. 5,56; 1Esdr. 5,56; 1Esdr. 5,56; 1Esdr. 5,57; 1Esdr. 5,57; 1Esdr. 5,57; 1Esdr. 5,60; 1Esdr. 5,60; 1Esdr. 5,63; 1Esdr. 5,64; 1Esdr. 5,67; 1Esdr. 6,1; 1Esdr. 6,3; 1Esdr. 6,4; 1Esdr. 6,4; 1Esdr. 6,5; 1Esdr. 6,7; 1Esdr. 6,7; 1Esdr. 6,12; 1Esdr. 6,14; 1Esdr. 6,29; 1Esdr. 6,29; 1Esdr. 7,1; 1Esdr. 7,6; 1Esdr. 7,6; 1Esdr. 7,6; 1Esdr. 7,6; 1Esdr. 7,6; 1Esdr. 7,6; 1Esdr. 7,9; 1Esdr. 7,9; 1Esdr. 7,9; 1Esdr. 7,10; 1Esdr. 7,10; 1Esdr. 7,10; 1Esdr. 7,11; 1Esdr. 7,11; 1Esdr. 7,13; 1Esdr. 7,13; 1Esdr. 7,13; 1Esdr. 8,13; 1Esdr. 8,28; 1Esdr. 8,28; 1Esdr. 8,39; 1Esdr. 8,47; 1Esdr. 8,48; 1Esdr. 8,55; 1Esdr. 8,55; 1Esdr. 8,59; 1Esdr. 8,59; 1Esdr. 8,59; 1Esdr. 8,62; 1Esdr. 8,63; 1Esdr. 8,65; 1Esdr. 8,66; 1Esdr. 8,66; 1Esdr. 8,66; 1Esdr. 8,67; 1Esdr. 8,67; 1Esdr. 8,67; 1Esdr. 9,5; 1Esdr. 9,12; 1Esdr. 9,12; 1Esdr. 9,15; 1Esdr. 9,18; 1Esdr. 9,37; 1Esdr. 9,37; 1Esdr. 9,37; 1Esdr. 9,37; 1Esdr. 9,48; 1Esdr. 9,53; Ezra 1,5; Ezra 1,5; Ezra 1,6; Ezra 2,1; Ezra 2,1; Ezra 2,36; Ezra 2,40; Ezra 2,41; Ezra 2,42; Ezra 2,43; Ezra 2,58; Ezra 2,59; Ezra 2,62; Ezra 2,70; Ezra 2,70; Ezra 2,70; Ezra 2,70; Ezra 2,70; Ezra 2,70; Ezra 3,1; Ezra 3,2; Ezra 3,2; Ezra 3,8; Ezra 3,8; Ezra 3,8; Ezra 3,8; Ezra 3,9; Ezra 3,9; Ezra 3,9; Ezra 3,9; Ezra 3,10; Ezra 3,10; Ezra 3,12; Ezra 4,1; Ezra 4,1; Ezra 4,3; Ezra 4,9; Ezra 4,10; Ezra 4,12; Ezra 5,2; Ezra 5,3; Ezra 5,5; Ezra 5,6; Ezra 5,6; Ezra 5,12; Ezra 6,6; Ezra 6,6; Ezra 6,7; Ezra 6,7; Ezra 6,13; Ezra 6,14; Ezra 6,14; Ezra 6,16; Ezra 6,16; Ezra 6,16; Ezra 6,16; Ezra 6,19; Ezra 6,20; Ezra 6,20; Ezra 6,21; Ezra 6,21; Ezra 7,7; Ezra 7,7; Ezra 7,7; Ezra 7,15; Ezra 8,1; Ezra 8,1; Ezra 8,20; Ezra 8,25; Ezra 8,25; Ezra 8,25; Ezra 8,30; Ezra 8,30; Ezra 8,33; Ezra 8,35; Ezra 9,1; Ezra 9,1; Ezra 9,1; Ezra 9,7; Ezra 9,7; Ezra 10,14; Ezra 10,14; Ezra 10,38; Ezra 10,38; Neh. 1,3; Neh. 1,6; Neh. 2,16; Neh. 3,1; Neh. 3,1; Neh. 3,5; Neh. 3,13; Neh. 3,14; Neh. 3,17; Neh. 3,22; Neh. 3,26; Neh. 3,27; Neh. 3,28; Neh. 3,31; Neh. 3,32; Neh. 3,32; Neh. 3,34; Neh. 4,1; Neh. 4,1; Neh. 4,5; Neh. 4,6; Neh. 4,6; Neh. 4,9; Neh. 4,10; Neh. 4,10; Neh. 4,11; Neh. 4,12; Neh. 4,17; Neh. 5,10; Neh. 5,10; Neh. 5,14; Neh. 5,15; Neh. 5,16; Neh. 5,17; Neh. 5,17; Neh. 6,6; Neh. 6,7; Neh. 6,8; Neh. 6,16; Neh. 7,1; Neh. 7,1; Neh. 7,1; Neh. 7,6; Neh. 7,39; Neh. 7,43; Neh. 7,44; Neh. 7,45; Neh. 7,46; Neh. 7,60; Neh. 7,72; Neh. 7,73; Neh. 7,73; Neh. 7,73; Neh. 7,73; Neh. 7,73; Neh. 7,73; Neh. 8,9; Neh. 8,9; Neh. 8,11; Neh. 8,13; Neh. 8,13; Neh. 8,13; Neh. 8,14; Neh. 8,17; Neh. 8,17; Neh. 9,1; Neh. 9,2; Neh. 9,5; Neh. 9,16; Neh. 9,18; Neh. 9,18; Neh. 9,34; Neh. 9,34; Neh. 9,34; Neh. 9,34; Neh. 10,10; Neh. 10,11; Neh. 10,29; Neh. 10,29; Neh. 10,29; Neh. 10,29; Neh. 10,29; Neh. 10,29; Neh. 10,32; Neh. 10,35; Neh. 10,35; Neh. 10,38; Neh. 10,39; Neh. 10,40; Neh. 10,40; Neh. 10,40; Neh. 10,40; Neh. 10,40; Neh. 10,40; Neh. 11,1; Neh. 11,1; Neh. 11,3; Neh. 11,3; Neh. 11,3; Neh. 11,3; Neh. 11,3; Neh. 11,6; Neh. 11,19; Neh. 11,19; Neh. 11,31; Neh. 12,1; Neh. 12,1; Neh. 12,1; Neh. 12,8; Neh. 12,8; Neh. 12,12; Neh. 12,12; Neh. 12,22; Neh. 12,22; Neh. 12,24; Neh. 12,28; Neh. 12,29; Neh. 12,30; Neh. 12,30; Neh. 12,41; Neh. 12,42; Neh. 12,47; Neh. 13,10; Neh. 13,10; Neh. 13,18; Neh. 13,24; Esth. 11,11 # 1,1k; Esth. 1,14; Esth. 1,14; Esth. 1,14; Esth. 2,2; Esth. 2,21; Esth. 2,21; Esth. 3,2; Esth. 3,3; Esth. 3,8; Esth. 3,12; Esth. 13,7 # 3,13g; Esth. 4,4; Esth. 5,14; Esth. 6,3; Esth. 6,5; Esth. 6,8; Esth. 6,13; Esth. 6,14; Esth. 8,9; Esth. 8,15; Esth. 9,2; Esth. 9,3; Esth. 9,3; Esth. 9,3; Esth. 9,6; Esth. 9,12; Esth. 9,15; Esth. 9,16; Esth. 9,16; Esth. 9,18; Esth. 9,18; Esth. 9,19; Esth. 9,19; Esth. 9,19; Esth. 9,22; Esth. 9,23; Esth. 9,27; Esth. 10,7 # 10,3d; Esth. 10,9 # 10,3f; Esth. 10,11 # 10,3h; Judith 1,6; Judith 1,6; Judith 1,11; Judith 2,8; Judith 2,28; Judith 3,2; Judith 3,4; Judith 3,5; Judith 4,1; Judith 4,1; Judith 4,8; Judith 4,11; Judith 4,14; Judith 4,14; Judith 5,1; Judith 5,12; Judith 5,22; Judith 5,22; Judith 6,2; Judith 6,3; Judith 6,7; Judith 6,11; Judith 6,12; Judith 6,14; Judith 7,4; Judith 7,4; Judith 7,8; Judith 7,8; Judith 7,12; Judith 7,13; Judith 7,16; Judith 7,18; Judith 7,18; Judith 7,19; Judith 7,19; Judith 7,20; Judith 7,20; Judith 7,21; Judith 7,22; Judith 7,23; Judith 8,19; Judith 8,35; Judith 10,10; Judith 10,14; Judith 10,20; Judith 10,20; Judith 10,23; Judith 11,9; Judith 11,14; Judith 11,20; Judith 12,5; Judith 13,1; Judith 13,12; Judith 14,4; Judith 14,12; Judith 14,12; Judith 14,13; Judith 14,18; Judith 14,19; Judith 15,1; Judith 15,3; Judith 15,3; Judith 15,5; Judith 15,5; Judith 15,5; Judith 15,5; Judith 15,6; Judith 15,6; Judith 15,7; Judith 15,8; Judith 16,11; Judith 16,11; Tob. 1,10; Tob. 1,10; Tob. 1,21; Tob. 2,8; Tob. 4,12; Tob. 5,21; Tob. 6,15; Tob. 7,4; Tob. 7,5; Tob. 8,5; Tob. 8,15; Tob. 8,15; Tob. 8,15; Tob. 11,14; Tob. 11,16; Tob. 12,9; Tob. 12,10; Tob. 12,16; Tob. 13,3; Tob. 13,14; Tob. 13,14; Tob. 13,15; Tob. 13,17; Tob. 13,17; Tob. 14,4; Tob. 14,5; Tob. 14,7; 1Mac. 1,8; 1Mac. 1,9; 1Mac. 1,38; 1Mac. 2,9; 1Mac. 2,14; 1Mac. 2,15; 1Mac. 2,15; 1Mac. 2,16; 1Mac. 2,17; 1Mac. 2,18; 1Mac. 2,18; 1Mac. 2,18; 1Mac. 2,18; 1Mac. 2,20; 1Mac. 2,20; 1Mac. 2,24; 1Mac. 2,28; 1Mac. 2,30; 1Mac. 2,39; 1Mac. 2,40; 1Mac. 2,41; 1Mac. 2,43; 1Mac. 2,44; 1Mac. 2,45; 1Mac. 2,61; 1Mac. 3,2; 1Mac. 3,6; 1Mac. 3,11; 1Mac. 3,24; 1Mac. 3,29; 1Mac. 3,41; 1Mac. 3,42; 1Mac. 3,51; 1Mac. 4,3; 1Mac. 4,9; 1Mac. 4,12; 1Mac. 4,13; 1Mac. 4,15; 1Mac. 4,21; 1Mac. 4,33; 1Mac. 4,36; 1Mac. 4,36; 1Mac. 4,59; 1Mac. 5,13; 1Mac. 5,13; 1Mac. 5,47; 1Mac. 5,50; 1Mac. 5,59; 1Mac. 5,63; 1Mac. 5,65; 1Mac. 6,18; 1Mac. 6,24; 1Mac. 6,37; 1Mac. 6,41; 1Mac. 6,53; 1Mac. 6,61; 1Mac. 7,6; 1Mac. 7,13; 1Mac. 7,22; 1Mac. 7,23; 1Mac. 7,25; 1Mac. 7,29; 1Mac. 7,36; 1Mac. 7,42; 1Mac. 8,4; 1Mac. 8,9; 1Mac. 8,20; 1Mac. 8,27; 1Mac. 9,9; 1Mac. 9,11; 1Mac. 9,11; 1Mac. 9,11; 1Mac. 9,11; 1Mac. 9,12; 1Mac. 9,14; 1Mac. 9,16; 1Mac. 9,18; 1Mac. 9,23; 1Mac. 9,23; 1Mac. 9,28; 1Mac. 9,33; 1Mac. 9,36; 1Mac. 9,36; 1Mac. 9,39; 1Mac. 9,39; 1Mac. 9,40; 1Mac. 9,48; 1Mac. 9,58; 1Mac. 9,58; 1Mac. 9,62; 1Mac. 9,67; 1Mac.

ὁ

10,9; 1Mac. 10,12; 1Mac. 10,12; 1Mac. 10,15; 1Mac. 10,37; 1Mac. 10,37; 1Mac. 10,49; 1Mac. 10,58; 1Mac. 10,64; 1Mac. 10,72; 1Mac. 10,72; 1Mac. 10,72; 1Mac. 10,75; 1Mac. 10,76; 1Mac. 10,81; 1Mac. 10,85; 1Mac. 10,86; 1Mac. 11,2; 1Mac. 11,14; 1Mac. 11,18; 1Mac. 11,26; 1Mac. 11,45; 1Mac. 11,46; 1Mac. 11,49; 1Mac. 11,49; 1Mac. 11,50; 1Mac. 11,51; 1Mac. 11,60; 1Mac. 11,61; 1Mac. 11,62; 1Mac. 11,63; 1Mac. 11,70; 1Mac. 11,73; 1Mac. 12,6; 1Mac. 12,13; 1Mac. 12,13; 1Mac. 12,15; 1Mac. 12,24; 1Mac. 12,28; 1Mac. 12,28; 1Mac. 12,29; 1Mac. 12,48; 1Mac. 12,50; 1Mac. 12,51; 1Mac. 13,3; 1Mac. 13,4; 1Mac. 13,21; 1Mac. 13,44; 1Mac. 13,45; 1Mac. 13,52; 1Mac. 14,9; 1Mac. 14,13; 1Mac. 14,20; 1Mac. 14,21; 1Mac. 14,21; 1Mac. 14,26; 1Mac. 14,29; 1Mac. 14,31; 1Mac. 14,34; 1Mac. 14,40; 1Mac. 14,41; 1Mac. 14,41; 1Mac. 14,49; 1Mac. 15,5; 1Mac. 15,15; 1Mac. 15,17; 1Mac. 16,2; 1Mac. 16,6; 1Mac. 16,8; 1Mac. 16,14; 1Mac. 16,16; 1Mac. 16,16; 1Mac. 16,21; 2Mac. 1,1; 2Mac. 1,1; 2Mac. 1,1; 2Mac. 1,7; 2Mac. 1,7; 2Mac. 1,10; 2Mac. 1,14; 2Mac. 1,19; 2Mac. 1,19; 2Mac. 1,23; 2Mac. 1,33; 2Mac. 1,33; 2Mac. 1,36; 2Mac. 3,15; 2Mac. 3,22; 2Mac. 3,30; 2Mac. 3,33; 2Mac. 4,19; 2Mac. 4,28; 2Mac. 4,36; 2Mac. 4,41; 2Mac. 4,41; 2Mac. 4,44; 2Mac. 4,48; 2Mac. 6,2; 2Mac. 6,21; 2Mac. 7,36; 2Mac. 7,37; 2Mac. 8,1; 2Mac. 8,13; 2Mac. 8,14; 2Mac. 8,18; 2Mac. 8,20; 2Mac. 8,20; 2Mac. 9,24; 2Mac. 10,1; 2Mac. 10,15; 2Mac. 10,16; 2Mac. 10,20; 2Mac. 10,25; 2Mac. 10,28; 2Mac. 10,28; 2Mac. 10,33; 2Mac. 10,34; 2Mac. 10,36; 2Mac. 11,6; 2Mac. 11,12; 2Mac. 11,17; 2Mac. 11,34; 2Mac. 12,1; 2Mac. 12,11; 2Mac. 12,14; 2Mac. 12,15; 2Mac. 12,30; 2Mac. 12,39; 2Mac. 13,25; 2Mac. 14,5; 2Mac. 14,11; 2Mac. 14,14; 2Mac. 14,18; 2Mac. 14,34; 2Mac. 15,24; 2Mac. 15,26; 2Mac. 15,34; 3Mac. 1,1; 3Mac. 1,17; 3Mac. 1,22; 3Mac. 1,25; 3Mac. 1,27; 3Mac. 2,17; 3Mac. 2,18; 3Mac. 2,20; 3Mac. 2,32; 3Mac. 3,3; 3Mac. 3,6; 3Mac. 3,8; 3Mac. 3,17; 3Mac. 3,22; 3Mac. 4,9; 3Mac. 4,9; 3Mac. 4,17; 3Mac. 5,6; 3Mac. 5,18; 3Mac. 5,21; 3Mac. 5,25; 3Mac. 5,29; 3Mac. 5,39; 3Mac. 5,44; 3Mac. 5,48; 3Mac. 6,11; 3Mac. 6,14; 3Mac. 6,17; 3Mac. 6,29; 3Mac. 6,31; 3Mac. 7,13; 3Mac. 7,16; 4Mac. 3,9; 4Mac. 3,20; 4Mac. 4,7; 4Mac. 4,22; 4Mac. 5,37; 4Mac. 6,1; 4Mac. 6,17; 4Mac. 6,23; 4Mac. 7,19; 4Mac. 8,13; 4Mac. 8,27; 4Mac. 9,6; 4Mac. 9,6; 4Mac. 9,11; 4Mac. 9,26; 4Mac. 9,28; 4Mac. 10,5; 4Mac. 11,9; 4Mac. 11,26; 4Mac. 11,27; 4Mac. 12,14; 4Mac. 13,1; 4Mac. 13,17; 4Mac. 13,18; 4Mac. 13,23; 4Mac. 13,27; 4Mac. 14,6; 4Mac. 14,6; 4Mac. 14,8; 4Mac. 14,9; 4Mac. 16,3; 4Mac. 16,9; 4Mac. 16,9; 4Mac. 16,25; 4Mac. 16,25; 4Mac. 17,7; 4Mac. 17,13; 4Mac. 17,19; 4Mac. 18,23; Psa. 1,4; Psa. 2,2; Psa. 2,2; Psa. 2,10; Psa. 2,12; Psa. 3,2; Psa. 5,12; Psa. 5,12; Psa. 6,9; Psa. 6,11; Psa. 9,11; Psa. 9,18; Psa. 9,29; Psa. 10,2; Psa. 10,4; Psa. 11,9; Psa. 12,5; Psa. 13,3; Psa. 13,4; Psa. 13,4; Psa. 15,7; Psa. 16,2; Psa. 16,9; Psa. 21,2; Psa. 21,5; Psa. 21,8; Psa. 21,27; Psa. 21,30; Psa. 21,30; Psa. 23,1; Psa. 23,7; Psa. 23,9; Psa. 24,2; Psa. 24,3; Psa. 24,3; Psa. 24,15; Psa. 26,2; Psa. 26,2; Psa. 29,5; Psa. 30,12; Psa. 30,16; Psa. 30,18; Psa. 30,24; Psa. 30,25; Psa. 31,11; Psa. 32,6; Psa. 32,8; Psa. 32,18; Psa. 33,10; Psa. 33,11; Psa. 33,18; Psa. 33,22; Psa. 33,23; Psa. 34,4; Psa. 34,4; Psa. 34,19; Psa. 34,19; Psa. 34,21; Psa. 34,26; Psa. 34,26; Psa. 34,27; Psa. 34,27; Psa. 35,8; Psa. 35,13; Psa. 36,9; Psa. 36,9; Psa. 36,11; Psa. 36,14; Psa. 36,20; Psa. 36,20; Psa. 36,22; Psa. 36,22; Psa. 36,38; Psa. 37,6; Psa. 37,12; Psa. 37,12; Psa. 37,12; Psa. 37,13; Psa. 37,13; Psa. 37,17; Psa. 37,20; Psa. 37,20; Psa. 37,21; Psa. 38,13; Psa. 39,15; Psa. 39,15; Psa. 39,16; Psa. 39,17; Psa. 39,17; Psa. 40,6; Psa. 40,8; Psa. 41,8; Psa. 41,11; Psa. 43,2; Psa. 43,11; Psa. 44,13; Psa. 46,10; Psa. 47,5; Psa. 48,2; Psa. 48,3; Psa. 48,7; Psa. 48,12; Psa. 48,15; Psa. 49,6; Psa. 49,22; Psa. 52,5; Psa. 52,5; Psa. 54,22; Psa. 55,1; Psa. 55,3; Psa. 55,3; Psa. 55,6; Psa. 55,10; Psa. 56,5; Psa. 57,2; Psa. 57,4; Psa. 59,7; Psa. 61,10; Psa. 61,10; Psa. 63,9; Psa. 63,11; Psa. 64,9; Psa. 64,13; Psa. 64,14; Psa. 65,3; Psa. 65,7; Psa. 65,7; Psa. 65,16; Psa. 67,2; Psa. 67,2; Psa. 67,3; Psa. 67,4; Psa. 67,9; Psa. 68,4; Psa. 68,5; Psa. 68,5; Psa. 68,5; Psa. 68,7; Psa. 68,7; Psa. 68,10; Psa. 68,13; Psa. 68,13; Psa. 68,20; Psa. 68,24; Psa. 68,35; Psa. 68,37; Psa. 69,3; Psa. 69,3; Psa. 69,4; Psa. 69,5; Psa. 69,5; Psa. 70,10; Psa. 70,10; Psa. 70,13; Psa. 70,13; Psa. 70,24; Psa. 71,3; Psa. 71,9; Psa. 71,11; Psa. 71,20; Psa. 72,2; Psa. 72,21; Psa. 72,27; Psa. 73,4; Psa. 73,20; Psa. 74,4; Psa. 74,9; Psa. 75,6; Psa. 75,6; Psa. 75,7; Psa. 75,12; Psa. 76,5; Psa. 77,3; Psa. 77,6; Psa. 77,8; Psa. 77,57; Psa. 77,64; Psa. 78,8; Psa. 79,7; Psa. 79,13; Psa. 80,16; Psa. 82,3; Psa. 82,3; Psa. 82,7; Psa. 82,7; Psa. 83,5; Psa. 85,17; Psa. 87,10; Psa. 87,17; Psa. 88,6; Psa. 88,12; Psa. 88,31; Psa. 88,42; Psa. 88,52; Psa. 91,6; Psa. 91,8; Psa. 91,10; Psa. 91,10; Psa. 92,3; Psa. 92,3; Psa. 92,4; Psa. 93,4; Psa. 93,15; Psa. 94,9; Psa. 95,5; Psa. 95,11; Psa. 96,6; Psa. 96,6; Psa. 96,7; Psa. 96,7; Psa. 96,7; Psa. 96,10; Psa. 97,7; Psa. 100,6; Psa. 101,9; Psa. 101,9; Psa. 101,15; Psa. 101,16; Psa. 101,26; Psa. 101,29; Psa. 102,20; Psa. 105,3; Psa. 105,7; Psa. 105,41; Psa. 105,42; Psa. 106,2; Psa. 106,23; Psa. 107,7; Psa. 108,9; Psa. 108,10; Psa. 108,28; Psa. 108,29; Psa. 113,4; Psa. 113,6; Psa. 113,16; Psa. 113,16; Psa. 113,19; Psa. 113,25; Psa. 113,25; Psa. 113,26; Psa. 116,1; Psa. 117,4; Psa. 117,22; Psa. 118,1; Psa. 118,1; Psa. 118,2; Psa. 118,3; Psa. 118,21; Psa. 118,74; Psa. 118,77; Psa. 118,79; Psa. 118,79; Psa. 118,82; Psa. 118,123; Psa. 118,136; Psa. 118,139; Psa. 118,148; Psa. 118,150; Psa. 118,156; Psa. 118,157; Psa. 121,2; Psa. 122,2; Psa. 124,3; Psa. 125,5; Psa. 126,1; Psa. 126,2; Psa. 126,4; Psa. 127,1; Psa. 127,1; Psa. 127,3; Psa. 128,3; Psa. 128,5; Psa. 128,8; Psa. 130,1; Psa. 131,7; Psa. 131,9; Psa. 131,9; Psa. 131,12; Psa. 131,12; Psa. 131,16; Psa. 133,1; Psa. 133,1; Psa. 134,2; Psa. 134,18; Psa. 134,18; Psa. 134,20; Psa. 136,3; Psa. 136,3; Psa. 137,4; Psa. 138,16; Psa. 138,17; Psa. 140,6; Psa. 140,8; Psa. 143,12; Psa. 143,14; Psa. 144,9; Psa. 144,10; Psa. 144,15; Psa. 145,4; Psa. 148,2; Psa. 148,4; Psa. 148,9; Psa. 151,2; Psa. 151,5; Ode. 1,15; Ode. 1,19; Ode. 2,17; Ode. 2,27; Ode. 2,31; Ode. 2,31; Ode. 2,37; Ode. 2,43; Ode. 3,5; Ode. 4,5; Ode. 5,9; Ode. 5,14; Ode. 5,18; Ode. 5,19; Ode. 5,19; Ode. 5,19; Ode. 6,4; Ode. 6,7; Ode. 7,44; Ode. 10,3; Ode. 10,8; Ode. 11,14; Ode. 11,18; Ode. 11,18; Ode. 11,18; Ode. 11,19; Ode. 13,30; Prov. 1,16; Prov. 1,18; Prov. 1,22; Prov. 2,13; Prov. 2,14; Prov. 2,19; Prov. 2,22; Prov. 3,17; Prov. 3,35; Prov. 4,25; Prov. 5,5; Prov. 5,10; Prov. 7,11; Prov. 8,5; Prov. 8,15; Prov. 8,17; Prov. 8,36; Prov. 8,36; Prov. 10,18; Prov. 10,21; Prov. 11,16; Prov. 12,11; Prov. 12,20; Prov. 12,21; Prov. 13,7; Prov. 13,7; Prov. 13,10; Prov. 14,18; Prov. 15,6; Prov. 15,10; Prov. 15,15; Prov. 15,15; Prov. 15,22; Prov. 15,28a; Prov. 16,2; Prov. 16,8; Prov. 16,15; Prov. 16,21; Prov. 17,12; Prov. 17,24; Prov. 18,21; Prov. 21,22; Prov. 22,3; Prov. 22,12; Prov. 22,28; Prov. 23,26; Prov. 23,29; Prov. 23,33; Prov. 24,16; Prov. 25,1; Prov. 25,7; Prov. 25,14; Prov. 26,18; Prov. 26,19; Prov. 27,20; Prov. 27,20a; Prov. 28,4; Prov. 28,4; Prov. 28,5; Prov. 28,10; Prov. 29,10; Prov. 29,12; Prov. 29,16; Prov. 24,25; Prov. 24,31; Prov. 30,25; Prov. 30,26; Prov. 31,4; Prov. 31,21; Eccl. 1,7; Eccl. 1,7; Eccl. 1,8; Eccl. 2,10; Eccl. 2,14; Eccl. 4,9; Eccl. 4,12; Eccl. 4,16; Eccl. 5,1; Eccl. 9,1; Eccl. 9,1; Eccl. 9,5; Eccl. 9,5; Eccl. 9,12; Eccl. 9,12; Eccl. 9,12; Eccl. 10,16; Eccl. 10,17; Eccl. 12,2; Eccl. 12,5; Song 3,3; Song 3,3; Song 4,5; Song 5,2; Song 5,7; Song 5,7; Song 7,8; Song 7,14; Song 8,12; Song 8,12; Job 1,4; Job 1,5; Job 1,6; Job 1,13; Job 1,15; Job 2,1; Job 2,11; Job 3,18; Job 4,8; Job 5,4; Job 6,15; Job 6,19; Job 6,20; Job 7,8; Job 8,4; Job 8,22; Job 9,6; Job 12,8; Job 15,12; Job 17,7; Job 19,14; Job 19,14; Job 19,18; Job 19,19; Job 20,7; Job 21,9; Job 21,20; Job 22,16; Job 22,17; Job

ο, ο

27,7; Job 27,7; Job 27,14; Job 27,15; Job 28,4; Job 28,6; Job 29,5; Job 29,10; Job 30,3; Job 30,4; Job 30,6; Job 31,20; Job 31,38; Job 32,1; Job 32,9; Job 32,9; Job 34,36; Job 37,24; Job 37,24; Job 38,6; Job 39,29; Job 41,10; Job 42,7; Job 42,11; Job 42,17d; Job 42,17d; Job 42,17e; Wis. 1,1; Wis. 2,17; Wis. 2,24; Wis. 3,3; Wis. 3,9; Wis. 3,9; Wis. 3,10; Wis. 3,11; Wis. 4,14; Wis. 5,4; Wis. 6,2; Wis. 6,9; Wis. 6,10; Wis. 6,10; Wis. 7,14; Wis. 7,16; Wis. 8,7; Wis. 11,5; Wis. 12,26; Wis. 15,6; Wis. 15,6; Wis. 15,6; Wis. 15,14; Wis. 15,15; Wis. 16,4; Wis. 16,26; Wis. 17,8; Wis. 17,13; Wis. 18,4; Wis. 18,12; Wis. 18,19; Wis. 19,6; Wis. 19,8; Wis. 19,14; Wis. 19,16; Sir. 1,13 Prol.; Sir. 1,20; Sir. 2,8; Sir. 2,9; Sir. 2,15; Sir. 2,15; Sir. 2,16; Sir. 2,16; Sir. 2,17; Sir. 4,12; Sir. 4,14; Sir. 6,6; Sir. 6,6; Sir. 6,16; Sir. 6,29; Sir. 6,30; Sir. 8,4; Sir. 10,2; Sir. 10,2; Sir. 10,19; Sir. 10,19; Sir. 10,20; Sir. 11,12; Sir. 12,9; Sir. 15,19; Sir. 17,13; Sir. 17,19; Sir. 20,14; Sir. 20,17; Sir. 21,2; Sir. 23,18; Sir. 23,25; Sir. 23,27; Sir. 24,16; Sir. 24,19; Sir. 24,21; Sir. 24,21; Sir. 24,22; Sir. 27,29; Sir. 28,18; Sir. 28,20; Sir. 28,23; Sir. 32,14; Sir. 32,16; Sir. 33,19; Sir. 34,16; Sir. 36,8; Sir. 36,15; Sir. 36,17; Sir. 37,22; Sir. 37,23; Sir. 37,24; Sir. 38,27; Sir. 38,28; Sir. 40,14; Sir. 43,24; Sir. 45,18; Sir. 46,10; Sir. 46,11; Sir. 48,11; Sir. 48,11; Sir. 49,4; Sir. 50,13; Sir. 50,16; Sir. 50,18; Sir. 50,26; Sol. 2,3; Sol. 2,6; Sol. 2,32; Sol. 2,33; Sol. 3,12; Sol. 4,4; Sol. 4,9; Sol. 4,10; Sol. 4,12; Sol. 4,23; Sol. 5,18; Sol. 8,16; Sol. 8,22; Sol. 8,23; Sol. 8,25; Sol. 11,4; Sol. 11,5; Sol. 12,2; Sol. 12,6; Sol. 14,6; Sol. 14,10; Sol. 15,8; Sol. 15,13; Sol. 17,15; Sol. 17,16; Sol. 17,43; Sol. 17,44; Sol. 18,2; Sol. 18,6; Hos. 2,2; Hos. 2,2; Hos. 2,14; Hos. 3,4; Hos. 3,5; Hos. 4,3; Hos. 5,1; Hos. 5,2; Hos. 5,10; Hos. 7,5; Hos. 7,7; Hos. 7,16; Hos. 9,1; Hos. 9,4; Hos. 9,4; Hos. 9,10; Hos. 9,10; Hos. 9,15; Hos. 10,5; Hos. 10,9; Hos. 12,9; Hos. 14,7; Hos. 14,10; Amos 1,8; Amos 1,15; Amos 1,15; Amos 1,15; Amos 2,4; Amos 3,10; Amos 3,12; Amos 3,12; Amos 4,5; Amos 5,18; Amos 6,3; Amos 6,3; Amos 6,4; Amos 6,5; Amos 6,6; Amos 6,9; Amos 6,10; Amos 6,13; Amos 6,13; Amos 7,17; Amos 8,4; Amos 8,5; Amos 8,13; Amos 8,14; Amos 8,14; Amos 9,5; Amos 9,8; Amos 9,10; Amos 9,12; Amos 9,13; Mic. 1,2; Mic. 1,10; Mic. 1,10; Mic. 2,4; Mic. 2,7; Mic. 3,1; Mic. 3,2; Mic. 3,7; Mic. 3,7; Mic. 3,9; Mic. 3,9; Mic. 3,9; Mic. 3,10; Mic. 3,11; Mic. 3,11; Mic. 3,11; Mic. 4,5; Mic. 4,11; Mic. 4,11; Mic. 5,2; Mic. 5,8; Mic. 6,1; Mic. 6,12; Mic. 7,6; Mic. 7,6; Mic. 7,10; Joel 1,2; Joel 1,2; Joel 1,5; Joel 1,5; Joel 1,6; Joel 1,9; Joel 1,9; Joel 1,11; Joel 1,12; Joel 1,13; Joel 1,13; Joel 2,1; Joel 2,17; Joel 2,17; Joel 3,1; Joel 3,1; Joel 3,1; Joel 4,15; Joel 4,18; Obad. 7; Obad. 9; Obad. 9; Obad. 19; Obad. 19; Jonah 1,5; Jonah 1,10; Jonah 1,10; Jonah 1,13; Jonah 1,16; Jonah 2,4; Jonah 2,7; Jonah 3,5; Jonah 3,7; Jonah 3,8; Jonah 4,2; Nah. 1,5; Nah. 1,5; Nah. 2,1; Nah. 2,4; Nah. 2,6; Nah. 3,10; Nah. 3,18; Nah. 3,19; Hab. 1,5; Hab. 1,8; Hab. 1,8; Hab. 2,7; Hab. 2,8; Hab. 3,5; Zeph. 1,3; Zeph. 1,11; Zeph. 1,11; Zeph. 1,12; Zeph. 1,13; Zeph. 2,5; Zeph. 2,9; Zeph. 2,9; Zeph. 2,9; Zeph. 3,3; Zeph. 3,3; Zeph. 3,4; Zeph. 3,4; Zeph. 3,13; Hag. 1,12; Hag. 2,12; Hag. 2,13; Zech. 1,4; Zech. 1,4; Zech. 1,4; Zech. 1,5; Zech. 1,5; Zech. 2,11; Zech. 3,8; Zech. 3,8; Zech. 4,10; Zech. 4,12; Zech. 4,12; Zech. 4,14; Zech. 6,5; Zech. 6,6; Zech. 6,6; Zech. 6,6; Zech. 6,6; Zech. 6,7; Zech. 6,8; Zech. 6,15; Zech. 7,2; Zech. 7,7; Zech. 8,16; Zech. 10,2; Zech. 10,2; Zech. 10,9; Zech. 11,5; Zech. 11,5; Zech. 11,5; Zech. 11,11; Zech. 11,17; Zech. 11,17; Zech. 12,5; Zech. 13,3; Zech. 13,3; Zech. 13,4; Zech. 14,2; Zech. 14,4; Zech. 14,5; Zech. 14,12; Zech. 14,20; Zech. 14,20; Zech. 14,21; Mal. 1,5; Mal. 1,6; Mal. 1,6; Mal. 2,1; Mal. 3,16; Mal. 3,19; Mal. 3,19; Is. 1,22; Is. 1,23; Is. 1,24; Is. 1,28; Is. 1,28; Is. 1,28; Is. 1,31; Is. 1,31; Is. 2,8; Is. 2,11; Is. 3,12; Is. 3,12; Is. 3,12; Is. 3,25; Is. 4,3; Is. 5,3; Is. 5,8; Is. 5,9; Is. 5,11; Is. 5,11; Is. 5,14; Is. 5,14; Is. 5,14; Is. 5,14; Is. 5,15; Is. 5,15; Is. 5,17; Is. 5,18; Is. 5,19; Is. 5,20; Is. 5,20; Is. 5,20; Is. 5,21; Is. 5,22; Is. 5,22; Is. 5,22; Is. 5,22; Is. 5,23; Is. 5,27; Is. 5,28; Is. 5,28; Is. 6,12; Is. 8,16; Is. 8,23; Is. 8,23; Is. 9,1; Is. 9,2; Is. 9,2; Is. 9,8; Is. 9,15; Is. 10,18; Is. 10,18; Is. 10,19; Is. 10,20; Is. 10,24; Is. 10,31; Is. 10,32; Is. 10,32; Is. 10,33; Is. 10,33; Is. 10,34; Is. 11,13; Is. 11,14; Is. 12,6; Is. 13,2; Is. 13,5; Is. 13,8; Is. 13,10; Is. 13,12; Is. 13,14; Is. 13,18; Is. 14,2; Is. 14,2; Is. 14,9; Is. 14,9; Is. 14,9; Is. 14,16; Is. 14,18; Is. 14,29; Is. 14,31; Is. 14,32; Is. 16,4; Is. 16,8; Is. 17,7; Is. 17,8; Is. 17,9; Is. 17,9; Is. 18,2; Is. 19,5; Is. 19,6; Is. 19,8; Is. 19,8; Is. 19,8; Is. 19,10; Is. 19,10; Is. 19,11; Is. 19,11; Is. 19,12; Is. 19,13; Is. 19,13; Is. 19,16; Is. 19,21; Is. 19,23; Is. 20,5; Is. 20,5; Is. 20,6; Is. 21,2; Is. 21,2; Is. 21,5; Is. 21,10; Is. 21,10; Is. 21,14; Is. 22,2; Is. 22,2; Is. 22,3; Is. 22,3; Is. 22,3; Is. 22,6; Is. 22,7; Is. 23,2; Is. 23,3; Is. 23,6; Is. 23,8; Is. 24,4; Is. 24,6; Is. 24,6; Is. 24,7; Is. 24,14; Is. 24,16; Is. 26,9; Is. 26,14; Is. 26,18; Is. 26,19; Is. 26,19; Is. 26,19; Is. 27,5; Is. 27,6; Is. 27,13; Is. 27,13; Is. 28,1; Is. 28,1; Is. 28,3; Is. 28,9; Is. 28,9; Is. 28,17; Is. 28,22; Is. 29,4; Is. 29,4; Is. 29,4; Is. 29,7; Is. 29,7; Is. 29,8; Is. 29,10; Is. 29,11; Is. 29,15; Is. 29,15; Is. 29,18; Is. 29,18; Is. 29,19; Is. 29,20; Is. 29,21; Is. 29,24; Is. 29,24; Is. 30,2; Is. 30,10; Is. 30,16; Is. 30,18; Is. 30,20; Is. 30,20; Is. 30,21; Is. 30,24; Is. 30,24; Is. 30,24; Is. 31,1; Is. 31,1; Is. 31,3; Is. 31,6; Is. 31,7; Is. 31,8; Is. 32,5; Is. 32,8; Is. 32,19; Is. 32,19; Is. 32,20; Is. 33,1; Is. 33,13; Is. 33,13; Is. 33,14; Is. 33,17; Is. 33,18; Is. 33,18; Is. 33,20; Is. 33,20; Is. 34,1; Is. 34,3; Is. 34,3; Is. 34,7; Is. 34,7; Is. 34,7; Is. 34,12; Is. 34,12; Is. 34,12; Is. 34,12; Is. 35,4; Is. 35,8; Is. 36,6; Is. 36,9; Is. 36,18; Is. 37,5; Is. 37,6; Is. 37,12; Is. 37,12; Is. 37,13; Is. 37,31; Is. 37,32; Is. 37,32; Is. 37,38; Is. 38,14; Is. 38,18; Is. 38,18; Is. 38,18; Is. 38,19; Is. 39,3; Is. 39,6; Is. 40,22; Is. 40,31; Is. 41,1; Is. 41,11; Is. 41,11; Is. 41,12; Is. 41,17; Is. 41,17; Is. 41,29; Is. 41,29; Is. 42,10; Is. 42,10; Is. 42,11; Is. 42,11; Is. 42,17; Is. 42,17; Is. 42,18; Is. 42,19; Is. 42,19; Is. 42,19; Is. 42,25; Is. 43,27; Is. 43,27; Is. 43,28; Is. 44,9; Is. 44,9; Is. 44,10; Is. 44,23; Is. 45,6; Is. 45,6; Is. 45,14; Is. 45,16; Is. 45,20; Is. 45,20; Is. 45,22; Is. 45,23; Is. 45,24; Is. 46,3; Is. 46,5; Is. 46,6; Is. 46,8; Is. 46,12; Is. 46,12; Is. 47,3; Is. 47,13; Is. 47,13; Is. 48,1; Is. 48,1; Is. 48,1; Is. 49,13; Is. 49,17; Is. 49,19; Is. 49,20; Is. 49,26; Is. 50,2; Is. 50,10; Is. 51,1; Is. 51,4; Is. 51,6; Is. 51,7; Is. 51,20; Is. 51,20; Is. 51,20; Is. 51,20; Is. 52,11; Is. 54,10; Is. 54,17; Is. 55,12; Is. 56,11; Is. 57,5; Is. 57,13; Is. 57,20; Is. 59,3; Is. 59,7; Is. 59,7; Is. 59,19; Is. 59,19; Is. 60,4; Is. 60,10; Is. 60,12; Is. 62,5; Is. 62,9; Is. 62,9; Is. 63,18; Is. 64,3; Is. 64,10; Is. 65,4; Is. 65,5; Is. 65,9; Is. 65,9; Is. 65,11; Is. 65,13; Is. 65,13; Is. 65,13; Is. 65,14; Is. 65,16; Is. 65,23; Is. 66,5; Is. 66,10; Is. 66,17; Is. 66,20; Jer. 2,3; Jer. 2,5; Jer. 2,8; Jer. 2,8; Jer. 2,8; Jer. 2,8; Jer. 2,24; Jer. 2,26; Jer. 2,26; Jer. 2,26; Jer. 2,26; Jer. 2,26; Jer. 2,28; Jer. 3,23; Jer. 3,25; Jer. 4,4; Jer. 4,9; Jer. 4,9; Jer. 4,13; Jer. 4,22; Jer. 4,30; Jer. 5,3; Jer. 5,6; Jer. 5,7; Jer. 5,13; Jer. 5,27; Jer. 5,31; Jer. 5,31; Jer. 6,18; Jer. 7,18; Jer. 7,18; Jer. 7,25; Jer. 7,30; Jer. 7,33; Jer. 9,13; Jer. 9,15; Jer. 9,17; Jer. 9,21; Jer. 10,20; Jer. 10,21; Jer. 11,12; Jer. 11,16; Jer. 11,22; Jer. 11,22; Jer. 12,1; Jer. 12,5; Jer. 12,6; Jer. 12,13; Jer. 13,17; Jer. 14,3; Jer. 14,6; Jer. 14,13; Jer. 14,14; Jer. 14,15; Jer. 14,16; Jer. 15,18; Jer. 16,11; Jer. 16,13; Jer. 16,17; Jer. 16,21; Jer. 17,13; Jer. 17,18; Jer. 17,20; Jer. 17,25; Jer. 17,25; Jer. 18,16; Jer. 18,21; Jer. 18,21; Jer. 19,3; Jer. 19,3; Jer. 19,4; Jer. 19,4; Jer. 19,9; Jer. 19,13; Jer. 19,13; Jer. 20,4; Jer. 20,6; Jer. 20,6; Jer. 22,2; Jer. 22,4; Jer. 22,17; Jer. 22,20; Jer. 22,22; Jer. 23,1; Jer. 23,1; Jer. 23,14; Jer. 23,25; Jer. 23,27; Jer. 23,28; Jer. 23,29; Jer. 25,16; Jer. 26,4; Jer. 26,5; Jer. 26,9; Jer. 26,21; Jer. 27,4; Jer. 27,4; Jer. 27,6; Jer. 27,7; Jer. 27,7; Jer. 27,10; Jer. 27,26; Jer. 27,30; Jer. 27,30; Jer. 27,30; Jer. 27,33; Jer. 27,33; Jer. 27,33; Jer. 28,14; Jer. 28,30; Jer. 28,32; Jer. 28,35; Jer. 28,50; Jer. 28,56; Jer. 29,2; Jer. 29,2; Jer. 29,5; Jer. 30,2; Jer. 30,19; Jer. 30,19; Jer. 30,32; Jer. 30,32; Jer. 31,7; Jer. 31,7; Jer. 31,28; Jer. 32,31; Jer. 32,34; Jer. 32,34;

Jer. 32,34; Jer. 33,7; Jer. 33,7; Jer. 33,8; Jer. 33,8; Jer. 33,10; Jer. 33,11; Jer. 33,11; Jer. 33,16; Jer. 33,21; Jer. 34,15; Jer. 34,15; Jer. 35,8; Jer. 36,1; Jer. 36,8; Jer. 36,8; Jer. 36,8; Jer. 37,4; Jer. 37,14; Jer. 37,16; Jer. 37,16; Jer. 37,16; Jer. 37,20; Jer. 38,16; Jer. 38,20; Jer. 38,29; Jer. 38,30; Jer. 38,37; Jer. 39,4; Jer. 39,19; Jer. 39,29; Jer. 39,30; Jer. 39,30; Jer. 39,32; Jer. 39,32; Jer. 39,32; Jer. 39,32; Jer. 39,32; Jer. 41,3; Jer. 41,10; Jer. 41,10; Jer. 42,6; Jer. 42,8; Jer. 43,12; Jer. 43,12; Jer. 43,14; Jer. 43,24; Jer. 43,24; Jer. 44,2; Jer. 44,5; Jer. 44,8; Jer. 44,9; Jer. 44,15; Jer. 44,19; Jer. 44,19; Jer. 44,21; Jer. 45,25; Jer. 45,27; Jer. 46,3; Jer. 46,3; Jer. 47,7; Jer. 47,7; Jer. 47,8; Jer. 47,11; Jer. 47,11; Jer. 47,11; Jer. 47,11; Jer. 47,13; Jer. 47,13; Jer. 47,15; Jer. 47,15; Jer. 48,2; Jer. 48,11; Jer. 48,11; Jer. 48,16; Jer. 48,16; Jer. 49,1; Jer. 49,2; Jer. 49,17; Jer. 49,17; Jer. 49,17; Jer. 50,2; Jer. 50,2; Jer. 50,4; Jer. 50,5; Jer. 51,15; Jer. 51,15; Jer. 51,15; Jer. 51,17; Jer. 51,17; Jer. 51,17; Jer. 51,21; Jer. 51,21; Jer. 51,21; Jer. 51,26; Jer. 51,27; Jer. 51,28; Jer. 51,28; Jer. 51,28; Jer. 52,7; Jer. 52,7; Jer. 52,7; Jer. 52,8; Jer. 52,17; Jer. 52,20; Jer. 52,20; Jer. 52,21; Bar. 1,1; Bar. 1,2; Bar. 2,17; Bar. 2,18; Bar. 2,18; Bar. 3,16; Bar. 3,16; Bar. 3,17; Bar. 3,18; Bar. 3,21; Bar. 3,23; Bar. 3,23; Bar. 3,23; Bar. 3,23; Bar. 3,26; Bar. 3,26; Bar. 3,26; Bar. 3,34; Bar. 4,1; Bar. 4,1; Bar. 4,26; Bar. 4,31; Bar. 4,37; Bar. 5,8; Lam. 1,2; Lam. 1,3; Lam. 1,4; Lam. 1,5; Lam. 1,5; Lam. 1,6; Lam. 1,7; Lam. 1,8; Lam. 1,12; Lam. 1,16; Lam. 1,17; Lam. 1,18; Lam. 1,19; Lam. 1,19; Lam. 1,21; Lam. 1,22; Lam. 2,11; Lam. 2,15; Lam. 2,16; Lam. 3,46; Lam. 3,52; Lam. 4,2; Lam. 4,2; Lam. 4,5; Lam. 4,9; Lam. 4,9; Lam. 4,12; Lam. 4,17; Lam. 4,19; Lam. 5,2; Lam. 5,7; Lam. 5,17; LetterJ 9; LetterJ 15; LetterJ 16; LetterJ 17; LetterJ 21; LetterJ 25; LetterJ 27; LetterJ 30; LetterJ 32; LetterJ 38; LetterJ 45; LetterJ 46; LetterJ 48; LetterJ 54; LetterJ 57; LetterJ 58; LetterJ 58; LetterJ 58; LetterJ 69; LetterJ 70; Ezek. 1,1; Ezek. 1,7; Ezek. 1,18; Ezek. 1,18; Ezek. 1,19; Ezek. 1,19; Ezek. 1,20; Ezek. 2,3; Ezek. 4,13; Ezek. 6,9; Ezek. 7,16; Ezek. 8,1; Ezek. 8,12; Ezek. 10,12; Ezek. 10,12; Ezek. 10,16; Ezek. 10,16; Ezek. 10,19; Ezek. 11,2; Ezek. 11,2; Ezek. 11,3; Ezek. 11,15; Ezek. 11,15; Ezek. 11,15; Ezek. 11,22; Ezek. 12,19; Ezek. 12,28; Ezek. 13,4; Ezek. 13,5; Ezek. 13,6; Ezek. 13,8; Ezek. 13,15; Ezek. 13,16; Ezek. 13,16; Ezek. 14,3; Ezek. 14,14; Ezek. 14,16; Ezek. 14,18; Ezek. 14,22; Ezek. 16,7; Ezek. 18,2; Ezek. 20,24; Ezek. 20,27; Ezek. 21,20; Ezek. 22,6; Ezek. 22,25; Ezek. 22,26; Ezek. 22,27; Ezek. 22,28; Ezek. 23,3; Ezek. 23,21; Ezek. 24,21; Ezek. 25,15; Ezek. 26,16; Ezek. 27,8; Ezek. 27,8; Ezek. 27,8; Ezek. 27,9; Ezek. 27,9; Ezek. 27,9; Ezek. 27,17; Ezek. 27,21; Ezek. 27,26; Ezek. 27,27; Ezek. 27,27; Ezek. 27,27; Ezek. 27,27; Ezek. 27,27; Ezek. 27,27; Ezek. 27,27; Ezek. 27,28; Ezek. 27,29; Ezek. 27,29; Ezek. 27,29; Ezek. 27,32; Ezek. 27,34; Ezek. 27,35; Ezek. 27,35; Ezek. 28,19; Ezek. 29,3; Ezek. 29,6; Ezek. 30,5; Ezek. 30,8; Ezek. 30,25; Ezek. 31,5; Ezek. 31,12; Ezek. 31,12; Ezek. 31,14; Ezek. 31,17; Ezek. 32,10; Ezek. 32,14; Ezek. 32,21; Ezek. 32,22; Ezek. 32,22; Ezek. 32,23; Ezek. 32,24; Ezek. 32,24; Ezek. 32,24; Ezek. 32,24; Ezek. 32,26; Ezek. 32,29; Ezek. 32,29; Ezek. 32,30; Ezek. 32,30; Ezek. 33,17; Ezek. 33,24; Ezek. 33,27; Ezek. 33,27; Ezek. 33,30; Ezek. 33,30; Ezek. 34,2; Ezek. 34,8; Ezek. 34,8; Ezek. 34,10; Ezek. 37,18; Ezek. 37,25; Ezek. 38,6; Ezek. 38,6; Ezek. 38,7; Ezek. 38,9; Ezek. 38,20; Ezek. 38,20; Ezek. 38,20; Ezek. 39,4; Ezek. 39,9; Ezek. 39,15; Ezek. 39,18; Ezek. 40,22; Ezek. 40,46; Ezek. 40,46; Ezek. 41,13; Ezek. 41,20; Ezek. 41,22; Ezek. 42,5; Ezek. 42,5; Ezek. 42,6; Ezek. 42,13; Ezek. 42,13; Ezek. 42,14; Ezek. 43,7; Ezek. 43,17; Ezek. 43,24; Ezek. 43,27; Ezek. 44,10; Ezek. 44,15; Ezek. 44,15; Ezek. 44,15; Ezek. 44,31; Ezek. 45,8; Ezek. 45,9; Ezek. 45,12; Ezek. 45,12; Ezek. 46,2; Ezek. 46,20; Ezek. 46,24; Ezek. 46,24; Ezek. 47,10; Ezek. 47,10; Ezek. 48,11; Ezek. 48,19; Ezek. 48,29; Dan. 2,4; Dan. 2,7; Dan. 2,10; Dan. 2,13; Dan. 2,18; Dan. 2,32; Dan. 2,32; Dan. 2,33; Dan. 2,42; Dan. 3,3; Dan. 3,12; Dan. 3,13; Dan. 3,21; Dan. 3,22; Dan. 3,22; Dan. 3,44; Dan. 3,46; Dan. 3,46; Dan. 3,46; Dan. 3,51; Dan. 3,82; Dan. 3,90; Dan. 3,93; Dan. 3,93; Dan. 3,94; Dan. 3,94; Dan. 4,12; Dan. 4,17a; Dan. 4,24; Dan. 4,32; Dan. 4,33b; Dan. 4,37a; Dan. 5,6; Dan. 5,8; Dan. 5,23; Dan. 6,5; Dan. 6,7; Dan. 6,13; Dan. 6,24; Dan. 6,25; Dan. 6,25; Dan. 6,25; Dan. 6,27; Dan. 6,27; Dan. 7,13; Dan. 7,19; Dan. 7,19; Dan. 7,22; Dan. 10,6; Dan. 10,6; Dan. 10,6; Dan. 10,7; Dan. 10,7; Dan. 11,15; Dan. 11,24; Dan. 11,24; Dan. 11,24; Dan. 11,38; Dan. 12,2; Dan. 12,2; Dan. 12,2; Dan. 12,3; Dan. 12,3; Dan. 12,4; Dan. 12,10; Dan. 12,10; Dan. 12,10; Sus. 28; Sus. 28; Sus. 29; Sus. 29; Sus. 30; Sus. 32; Sus. 33; Sus. 34; Sus. 35a; Sus. 36; Sus. 63; Bel 3; Bel 8; Bel 9; Bel 15-17; Bel 21; Bel 21; Bel 23; Bel 28; Bel 31-32; Bel 31-32; Josh. 19,6; Josh. 19,9; Judg. 1,1; Judg. 1,8; Judg. 1,9; Judg. 1,16; Judg. 1,21; Judg. 1,22; Judg. 1,24; Judg. 1,33; Judg. 2,3; Judg. 2,11; Judg. 2,17; Judg. 2,22; Judg. 3,2; Judg. 3,5; Judg. 3,7; Judg. 3,8; Judg. 3,9; Judg. 3,12; Judg. 3,14; Judg. 3,15; Judg. 3,15; Judg. 3,24; Judg. 3,27; Judg. 4,1; Judg. 4,3; Judg. 4,5; Judg. 5,9; Judg. 5,20; Judg. 5,31; Judg. 5,31; Judg. 6,1; Judg. 6,2; Judg. 6,3; Judg. 6,3; Judg. 6,6; Judg. 6,13; Judg. 6,28; Judg. 6,30; Judg. 7,19; Judg. 7,19; Judg. 8,4; Judg. 8,4; Judg. 8,6; Judg. 8,8; Judg. 8,10; Judg. 8,10; Judg. 8,18; Judg. 8,33; Judg. 8,34; Judg. 9,3; Judg. 9,25; Judg. 9,26; Judg. 9,26; Judg. 9,31; Judg. 9,44; Judg. 9,44; Judg. 9,46; Judg. 9,47; Judg. 9,49; Judg. 9,51; Judg. 10,6; Judg. 10,9; Judg. 10,10; Judg. 10,15; Judg. 10,17; Judg. 10,17; Judg. 10,18; Judg. 11,2; Judg. 11,5; Judg. 11,5; Judg. 11,8; Judg. 11,10; Judg. 11,33; Judg. 12,2; Judg. 12,5; Judg. 12,5; Judg. 13,1; Judg. 14,4; Judg. 14,10; Judg. 14,18; Judg. 15,6; Judg. 15,6; Judg. 15,9; Judg. 15,10; Judg. 15,11; Judg. 15,14; Judg. 16,5; Judg. 16,8; Judg. 16,17; Judg. 16,18; Judg. 16,21; Judg. 16,23; Judg. 16,27; Judg. 16,27; Judg. 16,30; Judg. 16,31; Judg. 18,2; Judg. 18,7; Judg. 18,8; Judg. 18,14; Judg. 18,14; Judg. 18,16; Judg. 18,16; Judg. 18,16; Judg. 18,17; Judg. 18,17; Judg. 18,22; Judg. 18,22; Judg. 18,25; Judg. 18,26; Judg. 18,27; Judg. 18,30; Judg. 18,30; Judg. 19,6; Judg. 19,8; Judg. 19,16; Judg. 19,25; Judg. 20,1; Judg. 20,3; Judg. 20,3; Judg. 20,3; Judg. 20,5; Judg. 20,13; Judg. 20,14; Judg. 20,15; Judg. 20,18; Judg. 20,19; Judg. 20,21; Judg. 20,23; Judg. 20,24; Judg. 20,25; Judg. 20,26; Judg. 20,28; Judg. 20,29; Judg. 20,30; Judg. 20,31; Judg. 20,32; Judg. 20,32; Judg. 20,35; Judg. 20,36; Judg. 20,39; Judg. 20,42; Judg. 20,44; Judg. 20,45; Judg. 20,45; Judg. 20,45; Judg. 20,46; Judg. 20,46; Judg. 20,47; Judg. 20,48; Judg. 21,1; Judg. 21,5; Judg. 21,6; Judg. 21,14; Judg. 21,16; Judg. 21,22; Judg. 21,22; Judg. 21,23; Judg. 21,24; Tob. 1,5; Tob. 1,10; Tob. 1,10; Tob. 1,21; Tob. 2,8; Tob. 2,10; Tob. 2,10; Tob. 4,6; Tob. 5,10; Tob. 5,10; Tob. 5,14; Tob. 5,21; Tob. 8,5; Tob. 9,5; Tob. 10,12; Tob. 11,7; Tob. 11,14; Tob. 11,14; Tob. 11,14; Tob. 11,16; Tob. 11,19; Tob. 12,9; Tob. 12,10; Tob. 12,16; Tob. 13,3; Tob. 13,14; Tob. 13,14; Tob. 13,14; Tob. 13,15; Tob. 13,16; Tob. 13,17; Tob. 13,17; Tob. 14,1; Tob. 14,4; Tob. 14,4; Tob. 14,4; Tob. 14,5; Tob. 14,7; Tob. 14,7; Tob. 14,7; Tob. 14,7; Dan. 1,17; Dan. 2,4; Dan. 2,5; Dan. 2,10; Dan. 2,13; Dan. 2,18; Dan. 2,29; Dan. 2,32; Dan. 2,32; Dan. 2,33; Dan. 2,38; Dan. 2,42; Dan. 3,3; Dan. 3,3; Dan. 3,3; Dan. 3,7; Dan. 3,7; Dan. 3,12; Dan. 3,21; Dan. 3,23; Dan. 3,44; Dan. 3,46; Dan. 3,51; Dan. 3,82; Dan. 3,90; Dan. 3,93; Dan. 3,94; Dan. 3,94; Dan. 3,94; Dan. 3,94; Dan. 3,96; Dan. 4,7; Dan. 4,17; Dan. 4,18; Dan. 4,19; Dan. 4,33; Dan. 4,35; Dan. 4,36; Dan. 4,36; Dan. 5,2; Dan. 5,3; Dan. 5,6; Dan. 5,6; Dan. 5,8; Dan. 5,9; Dan. 5,10; Dan. 5,15; Dan. 5,19; Dan. 5,23; Dan. 6,5; Dan. 6,5; Dan. 6,6; Dan. 6,7; Dan. 6,7; Dan. 6,8; Dan. 6,12; Dan. 6,16; Dan. 6,25; Dan. 6,25; Dan. 7,2; Dan. 7,7; Dan. 7,9; Dan. 7,14; Dan. 7,19; Dan. 7,19; Dan. 7,20; Dan.

7,22; Dan. 7,28; Dan. 9,9; Dan. 9,9; Dan. 9,25; Dan. 10,6; Dan. 10,6; Dan. 10,7; Dan. 10,7; Dan. 10,12; Dan. 11,6; Dan. 11,10; Dan. 11,14; Dan. 11,15; Dan. 11,15; Dan. 11,24; Dan. 11,24; Dan. 11,27; Dan. 11,30; Dan. 11,32; Dan. 11,33; Dan. 11,38; Dan. 12,3; Dan. 12,3; Dan. 12,9; Dan. 12,10; Sus. 3; Sus. 4; Sus. 6; Sus. 8; Sus. 16; Sus. 19; Sus. 24; Sus. 26; Sus. 27; Sus. 27; Sus. 28; Sus. 29; Sus. 30; Sus. 30; Sus. 32; Sus. 33; Sus. 33; Sus. 34; Sus. 36; Sus. 48; Sus. 50; Bel 11; Bel 15; Bel 23; Bel 28; Bel 31; Matt. 2,5; Matt. 2,20; Matt. 3,16; Matt. 4,3; Matt. 4,20; Matt. 4,22; Matt. 5,1; Matt. 5,3; Matt. 5,4; Matt. 5,5; Matt. 5,6; Matt. 5,7; Matt. 5,8; Matt. 5,9; Matt. 5,10; Matt. 5,46; Matt. 5,47; Matt. 6,2; Matt. 6,5; Matt. 6,7; Matt. 6,16; Matt. 7,12; Matt. 7,12; Matt. 7,13; Matt. 7,14; Matt. 7,23; Matt. 7,25; Matt. 7,25; Matt. 7,27; Matt. 7,27; Matt. 7,28; Matt. 7,29; Matt. 8,12; Matt. 8,23; Matt. 8,27; Matt. 8,27; Matt. 8,31; Matt. 8,32; Matt. 8,33; Matt. 9,8; Matt. 9,11; Matt. 9,12; Matt. 9,12; Matt. 9,14; Matt. 9,14; Matt. 9,14; Matt. 9,15; Matt. 9,17; Matt. 9,17; Matt. 9,19; Matt. 9,28; Matt. 9,30; Matt. 9,31; Matt. 9,33; Matt. 9,34; Matt. 9,37; Matt. 10,16; Matt. 10,20; Matt. 10,36; Matt. 11,8; Matt. 11,13; Matt. 11,28; Matt. 12,1; Matt. 12,2; Matt. 12,2; Matt. 12,3; Matt. 12,5; Matt. 12,14; Matt. 12,23; Matt. 12,24; Matt. 12,27; Matt. 12,36; Matt. 12,46; Matt. 12,47; Matt. 12,48; Matt. 12,49; Matt. 13,10; Matt. 13,16; Matt. 13,27; Matt. 13,28; Matt. 13,36; Matt. 13,38; Matt. 13,38; Matt. 13,39; Matt. 13,43; Matt. 13,49; Matt. 13,55; Matt. 14,12; Matt. 14,13; Matt. 14,15; Matt. 14,17; Matt. 14,19; Matt. 14,21; Matt. 14,26; Matt. 14,33; Matt. 14,35; Matt. 15,2; Matt. 15,12; Matt. 15,12; Matt. 15,23; Matt. 15,33; Matt. 15,34; Matt. 15,36; Matt. 15,38; Matt. 16,1; Matt. 16,5; Matt. 16,7; Matt. 16,13; Matt. 16,14; Matt. 16,14; Matt. 17,6; Matt. 17,10; Matt. 17,10; Matt. 17,13; Matt. 17,19; Matt. 17,24; Matt. 17,25; Matt. 17,26; Matt. 18,1; Matt. 18,10; Matt. 18,31; Matt. 19,5; Matt. 19,10; Matt. 19,13; Matt. 19,25; Matt. 19,28; Matt. 20,5; Matt. 20,9; Matt. 20,10; Matt. 20,12; Matt. 20,16; Matt. 20,16; Matt. 20,21; Matt. 20,24; Matt. 20,25; Matt. 20,25; Matt. 20,31; Matt. 20,33; Matt. 21,6; Matt. 21,9; Matt. 21,9; Matt. 21,9; Matt. 21,11; Matt. 21,15; Matt. 21,15; Matt. 21,20; Matt. 21,23; Matt. 21,23; Matt. 21,25; Matt. 21,31; Matt. 21,32; Matt. 21,35; Matt. 21,38; Matt. 21,42; Matt. 21,45; Matt. 21,45; Matt. 22,4; Matt. 22,5; Matt. 22,6; Matt. 22,8; Matt. 22,10; Matt. 22,15; Matt. 22,19; Matt. 22,33; Matt. 22,40; Matt. 23,2; Matt. 23,2; Matt. 23,16; Matt. 23,24; Matt. 24,1; Matt. 24,3; Matt. 24,16; Matt. 24,28; Matt. 24,29; Matt. 24,35; Matt. 24,36; Matt. 25,31; Matt. 25,34; Matt. 25,37; Matt. 25,41; Matt. 25,46; Matt. 26,3; Matt. 26,3; Matt. 26,8; Matt. 26,15; Matt. 26,17; Matt. 26,19; Matt. 26,35; Matt. 26,43; Matt. 26,52; Matt. 26,56; Matt. 26,57; Matt. 26,57; Matt. 26,66; Matt. 26,67; Matt. 26,73; Matt. 27,1; Matt. 27,1; Matt. 27,4; Matt. 27,20; Matt. 27,21; Matt. 27,23; Matt. 27,27; Matt. 27,41; Matt. 27,44; Matt. 27,44; Matt. 27,49; Matt. 27,54; Matt. 27,62; Matt. 27,62; Matt. 27,64; Matt. 27,66; Matt. 28,4; Matt. 28,13; Matt. 28,15; Matt. 28,17; Mark 1,5; Mark 1,13; Mark 1,22; Mark 1,36; Mark 2,16; Mark 2,17; Mark 2,17; Mark 2,18; Mark 2,18; Mark 2,18; Mark 2,18; Mark 2,18; Mark 2,19; Mark 2,22; Mark 2,23; Mark 2,24; Mark 2,25; Mark 3,4; Mark 3,6; Mark 3,21; Mark 3,22; Mark 3,22; Mark 3,31; Mark 3,32; Mark 3,33; Mark 3,34; Mark 4,10; Mark 4,15; Mark 4,16; Mark 4,18; Mark 4,18; Mark 4,20; Mark 5,14; Mark 5,16; Mark 5,31; Mark 6,1; Mark 6,29; Mark 6,30; Mark 6,31; Mark 6,31; Mark 6,35; Mark 6,44; Mark 6,49; Mark 7,1; Mark 7,3; Mark 7,3; Mark 7,5; Mark 7,5; Mark 7,5; Mark 7,17; Mark 7,21; Mark 7,21; Mark 8,4; Mark 8,5; Mark 8,11; Mark 8,27; Mark 8,27; Mark 8,28; Mark 9,11; Mark 9,28; Mark 9,32; Mark 9,34; Mark 10,4; Mark 10,8; Mark 10,10; Mark 10,13; Mark 10,23; Mark 10,26; Mark 10,31; Mark 10,32; Mark 10,35; Mark 10,37; Mark 10,39; Mark 10,41; Mark 10,42; Mark 10,42; Mark 11,6; Mark 11,9; Mark 11,9; Mark 11,14; Mark 11,18; Mark 11,18; Mark 11,27; Mark 11,27; Mark 11,27; Mark 12,7; Mark 12,10; Mark 12,16; Mark 12,16; Mark 12,22; Mark 12,23; Mark 12,35; Mark 12,40; Mark 13,11; Mark 13,14; Mark 13,25; Mark 13,31; Mark 13,32; Mark 14,1; Mark 14,1; Mark 14,11; Mark 14,12; Mark 14,16; Mark 14,40; Mark 14,46; Mark 14,53; Mark 14,53; Mark 14,53; Mark 14,64; Mark 14,65; Mark 14,70; Mark 15,1; Mark 15,3; Mark 15,10; Mark 15,11; Mark 15,13; Mark 15,14; Mark 15,29; Mark 15,31; Mark 15,32; Luke 1,2; Luke 1,58; Luke 1,58; Luke 1,66; Luke 2,15; Luke 2,15; Luke 2,18; Luke 2,20; Luke 2,30; Luke 2,41; Luke 2,43; Luke 2,47; Luke 3,10; Luke 4,20; Luke 4,42; Luke 5,2; Luke 5,21; Luke 5,21; Luke 5,30; Luke 5,30; Luke 5,31; Luke 5,31; Luke 5,33; Luke 5,33; Luke 5,33; Luke 5,37; Luke 6,1; Luke 6,3; Luke 6,7; Luke 6,7; Luke 6,18; Luke 6,20; Luke 6,21; Luke 6,21; Luke 6,22; Luke 6,23; Luke 6,25; Luke 6,25; Luke 6,26; Luke 6,26; Luke 6,31; Luke 6,32; Luke 6,33; Luke 7,4; Luke 7,10; Luke 7,11; Luke 7,14; Luke 7,18; Luke 7,20; Luke 7,25; Luke 7,29; Luke 7,30; Luke 7,30; Luke 7,49; Luke 8,1; Luke 8,9; Luke 8,12; Luke 8,12; Luke 8,13; Luke 8,14; Luke 8,16; Luke 8,19; Luke 8,20; Luke 8,21; Luke 8,22; Luke 8,34; Luke 8,36; Luke 8,42; Luke 8,45; Luke 8,56; Luke 9,10; Luke 9,11; Luke 9,12; Luke 9,13; Luke 9,18; Luke 9,18; Luke 9,19; Luke 9,32; Luke 9,45; Luke 9,54; Luke 10,2; Luke 10,17; Luke 10,23; Luke 10,23; Luke 11,14; Luke 11,19; Luke 11,28; Luke 11,33; Luke 11,39; Luke 11,44; Luke 11,44; Luke 11,47; Luke 11,53; Luke 11,53; Luke 12,35; Luke 12,37; Luke 13,2; Luke 13,4; Luke 13,17; Luke 13,23; Luke 14,4; Luke 14,29; Luke 15,1; Luke 15,1; Luke 15,2; Luke 15,16; Luke 16,8; Luke 16,14; Luke 16,15; Luke 16,16; Luke 16,21; Luke 16,26; Luke 17,5; Luke 17,17; Luke 17,17; Luke 17,37; Luke 18,11; Luke 18,15; Luke 18,24; Luke 18,26; Luke 18,39; Luke 19,14; Luke 19,32; Luke 19,33; Luke 19,34; Luke 19,40; Luke 19,43; Luke 19,47; Luke 19,47; Luke 19,47; Luke 20,1; Luke 20,1; Luke 20,5; Luke 20,10; Luke 20,11; Luke 20,12; Luke 20,14; Luke 20,17; Luke 20,19; Luke 20,19; Luke 20,24; Luke 20,27; Luke 20,31; Luke 20,33; Luke 20,34; Luke 20,35; Luke 20,37; Luke 21,15; Luke 21,21; Luke 21,21; Luke 21,21; Luke 21,33; Luke 22,2; Luke 22,2; Luke 22,9; Luke 22,14; Luke 22,25; Luke 22,25; Luke 22,28; Luke 22,35; Luke 22,38; Luke 22,39; Luke 22,49; Luke 22,63; Luke 22,63; Luke 22,71; Luke 23,5; Luke 23,10; Luke 23,10; Luke 23,21; Luke 23,23; Luke 23,35; Luke 23,36; Luke 23,48; Luke 23,49; Luke 24,16; Luke 24,17; Luke 24,19; Luke 24,20; Luke 24,20; Luke 24,25; Luke 24,31; Luke 24,42; Luke 24,44; John 1,11; John 1,19; John 1,37; John 1,38; John 1,45; John 2,2; John 2,8; John 2,9; John 2,9; John 2,11; John 2,12; John 2,12; John 2,17; John 2,18; John 2,20; John 2,22; John 3,19; John 3,22; John 4,1; John 4,2; John 4,8; John 4,12; John 4,20; John 4,23; John 4,27; John 4,31; John 4,33; John 4,40; John 4,45; John 4,51; John 5,10; John 5,16; John 5,18; John 5,25; John 5,25; John 5,28; John 5,29; John 5,29; John 6,10; John 6,16; John 6,22; John 6,24; John 6,31; John 6,41; John 6,49; John 6,52; John 6,58; John 6,61; John 6,64; John 7,1; John 7,3; John 7,3; John 7,5; John 7,10; John 7,11; John 7,12; John 7,15; John 7,26; John 7,32; John 7,32; John 7,32; John 7,35; John 7,39; John 7,41; John 7,45; John 7,46; John 7,47; John 8,3; John 8,3; John 8,9; John 8,13; John 8,22; John 8,48; John 8,52; John 8,52; John 8,53; John 8,57; John 9,2; John 9,2; John 9,3; John 9,8; John 9,10; John 9,15; John 9,18; John 9,20; John 9,22; John 9,22; John 9,23; John 9,39; John 9,39; John 9,40; John 10,24; John 10,31; John 10,33; John 11,8; John 11,8; John 11,12; John 11,31; John 11,31; John 11,36; John 11,45; John 11,47; John 11,47; John 11,48; John

11,57; John 11,57; John 12,10; John 12,16; John 12,19; John 13,22; John 16,29; John 18,1; John 18,7; John 18,12; John 18,18; John 18,18; John 18,20; John 18,31; John 18,35; John 18,36; John 18,36; John 19,2; John 19,6; John 19,6; John 19,7; John 19,12; John 19,15; John 19,21; John 19,32; John 20,4; John 20,10; John 20,19; John 20,20; John 20,25; John 20,26; John 20,29; John 21,2; John 21,4; John 21,8; Acts 2,7; Acts 2,9; Acts 2,10; Acts 2,14; Acts 2,17; Acts 2,17; Acts 2,17; Acts 2,41; Acts 2,44; Acts 3,17; Acts 3,24; Acts 3,25; Acts 4,1; Acts 4,1; Acts 4,21; Acts 4,23; Acts 4,23; Acts 4,24; Acts 4,26; Acts 4,26; Acts 4,33; Acts 5,6; Acts 5,9; Acts 5,10; Acts 5,17; Acts 5,21; Acts 5,22; Acts 5,24; Acts 5,25; Acts 5,29; Acts 6,2; Acts 6,15; Acts 7,9; Acts 7,11; Acts 7,15; Acts 7,25; Acts 7,39; Acts 7,45; Acts 7,51; Acts 7,52; Acts 7,58; Acts 8,6; Acts 8,14; Acts 9,7; Acts 9,7; Acts 9,21; Acts 9,23; Acts 9,25; Acts 9,29; Acts 9,30; Acts 9,35; Acts 9,38; Acts 10,17; Acts 10,17; Acts 10,22; Acts 10,43; Acts 10,45; Acts 11,1; Acts 11,1; Acts 11,1; Acts 11,2; Acts 11,12; Acts 12,15; Acts 12,15; Acts 13,13; Acts 13,15; Acts 13,16; Acts 13,26; Acts 13,27; Acts 13,27; Acts 13,41; Acts 13,45; Acts 13,50; Acts 13,51; Acts 14,2; Acts 14,4; Acts 14,4; Acts 14,11; Acts 14,14; Acts 15,6; Acts 15,6; Acts 15,10; Acts 15,15; Acts 15,17; Acts 15,23; Acts 16,17; Acts 16,19; Acts 16,20; Acts 16,22; Acts 16,25; Acts 16,31; Acts 16,33; Acts 16,35; Acts 16,36; Acts 16,38; Acts 17,5; Acts 17,6; Acts 17,13; Acts 17,14; Acts 17,15; Acts 17,18; Acts 17,21; Acts 17,32; Acts 17,32; Acts 18,12; Acts 18,27; Acts 19,2; Acts 19,3; Acts 19,7; Acts 19,26; Acts 19,30; Acts 19,32; Acts 19,38; Acts 21,11; Acts 21,12; Acts 21,17; Acts 21,18; Acts 21,27; Acts 21,32; Acts 22,9; Acts 22,29; Acts 23,4; Acts 23,12; Acts 23,13; Acts 23,20; Acts 23,35; Acts 24,9; Acts 25,2; Acts 25,2; Acts 25,5; Acts 25,7; Acts 25,15; Acts 25,15; Acts 25,18; Acts 25,24; Acts 26,4; Acts 26,22; Acts 26,30; Acts 27,12; Acts 27,27; Acts 27,32; Acts 28,4; Acts 28,6; Acts 28,9; Acts 28,9; Acts 28,15; Acts 28,21; Acts 28,24; Acts 28,24; Rom. 1,27; Rom. 1,32; Rom. 2,13; Rom. 2,13; Rom. 3,15; Rom. 4,14; Rom. 5,15; Rom. 5,17; Rom. 5,19; Rom. 5,19; Rom. 8,5; Rom. 8,5; Rom. 8,8; Rom. 9,5; Rom. 9,6; Rom. 10,15; Rom. 11,7; Rom. 11,10; Rom. 11,16; Rom. 11,24; Rom. 12,5; Rom. 13,2; Rom. 13,3; Rom. 15,1; Rom. 15,3; Rom. 15,11; Rom. 16,18; Rom. 16,21; 1Cor. 6,2; 1Cor. 6,16; 1Cor. 7,28; 1Cor. 7,29; 1Cor. 7,30; 1Cor. 7,30; 1Cor. 7,30; 1Cor. 7,31; 1Cor. 9,5; 1Cor. 9,5; 1Cor. 9,13; 1Cor. 9,13; 1Cor. 9,24; 1Cor. 10,1; 1Cor. 10,17; 1Cor. 10,17; 1Cor. 10,18; 1Cor. 11,19; 1Cor. 14,29; 1Cor. 15,6; 1Cor. 15,18; 1Cor. 15,23; 1Cor. 15,29; 1Cor. 15,35; 1Cor. 15,48; 1Cor. 15,48; 1Cor. 15,52; 1Cor. 16,20; 2Cor. 2,17; 2Cor. 4,11; 2Cor. 5,4; 2Cor. 5,14; 2Cor. 5,15; 2Cor. 11,9; 2Cor. 11,13; 2Cor. 11,15; 2Cor. 12,14; 2Cor. 13,12; Gal. 1,2; Gal. 1,7; Gal. 2,6; Gal. 2,9; Gal. 2,13; Gal. 3,7; Gal. 3,9; Gal. 4,21; Gal. 5,12; Gal. 5,21; Gal. 5,24; Gal. 6,1; Gal. 6,13; Eph. 2,3; Eph. 2,11; Eph. 2,18; Eph. 4,13; Eph. 5,28; Eph. 5,31; Eph. 5,33; Eph. 6,4; Eph. 6,9; Phil. 1,16; Phil. 1,17; Phil. 2,21; Phil. 3,3; Phil. 3,19; Phil. 4,21; Phil. 4,22; Phil. 4,22; Col. 2,3; Col. 4,11; 1Th. 4,13; 1Th. 4,13; 1Th. 4,15; 1Th. 4,15; 1Th. 4,16; 1Th. 4,17; 1Th. 4,17; 1Th. 5,6; 1Th. 5,7; 2Th. 2,12; 1Tim. 3,13; 1Tim. 5,17; 1Tim. 5,20; 1Tim. 6,2; 1Tim. 6,2; 1Tim. 6,9; 2Tim. 1,15; 2Tim. 3,2; 2Tim. 3,6; 2Tim. 3,12; 2Tim. 4,21; Titus 1,10; Titus 3,8; Titus 3,14; Titus 3,15; Philem. 24; Heb. 1,10; Heb. 2,11; Heb. 3,9; Heb. 3,16; Heb. 4,3; Heb. 4,6; Heb. 6,18; Heb. 7,5; Heb. 7,20; Heb. 7,23; Heb. 7,27; Heb. 9,6; Heb. 9,15; Heb. 10,13; Heb. 11,2; Heb. 11,14; Heb. 11,29; Heb. 12,10; Heb. 12,19; Heb. 12,25; Heb. 13,9; Heb. 13,10; Heb. 13,24; James 2,6; James 4,13; James 5,1; 1Pet. 1,10; 1Pet. 2,7; 1Pet. 2,10; 1Pet. 3,16; 1Pet. 4,19; 2Pet. 3,4; 2Pet. 3,7; 2Pet. 3,10; 2Pet. 3,16; 1John 5,7; 1John 5,8; 2John 1; 2John 7; 3John 15; Jude 4; Jude 12; Jude 19; Rev. 1,3; Rev. 1,14; Rev. 1,15; Rev. 1,20; Rev. 2,18; Rev. 4,10; Rev. 5,8; Rev. 5,14; Rev. 6,11; Rev. 6,11; Rev. 6,11; Rev. 6,13; Rev. 6,15; Rev. 6,15; Rev. 6,15; Rev. 6,15; Rev. 6,15; Rev. 7,11; Rev. 7,13; Rev. 7,14; Rev. 8,6; Rev. 8,6; Rev. 9,3; Rev. 9,6; Rev. 9,8; Rev. 9,15; Rev. 9,15; Rev. 9,20; Rev. 10,1; Rev. 11,10; Rev. 11,10; Rev. 11,12; Rev. 11,13; Rev. 11,16; Rev. 11,16; Rev. 12,7; Rev. 12,7; Rev. 12,9; Rev. 12,12; Rev. 12,12; Rev. 13,2; Rev. 13,8; Rev. 14,3; Rev. 14,4; Rev. 14,11; Rev. 14,12; Rev. 14,13; Rev. 14,13; Rev. 15,6; Rev. 15,6; Rev. 16,9; Rev. 16,21; Rev. 17,2; Rev. 17,2; Rev. 17,8; Rev. 17,10; Rev. 17,14; Rev. 17,17; Rev. 18,3; Rev. 18,3; Rev. 18,9; Rev. 18,9; Rev. 18,11; Rev. 18,15; Rev. 18,19; Rev. 18,20; Rev. 18,20; Rev. 18,20; Rev. 18,23; Rev. 18,23; Rev. 19,4; Rev. 19,4; Rev. 19,5; Rev. 19,5; Rev. 19,5; Rev. 19,5; Rev. 19,9; Rev. 19,9; Rev. 19,12; Rev. 19,20; Rev. 19,21; Rev. 20,5; Rev. 20,12; Rev. 21,5; Rev. 21,19; Rev. 21,21; Rev. 21,24; Rev. 21,25; Rev. 21,27; Rev. 22,3; Rev. 22,6; Rev. 22,14; Rev. 22,15; Rev. 22,15; Rev. 22,15; Rev. 22,15; Rev. 22,15)

Τὰ ▸ 29 + 1 + 4 = 34
- **Article** · neuter · plural · accusative ▸ 12 + 2 = **14** (Lev. 19,30; Num. 28,2; Deut. 5,22; Ruth 3,17; 2Mac. 2,19; 2Mac. 7,42; Psa. 5,2; Sol. 5,9; Sol. 16,9; Is. 48,3; Jer. 7,21; Ezek. 35,10; 2Cor. 10,7; Col. 4,7)
- **Article** · neuter · plural · nominative ▸ 17 + 1 + 2 = **20** (Gen. 31,8; Gen. 31,8; Gen. 33,5; 2Sam. 16,2; 2Kings 17,26; Esth. 4,11; 1Mac. 12,23; Psa. 88,2; Job 1,14; Sir. 39,16; Sir. 39,33; Sol. 9,4; Is. 48,5; Is. 48,5; Ezek. 6,3; Ezek. 35,12; Ezek. 37,4; Dan. 5,17; Eph. 6,1; Col. 3,20)

τά ▸ 11 + 2 = 13
- **Article** · neuter · plural · accusative ▸ 10 + 2 = **12** (Gen. 27,36; Ex. 38,12; Lev. 9,24; 1Esdr. 6,25; Esth. 13,4 # 3,13d; 1Mac. 11,34; 2Mac. 1,21; 3Mac. 2,32; Wis. 15,7; Wis. 15,7; John 2,15; Acts 19,12)
- **Article** · neuter · plural · nominative ▸ **1** (1Esdr. 1,31)

τὰ ▸ 4942 + 205 + 830 = 5977
- **Article** · neuter · plural · accusative ▸ 3619 + 141 + 609 = **4369** (Gen. 1,10; Gen. 1,21; Gen. 1,21; Gen. 1,22; Gen. 1,25; Gen. 1,25; Gen. 1,25; Gen. 1,31; Gen. 2,2; Gen. 2,19; Gen. 2,19; Gen. 3,24; Gen. 6,5; Gen. 7,19; Gen. 7,19; Gen. 7,20; Gen. 7,20; Gen. 8,4; Gen. 8,4; Gen. 8,21; Gen. 8,21; Gen. 9,2; Gen. 9,2; Gen. 9,3; Gen. 9,23; Gen. 10,32; Gen. 11,9; Gen. 12,5; Gen. 14,11; Gen. 14,16; Gen. 15,1; Gen. 15,10; Gen. 15,11; Gen. 15,11; Gen. 19,17; Gen. 19,25; Gen. 19,26; Gen. 20,8; Gen. 20,8; Gen. 22,1; Gen. 22,6; Gen. 22,9; Gen. 22,20; Gen. 23,13; Gen. 23,16; Gen. 24,28; Gen. 24,30; Gen. 24,30; Gen. 24,30; Gen. 24,33; Gen. 24,47; Gen. 24,47; Gen. 24,59; Gen. 24,66; Gen. 25,5; Gen. 25,31; Gen. 25,33; Gen. 25,34; Gen. 26,5; Gen. 26,5; Gen. 26,5; Gen. 26,15; Gen. 26,18; Gen. 26,18; Gen. 27,9; Gen. 27,16; Gen. 27,16; Gen. 27,17; Gen. 27,34; Gen. 29,2; Gen. 29,3; Gen. 29,7; Gen. 29,7; Gen. 29,8; Gen. 29,9; Gen. 29,10; Gen. 29,10; Gen. 29,12; Gen. 29,27; Gen. 29,28; Gen. 30,26; Gen. 30,31; Gen. 30,36; Gen. 30,36; Gen. 30,40; Gen. 31,1; Gen. 31,1; Gen. 31,9; Gen. 31,10; Gen. 31,12; Gen. 31,17; Gen. 31,18; Gen. 31,18; Gen. 31,19; Gen. 31,19; Gen. 31,28; Gen. 31,31; Gen. 31,34; Gen. 31,34; Gen. 31,35; Gen. 31,37; Gen. 32,8; Gen. 32,16; Gen. 32,23; Gen. 32,24; Gen. 33,1; Gen. 33,2; Gen. 33,5; Gen. 33,10; Gen. 34,28; Gen. 34,29; Gen. 35,4; Gen. 35,4; Gen. 36,6; Gen. 36,6; Gen. 36,6; Gen. 36,24; Gen. 37,2; Gen. 37,12; Gen. 37,29; Gen. 37,34; Gen. 38,12; Gen. 38,13; Gen. 38,14; Gen. 38,19; Gen. 39,7; Gen. 39,11; Gen. 39,12; Gen. 39,13; Gen. 39,15; Gen. 39,16; Gen. 39,17; Gen. 39,18; Gen. 39,19; Gen. 40,1; Gen. 41,34; Gen. 41,35; Gen. 41,36; Gen. 41,48; Gen. 41,48; Gen. 41,50; Gen. 42,9; Gen. 42,12; Gen. 42,16; Gen. 42,25; Gen. 42,29; Gen. 43,15; Gen. 43,25; Gen. 43,26; Gen. 43,33; Gen. 44,6; Gen. 44,7; Gen. 44,13; Gen. 44,24; Gen. 44,34;

Gen. 45,17; Gen. 45,18; Gen. 45,21; Gen. 45,23; Gen. 45,27; Gen. 46,6; Gen. 46,29; Gen. 46,32; Gen. 46,32; Gen. 47,16; Gen. 47,17; Gen. 48,1; Gen. 48,16; Gen. 49,6; Gen. 49,17; Gen. 50,4; Gen. 50,8; Gen. 50,15; Gen. 50,25; Ex. 1,14; Ex. 1,17; Ex. 1,18; Ex. 2,16; Ex. 2,16; Ex. 2,17; Ex. 2,19; Ex. 3,1; Ex. 3,1; Ex. 4,15; Ex. 4,17; Ex. 4,20; Ex. 4,20; Ex. 4,21; Ex. 4,28; Ex. 4,30; Ex. 4,30; Ex. 5,4; Ex. 5,9; Ex. 5,13; Ex. 5,13; Ex. 7,3; Ex. 7,3; Ex. 7,19; Ex. 7,19; Ex. 7,27; Ex. 7,28; Ex. 8,1; Ex. 8,2; Ex. 8,22; Ex. 8,22; Ex. 9,9; Ex. 9,11; Ex. 9,14; Ex. 9,19; Ex. 9,20; Ex. 9,21; Ex. 9,22; Ex. 9,25; Ex. 9,25; Ex. 10,2; Ex. 10,2; Ex. 10,4; Ex. 10,14; Ex. 10,26; Ex. 11,2; Ex. 11,9; Ex. 11,9; Ex. 11,10; Ex. 11,10; Ex. 12,8; Ex. 12,10; Ex. 12,32; Ex. 12,34; Ex. 12,41; Ex. 13,12; Ex. 13,12; Ex. 13,15; Ex. 13,19; Ex. 13,19; Ex. 14,6; Ex. 14,23; Ex. 14,26; Ex. 14,28; Ex. 15,26; Ex. 15,26; Ex. 15,27; Ex. 16,22; Ex. 16,29; Ex. 17,3; Ex. 17,3; Ex. 17,14; Ex. 18,16; Ex. 18,19; Ex. 18,20; Ex. 18,20; Ex. 18,22; Ex. 19,6; Ex. 19,9; Ex. 19,10; Ex. 19,14; Ex. 20,6; Ex. 20,9; Ex. 20,11; Ex. 20,24; Ex. 20,24; Ex. 20,24; Ex. 21,5; Ex. 21,10; Ex. 21,11; Ex. 21,19; Ex. 22,4; Ex. 22,4; Ex. 22,28; Ex. 23,10; Ex. 23,11; Ex. 23,12; Ex. 23,18; Ex. 23,22; Ex. 23,24; Ex. 23,27; Ex. 23,31; Ex. 24,3; Ex. 24,3; Ex. 24,4; Ex. 24,7; Ex. 24,12; Ex. 24,12; Ex. 25,12; Ex. 25,16; Ex. 25,19; Ex. 25,21; Ex. 25,26; Ex. 25,29; Ex. 25,29; Ex. 25,38; Ex. 26,13; Ex. 26,19; Ex. 26,19; Ex. 26,21; Ex. 26,21; Ex. 26,25; Ex. 27,2; Ex. 27,3; Ex. 27,4; Ex. 27,7; Ex. 28,9; Ex. 28,10; Ex. 28,10; Ex. 28,12; Ex. 28,14; Ex. 28,14; Ex. 28,21; Ex. 28,29; Ex. 28,23 # 28,29a; Ex. 28,38; Ex. 29,14; Ex. 29,17; Ex. 29,17; Ex. 29,20; Ex. 29,20; Ex. 29,24; Ex. 29,31; Ex. 29,32; Ex. 29,34; Ex. 30,3; Ex. 30,4; Ex. 30,20; Ex. 30,27; Ex. 30,28; Ex. 30,28; Ex. 31,5; Ex. 31,5; Ex. 31,5; Ex. 31,5; Ex. 31,8; Ex. 31,8; Ex. 31,8; Ex. 31,13; Ex. 31,14; Ex. 31,16; Ex. 32,2; Ex. 32,2; Ex. 32,2; Ex. 32,3; Ex. 32,3; Ex. 32,3; Ex. 32,13; Ex. 33,16; Ex. 33,23; Ex. 34,1; Ex. 34,10; Ex. 34,13; Ex. 34,13; Ex. 34,24; Ex. 34,24; Ex. 34,26; Ex. 34,27; Ex. 34,28; Ex. 35,11; Ex. 35,11; Ex. 35,11; Ex. 35,17 # 35,12a; Ex. 35,13; Ex. 35,14; Ex. 35,16; Ex. 35,21; Ex. 35,21; Ex. 35,24; Ex. 35,24; Ex. 35,29; Ex. 35,32; Ex. 35,33; Ex. 35,35; Ex. 35,35; Ex. 36,1; Ex. 36,1; Ex. 36,2; Ex. 36,3; Ex. 36,3; Ex. 36,3; Ex. 36,4; Ex. 36,5; Ex. 36,24; Ex. 36,25; Ex. 36,26; Ex. 36,35; Ex. 37,21; Ex. 37,21; Ex. 38,12; Ex. 38,12; Ex. 38,16; Ex. 38,16; Ex. 38,23; Ex. 39,1; Ex. 39,4; Ex. 39,9; Ex. 39,9; Ex. 39,13; Ex. 39,15; Ex. 39,17; Ex. 39,19; Ex. 39,19; Ex. 39,19; Ex. 39,20; Ex. 39,20; Ex. 39,21; Ex. 39,21; Ex. 39,21; Ex. 39,23; Ex. 40,8; Ex. 40,9; Ex. 40,9; Ex. 40,10; Ex. 40,20; Ex. 40,33; Lev. 1,2; Lev. 1,8; Lev. 1,8; Lev. 1,8; Lev. 1,8; Lev. 1,9; Lev. 1,9; Lev. 1,12; Lev. 1,12; Lev. 1,12; Lev. 1,13; Lev. 1,13; Lev. 1,17; Lev. 1,17; Lev. 3,5; Lev. 3,5; Lev. 3,5; Lev. 4,7; Lev. 4,8; Lev. 4,18; Lev. 4,24; Lev. 4,25; Lev. 4,29; Lev. 4,30; Lev. 4,33; Lev. 4,34; Lev. 5,21; Lev. 6,8; Lev. 6,18; Lev. 7,3; Lev. 7,13; Lev. 7,30; Lev. 7,38; Lev. 8,11; Lev. 8,11; Lev. 8,15; Lev. 8,17; Lev. 8,20; Lev. 8,24; Lev. 8,24; Lev. 8,31; Lev. 8,35; Lev. 9,7; Lev. 9,9; Lev. 9,11; Lev. 9,20; Lev. 9,20; Lev. 9,20; Lev. 9,22; Lev. 9,22; Lev. 9,24; Lev. 9,24; Lev. 10,6; Lev. 10,11; Lev. 10,19; Lev. 10,19; Lev. 10,19; Lev. 11,11; Lev. 11,14; Lev. 11,15; Lev. 11,16; Lev. 11,16; Lev. 11,19; Lev. 11,22; Lev. 11,22; Lev. 11,22; Lev. 11,22; Lev. 11,25; Lev. 11,28; Lev. 11,40; Lev. 11,40; Lev. 11,47; Lev. 11,47; Lev. 13,6; Lev. 13,34; Lev. 14,8; Lev. 14,9; Lev. 14,13; Lev. 14,13; Lev. 14,45; Lev. 14,47; Lev. 14,47; Lev. 15,5; Lev. 15,6; Lev. 15,7; Lev. 15,8; Lev. 15,10; Lev. 15,11; Lev. 15,13; Lev. 15,21; Lev. 15,22; Lev. 15,27; Lev. 16,18; Lev. 16,26; Lev. 16,27; Lev. 16,27; Lev. 16,28; Lev. 17,15; Lev. 17,16; Lev. 18,3; Lev. 18,3; Lev. 18,4; Lev. 18,4; Lev. 18,5; Lev. 18,5; Lev. 18,26; Lev. 18,26; Lev. 18,27; Lev. 18,30; Lev. 19,3; Lev. 19,8; Lev. 19,9; Lev. 19,19; Lev. 19,37; Lev. 20,3; Lev. 20,8; Lev. 20,22; Lev. 20,22; Lev. 21,8; Lev. 21,10; Lev. 21,10; Lev. 21,17; Lev. 21,21; Lev. 22,3; Lev. 22,9; Lev. 22,15; Lev. 22,16; Lev. 22,18; Lev. 22,25; Lev. 22,28; Lev. 23,14; Lev. 23,22; Lev. 23,32; Lev. 23,39; Lev. 25,5; Lev. 25,11; Lev. 25,11; Lev. 25,12; Lev. 25,18; Lev. 25,19; Lev. 25,20; Lev. 25,21; Lev. 25,21; Lev. 25,27; Lev. 25,37; Lev. 25,51; Lev. 25,52; Lev. 25,52; Lev. 26,2; Lev. 26,4; Lev. 26,14; Lev. 26,16; Lev. 26,22; Lev. 26,22; Lev. 26,22; Lev. 26,30; Lev. 26,30; Lev. 26,30; Lev. 26,31; Lev. 26,33; Lev. 26,34; Lev. 26,34; Lev. 26,43; Lev. 26,43; Lev. 27,18; Lev. 27,18; Num. 1,5; Num. 1,50; Num. 1,50; Num. 3,7; Num. 3,8; Num. 3,8; Num. 3,10; Num. 3,36; Num. 3,36; Num. 3,41; Num. 3,45; Num. 3,46; Num. 3,49; Num. 3,51; Num. 4,3; Num. 4,7; Num. 4,7; Num. 4,9; Num. 4,10; Num. 4,12; Num. 4,12; Num. 4,14; Num. 4,14; Num. 4,14; Num. 4,15; Num. 4,15; Num. 4,15; Num. 4,19; Num. 4,20; Num. 4,23; Num. 4,26; Num. 4,26; Num. 4,26; Num. 4,26; Num. 4,27; Num. 4,27; Num. 4,30; Num. 4,31; Num. 4,32; Num. 4,32; Num. 4,32; Num. 4,39; Num. 4,43; Num. 4,47; Num. 4,47; Num. 5,9; Num. 5,10; Num. 7,1; Num. 7,1; Num. 7,3; Num. 7,5; Num. 7,5; Num. 7,9; Num. 7,10; Num. 7,11; Num. 8,7; Num. 8,11; Num. 8,15; Num. 8,19; Num. 8,19; Num. 8,21; Num. 10,21; Num. 11,5; Num. 11,5; Num. 11,5; Num. 11,24; Num. 14,6; Num. 14,22; Num. 14,23; Num. 14,28; Num. 14,31; Num. 14,39; Num. 15,38; Num. 15,38; Num. 16,28; Num. 16,32; Num. 17,2; Num. 17,2; Num. 17,3; Num. 17,4; Num. 17,4; Num. 18,3; Num. 18,3; Num. 18,15; Num. 18,23; Num. 18,24; Num. 18,32; Num. 19,7; Num. 19,8; Num. 19,10; Num. 19,18; Num. 19,19; Num. 19,20; Num. 19,21; Num. 20,4; Num. 20,8; Num. 20,8; Num. 20,17; Num. 20,28; Num. 21,22; Num. 22,4; Num. 22,7; Num. 23,21; Num. 24,8; Num. 27,11; Num. 29,39; Num. 29,39; Num. 29,39; Num. 31,6; Num. 31,6; Num. 31,9; Num. 31,9; Num. 31,11; Num. 31,12; Num. 31,24; Num. 31,27; Num. 32,13; Num. 32,30; Num. 32,38; Num. 32,38; Num. 33,47; Num. 33,47; Num. 33,52; Num. 33,52; Num. 34,8; Num. 34,10; Num. 35,2; Num. 35,4; Num. 35,7; Num. 35,8; Num. 35,24; Num. 35,26; Deut. 1,36; Deut. 1,41; Deut. 1,41; Deut. 2,18; Deut. 2,34; Deut. 2,35; Deut. 2,35; Deut. 2,37; Deut. 3,4; Deut. 3,6; Deut. 3,7; Deut. 3,7; Deut. 4,6; Deut. 4,10; Deut. 4,13; Deut. 4,25; Deut. 4,36; Deut. 4,40; Deut. 5,1; Deut. 5,1; Deut. 5,5; Deut. 5,10; Deut. 5,13; Deut. 5,31; Deut. 5,31; Deut. 6,2; Deut. 6,17; Deut. 6,17; Deut. 6,24; Deut. 7,5; Deut. 7,5; Deut. 7,6; Deut. 7,7; Deut. 7,7; Deut. 7,11; Deut. 7,11; Deut. 7,12; Deut. 7,13; Deut. 7,13; Deut. 7,13; Deut. 7,14; Deut. 7,16; Deut. 7,19; Deut. 7,19; Deut. 7,19; Deut. 7,22; Deut. 7,25; Deut. 8,11; Deut. 8,11; Deut. 9,4; Deut. 9,7; Deut. 9,24; Deut. 9,27; Deut. 9,27; Deut. 10,2; Deut. 10,13; Deut. 10,15; Deut. 10,21; Deut. 10,21; Deut. 10,22; Deut. 11,1; Deut. 11,1; Deut. 11,2; Deut. 11,3; Deut. 11,3; Deut. 11,4; Deut. 11,7; Deut. 11,7; Deut. 11,18; Deut. 11,19; Deut. 11,23; Deut. 11,32; Deut. 12,3; Deut. 12,3; Deut. 12,6; Deut. 12,6; Deut. 12,6; Deut. 12,6; Deut. 12,11; Deut. 12,11; Deut. 12,11; Deut. 12,11; Deut. 12,13; Deut. 12,14; Deut. 12,17; Deut. 12,20; Deut. 12,26; Deut. 12,27; Deut. 12,27; Deut. 12,27; Deut. 12,29; Deut. 12,31; Deut. 13,16; Deut. 13,17; Deut. 13,17; Deut. 14,13; Deut. 14,14; Deut. 14,17; Deut. 14,18; Deut. 14,23; Deut. 14,23; Deut. 15,19; Deut. 17,14; Deut. 17,14; Deut. 17,19; Deut. 18,3; Deut. 18,3; Deut. 18,3; Deut. 18,9; Deut. 19,1; Deut. 19,3; Deut. 19,8; Deut. 20,14; Deut. 20,18; Deut. 20,19; Deut. 21,13; Deut. 21,16; Deut. 22,7; Deut. 22,15; Deut. 23,24; Deut. 24,20; Deut. 24,21; Deut. 26,13; Deut. 26,16; Deut. 26,16; Deut. 26,17; Deut. 26,17; Deut. 27,10; Deut. 28,12; Deut. 28,20; Deut. 28,33; Deut. 28,34; Deut. 28,35; Deut. 28,42; Deut. 28,42; Deut. 28,45; Deut. 28,51; Deut. 28,51; Deut. 28,51; Deut. 28,51; Deut. 28,53; Deut. 28,54; Deut. 28,58; Deut. 28,58; Deut. 28,64; Deut. 29,2; Deut. 29,2; Deut. 29,2; Deut. 29,16; Deut. 29,16; Deut. 29,18; Deut. 29,23; Deut. 29,28; Deut. 30,10;

ȯ

Deut. 30,16; Deut. 31,3; Deut. 31,9; Deut. 31,11; Deut. 31,12; Deut. 31,19; Deut. 31,27; Deut. 31,28; Deut. 31,30; Deut. 31,30; Deut. 32,22; Deut. 32,23; Deut. 32,42; Deut. 32,44; Deut. 33,9; Deut. 33,10; Deut. 33,11; Deut. 34,3; Deut. 34,12; Deut. 34,12; Josh. 1,8; Josh. 2,23; Josh. 7,6; Josh. 7,11; Josh. 7,24; Josh. 7,24; Josh. 7,24; Josh. 8,2; Josh. 8,12; Josh. 8,20; Josh. 8,34 # 9,2e; Josh. 8,34 # 9,2e; Josh. 8,35 # 9,2f; Josh. 11,6; Josh. 11,9; Josh. 11,14; Josh. 11,16; Josh. 11,17; Josh. 11,17; Josh. 13,11; Josh. 16,2; Josh. 16,3; Josh. 17,7; Josh. 18,19; Josh. 19,12; Josh. 21,2; Josh. 21,3; Josh. 21,8; Josh. 21,11; Josh. 21,13; Josh. 21,13; Josh. 21,13; Josh. 21,13; Josh. 21,14; Josh. 21,14; Josh. 21,15; Josh. 21,15; Josh. 21,16; Josh. 21,16; Josh. 21,16; Josh. 21,17; Josh. 21,17; Josh. 21,18; Josh. 21,18; Josh. 21,21; Josh. 21,21; Josh. 21,21; Josh. 21,22; Josh. 21,22; Josh. 21,22; Josh. 21,23; Josh. 21,23; Josh. 21,24; Josh. 21,24; Josh. 21,25; Josh. 21,25; Josh. 21,27; Josh. 21,27; Josh. 21,28; Josh. 21,28; Josh. 21,29; Josh. 21,29; Josh. 21,30; Josh. 21,30; Josh. 21,31; Josh. 21,31; Josh. 21,32; Josh. 21,32; Josh. 21,32; Josh. 21,34; Josh. 21,34; Josh. 21,35; Josh. 21,35; Josh. 21,36; Josh. 21,36; Josh. 21,37; Josh. 21,37; Josh. 21,38; Josh. 21,38; Josh. 21,39; Josh. 21,39; Josh. 23,4; Josh. 23,4; Josh. 23,4; Josh. 23,5; Josh. 23,5; Josh. 23,6; Josh. 23,7; Josh. 23,7; Josh. 23,13; Josh. 23,14; Josh. 23,15; Josh. 23,15; Josh. 24,18; Josh. 24,18; Josh. 24,19; Josh. 24,19; Josh. 24,26; Josh. 24,27; Josh. 24,29; Josh. 24,32; Judg. 1,6; Judg. 1,7; Judg. 1,7; Judg. 1,18; Judg. 1,27; Judg. 2,2; Judg. 2,2; Judg. 2,19; Judg. 2,23; Judg. 3,1; Judg. 3,17; Judg. 3,18; Judg. 3,18; Judg. 3,26; Judg. 4,7; Judg. 4,13; Judg. 4,15; Judg. 5,9; Judg. 5,16; Judg. 6,4; Judg. 6,19; Judg. 6,20; Judg. 6,21; Judg. 7,3; Judg. 7,5; Judg. 7,6; Judg. 9,15; Judg. 9,54; Judg. 11,35; Judg. 11,37; Judg. 11,37; Judg. 11,38; Judg. 11,38; Judg. 15,5; Judg. 15,5; Judg. 16,17; Judg. 16,18; Judg. 17,10; Judg. 18,23; Judg. 19,29; Ruth 2,9; Ruth 3,4; Ruth 3,7; Ruth 4,9; 1Sam. 1,5; 1Sam. 1,6; 1Sam. 2,28; 1Sam. 2,35; 1Sam. 2,35; 1Sam. 3,11; 1Sam. 5,3; 1Sam. 5,4; 1Sam. 6,7; 1Sam. 6,8; 1Sam. 6,8; 1Sam. 6,10; 1Sam. 6,14; 1Sam. 6,15; 1Sam. 6,15; 1Sam. 7,3; 1Sam. 7,4; 1Sam. 8,5; 1Sam. 8,8; 1Sam. 8,15; 1Sam. 8,16; 1Sam. 8,16; 1Sam. 8,16; 1Sam. 8,17; 1Sam. 8,20; 1Sam. 8,21; 1Sam. 9,11; 1Sam. 9,19; 1Sam. 9,20; 1Sam. 10,4; 1Sam. 10,19; 1Sam. 10,20; 1Sam. 11,4; 1Sam. 11,5; 1Sam. 11,6; 1Sam. 13,21; 1Sam. 14,1; 1Sam. 14,6; 1Sam. 14,7; 1Sam. 14,12; 1Sam. 14,12; 1Sam. 14,13; 1Sam. 14,13; 1Sam. 14,14; 1Sam. 14,17; 1Sam. 14,32; 1Sam. 15,3; 1Sam. 15,3; 1Sam. 15,9; 1Sam. 15,12; 1Sam. 15,15; 1Sam. 15,15; 1Sam. 15,19; 1Sam. 15,21; 1Sam. 16,21; 1Sam. 17,7; 1Sam. 17,11; 1Sam. 17,46; 1Sam. 17,46; 1Sam. 17,54; 1Sam. 18,23; 1Sam. 18,23; 1Sam. 18,24; 1Sam. 18,26; 1Sam. 19,7; 1Sam. 19,13; 1Sam. 19,24; 1Sam. 20,13; 1Sam. 20,40; 1Sam. 21,6; 1Sam. 21,9; 1Sam. 21,13; 1Sam. 23,3; 1Sam. 23,5; 1Sam. 24,9; 1Sam. 24,17; 1Sam. 25,8; 1Sam. 25,9; 1Sam. 25,11; 1Sam. 25,11; 1Sam. 25,12; 1Sam. 25,21; 1Sam. 25,24; 1Sam. 25,25; 1Sam. 25,37; 1Sam. 26,16; 1Sam. 30,2; 1Sam. 30,14; 1Sam. 30,19; 1Sam. 30,20; 1Sam. 30,20; 1Sam. 30,21; 1Sam. 30,22; 1Sam. 30,24; 1Sam. 31,3; 1Sam. 31,4; 1Sam. 31,4; 1Sam. 31,5; 1Sam. 31,6; 1Sam. 31,8; 1Sam. 31,9; 1Sam. 31,10; 1Sam. 31,13; 2Sam. 1,7; 2Sam. 1,11; 2Sam. 1,19; 2Sam. 1,22; 2Sam. 1,24; 2Sam. 1,25; 2Sam. 2,6; 2Sam. 2,20; 2Sam. 2,21; 2Sam. 2,21; 2Sam. 2,26; 2Sam. 3,19; 2Sam. 3,31; 2Sam. 6,11; 2Sam. 6,12; 2Sam. 7,28; 2Sam. 8,2; 2Sam. 8,4; 2Sam. 8,8; 2Sam. 8,10; 2Sam. 11,22; 2Sam. 12,20; 2Sam. 13,31; 2Sam. 13,31; 2Sam. 13,32; 2Sam. 14,19; 2Sam. 14,19; 2Sam. 14,20; 2Sam. 14,30; 2Sam. 16,8; 2Sam. 17,14; 2Sam. 18,15; 2Sam. 19,9; 2Sam. 19,25; 2Sam. 19,31; 2Sam. 20,1; 2Sam. 20,22; 2Sam. 21,10; 2Sam. 21,10; 2Sam. 21,12; 2Sam. 21,12; 2Sam. 21,13; 2Sam. 21,13; 2Sam. 21,13; 2Sam. 21,14; 2Sam. 21,14; 2Sam. 22,34; 2Sam. 22,37; 2Sam. 23,37; 2Sam. 24,23; 1Kings 2,3; 1Kings 2,3; 1Kings 2,3; 1Kings 2,5; 1Kings 2,35e; 1Kings 2,35h; 1Kings 2,35h; 1Kings 2,35i; 1Kings 2,46c; 1Kings 3,14; 1Kings 5,1; 1Kings 5,17; 1Kings 5,30; 1Kings 5,32; 1Kings 6,8; 1Kings 6,28; 1Kings 6,32; 1Kings 7,2; 1Kings 7,16; 1Kings 7,22; 1Kings 7,26; 1Kings 7,27; 1Kings 7,27; 1Kings 7,27; 1Kings 7,27; 1Kings 7,28; 1Kings 7,31; 1Kings 7,32; 1Kings 7,34; 1Kings 7,35; 1Kings 7,37; 1Kings 7,37; 1Kings 7,37; 1Kings 8,4; 1Kings 8,4; 1Kings 8,4; 1Kings 8,6; 1Kings 8,7; 1Kings 8,8; 1Kings 8,50; 1Kings 8,54; 1Kings 8,64; 1Kings 8,66; 1Kings 9,4; 1Kings 9,6; 1Kings 10,5; 1Kings 10,10; 1Kings 10,12; 1Kings 10,12; 1Kings 10,22b # 9,20; 1Kings 10,22b # 9,20; 1Kings 10,25; 1Kings 11,11; 1Kings 11,35; 1Kings 11,36; 1Kings 11,38; 1Kings 12,16; 1Kings 12,16; 1Kings 12,24d; 1Kings 12,24p; 1Kings 12,24q; 1Kings 12,24r; 1Kings 12,24t; 1Kings 13,11; 1Kings 13,31; 1Kings 13,33; 1Kings 14,26; 1Kings 14,26; 1Kings 14,26; 1Kings 14,26; 1Kings 15,12; 1Kings 15,14; 1Kings 15,22; 1Kings 16,28g; 1Kings 17,1; 1Kings 18,36; 1Kings 19,10; 1Kings 19,14; 1Kings 19,21; 1Kings 20,16; 1Kings 21,5; 1Kings 21,15; 1Kings 21,21; 1Kings 21,25; 1Kings 21,40; 1Kings 22,54; 2Kings 1,13; 2Kings 2,14; 2Kings 2,21; 2Kings 3,22; 2Kings 3,22; 2Kings 3,23; 2Kings 4,4; 2Kings 5,7; 2Kings 5,8; 2Kings 5,8; 2Kings 5,12; 2Kings 5,26; 2Kings 6,4; 2Kings 6,30; 2Kings 8,4; 2Kings 8,6; 2Kings 8,6; 2Kings 8,9; 2Kings 8,12; 2Kings 8,12; 2Kings 8,21; 2Kings 9,7; 2Kings 9,7; 2Kings 9,18; 2Kings 9,19; 2Kings 9,24; 2Kings 9,26; 2Kings 9,35; 2Kings 10,24; 2Kings 10,24; 2Kings 11,8; 2Kings 11,14; 2Kings 11,18; 2Kings 12,12; 2Kings 12,15; 2Kings 12,16; 2Kings 12,19; 2Kings 12,19; 2Kings 14,4; 2Kings 14,14; 2Kings 14,14; 2Kings 15,16; 2Kings 15,16; 2Kings 15,35; 2Kings 16,3; 2Kings 16,17; 2Kings 17,13; 2Kings 17,15; 2Kings 17,32; 2Kings 17,34; 2Kings 17,37; 2Kings 17,37; 2Kings 18,4; 2Kings 18,4; 2Kings 18,16; 2Kings 18,22; 2Kings 18,22; 2Kings 18,37; 2Kings 19,1; 2Kings 19,14; 2Kings 19,17; 2Kings 19,23; 2Kings 19,28; 2Kings 19,29; 2Kings 20,5; 2Kings 20,10; 2Kings 20,11; 2Kings 20,13; 2Kings 20,15; 2Kings 21,2; 2Kings 21,3; 2Kings 21,9; 2Kings 21,11; 2Kings 21,11; 2Kings 22,5; 2Kings 22,5; 2Kings 22,9; 2Kings 22,11; 2Kings 22,13; 2Kings 22,19; 2Kings 23,3; 2Kings 23,3; 2Kings 23,3; 2Kings 23,4; 2Kings 23,4; 2Kings 23,8; 2Kings 23,12; 2Kings 23,12; 2Kings 23,12; 2Kings 23,14; 2Kings 23,16; 2Kings 23,18; 2Kings 23,19; 2Kings 23,20; 2Kings 23,24; 2Kings 23,24; 2Kings 23,24; 2Kings 23,24; 2Kings 24,13; 2Kings 24,13; 2Kings 25,14; 2Kings 25,14; 2Kings 25,14; 2Kings 25,15; 2Kings 25,17; 2Kings 25,29; 1Chr. 4,10; 1Chr. 5,16; 1Chr. 6,40; 1Chr. 6,41; 1Chr. 6,42; 1Chr. 6,42; 1Chr. 6,42; 1Chr. 6,43; 1Chr. 6,43; 1Chr. 6,44; 1Chr. 6,44; 1Chr. 6,44; 1Chr. 6,45; 1Chr. 6,45; 1Chr. 6,45; 1Chr. 6,49; 1Chr. 6,52; 1Chr. 6,52; 1Chr. 6,53; 1Chr. 6,53; 1Chr. 6,54; 1Chr. 6,54; 1Chr. 6,55; 1Chr. 6,55; 1Chr. 6,56; 1Chr. 6,56; 1Chr. 6,57; 1Chr. 6,57; 1Chr. 6,58; 1Chr. 6,58; 1Chr. 6,59; 1Chr. 6,59; 1Chr. 6,60; 1Chr. 6,60; 1Chr. 6,61; 1Chr. 6,61; 1Chr. 6,61; 1Chr. 6,62; 1Chr. 6,62; 1Chr. 6,63; 1Chr. 6,63; 1Chr. 6,64; 1Chr. 6,64; 1Chr. 6,65; 1Chr. 6,65; 1Chr. 6,66; 1Chr. 6,66; 1Chr. 7,21; 1Chr. 9,28; 1Chr. 9,29; 1Chr. 9,29; 1Chr. 9,29; 1Chr. 9,30; 1Chr. 9,31; 1Chr. 10,4; 1Chr. 10,4; 1Chr. 10,5; 1Chr. 10,9; 1Chr. 10,10; 1Chr. 10,12; 1Chr. 13,14; 1Chr. 14,17; 1Chr. 16,8; 1Chr. 16,9; 1Chr. 16,12; 1Chr. 16,40; 1Chr. 17,26; 1Chr. 18,4; 1Chr. 18,8; 1Chr. 18,8; 1Chr. 18,10; 1Chr. 18,10; 1Chr. 21,17; 1Chr. 21,23; 1Chr. 22,13; 1Chr. 22,13; 1Chr. 22,19; 1Chr. 23,4; 1Chr. 23,24; 1Chr. 23,26; 1Chr. 23,28; 1Chr. 23,28; 1Chr. 23,29; 1Chr. 23,29; 1Chr. 25,1; 1Chr. 28,2; 1Chr. 28,7; 1Chr. 29,7; 1Chr. 29,12; 1Chr. 29,14; 1Chr. 29,16; 1Chr. 29,19; 1Chr. 29,19; 1Chr. 29,20; 2Chr. 3,7; 2Chr. 3,7; 2Chr. 4,6; 2Chr. 4,11; 2Chr. 4,11; 2Chr. 4,13; 2Chr. 4,16; 2Chr. 4,18; 2Chr. 4,19; 2Chr. 4,21; 2Chr. 4,22; 2Chr. 5,1;

O, o

O, o

2Chr. 5,1; 2Chr. 5,5; 2Chr. 5,5; 2Chr. 5,5; 2Chr. 5,7; 2Chr. 6,13; 2Chr. 6,42; 2Chr. 7,1; 2Chr. 7,7; 2Chr. 7,7; 2Chr. 7,7; 2Chr. 7,7; 2Chr. 7,7; 2Chr. 7,10; 2Chr. 7,17; 2Chr. 7,17; 2Chr. 7,19; 2Chr. 9,4; 2Chr. 9,4; 2Chr. 9,9; 2Chr. 9,11; 2Chr. 9,11; 2Chr. 9,12; 2Chr. 9,24; 2Chr. 10,16; 2Chr. 10,16; 2Chr. 11,14; 2Chr. 12,9; 2Chr. 14,2; 2Chr. 14,2; 2Chr. 14,2; 2Chr. 14,4; 2Chr. 14,4; 2Chr. 15,8; 2Chr. 15,17; 2Chr. 15,18; 2Chr. 15,18; 2Chr. 16,6; 2Chr. 17,3; 2Chr. 17,6; 2Chr. 17,6; 2Chr. 19,3; 2Chr. 20,21; 2Chr. 20,25; 2Chr. 20,25; 2Chr. 21,9; 2Chr. 23,9; 2Chr. 23,11; 2Chr. 23,17; 2Chr. 23,17; 2Chr. 23,18; 2Chr. 24,7; 2Chr. 24,12; 2Chr. 24,13; 2Chr. 24,23; 2Chr. 25,9; 2Chr. 25,18; 2Chr. 25,18; 2Chr. 25,24; 2Chr. 25,24; 2Chr. 26,6; 2Chr. 26,6; 2Chr. 26,6; 2Chr. 28,3; 2Chr. 28,3; 2Chr. 28,8; 2Chr. 28,14; 2Chr. 28,21; 2Chr. 28,21; 2Chr. 28,24; 2Chr. 29,18; 2Chr. 29,18; 2Chr. 29,18; 2Chr. 29,19; 2Chr. 29,24; 2Chr. 29,27; 2Chr. 30,14; 2Chr. 30,14; 2Chr. 30,16; 2Chr. 30,24; 2Chr. 31,1; 2Chr. 31,1; 2Chr. 31,12; 2Chr. 31,14; 2Chr. 32,3; 2Chr. 32,4; 2Chr. 32,12; 2Chr. 32,12; 2Chr. 32,27; 2Chr. 32,28; 2Chr. 32,28; 2Chr. 32,31; 2Chr. 33,3; 2Chr. 33,6; 2Chr. 33,8; 2Chr. 33,8; 2Chr. 33,9; 2Chr. 33,15; 2Chr. 33,19; 2Chr. 34,4; 2Chr. 34,4; 2Chr. 34,4; 2Chr. 34,4; 2Chr. 34,4; 2Chr. 34,4; 2Chr. 34,5; 2Chr. 34,7; 2Chr. 34,7; 2Chr. 34,7; 2Chr. 34,7; 2Chr. 34,10; 2Chr. 34,10; 2Chr. 34,13; 2Chr. 34,19; 2Chr. 34,21; 2Chr. 34,27; 2Chr. 34,28; 2Chr. 34,33; 2Chr. 35,2; 2Chr. 35,6; 2Chr. 35,13; 2Chr. 35,14; 2Chr. 35,14; 2Chr. 35,16; 2Chr. 35,19a; 2Chr. 35,19a; 2Chr. 35,19a; 2Chr. 35,19c; 2Chr. 36,13; 2Chr. 36,17; 2Chr. 36,18; 2Chr. 36,18; 2Chr. 36,18; 2Chr. 36,21; 1Esdr. 1,11; 1Esdr. 1,12; 1Esdr. 1,14; 1Esdr. 1,15; 1Esdr. 1,46; 1Esdr. 1,49; 1Esdr. 1,51; 1Esdr. 1,51; 1Esdr. 1,51; 1Esdr. 1,52; 1Esdr. 1,53; 1Esdr. 1,55; 1Esdr. 2,7; 1Esdr. 2,13; 1Esdr. 2,14; 1Esdr. 2,17; 1Esdr. 2,19; 1Esdr. 2,19; 1Esdr. 2,24; 1Esdr. 4,2; 1Esdr. 4,4; 1Esdr. 4,4; 1Esdr. 4,5; 1Esdr. 4,11; 1Esdr. 4,39; 1Esdr. 4,44; 1Esdr. 4,44; 1Esdr. 4,57; 1Esdr. 5,56; 1Esdr. 5,57; 1Esdr. 6,10; 1Esdr. 6,17; 1Esdr. 6,17; 1Esdr. 6,17; 1Esdr. 6,18; 1Esdr. 6,25; 1Esdr. 6,25; 1Esdr. 7,15; 1Esdr. 8,4; 1Esdr. 8,7; 1Esdr. 8,7; 1Esdr. 8,10; 1Esdr. 8,12; 1Esdr. 8,14; 1Esdr. 8,17; 1Esdr. 8,17; 1Esdr. 8,18; 1Esdr. 8,21; 1Esdr. 8,55; 1Esdr. 8,59; 1Esdr. 8,59; 1Esdr. 8,64; 1Esdr. 8,66; 1Esdr. 8,67; 1Esdr. 8,68; 1Esdr. 8,70; 1Esdr. 8,70; 1Esdr. 8,79; 1Esdr. 8,82; 1Esdr. 8,82; 1Esdr. 8,83; 1Esdr. 8,83; 1Esdr. 9,17; Ezra 1,7; Ezra 3,2; Ezra 3,8; Ezra 3,9; Ezra 5,10; Ezra 5,10; Ezra 5,14; Ezra 5,14; Ezra 5,14; Ezra 5,15; Ezra 6,3; Ezra 6,17; Ezra 7,1; Ezra 7,19; Ezra 7,19; Ezra 8,25; Ezra 8,33; Ezra 8,35; Ezra 9,3; Ezra 9,5; Ezra 9,5; Ezra 9,9; Ezra 9,12; Ezra 10,3; Neh. 1,7; Neh. 1,7; Neh. 2,16; Neh. 4,7; Neh. 4,17; Neh. 6,14; Neh. 9,6; Neh. 9,6; Neh. 9,34; Neh. 9,37; Neh. 10,34; Neh. 10,34; Neh. 10,36; Neh. 10,37; Neh. 10,37; Neh. 10,39; Neh. 13,5; Neh. 13,8; Neh. 13,9; Neh. 13,18; Esth. 11,9 # 1,1h; Esth. 1,15; Esth. 1,17; Esth. 1,18; Esth. 2,9; Esth. 2,9; Esth. 2,20; Esth. 2,22; Esth. 3,3; Esth. 3,8; Esth. 3,13; Esth. 13,5 # 3,13e; Esth. 13,7 # 3,13g; Esth. 4,1; Esth. 13,8 # 4,17a; Esth. 14,1 # 4,17k; Esth. 15,1; Esth. 5,8; Esth. 5,10; Esth. 6,2; Esth. 6,2; Esth. 6,12; Esth. 6,13; Esth. 8,5; Esth. 8,5; Esth. 8,5; Esth. 8,7; Esth. 8,10; Esth. 16,2 # 8,12b; Esth. 16,4 # 8,12d; Esth. 16,5 # 8,12e; Esth. 16,8 # 8,12h; Esth. 16,9 # 8,12i; Esth. 16,17 # 8,12r; Esth. 8,14; Esth. 9,14; Esth. 10,9 # 10,3f; Esth. 10,9 # 10,3f; Esth. 10,9 # 10,3f; Judith 1,10; Judith 1,12; Judith 1,12; Judith 1,13; Judith 2,9; Judith 2,22; Judith 2,25; Judith 2,25; Judith 2,26; Judith 2,27; Judith 2,27; Judith 2,27; Judith 3,5; Judith 3,8; Judith 3,8; Judith 4,1; Judith 4,12; Judith 4,12; Judith 4,14; Judith 6,12; Judith 6,17; Judith 6,17; Judith 7,5; Judith 7,5; Judith 7,17; Judith 7,27; Judith 7,28; Judith 7,28; Judith 7,31; Judith 7,32; Judith 7,32; Judith 8,3; Judith 8,9; Judith 8,9; Judith 8,26; Judith 9,4; Judith 9,5; Judith 9,5; Judith 9,5; Judith 9,5; Judith 9,8; Judith 10,1; Judith 10,3; Judith 10,3; Judith 10,4; Judith 10,4; Judith 10,5; Judith 10,8; Judith 10,14; Judith 10,16; Judith 10,18; Judith 11,5; Judith 11,8; Judith 11,9; Judith 11,17; Judith 12,4; Judith 12,15; Judith 13,3; Judith 13,4; Judith 14,2; Judith 14,2; Judith 14,11; Judith 14,16; Judith 14,19; Judith 15,5; Judith 15,5; Judith 15,8; Judith 15,10; Judith 15,11; Judith 15,11; Judith 15,11; Judith 16,4; Judith 16,4; Judith 16,4; Judith 16,18; Judith 16,18; Judith 16,18; Judith 16,19; Judith 16,24; Tob. 1,17; Tob. 1,21; Tob. 3,17; Tob. 4,19; Tob. 4,20; Tob. 5,14; Tob. 5,15; Tob. 5,17; Tob. 7,12; Tob. 7,16; Tob. 8,3; Tob. 8,21; Tob. 9,5; Tob. 10,9; Tob. 10,10; Tob. 11,8; Tob. 11,12; Tob. 11,15; Tob. 11,15; Tob. 12,7; Tob. 12,11; Tob. 12,20; Tob. 12,22; Tob. 12,22; Tob. 13,10; Tob. 13,17; Tob. 14,6; Tob. 14,6; Tob. 14,6; Tob. 14,9; 1Mac. 1,13; 1Mac. 1,14; 1Mac. 1,19; 1Mac. 1,21; 1Mac. 1,22; 1Mac. 1,23; 1Mac. 1,23; 1Mac. 1,31; 1Mac. 1,31; 1Mac. 1,32; 1Mac. 1,32; 1Mac. 1,35; 1Mac. 1,42; 1Mac. 1,49; 1Mac. 1,56; 1Mac. 1,60; 1Mac. 1,61; 1Mac. 2,14; 1Mac. 2,28; 1Mac. 2,40; 1Mac. 2,44; 1Mac. 2,46; 1Mac. 2,46; 1Mac. 2,51; 1Mac. 3,3; 1Mac. 3,3; 1Mac. 3,12; 1Mac. 3,20; 1Mac. 3,25; 1Mac. 3,25; 1Mac. 3,29; 1Mac. 3,30; 1Mac. 3,47; 1Mac. 3,48; 1Mac. 3,49; 1Mac. 3,49; 1Mac. 3,58; 1Mac. 3,59; 1Mac. 4,18; 1Mac. 4,26; 1Mac. 4,30; 1Mac. 4,36; 1Mac. 4,38; 1Mac. 4,39; 1Mac. 4,41; 1Mac. 4,43; 1Mac. 4,48; 1Mac. 4,48; 1Mac. 4,51; 1Mac. 4,51; 1Mac. 4,57; 1Mac. 5,3; 1Mac. 5,13; 1Mac. 5,14; 1Mac. 5,14; 1Mac. 5,19; 1Mac. 5,21; 1Mac. 5,22; 1Mac. 5,25; 1Mac. 5,27; 1Mac. 5,28; 1Mac. 5,35; 1Mac. 5,37; 1Mac. 5,43; 1Mac. 5,45; 1Mac. 5,51; 1Mac. 5,57; 1Mac. 5,57; 1Mac. 5,65; 1Mac. 5,68; 1Mac. 5,68; 1Mac. 6,12; 1Mac. 6,12; 1Mac. 6,12; 1Mac. 6,12; 1Mac. 6,25; 1Mac. 6,35; 1Mac. 6,38; 1Mac. 6,40; 1Mac. 6,40; 1Mac. 6,56; 1Mac. 7,3; 1Mac. 7,23; 1Mac. 7,24; 1Mac. 7,28; 1Mac. 7,42; 1Mac. 7,44; 1Mac. 7,47; 1Mac. 8,10; 1Mac. 8,10; 1Mac. 8,26; 1Mac. 8,27; 1Mac. 8,28; 1Mac. 9,40; 1Mac. 9,47; 1Mac. 9,54; 1Mac. 9,62; 1Mac. 9,72; 1Mac. 10,6; 1Mac. 10,6; 1Mac. 10,7; 1Mac. 10,9; 1Mac. 10,11; 1Mac. 10,11; 1Mac. 10,14; 1Mac. 10,20; 1Mac. 10,41; 1Mac. 10,44; 1Mac. 10,45; 1Mac. 10,45; 1Mac. 10,62; 1Mac. 10,84; 1Mac. 10,89; 1Mac. 11,4; 1Mac. 11,4; 1Mac. 11,33; 1Mac. 11,34; 1Mac. 11,35; 1Mac. 11,35; 1Mac. 11,51; 1Mac. 11,56; 1Mac. 11,61; 1Mac. 11,71; 1Mac. 12,2; 1Mac. 12,9; 1Mac. 12,9; 1Mac. 12,9; 1Mac. 12,29; 1Mac. 12,31; 1Mac. 12,33; 1Mac. 12,36; 1Mac. 12,45; 1Mac. 13,10; 1Mac. 13,17; 1Mac. 13,18; 1Mac. 13,19; 1Mac. 13,19; 1Mac. 13,25; 1Mac. 13,33; 1Mac. 13,37; 1Mac. 13,39; 1Mac. 13,45; 1Mac. 14,2; 1Mac. 14,6; 1Mac. 14,8; 1Mac. 14,8; 1Mac. 14,15; 1Mac. 14,15; 1Mac. 14,22; 1Mac. 14,31; 1Mac. 14,36; 1Mac. 14,37; 1Mac. 14,49; 1Mac. 15,5; 1Mac. 15,7; 1Mac. 15,29; 1Mac. 16,16; 2Mac. 1,3; 2Mac. 1,14; 2Mac. 1,21; 2Mac. 1,31; 2Mac. 1,33; 2Mac. 2,10; 2Mac. 2,10; 2Mac. 2,13; 2Mac. 2,13; 2Mac. 2,14; 2Mac. 2,21; 2Mac. 2,29; 2Mac. 3,3; 2Mac. 3,19; 2Mac. 3,22; 2Mac. 3,40; 2Mac. 4,6; 2Mac. 4,11; 2Mac. 4,21; 2Mac. 4,23; 2Mac. 4,31; 2Mac. 4,49; 2Mac. 5,16; 2Mac. 5,16; 2Mac. 6,4; 2Mac. 6,9; 2Mac. 6,10; 2Mac. 6,10; 2Mac. 6,11; 2Mac. 6,21; 2Mac. 7,28; 2Mac. 7,36; 2Mac. 8,14; 2Mac. 8,25; 2Mac. 8,27; 2Mac. 8,28; 2Mac. 8,31; 2Mac. 9,7; 2Mac. 9,8; 2Mac. 9,16; 2Mac. 9,18; 2Mac. 9,20; 2Mac. 9,20; 2Mac. 9,22; 2Mac. 9,25; 2Mac. 9,28; 2Mac. 10,9; 2Mac. 10,10; 2Mac. 10,10; 2Mac. 10,12; 2Mac. 10,16; 2Mac. 10,18; 2Mac. 10,23; 2Mac. 10,27; 2Mac. 11,3; 2Mac. 11,6; 2Mac. 11,7; 2Mac. 11,19; 2Mac. 11,24; 2Mac. 11,24; 2Mac. 11,25; 2Mac. 12,2; 2Mac. 12,3; 2Mac. 12,6; 2Mac. 12,9; 2Mac. 12,21; 2Mac. 12,22; 2Mac. 12,31; 2Mac. 12,39; 2Mac. 12,41; 2Mac. 12,41; 2Mac. 12,42; 2Mac. 13,9; 2Mac. 13,13; 2Mac. 13,20; 2Mac. 13,21; 2Mac. 14,10; 2Mac. 14,11; 2Mac. 14,28; 2Mac. 14,30; 2Mac. 14,46; 2Mac. 15,8; 2Mac. 15,8; 2Mac. 15,12; 2Mac. 15,17; 2Mac. 15,17; 2Mac. 15,33; 3Mac. 1,2; 3Mac. 1,3;

ὁ

3Mac. 1,20; 3Mac. 1,23; 3Mac. 1,29; 3Mac. 2,1; 3Mac. 2,3; 3Mac. 2,25; 3Mac. 2,28; 3Mac. 3,15; 3Mac. 3,16; 3Mac. 3,21; 3Mac. 3,23; 3Mac. 3,26; 3Mac. 4,16; 3Mac. 4,16; 3Mac. 5,23; 3Mac. 5,29; 3Mac. 5,40; 3Mac. 5,45; 3Mac. 5,50; 3Mac. 6,24; 3Mac. 6,25; 3Mac. 6,27; 3Mac. 6,27; 3Mac. 6,30; 3Mac. 6,37; 3Mac. 7,2; 3Mac. 7,4; 3Mac. 7,4; 3Mac. 7,8; 3Mac. 7,11; 3Mac. 7,18; 3Mac. 7,22; 3Mac. 7,22; 4Mac. 1,17; 4Mac. 1,17; 4Mac. 2,14; 4Mac. 2,14; 4Mac. 2,14; 4Mac. 2,16; 4Mac. 2,18; 4Mac. 2,18; 4Mac. 2,21; 4Mac. 2,21; 4Mac. 4,6; 4Mac. 4,14; 4Mac. 4,25; 4Mac. 5,26; 4Mac. 5,26; 4Mac. 5,30; 4Mac. 5,30; 4Mac. 6,1; 4Mac. 6,6; 4Mac. 6,12; 4Mac. 6,12; 4Mac. 6,13; 4Mac. 6,13; 4Mac. 6,26; 4Mac. 6,33; 4Mac. 8,12; 4Mac. 8,13; 4Mac. 8,19; 4Mac. 8,25; 4Mac. 9,8; 4Mac. 9,17; 4Mac. 9,17; 4Mac. 10,6; 4Mac. 10,7; 4Mac. 10,20; 4Mac. 11,10; 4Mac. 11,19; 4Mac. 11,19; 4Mac. 12,2; 4Mac. 12,11; 4Mac. 13,13; 4Mac. 13,19; 4Mac. 13,27; 4Mac. 14,10; 4Mac. 14,14; 4Mac. 14,18; 4Mac. 15,10; 4Mac. 15,15; 4Mac. 15,23; 4Mac. 16,4; 4Mac. 18,3; 4Mac. 18,6; 4Mac. 18,8; Psa. 2,8; Psa. 4,7; Psa. 7,14; Psa. 8,7; Psa. 8,8; Psa. 8,9; Psa. 8,9; Psa. 9,2; Psa. 9,4; Psa. 9,12; Psa. 9,13; Psa. 10,1; Psa. 11,4; Psa. 11,4; Psa. 13,3; Psa. 15,3; Psa. 16,4; Psa. 16,5; Psa. 16,7; Psa. 16,14; Psa. 17,7; Psa. 17,23; Psa. 17,34; Psa. 17,37; Psa. 18,5; Psa. 19,6; Psa. 21,18; Psa. 21,19; Psa. 24,6; Psa. 24,10; Psa. 25,7; Psa. 26,13; Psa. 27,4; Psa. 27,4; Psa. 27,5; Psa. 27,5; Psa. 32,15; Psa. 33,21; Psa. 34,4; Psa. 36,4; Psa. 37,13; Psa. 38,6; Psa. 39,3; Psa. 39,6; Psa. 39,10; Psa. 39,15; Psa. 41,11; Psa. 42,3; Psa. 43,11; Psa. 43,19; Psa. 43,22; Psa. 44,2; Psa. 45,9; Psa. 46,9; Psa. 47,11; Psa. 48,12; Psa. 48,18; Psa. 49,11; Psa. 49,16; Psa. 49,17; Psa. 50,8; Psa. 50,8; Psa. 50,17; Psa. 51,6; Psa. 53,4; Psa. 53,7; Psa. 54,11; Psa. 55,9; Psa. 55,10; Psa. 57,5; Psa. 58,6; Psa. 58,9; Psa. 59,4; Psa. 61,13; Psa. 62,10; Psa. 63,10; Psa. 63,10; Psa. 64,9; Psa. 64,11; Psa. 64,13; Psa. 65,5; Psa. 65,7; Psa. 67,14; Psa. 67,31; Psa. 68,3; Psa. 69,3; Psa. 70,13; Psa. 70,17; Psa. 70,24; Psa. 72,17; Psa. 73,4; Psa. 73,9; Psa. 73,17; Psa. 74,3; Psa. 74,11; Psa. 75,4; Psa. 77,1; Psa. 77,4; Psa. 77,43; Psa. 77,43; Psa. 77,44; Psa. 77,48; Psa. 77,50; Psa. 77,56; Psa. 77,66; Psa. 78,2; Psa. 78,6; Psa. 79,12; Psa. 80,13; Psa. 82,17; Psa. 83,4; Psa. 83,4; Psa. 83,12; Psa. 84,14; Psa. 85,8; Psa. 86,2; Psa. 87,13; Psa. 88,6; Psa. 88,32; Psa. 88,35; Psa. 88,41; Psa. 89,16; Psa. 89,17; Psa. 94,9; Psa. 95,3; Psa. 98,7; Psa. 98,7; Psa. 98,8; Psa. 102,7; Psa. 103,3; Psa. 103,11; Psa. 104,1; Psa. 104,2; Psa. 104,5; Psa. 104,5; Psa. 104,29; Psa. 104,45; Psa. 105,7; Psa. 105,34; Psa. 105,35; Psa. 106,8; Psa. 106,8; Psa. 106,11; Psa. 106,15; Psa. 106,15; Psa. 106,21; Psa. 106,21; Psa. 106,22; Psa. 106,24; Psa. 106,24; Psa. 106,31; Psa. 106,31; Psa. 106,38; Psa. 106,43; Psa. 108,18; Psa. 110,2; Psa. 112,4; Psa. 112,6; Psa. 113,3; Psa. 113,5; Psa. 114,6; Psa. 117,17; Psa. 118,2; Psa. 118,5; Psa. 118,7; Psa. 118,8; Psa. 118,11; Psa. 118,12; Psa. 118,13; Psa. 118,18; Psa. 118,20; Psa. 118,22; Psa. 118,26; Psa. 118,30; Psa. 118,36; Psa. 118,39; Psa. 118,43; Psa. 118,56; Psa. 118,59; Psa. 118,62; Psa. 118,64; Psa. 118,68; Psa. 118,71; Psa. 118,79; Psa. 118,83; Psa. 118,88; Psa. 118,94; Psa. 118,95; Psa. 118,106; Psa. 118,108; Psa. 118,108; Psa. 118,111; Psa. 118,112; Psa. 118,119; Psa. 118,124; Psa. 118,125; Psa. 118,133; Psa. 118,135; Psa. 118,138; Psa. 118,141; Psa. 118,145; Psa. 118,146; Psa. 118,148; Psa. 118,155; Psa. 118,158; Psa. 118,162; Psa. 118,164; Psa. 118,167; Psa. 118,168; Psa. 118,171; Psa. 118,175; Psa. 119,4; Psa. 120,1; Psa. 121,6; Psa. 125,6; Psa. 125,6; Psa. 127,5; Psa. 128,5; Psa. 128,7; Psa. 131,7; Psa. 131,12; Psa. 132,3; Psa. 133,2; Psa. 134,8; Psa. 135,9; Psa. 136,2; Psa. 136,9; Psa. 137,1; Psa. 137,4; Psa. 137,6; Psa. 137,6; Psa. 137,8; Psa. 138,5; Psa. 138,5; Psa. 138,9; Psa. 139,4; Psa. 139,5; Psa. 140,3; Psa. 140,6; Psa. 141,5; Psa. 143,6; Psa. 144,4; Psa. 144,5; Psa. 144,9; Psa. 145,6; Psa. 146,3; Psa. 147,3; Psa. 147,9; Psa. 151,1; Ode. 2,22; Ode. 2,23; Ode. 2,42; Ode. 4,2; Ode. 4,2; Ode. 4,16; Ode. 4,19; Ode. 5,20; Ode. 7,36; Ode. 7,37; Ode. 7,43; Ode. 10,9; Ode. 11,10; Ode. 11,10; Ode. 11,13; Ode. 12,13; Ode. 14,36; Ode. 14,37; Ode. 14,38; Prov. 1,19; Prov. 3,1; Prov. 4,27; Prov. 4,27; Prov. 6,27; Prov. 6,31; Prov. 7,27; Prov. 8,21a; Prov. 8,21a; Prov. 8,28; Prov. 8,29; Prov. 9,2; Prov. 11,24; Prov. 16,7; Prov. 16,23; Prov. 16,30; Prov. 18,22a; Prov. 21,7; Prov. 21,13; Prov. 22,16; Prov. 23,1; Prov. 23,12; Prov. 23,16; Prov. 23,31; Prov. 24,12; Prov. 25,9; Prov. 25,28; Prov. 27,1; Prov. 27,13; Prov. 30,8; Prov. 30,8; Prov. 24,27; Prov. 31,19; Eccl. 1,14; Eccl. 1,14; Eccl. 2,12; Eccl. 3,11; Eccl. 5,5; Eccl. 7,13; Eccl. 7,15; Eccl. 7,18; Eccl. 8,9; Eccl. 8,17; Eccl. 9,7; Eccl. 10,19; Eccl. 11,5; Eccl. 11,5; Song 1,3; Song 2,8; Song 2,9; Song 4,10; Job 1,10; Job 1,10; Job 1,10; Job 1,10; Job 1,10; Job 1,16; Job 1,19; Job 1,20; Job 2,3; Job 2,10; Job 2,10; Job 2,11; Job 2,11; Job 4,8; Job 5,7; Job 6,5; Job 6,5; Job 6,7; Job 7,15; Job 8,3; Job 8,21; Job 9,14; Job 9,17; Job 10,1; Job 11,2; Job 11,7; Job 11,10; Job 13,9; Job 13,17; Job 13,27; Job 14,15; Job 14,16; Job 17,3; Job 17,15; Job 18,7; Job 18,13; Job 21,29; Job 22,12; Job 22,22; Job 23,8; Job 24,14; Job 24,25; Job 27,4; Job 27,17; Job 28,18; Job 28,24; Job 30,4; Job 31,4; Job 32,11; Job 32,20; Job 33,1; Job 33,21; Job 33,24; Job 34,8; Job 34,13; Job 34,22; Job 34,25; Job 35,14; Job 36,9; Job 36,9; Job 36,11; Job 36,23; Job 37,23; Job 38,5; Job 38,33; Job 38,41; Job 39,3; Job 39,6; Job 39,11; Job 39,14; Job 39,16; Job 39,26; Job 39,29; Job 40,13; Job 42,7; Job 42,11; Job 42,12; Job 42,12; Wis. 1,7; Wis. 1,10; Wis. 1,14; Wis. 2,17; Wis. 4,12; Wis. 6,3; Wis. 6,10; Wis. 7,27; Wis. 8,1; Wis. 8,5; Wis. 8,8; Wis. 8,8; Wis. 9,1; Wis. 9,9; Wis. 9,16; Wis. 9,16; Wis. 9,16; Wis. 9,18; Wis. 10,8; Wis. 11,1; Wis. 11,24; Wis. 12,15; Wis. 12,24; Wis. 13,12; Wis. 14,5; Wis. 14,22; Wis. 15,1; Wis. 15,15; Wis. 15,18; Wis. 15,18; Wis. 16,18; Wis. 17,6; Wis. 17,10; Wis. 17,14; Wis. 17,14; Wis. 18,5; Wis. 18,11; Wis. 18,14; Wis. 18,16; Wis. 19,1; Wis. 19,3; Sir. 1,35 Prol.; Sir. 1,6; Sir. 1,9; Sir. 1,17; Sir. 1,30; Sir. 3,17; Sir. 3,31; Sir. 4,18; Sir. 6,3; Sir. 7,36; Sir. 10,9; Sir. 11,31; Sir. 14,18; Sir. 14,26; Sir. 15,18; Sir. 16,12; Sir. 16,14; Sir. 16,27; Sir. 17,10; Sir. 17,12; Sir. 18,1; Sir. 18,4; Sir. 18,4; Sir. 18,5; Sir. 18,6; Sir. 18,14; Sir. 19,1; Sir. 19,30; Sir. 23,2; Sir. 23,20; Sir. 23,24; Sir. 26,2; Sir. 26,13; Sir. 27,9; Sir. 27,17; Sir. 28,6; Sir. 31,15; Sir. 31,16; Sir. 32,12; Sir. 33,15; Sir. 33,20; Sir. 33,22; Sir. 34,26; Sir. 35,22; Sir. 35,22; Sir. 36,1; Sir. 36,7; Sir. 38,20; Sir. 42,15; Sir. 42,15; Sir. 42,17; Sir. 42,19; Sir. 42,19; Sir. 42,21; Sir. 42,25; Sir. 43,28; Sir. 45,17; Sir. 47,20; Sir. 48,24; Sir. 48,25; Sir. 48,25; Sir. 49,13; Sir. 51,19; Sol. 1,8; Sol. 1,8; Sol. 2,3; Sol. 2,3; Sol. 2,14; Sol. 2,16; Sol. 2,34; Sol. 3,3; Sol. 4,7; Sol. 5,1; Sol. 5,1; Sol. 8,7; Sol. 8,8; Sol. 8,8; Sol. 8,11; Sol. 8,13; Sol. 8,22; Sol. 8,25; Sol. 9,9; Sol. 11,2; Sol. 11,7; Sol. 13,5; Sol. 13,10; Sol. 16,9; Sol. 16,10; Sol. 17,3; Sol. 17,8; Sol. 17,8; Sol. 17,43; Sol. 17,44; Sol. 18,1; Sol. 18,6; Hos. 2,6; Hos. 2,7; Hos. 2,7; Hos. 2,11; Hos. 2,11; Hos. 2,13; Hos. 2,15; Hos. 2,15; Hos. 2,17; Hos. 2,19; Hos. 2,19; Hos. 4,9; Hos. 7,12; Hos. 8,14; Hos. 9,12; Hos. 9,13; Hos. 9,13; Hos. 9,16; Hos. 10,1; Hos. 10,1; Hos. 10,2; Hos. 10,8; Hos. 10,9; Hos. 11,1; Hos. 11,7; Hos. 12,3; Hos. 13,15; Hos. 13,15; Amos 1,7; Amos 1,10; Amos 1,13; Amos 1,14; Amos 2,1; Amos 2,4; Amos 2,8; Amos 3,14; Amos 4,4; Amos 4,13; Amos 5,15; Amos 5,15; Amos 6,6; Amos 6,10; Amos 8,3; Amos 9,3; Amos 9,11; Amos 9,11; Mic. 1,3; Mic. 1,6; Mic. 1,7; Mic. 1,7; Mic. 1,7; Mic. 1,16; Mic. 1,16; Mic. 2,9; Mic. 3,2; Mic. 3,2; Mic. 3,2; Mic. 3,3; Mic. 3,3; Mic. 3,7; Mic. 3,9; Mic. 4,3; Mic. 4,13; Mic. 5,5; Mic. 5,9; Mic. 5,10; Mic. 5,11; Mic. 5,12; Mic. 5,13; Mic. 6,1; Mic. 6,16; Mic. 6,16; Mic. 7,1; Mic. 7,4; Mic. 7,19; Joel 1,4; Joel 1,4; Joel 1,19; Joel 1,19; Joel 1,20; Joel 2,2; Joel 2,7; Joel 2,13; Joel 2,20; Joel 2,20; Joel 2,23; Joel 4,2; Joel 4,3; Joel 4,3; Joel 4,5; Joel 4,5; Joel 4,10; Joel 4,10; Joel 4,12; Obad. 1; Obad.

O, o

5; Obad. 15; Jonah 3,10; Nah. 1,14; Nah. 2,1; Nah. 2,3; Nah. 2,6; Nah. 2,10; Nah. 2,10; Nah. 2,13; Nah. 3,5; Nah. 3,10; Nah. 3,10; Nah. 3,16; Nah. 3,18; Hab. 1,6; Hab. 1,14; Hab. 1,14; Hab. 1,16; Hab. 2,5; Hab. 2,6; Hab. 2,15; Hab. 3,2; Hab. 3,2; Hab. 3,9; Hab. 3,16; Hab. 3,19; Zeph. 1,4; Zeph. 1,4; Zeph. 1,5; Zeph. 1,9; Zeph. 1,12; Zeph. 2,8; Zeph. 3,4; Zeph. 3,11; Zeph. 3,15; Hag. 1,10; Hag. 1,11; Hag. 1,11; Hag. 2,7; Hag. 2,7; Hag. 2,17; Zech. 1,6; Zech. 1,6; Zech. 1,15; Zech. 1,15; Zech. 2,4; Zech. 2,4; Zech. 2,4; Zech. 2,12; Zech. 2,12; Zech. 3,4; Zech. 3,4; Zech. 3,7; Zech. 5,4; Zech. 6,10; Zech. 7,11; Zech. 7,14; Zech. 8,12; Zech. 9,7; Zech. 9,13; Zech. 9,13; Zech. 10,2; Zech. 10,9; Zech. 11,4; Zech. 11,7; Zech. 11,7; Zech. 11,11; Zech. 11,11; Zech. 11,16; Zech. 11,17; Zech. 11,17; Zech. 12,7; Zech. 12,9; Zech. 12,9; Zech. 13,2; Zech. 13,7; Zech. 14,2; Zech. 14,18; Mal. 1,3; Mal. 1,13; Mal. 1,13; Mal. 2,3; Mal. 2,9; Mal. 2,11; Mal. 2,16; Mal. 3,4; Mal. 3,4; Mal. 3,8; Mal. 3,10; Mal. 3,12; Mal. 3,14; Is. 1,13; Is. 1,19; Is. 1,30; Is. 2,19; Is. 2,20; Is. 2,20; Is. 2,20; Is. 3,8; Is. 3,10; Is. 3,11; Is. 3,18; Is. 3,20; Is. 3,20; Is. 3,20; Is. 3,21; Is. 3,21; Is. 3,22; Is. 3,22; Is. 3,22; Is. 3,23; Is. 3,23; Is. 3,23; Is. 3,24; Is. 4,1; Is. 4,5; Is. 5,9; Is. 5,12; Is. 5,12; Is. 7,19; Is. 8,21; Is. 9,14; Is. 9,17; Is. 9,19; Is. 10,28; Is. 11,12; Is. 12,4; Is. 13,16; Is. 13,18; Is. 14,12; Is. 14,13; Is. 14,13; Is. 14,13; Is. 14,15; Is. 14,21; Is. 14,26; Is. 16,8; Is. 16,9; Is. 16,10; Is. 16,12; Is. 17,8; Is. 17,8; Is. 18,5; Is. 18,5; Is. 19,3; Is. 20,2; Is. 22,5; Is. 22,9; Is. 24,5; Is. 25,2; Is. 25,7; Is. 26,20; Is. 28,13; Is. 28,16; Is. 28,16; Is. 28,21; Is. 29,10; Is. 29,23; Is. 30,10; Is. 30,22; Is. 30,22; Is. 30,22; Is. 30,29; Is. 31,4; Is. 31,7; Is. 31,7; Is. 31,7; Is. 32,3; Is. 33,15; Is. 33,20; Is. 33,23; Is. 34,2; Is. 34,13; Is. 34,15; Is. 34,15; Is. 36,11; Is. 37,1; Is. 37,19; Is. 37,24; Is. 37,29; Is. 37,36; Is. 38,3; Is. 38,5; Is. 38,10; Is. 38,10; Is. 38,13; Is. 39,4; Is. 39,4; Is. 39,6; Is. 40,2; Is. 40,12; Is. 40,21; Is. 40,28; Is. 41,4; Is. 41,22; Is. 41,22; Is. 41,23; Is. 41,26; Is. 41,26; Is. 42,5; Is. 42,16; Is. 42,16; Is. 42,17; Is. 42,23; Is. 43,8; Is. 43,9; Is. 43,18; Is. 43,18; Is. 43,28; Is. 44,3; Is. 44,7; Is. 44,9; Is. 44,25; Is. 44,28; Is. 45,11; Is. 46,9; Is. 46,10; Is. 47,7; Is. 48,6; Is. 48,8; Is. 48,9; Is. 49,15; Is. 49,16; Is. 49,20; Is. 49,22; Is. 50,5; Is. 51,3; Is. 51,3; Is. 51,10; Is. 51,15; Is. 51,23; Is. 52,11; Is. 54,2; Is. 54,3; Is. 54,3; Is. 54,10; Is. 54,11; Is. 54,13; Is. 55,3; Is. 55,3; Is. 55,11; Is. 56,2; Is. 56,4; Is. 56,6; Is. 57,5; Is. 57,5; Is. 57,9; Is. 57,12; Is. 58,1; Is. 58,3; Is. 58,13; Is. 58,13; Is. 58,14; Is. 59,12; Is. 60,4; Is. 60,9; Is. 60,10; Is. 61,5; Is. 61,11; Is. 62,8; Is. 62,10; Is. 63,2; Is. 63,2; Is. 64,2; Is. 64,3; Is. 65,7; Is. 65,21; Is. 65,22; Is. 66,3; Is. 66,4; Is. 66,8; Is. 66,15; Is. 66,17; Is. 66,18; Is. 66,18; Is. 66,19; Is. 66,24; Jer. 1,15; Jer. 1,15; Jer. 1,15; Jer. 2,7; Jer. 2,30; Jer. 3,5; Jer. 3,22; Jer. 3,24; Jer. 4,1; Jer. 4,19; Jer. 4,24; Jer. 4,29; Jer. 4,29; Jer. 5,3; Jer. 5,10; Jer. 5,17; Jer. 5,25; Jer. 5,31; Jer. 6,5; Jer. 6,6; Jer. 6,9; Jer. 6,18; Jer. 7,3; Jer. 7,5; Jer. 7,10; Jer. 7,13; Jer. 7,20; Jer. 7,20; Jer. 7,24; Jer. 7,24; Jer. 7,30; Jer. 8,1; Jer. 8,1; Jer. 8,1; Jer. 8,1; Jer. 8,1; Jer. 8,7; Jer. 8,13; Jer. 9,9; Jer. 9,18; Jer. 9,25; Jer. 10,16; Jer. 10,25; Jer. 11,18; Jer. 12,9; Jer. 13,23; Jer. 13,23; Jer. 13,26; Jer. 13,27; Jer. 14,3; Jer. 14,3; Jer. 14,16; Jer. 15,3; Jer. 15,3; Jer. 16,10; Jer. 16,10; Jer. 18,10; Jer. 18,11; Jer. 18,12; Jer. 19,15; Jer. 20,12; Jer. 21,2; Jer. 21,4; Jer. 21,4; Jer. 21,6; Jer. 21,14; Jer. 22,13; Jer. 23,1; Jer. 23,2; Jer. 23,2; Jer. 23,26; Jer. 24,3; Jer. 24,3; Jer. 24,5; Jer. 24,5; Jer. 24,8; Jer. 24,8; Jer. 25,9; Jer. 25,9; Jer. 25,12; Jer. 25,13; Jer. 25,14; Jer. 25,14; Jer. 26,4; Jer. 26,6; Jer. 26,9; Jer. 27,6; Jer. 27,17; Jer. 27,25; Jer. 27,29; Jer. 27,32; Jer. 27,37; Jer. 28,10; Jer. 28,11; Jer. 28,13; Jer. 28,19; Jer. 28,32; Jer. 28,51; Jer. 28,52; Jer. 28,60; Jer. 30,4; Jer. 30,24; Jer. 31,10; Jer. 31,12; Jer. 31,12; Jer. 31,14; Jer. 32,13; Jer. 32,15; Jer. 32,17; Jer. 32,36; Jer. 33,13; Jer. 33,15; Jer. 34,6; Jer. 35,3; Jer. 35,6; Jer. 35,7; Jer. 35,7; Jer. 36,8; Jer. 36,29; Jer. 36,32; Jer. 39,23; Jer. 39,34; Jer. 39,42; Jer. 39,42; Jer. 39,42; Jer. 40,9; Jer. 42,15; Jer. 42,15; Jer. 42,17; Jer. 43,2; Jer. 43,3; Jer. 43,6; Jer. 43,13; Jer. 43,15; Jer. 43,21; Jer. 43,21; Jer. 43,24; Jer. 43,31; Jer. 45,23; Jer. 47,2; Jer. 47,5; Jer. 47,10; Jer. 48,5; Jer. 48,11; Jer. 48,16; Jer. 50,6; Jer. 50,10; Jer. 51,2; Jer. 52,18; Jer. 52,18; Jer. 52,19; Jer. 52,19; Bar. 1,8; Bar. 1,8; Bar. 1,22; Bar. 2,2; Bar. 2,9; Bar. 2,19; Bar. 2,24; Bar. 2,24; Bar. 3,32; Bar. 4,3; Bar. 4,18; Bar. 4,29; Bar. 5,5; Lam. 1,2; Lam. 1,5; Lam. 1,7; Lam. 1,10; Lam. 1,11; Lam. 1,13; Lam. 1,14; Lam. 1,21; Lam. 2,2; Lam. 2,2; Lam. 2,3; Lam. 2,4; Lam. 2,5; Lam. 3,56; Lam. 3,64; Lam. 4,8; Lam. 4,10; Lam. 4,11; Lam. 4,22; Lam. 5,7; LetterJ 32; LetterJ 42; LetterJ 58; Ezek. 1,8; Ezek. 1,17; Ezek. 1,19; Ezek. 1,19; Ezek. 1,23; Ezek. 5,6; Ezek. 5,6; Ezek. 5,6; Ezek. 5,7; Ezek. 5,7; Ezek. 5,9; Ezek. 5,11; Ezek. 6,2; Ezek. 6,5; Ezek. 7,5; Ezek. 7,6; Ezek. 7,7; Ezek. 7,14; Ezek. 8,3; Ezek. 8,7; Ezek. 8,14; Ezek. 9,1; Ezek. 9,1; Ezek. 9,4; Ezek. 10,8; Ezek. 10,11; Ezek. 10,16; Ezek. 10,16; Ezek. 10,18; Ezek. 10,19; Ezek. 11,5; Ezek. 11,16; Ezek. 11,18; Ezek. 12,4; Ezek. 12,24; Ezek. 13,20; Ezek. 13,21; Ezek. 14,3; Ezek. 14,4; Ezek. 14,6; Ezek. 14,7; Ezek. 14,22; Ezek. 14,22; Ezek. 14,22; Ezek. 14,23; Ezek. 16,12; Ezek. 16,17; Ezek. 16,21; Ezek. 16,25; Ezek. 16,25; Ezek. 16,27; Ezek. 16,36; Ezek. 16,39; Ezek. 16,45; Ezek. 16,45; Ezek. 17,3; Ezek. 17,4; Ezek. 17,6; Ezek. 17,7; Ezek. 18,6; Ezek. 18,9; Ezek. 18,12; Ezek. 18,15; Ezek. 18,19; Ezek. 19,9; Ezek. 19,12; Ezek. 20,7; Ezek. 20,8; Ezek. 20,8; Ezek. 20,11; Ezek. 20,11; Ezek. 20,12; Ezek. 20,13; Ezek. 20,13; Ezek. 20,16; Ezek. 20,16; Ezek. 20,18; Ezek. 20,18; Ezek. 20,19; Ezek. 20,20; Ezek. 20,21; Ezek. 20,21; Ezek. 20,24; Ezek. 20,24; Ezek. 20,24; Ezek. 20,39; Ezek. 20,43; Ezek. 20,43; Ezek. 20,44; Ezek. 20,44; Ezek. 21,7; Ezek. 22,8; Ezek. 22,8; Ezek. 22,26; Ezek. 23,26; Ezek. 23,37; Ezek. 23,37; Ezek. 23,38; Ezek. 23,38; Ezek. 23,39; Ezek. 23,39; Ezek. 24,4; Ezek. 24,5; Ezek. 24,10; Ezek. 24,14; Ezek. 24,14; Ezek. 24,14; Ezek. 24,16; Ezek. 24,21; Ezek. 24,25; Ezek. 24,26; Ezek. 25,3; Ezek. 25,4; Ezek. 26,4; Ezek. 26,9; Ezek. 26,12; Ezek. 26,12; Ezek. 26,12; Ezek. 27,6; Ezek. 28,16; Ezek. 28,18; Ezek. 29,15; Ezek. 29,19; Ezek. 30,18; Ezek. 30,23; Ezek. 30,24; Ezek. 30,26; Ezek. 31,4; Ezek. 31,4; Ezek. 31,5; Ezek. 31,13; Ezek. 32,4; Ezek. 32,4; Ezek. 32,5; Ezek. 32,7; Ezek. 32,9; Ezek. 32,13; Ezek. 33,29; Ezek. 33,30; Ezek. 33,30; Ezek. 33,31; Ezek. 33,32; Ezek. 34,2; Ezek. 34,3; Ezek. 34,3; Ezek. 34,8; Ezek. 34,8; Ezek. 34,10; Ezek. 34,10; Ezek. 34,10; Ezek. 34,11; Ezek. 34,12; Ezek. 34,13; Ezek. 34,15; Ezek. 34,18; Ezek. 34,19; Ezek. 34,22; Ezek. 36,1; Ezek. 36,5; Ezek. 36,7; Ezek. 36,7; Ezek. 36,11; Ezek. 36,19; Ezek. 36,20; Ezek. 36,27; Ezek. 36,30; Ezek. 36,31; Ezek. 36,31; Ezek. 37,4; Ezek. 37,12; Ezek. 37,24; Ezek. 37,26; Ezek. 37,28; Ezek. 39,2; Ezek. 39,3; Ezek. 39,4; Ezek. 39,10; Ezek. 39,17; Ezek. 39,17; Ezek. 39,21; Ezek. 39,24; Ezek. 40,16; Ezek. 40,16; Ezek. 40,21; Ezek. 40,24; Ezek. 40,24; Ezek. 40,24; Ezek. 40,24; Ezek. 40,26; Ezek. 40,28; Ezek. 40,29; Ezek. 40,29; Ezek. 40,29; Ezek. 40,29; Ezek. 40,32; Ezek. 40,33; Ezek. 40,33; Ezek. 40,33; Ezek. 40,33; Ezek. 40,35; Ezek. 40,36; Ezek. 40,36; Ezek. 40,36; Ezek. 40,39; Ezek. 40,41; Ezek. 40,42; Ezek. 40,42; Ezek. 40,42; Ezek. 40,47; Ezek. 41,7; Ezek. 41,7; Ezek. 41,25; Ezek. 42,11; Ezek. 42,11; Ezek. 42,11; Ezek. 42,12; Ezek. 42,13; Ezek. 42,13; Ezek. 42,13; Ezek. 42,13; Ezek. 42,20; Ezek. 43,11; Ezek. 43,11; Ezek. 43,11; Ezek. 43,11; Ezek. 43,16; Ezek. 43,20; Ezek. 43,27; Ezek. 43,27; Ezek. 44,5; Ezek. 44,5; Ezek. 44,9; Ezek. 44,11; Ezek. 44,13; Ezek. 44,13; Ezek. 44,14; Ezek. 44,16; Ezek. 44,24; Ezek. 44,24; Ezek. 44,24; Ezek. 44,24; Ezek. 44,24; Ezek. 44,29; Ezek. 44,29; Ezek. 44,30; Ezek. 45,7; Ezek. 45,7; Ezek. 45,7; Ezek. 45,17; Ezek. 45,17; Ezek. 45,17; Ezek. 45,25; Ezek. 45,25; Ezek. 45,25; Ezek. 46,2; Ezek. 46,2; Ezek. 46,2; Ezek. 46,3; Ezek. 46,4; Ezek. 46,12; Ezek. 46,20; Ezek. 46,20; Ezek. 46,21; Ezek. 46,22; Ezek. 46,24; Ezek. 47,1; Ezek. 47,8; Ezek. 47,13; Ezek. 47,17; Ezek.

47,18; Dan. 1,10; Dan. 2,2; Dan. 2,22; Dan. 2,22; Dan. 2,22; Dan. 2,45; Dan. 3,2; Dan. 3,21; Dan. 3,36; Dan. 3,37; Dan. 3,43; Dan. 3,95; Dan. 4,11; Dan. 4,18; Dan. 4,22; Dan. 4,26; Dan. 4,37c; Dan. 5,2; Dan. 5,2; Dan. 5,2; Dan. 5,4; Dan. 5,4; Dan. 5,23; Dan. 5,23; Dan. 6,19; Dan. 6,19; Dan. 6,25; Dan. 6,25; Dan. 7,7; Dan. 7,20; Dan. 8,6; Dan. 8,7; Dan. 8,20; Dan. 9,4; Dan. 9,5; Dan. 9,12; Dan. 9,13; Dan. 9,14; Dan. 10,10; Dan. 10,15; Dan. 10,21; Dan. 11,14; Dan. 11,15; Dan. 12,4; Dan. 12,6; Dan. 12,7; Sus. 30; Sus. 35a; Sus. 52; Bel 8; Bel 15-17; Bel 18; Bel 21; Bel 21; Josh. 19,12; Josh. 19,14; Josh. 19,27; Josh. 19,34; Judg. 1,6; Judg. 1,6; Judg. 1,7; Judg. 1,7; Judg. 1,7; Judg. 1,18; Judg. 1,18; Judg. 1,18; Judg. 1,18; Judg. 1,27; Judg. 1,27; Judg. 1,27; Judg. 1,27; Judg. 2,2; Judg. 2,2; Judg. 2,19; Judg. 2,23; Judg. 3,17; Judg. 3,18; Judg. 3,18; Judg. 3,26; Judg. 4,7; Judg. 4,13; Judg. 4,15; Judg. 5,9; Judg. 6,2; Judg. 6,2; Judg. 6,19; Judg. 6,20; Judg. 6,20; Judg. 6,21; Judg. 7,5; Judg. 7,6; Judg. 8,14; Judg. 8,35; Judg. 9,11; Judg. 9,11; Judg. 9,15; Judg. 9,24; Judg. 9,54; Judg. 11,35; Judg. 11,37; Judg. 11,37; Judg. 11,38; Judg. 11,38; Judg. 14,19; Judg. 16,19; Judg. 17,10; Judg. 18,16; Judg. 18,21; Tob. 1,6; Tob. 1,13; Tob. 1,18; Tob. 1,21; Tob. 2,10; Tob. 3,17; Tob. 4,21; Tob. 5,10; Tob. 5,10; Tob. 5,12; Tob. 5,15; Tob. 5,17; Tob. 6,4; Tob. 7,12; Tob. 7,16; Tob. 8,3; Tob. 9,5; Tob. 9,6; Tob. 11,8; Tob. 12,7; Tob. 12,11; Tob. 12,20; Tob. 12,22; Tob. 12,22; Tob. 13,13; Tob. 13,13; Tob. 13,14; Tob. 14,3; Tob. 14,6; Dan. 1,2; Dan. 1,10; Dan. 1,10; Dan. 1,10; Dan. 1,15; Dan. 1,15; Dan. 2,2; Dan. 2,22; Dan. 2,49; Dan. 3,2; Dan. 3,12; Dan. 3,36; Dan. 3,37; Dan. 3,43; Dan. 3,95; Dan. 4,2; Dan. 4,2; Dan. 4,11; Dan. 4,14; Dan. 4,22; Dan. 5,2; Dan. 5,2; Dan. 5,2; Dan. 5,23; Dan. 6,11; Dan. 6,14; Dan. 6,19; Dan. 6,23; Dan. 6,25; Dan. 7,7; Dan. 7,7; Dan. 7,7; Dan. 7,19; Dan. 8,6; Dan. 8,7; Dan. 8,19; Dan. 8,20; Dan. 8,27; Dan. 9,12; Dan. 10,10; Dan. 11,4; Dan. 11,6; Dan. 11,7; Dan. 11,26; Dan. 12,6; Dan. 12,7; Sus. 18; Sus. 19; Sus. 21; Sus. 42; Bel 11; Bel 13; Bel 15; Bel 19; Bel 20; Bel 21; Bel 21; Bel 27; Matt. 2,18; Matt. 2,22; Matt. 3,11; Matt. 4,20; Matt. 4,21; Matt. 5,16; Matt. 6,12; Matt. 6,14; Matt. 6,15; Matt. 6,16; Matt. 6,26; Matt. 6,28; Matt. 8,16; Matt. 8,33; Matt. 9,34; Matt. 10,6; Matt. 10,6; Matt. 11,2; Matt. 11,8; Matt. 12,24; Matt. 12,27; Matt. 12,28; Matt. 12,29; Matt. 13,5; Matt. 13,11; Matt. 13,20; Matt. 13,29; Matt. 13,30; Matt. 13,32; Matt. 13,41; Matt. 13,48; Matt. 13,48; Matt. 14,28; Matt. 14,29; Matt. 15,21; Matt. 15,24; Matt. 15,24; Matt. 15,39; Matt. 16,3; Matt. 16,13; Matt. 16,23; Matt. 16,23; Matt. 17,24; Matt. 17,24; Matt. 18,7; Matt. 18,12; Matt. 18,12; Matt. 18,25; Matt. 18,31; Matt. 18,31; Matt. 19,1; Matt. 19,14; Matt. 19,21; Matt. 21,7; Matt. 21,8; Matt. 21,15; Matt. 22,7; Matt. 22,21; Matt. 22,21; Matt. 23,3; Matt. 23,5; Matt. 23,5; Matt. 23,5; Matt. 23,23; Matt. 23,29; Matt. 23,37; Matt. 23,37; Matt. 24,16; Matt. 24,17; Matt. 24,32; Matt. 25,14; Matt. 25,16; Matt. 25,17; Matt. 25,20; Matt. 25,22; Matt. 25,27; Matt. 25,28; Matt. 25,32; Matt. 25,33; Matt. 25,33; Matt. 26,65; Matt. 27,3; Matt. 27,5; Matt. 27,6; Matt. 27,9; Matt. 27,25; Matt. 27,31; Matt. 27,35; Matt. 27,54; Matt. 28,11; Matt. 28,15; Matt. 28,19; Mark 1,18; Mark 1,19; Mark 1,34; Mark 1,39; Mark 2,2; Mark 3,15; Mark 3,22; Mark 3,27; Mark 4,16; Mark 4,19; Mark 4,32; Mark 5,26; Mark 7,19; Mark 7,24; Mark 7,27; Mark 7,33; Mark 8,10; Mark 8,23; Mark 8,33; Mark 8,33; Mark 10,1; Mark 10,14; Mark 10,23; Mark 10,32; Mark 11,7; Mark 11,8; Mark 11,25; Mark 12,17; Mark 12,17; Mark 13,10; Mark 13,14; Mark 13,16; Mark 13,28; Mark 15,19; Mark 15,20; Mark 15,24; Mark 16,8; Luke 1,44; Luke 2,19; Luke 2,39; Luke 2,51; Luke 5,2; Luke 5,4; Luke 5,5; Luke 5,7; Luke 5,11; Luke 6,23; Luke 6,26; Luke 6,30; Luke 6,34; Luke 7,1; Luke 8,10; Luke 8,29; Luke 9,1; Luke 9,7; Luke 9,44; Luke 9,62; Luke 10,7; Luke 10,8; Luke 10,34; Luke 11,15; Luke 11,17; Luke 11,18; Luke 11,19; Luke 11,20; Luke 11,22; Luke 11,41; Luke 11,47; Luke 12,18; Luke 12,27; Luke 12,33; Luke 13,34; Luke 14,26; Luke 14,32; Luke 15,4; Luke 16,1; Luke 16,6; Luke 16,7; Luke 16,21; Luke 16,25; Luke 16,25; Luke 17,1; Luke 17,9; Luke 17,10; Luke 17,30; Luke 17,31; Luke 18,15; Luke 18,16; Luke 18,24; Luke 18,28; Luke 18,34; Luke 19,8; Luke 19,35; Luke 19,36; Luke 19,42; Luke 19,44; Luke 20,25; Luke 20,25; Luke 21,1; Luke 21,4; Luke 21,21; Luke 21,22; Luke 21,24; Luke 21,29; Luke 21,36; Luke 22,41; Luke 23,28; Luke 23,34; Luke 23,48; Luke 23,48; Luke 24,5; Luke 24,12; Luke 24,18; Luke 24,19; Luke 24,27; Luke 24,35; Luke 24,44; Luke 24,47; John 1,11; John 2,23; John 3,2; John 3,12; John 3,12; John 3,34; John 5,29; John 5,29; John 6,2; John 6,12; John 6,24; John 6,28; John 6,66; John 7,3; John 8,20; John 8,29; John 8,39; John 8,41; John 8,47; John 9,4; John 10,3; John 10,4; John 10,12; John 10,14; John 10,37; John 11,52; John 11,52; John 12,6; John 12,13; John 12,48; John 13,4; John 13,12; John 14,10; John 14,10; John 14,11; John 14,12; John 15,24; John 16,13; John 16,32; John 17,8; John 18,4; John 18,6; John 19,23; John 19,24; John 19,27; John 19,32; John 19,33; John 20,5; John 20,6; John 20,14; John 21,6; John 21,15; John 21,16; John 21,17; John 21,25; Acts 1,3; Acts 2,10; Acts 2,11; Acts 2,14; Acts 2,45; Acts 4,24; Acts 4,29; Acts 5,20; Acts 5,38; Acts 6,14; Acts 7,19; Acts 7,57; Acts 7,58; Acts 7,60; Acts 8,6; Acts 9,40; Acts 10,33; Acts 10,44; Acts 10,45; Acts 11,6; Acts 11,6; Acts 11,6; Acts 11,6; Acts 11,22; Acts 12,8; Acts 13,22; Acts 13,29; Acts 13,34; Acts 13,34; Acts 13,42; Acts 13,46; Acts 14,14; Acts 14,15; Acts 14,16; Acts 15,7; Acts 15,16; Acts 15,27; Acts 16,4; Acts 16,4; Acts 16,22; Acts 16,26; Acts 16,38; Acts 17,23; Acts 17,24; Acts 17,25; Acts 17,30; Acts 18,6; Acts 18,6; Acts 18,25; Acts 19,1; Acts 19,8; Acts 19,12; Acts 19,13; Acts 19,13; Acts 19,19; Acts 19,25; Acts 20,2; Acts 20,22; Acts 20,32; Acts 20,36; Acts 21,5; Acts 21,6; Acts 21,21; Acts 21,21; Acts 22,20; Acts 22,23; Acts 23,8; Acts 23,11; Acts 23,15; Acts 23,30; Acts 24,10; Acts 24,22; Acts 24,22; Acts 25,14; Acts 27,22; Acts 27,32; Acts 28,10; Acts 28,15; Acts 28,31; Rom. 1,24; Rom. 1,28; Rom. 1,32; Rom. 2,1; Rom. 2,2; Rom. 2,3; Rom. 2,6; Rom. 2,14; Rom. 2,16; Rom. 2,18; Rom. 2,22; Rom. 2,26; Rom. 3,2; Rom. 3,8; Rom. 3,13; Rom. 4,17; Rom. 4,25; Rom. 6,13; Rom. 6,13; Rom. 6,19; Rom. 6,19; Rom. 8,5; Rom. 8,5; Rom. 8,11; Rom. 8,32; Rom. 10,15; Rom. 10,18; Rom. 11,3; Rom. 12,1; Rom. 12,16; Rom. 13,12; Rom. 13,12; Rom. 14,19; Rom. 14,19; Rom. 15,1; Rom. 15,9; Rom. 15,16; Rom. 15,17; Rom. 15,22; Rom. 16,17; Rom. 16,26; 1Cor. 1,27; 1Cor. 1,27; 1Cor. 1,27; 1Cor. 1,28; 1Cor. 1,28; 1Cor. 1,28; 1Cor. 1,28; 1Cor. 2,10; 1Cor. 2,11; 1Cor. 2,11; 1Cor. 2,12; 1Cor. 2,14; 1Cor. 2,15; 1Cor. 4,5; 1Cor. 6,15; 1Cor. 7,32; 1Cor. 7,33; 1Cor. 7,34; 1Cor. 7,34; 1Cor. 8,10; 1Cor. 9,11; 1Cor. 9,11; 1Cor. 9,13; 1Cor. 9,13; 1Cor. 11,34; 1Cor. 12,2; 1Cor. 12,2; 1Cor. 12,6; 1Cor. 12,18; 1Cor. 12,31; 1Cor. 12,31; 1Cor. 13,2; 1Cor. 13,3; 1Cor. 13,5; 1Cor. 13,11; 1Cor. 14,1; 1Cor. 15,27; 1Cor. 15,28; 2Cor. 2,11; 2Cor. 4,2; 2Cor. 4,4; 2Cor. 4,18; 2Cor. 4,18; 2Cor. 5,10; 2Cor. 5,19; 2Cor. 9,10; 2Cor. 9,12; 2Cor. 10,13; 2Cor. 10,15; 2Cor. 10,16; 2Cor. 10,16; 2Cor. 11,15; 2Cor. 11,30; 2Cor. 12,14; Gal. 1,21; Gal. 2,8; Gal. 2,9; Gal. 2,14; Gal. 3,8; Gal. 3,14; Gal. 3,22; Gal. 4,3; Gal. 4,9; Gal. 5,21; Gal. 6,2; Gal. 6,17; Eph. 1,10; Eph. 1,10; Eph. 1,10; Eph. 1,11; Eph. 1,23; Eph. 2,3; Eph. 2,14; Eph. 3,6; Eph. 3,9; Eph. 3,14; Eph. 4,9; Eph. 4,10; Eph. 4,15; Eph. 5,12; Eph. 5,28; Eph. 6,4; Eph. 6,9; Eph. 6,12; Eph. 6,16; Eph. 6,16; Eph. 6,21; Eph. 6,22; Phil. 1,10; Phil. 1,27; Phil. 2,4; Phil. 2,4; Phil. 2,19; Phil. 2,20; Phil. 2,21; Phil. 2,21; Phil. 2,23; Phil. 3,1; Phil. 3,8; Phil. 3,13; Phil. 3,19; Phil. 3,21; Phil. 4,7; Phil. 4,18; Col. 1,20; Col. 1,20; Col. 1,20; Col. 1,24; Col. 2,8; Col. 2,13; Col. 2,22; Col. 3,1; Col. 3,2; Col. 3,2; Col. 3,5; Col. 3,5; Col. 3,8; Col. 3,21; Col. 4,8; Col. 4,9; 1Th. 2,7; 1Th. 2,14; 1Th. 3,10; 1Th. 4,5; 1Th. 4,11; 1Tim. 5,13; 1Tim. 6,13; 2Tim. 1,9;

2Tim. 3,15; 2Tim. 3,15; 2Tim. 4,13; 2Tim. 4,14; Titus 1,5; Philem. 20; Heb. 1,3; Heb. 2,8; Heb. 2,8; Heb. 2,17; Heb. 3,9; Heb. 5,1; Heb. 5,12; Heb. 5,14; Heb. 6,9; Heb. 8,4; Heb. 9,12; Heb. 9,21; Heb. 9,23; Heb. 9,23; Heb. 9,25; Heb. 11,28; Heb. 12,12; Heb. 12,16; Heb. 13,11; James 2,16; James 3,3; James 3,13; James 5,4; 1Pet. 1,11; 1Pet. 5,9; 2Pet. 1,3; 2Pet. 1,4; 2Pet. 2,20; 1John 2,15; 1John 3,8; 1John 3,17; 1John 3,22; 1John 4,1; 1John 5,2; 1John 5,15; 3John 4; 3John 10; Rev. 1,3; Rev. 2,2; Rev. 2,5; Rev. 2,6; Rev. 2,19; Rev. 2,23; Rev. 2,23; Rev. 2,24; Rev. 2,26; Rev. 3,1; Rev. 3,1; Rev. 3,2; Rev. 3,2; Rev. 3,4; Rev. 3,8; Rev. 3,15; Rev. 4,11; Rev. 5,13; Rev. 6,15; Rev. 7,3; Rev. 7,11; Rev. 9,20; Rev. 9,20; Rev. 9,20; Rev. 9,20; Rev. 9,20; Rev. 9,20; Rev. 9,20; Rev. 10,6; Rev. 10,6; Rev. 10,6; Rev. 11,9; Rev. 11,16; Rev. 12,5; Rev. 13,14; Rev. 14,8; Rev. 15,6; Rev. 16,15; Rev. 17,4; Rev. 17,7; Rev. 18,5; Rev. 18,6; Rev. 18,6; Rev. 18,19; Rev. 19,15; Rev. 19,19; Rev. 19,20; Rev. 20,3; Rev. 20,6; Rev. 20,8; Rev. 20,8; Rev. 20,12; Rev. 20,13)

Article · neuter · plural · nominative ▸ 1323 + 64 + 221 = **1608**
(Gen. 1,20; Gen. 1,21; Gen. 1,22; Gen. 7,14; Gen. 7,14; Gen. 7,16; Gen. 8,17; Gen. 8,19; Gen. 8,19; Gen. 10,19; Gen. 13,1; Gen. 13,6; Gen. 18,11; Gen. 18,18; Gen. 19,19; Gen. 20,7; Gen. 22,7; Gen. 22,18; Gen. 25,7; Gen. 25,13; Gen. 25,16; Gen. 25,17; Gen. 25,22; Gen. 25,32; Gen. 26,4; Gen. 27,42; Gen. 29,3; Gen. 30,32; Gen. 30,38; Gen. 30,39; Gen. 30,39; Gen. 30,41; Gen. 30,42; Gen. 30,42; Gen. 30,42; Gen. 31,4; Gen. 31,8; Gen. 31,8; Gen. 31,10; Gen. 31,21; Gen. 31,38; Gen. 31,43; Gen. 32,18; Gen. 32,22; Gen. 33,6; Gen. 33,7; Gen. 33,9; Gen. 33,13; Gen. 33,13; Gen. 33,13; Gen. 34,23; Gen. 34,23; Gen. 34,23; Gen. 36,7; Gen. 36,10; Gen. 36,40; Gen. 37,7; Gen. 37,14; Gen. 37,20; Gen. 40,7; Gen. 40,17; Gen. 40,18; Gen. 40,19; Gen. 41,36; Gen. 41,37; Gen. 41,53; Gen. 41,54; Gen. 42,20; Gen. 43,30; Gen. 45,10; Gen. 45,11; Gen. 45,20; Gen. 46,1; Gen. 46,8; Gen. 47,1; Gen. 47,1; Gen. 47,18; Gen. 47,18; Gen. 47,24; Gen. 47,24; Gen. 48,6; Gen. 49,10; Gen. 49,24; Gen. 49,24; Ex. 1,1; Ex. 4,16; Ex. 6,16; Ex. 6,16; Ex. 6,18; Ex. 6,20; Ex. 9,6; Ex. 9,11; Ex. 9,19; Ex. 10,1; Ex. 12,11; Ex. 14,9; Ex. 15,8; Ex. 15,8; Ex. 21,1; Ex. 21,4; Ex. 21,28; Ex. 22,23; Ex. 23,8; Ex. 23,11; Ex. 23,29; Ex. 24,10; Ex. 25,20; Ex. 25,20; Ex. 25,31; Ex. 25,34; Ex. 25,39; Ex. 27,2; Ex. 27,19; Ex. 30,2; Ex. 34,3; Ex. 34,19; Ex. 36,7; Ex. 36,10; Ex. 37,7; Ex. 39,4; Lev. 6,23; Lev. 7,15; Lev. 11,2; Lev. 11,10; Lev. 11,20; Lev. 13,45; Lev. 18,24; Lev. 19,25; Lev. 21,22; Lev. 21,22; Lev. 25,6; Lev. 25,41; Lev. 25,54; Lev. 26,4; Lev. 26,46; Lev. 26,46; Num. 3,2; Num. 3,3; Num. 3,18; Num. 3,26; Num. 3,26; Num. 3,31; Num. 3,31; Num. 3,31; Num. 3,43; Num. 3,43; Num. 4,4; Num. 4,31; Num. 8,4; Num. 10,32; Num. 11,33; Num. 13,4; Num. 13,16; Num. 14,3; Num. 14,15; Num. 14,29; Num. 14,32; Num. 14,33; Num. 16,27; Num. 18,13; Num. 18,15; Num. 18,18; Num. 18,27; Num. 19,5; Num. 20,11; Num. 20,19; Num. 22,7; Num. 26,37; Num. 27,1; Num. 28,3; Num. 30,17; Num. 32,23; Num. 32,26; Num. 34,3; Num. 34,4; Num. 34,5; Num. 34,6; Num. 34,6; Num. 34,7; Num. 34,9; Num. 34,11; Num. 34,11; Num. 34,12; Num. 34,12; Num. 34,17; Num. 34,19; Num. 35,3; Num. 35,5; Num. 36,13; Num. 36,13; Deut. 1,10; Deut. 3,19; Deut. 3,19; Deut. 4,45; Deut. 4,45; Deut. 4,45; Deut. 6,1; Deut. 6,1; Deut. 6,4; Deut. 6,4; Deut. 6,6; Deut. 6,20; Deut. 6,20; Deut. 6,20; Deut. 7,22; Deut. 7,22; Deut. 8,2; Deut. 8,4; Deut. 8,20; Deut. 11,2; Deut. 11,24; Deut. 12,1; Deut. 12,30; Deut. 14,4; Deut. 14,19; Deut. 16,19; Deut. 18,14; Deut. 21,17; Deut. 22,17; Deut. 28,4; Deut. 28,4; Deut. 28,4; Deut. 28,4; Deut. 28,5; Deut. 28,10; Deut. 28,17; Deut. 28,18; Deut. 28,18; Deut. 28,18; Deut. 28,18; Deut. 28,31; Deut. 28,52; Deut. 28,52; Deut. 28,52; Deut. 28,62; Deut. 29,4; Deut. 29,4; Deut. 29,10; Deut. 29,28; Deut. 29,28; Deut. 30,1; Deut. 31,17; Deut. 31,29; Deut. 32,2; Deut. 32,4; Deut. 33,16; Deut. 33,17; Deut. 34,7; Josh. 1,4; Josh. 1,14; Josh. 1,14; Josh. 3,16; Josh. 3,16; Josh. 4,24; Josh. 6,5; Josh. 8,18; Josh. 8,19; Josh. 8,21; Josh. 9,5; Josh. 9,5; Josh. 9,5; Josh. 9,13; Josh. 9,13; Josh. 13,16; Josh. 13,23; Josh. 13,25; Josh. 13,30; Josh. 14,4; Josh. 14,4; Josh. 15,1; Josh. 15,2; Josh. 15,5; Josh. 15,5; Josh. 15,6; Josh. 15,6; Josh. 15,7; Josh. 15,8; Josh. 15,8; Josh. 15,11; Josh. 15,12; Josh. 15,12; Josh. 16,1; Josh. 16,5; Josh. 16,6; Josh. 16,8; Josh. 17,1; Josh. 17,3; Josh. 17,9; Josh. 18,12; Josh. 18,12; Josh. 18,13; Josh. 18,13; Josh. 18,14; Josh. 18,16; Josh. 18,19; Josh. 18,20; Josh. 19,10; Josh. 19,18; Josh. 19,22; Josh. 19,25; Josh. 19,29; Josh. 19,29; Josh. 19,33; Josh. 19,34; Josh. 19,41; Josh. 21,26; Josh. 21,26; Josh. 21,40; Josh. 21,41; Josh. 21,42; Josh. 22,24; Josh. 22,27; Josh. 23,7; Josh. 23,15; Josh. 23,15; Judg. 6,5; Judg. 6,13; Judg. 6,13; Judg. 9,8; Judg. 9,10; Judg. 9,12; Judg. 9,14; Judg. 13,12; Judg. 15,14; Judg. 15,14; Ruth 2,9; 1Sam. 1,13; 1Sam. 3,11; 1Sam. 4,12; 1Sam. 5,4; 1Sam. 8,2; 1Sam. 9,12; 1Sam. 10,7; 1Sam. 10,9; 1Sam. 16,11; 1Sam. 19,4; 1Sam. 19,16; 1Sam. 21,5; 1Sam. 21,6; 1Sam. 21,14; 1Sam. 25,2; 1Sam. 25,6; 1Sam. 25,8; 1Sam. 25,9; 1Sam. 25,12; 1Sam. 30,20; 2Sam. 1,2; 2Sam. 1,6; 2Sam. 1,21; 2Sam. 2,14; 2Sam. 5,14; 2Sam. 8,2; 2Sam. 13,29; 2Sam. 22,8; 2Sam. 22,23; 2Sam. 22,23; 2Sam. 22,37; 2Sam. 23,8; 2Sam. 23,24; 2Sam. 24,17; 2Sam. 24,22; 1Kings 2,33; 1Kings 4,8; 1Kings 5,2; 1Kings 6,27; 1Kings 7,3; 1Kings 7,13; 1Kings 7,17; 1Kings 7,19; 1Kings 7,21; 1Kings 7,22; 1Kings 7,31; 1Kings 7,36; 1Kings 7,36; 1Kings 7,36; 1Kings 7,42; 1Kings 8,7; 1Kings 8,7; 1Kings 8,25; 1Kings 8,52; 1Kings 9,6; 1Kings 10,21; 1Kings 10,21; 1Kings 11,41; 1Kings 12,10; 1Kings 12,10; 1Kings 12,24l; 1Kings 12,24m; 1Kings 12,24s; 1Kings 13,31; 1Kings 14,29; 1Kings 15,7; 1Kings 15,23; 1Kings 15,31; 1Kings 16,4; 1Kings 16,5; 1Kings 16,14; 1Kings 16,20; 1Kings 16,27; 1Kings 16,28d; 1Kings 17,15; 1Kings 20,24; 1Kings 21,3; 1Kings 21,4; 1Kings 21,6; 1Kings 21,19; 1Kings 22,39; 1Kings 22,46; 2Kings 1,18; 2Kings 2,19; 2Kings 2,22; 2Kings 3,17; 2Kings 4,6; 2Kings 8,21; 2Kings 8,23; 2Kings 9,22; 2Kings 9,22; 2Kings 10,2; 2Kings 10,34; 2Kings 12,20; 2Kings 13,8; 2Kings 13,12; 2Kings 14,9; 2Kings 14,9; 2Kings 14,15; 2Kings 14,18; 2Kings 14,28; 2Kings 15,6; 2Kings 15,11; 2Kings 15,15; 2Kings 15,21; 2Kings 15,26; 2Kings 15,31; 2Kings 15,36; 2Kings 16,19; 2Kings 17,11; 2Kings 17,41; 2Kings 19,6; 2Kings 20,17; 2Kings 20,20; 2Kings 21,12; 2Kings 21,17; 2Kings 21,25; 2Kings 23,18; 2Kings 23,28; 2Kings 24,5; 2Kings 25,16; 2Kings 25,17; 1Chr. 2,1; 1Chr. 5,20; 1Chr. 6,2; 1Chr. 8,38; 1Chr. 9,44; 1Chr. 12,24; 1Chr. 14,4; 1Chr. 16,14; 1Chr. 16,32; 1Chr. 16,33; 1Chr. 21,13; 2Chr. 3,13; 2Chr. 4,4; 2Chr. 5,8; 2Chr. 5,8; 2Chr. 6,40; 2Chr. 7,15; 2Chr. 9,20; 2Chr. 9,20; 2Chr. 10,10; 2Chr. 10,10; 2Chr. 17,4; 2Chr. 20,13; 2Chr. 20,33; 2Chr. 20,37; 2Chr. 24,27; 2Chr. 25,18; 2Chr. 30,9; 2Chr. 32,32; 2Chr. 33,18; 2Chr. 36,8; 1Esdr. 1,10; 1Esdr. 1,16; 1Esdr. 1,21; 1Esdr. 1,22; 1Esdr. 1,31; 1Esdr. 1,40; 1Esdr. 2,11; 1Esdr. 2,15; 1Esdr. 2,16; 1Esdr. 2,18; 1Esdr. 4,36; 1Esdr. 4,37; 1Esdr. 4,37; 1Esdr. 5,1; 1Esdr. 5,4; 1Esdr. 5,49; 1Esdr. 5,49; 1Esdr. 5,69; 1Esdr. 6,9; 1Esdr. 6,31; 1Esdr. 7,3; 1Esdr. 8,39; 1Esdr. 8,57; 1Esdr. 8,83; 1Esdr. 9,4; Ezra 1,11; Ezra 1,11; Ezra 4,12; Ezra 4,13; Ezra 4,16; Ezra 5,4; Ezra 6,5; Ezra 6,5; Ezra 6,5; Ezra 8,4; Ezra 8,5; Ezra 8,6; Ezra 8,7; Ezra 8,8; Ezra 8,9; Ezra 8,10; Ezra 8,11; Ezra 8,12; Ezra 8,13; Ezra 8,13; Ezra 8,14; Ezra 8,28; Ezra 8,34; Neh. 4,10; Neh. 6,16; Neh. 6,16; Neh. 10,40; Neh. 12,43; Esth. 3,14; Esth. 4,3; Esth. 7,4; Esth. 16,1 # 8,12a; Esth. 8,13; Esth. 9,1; Esth. 9,1; Esth. 9,25; Esth. 10,8 # 10,3e; Esth. 10,8 # 10,3e; Judith 3,3; Judith 3,3; Judith 3,8; Judith 4,3; Judith 4,5; Judith 4,10; Judith 4,10; Judith 4,11; Judith 5,17; Judith 6,4; Judith 6,4; Judith 6,4; Judith 7,4; Judith 7,4; Judith 7,14; Judith

ὁ

7,20; Judith 7,22; Judith 7,23; Judith 8,5; Judith 8,21; Judith 8,24; Judith 11,7; Judith 11,7; Judith 11,7; Judith 11,12; Judith 12,1; Judith 12,3; Tob. 1,18; Tob. 1,20; Tob. 2,10; Tob. 3,2; Tob. 3,11; 1Mac. 1,38; 1Mac. 1,39; 1Mac. 1,42; 1Mac. 2,9; 1Mac. 2,9; 1Mac. 2,12; 1Mac. 2,12; 1Mac. 2,18; 1Mac. 2,19; 1Mac. 2,19; 1Mac. 2,30; 1Mac. 2,30; 1Mac. 2,38; 1Mac. 2,38; 1Mac. 3,26; 1Mac. 3,42; 1Mac. 3,48; 1Mac. 3,51; 1Mac. 3,52; 1Mac. 4,11; 1Mac. 4,14; 1Mac. 4,45; 1Mac. 4,54; 1Mac. 4,60; 1Mac. 5,1; 1Mac. 5,9; 1Mac. 5,9; 1Mac. 5,10; 1Mac. 5,21; 1Mac. 5,38; 1Mac. 5,38; 1Mac. 5,43; 1Mac. 6,13; 1Mac. 6,39; 1Mac. 6,43; 1Mac. 6,57; 1Mac. 9,22; 1Mac. 9,55; 1Mac. 10,31; 1Mac. 10,31; 1Mac. 10,34; 1Mac. 11,69; 1Mac. 12,23; 1Mac. 12,53; 1Mac. 12,53; 1Mac. 13,6; 1Mac. 13,38; 1Mac. 13,47; 1Mac. 14,29; 1Mac. 14,33; 1Mac. 15,7; 1Mac. 15,7; 1Mac. 15,8; 1Mac. 15,12; 1Mac. 15,14; 1Mac. 16,23; 2Mac. 1,21; 2Mac. 1,27; 2Mac. 2,13; 2Mac. 3,11; 2Mac. 8,28; 2Mac. 9,3; 2Mac. 9,24; 2Mac. 13,26; 3Mac. 3,13; 3Mac. 5,24; 3Mac. 5,35; 3Mac. 6,21; 3Mac. 7,2; 4Mac. 1,26; 4Mac. 1,35; 4Mac. 1,35; 4Mac. 4,26; 4Mac. 6,32; 4Mac. 14,14; 4Mac. 14,15; 4Mac. 14,16; 4Mac. 18,17; 4Mac. 18,17; Psa. 6,3; Psa. 9,18; Psa. 9,18; Psa. 9,26; Psa. 10,4; Psa. 11,5; Psa. 11,7; Psa. 16,5; Psa. 17,8; Psa. 17,16; Psa. 17,23; Psa. 17,31; Psa. 17,37; Psa. 18,5; Psa. 18,9; Psa. 18,10; Psa. 18,15; Psa. 21,15; Psa. 21,28; Psa. 30,11; Psa. 30,11; Psa. 30,19; Psa. 30,19; Psa. 30,19; Psa. 31,3; Psa. 32,4; Psa. 33,6; Psa. 34,10; Psa. 35,4; Psa. 35,7; Psa. 36,15; Psa. 36,23; Psa. 36,31; Psa. 36,38; Psa. 37,3; Psa. 41,4; Psa. 41,8; Psa. 44,6; Psa. 45,4; Psa. 45,4; Psa. 45,5; Psa. 46,2; Psa. 47,3; Psa. 48,2; Psa. 49,8; Psa. 49,10; Psa. 50,20; Psa. 62,4; Psa. 64,8; Psa. 64,12; Psa. 65,3; Psa. 65,14; Psa. 66,8; Psa. 67,11; Psa. 68,35; Psa. 70,23; Psa. 71,3; Psa. 71,11; Psa. 71,17; Psa. 72,2; Psa. 74,11; Psa. 76,18; Psa. 76,20; Psa. 77,33; Psa. 78,10; Psa. 81,5; Psa. 82,7; Psa. 83,2; Psa. 85,9; Psa. 88,50; Psa. 88,50; Psa. 89,5; Psa. 89,9; Psa. 91,6; Psa. 92,5; Psa. 94,4; Psa. 94,4; Psa. 95,12; Psa. 95,12; Psa. 95,12; Psa. 96,5; Psa. 97,3; Psa. 97,8; Psa. 101,4; Psa. 101,16; Psa. 101,25; Psa. 101,28; Psa. 102,1; Psa. 102,22; Psa. 103,12; Psa. 103,16; Psa. 103,18; Psa. 103,20; Psa. 103,24; Psa. 103,28; Psa. 104,7; Psa. 106,25; Psa. 106,29; Psa. 108,13; Psa. 108,24; Psa. 110,2; Psa. 113,4; Psa. 113,6; Psa. 113,10; Psa. 113,12; Psa. 116,1; Psa. 117,10; Psa. 118,24; Psa. 118,24; Psa. 118,54; Psa. 118,75; Psa. 118,91; Psa. 118,99; Psa. 118,103; Psa. 118,129; Psa. 118,144; Psa. 118,160; Psa. 118,171; Psa. 129,2; Psa. 134,15; Psa. 138,14; Psa. 140,7; Psa. 143,13; Psa. 143,13; Psa. 144,10; Psa. 148,3; Psa. 148,8; Psa. 148,9; Psa. 148,10; Psa. 148,10; Ode. 1,8; Ode. 1,8; Ode. 2,2; Ode. 2,4; Ode. 4,6; Ode. 4,17; Ode. 5,9; Ode. 6,4; Ode. 7,27; Ode. 8,57; Ode. 8,60; Ode. 8,65; Ode. 8,76; Ode. 8,79; Ode. 8,80; Ode. 8,81; Ode. 8,81; Prov. 3,10; Prov. 4,12; Prov. 4,25; Prov. 5,5; Prov. 5,16; Prov. 5,16; Prov. 6,2; Prov. 8,8; Prov. 8,19; Prov. 12,10; Prov. 14,12; Prov. 15,29b; Prov. 16,2; Prov. 16,9; Prov. 16,11; Prov. 16,25; Prov. 16,33; Prov. 17,22; Prov. 18,7; Prov. 20,24; Prov. 21,8; Prov. 23,16; Prov. 24,2; Prov. 27,2; Prov. 27,7; Prov. 31,28; Eccl. 1,2; Eccl. 1,14; Eccl. 2,11; Eccl. 2,16; Eccl. 2,17; Eccl. 3,19; Eccl. 3,20; Eccl. 3,20; Eccl. 3,20; Eccl. 6,6; Eccl. 9,1; Eccl. 9,12; Eccl. 11,3; Eccl. 11,6; Eccl. 12,2; Eccl. 12,8; Eccl. 12,11; Song 2,12; Job 1,3; Job 3,9; Job 4,14; Job 5,25; Job 6,3; Job 8,7; Job 8,7; Job 8,13; Job 9,13; Job 10,5; Job 15,6; Job 15,29; Job 17,11; Job 18,15; Job 19,4a; Job 19,12; Job 19,20; Job 19,23; Job 20,6; Job 20,21; Job 21,8; Job 21,11; Job 21,16; Job 21,19; Job 21,24; Job 24,19; Job 29,6; Job 30,17; Job 30,17; Job 30,30; Job 31,10; Job 34,35; Job 36,24; Job 38,11; Job 39,4; Job 40,17; Job 41,7; Job 42,12; Job 42,16; Wis. 3,11; Wis. 3,12; Wis. 3,19; Wis. 4,20; Wis. 7,11; Wis. 9,12; Wis. 13,7; Wis. 14,17; Wis. 14,30; Wis. 19,18; Sir. 1,25 Prol.; Sir. 11,4; Sir. 11,4; Sir. 11,23; Sir. 11,29; Sir. 16,19; Sir. 16,19; Sir. 16,21; Sir. 16,26; Sir. 17,19; Sir. 19,26; Sir. 23,25; Sir. 24,17; Sir. 31,11; Sir. 31,12; Sir. 34,7; Sir. 42,22; Sir. 43,25; Sir. 43,26; Sir. 44,9; Sir. 44,12; Sir. 44,14; Sir. 45,13; Sir. 45,26; Sir. 46,12; Sir. 48,14; Sir. 49,10; Sir. 49,15; Sol. 2,10; Sol. 2,10; Sol. 4,7; Sol. 8,5; Sol. 8,32; Sol. 9,5; Sol. 14,3; Sol. 17,14; Sol. 17,34; Sol. 18,2; Sol. 18,3; Hos. 2,14; Hos. 2,14; Hos. 2,14; Hos. 5,4; Hos. 7,2; Hos. 8,12; Hos. 8,12; Hos. 10,14; Hos. 12,12; Hos. 14,1; Amos 2,4; Amos 2,7; Amos 3,14; Amos 6,2; Amos 8,5; Amos 8,7; Amos 9,1; Amos 9,10; Amos 9,12; Amos 9,13; Mic. 1,4; Mic. 2,7; Mic. 7,16; Joel 1,3; Joel 1,3; Joel 1,10; Joel 1,12; Joel 1,18; Joel 1,20; Joel 2,3; Joel 2,3; Joel 2,3; Joel 2,10; Joel 2,23; Joel 4,11; Joel 4,12; Joel 4,13; Joel 4,13; Joel 4,18; Obad. 6; Obad. 16; Jonah 2,4; Jonah 3,7; Jonah 3,7; Jonah 3,8; Nah. 1,4; Nah. 1,5; Nah. 2,5; Nah. 2,7; Nah. 2,9; Nah. 2,14; Nah. 3,8; Nah. 3,12; Hab. 3,6; Hab. 3,17; Zeph. 1,3; Zeph. 2,14; Hag. 2,14; Hag. 2,19; Hag. 2,19; Zech. 2,2; Zech. 2,2; Zech. 2,4; Zech. 2,4; Zech. 6,1; Zech. 10,7; Zech. 10,11; Zech. 11,9; Zech. 12,3; Zech. 13,8; Zech. 14,1; Mal. 1,7; Mal. 1,12; Is. 2,2; Is. 2,18; Is. 5,25; Is. 5,25; Is. 5,28; Is. 5,28; Is. 8,4; Is. 8,18; Is. 8,23; Is. 10,10; Is. 10,18; Is. 11,7; Is. 14,8; Is. 14,29; Is. 16,8; Is. 16,11; Is. 17,4; Is. 18,6; Is. 18,6; Is. 19,1; Is. 21,9; Is. 21,9; Is. 24,18; Is. 26,9; Is. 27,9; Is. 27,9; Is. 28,29; Is. 29,11; Is. 29,15; Is. 29,23; Is. 30,21; Is. 30,23; Is. 31,4; Is. 32,17; Is. 33,3; Is. 33,4; Is. 33,23; Is. 34,3; Is. 34,4; Is. 35,2; Is. 40,4; Is. 40,15; Is. 40,16; Is. 40,17; Is. 41,2; Is. 41,5; Is. 41,22; Is. 42,9; Is. 42,20; Is. 43,9; Is. 43,20; Is. 44,23; Is. 44,23; Is. 44,26; Is. 46,1; Is. 47,9; Is. 48,5; Is. 48,19; Is. 49,13; Is. 49,19; Is. 49,19; Is. 49,19; Is. 52,9; Is. 52,10; Is. 54,1; Is. 55,9; Is. 55,12; Is. 55,12; Is. 56,7; Is. 56,9; Is. 56,9; Is. 56,9; Is. 58,8; Is. 58,11; Is. 58,11; Is. 58,12; Is. 59,2; Is. 59,3; Is. 59,6; Is. 59,21; Is. 60,7; Is. 60,12; Is. 60,12; Is. 60,18; Is. 61,9; Is. 64,10; Is. 65,4; Is. 65,23; Is. 66,12; Is. 66,14; Jer. 1,14; Jer. 3,17; Jer. 4,13; Jer. 4,18; Jer. 4,23; Jer. 4,25; Jer. 5,22; Jer. 6,3; Jer. 6,10; Jer. 6,18; Jer. 6,20; Jer. 7,19; Jer. 8,13; Jer. 9,7; Jer. 9,17; Jer. 9,19; Jer. 9,25; Jer. 10,3; Jer. 10,20; Jer. 13,22; Jer. 14,4; Jer. 16,17; Jer. 17,6; Jer. 17,16; Jer. 19,3; Jer. 23,9; Jer. 24,2; Jer. 24,2; Jer. 27,45; Jer. 28,30; Jer. 28,44; Jer. 30,14; Jer. 31,41; Jer. 32,37; Jer. 37,20; Jer. 38,36; Jer. 41,20; Jer. 51,23; Jer. 52,22; Bar. 1,20; Bar. 2,7; Bar. 3,4; Bar. 4,4; Bar. 4,32; Lam. 3,38; LetterJ 21; LetterJ 26; LetterJ 38; LetterJ 38; LetterJ 38; LetterJ 44; LetterJ 46; LetterJ 67; Ezek. 1,7; Ezek. 1,8; Ezek. 1,20; Ezek. 2,10; Ezek. 2,10; Ezek. 6,3; Ezek. 6,4; Ezek. 6,4; Ezek. 6,6; Ezek. 6,6; Ezek. 6,6; Ezek. 6,6; Ezek. 7,8; Ezek. 7,24; Ezek. 8,10; Ezek. 8,16; Ezek. 8,16; Ezek. 10,3; Ezek. 10,15; Ezek. 10,19; Ezek. 10,22; Ezek. 11,3; Ezek. 11,7; Ezek. 11,20; Ezek. 11,22; Ezek. 13,14; Ezek. 16,13; Ezek. 17,9; Ezek. 17,23; Ezek. 17,24; Ezek. 18,22; Ezek. 20,21; Ezek. 20,32; Ezek. 23,4; Ezek. 23,4; Ezek. 23,20; Ezek. 24,5; Ezek. 24,10; Ezek. 24,17; Ezek. 24,23; Ezek. 25,8; Ezek. 26,2; Ezek. 26,10; Ezek. 27,9; Ezek. 27,13; Ezek. 28,15; Ezek. 30,4; Ezek. 30,6; Ezek. 31,6; Ezek. 31,6; Ezek. 31,9; Ezek. 31,12; Ezek. 31,13; Ezek. 31,13; Ezek. 31,14; Ezek. 31,14; Ezek. 31,15; Ezek. 31,16; Ezek. 31,16; Ezek. 31,16; Ezek. 31,16; Ezek. 32,8; Ezek. 32,14; Ezek. 32,18; Ezek. 33,28; Ezek. 34,5; Ezek. 34,6; Ezek. 34,8; Ezek. 34,8; Ezek. 34,19; Ezek. 34,27; Ezek. 34,27; Ezek. 34,28; Ezek. 36,23; Ezek. 36,36; Ezek. 37,3; Ezek. 37,4; Ezek. 37,7; Ezek. 37,11; Ezek. 37,11; Ezek. 37,28; Ezek. 38,16; Ezek. 38,20; Ezek. 38,20; Ezek. 38,20; Ezek. 38,20; Ezek. 38,20; Ezek. 39,4; Ezek. 39,4; Ezek. 39,7; Ezek. 39,23; Ezek. 40,9; Ezek. 40,10; Ezek. 40,21; Ezek. 40,21; Ezek. 40,21; Ezek. 40,22; Ezek. 40,22; Ezek. 40,25; Ezek. 40,37; Ezek. 40,38; Ezek. 40,38; Ezek. 40,38; Ezek. 41,6; Ezek. 41,9; Ezek. 41,13; Ezek. 41,13; Ezek. 41,14; Ezek. 41,15; Ezek. 41,16; Ezek. 41,20; Ezek. 41,26; Ezek. 41,26; Ezek. 42,3; Ezek. 42,4; Ezek. 42,10; Ezek. 43,12; Ezek. 43,13; Ezek. 43,18; Ezek. 44,30; Ezek. 44,30; Ezek. 45,17; Ezek. 47,12; Ezek. 47,15; Ezek. 47,17; Ezek. 47,18; Ezek. 47,19;

Ezek. 47,20; Ezek. 48,1; Ezek. 48,1; Ezek. 48,2; Ezek. 48,13; Ezek. 48,14; Ezek. 48,16; Ezek. 48,18; Ezek. 48,28; Ezek. 48,32; Ezek. 48,33; Ezek. 48,34; Dan. 2,5; Dan. 2,33; Dan. 3,7; Dan. 3,7; Dan. 3,27; Dan. 3,57; Dan. 3,60; Dan. 3,65; Dan. 3,76; Dan. 3,79; Dan. 3,80; Dan. 3,94; Dan. 4,12; Dan. 4,12; Dan. 4,21; Dan. 4,21; Dan. 4,22; Dan. 4,37; Dan. 5,23; Dan. 6,28; Dan. 6,28; Dan. 7,4; Dan. 7,14; Dan. 7,17; Dan. 7,17; Dan. 7,24; Dan. 8,4; Dan. 8,11; Dan. 8,11; Dan. 8,13; Dan. 8,22; Dan. 9,13; Dan. 12,3; Dan. 12,9; Bel 11; Bel 19; Josh. 19,10; Josh. 19,11; Josh. 19,18; Josh. 19,22; Josh. 19,25; Josh. 19,29; Josh. 19,29; Josh. 19,33; Josh. 19,41; Judg. 3,1; Judg. 6,13; Judg. 6,13; Judg. 9,8; Judg. 9,10; Judg. 9,12; Judg. 9,14; Judg. 13,12; Judg. 15,14; Judg. 15,14; Judg. 16,12; Tob. 3,2; Tob. 3,11; Tob. 6,12; Tob. 13,17; Tob. 14,6; Tob. 14,6; Dan. 1,17; Dan. 3,27; Dan. 3,57; Dan. 3,60; Dan. 3,65; Dan. 3,76; Dan. 3,79; Dan. 3,80; Dan. 3,81; Dan. 3,81; Dan. 3,94; Dan. 4,12; Dan. 4,12; Dan. 4,12; Dan. 4,12; Dan. 4,14; Dan. 4,14; Dan. 4,21; Dan. 4,21; Dan. 4,21; Dan. 4,21; Dan. 4,37; Dan. 5,3; Dan. 5,3; Dan. 5,3; Dan. 5,6; Dan. 7,4; Dan. 7,17; Dan. 7,17; Dan. 7,17; Dan. 7,24; Dan. 8,3; Dan. 8,4; Dan. 9,13; Dan. 10,6; Dan. 10,16; Dan. 12,8; Sus. 30; Matt. 6,32; Matt. 8,20; Matt. 10,2; Matt. 12,45; Matt. 13,4; Matt. 13,16; Matt. 13,26; Matt. 13,38; Matt. 13,40; Matt. 15,18; Matt. 15,20; Matt. 15,27; Matt. 17,2; Matt. 18,3; Matt. 22,4; Matt. 25,32; Matt. 26,31; Matt. 27,52; Mark 3,11; Mark 3,11; Mark 3,28; Mark 4,4; Mark 4,11; Mark 4,37; Mark 5,13; Mark 5,13; Mark 7,15; Mark 7,15; Mark 7,23; Mark 7,28; Mark 9,3; Mark 14,1; Mark 14,27; Luke 1,65; Luke 3,5; Luke 5,6; Luke 8,5; Luke 8,33; Luke 8,35; Luke 8,38; Luke 9,58; Luke 10,17; Luke 10,20; Luke 10,20; Luke 11,7; Luke 11,21; Luke 11,26; Luke 11,44; Luke 11,44; Luke 12,30; Luke 13,19; Luke 15,31; Luke 17,31; Luke 18,27; Luke 18,31; Luke 24,11; John 3,19; John 3,20; John 3,21; John 4,12; John 5,36; John 5,36; John 6,63; John 7,7; John 9,3; John 10,3; John 10,4; John 10,8; John 10,12; John 10,14; John 10,21; John 10,22; John 10,25; John 10,27; John 10,27; John 15,5; John 15,7; John 17,10; John 17,10; John 19,31; John 19,31; Acts 1,18; Acts 3,7; Acts 10,12; Acts 11,1; Acts 13,48; Acts 15,17; Acts 16,26; Acts 26,24; Rom. 1,20; Rom. 2,14; Rom. 3,8; Rom. 6,23; Rom. 7,5; Rom. 7,5; Rom. 8,18; Rom. 9,8; Rom. 9,8; Rom. 9,30; Rom. 10,18; Rom. 11,29; Rom. 11,33; Rom. 11,36; Rom. 12,4; Rom. 15,11; Rom. 15,27; 1Cor. 6,13; 1Cor. 6,15; 1Cor. 7,14; 1Cor. 8,6; 1Cor. 8,6; 1Cor. 10,11; 1Cor. 11,12; 1Cor. 12,12; 1Cor. 12,19; 1Cor. 12,22; 1Cor. 12,23; 1Cor. 12,24; 1Cor. 12,25; 1Cor. 12,26; 1Cor. 12,26; 1Cor. 13,13; 1Cor. 14,7; 1Cor. 14,25; 1Cor. 15,28; 1Cor. 15,28; 2Cor. 1,5; 2Cor. 3,14; 2Cor. 4,15; 2Cor. 4,18; 2Cor. 4,18; 2Cor. 5,17; 2Cor. 5,18; 2Cor. 7,15; 2Cor. 10,4; 2Cor. 11,3; 2Cor. 12,12; 2Cor. 12,14; 2Cor. 12,19; Gal. 3,8; Gal. 4,27; Gal. 5,19; Gal. 5,21; Eph. 2,11; Eph. 4,17; Eph. 5,13; Phil. 1,12; Phil. 4,3; Phil. 4,6; Col. 1,16; Col. 1,16; Col. 1,16; Col. 1,16; Col. 1,17; Col. 3,11; 1Th. 4,5; 1Tim. 5,25; 1Tim. 5,25; 1Tim. 5,25; 2Tim. 4,17; Philem. 7; Philem. 12; Heb. 1,12; Heb. 2,10; Heb. 2,10; Heb. 2,13; Heb. 2,14; Heb. 3,17; Heb. 11,12; Heb. 11,30; Heb. 12,27; Heb. 13,11; James 2,19; James 3,4; James 5,2; 2Pet. 2,20; 2Pet. 3,10; 1John 3,10; 1John 3,10; 1John 3,12; 1John 3,12; 2John 13; Jude 10; Rev. 2,19; Rev. 2,19; Rev. 2,27; Rev. 2,27; Rev. 4,5; Rev. 4,8; Rev. 4,9; Rev. 5,6; Rev. 5,8; Rev. 5,14; Rev. 8,9; Rev. 9,7; Rev. 9,7; Rev. 11,18; Rev. 14,13; Rev. 15,3; Rev. 15,4; Rev. 15,4; Rev. 16,3; Rev. 17,12; Rev. 17,15; Rev. 17,16; Rev. 18,3; Rev. 18,14; Rev. 18,14; Rev. 18,23; Rev. 19,4; Rev. 19,8; Rev. 19,14; Rev. 19,14; Rev. 19,21; Rev. 20,3; Rev. 20,5; Rev. 20,7; Rev. 21,4; Rev. 21,12; Rev. 21,24; Rev. 22,2)

Ταῖς ▸ 1
  Article · feminine · plural · dative ▸ 1 (Lam. 2,12)
ταῖς ▸ 983 + 49 + 204 = 1236

Article · feminine · plural · dative ▸ 983 + 49 + 204 = 1236 (Gen. 1,22; Gen. 4,5; Gen. 4,23; Gen. 6,4; Gen. 10,5; Gen. 10,20; Gen. 10,20; Gen. 10,25; Gen. 10,31; Gen. 10,31; Gen. 16,6; Gen. 19,15; Gen. 19,25; Gen. 20,16; Gen. 24,19; Gen. 24,20; Gen. 24,31; Gen. 24,32; Gen. 24,44; Gen. 25,16; Gen. 25,16; Gen. 28,9; Gen. 30,32; Gen. 30,33; Gen. 30,37; Gen. 30,38; Gen. 30,41; Gen. 31,50; Gen. 34,29; Gen. 35,4; Gen. 36,30; Gen. 36,40; Gen. 36,40; Gen. 36,43; Gen. 38,14; Gen. 39,3; Gen. 39,12; Gen. 39,13; Gen. 39,23; Gen. 41,2; Gen. 41,3; Gen. 41,4; Gen. 41,18; Gen. 41,19; Gen. 41,35; Gen. 41,48; Gen. 43,12; Gen. 43,15; Gen. 43,21; Gen. 43,26; Gen. 45,19; Ex. 1,15; Ex. 1,20; Ex. 2,11; Ex. 2,11; Ex. 2,20; Ex. 4,21; Ex. 7,11; Ex. 7,22; Ex. 8,3; Ex. 8,14; Ex. 9,3; Ex. 12,11; Ex. 12,19; Ex. 15,26; Ex. 25,20; Ex. 26,2; Ex. 26,8; Ex. 26,12; Ex. 26,24; Ex. 29,9; Ex. 30,4; Ex. 30,21; Ex. 32,15; Ex. 32,16; Ex. 34,1; Ex. 34,1; Ex. 35,25; Ex. 38,8; Ex. 40,38; Lev. 3,9; Lev. 10,15; Lev. 11,9; Lev. 11,10; Lev. 14,34; Lev. 21,1; Lev. 22,21; Lev. 25,34; Lev. 25,35; Lev. 25,49; Lev. 26,18; Num. 2,32; Num. 8,26; Num. 9,10; Num. 10,8; Num. 10,9; Num. 10,10; Num. 10,10; Num. 10,10; Num. 10,10; Num. 10,10; Num. 15,3; Num. 15,14; Num. 17,3; Num. 18,11; Num. 18,19; Num. 21,25; Num. 21,25; Num. 21,31; Num. 22,7; Num. 22,24; Num. 24,8; Num. 24,10; Num. 25,2; Num. 25,5; Num. 28,2; Num. 28,11; Num. 29,39; Num. 31,6; Num. 31,10; Num. 32,16; Num. 32,26; Num. 33,55; Num. 34,13; Num. 35,29; Num. 36,2; Num. 36,6; Deut. 1,25; Deut. 1,27; Deut. 3,19; Deut. 8,6; Deut. 9,15; Deut. 10,2; Deut. 10,2; Deut. 10,3; Deut. 10,12; Deut. 11,22; Deut. 12,17; Deut. 12,18; Deut. 12,21; Deut. 14,21; Deut. 14,25; Deut. 14,27; Deut. 14,28; Deut. 14,29; Deut. 15,22; Deut. 16,11; Deut. 16,14; Deut. 16,18; Deut. 17,8; Deut. 17,9; Deut. 17,12; Deut. 19,1; Deut. 19,9; Deut. 19,17; Deut. 23,25; Deut. 24,14; Deut. 26,3; Deut. 26,12; Deut. 26,17; Deut. 28,9; Deut. 28,25; Deut. 28,27; Deut. 28,52; Deut. 28,52; Deut. 28,55; Deut. 28,57; Deut. 29,11; Deut. 30,14; Deut. 30,16; Deut. 31,12; Josh. 6,13; Josh. 6,20; Josh. 8,35 # 9,2f; Josh. 11,21; Josh. 12,7; Josh. 13,3; Josh. 13,7; Josh. 13,8; Josh. 14,2; Josh. 17,16; Josh. 19,51; Josh. 21,42; Josh. 22,5; Josh. 22,27; Josh. 22,27; Josh. 22,28; Josh. 22,29; Josh. 22,29; Josh. 23,1; Josh. 23,2; Josh. 23,13; Judg. 2,13; Judg. 3,7; Judg. 6,5; Judg. 7,12; Judg. 7,18; Judg. 7,19; Judg. 7,19; Judg. 7,20; Judg. 8,7; Judg. 8,7; Judg. 8,16; Judg. 8,16; Judg. 10,6; Judg. 10,6; Judg. 10,10; Judg. 11,26; Judg. 11,26; Judg. 11,26; Judg. 11,26; Judg. 14,12; Judg. 15,5; Judg. 16,18; Judg. 17,6; Judg. 18,1; Judg. 18,1; Judg. 19,1; Judg. 20,27; Judg. 20,28; Judg. 20,31; Judg. 20,45; Judg. 21,15; Judg. 21,25; Ruth 1,8; 1Sam. 1,4; 1Sam. 3,1; 1Sam. 4,1; 1Sam. 8,18; 1Sam. 13,6; 1Sam. 13,6; 1Sam. 13,22; 1Sam. 18,14; 1Sam. 19,9; 1Sam. 20,20; 1Sam. 21,14; 1Sam. 21,14; 1Sam. 28,1; 1Sam. 28,1; 1Sam. 29,4; 1Sam. 30,29; 1Sam. 30,29; 2Sam. 1,20; 2Sam. 2,3; 2Sam. 8,10; 2Sam. 12,31; 2Sam. 16,23; 2Sam. 16,23; 2Sam. 21,1; 2Sam. 23,17; 1Kings 2,3; 1Kings 2,46b; 1Kings 6,34; 1Kings 7,24; 1Kings 8,7; 1Kings 8,15; 1Kings 8,34; 1Kings 8,36; 1Kings 8,50; 1Kings 9,9a # 9,24; 1Kings 10,21; 1Kings 10,26; 1Kings 11,7; 1Kings 11,7; 1Kings 11,12; 1Kings 11,33; 1Kings 11,38; 1Kings 12,24b; 1Kings 12,32; 1Kings 14,22; 1Kings 15,3; 1Kings 15,20; 1Kings 15,26; 1Kings 15,34; 1Kings 16,19; 1Kings 16,26; 1Kings 16,28d; 1Kings 16,31; 1Kings 16,34; 1Kings 18,21; 1Kings 20,29; 1Kings 20,29; 1Kings 21,10; 1Kings 22,10; 1Kings 22,53; 2Kings 1,18c; 2Kings 7,1; 2Kings 8,20; 2Kings 10,32; 2Kings 14,6; 2Kings 15,19; 2Kings 15,29; 2Kings 15,37; 2Kings 17,9; 2Kings 17,24; 2Kings 17,29; 2Kings 19,11; 2Kings 19,15; 2Kings 20,1; 2Kings 20,19; 2Kings 21,5; 2Kings 23,5; 2Kings 23,12; 2Kings 23,19; 2Kings 23,29; 2Kings 24,1; 1Chr. 4,38; 1Chr. 5,16; 1Chr. 6,39; 1Chr. 9,1; 1Chr. 9,2; 1Chr. 9,2; 1Chr. 9,16; 1Chr. 9,22; 1Chr. 9,22; 1Chr. 9,22; 1Chr. 9,25; 1Chr. 10,13; 1Chr. 12,20; 1Chr. 15,24; 1Chr.

ὀ

16,6; 1Chr. 16,35; 1Chr. 22,9; 1Chr. 23,31; 1Chr. 23,31; 1Chr. 27,25; 1Chr. 28,18; 2Chr. 2,3; 2Chr. 2,3; 2Chr. 5,12; 2Chr. 6,25; 2Chr. 6,27; 2Chr. 7,6; 2Chr. 7,14; 2Chr. 8,13; 2Chr. 9,29; 2Chr. 11,17; 2Chr. 11,23; 2Chr. 11,23; 2Chr. 13,10; 2Chr. 13,14; 2Chr. 13,23; 2Chr. 17,2; 2Chr. 17,2; 2Chr. 17,2; 2Chr. 17,3; 2Chr. 17,4; 2Chr. 17,9; 2Chr. 17,10; 2Chr. 17,10; 2Chr. 17,19; 2Chr. 17,19; 2Chr. 19,5; 2Chr. 19,5; 2Chr. 19,10; 2Chr. 20,32; 2Chr. 21,8; 2Chr. 22,5; 2Chr. 23,13; 2Chr. 24,7; 2Chr. 24,18; 2Chr. 26,5; 2Chr. 26,5; 2Chr. 28,13; 2Chr. 29,26; 2Chr. 30,6; 2Chr. 31,2; 2Chr. 31,2; 2Chr. 31,6; 2Chr. 31,17; 2Chr. 32,24; 2Chr. 32,26; 2Chr. 33,3; 2Chr. 33,5; 2Chr. 33,14; 2Chr. 33,14; 2Chr. 36,5a; 1Esdr. 3,2; 1Esdr. 4,22; 1Esdr. 4,26; 1Esdr. 5,45; 1Esdr. 6,9; 1Esdr. 8,87; 1Esdr. 9,37; Ezra 5,8; Ezra 6,1; Ezra 7,21; Ezra 7,21; Ezra 9,7; Neh. 6,1; Neh. 6,2; Neh. 6,17; Neh. 8,15; Neh. 8,16; Neh. 8,16; Neh. 9,29; Neh. 11,1; Neh. 12,44; Neh. 12,44; Neh. 13,15; Neh. 13,23; Esth. 1,1 # 1,1s; Esth. 1,2; Esth. 1,9; Esth. 1,22; Esth. 2,3; Esth. 2,9; Esth. 2,18; Esth. 3,12; Esth. 13,4 # 3,13d; Esth. 13,6 # 3,13f; Esth. 16,9 # 8,12i; Esth. 16,10 # 8,12k; Esth. 16,17 # 8,12r; Esth. 16,22 # 8,12u; Esth. 9,19; Esth. 9,22; Judith 1,1; Judith 1,3; Judith 1,5; Judith 1,9; Judith 1,15; Judith 4,6; Judith 6,15; Judith 7,10; Judith 7,14; Judith 7,22; Judith 7,22; Judith 8,1; Judith 8,15; Judith 8,18; Judith 8,18; Judith 8,33; Judith 10,2; Judith 10,2; Judith 10,3; Judith 11,13; Judith 12,10; Judith 13,15; Judith 14,4; Judith 14,8; Judith 15,12; Judith 15,12; Judith 15,12; Judith 16,25; Tob. 1,6; Tob. 1,16; Tob. 3,3; Tob. 4,5; Tob. 9,5; Tob. 13,5; Tob. 13,16; 1Mac. 1,11; 1Mac. 1,51; 1Mac. 1,55; 1Mac. 1,58; 1Mac. 2,1; 1Mac. 2,9; 1Mac. 2,19; 1Mac. 2,31; 1Mac. 2,51; 1Mac. 3,28; 1Mac. 3,54; 1Mac. 4,38; 1Mac. 4,40; 1Mac. 5,4; 1Mac. 5,23; 1Mac. 5,27; 1Mac. 5,33; 1Mac. 5,55; 1Mac. 6,33; 1Mac. 6,38; 1Mac. 7,14; 1Mac. 7,45; 1Mac. 9,12; 1Mac. 9,12; 1Mac. 9,24; 1Mac. 9,66; 1Mac. 10,36; 1Mac. 10,71; 1Mac. 11,20; 1Mac. 11,49; 1Mac. 11,60; 1Mac. 12,9; 1Mac. 12,11; 1Mac. 12,11; 1Mac. 12,11; 1Mac. 12,43; 1Mac. 13,29; 1Mac. 13,42; 1Mac. 13,43; 1Mac. 14,5; 1Mac. 14,9; 1Mac. 14,10; 1Mac. 14,13; 1Mac. 14,22; 1Mac. 14,36; 1Mac. 14,36; 1Mac. 15,15; 1Mac. 15,19; 1Mac. 16,2; 1Mac. 16,8; 2Mac. 2,1; 2Mac. 2,2; 2Mac. 2,13; 2Mac. 3,2; 2Mac. 3,9; 2Mac. 3,15; 2Mac. 3,33; 2Mac. 4,40; 2Mac. 5,14; 2Mac. 5,16; 2Mac. 5,16; 2Mac. 6,30; 2Mac. 7,6; 2Mac. 7,7; 2Mac. 8,8; 2Mac. 8,28; 2Mac. 9,11; 2Mac. 10,23; 2Mac. 10,30; 2Mac. 11,4; 2Mac. 11,4; 2Mac. 11,9; 2Mac. 12,22; 2Mac. 14,20; 2Mac. 14,27; 2Mac. 14,46; 2Mac. 15,27; 2Mac. 15,27; 3Mac. 1,1; 3Mac. 1,16; 3Mac. 1,18; 3Mac. 2,5; 3Mac. 2,26; 3Mac. 3,7; 3Mac. 4,4; 3Mac. 4,11; 3Mac. 4,14; 3Mac. 5,14; 3Mac. 7,19; 4Mac. 4,6; 4Mac. 5,26; 4Mac. 6,1; 4Mac. 6,4; 4Mac. 6,6; 4Mac. 6,30; 4Mac. 7,2; 4Mac. 7,2; 4Mac. 8,8; 4Mac. 9,12; 4Mac. 9,28; 4Mac. 9,31; 4Mac. 9,32; 4Mac. 10,7; 4Mac. 11,1; 4Mac. 14,9; 4Mac. 14,11; 4Mac. 15,32; 4Mac. 17,23; Psa. 4,5; Psa. 4,5; Psa. 5,10; Psa. 9,15; Psa. 9,24; Psa. 13,3; Psa. 13,3; Psa. 16,5; Psa. 27,3; Psa. 30,16; Psa. 43,2; Psa. 43,10; Psa. 45,2; Psa. 47,4; Psa. 49,8; Psa. 54,16; Psa. 59,12; Psa. 64,5; Psa. 64,11; Psa. 67,31; Psa. 67,35; Psa. 71,7; Psa. 72,28; Psa. 75,6; Psa. 76,3; Psa. 77,18; Psa. 77,18; Psa. 77,38; Psa. 77,72; Psa. 78,9; Psa. 80,14; Psa. 83,11; Psa. 89,14; Psa. 90,11; Psa. 91,14; Psa. 102,3; Psa. 103,18; Psa. 103,22; Psa. 104,37; Psa. 105,27; Psa. 105,43; Psa. 107,12; Psa. 109,3; Psa. 111,1; Psa. 114,2; Psa. 118,3; Psa. 118,15; Psa. 118,47; Psa. 118,66; Psa. 118,78; Psa. 118,105; Psa. 118,109; Psa. 121,2; Psa. 121,7; Psa. 127,1; Psa. 133,2; Psa. 134,6; Psa. 134,6; Psa. 136,2; Psa. 137,5; Psa. 140,5; Psa. 143,13; Psa. 143,14; Psa. 144,17; Psa. 146,10; Psa. 149,6; Psa. 150,2; Ode. 4,17; Ode. 10,6; Ode. 12,13; Ode. 12,15; Prov. 3,22a; Prov. 9,15; Prov. 11,20; Prov. 14,1; Prov. 14,2; Prov. 22,13; Prov. 22,13; Prov. 26,13; Prov. 31,13; Prov. 31,15; Eccl. 11,4; Eccl. 12,3; Song 2,7; Song 2,7; Song 3,2; Song 3,2; Song 3,5; Song 3,5; Song 5,8; Song 5,8; Song 8,4; Song 8,4; Job 3,20; Job 19,12; Job 31,7; Wis. 1,16; Wis. 6,16; Wis. 9,11; Wis. 13,19; Wis. 19,4; Wis. 19,6; Wis. 19,13; Wis. 19,17; Sir. 6,37; Sir. 8,8; Sir. 9,7; Sir. 12,14; Sir. 12,18; Sir. 14,22; Sir. 23,15; Sir. 44,3; Sir. 44,7; Sir. 44,12; Sir. 44,16; Sir. 48,23; Sir. 50,24; Sol. 2,12; Sol. 9,2; Sol. 13,3; Sol. 17,5; Sol. 17,14; Sol. 17,28; Sol. 17,32; Sol. 17,37; Sol. 17,44; Sol. 18,6; Hos. 4,8; Hos. 4,19; Hos. 5,5; Hos. 5,9; Hos. 7,3; Hos. 7,14; Hos. 9,4; Hos. 10,10; Hos. 11,6; Hos. 11,6; Hos. 13,10; Hos. 14,2; Amos 1,3; Amos 1,3; Amos 1,6; Amos 1,6; Amos 1,9; Amos 1,9; Amos 1,11; Amos 1,11; Amos 1,13; Amos 1,13; Amos 2,1; Amos 2,1; Amos 2,4; Amos 2,4; Amos 2,6; Amos 2,6; Amos 3,10; Amos 4,6; Amos 5,21; Amos 6,4; Mic. 2,1; Mic. 4,2; Mic. 6,13; Mic. 6,16; Mic. 7,10; Joel 1,2; Joel 1,2; Joel 1,17; Joel 2,13; Joel 3,2; Joel 4,1; Obad. 3; Jonah 4,2; Nah. 2,5; Nah. 2,5; Hab. 1,5; Hab. 1,15; Hab. 3,17; Zeph. 1,12; Hag. 2,18; Zech. 3,7; Zech. 4,12; Zech. 5,9; Zech. 7,5; Zech. 7,5; Zech. 7,10; Zech. 8,4; Zech. 8,5; Zech. 8,6; Zech. 8,9; Zech. 8,13; Zech. 8,15; Zech. 8,16; Zech. 8,17; Zech. 8,23; Zech. 10,5; Zech. 12,5; Zech. 14,5; Zech. 14,15; Mal. 3,20; Is. 2,2; Is. 2,20; Is. 5,6; Is. 6,2; Is. 6,2; Is. 6,2; Is. 7,1; Is. 7,19; Is. 7,19; Is. 10,5; Is. 14,21; Is. 15,3; Is. 15,3; Is. 23,17; Is. 24,15; Is. 28,2; Is. 39,8; Is. 40,9; Is. 42,12; Is. 42,24; Is. 43,23; Is. 43,24; Is. 43,24; Is. 44,26; Is. 47,12; Is. 47,13; Is. 49,9; Is. 49,9; Is. 50,1; Is. 50,1; Is. 53,6; Is. 55,3; Is. 56,11; Is. 57,5; Is. 57,10; Is. 57,17; Is. 58,3; Is. 59,7; Is. 59,8; Is. 59,14; Is. 62,9; Is. 62,9; Is. 65,3; Jer. 1,2; Jer. 1,3; Jer. 2,22; Jer. 2,33; Jer. 2,34; Jer. 3,2; Jer. 3,2; Jer. 3,2; Jer. 3,6; Jer. 3,16; Jer. 3,17; Jer. 3,18; Jer. 3,21; Jer. 5,1; Jer. 5,1; Jer. 5,6; Jer. 5,18; Jer. 5,31; Jer. 6,16; Jer. 6,16; Jer. 6,25; Jer. 7,17; Jer. 7,17; Jer. 7,23; Jer. 8,13; Jer. 8,13; Jer. 11,21; Jer. 14,16; Jer. 15,4; Jer. 16,9; Jer. 16,18; Jer. 17,19; Jer. 17,20; Jer. 17,21; Jer. 17,27; Jer. 17,27; Jer. 18,4; Jer. 18,6; Jer. 18,15; Jer. 18,22; Jer. 19,3; Jer. 19,13; Jer. 22,2; Jer. 22,4; Jer. 22,23; Jer. 22,27; Jer. 23,6; Jer. 26,4; Jer. 27,4; Jer. 27,20; Jer. 27,30; Jer. 27,38; Jer. 27,39; Jer. 33,18; Jer. 38,24; Jer. 38,29; Jer. 38,34; Jer. 40,10; Jer. 40,12; Jer. 40,13; Jer. 41,17; Jer. 43,3; Jer. 43,3; Jer. 44,9; Jer. 47,10; Jer. 51,14; Jer. 51,20; Jer. 51,21; Jer. 51,24; Jer. 51,25; Jer. 51,25; Bar. 2,4; Bar. 2,4; Bar. 3,34; Bar. 4,20; Lam. 4,5; Lam. 4,8; Lam. 4,14; Lam. 4,18; Lam. 4,20; Lam. 5,9; LetterJ 9; LetterJ 42; LetterJ 62; LetterJ 62; Ezek. 3,20; Ezek. 4,17; Ezek. 6,3; Ezek. 6,3; Ezek. 6,8; Ezek. 7,5; Ezek. 7,7; Ezek. 7,16; Ezek. 7,19; Ezek. 9,4; Ezek. 9,4; Ezek. 11,16; Ezek. 12,15; Ezek. 12,25; Ezek. 13,4; Ezek. 13,18; Ezek. 16,31; Ezek. 16,43; Ezek. 16,47; Ezek. 16,47; Ezek. 16,49; Ezek. 16,51; Ezek. 16,52; Ezek. 16,56; Ezek. 16,61; Ezek. 18,24; Ezek. 20,23; Ezek. 20,30; Ezek. 20,31; Ezek. 20,43; Ezek. 21,29; Ezek. 22,4; Ezek. 22,5; Ezek. 22,5; Ezek. 22,5; Ezek. 22,14; Ezek. 22,15; Ezek. 24,23; Ezek. 26,9; Ezek. 26,11; Ezek. 28,15; Ezek. 28,23; Ezek. 31,3; Ezek. 31,6; Ezek. 31,8; Ezek. 31,12; Ezek. 33,20; Ezek. 33,27; Ezek. 33,27; Ezek. 34,13; Ezek. 34,21; Ezek. 35,4; Ezek. 36,4; Ezek. 36,4; Ezek. 36,4; Ezek. 36,6; Ezek. 36,6; Ezek. 36,17; Ezek. 36,31; Ezek. 36,38; Ezek. 38,17; Ezek. 43,8; Ezek. 44,7; Ezek. 44,18; Ezek. 44,19; Ezek. 44,19; Ezek. 44,24; Ezek. 45,17; Ezek. 45,17; Ezek. 45,17; Ezek. 46,3; Ezek. 46,9; Ezek. 46,11; Ezek. 46,11; Ezek. 46,22; Ezek. 46,23; Ezek. 47,13; Ezek. 47,21; Ezek. 48,15; Ezek. 48,29; Dan. 4,22; Dan. 4,37b; Dan. 4,37b; Dan. 4,37c; Dan. 5,12; Dan. 6,4; Dan. 8,25; Dan. 9,2; Dan. 9,7; Dan. 9,16; Dan. 9,16; Dan. 9,18; Dan. 9,18; Dan. 9,20; Dan. 10,2; Dan. 11,16; Judg. 2,13; Judg. 7,12; Judg. 7,16; Judg. 7,18; Judg. 7,19; Judg. 7,19; Judg. 7,20; Judg. 7,22; Judg. 8,7; Judg. 8,7; Judg. 8,16; Judg. 8,16; Judg. 10,6; Judg. 11,26; Judg. 11,26; Judg. 14,6; Judg. 14,12; Judg. 15,5; Judg. 17,6; Judg. 18,1; Judg. 18,1; Judg. 18,22; Judg. 18,22; Judg. 19,1; Judg. 20,28; Judg. 20,31; Judg. 21,15; Judg. 21,25; Tob. 1,2; Tob. 1,6; Tob. 1,8; Tob. 1,16; Tob. 3,3; Tob.

O, o

3,8; Tob. 4,5; Tob. 9,5; Tob. 11,12; Tob. 13,5; Tob. 13,13; Tob. 13,16; Tob. 14,7; Dan. 1,15; Dan. 2,44; Dan. 5,11; Dan. 9,2; Dan. 9,16; Dan. 9,18; Dan. 10,2; Dan. 11,20; Matt. 3,1; Matt. 4,23; Matt. 6,2; Matt. 6,2; Matt. 6,5; Matt. 6,5; Matt. 9,4; Matt. 9,35; Matt. 10,17; Matt. 11,1; Matt. 11,16; Matt. 11,29; Matt. 12,19; Matt. 21,42; Matt. 22,40; Matt. 23,6; Matt. 23,7; Matt. 23,30; Matt. 23,34; Matt. 24,19; Matt. 24,19; Matt. 24,19; Matt. 24,38; Matt. 24,38; Matt. 25,8; Matt. 28,5; Mark 1,9; Mark 2,6; Mark 2,8; Mark 6,56; Mark 8,1; Mark 12,38; Mark 12,39; Mark 13,17; Mark 13,17; Mark 13,17; Mark 13,24; Mark 16,18; Luke 1,5; Luke 1,6; Luke 1,7; Luke 1,18; Luke 1,39; Luke 1,75; Luke 1,80; Luke 2,1; Luke 2,47; Luke 3,15; Luke 4,2; Luke 4,15; Luke 4,25; Luke 4,43; Luke 5,16; Luke 5,22; Luke 5,35; Luke 6,1; Luke 6,12; Luke 7,38; Luke 7,44; Luke 9,36; Luke 11,43; Luke 11,43; Luke 13,26; Luke 17,26; Luke 17,26; Luke 17,28; Luke 20,46; Luke 20,46; Luke 21,14; Luke 21,21; Luke 21,23; Luke 21,23; Luke 21,23; Luke 23,7; Luke 24,18; Luke 24,27; John 8,24; John 8,24; John 11,2; John 12,3; John 20,25; Acts 1,15; Acts 2,11; Acts 2,17; Acts 2,18; Acts 2,42; Acts 5,37; Acts 6,1; Acts 7,39; Acts 7,41; Acts 7,54; Acts 8,11; Acts 9,20; Acts 9,37; Acts 11,27; Acts 13,5; Acts 13,41; Acts 14,16; Acts 14,16; Acts 15,21; Acts 16,13; Acts 17,16; Acts 18,24; Acts 20,19; Acts 20,34; Acts 24,12; Rom. 1,24; Rom. 2,15; Rom. 3,13; Rom. 3,16; Rom. 5,3; Rom. 5,5; Rom. 6,12; Rom. 12,13; Rom. 15,30; 1Cor. 4,12; 1Cor. 7,8; 1Cor. 7,17; 1Cor. 13,1; 1Cor. 14,20; 1Cor. 14,20; 1Cor. 14,33; 1Cor. 14,34; 1Cor. 15,17; 1Cor. 16,1; 2Cor. 1,22; 2Cor. 3,2; 2Cor. 4,6; 2Cor. 5,11; 2Cor. 7,3; 2Cor. 8,1; 2Cor. 12,5; 2Cor. 12,9; Gal. 1,2; Gal. 1,22; Gal. 1,22; Gal. 5,24; Eph. 2,1; Eph. 2,3; Eph. 3,10; Eph. 3,10; Eph. 3,13; Eph. 3,17; Eph. 4,28; Col. 3,9; Col. 3,15; Col. 3,16; Col. 4,12; 1Th. 3,3; 1Th. 4,11; 2Th. 1,4; 2Th. 1,4; 1Tim. 5,5; 1Tim. 5,5; 1Tim. 5,16; 2Tim. 1,3; 2Tim. 2,4; Heb. 4,15; Heb. 5,7; Heb. 5,11; Heb. 8,12; Heb. 10,1; Heb. 11,38; Heb. 12,3; James 1,1; James 1,1; James 1,8; James 1,11; James 4,3; James 4,16; James 5,1; James 5,1; 1Pet. 1,14; 1Pet. 2,24; 1Pet. 3,15; 2Pet. 1,19; 2Pet. 2,2; 2Pet. 2,13; 2Pet. 3,16; Jude 12; Rev. 1,4; Rev. 1,4; Rev. 1,11; Rev. 2,7; Rev. 2,11; Rev. 2,13; Rev. 2,17; Rev. 2,29; Rev. 3,6; Rev. 3,13; Rev. 3,22; Rev. 6,16; Rev. 7,9; Rev. 8,3; Rev. 8,4; Rev. 9,6; Rev. 9,10; Rev. 9,19; Rev. 9,20; Rev. 10,7; Rev. 14,2; Rev. 18,4; Rev. 20,8; Rev. 22,16)

Τὰς ‣ 2 + 2 = 4
  Article · feminine · plural · accusative ‣ 2 + 2 = 4 (Gen. 21,30; 1Kings 21,34; 2Tim. 2,22; 1Pet. 1,22)

τάς ‣ 1
  Article · feminine · plural · accusative ‣ 1 (1Esdr. 2,14)

τὰς ‣ 2171 + 111 + 338 = 2620
  Article · feminine · plural · accusative ‣ 2171 + 111 + 338 = 2620 (Gen. 1,9; Gen. 3,14; Gen. 3,16; Gen. 3,17; Gen. 6,2; Gen. 6,4; Gen. 6,5; Gen. 7,10; Gen. 8,22; Gen. 14,16; Gen. 16,9; Gen. 17,9; Gen. 17,10; Gen. 17,12; Gen. 17,23; Gen. 18,7; Gen. 18,19; Gen. 19,10; Gen. 19,14; Gen. 19,15; Gen. 19,25; Gen. 19,29; Gen. 19,29; Gen. 20,17; Gen. 22,17; Gen. 24,11; Gen. 24,14; Gen. 24,22; Gen. 24,30; Gen. 24,32; Gen. 24,46; Gen. 24,46; Gen. 24,47; Gen. 24,60; Gen. 24,61; Gen. 26,5; Gen. 27,17; Gen. 27,46; Gen. 30,26; Gen. 30,35; Gen. 30,35; Gen. 30,35; Gen. 30,38; Gen. 30,39; Gen. 30,41; Gen. 30,41; Gen. 31,10; Gen. 31,12; Gen. 31,17; Gen. 31,17; Gen. 31,26; Gen. 31,28; Gen. 31,31; Gen. 31,50; Gen. 32,1; Gen. 32,23; Gen. 32,23; Gen. 33,1; Gen. 33,2; Gen. 33,5; Gen. 33,11; Gen. 34,1; Gen. 34,9; Gen. 34,9; Gen. 34,16; Gen. 34,17; Gen. 34,21; Gen. 34,21; Gen. 34,29; Gen. 35,2; Gen. 35,5; Gen. 35,5; Gen. 36,6; Gen. 36,6; Gen. 39,8; Gen. 40,11; Gen. 40,19; Gen. 41,3; Gen. 41,4; Gen. 41,4; Gen. 41,4; Gen. 41,20; Gen. 41,20; Gen. 41,20; Gen. 41,21; Gen. 41,21; Gen. 43,9; Gen. 43,34; Gen. 43,34; Gen. 44,32; Gen. 45,27; Gen. 46,4; Gen. 46,5; Gen. 46,5; Gen. 47,9; Gen. 48,14; Gen. 50,21; Ex. 1,16; Ex. 1,18; Ex. 1,19; Ex. 2,16; Ex. 2,23; Ex. 2,23; Ex. 3,22; Ex. 4,19; Ex. 4,19; Ex. 5,14; Ex. 5,21; Ex. 7,12; Ex. 7,19; Ex. 8,1; Ex. 9,8; Ex. 9,29; Ex. 9,33; Ex. 12,14; Ex. 12,23; Ex. 13,7; Ex. 16,28; Ex. 16,32; Ex. 16,33; Ex. 17,11; Ex. 17,11; Ex. 17,12; Ex. 18,20; Ex. 20,18; Ex. 21,13; Ex. 21,20; Ex. 23,19; Ex. 23,24; Ex. 23,28; Ex. 23,31; Ex. 24,4; Ex. 24,12; Ex. 25,2; Ex. 25,20; Ex. 25,29; Ex. 26,6; Ex. 26,9; Ex. 26,9; Ex. 26,11; Ex. 27,3; Ex. 27,3; Ex. 27,21; Ex. 28,10; Ex. 28,14; Ex. 28,14; Ex. 28,23 # 28,29a; Ex. 28,30; Ex. 28,41; Ex. 29,4; Ex. 29,5; Ex. 29,9; Ex. 29,9; Ex. 29,9; Ex. 29,10; Ex. 29,10; Ex. 29,10; Ex. 29,11; Ex. 29,15; Ex. 29,19; Ex. 29,21; Ex. 29,24; Ex. 29,24; Ex. 29,29; Ex. 29,32; Ex. 29,33; Ex. 29,35; Ex. 30,10; Ex. 30,19; Ex. 30,21; Ex. 30,31; Ex. 31,10; Ex. 31,10; Ex. 31,10; Ex. 31,13; Ex. 31,16; Ex. 31,18; Ex. 32,19; Ex. 32,29; Ex. 33,5; Ex. 33,8; Ex. 34,4; Ex. 34,4; Ex. 34,9; Ex. 34,9; Ex. 34,13; Ex. 35,5; Ex. 35,19; Ex. 35,19; Ex. 35,19; Ex. 35,21; Ex. 35,26; Ex. 35,26; Ex. 35,28; Ex. 36,6; Ex. 36,8; Ex. 36,21; Ex. 36,23; Ex. 36,25; Ex. 36,25; Ex. 36,35; Ex. 36,36; Ex. 37,6; Ex. 37,6; Ex. 38,12; Ex. 38,17; Ex. 38,17; Ex. 38,18; Ex. 38,20; Ex. 38,20; Ex. 38,20; Ex. 38,20; Ex. 38,23; Ex. 38,23; Ex. 38,26; Ex. 38,27; Ex. 39,3; Ex. 39,4; Ex. 39,5; Ex. 39,5; Ex. 39,7; Ex. 39,8; Ex. 39,8; Ex. 39,13; Ex. 39,13; Ex. 39,18; Ex. 39,18; Ex. 39,20; Ex. 40,6; Ex. 40,12; Ex. 40,13; Ex. 40,13; Ex. 40,15; Ex. 40,18; Ex. 40,19; Ex. 40,29; Lev. 3,2; Lev. 3,2; Lev. 3,8; Lev. 3,8; Lev. 3,13; Lev. 3,13; Lev. 3,17; Lev. 4,5; Lev. 4,7; Lev. 4,14; Lev. 4,15; Lev. 5,21; Lev. 6,11; Lev. 7,36; Lev. 8,2; Lev. 8,14; Lev. 8,18; Lev. 8,22; Lev. 8,27; Lev. 8,27; Lev. 8,30; Lev. 8,30; Lev. 8,30; Lev. 8,30; Lev. 8,33; Lev. 9,17; Lev. 9,22; Lev. 10,9; Lev. 11,4; Lev. 11,43; Lev. 11,44; Lev. 12,2; Lev. 13,46; Lev. 14,9; Lev. 14,46; Lev. 15,11; Lev. 15,14; Lev. 15,26; Lev. 16,12; Lev. 16,21; Lev. 16,21; Lev. 16,21; Lev. 16,21; Lev. 16,22; Lev. 16,29; Lev. 16,31; Lev. 16,32; Lev. 17,5; Lev. 17,5; Lev. 17,6; Lev. 17,7; Lev. 17,7; Lev. 20,25; Lev. 21,5; Lev. 21,6; Lev. 21,17; Lev. 21,21; Lev. 22,3; Lev. 22,31; Lev. 23,14; Lev. 23,21; Lev. 23,27; Lev. 23,31; Lev. 23,32; Lev. 23,41; Lev. 23,44; Lev. 24,3; Lev. 24,14; Lev. 25,18; Lev. 25,30; Lev. 26,3; Lev. 26,15; Lev. 26,21; Lev. 26,25; Lev. 26,28; Lev. 26,29; Lev. 26,29; Lev. 26,30; Lev. 26,31; Lev. 26,34; Lev. 26,35; Lev. 26,39; Lev. 26,40; Lev. 26,40; Lev. 26,41; Lev. 26,43; Num. 3,3; Num. 3,7; Num. 3,7; Num. 3,8; Num. 3,28; Num. 3,32; Num. 3,36; Num. 3,36; Num. 3,37; Num. 3,38; Num. 3,38; Num. 4,7; Num. 4,9; Num. 4,9; Num. 4,14; Num. 4,14; Num. 4,25; Num. 4,27; Num. 4,31; Num. 4,31; Num. 4,32; Num. 5,3; Num. 5,18; Num. 5,23; Num. 6,4; Num. 6,5; Num. 6,6; Num. 6,8; Num. 6,10; Num. 6,12; Num. 6,13; Num. 6,18; Num. 6,18; Num. 6,19; Num. 7,6; Num. 7,7; Num. 7,7; Num. 7,8; Num. 7,8; Num. 7,88; Num. 8,10; Num. 8,12; Num. 8,12; Num. 9,18; Num. 10,2; Num. 10,8; Num. 14,34; Num. 15,21; Num. 15,22; Num. 15,23; Num. 15,31; Num. 15,38; Num. 15,40; Num. 16,9; Num. 16,18; Num. 16,27; Num. 16,30; Num. 17,22; Num. 17,24; Num. 18,1; Num. 18,1; Num. 18,3; Num. 18,3; Num. 18,4; Num. 18,4; Num. 18,5; Num. 18,5; Num. 18,6; Num. 18,7; Num. 18,23; Num. 19,18; Num. 21,2; Num. 21,3; Num. 21,25; Num. 21,32; Num. 21,34; Num. 25,1; Num. 27,18; Num. 27,23; Num. 28,24; Num. 28,31; Num. 29,7; Num. 29,39; Num. 29,39; Num. 30,5; Num. 30,6; Num. 30,13; Num. 30,15; Num. 31,9; Num. 31,10; Num. 31,10; Num. 31,10; Num. 31,29; Num. 31,30; Num. 31,47; Num. 31,48; Num. 32,7; Num. 32,18; Num. 32,30; Num. 32,33; Num. 32,41; Num. 32,42; Num. 33,2; Num. 33,52; Num. 33,52; Num. 35,6; Num. 35,6; Num. 35,7; Num. 35,8; Num. 35,13; Num. 35,14; Num. 35,14; Num. 35,29; Deut. 1,12; Deut. 1,13; Deut. 1,22; Deut. 2,24; Deut. 2,30; Deut. 2,34; Deut. 2,36; Deut. 2,36; Deut.

2,37; Deut. 2,37; Deut. 3,2; Deut. 3,3; Deut. 3,6; Deut. 3,12; Deut. 3,21; Deut. 4,2; Deut. 4,9; Deut. 4,10; Deut. 4,15; Deut. 4,32; Deut. 4,40; Deut. 4,40; Deut. 5,29; Deut. 5,29; Deut. 5,31; Deut. 6,2; Deut. 6,2; Deut. 6,9; Deut. 6,17; Deut. 6,24; Deut. 6,25; Deut. 7,2; Deut. 7,5; Deut. 7,9; Deut. 7,11; Deut. 7,15; Deut. 7,20; Deut. 7,23; Deut. 7,24; Deut. 8,1; Deut. 8,2; Deut. 8,6; Deut. 8,11; Deut. 9,4; Deut. 9,6; Deut. 9,9; Deut. 9,9; Deut. 9,10; Deut. 9,10; Deut. 9,11; Deut. 9,11; Deut. 10,1; Deut. 10,2; Deut. 10,3; Deut. 10,3; Deut. 10,4; Deut. 10,5; Deut. 10,13; Deut. 11,1; Deut. 11,1; Deut. 11,6; Deut. 11,8; Deut. 11,13; Deut. 11,20; Deut. 11,22; Deut. 11,27; Deut. 11,28; Deut. 11,28; Deut. 11,31; Deut. 11,32; Deut. 12,1; Deut. 12,3; Deut. 12,6; Deut. 12,6; Deut. 12,11; Deut. 12,17; Deut. 12,17; Deut. 12,26; Deut. 12,31; Deut. 13,5; Deut. 13,17; Deut. 13,19; Deut. 14,7; Deut. 14,23; Deut. 15,5; Deut. 15,8; Deut. 15,11; Deut. 16,3; Deut. 16,12; Deut. 17,19; Deut. 17,19; Deut. 18,4; Deut. 19,9; Deut. 19,9; Deut. 19,9; Deut. 20,13; Deut. 20,15; Deut. 20,15; Deut. 21,2; Deut. 21,2; Deut. 21,6; Deut. 21,10; Deut. 22,21; Deut. 23,6; Deut. 23,7; Deut. 24,1; Deut. 24,3; Deut. 25,3; Deut. 26,13; Deut. 26,18; Deut. 27,1; Deut. 27,10; Deut. 28,1; Deut. 28,15; Deut. 28,29; Deut. 28,29; Deut. 28,33; Deut. 28,35; Deut. 28,45; Deut. 28,59; Deut. 28,59; Deut. 29,20; Deut. 29,20; Deut. 29,21; Deut. 29,21; Deut. 29,26; Deut. 29,26; Deut. 30,3; Deut. 30,7; Deut. 30,8; Deut. 30,10; Deut. 30,10; Deut. 30,10; Deut. 30,16; Deut. 30,16; Deut. 31,12; Deut. 31,13; Deut. 31,14; Deut. 31,14; Deut. 31,15; Deut. 31,15; Deut. 31,18; Deut. 32,11; Deut. 33,3; Deut. 33,12; Deut. 34,9; Josh. 1,5; Josh. 1,8; Josh. 2,7; Josh. 2,22; Josh. 6,13; Josh. 6,13; Josh. 6,26; Josh. 6,26; Josh. 7,6; Josh. 7,24; Josh. 8,1; Josh. 8,18; Josh. 8,34 # 9,2e; Josh. 8,34 # 9,2e; Josh. 9,17; Josh. 10,6; Josh. 10,8; Josh. 10,19; Josh. 10,19; Josh. 10,20; Josh. 10,20; Josh. 10,32; Josh. 10,39; Josh. 11,12; Josh. 11,13; Josh. 11,13; Josh. 13,10; Josh. 13,17; Josh. 13,17; Josh. 13,21; Josh. 13,30; Josh. 17,11; Josh. 17,11; Josh. 17,11; Josh. 17,12; Josh. 19,51; Josh. 20,2; Josh. 21,3; Josh. 21,8; Josh. 21,9; Josh. 21,12; Josh. 21,27; Josh. 21,27; Josh. 21,42d; Josh. 21,42d; Josh. 21,44; Josh. 22,3; Josh. 22,5; Josh. 22,5; Josh. 23,4; Josh. 24,8; Josh. 24,11; Josh. 24,29; Josh. 24,29; Josh. 24,31a; Josh. 24,31a; Judg. 1,20; Judg. 1,27; Judg. 1,27; Judg. 1,27; Judg. 1,27; Judg. 1,27; Judg. 1,27; Judg. 2,7; Judg. 2,7; Judg. 2,18; Judg. 3,2; Judg. 3,3; Judg. 3,4; Judg. 3,6; Judg. 3,6; Judg. 3,23; Judg. 3,25; Judg. 3,28; Judg. 5,11; Judg. 5,17; Judg. 6,5; Judg. 7,8; Judg. 7,19; Judg. 7,19; Judg. 7,20; Judg. 8,7; Judg. 9,15; Judg. 9,24; Judg. 9,25; Judg. 12,5; Judg. 12,6; Judg. 14,17; Judg. 14,19; Judg. 16,9; Judg. 16,13; Judg. 18,31; Judg. 19,27; Judg. 19,29; Judg. 20,32; Judg. 20,48; Judg. 20,48; Judg. 20,48; Judg. 21,10; Judg. 21,14; Ruth 2,12; 1Sam. 1,21; 1Sam. 1,21; 1Sam. 1,28; 1Sam. 2,32; 1Sam. 2,35; 1Sam. 3,15; 1Sam. 5,3; 1Sam. 5,6; 1Sam. 5,9; 1Sam. 5,12; 1Sam. 6,6; 1Sam. 6,7; 1Sam. 6,14; 1Sam. 7,3; 1Sam. 7,4; 1Sam. 7,13; 1Sam. 7,15; 1Sam. 8,13; 1Sam. 8,16; 1Sam. 9,3; 1Sam. 9,5; 1Sam. 10,14; 1Sam. 10,19; 1Sam. 12,19; 1Sam. 14,10; 1Sam. 14,13; 1Sam. 14,19; 1Sam. 14,38; 1Sam. 14,52; 1Sam. 17,1; 1Sam. 17,44; 1Sam. 17,53; 1Sam. 18,8; 1Sam. 18,8; 1Sam. 18,27; 1Sam. 20,9; 1Sam. 20,31; 1Sam. 20,36; 1Sam. 20,38; 1Sam. 21,8; 1Sam. 21,14; 1Sam. 22,4; 1Sam. 22,9; 1Sam. 22,17; 1Sam. 23,14; 1Sam. 23,14; 1Sam. 23,16; 1Sam. 23,20; 1Sam. 24,4; 1Sam. 24,4; 1Sam. 24,5; 1Sam. 25,7; 1Sam. 25,15; 1Sam. 25,16; 1Sam. 26,8; 1Sam. 26,23; 1Sam. 27,11; 1Sam. 28,2; 1Sam. 29,1; 1Sam. 30,2; 1Sam. 30,6; 1Sam. 30,17; 1Sam. 30,18; 1Sam. 31,7; 2Sam. 4,12; 2Sam. 5,19; 2Sam. 5,19; 2Sam. 6,18; 2Sam. 6,18; 2Sam. 12,8; 2Sam. 12,11; 2Sam. 13,8; 2Sam. 13,10; 2Sam. 13,19; 2Sam. 13,37; 2Sam. 15,7; 2Sam. 16,21; 2Sam. 16,22; 2Sam. 18,12; 2Sam. 19,14; 2Sam. 20,3; 2Sam. 20,3; 2Sam. 23,23; 2Sam. 24,7; 1Kings 2,3; 1Kings 2,35f; 1Kings 2,35k; 1Kings 2,46b; 1Kings 2,46g; 1Kings 2,46h; 1Kings 3,14; 1Kings 3,14; 1Kings 5,1; 1Kings 5,15; 1Kings 6,27; 1Kings 7,4; 1Kings 7,21; 1Kings 7,23; 1Kings 7,25; 1Kings 7,26; 1Kings 7,26; 1Kings 7,28; 1Kings 7,29; 1Kings 7,31; 1Kings 7,31; 1Kings 7,35; 1Kings 7,35; 1Kings 7,36; 1Kings 8,6; 1Kings 8,22; 1Kings 8,25; 1Kings 8,38; 1Kings 8,39; 1Kings 8,40; 1Kings 8,58; 1Kings 8,63; 1Kings 8,64; 1Kings 8,64; 1Kings 9,3; 1Kings 9,4; 1Kings 9,6; 1Kings 9,12; 1Kings 10,19; 1Kings 10,22a # 9,15; 1Kings 10,22a # 9,15; 1Kings 10,27; 1Kings 10,27; 1Kings 11,2; 1Kings 11,11; 1Kings 11,14; 1Kings 11,28; 1Kings 11,34; 1Kings 11,36; 1Kings 11,38; 1Kings 12,7; 1Kings 12,24b; 1Kings 12,24o; 1Kings 12,24o; 1Kings 14,30; 1Kings 15,5; 1Kings 15,12; 1Kings 15,13; 1Kings 15,14; 1Kings 15,16; 1Kings 16,20; 1Kings 17,18; 1Kings 18,10; 1Kings 18,33; 1Kings 18,33; 1Kings 18,34; 1Kings 18,38; 1Kings 19,20; 1Kings 21,5; 1Kings 21,6; 1Kings 21,31; 1Kings 21,31; 1Kings 21,31; 1Kings 21,32; 1Kings 21,32; 1Kings 22,34; 1Kings 22,39; 2Kings 1,18c; 2Kings 3,2; 2Kings 3,25; 2Kings 4,34; 2Kings 4,34; 2Kings 7,7; 2Kings 8,12; 2Kings 8,19; 2Kings 9,23; 2Kings 9,36; 2Kings 10,7; 2Kings 10,8; 2Kings 10,27; 2Kings 10,34; 2Kings 11,18; 2Kings 12,3; 2Kings 13,3; 2Kings 13,16; 2Kings 13,16; 2Kings 13,22; 2Kings 13,25; 2Kings 13,25; 2Kings 15,16; 2Kings 17,13; 2Kings 17,16; 2Kings 17,17; 2Kings 17,19; 2Kings 17,37; 2Kings 17,37; 2Kings 18,4; 2Kings 18,6; 2Kings 18,13; 2Kings 18,13; 2Kings 18,16; 2Kings 18,35; 2Kings 20,6; 2Kings 23,3; 2Kings 23,14; 2Kings 23,22; 2Kings 24,15; 2Kings 25,13; 2Kings 25,14; 2Kings 25,14; 2Kings 25,15; 2Kings 25,15; 2Kings 25,15; 2Kings 25,29; 2Kings 25,30; 1Chr. 2,23; 1Chr. 2,23; 1Chr. 6,17; 1Chr. 6,41; 1Chr. 6,42; 1Chr. 6,49; 1Chr. 6,50; 1Chr. 6,52; 1Chr. 8,12; 1Chr. 9,19; 1Chr. 9,27; 1Chr. 10,7; 1Chr. 12,33; 1Chr. 14,10; 1Chr. 14,10; 1Chr. 18,1; 1Chr. 21,23; 1Chr. 23,28; 1Chr. 23,32; 1Chr. 23,32; 1Chr. 28,7; 1Chr. 28,8; 1Chr. 28,12; 1Chr. 29,5; 1Chr. 29,8; 1Chr. 29,18; 1Chr. 29,19; 1Chr. 29,21; 2Chr. 1,15; 2Chr. 1,15; 2Chr. 3,15; 2Chr. 4,7; 2Chr. 4,7; 2Chr. 4,11; 2Chr. 4,12; 2Chr. 4,13; 2Chr. 4,14; 2Chr. 4,16; 2Chr. 4,19; 2Chr. 4,20; 2Chr. 4,21; 2Chr. 4,21; 2Chr. 4,22; 2Chr. 5,8; 2Chr. 6,12; 2Chr. 6,13; 2Chr. 6,29; 2Chr. 6,30; 2Chr. 6,31; 2Chr. 6,31; 2Chr. 7,1; 2Chr. 7,6; 2Chr. 7,16; 2Chr. 7,19; 2Chr. 8,2; 2Chr. 8,4; 2Chr. 8,4; 2Chr. 8,6; 2Chr. 8,6; 2Chr. 8,6; 2Chr. 8,6; 2Chr. 8,13; 2Chr. 8,14; 2Chr. 8,14; 2Chr. 8,14; 2Chr. 8,14; 2Chr. 8,15; 2Chr. 9,27; 2Chr. 9,27; 2Chr. 10,7; 2Chr. 11,21; 2Chr. 11,21; 2Chr. 12,1; 2Chr. 12,15; 2Chr. 13,9; 2Chr. 13,11; 2Chr. 13,16; 2Chr. 13,19; 2Chr. 13,19; 2Chr. 13,19; 2Chr. 13,20; 2Chr. 14,2; 2Chr. 14,3; 2Chr. 14,6; 2Chr. 14,13; 2Chr. 14,13; 2Chr. 15,5; 2Chr. 15,17; 2Chr. 16,4; 2Chr. 16,4; 2Chr. 16,8; 2Chr. 18,5; 2Chr. 20,29; 2Chr. 21,7; 2Chr. 21,17; 2Chr. 23,4; 2Chr. 23,8; 2Chr. 23,9; 2Chr. 23,18; 2Chr. 23,19; 2Chr. 24,2; 2Chr. 24,5; 2Chr. 24,14; 2Chr. 24,20; 2Chr. 24,24; 2Chr. 25,13; 2Chr. 27,6; 2Chr. 28,2; 2Chr. 28,5; 2Chr. 28,9; 2Chr. 28,18; 2Chr. 28,18; 2Chr. 28,18; 2Chr. 28,18; 2Chr. 28,24; 2Chr. 29,3; 2Chr. 29,7; 2Chr. 29,23; 2Chr. 29,31; 2Chr. 31,1; 2Chr. 31,1; 2Chr. 31,2; 2Chr. 31,2; 2Chr. 31,3; 2Chr. 31,3; 2Chr. 31,3; 2Chr. 31,3; 2Chr. 31,12; 2Chr. 31,14; 2Chr. 31,15; 2Chr. 32,1; 2Chr. 32,1; 2Chr. 34,22; 2Chr. 34,31; 2Chr. 34,33; 2Chr. 35,2; 2Chr. 35,4; 2Chr. 35,5; 2Chr. 35,10; 2Chr. 35,15; 2Chr. 36,5c; 2Chr. 36,17; 2Chr. 36,19; 2Chr. 36,21; 2Chr. 36,23; 1Esdr. 1,4; 1Esdr. 1,4; 1Esdr. 1,6; 1Esdr. 1,11; 1Esdr. 1,12; 1Esdr. 1,13; 1Esdr. 1,16; 1Esdr. 1,47; 1Esdr. 1,50; 1Esdr. 1,51; 1Esdr. 1,51; 1Esdr. 4,17; 1Esdr. 4,26; 1Esdr. 4,27; 1Esdr. 4,47; 1Esdr. 4,49; 1Esdr. 4,50; 1Esdr. 4,61; 1Esdr. 5,4; 1Esdr. 5,37; 1Esdr. 5,43; 1Esdr. 5,60; 1Esdr. 7,15; 1Esdr. 8,28; 1Esdr. 8,28; 1Esdr. 8,66; 1Esdr. 8,70; 1Esdr. 8,72; 1Esdr. 8,74; 1Esdr. 8,81; 1Esdr. 8,81; 1Esdr. 8,83; 1Esdr. 8,84; 1Esdr. 8,90; 1Esdr. 8,90; 1Esdr. 9,20; 1Esdr. 9,20; 1Esdr. 9,47; Ezra 1,2; Ezra 3,5; Ezra 3,5; Ezra 4,4;

Ezra 4,5; Ezra 6,22; Ezra 9,5; Ezra 9,12; Ezra 9,13; Ezra 10,3; Ezra 10,9; Neh. 1,5; Neh. 1,7; Neh. 1,9; Neh. 2,8; Neh. 2,9; Neh. 4,15; Neh. 5,5; Neh. 5,15; Neh. 5,15; Neh. 6,9; Neh. 6,10; Neh. 7,1; Neh. 9,2; Neh. 9,2; Neh. 9,6; Neh. 9,24; Neh. 10,30; Neh. 10,31; Neh. 10,34; Neh. 10,40; Neh. 11,25; Neh. 12,9; Neh. 13,19; Neh. 13,19; Neh. 13,22; Neh. 13,25; Esth. 12,2 # 1,1n; Esth. 12,2 # 1,1n; Esth. 2,17; Esth. 14,8 # 4,170; Esth. 14,8 # 4,170; Esth. 15,2 # 5,1a; Esth. 15,6 # 5,1c; Esth. 15,8 # 5,1e; Esth. 6,2; Esth. 8,7; Esth. 9,21; Judith 1,4; Judith 1,14; Judith 2,8; Judith 2,24; Judith 2,24; Judith 2,24; Judith 2,26; Judith 2,27; Judith 3,6; Judith 3,6; Judith 4,5; Judith 4,5; Judith 4,7; Judith 4,9; Judith 4,10; Judith 4,11; Judith 4,12; Judith 4,12; Judith 4,14; Judith 4,14; Judith 4,15; Judith 5,1; Judith 6,6; Judith 6,11; Judith 6,19; Judith 7,1; Judith 7,7; Judith 7,7; Judith 7,13; Judith 7,17; Judith 7,25; Judith 7,27; Judith 7,27; Judith 7,28; Judith 7,32; Judith 8,6; Judith 8,16; Judith 8,36; Judith 10,3; Judith 11,13; Judith 11,13; Judith 12,18; Judith 13,1; Judith 13,10; Judith 13,18; Judith 13,18; Judith 14,3; Judith 14,11; Judith 15,11; Judith 15,11; Judith 16,4; Judith 16,8; Judith 16,21; Judith 16,22; Tob. 1,3; Tob. 1,4; Tob. 1,4; Tob. 1,6; Tob. 1,6; Tob. 1,6; Tob. 3,5; Tob. 4,3; Tob. 4,5; Tob. 4,5; Tob. 4,5; Tob. 5,14; Tob. 8,20; Tob. 9,4; Tob. 10,7; Tob. 12,15; Tob. 12,19; Tob. 13,12; Tob. 14,2; Tob. 14,5; 1Mac. 1,16; 1Mac. 1,19; 1Mac. 1,19; 1Mac. 1,22; 1Mac. 1,22; 1Mac. 1,22; 1Mac. 1,29; 1Mac. 1,32; 1Mac. 1,44; 1Mac. 1,48; 1Mac. 1,60; 1Mac. 1,60; 1Mac. 2,6; 1Mac. 2,6; 1Mac. 2,50; 1Mac. 2,65; 1Mac. 3,12; 1Mac. 3,20; 1Mac. 3,27; 1Mac. 3,30; 1Mac. 3,34; 1Mac. 3,37; 1Mac. 3,37; 1Mac. 3,37; 1Mac. 3,49; 1Mac. 3,49; 1Mac. 4,38; 1Mac. 4,48; 1Mac. 4,57; 1Mac. 5,8; 1Mac. 5,13; 1Mac. 5,36; 1Mac. 5,45; 1Mac. 5,47; 1Mac. 5,65; 1Mac. 6,1; 1Mac. 6,35; 1Mac. 6,39; 1Mac. 6,52; 1Mac. 8,2; 1Mac. 8,10; 1Mac. 8,11; 1Mac. 8,11; 1Mac. 9,9; 1Mac. 9,67; 1Mac. 9,71; 1Mac. 10,7; 1Mac. 10,15; 1Mac. 10,15; 1Mac. 10,26; 1Mac. 10,36; 1Mac. 10,47; 1Mac. 10,80; 1Mac. 10,84; 1Mac. 10,84; 1Mac. 11,3; 1Mac. 11,3; 1Mac. 11,28; 1Mac. 11,35; 1Mac. 11,38; 1Mac. 11,46; 1Mac. 11,53; 1Mac. 12,8; 1Mac. 12,17; 1Mac. 12,45; 1Mac. 12,45; 1Mac. 12,46; 1Mac. 12,48; 1Mac. 13,3; 1Mac. 13,46; 1Mac. 13,47; 1Mac. 14,1; 1Mac. 14,4; 1Mac. 14,4; 1Mac. 14,7; 1Mac. 14,33; 1Mac. 15,19; 1Mac. 15,23; 1Mac. 15,25; 1Mac. 15,30; 1Mac. 15,39; 1Mac. 15,41; 1Mac. 16,14; 1Mac. 16,14; 1Mac. 16,18; 2Mac. 1,9; 2Mac. 1,16; 2Mac. 2,12; 2Mac. 2,16; 2Mac. 2,21; 2Mac. 3,3; 2Mac. 3,8; 2Mac. 3,19; 2Mac. 3,20; 2Mac. 3,25; 2Mac. 4,11; 2Mac. 4,14; 2Mac. 4,15; 2Mac. 4,15; 2Mac. 4,16; 2Mac. 4,20; 2Mac. 4,25; 2Mac. 4,32; 2Mac. 4,50; 2Mac. 5,12; 2Mac. 5,17; 2Mac. 5,24; 2Mac. 6,8; 2Mac. 6,12; 2Mac. 6,12; 2Mac. 6,26; 2Mac. 7,10; 2Mac. 7,12; 2Mac. 7,14; 2Mac. 7,20; 2Mac. 7,31; 2Mac. 7,32; 2Mac. 7,42; 2Mac. 8,1; 2Mac. 8,7; 2Mac. 8,7; 2Mac. 8,11; 2Mac. 8,15; 2Mac. 8,19; 2Mac. 8,20; 2Mac. 9,9; 2Mac. 9,16; 2Mac. 9,16; 2Mac. 9,25; 2Mac. 10,8; 2Mac. 10,25; 2Mac. 10,25; 2Mac. 10,35; 2Mac. 10,36; 2Mac. 11,2; 2Mac. 12,9; 2Mac. 12,12; 2Mac. 12,21; 2Mac. 12,28; 2Mac. 13,25; 2Mac. 14,14; 2Mac. 14,26; 2Mac. 14,31; 2Mac. 14,34; 2Mac. 14,41; 2Mac. 15,5; 2Mac. 15,12; 2Mac. 15,21; 2Mac. 15,39; 3Mac. 1,4; 3Mac. 1,6; 3Mac. 1,18; 3Mac. 1,18; 3Mac. 1,20; 3Mac. 2,1; 3Mac. 2,13; 3Mac. 2,19; 3Mac. 2,19; 3Mac. 2,20; 3Mac. 2,30; 3Mac. 2,31; 3Mac. 3,4; 3Mac. 4,8; 3Mac. 4,18; 3Mac. 5,5; 3Mac. 5,25; 3Mac. 5,29; 3Mac. 5,42; 3Mac. 5,44; 3Mac. 5,50; 3Mac. 6,18; 3Mac. 6,21; 3Mac. 6,36; 3Mac. 7,19; 4Mac. 1,29; 4Mac. 1,33; 4Mac. 1,33; 4Mac. 3,12; 4Mac. 3,17; 4Mac. 3,17; 4Mac. 3,18; 4Mac. 3,18; 4Mac. 4,7; 4Mac. 4,11; 4Mac. 4,24; 4Mac. 5,9; 4Mac. 5,37; 4Mac. 6,6; 4Mac. 6,7; 4Mac. 6,24; 4Mac. 8,19; 4Mac. 8,20; 4Mac. 9,1; 4Mac. 9,6; 4Mac. 9,7; 4Mac. 9,11; 4Mac. 9,17; 4Mac. 9,22; 4Mac. 9,32; 4Mac. 10,5; 4Mac. 10,8; 4Mac. 13,6; 4Mac. 13,13; 4Mac. 13,24; 4Mac. 14,12; 4Mac. 14,15; 4Mac. 14,16; 4Mac. 15,4; 4Mac. 15,7; 4Mac. 15,15; 4Mac. 15,15; 4Mac. 16,1; 4Mac. 16,17; 4Mac. 16,17; 4Mac. 17,2; 4Mac. 17,10; 4Mac. 17,19; 4Mac. 18,20; 4Mac. 18,21; Psa. 1,3; Psa. 9,15; Psa. 15,4; Psa. 17,22; Psa. 17,51; Psa. 20,14; Psa. 21,26; Psa. 22,6; Psa. 24,4; Psa. 24,4; Psa. 24,18; Psa. 25,6; Psa. 26,2; Psa. 26,4; Psa. 28,5; Psa. 31,9; Psa. 32,15; Psa. 32,19; Psa. 36,18; Psa. 36,33; Psa. 36,35; Psa. 38,2; Psa. 38,6; Psa. 38,11; Psa. 39,13; Psa. 41,2; Psa. 43,5; Psa. 43,19; Psa. 47,14; Psa. 47,14; Psa. 49,14; Psa. 50,11; Psa. 50,15; Psa. 54,10; Psa. 54,24; Psa. 57,7; Psa. 57,10; Psa. 57,11; Psa. 60,9; Psa. 61,9; Psa. 62,5; Psa. 63,4; Psa. 64,4; Psa. 65,12; Psa. 65,13; Psa. 68,5; Psa. 71,14; Psa. 72,13; Psa. 72,14; Psa. 72,18; Psa. 72,28; Psa. 73,3; Psa. 73,3; Psa. 73,6; Psa. 73,8; Psa. 73,13; Psa. 73,14; Psa. 77,4; Psa. 77,4; Psa. 77,7; Psa. 77,47; Psa. 77,55; Psa. 78,2; Psa. 79,10; Psa. 79,11; Psa. 79,12; Psa. 83,3; Psa. 84,3; Psa. 84,3; Psa. 86,2; Psa. 87,10; Psa. 88,30; Psa. 88,32; Psa. 88,33; Psa. 88,33; Psa. 88,46; Psa. 89,8; Psa. 90,4; Psa. 94,8; Psa. 94,10; Psa. 95,8; Psa. 96,10; Psa. 99,4; Psa. 99,4; Psa. 100,8; Psa. 102,2; Psa. 102,3; Psa. 102,7; Psa. 102,10; Psa. 102,10; Psa. 102,12; Psa. 104,32; Psa. 104,33; Psa. 104,33; Psa. 105,2; Psa. 105,2; Psa. 105,15; Psa. 105,37; Psa. 105,42; Psa. 106,17; Psa. 115,9; Psa. 118,4; Psa. 118,6; Psa. 118,15; Psa. 118,19; Psa. 118,26; Psa. 118,40; Psa. 118,45; Psa. 118,48; Psa. 118,48; Psa. 118,59; Psa. 118,60; Psa. 118,63; Psa. 118,69; Psa. 118,73; Psa. 118,87; Psa. 118,100; Psa. 118,115; Psa. 118,120; Psa. 118,127; Psa. 118,128; Psa. 118,131; Psa. 118,134; Psa. 118,159; Psa. 118,166; Psa. 118,168; Psa. 118,173; Psa. 118,176; Psa. 124,5; Psa. 127,5; Psa. 133,2; Psa. 134,11; Psa. 138,3; Psa. 138,9; Psa. 138,20; Psa. 138,23; Psa. 141,4; Psa. 142,6; Psa. 143,1; Psa. 146,2; Ode. 2,11; Ode. 7,28; Ode. 7,37; Ode. 9,75; Ode. 11,17; Ode. 11,20; Ode. 12,12; Ode. 14,19; Ode. 14,21; Prov. 3,6; Prov. 3,23; Prov. 3,31; Prov. 4,26; Prov. 4,27a; Prov. 4,27b; Prov. 4,27b; Prov. 5,21; Prov. 6,6; Prov. 7,1; Prov. 7,6; Prov. 7,14; Prov. 7,25; Prov. 8,24; Prov. 8,24; Prov. 8,34; Prov. 8,36; Prov. 10,9; Prov. 14,8; Prov. 16,17; Prov. 19,3; Prov. 20,24; Prov. 21,29; Prov. 22,27; Prov. 23,31; Prov. 24,22; Prov. 25,10a; Prov. 26,26; Prov. 30,14; Prov. 31,19; Eccl. 4,1; Eccl. 4,1; Eccl. 4,5; Eccl. 4,5; Eccl. 5,19; Eccl. 9,9; Eccl. 10,20; Eccl. 11,8; Eccl. 12,13; Song 1,8; Job 1,4; Job 1,5; Job 1,17; Job 6,2; Job 10,6; Job 13,14; Job 14,17; Job 20,27; Job 21,6; Job 22,27; Job 33,11; Job 33,25; Job 36,11; Job 39,26; Job 42,15; Wis. 6,3; Wis. 7,14; Wis. 18,13; Sir. 2,6; Sir. 2,15; Sir. 2,17; Sir. 6,24; Sir. 6,26; Sir. 8,1; Sir. 9,3; Sir. 10,13; Sir. 11,26; Sir. 14,21; Sir. 16,20; Sir. 16,27; Sir. 17,8; Sir. 17,19; Sir. 28,1; Sir. 28,5; Sir. 30,12; Sir. 31,11; Sir. 33,11; Sir. 33,29; Sir. 35,22; Sir. 36,14; Sir. 38,1; Sir. 45,15; Sir. 47,11; Sir. 47,19; Sir. 48,20; Sir. 49,6; Sir. 50,23; Sir. 51,19; Sol. 2,7; Sol. 2,16; Sol. 2,16; Sol. 2,17; Sol. 8,8; Sol. 8,12; Sol. 8,19; Sol. 8,21; Sol. 8,22; Sol. 14,4; Hos. 2,8; Hos. 2,13; Hos. 2,13; Hos. 2,13; Hos. 2,14; Hos. 2,15; Hos. 2,17; Hos. 2,17; Hos. 4,8; Hos. 4,9; Hos. 4,13; Hos. 4,14; Hos. 4,14; Hos. 7,2; Hos. 8,13; Hos. 8,13; Hos. 8,14; Hos. 9,8; Hos. 9,9; Hos. 9,15; Hos. 9,16; Hos. 10,13; Hos. 11,4; Hos. 12,3; Hos. 13,6; Hos. 13,15; Hos. 13,15; Hos. 14,5; Hos. 14,6; Amos 1,3; Amos 1,13; Amos 2,9; Amos 3,2; Amos 3,9; Amos 4,10; Amos 5,19; Amos 6,2; Amos 6,8; Amos 8,10; Amos 8,10; Amos 9,14; Mic. 1,11; Mic. 2,1; Mic. 3,2; Mic. 3,3; Mic. 4,1; Mic. 4,3; Mic. 4,13; Mic. 4,14; Mic. 5,10; Mic. 5,12; Mic. 5,13; Mic. 7,3; Mic. 7,15; Mic. 7,19; Mic. 7,19; Mic. 7,20; Mic. 7,20; Joel 1,7; Joel 2,5; Joel 2,7; Joel 2,9; Joel 2,13; Joel 3,2; Joel 4,8; Obad. 14; Obad. 20; Nah. 2,1; Nah. 2,1; Nah. 2,6; Nah. 3,6; Nah. 3,16; Zeph. 1,16; Zeph. 1,16; Zeph. 1,16; Zeph. 1,16; Zeph. 1,17; Zeph. 2,15; Zeph. 3,6; Hag. 1,5; Hag. 1,5; Hag. 1,7; Hag. 1,7; Hag. 2,15; Hag. 2,18; Zech. 1,6; Zech. 1,12; Zech. 3,4; Zech. 4,12; Zech. 4,12; Zech. 8,11; Zech.

ὁ

8,11; Zech. 11,1; Zech. 11,1; Zech. 11,9; Mal. 1,1; Mal. 1,4; Mal. 2,9; Mal. 3,5; Mal. 3,5; Is. 1,13; Is. 1,14; Is. 1,14; Is. 1,14; Is. 1,15; Is. 1,16; Is. 2,4; Is. 2,4; Is. 2,10; Is. 2,19; Is. 2,19; Is. 2,21; Is. 2,21; Is. 5,17; Is. 5,18; Is. 5,18; Is. 5,27; Is. 6,7; Is. 6,7; Is. 7,20; Is. 9,16; Is. 9,19; Is. 10,6; Is. 10,10; Is. 11,5; Is. 11,14; Is. 13,11; Is. 13,16; Is. 13,16; Is. 14,17; Is. 16,8; Is. 18,5; Is. 19,10; Is. 22,7; Is. 22,8; Is. 22,21; Is. 25,11; Is. 25,11; Is. 32,6; Is. 32,6; Is. 32,11; Is. 33,15; Is. 34,13; Is. 36,1; Is. 36,1; Is. 36,16; Is. 37,27; Is. 38,17; Is. 38,20; Is. 40,3; Is. 40,12; Is. 41,2; Is. 42,8; Is. 42,12; Is. 43,6; Is. 43,21; Is. 43,25; Is. 43,26; Is. 44,3; Is. 44,22; Is. 44,22; Is. 47,2; Is. 47,2; Is. 49,6; Is. 49,22; Is. 49,22; Is. 49,26; Is. 50,6; Is. 51,13; Is. 51,23; Is. 53,4; Is. 53,5; Is. 53,5; Is. 53,11; Is. 53,12; Is. 54,12; Is. 54,12; Is. 55,7; Is. 55,7; Is. 55,7; Is. 55,11; Is. 56,2; Is. 57,18; Is. 58,1; Is. 58,2; Is. 58,3; Is. 59,2; Is. 63,7; Is. 63,9; Is. 63,17; Is. 63,17; Is. 64,5; Is. 64,6; Is. 65,2; Is. 65,5; Is. 65,7; Is. 65,22; Is. 66,3; Is. 66,4; Is. 66,18; Is. 66,19; Is. 66,19; Is. 66,20; Jer. 1,15; Jer. 1,15; Jer. 2,23; Jer. 2,23; Jer. 2,33; Jer. 2,36; Jer. 3,8; Jer. 3,13; Jer. 3,24; Jer. 4,5; Jer. 4,5; Jer. 4,16; Jer. 4,29; Jer. 4,31; Jer. 5,6; Jer. 5,17; Jer. 5,17; Jer. 5,17; Jer. 7,3; Jer. 7,5; Jer. 7,31; Jer. 8,10; Jer. 8,14; Jer. 8,14; Jer. 9,9; Jer. 9,10; Jer. 9,16; Jer. 9,16; Jer. 9,19; Jer. 10,2; Jer. 10,22; Jer. 11,10; Jer. 11,15; Jer. 13,22; Jer. 15,7; Jer. 15,13; Jer. 16,17; Jer. 16,18; Jer. 16,18; Jer. 17,10; Jer. 17,21; Jer. 18,23; Jer. 18,23; Jer. 19,7; Jer. 19,9; Jer. 19,9; Jer. 19,9; Jer. 19,15; Jer. 19,15; Jer. 21,7; Jer. 22,7; Jer. 24,9; Jer. 27,20; Jer. 27,26; Jer. 27,40; Jer. 28,11; Jer. 28,24; Jer. 29,7; Jer. 29,7; Jer. 30,16; Jer. 31,6; Jer. 31,24; Jer. 31,24; Jer. 31,24; Jer. 31,28; Jer. 32,18; Jer. 32,26; Jer. 32,26; Jer. 33,13; Jer. 36,6; Jer. 36,23; Jer. 38,10; Jer. 38,21; Jer. 38,33; Jer. 38,37; Jer. 39,19; Jer. 39,29; Jer. 39,32; Jer. 39,35; Jer. 39,39; Jer. 39,44; Jer. 41,1; Jer. 41,7; Jer. 41,22; Jer. 42,7; Jer. 42,8; Jer. 42,19; Jer. 45,4; Jer. 45,4; Jer. 45,10; Jer. 45,23; Jer. 47,4; Jer. 48,10; Jer. 48,16; Jer. 50,6; Jer. 50,6; Jer. 50,6; Jer. 50,13; Jer. 51,2; Jer. 51,25; Jer. 52,13; Jer. 52,17; Jer. 52,18; Jer. 52,18; Jer. 52,19; Jer. 52,19; Jer. 52,33; Bar. 3,8; Bar. 3,23; Bar. 4,12; Lam. 2,5; Lam. 3,58; Lam. 3,59; Lam. 4,5; LetterJ 1; LetterJ 6; LetterJ 8; LetterJ 19; LetterJ 27; LetterJ 30; LetterJ 32; Ezek. 3,16; Ezek. 4,2; Ezek. 4,4; Ezek. 4,4; Ezek. 4,5; Ezek. 4,5; Ezek. 4,6; Ezek. 5,5; Ezek. 5,14; Ezek. 5,16; Ezek. 7,2; Ezek. 7,6; Ezek. 7,27; Ezek. 8,9; Ezek. 8,17; Ezek. 9,7; Ezek. 9,10; Ezek. 10,2; Ezek. 10,7; Ezek. 10,16; Ezek. 10,19; Ezek. 11,6; Ezek. 11,18; Ezek. 11,21; Ezek. 11,22; Ezek. 12,16; Ezek. 13,17; Ezek. 13,17; Ezek. 13,20; Ezek. 13,20; Ezek. 14,3; Ezek. 14,5; Ezek. 14,5; Ezek. 14,20; Ezek. 14,21; Ezek. 14,21; Ezek. 14,22; Ezek. 14,23; Ezek. 16,2; Ezek. 16,8; Ezek. 16,11; Ezek. 16,20; Ezek. 16,22; Ezek. 16,23; Ezek. 16,27; Ezek. 16,28; Ezek. 16,29; Ezek. 16,34; Ezek. 16,37; Ezek. 16,43; Ezek. 16,47; Ezek. 16,51; Ezek. 16,51; Ezek. 16,51; Ezek. 16,52; Ezek. 16,52; Ezek. 16,53; Ezek. 16,57; Ezek. 16,58; Ezek. 16,58; Ezek. 16,61; Ezek. 16,61; Ezek. 18,13; Ezek. 18,14; Ezek. 18,21; Ezek. 18,24; Ezek. 18,31; Ezek. 19,7; Ezek. 20,4; Ezek. 20,40; Ezek. 20,40; Ezek. 20,43; Ezek. 20,44; Ezek. 20,44; Ezek. 21,27; Ezek. 21,29; Ezek. 21,29; Ezek. 22,2; Ezek. 22,4; Ezek. 22,31; Ezek. 23,10; Ezek. 23,15; Ezek. 23,27; Ezek. 23,34; Ezek. 23,34; Ezek. 23,36; Ezek. 23,42; Ezek. 23,42; Ezek. 23,48; Ezek. 23,49; Ezek. 24,14; Ezek. 26,8; Ezek. 26,8; Ezek. 26,8; Ezek. 26,10; Ezek. 26,11; Ezek. 26,16; Ezek. 26,19; Ezek. 26,19; Ezek. 27,6; Ezek. 27,11; Ezek. 27,35; Ezek. 28,7; Ezek. 28,13; Ezek. 29,4; Ezek. 29,4; Ezek. 29,12; Ezek. 29,15; Ezek. 30,11; Ezek. 30,23; Ezek. 30,26; Ezek. 32,5; Ezek. 32,18; Ezek. 32,27; Ezek. 32,27; Ezek. 33,24; Ezek. 35,8; Ezek. 36,19; Ezek. 36,31; Ezek. 36,31; Ezek. 36,33; Ezek. 36,36; Ezek. 36,36; Ezek. 37,19; Ezek. 37,19; Ezek. 39,9; Ezek. 39,23; Ezek. 39,24; Ezek. 40,43; Ezek. 41,3; Ezek. 42,11; Ezek. 42,11; Ezek. 43,8; Ezek. 43,11; Ezek. 43,20; Ezek. 44,5;

Ezek. 44,11; Ezek. 44,15; Ezek. 44,16; Ezek. 44,17; Ezek. 44,18; Ezek. 44,19; Ezek. 44,20; Ezek. 44,20; Ezek. 44,20; Ezek. 44,29; Ezek. 45,7; Ezek. 45,19; Ezek. 45,19; Ezek. 45,19; Ezek. 45,23; Ezek. 45,23; Ezek. 46,1; Ezek. 46,12; Ezek. 48,11; Ezek. 48,15; Ezek. 48,15; Dan. 1,15; Dan. 1,18; Dan. 2,38; Dan. 2,44; Dan. 3,21; Dan. 3,28; Dan. 3,37; Dan. 4,27; Dan. 4,37; Dan. 4,37a; Dan. 4,37c; Dan. 6,28; Dan. 7,25; Dan. 9,5; Dan. 9,17; Dan. 9,20; Dan. 9,20; Dan. 9,24; Dan. 9,24; Dan. 10,3; Dan. 11,11; Sus. 22; Sus. 23; Sus. 34; Bel 11; Bel 15-17; Bel 18; Bel 18; Judg. 1,4; Judg. 1,20; Judg. 1,27; Judg. 1,27; Judg. 1,27; Judg. 1,27; Judg. 1,27; Judg. 1,27; Judg. 2,7; Judg. 2,7; Judg. 2,18; Judg. 2,19; Judg. 2,19; Judg. 3,2; Judg. 3,3; Judg. 3,4; Judg. 3,6; Judg. 3,6; Judg. 3,23; Judg. 3,25; Judg. 3,28; Judg. 4,7; Judg. 5,11; Judg. 5,15; Judg. 6,2; Judg. 6,2; Judg. 7,8; Judg. 7,19; Judg. 7,19; Judg. 7,20; Judg. 7,20; Judg. 7,20; Judg. 8,7; Judg. 9,15; Judg. 9,24; Judg. 9,25; Judg. 9,48; Judg. 12,5; Judg. 12,6; Judg. 14,17; Judg. 14,19; Judg. 16,9; Judg. 16,13; Judg. 16,14; Judg. 16,16; Judg. 16,19; Judg. 18,31; Judg. 19,27; Judg. 19,27; Judg. 20,28; Judg. 20,32; Judg. 20,48; Judg. 20,48; Judg. 20,48; Judg. 21,11; Judg. 21,14; Judg. 21,23; Tob. 1,3; Tob. 1,4; Tob. 1,6; Tob. 1,6; Tob. 1,6; Tob. 1,8; Tob. 3,5; Tob. 3,11; Tob. 4,3; Tob. 4,5; Tob. 4,5; Tob. 4,5; Tob. 4,19; Tob. 5,2; Tob. 5,2; Tob. 5,6; Tob. 5,10; Tob. 5,10; Tob. 6,16; Tob. 9,3-4; Tob. 10,1; Tob. 10,13; Tob. 10,14; Tob. 12,18; Tob. 13,12; Tob. 13,13; Tob. 13,14; Dan. 2,44; Dan. 3,28; Dan. 3,37; Dan. 4,27; Dan. 4,27; Dan. 7,23; Dan. 9,4; Dan. 9,20; Dan. 9,20; Dan. 9,24; Dan. 9,26; Dan. 9,26; Dan. 11,18; Sus. 17; Sus. 18; Sus. 18; Sus. 22; Sus. 23; Sus. 25; Sus. 34; Sus. 36; Sus. 36; Sus. 39; Bel 18; Bel 21; Bel 21; Matt. 3,3; Matt. 3,6; Matt. 4,8; Matt. 8,17; Matt. 8,17; Matt. 9,4; Matt. 9,35; Matt. 9,35; Matt. 10,9; Matt. 10,23; Matt. 11,20; Matt. 12,25; Matt. 13,7; Matt. 13,22; Matt. 13,53; Matt. 14,15; Matt. 15,2; Matt. 16,19; Matt. 19,8; Matt. 19,13; Matt. 19,15; Matt. 19,17; Matt. 19,28; Matt. 21,12; Matt. 21,12; Matt. 21,12; Matt. 21,45; Matt. 22,9; Matt. 22,10; Matt. 22,29; Matt. 23,6; Matt. 23,37; Matt. 24,1; Matt. 25,1; Matt. 25,3; Matt. 25,7; Matt. 26,50; Matt. 27,24; Matt. 27,39; Matt. 28,20; Mark 1,3; Mark 1,5; Mark 1,38; Mark 1,39; Mark 4,7; Mark 4,10; Mark 4,13; Mark 4,18; Mark 5,4; Mark 5,4; Mark 5,23; Mark 6,5; Mark 6,6; Mark 7,3; Mark 8,23; Mark 8,25; Mark 8,27; Mark 9,43; Mark 10,16; Mark 10,19; Mark 11,15; Mark 11,15; Mark 11,15; Mark 12,24; Mark 12,40; Mark 13,2; Mark 13,20; Mark 13,20; Mark 14,41; Mark 14,46; Mark 15,29; Luke 1,24; Luke 2,28; Luke 2,43; Luke 3,4; Luke 4,5; Luke 4,40; Luke 4,44; Luke 7,1; Luke 8,14; Luke 8,29; Luke 9,6; Luke 9,12; Luke 9,51; Luke 10,10; Luke 11,4; Luke 12,11; Luke 12,11; Luke 12,11; Luke 12,18; Luke 12,45; Luke 13,13; Luke 13,34; Luke 14,7; Luke 14,21; Luke 14,23; Luke 14,26; Luke 15,9; Luke 16,9; Luke 16,15; Luke 18,20; Luke 19,24; Luke 20,19; Luke 20,47; Luke 21,12; Luke 21,12; Luke 21,19; Luke 21,28; Luke 21,37; Luke 21,37; Luke 22,30; Luke 22,53; Luke 24,32; Luke 24,39; Luke 24,40; Luke 24,45; Luke 24,50; John 2,7; John 2,15; John 2,16; John 4,35; John 4,43; John 5,39; John 7,44; John 8,5; John 8,44; John 11,44; John 13,3; John 13,9; John 14,15; John 14,15; John 14,21; John 15,10; John 15,10; John 20,20; John 20,23; John 20,27; John 21,18; Acts 2,18; Acts 2,24; Acts 2,45; Acts 3,19; Acts 3,24; Acts 4,3; Acts 4,29; Acts 4,34; Acts 5,15; Acts 5,18; Acts 5,19; Acts 6,6; Acts 8,1; Acts 8,17; Acts 8,19; Acts 8,40; Acts 9,2; Acts 9,12; Acts 9,17; Acts 9,24; Acts 9,41; Acts 12,1; Acts 13,3; Acts 13,10; Acts 13,10; Acts 13,27; Acts 13,27; Acts 13,50; Acts 13,50; Acts 14,2; Acts 14,6; Acts 14,17; Acts 14,22; Acts 15,9; Acts 15,24; Acts 15,26; Acts 15,41; Acts 16,4; Acts 16,27; Acts 17,11; Acts 17,20; Acts 17,26; Acts 19,6; Acts 19,11; Acts 19,12; Acts 19,18; Acts 19,19; Acts 19,19; Acts 20,6; Acts 21,5; Acts 21,11; Acts 21,15;

O, o

Acts 21,27; Acts 22,16; Acts 22,19; Acts 25,27; Acts 26,11; Acts 26,11; Acts 27,40; Acts 27,40; Acts 28,8; Acts 28,10; Acts 28,17; Rom. 8,13; Rom. 8,27; Rom. 10,21; Rom. 11,27; Rom. 13,7; Rom. 15,8; Rom. 16,12; Rom. 16,17; Rom. 16,18; 1Cor. 4,5; 1Cor. 4,17; 1Cor. 4,17; 1Cor. 7,2; 1Cor. 10,18; 1Cor. 11,2; 1Cor. 15,3; 1Cor. 15,4; 2Cor. 7,1; 2Cor. 11,33; 2Cor. 12,13; Gal. 4,6; Eph. 3,21; Eph. 4,22; Eph. 5,25; Eph. 5,28; Eph. 6,11; Eph. 6,12; Eph. 6,12; Eph. 6,22; Phil. 4,7; Col. 2,15; Col. 2,15; Col. 3,19; Col. 4,8; 1Th. 2,4; 1Th. 2,8; 1Th. 2,16; 1Th. 3,13; 2Th. 2,15; 2Th. 2,17; 2Th. 3,5; 1Tim. 1,18; 1Tim. 5,3; 1Tim. 5,13; 1Tim. 5,23; 1Tim. 6,20; 2Tim. 2,16; 2Tim. 2,23; 2Tim. 3,6; 2Tim. 4,3; 2Tim. 4,13; Titus 2,4; Titus 2,12; Titus 3,14; Heb. 2,17; Heb. 3,8; Heb. 3,10; Heb. 3,15; Heb. 4,7; Heb. 6,12; Heb. 7,6; Heb. 8,10; Heb. 9,6; Heb. 10,11; Heb. 10,16; Heb. 10,22; Heb. 10,32; Heb. 11,13; Heb. 11,17; Heb. 12,12; James 1,21; James 5,3; James 5,4; James 5,5; James 5,8; James 5,16; 1Pet. 1,11; 1Pet. 1,13; 1Pet. 2,9; 1Pet. 2,24; 1Pet. 3,7; 1Pet. 4,19; 2Pet. 3,3; 2Pet. 3,16; 1John 1,9; 1John 1,9; 1John 2,3; 1John 2,4; 1John 3,5; 1John 3,16; 1John 3,22; 1John 3,24; 1John 5,2; 1John 5,3; 2John 6; Jude 13; Jude 16; Jude 18; Rev. 1,18; Rev. 1,20; Rev. 1,20; Rev. 4,4; Rev. 5,2; Rev. 5,5; Rev. 5,9; Rev. 6,9; Rev. 6,15; Rev. 7,1; Rev. 7,13; Rev. 7,13; Rev. 7,14; Rev. 8,6; Rev. 8,10; Rev. 9,7; Rev. 10,3; Rev. 11,6; Rev. 11,11; Rev. 12,3; Rev. 12,17; Rev. 13,1; Rev. 14,12; Rev. 15,1; Rev. 15,6; Rev. 16,1; Rev. 16,4; Rev. 16,9; Rev. 16,10; Rev. 17,1; Rev. 17,7; Rev. 17,16; Rev. 17,17; Rev. 18,19; Rev. 20,4; Rev. 21,9; Rev. 22,14; Rev. 22,18; Rev. 22,18)

Τῇ ‣ **28** + **19** = **47**
  Article · feminine · singular · dative ‣ **28** + **19** = **47** (Ex. 12,3; Lev. 23,34; Num. 7,18; Num. 7,24; Num. 7,30; Num. 7,36; Num. 7,42; Num. 7,48; Num. 7,54; Num. 7,60; Num. 7,66; Num. 7,72; Num. 7,78; Judith 7,1; Prov. 30,15; Song 1,9; Zech. 1,7; Is. 4,2; Is. 8,11; Is. 10,13; Is. 19,16; Is. 26,1; Is. 27,1; Jer. 26,2; Jer. 30,1; Jer. 30,23; Jer. 30,29; Jer. 31,1; Matt. 26,17; Matt. 27,62; Luke 1,57; Luke 24,1; John 1,29; John 1,35; John 1,43; John 6,22; John 12,12; John 20,1; Acts 10,9; Acts 10,23; Acts 21,18; Acts 22,30; Acts 23,11; Acts 25,23; Gal. 5,1; Eph. 2,8; Col. 4,2)

τῇ ‣ **3271** + **238** + **858** = **4367**
  Article · feminine · singular · dative ‣ **3271** + **238** + **858** = **4367** (Gen. 2,2; Gen. 2,2; Gen. 2,2; Gen. 2,2; Gen. 3,1; Gen. 3,4; Gen. 3,13; Gen. 3,14; Gen. 3,16; Gen. 3,21; Gen. 4,19; Gen. 4,19; Gen. 6,5; Gen. 6,9; Gen. 6,14; Gen. 7,1; Gen. 7,11; Gen. 7,11; Gen. 7,13; Gen. 7,23; Gen. 8,1; Gen. 8,5; Gen. 8,13; Gen. 9,10; Gen. 9,13; Gen. 9,14; Gen. 9,16; Gen. 10,5; Gen. 10,10; Gen. 11,28; Gen. 11,28; Gen. 11,29; Gen. 11,29; Gen. 12,9; Gen. 12,11; Gen. 14,1; Gen. 14,1; Gen. 14,5; Gen. 14,6; Gen. 14,8; Gen. 14,8; Gen. 14,13; Gen. 14,13; Gen. 15,18; Gen. 16,7; Gen. 16,7; Gen. 16,11; Gen. 17,14; Gen. 17,14; Gen. 17,17; Gen. 18,1; Gen. 18,1; Gen. 18,9; Gen. 18,10; Gen. 18,14; Gen. 18,24; Gen. 18,26; Gen. 19,2; Gen. 19,12; Gen. 19,17; Gen. 19,31; Gen. 19,33; Gen. 19,34; Gen. 19,35; Gen. 20,16; Gen. 21,1; Gen. 21,4; Gen. 21,18; Gen. 21,20; Gen. 21,21; Gen. 21,21; Gen. 21,23; Gen. 21,34; Gen. 22,4; Gen. 22,4; Gen. 23,8; Gen. 23,19; Gen. 24,15; Gen. 24,16; Gen. 24,29; Gen. 24,37; Gen. 24,45; Gen. 24,53; Gen. 24,62; Gen. 24,62; Gen. 25,23; Gen. 25,24; Gen. 26,2; Gen. 26,3; Gen. 26,7; Gen. 26,12; Gen. 26,17; Gen. 26,19; Gen. 26,24; Gen. 26,32; Gen. 26,33; Gen. 26,35; Gen. 27,14; Gen. 27,40; Gen. 27,41; Gen. 27,46; Gen. 28,12; Gen. 28,15; Gen. 28,19; Gen. 28,20; Gen. 29,11; Gen. 29,12; Gen. 29,16; Gen. 29,16; Gen. 29,17; Gen. 29,24; Gen. 29,29; Gen. 30,2; Gen. 30,8; Gen. 30,14; Gen. 30,27; Gen. 30,33; Gen. 30,33; Gen. 30,35; Gen. 31,6; Gen. 31,18; Gen. 31,22; Gen. 31,41; Gen. 32,11; Gen. 32,22; Gen. 33,14; Gen. 33,16; Gen. 34,3; Gen. 34,8; Gen. 34,19; Gen. 34,25; Gen. 34,25; Gen. 34,28; Gen. 34,29; Gen. 34,31; Gen. 35,3; Gen. 35,19; Gen. 35,22; Gen. 36,21; Gen. 36,24; Gen. 36,32; Gen. 36,35; Gen. 36,39; Gen. 36,39; Gen. 36,43; Gen. 37,1; Gen. 37,22; Gen. 38,11; Gen. 38,13; Gen. 38,18; Gen. 38,27; Gen. 38,30; Gen. 39,6; Gen. 39,8; Gen. 39,9; Gen. 39,11; Gen. 39,14; Gen. 40,4; Gen. 40,7; Gen. 40,10; Gen. 40,11; Gen. 40,20; Gen. 40,20; Gen. 41,36; Gen. 41,54; Gen. 41,57; Gen. 42,18; Gen. 42,18; Gen. 42,19; Gen. 42,34; Gen. 42,38; Gen. 44,20; Gen. 44,29; Gen. 45,24; Gen. 46,18; Gen. 46,25; Gen. 47,4; Gen. 47,6; Gen. 47,11; Gen. 47,13; Gen. 47,24; Gen. 48,7; Gen. 48,13; Gen. 48,13; Gen. 48,20; Gen. 49,6; Gen. 49,6; Gen. 49,11; Gen. 49,30; Gen. 50,25; Gen. 50,26; Ex. 1,14; Ex. 1,15; Ex. 2,6; Ex. 2,7; Ex. 2,12; Ex. 2,13; Ex. 2,13; Ex. 4,2; Ex. 4,4; Ex. 4,17; Ex. 4,20; Ex. 4,24; Ex. 5,1; Ex. 5,19; Ex. 7,15; Ex. 7,16; Ex. 7,17; Ex. 7,17; Ex. 7,17; Ex. 7,20; Ex. 8,1; Ex. 8,12; Ex. 8,13; Ex. 8,16; Ex. 8,18; Ex. 8,19; Ex. 8,21; Ex. 8,24; Ex. 9,5; Ex. 9,6; Ex. 9,14; Ex. 9,16; Ex. 9,21; Ex. 9,24; Ex. 11,7; Ex. 12,4; Ex. 12,8; Ex. 12,12; Ex. 12,17; Ex. 12,18; Ex. 12,51; Ex. 13,4; Ex. 13,6; Ex. 13,6; Ex. 13,8; Ex. 14,3; Ex. 14,4; Ex. 14,11; Ex. 14,12; Ex. 14,16; Ex. 14,17; Ex. 14,24; Ex. 14,24; Ex. 14,30; Ex. 15,9; Ex. 15,13; Ex. 15,13; Ex. 15,20; Ex. 15,22; Ex. 16,1; Ex. 16,5; Ex. 16,5; Ex. 16,22; Ex. 16,22; Ex. 16,26; Ex. 16,26; Ex. 16,27; Ex. 16,27; Ex. 16,29; Ex. 16,29; Ex. 16,29; Ex. 16,29; Ex. 16,30; Ex. 16,30; Ex. 16,32; Ex. 17,5; Ex. 17,9; Ex. 18,8; Ex. 19,1; Ex. 19,11; Ex. 19,11; Ex. 19,16; Ex. 19,16; Ex. 19,16; Ex. 20,4; Ex. 20,10; Ex. 20,10; Ex. 20,11; Ex. 20,11; Ex. 22,3; Ex. 22,29; Ex. 23,12; Ex. 23,12; Ex. 23,16; Ex. 23,20; Ex. 23,31; Ex. 23,33; Ex. 24,10; Ex. 24,16; Ex. 24,16; Ex. 25,2; Ex. 25,25; Ex. 25,34; Ex. 26,3; Ex. 26,4; Ex. 26,4; Ex. 26,5; Ex. 26,5; Ex. 26,6; Ex. 26,14; Ex. 26,15; Ex. 26,18; Ex. 27,4; Ex. 27,9; Ex. 27,16; Ex. 27,16; Ex. 27,21; Ex. 28,3; Ex. 29,17; Ex. 29,36; Ex. 30,12; Ex. 30,12; Ex. 30,36; Ex. 31,15; Ex. 31,15; Ex. 31,15; Ex. 31,15; Ex. 31,15; Ex. 31,17; Ex. 31,17; Ex. 32,4; Ex. 32,6; Ex. 32,12; Ex. 32,17; Ex. 32,19; Ex. 32,28; Ex. 33,3; Ex. 33,19; Ex. 33,22; Ex. 34,10; Ex. 34,21; Ex. 35,2; Ex. 35,2; Ex. 35,3; Ex. 35,5; Ex. 35,10; Ex. 35,21; Ex. 35,22; Ex. 35,25; Ex. 35,26; Ex. 35,34; Ex. 35,35; Ex. 36,1; Ex. 36,2; Ex. 36,6; Ex. 36,10; Ex. 36,10; Ex. 36,10; Ex. 36,10; Ex. 37,1; Ex. 37,21; Ex. 39,3; Ex. 39,4; Ex. 40,26; Ex. 40,36; Lev. 4,7; Lev. 4,11; Lev. 4,11; Lev. 4,11; Lev. 4,18; Lev. 4,18; Lev. 6,8; Lev. 6,13; Lev. 7,16; Lev. 7,18; Lev. 7,18; Lev. 7,26; Lev. 7,38; Lev. 8,5; Lev. 8,31; Lev. 8,34; Lev. 9,1; Lev. 9,1; Lev. 9,3; Lev. 10,3; Lev. 12,3; Lev. 12,3; Lev. 13,3; Lev. 13,5; Lev. 13,5; Lev. 13,6; Lev. 13,6; Lev. 13,10; Lev. 13,27; Lev. 13,27; Lev. 13,29; Lev. 13,32; Lev. 13,32; Lev. 13,34; Lev. 13,34; Lev. 13,44; Lev. 13,49; Lev. 13,51; Lev. 13,51; Lev. 13,51; Lev. 13,51; Lev. 13,53; Lev. 13,55; Lev. 13,57; Lev. 14,9; Lev. 14,9; Lev. 14,10; Lev. 14,10; Lev. 14,17; Lev. 14,23; Lev. 14,23; Lev. 14,27; Lev. 14,27; Lev. 14,31; Lev. 14,32; Lev. 14,35; Lev. 14,36; Lev. 14,39; Lev. 14,39; Lev. 14,43; Lev. 14,44; Lev. 14,44; Lev. 14,47; Lev. 14,47; Lev. 14,48; Lev. 15,14; Lev. 15,14; Lev. 15,19; Lev. 15,20; Lev. 15,23; Lev. 15,29; Lev. 15,29; Lev. 15,33; Lev. 15,33; Lev. 15,33; Lev. 15,33; Lev. 16,16; Lev. 16,16; Lev. 16,17; Lev. 16,30; Lev. 17,3; Lev. 17,13; Lev. 19,2; Lev. 19,6; Lev. 19,7; Lev. 19,7; Lev. 19,17; Lev. 19,33; Lev. 21,3; Lev. 21,3; Lev. 22,27; Lev. 22,27; Lev. 22,30; Lev. 23,3; Lev. 23,3; Lev. 23,5; Lev. 23,6; Lev. 23,11; Lev. 23,12; Lev. 23,21; Lev. 23,27; Lev. 23,28; Lev. 23,29; Lev. 23,30; Lev. 23,39; Lev. 23,39; Lev. 23,39; Lev. 23,39; Lev. 23,39; Lev. 23,40; Lev. 23,40; Lev. 24,3; Lev. 24,8; Lev. 24,10; Lev. 25,4; Lev. 25,5; Lev. 25,6; Lev. 25,7; Lev. 25,9; Lev. 25,9; Lev. 25,9; Lev. 25,9; Lev. 25,26; Lev. 25,28; Lev. 25,30; Lev. 25,30; Lev. 25,31; Lev. 25,33; Lev. 25,41; Lev. 25,45; Lev. 26,1; Lev. 26,6; Lev. 26,34; Lev. 26,36; Lev. 26,39; Lev. 26,41; Lev. 26,43; Lev. 26,44; Lev. 27,8; Lev. 27,23; Num. 1,1; Num. 1,1; Num. 1,1; Num. 1,19; Num. 1,19; Num. 1,20;

ȯ

Num. 1,22; Num. 1,24; Num. 1,26; Num. 1,28; Num. 1,30; Num. 1,32; Num. 1,34; Num. 1,36; Num. 1,38; Num. 1,40; Num. 1,42; Num. 1,52; Num. 3,4; Num. 3,14; Num. 3,25; Num. 4,3; Num. 4,4; Num. 4,15; Num. 4,23; Num. 4,28; Num. 4,31; Num. 4,33; Num. 4,35; Num. 4,37; Num. 4,39; Num. 4,41; Num. 4,47; Num. 5,18; Num. 5,19; Num. 5,21; Num. 6,9; Num. 6,9; Num. 6,10; Num. 6,10; Num. 6,11; Num. 7,10; Num. 7,12; Num. 7,12; Num. 7,18; Num. 7,24; Num. 7,30; Num. 7,36; Num. 7,42; Num. 7,48; Num. 7,54; Num. 7,60; Num. 7,66; Num. 7,72; Num. 7,78; Num. 8,19; Num. 8,22; Num. 8,24; Num. 8,26; Num. 9,1; Num. 9,3; Num. 9,5; Num. 9,5; Num. 9,6; Num. 9,6; Num. 9,11; Num. 9,14; Num. 9,15; Num. 10,6; Num. 10,9; Num. 10,12; Num. 10,12; Num. 10,31; Num. 10,35; Num. 11,8; Num. 11,8; Num. 11,26; Num. 11,26; Num. 11,27; Num. 12,16; Num. 13,17; Num. 13,26; Num. 13,29; Num. 13,29; Num. 13,29; Num. 14,2; Num. 14,13; Num. 14,16; Num. 14,22; Num. 14,25; Num. 14,29; Num. 14,32; Num. 14,33; Num. 14,33; Num. 14,35; Num. 14,35; Num. 14,35; Num. 14,35; Num. 14,37; Num. 15,14; Num. 15,32; Num. 15,32; Num. 15,33; Num. 16,13; Num. 16,19; Num. 16,24; Num. 16,26; Num. 17,6; Num. 17,14; Num. 17,19; Num. 17,22; Num. 17,23; Num. 18,13; Num. 18,20; Num. 18,21; Num. 18,31; Num. 19,5; Num. 19,9; Num. 19,12; Num. 19,12; Num. 19,12; Num. 19,12; Num. 19,12; Num. 19,12; Num. 19,12; Num. 19,12; Num. 19,14; Num. 19,19; Num. 19,19; Num. 19,19; Num. 19,19; Num. 19,19; Num. 19,19; Num. 20,2; Num. 20,3; Num. 20,11; Num. 21,4; Num. 21,5; Num. 21,11; Num. 21,13; Num. 21,18; Num. 21,22; Num. 22,4; Num. 22,18; Num. 22,23; Num. 22,23; Num. 22,23; Num. 22,23; Num. 22,27; Num. 22,29; Num. 22,29; Num. 22,31; Num. 22,31; Num. 22,34; Num. 25,7; Num. 25,9; Num. 25,15; Num. 25,15; Num. 25,15; Num. 25,18; Num. 26,9; Num. 26,9; Num. 26,61; Num. 26,64; Num. 26,65; Num. 27,3; Num. 27,3; Num. 27,8; Num. 27,14; Num. 27,14; Num. 28,9; Num. 28,17; Num. 28,26; Num. 29,7; Num. 29,12; Num. 29,13; Num. 29,13; Num. 29,17; Num. 29,17; Num. 29,20; Num. 29,20; Num. 29,23; Num. 29,23; Num. 29,26; Num. 29,26; Num. 29,29; Num. 29,29; Num. 29,32; Num. 29,32; Num. 29,35; Num. 29,35; Num. 30,4; Num. 30,15; Num. 31,3; Num. 31,16; Num. 31,17; Num. 31,19; Num. 31,19; Num. 31,19; Num. 31,19; Num. 31,24; Num. 31,24; Num. 31,30; Num. 32,10; Num. 32,13; Num. 32,15; Num. 32,24; Num. 32,30; Num. 33,3; Num. 33,3; Num. 33,15; Num. 33,36; Num. 33,52; Num. 35,21; Num. 35,28; Num. 36,7; Num. 36,9; Deut. 1,1; Deut. 1,31; Deut. 1,33; Deut. 2,25; Deut. 2,27; Deut. 2,30; Deut. 2,36; Deut. 2,37; Deut. 3,10; Deut. 3,11; Deut. 4,4; Deut. 4,5; Deut. 4,10; Deut. 4,15; Deut. 4,20; Deut. 4,22; Deut. 4,29; Deut. 4,37; Deut. 4,37; Deut. 4,39; Deut. 4,43; Deut. 4,43; Deut. 4,43; Deut. 4,45; Deut. 5,1; Deut. 5,8; Deut. 5,14; Deut. 5,14; Deut. 5,24; Deut. 5,31; Deut. 6,1; Deut. 6,4; Deut. 6,6; Deut. 6,6; Deut. 7,17; Deut. 8,2; Deut. 8,2; Deut. 8,5; Deut. 8,14; Deut. 8,16; Deut. 8,17; Deut. 9,4; Deut. 9,7; Deut. 9,26; Deut. 9,26; Deut. 9,26; Deut. 9,26; Deut. 9,26; Deut. 9,26; Deut. 9,28; Deut. 9,29; Deut. 9,29; Deut. 11,3; Deut. 11,5; Deut. 11,14; Deut. 12,29; Deut. 13,16; Deut. 13,18; Deut. 15,4; Deut. 15,7; Deut. 15,9; Deut. 15,10; Deut. 16,4; Deut. 16,4; Deut. 16,8; Deut. 16,8; Deut. 16,14; Deut. 16,16; Deut. 16,16; Deut. 16,16; Deut. 17,3; Deut. 17,16; Deut. 18,16; Deut. 18,21; Deut. 19,5; Deut. 19,6; Deut. 19,10; Deut. 19,14; Deut. 19,14; Deut. 20,8; Deut. 20,14; Deut. 21,1; Deut. 21,4; Deut. 21,6; Deut. 21,11; Deut. 21,13; Deut. 21,23; Deut. 22,1; Deut. 22,4; Deut. 22,6; Deut. 22,8; Deut. 22,16; Deut. 22,17; Deut. 22,20; Deut. 22,24; Deut. 22,26; Deut. 22,26; Deut. 23,5; Deut. 23,8; Deut. 23,15; Deut. 24,5; Deut. 24,8; Deut. 24,9; Deut. 24,9; Deut. 24,16; Deut. 24,19; Deut. 24,20; Deut. 24,21; Deut. 25,14; Deut. 25,17; Deut. 25,18; Deut. 25,19; Deut. 26,11; Deut. 26,12; Deut. 26,13; Deut. 26,16; Deut. 27,9; Deut. 27,11; Deut. 28,12; Deut. 28,22; Deut. 28,24; Deut. 28,52; Deut. 28,53; Deut. 28,53; Deut. 28,55; Deut. 28,55; Deut. 28,57; Deut. 28,57; Deut. 28,66; Deut. 28,68; Deut. 29,1; Deut. 29,4; Deut. 29,11; Deut. 29,18; Deut. 29,18; Deut. 29,23; Deut. 30,14; Deut. 30,16; Deut. 31,4; Deut. 31,10; Deut. 31,17; Deut. 31,17; Deut. 31,18; Deut. 31,22; Deut. 32,40; Deut. 32,44; Deut. 32,46; Deut. 32,48; Deut. 32,51; Deut. 33,9; Deut. 34,11; Josh. 1,14; Josh. 2,6; Josh. 2,6; Josh. 2,11; Josh. 2,19; Josh. 3,7; Josh. 4,3; Josh. 4,8; Josh. 4,14; Josh. 5,4; Josh. 5,6; Josh. 5,6; Josh. 5,8; Josh. 5,9; Josh. 5,10; Josh. 5,11; Josh. 5,13; Josh. 6,5; Josh. 6,12; Josh. 6,12; Josh. 6,15; Josh. 6,15; Josh. 6,16; Josh. 6,16; Josh. 6,21; Josh. 6,26; Josh. 7,21; Josh. 7,21; Josh. 7,21; Josh. 8,2; Josh. 8,17; Josh. 8,18; Josh. 8,24; Josh. 8,25; Josh. 8,27; Josh. 9,1; Josh. 9,1; Josh. 9,1; Josh. 9,3; Josh. 9,3; Josh. 9,12; Josh. 9,19; Josh. 9,21; Josh. 9,26; Josh. 9,27; Josh. 9,27; Josh. 10,21; Josh. 10,28; Josh. 10,32; Josh. 10,32; Josh. 10,33; Josh. 10,35; Josh. 10,35; Josh. 10,39; Josh. 11,7; Josh. 12,2; Josh. 12,8; Josh. 13,12; Josh. 13,15; Josh. 13,16; Josh. 13,17; Josh. 13,22; Josh. 13,30; Josh. 14,1; Josh. 14,4; Josh. 14,9; Josh. 14,10; Josh. 14,12; Josh. 14,12; Josh. 15,7; Josh. 15,33; Josh. 15,48; Josh. 16,10; Josh. 17,1; Josh. 17,1; Josh. 17,12; Josh. 17,16; Josh. 20,7; Josh. 20,8; Josh. 20,8; Josh. 20,8; Josh. 21,27; Josh. 21,32; Josh. 21,36; Josh. 21,36; Josh. 21,38; Josh. 21,42d; Josh. 21,42d; Josh. 22,7; Josh. 22,17; Josh. 22,20; Josh. 22,29; Josh. 23,14; Josh. 23,14; Josh. 24,3; Josh. 24,7; Josh. 24,12; Josh. 24,17; Josh. 24,25; Josh. 24,32; Josh. 24,33a; Josh. 24,33a; Judg. 1,27; Judg. 2,13; Judg. 3,24; Judg. 3,30; Judg. 4,7; Judg. 4,18; Judg. 4,20; Judg. 4,20; Judg. 4,21; Judg. 4,21; Judg. 4,21; Judg. 4,22; Judg. 4,23; Judg. 5,1; Judg. 5,4; Judg. 6,5; Judg. 6,10; Judg. 6,12; Judg. 6,14; Judg. 6,21; Judg. 6,25; Judg. 6,26; Judg. 6,32; Judg. 6,33; Judg. 6,36; Judg. 6,37; Judg. 6,38; Judg. 6,40; Judg. 7,1; Judg. 7,5; Judg. 7,6; Judg. 7,8; Judg. 7,8; Judg. 7,9; Judg. 7,9; Judg. 7,11; Judg. 7,11; Judg. 7,12; Judg. 7,13; Judg. 7,18; Judg. 7,20; Judg. 7,20; Judg. 7,20; Judg. 7,20; Judg. 7,22; Judg. 8,1; Judg. 8,6; Judg. 8,6; Judg. 8,7; Judg. 8,15; Judg. 9,6; Judg. 9,8; Judg. 9,10; Judg. 9,12; Judg. 9,15; Judg. 9,19; Judg. 9,25; Judg. 9,35; Judg. 9,42; Judg. 9,45; Judg. 9,48; Judg. 10,4; Judg. 10,8; Judg. 10,8; Judg. 10,15; Judg. 10,17; Judg. 11,12; Judg. 11,13; Judg. 11,16; Judg. 11,16; Judg. 11,18; Judg. 11,21; Judg. 12,3; Judg. 12,3; Judg. 12,7; Judg. 13,10; Judg. 13,20; Judg. 14,2; Judg. 14,6; Judg. 14,6; Judg. 14,7; Judg. 14,15; Judg. 14,15; Judg. 14,15; Judg. 14,16; Judg. 14,17; Judg. 14,17; Judg. 14,18; Judg. 14,18; Judg. 15,15; Judg. 16,29; Judg. 16,29; Judg. 16,30; Judg. 17,2; Judg. 17,3; Judg. 17,4; Judg. 18,9; Judg. 18,10; Judg. 18,17; Judg. 18,29; Judg. 18,30; Judg. 19,5; Judg. 19,5; Judg. 19,8; Judg. 19,8; Judg. 19,15; Judg. 19,17; Judg. 19,19; Judg. 19,20; Judg. 19,22; Judg. 20,2; Judg. 20,9; Judg. 20,10; Judg. 20,15; Judg. 20,21; Judg. 20,22; Judg. 20,22; Judg. 20,24; Judg. 20,24; Judg. 20,25; Judg. 20,25; Judg. 20,26; Judg. 20,29; Judg. 20,30; Judg. 20,30; Judg. 20,35; Judg. 20,46; Judg. 20,47; Judg. 21,4; Judg. 21,5; Judg. 21,13; Judg. 21,19; Judg. 21,19; Ruth 1,1; Ruth 1,2; Ruth 1,4; Ruth 1,4; Ruth 1,7; Ruth 1,11; Ruth 2,1; Ruth 2,3; Ruth 2,19; Ruth 2,20; Ruth 3,2; Ruth 4,3; Ruth 4,11; Ruth 4,17; 1Sam. 1,2; 1Sam. 1,2; 1Sam. 1,2; 1Sam. 1,2; 1Sam. 1,4; 1Sam. 1,5; 1Sam. 1,11; 1Sam. 1,13; 1Sam. 2,10; 1Sam. 2,10; 1Sam. 2,13; 1Sam. 2,14; 1Sam. 2,35; 1Sam. 2,35; 1Sam. 3,2; 1Sam. 3,12; 1Sam. 4,2; 1Sam. 4,8; 1Sam. 4,12; 1Sam. 5,6; 1Sam. 5,9; 1Sam. 5,11; 1Sam. 6,2; 1Sam. 6,7; 1Sam. 6,10; 1Sam. 6,12; 1Sam. 6,15; 1Sam. 6,16; 1Sam. 7,6; 1Sam. 7,10; 1Sam. 8,5; 1Sam. 8,18; 1Sam. 9,6; 1Sam. 9,8; 1Sam. 9,13; 1Sam. 9,19; 1Sam. 9,24; 1Sam. 9,25; 1Sam. 10,9; 1Sam. 11,11; 1Sam. 11,13; 1Sam. 12,5; 1Sam. 12,18; 1Sam. 13,21; 1Sam. 14,15; 1Sam. 14,18; 1Sam. 14,19;

O, o

1Sam. 14,23; 1Sam. 14,24; 1Sam. 14,27; 1Sam. 14,31; 1Sam. 14,34; 1Sam. 14,37; 1Sam. 14,43; 1Sam. 14,45; 1Sam. 14,49; 1Sam. 14,49; 1Sam. 14,50; 1Sam. 15,2; 1Sam. 15,20; 1Sam. 16,2; 1Sam. 16,4; 1Sam. 16,16; 1Sam. 16,23; 1Sam. 17,2; 1Sam. 17,10; 1Sam. 17,40; 1Sam. 17,40; 1Sam. 17,46; 1Sam. 17,52; 1Sam. 19,5; 1Sam. 19,9; 1Sam. 19,11; 1Sam. 19,17; 1Sam. 20,6; 1Sam. 20,19; 1Sam. 20,19; 1Sam. 20,26; 1Sam. 20,27; 1Sam. 20,27; 1Sam. 20,27; 1Sam. 20,29; 1Sam. 20,34; 1Sam. 20,36; 1Sam. 21,2; 1Sam. 21,8; 1Sam. 21,9; 1Sam. 21,10; 1Sam. 21,11; 1Sam. 21,13; 1Sam. 21,14; 1Sam. 22,4; 1Sam. 22,5; 1Sam. 22,6; 1Sam. 22,18; 1Sam. 22,22; 1Sam. 22,23; 1Sam. 22,23; 1Sam. 23,1; 1Sam. 23,3; 1Sam. 23,6; 1Sam. 23,14; 1Sam. 23,14; 1Sam. 23,14; 1Sam. 23,14; 1Sam. 23,15; 1Sam. 23,19; 1Sam. 23,24; 1Sam. 23,24; 1Sam. 23,25; 1Sam. 24,2; 1Sam. 24,11; 1Sam. 24,12; 1Sam. 24,12; 1Sam. 25,2; 1Sam. 25,3; 1Sam. 25,4; 1Sam. 25,7; 1Sam. 25,14; 1Sam. 25,21; 1Sam. 25,32; 1Sam. 26,2; 1Sam. 26,3; 1Sam. 26,21; 1Sam. 27,1; 1Sam. 27,6; 1Sam. 28,18; 1Sam. 28,21; 1Sam. 28,24; 1Sam. 28,24; 1Sam. 29,1; 1Sam. 29,6; 1Sam. 29,10; 1Sam. 30,1; 1Sam. 30,1; 1Sam. 30,17; 1Sam. 31,6; 1Sam. 31,8; 2Sam. 1,2; 2Sam. 1,2; 2Sam. 1,23; 2Sam. 2,16; 2Sam. 2,17; 2Sam. 2,28; 2Sam. 3,9; 2Sam. 3,37; 2Sam. 3,38; 2Sam. 4,5; 2Sam. 5,8; 2Sam. 5,9; 2Sam. 5,22; 2Sam. 6,4; 2Sam. 6,9; 2Sam. 6,16; 2Sam. 6,23; 2Sam. 7,3; 2Sam. 7,4; 2Sam. 7,23; 2Sam. 8,6; 2Sam. 8,14; 2Sam. 8,14; 2Sam. 10,8; 2Sam. 11,9; 2Sam. 11,12; 2Sam. 11,12; 2Sam. 12,18; 2Sam. 12,18; 2Sam. 13,23; 2Sam. 13,30; 2Sam. 13,34; 2Sam. 13,34; 2Sam. 14,6; 2Sam. 14,20; 2Sam. 15,4; 2Sam. 15,11; 2Sam. 15,18; 2Sam. 15,30; 2Sam. 16,2; 2Sam. 16,2; 2Sam. 16,8; 2Sam. 16,12; 2Sam. 16,12; 2Sam. 16,13; 2Sam. 17,8; 2Sam. 17,17; 2Sam. 17,18; 2Sam. 17,29; 2Sam. 18,3; 2Sam. 18,7; 2Sam. 18,8; 2Sam. 18,9; 2Sam. 18,10; 2Sam. 18,13; 2Sam. 18,14; 2Sam. 18,14; 2Sam. 18,14; 2Sam. 18,18; 2Sam. 18,20; 2Sam. 18,20; 2Sam. 18,26; 2Sam. 19,3; 2Sam. 19,3; 2Sam. 19,4; 2Sam. 19,9; 2Sam. 19,9; 2Sam. 19,20; 2Sam. 19,38; 2Sam. 20,1; 2Sam. 20,10; 2Sam. 20,18; 2Sam. 20,22; 2Sam. 20,23; 2Sam. 21,14; 2Sam. 21,14; 2Sam. 22,9; 2Sam. 22,16; 2Sam. 23,10; 2Sam. 23,13; 2Sam. 23,14; 2Sam. 23,15; 2Sam. 23,16; 2Sam. 23,16; 2Sam. 23,20; 2Sam. 23,21; 2Sam. 24,8; 2Sam. 24,13; 2Sam. 24,13; 2Sam. 24,16; 2Sam. 24,18; 2Sam. 24,25; 1Kings 1,6; 1Kings 1,13; 1Kings 1,17; 1Kings 1,30; 1Kings 1,39; 1Kings 1,40; 1Kings 2,5; 1Kings 2,5; 1Kings 2,5; 1Kings 2,8; 1Kings 2,19; 1Kings 2,22; 1Kings 2,25; 1Kings 2,26; 1Kings 2,34; 1Kings 2,37; 1Kings 2,37; 1Kings 2,46d; 1Kings 3,14; 1Kings 3,18; 1Kings 3,18; 1Kings 3,27; 1Kings 4,13; 1Kings 4,16; 1Kings 4,18; 1Kings 7,17; 1Kings 7,17; 1Kings 7,18; 1Kings 7,45; 1Kings 8,9; 1Kings 8,21; 1Kings 8,23; 1Kings 8,47; 1Kings 8,48; 1Kings 8,64; 1Kings 8,65; 1Kings 8,66; 1Kings 8,66; 1Kings 9,8; 1Kings 9,11; 1Kings 9,11; 1Kings 9,27; 1Kings 10,2; 1Kings 10,6; 1Kings 10,7; 1Kings 10,13; 1Kings 10,22; 1Kings 10,22a # 9,15; 1Kings 10,22b # 9,20; 1Kings 10,24; 1Kings 10,27; 1Kings 11,6; 1Kings 11,15; 1Kings 11,16; 1Kings 11,29; 1Kings 11,33; 1Kings 11,36; 1Kings 12,7; 1Kings 12,12; 1Kings 12,12; 1Kings 12,12; 1Kings 12,12; 1Kings 12,24k; 1Kings 12,24m; 1Kings 12,24q; 1Kings 12,24q; 1Kings 12,26; 1Kings 12,32; 1Kings 12,33; 1Kings 12,33; 1Kings 13,3; 1Kings 13,9; 1Kings 13,10; 1Kings 13,11; 1Kings 13,17; 1Kings 13,24; 1Kings 13,24; 1Kings 13,25; 1Kings 13,25; 1Kings 13,28; 1Kings 14,21; 1Kings 14,24; 1Kings 15,27; 1Kings 16,2; 1Kings 16,4; 1Kings 16,16; 1Kings 16,16; 1Kings 16,16; 1Kings 16,28a; 1Kings 16,28b; 1Kings 16,28g; 1Kings 17,11; 1Kings 17,12; 1Kings 17,23; 1Kings 18,7; 1Kings 18,38; 1Kings 19,1; 1Kings 19,4; 1Kings 19,8; 1Kings 19,13; 1Kings 20,8; 1Kings 20,11; 1Kings 20,23; 1Kings 20,24; 1Kings 20,27; 1Kings 21,29; 1Kings 21,29; 1Kings 22,25; 1Kings 22,35; 1Kings 22,42; 2Kings 1,2; 2Kings 1,3; 2Kings 1,6; 2Kings 1,16; 2Kings 2,23; 2Kings 3,3; 2Kings 3,4; 2Kings 3,6; 2Kings 3,9; 2Kings 4,2; 2Kings 4,29; 2Kings 4,35; 2Kings 4,38; 2Kings 5,3; 2Kings 5,5; 2Kings 5,15; 2Kings 6,29; 2Kings 6,29; 2Kings 6,32; 2Kings 7,4; 2Kings 7,7; 2Kings 7,17; 2Kings 7,17; 2Kings 7,18; 2Kings 7,20; 2Kings 8,8; 2Kings 8,9; 2Kings 8,15; 2Kings 9,1; 2Kings 9,10; 2Kings 9,16; 2Kings 9,21; 2Kings 9,25; 2Kings 9,26; 2Kings 9,26; 2Kings 9,31; 2Kings 9,36; 2Kings 9,37; 2Kings 10,12; 2Kings 10,15; 2Kings 10,30; 2Kings 11,6; 2Kings 11,11; 2Kings 11,12; 2Kings 12,11; 2Kings 13,20; 2Kings 14,11; 2Kings 14,13; 2Kings 15,2; 2Kings 15,20; 2Kings 16,6; 2Kings 17,5; 2Kings 17,16; 2Kings 18,2; 2Kings 18,17; 2Kings 18,22; 2Kings 19,3; 2Kings 19,7; 2Kings 19,26; 2Kings 19,28; 2Kings 19,33; 2Kings 19,35; 2Kings 20,4; 2Kings 20,4; 2Kings 20,5; 2Kings 20,5; 2Kings 20,8; 2Kings 20,8; 2Kings 20,13; 2Kings 21,1; 2Kings 21,3; 2Kings 21,3; 2Kings 21,5; 2Kings 21,19; 2Kings 22,1; 2Kings 22,14; 2Kings 23,3; 2Kings 23,4; 2Kings 23,5; 2Kings 23,5; 2Kings 23,8; 2Kings 23,11; 2Kings 23,13; 2Kings 23,16; 2Kings 23,16; 2Kings 23,31; 2Kings 23,36; 2Kings 24,2; 2Kings 24,8; 2Kings 24,18; 2Kings 25,3; 2Kings 25,11; 2Kings 25,19; 2Kings 25,19; 2Kings 25,24; 2Kings 25,30; 1Chr. 1,43; 1Chr. 1,46; 1Chr. 1,50; 1Chr. 2,22; 1Chr. 3,1; 1Chr. 3,1; 1Chr. 3,1; 1Chr. 3,1; 1Chr. 3,3; 1Chr. 3,5; 1Chr. 4,23; 1Chr. 5,7; 1Chr. 5,11; 1Chr. 5,23; 1Chr. 5,41; 1Chr. 6,16; 1Chr. 6,39; 1Chr. 6,47; 1Chr. 6,61; 1Chr. 6,63; 1Chr. 7,21; 1Chr. 9,18; 1Chr. 9,22; 1Chr. 9,31; 1Chr. 10,6; 1Chr. 10,8; 1Chr. 11,7; 1Chr. 11,10; 1Chr. 11,15; 1Chr. 11,16; 1Chr. 11,17; 1Chr. 11,18; 1Chr. 12,22; 1Chr. 12,22; 1Chr. 13,2; 1Chr. 13,12; 1Chr. 14,9; 1Chr. 14,13; 1Chr. 14,17; 1Chr. 15,1; 1Chr. 15,29; 1Chr. 16,7; 1Chr. 16,14; 1Chr. 16,39; 1Chr. 17,2; 1Chr. 17,3; 1Chr. 18,6; 1Chr. 18,13; 1Chr. 20,1; 1Chr. 21,12; 1Chr. 21,15; 1Chr. 21,16; 1Chr. 21,29; 1Chr. 26,8; 1Chr. 27,21; 1Chr. 27,28; 1Chr. 29,1; 1Chr. 29,20; 1Chr. 29,21; 1Chr. 29,22; 2Chr. 1,3; 2Chr. 1,6; 2Chr. 1,7; 2Chr. 1,11; 2Chr. 1,15; 2Chr. 1,15; 2Chr. 1,18; 2Chr. 2,6; 2Chr. 2,6; 2Chr. 2,11; 2Chr. 2,13; 2Chr. 2,13; 2Chr. 2,13; 2Chr. 4,3; 2Chr. 4,9; 2Chr. 4,12; 2Chr. 5,3; 2Chr. 5,5; 2Chr. 5,10; 2Chr. 6,37; 2Chr. 6,37; 2Chr. 7,9; 2Chr. 7,9; 2Chr. 7,10; 2Chr. 7,11; 2Chr. 7,13; 2Chr. 7,15; 2Chr. 7,21; 2Chr. 8,4; 2Chr. 8,6; 2Chr. 8,8; 2Chr. 8,9; 2Chr. 8,13; 2Chr. 8,13; 2Chr. 8,13; 2Chr. 8,14; 2Chr. 9,1; 2Chr. 9,5; 2Chr. 9,12; 2Chr. 9,27; 2Chr. 10,7; 2Chr. 10,12; 2Chr. 10,12; 2Chr. 10,12; 2Chr. 10,12; 2Chr. 11,5; 2Chr. 12,13; 2Chr. 13,2; 2Chr. 13,7; 2Chr. 13,18; 2Chr. 14,9; 2Chr. 15,7; 2Chr. 15,11; 2Chr. 15,16; 2Chr. 16,9; 2Chr. 16,12; 2Chr. 17,12; 2Chr. 17,13; 2Chr. 17,19; 2Chr. 18,23; 2Chr. 18,24; 2Chr. 18,34; 2Chr. 20,6; 2Chr. 20,14; 2Chr. 20,26; 2Chr. 20,26; 2Chr. 20,31; 2Chr. 21,14; 2Chr. 22,2; 2Chr. 23,5; 2Chr. 23,5; 2Chr. 24,1; 2Chr. 24,9; 2Chr. 24,18; 2Chr. 25,1; 2Chr. 25,4; 2Chr. 25,9; 2Chr. 25,10; 2Chr. 25,10; 2Chr. 26,3; 2Chr. 26,10; 2Chr. 26,10; 2Chr. 26,10; 2Chr. 26,14; 2Chr. 26,19; 2Chr. 29,1; 2Chr. 29,17; 2Chr. 29,17; 2Chr. 29,17; 2Chr. 29,17; 2Chr. 29,17; 2Chr. 29,17; 2Chr. 29,19; 2Chr. 29,19; 2Chr. 29,31; 2Chr. 30,15; 2Chr. 30,24; 2Chr. 31,4; 2Chr. 32,10; 2Chr. 32,21; 2Chr. 32,31; 2Chr. 32,32; 2Chr. 33,3; 2Chr. 33,5; 2Chr. 35,1; 2Chr. 35,16; 2Chr. 36,22; 2Chr. 36,23; 1Esdr. 1,1; 1Esdr. 1,3; 1Esdr. 1,16; 1Esdr. 1,19; 1Esdr. 1,30; 1Esdr. 1,31; 1Esdr. 1,40; 1Esdr. 2,1; 1Esdr. 2,2; 1Esdr. 2,2; 1Esdr. 2,3; 1Esdr. 2,12; 1Esdr. 2,19; 1Esdr. 4,24; 1Esdr. 4,28; 1Esdr. 4,30; 1Esdr. 4,37; 1Esdr. 4,39; 1Esdr. 4,43; 1Esdr. 5,45; 1Esdr. 5,46; 1Esdr. 5,48; 1Esdr. 5,55; 1Esdr. 5,59; 1Esdr. 5,61; 1Esdr. 5,69; 1Esdr. 6,1; 1Esdr. 6,8; 1Esdr. 6,22; 1Esdr. 6,22; 1Esdr. 7,6; 1Esdr. 7,9; 1Esdr. 7,10; 1Esdr. 8,6; 1Esdr. 8,6; 1Esdr. 8,10; 1Esdr. 8,13; 1Esdr. 8,28; 1Esdr. 8,60; 1Esdr. 8,62; 1Esdr. 8,69; 1Esdr. 8,78; 1Esdr. 8,84; 1Esdr. 8,86; 1Esdr. 9,3; 1Esdr. 9,5; 1Esdr. 9,6; 1Esdr. 9,10; 1Esdr. 9,16; 1Esdr. 9,37; 1Esdr. 9,37; Ezra 1,2; Ezra 1,2; Ezra 1,3; Ezra

ὁ

6,2; Ezra 6,15; Ezra 6,19; Ezra 7,9; Ezra 8,21; Ezra 8,22; Ezra 8,31; Ezra 8,31; Ezra 8,33; Ezra 8,33; Ezra 9,2; Ezra 9,5; Ezra 9,8; Ezra 9,9; Ezra 9,13; Ezra 10,6; Ezra 10,14; Neh. 1,3; Neh. 1,10; Neh. 1,10; Neh. 1,10; Neh. 3,15; Neh. 4,12; Neh. 8,7; Neh. 8,8; Neh. 8,13; Neh. 8,13; Neh. 8,18; Neh. 8,18; Neh. 9,19; Neh. 9,19; Neh. 9,21; Neh. 9,25; Neh. 9,35; Neh. 9,35; Neh. 9,35; Neh. 10,39; Neh. 11,1; Neh. 12,43; Neh. 12,44; Neh. 13,1; Neh. 13,7; Neh. 13,11; Esth. 11,2 # 1,1a; Esth. 11,3 # 1,1b; Esth. 11,3 # 1,1b; Esth. 11,7 # 1,1f; Esth. 11,12 # 1,1l; Esth. 12,1 # 1,1m; Esth. 12,5 # 1,1q; Esth. 1,2; Esth. 1,10; Esth. 1,10; Esth. 1,15; Esth. 1,20; Esth. 2,5; Esth. 2,19; Esth. 2,23; Esth. 3,2; Esth. 3,3; Esth. 3,8; Esth. 3,12; Esth. 13,3 # 3,13c; Esth. 13,6 # 3,13f; Esth. 4,8; Esth. 4,13; Esth. 13,10 # 4,17c; Esth. 14,3 # 4,17l; Esth. 14,11 # 4,17q; Esth. 14,14 # 4,17t; Esth. 15,1; Esth. 15,1; Esth. 15,2 # 5,1a; Esth. 5,9; Esth. 5,13; Esth. 6,4; Esth. 6,4; Esth. 6,5; Esth. 6,10; Esth. 6,13; Esth. 7,1; Esth. 7,2; Esth. 7,8; Esth. 8,1; Esth. 8,5; Esth. 8,6; Esth. 8,12; Esth. 8,12; Esth. 16,3 # 8,12c; Esth. 16,7 # 8,12g; Esth. 16,16 # 8,12q; Esth. 16,17 # 8,12r; Esth. 16,19 # 8,12s; Esth. 16,19 # 8,12s; Esth. 8,13; Esth. 9,2; Esth. 9,4; Esth. 9,6; Esth. 9,11; Esth. 9,12; Esth. 9,12; Esth. 9,15; Esth. 9,16; Esth. 9,16; Esth. 9,17; Esth. 9,18; Esth. 9,18; Esth. 9,19; Esth. 9,20; Esth. 9,26; Esth. 10,3; Esth. 10,13 # 10,3k; Esth. 10,13 # 10,3k; Judith 1,1; Judith 1,1; Judith 1,12; Judith 1,13; Judith 2,6; Judith 2,11; Judith 4,1; Judith 4,13; Judith 5,3; Judith 5,7; Judith 5,14; Judith 5,15; Judith 5,19; Judith 6,9; Judith 6,10; Judith 6,19; Judith 7,1; Judith 7,2; Judith 7,6; Judith 7,6; Judith 7,9; Judith 7,18; Judith 7,26; Judith 7,28; Judith 7,28; Judith 7,32; Judith 8,3; Judith 8,7; Judith 8,9; Judith 8,11; Judith 8,12; Judith 8,12; Judith 8,18; Judith 8,18; Judith 8,29; Judith 10,5; Judith 10,16; Judith 10,17; Judith 10,18; Judith 11,1; Judith 11,3; Judith 11,5; Judith 11,8; Judith 11,9; Judith 11,10; Judith 11,15; Judith 11,18; Judith 11,19; Judith 11,20; Judith 12,7; Judith 12,7; Judith 12,9; Judith 12,10; Judith 12,10; Judith 12,13; Judith 13,2; Judith 13,3; Judith 13,4; Judith 13,4; Judith 13,7; Judith 13,8; Judith 13,9; Judith 13,14; Judith 13,16; Judith 13,17; Judith 13,17; Judith 14,6; Judith 14,9; Judith 15,3; Judith 15,5; Judith 15,5; Judith 15,6; Judith 15,7; Judith 15,11; Judith 16,14; Judith 16,21; Tob. 1,2; Tob. 1,4; Tob. 1,4; Tob. 1,5; Tob. 1,5; Tob. 1,12; Tob. 2,1; Tob. 2,1; Tob. 2,3; Tob. 2,9; Tob. 3,7; Tob. 3,7; Tob. 3,11; Tob. 3,15; Tob. 4,1; Tob. 4,4; Tob. 4,13; Tob. 4,13; Tob. 4,13; Tob. 4,15; Tob. 5,14; Tob. 6,10; Tob. 7,2; Tob. 7,9; Tob. 8,12; Tob. 10,12; Tob. 11,15; Tob. 11,16; Tob. 11,16; Tob. 11,17; Tob. 12,18; Tob. 12,18; Tob. 13,6; Tob. 13,8; Tob. 13,15; Tob. 14,4; Tob. 14,4; 1Mac. 1,9; 1Mac. 1,41; 1Mac. 1,43; 1Mac. 1,51; 1Mac. 1,52; 1Mac. 1,54; 1Mac. 1,59; 1Mac. 2,17; 1Mac. 2,27; 1Mac. 2,28; 1Mac. 2,31; 1Mac. 2,32; 1Mac. 2,37; 1Mac. 2,41; 1Mac. 2,41; 1Mac. 2,56; 1Mac. 2,60; 1Mac. 3,14; 1Mac. 3,24; 1Mac. 3,29; 1Mac. 3,31; 1Mac. 3,40; 1Mac. 3,40; 1Mac. 3,40; 1Mac. 3,45; 1Mac. 3,47; 1Mac. 4,25; 1Mac. 4,31; 1Mac. 4,31; 1Mac. 4,32; 1Mac. 4,41; 1Mac. 4,52; 1Mac. 5,3; 1Mac. 5,9; 1Mac. 5,17; 1Mac. 5,18; 1Mac. 5,24; 1Mac. 5,25; 1Mac. 5,34; 1Mac. 5,45; 1Mac. 5,49; 1Mac. 5,55; 1Mac. 5,60; 1Mac. 5,65; 1Mac. 5,65; 1Mac. 5,67; 1Mac. 6,1; 1Mac. 6,10; 1Mac. 6,11; 1Mac. 6,11; 1Mac. 6,49; 1Mac. 7,7; 1Mac. 7,8; 1Mac. 7,38; 1Mac. 7,43; 1Mac. 7,47; 1Mac. 7,49; 1Mac. 8,4; 1Mac. 8,4; 1Mac. 8,23; 1Mac. 8,24; 1Mac. 9,7; 1Mac. 9,10; 1Mac. 9,14; 1Mac. 9,34; 1Mac. 9,43; 1Mac. 9,49; 1Mac. 9,50; 1Mac. 9,53; 1Mac. 9,60; 1Mac. 9,62; 1Mac. 9,65; 1Mac. 10,6; 1Mac. 10,26; 1Mac. 10,34; 1Mac. 10,38; 1Mac. 10,38; 1Mac. 10,43; 1Mac. 10,45; 1Mac. 10,50; 1Mac. 10,72; 1Mac. 10,74; 1Mac. 11,1; 1Mac. 11,4; 1Mac. 11,18; 1Mac. 11,18; 1Mac. 11,34; 1Mac. 11,44; 1Mac. 11,47; 1Mac. 11,47; 1Mac. 11,48; 1Mac. 11,51; 1Mac. 11,63; 1Mac. 11,64; 1Mac. 11,74; 1Mac. 12,12; 1Mac. 12,28; 1Mac. 12,28; 1Mac. 12,32; 1Mac. 12,35; 1Mac. 12,38; 1Mac. 12,47; 1Mac. 13,22; 1Mac. 13,27; 1Mac. 13,28; 1Mac. 13,34; 1Mac. 13,43; 1Mac. 13,44; 1Mac. 13,44; 1Mac. 13,45; 1Mac. 13,51; 1Mac. 14,21; 1Mac. 14,29; 1Mac. 14,34; 1Mac. 14,36; 1Mac. 14,36; 1Mac. 14,43; 1Mac. 14,44; 1Mac. 15,4; 1Mac. 15,6; 1Mac. 15,9; 1Mac. 15,25; 1Mac. 15,29; 1Mac. 16,14; 2Mac. 1,1; 2Mac. 1,7; 2Mac. 1,7; 2Mac. 1,7; 2Mac. 1,10; 2Mac. 1,12; 2Mac. 2,4; 2Mac. 3,8; 2Mac. 3,12; 2Mac. 3,12; 2Mac. 3,26; 2Mac. 4,30; 2Mac. 4,50; 2Mac. 4,50; 2Mac. 5,11; 2Mac. 5,20; 2Mac. 5,20; 2Mac. 6,12; 2Mac. 7,5; 2Mac. 7,5; 2Mac. 7,8; 2Mac. 7,21; 2Mac. 7,27; 2Mac. 7,36; 2Mac. 8,20; 2Mac. 8,33; 2Mac. 8,35; 2Mac. 8,35; 2Mac. 9,25; 2Mac. 9,27; 2Mac. 10,5; 2Mac. 10,34; 2Mac. 11,24; 2Mac. 11,26; 2Mac. 11,27; 2Mac. 12,14; 2Mac. 12,14; 2Mac. 12,16; 2Mac. 12,37; 2Mac. 12,39; 2Mac. 13,13; 2Mac. 14,8; 2Mac. 14,43; 2Mac. 15,1; 2Mac. 15,2; 2Mac. 15,19; 2Mac. 15,27; 2Mac. 15,28; 2Mac. 15,29; 2Mac. 15,36; 2Mac. 15,38; 2Mac. 15,39; 3Mac. 1,3; 3Mac. 1,9; 3Mac. 1,19; 3Mac. 2,12; 3Mac. 2,14; 3Mac. 2,17; 3Mac. 2,26; 3Mac. 3,1; 3Mac. 3,5; 3Mac. 3,11; 3Mac. 3,11; 3Mac. 3,14; 3Mac. 3,20; 3Mac. 3,22; 3Mac. 3,26; 3Mac. 3,28; 3Mac. 5,1; 3Mac. 5,2; 3Mac. 5,12; 3Mac. 5,27; 3Mac. 5,33; 3Mac. 6,1; 3Mac. 6,4; 3Mac. 6,11; 3Mac. 6,15; 3Mac. 6,24; 3Mac. 6,33; 3Mac. 7,15; 3Mac. 7,20; 4Mac. 1,1; 4Mac. 1,11; 4Mac. 1,11; 4Mac. 1,25; 4Mac. 3,2; 4Mac. 3,4; 4Mac. 3,12; 4Mac. 3,15; 4Mac. 3,16; 4Mac. 3,18; 4Mac. 4,20; 4Mac. 5,7; 4Mac. 5,10; 4Mac. 5,18; 4Mac. 5,27; 4Mac. 6,2; 4Mac. 6,11; 4Mac. 6,28; 4Mac. 8,24; 4Mac. 9,2; 4Mac. 9,4; 4Mac. 11,3; 4Mac. 11,14; 4Mac. 11,14; 4Mac. 12,7; 4Mac. 12,9; 4Mac. 13,13; 4Mac. 13,26; 4Mac. 14,17; 4Mac. 14,17; 4Mac. 14,19; 4Mac. 15,25; 4Mac. 16,15; 4Mac. 17,20; 4Mac. 18,23; Psa. 3,3; Psa. 5,3; Psa. 5,9; Psa. 6,2; Psa. 7,11; Psa. 8,2; Psa. 8,10; Psa. 9,30; Psa. 9,31; Psa. 10,1; Psa. 10,2; Psa. 11,7; Psa. 15,3; Psa. 15,11; Psa. 16,1; Psa. 16,7; Psa. 16,11; Psa. 16,14; Psa. 18,3; Psa. 20,2; Psa. 20,14; Psa. 21,25; Psa. 23,4; Psa. 24,11; Psa. 25,3; Psa. 26,6; Psa. 26,11; Psa. 29,5; Psa. 29,7; Psa. 30,2; Psa. 30,23; Psa. 31,11; Psa. 34,3; Psa. 34,8; Psa. 34,12; Psa. 34,23; Psa. 34,25; Psa. 35,5; Psa. 35,11; Psa. 36,7; Psa. 36,14; Psa. 37,2; Psa. 37,4; Psa. 37,8; Psa. 38,4; Psa. 39,11; Psa. 40,3; Psa. 40,4; Psa. 43,4; Psa. 44,4; Psa. 44,10; Psa. 45,4; Psa. 45,11; Psa. 48,7; Psa. 48,19; Psa. 50,20; Psa. 51,9; Psa. 53,3; Psa. 53,7; Psa. 54,3; Psa. 54,8; Psa. 54,10; Psa. 55,9; Psa. 56,2; Psa. 57,3; Psa. 57,12; Psa. 58,12; Psa. 58,13; Psa. 58,17; Psa. 59,7; Psa. 60,2; Psa. 61,5; Psa. 62,1; Psa. 62,5; Psa. 62,8; Psa. 63,11; Psa. 64,7; Psa. 65,7; Psa. 65,14; Psa. 65,16; Psa. 65,19; Psa. 66,3; Psa. 66,5; Psa. 67,8; Psa. 67,10; Psa. 67,11; Psa. 67,29; Psa. 67,34; Psa. 68,14; Psa. 68,19; Psa. 70,2; Psa. 70,18; Psa. 70,18; Psa. 71,16; Psa. 72,1; Psa. 72,4; Psa. 72,15; Psa. 72,20; Psa. 72,24; Psa. 73,8; Psa. 73,13; Psa. 75,2; Psa. 75,6; Psa. 76,10; Psa. 76,19; Psa. 76,20; Psa. 77,26; Psa. 77,36; Psa. 77,37; Psa. 77,40; Psa. 77,46; Psa. 77,46; Psa. 77,47; Psa. 77,50; Psa. 77,69; Psa. 77,72; Psa. 82,10; Psa. 82,11; Psa. 82,16; Psa. 82,16; Psa. 83,6; Psa. 83,7; Psa. 84,10; Psa. 85,6; Psa. 85,11; Psa. 85,11; Psa. 87,12; Psa. 88,17; Psa. 88,18; Psa. 88,34; Psa. 88,50; Psa. 89,7; Psa. 89,9; Psa. 89,12; Psa. 93,15; Psa. 93,19; Psa. 94,4; Psa. 94,8; Psa. 94,10; Psa. 94,10; Psa. 94,11; Psa. 95,13; Psa. 96,4; Psa. 96,11; Psa. 96,12; Psa. 101,6; Psa. 101,17; Psa. 103,14; Psa. 103,33; Psa. 104,7; Psa. 104,32; Psa. 104,35; Psa. 104,36; Psa. 104,38; Psa. 105,4; Psa. 105,5; Psa. 105,5; Psa. 105,7; Psa. 105,9; Psa. 105,14; Psa. 105,16; Psa. 105,18; Psa. 105,23; Psa. 105,26; Psa. 105,43; Psa. 105,47; Psa. 106,4; Psa. 106,29; Psa. 107,2; Psa. 107,7; Psa. 108,16; Psa. 111,2; Psa. 112,6; Psa. 113,9; Psa. 113,11; Psa. 115,2; Psa. 118,11; Psa. 118,14; Psa. 118,19; Psa. 118,37; Psa. 118,40; Psa. 118,50; Psa. 118,68; Psa. 118,87; Psa. 118,91; Psa. 118,92; Psa. 121,7; Psa. 124,4; Psa. 134,6; Psa. 135,16; Psa. 135,23; Psa. 137,2; Psa. 138,11; Psa. 140,1; Psa.

ὁ

142,1; Psa. 142,1; Psa. 142,11; Psa. 143,12; Psa. 144,7; Psa. 145,4; Psa. 146,8; Psa. 146,8; Psa. 146,10; Psa. 147,4; Ode. 1,0; Ode. 1,9; Ode. 1,13; Ode. 1,13; Ode. 2,10; Ode. 2,40; Ode. 3,10; Ode. 3,10; Ode. 4,11; Ode. 4,19; Ode. 5,17; Ode. 5,19; Ode. 7,37; Ode. 8,76; Ode. 8,87; Ode. 11,13; Prov. 1,19; Prov. 1,26; Prov. 2,3; Prov. 2,3; Prov. 2,10; Prov. 3,16; Prov. 3,16; Prov. 3,19; Prov. 4,9; Prov. 5,19; Prov. 6,8c; Prov. 6,32; Prov. 10,1; Prov. 11,6; Prov. 11,17; Prov. 14,32; Prov. 14,35; Prov. 17,25; Prov. 18,7; Prov. 19,3; Prov. 19,18; Prov. 22,25; Prov. 23,4; Prov. 24,14; Prov. 26,11; Prov. 26,24; Prov. 26,25; Prov. 26,25; Prov. 27,14; Prov. 28,17a; Prov. 28,28; Prov. 29,17; Prov. 31,25; Eccl. 1,13; Eccl. 2,2; Eccl. 2,13; Eccl. 2,20; Eccl. 2,24; Eccl. 6,2; Eccl. 6,12; Eccl. 7,19; Eccl. 7,20; Eccl. 7,23; Eccl. 7,27; Eccl. 8,10; Eccl. 9,9; Eccl. 9,15; Eccl. 12,5; Song 2,3; Song 2,9; Song 2,12; Song 2,12; Song 3,2; Song 3,3; Song 5,7; Song 6,9; Song 6,9; Song 7,1; Song 8,7; Song 8,8; Song 8,13; Song 8,14; Job 1,1; Job 1,5; Job 1,8; Job 1,12; Job 1,13; Job 5,13; Job 7,13; Job 9,21; Job 10,1; Job 16,18; Job 17,3; Job 17,5; Job 18,10; Job 18,15; Job 18,19; Job 26,6; Job 28,24; Job 29,21; Job 31,15; Job 33,23; Job 37,23; Job 39,17; Job 42,15; Job 42,17b; Job 42,17d; Job 42,17d; Wis. 2,6; Wis. 5,13; Wis. 5,16; Wis. 9,2; Wis. 9,11; Wis. 9,18; Wis. 13,3; Wis. 13,7; Wis. 14,6; Wis. 14,19; Wis. 16,9; Wis. 16,14; Wis. 16,21; Wis. 16,22; Wis. 16,25; Wis. 17,10; Wis. 18,21; Wis. 19,8; Wis. 19,10; Wis. 19,13; Sir. 1,34 Prol.; Sir. 1,30; Sir. 3,12; Sir. 4,10; Sir. 4,17; Sir. 4,25; Sir. 5,2; Sir. 5,2; Sir. 5,14; Sir. 6,19; Sir. 7,8; Sir. 7,10; Sir. 8,15; Sir. 12,16; Sir. 14,26; Sir. 14,27; Sir. 16,3; Sir. 16,7; Sir. 16,18; Sir. 16,24; Sir. 18,31; Sir. 19,16; Sir. 20,21; Sir. 21,3; Sir. 22,1; Sir. 22,13; Sir. 22,23; Sir. 23,18; Sir. 24,6; Sir. 25,2; Sir. 28,22; Sir. 29,1; Sir. 29,26; Sir. 30,5; Sir. 30,5; Sir. 30,13; Sir. 30,14; Sir. 31,3; Sir. 31,4; Sir. 32,23; Sir. 33,23; Sir. 34,11; Sir. 37,6; Sir. 37,12; Sir. 37,19; Sir. 37,22; Sir. 39,31; Sir. 44,1; Sir. 44,17; Sir. 44,19; Sir. 45,18; Sir. 47,5; Sir. 47,16; Sir. 47,20; Sir. 47,20; Sir. 48,15; Sir. 49,16; Sol. 2,29; Sol. 3,10; Sol. 5,18; Sol. 8,3; Sol. 8,19; Sol. 8,25; Sol. 9,2; Sol. 9,4; Sol. 11,1; Sol. 11,3; Sol. 11,5; Sol. 15,13; Sol. 16,9; Sol. 17,40; Sol. 18,6; Hos. 1,5; Hos. 1,5; Hos. 2,3; Hos. 2,10; Hos. 2,18; Hos. 2,20; Hos. 2,23; Hos. 2,23; Hos. 5,1; Hos. 6,2; Hos. 6,2; Hos. 6,3; Hos. 7,1; Hos. 7,2; Hos. 7,12; Hos. 9,3; Hos. 10,6; Hos. 12,4; Hos. 13,1; Hos. 13,5; Hos. 13,9; Amos 2,10; Amos 2,16; Amos 3,14; Amos 4,10; Amos 5,25; Amos 6,6; Amos 6,13; Amos 7,7; Amos 7,17; Amos 8,3; Amos 8,9; Amos 8,13; Amos 9,4; Amos 9,11; Mic. 1,13; Mic. 2,1; Mic. 2,4; Mic. 4,6; Mic. 4,8; Mic. 5,3; Mic. 5,5; Mic. 5,9; Mic. 6,9; Joel 2,7; Joel 4,14; Joel 4,14; Joel 4,18; Joel 4,19; Obad. 1; Obad. 8; Obad. 19; Jonah 1,4; Jonah 2,1; Jonah 3,7; Jonah 3,10; Jonah 4,2; Jonah 4,5; Jonah 4,6; Jonah 4,7; Jonah 4,9; Nah. 2,2; Nah. 2,6; Nah. 3,4; Nah. 3,19; Hab. 1,16; Hab. 3,11; Hab. 3,19; Zeph. 1,5; Zeph. 1,9; Zeph. 1,10; Zeph. 1,12; Zeph. 3,11; Zeph. 3,16; Zeph. 3,17; Zeph. 3,19; Hag. 1,15; Hag. 2,3; Hag. 2,3; Hag. 2,23; Zech. 2,5; Zech. 2,15; Zech. 3,10; Zech. 5,6; Zech. 6,10; Zech. 8,4; Zech. 9,16; Zech. 11,11; Zech. 12,2; Zech. 12,3; Zech. 12,4; Zech. 12,6; Zech. 12,8; Zech. 12,8; Zech. 12,9; Zech. 12,11; Zech. 13,1; Zech. 13,2; Zech. 13,4; Zech. 13,8; Zech. 14,4; Zech. 14,6; Zech. 14,8; Zech. 14,9; Zech. 14,13; Zech. 14,20; Zech. 14,21; Mal. 3,2; Mal. 3,21; Is. 2,11; Is. 2,17; Is. 2,20; Is. 3,7; Is. 3,9; Is. 3,16; Is. 3,18; Is. 4,5; Is. 5,30; Is. 5,30; Is. 6,6; Is. 6,6; Is. 6,10; Is. 7,18; Is. 7,18; Is. 7,20; Is. 7,21; Is. 7,23; Is. 8,11; Is. 9,3; Is. 9,3; Is. 10,3; Is. 10,7; Is. 10,10; Is. 10,13; Is. 10,14; Is. 10,17; Is. 10,20; Is. 10,20; Is. 10,23; Is. 10,26; Is. 10,26; Is. 10,27; Is. 10,32; Is. 10,33; Is. 11,10; Is. 11,11; Is. 12,1; Is. 12,4; Is. 12,5; Is. 13,2; Is. 13,11; Is. 13,13; Is. 14,3; Is. 14,4; Is. 14,13; Is. 15,5; Is. 16,7; Is. 17,4; Is. 17,7; Is. 17,9; Is. 17,11; Is. 18,4; Is. 19,18; Is. 19,18; Is. 19,18; Is. 19,19; Is. 19,21; Is. 19,23; Is. 19,24; Is. 19,24; Is. 20,6; Is. 21,13; Is. 22,8; Is. 22,10; Is. 22,12; Is. 22,20; Is. 22,25; Is. 23,2; Is. 23,6; Is. 23,15; Is. 24,6; Is. 24,13; Is. 24,14; Is. 25,9; Is. 25,9; Is. 26,8; Is. 26,17; Is. 26,19; Is. 27,2; Is. 27,12; Is. 27,13; Is. 27,13; Is. 27,13; Is. 27,13; Is. 28,2; Is. 28,5; Is. 28,21; Is. 29,18; Is. 29,18; Is. 30,6; Is. 30,6; Is. 30,6; Is. 30,23; Is. 30,25; Is. 30,26; Is. 30,31; Is. 31,4; Is. 31,7; Is. 32,16; Is. 32,19; Is. 34,6; Is. 35,4; Is. 35,6; Is. 36,2; Is. 37,3; Is. 37,7; Is. 37,29; Is. 37,31; Is. 37,34; Is. 38,12; Is. 40,3; Is. 40,9; Is. 40,12; Is. 41,10; Is. 41,10; Is. 43,7; Is. 43,19; Is. 43,19; Is. 43,20; Is. 43,20; Is. 44,18; Is. 44,19; Is. 44,19; Is. 44,19; Is. 44,20; Is. 44,27; Is. 45,10; Is. 45,12; Is. 46,8; Is. 47,7; Is. 47,8; Is. 47,9; Is. 47,9; Is. 47,10; Is. 47,10; Is. 47,12; Is. 47,15; Is. 49,2; Is. 49,21; Is. 50,2; Is. 50,11; Is. 51,7; Is. 51,23; Is. 51,23; Is. 52,6; Is. 52,8; Is. 53,1; Is. 53,6; Is. 53,8; Is. 53,11; Is. 54,5; Is. 54,9; Is. 56,11; Is. 57,1; Is. 57,13; Is. 58,13; Is. 58,13; Is. 59,16; Is. 60,3; Is. 60,5; Is. 60,18; Is. 61,1; Is. 62,4; Is. 62,11; Is. 63,6; Is. 63,12; Is. 65,11; Is. 66,5; Is. 66,16; Jer. 1,2; Jer. 1,18; Jer. 2,6; Jer. 2,8; Jer. 2,18; Jer. 2,18; Jer. 2,20; Jer. 2,24; Jer. 2,28; Jer. 3,25; Jer. 4,9; Jer. 4,11; Jer. 4,11; Jer. 5,19; Jer. 5,22; Jer. 5,24; Jer. 6,3; Jer. 6,5; Jer. 6,15; Jer. 7,9; Jer. 7,14; Jer. 7,18; Jer. 7,31; Jer. 8,5; Jer. 9,1; Jer. 9,22; Jer. 9,22; Jer. 9,25; Jer. 10,12; Jer. 10,12; Jer. 10,12; Jer. 11,13; Jer. 11,17; Jer. 12,12; Jer. 12,16; Jer. 13,4; Jer. 13,22; Jer. 15,10; Jer. 15,14; Jer. 16,3; Jer. 17,6; Jer. 17,21; Jer. 17,22; Jer. 17,24; Jer. 17,27; Jer. 19,5; Jer. 19,5; Jer. 19,9; Jer. 19,9; Jer. 19,13; Jer. 19,14; Jer. 21,6; Jer. 21,7; Jer. 21,9; Jer. 22,8; Jer. 22,8; Jer. 22,21; Jer. 23,15; Jer. 23,22; Jer. 23,27; Jer. 24,8; Jer. 26,11; Jer. 26,18; Jer. 28,6; Jer. 28,8; Jer. 28,15; Jer. 28,15; Jer. 28,15; Jer. 28,24; Jer. 28,39; Jer. 28,52; Jer. 29,4; Jer. 29,4; Jer. 30,16; Jer. 30,25; Jer. 31,9; Jer. 31,11; Jer. 31,44; Jer. 32,24; Jer. 33,17; Jer. 34,5; Jer. 34,5; Jer. 36,1; Jer. 36,22; Jer. 37,8; Jer. 38,24; Jer. 38,30; Jer. 38,32; Jer. 39,12; Jer. 39,15; Jer. 39,17; Jer. 39,17; Jer. 39,29; Jer. 39,35; Jer. 39,41; Jer. 39,43; Jer. 40,1; Jer. 41,10; Jer. 41,13; Jer. 41,16; Jer. 43,10; Jer. 43,10; Jer. 44,21; Jer. 45,2; Jer. 45,4; Jer. 45,6; Jer. 45,7; Jer. 45,9; Jer. 45,13; Jer. 45,28; Jer. 46,3; Jer. 46,15; Jer. 46,17; Jer. 47,6; Jer. 47,7; Jer. 47,9; Jer. 47,11; Jer. 47,11; Jer. 48,4; Jer. 48,4; Jer. 48,18; Jer. 49,10; Jer. 49,13; Jer. 49,17; Jer. 50,5; Jer. 51,17; Jer. 51,18; Jer. 51,19; Jer. 51,22; Jer. 51,25; Jer. 52,1; Jer. 52,6; Jer. 52,6; Jer. 52,25; Jer. 52,31; Bar. 1,8; Bar. 3,7; Bar. 3,8; Bar. 3,13; Bar. 3,32; Bar. 4,12; Bar. 4,22; Bar. 4,31; Bar. 4,33; Bar. 4,33; Bar. 4,37; Bar. 5,3; Bar. 5,5; Bar. 5,7; Bar. 5,9; Lam. 1,19; Lam. 2,5; Lam. 4,20; LetterJ 5; LetterJ 70; LetterJ 71; Ezek. 1,23; Ezek. 1,28; Ezek. 3,6; Ezek. 3,18; Ezek. 3,19; Ezek. 5,2; Ezek. 5,3; Ezek. 5,6; Ezek. 6,6; Ezek. 6,9; Ezek. 6,9; Ezek. 6,11; Ezek. 7,2; Ezek. 7,15; Ezek. 8,11; Ezek. 9,2; Ezek. 9,11; Ezek. 11,2; Ezek. 11,6; Ezek. 12,13; Ezek. 14,14; Ezek. 14,20; Ezek. 16,2; Ezek. 16,3; Ezek. 16,5; Ezek. 16,14; Ezek. 16,33; Ezek. 16,34; Ezek. 16,36; Ezek. 17,3; Ezek. 17,20; Ezek. 18,11; Ezek. 18,18; Ezek. 18,22; Ezek. 19,4; Ezek. 19,13; Ezek. 20,5; Ezek. 20,6; Ezek. 20,6; Ezek. 20,13; Ezek. 20,13; Ezek. 20,15; Ezek. 20,17; Ezek. 20,18; Ezek. 20,21; Ezek. 20,23; Ezek. 20,36; Ezek. 21,12; Ezek. 21,34; Ezek. 21,34; Ezek. 21,35; Ezek. 21,35; Ezek. 23,3; Ezek. 23,16; Ezek. 23,17; Ezek. 23,31; Ezek. 24,25; Ezek. 24,26; Ezek. 24,27; Ezek. 25,4; Ezek. 25,14; Ezek. 26,15; Ezek. 27,3; Ezek. 27,3; Ezek. 27,3; Ezek. 27,10; Ezek. 27,27; Ezek. 27,30; Ezek. 28,3; Ezek. 28,4; Ezek. 28,4; Ezek. 28,5; Ezek. 28,5; Ezek. 28,13; Ezek. 29,7; Ezek. 29,14; Ezek. 29,18; Ezek. 29,19; Ezek. 29,21; Ezek. 30,4; Ezek. 30,9; Ezek. 30,9; Ezek. 31,6; Ezek. 32,2; Ezek. 32,15; Ezek. 32,30; Ezek. 33,3; Ezek. 33,6; Ezek. 33,8; Ezek. 33,9; Ezek. 33,13; Ezek. 33,13; Ezek. 34,25; Ezek. 35,14; Ezek. 36,17; Ezek. 37,17; Ezek. 37,19; Ezek. 37,20; Ezek. 37,22; Ezek. 38,10; Ezek. 38,14; Ezek. 38,18; Ezek. 38,19; Ezek. 39,11; Ezek. 39,11; Ezek. 40,1; Ezek. 40,3; Ezek. 40,5; Ezek. 40,20; Ezek. 40,20; Ezek. 40,23; Ezek. 40,23; Ezek. 40,44; Ezek. 40,44; Ezek. 41,24; Ezek. 41,24; Ezek.

ὁ

43,7; Ezek. 43,22; Ezek. 43,22; Ezek. 44,13; Ezek. 45,22; Ezek. 45,25; Ezek. 46,1; Ezek. 46,1; Ezek. 46,1; Ezek. 46,1; Ezek. 46,4; Ezek. 46,6; Ezek. 46,12; Ezek. 47,3; Ezek. 47,7; Ezek. 47,11; Ezek. 47,11; Ezek. 47,11; Ezek. 48,11; Ezek. 48,15; Ezek. 48,17; Dan. 1,8; Dan. 1,20; Dan. 1,20; Dan. 1,20; Dan. 2,19; Dan. 2,30; Dan. 2,38; Dan. 2,49; Dan. 3,5; Dan. 3,5; Dan. 3,7; Dan. 3,7; Dan. 3,10; Dan. 3,10; Dan. 3,12; Dan. 3,12; Dan. 3,14; Dan. 3,14; Dan. 3,15; Dan. 3,15; Dan. 3,16; Dan. 3,18; Dan. 3,18; Dan. 3,20; Dan. 3,22; Dan. 3,37; Dan. 3,51; Dan. 4,15; Dan. 4,20; Dan. 4,27; Dan. 4,28; Dan. 4,31; Dan. 4,37a; Dan. 4,37b; Dan. 4,37c; Dan. 5,0; Dan. 5,0; Dan. 5,5; Dan. 5,23; Dan. 6,4; Dan. 6,26; Dan. 6,27; Dan. 8,2; Dan. 8,2; Dan. 8,6; Dan. 8,12; Dan. 8,24; Dan. 9,2; Dan. 9,7; Dan. 9,21; Dan. 10,4; Dan. 10,4; Dan. 11,2; Dan. 11,16; Dan. 12,1; Sus. 30; Sus. 52; Sus. 60-62; Sus. 63; Bel 15-17; Bel 33; Bel 33; Bel 39; Josh. 15,33; Josh. 15,48; Judg. 1,2; Judg. 1,5; Judg. 1,14; Judg. 1,27; Judg. 2,21; Judg. 3,21; Judg. 3,29; Judg. 3,30; Judg. 4,14; Judg. 4,21; Judg. 4,21; Judg. 4,23; Judg. 5,1; Judg. 5,4; Judg. 6,4; Judg. 6,10; Judg. 6,19; Judg. 6,25; Judg. 6,26; Judg. 6,32; Judg. 6,37; Judg. 6,38; Judg. 6,40; Judg. 7,5; Judg. 7,8; Judg. 7,9; Judg. 7,9; Judg. 7,9; Judg. 7,11; Judg. 7,11; Judg. 7,12; Judg. 7,13; Judg. 7,18; Judg. 7,22; Judg. 8,6; Judg. 9,6; Judg. 9,6; Judg. 9,8; Judg. 9,10; Judg. 9,14; Judg. 9,15; Judg. 9,19; Judg. 9,25; Judg. 9,35; Judg. 9,42; Judg. 9,45; Judg. 9,48; Judg. 10,15; Judg. 10,17; Judg. 11,12; Judg. 11,16; Judg. 11,17; Judg. 11,18; Judg. 11,18; Judg. 11,19; Judg. 11,30; Judg. 12,3; Judg. 13,20; Judg. 14,2; Judg. 14,6; Judg. 14,7; Judg. 14,15; Judg. 14,15; Judg. 14,15; Judg. 14,16; Judg. 14,17; Judg. 14,17; Judg. 14,18; Judg. 14,18; Judg. 14,18; Judg. 15,16; Judg. 15,19; Judg. 16,2; Judg. 16,29; Judg. 16,29; Judg. 16,30; Judg. 17,2; Judg. 17,3; Judg. 17,4; Judg. 18,7; Judg. 18,10; Judg. 18,28; Judg. 18,30; Judg. 19,5; Judg. 19,5; Judg. 19,8; Judg. 19,8; Judg. 19,15; Judg. 19,17; Judg. 19,19; Judg. 19,20; Judg. 20,9; Judg. 20,15; Judg. 20,21; Judg. 20,22; Judg. 20,22; Judg. 20,24; Judg. 20,24; Judg. 20,25; Judg. 20,25; Judg. 20,26; Judg. 20,29; Judg. 20,30; Judg. 20,30; Judg. 20,35; Judg. 20,39; Judg. 20,46; Judg. 21,4; Judg. 21,5; Judg. 21,13; Judg. 21,22; Tob. 1,2; Tob. 1,3; Tob. 1,4; Tob. 1,14; Tob. 2,1; Tob. 2,1; Tob. 2,3; Tob. 2,9; Tob. 2,12; Tob. 3,1; Tob. 3,6; Tob. 3,7; Tob. 3,7; Tob. 3,10; Tob. 3,10; Tob. 3,10; Tob. 3,15; Tob. 4,1; Tob. 4,2; Tob. 4,4; Tob. 5,21; Tob. 6,7; Tob. 6,7; Tob. 7,2; Tob. 7,13; Tob. 8,19; Tob. 9,6; Tob. 9,6; Tob. 10,8; Tob. 10,12; Tob. 10,13; Tob. 11,11; Tob. 11,16; Tob. 11,17; Tob. 11,18; Tob. 12,18; Tob. 12,18; Tob. 13,6; Tob. 13,6; Tob. 13,15; Tob. 13,17; Tob. 14,4; Tob. 14,4; Tob. 14,6; Tob. 14,7; Tob. 14,8; Tob. 14,9; Dan. 1,4; Dan. 1,8; Dan. 1,20; Dan. 2,30; Dan. 2,38; Dan. 2,49; Dan. 3,5; Dan. 3,5; Dan. 3,6; Dan. 3,7; Dan. 3,7; Dan. 3,11; Dan. 3,11; Dan. 3,12; Dan. 3,12; Dan. 3,14; Dan. 3,14; Dan. 3,15; Dan. 3,15; Dan. 3,18; Dan. 3,18; Dan. 3,37; Dan. 3,51; Dan. 3,76; Dan. 3,87; Dan. 3,97; Dan. 3,97; Dan. 4,1; Dan. 4,15; Dan. 4,15; Dan. 4,15; Dan. 4,15; Dan. 4,23; Dan. 4,23; Dan. 4,23; Dan. 4,23; Dan. 4,33; Dan. 4,35; Dan. 4,35; Dan. 4,35; Dan. 5,2; Dan. 5,5; Dan. 5,7; Dan. 5,11; Dan. 5,16; Dan. 5,29; Dan. 5,30; Dan. 6,2; Dan. 6,26; Dan. 6,29; Dan. 6,29; Dan. 7,15; Dan. 7,20; Dan. 7,23; Dan. 7,28; Dan. 8,2; Dan. 8,22; Dan. 8,24; Dan. 8,25; Dan. 9,7; Dan. 9,21; Dan. 9,21; Dan. 9,21; Dan. 9,23; Dan. 10,1; Dan. 10,11; Dan. 10,16; Dan. 11,2; Dan. 11,16; Dan. 12,1; Sus. 6; Sus. 28; Sus. 38; Sus. 62; Bel 21; Bel 33; Bel 40; Bel 40; Matt. 2,2; Matt. 2,9; Matt. 3,1; Matt. 3,3; Matt. 3,12; Matt. 4,23; Matt. 5,8; Matt. 5,15; Matt. 5,19; Matt. 5,19; Matt. 5,21; Matt. 5,22; Matt. 5,25; Matt. 5,28; Matt. 5,35; Matt. 5,36; Matt. 6,7; Matt. 6,25; Matt. 6,29; Matt. 6,34; Matt. 7,22; Matt. 7,25; Matt. 7,27; Matt. 7,28; Matt. 8,6; Matt. 8,11; Matt. 8,13; Matt. 8,24; Matt. 8,26; Matt. 9,10; Matt. 9,31; Matt. 10,15; Matt. 10,19; Matt. 10,23; Matt. 10,27; Matt. 11,11; Matt. 11,29; Matt. 12,40; Matt. 12,40; Matt. 12,41; Matt. 12,42; Matt. 12,45; Matt. 12,45; Matt. 13,1; Matt. 13,15; Matt. 13,19; Matt. 13,40; Matt. 13,43; Matt. 13,49; Matt. 13,52; Matt. 13,54; Matt. 13,57; Matt. 13,57; Matt. 14,10; Matt. 14,11; Matt. 15,5; Matt. 15,32; Matt. 16,18; Matt. 16,21; Matt. 16,27; Matt. 16,28; Matt. 17,22; Matt. 17,23; Matt. 18,1; Matt. 18,1; Matt. 18,4; Matt. 18,17; Matt. 19,5; Matt. 19,28; Matt. 20,3; Matt. 20,17; Matt. 20,19; Matt. 20,21; Matt. 21,5; Matt. 21,8; Matt. 21,8; Matt. 21,22; Matt. 22,23; Matt. 22,28; Matt. 22,30; Matt. 22,33; Matt. 22,37; Matt. 22,37; Matt. 22,37; Matt. 24,14; Matt. 24,16; Matt. 24,26; Matt. 24,48; Matt. 25,25; Matt. 25,31; Matt. 26,5; Matt. 26,10; Matt. 26,29; Matt. 26,31; Matt. 26,34; Matt. 26,55; Matt. 26,69; Matt. 27,29; Matt. 27,60; Matt. 27,60; Matt. 28,1; Mark 1,3; Mark 1,4; Mark 1,13; Mark 1,16; Mark 1,22; Mark 1,23; Mark 2,15; Mark 2,20; Mark 3,5; Mark 4,1; Mark 4,2; Mark 4,35; Mark 4,38; Mark 4,39; Mark 5,13; Mark 5,20; Mark 6,2; Mark 6,4; Mark 6,4; Mark 6,24; Mark 6,27; Mark 6,28; Mark 7,11; Mark 7,12; Mark 7,13; Mark 8,3; Mark 8,12; Mark 8,27; Mark 8,38; Mark 8,38; Mark 8,38; Mark 9,24; Mark 9,33; Mark 9,33; Mark 9,34; Mark 10,32; Mark 10,37; Mark 10,52; Mark 11,12; Mark 11,18; Mark 11,23; Mark 12,23; Mark 12,26; Mark 12,38; Mark 13,11; Mark 13,14; Mark 14,2; Mark 14,3; Mark 14,12; Mark 14,25; Mark 14,30; Mark 14,66; Mark 15,7; Mark 15,34; Mark 15,41; Mark 15,46; Mark 16,2; Mark 16,9; Mark 16,15; Luke 1,8; Luke 1,10; Luke 1,14; Luke 1,36; Luke 1,41; Luke 1,44; Luke 1,59; Luke 1,59; Luke 1,65; Luke 1,66; Luke 2,5; Luke 2,8; Luke 2,8; Luke 2,16; Luke 2,19; Luke 2,21; Luke 2,38; Luke 2,41; Luke 2,44; Luke 2,47; Luke 2,51; Luke 2,52; Luke 3,2; Luke 3,4; Luke 3,17; Luke 4,1; Luke 4,14; Luke 4,16; Luke 4,20; Luke 4,23; Luke 4,24; Luke 4,28; Luke 4,32; Luke 4,33; Luke 5,9; Luke 5,29; Luke 6,12; Luke 6,23; Luke 6,48; Luke 7,12; Luke 7,12; Luke 7,15; Luke 7,17; Luke 7,17; Luke 7,21; Luke 7,28; Luke 7,37; Luke 7,37; Luke 8,15; Luke 9,22; Luke 9,26; Luke 9,37; Luke 9,43; Luke 9,57; Luke 9,62; Luke 10,7; Luke 10,12; Luke 10,12; Luke 10,14; Luke 10,21; Luke 10,27; Luke 10,27; Luke 10,27; Luke 10,31; Luke 11,30; Luke 11,31; Luke 11,32; Luke 11,36; Luke 12,3; Luke 12,12; Luke 12,19; Luke 12,20; Luke 12,22; Luke 12,27; Luke 12,38; Luke 12,38; Luke 12,45; Luke 12,51; Luke 12,58; Luke 13,7; Luke 13,14; Luke 13,16; Luke 13,28; Luke 13,29; Luke 13,31; Luke 13,32; Luke 13,32; Luke 13,33; Luke 14,14; Luke 14,15; Luke 14,17; Luke 15,4; Luke 15,25; Luke 16,24; Luke 16,25; Luke 17,6; Luke 17,6; Luke 17,24; Luke 17,31; Luke 17,31; Luke 17,34; Luke 18,3; Luke 18,33; Luke 18,33; Luke 19,3; Luke 19,36; Luke 19,37; Luke 19,42; Luke 20,19; Luke 20,20; Luke 20,20; Luke 20,26; Luke 20,33; Luke 21,19; Luke 21,21; Luke 21,26; Luke 22,16; Luke 22,30; Luke 23,12; Luke 23,19; Luke 23,19; Luke 23,51; Luke 23,51; Luke 24,6; Luke 24,7; Luke 24,13; Luke 24,25; Luke 24,32; Luke 24,33; Luke 24,35; Luke 24,35; Luke 24,38; Luke 24,46; Luke 24,49; John 1,5; John 1,23; John 2,1; John 2,1; John 2,22; John 2,23; John 3,14; John 3,35; John 4,6; John 4,42; John 4,44; John 4,45; John 4,53; John 5,2; John 5,5; John 5,9; John 5,33; John 6,31; John 6,39; John 6,40; John 6,44; John 6,49; John 6,54; John 7,1; John 7,1; John 7,9; John 7,11; John 7,37; John 7,37; John 8,12; John 8,21; John 8,35; John 8,44; John 10,23; John 11,9; John 11,10; John 11,24; John 11,24; John 11,31; John 12,20; John 12,35; John 12,38; John 12,40; John 12,46; John 12,48; John 14,2; John 14,20; John 15,4; John 15,9; John 15,9; John 15,10; John 15,10; John 16,13; John 16,23; John 16,26; John 17,5; John 17,17; John 18,16; John 18,16; John 18,37; John 19,2; John 19,26; John 20,12; John 20,19; John 20,19; John 21,3; Acts 1,7; Acts 1,8; Acts 1,14; Acts 1,14; Acts 1,19; Acts 2,6; Acts 2,8; Acts 2,23; Acts 2,33; Acts 2,41; Acts 2,42; Acts 2,42; Acts 2,42; Acts 3,10; Acts 3,11; Acts 3,11;

O, o

Acts 3,16; Acts 4,27; Acts 5,1; Acts 5,4; Acts 5,4; Acts 5,9; Acts 5,12; Acts 5,22; Acts 5,25; Acts 5,31; Acts 6,1; Acts 6,1; Acts 6,4; Acts 6,4; Acts 6,7; Acts 6,10; Acts 7,2; Acts 7,8; Acts 7,8; Acts 7,26; Acts 7,30; Acts 7,35; Acts 7,36; Acts 7,38; Acts 7,38; Acts 7,42; Acts 7,42; Acts 7,44; Acts 7,45; Acts 8,1; Acts 8,1; Acts 8,8; Acts 8,9; Acts 8,33; Acts 9,3; Acts 9,17; Acts 9,27; Acts 9,31; Acts 9,38; Acts 10,9; Acts 10,24; Acts 10,39; Acts 10,40; Acts 11,23; Acts 11,26; Acts 11,29; Acts 12,5; Acts 12,6; Acts 12,17; Acts 13,12; Acts 13,14; Acts 13,16; Acts 13,17; Acts 13,18; Acts 13,36; Acts 13,43; Acts 14,20; Acts 14,22; Acts 14,26; Acts 15,9; Acts 15,22; Acts 15,31; Acts 15,40; Acts 16,5; Acts 16,6; Acts 16,11; Acts 16,12; Acts 16,13; Acts 16,18; Acts 16,32; Acts 16,33; Acts 17,5; Acts 17,13; Acts 17,17; Acts 17,17; Acts 18,3; Acts 18,4; Acts 18,7; Acts 18,10; Acts 18,26; Acts 19,9; Acts 19,39; Acts 20,7; Acts 20,7; Acts 20,15; Acts 20,15; Acts 20,15; Acts 20,16; Acts 20,26; Acts 21,1; Acts 21,8; Acts 21,26; Acts 21,29; Acts 21,40; Acts 21,40; Acts 22,2; Acts 22,3; Acts 22,6; Acts 22,13; Acts 23,32; Acts 24,4; Acts 24,24; Acts 25,1; Acts 25,6; Acts 25,17; Acts 26,14; Acts 26,18; Acts 26,19; Acts 26,24; Acts 27,3; Acts 27,18; Acts 27,19; Acts 27,23; Acts 27,40; Acts 28,9; Acts 28,11; Acts 28,27; Rom. 1,25; Rom. 1,27; Rom. 2,8; Rom. 2,8; Rom. 3,24; Rom. 3,26; Rom. 4,11; Rom. 4,19; Rom. 4,20; Rom. 4,20; Rom. 5,2; Rom. 5,10; Rom. 5,15; Rom. 6,1; Rom. 6,2; Rom. 6,6; Rom. 6,10; Rom. 6,11; Rom. 6,13; Rom. 6,18; Rom. 6,19; Rom. 6,19; Rom. 6,19; Rom. 6,20; Rom. 7,5; Rom. 7,18; Rom. 7,25; Rom. 8,3; Rom. 8,12; Rom. 8,20; Rom. 8,24; Rom. 8,26; Rom. 9,2; Rom. 9,9; Rom. 9,17; Rom. 10,3; Rom. 10,6; Rom. 10,8; Rom. 10,9; Rom. 10,16; Rom. 11,4; Rom. 11,20; Rom. 11,20; Rom. 11,22; Rom. 11,23; Rom. 11,24; Rom. 11,30; Rom. 12,2; Rom. 12,7; Rom. 12,7; Rom. 12,8; Rom. 12,10; Rom. 12,10; Rom. 12,11; Rom. 12,12; Rom. 12,12; Rom. 12,12; Rom. 12,19; Rom. 13,2; Rom. 13,2; Rom. 14,1; Rom. 15,13; Rom. 15,31; Rom. 16,18; 1Cor. 1,2; 1Cor. 1,2; 1Cor. 1,4; 1Cor. 1,4; 1Cor. 1,8; 1Cor. 1,10; 1Cor. 1,21; 1Cor. 3,19; 1Cor. 5,4; 1Cor. 5,5; 1Cor. 5,9; 1Cor. 6,4; 1Cor. 6,13; 1Cor. 6,13; 1Cor. 6,16; 1Cor. 7,3; 1Cor. 7,5; 1Cor. 7,14; 1Cor. 7,20; 1Cor. 7,28; 1Cor. 7,33; 1Cor. 7,37; 1Cor. 7,37; 1Cor. 8,7; 1Cor. 8,11; 1Cor. 9,12; 1Cor. 9,18; 1Cor. 10,2; 1Cor. 10,2; 1Cor. 10,5; 1Cor. 10,32; 1Cor. 11,5; 1Cor. 11,5; 1Cor. 11,23; 1Cor. 12,21; 1Cor. 12,28; 1Cor. 13,6; 1Cor. 13,6; 1Cor. 14,16; 1Cor. 14,20; 1Cor. 15,4; 1Cor. 15,4; 1Cor. 15,19; 1Cor. 15,23; 1Cor. 15,52; 1Cor. 16,13; 1Cor. 16,17; 1Cor. 16,19; 1Cor. 16,21; 2Cor. 1,1; 2Cor. 1,1; 2Cor. 1,1; 2Cor. 1,4; 2Cor. 1,8; 2Cor. 1,11; 2Cor. 1,14; 2Cor. 1,15; 2Cor. 1,17; 2Cor. 1,24; 2Cor. 2,7; 2Cor. 3,9; 2Cor. 3,14; 2Cor. 4,2; 2Cor. 4,11; 2Cor. 7,4; 2Cor. 7,4; 2Cor. 7,4; 2Cor. 7,6; 2Cor. 7,7; 2Cor. 7,7; 2Cor. 7,8; 2Cor. 7,13; 2Cor. 7,13; 2Cor. 8,7; 2Cor. 8,7; 2Cor. 8,9; 2Cor. 8,16; 2Cor. 8,19; 2Cor. 8,19; 2Cor. 8,20; 2Cor. 8,20; 2Cor. 8,22; 2Cor. 9,4; 2Cor. 9,7; 2Cor. 9,13; 2Cor. 9,15; 2Cor. 10,2; 2Cor. 11,3; 2Cor. 11,6; 2Cor. 11,17; 2Cor. 12,7; 2Cor. 12,7; 2Cor. 12,21; 2Cor. 13,5; Gal. 2,5; Gal. 2,13; Gal. 2,20; Gal. 4,14; Gal. 4,25; Gal. 4,25; Gal. 5,7; Gal. 5,13; Gal. 6,11; Gal. 6,13; Eph. 1,22; Eph. 2,14; Eph. 3,21; Eph. 4,14; Eph. 4,18; Eph. 4,19; Eph. 5,5; Eph. 5,19; Eph. 6,13; Eph. 6,13; Phil. 1,3; Phil. 1,5; Phil. 1,7; Phil. 1,7; Phil. 1,24; Phil. 1,27; Phil. 2,3; Phil. 2,12; Phil. 2,12; Phil. 2,17; Phil. 2,30; Phil. 3,9; Phil. 3,19; Phil. 4,6; Phil. 4,6; Phil. 4,14; Col. 1,10; Col. 1,21; Col. 1,23; Col. 1,23; Col. 1,24; Col. 2,5; Col. 2,7; Col. 2,11; Col. 2,11; Col. 2,13; Col. 2,22; Col. 3,16; Col. 4,16; Col. 4,18; 1Th. 1,1; 1Th. 1,7; 1Th. 1,7; 1Th. 1,8; 1Th. 1,8; 1Th. 2,14; 1Th. 2,19; 1Th. 3,7; 1Th. 3,9; 1Th. 3,12; 1Th. 3,13; 1Th. 4,10; 1Th. 5,3; 1Th. 5,23; 2Th. 1,1; 2Th. 1,7; 2Th. 1,10; 2Th. 2,8; 2Th. 2,12; 2Th. 2,12; 2Th. 3,17; 1Tim. 1,10; 1Tim. 3,13; 1Tim. 4,13; 1Tim. 4,13; 1Tim. 4,13; 1Tim. 4,16; 1Tim. 6,3; 2Tim. 1,5; 2Tim. 1,5; 2Tim. 1,13; 2Tim. 1,15; 2Tim. 1,18; 2Tim. 2,1; 2Tim. 2,1; 2Tim. 3,8; 2Tim. 3,10; 2Tim. 3,10; 2Tim. 3,10; 2Tim. 3,10; 2Tim. 3,10; 2Tim. 3,10; 2Tim. 3,10; 2Tim. 4,8; 2Tim. 4,16; Titus 1,9; Titus 1,9; Titus 1,13; Titus 2,1; Titus 2,2; Titus 2,2; Titus 2,2; Titus 2,7; Titus 3,7; Philem. 2; Philem. 2; Philem. 7; Philem. 19; Philem. 21; Heb. 3,8; Heb. 3,10; Heb. 3,10; Heb. 3,11; Heb. 3,17; Heb. 4,2; Heb. 4,3; Heb. 4,4; Heb. 4,4; Heb. 7,10; Heb. 8,9; Heb. 9,15; Heb. 13,10; James 1,1; James 1,10; James 1,25; James 1,27; James 3,7; James 3,7; James 3,14; 1Pet. 1,14; 1Pet. 1,22; 1Pet. 2,24; 1Pet. 4,12; 1Pet. 4,13; 1Pet. 5,9; 1Pet. 5,9; 2Pet. 1,5; 2Pet. 1,5; 2Pet. 1,6; 2Pet. 1,6; 2Pet. 1,6; 2Pet. 1,7; 2Pet. 1,7; 2Pet. 1,12; 2Pet. 2,12; 2Pet. 2,15; 2Pet. 3,17; 1John 2,9; 1John 2,11; 1John 2,11; 1John 2,28; 1John 3,18; 1John 4,16; 1John 4,17; 1John 4,18; 1John 4,18; 2John 9; 2John 9; 3John 3; 3John 6; 3John 8; 3John 9; Jude 3; Jude 11; Jude 11; Jude 11; Jude 20; Rev. 1,4; Rev. 1,9; Rev. 1,9; Rev. 1,9; Rev. 1,10; Rev. 1,16; Rev. 1,16; Rev. 2,1; Rev. 2,16; Rev. 6,5; Rev. 8,9; Rev. 9,11; Rev. 9,17; Rev. 10,2; Rev. 10,8; Rev. 11,12; Rev. 11,13; Rev. 12,14; Rev. 12,16; Rev. 12,17; Rev. 13,15; Rev. 13,15; Rev. 14,14; Rev. 16,2; Rev. 16,3; Rev. 17,4; Rev. 18,7; Rev. 18,18; Rev. 18,18; Rev. 18,19; Rev. 18,23; Rev. 19,2; Rev. 19,20; Rev. 19,21; Rev. 19,21; Rev. 20,6; Rev. 20,6; Rev. 20,15; Rev. 21,8; Rev. 21,8)

Τὴν ▸ **13 + 1 + 1 = 15**

Article · feminine · singular · accusative ▸ 13 + 1 + 1 = **15** (Gen. 3,10; Gen. 41,9; Lev. 10,6; Num. 13,32; Deut. 22,14; Deut. 22,16; Deut. 30,19; Judg. 9,36; Ruth 4,3; 2Kings 4,19; Psa. 11,5; Psa. 101,24; Wis. 16,15; Judg. 9,36; Acts 26,4)

τήν ▸ **14 + 5 = 19**

Article · feminine · singular · accusative ▸ 14 + 5 = **19** (Gen. 27,3; Ex. 1,11; Lev. 26,16; 2Kings 19,12; 1Esdr. 3,19; 1Esdr. 3,19; Esth. 13,2 # 3,13b; 2Mac. 3,21; 2Mac. 15,21; 3Mac. 5,5; 3Mac. 7,7; Prov. 6,8a; Wis. 10,20; Is. 37,12; Luke 2,16; Acts 2,33; Acts 15,3; Rom. 7,7; 2Tim. 2,18)

τὴν ▸ **6858 + 440 + 1522 = 8820**

Article · feminine · singular · accusative ▸ 6858 + 440 + 1522 = **8820** (Gen. 1,1; Gen. 1,10; Gen. 1,28; Gen. 2,3; Gen. 2,3; Gen. 2,4; Gen. 2,5; Gen. 2,5; Gen. 2,11; Gen. 2,13; Gen. 2,22; Gen. 2,24; Gen. 2,24; Gen. 3,8; Gen. 3,19; Gen. 3,22; Gen. 3,23; Gen. 3,24; Gen. 3,24; Gen. 3,24; Gen. 4,1; Gen. 4,2; Gen. 4,12; Gen. 4,12; Gen. 4,17; Gen. 4,17; Gen. 4,25; Gen. 5,3; Gen. 5,3; Gen. 6,12; Gen. 6,12; Gen. 6,13; Gen. 6,14; Gen. 6,15; Gen. 6,16; Gen. 6,16; Gen. 6,17; Gen. 6,18; Gen. 6,18; Gen. 6,19; Gen. 7,1; Gen. 7,3; Gen. 7,4; Gen. 7,4; Gen. 7,7; Gen. 7,9; Gen. 7,13; Gen. 7,15; Gen. 7,16; Gen. 7,17; Gen. 8,1; Gen. 8,6; Gen. 8,8; Gen. 8,9; Gen. 8,9; Gen. 8,9; Gen. 8,10; Gen. 8,12; Gen. 8,13; Gen. 8,21; Gen. 9,1; Gen. 9,5; Gen. 9,7; Gen. 9,9; Gen. 9,11; Gen. 9,11; Gen. 9,14; Gen. 9,19; Gen. 9,22; Gen. 9,23; Gen. 9,23; Gen. 10,11; Gen. 10,11; Gen. 10,11; Gen. 10,12; Gen. 11,5; Gen. 11,7; Gen. 11,7; Gen. 11,8; Gen. 11,31; Gen. 11,31; Gen. 11,31; Gen. 12,1; Gen. 12,5; Gen. 12,6; Gen. 12,6; Gen. 12,6; Gen. 12,6; Gen. 12,7; Gen. 12,8; Gen. 12,14; Gen. 12,20; Gen. 13,1; Gen. 13,3; Gen. 13,4; Gen. 13,7; Gen. 13,10; Gen. 13,11; Gen. 13,15; Gen. 13,16; Gen. 13,16; Gen. 13,17; Gen. 13,18; Gen. 13,18; Gen. 14,3; Gen. 14,3; Gen. 14,7; Gen. 14,10; Gen. 14,11; Gen. 14,11; Gen. 14,12; Gen. 14,15; Gen. 14,16; Gen. 14,17; Gen. 14,17; Gen. 14,19; Gen. 14,21; Gen. 14,22; Gen. 14,22; Gen. 15,7; Gen. 15,18; Gen. 16,2; Gen. 16,3; Gen. 16,3; Gen. 16,5; Gen. 16,9; Gen. 17,2; Gen. 17,7; Gen. 17,8; Gen. 17,8; Gen. 17,9; Gen. 17,11; Gen. 17,14; Gen. 17,14; Gen. 17,19; Gen. 17,21; Gen. 17,24; Gen. 17,25; Gen. 18,2; Gen. 18,5; Gen. 18,6; Gen. 18,21; Gen. 18,21; Gen. 18,25; Gen. 18,28; Gen. 19,1; Gen. 19,1; Gen. 19,2; Gen. 19,3; Gen. 19,4; Gen. 19,5; Gen. 19,6; Gen. 19,8; Gen. 19,9; Gen. 19,10; Gen. 19,11; Gen. 19,14; Gen. 19,15; Gen. 19,17; Gen. 19,19; Gen. 19,19;

ó

Gen. 19,21; Gen. 19,23; Gen. 19,25; Gen. 19,31; Gen. 19,33; Gen. 19,34; Gen. 19,34; Gen. 20,2; Gen. 20,3; Gen. 20,7; Gen. 20,9; Gen. 20,13; Gen. 20,14; Gen. 20,17; Gen. 21,1; Gen. 21,10; Gen. 21,14; Gen. 21,17; Gen. 21,23; Gen. 21,32; Gen. 22,2; Gen. 22,2; Gen. 22,3; Gen. 22,6; Gen. 22,10; Gen. 22,10; Gen. 22,12; Gen. 22,17; Gen. 22,17; Gen. 22,23; Gen. 23,10; Gen. 23,18; Gen. 23,19; Gen. 24,2; Gen. 24,4; Gen. 24,4; Gen. 24,5; Gen. 24,5; Gen. 24,7; Gen. 24,8; Gen. 24,9; Gen. 24,10; Gen. 24,10; Gen. 24,13; Gen. 24,14; Gen. 24,15; Gen. 24,16; Gen. 24,16; Gen. 24,18; Gen. 24,20; Gen. 24,21; Gen. 24,27; Gen. 24,27; Gen. 24,29; Gen. 24,31; Gen. 24,32; Gen. 24,38; Gen. 24,40; Gen. 24,41; Gen. 24,42; Gen. 24,42; Gen. 24,45; Gen. 24,45; Gen. 24,46; Gen. 24,48; Gen. 24,52; Gen. 24,56; Gen. 24,57; Gen. 24,59; Gen. 24,60; Gen. 24,61; Gen. 24,67; Gen. 25,10; Gen. 25,20; Gen. 26,3; Gen. 26,4; Gen. 26,25; Gen. 26,34; Gen. 26,34; Gen. 27,2; Gen. 27,11; Gen. 27,15; Gen. 27,15; Gen. 27,27; Gen. 27,35; Gen. 27,36; Gen. 27,43; Gen. 27,45; Gen. 28,2; Gen. 28,4; Gen. 28,4; Gen. 28,5; Gen. 28,6; Gen. 28,7; Gen. 28,9; Gen. 28,15; Gen. 29,10; Gen. 29,11; Gen. 29,18; Gen. 29,21; Gen. 29,23; Gen. 29,24; Gen. 29,26; Gen. 29,26; Gen. 29,28; Gen. 29,29; Gen. 29,31; Gen. 29,32; Gen. 30,1; Gen. 30,4; Gen. 30,9; Gen. 30,14; Gen. 30,15; Gen. 30,16; Gen. 30,18; Gen. 30,22; Gen. 30,25; Gen. 30,26; Gen. 31,1; Gen. 31,3; Gen. 31,3; Gen. 31,13; Gen. 31,16; Gen. 31,18; Gen. 31,24; Gen. 31,25; Gen. 31,42; Gen. 31,52; Gen. 32,2; Gen. 32,10; Gen. 32,13; Gen. 32,14; Gen. 32,22; Gen. 32,23; Gen. 32,23; Gen. 33,3; Gen. 33,16; Gen. 33,19; Gen. 33,19; Gen. 34,3; Gen. 34,3; Gen. 34,4; Gen. 34,5; Gen. 34,8; Gen. 34,12; Gen. 34,12; Gen. 34,13; Gen. 34,14; Gen. 34,20; Gen. 34,24; Gen. 34,24; Gen. 34,25; Gen. 34,25; Gen. 34,26; Gen. 34,27; Gen. 34,27; Gen. 34,29; Gen. 34,30; Gen. 35,4; Gen. 35,4; Gen. 35,8; Gen. 35,12; Gen. 35,12; Gen. 35,16; Gen. 35,18; Gen. 36,2; Gen. 36,2; Gen. 36,3; Gen. 36,20; Gen. 37,10; Gen. 37,34; Gen. 38,8; Gen. 38,9; Gen. 38,9; Gen. 38,16; Gen. 38,18; Gen. 38,18; Gen. 38,28; Gen. 38,28; Gen. 38,29; Gen. 39,11; Gen. 39,15; Gen. 39,18; Gen. 40,11; Gen. 40,13; Gen. 40,13; Gen. 40,13; Gen. 40,13; Gen. 40,19; Gen. 40,21; Gen. 40,21; Gen. 41,13; Gen. 41,14; Gen. 41,21; Gen. 41,30; Gen. 41,42; Gen. 41,44; Gen. 41,45; Gen. 41,49; Gen. 42,6; Gen. 42,15; Gen. 42,16; Gen. 42,21; Gen. 42,25; Gen. 42,30; Gen. 42,37; Gen. 43,7; Gen. 43,7; Gen. 43,16; Gen. 43,16; Gen. 43,18; Gen. 43,20; Gen. 43,26; Gen. 43,26; Gen. 43,33; Gen. 44,2; Gen. 44,4; Gen. 44,11; Gen. 44,13; Gen. 44,14; Gen. 44,16; Gen. 45,13; Gen. 45,13; Gen. 45,21; Gen. 46,5; Gen. 46,6; Gen. 46,15; Gen. 47,19; Gen. 47,20; Gen. 47,20; Gen. 47,22; Gen. 47,22; Gen. 47,23; Gen. 47,23; Gen. 47,29; Gen. 48,2; Gen. 48,4; Gen. 48,14; Gen. 48,14; Gen. 48,14; Gen. 48,14; Gen. 48,14; Gen. 48,17; Gen. 48,17; Gen. 48,17; Gen. 48,18; Gen. 48,18; Gen. 48,21; Gen. 49,4; Gen. 49,4; Gen. 49,11; Gen. 49,11; Gen. 49,15; Gen. 49,15; Gen. 49,18; Gen. 49,28; Gen. 49,31; Gen. 49,31; Gen. 49,33; Gen. 50,8; Gen. 50,17; Gen. 50,17; Gen. 50,17; Gen. 50,21; Gen. 50,24; Ex. 1,14; Ex. 2,5; Ex. 2,5; Ex. 2,8; Ex. 2,10; Ex. 2,21; Ex. 3,1; Ex. 3,7; Ex. 3,7; Ex. 3,16; Ex. 3,17; Ex. 3,18; Ex. 3,20; Ex. 4,3; Ex. 4,3; Ex. 4,4; Ex. 4,4; Ex. 4,6; Ex. 4,6; Ex. 4,6; Ex. 4,7; Ex. 4,7; Ex. 4,7; Ex. 4,17; Ex. 4,17; Ex. 4,19; Ex. 4,20; Ex. 4,20; Ex. 4,20; Ex. 4,21; Ex. 4,25; Ex. 4,27; Ex. 4,29; Ex. 4,31; Ex. 5,3; Ex. 5,7; Ex. 5,8; Ex. 5,16; Ex. 5,18; Ex. 5,21; Ex. 6,4; Ex. 6,4; Ex. 6,4; Ex. 6,8; Ex. 6,8; Ex. 6,20; Ex. 6,20; Ex. 6,23; Ex. 7,3; Ex. 7,4; Ex. 7,5; Ex. 7,9; Ex. 7,9; Ex. 7,10; Ex. 7,12; Ex. 7,15; Ex. 7,15; Ex. 7,19; Ex. 7,19; Ex. 8,1; Ex. 8,2; Ex. 8,2; Ex. 8,12; Ex. 8,13; Ex. 8,17; Ex. 8,18; Ex. 8,20; Ex. 8,23; Ex. 8,27; Ex. 8,28; Ex. 9,9; Ex. 9,10; Ex. 9,12; Ex. 9,14; Ex. 9,15; Ex. 9,16; Ex. 9,18; Ex. 9,22; Ex. 9,22; Ex. 9,23; Ex. 9,25; Ex. 9,29; Ex. 9,33; Ex. 9,34; Ex. 10,1; Ex. 10,4; Ex. 10,5; Ex. 10,5; Ex. 10,10; Ex. 10,12; Ex. 10,12; Ex. 10,13; Ex. 10,13; Ex. 10,13; Ex. 10,13; Ex. 10,13; Ex. 10,15; Ex. 10,17; Ex. 10,19; Ex. 10,19; Ex. 10,20; Ex. 10,21; Ex. 10,22; Ex. 10,27; Ex. 11,3; Ex. 11,10; Ex. 12,7; Ex. 12,12; Ex. 12,17; Ex. 12,17; Ex. 12,17; Ex. 12,22; Ex. 12,22; Ex. 12,22; Ex. 12,23; Ex. 12,25; Ex. 12,25; Ex. 12,36; Ex. 12,39; Ex. 13,3; Ex. 13,5; Ex. 13,5; Ex. 13,11; Ex. 13,18; Ex. 13,18; Ex. 13,18; Ex. 13,20; Ex. 13,21; Ex. 13,21; Ex. 14,4; Ex. 14,7; Ex. 14,8; Ex. 14,9; Ex. 14,13; Ex. 14,13; Ex. 14,16; Ex. 14,16; Ex. 14,17; Ex. 14,20; Ex. 14,21; Ex. 14,21; Ex. 14,21; Ex. 14,21; Ex. 14,21; Ex. 14,24; Ex. 14,24; Ex. 14,26; Ex. 14,26; Ex. 14,27; Ex. 14,27; Ex. 14,28; Ex. 14,28; Ex. 14,31; Ex. 14,31; Ex. 15,1; Ex. 15,4; Ex. 15,7; Ex. 15,12; Ex. 15,22; Ex. 16,1; Ex. 16,3; Ex. 16,3; Ex. 16,7; Ex. 16,10; Ex. 16,13; Ex. 16,29; Ex. 17,5; Ex. 17,6; Ex. 17,7; Ex. 17,10; Ex. 18,2; Ex. 18,2; Ex. 18,5; Ex. 18,7; Ex. 18,13; Ex. 18,27; Ex. 19,1; Ex. 19,2; Ex. 19,5; Ex. 19,11; Ex. 19,11; Ex. 19,20; Ex. 19,20; Ex. 20,8; Ex. 20,11; Ex. 20,11; Ex. 20,11; Ex. 20,11; Ex. 20,12; Ex. 20,17; Ex. 20,17; Ex. 20,17; Ex. 20,18; Ex. 20,18; Ex. 20,26; Ex. 21,5; Ex. 21,6; Ex. 21,7; Ex. 21,10; Ex. 21,18; Ex. 21,20; Ex. 22,12; Ex. 22,29; Ex. 23,9; Ex. 23,10; Ex. 23,15; Ex. 23,20; Ex. 23,22; Ex. 23,30; Ex. 25,7; Ex. 25,7; Ex. 25,14; Ex. 25,16; Ex. 25,21; Ex. 25,21; Ex. 25,27; Ex. 25,27; Ex. 25,30; Ex. 25,31; Ex. 26,1; Ex. 26,4; Ex. 26,5; Ex. 26,9; Ex. 26,9; Ex. 26,30; Ex. 26,33; Ex. 26,34; Ex. 26,35; Ex. 26,35; Ex. 26,35; Ex. 27,5; Ex. 28,3; Ex. 28,3; Ex. 28,4; Ex. 28,5; Ex. 28,5; Ex. 28,5; Ex. 28,6; Ex. 28,7; Ex. 28,8; Ex. 28,30; Ex. 28,30; Ex. 28,32; Ex. 28,43; Ex. 29,5; Ex. 29,5; Ex. 29,6; Ex. 29,6; Ex. 29,6; Ex. 29,7; Ex. 29,10; Ex. 29,12; Ex. 29,14; Ex. 29,15; Ex. 29,19; Ex. 29,21; Ex. 29,22; Ex. 29,30; Ex. 29,38; Ex. 29,41; Ex. 29,41; Ex. 29,41; Ex. 29,44; Ex. 30,3; Ex. 30,4; Ex. 30,13; Ex. 30,14; Ex. 30,14; Ex. 30,15; Ex. 30,20; Ex. 30,21; Ex. 30,26; Ex. 30,26; Ex. 30,27; Ex. 30,28; Ex. 30,28; Ex. 30,32; Ex. 30,37; Ex. 31,4; Ex. 31,4; Ex. 31,4; Ex. 31,4; Ex. 31,7; Ex. 31,7; Ex. 31,7; Ex. 31,8; Ex. 31,8; Ex. 31,8; Ex. 31,9; Ex. 31,17; Ex. 32,13; Ex. 32,17; Ex. 32,27; Ex. 32,30; Ex. 32,32; Ex. 32,34; Ex. 33,1; Ex. 33,6; Ex. 33,7; Ex. 33,7; Ex. 33,8; Ex. 33,8; Ex. 33,9; Ex. 33,9; Ex. 33,11; Ex. 33,18; Ex. 33,23; Ex. 34,8; Ex. 34,18; Ex. 35,9; Ex. 35,9; Ex. 35,11; Ex. 35,12; Ex. 35,13; Ex. 35,14; Ex. 35,25; Ex. 35,25; Ex. 35,25; Ex. 35,27; Ex. 35,28; Ex. 36,2; Ex. 36,7; Ex. 36,9; Ex. 36,12; Ex. 36,27; Ex. 36,29; Ex. 36,35; Ex. 36,38; Ex. 37,7; Ex. 37,13; Ex. 37,19; Ex. 38,1; Ex. 38,9; Ex. 38,9; Ex. 38,13; Ex. 38,20; Ex. 38,23; Ex. 38,25; Ex. 38,26; Ex. 38,27; Ex. 39,1; Ex. 39,3; Ex. 39,4; Ex. 39,12; Ex. 39,13; Ex. 39,14; Ex. 39,16; Ex. 39,16; Ex. 39,17; Ex. 39,18; Ex. 39,22; Ex. 40,2; Ex. 40,3; Ex. 40,3; Ex. 40,4; Ex. 40,4; Ex. 40,4; Ex. 40,5; Ex. 40,8; Ex. 40,9; Ex. 40,18; Ex. 40,19; Ex. 40,20; Ex. 40,20; Ex. 40,21; Ex. 40,21; Ex. 40,21; Ex. 40,22; Ex. 40,22; Ex. 40,24; Ex. 40,24; Ex. 40,33; Ex. 40,34; Ex. 40,35; Lev. 1,3; Lev. 1,4; Lev. 1,4; Lev. 1,8; Lev. 1,10; Lev. 1,10; Lev. 1,12; Lev. 1,15; Lev. 1,15; Lev. 2,2; Lev. 2,8; Lev. 2,14; Lev. 3,2; Lev. 3,3; Lev. 3,8; Lev. 3,9; Lev. 3,13; Lev. 3,14; Lev. 4,4; Lev. 4,4; Lev. 4,4; Lev. 4,5; Lev. 4,7; Lev. 4,11; Lev. 4,12; Lev. 4,15; Lev. 4,16; Lev. 4,18; Lev. 4,24; Lev. 4,24; Lev. 4,25; Lev. 4,29; Lev. 4,29; Lev. 4,29; Lev. 4,29; Lev. 4,30; Lev. 4,33; Lev. 4,33; Lev. 4,34; Lev. 5,1; Lev. 5,5; Lev. 5,8; Lev. 5,9; Lev. 5,12; Lev. 5,17; Lev. 5,23; Lev. 5,23; Lev. 6,2; Lev. 6,3; Lev. 6,3; Lev. 6,4; Lev. 6,4; Lev. 6,5; Lev. 6,23; Lev. 7,2; Lev. 7,3; Lev. 7,16; Lev. 7,18; Lev. 8,3; Lev. 8,3; Lev. 8,4; Lev. 8,4; Lev. 8,7; Lev. 8,7; Lev. 8,7; Lev. 8,8; Lev. 8,8; Lev. 8,9; Lev. 8,9; Lev. 8,9; Lev. 8,11; Lev. 8,11; Lev. 8,12; Lev. 8,14; Lev. 8,15; Lev. 8,17; Lev. 8,17; Lev. 8,18; Lev. 8,20; Lev. 8,21; Lev. 8,22; Lev. 8,25; Lev. 8,35; Lev. 9,1; Lev. 9,9; Lev. 9,11; Lev. 9,13; Lev. 9,14; Lev. 9,17; Lev. 9,19; Lev. 9,23; Lev. 10,6; Lev. 10,9; Lev. 10,12; Lev. 10,12; Lev. 10,17; Lev. 11,22; Lev. 12,3; Lev. 12,5; Lev. 12,6; Lev. 13,3; Lev. 13,4; Lev. 13,5; Lev. 13,12; Lev. 13,13; Lev. 13,17; Lev.

O, o

13,30; Lev. 13,31; Lev. 13,31; Lev. 13,32; Lev. 13,50; Lev. 13,50; Lev. 13,51; Lev. 13,52; Lev. 13,54; Lev. 13,55; Lev. 13,55; Lev. 14,8; Lev. 14,8; Lev. 14,9; Lev. 14,9; Lev. 14,9; Lev. 14,11; Lev. 14,12; Lev. 14,15; Lev. 14,15; Lev. 14,18; Lev. 14,20; Lev. 14,23; Lev. 14,24; Lev. 14,26; Lev. 14,26; Lev. 14,29; Lev. 14,31; Lev. 14,31; Lev. 14,34; Lev. 14,36; Lev. 14,36; Lev. 14,36; Lev. 14,37; Lev. 14,38; Lev. 14,38; Lev. 14,39; Lev. 14,41; Lev. 14,42; Lev. 14,43; Lev. 14,45; Lev. 14,46; Lev. 14,48; Lev. 14,48; Lev. 14,49; Lev. 14,51; Lev. 14,52; Lev. 15,25; Lev. 15,26; Lev. 15,26; Lev. 15,29; Lev. 15,30; Lev. 15,30; Lev. 15,31; Lev. 15,31; Lev. 15,31; Lev. 16,7; Lev. 16,10; Lev. 16,10; Lev. 16,20; Lev. 16,21; Lev. 16,21; Lev. 16,21; Lev. 16,22; Lev. 16,23; Lev. 16,23; Lev. 16,23; Lev. 16,24; Lev. 16,26; Lev. 16,27; Lev. 16,28; Lev. 16,32; Lev. 16,32; Lev. 16,33; Lev. 17,4; Lev. 17,4; Lev. 17,9; Lev. 17,10; Lev. 17,10; Lev. 18,7; Lev. 18,10; Lev. 18,11; Lev. 18,14; Lev. 18,15; Lev. 18,17; Lev. 18,17; Lev. 18,17; Lev. 18,18; Lev. 18,19; Lev. 18,20; Lev. 18,23; Lev. 19,21; Lev. 19,23; Lev. 19,23; Lev. 19,27; Lev. 19,29; Lev. 20,5; Lev. 20,6; Lev. 20,9; Lev. 20,14; Lev. 20,16; Lev. 20,17; Lev. 20,17; Lev. 20,17; Lev. 20,18; Lev. 20,18; Lev. 20,18; Lev. 20,19; Lev. 20,21; Lev. 20,24; Lev. 21,5; Lev. 21,5; Lev. 21,10; Lev. 21,10; Lev. 22,13; Lev. 22,27; Lev. 23,10; Lev. 23,13; Lev. 23,14; Lev. 23,21; Lev. 24,6; Lev. 24,6; Lev. 24,14; Lev. 25,2; Lev. 25,3; Lev. 25,4; Lev. 25,5; Lev. 25,10; Lev. 25,10; Lev. 25,13; Lev. 25,15; Lev. 25,16; Lev. 25,16; Lev. 25,21; Lev. 25,25; Lev. 25,27; Lev. 25,28; Lev. 25,38; Lev. 25,41; Lev. 25,41; Lev. 25,41; Lev. 26,9; Lev. 26,11; Lev. 26,15; Lev. 26,16; Lev. 26,16; Lev. 26,19; Lev. 26,19; Lev. 26,32; Lev. 26,36; Lev. 26,44; Lev. 26,44; Lev. 27,13; Lev. 27,14; Lev. 27,15; Lev. 27,17; Lev. 27,18; Lev. 27,19; Lev. 27,23; Lev. 27,27; Lev. 27,31; Lev. 27,32; Num. 1,18; Num. 1,49; Num. 1,49; Num. 1,50; Num. 1,50; Num. 1,51; Num. 1,51; Num. 1,52; Num. 1,53; Num. 3,6; Num. 3,10; Num. 3,49; Num. 4,5; Num. 4,7; Num. 4,7; Num. 4,9; Num. 4,9; Num. 4,14; Num. 4,15; Num. 4,19; Num. 4,22; Num. 4,25; Num. 5,7; Num. 5,7; Num. 5,14; Num. 5,14; Num. 5,15; Num. 5,18; Num. 5,18; Num. 5,18; Num. 5,18; Num. 5,20; Num. 5,21; Num. 5,21; Num. 5,22; Num. 5,24; Num. 5,25; Num. 5,25; Num. 5,26; Num. 5,27; Num. 5,30; Num. 5,30; Num. 5,31; Num. 6,5; Num. 6,9; Num. 6,11; Num. 6,17; Num. 6,17; Num. 6,18; Num. 6,18; Num. 6,19; Num. 7,1; Num. 7,5; Num. 7,89; Num. 7,89; Num. 8,4; Num. 8,22; Num. 9,3; Num. 9,14; Num. 9,15; Num. 9,16; Num. 9,19; Num. 9,23; Num. 10,2; Num. 10,3; Num. 10,7; Num. 10,17; Num. 10,17; Num. 10,21; Num. 10,30; Num. 10,30; Num. 10,34; Num. 11,9; Num. 11,11; Num. 11,12; Num. 11,15; Num. 11,16; Num. 11,17; Num. 11,26; Num. 11,30; Num. 11,31; Num. 11,32; Num. 11,32; Num. 11,32; Num. 11,32; Num. 11,32; Num. 12,4; Num. 12,4; Num. 12,8; Num. 13,2; Num. 13,16; Num. 13,17; Num. 13,18; Num. 13,21; Num. 13,22; Num. 13,25; Num. 13,26; Num. 13,27; Num. 13,28; Num. 14,1; Num. 14,3; Num. 14,6; Num. 14,8; Num. 14,14; Num. 14,14; Num. 14,16; Num. 14,19; Num. 14,21; Num. 14,22; Num. 14,23; Num. 14,23; Num. 14,24; Num. 14,25; Num. 14,27; Num. 14,27; Num. 14,27; Num. 14,30; Num. 14,30; Num. 14,31; Num. 14,31; Num. 14,33; Num. 14,34; Num. 14,36; Num. 14,36; Num. 14,38; Num. 14,40; Num. 14,44; Num. 14,45; Num. 15,2; Num. 15,18; Num. 15,24; Num. 16,3; Num. 16,5; Num. 16,15; Num. 16,16; Num. 16,19; Num. 16,19; Num. 16,22; Num. 16,26; Num. 17,7; Num. 17,7; Num. 17,11; Num. 17,12; Num. 17,15; Num. 17,23; Num. 17,24; Num. 17,25; Num. 18,7; Num. 18,8; Num. 18,22; Num. 18,23; Num. 18,30; Num. 18,32; Num. 19,7; Num. 19,9; Num. 19,10; Num. 19,13; Num. 19,14; Num. 20,1; Num. 20,4; Num. 20,4; Num. 20,6; Num. 20,8; Num. 20,8; Num. 20,8; Num. 20,8; Num. 20,9; Num. 20,9; Num. 20,10; Num. 20,11; Num. 20,11; Num. 20,12; Num. 20,12; Num. 20,24; Num. 20,26; Num. 21,1; Num. 21,14; Num. 21,23; Num. 21,26; Num. 21,32; Num. 21,33; Num. 21,34; Num. 21,35; Num. 22,5; Num. 22,8; Num. 22,11; Num. 22,19; Num. 22,21; Num. 22,23; Num. 22,23; Num. 22,27; Num. 22,31; Num. 22,32; Num. 22,41; Num. 23,7; Num. 23,18; Num. 23,28; Num. 24,1; Num. 24,3; Num. 24,15; Num. 24,20; Num. 24,21; Num. 24,21; Num. 24,23; Num. 25,6; Num. 25,6; Num. 25,8; Num. 25,8; Num. 25,18; Num. 26,1; Num. 26,2; Num. 26,18; Num. 26,54; Num. 26,54; Num. 26,56; Num. 26,59; Num. 27,5; Num. 27,8; Num. 27,9; Num. 27,10; Num. 27,11; Num. 27,12; Num. 27,14; Num. 27,21; Num. 28,3; Num. 28,8; Num. 28,8; Num. 28,10; Num. 28,24; Num. 28,24; Num. 28,31; Num. 29,6; Num. 29,11; Num. 29,18; Num. 29,21; Num. 29,24; Num. 29,27; Num. 29,30; Num. 29,33; Num. 29,37; Num. 30,7; Num. 30,16; Num. 30,16; Num. 31,2; Num. 31,9; Num. 31,9; Num. 31,11; Num. 31,12; Num. 31,12; Num. 31,12; Num. 31,18; Num. 31,24; Num. 31,27; Num. 31,28; Num. 31,54; Num. 32,1; Num. 32,1; Num. 32,4; Num. 32,7; Num. 32,8; Num. 32,9; Num. 32,9; Num. 32,9; Num. 32,11; Num. 32,15; Num. 32,17; Num. 32,18; Num. 32,23; Num. 32,29; Num. 32,30; Num. 32,32; Num. 32,33; Num. 32,33; Num. 32,33; Num. 32,34; Num. 32,34; Num. 32,34; Num. 32,35; Num. 32,35; Num. 32,36; Num. 32,36; Num. 32,37; Num. 32,38; Num. 32,38; Num. 32,40; Num. 32,42; Num. 33,4; Num. 33,8; Num. 33,11; Num. 33,36; Num. 33,53; Num. 33,53; Num. 33,54; Num. 33,54; Num. 33,54; Num. 34,2; Num. 34,17; Num. 34,18; Num. 35,8; Num. 35,25; Num. 35,28; Num. 35,33; Num. 35,33; Num. 35,34; Num. 36,2; Num. 36,2; Num. 36,4; Num. 36,8; Num. 36,8; Num. 36,12; Deut. 1,8; Deut. 1,8; Deut. 1,12; Deut. 1,19; Deut. 1,19; Deut. 1,19; Deut. 1,21; Deut. 1,22; Deut. 1,22; Deut. 1,28; Deut. 1,31; Deut. 1,33; Deut. 1,34; Deut. 1,35; Deut. 1,36; Deut. 1,40; Deut. 1,40; Deut. 2,1; Deut. 2,7; Deut. 2,7; Deut. 2,7; Deut. 2,8; Deut. 2,8; Deut. 2,9; Deut. 2,12; Deut. 2,13; Deut. 2,13; Deut. 2,14; Deut. 2,18; Deut. 2,24; Deut. 2,24; Deut. 2,29; Deut. 2,30; Deut. 2,31; Deut. 2,31; Deut. 2,36; Deut. 2,36; Deut. 3,1; Deut. 3,2; Deut. 3,8; Deut. 3,12; Deut. 3,13; Deut. 3,13; Deut. 3,14; Deut. 3,14; Deut. 3,15; Deut. 3,17; Deut. 3,18; Deut. 3,20; Deut. 3,20; Deut. 3,24; Deut. 3,24; Deut. 3,24; Deut. 3,24; Deut. 3,24; Deut. 3,25; Deut. 3,25; Deut. 3,25; Deut. 3,28; Deut. 4,1; Deut. 4,9; Deut. 4,13; Deut. 4,19; Deut. 4,21; Deut. 4,22; Deut. 4,22; Deut. 4,23; Deut. 4,26; Deut. 4,31; Deut. 4,38; Deut. 4,43; Deut. 4,43; Deut. 4,43; Deut. 4,47; Deut. 4,47; Deut. 4,49; Deut. 4,49; Deut. 5,3; Deut. 5,12; Deut. 5,15; Deut. 5,16; Deut. 5,21; Deut. 5,21; Deut. 5,21; Deut. 5,23; Deut. 5,24; Deut. 5,24; Deut. 5,25; Deut. 5,28; Deut. 5,28; Deut. 5,29; Deut. 5,33; Deut. 6,10; Deut. 6,18; Deut. 6,18; Deut. 6,23; Deut. 7,1; Deut. 7,3; Deut. 7,3; Deut. 7,12; Deut. 7,19; Deut. 7,19; Deut. 8,1; Deut. 8,2; Deut. 8,17; Deut. 8,17; Deut. 8,18; Deut. 8,19; Deut. 9,4; Deut. 9,4; Deut. 9,4; Deut. 9,5; Deut. 9,5; Deut. 9,5; Deut. 9,5; Deut. 9,5; Deut. 9,6; Deut. 9,6; Deut. 9,19; Deut. 9,21; Deut. 9,23; Deut. 9,26; Deut. 9,27; Deut. 9,28; Deut. 9,28; Deut. 10,2; Deut. 10,4; Deut. 10,4; Deut. 10,5; Deut. 10,8; Deut. 10,8; Deut. 10,8; Deut. 10,11; Deut. 10,15; Deut. 10,16; Deut. 11,2; Deut. 11,2; Deut. 11,2; Deut. 11,4; Deut. 11,4; Deut. 11,6; Deut. 11,6; Deut. 11,8; Deut. 11,18; Deut. 11,18; Deut. 11,27; Deut. 11,29; Deut. 11,29; Deut. 11,29; Deut. 11,31; Deut. 12,7; Deut. 12,9; Deut. 12,9; Deut. 12,15; Deut. 12,16; Deut. 12,18; Deut. 12,21; Deut. 12,24; Deut. 12,27; Deut. 12,29; Deut. 13,14; Deut. 13,17; Deut. 15,7; Deut. 15,7; Deut. 15,10; Deut. 15,16; Deut. 15,17; Deut. 15,17; Deut. 15,23; Deut. 16,3; Deut. 16,17; Deut. 16,20; Deut. 17,2; Deut. 17,5; Deut. 17,9; Deut. 17,11; Deut. 17,14; Deut. 18,4; Deut. 18,9; Deut. 18,10; Deut. 18,16; Deut. 19,1; Deut. 19,3; Deut. 19,6; Deut. 19,8; Deut. 20,5; Deut.

ó

20,6; Deut. 20,7; Deut. 20,8; Deut. 20,8; Deut. 20,14; Deut. 20,14; Deut. 20,16; Deut. 20,20; Deut. 21,4; Deut. 21,4; Deut. 21,6; Deut. 21,10; Deut. 21,12; Deut. 21,12; Deut. 21,13; Deut. 21,19; Deut. 21,19; Deut. 21,23; Deut. 22,2; Deut. 22,6; Deut. 22,7; Deut. 22,15; Deut. 22,15; Deut. 22,21; Deut. 22,22; Deut. 22,24; Deut. 22,24; Deut. 22,24; Deut. 22,25; Deut. 22,25; Deut. 22,28; Deut. 22,28; Deut. 23,1; Deut. 23,11; Deut. 23,12; Deut. 23,14; Deut. 24,4; Deut. 24,5; Deut. 24,10; Deut. 24,15; Deut. 25,2; Deut. 25,7; Deut. 25,7; Deut. 25,7; Deut. 25,11; Deut. 25,12; Deut. 25,18; Deut. 26,1; Deut. 26,3; Deut. 26,7; Deut. 26,9; Deut. 26,10; Deut. 26,13; Deut. 26,15; Deut. 27,2; Deut. 27,3; Deut. 28,1; Deut. 28,8; Deut. 28,8; Deut. 28,20; Deut. 28,20; Deut. 28,20; Deut. 28,20; Deut. 28,54; Deut. 28,54; Deut. 28,56; Deut. 28,56; Deut. 28,56; Deut. 28,57; Deut. 28,60; Deut. 28,60; Deut. 28,61; Deut. 29,7; Deut. 29,13; Deut. 29,13; Deut. 29,24; Deut. 29,26; Deut. 30,1; Deut. 30,5; Deut. 30,6; Deut. 30,6; Deut. 30,15; Deut. 30,19; Deut. 30,19; Deut. 30,19; Deut. 30,19; Deut. 31,7; Deut. 31,9; Deut. 31,14; Deut. 31,16; Deut. 31,20; Deut. 31,20; Deut. 31,20; Deut. 31,21; Deut. 31,21; Deut. 31,21; Deut. 31,22; Deut. 31,23; Deut. 31,25; Deut. 31,28; Deut. 32,13; Deut. 32,40; Deut. 32,41; Deut. 32,43; Deut. 32,44; Deut. 32,49; Deut. 32,52; Deut. 33,9; Deut. 33,11; Deut. 34,1; Deut. 34,2; Deut. 34,2; Deut. 34,2; Deut. 34,3; Deut. 34,6; Deut. 34,12; Deut. 34,12; Josh. 1,1; Josh. 1,2; Josh. 1,4; Josh. 1,6; Josh. 1,11; Josh. 1,13; Josh. 1,15; Josh. 1,15; Josh. 2,1; Josh. 2,1; Josh. 2,2; Josh. 2,3; Josh. 2,3; Josh. 2,3; Josh. 2,7; Josh. 2,9; Josh. 2,10; Josh. 2,13; Josh. 2,13; Josh. 2,14; Josh. 2,16; Josh. 2,16; Josh. 2,18; Josh. 2,18; Josh. 2,18; Josh. 2,19; Josh. 2,22; Josh. 2,24; Josh. 2,24; Josh. 3,3; Josh. 3,4; Josh. 3,4; Josh. 3,6; Josh. 3,6; Josh. 3,8; Josh. 3,13; Josh. 3,14; Josh. 3,15; Josh. 3,15; Josh. 3,15; Josh. 3,16; Josh. 3,17; Josh. 4,3; Josh. 4,8; Josh. 4,9; Josh. 4,10; Josh. 4,13; Josh. 4,16; Josh. 4,18; Josh. 4,23; Josh. 5,1; Josh. 5,6; Josh. 5,7; Josh. 5,12; Josh. 5,14; Josh. 6,2; Josh. 6,5; Josh. 6,7; Josh. 6,10; Josh. 6,11; Josh. 6,11; Josh. 6,12; Josh. 6,13; Josh. 6,14; Josh. 6,15; Josh. 6,16; Josh. 6,17; Josh. 6,18; Josh. 6,20; Josh. 6,20; Josh. 6,22; Josh. 6,23; Josh. 6,23; Josh. 6,23; Josh. 6,23; Josh. 6,23; Josh. 6,25; Josh. 6,25; Josh. 6,26; Josh. 6,27; Josh. 7,2; Josh. 7,2; Josh. 7,3; Josh. 7,6; Josh. 7,9; Josh. 7,11; Josh. 7,15; Josh. 7,19; Josh. 7,22; Josh. 7,22; Josh. 7,22; Josh. 7,24; Josh. 8,1; Josh. 8,2; Josh. 8,2; Josh. 8,2; Josh. 8,5; Josh. 8,7; Josh. 8,9; Josh. 8,17; Josh. 8,18; Josh. 8,18; Josh. 8,18; Josh. 8,18; Josh. 8,19; Josh. 8,19; Josh. 8,19; Josh. 8,21; Josh. 8,28; Josh. 8,33 # 9,2d; Josh. 9,6; Josh. 9,11; Josh. 9,11; Josh. 9,24; Josh. 10,1; Josh. 10,1; Josh. 10,1; Josh. 10,5; Josh. 10,6; Josh. 10,6; Josh. 10,9; Josh. 10,19; Josh. 10,28; Josh. 10,32; Josh. 10,32; Josh. 10,37; Josh. 10,39; Josh. 10,40; Josh. 10,40; Josh. 10,40; Josh. 10,40; Josh. 10,41; Josh. 10,42; Josh. 11,2; Josh. 11,2; Josh. 11,2; Josh. 11,3; Josh. 11,6; Josh. 11,11; Josh. 11,16; Josh. 11,16; Josh. 11,16; Josh. 11,16; Josh. 11,16; Josh. 11,16; Josh. 11,20; Josh. 11,23; Josh. 12,1; Josh. 12,1; Josh. 12,3; Josh. 12,3; Josh. 12,5; Josh. 12,5; Josh. 13,5; Josh. 13,6; Josh. 13,7; Josh. 13,9; Josh. 13,9; Josh. 13,9; Josh. 13,11; Josh. 13,11; Josh. 13,12; Josh. 13,16; Josh. 13,21; Josh. 13,21; Josh. 13,26; Josh. 13,27; Josh. 14,5; Josh. 14,7; Josh. 14,8; Josh. 14,13; Josh. 15,3; Josh. 15,4; Josh. 15,13; Josh. 15,16; Josh. 15,16; Josh. 15,17; Josh. 15,19; Josh. 15,19; Josh. 15,19; Josh. 15,19; Josh. 15,19; Josh. 16,1; Josh. 16,1; Josh. 16,3; Josh. 16,3; Josh. 16,3; Josh. 16,5; Josh. 16,6; Josh. 18,1; Josh. 18,3; Josh. 18,4; Josh. 18,6; Josh. 18,7; Josh. 18,8; Josh. 18,8; Josh. 18,9; Josh. 18,12; Josh. 18,13; Josh. 19,11; Josh. 19,47a; Josh. 19,48; Josh. 19,49; Josh. 19,50; Josh. 19,50; Josh. 19,51; Josh. 20,7; Josh. 20,7; Josh. 20,8; Josh. 21,11; Josh. 21,13; Josh. 21,13; Josh. 21,13; Josh. 21,14; Josh. 21,14; Josh. 21,15; Josh. 21,15; Josh. 21,17; Josh. 21,21; Josh. 21,21; Josh. 21,21; Josh. 21,22; Josh. 21,22; Josh. 21,23; Josh. 21,25; Josh. 21,25; Josh. 21,27; Josh. 21,27; Josh. 21,28; Josh. 21,29; Josh. 21,30; Josh. 21,32; Josh. 21,32; Josh. 21,32; Josh. 21,32; Josh. 21,34; Josh. 21,34; Josh. 21,36; Josh. 21,36; Josh. 21,36; Josh. 21,37; Josh. 21,37; Josh. 21,38; Josh. 21,38; Josh. 21,38; Josh. 21,39; Josh. 21,39; Josh. 21,42a; Josh. 21,42b; Josh. 21,42b; Josh. 21,42c; Josh. 21,43; Josh. 22,3; Josh. 22,4; Josh. 22,8; Josh. 22,19; Josh. 22,33; Josh. 23,2; Josh. 23,5; Josh. 23,14; Josh. 23,16; Josh. 24,5; Josh. 24,6; Josh. 24,6; Josh. 24,6; Josh. 24,6; Josh. 24,7; Josh. 24,8; Josh. 24,12; Josh. 24,18; Josh. 24,23; Josh. 24,26; Josh. 24,33a; Josh. 24,33b; Josh. 24,33b; Judg. 1,1; Judg. 1,2; Judg. 1,8; Judg. 1,9; Judg. 1,9; Judg. 1,12; Judg. 1,12; Judg. 1,13; Judg. 1,15; Judg. 1,15; Judg. 1,15; Judg. 1,16; Judg. 1,16; Judg. 1,18; Judg. 1,18; Judg. 1,18; Judg. 1,18; Judg. 1,19; Judg. 1,20; Judg. 1,24; Judg. 1,25; Judg. 1,25; Judg. 1,25; Judg. 1,27; Judg. 1,27; Judg. 1,31; Judg. 1,31; Judg. 1,31; Judg. 1,32; Judg. 1,33; Judg. 1,33; Judg. 1,34; Judg. 2,1; Judg. 2,1; Judg. 2,1; Judg. 2,2; Judg. 2,4; Judg. 2,6; Judg. 2,6; Judg. 2,20; Judg. 2,22; Judg. 3,13; Judg. 3,21; Judg. 3,21; Judg. 3,21; Judg. 3,21; Judg. 3,22; Judg. 3,22; Judg. 3,23; Judg. 3,25; Judg. 3,25; Judg. 3,28; Judg. 3,29; Judg. 3,30; Judg. 4,8; Judg. 4,9; Judg. 4,11; Judg. 4,15; Judg. 4,18; Judg. 4,21; Judg. 5,15; Judg. 5,23; Judg. 5,26; Judg. 5,26; Judg. 5,26; Judg. 5,26; Judg. 5,26; Judg. 6,9; Judg. 6,11; Judg. 6,11; Judg. 6,11; Judg. 6,16; Judg. 6,18; Judg. 6,19; Judg. 6,20; Judg. 6,37; Judg. 6,39; Judg. 6,40; Judg. 7,1; Judg. 7,2; Judg. 7,7; Judg. 7,9; Judg. 7,10; Judg. 7,14; Judg. 7,14; Judg. 7,15; Judg. 7,15; Judg. 7,15; Judg. 7,15; Judg. 7,25; Judg. 8,11; Judg. 8,12; Judg. 8,20; Judg. 8,35; Judg. 9,1; Judg. 9,7; Judg. 9,9; Judg. 9,11; Judg. 9,13; Judg. 9,13; Judg. 9,14; Judg. 9,17; Judg. 9,24; Judg. 9,29; Judg. 9,31; Judg. 9,33; Judg. 9,44; Judg. 9,45; Judg. 9,45; Judg. 9,45; Judg. 9,53; Judg. 9,54; Judg. 9,56; Judg. 9,57; Judg. 11,13; Judg. 11,15; Judg. 11,15; Judg. 11,18; Judg. 11,18; Judg. 11,21; Judg. 11,29; Judg. 11,29; Judg. 11,39; Judg. 11,40; Judg. 12,3; Judg. 13,3; Judg. 13,5; Judg. 13,9; Judg. 13,11; Judg. 13,13; Judg. 13,19; Judg. 13,19; Judg. 13,20; Judg. 13,20; Judg. 13,21; Judg. 13,22; Judg. 14,9; Judg. 14,10; Judg. 14,18; Judg. 15,1; Judg. 15,1; Judg. 15,6; Judg. 15,6; Judg. 15,7; Judg. 15,11; Judg. 15,15; Judg. 15,17; Judg. 15,18; Judg. 15,18; Judg. 16,2; Judg. 16,2; Judg. 16,3; Judg. 16,16; Judg. 16,17; Judg. 16,18; Judg. 16,24; Judg. 17,5; Judg. 17,8; Judg. 17,12; Judg. 18,2; Judg. 18,2; Judg. 18,3; Judg. 18,7; Judg. 18,9; Judg. 18,9; Judg. 18,14; Judg. 18,16; Judg. 18,17; Judg. 18,19; Judg. 18,21; Judg. 18,21; Judg. 18,21; Judg. 18,25; Judg. 18,25; Judg. 18,26; Judg. 18,27; Judg. 18,28; Judg. 19,3; Judg. 19,5; Judg. 19,8; Judg. 19,9; Judg. 19,11; Judg. 19,18; Judg. 19,21; Judg. 19,22; Judg. 19,22; Judg. 19,23; Judg. 19,23; Judg. 19,25; Judg. 19,26; Judg. 19,27; Judg. 19,27; Judg. 19,29; Judg. 20,5; Judg. 20,5; Judg. 20,10; Judg. 20,15; Judg. 20,16; Judg. 20,19; Judg. 20,20; Judg. 20,21; Judg. 20,25; Judg. 20,36; Judg. 20,37; Judg. 20,37; Judg. 20,42; Judg. 20,45; Judg. 20,45; Judg. 20,45; Judg. 20,47; Judg. 20,47; Judg. 20,47; Judg. 21,1; Judg. 21,2; Judg. 21,8; Judg. 21,8; Judg. 21,12; Judg. 21,23; Judg. 21,24; Judg. 21,24; Judg. 21,24; Ruth 1,7; Ruth 1,9; Ruth 1,14; Ruth 1,14; Ruth 2,10; Ruth 2,11; Ruth 2,11; Ruth 2,12; Ruth 2,18; Ruth 2,21; Ruth 2,22; Ruth 3,9; Ruth 3,13; Ruth 3,15; Ruth 3,16; Ruth 3,17; Ruth 4,1; Ruth 4,6; Ruth 4,6; Ruth 4,7; Ruth 4,7; Ruth 4,8; Ruth 4,10; Ruth 4,10; Ruth 4,11; Ruth 4,11; Ruth 4,13; Ruth 4,15; 1Sam. 1,5; 1Sam. 1,5; 1Sam. 1,6; 1Sam. 1,6; 1Sam. 1,6; 1Sam. 1,11; 1Sam. 1,11; 1Sam. 1,15; 1Sam. 1,16; 1Sam. 1,18; 1Sam. 1,19; 1Sam. 1,19; 1Sam. 1,21; 1Sam. 1,25; 1Sam. 2,14; 1Sam. 2,17; 1Sam. 2,19; 1Sam. 2,20; 1Sam. 2,21; 1Sam. 2,29; 1Sam. 2,33; 1Sam. 3,15; 1Sam. 3,19; 1Sam. 4,3; 1Sam. 4,3; 1Sam. 4,4; 1Sam. 4,5; 1Sam. 4,6; 1Sam.

O, o

o, o

4,7; 1Sam. 4,8; 1Sam. 4,13; 1Sam. 4,13; 1Sam. 4,13; 1Sam. 4,14; 1Sam. 4,19; 1Sam. 4,22; 1Sam. 5,1; 1Sam. 5,2; 1Sam. 5,3; 1Sam. 5,10; 1Sam. 5,10; 1Sam. 5,11; 1Sam. 6,3; 1Sam. 6,5; 1Sam. 6,5; 1Sam. 6,6; 1Sam. 6,8; 1Sam. 6,8; 1Sam. 6,9; 1Sam. 6,9; 1Sam. 6,11; 1Sam. 6,11; 1Sam. 6,15; 1Sam. 6,18; 1Sam. 6,21; 1Sam. 7,1; 1Sam. 7,1; 1Sam. 7,6; 1Sam. 7,10; 1Sam. 7,16; 1Sam. 7,16; 1Sam. 8,22; 1Sam. 9,2; 1Sam. 9,5; 1Sam. 9,6; 1Sam. 9,8; 1Sam. 9,10; 1Sam. 9,11; 1Sam. 9,12; 1Sam. 9,12; 1Sam. 9,13; 1Sam. 9,13; 1Sam. 9,13; 1Sam. 9,14; 1Sam. 9,16; 1Sam. 9,20; 1Sam. 9,23; 1Sam. 9,24; 1Sam. 10,1; 1Sam. 10,5; 1Sam. 10,21; 1Sam. 11,4; 1Sam. 11,9; 1Sam. 11,11; 1Sam. 11,14; 1Sam. 12,7; 1Sam. 12,20; 1Sam. 12,23; 1Sam. 12,23; 1Sam. 12,23; 1Sam. 13,3; 1Sam. 13,5; 1Sam. 13,9; 1Sam. 13,10; 1Sam. 13,12; 1Sam. 13,13; 1Sam. 13,13; 1Sam. 13,14; 1Sam. 13,18; 1Sam. 13,18; 1Sam. 13,20; 1Sam. 13,23; 1Sam. 14,1; 1Sam. 14,2; 1Sam. 14,2; 1Sam. 14,4; 1Sam. 14,21; 1Sam. 14,23; 1Sam. 14,23; 1Sam. 14,26; 1Sam. 14,27; 1Sam. 14,29; 1Sam. 14,32; 1Sam. 14,36; 1Sam. 14,45; 1Sam. 14,45; 1Sam. 14,45; 1Sam. 14,45; 1Sam. 15,11; 1Sam. 15,16; 1Sam. 15,28; 1Sam. 16,3; 1Sam. 16,5; 1Sam. 16,7; 1Sam. 16,7; 1Sam. 16,23; 1Sam. 17,8; 1Sam. 17,10; 1Sam. 17,36; 1Sam. 17,38; 1Sam. 17,39; 1Sam. 17,40; 1Sam. 17,46; 1Sam. 17,46; 1Sam. 17,49; 1Sam. 17,49; 1Sam. 17,51; 1Sam. 17,51; 1Sam. 17,54; 1Sam. 18,27; 1Sam. 19,5; 1Sam. 19,11; 1Sam. 19,11; 1Sam. 19,13; 1Sam. 19,20; 1Sam. 19,24; 1Sam. 19,24; 1Sam. 20,1; 1Sam. 20,6; 1Sam. 20,20; 1Sam. 20,21; 1Sam. 20,24; 1Sam. 20,25; 1Sam. 20,27; 1Sam. 20,28; 1Sam. 20,29; 1Sam. 20,40; 1Sam. 21,1; 1Sam. 21,4; 1Sam. 21,5; 1Sam. 21,9; 1Sam. 21,9; 1Sam. 22,6; 1Sam. 22,6; 1Sam. 22,10; 1Sam. 22,19; 1Sam. 22,19; 1Sam. 23,2; 1Sam. 23,9; 1Sam. 23,10; 1Sam. 23,25; 1Sam. 23,25; 1Sam. 23,25; 1Sam. 23,27; 1Sam. 24,8; 1Sam. 24,9; 1Sam. 24,10; 1Sam. 24,12; 1Sam. 24,16; 1Sam. 24,17; 1Sam. 24,23; 1Sam. 25,1; 1Sam. 25,13; 1Sam. 25,16; 1Sam. 25,16; 1Sam. 25,20; 1Sam. 25,23; 1Sam. 25,26; 1Sam. 25,27; 1Sam. 25,29; 1Sam. 25,39; 1Sam. 25,39; 1Sam. 25,41; 1Sam. 25,42; 1Sam. 25,43; 1Sam. 25,44; 1Sam. 25,44; 1Sam. 26,2; 1Sam. 26,3; 1Sam. 26,6; 1Sam. 26,7; 1Sam. 26,7; 1Sam. 26,8; 1Sam. 26,13; 1Sam. 26,17; 1Sam. 26,20; 1Sam. 26,20; 1Sam. 26,23; 1Sam. 26,25; 1Sam. 27,6; 1Sam. 27,9; 1Sam. 28,5; 1Sam. 28,8; 1Sam. 28,9; 1Sam. 28,14; 1Sam. 28,17; 1Sam. 28,19; 1Sam. 28,20; 1Sam. 28,20; 1Sam. 28,20; 1Sam. 28,21; 1Sam. 28,25; 1Sam. 29,11; 1Sam. 30,1; 1Sam. 30,2; 1Sam. 30,3; 1Sam. 30,4; 1Sam. 30,14; 1Sam. 30,22; 1Sam. 30,24; 1Sam. 31,4; 1Sam. 31,4; 1Sam. 31,5; 1Sam. 31,12; 1Sam. 31,13; 1Sam. 31,13; 2Sam. 1,2; 2Sam. 1,10; 2Sam. 1,16; 2Sam. 2,9; 2Sam. 2,13; 2Sam. 2,13; 2Sam. 2,13; 2Sam. 2,13; 2Sam. 2,13; 2Sam. 2,16; 2Sam. 2,21; 2Sam. 2,22; 2Sam. 2,23; 2Sam. 2,29; 2Sam. 2,29; 2Sam. 2,29; 2Sam. 2,32; 2Sam. 3,7; 2Sam. 3,10; 2Sam. 3,13; 2Sam. 3,14; 2Sam. 3,14; 2Sam. 3,25; 2Sam. 3,25; 2Sam. 3,25; 2Sam. 3,27; 2Sam. 3,32; 2Sam. 3,39; 2Sam. 4,4; 2Sam. 4,7; 2Sam. 4,7; 2Sam. 4,7; 2Sam. 4,7; 2Sam. 4,8; 2Sam. 4,8; 2Sam. 4,9; 2Sam. 4,12; 2Sam. 5,6; 2Sam. 5,7; 2Sam. 5,8; 2Sam. 5,9; 2Sam. 5,17; 2Sam. 5,18; 2Sam. 5,24; 2Sam. 6,2; 2Sam. 6,3; 2Sam. 6,3; 2Sam. 6,6; 2Sam. 6,6; 2Sam. 6,7; 2Sam. 6,10; 2Sam. 6,10; 2Sam. 6,12; 2Sam. 6,12; 2Sam. 6,13; 2Sam. 6,15; 2Sam. 6,17; 2Sam. 6,19; 2Sam. 7,12; 2Sam. 7,17; 2Sam. 7,21; 2Sam. 7,21; 2Sam. 7,27; 2Sam. 7,27; 2Sam. 8,1; 2Sam. 8,2; 2Sam. 8,2; 2Sam. 8,3; 2Sam. 8,8; 2Sam. 8,8; 2Sam. 8,9; 2Sam. 8,13; 2Sam. 9,10; 2Sam. 10,2; 2Sam. 10,3; 2Sam. 10,6; 2Sam. 10,7; 2Sam. 10,14; 2Sam. 10,16; 2Sam. 10,16; 2Sam. 11,3; 2Sam. 11,16; 2Sam. 11,20; 2Sam. 11,22; 2Sam. 11,25; 2Sam. 12,4; 2Sam. 12,6; 2Sam. 12,9; 2Sam. 12,10; 2Sam. 12,24; 2Sam. 12,26; 2Sam. 12,27; 2Sam. 12,28; 2Sam. 12,28; 2Sam. 13,2; 2Sam. 13,4; 2Sam. 13,12; 2Sam. 13,15; 2Sam. 13,16; 2Sam. 13,17; 2Sam. 13,18; 2Sam. 13,19; 2Sam. 13,19; 2Sam. 13,20; 2Sam. 13,22; 2Sam. 13,29; 2Sam. 13,31; 2Sam. 13,32; 2Sam. 13,33; 2Sam. 13,36; 2Sam. 14,4; 2Sam. 14,7; 2Sam. 14,11; 2Sam. 14,16; 2Sam. 14,18; 2Sam. 14,22; 2Sam. 14,26; 2Sam. 14,26; 2Sam. 14,30; 2Sam. 14,31; 2Sam. 14,31; 2Sam. 14,33; 2Sam. 15,5; 2Sam. 15,6; 2Sam. 15,10; 2Sam. 15,14; 2Sam. 15,14; 2Sam. 15,23; 2Sam. 15,24; 2Sam. 15,24; 2Sam. 15,25; 2Sam. 15,25; 2Sam. 15,25; 2Sam. 15,27; 2Sam. 15,29; 2Sam. 15,30; 2Sam. 15,30; 2Sam. 15,31; 2Sam. 15,34; 2Sam. 15,34; 2Sam. 15,37; 2Sam. 16,3; 2Sam. 16,8; 2Sam. 16,9; 2Sam. 16,11; 2Sam. 16,22; 2Sam. 17,1; 2Sam. 17,12; 2Sam. 17,13; 2Sam. 17,14; 2Sam. 17,14; 2Sam. 17,14; 2Sam. 17,16; 2Sam. 17,17; 2Sam. 17,20; 2Sam. 17,20; 2Sam. 17,23; 2Sam. 17,23; 2Sam. 17,26; 2Sam. 18,11; 2Sam. 18,18; 2Sam. 18,18; 2Sam. 18,18; 2Sam. 18,18; 2Sam. 18,23; 2Sam. 18,28; 2Sam. 18,28; 2Sam. 19,4; 2Sam. 19,6; 2Sam. 19,6; 2Sam. 19,8; 2Sam. 19,8; 2Sam. 19,15; 2Sam. 19,19; 2Sam. 19,20; 2Sam. 19,27; 2Sam. 19,29; 2Sam. 19,37; 2Sam. 20,10; 2Sam. 20,10; 2Sam. 20,10; 2Sam. 20,10; 2Sam. 20,15; 2Sam. 20,15; 2Sam. 20,15; 2Sam. 20,21; 2Sam. 20,22; 2Sam. 20,22; 2Sam. 21,3; 2Sam. 21,10; 2Sam. 22,21; 2Sam. 22,21; 2Sam. 22,25; 2Sam. 22,25; 2Sam. 22,33; 2Sam. 23,8; 2Sam. 23,10; 2Sam. 24,6; 2Sam. 24,10; 2Sam. 24,16; 2Sam. 24,16; 2Sam. 24,20; 1Kings 1,3; 1Kings 1,3; 1Kings 1,12; 1Kings 1,12; 1Kings 1,23; 1Kings 1,28; 1Kings 1,29; 1Kings 1,31; 1Kings 1,33; 1Kings 1,33; 1Kings 1,38; 1Kings 1,41; 1Kings 1,44; 1Kings 1,47; 1Kings 1,49; 1Kings 1,52; 1Kings 2,3; 1Kings 2,4; 1Kings 2,6; 1Kings 2,6; 1Kings 2,7; 1Kings 2,9; 1Kings 2,17; 1Kings 2,17; 1Kings 2,22; 1Kings 2,22; 1Kings 2,26; 1Kings 2,29; 1Kings 2,30; 1Kings 2,35; 1Kings 2,35a; 1Kings 2,35b; 1Kings 2,35c; 1Kings 2,35c; 1Kings 2,35e; 1Kings 2,35e; 1Kings 2,35e; 1Kings 2,35e; 1Kings 2,35f; 1Kings 2,35f; 1Kings 2,35f; 1Kings 2,35i; 1Kings 2,35i; 1Kings 2,35i; 1Kings 2,35i; 1Kings 2,35i; 1Kings 2,35o; 1Kings 2,37; 1Kings 2,40; 1Kings 2,43; 1Kings 2,44; 1Kings 2,44; 1Kings 2,46d; 1Kings 2,46g; 1Kings 2,46g; 1Kings 3,5; 1Kings 3,7; 1Kings 3,7; 1Kings 3,19; 1Kings 3,24; 1Kings 4,15; 1Kings 5,1; 1Kings 5,1; 1Kings 5,9; 1Kings 5,10; 1Kings 5,14a; 1Kings 5,14a; 1Kings 5,14b; 1Kings 5,14b; 1Kings 5,23; 1Kings 6,8; 1Kings 6,8; 1Kings 6,19; 1Kings 6,35; 1Kings 6,36; 1Kings 6,36; 1Kings 7,10; 1Kings 7,11; 1Kings 7,30; 1Kings 7,34; 1Kings 7,46; 1Kings 7,46; 1Kings 7,47; 1Kings 8,1; 1Kings 8,3; 1Kings 8,6; 1Kings 8,7; 1Kings 8,18; 1Kings 8,18; 1Kings 8,28; 1Kings 8,32; 1Kings 8,32; 1Kings 8,34; 1Kings 8,36; 1Kings 8,36; 1Kings 8,36; 1Kings 8,39; 1Kings 8,39; 1Kings 8,52; 1Kings 8,52; 1Kings 8,54; 1Kings 8,54; 1Kings 8,64; 1Kings 8,64; 1Kings 8,65; 1Kings 9,1; 1Kings 9,3; 1Kings 9,9; 1Kings 9,9a # 9,24; 1Kings 9,12; 1Kings 9,26; 1Kings 10,5; 1Kings 10,5; 1Kings 10,5; 1Kings 10,7; 1Kings 10,8; 1Kings 10,13; 1Kings 10,22a # 9,15; 1Kings 10,22a # 9,15; 1Kings 10,22a # 9,15; 1Kings 10,22a # 9,15; 1Kings 10,22a # 9,15; 1Kings 10,22a # 9,15; 1Kings 10,22a # 9,15; 1Kings 11,1; 1Kings 11,4; 1Kings 11,11; 1Kings 11,13; 1Kings 11,13; 1Kings 11,14; 1Kings 11,19; 1Kings 11,21; 1Kings 11,22; 1Kings 11,22; 1Kings 11,27; 1Kings 11,31; 1Kings 11,32; 1Kings 11,34; 1Kings 11,35; 1Kings 11,41; 1Kings 11,43; 1Kings 11,43; 1Kings 11,43; 1Kings 12,8; 1Kings 12,13; 1Kings 12,14; 1Kings 12,20; 1Kings 12,21; 1Kings 12,21; 1Kings 12,24b; 1Kings 12,24b; 1Kings 12,24b; 1Kings 12,24b; 1Kings 12,24b; 1Kings 12,24d; 1Kings 12,24e; 1Kings 12,24e; 1Kings 12,24f; 1Kings 12,24g; 1Kings 12,24h; 1Kings 12,24h; 1Kings 12,24i; 1Kings 12,24k; 1Kings 12,24l; 1Kings 12,24n; 1Kings 12,24o; 1Kings 12,24r; 1Kings 12,24r; 1Kings 12,25; 1Kings 12,25; 1Kings 12,25; 1Kings 12,29; 1Kings 12,29; 1Kings 12,32; 1Kings 12,32; 1Kings 13,4; 1Kings 13,6; 1Kings 13,12; 1Kings 13,21; 1Kings 13,29; 1Kings 13,33;

ὁ

1Kings 15,4; 1Kings 15,13; 1Kings 15,13; 1Kings 15,17; 1Kings 15,19; 1Kings 15,19; 1Kings 15,20; 1Kings 15,20; 1Kings 15,20; 1Kings 15,20; 1Kings 15,21; 1Kings 15,22; 1Kings 16,7; 1Kings 16,15; 1Kings 16,31; 1Kings 16,33; 1Kings 16,34; 1Kings 17,19; 1Kings 18,4; 1Kings 18,5; 1Kings 18,6; 1Kings 18,10; 1Kings 18,29; 1Kings 18,35; 1Kings 18,37; 1Kings 18,42; 1Kings 18,46; 1Kings 19,2; 1Kings 19,2; 1Kings 19,3; 1Kings 19,3; 1Kings 19,4; 1Kings 19,4; 1Kings 19,10; 1Kings 19,14; 1Kings 19,14; 1Kings 19,15; 1Kings 19,15; 1Kings 19,19; 1Kings 20,29; 1Kings 20,29; 1Kings 21,1; 1Kings 21,2; 1Kings 21,6; 1Kings 21,12; 1Kings 21,25; 1Kings 21,25; 1Kings 21,25; 1Kings 21,26; 1Kings 21,27; 1Kings 21,28; 1Kings 21,28; 1Kings 21,29; 1Kings 21,30; 1Kings 21,39; 1Kings 22,11; 1Kings 22,24; 1Kings 22,36; 1Kings 22,36; 1Kings 22,38; 2Kings 1,8; 2Kings 2,8; 2Kings 2,13; 2Kings 2,14; 2Kings 2,15; 2Kings 2,21; 2Kings 3,18; 2Kings 3,24; 2Kings 3,24; 2Kings 3,24; 2Kings 3,27; 2Kings 4,4; 2Kings 4,5; 2Kings 4,12; 2Kings 4,13; 2Kings 4,15; 2Kings 4,16; 2Kings 4,19; 2Kings 4,19; 2Kings 4,20; 2Kings 4,21; 2Kings 4,24; 2Kings 4,29; 2Kings 4,29; 2Kings 4,29; 2Kings 4,31; 2Kings 4,32; 2Kings 4,33; 2Kings 4,36; 2Kings 4,37; 2Kings 5,11; 2Kings 5,15; 2Kings 6,5; 2Kings 6,7; 2Kings 6,14; 2Kings 6,15; 2Kings 6,24; 2Kings 6,32; 2Kings 6,32; 2Kings 7,2; 2Kings 7,3; 2Kings 7,4; 2Kings 7,4; 2Kings 7,5; 2Kings 7,6; 2Kings 7,7; 2Kings 7,10; 2Kings 7,10; 2Kings 7,12; 2Kings 7,16; 2Kings 8,1; 2Kings 8,1; 2Kings 8,1; 2Kings 8,3; 2Kings 8,6; 2Kings 8,6; 2Kings 9,1; 2Kings 9,3; 2Kings 9,3; 2Kings 9,6; 2Kings 9,10; 2Kings 9,10; 2Kings 9,11; 2Kings 9,24; 2Kings 9,30; 2Kings 9,32; 2Kings 9,34; 2Kings 10,6; 2Kings 10,8; 2Kings 10,10; 2Kings 10,15; 2Kings 10,15; 2Kings 10,25; 2Kings 10,26; 2Kings 10,33; 2Kings 10,33; 2Kings 10,33; 2Kings 11,2; 2Kings 11,6; 2Kings 11,7; 2Kings 11,13; 2Kings 11,20; 2Kings 13,4; 2Kings 13,14; 2Kings 13,16; 2Kings 13,16; 2Kings 13,17; 2Kings 13,17; 2Kings 13,18; 2Kings 13,19; 2Kings 13,19; 2Kings 13,23; 2Kings 13,23; 2Kings 14,7; 2Kings 14,9; 2Kings 14,9; 2Kings 14,9; 2Kings 14,10; 2Kings 14,22; 2Kings 14,26; 2Kings 14,28; 2Kings 14,28; 2Kings 15,16; 2Kings 15,19; 2Kings 15,19; 2Kings 15,29; 2Kings 15,29; 2Kings 15,29; 2Kings 15,29; 2Kings 15,29; 2Kings 15,29; 2Kings 15,29; 2Kings 15,29; 2Kings 15,29; 2Kings 15,35; 2Kings 15,35; 2Kings 16,6; 2Kings 16,13; 2Kings 16,13; 2Kings 16,13; 2Kings 16,15; 2Kings 16,15; 2Kings 16,15; 2Kings 16,15; 2Kings 16,15; 2Kings 16,15; 2Kings 16,15; 2Kings 16,15; 2Kings 16,17; 2Kings 16,18; 2Kings 16,18; 2Kings 17,6; 2Kings 17,24; 2Kings 17,30; 2Kings 17,30; 2Kings 17,30; 2Kings 17,31; 2Kings 17,31; 2Kings 17,34; 2Kings 17,34; 2Kings 17,38; 2Kings 18,11; 2Kings 18,12; 2Kings 18,21; 2Kings 18,21; 2Kings 18,21; 2Kings 18,21; 2Kings 18,25; 2Kings 18,27; 2Kings 18,31; 2Kings 18,31; 2Kings 18,33; 2Kings 18,35; 2Kings 19,7; 2Kings 19,12; 2Kings 19,15; 2Kings 19,27; 2Kings 19,27; 2Kings 19,27; 2Kings 19,32; 2Kings 19,33; 2Kings 20,6; 2Kings 20,10; 2Kings 20,20; 2Kings 20,20; 2Kings 21,8; 2Kings 21,13; 2Kings 21,16; 2Kings 22,14; 2Kings 23,8; 2Kings 23,10; 2Kings 23,27; 2Kings 23,27; 2Kings 23,33; 2Kings 23,35; 2Kings 23,35; 2Kings 24,4; 2Kings 24,11; 2Kings 24,14; 2Kings 24,15; 2Kings 25,4; 2Kings 25,4; 2Kings 25,13; 2Kings 25,13; 2Kings 25,13; 2Kings 25,27; 1Chr. 2,18; 1Chr. 2,18; 1Chr. 2,19; 1Chr. 2,21; 1Chr. 2,23; 1Chr. 2,35; 1Chr. 5,1; 1Chr. 5,21; 1Chr. 6,17; 1Chr. 6,40; 1Chr. 6,42; 1Chr. 6,42; 1Chr. 6,42; 1Chr. 6,43; 1Chr. 6,43; 1Chr. 6,44; 1Chr. 6,44; 1Chr. 6,44; 1Chr. 6,45; 1Chr. 6,45; 1Chr. 6,45; 1Chr. 6,52; 1Chr. 6,52; 1Chr. 6,53; 1Chr. 6,53; 1Chr. 6,54; 1Chr. 6,54; 1Chr. 6,55; 1Chr. 6,55; 1Chr. 6,56; 1Chr. 6,56; 1Chr. 6,57; 1Chr. 6,57; 1Chr. 6,58; 1Chr. 6,58; 1Chr. 6,59; 1Chr. 6,59; 1Chr. 6,60; 1Chr. 6,60; 1Chr. 6,61; 1Chr. 6,61; 1Chr. 6,61; 1Chr. 6,62; 1Chr. 6,62; 1Chr. 6,63; 1Chr. 6,63; 1Chr. 6,64; 1Chr. 6,64; 1Chr. 6,65; 1Chr. 6,65; 1Chr. 6,66; 1Chr. 6,66; 1Chr. 7,23; 1Chr. 7,24; 1Chr. 7,24; 1Chr. 7,32; 1Chr. 8,8; 1Chr. 8,12; 1Chr. 8,12; 1Chr. 9,19; 1Chr. 10,4; 1Chr. 10,4; 1Chr. 10,5; 1Chr. 10,9; 1Chr. 10,10; 1Chr. 10,12; 1Chr. 10,14; 1Chr. 11,4; 1Chr. 11,5; 1Chr. 11,8; 1Chr. 11,8; 1Chr. 11,11; 1Chr. 11,15; 1Chr. 11,18; 1Chr. 11,20; 1Chr. 11,25; 1Chr. 12,24; 1Chr. 12,30; 1Chr. 13,3; 1Chr. 13,5; 1Chr. 13,6; 1Chr. 13,7; 1Chr. 13,7; 1Chr. 13,9; 1Chr. 13,9; 1Chr. 13,10; 1Chr. 13,10; 1Chr. 13,12; 1Chr. 13,13; 1Chr. 14,15; 1Chr. 14,15; 1Chr. 14,16; 1Chr. 15,2; 1Chr. 15,2; 1Chr. 15,3; 1Chr. 15,12; 1Chr. 15,14; 1Chr. 15,15; 1Chr. 15,15; 1Chr. 15,25; 1Chr. 15,26; 1Chr. 15,27; 1Chr. 15,28; 1Chr. 16,1; 1Chr. 16,10; 1Chr. 16,18; 1Chr. 16,33; 1Chr. 16,42; 1Chr. 17,11; 1Chr. 17,15; 1Chr. 17,19; 1Chr. 17,19; 1Chr. 18,1; 1Chr. 18,2; 1Chr. 18,8; 1Chr. 18,8; 1Chr. 18,9; 1Chr. 18,12; 1Chr. 19,3; 1Chr. 19,3; 1Chr. 19,8; 1Chr. 19,15; 1Chr. 20,1; 1Chr. 20,1; 1Chr. 20,1; 1Chr. 20,1; 1Chr. 20,2; 1Chr. 21,8; 1Chr. 21,15; 1Chr. 21,21; 1Chr. 21,26; 1Chr. 21,27; 1Chr. 22,5; 1Chr. 22,14; 1Chr. 22,18; 1Chr. 22,19; 1Chr. 23,24; 1Chr. 23,26; 1Chr. 23,26; 1Chr. 23,29; 1Chr. 23,29; 1Chr. 23,31; 1Chr. 24,3; 1Chr. 24,3; 1Chr. 24,19; 1Chr. 24,19; 1Chr. 26,10; 1Chr. 26,16; 1Chr. 26,17; 1Chr. 26,27; 1Chr. 27,26; 1Chr. 28,2; 1Chr. 28,6; 1Chr. 28,7; 1Chr. 28,8; 1Chr. 28,8; 1Chr. 28,15; 1Chr. 28,19; 1Chr. 29,2; 1Chr. 29,19; 2Chr. 1,1; 2Chr. 1,3; 2Chr. 1,3; 2Chr. 1,11; 2Chr. 1,12; 2Chr. 1,12; 2Chr. 2,5; 2Chr. 2,11; 2Chr. 2,14; 2Chr. 2,15; 2Chr. 4,2; 2Chr. 4,2; 2Chr. 4,9; 2Chr. 4,9; 2Chr. 4,9; 2Chr. 4,10; 2Chr. 4,11; 2Chr. 4,11; 2Chr. 4,15; 2Chr. 5,4; 2Chr. 5,5; 2Chr. 5,5; 2Chr. 5,7; 2Chr. 5,8; 2Chr. 6,3; 2Chr. 6,11; 2Chr. 6,14; 2Chr. 6,16; 2Chr. 6,19; 2Chr. 6,19; 2Chr. 6,23; 2Chr. 6,25; 2Chr. 6,27; 2Chr. 6,27; 2Chr. 6,27; 2Chr. 6,29; 2Chr. 6,29; 2Chr. 6,30; 2Chr. 6,30; 2Chr. 6,32; 2Chr. 6,32; 2Chr. 6,34; 2Chr. 6,40; 2Chr. 6,41; 2Chr. 7,3; 2Chr. 7,5; 2Chr. 7,8; 2Chr. 7,12; 2Chr. 7,14; 2Chr. 7,22; 2Chr. 8,4; 2Chr. 8,5; 2Chr. 8,5; 2Chr. 8,5; 2Chr. 8,5; 2Chr. 8,6; 2Chr. 8,6; 2Chr. 8,11; 2Chr. 8,14; 2Chr. 8,17; 2Chr. 8,17; 2Chr. 9,3; 2Chr. 9,6; 2Chr. 9,12; 2Chr. 9,16; 2Chr. 10,8; 2Chr. 10,13; 2Chr. 10,14; 2Chr. 11,1; 2Chr. 11,6; 2Chr. 11,6; 2Chr. 11,6; 2Chr. 11,7; 2Chr. 11,7; 2Chr. 11,7; 2Chr. 11,8; 2Chr. 11,8; 2Chr. 11,8; 2Chr. 11,9; 2Chr. 11,9; 2Chr. 11,9; 2Chr. 11,10; 2Chr. 11,10; 2Chr. 11,10; 2Chr. 11,17; 2Chr. 11,18; 2Chr. 11,20; 2Chr. 11,21; 2Chr. 12,8; 2Chr. 12,8; 2Chr. 12,14; 2Chr. 13,19; 2Chr. 13,19; 2Chr. 13,19; 2Chr. 15,8; 2Chr. 15,16; 2Chr. 15,16; 2Chr. 16,1; 2Chr. 16,4; 2Chr. 16,4; 2Chr. 16,4; 2Chr. 16,5; 2Chr. 16,6; 2Chr. 16,6; 2Chr. 17,5; 2Chr. 18,10; 2Chr. 18,23; 2Chr. 18,33; 2Chr. 19,3; 2Chr. 19,10; 2Chr. 20,7; 2Chr. 20,16; 2Chr. 20,17; 2Chr. 20,20; 2Chr. 20,24; 2Chr. 20,33; 2Chr. 21,3; 2Chr. 21,4; 2Chr. 21,5; 2Chr. 21,7; 2Chr. 21,17; 2Chr. 21,18; 2Chr. 22,11; 2Chr. 23,12; 2Chr. 23,13; 2Chr. 23,21; 2Chr. 24,6; 2Chr. 24,12; 2Chr. 24,13; 2Chr. 24,17; 2Chr. 24,23; 2Chr. 24,27; 2Chr. 25,4; 2Chr. 25,11; 2Chr. 25,14; 2Chr. 25,18; 2Chr. 25,18; 2Chr. 25,18; 2Chr. 25,19; 2Chr. 26,2; 2Chr. 26,9; 2Chr. 26,9; 2Chr. 27,3; 2Chr. 27,3; 2Chr. 28,11; 2Chr. 28,13; 2Chr. 28,13; 2Chr. 28,14; 2Chr. 28,18; 2Chr. 28,18; 2Chr. 28,18; 2Chr. 28,18; 2Chr. 28,18; 2Chr. 28,18; 2Chr. 29,5; 2Chr. 29,8; 2Chr. 29,10; 2Chr. 29,15; 2Chr. 29,16; 2Chr. 29,16; 2Chr. 29,16; 2Chr. 29,18; 2Chr. 29,25; 2Chr. 29,27; 2Chr. 29,27; 2Chr. 29,34; 2Chr. 30,5; 2Chr. 30,9; 2Chr. 30,13; 2Chr. 30,16; 2Chr. 30,16; 2Chr. 30,18; 2Chr. 30,19; 2Chr. 30,21; 2Chr. 30,22; 2Chr. 31,1; 2Chr. 31,2; 2Chr. 31,2; 2Chr. 31,2; 2Chr. 31,3; 2Chr. 31,3; 2Chr. 31,4; 2Chr. 32,1; 2Chr. 32,6; 2Chr. 32,18; 2Chr. 32,21; 2Chr. 32,30; 2Chr. 33,13; 2Chr. 33,14; 2Chr. 33,14; 2Chr. 34,3; 2Chr. 34,5; 2Chr. 34,8; 2Chr. 34,9; 2Chr. 34,22; 2Chr. 35,3; 2Chr. 35,3; 2Chr. 35,4; 2Chr. 35,10; 2Chr. 35,10; 2Chr. 35,12; 2Chr. 35,12; 2Chr. 35,13; 2Chr. 35,16; 2Chr. 35,17; 2Chr. 35,19d; 2Chr. 35,19d; 2Chr. 36,3; 2Chr. 36,5a; 2Chr. 36,5d; 2Chr. 36,13; 2Chr. 36,21; 1Esdr. 1,4; 1Esdr. 1,4; 1Esdr. 1,5; 1Esdr. 1,5; 1Esdr.

O, o

O, o

1,15; 1Esdr. 1,16; 1Esdr. 1,17; 1Esdr. 1,23; 1Esdr. 1,46; 1Esdr. 1,55; 1Esdr. 2,3; 1Esdr. 2,3; 1Esdr. 2,12; 1Esdr. 2,14; 1Esdr. 2,14; 1Esdr. 2,20; 1Esdr. 2,23; 1Esdr. 3,7; 1Esdr. 3,18; 1Esdr. 3,19; 1Esdr. 3,19; 1Esdr. 3,19; 1Esdr. 4,2; 1Esdr. 4,2; 1Esdr. 4,6; 1Esdr. 4,20; 1Esdr. 4,20; 1Esdr. 4,21; 1Esdr. 4,21; 1Esdr. 4,21; 1Esdr. 4,23; 1Esdr. 4,23; 1Esdr. 4,25; 1Esdr. 4,25; 1Esdr. 4,29; 1Esdr. 4,29; 1Esdr. 4,36; 1Esdr. 4,43; 1Esdr. 4,43; 1Esdr. 4,46; 1Esdr. 4,47; 1Esdr. 4,48; 1Esdr. 4,49; 1Esdr. 4,50; 1Esdr. 4,51; 1Esdr. 4,53; 1Esdr. 4,53; 1Esdr. 4,54; 1Esdr. 4,54; 1Esdr. 4,55; 1Esdr. 4,56; 1Esdr. 5,4; 1Esdr. 5,8; 1Esdr. 5,8; 1Esdr. 5,40; 1Esdr. 5,40; 1Esdr. 5,43; 1Esdr. 5,50; 1Esdr. 5,55; 1Esdr. 5,60; 1Esdr. 5,70; 1Esdr. 6,4; 1Esdr. 6,5; 1Esdr. 6,8; 1Esdr. 6,8; 1Esdr. 6,11; 1Esdr. 6,12; 1Esdr. 6,21; 1Esdr. 6,32; 1Esdr. 7,14; 1Esdr. 7,15; 1Esdr. 8,6; 1Esdr. 8,12; 1Esdr. 8,17; 1Esdr. 8,18; 1Esdr. 8,21; 1Esdr. 8,23; 1Esdr. 8,25; 1Esdr. 8,27; 1Esdr. 8,46; 1Esdr. 8,48; 1Esdr. 8,60; 1Esdr. 8,60; 1Esdr. 8,68; 1Esdr. 8,70; 1Esdr. 8,78; 1Esdr. 9,13; 1Esdr. 9,47; 1Esdr. 9,48; Ezra 1,3; Ezra 2,68; Ezra 3,3; Ezra 3,4; Ezra 4,12; Ezra 4,12; Ezra 5,3; Ezra 5,4; Ezra 5,5; Ezra 5,8; Ezra 5,9; Ezra 6,12; Ezra 6,18; Ezra 6,22; Ezra 7,9; Ezra 7,9; Ezra 7,14; Ezra 7,23; Ezra 8,27; Neh. 1,5; Neh. 1,11; Neh. 1,11; Neh. 2,17; Neh. 2,18; Neh. 3,1; Neh. 3,1; Neh. 3,3; Neh. 3,3; Neh. 3,6; Neh. 3,13; Neh. 3,14; Neh. 3,34; Neh. 4,9; Neh. 4,11; Neh. 4,12; Neh. 4,14; Neh. 5,6; Neh. 5,10; Neh. 5,13; Neh. 6,18; Neh. 7,5; Neh. 7,6; Neh. 8,6; Neh. 9,6; Neh. 9,6; Neh. 9,8; Neh. 9,8; Neh. 9,9; Neh. 9,9; Neh. 9,11; Neh. 9,12; Neh. 9,12; Neh. 9,15; Neh. 9,15; Neh. 9,19; Neh. 9,19; Neh. 9,22; Neh. 9,22; Neh. 9,23; Neh. 9,24; Neh. 9,32; Neh. 10,38; Neh. 10,39; Neh. 12,39; Neh. 13,2; Neh. 13,5; Neh. 13,5; Neh. 13,9; Neh. 13,17; Neh. 13,18; Neh. 13,21; Neh. 13,22; Neh. 13,27; Esth. 12,1 # 1,1m; Esth. 1,4; Esth. 1,5; Esth. 1,11; Esth. 1,19; Esth. 1,22; Esth. 1,22; Esth. 2,3; Esth. 2,8; Esth. 2,9; Esth. 2,10; Esth. 2,11; Esth. 2,11; Esth. 2,18; Esth. 2,20; Esth. 2,20; Esth. 3,6; Esth. 3,7; Esth. 3,12; Esth. 3,13; Esth. 13,2 # 3,13b; Esth. 13,4 # 3,13d; Esth. 13,4 # 3,13d; Esth. 13,5 # 3,13e; Esth. 3,14; Esth. 4,2; Esth. 4,7; Esth. 4,7; Esth. 4,11; Esth. 4,11; Esth. 4,11; Esth. 13,10 # 4,17c; Esth. 13,15 # 4,17f; Esth. 13,16 # 4,17g; Esth. 14,1 # 4,17k; Esth. 14,11 # 4,17q; Esth. 14,13 # 4,17s; Esth. 14,16 # 4,17w; Esth. 15,1; Esth. 15,2 # 5,1a; Esth. 15,7 # 5,1d; Esth. 15,11 # 5:2; Esth. 5,4; Esth. 5,5; Esth. 5,8; Esth. 5,8; Esth. 5,10; Esth. 5,11; Esth. 5,12; Esth. 5,12; Esth. 5,14; Esth. 6,1; Esth. 6,11; Esth. 6,12; Esth. 7,7; Esth. 7,8; Esth. 7,8; Esth. 7,8; Esth. 8,3; Esth. 8,4; Esth. 8,4; Esth. 8,6; Esth. 8,9; Esth. 16,4 # 8,12d; Esth. 16,6 # 8,12f; Esth. 16,8 # 8,12h; Esth. 16,9 # 8,12i; Esth. 16,12 # 8,12m; Esth. 16,13 # 8,12n; Esth. 16,14 # 8,12o; Esth. 16,16 # 8,12q; Esth. 16,17 # 8,12r; Esth. 8,13; Esth. 8,15; Esth. 9,13; Esth. 9,18; Esth. 9,19; Esth. 9,19; Esth. 9,21; Esth. 9,21; Esth. 9,31; Esth. 10,1; Esth. 10,2; Esth. 10,3; Esth. 10,12 # 10,3i; Esth. 11,1 # 10,3l; Judith 1,6; Judith 1,7; Judith 1,7; Judith 1,8; Judith 1,10; Judith 1,11; Judith 1,12; Judith 1,12; Judith 1,13; Judith 1,13; Judith 2,1; Judith 2,2; Judith 2,4; Judith 2,9; Judith 2,17; Judith 2,17; Judith 2,22; Judith 2,22; Judith 2,24; Judith 2,28; Judith 3,6; Judith 3,10; Judith 4,7; Judith 4,13; Judith 4,14; Judith 5,5; Judith 5,5; Judith 5,12; Judith 5,13; Judith 5,15; Judith 5,19; Judith 5,22; Judith 5,22; Judith 5,22; Judith 6,7; Judith 6,11; Judith 6,12; Judith 6,12; Judith 6,12; Judith 6,13; Judith 6,14; Judith 6,16; Judith 6,19; Judith 6,21; Judith 7,1; Judith 7,5; Judith 7,6; Judith 7,13; Judith 7,14; Judith 7,26; Judith 7,28; Judith 7,32; Judith 8,3; Judith 8,3; Judith 8,5; Judith 8,9; Judith 8,10; Judith 8,10; Judith 8,11; Judith 8,15; Judith 8,17; Judith 8,21; Judith 8,22; Judith 8,22; Judith 8,29; Judith 8,33; Judith 8,33; Judith 8,34; Judith 9,1; Judith 9,3; Judith 9,3; Judith 9,8; Judith 9,9; Judith 10,2; Judith 10,6; Judith 10,7; Judith 10,9; Judith 10,15; Judith 10,15; Judith 10,17; Judith 10,19; Judith 10,20; Judith 11,2; Judith 11,8; Judith 11,14; Judith 11,17; Judith 11,23; Judith 12,5; Judith 12,5; Judith 12,6; Judith 12,7; Judith 12,8; Judith 12,9; Judith 12,10; Judith 12,11; Judith 12,11; Judith 12,15; Judith 13,1; Judith 13,2; Judith 13,3; Judith 13,3; Judith 13,4; Judith 13,8; Judith 13,9; Judith 13,10; Judith 13,10; Judith 13,10; Judith 13,10; Judith 13,11; Judith 13,12; Judith 13,12; Judith 13,13; Judith 13,15; Judith 13,18; Judith 13,20; Judith 14,1; Judith 14,2; Judith 14,2; Judith 14,3; Judith 14,3; Judith 14,6; Judith 14,10; Judith 14,11; Judith 14,13; Judith 14,14; Judith 14,17; Judith 15,4; Judith 15,8; Judith 15,11; Judith 15,11; Judith 15,11; Judith 15,13; Judith 15,14; Judith 15,14; Judith 16,10; Judith 16,11; Judith 16,21; Judith 16,23; Tob. 1,7; Tob. 1,7; Tob. 1,8; Tob. 1,11; Tob. 1,14; Tob. 1,15; Tob. 1,21; Tob. 1,21; Tob. 2,10; Tob. 3,17; Tob. 4,3; Tob. 4,6; Tob. 4,7; Tob. 5,14; Tob. 5,14; Tob. 5,17; Tob. 5,17; Tob. 5,17; Tob. 6,1; Tob. 6,3; Tob. 6,4; Tob. 6,4; Tob. 6,13; Tob. 6,15; Tob. 6,16; Tob. 7,1; Tob. 7,1; Tob. 7,10; Tob. 7,11; Tob. 7,12; Tob. 7,13; Tob. 7,14; Tob. 7,15; Tob. 8,2; Tob. 8,2; Tob. 8,6; Tob. 8,7; Tob. 8,9; Tob. 8,11; Tob. 8,13; Tob. 8,17; Tob. 9,6; Tob. 10,7; Tob. 10,10; Tob. 10,13; Tob. 10,14; Tob. 10,14; Tob. 11,3; Tob. 11,4; Tob. 11,5; Tob. 11,8; Tob. 11,10; Tob. 11,11; Tob. 12,3; Tob. 12,14; Tob. 13,2; Tob. 13,4; Tob. 13,8; Tob. 13,8; Tob. 13,9; Tob. 13,16; Tob. 14,4; Tob. 14,5; Tob. 14,9; Tob. 14,10; Tob. 14,13; Tob. 14,15; 1Mac. 1,1; 1Mac. 1,5; 1Mac. 1,6; 1Mac. 1,21; 1Mac. 1,22; 1Mac. 1,24; 1Mac. 1,30; 1Mac. 1,33; 1Mac. 1,40; 1Mac. 2,15; 1Mac. 2,15; 1Mac. 2,22; 1Mac. 2,29; 1Mac. 2,31; 1Mac. 2,34; 1Mac. 3,12; 1Mac. 3,15; 1Mac. 3,17; 1Mac. 3,31; 1Mac. 3,34; 1Mac. 3,35; 1Mac. 3,36; 1Mac. 3,41; 1Mac. 3,43; 1Mac. 3,47; 1Mac. 4,2; 1Mac. 4,3; 1Mac. 4,3; 1Mac. 4,5; 1Mac. 4,10; 1Mac. 4,20; 1Mac. 4,21; 1Mac. 4,23; 1Mac. 4,29; 1Mac. 4,30; 1Mac. 4,30; 1Mac. 4,31; 1Mac. 4,35; 1Mac. 4,35; 1Mac. 4,40; 1Mac. 4,49; 1Mac. 4,49; 1Mac. 4,51; 1Mac. 4,54; 1Mac. 4,61; 1Mac. 5,3; 1Mac. 5,8; 1Mac. 5,8; 1Mac. 5,13; 1Mac. 5,17; 1Mac. 5,20; 1Mac. 5,20; 1Mac. 5,21; 1Mac. 5,23; 1Mac. 5,28; 1Mac. 5,28; 1Mac. 5,36; 1Mac. 5,38; 1Mac. 5,40; 1Mac. 5,44; 1Mac. 5,45; 1Mac. 5,48; 1Mac. 5,50; 1Mac. 5,50; 1Mac. 5,50; 1Mac. 5,53; 1Mac. 5,65; 1Mac. 5,66; 1Mac. 6,3; 1Mac. 6,5; 1Mac. 6,7; 1Mac. 6,8; 1Mac. 6,15; 1Mac. 6,26; 1Mac. 6,26; 1Mac. 6,33; 1Mac. 6,33; 1Mac. 6,38; 1Mac. 6,46; 1Mac. 6,47; 1Mac. 6,48; 1Mac. 6,50; 1Mac. 6,53; 1Mac. 6,63; 1Mac. 7,7; 1Mac. 7,9; 1Mac. 7,9; 1Mac. 7,18; 1Mac. 7,20; 1Mac. 7,23; 1Mac. 7,24; 1Mac. 7,32; 1Mac. 7,33; 1Mac. 7,33; 1Mac. 7,42; 1Mac. 7,42; 1Mac. 7,47; 1Mac. 7,47; 1Mac. 7,47; 1Mac. 7,48; 1Mac. 7,49; 1Mac. 8,8; 1Mac. 8,18; 1Mac. 8,32; 1Mac. 9,2; 1Mac. 9,2; 1Mac. 9,23; 1Mac. 9,23; 1Mac. 9,31; 1Mac. 9,33; 1Mac. 9,35; 1Mac. 9,35; 1Mac. 9,37; 1Mac. 9,38; 1Mac. 9,42; 1Mac. 9,47; 1Mac. 9,50; 1Mac. 9,50; 1Mac. 9,50; 1Mac. 9,50; 1Mac. 9,50; 1Mac. 9,52; 1Mac. 9,52; 1Mac. 9,52; 1Mac. 9,62; 1Mac. 9,65; 1Mac. 9,69; 1Mac. 9,69; 1Mac. 9,70; 1Mac. 9,72; 1Mac. 9,72; 1Mac. 10,10; 1Mac. 10,13; 1Mac. 10,21; 1Mac. 10,32; 1Mac. 10,33; 1Mac. 10,39; 1Mac. 10,39; 1Mac. 10,52; 1Mac. 10,54; 1Mac. 10,58; 1Mac. 10,64; 1Mac. 10,67; 1Mac. 10,73; 1Mac. 10,80; 1Mac. 10,82; 1Mac. 10,82; 1Mac. 10,84; 1Mac. 10,89; 1Mac. 11,9; 1Mac. 11,10; 1Mac. 11,12; 1Mac. 11,13; 1Mac. 11,16; 1Mac. 11,17; 1Mac. 11,20; 1Mac. 11,20; 1Mac. 11,21; 1Mac. 11,22; 1Mac. 11,27; 1Mac. 11,28; 1Mac. 11,28; 1Mac. 11,40; 1Mac. 11,46; 1Mac. 11,48; 1Mac. 11,50; 1Mac. 11,57; 1Mac. 11,62; 1Mac. 11,63; 1Mac. 11,66; 1Mac. 11,71; 1Mac. 12,1; 1Mac. 12,3; 1Mac. 12,3; 1Mac. 12,10; 1Mac. 12,15; 1Mac. 12,16; 1Mac. 12,16; 1Mac. 12,25; 1Mac. 12,25; 1Mac. 12,26; 1Mac. 12,26; 1Mac. 12,37; 1Mac. 12,38; 1Mac. 12,49; 1Mac. 13,20; 1Mac. 13,20; 1Mac. 13,22; 1Mac. 13,22; 1Mac. 13,22; 1Mac. 13,24; 1Mac. 13,29; 1Mac. 13,37; 1Mac. 13,44; 1Mac. 13,49;

ὁ

1Mac. 13,50; 1Mac. 13,52; 1Mac. 13,52; 1Mac. 14,3; 1Mac. 14,5; 1Mac. 14,8; 1Mac. 14,12; 1Mac. 14,12; 1Mac. 14,22; 1Mac. 14,24; 1Mac. 14,31; 1Mac. 14,33; 1Mac. 14,33; 1Mac. 14,34; 1Mac. 14,34; 1Mac. 14,34; 1Mac. 14,35; 1Mac. 14,35; 1Mac. 14,35; 1Mac. 14,35; 1Mac. 14,38; 1Mac. 14,48; 1Mac. 15,4; 1Mac. 15,4; 1Mac. 15,9; 1Mac. 15,10; 1Mac. 15,11; 1Mac. 15,14; 1Mac. 15,14; 1Mac. 15,17; 1Mac. 15,19; 1Mac. 15,20; 1Mac. 15,23; 1Mac. 15,23; 1Mac. 15,32; 1Mac. 15,35; 1Mac. 15,36; 1Mac. 15,39; 1Mac. 15,40; 1Mac. 15,41; 1Mac. 16,10; 1Mac. 16,18; 1Mac. 16,20; 2Mac. 1,4; 2Mac. 1,13; 2Mac. 1,13; 2Mac. 1,16; 2Mac. 1,19; 2Mac. 1,26; 2Mac. 1,26; 2Mac. 1,27; 2Mac. 2,4; 2Mac. 2,4; 2Mac. 2,4; 2Mac. 2,5; 2Mac. 2,5; 2Mac. 2,5; 2Mac. 2,6; 2Mac. 2,17; 2Mac. 2,21; 2Mac. 2,22; 2Mac. 2,22; 2Mac. 2,24; 2Mac. 2,26; 2Mac. 2,27; 2Mac. 2,27; 2Mac. 2,27; 2Mac. 2,31; 2Mac. 2,32; 2Mac. 3,1; 2Mac. 3,4; 2Mac. 3,6; 2Mac. 3,7; 2Mac. 3,8; 2Mac. 3,8; 2Mac. 3,14; 2Mac. 3,14; 2Mac. 3,16; 2Mac. 3,16; 2Mac. 3,16; 2Mac. 3,20; 2Mac. 3,21; 2Mac. 3,24; 2Mac. 3,26; 2Mac. 3,26; 2Mac. 3,27; 2Mac. 3,28; 2Mac. 3,29; 2Mac. 3,39; 2Mac. 3,40; 2Mac. 4,4; 2Mac. 4,7; 2Mac. 4,7; 2Mac. 4,11; 2Mac. 4,12; 2Mac. 4,13; 2Mac. 4,14; 2Mac. 4,19; 2Mac. 4,20; 2Mac. 4,22; 2Mac. 4,24; 2Mac. 4,26; 2Mac. 4,28; 2Mac. 4,37; 2Mac. 4,38; 2Mac. 4,38; 2Mac. 4,38; 2Mac. 4,39; 2Mac. 4,40; 2Mac. 4,40; 2Mac. 4,41; 2Mac. 4,44; 2Mac. 4,48; 2Mac. 4,49; 2Mac. 5,1; 2Mac. 5,2; 2Mac. 5,4; 2Mac. 5,5; 2Mac. 5,5; 2Mac. 5,6; 2Mac. 5,6; 2Mac. 5,7; 2Mac. 5,9; 2Mac. 5,11; 2Mac. 5,11; 2Mac. 5,17; 2Mac. 5,17; 2Mac. 5,18; 2Mac. 5,21; 2Mac. 5,21; 2Mac. 5,26; 2Mac. 5,26; 2Mac. 5,27; 2Mac. 5,27; 2Mac. 6,7; 2Mac. 6,8; 2Mac. 6,9; 2Mac. 6,10; 2Mac. 6,11; 2Mac. 6,11; 2Mac. 6,17; 2Mac. 6,18; 2Mac. 6,18; 2Mac. 6,20; 2Mac. 6,21; 2Mac. 6,22; 2Mac. 6,25; 2Mac. 6,26; 2Mac. 6,29; 2Mac. 6,30; 2Mac. 7,8; 2Mac. 7,10; 2Mac. 7,12; 2Mac. 7,22; 2Mac. 7,22; 2Mac. 7,22; 2Mac. 7,23; 2Mac. 7,24; 2Mac. 7,24; 2Mac. 7,25; 2Mac. 7,27; 2Mac. 7,27; 2Mac. 7,28; 2Mac. 7,35; 2Mac. 7,38; 2Mac. 7,38; 2Mac. 8,3; 2Mac. 8,11; 2Mac. 8,12; 2Mac. 8,13; 2Mac. 8,16; 2Mac. 8,17; 2Mac. 8,17; 2Mac. 8,19; 2Mac. 8,20; 2Mac. 8,20; 2Mac. 8,20; 2Mac. 8,20; 2Mac. 8,23; 2Mac. 8,27; 2Mac. 8,34; 2Mac. 8,35; 2Mac. 9,1; 2Mac. 9,2; 2Mac. 9,2; 2Mac. 9,2; 2Mac. 9,2; 2Mac. 9,4; 2Mac. 9,4; 2Mac. 9,7; 2Mac. 9,8; 2Mac. 9,8; 2Mac. 9,9; 2Mac. 9,14; 2Mac. 9,18; 2Mac. 9,20; 2Mac. 9,21; 2Mac. 9,21; 2Mac. 9,21; 2Mac. 9,22; 2Mac. 9,24; 2Mac. 9,26; 2Mac. 10,1; 2Mac. 10,2; 2Mac. 10,3; 2Mac. 10,5; 2Mac. 10,6; 2Mac. 10,11; 2Mac. 10,12; 2Mac. 10,13; 2Mac. 10,13; 2Mac. 10,19; 2Mac. 10,24; 2Mac. 10,26; 2Mac. 10,28; 2Mac. 10,36; 2Mac. 10,36; 2Mac. 11,2; 2Mac. 11,2; 2Mac. 11,3; 2Mac. 11,5; 2Mac. 11,19; 2Mac. 11,23; 2Mac. 11,24; 2Mac. 11,26; 2Mac. 12,1; 2Mac. 12,5; 2Mac. 12,10; 2Mac. 12,11; 2Mac. 12,15; 2Mac. 12,16; 2Mac. 12,16; 2Mac. 12,20; 2Mac. 12,21; 2Mac. 12,21; 2Mac. 12,21; 2Mac. 12,27; 2Mac. 12,28; 2Mac. 12,32; 2Mac. 12,37; 2Mac. 12,40; 2Mac. 12,42; 2Mac. 13,1; 2Mac. 13,5; 2Mac. 13,13; 2Mac. 13,14; 2Mac. 13,14; 2Mac. 13,15; 2Mac. 13,15; 2Mac. 13,16; 2Mac. 13,17; 2Mac. 14,4; 2Mac. 14,6; 2Mac. 14,7; 2Mac. 14,7; 2Mac. 14,15; 2Mac. 14,15; 2Mac. 14,17; 2Mac. 14,18; 2Mac. 14,22; 2Mac. 14,26; 2Mac. 14,30; 2Mac. 14,30; 2Mac. 14,33; 2Mac. 14,37; 2Mac. 14,41; 2Mac. 14,43; 2Mac. 15,3; 2Mac. 15,4; 2Mac. 15,8; 2Mac. 15,8; 2Mac. 15,10; 2Mac. 15,10; 2Mac. 15,11; 2Mac. 15,11; 2Mac. 15,12; 2Mac. 15,13; 2Mac. 15,15; 2Mac. 15,16; 2Mac. 15,17; 2Mac. 15,20; 2Mac. 15,21; 2Mac. 15,21; 2Mac. 15,21; 2Mac. 15,30; 2Mac. 15,30; 2Mac. 15,30; 2Mac. 15,32; 2Mac. 15,32; 2Mac. 15,33; 2Mac. 15,35; 2Mac. 15,36; 2Mac. 15,36; 2Mac. 15,39; 3Mac. 1,1; 3Mac. 1,1; 3Mac. 1,2; 3Mac. 1,2; 3Mac. 1,3; 3Mac. 1,10; 3Mac. 1,16; 3Mac. 1,17; 3Mac. 1,19; 3Mac. 1,23; 3Mac. 1,23; 3Mac. 1,27; 3Mac. 2,1; 3Mac. 2,6; 3Mac. 2,9; 3Mac. 2,9; 3Mac. 2,16; 3Mac. 2,19; 3Mac. 2,23; 3Mac. 2,25; 3Mac. 2,26; 3Mac. 2,27; 3Mac. 2,29; 3Mac. 3,3; 3Mac. 3,5; 3Mac. 3,6; 3Mac. 3,7; 3Mac. 3,8; 3Mac. 3,14; 3Mac. 3,17; 3Mac. 3,19; 3Mac. 3,20; 3Mac. 3,21; 3Mac. 3,23; 3Mac. 3,25; 3Mac. 3,28; 3Mac. 3,28; 3Mac. 4,2; 3Mac. 4,4; 3Mac. 4,4; 3Mac. 4,5; 3Mac. 4,6; 3Mac. 4,11; 3Mac. 4,11; 3Mac. 4,11; 3Mac. 4,12; 3Mac. 4,14; 3Mac. 4,17; 3Mac. 4,17; 3Mac. 4,18; 3Mac. 4,20; 3Mac. 5,2; 3Mac. 5,3; 3Mac. 5,5; 3Mac. 5,6; 3Mac. 5,8; 3Mac. 5,10; 3Mac. 5,13; 3Mac. 5,16; 3Mac. 5,18; 3Mac. 5,20; 3Mac. 5,20; 3Mac. 5,24; 3Mac. 5,24; 3Mac. 5,24; 3Mac. 5,26; 3Mac. 5,29; 3Mac. 5,32; 3Mac. 5,34; 3Mac. 5,38; 3Mac. 5,39; 3Mac. 5,41; 3Mac. 5,43; 3Mac. 5,44; 3Mac. 5,46; 3Mac. 5,46; 3Mac. 5,47; 3Mac. 6,1; 3Mac. 6,2; 3Mac. 6,5; 3Mac. 6,5; 3Mac. 6,6; 3Mac. 6,6; 3Mac. 6,10; 3Mac. 6,19; 3Mac. 6,23; 3Mac. 6,30; 3Mac. 6,34; 3Mac. 6,36; 3Mac. 6,37; 3Mac. 6,38; 3Mac. 6,40; 3Mac. 6,41; 3Mac. 6,41; 3Mac. 7,3; 3Mac. 7,10; 3Mac. 7,10; 3Mac. 7,12; 3Mac. 7,14; 3Mac. 7,17; 3Mac. 7,17; 3Mac. 7,18; 3Mac. 7,18; 3Mac. 7,20; 4Mac. 1,11; 4Mac. 1,11; 4Mac. 1,20; 4Mac. 1,21; 4Mac. 1,22; 4Mac. 1,34; 4Mac. 2,1; 4Mac. 2,4; 4Mac. 2,5; 4Mac. 2,10; 4Mac. 2,11; 4Mac. 3,8; 4Mac. 3,10; 4Mac. 3,12; 4Mac. 3,14; 4Mac. 3,19; 4Mac. 3,20; 4Mac. 3,20; 4Mac. 3,20; 4Mac. 3,21; 4Mac. 4,1; 4Mac. 4,1; 4Mac. 4,5; 4Mac. 4,5; 4Mac. 4,10; 4Mac. 4,12; 4Mac. 4,15; 4Mac. 4,17; 4Mac. 4,20; 4Mac. 4,24; 4Mac. 5,4; 4Mac. 5,4; 4Mac. 5,4; 4Mac. 5,7; 4Mac. 5,7; 4Mac. 5,8; 4Mac. 5,11; 4Mac. 5,12; 4Mac. 5,14; 4Mac. 5,18; 4Mac. 5,22; 4Mac. 5,31; 4Mac. 6,2; 4Mac. 6,18; 4Mac. 6,29; 4Mac. 6,32; 4Mac. 6,33; 4Mac. 7,1; 4Mac. 7,4; 4Mac. 7,5; 4Mac. 7,6; 4Mac. 7,9; 4Mac. 7,9; 4Mac. 7,14; 4Mac. 7,22; 4Mac. 7,22; 4Mac. 8,2; 4Mac. 8,4; 4Mac. 8,5; 4Mac. 8,15; 4Mac. 8,19; 4Mac. 8,24; 4Mac. 9,6; 4Mac. 9,7; 4Mac. 9,9; 4Mac. 9,23; 4Mac. 9,25; 4Mac. 9,26; 4Mac. 9,27; 4Mac. 9,28; 4Mac. 9,28; 4Mac. 9,28; 4Mac. 9,29; 4Mac. 9,30; 4Mac. 9,31; 4Mac. 10,3; 4Mac. 10,5; 4Mac. 10,11; 4Mac. 10,13; 4Mac. 10,15; 4Mac. 10,17; 4Mac. 10,21; 4Mac. 11,10; 4Mac. 11,12; 4Mac. 11,20; 4Mac. 11,24; 4Mac. 11,25; 4Mac. 12,6; 4Mac. 12,6; 4Mac. 12,11; 4Mac. 12,14; 4Mac. 13,4; 4Mac. 13,5; 4Mac. 13,7; 4Mac. 13,10; 4Mac. 13,12; 4Mac. 13,15; 4Mac. 13,16; 4Mac. 13,25; 4Mac. 13,26; 4Mac. 13,27; 4Mac. 14,7; 4Mac. 14,8; 4Mac. 14,9; 4Mac. 14,13; 4Mac. 14,14; 4Mac. 14,18; 4Mac. 14,20; 4Mac. 15,2; 4Mac. 15,3; 4Mac. 15,3; 4Mac. 15,6; 4Mac. 15,7; 4Mac. 15,8; 4Mac. 15,9; 4Mac. 15,9; 4Mac. 15,9; 4Mac. 15,11; 4Mac. 15,11; 4Mac. 15,14; 4Mac. 15,17; 4Mac. 15,23; 4Mac. 15,24; 4Mac. 15,24; 4Mac. 15,27; 4Mac. 16,17; 4Mac. 16,20; 4Mac. 16,22; 4Mac. 16,24; 4Mac. 17,2; 4Mac. 17,2; 4Mac. 17,4; 4Mac. 17,5; 4Mac. 17,7; 4Mac. 17,9; 4Mac. 17,17; 4Mac. 17,21; 4Mac. 17,23; 4Mac. 17,23; 4Mac. 17,23; 4Mac. 18,3; 4Mac. 18,4; 4Mac. 18,4; 4Mac. 18,7; 4Mac. 18,14; 4Mac. 18,14; 4Mac. 18,18; Psa. 2,8; Psa. 2,8; Psa. 2,10; Psa. 3,4; Psa. 4,8; Psa. 5,6; Psa. 5,9; Psa. 6,5; Psa. 6,7; Psa. 6,7; Psa. 6,9; Psa. 6,10; Psa. 7,3; Psa. 7,6; Psa. 7,6; Psa. 7,6; Psa. 7,9; Psa. 7,9; Psa. 7,13; Psa. 7,18; Psa. 9,5; Psa. 9,5; Psa. 9,9; Psa. 9,14; Psa. 9,28; Psa. 9,38; Psa. 9,38; Psa. 10,5; Psa. 13,4; Psa. 13,7; Psa. 15,5; Psa. 15,10; Psa. 16,3; Psa. 16,9; Psa. 16,13; Psa. 16,15; Psa. 17,; Psa. 17,21; Psa. 17,25; Psa. 17,25; Psa. 17,33; Psa. 18,5; Psa. 18,7; Psa. 19,5; Psa. 19,5; Psa. 20,3; Psa. 20,3; Psa. 20,4; Psa. 21,20; Psa. 21,20; Psa. 21,21; Psa. 21,21; Psa. 21,22; Psa. 21,30; Psa. 21,32; Psa. 22,3; Psa. 22,5; Psa. 23,4; Psa. 24,1; Psa. 24,5; Psa. 24,5; Psa. 24,10; Psa. 24,18; Psa. 24,20; Psa. 25,2; Psa. 25,9; Psa. 25,9; Psa. 26,4; Psa. 26,6; Psa. 27,3; Psa. 27,4; Psa. 27,9; Psa. 28,8; Psa. 29,4; Psa. 29,10; Psa. 30,8; Psa. 30,8; Psa. 30,14; Psa. 31,3; Psa. 31,5; Psa. 31,5; Psa. 31,5; Psa. 31,5; Psa. 32,8; Psa. 32,14; Psa. 33,14; Psa. 33,19; Psa. 34,4; Psa. 34,7; Psa. 34,13; Psa. 34,17; Psa. 34,17; Psa. 34,23; Psa. 34,24; Psa. 34,27; Psa. 34,27; Psa. 34,28; Psa. 34,28; Psa.

Ο, ο

35,3; Psa. 35,11; Psa. 35,13; Psa. 36,1; Psa. 36,3; Psa. 36,5; Psa. 36,6; Psa. 36,15; Psa. 36,23; Psa. 36,26; Psa. 36,34; Psa. 37,3; Psa. 37,5; Psa. 37,7; Psa. 37,13; Psa. 37,13; Psa. 37,19; Psa. 37,23; Psa. 38,12; Psa. 39,11; Psa. 39,11; Psa. 39,11; Psa. 39,15; Psa. 40,4; Psa. 40,5; Psa. 40,13; Psa. 41,5; Psa. 42,1; Psa. 42,3; Psa. 42,4; Psa. 43,9; Psa. 43,16; Psa. 43,23; Psa. 44,4; Psa. 44,17; Psa. 45,3; Psa. 45,5; Psa. 46,3; Psa. 46,5; Psa. 46,5; Psa. 47,14; Psa. 48,2; Psa. 48,9; Psa. 48,16; Psa. 49,1; Psa. 49,4; Psa. 49,5; Psa. 49,6; Psa. 49,16; Psa. 49,18; Psa. 50,5; Psa. 50,14; Psa. 50,16; Psa. 50,17; Psa. 50,20; Psa. 51,3; Psa. 52,5; Psa. 52,7; Psa. 53,5; Psa. 54,2; Psa. 54,2; Psa. 54,19; Psa. 54,21; Psa. 54,21; Psa. 54,23; Psa. 55,2; Psa. 55,3; Psa. 55,5; Psa. 55,6; Psa. 55,7; Psa. 55,7; Psa. 55,9; Psa. 55,14; Psa. 56,4; Psa. 56,5; Psa. 56,6; Psa. 56,7; Psa. 56,12; Psa. 57,5; Psa. 57,10; Psa. 58,3; Psa. 58,4; Psa. 58,6; Psa. 59,2; Psa. 59,2; Psa. 59,2; Psa. 59,4; Psa. 59,8; Psa. 59,10; Psa. 60,3; Psa. 61,5; Psa. 62,3; Psa. 62,3; Psa. 62,10; Psa. 63,2; Psa. 63,3; Psa. 64,10; Psa. 64,10; Psa. 65,6; Psa. 65,8; Psa. 65,9; Psa. 65,11; Psa. 65,17; Psa. 65,20; Psa. 66,3; Psa. 68,6; Psa. 68,11; Psa. 68,20; Psa. 68,20; Psa. 68,22; Psa. 68,25; Psa. 68,28; Psa. 68,36; Psa. 69,2; Psa. 69,3; Psa. 70,8; Psa. 70,8; Psa. 70,8; Psa. 70,9; Psa. 70,10; Psa. 70,12; Psa. 70,13; Psa. 70,14; Psa. 70,15; Psa. 70,15; Psa. 70,15; Psa. 70,18; Psa. 70,18; Psa. 70,21; Psa. 70,22; Psa. 70,24; Psa. 70,24; Psa. 71,1; Psa. 71,6; Psa. 71,15; Psa. 72,13; Psa. 72,14; Psa. 72,19; Psa. 72,20; Psa. 72,28; Psa. 73,5; Psa. 73,7; Psa. 73,11; Psa. 73,11; Psa. 73,13; Psa. 73,20; Psa. 73,22; Psa. 73,22; Psa. 76,15; Psa. 77,7; Psa. 77,8; Psa. 77,10; Psa. 77,14; Psa. 77,29; Psa. 77,38; Psa. 77,47; Psa. 77,48; Psa. 77,60; Psa. 77,61; Psa. 77,61; Psa. 77,62; Psa. 77,67; Psa. 77,68; Psa. 77,71; Psa. 78,1; Psa. 78,6; Psa. 78,11; Psa. 78,13; Psa. 79,3; Psa. 79,5; Psa. 79,13; Psa. 79,15; Psa. 80,15; Psa. 81,8; Psa. 82,19; Psa. 84,2; Psa. 84,2; Psa. 84,4; Psa. 84,6; Psa. 85,2; Psa. 85,3; Psa. 85,4; Psa. 85,4; Psa. 85,6; Psa. 85,13; Psa. 85,14; Psa. 87,3; Psa. 87,10; Psa. 87,12; Psa. 87,15; Psa. 87,18; Psa. 88,2; Psa. 88,6; Psa. 88,12; Psa. 88,17; Psa. 88,35; Psa. 88,40; Psa. 88,40; Psa. 88,43; Psa. 88,44; Psa. 88,45; Psa. 88,49; Psa. 89,2; Psa. 89,2; Psa. 89,12; Psa. 91,1; Psa. 91,3; Psa. 91,8; Psa. 91,10; Psa. 92,1; Psa. 92,1; Psa. 93,2; Psa. 93,4; Psa. 93,5; Psa. 93,14; Psa. 93,16; Psa. 93,19; Psa. 93,23; Psa. 93,23; Psa. 94,5; Psa. 94,8; Psa. 94,11; Psa. 95,1; Psa. 95,3; Psa. 95,10; Psa. 95,13; Psa. 95,13; Psa. 96,6; Psa. 96,6; Psa. 96,9; Psa. 97,2; Psa. 97,9; Psa. 97,9; Psa. 100,8; Psa. 101,1; Psa. 101,9; Psa. 101,14; Psa. 101,16; Psa. 101,17; Psa. 101,18; Psa. 101,18; Psa. 101,20; Psa. 101,22; Psa. 101,26; Psa. 102,4; Psa. 102,5; Psa. 102,18; Psa. 103,3; Psa. 103,5; Psa. 103,5; Psa. 103,9; Psa. 103,19; Psa. 103,23; Psa. 103,27; Psa. 103,28; Psa. 103,32; Psa. 104,11; Psa. 104,16; Psa. 104,25; Psa. 104,39; Psa. 105,8; Psa. 105,12; Psa. 105,13; Psa. 105,17; Psa. 105,20; Psa. 105,23; Psa. 105,26; Psa. 105,40; Psa. 106,11; Psa. 106,23; Psa. 107,6; Psa. 107,8; Psa. 107,10; Psa. 108,1; Psa. 108,8; Psa. 108,31; Psa. 109,4; Psa. 113,8; Psa. 113,8; Psa. 113,23; Psa. 113,24; Psa. 114,4; Psa. 114,7; Psa. 114,8; Psa. 118,3; Psa. 118,9; Psa. 118,32; Psa. 118,33; Psa. 118,36; Psa. 118,90; Psa. 118,97; Psa. 118,98; Psa. 118,112; Psa. 118,153; Psa. 118,154; Psa. 119,2; Psa. 119,7; Psa. 120,2; Psa. 120,6; Psa. 120,7; Psa. 120,8; Psa. 120,8; Psa. 121,6; Psa. 123,8; Psa. 124,3; Psa. 124,5; Psa. 125,1; Psa. 125,4; Psa. 126,5; Psa. 128,3; Psa. 128,7; Psa. 129,2; Psa. 130,2; Psa. 130,2; Psa. 130,2; Psa. 131,8; Psa. 131,12; Psa. 131,13; Psa. 131,15; Psa. 132,2; Psa. 132,3; Psa. 133,3; Psa. 134,12; Psa. 135,6; Psa. 135,9; Psa. 135,13; Psa. 135,15; Psa. 135,21; Psa. 136,4; Psa. 136,6; Psa. 136,7; Psa. 136,9; Psa. 138,2; Psa. 138,2; Psa. 138,3; Psa. 138,3; Psa. 138,5; Psa. 138,23; Psa. 139,3; Psa. 139,7; Psa. 139,8; Psa. 139,13; Psa. 139,13; Psa. 140,4; Psa. 140,5; Psa. 140,8; Psa. 140,9; Psa. 141,3; Psa. 141,3; Psa. 141,5; Psa. 141,7; Psa. 141,8; Psa. 142,1; Psa. 142,3; Psa. 142,3; Psa. 142,8; Psa. 142,11; Psa. 142,12; Psa. 143,7; Psa. 143,10; Psa. 144,4; Psa. 144,5; Psa. 144,6; Psa. 144,6; Psa. 144,11; Psa. 144,12; Psa. 144,12; Psa. 144,15; Psa. 144,16; Psa. 145,4; Psa. 145,6; Psa. 145,6; Psa. 146,3; Psa. 151,7; Ode. 1,4; Ode. 1,7; Ode. 1,12; Ode. 2,13; Ode. 2,40; Ode. 2,41; Ode. 2,43; Ode. 4,2; Ode. 4,2; Ode. 5,10; Ode. 5,20; Ode. 6,8; Ode. 7,28; Ode. 7,28; Ode. 7,28; Ode. 7,32; Ode. 7,34; Ode. 7,36; Ode. 7,36; Ode. 7,42; Ode. 7,45; Ode. 9,48; Ode. 11,15; Ode. 11,16; Ode. 11,17; Ode. 11,18; Ode. 11,19; Ode. 12,2; Ode. 12,3; Ode. 12,3; Ode. 12,14; Ode. 14,9; Ode. 14,22; Ode. 14,32; Ode. 14,41; Prov. 1,12; Prov. 1,13; Prov. 1,13; Prov. 1,19; Prov. 2,3; Prov. 2,3; Prov. 2,7; Prov. 3,19; Prov. 6,8; Prov. 6,8; Prov. 6,8a; Prov. 6,8c; Prov. 6,30; Prov. 6,35; Prov. 7,4; Prov. 7,4; Prov. 7,16; Prov. 7,17; Prov. 8,1; Prov. 8,24; Prov. 8,31; Prov. 9,2; Prov. 12,11; Prov. 12,16; Prov. 13,3; Prov. 13,25; Prov. 15,18; Prov. 16,17; Prov. 16,26; Prov. 16,26; Prov. 19,16; Prov. 19,19; Prov. 20,2; Prov. 20,9; Prov. 21,23; Prov. 21,23; Prov. 21,26; Prov. 22,5; Prov. 22,9a; Prov. 22,17; Prov. 22,18; Prov. 22,19; Prov. 22,23; Prov. 23,2; Prov. 23,11; Prov. 23,12; Prov. 23,14; Prov. 23,15; Prov. 23,17; Prov. 25,22; Prov. 26,4; Prov. 26,5; Prov. 26,11; Prov. 26,15; Prov. 27,22; Prov. 27,27; Prov. 27,27; Prov. 28,9; Prov. 28,14; Prov. 28,19; Prov. 29,24; Prov. 30,11; Prov. 30,12; Prov. 24,27; Prov. 30,23; Prov. 30,25; Prov. 30,32; Prov. 31,17; Prov. 31,18; Eccl. 1,7; Eccl. 1,11; Eccl. 1,13; Eccl. 2,3; Eccl. 2,10; Eccl. 2,13; Eccl. 2,17; Eccl. 4,8; Eccl. 5,5; Eccl. 7,7; Eccl. 7,18; Eccl. 7,26; Eccl. 8,9; Eccl. 8,15; Eccl. 8,16; Eccl. 9,15; Eccl. 10,20; Eccl. 11,2; Eccl. 11,3; Eccl. 12,6; Eccl. 12,7; Song 2,6; Song 2,7; Song 2,14; Song 2,14; Song 3,5; Song 4,11; Song 5,2; Song 8,3; Song 8,4; Song 8,6; Song 8,7; Job 1,7; Job 1,7; Job 1,11; Job 1,20; Job 2,2; Job 2,2; Job 2,5; Job 2,6; Job 2,9a; Job 2,12; Job 2,13; Job 3,1; Job 3,8; Job 5,10; Job 5,10; Job 6,2; Job 6,8; Job 7,15; Job 8,15; Job 9,6; Job 9,34; Job 10,6; Job 10,17; Job 11,13; Job 12,15; Job 13,21; Job 15,29; Job 16,13; Job 16,13; Job 17,9; Job 19,9; Job 19,10; Job 19,17; Job 20,12; Job 21,20; Job 21,31; Job 22,3; Job 23,16; Job 24,5; Job 25,2; Job 26,12; Job 27,2; Job 27,5; Job 27,9; Job 28,23; Job 28,24; Job 29,23; Job 30,13; Job 31,6; Job 31,30; Job 31,33; Job 31,39; Job 32,6; Job 33,23; Job 33,23; Job 33,30; Job 34,13; Job 34,13; Job 36,3; Job 36,20; Job 37,7; Job 37,13; Job 38,3; Job 38,4; Job 38,12; Job 38,24; Job 39,6; Job 39,24; Job 40,7; Job 41,23; Job 41,23; Job 42,9; Job 42,10; Job 42,14; Job 42,14; Job 42,14; Job 42,16; Wis. 1,1; Wis. 1,7; Wis. 2,19; Wis. 2,19; Wis. 5,4; Wis. 5,7; Wis. 5,12; Wis. 5,17; Wis. 5,23; Wis. 6,4; Wis. 6,22; Wis. 6,22; Wis. 7,3; Wis. 7,3; Wis. 7,24; Wis. 9,4; Wis. 10,17; Wis. 12,22; Wis. 12,25; Wis. 13,14; Wis. 14,17; Wis. 14,19; Wis. 14,22; Wis. 14,31; Wis. 15,12; Wis. 15,19; Wis. 16,3; Wis. 16,3; Wis. 16,19; Wis. 16,21; Wis. 16,25; Wis. 17,5; Wis. 17,12; Wis. 17,12; Wis. 17,13; Wis. 17,15; Wis. 17,16; Wis. 18,15; Wis. 18,23; Wis. 18,23; Wis. 19,4; Wis. 19,7; Wis. 19,17; Sir. 1,8 Prol.; Sir. 1,17 Prol.; Sir. 1,20 Prol.; Sir. 1,26 Prol.; Sir. 1,30 Prol.; Sir. 1,10; Sir. 2,1; Sir. 2,2; Sir. 2,14; Sir. 4,1; Sir. 4,7; Sir. 6,23; Sir. 6,28; Sir. 6,32; Sir. 6,37; Sir. 7,17; Sir. 7,20; Sir. 7,31; Sir. 7,32; Sir. 8,2; Sir. 8,14; Sir. 8,16; Sir. 9,2; Sir. 9,2; Sir. 9,6; Sir. 9,6; Sir. 9,13; Sir. 9,14; Sir. 10,28; Sir. 10,28; Sir. 10,29; Sir. 10,29; Sir. 12,11; Sir. 12,12; Sir. 12,18; Sir. 13,7; Sir. 14,7; Sir. 14,13; Sir. 14,16; Sir. 14,25; Sir. 15,16; Sir. 16,8; Sir. 16,29; Sir. 18,12; Sir. 20,22; Sir. 20,31; Sir. 20,31; Sir. 21,8; Sir. 21,27; Sir. 21,28; Sir. 23,14; Sir. 24,8; Sir. 24,31; Sir. 25,17; Sir. 27,16; Sir. 27,18; Sir. 28,10; Sir. 28,10; Sir. 28,10; Sir. 29,3; Sir. 29,9; Sir. 29,15; Sir. 30,21; Sir. 30,23; Sir. 30,23; Sir. 31,18; Sir. 32,2; Sir. 33,13; Sir. 33,13; Sir. 34,6; Sir. 35,9; Sir. 35,23; Sir. 36,2; Sir. 36,2; Sir. 36,16; Sir. 37,3; Sir. 37,8; Sir. 37,12; Sir. 37,15; Sir. 37,27; Sir. 38,5; Sir. 38,16; Sir. 38,16; Sir. 38,17; Sir.

38,20; Sir. 39,1; Sir. 39,5; Sir. 39,9; Sir. 39,10; Sir. 41,15; Sir. 41,15; Sir. 41,24; Sir. 43,24; Sir. 44,2; Sir. 45,26; Sir. 46,17; Sir. 46,20; Sir. 46,20; Sir. 48,17; Sir. 48,21; Sir. 49,3; Sir. 49,3; Sir. 49,5; Sir. 50,17; Sir. 50,19; Sir. 50,21; Sir. 51,3; Sir. 51,20; Sol. 1,4; Sol. 2,14; Sol. 2,20; Sol. 2,21; Sol. 2,24; Sol. 2,25; Sol. 2,26; Sol. 2,32; Sol. 3,2; Sol. 3,9; Sol. 4,6; Sol. 5,5; Sol. 5,6; Sol. 5,15; Sol. 8,10; Sol. 8,15; Sol. 8,24; Sol. 8,28; Sol. 11,7; Sol. 12,1; Sol. 15,12; Sol. 16,4; Sol. 16,6; Sol. 16,10; Sol. 16,12; Sol. 16,12; Sol. 17,10; Sol. 17,11; Sol. 17,18; Sol. 17,18; Sol. 17,31; Sol. 17,31; Sol. 18,3; Hos. 1,3; Hos. 1,8; Hos. 2,4; Hos. 2,4; Hos. 2,4; Hos. 2,8; Hos. 2,8; Hos. 2,11; Hos. 2,12; Hos. 2,16; Hos. 2,17; Hos. 2,25; Hos. 4,1; Hos. 4,5; Hos. 4,7; Hos. 5,2; Hos. 5,13; Hos. 5,13; Hos. 6,11; Hos. 7,5; Hos. 7,6; Hos. 7,9; Hos. 8,1; Hos. 10,5; Hos. 11,9; Hos. 12,2; Hos. 13,4; Hos. 13,7; Hos. 13,15; Hos. 14,8; Amos 1,6; Amos 1,8; Amos 1,9; Amos 2,7; Amos 2,10; Amos 2,14; Amos 2,15; Amos 2,16; Amos 3,5; Amos 3,9; Amos 3,9; Amos 3,14; Amos 4,4; Amos 5,18; Amos 5,26; Amos 6,5; Amos 6,8; Amos 7,4; Amos 7,4; Amos 7,4; Amos 7,4; Amos 8,11; Amos 9,3; Amos 9,6; Amos 9,8; Amos 9,9; Amos 9,11; Amos 9,11; Amos 9,14; Mic. 1,16; Mic. 2,2; Mic. 2,3; Mic. 2,8; Mic. 2,12; Mic. 4,2; Mic. 4,5; Mic. 4,6; Mic. 4,6; Mic. 4,7; Mic. 4,7; Mic. 4,12; Mic. 4,13; Mic. 5,4; Mic. 5,4; Mic. 5,5; Mic. 5,5; Mic. 6,2; Mic. 7,6; Mic. 7,6; Mic. 7,9; Mic. 7,9; Mic. 7,14; Mic. 7,14; Joel 1,2; Joel 1,6; Joel 1,7; Joel 2,1; Joel 2,17; Joel 2,18; Joel 2,20; Joel 2,20; Joel 2,20; Joel 2,20; Joel 2,22; Joel 3,4; Joel 4,1; Joel 4,2; Joel 4,2; Joel 4,12; Obad. 3; Obad. 10; Obad. 10; Obad. 10; Obad. 13; Obad. 13; Obad. 19; Jonah 1,2; Jonah 1,2; Jonah 1,4; Jonah 1,5; Jonah 1,5; Jonah 1,9; Jonah 1,9; Jonah 1,12; Jonah 1,13; Jonah 1,15; Jonah 2,8; Jonah 2,11; Jonah 3,2; Jonah 3,2; Jonah 3,4; Jonah 3,6; Jonah 4,3; Jonah 4,7; Jonah 4,8; Jonah 4,8; Nah. 1,13; Nah. 2,3; Nah. 2,14; Nah. 3,5; Nah. 3,5; Nah. 3,19; Hab. 2,5; Hab. 2,14; Hab. 2,16; Hab. 3,2; Hab. 3,2; Zeph. 1,4; Zeph. 1,7; Zeph. 1,11; Zeph. 1,12; Zeph. 1,18; Zeph. 2,7; Zeph. 2,13; Zeph. 2,13; Zeph. 3,19; Zeph. 3,19; Zeph. 3,20; Hag. 1,11; Hag. 2,6; Hag. 2,6; Hag. 2,6; Hag. 2,9; Hag. 2,21; Hag. 2,21; Hag. 2,21; Zech. 1,8; Zech. 1,10; Zech. 1,11; Zech. 1,12; Zech. 1,14; Zech. 1,14; Zech. 1,17; Zech. 1,17; Zech. 2,4; Zech. 2,6; Zech. 2,13; Zech. 2,16; Zech. 2,16; Zech. 2,16; Zech. 2,16; Zech. 3,2; Zech. 3,5; Zech. 3,5; Zech. 3,7; Zech. 3,9; Zech. 4,10; Zech. 5,11; Zech. 6,7; Zech. 6,7; Zech. 6,7; Zech. 6,11; Zech. 7,12; Zech. 8,2; Zech. 8,2; Zech. 8,4; Zech. 8,12; Zech. 8,15; Zech. 8,17; Zech. 8,19; Zech. 8,19; Zech. 10,10; Zech. 11,6; Zech. 11,6; Zech. 11,7; Zech. 11,7; Zech. 11,7; Zech. 11,10; Zech. 11,10; Zech. 11,10; Zech. 11,14; Zech. 11,14; Zech. 11,14; Zech. 11,16; Zech. 12,2; Zech. 12,3; Zech. 13,5; Zech. 13,7; Zech. 14,8; Zech. 14,8; Zech. 14,8; Zech. 14,8; Zech. 14,9; Zech. 14,10; Zech. 14,10; Zech. 14,14; Zech. 14,15; Zech. 14,16; Zech. 14,18; Zech. 14,19; Mal. 1,3; Mal. 1,13; Mal. 2,2; Mal. 2,2; Mal. 2,2; Mal. 2,2; Mal. 2,2; Mal. 2,4; Mal. 2,4; Mal. 2,8; Mal. 2,10; Mal. 3,10; Mal. 3,22; Mal. 3,23; Is. 1,3; Is. 1,7; Is. 1,12; Is. 1,15; Is. 1,25; Is. 2,3; Is. 2,10; Is. 2,10; Is. 2,19; Is. 2,21; Is. 3,9; Is. 3,18; Is. 3,20; Is. 3,22; Is. 3,23; Is. 3,26; Is. 5,14; Is. 5,25; Is. 5,30; Is. 7,3; Is. 7,6; Is. 7,20; Is. 8,3; Is. 8,7; Is. 8,22; Is. 8,23; Is. 9,3; Is. 9,6; Is. 10,3; Is. 10,6; Is. 10,9; Is. 10,9; Is. 10,13; Is. 10,14; Is. 10,16; Is. 10,16; Is. 10,17; Is. 10,25; Is. 10,26; Is. 10,26; Is. 10,26; Is. 10,26; Is. 10,28; Is. 10,32; Is. 11,3; Is. 11,3; Is. 11,5; Is. 11,8; Is. 11,11; Is. 11,15; Is. 11,15; Is. 13,2; Is. 13,5; Is. 13,9; Is. 13,14; Is. 14,12; Is. 14,16; Is. 14,17; Is. 14,20; Is. 14,21; Is. 14,21; Is. 14,23; Is. 14,26; Is. 14,27; Is. 14,27; Is. 15,7; Is. 16,1; Is. 16,6; Is. 16,6; Is. 16,8; Is. 16,8; Is. 19,3; Is. 19,9; Is. 19,17; Is. 20,1; Is. 20,4; Is. 20,4; Is. 21,3; Is. 21,5; Is. 21,8; Is. 21,8; Is. 21,9; Is. 21,12; Is. 22,9; Is. 22,17; Is. 22,21; Is. 22,21; Is. 22,22; Is. 23,2; Is. 23,9; Is. 23,10; Is. 23,11; Is. 23,12; Is. 24,1; Is. 24,6; Is. 24,7; Is. 24,21; Is. 25,11; Is. 26,10; Is. 26,20; Is. 26,21; Is. 27,1; Is. 27,1; Is. 27,1; Is. 27,1; Is. 27,4; Is. 27,9; Is. 28,4; Is. 28,8; Is. 28,15; Is. 28,18; Is. 28,22; Is. 28,24; Is. 28,24; Is. 29,4; Is. 29,4; Is. 29,14; Is. 29,14; Is. 30,18; Is. 30,19; Is. 30,24; Is. 30,26; Is. 30,30; Is. 31,2; Is. 31,2; Is. 31,3; Is. 31,6; Is. 33,13; Is. 33,21; Is. 34,5; Is. 34,16; Is. 35,2; Is. 35,7; Is. 36,6; Is. 36,6; Is. 36,6; Is. 36,6; Is. 36,10; Is. 36,16; Is. 36,18; Is. 36,20; Is. 37,7; Is. 37,11; Is. 37,16; Is. 37,18; Is. 37,18; Is. 37,23; Is. 37,28; Is. 37,28; Is. 37,28; Is. 37,29; Is. 37,33; Is. 38,8; Is. 38,15; Is. 38,16; Is. 38,17; Is. 38,18; Is. 38,19; Is. 40,2; Is. 40,3; Is. 40,9; Is. 40,12; Is. 40,23; Is. 40,24; Is. 40,27; Is. 41,18; Is. 41,18; Is. 41,19; Is. 42,5; Is. 42,8; Is. 42,10; Is. 44,20; Is. 44,24; Is. 44,25; Is. 44,26; Is. 45,9; Is. 45,9; Is. 45,13; Is. 45,13; Is. 45,18; Is. 46,11; Is. 46,12; Is. 46,13; Is. 46,13; Is. 46,13; Is. 47,1; Is. 47,6; Is. 47,6; Is. 47,14; Is. 48,11; Is. 48,13; Is. 48,15; Is. 48,17; Is. 49,2; Is. 49,4; Is. 49,6; Is. 49,7; Is. 49,8; Is. 49,22; Is. 49,25; Is. 50,1; Is. 50,2; Is. 51,1; Is. 51,2; Is. 51,6; Is. 51,6; Is. 51,9; Is. 51,13; Is. 51,15; Is. 51,16; Is. 51,16; Is. 52,1; Is. 52,1; Is. 52,7; Is. 52,8; Is. 52,10; Is. 52,10; Is. 53,8; Is. 55,10; Is. 57,4; Is. 57,9; Is. 57,11; Is. 57,11; Is. 57,12; Is. 57,15; Is. 58,1; Is. 58,4; Is. 58,5; Is. 58,5; Is. 58,14; Is. 59,14; Is. 59,15; Is. 60,19; Is. 60,21; Is. 61,7; Is. 62,2; Is. 62,2; Is. 62,6; Is. 62,6; Is. 65,2; Is. 65,16; Is. 65,16; Is. 65,16; Is. 65,17; Is. 66,7; Is. 66,9; Is. 66,18; Is. 66,19; Is. 66,19; Is. 66,19; Is. 66,20; Jer. 1,9; Jer. 1,14; Jer. 1,17; Jer. 2,7; Jer. 2,7; Jer. 2,11; Jer. 2,15; Jer. 2,15; Jer. 2,32; Jer. 2,37; Jer. 3,1; Jer. 3,2; Jer. 3,7; Jer. 3,11; Jer. 3,13; Jer. 3,15; Jer. 3,17; Jer. 3,18; Jer. 4,4; Jer. 4,7; Jer. 4,10; Jer. 4,14; Jer. 4,19; Jer. 4,19; Jer. 4,23; Jer. 4,30; Jer. 5,8; Jer. 6,12; Jer. 6,12; Jer. 6,15; Jer. 6,24; Jer. 6,27; Jer. 7,29; Jer. 7,29; Jer. 7,29; Jer. 8,2; Jer. 8,2; Jer. 8,3; Jer. 8,16; Jer. 9,2; Jer. 9,7; Jer. 9,10; Jer. 9,15; Jer. 9,18; Jer. 9,19; Jer. 9,20; Jer. 9,25; Jer. 10,11; Jer. 10,12; Jer. 10,12; Jer. 10,17; Jer. 10,18; Jer. 10,25; Jer. 11,10; Jer. 11,20; Jer. 11,21; Jer. 12,3; Jer. 12,7; Jer. 12,7; Jer. 12,8; Jer. 12,10; Jer. 12,15; Jer. 12,16; Jer. 13,1; Jer. 13,2; Jer. 13,4; Jer. 13,9; Jer. 13,9; Jer. 13,10; Jer. 13,11; Jer. 13,13; Jer. 14,4; Jer. 14,18; Jer. 14,21; Jer. 14,21; Jer. 15,3; Jer. 15,6; Jer. 15,8; Jer. 16,5; Jer. 16,13; Jer. 16,15; Jer. 16,18; Jer. 16,18; Jer. 16,21; Jer. 16,21; Jer. 17,5; Jer. 17,22; Jer. 17,24; Jer. 17,27; Jer. 18,16; Jer. 18,16; Jer. 18,20; Jer. 18,23; Jer. 19,7; Jer. 19,7; Jer. 19,8; Jer. 19,11; Jer. 19,12; Jer. 19,12; Jer. 19,15; Jer. 20,5; Jer. 20,10; Jer. 20,10; Jer. 20,12; Jer. 21,8; Jer. 21,8; Jer. 21,10; Jer. 21,13; Jer. 21,13; Jer. 22,9; Jer. 22,10; Jer. 22,12; Jer. 22,17; Jer. 22,20; Jer. 22,20; Jer. 22,25; Jer. 22,26; Jer. 22,26; Jer. 22,27; Jer. 23,3; Jer. 23,24; Jer. 23,39; Jer. 23,8; Jer. 24,6; Jer. 24,10; Jer. 25,9; Jer. 25,9; Jer. 25,13; Jer. 25,17; Jer. 25,17; Jer. 25,17; Jer. 25,19; Jer. 26,13; Jer. 26,14; Jer. 26,16; Jer. 27,3; Jer. 27,5; Jer. 27,11; Jer. 27,13; Jer. 27,16; Jer. 27,18; Jer. 27,19; Jer. 27,20; Jer. 27,28; Jer. 27,31; Jer. 27,34; Jer. 27,43; Jer. 27,45; Jer. 28,2; Jer. 28,3; Jer. 28,6; Jer. 28,7; Jer. 28,9; Jer. 28,9; Jer. 28,25; Jer. 28,25; Jer. 28,29; Jer. 28,34; Jer. 28,36; Jer. 28,36; Jer. 28,36; Jer. 28,36; Jer. 28,50; Jer. 28,55; Jer. 28,56; Jer. 29,2; Jer. 29,4; Jer. 29,4; Jer. 29,7; Jer. 30,14; Jer. 30,18; Jer. 30,27; Jer. 32,18; Jer. 32,20; Jer. 32,20; Jer. 32,20; Jer. 32,21; Jer. 32,21; Jer. 32,23; Jer. 32,23; Jer. 32,23; Jer. 32,30; Jer. 33,6; Jer. 33,12; Jer. 33,15; Jer. 34,5; Jer. 34,6; Jer. 35,4; Jer. 35,6; Jer. 35,11; Jer. 36,4; Jer. 36,31; Jer. 37,3; Jer. 37,3; Jer. 37,18; Jer. 37,21; Jer. 38,14; Jer. 38,23; Jer. 38,32; Jer. 38,33; Jer. 39,3; Jer. 39,8; Jer. 39,17; Jer. 39,19; Jer. 39,22; Jer. 39,24; Jer. 39,29; Jer. 39,29; Jer. 39,31; Jer. 39,36; Jer. 39,40; Jer. 40,7; Jer. 40,7; Jer. 40,11; Jer. 41,9; Jer. 41,9; Jer. 41,10; Jer. 41,16; Jer. 41,18; Jer. 41,18; Jer. 41,22; Jer. 42,3; Jer. 42,4; Jer. 42,11; Jer. 42,16; Jer. 42,18; Jer. 43,14; Jer. 43,20; Jer. 43,29; Jer. 44,5; Jer. 44,8; Jer. 44,10; Jer. 44,15; Jer. 44,16; Jer. 44,19; Jer. 45,11; Jer. 45,11; Jer. 45,14; Jer. 45,16; Jer. 46,16; Jer. 48,17; Jer. 49,3; Jer. 49,6; Jer. 49,12; Jer. 51,21; Jer. 51,30; Jer. 51,30; Jer. 51,35; Jer. 52,7; Jer. 52,7; Jer. 52,17;

O, o

Jer. 52,17; Jer. 52,17; Jer. 52,18; Jer. 52,24; Jer. 52,31; Jer. 52,33; Bar. 1,2; Bar. 1,3; Bar. 1,12; Bar. 1,12; Bar. 2,20; Bar. 2,21; Bar. 2,34; Bar. 3,12; Bar. 3,23; Bar. 3,28; Bar. 3,31; Bar. 3,31; Bar. 3,32; Bar. 4,2; Bar. 4,3; Bar. 4,8; Bar. 4,9; Bar. 4,10; Bar. 4,14; Bar. 4,16; Bar. 4,20; Bar. 4,22; Bar. 4,24; Bar. 4,24; Bar. 4,25; Bar. 4,25; Bar. 4,29; Bar. 4,36; Bar. 4,36; Bar. 5,1; Bar. 5,1; Bar. 5,2; Bar. 5,2; Bar. 5,2; Bar. 5,3; Lam. 1,8; Lam. 1,9; Lam. 1,13; Lam. 2,1; Lam. 2,2; Lam. 2,10; Lam. 2,10; Lam. 2,14; Lam. 2,15; Lam. 2,15; Lam. 2,21; Lam. 3,3; Lam. 3,14; Lam. 3,21; Lam. 3,51; Lam. 3,56; Lam. 3,57; Lam. 3,58; Lam. 3,59; Lam. 3,60; Lam. 3,62; Lam. 4,12; Lam. 4,17; LetterJ 21; LetterJ 25; LetterJ 25; LetterJ 43; LetterJ 58; LetterJ 61; Ezek. 1,24; Ezek. 3,1; Ezek. 3,2; Ezek. 3,10; Ezek. 3,11; Ezek. 3,13; Ezek. 3,15; Ezek. 3,19; Ezek. 3,20; Ezek. 3,21; Ezek. 3,26; Ezek. 4,1; Ezek. 4,10; Ezek. 5,1; Ezek. 5,2; Ezek. 5,13; Ezek. 6,12; Ezek. 6,14; Ezek. 6,14; Ezek. 7,4; Ezek. 7,5; Ezek. 7,8; Ezek. 7,22; Ezek. 8,4; Ezek. 8,5; Ezek. 8,5; Ezek. 8,12; Ezek. 8,16; Ezek. 8,16; Ezek. 8,17; Ezek. 9,3; Ezek. 9,4; Ezek. 9,5; Ezek. 9,9; Ezek. 9,11; Ezek. 10,2; Ezek. 10,2; Ezek. 10,3; Ezek. 10,3; Ezek. 10,6; Ezek. 10,6; Ezek. 10,7; Ezek. 10,7; Ezek. 10,7; Ezek. 11,1; Ezek. 11,1; Ezek. 11,1; Ezek. 11,16; Ezek. 11,17; Ezek. 11,19; Ezek. 11,19; Ezek. 11,21; Ezek. 11,24; Ezek. 11,25; Ezek. 12,6; Ezek. 12,12; Ezek. 12,23; Ezek. 12,23; Ezek. 13,9; Ezek. 13,9; Ezek. 13,14; Ezek. 14,3; Ezek. 14,4; Ezek. 14,4; Ezek. 14,7; Ezek. 14,7; Ezek. 14,9; Ezek. 14,10; Ezek. 14,13; Ezek. 14,15; Ezek. 14,17; Ezek. 14,19; Ezek. 15,4; Ezek. 15,8; Ezek. 16,8; Ezek. 16,12; Ezek. 16,15; Ezek. 16,22; Ezek. 16,25; Ezek. 16,27; Ezek. 16,30; Ezek. 16,31; Ezek. 16,37; Ezek. 16,39; Ezek. 16,43; Ezek. 16,43; Ezek. 16,52; Ezek. 16,53; Ezek. 16,53; Ezek. 16,53; Ezek. 16,54; Ezek. 16,59; Ezek. 16,61; Ezek. 16,62; Ezek. 17,6; Ezek. 17,14; Ezek. 17,16; Ezek. 17,16; Ezek. 17,18; Ezek. 17,19; Ezek. 17,19; Ezek. 17,23; Ezek. 18,6; Ezek. 18,8; Ezek. 18,11; Ezek. 18,15; Ezek. 18,17; Ezek. 18,19; Ezek. 18,20; Ezek. 18,20; Ezek. 18,27; Ezek. 18,30; Ezek. 20,6; Ezek. 20,6; Ezek. 20,8; Ezek. 20,10; Ezek. 20,15; Ezek. 20,15; Ezek. 20,15; Ezek. 20,21; Ezek. 20,23; Ezek. 20,28; Ezek. 20,28; Ezek. 20,35; Ezek. 20,37; Ezek. 20,38; Ezek. 20,42; Ezek. 20,42; Ezek. 20,42; Ezek. 21,7; Ezek. 21,8; Ezek. 21,17; Ezek. 21,25; Ezek. 21,26; Ezek. 21,31; Ezek. 22,2; Ezek. 22,11; Ezek. 22,11; Ezek. 22,11; Ezek. 22,12; Ezek. 23,7; Ezek. 23,8; Ezek. 23,8; Ezek. 23,10; Ezek. 23,11; Ezek. 23,11; Ezek. 23,11; Ezek. 23,14; Ezek. 23,18; Ezek. 23,18; Ezek. 23,19; Ezek. 23,21; Ezek. 23,27; Ezek. 23,35; Ezek. 23,35; Ezek. 23,36; Ezek. 23,36; Ezek. 24,7; Ezek. 24,25; Ezek. 24,25; Ezek. 24,25; Ezek. 25,3; Ezek. 25,4; Ezek. 25,5; Ezek. 25,6; Ezek. 25,6; Ezek. 25,7; Ezek. 25,13; Ezek. 25,13; Ezek. 25,14; Ezek. 25,14; Ezek. 25,14; Ezek. 25,16; Ezek. 25,16; Ezek. 25,17; Ezek. 26,11; Ezek. 26,11; Ezek. 26,12; Ezek. 26,16; Ezek. 26,19; Ezek. 27,9; Ezek. 27,10; Ezek. 27,12; Ezek. 27,13; Ezek. 27,15; Ezek. 27,16; Ezek. 27,19; Ezek. 27,22; Ezek. 27,28; Ezek. 27,29; Ezek. 27,30; Ezek. 28,2; Ezek. 28,6; Ezek. 28,17; Ezek. 29,12; Ezek. 29,14; Ezek. 29,18; Ezek. 29,19; Ezek. 30,9; Ezek. 30,11; Ezek. 30,12; Ezek. 30,15; Ezek. 30,22; Ezek. 30,24; Ezek. 30,24; Ezek. 30,24; Ezek. 30,25; Ezek. 31,10; Ezek. 31,11; Ezek. 31,13; Ezek. 31,14; Ezek. 31,17; Ezek. 32,4; Ezek. 32,8; Ezek. 32,10; Ezek. 32,10; Ezek. 32,12; Ezek. 32,12; Ezek. 32,16; Ezek. 32,18; Ezek. 32,24; Ezek. 32,29; Ezek. 32,30; Ezek. 32,31; Ezek. 33,3; Ezek. 33,3; Ezek. 33,4; Ezek. 33,5; Ezek. 33,5; Ezek. 33,6; Ezek. 33,6; Ezek. 33,9; Ezek. 33,9; Ezek. 33,24; Ezek. 33,28; Ezek. 33,29; Ezek. 34,13; Ezek. 34,18; Ezek. 34,27; Ezek. 35,3; Ezek. 35,11; Ezek. 36,5; Ezek. 36,5; Ezek. 36,6; Ezek. 36,7; Ezek. 36,7; Ezek. 36,8; Ezek. 36,17; Ezek. 36,19; Ezek. 36,19; Ezek. 36,24; Ezek. 36,26; Ezek. 36,26; Ezek. 37,7; Ezek. 37,12; Ezek. 37,14; Ezek. 37,19; Ezek. 37,19; Ezek. 37,19; Ezek. 37,21; Ezek. 38,2; Ezek. 38,4; Ezek. 38,8; Ezek. 38,8; Ezek. 38,10; Ezek. 38,12; Ezek. 38,16; Ezek. 38,18; Ezek. 38,20; Ezek. 39,14; Ezek. 39,14; Ezek. 39,15; Ezek. 39,17; Ezek. 39,21; Ezek. 39,21; Ezek. 39,21; Ezek. 39,25; Ezek. 39,26; Ezek. 39,26; Ezek. 39,26; Ezek. 40,1; Ezek. 40,2; Ezek. 40,4; Ezek. 40,6; Ezek. 40,6; Ezek. 40,13; Ezek. 40,17; Ezek. 40,17; Ezek. 40,23; Ezek. 40,27; Ezek. 40,28; Ezek. 40,28; Ezek. 40,28; Ezek. 40,31; Ezek. 40,31; Ezek. 40,32; Ezek. 40,32; Ezek. 40,34; Ezek. 40,34; Ezek. 40,35; Ezek. 40,35; Ezek. 40,37; Ezek. 40,37; Ezek. 40,44; Ezek. 40,44; Ezek. 40,45; Ezek. 40,46; Ezek. 40,47; Ezek. 41,3; Ezek. 41,3; Ezek. 41,7; Ezek. 41,25; Ezek. 42,1; Ezek. 42,1; Ezek. 42,8; Ezek. 42,8; Ezek. 42,13; Ezek. 42,14; Ezek. 42,14; Ezek. 43,1; Ezek. 43,1; Ezek. 43,2; Ezek. 43,3; Ezek. 43,3; Ezek. 43,3; Ezek. 43,4; Ezek. 43,5; Ezek. 43,5; Ezek. 43,9; Ezek. 43,10; Ezek. 43,10; Ezek. 43,11; Ezek. 43,11; Ezek. 43,12; Ezek. 43,20; Ezek. 44,1; Ezek. 44,3; Ezek. 44,3; Ezek. 44,4; Ezek. 44,5; Ezek. 44,5; Ezek. 44,5; Ezek. 44,7; Ezek. 44,12; Ezek. 44,16; Ezek. 44,19; Ezek. 44,19; Ezek. 44,21; Ezek. 44,21; Ezek. 44,27; Ezek. 44,27; Ezek. 45,1; Ezek. 45,6; Ezek. 45,8; Ezek. 45,16; Ezek. 45,17; Ezek. 46,2; Ezek. 46,8; Ezek. 46,8; Ezek. 46,9; Ezek. 46,9; Ezek. 46,9; Ezek. 46,9; Ezek. 46,9; Ezek. 46,12; Ezek. 46,12; Ezek. 46,14; Ezek. 46,19; Ezek. 46,19; Ezek. 46,19; Ezek. 46,20; Ezek. 46,20; Ezek. 46,21; Ezek. 46,21; Ezek. 47,2; Ezek. 47,2; Ezek. 47,2; Ezek. 47,8; Ezek. 47,8; Ezek. 47,8; Ezek. 47,8; Ezek. 47,14; Ezek. 47,18; Ezek. 47,18; Ezek. 47,19; Ezek. 47,19; Ezek. 47,21; Ezek. 48,1; Ezek. 48,15; Ezek. 48,18; Ezek. 48,19; Ezek. 48,20; Ezek. 48,21; Dan. 1,10; Dan. 1,10; Dan. 2,4; Dan. 2,5; Dan. 2,6; Dan. 2,9; Dan. 2,9; Dan. 2,9; Dan. 2,26; Dan. 2,30; Dan. 2,30; Dan. 2,34; Dan. 2,35; Dan. 2,35; Dan. 2,36; Dan. 2,37; Dan. 2,37; Dan. 2,37; Dan. 2,37; Dan. 2,37; Dan. 3,2; Dan. 3,6; Dan. 3,6; Dan. 3,11; Dan. 3,11; Dan. 3,12; Dan. 3,15; Dan. 3,15; Dan. 3,19; Dan. 3,20; Dan. 3,20; Dan. 3,21; Dan. 3,24; Dan. 3,28; Dan. 3,28; Dan. 3,28; Dan. 3,32; Dan. 3,34; Dan. 3,36; Dan. 3,36; Dan. 3,42; Dan. 3,45; Dan. 3,46; Dan. 3,46; Dan. 3,46; Dan. 3,48; Dan. 3,49; Dan. 3,49; Dan. 3,93; Dan. 3,95; Dan. 4,11; Dan. 4,18; Dan. 4,19; Dan. 4,28; Dan. 4,31; Dan. 4,31; Dan. 4,31; Dan. 4,32; Dan. 4,33a; Dan. 4,37; Dan. 4,37c; Dan. 5,4; Dan. 5,6; Dan. 5,7; Dan. 5,9; Dan. 6,1; Dan. 6,29; Dan. 7,2; Dan. 7,2; Dan. 7,11; Dan. 7,16; Dan. 7,16; Dan. 7,18; Dan. 7,18; Dan. 7,22; Dan. 7,23; Dan. 7,26; Dan. 7,27; Dan. 7,27; Dan. 7,27; Dan. 7,27; Dan. 8,1; Dan. 8,7; Dan. 8,10; Dan. 8,11; Dan. 8,11; Dan. 8,16; Dan. 8,22; Dan. 9,1; Dan. 9,4; Dan. 9,7; Dan. 9,13; Dan. 9,15; Dan. 9,16; Dan. 9,18; Dan. 9,19; Dan. 9,21; Dan. 9,24; Dan. 9,24; Dan. 9,26; Dan. 9,27; Dan. 9,27; Dan. 10,5; Dan. 10,7; Dan. 10,7; Dan. 10,7; Dan. 10,8; Dan. 10,8; Dan. 10,9; Dan. 10,9; Dan. 10,15; Dan. 11,2; Dan. 11,4; Dan. 11,4; Dan. 11,6; Dan. 11,6; Dan. 11,7; Dan. 11,9; Dan. 11,12; Dan. 11,13; Dan. 11,14; Dan. 11,15; Dan. 11,15; Dan. 11,18; Dan. 11,19; Dan. 11,24; Dan. 11,24; Dan. 11,28; Dan. 11,28; Dan. 11,28; Dan. 11,30; Dan. 11,30; Dan. 11,31; Dan. 11,41; Dan. 11,45; Dan. 12,1; Dan. 12,7; Dan. 12,7; Dan. 12,13; Sus. 13-14; Sus. 28; Sus. 55; Sus. 55; Sus. 57; Sus. 59; Bel 5; Bel 15-17; Bel 22; Bel 22; Bel 25; Bel 35; Josh. 19,11; Judg. 1,1; Judg. 1,2; Judg. 1,8; Judg. 1,8; Judg. 1,9; Judg. 1,9; Judg. 1,12; Judg. 1,12; Judg. 1,13; Judg. 1,15; Judg. 1,16; Judg. 1,16; Judg. 1,18; Judg. 1,18; Judg. 1,18; Judg. 1,18; Judg. 1,19; Judg. 1,20; Judg. 1,24; Judg. 1,25; Judg. 1,25; Judg. 1,25; Judg. 1,27; Judg. 1,27; Judg. 1,32; Judg. 1,33; Judg. 1,33; Judg. 1,34; Judg. 2,1; Judg. 2,1; Judg. 2,1; Judg. 2,2; Judg. 2,4; Judg. 2,6; Judg. 2,6; Judg. 2,20; Judg. 2,22; Judg. 3,13; Judg. 3,21; Judg. 3,21; Judg. 3,21; Judg. 3,22; Judg. 3,22; Judg. 3,25; Judg. 3,25; Judg. 3,28; Judg. 3,29; Judg. 4,8; Judg. 4,9; Judg. 4,11; Judg. 4,15; Judg. 4,18; Judg. 4,20; Judg. 4,21; Judg. 6,5; Judg. 6,9; Judg. 6,11; Judg. 6,11; Judg. 6,11; Judg.

6,16; Judg. 6,18; Judg. 6,19; Judg. 6,20; Judg. 6,37; Judg. 6,39; Judg. 6,40; Judg. 7,2; Judg. 7,7; Judg. 7,10; Judg. 7,14; Judg. 7,14; Judg. 7,15; Judg. 7,15; Judg. 7,15; Judg. 7,15; Judg. 7,22; Judg. 7,25; Judg. 8,11; Judg. 8,12; Judg. 8,20; Judg. 9,7; Judg. 9,9; Judg. 9,11; Judg. 9,12; Judg. 9,17; Judg. 9,24; Judg. 9,29; Judg. 9,31; Judg. 9,33; Judg. 9,44; Judg. 9,45; Judg. 9,45; Judg. 9,45; Judg. 9,49; Judg. 9,49; Judg. 9,54; Judg. 9,56; Judg. 9,57; Judg. 11,13; Judg. 11,15; Judg. 11,15; Judg. 11,18; Judg. 11,18; Judg. 11,21; Judg. 11,21; Judg. 11,29; Judg. 11,39; Judg. 11,40; Judg. 12,3; Judg. 13,3; Judg. 13,5; Judg. 13,9; Judg. 13,11; Judg. 13,13; Judg. 13,19; Judg. 13,19; Judg. 13,20; Judg. 13,20; Judg. 13,21; Judg. 13,22; Judg. 14,9; Judg. 14,10; Judg. 15,1; Judg. 15,1; Judg. 15,6; Judg. 15,15; Judg. 15,17; Judg. 15,18; Judg. 15,18; Judg. 16,2; Judg. 16,2; Judg. 16,3; Judg. 16,17; Judg. 16,17; Judg. 16,18; Judg. 16,18; Judg. 16,24; Judg. 16,26; Judg. 17,5; Judg. 17,12; Judg. 18,2; Judg. 18,2; Judg. 18,3; Judg. 18,9; Judg. 18,9; Judg. 18,14; Judg. 18,17; Judg. 18,19; Judg. 18,21; Judg. 18,25; Judg. 18,27; Judg. 18,28; Judg. 19,5; Judg. 19,8; Judg. 19,8; Judg. 19,9; Judg. 19,18; Judg. 19,22; Judg. 19,22; Judg. 19,22; Judg. 19,23; Judg. 19,23; Judg. 19,25; Judg. 19,26; Judg. 19,27; Judg. 19,29; Judg. 19,29; Judg. 20,5; Judg. 20,5; Judg. 20,6; Judg. 20,11; Judg. 20,15; Judg. 20,21; Judg. 20,25; Judg. 20,30; Judg. 20,36; Judg. 20,37; Judg. 20,37; Judg. 20,39; Judg. 20,45; Judg. 20,45; Judg. 20,47; Judg. 20,47; Judg. 21,8; Judg. 21,8; Judg. 21,12; Judg. 21,12; Judg. 21,23; Tob. 1,3; Tob. 1,7; Tob. 1,7; Tob. 1,7; Tob. 1,11; Tob. 1,13; Tob. 1,15; Tob. 1,21; Tob. 1,21; Tob. 1,21; Tob. 1,22; Tob. 2,9; Tob. 2,10; Tob. 3,11; Tob. 3,17; Tob. 4,3; Tob. 5,5; Tob. 5,14; Tob. 5,14; Tob. 5,15; Tob. 5,17; Tob. 5,17; Tob. 5,17; Tob. 6,3; Tob. 6,4; Tob. 6,4; Tob. 6,5; Tob. 6,5; Tob. 6,11; Tob. 6,13; Tob. 6,13; Tob. 6,13; Tob. 6,13; Tob. 6,14; Tob. 6,15; Tob. 6,16; Tob. 6,17; Tob. 6,17; Tob. 7,1; Tob. 7,9; Tob. 7,10; Tob. 7,10; Tob. 7,10; Tob. 7,11; Tob. 7,12; Tob. 7,12; Tob. 7,12; Tob. 7,13; Tob. 7,13; Tob. 7,13; Tob. 7,13; Tob. 7,14; Tob. 7,14; Tob. 7,15; Tob. 8,2; Tob. 8,2; Tob. 8,4; Tob. 8,6; Tob. 8,7; Tob. 8,9; Tob. 8,11; Tob. 8,13; Tob. 8,13; Tob. 8,17; Tob. 8,20; Tob. 8,20; Tob. 10,7; Tob. 10,7; Tob. 10,10; Tob. 10,11; Tob. 10,13; Tob. 10,14; Tob. 11,3; Tob. 11,4; Tob. 11,5; Tob. 11,8; Tob. 11,10; Tob. 11,15; Tob. 11,16; Tob. 11,17; Tob. 12,3; Tob. 12,11; Tob. 12,14; Tob. 13,2; Tob. 13,4; Tob. 13,16; Tob. 13,17; Tob. 14,2; Tob. 14,5; Tob. 14,6; Tob. 14,7; Tob. 14,7; Tob. 14,9; Tob. 14,10; Tob. 14,10; Tob. 14,10; Tob. 14,11; Tob. 14,13; Tob. 14,15; Tob. 14,15; Dan. 1,8; Dan. 1,10; Dan. 1,10; Dan. 1,10; Dan. 1,13; Dan. 1,15; Dan. 2,4; Dan. 2,5; Dan. 2,6; Dan. 2,6; Dan. 2,7; Dan. 2,9; Dan. 2,16; Dan. 2,24; Dan. 2,26; Dan. 2,30; Dan. 2,34; Dan. 2,35; Dan. 2,35; Dan. 2,36; Dan. 3,6; Dan. 3,6; Dan. 3,11; Dan. 3,11; Dan. 3,15; Dan. 3,15; Dan. 3,19; Dan. 3,20; Dan. 3,20; Dan. 3,28; Dan. 3,28; Dan. 3,28; Dan. 3,32; Dan. 3,34; Dan. 3,36; Dan. 3,36; Dan. 3,42; Dan. 3,45; Dan. 3,46; Dan. 3,48; Dan. 3,49; Dan. 3,49; Dan. 3,93; Dan. 4,6; Dan. 4,7; Dan. 4,9; Dan. 4,9; Dan. 4,15; Dan. 4,20; Dan. 4,23; Dan. 4,26; Dan. 4,26; Dan. 4,26; Dan. 4,35; Dan. 4,36; Dan. 4,36; Dan. 5,7; Dan. 5,7; Dan. 5,8; Dan. 5,8; Dan. 5,12; Dan. 5,15; Dan. 5,15; Dan. 5,16; Dan. 5,16; Dan. 5,17; Dan. 5,17; Dan. 5,17; Dan. 5,18; Dan. 5,18; Dan. 5,18; Dan. 5,18; Dan. 5,22; Dan. 5,24; Dan. 5,26; Dan. 6,1; Dan. 7,2; Dan. 7,2; Dan. 7,16; Dan. 7,16; Dan. 7,16; Dan. 7,18; Dan. 7,22; Dan. 7,23; Dan. 7,26; Dan. 8,1; Dan. 8,1; Dan. 8,7; Dan. 8,9; Dan. 8,10; Dan. 8,11; Dan. 8,12; Dan. 8,15; Dan. 8,16; Dan. 8,18; Dan. 8,26; Dan. 8,27; Dan. 9,4; Dan. 9,14; Dan. 9,19; Dan. 9,24; Dan. 9,24; Dan. 9,26; Dan. 9,27; Dan. 10,7; Dan. 10,7; Dan. 10,8; Dan. 10,8; Dan. 10,9; Dan. 10,9; Dan. 10,12; Dan. 10,15; Dan. 11,4; Dan. 11,7; Dan. 11,9; Dan. 11,9; Dan. 11,19; Dan. 11,20; Dan. 11,21; Dan. 11,28; Dan. 11,28; Dan. 11,40; Dan. 11,41; Dan. 11,42; Dan. 11,42; Dan. 11,45; Dan. 12,7; Dan. 12,7; Sus. 3; Sus. 10; Sus. 11; Sus. 14; Sus. 14; Sus. 26; Sus. 34; Sus. 38; Sus. 55; Sus. 56; Sus. 57; Sus. 59; Sus. 59; Bel 1; Bel 5; Bel 8; Bel 11; Bel 12; Bel 14; Bel 15; Bel 18; Bel 32; Matt. 1,12; Matt. 1,20; Matt. 1,24; Matt. 2,11; Matt. 2,12; Matt. 2,13; Matt. 2,14; Matt. 2,20; Matt. 2,20; Matt. 2,21; Matt. 3,3; Matt. 3,4; Matt. 3,10; Matt. 3,12; Matt. 3,12; Matt. 4,1; Matt. 4,5; Matt. 4,8; Matt. 4,12; Matt. 4,13; Matt. 4,13; Matt. 4,18; Matt. 4,18; Matt. 4,24; Matt. 5,5; Matt. 5,6; Matt. 5,15; Matt. 5,20; Matt. 5,22; Matt. 5,31; Matt. 5,32; Matt. 5,39; Matt. 5,39; Matt. 6,1; Matt. 6,6; Matt. 6,17; Matt. 6,27; Matt. 6,33; Matt. 6,33; Matt. 6,34; Matt. 7,3; Matt. 7,5; Matt. 7,13; Matt. 7,14; Matt. 7,21; Matt. 7,23; Matt. 7,24; Matt. 7,24; Matt. 7,25; Matt. 7,26; Matt. 7,26; Matt. 8,3; Matt. 8,8; Matt. 8,14; Matt. 8,14; Matt. 8,20; Matt. 8,28; Matt. 8,31; Matt. 8,32; Matt. 8,33; Matt. 9,1; Matt. 9,2; Matt. 9,6; Matt. 9,18; Matt. 9,23; Matt. 9,26; Matt. 9,28; Matt. 9,29; Matt. 10,12; Matt. 10,23; Matt. 10,28; Matt. 10,29; Matt. 10,34; Matt. 10,39; Matt. 10,39; Matt. 11,7; Matt. 11,10; Matt. 11,16; Matt. 12,9; Matt. 12,13; Matt. 12,19; Matt. 12,20; Matt. 12,29; Matt. 12,29; Matt. 12,42; Matt. 12,49; Matt. 13,1; Matt. 13,4; Matt. 13,8; Matt. 13,8; Matt. 13,18; Matt. 13,19; Matt. 13,23; Matt. 13,30; Matt. 13,36; Matt. 13,36; Matt. 13,41; Matt. 13,42; Matt. 13,47; Matt. 13,50; Matt. 13,54; Matt. 13,58; Matt. 14,1; Matt. 14,3; Matt. 14,8; Matt. 14,25; Matt. 14,31; Matt. 14,34; Matt. 14,35; Matt. 15,2; Matt. 15,3; Matt. 15,3; Matt. 15,4; Matt. 15,6; Matt. 15,15; Matt. 15,17; Matt. 15,29; Matt. 15,35; Matt. 16,18; Matt. 16,25; Matt. 16,25; Matt. 16,26; Matt. 16,27; Matt. 17,20; Matt. 17,25; Matt. 18,3; Matt. 18,8; Matt. 18,9; Matt. 18,9; Matt. 18,25; Matt. 18,32; Matt. 19,3; Matt. 19,5; Matt. 19,8; Matt. 19,9; Matt. 19,12; Matt. 19,17; Matt. 19,19; Matt. 19,23; Matt. 19,24; Matt. 20,2; Matt. 20,6; Matt. 20,6; Matt. 20,9; Matt. 20,28; Matt. 20,30; Matt. 21,2; Matt. 21,2; Matt. 21,7; Matt. 21,18; Matt. 21,21; Matt. 21,23; Matt. 21,31; Matt. 21,38; Matt. 22,5; Matt. 22,7; Matt. 22,16; Matt. 22,18; Matt. 22,24; Matt. 22,25; Matt. 22,29; Matt. 23,6; Matt. 23,13; Matt. 23,15; Matt. 23,15; Matt. 23,23; Matt. 23,23; Matt. 23,24; Matt. 23,36; Matt. 24,12; Matt. 24,29; Matt. 24,32; Matt. 24,38; Matt. 24,43; Matt. 24,45; Matt. 25,13; Matt. 25,13; Matt. 25,15; Matt. 25,21; Matt. 25,23; Matt. 25,34; Matt. 26,3; Matt. 26,18; Matt. 26,23; Matt. 26,32; Matt. 26,51; Matt. 26,51; Matt. 26,52; Matt. 26,65; Matt. 27,9; Matt. 27,27; Matt. 27,30; Matt. 27,31; Matt. 27,37; Matt. 27,45; Matt. 27,46; Matt. 27,53; Matt. 27,53; Matt. 27,62; Matt. 28,7; Matt. 28,10; Matt. 28,11; Matt. 28,16; Mark 1,2; Mark 1,3; Mark 1,6; Mark 1,12; Mark 1,14; Mark 1,16; Mark 1,21; Mark 1,28; Mark 1,29; Mark 1,33; Mark 1,39; Mark 1,41; Mark 2,2; Mark 2,4; Mark 2,5; Mark 2,13; Mark 3,1; Mark 3,1; Mark 3,3; Mark 3,5; Mark 3,7; Mark 3,27; Mark 3,27; Mark 4,1; Mark 4,1; Mark 4,4; Mark 4,8; Mark 4,8; Mark 4,13; Mark 4,15; Mark 4,20; Mark 4,20; Mark 4,21; Mark 4,21; Mark 4,30; Mark 4,32; Mark 5,1; Mark 5,3; Mark 5,13; Mark 5,14; Mark 5,21; Mark 5,30; Mark 5,32; Mark 5,33; Mark 5,40; Mark 6,1; Mark 6,6; Mark 6,8; Mark 6,17; Mark 6,18; Mark 6,24; Mark 6,25; Mark 6,27; Mark 6,28; Mark 6,53; Mark 6,55; Mark 7,3; Mark 7,5; Mark 7,8; Mark 7,8; Mark 7,9; Mark 7,9; Mark 7,10; Mark 7,17; Mark 7,19; Mark 7,19; Mark 7,30; Mark 7,31; Mark 7,32; Mark 8,17; Mark 8,26; Mark 8,35; Mark 8,35; Mark 8,36; Mark 9,1; Mark 9,42; Mark 9,43; Mark 9,43; Mark 9,45; Mark 9,45; Mark 9,47; Mark 9,47; Mark 10,5; Mark 10,5; Mark 10,7; Mark 10,7; Mark 10,10; Mark 10,11; Mark 10,15; Mark 10,19; Mark 10,23; Mark 10,24; Mark 10,25; Mark 10,45; Mark 10,46; Mark 11,2; Mark 11,2; Mark 11,8; Mark 11,20; Mark 11,23; Mark 11,28; Mark 12,10; Mark 12,12; Mark 12,14; Mark 12,15; Mark 12,19; Mark 12,24; Mark 13,24; Mark 13,28; Mark 13,34; Mark 13,34; Mark 14,3; Mark

14,13; Mark 14,16; Mark 14,28; Mark 14,47; Mark 14,52; Mark 14,54; Mark 15,16; Mark 15,19; Mark 15,20; Mark 15,33; Mark 15,43; Mark 15,46; Mark 16,7; Mark 16,14; Luke 1,4; Luke 1,39; Luke 1,40; Luke 1,48; Luke 2,1; Luke 2,3; Luke 2,4; Luke 2,8; Luke 2,34; Luke 2,35; Luke 2,39; Luke 3,3; Luke 3,4; Luke 3,9; Luke 3,17; Luke 3,17; Luke 4,6; Luke 4,6; Luke 4,14; Luke 4,16; Luke 4,23; Luke 4,23; Luke 4,25; Luke 4,38; Luke 4,43; Luke 5,1; Luke 5,2; Luke 5,11; Luke 5,13; Luke 5,20; Luke 6,6; Luke 6,8; Luke 6,10; Luke 6,24; Luke 6,29; Luke 6,29; Luke 6,41; Luke 6,41; Luke 6,42; Luke 6,42; Luke 6,48; Luke 6,49; Luke 7,5; Luke 7,6; Luke 7,24; Luke 7,27; Luke 7,30; Luke 7,44; Luke 7,44; Luke 7,44; Luke 7,46; Luke 7,50; Luke 8,1; Luke 8,5; Luke 8,6; Luke 8,8; Luke 8,8; Luke 8,12; Luke 8,23; Luke 8,26; Luke 8,27; Luke 8,31; Luke 8,33; Luke 8,34; Luke 8,39; Luke 8,51; Luke 8,51; Luke 9,2; Luke 9,3; Luke 9,24; Luke 9,24; Luke 9,27; Luke 9,31; Luke 9,32; Luke 9,34; Luke 9,36; Luke 9,58; Luke 9,60; Luke 9,62; Luke 10,4; Luke 10,19; Luke 10,19; Luke 10,35; Luke 10,42; Luke 11,7; Luke 11,8; Luke 11,21; Luke 11,22; Luke 11,31; Luke 11,33; Luke 11,42; Luke 11,42; Luke 11,43; Luke 11,52; Luke 12,5; Luke 12,13; Luke 12,20; Luke 12,25; Luke 12,31; Luke 12,32; Luke 12,41; Luke 12,49; Luke 12,53; Luke 12,53; Luke 12,53; Luke 12,53; Luke 12,54; Luke 13,6; Luke 13,7; Luke 13,20; Luke 13,25; Luke 13,25; Luke 13,34; Luke 14,8; Luke 14,26; Luke 14,26; Luke 14,26; Luke 14,28; Luke 15,3; Luke 15,8; Luke 15,9; Luke 15,13; Luke 15,14; Luke 15,22; Luke 15,22; Luke 16,3; Luke 16,8; Luke 16,8; Luke 16,17; Luke 16,18; Luke 16,24; Luke 17,2; Luke 17,24; Luke 17,27; Luke 17,33; Luke 18,5; Luke 18,7; Luke 18,8; Luke 18,8; Luke 18,9; Luke 18,17; Luke 18,20; Luke 18,24; Luke 18,25; Luke 18,35; Luke 19,1; Luke 19,15; Luke 19,24; Luke 19,30; Luke 19,41; Luke 20,2; Luke 20,9; Luke 20,19; Luke 20,21; Luke 20,23; Luke 20,28; Luke 21,29; Luke 22,10; Luke 22,10; Luke 22,19; Luke 22,44; Luke 22,54; Luke 23,42; Luke 23,44; Luke 23,48; Luke 23,51; Luke 23,56; Luke 24,5; Luke 24,26; Luke 24,28; Luke 24,49; John 1,14; John 1,23; John 1,29; John 1,39; John 1,43; John 1,48; John 2,11; John 3,3; John 3,4; John 3,5; John 3,8; John 3,11; John 3,21; John 3,22; John 3,24; John 3,29; John 3,29; John 3,32; John 3,33; John 4,3; John 4,3; John 4,8; John 4,10; John 4,28; John 4,28; John 4,42; John 4,43; John 4,45; John 4,45; John 4,46; John 4,47; John 4,52; John 4,54; John 5,7; John 5,22; John 5,24; John 5,34; John 5,36; John 5,42; John 5,44; John 5,44; John 6,16; John 6,27; John 6,27; John 6,27; John 6,27; John 6,42; John 6,52; John 6,53; John 6,54; John 6,56; John 7,3; John 7,8; John 7,8; John 7,10; John 7,18; John 7,18; John 7,18; John 7,22; John 7,24; John 7,30; John 7,35; John 8,6; John 8,8; John 8,15; John 8,25; John 8,32; John 8,34; John 8,40; John 8,43; John 8,43; John 8,45; John 8,50; John 8,56; John 8,56; John 9,7; John 10,1; John 10,4; John 10,5; John 10,6; John 10,11; John 10,15; John 10,17; John 10,18; John 10,24; John 11,5; John 11,5; John 11,7; John 11,19; John 11,28; John 11,30; John 11,31; John 11,40; John 11,45; John 11,54; John 11,56; John 12,7; John 12,12; John 12,24; John 12,25; John 12,25; John 12,27; John 12,40; John 12,41; John 12,43; John 12,43; John 13,2; John 13,9; John 13,18; John 13,29; John 13,37; John 13,38; John 14,4; John 14,5; John 14,27; John 15,13; John 16,6; John 16,7; John 16,21; John 16,22; John 17,13; John 17,13; John 17,22; John 17,24; John 17,24; John 18,3; John 18,11; John 18,11; John 18,15; John 19,26; John 19,30; John 19,34; John 19,42; John 20,9; John 20,20; John 20,25; John 20,25; John 20,27; John 20,27; John 21,7; John 21,9; John 21,11; Acts 1,4; Acts 1,6; Acts 1,16; Acts 1,20; Acts 2,1; Acts 2,9; Acts 2,9; Acts 2,14; Acts 2,20; Acts 2,27; Acts 2,37; Acts 2,38; Acts 3,1; Acts 3,1; Acts 3,2; Acts 3,2; Acts 3,10; Acts 3,16; Acts 4,2; Acts 4,2; Acts 4,3; Acts 4,5; Acts 4,13; Acts 4,24; Acts 4,24; Acts 4,30; Acts 5,3; Acts 5,11; Acts 5,21; Acts 5,28; Acts 7,3; Acts 7,4; Acts 7,11; Acts 7,14; Acts 7,23; Acts 7,34; Acts 7,43; Acts 7,60; Acts 8,1; Acts 8,1; Acts 8,3; Acts 8,5; Acts 8,19; Acts 8,20; Acts 8,26; Acts 8,26; Acts 8,33; Acts 8,36; Acts 8,39; Acts 9,4; Acts 9,6; Acts 9,11; Acts 9,11; Acts 9,17; Acts 10,8; Acts 10,17; Acts 10,24; Acts 10,30; Acts 11,1; Acts 11,11; Acts 11,17; Acts 11,18; Acts 11,23; Acts 11,23; Acts 11,28; Acts 12,6; Acts 12,7; Acts 12,10; Acts 12,10; Acts 12,10; Acts 12,10; Acts 12,12; Acts 12,13; Acts 12,14; Acts 12,20; Acts 12,23; Acts 12,25; Acts 13,1; Acts 13,6; Acts 13,14; Acts 13,14; Acts 13,15; Acts 13,19; Acts 13,22; Acts 13,32; Acts 14,1; Acts 14,6; Acts 14,11; Acts 14,15; Acts 14,15; Acts 14,20; Acts 14,21; Acts 14,21; Acts 14,22; Acts 14,24; Acts 14,24; Acts 14,27; Acts 15,3; Acts 15,16; Acts 15,16; Acts 15,23; Acts 15,30; Acts 15,41; Acts 15,41; Acts 16,6; Acts 16,7; Acts 16,7; Acts 16,8; Acts 16,14; Acts 16,16; Acts 16,19; Acts 16,20; Acts 16,24; Acts 16,27; Acts 16,40; Acts 17,1; Acts 17,1; Acts 17,5; Acts 17,6; Acts 17,10; Acts 17,14; Acts 17,16; Acts 17,18; Acts 17,31; Acts 18,6; Acts 18,18; Acts 18,18; Acts 18,19; Acts 18,22; Acts 18,23; Acts 18,25; Acts 18,26; Acts 18,27; Acts 19,8; Acts 19,9; Acts 19,10; Acts 19,17; Acts 19,21; Acts 19,22; Acts 19,22; Acts 19,33; Acts 19,35; Acts 19,37; Acts 19,40; Acts 20,2; Acts 20,3; Acts 20,6; Acts 20,13; Acts 20,14; Acts 20,16; Acts 20,16; Acts 20,18; Acts 20,21; Acts 20,24; Acts 20,24; Acts 20,25; Acts 20,27; Acts 20,28; Acts 20,29; Acts 20,32; Acts 21,1; Acts 21,1; Acts 21,3; Acts 21,11; Acts 21,13; Acts 21,24; Acts 21,26; Acts 21,34; Acts 21,35; Acts 21,37; Acts 21,38; Acts 22,4; Acts 22,9; Acts 22,22; Acts 22,24; Acts 22,28; Acts 23,10; Acts 23,13; Acts 23,16; Acts 23,16; Acts 23,21; Acts 23,28; Acts 23,31; Acts 23,32; Acts 23,33; Acts 23,33; Acts 24,5; Acts 24,12; Acts 24,14; Acts 25,3; Acts 25,20; Acts 25,21; Acts 26,1; Acts 26,4; Acts 26,4; Acts 26,5; Acts 26,10; Acts 26,12; Acts 26,13; Acts 26,13; Acts 26,14; Acts 26,20; Acts 27,1; Acts 27,2; Acts 27,4; Acts 27,5; Acts 27,6; Acts 27,7; Acts 27,7; Acts 27,9; Acts 27,13; Acts 27,17; Acts 27,19; Acts 27,21; Acts 27,21; Acts 27,30; Acts 27,30; Acts 27,38; Acts 27,39; Acts 27,40; Acts 27,41; Acts 27,43; Acts 27,44; Acts 28,2; Acts 28,3; Acts 28,14; Acts 28,20; Acts 28,20; Acts 28,23; Acts 28,23; Acts 28,31; Rom. 1,18; Rom. 1,23; Rom. 1,25; Rom. 1,26; Rom. 1,26; Rom. 1,27; Rom. 1,27; Rom. 1,27; Rom. 2,5; Rom. 2,20; Rom. 3,3; Rom. 3,5; Rom. 3,7; Rom. 3,25; Rom. 3,26; Rom. 4,9; Rom. 4,9; Rom. 4,11; Rom. 4,16; Rom. 4,19; Rom. 4,20; Rom. 4,25; Rom. 5,2; Rom. 5,2; Rom. 5,8; Rom. 5,11; Rom. 5,17; Rom. 6,19; Rom. 6,19; Rom. 7,7; Rom. 7,14; Rom. 8,3; Rom. 8,18; Rom. 8,19; Rom. 8,21; Rom. 8,23; Rom. 8,23; Rom. 8,36; Rom. 9,17; Rom. 9,22; Rom. 9,25; Rom. 9,30; Rom. 10,3; Rom. 10,3; Rom. 10,5; Rom. 10,5; Rom. 10,7; Rom. 10,18; Rom. 10,21; Rom. 11,3; Rom. 11,13; Rom. 11,14; Rom. 11,18; Rom. 11,28; Rom. 12,1; Rom. 12,4; Rom. 12,6; Rom. 12,6; Rom. 12,13; Rom. 12,20; Rom. 13,3; Rom. 13,4; Rom. 13,5; Rom. 13,5; Rom. 13,7; Rom. 13,7; Rom. 14,6; Rom. 15,4; Rom. 15,4; Rom. 15,15; Rom. 15,15; Rom. 15,17; Rom. 15,24; Rom. 16,1; Rom. 16,5; Rom. 16,12; Rom. 16,13; Rom. 16,15; Rom. 16,17; Rom. 16,22; 1Cor. 1,7; 1Cor. 1,19; 1Cor. 1,19; 1Cor. 1,20; 1Cor. 1,26; 1Cor. 2,7; 1Cor. 3,10; 1Cor. 3,10; 1Cor. 4,19; 1Cor. 5,7; 1Cor. 6,18; 1Cor. 7,2; 1Cor. 7,3; 1Cor. 7,5; 1Cor. 7,16; 1Cor. 7,26; 1Cor. 7,36; 1Cor. 7,37; 1Cor. 7,38; 1Cor. 7,40; 1Cor. 8,12; 1Cor. 10,1; 1Cor. 10,13; 1Cor. 10,25; 1Cor. 10,27; 1Cor. 10,28; 1Cor. 10,29; 1Cor. 10,29; 1Cor. 11,4; 1Cor. 11,5; 1Cor. 11,7; 1Cor. 11,9; 1Cor. 11,24; 1Cor. 11,25; 1Cor. 13,2; 1Cor. 13,2; 1Cor. 14,1; 1Cor. 14,11; 1Cor. 14,12; 1Cor. 15,9; 1Cor. 15,24; 1Cor. 15,31; 1Cor. 15,49; 1Cor. 15,49; 1Cor. 15,50; 1Cor. 16,3; 1Cor. 16,15; 2Cor. 1,16; 2Cor. 1,23; 2Cor. 2,4; 2Cor. 2,9; 2Cor. 2,12; 2Cor. 2,14; 2Cor. 3,7; 2Cor. 3,7; 2Cor. 3,15; 2Cor. 3,18; 2Cor. 3,18; 2Cor. 4,1; 2Cor. 4,10; 2Cor. 4,15; 2Cor. 4,15; 2Cor. 5,18; 2Cor.

ὁ

6,1; 2Cor. 6,13; 2Cor. 7,7; 2Cor. 7,12; 2Cor. 7,12; 2Cor. 7,15; 2Cor. 8,1; 2Cor. 8,1; 2Cor. 8,4; 2Cor. 8,4; 2Cor. 8,6; 2Cor. 8,9; 2Cor. 8,16; 2Cor. 8,17; 2Cor. 8,19; 2Cor. 8,24; 2Cor. 9,2; 2Cor. 9,5; 2Cor. 9,14; 2Cor. 10,5; 2Cor. 11,8; 2Cor. 11,12; 2Cor. 11,32; 2Cor. 12,13; 2Cor. 13,9; 2Cor. 13,10; Gal. 1,13; Gal. 1,13; Gal. 1,23; Gal. 2,4; Gal. 2,9; Gal. 2,9; Gal. 2,9; Gal. 2,14; Gal. 2,21; Gal. 3,14; Gal. 3,17; Gal. 3,23; Gal. 3,23; Gal. 4,5; Gal. 4,20; Gal. 4,30; Gal. 5,13; Gal. 5,24; Gal. 6,8; Eph. 1,5; Eph. 1,7; Eph. 1,7; Eph. 1,9; Eph. 1,11; Eph. 1,15; Eph. 1,15; Eph. 1,15; Eph. 1,19; Eph. 2,4; Eph. 2,14; Eph. 2,16; Eph. 2,18; Eph. 3,2; Eph. 3,4; Eph. 3,7; Eph. 3,7; Eph. 3,12; Eph. 3,19; Eph. 3,20; Eph. 3,20; Eph. 4,3; Eph. 4,13; Eph. 4,14; Eph. 4,16; Eph. 4,18; Eph. 4,18; Eph. 4,18; Eph. 4,22; Eph. 5,25; Eph. 5,27; Eph. 5,28; Eph. 5,29; Eph. 5,29; Eph. 5,31; Eph. 5,31; Eph. 5,32; Eph. 5,33; Eph. 6,2; Eph. 6,9; Eph. 6,11; Eph. 6,13; Eph. 6,14; Eph. 6,17; Eph. 6,17; Phil. 1,4; Phil. 1,20; Phil. 1,23; Phil. 1,25; Phil. 2,2; Phil. 2,2; Phil. 2,12; Phil. 2,22; Phil. 3,2; Phil. 3,6; Phil. 3,6; Phil. 3,9; Phil. 3,9; Phil. 3,9; Phil. 3,10; Phil. 3,10; Phil. 3,11; Phil. 3,11; Phil. 3,21; Phil. 4,16; Col. 1,4; Col. 1,4; Col. 1,5; Col. 1,5; Col. 1,6; Col. 1,8; Col. 1,9; Col. 1,12; Col. 1,13; Col. 1,14; Col. 1,14; Col. 1,25; Col. 1,25; Col. 1,29; Col. 1,29; Col. 2,5; Col. 2,8; Col. 2,19; Col. 2,19; Col. 3,5; Col. 3,14; Col. 3,24; Col. 4,1; Col. 4,11; Col. 4,15; Col. 4,16; Col. 4,17; 1Th. 1,4; 1Th. 2,1; 1Th. 2,1; 1Th. 2,12; 1Th. 3,5; 1Th. 3,6; 1Th. 3,6; 1Th. 3,11; 1Th. 4,15; 1Th. 5,27; 2Th. 1,12; 2Th. 2,10; 2Th. 3,5; 2Th. 3,5; 2Th. 3,6; 2Th. 3,16; 1Tim. 1,4; 1Tim. 1,16; 1Tim. 1,18; 1Tim. 1,18; 1Tim. 1,19; 1Tim. 4,2; 1Tim. 4,3; 1Tim. 5,8; 1Tim. 5,12; 1Tim. 6,5; 1Tim. 6,12; 1Tim. 6,13; 1Tim. 6,14; 1Tim. 6,20; 1Tim. 6,21; 1Tim. 1,3; 2Tim. 1,9; 2Tim. 1,12; 2Tim. 1,12; 2Tim. 1,14; 2Tim. 1,16; 2Tim. 2,18; 2Tim. 2,18; 2Tim. 2,19; 2Tim. 3,5; 2Tim. 3,8; 2Tim. 3,16; 2Tim. 4,1; 2Tim. 4,1; 2Tim. 4,3; 2Tim. 4,4; 2Tim. 4,5; 2Tim. 4,7; 2Tim. 4,8; 2Tim. 4,18; 2Tim. 4,18; Titus 1,9; Titus 1,14; Titus 2,10; Titus 2,10; Titus 2,12; Titus 2,13; Philem. 5; Philem. 5; Philem. 9; Heb. 1,6; Heb. 1,10; Heb. 2,4; Heb. 2,5; Heb. 2,5; Heb. 3,6; Heb. 3,8; Heb. 3,11; Heb. 3,14; Heb. 3,18; Heb. 4,1; Heb. 4,3; Heb. 4,3; Heb. 4,5; Heb. 4,10; Heb. 4,11; Heb. 5,4; Heb. 5,6; Heb. 5,8; Heb. 5,10; Heb. 5,14; Heb. 6,1; Heb. 6,11; Heb. 6,11; Heb. 6,20; Heb. 7,5; Heb. 7,11; Heb. 7,11; Heb. 7,15; Heb. 7,17; Heb. 7,24; Heb. 8,5; Heb. 8,9; Heb. 8,10; Heb. 8,13; Heb. 9,4; Heb. 9,6; Heb. 9,7; Heb. 9,8; Heb. 9,13; Heb. 9,14; Heb. 9,15; Heb. 9,21; Heb. 10,1; Heb. 10,16; Heb. 10,19; Heb. 10,23; Heb. 10,25; Heb. 10,25; Heb. 10,26; Heb. 10,34; Heb. 10,35; Heb. 10,36; Heb. 11,10; Heb. 11,26; Heb. 11,28; Heb. 11,29; Heb. 11,35; Heb. 11,39; Heb. 12,1; Heb. 12,4; Heb. 12,17; Heb. 12,26; Heb. 12,26; Heb. 12,27; Heb. 13,7; Heb. 13,7; Heb. 13,9; Heb. 13,14; James 2,1; James 2,3; James 2,3; James 2,8; James 2,18; James 2,18; James 3,8; James 4,13; James 5,11; James 5,12; 1Pet. 1,13; 1Pet. 1,21; 1Pet. 2,12; 1Pet. 2,15; 1Pet. 2,16; 1Pet. 2,17; 1Pet. 3,2; 1Pet. 3,10; 1Pet. 3,16; 1Pet. 4,1; 1Pet. 4,4; 1Pet. 4,8; 1Pet. 5,5; 1Pet. 5,6; 1Pet. 5,7; 1Pet. 5,10; 2Pet. 1,5; 2Pet. 1,5; 2Pet. 1,6; 2Pet. 1,6; 2Pet. 1,6; 2Pet. 1,7; 2Pet. 1,7; 2Pet. 1,8; 2Pet. 1,10; 2Pet. 1,11; 2Pet. 1,15; 2Pet. 1,15; 2Pet. 1,16; 2Pet. 1,18; 2Pet. 2,13; 2Pet. 2,16; 2Pet. 2,21; 2Pet. 3,1; 2Pet. 3,12; 2Pet. 3,15; 2Pet. 3,15; 2Pet. 3,16; 1John 1,2; 1John 1,2; 1John 1,6; 1John 2,21; 1John 2,25; 1John 2,25; 1John 2,29; 1John 3,3; 1John 3,4; 1John 3,4; 1John 3,7; 1John 3,8; 1John 3,14; 1John 3,16; 1John 3,16; 1John 3,19; 1John 4,16; 1John 4,21; 1John 5,9; 1John 5,10; 1John 5,10; 1John 5,12; 1John 5,12; 2John 1; 2John 2; 2John 2; 2John 10; Jude 4; Jude 6; Rev. 1,2; Rev. 1,9; Rev. 1,12; Rev. 1,17; Rev. 2,2; Rev. 2,4; Rev. 2,4; Rev. 2,5; Rev. 2,9; Rev. 2,9; Rev. 2,9; Rev. 2,12; Rev. 2,12; Rev. 2,12; Rev. 2,13; Rev. 2,14; Rev. 2,15; Rev. 2,17; Rev. 2,19; Rev. 2,19; Rev. 2,19; Rev. 2,19; Rev. 2,20; Rev. 2,24; Rev. 3,7; Rev. 3,20; Rev. 3,20; Rev. 4,11; Rev. 4,11; Rev. 4,11; Rev. 5,1; Rev. 5,6; Rev. 5,12; Rev. 6,3; Rev. 6,3; Rev. 6,4; Rev. 6,5; Rev. 6,5; Rev. 6,7; Rev. 6,7; Rev. 6,9; Rev. 6,9; Rev. 6,12; Rev. 6,12; Rev. 6,13; Rev. 7,2; Rev. 7,2; Rev. 7,3; Rev. 7,3; Rev. 8,1; Rev. 8,1; Rev. 8,5; Rev. 8,7; Rev. 8,8; Rev. 9,1; Rev. 9,3; Rev. 9,4; Rev. 9,14; Rev. 9,15; Rev. 10,5; Rev. 10,5; Rev. 10,6; Rev. 10,6; Rev. 10,9; Rev. 11,2; Rev. 11,2; Rev. 11,2; Rev. 11,2; Rev. 11,6; Rev. 11,6; Rev. 11,7; Rev. 11,17; Rev. 11,17; Rev. 11,18; Rev. 12,4; Rev. 12,6; Rev. 12,9; Rev. 12,9; Rev. 12,11; Rev. 12,12; Rev. 12,12; Rev. 12,13; Rev. 12,13; Rev. 12,14; Rev. 12,17; Rev. 12,18; Rev. 13,2; Rev. 13,4; Rev. 13,6; Rev. 13,12; Rev. 13,12; Rev. 13,13; Rev. 13,14; Rev. 14,3; Rev. 14,7; Rev. 14,9; Rev. 14,9; Rev. 14,11; Rev. 14,12; Rev. 14,14; Rev. 14,16; Rev. 14,19; Rev. 14,19; Rev. 14,19; Rev. 15,2; Rev. 15,2; Rev. 15,3; Rev. 15,3; Rev. 16,1; Rev. 16,2; Rev. 16,2; Rev. 16,3; Rev. 16,3; Rev. 16,4; Rev. 16,8; Rev. 16,9; Rev. 16,10; Rev. 16,12; Rev. 16,15; Rev. 16,17; Rev. 17,2; Rev. 17,6; Rev. 17,13; Rev. 17,16; Rev. 17,17; Rev. 17,17; Rev. 18,17; Rev. 18,21; Rev. 19,2; Rev. 19,2; Rev. 19,2; Rev. 19,7; Rev. 19,10; Rev. 19,12; Rev. 19,15; Rev. 19,20; Rev. 20,1; Rev. 20,1; Rev. 20,3; Rev. 20,4; Rev. 20,4; Rev. 20,4; Rev. 20,9; Rev. 20,9; Rev. 20,9; Rev. 20,10; Rev. 20,14; Rev. 20,15; Rev. 21,2; Rev. 21,2; Rev. 21,9; Rev. 21,9; Rev. 21,10; Rev. 21,10; Rev. 21,11; Rev. 21,15; Rev. 21,16; Rev. 21,24; Rev. 21,26; Rev. 22,14)

Τῆς ▸ 2
  Article ▪ feminine ▪ singular ▪ genitive ▸ 2 (2Mac. 3,1; 4Mac. 12,3)

τῆς ▸ 5747 + 345 + 1301 = 7393
  Article ▪ feminine ▪ singular ▪ genitive ▸ 5747 + 345 + 1301 = 7393 (Gen. 1,2; Gen. 1,11; Gen. 1,12; Gen. 1,14; Gen. 1,14; Gen. 1,14; Gen. 1,15; Gen. 1,16; Gen. 1,16; Gen. 1,17; Gen. 1,18; Gen. 1,18; Gen. 1,20; Gen. 1,22; Gen. 1,24; Gen. 1,25; Gen. 1,25; Gen. 1,26; Gen. 1,26; Gen. 1,26; Gen. 1,28; Gen. 1,28; Gen. 1,28; Gen. 1,29; Gen. 1,30; Gen. 1,30; Gen. 2,5; Gen. 2,6; Gen. 2,6; Gen. 2,7; Gen. 2,9; Gen. 2,9; Gen. 2,12; Gen. 2,19; Gen. 2,23; Gen. 3,1; Gen. 3,14; Gen. 3,14; Gen. 3,15; Gen. 3,17; Gen. 3,17; Gen. 3,17; Gen. 3,20; Gen. 3,22; Gen. 3,23; Gen. 3,24; Gen. 3,24; Gen. 4,3; Gen. 4,10; Gen. 4,11; Gen. 4,11; Gen. 4,12; Gen. 4,14; Gen. 4,14; Gen. 4,23; Gen. 5,29; Gen. 6,1; Gen. 6,4; Gen. 6,5; Gen. 6,6; Gen. 6,7; Gen. 6,12; Gen. 6,15; Gen. 6,16; Gen. 6,17; Gen. 6,20; Gen. 7,4; Gen. 7,6; Gen. 7,8; Gen. 7,10; Gen. 7,11; Gen. 7,12; Gen. 7,14; Gen. 7,17; Gen. 7,17; Gen. 7,18; Gen. 7,19; Gen. 7,21; Gen. 7,21; Gen. 7,22; Gen. 7,23; Gen. 7,23; Gen. 7,24; Gen. 8,2; Gen. 8,3; Gen. 8,6; Gen. 8,7; Gen. 8,8; Gen. 8,9; Gen. 8,10; Gen. 8,11; Gen. 8,13; Gen. 8,13; Gen. 8,13; Gen. 8,16; Gen. 8,17; Gen. 8,17; Gen. 8,19; Gen. 8,19; Gen. 8,22; Gen. 9,2; Gen. 9,2; Gen. 9,2; Gen. 9,10; Gen. 9,10; Gen. 9,12; Gen. 9,13; Gen. 9,15; Gen. 9,16; Gen. 9,17; Gen. 9,17; Gen. 9,18; Gen. 10,8; Gen. 10,10; Gen. 10,11; Gen. 10,32; Gen. 11,4; Gen. 11,8; Gen. 11,9; Gen. 11,9; Gen. 11,31; Gen. 12,1; Gen. 12,1; Gen. 12,3; Gen. 12,10; Gen. 12,10; Gen. 12,17; Gen. 13,16; Gen. 13,16; Gen. 14,6; Gen. 14,6; Gen. 14,7; Gen. 14,17; Gen. 14,24; Gen. 15,2; Gen. 16,2; Gen. 16,7; Gen. 16,7; Gen. 16,8; Gen. 17,11; Gen. 17,12; Gen. 17,13; Gen. 17,13; Gen. 17,14; Gen. 17,23; Gen. 17,24; Gen. 17,25; Gen. 17,26; Gen. 18,1; Gen. 18,1; Gen. 18,2; Gen. 18,2; Gen. 18,10; Gen. 18,18; Gen. 19,4; Gen. 19,11; Gen. 19,15; Gen. 19,16; Gen. 19,16; Gen. 19,16; Gen. 19,22; Gen. 19,25; Gen. 19,28; Gen. 19,28; Gen. 19,28; Gen. 19,29; Gen. 19,29; Gen. 19,31; Gen. 19,37; Gen. 19,38; Gen. 20,2; Gen. 20,2; Gen. 20,3; Gen. 20,11; Gen. 20,18; Gen. 21,9; Gen. 21,10; Gen. 21,12; Gen. 21,12; Gen. 21,13; Gen. 21,17; Gen. 21,17; Gen. 21,22; Gen. 21,32; Gen. 22,5; Gen. 22,6; Gen. 22,17; Gen. 22,18; Gen. 22,18; Gen. 23,7; Gen. 23,12; Gen. 23,13; Gen. 24,2; Gen. 24,3; Gen.

24,7; Gen. 24,7; Gen. 24,11; Gen. 24,13; Gen. 24,15; Gen. 24,17; Gen. 24,28; Gen. 24,30; Gen. 24,30; Gen. 24,30; Gen. 24,40; Gen. 24,41; Gen. 24,43; Gen. 24,43; Gen. 24,43; Gen. 24,62; Gen. 24,62; Gen. 24,64; Gen. 24,67; Gen. 24,67; Gen. 25,11; Gen. 25,17; Gen. 25,20; Gen. 25,21; Gen. 25,23; Gen. 25,26; Gen. 26,1; Gen. 26,4; Gen. 26,5; Gen. 26,7; Gen. 26,8; Gen. 26,8; Gen. 26,10; Gen. 26,11; Gen. 26,22; Gen. 26,26; Gen. 26,33; Gen. 27,2; Gen. 27,13; Gen. 27,19; Gen. 27,25; Gen. 27,28; Gen. 27,28; Gen. 27,28; Gen. 27,30; Gen. 27,31; Gen. 27,39; Gen. 27,39; Gen. 27,39; Gen. 27,41; Gen. 27,43; Gen. 27,46; Gen. 28,2; Gen. 28,2; Gen. 28,4; Gen. 28,5; Gen. 28,7; Gen. 28,14; Gen. 28,14; Gen. 29,10; Gen. 29,10; Gen. 29,10; Gen. 29,13; Gen. 29,14; Gen. 29,18; Gen. 29,18; Gen. 29,27; Gen. 30,6; Gen. 30,22; Gen. 31,13; Gen. 31,13; Gen. 31,34; Gen. 31,40; Gen. 31,40; Gen. 31,47; Gen. 32,10; Gen. 32,13; Gen. 32,33; Gen. 33,14; Gen. 33,14; Gen. 33,18; Gen. 33,18; Gen. 34,2; Gen. 34,3; Gen. 34,3; Gen. 34,7; Gen. 34,20; Gen. 34,20; Gen. 34,21; Gen. 34,24; Gen. 34,24; Gen. 35,4; Gen. 35,9; Gen. 35,11; Gen. 35,20; Gen. 35,22; Gen. 35,26; Gen. 36,7; Gen. 36,34; Gen. 36,37; Gen. 36,43; Gen. 37,14; Gen. 37,14; Gen. 38,14; Gen. 38,19; Gen. 38,20; Gen. 38,21; Gen. 39,19; Gen. 40,13; Gen. 40,16; Gen. 40,17; Gen. 40,20; Gen. 40,20; Gen. 41,30; Gen. 41,31; Gen. 41,34; Gen. 41,34; Gen. 41,34; Gen. 41,42; Gen. 41,47; Gen. 41,48; Gen. 41,49; Gen. 41,53; Gen. 41,56; Gen. 42,6; Gen. 42,6; Gen. 42,9; Gen. 42,12; Gen. 42,19; Gen. 42,21; Gen. 42,30; Gen. 42,33; Gen. 42,33; Gen. 43,1; Gen. 43,11; Gen. 43,11; Gen. 43,16; Gen. 44,1; Gen. 44,4; Gen. 44,30; Gen. 45,6; Gen. 45,7; Gen. 45,18; Gen. 46,2; Gen. 46,10; Gen. 46,15; Gen. 47,8; Gen. 47,9; Gen. 47,9; Gen. 47,9; Gen. 47,22; Gen. 47,26; Gen. 47,26; Gen. 47,27; Gen. 47,28; Gen. 47,31; Gen. 48,7; Gen. 48,7; Gen. 48,12; Gen. 48,15; Gen. 48,16; Gen. 48,17; Gen. 48,17; Gen. 49,11; Gen. 50,3; Gen. 50,7; Gen. 50,11; Gen. 50,24; Ex. 1,10; Ex. 1,15; Ex. 2,1; Ex. 2,24; Ex. 2,24; Ex. 3,7; Ex. 3,8; Ex. 3,17; Ex. 3,18; Ex. 4,1; Ex. 4,4; Ex. 4,4; Ex. 4,7; Ex. 4,8; Ex. 4,8; Ex. 4,9; Ex. 4,10; Ex. 4,10; Ex. 4,25; Ex. 4,26; Ex. 5,2; Ex. 5,8; Ex. 5,11; Ex. 5,14; Ex. 5,14; Ex. 5,18; Ex. 5,19; Ex. 6,1; Ex. 6,5; Ex. 6,6; Ex. 6,6; Ex. 6,7; Ex. 6,9; Ex. 6,11; Ex. 6,15; Ex. 6,16; Ex. 6,18; Ex. 6,20; Ex. 7,2; Ex. 8,12; Ex. 8,13; Ex. 8,13; Ex. 8,17; Ex. 8,18; Ex. 8,19; Ex. 8,20; Ex. 9,5; Ex. 9,10; Ex. 9,15; Ex. 9,18; Ex. 9,22; Ex. 9,23; Ex. 9,33; Ex. 10,5; Ex. 10,5; Ex. 10,5; Ex. 10,6; Ex. 10,6; Ex. 10,12; Ex. 10,15; Ex. 10,15; Ex. 10,15; Ex. 10,23; Ex. 11,2; Ex. 11,5; Ex. 11,5; Ex. 12,6; Ex. 12,15; Ex. 12,15; Ex. 12,15; Ex. 12,15; Ex. 12,15; Ex. 12,15; Ex. 12,19; Ex. 12,22; Ex. 12,23; Ex. 12,29; Ex. 12,29; Ex. 12,29; Ex. 12,33; Ex. 12,37; Ex. 12,46; Ex. 12,48; Ex. 13,9; Ex. 13,16; Ex. 13,22; Ex. 14,2; Ex. 14,2; Ex. 14,2; Ex. 14,9; Ex. 14,16; Ex. 14,19; Ex. 14,19; Ex. 14,20; Ex. 14,20; Ex. 14,22; Ex. 14,23; Ex. 14,27; Ex. 14,29; Ex. 14,30; Ex. 15,7; Ex. 15,8; Ex. 15,19; Ex. 15,19; Ex. 15,26; Ex. 16,4; Ex. 16,13; Ex. 16,13; Ex. 16,14; Ex. 16,14; Ex. 16,22; Ex. 16,35; Ex. 17,1; Ex. 17,6; Ex. 17,9; Ex. 17,14; Ex. 18,24; Ex. 19,1; Ex. 19,5; Ex. 19,16; Ex. 19,17; Ex. 19,19; Ex. 20,4; Ex. 20,12; Ex. 20,12; Ex. 20,18; Ex. 21,19; Ex. 21,22; Ex. 21,26; Ex. 21,27; Ex. 21,29; Ex. 21,29; Ex. 21,30; Ex. 21,36; Ex. 21,36; Ex. 22,6; Ex. 22,7; Ex. 22,7; Ex. 22,8; Ex. 22,10; Ex. 22,22; Ex. 23,12; Ex. 23,18; Ex. 23,19; Ex. 23,22; Ex. 23,22; Ex. 23,26; Ex. 23,29; Ex. 23,31; Ex. 23,31; Ex. 23,31; Ex. 23,31; Ex. 24,7; Ex. 24,8; Ex. 24,9; Ex. 24,16; Ex. 24,17; Ex. 24,17; Ex. 24,18; Ex. 25,9; Ex. 25,14; Ex. 25,15; Ex. 25,22; Ex. 25,32; Ex. 25,32; Ex. 25,33; Ex. 25,35; Ex. 26,2; Ex. 26,2; Ex. 26,3; Ex. 26,4; Ex. 26,4; Ex. 26,4; Ex. 26,4; Ex. 26,5; Ex. 26,5; Ex. 26,7; Ex. 26,8; Ex. 26,8; Ex. 26,8; Ex. 26,8; Ex. 26,9; Ex. 26,10; Ex. 26,10; Ex. 26,10; Ex. 26,10; Ex. 26,10; Ex. 26,10; Ex. 26,12; Ex. 26,12; Ex. 26,12; Ex. 26,12; Ex. 26,13; Ex. 26,13; Ex. 26,17; Ex. 26,22; Ex. 26,23; Ex. 26,26; Ex. 26,27; Ex. 26,27; Ex. 26,35; Ex. 26,35; Ex. 26,35; Ex. 27,9; Ex. 27,12; Ex. 27,13; Ex. 27,16; Ex. 27,17; Ex. 27,18; Ex. 27,19; Ex. 27,21; Ex. 28,12; Ex. 28,15; Ex. 28,29; Ex. 28,23 # 28,29a; Ex. 28,23 # 28,29a; Ex. 28,30; Ex. 28,37; Ex. 28,37; Ex. 29,4; Ex. 29,10; Ex. 29,10; Ex. 29,11; Ex. 29,13; Ex. 29,14; Ex. 29,20; Ex. 29,20; Ex. 29,21; Ex. 29,25; Ex. 29,26; Ex. 29,27; Ex. 29,31; Ex. 29,32; Ex. 29,34; Ex. 29,34; Ex. 29,36; Ex. 29,42; Ex. 30,6; Ex. 30,12; Ex. 30,16; Ex. 30,16; Ex. 30,18; Ex. 31,2; Ex. 31,7; Ex. 31,7; Ex. 31,11; Ex. 31,11; Ex. 32,8; Ex. 32,12; Ex. 32,12; Ex. 32,14; Ex. 32,26; Ex. 32,26; Ex. 32,27; Ex. 32,30; Ex. 32,32; Ex. 32,33; Ex. 32,35; Ex. 33,7; Ex. 33,7; Ex. 33,7; Ex. 33,8; Ex. 33,8; Ex. 33,9; Ex. 33,9; Ex. 33,10; Ex. 33,10; Ex. 33,10; Ex. 33,10; Ex. 33,10; Ex. 33,11; Ex. 33,16; Ex. 33,21; Ex. 33,22; Ex. 34,12; Ex. 34,15; Ex. 34,24; Ex. 34,25; Ex. 34,26; Ex. 34,28; Ex. 34,31; Ex. 35,17 # 35,12a; Ex. 35,17 # 35,12a; Ex. 35,19; Ex. 35,19; Ex. 35,21; Ex. 35,24; Ex. 35,27; Ex. 35,27; Ex. 35,28; Ex. 35,32; Ex. 36,13; Ex. 36,14; Ex. 36,15; Ex. 36,25; Ex. 36,26; Ex. 36,27; Ex. 36,27; Ex. 36,27; Ex. 36,28; Ex. 36,28; Ex. 36,28; Ex. 36,28; Ex. 37,2; Ex. 37,2; Ex. 37,2; Ex. 37,2; Ex. 37,5; Ex. 37,5; Ex. 37,7; Ex. 37,13; Ex. 37,14; Ex. 37,15; Ex. 37,16; Ex. 37,16; Ex. 37,16; Ex. 37,18; Ex. 37,19; Ex. 37,21; Ex. 38,5; Ex. 38,11; Ex. 38,11; Ex. 38,12; Ex. 38,16; Ex. 38,19; Ex. 38,19; Ex. 38,20; Ex. 38,20; Ex. 38,20; Ex. 38,20; Ex. 38,21; Ex. 38,22; Ex. 38,25; Ex. 38,26; Ex. 39,1; Ex. 39,2; Ex. 39,4; Ex. 39,7; Ex. 39,7; Ex. 39,8; Ex. 39,8; Ex. 39,8; Ex. 39,8; Ex. 39,8; Ex. 39,9; Ex. 39,14; Ex. 39,15; Ex. 39,15; Ex. 39,16; Ex. 39,17; Ex. 39,19; Ex. 39,19; Ex. 39,19; Ex. 39,19; Ex. 39,19; Ex. 39,19; Ex. 39,21; Ex. 40,5; Ex. 40,5; Ex. 40,6; Ex. 40,12; Ex. 40,19; Ex. 40,22; Ex. 40,22; Ex. 40,23; Ex. 40,24; Ex. 40,27; Ex. 40,29; Ex. 40,33; Ex. 40,36; Ex. 40,37; Ex. 40,38; Lev. 1,1; Lev. 1,3; Lev. 1,5; Lev. 1,16; Lev. 2,2; Lev. 2,3; Lev. 2,9; Lev. 2,10; Lev. 3,2; Lev. 3,3; Lev. 3,3; Lev. 3,8; Lev. 3,9; Lev. 3,9; Lev. 3,13; Lev. 3,14; Lev. 4,3; Lev. 4,3; Lev. 4,4; Lev. 4,7; Lev. 4,7; Lev. 4,8; Lev. 4,10; Lev. 4,10; Lev. 4,12; Lev. 4,12; Lev. 4,12; Lev. 4,13; Lev. 4,14; Lev. 4,14; Lev. 4,15; Lev. 4,18; Lev. 4,18; Lev. 4,20; Lev. 4,21; Lev. 4,25; Lev. 4,26; Lev. 4,27; Lev. 4,28; Lev. 4,29; Lev. 4,33; Lev. 4,34; Lev. 4,34; Lev. 4,34; Lev. 4,35; Lev. 4,35; Lev. 5,6; Lev. 5,6; Lev. 5,7; Lev. 5,8; Lev. 5,9; Lev. 5,10; Lev. 5,13; Lev. 5,13; Lev. 5,15; Lev. 5,16; Lev. 5,18; Lev. 5,25; Lev. 6,2; Lev. 6,2; Lev. 6,4; Lev. 6,7; Lev. 6,8; Lev. 6,8; Lev. 6,8; Lev. 6,9; Lev. 6,10; Lev. 6,10; Lev. 6,18; Lev. 6,18; Lev. 6,19; Lev. 6,23; Lev. 7,1; Lev. 7,2; Lev. 7,7; Lev. 7,7; Lev. 7,8; Lev. 7,12; Lev. 7,12; Lev. 7,17; Lev. 7,20; Lev. 7,21; Lev. 7,29; Lev. 7,37; Lev. 7,37; Lev. 7,37; Lev. 8,2; Lev. 8,2; Lev. 8,3; Lev. 8,4; Lev. 8,7; Lev. 8,10; Lev. 8,12; Lev. 8,14; Lev. 8,14; Lev. 8,17; Lev. 8,23; Lev. 8,23; Lev. 8,25; Lev. 8,26; Lev. 8,28; Lev. 8,29; Lev. 8,30; Lev. 8,31; Lev. 8,31; Lev. 8,33; Lev. 8,33; Lev. 8,35; Lev. 9,5; Lev. 9,7; Lev. 9,8; Lev. 9,10; Lev. 9,11; Lev. 9,15; Lev. 9,18; Lev. 9,18; Lev. 9,19; Lev. 9,22; Lev. 10,4; Lev. 10,5; Lev. 10,7; Lev. 10,7; Lev. 10,7; Lev. 10,16; Lev. 10,17; Lev. 10,17; Lev. 10,19; Lev. 10,19; Lev. 11,2; Lev. 11,10; Lev. 11,21; Lev. 11,29; Lev. 11,31; Lev. 11,41; Lev. 11,42; Lev. 11,43; Lev. 11,44; Lev. 11,46; Lev. 11,46; Lev. 12,2; Lev. 12,3; Lev. 12,6; Lev. 12,7; Lev. 12,7; Lev. 13,3; Lev. 13,10; Lev. 13,10; Lev. 13,12; Lev. 13,30; Lev. 13,36; Lev. 13,36; Lev. 13,38; Lev. 13,39; Lev. 13,39; Lev. 13,43; Lev. 13,43; Lev. 13,46; Lev. 13,56; Lev. 14,3; Lev. 14,3; Lev. 14,7; Lev. 14,11; Lev. 14,12; Lev. 14,13; Lev. 14,14; Lev. 14,14; Lev. 14,14; Lev. 14,15; Lev. 14,16; Lev. 14,16; Lev. 14,17; Lev. 14,17; Lev. 14,17; Lev. 14,18; Lev. 14,19; Lev. 14,19; Lev. 14,23; Lev. 14,24; Lev. 14,25; Lev. 14,25; Lev. 14,25; Lev. 14,28; Lev. 14,28; Lev. 14,28; Lev. 14,28; Lev. 14,29; Lev. 14,32; Lev. 14,34; Lev. 14,34; Lev. 14,37; Lev. 14,38; Lev. 14,38; Lev. 14,39; Lev. 14,40; Lev. 14,41; Lev. 14,45; Lev. 14,53; Lev. 14,53;

Lev. 14,55; Lev. 14,57; Lev. 15,3; Lev. 15,3; Lev. 15,3; Lev. 15,3; Lev. 15,5; Lev. 15,13; Lev. 15,14; Lev. 15,15; Lev. 15,21; Lev. 15,25; Lev. 15,25; Lev. 15,26; Lev. 15,26; Lev. 15,26; Lev. 15,28; Lev. 15,29; Lev. 16,2; Lev. 16,5; Lev. 16,6; Lev. 16,7; Lev. 16,11; Lev. 16,11; Lev. 16,15; Lev. 16,16; Lev. 16,27; Lev. 16,27; Lev. 16,27; Lev. 17,3; Lev. 17,4; Lev. 17,4; Lev. 17,4; Lev. 17,5; Lev. 17,6; Lev. 17,9; Lev. 17,11; Lev. 18,9; Lev. 18,17; Lev. 18,27; Lev. 19,9; Lev. 19,21; Lev. 19,21; Lev. 19,22; Lev. 19,22; Lev. 19,27; Lev. 19,27; Lev. 20,2; Lev. 20,4; Lev. 20,20; Lev. 20,20; Lev. 20,25; Lev. 22,24; Lev. 23,11; Lev. 23,15; Lev. 23,15; Lev. 23,16; Lev. 23,16; Lev. 23,17; Lev. 23,22; Lev. 23,39; Lev. 24,4; Lev. 24,4; Lev. 24,10; Lev. 24,11; Lev. 24,11; Lev. 24,11; Lev. 24,11; Lev. 24,14; Lev. 24,23; Lev. 25,6; Lev. 25,10; Lev. 25,13; Lev. 25,18; Lev. 25,24; Lev. 25,25; Lev. 25,27; Lev. 25,28; Lev. 25,31; Lev. 25,40; Lev. 25,49; Lev. 25,50; Lev. 25,50; Lev. 25,51; Lev. 25,52; Lev. 25,54; Lev. 26,5; Lev. 26,6; Lev. 26,6; Lev. 26,19; Lev. 26,22; Lev. 26,31; Lev. 26,34; Lev. 26,35; Lev. 26,42; Lev. 26,42; Lev. 26,42; Lev. 26,42; Lev. 26,45; Lev. 26,45; Lev. 27,2; Lev. 27,4; Lev. 27,5; Lev. 27,6; Lev. 27,15; Lev. 27,16; Lev. 27,17; Lev. 27,18; Lev. 27,18; Lev. 27,21; Lev. 27,22; Lev. 27,23; Lev. 27,23; Lev. 27,24; Lev. 27,24; Lev. 27,30; Lev. 27,30; Num. 1,16; Num. 1,21; Num. 1,23; Num. 1,25; Num. 1,27; Num. 1,29; Num. 1,31; Num. 1,33; Num. 1,35; Num. 1,37; Num. 1,39; Num. 1,41; Num. 1,43; Num. 1,47; Num. 1,50; Num. 1,53; Num. 1,53; Num. 2,2; Num. 2,9; Num. 2,16; Num. 2,24; Num. 2,31; Num. 3,7; Num. 3,7; Num. 3,8; Num. 3,8; Num. 3,10; Num. 3,23; Num. 3,25; Num. 3,25; Num. 3,26; Num. 3,26; Num. 3,26; Num. 3,26; Num. 3,26; Num. 3,29; Num. 3,35; Num. 3,36; Num. 3,37; Num. 3,38; Num. 3,43; Num. 4,16; Num. 4,16; Num. 4,16; Num. 4,18; Num. 4,25; Num. 4,25; Num. 4,25; Num. 4,26; Num. 4,26; Num. 4,30; Num. 4,31; Num. 4,31; Num. 4,31; Num. 4,32; Num. 4,32; Num. 4,32; Num. 4,32; Num. 4,43; Num. 5,2; Num. 5,3; Num. 5,4; Num. 5,17; Num. 5,17; Num. 5,17; Num. 5,18; Num. 5,18; Num. 5,21; Num. 5,25; Num. 5,25; Num. 5,26; Num. 5,29; Num. 6,4; Num. 6,5; Num. 6,6; Num. 6,8; Num. 6,10; Num. 6,11; Num. 6,12; Num. 6,13; Num. 6,18; Num. 6,18; Num. 6,21; Num. 6,21; Num. 7,2; Num. 7,3; Num. 7,5; Num. 7,12; Num. 7,18; Num. 7,89; Num. 8,2; Num. 8,3; Num. 8,4; Num. 8,9; Num. 8,15; Num. 8,25; Num. 9,14; Num. 9,15; Num. 9,17; Num. 9,18; Num. 9,19; Num. 9,20; Num. 9,22; Num. 10,3; Num. 10,10; Num. 10,11; Num. 10,14; Num. 10,15; Num. 10,16; Num. 10,18; Num. 10,19; Num. 10,20; Num. 10,22; Num. 10,23; Num. 10,24; Num. 10,25; Num. 10,26; Num. 10,27; Num. 10,33; Num. 10,36; Num. 11,1; Num. 11,10; Num. 11,22; Num. 11,24; Num. 11,31; Num. 11,31; Num. 11,31; Num. 11,32; Num. 11,34; Num. 12,1; Num. 12,1; Num. 12,3; Num. 12,5; Num. 12,5; Num. 12,10; Num. 12,14; Num. 12,15; Num. 13,3; Num. 13,4; Num. 13,5; Num. 13,6; Num. 13,7; Num. 13,8; Num. 13,9; Num. 13,10; Num. 13,11; Num. 13,12; Num. 13,13; Num. 13,14; Num. 13,15; Num. 13,20; Num. 13,21; Num. 13,26; Num. 13,32; Num. 14,9; Num. 14,10; Num. 14,14; Num. 14,22; Num. 14,34; Num. 14,36; Num. 14,37; Num. 14,44; Num. 14,44; Num. 15,2; Num. 15,5; Num. 15,5; Num. 15,19; Num. 15,23; Num. 15,24; Num. 15,25; Num. 15,28; Num. 15,28; Num. 15,36; Num. 15,36; Num. 16,9; Num. 16,9; Num. 16,18; Num. 16,19; Num. 16,21; Num. 16,24; Num. 16,27; Num. 16,33; Num. 16,34; Num. 17,8; Num. 17,10; Num. 17,15; Num. 17,17; Num. 17,18; Num. 17,28; Num. 18,1; Num. 18,2; Num. 18,3; Num. 18,4; Num. 18,4; Num. 18,6; Num. 18,7; Num. 18,23; Num. 19,3; Num. 19,4; Num. 19,6; Num. 19,9; Num. 19,9; Num. 19,10; Num. 19,17; Num. 19,17; Num. 19,20; Num. 20,6; Num. 20,6; Num. 20,8; Num. 20,10; Num. 20,10; Num. 20,16; Num. 20,17; Num. 20,24; Num. 20,25; Num. 20,27; Num. 20,28; Num. 21,3; Num. 21,20; Num. 21,22; Num. 21,24; Num. 21,33; Num. 22,5; Num. 22,6; Num. 22,11; Num. 22,11; Num. 22,22; Num. 22,23; Num. 22,28; Num. 22,30; Num. 23,3; Num. 23,3; Num. 23,15; Num. 23,17; Num. 24,11; Num. 25,6; Num. 25,7; Num. 25,8; Num. 25,14; Num. 25,18; Num. 26,9; Num. 26,10; Num. 26,14; Num. 26,59; Num. 27,2; Num. 27,2; Num. 27,3; Num. 27,3; Num. 27,11; Num. 27,16; Num. 27,20; Num. 28,10; Num. 28,10; Num. 28,15; Num. 28,15; Num. 28,23; Num. 28,23; Num. 28,23; Num. 29,6; Num. 29,11; Num. 29,11; Num. 29,16; Num. 29,16; Num. 29,19; Num. 29,19; Num. 29,22; Num. 29,22; Num. 29,25; Num. 29,25; Num. 29,28; Num. 29,28; Num. 29,31; Num. 29,31; Num. 29,34; Num. 29,34; Num. 29,38; Num. 29,38; Num. 30,3; Num. 30,5; Num. 30,5; Num. 30,6; Num. 30,7; Num. 30,8; Num. 30,9; Num. 30,10; Num. 30,11; Num. 30,12; Num. 30,13; Num. 31,13; Num. 31,13; Num. 31,14; Num. 31,14; Num. 31,19; Num. 31,21; Num. 31,21; Num. 31,26; Num. 31,26; Num. 31,32; Num. 31,43; Num. 31,47; Num. 31,48; Num. 32,2; Num. 32,14; Num. 32,29; Num. 32,33; Num. 32,33; Num. 33,2; Num. 33,6; Num. 33,8; Num. 33,8; Num. 33,12; Num. 33,16; Num. 33,16; Num. 33,36; Num. 33,38; Num. 33,55; Num. 33,55; Num. 34,3; Num. 34,3; Num. 34,6; Num. 34,6; Num. 34,7; Num. 34,7; Num. 34,19; Num. 34,20; Num. 34,21; Num. 34,22; Num. 34,24; Num. 34,25; Num. 34,26; Num. 34,27; Num. 34,28; Num. 35,4; Num. 35,5; Num. 35,8; Num. 35,12; Num. 35,26; Num. 35,27; Num. 35,28; Num. 35,28; Num. 35,32; Num. 36,1; Num. 36,2; Num. 36,3; Num. 36,3; Num. 36,3; Num. 36,4; Num. 36,4; Num. 36,7; Num. 36,7; Deut. 1,1; Deut. 1,4; Deut. 1,25; Deut. 1,40; Deut. 1,45; Deut. 2,5; Deut. 2,9; Deut. 2,12; Deut. 2,14; Deut. 2,15; Deut. 2,19; Deut. 2,21; Deut. 2,22; Deut. 2,26; Deut. 2,27; Deut. 3,1; Deut. 3,3; Deut. 3,14; Deut. 3,16; Deut. 3,24; Deut. 4,9; Deut. 4,9; Deut. 4,10; Deut. 4,10; Deut. 4,14; Deut. 4,17; Deut. 4,18; Deut. 4,18; Deut. 4,20; Deut. 4,20; Deut. 4,25; Deut. 4,26; Deut. 4,29; Deut. 4,29; Deut. 4,30; Deut. 4,32; Deut. 4,32; Deut. 4,36; Deut. 4,39; Deut. 4,40; Deut. 4,42; Deut. 4,47; Deut. 5,8; Deut. 5,16; Deut. 5,33; Deut. 6,2; Deut. 6,5; Deut. 6,5; Deut. 6,5; Deut. 6,8; Deut. 6,15; Deut. 7,6; Deut. 7,13; Deut. 7,13; Deut. 7,13; Deut. 8,10; Deut. 8,10; Deut. 8,15; Deut. 8,15; Deut. 8,15; Deut. 8,17; Deut. 8,20; Deut. 9,5; Deut. 9,12; Deut. 9,16; Deut. 9,22; Deut. 9,23; Deut. 9,24; Deut. 10,8; Deut. 10,8; Deut. 10,12; Deut. 10,12; Deut. 11,4; Deut. 11,4; Deut. 11,4; Deut. 11,9; Deut. 11,13; Deut. 11,13; Deut. 11,17; Deut. 11,17; Deut. 11,18; Deut. 11,21; Deut. 11,21; Deut. 11,24; Deut. 11,24; Deut. 11,24; Deut. 11,25; Deut. 11,28; Deut. 11,30; Deut. 11,30; Deut. 12,1; Deut. 12,1; Deut. 12,10; Deut. 12,19; Deut. 12,20; Deut. 12,21; Deut. 13,4; Deut. 13,4; Deut. 13,5; Deut. 13,6; Deut. 13,6; Deut. 13,7; Deut. 13,8; Deut. 13,8; Deut. 13,18; Deut. 13,19; Deut. 14,2; Deut. 15,2; Deut. 15,5; Deut. 15,9; Deut. 15,11; Deut. 15,11; Deut. 15,14; Deut. 16,3; Deut. 16,3; Deut. 16,13; Deut. 16,16; Deut. 17,18; Deut. 17,19; Deut. 17,20; Deut. 18,8; Deut. 18,8; Deut. 18,16; Deut. 19,2; Deut. 19,3; Deut. 19,4; Deut. 19,4; Deut. 19,6; Deut. 19,6; Deut. 19,12; Deut. 20,9; Deut. 20,14; Deut. 21,3; Deut. 21,4; Deut. 21,6; Deut. 21,6; Deut. 21,6; Deut. 21,13; Deut. 21,15; Deut. 21,16; Deut. 21,16; Deut. 21,17; Deut. 21,19; Deut. 21,20; Deut. 21,20; Deut. 21,21; Deut. 22,6; Deut. 22,15; Deut. 22,15; Deut. 22,16; Deut. 22,17; Deut. 22,17; Deut. 22,17; Deut. 22,18; Deut. 22,19; Deut. 22,21; Deut. 22,22; Deut. 22,24; Deut. 22,29; Deut. 23,5; Deut. 23,11; Deut. 23,13; Deut. 23,14; Deut. 23,21; Deut. 24,1; Deut. 24,3; Deut. 24,8; Deut. 25,8; Deut. 25,9; Deut. 25,15; Deut. 25,19; Deut. 26,2; Deut. 26,2; Deut. 26,7; Deut. 26,10; Deut. 26,12; Deut. 26,13; Deut. 26,14; Deut. 26,16; Deut. 26,16; Deut. 26,17; Deut. 27,10; Deut. 27,13; Deut. 28,1; Deut. 28,1; Deut. 28,2; Deut. 28,4; Deut. 28,4; Deut. 28,8; Deut.

28,9; Deut. 28,10; Deut. 28,11; Deut. 28,11; Deut. 28,11; Deut. 28,15; Deut. 28,18; Deut. 28,18; Deut. 28,21; Deut. 28,25; Deut. 28,26; Deut. 28,33; Deut. 28,35; Deut. 28,42; Deut. 28,45; Deut. 28,49; Deut. 28,49; Deut. 28,51; Deut. 28,53; Deut. 28,56; Deut. 28,62; Deut. 28,63; Deut. 28,64; Deut. 28,64; Deut. 28,67; Deut. 28,69; Deut. 28,69; Deut. 29,3; Deut. 29,6; Deut. 29,8; Deut. 29,10; Deut. 29,18; Deut. 29,18; Deut. 29,19; Deut. 29,19; Deut. 29,20; Deut. 29,21; Deut. 29,23; Deut. 29,27; Deut. 30,2; Deut. 30,2; Deut. 30,2; Deut. 30,6; Deut. 30,6; Deut. 30,8; Deut. 30,9; Deut. 30,9; Deut. 30,10; Deut. 30,10; Deut. 30,10; Deut. 30,13; Deut. 30,13; Deut. 30,18; Deut. 30,20; Deut. 30,20; Deut. 31,9; Deut. 31,13; Deut. 31,14; Deut. 31,14; Deut. 31,15; Deut. 31,15; Deut. 31,15; Deut. 31,16; Deut. 31,19; Deut. 31,25; Deut. 31,26; Deut. 31,26; Deut. 31,29; Deut. 31,29; Deut. 31,30; Deut. 32,13; Deut. 32,47; Deut. 33,1; Deut. 34,2; Deut. 34,2; Deut. 34,6; Josh. 1,4; Josh. 1,4; Josh. 1,5; Josh. 1,11; Josh. 2,11; Josh. 2,15; Josh. 2,18; Josh. 2,19; Josh. 3,2; Josh. 3,3; Josh. 3,6; Josh. 3,6; Josh. 3,8; Josh. 3,11; Josh. 3,13; Josh. 3,13; Josh. 3,14; Josh. 3,15; Josh. 3,15; Josh. 3,17; Josh. 4,7; Josh. 4,8; Josh. 4,9; Josh. 4,9; Josh. 4,10; Josh. 4,11; Josh. 4,16; Josh. 4,18; Josh. 4,18; Josh. 4,18; Josh. 4,19; Josh. 4,24; Josh. 5,1; Josh. 5,11; Josh. 5,12; Josh. 6,5; Josh. 6,8; Josh. 6,9; Josh. 6,9; Josh. 6,11; Josh. 6,12; Josh. 6,13; Josh. 6,13; Josh. 6,22; Josh. 6,23; Josh. 6,23; Josh. 6,25; Josh. 7,1; Josh. 7,5; Josh. 7,9; Josh. 7,23; Josh. 7,26; Josh. 7,26; Josh. 8,4; Josh. 8,4; Josh. 8,6; Josh. 8,7; Josh. 8,9; Josh. 8,11; Josh. 8,12; Josh. 8,14; Josh. 8,16; Josh. 8,20; Josh. 8,21; Josh. 8,21; Josh. 8,22; Josh. 8,22; Josh. 8,23; Josh. 8,24; Josh. 8,28; Josh. 8,29; Josh. 8,29; Josh. 9,1; Josh. 9,1; Josh. 8,33 # 9,2d; Josh. 8,33 # 9,2d; Josh. 9,10; Josh. 9,13; Josh. 9,15; Josh. 9,27; Josh. 10,11; Josh. 10,11; Josh. 10,27; Josh. 10,40; Josh. 10,41; Josh. 11,4; Josh. 11,8; Josh. 11,21; Josh. 12,1; Josh. 12,2; Josh. 12,2; Josh. 12,3; Josh. 12,3; Josh. 12,9; Josh. 12,18; Josh. 12,23; Josh. 13,3; Josh. 13,3; Josh. 13,5; Josh. 13,6; Josh. 13,7; Josh. 13,7; Josh. 13,9; Josh. 13,13; Josh. 13,14; Josh. 13,27; Josh. 13,31; Josh. 14,14; Josh. 14,15; Josh. 15,1; Josh. 15,1; Josh. 15,2; Josh. 15,2; Josh. 15,2; Josh. 15,2; Josh. 15,3; Josh. 15,5; Josh. 15,5; Josh. 15,7; Josh. 15,7; Josh. 15,11; Josh. 15,21; Josh. 15,63; Josh. 16,5; Josh. 16,9; Josh. 16,10; Josh. 17,5; Josh. 17,11; Josh. 18,19; Josh. 19,9; Josh. 19,10; Josh. 19,28; Josh. 19,47a; Josh. 19,51; Josh. 20,3; Josh. 20,8; Josh. 20,8; Josh. 20,8; Josh. 20,9; Josh. 21,5; Josh. 21,5; Josh. 21,6; Josh. 21,6; Josh. 21,6; Josh. 21,9; Josh. 21,12; Josh. 21,17; Josh. 21,23; Josh. 21,28; Josh. 21,30; Josh. 21,32; Josh. 21,34; Josh. 21,36; Josh. 21,38; Josh. 21,40; Josh. 21,42; Josh. 22,2; Josh. 22,3; Josh. 22,4; Josh. 22,5; Josh. 22,5; Josh. 22,17; Josh. 22,19; Josh. 22,19; Josh. 22,29; Josh. 22,30; Josh. 23,4; Josh. 23,4; Josh. 23,8; Josh. 23,9; Josh. 23,13; Josh. 23,13; Josh. 23,14; Josh. 23,15; Josh. 23,15; Josh. 24,15; Josh. 24,24; Josh. 24,25; Josh. 24,31a; Judg. 1,7; Judg. 1,16; Judg. 1,17; Judg. 1,21; Judg. 1,23; Judg. 1,24; Judg. 1,24; Judg. 1,25; Judg. 1,26; Judg. 1,36; Judg. 2,2; Judg. 2,9; Judg. 2,17; Judg. 2,19; Judg. 2,19; Judg. 2,20; Judg. 3,19; Judg. 3,22; Judg. 3,22; Judg. 3,22; Judg. 3,28; Judg. 4,2; Judg. 4,7; Judg. 4,16; Judg. 4,20; Judg. 4,21; Judg. 5,20; Judg. 5,28; Judg. 5,28; Judg. 6,4; Judg. 6,10; Judg. 6,21; Judg. 6,21; Judg. 6,21; Judg. 6,24; Judg. 6,26; Judg. 6,27; Judg. 6,28; Judg. 6,30; Judg. 7,12; Judg. 7,13; Judg. 7,17; Judg. 7,18; Judg. 7,19; Judg. 7,19; Judg. 7,19; Judg. 7,21; Judg. 7,22; Judg. 8,7; Judg. 8,11; Judg. 8,16; Judg. 8,16; Judg. 8,17; Judg. 8,19; Judg. 9,1; Judg. 9,1; Judg. 9,3; Judg. 9,6; Judg. 9,7; Judg. 9,15; Judg. 9,16; Judg. 9,18; Judg. 9,30; Judg. 9,35; Judg. 9,35; Judg. 9,37; Judg. 9,40; Judg. 9,43; Judg. 9,44; Judg. 9,51; Judg. 9,51; Judg. 9,52; Judg. 10,4; Judg. 11,2; Judg. 11,17; Judg. 11,18; Judg. 11,19; Judg. 11,22; Judg. 13,2; Judg. 13,5; Judg. 13,7; Judg. 13,9; Judg. 13,11; Judg. 14,9; Judg. 14,18; Judg. 15,11; Judg. 15,13; Judg. 15,17; Judg. 15,19; Judg. 15,19; Judg. 16,2; Judg. 16,2; Judg. 16,3; Judg. 16,3; Judg. 16,13; Judg. 16,14; Judg. 16,14; Judg. 16,19; Judg. 16,21; Judg. 16,22; Judg. 16,25; Judg. 17,3; Judg. 17,7; Judg. 17,8; Judg. 18,12; Judg. 18,29; Judg. 18,30; Judg. 18,30; Judg. 18,30; Judg. 19,3; Judg. 19,4; Judg. 19,5; Judg. 19,6; Judg. 19,8; Judg. 19,9; Judg. 19,14; Judg. 19,15; Judg. 19,17; Judg. 19,18; Judg. 19,22; Judg. 19,22; Judg. 19,23; Judg. 19,24; Judg. 19,25; Judg. 19,29; Judg. 19,30; Judg. 19,30; Judg. 19,30; Judg. 19,30; Judg. 20,4; Judg. 20,4; Judg. 20,4; Judg. 20,5; Judg. 20,6; Judg. 20,13; Judg. 20,21; Judg. 20,25; Judg. 20,31; Judg. 20,32; Judg. 20,33; Judg. 20,34; Judg. 20,38; Judg. 20,40; Judg. 20,40; Judg. 20,42; Judg. 20,43; Judg. 21,10; Judg. 21,16; Judg. 21,19; Judg. 21,19; Ruth 1,1; Ruth 1,2; Ruth 1,3; Ruth 1,15; Ruth 2,1; Ruth 2,11; Ruth 2,13; Ruth 2,23; Ruth 3,7; Ruth 4,2; Ruth 4,5; Ruth 4,5; Ruth 4,10; Ruth 4,10; Ruth 4,12; 1Sam. 1,6; 1Sam. 1,11; 1Sam. 1,21; 1Sam. 2,10; 1Sam. 2,20; 1Sam. 2,25; 1Sam. 3,21; 1Sam. 4,4; 1Sam. 4,6; 1Sam. 4,12; 1Sam. 4,12; 1Sam. 4,13; 1Sam. 4,14; 1Sam. 4,14; 1Sam. 4,16; 1Sam. 4,16; 1Sam. 4,18; 1Sam. 4,18; 1Sam. 4,21; 1Sam. 5,5; 1Sam. 5,6; 1Sam. 5,9; 1Sam. 5,12; 1Sam. 6,3; 1Sam. 6,4; 1Sam. 6,5; 1Sam. 6,8; 1Sam. 6,14; 1Sam. 6,17; 1Sam. 6,17; 1Sam. 6,17; 1Sam. 6,17; 1Sam. 6,17; 1Sam. 6,17; 1Sam. 7,12; 1Sam. 7,15; 1Sam. 8,3; 1Sam. 8,7; 1Sam. 8,8; 1Sam. 8,9; 1Sam. 8,22; 1Sam. 9,4; 1Sam. 9,4; 1Sam. 9,4; 1Sam. 9,11; 1Sam. 9,14; 1Sam. 9,18; 1Sam. 9,21; 1Sam. 9,21; 1Sam. 9,25; 1Sam. 9,27; 1Sam. 10,3; 1Sam. 10,4; 1Sam. 10,5; 1Sam. 10,8; 1Sam. 10,16; 1Sam. 11,11; 1Sam. 12,2; 1Sam. 12,14; 1Sam. 12,15; 1Sam. 14,4; 1Sam. 14,45; 1Sam. 14,45; 1Sam. 15,1; 1Sam. 15,19; 1Sam. 15,20; 1Sam. 15,24; 1Sam. 15,27; 1Sam. 16,4; 1Sam. 16,13; 1Sam. 17,1; 1Sam. 17,4; 1Sam. 17,5; 1Sam. 17,34; 1Sam. 17,37; 1Sam. 17,44; 1Sam. 17,46; 1Sam. 17,49; 1Sam. 17,52; 1Sam. 18,9; 1Sam. 19,6; 1Sam. 19,12; 1Sam. 19,15; 1Sam. 19,16; 1Sam. 20,15; 1Sam. 20,25; 1Sam. 20,29; 1Sam. 20,31; 1Sam. 20,34; 1Sam. 20,37; 1Sam. 21,7; 1Sam. 21,12; 1Sam. 21,14; 1Sam. 21,14; 1Sam. 22,3; 1Sam. 23,19; 1Sam. 23,23; 1Sam. 24,4; 1Sam. 24,5; 1Sam. 24,5; 1Sam. 24,6; 1Sam. 24,12; 1Sam. 25,14; 1Sam. 25,23; 1Sam. 25,24; 1Sam. 25,28; 1Sam. 25,29; 1Sam. 25,29; 1Sam. 25,31; 1Sam. 25,35; 1Sam. 26,1; 1Sam. 26,3; 1Sam. 27,6; 1Sam. 27,6; 1Sam. 27,10; 1Sam. 28,3; 1Sam. 28,9; 1Sam. 28,13; 1Sam. 28,14; 1Sam. 28,21; 1Sam. 28,22; 1Sam. 28,23; 1Sam. 28,23; 1Sam. 29,3; 1Sam. 29,4; 1Sam. 29,6; 1Sam. 29,8; 1Sam. 30,14; 1Sam. 30,16; 1Sam. 30,25; 1Sam. 30,25; 1Sam. 31,7; 1Sam. 31,11; 2Sam. 1,2; 2Sam. 1,2; 2Sam. 1,3; 2Sam. 2,4; 2Sam. 2,4; 2Sam. 2,5; 2Sam. 2,8; 2Sam. 3,2; 2Sam. 3,2; 2Sam. 3,3; 2Sam. 3,3; 2Sam. 3,4; 2Sam. 3,5; 2Sam. 3,22; 2Sam. 3,27; 2Sam. 3,31; 2Sam. 4,3; 2Sam. 4,5; 2Sam. 4,5; 2Sam. 4,7; 2Sam. 4,11; 2Sam. 4,11; 2Sam. 4,12; 2Sam. 5,9; 2Sam. 5,25; 2Sam. 6,4; 2Sam. 6,8; 2Sam. 6,12; 2Sam. 6,16; 2Sam. 6,16; 2Sam. 6,17; 2Sam. 6,23; 2Sam. 7,2; 2Sam. 7,6; 2Sam. 7,8; 2Sam. 7,9; 2Sam. 7,12; 2Sam. 7,29; 2Sam. 8,8; 2Sam. 8,12; 2Sam. 8,12; 2Sam. 8,16; 2Sam. 9,4; 2Sam. 9,5; 2Sam. 9,7; 2Sam. 9,10; 2Sam. 9,11; 2Sam. 9,13; 2Sam. 10,8; 2Sam. 10,16; 2Sam. 10,18; 2Sam. 10,18; 2Sam. 11,1; 2Sam. 11,2; 2Sam. 11,11; 2Sam. 11,13; 2Sam. 11,17; 2Sam. 11,23; 2Sam. 11,23; 2Sam. 12,16; 2Sam. 12,17; 2Sam. 12,18; 2Sam. 12,20; 2Sam. 12,26; 2Sam. 12,30; 2Sam. 12,30; 2Sam. 12,30; 2Sam. 13,5; 2Sam. 13,6; 2Sam. 13,10; 2Sam. 13,14; 2Sam. 13,16; 2Sam. 13,32; 2Sam. 13,34; 2Sam. 13,34; 2Sam. 14,7; 2Sam. 14,7; 2Sam. 14,11; 2Sam. 14,14; 2Sam. 14,15; 2Sam. 14,19; 2Sam. 14,26; 2Sam. 15,2; 2Sam. 15,2; 2Sam. 15,10; 2Sam. 15,12; 2Sam. 15,18; 2Sam. 15,24; 2Sam. 15,28; 2Sam. 15,32; 2Sam. 16,1; 2Sam. 16,11; 2Sam. 16,12; 2Sam. 17,11; 2Sam. 17,16; 2Sam. 17,25; 2Sam. 18,4; 2Sam. 18,8; 2Sam. 18,9; 2Sam. 18,9;

ȯ

2Sam. 18,9; 2Sam. 18,14; 2Sam. 18,18; 2Sam. 18,24; 2Sam. 19,1; 2Sam. 19,10; 2Sam. 19,10; 2Sam. 19,25; 2Sam. 19,25; 2Sam. 19,38; 2Sam. 20,8; 2Sam. 20,12; 2Sam. 20,12; 2Sam. 20,13; 2Sam. 20,17; 2Sam. 20,21; 2Sam. 20,22; 2Sam. 21,12; 2Sam. 22,1; 2Sam. 22,16; 2Sam. 22,24; 2Sam. 22,47; 2Sam. 23,12; 2Sam. 23,20; 2Sam. 23,21; 2Sam. 24,2; 2Sam. 24,4; 2Sam. 24,4; 2Sam. 24,5; 2Sam. 24,5; 2Sam. 24,5; 2Sam. 24,9; 1Kings 1,9; 1Kings 1,19; 1Kings 1,25; 1Kings 1,39; 1Kings 1,41; 1Kings 1,41; 1Kings 1,46; 1Kings 2,2; 1Kings 2,23; 1Kings 2,26; 1Kings 2,32; 1Kings 2,35e; 1Kings 2,35f; 1Kings 2,37; 1Kings 2,46a; 1Kings 2,46b; 1Kings 2,46h; 1Kings 3,19; 1Kings 3,20; 1Kings 4,6; 1Kings 5,13; 1Kings 5,13; 1Kings 5,13; 1Kings 5,13; 1Kings 5,14; 1Kings 5,14; 1Kings 5,14; 1Kings 6,1; 1Kings 6,8; 1Kings 6,8; 1Kings 6,8; 1Kings 6,36a; 1Kings 7,2; 1Kings 7,2; 1Kings 7,13; 1Kings 7,14; 1Kings 7,14; 1Kings 7,20; 1Kings 7,20; 1Kings 7,20; 1Kings 7,21; 1Kings 7,21; 1Kings 7,21; 1Kings 7,21; 1Kings 7,24; 1Kings 7,24; 1Kings 7,25; 1Kings 7,25; 1Kings 7,25; 1Kings 7,30; 1Kings 7,33; 1Kings 7,34; 1Kings 7,49; 1Kings 7,49; 1Kings 8,5; 1Kings 8,7; 1Kings 8,9; 1Kings 8,11; 1Kings 8,17; 1Kings 8,23; 1Kings 8,27; 1Kings 8,28; 1Kings 8,29; 1Kings 8,30; 1Kings 8,30; 1Kings 8,40; 1Kings 8,44; 1Kings 8,45; 1Kings 8,45; 1Kings 8,48; 1Kings 8,53; 1Kings 8,53a; 1Kings 8,60; 1Kings 8,64; 1Kings 8,65; 1Kings 9,3; 1Kings 9,3; 1Kings 9,3; 1Kings 9,5; 1Kings 9,7; 1Kings 9,13; 1Kings 9,26; 1Kings 10,6; 1Kings 10,12; 1Kings 10,12; 1Kings 10,15; 1Kings 10,19; 1Kings 10,22a # 9,15; 1Kings 10,22a # 9,15; 1Kings 10,22b # 9,20; 1Kings 10,23; 1Kings 10,24; 1Kings 10,24; 1Kings 11,14; 1Kings 11,15; 1Kings 11,16; 1Kings 11,18; 1Kings 11,19; 1Kings 11,21; 1Kings 11,26; 1Kings 11,27; 1Kings 11,29; 1Kings 11,34; 1Kings 12,4; 1Kings 12,4; 1Kings 12,10; 1Kings 12,19; 1Kings 12,24a; 1Kings 12,24b; 1Kings 12,24e; 1Kings 12,24g; 1Kings 12,24p; 1Kings 12,30; 1Kings 13,20; 1Kings 13,26; 1Kings 13,33; 1Kings 13,34; 1Kings 14,21; 1Kings 15,2; 1Kings 15,5; 1Kings 15,10; 1Kings 15,12; 1Kings 15,20; 1Kings 15,22; 1Kings 16,2; 1Kings 16,9; 1Kings 16,9; 1Kings 16,16; 1Kings 16,28a; 1Kings 16,28d; 1Kings 17,1; 1Kings 17,7; 1Kings 17,9; 1Kings 17,10; 1Kings 17,14; 1Kings 17,17; 1Kings 17,17; 1Kings 17,19; 1Kings 17,20; 1Kings 18,1; 1Kings 18,19; 1Kings 18,25; 1Kings 18,43; 1Kings 19,8; 1Kings 19,15; 1Kings 20,4; 1Kings 20,11; 1Kings 20,13; 1Kings 21,19; 1Kings 21,25; 1Kings 21,36; 1Kings 21,38; 1Kings 21,39; 1Kings 21,42; 1Kings 22,26; 1Kings 22,35; 1Kings 22,35; 1Kings 22,53; 2Kings 1,2; 2Kings 1,9; 2Kings 2,3; 2Kings 2,5; 2Kings 2,19; 2Kings 2,19; 2Kings 2,22; 2Kings 2,23; 2Kings 3,20; 2Kings 3,23; 2Kings 4,13; 2Kings 5,1; 2Kings 5,2; 2Kings 5,3; 2Kings 5,6; 2Kings 5,7; 2Kings 5,17; 2Kings 5,17; 2Kings 5,18; 2Kings 5,19; 2Kings 6,27; 2Kings 6,27; 2Kings 6,30; 2Kings 6,30; 2Kings 7,3; 2Kings 7,5; 2Kings 7,8; 2Kings 7,10; 2Kings 7,12; 2Kings 7,12; 2Kings 7,17; 2Kings 8,6; 2Kings 8,8; 2Kings 8,9; 2Kings 8,22; 2Kings 8,26; 2Kings 9,5; 2Kings 9,15; 2Kings 9,22; 2Kings 9,24; 2Kings 9,30; 2Kings 10,5; 2Kings 10,6; 2Kings 10,6; 2Kings 10,8; 2Kings 10,9; 2Kings 10,13; 2Kings 10,15; 2Kings 10,24; 2Kings 10,27; 2Kings 11,1; 2Kings 11,3; 2Kings 11,6; 2Kings 11,11; 2Kings 11,11; 2Kings 11,11; 2Kings 11,11; 2Kings 11,14; 2Kings 11,15; 2Kings 11,18; 2Kings 11,19; 2Kings 11,20; 2Kings 12,2; 2Kings 12,2; 2Kings 12,6; 2Kings 12,10; 2Kings 14,2; 2Kings 14,7; 2Kings 14,13; 2Kings 14,25; 2Kings 14,25; 2Kings 15,5; 2Kings 15,33; 2Kings 16,6; 2Kings 16,18; 2Kings 17,23; 2Kings 17,23; 2Kings 17,25; 2Kings 17,26; 2Kings 17,26; 2Kings 17,27; 2Kings 17,34; 2Kings 17,41; 2Kings 18,12; 2Kings 18,17; 2Kings 18,17; 2Kings 19,15; 2Kings 19,19; 2Kings 19,23; 2Kings 19,34; 2Kings 20,5; 2Kings 20,6; 2Kings 20,17; 2Kings 21,8; 2Kings 21,14; 2Kings 21,15; 2Kings 21,24; 2Kings 21,24; 2Kings 23,2; 2Kings 23,3; 2Kings 23,4; 2Kings 23,8; 2Kings 23,8; 2Kings 23,8; 2Kings 23,17; 2Kings 23,21; 2Kings 23,30; 2Kings 23,35; 2Kings 24,7; 2Kings 24,12; 2Kings 24,14; 2Kings 24,15; 2Kings 24,16; 2Kings 25,1; 2Kings 25,3; 2Kings 25,4; 2Kings 25,12; 2Kings 25,18; 2Kings 25,19; 2Kings 25,19; 2Kings 25,19; 2Kings 25,19; 2Kings 25,21; 2Kings 25,23; 2Kings 25,27; 2Kings 25,27; 2Kings 25,29; 2Kings 25,29; 2Kings 25,30; 1Chr. 1,10; 1Chr. 1,36; 1Chr. 1,45; 1Chr. 1,48; 1Chr. 2,3; 1Chr. 2,3; 1Chr. 2,29; 1Chr. 2,54; 1Chr. 3,3; 1Chr. 4,19; 1Chr. 4,39; 1Chr. 4,41; 1Chr. 4,43; 1Chr. 5,9; 1Chr. 5,10; 1Chr. 5,22; 1Chr. 5,25; 1Chr. 5,26; 1Chr. 6,16; 1Chr. 6,17; 1Chr. 6,41; 1Chr. 6,46; 1Chr. 6,56; 1Chr. 8,9; 1Chr. 8,11; 1Chr. 9,19; 1Chr. 9,19; 1Chr. 9,19; 1Chr. 9,21; 1Chr. 9,21; 1Chr. 9,23; 1Chr. 9,28; 1Chr. 9,29; 1Chr. 9,31; 1Chr. 9,32; 1Chr. 11,14; 1Chr. 11,23; 1Chr. 12,9; 1Chr. 12,15; 1Chr. 12,24; 1Chr. 12,29; 1Chr. 13,9; 1Chr. 13,11; 1Chr. 15,23; 1Chr. 15,24; 1Chr. 15,24; 1Chr. 15,25; 1Chr. 15,26; 1Chr. 15,29; 1Chr. 16,1; 1Chr. 16,4; 1Chr. 16,6; 1Chr. 16,6; 1Chr. 16,35; 1Chr. 16,37; 1Chr. 16,37; 1Chr. 16,37; 1Chr. 17,5; 1Chr. 17,5; 1Chr. 17,7; 1Chr. 17,8; 1Chr. 17,11; 1Chr. 17,21; 1Chr. 18,8; 1Chr. 18,15; 1Chr. 19,4; 1Chr. 19,9; 1Chr. 20,1; 1Chr. 20,2; 1Chr. 20,2; 1Chr. 21,2; 1Chr. 21,5; 1Chr. 21,16; 1Chr. 21,21; 1Chr. 21,22; 1Chr. 21,26; 1Chr. 21,30; 1Chr. 22,5; 1Chr. 22,8; 1Chr. 23,29; 1Chr. 23,29; 1Chr. 25,1; 1Chr. 26,11; 1Chr. 26,11; 1Chr. 26,16; 1Chr. 26,17; 1Chr. 26,17; 1Chr. 26,26; 1Chr. 26,29; 1Chr. 26,29; 1Chr. 26,30; 1Chr. 26,31; 1Chr. 26,31; 1Chr. 27,2; 1Chr. 27,2; 1Chr. 27,2; 1Chr. 27,3; 1Chr. 27,4; 1Chr. 27,4; 1Chr. 27,5; 1Chr. 27,6; 1Chr. 27,7; 1Chr. 27,8; 1Chr. 27,9; 1Chr. 27,10; 1Chr. 27,11; 1Chr. 27,12; 1Chr. 27,13; 1Chr. 27,14; 1Chr. 27,15; 1Chr. 28,1; 1Chr. 28,2; 1Chr. 28,2; 1Chr. 28,13; 1Chr. 28,14; 1Chr. 28,16; 1Chr. 28,18; 1Chr. 28,19; 1Chr. 29,10; 1Chr. 29,11; 1Chr. 29,13; 1Chr. 29,21; 1Chr. 29,30; 1Chr. 29,30; 1Chr. 29,30; 2Chr. 1,5; 2Chr. 1,9; 2Chr. 1,13; 2Chr. 3,2; 2Chr. 3,11; 2Chr. 3,12; 2Chr. 4,17; 2Chr. 5,6; 2Chr. 5,8; 2Chr. 5,9; 2Chr. 5,14; 2Chr. 6,5; 2Chr. 6,9; 2Chr. 6,13; 2Chr. 6,14; 2Chr. 6,18; 2Chr. 6,19; 2Chr. 6,19; 2Chr. 6,20; 2Chr. 6,21; 2Chr. 6,21; 2Chr. 6,28; 2Chr. 6,31; 2Chr. 6,33; 2Chr. 6,34; 2Chr. 6,35; 2Chr. 6,35; 2Chr. 6,38; 2Chr. 6,39; 2Chr. 6,39; 2Chr. 6,41; 2Chr. 7,7; 2Chr. 7,7; 2Chr. 7,12; 2Chr. 7,18; 2Chr. 7,20; 2Chr. 8,8; 2Chr. 9,5; 2Chr. 9,6; 2Chr. 9,14; 2Chr. 9,14; 2Chr. 9,18; 2Chr. 9,23; 2Chr. 9,23; 2Chr. 9,28; 2Chr. 10,4; 2Chr. 10,4; 2Chr. 10,10; 2Chr. 10,19; 2Chr. 11,14; 2Chr. 11,22; 2Chr. 12,2; 2Chr. 12,8; 2Chr. 12,8; 2Chr. 12,13; 2Chr. 13,1; 2Chr. 13,9; 2Chr. 13,11; 2Chr. 13,11; 2Chr. 13,11; 2Chr. 13,12; 2Chr. 14,6; 2Chr. 14,12; 2Chr. 15,8; 2Chr. 15,10; 2Chr. 15,12; 2Chr. 15,12; 2Chr. 15,15; 2Chr. 15,19; 2Chr. 16,1; 2Chr. 16,4; 2Chr. 16,6; 2Chr. 16,7; 2Chr. 16,12; 2Chr. 16,13; 2Chr. 16,14; 2Chr. 17,6; 2Chr. 17,7; 2Chr. 17,10; 2Chr. 18,2; 2Chr. 18,3; 2Chr. 18,25; 2Chr. 19,3; 2Chr. 19,6; 2Chr. 20,2; 2Chr. 20,5; 2Chr. 20,5; 2Chr. 20,9; 2Chr. 20,11; 2Chr. 20,16; 2Chr. 20,21; 2Chr. 20,22; 2Chr. 20,22; 2Chr. 20,24; 2Chr. 20,24; 2Chr. 20,26; 2Chr. 20,26; 2Chr. 20,29; 2Chr. 21,10; 2Chr. 21,15; 2Chr. 21,19; 2Chr. 22,9; 2Chr. 22,10; 2Chr. 22,12; 2Chr. 23,10; 2Chr. 23,10; 2Chr. 23,10; 2Chr. 23,10; 2Chr. 23,13; 2Chr. 23,13; 2Chr. 23,14; 2Chr. 23,15; 2Chr. 23,17; 2Chr. 23,17; 2Chr. 23,20; 2Chr. 23,20; 2Chr. 23,20; 2Chr. 23,20; 2Chr. 23,21; 2Chr. 24,25; 2Chr. 25,13; 2Chr. 25,16; 2Chr. 26,1; 2Chr. 26,7; 2Chr. 26,9; 2Chr. 26,9; 2Chr. 26,21; 2Chr. 26,21; 2Chr. 26,21; 2Chr. 26,23; 2Chr. 27,1; 2Chr. 28,9; 2Chr. 28,14; 2Chr. 28,15; 2Chr. 28,18; 2Chr. 29,3; 2Chr. 29,6; 2Chr. 29,18; 2Chr. 29,18; 2Chr. 29,20; 2Chr. 29,21; 2Chr. 29,23; 2Chr. 29,32; 2Chr. 29,35; 2Chr. 29,35; 2Chr. 30,4; 2Chr. 30,17; 2Chr. 31,1; 2Chr. 31,16; 2Chr. 32,3; 2Chr. 32,4; 2Chr. 32,6; 2Chr. 32,6; 2Chr. 32,13; 2Chr. 32,17; 2Chr. 32,19; 2Chr. 32,26; 2Chr. 32,30; 2Chr. 32,31; 2Chr. 33,8; 2Chr. 33,11; 2Chr. 33,13; 2Chr. 33,14; 2Chr. 33,14; 2Chr. 33,15;

O, o

2Chr. 33,25; 2Chr. 33,25; 2Chr. 34,3; 2Chr. 34,3; 2Chr. 34,7; 2Chr. 34,8; 2Chr. 34,8; 2Chr. 34,30; 2Chr. 34,31; 2Chr. 34,33; 2Chr. 35,7; 2Chr. 35,15; 2Chr. 35,15; 2Chr. 35,19; 2Chr. 35,25; 2Chr. 36,1; 2Chr. 36,2a; 2Chr. 36,4a; 2Chr. 36,5; 2Chr. 36,5b; 2Chr. 36,14; 2Chr. 36,21; 2Chr. 36,23; 1Esdr. 1,3; 1Esdr. 1,15; 1Esdr. 1,16; 1Esdr. 1,24; 1Esdr. 1,28; 1Esdr. 1,28; 1Esdr. 1,30; 1Esdr. 1,31; 1Esdr. 1,31; 1Esdr. 1,31; 1Esdr. 1,31; 1Esdr. 1,35; 1Esdr. 1,37; 1Esdr. 1,40; 1Esdr. 1,44; 1Esdr. 1,55; 1Esdr. 2,2; 1Esdr. 2,5; 1Esdr. 2,8; 1Esdr. 2,11; 1Esdr. 2,13; 1Esdr. 2,24; 1Esdr. 2,26; 1Esdr. 3,1; 1Esdr. 3,1; 1Esdr. 3,2; 1Esdr. 3,2; 1Esdr. 3,9; 1Esdr. 3,14; 1Esdr. 3,14; 1Esdr. 3,17; 1Esdr. 4,1; 1Esdr. 4,13; 1Esdr. 4,15; 1Esdr. 4,15; 1Esdr. 4,21; 1Esdr. 4,30; 1Esdr. 4,34; 1Esdr. 4,40; 1Esdr. 4,49; 1Esdr. 4,49; 1Esdr. 4,53; 1Esdr. 5,5; 1Esdr. 5,6; 1Esdr. 5,7; 1Esdr. 5,7; 1Esdr. 5,7; 1Esdr. 5,39; 1Esdr. 5,49; 1Esdr. 5,49; 1Esdr. 5,50; 1Esdr. 5,52; 1Esdr. 5,54; 1Esdr. 5,63; 1Esdr. 5,64; 1Esdr. 5,69; 1Esdr. 5,70; 1Esdr. 5,71; 1Esdr. 5,71; 1Esdr. 6,1; 1Esdr. 6,6; 1Esdr. 6,8; 1Esdr. 6,8; 1Esdr. 6,21; 1Esdr. 6,26; 1Esdr. 6,27; 1Esdr. 6,27; 1Esdr. 6,28; 1Esdr. 6,30; 1Esdr. 7,5; 1Esdr. 7,6; 1Esdr. 7,10; 1Esdr. 7,11; 1Esdr. 7,12; 1Esdr. 7,13; 1Esdr. 7,13; 1Esdr. 8,13; 1Esdr. 8,51; 1Esdr. 8,60; 1Esdr. 8,63; 1Esdr. 8,66; 1Esdr. 8,67; 1Esdr. 8,67; 1Esdr. 8,67; 1Esdr. 8,68; 1Esdr. 8,69; 1Esdr. 8,70; 1Esdr. 8,73; 1Esdr. 8,74; 1Esdr. 8,74; 1Esdr. 8,76; 1Esdr. 8,80; 1Esdr. 8,80; 1Esdr. 8,82; 1Esdr. 8,84; 1Esdr. 8,89; 1Esdr. 9,1; 1Esdr. 9,3; 1Esdr. 9,4; 1Esdr. 9,5; 1Esdr. 9,9; 1Esdr. 9,15; 1Esdr. 9,17; 1Esdr. 9,20; Ezra 1,2; Ezra 1,11; Ezra 2,1; Ezra 2,1; Ezra 2,1; Ezra 2,62; Ezra 3,8; Ezra 3,13; Ezra 3,13; Ezra 4,1; Ezra 4,4; Ezra 4,10; Ezra 4,11; Ezra 4,20; Ezra 4,21; Ezra 4,24; Ezra 5,11; Ezra 5,17; Ezra 6,2; Ezra 6,11; Ezra 6,19; Ezra 6,20; Ezra 6,21; Ezra 6,21; Ezra 6,21; Ezra 8,35; Ezra 8,35; Ezra 9,3; Ezra 9,4; Ezra 9,4; Ezra 9,4; Ezra 9,7; Ezra 9,12; Ezra 10,2; Ezra 10,6; Ezra 10,7; Ezra 10,8; Ezra 10,11; Ezra 10,16; Neh. 1,2; Neh. 1,3; Neh. 2,8; Neh. 2,13; Neh. 2,15; Neh. 3,13; Neh. 3,13; Neh. 3,14; Neh. 3,16; Neh. 3,16; Neh. 3,19; Neh. 3,19; Neh. 3,20; Neh. 3,24; Neh. 3,24; Neh. 3,25; Neh. 3,25; Neh. 3,25; Neh. 3,29; Neh. 3,29; Neh. 3,31; Neh. 3,32; Neh. 3,32; Neh. 4,10; Neh. 4,14; Neh. 4,17; Neh. 5,14; Neh. 5,18; Neh. 7,2; Neh. 7,5; Neh. 7,6; Neh. 7,6; Neh. 7,64; Neh. 7,64; Neh. 8,2; Neh. 8,3; Neh. 8,3; Neh. 8,16; Neh. 8,17; Neh. 8,17; Neh. 8,18; Neh. 8,18; Neh. 8,18; Neh. 8,18; Neh. 9,7; Neh. 9,10; Neh. 9,11; Neh. 9,19; Neh. 9,24; Neh. 9,30; Neh. 9,32; Neh. 10,29; Neh. 10,31; Neh. 10,32; Neh. 10,36; Neh. 10,39; Neh. 11,3; Neh. 11,9; Neh. 12,28; Neh. 12,31; Neh. 12,39; Neh. 12,39; Neh. 12,39; Neh. 12,39; Neh. 12,40; Neh. 13,29; Neh. 13,29; Esth. 11,4 # 1,1c; Esth. 11,4 # 1,1c; Esth. 11,5 # 1,1d; Esth. 11,8 # 1,1g; Esth. 11,10 # 1,1i; Esth. 11,12 # 1,1l; Esth. 1,1 # 1,1s; Esth. 1,4; Esth. 1,4; Esth. 1,17; Esth. 2,1; Esth. 2,3; Esth. 2,12; Esth. 2,15; Esth. 2,16; Esth. 2,22; Esth. 2,23; Esth. 3,7; Esth. 3,12; Esth. 13,1 # 3,13a; Esth. 13,1 # 3,13a; Esth. 13,1 # 3,13a; Esth. 13,2 # 3,13b; Esth. 4,1; Esth. 4,1; Esth. 4,2; Esth. 4,4; Esth. 4,11; Esth. 13,17 # 4,17h; Esth. 14,1 # 4,17k; Esth. 14,16 # 4,17w; Esth. 14,16 # 4,17w; Esth. 15,1; Esth. 15,6 # 5,1c; Esth. 15,6 # 5,1c; Esth. 15,7 # 5,1d; Esth. 15,7 # 5,1d; Esth. 15,13 # 5,2a; Esth. 5,3; Esth. 5,11; Esth. 6,4; Esth. 6,9; Esth. 6,9; Esth. 6,11; Esth. 6,11; Esth. 7,2; Esth. 7,4; Esth. 7,6; Esth. 8,6; Esth. 8,9; Esth. 8,9; Esth. 16,1 # 8,12a; Esth. 16,2 # 8,12b; Esth. 16,2 # 8,12b; Esth. 16,6 # 8,12f; Esth. 16,10 # 8,12k; Esth. 16,12 # 8,12m; Esth. 16,13 # 8,12n; Esth. 16,19 # 8,12s; Esth. 16,22 # 8,12u; Esth. 9,14; Esth. 9,26; Esth. 9,29; Esth. 9,31; Esth. 10,1; Esth. 10,1; Esth. 10,2; Judith 1,1; Judith 1,7; Judith 1,10; Judith 1,12; Judith 1,12; Judith 1,15; Judith 2,2; Judith 2,2; Judith 2,4; Judith 2,5; Judith 2,7; Judith 2,7; Judith 2,9; Judith 2,12; Judith 2,14; Judith 2,19; Judith 2,20; Judith 2,21; Judith 2,23; Judith 2,23; Judith 2,25; Judith 2,25; Judith 3,8; Judith 3,9; Judith 3,9; Judith 3,10; Judith 4,3; Judith 4,3; Judith 4,3; Judith 4,7; Judith 4,7; Judith 4,12; Judith 4,13; Judith 5,1; Judith 5,2; Judith 5,3; Judith 5,9; Judith 5,10; Judith 5,18; Judith 5,19; Judith 5,21; Judith 5,24; Judith 6,1; Judith 6,2; Judith 6,4; Judith 6,5; Judith 6,6; Judith 6,11; Judith 6,11; Judith 6,12; Judith 6,12; Judith 6,14; Judith 6,14; Judith 6,15; Judith 6,16; Judith 6,17; Judith 6,21; Judith 7,1; Judith 7,2; Judith 7,3; Judith 7,4; Judith 7,7; Judith 7,8; Judith 7,12; Judith 7,12; Judith 7,12; Judith 7,12; Judith 7,13; Judith 7,14; Judith 7,18; Judith 7,22; Judith 7,22; Judith 7,23; Judith 7,29; Judith 7,32; Judith 8,2; Judith 8,2; Judith 8,5; Judith 8,6; Judith 8,10; Judith 8,14; Judith 8,17; Judith 8,22; Judith 8,22; Judith 8,26; Judith 8,26; Judith 8,27; Judith 8,29; Judith 8,33; Judith 8,33; Judith 8,36; Judith 9,1; Judith 9,4; Judith 9,8; Judith 9,8; Judith 9,9; Judith 9,12; Judith 9,12; Judith 9,13; Judith 10,2; Judith 10,3; Judith 10,3; Judith 10,3; Judith 10,3; Judith 10,6; Judith 10,6; Judith 10,9; Judith 10,10; Judith 10,13; Judith 10,18; Judith 10,21; Judith 11,1; Judith 11,5; Judith 11,6; Judith 11,7; Judith 11,7; Judith 11,8; Judith 11,14; Judith 11,19; Judith 11,21; Judith 12,5; Judith 12,7; Judith 12,18; Judith 13,5; Judith 13,6; Judith 13,7; Judith 13,7; Judith 13,7; Judith 13,9; Judith 13,12; Judith 13,12; Judith 13,12; Judith 13,15; Judith 13,18; Judith 13,20; Judith 14,1; Judith 14,2; Judith 14,3; Judith 14,10; Judith 14,10; Judith 14,14; Judith 14,15; Judith 14,19; Judith 14,19; Judith 15,2; Judith 15,5; Judith 15,7; Judith 16,21; Judith 16,22; Tob. 1,1; Tob. 1,2; Tob. 1,3; Tob. 1,4; Tob. 1,4; Tob. 1,9; Tob. 1,14; Tob. 1,18; Tob. 1,20; Tob. 1,21; Tob. 2,6; Tob. 2,9; Tob. 3,6; Tob. 3,7; Tob. 3,13; Tob. 3,15; Tob. 3,16; Tob. 4,1; Tob. 4,3; Tob. 4,5; Tob. 4,5; Tob. 4,12; Tob. 4,19; Tob. 4,20; Tob. 5,5; Tob. 5,6; Tob. 5,14; Tob. 5,15; Tob. 5,18; Tob. 6,15; Tob. 6,17; Tob. 7,13; Tob. 7,16; Tob. 7,17; Tob. 7,17; Tob. 8,3; Tob. 8,4; Tob. 9,2; Tob. 10,1; Tob. 10,13; Tob. 11,3; Tob. 12,10; Tob. 12,12; Tob. 12,15; Tob. 13,7; Tob. 13,8; Tob. 14,4; Tob. 14,11; Tob. 14,12; Tob. 14,14; 1Mac. 1,2; 1Mac. 1,3; 1Mac. 1,22; 1Mac. 1,31; 1Mac. 1,44; 1Mac. 2,7; 1Mac. 2,9; 1Mac. 2,19; 1Mac. 2,40; 1Mac. 2,40; 1Mac. 2,47; 1Mac. 3,6; 1Mac. 3,13; 1Mac. 3,27; 1Mac. 3,29; 1Mac. 3,29; 1Mac. 3,32; 1Mac. 3,41; 1Mac. 3,49; 1Mac. 4,2; 1Mac. 4,4; 1Mac. 4,13; 1Mac. 4,15; 1Mac. 4,23; 1Mac. 4,34; 1Mac. 4,35; 1Mac. 4,35; 1Mac. 4,44; 1Mac. 4,50; 1Mac. 4,59; 1Mac. 4,61; 1Mac. 5,4; 1Mac. 5,11; 1Mac. 5,14; 1Mac. 5,18; 1Mac. 5,22; 1Mac. 5,23; 1Mac. 5,27; 1Mac. 5,31; 1Mac. 5,32; 1Mac. 5,36; 1Mac. 5,40; 1Mac. 5,46; 1Mac. 5,47; 1Mac. 5,48; 1Mac. 5,50; 1Mac. 5,51; 1Mac. 5,56; 1Mac. 5,58; 1Mac. 5,58; 1Mac. 5,59; 1Mac. 5,60; 1Mac. 6,3; 1Mac. 6,8; 1Mac. 6,10; 1Mac. 6,14; 1Mac. 6,18; 1Mac. 6,31; 1Mac. 6,32; 1Mac. 6,32; 1Mac. 6,38; 1Mac. 6,40; 1Mac. 6,42; 1Mac. 6,45; 1Mac. 6,47; 1Mac. 6,48; 1Mac. 6,49; 1Mac. 6,53; 1Mac. 6,56; 1Mac. 6,57; 1Mac. 6,57; 1Mac. 6,63; 1Mac. 7,6; 1Mac. 7,21; 1Mac. 7,24; 1Mac. 7,46; 1Mac. 8,4; 1Mac. 8,6; 1Mac. 8,9; 1Mac. 8,10; 1Mac. 8,10; 1Mac. 8,16; 1Mac. 8,22; 1Mac. 8,23; 1Mac. 8,32; 1Mac. 8,32; 1Mac. 9,6; 1Mac. 9,11; 1Mac. 9,11; 1Mac. 9,13; 1Mac. 9,14; 1Mac. 9,22; 1Mac. 9,25; 1Mac. 9,53; 1Mac. 9,54; 1Mac. 9,54; 1Mac. 9,61; 1Mac. 9,61; 1Mac. 9,63; 1Mac. 9,67; 1Mac. 9,71; 1Mac. 10,7; 1Mac. 10,9; 1Mac. 10,29; 1Mac. 10,30; 1Mac. 10,30; 1Mac. 10,30; 1Mac. 10,30; 1Mac. 10,32; 1Mac. 10,32; 1Mac. 10,37; 1Mac. 10,38; 1Mac. 10,46; 1Mac. 10,46; 1Mac. 10,52; 1Mac. 10,52; 1Mac. 10,63; 1Mac. 10,75; 1Mac. 10,76; 1Mac. 10,86; 1Mac. 11,1; 1Mac. 11,1; 1Mac. 11,8; 1Mac. 11,8; 1Mac. 11,9; 1Mac. 11,11; 1Mac. 11,13; 1Mac. 11,13; 1Mac. 11,20; 1Mac. 11,31; 1Mac. 11,33; 1Mac. 11,34; 1Mac. 11,34; 1Mac. 11,34; 1Mac. 11,41; 1Mac. 11,45; 1Mac. 11,45; 1Mac. 11,46; 1Mac. 11,46; 1Mac. 11,49; 1Mac. 11,49; 1Mac. 11,52; 1Mac. 11,56; 1Mac. 11,59; 1Mac. 11,60; 1Mac. 11,63; 1Mac. 11,70;

ὁ

1Mac. 11,73; 1Mac. 12,17; 1Mac. 12,17; 1Mac. 12,22; 1Mac. 12,27; 1Mac. 12,27; 1Mac. 12,36; 1Mac. 12,36; 1Mac. 12,36; 1Mac. 12,39; 1Mac. 13,5; 1Mac. 13,21; 1Mac. 13,21; 1Mac. 13,23; 1Mac. 13,28; 1Mac. 13,30; 1Mac. 13,32; 1Mac. 13,32; 1Mac. 13,33; 1Mac. 13,39; 1Mac. 13,47; 1Mac. 13,49; 1Mac. 14,2; 1Mac. 14,5; 1Mac. 14,5; 1Mac. 14,6; 1Mac. 14,7; 1Mac. 14,10; 1Mac. 14,11; 1Mac. 14,13; 1Mac. 14,17; 1Mac. 14,19; 1Mac. 14,21; 1Mac. 14,27; 1Mac. 14,28; 1Mac. 14,32; 1Mac. 14,33; 1Mac. 14,33; 1Mac. 14,34; 1Mac. 14,36; 1Mac. 14,37; 1Mac. 14,37; 1Mac. 14,37; 1Mac. 14,42; 1Mac. 15,1; 1Mac. 15,3; 1Mac. 15,3; 1Mac. 15,9; 1Mac. 15,14; 1Mac. 15,14; 1Mac. 15,21; 1Mac. 15,28; 1Mac. 15,28; 1Mac. 15,28; 1Mac. 15,28; 1Mac. 15,29; 1Mac. 15,30; 1Mac. 15,31; 1Mac. 15,33; 1Mac. 15,34; 1Mac. 15,38; 1Mac. 15,39; 1Mac. 15,41; 1Mac. 16,2; 1Mac. 16,4; 1Mac. 16,13; 1Mac. 16,14; 1Mac. 16,23; 2Mac. 1,1; 2Mac. 1,2; 2Mac. 1,2; 2Mac. 1,7; 2Mac. 1,7; 2Mac. 1,9; 2Mac. 1,13; 2Mac. 1,20; 2Mac. 1,23; 2Mac. 1,31; 2Mac. 1,33; 2Mac. 2,3; 2Mac. 2,9; 2Mac. 2,10; 2Mac. 2,11; 2Mac. 2,18; 2Mac. 2,24; 2Mac. 2,24; 2Mac. 2,26; 2Mac. 2,28; 2Mac. 2,29; 2Mac. 2,29; 2Mac. 2,30; 2Mac. 2,31; 2Mac. 2,31; 2Mac. 2,32; 2Mac. 2,32; 2Mac. 3,3; 2Mac. 3,4; 2Mac. 3,4; 2Mac. 3,9; 2Mac. 3,16; 2Mac. 3,32; 2Mac. 4,1; 2Mac. 4,2; 2Mac. 4,3; 2Mac. 4,4; 2Mac. 4,6; 2Mac. 4,9; 2Mac. 4,10; 2Mac. 4,14; 2Mac. 4,21; 2Mac. 4,22; 2Mac. 4,24; 2Mac. 4,25; 2Mac. 4,27; 2Mac. 4,28; 2Mac. 4,29; 2Mac. 4,33; 2Mac. 4,39; 2Mac. 4,39; 2Mac. 4,41; 2Mac. 4,44; 2Mac. 4,47; 2Mac. 5,5; 2Mac. 5,7; 2Mac. 5,7; 2Mac. 5,9; 2Mac. 5,15; 2Mac. 5,15; 2Mac. 5,21; 2Mac. 5,21; 2Mac. 5,25; 2Mac. 6,3; 2Mac. 6,11; 2Mac. 6,21; 2Mac. 6,23; 2Mac. 6,23; 2Mac. 6,23; 2Mac. 6,23; 2Mac. 6,23; 2Mac. 6,24; 2Mac. 7,1; 2Mac. 7,4; 2Mac. 7,5; 2Mac. 7,6; 2Mac. 7,7; 2Mac. 7,36; 2Mac. 8,4; 2Mac. 8,5; 2Mac. 8,7; 2Mac. 8,9; 2Mac. 8,10; 2Mac. 8,12; 2Mac. 8,15; 2Mac. 8,17; 2Mac. 8,17; 2Mac. 8,21; 2Mac. 8,23; 2Mac. 8,24; 2Mac. 8,25; 2Mac. 8,33; 2Mac. 8,35; 2Mac. 8,36; 2Mac. 9,4; 2Mac. 9,7; 2Mac. 9,7; 2Mac. 9,8; 2Mac. 9,9; 2Mac. 9,10; 2Mac. 9,11; 2Mac. 9,12; 2Mac. 9,21; 2Mac. 10,9; 2Mac. 10,24; 2Mac. 10,27; 2Mac. 10,27; 2Mac. 10,28; 2Mac. 10,35; 2Mac. 11,23; 2Mac. 11,30; 2Mac. 12,2; 2Mac. 12,4; 2Mac. 12,22; 2Mac. 12,22; 2Mac. 12,25; 2Mac. 12,30; 2Mac. 12,31; 2Mac. 12,32; 2Mac. 12,35; 2Mac. 12,38; 2Mac. 12,39; 2Mac. 12,45; 2Mac. 13,3; 2Mac. 13,3; 2Mac. 13,7; 2Mac. 13,13; 2Mac. 13,17; 2Mac. 13,18; 2Mac. 13,21; 2Mac. 13,26; 2Mac. 13,26; 2Mac. 14,2; 2Mac. 14,3; 2Mac. 14,5; 2Mac. 14,9; 2Mac. 14,12; 2Mac. 14,14; 2Mac. 14,15; 2Mac. 14,18; 2Mac. 14,26; 2Mac. 14,35; 2Mac. 14,38; 2Mac. 14,42; 2Mac. 14,46; 2Mac. 15,1; 2Mac. 15,5; 2Mac. 15,12; 2Mac. 15,14; 2Mac. 15,19; 2Mac. 15,20; 2Mac. 15,20; 2Mac. 15,22; 2Mac. 15,22; 2Mac. 15,28; 2Mac. 15,30; 2Mac. 15,31; 2Mac. 15,33; 2Mac. 15,35; 2Mac. 15,35; 2Mac. 15,36; 2Mac. 15,37; 2Mac. 15,39; 3Mac. 1,6; 3Mac. 1,8; 3Mac. 1,12; 3Mac. 1,22; 3Mac. 1,23; 3Mac. 1,25; 3Mac. 1,28; 3Mac. 1,29; 3Mac. 2,7; 3Mac. 2,10; 3Mac. 2,14; 3Mac. 2,14; 3Mac. 2,21; 3Mac. 2,25; 3Mac. 2,31; 3Mac. 2,31; 3Mac. 2,32; 3Mac. 2,33; 3Mac. 3,14; 3Mac. 3,16; 3Mac. 3,18; 3Mac. 3,18; 3Mac. 3,23; 3Mac. 3,30; 3Mac. 4,1; 3Mac. 4,2; 3Mac. 4,7; 3Mac. 4,11; 3Mac. 4,12; 3Mac. 4,13; 3Mac. 4,16; 3Mac. 4,19; 3Mac. 4,21; 3Mac. 5,3; 3Mac. 5,5; 3Mac. 5,10; 3Mac. 5,12; 3Mac. 5,15; 3Mac. 5,17; 3Mac. 5,18; 3Mac. 5,20; 3Mac. 5,22; 3Mac. 5,32; 3Mac. 5,32; 3Mac. 5,35; 3Mac. 5,42; 3Mac. 5,44; 3Mac. 5,46; 3Mac. 5,48; 3Mac. 5,48; 3Mac. 5,49; 3Mac. 5,51; 3Mac. 6,1; 3Mac. 6,16; 3Mac. 6,16; 3Mac. 6,23; 3Mac. 6,24; 3Mac. 6,25; 3Mac. 6,25; 3Mac. 6,36; 3Mac. 6,38; 3Mac. 6,40; 3Mac. 6,40; 3Mac. 7,10; 3Mac. 7,16; 3Mac. 7,19; 3Mac. 7,20; 4Mac. 1,2; 4Mac. 1,4; 4Mac. 1,4; 4Mac. 1,6; 4Mac. 1,8; 4Mac. 1,8; 4Mac. 1,10; 4Mac. 1,10; 4Mac. 1,12; 4Mac. 1,18; 4Mac. 1,22; 4Mac. 1,28; 4Mac. 1,30; 4Mac. 2,1; 4Mac. 2,2; 4Mac. 2,4; 4Mac. 2,6; 4Mac. 2,10; 4Mac. 2,11; 4Mac. 2,12; 4Mac. 2,13; 4Mac. 3,3; 4Mac. 3,6; 4Mac. 3,19; 4Mac. 3,20; 4Mac. 4,4; 4Mac. 4,10; 4Mac. 4,16; 4Mac. 4,20; 4Mac. 5,4; 4Mac. 5,8; 4Mac. 5,9; 4Mac. 5,11; 4Mac. 5,11; 4Mac. 5,13; 4Mac. 5,16; 4Mac. 5,38; 4Mac. 6,9; 4Mac. 6,13; 4Mac. 6,13; 4Mac. 6,16; 4Mac. 6,19; 4Mac. 6,22; 4Mac. 6,32; 4Mac. 6,33; 4Mac. 7,1; 4Mac. 7,3; 4Mac. 7,3; 4Mac. 7,4; 4Mac. 7,6; 4Mac. 7,9; 4Mac. 7,18; 4Mac. 7,18; 4Mac. 7,21; 4Mac. 8,1; 4Mac. 8,2; 4Mac. 8,4; 4Mac. 8,4; 4Mac. 8,5; 4Mac. 8,7; 4Mac. 8,9; 4Mac. 8,10; 4Mac. 8,10; 4Mac. 8,15; 4Mac. 8,20; 4Mac. 8,29; 4Mac. 9,8; 4Mac. 9,8; 4Mac. 9,9; 4Mac. 9,15; 4Mac. 9,20; 4Mac. 9,23; 4Mac. 9,24; 4Mac. 9,28; 4Mac. 9,30; 4Mac. 9,30; 4Mac. 9,32; 4Mac. 9,32; 4Mac. 10,3; 4Mac. 10,18; 4Mac. 11,2; 4Mac. 12,5; 4Mac. 12,7; 4Mac. 12,11; 4Mac. 12,14; 4Mac. 12,16; 4Mac. 13,4; 4Mac. 13,5; 4Mac. 13,7; 4Mac. 13,9; 4Mac. 13,9; 4Mac. 13,10; 4Mac. 13,13; 4Mac. 13,19; 4Mac. 13,19; 4Mac. 13,20; 4Mac. 13,22; 4Mac. 13,22; 4Mac. 13,22; 4Mac. 13,23; 4Mac. 13,25; 4Mac. 13,27; 4Mac. 13,27; 4Mac. 13,27; 4Mac. 13,27; 4Mac. 14,1; 4Mac. 14,3; 4Mac. 14,6; 4Mac. 14,6; 4Mac. 14,7; 4Mac. 14,13; 4Mac. 14,19; 4Mac. 15,2; 4Mac. 15,12; 4Mac. 15,28; 4Mac. 15,29; 4Mac. 15,32; 4Mac. 16,3; 4Mac. 16,4; 4Mac. 16,13; 4Mac. 16,16; 4Mac. 17,1; 4Mac. 17,2; 4Mac. 17,4; 4Mac. 17,7; 4Mac. 17,16; 4Mac. 17,21; 4Mac. 17,23; 4Mac. 18,4; 4Mac. 18,8; 4Mac. 18,9; 4Mac. 18,9; 4Mac. 18,20; 4Mac. 18,20; Psa. 1,4; Psa. 2,2; Psa. 2,8; Psa. 4,2; Psa. 4,2; Psa. 5,1; Psa. 5,2; Psa. 5,3; Psa. 5,4; Psa. 6,1; Psa. 6,9; Psa. 6,10; Psa. 8,9; Psa. 9,13; Psa. 9,15; Psa. 9,24; Psa. 9,25; Psa. 9,37; Psa. 9,38; Psa. 9,39; Psa. 11,1; Psa. 11,6; Psa. 11,8; Psa. 15,5; Psa. 16,1; Psa. 16,1; Psa. 16,13; Psa. 17,1; Psa. 17,13; Psa. 17,16; Psa. 17,24; Psa. 17,47; Psa. 18,5; Psa. 18,15; Psa. 19,7; Psa. 20,3; Psa. 21,1; Psa. 21,1; Psa. 21,2; Psa. 21,10; Psa. 21,15; Psa. 21,28; Psa. 21,30; Psa. 22,6; Psa. 23,1; Psa. 23,7; Psa. 23,8; Psa. 23,9; Psa. 23,10; Psa. 23,10; Psa. 24,7; Psa. 24,17; Psa. 26,1; Psa. 26,4; Psa. 26,5; Psa. 26,7; Psa. 27,2; Psa. 27,2; Psa. 27,6; Psa. 27,6; Psa. 28,3; Psa. 29,5; Psa. 30,6; Psa. 30,20; Psa. 30,23; Psa. 30,23; Psa. 31,5; Psa. 31,7; Psa. 32,11; Psa. 34,17; Psa. 35,5; Psa. 35,9; Psa. 36,4; Psa. 37,4; Psa. 37,6; Psa. 37,9; Psa. 37,19; Psa. 37,23; Psa. 38,11; Psa. 38,11; Psa. 38,13; Psa. 38,13; Psa. 39,2; Psa. 39,9; Psa. 39,13; Psa. 40,10; Psa. 41,9; Psa. 43,19; Psa. 43,22; Psa. 43,25; Psa. 43,25; Psa. 44,7; Psa. 45,9; Psa. 45,10; Psa. 46,8; Psa. 46,10; Psa. 47,3; Psa. 47,11; Psa. 47,12; Psa. 48,4; Psa. 48,6; Psa. 48,9; Psa. 48,9; Psa. 48,15; Psa. 49,2; Psa. 49,20; Psa. 50,4; Psa. 50,4; Psa. 50,8; Psa. 50,16; Psa. 53,4; Psa. 53,6; Psa. 54,18; Psa. 58,14; Psa. 59,9; Psa. 59,10; Psa. 59,11; Psa. 60,2; Psa. 60,3; Psa. 61,8; Psa. 62,1; Psa. 62,7; Psa. 62,10; Psa. 63,2; Psa. 64,1; Psa. 64,6; Psa. 64,8; Psa. 64,12; Psa. 64,13; Psa. 65,3; Psa. 65,8; Psa. 65,19; Psa. 66,8; Psa. 67,33; Psa. 68,3; Psa. 68,5; Psa. 68,9; Psa. 68,14; Psa. 68,25; Psa. 68,36; Psa. 70,16; Psa. 70,20; Psa. 70,21; Psa. 71,5; Psa. 71,8; Psa. 71,15; Psa. 71,16; Psa. 71,17; Psa. 71,19; Psa. 71,19; Psa. 72,9; Psa. 72,23; Psa. 72,23; Psa. 72,25; Psa. 72,26; Psa. 72,28; Psa. 73,2; Psa. 73,4; Psa. 73,8; Psa. 73,12; Psa. 73,17; Psa. 73,20; Psa. 73,23; Psa. 74,9; Psa. 75,10; Psa. 75,13; Psa. 76,7; Psa. 76,11; Psa. 76,12; Psa. 76,19; Psa. 77,28; Psa. 77,30; Psa. 77,30; Psa. 77,42; Psa. 77,72; Psa. 78,2; Psa. 78,9; Psa. 78,13; Psa. 80,12; Psa. 81,5; Psa. 83,9; Psa. 84,12; Psa. 85,6; Psa. 85,16; Psa. 87,2; Psa. 87,6; Psa. 88,10; Psa. 88,11; Psa. 88,18; Psa. 88,27; Psa. 88,28; Psa. 88,44; Psa. 89,11; Psa. 92,4; Psa. 94,4; Psa. 94,7; Psa. 96,5; Psa. 96,8; Psa. 96,12; Psa. 97,3; Psa. 97,3; Psa. 99,3; Psa. 100,6; Psa. 100,7; Psa. 100,8; Psa. 101,2; Psa. 101,11; Psa. 101,16; Psa. 102,11; Psa. 102,20; Psa. 102,22; Psa. 103,14; Psa. 103,24; Psa. 103,30; Psa. 103,35; Psa. 104,21; Psa. 104,35; Psa. 105,5; Psa. 105,25; Psa. 105,44; Psa. 105,45;

Ο, ο

Psa. 107,9; Psa. 107,10; Psa. 107,11; Psa. 108,5; Psa. 108,14; Psa. 108,20; Psa. 109,3; Psa. 114,1; Psa. 114,1; Psa. 115,7; Psa. 118,7; Psa. 118,62; Psa. 118,106; Psa. 118,111; Psa. 118,116; Psa. 118,119; Psa. 118,123; Psa. 118,149; Psa. 118,160; Psa. 118,164; Psa. 118,164; Psa. 122,2; Psa. 123,7; Psa. 126,3; Psa. 127,3; Psa. 127,3; Psa. 127,5; Psa. 129,2; Psa. 129,2; Psa. 131,1; Psa. 131,11; Psa. 134,7; Psa. 134,11; Psa. 135,8; Psa. 135,9; Psa. 135,20; Psa. 136,1; Psa. 136,6; Psa. 137,4; Psa. 138,9; Psa. 138,15; Psa. 139,7; Psa. 139,8; Psa. 139,9; Psa. 139,12; Psa. 140,1; Psa. 140,7; Psa. 142,1; Psa. 144,3; Psa. 144,5; Psa. 144,5; Psa. 144,7; Psa. 144,11; Psa. 144,12; Psa. 144,12; Psa. 144,19; Psa. 146,5; Psa. 146,6; Psa. 148,7; Psa. 148,11; Psa. 150,2; Psa. 151,4; Ode. 1,7; Ode. 1,8; Ode. 1,19; Ode. 1,19; Ode. 2,13; Ode. 3,10; Ode. 5,9; Ode. 5,9; Ode. 5,10; Ode. 5,15; Ode. 5,18; Ode. 5,18; Ode. 7,36; Ode. 8,52; Ode. 8,53; Ode. 8,55; Ode. 9,0; Ode. 9,48; Ode. 10,8; Ode. 11,11; Ode. 11,12; Ode. 11,12; Ode. 11,13; Ode. 11,13; Ode. 11,15; Ode. 11,19; Ode. 11,19; Ode. 11,20; Ode. 12,5; Ode. 12,5; Ode. 12,6; Ode. 12,11; Ode. 12,13; Ode. 12,15; Prov. 1,22; Prov. 1,22; Prov. 1,31; Prov. 1,31; Prov. 2,16; Prov. 5,5; Prov. 5,16; Prov. 5,18; Prov. 5,20; Prov. 5,23; Prov. 7,3; Prov. 8,26; Prov. 8,28; Prov. 8,29; Prov. 13,24; Prov. 17,14; Prov. 22,20; Prov. 25,1; Prov. 26,14; Prov. 27,8; Prov. 30,4; Prov. 30,14; Prov. 30,24; Prov. 31,5; Prov. 31,7; Prov. 31,23; Eccl. 2,12; Eccl. 3,16; Eccl. 5,1; Eccl. 5,10; Eccl. 5,19; Eccl. 6,3; Eccl. 6,8; Eccl. 7,12; Eccl. 8,14; Eccl. 8,16; Eccl. 10,7; Eccl. 11,5; Eccl. 12,1; Eccl. 12,3; Eccl. 12,3; Eccl. 12,4; Song 1,13; Song 1,14; Song 2,12; Song 2,14; Song 3,4; Song 3,6; Song 4,1; Song 4,3; Song 4,3; Song 4,6; Song 5,4; Song 6,7; Song 6,7; Song 7,9; Song 8,2; Job 1,3; Job 1,8; Job 1,10; Job 1,10; Job 1,19; Job 1,19; Job 1,20; Job 2,3; Job 2,4; Job 2,8; Job 2,8; Job 2,9a; Job 2,9b; Job 2,11; Job 3,9; Job 4,6; Job 5,6; Job 5,24; Job 6,22; Job 7,1; Job 7,21; Job 7,21; Job 8,9; Job 12,8; Job 14,5; Job 14,19; Job 16,4; Job 16,12; Job 16,18; Job 17,11; Job 20,3; Job 20,4; Job 22,8; Job 24,22; Job 26,11; Job 27,3; Job 28,12; Job 28,20; Job 30,18; Job 31,7; Job 31,22; Job 31,39; Job 32,2; Job 32,2; Job 32,18; Job 33,13; Job 33,18; Job 36,30; Job 37,3; Job 37,6; Job 37,12; Job 37,17; Job 38,1; Job 38,18; Job 39,26; Job 41,24; Job 41,25; Job 42,17b; Job 42,17b; Job 42,17d; Wis. 1,6; Wis. 1,6; Wis. 1,16; Wis. 2,5; Wis. 2,9; Wis. 2,9; Wis. 2,11; Wis. 2,23; Wis. 2,24; Wis. 3,14; Wis. 3,15; Wis. 5,2; Wis. 5,6; Wis. 5,16; Wis. 6,4; Wis. 7,15; Wis. 7,25; Wis. 7,25; Wis. 7,26; Wis. 7,26; Wis. 8,4; Wis. 8,5; Wis. 8,21; Wis. 9,5; Wis. 9,6; Wis. 10,7; Wis. 10,8; Wis. 11,20; Wis. 12,2; Wis. 12,3; Wis. 12,15; Wis. 12,20; Wis. 12,27; Wis. 13,12; Wis. 14,5; Wis. 14,17; Wis. 14,20; Wis. 15,8; Wis. 16,11; Wis. 16,23; Wis. 17,2; Wis. 17,6; Wis. 17,7; Wis. 17,12; Wis. 17,14; Wis. 18,9; Wis. 18,15; Wis. 18,21; Wis. 18,25; Wis. 19,18; Wis. 19,20; Wis. 19,20; Sir. 1,14 Prol.; Sir. 4,6; Sir. 4,20; Sir. 4,22; Sir. 4,25; Sir. 4,28; Sir. 6,15; Sir. 6,37; Sir. 10,2; Sir. 10,4; Sir. 13,13; Sir. 14,2; Sir. 14,4; Sir. 14,6; Sir. 14,10; Sir. 16,8; Sir. 16,19; Sir. 22,12; Sir. 23,2; Sir. 23,18; Sir. 28,10; Sir. 29,27; Sir. 31,19; Sir. 31,23; Sir. 31,24; Sir. 34,26; Sir. 36,13; Sir. 36,17; Sir. 37,11; Sir. 37,22; Sir. 37,23; Sir. 38,8; Sir. 39,31; Sir. 42,16; Sir. 42,21; Sir. 44,21; Sir. 44,21; Sir. 45,3; Sir. 45,5; Sir. 46,9; Sir. 47,24; Sir. 49,14; Sir. 49,14; Sir. 51,8; Sir. 51,8; Sol. 1,4; Sol. 2,5; Sol. 2,17; Sol. 2,32; Sol. 4,22; Sol. 8,15; Sol. 8,16; Sol. 8,23; Sol. 8,26; Sol. 9,2; Sol. 9,3; Sol. 9,3; Sol. 9,4; Sol. 9,5; Sol. 11,7; Sol. 12,2; Sol. 14,3; Sol. 15,9; Sol. 17,2; Sol. 17,7; Sol. 17,12; Sol. 17,15; Sol. 17,28; Sol. 17,30; Sol. 17,31; Hos. 2,1; Hos. 2,2; Hos. 2,14; Hos. 2,20; Hos. 2,20; Hos. 2,25; Hos. 4,1; Hos. 4,2; Hos. 4,3; Hos. 4,3; Hos. 7,4; Hos. 7,12; Hos. 9,7; Hos. 9,7; Hos. 10,1; Hos. 11,7; Hos. 13,15; Amos 1,11; Amos 2,1; Amos 2,7; Amos 2,14; Amos 3,2; Amos 3,4; Amos 3,5; Amos 3,9; Amos 4,1; Amos 4,1; Amos 4,13; Amos 5,2; Amos 5,8; Amos 5,8; Amos 6,10; Amos 7,2; Amos 7,11; Amos 7,17; Amos 8,4; Amos 8,9; Amos 9,3; Amos 9,5; Amos 9,6; Amos 9,6; Amos 9,6; Amos 9,8; Amos 9,15; Amos 9,15; Mic. 1,3; Mic. 1,15; Mic. 2,8; Mic. 2,11; Mic. 2,13; Mic. 4,13; Mic. 5,3; Mic. 5,10; Mic. 6,2; Mic. 7,2; Mic. 7,5; Mic. 7,16; Mic. 7,18; Mic. 7,19; Joel 1,4; Joel 1,4; Joel 1,19; Joel 1,20; Joel 2,9; Joel 2,12; Joel 2,17; Joel 2,22; Joel 3,3; Joel 4,2; Joel 4,14; Joel 4,14; Obad. 3; Obad. 7; Obad. 8; Obad. 20; Jonah 1,2; Jonah 1,14; Jonah 2,2; Jonah 3,6; Jonah 3,8; Jonah 3,8; Jonah 3,8; Jonah 3,8; Jonah 4,5; Jonah 4,5; Jonah 4,6; Jonah 4,10; Jonah 4,11; Jonah 4,11; Nah. 2,14; Nah. 3,9; Nah. 3,13; Hab. 1,6; Hab. 1,8; Hab. 1,14; Hab. 2,1; Zeph. 1,2; Zeph. 1,3; Zeph. 1,3; Zeph. 1,4; Zeph. 1,10; Zeph. 2,5; Zeph. 2,7; Zeph. 2,10; Zeph. 2,11; Zeph. 2,14; Zeph. 3,3; Zeph. 3,11; Zeph. 3,14; Zeph. 3,20; Hag. 1,12; Hag. 2,4; Hag. 2,15; Hag. 2,18; Hag. 2,18; Hag. 2,18; Hag. 2,19; Hag. 2,19; Hag. 2,19; Zech. 2,12; Zech. 3,9; Zech. 4,7; Zech. 4,11; Zech. 4,14; Zech. 4,14; Zech. 5,3; Zech. 5,9; Zech. 6,5; Zech. 6,10; Zech. 6,15; Zech. 7,5; Zech. 8,5; Zech. 8,10; Zech. 9,12; Zech. 9,16; Zech. 11,2; Zech. 11,4; Zech. 11,7; Zech. 12,3; Zech. 13,2; Zech. 13,2; Zech. 13,4; Zech. 14,2; Zech. 14,2; Zech. 14,10; Zech. 14,10; Zech. 14,10; Zech. 14,10; Zech. 14,13; Zech. 14,16; Zech. 14,17; Zech. 14,18; Zech. 14,19; Mal. 2,5; Mal. 2,5; Mal. 2,8; Mal. 2,17; Mal. 3,1; Mal. 3,11; Is. 1,1; Is. 1,1; Is. 1,19; Is. 2,1; Is. 2,10; Is. 2,10; Is. 2,19; Is. 2,19; Is. 2,19; Is. 2,21; Is. 2,21; Is. 2,21; Is. 3,1; Is. 3,20; Is. 3,24; Is. 4,2; Is. 5,8; Is. 5,26; Is. 5,27; Is. 6,1; Is. 6,3; Is. 6,4; Is. 6,8; Is. 6,12; Is. 6,13; Is. 7,3; Is. 7,19; Is. 7,22; Is. 7,25; Is. 8,8; Is. 8,8; Is. 8,9; Is. 8,11; Is. 8,19; Is. 8,19; Is. 8,23; Is. 9,6; Is. 10,3; Is. 10,12; Is. 10,13; Is. 10,22; Is. 11,1; Is. 11,1; Is. 11,4; Is. 11,12; Is. 14,1; Is. 14,2; Is. 14,3; Is. 14,3; Is. 14,3; Is. 14,9; Is. 14,15; Is. 14,25; Is. 14,25; Is. 14,26; Is. 15,1; Is. 15,1; Is. 15,2; Is. 15,4; Is. 15,5; Is. 15,5; Is. 15,5; Is. 15,6; Is. 15,8; Is. 15,8; Is. 16,4; Is. 17,3; Is. 17,4; Is. 17,4; Is. 18,2; Is. 18,6; Is. 18,6; Is. 18,7; Is. 19,3; Is. 19,16; Is. 20,2; Is. 21,1; Is. 21,8; Is. 21,11; Is. 21,15; Is. 22,1; Is. 22,4; Is. 22,8; Is. 22,9; Is. 22,9; Is. 22,11; Is. 22,11; Is. 22,19; Is. 22,19; Is. 23,4; Is. 23,8; Is. 23,9; Is. 23,17; Is. 24,4; Is. 24,11; Is. 24,14; Is. 24,14; Is. 24,15; Is. 24,16; Is. 24,17; Is. 24,18; Is. 24,18; Is. 24,21; Is. 25,8; Is. 25,12; Is. 26,9; Is. 26,9; Is. 26,10; Is. 26,15; Is. 26,18; Is. 26,18; Is. 26,21; Is. 27,12; Is. 28,1; Is. 28,1; Is. 28,1; Is. 28,3; Is. 28,4; Is. 28,4; Is. 28,5; Is. 28,5; Is. 28,7; Is. 28,23; Is. 28,28; Is. 29,4; Is. 30,11; Is. 30,19; Is. 30,23; Is. 30,23; Is. 30,26; Is. 30,26; Is. 30,30; Is. 30,32; Is. 31,4; Is. 32,9; Is. 32,17; Is. 33,20; Is. 34,5; Is. 36,1; Is. 36,2; Is. 36,2; Is. 36,19; Is. 36,20; Is. 36,22; Is. 37,10; Is. 37,16; Is. 37,20; Is. 37,24; Is. 37,24; Is. 37,35; Is. 37,36; Is. 38,5; Is. 38,5; Is. 38,9; Is. 38,9; Is. 38,11; Is. 38,12; Is. 38,12; Is. 38,13; Is. 38,13; Is. 38,15; Is. 38,19; Is. 38,20; Is. 38,20; Is. 39,1; Is. 39,2; Is. 39,2; Is. 39,6; Is. 40,21; Is. 40,22; Is. 40,28; Is. 40,28; Is. 41,5; Is. 41,9; Is. 41,13; Is. 41,17; Is. 42,4; Is. 42,6; Is. 42,10; Is. 43,4; Is. 43,6; Is. 43,23; Is. 44,12; Is. 44,23; Is. 44,26; Is. 45,1; Is. 45,22; Is. 46,12; Is. 47,10; Is. 48,2; Is. 48,2; Is. 48,19; Is. 48,19; Is. 48,20; Is. 49,2; Is. 49,6; Is. 49,15; Is. 49,23; Is. 50,1; Is. 50,10; Is. 51,10; Is. 51,11; Is. 51,16; Is. 51,17; Is. 51,18; Is. 51,22; Is. 51,22; Is. 52,10; Is. 53,8; Is. 53,9; Is. 53,10; Is. 53,11; Is. 54,1; Is. 54,1; Is. 54,2; Is. 54,4; Is. 54,10; Is. 55,9; Is. 55,9; Is. 55,13; Is. 55,13; Is. 56,4; Is. 56,6; Is. 56,7; Is. 57,8; Is. 57,14; Is. 58,14; Is. 59,17; Is. 60,7; Is. 62,7; Is. 62,8; Is. 62,8; Is. 62,10; Is. 62,11; Is. 63,7; Is. 63,11; Is. 63,12; Is. 63,13; Is. 63,17; Is. 63,17; Is. 65,14; Is. 65,16; Is. 65,16; Is. 65,22; Is. 66,1; Jer. 1,3; Jer. 1,15; Jer. 1,16; Jer. 1,18; Jer. 2,23; Jer. 2,28; Jer. 2,28; Jer. 2,37; Jer. 3,4; Jer. 3,10; Jer. 3,11; Jer. 3,13; Jer. 3,16; Jer. 3,17; Jer. 3,17; Jer. 3,25; Jer. 3,25; Jer. 4,5; Jer. 4,7; Jer. 4,10; Jer. 4,11; Jer. 4,18; Jer. 4,19; Jer. 5,15; Jer. 5,15; Jer. 5,30; Jer. 6,1; Jer. 6,4; Jer. 6,17; Jer. 6,17; Jer. 6,22; Jer. 7,20; Jer. 7,23; Jer. 7,24; Jer. 7,24; Jer. 7,25; Jer. 7,27; Jer. 7,33; Jer. 8,2; Jer. 8,3; Jer. 8,6; Jer. 9,2; Jer. 9,9; Jer. 9,12; Jer. 9,13; Jer. 9,13; Jer. 9,21;

ò

Jer. 9,23; Jer. 10,11; Jer. 10,13; Jer. 10,20; Jer. 11,2; Jer. 11,3; Jer. 11,4; Jer. 11,4; Jer. 11,6; Jer. 11,13; Jer. 11,17; Jer. 12,12; Jer. 12,12; Jer. 12,14; Jer. 12,14; Jer. 13,4; Jer. 13,22; Jer. 13,27; Jer. 14,1; Jer. 14,2; Jer. 14,2; Jer. 14,4; Jer. 14,8; Jer. 14,12; Jer. 14,13; Jer. 14,15; Jer. 15,3; Jer. 15,4; Jer. 15,8; Jer. 15,9; Jer. 16,4; Jer. 16,4; Jer. 16,12; Jer. 16,12; Jer. 16,13; Jer. 16,19; Jer. 17,13; Jer. 17,24; Jer. 17,25; Jer. 17,26; Jer. 17,26; Jer. 18,10; Jer. 18,11; Jer. 18,12; Jer. 18,12; Jer. 18,19; Jer. 18,20; Jer. 19,2; Jer. 19,6; Jer. 19,7; Jer. 19,8; Jer. 19,14; Jer. 20,5; Jer. 21,4; Jer. 21,7; Jer. 21,8; Jer. 22,8; Jer. 22,19; Jer. 22,20; Jer. 22,21; Jer. 22,24; Jer. 22,24; Jer. 23,1; Jer. 23,3; Jer. 23,5; Jer. 23,10; Jer. 23,13; Jer. 23,14; Jer. 23,14; Jer. 24,7; Jer. 24,9; Jer. 24,10; Jer. 25,3; Jer. 25,5; Jer. 25,5; Jer. 25,5; Jer. 26,12; Jer. 26,27; Jer. 27,20; Jer. 27,23; Jer. 27,41; Jer. 28,16; Jer. 28,27; Jer. 28,28; Jer. 28,34; Jer. 28,41; Jer. 28,49; Jer. 28,59; Jer. 29,4; Jer. 30,16; Jer. 30,21; Jer. 30,23; Jer. 31,33; Jer. 32,16; Jer. 32,22; Jer. 32,26; Jer. 32,27; Jer. 32,28; Jer. 32,29; Jer. 32,31; Jer. 32,32; Jer. 32,33; Jer. 32,33; Jer. 32,33; Jer. 32,37; Jer. 32,38; Jer. 32,38; Jer. 33,3; Jer. 33,3; Jer. 33,6; Jer. 33,10; Jer. 33,11; Jer. 33,13; Jer. 33,17; Jer. 33,20; Jer. 34,10; Jer. 34,11; Jer. 35,16; Jer. 36,1; Jer. 36,1; Jer. 36,2; Jer. 36,7; Jer. 37,6; Jer. 38,8; Jer. 38,32; Jer. 38,35; Jer. 38,36; Jer. 38,36; Jer. 38,38; Jer. 39,2; Jer. 39,8; Jer. 39,11; Jer. 39,12; Jer. 39,12; Jer. 39,14; Jer. 39,16; Jer. 39,20; Jer. 39,23; Jer. 39,31; Jer. 39,37; Jer. 39,44; Jer. 39,44; Jer. 40,1; Jer. 40,4; Jer. 40,9; Jer. 40,9; Jer. 40,11; Jer. 40,13; Jer. 40,13; Jer. 40,13; Jer. 41,17; Jer. 41,20; Jer. 41,21; Jer. 42,7; Jer. 42,8; Jer. 42,11; Jer. 42,11; Jer. 42,15; Jer. 42,15; Jer. 42,15; Jer. 42,19; Jer. 43,2; Jer. 43,3; Jer. 43,7; Jer. 43,7; Jer. 43,10; Jer. 43,23; Jer. 43,23; Jer. 43,30; Jer. 43,30; Jer. 44,2; Jer. 44,4; Jer. 44,4; Jer. 44,11; Jer. 44,21; Jer. 44,21; Jer. 44,21; Jer. 44,21; Jer. 45,6; Jer. 45,13; Jer. 45,28; Jer. 46,14; Jer. 46,15; Jer. 47,3; Jer. 47,7; Jer. 47,7; Jer. 47,13; Jer. 48,2; Jer. 48,7; Jer. 48,11; Jer. 48,13; Jer. 48,13; Jer. 48,16; Jer. 49,1; Jer. 49,6; Jer. 49,8; Jer. 49,21; Jer. 50,4; Jer. 50,4; Jer. 50,5; Jer. 50,7; Jer. 50,9; Jer. 51,4; Jer. 51,8; Jer. 51,10; Jer. 51,21; Jer. 51,23; Jer. 52,4; Jer. 52,6; Jer. 52,7; Jer. 52,7; Jer. 52,13; Jer. 52,20; Jer. 52,25; Jer. 52,25; Jer. 52,25; Jer. 52,33; Bar. 1,9; Bar. 1,11; Bar. 1,11; Bar. 1,13; Bar. 1,18; Bar. 1,19; Bar. 1,19; Bar. 1,19; Bar. 1,21; Bar. 1,22; Bar. 2,5; Bar. 2,8; Bar. 2,8; Bar. 2,10; Bar. 2,14; Bar. 2,14; Bar. 2,22; Bar. 2,24; Bar. 2,25; Bar. 2,25; Bar. 2,29; Bar. 2,33; Bar. 2,35; Bar. 3,4; Bar. 3,4; Bar. 3,12; Bar. 3,16; Bar. 3,17; Bar. 3,20; Bar. 3,21; Bar. 3,23; Bar. 3,23; Bar. 3,23; Bar. 3,23; Bar. 3,24; Bar. 3,30; Bar. 3,38; Bar. 4,16; Bar. 4,20; Bar. 4,20; Bar. 4,29; Bar. 4,34; Bar. 5,1; Bar. 5,1; Bar. 5,2; Bar. 5,2; Bar. 5,7; Bar. 5,9; Lam. 2,2; Lam. 2,11; Lam. 2,15; Lam. 3,39; Lam. 3,48; Lam. 3,58; Lam. 4,6; Lam. 4,10; Lam. 5,8; Lam. 5,9; Lam. 5,16; LetterJ 11; LetterJ 19; LetterJ 19; LetterJ 20; LetterJ 53; LetterJ 71; LetterJ 71; LetterJ 71; Ezek. 1,1; Ezek. 1,2; Ezek. 1,15; Ezek. 1,19; Ezek. 1,21; Ezek. 2,3; Ezek. 3,3; Ezek. 3,3; Ezek. 3,19; Ezek. 3,19; Ezek. 3,20; Ezek. 4,3; Ezek. 6,14; Ezek. 6,14; Ezek. 7,2; Ezek. 7,21; Ezek. 7,24; Ezek. 7,27; Ezek. 8,2; Ezek. 8,2; Ezek. 8,3; Ezek. 8,3; Ezek. 8,3; Ezek. 8,3; Ezek. 8,3; Ezek. 8,7; Ezek. 8,14; Ezek. 8,14; Ezek. 9,1; Ezek. 9,1; Ezek. 9,2; Ezek. 9,2; Ezek. 9,2; Ezek. 9,2; Ezek. 9,2; Ezek. 9,3; Ezek. 10,4; Ezek. 10,5; Ezek. 10,5; Ezek. 10,16; Ezek. 10,19; Ezek. 10,19; Ezek. 10,19; Ezek. 10,22; Ezek. 11,1; Ezek. 11,15; Ezek. 11,19; Ezek. 11,23; Ezek. 11,23; Ezek. 11,24; Ezek. 12,19; Ezek. 12,19; Ezek. 12,22; Ezek. 13,22; Ezek. 13,22; Ezek. 14,4; Ezek. 14,7; Ezek. 14,17; Ezek. 15,2; Ezek. 15,6; Ezek. 16,5; Ezek. 16,17; Ezek. 16,22; Ezek. 16,27; Ezek. 16,39; Ezek. 16,41; Ezek. 16,43; Ezek. 16,45; Ezek. 16,49; Ezek. 16,60; Ezek. 16,60; Ezek. 16,63; Ezek. 17,3; Ezek. 17,4; Ezek. 17,5; Ezek. 17,7; Ezek. 17,9; Ezek. 17,13; Ezek. 17,13; Ezek. 17,22; Ezek. 18,23; Ezek. 18,23; Ezek. 18,24; Ezek. 18,26; Ezek. 18,27; Ezek. 20,29; Ezek. 20,31; Ezek. 20,32; Ezek. 20,38; Ezek. 21,37; Ezek. 22,29; Ezek. 22,30; Ezek. 23,11; Ezek. 23,18; Ezek. 23,26; Ezek. 23,31; Ezek. 23,32; Ezek. 23,42; Ezek. 23,48; Ezek. 24,2; Ezek. 24,2; Ezek. 24,2; Ezek. 24,23; Ezek. 24,25; Ezek. 26,10; Ezek. 26,11; Ezek. 26,12; Ezek. 26,15; Ezek. 26,16; Ezek. 26,20; Ezek. 27,3; Ezek. 27,3; Ezek. 27,6; Ezek. 27,9; Ezek. 27,27; Ezek. 27,28; Ezek. 27,29; Ezek. 27,33; Ezek. 27,33; Ezek. 28,7; Ezek. 28,16; Ezek. 28,18; Ezek. 28,18; Ezek. 28,25; Ezek. 29,5; Ezek. 29,18; Ezek. 29,20; Ezek. 30,5; Ezek. 30,6; Ezek. 30,18; Ezek. 30,22; Ezek. 31,9; Ezek. 31,12; Ezek. 31,12; Ezek. 31,16; Ezek. 31,16; Ezek. 31,16; Ezek. 31,17; Ezek. 31,18; Ezek. 31,18; Ezek. 32,4; Ezek. 32,18; Ezek. 33,2; Ezek. 33,4; Ezek. 33,4; Ezek. 33,5; Ezek. 33,6; Ezek. 33,8; Ezek. 33,8; Ezek. 33,9; Ezek. 33,11; Ezek. 33,11; Ezek. 33,12; Ezek. 33,14; Ezek. 33,18; Ezek. 33,19; Ezek. 33,21; Ezek. 33,24; Ezek. 33,28; Ezek. 34,6; Ezek. 34,13; Ezek. 34,18; Ezek. 34,25; Ezek. 34,27; Ezek. 34,28; Ezek. 34,29; Ezek. 35,12; Ezek. 35,14; Ezek. 36,17; Ezek. 36,17; Ezek. 36,20; Ezek. 36,26; Ezek. 36,28; Ezek. 37,25; Ezek. 38,12; Ezek. 38,19; Ezek. 38,20; Ezek. 38,20; Ezek. 38,20; Ezek. 39,3; Ezek. 39,3; Ezek. 39,3; Ezek. 39,3; Ezek. 39,11; Ezek. 39,13; Ezek. 39,14; Ezek. 39,16; Ezek. 39,18; Ezek. 39,19; Ezek. 39,20; Ezek. 39,22; Ezek. 40,1; Ezek. 40,3; Ezek. 40,6; Ezek. 40,9; Ezek. 40,9; Ezek. 40,10; Ezek. 40,11; Ezek. 40,14; Ezek. 40,14; Ezek. 40,15; Ezek. 40,15; Ezek. 40,16; Ezek. 40,16; Ezek. 40,17; Ezek. 40,19; Ezek. 40,19; Ezek. 40,19; Ezek. 40,19; Ezek. 40,19; Ezek. 40,19; Ezek. 40,21; Ezek. 40,21; Ezek. 40,23; Ezek. 40,23; Ezek. 40,27; Ezek. 40,27; Ezek. 40,28; Ezek. 40,28; Ezek. 40,38; Ezek. 40,39; Ezek. 40,40; Ezek. 40,40; Ezek. 40,40; Ezek. 40,41; Ezek. 40,43; Ezek. 40,44; Ezek. 40,44; Ezek. 40,44; Ezek. 40,44; Ezek. 40,48; Ezek. 41,5; Ezek. 41,7; Ezek. 41,9; Ezek. 41,11; Ezek. 41,11; Ezek. 41,11; Ezek. 41,17; Ezek. 41,17; Ezek. 42,1; Ezek. 42,1; Ezek. 42,3; Ezek. 42,3; Ezek. 42,3; Ezek. 42,3; Ezek. 42,6; Ezek. 42,7; Ezek. 42,7; Ezek. 42,9; Ezek. 42,9; Ezek. 42,9; Ezek. 42,9; Ezek. 42,15; Ezek. 42,15; Ezek. 42,16; Ezek. 42,16; Ezek. 42,18; Ezek. 43,2; Ezek. 43,2; Ezek. 43,2; Ezek. 43,2; Ezek. 43,4; Ezek. 43,4; Ezek. 43,12; Ezek. 43,14; Ezek. 43,27; Ezek. 43,27; Ezek. 44,1; Ezek. 44,1; Ezek. 44,1; Ezek. 44,3; Ezek. 44,4; Ezek. 44,4; Ezek. 44,17; Ezek. 44,17; Ezek. 44,17; Ezek. 44,17; Ezek. 45,1; Ezek. 45,3; Ezek. 45,4; Ezek. 45,6; Ezek. 45,7; Ezek. 45,7; Ezek. 45,7; Ezek. 45,7; Ezek. 45,19; Ezek. 45,19; Ezek. 45,19; Ezek. 45,22; Ezek. 45,23; Ezek. 45,25; Ezek. 46,1; Ezek. 46,2; Ezek. 46,2; Ezek. 46,2; Ezek. 46,2; Ezek. 46,3; Ezek. 46,3; Ezek. 46,6; Ezek. 46,8; Ezek. 46,8; Ezek. 46,9; Ezek. 46,9; Ezek. 46,9; Ezek. 46,9; Ezek. 46,9; Ezek. 46,9; Ezek. 46,9; Ezek. 46,9; Ezek. 46,9; Ezek. 46,16; Ezek. 46,17; Ezek. 46,17; Ezek. 46,18; Ezek. 46,18; Ezek. 46,18; Ezek. 46,19; Ezek. 46,19; Ezek. 46,21; Ezek. 46,21; Ezek. 46,21; Ezek. 46,22; Ezek. 47,2; Ezek. 47,2; Ezek. 47,2; Ezek. 47,2; Ezek. 47,8; Ezek. 47,10; Ezek. 47,10; Ezek. 47,12; Ezek. 47,13; Ezek. 47,15; Ezek. 47,15; Ezek. 47,15; Ezek. 47,15; Ezek. 47,15; Ezek. 47,17; Ezek. 47,17; Ezek. 47,18; Ezek. 47,18; Ezek. 47,18; Ezek. 47,20; Ezek. 47,20; Ezek. 47,20; Ezek. 48,1; Ezek. 48,1; Ezek. 48,1; Ezek. 48,1; Ezek. 48,12; Ezek. 48,14; Ezek. 48,20; Ezek. 48,20; Ezek. 48,21; Ezek. 48,22; Ezek. 48,22; Ezek. 48,22; Ezek. 48,28; Ezek. 48,28; Ezek. 48,30; Ezek. 48,31; Ezek. 48,35; Dan. 1,1; Dan. 1,2; Dan. 1,5; Dan. 1,6; Dan. 1,12; Dan. 1,21; Dan. 2,1; Dan. 2,10; Dan. 2,12; Dan. 2,14; Dan. 2,24; Dan. 2,24; Dan. 2,25; Dan. 2,25; Dan. 2,28; Dan. 2,28; Dan. 2,29; Dan. 2,31; Dan. 2,38; Dan. 2,39; Dan. 2,42; Dan. 2,48; Dan. 2,49; Dan. 3,1; Dan. 3,2; Dan. 3,2; Dan. 3,2; Dan. 3,3; Dan. 3,5; Dan. 3,5; Dan. 3,7; Dan. 3,7; Dan. 3,10; Dan. 3,10; Dan. 3,12; Dan. 3,12; Dan. 3,15; Dan. 3,17; Dan. 3,23; Dan. 3,25; Dan. 3,36; Dan. 3,47; Dan. 3,49; Dan. 3,50; Dan. 3,52; Dan. 3,53; Dan. 3,54; Dan. 3,76; Dan. 3,81; Dan. 3,93;

O, o

Dan. 3,93; Dan. 3,97; Dan. 4,4; Dan. 4,10; Dan. 4,12; Dan. 4,15; Dan. 4,16; Dan. 4,17; Dan. 4,17a; Dan. 4,17a; Dan. 4,17a; Dan. 4,18; Dan. 4,19; Dan. 4,21; Dan. 4,21; Dan. 4,22; Dan. 4,27; Dan. 4,29; Dan. 4,29; Dan. 4,30; Dan. 4,31; Dan. 4,31; Dan. 4,31; Dan. 4,31; Dan. 4,32; Dan. 4,32; Dan. 4,32; Dan. 4,32; Dan. 4,33a; Dan. 4,33a; Dan. 4,33b; Dan. 4,34; Dan. 4,37a; Dan. 4,37a; Dan. 4,37b; Dan. 4,37b; Dan. 5,7; Dan. 5,7; Dan. 5,7; Dan. 5,7; Dan. 5,8; Dan. 5,9; Dan. 5,10; Dan. 5,10; Dan. 5,16; Dan. 5,16; Dan. 5,17; Dan. 5,26-28; Dan. 5,26-28; Dan. 5,29; Dan. 6,2; Dan. 6,4; Dan. 6,5; Dan. 6,6; Dan. 6,9; Dan. 6,11; Dan. 6,12; Dan. 6,14; Dan. 6,17; Dan. 6,29; Dan. 7,1; Dan. 7,2; Dan. 7,3; Dan. 7,4; Dan. 7,7; Dan. 7,9; Dan. 7,12; Dan. 7,13; Dan. 7,14; Dan. 7,15; Dan. 7,17; Dan. 7,20; Dan. 7,23; Dan. 7,24; Dan. 8,3; Dan. 8,5; Dan. 8,5; Dan. 8,17; Dan. 8,19; Dan. 8,23; Dan. 9,1; Dan. 9,1; Dan. 9,2; Dan. 9,6; Dan. 9,10; Dan. 9,11; Dan. 9,14; Dan. 9,16; Dan. 9,17; Dan. 9,18; Dan. 9,23; Dan. 9,27; Dan. 10,12; Dan. 10,12; Dan. 11,7; Dan. 11,20; Dan. 11,23; Dan. 11,43; Dan. 11,45; Dan. 11,45; Dan. 12,1; Dan. 12,2; Dan. 12,11; Sus. 28; Sus. 34; Sus. 35a; Sus. 60-62; Bel 1; Bel 28; Bel 30; Bel 36; Bel 36; Bel 42; Josh. 19,9; Josh. 19,10; Josh. 19,16; Josh. 19,28; Judg. 1,7; Judg. 1,11; Judg. 1,17; Judg. 1,21; Judg. 1,23; Judg. 1,24; Judg. 1,24; Judg. 1,25; Judg. 1,26; Judg. 1,36; Judg. 1,36; Judg. 2,2; Judg. 2,9; Judg. 2,17; Judg. 2,20; Judg. 3,19; Judg. 3,22; Judg. 3,22; Judg. 3,22; Judg. 3,28; Judg. 4,2; Judg. 4,5; Judg. 4,5; Judg. 4,7; Judg. 4,16; Judg. 4,20; Judg. 4,21; Judg. 5,16; Judg. 5,28; Judg. 6,10; Judg. 6,21; Judg. 6,21; Judg. 6,21; Judg. 6,24; Judg. 6,27; Judg. 6,28; Judg. 6,30; Judg. 7,12; Judg. 7,13; Judg. 7,17; Judg. 7,18; Judg. 7,19; Judg. 7,19; Judg. 7,21; Judg. 8,7; Judg. 8,11; Judg. 8,13; Judg. 8,13; Judg. 8,16; Judg. 8,16; Judg. 8,16; Judg. 8,17; Judg. 8,19; Judg. 9,3; Judg. 9,6; Judg. 9,6; Judg. 9,30; Judg. 9,35; Judg. 9,35; Judg. 9,37; Judg. 9,40; Judg. 9,40; Judg. 9,43; Judg. 9,44; Judg. 9,44; Judg. 9,51; Judg. 9,51; Judg. 9,52; Judg. 10,4; Judg. 11,2; Judg. 11,5; Judg. 11,22; Judg. 11,31; Judg. 13,5; Judg. 13,9; Judg. 13,11; Judg. 14,18; Judg. 15,8; Judg. 15,13; Judg. 15,17; Judg. 15,19; Judg. 16,2; Judg. 16,3; Judg. 16,3; Judg. 16,3; Judg. 16,13; Judg. 16,14; Judg. 16,19; Judg. 16,22; Judg. 17,8; Judg. 18,1; Judg. 18,12; Judg. 18,16; Judg. 18,16; Judg. 18,29; Judg. 18,29; Judg. 18,30; Judg. 19,3; Judg. 19,4; Judg. 19,5; Judg. 19,6; Judg. 19,8; Judg. 19,9; Judg. 19,14; Judg. 19,15; Judg. 19,17; Judg. 19,22; Judg. 19,24; Judg. 19,25; Judg. 19,30; Judg. 20,4; Judg. 20,4; Judg. 20,4; Judg. 20,5; Judg. 20,13; Judg. 20,21; Judg. 20,25; Judg. 20,31; Judg. 20,32; Judg. 20,38; Judg. 20,38; Judg. 20,40; Judg. 20,40; Judg. 20,42; Judg. 21,10; Judg. 21,16; Judg. 21,19; Judg. 21,19; Judg. 21,19; Judg. 21,19; Tob. 1,2; Tob. 1,3; Tob. 1,4; Tob. 1,4; Tob. 1,5; Tob. 1,9; Tob. 1,14; Tob. 1,15; Tob. 1,18; Tob. 1,18; Tob. 1,19; Tob. 1,20; Tob. 1,21; Tob. 1,22; Tob. 2,4; Tob. 2,9; Tob. 3,6; Tob. 3,6; Tob. 3,7; Tob. 3,13; Tob. 3,15; Tob. 3,16; Tob. 3,17; Tob. 4,1; Tob. 4,3; Tob. 4,5; Tob. 4,5; Tob. 4,19; Tob. 4,20; Tob. 5,4; Tob. 5,6; Tob. 5,18; Tob. 6,13; Tob. 6,15; Tob. 7,1; Tob. 7,12; Tob. 7,12; Tob. 7,13; Tob. 7,17; Tob. 8,4; Tob. 8,5; Tob. 8,20; Tob. 8,21; Tob. 9,5; Tob. 9,6; Tob. 10,13; Tob. 10,13; Tob. 10,14; Tob. 10,14; Tob. 11,3; Tob. 11,10; Tob. 11,15; Tob. 11,16; Tob. 12,10; Tob. 12,12; Tob. 12,12; Tob. 12,15; Tob. 12,20; Tob. 13,2; Tob. 13,2; Tob. 13,2; Tob. 13,7; Tob. 13,13; Tob. 13,13; Tob. 13,13; Tob. 14,1; Tob. 14,4; Tob. 14,4; Tob. 14,5; Tob. 14,7; Tob. 14,10; Tob. 14,13; Tob. 14,15; Dan. 1,1; Dan. 1,3; Dan. 1,3; Dan. 1,5; Dan. 1,5; Dan. 2,1; Dan. 2,10; Dan. 2,19; Dan. 2,25; Dan. 2,25; Dan. 2,28; Dan. 2,28; Dan. 2,29; Dan. 2,30; Dan. 2,39; Dan. 2,41; Dan. 2,41; Dan. 2,42; Dan. 2,49; Dan. 3,2; Dan. 3,3; Dan. 3,3; Dan. 3,5; Dan. 3,5; Dan. 3,7; Dan. 3,7; Dan. 3,10; Dan. 3,10; Dan. 3,12; Dan. 3,15; Dan. 3,15; Dan. 3,17; Dan. 3,17; Dan. 3,21; Dan. 3,21; Dan. 3,23; Dan. 3,23; Dan. 3,24; Dan. 3,36; Dan. 3,47; Dan. 3,49; Dan. 3,50; Dan. 3,52; Dan. 3,53; Dan. 3,54; Dan. 3,93; Dan. 3,93; Dan. 3,94; Dan. 4,5; Dan. 4,5; Dan. 4,10; Dan. 4,10; Dan. 4,11; Dan. 4,13; Dan. 4,13; Dan. 4,15; Dan. 4,17; Dan. 4,18; Dan. 4,22; Dan. 4,25; Dan. 4,25; Dan. 4,29; Dan. 4,30; Dan. 4,30; Dan. 4,32; Dan. 4,33; Dan. 4,35; Dan. 4,36; Dan. 5,5; Dan. 5,5; Dan. 5,5; Dan. 5,6; Dan. 5,13; Dan. 5,13; Dan. 5,17; Dan. 5,19; Dan. 5,20; Dan. 5,21; Dan. 5,21; Dan. 6,2; Dan. 6,4; Dan. 6,8; Dan. 6,11; Dan. 6,14; Dan. 6,14; Dan. 6,14; Dan. 6,27; Dan. 6,28; Dan. 7,1; Dan. 7,1; Dan. 7,2; Dan. 7,3; Dan. 7,4; Dan. 7,9; Dan. 7,13; Dan. 7,15; Dan. 7,17; Dan. 8,1; Dan. 8,5; Dan. 8,5; Dan. 8,6; Dan. 8,10; Dan. 8,10; Dan. 8,17; Dan. 8,19; Dan. 8,23; Dan. 8,26; Dan. 8,26; Dan. 8,26; Dan. 9,2; Dan. 9,6; Dan. 9,10; Dan. 9,11; Dan. 9,14; Dan. 9,16; Dan. 9,17; Dan. 9,18; Dan. 9,23; Dan. 9,27; Dan. 10,12; Dan. 11,7; Dan. 11,7; Dan. 11,10; Dan. 11,17; Dan. 11,19; Dan. 11,20; Dan. 11,31; Dan. 12,1; Sus. 26; Sus. 26; Sus. 28; Sus. 44; Sus. 63; Sus. 64; Bel 36; Bel 36; Bel 36; Bel 42; Matt. 1,3; Matt. 1,5; Matt. 1,5; Matt. 1,6; Matt. 1,11; Matt. 1,17; Matt. 1,17; Matt. 1,18; Matt. 2,1; Matt. 2,5; Matt. 2,11; Matt. 2,15; Matt. 2,22; Matt. 2,22; Matt. 3,1; Matt. 3,7; Matt. 3,8; Matt. 3,13; Matt. 4,18; Matt. 4,23; Matt. 4,25; Matt. 5,13; Matt. 6,19; Matt. 6,25; Matt. 7,13; Matt. 8,12; Matt. 8,15; Matt. 8,28; Matt. 9,6; Matt. 9,22; Matt. 9,25; Matt. 9,35; Matt. 10,10; Matt. 10,14; Matt. 10,14; Matt. 10,30; Matt. 10,35; Matt. 10,35; Matt. 11,23; Matt. 11,25; Matt. 12,4; Matt. 12,34; Matt. 12,40; Matt. 12,41; Matt. 12,42; Matt. 12,42; Matt. 13,1; Matt. 13,11; Matt. 13,19; Matt. 13,38; Matt. 13,41; Matt. 13,44; Matt. 14,6; Matt. 14,8; Matt. 14,24; Matt. 14,25; Matt. 14,26; Matt. 15,18; Matt. 15,19; Matt. 15,27; Matt. 15,28; Matt. 15,29; Matt. 16,6; Matt. 16,11; Matt. 16,12; Matt. 16,12; Matt. 16,13; Matt. 16,19; Matt. 16,19; Matt. 16,19; Matt. 16,26; Matt. 17,5; Matt. 17,18; Matt. 17,25; Matt. 18,6; Matt. 18,17; Matt. 18,18; Matt. 18,18; Matt. 18,19; Matt. 19,1; Matt. 19,1; Matt. 19,10; Matt. 20,12; Matt. 21,11; Matt. 21,17; Matt. 21,19; Matt. 21,21; Matt. 22,31; Matt. 22,46; Matt. 23,2; Matt. 23,9; Matt. 23,25; Matt. 23,33; Matt. 23,33; Matt. 23,35; Matt. 24,3; Matt. 24,14; Matt. 24,15; Matt. 24,17; Matt. 24,30; Matt. 24,32; Matt. 24,36; Matt. 24,45; Matt. 26,7; Matt. 26,28; Matt. 26,29; Matt. 26,29; Matt. 26,31; Matt. 26,58; Matt. 26,64; Matt. 27,8; Matt. 27,29; Matt. 27,37; Matt. 27,55; Matt. 27,64; Matt. 27,64; Matt. 27,66; Matt. 28,11; Matt. 28,15; Matt. 28,18; Matt. 28,20; Mark 1,9; Mark 1,16; Mark 1,28; Mark 1,29; Mark 1,31; Mark 2,10; Mark 2,26; Mark 3,5; Mark 3,7; Mark 3,7; Mark 3,8; Mark 4,1; Mark 4,11; Mark 4,26; Mark 4,31; Mark 4,31; Mark 5,1; Mark 5,10; Mark 5,29; Mark 5,34; Mark 5,41; Mark 6,3; Mark 6,21; Mark 6,22; Mark 6,23; Mark 6,47; Mark 6,47; Mark 6,48; Mark 6,48; Mark 6,49; Mark 7,21; Mark 7,26; Mark 7,28; Mark 7,29; Mark 7,31; Mark 7,33; Mark 7,35; Mark 8,6; Mark 8,15; Mark 8,15; Mark 8,23; Mark 8,23; Mark 8,27; Mark 8,37; Mark 9,3; Mark 9,7; Mark 9,20; Mark 9,27; Mark 9,30; Mark 10,1; Mark 10,25; Mark 10,25; Mark 11,11; Mark 11,19; Mark 12,30; Mark 12,30; Mark 12,30; Mark 12,30; Mark 12,33; Mark 12,33; Mark 12,33; Mark 12,34; Mark 12,44; Mark 13,14; Mark 13,15; Mark 13,28; Mark 13,32; Mark 13,32; Mark 13,35; Mark 14,3; Mark 14,24; Mark 14,25; Mark 14,25; Mark 14,35; Mark 14,62; Mark 14,64; Mark 15,16; Mark 15,26; Mark 16,3; Mark 16,8; Luke 1,5; Luke 1,8; Luke 1,9; Luke 1,23; Luke 1,26; Luke 1,27; Luke 1,33; Luke 1,41; Luke 1,42; Luke 1,48; Luke 1,61; Luke 1,65; Luke 2,2; Luke 2,4; Luke 2,8; Luke 2,36; Luke 2,42; Luke 3,1; Luke 3,1; Luke 3,1; Luke 3,1; Luke 3,1; Luke 3,7; Luke 3,8; Luke 3,19; Luke 4,5; Luke 4,14; Luke 4,22; Luke 4,26; Luke 4,29; Luke 4,31; Luke 4,37; Luke 4,38; Luke 4,44; Luke 5,3; Luke 5,17; Luke 5,24; Luke 6,4; Luke 6,17; Luke 6,17; Luke 6,45; Luke 6,49; Luke 7,6; Luke 7,12; Luke 7,12; Luke 7,14; Luke 7,31;

ὁ

Luke 7,38; Luke 8,10; Luke 8,12; Luke 8,13; Luke 8,22; Luke 8,26; Luke 8,27; Luke 8,37; Luke 8,41; Luke 8,51; Luke 8,54; Luke 9,5; Luke 9,11; Luke 9,35; Luke 9,47; Luke 9,51; Luke 10,11; Luke 10,21; Luke 10,27; Luke 11,31; Luke 11,31; Luke 11,32; Luke 11,50; Luke 11,51; Luke 11,52; Luke 12,1; Luke 12,7; Luke 12,23; Luke 12,42; Luke 12,56; Luke 13,12; Luke 13,15; Luke 13,24; Luke 14,21; Luke 15,12; Luke 15,15; Luke 16,2; Luke 16,4; Luke 16,8; Luke 16,9; Luke 16,21; Luke 16,28; Luke 17,4; Luke 17,24; Luke 17,25; Luke 17,32; Luke 18,6; Luke 18,8; Luke 18,29; Luke 19,44; Luke 20,35; Luke 20,35; Luke 20,36; Luke 20,37; Luke 21,18; Luke 21,23; Luke 21,25; Luke 21,35; Luke 22,11; Luke 22,18; Luke 22,21; Luke 22,30; Luke 22,45; Luke 22,45; Luke 22,55; Luke 22,69; Luke 23,5; Luke 23,5; Luke 23,7; Luke 23,49; Luke 23,55; Luke 24,41; John 1,44; John 1,50; John 2,1; John 2,11; John 3,4; John 3,6; John 3,31; John 3,31; John 3,31; John 4,4; John 4,5; John 4,6; John 4,7; John 4,30; John 4,39; John 4,39; John 4,46; John 4,47; John 4,54; John 5,25; John 5,28; John 6,1; John 6,1; John 6,1; John 6,17; John 6,19; John 6,21; John 6,22; John 6,25; John 6,35; John 6,48; John 6,51; John 7,14; John 7,17; John 7,37; John 7,38; John 7,41; John 7,42; John 7,52; John 7,52; John 8,12; John 8,34; John 10,1; John 10,2; John 10,3; John 10,16; John 10,16; John 10,27; John 10,28; John 10,29; John 10,39; John 11,1; John 11,1; John 11,4; John 11,9; John 11,13; John 11,53; John 11,54; John 11,55; John 12,3; John 12,21; John 12,27; John 12,32; John 13,1; John 14,17; John 15,22; John 15,26; John 16,13; John 16,21; John 17,4; John 17,12; John 18,19; John 18,37; John 18,37; John 19,20; John 19,25; John 19,27; John 20,7; John 21,1; John 21,1; John 21,2; John 21,8; Acts 1,3; Acts 1,8; Acts 1,17; Acts 1,18; Acts 1,22; Acts 1,22; Acts 1,25; Acts 2,1; Acts 2,6; Acts 2,10; Acts 2,10; Acts 2,15; Acts 2,19; Acts 2,29; Acts 2,30; Acts 2,31; Acts 2,40; Acts 2,40; Acts 3,1; Acts 3,7; Acts 3,15; Acts 3,25; Acts 3,25; Acts 4,22; Acts 4,26; Acts 4,33; Acts 5,2; Acts 5,2; Acts 5,3; Acts 5,19; Acts 5,20; Acts 5,28; Acts 5,37; Acts 6,3; Acts 6,9; Acts 6,9; Acts 7,2; Acts 7,3; Acts 7,3; Acts 7,17; Acts 7,49; Acts 7,52; Acts 7,58; Acts 8,1; Acts 8,5; Acts 8,9; Acts 8,12; Acts 8,18; Acts 8,22; Acts 8,22; Acts 8,27; Acts 8,32; Acts 8,33; Acts 8,35; Acts 9,2; Acts 9,7; Acts 9,8; Acts 9,31; Acts 9,42; Acts 10,1; Acts 10,3; Acts 10,11; Acts 10,12; Acts 10,30; Acts 10,37; Acts 10,37; Acts 11,6; Acts 11,19; Acts 11,19; Acts 11,22; Acts 11,22; Acts 11,23; Acts 12,1; Acts 12,5; Acts 12,6; Acts 12,11; Acts 12,12; Acts 12,12; Acts 12,14; Acts 12,17; Acts 12,19; Acts 12,20; Acts 13,8; Acts 13,13; Acts 13,13; Acts 13,14; Acts 13,24; Acts 13,26; Acts 13,31; Acts 13,43; Acts 13,46; Acts 13,47; Acts 13,49; Acts 13,50; Acts 14,3; Acts 14,4; Acts 14,6; Acts 14,13; Acts 14,19; Acts 15,1; Acts 15,3; Acts 15,4; Acts 15,5; Acts 15,11; Acts 15,20; Acts 16,9; Acts 16,12; Acts 16,13; Acts 16,19; Acts 16,27; Acts 16,33; Acts 16,39; Acts 16,40; Acts 17,13; Acts 17,26; Acts 17,26; Acts 17,30; Acts 18,2; Acts 18,2; Acts 18,5; Acts 18,12; Acts 18,21; Acts 18,27; Acts 19,8; Acts 19,23; Acts 19,25; Acts 19,26; Acts 19,27; Acts 19,27; Acts 19,29; Acts 19,35; Acts 19,40; Acts 19,40; Acts 20,9; Acts 20,16; Acts 20,17; Acts 20,17; Acts 20,24; Acts 20,32; Acts 21,5; Acts 21,10; Acts 21,19; Acts 21,27; Acts 21,31; Acts 21,39; Acts 22,1; Acts 22,3; Acts 22,11; Acts 22,22; Acts 23,1; Acts 23,16; Acts 23,19; Acts 23,23; Acts 24,2; Acts 24,5; Acts 24,19; Acts 24,22; Acts 24,24; Acts 25,19; Acts 25,23; Acts 25,23; Acts 25,26; Acts 26,5; Acts 26,6; Acts 26,12; Acts 26,18; Acts 26,20; Acts 26,20; Acts 26,22; Acts 26,22; Acts 27,5; Acts 27,12; Acts 27,13; Acts 27,16; Acts 27,21; Acts 27,27; Acts 27,32; Acts 27,34; Acts 27,34; Acts 27,41; Acts 28,3; Acts 28,3; Acts 28,4; Acts 28,4; Acts 28,7; Acts 28,20; Acts 28,21; Acts 28,22; Rom. 1,12; Rom. 1,27; Rom. 1,27; Rom. 2,4; Rom. 2,4; Rom. 2,4; Rom. 2,15; Rom. 2,20; Rom. 2,20; Rom. 2,23; Rom. 3,1; Rom. 3,23; Rom. 3,24; Rom. 3,24; Rom. 3,25; Rom. 3,25; Rom. 3,26; Rom. 3,30; Rom. 3,31; Rom. 4,11; Rom. 4,11; Rom. 4,11; Rom. 4,12; Rom. 4,19; Rom. 5,2; Rom. 5,9; Rom. 5,12; Rom. 5,14; Rom. 5,17; Rom. 5,17; Rom. 5,17; Rom. 5,19; Rom. 5,19; Rom. 6,4; Rom. 6,5; Rom. 6,6; Rom. 6,7; Rom. 6,17; Rom. 6,18; Rom. 6,19; Rom. 6,20; Rom. 6,22; Rom. 6,23; Rom. 7,8; Rom. 7,9; Rom. 7,11; Rom. 7,13; Rom. 7,23; Rom. 8,2; Rom. 8,2; Rom. 8,3; Rom. 8,5; Rom. 8,6; Rom. 8,7; Rom. 8,19; Rom. 8,21; Rom. 8,21; Rom. 8,21; Rom. 8,29; Rom. 8,35; Rom. 8,39; Rom. 8,39; Rom. 9,1; Rom. 9,8; Rom. 9,8; Rom. 9,23; Rom. 9,27; Rom. 9,28; Rom. 10,1; Rom. 10,8; Rom. 10,18; Rom. 11,8; Rom. 11,17; Rom. 11,17; Rom. 11,17; Rom. 11,24; Rom. 12,3; Rom. 12,3; Rom. 12,6; Rom. 13,14; Rom. 14,19; Rom. 14,19; Rom. 14,19; Rom. 15,4; Rom. 15,4; Rom. 15,5; Rom. 15,5; Rom. 15,13; Rom. 15,14; Rom. 15,30; Rom. 15,33; Rom. 16,1; Rom. 16,1; Rom. 16,4; Rom. 16,5; Rom. 16,18; Rom. 16,20; Rom. 16,23; Rom. 16,23; 1Cor. 1,21; 1Cor. 1,21; 1Cor. 2,8; 1Cor. 4,11; 1Cor. 5,5; 1Cor. 6,14; 1Cor. 8,4; 1Cor. 9,2; 1Cor. 9,7; 1Cor. 9,12; 1Cor. 10,1; 1Cor. 10,14; 1Cor. 10,16; 1Cor. 11,10; 1Cor. 11,12; 1Cor. 11,22; 1Cor. 14,9; 1Cor. 14,11; 1Cor. 14,12; 1Cor. 14,25; 1Cor. 15,56; 1Cor. 16,1; 1Cor. 16,1; 1Cor. 16,1; 1Cor. 16,8; 1Cor. 16,15; 1Cor. 16,19; 2Cor. 1,4; 2Cor. 1,6; 2Cor. 1,6; 2Cor. 1,6; 2Cor. 1,7; 2Cor. 1,8; 2Cor. 1,8; 2Cor. 1,12; 2Cor. 1,24; 2Cor. 1,24; 2Cor. 2,14; 2Cor. 3,9; 2Cor. 3,9; 2Cor. 3,10; 2Cor. 3,14; 2Cor. 3,14; 2Cor. 4,2; 2Cor. 4,2; 2Cor. 4,4; 2Cor. 4,6; 2Cor. 4,6; 2Cor. 4,7; 2Cor. 4,13; 2Cor. 4,17; 2Cor. 5,4; 2Cor. 5,18; 2Cor. 5,19; 2Cor. 6,7; 2Cor. 8,1; 2Cor. 8,2; 2Cor. 8,2; 2Cor. 8,4; 2Cor. 8,4; 2Cor. 8,8; 2Cor. 8,8; 2Cor. 8,24; 2Cor. 9,1; 2Cor. 9,1; 2Cor. 9,10; 2Cor. 9,12; 2Cor. 9,13; 2Cor. 9,13; 2Cor. 9,13; 2Cor. 9,13; 2Cor. 10,1; 2Cor. 10,4; 2Cor. 10,5; 2Cor. 10,8; 2Cor. 10,15; 2Cor. 11,3; 2Cor. 11,3; 2Cor. 11,3; 2Cor. 11,10; 2Cor. 11,17; 2Cor. 11,30; 2Cor. 12,19; 2Cor. 13,8; 2Cor. 13,8; 2Cor. 13,11; Gal. 1,2; Gal. 1,15; Gal. 1,21; Gal. 1,21; Gal. 1,22; Gal. 2,7; Gal. 2,7; Gal. 2,8; Gal. 3,13; Gal. 3,14; Gal. 3,25; Gal. 3,26; Gal. 4,2; Gal. 4,13; Gal. 4,22; Gal. 4,22; Gal. 4,23; Gal. 4,23; Gal. 4,27; Gal. 4,27; Gal. 4,30; Gal. 4,30; Gal. 4,31; Gal. 5,4; Gal. 5,13; Gal. 5,17; Gal. 5,19; Gal. 6,8; Gal. 6,10; Eph. 1,6; Eph. 1,7; Eph. 1,10; Eph. 1,13; Eph. 1,13; Eph. 1,13; Eph. 1,14; Eph. 1,14; Eph. 1,14; Eph. 1,17; Eph. 1,18; Eph. 1,18; Eph. 1,18; Eph. 1,18; Eph. 1,19; Eph. 1,19; Eph. 2,2; Eph. 2,2; Eph. 2,3; Eph. 2,3; Eph. 2,7; Eph. 2,11; Eph. 2,12; Eph. 2,12; Eph. 3,2; Eph. 3,2; Eph. 3,6; Eph. 3,7; Eph. 3,7; Eph. 3,7; Eph. 3,10; Eph. 3,12; Eph. 3,16; Eph. 3,17; Eph. 3,19; Eph. 4,1; Eph. 4,3; Eph. 4,4; Eph. 4,7; Eph. 4,9; Eph. 4,13; Eph. 4,13; Eph. 4,14; Eph. 4,14; Eph. 4,16; Eph. 4,18; Eph. 4,18; Eph. 4,22; Eph. 4,24; Eph. 4,29; Eph. 5,6; Eph. 5,23; Eph. 5,23; Eph. 6,3; Eph. 6,5; Eph. 6,10; Eph. 6,12; Eph. 6,14; Eph. 6,15; Eph. 6,16; Phil. 1,5; Phil. 1,7; Phil. 1,19; Phil. 1,25; Phil. 1,26; Phil. 2,13; Phil. 2,17; Phil. 2,25; Phil. 2,30; Phil. 3,8; Phil. 3,10; Phil. 3,14; Phil. 3,21; Phil. 3,21; Phil. 4,9; Phil. 4,22; Col. 1,5; Col. 1,11; Col. 1,13; Col. 1,13; Col. 1,16; Col. 1,18; Col. 1,20; Col. 1,22; Col. 1,23; Col. 1,27; Col. 1,27; Col. 2,2; Col. 2,2; Col. 2,3; Col. 2,5; Col. 2,8; Col. 2,9; Col. 2,11; Col. 2,12; Col. 2,12; Col. 2,13; Col. 2,18; Col. 2,23; Col. 3,2; Col. 3,5; Col. 3,6; Col. 3,14; Col. 3,24; 1Th. 1,3; 1Th. 1,3; 1Th. 1,3; 1Th. 1,3; 1Th. 1,10; 1Th. 1,10; 1Th. 3,2; 1Th. 3,7; 1Th. 3,10; 1Th. 4,3; 1Th. 4,9; 1Th. 5,23; 2Th. 1,4; 2Th. 1,5; 2Th. 1,5; 2Th. 1,9; 2Th. 1,9; 2Th. 1,11; 2Th. 2,1; 2Th. 2,3; 2Th. 2,3; 2Th. 2,7; 2Th. 2,8; 2Th. 2,10; 2Th. 3,14; 2Th. 3,16; 1Tim. 1,1; 1Tim. 1,5; 1Tim. 1,11; 1Tim. 1,14; 1Tim. 2,15; 1Tim. 3,9; 1Tim. 3,15; 1Tim. 3,16; 1Tim. 4,1; 1Tim. 4,6; 1Tim. 4,6; 1Tim. 4,8; 1Tim. 4,8; 1Tim. 4,12; 1Tim. 6,2; 1Tim. 6,5; 1Tim. 6,10; 1Tim. 6,12; 1Tim. 6,12; 1Tim. 6,14; 1Tim. 6,19; 1Tim. 6,20; 2Tim. 1,1; 2Tim. 1,5; 2Tim. 1,6; 2Tim. 1,10; 2Tim. 2,10; 2Tim. 2,15; 2Tim. 2,26; 2Tim. 3,15; 2Tim. 4,3; 2Tim. 4,4; 2Tim. 4,6; 2Tim. 4,8; Titus 1,1; Titus

1,10; Titus 2,13; Philem. 6; Philem. 14; Heb. 1,3; Heb. 1,3; Heb. 1,3; Heb. 1,3; Heb. 1,8; Heb. 1,8; Heb. 2,10; Heb. 3,1; Heb. 3,6; Heb. 3,7; Heb. 3,13; Heb. 3,14; Heb. 3,15; Heb. 4,2; Heb. 4,4; Heb. 4,7; Heb. 4,11; Heb. 4,14; Heb. 4,16; Heb. 5,7; Heb. 5,7; Heb. 5,12; Heb. 6,1; Heb. 6,4; Heb. 6,4; Heb. 6,10; Heb. 6,11; Heb. 6,15; Heb. 6,17; Heb. 6,17; Heb. 6,18; Heb. 6,19; Heb. 7,1; Heb. 7,5; Heb. 7,11; Heb. 7,12; Heb. 7,28; Heb. 7,28; Heb. 8,1; Heb. 8,2; Heb. 8,2; Heb. 8,9; Heb. 9,4; Heb. 9,4; Heb. 9,8; Heb. 9,11; Heb. 9,11; Heb. 9,13; Heb. 9,15; Heb. 9,20; Heb. 9,21; Heb. 9,26; Heb. 9,26; Heb. 10,10; Heb. 10,20; Heb. 10,23; Heb. 10,26; Heb. 10,29; Heb. 10,29; Heb. 11,5; Heb. 11,7; Heb. 11,9; Heb. 11,9; Heb. 11,9; Heb. 11,12; Heb. 11,13; Heb. 11,21; Heb. 11,22; Heb. 11,38; Heb. 11,39; Heb. 12,2; Heb. 12,2; Heb. 12,5; Heb. 12,9; Heb. 12,10; Heb. 12,15; Heb. 13,2; Heb. 13,7; Heb. 13,11; Heb. 13,12; Heb. 13,13; Heb. 13,16; Heb. 13,20; Heb. 13,22; Heb. 13,24; James 1,3; James 1,12; James 1,14; James 1,23; James 1,25; James 2,1; James 2,5; James 2,15; James 3,6; James 3,6; James 3,6; James 3,11; James 3,13; James 3,14; James 4,14; James 5,5; James 5,7; James 5,7; James 5,10; James 5,10; James 5,14; James 5,15; James 5,17; James 5,19; 1Pet. 1,7; 1Pet. 1,9; 1Pet. 1,10; 1Pet. 1,13; 1Pet. 1,17; 1Pet. 1,18; 1Pet. 1,22; 1Pet. 2,11; 1Pet. 2,16; 1Pet. 3,1; 1Pet. 3,4; 1Pet. 3,15; 1Pet. 4,4; 1Pet. 4,13; 1Pet. 4,14; 1Pet. 5,1; 1Pet. 5,4; 2Pet. 1,3; 2Pet. 1,3; 2Pet. 1,4; 2Pet. 1,16; 2Pet. 1,17; 2Pet. 2,2; 2Pet. 2,7; 2Pet. 2,19; 2Pet. 2,21; 2Pet. 2,21; 2Pet. 2,22; 2Pet. 3,2; 2Pet. 3,4; 2Pet. 3,9; 2Pet. 3,12; 1John 1,1; 1John 2,16; 1John 2,21; 1John 3,19; 1John 3,20; 1John 4,6; 1John 4,6; 1John 4,17; 2John 13; 2John 13; 3John 10; 3John 12; Jude 3; Jude 23; Jude 24; Rev. 1,3; Rev. 1,5; Rev. 1,7; Rev. 1,20; Rev. 2,1; Rev. 2,7; Rev. 2,8; Rev. 2,10; Rev. 2,12; Rev. 2,18; Rev. 2,21; Rev. 3,1; Rev. 3,5; Rev. 3,5; Rev. 3,7; Rev. 3,9; Rev. 3,10; Rev. 3,10; Rev. 3,10; Rev. 3,10; Rev. 3,10; Rev. 3,12; Rev. 3,12; Rev. 3,14; Rev. 3,14; Rev. 3,18; Rev. 3,20; Rev. 5,3; Rev. 5,3; Rev. 5,5; Rev. 5,7; Rev. 5,10; Rev. 5,13; Rev. 5,13; Rev. 5,13; Rev. 6,4; Rev. 6,8; Rev. 6,8; Rev. 6,10; Rev. 6,15; Rev. 6,16; Rev. 6,17; Rev. 7,1; Rev. 7,1; Rev. 7,1; Rev. 7,1; Rev. 7,14; Rev. 7,14; Rev. 8,7; Rev. 8,8; Rev. 8,12; Rev. 8,13; Rev. 8,13; Rev. 9,1; Rev. 9,2; Rev. 9,3; Rev. 9,4; Rev. 9,11; Rev. 9,21; Rev. 10,1; Rev. 10,2; Rev. 10,2; Rev. 10,5; Rev. 10,5; Rev. 10,7; Rev. 10,8; Rev. 10,8; Rev. 10,10; Rev. 11,4; Rev. 11,6; Rev. 11,7; Rev. 11,8; Rev. 11,8; Rev. 11,8; Rev. 11,10; Rev. 11,10; Rev. 11,13; Rev. 11,19; Rev. 12,1; Rev. 12,4; Rev. 12,4; Rev. 12,11; Rev. 12,15; Rev. 12,18; Rev. 13,1; Rev. 13,8; Rev. 13,8; Rev. 13,11; Rev. 13,14; Rev. 13,14; Rev. 13,14; Rev. 13,16; Rev. 13,16; Rev. 14,3; Rev. 14,6; Rev. 14,7; Rev. 14,8; Rev. 14,10; Rev. 14,14; Rev. 14,15; Rev. 14,15; Rev. 14,16; Rev. 14,18; Rev. 14,18; Rev. 14,19; Rev. 14,20; Rev. 14,20; Rev. 15,2; Rev. 15,5; Rev. 15,8; Rev. 15,8; Rev. 16,14; Rev. 16,14; Rev. 16,14; Rev. 16,18; Rev. 16,19; Rev. 16,21; Rev. 16,21; Rev. 17,1; Rev. 17,1; Rev. 17,1; Rev. 17,2; Rev. 17,2; Rev. 17,4; Rev. 17,5; Rev. 17,7; Rev. 17,8; Rev. 17,8; Rev. 17,8; Rev. 17,18; Rev. 18,1; Rev. 18,3; Rev. 18,3; Rev. 18,3; Rev. 18,3; Rev. 18,9; Rev. 18,9; Rev. 18,11; Rev. 18,14; Rev. 18,14; Rev. 18,18; Rev. 18,19; Rev. 18,23; Rev. 18,24; Rev. 19,10; Rev. 19,15; Rev. 19,19; Rev. 19,20; Rev. 20,1; Rev. 20,7; Rev. 20,8; Rev. 20,8; Rev. 20,9; Rev. 20,12; Rev. 20,15; Rev. 21,6; Rev. 21,6; Rev. 21,14; Rev. 21,19; Rev. 21,21; Rev. 21,23; Rev. 21,24; Rev. 21,27; Rev. 22,2; Rev. 22,7; Rev. 22,10; Rev. 22,14; Rev. 22,18; Rev. 22,19; Rev. 22,19; Rev. 22,19; Rev. 22,19)

Τὸ ▸ 35 + 2 + 14 = 51
   Article · neuter · singular · accusative ▸ 12 + 6 = **18** (Ex. 16,12; Ex. 39,11; Num. 23,26; 1Sam. 14,40; 1Kings 21,5; Esth. 3,11; Is. 5,19; Jer. 43,14; LetterJ 23; Ezek. 23,32; Ezek. 34,16; Bel 34; Matt. 27,44; Rom. 8,3; Phil. 3,1; Phil. 4,8; 2Th. 3,1; 1Pet. 3,8)

   Article · neuter · singular · nominative ▸ 23 + 2 + 8 = **33** (Gen. 35,10; Gen. 37,30; Gen. 41,25; Josh. 7,13; Ruth 2,19; 2Sam. 1,16; 1Kings 12,24l; 1Kings 21,3; Neh. 4,13; Esth. 5,7; Psa. 88,37; Sir. 43,27; Hab. 1,1; Is. 15,1; Is. 17,1; Is. 21,1; Is. 21,11; Is. 22,1; Is. 23,1; Jer. 1,1; Ezek. 39,11; Ezek. 47,8; Dan. 2,27; Dan. 2,27; Dan. 7,23; Matt. 14,24; Luke 1,80; Luke 2,40; Rom. 7,13; 1Cor. 10,16; 2Cor. 6,11; 1Tim. 4,1; Rev. 17,8)

τό ▸ 7 + 4 = 11
   Article · neuter · singular · accusative ▸ 6 + 4 = **10** (1Esdr. 8,14; Esth. 9,29; 2Mac. 1,18; 2Mac. 11,25; LetterJ 25; Ezek. 40,20; Luke 22,37; Acts 21,25; Acts 27,5; Heb. 9,1)
   Article · neuter · singular · nominative ▸ **1** (LetterJ 61)

τὸ ▸ 6387 + 404 + 1676 = 8467
   Article · neuter · singular · accusative ▸ 4683 + 267 + 1079 = **6029** (Gen. 1,4; Gen. 1,5; Gen. 1,5; Gen. 1,7; Gen. 1,8; Gen. 1,20; Gen. 2,6; Gen. 2,7; Gen. 2,9; Gen. 2,9; Gen. 3,8; Gen. 3,20; Gen. 4,8; Gen. 4,11; Gen. 4,25; Gen. 4,26; Gen. 4,26; Gen. 5,2; Gen. 5,3; Gen. 5,4; Gen. 5,7; Gen. 5,10; Gen. 5,13; Gen. 5,16; Gen. 5,19; Gen. 5,22; Gen. 5,26; Gen. 5,29; Gen. 5,30; Gen. 6,3; Gen. 6,3; Gen. 7,7; Gen. 8,7; Gen. 8,11; Gen. 8,20; Gen. 9,5; Gen. 9,13; Gen. 9,23; Gen. 9,23; Gen. 11,11; Gen. 11,13; Gen. 11,13; Gen. 11,15; Gen. 11,17; Gen. 11,19; Gen. 11,21; Gen. 11,23; Gen. 11,25; Gen. 12,2; Gen. 12,6; Gen. 12,8; Gen. 13,3; Gen. 13,4; Gen. 13,14; Gen. 13,16; Gen. 13,17; Gen. 13,17; Gen. 14,17; Gen. 15,14; Gen. 16,10; Gen. 16,11; Gen. 16,13; Gen. 16,14; Gen. 16,15; Gen. 17,19; Gen. 18,4; Gen. 18,8; Gen. 18,8; Gen. 18,25; Gen. 19,6; Gen. 19,17; Gen. 19,19; Gen. 19,21; Gen. 19,22; Gen. 19,27; Gen. 19,37; Gen. 19,38; Gen. 20,8; Gen. 21,2; Gen. 21,3; Gen. 21,14; Gen. 21,14; Gen. 21,14; Gen. 21,15; Gen. 21,18; Gen. 21,19; Gen. 21,23; Gen. 21,23; Gen. 21,26; Gen. 21,30; Gen. 21,31; Gen. 21,33; Gen. 22,3; Gen. 22,6; Gen. 22,7; Gen. 22,9; Gen. 22,12; Gen. 22,14; Gen. 22,16; Gen. 22,17; Gen. 22,17; Gen. 22,19; Gen. 23,6; Gen. 23,9; Gen. 23,9; Gen. 23,9; Gen. 23,11; Gen. 23,11; Gen. 23,13; Gen. 23,16; Gen. 24,11; Gen. 24,11; Gen. 24,20; Gen. 24,20; Gen. 24,36; Gen. 24,57; Gen. 24,62; Gen. 24,63; Gen. 24,63; Gen. 24,65; Gen. 25,9; Gen. 25,9; Gen. 25,10; Gen. 25,11; Gen. 25,11; Gen. 25,17; Gen. 25,25; Gen. 25,26; Gen. 26,4; Gen. 26,18; Gen. 26,20; Gen. 26,21; Gen. 26,21; Gen. 26,22; Gen. 26,23; Gen. 26,24; Gen. 26,25; Gen. 26,31; Gen. 27,1; Gen. 27,3; Gen. 27,3; Gen. 27,3; Gen. 27,5; Gen. 27,30; Gen. 28,18; Gen. 28,18; Gen. 28,19; Gen. 29,3; Gen. 29,13; Gen. 29,20; Gen. 29,32; Gen. 29,33; Gen. 29,34; Gen. 29,35; Gen. 30,6; Gen. 30,8; Gen. 30,11; Gen. 30,13; Gen. 30,18; Gen. 30,20; Gen. 30,21; Gen. 30,23; Gen. 30,24; Gen. 30,31; Gen. 30,34; Gen. 30,37; Gen. 30,38; Gen. 31,2; Gen. 31,4; Gen. 31,5; Gen. 31,15; Gen. 31,21; Gen. 32,1; Gen. 32,3; Gen. 32,9; Gen. 32,13; Gen. 32,20; Gen. 32,21; Gen. 32,21; Gen. 32,21; Gen. 32,26; Gen. 32,30; Gen. 32,30; Gen. 32,31; Gen. 32,32; Gen. 32,33; Gen. 33,10; Gen. 33,17; Gen. 34,14; Gen. 34,19; Gen. 35,7; Gen. 35,8; Gen. 35,15; Gen. 35,18; Gen. 35,29; Gen. 37,7; Gen. 37,11; Gen. 37,26; Gen. 38,3; Gen. 38,4; Gen. 38,5; Gen. 38,15; Gen. 38,19; Gen. 38,29; Gen. 38,30; Gen. 39,5; Gen. 39,9; Gen. 39,9; Gen. 39,9; Gen. 39,20; Gen. 39,22; Gen. 39,23; Gen. 40,3; Gen. 40,6; Gen. 40,9; Gen. 40,11; Gen. 40,11; Gen. 40,11; Gen. 40,13; Gen. 40,21; Gen. 41,3; Gen. 41,5; Gen. 41,8; Gen. 41,17; Gen. 41,28; Gen. 41,32; Gen. 41,43; Gen. 41,43; Gen. 41,45; Gen. 41,51; Gen. 41,52; Gen. 42,22; Gen. 42,25; Gen. 42,38; Gen. 43,3; Gen. 43,5; Gen. 43,8; Gen. 43,12; Gen. 43,12; Gen. 43,12; Gen. 43,15; Gen. 43,18; Gen. 43,18; Gen. 43,21; Gen. 43,21; Gen. 43,22; Gen. 43,23; Gen. 43,30; Gen. 43,31; Gen. 44,1; Gen. 44,2; Gen. 44,2; Gen. 44,2; Gen. 44,3; Gen. 44,5; Gen. 44,5; Gen. 44,7; Gen. 44,8; Gen. 44,12; Gen. 44,17; Gen. 44,23; Gen. 44,26; Gen. 44,29; Gen. 44,30; Gen.

ó

44,31; Gen. 44,31; Gen. 44,32; Gen. 46,1; Gen. 46,7; Gen. 46,30; Gen. 47,14; Gen. 47,14; Gen. 47,14; Gen. 47,24; Gen. 47,30; Gen. 47,31; Gen. 48,11; Gen. 49,14; Gen. 49,15; Gen. 49,27; Gen. 49,27; Gen. 49,30; Gen. 50,1; Gen. 50,10; Gen. 50,11; Gen. 50,11; Gen. 50,13; Gen. 50,13; Gen. 50,13; Ex. 1,18; Ex. 2,3; Ex. 2,3; Ex. 2,4; Ex. 2,7; Ex. 2,9; Ex. 2,9; Ex. 2,10; Ex. 2,15; Ex. 2,22; Ex. 3,1; Ex. 3,3; Ex. 3,3; Ex. 3,5; Ex. 3,6; Ex. 4,9; Ex. 4,12; Ex. 4,15; Ex. 4,15; Ex. 4,15; Ex. 5,14; Ex. 5,19; Ex. 6,3; Ex. 7,15; Ex. 7,15; Ex. 7,15; Ex. 7,17; Ex. 7,17; Ex. 7,20; Ex. 7,20; Ex. 7,25; Ex. 8,12; Ex. 8,13; Ex. 8,16; Ex. 8,16; Ex. 9,5; Ex. 9,6; Ex. 9,13; Ex. 9,20; Ex. 9,21; Ex. 9,27; Ex. 9,31; Ex. 9,31; Ex. 10,5; Ex. 10,5; Ex. 10,5; Ex. 10,28; Ex. 12,4; Ex. 12,6; Ex. 12,13; Ex. 12,21; Ex. 12,23; Ex. 12,24; Ex. 12,34; Ex. 12,39; Ex. 12,48; Ex. 14,11; Ex. 14,16; Ex. 14,22; Ex. 14,27; Ex. 14,30; Ex. 15,8; Ex. 15,10; Ex. 15,19; Ex. 15,20; Ex. 15,25; Ex. 16,4; Ex. 16,5; Ex. 16,8; Ex. 16,8; Ex. 16,12; Ex. 16,13; Ex. 16,17; Ex. 16,17; Ex. 16,18; Ex. 16,18; Ex. 16,19; Ex. 16,20; Ex. 16,21; Ex. 16,23; Ex. 16,23; Ex. 16,24; Ex. 16,31; Ex. 16,32; Ex. 16,33; Ex. 16,35; Ex. 16,35; Ex. 17,7; Ex. 17,7; Ex. 17,14; Ex. 17,15; Ex. 18,17; Ex. 18,22; Ex. 18,22; Ex. 18,23; Ex. 19,3; Ex. 19,11; Ex. 19,11; Ex. 19,12; Ex. 19,13; Ex. 19,17; Ex. 19,18; Ex. 19,20; Ex. 19,20; Ex. 19,23; Ex. 19,23; Ex. 19,23; Ex. 20,7; Ex. 20,7; Ex. 20,18; Ex. 20,18; Ex. 20,24; Ex. 20,25; Ex. 20,26; Ex. 21,6; Ex. 21,6; Ex. 21,9; Ex. 21,31; Ex. 21,35; Ex. 22,4; Ex. 22,4; Ex. 22,5; Ex. 22,25; Ex. 22,29; Ex. 22,29; Ex. 23,5; Ex. 23,25; Ex. 24,4; Ex. 24,4; Ex. 24,6; Ex. 24,6; Ex. 24,6; Ex. 24,7; Ex. 24,8; Ex. 24,12; Ex. 24,13; Ex. 24,15; Ex. 24,15; Ex. 24,16; Ex. 24,16; Ex. 24,18; Ex. 24,18; Ex. 25,9; Ex. 25,9; Ex. 25,10; Ex. 25,10; Ex. 25,10; Ex. 25,12; Ex. 25,12; Ex. 25,12; Ex. 25,12; Ex. 25,17; Ex. 25,17; Ex. 25,20; Ex. 25,21; Ex. 25,23; Ex. 25,23; Ex. 25,23; Ex. 26,9; Ex. 26,9; Ex. 26,12; Ex. 26,12; Ex. 26,12; Ex. 26,12; Ex. 26,20; Ex. 26,20; Ex. 26,20; Ex. 26,22; Ex. 26,22; Ex. 26,24; Ex. 26,28; Ex. 26,30; Ex. 26,30; Ex. 26,33; Ex. 26,33; Ex. 26,35; Ex. 26,35; Ex. 27,1; Ex. 27,1; Ex. 27,3; Ex. 27,8; Ex. 27,9; Ex. 27,9; Ex. 27,12; Ex. 27,12; Ex. 27,13; Ex. 27,15; Ex. 27,15; Ex. 27,16; Ex. 28,3; Ex. 28,4; Ex. 28,4; Ex. 28,5; Ex. 28,5; Ex. 28,21; Ex. 28,22; Ex. 28,29; Ex. 28,23 # 28,29a; Ex. 28,30; Ex. 28,30; Ex. 28,33; Ex. 28,33; Ex. 28,35; Ex. 28,43; Ex. 29,3; Ex. 29,5; Ex. 29,5; Ex. 29,6; Ex. 29,6; Ex. 29,12; Ex. 29,13; Ex. 29,13; Ex. 29,13; Ex. 29,13; Ex. 29,14; Ex. 29,16; Ex. 29,16; Ex. 29,18; Ex. 29,20; Ex. 29,20; Ex. 29,21; Ex. 29,21; Ex. 29,22; Ex. 29,22; Ex. 29,22; Ex. 29,22; Ex. 29,22; Ex. 29,25; Ex. 29,26; Ex. 29,27; Ex. 29,36; Ex. 29,36; Ex. 29,37; Ex. 29,38; Ex. 29,39; Ex. 29,39; Ex. 29,40; Ex. 29,41; Ex. 29,44; Ex. 30,2; Ex. 30,2; Ex. 30,7; Ex. 30,13; Ex. 30,13; Ex. 30,13; Ex. 30,16; Ex. 30,20; Ex. 30,23; Ex. 30,23; Ex. 30,27; Ex. 30,28; Ex. 31,4; Ex. 31,4; Ex. 31,4; Ex. 31,4; Ex. 31,7; Ex. 31,7; Ex. 31,11; Ex. 31,11; Ex. 32,7; Ex. 32,13; Ex. 32,19; Ex. 32,20; Ex. 32,22; Ex. 32,24; Ex. 33,3; Ex. 33,4; Ex. 33,4; Ex. 33,20; Ex. 33,20; Ex. 33,23; Ex. 34,1; Ex. 34,2; Ex. 34,2; Ex. 34,2; Ex. 34,4; Ex. 34,4; Ex. 34,25; Ex. 34,33; Ex. 34,34; Ex. 34,35; Ex. 34,35; Ex. 35,12; Ex. 35,12; Ex. 35,17 # 35,12a; Ex. 35,17 # 35,12a; Ex. 35,16; Ex. 35,19; Ex. 35,19; Ex. 35,25; Ex. 35,27; Ex. 35,28; Ex. 35,32; Ex. 35,32; Ex. 36,3; Ex. 36,4; Ex. 36,15; Ex. 36,16; Ex. 36,16; Ex. 36,16; Ex. 36,22; Ex. 36,26; Ex. 36,28; Ex. 36,28; Ex. 36,30; Ex. 36,32; Ex. 36,33; Ex. 36,37; Ex. 36,37; Ex. 37,3; Ex. 37,5; Ex. 37,9; Ex. 37,9; Ex. 37,10; Ex. 37,10; Ex. 37,11; Ex. 37,11; Ex. 38,3; Ex. 38,3; Ex. 38,3; Ex. 38,3; Ex. 38,5; Ex. 38,7; Ex. 38,7; Ex. 38,7; Ex. 38,7; Ex. 38,8; Ex. 38,16; Ex. 38,16; Ex. 38,19; Ex. 38,19; Ex. 38,22; Ex. 38,22; Ex. 38,23; Ex. 38,24; Ex. 38,25; Ex. 38,25; Ex. 38,27; Ex. 39,9; Ex. 39,9; Ex. 39,11; Ex. 39,12; Ex. 39,15; Ex. 39,15; Ex. 39,15; Ex. 39,16; Ex. 39,19; Ex. 40,5; Ex. 40,5; Ex. 40,5; Ex. 40,6; Ex. 40,9; Ex. 40,10; Ex. 40,10; Ex. 40,19; Ex. 40,21; Ex. 40,22; Ex. 40,22;

Ex. 40,24; Ex. 40,24; Ex. 40,26; Ex. 40,26; Ex. 40,27; Ex. 40,29; Lev. 1,5; Lev. 1,5; Lev. 1,5; Lev. 1,5; Lev. 1,6; Lev. 1,7; Lev. 1,7; Lev. 1,8; Lev. 1,9; Lev. 1,11; Lev. 1,11; Lev. 1,12; Lev. 1,13; Lev. 1,14; Lev. 1,15; Lev. 1,15; Lev. 1,15; Lev. 1,16; Lev. 1,17; Lev. 2,2; Lev. 2,2; Lev. 2,8; Lev. 2,9; Lev. 2,9; Lev. 2,12; Lev. 2,16; Lev. 3,2; Lev. 3,2; Lev. 3,3; Lev. 3,3; Lev. 3,3; Lev. 3,3; Lev. 3,4; Lev. 3,4; Lev. 3,4; Lev. 3,5; Lev. 3,7; Lev. 3,8; Lev. 3,8; Lev. 3,9; Lev. 3,9; Lev. 3,10; Lev. 3,10; Lev. 3,10; Lev. 3,11; Lev. 3,13; Lev. 3,13; Lev. 3,14; Lev. 3,14; Lev. 3,14; Lev. 3,14; Lev. 3,15; Lev. 3,15; Lev. 3,15; Lev. 3,16; Lev. 4,6; Lev. 4,6; Lev. 4,6; Lev. 4,7; Lev. 4,8; Lev. 4,8; Lev. 4,8; Lev. 4,8; Lev. 4,8; Lev. 4,9; Lev. 4,9; Lev. 4,10; Lev. 4,11; Lev. 4,18; Lev. 4,19; Lev. 4,19; Lev. 4,23; Lev. 4,25; Lev. 4,26; Lev. 4,26; Lev. 4,26; Lev. 4,30; Lev. 4,31; Lev. 4,31; Lev. 4,32; Lev. 4,34; Lev. 4,35; Lev. 4,35; Lev. 4,35; Lev. 5,7; Lev. 5,7; Lev. 5,8; Lev. 5,9; Lev. 5,10; Lev. 5,11; Lev. 5,11; Lev. 5,12; Lev. 5,12; Lev. 5,16; Lev. 5,23; Lev. 5,23; Lev. 5,24; Lev. 5,24; Lev. 6,2; Lev. 6,3; Lev. 6,5; Lev. 6,5; Lev. 6,5; Lev. 6,6; Lev. 6,8; Lev. 6,9; Lev. 6,13; Lev. 6,13; Lev. 6,18; Lev. 6,20; Lev. 7,2; Lev. 7,2; Lev. 7,3; Lev. 7,3; Lev. 7,3; Lev. 7,3; Lev. 7,3; Lev. 7,4; Lev. 7,4; Lev. 7,4; Lev. 7,5; Lev. 7,14; Lev. 7,15; Lev. 7,16; Lev. 7,29; Lev. 7,30; Lev. 7,30; Lev. 7,31; Lev. 7,33; Lev. 7,33; Lev. 7,34; Lev. 8,2; Lev. 8,2; Lev. 8,8; Lev. 8,8; Lev. 8,9; Lev. 8,9; Lev. 8,9; Lev. 8,11; Lev. 8,11; Lev. 8,15; Lev. 8,15; Lev. 8,16; Lev. 8,16; Lev. 8,16; Lev. 8,16; Lev. 8,16; Lev. 8,19; Lev. 8,19; Lev. 8,20; Lev. 8,21; Lev. 8,23; Lev. 8,23; Lev. 8,24; Lev. 8,24; Lev. 8,25; Lev. 8,25; Lev. 8,25; Lev. 8,25; Lev. 8,25; Lev. 8,26; Lev. 8,28; Lev. 8,28; Lev. 8,29; Lev. 9,6; Lev. 9,7; Lev. 9,7; Lev. 9,7; Lev. 9,8; Lev. 9,8; Lev. 9,8; Lev. 9,9; Lev. 9,9; Lev. 9,9; Lev. 9,10; Lev. 9,10; Lev. 9,12; Lev. 9,12; Lev. 9,12; Lev. 9,13; Lev. 9,13; Lev. 9,14; Lev. 9,14; Lev. 9,15; Lev. 9,15; Lev. 9,16; Lev. 9,17; Lev. 9,18; Lev. 9,18; Lev. 9,19; Lev. 9,19; Lev. 9,19; Lev. 9,19; Lev. 9,19; Lev. 9,19; Lev. 9,20; Lev. 9,21; Lev. 9,22; Lev. 10,1; Lev. 10,7; Lev. 10,9; Lev. 10,12; Lev. 10,14; Lev. 10,15; Lev. 10,17; Lev. 10,18; Lev. 12,4; Lev. 12,8; Lev. 13,5; Lev. 13,6; Lev. 13,7; Lev. 13,7; Lev. 13,12; Lev. 13,13; Lev. 13,17; Lev. 13,25; Lev. 13,33; Lev. 13,33; Lev. 13,34; Lev. 13,34; Lev. 13,35; Lev. 13,45; Lev. 13,52; Lev. 13,54; Lev. 13,55; Lev. 13,56; Lev. 13,58; Lev. 13,59; Lev. 14,5; Lev. 14,5; Lev. 14,6; Lev. 14,6; Lev. 14,6; Lev. 14,6; Lev. 14,6; Lev. 14,6; Lev. 14,6; Lev. 14,6; Lev. 14,7; Lev. 14,7; Lev. 14,7; Lev. 14,9; Lev. 14,14; Lev. 14,14; Lev. 14,17; Lev. 14,17; Lev. 14,17; Lev. 14,17; Lev. 14,18; Lev. 14,18; Lev. 14,19; Lev. 14,19; Lev. 14,20; Lev. 14,20; Lev. 14,23; Lev. 14,25; Lev. 14,25; Lev. 14,28; Lev. 14,28; Lev. 14,29; Lev. 14,29; Lev. 14,43; Lev. 14,43; Lev. 14,43; Lev. 14,48; Lev. 14,50; Lev. 14,50; Lev. 14,51; Lev. 14,51; Lev. 14,51; Lev. 14,51; Lev. 14,51; Lev. 14,51; Lev. 14,53; Lev. 14,53; Lev. 14,53; Lev. 15,11; Lev. 15,13; Lev. 15,16; Lev. 15,21; Lev. 15,27; Lev. 16,1; Lev. 16,2; Lev. 16,3; Lev. 16,4; Lev. 16,12; Lev. 16,13; Lev. 16,13; Lev. 16,13; Lev. 16,13; Lev. 16,14; Lev. 16,15; Lev. 16,15; Lev. 16,15; Lev. 16,15; Lev. 16,16; Lev. 16,18; Lev. 16,18; Lev. 16,20; Lev. 16,20; Lev. 16,23; Lev. 16,24; Lev. 16,24; Lev. 16,24; Lev. 16,25; Lev. 16,25; Lev. 16,25; Lev. 16,26; Lev. 16,28; Lev. 16,33; Lev. 16,33; Lev. 17,6; Lev. 17,6; Lev. 17,6; Lev. 17,10; Lev. 17,10; Lev. 17,13; Lev. 17,16; Lev. 18,21; Lev. 18,21; Lev. 19,12; Lev. 20,3; Lev. 20,3; Lev. 20,5; Lev. 20,6; Lev. 20,15; Lev. 20,16; Lev. 21,6; Lev. 21,9; Lev. 21,12; Lev. 21,15; Lev. 21,23; Lev. 21,23; Lev. 21,23; Lev. 22,2; Lev. 22,2; Lev. 22,6; Lev. 22,14; Lev. 22,14; Lev. 22,22; Lev. 22,30; Lev. 22,32; Lev. 23,11; Lev. 23,12; Lev. 23,15; Lev. 23,22; Lev. 23,37; Lev. 24,4; Lev. 24,6; Lev. 24,7; Lev. 24,11; Lev. 24,16; Lev. 24,16; Lev. 25,10; Lev. 25,10; Lev. 25,22; Lev. 25,22; Lev. 25,28; Lev. 25,37; Lev. 25,48; Lev. 26,17; Lev. 27,13; Lev. 27,15; Lev. 27,18; Lev. 27,19;

O, o

Lev. 27,23; Lev. 27,27; Lev. 27,27; Lev. 27,31; Num. 3,47; Num. 3,47; Num. 3,48; Num. 3,49; Num. 3,50; Num. 4,2; Num. 4,5; Num. 4,5; Num. 4,11; Num. 4,11; Num. 4,13; Num. 4,25; Num. 4,25; Num. 4,25; Num. 4,25; Num. 4,25; Num. 4,31; Num. 4,31; Num. 4,47; Num. 5,7; Num. 5,7; Num. 5,8; Num. 5,15; Num. 5,15; Num. 5,17; Num. 5,23; Num. 5,24; Num. 5,25; Num. 5,26; Num. 5,26; Num. 5,26; Num. 6,14; Num. 6,16; Num. 6,16; Num. 6,18; Num. 6,19; Num. 6,23; Num. 6,25; Num. 6,26; Num. 7,1; Num. 7,12; Num. 7,13; Num. 7,19; Num. 7,31; Num. 7,37; Num. 7,43; Num. 7,49; Num. 7,55; Num. 7,61; Num. 7,67; Num. 7,73; Num. 7,79; Num. 7,88; Num. 7,88; Num. 8,4; Num. 8,7; Num. 9,2; Num. 9,4; Num. 9,6; Num. 9,7; Num. 9,10; Num. 9,11; Num. 9,12; Num. 9,13; Num. 9,13; Num. 9,14; Num. 9,15; Num. 9,21; Num. 11,6; Num. 11,29; Num. 11,32; Num. 12,12; Num. 12,14; Num. 13,17; Num. 13,31; Num. 14,15; Num. 14,16; Num. 14,19; Num. 14,20; Num. 14,24; Num. 14,40; Num. 14,41; Num. 15,4; Num. 15,5; Num. 15,6; Num. 15,7; Num. 15,10; Num. 15,25; Num. 15,31; Num. 16,17; Num. 16,17; Num. 16,17; Num. 16,18; Num. 16,30; Num. 16,35; Num. 17,2; Num. 17,2; Num. 17,11; Num. 17,11; Num. 17,12; Num. 17,17; Num. 17,18; Num. 18,3; Num. 18,7; Num. 18,17; Num. 18,17; Num. 18,17; Num. 18,26; Num. 18,29; Num. 19,7; Num. 19,8; Num. 19,18; Num. 20,19; Num. 20,19; Num. 20,22; Num. 20,25; Num. 20,27; Num. 21,3; Num. 21,13; Num. 21,13; Num. 21,17; Num. 21,20; Num. 21,26; Num. 22,13; Num. 22,18; Num. 22,20; Num. 22,21; Num. 22,23; Num. 22,28; Num. 22,35; Num. 22,38; Num. 22,38; Num. 23,5; Num. 23,10; Num. 23,12; Num. 23,16; Num. 24,1; Num. 24,1; Num. 24,13; Num. 26,10; Num. 27,12; Num. 27,12; Num. 27,14; Num. 28,4; Num. 28,4; Num. 28,5; Num. 28,7; Num. 28,8; Num. 29,11; Num. 30,3; Num. 31,16; Num. 31,16; Num. 31,26; Num. 31,41; Num. 31,41; Num. 31,47; Num. 31,49; Num. 31,50; Num. 31,51; Num. 31,54; Num. 32,11; Num. 32,11; Num. 32,20; Num. 32,24; Num. 33,9; Num. 33,32; Num. 33,37; Num. 34,7; Num. 34,7; Num. 34,8; Num. 35,5; Num. 35,5; Num. 35,5; Num. 35,5; Num. 35,5; Num. 35,5; Num. 35,5; Num. 35,5; Num. 35,12; Num. 35,19; Num. 35,21; Num. 35,24; Num. 35,25; Num. 35,27; Num. 35,27; Num. 35,28; Deut. 1,4; Deut. 1,17; Deut. 1,24; Deut. 1,27; Deut. 1,36; Deut. 1,41; Deut. 1,43; Deut. 1,43; Deut. 2,1; Deut. 2,1; Deut. 2,3; Deut. 2,5; Deut. 2,5; Deut. 2,20; Deut. 2,25; Deut. 2,30; Deut. 2,36; Deut. 3,9; Deut. 3,12; Deut. 3,13; Deut. 3,25; Deut. 3,25; Deut. 4,2; Deut. 4,11; Deut. 4,32; Deut. 4,32; Deut. 4,32; Deut. 4,36; Deut. 4,36; Deut. 4,37; Deut. 4,37; Deut. 5,5; Deut. 5,11; Deut. 5,11; Deut. 6,18; Deut. 6,18; Deut. 7,4; Deut. 7,8; Deut. 7,12; Deut. 7,13; Deut. 7,22; Deut. 7,24; Deut. 8,3; Deut. 8,16; Deut. 9,9; Deut. 9,12; Deut. 9,14; Deut. 9,18; Deut. 9,18; Deut. 9,28; Deut. 9,28; Deut. 10,1; Deut. 10,3; Deut. 10,15; Deut. 11,4; Deut. 11,14; Deut. 12,5; Deut. 12,8; Deut. 12,11; Deut. 12,15; Deut. 12,16; Deut. 12,17; Deut. 12,21; Deut. 12,25; Deut. 12,25; Deut. 12,26; Deut. 12,27; Deut. 12,27; Deut. 12,28; Deut. 12,28; Deut. 12,30; Deut. 13,4; Deut. 13,6; Deut. 13,12; Deut. 13,12; Deut. 13,19; Deut. 13,19; Deut. 14,22; Deut. 14,23; Deut. 14,24; Deut. 14,25; Deut. 14,26; Deut. 14,28; Deut. 15,10; Deut. 15,11; Deut. 15,15; Deut. 15,17; Deut. 15,17; Deut. 15,19; Deut. 15,23; Deut. 16,1; Deut. 16,2; Deut. 16,2; Deut. 16,4; Deut. 16,4; Deut. 16,5; Deut. 16,6; Deut. 16,6; Deut. 16,7; Deut. 16,11; Deut. 16,20; Deut. 16,21; Deut. 17,2; Deut. 17,8; Deut. 17,10; Deut. 17,10; Deut. 17,18; Deut. 18,3; Deut. 18,16; Deut. 18,16; Deut. 18,18; Deut. 18,21; Deut. 19,5; Deut. 19,7; Deut. 19,13; Deut. 19,13; Deut. 19,20; Deut. 19,20; Deut. 21,7; Deut. 21,9; Deut. 21,9; Deut. 21,9; Deut. 22,1; Deut. 22,3; Deut. 22,9; Deut. 22,9; Deut. 22,10; Deut. 22,17; Deut. 23,5; Deut. 23,12; Deut. 23,12; Deut. 24,4; Deut. 24,10; Deut. 24,11; Deut. 24,13; Deut. 24,18; Deut. 24,20; Deut. 24,22; Deut. 25,5; Deut. 25,7; Deut. 25,9; Deut. 25,9; Deut. 25,9; Deut. 25,11; Deut. 25,19; Deut. 26,2; Deut. 26,12; Deut. 26,12; Deut. 28,38; Deut. 28,47; Deut. 28,55; Deut. 28,57; Deut. 28,57; Deut. 28,57; Deut. 28,58; Deut. 28,58; Deut. 28,58; Deut. 28,67; Deut. 28,67; Deut. 29,19; Deut. 30,13; Deut. 30,15; Deut. 30,15; Deut. 31,17; Deut. 31,18; Deut. 31,19; Deut. 31,26; Deut. 31,29; Deut. 32,20; Deut. 32,26; Deut. 32,38; Deut. 32,43; Deut. 32,49; Deut. 32,49; Deut. 33,10; Deut. 34,1; Josh. 1,13; Josh. 1,15; Josh. 2,6; Josh. 2,8; Josh. 2,18; Josh. 2,18; Josh. 2,18; Josh. 2,21; Josh. 3,1; Josh. 3,9; Josh. 3,16; Josh. 4,19; Josh. 4,23; Josh. 5,7; Josh. 5,9; Josh. 5,10; Josh. 5,12; Josh. 5,15; Josh. 6,12; Josh. 7,9; Josh. 7,9; Josh. 7,12; Josh. 7,13; Josh. 7,14; Josh. 8,8; Josh. 8,10; Josh. 8,29; Josh. 9,2; Josh. 8,32 # 9,2c; Josh. 9,9; Josh. 9,16; Josh. 9,24; Josh. 10,6; Josh. 10,14; Josh. 10,14; Josh. 10,16; Josh. 10,16; Josh. 10,18; Josh. 10,22; Josh. 10,27; Josh. 10,27; Josh. 11,2; Josh. 11,5; Josh. 11,7; Josh. 11,10; Josh. 11,16; Josh. 11,17; Josh. 11,17; Josh. 12,2; Josh. 12,5; Josh. 13,5; Josh. 13,5; Josh. 13,31; Josh. 14,6; Josh. 14,10; Josh. 14,12; Josh. 14,12; Josh. 14,14; Josh. 14,15; Josh. 15,7; Josh. 15,7; Josh. 15,9; Josh. 15,15; Josh. 17,11; Josh. 18,12; Josh. 18,14; Josh. 18,14; Josh. 19,47a; Josh. 19,48; Josh. 19,49; Josh. 20,3; Josh. 20,9; Josh. 21,36; Josh. 21,38; Josh. 22,1; Josh. 22,13; Josh. 22,19; Josh. 23,1; Josh. 24,2; Josh. 24,4; Josh. 24,4; Josh. 24,31a; Judg. 1,17; Judg. 1,18; Judg. 1,18; Judg. 1,18; Judg. 1,19; Judg. 1,26; Judg. 1,34; Judg. 2,7; Judg. 2,7; Judg. 2,10; Judg. 2,11; Judg. 2,23; Judg. 3,7; Judg. 3,12; Judg. 3,12; Judg. 3,12; Judg. 3,16; Judg. 3,22; Judg. 4,1; Judg. 4,7; Judg. 4,19; Judg. 6,1; Judg. 6,19; Judg. 6,21; Judg. 6,25; Judg. 6,25; Judg. 6,25; Judg. 6,28; Judg. 6,28; Judg. 6,28; Judg. 6,29; Judg. 6,29; Judg. 6,30; Judg. 6,30; Judg. 6,30; Judg. 6,31; Judg. 6,32; Judg. 6,33; Judg. 7,4; Judg. 7,5; Judg. 7,8; Judg. 7,9; Judg. 7,12; Judg. 7,13; Judg. 7,24; Judg. 7,24; Judg. 8,1; Judg. 8,25; Judg. 8,31; Judg. 9,2; Judg. 9,11; Judg. 9,11; Judg. 9,16; Judg. 9,24; Judg. 9,33; Judg. 9,42; Judg. 9,46; Judg. 9,49; Judg. 9,49; Judg. 9,51; Judg. 9,53; Judg. 9,54; Judg. 9,54; Judg. 10,6; Judg. 11,10; Judg. 11,18; Judg. 11,22; Judg. 11,29; Judg. 11,35; Judg. 11,36; Judg. 11,37; Judg. 13,1; Judg. 13,6; Judg. 13,18; Judg. 13,24; Judg. 14,8; Judg. 14,9; Judg. 14,9; Judg. 14,12; Judg. 14,13; Judg. 14,14; Judg. 14,15; Judg. 14,16; Judg. 14,18; Judg. 14,19; Judg. 15,3; Judg. 15,19; Judg. 16,3; Judg. 16,14; Judg. 16,18; Judg. 16,18; Judg. 16,26; Judg. 16,28; Judg. 17,3; Judg. 17,4; Judg. 17,6; Judg. 17,10; Judg. 18,9; Judg. 18,17; Judg. 18,17; Judg. 18,17; Judg. 18,17; Judg. 18,18; Judg. 18,18; Judg. 18,18; Judg. 18,18; Judg. 18,19; Judg. 18,20; Judg. 18,20; Judg. 18,20; Judg. 18,20; Judg. 18,24; Judg. 18,29; Judg. 18,29; Judg. 18,30; Judg. 18,31; Judg. 19,5; Judg. 19,6; Judg. 19,8; Judg. 19,9; Judg. 19,23; Judg. 19,24; Judg. 19,24; Judg. 19,25; Judg. 19,26; Judg. 19,27; Judg. 19,27; Judg. 19,28; Judg. 19,30; Judg. 20,8; Judg. 20,36; Judg. 20,38; Judg. 21,25; Ruth 2,11; Ruth 2,20; Ruth 3,9; Ruth 3,10; Ruth 3,10; Ruth 3,10; Ruth 3,15; Ruth 3,15; Ruth 3,18; Ruth 4,4; Ruth 4,5; Ruth 4,7; Ruth 4,7; Ruth 4,8; Ruth 4,10; Ruth 4,14; Ruth 4,16; Ruth 4,17; 1Sam. 1,9; 1Sam. 1,12; 1Sam. 1,18; 1Sam. 1,19; 1Sam. 1,20; 1Sam. 1,22; 1Sam. 1,23; 1Sam. 1,23; 1Sam. 1,25; 1Sam. 1,27; 1Sam. 2,14; 1Sam. 2,15; 1Sam. 2,16; 1Sam. 2,23; 1Sam. 2,29; 1Sam. 2,31; 1Sam. 2,31; 1Sam. 3,6; 1Sam. 3,8; 1Sam. 3,15; 1Sam. 3,18; 1Sam. 4,21; 1Sam. 5,4; 1Sam. 5,4; 1Sam. 5,9; 1Sam. 6,11; 1Sam. 6,15; 1Sam. 7,12; 1Sam. 7,14; 1Sam. 8,9; 1Sam. 8,10; 1Sam. 9,7; 1Sam. 9,10; 1Sam. 9,15; 1Sam. 9,21; 1Sam. 9,22; 1Sam. 9,22; 1Sam. 10,2; 1Sam. 10,14; 1Sam. 10,16; 1Sam. 10,25; 1Sam. 11,5; 1Sam. 11,10; 1Sam. 11,11; 1Sam. 12,16; 1Sam. 12,16; 1Sam. 12,22; 1Sam. 12,22; 1Sam. 13,2; 1Sam. 13,2; 1Sam. 13,20; 1Sam. 13,20; 1Sam. 13,20; 1Sam. 14,6; 1Sam. 14,6; 1Sam. 14,18; 1Sam.

ȯ

14,18; 1Sam. 14,26; 1Sam. 14,27; 1Sam. 14,27; 1Sam. 14,27; 1Sam. 14,34; 1Sam. 14,34; 1Sam. 14,36; 1Sam. 15,12; 1Sam. 15,19; 1Sam. 15,20; 1Sam. 15,22; 1Sam. 15,23; 1Sam. 15,24; 1Sam. 15,25; 1Sam. 15,26; 1Sam. 15,27; 1Sam. 16,1; 1Sam. 16,13; 1Sam. 17,49; 1Sam. 17,49; 1Sam. 17,49; 1Sam. 19,10; 1Sam. 19,10; 1Sam. 20,2; 1Sam. 20,2; 1Sam. 20,13; 1Sam. 20,16; 1Sam. 20,19; 1Sam. 20,21; 1Sam. 20,23; 1Sam. 20,33; 1Sam. 20,35; 1Sam. 20,39; 1Sam. 20,40; 1Sam. 21,3; 1Sam. 21,4; 1Sam. 21,14; 1Sam. 22,1; 1Sam. 22,1; 1Sam. 22,4; 1Sam. 22,8; 1Sam. 22,8; 1Sam. 22,17; 1Sam. 23,9; 1Sam. 23,20; 1Sam. 24,5; 1Sam. 24,6; 1Sam. 24,7; 1Sam. 24,12; 1Sam. 24,22; 1Sam. 24,22; 1Sam. 25,2; 1Sam. 25,4; 1Sam. 25,16; 1Sam. 25,25; 1Sam. 25,28; 1Sam. 25,35; 1Sam. 26,11; 1Sam. 26,12; 1Sam. 26,13; 1Sam. 26,19; 1Sam. 28,18; 1Sam. 29,10; 1Sam. 30,7; 1Sam. 30,15; 1Sam. 30,15; 1Sam. 30,23; 1Sam. 30,24; 1Sam. 31,6; 1Sam. 31,10; 1Sam. 31,10; 1Sam. 31,12; 1Sam. 31,12; 2Sam. 1,1; 2Sam. 1,6; 2Sam. 1,10; 2Sam. 1,10; 2Sam. 1,10; 2Sam. 2,5; 2Sam. 2,6; 2Sam. 2,13; 2Sam. 2,16; 2Sam. 2,22; 2Sam. 2,23; 2Sam. 3,13; 2Sam. 3,13; 2Sam. 4,11; 2Sam. 5,13; 2Sam. 7,9; 2Sam. 7,12; 2Sam. 7,15; 2Sam. 7,25; 2Sam. 7,27; 2Sam. 9,9; 2Sam. 10,3; 2Sam. 10,10; 2Sam. 10,12; 2Sam. 10,15; 2Sam. 11,11; 2Sam. 11,21; 2Sam. 11,22; 2Sam. 12,3; 2Sam. 12,6; 2Sam. 12,9; 2Sam. 12,12; 2Sam. 12,13; 2Sam. 12,15; 2Sam. 12,18; 2Sam. 12,22; 2Sam. 12,24; 2Sam. 12,25; 2Sam. 12,28; 2Sam. 13,4; 2Sam. 13,8; 2Sam. 13,9; 2Sam. 13,10; 2Sam. 13,10; 2Sam. 13,13; 2Sam. 13,17; 2Sam. 13,20; 2Sam. 13,21; 2Sam. 13,34; 2Sam. 14,3; 2Sam. 14,15; 2Sam. 14,15; 2Sam. 14,17; 2Sam. 14,17; 2Sam. 14,20; 2Sam. 14,21; 2Sam. 14,24; 2Sam. 14,24; 2Sam. 14,28; 2Sam. 14,32; 2Sam. 15,6; 2Sam. 15,26; 2Sam. 16,19; 2Sam. 16,22; 2Sam. 17,6; 2Sam. 17,7; 2Sam. 17,19; 2Sam. 17,21; 2Sam. 17,21; 2Sam. 18,2; 2Sam. 18,2; 2Sam. 18,2; 2Sam. 18,9; 2Sam. 18,12; 2Sam. 18,17; 2Sam. 18,18; 2Sam. 18,24; 2Sam. 18,24; 2Sam. 18,29; 2Sam. 18,29; 2Sam. 19,1; 2Sam. 19,5; 2Sam. 19,6; 2Sam. 19,7; 2Sam. 19,8; 2Sam. 19,8; 2Sam. 19,19; 2Sam. 19,28; 2Sam. 19,31; 2Sam. 19,34; 2Sam. 19,38; 2Sam. 19,39; 2Sam. 20,8; 2Sam. 20,15; 2Sam. 21,1; 2Sam. 21,1; 2Sam. 21,9; 2Sam. 22,29; 2Sam. 23,4; 2Sam. 23,13; 2Sam. 23,18; 2Sam. 23,21; 2Sam. 24,10; 2Sam. 24,11; 2Sam. 24,22; 2Sam. 24,25; 1Kings 1,15; 1Kings 1,39; 1Kings 1,47; 1Kings 1,47; 1Kings 2,15; 1Kings 2,16; 1Kings 2,17; 1Kings 2,20; 1Kings 2,29; 1Kings 2,31; 1Kings 2,32; 1Kings 2,32; 1Kings 2,35c; 1Kings 2,35g; 1Kings 2,35k; 1Kings 2,35k; 1Kings 2,37; 1Kings 2,38; 1Kings 3,4; 1Kings 3,6; 1Kings 3,6; 1Kings 3,10; 1Kings 3,11; 1Kings 3,12; 1Kings 3,18; 1Kings 3,21; 1Kings 3,25; 1Kings 3,25; 1Kings 3,25; 1Kings 3,25; 1Kings 3,25; 1Kings 3,26; 1Kings 3,27; 1Kings 3,28; 1Kings 5,1; 1Kings 5,14a; 1Kings 5,23; 1Kings 6,2; 1Kings 6,3; 1Kings 6,3; 1Kings 6,6; 1Kings 6,6; 1Kings 6,8; 1Kings 6,15; 1Kings 6,16; 1Kings 6,16; 1Kings 6,16; 1Kings 6,30; 1Kings 6,32; 1Kings 7,5; 1Kings 7,7; 1Kings 7,7; 1Kings 7,8; 1Kings 7,34; 1Kings 7,34; 1Kings 7,37; 1Kings 7,37; 1Kings 7,45; 1Kings 7,45; 1Kings 7,48; 1Kings 8,4; 1Kings 8,6; 1Kings 8,14; 1Kings 8,16; 1Kings 8,16; 1Kings 8,20; 1Kings 8,43; 1Kings 8,45; 1Kings 8,59; 1Kings 8,59; 1Kings 8,64; 1Kings 8,64; 1Kings 9,3; 1Kings 10,1; 1Kings 10,1; 1Kings 10,9; 1Kings 10,11; 1Kings 10,16; 1Kings 10,16; 1Kings 10,17; 1Kings 10,17; 1Kings 10,22a # 9,15; 1Kings 10,24; 1Kings 10,25; 1Kings 10,27; 1Kings 10,27; 1Kings 11,8; 1Kings 11,10; 1Kings 11,28; 1Kings 11,33; 1Kings 11,38; 1Kings 12,15; 1Kings 12,24; 1Kings 12,24a; 1Kings 12,24m; 1Kings 12,24o; 1Kings 12,24u; 1Kings 12,24u; 1Kings 12,24y; 1Kings 12,24z; 1Kings 12,32; 1Kings 12,33; 1Kings 12,33; 1Kings 13,1; 1Kings 13,2; 1Kings 13,4; 1Kings 13,4; 1Kings 13,5; 1Kings 13,6; 1Kings 13,8; 1Kings 13,11; 1Kings 13,21; 1Kings 13,23; 1Kings 13,24; 1Kings 13,25; 1Kings 13,26; 1Kings 13,28;

1Kings 13,28; 1Kings 13,28; 1Kings 13,29; 1Kings 13,31; 1Kings 13,33; 1Kings 14,21; 1Kings 14,22; 1Kings 14,28; 1Kings 15,5; 1Kings 15,11; 1Kings 15,18; 1Kings 15,18; 1Kings 15,18; 1Kings 15,26; 1Kings 15,29; 1Kings 15,34; 1Kings 16,12; 1Kings 16,19; 1Kings 16,24; 1Kings 16,24; 1Kings 16,24; 1Kings 16,24; 1Kings 16,25; 1Kings 16,28b; 1Kings 16,28f; 1Kings 16,30; 1Kings 16,34; 1Kings 17,5; 1Kings 17,6; 1Kings 17,6; 1Kings 17,13; 1Kings 17,16; 1Kings 17,19; 1Kings 18,19; 1Kings 18,20; 1Kings 18,29; 1Kings 18,32; 1Kings 18,32; 1Kings 18,33; 1Kings 18,33; 1Kings 18,33; 1Kings 18,34; 1Kings 18,38; 1Kings 18,38; 1Kings 18,38; 1Kings 18,42; 1Kings 18,44; 1Kings 19,3; 1Kings 19,9; 1Kings 19,11; 1Kings 19,12; 1Kings 19,13; 1Kings 19,13; 1Kings 20,4; 1Kings 20,8; 1Kings 20,19; 1Kings 20,19; 1Kings 20,20; 1Kings 20,25; 1Kings 20,27; 1Kings 21,5; 1Kings 21,7; 1Kings 21,7; 1Kings 21,9; 1Kings 21,24; 1Kings 21,30; 1Kings 21,33; 1Kings 22,34; 1Kings 22,35; 1Kings 22,38; 1Kings 22,38; 1Kings 22,38; 1Kings 22,43; 1Kings 22,53; 2Kings 1,1; 2Kings 1,3; 2Kings 1,6; 2Kings 1,17; 2Kings 1,18b; 2Kings 2,8; 2Kings 2,14; 2Kings 2,22; 2Kings 2,25; 2Kings 2,25; 2Kings 3,2; 2Kings 3,5; 2Kings 3,20; 2Kings 3,22; 2Kings 4,4; 2Kings 4,7; 2Kings 4,11; 2Kings 4,12; 2Kings 4,24; 2Kings 4,25; 2Kings 4,25; 2Kings 4,25; 2Kings 4,27; 2Kings 4,34; 2Kings 4,34; 2Kings 4,34; 2Kings 4,35; 2Kings 4,39; 2Kings 4,41; 2Kings 4,44; 2Kings 5,6; 2Kings 5,7; 2Kings 5,11; 2Kings 5,14; 2Kings 5,24; 2Kings 5,26; 2Kings 6,5; 2Kings 6,18; 2Kings 6,18; 2Kings 7,13; 2Kings 7,16; 2Kings 8,2; 2Kings 8,3; 2Kings 8,4; 2Kings 8,13; 2Kings 8,15; 2Kings 8,15; 2Kings 8,18; 2Kings 8,27; 2Kings 9,2; 2Kings 9,6; 2Kings 9,13; 2Kings 9,24; 2Kings 9,25; 2Kings 9,26; 2Kings 9,28; 2Kings 9,32; 2Kings 9,35; 2Kings 10,5; 2Kings 10,15; 2Kings 10,17; 2Kings 10,30; 2Kings 11,1; 2Kings 11,5; 2Kings 11,7; 2Kings 11,9; 2Kings 11,9; 2Kings 11,11; 2Kings 11,12; 2Kings 11,12; 2Kings 11,14; 2Kings 12,3; 2Kings 12,5; 2Kings 12,5; 2Kings 12,6; 2Kings 12,7; 2Kings 12,8; 2Kings 12,8; 2Kings 12,9; 2Kings 12,10; 2Kings 12,10; 2Kings 12,11; 2Kings 12,11; 2Kings 12,12; 2Kings 12,12; 2Kings 12,13; 2Kings 12,16; 2Kings 12,18; 2Kings 12,19; 2Kings 12,19; 2Kings 13,2; 2Kings 13,11; 2Kings 13,16; 2Kings 13,16; 2Kings 14,3; 2Kings 14,7; 2Kings 14,12; 2Kings 14,14; 2Kings 14,14; 2Kings 14,17; 2Kings 14,22; 2Kings 14,24; 2Kings 14,25; 2Kings 14,25; 2Kings 14,27; 2Kings 15,3; 2Kings 15,9; 2Kings 15,18; 2Kings 15,20; 2Kings 15,24; 2Kings 15,28; 2Kings 15,34; 2Kings 16,2; 2Kings 16,8; 2Kings 16,8; 2Kings 16,8; 2Kings 16,10; 2Kings 16,10; 2Kings 16,11; 2Kings 16,12; 2Kings 16,13; 2Kings 16,13; 2Kings 16,14; 2Kings 16,14; 2Kings 16,14; 2Kings 16,15; 2Kings 16,15; 2Kings 16,15; 2Kings 16,15; 2Kings 16,15; 2Kings 17,2; 2Kings 17,12; 2Kings 17,17; 2Kings 17,26; 2Kings 17,26; 2Kings 17,27; 2Kings 17,33; 2Kings 17,34; 2Kings 17,34; 2Kings 18,3; 2Kings 18,15; 2Kings 18,15; 2Kings 18,24; 2Kings 18,27; 2Kings 19,16; 2Kings 19,18; 2Kings 19,23; 2Kings 19,28; 2Kings 19,30; 2Kings 19,35; 2Kings 20,2; 2Kings 20,3; 2Kings 20,7; 2Kings 20,13; 2Kings 20,13; 2Kings 20,13; 2Kings 20,13; 2Kings 20,20; 2Kings 21,2; 2Kings 21,4; 2Kings 21,6; 2Kings 21,7; 2Kings 21,7; 2Kings 21,9; 2Kings 21,13; 2Kings 21,13; 2Kings 21,14; 2Kings 21,15; 2Kings 21,16; 2Kings 21,20; 2Kings 22,2; 2Kings 22,4; 2Kings 22,4; 2Kings 22,5; 2Kings 22,6; 2Kings 22,7; 2Kings 22,7; 2Kings 22,8; 2Kings 22,9; 2Kings 22,9; 2Kings 22,20; 2Kings 23,3; 2Kings 23,6; 2Kings 23,9; 2Kings 23,11; 2Kings 23,11; 2Kings 23,15; 2Kings 23,15; 2Kings 23,15; 2Kings 23,15; 2Kings 23,15; 2Kings 23,15; 2Kings 23,16; 2Kings 23,16; 2Kings 23,16; 2Kings 23,17; 2Kings 23,21; 2Kings 23,32; 2Kings 23,34; 2Kings 23,35; 2Kings 23,35; 2Kings 23,35; 2Kings 23,35; 2Kings 23,35; 2Kings 23,37; 2Kings 24,9; 2Kings 24,13; 2Kings 24,17; 2Kings 24,19; 2Kings 25,11; 2Kings 25,11; 2Kings 25,11; 2Kings 25,19; 1Chr.

O, o

2,7; 1Chr. 2,24; 1Chr. 4,9; 1Chr. 5,26; 1Chr. 5,26; 1Chr. 5,26; 1Chr. 6,34; 1Chr. 6,34; 1Chr. 7,16; 1Chr. 7,23; 1Chr. 8,8; 1Chr. 9,27; 1Chr. 10,6; 1Chr. 10,12; 1Chr. 10,12; 1Chr. 11,15; 1Chr. 11,19; 1Chr. 11,23; 1Chr. 13,10; 1Chr. 14,11; 1Chr. 16,11; 1Chr. 16,35; 1Chr. 16,35; 1Chr. 16,37; 1Chr. 16,40; 1Chr. 16,40; 1Chr. 17,2; 1Chr. 17,8; 1Chr. 17,11; 1Chr. 17,25; 1Chr. 19,4; 1Chr. 19,7; 1Chr. 19,11; 1Chr. 19,13; 1Chr. 21,8; 1Chr. 21,23; 1Chr. 21,23; 1Chr. 21,26; 1Chr. 23,30; 1Chr. 26,17; 1Chr. 28,1; 1Chr. 28,3; 1Chr. 28,4; 1Chr. 28,11; 1Chr. 28,12; 1Chr. 28,18; 1Chr. 29,13; 2Chr. 1,6; 2Chr. 1,6; 2Chr. 1,6; 2Chr. 1,15; 2Chr. 1,15; 2Chr. 2,3; 2Chr. 2,3; 2Chr. 2,14; 2Chr. 3,9; 2Chr. 3,11; 2Chr. 3,14; 2Chr. 3,15; 2Chr. 3,17; 2Chr. 4,1; 2Chr. 4,1; 2Chr. 4,2; 2Chr. 4,2; 2Chr. 4,6; 2Chr. 4,7; 2Chr. 4,19; 2Chr. 4,19; 2Chr. 4,20; 2Chr. 5,1; 2Chr. 5,1; 2Chr. 5,7; 2Chr. 6,3; 2Chr. 6,6; 2Chr. 6,14; 2Chr. 6,20; 2Chr. 6,26; 2Chr. 6,32; 2Chr. 6,32; 2Chr. 6,33; 2Chr. 6,35; 2Chr. 6,42; 2Chr. 7,1; 2Chr. 7,3; 2Chr. 7,3; 2Chr. 7,7; 2Chr. 7,13; 2Chr. 7,14; 2Chr. 8,12; 2Chr. 9,1; 2Chr. 9,23; 2Chr. 9,24; 2Chr. 9,27; 2Chr. 9,27; 2Chr. 10,18; 2Chr. 12,13; 2Chr. 12,14; 2Chr. 13,13; 2Chr. 13,13; 2Chr. 14,1; 2Chr. 14,1; 2Chr. 14,10; 2Chr. 14,10; 2Chr. 15,8; 2Chr. 15,16; 2Chr. 16,5; 2Chr. 20,3; 2Chr. 20,12; 2Chr. 20,12; 2Chr. 20,12; 2Chr. 20,24; 2Chr. 20,26; 2Chr. 20,32; 2Chr. 20,37; 2Chr. 21,6; 2Chr. 22,4; 2Chr. 22,4; 2Chr. 22,10; 2Chr. 23,4; 2Chr. 23,4; 2Chr. 23,5; 2Chr. 23,5; 2Chr. 23,11; 2Chr. 24,2; 2Chr. 24,6; 2Chr. 24,10; 2Chr. 24,11; 2Chr. 24,11; 2Chr. 24,14; 2Chr. 24,25; 2Chr. 25,2; 2Chr. 25,12; 2Chr. 25,14; 2Chr. 25,22; 2Chr. 25,24; 2Chr. 25,24; 2Chr. 25,25; 2Chr. 26,2; 2Chr. 26,4; 2Chr. 26,16; 2Chr. 26,19; 2Chr. 27,2; 2Chr. 28,1; 2Chr. 28,13; 2Chr. 29,2; 2Chr. 29,4; 2Chr. 29,4; 2Chr. 29,6; 2Chr. 29,6; 2Chr. 29,18; 2Chr. 29,21; 2Chr. 29,22; 2Chr. 29,22; 2Chr. 29,22; 2Chr. 29,22; 2Chr. 29,22; 2Chr. 29,24; 2Chr. 29,24; 2Chr. 29,27; 2Chr. 29,36; 2Chr. 30,1; 2Chr. 30,2; 2Chr. 30,5; 2Chr. 30,6; 2Chr. 30,8; 2Chr. 30,9; 2Chr. 30,12; 2Chr. 30,15; 2Chr. 30,16; 2Chr. 30,17; 2Chr. 30,18; 2Chr. 30,27; 2Chr. 30,27; 2Chr. 31,10; 2Chr. 31,18; 2Chr. 31,18; 2Chr. 31,20; 2Chr. 31,20; 2Chr. 32,5; 2Chr. 32,5; 2Chr. 32,5; 2Chr. 32,25; 2Chr. 32,30; 2Chr. 32,31; 2Chr. 33,2; 2Chr. 33,6; 2Chr. 33,7; 2Chr. 33,7; 2Chr. 33,7; 2Chr. 33,9; 2Chr. 33,12; 2Chr. 33,14; 2Chr. 33,15; 2Chr. 33,16; 2Chr. 33,22; 2Chr. 34,2; 2Chr. 34,9; 2Chr. 34,9; 2Chr. 34,14; 2Chr. 34,14; 2Chr. 34,15; 2Chr. 34,16; 2Chr. 34,16; 2Chr. 34,17; 2Chr. 34,17; 2Chr. 35,1; 2Chr. 35,1; 2Chr. 35,6; 2Chr. 35,7; 2Chr. 35,8; 2Chr. 35,9; 2Chr. 35,11; 2Chr. 35,11; 2Chr. 35,12; 2Chr. 35,13; 2Chr. 35,14; 2Chr. 35,16; 2Chr. 35,16; 2Chr. 35,17; 2Chr. 35,18; 2Chr. 35,19d; 2Chr. 35,22; 2Chr. 35,24; 2Chr. 35,24; 2Chr. 36,2b; 2Chr. 36,4; 2Chr. 36,4a; 2Chr. 36,4a; 2Chr. 36,4a; 2Chr. 36,4a; 2Chr. 36,4a; 2Chr. 36,5; 2Chr. 36,9; 2Chr. 36,12; 2Chr. 36,19; 2Chr. 36,22; 2Chr. 36,22; 1Esdr. 1,1; 1Esdr. 1,1; 1Esdr. 1,4; 1Esdr. 1,6; 1Esdr. 1,6; 1Esdr. 1,6; 1Esdr. 1,6; 1Esdr. 1,13; 1Esdr. 1,16; 1Esdr. 1,16; 1Esdr. 1,17; 1Esdr. 1,26; 1Esdr. 1,29; 1Esdr. 1,29; 1Esdr. 1,30; 1Esdr. 1,34; 1Esdr. 1,37; 1Esdr. 1,42; 1Esdr. 1,45; 1Esdr. 1,47; 1Esdr. 1,47; 1Esdr. 2,1; 1Esdr. 2,4; 1Esdr. 2,4; 1Esdr. 2,5; 1Esdr. 2,16; 1Esdr. 2,24; 1Esdr. 3,4; 1Esdr. 3,5; 1Esdr. 3,8; 1Esdr. 3,9; 1Esdr. 3,13; 1Esdr. 4,19; 1Esdr. 4,19; 1Esdr. 4,19; 1Esdr. 4,30; 1Esdr. 4,31; 1Esdr. 4,43; 1Esdr. 4,52; 1Esdr. 4,58; 1Esdr. 5,43; 1Esdr. 5,43; 1Esdr. 5,44; 1Esdr. 5,46; 1Esdr. 5,47; 1Esdr. 5,49; 1Esdr. 5,49; 1Esdr. 5,49; 1Esdr. 5,53; 1Esdr. 5,53; 1Esdr. 5,53; 1Esdr. 5,54; 1Esdr. 6,24; 1Esdr. 6,32; 1Esdr. 7,10; 1Esdr. 7,12; 1Esdr. 8,7; 1Esdr. 8,13; 1Esdr. 8,13; 1Esdr. 8,15; 1Esdr. 8,15; 1Esdr. 8,16; 1Esdr. 8,55; 1Esdr. 8,55; 1Esdr. 8,59; 1Esdr. 8,59; 1Esdr. 8,59; 1Esdr. 8,64; 1Esdr. 8,64; 1Esdr. 8,78; 1Esdr. 8,84; 1Esdr. 8,91; 1Esdr. 9,1; 1Esdr. 9,4; 1Esdr. 9,9; 1Esdr. 9,16; 1Esdr. 9,38; 1Esdr. 9,45; 1Esdr. 9,48; 1Esdr. 9,49; Ezra 1,1; Ezra 1,5; Ezra 3,2; Ezra 3,3; Ezra 3,3; Ezra 3,4; Ezra 4,3; Ezra 4,10; Ezra 6,7; Ezra 6,8; Ezra 6,9; Ezra 6,11; Ezra 6,19; Ezra 6,20; Ezra 6,21; Ezra 8,25; Ezra 8,25; Ezra 8,33; Ezra 8,33; Ezra 8,36; Ezra 9,6; Ezra 9,13; Ezra 10,5; Ezra 10,11; Ezra 10,16; Neh. 1,9; Neh. 1,11; Neh. 2,8; Neh. 2,17; Neh. 3,15; Neh. 3,33; Neh. 3,35; Neh. 4,2; Neh. 4,5; Neh. 4,9; Neh. 4,9; Neh. 4,10; Neh. 4,11; Neh. 4,15; Neh. 5,11; Neh. 5,12; Neh. 5,13; Neh. 5,16; Neh. 6,1; Neh. 6,2; Neh. 6,4; Neh. 6,6; Neh. 6,7; Neh. 7,70; Neh. 8,1; Neh. 8,1; Neh. 8,1; Neh. 8,3; Neh. 8,5; Neh. 8,15; Neh. 8,15; Neh. 8,18; Neh. 9,14; Neh. 9,14; Neh. 9,20; Neh. 9,20; Neh. 9,20; Neh. 9,28; Neh. 9,32; Neh. 10,32; Neh. 10,32; Neh. 10,35; Neh. 11,12; Neh. 12,30; Neh. 13,10; Neh. 13,18; Neh. 13,22; Neh. 13,30; Neh. 13,31; Esth. 11,12 # 1,1l; Esth. 1,4; Esth. 1,8; Esth. 1,11; Esth. 1,11; Esth. 2,9; Esth. 2,10; Esth. 2,17; Esth. 2,17; Esth. 3,7; Esth. 3,9; Esth. 3,13; Esth. 13,4 # 3,13d; Esth. 13,5 # 3,13e; Esth. 13,5 # 3,13e; Esth. 4,1; Esth. 4,4; Esth. 4,5; Esth. 4,7; Esth. 4,8; Esth. 4,8; Esth. 13,12 # 4,17d; Esth. 13,17 # 4,17h; Esth. 13,17 # 4,17h; Esth. 14,1 # 4,17k; Esth. 14,11 # 4,17q; Esth. 14,13 # 4,17s; Esth. 14,16 # 4,17w; Esth. 15,7 # 5,1d; Esth. 15,7 # 5,1d; Esth. 15,8 # 5,1e; Esth. 7,5; Esth. 16,8 # 8,12h; Esth. 16,11 # 8,12l; Esth. 16,17 # 8,12r; Esth. 16,19 # 8,12s; Esth. 16,24 # 8,12x; Esth. 10,8 # 10,3e; Judith 1,2; Judith 1,2; Judith 1,3; Judith 1,8; Judith 1,11; Judith 2,2; Judith 2,7; Judith 2,19; Judith 2,23; Judith 3,10; Judith 4,12; Judith 5,7; Judith 5,10; Judith 6,2; Judith 6,2; Judith 6,3; Judith 6,5; Judith 6,5; Judith 6,11; Judith 6,16; Judith 6,19; Judith 7,4; Judith 7,4; Judith 7,4; Judith 7,18; Judith 7,30; Judith 9,8; Judith 9,8; Judith 9,10; Judith 10,3; Judith 10,10; Judith 10,13; Judith 10,14; Judith 10,22; Judith 11,2; Judith 11,3; Judith 12,15; Judith 13,1; Judith 13,5; Judith 13,9; Judith 13,9; Judith 13,10; Judith 13,13; Judith 13,14; Judith 14,2; Judith 14,7; Judith 15,1; Judith 16,1; Judith 16,7; Judith 16,10; Judith 16,14; Judith 16,19; Judith 16,25; Tob. 1,4; Tob. 1,7; Tob. 3,6; Tob. 3,6; Tob. 3,6; Tob. 3,10; Tob. 3,12; Tob. 3,15; Tob. 3,15; Tob. 3,17; Tob. 4,3; Tob. 4,7; Tob. 4,8; Tob. 4,8; Tob. 4,10; Tob. 4,21; Tob. 5,2; Tob. 5,3; Tob. 5,3; Tob. 5,12; Tob. 5,12; Tob. 5,18; Tob. 6,2; Tob. 6,4; Tob. 6,14; Tob. 7,10; Tob. 7,11; Tob. 7,11; Tob. 7,15; Tob. 8,2; Tob. 8,16; Tob. 8,21; Tob. 9,2; Tob. 9,5; Tob. 10,2; Tob. 10,5; Tob. 12,2; Tob. 12,3; Tob. 12,5; Tob. 12,6; Tob. 12,12; Tob. 12,13; Tob. 13,6; Tob. 13,13; Tob. 14,3; Tob. 14,10; Tob. 14,10; 1Mac. 1,1; 1Mac. 1,9; 1Mac. 1,15; 1Mac. 1,20; 1Mac. 1,21; 1Mac. 1,21; 1Mac. 1,21; 1Mac. 1,22; 1Mac. 1,23; 1Mac. 1,23; 1Mac. 1,37; 1Mac. 1,43; 1Mac. 1,54; 1Mac. 1,60; 1Mac. 2,7; 1Mac. 2,7; 1Mac. 2,7; 1Mac. 2,18; 1Mac. 2,23; 1Mac. 2,24; 1Mac. 3,28; 1Mac. 3,35; 1Mac. 3,35; 1Mac. 3,41; 1Mac. 3,46; 1Mac. 3,48; 1Mac. 4,8; 1Mac. 4,8; 1Mac. 4,14; 1Mac. 4,20; 1Mac. 4,30; 1Mac. 4,33; 1Mac. 4,35; 1Mac. 4,38; 1Mac. 4,38; 1Mac. 4,45; 1Mac. 4,47; 1Mac. 4,49; 1Mac. 4,50; 1Mac. 4,52; 1Mac. 4,53; 1Mac. 4,53; 1Mac. 4,57; 1Mac. 4,60; 1Mac. 4,60; 1Mac. 5,1; 1Mac. 5,2; 1Mac. 5,9; 1Mac. 5,11; 1Mac. 5,29; 1Mac. 5,30; 1Mac. 5,43; 1Mac. 5,44; 1Mac. 5,52; 1Mac. 5,52; 1Mac. 6,7; 1Mac. 6,7; 1Mac. 6,7; 1Mac. 6,7; 1Mac. 6,15; 1Mac. 6,17; 1Mac. 6,26; 1Mac. 6,33; 1Mac. 6,47; 1Mac. 6,48; 1Mac. 6,51; 1Mac. 6,51; 1Mac. 6,53; 1Mac. 6,53; 1Mac. 6,55; 1Mac. 6,59; 1Mac. 6,62; 1Mac. 6,62; 1Mac. 7,19; 1Mac. 7,19; 1Mac. 7,30; 1Mac. 7,35; 1Mac. 7,37; 1Mac. 8,1; 1Mac. 8,12; 1Mac. 8,19; 1Mac. 9,1; 1Mac. 9,6; 1Mac. 9,9; 1Mac. 9,10; 1Mac. 9,16; 1Mac. 9,33; 1Mac. 9,40; 1Mac. 9,42; 1Mac. 9,48; 1Mac. 9,50; 1Mac. 9,50; 1Mac. 9,54; 1Mac. 9,63; 1Mac. 9,72; 1Mac. 10,5; 1Mac. 10,11; 1Mac. 10,38; 1Mac. 10,41; 1Mac. 10,42; 1Mac. 10,43; 1Mac. 10,43; 1Mac. 10,71; 1Mac. 10,77; 1Mac. 10,77; 1Mac. 10,83; 1Mac. 10,84; 1Mac. 11,1; 1Mac. 11,2; 1Mac. 11,4; 1Mac. 11,5; 1Mac. 11,13; 1Mac. 11,13; 1Mac. 11,21; 1Mac. 11,27; 1Mac. 11,31; 1Mac. 11,34; 1Mac. 11,39; 1Mac. 11,39; 1Mac. 11,42; 1Mac. 11,67;

ὁ

1Mac. 11,67; 1Mac. 11,67; 1Mac. 12,3; 1Mac. 12,3; 1Mac. 12,3; 1Mac. 12,10; 1Mac. 12,19; 1Mac. 12,24; 1Mac. 12,34; 1Mac. 12,36; 1Mac. 12,37; 1Mac. 12,39; 1Mac. 12,49; 1Mac. 12,49; 1Mac. 12,53; 1Mac. 13,15; 1Mac. 13,17; 1Mac. 13,18; 1Mac. 13,29; 1Mac. 13,32; 1Mac. 13,45; 1Mac. 13,46; 1Mac. 13,52; 1Mac. 13,52; 1Mac. 14,23; 1Mac. 14,23; 1Mac. 14,24; 1Mac. 14,29; 1Mac. 14,30; 1Mac. 14,33; 1Mac. 14,34; 1Mac. 14,35; 1Mac. 15,3; 1Mac. 15,9; 1Mac. 15,9; 1Mac. 15,24; 1Mac. 15,27; 1Mac. 16,5; 1Mac. 16,5; 1Mac. 16,8; 1Mac. 16,11; 1Mac. 16,15; 1Mac. 16,15; 1Mac. 16,16; 1Mac. 16,20; 2Mac. 1,3; 2Mac. 1,15; 2Mac. 1,18; 2Mac. 1,20; 2Mac. 1,31; 2Mac. 1,33; 2Mac. 1,34; 2Mac. 2,4; 2Mac. 2,5; 2Mac. 2,11; 2Mac. 2,11; 2Mac. 2,17; 2Mac. 2,17; 2Mac. 2,22; 2Mac. 2,24; 2Mac. 2,24; 2Mac. 2,25; 2Mac. 2,28; 2Mac. 2,28; 2Mac. 2,30; 2Mac. 2,31; 2Mac. 2,31; 2Mac. 2,32; 2Mac. 3,2; 2Mac. 3,6; 2Mac. 3,13; 2Mac. 3,18; 2Mac. 3,23; 2Mac. 3,24; 2Mac. 3,28; 2Mac. 3,31; 2Mac. 3,33; 2Mac. 3,34; 2Mac. 3,35; 2Mac. 3,38; 2Mac. 4,4; 2Mac. 4,5; 2Mac. 4,19; 2Mac. 4,30; 2Mac. 4,34; 2Mac. 4,42; 2Mac. 4,45; 2Mac. 5,7; 2Mac. 5,15; 2Mac. 5,19; 2Mac. 5,19; 2Mac. 5,21; 2Mac. 5,22; 2Mac. 5,22; 2Mac. 5,27; 2Mac. 6,11; 2Mac. 6,13; 2Mac. 6,19; 2Mac. 6,20; 2Mac. 6,25; 2Mac. 6,28; 2Mac. 6,28; 2Mac. 6,29; 2Mac. 6,30; 2Mac. 7,7; 2Mac. 7,7; 2Mac. 7,14; 2Mac. 7,16; 2Mac. 7,17; 2Mac. 7,17; 2Mac. 7,22; 2Mac. 7,23; 2Mac. 7,28; 2Mac. 7,38; 2Mac. 8,4; 2Mac. 8,9; 2Mac. 8,21; 2Mac. 8,24; 2Mac. 8,27; 2Mac. 8,28; 2Mac. 8,36; 2Mac. 9,9; 2Mac. 9,10; 2Mac. 9,11; 2Mac. 9,17; 2Mac. 9,25; 2Mac. 9,29; 2Mac. 10,1; 2Mac. 10,12; 2Mac. 10,13; 2Mac. 10,33; 2Mac. 10,38; 2Mac. 11,3; 2Mac. 11,4; 2Mac. 11,13; 2Mac. 11,19; 2Mac. 11,25; 2Mac. 11,27; 2Mac. 11,31; 2Mac. 12,3; 2Mac. 12,4; 2Mac. 12,7; 2Mac. 12,16; 2Mac. 12,21; 2Mac. 12,24; 2Mac. 12,26; 2Mac. 12,26; 2Mac. 12,31; 2Mac. 12,38; 2Mac. 12,38; 2Mac. 12,42; 2Mac. 12,42; 2Mac. 13,8; 2Mac. 13,12; 2Mac. 13,13; 2Mac. 13,16; 2Mac. 13,26; 2Mac. 14,3; 2Mac. 14,21; 2Mac. 14,31; 2Mac. 14,33; 2Mac. 14,41; 2Mac. 14,43; 2Mac. 15,5; 2Mac. 15,17; 2Mac. 15,17; 3Mac. 1,3; 3Mac. 1,11; 3Mac. 1,16; 3Mac. 1,17; 3Mac. 1,20; 3Mac. 1,22; 3Mac. 1,27; 3Mac. 1,29; 3Mac. 2,6; 3Mac. 2,19; 3Mac. 2,23; 3Mac. 2,29; 3Mac. 3,1; 3Mac. 3,11; 3Mac. 3,11; 3Mac. 3,16; 3Mac. 3,22; 3Mac. 3,22; 3Mac. 3,29; 3Mac. 4,3; 3Mac. 4,7; 3Mac. 4,11; 3Mac. 4,11; 3Mac. 4,14; 3Mac. 4,14; 3Mac. 4,15; 3Mac. 4,17; 3Mac. 5,4; 3Mac. 5,5; 3Mac. 5,11; 3Mac. 5,17; 3Mac. 5,19; 3Mac. 5,20; 3Mac. 5,22; 3Mac. 5,26; 3Mac. 5,30; 3Mac. 5,30; 3Mac. 5,32; 3Mac. 5,36; 3Mac. 5,46; 3Mac. 5,49; 3Mac. 6,5; 3Mac. 6,6; 3Mac. 6,9; 3Mac. 6,15; 3Mac. 6,18; 3Mac. 6,20; 3Mac. 6,20; 3Mac. 6,31; 3Mac. 6,39; 3Mac. 7,3; 3Mac. 7,6; 3Mac. 7,8; 3Mac. 7,9; 3Mac. 7,13; 3Mac. 7,21; 4Mac. 1,20; 4Mac. 1,27; 4Mac. 2,7; 4Mac. 2,8; 4Mac. 3,4; 4Mac. 3,9; 4Mac. 3,13; 4Mac. 3,14; 4Mac. 3,16; 4Mac. 4,8; 4Mac. 4,19; 4Mac. 5,4; 4Mac. 5,10; 4Mac. 5,12; 4Mac. 5,32; 4Mac. 5,33; 4Mac. 5,36; 4Mac. 6,7; 4Mac. 6,7; 4Mac. 6,11; 4Mac. 6,24; 4Mac. 6,29; 4Mac. 6,34; 4Mac. 7,20; 4Mac. 8,5; 4Mac. 8,5; 4Mac. 8,12; 4Mac. 8,20; 4Mac. 9,19; 4Mac. 9,21; 4Mac. 10,14; 4Mac. 10,18; 4Mac. 11,11; 4Mac. 11,11; 4Mac. 11,25; 4Mac. 12,3; 4Mac. 15,4; 4Mac. 15,15; 4Mac. 15,20; 4Mac. 17,10; 4Mac. 17,20; 4Mac. 18,16; Psa. 2,2; Psa. 2,6; Psa. 2,7; Psa. 4,1; Psa. 4,9; Psa. 5,1; Psa. 5,4; Psa. 5,4; Psa. 5,7; Psa. 5,11; Psa. 5,12; Psa. 6,1; Psa. 7,13; Psa. 8,1; Psa. 9,1; Psa. 9,6; Psa. 9,11; Psa. 9,25; Psa. 9,28; Psa. 9,32; Psa. 9,38; Psa. 10,1; Psa. 10,7; Psa. 11,1; Psa. 11,9; Psa. 12,1; Psa. 12,2; Psa. 13,1; Psa. 13,7; Psa. 14,5; Psa. 16,6; Psa. 16,10; Psa. 17,1; Psa. 17,29; Psa. 18,1; Psa. 18,5; Psa. 18,10; Psa. 19,1; Psa. 19,4; Psa. 20,1; Psa. 20,11; Psa. 20,13; Psa. 21,1; Psa. 21,14; Psa. 21,23; Psa. 21,25; Psa. 22,6; Psa. 23,3; Psa. 23,6; Psa. 24,7; Psa. 25,6; Psa. 26,8; Psa. 26,8; Psa. 26,9; Psa. 27,4; Psa. 29,1; Psa. 29,6; Psa. 29,6; Psa. 29,8; Psa. 30,1; Psa. 30,3; Psa. 30,6; Psa. 30,17; Psa. 30,22; Psa. 31,7; Psa. 32,18; Psa. 33,1; Psa. 33,4; Psa. 33,4; Psa. 33,17; Psa. 34,21; Psa. 35,1; Psa. 35,8; Psa. 35,11; Psa. 36,6; Psa. 36,25; Psa. 36,38; Psa. 37,14; Psa. 38,1; Psa. 38,5; Psa. 38,10; Psa. 39,1; Psa. 39,4; Psa. 39,9; Psa. 39,11; Psa. 39,11; Psa. 39,14; Psa. 39,17; Psa. 40,1; Psa. 40,6; Psa. 40,8; Psa. 41,1; Psa. 41,9; Psa. 42,3; Psa. 42,4; Psa. 43,1; Psa. 43,25; Psa. 44,1; Psa. 44,11; Psa. 44,13; Psa. 45,1; Psa. 45,5; Psa. 45,6; Psa. 46,1; Psa. 47,5; Psa. 47,10; Psa. 47,11; Psa. 48,1; Psa. 48,3; Psa. 48,5; Psa. 48,5; Psa. 48,11; Psa. 48,15; Psa. 49,23; Psa. 50,1; Psa. 50,3; Psa. 50,3; Psa. 50,3; Psa. 50,6; Psa. 50,11; Psa. 50,13; Psa. 50,13; Psa. 50,21; Psa. 51,1; Psa. 51,5; Psa. 51,7; Psa. 51,9; Psa. 51,10; Psa. 51,11; Psa. 52,1; Psa. 52,7; Psa. 53,1; Psa. 54,1; Psa. 54,15; Psa. 55,1; Psa. 56,1; Psa. 56,1; Psa. 56,4; Psa. 57,1; Psa. 57,8; Psa. 58,1; Psa. 58,10; Psa. 58,17; Psa. 58,17; Psa. 59,1; Psa. 59,10; Psa. 60,1; Psa. 60,6; Psa. 61,1; Psa. 61,10; Psa. 63,1; Psa. 64,1; Psa. 64,8; Psa. 65,1; Psa. 65,20; Psa. 66,1; Psa. 66,2; Psa. 66,3; Psa. 67,1; Psa. 68,1; Psa. 68,8; Psa. 68,12; Psa. 68,16; Psa. 68,17; Psa. 68,18; Psa. 68,22; Psa. 68,27; Psa. 68,31; Psa. 68,37; Psa. 69,1; Psa. 69,2; Psa. 69,5; Psa. 70,2; Psa. 70,10; Psa. 71,1; Psa. 72,8; Psa. 72,9; Psa. 72,17; Psa. 72,28; Psa. 73,6; Psa. 73,7; Psa. 73,7; Psa. 73,8; Psa. 73,10; Psa. 73,18; Psa. 73,21; Psa. 74,1; Psa. 74,2; Psa. 74,6; Psa. 75,1; Psa. 76,1; Psa. 76,9; Psa. 77,1; Psa. 77,2; Psa. 77,22; Psa. 77,67; Psa. 77,68; Psa. 77,68; Psa. 77,69; Psa. 78,3; Psa. 78,6; Psa. 79,1; Psa. 79,3; Psa. 79,4; Psa. 79,8; Psa. 79,19; Psa. 79,20; Psa. 80,1; Psa. 80,11; Psa. 82,6; Psa. 82,13; Psa. 82,17; Psa. 83,1; Psa. 83,10; Psa. 84,1; Psa. 84,8; Psa. 84,8; Psa. 85,1; Psa. 85,9; Psa. 85,11; Psa. 85,12; Psa. 85,16; Psa. 87,1; Psa. 87,3; Psa. 87,12; Psa. 87,14; Psa. 87,15; Psa. 88,5; Psa. 88,12; Psa. 88,29; Psa. 88,30; Psa. 88,34; Psa. 88,40; Psa. 88,52; Psa. 89,6; Psa. 89,6; Psa. 89,10; Psa. 89,11; Psa. 89,14; Psa. 90,14; Psa. 90,16; Psa. 91,2; Psa. 91,3; Psa. 91,3; Psa. 93,9; Psa. 93,19; Psa. 94,2; Psa. 95,2; Psa. 95,2; Psa. 97,2; Psa. 97,3; Psa. 97,8; Psa. 98,6; Psa. 99,4; Psa. 101,3; Psa. 101,3; Psa. 101,10; Psa. 101,16; Psa. 101,22; Psa. 101,23; Psa. 102,1; Psa. 102,1; Psa. 102,11; Psa. 102,11; Psa. 102,14; Psa. 102,21; Psa. 103,23; Psa. 103,29; Psa. 103,29; Psa. 103,30; Psa. 103,30; Psa. 104,1; Psa. 104,4; Psa. 104,19; Psa. 105,15; Psa. 105,27; Psa. 105,33; Psa. 105,45; Psa. 106,42; Psa. 107,10; Psa. 108,1; Psa. 108,26; Psa. 112,1; Psa. 112,3; Psa. 114,2; Psa. 114,4; Psa. 115,4; Psa. 118,38; Psa. 118,41; Psa. 118,58; Psa. 118,67; Psa. 118,76; Psa. 118,81; Psa. 118,82; Psa. 118,88; Psa. 118,116; Psa. 118,123; Psa. 118,123; Psa. 118,124; Psa. 118,131; Psa. 118,132; Psa. 118,132; Psa. 118,133; Psa. 118,135; Psa. 118,149; Psa. 118,149; Psa. 118,156; Psa. 118,166; Psa. 118,169; Psa. 118,170; Psa. 118,172; Psa. 118,174; Psa. 121,3; Psa. 123,5; Psa. 123,5; Psa. 126,2; Psa. 131,10; Psa. 132,1; Psa. 134,1; Psa. 136,8; Psa. 137,2; Psa. 138,1; Psa. 138,16; Psa. 138,16; Psa. 139,1; Psa. 141,4; Psa. 142,4; Psa. 142,7; Psa. 142,8; Psa. 142,8; Psa. 142,10; Psa. 144,1; Psa. 144,2; Psa. 144,21; Psa. 144,21; Psa. 146,11; Psa. 147,4; Psa. 147,7; Psa. 148,5; Psa. 148,13; Psa. 149,3; Psa. 150,2; Ode. 1,10; Ode. 1,19; Ode. 2,20; Ode. 2,26; Ode. 2,38; Ode. 4,9; Ode. 5,13; Ode. 7,33; Ode. 7,34; Ode. 7,35; Ode. 7,36; Ode. 7,36; Ode. 7,41; Ode. 7,42; Ode. 11,11; Ode. 11,12; Ode. 11,14; Ode. 12,9; Ode. 12,10; Ode. 12,10; Ode. 12,14; Ode. 13,29; Ode. 13,30; Ode. 14,30; Ode. 14,43; Ode. 14,46; Prov. 5,13; Prov. 7,3; Prov. 7,15; Prov. 7,23; Prov. 9,18a; Prov. 13,3; Prov. 18,5; Prov. 19,17; Prov. 20,25; Prov. 21,22; Prov. 21,23; Prov. 22,20; Prov. 22,27; Prov. 22,27; Prov. 23,5; Prov. 23,32; Prov. 25,16; Prov. 26,15; Prov. 27,13; Prov. 27,14; Prov. 28,9; Prov. 30,9; Prov. 30,18; Prov. 30,21; Prov. 31,28; Eccl. 2,3; Eccl. 2,13; Eccl. 3,11; Eccl. 3,19; Eccl. 4,3; Eccl. 4,3; Eccl. 4,3; Eccl. 5,4; Eccl. 5,5; Eccl. 5,18; Eccl. 6,3; Eccl. 8,7; Eccl. 8,8; Eccl. 8,11; Eccl. 8,11; Eccl. 8,12; Eccl. 8,17; Eccl.

ὁ

8,17; Eccl. 10,14; Eccl. 10,14; Eccl. 11,6; Eccl. 11,6; Eccl. 12,14; Song 1,4; Song 4,6; Song 5,7; Job 1,5; Job 2,9b; Job 3,1; Job 3,8; Job 4,11; Job 4,20; Job 4,21; Job 5,14; Job 6,4; Job 6,21; Job 7,18; Job 8,3; Job 10,12; Job 12,15; Job 14,20; Job 15,27; Job 15,30; Job 16,6; Job 19,14; Job 19,26; Job 19,26; Job 21,34; Job 22,20; Job 22,23; Job 23,4; Job 23,7; Job 23,10; Job 24,8; Job 26,12; Job 28,22; Job 28,28; Job 31,11; Job 33,2; Job 33,17; Job 33,24; Job 34,2; Job 34,5; Job 34,10; Job 34,14; Job 34,20; Job 34,34; Job 35,16; Job 36,12; Job 37,3; Job 37,10; Job 38,1; Job 38,15; Job 38,18; Job 40,8; Job 40,23; Job 40,26; Job 42,5; Job 42,7; Wis. 1,14; Wis. 4,8; Wis. 4,14; Wis. 5,16; Wis. 5,16; Wis. 6,22; Wis. 8,21; Wis. 9,17; Wis. 11,21; Wis. 12,16; Wis. 12,17; Wis. 13,13; Wis. 13,17; Wis. 13,18; Wis. 13,18; Wis. 13,18; Wis. 13,19; Wis. 14,17; Wis. 14,19; Wis. 14,20; Wis. 14,21; Wis. 14,22; Wis. 15,2; Wis. 15,3; Wis. 15,8; Wis. 15,16; Wis. 16,7; Wis. 18,5; Wis. 18,12; Wis. 18,21; Wis. 19,4; Wis. 19,18; Sir. 1,33 Prol.; Sir. 1,33 Prol.; Sir. 2,7; Sir. 4,4; Sir. 4,8; Sir. 4,31; Sir. 5,6; Sir. 6,22; Sir. 6,33; Sir. 7,12; Sir. 7,19; Sir. 7,24; Sir. 8,3; Sir. 8,15; Sir. 9,9; Sir. 10,17; Sir. 10,26; Sir. 12,18; Sir. 13,15; Sir. 13,25; Sir. 15,5; Sir. 16,3; Sir. 16,12; Sir. 16,30; Sir. 17,8; Sir. 17,23; Sir. 18,11; Sir. 18,13; Sir. 20,15; Sir. 23,9; Sir. 23,13; Sir. 23,20; Sir. 23,23; Sir. 23,26; Sir. 24,20; Sir. 25,7; Sir. 25,17; Sir. 26,12; Sir. 27,8; Sir. 27,23; Sir. 28,24; Sir. 28,24; Sir. 28,24; Sir. 29,6; Sir. 29,11; Sir. 32,17; Sir. 35,8; Sir. 37,9; Sir. 38,5; Sir. 38,16; Sir. 38,17; Sir. 38,22; Sir. 38,23; Sir. 38,28; Sir. 38,29; Sir. 38,30; Sir. 39,18; Sir. 39,35; Sir. 41,25; Sir. 42,17; Sir. 43,8; Sir. 44,21; Sir. 46,1; Sir. 46,9; Sir. 46,20; Sir. 47,10; Sir. 47,10; Sir. 47,11; Sir. 47,18; Sir. 47,20; Sir. 47,22; Sir. 48,16; Sir. 48,22; Sir. 49,5; Sir. 50,22; Sir. 50,24; Sir. 51,2; Sir. 51,3; Sir. 51,10; Sir. 51,16; Sir. 51,18; Sir. 51,25; Sir. 51,30; Sol. 2,2; Sol. 2,8; Sol. 2,13; Sol. 2,17; Sol. 2,17; Sol. 2,27; Sol. 2,28; Sol. 2,32; Sol. 2,36; Sol. 4,8; Sol. 4,18; Sol. 5,4; Sol. 6,1; Sol. 6,1; Sol. 7,6; Sol. 7,8; Sol. 8,12; Sol. 8,19; Sol. 8,20; Sol. 8,25; Sol. 8,26; Sol. 8,26; Sol. 8,27; Sol. 9,2; Sol. 9,9; Sol. 9,9; Sol. 10,7; Sol. 15,1; Sol. 15,8; Sol. 16,6; Sol. 17,5; Sol. 17,5; Sol. 17,7; Sol. 17,9; Sol. 17,30; Sol. 17,40; Sol. 17,43; Sol. 17,45; Hos. 1,4; Hos. 1,4; Hos. 1,5; Hos. 1,6; Hos. 1,9; Hos. 2,2; Hos. 2,7; Hos. 2,7; Hos. 2,10; Hos. 2,24; Hos. 4,7; Hos. 5,1; Hos. 5,10; Hos. 5,15; Hos. 7,12; Hos. 8,4; Hos. 8,4; Hos. 9,6; Hos. 10,1; Hos. 10,11; Amos 1,11; Amos 1,15; Amos 2,7; Amos 3,3; Amos 3,9; Amos 4,3; Amos 4,3; Amos 4,4; Amos 5,5; Amos 5,8; Amos 5,8; Amos 5,14; Amos 5,14; Amos 5,26; Amos 6,1; Amos 6,10; Amos 8,4; Amos 9,1; Amos 9,6; Mic. 2,12; Mic. 3,1; Mic. 3,4; Mic. 3,5; Mic. 4,2; Mic. 4,13; Mic. 5,3; Mic. 6,9; Mic. 7,3; Mic. 7,9; Mic. 7,9; Mic. 7,16; Joel 2,10; Joel 2,19; Joel 2,20; Joel 2,26; Joel 3,5; Joel 4,4; Joel 4,5; Joel 4,5; Joel 4,7; Joel 4,21; Obad. 16; Obad. 16; Obad. 19; Obad. 19; Obad. 19; Obad. 19; Obad. 21; Jonah 1,3; Jonah 3,2; Jonah 3,2; Nah. 1,9; Nah. 2,10; Nah. 2,10; Nah. 2,13; Nah. 3,5; Hab. 1,6; Hab. 1,6; Hab. 1,6; Hab. 1,6; Hab. 1,8; Hab. 1,11; Hab. 1,17; Hab. 2,18; Hab. 3,9; Zeph. 1,17; Zeph. 2,5; Zeph. 3,3; Zeph. 3,6; Zeph. 3,6; Zeph. 3,9; Zeph. 3,11; Zeph. 3,11; Hag. 1,8; Hag. 1,11; Hag. 1,14; Hag. 1,14; Hag. 1,14; Hag. 2,16; Zech. 5,5; Zech. 5,8; Zech. 5,9; Zech. 5,10; Zech. 8,21; Zech. 8,22; Zech. 8,22; Zech. 9,7; Zech. 10,3; Zech. 11,13; Zech. 11,13; Zech. 11,14; Zech. 11,16; Zech. 11,16; Zech. 11,16; Zech. 11,16; Zech. 13,2; Zech. 13,2; Zech. 13,9; Zech. 13,9; Zech. 14,4; Zech. 14,4; Mal. 1,6; Mal. 1,6; Mal. 1,7; Mal. 1,9; Mal. 1,10; Mal. 2,3; Mal. 2,13; Mal. 3,3; Mal. 3,3; Mal. 3,3; Mal. 3,3; Mal. 3,16; Mal. 3,20; Is. 1,20; Is. 1,26; Is. 1,26; Is. 2,3; Is. 3,15; Is. 3,17; Is. 3,19; Is. 3,20; Is. 4,2; Is. 4,4; Is. 5,11; Is. 5,11; Is. 5,11; Is. 5,13; Is. 5,14; Is. 5,20; Is. 5,20; Is. 5,20; Is. 5,20; Is. 5,22; Is. 5,23; Is. 5,24; Is. 5,24; Is. 6,2; Is. 6,11; Is. 6,11; Is. 7,14; Is. 7,15; Is. 7,16; Is. 7,16; Is. 8,3; Is. 8,4; Is. 8,6; Is. 8,6; Is. 8,6; Is. 8,7; Is. 8,7; Is. 8,7; Is. 8,8; Is. 8,17; Is. 10,12; Is. 11,9; Is. 11,9; Is. 11,11; Is. 12,4; Is. 12,5; Is. 13,8; Is. 13,10; Is. 13,10; Is. 14,30; Is. 14,30; Is. 15,8; Is. 15,9; Is. 15,9; Is. 16,12; Is. 17,11; Is. 19,5; Is. 19,7; Is. 19,9; Is. 19,9; Is. 19,19; Is. 21,3; Is. 21,3; Is. 21,12; Is. 21,15; Is. 21,15; Is. 21,15; Is. 21,15; Is. 21,15; Is. 22,4; Is. 22,9; Is. 22,15; Is. 22,18; Is. 22,18; Is. 22,21; Is. 23,17; Is. 24,1; Is. 25,1; Is. 25,6; Is. 25,8; Is. 25,10; Is. 25,12; Is. 26,1; Is. 26,13; Is. 26,21; Is. 27,11; Is. 27,13; Is. 27,13; Is. 28,7; Is. 28,25; Is. 28,27; Is. 29,4; Is. 29,8; Is. 29,23; Is. 30,26; Is. 30,26; Is. 30,29; Is. 31,4; Is. 31,4; Is. 35,2; Is. 36,21; Is. 37,14; Is. 37,19; Is. 37,24; Is. 37,24; Is. 37,30; Is. 37,36; Is. 38,2; Is. 38,7; Is. 38,11; Is. 38,14; Is. 40,5; Is. 40,11; Is. 40,12; Is. 42,1; Is. 42,10; Is. 42,16; Is. 43,1; Is. 43,5; Is. 43,20; Is. 43,20; Is. 43,24; Is. 44,3; Is. 44,3; Is. 44,15; Is. 44,16; Is. 44,17; Is. 44,19; Is. 44,19; Is. 45,3; Is. 45,20; Is. 47,1; Is. 47,2; Is. 47,3; Is. 47,5; Is. 48,14; Is. 49,1; Is. 49,2; Is. 49,26; Is. 50,3; Is. 50,6; Is. 50,7; Is. 51,1; Is. 51,13; Is. 51,16; Is. 51,17; Is. 51,17; Is. 51,17; Is. 51,22; Is. 51,22; Is. 52,4; Is. 52,6; Is. 52,15; Is. 53,7; Is. 53,7; Is. 53,7; Is. 54,8; Is. 56,1; Is. 56,6; Is. 56,7; Is. 56,7; Is. 56,11; Is. 57,4; Is. 57,13; Is. 57,13; Is. 57,17; Is. 59,1; Is. 59,2; Is. 59,17; Is. 59,19; Is. 59,19; Is. 59,19; Is. 59,21; Is. 60,6; Is. 60,7; Is. 60,9; Is. 60,9; Is. 60,9; Is. 60,15; Is. 60,21; Is. 62,2; Is. 62,2; Is. 62,11; Is. 63,3; Is. 63,6; Is. 63,7; Is. 63,7; Is. 63,9; Is. 63,10; Is. 63,10; Is. 63,11; Is. 63,11; Is. 63,18; Is. 63,19; Is. 64,4; Is. 64,6; Is. 64,6; Is. 65,1; Is. 65,9; Is. 65,9; Is. 65,9; Is. 65,9; Is. 65,11; Is. 65,11; Is. 65,12; Is. 65,15; Is. 66,4; Is. 66,5; Is. 66,17; Is. 66,19; Jer. 1,9; Jer. 2,15; Jer. 2,17; Jer. 3,7; Jer. 3,9; Jer. 3,12; Jer. 3,18; Jer. 4,7; Jer. 4,22; Jer. 5,14; Jer. 5,14; Jer. 6,12; Jer. 6,14; Jer. 7,4; Jer. 7,12; Jer. 7,15; Jer. 7,23; Jer. 7,24; Jer. 7,26; Jer. 7,30; Jer. 7,32; Jer. 8,16; Jer. 9,9; Jer. 9,10; Jer. 9,11; Jer. 9,12; Jer. 10,25; Jer. 11,16; Jer. 11,20; Jer. 12,17; Jer. 12,17; Jer. 13,2; Jer. 13,4; Jer. 13,4; Jer. 13,6; Jer. 13,7; Jer. 13,22; Jer. 13,23; Jer. 13,26; Jer. 14,18; Jer. 14,21; Jer. 17,22; Jer. 19,2; Jer. 20,3; Jer. 20,9; Jer. 20,16; Jer. 21,4; Jer. 21,10; Jer. 21,12; Jer. 21,13; Jer. 22,7; Jer. 22,17; Jer. 22,17; Jer. 22,20; Jer. 23,28; Jer. 23,8; Jer. 24,1; Jer. 24,8; Jer. 25,12; Jer. 26,12; Jer. 26,17; Jer. 26,19; Jer. 26,27; Jer. 27,4; Jer. 27,5; Jer. 28,3; Jer. 28,10; Jer. 28,11; Jer. 28,23; Jer. 28,23; Jer. 28,25; Jer. 28,25; Jer. 28,25; Jer. 28,51; Jer. 28,63; Jer. 29,2; Jer. 30,6; Jer. 32,15; Jer. 32,17; Jer. 32,20; Jer. 32,28; Jer. 33,23; Jer. 34,10; Jer. 34,15; Jer. 35,12; Jer. 36,26; Jer. 36,29; Jer. 36,32; Jer. 37,17; Jer. 37,18; Jer. 37,18; Jer. 37,20; Jer. 38,7; Jer. 38,10; Jer. 38,13; Jer. 38,23; Jer. 38,35; Jer. 38,35; Jer. 39,10; Jer. 39,11; Jer. 39,11; Jer. 39,11; Jer. 39,14; Jer. 39,14; Jer. 39,14; Jer. 39,16; Jer. 39,16; Jer. 39,29; Jer. 39,30; Jer. 39,35; Jer. 39,35; Jer. 39,40; Jer. 40,5; Jer. 40,10; Jer. 40,11; Jer. 40,12; Jer. 41,8; Jer. 41,9; Jer. 41,14; Jer. 41,15; Jer. 41,16; Jer. 42,4; Jer. 42,8; Jer. 42,9; Jer. 42,14; Jer. 43,14; Jer. 43,20; Jer. 43,21; Jer. 43,23; Jer. 43,23; Jer. 43,23; Jer. 43,23; Jer. 43,25; Jer. 43,25; Jer. 43,27; Jer. 43,27; Jer. 43,29; Jer. 43,31; Jer. 45,26; Jer. 45,26; Jer. 47,1; Jer. 47,16; Jer. 48,7; Jer. 48,7; Jer. 48,10; Jer. 48,12; Jer. 49,13; Jer. 49,15; Jer. 49,17; Jer. 50,12; Jer. 51,4; Jer. 51,5; Jer. 51,5; Jer. 51,7; Jer. 51,11; Jer. 52,23; Bar. 1,9; Bar. 1,10; Bar. 1,14; Bar. 1,19; Bar. 2,5; Bar. 2,15; Bar. 2,16; Bar. 2,18; Bar. 3,7; Bar. 3,17; Bar. 3,17; Bar. 3,18; Bar. 3,28; Bar. 3,33; Bar. 4,6; Bar. 4,28; Bar. 4,34; Lam. 1,1; Lam. 1,4; Lam. 1,5; Lam. 1,10; Lam. 1,12; Lam. 1,18; Lam. 1,18; Lam. 2,6; Lam. 2,8; Lam. 2,11; Lam. 3,26; Lam. 3,32; Lam. 3,46; Lam. 3,48; Lam. 3,55; Lam. 4,21; LetterJ 11; LetterJ 20; LetterJ 21; LetterJ 57; LetterJ 57; LetterJ 60; LetterJ 61; LetterJ 61; Ezek. 1,27; Ezek. 2,8; Ezek. 3,2; Ezek. 3,8; Ezek. 3,8; Ezek. 3,18; Ezek. 3,20; Ezek. 3,22; Ezek. 3,23; Ezek. 3,27; Ezek. 4,3; Ezek. 4,4; Ezek. 4,4; Ezek. 4,6; Ezek. 4,6; Ezek. 4,7; Ezek. 4,8; Ezek. 4,11; Ezek. 4,14; Ezek. 5,2; Ezek. 5,2; Ezek. 5,2; Ezek. 5,2; Ezek. 5,12; Ezek. 6,2; Ezek. 7,22; Ezek. 7,24; Ezek. 9,3; Ezek. 9,4; Ezek. 10,2; Ezek. 10,4;

ò

Ezek. 12,6; Ezek. 12,8; Ezek. 12,12; Ezek. 12,13; Ezek. 12,18; Ezek. 12,19; Ezek. 13,3; Ezek. 13,17; Ezek. 13,22; Ezek. 14,8; Ezek. 14,10; Ezek. 14,10; Ezek. 15,7; Ezek. 15,7; Ezek. 16,9; Ezek. 16,18; Ezek. 16,18; Ezek. 16,25; Ezek. 16,31; Ezek. 16,39; Ezek. 16,63; Ezek. 17,3; Ezek. 17,5; Ezek. 17,14; Ezek. 17,20; Ezek. 18,8; Ezek. 18,23; Ezek. 19,7; Ezek. 19,11; Ezek. 20,15; Ezek. 20,29; Ezek. 20,31; Ezek. 20,39; Ezek. 20,39; Ezek. 21,2; Ezek. 21,7; Ezek. 21,8; Ezek. 21,10; Ezek. 21,31; Ezek. 21,31; Ezek. 23,31; Ezek. 23,32; Ezek. 23,32; Ezek. 23,32; Ezek. 23,41; Ezek. 23,41; Ezek. 24,8; Ezek. 24,10; Ezek. 24,18; Ezek. 24,18; Ezek. 25,2; Ezek. 26,13; Ezek. 27,11; Ezek. 28,7; Ezek. 28,7; Ezek. 28,18; Ezek. 28,21; Ezek. 29,2; Ezek. 30,12; Ezek. 30,15; Ezek. 31,7; Ezek. 31,9; Ezek. 32,7; Ezek. 32,18; Ezek. 33,6; Ezek. 33,8; Ezek. 33,11; Ezek. 33,22; Ezek. 33,22; Ezek. 33,28; Ezek. 34,3; Ezek. 34,3; Ezek. 34,4; Ezek. 34,4; Ezek. 34,4; Ezek. 34,4; Ezek. 34,4; Ezek. 34,4; Ezek. 34,5; Ezek. 34,8; Ezek. 34,12; Ezek. 34,16; Ezek. 34,16; Ezek. 34,16; Ezek. 34,16; Ezek. 34,18; Ezek. 34,18; Ezek. 34,19; Ezek. 34,21; Ezek. 35,2; Ezek. 35,7; Ezek. 35,10; Ezek. 36,11; Ezek. 36,14; Ezek. 36,20; Ezek. 36,20; Ezek. 36,21; Ezek. 36,21; Ezek. 36,22; Ezek. 36,22; Ezek. 36,23; Ezek. 36,23; Ezek. 36,23; Ezek. 36,27; Ezek. 37,9; Ezek. 37,14; Ezek. 38,2; Ezek. 39,3; Ezek. 39,11; Ezek. 39,11; Ezek. 39,11; Ezek. 39,15; Ezek. 39,15; Ezek. 39,23; Ezek. 39,24; Ezek. 39,25; Ezek. 39,25; Ezek. 39,29; Ezek. 40,1; Ezek. 40,5; Ezek. 40,6; Ezek. 40,7; Ezek. 40,7; Ezek. 40,7; Ezek. 40,7; Ezek. 40,8; Ezek. 40,8; Ezek. 40,11; Ezek. 40,11; Ezek. 40,15; Ezek. 40,16; Ezek. 40,18; Ezek. 40,18; Ezek. 40,19; Ezek. 40,19; Ezek. 40,20; Ezek. 40,21; Ezek. 40,47; Ezek. 40,48; Ezek. 40,48; Ezek. 40,49; Ezek. 41,1; Ezek. 41,2; Ezek. 41,3; Ezek. 41,3; Ezek. 41,4; Ezek. 41,5; Ezek. 41,6; Ezek. 41,7; Ezek. 41,8; Ezek. 41,11; Ezek. 41,15; Ezek. 41,16; Ezek. 42,10; Ezek. 42,11; Ezek. 42,11; Ezek. 42,15; Ezek. 42,17; Ezek. 42,18; Ezek. 43,7; Ezek. 43,7; Ezek. 43,8; Ezek. 43,8; Ezek. 43,8; Ezek. 43,13; Ezek. 43,14; Ezek. 43,14; Ezek. 43,14; Ezek. 43,14; Ezek. 43,14; Ezek. 43,16; Ezek. 43,17; Ezek. 43,17; Ezek. 43,17; Ezek. 43,17; Ezek. 43,17; Ezek. 43,22; Ezek. 43,23; Ezek. 43,26; Ezek. 43,27; Ezek. 44,26; Ezek. 45,11; Ezek. 45,11; Ezek. 45,14; Ezek. 45,18; Ezek. 45,19; Ezek. 45,24; Ezek. 45,25; Ezek. 45,25; Ezek. 46,5; Ezek. 46,12; Ezek. 46,12; Ezek. 46,14; Ezek. 46,14; Ezek. 46,15; Ezek. 46,15; Ezek. 46,15; Ezek. 46,20; Ezek. 46,20; Ezek. 46,21; Ezek. 46,21; Ezek. 47,1; Ezek. 47,6; Ezek. 47,8; Ezek. 48,1; Ezek. 48,10; Ezek. 48,21; Dan. 1,15; Dan. 1,16; Dan. 2,3; Dan. 2,4; Dan. 2,5; Dan. 2,5; Dan. 2,6; Dan. 2,6; Dan. 2,7; Dan. 2,8; Dan. 2,9; Dan. 2,9; Dan. 2,15; Dan. 2,26; Dan. 2,45; Dan. 2,47; Dan. 3,22; Dan. 3,25; Dan. 3,33; Dan. 3,34; Dan. 3,35; Dan. 3,36; Dan. 3,36; Dan. 3,41; Dan. 3,42; Dan. 3,50; Dan. 4,18; Dan. 4,18; Dan. 4,22; Dan. 4,22; Dan. 4,22; Dan. 4,23; Dan. 4,37a; Dan. 4,37a; Dan. 5,7; Dan. 5,7; Dan. 5,7; Dan. 5,8; Dan. 5,9; Dan. 5,16; Dan. 5,23; Dan. 5,26-28; Dan. 5,30; Dan. 6,13a; Dan. 6,18; Dan. 6,29; Dan. 7,1; Dan. 7,3; Dan. 7,21; Dan. 7,22; Dan. 7,28; Dan. 8,1; Dan. 8,15; Dan. 8,16; Dan. 8,26; Dan. 9,3; Dan. 9,4; Dan. 9,13; Dan. 9,17; Dan. 9,17; Dan. 9,17; Dan. 9,18; Dan. 9,18; Dan. 9,23; Dan. 9,24; Dan. 9,24; Dan. 9,26; Dan. 9,27; Dan. 10,3; Dan. 10,11; Dan. 10,12; Dan. 10,15; Dan. 10,16; Dan. 10,16; Dan. 11,8; Dan. 11,8; Dan. 11,14; Dan. 11,15; Dan. 11,16; Dan. 11,17; Dan. 11,17; Dan. 11,17; Dan. 11,18; Dan. 11,19; Dan. 11,19; Dan. 11,27; Dan. 11,31; Dan. 11,35; Dan. 11,35; Dan. 11,35; Dan. 11,36; Dan. 12,4; Sus. 7-8; Sus. 10-11; Sus. 10-11; Sus. 10-11; Sus. 13-14; Sus. 37; Sus. 48; Sus. 52; Bel 10; Bel 27; Bel 27; Bel 33; Bel 37; Judg. 1,10; Judg. 1,11; Judg. 1,17; Judg. 1,19; Judg. 1,26; Judg. 1,34; Judg. 2,5; Judg. 2,7; Judg. 2,7; Judg. 2,10; Judg. 2,11; Judg. 2,23; Judg. 3,7; Judg. 3,12; Judg. 3,12; Judg. 3,12; Judg. 3,16; Judg. 3,22; Judg. 4,1; Judg. 4,7; Judg. 6,1; Judg. 6,21; Judg. 6,25; Judg. 6,25; Judg. 6,25; Judg. 6,28; Judg. 6,28; Judg. 6,28; Judg. 6,29; Judg. 6,29; Judg. 6,30; Judg. 6,30; Judg. 6,30; Judg. 6,31; Judg. 6,33; Judg. 7,4; Judg. 7,5; Judg. 7,6; Judg. 7,24; Judg. 7,24; Judg. 8,1; Judg. 8,20; Judg. 8,25; Judg. 8,31; Judg. 9,33; Judg. 9,51; Judg. 9,53; Judg. 9,54; Judg. 9,54; Judg. 10,6; Judg. 10,15; Judg. 11,10; Judg. 11,29; Judg. 11,35; Judg. 11,36; Judg. 13,1; Judg. 13,6; Judg. 13,18; Judg. 13,24; Judg. 14,8; Judg. 14,9; Judg. 14,13; Judg. 14,14; Judg. 14,15; Judg. 14,16; Judg. 14,18; Judg. 14,19; Judg. 15,1; Judg. 15,3; Judg. 16,18; Judg. 16,18; Judg. 16,27; Judg. 16,28; Judg. 17,3; Judg. 17,4; Judg. 17,6; Judg. 18,18; Judg. 18,18; Judg. 18,18; Judg. 18,18; Judg. 18,19; Judg. 18,20; Judg. 18,20; Judg. 18,20; Judg. 18,20; Judg. 18,21; Judg. 18,23; Judg. 18,24; Judg. 18,29; Judg. 18,30; Judg. 18,31; Judg. 19,5; Judg. 19,6; Judg. 19,8; Judg. 19,9; Judg. 19,23; Judg. 19,24; Judg. 19,24; Judg. 19,27; Judg. 19,27; Judg. 20,10; Judg. 20,19; Judg. 20,32; Judg. 20,33; Judg. 20,36; Judg. 21,25; Tob. 1,4; Tob. 1,7; Tob. 1,8; Tob. 1,8; Tob. 1,9; Tob. 1,10; Tob. 1,20; Tob. 2,4; Tob. 2,9; Tob. 2,9; Tob. 3,6; Tob. 3,6; Tob. 3,6; Tob. 3,10; Tob. 3,10; Tob. 3,12; Tob. 3,15; Tob. 3,15; Tob. 3,17; Tob. 3,17; Tob. 3,17; Tob. 4,3; Tob. 4,3; Tob. 5,2; Tob. 5,3; Tob. 5,3; Tob. 5,9; Tob. 5,10; Tob. 5,10; Tob. 5,12; Tob. 5,18; Tob. 6,4; Tob. 6,5; Tob. 6,13; Tob. 7,15; Tob. 7,15; Tob. 7,16; Tob. 8,1; Tob. 8,1; Tob. 8,2; Tob. 8,16; Tob. 8,19; Tob. 8,21; Tob. 9,2; Tob. 9,2; Tob. 9,5; Tob. 10,2; Tob. 10,5; Tob. 10,10; Tob. 11,8; Tob. 11,11; Tob. 11,13; Tob. 12,2; Tob. 12,3; Tob. 12,4; Tob. 12,5; Tob. 12,6; Tob. 12,7; Tob. 12,12; Tob. 12,13; Tob. 13,6; Tob. 13,13; Tob. 13,13; Tob. 13,18; Tob. 13,18; Tob. 14,2; Tob. 14,8; Tob. 14,8; Tob. 14,10; Tob. 14,10; Dan. 1,5; Dan. 1,15; Dan. 1,16; Dan. 1,18; Dan. 2,3; Dan. 2,4; Dan. 2,5; Dan. 2,6; Dan. 2,6; Dan. 2,7; Dan. 2,9; Dan. 2,9; Dan. 2,10; Dan. 2,15; Dan. 2,17; Dan. 2,23; Dan. 2,25; Dan. 2,26; Dan. 2,45; Dan. 2,47; Dan. 3,25; Dan. 3,33; Dan. 3,34; Dan. 3,35; Dan. 3,36; Dan. 3,36; Dan. 3,41; Dan. 3,42; Dan. 3,50; Dan. 3,95; Dan. 4,7; Dan. 4,8; Dan. 4,8; Dan. 4,14; Dan. 4,18; Dan. 4,18; Dan. 4,23; Dan. 4,34; Dan. 4,35; Dan. 5,5; Dan. 6,10; Dan. 6,15; Dan. 6,18; Dan. 6,20; Dan. 6,25; Dan. 7,1; Dan. 7,22; Dan. 7,28; Dan. 8,4; Dan. 9,3; Dan. 9,4; Dan. 9,17; Dan. 9,17; Dan. 9,17; Dan. 9,18; Dan. 9,26; Dan. 9,27; Dan. 10,3; Dan. 10,15; Dan. 10,16; Dan. 10,21; Dan. 11,2; Dan. 11,3; Dan. 11,13; Dan. 11,16; Dan. 11,17; Dan. 11,18; Dan. 11,19; Dan. 11,31; Dan. 11,36; Dan. 12,4; Sus. 4; Sus. 14; Sus. 26; Sus. 39; Sus. 45; Sus. 45; Sus. 48; Sus. 49; Sus. 50; Sus. 52; Bel 9; Bel 15; Bel 16; Bel 19; Bel 22; Bel 27; Bel 27; Bel 33; Bel 34; Bel 37; Matt. 1,21; Matt. 1,23; Matt. 1,25; Matt. 2,11; Matt. 2,13; Matt. 2,13; Matt. 2,14; Matt. 2,20; Matt. 2,21; Matt. 3,4; Matt. 3,7; Matt. 3,12; Matt. 3,16; Matt. 4,5; Matt. 4,22; Matt. 4,23; Matt. 5,1; Matt. 5,2; Matt. 5,23; Matt. 5,23; Matt. 5,24; Matt. 5,24; Matt. 5,28; Matt. 5,40; Matt. 5,46; Matt. 5,47; Matt. 6,1; Matt. 6,6; Matt. 6,17; Matt. 7,3; Matt. 7,3; Matt. 7,4; Matt. 7,5; Matt. 7,6; Matt. 7,21; Matt. 8,4; Matt. 8,12; Matt. 8,12; Matt. 8,18; Matt. 8,23; Matt. 8,24; Matt. 8,28; Matt. 9,9; Matt. 9,35; Matt. 10,22; Matt. 10,27; Matt. 10,28; Matt. 12,5; Matt. 12,18; Matt. 12,33; Matt. 12,33; Matt. 12,41; Matt. 12,50; Matt. 13,5; Matt. 13,6; Matt. 13,19; Matt. 13,30; Matt. 13,35; Matt. 13,37; Matt. 14,12; Matt. 14,20; Matt. 14,22; Matt. 14,22; Matt. 14,23; Matt. 14,32; Matt. 15,11; Matt. 15,17; Matt. 15,29; Matt. 15,37; Matt. 15,39; Matt. 16,3; Matt. 16,5; Matt. 17,9; Matt. 17,15; Matt. 17,15; Matt. 17,27; Matt. 18,8; Matt. 18,8; Matt. 18,10; Matt. 18,12; Matt. 18,20; Matt. 18,27; Matt. 18,30; Matt. 18,34; Matt. 19,18; Matt. 20,10; Matt. 20,12; Matt. 20,14; Matt. 20,19; Matt. 20,22; Matt. 20,23; Matt. 21,1; Matt. 21,12; Matt. 21,21; Matt. 21,23; Matt. 21,31; Matt. 22,4; Matt. 22,13; Matt. 22,13; Matt. 22,19; Matt. 22,31; Matt. 22,34; Matt. 23,5; Matt. 23,19;

O, o

Matt. 23,23; Matt. 23,23; Matt. 23,23; Matt. 23,23; Matt. 23,25; Matt. 23,26; Matt. 23,32; Matt. 24,9; Matt. 24,12; Matt. 24,15; Matt. 24,15; Matt. 24,18; Matt. 24,29; Matt. 24,51; Matt. 25,18; Matt. 25,18; Matt. 25,24; Matt. 25,25; Matt. 25,25; Matt. 25,27; Matt. 25,28; Matt. 25,30; Matt. 25,30; Matt. 25,41; Matt. 25,41; Matt. 25,41; Matt. 26,2; Matt. 26,12; Matt. 26,12; Matt. 26,17; Matt. 26,18; Matt. 26,19; Matt. 26,30; Matt. 26,32; Matt. 26,45; Matt. 26,51; Matt. 26,58; Matt. 26,67; Matt. 27,27; Matt. 27,31; Matt. 27,50; Matt. 27,58; Matt. 27,59; Matt. 28,16; Matt. 28,19; Mark 1,10; Mark 1,14; Mark 1,14; Mark 2,14; Mark 2,21; Mark 2,27; Mark 3,3; Mark 3,13; Mark 3,29; Mark 3,29; Mark 3,35; Mark 4,5; Mark 4,5; Mark 4,6; Mark 4,29; Mark 4,35; Mark 4,37; Mark 4,37; Mark 4,38; Mark 5,1; Mark 5,4; Mark 5,18; Mark 5,21; Mark 5,26; Mark 6,29; Mark 6,45; Mark 6,45; Mark 6,46; Mark 6,51; Mark 7,26; Mark 7,30; Mark 7,30; Mark 8,10; Mark 8,13; Mark 9,23; Mark 9,32; Mark 9,43; Mark 9,43; Mark 10,38; Mark 10,38; Mark 10,39; Mark 10,39; Mark 10,50; Mark 11,1; Mark 11,11; Mark 11,15; Mark 12,41; Mark 12,43; Mark 13,3; Mark 13,10; Mark 13,13; Mark 13,14; Mark 13,16; Mark 13,22; Mark 13,24; Mark 13,34; Mark 14,8; Mark 14,12; Mark 14,12; Mark 14,14; Mark 14,16; Mark 14,20; Mark 14,26; Mark 14,28; Mark 14,36; Mark 14,41; Mark 14,41; Mark 14,47; Mark 14,54; Mark 14,55; Mark 14,65; Mark 14,68; Mark 14,72; Mark 15,15; Mark 15,43; Mark 15,45; Mark 16,2; Mark 16,5; Mark 16,8; Mark 16,15; Mark 16,19; Luke 1,9; Luke 1,13; Luke 1,31; Luke 1,38; Luke 1,58; Luke 1,59; Luke 1,62; Luke 2,4; Luke 2,15; Luke 2,15; Luke 2,16; Luke 2,24; Luke 2,27; Luke 2,27; Luke 2,27; Luke 2,29; Luke 2,30; Luke 2,42; Luke 2,50; Luke 3,6; Luke 3,13; Luke 3,17; Luke 3,22; Luke 3,22; Luke 4,9; Luke 4,16; Luke 4,17; Luke 4,20; Luke 4,35; Luke 5,4; Luke 5,17; Luke 5,19; Luke 5,19; Luke 5,24; Luke 5,27; Luke 5,36; Luke 6,8; Luke 6,12; Luke 6,22; Luke 6,29; Luke 6,33; Luke 6,41; Luke 6,41; Luke 6,42; Luke 6,42; Luke 6,42; Luke 6,42; Luke 6,45; Luke 6,45; Luke 6,48; Luke 7,5; Luke 7,29; Luke 7,43; Luke 8,6; Luke 8,16; Luke 8,22; Luke 8,34; Luke 8,35; Luke 8,56; Luke 9,7; Luke 9,28; Luke 9,45; Luke 9,48; Luke 9,51; Luke 10,34; Luke 10,37; Luke 11,3; Luke 11,8; Luke 11,32; Luke 11,33; Luke 11,39; Luke 11,40; Luke 11,40; Luke 11,42; Luke 11,42; Luke 12,3; Luke 12,4; Luke 12,5; Luke 12,10; Luke 12,42; Luke 12,46; Luke 12,47; Luke 12,47; Luke 12,56; Luke 12,57; Luke 12,59; Luke 13,1; Luke 13,8; Luke 13,9; Luke 13,11; Luke 15,4; Luke 15,6; Luke 15,6; Luke 15,12; Luke 16,11; Luke 16,12; Luke 16,24; Luke 17,35; Luke 18,1; Luke 18,5; Luke 18,10; Luke 18,13; Luke 19,4; Luke 19,10; Luke 19,11; Luke 19,15; Luke 19,23; Luke 19,29; Luke 19,29; Luke 19,45; Luke 19,47; Luke 19,48; Luke 21,1; Luke 21,17; Luke 21,37; Luke 21,37; Luke 22,2; Luke 22,4; Luke 22,7; Luke 22,8; Luke 22,11; Luke 22,13; Luke 22,15; Luke 22,20; Luke 22,20; Luke 22,22; Luke 22,23; Luke 22,36; Luke 22,37; Luke 22,39; Luke 22,39; Luke 22,42; Luke 22,49; Luke 22,50; Luke 22,50; Luke 22,56; Luke 22,66; Luke 23,2; Luke 23,8; Luke 23,24; Luke 23,46; Luke 23,47; Luke 23,52; Luke 23,55; Luke 23,56; Luke 24,1; Luke 24,3; Luke 24,12; Luke 24,12; Luke 24,22; Luke 24,23; Luke 24,24; John 1,12; John 1,32; John 1,33; John 2,9; John 2,9; John 2,15; John 2,23; John 2,24; John 3,18; John 3,19; John 3,19; John 3,20; John 3,20; John 3,21; John 3,34; John 4,11; John 4,11; John 4,12; John 4,15; John 4,34; John 4,34; John 4,46; John 4,49; John 5,18; John 5,30; John 5,30; John 5,30; John 6,3; John 6,15; John 6,21; John 6,22; John 6,31; John 6,38; John 6,38; John 6,38; John 6,49; John 6,53; John 6,54; John 6,56; John 6,62; John 7,14; John 7,17; John 7,50; John 8,1; John 8,2; John 8,12; John 8,44; John 9,8; John 9,16; John 9,31; John 10,40; John 11,9; John 11,31; John 11,38; John 11,48; John 12,6; John 12,16; John 12,18; John 12,28; John 12,35; John 12,36; John 12,36; John 13,25; John 13,26; John 13,26; John 13,27; John 13,29; John 13,30; John 14,17; John 15,2; John 15,6; John 15,19; John 15,21; John 16,21; John 17,4; John 17,6; John 17,26; John 18,10; John 18,10; John 18,11; John 18,26; John 18,28; John 18,28; John 18,28; John 18,33; John 19,5; John 19,9; John 19,30; John 19,30; John 19,38; John 19,38; John 19,39; John 19,40; John 20,1; John 20,3; John 20,4; John 20,6; John 20,7; John 20,8; John 20,11; John 20,19; John 20,26; John 21,3; John 21,6; John 21,8; John 21,11; John 21,13; John 21,17; John 21,17; John 21,20; Acts 1,3; Acts 1,13; Acts 1,15; Acts 1,19; Acts 2,1; Acts 2,21; Acts 2,44; Acts 2,47; Acts 3,1; Acts 3,2; Acts 3,3; Acts 3,8; Acts 3,19; Acts 4,2; Acts 4,18; Acts 4,21; Acts 4,26; Acts 4,33; Acts 4,37; Acts 5,3; Acts 5,3; Acts 5,4; Acts 5,7; Acts 5,8; Acts 5,9; Acts 5,21; Acts 5,21; Acts 5,21; Acts 5,23; Acts 5,28; Acts 6,2; Acts 6,12; Acts 6,15; Acts 7,4; Acts 7,7; Acts 7,19; Acts 7,19; Acts 7,31; Acts 7,33; Acts 7,43; Acts 7,59; Acts 8,9; Acts 8,11; Acts 8,16; Acts 8,32; Acts 8,35; Acts 8,38; Acts 8,38; Acts 9,14; Acts 9,15; Acts 9,21; Acts 9,39; Acts 9,40; Acts 10,9; Acts 10,34; Acts 10,37; Acts 10,37; Acts 10,41; Acts 10,47; Acts 10,47; Acts 10,47; Acts 11,8; Acts 12,4; Acts 12,8; Acts 12,20; Acts 13,2; Acts 13,12; Acts 13,25; Acts 13,42; Acts 14,1; Acts 14,26; Acts 15,8; Acts 15,8; Acts 15,13; Acts 15,30; Acts 15,38; Acts 16,10; Acts 16,24; Acts 16,25; Acts 17,2; Acts 17,9; Acts 17,29; Acts 18,2; Acts 18,3; Acts 18,12; Acts 18,14; Acts 18,25; Acts 19,3; Acts 19,5; Acts 19,13; Acts 19,21; Acts 19,27; Acts 19,27; Acts 19,29; Acts 19,31; Acts 20,1; Acts 20,13; Acts 20,24; Acts 20,25; Acts 20,38; Acts 20,38; Acts 21,6; Acts 21,26; Acts 21,28; Acts 21,29; Acts 21,34; Acts 22,7; Acts 22,9; Acts 22,14; Acts 22,16; Acts 22,30; Acts 22,30; Acts 22,30; Acts 23,2; Acts 23,10; Acts 23,20; Acts 23,28; Acts 23,31; Acts 24,6; Acts 24,17; Acts 24,25; Acts 25,8; Acts 25,11; Acts 25,23; Acts 26,9; Acts 27,4; Acts 27,5; Acts 27,9; Acts 27,17; Acts 27,17; Acts 27,38; Acts 27,39; Acts 28,2; Acts 28,4; Acts 28,5; Acts 28,5; Acts 28,18; Rom. 1,11; Rom. 1,16; Rom. 1,20; Rom. 1,32; Rom. 2,3; Rom. 2,9; Rom. 2,10; Rom. 2,15; Rom. 2,16; Rom. 2,18; Rom. 3,26; Rom. 4,11; Rom. 4,11; Rom. 4,16; Rom. 4,18; Rom. 4,18; Rom. 4,19; Rom. 6,12; Rom. 6,22; Rom. 7,4; Rom. 7,5; Rom. 7,18; Rom. 7,21; Rom. 8,26; Rom. 8,29; Rom. 9,22; Rom. 10,13; Rom. 11,11; Rom. 11,25; Rom. 11,28; Rom. 12,2; Rom. 12,3; Rom. 12,9; Rom. 12,16; Rom. 12,18; Rom. 12,21; Rom. 13,3; Rom. 13,4; Rom. 13,4; Rom. 13,4; Rom. 13,7; Rom. 13,7; Rom. 13,8; Rom. 14,13; Rom. 14,20; Rom. 15,2; Rom. 15,5; Rom. 15,8; Rom. 15,13; Rom. 15,16; Rom. 15,16; Rom. 15,19; Rom. 16,19; Rom. 16,19; Rom. 16,25; Rom. 16,25; 1Cor. 1,2; 1Cor. 1,10; 1Cor. 1,13; 1Cor. 1,15; 1Cor. 2,1; 1Cor. 2,12; 1Cor. 2,12; 1Cor. 2,12; 1Cor. 3,13; 1Cor. 4,6; 1Cor. 5,2; 1Cor. 5,6; 1Cor. 6,18; 1Cor. 7,5; 1Cor. 7,29; 1Cor. 7,35; 1Cor. 7,35; 1Cor. 8,10; 1Cor. 9,14; 1Cor. 9,15; 1Cor. 9,18; 1Cor. 9,18; 1Cor. 9,23; 1Cor. 9,24; 1Cor. 9,27; 1Cor. 10,3; 1Cor. 10,4; 1Cor. 10,6; 1Cor. 10,24; 1Cor. 10,24; 1Cor. 10,25; 1Cor. 10,27; 1Cor. 10,33; 1Cor. 10,33; 1Cor. 11,17; 1Cor. 11,17; 1Cor. 11,20; 1Cor. 11,21; 1Cor. 11,22; 1Cor. 11,25; 1Cor. 11,25; 1Cor. 11,26; 1Cor. 11,27; 1Cor. 11,29; 1Cor. 11,33; 1Cor. 12,7; 1Cor. 12,8; 1Cor. 12,24; 1Cor. 12,25; 1Cor. 13,3; 1Cor. 13,5; 1Cor. 14,16; 1Cor. 14,23; 1Cor. 14,27; 1Cor. 14,39; 1Cor. 14,39; 1Cor. 15,1; 1Cor. 15,37; 1Cor. 15,37; 1Cor. 15,53; 1Cor. 15,53; 1Cor. 15,57; 1Cor. 16,10; 1Cor. 16,17; 1Cor. 16,18; 1Cor. 16,18; 2Cor. 1,4; 2Cor. 1,9; 2Cor. 2,1; 2Cor. 2,12; 2Cor. 3,7; 2Cor. 3,13; 2Cor. 3,13; 2Cor. 3,13; 2Cor. 4,4; 2Cor. 4,13; 2Cor. 4,13; 2Cor. 5,2; 2Cor. 5,2; 2Cor. 7,3; 2Cor. 8,2; 2Cor. 8,6; 2Cor. 8,8; 2Cor. 8,10; 2Cor. 8,10; 2Cor. 8,11; 2Cor. 8,14; 2Cor. 8,14; 2Cor. 8,15; 2Cor. 8,15; 2Cor. 9,13; 2Cor. 10,2; 2Cor. 10,13; 2Cor. 11,7; 2Cor. 11,9; 2Cor. 13,2; 2Cor. 13,2; 2Cor. 13,7; 2Cor. 13,11; Gal. 1,4; Gal. 1,7; Gal. 1,11; Gal. 1,11; Gal. 2,2; Gal. 2,7; Gal. 3,2; Gal. 3,5; Gal. 3,17; Gal. 4,6; Gal. 4,13;

ὁ

Gal. 5,9; Gal. 5,10; Gal. 6,4; Gal. 6,4; Gal. 6,5; Gal. 6,8; Gal. 6,9; Gal. 6,10; Eph. 1,7; Eph. 1,9; Eph. 1,12; Eph. 1,13; Eph. 1,18; Eph. 2,7; Eph. 2,14; Eph. 3,8; Eph. 3,16; Eph. 3,19; Eph. 4,7; Eph. 4,25; Eph. 4,28; Eph. 4,30; Eph. 4,30; Eph. 6,6; Eph. 6,11; Eph. 6,19; Phil. 1,5; Phil. 1,7; Phil. 1,10; Phil. 1,23; Phil. 2,2; Phil. 2,2; Phil. 2,6; Phil. 2,9; Phil. 2,9; Phil. 2,13; Phil. 2,13; Phil. 2,18; Phil. 2,22; Phil. 2,30; Phil. 2,30; Phil. 3,8; Phil. 3,14; Phil. 3,21; Phil. 4,2; Phil. 4,10; Phil. 4,17; Phil. 4,19; Col. 1,11; Col. 1,19; Col. 1,26; Col. 1,26; Col. 2,1; Col. 2,5; Col. 2,14; Col. 4,1; Col. 4,3; 1Th. 2,2; 1Th. 2,4; 1Th. 2,8; 1Th. 2,9; 1Th. 2,9; 1Th. 2,12; 1Th. 2,16; 1Th. 2,17; 1Th. 3,2; 1Th. 3,3; 1Th. 3,5; 1Th. 3,10; 1Th. 3,10; 1Th. 3,13; 1Th. 4,1; 1Th. 4,4; 1Th. 4,6; 1Th. 4,8; 1Th. 4,8; 1Th. 4,9; 1Th. 5,13; 1Th. 5,15; 1Th. 5,19; 1Th. 5,21; 2Th. 1,5; 2Th. 2,2; 2Th. 2,6; 2Th. 2,6; 2Th. 2,10; 2Th. 2,11; 2Th. 3,8; 2Th. 3,9; 1Tim. 1,11; 1Tim. 1,13; 1Tim. 2,6; 1Tim. 3,9; 1Tim. 6,19; 2Tim. 1,6; 2Tim. 1,8; 2Tim. 2,8; 2Tim. 2,19; 2Tim. 2,26; 2Tim. 3,13; Titus 3,5; Philem. 8; Heb. 2,9; Heb. 2,12; Heb. 2,14; Heb. 2,17; Heb. 3,6; Heb. 6,10; Heb. 6,17; Heb. 6,19; Heb. 7,3; Heb. 7,18; Heb. 7,23; Heb. 7,24; Heb. 7,25; Heb. 7,25; Heb. 8,3; Heb. 9,3; Heb. 9,4; Heb. 9,5; Heb. 9,14; Heb. 9,19; Heb. 9,19; Heb. 9,28; Heb. 10,1; Heb. 10,2; Heb. 10,7; Heb. 10,9; Heb. 10,9; Heb. 10,9; Heb. 10,12; Heb. 10,13; Heb. 10,14; Heb. 10,15; Heb. 10,22; Heb. 10,26; Heb. 10,29; Heb. 10,29; Heb. 10,36; Heb. 11,3; Heb. 11,3; Heb. 11,12; Heb. 11,21; Heb. 11,23; Heb. 11,23; Heb. 11,28; Heb. 12,10; Heb. 12,10; Heb. 12,10; Heb. 12,11; Heb. 12,20; Heb. 13,21; Heb. 13,21; Heb. 13,21; James 1,18; James 1,19; James 1,19; James 1,23; James 2,3; James 2,7; James 2,7; James 2,21; James 3,2; James 3,3; James 3,3; James 3,6; James 3,11; James 3,11; James 4,2; James 4,5; James 4,14; James 5,11; 1Pet. 1,3; 1Pet. 1,9; 1Pet. 1,17; 1Pet. 2,2; 1Pet. 2,9; 1Pet. 2,24; 1Pet. 3,7; 1Pet. 4,2; 1Pet. 4,3; 1Pet. 4,17; 1Pet. 4,19; 1Pet. 5,2; 2Pet. 2,22; 2Pet. 3,13; 1John 2,12; 1John 2,17; 1John 4,2; 1John 4,6; 1John 4,6; 1John 5,8; 1John 5,13; 1John 5,14; 3John 11; 3John 11; Jude 4; Jude 5; Jude 6; Jude 21; Rev. 2,3; Rev. 2,13; Rev. 3,5; Rev. 3,5; Rev. 3,8; Rev. 3,12; Rev. 3,12; Rev. 3,12; Rev. 3,12; Rev. 4,7; Rev. 4,11; Rev. 5,2; Rev. 5,3; Rev. 5,4; Rev. 5,5; Rev. 5,8; Rev. 5,9; Rev. 6,6; Rev. 6,8; Rev. 6,10; Rev. 8,3; Rev. 8,3; Rev. 8,3; Rev. 8,10; Rev. 8,12; Rev. 9,2; Rev. 9,15; Rev. 10,8; Rev. 10,8; Rev. 10,9; Rev. 10,10; Rev. 11,1; Rev. 11,9; Rev. 11,18; Rev. 12,4; Rev. 12,4; Rev. 12,11; Rev. 12,16; Rev. 13,6; Rev. 13,6; Rev. 13,12; Rev. 13,12; Rev. 13,16; Rev. 13,17; Rev. 13,17; Rev. 14,1; Rev. 14,1; Rev. 14,1; Rev. 14,9; Rev. 14,11; Rev. 14,11; Rev. 14,15; Rev. 14,16; Rev. 14,18; Rev. 14,18; Rev. 14,18; Rev. 14,18; Rev. 14,19; Rev. 15,4; Rev. 16,2; Rev. 16,9; Rev. 16,19; Rev. 17,1; Rev. 17,5; Rev. 17,7; Rev. 17,8; Rev. 17,8; Rev. 18,20; Rev. 19,2; Rev. 19,9; Rev. 19,16; Rev. 19,17; Rev. 19,17; Rev. 19,19; Rev. 19,20; Rev. 20,4; Rev. 20,4; Rev. 20,4; Rev. 20,9; Rev. 21,15; Rev. 21,17; Rev. 22,4; Rev. 22,14; Rev. 22,19)

Article · neuter · singular · nominative   · 1704 + 137 + 597 = **2438** (Gen. 1,9; Gen. 1,9; Gen. 1,9; Gen. 1,9; Gen. 1,11; Gen. 1,12; Gen. 2,11; Gen. 2,12; Gen. 3,6; Gen. 4,6; Gen. 4,11; Gen. 6,15; Gen. 6,15; Gen. 6,15; Gen. 7,10; Gen. 7,17; Gen. 7,18; Gen. 7,19; Gen. 7,20; Gen. 7,23; Gen. 7,24; Gen. 8,1; Gen. 8,3; Gen. 8,3; Gen. 8,5; Gen. 8,7; Gen. 8,8; Gen. 8,11; Gen. 8,13; Gen. 8,13; Gen. 9,12; Gen. 9,14; Gen. 9,15; Gen. 9,16; Gen. 9,17; Gen. 11,9; Gen. 13,16; Gen. 14,17; Gen. 15,5; Gen. 15,13; Gen. 17,5; Gen. 17,5; Gen. 17,9; Gen. 17,15; Gen. 17,15; Gen. 21,8; Gen. 21,11; Gen. 21,12; Gen. 21,15; Gen. 21,16; Gen. 22,5; Gen. 22,7; Gen. 22,7; Gen. 22,17; Gen. 23,17; Gen. 23,20; Gen. 24,50; Gen. 24,60; Gen. 25,30; Gen. 27,36; Gen. 28,14; Gen. 28,19; Gen. 30,37; Gen. 31,35; Gen. 31,36; Gen. 31,36; Gen. 31,48; Gen. 32,28; Gen. 32,29; Gen. 32,29; Gen. 35,10; Gen. 37,7; Gen. 37,10; Gen. 38,9; Gen. 38,30; Gen. 41,11; Gen. 41,16; Gen. 41,26; Gen. 41,32; Gen. 41,32; Gen. 42,22; Gen. 42,28; Gen. 43,21; Gen. 44,9; Gen. 44,10; Gen. 44,15; Gen. 44,16; Gen. 44,17; Gen. 44,22; Gen. 44,33; Gen. 45,12; Gen. 45,12; Gen. 45,27; Gen. 46,6; Gen. 46,33; Gen. 47,3; Gen. 47,15; Gen. 47,15; Gen. 47,16; Gen. 47,18; Gen. 47,18; Gen. 47,18; Gen. 48,16; Gen. 48,16; Gen. 48,19; Ex. 1,9; Ex. 1,15; Ex. 2,14; Ex. 3,12; Ex. 4,2; Ex. 4,9; Ex. 4,25; Ex. 4,26; Ex. 5,13; Ex. 5,18; Ex. 7,20; Ex. 7,20; Ex. 7,21; Ex. 8,19; Ex. 9,16; Ex. 9,23; Ex. 9,24; Ex. 10,13; Ex. 12,13; Ex. 12,27; Ex. 14,12; Ex. 14,21; Ex. 14,22; Ex. 14,26; Ex. 14,27; Ex. 14,28; Ex. 14,29; Ex. 15,23; Ex. 15,25; Ex. 16,16; Ex. 16,23; Ex. 16,31; Ex. 16,32; Ex. 16,36; Ex. 16,36; Ex. 18,4; Ex. 18,18; Ex. 19,18; Ex. 19,18; Ex. 20,10; Ex. 21,21; Ex. 21,22; Ex. 21,34; Ex. 22,3; Ex. 22,26; Ex. 23,12; Ex. 23,21; Ex. 24,8; Ex. 24,17; Ex. 26,2; Ex. 26,8; Ex. 26,8; Ex. 26,8; Ex. 26,16; Ex. 27,1; Ex. 27,1; Ex. 27,14; Ex. 27,15; Ex. 27,18; Ex. 28,8; Ex. 28,16; Ex. 28,16; Ex. 28,32; Ex. 29,37; Ex. 30,2; Ex. 30,13; Ex. 30,13; Ex. 33,13; Ex. 33,13; Ex. 35,4; Ex. 36,28; Ex. 36,30; Ex. 37,2; Ex. 37,2; Ex. 37,12; Ex. 37,16; Ex. 37,16; Ex. 37,16; Ex. 37,16; Ex. 39,1; Ex. 39,3; Ex. 40,10; Lev. 1,3; Lev. 1,10; Lev. 2,1; Lev. 2,3; Lev. 2,5; Lev. 2,7; Lev. 2,10; Lev. 3,1; Lev. 3,6; Lev. 3,12; Lev. 3,16; Lev. 5,13; Lev. 6,2; Lev. 6,3; Lev. 6,8; Lev. 6,10; Lev. 6,10; Lev. 6,13; Lev. 6,13; Lev. 6,13; Lev. 6,13; Lev. 7,7; Lev. 7,7; Lev. 7,8; Lev. 7,10; Lev. 7,17; Lev. 7,31; Lev. 8,5; Lev. 8,32; Lev. 10,7; Lev. 10,7; Lev. 13,23; Lev. 13,24; Lev. 13,28; Lev. 13,32; Lev. 13,33; Lev. 13,33; Lev. 13,34; Lev. 13,35; Lev. 13,36; Lev. 13,37; Lev. 13,37; Lev. 13,58; Lev. 14,13; Lev. 14,13; Lev. 15,3; Lev. 15,3; Lev. 16,27; Lev. 17,2; Lev. 17,11; Lev. 20,2; Lev. 20,2; Lev. 21,12; Lev. 21,12; Lev. 23,13; Lev. 24,11; Lev. 25,7; Lev. 25,11; Lev. 25,11; Lev. 25,22; Lev. 25,26; Lev. 25,50; Lev. 26,20; Lev. 27,10; Lev. 27,11; Lev. 27,25; Lev. 27,32; Lev. 27,33; Num. 3,25; Num. 3,25; Num. 3,26; Num. 3,31; Num. 4,16; Num. 4,16; Num. 4,16; Num. 5,8; Num. 5,8; Num. 5,18; Num. 5,22; Num. 5,22; Num. 5,24; Num. 5,24; Num. 5,27; Num. 5,27; Num. 7,17; Num. 7,23; Num. 7,25; Num. 7,29; Num. 7,35; Num. 7,41; Num. 7,47; Num. 7,53; Num. 7,59; Num. 7,65; Num. 7,71; Num. 7,77; Num. 7,83; Num. 7,85; Num. 7,85; Num. 7,85; Num. 7,86; Num. 8,24; Num. 11,2; Num. 11,3; Num. 11,7; Num. 11,7; Num. 11,9; Num. 11,14; Num. 11,22; Num. 11,25; Num. 11,26; Num. 11,34; Num. 13,28; Num. 13,28; Num. 14,21; Num. 18,18; Num. 19,5; Num. 19,5; Num. 20,19; Num. 21,16; Num. 21,16; Num. 21,30; Num. 23,10; Num. 23,10; Num. 23,28; Num. 24,20; Num. 25,14; Num. 26,10; Num. 26,30; Num. 26,59; Num. 27,4; Num. 28,14; Num. 28,14; Num. 28,14; Num. 29,6; Num. 29,6; Num. 30,2; Num. 31,21; Num. 31,32; Num. 31,36; Num. 31,37; Num. 31,38; Num. 31,39; Num. 31,40; Num. 31,43; Num. 31,43; Num. 31,52; Num. 31,52; Num. 33,54; Num. 34,3; Num. 34,3; Num. 34,14; Num. 35,33; Num. 36,6; Deut. 1,14; Deut. 1,23; Deut. 3,11; Deut. 3,11; Deut. 4,6; Deut. 4,6; Deut. 4,11; Deut. 5,14; Deut. 5,23; Deut. 5,25; Deut. 5,25; Deut. 7,17; Deut. 8,17; Deut. 9,15; Deut. 11,6; Deut. 11,24; Deut. 11,30; Deut. 12,3; Deut. 12,23; Deut. 13,3; Deut. 13,3; Deut. 13,15; Deut. 15,2; Deut. 15,9; Deut. 15,9; Deut. 17,4; Deut. 17,4; Deut. 18,22; Deut. 18,22; Deut. 19,4; Deut. 19,5; Deut. 20,19; Deut. 20,19; Deut. 21,8; Deut. 21,23; Deut. 22,26; Deut. 24,11; Deut. 25,6; Deut. 25,6; Deut. 25,10; Deut. 25,10; Deut. 28,10; Deut. 30,14; Deut. 30,19; Deut. 32,2; Deut. 33,17; Deut. 33,25; Josh. 3,13; Josh. 3,13; Josh. 3,13; Josh. 3,16; Josh. 4,18; Josh. 5,12; Josh. 6,20; Josh. 6,27; Josh. 7,21; Josh. 7,22; Josh. 13,25; Josh. 14,15; Josh. 15,9; Josh. 15,9; Josh. 15,11; Josh. 15,15; Josh. 17,15; Josh. 17,15; Josh. 17,16; Josh. 17,16; Josh. 18,7; Josh. 18,14; Josh. 18,14; Josh. 18,15; Josh. 22,9; Josh. 22,10; Josh. 22,11; Josh. 22,17; Josh. 22,21; Josh. 22,30; Judg. 1,10; Judg. 1,11; Judg.

O, o

ὀ

1,23; Judg. 1,36; Judg. 2,5; Judg. 2,20; Judg. 4,9; Judg. 5,28; Judg. 6,28; Judg. 6,28; Judg. 6,28; Judg. 7,10; Judg. 7,11; Judg. 7,13; Judg. 8,3; Judg. 8,20; Judg. 9,38; Judg. 9,38; Judg. 9,54; Judg. 13,5; Judg. 13,7; Judg. 13,12; Judg. 13,17; Judg. 13,24; Judg. 15,19; Judg. 15,19; Judg. 16,9; Judg. 16,12; Judg. 17,2; Judg. 17,11; Judg. 17,12; Judg. 18,29; Judg. 19,3; Judg. 19,9; Judg. 19,11; Judg. 19,20; Judg. 20,2; Judg. 20,9; Judg. 20,33; Judg. 20,37; Judg. 20,37; Ruth 2,6; Ruth 2,6; Ruth 3,13; Ruth 4,7; Ruth 4,10; 1Sam. 1,14; 1Sam. 1,18; 1Sam. 1,24; 1Sam. 2,1; 1Sam. 2,11; 1Sam. 2,13; 1Sam. 2,13; 1Sam. 2,13; 1Sam. 2,15; 1Sam. 2,21; 1Sam. 2,26; 1Sam. 2,34; 1Sam. 3,1; 1Sam. 3,17; 1Sam. 3,17; 1Sam. 4,16; 1Sam. 4,17; 1Sam. 6,4; 1Sam. 8,6; 1Sam. 8,11; 1Sam. 9,6; 1Sam. 9,8; 1Sam. 9,10; 1Sam. 10,1; 1Sam. 10,5; 1Sam. 10,11; 1Sam. 13,15; 1Sam. 14,10; 1Sam. 14,42; 1Sam. 16,23; 1Sam. 16,23; 1Sam. 18,8; 1Sam. 20,1; 1Sam. 20,36; 1Sam. 20,37; 1Sam. 20,38; 1Sam. 20,39; 1Sam. 20,41; 1Sam. 21,9; 1Sam. 22,6; 1Sam. 24,12; 1Sam. 26,7; 1Sam. 26,16; 1Sam. 26,16; 1Sam. 26,20; 1Sam. 26,22; 1Sam. 27,11; 1Sam. 30,12; 1Sam. 30,13; 1Sam. 30,13; 2Sam. 1,6; 2Sam. 1,6; 2Sam. 1,16; 2Sam. 2,16; 2Sam. 5,20; 2Sam. 6,2; 2Sam. 7,26; 2Sam. 11,25; 2Sam. 11,27; 2Sam. 11,27; 2Sam. 12,18; 2Sam. 12,18; 2Sam. 12,18; 2Sam. 12,19; 2Sam. 12,19; 2Sam. 12,21; 2Sam. 12,21; 2Sam. 12,22; 2Sam. 12,28; 2Sam. 13,15; 2Sam. 13,39; 2Sam. 14,14; 2Sam. 14,14; 2Sam. 16,1; 2Sam. 16,17; 2Sam. 17,11; 2Sam. 18,3; 2Sam. 18,32; 2Sam. 19,11; 2Sam. 19,18; 2Sam. 19,41; 2Sam. 21,19; 2Sam. 22,31; 2Sam. 23,14; 2Sam. 23,15; 1Kings 1,27; 1Kings 2,27; 1Kings 2,28; 1Kings 2,46e; 1Kings 6,3; 1Kings 6,6; 1Kings 6,10; 1Kings 6,20; 1Kings 6,24; 1Kings 6,26; 1Kings 6,26; 1Kings 6,26; 1Kings 7,3; 1Kings 7,4; 1Kings 7,4; 1Kings 7,9; 1Kings 7,10; 1Kings 7,10; 1Kings 7,12; 1Kings 7,12; 1Kings 7,15; 1Kings 7,18; 1Kings 7,19; 1Kings 7,37; 1Kings 7,43; 1Kings 7,44; 1Kings 8,26; 1Kings 8,29; 1Kings 8,43; 1Kings 8,64; 1Kings 8,64; 1Kings 8,64; 1Kings 10,7; 1Kings 11,27; 1Kings 12,24; 1Kings 12,24g; 1Kings 12,24n; 1Kings 12,24s; 1Kings 12,24y; 1Kings 13,3; 1Kings 13,3; 1Kings 13,5; 1Kings 13,22; 1Kings 13,24; 1Kings 13,32; 1Kings 13,34; 1Kings 14,21; 1Kings 16,21; 1Kings 17,22; 1Kings 18,24; 1Kings 18,29; 1Kings 18,31; 1Kings 18,35; 1Kings 18,38; 1Kings 18,43; 1Kings 18,43; 1Kings 20,4; 1Kings 20,5; 1Kings 21,3; 1Kings 21,30; 1Kings 22,24; 1Kings 22,35; 2Kings 2,8; 2Kings 2,15; 2Kings 4,6; 2Kings 4,14; 2Kings 4,18; 2Kings 4,18; 2Kings 4,31; 2Kings 4,32; 2Kings 4,35; 2Kings 5,6; 2Kings 5,20; 2Kings 6,5; 2Kings 6,6; 2Kings 6,15; 2Kings 6,17; 2Kings 7,2; 2Kings 7,13; 2Kings 7,19; 2Kings 9,4; 2Kings 9,37; 2Kings 10,2; 2Kings 10,2; 2Kings 10,7; 2Kings 11,5; 2Kings 11,6; 2Kings 11,6; 2Kings 11,8; 2Kings 12,11; 2Kings 13,6; 2Kings 19,28; 2Kings 19,29; 2Kings 19,30; 2Kings 20,8; 2Kings 20,9; 2Kings 23,17; 2Kings 23,22; 2Kings 23,23; 2Kings 23,27; 2Kings 25,17; 2Kings 25,17; 2Kings 25,17; 1Chr. 11,16; 1Chr. 12,30; 1Chr. 16,34; 1Chr. 16,41; 1Chr. 17,13; 1Chr. 21,4; 1Chr. 22,1; 1Chr. 29,1; 1Chr. 29,11; 1Chr. 29,16; 2Chr. 1,5; 2Chr. 1,5; 2Chr. 1,9; 2Chr. 3,8; 2Chr. 3,17; 2Chr. 4,5; 2Chr. 4,5; 2Chr. 5,13; 2Chr. 6,13; 2Chr. 6,13; 2Chr. 6,13; 2Chr. 6,17; 2Chr. 6,33; 2Chr. 7,3; 2Chr. 7,6; 2Chr. 7,7; 2Chr. 7,7; 2Chr. 7,14; 2Chr. 11,4; 2Chr. 18,20; 2Chr. 20,9; 2Chr. 20,21; 2Chr. 22,1; 2Chr. 22,1; 2Chr. 24,11; 2Chr. 26,8; 2Chr. 29,25; 2Chr. 29,34; 2Chr. 29,35; 2Chr. 30,18; 2Chr. 32,2; 2Chr. 32,32; 2Chr. 33,4; 2Chr. 34,16; 1Esdr. 1,12; 1Esdr. 1,18; 1Esdr. 1,20; 1Esdr. 1,31; 1Esdr. 3,9; 1Esdr. 3,14; 1Esdr. 4,40; 1Esdr. 4,63; 1Esdr. 4,63; 1Esdr. 6,9; 1Esdr. 6,24; 1Esdr. 8,8; 1Esdr. 8,57; 1Esdr. 8,57; 1Esdr. 8,61; 1Esdr. 8,61; 1Esdr. 8,66; 1Esdr. 8,67; 1Esdr. 8,67; 1Esdr. 9,6; 1Esdr. 9,10; 1Esdr. 9,11; 1Esdr. 9,11; 1Esdr. 9,38; 1Esdr. 9,41; 1Esdr. 9,47; Ezra 3,11; Ezra 4,24; Ezra 5,8; Ezra 6,11; Ezra 6,12; Ezra 7,26; Ezra 8,3; Ezra 8,28; Ezra 8,28; Ezra 9,2; Ezra 10,4; Ezra 10,12; Ezra 10,13; Neh. 1,5; Neh. 1,6; Neh. 1,11; Neh. 2,2; Neh. 2,3; Neh. 2,12; Neh. 2,19; Neh. 6,3; Neh. 6,15; Neh. 6,16; Neh. 7,1; Neh. 12,38; Neh. 12,40; Esth. 11,5 # 1,1d; Esth. 2,4; Esth. 2,7; Esth. 2,8; Esth. 2,9; Esth. 13,1 # 3,13a; Esth. 3,15; Esth. 13,9 # 4,17b; Esth. 15,5 # 5,1b; Esth. 15,9 # 5,1f; Esth. 15,13 # 5,2a; Esth. 5,3; Esth. 5,7; Esth. 5,14; Esth. 5,14; Esth. 7,2; Esth. 7,2; Esth. 8,14; Esth. 8,17; Esth. 8,17; Esth. 9,4; Esth. 9,28; Esth. 10,9 # 10,3f; Esth. 10,9 # 10,3f; Judith 1,4; Judith 2,12; Judith 4,3; Judith 5,3; Judith 5,3; Judith 5,19; Judith 6,4; Judith 6,9; Judith 7,19; Judith 8,24; Judith 8,29; Judith 9,1; Judith 9,11; Judith 10,7; Judith 11,7; Judith 11,10; Judith 12,18; Judith 13,15; Judith 13,16; Judith 14,6; Judith 16,3; Judith 16,9; Judith 16,9; Tob. 2,9; Tob. 2,13; Tob. 3,8; Tob. 3,11; Tob. 3,11; Tob. 4,7; Tob. 4,12; Tob. 6,2; Tob. 6,3; Tob. 6,5; Tob. 6,7; Tob. 6,7; Tob. 6,8; Tob. 6,12; Tob. 6,14; Tob. 6,17; Tob. 7,9; Tob. 8,3; Tob. 8,5; Tob. 8,5; Tob. 8,6; Tob. 10,4; Tob. 10,7; Tob. 11,14; Tob. 12,6; Tob. 12,8; Tob. 14,10; 1Mac. 1,26; 1Mac. 1,39; 1Mac. 1,40; 1Mac. 1,57; 1Mac. 2,47; 1Mac. 3,7; 1Mac. 3,26; 1Mac. 3,29; 1Mac. 3,45; 1Mac. 4,24; 1Mac. 5,1; 1Mac. 5,1; 1Mac. 5,63; 1Mac. 6,2; 1Mac. 6,2; 1Mac. 6,7; 1Mac. 6,36; 1Mac. 7,3; 1Mac. 8,20; 1Mac. 8,22; 1Mac. 8,25; 1Mac. 9,14; 1Mac. 9,15; 1Mac. 9,16; 1Mac. 9,34; 1Mac. 9,45; 1Mac. 9,55; 1Mac. 12,5; 1Mac. 12,7; 1Mac. 13,7; 1Mac. 14,10; 1Mac. 14,20; 1Mac. 14,27; 2Mac. 1,33; 2Mac. 1,33; 2Mac. 2,10; 2Mac. 2,26; 2Mac. 3,6; 2Mac. 3,16; 2Mac. 3,17; 2Mac. 3,30; 2Mac. 4,39; 2Mac. 6,4; 2Mac. 6,5; 2Mac. 12,21; 2Mac. 12,39; 2Mac. 14,8; 2Mac. 15,39; 3Mac. 1,24; 3Mac. 2,15; 3Mac. 4,1; 3Mac. 5,27; 3Mac. 6,14; 3Mac. 6,20; 3Mac. 7,13; 4Mac. 5,9; 4Mac. 5,20; 4Mac. 7,13; 4Mac. 11,26; 4Mac. 17,12; 4Mac. 17,17; 4Mac. 18,4; Psa. 1,2; Psa. 1,3; Psa. 1,3; Psa. 1,3; Psa. 4,7; Psa. 8,2; Psa. 8,10; Psa. 9,7; Psa. 13,3; Psa. 16,2; Psa. 16,4; Psa. 16,10; Psa. 18,2; Psa. 18,7; Psa. 19,2; Psa. 21,24; Psa. 21,24; Psa. 21,31; Psa. 22,5; Psa. 22,6; Psa. 23,1; Psa. 24,13; Psa. 24,14; Psa. 25,3; Psa. 30,20; Psa. 32,12; Psa. 32,22; Psa. 35,6; Psa. 36,26; Psa. 37,11; Psa. 38,3; Psa. 39,5; Psa. 39,12; Psa. 47,12; Psa. 48,4; Psa. 49,12; Psa. 49,19; Psa. 50,17; Psa. 56,11; Psa. 58,11; Psa. 58,18; Psa. 61,2; Psa. 61,8; Psa. 61,13; Psa. 61,13; Psa. 62,4; Psa. 62,6; Psa. 65,10; Psa. 65,14; Psa. 67,17; Psa. 67,18; Psa. 68,17; Psa. 68,37; Psa. 70,8; Psa. 70,15; Psa. 71,14; Psa. 71,17; Psa. 71,17; Psa. 71,19; Psa. 75,2; Psa. 75,3; Psa. 76,4; Psa. 76,7; Psa. 77,8; Psa. 82,5; Psa. 84,10; Psa. 85,13; Psa. 88,18; Psa. 88,18; Psa. 88,25; Psa. 88,25; Psa. 89,5; Psa. 91,11; Psa. 91,11; Psa. 91,12; Psa. 93,18; Psa. 95,11; Psa. 97,7; Psa. 99,5; Psa. 101,6; Psa. 101,13; Psa. 101,29; Psa. 102,17; Psa. 103,6; Psa. 105,1; Psa. 106,1; Psa. 107,5; Psa. 108,13; Psa. 108,15; Psa. 108,20; Psa. 108,21; Psa. 110,3; Psa. 110,9; Psa. 111,2; Psa. 111,9; Psa. 112,2; Psa. 116,2; Psa. 117,1; Psa. 117,2; Psa. 117,3; Psa. 117,4; Psa. 117,29; Psa. 118,41; Psa. 118,41; Psa. 118,50; Psa. 118,76; Psa. 118,118; Psa. 118,140; Psa. 118,170; Psa. 122,4; Psa. 123,4; Psa. 125,2; Psa. 129,7; Psa. 130,2; Psa. 131,18; Psa. 132,1; Psa. 132,2; Psa. 132,2; Psa. 134,13; Psa. 134,13; Psa. 135,1; Psa. 135,2; Psa. 135,3; Psa. 135,4; Psa. 135,5; Psa. 135,6; Psa. 135,7; Psa. 135,8; Psa. 135,9; Psa. 135,10; Psa. 135,11; Psa. 135,12; Psa. 135,13; Psa. 135,14; Psa. 135,15; Psa. 135,16; Psa. 135,16; Psa. 135,17; Psa. 135,18; Psa. 135,19; Psa. 135,20; Psa. 135,21; Psa. 135,22; Psa. 135,23; Psa. 135,24; Psa. 135,25; Psa. 135,26; Psa. 135,26; Psa. 137,8; Psa. 138,12; Psa. 138,12; Psa. 138,15; Psa. 142,7; Psa. 142,10; Psa. 142,10; Psa. 143,8; Psa. 143,11; Psa. 144,21; Psa. 145,4; Psa. 148,3; Psa. 148,4; Psa. 148,4; Psa. 148,13; Ode. 1,8; Ode. 2,2; Ode. 2,43; Ode. 3,1; Ode. 4,8; Ode. 5,9; Ode. 7,26; Ode. 8,52; Ode. 8,52; Ode. 9,47; Ode. 9,49; Ode. 9,50; Ode. 11,12; Ode. 12,6; Ode. 14,35; Prov. 2,2; Prov. 6,33; Prov. 9,10a; Prov. 11,7; Prov. 13,15; Prov. 16,7; Prov. 16,10; Prov. 18,6; Prov. 18,6;

ò

Prov. 19,11; Prov. 19,12; Prov. 23,33; Prov. 25,7; Prov. 27,2; Prov. 29,26; Prov. 30,29; Prov. 31,18; Eccl. 1,6; Eccl. 1,6; Eccl. 1,9; Eccl. 1,9; Eccl. 1,9; Eccl. 1,9; Eccl. 2,17; Eccl. 2,17; Eccl. 3,15; Eccl. 4,12; Eccl. 4,12; Eccl. 5,4; Eccl. 7,5; Eccl. 7,18; Eccl. 10,10; Eccl. 11,3; Eccl. 11,7; Eccl. 11,8; Eccl. 12,2; Eccl. 12,5; Eccl. 12,7; Eccl. 12,13; Song 4,3; Song 6,7; Job 1,21; Job 2,9b; Job 4,12; Job 5,25; Job 5,25; Job 7,5; Job 9,20; Job 11,15; Job 13,1; Job 13,12; Job 13,12; Job 14,8; Job 15,6; Job 15,30; Job 16,8; Job 16,15; Job 18,6; Job 18,17; Job 22,11; Job 24,17; Job 24,24; Job 27,3; Job 28,17; Job 29,20; Job 30,18; Job 30,30; Job 31,30; Job 32,18; Job 33,4; Job 34,6; Job 37,21; Job 37,21; Job 38,19; Wis. 1,7; Wis. 2,3; Wis. 2,3; Wis. 2,4; Wis. 2,11; Wis. 3,17; Wis. 5,6; Wis. 6,15; Wis. 7,10; Wis. 9,15; Wis. 10,20; Wis. 10,20; Wis. 11,25; Wis. 12,1; Wis. 12,18; Wis. 12,27; Wis. 14,8; Wis. 14,8; Wis. 14,10; Wis. 14,14; Wis. 14,16; Wis. 14,20; Wis. 15,3; Wis. 16,10; Wis. 16,17; Wis. 16,17; Wis. 16,26; Wis. 16,27; Wis. 18,4; Sir. 2,18; Sir. 8,2; Sir. 9,16; Sir. 10,22; Sir. 16,5; Sir. 17,13; Sir. 18,8; Sir. 18,8; Sir. 20,10; Sir. 21,5; Sir. 23,16; Sir. 23,26; Sir. 24,20; Sir. 25,6; Sir. 27,23; Sir. 31,19; Sir. 33,14; Sir. 35,6; Sir. 37,26; Sir. 38,22; Sir. 39,9; Sir. 39,9; Sir. 41,1; Sir. 41,2; Sir. 41,4; Sir. 42,16; Sir. 43,20; Sir. 44,12; Sir. 44,14; Sir. 45,1; Sir. 46,9; Sir. 46,10; Sir. 46,11; Sir. 46,12; Sir. 47,16; Sir. 48,13; Sir. 49,13; Sir. 50,3; Sir. 50,25; Sir. 50,29; Sol. 2,5; Sol. 2,19; Sol. 2,21; Sol. 2,33; Sol. 3,10; Sol. 4,25; Sol. 5,14; Sol. 5,15; Sol. 5,17; Sol. 8,1; Sol. 10,3; Sol. 11,9; Sol. 13,12; Sol. 13,12; Sol. 15,6; Sol. 15,9; Sol. 16,12; Sol. 17,3; Sol. 18,1; Hos. 5,1; Hos. 6,4; Hos. 6,5; Hos. 12,15; Hos. 13,14; Hos. 14,8; Amos 2,9; Amos 8,2; Amos 8,9; Amos 9,12; Mic. 3,12; Mic. 4,1; Mic. 4,4; Mic. 5,6; Mic. 5,7; Obad. 15; Jonah 1,4; Jonah 4,3; Nah. 2,11; Nah. 2,12; Hab. 1,4; Hab. 1,7; Hab. 1,7; Hab. 3,8; Zeph. 1,18; Zeph. 1,18; Zeph. 2,1; Zeph. 2,1; Zeph. 2,7; Zeph. 2,14; Zeph. 3,8; Hag. 2,5; Hag. 2,8; Hag. 2,8; Hag. 2,12; Hag. 2,14; Zech. 2,6; Zech. 2,6; Zech. 4,2; Zech. 4,7; Zech. 4,7; Zech. 5,6; Zech. 5,6; Zech. 7,3; Zech. 8,3; Zech. 11,3; Zech. 11,9; Zech. 11,9; Zech. 13,8; Zech. 13,9; Zech. 13,9; Zech. 14,2; Zech. 14,4; Zech. 14,4; Zech. 14,4; Zech. 14,4; Zech. 14,4; Zech. 14,8; Zech. 14,8; Zech. 14,9; Zech. 14,20; Mal. 1,11; Mal. 1,11; Mal. 1,14; Mal. 3,9; Is. 1,22; Is. 2,2; Is. 2,6; Is. 2,11; Is. 3,5; Is. 3,6; Is. 3,6; Is. 4,1; Is. 4,1; Is. 4,3; Is. 4,3; Is. 5,20; Is. 5,20; Is. 6,4; Is. 6,13; Is. 8,20; Is. 9,2; Is. 9,5; Is. 10,17; Is. 10,20; Is. 10,21; Is. 10,22; Is. 10,32; Is. 12,4; Is. 13,12; Is. 13,12; Is. 14,11; Is. 14,25; Is. 14,28; Is. 15,1; Is. 15,1; Is. 15,6; Is. 15,9; Is. 15,9; Is. 16,1; Is. 16,13; Is. 17,1; Is. 17,3; Is. 18,7; Is. 19,3; Is. 19,7; Is. 19,7; Is. 19,7; Is. 21,2; Is. 21,17; Is. 23,14; Is. 24,3; Is. 24,9; Is. 24,14; Is. 24,15; Is. 24,23; Is. 25,8; Is. 26,9; Is. 27,3; Is. 27,10; Is. 28,1; Is. 28,1; Is. 28,4; Is. 28,4; Is. 28,12; Is. 28,12; Is. 28,13; Is. 28,27; Is. 28,27; Is. 28,27; Is. 29,2; Is. 29,8; Is. 29,12; Is. 29,16; Is. 29,16; Is. 29,17; Is. 29,17; Is. 29,17; Is. 29,17; Is. 29,22; Is. 30,13; Is. 30,14; Is. 30,26; Is. 30,26; Is. 30,27; Is. 30,27; Is. 30,27; Is. 30,28; Is. 31,4; Is. 33,2; Is. 33,16; Is. 33,20; Is. 33,21; Is. 34,16; Is. 37,30; Is. 38,7; Is. 38,12; Is. 38,12; Is. 38,22; Is. 40,7; Is. 40,8; Is. 40,10; Is. 42,8; Is. 45,25; Is. 46,3; Is. 48,4; Is. 48,11; Is. 48,16; Is. 48,19; Is. 48,19; Is. 50,1; Is. 51,5; Is. 51,6; Is. 51,8; Is. 52,5; Is. 52,14; Is. 53,3; Is. 53,3; Is. 54,3; Is. 54,10; Is. 55,11; Is. 56,1; Is. 58,8; Is. 58,10; Is. 58,10; Is. 58,14; Is. 59,21; Is. 59,21; Is. 60,1; Is. 61,9; Is. 61,11; Is. 62,1; Is. 63,15; Is. 63,16; Is. 63,19; Is. 64,1; Is. 64,10; Is. 66,5; Is. 66,22; Is. 66,22; Is. 66,24; Jer. 1,13; Jer. 2,19; Jer. 6,2; Jer. 6,10; Jer. 7,10; Jer. 7,11; Jer. 7,14; Jer. 7,27; Jer. 7,30; Jer. 9,23; Jer. 10,19; Jer. 11,19; Jer. 13,10; Jer. 13,11; Jer. 13,17; Jer. 13,20; Jer. 14,9; Jer. 15,16; Jer. 18,4; Jer. 18,8; Jer. 22,16; Jer. 23,6; Jer. 23,28; Jer. 23,28; Jer. 23,33; Jer. 23,33; Jer. 23,36; Jer. 25,15; Jer. 26,16; Jer. 26,18; Jer. 27,15; Jer. 28,9; Jer. 28,13; Jer. 28,35; Jer. 28,41; Jer. 28,56; Jer. 31,25; Jer. 31,30; Jer. 31,34; Jer. 32,29; Jer. 33,18; Jer. 34,8; Jer. 34,11; Jer. 38,35; Jer. 38,37; Jer. 39,34; Jer. 40,7; Jer. 40,11; Jer. 41,1; Jer. 41,3; Jer. 41,15; Jer. 43,30; Jer. 44,20; Jer. 48,9; Jer. 49,2; Jer. 51,29; Jer. 52,21; Jer. 52,22; Bar. 2,15; Bar. 2,17; Bar. 2,26; Bar. 4,34; Bar. 5,4; Lam. 3,38; Lam. 4,1; Lam. 4,1; Lam. 4,7; Lam. 4,8; Lam. 5,10; LetterJ 43; Ezek. 1,2; Ezek. 1,2; Ezek. 1,12; Ezek. 1,16; Ezek. 1,16; Ezek. 1,20; Ezek. 3,3; Ezek. 3,14; Ezek. 4,10; Ezek. 5,12; Ezek. 5,12; Ezek. 5,12; Ezek. 7,2; Ezek. 7,3; Ezek. 7,7; Ezek. 7,10; Ezek. 7,19; Ezek. 7,19; Ezek. 9,6; Ezek. 10,15; Ezek. 10,20; Ezek. 15,2; Ezek. 15,4; Ezek. 15,6; Ezek. 16,49; Ezek. 18,13; Ezek. 20,9; Ezek. 20,9; Ezek. 20,14; Ezek. 20,14; Ezek. 20,22; Ezek. 20,22; Ezek. 20,44; Ezek. 21,9; Ezek. 21,21; Ezek. 21,27; Ezek. 21,37; Ezek. 23,33; Ezek. 24,17; Ezek. 24,27; Ezek. 27,26; Ezek. 27,35; Ezek. 28,16; Ezek. 31,5; Ezek. 31,17; Ezek. 31,18; Ezek. 32,32; Ezek. 33,4; Ezek. 33,5; Ezek. 33,22; Ezek. 37,10; Ezek. 39,7; Ezek. 39,7; Ezek. 39,7; Ezek. 39,7; Ezek. 39,11; Ezek. 39,16; Ezek. 40,5; Ezek. 40,5; Ezek. 40,7; Ezek. 40,7; Ezek. 40,7; Ezek. 40,7; Ezek. 40,7; Ezek. 40,8; Ezek. 40,8; Ezek. 40,9; Ezek. 40,9; Ezek. 40,12; Ezek. 40,14; Ezek. 40,15; Ezek. 40,18; Ezek. 40,21; Ezek. 40,25; Ezek. 40,25; Ezek. 40,27; Ezek. 40,29; Ezek. 40,29; Ezek. 40,42; Ezek. 40,42; Ezek. 40,42; Ezek. 40,48; Ezek. 40,48; Ezek. 40,49; Ezek. 40,49; Ezek. 41,1; Ezek. 41,1; Ezek. 41,2; Ezek. 41,2; Ezek. 41,4; Ezek. 41,7; Ezek. 41,10; Ezek. 41,11; Ezek. 41,12; Ezek. 41,14; Ezek. 41,15; Ezek. 41,15; Ezek. 41,16; Ezek. 41,21; Ezek. 41,22; Ezek. 41,22; Ezek. 41,22; Ezek. 42,2; Ezek. 42,4; Ezek. 42,4; Ezek. 42,5; Ezek. 42,5; Ezek. 42,8; Ezek. 42,8; Ezek. 43,7; Ezek. 43,13; Ezek. 43,13; Ezek. 43,14; Ezek. 43,15; Ezek. 45,3; Ezek. 45,7; Ezek. 45,7; Ezek. 45,11; Ezek. 45,11; Ezek. 45,11; Ezek. 45,12; Ezek. 45,13; Ezek. 45,21; Ezek. 46,7; Ezek. 46,11; Ezek. 46,11; Ezek. 47,1; Ezek. 47,1; Ezek. 47,2; Ezek. 47,5; Ezek. 47,8; Ezek. 47,9; Ezek. 47,19; Ezek. 47,20; Ezek. 48,8; Ezek. 48,13; Ezek. 48,18; Ezek. 48,18; Ezek. 48,21; Ezek. 48,23; Ezek. 48,35; Ezek. 48,35; Dan. 2,3; Dan. 2,19; Dan. 2,20; Dan. 2,28; Dan. 2,28; Dan. 2,30; Dan. 2,32; Dan. 2,35; Dan. 2,35; Dan. 2,36; Dan. 2,45; Dan. 3,1; Dan. 3,1; Dan. 3,22; Dan. 3,26; Dan. 3,50; Dan. 3,52; Dan. 3,52; Dan. 3,89; Dan. 3,90; Dan. 3,94; Dan. 4,11; Dan. 4,16; Dan. 4,19; Dan. 4,20; Dan. 4,20; Dan. 4,34; Dan. 4,37c; Dan. 5,23; Dan. 5,30; Dan. 7,4; Dan. 7,9; Dan. 7,11; Dan. 7,11; Dan. 7,11; Dan. 7,20; Dan. 8,3; Dan. 8,3; Dan. 8,8; Dan. 8,8; Dan. 8,11; Dan. 8,13; Dan. 8,14; Dan. 8,17; Dan. 8,21; Dan. 8,21; Dan. 8,21; Dan. 8,25; Dan. 8,25; Dan. 8,26; Dan. 8,26; Dan. 9,9; Dan. 9,17; Dan. 9,18; Dan. 9,19; Dan. 10,1; Dan. 10,1; Dan. 10,1; Dan. 10,1; Dan. 10,1; Dan. 10,1; Dan. 10,6; Dan. 10,6; Dan. 10,12; Dan. 12,11; Sus. 56; Sus. 56; Josh. 19,27; Judg. 1,10; Judg. 1,23; Judg. 1,26; Judg. 1,36; Judg. 2,20; Judg. 4,9; Judg. 6,28; Judg. 6,28; Judg. 6,28; Judg. 6,32; Judg. 7,6; Judg. 7,10; Judg. 7,11; Judg. 8,3; Judg. 9,2; Judg. 9,38; Judg. 9,54; Judg. 13,5; Judg. 13,7; Judg. 13,17; Judg. 13,17; Judg. 13,24; Judg. 15,19; Judg. 15,19; Judg. 16,9; Judg. 17,2; Judg. 18,29; Judg. 18,29; Judg. 19,25; Judg. 20,9; Judg. 20,37; Judg. 20,37; Judg. 20,39; Judg. 20,40; Tob. 2,10; Tob. 2,13; Tob. 3,8; Tob. 3,8; Tob. 3,11; Tob. 5,21; Tob. 6,1; Tob. 6,2; Tob. 6,3; Tob. 6,4; Tob. 6,5; Tob. 6,7; Tob. 6,7; Tob. 6,8; Tob. 6,12; Tob. 6,17; Tob. 8,3; Tob. 8,5; Tob. 8,6; Tob. 8,21; Tob. 10,4; Tob. 10,7; Tob. 11,8; Tob. 11,14; Tob. 11,14; Tob. 11,14; Tob. 11,14; Tob. 13,17; Dan. 2,1; Dan. 2,3; Dan. 2,8; Dan. 2,13; Dan. 2,19; Dan. 2,20; Dan. 2,22; Dan. 2,26; Dan. 2,28; Dan. 2,30; Dan. 2,32; Dan. 2,35; Dan. 2,35; Dan. 2,36; Dan. 2,45; Dan. 3,22; Dan. 3,26; Dan. 3,50; Dan. 3,50; Dan. 3,52; Dan. 3,52; Dan. 3,89; Dan. 3,90; Dan. 3,94; Dan. 4,8; Dan. 4,10; Dan. 4,11; Dan. 4,11; Dan. 4,11; Dan. 4,17; Dan. 4,18; Dan. 4,19; Dan. 4,19; Dan. 4,19; Dan. 4,20; Dan. 4,20; Dan. 4,20; Dan. 4,20; Dan. 4,20; Dan. 4,33; Dan. 5,20; Dan. 5,21; Dan. 5,26; Dan. 6,9; Dan. 6,11; Dan. 6,13; Dan.

O, o

7,4; Dan. 7,9; Dan. 7,11; Dan. 7,11; Dan. 7,11; Dan. 7,15; Dan. 7,21; Dan. 7,23; Dan. 7,26; Dan. 7,28; Dan. 8,3; Dan. 8,3; Dan. 8,8; Dan. 8,8; Dan. 8,11; Dan. 8,13; Dan. 8,14; Dan. 8,21; Dan. 8,21; Dan. 9,18; Dan. 9,19; Dan. 10,1; Dan. 10,6; Dan. 10,6; Dan. 10,9; Dan. 11,6; Dan. 12,6; Sus. 56; Matt. 1,20; Matt. 1,22; Matt. 2,9; Matt. 2,15; Matt. 2,17; Matt. 2,23; Matt. 3,12; Matt. 4,14; Matt. 5,13; Matt. 5,13; Matt. 5,14; Matt. 5,16; Matt. 5,29; Matt. 5,30; Matt. 5,37; Matt. 6,9; Matt. 6,10; Matt. 6,22; Matt. 6,23; Matt. 6,23; Matt. 6,23; Matt. 6,23; Matt. 6,25; Matt. 7,17; Matt. 8,17; Matt. 9,16; Matt. 9,24; Matt. 9,25; Matt. 10,20; Matt. 10,20; Matt. 11,30; Matt. 12,17; Matt. 12,33; Matt. 12,34; Matt. 12,39; Matt. 12,43; Matt. 13,35; Matt. 13,38; Matt. 15,11; Matt. 15,11; Matt. 15,17; Matt. 15,20; Matt. 16,4; Matt. 17,2; Matt. 17,2; Matt. 17,18; Matt. 18,4; Matt. 18,7; Matt. 20,23; Matt. 21,4; Matt. 21,25; Matt. 21,25; Matt. 23,19; Matt. 23,19; Matt. 23,19; Matt. 23,26; Matt. 24,3; Matt. 24,6; Matt. 24,14; Matt. 24,14; Matt. 24,28; Matt. 24,30; Matt. 24,32; Matt. 26,2; Matt. 26,13; Matt. 26,26; Matt. 26,28; Matt. 26,28; Matt. 26,39; Matt. 26,41; Matt. 26,42; Matt. 26,59; Matt. 27,9; Matt. 27,25; Matt. 27,51; Matt. 28,3; Mark 1,12; Mark 1,26; Mark 1,26; Mark 2,21; Mark 2,27; Mark 4,11; Mark 5,8; Mark 5,8; Mark 5,14; Mark 5,23; Mark 5,39; Mark 5,40; Mark 5,41; Mark 5,42; Mark 6,14; Mark 6,28; Mark 6,47; Mark 7,18; Mark 7,20; Mark 7,25; Mark 7,29; Mark 9,10; Mark 9,20; Mark 9,25; Mark 9,29; Mark 9,48; Mark 9,50; Mark 9,50; Mark 10,40; Mark 11,30; Mark 11,30; Mark 12,33; Mark 12,33; Mark 13,4; Mark 13,7; Mark 13,11; Mark 13,11; Mark 13,28; Mark 14,1; Mark 14,5; Mark 14,9; Mark 14,14; Mark 14,22; Mark 14,24; Mark 14,24; Mark 14,32; Mark 14,38; Mark 14,55; Mark 15,1; Mark 15,38; Luke 1,5; Luke 1,10; Luke 1,27; Luke 1,35; Luke 1,41; Luke 1,44; Luke 1,47; Luke 1,49; Luke 1,50; Luke 1,64; Luke 1,66; Luke 2,12; Luke 2,21; Luke 2,21; Luke 3,17; Luke 4,35; Luke 5,36; Luke 5,36; Luke 6,45; Luke 6,49; Luke 8,14; Luke 8,15; Luke 8,37; Luke 8,55; Luke 9,17; Luke 9,29; Luke 9,42; Luke 9,46; Luke 9,53; Luke 11,2; Luke 11,24; Luke 11,29; Luke 11,34; Luke 11,34; Luke 11,35; Luke 11,35; Luke 11,36; Luke 11,39; Luke 11,50; Luke 11,50; Luke 12,12; Luke 12,23; Luke 12,32; Luke 14,34; Luke 14,34; Luke 16,15; Luke 17,37; Luke 18,34; Luke 19,37; Luke 20,4; Luke 20,17; Luke 21,7; Luke 21,9; Luke 21,30; Luke 22,11; Luke 22,19; Luke 22,19; Luke 22,20; Luke 22,20; Luke 22,24; Luke 22,37; Luke 22,42; Luke 22,42; Luke 22,66; Luke 23,1; Luke 23,45; Luke 23,55; John 1,4; John 1,5; John 1,8; John 1,9; John 1,9; John 2,13; John 3,6; John 3,6; John 3,8; John 3,19; John 4,11; John 4,14; John 5,7; John 6,4; John 6,21; John 6,29; John 6,39; John 6,40; John 6,55; John 6,63; John 6,63; John 8,12; John 9,30; John 11,10; John 11,50; John 11,55; John 12,5; John 12,35; John 14,26; John 14,26; John 15,4; John 15,6; John 15,26; John 16,13; John 16,18; John 18,35; John 18,35; John 19,42; John 20,12; John 21,11; Acts 1,16; Acts 1,16; Acts 2,4; Acts 2,6; Acts 2,16; Acts 2,29; Acts 3,16; Acts 4,12; Acts 4,22; Acts 5,16; Acts 5,32; Acts 5,32; Acts 5,38; Acts 7,6; Acts 7,13; Acts 8,18; Acts 8,20; Acts 8,29; Acts 10,16; Acts 10,17; Acts 10,19; Acts 10,44; Acts 10,44; Acts 11,12; Acts 11,15; Acts 11,15; Acts 12,9; Acts 13,2; Acts 13,2; Acts 13,8; Acts 13,40; Acts 14,4; Acts 15,12; Acts 15,17; Acts 16,7; Acts 17,16; Acts 18,6; Acts 19,6; Acts 19,6; Acts 19,15; Acts 19,15; Acts 19,16; Acts 19,16; Acts 19,17; Acts 20,23; Acts 20,23; Acts 20,28; Acts 20,28; Acts 21,3; Acts 21,11; Acts 21,11; Acts 21,14; Acts 21,36; Acts 22,5; Acts 22,20; Acts 23,6; Acts 23,6; Acts 23,7; Acts 25,24; Acts 26,7; Acts 28,25; Acts 28,25; Acts 28,28; Rom. 1,15; Rom. 1,19; Rom. 2,2; Rom. 2,4; Rom. 2,24; Rom. 3,1; Rom. 3,8; Rom. 3,14; Rom. 4,13; Rom. 4,18; Rom. 5,15; Rom. 5,15; Rom. 5,16; Rom. 5,16; Rom. 5,16; Rom. 5,20; Rom. 6,6; Rom. 6,21; Rom. 6,23; Rom. 7,18; Rom. 7,18; Rom. 7,21; Rom. 8,4; Rom. 8,6; Rom. 8,6; Rom. 8,7; Rom. 8,10; Rom. 8,10; Rom. 8,11; Rom. 8,16; Rom. 8,26; Rom. 8,26; Rom. 8,27; Rom. 9,5; Rom. 9,17; Rom. 9,20; Rom. 9,27; Rom. 10,8; Rom. 10,8; Rom. 11,12; Rom. 11,12; Rom. 11,12; Rom. 11,16; Rom. 11,25; Rom. 12,2; Rom. 12,2; Rom. 12,5; Rom. 13,9; Rom. 14,16; Rom. 14,21; 1Cor. 1,6; 1Cor. 1,25; 1Cor. 1,25; 1Cor. 2,4; 1Cor. 2,10; 1Cor. 2,11; 1Cor. 2,11; 1Cor. 2,11; 1Cor. 3,13; 1Cor. 3,13; 1Cor. 3,14; 1Cor. 3,15; 1Cor. 3,16; 1Cor. 5,5; 1Cor. 5,6; 1Cor. 5,7; 1Cor. 6,13; 1Cor. 6,19; 1Cor. 7,26; 1Cor. 7,31; 1Cor. 9,1; 1Cor. 10,26; 1Cor. 11,5; 1Cor. 11,6; 1Cor. 11,24; 1Cor. 11,24; 1Cor. 11,25; 1Cor. 12,4; 1Cor. 12,11; 1Cor. 12,11; 1Cor. 12,12; 1Cor. 12,14; 1Cor. 12,16; 1Cor. 12,17; 1Cor. 12,19; 1Cor. 13,10; 1Cor. 13,10; 1Cor. 14,7; 1Cor. 14,7; 1Cor. 14,9; 1Cor. 14,14; 1Cor. 15,14; 1Cor. 15,24; 1Cor. 15,32; 1Cor. 15,46; 1Cor. 15,46; 1Cor. 15,46; 1Cor. 15,54; 1Cor. 15,54; 1Cor. 15,55; 1Cor. 15,55; 1Cor. 15,56; 2Cor. 1,11; 2Cor. 1,12; 2Cor. 1,17; 2Cor. 1,17; 2Cor. 1,20; 2Cor. 1,20; 2Cor. 3,6; 2Cor. 3,6; 2Cor. 3,10; 2Cor. 3,11; 2Cor. 3,11; 2Cor. 3,14; 2Cor. 3,16; 2Cor. 3,17; 2Cor. 3,17; 2Cor. 4,3; 2Cor. 4,17; 2Cor. 5,4; 2Cor. 7,11; 2Cor. 7,13; 2Cor. 8,11; 2Cor. 8,14; 2Cor. 8,14; 2Cor. 9,1; 2Cor. 9,2; 2Cor. 9,3; 2Cor. 9,3; 2Cor. 11,15; Gal. 3,19; Gal. 4,4; Gal. 4,25; Gal. 5,11; Gal. 5,17; Eph. 1,19; Eph. 1,23; Eph. 1,23; Eph. 2,8; Eph. 3,3; Eph. 3,18; Eph. 4,9; Eph. 4,16; Eph. 5,14; Eph. 5,17; Eph. 5,32; Phil. 1,21; Phil. 1,21; Phil. 1,22; Phil. 1,24; Phil. 1,26; Phil. 1,29; Phil. 1,29; Phil. 1,29; Phil. 3,19; Phil. 3,20; Phil. 4,5; Col. 1,27; Col. 2,9; Col. 2,17; Col. 2,19; 1Th. 1,5; 1Th. 5,23; 1Th. 5,23; 2Th. 1,10; 2Th. 1,12; 2Th. 2,7; 1Tim. 1,5; 1Tim. 3,16; 1Tim. 6,1; 2Tim. 4,17; Philem. 14; Heb. 3,7; Heb. 3,7; Heb. 3,13; Heb. 6,8; Heb. 7,7; Heb. 8,13; Heb. 9,13; Heb. 9,14; Heb. 9,20; Heb. 10,15; Heb. 10,15; Heb. 10,31; Heb. 12,13; Heb. 12,21; Heb. 12,27; Heb. 13,11; James 1,3; James 1,11; James 2,14; James 2,16; James 2,26; James 5,12; James 5,12; 1Pet. 1,7; 1Pet. 1,11; 1Pet. 1,24; 1Pet. 1,25; 1Pet. 1,25; 1Pet. 1,25; 1Pet. 2,15; 1Pet. 3,17; 1Pet. 4,7; 1Pet. 4,11; 1Pet. 4,14; 1Pet. 4,14; 1Pet. 4,17; 1Pet. 5,11; 2Pet. 2,3; 2Pet. 2,22; 1John 1,7; 1John 2,8; 1John 2,8; 1John 2,16; 1John 2,27; 1John 2,27; 1John 4,3; 1John 5,4; 1John 5,6; 1John 5,6; 1John 5,6; 1John 5,8; 1John 5,8; 1John 5,8; Jude 16; Rev. 1,6; Rev. 1,8; Rev. 1,8; Rev. 1,20; Rev. 2,7; Rev. 2,11; Rev. 2,17; Rev. 2,29; Rev. 3,6; Rev. 3,13; Rev. 3,22; Rev. 4,7; Rev. 4,7; Rev. 4,7; Rev. 4,7; Rev. 4,7; Rev. 5,12; Rev. 5,12; Rev. 5,13; Rev. 6,1; Rev. 7,17; Rev. 7,17; Rev. 8,7; Rev. 8,7; Rev. 8,8; Rev. 8,9; Rev. 8,9; Rev. 8,11; Rev. 8,11; Rev. 8,12; Rev. 8,12; Rev. 8,12; Rev. 8,12; Rev. 9,18; Rev. 10,1; Rev. 10,7; Rev. 11,7; Rev. 11,7; Rev. 11,8; Rev. 11,13; Rev. 12,5; Rev. 13,2; Rev. 13,2; Rev. 13,8; Rev. 14,1; Rev. 14,13; Rev. 16,12; Rev. 17,8; Rev. 17,11; Rev. 17,14; Rev. 17,16; Rev. 19,8; Rev. 19,10; Rev. 19,13; Rev. 19,20; Rev. 20,10; Rev. 21,6; Rev. 21,6; Rev. 21,6; Rev. 21,8; Rev. 21,14; Rev. 21,16; Rev. 21,16; Rev. 21,16; Rev. 21,16; Rev. 21,22; Rev. 21,23; Rev. 22,4; Rev. 22,12; Rev. 22,13; Rev. 22,13; Rev. 22,13; Rev. 22,16; Rev. 22,17)

Τοῖς ▸ 9 + 3 = 12

Article · masculine · plural · dative ▸ 8 + 3 = **11** (2Mac. 1,1; 2Mac. 9,19; 2Mac. 13,9; Psa. 86,1; Wis. 18,1; Wis. 19,1; Is. 56,4; Jer. 30,17; 1Cor. 7,10; 1Cor. 7,12; 1Tim. 6,17)

Article · neuter · plural · dative ▸ **1** (Eccl. 3,1)

τοῖς ▸ 2966 + 154 + 621 = 3741

Article · masculine · plural · dative ▸ 2082 + 129 + 457 = **2668** (Gen. 3,6; Gen. 6,3; Gen. 8,9; Gen. 9,8; Gen. 9,22; Gen. 9,25; Gen. 9,27; Gen. 13,14; Gen. 18,2; Gen. 18,19; Gen. 22,4; Gen. 22,5; Gen. 22,13; Gen. 23,3; Gen. 23,7; Gen. 24,32; Gen. 24,32; Gen. 24,63; Gen. 24,64; Gen. 25,6; Gen. 30,32; Gen. 30,33; Gen. 30,35; Gen. 30,40; Gen. 31,10; Gen. 31,12; Gen. 31,46; Gen. 32,17;

Gen. 32,17; Gen. 32,20; Gen. 34,9; Gen. 34,30; Gen. 34,30; Gen. 34,30; Gen. 35,2; Gen. 37,5; Gen. 37,9; Gen. 37,25; Gen. 37,27; Gen. 37,28; Gen. 40,2; Gen. 40,20; Gen. 41,10; Gen. 41,24; Gen. 41,38; Gen. 41,55; Gen. 41,56; Gen. 42,1; Gen. 42,27; Gen. 42,28; Gen. 43,12; Gen. 43,18; Gen. 43,23; Gen. 43,24; Gen. 43,29; Gen. 43,32; Gen. 43,32; Gen. 43,32; Gen. 44,7; Gen. 44,8; Gen. 44,21; Gen. 44,23; Gen. 45,1; Gen. 45,17; Gen. 45,20; Gen. 47,3; Gen. 47,12; Gen. 47,22; Gen. 47,23; Gen. 47,24; Gen. 47,24; Gen. 48,6; Gen. 49,33; Gen. 50,2; Gen. 50,2; Gen. 50,11; Gen. 50,24; Gen. 50,24; Ex. 1,22; Ex. 3,14; Ex. 3,15; Ex. 5,6; Ex. 5,6; Ex. 5,15; Ex. 5,16; Ex. 6,6; Ex. 6,9; Ex. 7,19; Ex. 7,27; Ex. 7,28; Ex. 8,12; Ex. 8,13; Ex. 8,14; Ex. 9,3; Ex. 9,9; Ex. 9,10; Ex. 9,11; Ex. 10,2; Ex. 10,9; Ex. 10,9; Ex. 10,23; Ex. 11,7; Ex. 12,2; Ex. 12,7; Ex. 12,9; Ex. 12,11; Ex. 12,12; Ex. 12,19; Ex. 12,24; Ex. 12,42; Ex. 13,2; Ex. 13,5; Ex. 13,11; Ex. 14,2; Ex. 14,10; Ex. 14,12; Ex. 14,12; Ex. 14,15; Ex. 14,17; Ex. 14,31; Ex. 15,26; Ex. 16,16; Ex. 18,8; Ex. 19,3; Ex. 19,4; Ex. 19,6; Ex. 20,5; Ex. 20,6; Ex. 20,6; Ex. 20,22; Ex. 23,22; Ex. 23,22; Ex. 23,22; Ex. 23,24; Ex. 23,32; Ex. 23,33; Ex. 24,14; Ex. 25,2; Ex. 25,15; Ex. 25,27; Ex. 25,33; Ex. 25,33; Ex. 25,35; Ex. 25,35; Ex. 26,6; Ex. 26,17; Ex. 26,19; Ex. 27,20; Ex. 28,3; Ex. 28,4; Ex. 28,12; Ex. 28,40; Ex. 29,28; Ex. 29,29; Ex. 29,35; Ex. 29,43; Ex. 29,45; Ex. 30,16; Ex. 30,31; Ex. 31,13; Ex. 31,17; Ex. 32,12; Ex. 32,25; Ex. 33,5; Ex. 34,15; Ex. 34,15; Ex. 34,16; Ex. 34,34; Ex. 35,19; Ex. 35,30; Ex. 36,8; Ex. 36,34; Ex. 37,16; Ex. 38,4; Ex. 38,10; Ex. 38,20; Ex. 38,22; Ex. 38,22; Ex. 38,24; Ex. 39,5; Lev. 1,2; Lev. 2,3; Lev. 2,10; Lev. 3,4; Lev. 3,10; Lev. 3,15; Lev. 4,9; Lev. 6,2; Lev. 6,18; Lev. 6,22; Lev. 7,4; Lev. 7,10; Lev. 7,23; Lev. 7,29; Lev. 7,31; Lev. 7,34; Lev. 7,38; Lev. 10,3; Lev. 10,5; Lev. 10,13; Lev. 10,14; Lev. 10,15; Lev. 11,2; Lev. 11,9; Lev. 11,10; Lev. 12,2; Lev. 14,37; Lev. 14,39; Lev. 15,2; Lev. 17,12; Lev. 17,14; Lev. 17,15; Lev. 17,15; Lev. 18,2; Lev. 18,25; Lev. 19,18; Lev. 19,31; Lev. 20,2; Lev. 20,4; Lev. 21,1; Lev. 21,1; Lev. 22,2; Lev. 22,18; Lev. 23,2; Lev. 23,4; Lev. 23,10; Lev. 23,24; Lev. 23,34; Lev. 23,44; Lev. 24,2; Lev. 24,9; Lev. 24,10; Lev. 24,15; Lev. 24,23; Lev. 25,2; Lev. 25,10; Lev. 25,32; Lev. 25,46; Lev. 26,36; Lev. 26,37; Lev. 27,2; Num. 1,22; Num. 1,24; Num. 1,26; Num. 1,28; Num. 1,30; Num. 1,32; Num. 1,34; Num. 1,36; Num. 1,38; Num. 1,40; Num. 1,42; Num. 1,47; Num. 3,9; Num. 3,9; Num. 3,42; Num. 3,48; Num. 3,51; Num. 5,2; Num. 5,6; Num. 5,12; Num. 5,21; Num. 6,2; Num. 6,23; Num. 7,5; Num. 7,6; Num. 7,7; Num. 7,8; Num. 7,9; Num. 8,19; Num. 8,19; Num. 8,20; Num. 8,26; Num. 9,4; Num. 9,10; Num. 11,12; Num. 11,33; Num. 13,2; Num. 14,10; Num. 14,23; Num. 15,2; Num. 15,15; Num. 15,15; Num. 15,18; Num. 15,38; Num. 17,3; Num. 17,5; Num. 17,17; Num. 17,21; Num. 17,25; Num. 18,5; Num. 18,8; Num. 18,9; Num. 18,11; Num. 18,19; Num. 18,21; Num. 18,24; Num. 18,26; Num. 18,30; Num. 19,2; Num. 19,10; Num. 19,10; Num. 20,24; Num. 22,13; Num. 22,18; Num. 22,40; Num. 22,40; Num. 24,1; Num. 24,12; Num. 25,16; Num. 25,17; Num. 26,54; Num. 26,54; Num. 27,8; Num. 27,11; Num. 27,12; Num. 28,2; Num. 28,21; Num. 28,29; Num. 29,4; Num. 29,14; Num. 29,18; Num. 29,18; Num. 29,18; Num. 29,21; Num. 29,21; Num. 29,21; Num. 29,24; Num. 29,24; Num. 29,24; Num. 29,27; Num. 29,27; Num. 29,27; Num. 29,30; Num. 29,30; Num. 29,30; Num. 29,33; Num. 29,33; Num. 29,33; Num. 29,37; Num. 30,1; Num. 31,8; Num. 31,8; Num. 31,14; Num. 31,14; Num. 31,16; Num. 31,30; Num. 31,30; Num. 31,47; Num. 31,47; Num. 32,1; Num. 32,1; Num. 32,4; Num. 32,5; Num. 32,6; Num. 32,6; Num. 32,31; Num. 32,33; Num. 32,33; Num. 33,4; Num. 33,51; Num. 33,54; Num. 33,54; Num. 33,55; Num. 34,2; Num. 34,13; Num. 34,29; Num. 35,2; Num. 35,2; Num. 35,2; Num. 35,4; Num. 35,6; Num. 35,7; Num. 35,8; Num. 35,10; Num. 35,15; Num. 36,2; Num. 36,5; Num. 36,7; Num. 36,11; Deut. 1,8; Deut. 1,15; Deut. 1,16; Deut. 1,35; Deut. 1,36; Deut. 2,5; Deut. 2,9; Deut. 2,9; Deut. 2,19; Deut. 2,22; Deut. 2,22; Deut. 2,28; Deut. 3,16; Deut. 3,21; Deut. 3,27; Deut. 3,27; Deut. 4,40; Deut. 4,45; Deut. 5,3; Deut. 5,9; Deut. 5,10; Deut. 5,10; Deut. 5,29; Deut. 6,4; Deut. 6,10; Deut. 6,18; Deut. 6,23; Deut. 7,8; Deut. 7,9; Deut. 7,9; Deut. 7,10; Deut. 7,10; Deut. 7,12; Deut. 7,13; Deut. 7,16; Deut. 7,18; Deut. 8,1; Deut. 8,18; Deut. 9,5; Deut. 10,9; Deut. 10,9; Deut. 10,11; Deut. 11,9; Deut. 11,10; Deut. 11,15; Deut. 11,21; Deut. 12,2; Deut. 12,25; Deut. 12,28; Deut. 12,30; Deut. 12,31; Deut. 12,31; Deut. 13,18; Deut. 15,19; Deut. 17,20; Deut. 18,1; Deut. 18,1; Deut. 18,2; Deut. 18,5; Deut. 19,1; Deut. 19,8; Deut. 19,8; Deut. 20,18; Deut. 21,16; Deut. 21,20; Deut. 26,3; Deut. 26,15; Deut. 27,26; Deut. 28,9; Deut. 28,11; Deut. 28,31; Deut. 28,48; Deut. 28,68; Deut. 28,69; Deut. 29,1; Deut. 29,12; Deut. 29,14; Deut. 29,14; Deut. 29,17; Deut. 29,24; Deut. 30,9; Deut. 30,20; Deut. 31,4; Deut. 31,7; Deut. 31,9; Deut. 31,9; Deut. 31,9; Deut. 31,9; Deut. 31,20; Deut. 31,21; Deut. 31,25; Deut. 31,25; Deut. 32,11; Deut. 32,34; Deut. 32,36; Deut. 32,41; Deut. 32,41; Deut. 32,43; Deut. 32,43; Deut. 32,46; Deut. 32,49; Deut. 32,51; Deut. 32,51; Deut. 33,24; Deut. 34,4; Deut. 34,11; Josh. 1,6; Josh. 1,10; Josh. 2,10; Josh. 3,6; Josh. 3,8; Josh. 3,8; Josh. 3,9; Josh. 4,7; Josh. 4,16; Josh. 4,16; Josh. 4,17; Josh. 4,22; Josh. 5,6; Josh. 5,12; Josh. 5,13; Josh. 6,16; Josh. 6,22; Josh. 6,22; Josh. 7,1; Josh. 8,31 # 9,2b; Josh. 8,35 # 9,2f; Josh. 8,35 # 9,2f; Josh. 8,35 # 9,2f; Josh. 9,5; Josh. 9,10; Josh. 9,18; Josh. 10,25; Josh. 13,13; Josh. 13,14; Josh. 13,24; Josh. 13,31; Josh. 13,31; Josh. 14,3; Josh. 14,4; Josh. 16,9; Josh. 17,2; Josh. 17,2; Josh. 17,2; Josh. 17,2; Josh. 17,2; Josh. 17,2; Josh. 17,2; Josh. 17,2; Josh. 17,4; Josh. 17,6; Josh. 17,6; Josh. 17,8; Josh. 17,17; Josh. 18,3; Josh. 18,7; Josh. 18,8; Josh. 18,8; Josh. 20,2; Josh. 20,9; Josh. 21,3; Josh. 21,4; Josh. 21,4; Josh. 21,4; Josh. 21,5; Josh. 21,5; Josh. 21,6; Josh. 21,7; Josh. 21,8; Josh. 21,10; Josh. 21,12; Josh. 21,13; Josh. 21,20; Josh. 21,20; Josh. 21,20; Josh. 21,26; Josh. 21,26; Josh. 21,27; Josh. 21,27; Josh. 21,27; Josh. 21,34; Josh. 21,34; Josh. 21,40; Josh. 21,43; Josh. 21,44; Josh. 21,45; Josh. 22,21; Josh. 22,31; Josh. 22,31; Josh. 22,33; Josh. 23,4; Josh. 23,13; Josh. 24,15; Josh. 24,15; Josh. 24,15; Judg. 2,1; Judg. 2,2; Judg. 2,2; Judg. 2,11; Judg. 2,20; Judg. 3,4; Judg. 3,6; Judg. 3,6; Judg. 4,15; Judg. 4,17; Judg. 5,15; Judg. 7,7; Judg. 7,7; Judg. 8,5; Judg. 8,9; Judg. 8,15; Judg. 8,15; Judg. 8,21; Judg. 8,26; Judg. 8,26; Judg. 9,28; Judg. 10,6; Judg. 10,6; Judg. 10,6; Judg. 10,6; Judg. 10,18; Judg. 10,18; Judg. 11,6; Judg. 11,7; Judg. 11,8; Judg. 11,8; Judg. 11,9; Judg. 12,1; Judg. 12,9; Judg. 14,16; Judg. 14,17; Judg. 14,19; Judg. 15,14; Judg. 16,2; Judg. 16,14; Judg. 16,16; Judg. 18,14; Judg. 19,17; Judg. 19,19; Judg. 19,19; Judg. 19,30; Judg. 20,10; Judg. 20,10; Judg. 20,10; Judg. 20,10; Judg. 21,7; Judg. 21,16; Judg. 21,20; Judg. 21,20; Ruth 1,2; Ruth 2,2; Ruth 2,4; Ruth 4,9; 1Sam. 1,4; 1Sam. 2,10; 1Sam. 2,14; 1Sam. 2,22; 1Sam. 4,9; 1Sam. 4,15; 1Sam. 4,15; 1Sam. 6,4; 1Sam. 6,19; 1Sam. 7,16; 1Sam. 8,14; 1Sam. 8,15; 1Sam. 8,15; 1Sam. 10,2; 1Sam. 11,7; 1Sam. 11,9; 1Sam. 11,9; 1Sam. 11,9; 1Sam. 11,9; 1Sam. 12,7; 1Sam. 12,10; 1Sam. 13,4; 1Sam. 13,6; 1Sam. 13,6; 1Sam. 14,30; 1Sam. 16,1; 1Sam. 17,43; 1Sam. 18,22; 1Sam. 18,27; 1Sam. 22,14; 1Sam. 22,17; 1Sam. 22,17; 1Sam. 23,2; 1Sam. 23,5; 1Sam. 25,10; 1Sam. 25,11; 1Sam. 25,13; 1Sam. 28,6; 1Sam. 28,7; 1Sam. 30,26; 1Sam. 30,27; 1Sam. 30,27; 1Sam. 30,27; 1Sam. 30,28; 1Sam. 30,28; 1Sam. 30,28; 1Sam. 30,28; 1Sam. 30,28a; 1Sam. 30,28a; 1Sam. 30,28a; 1Sam. 30,28a; 1Sam. 30,29; 1Sam. 30,29; 1Sam. 30,29; 1Sam. 30,30; 1Sam. 30,30; 1Sam. 30,30; 1Sam. 30,31; 1Sam. 31,2; 2Sam. 2,18; 2Sam. 3,20; 2Sam. 3,20; 2Sam. 4,2; 2Sam. 9,13; 2Sam. 12,31; 2Sam. 12,31; 2Sam. 15,6; 2Sam. 15,14; 2Sam.

15,14; 2Sam. 15,14; 2Sam. 15,16; 2Sam. 15,18; 2Sam. 15,31; 2Sam. 15,35; 2Sam. 16,2; 2Sam. 17,12; 2Sam. 17,12; 2Sam. 17,15; 2Sam. 18,5; 2Sam. 19,29; 2Sam. 21,15; 2Sam. 22,31; 2Sam. 23,9; 2Sam. 23,9; 2Sam. 23,10; 2Sam. 23,18; 2Sam. 23,18; 2Sam. 23,22; 2Sam. 23,22; 2Sam. 23,24; 1Kings 2,5; 1Kings 2,7; 1Kings 2,7; 1Kings 2,32; 1Kings 2,32; 1Kings 2,46f; 1Kings 2,46k; 1Kings 3,15; 1Kings 5,1; 1Kings 7,18; 1Kings 7,28; 1Kings 7,39; 1Kings 7,43; 1Kings 7,47; 1Kings 8,34; 1Kings 8,40; 1Kings 8,48; 1Kings 8,56; 1Kings 8,56; 1Kings 8,58; 1Kings 10,7; 1Kings 10,12; 1Kings 10,29; 1Kings 11,2; 1Kings 12,6; 1Kings 12,9; 1Kings 12,10; 1Kings 12,33; 1Kings 13,13; 1Kings 13,31; 1Kings 14,29; 1Kings 15,7; 1Kings 15,18; 1Kings 15,23; 1Kings 15,31; 1Kings 17,4; 1Kings 18,25; 1Kings 19,19; 1Kings 21,9; 1Kings 21,10; 1Kings 21,12; 1Kings 21,31; 1Kings 22,31; 1Kings 22,51; 1Kings 22,54; 2Kings 1,18; 2Kings 3,9; 2Kings 3,9; 2Kings 4,38; 2Kings 4,40; 2Kings 7,2; 2Kings 7,19; 2Kings 8,12; 2Kings 8,19; 2Kings 8,23; 2Kings 10,3; 2Kings 10,22; 2Kings 10,23; 2Kings 10,25; 2Kings 10,25; 2Kings 10,34; 2Kings 11,10; 2Kings 11,15; 2Kings 11,15; 2Kings 12,12; 2Kings 12,12; 2Kings 12,12; 2Kings 12,13; 2Kings 12,13; 2Kings 12,15; 2Kings 12,16; 2Kings 12,17; 2Kings 12,20; 2Kings 13,8; 2Kings 13,12; 2Kings 14,15; 2Kings 14,18; 2Kings 14,28; 2Kings 15,6; 2Kings 15,11; 2Kings 15,15; 2Kings 15,21; 2Kings 15,26; 2Kings 15,31; 2Kings 15,36; 2Kings 16,19; 2Kings 17,13; 2Kings 17,32; 2Kings 17,33; 2Kings 17,34; 2Kings 18,5; 2Kings 18,21; 2Kings 18,35; 2Kings 19,28; 2Kings 20,11; 2Kings 20,13; 2Kings 20,15; 2Kings 20,20; 2Kings 21,8; 2Kings 21,14; 2Kings 21,17; 2Kings 21,25; 2Kings 22,5; 2Kings 22,5; 2Kings 22,6; 2Kings 22,6; 2Kings 22,6; 2Kings 22,20; 2Kings 23,4; 2Kings 23,4; 2Kings 23,5; 2Kings 23,5; 2Kings 23,28; 2Kings 24,5; 2Kings 25,24; 1Chr. 4,27; 1Chr. 5,2; 1Chr. 5,7; 1Chr. 6,39; 1Chr. 6,42; 1Chr. 6,46; 1Chr. 6,46; 1Chr. 6,47; 1Chr. 6,48; 1Chr. 6,49; 1Chr. 6,55; 1Chr. 6,55; 1Chr. 6,56; 1Chr. 6,62; 1Chr. 6,62; 1Chr. 7,1; 1Chr. 7,24; 1Chr. 8,6; 1Chr. 8,13; 1Chr. 11,12; 1Chr. 11,20; 1Chr. 11,24; 1Chr. 11,24; 1Chr. 12,1; 1Chr. 12,4; 1Chr. 12,15; 1Chr. 12,15; 1Chr. 12,18; 1Chr. 12,19; 1Chr. 15,16; 1Chr. 16,22; 1Chr. 19,19; 1Chr. 20,3; 1Chr. 22,17; 1Chr. 23,6; 1Chr. 23,10; 1Chr. 23,27; 1Chr. 23,27; 1Chr. 24,1; 1Chr. 24,4; 1Chr. 24,4; 1Chr. 24,5; 1Chr. 24,5; 1Chr. 24,20; 1Chr. 24,20; 1Chr. 24,20; 1Chr. 24,20; 1Chr. 24,22; 1Chr. 26,12; 1Chr. 26,19; 1Chr. 26,19; 1Chr. 27,21; 1Chr. 27,25; 1Chr. 27,29; 1Chr. 28,4; 1Chr. 28,8; 2Chr. 1,2; 2Chr. 1,2; 2Chr. 1,2; 2Chr. 1,2; 2Chr. 1,2; 2Chr. 1,12; 2Chr. 1,12; 2Chr. 1,17; 2Chr. 2,9; 2Chr. 2,9; 2Chr. 2,9; 2Chr. 2,14; 2Chr. 5,12; 2Chr. 5,12; 2Chr. 5,12; 2Chr. 6,14; 2Chr. 6,14; 2Chr. 6,25; 2Chr. 6,31; 2Chr. 6,38; 2Chr. 8,13; 2Chr. 9,6; 2Chr. 9,11; 2Chr. 11,15; 2Chr. 11,22; 2Chr. 12,15; 2Chr. 13,5; 2Chr. 18,30; 2Chr. 18,30; 2Chr. 19,6; 2Chr. 21,1; 2Chr. 21,7; 2Chr. 21,14; 2Chr. 23,14; 2Chr. 23,14; 2Chr. 24,12; 2Chr. 26,6; 2Chr. 26,18; 2Chr. 26,18; 2Chr. 27,4; 2Chr. 29,8; 2Chr. 29,21; 2Chr. 29,21; 2Chr. 29,30; 2Chr. 31,2; 2Chr. 31,2; 2Chr. 31,4; 2Chr. 31,15; 2Chr. 31,19; 2Chr. 31,19; 2Chr. 31,19; 2Chr. 31,19; 2Chr. 32,8; 2Chr. 32,12; 2Chr. 32,13; 2Chr. 32,14; 2Chr. 32,31; 2Chr. 32,31; 2Chr. 33,8; 2Chr. 34,6; 2Chr. 34,11; 2Chr. 34,11; 2Chr. 35,3; 2Chr. 35,3; 2Chr. 35,5; 2Chr. 35,5; 2Chr. 35,6; 2Chr. 35,7; 2Chr. 35,8; 2Chr. 35,8; 2Chr. 35,9; 2Chr. 35,12; 2Chr. 35,13; 2Chr. 35,13; 2Chr. 35,14; 2Chr. 35,14; 2Chr. 35,23; 2Chr. 36,8; 2Chr. 36,16; 2Chr. 36,20; 1Esdr. 1,3; 1Esdr. 1,6; 1Esdr. 1,7; 1Esdr. 1,8; 1Esdr. 1,9; 1Esdr. 1,13; 1Esdr. 1,14; 1Esdr. 1,14; 1Esdr. 1,22; 1Esdr. 1,28; 1Esdr. 1,49; 1Esdr. 1,54; 1Esdr. 2,11; 1Esdr. 2,12; 1Esdr. 2,12; 1Esdr. 2,17; 1Esdr. 2,19; 1Esdr. 2,19; 1Esdr. 3,1; 1Esdr. 3,1; 1Esdr. 3,1; 1Esdr. 3,2; 1Esdr. 3,2; 1Esdr. 4,17; 1Esdr. 4,48; 1Esdr. 4,48; 1Esdr. 4,49; 1Esdr. 4,49; 1Esdr. 4,53; 1Esdr. 4,53; 1Esdr. 4,53; 1Esdr. 4,55; 1Esdr. 4,56; 1Esdr. 4,61; 1Esdr. 5,46; 1Esdr. 5,53; 1Esdr. 5,53; 1Esdr. 5,56; 1Esdr. 5,65; 1Esdr. 5,69; 1Esdr. 6,8; 1Esdr. 6,20; 1Esdr. 6,26; 1Esdr. 6,26; 1Esdr. 6,27; 1Esdr. 6,28; 1Esdr. 7,1; 1Esdr. 7,2; 1Esdr. 7,6; 1Esdr. 7,12; 1Esdr. 7,12; 1Esdr. 7,12; 1Esdr. 8,11; 1Esdr. 8,19; 1Esdr. 8,22; 1Esdr. 8,22; 1Esdr. 8,45; 1Esdr. 8,45; 1Esdr. 8,49; 1Esdr. 8,58; 1Esdr. 8,58; 1Esdr. 8,64; 1Esdr. 8,64; 1Esdr. 8,74; 1Esdr. 8,74; 1Esdr. 8,74; 1Esdr. 8,74; 1Esdr. 8,81; 1Esdr. 8,81; 1Esdr. 8,82; 1Esdr. 9,3; 1Esdr. 9,40; 1Esdr. 9,49; 1Esdr. 9,49; 1Esdr. 9,51; 1Esdr. 9,54; Ezra 2,6; Ezra 2,40; Ezra 2,63; Ezra 2,63; Ezra 3,7; Ezra 3,7; Ezra 3,7; Ezra 3,7; Ezra 4,7; Ezra 5,8; Ezra 6,8; Ezra 6,20; Ezra 6,20; Ezra 6,20; Ezra 7,24; Ezra 7,24; Ezra 7,25; Ezra 8,15; Ezra 8,36; Ezra 9,2; Ezra 9,12; Ezra 9,12; Ezra 9,12; Ezra 9,14; Ezra 10,7; Neh. 1,5; Neh. 1,5; Neh. 1,8; Neh. 2,10; Neh. 2,16; Neh. 2,16; Neh. 2,16; Neh. 2,16; Neh. 2,16; Neh. 3,33; Neh. 4,7; Neh. 4,11; Neh. 5,5; Neh. 6,1; Neh. 6,14; Neh. 7,11; Neh. 7,43; Neh. 8,10; Neh. 8,12; Neh. 9,10; Neh. 9,19; Neh. 9,23; Neh. 9,27; Neh. 9,31; Neh. 9,36; Neh. 9,37; Neh. 10,31; Neh. 10,31; Neh. 10,37; Neh. 10,37; Neh. 10,38; Neh. 10,38; Neh. 12,27; Neh. 12,44; Neh. 12,44; Neh. 12,44; Neh. 12,44; Neh. 12,47; Neh. 12,47; Neh. 13,2; Neh. 13,11; Neh. 13,13; Neh. 13,16; Neh. 13,17; Neh. 13,17; Neh. 13,22; Neh. 13,25; Neh. 13,25; Neh. 13,30; Neh. 13,30; Esth. 1,3; Esth. 1,3; Esth. 1,3; Esth. 1,8; Esth. 1,10; Esth. 1,10; Esth. 1,11; Esth. 1,13; Esth. 1,20; Esth. 1,21; Esth. 2,18; Esth. 2,18; Esth. 3,4; Esth. 3,12; Esth. 3,12; Esth. 3,12; Esth. 13,1 # 3,13a; Esth. 13,2 # 3,13b; Esth. 13,4 # 3,13d; Esth. 4,3; Esth. 4,14; Esth. 14,11 # 4,17q; Esth. 6,13; Esth. 7,9; Esth. 8,3; Esth. 8,7; Esth. 8,9; Esth. 8,9; Esth. 8,9; Esth. 8,11; Esth. 8,11; Esth. 8,11; Esth. 16,2 # 8,12b; Esth. 16,2 # 8,12b; Esth. 16,3 # 8,12c; Esth. 16,4 # 8,12d; Esth. 16,8 # 8,12h; Esth. 16,16 # 8,12q; Esth. 16,22 # 8,12u; Esth. 16,22 # 8,12u; Esth. 8,16; Esth. 8,17; Esth. 9,2; Esth. 9,13; Esth. 9,14; Esth. 9,19; Esth. 9,20; Esth. 9,20; Esth. 9,20; Esth. 9,22; Esth. 9,22; Esth. 9,27; Judith 2,7; Judith 2,8; Judith 4,6; Judith 5,7; Judith 6,6; Judith 6,10; Judith 6,21; Judith 8,9; Judith 8,11; Judith 8,24; Judith 8,28; Judith 8,33; Judith 10,9; Judith 11,4; Judith 11,6; Judith 11,12; Judith 11,13; Judith 11,13; Judith 11,22; Judith 11,23; Judith 12,7; Judith 12,10; Judith 12,14; Judith 13,11; Judith 14,7; Judith 15,4; Judith 16,15; Judith 16,24; Judith 16,24; Tob. 1,3; Tob. 1,3; Tob. 1,7; Tob. 1,7; Tob. 1,7; Tob. 1,7; Tob. 1,16; Tob. 1,17; Tob. 1,17; Tob. 2,12; Tob. 2,13; Tob. 2,14; Tob. 4,7; Tob. 4,11; Tob. 4,16; Tob. 4,17; Tob. 6,9; Tob. 8,18; Tob. 11,18; Tob. 13,15; Tob. 14,7; 1Mac. 1,58; 1Mac. 2,31; 1Mac. 2,41; 1Mac. 2,49; 1Mac. 3,56; 1Mac. 4,8; 1Mac. 4,8; 1Mac. 4,59; 1Mac. 5,5; 1Mac. 5,13; 1Mac. 5,16; 1Mac. 5,16; 1Mac. 5,25; 1Mac. 5,25; 1Mac. 5,32; 1Mac. 5,40; 1Mac. 5,44; 1Mac. 5,48; 1Mac. 5,58; 1Mac. 6,2; 1Mac. 6,3; 1Mac. 6,34; 1Mac. 6,58; 1Mac. 7,9; 1Mac. 7,11; 1Mac. 7,15; 1Mac. 7,24; 1Mac. 7,24; 1Mac. 8,1; 1Mac. 8,2; 1Mac. 8,24; 1Mac. 8,26; 1Mac. 8,28; 1Mac. 9,8; 1Mac. 9,29; 1Mac. 9,44; 1Mac. 9,60; 1Mac. 9,60; 1Mac. 9,63; 1Mac. 9,69; 1Mac. 9,69; 1Mac. 9,69; 1Mac. 10,9; 1Mac. 10,23; 1Mac. 10,26; 1Mac. 10,34; 1Mac. 10,34; 1Mac. 10,37; 1Mac. 10,37; 1Mac. 10,42; 1Mac. 10,42; 1Mac. 10,60; 1Mac. 10,60; 1Mac. 10,63; 1Mac. 10,85; 1Mac. 10,87; 1Mac. 10,89; 1Mac. 11,34; 1Mac. 12,5; 1Mac. 12,6; 1Mac. 12,14; 1Mac. 12,14; 1Mac. 12,27; 1Mac. 12,34; 1Mac. 12,43; 1Mac. 12,43; 1Mac. 13,28; 1Mac. 13,29; 1Mac. 13,37; 1Mac. 14,20; 1Mac. 14,20; 1Mac. 14,25; 1Mac. 14,29; 1Mac. 14,40; 1Mac. 15,15; 1Mac. 15,19; 1Mac. 15,19; 1Mac. 16,10; 1Mac. 16,19; 2Mac. 1,1; 2Mac. 1,10; 2Mac. 1,16; 2Mac. 1,36; 2Mac. 2,2; 2Mac. 2,13; 2Mac. 2,13; 2Mac. 2,21; 2Mac. 2,24; 2Mac. 2,24; 2Mac. 2,25; 2Mac. 2,25; 2Mac. 2,26; 2Mac. 2,28; 2Mac. 2,30; 2Mac. 3,15; 2Mac. 3,17; 2Mac. 3,22; 2Mac. 3,24; 2Mac. 4,11; 2Mac. 4,38; 2Mac. 4,47; 2Mac. 5,12; 2Mac. 5,23; 2Mac. 5,24; 2Mac. 5,25; 2Mac. 5,27;

ὁ

2Mac. 6,1; 2Mac. 6,3; 2Mac. 6,4; 2Mac. 6,28; 2Mac. 6,31; 2Mac. 7,6; 2Mac. 7,29; 2Mac. 7,30; 2Mac. 7,33; 2Mac. 7,38; 2Mac. 8,10; 2Mac. 8,12; 2Mac. 8,16; 2Mac. 8,22; 2Mac. 8,28; 2Mac. 8,29; 2Mac. 8,30; 2Mac. 8,36; 2Mac. 8,36; 2Mac. 9,7; 2Mac. 9,15; 2Mac. 9,19; 2Mac. 9,25; 2Mac. 9,25; 2Mac. 10,20; 2Mac. 10,26; 2Mac. 10,26; 2Mac. 10,27; 2Mac. 10,29; 2Mac. 10,31; 2Mac. 10,35; 2Mac. 11,4; 2Mac. 11,4; 2Mac. 11,6; 2Mac. 11,7; 2Mac. 11,8; 2Mac. 11,11; 2Mac. 11,11; 2Mac. 11,16; 2Mac. 11,20; 2Mac. 11,27; 2Mac. 12,5; 2Mac. 12,8; 2Mac. 12,9; 2Mac. 12,14; 2Mac. 12,20; 2Mac. 12,24; 2Mac. 12,30; 2Mac. 12,37; 2Mac. 12,40; 2Mac. 12,45; 2Mac. 13,1; 2Mac. 13,9; 2Mac. 13,10; 2Mac. 13,13; 2Mac. 13,15; 2Mac. 13,20; 2Mac. 13,21; 2Mac. 13,22; 2Mac. 13,22; 2Mac. 14,1; 2Mac. 14,3; 2Mac. 14,18; 2Mac. 14,22; 2Mac. 14,38; 2Mac. 14,42; 2Mac. 14,45; 2Mac. 14,46; 2Mac. 15,1; 2Mac. 15,10; 2Mac. 15,11; 2Mac. 15,17; 2Mac. 15,19; 2Mac. 15,21; 2Mac. 15,26; 3Mac. 1,11; 3Mac. 1,11; 3Mac. 1,16; 3Mac. 1,27; 3Mac. 1,27; 3Mac. 2,5; 3Mac. 2,13; 3Mac. 2,26; 3Mac. 2,30; 3Mac. 2,30; 3Mac. 3,1; 3Mac. 3,1; 3Mac. 3,12; 3Mac. 3,19; 3Mac. 4,2; 3Mac. 4,9; 3Mac. 4,11; 3Mac. 4,11; 3Mac. 4,18; 3Mac. 4,21; 3Mac. 5,22; 3Mac. 5,49; 3Mac. 6,6; 3Mac. 6,9; 3Mac. 6,18; 3Mac. 6,23; 3Mac. 6,30; 3Mac. 7,1; 3Mac. 7,1; 3Mac. 7,21; 4Mac. 2,8; 4Mac. 2,14; 4Mac. 3,7; 4Mac. 3,11; 4Mac. 4,13; 4Mac. 5,2; 4Mac. 6,19; 4Mac. 9,20; 4Mac. 9,26; 4Mac. 10,2; 4Mac. 10,13; 4Mac. 12,8; 4Mac. 13,6; 4Mac. 13,15; 4Mac. 13,19; 4Mac. 14,14; 4Mac. 15,4; 4Mac. 16,15; 4Mac. 16,23; 4Mac. 17,8; 4Mac. 17,23; 4Mac. 18,3; 4Mac. 18,16; Psa. 6,8; Psa. 7,5; Psa. 7,14; Psa. 15,3; Psa. 15,3; Psa. 16,14; Psa. 20,9; Psa. 20,13; Psa. 21,23; Psa. 24,10; Psa. 27,1; Psa. 30,12; Psa. 30,12; Psa. 30,20; Psa. 30,20; Psa. 30,24; Psa. 32,1; Psa. 33,10; Psa. 33,19; Psa. 35,11; Psa. 35,11; Psa. 39,6; Psa. 41,1; Psa. 43,1; Psa. 43,14; Psa. 43,14; Psa. 43,15; Psa. 44,1; Psa. 47,1; Psa. 47,13; Psa. 48,1; Psa. 50,6; Psa. 53,7; Psa. 53,9; Psa. 56,7; Psa. 58,11; Psa. 59,6; Psa. 60,6; Psa. 62,7; Psa. 67,12; Psa. 67,36; Psa. 68,9; Psa. 68,9; Psa. 70,7; Psa. 72,1; Psa. 72,3; Psa. 73,14; Psa. 74,5; Psa. 74,5; Psa. 75,13; Psa. 76,15; Psa. 77,5; Psa. 77,5; Psa. 77,6; Psa. 77,31; Psa. 77,58; Psa. 78,4; Psa. 78,4; Psa. 78,12; Psa. 79,7; Psa. 82,9; Psa. 83,1; Psa. 84,1; Psa. 85,5; Psa. 86,4; Psa. 87,1; Psa. 87,11; Psa. 88,3; Psa. 88,4; Psa. 88,20; Psa. 88,28; Psa. 88,42; Psa. 89,13; Psa. 90,8; Psa. 90,11; Psa. 91,12; Psa. 91,12; Psa. 93,2; Psa. 95,3; Psa. 96,11; Psa. 98,6; Psa. 98,6; Psa. 102,6; Psa. 102,7; Psa. 102,18; Psa. 103,18; Psa. 104,15; Psa. 104,25; Psa. 105,12; Psa. 106,8; Psa. 106,15; Psa. 106,21; Psa. 106,31; Psa. 108,12; Psa. 110,5; Psa. 110,10; Psa. 111,4; Psa. 111,9; Psa. 113,11; Psa. 113,24; Psa. 117,27; Psa. 118,28; Psa. 118,42; Psa. 118,105; Psa. 118,121; Psa. 118,165; Psa. 119,2; Psa. 119,4; Psa. 119,4; Psa. 121,1; Psa. 121,6; Psa. 122,4; Psa. 122,4; Psa. 123,6; Psa. 124,4; Psa. 124,4; Psa. 126,2; Psa. 126,5; Psa. 131,4; Psa. 131,4; Psa. 134,9; Psa. 134,14; Psa. 138,21; Psa. 139,6; Psa. 142,7; Psa. 143,10; Psa. 144,9; Psa. 144,12; Psa. 144,13a; Psa. 144,18; Psa. 144,18; Psa. 145,7; Psa. 145,7; Psa. 146,9; Psa. 146,9; Psa. 146,11; Psa. 146,11; Psa. 148,14; Psa. 148,14; Psa. 149,7; Psa. 149,9; Psa. 151,1; Ode. 2,11; Ode. 2,34; Ode. 2,36; Ode. 2,41; Ode. 2,41; Ode. 2,43; Ode. 2,43; Ode. 3,10; Ode. 5,15; Ode. 7,33; Ode. 7,33; Ode. 7,40; Ode. 7,44; Ode. 9,50; Ode. 9,79; Ode. 12,8; Ode. 14,46; Prov. 1,7; Prov. 1,25; Prov. 2,7; Prov. 3,15; Prov. 3,18; Prov. 3,18; Prov. 4,20; Prov. 4,22; Prov. 7,5; Prov. 7,16; Prov. 7,21; Prov. 8,9; Prov. 8,9; Prov. 8,21; Prov. 9,4; Prov. 9,12; Prov. 10,26; Prov. 10,29; Prov. 12,11a; Prov. 14,26; Prov. 16,22; Prov. 16,33; Prov. 17,8; Prov. 19,7; Prov. 22,21; Prov. 29,5; Prov. 30,1; Prov. 30,6; Prov. 30,13; Prov. 24,23; Prov. 31,6; Prov. 31,6; Prov. 31,24; Eccl. 1,10; Eccl. 1,10; Eccl. 1,13; Eccl. 2,3; Eccl. 2,14; Eccl. 3,10; Eccl. 3,19; Eccl. 4,16; Eccl. 7,11; Eccl. 8,12; Eccl. 9,2; Eccl. 9,3; Eccl. 9,11; Eccl. 9,11; Eccl. 9,11; Eccl. 9,11; Eccl. 9,11; Eccl. 11,2; Eccl. 11,2; Eccl. 11,7; Song 7,8; Song 8,11; Song 8,12; Job 3,20; Job 13,14; Job 31,1; Job 31,3; Job 34,18; Job 35,4; Job 37,21; Job 42,15; Wis. 1,2; Wis. 1,2; Wis. 1,16; Wis. 2,15; Wis. 3,9; Wis. 4,15; Wis. 4,15; Wis. 6,5; Wis. 6,8; Wis. 8,13; Wis. 12,17; Wis. 12,21; Wis. 14,15; Wis. 16,22; Wis. 19,13; Sir. 1,5 Prol.; Sir. 1,34 Prol.; Sir. 1,10; Sir. 2,14; Sir. 3,7; Sir. 4,30; Sir. 6,20; Sir. 6,25; Sir. 7,36; Sir. 12,6; Sir. 13,11; Sir. 14,24; Sir. 15,13; Sir. 17,29; Sir. 24,34; Sir. 27,23; Sir. 28,19; Sir. 28,25; Sir. 29,4; Sir. 30,6; Sir. 31,7; Sir. 33,18; Sir. 36,14; Sir. 36,15; Sir. 39,24; Sir. 39,24; Sir. 39,25; Sir. 39,25; Sir. 39,27; Sir. 39,27; Sir. 42,17; Sir. 43,33; Sol. 2,16; Sol. 2,36; Sol. 2,36; Sol. 4,0; Sol. 6,6; Sol. 9,6; Sol. 9,7; Sol. 9,10; Sol. 10,2; Sol. 13,3; Sol. 14,1; Sol. 14,1; Sol. 14,2; Hos. 4,3; Hos. 7,8; Hos. 10,8; Hos. 11,2; Amos 2,12; Amos 2,15; Amos 4,1; Amos 4,6; Amos 6,1; Amos 6,1; Amos 6,8; Amos 6,10; Mic. 1,14; Mic. 3,5; Mic. 7,13; Mic. 7,18; Mic. 7,20; Joel 4,6; Obad. 20; Nah. 1,7; Nah. 2,12; Nah. 2,13; Nah. 2,13; Nah. 3,13; Zeph. 2,7; Zeph. 2,7; Zeph. 2,14; Zeph. 3,20; Zech. 1,6; Zech. 1,6; Zech. 2,13; Zech. 4,2; Zech. 4,2; Zech. 5,5; Zech. 6,14; Zech. 6,14; Zech. 6,14; Zech. 8,11; Zech. 8,12; Zech. 9,8; Zech. 12,2; Mal. 2,17; Mal. 3,16; Mal. 3,20; Is. 1,24; Is. 1,29; Is. 3,14; Is. 3,16; Is. 6,5; Is. 6,10; Is. 10,1; Is. 10,34; Is. 13,11; Is. 13,22; Is. 16,7; Is. 16,10; Is. 16,12; Is. 17,8; Is. 17,11; Is. 17,14; Is. 19,15; Is. 19,17; Is. 19,21; Is. 19,23; Is. 19,24; Is. 19,24; Is. 20,3; Is. 20,5; Is. 21,14; Is. 22,21; Is. 22,21; Is. 23,18; Is. 24,9; Is. 24,16; Is. 25,4; Is. 26,15; Is. 28,3; Is. 30,3; Is. 30,10; Is. 30,10; Is. 30,12; Is. 32,19; Is. 33,1; Is. 39,2; Is. 39,4; Is. 40,29; Is. 40,29; Is. 41,16; Is. 42,5; Is. 42,24; Is. 44,3; Is. 44,18; Is. 48,22; Is. 49,9; Is. 49,9; Is. 51,23; Is. 53,12; Is. 54,17; Is. 55,12; Is. 56,6; Is. 56,6; Is. 57,15; Is. 57,19; Is. 57,19; Is. 57,21; Is. 59,18; Is. 61,3; Is. 61,3; Is. 62,8; Is. 64,1; Is. 64,3; Is. 64,4; Is. 65,1; Is. 65,1; Is. 65,3; Is. 65,15; Is. 65,15; Is. 66,5; Is. 66,6; Is. 66,14; Is. 66,14; Jer. 1,18; Jer. 1,18; Jer. 4,3; Jer. 4,3; Jer. 4,31; Jer. 5,7; Jer. 7,7; Jer. 7,14; Jer. 8,3; Jer. 8,3; Jer. 8,10; Jer. 11,4; Jer. 11,5; Jer. 11,9; Jer. 13,18; Jer. 13,27; Jer. 15,10; Jer. 15,14; Jer. 16,15; Jer. 16,18; Jer. 17,22; Jer. 19,12; Jer. 20,4; Jer. 23,9; Jer. 23,13; Jer. 23,14; Jer. 23,17; Jer. 23,17; Jer. 23,32; Jer. 23,39; Jer. 25,5; Jer. 25,8; Jer. 25,16; Jer. 27,20; Jer. 27,34; Jer. 28,24; Jer. 28,27; Jer. 31,39; Jer. 33,2; Jer. 33,2; Jer. 34,16; Jer. 36,6; Jer. 37,3; Jer. 38,15; Jer. 38,32; Jer. 39,20; Jer. 39,22; Jer. 41,20; Jer. 41,21; Jer. 42,13; Jer. 42,15; Jer. 47,9; Jer. 47,13; Jer. 51,1; Jer. 51,1; Jer. 51,1; Jer. 51,20; Jer. 51,20; Jer. 52,22; Bar. 1,15; Bar. 1,16; Bar. 1,16; Bar. 1,16; Bar. 1,16; Bar. 1,16; Bar. 2,4; Bar. 2,4; Bar. 2,6; Bar. 2,21; Bar. 2,34; Bar. 3,11; Bar. 3,38; Bar. 4,6; Lam. 1,13; Lam. 3,13; Lam. 3,25; LetterJ 4; LetterJ 15; LetterJ 25; LetterJ 30; LetterJ 38; LetterJ 47; LetterJ 50; Ezek. 1,18; Ezek. 1,20; Ezek. 1,21; Ezek. 3,1; Ezek. 4,3; Ezek. 6,3; Ezek. 6,9; Ezek. 6,9; Ezek. 7,21; Ezek. 8,5; Ezek. 8,5; Ezek. 9,5; Ezek. 10,12; Ezek. 10,13; Ezek. 12,19; Ezek. 13,3; Ezek. 16,33; Ezek. 16,33; Ezek. 18,2; Ezek. 20,28; Ezek. 20,31; Ezek. 20,42; Ezek. 21,17; Ezek. 23,40; Ezek. 23,40; Ezek. 24,17; Ezek. 24,23; Ezek. 25,3; Ezek. 25,4; Ezek. 25,10; Ezek. 26,17; Ezek. 27,11; Ezek. 27,15; Ezek. 28,4; Ezek. 28,26; Ezek. 28,26; Ezek. 31,8; Ezek. 31,17; Ezek. 32,2; Ezek. 32,2; Ezek. 33,2; Ezek. 33,30; Ezek. 34,2; Ezek. 34,18; Ezek. 34,18; Ezek. 34,21; Ezek. 34,25; Ezek. 36,4; Ezek. 36,4; Ezek. 36,6; Ezek. 36,28; Ezek. 40,4; Ezek. 40,10; Ezek. 40,45; Ezek. 40,45; Ezek. 40,46; Ezek. 40,46; Ezek. 41,6; Ezek. 41,16; Ezek. 43,7; Ezek. 43,19; Ezek. 43,19; Ezek. 43,19; Ezek. 43,19; Ezek. 44,5; Ezek. 44,28; Ezek. 44,30; Ezek. 45,4; Ezek. 45,4; Ezek. 45,4; Ezek. 45,5; Ezek. 45,5; Ezek. 46,5; Ezek. 46,7; Ezek. 46,11; Ezek. 46,16; Ezek. 46,18; Ezek. 47,14; Ezek. 47,22; Ezek. 47,22; Ezek. 47,22; Ezek. 47,23; Ezek. 47,23; Ezek. 48,10; Ezek. 48,11; Ezek. 48,11; Ezek. 48,11; Ezek. 48,13; Ezek. 48,18; Dan. 1,13; Dan. 1,17; Dan.

O, o

1,19; Dan. 2,4; Dan. 2,5; Dan. 2,17; Dan. 2,18; Dan. 2,21; Dan. 2,44; Dan. 3,4; Dan. 3,14; Dan. 3,25; Dan. 3,33; Dan. 3,33; Dan. 3,40; Dan. 3,44; Dan. 3,49; Dan. 3,91; Dan. 4,19; Dan. 4,19; Dan. 4,37c; Dan. 4,37c; Dan. 5,1; Dan. 5,2; Dan. 5,23; Dan. 5,26-28; Dan. 5,26-28; Dan. 5,30; Dan. 5,30; Dan. 6,18; Dan. 6,25; Dan. 6,26; Dan. 7,7; Dan. 7,19; Dan. 7,22; Dan. 8,19; Dan. 9,4; Dan. 9,4; Dan. 9,8; Dan. 9,8; Dan. 9,16; Dan. 11,14; Bel 14; Judg. 2,1; Judg. 2,2; Judg. 2,2; Judg. 2,11; Judg. 2,20; Judg. 3,4; Judg. 3,6; Judg. 3,6; Judg. 3,7; Judg. 4,15; Judg. 4,17; Judg. 5,13; Judg. 5,13; Judg. 5,14; Judg. 6,5; Judg. 6,31; Judg. 7,7; Judg. 7,7; Judg. 8,5; Judg. 8,15; Judg. 8,15; Judg. 8,21; Judg. 8,26; Judg. 9,28; Judg. 10,6; Judg. 10,6; Judg. 10,6; Judg. 10,6; Judg. 10,6; Judg. 10,6; Judg. 10,18; Judg. 11,7; Judg. 11,8; Judg. 12,9; Judg. 14,16; Judg. 14,17; Judg. 14,19; Judg. 15,5; Judg. 16,2; Judg. 16,3; Judg. 16,28; Judg. 18,8; Judg. 19,19; Judg. 19,21; Judg. 20,10; Judg. 20,10; Judg. 20,10; Judg. 20,38; Judg. 21,5; Judg. 21,7; Judg. 21,7; Judg. 21,16; Judg. 21,20; Judg. 21,20; Judg. 21,21; Tob. 1,3; Tob. 1,3; Tob. 1,7; Tob. 1,7; Tob. 1,7; Tob. 1,7; Tob. 1,8; Tob. 1,8; Tob. 1,8; Tob. 1,16; Tob. 1,16; Tob. 1,17; Tob. 1,17; Tob. 2,10; Tob. 2,10; Tob. 2,12; Tob. 2,12; Tob. 2,13; Tob. 2,14; Tob. 3,17; Tob. 4,7; Tob. 5,10; Tob. 6,11; Tob. 6,14; Tob. 8,18; Tob. 10,4; Tob. 11,10; Tob. 11,18; Tob. 11,18; Tob. 14,2; Tob. 14,4; Dan. 2,4; Dan. 2,5; Dan. 2,7; Dan. 2,17; Dan. 2,21; Dan. 2,21; Dan. 3,12; Dan. 3,14; Dan. 3,18; Dan. 3,33; Dan. 3,33; Dan. 3,40; Dan. 3,44; Dan. 3,49; Dan. 3,91; Dan. 4,1; Dan. 4,1; Dan. 4,12; Dan. 4,19; Dan. 4,19; Dan. 4,21; Dan. 5,1; Dan. 5,7; Dan. 6,26; Dan. 6,26; Dan. 7,7; Dan. 7,19; Dan. 9,4; Dan. 9,4; Dan. 9,7; Dan. 9,7; Dan. 9,7; Dan. 9,8; Dan. 9,8; Dan. 9,8; Dan. 9,10; Dan. 9,16; Dan. 10,11; Dan. 10,12; Dan. 11,6; Dan. 11,14; Bel 3; Bel 33; Matt. 2,6; Matt. 4,6; Matt. 4,16; Matt. 5,12; Matt. 5,15; Matt. 5,16; Matt. 5,21; Matt. 5,33; Matt. 6,1; Matt. 6,5; Matt. 6,9; Matt. 6,12; Matt. 6,14; Matt. 6,15; Matt. 6,16; Matt. 6,18; Matt. 7,6; Matt. 7,6; Matt. 7,11; Matt. 7,11; Matt. 7,21; Matt. 8,10; Matt. 8,26; Matt. 9,8; Matt. 9,10; Matt. 9,11; Matt. 9,37; Matt. 10,32; Matt. 10,33; Matt. 11,1; Matt. 11,7; Matt. 11,8; Matt. 12,4; Matt. 12,4; Matt. 12,31; Matt. 12,46; Matt. 13,15; Matt. 13,30; Matt. 13,32; Matt. 13,34; Matt. 14,2; Matt. 14,19; Matt. 14,19; Matt. 15,36; Matt. 15,36; Matt. 16,17; Matt. 16,19; Matt. 16,19; Matt. 16,20; Matt. 16,21; Matt. 16,24; Matt. 17,16; Matt. 18,34; Matt. 19,21; Matt. 19,23; Matt. 20,12; Matt. 20,18; Matt. 21,40; Matt. 21,41; Matt. 22,4; Matt. 22,8; Matt. 22,13; Matt. 23,1; Matt. 23,1; Matt. 23,5; Matt. 23,28; Matt. 25,27; Matt. 25,34; Matt. 25,41; Matt. 25,41; Matt. 26,1; Matt. 26,26; Matt. 26,36; Matt. 26,55; Matt. 26,71; Matt. 27,3; Matt. 27,7; Matt. 28,7; Matt. 28,8; Matt. 28,10; Matt. 28,11; Matt. 28,12; Mark 2,15; Mark 2,16; Mark 2,26; Mark 3,9; Mark 3,28; Mark 4,10; Mark 4,11; Mark 4,34; Mark 6,4; Mark 6,21; Mark 6,21; Mark 6,21; Mark 6,22; Mark 6,41; Mark 6,52; Mark 6,55; Mark 8,6; Mark 8,34; Mark 9,18; Mark 10,21; Mark 10,23; Mark 10,24; Mark 10,33; Mark 10,33; Mark 10,33; Mark 11,25; Mark 12,25; Mark 13,25; Mark 13,34; Mark 14,5; Mark 14,32; Mark 14,69; Mark 16,7; Mark 16,8; Mark 16,10; Mark 16,13; Mark 16,14; Mark 16,14; Mark 16,17; Luke 1,20; Luke 1,50; Luke 1,79; Luke 2,38; Luke 2,44; Luke 2,44; Luke 3,7; Luke 4,10; Luke 4,22; Luke 4,22; Luke 5,7; Luke 6,4; Luke 6,23; Luke 6,24; Luke 6,26; Luke 6,27; Luke 6,27; Luke 8,10; Luke 8,25; Luke 9,16; Luke 9,61; Luke 10,20; Luke 11,13; Luke 11,30; Luke 11,42; Luke 11,43; Luke 11,46; Luke 11,52; Luke 12,4; Luke 12,33; Luke 12,54; Luke 13,19; Luke 14,17; Luke 16,23; Luke 17,14; Luke 18,22; Luke 19,8; Luke 19,24; Luke 19,39; Luke 20,1; Luke 20,45; Luke 22,4; Luke 22,28; Luke 23,30; Luke 24,9; Luke 24,9; Luke 24,44; John 1,12; John 1,22; John 2,5; John 2,16; John 4,28; John 5,15; John 6,11; John 6,12; John 6,13; John 6,22; John 6,45; John 6,67; John 7,12; John 10,19; John 11,7; John 11,16; John 11,54; John 12,40; John 13,29; John 13,33; John 17,6; John 18,1; John 18,14; John 18,36; John 19,14; John 19,40; John 20,12; John 20,18; John 21,1; John 21,14; Acts 1,2; Acts 1,14; Acts 1,16; Acts 1,19; Acts 2,14; Acts 2,39; Acts 4,16; Acts 4,16; Acts 4,29; Acts 5,26; Acts 5,32; Acts 5,35; Acts 7,13; Acts 7,37; Acts 7,44; Acts 9,13; Acts 9,26; Acts 10,36; Acts 10,41; Acts 11,29; Acts 12,3; Acts 12,17; Acts 12,18; Acts 13,31; Acts 13,40; Acts 14,4; Acts 14,4; Acts 14,5; Acts 14,8; Acts 14,13; Acts 14,28; Acts 15,3; Acts 15,19; Acts 15,22; Acts 15,22; Acts 15,22; Acts 15,23; Acts 15,23; Acts 15,25; Acts 16,3; Acts 16,16; Acts 16,20; Acts 16,32; Acts 16,38; Acts 17,17; Acts 17,17; Acts 17,30; Acts 18,5; Acts 18,18; Acts 18,19; Acts 18,27; Acts 18,27; Acts 18,28; Acts 19,17; Acts 19,24; Acts 20,32; Acts 20,34; Acts 21,20; Acts 22,25; Acts 23,2; Acts 23,14; Acts 23,14; Acts 23,30; Acts 24,5; Acts 24,5; Acts 24,14; Acts 24,27; Acts 25,9; Acts 25,23; Acts 26,18; Acts 26,20; Acts 26,27; Acts 27,31; Acts 28,27; Rom. 1,7; Rom. 1,15; Rom. 1,21; Rom. 1,32; Rom. 2,7; Rom. 2,8; Rom. 3,4; Rom. 3,19; Rom. 4,12; Rom. 4,12; Rom. 4,24; Rom. 8,1; Rom. 8,4; Rom. 8,28; Rom. 8,28; Rom. 10,20; Rom. 10,20; Rom. 12,16; Rom. 14,18; Rom. 15,25; Rom. 15,31; Rom. 16,7; 1Cor. 1,2; 1Cor. 1,18; 1Cor. 1,18; 1Cor. 1,24; 1Cor. 2,6; 1Cor. 2,9; 1Cor. 4,2; 1Cor. 5,10; 1Cor. 5,10; 1Cor. 7,8; 1Cor. 8,9; 1Cor. 9,3; 1Cor. 9,14; 1Cor. 9,20; 1Cor. 9,20; 1Cor. 9,21; 1Cor. 9,22; 1Cor. 9,22; 1Cor. 10,5; 1Cor. 12,21; 1Cor. 14,7; 1Cor. 14,22; 1Cor. 14,22; 1Cor. 14,22; 1Cor. 14,22; 1Cor. 15,5; 1Cor. 15,7; 1Cor. 16,15; 1Cor. 16,16; 2Cor. 1,1; 2Cor. 1,1; 2Cor. 2,15; 2Cor. 2,15; 2Cor. 4,3; 2Cor. 5,1; 2Cor. 9,9; 2Cor. 12,14; 2Cor. 13,2; 2Cor. 13,2; Gal. 2,2; Gal. 3,22; Gal. 4,8; Eph. 1,1; Eph. 1,1; Eph. 1,10; Eph. 1,18; Eph. 2,2; Eph. 2,7; Eph. 2,7; Eph. 2,17; Eph. 2,17; Eph. 3,5; Eph. 3,5; Eph. 3,18; Eph. 4,8; Eph. 4,29; Eph. 5,22; Eph. 5,24; Eph. 6,1; Eph. 6,5; Eph. 6,12; Eph. 6,23; Phil. 1,1; Phil. 1,1; Phil. 1,7; Phil. 1,13; Phil. 1,14; Phil. 1,17; Col. 1,2; Col. 1,5; Col. 1,16; Col. 1,20; Col. 1,26; Col. 3,18; Col. 3,20; Col. 3,22; Col. 4,1; 1Th. 1,7; 1Th. 2,10; 1Th. 2,13; 1Th. 4,18; 1Th. 5,27; 2Th. 1,4; 2Th. 1,6; 2Th. 1,7; 2Th. 1,8; 2Th. 1,8; 2Th. 1,10; 2Th. 1,10; 2Th. 2,10; 2Th. 3,12; 1Tim. 4,3; 1Tim. 4,6; 1Tim. 4,6; 1Tim. 5,4; 1Tim. 6,3; 2Tim. 3,11; 2Tim. 4,8; 2Tim. 4,15; Titus 1,15; Titus 1,15; Titus 2,5; Titus 3,8; Philem. 10; Philem. 13; Heb. 1,1; Heb. 1,1; Heb. 2,12; Heb. 2,17; Heb. 2,18; Heb. 3,17; Heb. 3,18; Heb. 4,2; Heb. 4,13; Heb. 5,2; Heb. 5,9; Heb. 6,10; Heb. 6,17; Heb. 8,1; Heb. 8,9; Heb. 9,23; Heb. 9,27; Heb. 9,28; Heb. 10,34; Heb. 11,6; Heb. 11,31; Heb. 12,11; Heb. 12,13; Heb. 13,17; James 1,12; James 2,5; James 3,18; 1Pet. 2,7; 1Pet. 2,18; 1Pet. 2,18; 1Pet. 2,18; 1Pet. 3,1; 1Pet. 3,5; 1Pet. 5,14; 2Pet. 1,1; 1John 1,1; 1John 5,13; 1John 5,16; Jude 1; Jude 3; Rev. 1,1; Rev. 1,13; Rev. 2,24; Rev. 2,24; Rev. 7,2; Rev. 11,3; Rev. 11,18; Rev. 11,18; Rev. 11,18; Rev. 11,18; Rev. 13,14; Rev. 15,7; Rev. 16,1; Rev. 21,8; Rev. 21,8; Rev. 21,12; Rev. 22,6; Rev. 22,14)

Article • neuter • plural • dative ▸ 884 + 25 + 164 = **1073** (Gen. 1,30; Gen. 1,30; Gen. 2,20; Gen. 2,20; Gen. 2,20; Gen. 3,17; Gen. 4,4; Gen. 9,2; Gen. 9,10; Gen. 10,5; Gen. 10,20; Gen. 10,31; Gen. 14,6; Gen. 23,6; Gen. 23,17; Gen. 31,16; Gen. 31,41; Gen. 31,43; Gen. 32,21; Gen. 32,21; Gen. 33,17; Gen. 35,4; Gen. 36,40; Gen. 39,5; Gen. 41,47; Gen. 43,11; Gen. 45,19; Gen. 47,4; Ex. 1,11; Ex. 1,14; Ex. 1,14; Ex. 1,14; Ex. 1,14; Ex. 1,14; Ex. 3,20; Ex. 4,9; Ex. 7,19; Ex. 7,28; Ex. 8,12; Ex. 8,13; Ex. 8,14; Ex. 9,3; Ex. 9,3; Ex. 9,3; Ex. 9,3; Ex. 9,9; Ex. 9,10; Ex. 9,21; Ex. 9,25; Ex. 10,2; Ex. 10,15; Ex. 12,9; Ex. 12,34; Ex. 13,7; Ex. 13,12; Ex. 14,17; Ex. 14,18; Ex. 18,9; Ex. 20,4; Ex. 25,14; Ex. 28,7; Ex. 28,11; Ex. 29,30; Ex. 30,4; Ex. 32,2; Ex. 32,3; Ex. 34,12; Ex. 34,16; Lev. 1,16; Lev. 4,11; Lev. 5,4; Lev. 11,3; Lev. 11,9; Lev. 11,9; Lev. 11,26; Lev. 11,27; Lev. 11,42; Lev. 11,42; Lev. 11,43;

ὁ

Lev. 11,43; Lev. 11,44; Lev. 11,44; Lev. 13,48; Lev. 13,48; Lev. 13,52; Lev. 13,52; Lev. 17,5; Lev. 17,7; Lev. 18,3; Lev. 18,28; Lev. 18,28; Lev. 20,23; Lev. 20,25; Lev. 20,25; Lev. 20,25; Lev. 25,7; Lev. 25,7; Lev. 25,7; Lev. 25,46; Lev. 26,3; Lev. 26,15; Lev. 26,35; Lev. 26,38; Lev. 26,43; Lev. 27,26; Num. 3,41; Num. 4,12; Num. 4,16; Num. 4,33; Num. 10,10; Num. 14,11; Num. 15,39; Num. 21,15; Num. 25,2; Num. 26,55; Num. 28,10; Num. 32,16; Num. 32,24; Num. 32,33; Num. 34,2; Num. 35,3; Num. 35,3; Deut. 4,18; Deut. 4,19; Deut. 4,19; Deut. 4,27; Deut. 4,27; Deut. 5,1; Deut. 5,8; Deut. 7,14; Deut. 7,19; Deut. 9,22; Deut. 11,15; Deut. 14,6; Deut. 14,9; Deut. 14,29; Deut. 15,10; Deut. 15,19; Deut. 16,4; Deut. 16,15; Deut. 23,21; Deut. 24,19; Deut. 26,11; Deut. 28,8; Deut. 28,11; Deut. 28,11; Deut. 28,11; Deut. 28,26; Deut. 28,26; Deut. 28,37; Deut. 28,40; Deut. 28,65; Deut. 29,28; Deut. 30,1; Deut. 30,9; Deut. 30,9; Deut. 30,9; Deut. 31,29; Deut. 32,21; Deut. 33,18; Deut. 34,11; Josh. 6,24; Josh. 8,24; Josh. 8,35 # 9,2f; Josh. 14,4; Josh. 14,9; Josh. 21,2; Josh. 21,42a; Josh. 22,24; Josh. 22,27; Josh. 22,27; Josh. 22,29; Josh. 23,3; Josh. 23,12; Josh. 23,12; Josh. 24,17; Josh. 24,31; Judg. 3,7; Judg. 6,2; Judg. 6,2; Judg. 6,2; Judg. 6,26; Judg. 9,3; Judg. 17,2; Judg. 19,21; Ruth 2,7; Ruth 2,9; Ruth 2,15; Ruth 2,23; 1Sam. 3,17; 1Sam. 10,22; 1Sam. 12,10; 1Sam. 13,6; 1Sam. 15,14; 1Sam. 17,44; 1Sam. 17,44; 1Sam. 17,46; 1Sam. 17,46; 1Sam. 21,3; 1Sam. 23,14; 1Sam. 23,19; 1Sam. 24,1; 1Sam. 25,5; 1Sam. 25,19; 1Sam. 25,27; 1Sam. 25,27; 1Sam. 26,20; 1Sam. 28,6; 1Sam. 28,6; 1Sam. 28,15; 1Sam. 30,16; 1Sam. 30,16; 1Sam. 30,20; 1Sam. 30,26; 1Sam. 31,9; 2Sam. 3,19; 2Sam. 4,12; 2Sam. 7,22; 2Sam. 13,28; 2Sam. 16,2; 2Sam. 18,12; 2Sam. 21,16; 2Sam. 21,18; 2Sam. 22,7; 2Sam. 22,50; 1Kings 3,2; 1Kings 3,3; 1Kings 3,3; 1Kings 5,1; 1Kings 7,28; 1Kings 8,61; 1Kings 8,66; 1Kings 11,7; 1Kings 11,33; 1Kings 12,24h; 1Kings 16,2; 1Kings 16,7; 1Kings 16,13; 1Kings 16,26; 1Kings 16,28b; 1Kings 17,12; 1Kings 17,13; 1Kings 19,21; 1Kings 20,9; 1Kings 20,11; 1Kings 21,14; 1Kings 22,17; 1Kings 22,44; 2Kings 3,9; 2Kings 12,4; 2Kings 13,5; 2Kings 14,4; 2Kings 15,4; 2Kings 15,35; 2Kings 16,4; 2Kings 17,8; 2Kings 17,12; 2Kings 17,19; 2Kings 17,41; 2Kings 18,26; 2Kings 19,28; 2Kings 19,28; 2Kings 21,11; 2Kings 21,21; 2Kings 22,17; 2Kings 22,20; 2Kings 23,5; 1Chr. 4,39; 1Chr. 4,41; 1Chr. 6,39; 1Chr. 9,33; 1Chr. 10,3; 1Chr. 10,9; 1Chr. 16,31; 1Chr. 23,5; 1Chr. 23,31; 1Chr. 25,1; 1Chr. 27,25; 1Chr. 27,27; 2Chr. 2,3; 2Chr. 7,10; 2Chr. 7,20; 2Chr. 8,13; 2Chr. 11,15; 2Chr. 11,15; 2Chr. 11,23; 2Chr. 14,5; 2Chr. 18,16; 2Chr. 23,10; 2Chr. 23,13; 2Chr. 24,18; 2Chr. 28,2; 2Chr. 29,35; 2Chr. 30,14; 2Chr. 31,21; 2Chr. 32,30; 2Chr. 33,22; 2Chr. 34,25; 2Chr. 34,28; 1Esdr. 1,13; 1Esdr. 1,43; 1Esdr. 2,4; 1Esdr. 2,4; 1Esdr. 2,16; 1Esdr. 4,39; 1Esdr. 4,53; 1Esdr. 5,48; 1Esdr. 6,20; 1Esdr. 6,22; 1Esdr. 6,22; 1Esdr. 8,50; 1Esdr. 8,58; 1Esdr. 8,90; 1Esdr. 9,55; Ezra 8,21; Ezra 9,13; Neh. 4,1; Neh. 5,8; Neh. 9,29; Neh. 9,33; Neh. 13,31; Esth. 1,3; Esth. 1,5; Esth. 1,5; Esth. 1,9; Esth. 1,11; Esth. 2,12; Esth. 2,12; Esth. 3,8; Esth. 13,5 # 3,13e; Esth. 13,6 # 3,13f; Esth. 3,14; Esth. 16,17 # 8,12r; Esth. 16,19 # 8,12s; Esth. 10,9 # 10,3f; Esth. 10,10 # 10,3g; Esth. 10,11 # 10,3h; Judith 1,5; Judith 1,8; Judith 1,15; Judith 4,1; Judith 4,12; Judith 5,1; Judith 7,10; Judith 7,10; Judith 8,10; Judith 8,22; Judith 11,12; Judith 15,1; Tob. 2,11; Tob. 3,3; Tob. 3,4; Tob. 4,6; Tob. 4,12; Tob. 4,14; 1Mac. 1,15; 1Mac. 1,38; 1Mac. 1,43; 1Mac. 1,63; 1Mac. 2,38; 1Mac. 2,68; 1Mac. 3,4; 1Mac. 3,7; 1Mac. 3,36; 1Mac. 3,42; 1Mac. 3,45; 1Mac. 3,58; 1Mac. 3,58; 1Mac. 4,5; 1Mac. 5,9; 1Mac. 5,23; 1Mac. 6,18; 1Mac. 6,23; 1Mac. 6,23; 1Mac. 6,53; 1Mac. 6,54; 1Mac. 6,59; 1Mac. 9,14; 1Mac. 9,23; 1Mac. 10,12; 1Mac. 10,37; 1Mac. 10,39; 1Mac. 10,39; 1Mac. 10,39; 1Mac. 10,41; 1Mac. 10,43; 1Mac. 10,70; 1Mac. 11,18; 1Mac. 11,18; 1Mac. 11,41; 1Mac. 11,68; 1Mac. 12,27; 1Mac. 13,33; 1Mac. 13,45; 1Mac. 14,23; 1Mac. 14,44; 1Mac. 16,3; 2Mac. 1,4; 2Mac. 1,7; 2Mac. 1,27; 2Mac. 2,32; 2Mac. 4,8; 2Mac. 4,9; 2Mac. 5,21; 2Mac. 5,26; 2Mac. 5,27; 2Mac. 6,5; 2Mac. 6,31; 2Mac. 7,5; 2Mac. 8,5; 2Mac. 8,8; 2Mac. 8,24; 2Mac. 8,30; 2Mac. 9,8; 2Mac. 9,28; 2Mac. 10,6; 2Mac. 10,6; 2Mac. 10,23; 2Mac. 10,23; 2Mac. 11,1; 2Mac. 11,14; 2Mac. 11,29; 2Mac. 11,30; 2Mac. 11,31; 2Mac. 12,11; 2Mac. 13,11; 2Mac. 13,23; 2Mac. 14,20; 2Mac. 15,33; 3Mac. 1,4; 3Mac. 1,7; 3Mac. 1,8; 3Mac. 1,21; 3Mac. 2,22; 3Mac. 3,7; 3Mac. 3,16; 3Mac. 3,17; 3Mac. 3,20; 3Mac. 4,1; 3Mac. 5,6; 3Mac. 5,30; 3Mac. 5,47; 3Mac. 6,6; 3Mac. 6,11; 3Mac. 6,16; 3Mac. 6,28; 3Mac. 7,11; 4Mac. 4,3; 4Mac. 4,3; 4Mac. 4,3; 4Mac. 4,10; 4Mac. 6,14; 4Mac. 7,8; 4Mac. 8,6; 4Mac. 10,2; 4Mac. 11,19; 4Mac. 13,2; 4Mac. 14,6; 4Mac. 14,17; 4Mac. 15,23; 4Mac. 18,6; Psa. 7,7; Psa. 9,12; Psa. 9,17; Psa. 15,6; Psa. 34,26; Psa. 37,4; Psa. 43,2; Psa. 43,12; Psa. 43,13; Psa. 43,15; Psa. 45,11; Psa. 48,13; Psa. 48,13; Psa. 48,21; Psa. 48,21; Psa. 49,10; Psa. 50,12; Psa. 58,8; Psa. 59,1; Psa. 64,5; Psa. 67,31; Psa. 68,26; Psa. 73,3; Psa. 73,19; Psa. 76,13; Psa. 76,13; Psa. 77,32; Psa. 77,51; Psa. 77,55; Psa. 77,58; Psa. 78,2; Psa. 78,2; Psa. 78,10; Psa. 80,13; Psa. 81,8; Psa. 86,1; Psa. 86,1; Psa. 88,31; Psa. 90,4; Psa. 91,5; Psa. 95,3; Psa. 95,10; Psa. 96,7; Psa. 96,7; Psa. 103,14; Psa. 103,31; Psa. 104,1; Psa. 104,30; Psa. 104,31; Psa. 105,25; Psa. 105,27; Psa. 105,29; Psa. 105,33; Psa. 105,35; Psa. 105,36; Psa. 105,37; Psa. 105,38; Psa. 105,38; Psa. 105,39; Psa. 105,39; Psa. 108,18; Psa. 109,6; Psa. 118,13; Psa. 118,16; Psa. 118,23; Psa. 118,27; Psa. 118,31; Psa. 118,46; Psa. 118,48; Psa. 118,80; Psa. 118,117; Psa. 125,2; Psa. 127,3; Psa. 131,4; Psa. 131,6; Psa. 135,10; Psa. 138,15; Psa. 142,5; Psa. 144,13a; Psa. 144,17; Psa. 146,9; Psa. 148,1; Psa. 149,7; Psa. 150,1; Psa. 151,6; Ode. 2,21; Ode. 5,19; Ode. 8,79; Ode. 12,13; Prov. 3,8; Prov. 3,22a; Prov. 11,26; Prov. 16,30; Prov. 18,9; Prov. 20,20 # 20,9b; Prov. 20,11; Prov. 22,29; Prov. 30,4; Eccl. 1,11; Eccl. 1,11; Song 2,3; Song 2,16; Song 6,3; Job 1,22; Job 2,10; Job 2,10; Job 9,28; Job 11,4; Job 18,19; Job 20,20; Job 20,21; Job 22,3; Job 41,1; Job 41,26; Job 42,17b; Wis. 2,12; Wis. 6,25; Wis. 13,1; Wis. 13,7; Sir. 1,29; Sir. 3,23; Sir. 4,17; Sir. 4,29; Sir. 5,1; Sir. 6,11; Sir. 6,37; Sir. 9,4; Sir. 9,5; Sir. 11,31; Sir. 12,1; Sir. 12,9; Sir. 12,16; Sir. 13,7; Sir. 14,4; Sir. 14,5; Sir. 14,21; Sir. 20,16; Sir. 22,23; Sir. 23,2; Sir. 23,8; Sir. 26,9; Sir. 29,12; Sir. 31,22; Sir. 33,23; Sir. 35,20; Sir. 38,6; Sir. 39,7; Sir. 39,14; Sir. 41,1; Sir. 42,10; Sol. 1,6; Sol. 2,6; Sol. 2,15; Sol. 8,7; Sol. 8,7; Sol. 8,23; Sol. 8,23; Sol. 8,33; Sol. 8,34; Sol. 9,6; Sol. 15,11; Sol. 17,10; Hos. 3,5; Hos. 4,3; Hos. 4,3; Hos. 4,3; Hos. 7,3; Hos. 8,8; Hos. 8,10; Hos. 9,6; Hos. 9,17; Hos. 10,8; Hos. 10,13; Hos. 11,2; Hos. 14,4; Amos 9,9; Mic. 3,4; Mic. 5,6; Mic. 5,7; Mic. 5,12; Mic. 5,14; Joel 1,3; Joel 1,3; Joel 2,8; Joel 2,8; Joel 2,17; Joel 2,19; Joel 4,2; Joel 4,9; Obad. 2; Nah. 3,3; Nah. 3,3; Nah. 3,4; Zeph. 2,14; Zeph. 2,14; Zech. 8,13; Zech. 9,2; Zech. 12,3; Zech. 14,3; Mal. 1,11; Mal. 1,11; Mal. 1,14; Is. 1,29; Is. 2,20; Is. 5,26; Is. 5,26; Is. 6,10; Is. 6,10; Is. 9,17; Is. 10,11; Is. 10,11; Is. 12,4; Is. 13,18; Is. 14,19; Is. 17,8; Is. 18,5; Is. 18,6; Is. 18,6; Is. 19,14; Is. 22,14; Is. 25,6; Is. 25,7; Is. 26,19; Is. 28,25; Is. 29,13; Is. 30,15; Is. 42,1; Is. 42,8; Is. 42,17; Is. 42,17; Is. 42,22; Is. 45,12; Is. 52,5; Is. 55,3; Is. 56,7; Is. 60,18; Is. 61,9; Is. 65,3; Is. 65,4; Is. 65,4; Is. 66,17; Is. 66,19; Jer. 1,16; Jer. 7,24; Jer. 7,33; Jer. 7,33; Jer. 8,19; Jer. 9,15; Jer. 10,2; Jer. 10,14; Jer. 15,13; Jer. 16,4; Jer. 16,4; Jer. 19,7; Jer. 19,7; Jer. 20,9; Jer. 23,17; Jer. 23,27; Jer. 23,32; Jer. 25,4; Jer. 25,6; Jer. 25,11; Jer. 26,18; Jer. 27,2; Jer. 27,14; Jer. 28,41; Jer. 30,20; Jer. 32,31; Jer. 33,4; Jer. 33,6; Jer. 33,11; Jer. 38,16; Jer. 38,17; Jer. 39,19; Jer. 39,23; Jer. 39,39; Jer. 41,20; Jer. 41,20; Jer. 42,14; Jer. 45,13; Jer. 49,10; Jer. 51,8; Jer. 51,8; Jer. 51,23; Jer. 51,23; Bar. 1,18; Bar. 2,9; Bar. 2,10; Bar. 2,12; Bar. 2,13; Bar. 2,29; Bar. 3,17; Bar. 4,6; Lam. 1,13; Lam. 2,9; Lam. 4,15; Lam.

4,20; LetterJ 3; LetterJ 10; LetterJ 50; Ezek. 1,10; Ezek. 1,10; Ezek. 1,10; Ezek. 1,11; Ezek. 1,15; Ezek. 1,16; Ezek. 3,10; Ezek. 4,13; Ezek. 5,6; Ezek. 5,7; Ezek. 5,11; Ezek. 5,15; Ezek. 5,15; Ezek. 6,3; Ezek. 6,8; Ezek. 6,9; Ezek. 6,9; Ezek. 6,11; Ezek. 6,13; Ezek. 7,27; Ezek. 10,10; Ezek. 11,20; Ezek. 12,15; Ezek. 12,16; Ezek. 14,5; Ezek. 14,11; Ezek. 15,2; Ezek. 15,6; Ezek. 16,14; Ezek. 16,36; Ezek. 16,40; Ezek. 18,9; Ezek. 18,17; Ezek. 20,7; Ezek. 20,13; Ezek. 20,16; Ezek. 20,18; Ezek. 20,18; Ezek. 20,19; Ezek. 20,21; Ezek. 20,23; Ezek. 20,26; Ezek. 20,27; Ezek. 20,31; Ezek. 20,39; Ezek. 20,39; Ezek. 20,40; Ezek. 21,26; Ezek. 21,29; Ezek. 22,4; Ezek. 22,4; Ezek. 22,4; Ezek. 22,13; Ezek. 22,13; Ezek. 22,15; Ezek. 23,7; Ezek. 23,24; Ezek. 23,30; Ezek. 23,39; Ezek. 23,47; Ezek. 25,7; Ezek. 26,3; Ezek. 26,5; Ezek. 28,19; Ezek. 29,5; Ezek. 29,5; Ezek. 29,12; Ezek. 29,15; Ezek. 33,27; Ezek. 33,27; Ezek. 34,5; Ezek. 34,8; Ezek. 34,21; Ezek. 34,28; Ezek. 35,8; Ezek. 36,1; Ezek. 36,3; Ezek. 36,4; Ezek. 36,4; Ezek. 36,4; Ezek. 36,6; Ezek. 36,17; Ezek. 36,21; Ezek. 36,22; Ezek. 36,23; Ezek. 36,27; Ezek. 36,30; Ezek. 36,31; Ezek. 37,5; Ezek. 37,22; Ezek. 37,23; Ezek. 37,24; Ezek. 39,4; Ezek. 39,9; Ezek. 39,28; Ezek. 40,4; Ezek. 40,10; Ezek. 40,16; Ezek. 40,17; Ezek. 41,6; Ezek. 41,24; Ezek. 41,24; Ezek. 43,8; Ezek. 44,5; Ezek. 44,5; Ezek. 44,7; Ezek. 44,8; Ezek. 44,11; Ezek. 45,1; Ezek. 45,17; Ezek. 46,3; Dan. 3,79; Dan. 4,12; Dan. 4,15; Dan. 4,37b; Dan. 4,37c; Dan. 4,37c; Dan. 4,37c; Dan. 6,13a; Dan. 6,26; Dan. 7,8; Dan. 7,8; Dan. 10,11; Judg. 3,7; Judg. 6,2; Judg. 6,4; Judg. 6,26; Judg. 9,2; Judg. 9,3; Judg. 11,26; Judg. 11,26; Tob. 2,11; Tob. 2,11; Tob. 3,3; Tob. 3,4; Tob. 4,6; Tob. 14,8; Tob. 14,9; Dan. 3,21; Dan. 3,79; Dan. 4,27; Dan. 6,11; Dan. 7,8; Dan. 11,39; Dan. 11,43; Dan. 11,43; Sus. 17; Bel 14; Matt. 2,16; Matt. 7,11; Matt. 8,32; Matt. 10,18; Matt. 11,16; Matt. 12,1; Matt. 12,5; Matt. 12,10; Matt. 12,11; Matt. 12,12; Matt. 12,18; Matt. 13,15; Matt. 13,15; Matt. 15,8; Matt. 15,26; Matt. 18,13; Matt. 18,13; Matt. 20,15; Matt. 20,19; Matt. 21,9; Matt. 23,6; Matt. 23,20; Matt. 24,14; Matt. 24,26; Matt. 24,47; Matt. 25,4; Mark 1,21; Mark 1,27; Mark 1,27; Mark 2,23; Mark 2,24; Mark 3,2; Mark 3,4; Mark 5,3; Mark 5,5; Mark 5,5; Mark 6,21; Mark 7,6; Mark 7,27; Mark 11,10; Mark 11,17; Mark 12,39; Mark 16,5; Luke 1,45; Luke 2,33; Luke 2,49; Luke 3,14; Luke 4,21; Luke 4,31; Luke 4,36; Luke 5,8; Luke 6,2; Luke 7,25; Luke 7,32; Luke 7,38; Luke 7,44; Luke 8,27; Luke 11,13; Luke 11,46; Luke 11,48; Luke 12,3; Luke 12,44; Luke 13,10; Luke 13,17; Luke 13,17; Luke 14,33; Luke 18,32; Luke 20,46; Luke 23,11; Luke 23,30; John 2,23; John 5,2; John 5,28; John 5,47; John 5,47; John 10,22; John 10,38; Acts 2,39; Acts 7,41; Acts 7,51; Acts 8,6; Acts 11,18; Acts 13,33; Acts 13,45; Acts 14,27; Acts 15,12; Acts 16,14; Acts 21,19; Acts 21,21; Acts 24,14; Acts 24,14; Acts 26,20; Acts 26,23; Acts 27,11; Acts 28,7; Acts 28,17; Acts 28,17; Acts 28,24; Acts 28,27; Acts 28,27; Acts 28,28; Rom. 1,5; Rom. 1,13; Rom. 1,20; Rom. 2,24; Rom. 4,12; Rom. 7,5; Rom. 7,23; Rom. 7,23; Rom. 11,11; Rom. 11,13; Rom. 15,23; Rom. 15,27; Rom. 15,27; 1Cor. 5,1; 1Cor. 6,13; 1Cor. 7,15; 2Cor. 6,12; 2Cor. 11,10; 2Cor. 12,14; 2Cor. 12,18; Gal. 1,16; Gal. 2,2; Gal. 3,10; Gal. 3,16; Gal. 5,24; Eph. 1,3; Eph. 1,20; Eph. 2,1; Eph. 2,5; Eph. 2,6; Eph. 3,8; Eph. 3,10; Eph. 5,11; Eph. 5,11; Phil. 3,13; Col. 1,21; Col. 1,21; Col. 1,24; Col. 1,27; Col. 2,13; Col. 2,14; 1Th. 2,16; 2Tim. 3,11; Titus 1,16; Heb. 2,1; Heb. 8,1; Heb. 11,4; Heb. 13,5; James 2,22; James 3,6; James 4,1; 1Pet. 2,12; 1Pet. 2,21; 1Pet. 3,19; 1Pet. 4,13; 2John 1; 2John 11; 2John 11; Rev. 6,16; Rev. 11,2; Rev. 19,17; Rev. 19,17; Rev. 20,12)

Τόν ▸ 1

Article · masculine · singular · accusative ▸ **1** (Gen. 34,26)

Τὸν ▸ 7 + 1 + 3 = 11

Article · masculine · singular · accusative ▸ 7 + 1 + 3 = **11** (Gen. 38,18; Gen. 46,28; Lev. 19,19; 1Sam. 28,11; Eccl. 12,13; Is. 4,1; Is. 63,7; Tob. 12,6; Acts 1,1; Acts 23,27; Rom. 14,1)

τόν ▸ 18 + 6 = 24

Article · masculine · singular · accusative ▸ 18 + 6 = **24** (Gen. 48,13; Ex. 6,20; Ex. 6,23; Ex. 10,8; Ex. 28,1; Num. 25,8; Deut. 4,26; Deut. 8,19; Deut. 30,19; Deut. 31,28; Josh. 22,13; 1Esdr. 6,15; Esth. 16,3 # 8,12c; Esth. 16,13 # 8,12n; Esth. 9,7; 3Mac. 6,8; 4Mac. 4,1; Wis. 14,15; John 9,13; Acts 4,14; Acts 15,39; Acts 17,10; Acts 27,1; Philem. 11)

τὸν ▸ 6972 + 490 + 1572 = 9034

Article · masculine · singular · accusative ▸ 6972 + 490 + 1572 = **9034** (Gen. 1,1; Gen. 1,16; Gen. 1,16; Gen. 1,16; Gen. 1,16; Gen. 1,27; Gen. 2,4; Gen. 2,7; Gen. 2,8; Gen. 2,10; Gen. 2,15; Gen. 2,18; Gen. 2,19; Gen. 2,21; Gen. 2,22; Gen. 2,24; Gen. 3,9; Gen. 3,16; Gen. 3,16; Gen. 3,18; Gen. 3,19; Gen. 3,22; Gen. 3,24; Gen. 4,1; Gen. 4,2; Gen. 4,2; Gen. 4,5; Gen. 4,8; Gen. 4,8; Gen. 4,13; Gen. 4,15; Gen. 4,17; Gen. 4,18; Gen. 4,18; Gen. 4,18; Gen. 4,20; Gen. 4,22; Gen. 5,1; Gen. 5,4; Gen. 5,6; Gen. 5,7; Gen. 5,9; Gen. 5,10; Gen. 5,12; Gen. 5,13; Gen. 5,15; Gen. 5,16; Gen. 5,18; Gen. 5,19; Gen. 5,21; Gen. 5,22; Gen. 5,25; Gen. 5,26; Gen. 5,30; Gen. 5,32; Gen. 5,32; Gen. 5,32; Gen. 6,3; Gen. 6,6; Gen. 6,7; Gen. 6,10; Gen. 6,10; Gen. 6,10; Gen. 6,17; Gen. 8,7; Gen. 9,1; Gen. 9,6; Gen. 9,28; Gen. 10,1; Gen. 10,8; Gen. 10,15; Gen. 10,15; Gen. 10,16; Gen. 10,16; Gen. 10,16; Gen. 10,17; Gen. 10,17; Gen. 10,17; Gen. 10,18; Gen. 10,18; Gen. 10,18; Gen. 10,24; Gen. 10,24; Gen. 10,24; Gen. 10,26; Gen. 10,26; Gen. 10,32; Gen. 11,5; Gen. 11,8; Gen. 11,10; Gen. 11,10; Gen. 11,11; Gen. 11,12; Gen. 11,13; Gen. 11,13; Gen. 11,13; Gen. 11,14; Gen. 11,15; Gen. 11,16; Gen. 11,17; Gen. 11,18; Gen. 11,19; Gen. 11,20; Gen. 11,21; Gen. 11,22; Gen. 11,23; Gen. 11,24; Gen. 11,25; Gen. 11,26; Gen. 11,26; Gen. 11,26; Gen. 11,27; Gen. 11,27; Gen. 11,27; Gen. 11,27; Gen. 11,31; Gen. 11,31; Gen. 12,5; Gen. 12,15; Gen. 12,17; Gen. 12,17; Gen. 12,18; Gen. 13,4; Gen. 13,10; Gen. 13,14; Gen. 14,12; Gen. 14,16; Gen. 14,16; Gen. 14,19; Gen. 14,19; Gen. 14,22; Gen. 14,22; Gen. 14,22; Gen. 14,23; Gen. 15,5; Gen. 16,5; Gen. 16,16; Gen. 17,18; Gen. 17,21; Gen. 17,23; Gen. 18,3; Gen. 18,5; Gen. 18,10; Gen. 18,14; Gen. 18,24; Gen. 18,26; Gen. 18,27; Gen. 18,31; Gen. 18,33; Gen. 19,2; Gen. 19,5; Gen. 19,9; Gen. 19,9; Gen. 19,10; Gen. 19,10; Gen. 19,13; Gen. 19,15; Gen. 19,27; Gen. 19,29; Gen. 19,32; Gen. 19,33; Gen. 19,35; Gen. 20,9; Gen. 20,17; Gen. 20,17; Gen. 21,2; Gen. 21,4; Gen. 21,9; Gen. 21,10; Gen. 21,13; Gen. 21,14; Gen. 21,16; Gen. 21,19; Gen. 21,23; Gen. 21,25; Gen. 22,1; Gen. 22,2; Gen. 22,2; Gen. 22,2; Gen. 22,3; Gen. 22,3; Gen. 22,4; Gen. 22,7; Gen. 22,9; Gen. 22,9; Gen. 22,10; Gen. 22,12; Gen. 22,13; Gen. 22,15; Gen. 22,21; Gen. 22,21; Gen. 22,21; Gen. 22,22; Gen. 22,22; Gen. 22,22; Gen. 22,22; Gen. 22,22; Gen. 22,24; Gen. 22,24; Gen. 22,24; Gen. 22,24; Gen. 23,4; Gen. 23,6; Gen. 23,6; Gen. 23,8; Gen. 23,11; Gen. 23,11; Gen. 23,13; Gen. 23,15; Gen. 24,1; Gen. 24,2; Gen. 24,3; Gen. 24,3; Gen. 24,5; Gen. 24,6; Gen. 24,7; Gen. 24,8; Gen. 24,9; Gen. 24,18; Gen. 24,28; Gen. 24,29; Gen. 24,30; Gen. 24,35; Gen. 24,38; Gen. 24,40; Gen. 24,48; Gen. 24,49; Gen. 24,52; Gen. 24,52; Gen. 24,54; Gen. 24,56; Gen. 24,59; Gen. 24,59; Gen. 24,64; Gen. 24,67; Gen. 25,2; Gen. 25,2; Gen. 25,2; Gen. 25,2; Gen. 25,2; Gen. 25,2; Gen. 25,3; Gen. 25,3; Gen. 25,3; Gen. 25,8; Gen. 25,9; Gen. 25,10; Gen. 25,11; Gen. 25,19; Gen. 25,28; Gen. 25,28; Gen. 26,3; Gen. 26,8; Gen. 26,9; Gen. 26,18; Gen. 26,24; Gen. 27,1; Gen. 27,1; Gen. 27,5; Gen. 27,6; Gen. 27,6; Gen. 27,6; Gen. 27,15; Gen. 27,15; Gen. 27,22; Gen. 27,30; Gen. 27,38; Gen. 27,40; Gen. 27,41; Gen. 27,42; Gen. 27,42; Gen. 27,43; Gen. 27,44; Gen. 28,1; Gen. 28,2; Gen. 28,5; Gen. 28,5; Gen. 28,6; Gen. 28,12; Gen. 28,18; Gen. 28,21; Gen. 29,1; Gen. 29,3; Gen.

29,3; Gen. 29,3; Gen. 29,5; Gen. 29,8; Gen. 29,10; Gen. 29,13; Gen. 30,15; Gen. 30,18; Gen. 30,25; Gen. 30,25; Gen. 30,28; Gen. 31,7; Gen. 31,16; Gen. 31,18; Gen. 31,20; Gen. 31,21; Gen. 31,24; Gen. 31,25; Gen. 31,30; Gen. 31,33; Gen. 31,33; Gen. 31,33; Gen. 31,41; Gen. 31,42; Gen. 31,52; Gen. 32,1; Gen. 32,4; Gen. 32,7; Gen. 32,8; Gen. 32,8; Gen. 32,11; Gen. 32,24; Gen. 33,4; Gen. 33,5; Gen. 33,14; Gen. 33,20; Gen. 34,4; Gen. 34,11; Gen. 34,26; Gen. 35,1; Gen. 35,27; Gen. 36,4; Gen. 36,4; Gen. 36,5; Gen. 36,5; Gen. 36,5; Gen. 36,12; Gen. 36,14; Gen. 36,14; Gen. 36,14; Gen. 36,24; Gen. 37,2; Gen. 37,3; Gen. 37,19; Gen. 37,22; Gen. 37,22; Gen. 37,23; Gen. 37,23; Gen. 37,23; Gen. 37,23; Gen. 37,24; Gen. 37,26; Gen. 37,28; Gen. 37,28; Gen. 37,28; Gen. 37,29; Gen. 37,29; Gen. 37,31; Gen. 37,31; Gen. 37,32; Gen. 37,32; Gen. 37,33; Gen. 37,34; Gen. 37,35; Gen. 37,36; Gen. 38,18; Gen. 38,18; Gen. 38,20; Gen. 38,20; Gen. 38,23; Gen. 38,25; Gen. 39,5; Gen. 39,16; Gen. 39,20; Gen. 39,23; Gen. 40,3; Gen. 40,15; Gen. 40,21; Gen. 40,22; Gen. 41,10; Gen. 41,14; Gen. 41,40; Gen. 41,42; Gen. 41,42; Gen. 42,4; Gen. 42,4; Gen. 42,16; Gen. 42,18; Gen. 42,19; Gen. 42,20; Gen. 42,20; Gen. 42,21; Gen. 42,24; Gen. 42,25; Gen. 42,26; Gen. 42,27; Gen. 42,27; Gen. 42,29; Gen. 42,33; Gen. 42,34; Gen. 42,34; Gen. 42,34; Gen. 42,36; Gen. 43,2; Gen. 43,4; Gen. 43,5; Gen. 43,7; Gen. 43,8; Gen. 43,13; Gen. 43,13; Gen. 43,14; Gen. 43,14; Gen. 43,14; Gen. 43,15; Gen. 43,16; Gen. 43,16; Gen. 43,16; Gen. 43,17; Gen. 43,18; Gen. 43,19; Gen. 43,19; Gen. 43,23; Gen. 43,26; Gen. 43,29; Gen. 43,29; Gen. 43,33; Gen. 44,2; Gen. 44,11; Gen. 44,11; Gen. 44,12; Gen. 44,13; Gen. 44,13; Gen. 44,17; Gen. 44,22; Gen. 44,22; Gen. 44,24; Gen. 44,30; Gen. 44,32; Gen. 44,34; Gen. 44,34; Gen. 45,2; Gen. 45,9; Gen. 45,13; Gen. 45,14; Gen. 45,16; Gen. 45,18; Gen. 45,18; Gen. 45,19; Gen. 45,25; Gen. 46,5; Gen. 46,20; Gen. 46,20; Gen. 46,20; Gen. 46,20; Gen. 46,21; Gen. 46,29; Gen. 47,6; Gen. 47,7; Gen. 47,7; Gen. 47,10; Gen. 47,11; Gen. 47,14; Gen. 47,18; Gen. 47,21; Gen. 47,29; Gen. 47,29; Gen. 48,1; Gen. 48,1; Gen. 48,7; Gen. 48,13; Gen. 48,20; Gen. 49,11; Gen. 49,11; Gen. 49,15; Gen. 49,16; Gen. 49,29; Gen. 49,33; Gen. 50,2; Gen. 50,2; Gen. 50,5; Gen. 50,6; Gen. 50,7; Gen. 50,14; Ex. 1,8; Ex. 1,17; Ex. 1,21; Ex. 1,22; Ex. 2,3; Ex. 2,5; Ex. 2,5; Ex. 2,9; Ex. 2,11; Ex. 2,12; Ex. 2,13; Ex. 2,14; Ex. 2,18; Ex. 2,20; Ex. 2,23; Ex. 2,24; Ex. 3,8; Ex. 3,9; Ex. 3,10; Ex. 3,11; Ex. 3,12; Ex. 3,13; Ex. 4,6; Ex. 4,6; Ex. 4,7; Ex. 4,7; Ex. 4,16; Ex. 4,16; Ex. 4,18; Ex. 4,21; Ex. 4,23; Ex. 4,23; Ex. 4,23; Ex. 5,1; Ex. 5,2; Ex. 5,2; Ex. 5,4; Ex. 5,10; Ex. 5,16; Ex. 5,22; Ex. 5,23; Ex. 5,23; Ex. 6,5; Ex. 6,25; Ex. 7,4; Ex. 7,14; Ex. 7,16; Ex. 7,23; Ex. 7,23; Ex. 7,25; Ex. 7,26; Ex. 7,29; Ex. 8,4; Ex. 8,14; Ex. 8,16; Ex. 8,17; Ex. 8,17; Ex. 8,25; Ex. 8,25; Ex. 8,26; Ex. 8,28; Ex. 9,1; Ex. 9,2; Ex. 9,7; Ex. 9,8; Ex. 9,10; Ex. 9,13; Ex. 9,15; Ex. 9,22; Ex. 9,23; Ex. 9,30; Ex. 10,3; Ex. 10,4; Ex. 10,12; Ex. 10,13; Ex. 10,15; Ex. 10,17; Ex. 10,17; Ex. 10,18; Ex. 10,21; Ex. 10,22; Ex. 10,23; Ex. 11,5; Ex. 12,4; Ex. 12,4; Ex. 12,23; Ex. 12,33; Ex. 13,3; Ex. 13,10; Ex. 13,17; Ex. 13,18; Ex. 14,5; Ex. 14,6; Ex. 14,13; Ex. 14,13; Ex. 14,30; Ex. 14,31; Ex. 15,13; Ex. 15,18; Ex. 16,7; Ex. 16,8; Ex. 16,9; Ex. 16,12; Ex. 16,28; Ex. 16,32; Ex. 17,5; Ex. 17,13; Ex. 17,13; Ex. 17,14; Ex. 18,1; Ex. 18,8; Ex. 18,8; Ex. 18,10; Ex. 18,13; Ex. 18,16; Ex. 18,19; Ex. 18,19; Ex. 18,20; Ex. 18,22; Ex. 18,23; Ex. 18,26; Ex. 18,27; Ex. 19,8; Ex. 19,9; Ex. 19,12; Ex. 19,14; Ex. 19,17; Ex. 19,18; Ex. 19,21; Ex. 19,23; Ex. 19,24; Ex. 19,25; Ex. 20,7; Ex. 20,11; Ex. 20,12; Ex. 20,17; Ex. 20,17; Ex. 20,21; Ex. 21,5; Ex. 21,6; Ex. 21,6; Ex. 21,10; Ex. 21,18; Ex. 21,20; Ex. 21,26; Ex. 21,26; Ex. 21,27; Ex. 21,27; Ex. 21,35; Ex. 21,35; Ex. 21,35; Ex. 21,35; Ex. 21,35; Ex. 22,4; Ex. 22,29; Ex. 23,5; Ex. 23,7; Ex. 23,11; Ex. 23,11; Ex. 23,15; Ex. 23,19; Ex. 23,20; Ex. 23,23; Ex. 23,25; Ex. 23,25; Ex. 23,26; Ex. 23,27; Ex. 24,2; Ex. 24,10; Ex. 24,12; Ex. 24,16; Ex. 25,7; Ex. 25,38; Ex. 25,40; Ex. 25,40; Ex. 26,16; Ex. 26,16; Ex. 27,3; Ex. 28,1; Ex. 28,4; Ex. 28,10; Ex. 28,10; Ex. 28,10; Ex. 28,15; Ex. 28,41; Ex. 29,5; Ex. 29,5; Ex. 29,5; Ex. 29,9; Ex. 29,10; Ex. 29,11; Ex. 29,13; Ex. 29,15; Ex. 29,15; Ex. 29,17; Ex. 29,18; Ex. 29,19; Ex. 29,19; Ex. 29,20; Ex. 29,22; Ex. 29,22; Ex. 29,22; Ex. 29,27; Ex. 29,31; Ex. 29,39; Ex. 29,39; Ex. 29,39; Ex. 29,39; Ex. 29,41; Ex. 29,41; Ex. 30,12; Ex. 30,28; Ex. 31,2; Ex. 31,2; Ex. 31,2; Ex. 31,4; Ex. 31,6; Ex. 31,6; Ex. 31,9; Ex. 31,17; Ex. 32,11; Ex. 32,13; Ex. 32,14; Ex. 32,19; Ex. 32,20; Ex. 32,25; Ex. 32,27; Ex. 32,27; Ex. 32,27; Ex. 32,27; Ex. 32,30; Ex. 32,30; Ex. 32,34; Ex. 32,34; Ex. 32,35; Ex. 33,2; Ex. 33,2; Ex. 33,5; Ex. 33,6; Ex. 33,10; Ex. 33,11; Ex. 33,12; Ex. 33,17; Ex. 34,7; Ex. 34,11; Ex. 34,18; Ex. 34,26; Ex. 34,30; Ex. 35,9; Ex. 35,30; Ex. 35,30; Ex. 35,30; Ex. 35,32; Ex. 35,33; Ex. 36,29; Ex. 38,13; Ex. 38,26; Ex. 38,27; Ex. 39,1; Ex. 39,1; Ex. 39,3; Ex. 39,3; Ex. 40,15; Ex. 40,15; Lev. 1,5; Lev. 1,16; Lev. 1,16; Lev. 2,2; Lev. 2,8; Lev. 2,16; Lev. 3,4; Lev. 3,4; Lev. 3,10; Lev. 3,10; Lev. 3,15; Lev. 3,17; Lev. 4,3; Lev. 4,4; Lev. 4,4; Lev. 4,6; Lev. 4,9; Lev. 4,9; Lev. 4,12; Lev. 4,15; Lev. 4,17; Lev. 4,20; Lev. 4,20; Lev. 4,20; Lev. 4,21; Lev. 4,21; Lev. 4,21; Lev. 4,21; Lev. 5,8; Lev. 5,9; Lev. 5,12; Lev. 5,18; Lev. 5,21; Lev. 5,21; Lev. 7,2; Lev. 7,4; Lev. 7,4; Lev. 7,30; Lev. 7,32; Lev. 7,32; Lev. 7,34; Lev. 8,2; Lev. 8,2; Lev. 8,6; Lev. 8,7; Lev. 8,7; Lev. 8,11; Lev. 8,14; Lev. 8,14; Lev. 8,16; Lev. 8,16; Lev. 8,17; Lev. 8,18; Lev. 8,18; Lev. 8,19; Lev. 8,20; Lev. 8,21; Lev. 8,22; Lev. 8,22; Lev. 8,23; Lev. 8,25; Lev. 8,25; Lev. 8,25; Lev. 8,26; Lev. 8,26; Lev. 9,9; Lev. 9,10; Lev. 9,15; Lev. 9,15; Lev. 9,18; Lev. 9,18; Lev. 9,19; Lev. 9,19; Lev. 9,21; Lev. 9,21; Lev. 9,22; Lev. 9,23; Lev. 10,4; Lev. 10,4; Lev. 10,6; Lev. 10,14; Lev. 10,15; Lev. 10,16; Lev. 10,16; Lev. 11,4; Lev. 11,5; Lev. 11,6; Lev. 11,7; Lev. 11,13; Lev. 11,13; Lev. 11,13; Lev. 11,14; Lev. 11,22; Lev. 11,22; Lev. 11,22; Lev. 12,6; Lev. 13,2; Lev. 13,7; Lev. 13,9; Lev. 13,15; Lev. 13,15; Lev. 13,16; Lev. 13,52; Lev. 14,2; Lev. 14,6; Lev. 14,7; Lev. 14,9; Lev. 14,11; Lev. 14,11; Lev. 14,12; Lev. 14,12; Lev. 14,13; Lev. 14,14; Lev. 14,16; Lev. 14,16; Lev. 14,17; Lev. 14,17; Lev. 14,23; Lev. 14,24; Lev. 14,25; Lev. 14,25; Lev. 14,28; Lev. 14,28; Lev. 14,32; Lev. 14,36; Lev. 14,41; Lev. 14,45; Lev. 14,51; Lev. 15,8; Lev. 15,13; Lev. 15,29; Lev. 16,2; Lev. 16,6; Lev. 16,6; Lev. 16,9; Lev. 16,10; Lev. 16,11; Lev. 16,11; Lev. 16,11; Lev. 16,11; Lev. 16,11; Lev. 16,11; Lev. 16,15; Lev. 16,15; Lev. 16,15; Lev. 16,20; Lev. 16,20; Lev. 16,22; Lev. 16,26; Lev. 16,26; Lev. 16,27; Lev. 16,27; Lev. 16,27; Lev. 16,27; Lev. 16,32; Lev. 17,5; Lev. 19,9; Lev. 19,9; Lev. 19,10; Lev. 19,11; Lev. 19,13; Lev. 19,14; Lev. 19,15; Lev. 19,17; Lev. 19,17; Lev. 19,18; Lev. 19,19; Lev. 19,25; Lev. 19,32; Lev. 19,37; Lev. 20,3; Lev. 20,5; Lev. 20,9; Lev. 22,13; Lev. 22,13; Lev. 23,10; Lev. 23,10; Lev. 23,22; Lev. 24,14; Lev. 24,23; Lev. 25,3; Lev. 25,3; Lev. 25,4; Lev. 25,14; Lev. 25,17; Lev. 25,17; Lev. 25,31; Lev. 25,36; Lev. 25,43; Lev. 25,46; Lev. 25,46; Lev. 25,50; Lev. 25,52; Lev. 26,4; Lev. 26,4; Lev. 26,5; Lev. 26,5; Lev. 26,5; Lev. 26,13; Lev. 26,16; Lev. 26,19; Lev. 26,20; Lev. 26,20; Lev. 26,37; Lev. 27,16; Lev. 27,17; Lev. 27,18; Lev. 27,18; Lev. 27,19; Lev. 27,20; Lev. 27,20; Num. 1,49; Num. 3,10; Num. 3,40; Num. 3,50; Num. 3,50; Num. 4,13; Num. 4,14; Num. 4,14; Num. 4,18; Num. 4,18; Num. 5,15; Num. 5,19; Num. 5,19; Num. 5,21; Num. 5,27; Num. 5,30; Num. 6,10; Num. 6,17; Num. 6,19; Num. 7,10; Num. 7,11; Num. 7,13; Num. 7,13; Num. 7,19; Num. 7,19; Num. 7,25; Num. 7,25; Num. 7,31; Num. 7,31; Num. 7,37; Num. 7,37; Num. 7,43; Num. 7,43; Num. 7,49; Num. 7,49; Num. 7,55; Num. 7,55; Num. 7,61; Num. 7,61; Num. 7,67; Num. 7,67; Num. 7,73; Num. 7,73; Num. 7,79; Num. 7,79; Num. 8,7; Num. 8,12; Num. 8,12; Num. 9,3; Num. 9,12; Num. 9,13; Num. 9,14; Num. 9,15; Num. 10,29; Num. 11,11; Num. 11,12; Num. 11,12; Num.

11,12; Num. 11,14; Num. 11,24; Num. 11,29; Num. 11,33; Num. 11,33; Num. 11,34; Num. 11,34; Num. 13,16; Num. 13,18; Num. 13,18; Num. 13,24; Num. 13,24; Num. 13,26; Num. 13,29; Num. 13,30; Num. 14,9; Num. 14,12; Num. 14,13; Num. 14,15; Num. 14,16; Num. 14,18; Num. 14,34; Num. 14,34; Num. 14,40; Num. 15,12; Num. 15,12; Num. 15,30; Num. 16,11; Num. 16,30; Num. 17,2; Num. 17,2; Num. 17,6; Num. 17,11; Num. 17,20; Num. 18,16; Num. 18,16; Num. 18,18; Num. 18,18; Num. 19,3; Num. 19,18; Num. 19,18; Num. 19,19; Num. 20,5; Num. 20,5; Num. 20,14; Num. 20,14; Num. 20,24; Num. 20,25; Num. 20,25; Num. 20,26; Num. 20,28; Num. 20,29; Num. 21,2; Num. 21,3; Num. 21,5; Num. 21,6; Num. 21,6; Num. 21,7; Num. 21,9; Num. 21,9; Num. 21,16; Num. 21,23; Num. 21,32; Num. 21,32; Num. 21,34; Num. 21,35; Num. 22,1; Num. 22,3; Num. 22,4; Num. 22,6; Num. 22,10; Num. 22,12; Num. 22,13; Num. 22,17; Num. 22,18; Num. 22,23; Num. 22,25; Num. 22,25; Num. 22,25; Num. 22,27; Num. 22,31; Num. 22,41; Num. 23,2; Num. 23,3; Num. 23,4; Num. 23,7; Num. 23,7; Num. 23,14; Num. 23,15; Num. 23,28; Num. 23,30; Num. 24,1; Num. 24,2; Num. 24,10; Num. 24,11; Num. 24,13; Num. 24,14; Num. 24,14; Num. 24,20; Num. 24,21; Num. 24,23; Num. 24,25; Num. 25,5; Num. 25,5; Num. 25,6; Num. 25,8; Num. 25,11; Num. 25,11; Num. 26,1; Num. 26,33; Num. 26,58; Num. 26,59; Num. 27,7; Num. 27,13; Num. 27,18; Num. 27,22; Num. 28,4; Num. 28,4; Num. 28,4; Num. 28,4; Num. 28,8; Num. 28,8; Num. 31,2; Num. 31,3; Num. 31,8; Num. 31,8; Num. 31,8; Num. 31,8; Num. 31,8; Num. 31,8; Num. 31,12; Num. 31,36; Num. 32,2; Num. 32,5; Num. 32,13; Num. 32,14; Num. 32,17; Num. 32,21; Num. 32,27; Num. 32,28; Num. 32,29; Num. 32,30; Num. 32,39; Num. 32,39; Num. 33,49; Num. 33,50; Num. 33,51; Num. 34,12; Num. 35,1; Num. 35,10; Num. 35,11; Num. 35,19; Num. 35,21; Num. 35,25; Num. 35,27; Num. 35,28; Num. 35,28; Num. 35,30; Deut. 1,4; Deut. 1,4; Deut. 1,5; Deut. 1,12; Deut. 1,17; Deut. 1,17; Deut. 1,31; Deut. 1,31; Deut. 2,22; Deut. 2,24; Deut. 2,24; Deut. 2,25; Deut. 2,25; Deut. 2,29; Deut. 2,31; Deut. 2,31; Deut. 2,33; Deut. 3,2; Deut. 3,3; Deut. 3,3; Deut. 3,6; Deut. 3,24; Deut. 3,24; Deut. 3,25; Deut. 3,26; Deut. 3,27; Deut. 4,8; Deut. 4,10; Deut. 4,17; Deut. 4,19; Deut. 4,19; Deut. 4,19; Deut. 4,21; Deut. 4,22; Deut. 4,26; Deut. 4,29; Deut. 4,30; Deut. 4,42; Deut. 4,42; Deut. 5,11; Deut. 5,16; Deut. 5,21; Deut. 5,21; Deut. 6,2; Deut. 6,5; Deut. 6,13; Deut. 6,16; Deut. 6,24; Deut. 7,1; Deut. 7,4; Deut. 7,8; Deut. 7,13; Deut. 7,13; Deut. 7,13; Deut. 7,19; Deut. 7,19; Deut. 7,26; Deut. 8,5; Deut. 8,9; Deut. 8,10; Deut. 9,1; Deut. 9,4; Deut. 9,7; Deut. 9,7; Deut. 9,13; Deut. 9,19; Deut. 9,21; Deut. 9,21; Deut. 9,21; Deut. 9,21; Deut. 9,22; Deut. 9,26; Deut. 9,26; Deut. 10,12; Deut. 10,16; Deut. 10,18; Deut. 10,19; Deut. 10,20; Deut. 11,1; Deut. 11,2; Deut. 11,2; Deut. 11,5; Deut. 11,8; Deut. 11,10; Deut. 11,13; Deut. 11,14; Deut. 11,14; Deut. 11,14; Deut. 11,17; Deut. 11,17; Deut. 11,22; Deut. 11,24; Deut. 11,25; Deut. 11,25; Deut. 11,31; Deut. 12,5; Deut. 12,10; Deut. 12,14; Deut. 12,19; Deut. 12,19; Deut. 12,26; Deut. 13,4; Deut. 13,6; Deut. 13,17; Deut. 14,7; Deut. 14,8; Deut. 14,12; Deut. 14,12; Deut. 14,12; Deut. 14,13; Deut. 14,13; Deut. 14,23; Deut. 14,25; Deut. 15,2; Deut. 15,3; Deut. 15,17; Deut. 16,1; Deut. 16,6; Deut. 16,18; Deut. 17,5; Deut. 17,7; Deut. 17,8; Deut. 17,9; Deut. 17,11; Deut. 17,12; Deut. 17,16; Deut. 17,19; Deut. 18,3; Deut. 18,6; Deut. 18,10; Deut. 19,4; Deut. 19,5; Deut. 19,9; Deut. 19,11; Deut. 19,19; Deut. 20,5; Deut. 20,8; Deut. 20,9; Deut. 20,17; Deut. 20,19; Deut. 20,20; Deut. 21,1; Deut. 21,13; Deut. 21,16; Deut. 21,16; Deut. 21,17; Deut. 21,21; Deut. 22,1; Deut. 22,3; Deut. 22,4; Deut. 22,4; Deut. 22,9; Deut. 22,18; Deut. 22,19; Deut. 22,21; Deut. 22,21; Deut. 22,22; Deut. 22,22; Deut. 22,22; Deut. 22,24; Deut. 22,24; Deut. 22,25; Deut. 22,25; Deut. 22,26; Deut. 22,29; Deut. 23,4; Deut. 23,5; Deut. 23,7; Deut. 23,15; Deut. 23,19; Deut. 23,25; Deut. 23,26; Deut. 24,5; Deut. 24,7; Deut. 24,8; Deut. 24,15; Deut. 24,21; Deut. 25,1; Deut. 25,9; Deut. 25,11; Deut. 25,18; Deut. 25,19; Deut. 26,2; Deut. 26,3; Deut. 26,4; Deut. 26,7; Deut. 26,7; Deut. 26,7; Deut. 26,9; Deut. 26,15; Deut. 26,15; Deut. 26,17; Deut. 27,2; Deut. 27,3; Deut. 27,4; Deut. 27,8; Deut. 27,12; Deut. 27,12; Deut. 27,24; Deut. 28,1; Deut. 28,12; Deut. 28,12; Deut. 28,12; Deut. 28,12; Deut. 28,21; Deut. 28,24; Deut. 28,48; Deut. 28,54; Deut. 28,56; Deut. 28,56; Deut. 28,56; Deut. 28,58; Deut. 29,18; Deut. 29,19; Deut. 29,28; Deut. 30,2; Deut. 30,6; Deut. 30,10; Deut. 30,12; Deut. 30,15; Deut. 30,16; Deut. 30,18; Deut. 30,19; Deut. 30,20; Deut. 31,2; Deut. 31,11; Deut. 31,12; Deut. 31,12; Deut. 31,12; Deut. 31,12; Deut. 31,13; Deut. 31,13; Deut. 31,27; Deut. 31,27; Deut. 31,27; Deut. 31,27; Deut. 32,7; Deut. 32,15; Deut. 32,18; Deut. 32,29; Deut. 32,36; Deut. 32,38; Deut. 32,40; Deut. 32,40; Deut. 32,47; Deut. 32,50; Deut. 32,50; Deut. 33,7; Deut. 33,10; Deut. 33,24; Deut. 33,26; Deut. 33,29; Deut. 34,8; Josh. 1,2; Josh. 1,4; Josh. 1,11; Josh. 2,12; Josh. 2,13; Josh. 2,13; Josh. 2,18; Josh. 2,18; Josh. 3,10; Josh. 3,10; Josh. 3,10; Josh. 3,10; Josh. 3,10; Josh. 3,10; Josh. 3,10; Josh. 3,11; Josh. 3,14; Josh. 3,15; Josh. 3,17; Josh. 4,1; Josh. 4,5; Josh. 4,14; Josh. 4,22; Josh. 4,24; Josh. 5,1; Josh. 5,2; Josh. 5,9; Josh. 6,2; Josh. 6,2; Josh. 6,23; Josh. 6,25; Josh. 6,25; Josh. 7,3; Josh. 7,7; Josh. 7,7; Josh. 7,7; Josh. 7,13; Josh. 7,14; Josh. 7,14; Josh. 7,16; Josh. 7,24; Josh. 8,1; Josh. 8,2; Josh. 8,10; Josh. 8,14; Josh. 8,18; Josh. 8,20; Josh. 8,21; Josh. 8,23; Josh. 8,28; Josh. 8,29; Josh. 8,29; Josh. 8,33 # 9,2d; Josh. 9,7; Josh. 9,18; Josh. 9,19; Josh. 9,20; Josh. 9,27; Josh. 10,1; Josh. 10,1; Josh. 10,12; Josh. 10,23; Josh. 10,23; Josh. 10,23; Josh. 10,23; Josh. 10,23; Josh. 10,30; Josh. 10,33; Josh. 10,39; Josh. 11,5; Josh. 11,10; Josh. 11,18; Josh. 12,2; Josh. 12,8; Josh. 12,8; Josh. 12,8; Josh. 12,8; Josh. 12,8; Josh. 12,8; Josh. 12,9; Josh. 12,9; Josh. 13,5; Josh. 13,13; Josh. 13,13; Josh. 13,13; Josh. 13,21; Josh. 13,21; Josh. 13,21; Josh. 13,21; Josh. 13,21; Josh. 13,22; Josh. 13,22; Josh. 13,22; Josh. 14,7; Josh. 14,9; Josh. 14,11; Josh. 15,14; Josh. 15,14; Josh. 15,14; Josh. 15,18; Josh. 16,7; Josh. 16,10; Josh. 16,10; Josh. 17,9; Josh. 17,9; Josh. 17,15; Josh. 17,18; Josh. 19,47a; Josh. 19,47a; Josh. 21,1; Josh. 21,1; Josh. 22,5; Josh. 22,5; Josh. 22,25; Josh. 22,26; Josh. 22,33; Josh. 22,34; Josh. 23,1; Josh. 23,11; Josh. 24,2; Josh. 24,3; Josh. 24,3; Josh. 24,3; Josh. 24,4; Josh. 24,4; Josh. 24,9; Josh. 24,11; Josh. 24,18; Josh. 24,19; Josh. 24,22; Josh. 24,25; Josh. 24,27; Josh. 24,28; Josh. 24,28; Josh. 24,29; Josh. 24,33b; Judg. 1,1; Judg. 1,3; Judg. 1,4; Judg. 1,4; Judg. 1,5; Judg. 1,5; Judg. 1,5; Judg. 1,9; Judg. 1,10; Judg. 1,10; Judg. 1,10; Judg. 1,10; Judg. 1,10; Judg. 1,14; Judg. 1,17; Judg. 1,17; Judg. 1,21; Judg. 1,21; Judg. 1,25; Judg. 1,28; Judg. 1,29; Judg. 1,29; Judg. 1,31; Judg. 1,35; Judg. 2,1; Judg. 2,1; Judg. 2,1; Judg. 2,3; Judg. 2,6; Judg. 2,6; Judg. 2,10; Judg. 2,12; Judg. 2,12; Judg. 2,12; Judg. 2,13; Judg. 2,17; Judg. 2,22; Judg. 3,1; Judg. 3,3; Judg. 3,3; Judg. 3,3; Judg. 3,3; Judg. 3,3; Judg. 3,4; Judg. 3,9; Judg. 3,9; Judg. 3,10; Judg. 3,10; Judg. 3,10; Judg. 3,10; Judg. 3,12; Judg. 3,12; Judg. 3,13; Judg. 3,15; Judg. 3,16; Judg. 3,16; Judg. 3,16; Judg. 3,31; Judg. 4,3; Judg. 4,4; Judg. 4,6; Judg. 4,7; Judg. 4,7; Judg. 4,8; Judg. 4,9; Judg. 4,13; Judg. 4,13; Judg. 4,13; Judg. 4,14; Judg. 4,15; Judg. 4,19; Judg. 4,21; Judg. 4,21; Judg. 4,22; Judg. 4,22; Judg. 4,23; Judg. 5,2; Judg. 5,9; Judg. 5,12; Judg. 6,14; Judg. 6,15; Judg. 6,19; Judg. 6,20; Judg. 6,22; Judg. 6,25; Judg. 6,25; Judg. 6,25; Judg. 6,26; Judg. 6,27; Judg. 6,29; Judg. 6,30; Judg. 6,34; Judg. 6,36; Judg. 6,36; Judg. 6,37; Judg. 6,37; Judg. 6,37; Judg. 6,38; Judg. 6,39; Judg. 6,39; Judg. 6,40; Judg. 7,5; Judg. 7,7; Judg. 7,8; Judg. 7,24; Judg. 7,24; Judg. 7,25; Judg. 7,25; Judg. 7,25; Judg. 7,25; Judg. 8,3; Judg. 8,3; Judg.

8,3; Judg. 8,4; Judg. 8,7; Judg. 8,9; Judg. 8,12; Judg. 8,12; Judg. 8,17; Judg. 8,21; Judg. 8,21; Judg. 8,33; Judg. 9,5; Judg. 9,6; Judg. 9,13; Judg. 9,16; Judg. 9,18; Judg. 9,18; Judg. 9,20; Judg. 9,20; Judg. 9,24; Judg. 9,24; Judg. 9,27; Judg. 9,29; Judg. 9,29; Judg. 9,33; Judg. 9,36; Judg. 9,41; Judg. 9,43; Judg. 9,45; Judg. 9,45; Judg. 9,48; Judg. 9,48; Judg. 9,54; Judg. 9,55; Judg. 10,1; Judg. 10,2; Judg. 10,3; Judg. 10,6; Judg. 10,9; Judg. 10,10; Judg. 10,18; Judg. 11,1; Judg. 11,2; Judg. 11,3; Judg. 11,5; Judg. 11,14; Judg. 11,19; Judg. 11,20; Judg. 11,20; Judg. 11,21; Judg. 11,21; Judg. 11,23; Judg. 11,26; Judg. 11,29; Judg. 11,34; Judg. 11,37; Judg. 11,39; Judg. 12,1; Judg. 12,4; Judg. 12,4; Judg. 12,7; Judg. 12,8; Judg. 12,9; Judg. 12,11; Judg. 12,11; Judg. 12,13; Judg. 12,14; Judg. 13,5; Judg. 13,11; Judg. 13,15; Judg. 13,17; Judg. 13,19; Judg. 13,20; Judg. 14,3; Judg. 14,9; Judg. 14,15; Judg. 14,15; Judg. 14,18; Judg. 14,19; Judg. 15,1; Judg. 15,6; Judg. 15,9; Judg. 15,10; Judg. 15,17; Judg. 15,20; Judg. 16,13; Judg. 16,14; Judg. 16,19; Judg. 16,23; Judg. 16,24; Judg. 16,24; Judg. 16,25; Judg. 16,25; Judg. 16,26; Judg. 16,27; Judg. 16,30; Judg. 16,30; Judg. 16,31; Judg. 18,7; Judg. 18,7; Judg. 18,9; Judg. 18,9; Judg. 18,15; Judg. 18,15; Judg. 18,24; Judg. 18,26; Judg. 18,27; Judg. 19,2; Judg. 19,5; Judg. 19,6; Judg. 19,11; Judg. 19,15; Judg. 19,17; Judg. 19,17; Judg. 19,18; Judg. 19,22; Judg. 19,22; Judg. 19,22; Judg. 19,22; Judg. 19,22; Judg. 19,23; Judg. 19,25; Judg. 19,28; Judg. 19,29; Judg. 20,8; Judg. 20,30; Judg. 20,35; Judg. 20,40; Judg. 20,43; Judg. 21,10; Judg. 21,13; Judg. 21,22; Judg. 21,23; Ruth 1,6; Ruth 1,10; Ruth 1,14; Ruth 2,9; Ruth 2,11; Ruth 2,11; Ruth 2,14; Ruth 2,21; Ruth 2,23; Ruth 3,2; Ruth 3,3; Ruth 3,3; Ruth 3,4; Ruth 3,6; Ruth 3,14; Ruth 3,14; Ruth 4,5; Ruth 4,11; Ruth 4,11; Ruth 4,14; Ruth 4,16; Ruth 4,18; Ruth 4,19; Ruth 4,19; Ruth 4,20; Ruth 4,20; Ruth 4,21; Ruth 4,21; Ruth 4,22; Ruth 4,22; 1Sam. 1,14; 1Sam. 1,19; 1Sam. 1,23; 1Sam. 1,25; 1Sam. 2,10; 1Sam. 2,12; 1Sam. 2,14; 1Sam. 2,14; 1Sam. 2,20; 1Sam. 2,20; 1Sam. 2,28; 1Sam. 3,12; 1Sam. 3,13; 1Sam. 4,18; 1Sam. 5,3; 1Sam. 5,3; 1Sam. 5,10; 1Sam. 5,11; 1Sam. 5,11; 1Sam. 5,12; 1Sam. 6,2; 1Sam. 6,14; 1Sam. 7,1; 1Sam. 7,1; 1Sam. 7,15; 1Sam. 7,16; 1Sam. 7,17; 1Sam. 8,10; 1Sam. 8,20; 1Sam. 9,3; 1Sam. 9,9; 1Sam. 9,9; 1Sam. 9,9; 1Sam. 9,16; 1Sam. 9,16; 1Sam. 9,17; 1Sam. 9,22; 1Sam. 9,26; 1Sam. 10,1; 1Sam. 10,1; 1Sam. 10,3; 1Sam. 10,5; 1Sam. 10,10; 1Sam. 10,11; 1Sam. 10,13; 1Sam. 10,16; 1Sam. 10,19; 1Sam. 10,23; 1Sam. 10,24; 1Sam. 10,25; 1Sam. 10,25; 1Sam. 10,25; 1Sam. 10,26; 1Sam. 11,1; 1Sam. 11,7; 1Sam. 11,10; 1Sam. 11,11; 1Sam. 11,14; 1Sam. 11,15; 1Sam. 12,5; 1Sam. 12,6; 1Sam. 12,6; 1Sam. 12,6; 1Sam. 12,8; 1Sam. 12,8; 1Sam. 12,10; 1Sam. 12,11; 1Sam. 12,11; 1Sam. 12,11; 1Sam. 12,11; 1Sam. 12,14; 1Sam. 12,15; 1Sam. 12,18; 1Sam. 12,18; 1Sam. 12,18; 1Sam. 12,20; 1Sam. 12,22; 1Sam. 12,24; 1Sam. 13,3; 1Sam. 13,3; 1Sam. 13,3; 1Sam. 13,4; 1Sam. 13,4; 1Sam. 13,7; 1Sam. 13,14; 1Sam. 13,15; 1Sam. 13,15; 1Sam. 13,21; 1Sam. 14,12; 1Sam. 14,12; 1Sam. 14,19; 1Sam. 14,19; 1Sam. 14,20; 1Sam. 14,23; 1Sam. 14,24; 1Sam. 14,26; 1Sam. 14,26; 1Sam. 14,27; 1Sam. 14,27; 1Sam. 14,28; 1Sam. 14,34; 1Sam. 14,36; 1Sam. 14,37; 1Sam. 14,39; 1Sam. 14,46; 1Sam. 14,47; 1Sam. 14,47; 1Sam. 14,48; 1Sam. 14,48; 1Sam. 15,3; 1Sam. 15,4; 1Sam. 15,6; 1Sam. 15,7; 1Sam. 15,8; 1Sam. 15,8; 1Sam. 15,9; 1Sam. 15,11; 1Sam. 15,18; 1Sam. 15,20; 1Sam. 15,20; 1Sam. 15,24; 1Sam. 15,24; 1Sam. 15,26; 1Sam. 15,32; 1Sam. 15,33; 1Sam. 15,34; 1Sam. 15,35; 1Sam. 15,35; 1Sam. 16,3; 1Sam. 16,5; 1Sam. 16,6; 1Sam. 16,8; 1Sam. 16,9; 1Sam. 16,12; 1Sam. 16,19; 1Sam. 16,19; 1Sam. 17,33; 1Sam. 17,36; 1Sam. 17,38; 1Sam. 17,39; 1Sam. 17,40; 1Sam. 17,40; 1Sam. 17,42; 1Sam. 17,43; 1Sam. 17,45; 1Sam. 17,49; 1Sam. 18,9; 1Sam. 18,16; 1Sam. 18,20; 1Sam. 19,1; 1Sam. 19,1; 1Sam. 19,1; 1Sam. 19,3; 1Sam. 19,4; 1Sam. 19,4; 1Sam. 19,5; 1Sam. 19,5; 1Sam. 19,7; 1Sam. 19,7; 1Sam. 19,10; 1Sam. 19,12; 1Sam. 19,14; 1Sam. 19,15; 1Sam. 19,17; 1Sam. 19,20; 1Sam. 20,8; 1Sam. 20,12; 1Sam. 20,19; 1Sam. 20,25; 1Sam. 20,27; 1Sam. 20,31; 1Sam. 20,33; 1Sam. 20,34; 1Sam. 20,38; 1Sam. 20,41; 1Sam. 21,2; 1Sam. 21,14; 1Sam. 22,8; 1Sam. 22,8; 1Sam. 22,9; 1Sam. 22,9; 1Sam. 22,11; 1Sam. 22,11; 1Sam. 22,15; 1Sam. 23,8; 1Sam. 23,9; 1Sam. 23,15; 1Sam. 23,19; 1Sam. 23,22; 1Sam. 24,3; 1Sam. 24,5; 1Sam. 24,8; 1Sam. 24,20; 1Sam. 24,23; 1Sam. 25,11; 1Sam. 25,14; 1Sam. 25,17; 1Sam. 25,17; 1Sam. 25,23; 1Sam. 25,25; 1Sam. 25,25; 1Sam. 25,38; 1Sam. 25,39; 1Sam. 26,1; 1Sam. 26,1; 1Sam. 26,2; 1Sam. 26,5; 1Sam. 26,6; 1Sam. 26,7; 1Sam. 26,8; 1Sam. 26,11; 1Sam. 26,12; 1Sam. 26,14; 1Sam. 26,15; 1Sam. 26,15; 1Sam. 26,15; 1Sam. 26,16; 1Sam. 26,16; 1Sam. 26,25; 1Sam. 27,8; 1Sam. 27,8; 1Sam. 27,12; 1Sam. 28,12; 1Sam. 28,19; 1Sam. 28,23; 1Sam. 29,4; 1Sam. 29,4; 1Sam. 29,4; 1Sam. 29,6; 1Sam. 29,10; 1Sam. 30,1; 1Sam. 30,7; 1Sam. 30,23; 1Sam. 30,23; 1Sam. 30,23; 1Sam. 31,2; 1Sam. 31,2; 1Sam. 31,2; 1Sam. 31,4; 1Sam. 31,8; 2Sam. 1,1; 2Sam. 1,10; 2Sam. 1,10; 2Sam. 1,12; 1,12; 2Sam. 1,12; 2Sam. 1,14; 2Sam. 1,16; 2Sam. 1,17; 2Sam. 1,17; 2Sam. 1,24; 2Sam. 1,24; 2Sam. 2,4; 2Sam. 2,4; 2Sam. 2,4; 2Sam. 2,5; 2Sam. 2,5; 2Sam. 2,5; 2Sam. 2,8; 2Sam. 2,9; 2Sam. 2,9; 2Sam. 2,9; 2Sam. 2,9; 2Sam. 2,10; 2Sam. 2,11; 2Sam. 2,22; 2Sam. 2,29; 2Sam. 2,30; 2Sam. 2,32; 2Sam. 3,6; 2Sam. 3,8; 2Sam. 3,10; 2Sam. 3,10; 2Sam. 3,12; 2Sam. 3,17; 2Sam. 3,18; 2Sam. 3,21; 2Sam. 3,21; 2Sam. 3,24; 2Sam. 3,29; 2Sam. 3,30; 2Sam. 3,30; 2Sam. 3,30; 2Sam. 3,31; 2Sam. 3,31; 2Sam. 3,32; 2Sam. 3,33; 2Sam. 3,35; 2Sam. 3,37; 2Sam. 4,7; 2Sam. 4,8; 2Sam. 5,2; 2Sam. 5,2; 2Sam. 5,2; 2Sam. 5,2; 2Sam. 5,3; 2Sam. 5,3; 2Sam. 5,5; 2Sam. 5,6; 2Sam. 5,6; 2Sam. 5,9; 2Sam. 5,12; 2Sam. 5,17; 2Sam. 6,9; 2Sam. 6,11; 2Sam. 6,12; 2Sam. 6,16; 2Sam. 6,17; 2Sam. 6,18; 2Sam. 6,19; 2Sam. 6,20; 2Sam. 6,21; 2Sam. 6,21; 2Sam. 6,21; 2Sam. 6,21; 2Sam. 7,2; 2Sam. 7,3; 2Sam. 7,5; 2Sam. 7,7; 2Sam. 7,8; 2Sam. 7,8; 2Sam. 7,11; 2Sam. 7,13; 2Sam. 7,13; 2Sam. 7,16; 2Sam. 7,20; 2Sam. 7,21; 2Sam. 7,24; 2Sam. 7,29; 2Sam. 7,29; 2Sam. 7,29; 2Sam. 8,3; 2Sam. 8,3; 2Sam. 8,6; 2Sam. 8,10; 2Sam. 8,10; 2Sam. 8,14; 2Sam. 8,15; 2Sam. 9,3; 2Sam. 9,4; 2Sam. 9,6; 2Sam. 9,7; 2Sam. 9,8; 2Sam. 9,8; 2Sam. 9,8; 2Sam. 9,11; 2Sam. 10,3; 2Sam. 10,3; 2Sam. 10,6; 2Sam. 10,7; 2Sam. 10,17; 2Sam. 10,17; 2Sam. 10,18; 2Sam. 10,18; 2Sam. 11,1; 2Sam. 11,1; 2Sam. 11,1; 2Sam. 11,4; 2Sam. 11,6; 2Sam. 11,6; 2Sam. 11,6; 2Sam. 11,8; 2Sam. 11,9; 2Sam. 11,10; 2Sam. 11,10; 2Sam. 11,11; 2Sam. 11,13; 2Sam. 11,15; 2Sam. 11,16; 2Sam. 11,16; 2Sam. 11,19; 2Sam. 11,21; 2Sam. 11,22; 2Sam. 11,22; 2Sam. 11,22; 2Sam. 11,23; 2Sam. 11,25; 2Sam. 11,25; 2Sam. 11,26; 2Sam. 11,27; 2Sam. 12,1; 2Sam. 12,1; 2Sam. 12,8; 2Sam. 12,8; 2Sam. 12,9; 2Sam. 12,9; 2Sam. 12,9; 2Sam. 12,15; 2Sam. 12,16; 2Sam. 12,20; 2Sam. 12,20; 2Sam. 12,29; 2Sam. 12,30; 2Sam. 12,31; 2Sam. 12,31; 2Sam. 13,6; 2Sam. 13,7; 2Sam. 13,7; 2Sam. 13,8; 2Sam. 13,10; 2Sam. 13,13; 2Sam. 13,17; 2Sam. 13,19; 2Sam. 13,19; 2Sam. 13,19; 2Sam. 13,22; 2Sam. 13,24; 2Sam. 13,27; 2Sam. 13,27; 2Sam. 13,28; 2Sam. 13,35; 2Sam. 13,35; 2Sam. 13,37; 2Sam. 14,3; 2Sam. 14,4; 2Sam. 14,6; 2Sam. 14,7; 2Sam. 14,7; 2Sam. 14,7; 2Sam. 14,7; 2Sam. 14,7; 2Sam. 14,8; 2Sam. 14,9; 2Sam. 14,9; 2Sam. 14,11; 2Sam. 14,11; 2Sam. 14,12; 2Sam. 14,12; 2Sam. 14,13; 2Sam. 14,13; 2Sam. 14,15; 2Sam. 14,15; 2Sam. 14,15; 2Sam. 14,16; 2Sam. 14,20; 2Sam. 14,21; 2Sam. 14,21; 2Sam. 14,22; 2Sam. 14,22; 2Sam. 14,23; 2Sam. 14,24; 2Sam. 14,24; 2Sam. 14,27; 2Sam. 14,29; 2Sam. 14,31; 2Sam. 14,32; 2Sam. 14,33; 2Sam. 14,33; 2Sam. 14,33; 2Sam. 14,33; 2Sam. 15,2; 2Sam. 15,6; 2Sam. 15,7; 2Sam. 15,12; 2Sam. 15,12; 2Sam. 15,12; 2Sam. 15,15; 2Sam. 15,16; 2Sam.

15,19; 2Sam. 15,20; 2Sam. 15,21; 2Sam. 15,23; 2Sam. 15,32; 2Sam. 16,3; 2Sam. 16,6; 2Sam. 16,9; 2Sam. 16,9; 2Sam. 16,9; 2Sam. 16,10; 2Sam. 16,21; 2Sam. 16,21; 2Sam. 17,2; 2Sam. 17,3; 2Sam. 17,3; 2Sam. 17,5; 2Sam. 17,5; 2Sam. 17,6; 2Sam. 17,8; 2Sam. 17,8; 2Sam. 17,13; 2Sam. 17,16; 2Sam. 17,16; 2Sam. 17,16; 2Sam. 17,22; 2Sam. 17,22; 2Sam. 17,23; 2Sam. 17,24; 2Sam. 17,25; 2Sam. 18,1; 2Sam. 18,1; 2Sam. 18,2; 2Sam. 18,2; 2Sam. 18,6; 2Sam. 18,10; 2Sam. 18,12; 2Sam. 18,12; 2Sam. 18,15; 2Sam. 18,17; 2Sam. 18,17; 2Sam. 18,17; 2Sam. 18,23; 2Sam. 18,27; 2Sam. 18,28; 2Sam. 18,29; 2Sam. 18,29; 2Sam. 18,32; 2Sam. 19,1; 2Sam. 19,6; 2Sam. 19,6; 2Sam. 19,11; 2Sam. 19,11; 2Sam. 19,12; 2Sam. 19,12; 2Sam. 19,12; 2Sam. 19,13; 2Sam. 19,13; 2Sam. 19,15; 2Sam. 19,16; 2Sam. 19,16; 2Sam. 19,18; 2Sam. 19,19; 2Sam. 19,19; 2Sam. 19,19; 2Sam. 19,20; 2Sam. 19,20; 2Sam. 19,22; 2Sam. 19,23; 2Sam. 19,25; 2Sam. 19,28; 2Sam. 19,28; 2Sam. 19,29; 2Sam. 19,29; 2Sam. 19,30; 2Sam. 19,31; 2Sam. 19,31; 2Sam. 19,31; 2Sam. 19,31; 2Sam. 19,32; 2Sam. 19,32; 2Sam. 19,33; 2Sam. 19,35; 2Sam. 19,36; 2Sam. 19,36; 2Sam. 19,37; 2Sam. 19,40; 2Sam. 19,40; 2Sam. 19,40; 2Sam. 19,42; 2Sam. 19,42; 2Sam. 19,42; 2Sam. 19,42; 2Sam. 19,42; 2Sam. 19,44; 2Sam. 19,44; 2Sam. 20,3; 2Sam. 20,3; 2Sam. 20,4; 2Sam. 20,5; 2Sam. 20,12; 2Sam. 20,12; 2Sam. 20,21; 2Sam. 20,22; 2Sam. 20,22; 2Sam. 21,1; 2Sam. 21,5; 2Sam. 21,7; 2Sam. 21,7; 2Sam. 21,8; 2Sam. 21,8; 2Sam. 21,10; 2Sam. 21,12; 2Sam. 21,16; 2Sam. 21,17; 2Sam. 21,17; 2Sam. 21,18; 2Sam. 21,18; 2Sam. 21,19; 2Sam. 21,19; 2Sam. 21,21; 2Sam. 22,7; 2Sam. 22,28; 2Sam. 22,28; 2Sam. 23,20; 2Sam. 23,21; 2Sam. 23,21; 2Sam. 24,1; 2Sam. 24,1; 2Sam. 24,1; 2Sam. 24,2; 2Sam. 24,2; 2Sam. 24,2; 2Sam. 24,3; 2Sam. 24,3; 2Sam. 24,4; 2Sam. 24,5; 2Sam. 24,9; 2Sam. 24,9; 2Sam. 24,10; 2Sam. 24,11; 2Sam. 24,11; 2Sam. 24,14; 2Sam. 24,17; 2Sam. 24,19; 2Sam. 24,20; 2Sam. 24,21; 2Sam. 24,21; 2Sam. 24,23; 2Sam. 24,24; 1Kings 1,3; 1Kings 1,4; 1Kings 1,10; 1Kings 1,10; 1Kings 1,10; 1Kings 1,13; 1Kings 1,15; 1Kings 1,19; 1Kings 1,19; 1Kings 1,19; 1Kings 1,19; 1Kings 1,25; 1Kings 1,26; 1Kings 1,26; 1Kings 1,26; 1Kings 1,27; 1Kings 1,31; 1Kings 1,32; 1Kings 1,32; 1Kings 1,33; 1Kings 1,33; 1Kings 1,37; 1Kings 1,37; 1Kings 1,38; 1Kings 1,38; 1Kings 1,39; 1Kings 1,43; 1Kings 1,44; 1Kings 1,44; 1Kings 1,44; 1Kings 1,44; 1Kings 1,44; 1Kings 1,47; 1Kings 1,47; 1Kings 1,47; 1Kings 1,47; 1Kings 1,51; 1Kings 1,51; 1Kings 1,53; 1Kings 2,4; 1Kings 2,8; 1Kings 2,11; 1Kings 2,17; 1Kings 2,19; 1Kings 2,23; 1Kings 2,24; 1Kings 2,27; 1Kings 2,27; 1Kings 2,29; 1Kings 2,32; 1Kings 2,32; 1Kings 2,33; 1Kings 2,35; 1Kings 2,35; 1Kings 2,35; 1Kings 2,35c; 1Kings 2,35c; 1Kings 2,35f; 1Kings 2,35g; 1Kings 2,35k; 1Kings 2,35n; 1Kings 2,36; 1Kings 2,37; 1Kings 2,38; 1Kings 2,42; 1Kings 2,43; 1Kings 2,45; 1Kings 2,46h; 1Kings 3,3; 1Kings 3,6; 1Kings 3,7; 1Kings 3,9; 1Kings 3,9; 1Kings 3,9; 1Kings 3,20; 1Kings 3,20; 1Kings 3,20; 1Kings 3,21; 1Kings 3,26; 1Kings 4,7; 1Kings 5,1; 1Kings 5,11; 1Kings 5,11; 1Kings 5,11; 1Kings 5,14a; 1Kings 5,14a; 1Kings 5,14b; 1Kings 5,14b; 1Kings 5,15; 1Kings 5,15; 1Kings 5,17; 1Kings 5,19; 1Kings 5,19; 1Kings 5,19; 1Kings 5,20; 1Kings 5,21; 1Kings 5,21; 1Kings 5,28; 1Kings 6,1a; 1Kings 6,1c; 1Kings 6,3; 1Kings 6,5; 1Kings 6,9; 1Kings 6,9; 1Kings 6,10; 1Kings 6,22; 1Kings 7,1; 1Kings 7,2; 1Kings 7,7; 1Kings 7,7; 1Kings 7,7; 1Kings 7,7; 1Kings 7,13; 1Kings 7,24; 1Kings 7,24; 1Kings 7,38; 1Kings 7,39; 1Kings 7,40; 1Kings 7,50; 1Kings 8,1; 1Kings 8,1; 1Kings 8,6; 1Kings 8,7; 1Kings 8,10; 1Kings 8,11; 1Kings 8,16; 1Kings 8,16; 1Kings 8,16; 1Kings 8,16; 1Kings 8,16; 1Kings 8,18; 1Kings 8,19; 1Kings 8,19; 1Kings 8,20; 1Kings 8,22; 1Kings 8,29; 1Kings 8,29; 1Kings 8,29; 1Kings 8,30; 1Kings 8,32; 1Kings 8,33; 1Kings 8,35; 1Kings 8,35; 1Kings 8,38; 1Kings 8,42; 1Kings 8,43; 1Kings 8,54; 1Kings 8,63; 1Kings 8,66; 1Kings 9,1;

1Kings 9,1; 1Kings 9,3; 1Kings 9,3; 1Kings 9,5; 1Kings 9,5; 1Kings 9,7; 1Kings 9,7; 1Kings 9,10; 1Kings 9,10; 1Kings 10,4; 1Kings 10,5; 1Kings 10,6; 1Kings 10,9; 1Kings 10,9; 1Kings 10,22a # 9,15; 1Kings 10,22a # 9,15; 1Kings 10,22a # 9,15; 1Kings 10,22b # 9,20; 1Kings 10,22b # 9,20; 1Kings 11,12; 1Kings 11,13; 1Kings 11,14; 1Kings 11,14; 1Kings 11,14; 1Kings 11,14; 1Kings 11,15; 1Kings 11,20; 1Kings 11,27; 1Kings 11,32; 1Kings 11,34; 1Kings 11,37; 1Kings 11,40; 1Kings 12,3; 1Kings 12,4; 1Kings 12,10; 1Kings 12,11; 1Kings 12,12; 1Kings 12,13; 1Kings 12,14; 1Kings 12,14; 1Kings 12,16; 1Kings 12,18; 1Kings 12,18; 1Kings 12,19; 1Kings 12,24; 1Kings 12,24e; 1Kings 12,24g; 1Kings 12,24k; 1Kings 12,24l; 1Kings 12,24m; 1Kings 12,24o; 1Kings 12,24p; 1Kings 12,24p; 1Kings 12,24r; 1Kings 12,24y; 1Kings 12,28; 1Kings 13,7; 1Kings 13,8; 1Kings 13,13; 1Kings 13,13; 1Kings 13,18; 1Kings 13,20; 1Kings 13,20; 1Kings 13,21; 1Kings 13,21; 1Kings 13,22; 1Kings 13,23; 1Kings 13,28; 1Kings 13,29; 1Kings 14,27; 1Kings 15,15; 1Kings 15,26; 1Kings 15,27; 1Kings 15,29; 1Kings 15,30; 1Kings 15,30; 1Kings 15,34; 1Kings 16,2; 1Kings 16,2; 1Kings 16,2; 1Kings 16,3; 1Kings 16,3; 1Kings 16,4; 1Kings 16,4; 1Kings 16,7; 1Kings 16,7; 1Kings 16,11; 1Kings 16,12; 1Kings 16,12; 1Kings 16,13; 1Kings 16,13; 1Kings 16,16; 1Kings 16,16; 1Kings 16,16; 1Kings 16,18; 1Kings 16,19; 1Kings 16,22; 1Kings 16,22; 1Kings 16,26; 1Kings 16,26; 1Kings 17,10; 1Kings 17,14; 1Kings 17,18; 1Kings 17,19; 1Kings 17,20; 1Kings 17,21; 1Kings 17,23; 1Kings 18,3; 1Kings 18,3; 1Kings 18,3; 1Kings 18,9; 1Kings 18,12; 1Kings 18,17; 1Kings 18,17; 1Kings 18,18; 1Kings 18,18; 1Kings 18,22; 1Kings 18,23; 1Kings 18,23; 1Kings 18,23; 1Kings 18,25; 1Kings 18,25; 1Kings 18,26; 1Kings 18,28; 1Kings 18,30; 1Kings 18,36; 1Kings 18,38; 1Kings 18,40; 1Kings 18,40; 1Kings 18,42; 1Kings 18,46; 1Kings 19,12; 1Kings 19,15; 1Kings 19,16; 1Kings 19,16; 1Kings 19,17; 1Kings 19,17; 1Kings 19,19; 1Kings 19,20; 1Kings 20,2; 1Kings 20,6; 1Kings 20,6; 1Kings 20,7; 1Kings 20,9; 1Kings 20,12; 1Kings 20,15; 1Kings 20,16; 1Kings 20,17; 1Kings 20,22; 1Kings 20,22; 1Kings 20,22; 1Kings 20,22; 1Kings 20,24; 1Kings 20,24; 1Kings 20,27; 1Kings 20,27; 1Kings 21,6; 1Kings 21,9; 1Kings 21,12; 1Kings 21,13; 1Kings 21,13; 1Kings 21,14; 1Kings 21,15; 1Kings 21,20; 1Kings 21,20; 1Kings 21,24; 1Kings 21,30; 1Kings 21,33; 1Kings 21,35; 1Kings 21,39; 1Kings 21,39; 1Kings 21,41; 1Kings 22,5; 1Kings 22,7; 1Kings 22,8; 1Kings 22,12; 1Kings 22,13; 1Kings 22,15; 1Kings 22,17; 1Kings 22,17; 1Kings 22,19; 1Kings 22,20; 1Kings 22,24; 1Kings 22,26; 1Kings 22,26; 1Kings 22,30; 1Kings 22,30; 1Kings 22,30; 1Kings 22,31; 1Kings 22,32; 1Kings 22,34; 1Kings 22,35; 1Kings 22,37; 1Kings 22,53; 1Kings 22,54; 2Kings 1,3; 2Kings 1,6; 2Kings 1,6; 2Kings 1,10; 2Kings 1,15; 2Kings 1,18c; 2Kings 1,18d; 2Kings 2,1; 2Kings 2,1; 2Kings 2,3; 2Kings 2,5; 2Kings 2,11; 2Kings 2,16; 2Kings 3,3; 2Kings 3,6; 2Kings 3,11; 2Kings 3,16; 2Kings 3,23; 2Kings 3,25; 2Kings 3,27; 2Kings 3,27; 2Kings 4,1; 2Kings 4,9; 2Kings 4,13; 2Kings 4,13; 2Kings 4,16; 2Kings 4,17; 2Kings 4,18; 2Kings 4,19; 2Kings 4,22; 2Kings 4,25; 2Kings 4,32; 2Kings 4,33; 2Kings 4,36; 2Kings 4,37; 2Kings 4,38; 2Kings 4,38; 2Kings 4,39; 2Kings 4,39; 2Kings 4,41; 2Kings 4,42; 2Kings 5,6; 2Kings 5,6; 2Kings 5,8; 2Kings 5,11; 2Kings 5,18; 2Kings 5,25; 2Kings 5,27; 2Kings 6,4; 2Kings 6,6; 2Kings 6,8; 2Kings 6,9; 2Kings 6,10; 2Kings 6,19; 2Kings 6,22; 2Kings 6,23; 2Kings 6,28; 2Kings 6,28; 2Kings 6,29; 2Kings 6,29; 2Kings 6,29; 2Kings 6,30; 2Kings 6,32; 2Kings 7,3; 2Kings 7,6; 2Kings 7,9; 2Kings 7,9; 2Kings 7,11; 2Kings 7,17; 2Kings 7,17; 2Kings 7,18; 2Kings 8,1; 2Kings 8,3; 2Kings 8,5; 2Kings 8,5; 2Kings 8,8; 2Kings 8,14; 2Kings 8,19; 2Kings 8,19; 2Kings 8,21; 2Kings 8,21; 2Kings 8,28; 2Kings 8,29; 2Kings 9,1; 2Kings 9,3; 2Kings 9,6; 2Kings 9,6; 2Kings 9,7; 2Kings 9,9; 2Kings 9,9; 2Kings 9,9; 2Kings 9,11; 2Kings 9,16; 2Kings 9,17; 2Kings

ὁ

9,17; 2Kings 9,20; 2Kings 9,22; 2Kings 9,24; 2Kings 9,25; 2Kings 9,33; 2Kings 10,3; 2Kings 10,3; 2Kings 10,3; 2Kings 10,9; 2Kings 10,9; 2Kings 10,10; 2Kings 10,15; 2Kings 10,18; 2Kings 10,21; 2Kings 10,27; 2Kings 10,28; 2Kings 10,29; 2Kings 10,31; 2Kings 11,2; 2Kings 11,4; 2Kings 11,4; 2Kings 11,4; 2Kings 11,7; 2Kings 11,8; 2Kings 11,9; 2Kings 11,11; 2Kings 11,12; 2Kings 11,13; 2Kings 11,14; 2Kings 11,18; 2Kings 11,18; 2Kings 11,18; 2Kings 11,19; 2Kings 11,19; 2Kings 11,19; 2Kings 11,19; 2Kings 12,8; 2Kings 12,10; 2Kings 12,13; 2Kings 12,15; 2Kings 12,21; 2Kings 13,2; 2Kings 13,6; 2Kings 13,11; 2Kings 13,21; 2Kings 13,21; 2Kings 13,21; 2Kings 13,22; 2Kings 14,5; 2Kings 14,7; 2Kings 14,9; 2Kings 14,13; 2Kings 14,21; 2Kings 14,22; 2Kings 14,24; 2Kings 15,5; 2Kings 15,9; 2Kings 15,14; 2Kings 15,18; 2Kings 15,20; 2Kings 15,24; 2Kings 15,28; 2Kings 15,37; 2Kings 15,37; 2Kings 16,3; 2Kings 16,9; 2Kings 16,10; 2Kings 16,10; 2Kings 16,17; 2Kings 16,18; 2Kings 17,6; 2Kings 17,11; 2Kings 17,13; 2Kings 17,14; 2Kings 17,14; 2Kings 17,20; 2Kings 17,21; 2Kings 17,21; 2Kings 17,23; 2Kings 17,24; 2Kings 17,25; 2Kings 17,28; 2Kings 17,32; 2Kings 17,32; 2Kings 17,33; 2Kings 17,34; 2Kings 17,37; 2Kings 17,39; 2Kings 17,41; 2Kings 18,4; 2Kings 18,4; 2Kings 18,17; 2Kings 18,17; 2Kings 18,17; 2Kings 18,17; 2Kings 18,25; 2Kings 18,27; 2Kings 19,2; 2Kings 19,2; 2Kings 19,2; 2Kings 19,6; 2Kings 19,8; 2Kings 19,15; 2Kings 19,22; 2Kings 19,27; 2Kings 19,29; 2Kings 19,29; 2Kings 19,34; 2Kings 20,2; 2Kings 20,5; 2Kings 20,6; 2Kings 20,9; 2Kings 20,13; 2Kings 20,13; 2Kings 20,14; 2Kings 20,20; 2Kings 21,7; 2Kings 21,7; 2Kings 21,8; 2Kings 21,16; 2Kings 21,22; 2Kings 21,23; 2Kings 21,24; 2Kings 21,24; 2Kings 22,3; 2Kings 22,3; 2Kings 22,4; 2Kings 22,4; 2Kings 22,4; 2Kings 22,8; 2Kings 22,9; 2Kings 22,10; 2Kings 22,13; 2Kings 22,16; 2Kings 22,18; 2Kings 22,18; 2Kings 22,19; 2Kings 22,20; 2Kings 22,20; 2Kings 23,3; 2Kings 23,4; 2Kings 23,4; 2Kings 23,6; 2Kings 23,6; 2Kings 23,6; 2Kings 23,7; 2Kings 23,8; 2Kings 23,8; 2Kings 23,10; 2Kings 23,10; 2Kings 23,10; 2Kings 23,12; 2Kings 23,12; 2Kings 23,13; 2Kings 23,13; 2Kings 23,13; 2Kings 23,15; 2Kings 23,16; 2Kings 23,22; 2Kings 23,25; 2Kings 23,27; 2Kings 23,27; 2Kings 23,27; 2Kings 23,30; 2Kings 23,34; 2Kings 23,34; 2Kings 24,2; 2Kings 24,3; 2Kings 24,14; 2Kings 24,15; 2Kings 24,16; 2Kings 24,16; 2Kings 24,17; 2Kings 24,20; 2Kings 25,6; 2Kings 25,6; 2Kings 25,9; 2Kings 25,9; 2Kings 25,13; 2Kings 25,18; 2Kings 25,18; 2Kings 25,18; 2Kings 25,18; 2Kings 25,19; 2Kings 25,19; 2Kings 25,19; 2Kings 25,20; 2Kings 25,22; 2Kings 25,23; 2Kings 25,25; 2Kings 25,28; 1Chr. 1,10; 1Chr. 1,32; 1Chr. 1,34; 1Chr. 2,4; 1Chr. 2,4; 1Chr. 2,10; 1Chr. 2,10; 1Chr. 2,11; 1Chr. 2,11; 1Chr. 2,12; 1Chr. 2,12; 1Chr. 2,13; 1Chr. 2,17; 1Chr. 2,19; 1Chr. 2,20; 1Chr. 2,20; 1Chr. 2,21; 1Chr. 2,22; 1Chr. 2,24; 1Chr. 2,29; 1Chr. 2,29; 1Chr. 2,35; 1Chr. 2,36; 1Chr. 2,36; 1Chr. 2,37; 1Chr. 2,37; 1Chr. 2,38; 1Chr. 2,38; 1Chr. 2,39; 1Chr. 2,39; 1Chr. 2,40; 1Chr. 2,40; 1Chr. 2,41; 1Chr. 2,41; 1Chr. 2,44; 1Chr. 2,44; 1Chr. 2,46; 1Chr. 2,46; 1Chr. 2,46; 1Chr. 2,46; 1Chr. 2,48; 1Chr. 2,48; 1Chr. 2,49; 1Chr. 4,2; 1Chr. 4,2; 1Chr. 4,2; 1Chr. 4,6; 1Chr. 4,6; 1Chr. 4,6; 1Chr. 4,6; 1Chr. 4,8; 1Chr. 4,8; 1Chr. 4,10; 1Chr. 4,11; 1Chr. 4,12; 1Chr. 4,12; 1Chr. 4,12; 1Chr. 4,14; 1Chr. 4,14; 1Chr. 4,17; 1Chr. 4,17; 1Chr. 4,17; 1Chr. 4,18; 1Chr. 4,18; 1Chr. 4,18; 1Chr. 5,20; 1Chr. 5,26; 1Chr. 5,26; 1Chr. 5,30; 1Chr. 5,30; 1Chr. 5,31; 1Chr. 5,31; 1Chr. 5,32; 1Chr. 5,32; 1Chr. 5,33; 1Chr. 5,33; 1Chr. 5,34; 1Chr. 5,34; 1Chr. 5,35; 1Chr. 5,35; 1Chr. 5,36; 1Chr. 5,37; 1Chr. 5,37; 1Chr. 5,38; 1Chr. 5,38; 1Chr. 5,39; 1Chr. 5,39; 1Chr. 5,40; 1Chr. 5,40; 1Chr. 6,17; 1Chr. 7,14; 1Chr. 7,18; 1Chr. 7,18; 1Chr. 7,18; 1Chr. 7,32; 1Chr. 7,32; 1Chr. 7,32; 1Chr. 8,1; 1Chr. 8,1; 1Chr. 8,1; 1Chr. 8,2; 1Chr. 8,2; 1Chr. 8,7; 1Chr. 8,7; 1Chr. 8,9; 1Chr. 8,9; 1Chr. 8,9; 1Chr. 8,9; 1Chr. 8,10; 1Chr. 8,10; 1Chr. 8,10; 1Chr. 8,11; 1Chr. 8,11; 1Chr. 8,32; 1Chr. 8,33; 1Chr. 8,33; 1Chr. 8,33; 1Chr. 8,33; 1Chr. 8,33; 1Chr. 8,33; 1Chr. 8,34; 1Chr. 8,36; 1Chr. 8,36; 1Chr. 8,36; 1Chr. 8,36; 1Chr. 8,36; 1Chr. 8,37; 1Chr. 9,38; 1Chr. 9,39; 1Chr. 9,39; 1Chr. 9,39; 1Chr. 9,39; 1Chr. 9,39; 1Chr. 9,39; 1Chr. 9,40; 1Chr. 9,42; 1Chr. 9,42; 1Chr. 9,42; 1Chr. 9,42; 1Chr. 9,43; 1Chr. 10,2; 1Chr. 10,2; 1Chr. 10,2; 1Chr. 10,8; 1Chr. 10,13; 1Chr. 11,2; 1Chr. 11,2; 1Chr. 11,2; 1Chr. 11,3; 1Chr. 11,3; 1Chr. 11,3; 1Chr. 11,10; 1Chr. 11,22; 1Chr. 11,23; 1Chr. 11,23; 1Chr. 12,16; 1Chr. 12,19; 1Chr. 12,20; 1Chr. 12,22; 1Chr. 12,24; 1Chr. 12,32; 1Chr. 12,39; 1Chr. 12,39; 1Chr. 13,5; 1Chr. 13,11; 1Chr. 13,12; 1Chr. 14,2; 1Chr. 14,8; 1Chr. 14,15; 1Chr. 14,17; 1Chr. 15,1; 1Chr. 15,3; 1Chr. 15,3; 1Chr. 15,11; 1Chr. 15,11; 1Chr. 15,17; 1Chr. 15,26; 1Chr. 15,29; 1Chr. 16,2; 1Chr. 16,4; 1Chr. 16,7; 1Chr. 16,11; 1Chr. 16,16; 1Chr. 16,34; 1Chr. 16,37; 1Chr. 16,39; 1Chr. 16,39; 1Chr. 16,41; 1Chr. 16,41; 1Chr. 16,43; 1Chr. 16,43; 1Chr. 17,1; 1Chr. 17,4; 1Chr. 17,5; 1Chr. 17,6; 1Chr. 17,7; 1Chr. 17,10; 1Chr. 17,12; 1Chr. 17,17; 1Chr. 17,18; 1Chr. 17,22; 1Chr. 17,23; 1Chr. 17,23; 1Chr. 17,26; 1Chr. 17,27; 1Chr. 17,27; 1Chr. 17,27; 1Chr. 18,3; 1Chr. 18,6; 1Chr. 18,10; 1Chr. 18,10; 1Chr. 18,10; 1Chr. 18,13; 1Chr. 19,3; 1Chr. 19,7; 1Chr. 19,7; 1Chr. 19,8; 1Chr. 19,9; 1Chr. 19,16; 1Chr. 19,17; 1Chr. 19,17; 1Chr. 19,18; 1Chr. 20,2; 1Chr. 20,3; 1Chr. 20,3; 1Chr. 20,4; 1Chr. 20,5; 1Chr. 20,7; 1Chr. 21,1; 1Chr. 21,1; 1Chr. 21,2; 1Chr. 21,2; 1Chr. 21,3; 1Chr. 21,5; 1Chr. 21,6; 1Chr. 21,6; 1Chr. 21,6; 1Chr. 21,7; 1Chr. 21,8; 1Chr. 21,16; 1Chr. 21,17; 1Chr. 21,19; 1Chr. 21,20; 1Chr. 21,22; 1Chr. 21,23; 1Chr. 21,27; 1Chr. 21,27; 1Chr. 21,28; 1Chr. 21,30; 1Chr. 22,6; 1Chr. 22,6; 1Chr. 22,12; 1Chr. 22,19; 1Chr. 23,1; 1Chr. 23,24; 1Chr. 23,28; 1Chr. 25,3; 1Chr. 25,8; 1Chr. 25,8; 1Chr. 26,6; 1Chr. 26,6; 1Chr. 26,13; 1Chr. 26,13; 1Chr. 26,18; 1Chr. 26,29; 1Chr. 27,5; 1Chr. 27,5; 1Chr. 27,7; 1Chr. 27,7; 1Chr. 27,15; 1Chr. 27,15; 1Chr. 27,23; 1Chr. 27,23; 1Chr. 27,24; 1Chr. 28,4; 1Chr. 28,4; 1Chr. 28,5; 1Chr. 28,6; 1Chr. 28,9; 1Chr. 28,14; 1Chr. 28,16; 1Chr. 28,17; 1Chr. 28,18; 1Chr. 29,3; 1Chr. 29,10; 1Chr. 29,17; 1Chr. 29,17; 1Chr. 29,18; 1Chr. 29,20; 1Chr. 29,20; 1Chr. 29,22; 1Chr. 29,25; 1Chr. 29,30; 2Chr. 1,8; 2Chr. 1,10; 2Chr. 1,10; 2Chr. 1,11; 2Chr. 2,3; 2Chr. 2,3; 2Chr. 2,10; 2Chr. 2,11; 2Chr. 2,12; 2Chr. 2,12; 2Chr. 2,14; 2Chr. 2,14; 2Chr. 2,16; 2Chr. 2,17; 2Chr. 3,1; 2Chr. 3,3; 2Chr. 3,5; 2Chr. 3,5; 2Chr. 3,6; 2Chr. 3,7; 2Chr. 3,8; 2Chr. 3,13; 2Chr. 3,17; 2Chr. 4,3; 2Chr. 5,3; 2Chr. 5,7; 2Chr. 5,8; 2Chr. 5,13; 2Chr. 5,14; 2Chr. 6,4; 2Chr. 6,5; 2Chr. 6,5; 2Chr. 6,9; 2Chr. 6,9; 2Chr. 6,10; 2Chr. 6,10; 2Chr. 6,10; 2Chr. 6,13; 2Chr. 6,20; 2Chr. 6,20; 2Chr. 6,20; 2Chr. 6,21; 2Chr. 6,26; 2Chr. 6,26; 2Chr. 6,29; 2Chr. 6,32; 2Chr. 6,32; 2Chr. 6,32; 2Chr. 6,33; 2Chr. 7,1; 2Chr. 7,2; 2Chr. 7,2; 2Chr. 7,3; 2Chr. 7,3; 2Chr. 7,5; 2Chr. 7,6; 2Chr. 7,10; 2Chr. 7,11; 2Chr. 7,11; 2Chr. 7,13; 2Chr. 7,16; 2Chr. 7,18; 2Chr. 7,20; 2Chr. 7,22; 2Chr. 7,22; 2Chr. 8,1; 2Chr. 8,1; 2Chr. 8,11; 2Chr. 8,13; 2Chr. 8,14; 2Chr. 8,16; 2Chr. 8,18; 2Chr. 9,3; 2Chr. 9,5; 2Chr. 9,8; 2Chr. 9,8; 2Chr. 9,15; 2Chr. 10,4; 2Chr. 10,10; 2Chr. 10,11; 2Chr. 10,14; 2Chr. 10,15; 2Chr. 10,16; 2Chr. 10,16; 2Chr. 10,18; 2Chr. 10,18; 2Chr. 11,1; 2Chr. 11,3; 2Chr. 11,4; 2Chr. 11,17; 2Chr. 11,19; 2Chr. 11,19; 2Chr. 11,19; 2Chr. 11,20; 2Chr. 11,20; 2Chr. 11,20; 2Chr. 11,20; 2Chr. 11,22; 2Chr. 11,22; 2Chr. 12,10; 2Chr. 12,11; 2Chr. 12,14; 2Chr. 12,15; 2Chr. 13,3; 2Chr. 13,5; 2Chr. 13,5; 2Chr. 13,7; 2Chr. 13,10; 2Chr. 13,15; 2Chr. 13,15; 2Chr. 14,3; 2Chr. 14,3; 2Chr. 15,9; 2Chr. 16,2; 2Chr. 16,2; 2Chr. 16,3; 2Chr. 16,6; 2Chr. 17,1; 2Chr. 17,4; 2Chr. 17,7; 2Chr. 17,9; 2Chr. 18,4; 2Chr. 18,7; 2Chr. 18,12; 2Chr. 18,14; 2Chr. 18,16; 2Chr. 18,16; 2Chr. 18,18; 2Chr. 18,19; 2Chr. 18,23; 2Chr. 18,25; 2Chr. 18,29; 2Chr. 18,29; 2Chr. 18,30; 2Chr. 18,30; 2Chr. 18,30; 2Chr. 18,31; 2Chr. 18,33; 2Chr. 19,1; 2Chr. 19,3; 2Chr. 19,4; 2Chr. 20,3; 2Chr. 20,4; 2Chr. 20,4;

ὁ

2Chr. 20,7; 2Chr. 20,21; 2Chr. 20,26; 2Chr. 20,26; 2Chr. 20,31; 2Chr. 21,7; 2Chr. 21,9; 2Chr. 21,11; 2Chr. 21,13; 2Chr. 22,1; 2Chr. 22,1; 2Chr. 22,4; 2Chr. 22,5; 2Chr. 22,6; 2Chr. 22,7; 2Chr. 22,8; 2Chr. 22,9; 2Chr. 22,9; 2Chr. 22,11; 2Chr. 23,1; 2Chr. 23,1; 2Chr. 23,1; 2Chr. 23,1; 2Chr. 23,1; 2Chr. 23,2; 2Chr. 23,3; 2Chr. 23,3; 2Chr. 23,7; 2Chr. 23,7; 2Chr. 23,10; 2Chr. 23,10; 2Chr. 23,11; 2Chr. 23,12; 2Chr. 23,12; 2Chr. 23,13; 2Chr. 23,17; 2Chr. 23,18; 2Chr. 23,20; 2Chr. 23,20; 2Chr. 23,20; 2Chr. 23,20; 2Chr. 23,20; 2Chr. 24,4; 2Chr. 24,5; 2Chr. 24,6; 2Chr. 24,6; 2Chr. 24,6; 2Chr. 24,7; 2Chr. 24,9; 2Chr. 24,11; 2Chr. 24,12; 2Chr. 24,12; 2Chr. 24,13; 2Chr. 24,14; 2Chr. 24,17; 2Chr. 24,18; 2Chr. 24,20; 2Chr. 24,20; 2Chr. 24,20; 2Chr. 24,20; 2Chr. 24,22; 2Chr. 25,3; 2Chr. 25,5; 2Chr. 25,10; 2Chr. 25,10; 2Chr. 25,11; 2Chr. 25,15; 2Chr. 25,18; 2Chr. 25,23; 2Chr. 25,23; 2Chr. 25,25; 2Chr. 26,1; 2Chr. 26,2; 2Chr. 26,5; 2Chr. 26,5; 2Chr. 26,16; 2Chr. 26,18; 2Chr. 26,21; 2Chr. 27,2; 2Chr. 28,6; 2Chr. 28,7; 2Chr. 28,7; 2Chr. 28,7; 2Chr. 28,7; 2Chr. 28,7; 2Chr. 28,9; 2Chr. 28,13; 2Chr. 28,19; 2Chr. 28,25; 2Chr. 29,5; 2Chr. 29,8; 2Chr. 29,15; 2Chr. 29,16; 2Chr. 29,16; 2Chr. 29,17; 2Chr. 29,17; 2Chr. 29,18; 2Chr. 29,30; 2Chr. 29,36; 2Chr. 30,1; 2Chr. 30,8; 2Chr. 30,14; 2Chr. 30,19; 2Chr. 30,20; 2Chr. 30,27; 2Chr. 30,27; 2Chr. 31,5; 2Chr. 31,8; 2Chr. 31,8; 2Chr. 31,10; 2Chr. 31,15; 2Chr. 31,15; 2Chr. 31,21; 2Chr. 32,4; 2Chr. 32,4; 2Chr. 32,6; 2Chr. 32,8; 2Chr. 32,9; 2Chr. 32,13; 2Chr. 32,14; 2Chr. 32,15; 2Chr. 32,17; 2Chr. 32,18; 2Chr. 32,20; 2Chr. 33,4; 2Chr. 33,7; 2Chr. 33,8; 2Chr. 33,8; 2Chr. 33,9; 2Chr. 33,10; 2Chr. 33,11; 2Chr. 33,18; 2Chr. 33,25; 2Chr. 33,25; 2Chr. 34,3; 2Chr. 34,3; 2Chr. 34,5; 2Chr. 34,8; 2Chr. 34,8; 2Chr. 34,8; 2Chr. 34,8; 2Chr. 34,8; 2Chr. 34,8; 2Chr. 34,9; 2Chr. 34,9; 2Chr. 34,10; 2Chr. 34,15; 2Chr. 34,16; 2Chr. 34,21; 2Chr. 34,24; 2Chr. 34,26; 2Chr. 34,26; 2Chr. 34,27; 2Chr. 34,28; 2Chr. 34,31; 2Chr. 35,3; 2Chr. 35,6; 2Chr. 35,19b; 2Chr. 35,19d; 2Chr. 35,19d; 2Chr. 35,19d; 2Chr. 35,20; 2Chr. 35,20; 2Chr. 36,1; 2Chr. 36,4; 2Chr. 36,4; 2Chr. 36,5b; 2Chr. 36,5b; 2Chr. 36,13; 2Chr. 36,13; 2Chr. 36,14; 2Chr. 36,14; 2Chr. 36,19; 1Esdr. 1,22; 1Esdr. 1,27; 1Esdr. 1,29; 1Esdr. 1,30; 1Esdr. 1,32; 1Esdr. 1,35; 1Esdr. 1,36; 1Esdr. 1,46; 1Esdr. 1,52; 1Esdr. 1,55; 1Esdr. 2,3; 1Esdr. 2,5; 1Esdr. 2,16; 1Esdr. 3,3; 1Esdr. 3,4; 1Esdr. 3,6; 1Esdr. 3,8; 1Esdr. 4,4; 1Esdr. 4,5; 1Esdr. 4,6; 1Esdr. 4,15; 1Esdr. 4,15; 1Esdr. 4,20; 1Esdr. 4,21; 1Esdr. 4,24; 1Esdr. 4,25; 1Esdr. 4,30; 1Esdr. 4,33; 1Esdr. 4,34; 1Esdr. 4,38; 1Esdr. 4,38; 1Esdr. 4,45; 1Esdr. 4,58; 1Esdr. 4,62; 1Esdr. 5,43; 1Esdr. 5,49; 1Esdr. 5,53; 1Esdr. 5,55; 1Esdr. 5,57; 1Esdr. 5,60; 1Esdr. 5,62; 1Esdr. 5,62; 1Esdr. 5,64; 1Esdr. 5,67; 1Esdr. 5,70; 1Esdr. 6,2; 1Esdr. 6,2; 1Esdr. 6,4; 1Esdr. 6,10; 1Esdr. 6,12; 1Esdr. 6,14; 1Esdr. 6,14; 1Esdr. 6,15; 1Esdr. 6,16; 1Esdr. 6,18; 1Esdr. 6,23; 1Esdr. 6,23; 1Esdr. 6,25; 1Esdr. 6,25; 1Esdr. 6,26; 1Esdr. 6,26; 1Esdr. 6,27; 1Esdr. 6,32; 1Esdr. 6,32; 1Esdr. 7,7; 1Esdr. 7,13; 1Esdr. 8,7; 1Esdr. 8,8; 1Esdr. 8,21; 1Esdr. 8,23; 1Esdr. 8,24; 1Esdr. 8,24; 1Esdr. 8,25; 1Esdr. 8,25; 1Esdr. 8,41; 1Esdr. 8,44; 1Esdr. 8,44; 1Esdr. 8,51; 1Esdr. 8,70; 1Esdr. 8,82; 1Esdr. 8,84; 1Esdr. 8,89; 1Esdr. 8,90; 1Esdr. 9,6; 1Esdr. 9,39; 1Esdr. 9,39; 1Esdr. 9,40; 1Esdr. 9,41; 1Esdr. 9,41; 1Esdr. 9,46; 1Esdr. 9,48; 1Esdr. 9,48; Ezra 1,3; Ezra 1,5; Ezra 1,5; Ezra 2,68; Ezra 3,10; Ezra 3,10; Ezra 3,11; Ezra 3,12; Ezra 3,12; Ezra 3,12; Ezra 5,2; Ezra 5,2; Ezra 5,3; Ezra 5,9; Ezra 5,11; Ezra 5,12; Ezra 5,12; Ezra 5,12; Ezra 5,13; Ezra 5,15; Ezra 5,17; Ezra 5,17; Ezra 5,17; Ezra 6,5; Ezra 6,5; Ezra 6,12; Ezra 6,12; Ezra 6,15; Ezra 7,10; Ezra 7,11; Ezra 7,16; Ezra 7,27; Ezra 7,27; Ezra 8,15; Ezra 8,15; Ezra 8,15; Ezra 8,19; Ezra 8,19; Ezra 8,21; Ezra 8,36; Ezra 8,36; Ezra 9,3; Ezra 9,5; Ezra 9,9; Neh. 1,8; Neh. 1,9; Neh. 2,1; Neh. 2,3; Neh. 2,4; Neh. 2,5; Neh. 2,7; Neh. 2,19; Neh. 4,3; Neh. 4,7; Neh. 5,7; Neh. 5,11; Neh. 5,11; Neh. 5,13; Neh. 5,13; Neh. 5,15; Neh. 5,18; Neh. 6,5; Neh. 6,11; Neh. 7,2; Neh. 7,5; Neh. 8,2; Neh. 8,3; Neh. 8,6; Neh. 8,6; Neh. 8,7; Neh. 8,7; Neh. 8,9; Neh. 8,11; Neh. 8,13; Neh. 9,4; Neh. 9,5; Neh. 9,6; Neh. 9,6; Neh. 9,16; Neh. 9,17; Neh. 9,19; Neh. 9,19; Neh. 9,26; Neh. 9,29; Neh. 9,34; Neh. 9,36; Neh. 10,38; Neh. 10,40; Neh. 12,10; Neh. 12,10; Neh. 12,10; Neh. 12,11; Neh. 12,11; Neh. 12,30; Neh. 13,2; Neh. 13,3; Neh. 13,5; Neh. 13,6; Neh. 13,9; Esth. 11,9 # 1,1h; Esth. 12,6 # 1,1r; Esth. 12,6 # 1,1r; Esth. 1,4; Esth. 1,16; Esth. 1,16; Esth. 2,3; Esth. 2,8; Esth. 2,12; Esth. 2,13; Esth. 2,14; Esth. 2,14; Esth. 2,14; Esth. 2,15; Esth. 2,15; Esth. 2,16; Esth. 2,20; Esth. 2,21; Esth. 3,8; Esth. 3,10; Esth. 13,7 # 3,13g; Esth. 13,7 # 3,13g; Esth. 4,4; Esth. 4,4; Esth. 4,5; Esth. 4,8; Esth. 4,8; Esth. 4,11; Esth. 4,11; Esth. 4,14; Esth. 4,15; Esth. 4,16; Esth. 4,16; Esth. 13,9 # 4,17b; Esth. 13,10 # 4,17c; Esth. 13,12 # 4,17d; Esth. 14,1 # 4,17k; Esth. 14,5 # 4,17m; Esth. 14,11 # 4,17q; Esth. 15,2 # 5,1a; Esth. 15,11 # 5:2; Esth. 5,5; Esth. 5,9; Esth. 5,11; Esth. 5,13; Esth. 6,1; Esth. 6,4; Esth. 6,4; Esth. 6,7; Esth. 6,9; Esth. 6,9; Esth. 6,11; Esth. 6,11; Esth. 6,11; Esth. 6,14; Esth. 6,14; Esth. 7,7; Esth. 7,9; Esth. 8,2; Esth. 8,3; Esth. 16,17 # 8,12r; Esth. 16,24 # 8,12x; Esth. 8,17; Esth. 9,22; Esth. 9,25; Esth. 9,25; Esth. 9,28; Esth. 9,32; Esth. 10,3; Esth. 10,9 # 10,3f; Esth. 10,9 # 10,3f; Esth. 10,13 # 10,3k; Judith 1,6; Judith 1,6; Judith 1,6; Judith 1,7; Judith 1,11; Judith 1,14; Judith 1,15; Judith 2,4; Judith 2,24; Judith 4,4; Judith 4,9; Judith 4,12; Judith 5,12; Judith 5,15; Judith 5,16; Judith 5,16; Judith 5,16; Judith 5,16; Judith 5,19; Judith 5,20; Judith 6,10; Judith 6,13; Judith 6,13; Judith 6,16; Judith 6,17; Judith 6,20; Judith 6,21; Judith 7,4; Judith 7,7; Judith 7,27; Judith 7,28; Judith 7,28; Judith 7,29; Judith 7,32; Judith 8,8; Judith 8,9; Judith 8,11; Judith 8,12; Judith 8,14; Judith 8,14; Judith 8,14; Judith 8,14; Judith 8,22; Judith 8,26; Judith 8,31; Judith 8,33; Judith 9,1; Judith 9,4; Judith 10,1; Judith 10,2; Judith 10,3; Judith 10,4; Judith 10,10; Judith 10,19; Judith 11,7; Judith 11,10; Judith 11,10; Judith 11,11; Judith 11,17; Judith 11,17; Judith 11,19; Judith 11,22; Judith 12,13; Judith 13,1; Judith 13,6; Judith 13,8; Judith 13,10; Judith 13,14; Judith 13,14; Judith 14,5; Judith 14,5; Judith 14,5; Judith 14,6; Judith 14,10; Judith 14,13; Judith 14,15; Judith 14,17; Judith 14,18; Judith 15,10; Judith 16,9; Judith 16,16; Judith 16,21; Judith 16,22; Tob. 1,21; Tob. 2,1; Tob. 2,5; Tob. 2,9; Tob. 2,12; Tob. 3,2; Tob. 3,6; Tob. 3,9; Tob. 3,11; Tob. 3,17; Tob. 4,2; Tob. 4,17; Tob. 4,19; Tob. 4,21; Tob. 5,4; Tob. 5,6; Tob. 5,16; Tob. 6,1; Tob. 6,3; Tob. 6,4; Tob. 6,5; Tob. 6,13; Tob. 6,13; Tob. 6,15; Tob. 6,17; Tob. 6,17; Tob. 6,18; Tob. 7,4; Tob. 7,10; Tob. 7,13; Tob. 7,13; Tob. 8,6; Tob. 8,15; Tob. 8,18; Tob. 8,21; Tob. 9,1; Tob. 9,2; Tob. 9,6; Tob. 10,7; Tob. 10,9; Tob. 10,9; Tob. 10,14; Tob. 11,2; Tob. 11,5; Tob. 11,9; Tob. 11,13; Tob. 11,13; Tob. 11,14; Tob. 11,16; Tob. 12,1; Tob. 12,5; Tob. 12,6; Tob. 12,6; Tob. 12,13; Tob. 12,17; Tob. 12,17; Tob. 12,18; Tob. 12,20; Tob. 13,7; Tob. 13,7; Tob. 13,9; Tob. 13,9; Tob. 13,11; Tob. 13,14; Tob. 13,15; Tob. 13,16; Tob. 13,16; Tob. 13,16; Tob. 13,16; Tob. 14,2; Tob. 14,3; Tob. 14,5; Tob. 14,6; Tob. 14,6; Tob. 14,7; Tob. 14,7; Tob. 14,9; Tob. 14,12; 1Mac. 1,1; 1Mac. 1,1; 1Mac. 1,13; 1Mac. 1,22; 1Mac. 1,22; 1Mac. 1,22; 1Mac. 1,42; 1Mac. 1,50; 1Mac. 1,51; 1Mac. 1,52; 1Mac. 1,53; 1Mac. 1,59; 1Mac. 2,24; 1Mac. 2,25; 1Mac. 2,25; 1Mac. 2,25; 1Mac. 2,33; 1Mac. 2,34; 1Mac. 2,58; 1Mac. 2,63; 1Mac. 3,2; 1Mac. 3,5; 1Mac. 3,7; 1Mac. 3,10; 1Mac. 3,14; 1Mac. 3,14; 1Mac. 3,33; 1Mac. 3,37; 1Mac. 3,38; 1Mac. 3,39; 1Mac. 3,43; 1Mac. 3,50; 1Mac. 3,56; 1Mac. 3,56; 1Mac. 4,11; 1Mac. 4,17; 1Mac. 4,24; 1Mac. 4,47; 1Mac. 4,49; 1Mac. 4,53; 1Mac. 4,54; 1Mac. 4,55; 1Mac. 4,56; 1Mac. 4,61; 1Mac. 5,3; 1Mac. 5,9; 1Mac. 5,18; 1Mac. 5,24; 1Mac. 5,40; 1Mac. 5,42; 1Mac. 5,42; 1Mac. 5,52; 1Mac. 5,53; 1Mac. 6,15; 1Mac. 6,15; 1Mac. 6,17; 1Mac. 6,18; 1Mac. 6,19; 1Mac. 6,22; 1Mac. 6,33; 1Mac. 6,34; 1Mac. 6,44;

ὁ

1Mac. 6,46; 1Mac. 6,54; 1Mac. 6,55; 1Mac. 6,57; 1Mac. 6,62; 1Mac. 7,2; 1Mac. 7,2; 1Mac. 7,6; 1Mac. 7,8; 1Mac. 7,9; 1Mac. 7,16; 1Mac. 7,18; 1Mac. 7,18; 1Mac. 7,20; 1Mac. 7,22; 1Mac. 7,25; 1Mac. 7,26; 1Mac. 7,29; 1Mac. 7,35; 1Mac. 7,37; 1Mac. 8,5; 1Mac. 8,5; 1Mac. 8,6; 1Mac. 8,6; 1Mac. 8,17; 1Mac. 8,18; 1Mac. 8,18; 1Mac. 8,23; 1Mac. 8,31; 1Mac. 9,1; 1Mac. 9,1; 1Mac. 9,19; 1Mac. 9,21; 1Mac. 9,30; 1Mac. 9,35; 1Mac. 9,46; 1Mac. 9,47; 1Mac. 9,48; 1Mac. 9,48; 1Mac. 9,57; 1Mac. 9,58; 1Mac. 9,60; 1Mac. 9,65; 1Mac. 9,68; 1Mac. 9,73; 1Mac. 10,13; 1Mac. 10,14; 1Mac. 10,30; 1Mac. 10,50; 1Mac. 10,52; 1Mac. 10,58; 1Mac. 10,69; 1Mac. 10,69; 1Mac. 10,80; 1Mac. 10,88; 1Mac. 11,9; 1Mac. 11,21; 1Mac. 11,24; 1Mac. 11,28; 1Mac. 11,29; 1Mac. 11,36; 1Mac. 11,38; 1Mac. 11,39; 1Mac. 11,39; 1Mac. 11,41; 1Mac. 11,41; 1Mac. 11,44; 1Mac. 11,45; 1Mac. 11,48; 1Mac. 11,49; 1Mac. 11,59; 1Mac. 11,64; 1Mac. 12,7; 1Mac. 12,8; 1Mac. 12,8; 1Mac. 12,30; 1Mac. 12,39; 1Mac. 12,44; 1Mac. 12,52; 1Mac. 13,2; 1Mac. 13,2; 1Mac. 13,9; 1Mac. 13,11; 1Mac. 13,17; 1Mac. 13,19; 1Mac. 13,23; 1Mac. 13,27; 1Mac. 13,34; 1Mac. 13,37; 1Mac. 13,37; 1Mac. 13,39; 1Mac. 13,48; 1Mac. 13,53; 1Mac. 14,1; 1Mac. 14,8; 1Mac. 14,14; 1Mac. 14,21; 1Mac. 14,23; 1Mac. 14,24; 1Mac. 14,30; 1Mac. 14,35; 1Mac. 14,41; 1Mac. 15,2; 1Mac. 15,8; 1Mac. 15,21; 1Mac. 15,25; 1Mac. 15,36; 1Mac. 15,38; 1Mac. 15,39; 1Mac. 15,39; 1Mac. 15,40; 1Mac. 15,40; 1Mac. 16,2; 1Mac. 16,4; 1Mac. 16,6; 1Mac. 16,6; 1Mac. 16,7; 1Mac. 16,19; 1Mac. 16,24; 2Mac. 1,8; 2Mac. 1,14; 2Mac. 1,15; 2Mac. 1,16; 2Mac. 1,18; 2Mac. 1,19; 2Mac. 1,24; 2Mac. 1,25; 2Mac. 1,29; 2Mac. 1,29; 2Mac. 1,29; 2Mac. 1,33; 2Mac. 1,33; 2Mac. 1,36; 2Mac. 2,2; 2Mac. 2,2; 2Mac. 2,3; 2Mac. 2,13; 2Mac. 2,14; 2Mac. 2,16; 2Mac. 2,17; 2Mac. 2,17; 2Mac. 2,18; 2Mac. 2,18; 2Mac. 2,18; 2Mac. 2,19; 2Mac. 2,19; 2Mac. 2,19; 2Mac. 2,19; 2Mac. 2,20; 2Mac. 2,20; 2Mac. 3,2; 2Mac. 3,3; 2Mac. 3,5; 2Mac. 3,5; 2Mac. 3,5; 2Mac. 3,6; 2Mac. 3,7; 2Mac. 3,12; 2Mac. 3,15; 2Mac. 3,17; 2Mac. 3,18; 2Mac. 3,20; 2Mac. 3,22; 2Mac. 3,25; 2Mac. 3,28; 2Mac. 3,30; 2Mac. 3,30; 2Mac. 3,30; 2Mac. 3,31; 2Mac. 3,31; 2Mac. 3,32; 2Mac. 3,33; 2Mac. 3,35; 2Mac. 3,35; 2Mac. 3,37; 2Mac. 3,38; 2Mac. 4,1; 2Mac. 4,1; 2Mac. 4,2; 2Mac. 4,2; 2Mac. 4,4; 2Mac. 4,5; 2Mac. 4,6; 2Mac. 4,7; 2Mac. 4,10; 2Mac. 4,20; 2Mac. 4,23; 2Mac. 4,24; 2Mac. 4,26; 2Mac. 4,29; 2Mac. 4,29; 2Mac. 4,31; 2Mac. 4,34; 2Mac. 4,34; 2Mac. 4,34; 2Mac. 4,36; 2Mac. 4,38; 2Mac. 4,38; 2Mac. 4,38; 2Mac. 4,39; 2Mac. 4,41; 2Mac. 4,42; 2Mac. 4,43; 2Mac. 4,45; 2Mac. 4,46; 2Mac. 4,47; 2Mac. 5,1; 2Mac. 5,5; 2Mac. 5,8; 2Mac. 5,15; 2Mac. 5,15; 2Mac. 5,17; 2Mac. 5,19; 2Mac. 5,19; 2Mac. 5,21; 2Mac. 5,22; 2Mac. 5,24; 2Mac. 5,25; 2Mac. 6,2; 2Mac. 6,2; 2Mac. 6,2; 2Mac. 6,16; 2Mac. 6,16; 2Mac. 6,19; 2Mac. 6,19; 2Mac. 6,21; 2Mac. 6,23; 2Mac. 6,24; 2Mac. 6,27; 2Mac. 6,30; 2Mac. 6,31; 2Mac. 6,31; 2Mac. 7,4; 2Mac. 7,7; 2Mac. 7,7; 2Mac. 7,7; 2Mac. 7,12; 2Mac. 7,13; 2Mac. 7,15; 2Mac. 7,18; 2Mac. 7,18; 2Mac. 7,21; 2Mac. 7,26; 2Mac. 7,27; 2Mac. 7,28; 2Mac. 7,29; 2Mac. 7,29; 2Mac. 7,37; 2Mac. 8,2; 2Mac. 8,2; 2Mac. 8,2; 2Mac. 8,2; 2Mac. 8,8; 2Mac. 8,8; 2Mac. 8,9; 2Mac. 8,10; 2Mac. 8,14; 2Mac. 8,17; 2Mac. 8,17; 2Mac. 8,18; 2Mac. 8,25; 2Mac. 8,29; 2Mac. 8,32; 2Mac. 8,33; 2Mac. 8,36; 2Mac. 9,1; 2Mac. 9,2; 2Mac. 9,4; 2Mac. 9,5; 2Mac. 9,6; 2Mac. 9,10; 2Mac. 9,13; 2Mac. 9,23; 2Mac. 9,25; 2Mac. 9,26; 2Mac. 9,28; 2Mac. 9,29; 2Mac. 9,29; 2Mac. 10,3; 2Mac. 10,4; 2Mac. 10,5; 2Mac. 10,7; 2Mac. 10,10; 2Mac. 10,13; 2Mac. 10,13; 2Mac. 10,13; 2Mac. 10,16; 2Mac. 10,16; 2Mac. 10,20; 2Mac. 10,25; 2Mac. 10,28; 2Mac. 10,28; 2Mac. 10,30; 2Mac. 10,33; 2Mac. 10,35; 2Mac. 10,35; 2Mac. 10,37; 2Mac. 10,37; 2Mac. 10,37; 2Mac. 10,38; 2Mac. 11,6; 2Mac. 11,6; 2Mac. 11,9; 2Mac. 11,10; 2Mac. 11,14; 2Mac. 11,16; 2Mac. 11,17; 2Mac. 11,32; 2Mac. 12,1; 2Mac. 12,6; 2Mac. 12,6; 2Mac. 12,8; 2Mac. 12,9; 2Mac. 12,10; 2Mac. 12,11; 2Mac. 12,11; 2Mac. 12,14; 2Mac. 12,15; 2Mac. 12,15; 2Mac. 12,15; 2Mac. 12,17; 2Mac. 12,19; 2Mac. 12,20; 2Mac. 12,23; 2Mac. 12,24; 2Mac. 12,25; 2Mac. 12,28; 2Mac. 12,28; 2Mac. 12,32; 2Mac. 12,35; 2Mac. 12,35; 2Mac. 12,36; 2Mac. 12,36; 2Mac. 12,37; 2Mac. 12,38; 2Mac. 12,39; 2Mac. 12,45; 2Mac. 13,1; 2Mac. 13,1; 2Mac. 13,2; 2Mac. 13,3; 2Mac. 13,4; 2Mac. 13,4; 2Mac. 13,6; 2Mac. 13,7; 2Mac. 13,8; 2Mac. 13,8; 2Mac. 13,10; 2Mac. 13,11; 2Mac. 13,12; 2Mac. 13,15; 2Mac. 13,22; 2Mac. 13,23; 2Mac. 13,23; 2Mac. 13,23; 2Mac. 13,23; 2Mac. 13,24; 2Mac. 14,1; 2Mac. 14,1; 2Mac. 14,2; 2Mac. 14,4; 2Mac. 14,11; 2Mac. 14,11; 2Mac. 14,12; 2Mac. 14,13; 2Mac. 14,14; 2Mac. 14,15; 2Mac. 14,15; 2Mac. 14,18; 2Mac. 14,24; 2Mac. 14,26; 2Mac. 14,26; 2Mac. 14,26; 2Mac. 14,27; 2Mac. 14,30; 2Mac. 14,30; 2Mac. 14,31; 2Mac. 14,33; 2Mac. 14,33; 2Mac. 14,33; 2Mac. 14,34; 2Mac. 14,34; 2Mac. 14,36; 2Mac. 14,41; 2Mac. 14,44; 2Mac. 14,46; 2Mac. 14,46; 2Mac. 15,1; 2Mac. 15,6; 2Mac. 15,12; 2Mac. 15,12; 2Mac. 15,14; 2Mac. 15,21; 2Mac. 15,21; 2Mac. 15,22; 2Mac. 15,22; 2Mac. 15,24; 2Mac. 15,25; 2Mac. 15,26; 2Mac. 15,27; 2Mac. 15,29; 2Mac. 15,32; 2Mac. 15,34; 2Mac. 15,34; 2Mac. 15,34; 2Mac. 15,37; 3Mac. 1,2; 3Mac. 1,9; 3Mac. 1,10; 3Mac. 1,25; 3Mac. 1,25; 3Mac. 1,27; 3Mac. 2,6; 3Mac. 2,6; 3Mac. 2,6; 3Mac. 2,8; 3Mac. 2,9; 3Mac. 2,10; 3Mac. 2,10; 3Mac. 2,14; 3Mac. 2,16; 3Mac. 2,18; 3Mac. 2,21; 3Mac. 3,4; 3Mac. 3,17; 3Mac. 3,26; 3Mac. 3,28; 3Mac. 3,29; 3Mac. 4,4; 3Mac. 4,8; 3Mac. 4,13; 3Mac. 4,16; 3Mac. 5,1; 3Mac. 5,2; 3Mac. 5,7; 3Mac. 5,9; 3Mac. 5,11; 3Mac. 5,13; 3Mac. 5,13; 3Mac. 5,14; 3Mac. 5,15; 3Mac. 5,15; 3Mac. 5,16; 3Mac. 5,18; 3Mac. 5,20; 3Mac. 5,21; 3Mac. 5,22; 3Mac. 5,25; 3Mac. 5,25; 3Mac. 5,35; 3Mac. 5,37; 3Mac. 5,38; 3Mac. 5,43; 3Mac. 5,43; 3Mac. 5,46; 3Mac. 5,51; 3Mac. 6,1; 3Mac. 6,1; 3Mac. 6,4; 3Mac. 6,5; 3Mac. 6,7; 3Mac. 6,16; 3Mac. 6,24; 3Mac. 6,29; 3Mac. 6,29; 3Mac. 6,30; 3Mac. 6,30; 3Mac. 6,31; 3Mac. 6,32; 3Mac. 6,35; 3Mac. 7,6; 3Mac. 7,9; 3Mac. 7,10; 3Mac. 7,10; 3Mac. 7,10; 3Mac. 7,12; 3Mac. 7,12; 3Mac. 7,14; 3Mac. 7,16; 3Mac. 7,19; 3Mac. 7,20; 4Mac. 1,10; 4Mac. 1,11; 4Mac. 1,12; 4Mac. 1,15; 4Mac. 1,21; 4Mac. 1,23; 4Mac. 1,34; 4Mac. 2,3; 4Mac. 2,8; 4Mac. 2,9; 4Mac. 2,14; 4Mac. 2,16; 4Mac. 2,17; 4Mac. 2,21; 4Mac. 2,22; 4Mac. 3,3; 4Mac. 3,16; 4Mac. 3,20; 4Mac. 3,20; 4Mac. 4,2; 4Mac. 4,4; 4Mac. 4,4; 4Mac. 4,4; 4Mac. 4,4; 4Mac. 4,7; 4Mac. 4,9; 4Mac. 4,11; 4Mac. 4,11; 4Mac. 4,11; 4Mac. 4,13; 4Mac. 4,16; 4Mac. 4,16; 4Mac. 4,21; 4Mac. 4,26; 4Mac. 5,4; 4Mac. 5,11; 4Mac. 5,14; 4Mac. 5,16; 4Mac. 5,24; 4Mac. 5,25; 4Mac. 5,28; 4Mac. 5,29; 4Mac. 5,31; 4Mac. 5,33; 4Mac. 6,1; 4Mac. 6,1; 4Mac. 6,2; 4Mac. 6,7; 4Mac. 6,18; 4Mac. 6,21; 4Mac. 6,24; 4Mac. 6,26; 4Mac. 6,27; 4Mac. 6,30; 4Mac. 6,35; 4Mac. 7,3; 4Mac. 7,4; 4Mac. 7,8; 4Mac. 7,11; 4Mac. 7,12; 4Mac. 7,17; 4Mac. 7,20; 4Mac. 7,21; 4Mac. 8,7; 4Mac. 8,22; 4Mac. 8,29; 4Mac. 9,4; 4Mac. 9,5; 4Mac. 9,11; 4Mac. 9,11; 4Mac. 9,12; 4Mac. 9,15; 4Mac. 9,17; 4Mac. 9,19; 4Mac. 9,23; 4Mac. 9,24; 4Mac. 9,26; 4Mac. 9,29; 4Mac. 9,30; 4Mac. 9,31; 4Mac. 10,1; 4Mac. 10,8; 4Mac. 10,12; 4Mac. 10,15; 4Mac. 10,15; 4Mac. 10,15; 4Mac. 10,19; 4Mac. 11,2; 4Mac. 11,4; 4Mac. 11,5; 4Mac. 11,5; 4Mac. 11,9; 4Mac. 11,10; 4Mac. 11,11; 4Mac. 11,12; 4Mac. 11,17; 4Mac. 11,25; 4Mac. 11,27; 4Mac. 12,6; 4Mac. 12,12; 4Mac. 12,13; 4Mac. 12,14; 4Mac. 12,17; 4Mac. 13,6; 4Mac. 13,7; 4Mac. 13,13; 4Mac. 13,14; 4Mac. 13,20; 4Mac. 14,1; 4Mac. 14,4; 4Mac. 14,5; 4Mac. 14,6; 4Mac. 14,8; 4Mac. 14,9; 4Mac. 14,16; 4Mac. 14,19; 4Mac. 15,8; 4Mac. 15,8; 4Mac. 15,9; 4Mac. 15,11; 4Mac. 15,12; 4Mac. 15,19; 4Mac. 15,19; 4Mac. 16,13; 4Mac. 16,13; 4Mac. 16,13; 4Mac. 16,15; 4Mac. 16,17; 4Mac. 16,18; 4Mac. 16,19; 4Mac. 16,20; 4Mac. 16,21; 4Mac. 16,22; 4Mac. 16,25; 4Mac. 17,3; 4Mac. 17,4; 4Mac. 17,18; 4Mac. 17,21; 4Mac. 17,22;

O, o

4Mac. 18,9; 4Mac. 18,9; 4Mac. 18,10; 4Mac. 18,11; 4Mac. 18,11; 4Mac. 18,11; 4Mac. 18,12; 4Mac. 18,13; 4Mac. 18,15; 4Mac. 18,16; 4Mac. 18,17; 4Mac. 18,17; 4Mac. 18,20; 4Mac. 18,22; Psa. 1,3; Psa. 2,3; Psa. 3,9; Psa. 4,4; Psa. 5,8; Psa. 9,4; Psa. 9,6; Psa. 9,6; Psa. 9,8; Psa. 9,8; Psa. 9,18; Psa. 9,19; Psa. 9,23; Psa. 9,25; Psa. 9,29; Psa. 9,34; Psa. 9,36; Psa. 9,37; Psa. 9,37; Psa. 10,4; Psa. 10,5; Psa. 10,5; Psa. 11,3; Psa. 11,8; Psa. 13,2; Psa. 13,4; Psa. 13,4; Psa. 14,5; Psa. 15,7; Psa. 15,7; Psa. 15,8; Psa. 15,10; Psa. 17,7; Psa. 17,7; Psa. 19,7; Psa. 19,10; Psa. 20,11; Psa. 21,19; Psa. 24,12; Psa. 24,15; Psa. 24,18; Psa. 24,22; Psa. 26,4; Psa. 26,14; Psa. 26,14; Psa. 27,9; Psa. 28,6; Psa. 28,6; Psa. 28,10; Psa. 28,10; Psa. 28,11; Psa. 29,7; Psa. 29,9; Psa. 29,12; Psa. 29,12; Psa. 29,13; Psa. 30,2; Psa. 30,17; Psa. 30,24; Psa. 31,10; Psa. 32,8; Psa. 32,11; Psa. 33,2; Psa. 33,4; Psa. 33,5; Psa. 33,10; Psa. 33,11; Psa. 33,22; Psa. 34,28; Psa. 35,9; Psa. 36,9; Psa. 36,10; Psa. 36,12; Psa. 36,18; Psa. 36,28; Psa. 36,32; Psa. 36,34; Psa. 37,21; Psa. 38,2; Psa. 38,5; Psa. 39,2; Psa. 39,9; Psa. 40,13; Psa. 40,14; Psa. 41,3; Psa. 41,3; Psa. 41,6; Psa. 41,10; Psa. 41,12; Psa. 42,2; Psa. 42,4; Psa. 42,4; Psa. 42,5; Psa. 43,9; Psa. 43,13; Psa. 44,3; Psa. 44,4; Psa. 44,7; Psa. 44,18; Psa. 44,18; Psa. 47,9; Psa. 47,15; Psa. 47,15; Psa. 48,10; Psa. 48,11; Psa. 48,12; Psa. 49,4; Psa. 49,4; Psa. 50,2; Psa. 51,2; Psa. 51,2; Psa. 51,9; Psa. 51,10; Psa. 51,10; Psa. 51,11; Psa. 52,3; Psa. 52,5; Psa. 52,5; Psa. 53,5; Psa. 54,9; Psa. 54,17; Psa. 54,20; Psa. 54,23; Psa. 56,3; Psa. 56,3; Psa. 56,3; Psa. 56,3; Psa. 57,9; Psa. 58,1; Psa. 60,8; Psa. 60,9; Psa. 64,12; Psa. 65,8; Psa. 65,11; Psa. 65,13; Psa. 65,16; Psa. 66,7; Psa. 67,15; Psa. 67,27; Psa. 67,27; Psa. 67,34; Psa. 67,35; Psa. 68,4; Psa. 68,13; Psa. 68,20; Psa. 68,24; Psa. 68,33; Psa. 70,1; Psa. 70,18; Psa. 71,2; Psa. 71,16; Psa. 71,19; Psa. 71,19; Psa. 72,12; Psa. 72,26; Psa. 72,27; Psa. 73,18; Psa. 74,10; Psa. 75,1; Psa. 75,10; Psa. 76,2; Psa. 76,3; Psa. 76,16; Psa. 76,21; Psa. 77,1; Psa. 77,7; Psa. 77,17; Psa. 77,18; Psa. 77,21; Psa. 77,34; Psa. 77,38; Psa. 77,41; Psa. 77,41; Psa. 77,46; Psa. 77,52; Psa. 77,56; Psa. 77,56; Psa. 77,59; Psa. 77,62; Psa. 77,69; Psa. 77,70; Psa. 77,71; Psa. 78,1; Psa. 78,1; Psa. 78,7; Psa. 78,7; Psa. 78,12; Psa. 78,12; Psa. 78,13; Psa. 79,2; Psa. 79,2; Psa. 79,13; Psa. 80,7; Psa. 80,16; Psa. 82,4; Psa. 82,12; Psa. 82,18; Psa. 84,5; Psa. 84,6; Psa. 84,9; Psa. 84,13; Psa. 85,2; Psa. 85,2; Psa. 85,12; Psa. 85,16; Psa. 88,2; Psa. 88,3; Psa. 88,5; Psa. 88,10; Psa. 88,13; Psa. 88,21; Psa. 88,29; Psa. 88,30; Psa. 88,30; Psa. 88,31; Psa. 88,37; Psa. 88,38; Psa. 88,39; Psa. 88,45; Psa. 88,53; Psa. 89,11; Psa. 90,9; Psa. 90,12; Psa. 91,8; Psa. 91,9; Psa. 93,5; Psa. 93,9; Psa. 93,14; Psa. 96,10; Psa. 98,5; Psa. 98,6; Psa. 98,9; Psa. 99,5; Psa. 100,5; Psa. 101,5; Psa. 101,13; Psa. 101,15; Psa. 101,19; Psa. 101,21; Psa. 101,29; Psa. 102,1; Psa. 102,2; Psa. 102,3; Psa. 102,3; Psa. 102,4; Psa. 102,4; Psa. 102,5; Psa. 102,9; Psa. 102,16; Psa. 102,19; Psa. 102,20; Psa. 102,20; Psa. 102,21; Psa. 102,22; Psa. 102,22; Psa. 103,1; Psa. 103,2; Psa. 103,5; Psa. 103,29; Psa. 103,31; Psa. 103,35; Psa. 104,3; Psa. 104,4; Psa. 104,8; Psa. 104,19; Psa. 104,24; Psa. 104,25; Psa. 104,26; Psa. 104,35; Psa. 104,35; Psa. 104,42; Psa. 104,43; Psa. 104,45; Psa. 105,1; Psa. 105,14; Psa. 105,16; Psa. 105,40; Psa. 106,1; Psa. 106,20; Psa. 109,4; Psa. 110,3; Psa. 110,5; Psa. 110,8; Psa. 110,9; Psa. 110,10; Psa. 111,1; Psa. 111,3; Psa. 111,6; Psa. 111,9; Psa. 113,19; Psa. 113,20; Psa. 113,20; Psa. 113,21; Psa. 113,23; Psa. 113,26; Psa. 116,1; Psa. 116,2; Psa. 117,1; Psa. 117,2; Psa. 117,3; Psa. 117,4; Psa. 117,4; Psa. 117,5; Psa. 117,29; Psa. 118,25; Psa. 118,34; Psa. 118,38; Psa. 118,39; Psa. 118,44; Psa. 118,44; Psa. 118,44; Psa. 118,49; Psa. 118,53; Psa. 118,55; Psa. 118,57; Psa. 118,65; Psa. 118,70; Psa. 118,81; Psa. 118,89; Psa. 118,93; Psa. 118,97; Psa. 118,98; Psa. 118,107; Psa. 118,111; Psa. 118,112; Psa. 118,113; Psa. 118,114; Psa. 118,122; Psa. 118,126; Psa. 118,135; Psa. 118,136; Psa. 118,142; Psa. 118,144; Psa. 118,152; Psa. 118,153; Psa. 118,154; Psa. 118,160; Psa. 118,163; Psa. 118,165; Psa. 118,176; Psa. 120,2; Psa. 120,3; Psa. 120,4; Psa. 122,1; Psa. 122,2; Psa. 123,3; Psa. 123,8; Psa. 124,1; Psa. 124,3; Psa. 124,5; Psa. 127,1; Psa. 127,4; Psa. 127,6; Psa. 128,7; Psa. 129,5; Psa. 129,6; Psa. 129,6; Psa. 129,8; Psa. 130,3; Psa. 131,7; Psa. 131,11; Psa. 132,2; Psa. 132,2; Psa. 133,1; Psa. 133,2; Psa. 133,3; Psa. 134,3; Psa. 134,4; Psa. 134,11; Psa. 134,11; Psa. 134,13; Psa. 134,14; Psa. 134,19; Psa. 134,19; Psa. 134,20; Psa. 134,20; Psa. 134,20; Psa. 135,1; Psa. 135,2; Psa. 135,3; Psa. 135,4; Psa. 135,5; Psa. 135,6; Psa. 135,7; Psa. 135,8; Psa. 135,8; Psa. 135,9; Psa. 135,10; Psa. 135,11; Psa. 135,11; Psa. 135,12; Psa. 135,13; Psa. 135,14; Psa. 135,14; Psa. 135,15; Psa. 135,16; Psa. 135,16; Psa. 135,16; Psa. 135,17; Psa. 135,18; Psa. 135,19; Psa. 135,19; Psa. 135,20; Psa. 135,20; Psa. 135,21; Psa. 135,22; Psa. 135,23; Psa. 135,24; Psa. 135,25; Psa. 135,26; Psa. 135,26; Psa. 137,8; Psa. 138,8; Psa. 138,8; Psa. 140,7; Psa. 143,1; Psa. 143,2; Psa. 143,10; Psa. 143,15; Psa. 144,1; Psa. 144,1; Psa. 144,2; Psa. 144,2; Psa. 144,21; Psa. 144,21; Psa. 145,1; Psa. 145,5; Psa. 145,6; Psa. 145,6; Psa. 145,6; Psa. 145,6; Psa. 145,10; Psa. 146,1; Psa. 146,8; Psa. 147,1; Psa. 147,1; Psa. 147,7; Psa. 147,8; Psa. 148,1; Psa. 148,6; Psa. 148,6; Psa. 148,7; Psa. 148,8; Psa. 150,1; Psa. 150,6; Psa. 151,4; Ode. 1,13; Ode. 1,18; Ode. 2,7; Ode. 2,15; Ode. 2,18; Ode. 2,29; Ode. 2,36; Ode. 2,38; Ode. 2,40; Ode. 2,40; Ode. 3,10; Ode. 3,10; Ode. 4,2; Ode. 5,18; Ode. 6,3; Ode. 6,5; Ode. 7,35; Ode. 7,35; Ode. 7,35; Ode. 8,57; Ode. 8,58; Ode. 8,59; Ode. 8,60; Ode. 8,61; Ode. 8,62; Ode. 8,63; Ode. 8,64; Ode. 8,65; Ode. 8,66; Ode. 8,67; Ode. 8,68; Ode. 8,69; Ode. 8,70; Ode. 8,71; Ode. 8,72; Ode. 8,73; Ode. 8,74; Ode. 8,75; Ode. 8,76; Ode. 8,77; Ode. 8,78; Ode. 8,79; Ode. 8,80; Ode. 8,81; Ode. 8,82; Ode. 8,83; Ode. 8,84; Ode. 8,85; Ode. 8,86; Ode. 8,87; Ode. 8,88; Ode. 9,46; Ode. 9,73; Ode. 10,5; Ode. 10,5; Ode. 10,6; Ode. 11,14; Ode. 12,2; Ode. 12,10; Ode. 12,13; Ode. 13,29; Ode. 14,30; Ode. 14,31; Prov. 1,14; Prov. 1,15; Prov. 1,23; Prov. 1,29; Prov. 2,18; Prov. 3,7; Prov. 3,9; Prov. 4,2; Prov. 5,5; Prov. 6,3; Prov. 6,6; Prov. 6,7; Prov. 6,33; Prov. 7,1a; Prov. 7,17; Prov. 7,20; Prov. 8,27; Prov. 8,27; Prov. 9,2; Prov. 9,7; Prov. 10,25; Prov. 10,30; Prov. 13,24; Prov. 14,2; Prov. 14,31; Prov. 15,15; Prov. 16,8; Prov. 17,5; Prov. 17,15; Prov. 17,15; Prov. 17,16a; Prov. 17,18; Prov. 19,3; Prov. 19,21; Prov. 19,24; Prov. 20,20 # 20,9c; Prov. 20,20 # 20,9c; Prov. 20,28; Prov. 21,30; Prov. 23,5; Prov. 23,8; Prov. 24,18; Prov. 24,21; Prov. 25,17; Prov. 26,11; Prov. 27,10; Prov. 27,18; Prov. 27,24; Prov. 28,4; Prov. 28,4; Prov. 28,5; Prov. 28,8; Prov. 28,17; Prov. 28,27; Prov. 29,11; Prov. 29,18; Prov. 30,4; Prov. 24,24; Prov. 24,27; Prov. 24,27; Prov. 31,3; Prov. 31,12; Prov. 31,14; Eccl. 1,3; Eccl. 1,4; Eccl. 1,5; Eccl. 1,9; Eccl. 1,13; Eccl. 1,14; Eccl. 2,3; Eccl. 2,11; Eccl. 2,17; Eccl. 2,18; Eccl. 2,19; Eccl. 2,20; Eccl. 2,22; Eccl. 3,1; Eccl. 3,10; Eccl. 3,11; Eccl. 3,14; Eccl. 3,15; Eccl. 3,16; Eccl. 3,17; Eccl. 3,17; Eccl. 3,20; Eccl. 4,1; Eccl. 4,3; Eccl. 4,4; Eccl. 4,7; Eccl. 4,9; Eccl. 4,10; Eccl. 4,15; Eccl. 5,6; Eccl. 5,12; Eccl. 5,17; Eccl. 6,1; Eccl. 6,1; Eccl. 6,8; Eccl. 6,12; Eccl. 7,6; Eccl. 7,11; Eccl. 7,12; Eccl. 7,18; Eccl. 7,29; Eccl. 8,8; Eccl. 8,9; Eccl. 8,12; Eccl. 8,15; Eccl. 8,15; Eccl. 8,16; Eccl. 8,16; Eccl. 8,17; Eccl. 9,2; Eccl. 9,3; Eccl. 9,4; Eccl. 9,4; Eccl. 9,6; Eccl. 9,9; Eccl. 9,9; Eccl. 9,11; Eccl. 9,12; Eccl. 9,13; Eccl. 10,5; Eccl. 11,1; Eccl. 11,7; Eccl. 12,6; Eccl. 12,7; Eccl. 12,9; Song 4,6; Song 5,3; Song 5,8; Song 8,5; Song 8,6; Song 8,7; Song 8,11; Song 8,12; Job 1,5; Job 1,9; Job 2,3; Job 2,7; Job 2,8; Job 2,9d; Job 3,19; Job 5,8; Job 5,9; Job 5,10; Job 5,11; Job 7,2; Job 7,2; Job 7,10; Job 7,16; Job 7,17; Job 7,19; Job 7,20; Job 8,20; Job 9,8; Job 11,16; Job 12,6; Job 13,27; Job 14,6; Job 15,30; Job 18,21; Job 19,18; Job 19,23; Job 20,26; Job 20,28; Job 21,13; Job 22,26; Job 24,10; Job 28,23; Job 29,23; Job 31,16; Job 31,17; Job 31,26;

ὁ

Job 33,11; Job 34,12; Job 34,17; Job 34,17; Job 34,31; Job 35,5; Job 36,5; Job 36,12; Job 39,12; Job 39,12; Job 40,32; Job 41,4; Job 41,24; Job 42,7; Job 42,8; Job 42,10; Wis. 2,12; Wis. 2,23; Wis. 2,24; Wis. 4,2; Wis. 5,4; Wis. 5,15; Wis. 5,17; Wis. 6,21; Wis. 7,3; Wis. 7,6; Wis. 7,13; Wis. 7,28; Wis. 8,16; Wis. 9,3; Wis. 9,9; Wis. 9,12; Wis. 10,4; Wis. 10,5; Wis. 11,17; Wis. 12,10; Wis. 12,15; Wis. 12,19; Wis. 12,19; Wis. 13,1; Wis. 13,1; Wis. 13,9; Wis. 13,9; Wis. 13,11; Wis. 14,13; Wis. 14,14; Wis. 14,17; Wis. 14,20; Wis. 15,11; Wis. 15,11; Wis. 15,12; Wis. 15,19; Wis. 16,2; Wis. 16,7; Wis. 16,20; Wis. 16,28; Wis. 17,9; Wis. 17,13; Wis. 18,9; Wis. 18,22; Wis. 18,22; Wis. 19,9; Wis. 19,22; Sir. 1,3 Prol.; Sir. 1,1; Sir. 1,13; Sir. 1,14; Sir. 1,16; Sir. 1,17; Sir. 1,20; Sir. 2,7; Sir. 3,8; Sir. 6,4; Sir. 6,24; Sir. 6,24; Sir. 6,25; Sir. 7,23; Sir. 7,27; Sir. 7,29; Sir. 7,30; Sir. 7,31; Sir. 7,36; Sir. 10,1; Sir. 10,2; Sir. 10,2; Sir. 10,3; Sir. 10,4; Sir. 10,19; Sir. 10,24; Sir. 10,29; Sir. 10,29; Sir. 10,30; Sir. 11,17; Sir. 11,29; Sir. 11,33; Sir. 12,10; Sir. 12,12; Sir. 12,14; Sir. 13,15; Sir. 13,23; Sir. 16,28; Sir. 17,4; Sir. 17,8; Sir. 17,28; Sir. 18,1; Sir. 18,12; Sir. 18,13; Sir. 18,23; Sir. 19,14; Sir. 19,17; Sir. 20,17; Sir. 21,27; Sir. 23,22; Sir. 24,31; Sir. 25,10; Sir. 25,10; Sir. 25,23; Sir. 26,2; Sir. 26,13; Sir. 27,18; Sir. 27,19; Sir. 28,10; Sir. 28,19; Sir. 29,2; Sir. 29,5; Sir. 29,10; Sir. 29,11; Sir. 29,14; Sir. 30,1; Sir. 30,2; Sir. 30,3; Sir. 30,3; Sir. 30,13; Sir. 31,31; Sir. 32,13; Sir. 34,13; Sir. 34,15; Sir. 34,22; Sir. 35,7; Sir. 36,1; Sir. 36,8; Sir. 36,13; Sir. 37,23; Sir. 37,26; Sir. 38,7; Sir. 39,5; Sir. 39,10; Sir. 39,20; Sir. 39,28; Sir. 40,12; Sir. 40,17; Sir. 42,2; Sir. 42,21; Sir. 42,23; Sir. 43,11; Sir. 43,24; Sir. 44,15; Sir. 44,22; Sir. 45,5; Sir. 45,5; Sir. 45,5; Sir. 45,15; Sir. 45,17; Sir. 45,26; Sir. 46,1; Sir. 46,5; Sir. 46,13; Sir. 46,14; Sir. 46,16; Sir. 47,5; Sir. 47,8; Sir. 47,13; Sir. 47,24; Sir. 48,20; Sir. 48,20; Sir. 49,4; Sir. 49,10; Sir. 49,11; Sir. 50,22; Sir. 50,22; Sir. 50,22; Sir. 51,1; Sir. 51,26; Sir. 51,30; Sol. 1,1; Sol. 2,1; Sol. 2,33; Sol. 2,33; Sol. 2,34; Sol. 2,37; Sol. 3,1; Sol. 3,5; Sol. 3,7; Sol. 3,8; Sol. 3,11; Sol. 3,12; Sol. 3,12; Sol. 4,1; Sol. 4,17; Sol. 4,21; Sol. 4,21; Sol. 4,23; Sol. 7,8; Sol. 7,9; Sol. 7,10; Sol. 8,7; Sol. 8,15; Sol. 8,15; Sol. 8,15; Sol. 8,26; Sol. 8,29; Sol. 8,33; Sol. 8,33; Sol. 8,34; Sol. 9,6; Sol. 9,9; Sol. 9,11; Sol. 10,5; Sol. 10,7; Sol. 11,7; Sol. 11,8; Sol. 11,9; Sol. 11,9; Sol. 12,6; Sol. 13,11; Sol. 14,3; Sol. 14,4; Sol. 15,4; Sol. 15,12; Sol. 15,13; Sol. 16,3; Sol. 17,1; Sol. 17,2; Sol. 17,3; Sol. 17,3; Sol. 17,3; Sol. 17,4; Sol. 17,4; Sol. 17,6; Sol. 17,21; Sol. 17,21; Sol. 17,30; Sol. 17,30; Sol. 17,46; Sol. 18,1; Hos. 1,1; Hos. 1,4; Hos. 1,6; Hos. 2,9; Hos. 2,9; Hos. 2,10; Hos. 2,10; Hos. 2,11; Hos. 2,11; Hos. 2,21; Hos. 2,22; Hos. 2,24; Hos. 2,24; Hos. 3,5; Hos. 3,5; Hos. 4,10; Hos. 4,15; Hos. 5,3; Hos. 5,4; Hos. 5,4; Hos. 5,6; Hos. 5,7; Hos. 5,11; Hos. 5,15; Hos. 6,1; Hos. 6,3; Hos. 7,1; Hos. 7,10; Hos. 8,5; Hos. 9,4; Hos. 9,10; Hos. 9,10; Hos. 10,3; Hos. 10,12; Hos. 11,3; Hos. 11,3; Hos. 11,9; Hos. 12,3; Hos. 12,4; Hos. 12,7; Hos. 12,14; Hos. 12,15; Hos. 13,1; Hos. 14,1; Hos. 14,2; Hos. 14,3; Amos 1,4; Amos 1,11; Amos 2,4; Amos 2,7; Amos 2,9; Amos 2,9; Amos 3,1; Amos 3,15; Amos 3,15; Amos 3,15; Amos 3,15; Amos 4,1; Amos 4,7; Amos 4,12; Amos 4,13; Amos 5,1; Amos 5,4; Amos 5,6; Amos 5,11; Amos 5,19; Amos 5,19; Amos 6,6; Amos 6,11; Amos 6,11; Amos 6,11; Amos 6,11; Amos 7,2; Amos 7,2; Amos 7,5; Amos 7,9; Amos 7,15; Amos 7,16; Amos 7,16; Amos 8,2; Amos 8,12; Amos 9,1; Amos 9,2; Amos 9,6; Amos 9,7; Amos 9,8; Amos 9,9; Amos 9,13; Amos 9,14; Amos 9,14; Mic. 1,1; Mic. 2,1; Mic. 2,2; Mic. 3,5; Mic. 3,11; Mic. 4,2; Mic. 4,5; Mic. 4,7; Mic. 4,12; Mic. 5,5; Mic. 6,2; Mic. 6,4; Mic. 6,6; Mic. 6,12; Mic. 7,2; Mic. 7,7; Joel 1,1; Joel 1,8; Joel 1,8; Joel 2,13; Joel 2,19; Joel 2,19; Joel 2,20; Joel 2,22; Joel 2,26; Joel 2,27; Joel 4,3; Joel 4,18; Joel 4,20; Obad. 10; Obad. 10; Jonah 1,1; Jonah 1,5; Jonah 1,6; Jonah 1,7; Jonah 1,9; Jonah 1,15; Jonah 1,16; Jonah 2,1; Jonah 2,2; Jonah 2,3; Jonah 2,5; Jonah 2,5; Jonah 2,11; Jonah 3,6; Jonah 3,8; Jonah 4,8; Nah. 1,9; Nah. 3,17; Hab. 1,4; Hab. 1,13; Hab. 2,1; Hab. 2,6; Hab. 2,15; Hab. 3,2; Zeph. 1,1; Zeph. 1,6; Zeph. 1,8; Zeph. 1,9; Zeph. 1,13; Zeph. 2,3; Zeph. 2,8; Zeph. 2,9; Zeph. 2,10; Zeph. 2,10; Zeph. 2,13; Zeph. 3,2; Hag. 1,1; Hag. 1,1; Hag. 1,1; Hag. 1,1; Hag. 1,2; Hag. 1,8; Hag. 1,9; Hag. 1,9; Hag. 1,11; Hag. 1,11; Hag. 2,2; Hag. 2,2; Hag. 2,2; Hag. 2,2; Hag. 2,3; Hag. 2,6; Hag. 2,7; Hag. 2,9; Hag. 2,10; Hag. 2,20; Hag. 2,21; Hag. 2,21; Hag. 2,22; Hag. 2,23; Hag. 2,23; Zech. 1,1; Zech. 1,1; Zech. 1,5; Zech. 1,7; Zech. 1,7; Zech. 2,2; Zech. 2,2; Zech. 2,2; Zech. 2,2; Zech. 2,4; Zech. 2,4; Zech. 2,8; Zech. 2,15; Zech. 2,16; Zech. 3,1; Zech. 3,1; Zech. 3,2; Zech. 3,7; Zech. 3,8; Zech. 3,9; Zech. 3,9; Zech. 3,10; Zech. 4,4; Zech. 4,4; Zech. 4,7; Zech. 4,9; Zech. 4,10; Zech. 4,10; Zech. 5,4; Zech. 5,4; Zech. 5,8; Zech. 5,10; Zech. 5,10; Zech. 6,4; Zech. 6,4; Zech. 6,8; Zech. 6,10; Zech. 6,12; Zech. 7,2; Zech. 7,5; Zech. 7,9; Zech. 8,7; Zech. 8,10; Zech. 8,12; Zech. 8,15; Zech. 8,16; Zech. 9,13; Zech. 10,3; Zech. 10,6; Zech. 10,6; Zech. 10,10; Zech. 11,12; Zech. 11,12; Zech. 11,13; Zech. 11,17; Zech. 11,17; Zech. 12,1; Zech. 12,4; Zech. 12,4; Zech. 12,7; Zech. 12,10; Zech. 14,20; Mal. 1,1; Mal. 1,2; Mal. 1,3; Mal. 1,6; Mal. 2,3; Mal. 2,10; Mal. 2,12; Mal. 2,12; Mal. 2,17; Mal. 3,1; Mal. 3,1; Mal. 3,11; Mal. 3,16; Mal. 3,16; Mal. 3,16; Mal. 3,17; Mal. 3,17; Mal. 3,22; Mal. 3,23; Mal. 3,24; Is. 1,3; Is. 1,4; Is. 1,4; Is. 1,22; Is. 1,28; Is. 2,3; Is. 2,6; Is. 2,6; Is. 3,5; Is. 3,5; Is. 3,5; Is. 3,10; Is. 3,12; Is. 3,13; Is. 3,14; Is. 3,15; Is. 3,19; Is. 4,1; Is. 4,4; Is. 5,5; Is. 5,5; Is. 5,6; Is. 5,12; Is. 5,13; Is. 5,22; Is. 5,23; Is. 5,24; Is. 5,25; Is. 6,1; Is. 6,3; Is. 6,5; Is. 6,8; Is. 7,2; Is. 7,2; Is. 7,6; Is. 7,17; Is. 7,17; Is. 7,17; Is. 7,20; Is. 8,2; Is. 8,2; Is. 8,6; Is. 8,6; Is. 8,6; Is. 8,7; Is. 8,12; Is. 8,16; Is. 8,17; Is. 8,17; Is. 8,21; Is. 8,21; Is. 9,6; Is. 9,6; Is. 9,11; Is. 9,12; Is. 9,15; Is. 9,18; Is. 9,20; Is. 10,12; Is. 10,12; Is. 10,12; Is. 10,20; Is. 10,20; Is. 11,9; Is. 11,15; Is. 12,1; Is. 13,3; Is. 13,8; Is. 13,14; Is. 13,20; Is. 14,1; Is. 14,1; Is. 14,1; Is. 14,2; Is. 14,4; Is. 14,4; Is. 14,5; Is. 14,5; Is. 14,13; Is. 14,13; Is. 14,20; Is. 14,20; Is. 16,9; Is. 17,2; Is. 17,7; Is. 17,10; Is. 17,10; Is. 18,7; Is. 18,7; Is. 19,2; Is. 19,2; Is. 19,8; Is. 19,10; Is. 19,20; Is. 19,21; Is. 20,2; Is. 22,11; Is. 22,11; Is. 22,15; Is. 22,18; Is. 22,18; Is. 22,18; Is. 22,20; Is. 22,20; Is. 22,21; Is. 24,5; Is. 24,16; Is. 24,18; Is. 24,18; Is. 24,21; Is. 25,2; Is. 26,17; Is. 27,1; Is. 27,1; Is. 27,1; Is. 28,7; Is. 28,18; Is. 28,28; Is. 29,14; Is. 29,22; Is. 29,23; Is. 29,23; Is. 30,6; Is. 30,8; Is. 30,9; Is. 30,11; Is. 30,11; Is. 30,29; Is. 30,30; Is. 31,1; Is. 31,1; Is. 33,6; Is. 33,14; Is. 33,14; Is. 33,20; Is. 34,2; Is. 34,5; Is. 34,10; Is. 34,14; Is. 34,17; Is. 36,2; Is. 36,7; Is. 36,12; Is. 36,21; Is. 37,1; Is. 37,1; Is. 37,2; Is. 37,2; Is. 37,2; Is. 37,4; Is. 37,6; Is. 37,8; Is. 37,16; Is. 37,23; Is. 37,30; Is. 37,30; Is. 37,35; Is. 37,38; Is. 38,2; Is. 38,5; Is. 38,8; Is. 38,14; Is. 38,22; Is. 39,2; Is. 39,3; Is. 39,5; Is. 40,1; Is. 40,8; Is. 40,12; Is. 40,22; Is. 40,22; Is. 40,26; Is. 40,31; Is. 41,22; Is. 41,25; Is. 41,25; Is. 41,25; Is. 42,5; Is. 44,7; Is. 44,23; Is. 44,23; Is. 44,24; Is. 44,28; Is. 44,28; Is. 45,12; Is. 45,18; Is. 47,6; Is. 47,7; Is. 48,9; Is. 48,12; Is. 48,13; Is. 48,20; Is. 49,5; Is. 49,7; Is. 49,7; Is. 49,13; Is. 49,23; Is. 50,3; Is. 50,6; Is. 50,10; Is. 51,1; Is. 51,1; Is. 51,2; Is. 51,5; Is. 51,5; Is. 51,6; Is. 51,6; Is. 51,8; Is. 51,13; Is. 51,13; Is. 51,13; Is. 51,16; Is. 51,22; Is. 52,2; Is. 52,2; Is. 52,10; Is. 52,10; Is. 54,1; Is. 54,2; Is. 54,11; Is. 54,12; Is. 55,2; Is. 55,6; Is. 57,15; Is. 57,16; Is. 58,5; Is. 58,7; Is. 58,7; Is. 58,10; Is. 58,13; Is. 58,13; Is. 59,21; Is. 60,9; Is. 60,9; Is. 60,9; Is. 60,13; Is. 60,13; Is. 61,8; Is. 62,8; Is. 62,8; Is. 62,11; Is. 63,11; Is. 63,14; Is. 63,19; Is. 65,6; Is. 65,7; Is. 65,14; Is. 65,16; Is. 65,16; Is. 65,16; Is. 65,16; Is. 65,18; Is. 65,20; Is. 66,2; Is. 66,5; Is. 66,7; Is. 66,17; Is. 66,18; Is. 66,20; Jer. 1,1; Jer. 1,15; Jer. 2,7; Jer. 2,20; Jer. 2,25; Jer. 2,25; Jer. 2,32; Jer. 3,5; Jer. 3,9; Jer. 3,12; Jer. 3,13; Jer. 3,18; Jer. 3,20; Jer. 4,10; Jer. 4,23; Jer. 5,14; Jer. 5,17; Jer. 5,20; Jer. 5,22; Jer. 5,24; Jer. 5,24; Jer. 6,9; Jer. 6,11; Jer. 6,19; Jer. 6,19; Jer. 6,19; Jer. 6,21; Jer.

O, o

7,12; Jer. 7,12; Jer. 7,20; Jer. 7,26; Jer. 7,27; Jer. 7,31; Jer. 8,2; Jer. 8,3; Jer. 8,7; Jer. 8,9; Jer. 8,23; Jer. 9,1; Jer. 9,12; Jer. 10,1; Jer. 10,11; Jer. 10,12; Jer. 10,21; Jer. 10,25; Jer. 10,25; Jer. 11,5; Jer. 11,11; Jer. 11,19; Jer. 12,7; Jer. 12,10; Jer. 12,14; Jer. 12,16; Jer. 13,2; Jer. 13,4; Jer. 13,6; Jer. 13,7; Jer. 13,11; Jer. 13,12; Jer. 13,13; Jer. 13,14; Jer. 14,17; Jer. 14,19; Jer. 15,1; Jer. 15,7; Jer. 15,11; Jer. 16,11; Jer. 16,15; Jer. 17,13; Jer. 17,23; Jer. 17,25; Jer. 18,3; Jer. 18,20; Jer. 19,3; Jer. 19,3; Jer. 19,4; Jer. 19,4; Jer. 19,10; Jer. 19,11; Jer. 19,14; Jer. 19,15; Jer. 20,2; Jer. 20,3; Jer. 21,1; Jer. 21,1; Jer. 21,2; Jer. 21,7; Jer. 21,7; Jer. 21,7; Jer. 21,8; Jer. 21,13; Jer. 22,1; Jer. 22,1; Jer. 22,4; Jer. 22,7; Jer. 22,8; Jer. 22,10; Jer. 22,10; Jer. 22,11; Jer. 22,13; Jer. 22,18; Jer. 22,20; Jer. 22,30; Jer. 23,2; Jer. 23,13; Jer. 23,17; Jer. 23,18; Jer. 23,22; Jer. 23,24; Jer. 23,28; Jer. 23,28; Jer. 23,32; Jer. 23,32; Jer. 23,34; Jer. 23,34; Jer. 23,35; Jer. 23,35; Jer. 23,38; Jer. 23,7; Jer. 24,1; Jer. 24,8; Jer. 24,10; Jer. 24,10; Jer. 25,1; Jer. 25,2; Jer. 25,18; Jer. 26,6; Jer. 26,13; Jer. 26,16; Jer. 26,16; Jer. 26,23; Jer. 26,25; Jer. 26,25; Jer. 27,4; Jer. 27,5; Jer. 27,16; Jer. 27,18; Jer. 27,18; Jer. 27,19; Jer. 27,25; Jer. 27,29; Jer. 27,37; Jer. 27,37; Jer. 27,39; Jer. 28,15; Jer. 28,26; Jer. 28,28; Jer. 28,62; Jer. 28,62; Jer. 29,6; Jer. 30,4; Jer. 30,17; Jer. 31,35; Jer. 31,38; Jer. 31,42; Jer. 31,44; Jer. 32,19; Jer. 32,19; Jer. 32,26; Jer. 33,6; Jer. 33,10; Jer. 33,12; Jer. 33,19; Jer. 33,23; Jer. 34,2; Jer. 34,8; Jer. 34,8; Jer. 34,11; Jer. 34,11; Jer. 34,12; Jer. 34,20; Jer. 35,2; Jer. 35,3; Jer. 35,4; Jer. 35,6; Jer. 35,6; Jer. 35,7; Jer. 35,9; Jer. 35,11; Jer. 35,14; Jer. 35,15; Jer. 36,1; Jer. 36,10; Jer. 36,10; Jer. 36,24; Jer. 36,25; Jer. 36,26; Jer. 36,27; Jer. 36,27; Jer. 36,28; Jer. 36,31; Jer. 37,8; Jer. 37,9; Jer. 38,2; Jer. 38,6; Jer. 38,7; Jer. 38,10; Jer. 38,11; Jer. 38,23; Jer. 38,27; Jer. 38,27; Jer. 38,30; Jer. 38,34; Jer. 38,34; Jer. 38,34; Jer. 38,36; Jer. 39,7; Jer. 39,7; Jer. 39,8; Jer. 39,8; Jer. 39,8; Jer. 39,9; Jer. 39,17; Jer. 39,21; Jer. 39,31; Jer. 39,35; Jer. 39,37; Jer. 39,40; Jer. 39,42; Jer. 40,11; Jer. 41,4; Jer. 41,6; Jer. 41,8; Jer. 41,8; Jer. 41,9; Jer. 41,9; Jer. 41,10; Jer. 41,14; Jer. 41,14; Jer. 41,16; Jer. 41,17; Jer. 41,17; Jer. 41,17; Jer. 41,18; Jer. 41,19; Jer. 41,21; Jer. 42,3; Jer. 43,4; Jer. 43,7; Jer. 43,12; Jer. 43,14; Jer. 43,16; Jer. 43,17; Jer. 43,20; Jer. 43,21; Jer. 43,21; Jer. 43,26; Jer. 43,26; Jer. 43,27; Jer. 44,3; Jer. 44,3; Jer. 44,3; Jer. 44,7; Jer. 44,13; Jer. 44,14; Jer. 44,18; Jer. 45,1; Jer. 45,6; Jer. 45,6; Jer. 45,7; Jer. 45,8; Jer. 45,9; Jer. 45,11; Jer. 45,20; Jer. 46,14; Jer. 46,14; Jer. 46,16; Jer. 47,1; Jer. 47,1; Jer. 47,2; Jer. 47,7; Jer. 47,11; Jer. 47,14; Jer. 47,15; Jer. 48,2; Jer. 48,4; Jer. 48,10; Jer. 48,10; Jer. 48,13; Jer. 48,18; Jer. 49,2; Jer. 49,2; Jer. 49,4; Jer. 49,5; Jer. 49,8; Jer. 49,8; Jer. 49,18; Jer. 50,1; Jer. 50,6; Jer. 50,10; Jer. 51,17; Jer. 51,24; Jer. 51,30; Jer. 51,30; Jer. 52,7; Jer. 52,9; Jer. 52,9; Jer. 52,13; Jer. 52,13; Jer. 52,17; Jer. 52,24; Jer. 52,24; Jer. 52,24; Jer. 52,24; Jer. 52,25; Jer. 52,25; Jer. 52,32; Bar. 1,7; Bar. 1,7; Bar. 1,9; Bar. 1,9; Bar. 1,13; Bar. 2,1; Bar. 2,1; Bar. 2,11; Bar. 2,19; Bar. 2,20; Bar. 2,21; Bar. 2,26; Bar. 2,27; Bar. 2,28; Bar. 2,35; Bar. 3,3; Bar. 3,3; Bar. 3,7; Bar. 3,13; Bar. 3,15; Bar. 3,29; Bar. 3,32; Bar. 4,1; Bar. 4,6; Bar. 4,7; Bar. 4,8; Bar. 4,20; Bar. 4,21; Bar. 4,23; Bar. 4,27; Bar. 4,35; Bar. 5,1; Bar. 5,4; Lam. 1,1; Lam. 1,1; Lam. 1,7; Lam. 1,14; Lam. 2,4; Lam. 3,31; Lam. 3,61; Lam. 4,4; Lam. 5,1; Lam. 5,5; Lam. 5,19; LetterJ 11; LetterJ 12; LetterJ 19; LetterJ 23; LetterJ 40; LetterJ 57; LetterJ 57; LetterJ 70; Ezek. 1,3; Ezek. 2,3; Ezek. 3,4; Ezek. 3,5; Ezek. 4,7; Ezek. 4,7; Ezek. 5,1; Ezek. 7,4; Ezek. 7,5; Ezek. 7,13; Ezek. 8,14; Ezek. 8,16; Ezek. 9,3; Ezek. 9,3; Ezek. 9,3; Ezek. 9,7; Ezek. 9,8; Ezek. 9,11; Ezek. 10,2; Ezek. 10,2; Ezek. 10,3; Ezek. 10,4; Ezek. 11,1; Ezek. 11,1; Ezek. 11,1; Ezek. 12,5; Ezek. 12,7; Ezek. 12,18; Ezek. 12,19; Ezek. 13,5; Ezek. 13,10; Ezek. 13,14; Ezek. 13,15; Ezek. 13,15; Ezek. 13,19; Ezek. 13,21; Ezek. 13,23; Ezek. 14,4; Ezek. 14,5; Ezek. 14,6; Ezek. 14,7; Ezek. 14,8; Ezek. 14,9; Ezek. 14,19; Ezek. 16,11; Ezek. 16,12; Ezek. 16,18; Ezek. 16,18; Ezek. 16,36; Ezek. 16,39; Ezek. 16,42; Ezek. 16,45; Ezek. 17,2; Ezek. 17,3; Ezek. 17,10; Ezek. 17,12; Ezek. 17,12; Ezek. 17,12; Ezek. 18,7; Ezek. 18,16; Ezek. 18,23; Ezek. 18,26; Ezek. 18,32; Ezek. 19,1; Ezek. 20,1; Ezek. 20,5; Ezek. 20,8; Ezek. 20,13; Ezek. 20,13; Ezek. 20,21; Ezek. 20,27; Ezek. 20,30; Ezek. 21,22; Ezek. 21,31; Ezek. 21,33; Ezek. 22,7; Ezek. 22,22; Ezek. 22,29; Ezek. 23,25; Ezek. 23,26; Ezek. 24,3; Ezek. 24,3; Ezek. 24,3; Ezek. 24,9; Ezek. 24,13; Ezek. 24,18; Ezek. 24,21; Ezek. 24,23; Ezek. 24,27; Ezek. 25,3; Ezek. 25,9; Ezek. 25,12; Ezek. 25,14; Ezek. 26,4; Ezek. 26,7; Ezek. 26,11; Ezek. 26,12; Ezek. 26,16; Ezek. 26,16; Ezek. 26,17; Ezek. 26,21; Ezek. 27,17; Ezek. 27,36; Ezek. 28,12; Ezek. 28,19; Ezek. 28,25; Ezek. 29,3; Ezek. 29,3; Ezek. 29,3; Ezek. 29,3; Ezek. 30,15; Ezek. 32,23; Ezek. 32,26; Ezek. 32,32; Ezek. 33,8; Ezek. 33,11; Ezek. 33,11; Ezek. 33,19; Ezek. 34,23; Ezek. 34,26; Ezek. 34,27; Ezek. 34,27; Ezek. 36,8; Ezek. 36,12; Ezek. 36,18; Ezek. 36,29; Ezek. 36,30; Ezek. 37,13; Ezek. 37,16; Ezek. 37,25; Ezek. 37,26; Ezek. 37,28; Ezek. 38,12; Ezek. 38,14; Ezek. 38,16; Ezek. 38,21; Ezek. 39,11; Ezek. 39,25; Ezek. 39,29; Ezek. 39,29; Ezek. 40,13; Ezek. 41,1; Ezek. 41,5; Ezek. 41,17; Ezek. 41,19; Ezek. 41,19; Ezek. 43,4; Ezek. 43,7; Ezek. 43,7; Ezek. 43,7; Ezek. 43,8; Ezek. 43,9; Ezek. 43,10; Ezek. 43,11; Ezek. 43,21; Ezek. 43,21; Ezek. 43,23; Ezek. 44,6; Ezek. 44,6; Ezek. 44,6; Ezek. 44,10; Ezek. 44,19; Ezek. 44,19; Ezek. 44,23; Ezek. 45,8; Ezek. 45,20; Ezek. 46,8; Ezek. 46,15; Ezek. 46,20; Dan. 1,2; Dan. 1,8; Dan. 1,10; Dan. 1,10; Dan. 1,10; Dan. 1,11; Dan. 1,14; Dan. 1,16; Dan. 1,18; Dan. 2,1; Dan. 2,4; Dan. 2,4; Dan. 2,16; Dan. 2,17; Dan. 2,19; Dan. 2,19; Dan. 2,20; Dan. 2,24; Dan. 2,24; Dan. 2,24; Dan. 2,25; Dan. 2,25; Dan. 2,28; Dan. 2,41; Dan. 2,43; Dan. 2,44; Dan. 2,45; Dan. 2,45; Dan. 2,45; Dan. 2,45; Dan. 2,47; Dan. 2,49; Dan. 3,2; Dan. 3,9; Dan. 3,13; Dan. 3,13; Dan. 3,20; Dan. 3,23; Dan. 3,35; Dan. 3,35; Dan. 3,35; Dan. 3,49; Dan. 3,51; Dan. 3,57; Dan. 3,58; Dan. 3,59; Dan. 3,60; Dan. 3,61; Dan. 3,62; Dan. 3,63; Dan. 3,64; Dan. 3,65; Dan. 3,66; Dan. 3,67; Dan. 3,68; Dan. 3,69; Dan. 3,70; Dan. 3,71; Dan. 3,72; Dan. 3,73; Dan. 3,74; Dan. 3,75; Dan. 3,76; Dan. 3,77; Dan. 3,78; Dan. 3,79; Dan. 3,80; Dan. 3,81; Dan. 3,82; Dan. 3,83; Dan. 3,84; Dan. 3,85; Dan. 3,86; Dan. 3,87; Dan. 3,88; Dan. 3,89; Dan. 3,90; Dan. 3,90; Dan. 3,90; Dan. 3,91; Dan. 3,95; Dan. 3,96; Dan. 3,96; Dan. 4,17; Dan. 4,17a; Dan. 4,18; Dan. 4,18; Dan. 4,18; Dan. 4,22; Dan. 4,22; Dan. 4,32; Dan. 4,37; Dan. 4,37a; Dan. 4,37c; Dan. 5,4; Dan. 5,4; Dan. 5,13; Dan. 5,29; Dan. 6,4; Dan. 6,5; Dan. 6,5; Dan. 6,6; Dan. 6,6; Dan. 6,8; Dan. 6,9; Dan. 6,9; Dan. 6,9; Dan. 6,11; Dan. 6,12; Dan. 6,13; Dan. 6,13a; Dan. 6,14; Dan. 6,15; Dan. 6,15; Dan. 6,15; Dan. 6,18; Dan. 6,21; Dan. 6,23; Dan. 6,24; Dan. 6,28; Dan. 7,22; Dan. 7,25; Dan. 7,27; Dan. 8,4; Dan. 8,6; Dan. 8,6; Dan. 8,7; Dan. 8,7; Dan. 8,20; Dan. 8,20; Dan. 9,2; Dan. 9,2; Dan. 9,3; Dan. 9,4; Dan. 9,11; Dan. 9,12; Dan. 9,15; Dan. 9,19; Dan. 9,24; Dan. 11,14; Dan. 11,18; Dan. 11,21; Dan. 11,25; Dan. 11,36; Dan. 11,38; Dan. 12,3; Dan. 12,7; Dan. 12,7; Dan. 12,7; Dan. 12,8; Sus. 9; Sus. 9; Sus. 13-14; Sus. 30; Sus. 48; Sus. 52; Sus. 52; Sus. 53; Sus. 56; Bel 5; Bel 5; Bel 5; Bel 7; Bel 8; Bel 9; Bel 10; Bel 14; Bel 14; Bel 15-17; Bel 15-17; Bel 18; Bel 19; Bel 21; Bel 21; Bel 22; Bel 25; Bel 28; Bel 28; Bel 28; Bel 30; Bel 31-32; Bel 31-32; Bel 34; Bel 35; Bel 39; Bel 40; Bel 40; Bel 42; Bel 42; Judg. 1,4; Judg. 1,4; Judg. 1,5; Judg. 1,5; Judg. 1,5; Judg. 1,9; Judg. 1,9; Judg. 1,9; Judg. 1,10; Judg. 1,10; Judg. 1,10; Judg. 1,17; Judg. 1,17; Judg. 1,21; Judg. 1,21; Judg. 1,25; Judg. 1,27; Judg. 1,28; Judg. 1,29; Judg. 1,29; Judg. 1,31; Judg. 1,31; Judg. 1,31; Judg. 1,31; Judg. 1,35; Judg. 2,1; Judg. 2,1; Judg. 2,1; Judg. 2,6; Judg. 2,10; Judg. 2,12; Judg. 2,12; Judg. 2,12; Judg. 2,12; Judg. 2,22; Judg. 3,1; Judg. 3,3; Judg. 3,3; Judg. 3,3; Judg. 3,3; Judg. 3,3; Judg. 3,4; Judg. 3,9; Judg. 3,9; Judg.

3,10; Judg. 3,10; Judg. 3,10; Judg. 3,12; Judg. 3,12; Judg. 3,13; Judg. 3,15; Judg. 3,16; Judg. 3,16; Judg. 3,16; Judg. 3,31; Judg. 4,3; Judg. 4,4; Judg. 4,6; Judg. 4,7; Judg. 4,7; Judg. 4,8; Judg. 4,9; Judg. 4,10; Judg. 4,10; Judg. 4,13; Judg. 4,13; Judg. 4,13; Judg. 4,14; Judg. 4,15; Judg. 4,19; Judg. 4,21; Judg. 4,21; Judg. 4,22; Judg. 4,22; Judg. 4,23; Judg. 4,24; Judg. 6,14; Judg. 6,15; Judg. 6,19; Judg. 6,20; Judg. 6,25; Judg. 6,25; Judg. 6,26; Judg. 6,26; Judg. 6,27; Judg. 6,28; Judg. 6,28; Judg. 6,29; Judg. 6,30; Judg. 6,34; Judg. 6,36; Judg. 6,36; Judg. 6,37; Judg. 6,37; Judg. 6,37; Judg. 6,38; Judg. 6,39; Judg. 6,39; Judg. 6,40; Judg. 7,5; Judg. 7,7; Judg. 7,8; Judg. 7,8; Judg. 7,24; Judg. 7,24; Judg. 7,25; Judg. 7,25; Judg. 7,25; Judg. 7,25; Judg. 8,3; Judg. 8,3; Judg. 8,3; Judg. 8,4; Judg. 8,7; Judg. 8,9; Judg. 8,12; Judg. 8,12; Judg. 8,17; Judg. 8,21; Judg. 8,21; Judg. 9,5; Judg. 9,6; Judg. 9,9; Judg. 9,13; Judg. 9,13; Judg. 9,16; Judg. 9,18; Judg. 9,18; Judg. 9,20; Judg. 9,20; Judg. 9,24; Judg. 9,27; Judg. 9,29; Judg. 9,29; Judg. 9,33; Judg. 9,36; Judg. 9,41; Judg. 9,42; Judg. 9,43; Judg. 9,45; Judg. 9,45; Judg. 9,55; Judg. 10,1; Judg. 10,2; Judg. 10,3; Judg. 10,6; Judg. 10,9; Judg. 10,10; Judg. 10,18; Judg. 11,1; Judg. 11,2; Judg. 11,5; Judg. 11,20; Judg. 11,21; Judg. 11,21; Judg. 11,23; Judg. 11,26; Judg. 11,29; Judg. 11,29; Judg. 11,34; Judg. 11,37; Judg. 11,37; Judg. 11,39; Judg. 12,1; Judg. 12,4; Judg. 12,7; Judg. 12,8; Judg. 12,9; Judg. 12,11; Judg. 12,13; Judg. 12,14; Judg. 13,5; Judg. 13,8; Judg. 13,11; Judg. 13,15; Judg. 13,17; Judg. 13,19; Judg. 14,3; Judg. 14,9; Judg. 14,15; Judg. 14,15; Judg. 14,18; Judg. 14,19; Judg. 15,6; Judg. 15,10; Judg. 15,17; Judg. 15,19; Judg. 15,19; Judg. 15,20; Judg. 16,13; Judg. 16,14; Judg. 16,14; Judg. 16,19; Judg. 16,23; Judg. 16,23; Judg. 16,24; Judg. 16,24; Judg. 16,24; Judg. 16,25; Judg. 16,25; Judg. 16,26; Judg. 16,26; Judg. 16,30; Judg. 16,30; Judg. 16,31; Judg. 18,7; Judg. 18,7; Judg. 18,15; Judg. 18,24; Judg. 18,26; Judg. 18,27; Judg. 19,5; Judg. 19,6; Judg. 19,11; Judg. 19,17; Judg. 19,18; Judg. 19,21; Judg. 19,22; Judg. 19,22; Judg. 19,22; Judg. 19,22; Judg. 19,23; Judg. 19,26; Judg. 19,28; Judg. 19,28; Judg. 20,35; Judg. 20,43; Tob. 1,21; Tob. 1,21; Tob. 2,1; Tob. 2,4; Tob. 2,5; Tob. 2,9; Tob. 2,12; Tob. 2,12; Tob. 2,12; Tob. 3,2; Tob. 3,6; Tob. 3,6; Tob. 3,9; Tob. 3,10; Tob. 3,11; Tob. 3,17; Tob. 4,2; Tob. 4,3; Tob. 4,21; Tob. 5,4; Tob. 5,7; Tob. 5,9; Tob. 5,10; Tob. 5,17; Tob. 5,17; Tob. 6,2; Tob. 6,2; Tob. 6,4; Tob. 6,5; Tob. 6,7; Tob. 6,8; Tob. 6,13; Tob. 6,13; Tob. 6,15; Tob. 6,17; Tob. 6,17; Tob. 7,1; Tob. 7,1; Tob. 7,1; Tob. 7,4; Tob. 7,6; Tob. 7,10; Tob. 7,12; Tob. 7,13; Tob. 7,13; Tob. 8,1; Tob. 8,6; Tob. 8,6; Tob. 8,11; Tob. 8,11; Tob. 8,13; Tob. 8,15; Tob. 8,18; Tob. 8,21; Tob. 8,21; Tob. 9,3-4; Tob. 9,5; Tob. 9,6; Tob. 9,6; Tob. 10,8; Tob. 10,9; Tob. 10,9; Tob. 10,12; Tob. 11,2; Tob. 11,7; Tob. 11,9; Tob. 11,13; Tob. 11,14; Tob. 11,15; Tob. 11,16; Tob. 12,1; Tob. 12,1; Tob. 12,1; Tob. 12,2; Tob. 12,5; Tob. 12,13; Tob. 12,17; Tob. 12,17; Tob. 12,20; Tob. 12,22; Tob. 13,2; Tob. 13,7; Tob. 13,7; Tob. 13,14; Tob. 13,15; Tob. 13,16; Tob. 13,16; Tob. 13,16; Tob. 13,16; Tob. 13,18; Tob. 14,2; Tob. 14,3; Tob. 14,5; Tob. 14,5; Tob. 14,6; Tob. 14,6; Tob. 14,7; Tob. 14,7; Tob. 14,15; Tob. 14,15; Dan. 1,2; Dan. 1,2; Dan. 1,8; Dan. 1,9; Dan. 1,10; Dan. 1,10; Dan. 1,10; Dan. 1,16; Dan. 2,16; Dan. 2,17; Dan. 2,19; Dan. 2,25; Dan. 2,41; Dan. 2,43; Dan. 2,45; Dan. 2,45; Dan. 2,45; Dan. 2,45; Dan. 2,48; Dan. 2,49; Dan. 3,3; Dan. 3,13; Dan. 3,20; Dan. 3,24; Dan. 3,24; Dan. 3,35; Dan. 3,35; Dan. 3,35; Dan. 3,49; Dan. 3,51; Dan. 3,57; Dan. 3,59; Dan. 3,58; Dan. 3,60; Dan. 3,61; Dan. 3,62; Dan. 3,63; Dan. 3,64; Dan. 3,65; Dan. 3,66; Dan. 3,67; Dan. 3,68; Dan. 3,71; Dan. 3,72; Dan. 3,69; Dan. 3,70; Dan. 3,73; Dan. 3,74; Dan. 3,75; Dan. 3,76; Dan. 3,78; Dan. 3,77; Dan. 3,79; Dan. 3,80; Dan. 3,81; Dan. 3,82; Dan. 3,83; Dan. 3,84; Dan. 3,85; Dan. 3,86; Dan. 3,87; Dan. 3,88; Dan. 3,89; Dan. 3,90; Dan. 3,90; Dan. 3,90; Dan. 3,95; Dan. 3,97; Dan. 4,14; Dan. 4,20; Dan. 4,22; Dan. 4,24; Dan. 4,24; Dan. 4,28; Dan. 4,34; Dan. 4,34; Dan. 4,37; Dan. 5,7; Dan. 5,10; Dan. 5,16; Dan. 5,23; Dan. 5,23; Dan. 5,29; Dan. 5,29; Dan. 5,29; Dan. 5,29; Dan. 6,8; Dan. 6,9; Dan. 6,11; Dan. 6,12; Dan. 6,13; Dan. 6,17; Dan. 6,17; Dan. 6,19; Dan. 6,20; Dan. 6,23; Dan. 6,24; Dan. 6,25; Dan. 6,25; Dan. 6,28; Dan. 7,25; Dan. 8,4; Dan. 8,7; Dan. 8,7; Dan. 8,9; Dan. 9,2; Dan. 9,2; Dan. 9,3; Dan. 9,4; Dan. 9,6; Dan. 9,11; Dan. 9,15; Dan. 9,18; Dan. 9,18; Dan. 9,19; Dan. 9,20; Dan. 9,24; Dan. 10,11; Dan. 10,16; Dan. 11,12; Dan. 11,13; Dan. 11,29; Dan. 11,31; Dan. 12,7; Dan. 12,7; Dan. 12,13; Sus. 2; Sus. 3; Sus. 5; Sus. 9; Sus. 9; Sus. 28; Sus. 35; Sus. 52; Sus. 56; Sus. 62; Sus. 63; Bel 5; Bel 5; Bel 5; Bel 8; Bel 10; Bel 11; Bel 14; Bel 19; Bel 22; Bel 25; Bel 28; Bel 28; Bel 28; Bel 29; Bel 29; Bel 29; Bel 30; Bel 31; Bel 32; Bel 34; Bel 35; Bel 39; Bel 39; Bel 40; Bel 40; Bel 42; Matt. 1,2; Matt. 1,2; Matt. 1,2; Matt. 1,3; Matt. 1,3; Matt. 1,3; Matt. 1,3; Matt. 1,4; Matt. 1,4; Matt. 1,4; Matt. 1,5; Matt. 1,5; Matt. 1,5; Matt. 1,6; Matt. 1,6; Matt. 1,6; Matt. 1,7; Matt. 1,7; Matt. 1,7; Matt. 1,8; Matt. 1,8; Matt. 1,8; Matt. 1,9; Matt. 1,9; Matt. 1,9; Matt. 1,10; Matt. 1,10; Matt. 1,10; Matt. 1,11; Matt. 1,12; Matt. 1,12; Matt. 1,13; Matt. 1,13; Matt. 1,13; Matt. 1,14; Matt. 1,14; Matt. 1,14; Matt. 1,15; Matt. 1,15; Matt. 1,15; Matt. 1,16; Matt. 1,16; Matt. 1,21; Matt. 2,2; Matt. 2,6; Matt. 2,6; Matt. 2,7; Matt. 2,10; Matt. 2,15; Matt. 2,16; Matt. 3,9; Matt. 3,12; Matt. 3,13; Matt. 3,13; Matt. 4,6; Matt. 4,7; Matt. 4,10; Matt. 4,18; Matt. 4,18; Matt. 4,21; Matt. 4,21; Matt. 4,22; Matt. 5,8; Matt. 5,15; Matt. 5,16; Matt. 5,16; Matt. 5,17; Matt. 5,26; Matt. 5,40; Matt. 5,42; Matt. 5,43; Matt. 5,43; Matt. 5,45; Matt. 6,2; Matt. 6,5; Matt. 6,11; Matt. 6,11; Matt. 6,16; Matt. 6,24; Matt. 6,24; Matt. 6,30; Matt. 8,21; Matt. 9,6; Matt. 9,7; Matt. 9,8; Matt. 9,8; Matt. 9,23; Matt. 9,38; Matt. 10,14; Matt. 10,24; Matt. 10,24; Matt. 10,25; Matt. 10,28; Matt. 10,38; Matt. 10,40; Matt. 10,42; Matt. 11,10; Matt. 11,27; Matt. 11,27; Matt. 11,29; Matt. 12,4; Matt. 12,22; Matt. 12,26; Matt. 12,29; Matt. 12,33; Matt. 12,33; Matt. 12,44; Matt. 13,2; Matt. 13,19; Matt. 13,20; Matt. 13,21; Matt. 13,22; Matt. 13,22; Matt. 13,23; Matt. 13,29; Matt. 13,30; Matt. 13,44; Matt. 13,48; Matt. 14,3; Matt. 14,5; Matt. 14,10; Matt. 14,19; Matt. 14,29; Matt. 14,30; Matt. 15,4; Matt. 15,6; Matt. 15,6; Matt. 15,10; Matt. 15,11; Matt. 15,11; Matt. 15,12; Matt. 15,18; Matt. 15,20; Matt. 15,20; Matt. 15,26; Matt. 15,31; Matt. 15,31; Matt. 15,32; Matt. 16,13; Matt. 16,14; Matt. 16,24; Matt. 16,26; Matt. 16,28; Matt. 17,1; Matt. 17,1; Matt. 17,14; Matt. 17,15; Matt. 17,27; Matt. 18,6; Matt. 18,15; Matt. 18,33; Matt. 19,5; Matt. 19,11; Matt. 19,19; Matt. 19,19; Matt. 19,22; Matt. 20,1; Matt. 20,2; Matt. 20,4; Matt. 20,7; Matt. 20,8; Matt. 20,12; Matt. 21,7; Matt. 21,19; Matt. 21,26; Matt. 21,26; Matt. 21,37; Matt. 21,37; Matt. 21,38; Matt. 21,41; Matt. 21,44; Matt. 22,5; Matt. 22,37; Matt. 22,39; Matt. 23,17; Matt. 23,24; Matt. 24,30; Matt. 25,30; Matt. 26,4; Matt. 26,18; Matt. 26,31; Matt. 26,37; Matt. 26,44; Matt. 26,50; Matt. 26,51; Matt. 26,52; Matt. 26,53; Matt. 26,57; Matt. 26,57; Matt. 26,61; Matt. 26,64; Matt. 26,71; Matt. 26,72; Matt. 26,74; Matt. 27,5; Matt. 27,6; Matt. 27,7; Matt. 27,10; Matt. 27,14; Matt. 27,17; Matt. 27,17; Matt. 27,20; Matt. 27,20; Matt. 27,21; Matt. 27,22; Matt. 27,26; Matt. 27,26; Matt. 27,27; Matt. 27,30; Matt. 27,32; Matt. 27,40; Matt. 27,43; Matt. 27,54; Matt. 27,54; Matt. 27,64; Matt. 27,66; Matt. 27,66; Matt. 28,1; Matt. 28,2; Matt. 28,5; Matt. 28,6; Mark 1,2; Mark 1,7; Mark 1,9; Mark 1,14; Mark 1,16; Mark 1,19; Mark 1,19; Mark 1,20; Mark 1,45; Mark 2,2; Mark 2,4; Mark 2,4; Mark 2,9; Mark 2,11; Mark 2,11; Mark 2,12; Mark 2,12; Mark 2,14; Mark 2,19; Mark 2,26; Mark 2,27; Mark 3,9; Mark 3,17; Mark 3,17; Mark 3,18; Mark 3,18; Mark 3,27; Mark 3,29; Mark 4,14; Mark 4,15; Mark 4,15; Mark 4,16; Mark 4,17; Mark 4,18; Mark 4,19; Mark 4,20; Mark 4,21; Mark 4,26; Mark 4,33; Mark 4,36;

Mark 5,6; Mark 5,7; Mark 5,15; Mark 5,15; Mark 5,15; Mark 5,15; Mark 5,19; Mark 5,31; Mark 5,35; Mark 5,36; Mark 5,37; Mark 5,37; Mark 5,38; Mark 5,40; Mark 6,11; Mark 6,11; Mark 6,17; Mark 6,20; Mark 6,25; Mark 6,30; Mark 6,41; Mark 6,45; Mark 7,5; Mark 7,10; Mark 7,13; Mark 7,14; Mark 7,15; Mark 7,18; Mark 7,19; Mark 7,20; Mark 7,23; Mark 7,27; Mark 7,29; Mark 7,30; Mark 7,34; Mark 8,2; Mark 8,28; Mark 8,31; Mark 8,32; Mark 8,34; Mark 8,34; Mark 8,36; Mark 9,2; Mark 9,2; Mark 9,2; Mark 9,8; Mark 9,10; Mark 9,12; Mark 9,17; Mark 9,21; Mark 9,37; Mark 9,41; Mark 9,42; Mark 10,7; Mark 10,12; Mark 10,19; Mark 10,49; Mark 10,50; Mark 11,5; Mark 11,7; Mark 11,7; Mark 11,14; Mark 11,32; Mark 11,32; Mark 12,6; Mark 12,9; Mark 12,12; Mark 12,30; Mark 12,31; Mark 12,33; Mark 12,44; Mark 13,16; Mark 13,26; Mark 14,8; Mark 14,9; Mark 14,27; Mark 14,33; Mark 14,33; Mark 14,33; Mark 14,39; Mark 14,47; Mark 14,53; Mark 14,53; Mark 14,58; Mark 14,58; Mark 14,60; Mark 14,62; Mark 14,67; Mark 14,71; Mark 15,1; Mark 15,5; Mark 15,9; Mark 15,11; Mark 15,11; Mark 15,12; Mark 15,15; Mark 15,15; Mark 15,21; Mark 15,21; Mark 15,22; Mark 15,29; Mark 15,43; Mark 15,44; Mark 16,3; Mark 16,6; Mark 16,6; Mark 16,8; Mark 16,15; Mark 16,19; Mark 16,20; Luke 1,9; Luke 1,16; Luke 1,18; Luke 1,20; Luke 1,21; Luke 1,23; Luke 1,32; Luke 1,33; Luke 1,34; Luke 1,40; Luke 1,41; Luke 1,46; Luke 1,55; Luke 1,56; Luke 1,64; Luke 1,73; Luke 1,80; Luke 2,7; Luke 2,7; Luke 2,13; Luke 2,15; Luke 2,16; Luke 2,20; Luke 2,22; Luke 2,26; Luke 2,28; Luke 2,29; Luke 2,39; Luke 3,2; Luke 3,8; Luke 3,16; Luke 3,17; Luke 3,18; Luke 3,20; Luke 3,21; Luke 3,21; Luke 4,8; Luke 4,11; Luke 4,12; Luke 4,17; Luke 4,41; Luke 5,1; Luke 5,1; Luke 5,4; Luke 5,10; Luke 5,12; Luke 5,19; Luke 5,24; Luke 5,25; Luke 5,25; Luke 5,26; Luke 6,4; Luke 6,14; Luke 6,15; Luke 6,29; Luke 6,38; Luke 6,40; Luke 7,3; Luke 7,4; Luke 7,10; Luke 7,10; Luke 7,16; Luke 7,16; Luke 7,19; Luke 7,27; Luke 7,29; Luke 7,36; Luke 8,5; Luke 8,12; Luke 8,13; Luke 8,15; Luke 8,19; Luke 8,21; Luke 8,28; Luke 8,35; Luke 8,35; Luke 8,39; Luke 8,40; Luke 8,41; Luke 8,43; Luke 8,49; Luke 8,51; Luke 9,5; Luke 9,12; Luke 9,13; Luke 9,16; Luke 9,19; Luke 9,20; Luke 9,22; Luke 9,23; Luke 9,25; Luke 9,33; Luke 9,38; Luke 9,41; Luke 9,42; Luke 9,47; Luke 9,48; Luke 9,59; Luke 9,61; Luke 10,2; Luke 10,11; Luke 10,11; Luke 10,16; Luke 10,18; Luke 10,27; Luke 10,27; Luke 10,29; Luke 10,32; Luke 10,39; Luke 11,3; Luke 11,3; Luke 11,11; Luke 11,24; Luke 11,28; Luke 11,33; Luke 12,5; Luke 12,10; Luke 12,18; Luke 12,28; Luke 12,36; Luke 12,39; Luke 12,56; Luke 12,58; Luke 13,7; Luke 13,13; Luke 13,15; Luke 13,15; Luke 14,9; Luke 14,10; Luke 14,17; Luke 14,23; Luke 14,26; Luke 14,27; Luke 15,6; Luke 15,12; Luke 15,18; Luke 15,18; Luke 15,20; Luke 15,20; Luke 15,21; Luke 15,23; Luke 15,23; Luke 15,27; Luke 15,27; Luke 15,30; Luke 15,30; Luke 16,2; Luke 16,8; Luke 16,13; Luke 16,13; Luke 16,17; Luke 16,20; Luke 16,22; Luke 16,22; Luke 16,27; Luke 16,28; Luke 17,2; Luke 17,15; Luke 17,24; Luke 18,2; Luke 18,4; Luke 18,13; Luke 18,14; Luke 18,20; Luke 18,43; Luke 19,3; Luke 19,5; Luke 19,8; Luke 19,33; Luke 19,33; Luke 19,35; Luke 19,35; Luke 19,35; Luke 19,37; Luke 19,44; Luke 20,1; Luke 20,9; Luke 20,13; Luke 20,13; Luke 20,16; Luke 20,18; Luke 20,19; Luke 20,37; Luke 20,41; Luke 21,4; Luke 21,27; Luke 22,2; Luke 22,3; Luke 22,31; Luke 22,48; Luke 22,50; Luke 23,1; Luke 23,5; Luke 23,8; Luke 23,13; Luke 23,14; Luke 23,14; Luke 23,18; Luke 23,20; Luke 23,25; Luke 23,25; Luke 23,26; Luke 23,33; Luke 23,33; Luke 23,40; Luke 23,47; Luke 24,2; Luke 24,5; Luke 24,7; Luke 24,21; Luke 24,26; Luke 24,30; Luke 24,45; Luke 24,46; Luke 24,51; Luke 24,53; John 1,1; John 1,2; John 1,9; John 1,18; John 1,27; John 1,29; John 1,41; John 1,41; John 1,41; John 1,42; John 1,45; John 1,45; John 1,47; John 1,51; John 1,51; John 2,2; John 2,6; John 2,9; John 2,10; John 2,10; John 2,10; John 2,16; John 2,19; John 3,13; John 3,14; John 3,14; John 3,16; John 3,16; John 3,16; John 3,17; John 3,17; John 3,17; John 3,19; John 3,26; John 3,35; John 3,36; John 4,14; John 4,16; John 4,38; John 4,39; John 4,41; John 4,47; John 5,8; John 5,9; John 5,10; John 5,11; John 5,16; John 5,18; John 5,19; John 5,20; John 5,23; John 5,23; John 5,23; John 5,23; John 5,23; John 5,24; John 5,38; John 5,45; John 6,10; John 6,14; John 6,19; John 6,23; John 6,24; John 6,32; John 6,32; John 6,32; John 6,34; John 6,37; John 6,40; John 6,42; John 6,46; John 6,46; John 6,51; John 6,57; John 6,58; John 6,58; John 6,62; John 6,71; John 7,12; John 7,13; John 7,19; John 7,19; John 7,33; John 7,49; John 7,51; John 7,53; John 8,19; John 8,19; John 8,26; John 8,27; John 8,28; John 8,35; John 8,35; John 8,41; John 8,43; John 8,43; John 8,49; John 8,51; John 8,51; John 8,52; John 8,52; John 8,55; John 9,6; John 9,11; John 9,14; John 9,24; John 9,35; John 9,39; John 10,12; John 10,15; John 10,28; John 10,36; John 10,40; John 11,2; John 11,5; John 11,21; John 11,22; John 11,26; John 11,27; John 11,39; John 11,41; John 11,42; John 11,42; John 11,48; John 11,56; John 12,9; John 12,9; John 12,10; John 12,11; John 12,17; John 12,21; John 12,34; John 12,34; John 12,44; John 12,45; John 12,46; John 12,47; John 12,47; John 12,48; John 13,1; John 13,3; John 13,5; John 13,8; John 13,11; John 13,18; John 13,20; John 14,1; John 14,6; John 14,7; John 14,8; John 14,9; John 14,9; John 14,12; John 14,16; John 14,16; John 14,23; John 14,28; John 14,31; John 15,3; John 15,16; John 15,20; John 15,20; John 15,21; John 15,23; John 15,24; John 16,3; John 16,5; John 16,8; John 16,10; John 16,17; John 16,21; John 16,23; John 16,26; John 16,28; John 16,28; John 16,28; John 16,33; John 17,1; John 17,1; John 17,3; John 17,5; John 17,6; John 17,14; John 17,18; John 17,18; John 18,2; John 18,5; John 18,7; John 18,10; John 18,12; John 18,16; John 18,19; John 18,24; John 18,28; John 18,31; John 18,33; John 18,37; John 18,39; John 18,40; John 19,1; John 19,5; John 19,7; John 19,8; John 19,13; John 19,15; John 19,16; John 19,17; John 19,17; John 19,18; John 19,20; John 19,23; John 19,23; John 19,24; John 19,26; John 19,31; John 19,33; John 19,38; John 19,38; John 19,42; John 20,1; John 20,2; John 20,2; John 20,13; John 20,14; John 20,17; John 20,17; John 20,18; John 20,19; John 20,20; John 20,25; John 20,25; John 20,25; John 20,27; John 21,4; John 21,7; John 21,13; John 21,19; John 21,20; John 21,25; Acts 1,10; Acts 1,11; Acts 1,11; Acts 1,11; Acts 1,17; Acts 1,23; Acts 1,25; Acts 1,25; Acts 1,25; Acts 2,2; Acts 2,5; Acts 2,22; Acts 2,25; Acts 2,27; Acts 2,30; Acts 2,32; Acts 2,36; Acts 2,37; Acts 2,41; Acts 2,47; Acts 2,47; Acts 3,8; Acts 3,9; Acts 3,11; Acts 3,11; Acts 3,12; Acts 3,13; Acts 3,14; Acts 3,15; Acts 3,18; Acts 3,20; Acts 3,26; Acts 4,1; Acts 4,2; Acts 4,4; Acts 4,12; Acts 4,14; Acts 4,17; Acts 4,21; Acts 4,21; Acts 4,24; Acts 4,24; Acts 4,27; Acts 4,29; Acts 4,31; Acts 5,9; Acts 5,10; Acts 5,21; Acts 5,25; Acts 5,26; Acts 5,42; Acts 6,2; Acts 6,11; Acts 6,12; Acts 6,14; Acts 7,4; Acts 7,8; Acts 7,8; Acts 7,9; Acts 7,10; Acts 7,14; Acts 7,18; Acts 7,24; Acts 7,27; Acts 7,28; Acts 7,35; Acts 7,44; Acts 7,53; Acts 7,55; Acts 7,56; Acts 7,59; Acts 8,2; Acts 8,4; Acts 8,5; Acts 8,14; Acts 8,24; Acts 8,25; Acts 8,28; Acts 8,30; Acts 8,31; Acts 8,35; Acts 8,39; Acts 9,20; Acts 9,27; Acts 9,35; Acts 9,35; Acts 9,40; Acts 9,42; Acts 10,2; Acts 10,11; Acts 10,16; Acts 10,17; Acts 10,22; Acts 10,22; Acts 10,25; Acts 10,36; Acts 10,38; Acts 10,43; Acts 10,44; Acts 10,46; Acts 11,1; Acts 11,10; Acts 11,12; Acts 11,13; Acts 11,13; Acts 11,17; Acts 11,17; Acts 11,18; Acts 11,19; Acts 11,20; Acts 11,21; Acts 12,1; Acts 12,2; Acts 12,5; Acts 12,11; Acts 12,14; Acts 12,14; Acts 12,20; Acts 12,25; Acts 13,2; Acts 13,5; Acts 13,7; Acts 13,8; Acts 13,11; Acts 13,15; Acts 13,16; Acts 13,17; Acts 13,21; Acts 13,22; Acts 13,22; Acts 13,25; Acts 13,26; Acts 13,31; Acts 13,35; Acts 13,44; Acts 13,46; Acts

ὁ

13,48; Acts 13,50; Acts 13,51; Acts 14,12; Acts 14,12; Acts 14,14; Acts 14,15; Acts 14,19; Acts 14,25; Acts 15,5; Acts 15,7; Acts 15,10; Acts 15,10; Acts 15,17; Acts 15,19; Acts 15,22; Acts 15,35; Acts 15,36; Acts 15,37; Acts 15,37; Acts 15,38; Acts 15,39; Acts 16,6; Acts 16,14; Acts 16,15; Acts 16,19; Acts 16,19; Acts 16,25; Acts 16,31; Acts 16,32; Acts 16,34; Acts 16,36; Acts 17,3; Acts 17,5; Acts 17,8; Acts 17,10; Acts 17,11; Acts 17,14; Acts 17,15; Acts 17,15; Acts 17,15; Acts 17,18; Acts 17,19; Acts 17,24; Acts 17,27; Acts 18,5; Acts 18,7; Acts 18,11; Acts 18,13; Acts 18,13; Acts 18,17; Acts 18,28; Acts 19,1; Acts 19,4; Acts 19,4; Acts 19,10; Acts 19,13; Acts 19,15; Acts 19,15; Acts 19,23; Acts 19,30; Acts 19,35; Acts 20,1; Acts 20,7; Acts 20,11; Acts 20,12; Acts 20,13; Acts 20,18; Acts 20,21; Acts 20,24; Acts 20,37; Acts 21,3; Acts 21,5; Acts 21,7; Acts 21,8; Acts 21,11; Acts 21,20; Acts 21,24; Acts 21,27; Acts 21,28; Acts 21,29; Acts 21,32; Acts 21,32; Acts 21,34; Acts 21,39; Acts 22,12; Acts 22,14; Acts 22,22; Acts 22,23; Acts 22,25; Acts 22,30; Acts 23,3; Acts 23,4; Acts 23,12; Acts 23,14; Acts 23,17; Acts 23,17; Acts 23,18; Acts 23,18; Acts 23,20; Acts 23,22; Acts 23,24; Acts 23,24; Acts 23,25; Acts 23,30; Acts 23,31; Acts 23,33; Acts 24,5; Acts 24,14; Acts 24,15; Acts 24,16; Acts 24,24; Acts 24,27; Acts 25,4; Acts 25,6; Acts 25,8; Acts 25,13; Acts 25,14; Acts 25,17; Acts 25,22; Acts 25,25; Acts 26,1; Acts 26,18; Acts 26,20; Acts 26,28; Acts 27,10; Acts 27,38; Acts 27,40; Acts 27,40; Acts 27,43; Acts 28,2; Acts 28,2; Acts 28,7; Acts 28,8; Acts 28,26; Rom. 1,21; Rom. 1,25; Rom. 1,28; Rom. 2,1; Rom. 2,23; Rom. 2,27; Rom. 2,27; Rom. 3,6; Rom. 3,11; Rom. 3,26; Rom. 4,1; Rom. 4,5; Rom. 4,5; Rom. 4,6; Rom. 4,24; Rom. 4,24; Rom. 5,1; Rom. 5,12; Rom. 6,3; Rom. 6,4; Rom. 6,22; Rom. 7,21; Rom. 7,22; Rom. 8,3; Rom. 8,11; Rom. 8,20; Rom. 8,28; Rom. 9,9; Rom. 9,13; Rom. 9,13; Rom. 9,23; Rom. 9,25; Rom. 10,1; Rom. 10,6; Rom. 10,21; Rom. 11,1; Rom. 11,2; Rom. 11,10; Rom. 13,7; Rom. 13,7; Rom. 13,7; Rom. 13,7; Rom. 13,8; Rom. 13,9; Rom. 13,11; Rom. 13,14; Rom. 14,3; Rom. 14,3; Rom. 14,10; Rom. 14,10; Rom. 15,6; Rom. 15,9; Rom. 15,11; Rom. 15,17; Rom. 15,28; Rom. 15,30; Rom. 16,4; Rom. 16,5; Rom. 16,8; Rom. 16,9; Rom. 16,9; Rom. 16,10; Rom. 16,11; Rom. 16,13; Rom. 16,20; 1Cor. 1,16; 1Cor. 1,21; 1Cor. 2,8; 1Cor. 3,8; 1Cor. 3,8; 1Cor. 3,11; 1Cor. 3,12; 1Cor. 3,17; 1Cor. 4,19; 1Cor. 5,3; 1Cor. 5,5; 1Cor. 5,13; 1Cor. 6,1; 1Cor. 6,2; 1Cor. 6,14; 1Cor. 6,20; 1Cor. 7,2; 1Cor. 7,13; 1Cor. 7,16; 1Cor. 7,31; 1Cor. 8,3; 1Cor. 8,10; 1Cor. 8,13; 1Cor. 8,13; 1Cor. 8,13; 1Cor. 9,1; 1Cor. 9,7; 1Cor. 10,2; 1Cor. 10,9; 1Cor. 10,16; 1Cor. 10,18; 1Cor. 10,22; 1Cor. 10,28; 1Cor. 11,9; 1Cor. 11,26; 1Cor. 11,26; 1Cor. 11,27; 1Cor. 14,16; 1Cor. 15,15; 1Cor. 16,22; 2Cor. 1,22; 2Cor. 1,23; 2Cor. 2,13; 2Cor. 2,17; 2Cor. 3,4; 2Cor. 4,2; 2Cor. 4,4; 2Cor. 4,7; 2Cor. 4,14; 2Cor. 5,5; 2Cor. 5,8; 2Cor. 5,11; 2Cor. 5,19; 2Cor. 5,21; 2Cor. 7,7; 2Cor. 7,7; 2Cor. 8,18; 2Cor. 8,22; 2Cor. 9,9; 2Cor. 9,10; 2Cor. 9,13; 2Cor. 10,15; 2Cor. 11,3; 2Cor. 12,2; 2Cor. 12,3; 2Cor. 12,4; 2Cor. 12,8; 2Cor. 12,18; 2Cor. 13,7; Gal. 1,10; Gal. 1,16; Gal. 1,19; Gal. 1,24; Gal. 4,4; Gal. 4,14; Gal. 4,21; Gal. 4,27; Gal. 4,29; Gal. 4,30; Gal. 5,3; Gal. 5,14; Gal. 6,1; Gal. 6,2; Gal. 6,4; Gal. 6,6; Gal. 6,16; Eph. 1,13; Eph. 2,2; Eph. 2,2; Eph. 2,15; Eph. 2,18; Eph. 3,14; Eph. 3,16; Eph. 3,17; Eph. 4,12; Eph. 4,20; Eph. 4,22; Eph. 4,22; Eph. 4,24; Eph. 4,24; Eph. 5,16; Eph. 5,31; Eph. 5,33; Eph. 6,2; Eph. 6,14; Eph. 6,16; Eph. 6,24; Phil. 1,11; Phil. 1,14; Phil. 1,15; Phil. 1,17; Phil. 1,30; Phil. 2,25; Phil. 3,7; Phil. 4,6; Phil. 4,17; Phil. 4,17; Col. 1,23; Col. 1,25; Col. 2,6; Col. 2,6; Col. 3,9; Col. 3,10; Col. 3,10; Col. 3,22; Col. 4,5; 1Th. 1,6; 1Th. 1,8; 1Th. 1,9; 1Th. 1,10; 1Th. 1,10; 1Th. 2,9; 1Th. 2,9; 1Th. 2,15; 1Th. 3,2; 1Th. 4,5; 1Th. 4,6; 1Th. 4,8; 1Th. 4,8; 1Th. 5,11; 1Th. 5,27; 2Th. 2,4; 2Th. 3,12; 1Tim. 1,15; 1Tim. 3,2; 1Tim. 5,4; 1Tim. 5,23; 1Tim. 6,5; 1Tim. 6,7; 1Tim. 6,12; 2Tim. 1,8; 2Tim. 1,10; 2Tim. 2,6; 2Tim. 2,15; 2Tim. 2,22; 2Tim. 3,8; 2Tim. 4,2; 2Tim. 4,7; 2Tim. 4,7; 2Tim. 4,10; 2Tim. 4,13; 2Tim. 4,19; Titus 1,3; Titus 1,7; Titus 3,13; Philem. 5; Heb. 1,6; Heb. 1,8; Heb. 1,8; Heb. 2,9; Heb. 2,10; Heb. 2,14; Heb. 2,14; Heb. 2,17; Heb. 3,1; Heb. 3,6; Heb. 4,14; Heb. 5,1; Heb. 5,6; Heb. 5,7; Heb. 5,12; Heb. 6,1; Heb. 6,6; Heb. 6,7; Heb. 6,18; Heb. 6,20; Heb. 7,5; Heb. 7,5; Heb. 7,6; Heb. 7,17; Heb. 7,21; Heb. 7,24; Heb. 7,28; Heb. 7,28; Heb. 8,5; Heb. 8,5; Heb. 8,8; Heb. 8,8; Heb. 8,11; Heb. 8,11; Heb. 8,11; Heb. 9,9; Heb. 9,9; Heb. 9,9; Heb. 9,19; Heb. 9,19; Heb. 9,22; Heb. 9,24; Heb. 10,5; Heb. 10,21; Heb. 10,29; Heb. 10,30; Heb. 10,30; Heb. 11,6; Heb. 11,7; Heb. 11,11; Heb. 11,17; Heb. 11,17; Heb. 11,20; Heb. 11,20; Heb. 11,26; Heb. 11,27; Heb. 11,27; Heb. 12,1; Heb. 12,2; Heb. 12,3; Heb. 12,14; Heb. 12,14; Heb. 12,24; Heb. 12,25; Heb. 12,25; Heb. 12,25; Heb. 12,26; Heb. 13,7; Heb. 13,12; Heb. 13,13; Heb. 13,20; Heb. 13,20; Heb. 13,20; Heb. 13,23; James 1,11; James 1,12; James 1,21; James 1,21; James 1,25; James 2,3; James 2,6; James 2,8; James 2,10; James 2,21; James 3,6; James 3,9; James 4,11; James 4,12; James 5,6; James 5,7; James 5,12; James 5,15; James 5,18; 1Pet. 1,15; 1Pet. 1,17; 1Pet. 1,17; 1Pet. 1,21; 1Pet. 1,25; 1Pet. 2,12; 1Pet. 2,13; 1Pet. 2,17; 1Pet. 2,17; 1Pet. 2,25; 1Pet. 3,14; 1Pet. 3,15; 1Pet. 4,2; 1Pet. 4,16; 1Pet. 5,4; 2Pet. 1,19; 2Pet. 2,1; 1John 1,2; 1John 2,1; 1John 2,5; 1John 2,9; 1John 2,10; 1John 2,11; 1John 2,13; 1John 2,13; 1John 2,14; 1John 2,14; 1John 2,14; 1John 2,15; 1John 2,15; 1John 2,17; 1John 2,22; 1John 2,22; 1John 2,23; 1John 2,23; 1John 2,23; 1John 2,23; 1John 3,10; 1John 3,12; 1John 3,15; 1John 3,17; 1John 3,17; 1John 3,21; 1John 4,1; 1John 4,3; 1John 4,6; 1John 4,7; 1John 4,8; 1John 4,9; 1John 4,9; 1John 4,9; 1John 4,10; 1John 4,10; 1John 4,14; 1John 4,18; 1John 4,20; 1John 4,20; 1John 4,20; 1John 4,20; 1John 4,21; 1John 4,21; 1John 5,1; 1John 5,1; 1John 5,2; 1John 5,4; 1John 5,4; 1John 5,5; 1John 5,10; 1John 5,12; 1John 5,12; 1John 5,16; 1John 5,20; 2John 2; 2John 7; 2John 9; 2John 9; 3John 11; Jude 4; Jude 7; Jude 23; Rev. 1,2; Rev. 1,9; Rev. 2,2; Rev. 2,10; Rev. 2,28; Rev. 2,28; Rev. 3,8; Rev. 3,10; Rev. 3,11; Rev. 4,2; Rev. 6,6; Rev. 6,9; Rev. 7,4; Rev. 8,5; Rev. 9,4; Rev. 9,6; Rev. 9,11; Rev. 9,16; Rev. 10,2; Rev. 10,2; Rev. 10,2; Rev. 10,5; Rev. 10,6; Rev. 10,9; Rev. 11,1; Rev. 11,6; Rev. 11,12; Rev. 11,18; Rev. 12,1; Rev. 12,5; Rev. 12,5; Rev. 12,11; Rev. 12,13; Rev. 12,14; Rev. 12,16; Rev. 13,2; Rev. 13,6; Rev. 13,17; Rev. 13,18; Rev. 14,7; Rev. 14,7; Rev. 14,19; Rev. 15,8; Rev. 16,8; Rev. 16,10; Rev. 16,11; Rev. 16,12; Rev. 16,12; Rev. 16,12; Rev. 16,14; Rev. 16,16; Rev. 16,16; Rev. 16,17; Rev. 16,21; Rev. 18,9; Rev. 18,10; Rev. 18,11; Rev. 18,15; Rev. 18,18; Rev. 19,11; Rev. 19,16; Rev. 19,19; Rev. 20,2; Rev. 20,4; Rev. 20,8; Rev. 20,8; Rev. 20,11; Rev. 22,2; Rev. 22,6; Rev. 22,16)

Τοῦ ▸ **16** + **7** = 23
   Article ▪ masculine ▪ singular ▪ genitive ▸ 12 + 4 = **16** (Gen. 32,19; Ex. 19,1; Lev. 23,24; 3Mac. 6,16; Psa. 23,1; Psa. 25,1; Psa. 26,1; Psa. 27,1; Psa. 36,1; Is. 8,1; Is. 44,5; Is. 44,5; Matt. 1,18; Matt. 2,1; Matt. 26,6; Acts 10,19)
   Article ▪ neuter ▪ singular ▪ genitive ▸ 4 + 3 = **7** (Judg. 15,12; Is. 14,28; Is. 20,1; Lam. 3,34; Acts 4,32; Gal. 6,17; Eph. 6,10)

τοῦ ▸ **9877** + **675** + **2510** = 13062
   Article ▪ singular ▪ genitive ▸ 13 + 6 = **19** (Num. 10,12; Num. 23,28; Num. 34,4; Deut. 3,13; 1Sam. 26,1; 1Sam. 26,1; 1Sam. 26,1; 1Sam. 26,3; 1Sam. 26,3; 1Sam. 27,10; 1Sam. 30,14; Is. 21,11; Bar. 1,8; Dan. 8,2; Dan. 8,3; Dan. 8,6; Dan. 8,16; Dan. 11,16; Dan. 11,41)
   Article ▪ masculine ▪ singular ▪ genitive ▸ 6246 + 446 + 1904 = **8596** (Gen. 1,9; Gen. 1,9; Gen. 1,14; Gen. 1,15; Gen. 1,17; Gen. 1,20; Gen. 1,26; Gen. 1,28; Gen. 1,30; Gen. 2,19; Gen. 2,19; Gen. 2,20; Gen. 2,20; Gen. 2,22; Gen. 2,23; Gen. 3,2; Gen. 3,3; Gen. 3,6; Gen. 3,8; Gen. 3,8; Gen. 3,8; Gen. 3,18; Gen. 3,23;

O, o

Gen. 3,24; Gen. 4,1; Gen. 4,9; Gen. 4,10; Gen. 4,11; Gen. 4,16; Gen. 4,17; Gen. 4,26; Gen. 6,2; Gen. 6,4; Gen. 6,7; Gen. 6,8; Gen. 6,11; Gen. 6,17; Gen. 7,3; Gen. 7,7; Gen. 7,10; Gen. 7,11; Gen. 7,11; Gen. 7,11; Gen. 7,11; Gen. 7,19; Gen. 7,23; Gen. 8,1; Gen. 8,2; Gen. 8,2; Gen. 8,4; Gen. 8,5; Gen. 8,5; Gen. 8,13; Gen. 8,13; Gen. 8,13; Gen. 8,14; Gen. 8,21; Gen. 9,2; Gen. 9,5; Gen. 9,11; Gen. 9,21; Gen. 9,22; Gen. 9,23; Gen. 9,23; Gen. 9,24; Gen. 9,26; Gen. 9,27; Gen. 10,9; Gen. 10,21; Gen. 11,4; Gen. 11,7; Gen. 11,28; Gen. 11,31; Gen. 11,31; Gen. 12,1; Gen. 12,1; Gen. 12,5; Gen. 12,6; Gen. 13,3; Gen. 13,7; Gen. 13,7; Gen. 13,10; Gen. 13,10; Gen. 13,11; Gen. 13,11; Gen. 13,13; Gen. 13,14; Gen. 13,15; Gen. 14,12; Gen. 14,13; Gen. 14,13; Gen. 14,17; Gen. 14,18; Gen. 14,18; Gen. 15,18; Gen. 15,18; Gen. 15,18; Gen. 16,13; Gen. 16,15; Gen. 17,27; Gen. 18,17; Gen. 19,2; Gen. 19,10; Gen. 19,11; Gen. 19,12; Gen. 19,14; Gen. 19,24; Gen. 19,29; Gen. 19,32; Gen. 19,33; Gen. 19,34; Gen. 19,34; Gen. 19,35; Gen. 19,36; Gen. 19,37; Gen. 20,13; Gen. 20,13; Gen. 20,18; Gen. 21,3; Gen. 21,3; Gen. 21,9; Gen. 21,10; Gen. 21,11; Gen. 21,14; Gen. 21,15; Gen. 21,17; Gen. 21,17; Gen. 21,17; Gen. 21,17; Gen. 21,25; Gen. 21,31; Gen. 21,32; Gen. 21,33; Gen. 22,11; Gen. 22,12; Gen. 22,12; Gen. 22,13; Gen. 22,14; Gen. 22,15; Gen. 22,16; Gen. 22,16; Gen. 22,17; Gen. 22,19; Gen. 22,19; Gen. 23,3; Gen. 23,8; Gen. 23,9; Gen. 23,12; Gen. 23,13; Gen. 23,13; Gen. 23,16; Gen. 23,19; Gen. 24,3; Gen. 24,7; Gen. 24,7; Gen. 24,7; Gen. 24,8; Gen. 24,9; Gen. 24,10; Gen. 24,10; Gen. 24,12; Gen. 24,12; Gen. 24,24; Gen. 24,27; Gen. 24,27; Gen. 24,27; Gen. 24,27; Gen. 24,36; Gen. 24,38; Gen. 24,40; Gen. 24,40; Gen. 24,41; Gen. 24,42; Gen. 24,47; Gen. 24,48; Gen. 24,48; Gen. 24,48; Gen. 24,51; Gen. 24,58; Gen. 24,61; Gen. 25,6; Gen. 25,9; Gen. 25,9; Gen. 25,12; Gen. 25,19; Gen. 25,20; Gen. 25,20; Gen. 26,1; Gen. 26,1; Gen. 26,4; Gen. 26,7; Gen. 26,7; Gen. 26,11; Gen. 26,15; Gen. 26,15; Gen. 26,18; Gen. 26,23; Gen. 26,24; Gen. 26,34; Gen. 26,34; Gen. 27,6; Gen. 27,15; Gen. 27,15; Gen. 27,16; Gen. 27,17; Gen. 27,23; Gen. 27,27; Gen. 27,28; Gen. 27,29; Gen. 27,29; Gen. 27,30; Gen. 27,31; Gen. 27,34; Gen. 27,39; Gen. 27,40; Gen. 27,41; Gen. 27,42; Gen. 27,42; Gen. 27,45; Gen. 28,2; Gen. 28,2; Gen. 28,4; Gen. 28,5; Gen. 28,7; Gen. 28,8; Gen. 28,9; Gen. 28,10; Gen. 28,11; Gen. 28,12; Gen. 28,13; Gen. 28,16; Gen. 28,17; Gen. 28,19; Gen. 28,21; Gen. 29,1; Gen. 29,9; Gen. 29,9; Gen. 29,10; Gen. 29,12; Gen. 29,13; Gen. 29,22; Gen. 30,14; Gen. 30,15; Gen. 30,15; Gen. 30,16; Gen. 30,42; Gen. 30,42; Gen. 31,1; Gen. 31,1; Gen. 31,2; Gen. 31,3; Gen. 31,5; Gen. 31,5; Gen. 31,9; Gen. 31,11; Gen. 31,14; Gen. 31,16; Gen. 31,19; Gen. 31,29; Gen. 31,30; Gen. 31,33; Gen. 31,37; Gen. 31,42; Gen. 31,46; Gen. 31,49; Gen. 31,53; Gen. 31,53; Gen. 32,2; Gen. 32,3; Gen. 32,10; Gen. 32,10; Gen. 32,12; Gen. 32,23; Gen. 32,26; Gen. 32,26; Gen. 32,31; Gen. 32,32; Gen. 32,33; Gen. 32,33; Gen. 33,3; Gen. 33,14; Gen. 33,15; Gen. 33,15; Gen. 33,17; Gen. 33,19; Gen. 34,18; Gen. 34,19; Gen. 34,24; Gen. 34,26; Gen. 34,26; Gen. 35,1; Gen. 35,7; Gen. 35,7; Gen. 35,13; Gen. 35,15; Gen. 35,16; Gen. 35,22; Gen. 36,2; Gen. 36,2; Gen. 36,2; Gen. 36,6; Gen. 36,6; Gen. 36,12; Gen. 36,14; Gen. 36,20; Gen. 36,20; Gen. 36,21; Gen. 36,21; Gen. 36,24; Gen. 36,32; Gen. 37,2; Gen. 37,12; Gen. 37,28; Gen. 37,31; Gen. 37,32; Gen. 37,33; Gen. 38,8; Gen. 38,9; Gen. 38,10; Gen. 38,11; Gen. 38,11; Gen. 38,20; Gen. 38,20; Gen. 38,21; Gen. 38,22; Gen. 38,25; Gen. 39,4; Gen. 39,4; Gen. 39,5; Gen. 39,5; Gen. 39,6; Gen. 39,7; Gen. 39,8; Gen. 39,9; Gen. 39,20; Gen. 39,21; Gen. 40,1; Gen. 40,8; Gen. 40,17; Gen. 40,19; Gen. 40,20; Gen. 40,20; Gen. 40,23; Gen. 41,1; Gen. 41,2; Gen. 41,3; Gen. 41,3; Gen. 41,10; Gen. 41,12; Gen. 41,16; Gen. 41,17; Gen. 41,18; Gen. 41,19; Gen. 41,31; Gen. 41,31; Gen. 41,32; Gen. 41,36; Gen. 41,50; Gen. 41,51; Gen. 41,51; Gen. 41,52; Gen. 41,54;

Gen. 42,13; Gen. 42,21; Gen. 42,27; Gen. 42,32; Gen. 42,32; Gen. 42,33; Gen. 43,14; Gen. 43,19; Gen. 43,19; Gen. 44,1; Gen. 44,2; Gen. 44,2; Gen. 44,8; Gen. 44,8; Gen. 44,12; Gen. 44,24; Gen. 44,26; Gen. 44,26; Gen. 44,26; Gen. 44,31; Gen. 44,32; Gen. 44,33; Gen. 45,8; Gen. 45,12; Gen. 45,14; Gen. 45,21; Gen. 45,27; Gen. 46,1; Gen. 46,1; Gen. 46,5; Gen. 46,31; Gen. 47,12; Gen. 47,13; Gen. 47,14; Gen. 47,18; Gen. 47,18; Gen. 47,25; Gen. 48,7; Gen. 48,17; Gen. 48,20; Gen. 49,2; Gen. 49,4; Gen. 49,8; Gen. 49,25; Gen. 49,29; Gen. 49,30; Gen. 49,32; Gen. 50,1; Gen. 50,7; Gen. 50,10; Gen. 50,11; Gen. 50,13; Gen. 50,17; Gen. 50,17; Gen. 50,19; Gen. 50,22; Gen. 50,23; Ex. 2,16; Ex. 2,16; Ex. 3,1; Ex. 3,1; Ex. 3,2; Ex. 3,4; Ex. 3,6; Ex. 3,6; Ex. 3,7; Ex. 3,7; Ex. 4,6; Ex. 4,7; Ex. 4,9; Ex. 4,9; Ex. 4,20; Ex. 4,25; Ex. 4,27; Ex. 4,30; Ex. 5,6; Ex. 5,14; Ex. 6,20; Ex. 6,20; Ex. 6,25; Ex. 7,15; Ex. 7,18; Ex. 7,21; Ex. 7,24; Ex. 7,24; Ex. 7,28; Ex. 8,4; Ex. 8,5; Ex. 8,5; Ex. 8,7; Ex. 8,8; Ex. 8,19; Ex. 8,19; Ex. 8,25; Ex. 8,27; Ex. 8,28; Ex. 9,4; Ex. 9,14; Ex. 9,17; Ex. 9,29; Ex. 10,9; Ex. 10,16; Ex. 11,2; Ex. 11,2; Ex. 11,5; Ex. 11,7; Ex. 12,2; Ex. 12,3; Ex. 12,6; Ex. 12,18; Ex. 12,18; Ex. 12,18; Ex. 12,22; Ex. 12,29; Ex. 12,29; Ex. 12,31; Ex. 13,22; Ex. 14,13; Ex. 14,19; Ex. 15,2; Ex. 15,8; Ex. 15,23; Ex. 15,26; Ex. 16,4; Ex. 16,8; Ex. 16,9; Ex. 16,27; Ex. 16,29; Ex. 16,33; Ex. 17,5; Ex. 17,5; Ex. 17,6; Ex. 17,7; Ex. 17,9; Ex. 17,9; Ex. 17,10; Ex. 18,4; Ex. 18,4; Ex. 18,5; Ex. 18,8; Ex. 18,12; Ex. 18,12; Ex. 18,15; Ex. 18,16; Ex. 18,20; Ex. 18,21; Ex. 18,24; Ex. 19,1; Ex. 19,3; Ex. 19,7; Ex. 19,8; Ex. 19,9; Ex. 19,11; Ex. 19,17; Ex. 20,7; Ex. 20,16; Ex. 20,17; Ex. 20,17; Ex. 20,17; Ex. 20,22; Ex. 21,6; Ex. 21,26; Ex. 21,26; Ex. 21,27; Ex. 21,27; Ex. 21,28; Ex. 21,34; Ex. 21,35; Ex. 21,37; Ex. 22,4; Ex. 22,4; Ex. 22,4; Ex. 22,6; Ex. 22,7; Ex. 22,7; Ex. 22,8; Ex. 22,8; Ex. 22,10; Ex. 22,10; Ex. 22,13; Ex. 22,14; Ex. 22,25; Ex. 22,27; Ex. 23,1; Ex. 23,4; Ex. 23,5; Ex. 23,9; Ex. 23,14; Ex. 23,15; Ex. 23,16; Ex. 23,16; Ex. 23,17; Ex. 23,17; Ex. 23,19; Ex. 23,31; Ex. 24,3; Ex. 24,4; Ex. 24,7; Ex. 24,8; Ex. 24,10; Ex. 24,10; Ex. 24,11; Ex. 24,11; Ex. 24,13; Ex. 24,16; Ex. 26,16; Ex. 26,16; Ex. 27,16; Ex. 28,29; Ex. 28,33; Ex. 28,33; Ex. 28,34; Ex. 29,10; Ex. 29,12; Ex. 29,14; Ex. 29,15; Ex. 29,19; Ex. 29,20; Ex. 29,20; Ex. 29,21; Ex. 29,22; Ex. 29,26; Ex. 29,27; Ex. 29,27; Ex. 29,32; Ex. 29,36; Ex. 30,10; Ex. 30,10; Ex. 30,10; Ex. 30,10; Ex. 30,33; Ex. 30,38; Ex. 31,2; Ex. 31,6; Ex. 31,14; Ex. 31,18; Ex. 32,5; Ex. 32,11; Ex. 32,12; Ex. 32,12; Ex. 32,13; Ex. 32,17; Ex. 32,22; Ex. 32,28; Ex. 32,35; Ex. 34,10; Ex. 34,22; Ex. 34,23; Ex. 34,23; Ex. 34,24; Ex. 34,24; Ex. 34,26; Ex. 35,19; Ex. 35,30; Ex. 35,34; Ex. 36,21; Ex. 36,30; Ex. 36,31; Ex. 36,32; Ex. 36,33; Ex. 37,19; Ex. 37,19; Ex. 37,20; Ex. 37,21; Ex. 39,3; Ex. 40,2; Ex. 40,2; Lev. 4,4; Lev. 4,5; Lev. 4,7; Lev. 4,7; Lev. 4,8; Lev. 4,8; Lev. 4,10; Lev. 4,10; Lev. 4,11; Lev. 4,15; Lev. 4,16; Lev. 4,17; Lev. 4,22; Lev. 4,24; Lev. 4,27; Lev. 5,8; Lev. 5,11; Lev. 7,1; Lev. 7,1; Lev. 7,9; Lev. 7,9; Lev. 7,20; Lev. 7,21; Lev. 7,25; Lev. 7,27; Lev. 8,14; Lev. 8,14; Lev. 8,18; Lev. 8,22; Lev. 8,23; Lev. 8,23; Lev. 8,29; Lev. 9,7; Lev. 9,7; Lev. 9,15; Lev. 9,15; Lev. 9,18; Lev. 9,19; Lev. 9,19; Lev. 10,4; Lev. 10,4; Lev. 12,2; Lev. 13,3; Lev. 13,3; Lev. 13,4; Lev. 13,11; Lev. 13,12; Lev. 13,13; Lev. 13,21; Lev. 13,30; Lev. 13,56; Lev. 14,2; Lev. 14,3; Lev. 14,8; Lev. 14,14; Lev. 14,14; Lev. 14,14; Lev. 14,15; Lev. 14,17; Lev. 14,17; Lev. 14,17; Lev. 14,18; Lev. 14,18; Lev. 14,19; Lev. 14,19; Lev. 14,25; Lev. 14,25; Lev. 14,25; Lev. 14,26; Lev. 14,28; Lev. 14,28; Lev. 14,28; Lev. 14,29; Lev. 14,29; Lev. 14,31; Lev. 14,32; Lev. 15,7; Lev. 15,7; Lev. 15,32; Lev. 16,4; Lev. 16,6; Lev. 16,10; Lev. 16,11; Lev. 16,11; Lev. 16,14; Lev. 16,15; Lev. 16,15; Lev. 16,17; Lev. 16,18; Lev. 16,18; Lev. 16,21; Lev. 16,21; Lev. 16,21; Lev. 16,24; Lev. 16,24; Lev. 16,24; Lev. 16,29; Lev. 16,34; Lev. 17,4; Lev. 17,9; Lev. 17,10; Lev. 18,14; Lev. 18,17; Lev. 18,20; Lev. 18,29; Lev. 18,30; Lev. 19,8; Lev.

19,9; Lev. 19,9; Lev. 19,10; Lev. 19,12; Lev. 19,13; Lev. 19,16; Lev. 19,18; Lev. 19,27; Lev. 20,3; Lev. 20,4; Lev. 20,5; Lev. 20,6; Lev. 20,10; Lev. 20,11; Lev. 20,11; Lev. 20,21; Lev. 20,21; Lev. 21,5; Lev. 21,6; Lev. 21,6; Lev. 21,8; Lev. 21,9; Lev. 21,10; Lev. 21,12; Lev. 21,12; Lev. 21,17; Lev. 21,21; Lev. 21,21; Lev. 21,22; Lev. 21,23; Lev. 22,4; Lev. 22,13; Lev. 22,25; Lev. 22,32; Lev. 23,5; Lev. 23,6; Lev. 23,10; Lev. 23,22; Lev. 23,22; Lev. 23,22; Lev. 23,24; Lev. 23,24; Lev. 23,27; Lev. 23,27; Lev. 23,28; Lev. 23,29; Lev. 23,30; Lev. 23,32; Lev. 23,34; Lev. 23,34; Lev. 23,39; Lev. 23,39; Lev. 23,40; Lev. 23,41; Lev. 25,5; Lev. 25,9; Lev. 25,9; Lev. 25,14; Lev. 25,15; Lev. 25,25; Lev. 25,47; Lev. 25,47; Lev. 25,47; Lev. 25,50; Lev. 26,13; Lev. 26,20; Lev. 27,3; Lev. 27,5; Lev. 27,6; Lev. 27,8; Lev. 27,8; Lev. 27,11; Lev. 27,16; Lev. 27,17; Lev. 27,22; Lev. 27,22; Lev. 27,23; Lev. 27,30; Lev. 27,30; Num. 1,1; Num. 1,18; Num. 1,18; Num. 3,4; Num. 3,6; Num. 3,21; Num. 3,21; Num. 3,21; Num. 3,24; Num. 3,24; Num. 3,27; Num. 3,30; Num. 3,32; Num. 3,35; Num. 3,35; Num. 3,47; Num. 4,16; Num. 4,24; Num. 4,24; Num. 4,28; Num. 4,28; Num. 4,33; Num. 5,8; Num. 5,8; Num. 5,13; Num. 5,18; Num. 5,18; Num. 5,18; Num. 5,19; Num. 5,19; Num. 5,20; Num. 5,21; Num. 5,23; Num. 5,23; Num. 5,24; Num. 5,24; Num. 5,24; Num. 5,27; Num. 6,5; Num. 6,13; Num. 6,19; Num. 6,19; Num. 6,20; Num. 6,21; Num. 7,8; Num. 9,3; Num. 9,3; Num. 9,5; Num. 9,13; Num. 9,19; Num. 10,10; Num. 10,11; Num. 10,20; Num. 10,23; Num. 10,24; Num. 10,25; Num. 11,3; Num. 11,11; Num. 11,16; Num. 11,17; Num. 11,24; Num. 11,28; Num. 11,34; Num. 12,8; Num. 12,16; Num. 13,22; Num. 14,6; Num. 14,6; Num. 14,9; Num. 14,12; Num. 14,30; Num. 14,34; Num. 15,9; Num. 15,30; Num. 17,4; Num. 17,12; Num. 18,2; Num. 19,2; Num. 19,11; Num. 19,13; Num. 19,17; Num. 19,18; Num. 19,18; Num. 19,21; Num. 21,3; Num. 21,7; Num. 21,7; Num. 21,13; Num. 21,14; Num. 21,26; Num. 22,5; Num. 22,16; Num. 22,18; Num. 22,22; Num. 22,23; Num. 22,24; Num. 22,25; Num. 22,26; Num. 22,27; Num. 22,32; Num. 22,35; Num. 22,41; Num. 22,41; Num. 25,4; Num. 25,4; Num. 25,7; Num. 25,8; Num. 25,8; Num. 25,11; Num. 25,14; Num. 25,14; Num. 25,14; Num. 26,3; Num. 26,5; Num. 26,5; Num. 26,6; Num. 26,6; Num. 26,56; Num. 26,63; Num. 26,63; Num. 26,65; Num. 27,1; Num. 27,2; Num. 27,4; Num. 27,4; Num. 27,7; Num. 27,10; Num. 27,11; Num. 27,19; Num. 27,21; Num. 27,22; Num. 28,5; Num. 28,14; Num. 28,16; Num. 28,17; Num. 28,24; Num. 29,1; Num. 29,7; Num. 29,12; Num. 29,12; Num. 30,4; Num. 30,11; Num. 31,3; Num. 31,6; Num. 31,12; Num. 31,14; Num. 31,19; Num. 31,21; Num. 31,21; Num. 31,23; Num. 31,36; Num. 31,41; Num. 32,12; Num. 32,19; Num. 32,19; Num. 32,32; Num. 32,41; Num. 33,3; Num. 33,3; Num. 33,38; Num. 33,48; Num. 34,15; Num. 34,17; Num. 35,14; Num. 35,24; Num. 35,24; Num. 35,25; Num. 35,31; Num. 35,31; Num. 35,33; Num. 36,1; Num. 36,2; Num. 36,3; Num. 36,6; Num. 36,6; Num. 36,8; Num. 36,8; Num. 36,12; Num. 36,12; Num. 36,12; Num. 36,13; Deut. 1,1; Deut. 1,3; Deut. 1,5; Deut. 1,7; Deut. 1,7; Deut. 1,10; Deut. 1,17; Deut. 1,19; Deut. 1,20; Deut. 1,25; Deut. 1,26; Deut. 1,28; Deut. 1,41; Deut. 2,15; Deut. 2,16; Deut. 2,25; Deut. 2,36; Deut. 3,8; Deut. 3,8; Deut. 3,10; Deut. 3,16; Deut. 3,16; Deut. 3,20; Deut. 3,25; Deut. 3,28; Deut. 4,2; Deut. 4,10; Deut. 4,11; Deut. 4,19; Deut. 4,19; Deut. 4,23; Deut. 4,25; Deut. 4,32; Deut. 4,32; Deut. 4,36; Deut. 4,41; Deut. 4,46; Deut. 4,47; Deut. 4,48; Deut. 4,49; Deut. 5,11; Deut. 5,20; Deut. 5,21; Deut. 5,21; Deut. 5,21; Deut. 5,25; Deut. 5,28; Deut. 6,12; Deut. 6,12; Deut. 6,17; Deut. 6,18; Deut. 6,25; Deut. 7,24; Deut. 8,6; Deut. 8,11; Deut. 8,14; Deut. 8,14; Deut. 8,15; Deut. 8,15; Deut. 8,16; Deut. 8,18; Deut. 8,19; Deut. 8,20; Deut. 9,1; Deut. 9,10; Deut. 9,14; Deut. 9,16; Deut. 9,18; Deut. 9,23; Deut. 9,27; Deut. 10,11; Deut. 10,13; Deut. 10,14; Deut. 10,14; Deut. 10,22; Deut. 11,2; Deut. 11,11; Deut. 11,11; Deut. 11,12; Deut. 11,12; Deut. 11,12; Deut. 11,21; Deut. 11,24; Deut. 11,24; Deut. 11,24; Deut. 11,27; Deut. 11,28; Deut. 11,30; Deut. 11,30; Deut. 12,3; Deut. 12,7; Deut. 12,12; Deut. 12,15; Deut. 12,17; Deut. 12,17; Deut. 12,18; Deut. 12,18; Deut. 12,25; Deut. 12,27; Deut. 12,27; Deut. 12,28; Deut. 13,4; Deut. 13,4; Deut. 13,5; Deut. 13,6; Deut. 13,6; Deut. 13,6; Deut. 13,10; Deut. 13,11; Deut. 13,11; Deut. 13,17; Deut. 13,19; Deut. 13,19; Deut. 14,1; Deut. 14,22; Deut. 14,23; Deut. 14,23; Deut. 14,23; Deut. 14,26; Deut. 15,3; Deut. 15,5; Deut. 15,7; Deut. 15,7; Deut. 15,14; Deut. 15,18; Deut. 16,11; Deut. 16,13; Deut. 16,16; Deut. 16,16; Deut. 16,16; Deut. 16,17; Deut. 16,21; Deut. 17,2; Deut. 17,3; Deut. 17,3; Deut. 17,7; Deut. 17,10; Deut. 17,12; Deut. 17,12; Deut. 17,12; Deut. 17,12; Deut. 17,12; Deut. 18,3; Deut. 18,4; Deut. 18,4; Deut. 18,5; Deut. 18,7; Deut. 18,13; Deut. 18,16; Deut. 18,16; Deut. 19,4; Deut. 19,5; Deut. 19,5; Deut. 19,6; Deut. 19,14; Deut. 19,18; Deut. 19,19; Deut. 20,8; Deut. 20,9; Deut. 20,18; Deut. 21,2; Deut. 21,9; Deut. 21,19; Deut. 22,1; Deut. 22,3; Deut. 22,4; Deut. 22,9; Deut. 22,21; Deut. 22,24; Deut. 23,1; Deut. 23,1; Deut. 23,6; Deut. 23,16; Deut. 23,19; Deut. 23,25; Deut. 23,25; Deut. 23,26; Deut. 24,4; Deut. 24,13; Deut. 25,1; Deut. 25,5; Deut. 25,5; Deut. 25,6; Deut. 25,7; Deut. 25,7; Deut. 25,7; Deut. 25,7; Deut. 25,9; Deut. 25,9; Deut. 25,9; Deut. 25,10; Deut. 25,11; Deut. 25,11; Deut. 26,4; Deut. 26,5; Deut. 26,10; Deut. 26,10; Deut. 26,13; Deut. 26,14; Deut. 26,15; Deut. 26,15; Deut. 26,15; Deut. 27,3; Deut. 27,7; Deut. 27,10; Deut. 27,17; Deut. 27,20; Deut. 27,20; Deut. 27,26; Deut. 28,1; Deut. 28,2; Deut. 28,9; Deut. 28,13; Deut. 28,15; Deut. 28,24; Deut. 28,26; Deut. 28,45; Deut. 28,46; Deut. 28,58; Deut. 28,61; Deut. 28,62; Deut. 28,62; Deut. 28,65; Deut. 28,67; Deut. 29,6; Deut. 29,9; Deut. 29,11; Deut. 29,14; Deut. 29,17; Deut. 29,19; Deut. 29,20; Deut. 29,24; Deut. 29,26; Deut. 29,28; Deut. 30,4; Deut. 30,4; Deut. 30,8; Deut. 30,10; Deut. 30,10; Deut. 30,16; Deut. 31,4; Deut. 31,7; Deut. 31,9; Deut. 31,11; Deut. 31,12; Deut. 31,14; Deut. 31,24; Deut. 31,26; Deut. 31,26; Deut. 31,27; Deut. 32,18; Deut. 32,22; Deut. 32,43; Deut. 32,43; Deut. 32,44; Deut. 32,44; Deut. 32,44; Deut. 32,46; Deut. 32,47; Deut. 33,1; Deut. 33,3; Deut. 33,22; Deut. 33,26; Deut. 34,8; Josh. 1,4; Josh. 1,4; Josh. 1,8; Josh. 1,10; Josh. 1,11; Josh. 1,15; Josh. 2,7; Josh. 2,10; Josh. 2,12; Josh. 2,13; Josh. 2,18; Josh. 3,1; Josh. 3,3; Josh. 3,6; Josh. 3,6; Josh. 3,8; Josh. 3,9; Josh. 3,13; Josh. 3,13; Josh. 3,14; Josh. 3,15; Josh. 3,17; Josh. 4,2; Josh. 4,3; Josh. 4,5; Josh. 4,5; Josh. 4,7; Josh. 4,8; Josh. 4,16; Josh. 4,17; Josh. 4,18; Josh. 4,18; Josh. 4,19; Josh. 4,19; Josh. 4,19; Josh. 4,20; Josh. 4,23; Josh. 4,23; Josh. 4,24; Josh. 5,1; Josh. 5,3; Josh. 5,6; Josh. 5,9; Josh. 5,10; Josh. 5,10; Josh. 5,11; Josh. 5,12; Josh. 6,6; Josh. 6,8; Josh. 6,11; Josh. 7,5; Josh. 7,8; Josh. 7,26; Josh. 8,10; Josh. 8,18; Josh. 8,19; Josh. 8,29; Josh. 9,1; Josh. 8,34 # 9,2e; Josh. 9,5; Josh. 9,9; Josh. 9,10; Josh. 9,13; Josh. 9,14; Josh. 9,27; Josh. 9,27; Josh. 10,11; Josh. 10,13; Josh. 10,24; Josh. 11,6; Josh. 11,17; Josh. 12,1; Josh. 12,7; Josh. 12,7; Josh. 12,22; Josh. 12,23; Josh. 13,6; Josh. 13,7; Josh. 13,8; Josh. 13,11; Josh. 13,14; Josh. 13,21; Josh. 13,21; Josh. 13,22; Josh. 13,27; Josh. 13,32; Josh. 13,32; Josh. 14,1; Josh. 14,3; Josh. 14,6; Josh. 14,6; Josh. 14,7; Josh. 14,8; Josh. 14,9; Josh. 14,14; Josh. 14,14; Josh. 14,15; Josh. 15,5; Josh. 15,5; Josh. 15,13; Josh. 15,18; Josh. 15,47; Josh. 16,1; Josh. 16,1; Josh. 16,2; Josh. 17,4; Josh. 17,4; Josh. 17,5; Josh. 18,6; Josh. 18,7; Josh. 18,11; Josh. 18,12; Josh. 18,19; Josh. 19,9; Josh. 19,9; Josh. 19,48a; Josh. 19,50; Josh. 19,51; Josh. 20,3; Josh. 20,8; Josh. 20,9; Josh. 21,1; Josh. 21,10; Josh. 21,10; Josh. 21,33; Josh. 21,36; Josh. 21,36; Josh. 21,36; Josh. 21,38; Josh. 22,3; Josh. 22,4; Josh. 22,7; Josh. 22,10; Josh. 22,10; Josh. 22,11;

ȯ

Josh. 22,11; Josh. 22,13; Josh. 22,16; Josh. 22,19; Josh. 22,20; Josh. 22,22; Josh. 22,23; Josh. 23,4; Josh. 23,6; Josh. 23,16; Josh. 24,1; Josh. 24,2; Josh. 24,3; Josh. 24,8; Josh. 24,9; Josh. 24,14; Josh. 24,15; Josh. 24,25; Josh. 24,26; Josh. 24,31; Josh. 24,32; Josh. 24,33; Josh. 24,33a; Josh. 24,33a; Judg. 1,10; Judg. 1,14; Judg. 1,16; Judg. 1,16; Judg. 1,17; Judg. 1,32; Judg. 1,32; Judg. 1,33; Judg. 1,33; Judg. 1,35; Judg. 1,36; Judg. 2,5; Judg. 2,18; Judg. 2,18; Judg. 2,18; Judg. 3,3; Judg. 3,5; Judg. 3,5; Judg. 3,5; Judg. 3,5; Judg. 3,5; Judg. 3,5; Judg. 3,15; Judg. 3,20; Judg. 3,21; Judg. 3,21; Judg. 3,24; Judg. 3,28; Judg. 4,9; Judg. 4,11; Judg. 4,17; Judg. 4,17; Judg. 5,9; Judg. 5,16; Judg. 5,17; Judg. 5,20; Judg. 5,24; Judg. 5,31; Judg. 6,10; Judg. 6,11; Judg. 6,15; Judg. 6,24; Judg. 6,25; Judg. 6,25; Judg. 6,25; Judg. 6,27; Judg. 6,28; Judg. 6,30; Judg. 6,31; Judg. 6,32; Judg. 6,38; Judg. 7,1; Judg. 7,1; Judg. 7,3; Judg. 7,3; Judg. 7,3; Judg. 7,6; Judg. 7,8; Judg. 7,25; Judg. 8,13; Judg. 8,32; Judg. 8,34; Judg. 8,34; Judg. 8,35; Judg. 9,1; Judg. 9,4; Judg. 9,5; Judg. 9,13; Judg. 9,15; Judg. 9,16; Judg. 9,18; Judg. 9,19; Judg. 9,20; Judg. 9,21; Judg. 9,37; Judg. 9,37; Judg. 9,46; Judg. 9,47; Judg. 9,51; Judg. 9,52; Judg. 9,52; Judg. 9,57; Judg. 10,8; Judg. 10,8; Judg. 10,18; Judg. 11,2; Judg. 11,7; Judg. 11,7; Judg. 11,13; Judg. 11,19; Judg. 11,21; Judg. 11,21; Judg. 11,22; Judg. 11,22; Judg. 11,22; Judg. 11,23; Judg. 11,25; Judg. 11,31; Judg. 11,40; Judg. 12,4; Judg. 12,5; Judg. 12,5; Judg. 12,5; Judg. 12,5; Judg. 12,6; Judg. 13,2; Judg. 13,6; Judg. 13,6; Judg. 13,8; Judg. 13,8; Judg. 13,9; Judg. 14,8; Judg. 14,8; Judg. 14,9; Judg. 14,12; Judg. 14,14; Judg. 14,15; Judg. 14,16; Judg. 14,17; Judg. 14,19; Judg. 15,6; Judg. 15,6; Judg. 15,18; Judg. 16,4; Judg. 16,14; Judg. 16,14; Judg. 16,20; Judg. 16,31; Judg. 16,31; Judg. 17,12; Judg. 18,1; Judg. 18,3; Judg. 18,11; Judg. 18,15; Judg. 18,16; Judg. 18,17; Judg. 18,20; Judg. 18,20; Judg. 18,22; Judg. 18,25; Judg. 18,28; Judg. 18,29; Judg. 18,30; Judg. 18,31; Judg. 19,2; Judg. 19,3; Judg. 19,11; Judg. 19,14; Judg. 19,16; Judg. 19,16; Judg. 19,18; Judg. 19,26; Judg. 19,26; Judg. 19,26; Judg. 19,27; Judg. 20,2; Judg. 20,2; Judg. 20,2; Judg. 20,10; Judg. 20,23; Judg. 20,25; Judg. 20,28; Judg. 20,31; Judg. 20,31; Judg. 20,33; Judg. 20,33; Judg. 20,38; Judg. 20,44; Judg. 20,48; Judg. 21,2; Judg. 21,6; Judg. 21,16; Judg. 21,19; Ruth 1,5; Ruth 1,7; Ruth 2,3; Ruth 2,3; Ruth 2,19; Ruth 4,3; Ruth 4,3; Ruth 4,3; Ruth 4,4; Ruth 4,5; Ruth 4,5; Ruth 4,9; Ruth 4,10; Ruth 4,10; 1Sam. 1,3; 1Sam. 1,9; 1Sam. 1,18; 1Sam. 2,11; 1Sam. 2,12; 1Sam. 2,13; 1Sam. 2,13; 1Sam. 2,13; 1Sam. 2,13; 1Sam. 2,15; 1Sam. 2,15; 1Sam. 2,19; 1Sam. 2,23; 1Sam. 2,25; 1Sam. 2,28; 1Sam. 2,28; 1Sam. 2,30; 1Sam. 3,1; 1Sam. 3,3; 1Sam. 3,3; 1Sam. 4,3; 1Sam. 4,13; 1Sam. 4,13; 1Sam. 4,17; 1Sam. 4,18; 1Sam. 4,18; 1Sam. 4,19; 1Sam. 4,21; 1Sam. 4,21; 1Sam. 4,21; 1Sam. 5,1; 1Sam. 5,3; 1Sam. 5,7; 1Sam. 5,8; 1Sam. 5,8; 1Sam. 5,10; 1Sam. 5,10; 1Sam. 5,11; 1Sam. 6,15; 1Sam. 6,15; 1Sam. 6,15; 1Sam. 6,18; 1Sam. 6,18; 1Sam. 6,18; 1Sam. 6,18; 1Sam. 6,20; 1Sam. 7,11; 1Sam. 7,12; 1Sam. 7,13; 1Sam. 7,14; 1Sam. 8,2; 1Sam. 8,7; 1Sam. 8,9; 1Sam. 8,11; 1Sam. 8,19; 1Sam. 8,21; 1Sam. 9,6; 1Sam. 9,7; 1Sam. 9,7; 1Sam. 9,8; 1Sam. 9,10; 1Sam. 9,16; 1Sam. 9,18; 1Sam. 9,20; 1Sam. 9,20; 1Sam. 9,21; 1Sam. 10,2; 1Sam. 10,5; 1Sam. 10,23; 1Sam. 10,25; 1Sam. 11,4; 1Sam. 11,9; 1Sam. 12,9; 1Sam. 13,2; 1Sam. 13,2; 1Sam. 13,12; 1Sam. 13,15; 1Sam. 13,15; 1Sam. 13,15; 1Sam. 13,22; 1Sam. 13,22; 1Sam. 13,22; 1Sam. 14,2; 1Sam. 14,3; 1Sam. 14,16; 1Sam. 14,20; 1Sam. 14,25; 1Sam. 14,28; 1Sam. 14,38; 1Sam. 14,39; 1Sam. 14,39; 1Sam. 14,42; 1Sam. 14,42; 1Sam. 14,42; 1Sam. 14,45; 1Sam. 15,6; 1Sam. 15,20; 1Sam. 16,20; 1Sam. 17,5; 1Sam. 17,8; 1Sam. 17,11; 1Sam. 17,32; 1Sam. 17,32; 1Sam. 17,35; 1Sam. 17,37; 1Sam. 17,37; 1Sam. 17,37; 1Sam. 17,39; 1Sam. 17,40; 1Sam. 17,44; 1Sam. 17,46; 1Sam. 17,47; 1Sam. 17,54; 1Sam. 18,8; 1Sam. 18,13; 1Sam. 18,16; 1Sam. 18,25; 1Sam. 19,3; 1Sam. 19,20; 1Sam. 19,22; 1Sam. 19,22; 1Sam. 20,1; 1Sam. 20,3; 1Sam. 20,5; 1Sam. 20,8; 1Sam. 20,8; 1Sam. 20,9; 1Sam. 20,13; 1Sam. 20,15; 1Sam. 20,15; 1Sam. 20,16; 1Sam. 20,16; 1Sam. 20,16; 1Sam. 20,27; 1Sam. 20,27; 1Sam. 20,29; 1Sam. 20,33; 1Sam. 20,34; 1Sam. 20,37; 1Sam. 20,37; 1Sam. 20,41; 1Sam. 21,8; 1Sam. 21,9; 1Sam. 21,10; 1Sam. 22,1; 1Sam. 22,4; 1Sam. 22,4; 1Sam. 22,8; 1Sam. 22,10; 1Sam. 22,10; 1Sam. 22,11; 1Sam. 22,13; 1Sam. 22,14; 1Sam. 22,15; 1Sam. 22,15; 1Sam. 22,16; 1Sam. 22,17; 1Sam. 22,17; 1Sam. 22,21; 1Sam. 22,22; 1Sam. 23,2; 1Sam. 23,3; 1Sam. 23,4; 1Sam. 23,17; 1Sam. 23,19; 1Sam. 23,19; 1Sam. 23,19; 1Sam. 23,20; 1Sam. 23,20; 1Sam. 23,24; 1Sam. 24,10; 1Sam. 24,22; 1Sam. 24,22; 1Sam. 25,10; 1Sam. 25,22; 1Sam. 25,37; 1Sam. 25,39; 1Sam. 26,15; 1Sam. 26,16; 1Sam. 26,17; 1Sam. 26,18; 1Sam. 26,19; 1Sam. 26,22; 1Sam. 27,3; 1Sam. 29,8; 1Sam. 29,8; 1Sam. 29,10; 1Sam. 30,5; 1Sam. 30,6; 1Sam. 30,8; 1Sam. 30,9; 1Sam. 30,10; 1Sam. 30,10; 1Sam. 30,15; 1Sam. 30,15; 1Sam. 30,21; 1Sam. 30,21; 1Sam. 30,21; 1Sam. 30,24; 1Sam. 30,24; 1Sam. 30,29; 1Sam. 30,29; 1Sam. 31,7; 1Sam. 31,12; 2Sam. 1,2; 2Sam. 1,4; 2Sam. 1,4; 2Sam. 1,10; 2Sam. 1,18; 2Sam. 1,25; 2Sam. 2,2; 2Sam. 2,8; 2Sam. 2,10; 2Sam. 2,16; 2Sam. 2,16; 2Sam. 2,16; 2Sam. 2,23; 2Sam. 2,24; 2Sam. 2,27; 2Sam. 2,28; 2Sam. 2,30; 2Sam. 2,32; 2Sam. 3,1; 2Sam. 3,1; 2Sam. 3,6; 2Sam. 3,6; 2Sam. 3,6; 2Sam. 3,7; 2Sam. 3,8; 2Sam. 3,8; 2Sam. 3,8; 2Sam. 3,10; 2Sam. 3,15; 2Sam. 3,18; 2Sam. 3,19; 2Sam. 3,26; 2Sam. 3,26; 2Sam. 3,27; 2Sam. 3,29; 2Sam. 3,29; 2Sam. 3,32; 2Sam. 3,36; 2Sam. 3,37; 2Sam. 4,2; 2Sam. 4,4; 2Sam. 4,5; 2Sam. 4,6; 2Sam. 4,8; 2Sam. 4,8; 2Sam. 4,9; 2Sam. 5,7; 2Sam. 5,20; 2Sam. 5,23; 2Sam. 5,24; 2Sam. 5,24; 2Sam. 6,2; 2Sam. 6,3; 2Sam. 6,6; 2Sam. 6,7; 2Sam. 6,7; 2Sam. 6,10; 2Sam. 6,11; 2Sam. 6,11; 2Sam. 6,12; 2Sam. 6,12; 2Sam. 6,12; 2Sam. 6,17; 2Sam. 6,19; 2Sam. 7,2; 2Sam. 7,7; 2Sam. 7,19; 2Sam. 7,19; 2Sam. 7,19; 2Sam. 7,23; 2Sam. 7,25; 2Sam. 7,25; 2Sam. 7,25; 2Sam. 7,27; 2Sam. 7,28; 2Sam. 7,29; 2Sam. 7,29; 2Sam. 8,8; 2Sam. 9,2; 2Sam. 9,3; 2Sam. 9,5; 2Sam. 9,7; 2Sam. 9,9; 2Sam. 9,10; 2Sam. 9,10; 2Sam. 9,11; 2Sam. 9,12; 2Sam. 9,12; 2Sam. 9,13; 2Sam. 10,2; 2Sam. 10,9; 2Sam. 10,9; 2Sam. 10,10; 2Sam. 10,10; 2Sam. 10,12; 2Sam. 10,12; 2Sam. 10,16; 2Sam. 11,1; 2Sam. 11,2; 2Sam. 11,2; 2Sam. 11,3; 2Sam. 11,7; 2Sam. 11,7; 2Sam. 11,8; 2Sam. 11,8; 2Sam. 11,9; 2Sam. 11,9; 2Sam. 11,11; 2Sam. 11,11; 2Sam. 11,13; 2Sam. 11,15; 2Sam. 11,15; 2Sam. 11,17; 2Sam. 11,18; 2Sam. 11,19; 2Sam. 11,20; 2Sam. 11,22; 2Sam. 11,24; 2Sam. 12,3; 2Sam. 12,4; 2Sam. 12,8; 2Sam. 12,8; 2Sam. 12,10; 2Sam. 12,10; 2Sam. 12,10; 2Sam. 12,11; 2Sam. 12,11; 2Sam. 12,12; 2Sam. 12,17; 2Sam. 12,20; 2Sam. 12,25; 2Sam. 12,28; 2Sam. 12,30; 2Sam. 13,3; 2Sam. 13,4; 2Sam. 13,4; 2Sam. 13,7; 2Sam. 13,17; 2Sam. 13,18; 2Sam. 13,20; 2Sam. 13,21; 2Sam. 13,23; 2Sam. 13,24; 2Sam. 13,27; 2Sam. 13,27; 2Sam. 13,29; 2Sam. 13,30; 2Sam. 13,32; 2Sam. 13,33; 2Sam. 13,35; 2Sam. 13,35; 2Sam. 13,36; 2Sam. 13,39; 2Sam. 14,1; 2Sam. 14,7; 2Sam. 14,9; 2Sam. 14,11; 2Sam. 14,13; 2Sam. 14,16; 2Sam. 14,16; 2Sam. 14,17; 2Sam. 14,17; 2Sam. 14,20; 2Sam. 14,22; 2Sam. 14,24; 2Sam. 14,28; 2Sam. 14,30; 2Sam. 14,32; 2Sam. 14,33; 2Sam. 15,3; 2Sam. 15,15; 2Sam. 15,18; 2Sam. 15,19; 2Sam. 15,19; 2Sam. 15,24; 2Sam. 15,25; 2Sam. 15,32; 2Sam. 15,34; 2Sam. 15,35; 2Sam. 16,2; 2Sam. 16,3; 2Sam. 16,3; 2Sam. 16,6; 2Sam. 16,6; 2Sam. 16,8; 2Sam. 16,8; 2Sam. 16,11; 2Sam. 16,17; 2Sam. 16,17; 2Sam. 16,19; 2Sam. 16,19; 2Sam. 16,21; 2Sam. 16,22; 2Sam. 16,23; 2Sam. 16,23; 2Sam. 17,10; 2Sam. 17,14; 2Sam. 17,15; 2Sam. 17,19; 2Sam. 17,21; 2Sam. 17,23; 2Sam. 18,2; 2Sam. 18,5; 2Sam. 18,5; 2Sam. 18,8; 2Sam. 18,9; 2Sam. 18,9; 2Sam. 18,12; 2Sam. 18,13; 2Sam.

ȯ

18,16; 2Sam. 18,18; 2Sam. 18,20; 2Sam. 18,22; 2Sam. 18,23; 2Sam. 18,27; 2Sam. 18,29; 2Sam. 18,32; 2Sam. 18,32; 2Sam. 19,9; 2Sam. 19,16; 2Sam. 19,16; 2Sam. 19,17; 2Sam. 19,17; 2Sam. 19,18; 2Sam. 19,18; 2Sam. 19,18; 2Sam. 19,19; 2Sam. 19,19; 2Sam. 19,21; 2Sam. 19,21; 2Sam. 19,25; 2Sam. 19,26; 2Sam. 19,27; 2Sam. 19,28; 2Sam. 19,29; 2Sam. 19,32; 2Sam. 19,35; 2Sam. 19,37; 2Sam. 19,38; 2Sam. 19,38; 2Sam. 19,38; 2Sam. 19,41; 2Sam. 19,41; 2Sam. 19,43; 2Sam. 19,43; 2Sam. 20,2; 2Sam. 20,5; 2Sam. 20,6; 2Sam. 20,9; 2Sam. 20,11; 2Sam. 20,18; 2Sam. 20,23; 2Sam. 20,23; 2Sam. 20,24; 2Sam. 20,26; 2Sam. 21,1; 2Sam. 21,2; 2Sam. 21,4; 2Sam. 21,10; 2Sam. 21,10; 2Sam. 21,10; 2Sam. 21,12; 2Sam. 21,13; 2Sam. 21,14; 2Sam. 21,14; 2Sam. 21,16; 2Sam. 21,18; 2Sam. 22,8; 2Sam. 22,22; 2Sam. 22,32; 2Sam. 23,11; 2Sam. 23,15; 2Sam. 23,15; 2Sam. 23,15; 2Sam. 23,16; 2Sam. 23,16; 2Sam. 23,16; 2Sam. 23,20; 2Sam. 23,20; 2Sam. 23,21; 2Sam. 23,21; 2Sam. 23,27; 2Sam. 23,31; 2Sam. 23,34; 2Sam. 23,34; 2Sam. 23,34; 2Sam. 24,2; 2Sam. 24,3; 2Sam. 24,3; 2Sam. 24,4; 2Sam. 24,4; 2Sam. 24,7; 2Sam. 24,7; 2Sam. 24,9; 2Sam. 24,10; 2Sam. 24,15; 2Sam. 24,16; 2Sam. 24,16; 2Sam. 24,17; 2Sam. 24,18; 2Sam. 24,21; 1Kings 1,7; 1Kings 1,7; 1Kings 1,8; 1Kings 1,9; 1Kings 1,9; 1Kings 1,12; 1Kings 1,13; 1Kings 1,14; 1Kings 1,17; 1Kings 1,19; 1Kings 1,20; 1Kings 1,20; 1Kings 1,20; 1Kings 1,22; 1Kings 1,23; 1Kings 1,24; 1Kings 1,25; 1Kings 1,27; 1Kings 1,27; 1Kings 1,27; 1Kings 1,27; 1Kings 1,28; 1Kings 1,30; 1Kings 1,32; 1Kings 1,33; 1Kings 1,35; 1Kings 1,36; 1Kings 1,36; 1Kings 1,37; 1Kings 1,37; 1Kings 1,37; 1Kings 1,37; 1Kings 1,38; 1Kings 1,42; 1Kings 1,44; 1Kings 1,47; 1Kings 1,47; 1Kings 1,48; 1Kings 1,49; 1Kings 2,3; 1Kings 2,7; 1Kings 2,7; 1Kings 2,8; 1Kings 2,12; 1Kings 2,12; 1Kings 2,19; 1Kings 2,19; 1Kings 2,23; 1Kings 2,24; 1Kings 2,26; 1Kings 2,27; 1Kings 2,28; 1Kings 2,28; 1Kings 2,29; 1Kings 2,30; 1Kings 2,31; 1Kings 2,31; 1Kings 2,35h; 1Kings 2,35h; 1Kings 2,35k; 1Kings 2,35l; 1Kings 2,35n; 1Kings 2,39; 1Kings 2,42; 1Kings 2,46c; 1Kings 2,46f; 1Kings 2,46f; 1Kings 2,46h; 1Kings 2,46h; 1Kings 2,46k; 1Kings 3,3; 1Kings 3,6; 1Kings 3,6; 1Kings 3,6; 1Kings 3,7; 1Kings 3,8; 1Kings 3,22; 1Kings 3,24; 1Kings 3,28; 1Kings 4,5; 1Kings 4,12; 1Kings 4,18; 1Kings 4,18; 1Kings 5,1; 1Kings 5,4; 1Kings 5,13; 1Kings 5,15; 1Kings 5,20; 1Kings 5,23; 1Kings 5,23; 1Kings 5,28; 1Kings 6,1; 1Kings 6,1a; 1Kings 6,3; 1Kings 6,3; 1Kings 6,3; 1Kings 6,5; 1Kings 6,6; 1Kings 6,6; 1Kings 6,8; 1Kings 6,10; 1Kings 6,15; 1Kings 6,15; 1Kings 6,15; 1Kings 6,16; 1Kings 6,19; 1Kings 6,22; 1Kings 6,27; 1Kings 6,27; 1Kings 6,27; 1Kings 6,27; 1Kings 6,27; 1Kings 6,29; 1Kings 6,30; 1Kings 6,33; 1Kings 6,36a; 1Kings 6,36a; 1Kings 6,36a; 1Kings 7,3; 1Kings 7,3; 1Kings 7,3; 1Kings 7,7; 1Kings 7,18; 1Kings 7,18; 1Kings 7,21; 1Kings 7,25; 1Kings 7,25; 1Kings 7,25; 1Kings 7,25; 1Kings 7,31; 1Kings 7,31; 1Kings 7,31; 1Kings 7,31; 1Kings 7,32; 1Kings 7,32; 1Kings 7,33; 1Kings 7,36; 1Kings 7,36; 1Kings 7,36; 1Kings 7,36; 1Kings 7,37; 1Kings 7,39; 1Kings 8,6; 1Kings 8,15; 1Kings 8,17; 1Kings 8,20; 1Kings 8,20; 1Kings 8,27; 1Kings 8,30; 1Kings 8,30; 1Kings 8,32; 1Kings 8,34; 1Kings 8,34; 1Kings 8,36; 1Kings 8,36; 1Kings 8,36; 1Kings 8,39; 1Kings 8,43; 1Kings 8,44; 1Kings 8,45; 1Kings 8,48; 1Kings 8,49; 1Kings 8,52; 1Kings 8,52; 1Kings 8,53a; 1Kings 8,59; 1Kings 8,64; 1Kings 9,1; 1Kings 9,10; 1Kings 9,11; 1Kings 10,3; 1Kings 10,6; 1Kings 10,12; 1Kings 10,12; 1Kings 10,12; 1Kings 10,13; 1Kings 10,17; 1Kings 10,19; 1Kings 10,21; 1Kings 10,21; 1Kings 10,22a # 9,15; 1Kings 10,22b # 9,20; 1Kings 10,22b # 9,20; 1Kings 10,22b # 9,20; 1Kings 10,22b # 9,20; 1Kings 10,22b # 9,20; 1Kings 10,22b # 9,20; 1Kings 10,22b # 9,20; 1Kings 10,26; 1Kings 10,26a; 1Kings 10,28; 1Kings 11,4; 1Kings 11,9; 1Kings 11,10; 1Kings 11,17; 1Kings 11,27; 1Kings 11,35; 1Kings 11,43; 1Kings 12,4; 1Kings 12,4; 1Kings 12,4; 1Kings 12,6; 1Kings 12,9; 1Kings 12,10; 1Kings 12,15; 1Kings 12,15; 1Kings 12,18; 1Kings 12,22; 1Kings 12,23; 1Kings 12,24; 1Kings 12,24a; 1Kings 12,24e; 1Kings 12,24h; 1Kings 12,24l; 1Kings 12,24m; 1Kings 12,24m; 1Kings 12,24m; 1Kings 12,24m; 1Kings 12,24o; 1Kings 12,24o; 1Kings 12,24q; 1Kings 12,24r; 1Kings 12,24x; 1Kings 12,24y; 1Kings 12,24y; 1Kings 12,24z; 1Kings 12,27; 1Kings 12,31; 1Kings 12,32; 1Kings 13,1; 1Kings 13,4; 1Kings 13,4; 1Kings 13,4; 1Kings 13,5; 1Kings 13,6; 1Kings 13,6; 1Kings 13,6; 1Kings 13,6; 1Kings 13,7; 1Kings 13,8; 1Kings 13,8; 1Kings 13,11; 1Kings 13,11; 1Kings 13,12; 1Kings 13,14; 1Kings 13,14; 1Kings 13,14; 1Kings 13,21; 1Kings 13,26; 1Kings 13,28; 1Kings 13,28; 1Kings 13,29; 1Kings 13,29; 1Kings 13,31; 1Kings 13,33; 1Kings 14,21; 1Kings 14,26; 1Kings 14,27; 1Kings 15,3; 1Kings 15,3; 1Kings 15,8; 1Kings 15,15; 1Kings 15,18; 1Kings 15,18; 1Kings 15,18; 1Kings 15,19; 1Kings 15,19; 1Kings 15,20; 1Kings 15,20; 1Kings 15,25; 1Kings 15,26; 1Kings 15,28; 1Kings 15,29; 1Kings 15,29; 1Kings 15,30; 1Kings 15,33; 1Kings 16,3; 1Kings 16,4; 1Kings 16,4; 1Kings 16,9; 1Kings 16,11; 1Kings 16,13; 1Kings 16,18; 1Kings 16,18; 1Kings 16,18; 1Kings 16,21; 1Kings 16,21; 1Kings 16,23; 1Kings 16,24; 1Kings 16,24; 1Kings 16,28a; 1Kings 16,28b; 1Kings 16,28d; 1Kings 17,3; 1Kings 17,3; 1Kings 17,4; 1Kings 17,5; 1Kings 17,6; 1Kings 17,17; 1Kings 17,18; 1Kings 17,19; 1Kings 18,18; 1Kings 18,22; 1Kings 18,22; 1Kings 18,24; 1Kings 18,26; 1Kings 18,31; 1Kings 18,37; 1Kings 18,38; 1Kings 18,40; 1Kings 18,41; 1Kings 20,2; 1Kings 20,7; 1Kings 20,9; 1Kings 20,12; 1Kings 20,15; 1Kings 20,16; 1Kings 20,18; 1Kings 20,21; 1Kings 20,24; 1Kings 20,24; 1Kings 20,27; 1Kings 20,27; 1Kings 20,29; 1Kings 21,22; 1Kings 21,26; 1Kings 21,28; 1Kings 21,30; 1Kings 21,34; 1Kings 21,39; 1Kings 21,42; 1Kings 22,6; 1Kings 22,7; 1Kings 22,10; 1Kings 22,13; 1Kings 22,15; 1Kings 22,19; 1Kings 22,26; 1Kings 22,34; 1Kings 22,34; 1Kings 22,34; 1Kings 22,35; 1Kings 22,36; 1Kings 22,43; 1Kings 22,51; 1Kings 22,53; 2Kings 1,2; 2Kings 1,2; 2Kings 1,7; 2Kings 1,7; 2Kings 1,9; 2Kings 1,10; 2Kings 1,10; 2Kings 1,10; 2Kings 1,11; 2Kings 1,12; 2Kings 1,12; 2Kings 1,12; 2Kings 1,13; 2Kings 1,14; 2Kings 1,18c; 2Kings 2,6; 2Kings 2,7; 2Kings 2,13; 2Kings 2,24; 2Kings 3,2; 2Kings 3,11; 2Kings 3,13; 2Kings 3,25; 2Kings 4,7; 2Kings 4,9; 2Kings 4,13; 2Kings 4,21; 2Kings 4,21; 2Kings 4,22; 2Kings 4,22; 2Kings 4,25; 2Kings 4,28; 2Kings 4,40; 2Kings 4,42; 2Kings 5,1; 2Kings 5,3; 2Kings 5,3; 2Kings 5,3; 2Kings 5,15; 2Kings 5,20; 2Kings 5,20; 2Kings 5,21; 2Kings 6,2; 2Kings 6,6; 2Kings 6,11; 2Kings 6,12; 2Kings 6,25; 2Kings 6,32; 2Kings 6,32; 2Kings 7,9; 2Kings 7,9; 2Kings 7,11; 2Kings 7,14; 2Kings 7,15; 2Kings 7,17; 2Kings 8,3; 2Kings 8,4; 2Kings 8,4; 2Kings 8,5; 2Kings 8,6; 2Kings 8,7; 2Kings 8,8; 2Kings 8,11; 2Kings 8,24; 2Kings 9,7; 2Kings 9,8; 2Kings 9,11; 2Kings 9,21; 2Kings 9,25; 2Kings 9,25; 2Kings 9,31; 2Kings 9,36; 2Kings 9,37; 2Kings 10,2; 2Kings 10,3; 2Kings 10,3; 2Kings 10,3; 2Kings 10,3; 2Kings 10,5; 2Kings 10,6; 2Kings 10,6; 2Kings 10,7; 2Kings 10,8; 2Kings 10,13; 2Kings 10,17; 2Kings 10,19; 2Kings 10,19; 2Kings 10,21; 2Kings 10,21; 2Kings 10,21; 2Kings 10,21; 2Kings 10,22; 2Kings 10,22; 2Kings 10,23; 2Kings 10,23; 2Kings 10,23; 2Kings 10,25; 2Kings 10,26; 2Kings 10,27; 2Kings 10,27; 2Kings 10,33; 2Kings 10,33; 2Kings 10,33; 2Kings 10,33; 2Kings 11,2; 2Kings 11,2; 2Kings 11,4; 2Kings 11,5; 2Kings 11,6; 2Kings 11,8; 2Kings 11,10; 2Kings 11,11; 2Kings 11,11; 2Kings 11,11; 2Kings 11,12; 2Kings 11,13; 2Kings 11,14; 2Kings 11,16; 2Kings 11,17; 2Kings 11,17; 2Kings 11,17; 2Kings 11,17; 2Kings 11,18; 2Kings 11,18; 2Kings 11,19; 2Kings 11,19; 2Kings 11,20; 2Kings 12,6; 2Kings 12,7; 2Kings 12,8; 2Kings 12,8; 2Kings 12,9; 2Kings 12,9; 2Kings 12,11; 2Kings 12,19; 2Kings 13,13; 2Kings 13,16; 2Kings 13,19; 2Kings 13,20; 2Kings 13,25; 2Kings 14,9; 2Kings 14,11; 2Kings

O, o

14,14; 2Kings 14,21; 2Kings 14,23; 2Kings 14,25; 2Kings 14,25; 2Kings 14,27; 2Kings 14,29; 2Kings 15,5; 2Kings 15,5; 2Kings 15,23; 2Kings 15,25; 2Kings 15,25; 2Kings 15,25; 2Kings 15,27; 2Kings 15,38; 2Kings 16,8; 2Kings 16,14; 2Kings 16,14; 2Kings 16,14; 2Kings 16,14; 2Kings 16,15; 2Kings 16,15; 2Kings 16,18; 2Kings 17,16; 2Kings 17,19; 2Kings 17,26; 2Kings 17,26; 2Kings 17,27; 2Kings 18,15; 2Kings 18,17; 2Kings 18,17; 2Kings 18,24; 2Kings 18,26; 2Kings 18,26; 2Kings 18,28; 2Kings 18,31; 2Kings 18,36; 2Kings 19,5; 2Kings 19,22; 2Kings 19,23; 2Kings 19,24; 2Kings 20,5; 2Kings 20,5; 2Kings 20,18; 2Kings 21,3; 2Kings 21,5; 2Kings 21,18; 2Kings 22,2; 2Kings 22,4; 2Kings 22,5; 2Kings 22,6; 2Kings 22,8; 2Kings 22,10; 2Kings 22,11; 2Kings 22,12; 2Kings 22,13; 2Kings 22,13; 2Kings 22,14; 2Kings 23,4; 2Kings 23,4; 2Kings 23,5; 2Kings 23,6; 2Kings 23,11; 2Kings 23,11; 2Kings 23,13; 2Kings 23,16; 2Kings 23,16; 2Kings 23,16; 2Kings 23,16; 2Kings 23,17; 2Kings 23,18; 2Kings 23,18; 2Kings 23,23; 2Kings 23,24; 2Kings 23,26; 2Kings 23,30; 2Kings 23,34; 2Kings 23,35; 2Kings 24,7; 2Kings 24,7; 2Kings 24,7; 2Kings 24,13; 2Kings 24,15; 2Kings 24,15; 2Kings 25,2; 2Kings 25,3; 2Kings 25,4; 2Kings 25,4; 2Kings 25,4; 2Kings 25,5; 2Kings 25,8; 2Kings 25,9; 2Kings 25,11; 2Kings 25,16; 2Kings 25,17; 2Kings 25,17; 2Kings 25,19; 2Kings 25,19; 2Kings 25,19; 2Kings 25,23; 2Kings 25,27; 2Kings 25,27; 2Kings 25,30; 1Chr. 2,10; 1Chr. 4,2; 1Chr. 4,4; 1Chr. 4,12; 1Chr. 4,23; 1Chr. 4,43; 1Chr. 5,1; 1Chr. 5,2; 1Chr. 5,9; 1Chr. 5,22; 1Chr. 6,4; 1Chr. 6,18; 1Chr. 6,33; 1Chr. 6,34; 1Chr. 6,39; 1Chr. 6,63; 1Chr. 6,63; 1Chr. 9,11; 1Chr. 9,13; 1Chr. 9,18; 1Chr. 9,26; 1Chr. 9,27; 1Chr. 9,29; 1Chr. 9,29; 1Chr. 9,31; 1Chr. 11,11; 1Chr. 11,13; 1Chr. 11,17; 1Chr. 11,17; 1Chr. 11,18; 1Chr. 11,18; 1Chr. 11,23; 1Chr. 11,23; 1Chr. 11,42; 1Chr. 11,44; 1Chr. 12,3; 1Chr. 12,8; 1Chr. 12,9; 1Chr. 12,17; 1Chr. 12,21; 1Chr. 12,37; 1Chr. 12,38; 1Chr. 13,3; 1Chr. 13,4; 1Chr. 13,5; 1Chr. 13,6; 1Chr. 13,6; 1Chr. 13,7; 1Chr. 13,8; 1Chr. 13,10; 1Chr. 13,12; 1Chr. 13,13; 1Chr. 13,14; 1Chr. 14,10; 1Chr. 14,11; 1Chr. 14,15; 1Chr. 15,1; 1Chr. 15,2; 1Chr. 15,12; 1Chr. 15,15; 1Chr. 15,24; 1Chr. 15,24; 1Chr. 16,1; 1Chr. 16,1; 1Chr. 16,6; 1Chr. 16,33; 1Chr. 16,36; 1Chr. 16,36; 1Chr. 16,40; 1Chr. 16,40; 1Chr. 16,42; 1Chr. 17,17; 1Chr. 17,25; 1Chr. 17,27; 1Chr. 18,17; 1Chr. 18,17; 1Chr. 18,17; 1Chr. 19,2; 1Chr. 19,10; 1Chr. 19,11; 1Chr. 19,13; 1Chr. 19,13; 1Chr. 19,15; 1Chr. 19,16; 1Chr. 19,18; 1Chr. 20,5; 1Chr. 21,3; 1Chr. 21,4; 1Chr. 21,5; 1Chr. 21,6; 1Chr. 21,7; 1Chr. 21,15; 1Chr. 21,16; 1Chr. 21,17; 1Chr. 21,18; 1Chr. 21,22; 1Chr. 21,26; 1Chr. 21,28; 1Chr. 22,1; 1Chr. 22,12; 1Chr. 22,19; 1Chr. 23,13; 1Chr. 23,14; 1Chr. 23,14; 1Chr. 23,28; 1Chr. 24,2; 1Chr. 24,6; 1Chr. 24,6; 1Chr. 24,29; 1Chr. 24,30; 1Chr. 24,31; 1Chr. 25,2; 1Chr. 25,2; 1Chr. 25,6; 1Chr. 25,6; 1Chr. 26,6; 1Chr. 26,24; 1Chr. 26,24; 1Chr. 26,27; 1Chr. 26,27; 1Chr. 26,28; 1Chr. 26,28; 1Chr. 26,28; 1Chr. 26,28; 1Chr. 26,30; 1Chr. 26,30; 1Chr. 26,30; 1Chr. 26,31; 1Chr. 26,32; 1Chr. 27,1; 1Chr. 27,1; 1Chr. 27,1; 1Chr. 27,2; 1Chr. 27,2; 1Chr. 27,2; 1Chr. 27,3; 1Chr. 27,3; 1Chr. 27,4; 1Chr. 27,4; 1Chr. 27,5; 1Chr. 27,9; 1Chr. 27,16; 1Chr. 27,16; 1Chr. 27,17; 1Chr. 27,18; 1Chr. 27,19; 1Chr. 27,19; 1Chr. 27,20; 1Chr. 27,20; 1Chr. 27,21; 1Chr. 27,21; 1Chr. 27,22; 1Chr. 27,23; 1Chr. 27,24; 1Chr. 27,24; 1Chr. 27,25; 1Chr. 27,25; 1Chr. 27,25; 1Chr. 27,26; 1Chr. 27,27; 1Chr. 27,27; 1Chr. 27,29; 1Chr. 27,31; 1Chr. 27,32; 1Chr. 27,32; 1Chr. 27,33; 1Chr. 27,33; 1Chr. 27,34; 1Chr. 27,34; 1Chr. 28,1; 1Chr. 28,4; 1Chr. 28,4; 1Chr. 28,8; 1Chr. 28,11; 1Chr. 28,11; 1Chr. 28,11; 1Chr. 28,21; 1Chr. 29,6; 1Chr. 29,8; 1Chr. 29,10; 1Chr. 29,10; 1Chr. 29,19; 1Chr. 29,23; 1Chr. 29,24; 1Chr. 29,29; 1Chr. 29,29; 1Chr. 29,29; 1Chr. 29,29; 2Chr. 1,3; 2Chr. 1,4; 2Chr. 1,8; 2Chr. 1,10; 2Chr. 1,14; 2Chr. 1,16; 2Chr. 2,2; 2Chr. 2,3; 2Chr. 2,5; 2Chr. 2,7; 2Chr. 2,7; 2Chr. 2,15; 2Chr. 3,1; 2Chr. 3,1; 2Chr. 3,3; 2Chr. 3,4; 2Chr. 3,4; 2Chr. 3,6; 2Chr. 3,9; 2Chr. 3,11; 2Chr. 3,11; 2Chr. 3,12; 2Chr. 3,12; 2Chr. 3,15; 2Chr. 3,17; 2Chr. 3,17; 2Chr. 3,17; 2Chr. 4,10; 2Chr. 4,11; 2Chr. 4,17; 2Chr. 4,18; 2Chr. 4,20; 2Chr. 4,22; 2Chr. 4,22; 2Chr. 4,22; 2Chr. 5,1; 2Chr. 5,7; 2Chr. 5,14; 2Chr. 6,6; 2Chr. 6,7; 2Chr. 6,18; 2Chr. 6,21; 2Chr. 6,21; 2Chr. 6,23; 2Chr. 6,24; 2Chr. 6,25; 2Chr. 6,27; 2Chr. 6,27; 2Chr. 6,30; 2Chr. 6,32; 2Chr. 6,33; 2Chr. 6,35; 2Chr. 6,38; 2Chr. 6,39; 2Chr. 6,40; 2Chr. 6,42; 2Chr. 6,42; 2Chr. 7,1; 2Chr. 7,5; 2Chr. 7,6; 2Chr. 7,6; 2Chr. 7,10; 2Chr. 7,10; 2Chr. 7,11; 2Chr. 7,14; 2Chr. 7,15; 2Chr. 8,7; 2Chr. 8,7; 2Chr. 8,7; 2Chr. 8,7; 2Chr. 8,7; 2Chr. 8,7; 2Chr. 8,11; 2Chr. 8,12; 2Chr. 8,13; 2Chr. 8,14; 2Chr. 8,15; 2Chr. 9,11; 2Chr. 9,16; 2Chr. 9,18; 2Chr. 9,20; 2Chr. 9,20; 2Chr. 9,25; 2Chr. 9,26; 2Chr. 9,29; 2Chr. 9,29; 2Chr. 9,29; 2Chr. 9,31; 2Chr. 10,2; 2Chr. 10,4; 2Chr. 10,4; 2Chr. 10,4; 2Chr. 10,6; 2Chr. 10,9; 2Chr. 10,10; 2Chr. 10,15; 2Chr. 10,15; 2Chr. 10,15; 2Chr. 10,18; 2Chr. 11,2; 2Chr. 11,3; 2Chr. 11,4; 2Chr. 11,10; 2Chr. 11,17; 2Chr. 11,18; 2Chr. 12,3; 2Chr. 12,9; 2Chr. 12,10; 2Chr. 12,15; 2Chr. 12,15; 2Chr. 13,6; 2Chr. 13,6; 2Chr. 13,6; 2Chr. 13,7; 2Chr. 13,9; 2Chr. 13,11; 2Chr. 13,12; 2Chr. 13,22; 2Chr. 15,8; 2Chr. 15,8; 2Chr. 15,9; 2Chr. 15,15; 2Chr. 15,18; 2Chr. 15,18; 2Chr. 15,19; 2Chr. 16,2; 2Chr. 16,2; 2Chr. 16,3; 2Chr. 16,3; 2Chr. 16,4; 2Chr. 17,3; 2Chr. 17,4; 2Chr. 17,4; 2Chr. 17,4; 2Chr. 17,16; 2Chr. 17,17; 2Chr. 18,5; 2Chr. 18,6; 2Chr. 18,11; 2Chr. 18,12; 2Chr. 18,18; 2Chr. 18,25; 2Chr. 18,33; 2Chr. 18,33; 2Chr. 18,33; 2Chr. 18,34; 2Chr. 19,2; 2Chr. 19,11; 2Chr. 20,7; 2Chr. 20,9; 2Chr. 20,14; 2Chr. 20,14; 2Chr. 20,14; 2Chr. 20,15; 2Chr. 20,15; 2Chr. 20,21; 2Chr. 20,26; 2Chr. 20,32; 2Chr. 20,34; 2Chr. 20,37; 2Chr. 21,8; 2Chr. 21,12; 2Chr. 21,12; 2Chr. 21,12; 2Chr. 21,13; 2Chr. 21,17; 2Chr. 22,7; 2Chr. 22,11; 2Chr. 22,11; 2Chr. 22,11; 2Chr. 22,11; 2Chr. 22,12; 2Chr. 23,2; 2Chr. 23,3; 2Chr. 23,3; 2Chr. 23,3; 2Chr. 23,3; 2Chr. 23,5; 2Chr. 23,7; 2Chr. 23,9; 2Chr. 23,9; 2Chr. 23,10; 2Chr. 23,10; 2Chr. 23,11; 2Chr. 23,12; 2Chr. 23,14; 2Chr. 23,15; 2Chr. 23,15; 2Chr. 23,16; 2Chr. 23,16; 2Chr. 23,20; 2Chr. 23,20; 2Chr. 24,2; 2Chr. 24,6; 2Chr. 24,7; 2Chr. 24,9; 2Chr. 24,11; 2Chr. 24,11; 2Chr. 24,11; 2Chr. 24,11; 2Chr. 24,16; 2Chr. 24,16; 2Chr. 24,20; 2Chr. 24,20; 2Chr. 24,21; 2Chr. 24,23; 2Chr. 24,23; 2Chr. 24,25; 2Chr. 24,26; 2Chr. 24,26; 2Chr. 25,4; 2Chr. 25,7; 2Chr. 25,9; 2Chr. 25,9; 2Chr. 25,12; 2Chr. 25,12; 2Chr. 25,15; 2Chr. 25,16; 2Chr. 25,18; 2Chr. 25,21; 2Chr. 25,23; 2Chr. 25,24; 2Chr. 25,25; 2Chr. 25,25; 2Chr. 26,1; 2Chr. 26,5; 2Chr. 26,11; 2Chr. 26,11; 2Chr. 26,11; 2Chr. 26,11; 2Chr. 26,17; 2Chr. 26,22; 2Chr. 27,3; 2Chr. 28,6; 2Chr. 28,7; 2Chr. 28,7; 2Chr. 28,7; 2Chr. 28,7; 2Chr. 28,9; 2Chr. 28,12; 2Chr. 28,12; 2Chr. 28,12; 2Chr. 28,12; 2Chr. 28,12; 2Chr. 28,18; 2Chr. 28,21; 2Chr. 29,7; 2Chr. 29,12; 2Chr. 29,12; 2Chr. 29,12; 2Chr. 29,12; 2Chr. 29,12; 2Chr. 29,12; 2Chr. 29,15; 2Chr. 29,17; 2Chr. 29,17; 2Chr. 29,17; 2Chr. 29,17; 2Chr. 29,17; 2Chr. 29,23; 2Chr. 29,25; 2Chr. 29,25; 2Chr. 29,25; 2Chr. 29,30; 2Chr. 30,4; 2Chr. 30,6; 2Chr. 30,6; 2Chr. 30,12; 2Chr. 30,15; 2Chr. 30,15; 2Chr. 30,16; 2Chr. 30,18; 2Chr. 31,3; 2Chr. 31,13; 2Chr. 31,14; 2Chr. 31,20; 2Chr. 32,6; 2Chr. 32,21; 2Chr. 32,27; 2Chr. 32,27; 2Chr. 32,32; 2Chr. 33,3; 2Chr. 33,5; 2Chr. 33,12; 2Chr. 34,2; 2Chr. 34,3; 2Chr. 34,8; 2Chr. 34,18; 2Chr. 34,19; 2Chr. 34,20; 2Chr. 34,21; 2Chr. 34,24; 2Chr. 34,30; 2Chr. 35,1; 2Chr. 35,1; 2Chr. 35,3; 2Chr. 35,5; 2Chr. 35,7; 2Chr. 35,7; 2Chr. 35,8; 2Chr. 35,10; 2Chr. 35,12; 2Chr. 35,13; 2Chr. 35,15; 2Chr. 35,16; 2Chr. 35,18; 2Chr. 35,19a; 2Chr. 35,19c; 2Chr. 35,21; 2Chr. 35,21; 2Chr. 36,1; 2Chr. 36,4; 2Chr. 36,4a; 2Chr. 36,10; 2Chr. 36,10; 2Chr. 36,12; 2Chr. 36,13; 2Chr. 36,15; 2Chr. 36,17; 2Chr. 36,23; 2Chr. 36,23; 1Esdr. 1,1; 1Esdr. 1,1; 1Esdr. 1,2; 1Esdr. 1,3; 1Esdr. 1,3; 1Esdr. 1,3; 1Esdr. 1,4; 1Esdr. 1,6; 1Esdr. 1,12; 1Esdr. 1,13; 1Esdr. 1,15; 1Esdr. 1,16; 1Esdr. 1,16; 1Esdr. 1,16; 1Esdr. 1,18; 1Esdr. 1,19; 1Esdr. 1,21; 1Esdr.

ò

1,22; 1Esdr. 1,23; 1Esdr. 1,25; 1Esdr. 1,25; 1Esdr. 1,32; 1Esdr. 1,39; 1Esdr. 1,43; 1Esdr. 1,45; 1Esdr. 1,45; 1Esdr. 1,46; 1Esdr. 1,46; 1Esdr. 1,47; 1Esdr. 1,47; 1Esdr. 1,48; 1Esdr. 1,51; 1Esdr. 1,51; 1Esdr. 1,52; 1Esdr. 1,54; 1Esdr. 2,2; 1Esdr. 2,3; 1Esdr. 2,3; 1Esdr. 2,4; 1Esdr. 2,7; 1Esdr. 2,12; 1Esdr. 2,25; 1Esdr. 2,26; 1Esdr. 3,4; 1Esdr. 3,5; 1Esdr. 3,8; 1Esdr. 3,17; 1Esdr. 3,19; 1Esdr. 3,19; 1Esdr. 3,19; 1Esdr. 3,19; 1Esdr. 3,19; 1Esdr. 3,19; 1Esdr. 3,23; 1Esdr. 4,1; 1Esdr. 4,5; 1Esdr. 4,29; 1Esdr. 4,29; 1Esdr. 4,29; 1Esdr. 4,30; 1Esdr. 4,34; 1Esdr. 4,38; 1Esdr. 4,46; 1Esdr. 4,48; 1Esdr. 4,58; 1Esdr. 5,5; 1Esdr. 5,5; 1Esdr. 5,5; 1Esdr. 5,5; 1Esdr. 5,5; 1Esdr. 5,5; 1Esdr. 5,6; 1Esdr. 5,6; 1Esdr. 5,24; 1Esdr. 5,37; 1Esdr. 5,37; 1Esdr. 5,38; 1Esdr. 5,43; 1Esdr. 5,43; 1Esdr. 5,45; 1Esdr. 5,46; 1Esdr. 5,46; 1Esdr. 5,46; 1Esdr. 5,47; 1Esdr. 5,47; 1Esdr. 5,47; 1Esdr. 5,47; 1Esdr. 5,48; 1Esdr. 5,48; 1Esdr. 5,49; 1Esdr. 5,52; 1Esdr. 5,52; 1Esdr. 5,53; 1Esdr. 5,53; 1Esdr. 5,54; 1Esdr. 5,54; 1Esdr. 5,54; 1Esdr. 5,55; 1Esdr. 5,55; 1Esdr. 5,56; 1Esdr. 5,56; 1Esdr. 5,56; 1Esdr. 5,57; 1Esdr. 5,57; 1Esdr. 5,59; 1Esdr. 5,59; 1Esdr. 5,62; 1Esdr. 5,66; 1Esdr. 5,67; 1Esdr. 5,68; 1Esdr. 5,70; 1Esdr. 6,1; 1Esdr. 6,1; 1Esdr. 6,2; 1Esdr. 6,2; 1Esdr. 6,2; 1Esdr. 6,2; 1Esdr. 6,5; 1Esdr. 6,12; 1Esdr. 6,12; 1Esdr. 6,13; 1Esdr. 6,14; 1Esdr. 6,17; 1Esdr. 6,17; 1Esdr. 6,17; 1Esdr. 6,17; 1Esdr. 6,18; 1Esdr. 6,18; 1Esdr. 6,19; 1Esdr. 6,19; 1Esdr. 6,20; 1Esdr. 6,21; 1Esdr. 6,21; 1Esdr. 6,21; 1Esdr. 6,23; 1Esdr. 6,24; 1Esdr. 6,24; 1Esdr. 6,25; 1Esdr. 6,25; 1Esdr. 6,25; 1Esdr. 6,26; 1Esdr. 6,26; 1Esdr. 6,26; 1Esdr. 6,26; 1Esdr. 6,27; 1Esdr. 6,30; 1Esdr. 6,32; 1Esdr. 7,1; 1Esdr. 7,4; 1Esdr. 7,7; 1Esdr. 7,8; 1Esdr. 7,8; 1Esdr. 7,9; 1Esdr. 7,10; 1Esdr. 7,14; 1Esdr. 7,15; 1Esdr. 8,1; 1Esdr. 8,1; 1Esdr. 8,1; 1Esdr. 8,1; 1Esdr. 8,2; 1Esdr. 8,2; 1Esdr. 8,2; 1Esdr. 8,2; 1Esdr. 8,2; 1Esdr. 8,2; 1Esdr. 8,2; 1Esdr. 8,2; 1Esdr. 8,2; 1Esdr. 8,2; 1Esdr. 8,3; 1Esdr. 8,3; 1Esdr. 8,6; 1Esdr. 8,6; 1Esdr. 8,6; 1Esdr. 8,7; 1Esdr. 8,8; 1Esdr. 8,8; 1Esdr. 8,9; 1Esdr. 8,12; 1Esdr. 8,13; 1Esdr. 8,13; 1Esdr. 8,15; 1Esdr. 8,16; 1Esdr. 8,17; 1Esdr. 8,17; 1Esdr. 8,17; 1Esdr. 8,18; 1Esdr. 8,19; 1Esdr. 8,19; 1Esdr. 8,19; 1Esdr. 8,21; 1Esdr. 8,21; 1Esdr. 8,23; 1Esdr. 8,23; 1Esdr. 8,24; 1Esdr. 8,25; 1Esdr. 8,26; 1Esdr. 8,27; 1Esdr. 8,27; 1Esdr. 8,28; 1Esdr. 8,40; 1Esdr. 8,45; 1Esdr. 8,46; 1Esdr. 8,46; 1Esdr. 8,46; 1Esdr. 8,49; 1Esdr. 8,52; 1Esdr. 8,53; 1Esdr. 8,55; 1Esdr. 8,55; 1Esdr. 8,58; 1Esdr. 8,58; 1Esdr. 8,58; 1Esdr. 8,59; 1Esdr. 8,60; 1Esdr. 8,60; 1Esdr. 8,60; 1Esdr. 8,61; 1Esdr. 8,62; 1Esdr. 8,63; 1Esdr. 8,64; 1Esdr. 8,64; 1Esdr. 8,66; 1Esdr. 8,68; 1Esdr. 8,69; 1Esdr. 8,72; 1Esdr. 8,76; 1Esdr. 8,77; 1Esdr. 8,78; 1Esdr. 8,86; 1Esdr. 8,90; 1Esdr. 8,92; 1Esdr. 9,1; 1Esdr. 9,5; 1Esdr. 9,13; 1Esdr. 9,16; 1Esdr. 9,16; 1Esdr. 9,17; 1Esdr. 9,19; 1Esdr. 9,26; 1Esdr. 9,37; 1Esdr. 9,37; 1Esdr. 9,38; 1Esdr. 9,39; 1Esdr. 9,40; 1Esdr. 9,40; 1Esdr. 9,42; 1Esdr. 9,45; 1Esdr. 9,48; 1Esdr. 9,50; Ezra 1,1; Ezra 1,2; Ezra 1,3; Ezra 1,4; Ezra 1,4; Ezra 1,4; Ezra 1,4; Ezra 1,8; Ezra 2,61; Ezra 2,68; Ezra 2,70; Ezra 3,2; Ezra 3,2; Ezra 3,2; Ezra 3,6; Ezra 3,6; Ezra 3,7; Ezra 3,8; Ezra 3,8; Ezra 3,8; Ezra 3,9; Ezra 3,13; Ezra 3,13; Ezra 4,2; Ezra 4,3; Ezra 4,4; Ezra 4,10; Ezra 4,11; Ezra 4,17; Ezra 4,20; Ezra 4,23; Ezra 4,24; Ezra 4,24; Ezra 4,24; Ezra 5,1; Ezra 5,2; Ezra 5,2; Ezra 5,2; Ezra 5,3; Ezra 5,5; Ezra 5,6; Ezra 5,6; Ezra 5,8; Ezra 5,8; Ezra 5,11; Ezra 5,11; Ezra 5,11; Ezra 5,12; Ezra 5,12; Ezra 5,13; Ezra 5,13; Ezra 5,14; Ezra 5,14; Ezra 5,14; Ezra 5,14; Ezra 5,14; Ezra 5,14; Ezra 5,16; Ezra 5,16; Ezra 5,16; Ezra 5,17; Ezra 5,17; Ezra 6,3; Ezra 6,3; Ezra 6,4; Ezra 6,5; Ezra 6,5; Ezra 6,5; Ezra 6,6; Ezra 6,6; Ezra 6,7; Ezra 6,7; Ezra 6,8; Ezra 6,8; Ezra 6,9; Ezra 6,10; Ezra 6,10; Ezra 6,12; Ezra 6,13; Ezra 6,14; Ezra 6,15; Ezra 6,16; Ezra 6,16; Ezra 6,17; Ezra 6,17; Ezra 6,18; Ezra 6,19; Ezra 6,19; Ezra 6,22; Ezra 7,5; Ezra 7,5; Ezra 7,9; Ezra 7,9; Ezra 7,9; Ezra 7,9; Ezra 7,12; Ezra 7,12; Ezra 7,14; Ezra 7,15; Ezra 7,16; Ezra 7,17; Ezra 7,17; Ezra 7,17; Ezra 7,19; Ezra 7,21; Ezra 7,21; Ezra 7,21; Ezra 7,21; Ezra 7,23; Ezra 7,23; Ezra 7,23; Ezra 7,25; Ezra 7,25; Ezra 7,25; Ezra 7,26; Ezra 7,26; Ezra 7,26; Ezra 7,27; Ezra 7,28; Ezra 7,28; Ezra 8,1; Ezra 8,17; Ezra 8,17; Ezra 8,22; Ezra 8,22; Ezra 8,23; Ezra 8,31; Ezra 8,31; Ezra 8,31; Ezra 8,33; Ezra 8,36; Ezra 8,36; Ezra 8,36; Ezra 8,36; Ezra 9,3; Ezra 9,9; Ezra 10,1; Ezra 10,6; Ezra 10,9; Ezra 10,9; Ezra 10,9; Ezra 10,16; Ezra 10,16; Ezra 10,17; Ezra 10,17; Neh. 1,4; Neh. 1,5; Neh. 1,9; Neh. 1,11; Neh. 1,11; Neh. 2,4; Neh. 2,6; Neh. 2,7; Neh. 2,8; Neh. 2,9; Neh. 2,9; Neh. 2,12; Neh. 2,13; Neh. 2,14; Neh. 2,14; Neh. 2,18; Neh. 2,18; Neh. 2,20; Neh. 3,6; Neh. 3,8; Neh. 3,15; Neh. 3,19; Neh. 3,20; Neh. 3,20; Neh. 3,25; Neh. 3,25; Neh. 3,27; Neh. 3,27; Neh. 3,27; Neh. 3,27; Neh. 3,31; Neh. 3,31; Neh. 3,35; Neh. 4,7; Neh. 4,8; Neh. 4,8; Neh. 4,8; Neh. 4,13; Neh. 4,13; Neh. 4,15; Neh. 5,1; Neh. 5,4; Neh. 5,13; Neh. 6,1; Neh. 6,10; Neh. 6,15; Neh. 6,16; Neh. 6,18; Neh. 7,43; Neh. 7,63; Neh. 7,72; Neh. 7,73; Neh. 8,2; Neh. 8,2; Neh. 8,3; Neh. 8,3; Neh. 8,5; Neh. 8,5; Neh. 8,8; Neh. 8,9; Neh. 8,13; Neh. 8,16; Neh. 8,18; Neh. 9,1; Neh. 9,5; Neh. 9,5; Neh. 9,6; Neh. 9,22; Neh. 9,23; Neh. 10,15; Neh. 10,29; Neh. 10,29; Neh. 10,30; Neh. 10,30; Neh. 10,34; Neh. 10,34; Neh. 10,38; Neh. 10,39; Neh. 10,39; Neh. 10,39; Neh. 10,40; Neh. 10,40; Neh. 10,40; Neh. 10,40; Neh. 11,1; Neh. 11,1; Neh. 11,5; Neh. 11,11; Neh. 11,12; Neh. 11,22; Neh. 11,23; Neh. 11,24; Neh. 12,22; Neh. 12,24; Neh. 12,36; Neh. 12,37; Neh. 12,37; Neh. 12,38; Neh. 12,40; Neh. 12,45; Neh. 13,1; Neh. 13,5; Neh. 13,5; Neh. 13,6; Neh. 13,6; Neh. 13,7; Neh. 13,9; Neh. 13,11; Neh. 13,12; Neh. 13,12; Neh. 13,13; Neh. 13,13; Neh. 13,14; Neh. 13,21; Neh. 13,28; Neh. 13,28; Neh. 13,28; Neh. 13,28; Neh. 13,28; Esth. 11,2 # 1,1a; Esth. 11,2 # 1,1a; Esth. 11,2 # 1,1a; Esth. 11,2 # 1,1a; Esth. 11,2 # 1,1a; Esth. 11,3 # 1,1b; Esth. 11,4 # 1,1c; Esth. 12,1 # 1,1m; Esth. 12,6 # 1,1r; Esth. 12,6 # 1,1r; Esth. 1,4; Esth. 1,5; Esth. 1,5; Esth. 1,10; Esth. 1,14; Esth. 1,15; Esth. 1,16; Esth. 1,20; Esth. 2,1; Esth. 2,2; Esth. 2,3; Esth. 2,5; Esth. 2,5; Esth. 2,5; Esth. 2,8; Esth. 2,13; Esth. 2,14; Esth. 2,21; Esth. 3,3; Esth. 3,3; Esth. 3,4; Esth. 3,7; Esth. 3,8; Esth. 3,9; Esth. 3,12; Esth. 3,12; Esth. 13,6 # 3,13f; Esth. 13,6 # 3,13f; Esth. 4,2; Esth. 4,5; Esth. 4,8; Esth. 4,14; Esth. 13,14 # 4,17e; Esth. 13,15 # 4,17f; Esth. 14,13 # 4,17s; Esth. 14,13 # 4,17s; Esth. 14,19 # 4,17z; Esth. 15,5 # 5,1b; Esth. 15,6 # 5,1c; Esth. 15,6 # 5,1c; Esth. 15,8 # 5,1e; Esth. 15,8 # 5,1e; Esth. 5,8; Esth. 5,9; Esth. 5,12; Esth. 6,1; Esth. 6,2; Esth. 6,3; Esth. 6,5; Esth. 6,8; Esth. 6,9; Esth. 7,3; Esth. 7,4; Esth. 7,6; Esth. 7,8; Esth. 7,9; Esth. 7,10; Esth. 8,1; Esth. 8,6; Esth. 8,8; Esth. 8,10; Esth. 8,12; Esth. 16,4 # 8,12d; Esth. 16,11 # 8,12l; Esth. 16,15 # 8,12p; Esth. 16,16 # 8,12q; Esth. 16,16 # 8,12q; Esth. 16,17 # 8,12r; Esth. 16,19 # 8,12s; Esth. 8,14; Esth. 9,1; Esth. 9,1; Esth. 9,4; Esth. 9,10; Esth. 9,15; Esth. 9,16; Esth. 9,17; Esth. 9,19; Esth. 9,19; Esth. 9,21; Esth. 10,4 # 10,3a; Esth. 10,10 # 10,3g; Esth. 10,11 # 10,3h; Esth. 10,12 # 10,3i; Esth. 10,13 # 10,3k; Esth. 10,13 # 10,3k; Judith 1,8; Judith 1,9; Judith 1,9; Judith 1,12; Judith 2,1; Judith 2,13; Judith 2,14; Judith 2,24; Judith 3,9; Judith 3,9; Judith 4,2; Judith 4,11; Judith 4,14; Judith 4,14; Judith 5,5; Judith 5,5; Judith 5,5; Judith 5,8; Judith 5,17; Judith 5,18; Judith 6,1; Judith 6,2; Judith 6,5; Judith 6,15; Judith 6,15; Judith 6,16; Judith 6,19; Judith 7,3; Judith 7,8; Judith 7,11; Judith 7,18; Judith 8,5; Judith 8,9; Judith 8,11; Judith 8,11; Judith 8,12; Judith 8,13; Judith 8,16; Judith 8,26; Judith 9,1; Judith 9,2; Judith 9,12; Judith 10,3; Judith 10,15; Judith 10,19; Judith 11,4; Judith 11,7; Judith 11,7; Judith 11,13; Judith 11,13; Judith 11,13; Judith 11,13; Judith 11,17; Judith 11,22; Judith 12,1; Judith 12,8; Judith 12,8; Judith 13,1; Judith 13,3; Judith 13,14; Judith 13,17; Judith 13,20; Judith 14,5; Judith 14,6; Judith 14,6; Judith 14,8; Judith 14,10; Judith 14,11; Judith 14,18; Judith 15,2; Judith 15,9; Judith

O, o

ὁ

15,13; Judith 16,19; Judith 16,23; Judith 16,23; Judith 16,24; Tob. 1,1; Tob. 1,1; Tob. 1,1; Tob. 1,1; Tob. 1,2; Tob. 1,4; Tob. 1,4; Tob. 1,4; Tob. 1,4; Tob. 1,4; Tob. 1,5; Tob. 1,8; Tob. 1,8; Tob. 1,12; Tob. 1,18; Tob. 1,20; Tob. 1,21; Tob. 1,22; Tob. 2,2; Tob. 3,15; Tob. 3,16; Tob. 3,17; Tob. 3,17; Tob. 3,17; Tob. 4,5; Tob. 4,7; Tob. 4,11; Tob. 4,12; Tob. 4,13; Tob. 4,13; Tob. 4,16; Tob. 4,20; Tob. 5,12; Tob. 5,13; Tob. 5,14; Tob. 5,17; Tob. 5,20; Tob. 6,2; Tob. 6,3; Tob. 6,7; Tob. 6,15; Tob. 6,17; Tob. 6,17; Tob. 6,18; Tob. 7,6; Tob. 7,17; Tob. 8,2; Tob. 8,20; Tob. 8,20; Tob. 10,7; Tob. 10,11; Tob. 10,13; Tob. 10,13; Tob. 11,4; Tob. 11,9; Tob. 11,11; Tob. 11,11; Tob. 12,6; Tob. 12,7; Tob. 12,11; Tob. 12,12; Tob. 12,15; Tob. 12,18; Tob. 12,22; Tob. 13,9; Tob. 13,12; Tob. 13,13; Tob. 13,13; Tob. 14,4; Tob. 14,5; Tob. 14,5; Tob. 14,5; Tob. 14,12; Tob. 14,13; 1Mac. 1,10; 1Mac. 1,13; 1Mac. 1,22; 1Mac. 1,42; 1Mac. 1,49; 1Mac. 1,50; 1Mac. 1,52; 1Mac. 1,56; 1Mac. 1,57; 1Mac. 1,59; 1Mac. 2,1; 1Mac. 2,7; 1Mac. 2,15; 1Mac. 2,17; 1Mac. 2,18; 1Mac. 2,18; 1Mac. 2,19; 1Mac. 2,22; 1Mac. 2,23; 1Mac. 2,23; 1Mac. 2,25; 1Mac. 2,31; 1Mac. 2,31; 1Mac. 2,33; 1Mac. 2,34; 1Mac. 2,48; 1Mac. 2,67; 1Mac. 2,67; 1Mac. 2,68; 1Mac. 3,6; 1Mac. 3,7; 1Mac. 3,14; 1Mac. 3,18; 1Mac. 3,19; 1Mac. 3,26; 1Mac. 3,32; 1Mac. 3,32; 1Mac. 3,35; 1Mac. 3,38; 1Mac. 3,39; 1Mac. 3,42; 1Mac. 3,43; 1Mac. 3,43; 1Mac. 3,48; 1Mac. 3,55; 1Mac. 4,3; 1Mac. 4,30; 1Mac. 4,30; 1Mac. 4,30; 1Mac. 4,43; 1Mac. 4,46; 1Mac. 4,48; 1Mac. 4,52; 1Mac. 4,52; 1Mac. 4,57; 1Mac. 4,59; 1Mac. 4,59; 1Mac. 5,18; 1Mac. 5,18; 1Mac. 5,19; 1Mac. 5,37; 1Mac. 5,39; 1Mac. 5,41; 1Mac. 5,42; 1Mac. 5,42; 1Mac. 5,56; 1Mac. 5,56; 1Mac. 5,60; 1Mac. 6,2; 1Mac. 6,21; 1Mac. 6,24; 1Mac. 6,32; 1Mac. 6,40; 1Mac. 6,42; 1Mac. 6,48; 1Mac. 6,56; 1Mac. 6,60; 1Mac. 6,62; 1Mac. 7,1; 1Mac. 7,6; 1Mac. 7,7; 1Mac. 7,8; 1Mac. 7,8; 1Mac. 7,19; 1Mac. 7,33; 1Mac. 7,33; 1Mac. 7,36; 1Mac. 7,41; 1Mac. 7,43; 1Mac. 7,49; 1Mac. 8,4; 1Mac. 8,16; 1Mac. 8,17; 1Mac. 9,3; 1Mac. 9,3; 1Mac. 9,31; 1Mac. 9,34; 1Mac. 9,35; 1Mac. 9,38; 1Mac. 9,42; 1Mac. 9,43; 1Mac. 9,45; 1Mac. 9,55; 1Mac. 10,1; 1Mac. 10,7; 1Mac. 10,23; 1Mac. 10,29; 1Mac. 10,30; 1Mac. 10,30; 1Mac. 10,30; 1Mac. 10,30; 1Mac. 10,30; 1Mac. 10,36; 1Mac. 10,36; 1Mac. 10,37; 1Mac. 10,38; 1Mac. 10,40; 1Mac. 10,41; 1Mac. 10,42; 1Mac. 10,44; 1Mac. 10,44; 1Mac. 10,45; 1Mac. 10,45; 1Mac. 11,2; 1Mac. 11,7; 1Mac. 11,7; 1Mac. 11,7; 1Mac. 11,9; 1Mac. 11,35; 1Mac. 11,39; 1Mac. 11,39; 1Mac. 11,40; 1Mac. 11,51; 1Mac. 11,57; 1Mac. 11,60; 1Mac. 11,67; 1Mac. 11,70; 1Mac. 11,70; 1Mac. 12,7; 1Mac. 12,35; 1Mac. 12,37; 1Mac. 12,37; 1Mac. 13,3; 1Mac. 13,4; 1Mac. 13,7; 1Mac. 13,8; 1Mac. 13,11; 1Mac. 13,14; 1Mac. 13,25; 1Mac. 13,27; 1Mac. 13,31; 1Mac. 13,31; 1Mac. 13,41; 1Mac. 13,51; 1Mac. 14,14; 1Mac. 14,22; 1Mac. 14,26; 1Mac. 14,35; 1Mac. 14,44; 1Mac. 15,1; 1Mac. 15,17; 1Mac. 15,17; 1Mac. 15,32; 1Mac. 15,32; 1Mac. 16,2; 1Mac. 16,3; 1Mac. 16,3; 1Mac. 16,11; 1Mac. 16,12; 1Mac. 16,15; 2Mac. 1,8; 2Mac. 1,9; 2Mac. 1,10; 2Mac. 1,11; 2Mac. 1,15; 2Mac. 1,20; 2Mac. 1,26; 2Mac. 2,2; 2Mac. 2,4; 2Mac. 2,7; 2Mac. 2,8; 2Mac. 2,10; 2Mac. 2,13; 2Mac. 2,18; 2Mac. 2,19; 2Mac. 2,21; 2Mac. 2,22; 2Mac. 2,23; 2Mac. 3,1; 2Mac. 3,6; 2Mac. 3,6; 2Mac. 3,8; 2Mac. 3,9; 2Mac. 3,9; 2Mac. 3,10; 2Mac. 3,11; 2Mac. 3,12; 2Mac. 3,12; 2Mac. 3,16; 2Mac. 3,21; 2Mac. 3,24; 2Mac. 3,28; 2Mac. 3,30; 2Mac. 3,31; 2Mac. 3,32; 2Mac. 3,33; 2Mac. 3,34; 2Mac. 3,36; 2Mac. 3,37; 2Mac. 3,39; 2Mac. 4,3; 2Mac. 4,4; 2Mac. 4,7; 2Mac. 4,10; 2Mac. 4,11; 2Mac. 4,11; 2Mac. 4,14; 2Mac. 4,14; 2Mac. 4,18; 2Mac. 4,19; 2Mac. 4,20; 2Mac. 4,21; 2Mac. 4,21; 2Mac. 4,22; 2Mac. 4,23; 2Mac. 4,28; 2Mac. 4,28; 2Mac. 4,30; 2Mac. 4,34; 2Mac. 4,35; 2Mac. 4,36; 2Mac. 4,36; 2Mac. 4,37; 2Mac. 4,38; 2Mac. 4,38; 2Mac. 4,39; 2Mac. 4,39; 2Mac. 4,41; 2Mac. 4,44; 2Mac. 5,16; 2Mac. 5,18; 2Mac. 5,20; 2Mac. 5,20; 2Mac. 5,22; 2Mac. 5,27; 2Mac. 6,1; 2Mac. 6,7; 2Mac. 6,14; 2Mac. 6,21; 2Mac. 6,22; 2Mac. 6,26; 2Mac. 6,27; 2Mac. 6,30; 2Mac. 7,1; 2Mac. 7,7; 2Mac. 7,9; 2Mac. 7,9; 2Mac. 7,12; 2Mac. 7,14; 2Mac. 7,16; 2Mac. 7,23; 2Mac. 7,24; 2Mac. 7,25; 2Mac. 7,30; 2Mac. 7,30; 2Mac. 7,30; 2Mac. 7,31; 2Mac. 7,35; 2Mac. 7,36; 2Mac. 7,38; 2Mac. 8,5; 2Mac. 8,8; 2Mac. 8,9; 2Mac. 8,11; 2Mac. 8,12; 2Mac. 8,13; 2Mac. 8,14; 2Mac. 8,24; 2Mac. 8,24; 2Mac. 8,35; 2Mac. 8,35; 2Mac. 9,5; 2Mac. 9,8; 2Mac. 9,9; 2Mac. 9,17; 2Mac. 9,18; 2Mac. 10,1; 2Mac. 10,5; 2Mac. 10,5; 2Mac. 10,9; 2Mac. 10,10; 2Mac. 10,13; 2Mac. 10,21; 2Mac. 10,25; 2Mac. 10,34; 2Mac. 11,1; 2Mac. 11,4; 2Mac. 11,10; 2Mac. 11,13; 2Mac. 11,22; 2Mac. 11,23; 2Mac. 11,24; 2Mac. 11,27; 2Mac. 11,35; 2Mac. 12,2; 2Mac. 12,11; 2Mac. 12,15; 2Mac. 12,16; 2Mac. 12,22; 2Mac. 12,35; 2Mac. 12,35; 2Mac. 12,36; 2Mac. 12,41; 2Mac. 12,41; 2Mac. 13,4; 2Mac. 13,9; 2Mac. 13,10; 2Mac. 13,13; 2Mac. 13,13; 2Mac. 13,14; 2Mac. 13,17; 2Mac. 13,26; 2Mac. 14,1; 2Mac. 14,1; 2Mac. 14,5; 2Mac. 14,15; 2Mac. 14,16; 2Mac. 14,20; 2Mac. 14,27; 2Mac. 14,31; 2Mac. 14,33; 2Mac. 14,38; 2Mac. 14,43; 2Mac. 15,2; 2Mac. 15,7; 2Mac. 15,8; 2Mac. 15,9; 2Mac. 15,14; 2Mac. 15,14; 2Mac. 15,16; 2Mac. 15,18; 2Mac. 15,22; 2Mac. 15,27; 2Mac. 15,30; 2Mac. 15,32; 2Mac. 15,32; 2Mac. 15,32; 2Mac. 15,33; 2Mac. 15,33; 2Mac. 15,35; 2Mac. 15,35; 2Mac. 15,36; 2Mac. 15,39; 3Mac. 1,2; 3Mac. 1,12; 3Mac. 1,16; 3Mac. 1,23; 3Mac. 1,29; 3Mac. 2,1; 3Mac. 2,10; 3Mac. 2,15; 3Mac. 2,18; 3Mac. 2,26; 3Mac. 2,27; 3Mac. 3,11; 3Mac. 3,28; 3Mac. 4,4; 3Mac. 4,11; 3Mac. 4,17; 3Mac. 4,21; 3Mac. 5,2; 3Mac. 5,8; 3Mac. 5,10; 3Mac. 5,10; 3Mac. 5,11; 3Mac. 5,12; 3Mac. 5,12; 3Mac. 5,19; 3Mac. 5,21; 3Mac. 5,25; 3Mac. 5,26; 3Mac. 5,26; 3Mac. 5,27; 3Mac. 5,28; 3Mac. 5,35; 3Mac. 5,46; 3Mac. 6,20; 3Mac. 6,22; 3Mac. 6,28; 3Mac. 6,31; 3Mac. 6,38; 3Mac. 6,38; 3Mac. 6,38; 3Mac. 6,40; 3Mac. 7,2; 3Mac. 7,7; 3Mac. 7,10; 3Mac. 7,11; 3Mac. 7,12; 3Mac. 7,16; 3Mac. 7,17; 3Mac. 7,18; 3Mac. 7,20; 3Mac. 7,22; 4Mac. 1,17; 4Mac. 1,23; 4Mac. 1,34; 4Mac. 1,35; 4Mac. 1,35; 4Mac. 2,5; 4Mac. 2,9; 4Mac. 2,20; 4Mac. 3,6; 4Mac. 3,12; 4Mac. 3,12; 4Mac. 3,18; 4Mac. 3,19; 4Mac. 4,3; 4Mac. 4,5; 4Mac. 4,6; 4Mac. 4,9; 4Mac. 4,10; 4Mac. 4,12; 4Mac. 4,15; 4Mac. 4,26; 4Mac. 5,14; 4Mac. 5,25; 4Mac. 6,1; 4Mac. 6,4; 4Mac. 6,13; 4Mac. 6,21; 4Mac. 6,23; 4Mac. 6,30; 4Mac. 6,32; 4Mac. 6,33; 4Mac. 6,34; 4Mac. 7,1; 4Mac. 7,2; 4Mac. 7,14; 4Mac. 8,3; 4Mac. 8,12; 4Mac. 8,23; 4Mac. 8,23; 4Mac. 9,2; 4Mac. 9,4; 4Mac. 9,26; 4Mac. 10,5; 4Mac. 10,15; 4Mac. 10,20; 4Mac. 11,13; 4Mac. 12,6; 4Mac. 12,9; 4Mac. 12,11; 4Mac. 13,9; 4Mac. 13,15; 4Mac. 13,16; 4Mac. 15,2; 4Mac. 15,29; 4Mac. 15,29; 4Mac. 16,16; 4Mac. 16,18; 4Mac. 16,18; 4Mac. 16,24; 4Mac. 17,2; 4Mac. 17,6; 4Mac. 17,22; 4Mac. 18,23; Psa. 2,2; Psa. 2,2; Psa. 3,1; Psa. 3,9; Psa. 6,9; Psa. 7,11; Psa. 7,11; Psa. 7,18; Psa. 8,9; Psa. 9,1; Psa. 9,6; Psa. 9,7; Psa. 9,14; Psa. 9,18; Psa. 9,36; Psa. 9,37; Psa. 11,6; Psa. 12,6; Psa. 13,2; Psa. 13,7; Psa. 13,7; Psa. 16,1; Psa. 17,22; Psa. 17,32; Psa. 17,32; Psa. 17,51; Psa. 18,7; Psa. 18,7; Psa. 18,8; Psa. 18,14; Psa. 19,2; Psa. 20,8; Psa. 21,25; Psa. 21,29; Psa. 23,3; Psa. 23,6; Psa. 24,6; Psa. 26,4; Psa. 26,9; Psa. 27,8; Psa. 27,8; Psa. 27,9; Psa. 28,5; Psa. 29,1; Psa. 29,1; Psa. 30,19; Psa. 31,10; Psa. 32,4; Psa. 32,6; Psa. 32,11; Psa. 34,27; Psa. 35,9; Psa. 36,4; Psa. 36,20; Psa. 36,31; Psa. 36,35; Psa. 40,14; Psa. 41,3; Psa. 41,5; Psa. 41,5; Psa. 42,4; Psa. 43,21; Psa. 44,1; Psa. 44,6; Psa. 44,7; Psa. 44,11; Psa. 44,11; Psa. 44,11; Psa. 44,13; Psa. 44,18; Psa. 45,5; Psa. 45,5; Psa. 46,10; Psa. 46,10; Psa. 47,2; Psa. 47,3; Psa. 47,3; Psa. 47,3; Psa. 47,9; Psa. 47,10; Psa. 47,15; Psa. 48,7; Psa. 48,17; Psa. 49,9; Psa. 49,10; Psa. 49,11; Psa. 49,20; Psa. 49,20; Psa. 49,22; Psa. 49,23; Psa. 51,9; Psa. 51,10; Psa. 51,10; Psa. 51,10; Psa. 52,3; Psa. 52,7; Psa. 52,7; Psa. 54,15; Psa. 55,1; Psa. 55,1; Psa. 55,8; Psa. 55,14; Psa. 57,5; Psa. 57,11; Psa. 58,12; Psa. 58,14; Psa. 60,8; Psa. 60,9; Psa. 61,13;

ὁ

Psa. 63,10; Psa. 64,1; Psa. 64,5; Psa. 64,10; Psa. 64,12; Psa. 65,5; Psa. 65,7; Psa. 65,9; Psa. 67,3; Psa. 67,4; Psa. 67,6; Psa. 67,8; Psa. 67,9; Psa. 67,9; Psa. 67,13; Psa. 67,13; Psa. 67,16; Psa. 67,18; Psa. 67,21; Psa. 67,21; Psa. 67,25; Psa. 67,25; Psa. 67,25; Psa. 67,30; Psa. 67,31; Psa. 67,34; Psa. 68,7; Psa. 68,10; Psa. 68,18; Psa. 68,31; Psa. 70,22; Psa. 71,1; Psa. 71,4; Psa. 71,17; Psa. 71,19; Psa. 71,20; Psa. 72,17; Psa. 73,8; Psa. 73,11; Psa. 73,14; Psa. 74,6; Psa. 74,11; Psa. 75,6; Psa. 75,9; Psa. 76,4; Psa. 76,11; Psa. 77,4; Psa. 77,7; Psa. 77,8; Psa. 77,10; Psa. 77,19; Psa. 77,31; Psa. 77,31; Psa. 77,41; Psa. 77,55; Psa. 78,2; Psa. 78,10; Psa. 78,11; Psa. 79,1; Psa. 79,5; Psa. 79,11; Psa. 82,13; Psa. 82,18; Psa. 83,3; Psa. 83,7; Psa. 83,10; Psa. 83,11; Psa. 84,12; Psa. 85,4; Psa. 86,3; Psa. 88,5; Psa. 88,15; Psa. 88,19; Psa. 88,19; Psa. 88,20; Psa. 88,30; Psa. 88,30; Psa. 88,40; Psa. 88,46; Psa. 88,51; Psa. 88,52; Psa. 89,1; Psa. 89,1; Psa. 89,2; Psa. 89,2; Psa. 89,11; Psa. 89,17; Psa. 90,1; Psa. 90,1; Psa. 90,1; Psa. 91,8; Psa. 91,14; Psa. 92,2; Psa. 93,7; Psa. 93,12; Psa. 94,6; Psa. 94,8; Psa. 95,12; Psa. 96,2; Psa. 97,3; Psa. 97,6; Psa. 100,2; Psa. 100,4; Psa. 100,5; Psa. 101,6; Psa. 101,11; Psa. 102,11; Psa. 102,15; Psa. 102,17; Psa. 102,17; Psa. 102,17; Psa. 103,5; Psa. 103,11; Psa. 103,12; Psa. 103,16; Psa. 103,17; Psa. 103,20; Psa. 103,21; Psa. 104,9; Psa. 104,21; Psa. 104,42; Psa. 104,42; Psa. 104,42; Psa. 105,2; Psa. 105,4; Psa. 105,21; Psa. 105,21; Psa. 105,21; Psa. 105,31; Psa. 105,48; Psa. 105,48; Psa. 106,11; Psa. 106,11; Psa. 106,18; Psa. 106,43; Psa. 110,3; Psa. 110,8; Psa. 110,10; Psa. 111,3; Psa. 111,9; Psa. 112,2; Psa. 113,7; Psa. 113,8; Psa. 113,24; Psa. 113,26; Psa. 115,9; Psa. 116,2; Psa. 117,20; Psa. 118,18; Psa. 118,44; Psa. 118,51; Psa. 118,61; Psa. 118,65; Psa. 118,84; Psa. 118,109; Psa. 118,115; Psa. 118,120; Psa. 118,124; Psa. 118,139; Psa. 118,150; Psa. 119,4; Psa. 120,2; Psa. 120,8; Psa. 121,9; Psa. 121,9; Psa. 123,8; Psa. 124,2; Psa. 124,2; Psa. 126,3; Psa. 129,5; Psa. 130,3; Psa. 131,1; Psa. 131,6; Psa. 131,10; Psa. 131,10; Psa. 131,12; Psa. 131,12; Psa. 132,3; Psa. 135,26; Psa. 139,13; Psa. 142,2; Psa. 144,1; Psa. 144,2; Psa. 144,21; Psa. 146,2; Psa. 146,10; Psa. 146,10; Psa. 147,5; Psa. 148,6; Psa. 149,6; Psa. 151,1; Psa. 151,1; Psa. 151,1; Psa. 151,4; Ode. 1,2; Ode. 1,8; Ode. 2,18; Ode. 2,22; Ode. 2,43; Ode. 2,43; Ode. 6,8; Ode. 7,36; Ode. 7,42; Ode. 8,56; Ode. 8,63; Ode. 8,80; Ode. 9,68; Ode. 9,69; Ode. 10,1; Ode. 10,3; Ode. 10,3; Ode. 10,7; Ode. 10,8; Ode. 11,11; Ode. 11,14; Ode. 11,20; Ode. 11,20; Ode. 12,1; Ode. 12,9; Ode. 14,17; Ode. 14,18; Ode. 14,19; Ode. 14,21; Ode. 14,23; Ode. 14,31; Prov. 1,29; Prov. 5,21; Prov. 7,6; Prov. 7,27; Prov. 8,23; Prov. 9,12b; Prov. 9,14; Prov. 11,26; Prov. 13,12; Prov. 15,24; Prov. 15,29b; Prov. 16,2; Prov. 16,9; Prov. 17,6a; Prov. 17,6a; Prov. 17,13; Prov. 17,24; Prov. 18,9; Prov. 19,4; Prov. 19,21; Prov. 23,5; Prov. 23,22; Prov. 25,1; Prov. 25,18; Prov. 26,9; Prov. 26,14; Prov. 26,16; Prov. 27,10; Prov. 27,15; Prov. 27,15; Prov. 28,23; Prov. 29,5; Prov. 30,9; Prov. 31,11; Eccl. 1,13; Eccl. 2,3; Eccl. 2,8; Eccl. 2,14; Eccl. 2,15; Eccl. 2,16; Eccl. 2,16; Eccl. 2,16; Eccl. 2,24; Eccl. 2,26; Eccl. 3,9; Eccl. 3,10; Eccl. 3,16; Eccl. 3,18; Eccl. 3,19; Eccl. 3,20; Eccl. 3,21; Eccl. 4,4; Eccl. 4,15; Eccl. 4,15; Eccl. 4,17; Eccl. 5,1; Eccl. 5,5; Eccl. 5,8; Eccl. 5,11; Eccl. 6,7; Eccl. 6,10; Eccl. 7,1; Eccl. 7,2; Eccl. 7,13; Eccl. 7,21; Eccl. 7,26; Eccl. 8,6; Eccl. 8,8; Eccl. 8,11; Eccl. 8,13; Eccl. 8,17; Eccl. 9,1; Eccl. 9,3; Eccl. 9,12; Eccl. 9,15; Eccl. 9,15; Eccl. 9,16; Eccl. 10,4; Eccl. 10,5; Eccl. 10,10; Eccl. 10,20; Eccl. 11,5; Eccl. 12,1; Eccl. 12,2; Song 2,3; Song 2,4; Song 2,7; Song 2,9; Song 2,12; Song 3,5; Song 3,7; Song 3,9; Song 4,1; Song 4,6; Song 4,14; Song 4,15; Song 5,8; Song 6,5; Song 6,11; Song 7,5; Song 8,2; Song 8,4; Job 1,5; Job 1,6; Job 1,6; Job 1,8; Job 1,9; Job 1,12; Job 1,13; Job 1,13; Job 1,16; Job 1,22; Job 2,1; Job 2,1; Job 2,2; Job 2,7; Job 2,10; Job 3,21; Job 4,19; Job 5,25; Job 8,13; Job 10,20; Job 14,14; Job 14,18; Job 15,4; Job 15,10; Job 15,25; Job 20,13; Job 20,29; Job 22,13; Job 27,21; Job 27,23; Job 28,21; Job 29,4; Job 30,18; Job 31,22; Job 31,28; Job 32,2; Job 32,6; Job 33,6; Job 34,37; Job 36,10; Job 37,1; Job 37,3; Job 39,18; Job 40,9; Job 41,8; Job 42,8; Job 42,17d; Wis. 1,1; Wis. 1,14; Wis. 3,10; Wis. 3,10; Wis. 3,14; Wis. 6,4; Wis. 7,25; Wis. 7,25; Wis. 7,26; Wis. 8,4; Wis. 11,13; Wis. 14,6; Wis. 14,17; Wis. 14,18; Wis. 14,22; Wis. 15,7; Wis. 15,8; Wis. 15,14; Wis. 15,19; Wis. 16,21; Wis. 19,17; Wis. 19,18; Sir. 1,1 Prol.; Sir. 1,8 Prol.; Sir. 1,27 Prol.; Sir. 1,32 Prol.; Sir. 1,8; Sir. 1,22; Sir. 2,16; Sir. 3,1; Sir. 3,20; Sir. 4,1; Sir. 9,1; Sir. 10,2; Sir. 10,12; Sir. 10,24; Sir. 11,18; Sir. 11,29; Sir. 12,2; Sir. 12,4; Sir. 12,7; Sir. 14,6; Sir. 14,24; Sir. 15,1; Sir. 15,18; Sir. 16,18; Sir. 17,14; Sir. 17,29; Sir. 18,6; Sir. 21,11; Sir. 22,11; Sir. 22,23; Sir. 23,9; Sir. 23,11; Sir. 23,14; Sir. 24,9; Sir. 27,18; Sir. 27,29; Sir. 28,10; Sir. 29,5; Sir. 29,20; Sir. 31,15; Sir. 33,13; Sir. 33,14; Sir. 33,15; Sir. 34,20; Sir. 35,23; Sir. 36,16; Sir. 37,10; Sir. 37,25; Sir. 38,15; Sir. 39,1; Sir. 39,9; Sir. 39,20; Sir. 39,28; Sir. 42,21; Sir. 42,24; Sir. 43,18; Sir. 45,16; Sir. 45,23; Sir. 46,12; Sir. 47,4; Sir. 47,18; Sir. 47,18; Sir. 47,22; Sir. 48,22; Sir. 48,25; Sir. 49,4; Sir. 49,10; Sir. 49,13; Sir. 50,4; Sir. 50,23; Sol. 2,3; Sol. 2,5; Sol. 2,11; Sol. 2,12; Sol. 2,25; Sol. 2,32; Sol. 3,3; Sol. 3,11; Sol. 4,0; Sol. 4,1; Sol. 4,8; Sol. 4,19; Sol. 5,2; Sol. 6,4; Sol. 6,5; Sol. 8,7; Sol. 8,8; Sol. 8,8; Sol. 8,10; Sol. 8,11; Sol. 8,22; Sol. 8,23; Sol. 9,1; Sol. 9,2; Sol. 9,2; Sol. 9,11; Sol. 10,8; Sol. 11,3; Sol. 11,9; Sol. 12,6; Sol. 13,6; Sol. 14,3; Sol. 14,4; Sol. 14,5; Sol. 14,7; Sol. 15,1; Sol. 15,6; Sol. 15,13; Sol. 17,3; Sol. 17,3; Sol. 17,13; Sol. 17,34; Sol. 17,42; Sol. 18,0; Hos. 1,1; Hos. 1,2; Hos. 1,4; Hos. 1,5; Hos. 1,5; Hos. 1,6; Hos. 2,2; Hos. 2,14; Hos. 2,14; Hos. 2,20; Hos. 2,20; Hos. 4,3; Hos. 4,3; Hos. 4,12; Hos. 5,1; Hos. 5,5; Hos. 5,9; Hos. 6,10; Hos. 6,11; Hos. 7,12; Hos. 8,1; Hos. 8,14; Hos. 9,1; Hos. 9,3; Hos. 9,5; Hos. 9,9; Hos. 9,15; Hos. 10,5; Hos. 10,8; Hos. 10,11; Hos. 10,14; Hos. 10,15; Hos. 11,9; Hos. 13,4; Hos. 14,10; Amos 1,1; Amos 1,1; Amos 1,2; Amos 1,6; Amos 1,9; Amos 2,7; Amos 2,8; Amos 3,4; Amos 3,12; Amos 3,14; Amos 4,7; Amos 5,2; Amos 5,5; Amos 5,15; Amos 5,18; Amos 5,19; Amos 5,20; Amos 5,26; Amos 5,26; Amos 6,1; Amos 6,10; Amos 6,14; Amos 6,14; Amos 7,9; Amos 7,9; Amos 8,3; Amos 8,14; Amos 9,3; Amos 9,8; Amos 9,9; Amos 9,11; Mic. 1,1; Mic. 1,3; Mic. 1,5; Mic. 1,13; Mic. 1,14; Mic. 2,11; Mic. 2,12; Mic. 3,3; Mic. 3,12; Mic. 4,1; Mic. 4,2; Mic. 4,14; Mic. 5,1; Mic. 5,3; Mic. 5,5; Mic. 5,5; Mic. 5,6; Mic. 5,7; Mic. 6,2; Mic. 6,2; Mic. 6,5; Mic. 6,5; Mic. 6,5; Mic. 7,12; Mic. 7,14; Mic. 7,14; Joel 1,1; Joel 1,4; Joel 1,12; Joel 1,19; Joel 2,2; Joel 2,8; Joel 2,11; Joel 2,16; Joel 2,16; Joel 2,17; Joel 2,18; Joel 2,26; Joel 2,27; Joel 4,2; Joel 4,7; Joel 4,16; Obad. 20; Jonah 1,1; Jonah 1,9; Jonah 1,14; Jonah 1,15; Jonah 2,8; Jonah 3,6; Jonah 3,7; Jonah 4,6; Nah. 1,1; Nah. 1,4; Nah. 1,11; Nah. 2,3; Nah. 2,10; Nah. 3,16; Hab. 2,17; Hab. 3,1; Zeph. 1,1; Zeph. 1,1; Zeph. 1,1; Zeph. 1,3; Zeph. 1,4; Zeph. 1,5; Zeph. 1,5; Zeph. 1,5; Zeph. 1,6; Zeph. 1,6; Zeph. 1,7; Zeph. 1,7; Zeph. 1,8; Zeph. 1,9; Zeph. 2,11; Zeph. 3,13; Hag. 1,1; Hag. 1,1; Hag. 1,1; Hag. 1,1; Hag. 1,1; Hag. 1,3; Hag. 1,12; Hag. 1,12; Hag. 1,12; Hag. 1,12; Hag. 1,12; Hag. 1,14; Hag. 1,14; Hag. 1,14; Hag. 1,14; Hag. 1,14; Hag. 1,15; Hag. 1,15; Hag. 1,15; Hag. 2,1; Hag. 2,1; Hag. 2,2; Hag. 2,2; Hag. 2,2; Hag. 2,4; Hag. 2,9; Hag. 2,10; Hag. 2,18; Hag. 2,20; Hag. 2,21; Hag. 2,23; Zech. 1,1; Zech. 1,7; Zech. 2,10; Zech. 2,12; Zech. 3,3; Zech. 5,4; Zech. 5,4; Zech. 5,4; Zech. 5,8; Zech. 5,9; Zech. 6,5; Zech. 6,10; Zech. 6,10; Zech. 6,11; Zech. 6,11; Zech. 6,11; Zech. 6,13; Zech. 6,15; Zech. 7,1; Zech. 7,1; Zech. 7,1; Zech. 7,10; Zech. 7,12; Zech. 8,6; Zech. 8,11; Zech. 8,12; Zech. 8,17; Zech. 9,1; Zech. 10,7; Zech. 11,3; Zech. 11,6; Zech. 11,9; Zech. 11,14; Zech. 12,13; Zech. 14,1; Zech. 14,2; Zech. 14,5; Zech. 14,10; Zech. 14,10; Zech. 14,10; Zech. 14,13; Zech. 14,13; Zech. 14,20; Mal. 1,2; Mal. 1,5; Mal. 1,9; Mal. 2,8; Mal. 2,16; Mal. 3,4; Mal. 3,10; Mal. 3,18; Mal. 3,18;

O, o

Mal. 3,24; Is. 1,3; Is. 1,4; Is. 2,2; Is. 2,3; Is. 2,5; Is. 2,6; Is. 2,10; Is. 2,13; Is. 2,19; Is. 2,21; Is. 3,6; Is. 3,6; Is. 3,6; Is. 3,7; Is. 3,14; Is. 3,14; Is. 3,18; Is. 3,20; Is. 3,24; Is. 3,24; Is. 3,24; Is. 3,26; Is. 4,2; Is. 5,1; Is. 5,3; Is. 5,3; Is. 5,7; Is. 5,7; Is. 5,8; Is. 5,19; Is. 5,23; Is. 5,24; Is. 6,1; Is. 6,10; Is. 7,1; Is. 7,1; Is. 7,2; Is. 7,3; Is. 7,3; Is. 7,4; Is. 7,5; Is. 7,5; Is. 7,9; Is. 7,17; Is. 7,20; Is. 8,6; Is. 8,7; Is. 8,11; Is. 8,17; Is. 8,23; Is. 9,2; Is. 9,3; Is. 9,5; Is. 9,8; Is. 9,17; Is. 9,19; Is. 9,20; Is. 9,20; Is. 10,2; Is. 10,5; Is. 10,15; Is. 10,15; Is. 10,17; Is. 10,20; Is. 10,20; Is. 10,21; Is. 10,27; Is. 11,2; Is. 11,10; Is. 11,11; Is. 11,12; Is. 12,6; Is. 13,5; Is. 13,6; Is. 13,10; Is. 13,10; Is. 13,10; Is. 14,2; Is. 14,3; Is. 14,8; Is. 14,8; Is. 14,12; Is. 14,13; Is. 14,21; Is. 14,29; Is. 14,32; Is. 15,8; Is. 17,7; Is. 17,10; Is. 18,5; Is. 18,6; Is. 18,6; Is. 19,6; Is. 19,7; Is. 19,7; Is. 19,11; Is. 21,10; Is. 22,18; Is. 22,20; Is. 22,23; Is. 22,23; Is. 22,24; Is. 24,11; Is. 24,18; Is. 24,18; Is. 24,21; Is. 25,8; Is. 25,12; Is. 26,4; Is. 27,6; Is. 27,12; Is. 28,3; Is. 28,13; Is. 28,14; Is. 28,14; Is. 28,15; Is. 28,15; Is. 28,18; Is. 29,16; Is. 29,23; Is. 30,9; Is. 30,11; Is. 30,12; Is. 30,15; Is. 30,26; Is. 30,26; Is. 30,26; Is. 30,27; Is. 30,28; Is. 30,29; Is. 30,29; Is. 30,30; Is. 31,1; Is. 31,4; Is. 32,13; Is. 32,14; Is. 32,17; Is. 33,3; Is. 33,3; Is. 35,2; Is. 35,2; Is. 35,2; Is. 35,2; Is. 36,2; Is. 36,2; Is. 36,3; Is. 36,3; Is. 36,13; Is. 36,13; Is. 36,16; Is. 36,22; Is. 36,22; Is. 37,5; Is. 37,23; Is. 37,24; Is. 37,24; Is. 38,1; Is. 38,5; Is. 38,8; Is. 38,8; Is. 38,11; Is. 38,14; Is. 38,20; Is. 38,20; Is. 38,22; Is. 39,1; Is. 39,2; Is. 39,7; Is. 40,3; Is. 40,5; Is. 40,8; Is. 40,27; Is. 41,20; Is. 42,19; Is. 42,24; Is. 43,20; Is. 44,6; Is. 44,14; Is. 45,4; Is. 45,4; Is. 45,13; Is. 45,15; Is. 45,17; Is. 46,3; Is. 46,3; Is. 46,7; Is. 46,9; Is. 47,6; Is. 47,13; Is. 48,2; Is. 49,4; Is. 49,6; Is. 49,13; Is. 50,10; Is. 51,1; Is. 51,9; Is. 51,13; Is. 51,13; Is. 51,13; Is. 51,17; Is. 51,17; Is. 51,20; Is. 51,22; Is. 52,2; Is. 52,10; Is. 53,7; Is. 53,8; Is. 53,9; Is. 53,11; Is. 55,5; Is. 55,5; Is. 55,10; Is. 55,12; Is. 56,3; Is. 56,9; Is. 57,14; Is. 58,8; Is. 58,14; Is. 59,2; Is. 59,13; Is. 60,9; Is. 60,13; Is. 62,8; Is. 63,9; Is. 63,15; Is. 63,15; Is. 63,15; Is. 64,3; Is. 65,5; Is. 65,8; Is. 65,22; Jer. 1,1; Jer. 1,1; Jer. 1,2; Jer. 2,8; Jer. 3,6; Jer. 3,6; Jer. 3,8; Jer. 3,12; Jer. 3,18; Jer. 3,23; Jer. 3,25; Jer. 3,25; Jer. 4,7; Jer. 4,9; Jer. 4,11; Jer. 4,22; Jer. 4,25; Jer. 4,31; Jer. 5,6; Jer. 5,8; Jer. 5,10; Jer. 6,9; Jer. 6,14; Jer. 7,5; Jer. 7,16; Jer. 7,18; Jer. 7,20; Jer. 7,31; Jer. 7,32; Jer. 7,33; Jer. 7,33; Jer. 8,2; Jer. 8,6; Jer. 9,3; Jer. 9,4; Jer. 9,9; Jer. 10,2; Jer. 10,3; Jer. 10,11; Jer. 10,23; Jer. 11,14; Jer. 12,4; Jer. 12,5; Jer. 12,6; Jer. 12,9; Jer. 12,12; Jer. 12,16; Jer. 12,16; Jer. 13,7; Jer. 13,11; Jer. 13,11; Jer. 14,11; Jer. 14,16; Jer. 15,3; Jer. 15,14; Jer. 16,4; Jer. 16,5; Jer. 16,9; Jer. 16,10; Jer. 18,2; Jer. 18,3; Jer. 18,6; Jer. 18,14; Jer. 19,1; Jer. 19,7; Jer. 19,9; Jer. 19,13; Jer. 20,1; Jer. 20,2; Jer. 20,3; Jer. 20,5; Jer. 21,7; Jer. 21,7; Jer. 21,8; Jer. 22,1; Jer. 22,4; Jer. 22,6; Jer. 22,6; Jer. 22,11; Jer. 22,11; Jer. 23,3; Jer. 23,27; Jer. 23,30; Jer. 24,5; Jer. 25,1; Jer. 25,16; Jer. 25,17; Jer. 25,20; Jer. 27,29; Jer. 27,44; Jer. 28,7; Jer. 28,14; Jer. 28,50; Jer. 28,63; Jer. 29,6; Jer. 30,13; Jer. 31,21; Jer. 31,44; Jer. 31,44; Jer. 32,15; Jer. 32,15; Jer. 32,30; Jer. 33,7; Jer. 33,10; Jer. 33,16; Jer. 33,17; Jer. 33,18; Jer. 33,24; Jer. 34,6; Jer. 35,1; Jer. 35,2; Jer. 35,5; Jer. 35,7; Jer. 35,8; Jer. 35,9; Jer. 35,10; Jer. 35,10; Jer. 35,11; Jer. 35,12; Jer. 36,2; Jer. 36,26; Jer. 37,8; Jer. 38,7; Jer. 38,30; Jer. 38,40; Jer. 39,2; Jer. 39,24; Jer. 41,15; Jer. 41,20; Jer. 42,4; Jer. 42,4; Jer. 42,4; Jer. 42,4; Jer. 42,8; Jer. 42,16; Jer. 42,18; Jer. 43,6; Jer. 43,10; Jer. 43,10; Jer. 43,10; Jer. 43,12; Jer. 43,12; Jer. 43,13; Jer. 43,13; Jer. 43,14; Jer. 43,21; Jer. 43,23; Jer. 43,26; Jer. 44,1; Jer. 44,12; Jer. 44,15; Jer. 44,16; Jer. 44,20; Jer. 45,4; Jer. 45,6; Jer. 45,7; Jer. 45,9; Jer. 45,10; Jer. 45,11; Jer. 45,13; Jer. 45,26; Jer. 46,1; Jer. 46,2; Jer. 46,2; Jer. 46,14; Jer. 47,5; Jer. 47,6; Jer. 47,6; Jer. 47,8; Jer. 47,8; Jer. 48,1; Jer. 48,10; Jer. 48,16; Jer. 49,6; Jer. 49,6; Jer. 50,6; Jer. 51,17; Jer. 51,18; Jer. 51,19; Jer. 51,25; Jer. 52,4; Jer. 52,6; Jer. 52,7; Jer. 52,8; Jer. 52,12; Jer. 52,12; Jer. 52,13; Jer. 52,14; Jer. 52,16; Jer. 52,20; Jer. 52,21; Jer. 52,21; Jer. 52,22; Jer. 52,25; Jer. 52,25; Jer. 52,31; Jer. 52,31; Jer. 52,34; Bar. 1,2; Bar. 1,3; Bar. 1,4; Bar. 1,8; Bar. 1,11; Bar. 1,21; Bar. 2,2; Bar. 2,16; Bar. 2,16; Bar. 2,24; Bar. 3,13; Bar. 3,17; Bar. 3,24; Bar. 4,1; Bar. 4,9; Bar. 4,22; Bar. 4,22; Bar. 4,24; Bar. 4,24; Bar. 4,25; Bar. 4,27; Bar. 4,28; Bar. 4,35; Bar. 4,36; Bar. 4,37; Bar. 4,37; Bar. 5,1; Bar. 5,2; Bar. 5,2; Bar. 5,4; Bar. 5,5; Bar. 5,5; Bar. 5,5; Bar. 5,7; Bar. 5,8; Lam. 2,11; Lam. 3,48; Lam. 3,66; LetterJ 0; LetterJ 0; LetterJ 1; LetterJ 20; LetterJ 20; LetterJ 32; LetterJ 53; LetterJ 61; Ezek. 1,1; Ezek. 1,1; Ezek. 1,1; Ezek. 1,2; Ezek. 1,2; Ezek. 1,3; Ezek. 1,3; Ezek. 1,26; Ezek. 2,3; Ezek. 2,8; Ezek. 3,4; Ezek. 3,5; Ezek. 3,7; Ezek. 3,11; Ezek. 3,12; Ezek. 3,13; Ezek. 3,15; Ezek. 3,15; Ezek. 3,23; Ezek. 3,23; Ezek. 3,24; Ezek. 4,4; Ezek. 4,5; Ezek. 4,6; Ezek. 4,8; Ezek. 4,13; Ezek. 4,14; Ezek. 5,2; Ezek. 5,16; Ezek. 7,2; Ezek. 7,27; Ezek. 8,1; Ezek. 8,3; Ezek. 8,3; Ezek. 8,11; Ezek. 8,12; Ezek. 8,16; Ezek. 8,16; Ezek. 9,3; Ezek. 9,3; Ezek. 9,8; Ezek. 9,9; Ezek. 10,3; Ezek. 10,4; Ezek. 10,7; Ezek. 10,15; Ezek. 10,15; Ezek. 10,18; Ezek. 10,20; Ezek. 10,20; Ezek. 10,22; Ezek. 10,22; Ezek. 11,1; Ezek. 11,1; Ezek. 11,1; Ezek. 11,1; Ezek. 11,10; Ezek. 11,11; Ezek. 11,13; Ezek. 11,13; Ezek. 11,15; Ezek. 11,15; Ezek. 11,17; Ezek. 11,25; Ezek. 12,3; Ezek. 12,9; Ezek. 12,12; Ezek. 12,19; Ezek. 12,22; Ezek. 12,23; Ezek. 13,2; Ezek. 13,5; Ezek. 13,9; Ezek. 13,9; Ezek. 13,16; Ezek. 13,17; Ezek. 13,18; Ezek. 14,1; Ezek. 14,4; Ezek. 14,5; Ezek. 14,6; Ezek. 14,7; Ezek. 14,8; Ezek. 14,9; Ezek. 14,10; Ezek. 14,11; Ezek. 15,2; Ezek. 15,6; Ezek. 16,7; Ezek. 16,32; Ezek. 17,2; Ezek. 17,23; Ezek. 18,4; Ezek. 18,4; Ezek. 18,6; Ezek. 18,8; Ezek. 18,11; Ezek. 18,11; Ezek. 18,11; Ezek. 18,14; Ezek. 18,15; Ezek. 18,18; Ezek. 18,19; Ezek. 18,20; Ezek. 18,20; Ezek. 18,23; Ezek. 18,29; Ezek. 18,32; Ezek. 19,1; Ezek. 19,9; Ezek. 20,1; Ezek. 20,3; Ezek. 20,13; Ezek. 20,27; Ezek. 20,30; Ezek. 20,31; Ezek. 20,38; Ezek. 20,42; Ezek. 21,7; Ezek. 21,8; Ezek. 21,8; Ezek. 21,9; Ezek. 21,10; Ezek. 21,17; Ezek. 21,30; Ezek. 22,11; Ezek. 22,11; Ezek. 22,26; Ezek. 23,14; Ezek. 23,39; Ezek. 24,1; Ezek. 24,21; Ezek. 25,3; Ezek. 25,3; Ezek. 25,5; Ezek. 25,6; Ezek. 26,1; Ezek. 26,7; Ezek. 27,5; Ezek. 27,16; Ezek. 27,17; Ezek. 27,26; Ezek. 27,33; Ezek. 28,3; Ezek. 28,13; Ezek. 28,13; Ezek. 28,16; Ezek. 28,24; Ezek. 29,1; Ezek. 29,4; Ezek. 29,4; Ezek. 29,4; Ezek. 29,5; Ezek. 29,5; Ezek. 29,17; Ezek. 29,17; Ezek. 30,3; Ezek. 30,11; Ezek. 30,20; Ezek. 31,1; Ezek. 31,6; Ezek. 31,8; Ezek. 31,8; Ezek. 31,9; Ezek. 31,9; Ezek. 31,13; Ezek. 31,13; Ezek. 31,16; Ezek. 32,1; Ezek. 32,4; Ezek. 32,17; Ezek. 32,17; Ezek. 32,30; Ezek. 33,2; Ezek. 33,6; Ezek. 33,11; Ezek. 33,12; Ezek. 33,17; Ezek. 33,17; Ezek. 33,21; Ezek. 33,24; Ezek. 33,27; Ezek. 33,28; Ezek. 33,30; Ezek. 34,2; Ezek. 34,5; Ezek. 36,1; Ezek. 36,6; Ezek. 36,30; Ezek. 37,12; Ezek. 37,18; Ezek. 37,21; Ezek. 38,2; Ezek. 38,6; Ezek. 38,15; Ezek. 38,17; Ezek. 38,18; Ezek. 38,20; Ezek. 39,2; Ezek. 39,2; Ezek. 39,11; Ezek. 39,15; Ezek. 40,1; Ezek. 40,2; Ezek. 40,4; Ezek. 40,5; Ezek. 40,5; Ezek. 40,7; Ezek. 40,9; Ezek. 40,11; Ezek. 40,11; Ezek. 40,13; Ezek. 40,23; Ezek. 40,40; Ezek. 40,43; Ezek. 40,45; Ezek. 40,46; Ezek. 40,47; Ezek. 40,48; Ezek. 41,2; Ezek. 41,2; Ezek. 41,4; Ezek. 41,5; Ezek. 41,6; Ezek. 41,6; Ezek. 41,7; Ezek. 41,7; Ezek. 41,8; Ezek. 41,9; Ezek. 41,9; Ezek. 41,12; Ezek. 41,12; Ezek. 41,13; Ezek. 41,14; Ezek. 41,15; Ezek. 41,25; Ezek. 41,26; Ezek. 42,10; Ezek. 42,10; Ezek. 42,12; Ezek. 42,14; Ezek. 42,14; Ezek. 42,15; Ezek. 42,15; Ezek. 42,17; Ezek. 42,19; Ezek. 42,20; Ezek. 42,20; Ezek. 43,3; Ezek. 43,3; Ezek. 43,6; Ezek. 43,7; Ezek. 43,12; Ezek. 43,13; Ezek. 43,21; Ezek. 44,2; Ezek. 44,4; Ezek. 44,5; Ezek. 44,6; Ezek. 44,11; Ezek. 44,11; Ezek. 44,13; Ezek. 44,14; Ezek. 44,15; Ezek. 45,8; Ezek. 45,9; Ezek. 45,9; Ezek. 45,13; Ezek. 45,13; Ezek. 45,15; Ezek. 45,16; Ezek. 45,17; Ezek. 45,17; Ezek. 45,18; Ezek. 45,19; Ezek. 45,19; Ezek. 45,20; Ezek. 45,21; Ezek. 45,22; Ezek. 45,22; Ezek. 45,25; Ezek. 46,18;

ὁ

Ezek. 46,24; Ezek. 47,1; Ezek. 47,1; Ezek. 47,1; Ezek. 47,6; Ezek. 47,7; Ezek. 47,12; Ezek. 47,16; Ezek. 47,17; Ezek. 47,18; Ezek. 47,21; Ezek. 47,22; Ezek. 47,22; Ezek. 48,1; Ezek. 48,2; Ezek. 48,8; Ezek. 48,11; Ezek. 48,19; Ezek. 48,21; Ezek. 48,21; Ezek. 48,31; Dan. 1,2; Dan. 1,3; Dan. 1,4; Dan. 1,5; Dan. 1,5; Dan. 1,5; Dan. 1,5; Dan. 1,8; Dan. 1,9; Dan. 1,18; Dan. 2,10; Dan. 2,14; Dan. 2,15; Dan. 2,16; Dan. 2,16; Dan. 2,18; Dan. 2,18; Dan. 2,19; Dan. 2,20; Dan. 2,20; Dan. 2,24; Dan. 2,27; Dan. 2,36; Dan. 2,37; Dan. 2,44; Dan. 3,1; Dan. 3,22; Dan. 3,29; Dan. 3,36; Dan. 3,46; Dan. 3,57; Dan. 3,60; Dan. 3,63; Dan. 3,80; Dan. 3,92; Dan. 3,93; Dan. 3,93; Dan. 3,94; Dan. 3,95; Dan. 3,95; Dan. 4,4; Dan. 4,11; Dan. 4,11; Dan. 4,12; Dan. 4,13; Dan. 4,14; Dan. 4,16; Dan. 4,17; Dan. 4,21; Dan. 4,22; Dan. 4,22; Dan. 4,22; Dan. 4,22; Dan. 4,23; Dan. 4,23; Dan. 4,23; Dan. 4,26; Dan. 4,27; Dan. 4,31; Dan. 4,31; Dan. 4,31; Dan. 4,33a; Dan. 4,33a; Dan. 4,33a; Dan. 4,33a; Dan. 4,34; Dan. 4,34; Dan. 4,34; Dan. 4,34; Dan. 4,34; Dan. 4,34; Dan. 4,37a; Dan. 4,37a; Dan. 4,37a; Dan. 4,37b; Dan. 4,37b; Dan. 5,0; Dan. 5,0; Dan. 5,2; Dan. 5,2; Dan. 5,4; Dan. 5,5; Dan. 5,5; Dan. 5,5; Dan. 5,10; Dan. 5,12; Dan. 5,12; Dan. 5,23; Dan. 5,23; Dan. 5,23; Dan. 6,4; Dan. 6,4; Dan. 6,5; Dan. 6,6; Dan. 6,6; Dan. 6,6; Dan. 6,7; Dan. 6,8; Dan. 6,9; Dan. 6,14; Dan. 6,18; Dan. 6,18; Dan. 6,19; Dan. 6,19; Dan. 6,20; Dan. 6,25; Dan. 6,27; Dan. 6,27; Dan. 6,28; Dan. 7,2; Dan. 7,13; Dan. 7,18; Dan. 7,18; Dan. 7,22; Dan. 7,25; Dan. 7,28; Dan. 8,5; Dan. 8,7; Dan. 8,7; Dan. 8,8; Dan. 8,10; Dan. 8,16; Dan. 8,18; Dan. 8,19; Dan. 9,1; Dan. 9,10; Dan. 9,11; Dan. 9,17; Dan. 9,20; Dan. 9,20; Dan. 9,26; Dan. 10,1; Dan. 10,4; Dan. 10,4; Dan. 10,4; Dan. 10,4; Dan. 10,11; Dan. 10,12; Dan. 10,13; Dan. 10,13; Dan. 10,17; Dan. 10,20; Dan. 11,1; Dan. 11,4; Dan. 11,28; Dan. 11,30; Dan. 11,30; Dan. 11,31; Dan. 11,43; Dan. 11,43; Dan. 12,1; Dan. 12,3; Dan. 12,3; Dan. 12,3; Dan. 12,5; Dan. 12,7; Dan. 12,7; Dan. 12,8; Sus. 7-8; Sus. 36; Sus. 41; Sus. 53; Sus. 54; Sus. 58; Bel 2; Bel 11; Bel 11; Bel 11; Bel 14; Bel 14; Bel 15-17; Bel 21; Bel 27; Bel 31-32; Bel 36; Bel 36; Bel 36; Bel 39; Bel 42; Bel 42; Josh. 15,47; Josh. 19,9; Josh. 19,9; Judg. 1,1; Judg. 1,10; Judg. 1,14; Judg. 1,16; Judg. 1,16; Judg. 1,16; Judg. 1,17; Judg. 1,32; Judg. 1,32; Judg. 1,33; Judg. 1,33; Judg. 1,36; Judg. 2,5; Judg. 2,18; Judg. 2,18; Judg. 2,18; Judg. 3,5; Judg. 3,5; Judg. 3,5; Judg. 3,5; Judg. 3,5; Judg. 3,5; Judg. 3,7; Judg. 3,15; Judg. 3,20; Judg. 3,21; Judg. 3,21; Judg. 3,28; Judg. 4,17; Judg. 4,17; Judg. 5,17; Judg. 5,24; Judg. 5,28; Judg. 6,10; Judg. 6,11; Judg. 6,11; Judg. 6,20; Judg. 6,24; Judg. 6,25; Judg. 6,26; Judg. 6,27; Judg. 6,28; Judg. 6,30; Judg. 6,31; Judg. 6,38; Judg. 7,3; Judg. 7,3; Judg. 7,6; Judg. 7,8; Judg. 7,25; Judg. 8,5; Judg. 8,32; Judg. 8,34; Judg. 8,34; Judg. 8,35; Judg. 9,5; Judg. 9,15; Judg. 9,16; Judg. 9,18; Judg. 9,19; Judg. 9,20; Judg. 9,37; Judg. 9,51; Judg. 9,52; Judg. 9,52; Judg. 10,8; Judg. 10,8; Judg. 10,8; Judg. 10,11; Judg. 11,2; Judg. 11,7; Judg. 11,7; Judg. 11,13; Judg. 11,19; Judg. 11,19; Judg. 11,21; Judg. 11,21; Judg. 11,22; Judg. 11,22; Judg. 11,31; Judg. 12,4; Judg. 12,4; Judg. 12,4; Judg. 12,5; Judg. 12,5; Judg. 12,6; Judg. 12,15; Judg. 13,2; Judg. 13,8; Judg. 13,9; Judg. 13,14; Judg. 13,20; Judg. 14,3; Judg. 14,5; Judg. 14,8; Judg. 14,8; Judg. 14,9; Judg. 14,12; Judg. 14,15; Judg. 14,16; Judg. 14,17; Judg. 14,19; Judg. 15,6; Judg. 15,16; Judg. 15,19; Judg. 16,14; Judg. 16,14; Judg. 16,20; Judg. 16,29; Judg. 16,31; Judg. 16,31; Judg. 17,12; Judg. 18,3; Judg. 18,3; Judg. 18,11; Judg. 18,15; Judg. 18,15; Judg. 18,20; Judg. 18,20; Judg. 18,25; Judg. 18,28; Judg. 18,31; Judg. 19,11; Judg. 19,16; Judg. 19,22; Judg. 19,23; Judg. 19,26; Judg. 19,27; Judg. 19,27; Judg. 20,1; Judg. 20,2; Judg. 20,2; Judg. 20,2; Judg. 20,17; Judg. 20,27; Judg. 20,31; Judg. 20,31; Judg. 20,33; Judg. 20,33; Judg. 20,35; Judg. 20,45; Judg. 20,47; Judg. 20,48; Judg. 21,2; Tob. 1,1; Tob. 1,1; Tob. 1,1; Tob. 1,1; Tob. 1,1; Tob. 1,1; Tob. 1,2; Tob. 1,4; Tob. 1,4;

Tob. 1,4; Tob. 1,4; Tob. 1,4; Tob. 1,5; Tob. 1,7; Tob. 1,7; Tob. 1,8; Tob. 1,12; Tob. 1,18; Tob. 1,20; Tob. 1,21; Tob. 1,22; Tob. 2,4; Tob. 2,6; Tob. 3,7; Tob. 3,7; Tob. 3,10; Tob. 3,10; Tob. 3,10; Tob. 3,15; Tob. 3,16; Tob. 3,17; Tob. 3,17; Tob. 4,5; Tob. 4,20; Tob. 4,21; Tob. 5,4; Tob. 5,10; Tob. 5,13; Tob. 5,14; Tob. 5,16; Tob. 5,17; Tob. 5,20; Tob. 6,1; Tob. 6,3; Tob. 6,3; Tob. 6,5; Tob. 6,7; Tob. 6,8; Tob. 6,15; Tob. 6,16; Tob. 6,16; Tob. 6,16; Tob. 6,17; Tob. 6,18; Tob. 6,18; Tob. 6,18; Tob. 6,19; Tob. 6,19; Tob. 7,6; Tob. 7,6; Tob. 7,12; Tob. 7,12; Tob. 7,13; Tob. 7,14; Tob. 7,17; Tob. 8,2; Tob. 8,3; Tob. 8,4; Tob. 8,15; Tob. 9,5; Tob. 10,4; Tob. 10,8; Tob. 10,11; Tob. 10,13; Tob. 10,14; Tob. 11,5; Tob. 11,8; Tob. 11,9; Tob. 11,11; Tob. 11,17; Tob. 12,6; Tob. 12,7; Tob. 12,11; Tob. 12,18; Tob. 13,12; Tob. 13,13; Tob. 13,13; Tob. 13,15; Tob. 13,17; Tob. 13,18; Tob. 14,2; Tob. 14,4; Tob. 14,4; Tob. 14,4; Tob. 14,4; Tob. 14,5; Tob. 14,5; Tob. 14,5; Tob. 14,5; Tob. 14,6; Tob. 14,7; Tob. 14,7; Tob. 14,8; Tob. 14,10; Tob. 14,10; Tob. 14,10; Tob. 14,12; Tob. 14,12; Tob. 14,13; Dan. 1,2; Dan. 1,2; Dan. 1,2; Dan. 1,4; Dan. 1,5; Dan. 1,5; Dan. 1,5; Dan. 1,5; Dan. 1,8; Dan. 1,8; Dan. 1,9; Dan. 1,13; Dan. 1,15; Dan. 1,19; Dan. 1,21; Dan. 2,2; Dan. 2,10; Dan. 2,10; Dan. 2,11; Dan. 2,14; Dan. 2,15; Dan. 2,15; Dan. 2,18; Dan. 2,18; Dan. 2,19; Dan. 2,20; Dan. 2,20; Dan. 2,20; Dan. 2,23; Dan. 2,24; Dan. 2,25; Dan. 2,27; Dan. 2,36; Dan. 2,37; Dan. 2,44; Dan. 2,49; Dan. 2,49; Dan. 3,13; Dan. 3,22; Dan. 3,36; Dan. 3,46; Dan. 3,56; Dan. 3,60; Dan. 3,63; Dan. 3,80; Dan. 3,92; Dan. 3,93; Dan. 3,93; Dan. 3,94; Dan. 3,95; Dan. 3,95; Dan. 3,96; Dan. 4,8; Dan. 4,11; Dan. 4,12; Dan. 4,15; Dan. 4,21; Dan. 4,23; Dan. 4,23; Dan. 4,25; Dan. 4,31; Dan. 4,31; Dan. 4,33; Dan. 4,35; Dan. 4,37; Dan. 5,2; Dan. 5,2; Dan. 5,2; Dan. 5,3; Dan. 5,3; Dan. 5,3; Dan. 5,5; Dan. 5,5; Dan. 5,5; Dan. 5,6; Dan. 5,8; Dan. 5,10; Dan. 5,11; Dan. 5,13; Dan. 5,17; Dan. 5,20; Dan. 5,21; Dan. 5,23; Dan. 5,23; Dan. 6,11; Dan. 6,12; Dan. 6,14; Dan. 6,14; Dan. 6,14; Dan. 6,15; Dan. 6,18; Dan. 6,21; Dan. 6,21; Dan. 6,24; Dan. 6,24; Dan. 6,25; Dan. 6,27; Dan. 6,29; Dan. 7,2; Dan. 7,13; Dan. 7,13; Dan. 7,27; Dan. 7,28; Dan. 8,1; Dan. 8,6; Dan. 8,6; Dan. 8,7; Dan. 8,8; Dan. 8,10; Dan. 8,10; Dan. 8,25; Dan. 8,27; Dan. 9,1; Dan. 9,10; Dan. 9,11; Dan. 9,12; Dan. 9,13; Dan. 9,17; Dan. 9,20; Dan. 9,20; Dan. 9,20; Dan. 10,4; Dan. 10,4; Dan. 10,4; Dan. 10,4; Dan. 10,12; Dan. 10,13; Dan. 10,17; Dan. 11,2; Dan. 11,4; Dan. 11,5; Dan. 11,6; Dan. 11,6; Dan. 11,7; Dan. 11,7; Dan. 11,8; Dan. 11,9; Dan. 11,9; Dan. 11,11; Dan. 11,11; Dan. 11,13; Dan. 11,14; Dan. 11,14; Dan. 11,15; Dan. 11,15; Dan. 11,15; Dan. 11,22; Dan. 11,25; Dan. 11,25; Dan. 11,33; Dan. 11,40; Dan. 11,40; Dan. 11,40; Dan. 12,1; Dan. 12,1; Dan. 12,5; Dan. 12,5; Dan. 12,6; Dan. 12,7; Dan. 12,7; Dan. 12,7; Dan. 12,11; Sus. 5; Sus. 7; Sus. 17; Sus. 18; Sus. 20; Sus. 25; Sus. 29; Sus. 36; Sus. 38; Sus. 41; Sus. 52; Sus. 53; Sus. 55; Sus. 55; Sus. 59; Sus. 63; Sus. 64; Bel 2; Bel 9; Bel 10; Bel 11; Bel 11; Bel 14; Bel 14; Bel 27; Bel 36; Bel 39; Bel 41; Matt. 1,6; Matt. 1,17; Matt. 1,22; Matt. 1,24; Matt. 2,1; Matt. 2,4; Matt. 2,5; Matt. 2,7; Matt. 2,9; Matt. 2,15; Matt. 2,17; Matt. 2,19; Matt. 2,22; Matt. 3,3; Matt. 3,5; Matt. 3,16; Matt. 4,1; Matt. 4,3; Matt. 4,6; Matt. 4,8; Matt. 4,14; Matt. 4,15; Matt. 4,21; Matt. 4,21; Matt. 4,25; Matt. 5,14; Matt. 5,18; Matt. 5,34; Matt. 5,35; Matt. 5,37; Matt. 5,45; Matt. 5,45; Matt. 6,13; Matt. 6,24; Matt. 6,26; Matt. 6,28; Matt. 6,30; Matt. 6,33; Matt. 7,3; Matt. 7,4; Matt. 7,5; Matt. 7,5; Matt. 7,5; Matt. 7,21; Matt. 7,21; Matt. 8,17; Matt. 8,20; Matt. 8,20; Matt. 8,29; Matt. 8,32; Matt. 9,6; Matt. 9,15; Matt. 9,23; Matt. 9,38; Matt. 9,38; Matt. 10,2; Matt. 10,3; Matt. 10,20; Matt. 10,23; Matt. 10,23; Matt. 10,29; Matt. 10,32; Matt. 10,32; Matt. 10,33; Matt. 10,33; Matt. 10,35; Matt. 10,36; Matt. 11,2; Matt. 11,11; Matt. 11,12; Matt. 11,19; Matt. 11,25; Matt. 11,27; Matt. 12,4; Matt. 12,8; Matt. 12,17; Matt. 12,28; Matt. 12,29; Matt. 12,32; Matt. 12,32; Matt. 12,33;

O, o

Matt. 12,35; Matt. 12,35; Matt. 12,39; Matt. 12,40; Matt. 12,43; Matt. 12,45; Matt. 12,50; Matt. 12,50; Matt. 13,15; Matt. 13,18; Matt. 13,22; Matt. 13,22; Matt. 13,25; Matt. 13,27; Matt. 13,30; Matt. 13,30; Matt. 13,32; Matt. 13,35; Matt. 13,36; Matt. 13,37; Matt. 13,38; Matt. 13,40; Matt. 13,41; Matt. 13,43; Matt. 13,49; Matt. 13,52; Matt. 13,55; Matt. 14,3; Matt. 14,6; Matt. 14,8; Matt. 14,19; Matt. 14,26; Matt. 14,35; Matt. 15,3; Matt. 15,6; Matt. 16,1; Matt. 16,3; Matt. 16,13; Matt. 16,16; Matt. 16,16; Matt. 16,23; Matt. 16,27; Matt. 16,27; Matt. 16,28; Matt. 17,9; Matt. 17,12; Matt. 17,13; Matt. 17,22; Matt. 18,10; Matt. 18,10; Matt. 18,14; Matt. 18,14; Matt. 18,19; Matt. 18,19; Matt. 18,27; Matt. 19,1; Matt. 19,10; Matt. 19,24; Matt. 19,28; Matt. 19,28; Matt. 20,8; Matt. 20,11; Matt. 20,18; Matt. 20,23; Matt. 20,28; Matt. 21,4; Matt. 21,23; Matt. 21,31; Matt. 21,31; Matt. 21,39; Matt. 21,40; Matt. 21,43; Matt. 22,16; Matt. 22,19; Matt. 22,21; Matt. 22,29; Matt. 22,31; Matt. 22,42; Matt. 22,42; Matt. 23,16; Matt. 23,22; Matt. 23,23; Matt. 23,35; Matt. 23,35; Matt. 24,3; Matt. 24,15; Matt. 24,27; Matt. 24,27; Matt. 24,29; Matt. 24,30; Matt. 24,30; Matt. 24,30; Matt. 24,30; Matt. 24,37; Matt. 24,37; Matt. 24,37; Matt. 24,38; Matt. 24,39; Matt. 24,39; Matt. 24,44; Matt. 24,50; Matt. 25,1; Matt. 25,5; Matt. 25,18; Matt. 25,21; Matt. 25,23; Matt. 25,29; Matt. 25,31; Matt. 25,34; Matt. 26,2; Matt. 26,3; Matt. 26,3; Matt. 26,3; Matt. 26,6; Matt. 26,24; Matt. 26,24; Matt. 26,29; Matt. 26,45; Matt. 26,47; Matt. 26,51; Matt. 26,58; Matt. 26,59; Matt. 26,61; Matt. 26,63; Matt. 26,63; Matt. 26,63; Matt. 26,64; Matt. 26,64; Matt. 26,69; Matt. 26,71; Matt. 27,1; Matt. 27,1; Matt. 27,7; Matt. 27,9; Matt. 27,9; Matt. 27,10; Matt. 27,11; Matt. 27,24; Matt. 27,27; Matt. 27,40; Matt. 27,40; Matt. 27,42; Matt. 27,51; Matt. 27,56; Matt. 27,58; Matt. 27,61; Matt. 28,4; Matt. 28,14; Matt. 28,19; Matt. 28,19; Matt. 28,20; Mark 1,13; Mark 1,14; Mark 1,15; Mark 1,19; Mark 1,24; Mark 1,44; Mark 2,10; Mark 2,14; Mark 2,19; Mark 2,26; Mark 2,28; Mark 3,8; Mark 3,11; Mark 3,17; Mark 3,17; Mark 3,18; Mark 3,27; Mark 3,35; Mark 4,11; Mark 4,19; Mark 4,19; Mark 4,26; Mark 4,30; Mark 4,32; Mark 5,7; Mark 5,7; Mark 5,8; Mark 5,13; Mark 5,21; Mark 5,27; Mark 5,35; Mark 5,38; Mark 6,17; Mark 6,18; Mark 6,24; Mark 6,25; Mark 7,8; Mark 7,9; Mark 7,13; Mark 7,15; Mark 7,15; Mark 7,17; Mark 7,20; Mark 7,33; Mark 8,11; Mark 8,23; Mark 8,31; Mark 8,33; Mark 8,38; Mark 8,38; Mark 9,1; Mark 9,9; Mark 9,12; Mark 9,17; Mark 9,31; Mark 9,47; Mark 10,1; Mark 10,14; Mark 10,15; Mark 10,23; Mark 10,24; Mark 10,25; Mark 10,33; Mark 10,45; Mark 11,10; Mark 12,2; Mark 12,8; Mark 12,9; Mark 12,14; Mark 12,17; Mark 12,24; Mark 12,26; Mark 12,34; Mark 13,19; Mark 13,25; Mark 13,26; Mark 14,2; Mark 14,3; Mark 14,21; Mark 14,21; Mark 14,25; Mark 14,41; Mark 14,47; Mark 14,54; Mark 14,55; Mark 14,61; Mark 14,62; Mark 14,62; Mark 14,66; Mark 14,66; Mark 14,67; Mark 14,67; Mark 15,30; Mark 15,32; Mark 15,38; Mark 15,40; Mark 15,43; Mark 15,43; Mark 15,45; Mark 16,1; Mark 16,2; Mark 16,19; Mark 16,20; Luke 1,2; Luke 1,6; Luke 1,6; Luke 1,8; Luke 1,9; Luke 1,10; Luke 1,15; Luke 1,19; Luke 1,26; Luke 1,32; Luke 1,37; Luke 1,43; Luke 1,44; Luke 1,59; Luke 1,68; Luke 2,21; Luke 2,22; Luke 2,25; Luke 2,27; Luke 2,49; Luke 3,1; Luke 3,3; Luke 3,4; Luke 3,6; Luke 3,15; Luke 3,15; Luke 3,19; Luke 3,23; Luke 3,24; Luke 3,24; Luke 3,24; Luke 3,24; Luke 3,24; Luke 3,25; Luke 3,25; Luke 3,25; Luke 3,25; Luke 3,25; Luke 3,26; Luke 3,26; Luke 3,26; Luke 3,26; Luke 3,26; Luke 3,27; Luke 3,27; Luke 3,27; Luke 3,27; Luke 3,27; Luke 3,28; Luke 3,28; Luke 3,28; Luke 3,28; Luke 3,28; Luke 3,29; Luke 3,29; Luke 3,29; Luke 3,29; Luke 3,29; Luke 3,30; Luke 3,30; Luke 3,30; Luke 3,30; Luke 3,30; Luke 3,31; Luke 3,31; Luke 3,31; Luke 3,31; Luke 3,31; Luke 3,32; Luke 3,32; Luke 3,32; Luke 3,32; Luke 3,32; Luke 3,33; Luke 3,33; Luke 3,33;

Luke 3,33; Luke 3,33; Luke 3,33; Luke 3,34; Luke 3,34; Luke 3,34; Luke 3,34; Luke 3,35; Luke 3,35; Luke 3,35; Luke 3,35; Luke 3,36; Luke 3,36; Luke 3,36; Luke 3,36; Luke 3,36; Luke 3,37; Luke 3,37; Luke 3,37; Luke 3,37; Luke 3,37; Luke 3,38; Luke 3,38; Luke 3,38; Luke 3,38; Luke 4,1; Luke 4,2; Luke 4,3; Luke 4,9; Luke 4,17; Luke 4,27; Luke 4,34; Luke 4,38; Luke 4,40; Luke 4,41; Luke 4,43; Luke 5,1; Luke 5,10; Luke 5,14; Luke 5,19; Luke 5,24; Luke 5,34; Luke 6,4; Luke 6,5; Luke 6,12; Luke 6,17; Luke 6,20; Luke 6,22; Luke 6,22; Luke 6,29; Luke 6,30; Luke 6,41; Luke 6,42; Luke 6,42; Luke 6,44; Luke 6,45; Luke 6,45; Luke 7,1; Luke 7,3; Luke 7,28; Luke 7,30; Luke 7,34; Luke 7,36; Luke 7,37; Luke 8,1; Luke 8,5; Luke 8,10; Luke 8,11; Luke 8,14; Luke 8,21; Luke 8,28; Luke 8,28; Luke 8,29; Luke 8,33; Luke 8,33; Luke 8,35; Luke 8,41; Luke 8,47; Luke 8,49; Luke 9,2; Luke 9,11; Luke 9,20; Luke 9,22; Luke 9,26; Luke 9,26; Luke 9,27; Luke 9,38; Luke 9,43; Luke 9,44; Luke 9,54; Luke 9,58; Luke 9,58; Luke 9,60; Luke 9,62; Luke 10,2; Luke 10,2; Luke 10,7; Luke 10,9; Luke 10,11; Luke 10,15; Luke 10,18; Luke 10,19; Luke 10,21; Luke 10,22; Luke 10,36; Luke 10,39; Luke 11,20; Luke 11,24; Luke 11,26; Luke 11,27; Luke 11,28; Luke 11,30; Luke 11,39; Luke 11,42; Luke 11,49; Luke 11,51; Luke 11,51; Luke 12,1; Luke 12,6; Luke 12,8; Luke 12,8; Luke 12,9; Luke 12,10; Luke 12,13; Luke 12,30; Luke 12,40; Luke 12,46; Luke 12,47; Luke 12,52; Luke 12,56; Luke 12,58; Luke 13,16; Luke 13,18; Luke 13,19; Luke 13,20; Luke 13,28; Luke 13,29; Luke 14,15; Luke 15,10; Luke 15,17; Luke 16,5; Luke 16,8; Luke 16,9; Luke 16,13; Luke 16,15; Luke 16,16; Luke 16,17; Luke 16,21; Luke 16,24; Luke 16,27; Luke 17,7; Luke 17,20; Luke 17,20; Luke 17,21; Luke 17,22; Luke 17,22; Luke 17,24; Luke 17,26; Luke 17,26; Luke 17,30; Luke 18,3; Luke 18,8; Luke 18,16; Luke 18,17; Luke 18,24; Luke 18,25; Luke 18,29; Luke 18,31; Luke 19,3; Luke 19,10; Luke 19,11; Luke 19,26; Luke 19,39; Luke 19,47; Luke 20,10; Luke 20,10; Luke 20,13; Luke 20,15; Luke 20,15; Luke 20,20; Luke 20,21; Luke 20,25; Luke 20,26; Luke 20,34; Luke 20,35; Luke 20,45; Luke 21,27; Luke 21,31; Luke 21,36; Luke 21,36; Luke 22,3; Luke 22,16; Luke 22,18; Luke 22,21; Luke 22,22; Luke 22,30; Luke 22,40; Luke 22,48; Luke 22,50; Luke 22,54; Luke 22,61; Luke 22,66; Luke 22,69; Luke 22,69; Luke 22,70; Luke 23,26; Luke 23,27; Luke 23,35; Luke 23,45; Luke 23,45; Luke 23,51; Luke 23,52; Luke 24,3; Luke 24,7; Luke 24,19; Luke 24,19; Luke 24,19; Luke 24,35; Luke 24,49; John 1,18; John 1,19; John 1,28; John 1,29; John 1,29; John 1,34; John 1,36; John 1,45; John 1,49; John 1,49; John 1,51; John 1,51; John 2,1; John 2,3; John 2,16; John 2,17; John 2,21; John 2,25; John 3,3; John 3,5; John 3,10; John 3,13; John 3,13; John 3,14; John 3,18; John 3,18; John 3,26; John 3,27; John 3,29; John 3,29; John 3,31; John 3,34; John 3,36; John 4,6; John 4,10; John 4,12; John 4,34; John 4,42; John 5,24; John 5,25; John 5,25; John 5,30; John 5,36; John 5,42; John 5,43; John 5,44; John 6,23; John 6,23; John 6,27; John 6,28; John 6,29; John 6,31; John 6,32; John 6,32; John 6,33; John 6,33; John 6,38; John 6,38; John 6,39; John 6,40; John 6,41; John 6,42; John 6,45; John 6,46; John 6,50; John 6,51; John 6,51; John 6,51; John 6,53; John 6,53; John 6,62; John 6,65; John 6,69; John 7,16; John 7,17; John 7,18; John 7,22; John 7,31; John 7,32; John 7,40; John 8,12; John 8,23; John 8,23; John 8,28; John 8,38; John 8,39; John 8,39; John 8,40; John 8,41; John 8,42; John 8,44; John 8,44; John 8,44; John 8,47; John 8,47; John 8,47; John 8,53; John 9,3; John 9,4; John 9,5; John 9,7; John 9,18; John 9,28; John 9,32; John 9,35; John 10,18; John 10,23; John 10,25; John 10,29; John 10,32; John 10,35; John 10,36; John 10,37; John 10,40; John 11,4; John 11,4; John 11,9; John 11,13; John 11,13; John 11,19; John 11,27; John 11,37; John 11,39; John 11,40; John 11,49; John 11,50; John

ὁ

11,51; John 11,52; John 12,3; John 12,7; John 12,13; John 12,23; John 12,24; John 12,28; John 12,31; John 12,31; John 12,34; John 12,34; John 12,34; John 12,38; John 12,43; John 13,1; John 13,2; John 13,16; John 13,16; John 13,23; John 13,25; John 13,31; John 14,2; John 14,21; John 14,24; John 14,30; John 15,10; John 15,15; John 15,19; John 15,19; John 15,19; John 15,20; John 15,20; John 15,26; John 15,26; John 16,11; John 16,25; John 16,27; John 16,28; John 17,6; John 17,9; John 17,14; John 17,15; John 17,15; John 17,16; John 17,16; John 17,20; John 18,1; John 18,1; John 18,10; John 18,13; John 18,13; John 18,14; John 18,15; John 18,16; John 18,17; John 18,26; John 18,28; John 18,29; John 18,32; John 18,36; John 18,36; John 19,12; John 19,19; John 19,25; John 19,25; John 19,31; John 19,32; John 19,32; John 19,32; John 19,38; John 19,38; John 19,40; John 20,4; John 20,12; John 20,31; John 21,2; Acts 1,3; Acts 1,4; Acts 1,14; Acts 1,16; Acts 2,2; Acts 2,11; Acts 2,16; Acts 2,22; Acts 2,23; Acts 2,24; Acts 2,29; Acts 2,31; Acts 2,33; Acts 2,33; Acts 2,42; Acts 3,6; Acts 3,20; Acts 3,23; Acts 3,23; Acts 4,8; Acts 4,10; Acts 4,13; Acts 4,18; Acts 4,19; Acts 4,19; Acts 4,25; Acts 4,26; Acts 4,26; Acts 4,30; Acts 4,31; Acts 4,33; Acts 5,28; Acts 5,40; Acts 6,2; Acts 6,4; Acts 6,7; Acts 6,13; Acts 6,13; Acts 6,13; Acts 7,13; Acts 7,20; Acts 7,34; Acts 7,34; Acts 7,34; Acts 7,35; Acts 7,38; Acts 7,38; Acts 7,42; Acts 7,43; Acts 7,43; Acts 7,46; Acts 7,52; Acts 7,55; Acts 7,56; Acts 7,56; Acts 8,6; Acts 8,10; Acts 8,12; Acts 8,14; Acts 8,16; Acts 8,20; Acts 8,21; Acts 8,22; Acts 8,25; Acts 8,32; Acts 9,1; Acts 9,3; Acts 9,13; Acts 9,20; Acts 9,27; Acts 9,28; Acts 9,31; Acts 10,2; Acts 10,3; Acts 10,4; Acts 10,12; Acts 10,17; Acts 10,17; Acts 10,31; Acts 10,33; Acts 10,33; Acts 10,38; Acts 10,41; Acts 10,42; Acts 10,44; Acts 11,1; Acts 11,5; Acts 11,6; Acts 11,9; Acts 11,12; Acts 11,16; Acts 11,23; Acts 12,7; Acts 12,9; Acts 12,11; Acts 12,12; Acts 12,13; Acts 12,14; Acts 12,14; Acts 12,20; Acts 12,20; Acts 12,24; Acts 13,1; Acts 13,5; Acts 13,7; Acts 13,10; Acts 13,12; Acts 13,15; Acts 13,17; Acts 13,20; Acts 13,22; Acts 13,36; Acts 13,43; Acts 13,44; Acts 13,46; Acts 13,48; Acts 13,49; Acts 14,9; Acts 14,12; Acts 14,13; Acts 14,13; Acts 14,22; Acts 14,26; Acts 15,6; Acts 15,11; Acts 15,26; Acts 15,35; Acts 15,36; Acts 15,40; Acts 16,14; Acts 16,17; Acts 16,17; Acts 16,32; Acts 17,9; Acts 17,13; Acts 17,13; Acts 17,16; Acts 17,22; Acts 17,28; Acts 17,29; Acts 18,6; Acts 18,11; Acts 18,14; Acts 18,15; Acts 18,21; Acts 18,25; Acts 18,25; Acts 18,26; Acts 19,5; Acts 19,6; Acts 19,8; Acts 19,10; Acts 19,12; Acts 19,13; Acts 19,16; Acts 19,17; Acts 19,20; Acts 19,33; Acts 20,9; Acts 20,9; Acts 20,24; Acts 20,24; Acts 20,27; Acts 20,28; Acts 20,35; Acts 20,37; Acts 21,8; Acts 21,11; Acts 21,13; Acts 21,14; Acts 21,20; Acts 21,26; Acts 21,28; Acts 21,28; Acts 21,28; Acts 21,30; Acts 21,30; Acts 21,35; Acts 21,36; Acts 22,3; Acts 22,3; Acts 22,6; Acts 22,9; Acts 22,20; Acts 22,22; Acts 23,4; Acts 23,5; Acts 23,29; Acts 23,35; Acts 24,1; Acts 24,10; Acts 24,26; Acts 25,2; Acts 25,8; Acts 25,21; Acts 25,21; Acts 25,22; Acts 25,23; Acts 25,23; Acts 26,6; Acts 26,9; Acts 26,13; Acts 26,17; Acts 26,18; Acts 26,22; Acts 27,7; Acts 27,9; Acts 27,12; Acts 27,23; Acts 28,3; Acts 28,8; Acts 28,20; Acts 28,23; Acts 28,23; Acts 28,23; Acts 28,25; Acts 28,25; Acts 28,27; Acts 28,28; Acts 28,31; Acts 28,31; Rom. 1,3; Rom. 1,3; Rom. 1,4; Rom. 1,4; Rom. 1,9; Rom. 1,10; Rom. 1,19; Rom. 1,23; Rom. 1,25; Rom. 1,32; Rom. 2,2; Rom. 2,3; Rom. 2,4; Rom. 2,4; Rom. 2,5; Rom. 2,9; Rom. 2,14; Rom. 2,15; Rom. 2,18; Rom. 2,23; Rom. 2,24; Rom. 2,26; Rom. 2,29; Rom. 3,1; Rom. 3,2; Rom. 3,3; Rom. 3,7; Rom. 3,21; Rom. 3,23; Rom. 3,26; Rom. 4,6; Rom. 4,12; Rom. 4,16; Rom. 4,17; Rom. 4,20; Rom. 5,1; Rom. 5,2; Rom. 5,5; Rom. 5,7; Rom. 5,10; Rom. 5,10; Rom. 5,11; Rom. 5,14; Rom. 5,15; Rom. 5,15; Rom. 5,15; Rom. 5,17; Rom. 5,17; Rom. 5,17; Rom. 5,19; Rom. 5,19; Rom. 5,21; Rom. 6,4; Rom. 6,5; Rom. 6,23; Rom. 7,1; Rom. 7,2; Rom. 7,2; Rom. 7,3; Rom. 7,3; Rom. 7,4; Rom. 7,5; Rom. 7,6; Rom. 7,22; Rom. 7,23; Rom. 7,24; Rom. 7,25; Rom. 8,2; Rom. 8,2; Rom. 8,3; Rom. 8,4; Rom. 8,7; Rom. 8,11; Rom. 8,18; Rom. 8,19; Rom. 8,21; Rom. 8,29; Rom. 8,32; Rom. 8,34; Rom. 8,35; Rom. 8,37; Rom. 8,39; Rom. 9,3; Rom. 9,6; Rom. 9,8; Rom. 9,10; Rom. 9,11; Rom. 9,12; Rom. 9,16; Rom. 9,16; Rom. 9,16; Rom. 9,21; Rom. 9,27; Rom. 10,3; Rom. 10,3; Rom. 10,5; Rom. 11,2; Rom. 11,29; Rom. 12,1; Rom. 12,2; Rom. 12,2; Rom. 13,2; Rom. 14,8; Rom. 14,10; Rom. 14,17; Rom. 14,20; Rom. 14,22; Rom. 15,6; Rom. 15,7; Rom. 15,10; Rom. 15,12; Rom. 15,15; Rom. 15,16; Rom. 15,19; Rom. 15,30; Rom. 16,16; Rom. 16,20; Rom. 16,26; 1Cor. 1,2; 1Cor. 1,2; 1Cor. 1,4; 1Cor. 1,6; 1Cor. 1,7; 1Cor. 1,8; 1Cor. 1,9; 1Cor. 1,9; 1Cor. 1,10; 1Cor. 1,17; 1Cor. 1,18; 1Cor. 1,20; 1Cor. 1,20; 1Cor. 1,21; 1Cor. 1,25; 1Cor. 1,25; 1Cor. 1,27; 1Cor. 1,27; 1Cor. 1,28; 1Cor. 1,29; 1Cor. 2,1; 1Cor. 2,6; 1Cor. 2,6; 1Cor. 2,8; 1Cor. 2,10; 1Cor. 2,11; 1Cor. 2,11; 1Cor. 2,11; 1Cor. 2,11; 1Cor. 2,12; 1Cor. 2,12; 1Cor. 2,12; 1Cor. 2,14; 1Cor. 3,10; 1Cor. 3,16; 1Cor. 3,17; 1Cor. 3,17; 1Cor. 3,19; 1Cor. 4,5; 1Cor. 4,6; 1Cor. 4,6; 1Cor. 4,13; 1Cor. 4,20; 1Cor. 5,1; 1Cor. 5,4; 1Cor. 5,4; 1Cor. 5,5; 1Cor. 5,10; 1Cor. 5,10; 1Cor. 6,5; 1Cor. 6,11; 1Cor. 6,11; 1Cor. 6,15; 1Cor. 7,31; 1Cor. 7,32; 1Cor. 7,33; 1Cor. 7,34; 1Cor. 7,34; 1Cor. 9,5; 1Cor. 9,12; 1Cor. 10,10; 1Cor. 10,16; 1Cor. 10,16; 1Cor. 10,17; 1Cor. 10,24; 1Cor. 10,26; 1Cor. 10,29; 1Cor. 10,32; 1Cor. 11,3; 1Cor. 11,12; 1Cor. 11,12; 1Cor. 11,16; 1Cor. 11,22; 1Cor. 11,23; 1Cor. 11,26; 1Cor. 11,27; 1Cor. 11,27; 1Cor. 11,28; 1Cor. 11,32; 1Cor. 13,11; 1Cor. 14,16; 1Cor. 14,36; 1Cor. 15,9; 1Cor. 15,10; 1Cor. 15,15; 1Cor. 15,15; 1Cor. 15,23; 1Cor. 15,27; 1Cor. 15,49; 1Cor. 15,49; 1Cor. 15,56; 1Cor. 15,57; 1Cor. 15,58; 1Cor. 16,12; 1Cor. 16,23; 2Cor. 1,1; 2Cor. 1,3; 2Cor. 1,4; 2Cor. 1,5; 2Cor. 1,5; 2Cor. 1,9; 2Cor. 1,12; 2Cor. 1,14; 2Cor. 1,19; 2Cor. 2,11; 2Cor. 2,12; 2Cor. 2,17; 2Cor. 3,4; 2Cor. 3,5; 2Cor. 3,7; 2Cor. 4,2; 2Cor. 4,2; 2Cor. 4,4; 2Cor. 4,4; 2Cor. 4,4; 2Cor. 4,6; 2Cor. 4,7; 2Cor. 4,10; 2Cor. 4,10; 2Cor. 4,11; 2Cor. 4,15; 2Cor. 5,6; 2Cor. 5,10; 2Cor. 5,11; 2Cor. 5,14; 2Cor. 5,18; 2Cor. 5,18; 2Cor. 5,20; 2Cor. 6,1; 2Cor. 7,10; 2Cor. 7,12; 2Cor. 7,12; 2Cor. 7,12; 2Cor. 8,1; 2Cor. 8,9; 2Cor. 8,19; 2Cor. 9,13; 2Cor. 9,14; 2Cor. 10,1; 2Cor. 10,5; 2Cor. 10,5; 2Cor. 10,13; 2Cor. 10,14; 2Cor. 11,7; 2Cor. 11,31; 2Cor. 11,32; 2Cor. 12,5; 2Cor. 12,9; 2Cor. 12,12; 2Cor. 13,3; 2Cor. 13,13; 2Cor. 13,13; Gal. 1,1; Gal. 1,4; Gal. 1,4; Gal. 1,4; Gal. 1,4; Gal. 1,6; Gal. 1,7; Gal. 1,13; Gal. 1,19; Gal. 1,20; Gal. 2,20; Gal. 2,20; Gal. 2,20; Gal. 2,21; Gal. 3,10; Gal. 3,13; Gal. 3,14; Gal. 3,17; Gal. 3,21; Gal. 3,29; Gal. 4,2; Gal. 4,3; Gal. 4,4; Gal. 4,6; Gal. 4,30; Gal. 5,8; Gal. 5,11; Gal. 5,24; Gal. 6,2; Gal. 6,12; Gal. 6,14; Gal. 6,16; Gal. 6,17; Gal. 6,18; Eph. 1,3; Eph. 1,11; Eph. 1,17; Eph. 1,23; Eph. 2,2; Eph. 2,2; Eph. 2,12; Eph. 2,13; Eph. 2,14; Eph. 2,16; Eph. 2,19; Eph. 2,22; Eph. 3,1; Eph. 3,2; Eph. 3,4; Eph. 3,7; Eph. 3,8; Eph. 3,10; Eph. 3,19; Eph. 3,19; Eph. 3,21; Eph. 4,7; Eph. 4,12; Eph. 4,13; Eph. 4,13; Eph. 4,13; Eph. 4,17; Eph. 4,18; Eph. 4,23; Eph. 4,25; Eph. 4,30; Eph. 5,1; Eph. 5,5; Eph. 5,6; Eph. 5,17; Eph. 5,20; Eph. 6,6; Eph. 6,11; Eph. 6,11; Eph. 6,13; Eph. 6,16; Phil. 1,27; Phil. 3,8; Phil. 3,14; Phil. 3,18; Phil. 3,18; Phil. 4,7; Phil. 4,23; Col. 1,3; Col. 1,6; Col. 1,7; Col. 1,7; Col. 1,10; Col. 1,10; Col. 1,12; Col. 1,13; Col. 1,15; Col. 1,15; Col. 1,20; Col. 1,22; Col. 1,24; Col. 1,25; Col. 1,25; Col. 2,2; Col. 2,8; Col. 2,11; Col. 2,12; Col. 2,12; Col. 2,17; Col. 2,18; Col. 2,19; Col. 2,20; Col. 3,1; Col. 3,6; Col. 3,10; Col. 3,12; Col. 3,15; Col. 3,16; Col. 4,3; Col. 4,3; Col. 4,11; Col. 4,12; 1Th. 1,3; 1Th. 1,3; 1Th. 1,3; 1Th. 1,4; 1Th. 1,6; 1Th. 1,8; 1Th. 2,2; 1Th. 2,4; 1Th. 2,8; 1Th. 2,9; 1Th. 2,12; 1Th. 2,12; 1Th. 2,13; 1Th. 2,14; 1Th. 2,19; 1Th. 3,2; 1Th. 3,2; 1Th. 3,9; 1Th. 3,13; 1Th. 3,13; 1Th. 4,2; 1Th. 4,3; 1Th. 4,14; 1Th. 4,15; 1Th. 4,17; 1Th. 5,9; 1Th. 5,10; 1Th. 5,23; 1Th. 5,28; 2Th. 1,4; 2Th. 1,5; 2Th. 1,5; 2Th. 1,7; 2Th. 1,8; 2Th. 1,9; 2Th. 1,12; 2Th.

1,12; 2Th. 2,1; 2Th. 2,2; 2Th. 2,2; 2Th. 2,4; 2Th. 2,9; 2Th. 2,14; 2Th. 3,1; 2Th. 3,3; 2Th. 3,5; 2Th. 3,5; 2Th. 3,6; 2Th. 3,18; 1Tim. 1,2; 1Tim. 1,11; 1Tim. 1,14; 1Tim. 2,3; 1Tim. 3,4; 1Tim. 3,5; 1Tim. 3,6; 1Tim. 3,7; 1Tim. 5,4; 1Tim. 5,11; 1Tim. 5,15; 1Tim. 5,18; 1Tim. 5,21; 1Tim. 6,1; 1Tim. 6,3; 1Tim. 6,13; 1Tim. 6,13; 1Tim. 6,13; 1Tim. 6,14; 2Tim. 1,2; 2Tim. 1,6; 2Tim. 1,8; 2Tim. 1,9; 2Tim. 1,10; 2Tim. 2,4; 2Tim. 2,9; 2Tim. 2,14; 2Tim. 2,19; 2Tim. 2,26; 2Tim. 3,17; 2Tim. 4,1; 2Tim. 4,1; Titus 1,3; Titus 1,4; Titus 1,9; Titus 2,5; Titus 2,10; Titus 2,11; Titus 2,13; Titus 3,4; Titus 3,6; Philem. 25; Heb. 1,8; Heb. 2,3; Heb. 2,4; Heb. 2,9; Heb. 2,14; Heb. 2,14; Heb. 2,17; Heb. 3,3; Heb. 3,8; Heb. 3,14; Heb. 4,9; Heb. 4,12; Heb. 4,14; Heb. 5,3; Heb. 5,4; Heb. 5,10; Heb. 5,12; Heb. 6,1; Heb. 6,6; Heb. 6,7; Heb. 6,16; Heb. 7,1; Heb. 7,1; Heb. 7,3; Heb. 7,7; Heb. 7,10; Heb. 7,21; Heb. 7,27; Heb. 8,1; Heb. 9,7; Heb. 9,7; Heb. 9,14; Heb. 9,16; Heb. 9,24; Heb. 10,12; Heb. 10,21; Heb. 10,29; Heb. 10,36; Heb. 11,4; Heb. 11,7; Heb. 11,12; Heb. 11,23; Heb. 11,25; Heb. 11,26; Heb. 11,27; Heb. 11,40; Heb. 12,2; Heb. 12,2; Heb. 12,15; Heb. 13,7; Heb. 13,11; Heb. 13,22; James 1,5; James 1,7; James 1,17; James 1,27; James 2,1; James 2,9; James 3,4; James 4,4; James 4,4; James 4,4; James 4,4; James 4,10; James 5,7; James 5,8; James 5,14; 1Pet. 1,3; 1Pet. 2,9; 1Pet. 2,15; 1Pet. 3,4; 1Pet. 3,17; 1Pet. 3,20; 1Pet. 3,22; 1Pet. 4,13; 1Pet. 4,14; 1Pet. 4,17; 1Pet. 4,17; 1Pet. 4,17; 1Pet. 4,19; 1Pet. 5,1; 1Pet. 5,2; 1Pet. 5,4; 1Pet. 5,6; 1Pet. 5,12; 1Pet. 5,12; 2Pet. 1,1; 2Pet. 1,2; 2Pet. 1,2; 2Pet. 1,3; 2Pet. 1,8; 2Pet. 1,9; 2Pet. 1,11; 2Pet. 1,16; 2Pet. 2,15; 2Pet. 2,15; 2Pet. 2,16; 2Pet. 2,20; 2Pet. 2,20; 2Pet. 3,2; 2Pet. 3,5; 2Pet. 3,12; 2Pet. 3,15; 2Pet. 3,17; 2Pet. 3,18; 1John 1,1; 1John 1,3; 1John 1,3; 1John 1,7; 1John 2,2; 1John 2,5; 1John 2,14; 1John 2,15; 1John 2,16; 1John 2,16; 1John 2,16; 1John 2,17; 1John 2,20; 1John 3,8; 1John 3,8; 1John 3,8; 1John 3,9; 1John 3,9; 1John 3,10; 1John 3,10; 1John 3,10; 1John 3,12; 1John 3,12; 1John 3,14; 1John 3,17; 1John 3,17; 1John 3,23; 1John 4,1; 1John 4,2; 1John 4,2; 1John 4,3; 1John 4,3; 1John 4,4; 1John 4,5; 1John 4,5; 1John 4,6; 1John 4,6; 1John 4,7; 1John 4,7; 1John 4,9; 1John 4,14; 1John 4,15; 1John 5,1; 1John 5,2; 1John 5,3; 1John 5,4; 1John 5,5; 1John 5,9; 1John 5,9; 1John 5,9; 1John 5,10; 1John 5,10; 1John 5,12; 1John 5,13; 1John 5,13; 1John 5,18; 1John 5,18; 1John 5,19; 1John 5,20; 2John 3; 2John 3; 2John 4; 2John 9; 3John 6; 3John 11; Jude 4; Jude 11; Jude 11; Jude 11; Jude 17; Jude 21; Jude 25; Jude 25; Rev. 1,1; Rev. 1,2; Rev. 1,4; Rev. 1,9; Rev. 1,18; Rev. 1,18; Rev. 2,5; Rev. 2,7; Rev. 2,9; Rev. 2,11; Rev. 2,11; Rev. 2,13; Rev. 2,18; Rev. 2,24; Rev. 2,28; Rev. 3,1; Rev. 3,2; Rev. 3,5; Rev. 3,9; Rev. 3,10; Rev. 3,12; Rev. 3,12; Rev. 3,12; Rev. 3,12; Rev. 3,12; Rev. 3,14; Rev. 3,21; Rev. 4,3; Rev. 4,4; Rev. 4,5; Rev. 4,5; Rev. 4,5; Rev. 4,6; Rev. 4,6; Rev. 4,6; Rev. 4,10; Rev. 4,10; Rev. 4,10; Rev. 5,1; Rev. 5,1; Rev. 5,6; Rev. 5,6; Rev. 5,7; Rev. 5,7; Rev. 5,11; Rev. 6,9; Rev. 6,13; Rev. 6,16; Rev. 6,16; Rev. 7,3; Rev. 7,9; Rev. 7,11; Rev. 7,11; Rev. 7,15; Rev. 7,15; Rev. 7,15; Rev. 7,17; Rev. 8,2; Rev. 8,3; Rev. 8,4; Rev. 8,4; Rev. 8,10; Rev. 8,11; Rev. 8,12; Rev. 9,1; Rev. 9,2; Rev. 9,3; Rev. 9,4; Rev. 9,13; Rev. 9,18; Rev. 10,1; Rev. 10,4; Rev. 10,7; Rev. 10,7; Rev. 10,8; Rev. 10,8; Rev. 10,8; Rev. 10,10; Rev. 11,1; Rev. 11,2; Rev. 11,4; Rev. 11,11; Rev. 11,12; Rev. 11,13; Rev. 11,15; Rev. 11,15; Rev. 11,15; Rev. 11,16; Rev. 11,19; Rev. 12,4; Rev. 12,6; Rev. 12,7; Rev. 12,10; Rev. 12,10; Rev. 12,10; Rev. 12,14; Rev. 12,14; Rev. 12,14; Rev. 12,17; Rev. 13,3; Rev. 13,12; Rev. 13,13; Rev. 14,1; Rev. 14,2; Rev. 14,3; Rev. 14,8; Rev. 14,8; Rev. 14,10; Rev. 14,10; Rev. 14,10; Rev. 14,10; Rev. 14,11; Rev. 14,12; Rev. 14,13; Rev. 14,15; Rev. 14,17; Rev. 14,17; Rev. 14,19; Rev. 14,19; Rev. 15,1; Rev. 15,2; Rev. 15,2; Rev. 15,3; Rev. 15,3; Rev. 15,6; Rev. 15,7; Rev. 15,7; Rev. 15,7; Rev. 15,8; Rev. 16,1; Rev. 16,1; Rev. 16,1; Rev. 16,5; Rev. 16,9; Rev. 16,9; Rev. 16,10; Rev. 16,11; Rev. 16,13; Rev. 16,13; Rev. 16,14; Rev. 16,14; Rev. 16,17; Rev. 16,17; Rev. 16,19; Rev. 16,19; Rev. 16,19; Rev. 16,21; Rev. 17,2; Rev. 17,17; Rev. 18,1; Rev. 18,3; Rev. 18,3; Rev. 18,4; Rev. 18,10; Rev. 18,15; Rev. 19,1; Rev. 19,5; Rev. 19,9; Rev. 19,9; Rev. 19,13; Rev. 19,15; Rev. 19,15; Rev. 19,15; Rev. 19,15; Rev. 19,17; Rev. 19,19; Rev. 19,19; Rev. 19,21; Rev. 19,21; Rev. 20,1; Rev. 20,4; Rev. 20,4; Rev. 20,6; Rev. 20,6; Rev. 20,9; Rev. 20,12; Rev. 21,2; Rev. 21,2; Rev. 21,3; Rev. 21,3; Rev. 21,10; Rev. 21,10; Rev. 21,11; Rev. 21,23; Rev. 21,23; Rev. 22,1; Rev. 22,1; Rev. 22,2; Rev. 22,3; Rev. 22,8; Rev. 22,8; Rev. 22,21)

Article · neuter · singular · genitive ▸ 3618 + 223 + 606 = **4447**

(Gen. 1,2; Gen. 1,4; Gen. 1,4; Gen. 1,6; Gen. 1,7; Gen. 1,7; Gen. 1,7; Gen. 1,7; Gen. 1,7; Gen. 1,14; Gen. 1,18; Gen. 1,18; Gen. 2,5; Gen. 2,5; Gen. 2,9; Gen. 2,16; Gen. 2,17; Gen. 2,17; Gen. 3,1; Gen. 3,3; Gen. 3,6; Gen. 3,8; Gen. 3,11; Gen. 3,12; Gen. 3,15; Gen. 3,15; Gen. 3,17; Gen. 3,19; Gen. 3,19; Gen. 3,22; Gen. 3,22; Gen. 3,24; Gen. 4,13; Gen. 4,14; Gen. 4,15; Gen. 7,18; Gen. 8,7; Gen. 8,7; Gen. 8,12; Gen. 8,21; Gen. 9,6; Gen. 9,11; Gen. 9,11; Gen. 9,16; Gen. 11,4; Gen. 13,4; Gen. 13,10; Gen. 15,16; Gen. 16,2; Gen. 16,3; Gen. 16,7; Gen. 16,10; Gen. 17,7; Gen. 17,7; Gen. 17,10; Gen. 17,12; Gen. 17,14; Gen. 18,7; Gen. 18,12; Gen. 18,25; Gen. 19,4; Gen. 19,19; Gen. 19,20; Gen. 19,21; Gen. 19,22; Gen. 19,22; Gen. 19,38; Gen. 20,6; Gen. 20,16; Gen. 21,12; Gen. 21,16; Gen. 21,17; Gen. 21,17; Gen. 21,20; Gen. 21,25; Gen. 23,6; Gen. 23,9; Gen. 24,9; Gen. 24,11; Gen. 24,13; Gen. 24,15; Gen. 24,21; Gen. 24,25; Gen. 24,33; Gen. 24,43; Gen. 24,45; Gen. 25,24; Gen. 25,29; Gen. 25,30; Gen. 25,30; Gen. 26,10; Gen. 26,18; Gen. 26,20; Gen. 26,32; Gen. 27,1; Gen. 27,7; Gen. 27,10; Gen. 27,33; Gen. 27,41; Gen. 27,42; Gen. 27,44; Gen. 28,10; Gen. 28,15; Gen. 29,2; Gen. 29,2; Gen. 29,3; Gen. 29,3; Gen. 29,8; Gen. 29,8; Gen. 29,8; Gen. 29,10; Gen. 29,10; Gen. 29,35; Gen. 30,9; Gen. 30,38; Gen. 30,41; Gen. 31,20; Gen. 32,5; Gen. 32,13; Gen. 32,26; Gen. 32,33; Gen. 32,33; Gen. 32,33; Gen. 33,3; Gen. 33,14; Gen. 34,5; Gen. 34,7; Gen. 34,17; Gen. 34,19; Gen. 34,22; Gen. 35,20; Gen. 35,27; Gen. 36,7; Gen. 36,7; Gen. 36,31; Gen. 37,6; Gen. 37,18; Gen. 37,18; Gen. 38,9; Gen. 38,17; Gen. 38,26; Gen. 39,10; Gen. 39,23; Gen. 40,5; Gen. 40,14; Gen. 40,17; Gen. 40,17; Gen. 41,14; Gen. 41,32; Gen. 41,32; Gen. 41,50; Gen. 42,16; Gen. 42,27; Gen. 42,27; Gen. 42,35; Gen. 42,35; Gen. 43,11; Gen. 43,18; Gen. 43,18; Gen. 43,25; Gen. 44,1; Gen. 44,33; Gen. 44,34; Gen. 45,28; Gen. 46,5; Gen. 46,30; Gen. 46,34; Gen. 47,29; Gen. 47,29; Gen. 48,5; Gen. 48,7; Gen. 48,10; Gen. 48,11; Gen. 49,32; Gen. 49,32; Gen. 50,4; Gen. 50,16; Ex. 2,8; Ex. 2,10; Ex. 2,10; Ex. 2,15; Ex. 2,18; Ex. 4,8; Ex. 4,8; Ex. 4,8; Ex. 4,8; Ex. 4,9; Ex. 4,9; Ex. 4,25; Ex. 4,26; Ex. 5,14; Ex. 7,14; Ex. 8,25; Ex. 9,17; Ex. 9,28; Ex. 9,34; Ex. 10,15; Ex. 10,26; Ex. 12,7; Ex. 12,13; Ex. 12,22; Ex. 12,22; Ex. 12,22; Ex. 12,34; Ex. 12,43; Ex. 13,22; Ex. 14,5; Ex. 14,5; Ex. 16,32; Ex. 16,33; Ex. 16,34; Ex. 19,1; Ex. 19,2; Ex. 19,2; Ex. 19,3; Ex. 19,12; Ex. 19,12; Ex. 19,13; Ex. 19,14; Ex. 19,20; Ex. 19,20; Ex. 20,17; Ex. 20,20; Ex. 21,14; Ex. 21,37; Ex. 22,2; Ex. 23,11; Ex. 23,13; Ex. 24,6; Ex. 24,6; Ex. 24,17; Ex. 25,18; Ex. 25,19; Ex. 25,19; Ex. 25,19; Ex. 25,19; Ex. 25,20; Ex. 25,22; Ex. 25,22; Ex. 25,32; Ex. 25,32; Ex. 25,32; Ex. 25,32; Ex. 25,37; Ex. 26,4; Ex. 26,4; Ex. 26,4; Ex. 26,5; Ex. 26,10; Ex. 26,10; Ex. 26,13; Ex. 26,13; Ex. 26,18; Ex. 26,18; Ex. 26,26; Ex. 26,28; Ex. 26,33; Ex. 26,33; Ex. 26,33; Ex. 26,33; Ex. 26,34; Ex. 26,35; Ex. 27,5; Ex. 27,5; Ex. 27,5; Ex. 27,7; Ex. 27,21; Ex. 27,21; Ex. 27,21; Ex. 28,29; Ex. 28,29; Ex. 28,23 # 28,29a; Ex. 28,30; Ex. 28,30; Ex. 28,32; Ex. 28,33; Ex. 28,34; Ex. 28,38; Ex. 28,38; Ex. 28,43; Ex. 28,43; Ex. 29,4; Ex. 29,7; Ex. 29,7; Ex. 29,10; Ex. 29,10; Ex. 29,11; Ex. 29,12; Ex. 29,12; Ex. 29,12; Ex. 29,13; Ex. 29,20; Ex. 29,20; Ex. 29,20; Ex. 29,21; Ex. 29,21; Ex. 29,21; Ex. 29,21;

Ex. 29,22; Ex. 29,23; Ex. 29,27; Ex. 29,29; Ex. 29,30; Ex. 29,32; Ex. 29,37; Ex. 29,37; Ex. 29,38; Ex. 29,40; Ex. 29,40; Ex. 29,42; Ex. 29,44; Ex. 30,6; Ex. 30,6; Ex. 30,10; Ex. 30,13; Ex. 30,13; Ex. 30,15; Ex. 30,15; Ex. 30,16; Ex. 30,18; Ex. 30,18; Ex. 30,20; Ex. 30,21; Ex. 30,24; Ex. 30,26; Ex. 30,26; Ex. 30,27; Ex. 30,36; Ex. 31,7; Ex. 31,11; Ex. 31,18; Ex. 32,1; Ex. 32,15; Ex. 32,15; Ex. 33,6; Ex. 33,6; Ex. 33,8; Ex. 34,2; Ex. 34,3; Ex. 34,25; Ex. 34,29; Ex. 34,29; Ex. 34,29; Ex. 34,29; Ex. 34,30; Ex. 34,30; Ex. 34,34; Ex. 35,12; Ex. 35,17 # 35,12a; Ex. 35,14; Ex. 35,19; Ex. 35,21; Ex. 35,21; Ex. 35,28; Ex. 35,35; Ex. 36,3; Ex. 36,4; Ex. 36,6; Ex. 36,10; Ex. 36,23; Ex. 36,24; Ex. 36,26; Ex. 36,26; Ex. 36,31; Ex. 36,33; Ex. 36,37; Ex. 37,5; Ex. 37,13; Ex. 37,13; Ex. 37,19; Ex. 38,7; Ex. 38,7; Ex. 38,10; Ex. 38,10; Ex. 38,10; Ex. 38,10; Ex. 38,16; Ex. 38,18; Ex. 38,23; Ex. 38,24; Ex. 38,24; Ex. 38,24; Ex. 38,24; Ex. 38,25; Ex. 38,26; Ex. 38,27; Ex. 39,1; Ex. 39,4; Ex. 39,4; Ex. 39,6; Ex. 39,7; Ex. 39,9; Ex. 39,9; Ex. 39,9; Ex. 39,11; Ex. 39,16; Ex. 39,18; Ex. 39,21; Ex. 40,2; Ex. 40,3; Ex. 40,5; Ex. 40,6; Ex. 40,9; Ex. 40,12; Ex. 40,21; Ex. 40,21; Ex. 40,22; Ex. 40,22; Ex. 40,22; Ex. 40,24; Ex. 40,26; Ex. 40,26; Ex. 40,33; Ex. 40,34; Ex. 40,35; Lev. 1,1; Lev. 1,3; Lev. 1,4; Lev. 1,5; Lev. 1,8; Lev. 1,8; Lev. 1,11; Lev. 1,12; Lev. 1,12; Lev. 1,15; Lev. 1,17; Lev. 3,2; Lev. 3,2; Lev. 3,3; Lev. 3,4; Lev. 3,5; Lev. 3,5; Lev. 3,8; Lev. 3,8; Lev. 3,9; Lev. 3,10; Lev. 3,13; Lev. 3,15; Lev. 4,3; Lev. 4,4; Lev. 4,5; Lev. 4,5; Lev. 4,6; Lev. 4,7; Lev. 4,7; Lev. 4,7; Lev. 4,7; Lev. 4,7; Lev. 4,7; Lev. 4,9; Lev. 4,10; Lev. 4,14; Lev. 4,16; Lev. 4,16; Lev. 4,17; Lev. 4,17; Lev. 4,17; Lev. 4,18; Lev. 4,18; Lev. 4,18; Lev. 4,18; Lev. 4,18; Lev. 4,25; Lev. 4,25; Lev. 4,25; Lev. 4,25; Lev. 4,29; Lev. 4,30; Lev. 4,30; Lev. 4,30; Lev. 4,33; Lev. 4,34; Lev. 4,34; Lev. 4,34; Lev. 4,34; Lev. 4,35; Lev. 5,9; Lev. 5,9; Lev. 5,9; Lev. 5,9; Lev. 5,9; Lev. 6,2; Lev. 6,2; Lev. 6,3; Lev. 6,3; Lev. 6,5; Lev. 6,7; Lev. 6,9; Lev. 6,13; Lev. 6,19; Lev. 6,20; Lev. 6,23; Lev. 6,23; Lev. 7,2; Lev. 7,4; Lev. 7,14; Lev. 7,20; Lev. 7,21; Lev. 7,29; Lev. 7,30; Lev. 7,30; Lev. 7,31; Lev. 7,32; Lev. 7,33; Lev. 7,34; Lev. 7,34; Lev. 7,34; Lev. 7,35; Lev. 7,37; Lev. 8,3; Lev. 8,4; Lev. 8,10; Lev. 8,12; Lev. 8,15; Lev. 8,15; Lev. 8,15; Lev. 8,15; Lev. 8,16; Lev. 8,23; Lev. 8,23; Lev. 8,23; Lev. 8,24; Lev. 8,25; Lev. 8,26; Lev. 8,26; Lev. 8,30; Lev. 8,30; Lev. 8,30; Lev. 8,30; Lev. 8,31; Lev. 8,33; Lev. 8,34; Lev. 8,35; Lev. 9,5; Lev. 9,9; Lev. 9,9; Lev. 9,10; Lev. 9,10; Lev. 9,17; Lev. 9,17; Lev. 9,18; Lev. 9,19; Lev. 9,22; Lev. 9,23; Lev. 9,24; Lev. 10,7; Lev. 10,9; Lev. 10,14; Lev. 10,14; Lev. 10,14; Lev. 10,15; Lev. 10,15; Lev. 10,18; Lev. 12,6; Lev. 12,7; Lev. 13,3; Lev. 13,4; Lev. 13,7; Lev. 13,10; Lev. 13,19; Lev. 13,20; Lev. 13,21; Lev. 13,23; Lev. 13,24; Lev. 13,25; Lev. 13,26; Lev. 13,28; Lev. 13,28; Lev. 13,30; Lev. 13,31; Lev. 13,31; Lev. 13,31; Lev. 13,32; Lev. 13,32; Lev. 13,34; Lev. 13,34; Lev. 13,56; Lev. 13,56; Lev. 14,6; Lev. 14,6; Lev. 14,11; Lev. 14,12; Lev. 14,14; Lev. 14,14; Lev. 14,14; Lev. 14,14; Lev. 14,15; Lev. 14,16; Lev. 14,16; Lev. 14,17; Lev. 14,17; Lev. 14,17; Lev. 14,17; Lev. 14,23; Lev. 14,24; Lev. 14,25; Lev. 14,25; Lev. 14,25; Lev. 14,25; Lev. 14,26; Lev. 14,27; Lev. 14,27; Lev. 14,28; Lev. 14,28; Lev. 14,28; Lev. 14,28; Lev. 14,28; Lev. 14,28; Lev. 14,29; Lev. 14,36; Lev. 14,51; Lev. 14,51; Lev. 14,52; Lev. 14,56; Lev. 14,57; Lev. 15,2; Lev. 15,6; Lev. 15,14; Lev. 15,23; Lev. 15,29; Lev. 16,2; Lev. 16,2; Lev. 16,2; Lev. 16,2; Lev. 16,7; Lev. 16,10; Lev. 16,12; Lev. 16,12; Lev. 16,12; Lev. 16,13; Lev. 16,14; Lev. 16,14; Lev. 16,14; Lev. 16,15; Lev. 16,15; Lev. 16,15; Lev. 16,16; Lev. 16,17; Lev. 16,18; Lev. 16,18; Lev. 16,18; Lev. 16,19; Lev. 16,20; Lev. 16,23; Lev. 16,33; Lev. 16,33; Lev. 17,4; Lev. 17,4; Lev. 17,5; Lev. 17,6; Lev. 17,9; Lev. 17,11; Lev. 18,21; Lev. 19,21; Lev. 20,2; Lev. 20,3; Lev. 20,4; Lev. 20,4; Lev. 20,18; Lev. 20,18; Lev. 21,9; Lev. 21,10; Lev. 21,10; Lev. 21,13; Lev. 21,14; Lev. 21,17; Lev. 21,21; Lev. 21,21; Lev. 22,3; Lev. 22,4; Lev. 23,13; Lev. 23,15; Lev. 23,19; Lev. 23,20; Lev. 24,3; Lev. 24,3; Lev. 25,5; Lev. 25,22; Lev. 25,28; Lev. 25,40; Lev. 25,50; Lev. 25,51; Lev. 26,18; Lev. 26,44; Lev. 26,45; Lev. 27,15; Lev. 27,19; Lev. 27,30; Num. 1,1; Num. 1,1; Num. 1,50; Num. 1,53; Num. 1,53; Num. 2,2; Num. 2,17; Num. 3,7; Num. 3,8; Num. 3,10; Num. 3,10; Num. 3,25; Num. 3,25; Num. 3,31; Num. 3,38; Num. 3,38; Num. 4,3; Num. 4,4; Num. 4,5; Num. 4,9; Num. 4,14; Num. 4,15; Num. 4,16; Num. 4,23; Num. 4,25; Num. 4,25; Num. 4,26; Num. 4,28; Num. 4,30; Num. 4,31; Num. 4,32; Num. 4,33; Num. 4,35; Num. 4,37; Num. 4,39; Num. 4,41; Num. 4,43; Num. 4,47; Num. 5,15; Num. 5,17; Num. 5,17; Num. 5,18; Num. 5,19; Num. 6,10; Num. 6,13; Num. 6,18; Num. 6,18; Num. 6,19; Num. 6,20; Num. 6,20; Num. 6,20; Num. 7,5; Num. 7,9; Num. 7,10; Num. 7,10; Num. 7,11; Num. 7,84; Num. 7,88; Num. 7,89; Num. 7,89; Num. 7,89; Num. 8,3; Num. 8,9; Num. 8,15; Num. 8,19; Num. 8,22; Num. 8,24; Num. 8,26; Num. 9,5; Num. 9,12; Num. 9,14; Num. 9,15; Num. 10,3; Num. 10,11; Num. 10,33; Num. 11,16; Num. 11,17; Num. 11,17; Num. 11,25; Num. 11,25; Num. 12,4; Num. 12,4; Num. 12,5; Num. 14,10; Num. 14,19; Num. 14,40; Num. 14,44; Num. 15,4; Num. 15,4; Num. 15,5; Num. 15,6; Num. 15,7; Num. 15,9; Num. 15,10; Num. 16,18; Num. 16,19; Num. 17,5; Num. 17,7; Num. 17,8; Num. 17,11; Num. 17,15; Num. 17,19; Num. 17,19; Num. 17,22; Num. 17,23; Num. 18,2; Num. 18,4; Num. 18,5; Num. 18,6; Num. 18,7; Num. 18,7; Num. 18,18; Num. 18,21; Num. 18,22; Num. 18,23; Num. 18,26; Num. 18,31; Num. 19,4; Num. 19,4; Num. 19,4; Num. 19,4; Num. 19,6; Num. 19,16; Num. 19,18; Num. 19,18; Num. 19,18; Num. 19,21; Num. 20,6; Num. 20,19; Num. 20,24; Num. 20,28; Num. 20,28; Num. 21,4; Num. 21,11; Num. 21,17; Num. 21,20; Num. 21,35; Num. 22,4; Num. 22,23; Num. 24,7; Num. 25,6; Num. 27,2; Num. 28,5; Num. 28,7; Num. 28,14; Num. 28,14; Num. 28,14; Num. 28,24; Num. 28,31; Num. 28,31; Num. 30,3; Num. 31,16; Num. 31,22; Num. 31,22; Num. 31,29; Num. 31,30; Num. 31,30; Num. 31,42; Num. 31,47; Num. 31,54; Num. 32,19; Num. 32,24; Num. 32,42; Num. 33,3; Num. 33,33; Num. 33,41; Num. 34,8; Num. 35,25; Num. 35,32; Num. 35,32; Num. 35,33; Num. 35,33; Num. 35,33; Deut. 1,20; Deut. 3,3; Deut. 3,12; Deut. 4,12; Deut. 4,15; Deut. 4,33; Deut. 4,36; Deut. 4,48; Deut. 4,48; Deut. 5,4; Deut. 5,5; Deut. 5,21; Deut. 5,22; Deut. 5,23; Deut. 5,24; Deut. 5,26; Deut. 8,11; Deut. 8,18; Deut. 9,15; Deut. 9,21; Deut. 10,4; Deut. 10,5; Deut. 11,32; Deut. 12,1; Deut. 12,9; Deut. 12,17; Deut. 12,23; Deut. 12,27; Deut. 13,18; Deut. 14,22; Deut. 14,23; Deut. 15,3; Deut. 17,11; Deut. 18,4; Deut. 19,5; Deut. 19,6; Deut. 19,12; Deut. 21,23; Deut. 22,9; Deut. 25,6; Deut. 26,4; Deut. 27,26; Deut. 28,59; Deut. 30,6; Deut. 31,14; Deut. 31,14; Deut. 31,14; Deut. 31,15; Deut. 31,21; Deut. 31,21; Deut. 32,51; Deut. 33,26; Josh. 1,8; Josh. 2,6; Josh. 2,23; Josh. 3,1; Josh. 3,8; Josh. 3,15; Josh. 4,14; Josh. 4,16; Josh. 4,23; Josh. 6,18; Josh. 6,18; Josh. 7,1; Josh. 7,1; Josh. 7,5; Josh. 7,11; Josh. 8,22; Josh. 8,29; Josh. 8,29; Josh. 9,15; Josh. 9,27; Josh. 10,18; Josh. 10,22; Josh. 10,23; Josh. 10,33; Josh. 11,5; Josh. 11,8; Josh. 12,1; Josh. 12,7; Josh. 13,9; Josh. 14,3; Josh. 15,5; Josh. 15,9; Josh. 18,1; Josh. 18,14; Josh. 18,16; Josh. 19,48a; Josh. 19,51; Josh. 21,5; Josh. 21,6; Josh. 21,21; Josh. 21,25; Josh. 21,27; Josh. 22,10; Josh. 22,19; Josh. 22,20; Josh. 22,26; Josh. 22,27; Josh. 22,28; Josh. 22,29; Josh. 22,29; Josh. 22,32; Josh. 22,33; Josh. 22,34; Josh. 23,11; Josh. 23,13; Josh. 24,3; Josh. 24,31; Judg. 1,1; Judg. 1,14; Judg. 1,14; Judg. 2,1; Judg. 2,3; Judg. 2,3; Judg. 2,6; Judg. 2,9; Judg. 2,17; Judg. 2,21; Judg. 2,22; Judg. 2,23; Judg. 3,2; Judg. 3,3; Judg. 3,21; Judg. 3,23; Judg. 3,24; Judg. 3,25; Judg. 4,5; Judg. 4,14; Judg. 4,15; Judg. 4,19; Judg. 5,16; Judg. 5,16; Judg. 6,4; Judg. 6,5; Judg. 6,11; Judg. 6,18; Judg. 6,18; Judg.

6,26; Judg. 6,26; Judg. 7,3; Judg. 7,5; Judg. 7,5; Judg. 7,6; Judg. 7,15; Judg. 7,20; Judg. 7,25; Judg. 8,1; Judg. 8,33; Judg. 9,7; Judg. 9,8; Judg. 9,24; Judg. 9,37; Judg. 9,41; Judg. 10,1; Judg. 10,13; Judg. 11,27; Judg. 11,32; Judg. 11,33; Judg. 11,36; Judg. 12,3; Judg. 12,6; Judg. 13,12; Judg. 13,12; Judg. 13,20; Judg. 16,3; Judg. 16,3; Judg. 16,6; Judg. 16,9; Judg. 16,13; Judg. 16,23; Judg. 16,23; Judg. 16,27; Judg. 17,3; Judg. 17,3; Judg. 17,4; Judg. 17,8; Judg. 18,1; Judg. 18,2; Judg. 18,3; Judg. 18,3; Judg. 18,9; Judg. 18,9; Judg. 18,13; Judg. 18,15; Judg. 19,3; Judg. 19,3; Judg. 19,5; Judg. 19,8; Judg. 19,9; Judg. 19,15; Judg. 19,27; Judg. 20,14; Judg. 20,38; Judg. 20,39; Judg. 21,3; Judg. 21,7; Ruth 1,1; Ruth 1,7; Ruth 1,12; Ruth 1,12; Ruth 1,13; Ruth 1,16; Ruth 1,18; Ruth 1,18; Ruth 1,19; Ruth 2,9; Ruth 2,10; Ruth 2,14; Ruth 2,15; Ruth 3,14; Ruth 3,18; Ruth 4,4; Ruth 4,5; Ruth 4,7; Ruth 4,10; Ruth 4,12; Ruth 4,15; 1Sam. 1,6; 1Sam. 1,22; 1Sam. 1,23; 1Sam. 1,25; 1Sam. 1,27; 1Sam. 2,3; 1Sam. 2,20; 1Sam. 2,24; 1Sam. 2,28; 1Sam. 2,33; 1Sam. 4,15; 1Sam. 4,19; 1Sam. 7,8; 1Sam. 8,7; 1Sam. 9,13; 1Sam. 9,13; 1Sam. 9,14; 1Sam. 9,15; 1Sam. 10,1; 1Sam. 10,8; 1Sam. 12,23; 1Sam. 12,23; 1Sam. 13,12; 1Sam. 13,21; 1Sam. 14,14; 1Sam. 14,27; 1Sam. 14,27; 1Sam. 14,27; 1Sam. 14,29; 1Sam. 14,34; 1Sam. 15,14; 1Sam. 15,15; 1Sam. 15,19; 1Sam. 15,21; 1Sam. 15,26; 1Sam. 15,27; 1Sam. 15,27; 1Sam. 15,29; 1Sam. 16,11; 1Sam. 16,13; 1Sam. 17,3; 1Sam. 17,3; 1Sam. 17,7; 1Sam. 17,33; 1Sam. 17,35; 1Sam. 19,11; 1Sam. 19,15; 1Sam. 19,22; 1Sam. 19,23; 1Sam. 20,9; 1Sam. 20,24; 1Sam. 20,33; 1Sam. 20,38; 1Sam. 20,42; 1Sam. 20,42; 1Sam. 21,7; 1Sam. 23,13; 1Sam. 23,15; 1Sam. 23,26; 1Sam. 23,26; 1Sam. 24,4; 1Sam. 24,9; 1Sam. 25,20; 1Sam. 25,26; 1Sam. 25,34; 1Sam. 25,34; 1Sam. 25,36; 1Sam. 26,11; 1Sam. 26,12; 1Sam. 26,13; 1Sam. 26,16; 1Sam. 27,1; 1Sam. 27,11; 1Sam. 28,16; 1Sam. 30,8; 1Sam. 30,21; 2Sam. 1,18; 2Sam. 2,4; 2Sam. 2,19; 2Sam. 2,23; 2Sam. 2,23; 2Sam. 2,28; 2Sam. 3,10; 2Sam. 3,11; 2Sam. 3,12; 2Sam. 3,19; 2Sam. 3,26; 2Sam. 3,34; 2Sam. 4,8; 2Sam. 5,22; 2Sam. 5,24; 2Sam. 6,2; 2Sam. 6,6; 2Sam. 6,10; 2Sam. 6,21; 2Sam. 6,23; 2Sam. 7,5; 2Sam. 7,8; 2Sam. 7,10; 2Sam. 7,20; 2Sam. 7,22; 2Sam. 7,23; 2Sam. 7,23; 2Sam. 7,23; 2Sam. 7,23; 2Sam. 7,27; 2Sam. 7,29; 2Sam. 8,2; 2Sam. 8,11; 2Sam. 8,11; 2Sam. 10,3; 2Sam. 10,5; 2Sam. 10,9; 2Sam. 10,11; 2Sam. 10,16; 2Sam. 10,19; 2Sam. 11,2; 2Sam. 11,2; 2Sam. 11,13; 2Sam. 11,20; 2Sam. 11,21; 2Sam. 11,22; 2Sam. 11,22; 2Sam. 11,22; 2Sam. 11,24; 2Sam. 12,3; 2Sam. 12,4; 2Sam. 12,9; 2Sam. 12,10; 2Sam. 12,16; 2Sam. 12,17; 2Sam. 12,21; 2Sam. 12,31; 2Sam. 13,2; 2Sam. 13,5; 2Sam. 13,11; 2Sam. 13,14; 2Sam. 13,16; 2Sam. 13,20; 2Sam. 13,25; 2Sam. 13,34; 2Sam. 13,34; 2Sam. 13,39; 2Sam. 14,11; 2Sam. 14,11; 2Sam. 14,13; 2Sam. 14,14; 2Sam. 14,17; 2Sam. 14,20; 2Sam. 14,20; 2Sam. 14,20; 2Sam. 14,29; 2Sam. 14,32; 2Sam. 15,5; 2Sam. 15,14; 2Sam. 15,20; 2Sam. 15,28; 2Sam. 15,28; 2Sam. 16,2; 2Sam. 16,13; 2Sam. 17,17; 2Sam. 17,20; 2Sam. 17,22; 2Sam. 17,22; 2Sam. 18,3; 2Sam. 18,5; 2Sam. 18,8; 2Sam. 18,16; 2Sam. 18,18; 2Sam. 18,29; 2Sam. 19,4; 2Sam. 19,7; 2Sam. 19,8; 2Sam. 19,11; 2Sam. 19,12; 2Sam. 19,13; 2Sam. 19,16; 2Sam. 19,19; 2Sam. 19,19; 2Sam. 19,20; 2Sam. 19,21; 2Sam. 19,29; 2Sam. 19,44; 2Sam. 20,5; 2Sam. 20,9; 2Sam. 20,13; 2Sam. 20,16; 2Sam. 20,21; 2Sam. 21,2; 2Sam. 21,5; 2Sam. 21,16; 2Sam. 21,19; 2Sam. 22,13; 2Sam. 23,8; 2Sam. 23,17; 2Sam. 24,16; 2Sam. 24,21; 1Kings 1,35; 1Kings 1,39; 1Kings 1,48; 1Kings 1,50; 1Kings 1,51; 1Kings 1,53; 1Kings 2,3; 1Kings 2,27; 1Kings 2,28; 1Kings 2,29; 1Kings 2,33; 1Kings 2,40; 1Kings 2,46h; 1Kings 3,9; 1Kings 3,11; 1Kings 3,15; 1Kings 3,15; 1Kings 3,28; 1Kings 5,17; 1Kings 5,23; 1Kings 6,15; 1Kings 6,16; 1Kings 6,16; 1Kings 6,19; 1Kings 6,21; 1Kings 6,24; 1Kings 6,24; 1Kings 6,26; 1Kings 6,26; 1Kings 6,27; 1Kings 6,30; 1Kings 6,30; 1Kings 6,31; 1Kings 6,36a;

1Kings 7,2; 1Kings 7,4; 1Kings 7,4; 1Kings 7,4; 1Kings 7,4; 1Kings 7,7; 1Kings 7,10; 1Kings 7,10; 1Kings 7,11; 1Kings 7,25; 1Kings 7,27; 1Kings 7,35; 1Kings 7,42; 1Kings 7,44; 1Kings 7,46; 1Kings 8,1; 1Kings 8,1; 1Kings 8,4; 1Kings 8,4; 1Kings 8,8; 1Kings 8,10; 1Kings 8,16; 1Kings 8,16; 1Kings 8,16; 1Kings 8,18; 1Kings 8,22; 1Kings 8,25; 1Kings 8,29; 1Kings 8,29; 1Kings 8,31; 1Kings 8,31; 1Kings 8,32; 1Kings 8,53a; 1Kings 8,53a; 1Kings 8,53a; 1Kings 8,54; 1Kings 8,58; 1Kings 8,59; 1Kings 8,64; 1Kings 9,3; 1Kings 9,4; 1Kings 9,12; 1Kings 9,26; 1Kings 10,9; 1Kings 10,14; 1Kings 10,14; 1Kings 10,15; 1Kings 10,22a # 9,15; 1Kings 10,22a # 9,15; 1Kings 10,24; 1Kings 11,2; 1Kings 11,14; 1Kings 11,30; 1Kings 11,30; 1Kings 11,30; 1Kings 11,33; 1Kings 11,36; 1Kings 11,38; 1Kings 12,18; 1Kings 12,21; 1Kings 12,24; 1Kings 12,24g; 1Kings 12,24g; 1Kings 12,24i; 1Kings 12,24o; 1Kings 12,24x; 1Kings 12,24z; 1Kings 12,32; 1Kings 12,33; 1Kings 13,1; 1Kings 13,4; 1Kings 13,5; 1Kings 13,6; 1Kings 13,6; 1Kings 13,16; 1Kings 13,25; 1Kings 13,29; 1Kings 13,32; 1Kings 13,32; 1Kings 15,9; 1Kings 15,13; 1Kings 15,17; 1Kings 15,21; 1Kings 15,23; 1Kings 15,29; 1Kings 16,2; 1Kings 16,7; 1Kings 16,7; 1Kings 16,7; 1Kings 16,13; 1Kings 16,19; 1Kings 16,21; 1Kings 16,24; 1Kings 16,24; 1Kings 16,24; 1Kings 16,26; 1Kings 16,28b; 1Kings 16,31; 1Kings 16,33; 1Kings 16,33; 1Kings 16,33; 1Kings 17,9; 1Kings 17,14; 1Kings 17,14; 1Kings 17,14; 1Kings 17,16; 1Kings 17,16; 1Kings 17,18; 1Kings 17,20; 1Kings 17,21; 1Kings 17,23; 1Kings 18,2; 1Kings 18,6; 1Kings 18,9; 1Kings 18,22; 1Kings 18,26; 1Kings 18,29; 1Kings 18,29; 1Kings 18,32; 1Kings 18,35; 1Kings 18,42; 1Kings 21,33; 1Kings 22,8; 1Kings 22,25; 1Kings 22,25; 1Kings 22,27; 1Kings 22,35; 1Kings 22,35; 1Kings 22,35; 1Kings 22,43; 2Kings 1,9; 2Kings 2,10; 2Kings 2,13; 2Kings 3,13; 2Kings 3,21; 2Kings 3,25; 2Kings 3,27; 2Kings 4,8; 2Kings 4,8; 2Kings 4,24; 2Kings 4,29; 2Kings 4,30; 2Kings 4,31; 2Kings 4,34; 2Kings 4,39; 2Kings 4,40; 2Kings 5,7; 2Kings 5,20; 2Kings 5,21; 2Kings 5,26; 2Kings 6,2; 2Kings 6,17; 2Kings 6,23; 2Kings 6,26; 2Kings 6,30; 2Kings 7,6; 2Kings 8,6; 2Kings 8,29; 2Kings 8,29; 2Kings 9,1; 2Kings 9,3; 2Kings 9,15; 2Kings 9,23; 2Kings 9,33; 2Kings 10,10; 2Kings 10,17; 2Kings 10,24; 2Kings 10,33; 2Kings 11,11; 2Kings 11,17; 2Kings 12,9; 2Kings 12,9; 2Kings 12,13; 2Kings 12,13; 2Kings 12,13; 2Kings 12,14; 2Kings 12,14; 2Kings 13,4; 2Kings 13,23; 2Kings 16,10; 2Kings 16,14; 2Kings 16,14; 2Kings 17,11; 2Kings 17,15; 2Kings 17,17; 2Kings 17,18; 2Kings 18,22; 2Kings 18,25; 2Kings 18,26; 2Kings 18,27; 2Kings 18,27; 2Kings 19,4; 2Kings 19,4; 2Kings 19,11; 2Kings 20,13; 2Kings 21,6; 2Kings 21,7; 2Kings 21,8; 2Kings 21,9; 2Kings 21,16; 2Kings 22,5; 2Kings 22,6; 2Kings 22,6; 2Kings 22,11; 2Kings 22,13; 2Kings 22,13; 2Kings 22,13; 2Kings 22,13; 2Kings 22,16; 2Kings 22,19; 2Kings 23,2; 2Kings 23,2; 2Kings 23,3; 2Kings 23,3; 2Kings 23,3; 2Kings 23,4; 2Kings 23,10; 2Kings 23,12; 2Kings 23,12; 2Kings 23,13; 2Kings 23,24; 2Kings 23,27; 2Kings 23,33; 2Kings 23,35; 2Kings 24,2; 2Kings 25,2; 2Kings 25,11; 2Kings 25,17; 2Kings 25,17; 2Kings 25,25; 1Chr. 1,10; 1Chr. 4,10; 1Chr. 4,39; 1Chr. 4,39; 1Chr. 6,46; 1Chr. 6,55; 1Chr. 6,63; 1Chr. 7,11; 1Chr. 7,22; 1Chr. 7,40; 1Chr. 9,21; 1Chr. 9,23; 1Chr. 9,25; 1Chr. 9,27; 1Chr. 9,29; 1Chr. 9,30; 1Chr. 9,31; 1Chr. 9,32; 1Chr. 10,8; 1Chr. 10,9; 1Chr. 10,13; 1Chr. 11,10; 1Chr. 11,18; 1Chr. 11,19; 1Chr. 12,18; 1Chr. 12,24; 1Chr. 12,32; 1Chr. 12,32; 1Chr. 12,38; 1Chr. 12,39; 1Chr. 12,39; 1Chr. 13,4; 1Chr. 13,5; 1Chr. 13,6; 1Chr. 13,9; 1Chr. 14,1; 1Chr. 14,15; 1Chr. 15,3; 1Chr. 15,14; 1Chr. 15,16; 1Chr. 15,19; 1Chr. 15,21; 1Chr. 15,25; 1Chr. 16,7; 1Chr. 16,12; 1Chr. 16,21; 1Chr. 16,35; 1Chr. 16,37; 1Chr. 16,40; 1Chr. 16,40; 1Chr. 16,41; 1Chr. 16,42; 1Chr. 16,43; 1Chr. 17,4; 1Chr. 17,6; 1Chr. 17,7; 1Chr. 17,9; 1Chr. 17,18; 1Chr. 17,21; 1Chr. 17,21; 1Chr. 17,21; 1Chr. 17,25; 1Chr. 17,25; 1Chr. 17,27; 1Chr. 17,27; 1Chr. 18,10;

ὁ

1Chr. 18,10; 1Chr. 18,11; 1Chr. 18,11; 1Chr. 19,2; 1Chr. 19,2; 1Chr. 19,3; 1Chr. 19,5; 1Chr. 19,6; 1Chr. 19,10; 1Chr. 19,16; 1Chr. 19,19; 1Chr. 21,1; 1Chr. 21,7; 1Chr. 21,12; 1Chr. 21,15; 1Chr. 21,17; 1Chr. 21,18; 1Chr. 21,18; 1Chr. 21,24; 1Chr. 21,30; 1Chr. 21,30; 1Chr. 22,2; 1Chr. 22,5; 1Chr. 22,6; 1Chr. 22,7; 1Chr. 22,12; 1Chr. 22,12; 1Chr. 22,13; 1Chr. 22,19; 1Chr. 22,19; 1Chr. 23,5; 1Chr. 23,13; 1Chr. 23,13; 1Chr. 23,28; 1Chr. 23,30; 1Chr. 23,30; 1Chr. 23,32; 1Chr. 23,32; 1Chr. 24,19; 1Chr. 26,27; 1Chr. 26,29; 1Chr. 27,28; 1Chr. 28,3; 1Chr. 28,4; 1Chr. 28,7; 1Chr. 28,18; 1Chr. 28,18; 1Chr. 28,19; 1Chr. 28,20; 1Chr. 29,4; 1Chr. 29,4; 1Chr. 29,9; 1Chr. 29,19; 2Chr. 1,3; 2Chr. 1,18; 2Chr. 2,2; 2Chr. 2,3; 2Chr. 2,3; 2Chr. 2,5; 2Chr. 2,6; 2Chr. 3,1; 2Chr. 3,3; 2Chr. 3,8; 2Chr. 3,11; 2Chr. 3,11; 2Chr. 3,12; 2Chr. 3,12; 2Chr. 3,12; 2Chr. 3,12; 2Chr. 4,6; 2Chr. 4,11; 2Chr. 4,13; 2Chr. 4,20; 2Chr. 5,2; 2Chr. 5,5; 2Chr. 5,6; 2Chr. 5,9; 2Chr. 5,12; 2Chr. 5,13; 2Chr. 5,14; 2Chr. 6,1; 2Chr. 6,2; 2Chr. 6,5; 2Chr. 6,5; 2Chr. 6,5; 2Chr. 6,7; 2Chr. 6,8; 2Chr. 6,12; 2Chr. 6,13; 2Chr. 6,16; 2Chr. 6,19; 2Chr. 6,20; 2Chr. 6,20; 2Chr. 6,22; 2Chr. 6,22; 2Chr. 6,23; 2Chr. 6,23; 2Chr. 6,23; 2Chr. 6,33; 2Chr. 6,33; 2Chr. 7,6; 2Chr. 7,9; 2Chr. 7,11; 2Chr. 7,16; 2Chr. 8,6; 2Chr. 8,13; 2Chr. 8,14; 2Chr. 9,1; 2Chr. 9,6; 2Chr. 9,8; 2Chr. 9,8; 2Chr. 9,8; 2Chr. 9,13; 2Chr. 9,13; 2Chr. 10,6; 2Chr. 10,18; 2Chr. 10,18; 2Chr. 11,1; 2Chr. 11,4; 2Chr. 11,14; 2Chr. 11,16; 2Chr. 12,3; 2Chr. 13,4; 2Chr. 13,12; 2Chr. 15,16; 2Chr. 16,1; 2Chr. 16,5; 2Chr. 16,9; 2Chr. 18,2; 2Chr. 18,7; 2Chr. 18,12; 2Chr. 18,23; 2Chr. 18,24; 2Chr. 18,26; 2Chr. 18,31; 2Chr. 18,34; 2Chr. 20,12; 2Chr. 20,23; 2Chr. 20,32; 2Chr. 20,36; 2Chr. 20,36; 2Chr. 20,37; 2Chr. 22,3; 2Chr. 22,4; 2Chr. 22,6; 2Chr. 22,9; 2Chr. 23,8; 2Chr. 23,8; 2Chr. 23,10; 2Chr. 24,6; 2Chr. 24,6; 2Chr. 24,14; 2Chr. 24,22; 2Chr. 25,12; 2Chr. 25,13; 2Chr. 25,16; 2Chr. 25,20; 2Chr. 25,23; 2Chr. 26,15; 2Chr. 26,15; 2Chr. 26,16; 2Chr. 26,18; 2Chr. 26,19; 2Chr. 26,19; 2Chr. 28,22; 2Chr. 29,19; 2Chr. 29,35; 2Chr. 30,12; 2Chr. 30,13; 2Chr. 30,17; 2Chr. 31,2; 2Chr. 32,2; 2Chr. 32,7; 2Chr. 32,7; 2Chr. 32,8; 2Chr. 32,8; 2Chr. 32,11; 2Chr. 32,12; 2Chr. 32,15; 2Chr. 32,18; 2Chr. 32,18; 2Chr. 32,26; 2Chr. 32,30; 2Chr. 32,31; 2Chr. 33,6; 2Chr. 33,6; 2Chr. 33,8; 2Chr. 33,9; 2Chr. 33,16; 2Chr. 33,19; 2Chr. 34,3; 2Chr. 34,3; 2Chr. 34,8; 2Chr. 34,21; 2Chr. 34,21; 2Chr. 34,21; 2Chr. 34,26; 2Chr. 34,31; 2Chr. 34,31; 2Chr. 34,33; 2Chr. 35,3; 2Chr. 35,6; 2Chr. 35,12; 2Chr. 35,16; 2Chr. 35,19a; 2Chr. 35,22; 2Chr. 35,24; 2Chr. 36,2c; 2Chr. 36,4a; 2Chr. 36,5c; 2Chr. 36,13; 2Chr. 36,14; 2Chr. 36,15; 2Chr. 36,21; 2Chr. 36,21; 1Esdr. 1,8; 1Esdr. 1,32; 1Esdr. 1,48; 1Esdr. 1,49; 1Esdr. 1,50; 1Esdr. 1,54; 1Esdr. 1,54; 1Esdr. 1,55; 1Esdr. 2,3; 1Esdr. 2,23; 1Esdr. 2,26; 1Esdr. 2,26; 1Esdr. 2,26; 1Esdr. 4,41; 1Esdr. 4,51; 1Esdr. 4,51; 1Esdr. 5,2; 1Esdr. 5,9; 1Esdr. 5,39; 1Esdr. 5,55; 1Esdr. 5,67; 1Esdr. 5,69; 1Esdr. 5,70; 1Esdr. 6,6; 1Esdr. 6,11; 1Esdr. 6,19; 1Esdr. 6,27; 1Esdr. 7,5; 1Esdr. 7,7; 1Esdr. 8,8; 1Esdr. 8,10; 1Esdr. 8,13; 1Esdr. 8,17; 1Esdr. 8,18; 1Esdr. 8,18; 1Esdr. 8,21; 1Esdr. 8,22; 1Esdr. 8,44; 1Esdr. 8,58; 1Esdr. 8,67; 1Esdr. 8,68; 1Esdr. 8,75; 1Esdr. 8,76; 1Esdr. 8,85; 1Esdr. 8,88; 1Esdr. 9,1; 1Esdr. 9,2; 1Esdr. 9,4; 1Esdr. 9,6; 1Esdr. 9,7; 1Esdr. 9,12; 1Esdr. 9,13; 1Esdr. 9,13; 1Esdr. 9,38; 1Esdr. 9,41; 1Esdr. 9,42; 1Esdr. 9,42; 1Esdr. 9,45; Ezra 1,1; Ezra 1,2; Ezra 1,5; Ezra 2,59; Ezra 2,63; Ezra 2,63; Ezra 2,68; Ezra 2,69; Ezra 3,2; Ezra 3,8; Ezra 3,10; Ezra 3,10; Ezra 3,12; Ezra 4,3; Ezra 4,4; Ezra 4,5; Ezra 5,3; Ezra 5,6; Ezra 5,16; Ezra 6,8; Ezra 6,21; Ezra 7,11; Ezra 7,18; Ezra 7,18; Ezra 7,27; Ezra 8,17; Ezra 8,21; Ezra 8,30; Ezra 8,30; Ezra 8,31; Ezra 9,6; Ezra 9,8; Ezra 9,8; Ezra 9,9; Ezra 9,9; Ezra 9,14; Ezra 10,5; Ezra 10,7; Ezra 10,9; Ezra 10,10; Ezra 10,13; Ezra 10,14; Ezra 10,14; Ezra 10,19; Neh. 1,6; Neh. 2,12; Neh. 3,8; Neh. 3,8; Neh. 3,26; Neh. 3,27; Neh. 4,7; Neh. 4,13; Neh. 5,11; Neh. 5,16; Neh. 6,9; Neh. 7,65; Neh. 7,71; Neh. 8,1; Neh. 8,3; Neh. 8,16; Neh. 9,12; Neh. 9,17; Neh. 9,19; Neh. 10,30; Neh. 10,31; Neh. 10,32; Neh. 10,33; Neh. 10,34; Neh. 10,40; Neh. 12,27; Neh. 12,31; Neh. 12,31; Neh. 12,37; Neh. 12,37; Neh. 12,38; Neh. 12,38; Neh. 12,38; Neh. 13,5; Neh. 13,8; Neh. 13,12; Neh. 13,15; Neh. 13,17; Neh. 13,19; Neh. 13,19; Neh. 13,19; Neh. 13,21; Neh. 13,22; Neh. 13,22; Esth. 13,6 # 3,13f; Esth. 4,8; Esth. 5,3; Esth. 5,14; Esth. 7,2; Esth. 7,7; Esth. 7,10; Esth. 8,8; Esth. 8,9; Esth. 16,10 # 8,12k; Esth. 16,12 # 8,12m; Esth. 16,21 # 8,12t; Esth. 10,5 # 10,3b; Judith 1,2; Judith 1,10; Judith 1,10; Judith 1,12; Judith 2,2; Judith 2,3; Judith 2,5; Judith 2,6; Judith 2,11; Judith 2,13; Judith 2,19; Judith 2,21; Judith 2,21; Judith 2,21; Judith 2,24; Judith 4,6; Judith 4,6; Judith 4,12; Judith 5,4; Judith 5,5; Judith 5,10; Judith 5,14; Judith 6,12; Judith 6,12; Judith 6,13; Judith 6,13; Judith 6,19; Judith 7,12; Judith 7,12; Judith 7,13; Judith 7,25; Judith 8,5; Judith 8,20; Judith 8,21; Judith 8,32; Judith 8,34; Judith 9,8; Judith 9,14; Judith 9,14; Judith 10,13; Judith 10,23; Judith 11,13; Judith 11,13; Judith 11,19; Judith 11,22; Judith 12,3; Judith 12,7; Judith 12,11; Judith 12,16; Judith 12,16; Judith 13,12; Judith 13,20; Judith 13,20; Judith 14,1; Judith 14,5; Judith 14,11; Judith 15,2; Judith 15,8; Judith 15,8; Judith 15,9; Judith 15,12; Judith 16,24; Judith 16,24; Tob. 1,1; Tob. 1,9; Tob. 1,10; Tob. 1,17; Tob. 1,17; Tob. 2,1; Tob. 2,3; Tob. 2,8; Tob. 3,17; Tob. 4,1; Tob. 4,12; Tob. 4,12; Tob. 4,20; Tob. 5,9; Tob. 5,17; Tob. 5,19; Tob. 6,12; Tob. 6,12; Tob. 6,16; Tob. 6,16; Tob. 6,16; Tob. 6,17; Tob. 7,12; Tob. 10,11; Tob. 11,9; Tob. 14,3; Tob. 14,10; Tob. 14,15; 1Mac. 1,15; 1Mac. 1,21; 1Mac. 1,37; 1Mac. 1,45; 1Mac. 1,59; 1Mac. 1,62; 1Mac. 2,33; 1Mac. 3,10; 1Mac. 3,20; 1Mac. 3,20; 1Mac. 3,24; 1Mac. 3,29; 1Mac. 3,31; 1Mac. 3,33; 1Mac. 3,35; 1Mac. 3,39; 1Mac. 3,41; 1Mac. 3,44; 1Mac. 3,44; 1Mac. 3,52; 1Mac. 3,58; 1Mac. 3,59; 1Mac. 4,16; 1Mac. 4,19; 1Mac. 4,44; 1Mac. 4,44; 1Mac. 4,46; 1Mac. 4,46; 1Mac. 4,52; 1Mac. 4,56; 1Mac. 4,59; 1Mac. 4,61; 1Mac. 5,2; 1Mac. 5,2; 1Mac. 5,9; 1Mac. 5,10; 1Mac. 5,15; 1Mac. 5,19; 1Mac. 5,20; 1Mac. 5,39; 1Mac. 5,40; 1Mac. 5,42; 1Mac. 5,48; 1Mac. 5,49; 1Mac. 5,54; 1Mac. 5,62; 1Mac. 5,66; 1Mac. 6,15; 1Mac. 6,15; 1Mac. 6,19; 1Mac. 6,26; 1Mac. 6,27; 1Mac. 6,34; 1Mac. 6,41; 1Mac. 6,44; 1Mac. 6,49; 1Mac. 6,57; 1Mac. 6,59; 1Mac. 6,61; 1Mac. 7,20; 1Mac. 7,24; 1Mac. 7,36; 1Mac. 7,45; 1Mac. 7,49; 1Mac. 8,3; 1Mac. 8,3; 1Mac. 8,3; 1Mac. 8,3; 1Mac. 8,15; 1Mac. 8,15; 1Mac. 8,18; 1Mac. 9,3; 1Mac. 9,29; 1Mac. 9,30; 1Mac. 9,30; 1Mac. 9,35; 1Mac. 9,38; 1Mac. 9,38; 1Mac. 9,40; 1Mac. 9,45; 1Mac. 9,51; 1Mac. 9,54; 1Mac. 9,60; 1Mac. 9,69; 1Mac. 9,70; 1Mac. 10,4; 1Mac. 10,19; 1Mac. 10,20; 1Mac. 10,27; 1Mac. 10,30; 1Mac. 10,32; 1Mac. 10,38; 1Mac. 10,38; 1Mac. 10,41; 1Mac. 10,42; 1Mac. 10,44; 1Mac. 10,45; 1Mac. 10,45; 1Mac. 10,63; 1Mac. 10,73; 1Mac. 10,83; 1Mac. 11,11; 1Mac. 11,16; 1Mac. 11,20; 1Mac. 11,22; 1Mac. 11,22; 1Mac. 11,25; 1Mac. 11,35; 1Mac. 11,36; 1Mac. 11,37; 1Mac. 11,66; 1Mac. 12,6; 1Mac. 12,24; 1Mac. 12,25; 1Mac. 12,35; 1Mac. 12,37; 1Mac. 12,37; 1Mac. 12,40; 1Mac. 12,49; 1Mac. 13,1; 1Mac. 13,6; 1Mac. 13,7; 1Mac. 13,10; 1Mac. 13,13; 1Mac. 13,17; 1Mac. 13,20; 1Mac. 13,21; 1Mac. 13,34; 1Mac. 13,37; 1Mac. 13,37; 1Mac. 13,52; 1Mac. 13,52; 1Mac. 14,1; 1Mac. 14,18; 1Mac. 14,23; 1Mac. 14,23; 1Mac. 14,29; 1Mac. 14,32; 1Mac. 14,32; 1Mac. 14,36; 1Mac. 14,41; 1Mac. 14,41; 1Mac. 14,42; 1Mac. 14,47; 1Mac. 15,8; 1Mac. 15,25; 1Mac. 15,40; 1Mac. 16,3; 1Mac. 16,20; 2Mac. 1,10; 2Mac. 1,14; 2Mac. 1,15; 2Mac. 1,16; 2Mac. 1,18; 2Mac. 1,18; 2Mac. 1,19; 2Mac. 1,19; 2Mac. 1,32; 2Mac. 1,32; 2Mac. 2,1; 2Mac. 2,5; 2Mac. 2,9; 2Mac. 2,19; 2Mac. 2,19; 2Mac. 3,4; 2Mac. 3,15; 2Mac. 3,21; 2Mac. 3,40; 2Mac. 4,13; 2Mac. 4,14; 2Mac. 4,32; 2Mac. 5,18; 2Mac. 5,18; 2Mac. 5,20; 2Mac. 5,21; 2Mac. 5,22; 2Mac. 5,25; 2Mac. 6,10; 2Mac. 6,12; 2Mac. 6,18; 2Mac. 6,23; 2Mac. 6,25; 2Mac. 6,26;

2Mac. 6,31; 2Mac. 7,5; 2Mac. 7,7; 2Mac. 7,25; 2Mac. 7,30; 2Mac. 7,30; 2Mac. 8,12; 2Mac. 8,15; 2Mac. 8,26; 2Mac. 9,7; 2Mac. 9,7; 2Mac. 9,9; 2Mac. 10,21; 2Mac. 10,26; 2Mac. 11,15; 2Mac. 12,7; 2Mac. 12,9; 2Mac. 14,4; 2Mac. 14,9; 2Mac. 14,13; 2Mac. 14,30; 2Mac. 14,34; 2Mac. 14,46; 2Mac. 15,31; 3Mac. 1,10; 3Mac. 1,11; 3Mac. 1,16; 3Mac. 2,9; 3Mac. 2,25; 3Mac. 2,27; 3Mac. 2,28; 3Mac. 2,32; 3Mac. 2,33; 3Mac. 3,1; 3Mac. 3,2; 3Mac. 3,6; 3Mac. 3,28; 3Mac. 4,5; 3Mac. 5,2; 3Mac. 5,48; 3Mac. 6,12; 3Mac. 6,24; 3Mac. 6,28; 3Mac. 7,10; 4Mac. 1,11; 4Mac. 1,11; 4Mac. 1,28; 4Mac. 1,35; 4Mac. 2,1; 4Mac. 3,7; 4Mac. 3,11; 4Mac. 4,1; 4Mac. 4,6; 4Mac. 4,7; 4Mac. 4,11; 4Mac. 4,18; 4Mac. 4,20; 4Mac. 4,22; 4Mac. 4,24; 4Mac. 4,26; 4Mac. 5,8; 4Mac. 5,11; 4Mac. 5,15; 4Mac. 5,29; 4Mac. 6,7; 4Mac. 6,12; 4Mac. 7,11; 4Mac. 7,12; 4Mac. 7,13; 4Mac. 8,11; 4Mac. 8,13; 4Mac. 9,20; 4Mac. 10,20; 4Mac. 13,20; 4Mac. 14,10; 4Mac. 16,16; 4Mac. 17,1; 4Mac. 17,8; 4Mac. 17,8; 4Mac. 17,21; 4Mac. 17,22; 4Mac. 17,22; Psa. 4,7; Psa. 5,8; Psa. 6,5; Psa. 8,3; Psa. 8,8; Psa. 9,30; Psa. 9,32; Psa. 9,35; Psa. 9,39; Psa. 10,2; Psa. 10,6; Psa. 13,2; Psa. 15,5; Psa. 15,11; Psa. 18,15; Psa. 20,7; Psa. 20,10; Psa. 22,3; Psa. 24,11; Psa. 24,14; Psa. 25,7; Psa. 26,1; Psa. 26,2; Psa. 26,4; Psa. 26,4; Psa. 26,13; Psa. 30,3; Psa. 30,3; Psa. 30,4; Psa. 30,14; Psa. 30,21; Psa. 31,3; Psa. 32,5; Psa. 32,6; Psa. 33,14; Psa. 33,17; Psa. 35,2; Psa. 35,3; Psa. 35,4; Psa. 35,4; Psa. 36,14; Psa. 36,14; Psa. 36,32; Psa. 36,34; Psa. 38,2; Psa. 38,14; Psa. 39,9; Psa. 39,13; Psa. 39,14; Psa. 39,15; Psa. 40,7; Psa. 40,9; Psa. 41,6; Psa. 41,12; Psa. 42,5; Psa. 43,4; Psa. 43,16; Psa. 43,21; Psa. 43,27; Psa. 44,12; Psa. 44,18; Psa. 50,13; Psa. 50,14; Psa. 52,3; Psa. 53,4; Psa. 54,22; Psa. 55,14; Psa. 57,10; Psa. 58,1; Psa. 58,6; Psa. 58,16; Psa. 59,6; Psa. 60,9; Psa. 61,10; Psa. 62,3; Psa. 63,5; Psa. 63,6; Psa. 64,10; Psa. 66,3; Psa. 67,19; Psa. 67,21; Psa. 67,31; Psa. 68,4; Psa. 68,14; Psa. 68,15; Psa. 68,24; Psa. 68,30; Psa. 70,3; Psa. 71,15; Psa. 72,16; Psa. 72,28; Psa. 73,7; Psa. 73,13; Psa. 75,10; Psa. 76,8; Psa. 76,10; Psa. 77,1; Psa. 77,5; Psa. 77,17; Psa. 77,18; Psa. 77,38; Psa. 78,9; Psa. 78,9; Psa. 78,10; Psa. 79,17; Psa. 84,10; Psa. 85,11; Psa. 87,1; Psa. 88,10; Psa. 88,16; Psa. 88,23; Psa. 89,2; Psa. 89,8; Psa. 89,14; Psa. 90,7; Psa. 90,11; Psa. 91,1; Psa. 91,3; Psa. 91,16; Psa. 92,1; Psa. 93,13; Psa. 97,3; Psa. 100,6; Psa. 100,8; Psa. 101,5; Psa. 101,14; Psa. 101,21; Psa. 101,21; Psa. 101,22; Psa. 101,23; Psa. 102,18; Psa. 102,20; Psa. 103,14; Psa. 103,15; Psa. 103,16; Psa. 104,5; Psa. 104,19; Psa. 104,22; Psa. 104,25; Psa. 104,25; Psa. 104,39; Psa. 105,5; Psa. 105,5; Psa. 105,5; Psa. 105,5; Psa. 105,7; Psa. 105,7; Psa. 105,8; Psa. 105,8; Psa. 105,23; Psa. 105,23; Psa. 105,23; Psa. 105,26; Psa. 105,27; Psa. 105,45; Psa. 105,47; Psa. 105,47; Psa. 106,7; Psa. 108,4; Psa. 108,16; Psa. 108,16; Psa. 108,21; Psa. 108,31; Psa. 110,6; Psa. 112,2; Psa. 112,8; Psa. 113,26; Psa. 117,13; Psa. 117,27; Psa. 118,5; Psa. 118,13; Psa. 118,20; Psa. 118,37; Psa. 118,43; Psa. 118,55; Psa. 118,58; Psa. 118,60; Psa. 118,62; Psa. 118,64; Psa. 118,67; Psa. 118,72; Psa. 118,76; Psa. 118,88; Psa. 118,95; Psa. 118,106; Psa. 118,108; Psa. 118,112; Psa. 118,126; Psa. 118,148; Psa. 118,173; Psa. 120,8; Psa. 121,4; Psa. 124,2; Psa. 125,2; Psa. 125,3; Psa. 126,2; Psa. 128,3; Psa. 128,6; Psa. 130,3; Psa. 131,8; Psa. 132,2; Psa. 137,1; Psa. 137,4; Psa. 138,7; Psa. 138,7; Psa. 139,10; Psa. 140,4; Psa. 141,8; Psa. 142,10; Psa. 142,11; Psa. 144,7; Psa. 144,12; Psa. 149,7; Psa. 149,8; Psa. 149,9; Ode. 3,3; Ode. 3,8; Ode. 4,13; Ode. 4,16; Ode. 4,19; Ode. 5,17; Ode. 6,5; Ode. 7,38; Ode. 9,48; Ode. 9,74; Ode. 9,77; Ode. 9,79; Ode. 10,2; Ode. 10,6; Ode. 10,7; Ode. 11,14; Ode. 12,1; Ode. 12,1; Ode. 12,3; Ode. 14,43; Prov. 1,16; Prov. 2,8; Prov. 2,13; Prov. 2,16; Prov. 3,16a; Prov. 5,18; Prov. 6,24; Prov. 8,8; Prov. 8,24; Prov. 8,24; Prov. 8,24; Prov. 8,25; Prov. 9,9; Prov. 9,12b; Prov. 16,23; Prov. 17,16a; Prov. 21,13; Prov. 22,14a; Prov. 22,21; Prov. 28,9; Prov. 30,7; Prov. 24,32; Eccl. 1,7; Eccl. 1,8; Eccl. 1,8; Eccl. 1,13; Eccl. 1,13; Eccl. 1,13; Eccl. 1,15; Eccl. 1,15; Eccl. 1,17; Eccl. 2,3; Eccl. 2,3; Eccl. 2,6; Eccl. 2,11; Eccl. 2,12; Eccl. 2,13; Eccl. 2,20; Eccl. 2,26; Eccl. 2,26; Eccl. 2,26; Eccl. 3,2; Eccl. 3,2; Eccl. 3,2; Eccl. 3,2; Eccl. 3,3; Eccl. 3,3; Eccl. 3,3; Eccl. 3,3; Eccl. 3,4; Eccl. 3,4; Eccl. 3,4; Eccl. 3,4; Eccl. 3,5; Eccl. 3,5; Eccl. 3,5; Eccl. 3,5; Eccl. 3,6; Eccl. 3,6; Eccl. 3,6; Eccl. 3,6; Eccl. 3,7; Eccl. 3,7; Eccl. 3,7; Eccl. 3,7; Eccl. 3,8; Eccl. 3,8; Eccl. 3,10; Eccl. 3,12; Eccl. 3,12; Eccl. 3,15; Eccl. 3,18; Eccl. 3,19; Eccl. 3,21; Eccl. 3,22; Eccl. 4,2; Eccl. 4,4; Eccl. 4,10; Eccl. 4,13; Eccl. 4,14; Eccl. 4,17; Eccl. 4,17; Eccl. 5,1; Eccl. 5,3; Eccl. 5,5; Eccl. 5,10; Eccl. 5,11; Eccl. 5,11; Eccl. 5,14; Eccl. 5,17; Eccl. 5,17; Eccl. 5,17; Eccl. 5,18; Eccl. 5,18; Eccl. 5,18; Eccl. 6,2; Eccl. 6,10; Eccl. 7,9; Eccl. 7,12; Eccl. 7,13; Eccl. 7,25; Eccl. 7,25; Eccl. 7,25; Eccl. 7,27; Eccl. 8,8; Eccl. 8,9; Eccl. 8,11; Eccl. 8,15; Eccl. 8,15; Eccl. 8,15; Eccl. 8,16; Eccl. 8,16; Eccl. 8,17; Eccl. 8,17; Eccl. 8,17; Eccl. 8,17; Eccl. 9,10; Eccl. 10,15; Eccl. 10,19; Eccl. 11,1; Eccl. 11,5; Eccl. 11,7; Eccl. 11,8; Eccl. 12,4; Eccl. 12,4; Eccl. 12,6; Eccl. 12,6; Eccl. 12,10; Song 1,11; Song 2,1; Song 2,14; Song 4,2; Song 5,5; Song 5,13; Song 6,2; Song 6,6; Job 1,15; Job 1,16; Job 1,17; Job 1,19; Job 2,11; Job 8,2; Job 8,12; Job 9,15; Job 10,21; Job 13,18; Job 13,20; Job 14,19; Job 20,4; Job 29,24; Job 30,11; Job 31,23; Job 31,34; Job 32,6; Job 33,24; Job 33,28; Job 34,8; Job 34,22; Job 34,28; Job 36,20; Job 38,26; Job 38,27; Job 38,27; Job 40,6; Wis. 5,16; Wis. 8,2; Wis. 9,1; Wis. 10,8; Wis. 11,8; Wis. 12,8; Wis. 13,3; Wis. 14,1; Wis. 14,15; Wis. 17,20; Wis. 18,2; Wis. 18,22; Wis. 19,2; Sir. 1,30 Prol.; Sir. 1,15; Sir. 6,12; Sir. 9,13; Sir. 11,23; Sir. 11,24; Sir. 16,28; Sir. 18,22; Sir. 19,25; Sir. 21,11; Sir. 21,15; Sir. 23,2; Sir. 23,27; Sir. 26,12; Sir. 28,10; Sir. 28,12; Sir. 33,14; Sir. 33,15; Sir. 41,6; Sir. 42,1; Sir. 42,25; Sir. 44,8; Sir. 44,11; Sir. 47,9; Sir. 47,23; Sir. 51,8; Sir. 51,18; Sir. 51,21; Sol. 2,8; Sol. 2,22; Sol. 2,22; Sol. 2,25; Sol. 2,25; Sol. 2,34; Sol. 3,7; Sol. 5,4; Sol. 6,5; Sol. 7,5; Sol. 7,10; Sol. 9,4; Sol. 10,1; Sol. 11,7; Sol. 14,8; Sol. 15,9; Sol. 17,4; Sol. 17,4; Sol. 17,14; Sol. 17,18; Sol. 17,21; Sol. 17,22; Sol. 17,35; Sol. 17,36; Sol. 17,41; Hos. 2,11; Hos. 4,6; Hos. 4,10; Hos. 5,4; Hos. 5,6; Hos. 6,3; Hos. 7,2; Hos. 7,4; Hos. 8,7; Hos. 8,10; Hos. 9,7; Hos. 9,13; Hos. 9,15; Hos. 10,12; Hos. 11,9; Hos. 12,3; Hos. 13,2; Hos. 13,2; Hos. 13,4; Amos 1,6; Amos 1,6; Amos 1,11; Amos 2,4; Amos 2,8; Amos 2,10; Amos 3,5; Amos 3,14; Amos 4,4; Amos 4,8; Amos 4,12; Amos 5,2; Amos 6,10; Amos 6,10; Amos 6,14; Amos 7,2; Amos 7,8; Amos 7,13; Amos 8,2; Amos 8,5; Amos 8,5; Amos 8,6; Amos 8,11; Amos 9,1; Mic. 2,4; Mic. 2,8; Mic. 3,1; Mic. 3,8; Mic. 4,7; Mic. 5,1; Mic. 5,1; Mic. 5,3; Mic. 6,8; Mic. 6,8; Mic. 6,13; Mic. 7,1; Mic. 7,5; Mic. 7,9; Joel 1,20; Joel 2,17; Joel 2,17; Joel 2,21; Joel 2,22; Joel 3,1; Joel 3,2; Joel 4,12; Obad. 14; Obad. 21; Jonah 1,3; Jonah 1,3; Jonah 1,5; Jonah 1,5; Jonah 1,13; Jonah 2,1; Jonah 2,2; Jonah 2,5; Jonah 3,4; Jonah 3,10; Jonah 4,2; Jonah 4,6; Jonah 4,6; Nah. 1,14; Nah. 2,1; Nah. 2,12; Hab. 1,6; Hab. 1,12; Hab. 1,13; Hab. 2,1; Hab. 2,9; Hab. 2,9; Hab. 2,14; Hab. 2,18; Hab. 3,13; Hab. 3,16; Hab. 3,19; Zeph. 2,2; Zeph. 2,2; Zeph. 2,2; Zeph. 3,6; Zeph. 3,8; Zeph. 3,8; Zeph. 3,9; Zeph. 3,9; Zeph. 3,11; Zeph. 3,12; Hag. 1,2; Hag. 1,4; Hag. 2,9; Hag. 2,12; Hag. 2,12; Hag. 2,15; Zech. 1,4; Zech. 1,6; Zech. 1,10; Zech. 2,4; Zech. 2,4; Zech. 2,6; Zech. 3,1; Zech. 4,3; Zech. 4,7; Zech. 5,7; Zech. 5,8; Zech. 6,7; Zech. 6,7; Zech. 7,2; Zech. 7,11; Zech. 7,11; Zech. 7,12; Zech. 8,14; Zech. 8,15; Zech. 8,21; Zech. 8,22; Zech. 8,23; Zech. 9,8; Zech. 11,10; Zech. 11,14; Zech. 12,9; Zech. 14,4; Zech. 14,16; Zech. 14,16; Zech. 14,17; Zech. 14,18; Zech. 14,19; Zech. 14,20; Mal. 2,2; Mal. 2,4; Mal. 2,10; Mal. 3,10; Is. 2,21; Is. 3,9; Is. 3,19; Is. 3,24; Is. 4,2; Is. 4,5; Is. 5,2; Is. 5,4; Is. 5,6; Is. 5,7; Is. 5,14; Is. 6,6; Is. 6,7; Is. 7,4; Is. 7,16; Is. 7,22; Is. 8,16; Is. 9,6; Is. 10,3; Is. 10,4; Is. 10,7; Is. 10,24; Is. 10,32; Is. 11,4; Is. 11,9; Is. 11,11; Is. 11,11; Is. 12,3; Is. 13,5;

Is. 14,25; Is. 14,31; Is. 15,8; Is. 17,3; Is. 18,2; Is. 18,7; Is. 20,6; Is. 22,4; Is. 22,10; Is. 23,12; Is. 24,10; Is. 25,2; Is. 25,11; Is. 25,12; Is. 26,17; Is. 26,21; Is. 28,1; Is. 28,1; Is. 28,4; Is. 28,4; Is. 28,7; Is. 28,20; Is. 29,11; Is. 29,11; Is. 29,14; Is. 30,1; Is. 30,2; Is. 30,18; Is. 30,18; Is. 30,23; Is. 30,28; Is. 32,4; Is. 32,6; Is. 32,6; Is. 33,11; Is. 34,2; Is. 34,3; Is. 34,7; Is. 34,7; Is. 36,1; Is. 37,3; Is. 37,35; Is. 38,14; Is. 39,2; Is. 39,2; Is. 39,2; Is. 42,9; Is. 44,7; Is. 44,18; Is. 44,18; Is. 45,23; Is. 48,3; Is. 48,6; Is. 48,9; Is. 48,14; Is. 48,17; Is. 49,5; Is. 49,6; Is. 49,6; Is. 49,6; Is. 49,8; Is. 49,15; Is. 49,15; Is. 50,1; Is. 50,2; Is. 50,2; Is. 50,2; Is. 50,4; Is. 50,11; Is. 51,13; Is. 54,9; Is. 54,9; Is. 55,11; Is. 56,6; Is. 56,7; Is. 57,2; Is. 58,7; Is. 58,13; Is. 58,13; Is. 59,1; Is. 59,1; Is. 59,2; Is. 59,15; Is. 59,21; Is. 59,21; Is. 59,21; Is. 59,21; Is. 60,20; Is. 63,15; Is. 63,17; Is. 63,18; Is. 63,18; Is. 64,9; Is. 65,22; Jer. 1,5; Jer. 1,5; Jer. 1,8; Jer. 1,9; Jer. 1,12; Jer. 1,17; Jer. 1,19; Jer. 2,2; Jer. 2,7; Jer. 2,18; Jer. 2,18; Jer. 2,33; Jer. 2,33; Jer. 2,36; Jer. 4,1; Jer. 4,7; Jer. 4,22; Jer. 7,9; Jer. 7,10; Jer. 7,16; Jer. 7,18; Jer. 7,30; Jer. 7,31; Jer. 8,5; Jer. 9,4; Jer. 9,7; Jer. 9,15; Jer. 9,20; Jer. 9,21; Jer. 10,22; Jer. 11,5; Jer. 11,10; Jer. 11,17; Jer. 11,19; Jer. 12,2; Jer. 12,9; Jer. 12,16; Jer. 13,6; Jer. 13,10; Jer. 13,10; Jer. 13,11; Jer. 13,16; Jer. 13,16; Jer. 13,25; Jer. 15,20; Jer. 16,5; Jer. 16,8; Jer. 16,12; Jer. 17,10; Jer. 17,23; Jer. 17,23; Jer. 17,24; Jer. 17,24; Jer. 17,26; Jer. 17,27; Jer. 17,27; Jer. 18,4; Jer. 18,6; Jer. 18,7; Jer. 18,7; Jer. 18,8; Jer. 18,9; Jer. 18,9; Jer. 18,10; Jer. 18,10; Jer. 18,15; Jer. 18,16; Jer. 18,19; Jer. 18,20; Jer. 18,20; Jer. 19,5; Jer. 19,12; Jer. 19,14; Jer. 19,15; Jer. 20,18; Jer. 21,4; Jer. 22,17; Jer. 22,17; Jer. 22,30; Jer. 23,14; Jer. 23,27; Jer. 23,27; Jer. 24,7; Jer. 25,6; Jer. 25,6; Jer. 25,6; Jer. 25,17; Jer. 26,10; Jer. 26,10; Jer. 26,13; Jer. 26,13; Jer. 27,28; Jer. 28,11; Jer. 28,29; Jer. 28,30; Jer. 28,31; Jer. 28,44; Jer. 28,62; Jer. 28,62; Jer. 28,63; Jer. 29,4; Jer. 32,18; Jer. 32,30; Jer. 33,3; Jer. 33,4; Jer. 33,19; Jer. 33,24; Jer. 33,24; Jer. 35,6; Jer. 36,10; Jer. 36,11; Jer. 36,32; Jer. 38,19; Jer. 38,28; Jer. 39,35; Jer. 39,35; Jer. 39,41; Jer. 39,44; Jer. 40,2; Jer. 40,5; Jer. 41,3; Jer. 41,8; Jer. 41,9; Jer. 41,10; Jer. 41,15; Jer. 41,16; Jer. 41,17; Jer. 42,9; Jer. 42,13; Jer. 42,15; Jer. 43,8; Jer. 43,11; Jer. 43,28; Jer. 43,32; Jer. 44,7; Jer. 44,12; Jer. 44,12; Jer. 45,9; Jer. 47,5; Jer. 48,5; Jer. 48,17; Jer. 49,11; Jer. 50,3; Jer. 51,12; Jer. 51,14; Jer. 51,17; Jer. 51,21; Jer. 51,27; Jer. 52,7; Jer. 52,7; Jer. 52,22; Jer. 52,22; Jer. 52,23; Bar. 1,1; Bar. 1,3; Bar. 1,10; Bar. 2,3; Bar. 2,8; Bar. 2,8; Bar. 2,24; Bar. 2,32; Bar. 2,33; Bar. 2,33; Bar. 2,35; Bar. 3,7; Bar. 3,14; Bar. 4,2; Bar. 5,1; Lam. 1,11; Lam. 1,15; Lam. 2,8; Lam. 2,14; Lam. 3,32; Lam. 3,35; Lam. 3,49; Lam. 4,15; Lam. 4,18; LetterJ 9; LetterJ 38; Ezek. 1,4; Ezek. 1,9; Ezek. 1,11; Ezek. 1,13; Ezek. 1,13; Ezek. 1,20; Ezek. 1,23; Ezek. 1,25; Ezek. 1,25; Ezek. 1,26; Ezek. 1,28; Ezek. 3,8; Ezek. 3,14; Ezek. 3,18; Ezek. 3,18; Ezek. 3,21; Ezek. 4,8; Ezek. 4,9; Ezek. 4,11; Ezek. 4,14; Ezek. 5,4; Ezek. 7,21; Ezek. 8,6; Ezek. 8,11; Ezek. 8,16; Ezek. 8,17; Ezek. 9,2; Ezek. 9,2; Ezek. 10,1; Ezek. 10,1; Ezek. 10,4; Ezek. 10,7; Ezek. 10,7; Ezek. 10,16; Ezek. 11,5; Ezek. 11,23; Ezek. 12,2; Ezek. 12,2; Ezek. 12,12; Ezek. 13,6; Ezek. 13,18; Ezek. 13,19; Ezek. 13,19; Ezek. 13,22; Ezek. 14,7; Ezek. 14,13; Ezek. 14,19; Ezek. 14,21; Ezek. 15,3; Ezek. 15,3; Ezek. 15,7; Ezek. 16,5; Ezek. 16,5; Ezek. 16,5; Ezek. 16,6; Ezek. 16,17; Ezek. 16,17; Ezek. 16,26; Ezek. 16,33; Ezek. 16,57; Ezek. 16,59; Ezek. 17,5; Ezek. 17,6; Ezek. 17,7; Ezek. 17,8; Ezek. 17,8; Ezek. 17,9; Ezek. 17,13; Ezek. 17,14; Ezek. 17,14; Ezek. 17,15; Ezek. 17,15; Ezek. 17,17; Ezek. 17,18; Ezek. 17,24; Ezek. 18,9; Ezek. 19,3; Ezek. 20,6; Ezek. 20,8; Ezek. 20,8; Ezek. 20,9; Ezek. 20,12; Ezek. 20,12; Ezek. 20,13; Ezek. 20,13; Ezek. 20,15; Ezek. 20,17; Ezek. 20,20; Ezek. 20,21; Ezek. 20,21; Ezek. 20,21; Ezek. 20,23; Ezek. 20,28; Ezek. 20,32; Ezek. 20,40; Ezek. 20,40; Ezek. 20,42; Ezek. 21,16; Ezek. 21,16; Ezek. 21,24; Ezek. 21,25; Ezek. 21,26; Ezek. 21,26; Ezek. 21,27;

Ezek. 21,27; Ezek. 21,27; Ezek. 21,29; Ezek. 21,34; Ezek. 22,3; Ezek. 22,3; Ezek. 22,20; Ezek. 22,20; Ezek. 22,27; Ezek. 22,30; Ezek. 22,31; Ezek. 23,19; Ezek. 23,32; Ezek. 23,35; Ezek. 23,39; Ezek. 23,44; Ezek. 24,7; Ezek. 24,8; Ezek. 24,8; Ezek. 24,14; Ezek. 24,26; Ezek. 25,15; Ezek. 26,10; Ezek. 27,5; Ezek. 27,7; Ezek. 27,33; Ezek. 28,14; Ezek. 28,17; Ezek. 29,5; Ezek. 29,9; Ezek. 29,15; Ezek. 30,21; Ezek. 30,21; Ezek. 30,21; Ezek. 31,4; Ezek. 31,5; Ezek. 31,6; Ezek. 31,15; Ezek. 32,5; Ezek. 32,6; Ezek. 32,22; Ezek. 32,24; Ezek. 32,26; Ezek. 33,8; Ezek. 33,9; Ezek. 33,15; Ezek. 33,27; Ezek. 34,8; Ezek. 34,8; Ezek. 34,10; Ezek. 34,10; Ezek. 34,26; Ezek. 35,5; Ezek. 36,3; Ezek. 36,3; Ezek. 36,5; Ezek. 36,6; Ezek. 36,8; Ezek. 36,13; Ezek. 36,30; Ezek. 36,37; Ezek. 37,1; Ezek. 37,2; Ezek. 37,13; Ezek. 37,17; Ezek. 38,12; Ezek. 38,13; Ezek. 38,13; Ezek. 38,17; Ezek. 38,20; Ezek. 39,4; Ezek. 39,5; Ezek. 39,10; Ezek. 39,17; Ezek. 40,4; Ezek. 40,9; Ezek. 40,13; Ezek. 40,13; Ezek. 40,14; Ezek. 40,19; Ezek. 40,25; Ezek. 40,34; Ezek. 40,40; Ezek. 40,43; Ezek. 40,46; Ezek. 40,48; Ezek. 40,48; Ezek. 40,48; Ezek. 40,49; Ezek. 41,1; Ezek. 41,3; Ezek. 41,3; Ezek. 41,6; Ezek. 41,11; Ezek. 41,11; Ezek. 41,12; Ezek. 41,15; Ezek. 41,15; Ezek. 41,16; Ezek. 41,20; Ezek. 41,20; Ezek. 41,25; Ezek. 41,26; Ezek. 42,1; Ezek. 42,1; Ezek. 42,5; Ezek. 42,9; Ezek. 42,10; Ezek. 42,10; Ezek. 42,12; Ezek. 42,13; Ezek. 42,14; Ezek. 42,16; Ezek. 42,17; Ezek. 42,18; Ezek. 42,19; Ezek. 42,20; Ezek. 42,20; Ezek. 42,20; Ezek. 43,3; Ezek. 43,3; Ezek. 43,7; Ezek. 43,12; Ezek. 43,13; Ezek. 43,13; Ezek. 43,14; Ezek. 43,14; Ezek. 43,14; Ezek. 43,15; Ezek. 43,18; Ezek. 43,18; Ezek. 43,19; Ezek. 43,19; Ezek. 43,20; Ezek. 43,20; Ezek. 43,20; Ezek. 43,27; Ezek. 44,3; Ezek. 44,7; Ezek. 44,7; Ezek. 44,8; Ezek. 44,11; Ezek. 44,13; Ezek. 44,13; Ezek. 44,15; Ezek. 44,15; Ezek. 44,16; Ezek. 44,22; Ezek. 44,24; Ezek. 44,25; Ezek. 44,27; Ezek. 44,30; Ezek. 45,5; Ezek. 45,11; Ezek. 45,11; Ezek. 45,11; Ezek. 45,13; Ezek. 45,13; Ezek. 45,13; Ezek. 45,14; Ezek. 45,15; Ezek. 45,17; Ezek. 45,17; Ezek. 45,18; Ezek. 45,19; Ezek. 45,19; Ezek. 46,2; Ezek. 46,2; Ezek. 46,2; Ezek. 46,8; Ezek. 46,12; Ezek. 46,14; Ezek. 46,14; Ezek. 46,14; Ezek. 46,17; Ezek. 46,20; Ezek. 46,20; Ezek. 47,1; Ezek. 47,1; Ezek. 47,2; Ezek. 47,2; Ezek. 47,7; Ezek. 47,12; Ezek. 47,14; Ezek. 48,1; Ezek. 48,18; Ezek. 48,18; Ezek. 48,20; Ezek. 48,21; Dan. 1,3; Dan. 1,6; Dan. 1,13; Dan. 1,15; Dan. 1,21; Dan. 2,13; Dan. 2,18; Dan. 2,23; Dan. 2,30; Dan. 3,6; Dan. 3,11; Dan. 3,15; Dan. 3,17; Dan. 3,19; Dan. 3,20; Dan. 3,38; Dan. 3,42; Dan. 3,49; Dan. 3,88; Dan. 3,93; Dan. 3,93; Dan. 3,94; Dan. 3,94; Dan. 4,26; Dan. 4,28; Dan. 4,34; Dan. 4,37a; Dan. 5,0; Dan. 5,0; Dan. 5,4; Dan. 5,5; Dan. 5,5; Dan. 5,7; Dan. 5,9; Dan. 5,16; Dan. 5,29; Dan. 6,14; Dan. 6,15; Dan. 6,20; Dan. 7,5; Dan. 7,19; Dan. 7,19; Dan. 7,19; Dan. 7,20; Dan. 7,20; Dan. 7,20; Dan. 7,22; Dan. 7,23; Dan. 7,23; Dan. 8,2; Dan. 8,3; Dan. 8,22; Dan. 9,7; Dan. 9,8; Dan. 9,11; Dan. 9,16; Dan. 9,20; Dan. 9,20; Dan. 10,3; Dan. 10,4; Dan. 11,14; Dan. 11,33; Dan. 11,43; Dan. 11,43; Dan. 11,45; Dan. 11,45; Dan. 12,7; Sus. 9; Sus. 60-62; Bel 8; Bel 22; Josh. 19,29; Judg. 1,1; Judg. 1,9; Judg. 1,14; Judg. 1,14; Judg. 2,9; Judg. 2,17; Judg. 2,21; Judg. 2,22; Judg. 2,23; Judg. 3,2; Judg. 3,3; Judg. 3,3; Judg. 3,23; Judg. 3,24; Judg. 3,25; Judg. 3,27; Judg. 4,14; Judg. 4,15; Judg. 4,19; Judg. 5,16; Judg. 6,18; Judg. 6,18; Judg. 6,26; Judg. 6,27; Judg. 6,37; Judg. 7,5; Judg. 7,15; Judg. 7,20; Judg. 8,1; Judg. 8,33; Judg. 9,8; Judg. 9,15; Judg. 9,24; Judg. 9,24; Judg. 9,35; Judg. 9,37; Judg. 9,52; Judg. 10,1; Judg. 10,13; Judg. 11,12; Judg. 11,27; Judg. 12,6; Judg. 13,5; Judg. 13,12; Judg. 13,20; Judg. 13,20; Judg. 14,9; Judg. 14,18; Judg. 15,12; Judg. 16,3; Judg. 16,3; Judg. 16,5; Judg. 16,6; Judg. 16,12; Judg. 16,14; Judg. 16,16; Judg. 16,21; Judg. 17,3; Judg. 17,3; Judg. 17,8; Judg. 18,2; Judg. 18,9; Judg. 18,9; Judg. 19,3; Judg. 19,3; Judg. 19,5; Judg. 19,7; Judg. 19,8; Judg. 19,9; Judg.

O, o

19,15; Judg. 19,25; Judg. 19,26; Judg. 19,27; Judg. 20,4; Judg. 20,10; Judg. 20,38; Judg. 21,3; Judg. 21,7; Tob. 1,1; Tob. 1,9; Tob. 1,10; Tob. 1,16; Tob. 1,17; Tob. 1,17; Tob. 1,19; Tob. 2,1; Tob. 2,2; Tob. 2,3; Tob. 2,6; Tob. 2,8; Tob. 2,8; Tob. 2,10; Tob. 2,10; Tob. 2,12; Tob. 3,17; Tob. 4,1; Tob. 4,2; Tob. 5,2; Tob. 5,3; Tob. 5,19; Tob. 6,2; Tob. 6,2; Tob. 6,13; Tob. 6,13; Tob. 6,16; Tob. 6,17; Tob. 6,19; Tob. 7,12; Tob. 8,2; Tob. 8,2; Tob. 8,4; Tob. 8,18; Tob. 8,21; Tob. 10,11; Tob. 10,12; Tob. 10,13; Tob. 10,13; Tob. 11,7; Tob. 11,9; Tob. 12,6; Tob. 13,17; Tob. 14,15; Tob. 14,15; Dan. 1,3; Dan. 1,16; Dan. 2,2; Dan. 2,3; Dan. 2,18; Dan. 2,30; Dan. 2,35; Dan. 2,43; Dan. 3,6; Dan. 3,11; Dan. 3,15; Dan. 3,16; Dan. 3,17; Dan. 3,19; Dan. 3,20; Dan. 3,21; Dan. 3,23; Dan. 3,25; Dan. 3,38; Dan. 3,42; Dan. 3,49; Dan. 3,91; Dan. 3,92; Dan. 3,93; Dan. 3,93; Dan. 3,94; Dan. 4,6; Dan. 4,6; Dan. 4,9; Dan. 4,26; Dan. 5,2; Dan. 5,7; Dan. 5,20; Dan. 5,26; Dan. 6,2; Dan. 6,3; Dan. 6,8; Dan. 6,15; Dan. 6,15; Dan. 6,16; Dan. 6,27; Dan. 7,19; Dan. 7,19; Dan. 7,20; Dan. 7,20; Dan. 7,25; Dan. 7,26; Dan. 7,26; Dan. 8,3; Dan. 8,7; Dan. 8,9; Dan. 8,22; Dan. 8,22; Dan. 9,1; Dan. 9,3; Dan. 9,7; Dan. 9,8; Dan. 9,11; Dan. 9,13; Dan. 9,13; Dan. 9,20; Dan. 9,20; Dan. 9,23; Dan. 9,24; Dan. 9,24; Dan. 9,24; Dan. 9,24; Dan. 9,24; Dan. 9,24; Dan. 9,25; Dan. 9,25; Dan. 10,12; Dan. 10,17; Dan. 10,20; Dan. 11,6; Dan. 11,7; Dan. 11,14; Dan. 11,15; Dan. 11,17; Dan. 11,35; Dan. 11,35; Dan. 11,35; Dan. 11,43; Dan. 11,43; Dan. 11,44; Dan. 11,44; Dan. 12,3; Dan. 12,5; Dan. 12,5; Dan. 12,6; Dan. 12,7; Dan. 12,11; Sus. 9; Sus. 28; Sus. 32; Sus. 46; Sus. 61; Bel 19; Bel 36; Matt. 2,8; Matt. 2,13; Matt. 2,20; Matt. 3,13; Matt. 3,16; Matt. 4,1; Matt. 4,5; Matt. 5,22; Matt. 5,24; Matt. 6,8; Matt. 6,22; Matt. 6,25; Matt. 8,1; Matt. 9,16; Matt. 9,20; Matt. 9,20; Matt. 9,21; Matt. 9,33; Matt. 11,1; Matt. 12,6; Matt. 12,8; Matt. 12,31; Matt. 12,32; Matt. 12,32; Matt. 12,34; Matt. 12,40; Matt. 13,3; Matt. 13,42; Matt. 13,50; Matt. 14,29; Matt. 14,36; Matt. 14,36; Matt. 15,11; Matt. 15,18; Matt. 17,9; Matt. 18,9; Matt. 19,17; Matt. 19,29; Matt. 21,32; Matt. 23,25; Matt. 23,26; Matt. 23,35; Matt. 23,35; Matt. 23,35; Matt. 24,1; Matt. 24,1; Matt. 24,3; Matt. 24,17; Matt. 24,21; Matt. 24,45; Matt. 25,8; Matt. 26,12; Matt. 26,29; Matt. 26,75; Matt. 27,19; Matt. 27,24; Matt. 27,60; Matt. 28,8; Matt. 28,19; Mark 1,1; Mark 1,10; Mark 2,21; Mark 2,28; Mark 5,2; Mark 5,27; Mark 5,29; Mark 5,40; Mark 5,41; Mark 6,54; Mark 6,56; Mark 6,56; Mark 8,35; Mark 9,9; Mark 9,24; Mark 10,29; Mark 11,4; Mark 11,16; Mark 12,41; Mark 12,44; Mark 13,1; Mark 13,3; Mark 13,15; Mark 14,4; Mark 14,25; Mark 15,46; Mark 16,1; Mark 16,3; Mark 16,8; Luke 1,9; Luke 1,10; Luke 1,11; Luke 1,11; Luke 1,48; Luke 1,57; Luke 1,73; Luke 1,77; Luke 1,79; Luke 2,6; Luke 2,17; Luke 2,17; Luke 2,17; Luke 2,21; Luke 2,21; Luke 2,24; Luke 2,26; Luke 2,26; Luke 2,27; Luke 2,37; Luke 2,41; Luke 4,9; Luke 4,10; Luke 4,14; Luke 4,22; Luke 4,29; Luke 4,42; Luke 5,3; Luke 5,7; Luke 5,36; Luke 6,5; Luke 8,5; Luke 8,24; Luke 8,29; Luke 8,44; Luke 8,44; Luke 8,44; Luke 9,29; Luke 9,37; Luke 9,45; Luke 9,51; Luke 10,19; Luke 11,14; Luke 11,34; Luke 11,38; Luke 11,39; Luke 11,51; Luke 11,54; Luke 12,23; Luke 12,42; Luke 13,14; Luke 13,16; Luke 14,5; Luke 14,17; Luke 14,24; Luke 16,8; Luke 17,1; Luke 17,31; Luke 18,12; Luke 19,22; Luke 19,37; Luke 21,4; Luke 21,4; Luke 21,5; Luke 21,12; Luke 21,22; Luke 22,6; Luke 22,15; Luke 22,18; Luke 22,18; Luke 22,31; Luke 22,51; Luke 22,52; Luke 22,53; Luke 22,61; Luke 22,69; Luke 22,71; Luke 24,2; Luke 24,9; Luke 24,16; Luke 24,25; Luke 24,29; Luke 24,45; Luke 1,7; John 1,8; John 1,16; John 1,27; John 1,48; John 2,15; John 2,21; John 3,6; John 3,8; John 3,23; John 4,5; John 4,13; John 4,14; John 6,19; John 7,39; John 7,42; John 8,11; John 8,59; John 9,6; John 11,51; John 11,52; John 11,55; John 12,1; John 12,3; John 12,17; John 13,1; John 13,4; John 13,19; John 16,14; John 16,15; John 17,5; John 18,23; John 19,14; John 19,29; John 19,31; John 20,1; John 20,2; John 21,6; John 21,6; Acts 1,8; Acts 1,12; Acts 1,22; Acts 2,17; Acts 2,18; Acts 2,28; Acts 2,33; Acts 2,33; Acts 2,38; Acts 3,2; Acts 3,2; Acts 3,10; Acts 3,12; Acts 3,16; Acts 4,1; Acts 4,15; Acts 4,30; Acts 4,31; Acts 5,3; Acts 5,24; Acts 5,31; Acts 5,41; Acts 5,41; Acts 6,5; Acts 7,19; Acts 7,30; Acts 7,44; Acts 8,12; Acts 8,28; Acts 8,39; Acts 8,40; Acts 9,15; Acts 9,16; Acts 9,25; Acts 9,31; Acts 10,19; Acts 10,22; Acts 10,25; Acts 10,43; Acts 10,45; Acts 10,47; Acts 11,16; Acts 11,28; Acts 12,21; Acts 13,4; Acts 13,23; Acts 13,29; Acts 13,47; Acts 14,9; Acts 14,18; Acts 15,2; Acts 15,7; Acts 15,7; Acts 15,20; Acts 15,20; Acts 15,20; Acts 15,26; Acts 16,6; Acts 16,26; Acts 18,10; Acts 18,16; Acts 18,17; Acts 19,9; Acts 19,35; Acts 20,3; Acts 20,9; Acts 20,20; Acts 20,26; Acts 20,27; Acts 20,28; Acts 20,28; Acts 20,29; Acts 20,30; Acts 21,4; Acts 21,12; Acts 21,13; Acts 21,30; Acts 22,11; Acts 22,14; Acts 23,9; Acts 23,15; Acts 23,15; Acts 23,20; Acts 24,20; Acts 24,25; Acts 24,25; Acts 25,6; Acts 25,10; Acts 25,12; Acts 25,16; Acts 25,17; Acts 26,18; Acts 26,18; Acts 27,1; Acts 27,10; Acts 27,10; Acts 27,15; Acts 27,19; Acts 27,20; Acts 27,22; Acts 27,30; Acts 27,43; Acts 27,44; Acts 28,19; Rom. 1,5; Rom. 1,13; Rom. 1,24; Rom. 5,5; Rom. 6,4; Rom. 6,6; Rom. 7,3; Rom. 7,4; Rom. 7,13; Rom. 7,24; Rom. 8,2; Rom. 8,5; Rom. 8,6; Rom. 8,11; Rom. 8,12; Rom. 8,13; Rom. 8,22; Rom. 8,23; Rom. 8,23; Rom. 8,27; Rom. 9,21; Rom. 9,32; Rom. 11,8; Rom. 11,8; Rom. 11,10; Rom. 12,21; Rom. 13,12; Rom. 13,12; Rom. 15,19; Rom. 15,22; Rom. 15,23; Rom. 15,30; 1Cor. 1,10; 1Cor. 1,21; 1Cor. 2,10; 1Cor. 2,14; 1Cor. 4,5; 1Cor. 4,15; 1Cor. 5,4; 1Cor. 6,18; 1Cor. 6,19; 1Cor. 7,4; 1Cor. 7,4; 1Cor. 7,37; 1Cor. 8,7; 1Cor. 9,7; 1Cor. 9,10; 1Cor. 9,13; 1Cor. 9,14; 1Cor. 10,13; 1Cor. 10,16; 1Cor. 10,16; 1Cor. 10,18; 1Cor. 11,27; 1Cor. 11,27; 1Cor. 11,28; 1Cor. 12,7; 1Cor. 12,8; 1Cor. 12,12; 1Cor. 12,15; 1Cor. 12,15; 1Cor. 12,16; 1Cor. 12,16; 1Cor. 12,22; 1Cor. 12,23; 1Cor. 16,4; 2Cor. 1,8; 2Cor. 1,22; 2Cor. 3,7; 2Cor. 3,8; 2Cor. 3,13; 2Cor. 4,4; 2Cor. 5,1; 2Cor. 5,5; 2Cor. 5,8; 2Cor. 5,10; 2Cor. 5,10; 2Cor. 5,16; 2Cor. 7,12; 2Cor. 8,11; 2Cor. 8,11; 2Cor. 10,10; 2Cor. 11,33; 2Cor. 12,2; 2Cor. 12,3; 2Cor. 13,13; Gal. 2,5; Gal. 2,12; Gal. 2,14; Gal. 3,10; Gal. 3,14; Gal. 3,23; Gal. 5,17; Gal. 5,22; Gal. 6,8; Gal. 6,18; Eph. 1,5; Eph. 1,7; Eph. 1,9; Eph. 1,10; Eph. 1,11; Eph. 1,19; Eph. 2,2; Eph. 2,2; Eph. 3,6; Eph. 3,9; Eph. 3,9; Eph. 3,16; Eph. 4,3; Eph. 4,12; Eph. 4,13; Eph. 4,16; Eph. 4,29; Eph. 5,9; Eph. 5,11; Eph. 5,13; Eph. 5,23; Eph. 5,26; Eph. 5,30; Eph. 6,12; Eph. 6,15; Eph. 6,17; Eph. 6,17; Eph. 6,19; Eph. 6,19; Phil. 1,5; Phil. 1,7; Phil. 1,12; Phil. 1,16; Phil. 1,19; Phil. 1,27; Phil. 1,27; Phil. 3,10; Phil. 3,21; Phil. 4,15; Phil. 4,23; Col. 1,5; Col. 1,6; Col. 1,9; Col. 1,13; Col. 1,18; Col. 1,20; Col. 1,23; Col. 1,23; Col. 1,24; Col. 1,27; Col. 2,2; Col. 2,11; Col. 2,14; Col. 3,8; 1Th. 1,3; 2Th. 2,8; 2Th. 2,14; 1Tim. 4,14; 1Tim. 4,14; 2Tim. 1,10; 2Tim. 1,14; 2Tim. 4,22; Philem. 6; Philem. 10; Philem. 13; Philem. 25; Heb. 2,15; Heb. 5,12; Heb. 6,10; Heb. 6,19; Heb. 9,8; Heb. 9,8; Heb. 9,12; Heb. 10,7; Heb. 10,9; Heb. 10,10; Heb. 10,20; Heb. 11,5; Heb. 11,28; Heb. 12,20; Heb. 13,12; James 1,11; James 2,16; James 3,10; James 4,15; James 5,17; 1Pet. 1,7; 1Pet. 3,4; 1Pet. 3,10; 1Pet. 3,13; 1Pet. 4,17; 1Pet. 5,3; 2Pet. 1,14; 2Pet. 2,17; 1John 3,24; 1John 4,13; 3John 7; Jude 9; Jude 13; Rev. 1,16; Rev. 2,7; Rev. 2,16; Rev. 2,17; Rev. 2,17; Rev. 3,16; Rev. 5,8; Rev. 6,3; Rev. 6,5; Rev. 6,7; Rev. 6,9; Rev. 6,16; Rev. 7,9; Rev. 7,14; Rev. 8,3; Rev. 8,5; Rev. 8,5; Rev. 9,1; Rev. 9,2; Rev. 9,2; Rev. 9,13; Rev. 9,13; Rev. 9,13; Rev. 9,16; Rev. 9,18; Rev. 9,18; Rev. 9,18; Rev. 11,5; Rev. 12,7; Rev. 12,11; Rev. 12,15; Rev. 12,16; Rev. 12,17; Rev. 13,3; Rev. 13,8; Rev. 13,8; Rev. 13,12; Rev. 13,14; Rev. 13,15; Rev. 13,15; Rev. 13,15; Rev. 13,17; Rev. 13,17; Rev. 13,18; Rev. 14,9; Rev. 14,10; Rev. 14,11; Rev. 14,18; Rev. 14,18; Rev. 15,2; Rev. 15,2; Rev. 15,3; Rev. 15,5; Rev. 16,2;

ὁ   1753

Rev. 16,7; Rev. 16,10; Rev. 16,13; Rev. 16,13; Rev. 16,13; Rev. 16,13; Rev. 17,6; Rev. 17,6; Rev. 17,7; Rev. 17,7; Rev. 17,7; Rev. 17,12; Rev. 17,14; Rev. 18,3; Rev. 18,5; Rev. 19,7; Rev. 19,9; Rev. 19,15; Rev. 19,19; Rev. 19,20; Rev. 19,20; Rev. 19,21; Rev. 20,10; Rev. 20,11; Rev. 20,14; Rev. 20,14; Rev. 20,15; Rev. 21,6; Rev. 21,9; Rev. 21,14; Rev. 21,18; Rev. 21,19; Rev. 21,24; Rev. 21,27; Rev. 22,1; Rev. 22,2; Rev. 22,3; Rev. 22,7; Rev. 22,9; Rev. 22,10; Rev. 22,18; Rev. 22,19; Rev. 22,19)

Τοὺς ▸ 8 + 1 + 2 = 11

Article • masculine • plural • accusative   ▸ 8 + 1 + 2 = 11   (Gen. 37,16; Gen. 42,37; Num. 23,4; 2Chr. 34,26; Prov. 30,1; Ezek. 11,7; Ezek. 12,19; Dan. 2,24; Dan. 2,24; 1Tim. 5,20; Titus 2,6)

τοὺς ▸ 1

Article • masculine • plural • accusative   ▸ 1 (3Mac. 2,29)

τοὺς ▸ 3317 + 236 + 729 = 4282

Article • masculine • plural • accusative   ▸ 3317 + 236 + 729 = 4282 (Gen. 1,16; Gen. 1,16; Gen. 1,16; Gen. 4,23; Gen. 9,1; Gen. 9,2; Gen. 10,13; Gen. 10,13; Gen. 10,13; Gen. 10,13; Gen. 10,14; Gen. 10,14; Gen. 10,14; Gen. 12,3; Gen. 12,3; Gen. 13,10; Gen. 14,5; Gen. 14,5; Gen. 14,5; Gen. 14,5; Gen. 14,6; Gen. 14,6; Gen. 14,7; Gen. 14,7; Gen. 14,7; Gen. 14,9; Gen. 14,14; Gen. 14,20; Gen. 14,21; Gen. 15,5; Gen. 15,15; Gen. 15,19; Gen. 15,19; Gen. 15,19; Gen. 15,20; Gen. 15,20; Gen. 15,20; Gen. 15,21; Gen. 15,21; Gen. 15,21; Gen. 15,21; Gen. 15,21; Gen. 17,23; Gen. 17,23; Gen. 18,4; Gen. 19,2; Gen. 19,8; Gen. 19,11; Gen. 19,11; Gen. 19,14; Gen. 19,14; Gen. 19,25; Gen. 20,8; Gen. 21,19; Gen. 22,17; Gen. 22,19; Gen. 24,59; Gen. 26,4; Gen. 27,16; Gen. 27,17; Gen. 27,37; Gen. 29,1; Gen. 29,8; Gen. 29,13; Gen. 29,22; Gen. 30,15; Gen. 30,35; Gen. 30,35; Gen. 30,35; Gen. 30,40; Gen. 31,12; Gen. 31,12; Gen. 31,23; Gen. 31,25; Gen. 31,30; Gen. 31,32; Gen. 31,54; Gen. 32,1; Gen. 32,8; Gen. 33,2; Gen. 34,11; Gen. 34,20; Gen. 34,27; Gen. 34,28; Gen. 34,28; Gen. 35,2; Gen. 35,2; Gen. 35,2; Gen. 35,4; Gen. 35,4; Gen. 36,6; Gen. 37,3; Gen. 37,23; Gen. 37,26; Gen. 37,30; Gen. 38,12; Gen. 38,21; Gen. 38,21; Gen. 39,7; Gen. 39,14; Gen. 39,22; Gen. 40,7; Gen. 41,7; Gen. 41,7; Gen. 41,7; Gen. 41,8; Gen. 41,8; Gen. 41,24; Gen. 41,24; Gen. 41,24; Gen. 41,56; Gen. 42,7; Gen. 42,8; Gen. 42,26; Gen. 42,35; Gen. 42,35; Gen. 43,16; Gen. 43,17; Gen. 43,18; Gen. 43,21; Gen. 43,22; Gen. 43,24; Gen. 44,1; Gen. 44,19; Gen. 45,3; Gen. 45,4; Gen. 45,15; Gen. 45,24; Gen. 46,4; Gen. 46,31; Gen. 46,32; Gen. 47,6; Gen. 47,11; Gen. 48,1; Gen. 48,8; Gen. 48,13; Gen. 48,22; Gen. 49,1; Gen. 49,33; Gen. 50,4; Gen. 50,8; Gen. 50,25; Ex. 1,10; Ex. 1,13; Ex. 2,11; Ex. 2,11; Ex. 2,25; Ex. 3,10; Ex. 3,11; Ex. 3,13; Ex. 3,20; Ex. 3,22; Ex. 3,22; Ex. 4,18; Ex. 4,18; Ex. 4,25; Ex. 4,28; Ex. 4,31; Ex. 5,2; Ex. 6,11; Ex. 6,13; Ex. 6,26; Ex. 6,27; Ex. 7,2; Ex. 7,4; Ex. 7,5; Ex. 7,11; Ex. 7,11; Ex. 7,19; Ex. 7,28; Ex. 7,28; Ex. 7,29; Ex. 8,1; Ex. 8,1; Ex. 8,2; Ex. 8,3; Ex. 8,4; Ex. 8,5; Ex. 8,17; Ex. 8,17; Ex. 8,20; Ex. 8,20; Ex. 9,9; Ex. 9,20; Ex. 9,22; Ex. 9,35; Ex. 10,7; Ex. 10,20; Ex. 11,10; Ex. 12,23; Ex. 12,27; Ex. 12,27; Ex. 12,27; Ex. 12,32; Ex. 12,36; Ex. 12,51; Ex. 13,19; Ex. 14,5; Ex. 14,13; Ex. 14,25; Ex. 14,25; Ex. 14,26; Ex. 14,26; Ex. 14,27; Ex. 14,28; Ex. 14,28; Ex. 14,30; Ex. 15,7; Ex. 15,22; Ex. 16,16; Ex. 16,18; Ex. 16,29; Ex. 18,3; Ex. 18,11; Ex. 18,19; Ex. 19,7; Ex. 19,7; Ex. 19,8; Ex. 20,1; Ex. 20,24; Ex. 23,27; Ex. 23,28; Ex. 23,28; Ex. 23,28; Ex. 23,28; Ex. 23,31; Ex. 24,3; Ex. 24,5; Ex. 24,10; Ex. 25,14; Ex. 25,14; Ex. 25,14; Ex. 25,19; Ex. 25,22; Ex. 25,26; Ex. 25,28; Ex. 25,29; Ex. 25,35; Ex. 25,35; Ex. 25,37; Ex. 25,37; Ex. 26,11; Ex. 26,29; Ex. 26,29; Ex. 26,29; Ex. 26,29; Ex. 26,33; Ex. 27,7; Ex. 27,7; Ex. 28,1; Ex. 28,9; Ex. 28,11; Ex. 28,12; Ex. 28,23 # 28,29a; Ex. 28,23 # 28,29a; Ex. 28,41; Ex. 29,3; Ex. 29,4; Ex. 29,8; Ex. 29,13; Ex. 29,17; Ex. 29,20; Ex. 29,21; Ex. 29,22; Ex. 29,32; Ex. 29,32; Ex. 29,44; Ex. 30,3; Ex. 30,7; Ex. 30,8; Ex. 30,19; Ex. 30,21; Ex. 30,30; Ex. 32,19; Ex. 32,20; Ex. 34,13; Ex. 34,16; Ex. 34,28; Ex. 35,11; Ex. 35,11; Ex. 35,12; Ex. 35,17 # 35,17a; Ex. 35,17 # 35,12a; Ex. 35,19; Ex. 35,27; Ex. 35,27; Ex. 36,2; Ex. 36,2; Ex. 36,13; Ex. 36,14; Ex. 36,23; Ex. 36,23; Ex. 36,24; Ex. 36,25; Ex. 36,27; Ex. 36,28; Ex. 36,32; Ex. 37,6; Ex. 37,6; Ex. 38,6; Ex. 38,11; Ex. 38,12; Ex. 38,14; Ex. 38,18; Ex. 38,18; Ex. 38,18; Ex. 38,19; Ex. 38,19; Ex. 38,21; Ex. 38,21; Ex. 38,27; Ex. 39,5; Ex. 39,8; Ex. 39,8; Ex. 39,13; Ex. 39,13; Ex. 39,14; Ex. 39,16; Ex. 39,17; Ex. 39,17; Ex. 39,19; Ex. 39,21; Ex. 40,4; Ex. 40,12; Ex. 40,14; Ex. 40,18; Ex. 40,18; Ex. 40,20; Ex. 40,25; Lev. 1,9; Lev. 1,13; Lev. 2,2; Lev. 2,2; Lev. 3,4; Lev. 3,10; Lev. 3,15; Lev. 4,2; Lev. 4,9; Lev. 7,4; Lev. 8,2; Lev. 8,2; Lev. 8,6; Lev. 8,13; Lev. 8,16; Lev. 8,21; Lev. 8,24; Lev. 8,24; Lev. 8,25; Lev. 8,30; Lev. 8,30; Lev. 8,31; Lev. 8,31; Lev. 8,31; Lev. 8,36; Lev. 9,1; Lev. 9,10; Lev. 9,14; Lev. 9,19; Lev. 10,4; Lev. 10,6; Lev. 10,6; Lev. 10,11; Lev. 10,12; Lev. 10,12; Lev. 10,16; Lev. 10,16; Lev. 14,40; Lev. 14,43; Lev. 14,45; Lev. 15,31; Lev. 16,1; Lev. 16,7; Lev. 16,8; Lev. 17,2; Lev. 19,10; Lev. 20,5; Lev. 20,5; Lev. 21,20; Lev. 21,24; Lev. 23,43; Lev. 24,4; Lev. 26,7; Lev. 26,16; Lev. 26,26; Lev. 26,26; Lev. 27,34; Num. 1,17; Num. 1,17; Num. 1,50; Num. 3,9; Num. 3,10; Num. 3,12; Num. 3,15; Num. 3,36; Num. 3,36; Num. 3,37; Num. 3,37; Num. 3,37; Num. 3,41; Num. 3,45; Num. 3,46; Num. 4,6; Num. 4,7; Num. 4,8; Num. 4,9; Num. 4,11; Num. 4,14; Num. 4,31; Num. 4,31; Num. 4,32; Num. 4,32; Num. 4,32; Num. 4,32; Num. 4,34; Num. 4,46; Num. 6,23; Num. 6,23; Num. 7,6; Num. 7,7; Num. 7,8; Num. 8,2; Num. 8,3; Num. 8,6; Num. 8,9; Num. 8,10; Num. 8,10; Num. 8,11; Num. 8,13; Num. 8,14; Num. 8,18; Num. 8,19; Num. 10,9; Num. 10,9; Num. 11,5; Num. 11,5; Num. 11,5; Num. 11,25; Num. 11,25; Num. 12,3; Num. 12,3; Num. 13,32; Num. 13,32; Num. 13,33; Num. 16,5; Num. 16,5; Num. 16,10; Num. 16,14; Num. 16,30; Num. 16,31; Num. 16,32; Num. 16,32; Num. 16,32; Num. 16,35; Num. 16,35; Num. 18,2; Num. 18,6; Num. 18,6; Num. 20,15; Num. 21,6; Num. 21,6; Num. 21,14; Num. 21,15; Num. 21,35; Num. 22,4; Num. 22,31; Num. 24,2; Num. 24,17; Num. 25,4; Num. 25,11; Num. 26,10; Num. 26,63; Num. 26,64; Num. 28,14; Num. 29,10; Num. 29,14; Num. 29,15; Num. 30,2; Num. 30,5; Num. 30,6; Num. 30,13; Num. 30,13; Num. 30,15; Num. 30,15; Num. 31,8; Num. 31,21; Num. 31,21; Num. 32,2; Num. 32,17; Num. 32,19; Num. 32,28; Num. 33,2; Num. 33,4; Num. 33,52; Num. 33,53; Num. 33,55; Num. 34,14; Num. 34,15; Deut. 1,7; Deut. 1,18; Deut. 2,8; Deut. 2,8; Deut. 2,33; Deut. 3,20; Deut. 4,9; Deut. 4,9; Deut. 4,9; Deut. 4,10; Deut. 4,19; Deut. 4,37; Deut. 5,30; Deut. 6,7; Deut. 6,19; Deut. 7,5; Deut. 7,15; Deut. 7,19; Deut. 7,19; Deut. 7,24; Deut. 10,4; Deut. 10,15; Deut. 11,6; Deut. 12,2; Deut. 12,3; Deut. 12,28; Deut. 12,30; Deut. 12,31; Deut. 13,14; Deut. 13,16; Deut. 16,7; Deut. 17,9; Deut. 17,9; Deut. 18,11; Deut. 20,1; Deut. 20,3; Deut. 20,4; Deut. 21,10; Deut. 23,10; Deut. 25,18; Deut. 27,3; Deut. 27,4; Deut. 28,7; Deut. 28,7; Deut. 28,33; Deut. 28,36; Deut. 29,1; Deut. 29,2; Deut. 29,2; Deut. 29,8; Deut. 30,5; Deut. 30,7; Deut. 30,7; Deut. 31,1; Deut. 31,12; Deut. 31,12; Deut. 31,19; Deut. 31,22; Deut. 31,23; Deut. 31,24; Deut. 31,28; Deut. 31,28; Deut. 31,28; Deut. 31,28; Deut. 31,28; Deut. 32,7; Deut. 32,44; Deut. 32,44; Deut. 32,46; Deut. 32,46; Deut. 33,1; Deut. 33,9; Deut. 33,9; Josh. 1,15; Josh. 2,3; Josh. 2,3; Josh. 2,4; Josh. 2,13; Josh. 2,18; Josh. 2,20; Josh. 3,3; Josh. 3,3; Josh. 4,9; Josh. 4,18; Josh. 4,20; Josh. 5,2; Josh. 5,3; Josh. 5,4; Josh. 5,7; Josh. 6,3; Josh. 6,6; Josh. 6,23; Josh. 6,25; Josh. 7,23; Josh. 7,24; Josh. 7,24; Josh. 8,1; Josh. 8,1; Josh. 8,21; Josh. 8,24; Josh. 8,24; Josh. 8,25; Josh. 9,24; Josh. 10,4; Josh. 10,11; Josh. 10,13; Josh. 10,22; Josh. 10,23; Josh. 10,24; Josh. 10,24; Josh. 10,24; Josh. 10,24; Josh. 10,24; Josh. 10,24; Josh. 10,40; Josh. 10,42;

Ο, ο

ὀ

Josh. 11,2; Josh. 11,2; Josh. 11,3; Josh. 11,3; Josh. 11,3; Josh. 11,3; Josh. 11,3; Josh. 11,6; Josh. 11,9; Josh. 11,12; Josh. 11,17; Josh. 11,18; Josh. 11,21; Josh. 13,6; Josh. 13,21; Josh. 13,21; Josh. 15,14; Josh. 15,15; Josh. 16,10; Josh. 16,10; Josh. 16,10; Josh. 17,11; Josh. 17,11; Josh. 17,13; Josh. 21,1; Josh. 21,12; Josh. 21,42d; Josh. 21,42d; Josh. 21,44; Josh. 22,1; Josh. 22,1; Josh. 22,3; Josh. 22,4; Josh. 22,4; Josh. 22,6; Josh. 22,7; Josh. 22,8; Josh. 22,13; Josh. 22,13; Josh. 22,15; Josh. 22,15; Josh. 22,15; Josh. 22,25; Josh. 22,30; Josh. 22,31; Josh. 22,32; Josh. 22,32; Josh. 22,33; Josh. 23,2; Josh. 23,2; Josh. 23,2; Josh. 23,2; Josh. 23,5; Josh. 24,1; Josh. 24,1; Josh. 24,1; Josh. 24,14; Josh. 24,14; Josh. 24,17; Josh. 24,23; Josh. 24,23; Josh. 24,23; Josh. 24,31a; Josh. 24,33b; Judg. 1,11; Judg. 1,16; Judg. 1,19; Judg. 1,20; Judg. 1,27; Judg. 1,27; Judg. 1,27; Judg. 1,27; Judg. 1,30; Judg. 1,30; Judg. 1,31; Judg. 1,31; Judg. 1,31; Judg. 1,31; Judg. 1,33; Judg. 1,33; Judg. 1,34; Judg. 2,4; Judg. 2,10; Judg. 2,19; Judg. 3,1; Judg. 3,1; Judg. 3,13; Judg. 3,18; Judg. 3,28; Judg. 3,29; Judg. 3,29; Judg. 3,31; Judg. 5,13; Judg. 5,23; Judg. 5,28; Judg. 6,8; Judg. 6,10; Judg. 6,20; Judg. 6,20; Judg. 6,21; Judg. 6,27; Judg. 6,31; Judg. 6,31; Judg. 7,16; Judg. 7,19; Judg. 7,25; Judg. 8,3; Judg. 8,12; Judg. 8,14; Judg. 8,14; Judg. 8,15; Judg. 8,16; Judg. 8,16; Judg. 8,17; Judg. 8,21; Judg. 8,21; Judg. 9,1; Judg. 9,3; Judg. 9,5; Judg. 9,18; Judg. 9,18; Judg. 9,20; Judg. 9,24; Judg. 9,24; Judg. 9,24; Judg. 9,25; Judg. 9,27; Judg. 9,30; Judg. 9,41; Judg. 9,44; Judg. 9,48; Judg. 9,56; Judg. 10,8; Judg. 10,8; Judg. 10,11; Judg. 10,14; Judg. 10,16; Judg. 10,16; Judg. 11,9; Judg. 11,11; Judg. 11,13; Judg. 11,30; Judg. 11,32; Judg. 12,3; Judg. 12,4; Judg. 15,5; Judg. 16,14; Judg. 16,14; Judg. 16,17; Judg. 16,18; Judg. 16,19; Judg. 16,21; Judg. 16,24; Judg. 16,24; Judg. 16,26; Judg. 16,29; Judg. 16,29; Judg. 16,30; Judg. 17,2; Judg. 17,3; Judg. 18,8; Judg. 18,14; Judg. 19,21; Judg. 20,13; Judg. 20,13; Judg. 20,13; Judg. 20,13; Judg. 20,48; Judg. 21,10; Judg. 21,14; Ruth 1,1; Ruth 1,15; Ruth 2,5; Ruth 2,6; 1Sam. 2,29; 1Sam. 2,30; 1Sam. 2,33; 1Sam. 2,34; 1Sam. 3,18; 1Sam. 5,3; 1Sam. 5,8; 1Sam. 5,9; 1Sam. 5,11; 1Sam. 6,2; 1Sam. 6,2; 1Sam. 6,2; 1Sam. 6,11; 1Sam. 6,11; 1Sam. 6,21; 1Sam. 7,3; 1Sam. 7,3; 1Sam. 7,6; 1Sam. 7,10; 1Sam. 7,11; 1Sam. 7,13; 1Sam. 7,13; 1Sam. 8,1; 1Sam. 8,10; 1Sam. 8,11; 1Sam. 8,14; 1Sam. 8,14; 1Sam. 8,14; 1Sam. 8,14; 1Sam. 8,15; 1Sam. 8,16; 1Sam. 8,16; 1Sam. 8,21; 1Sam. 9,24; 1Sam. 10,18; 1Sam. 11,4; 1Sam. 11,11; 1Sam. 11,12; 1Sam. 12,6; 1Sam. 12,8; 1Sam. 14,8; 1Sam. 14,13; 1Sam. 14,47; 1Sam. 14,47; 1Sam. 14,47; 1Sam. 14,47; 1Sam. 14,52; 1Sam. 15,11; 1Sam. 15,18; 1Sam. 16,5; 1Sam. 16,10; 1Sam. 16,17; 1Sam. 19,1; 1Sam. 19,8; 1Sam. 19,20; 1Sam. 20,15; 1Sam. 20,29; 1Sam. 21,7; 1Sam. 21,15; 1Sam. 22,7; 1Sam. 22,7; 1Sam. 22,11; 1Sam. 22,11; 1Sam. 22,11; 1Sam. 22,17; 1Sam. 22,17; 1Sam. 22,18; 1Sam. 22,18; 1Sam. 22,21; 1Sam. 23,1; 1Sam. 23,2; 1Sam. 23,4; 1Sam. 23,5; 1Sam. 23,8; 1Sam. 23,26; 1Sam. 24,3; 1Sam. 24,7; 1Sam. 24,8; 1Sam. 25,9; 1Sam. 25,11; 1Sam. 25,18; 1Sam. 25,24; 1Sam. 28,3; 1Sam. 28,3; 1Sam. 28,9; 1Sam. 28,9; 1Sam. 28,21; 1Sam. 29,3; 1Sam. 29,8; 1Sam. 30,6; 1Sam. 30,21; 1Sam. 30,21; 1Sam. 30,31; 1Sam. 31,8; 1Sam. 31,8; 2Sam. 1,18; 2Sam. 2,5; 2Sam. 3,17; 2Sam. 3,38; 2Sam. 4,4; 2Sam. 4,12; 2Sam. 5,8; 2Sam. 5,8; 2Sam. 5,8; 2Sam. 5,19; 2Sam. 5,19; 2Sam. 5,20; 2Sam. 5,20; 2Sam. 5,20; 2Sam. 5,21; 2Sam. 5,25; 2Sam. 7,6; 2Sam. 7,9; 2Sam. 7,17; 2Sam. 8,1; 2Sam. 8,7; 2Sam. 8,7; 2Sam. 8,8; 2Sam. 8,8; 2Sam. 9,3; 2Sam. 10,3; 2Sam. 10,4; 2Sam. 10,4; 2Sam. 10,4; 2Sam. 10,5; 2Sam. 10,7; 2Sam. 10,19; 2Sam. 11,1; 2Sam. 11,1; 2Sam. 11,8; 2Sam. 11,18; 2Sam. 11,19; 2Sam. 11,24; 2Sam. 12,14; 2Sam. 12,19; 2Sam. 13,18; 2Sam. 13,21; 2Sam. 13,23; 2Sam. 13,27; 2Sam. 13,30; 2Sam. 13,32; 2Sam. 13,34; 2Sam. 14,3; 2Sam. 14,19; 2Sam. 14,30; 2Sam. 15,20; 2Sam. 16,6; 2Sam. 16,11; 2Sam. 17,8; 2Sam. 17,15; 2Sam. 18,24; 2Sam. 18,28; 2Sam. 18,28; 2Sam. 19,7; 2Sam. 19,7; 2Sam. 19,12; 2Sam. 19,12; 2Sam. 19,25; 2Sam. 19,30; 2Sam. 20,6; 2Sam. 20,6; 2Sam. 20,17; 2Sam. 21,1; 2Sam. 21,2; 2Sam. 21,2; 2Sam. 21,3; 2Sam. 21,8; 2Sam. 21,8; 2Sam. 22,1; 2Sam. 22,34; 2Sam. 22,39; 2Sam. 22,40; 2Sam. 22,41; 2Sam. 22,41; 2Sam. 23,12; 2Sam. 23,20; 2Sam. 23,23; 2Sam. 24,4; 2Sam. 24,20; 2Sam. 24,24; 1Kings 1,9; 1Kings 1,9; 1Kings 1,10; 1Kings 1,14; 1Kings 1,19; 1Kings 1,25; 1Kings 1,25; 1Kings 1,33; 1Kings 2,35e; 1Kings 2,35e; 1Kings 2,35e; 1Kings 2,40; 1Kings 2,40; 1Kings 2,41; 1Kings 5,11; 1Kings 5,15; 1Kings 5,32; 1Kings 6,10; 1Kings 6,15; 1Kings 6,16; 1Kings 6,29; 1Kings 6,32; 1Kings 7,3; 1Kings 7,7; 1Kings 7,26; 1Kings 7,29; 1Kings 7,30; 1Kings 7,31; 1Kings 7,35; 1Kings 7,37; 1Kings 8,1; 1Kings 8,44; 1Kings 8,53; 1Kings 9,7; 1Kings 9,9; 1Kings 9,10; 1Kings 10,3; 1Kings 10,5; 1Kings 10,23; 1Kings 11,15; 1Kings 12,24q; 1Kings 12,24r; 1Kings 12,24y; 1Kings 12,32; 1Kings 13,2; 1Kings 13,2; 1Kings 13,11; 1Kings 13,32; 1Kings 13,32; 1Kings 13,32; 1Kings 14,26; 1Kings 14,26; 1Kings 15,15; 1Kings 15,15; 1Kings 15,20; 1Kings 15,22; 1Kings 15,23; 1Kings 16,25; 1Kings 16,28g; 1Kings 16,30; 1Kings 16,33; 1Kings 16,33; 1Kings 18,4; 1Kings 18,13; 1Kings 18,19; 1Kings 18,19; 1Kings 18,20; 1Kings 18,29; 1Kings 18,32; 1Kings 18,38; 1Kings 18,40; 1Kings 19,1; 1Kings 19,4; 1Kings 19,10; 1Kings 19,14; 1Kings 20,8; 1Kings 20,8; 1Kings 20,8; 1Kings 21,6; 1Kings 21,6; 1Kings 21,7; 1Kings 21,21; 1Kings 21,24; 1Kings 21,38; 1Kings 22,3; 1Kings 22,6; 1Kings 22,13; 2Kings 1,7; 2Kings 1,9; 2Kings 1,10; 2Kings 1,10; 2Kings 1,11; 2Kings 1,12; 2Kings 1,12; 2Kings 1,13; 2Kings 1,14; 2Kings 1,14; 2Kings 1,14; 2Kings 3,10; 2Kings 3,13; 2Kings 3,13; 2Kings 3,25; 2Kings 4,1; 2Kings 4,6; 2Kings 4,7; 2Kings 4,18; 2Kings 4,34; 2Kings 4,34; 2Kings 4,35; 2Kings 4,37; 2Kings 5,24; 2Kings 6,8; 2Kings 6,11; 2Kings 6,12; 2Kings 6,16; 2Kings 6,17; 2Kings 6,17; 2Kings 6,20; 2Kings 6,20; 2Kings 6,30; 2Kings 6,32; 2Kings 7,6; 2Kings 7,6; 2Kings 7,7; 2Kings 7,7; 2Kings 7,12; 2Kings 8,12; 2Kings 8,21; 2Kings 9,11; 2Kings 9,30; 2Kings 9,33; 2Kings 10,1; 2Kings 10,1; 2Kings 10,1; 2Kings 10,7; 2Kings 10,11; 2Kings 10,11; 2Kings 10,11; 2Kings 10,11; 2Kings 10,13; 2Kings 10,17; 2Kings 10,19; 2Kings 10,19; 2Kings 10,19; 2Kings 11,4; 2Kings 11,9; 2Kings 11,9; 2Kings 11,10; 2Kings 11,10; 2Kings 11,10; 2Kings 11,19; 2Kings 12,5; 2Kings 12,8; 2Kings 12,16; 2Kings 13,21; 2Kings 14,5; 2Kings 14,5; 2Kings 14,6; 2Kings 14,14; 2Kings 16,6; 2Kings 17,17; 2Kings 17,25; 2Kings 17,26; 2Kings 17,31; 2Kings 18,8; 2Kings 18,26; 2Kings 18,27; 2Kings 18,27; 2Kings 18,27; 2Kings 18,28; 2Kings 18,37; 2Kings 19,2; 2Kings 19,4; 2Kings 19,12; 2Kings 19,16; 2Kings 19,16; 2Kings 19,18; 2Kings 19,22; 2Kings 21,6; 2Kings 21,15; 2Kings 21,24; 2Kings 22,11; 2Kings 22,16; 2Kings 22,16; 2Kings 22,19; 2Kings 22,20; 2Kings 23,1; 2Kings 23,2; 2Kings 23,3; 2Kings 23,5; 2Kings 23,5; 2Kings 23,8; 2Kings 23,11; 2Kings 23,14; 2Kings 23,15; 2Kings 23,16; 2Kings 23,16; 2Kings 23,16; 2Kings 23,16; 2Kings 23,17; 2Kings 23,19; 2Kings 23,19; 2Kings 23,20; 2Kings 23,20; 2Kings 23,24; 2Kings 23,24; 2Kings 23,24; 2Kings 23,24; 2Kings 23,26; 2Kings 24,2; 2Kings 24,2; 2Kings 24,2; 2Kings 24,2; 2Kings 24,13; 2Kings 24,13; 2Kings 24,14; 2Kings 24,14; 2Kings 24,15; 2Kings 24,15; 2Kings 24,16; 2Kings 25,7; 2Kings 25,7; 2Kings 25,9; 2Kings 25,11; 2Kings 25,13; 2Kings 25,13; 2Kings 25,13; 2Kings 25,14; 2Kings 25,18; 2Kings 25,18; 2Kings 25,19; 2Kings 25,19; 2Kings 25,25; 2Kings 25,25; 1Chr. 4,9; 1Chr. 4,41; 1Chr. 4,41; 1Chr. 4,43; 1Chr. 4,43; 1Chr. 5,10; 1Chr. 8,13; 1Chr. 9,24; 1Chr. 10,8; 1Chr. 10,8; 1Chr. 11,14; 1Chr. 11,21; 1Chr. 11,22; 1Chr. 11,25; 1Chr. 11,25; 1Chr. 12,16; 1Chr. 12,20; 1Chr. 12,33; 1Chr. 13,2; 1Chr. 13,2; 1Chr. 14,10; 1Chr. 14,11; 1Chr. 14,12; 1Chr. 15,2; 1Chr. 15,4; 1Chr. 15,4; 1Chr. 15,11; 1Chr. 15,11;

ὁ

1Chr. 15,16; 1Chr. 15,16; 1Chr. 15,26; 1Chr. 16,25; 1Chr. 16,37; 1Chr. 16,39; 1Chr. 16,39; 1Chr. 17,8; 1Chr. 17,10; 1Chr. 17,15; 1Chr. 18,1; 1Chr. 18,7; 1Chr. 18,7; 1Chr. 18,7; 1Chr. 18,8; 1Chr. 19,4; 1Chr. 19,5; 1Chr. 21,2; 1Chr. 21,16; 1Chr. 21,23; 1Chr. 22,2; 1Chr. 22,3; 1Chr. 22,3; 1Chr. 22,18; 1Chr. 23,2; 1Chr. 23,2; 1Chr. 23,2; 1Chr. 23,29; 1Chr. 24,4; 1Chr. 25,1; 1Chr. 25,1; 1Chr. 25,7; 1Chr. 27,1; 1Chr. 27,23; 1Chr. 28,1; 1Chr. 28,1; 1Chr. 28,1; 1Chr. 28,1; 1Chr. 28,1; 1Chr. 28,1; 1Chr. 28,21; 1Chr. 29,4; 2Chr. 2,4; 2Chr. 2,16; 2Chr. 2,16; 2Chr. 3,7; 2Chr. 3,7; 2Chr. 3,13; 2Chr. 3,17; 2Chr. 4,3; 2Chr. 4,6; 2Chr. 4,6; 2Chr. 4,6; 2Chr. 4,14; 2Chr. 4,15; 2Chr. 4,15; 2Chr. 4,16; 2Chr. 4,16; 2Chr. 4,16; 2Chr. 4,20; 2Chr. 5,2; 2Chr. 5,2; 2Chr. 5,2; 2Chr. 5,8; 2Chr. 5,11; 2Chr. 6,2; 2Chr. 6,23; 2Chr. 6,34; 2Chr. 8,2; 2Chr. 8,15; 2Chr. 9,2; 2Chr. 9,18; 2Chr. 9,22; 2Chr. 10,6; 2Chr. 10,6; 2Chr. 11,4; 2Chr. 11,23; 2Chr. 12,5; 2Chr. 12,5; 2Chr. 12,9; 2Chr. 12,9; 2Chr. 12,9; 2Chr. 12,9; 2Chr. 12,9; 2Chr. 12,9; 2Chr. 12,10; 2Chr. 13,9; 2Chr. 13,9; 2Chr. 13,9; 2Chr. 14,11; 2Chr. 14,14; 2Chr. 15,5; 2Chr. 15,8; 2Chr. 15,9; 2Chr. 15,9; 2Chr. 16,4; 2Chr. 16,6; 2Chr. 16,12; 2Chr. 16,12; 2Chr. 17,7; 2Chr. 17,7; 2Chr. 18,5; 2Chr. 19,8; 2Chr. 19,10; 2Chr. 20,7; 2Chr. 20,22; 2Chr. 20,22; 2Chr. 20,23; 2Chr. 20,23; 2Chr. 20,29; 2Chr. 21,4; 2Chr. 21,9; 2Chr. 21,11; 2Chr. 21,13; 2Chr. 21,13; 2Chr. 21,13; 2Chr. 21,16; 2Chr. 21,16; 2Chr. 21,16; 2Chr. 21,17; 2Chr. 22,1; 2Chr. 22,8; 2Chr. 22,8; 2Chr. 23,1; 2Chr. 23,2; 2Chr. 23,8; 2Chr. 23,9; 2Chr. 23,20; 2Chr. 23,20; 2Chr. 23,20; 2Chr. 24,5; 2Chr. 24,5; 2Chr. 24,11; 2Chr. 24,23; 2Chr. 25,3; 2Chr. 25,3; 2Chr. 25,4; 2Chr. 25,11; 2Chr. 25,14; 2Chr. 25,15; 2Chr. 25,20; 2Chr. 25,24; 2Chr. 25,24; 2Chr. 26,6; 2Chr. 26,7; 2Chr. 26,7; 2Chr. 26,7; 2Chr. 26,7; 2Chr. 26,13; 2Chr. 26,19; 2Chr. 28,12; 2Chr. 28,15; 2Chr. 28,15; 2Chr. 28,23; 2Chr. 28,23; 2Chr. 28,27; 2Chr. 29,4; 2Chr. 29,4; 2Chr. 29,7; 2Chr. 29,15; 2Chr. 29,20; 2Chr. 29,22; 2Chr. 29,22; 2Chr. 29,22; 2Chr. 29,23; 2Chr. 29,23; 2Chr. 29,25; 2Chr. 29,34; 2Chr. 30,6; 2Chr. 30,6; 2Chr. 30,8; 2Chr. 31,1; 2Chr. 31,8; 2Chr. 32,1; 2Chr. 32,9; 2Chr. 32,17; 2Chr. 32,22; 2Chr. 33,9; 2Chr. 33,11; 2Chr. 33,15; 2Chr. 33,15; 2Chr. 33,25; 2Chr. 34,11; 2Chr. 34,19; 2Chr. 34,24; 2Chr. 34,24; 2Chr. 34,27; 2Chr. 34,27; 2Chr. 34,28; 2Chr. 34,28; 2Chr. 34,29; 2Chr. 34,30; 2Chr. 34,31; 2Chr. 34,31; 2Chr. 34,32; 2Chr. 34,33; 2Chr. 35,2; 2Chr. 35,7; 2Chr. 35,13; 2Chr. 35,19a; 2Chr. 35,19a; 2Chr. 35,19a; 2Chr. 35,19a; 2Chr. 36,5b; 2Chr. 36,15; 2Chr. 36,16; 2Chr. 36,16; 2Chr. 36,17; 2Chr. 36,17; 2Chr. 36,18; 2Chr. 36,18; 2Chr. 36,20; 1Esdr. 1,2; 1Esdr. 1,36; 1Esdr. 1,49; 1Esdr. 1,49; 1Esdr. 1,50; 1Esdr. 1,52; 1Esdr. 1,53; 1Esdr. 2,23; 1Esdr. 2,25; 1Esdr. 3,14; 1Esdr. 3,15; 1Esdr. 3,15; 1Esdr. 3,18; 1Esdr. 3,18; 1Esdr. 4,4; 1Esdr. 4,4; 1Esdr. 4,6; 1Esdr. 4,16; 1Esdr. 4,16; 1Esdr. 4,47; 1Esdr. 4,47; 1Esdr. 5,11; 1Esdr. 5,24; 1Esdr. 5,56; 1Esdr. 5,58; 1Esdr. 6,1; 1Esdr. 6,1; 1Esdr. 6,8; 1Esdr. 6,11; 1Esdr. 6,11; 1Esdr. 6,19; 1Esdr. 6,26; 1Esdr. 8,10; 1Esdr. 8,23; 1Esdr. 8,23; 1Esdr. 8,43; 1Esdr. 8,45; 1Esdr. 8,46; 1Esdr. 8,46; 1Esdr. 8,51; 1Esdr. 8,92; 1Esdr. 9,13; 1Esdr. 9,13; 1Esdr. 9,17; 1Esdr. 9,17; Ezra 3,8; Ezra 3,8; Ezra 3,9; Ezra 4,2; Ezra 4,17; Ezra 4,17; Ezra 4,17; Ezra 4,21; Ezra 5,1; Ezra 5,1; Ezra 5,9; Ezra 6,18; Ezra 6,18; Ezra 7,18; Ezra 8,17; Ezra 8,17; Ezra 8,22; Ezra 10,5; Ezra 10,5; Neh. 1,4; Neh. 2,7; Neh. 2,9; Neh. 2,18; Neh. 4,8; Neh. 4,8; Neh. 4,8; Neh. 4,13; Neh. 4,13; Neh. 4,13; Neh. 5,1; Neh. 5,1; Neh. 5,5; Neh. 5,6; Neh. 5,7; Neh. 5,7; Neh. 5,8; Neh. 5,8; Neh. 5,8; Neh. 5,8; Neh. 5,12; Neh. 6,19; Neh. 7,5; Neh. 7,5; Neh. 8,9; Neh. 8,13; Neh. 9,8; Neh. 9,11; Neh. 9,23; Neh. 9,23; Neh. 9,24; Neh. 9,24; Neh. 9,24; Neh. 9,26; Neh. 9,32; Neh. 9,32; Neh. 9,32; Neh. 9,32; Neh. 9,32; Neh. 10,30; Neh. 10,32; Neh. 10,40; Neh. 11,2; Neh. 11,2; Neh. 12,25; Neh. 12,27; Neh. 12,30; Neh. 12,31; Neh. 12,44; Neh. 12,44; Neh. 12,44; Neh. 12,45; Neh. 12,45; Neh. 13,12; Neh. 13,15; Neh. 13,23; Neh. 13,29; Esth. 11,11 # 1,1k; Esth. 12,2 # 1,1n; Esth. 12,3 # 1,1o; Esth. 12,4 # 1,1p; Esth. 1,1 # 1,1s; Esth. 1,15; Esth. 1,16; Esth. 1,16; Esth. 1,16; Esth. 1,18; Esth. 1,19; Esth. 2,1; Esth. 2,7; Esth. 2,18; Esth. 2,23; Esth. 3,6; Esth. 13,2 # 3,13b; Esth. 13,6 # 3,13f; Esth. 4,7; Esth. 4,9; Esth. 4,12; Esth. 4,13; Esth. 4,16; Esth. 4,16; Esth. 14,5 # 4,17m; Esth. 14,6 # 4,17n; Esth. 5,10; Esth. 8,3; Esth. 8,5; Esth. 16,3 # 8,12c; Esth. 16,14 # 8,12o; Esth. 16,15 # 8,12p; Esth. 16,19 # 8,12s; Esth. 16,19 # 8,12s; Esth. 8,13; Esth. 8,13; Esth. 9,3; Esth. 9,10; Esth. 9,13; Esth. 9,20; Esth. 9,25; Esth. 9,26; Esth. 9,26; Judith 1,3; Judith 1,7; Judith 1,7; Judith 1,7; Judith 1,7; Judith 1,8; Judith 1,9; Judith 1,10; Judith 1,11; Judith 1,12; Judith 1,12; Judith 1,12; Judith 2,2; Judith 2,2; Judith 2,11; Judith 2,14; Judith 2,14; Judith 2,22; Judith 2,22; Judith 2,23; Judith 2,25; Judith 2,26; Judith 2,27; Judith 2,27; Judith 2,28; Judith 2,28; Judith 2,28; Judith 2,28; Judith 3,8; Judith 4,7; Judith 4,11; Judith 5,2; Judith 5,2; Judith 5,4; Judith 5,14; Judith 5,15; Judith 5,16; Judith 5,22; Judith 6,5; Judith 6,14; Judith 6,16; Judith 7,1; Judith 7,5; Judith 7,20; Judith 7,23; Judith 7,32; Judith 7,32; Judith 8,3; Judith 8,9; Judith 8,10; Judith 8,25; Judith 8,27; Judith 10,4; Judith 10,4; Judith 10,4; Judith 10,6; Judith 10,19; Judith 11,14; Judith 13,1; Judith 13,12; Judith 13,14; Judith 13,17; Judith 13,18; Judith 14,3; Judith 14,12; Judith 14,12; Judith 14,19; Judith 15,4; Judith 16,4; Judith 16,25; Tob. 1,17; Tob. 2,8; Tob. 2,10; Tob. 2,10; Tob. 3,8; Tob. 3,11; Tob. 3,12; Tob. 3,17; Tob. 4,13; Tob. 4,17; Tob. 5,14; Tob. 7,6; Tob. 8,5; Tob. 8,13; Tob. 8,15; Tob. 10,12; Tob. 11,7; Tob. 11,8; Tob. 11,11; Tob. 11,12; Tob. 11,14; Tob. 12,6; Tob. 12,6; Tob. 12,12; Tob. 13,2; Tob. 13,4; Tob. 13,10; Tob. 13,12; Tob. 13,12; Tob. 13,18; Tob. 14,3; Tob. 14,3; Tob. 14,13; 1Mac. 1,6; 1Mac. 1,6; 1Mac. 1,6; 1Mac. 1,22; 1Mac. 1,23; 1Mac. 1,23; 1Mac. 1,28; 1Mac. 1,31; 1Mac. 1,48; 1Mac. 1,51; 1Mac. 1,61; 1Mac. 1,61; 1Mac. 2,23; 1Mac. 2,31; 1Mac. 2,36; 1Mac. 2,45; 1Mac. 2,47; 1Mac. 2,67; 1Mac. 2,69; 1Mac. 3,5; 1Mac. 3,14; 1Mac. 3,14; 1Mac. 3,27; 1Mac. 3,30; 1Mac. 3,30; 1Mac. 3,31; 1Mac. 3,34; 1Mac. 3,41; 1Mac. 3,42; 1Mac. 3,49; 1Mac. 4,12; 1Mac. 4,41; 1Mac. 4,43; 1Mac. 4,46; 1Mac. 4,50; 1Mac. 4,50; 1Mac. 5,2; 1Mac. 5,3; 1Mac. 5,5; 1Mac. 5,5; 1Mac. 5,6; 1Mac. 5,9; 1Mac. 5,10; 1Mac. 5,16; 1Mac. 5,17; 1Mac. 5,17; 1Mac. 5,23; 1Mac. 5,30; 1Mac. 5,42; 1Mac. 5,45; 1Mac. 5,53; 1Mac. 5,65; 1Mac. 5,65; 1Mac. 5,68; 1Mac. 6,8; 1Mac. 6,10; 1Mac. 6,12; 1Mac. 6,22; 1Mac. 6,28; 1Mac. 6,28; 1Mac. 6,57; 1Mac. 6,57; 1Mac. 7,6; 1Mac. 7,7; 1Mac. 7,10; 1Mac. 7,27; 1Mac. 7,33; 1Mac. 8,2; 1Mac. 8,5; 1Mac. 8,7; 1Mac. 8,29; 1Mac. 8,30; 1Mac. 8,31; 1Mac. 8,31; 1Mac. 9,8; 1Mac. 9,25; 1Mac. 9,26; 1Mac. 9,29; 1Mac. 9,35; 1Mac. 9,37; 1Mac. 9,39; 1Mac. 9,53; 1Mac. 9,60; 1Mac. 9,66; 1Mac. 9,66; 1Mac. 9,71; 1Mac. 9,73; 1Mac. 10,5; 1Mac. 10,11; 1Mac. 10,15; 1Mac. 10,15; 1Mac. 10,17; 1Mac. 10,22; 1Mac. 10,25; 1Mac. 10,29; 1Mac. 10,33; 1Mac. 10,38; 1Mac. 10,38; 1Mac. 10,46; 1Mac. 10,51; 1Mac. 10,84; 1Mac. 10,88; 1Mac. 11,4; 1Mac. 11,14; 1Mac. 11,20; 1Mac. 11,34; 1Mac. 11,35; 1Mac. 11,41; 1Mac. 11,41; 1Mac. 11,47; 1Mac. 11,62; 1Mac. 12,31; 1Mac. 12,31; 1Mac. 12,35; 1Mac. 12,45; 1Mac. 12,45; 1Mac. 12,48; 1Mac. 12,49; 1Mac. 12,52; 1Mac. 13,3; 1Mac. 13,10; 1Mac. 13,10; 1Mac. 13,11; 1Mac. 13,35; 1Mac. 13,40; 1Mac. 14,14; 1Mac. 14,18; 1Mac. 14,23; 1Mac. 14,26; 1Mac. 14,32; 1Mac. 14,36; 1Mac. 14,36; 1Mac. 14,46; 1Mac. 15,4; 1Mac. 15,4; 1Mac. 15,30; 1Mac. 15,32; 1Mac. 15,36; 1Mac. 16,2; 1Mac. 16,2; 1Mac. 16,2; 1Mac. 16,7; 1Mac. 16,10; 1Mac. 16,10; 1Mac. 16,16; 1Mac. 16,22; 1Mac. 16,22; 2Mac. 1,8; 2Mac. 1,8; 2Mac. 1,12; 2Mac. 1,17; 2Mac. 1,20; 2Mac. 1,21; 2Mac. 1,25; 2Mac. 1,27; 2Mac. 1,27; 2Mac. 1,28; 2Mac. 1,30; 2Mac. 2,1; 2Mac. 2,15; 2Mac. 2,19; 2Mac. 2,20; 2Mac. 2,22; 2Mac. 3,2; 2Mac. 3,12; 2Mac. 3,19;

Ο, ο

2Mac. 3,19; 2Mac. 3,24; 2Mac. 3,39; 2Mac. 4,9; 2Mac. 4,10; 2Mac. 4,11; 2Mac. 4,12; 2Mac. 4,14; 2Mac. 4,17; 2Mac. 4,38; 2Mac. 4,41; 2Mac. 5,6; 2Mac. 5,12; 2Mac. 5,12; 2Mac. 5,23; 2Mac. 5,24; 2Mac. 5,24; 2Mac. 5,25; 2Mac. 5,26; 2Mac. 6,1; 2Mac. 6,9; 2Mac. 6,12; 2Mac. 6,13; 2Mac. 6,20; 2Mac. 6,29; 2Mac. 7,2; 2Mac. 7,11; 2Mac. 7,12; 2Mac. 7,23; 2Mac. 7,31; 2Mac. 7,34; 2Mac. 7,39; 2Mac. 7,42; 2Mac. 8,1; 2Mac. 8,1; 2Mac. 8,6; 2Mac. 8,14; 2Mac. 8,15; 2Mac. 8,16; 2Mac. 8,18; 2Mac. 8,20; 2Mac. 8,22; 2Mac. 8,24; 2Mac. 8,30; 2Mac. 8,31; 2Mac. 8,32; 2Mac. 8,33; 2Mac. 8,33; 2Mac. 8,34; 2Mac. 8,36; 2Mac. 8,36; 2Mac. 9,3; 2Mac. 9,4; 2Mac. 9,7; 2Mac. 9,15; 2Mac. 9,18; 2Mac. 9,23; 2Mac. 9,25; 2Mac. 10,2; 2Mac. 10,12; 2Mac. 10,14; 2Mac. 10,15; 2Mac. 10,15; 2Mac. 10,17; 2Mac. 10,17; 2Mac. 10,19; 2Mac. 10,21; 2Mac. 10,21; 2Mac. 10,21; 2Mac. 10,22; 2Mac. 10,24; 2Mac. 10,30; 2Mac. 10,36; 2Mac. 10,36; 2Mac. 10,36; 2Mac. 11,2; 2Mac. 11,7; 2Mac. 11,9; 2Mac. 11,11; 2Mac. 11,11; 2Mac. 11,13; 2Mac. 11,23; 2Mac. 11,24; 2Mac. 11,31; 2Mac. 12,3; 2Mac. 12,5; 2Mac. 12,6; 2Mac. 12,6; 2Mac. 12,8; 2Mac. 12,15; 2Mac. 12,17; 2Mac. 12,19; 2Mac. 12,22; 2Mac. 12,23; 2Mac. 12,39; 2Mac. 12,40; 2Mac. 12,40; 2Mac. 12,44; 2Mac. 13,14; 2Mac. 13,18; 2Mac. 13,23; 2Mac. 14,13; 2Mac. 14,23; 2Mac. 14,39; 2Mac. 14,39; 2Mac. 14,43; 2Mac. 14,45; 2Mac. 15,1; 2Mac. 15,8; 2Mac. 15,9; 2Mac. 15,16; 2Mac. 15,31; 2Mac. 15,31; 2Mac. 15,31; 3Mac. 1,4; 3Mac. 1,5; 3Mac. 1,7; 3Mac. 1,8; 3Mac. 1,19; 3Mac. 1,29; 3Mac. 2,3; 3Mac. 2,4; 3Mac. 2,5; 3Mac. 2,7; 3Mac. 2,28; 3Mac. 2,28; 3Mac. 2,33; 3Mac. 3,3; 3Mac. 3,7; 3Mac. 3,8; 3Mac. 3,21; 3Mac. 3,23; 3Mac. 3,24; 3Mac. 3,25; 3Mac. 4,8; 3Mac. 4,9; 3Mac. 4,9; 3Mac. 4,10; 3Mac. 4,12; 3Mac. 4,20; 3Mac. 5,2; 3Mac. 5,3; 3Mac. 5,3; 3Mac. 5,10; 3Mac. 5,14; 3Mac. 5,16; 3Mac. 5,20; 3Mac. 5,26; 3Mac. 5,34; 3Mac. 5,36; 3Mac. 5,38; 3Mac. 5,44; 3Mac. 5,49; 3Mac. 6,1; 3Mac. 6,6; 3Mac. 6,12; 3Mac. 6,17; 3Mac. 6,25; 3Mac. 6,26; 3Mac. 6,26; 3Mac. 6,28; 3Mac. 6,41; 3Mac. 7,3; 3Mac. 7,7; 3Mac. 7,10; 3Mac. 7,11; 3Mac. 7,12; 3Mac. 7,15; 3Mac. 7,22; 3Mac. 7,23; 4Mac. 1,9; 4Mac. 1,10; 4Mac. 2,9; 4Mac. 2,9; 4Mac. 2,19; 4Mac. 2,19; 4Mac. 3,12; 4Mac. 3,13; 4Mac. 4,11; 4Mac. 5,29; 4Mac. 6,6; 4Mac. 6,8; 4Mac. 6,9; 4Mac. 6,9; 4Mac. 6,10; 4Mac. 6,25; 4Mac. 7,3; 4Mac. 7,4; 4Mac. 7,5; 4Mac. 7,6; 4Mac. 7,8; 4Mac. 7,9; 4Mac. 8,6; 4Mac. 8,6; 4Mac. 9,2; 4Mac. 9,11; 4Mac. 9,20; 4Mac. 10,5; 4Mac. 10,6; 4Mac. 10,6; 4Mac. 10,6; 4Mac. 12,11; 4Mac. 12,11; 4Mac. 12,13; 4Mac. 12,14; 4Mac. 13,9; 4Mac. 13,9; 4Mac. 13,18; 4Mac. 13,27; 4Mac. 13,27; 4Mac. 14,19; 4Mac. 14,19; 4Mac. 15,15; 4Mac. 15,19; 4Mac. 15,19; 4Mac. 15,21; 4Mac. 15,31; 4Mac. 15,32; 4Mac. 16,3; 4Mac. 16,17; 4Mac. 17,3; 4Mac. 17,5; 4Mac. 17,15; 4Mac. 17,16; 4Mac. 17,20; 4Mac. 17,24; 4Mac. 18,4; 4Mac. 18,5; 4Mac. 18,10; 4Mac. 18,12; 4Mac. 18,20; 4Mac. 18,24; Psa. 2,3; Psa. 3,8; Psa. 5,6; Psa. 5,7; Psa. 7,11; Psa. 8,4; Psa. 8,9; Psa. 9,11; Psa. 10,2; Psa. 10,4; Psa. 11,5; Psa. 11,9; Psa. 12,4; Psa. 13,2; Psa. 14,3; Psa. 14,4; Psa. 16,4; Psa. 16,7; Psa. 16,11; Psa. 17,1; Psa. 17,10; Psa. 17,34; Psa. 17,35; Psa. 17,38; Psa. 17,39; Psa. 17,40; Psa. 17,41; Psa. 17,41; Psa. 20,9; Psa. 24,15; Psa. 24,19; Psa. 25,2; Psa. 29,2; Psa. 30,7; Psa. 30,9; Psa. 30,12; Psa. 31,8; Psa. 32,13; Psa. 32,14; Psa. 32,18; Psa. 32,18; Psa. 33,19; Psa. 34,1; Psa. 34,1; Psa. 34,16; Psa. 36,1; Psa. 36,12; Psa. 36,14; Psa. 36,17; Psa. 36,28; Psa. 39,3; Psa. 39,12; Psa. 43,6; Psa. 43,6; Psa. 43,8; Psa. 43,11; Psa. 44,3; Psa. 44,8; Psa. 46,4; Psa. 47,15; Psa. 49,5; Psa. 49,5; Psa. 49,17; Psa. 52,3; Psa. 53,2; Psa. 55,5; Psa. 55,6; Psa. 55,14; Psa. 56,4; Psa. 56,6; Psa. 56,12; Psa. 57,7; Psa. 58,6; Psa. 59,14; Psa. 60,5; Psa. 64,11; Psa. 65,5; Psa. 65,9; Psa. 67,7; Psa. 67,7; Psa. 67,31; Psa. 67,31; Psa. 68,34; Psa. 71,2; Psa. 71,4; Psa. 71,4; Psa. 71,17; Psa. 74,4; Psa. 75,7; Psa. 75,10; Psa. 76,8; Psa. 76,10; Psa. 76,16; Psa. 77,31; Psa. 77,44; Psa. 77,46; Psa. 77,53; Psa. 77,63; Psa. 77,66; Psa. 78,11; Psa. 80,15; Psa. 80,15; Psa. 82,12; Psa. 82,12; Psa. 83,5; Psa. 83,12; Psa. 84,9; Psa. 84,9; Psa. 87,8; Psa. 87,9; Psa. 87,19; Psa. 88,8; Psa. 88,11; Psa. 88,24; Psa. 88,24; Psa. 88,41; Psa. 88,43; Psa. 88,48; Psa. 89,12; Psa. 89,16; Psa. 89,16; Psa. 91,8; Psa. 93,11; Psa. 94,3; Psa. 95,4; Psa. 95,5; Psa. 96,3; Psa. 96,9; Psa. 98,2; Psa. 100,6; Psa. 100,8; Psa. 100,8; Psa. 101,15; Psa. 101,21; Psa. 102,11; Psa. 102,13; Psa. 102,17; Psa. 103,4; Psa. 103,4; Psa. 104,18; Psa. 104,22; Psa. 104,22; Psa. 104,24; Psa. 104,27; Psa. 104,28; Psa. 104,29; Psa. 104,43; Psa. 105,11; Psa. 105,37; Psa. 106,14; Psa. 107,6; Psa. 107,14; Psa. 108,11; Psa. 109,1; Psa. 111,5; Psa. 111,8; Psa. 111,10; Psa. 112,4; Psa. 113,21; Psa. 113,21; Psa. 113,22; Psa. 114,8; Psa. 114,8; Psa. 115,7; Psa. 117,7; Psa. 118,9; Psa. 118,17; Psa. 118,18; Psa. 118,37; Psa. 118,42; Psa. 118,59; Psa. 118,74; Psa. 118,98; Psa. 118,99; Psa. 118,101; Psa. 118,101; Psa. 118,118; Psa. 118,119; Psa. 118,147; Psa. 120,1; Psa. 122,1; Psa. 124,5; Psa. 127,2; Psa. 131,15; Psa. 131,16; Psa. 131,18; Psa. 134,5; Psa. 135,5; Psa. 138,2; Psa. 138,13; Psa. 138,21; Psa. 142,12; Psa. 142,12; Psa. 143,1; Psa. 144,14; Psa. 144,14; Psa. 144,20; Psa. 144,20; Psa. 145,9; Psa. 146,3; Psa. 147,2; Psa. 147,2; Psa. 149,8; Psa. 149,8; Ode. 1,7; Ode. 2,7; Ode. 4,8; Ode. 4,13; Ode. 4,15; Ode. 4,19; Ode. 5,11; Ode. 7,26; Ode. 8,52; Ode. 8,52; Ode. 8,53; Ode. 8,54; Ode. 8,55; Ode. 8,56; Ode. 8,57; Ode. 8,58; Ode. 8,59; Ode. 8,60; Ode. 8,61; Ode. 8,62; Ode. 8,63; Ode. 8,64; Ode. 8,65; Ode. 8,66; Ode. 8,67; Ode. 8,68; Ode. 8,69; Ode. 8,70; Ode. 8,71; Ode. 8,72; Ode. 8,73; Ode. 8,74; Ode. 8,75; Ode. 8,76; Ode. 8,77; Ode. 8,78; Ode. 8,79; Ode. 8,80; Ode. 8,81; Ode. 8,82; Ode. 8,83; Ode. 8,84; Ode. 8,85; Ode. 8,86; Ode. 8,87; Ode. 8,88; Ode. 9,55; Ode. 9,79; Ode. 12,15; Ode. 14,35; Prov. 1,31; Prov. 2,18; Prov. 5,5; Prov. 6,8b; Prov. 6,28; Prov. 7,2; Prov. 8,17; Prov. 8,21; Prov. 9,3; Prov. 9,12b; Prov. 9,15; Prov. 10,12; Prov. 13,6; Prov. 13,21; Prov. 15,12; Prov. 16,21; Prov. 18,21; Prov. 20,7; Prov. 20,13; Prov. 21,8; Prov. 23,8; Prov. 23,8; Prov. 23,9; Prov. 23,31; Prov. 24,22; Prov. 25,13; Prov. 26,19; Prov. 27,18; Prov. 29,23; Prov. 30,14; Prov. 30,14; Prov. 30,14; Prov. 30,26; Prov. 31,5; Prov. 31,17; Prov. 31,19; Eccl. 2,7; Eccl. 2,9; Eccl. 4,2; Eccl. 4,2; Eccl. 4,2; Eccl. 4,3; Eccl. 4,15; Eccl. 4,15; Eccl. 7,19; Eccl. 7,21; Eccl. 9,3; Eccl. 9,4; Song 2,8; Song 5,3; Song 6,11; Song 7,13; Job 1,15; Job 1,16; Job 1,17; Job 3,15; Job 4,8; Job 4,19; Job 16,9; Job 20,10; Job 22,6; Job 22,8; Job 22,12; Job 22,18; Job 34,17; Job 34,22; Job 36,19; Job 42,16; Job 42,16; Wis. 1,3; Wis. 3,8; Wis. 4,16; Wis. 5,1; Wis. 5,20; Wis. 6,13; Wis. 6,16; Wis. 10,9; Wis. 10,10; Wis. 10,14; Wis. 10,19; Wis. 11,8; Wis. 12,2; Wis. 12,3; Wis. 12,19; Wis. 12,21; Wis. 12,22; Wis. 12,23; Wis. 14,18; Wis. 16,8; Wis. 16,10; Wis. 16,22; Wis. 16,26; Wis. 18,4; Wis. 18,8; Wis. 18,9; Wis. 18,23; Wis. 19,14; Wis. 19,15; Wis. 19,16; Sir. 1,4 Prol.; Sir. 1,5 Prol.; Sir. 1,24; Sir. 4,14; Sir. 6,3; Sir. 6,11; Sir. 6,19; Sir. 6,24; Sir. 7,29; Sir. 7,30; Sir. 9,14; Sir. 12,5; Sir. 12,12; Sir. 12,13; Sir. 14,15; Sir. 14,15; Sir. 14,26; Sir. 15,5; Sir. 15,19; Sir. 16,9; Sir. 16,10; Sir. 18,14; Sir. 18,14; Sir. 21,8; Sir. 21,17; Sir. 27,9; Sir. 30,10; Sir. 31,22; Sir. 34,16; Sir. 40,2; Sir. 40,10; Sir. 44,1; Sir. 45,24; Sir. 46,3; Sir. 47,7; Sir. 48,24; Sir. 49,9; Sir. 51,8; Sol. 2,11; Sol. 2,33; Sol. 4,6; Sol. 4,24; Sol. 4,25; Sol. 5,9; Sol. 5,11; Sol. 8,18; Sol. 8,21; Sol. 9,2; Sol. 10,3; Sol. 13,12; Sol. 13,12; Sol. 17,12; Sol. 17,31; Hos. 1,7; Hos. 2,7; Hos. 2,9; Hos. 3,1; Hos. 4,1; Hos. 4,13; Hos. 5,7; Hos. 5,8; Hos. 6,5; Hos. 7,7; Hos. 7,15; Hos. 11,11; Amos 2,3; Amos 2,12; Amos 3,7; Amos 3,7; Amos 4,2; Amos 4,10; Amos 5,15; Amos 5,26; Amos 7,10; Amos 8,10; Amos 9,1; Amos 9,4; Amos 9,7; Amos 9,7; Mic. 1,6; Mic. 1,15; Mic. 2,3; Mic. 2,12; Mic. 3,5; Mic. 3,5; Mic. 3,5; Mic. 3,6; Mic. 5,2; Mic. 5,8; Mic. 5,9; Mic. 6,16; Joel 3,2; Joel 4,5; Joel 4,6; Joel 4,6; Joel 4,8; Joel 4,9; Joel 4,16; Obad. 12; Obad.

ó

14; Obad. 14; Obad. 17; Obad. 19; Nah. 1,2; Nah. 1,2; Nah. 1,4; Nah. 1,7; Nah. 1,8; Nah. 1,8; Nah. 1,13; Nah. 2,14; Nah. 3,13; Nah. 3,18; Hab. 1,6; Hab. 1,6; Hab. 1,8; Hab. 1,14; Hab. 1,14; Hab. 2,5; Hab. 3,8; Hab. 3,13; Hab. 3,15; Hab. 3,19; Zeph. 1,3; Zeph. 1,4; Zeph. 1,5; Zeph. 1,5; Zeph. 1,5; Zeph. 1,6; Zeph. 1,6; Zeph. 1,6; Zeph. 1,7; Zeph. 1,8; Zeph. 1,8; Zeph. 1,9; Zeph. 1,12; Zeph. 1,12; Zeph. 1,17; Zeph. 1,18; Zeph. 2,11; Zeph. 3,18; Hag. 1,6; Hag. 1,11; Hag. 1,11; Hag. 2,2; Hag. 2,11; Zech. 1,2; Zech. 1,6; Zech. 1,6; Zech. 2,1; Zech. 2,5; Zech. 3,4; Zech. 5,1; Zech. 5,4; Zech. 5,9; Zech. 6,1; Zech. 7,3; Zech. 7,3; Zech. 7,3; Zech. 7,5; Zech. 7,12; Zech. 8,9; Zech. 8,10; Zech. 8,14; Zech. 10,3; Zech. 10,3; Zech. 11,6; Zech. 11,6; Zech. 11,8; Zech. 11,10; Zech. 11,13; Zech. 11,16; Zech. 11,17; Zech. 12,4; Zech. 12,4; Zech. 12,5; Zech. 12,6; Zech. 12,6; Zech. 12,10; Zech. 13,2; Zech. 13,7; Zech. 13,7; Zech. 13,7; Zech. 14,12; Zech. 14,12; Mal. 2,4; Mal. 3,3; Mal. 3,5; Mal. 3,5; Mal. 3,5; Mal. 3,5; Mal. 3,5; Mal. 3,5; Mal. 3,10; Mal. 3,10; Mal. 3,13; Is. 1,15; Is. 1,25; Is. 1,26; Is. 1,26; Is. 3,16; Is. 3,18; Is. 3,18; Is. 3,18; Is. 3,20; Is. 3,20; Is. 6,2; Is. 6,10; Is. 6,12; Is. 8,19; Is. 8,19; Is. 8,19; Is. 8,19; Is. 9,5; Is. 9,10; Is. 9,10; Is. 9,11; Is. 9,11; Is. 9,14; Is. 9,16; Is. 9,16; Is. 10,20; Is. 10,33; Is. 11,4; Is. 11,12; Is. 11,12; Is. 11,14; Is. 13,9; Is. 13,17; Is. 14,17; Is. 14,25; Is. 19,3; Is. 19,3; Is. 19,3; Is. 19,9; Is. 19,9; Is. 19,20; Is. 19,22; Is. 22,8; Is. 22,10; Is. 24,1; Is. 24,5; Is. 24,17; Is. 24,21; Is. 26,5; Is. 26,11; Is. 26,21; Is. 26,21; Is. 27,9; Is. 27,12; Is. 28,23; Is. 29,10; Is. 29,21; Is. 30,20; Is. 30,21; Is. 32,2; Is. 32,9; Is. 33,14; Is. 33,15; Is. 33,18; Is. 36,11; Is. 36,12; Is. 36,12; Is. 36,12; Is. 36,13; Is. 36,22; Is. 36,22; Is. 37,2; Is. 37,4; Is. 37,17; Is. 37,23; Is. 38,8; Is. 38,8; Is. 38,8; Is. 39,2; Is. 40,26; Is. 41,12; Is. 41,26; Is. 42,13; Is. 43,6; Is. 43,9; Is. 44,27; Is. 47,13; Is. 49,13; Is. 49,18; Is. 49,22; Is. 49,25; Is. 51,6; Is. 51,16; Is. 53,9; Is. 53,9; Is. 54,2; Is. 54,13; Is. 56,6; Is. 56,8; Is. 57,8; Is. 57,9; Is. 58,3; Is. 58,12; Is. 58,12; Is. 60,4; Is. 60,17; Is. 60,17; Is. 61,1; Is. 61,2; Is. 62,10; Is. 62,10; Is. 63,17; Is. 64,1; Is. 66,2; Is. 66,17; Is. 66,20; Jer. 1,9; Jer. 1,12; Jer. 1,14; Jer. 2,7; Jer. 2,9; Jer. 2,20; Jer. 2,30; Jer. 3,2; Jer. 3,12; Jer. 3,18; Jer. 3,24; Jer. 3,24; Jer. 3,24; Jer. 4,24; Jer. 4,30; Jer. 5,5; Jer. 5,10; Jer. 5,14; Jer. 5,17; Jer. 5,17; Jer. 5,17; Jer. 5,17; Jer. 5,17; Jer. 6,12; Jer. 7,15; Jer. 7,20; Jer. 7,22; Jer. 7,25; Jer. 7,25; Jer. 7,26; Jer. 7,31; Jer. 8,2; Jer. 8,10; Jer. 8,16; Jer. 8,23; Jer. 9,25; Jer. 10,18; Jer. 11,2; Jer. 11,2; Jer. 11,6; Jer. 11,6; Jer. 11,10; Jer. 11,12; Jer. 11,21; Jer. 11,21; Jer. 11,21; Jer. 11,23; Jer. 13,10; Jer. 13,13; Jer. 13,13; Jer. 13,13; Jer. 13,13; Jer. 13,13; Jer. 13,13; Jer. 13,14; Jer. 13,14; Jer. 13,20; Jer. 14,3; Jer. 15,3; Jer. 15,9; Jer. 15,13; Jer. 15,16; Jer. 16,12; Jer. 16,14; Jer. 16,16; Jer. 16,16; Jer. 16,16; Jer. 17,10; Jer. 17,23; Jer. 18,2; Jer. 18,11; Jer. 18,18; Jer. 18,21; Jer. 19,2; Jer. 19,5; Jer. 19,7; Jer. 20,1; Jer. 20,5; Jer. 20,5; Jer. 21,4; Jer. 21,4; Jer. 21,6; Jer. 21,6; Jer. 21,7; Jer. 21,9; Jer. 21,9; Jer. 21,13; Jer. 22,5; Jer. 22,22; Jer. 23,2; Jer. 23,3; Jer. 23,16; Jer. 23,19; Jer. 23,21; Jer. 23,30; Jer. 23,30; Jer. 23,30; Jer. 23,31; Jer. 23,31; Jer. 23,32; Jer. 23,32; Jer. 24,1; Jer. 24,1; Jer. 24,1; Jer. 24,1; Jer. 24,5; Jer. 24,6; Jer. 24,8; Jer. 24,8; Jer. 24,8; Jer. 25,2; Jer. 25,4; Jer. 25,4; Jer. 25,9; Jer. 25,13; Jer. 26,4; Jer. 26,4; Jer. 26,9; Jer. 26,10; Jer. 26,25; Jer. 27,7; Jer. 27,21; Jer. 27,27; Jer. 27,34; Jer. 27,35; Jer. 27,35; Jer. 27,35; Jer. 27,35; Jer. 27,36; Jer. 27,37; Jer. 27,37; Jer. 27,37; Jer. 27,45; Jer. 28,1; Jer. 28,12; Jer. 28,28; Jer. 28,28; Jer. 28,35; Jer. 28,57; Jer. 28,57; Jer. 28,57; Jer. 28,60; Jer. 28,60; Jer. 28,61; Jer. 29,1; Jer. 29,2; Jer. 29,4; Jer. 29,4; Jer. 29,4; Jer. 30,13; Jer. 30,14; Jer. 30,23; Jer. 32,19; Jer. 32,19; Jer. 32,20; Jer. 32,20; Jer. 32,21; Jer. 32,22; Jer. 32,24; Jer. 32,24; Jer. 32,26; Jer. 32,26; Jer. 32,29; Jer. 32,30; Jer. 32,30; Jer. 33,2; Jer. 33,7; Jer. 33,11; Jer. 33,12; Jer. 33,12; Jer. 33,15; Jer. 33,15; Jer. 33,16; Jer. 33,16; Jer. 33,20; Jer. 33,21; Jer. 34,4; Jer. 34,4; Jer. 34,12; Jer. 35,10; Jer. 35,12; Jer. 36,1; Jer. 36,1; Jer. 36,1; Jer. 36,5; Jer. 36,10; Jer. 37,2; Jer. 37,8; Jer. 37,16; Jer. 37,20; Jer. 38,21; Jer. 39,4; Jer. 39,35; Jer. 39,35; Jer. 39,35; Jer. 40,5; Jer. 41,3; Jer. 41,5; Jer. 41,5; Jer. 41,6; Jer. 41,13; Jer. 41,18; Jer. 41,18; Jer. 41,18; Jer. 41,19; Jer. 41,19; Jer. 41,19; Jer. 41,21; Jer. 42,3; Jer. 42,3; Jer. 42,13; Jer. 42,15; Jer. 42,15; Jer. 42,17; Jer. 43,2; Jer. 43,4; Jer. 43,10; Jer. 43,11; Jer. 43,13; Jer. 43,16; Jer. 43,16; Jer. 43,17; Jer. 43,18; Jer. 43,20; Jer. 43,24; Jer. 43,27; Jer. 43,28; Jer. 43,28; Jer. 43,31; Jer. 43,31; Jer. 43,32; Jer. 44,2; Jer. 44,10; Jer. 44,13; Jer. 44,14; Jer. 44,14; Jer. 44,18; Jer. 45,1; Jer. 45,2; Jer. 45,4; Jer. 45,11; Jer. 45,19; Jer. 45,23; Jer. 45,27; Jer. 46,16; Jer. 47,4; Jer. 48,3; Jer. 48,3; Jer. 48,3; Jer. 48,3; Jer. 48,13; Jer. 48,15; Jer. 48,16; Jer. 48,16; Jer. 49,4; Jer. 49,8; Jer. 49,18; Jer. 49,19; Jer. 50,1; Jer. 50,1; Jer. 50,5; Jer. 50,5; Jer. 50,6; Jer. 50,13; Jer. 50,13; Jer. 51,4; Jer. 51,4; Jer. 51,12; Jer. 51,12; Jer. 51,13; Jer. 51,31; Jer. 52,10; Jer. 52,10; Jer. 52,11; Jer. 52,16; Jer. 52,17; Jer. 52,17; Jer. 52,17; Jer. 52,19; Jer. 52,19; Jer. 52,24; Jer. 52,24; Jer. 52,25; Jer. 52,25; Jer. 52,25; Bar. 1,3; Bar. 1,7; Bar. 1,7; Bar. 1,9; Bar. 1,9; Bar. 1,9; Bar. 1,12; Bar. 1,19; Bar. 1,20; Bar. 1,21; Bar. 2,1; Bar. 2,1; Bar. 2,1; Bar. 2,1; Bar. 2,17; Bar. 2,24; Bar. 3,15; Bar. 4,16; Bar. 4,32; Lam. 1,15; Lam. 1,19; Lam. 3,34; Lam. 3,61; Lam. 3,63; LetterJ 0; LetterJ 17; LetterJ 30; LetterJ 30; Ezek. 2,1; Ezek. 2,2; Ezek. 2,3; Ezek. 2,6; Ezek. 2,7; Ezek. 3,4; Ezek. 3,6; Ezek. 3,10; Ezek. 3,11; Ezek. 3,15; Ezek. 3,15; Ezek. 4,15; Ezek. 5,10; Ezek. 6,13; Ezek. 7,15; Ezek. 9,8; Ezek. 11,1; Ezek. 11,13; Ezek. 11,25; Ezek. 12,14; Ezek. 12,14; Ezek. 12,14; Ezek. 12,25; Ezek. 13,2; Ezek. 13,9; Ezek. 13,9; Ezek. 13,9; Ezek. 13,11; Ezek. 13,11; Ezek. 13,13; Ezek. 13,13; Ezek. 13,15; Ezek. 15,6; Ezek. 16,4; Ezek. 16,19; Ezek. 16,20; Ezek. 16,26; Ezek. 16,26; Ezek. 16,26; Ezek. 16,36; Ezek. 16,37; Ezek. 16,41; Ezek. 16,45; Ezek. 17,12; Ezek. 17,13; Ezek. 17,21; Ezek. 18,6; Ezek. 18,12; Ezek. 18,15; Ezek. 20,3; Ezek. 20,36; Ezek. 20,38; Ezek. 20,38; Ezek. 21,33; Ezek. 22,6; Ezek. 22,26; Ezek. 23,5; Ezek. 23,5; Ezek. 23,5; Ezek. 23,12; Ezek. 23,12; Ezek. 23,20; Ezek. 23,22; Ezek. 23,23; Ezek. 23,25; Ezek. 23,25; Ezek. 23,27; Ezek. 23,29; Ezek. 23,29; Ezek. 23,40; Ezek. 23,47; Ezek. 24,11; Ezek. 25,2; Ezek. 25,4; Ezek. 25,5; Ezek. 25,10; Ezek. 25,16; Ezek. 25,16; Ezek. 25,16; Ezek. 26,4; Ezek. 26,9; Ezek. 26,12; Ezek. 26,12; Ezek. 26,12; Ezek. 26,20; Ezek. 27,15; Ezek. 28,13; Ezek. 29,4; Ezek. 29,4; Ezek. 29,5; Ezek. 29,10; Ezek. 29,13; Ezek. 30,12; Ezek. 30,21; Ezek. 30,22; Ezek. 30,22; Ezek. 30,22; Ezek. 30,24; Ezek. 30,25; Ezek. 31,4; Ezek. 31,15; Ezek. 32,2; Ezek. 32,15; Ezek. 32,18; Ezek. 33,12; Ezek. 33,27; Ezek. 33,27; Ezek. 34,2; Ezek. 34,10; Ezek. 35,8; Ezek. 37,9; Ezek. 37,13; Ezek. 37,16; Ezek. 37,16; Ezek. 37,16; Ezek. 37,16; Ezek. 38,22; Ezek. 39,10; Ezek. 39,10; Ezek. 39,14; Ezek. 40,21; Ezek. 43,9; Ezek. 44,30; Dan. 1,10; Dan. 1,12; Dan. 1,13; Dan. 1,13; Dan. 1,20; Dan. 1,20; Dan. 1,20; Dan. 1,20; Dan. 2,2; Dan. 2,2; Dan. 2,2; Dan. 2,12; Dan. 2,14; Dan. 2,24; Dan. 2,30; Dan. 2,34; Dan. 2,34; Dan. 2,41; Dan. 2,44; Dan. 3,1; Dan. 3,2; Dan. 3,2; Dan. 3,8; Dan. 3,23; Dan. 3,23; Dan. 3,23; Dan. 3,26; Dan. 3,46; Dan. 3,52; Dan. 3,52; Dan. 3,53; Dan. 3,54; Dan. 3,55; Dan. 3,56; Dan. 3,57; Dan. 3,58; Dan. 3,59; Dan. 3,60; Dan. 3,61; Dan. 3,62; Dan. 3,63; Dan. 3,64; Dan. 3,65; Dan. 3,66; Dan. 3,67; Dan. 3,68; Dan. 3,69; Dan. 3,70; Dan. 3,71; Dan. 3,72; Dan. 3,73; Dan. 3,74; Dan. 3,75; Dan. 3,76; Dan. 3,77; Dan. 3,78; Dan. 3,79; Dan. 3,80; Dan. 3,81; Dan. 3,82; Dan. 3,83; Dan. 3,84; Dan. 3,85; Dan. 3,86; Dan. 3,87; Dan. 3,88; Dan. 3,94; Dan. 3,95; Dan. 3,95; Dan. 4,22; Dan. 4,22; Dan. 4,22; Dan. 4,27; Dan. 4,28; Dan. 4,37; Dan. 4,37a; Dan. 5,0; Dan. 5,0; Dan. 5,7; Dan. 5,11; Dan. 6,4; Dan. 6,20; Dan. 7,8; Dan. 7,12; Dan. 7,21; Dan. 7,24; Dan. 7,25; Dan. 8,8; Dan. 8,25; Dan. 9,6; Dan. 9,12; Dan. 9,18; Dan. 10,5; Dan. 11,4; Dan. 11,8; Dan. 11,8; Dan. 11,22; Dan. 11,22; Dan. 11,37;

O, o

ὁ

Dan. 12,1; Dan. 12,3; Sus. 9; Sus. 53; Bel 8; Bel 14; Bel 30; Bel 33; Bel 38; Bel 42; Judg. 1,1; Judg. 1,3; Judg. 1,11; Judg. 1,19; Judg. 1,27; Judg. 1,27; Judg. 1,27; Judg. 1,30; Judg. 1,30; Judg. 1,31; Judg. 1,31; Judg. 1,31; Judg. 1,31; Judg. 1,33; Judg. 1,33; Judg. 1,34; Judg. 2,4; Judg. 2,10; Judg. 2,19; Judg. 3,1; Judg. 3,1; Judg. 3,13; Judg. 3,18; Judg. 3,19; Judg. 3,23; Judg. 3,24; Judg. 3,28; Judg. 3,31; Judg. 6,4; Judg. 6,8; Judg. 6,10; Judg. 6,21; Judg. 6,27; Judg. 7,8; Judg. 7,16; Judg. 7,19; Judg. 7,25; Judg. 8,3; Judg. 8,12; Judg. 8,15; Judg. 8,16; Judg. 8,16; Judg. 8,17; Judg. 8,21; Judg. 8,21; Judg. 9,3; Judg. 9,5; Judg. 9,18; Judg. 9,18; Judg. 9,20; Judg. 9,24; Judg. 9,27; Judg. 9,30; Judg. 9,41; Judg. 9,44; Judg. 9,56; Judg. 10,8; Judg. 10,8; Judg. 10,8; Judg. 10,11; Judg. 10,14; Judg. 10,16; Judg. 10,16; Judg. 11,9; Judg. 11,11; Judg. 11,13; Judg. 11,24; Judg. 11,30; Judg. 12,4; Judg. 16,18; Judg. 16,21; Judg. 16,24; Judg. 16,26; Judg. 16,29; Judg. 16,30; Judg. 17,3; Judg. 18,8; Judg. 18,14; Judg. 18,22; Judg. 19,17; Judg. 19,21; Judg. 20,13; Judg. 20,13; Judg. 21,10; Judg. 21,13; Judg. 21,14; Tob. 1,17; Tob. 2,8; Tob. 2,10; Tob. 2,10; Tob. 3,8; Tob. 3,11; Tob. 3,12; Tob. 3,17; Tob. 3,17; Tob. 5,14; Tob. 6,2; Tob. 8,5; Tob. 8,5; Tob. 8,10; Tob. 8,15; Tob. 9,2; Tob. 11,8; Tob. 11,11; Tob. 11,14; Tob. 11,16; Tob. 12,6; Tob. 12,6; Tob. 12,12; Tob. 13,4; Tob. 13,12; Tob. 13,12; Tob. 13,14; Tob. 13,15; Tob. 13,17; Tob. 14,6; Tob. 14,15; Tob. 14,15; Dan. 1,12; Dan. 1,20; Dan. 1,20; Dan. 1,20; Dan. 2,2; Dan. 2,2; Dan. 2,2; Dan. 2,4; Dan. 2,12; Dan. 2,13; Dan. 2,14; Dan. 2,24; Dan. 2,30; Dan. 2,30; Dan. 2,34; Dan. 2,34; Dan. 2,41; Dan. 2,41; Dan. 2,44; Dan. 2,44; Dan. 2,48; Dan. 3,2; Dan. 3,2; Dan. 3,2; Dan. 3,2; Dan. 3,2; Dan. 3,8; Dan. 3,9; Dan. 3,26; Dan. 3,52; Dan. 3,52; Dan. 3,53; Dan. 3,55; Dan. 3,54; Dan. 3,56; Dan. 3,57; Dan. 3,59; Dan. 3,58; Dan. 3,60; Dan. 3,61; Dan. 3,62; Dan. 3,63; Dan. 3,64; Dan. 3,65; Dan. 3,66; Dan. 3,67; Dan. 3,68; Dan. 3,71; Dan. 3,72; Dan. 3,69; Dan. 3,70; Dan. 3,73; Dan. 3,74; Dan. 3,75; Dan. 3,76; Dan. 3,78; Dan. 3,77; Dan. 3,79; Dan. 3,80; Dan. 3,81; Dan. 3,82; Dan. 3,83; Dan. 3,84; Dan. 3,85; Dan. 3,86; Dan. 3,87; Dan. 3,88; Dan. 3,94; Dan. 3,95; Dan. 4,6; Dan. 4,14; Dan. 4,34; Dan. 4,37; Dan. 5,4; Dan. 5,4; Dan. 5,5; Dan. 5,10; Dan. 5,23; Dan. 5,23; Dan. 6,3; Dan. 6,7; Dan. 6,22; Dan. 6,25; Dan. 6,25; Dan. 6,27; Dan. 7,24; Dan. 7,25; Dan. 8,3; Dan. 8,8; Dan. 9,6; Dan. 9,12; Dan. 9,12; Dan. 9,18; Dan. 9,18; Dan. 9,18; Dan. 10,5; Dan. 10,15; Dan. 11,4; Dan. 11,8; Dan. 11,30; Dan. 12,1; Dan. 12,3; Dan. 12,4; Sus. 9; Sus. 18; Sus. 27; Sus. 53; Sus. 53; Sus. 60; Sus. 61; Bel 1; Bel 2; Bel 8; Bel 21; Bel 28; Bel 38; Bel 42; Matt. 1,2; Matt. 1,11; Matt. 2,4; Matt. 2,7; Matt. 2,11; Matt. 2,16; Matt. 2,16; Matt. 4,24; Matt. 5,1; Matt. 5,12; Matt. 5,12; Matt. 5,17; Matt. 5,19; Matt. 5,33; Matt. 5,44; Matt. 5,46; Matt. 5,47; Matt. 7,6; Matt. 7,24; Matt. 7,26; Matt. 7,28; Matt. 8,16; Matt. 8,22; Matt. 8,22; Matt. 8,32; Matt. 9,23; Matt. 9,36; Matt. 10,1; Matt. 10,5; Matt. 10,14; Matt. 10,25; Matt. 12,4; Matt. 12,7; Matt. 12,49; Matt. 13,15; Matt. 13,25; Matt. 13,36; Matt. 13,41; Matt. 13,41; Matt. 13,49; Matt. 14,9; Matt. 14,9; Matt. 14,14; Matt. 14,15; Matt. 14,19; Matt. 14,19; Matt. 14,19; Matt. 14,19; Matt. 14,22; Matt. 14,22; Matt. 14,23; Matt. 14,35; Matt. 15,30; Matt. 15,32; Matt. 15,36; Matt. 15,36; Matt. 15,39; Matt. 16,9; Matt. 16,10; Matt. 16,13; Matt. 17,8; Matt. 19,1; Matt. 20,8; Matt. 20,17; Matt. 21,12; Matt. 21,15; Matt. 21,15; Matt. 21,34; Matt. 21,34; Matt. 21,34; Matt. 21,35; Matt. 21,41; Matt. 21,43; Matt. 21,46; Matt. 22,3; Matt. 22,3; Matt. 22,3; Matt. 22,4; Matt. 22,6; Matt. 22,7; Matt. 22,9; Matt. 22,11; Matt. 22,16; Matt. 22,34; Matt. 22,44; Matt. 23,4; Matt. 23,7; Matt. 23,13; Matt. 23,29; Matt. 23,31; Matt. 23,37; Matt. 23,37; Matt. 24,22; Matt. 24,24; Matt. 24,31; Matt. 24,31; Matt. 24,49; Matt. 25,9; Matt. 25,10; Matt. 25,14; Matt. 26,1; Matt. 26,11; Matt. 26,14; Matt. 26,37; Matt. 26,40; Matt. 26,45; Matt. 27,20; Matt. 28,9; Mark 1,10; Mark 1,32; Mark 1,32; Mark 2,22; Mark 2,23; Mark 2,26; Mark 2,26; Mark 3,16; Mark 3,34; Mark 5,12; Mark 5,13; Mark 5,14; Mark 5,19; Mark 5,22; Mark 5,40; Mark 6,7; Mark 6,26; Mark 6,26; Mark 6,36; Mark 6,41; Mark 6,41; Mark 6,41; Mark 6,41; Mark 6,44; Mark 6,45; Mark 6,55; Mark 6,56; Mark 7,2; Mark 7,25; Mark 7,33; Mark 7,37; Mark 7,37; Mark 8,1; Mark 8,6; Mark 8,19; Mark 8,19; Mark 8,20; Mark 8,20; Mark 8,24; Mark 8,25; Mark 8,27; Mark 8,33; Mark 8,38; Mark 9,14; Mark 9,18; Mark 9,26; Mark 9,31; Mark 9,35; Mark 9,45; Mark 10,32; Mark 11,15; Mark 11,15; Mark 12,2; Mark 12,9; Mark 12,36; Mark 12,43; Mark 13,20; Mark 13,22; Mark 13,27; Mark 13,27; Mark 14,7; Mark 14,10; Mark 14,63; Luke 1,33; Luke 1,55; Luke 1,65; Luke 1,79; Luke 2,27; Luke 5,3; Luke 5,9; Luke 5,22; Luke 5,30; Luke 5,34; Luke 5,37; Luke 6,1; Luke 6,4; Luke 6,4; Luke 6,8; Luke 6,13; Luke 6,20; Luke 6,20; Luke 6,27; Luke 6,28; Luke 6,32; Luke 6,32; Luke 6,33; Luke 6,35; Luke 6,35; Luke 7,24; Luke 7,31; Luke 7,38; Luke 7,38; Luke 7,38; Luke 7,44; Luke 7,45; Luke 7,46; Luke 8,33; Luke 8,34; Luke 8,35; Luke 8,41; Luke 9,1; Luke 9,2; Luke 9,11; Luke 9,14; Luke 9,16; Luke 9,16; Luke 9,26; Luke 9,28; Luke 9,32; Luke 9,32; Luke 9,43; Luke 9,44; Luke 9,60; Luke 9,60; Luke 10,9; Luke 10,11; Luke 10,23; Luke 10,36; Luke 10,39; Luke 11,1; Luke 11,43; Luke 11,46; Luke 11,52; Luke 12,1; Luke 12,17; Luke 12,22; Luke 12,24; Luke 12,45; Luke 13,2; Luke 13,4; Luke 13,4; Luke 13,28; Luke 13,34; Luke 13,34; Luke 14,3; Luke 14,7; Luke 14,12; Luke 14,12; Luke 14,12; Luke 14,21; Luke 14,26; Luke 15,5; Luke 15,6; Luke 15,6; Luke 15,15; Luke 15,22; Luke 15,22; Luke 16,1; Luke 16,4; Luke 16,8; Luke 16,23; Luke 16,29; Luke 17,1; Luke 17,16; Luke 17,22; Luke 18,9; Luke 18,9; Luke 18,13; Luke 18,31; Luke 19,15; Luke 19,27; Luke 19,27; Luke 19,45; Luke 20,10; Luke 20,16; Luke 20,43; Luke 21,1; Luke 21,35; Luke 22,32; Luke 22,45; Luke 22,52; Luke 23,4; Luke 23,4; Luke 23,13; Luke 23,13; Luke 23,33; Luke 24,10; Luke 24,33; Luke 24,33; Luke 24,39; Luke 24,40; John 1,51; John 2,14; John 2,14; John 2,15; John 4,23; John 4,24; John 4,35; John 5,21; John 6,5; John 6,10; John 6,11; John 6,70; John 7,35; John 7,45; John 8,31; John 9,6; John 9,11; John 9,13; John 9,14; John 9,15; John 9,17; John 9,18; John 9,21; John 9,22; John 9,26; John 9,30; John 10,19; John 11,2; John 11,32; John 11,33; John 11,37; John 11,41; John 11,44; John 11,46; John 12,3; John 12,3; John 12,8; John 12,40; John 12,42; John 13,1; John 13,1; John 13,5; John 13,6; John 13,8; John 13,9; John 13,10; John 13,12; John 13,14; John 13,14; John 14,24; John 17,1; John 18,21; John 18,38; John 20,17; John 21,23; Acts 2,18; Acts 2,22; Acts 2,34; Acts 2,35; Acts 2,37; Acts 2,47; Acts 3,25; Acts 4,5; Acts 4,5; Acts 4,5; Acts 4,23; Acts 4,35; Acts 4,37; Acts 5,2; Acts 5,5; Acts 5,5; Acts 5,10; Acts 5,11; Acts 5,15; Acts 5,18; Acts 5,23; Acts 5,24; Acts 5,34; Acts 5,40; Acts 6,1; Acts 6,12; Acts 6,12; Acts 7,8; Acts 7,12; Acts 7,19; Acts 7,23; Acts 7,23; Acts 7,25; Acts 7,43; Acts 7,52; Acts 7,54; Acts 7,56; Acts 7,58; Acts 8,3; Acts 9,1; Acts 9,14; Acts 9,21; Acts 9,21; Acts 9,22; Acts 9,22; Acts 9,27; Acts 9,29; Acts 9,32; Acts 9,32; Acts 9,40; Acts 9,41; Acts 10,21; Acts 10,24; Acts 10,24; Acts 10,25; Acts 10,38; Acts 10,44; Acts 11,20; Acts 11,26; Acts 11,30; Acts 12,19; Acts 13,17; Acts 13,32; Acts 13,36; Acts 13,45; Acts 13,50; Acts 14,10; Acts 14,13; Acts 14,18; Acts 14,19; Acts 15,1; Acts 15,2; Acts 15,21; Acts 15,32; Acts 15,33; Acts 15,36; Acts 16,3; Acts 16,3; Acts 16,19; Acts 16,24; Acts 16,27; Acts 16,35; Acts 16,35; Acts 16,36; Acts 16,40; Acts 17,6; Acts 17,8; Acts 17,13; Acts 17,17; Acts 17,30; Acts 18,2; Acts 18,13; Acts 18,14; Acts 18,23; Acts 19,9; Acts 19,10; Acts 19,12; Acts 19,13; Acts 19,25; Acts 19,37; Acts 20,1; Acts 20,17; Acts 20,30; Acts 21,4; Acts 21,7; Acts 21,11; Acts 21,21; Acts 21,26; Acts 21,32; Acts 21,35; Acts 21,38; Acts 22,3; Acts 22,5; Acts 22,5; Acts 22,19; Acts 22,30; Acts 23,32; Acts

O, o

ὁ

24,16; Acts 25,16; Acts 26,6; Acts 26,13; Acts 26,16; Acts 26,29; Acts 27,2; Acts 27,3; Acts 27,4; Acts 27,24; Acts 27,42; Acts 27,43; Acts 27,44; Acts 28,17; Acts 28,25; Acts 28,27; Acts 28,30; Rom. 1,25; Rom. 2,2; Rom. 2,3; Rom. 3,22; Rom. 4,17; Rom. 5,14; Rom. 5,15; Rom. 9,5; Rom. 10,12; Rom. 11,3; Rom. 11,22; Rom. 11,28; Rom. 11,32; Rom. 11,32; Rom. 11,36; Rom. 12,14; Rom. 15,26; Rom. 16,3; Rom. 16,7; Rom. 16,10; Rom. 16,11; Rom. 16,11; Rom. 16,14; Rom. 16,15; Rom. 16,17; Rom. 16,20; Rom. 16,27; 1Cor. 1,21; 1Cor. 1,27; 1Cor. 3,19; 1Cor. 3,20; 1Cor. 4,9; 1Cor. 5,12; 1Cor. 5,12; 1Cor. 5,13; 1Cor. 6,4; 1Cor. 8,12; 1Cor. 9,19; 1Cor. 9,20; 1Cor. 9,21; 1Cor. 9,22; 1Cor. 11,10; 1Cor. 11,22; 1Cor. 14,35; 1Cor. 15,25; 1Cor. 15,25; 1Cor. 15,27; 1Cor. 16,1; 1Cor. 16,18; 2Cor. 1,4; 2Cor. 1,9; 2Cor. 3,7; 2Cor. 3,13; 2Cor. 5,10; 2Cor. 5,12; 2Cor. 7,6; 2Cor. 8,4; 2Cor. 9,1; 2Cor. 9,2; 2Cor. 9,3; 2Cor. 9,5; 2Cor. 10,2; 2Cor. 11,31; Gal. 1,5; Gal. 1,17; Gal. 2,4; Gal. 2,12; Gal. 4,5; Gal. 4,15; Gal. 6,10; Eph. 1,12; Eph. 1,15; Eph. 1,18; Eph. 1,19; Eph. 1,22; Eph. 2,15; Eph. 2,16; Eph. 4,11; Eph. 4,11; Eph. 4,11; Eph. 4,11; Eph. 5,6; Eph. 6,12; Eph. 6,15; Phil. 1,13; Phil. 1,14; Phil. 2,29; Phil. 3,2; Phil. 3,2; Phil. 3,17; Phil. 3,18; Phil. 4,20; Col. 1,4; Col. 3,6; Col. 4,5; Col. 4,15; 1Th. 2,15; 1Th. 4,10; 1Th. 4,10; 1Th. 4,12; 1Th. 4,14; 1Th. 4,15; 1Th. 5,12; 1Th. 5,14; 1Th. 5,14; 1Th. 5,26; 1Tim. 1,17; 1Tim. 2,8; 1Tim. 4,7; 1Tim. 4,16; 1Tim. 6,1; 1Tim. 6,9; 2Tim. 2,10; 2Tim. 2,19; 2Tim. 2,25; 2Tim. 4,4; 2Tim. 4,18; Titus 1,9; Titus 3,15; Philem. 5; Heb. 1,2; Heb. 1,7; Heb. 1,7; Heb. 1,7; Heb. 1,9; Heb. 1,13; Heb. 1,14; Heb. 4,14; Heb. 6,4; Heb. 7,5; Heb. 7,25; Heb. 9,13; Heb. 10,1; Heb. 10,2; Heb. 10,14; Heb. 10,27; Heb. 11,3; Heb. 11,10; Heb. 11,31; Heb. 11,35; Heb. 12,9; Heb. 13,8; Heb. 13,21; Heb. 13,24; Heb. 13,24; James 2,5; James 2,25; James 3,3; James 3,9; James 3,9; James 5,10; James 5,11; James 5,14; 1Pet. 1,5; 1Pet. 1,21; 1Pet. 4,11; 1Pet. 5,1; 1Pet. 5,11; 2Pet. 2,10; 2Pet. 2,18; 2Pet. 2,18; 1John 2,11; 1John 3,14; 3John 5; 3John 8; 3John 10; 3John 10; 3John 15; Jude 5; Jude 6; Jude 25; Rev. 1,3; Rev. 1,6; Rev. 1,17; Rev. 1,18; Rev. 2,1; Rev. 2,2; Rev. 2,18; Rev. 2,20; Rev. 2,22; Rev. 3,1; Rev. 3,10; Rev. 3,18; Rev. 4,4; Rev. 4,9; Rev. 4,10; Rev. 4,10; Rev. 5,13; Rev. 6,13; Rev. 7,1; Rev. 7,3; Rev. 7,12; Rev. 8,2; Rev. 8,13; Rev. 9,4; Rev. 9,10; Rev. 9,14; Rev. 9,14; Rev. 9,17; Rev. 9,17; Rev. 10,6; Rev. 10,7; Rev. 10,7; Rev. 11,1; Rev. 11,5; Rev. 11,10; Rev. 11,11; Rev. 11,11; Rev. 11,15; Rev. 11,16; Rev. 11,18; Rev. 11,18; Rev. 11,18; Rev. 13,6; Rev. 13,12; Rev. 13,14; Rev. 13,16; Rev. 13,16; Rev. 13,16; Rev. 13,16; Rev. 13,16; Rev. 13,16; Rev. 14,6; Rev. 14,18; Rev. 15,2; Rev. 15,7; Rev. 16,2; Rev. 16,2; Rev. 16,2; Rev. 16,4; Rev. 16,8; Rev. 16,14; Rev. 16,21; Rev. 19,3; Rev. 19,19; Rev. 19,20; Rev. 19,20; Rev. 20,10; Rev. 20,12; Rev. 20,12; Rev. 20,12; Rev. 20,13; Rev. 20,13; Rev. 20,13; Rev. 20,13; Rev. 21,15; Rev. 22,5; Rev. 22,7; Rev. 22,9; Rev. 22,10; Rev. 22,18)

Τῷ ▸ 39 + 1 + 12 = 52

Article ▪ masculine ▪ singular ▪ dative ▸ 32 + 1 + 11 = **44** (Gen. 41,50; Num. 3,21; Num. 3,27; Num. 3,33; Num. 36,2; Judg. 7,18; 1Sam. 18,8; 1Chr. 26,29; 2Mac. 6,30; Psa. 31,1; Psa. 32,1; Psa. 33,1; Psa. 34,1; Psa. 70,1; Psa. 96,1; Psa. 100,1; Psa. 102,1; Psa. 103,1; Psa. 109,1; Psa. 136,1; Psa. 137,1; Psa. 143,1; Sir. 33,1; Sol. 7,0; Sol. 8,0; Sol. 9,0; Sol. 11,0; Sol. 12,0; Sol. 13,0; Hag. 2,1; Bar. 1,15; Ezek. 37,16; Judg. 7,18; Matt. 25,29; Rom. 16,25; 2Cor. 2,14; Eph. 3,20; 1Tim. 1,17; Heb. 6,13; Jude 24; Rev. 1,5; Rev. 2,1; Rev. 2,7; Rev. 2,17)

Article ▪ neuter ▪ singular ▪ dative ▸ 7 + 1 = **8** (Gen. 12,7; Gen. 15,18; Ex. 33,1; Deut. 34,4; 2Mac. 13,1; Sir. 7,9; Is. 37,24; Acts 13,44)

τῷ ▸ 6153 + 345 + 1225 = 7723

Article ▪ singular ▪ dative ▸ 2 (1Sam. 25,2; 1Sam. 31,1)

Article ▪ masculine ▪ singular ▪ dative ▸ 4430 + 268 + 813 = **5511** (Gen. 2,9; Gen. 2,11; Gen. 2,13; Gen. 2,13; Gen. 2,15; Gen. 2,16; Gen. 2,16; Gen. 2,20; Gen. 3,1; Gen. 3,2; Gen. 3,6; Gen. 3,8; Gen. 3,10; Gen. 3,14; Gen. 3,17; Gen. 3,21; Gen. 4,3; Gen. 4,6; Gen. 4,15; Gen. 4,18; Gen. 4,21; Gen. 4,26; Gen. 5,22; Gen. 5,24; Gen. 6,9; Gen. 7,16; Gen. 8,4; Gen. 8,5; Gen. 8,13; Gen. 8,14; Gen. 8,14; Gen. 8,15; Gen. 8,20; Gen. 9,8; Gen. 9,17; Gen. 9,21; Gen. 9,27; Gen. 10,21; Gen. 10,25; Gen. 10,25; Gen. 10,25; Gen. 11,3; Gen. 12,1; Gen. 12,7; Gen. 12,7; Gen. 12,8; Gen. 12,16; Gen. 13,5; Gen. 13,8; Gen. 13,14; Gen. 14,4; Gen. 14,13; Gen. 14,19; Gen. 14,19; Gen. 15,6; Gen. 15,12; Gen. 15,18; Gen. 16,3; Gen. 16,15; Gen. 16,16; Gen. 17,1; Gen. 17,15; Gen. 17,17; Gen. 17,19; Gen. 17,21; Gen. 17,21; Gen. 17,23; Gen. 17,23; Gen. 17,26; Gen. 18,7; Gen. 18,14; Gen. 18,19; Gen. 18,33; Gen. 20,7; Gen. 20,10; Gen. 20,11; Gen. 20,14; Gen. 20,15; Gen. 20,16; Gen. 20,18; Gen. 21,2; Gen. 21,7; Gen. 21,9; Gen. 21,10; Gen. 21,12; Gen. 21,22; Gen. 21,27; Gen. 21,29; Gen. 22,6; Gen. 22,20; Gen. 22,20; Gen. 22,23; Gen. 22,23; Gen. 23,7; Gen. 23,8; Gen. 23,13; Gen. 23,14; Gen. 23,16; Gen. 23,17; Gen. 23,18; Gen. 23,20; Gen. 24,2; Gen. 24,2; Gen. 24,2; Gen. 24,3; Gen. 24,4; Gen. 24,7; Gen. 24,14; Gen. 24,14; Gen. 24,23; Gen. 24,24; Gen. 24,36; Gen. 24,37; Gen. 24,38; Gen. 24,39; Gen. 24,40; Gen. 24,44; Gen. 24,44; Gen. 24,48; Gen. 24,51; Gen. 24,53; Gen. 24,65; Gen. 24,66; Gen. 25,5; Gen. 25,12; Gen. 25,23; Gen. 25,30; Gen. 25,31; Gen. 25,33; Gen. 25,34; Gen. 26,1; Gen. 26,1; Gen. 26,3; Gen. 26,11; Gen. 26,12; Gen. 26,15; Gen. 26,31; Gen. 26,35; Gen. 27,5; Gen. 27,9; Gen. 27,10; Gen. 27,15; Gen. 27,18; Gen. 27,19; Gen. 27,20; Gen. 27,21; Gen. 27,31; Gen. 27,31; Gen. 27,36; Gen. 27,37; Gen. 27,40; Gen. 27,41; Gen. 28,4; Gen. 28,11; Gen. 28,16; Gen. 29,12; Gen. 29,13; Gen. 29,15; Gen. 29,16; Gen. 29,25; Gen. 29,26; Gen. 29,32; Gen. 29,33; Gen. 29,34; Gen. 30,1; Gen. 30,1; Gen. 30,3; Gen. 30,5; Gen. 30,7; Gen. 30,9; Gen. 30,10; Gen. 30,12; Gen. 30,14; Gen. 30,17; Gen. 30,18; Gen. 30,19; Gen. 30,20; Gen. 30,23; Gen. 30,25; Gen. 30,30; Gen. 30,41; Gen. 31,6; Gen. 31,10; Gen. 31,14; Gen. 31,22; Gen. 31,26; Gen. 31,31; Gen. 31,33; Gen. 31,35; Gen. 31,35; Gen. 31,36; Gen. 31,36; Gen. 31,43; Gen. 31,48; Gen. 32,5; Gen. 32,6; Gen. 32,11; Gen. 32,14; Gen. 32,18; Gen. 32,19; Gen. 32,20; Gen. 32,20; Gen. 32,20; Gen. 32,32; Gen. 34,1; Gen. 34,13; Gen. 34,13; Gen. 34,19; Gen. 34,25; Gen. 35,1; Gen. 35,1; Gen. 35,2; Gen. 35,3; Gen. 35,3; Gen. 35,4; Gen. 35,14; Gen. 35,16; Gen. 36,4; Gen. 36,12; Gen. 36,14; Gen. 37,9; Gen. 37,22; Gen. 37,29; Gen. 37,32; Gen. 37,36; Gen. 37,36; Gen. 38,1; Gen. 38,6; Gen. 38,8; Gen. 38,8; Gen. 38,9; Gen. 38,11; Gen. 38,11; Gen. 38,24; Gen. 38,26; Gen. 39,2; Gen. 39,2; Gen. 39,2; Gen. 39,5; Gen. 39,5; Gen. 39,8; Gen. 39,10; Gen. 40,1; Gen. 40,2; Gen. 40,2; Gen. 40,3; Gen. 40,4; Gen. 40,5; Gen. 40,7; Gen. 40,9; Gen. 40,9; Gen. 40,16; Gen. 41,8; Gen. 41,10; Gen. 41,15; Gen. 41,16; Gen. 41,17; Gen. 41,17; Gen. 41,22; Gen. 41,25; Gen. 41,25; Gen. 41,28; Gen. 41,36; Gen. 41,39; Gen. 41,40; Gen. 41,41; Gen. 41,44; Gen. 42,6; Gen. 42,28; Gen. 42,35; Gen. 42,37; Gen. 43,6; Gen. 43,11; Gen. 43,16; Gen. 43,19; Gen. 43,21; Gen. 43,28; Gen. 43,30; Gen. 44,1; Gen. 44,4; Gen. 44,9; Gen. 44,12; Gen. 44,12; Gen. 44,16; Gen. 44,16; Gen. 44,18; Gen. 44,20; Gen. 44,22; Gen. 45,1; Gen. 45,13; Gen. 45,14; Gen. 45,22; Gen. 45,23; Gen. 45,23; Gen. 46,1; Gen. 46,15; Gen. 46,18; Gen. 46,22; Gen. 46,25; Gen. 46,29; Gen. 46,31; Gen. 47,1; Gen. 47,3; Gen. 47,4; Gen. 47,5; Gen. 47,8; Gen. 47,9; Gen. 47,12; Gen. 47,12; Gen. 47,17; Gen. 47,20; Gen. 47,20; Gen. 47,23; Gen. 47,24; Gen. 47,26; Gen. 47,26; Gen. 47,30; Gen. 48,1; Gen. 48,2; Gen. 48,3; Gen. 48,9; Gen. 48,18; Gen. 48,21; Gen. 49,6; Gen. 49,29; Gen. 50,10; Ex. 1,1; Ex. 1,11; Ex. 1,14; Ex. 1,19; Ex. 1,22; Ex. 2,13; Ex. 2,16; Ex. 2,21; Ex. 3,12; Ex. 3,18; Ex. 3,21; Ex. 4,10; Ex. 4,22;

o, o

Ex. 4,28; Ex. 5,3; Ex. 5,7; Ex. 5,8; Ex. 5,17; Ex. 6,1; Ex. 6,8; Ex. 7,9; Ex. 7,17; Ex. 7,18; Ex. 7,19; Ex. 7,20; Ex. 7,20; Ex. 7,21; Ex. 8,1; Ex. 8,5; Ex. 8,7; Ex. 8,15; Ex. 8,21; Ex. 8,22; Ex. 8,23; Ex. 8,24; Ex. 9,4; Ex. 9,14; Ex. 9,35; Ex. 10,7; Ex. 10,8; Ex. 10,11; Ex. 10,24; Ex. 10,25; Ex. 10,26; Ex. 10,26; Ex. 11,3; Ex. 12,28; Ex. 12,29; Ex. 12,31; Ex. 12,36; Ex. 12,42; Ex. 12,49; Ex. 12,49; Ex. 12,50; Ex. 13,5; Ex. 13,8; Ex. 13,12; Ex. 13,12; Ex. 13,15; Ex. 13,17; Ex. 14,3; Ex. 14,5; Ex. 14,31; Ex. 14,31; Ex. 15,1; Ex. 15,1; Ex. 15,21; Ex. 16,1; Ex. 16,1; Ex. 16,4; Ex. 16,7; Ex. 16,15; Ex. 16,22; Ex. 16,23; Ex. 16,25; Ex. 16,34; Ex. 17,1; Ex. 17,4; Ex. 17,9; Ex. 17,9; Ex. 17,10; Ex. 18,1; Ex. 18,3; Ex. 18,7; Ex. 18,8; Ex. 18,8; Ex. 18,12; Ex. 18,14; Ex. 18,14; Ex. 18,15; Ex. 18,19; Ex. 19,3; Ex. 19,10; Ex. 19,15; Ex. 19,21; Ex. 19,22; Ex. 20,4; Ex. 20,10; Ex. 20,17; Ex. 20,22; Ex. 21,2; Ex. 21,4; Ex. 21,8; Ex. 21,9; Ex. 21,14; Ex. 21,29; Ex. 21,32; Ex. 21,34; Ex. 21,36; Ex. 22,6; Ex. 22,8; Ex. 22,9; Ex. 22,11; Ex. 22,16; Ex. 22,24; Ex. 22,24; Ex. 22,30; Ex. 23,4; Ex. 23,16; Ex. 23,25; Ex. 24,1; Ex. 24,3; Ex. 24,5; Ex. 24,11; Ex. 25,33; Ex. 25,34; Ex. 26,17; Ex. 26,17; Ex. 26,17; Ex. 26,19; Ex. 26,19; Ex. 26,19; Ex. 26,19; Ex. 26,21; Ex. 26,21; Ex. 26,21; Ex. 26,21; Ex. 26,25; Ex. 26,25; Ex. 26,25; Ex. 26,25; Ex. 26,26; Ex. 26,27; Ex. 26,27; Ex. 26,27; Ex. 28,2; Ex. 29,12; Ex. 29,40; Ex. 29,40; Ex. 30,12; Ex. 31,15; Ex. 31,18; Ex. 32,11; Ex. 32,11; Ex. 32,21; Ex. 32,29; Ex. 32,29; Ex. 33,1; Ex. 34,21; Ex. 34,21; Ex. 34,27; Ex. 35,34; Ex. 36,8; Ex. 36,8; Ex. 36,12; Ex. 36,14; Ex. 36,28; Ex. 36,33; Ex. 36,36; Ex. 36,38; Ex. 37,20; Ex. 38,18; Ex. 38,27; Ex. 39,10; Ex. 39,22; Ex. 39,23; Ex. 40,17; Ex. 40,17; Ex. 40,19; Ex. 40,21; Ex. 40,23; Ex. 40,25; Ex. 40,27; Lev. 1,2; Lev. 1,9; Lev. 1,10; Lev. 1,13; Lev. 1,14; Lev. 1,17; Lev. 2,1; Lev. 2,2; Lev. 2,8; Lev. 2,13; Lev. 2,14; Lev. 2,14; Lev. 3,1; Lev. 3,6; Lev. 3,9; Lev. 3,16; Lev. 3,16; Lev. 4,3; Lev. 4,25; Lev. 4,30; Lev. 4,34; Lev. 5,13; Lev. 5,15; Lev. 5,15; Lev. 5,16; Lev. 5,16; Lev. 5,25; Lev. 6,8; Lev. 6,8; Lev. 7,5; Lev. 7,9; Lev. 7,14; Lev. 7,14; Lev. 7,18; Lev. 7,32; Lev. 7,34; Lev. 7,35; Lev. 7,38; Lev. 8,9; Lev. 8,13; Lev. 8,15; Lev. 8,17; Lev. 8,21; Lev. 8,21; Lev. 8,28; Lev. 8,29; Lev. 8,36; Lev. 9,7; Lev. 9,7; Lev. 9,10; Lev. 9,21; Lev. 9,23; Lev. 10,8; Lev. 10,15; Lev. 13,7; Lev. 13,19; Lev. 13,19; Lev. 13,29; Lev. 13,49; Lev. 13,49; Lev. 13,51; Lev. 13,53; Lev. 13,55; Lev. 13,57; Lev. 14,4; Lev. 14,13; Lev. 14,16; Lev. 14,27; Lev. 14,27; Lev. 14,35; Lev. 14,52; Lev. 15,14; Lev. 15,33; Lev. 15,33; Lev. 16,8; Lev. 16,8; Lev. 16,9; Lev. 16,14; Lev. 16,14; Lev. 16,19; Lev. 16,29; Lev. 16,29; Lev. 16,34; Lev. 17,4; Lev. 17,5; Lev. 17,5; Lev. 17,9; Lev. 19,5; Lev. 19,10; Lev. 19,10; Lev. 19,21; Lev. 19,22; Lev. 19,24; Lev. 21,2; Lev. 21,2; Lev. 21,4; Lev. 21,6; Lev. 21,7; Lev. 21,15; Lev. 21,21; Lev. 22,3; Lev. 22,14; Lev. 22,15; Lev. 22,18; Lev. 22,21; Lev. 22,22; Lev. 22,22; Lev. 22,24; Lev. 23,3; Lev. 23,3; Lev. 23,4; Lev. 23,5; Lev. 23,5; Lev. 23,6; Lev. 23,8; Lev. 23,12; Lev. 23,13; Lev. 23,14; Lev. 23,16; Lev. 23,17; Lev. 23,18; Lev. 23,18; Lev. 23,20; Lev. 23,20; Lev. 23,20; Lev. 23,22; Lev. 23,22; Lev. 23,27; Lev. 23,34; Lev. 23,36; Lev. 23,36; Lev. 23,37; Lev. 23,38; Lev. 23,39; Lev. 23,41; Lev. 23,41; Lev. 24,7; Lev. 24,9; Lev. 24,19; Lev. 24,20; Lev. 24,22; Lev. 24,22; Lev. 24,23; Lev. 25,2; Lev. 25,4; Lev. 25,6; Lev. 25,6; Lev. 25,6; Lev. 25,6; Lev. 25,9; Lev. 25,9; Lev. 25,14; Lev. 25,27; Lev. 25,28; Lev. 25,30; Lev. 25,43; Lev. 25,47; Lev. 25,47; Lev. 25,47; Lev. 25,53; Lev. 27,2; Lev. 27,3; Lev. 27,3; Lev. 27,9; Lev. 27,9; Lev. 27,11; Lev. 27,14; Lev. 27,16; Lev. 27,21; Lev. 27,21; Lev. 27,22; Lev. 27,23; Lev. 27,24; Lev. 27,24; Lev. 27,26; Lev. 27,26; Lev. 27,28; Lev. 27,28; Lev. 27,30; Lev. 27,30; Lev. 27,32; Lev. 27,32; Lev. 27,34; Num. 1,19; Num. 1,54; Num. 2,33; Num. 2,34; Num. 3,1; Num. 3,51; Num. 4,49; Num. 5,4; Num. 5,8; Num. 5,8; Num. 5,9; Num. 5,9; Num. 5,10; Num. 5,27; Num. 6,20; Num. 7,85; Num. 7,85; Num. 8,2; Num. 8,3; Num. 8,4; Num. 8,20; Num. 8,22; Num. 9,1; Num. 9,1; Num. 9,5; Num. 9,11; Num. 9,11; Num. 9,14; Num. 9,14; Num. 9,17; Num. 10,11; Num. 10,11; Num. 10,11; Num. 10,11; Num. 10,29; Num. 10,29; Num. 10,29; Num. 10,35; Num. 11,8; Num. 11,13; Num. 11,18; Num. 11,26; Num. 11,26; Num. 12,7; Num. 14,4; Num. 14,14; Num. 14,19; Num. 15,5; Num. 15,5; Num. 15,5; Num. 15,6; Num. 15,11; Num. 15,11; Num. 15,11; Num. 15,11; Num. 15,11; Num. 15,11; Num. 15,12; Num. 15,16; Num. 15,16; Num. 15,26; Num. 15,26; Num. 15,26; Num. 15,29; Num. 15,29; Num. 15,29; Num. 15,36; Num. 15,40; Num. 17,12; Num. 17,21; Num. 17,21; Num. 17,26; Num. 18,11; Num. 18,12; Num. 18,13; Num. 18,28; Num. 19,17; Num. 20,1; Num. 20,1; Num. 20,21; Num. 21,5; Num. 21,5; Num. 21,23; Num. 21,23; Num. 21,23; Num. 21,29; Num. 21,34; Num. 22,2; Num. 22,28; Num. 22,30; Num. 22,34; Num. 22,40; Num. 23,1; Num. 23,4; Num. 23,16; Num. 23,23; Num. 23,26; Num. 23,27; Num. 24,22; Num. 25,3; Num. 25,3; Num. 25,4; Num. 25,5; Num. 25,11; Num. 25,13; Num. 26,4; Num. 26,5; Num. 26,6; Num. 26,6; Num. 26,10; Num. 26,12; Num. 26,12; Num. 26,12; Num. 26,13; Num. 26,13; Num. 26,16; Num. 26,16; Num. 26,16; Num. 26,17; Num. 26,17; Num. 26,18; Num. 26,19; Num. 26,19; Num. 26,20; Num. 26,20; Num. 26,22; Num. 26,22; Num. 26,22; Num. 26,24; Num. 26,24; Num. 26,24; Num. 26,25; Num. 26,25; Num. 26,26; Num. 26,26; Num. 26,28; Num. 26,28; Num. 26,28; Num. 26,29; Num. 26,29; Num. 26,33; Num. 26,33; Num. 26,34; Num. 26,34; Num. 26,35; Num. 26,35; Num. 26,36; Num. 26,36; Num. 26,37; Num. 26,39; Num. 26,39; Num. 26,40; Num. 26,42; Num. 26,42; Num. 26,42; Num. 26,43; Num. 26,44; Num. 26,44; Num. 26,46; Num. 26,48; Num. 26,48; Num. 26,49; Num. 26,49; Num. 26,57; Num. 26,57; Num. 26,57; Num. 26,59; Num. 26,59; Num. 26,60; Num. 27,9; Num. 27,10; Num. 27,11; Num. 27,11; Num. 27,11; Num. 27,23; Num. 28,7; Num. 28,7; Num. 28,11; Num. 28,12; Num. 28,12; Num. 28,12; Num. 28,12; Num. 28,13; Num. 28,13; Num. 28,14; Num. 28,14; Num. 28,14; Num. 28,14; Num. 28,14; Num. 28,14; Num. 28,16; Num. 28,16; Num. 28,20; Num. 28,20; Num. 28,20; Num. 28,20; Num. 28,21; Num. 28,21; Num. 28,28; Num. 28,28; Num. 28,28; Num. 28,28; Num. 28,29; Num. 28,29; Num. 29,1; Num. 29,1; Num. 29,3; Num. 29,3; Num. 29,3; Num. 29,3; Num. 29,4; Num. 29,4; Num. 29,9; Num. 29,9; Num. 29,9; Num. 29,9; Num. 29,10; Num. 29,10; Num. 29,14; Num. 29,14; Num. 29,14; Num. 29,14; Num. 29,15; Num. 29,15; Num. 29,37; Num. 29,37; Num. 30,1; Num. 30,4; Num. 30,11; Num. 30,17; Num. 31,7; Num. 31,21; Num. 31,29; Num. 31,31; Num. 31,41; Num. 31,41; Num. 31,47; Num. 32,11; Num. 32,40; Num. 33,3; Num. 33,3; Num. 33,14; Num. 33,38; Num. 33,38; Num. 34,13; Num. 35,6; Num. 35,15; Num. 35,15; Num. 35,15; Num. 36,2; Deut. 1,3; Deut. 1,8; Deut. 1,9; Deut. 1,16; Deut. 1,18; Deut. 1,32; Deut. 1,32; Deut. 1,38; Deut. 2,4; Deut. 2,34; Deut. 3,4; Deut. 3,8; Deut. 3,12; Deut. 3,12; Deut. 3,12; Deut. 3,15; Deut. 3,16; Deut. 3,16; Deut. 3,18; Deut. 3,21; Deut. 3,21; Deut. 3,23; Deut. 3,24; Deut. 3,24; Deut. 4,3; Deut. 4,4; Deut. 4,14; Deut. 4,39; Deut. 4,43; Deut. 4,43; Deut. 4,43; Deut. 5,5; Deut. 5,8; Deut. 5,14; Deut. 5,21; Deut. 6,10; Deut. 6,16; Deut. 6,21; Deut. 6,21; Deut. 6,22; Deut. 7,3; Deut. 7,3; Deut. 7,6; Deut. 7,18; Deut. 7,25; Deut. 9,5; Deut. 9,5; Deut. 9,5; Deut. 9,10; Deut. 9,19; Deut. 9,20; Deut. 9,22; Deut. 9,22; Deut. 9,26; Deut. 9,26; Deut. 9,29; Deut. 9,29; Deut. 10,1; Deut. 10,8; Deut. 10,10; Deut. 10,12; Deut. 11,6; Deut. 12,4; Deut. 12,11; Deut. 12,18; Deut. 12,31; Deut. 14,2; Deut. 14,21; Deut. 14,21; Deut. 14,21; Deut. 14,23; Deut. 14,28; Deut. 15,2; Deut. 15,9; Deut. 15,9; Deut. 15,11; Deut. 15,11; Deut. 15,11; Deut. 15,11; Deut. 15,19; Deut. 15,19; Deut. 15,20; Deut. 15,21; Deut. 16,1; Deut. 16,1;

ò

Deut. 16,2; Deut. 16,2; Deut. 16,6; Deut. 16,7; Deut. 16,8; Deut. 16,10; Deut. 16,11; Deut. 16,15; Deut. 16,15; Deut. 16,16; Deut. 17,1; Deut. 17,1; Deut. 17,3; Deut. 18,3; Deut. 18,12; Deut. 19,12; Deut. 20,2; Deut. 20,2; Deut. 20,5; Deut. 20,6; Deut. 20,7; Deut. 20,19; Deut. 21,3; Deut. 21,6; Deut. 21,8; Deut. 21,8; Deut. 21,16; Deut. 22,1; Deut. 22,5; Deut. 22,16; Deut. 22,19; Deut. 22,27; Deut. 22,29; Deut. 23,16; Deut. 23,19; Deut. 23,20; Deut. 23,21; Deut. 23,21; Deut. 23,22; Deut. 23,24; Deut. 24,10; Deut. 24,19; Deut. 24,19; Deut. 24,19; Deut. 24,19; Deut. 24,19; Deut. 24,20; Deut. 24,20; Deut. 24,21; Deut. 24,21; Deut. 25,9; Deut. 25,13; Deut. 25,16; Deut. 26,3; Deut. 26,8; Deut. 26,12; Deut. 26,12; Deut. 26,12; Deut. 26,13; Deut. 26,13; Deut. 26,13; Deut. 26,14; Deut. 26,19; Deut. 27,5; Deut. 27,6; Deut. 27,6; Deut. 27,7; Deut. 27,9; Deut. 27,11; Deut. 28,47; Deut. 28,54; Deut. 28,54; Deut. 28,56; Deut. 28,56; Deut. 29,7; Deut. 29,7; Deut. 29,19; Deut. 29,28; Deut. 30,12; Deut. 31,11; Deut. 32,3; Deut. 33,5; Deut. 33,8; Deut. 33,8; Deut. 33,8; Deut. 33,9; Deut. 33,10; Deut. 33,10; Deut. 33,12; Deut. 33,13; Deut. 33,16; Deut. 33,16; Deut. 33,18; Deut. 33,20; Deut. 33,22; Deut. 33,23; Deut. 33,24; Deut. 34,9; Josh. 1,1; Josh. 1,1; Josh. 1,3; Josh. 1,6; Josh. 1,11; Josh. 1,12; Josh. 1,12; Josh. 1,16; Josh. 2,2; Josh. 2,10; Josh. 2,12; Josh. 2,17; Josh. 2,19; Josh. 2,20; Josh. 3,3; Josh. 3,5; Josh. 3,8; Josh. 4,1; Josh. 4,7; Josh. 4,8; Josh. 4,8; Josh. 4,9; Josh. 4,9; Josh. 4,10; Josh. 4,10; Josh. 4,15; Josh. 5,2; Josh. 5,9; Josh. 5,12; Josh. 5,14; Josh. 6,7; Josh. 6,10; Josh. 6,17; Josh. 6,19; Josh. 6,25; Josh. 6,26; Josh. 6,26; Josh. 6,26; Josh. 6,26; Josh. 6,26; Josh. 7,7; Josh. 7,19; Josh. 7,19; Josh. 7,20; Josh. 7,25; Josh. 8,18; Josh. 8,18; Josh. 8,27; Josh. 9,1; Josh. 8,30 # 9,2a; Josh. 8,31 # 9,2b; Josh. 8,34 # 9,2e; Josh. 8,35 # 9,2f; Josh. 8,35 # 9,2f; Josh. 9,10; Josh. 9,10; Josh. 9,23; Josh. 9,24; Josh. 9,24; Josh. 10,11; Josh. 10,14; Josh. 10,17; Josh. 10,28; Josh. 10,28; Josh. 10,30; Josh. 10,30; Josh. 10,39; Josh. 10,39; Josh. 10,42; Josh. 11,10; Josh. 11,15; Josh. 11,15; Josh. 11,15; Josh. 11,21; Josh. 11,23; Josh. 13,3; Josh. 13,3; Josh. 13,3; Josh. 13,3; Josh. 13,3; Josh. 13,3; Josh. 13,6; Josh. 13,8; Josh. 13,8; Josh. 14,5; Josh. 14,8; Josh. 14,13; Josh. 14,14; Josh. 14,14; Josh. 15,13; Josh. 16,10; Josh. 17,1; Josh. 17,1; Josh. 17,3; Josh. 17,8; Josh. 17,9; Josh. 17,10; Josh. 17,10; Josh. 17,14; Josh. 17,16; Josh. 17,16; Josh. 19,10; Josh. 19,17; Josh. 19,26; Josh. 19,26; Josh. 19,27; Josh. 19,32; Josh. 19,34; Josh. 19,40; Josh. 19,49; Josh. 20,1; Josh. 20,3; Josh. 20,3; Josh. 20,7; Josh. 20,7; Josh. 20,7; Josh. 20,9; Josh. 20,9; Josh. 21,4; Josh. 21,6; Josh. 21,8; Josh. 21,13; Josh. 21,32; Josh. 21,34; Josh. 21,42b; Josh. 21,43; Josh. 22,24; Josh. 23,8; Josh. 24,4; Josh. 24,4; Josh. 24,9; Josh. 24,27; Josh. 24,29; Josh. 24,29; Josh. 24,31; Josh. 24,33; Josh. 24,33b; Judg. 1,3; Judg. 1,3; Judg. 1,3; Judg. 1,9; Judg. 1,9; Judg. 1,16; Judg. 1,20; Judg. 2,5; Judg. 2,7; Judg. 2,7; Judg. 2,10; Judg. 2,14; Judg. 2,20; Judg. 3,8; Judg. 3,9; Judg. 3,14; Judg. 3,15; Judg. 3,17; Judg. 3,29; Judg. 4,4; Judg. 4,10; Judg. 4,10; Judg. 4,12; Judg. 5,3; Judg. 5,3; Judg. 5,7; Judg. 5,7; Judg. 5,9; Judg. 5,11; Judg. 6,15; Judg. 6,24; Judg. 6,26; Judg. 6,26; Judg. 6,37; Judg. 6,39; Judg. 7,13; Judg. 7,18; Judg. 7,20; Judg. 7,20; Judg. 7,22; Judg. 8,5; Judg. 8,5; Judg. 8,20; Judg. 8,20; Judg. 8,27; Judg. 8,27; Judg. 8,29; Judg. 8,30; Judg. 8,32; Judg. 9,7; Judg. 9,23; Judg. 9,25; Judg. 9,29; Judg. 9,32; Judg. 9,42; Judg. 9,44; Judg. 9,47; Judg. 9,56; Judg. 10,7; Judg. 10,8; Judg. 10,9; Judg. 10,9; Judg. 10,16; Judg. 10,16; Judg. 10,16; Judg. 11,1; Judg. 11,2; Judg. 11,26; Judg. 11,26; Judg. 11,30; Judg. 11,31; Judg. 11,40; Judg. 12,6; Judg. 13,5; Judg. 13,6; Judg. 13,9; Judg. 13,10; Judg. 13,19; Judg. 13,19; Judg. 14,2; Judg. 14,3; Judg. 14,4; Judg. 14,6; Judg. 14,16; Judg. 14,20; Judg. 15,2; Judg. 15,4; Judg. 15,6; Judg. 15,8; Judg. 16,3; Judg. 16,3; Judg. 16,13; Judg. 16,23; Judg. 16,30; Judg. 16,31; Judg. 17,2; Judg. 17,3; Judg. 17,4; Judg. 17,4; Judg. 17,11; Judg. 17,12; Judg. 18,3; Judg. 18,5; Judg. 18,12; Judg. 18,22; Judg. 18,29; Judg. 19,24; Judg. 20,6; Judg. 20,10; Judg. 20,18; Judg. 20,22; Judg. 20,31; Judg. 20,31; Judg. 20,35; Judg. 20,36; Judg. 20,39; Judg. 20,39; Judg. 20,46; Judg. 21,1; Judg. 21,3; Judg. 21,3; Judg. 21,5; Judg. 21,14; Judg. 21,15; Judg. 21,17; Judg. 21,18; Judg. 21,19; Judg. 21,22; Judg. 21,24; Ruth 1,2; Ruth 2,1; Ruth 2,3; Ruth 2,7; Ruth 2,17; Ruth 2,20; Ruth 3,3; Ruth 3,10; Ruth 4,3; Ruth 4,7; Ruth 4,7; Ruth 4,7; Ruth 4,8; Ruth 4,9; Ruth 4,9; Ruth 4,9; Ruth 4,12; 1Sam. 1,3; 1Sam. 1,19; 1Sam. 1,20; 1Sam. 1,22; 1Sam. 1,25; 1Sam. 1,28; 1Sam. 1,28; 1Sam. 2,9; 1Sam. 2,10; 1Sam. 2,15; 1Sam. 2,15; 1Sam. 2,15; 1Sam. 2,20; 1Sam. 2,25; 1Sam. 2,27; 1Sam. 2,28; 1Sam. 3,1; 1Sam. 3,2; 1Sam. 3,3; 1Sam. 3,9; 1Sam. 3,14; 1Sam. 3,15; 1Sam. 3,20; 1Sam. 3,21; 1Sam. 4,14; 1Sam. 4,17; 1Sam. 4,20; 1Sam. 6,4; 1Sam. 6,5; 1Sam. 6,14; 1Sam. 6,15; 1Sam. 6,17; 1Sam. 6,19; 1Sam. 7,1; 1Sam. 7,9; 1Sam. 7,9; 1Sam. 7,14; 1Sam. 7,17; 1Sam. 8,1; 1Sam. 9,7; 1Sam. 9,7; 1Sam. 9,8; 1Sam. 9,8; 1Sam. 9,12; 1Sam. 9,17; 1Sam. 9,19; 1Sam. 9,20; 1Sam. 9,23; 1Sam. 9,24; 1Sam. 9,25; 1Sam. 9,27; 1Sam. 9,27; 1Sam. 10,9; 1Sam. 10,11; 1Sam. 10,17; 1Sam. 12,8; 1Sam. 12,20; 1Sam. 12,23; 1Sam. 12,23; 1Sam. 13,3; 1Sam. 13,22; 1Sam. 13,22; 1Sam. 14,1; 1Sam. 14,6; 1Sam. 14,17; 1Sam. 14,17; 1Sam. 14,18; 1Sam. 14,24; 1Sam. 14,33; 1Sam. 14,33; 1Sam. 14,34; 1Sam. 14,34; 1Sam. 14,35; 1Sam. 14,35; 1Sam. 14,41; 1Sam. 14,41; 1Sam. 14,41; 1Sam. 14,50; 1Sam. 15,2; 1Sam. 15,4; 1Sam. 15,5; 1Sam. 15,12; 1Sam. 15,12; 1Sam. 15,13; 1Sam. 15,15; 1Sam. 15,22; 1Sam. 15,25; 1Sam. 15,28; 1Sam. 15,28; 1Sam. 15,30; 1Sam. 15,31; 1Sam. 16,2; 1Sam. 16,5; 1Sam. 16,16; 1Sam. 16,18; 1Sam. 17,34; 1Sam. 18,22; 1Sam. 18,22; 1Sam. 18,25; 1Sam. 18,26; 1Sam. 18,26; 1Sam. 18,27; 1Sam. 18,27; 1Sam. 19,2; 1Sam. 19,11; 1Sam. 19,17; 1Sam. 19,19; 1Sam. 19,21; 1Sam. 19,22; 1Sam. 20,3; 1Sam. 20,7; 1Sam. 20,8; 1Sam. 20,13; 1Sam. 20,17; 1Sam. 20,22; 1Sam. 20,28; 1Sam. 20,30; 1Sam. 20,32; 1Sam. 20,41; 1Sam. 21,3; 1Sam. 21,3; 1Sam. 21,3; 1Sam. 21,5; 1Sam. 21,6; 1Sam. 22,6; 1Sam. 22,14; 1Sam. 22,14; 1Sam. 22,18; 1Sam. 22,20; 1Sam. 22,21; 1Sam. 22,22; 1Sam. 22,22; 1Sam. 23,1; 1Sam. 23,7; 1Sam. 23,8; 1Sam. 23,11; 1Sam. 23,13; 1Sam. 23,19; 1Sam. 23,21; 1Sam. 23,25; 1Sam. 24,7; 1Sam. 24,7; 1Sam. 24,23; 1Sam. 25,2; 1Sam. 25,3; 1Sam. 25,8; 1Sam. 25,8; 1Sam. 25,12; 1Sam. 25,19; 1Sam. 25,22; 1Sam. 25,26; 1Sam. 25,27; 1Sam. 25,27; 1Sam. 25,28; 1Sam. 25,29; 1Sam. 25,30; 1Sam. 25,31; 1Sam. 25,31; 1Sam. 25,34; 1Sam. 25,44; 1Sam. 25,44; 1Sam. 26,1; 1Sam. 26,3; 1Sam. 26,14; 1Sam. 27,4; 1Sam. 27,6; 1Sam. 27,12; 1Sam. 27,12; 1Sam. 28,8; 1Sam. 28,10; 1Sam. 28,17; 1Sam. 29,4; 1Sam. 29,8; 1Sam. 30,21; 1Sam. 30,21; 1Sam. 30,25; 1Sam. 31,2; 1Sam. 31,9; 1Sam. 31,11; 2Sam. 1,6; 2Sam. 1,10; 2Sam. 1,23; 2Sam. 2,4; 2Sam. 2,5; 2Sam. 2,22; 2Sam. 2,26; 2Sam. 2,32; 2Sam. 3,2; 2Sam. 3,5; 2Sam. 3,7; 2Sam. 3,9; 2Sam. 3,9; 2Sam. 3,11; 2Sam. 3,20; 2Sam. 3,23; 2Sam. 3,30; 2Sam. 3,38; 2Sam. 3,39; 2Sam. 4,2; 2Sam. 4,2; 2Sam. 4,2; 2Sam. 4,4; 2Sam. 4,7; 2Sam. 4,8; 2Sam. 4,8; 2Sam. 4,9; 2Sam. 4,9; 2Sam. 4,11; 2Sam. 4,12; 2Sam. 5,6; 2Sam. 5,11; 2Sam. 5,13; 2Sam. 5,24; 2Sam. 6,3; 2Sam. 6,7; 2Sam. 6,8; 2Sam. 6,12; 2Sam. 6,19; 2Sam. 7,1; 2Sam. 7,8; 2Sam. 7,10; 2Sam. 7,10; 2Sam. 7,21; 2Sam. 8,2; 2Sam. 8,5; 2Sam. 8,5; 2Sam. 8,6; 2Sam. 8,10; 2Sam. 8,11; 2Sam. 8,14; 2Sam. 9,1; 2Sam. 9,3; 2Sam. 9,9; 2Sam. 9,9; 2Sam. 9,9; 2Sam. 9,10; 2Sam. 9,10; 2Sam. 9,11; 2Sam. 9,12; 2Sam. 10,5; 2Sam. 10,17; 2Sam. 11,5; 2Sam. 11,8; 2Sam. 11,10; 2Sam. 11,18; 2Sam. 11,19; 2Sam. 11,22; 2Sam. 12,2; 2Sam. 12,3; 2Sam. 12,3; 2Sam. 12,4; 2Sam. 12,4; 2Sam. 12,4; 2Sam. 12,4; 2Sam. 12,4; 2Sam. 12,5; 2Sam. 12,8; 2Sam. 12,11; 2Sam. 12,13; 2Sam. 12,13; 2Sam. 12,15; 2Sam. 12,22; 2Sam. 12,31; 2Sam. 13,1; 2Sam. 13,3; 2Sam. 13,10; 2Sam. 13,23; 2Sam. 13,24; 2Sam.

13,28; 2Sam. 13,29; 2Sam. 13,34; 2Sam. 14,6; 2Sam. 14,7; 2Sam. 14,19; 2Sam. 14,26; 2Sam. 14,26; 2Sam. 14,27; 2Sam. 14,27; 2Sam. 15,7; 2Sam. 15,8; 2Sam. 15,17; 2Sam. 15,21; 2Sam. 15,23; 2Sam. 15,25; 2Sam. 15,27; 2Sam. 15,27; 2Sam. 15,32; 2Sam. 15,34; 2Sam. 15,35; 2Sam. 15,35; 2Sam. 15,36; 2Sam. 15,36; 2Sam. 16,4; 2Sam. 16,4; 2Sam. 16,13; 2Sam. 16,22; 2Sam. 16,23; 2Sam. 16,23; 2Sam. 17,3; 2Sam. 17,9; 2Sam. 17,9; 2Sam. 17,15; 2Sam. 17,16; 2Sam. 17,17; 2Sam. 17,18; 2Sam. 17,21; 2Sam. 17,23; 2Sam. 17,23; 2Sam. 17,29; 2Sam. 17,29; 2Sam. 17,29; 2Sam. 18,5; 2Sam. 18,5; 2Sam. 18,5; 2Sam. 18,6; 2Sam. 18,8; 2Sam. 18,11; 2Sam. 18,11; 2Sam. 18,12; 2Sam. 18,17; 2Sam. 18,19; 2Sam. 18,21; 2Sam. 18,21; 2Sam. 18,21; 2Sam. 18,25; 2Sam. 18,28; 2Sam. 18,28; 2Sam. 18,28; 2Sam. 18,29; 2Sam. 18,31; 2Sam. 18,32; 2Sam. 19,2; 2Sam. 19,3; 2Sam. 19,3; 2Sam. 19,4; 2Sam. 19,11; 2Sam. 19,14; 2Sam. 19,28; 2Sam. 19,29; 2Sam. 19,29; 2Sam. 19,38; 2Sam. 19,44; 2Sam. 19,44; 2Sam. 19,44; 2Sam. 20,1; 2Sam. 20,2; 2Sam. 20,8; 2Sam. 20,8; 2Sam. 20,8; 2Sam. 20,9; 2Sam. 21,6; 2Sam. 21,8; 2Sam. 21,8; 2Sam. 21,8; 2Sam. 21,11; 2Sam. 21,14; 2Sam. 21,20; 2Sam. 21,22; 2Sam. 22,1; 2Sam. 22,30; 2Sam. 22,51; 2Sam. 22,51; 2Sam. 23,16; 2Sam. 24,3; 2Sam. 24,13; 2Sam. 24,15; 2Sam. 24,16; 2Sam. 24,16; 2Sam. 24,16; 2Sam. 24,16; 2Sam. 24,17; 2Sam. 24,17; 2Sam. 24,18; 2Sam. 24,18; 2Sam. 24,20; 2Sam. 24,21; 2Sam. 24,22; 2Sam. 24,23; 2Sam. 24,24; 1Kings 1,2; 1Kings 1,2; 1Kings 1,2; 1Kings 1,15; 1Kings 1,16; 1Kings 1,17; 1Kings 1,23; 1Kings 1,23; 1Kings 1,27; 1Kings 1,30; 1Kings 1,31; 1Kings 1,36; 1Kings 1,45; 1Kings 1,51; 1Kings 1,53; 1Kings 2,1; 1Kings 2,5; 1Kings 2,5; 1Kings 2,5; 1Kings 2,5; 1Kings 2,15; 1Kings 2,18; 1Kings 2,21; 1Kings 2,21; 1Kings 2,22; 1Kings 2,26; 1Kings 2,26; 1Kings 2,29; 1Kings 2,30; 1Kings 2,33; 1Kings 2,33; 1Kings 2,33; 1Kings 2,34; 1Kings 2,34; 1Kings 2,35a; 1Kings 2,35d; 1Kings 2,35g; 1Kings 2,35g; 1Kings 2,35l; 1Kings 2,39; 1Kings 2,41; 1Kings 2,44; 1Kings 2,44; 1Kings 2,46; 1Kings 2,46b; 1Kings 2,46e; 1Kings 2,46i; 1Kings 3,5; 1Kings 3,9; 1Kings 3,16; 1Kings 3,17; 1Kings 3,18; 1Kings 3,20; 1Kings 3,20; 1Kings 3,26; 1Kings 4,7; 1Kings 4,7; 1Kings 4,7; 1Kings 4,7; 1Kings 4,17; 1Kings 5,1; 1Kings 5,2; 1Kings 5,9; 1Kings 5,13; 1Kings 5,21; 1Kings 5,23; 1Kings 5,24; 1Kings 5,25; 1Kings 5,25; 1Kings 5,25; 1Kings 5,26; 1Kings 5,28; 1Kings 5,28; 1Kings 5,29; 1Kings 6,1; 1Kings 6,1c; 1Kings 6,2; 1Kings 6,4; 1Kings 6,5; 1Kings 6,6; 1Kings 6,7; 1Kings 6,33; 1Kings 7,26; 1Kings 7,31; 1Kings 7,31; 1Kings 7,32; 1Kings 7,33; 1Kings 8,23; 1Kings 8,23; 1Kings 8,23; 1Kings 8,24; 1Kings 8,24; 1Kings 8,25; 1Kings 8,25; 1Kings 8,25; 1Kings 8,26; 1Kings 8,26; 1Kings 8,30; 1Kings 8,31; 1Kings 8,31; 1Kings 8,33; 1Kings 8,36; 1Kings 8,41; 1Kings 8,56; 1Kings 8,63; 1Kings 8,65; 1Kings 8,66; 1Kings 8,66; 1Kings 9,2; 1Kings 9,5; 1Kings 9,8; 1Kings 9,11; 1Kings 9,14; 1Kings 9,28; 1Kings 10,10; 1Kings 10,10; 1Kings 10,14; 1Kings 10,19; 1Kings 10,19; 1Kings 10,22; 1Kings 10,22; 1Kings 10,26; 1Kings 11,5; 1Kings 11,5; 1Kings 11,11; 1Kings 11,13; 1Kings 11,14; 1Kings 11,14; 1Kings 11,20; 1Kings 11,22; 1Kings 11,29; 1Kings 11,31; 1Kings 11,33; 1Kings 11,33; 1Kings 11,36; 1Kings 11,36; 1Kings 11,38; 1Kings 12,6; 1Kings 12,7; 1Kings 12,9; 1Kings 12,10; 1Kings 12,16; 1Kings 12,23; 1Kings 12,24b; 1Kings 12,24b; 1Kings 12,24e; 1Kings 12,24e; 1Kings 12,24h; 1Kings 12,24i; 1Kings 12,24m; 1Kings 12,24o; 1Kings 12,24q; 1Kings 12,24s; 1Kings 12,24t; 1Kings 12,24y; 1Kings 12,32; 1Kings 12,32; 1Kings 12,33; 1Kings 12,33; 1Kings 13,2; 1Kings 13,6; 1Kings 13,8; 1Kings 13,11; 1Kings 13,16; 1Kings 13,19; 1Kings 13,22; 1Kings 13,30; 1Kings 13,31; 1Kings 13,34; 1Kings 14,25; 1Kings 14,25; 1Kings 15,9; 1Kings 15,9; 1Kings 15,13; 1Kings 15,17; 1Kings 15,23; 1Kings 15,30; 1Kings 16,9; 1Kings 16,22; 1Kings 16,28a; 1Kings 16,28a; 1Kings 16,29; 1Kings 16,31; 1Kings 16,32; 1Kings 16,34; 1Kings 16,34; 1Kings 16,34; 1Kings 16,34; 1Kings 17,3; 1Kings 17,5; 1Kings 17,12; 1Kings 18,1; 1Kings 18,1; 1Kings 18,1; 1Kings 18,2; 1Kings 18,8; 1Kings 18,11; 1Kings 18,12; 1Kings 18,13; 1Kings 18,14; 1Kings 18,16; 1Kings 18,41; 1Kings 18,44; 1Kings 18,44; 1Kings 19,10; 1Kings 19,11; 1Kings 19,14; 1Kings 19,18; 1Kings 19,21; 1Kings 20,1; 1Kings 20,1; 1Kings 20,1; 1Kings 20,2; 1Kings 21,9; 1Kings 21,10; 1Kings 21,13; 1Kings 21,17; 1Kings 21,28; 1Kings 21,32; 1Kings 21,38; 1Kings 22,2; 1Kings 22,2; 1Kings 22,26; 1Kings 22,34; 2Kings 2,16; 2Kings 3,4; 2Kings 4,2; 2Kings 4,2; 2Kings 4,7; 2Kings 4,26; 2Kings 4,29; 2Kings 4,39; 2Kings 4,40; 2Kings 4,41; 2Kings 4,41; 2Kings 4,42; 2Kings 4,43; 2Kings 5,4; 2Kings 5,10; 2Kings 5,14; 2Kings 5,15; 2Kings 5,17; 2Kings 5,17; 2Kings 5,18; 2Kings 5,18; 2Kings 5,18; 2Kings 6,9; 2Kings 6,12; 2Kings 6,32; 2Kings 6,33; 2Kings 7,2; 2Kings 7,12; 2Kings 7,15; 2Kings 7,19; 2Kings 7,19; 2Kings 8,5; 2Kings 8,8; 2Kings 8,16; 2Kings 8,22; 2Kings 8,25; 2Kings 9,8; 2Kings 9,16; 2Kings 9,28; 2Kings 10,1; 2Kings 10,9; 2Kings 10,11; 2Kings 10,16; 2Kings 10,18; 2Kings 10,19; 2Kings 10,20; 2Kings 10,22; 2Kings 10,30; 2Kings 10,32; 2Kings 11,5; 2Kings 11,17; 2Kings 12,2; 2Kings 12,5; 2Kings 12,7; 2Kings 12,10; 2Kings 12,19; 2Kings 12,21; 2Kings 13,1; 2Kings 13,3; 2Kings 13,5; 2Kings 13,7; 2Kings 13,10; 2Kings 13,16; 2Kings 13,17; 2Kings 13,18; 2Kings 13,21; 2Kings 13,25; 2Kings 14,1; 2Kings 14,7; 2Kings 14,9; 2Kings 14,9; 2Kings 14,9; 2Kings 14,9; 2Kings 14,10; 2Kings 14,22; 2Kings 14,26; 2Kings 14,28; 2Kings 15,1; 2Kings 15,5; 2Kings 15,8; 2Kings 15,19; 2Kings 15,20; 2Kings 15,20; 2Kings 15,20; 2Kings 16,6; 2Kings 16,8; 2Kings 16,10; 2Kings 16,15; 2Kings 16,15; 2Kings 17,1; 2Kings 17,4; 2Kings 17,4; 2Kings 17,4; 2Kings 17,7; 2Kings 17,7; 2Kings 17,13; 2Kings 17,13; 2Kings 17,16; 2Kings 17,18; 2Kings 17,26; 2Kings 17,31; 2Kings 17,36; 2Kings 18,1; 2Kings 18,6; 2Kings 18,7; 2Kings 18,9; 2Kings 18,10; 2Kings 18,10; 2Kings 18,16; 2Kings 18,17; 2Kings 18,22; 2Kings 18,23; 2Kings 20,1; 2Kings 20,12; 2Kings 20,13; 2Kings 20,15; 2Kings 20,15; 2Kings 20,15; 2Kings 20,17; 2Kings 20,18; 2Kings 21,7; 2Kings 21,7; 2Kings 21,18; 2Kings 21,23; 2Kings 21,26; 2Kings 21,26; 2Kings 22,3; 2Kings 22,3; 2Kings 22,3; 2Kings 22,9; 2Kings 22,9; 2Kings 22,12; 2Kings 22,12; 2Kings 22,12; 2Kings 22,12; 2Kings 22,12; 2Kings 22,12; 2Kings 22,12; 2Kings 22,15; 2Kings 22,15; 2Kings 22,17; 2Kings 22,20; 2Kings 23,4; 2Kings 23,4; 2Kings 23,4; 2Kings 23,4; 2Kings 23,5; 2Kings 23,5; 2Kings 23,6; 2Kings 23,7; 2Kings 23,10; 2Kings 23,11; 2Kings 23,13; 2Kings 23,13; 2Kings 23,21; 2Kings 23,21; 2Kings 23,23; 2Kings 23,26; 2Kings 23,30; 2Kings 23,35; 2Kings 23,35; 2Kings 24,3; 2Kings 24,10; 2Kings 24,13; 2Kings 24,20; 2Kings 24,20; 2Kings 25,1; 2Kings 25,1; 2Kings 25,3; 2Kings 25,8; 2Kings 25,8; 2Kings 25,8; 2Kings 25,16; 2Kings 25,17; 2Kings 25,17; 2Kings 25,24; 2Kings 25,25; 2Kings 25,27; 2Kings 25,27; 2Kings 25,27; 1Chr. 2,26; 1Chr. 2,34; 1Chr. 2,34; 1Chr. 2,35; 1Chr. 2,52; 1Chr. 4,5; 1Chr. 4,21; 1Chr. 4,27; 1Chr. 5,1; 1Chr. 5,20; 1Chr. 5,23; 1Chr. 5,36; 1Chr. 6,5; 1Chr. 6,5; 1Chr. 6,41; 1Chr. 7,2; 1Chr. 7,15; 1Chr. 7,15; 1Chr. 7,15; 1Chr. 7,26; 1Chr. 8,3; 1Chr. 8,38; 1Chr. 9,31; 1Chr. 9,31; 1Chr. 9,44; 1Chr. 10,4; 1Chr. 10,7; 1Chr. 10,9; 1Chr. 10,11; 1Chr. 10,11; 1Chr. 10,13; 1Chr. 10,13; 1Chr. 10,14; 1Chr. 11,5; 1Chr. 11,10; 1Chr. 11,18; 1Chr. 11,22; 1Chr. 12,16; 1Chr. 12,16; 1Chr. 12,22; 1Chr. 12,28; 1Chr. 12,34; 1Chr. 16,3; 1Chr. 16,8; 1Chr. 16,16; 1Chr. 16,16; 1Chr. 16,17; 1Chr. 16,17; 1Chr. 16,23; 1Chr. 16,28; 1Chr. 16,28; 1Chr. 16,29; 1Chr. 16,29; 1Chr. 16,34; 1Chr. 16,36; 1Chr. 16,40; 1Chr. 17,7; 1Chr. 17,9; 1Chr. 18,2; 1Chr. 18,5; 1Chr. 18,6; 1Chr. 18,10; 1Chr. 18,11; 1Chr. 18,14; 1Chr. 19,5; 1Chr. 19,17; 1Chr. 21,1; 1Chr. 21,3; 1Chr. 21,3; 1Chr. 21,4; 1Chr. 21,5; 1Chr. 21,12; 1Chr. 21,15; 1Chr. 21,15; 1Chr. 21,15;

ὁ

1Chr. 21,17; 1Chr. 21,17; 1Chr. 21,17; 1Chr. 21,18; 1Chr. 21,18; 1Chr. 21,21; 1Chr. 21,22; 1Chr. 21,24; 1Chr. 21,25; 1Chr. 21,25; 1Chr. 21,28; 1Chr. 21,28; 1Chr. 21,29; 1Chr. 22,1; 1Chr. 22,2; 1Chr. 22,4; 1Chr. 22,5; 1Chr. 22,6; 1Chr. 22,11; 1Chr. 22,13; 1Chr. 22,17; 1Chr. 22,19; 1Chr. 22,19; 1Chr. 23,5; 1Chr. 23,5; 1Chr. 23,6; 1Chr. 23,7; 1Chr. 23,7; 1Chr. 23,7; 1Chr. 23,8; 1Chr. 23,9; 1Chr. 23,17; 1Chr. 23,17; 1Chr. 23,25; 1Chr. 23,30; 1Chr. 23,31; 1Chr. 23,31; 1Chr. 24,6; 1Chr. 24,6; 1Chr. 24,7; 1Chr. 24,7; 1Chr. 24,8; 1Chr. 24,8; 1Chr. 24,9; 1Chr. 24,9; 1Chr. 24,10; 1Chr. 24,10; 1Chr. 24,11; 1Chr. 24,11; 1Chr. 24,12; 1Chr. 24,12; 1Chr. 24,13; 1Chr. 24,13; 1Chr. 24,14; 1Chr. 24,14; 1Chr. 24,15; 1Chr. 24,15; 1Chr. 24,16; 1Chr. 24,16; 1Chr. 24,17; 1Chr. 24,17; 1Chr. 24,18; 1Chr. 24,18; 1Chr. 24,21; 1Chr. 24,22; 1Chr. 24,27; 1Chr. 24,28; 1Chr. 24,29; 1Chr. 25,3; 1Chr. 25,3; 1Chr. 25,4; 1Chr. 25,5; 1Chr. 25,5; 1Chr. 25,5; 1Chr. 25,5; 1Chr. 25,9; 1Chr. 25,9; 1Chr. 26,2; 1Chr. 26,4; 1Chr. 26,6; 1Chr. 26,8; 1Chr. 26,9; 1Chr. 26,10; 1Chr. 26,11; 1Chr. 26,14; 1Chr. 26,14; 1Chr. 26,15; 1Chr. 26,16; 1Chr. 26,21; 1Chr. 26,21; 1Chr. 26,21; 1Chr. 26,21; 1Chr. 26,23; 1Chr. 26,25; 1Chr. 26,25; 1Chr. 26,30; 1Chr. 27,1; 1Chr. 27,8; 1Chr. 27,8; 1Chr. 27,9; 1Chr. 27,9; 1Chr. 27,10; 1Chr. 27,10; 1Chr. 27,11; 1Chr. 27,11; 1Chr. 27,11; 1Chr. 27,12; 1Chr. 27,12; 1Chr. 27,13; 1Chr. 27,13; 1Chr. 27,13; 1Chr. 27,14; 1Chr. 27,14; 1Chr. 27,15; 1Chr. 27,16; 1Chr. 27,16; 1Chr. 27,17; 1Chr. 27,17; 1Chr. 27,18; 1Chr. 27,18; 1Chr. 27,19; 1Chr. 27,19; 1Chr. 27,20; 1Chr. 27,21; 1Chr. 27,22; 1Chr. 27,24; 1Chr. 27,29; 1Chr. 28,4; 1Chr. 28,5; 1Chr. 28,11; 1Chr. 28,20; 1Chr. 29,9; 1Chr. 29,11; 1Chr. 29,19; 1Chr. 29,20; 1Chr. 29,20; 1Chr. 29,21; 1Chr. 29,21; 1Chr. 29,21; 1Chr. 29,22; 2Chr. 1,7; 2Chr. 2,6; 2Chr. 2,6; 2Chr. 2,6; 2Chr. 2,11; 2Chr. 2,11; 2Chr. 2,11; 2Chr. 2,13; 2Chr. 3,1; 2Chr. 3,1; 2Chr. 3,2; 2Chr. 3,2; 2Chr. 3,10; 2Chr. 3,16; 2Chr. 4,7; 2Chr. 4,8; 2Chr. 4,11; 2Chr. 4,16; 2Chr. 4,17; 2Chr. 5,12; 2Chr. 5,12; 2Chr. 5,13; 2Chr. 5,13; 2Chr. 6,11; 2Chr. 6,15; 2Chr. 6,15; 2Chr. 6,16; 2Chr. 6,16; 2Chr. 6,16; 2Chr. 6,16; 2Chr. 6,17; 2Chr. 6,17; 2Chr. 6,21; 2Chr. 6,22; 2Chr. 6,22; 2Chr. 6,23; 2Chr. 6,24; 2Chr. 6,27; 2Chr. 6,39; 2Chr. 6,39; 2Chr. 7,2; 2Chr. 7,3; 2Chr. 7,8; 2Chr. 7,10; 2Chr. 7,10; 2Chr. 7,10; 2Chr. 7,12; 2Chr. 7,12; 2Chr. 7,13; 2Chr. 7,18; 2Chr. 7,21; 2Chr. 8,2; 2Chr. 8,6; 2Chr. 8,6; 2Chr. 8,10; 2Chr. 8,12; 2Chr. 9,8; 2Chr. 9,9; 2Chr. 9,9; 2Chr. 9,10; 2Chr. 9,11; 2Chr. 9,11; 2Chr. 9,12; 2Chr. 9,13; 2Chr. 9,14; 2Chr. 9,15; 2Chr. 9,18; 2Chr. 9,21; 2Chr. 9,21; 2Chr. 9,25; 2Chr. 9,28; 2Chr. 10,6; 2Chr. 10,7; 2Chr. 10,9; 2Chr. 10,10; 2Chr. 10,10; 2Chr. 10,19; 2Chr. 11,1; 2Chr. 13,5; 2Chr. 13,9; 2Chr. 13,10; 2Chr. 13,11; 2Chr. 14,3; 2Chr. 14,6; 2Chr. 14,7; 2Chr. 15,3; 2Chr. 15,5; 2Chr. 15,5; 2Chr. 15,5; 2Chr. 15,10; 2Chr. 15,10; 2Chr. 15,11; 2Chr. 15,14; 2Chr. 15,17; 2Chr. 16,1; 2Chr. 16,7; 2Chr. 16,10; 2Chr. 16,10; 2Chr. 16,10; 2Chr. 17,5; 2Chr. 17,11; 2Chr. 17,14; 2Chr. 17,16; 2Chr. 17,19; 2Chr. 18,1; 2Chr. 18,2; 2Chr. 18,2; 2Chr. 18,9; 2Chr. 18,33; 2Chr. 19,6; 2Chr. 19,10; 2Chr. 20,2; 2Chr. 20,7; 2Chr. 20,9; 2Chr. 20,10; 2Chr. 20,14; 2Chr. 20,14; 2Chr. 20,15; 2Chr. 20,21; 2Chr. 20,37; 2Chr. 21,3; 2Chr. 21,7; 2Chr. 21,10; 2Chr. 21,14; 2Chr. 22,8; 2Chr. 23,16; 2Chr. 24,23; 2Chr. 24,23; 2Chr. 24,25; 2Chr. 25,9; 2Chr. 25,9; 2Chr. 25,18; 2Chr. 25,18; 2Chr. 25,18; 2Chr. 25,18; 2Chr. 25,24; 2Chr. 25,27; 2Chr. 26,2; 2Chr. 26,8; 2Chr. 26,10; 2Chr. 26,11; 2Chr. 26,13; 2Chr. 26,18; 2Chr. 26,19; 2Chr. 28,13; 2Chr. 28,16; 2Chr. 28,21; 2Chr. 29,3; 2Chr. 29,16; 2Chr. 29,25; 2Chr. 29,36; 2Chr. 30,1; 2Chr. 30,2; 2Chr. 30,2; 2Chr. 30,3; 2Chr. 30,8; 2Chr. 30,8; 2Chr. 30,13; 2Chr. 30,13; 2Chr. 30,17; 2Chr. 30,17; 2Chr. 30,20; 2Chr. 30,21; 2Chr. 30,21; 2Chr. 30,22; 2Chr. 30,22; 2Chr. 30,24; 2Chr. 30,24; 2Chr. 31,3; 2Chr. 31,4; 2Chr. 31,6; 2Chr. 31,7; 2Chr. 31,7; 2Chr. 31,7; 2Chr. 31,16; 2Chr. 31,21; 2Chr. 32,12; 2Chr. 32,23; 2Chr. 32,23; 2Chr. 32,27; 2Chr. 32,33; 2Chr. 33,7; 2Chr. 33,14; 2Chr. 33,16; 2Chr. 34,15; 2Chr. 34,16; 2Chr. 34,18; 2Chr. 34,20; 2Chr. 34,20; 2Chr. 34,20; 2Chr. 34,20; 2Chr. 34,20; 2Chr. 34,20; 2Chr. 34,23; 2Chr. 34,23; 2Chr. 34,25; 2Chr. 34,28; 2Chr. 35,1; 2Chr. 35,3; 2Chr. 35,3; 2Chr. 35,3; 2Chr. 35,5; 2Chr. 35,8; 2Chr. 35,12; 2Chr. 35,17; 2Chr. 35,18; 2Chr. 35,19; 2Chr. 35,19a; 2Chr. 35,19c; 2Chr. 36,4a; 2Chr. 36,4a; 2Chr. 36,7; 2Chr. 36,16; 1Esdr. 1,1; 1Esdr. 1,3; 1Esdr. 1,3; 1Esdr. 1,4; 1Esdr. 1,6; 1Esdr. 1,7; 1Esdr. 1,7; 1Esdr. 1,7; 1Esdr. 1,12; 1Esdr. 1,17; 1Esdr. 1,18; 1Esdr. 1,25; 1Esdr. 1,29; 1Esdr. 1,31; 1Esdr. 1,39; 1Esdr. 2,4; 1Esdr. 2,5; 1Esdr. 2,8; 1Esdr. 2,14; 1Esdr. 2,16; 1Esdr. 2,19; 1Esdr. 4,5; 1Esdr. 4,6; 1Esdr. 4,6; 1Esdr. 4,34; 1Esdr. 4,43; 1Esdr. 4,46; 1Esdr. 4,48; 1Esdr. 4,58; 1Esdr. 5,39; 1Esdr. 5,49; 1Esdr. 5,50; 1Esdr. 5,52; 1Esdr. 5,52; 1Esdr. 5,56; 1Esdr. 5,57; 1Esdr. 5,58; 1Esdr. 5,59; 1Esdr. 5,64; 1Esdr. 5,65; 1Esdr. 5,67; 1Esdr. 5,68; 1Esdr. 6,3; 1Esdr. 6,8; 1Esdr. 6,8; 1Esdr. 6,8; 1Esdr. 6,17; 1Esdr. 6,17; 1Esdr. 6,18; 1Esdr. 6,18; 1Esdr. 6,21; 1Esdr. 6,28; 1Esdr. 6,30; 1Esdr. 6,30; 1Esdr. 8,3; 1Esdr. 8,3; 1Esdr. 8,5; 1Esdr. 8,5; 1Esdr. 8,9; 1Esdr. 8,12; 1Esdr. 8,13; 1Esdr. 8,13; 1Esdr. 8,21; 1Esdr. 8,21; 1Esdr. 8,44; 1Esdr. 8,45; 1Esdr. 8,45; 1Esdr. 8,52; 1Esdr. 8,57; 1Esdr. 8,57; 1Esdr. 8,61; 1Esdr. 8,63; 1Esdr. 8,63; 1Esdr. 8,75; 1Esdr. 8,76; 1Esdr. 8,76; 1Esdr. 8,89; 1Esdr. 8,90; 1Esdr. 9,7; 1Esdr. 9,8; 1Esdr. 9,39; 1Esdr. 9,46; 1Esdr. 9,47; 1Esdr. 9,49; 1Esdr. 9,50; 1Esdr. 9,52; 1Esdr. 9,53; Ezra 1,5; Ezra 1,8; Ezra 1,11; Ezra 1,11; Ezra 2,16; Ezra 2,36; Ezra 3,3; Ezra 3,5; Ezra 3,6; Ezra 3,8; Ezra 3,11; Ezra 3,11; Ezra 4,1; Ezra 4,2; Ezra 4,3; Ezra 4,3; Ezra 4,8; Ezra 4,12; Ezra 4,13; Ezra 4,14; Ezra 4,16; Ezra 5,3; Ezra 5,5; Ezra 5,5; Ezra 5,6; Ezra 5,7; Ezra 5,8; Ezra 5,14; Ezra 5,14; Ezra 5,14; Ezra 5,15; Ezra 5,15; Ezra 6,9; Ezra 6,10; Ezra 7,7; Ezra 7,7; Ezra 7,8; Ezra 7,8; Ezra 7,8; Ezra 7,11; Ezra 7,11; Ezra 7,11; Ezra 7,14; Ezra 7,15; Ezra 7,15; Ezra 7,18; Ezra 7,25; Ezra 7,25; Ezra 7,25; Ezra 8,15; Ezra 8,16; Ezra 8,16; Ezra 8,16; Ezra 8,16; Ezra 8,16; Ezra 8,16; Ezra 8,16; Ezra 8,16; Ezra 8,16; Ezra 8,16; Ezra 8,22; Ezra 8,24; Ezra 8,28; Ezra 8,28; Ezra 8,34; Ezra 8,35; Ezra 8,35; Ezra 9,1; Ezra 10,2; Ezra 10,2; Ezra 10,2; Ezra 10,3; Ezra 10,11; Ezra 10,16; Neh. 1,7; Neh. 1,8; Neh. 1,11; Neh. 1,11; Neh. 2,1; Neh. 2,3; Neh. 2,5; Neh. 2,7; Neh. 2,8; Neh. 3,17; Neh. 3,26; Neh. 4,16; Neh. 4,16; Neh. 5,14; Neh. 5,19; Neh. 6,1; Neh. 6,1; Neh. 6,1; Neh. 6,7; Neh. 6,14; Neh. 6,14; Neh. 6,14; Neh. 6,14; Neh. 7,2; Neh. 7,2; Neh. 7,3; Neh. 7,21; Neh. 7,43; Neh. 7,70; Neh. 8,1; Neh. 8,1; Neh. 8,1; Neh. 8,6; Neh. 8,9; Neh. 8,9; Neh. 8,10; Neh. 8,13; Neh. 8,14; Neh. 8,14; Neh. 8,14; Neh. 9,3; Neh. 9,3; Neh. 9,10; Neh. 9,32; Neh. 10,35; Neh. 10,37; Neh. 11,24; Neh. 11,36; Neh. 12,12; Neh. 12,12; Neh. 12,13; Neh. 12,13; Neh. 12,14; Neh. 12,14; Neh. 12,15; Neh. 12,15; Neh. 12,16; Neh. 12,16; Neh. 12,17; Neh. 12,17; Neh. 12,17; Neh. 12,18; Neh. 12,18; Neh. 12,19; Neh. 12,19; Neh. 12,20; Neh. 12,20; Neh. 12,21; Neh. 12,21; Neh. 12,46; Neh. 13,7; Neh. 13,25; Neh. 13,26; Neh. 13,27; Esth. 12,2 # 1,1n; Esth. 12,2 # 1,1n; Esth. 1,10; Esth. 1,14; Esth. 1,17; Esth. 1,17; Esth. 1,18; Esth. 1,19; Esth. 1,21; Esth. 2,2; Esth. 2,3; Esth. 2,3; Esth. 2,4; Esth. 2,4; Esth. 2,9; Esth. 2,16; Esth. 2,22; Esth. 3,3; Esth. 3,4; Esth. 3,8; Esth. 3,9; Esth. 3,10; Esth. 3,11; Esth. 4,7; Esth. 4,8; Esth. 4,8; Esth. 4,14; Esth. 13,10 # 4,17c; Esth. 13,17 # 4,17h; Esth. 5,4; Esth. 5,14; Esth. 5,14; Esth. 5,14; Esth. 6,1; Esth. 6,2; Esth. 6,3; Esth. 6,4; Esth. 6,6; Esth. 6,6; Esth. 6,10; Esth. 6,10; Esth. 6,10; Esth. 6,10; Esth. 7,9; Esth. 8,1; Esth. 8,4; Esth. 8,8; Esth. 8,8; Esth. 8,9; Esth. 8,10; Esth. 16,6 # 8,12f; Esth. 9,1; Esth. 9,11; Esth. 9,13; Esth. 9,19; Esth. 10,10 # 10,3g; Esth. 10,13 # 10,3k; Judith 1,13; Judith 2,3; Judith 3,8; Judith 5,8; Judith 5,20; Judith 6,18; Judith 7,1; Judith 7,3; Judith 7,14; Judith 7,17; Judith 7,26; Judith 8,3; Judith 8,3; Judith 8,4; Judith 8,25; Judith 8,26; Judith 9,8; Judith 10,9; Judith 10,11; Ju-

Ο, ο

dith 11,5; Judith 12,11; Judith 12,14; Judith 12,15; Judith 12,15; Judith 12,15; Judith 13,3; Judith 13,4; Judith 13,6; Judith 13,17; Judith 13,18; Judith 13,18; Judith 14,10; Judith 14,13; Judith 15,8; Judith 15,10; Judith 16,1; Judith 16,1; Judith 16,13; Judith 16,18; Judith 16,19; Judith 16,23; Tob. 1,6; Tob. 1,14; Tob. 1,18; Tob. 1,19; Tob. 2,2; Tob. 2,10; Tob. 2,14; Tob. 3,10; Tob. 3,15; Tob. 3,17; Tob. 3,17; Tob. 4,14; Tob. 4,20; Tob. 5,7; Tob. 5,9; Tob. 5,15; Tob. 5,17; Tob. 6,7; Tob. 6,13; Tob. 6,14; Tob. 6,14; Tob. 6,15; Tob. 7,2; Tob. 7,9; Tob. 7,10; Tob. 7,13; Tob. 10,8; Tob. 11,6; Tob. 11,15; Tob. 12,1; Tob. 12,1; Tob. 12,20; Tob. 13,11; Tob. 13,13; Tob. 14,7; Tob. 14,10; 1Mac. 1,8; 1Mac. 1,36; 1Mac. 1,57; 1Mac. 1,58; 1Mac. 2,17; 1Mac. 2,25; 1Mac. 2,26; 1Mac. 2,26; 1Mac. 2,27; 1Mac. 2,40; 1Mac. 2,42; 1Mac. 2,48; 1Mac. 2,50; 1Mac. 2,64; 1Mac. 3,2; 1Mac. 3,3; 1Mac. 3,17; 1Mac. 3,42; 1Mac. 3,46; 1Mac. 3,59; 1Mac. 4,25; 1Mac. 4,26; 1Mac. 4,27; 1Mac. 4,28; 1Mac. 4,50; 1Mac. 4,58; 1Mac. 4,60; 1Mac. 5,2; 1Mac. 5,4; 1Mac. 5,17; 1Mac. 5,61; 1Mac. 6,23; 1Mac. 7,8; 1Mac. 7,20; 1Mac. 7,26; 1Mac. 7,30; 1Mac. 7,31; 1Mac. 7,37; 1Mac. 7,38; 1Mac. 7,43; 1Mac. 8,8; 1Mac. 8,29; 1Mac. 9,19; 1Mac. 9,27; 1Mac. 9,28; 1Mac. 9,31; 1Mac. 9,37; 1Mac. 9,51; 1Mac. 9,54; 1Mac. 9,54; 1Mac. 9,55; 1Mac. 9,56; 1Mac. 10,15; 1Mac. 10,18; 1Mac. 10,21; 1Mac. 10,32; 1Mac. 11,4; 1Mac. 11,5; 1Mac. 11,6; 1Mac. 11,12; 1Mac. 11,12; 1Mac. 11,17; 1Mac. 11,23; 1Mac. 11,29; 1Mac. 11,30; 1Mac. 11,31; 1Mac. 11,32; 1Mac. 11,53; 1Mac. 12,44; 1Mac. 13,28; 1Mac. 13,49; 1Mac. 14,20; 1Mac. 14,23; 1Mac. 14,23; 1Mac. 14,23; 1Mac. 14,29; 1Mac. 15,21; 1Mac. 15,22; 1Mac. 15,24; 1Mac. 15,35; 1Mac. 16,1; 1Mac. 16,16; 1Mac. 16,18; 2Mac. 1,4; 2Mac. 1,18; 2Mac. 1,20; 2Mac. 1,33; 2Mac. 2,18; 2Mac. 2,27; 2Mac. 2,28; 2Mac. 2,29; 2Mac. 2,30; 2Mac. 2,31; 2Mac. 3,4; 2Mac. 3,7; 2Mac. 3,25; 2Mac. 3,31; 2Mac. 3,33; 2Mac. 3,33; 2Mac. 3,35; 2Mac. 3,35; 2Mac. 4,8; 2Mac. 4,23; 2Mac. 4,24; 2Mac. 4,27; 2Mac. 4,32; 2Mac. 4,35; 2Mac. 4,45; 2Mac. 5,11; 2Mac. 6,7; 2Mac. 6,11; 2Mac. 6,21; 2Mac. 6,30; 2Mac. 7,39; 2Mac. 7,40; 2Mac. 8,1; 2Mac. 8,10; 2Mac. 8,12; 2Mac. 8,18; 2Mac. 8,23; 2Mac. 8,27; 2Mac. 8,27; 2Mac. 9,4; 2Mac. 9,12; 2Mac. 10,7; 2Mac. 10,21; 2Mac. 10,36; 2Mac. 10,38; 2Mac. 10,38; 2Mac. 11,6; 2Mac. 11,15; 2Mac. 11,18; 2Mac. 11,22; 2Mac. 11,34; 2Mac. 11,36; 2Mac. 12,9; 2Mac. 13,4; 2Mac. 13,5; 2Mac. 13,14; 2Mac. 13,15; 2Mac. 14,8; 2Mac. 14,14; 2Mac. 14,17; 2Mac. 14,24; 2Mac. 14,28; 2Mac. 14,29; 2Mac. 14,33; 2Mac. 14,37; 2Mac. 15,15; 2Mac. 15,30; 3Mac. 1,4; 3Mac. 1,9; 3Mac. 1,9; 3Mac. 1,11; 3Mac. 1,23; 3Mac. 2,7; 3Mac. 2,9; 3Mac. 2,16; 3Mac. 2,31; 3Mac. 3,4; 3Mac. 3,4; 3Mac. 3,7; 3Mac. 3,7; 3Mac. 4,10; 3Mac. 4,11; 3Mac. 4,11; 3Mac. 4,17; 3Mac. 5,10; 3Mac. 5,20; 3Mac. 5,47; 3Mac. 6,37; 3Mac. 7,16; 4Mac. 1,12; 4Mac. 2,3; 4Mac. 2,5; 4Mac. 2,8; 4Mac. 3,3; 4Mac. 3,14; 4Mac. 3,16; 4Mac. 4,3; 4Mac. 4,7; 4Mac. 4,14; 4Mac. 4,23; 4Mac. 6,30; 4Mac. 7,14; 4Mac. 7,19; 4Mac. 8,1; 4Mac. 8,5; 4Mac. 8,15; 4Mac. 8,26; 4Mac. 10,13; 4Mac. 12,8; 4Mac. 12,18; 4Mac. 13,3; 4Mac. 13,13; 4Mac. 13,13; 4Mac. 13,20; 4Mac. 13,24; 4Mac. 13,24; 4Mac. 15,31; 4Mac. 15,32; 4Mac. 16,4; 4Mac. 16,12; 4Mac. 16,25; 4Mac. 17,18; 4Mac. 17,20; 4Mac. 18,1; Psa. 1,2; Psa. 1,2; Psa. 2,5; Psa. 2,11; Psa. 3,1; Psa. 3,3; Psa. 4,1; Psa. 5,1; Psa. 6,1; Psa. 6,2; Psa. 6,6; Psa. 6,6; Psa. 6,7; Psa. 7,1; Psa. 7,1; Psa. 8,1; Psa. 9,1; Psa. 9,10; Psa. 9,12; Psa. 9,12; Psa. 10,1; Psa. 10,1; Psa. 11,1; Psa. 12,1; Psa. 12,6; Psa. 12,6; Psa. 13,1; Psa. 14,1; Psa. 14,3; Psa. 14,4; Psa. 15,1; Psa. 15,2; Psa. 17,1; Psa. 17,1; Psa. 17,1; Psa. 17,30; Psa. 17,51; Psa. 17,51; Psa. 18,1; Psa. 18,5; Psa. 19,1; Psa. 20,1; Psa. 21,1; Psa. 21,16; Psa. 21,31; Psa. 21,32; Psa. 22,1; Psa. 23,1; Psa. 23,4; Psa. 24,1; Psa. 25,1; Psa. 26,6; Psa. 28,1; Psa. 28,1; Psa. 28,1; Psa. 28,1; Psa. 28,2; Psa. 28,2; Psa. 28,9; Psa. 28,11; Psa. 29,1; Psa. 29,5; Psa. 29,6; Psa. 30,1; Psa. 30,7; Psa. 31,5; Psa. 32,1; Psa. 32,2; Psa. 32,6; Psa. 32,20; Psa. 33,3; Psa. 34,9; Psa. 35,1; Psa. 35,1; Psa. 35,6; Psa. 36,3; Psa. 36,7; Psa. 36,7; Psa. 36,16; Psa. 37,1; Psa. 37,2; Psa. 38,1; Psa. 38,1; Psa. 39,1; Psa. 39,4; Psa. 40,1; Psa. 41,9; Psa. 41,10; Psa. 42,1; Psa. 43,9; Psa. 44,2; Psa. 44,15; Psa. 46,2; Psa. 46,7; Psa. 46,7; Psa. 48,8; Psa. 48,15; Psa. 49,1; Psa. 49,14; Psa. 49,14; Psa. 49,16; Psa. 50,1; Psa. 50,19; Psa. 51,1; Psa. 51,2; Psa. 51,10; Psa. 52,1; Psa. 53,1; Psa. 53,2; Psa. 54,1; Psa. 54,15; Psa. 54,23; Psa. 55,1; Psa. 55,5; Psa. 55,5; Psa. 55,11; Psa. 55,11; Psa. 55,12; Psa. 56,1; Psa. 57,1; Psa. 57,12; Psa. 58,1; Psa. 59,1; Psa. 59,5; Psa. 59,14; Psa. 60,1; Psa. 61,1; Psa. 61,2; Psa. 61,6; Psa. 61,8; Psa. 61,8; Psa. 62,1; Psa. 62,12; Psa. 63,1; Psa. 63,11; Psa. 64,1; Psa. 65,1; Psa. 65,3; Psa. 65,7; Psa. 67,1; Psa. 67,5; Psa. 67,5; Psa. 67,11; Psa. 67,32; Psa. 67,33; Psa. 67,33; Psa. 67,34; Psa. 67,34; Psa. 67,35; Psa. 67,36; Psa. 68,1; Psa. 68,32; Psa. 69,1; Psa. 71,1; Psa. 71,1; Psa. 71,3; Psa. 71,5; Psa. 72,1; Psa. 72,1; Psa. 72,4; Psa. 72,11; Psa. 72,25; Psa. 72,28; Psa. 72,28; Psa. 73,1; Psa. 74,1; Psa. 74,10; Psa. 75,1; Psa. 75,2; Psa. 75,12; Psa. 75,13; Psa. 76,1; Psa. 76,16; Psa. 76,19; Psa. 77,1; Psa. 77,10; Psa. 77,20; Psa. 77,22; Psa. 78,1; Psa. 79,1; Psa. 80,1; Psa. 80,2; Psa. 80,2; Psa. 80,2; Psa. 80,5; Psa. 80,5; Psa. 80,6; Psa. 80,7; Psa. 80,15; Psa. 81,1; Psa. 82,1; Psa. 82,10; Psa. 82,10; Psa. 83,5; Psa. 83,11; Psa. 84,3; Psa. 85,1; Psa. 85,16; Psa. 87,1; Psa. 87,4; Psa. 88,1; Psa. 88,4; Psa. 88,7; Psa. 88,7; Psa. 88,11; Psa. 88,36; Psa. 88,44; Psa. 88,50; Psa. 88,51; Psa. 89,7; Psa. 90,1; Psa. 90,2; Psa. 91,2; Psa. 91,13; Psa. 91,14; Psa. 92,1; Psa. 92,5; Psa. 93,1; Psa. 93,8; Psa. 93,13; Psa. 93,17; Psa. 94,1; Psa. 94,1; Psa. 94,1; Psa. 94,1; Psa. 94,8; Psa. 95,1; Psa. 95,1; Psa. 95,1; Psa. 95,2; Psa. 95,7; Psa. 95,7; Psa. 95,8; Psa. 95,9; Psa. 96,11; Psa. 96,12; Psa. 97,1; Psa. 97,1; Psa. 97,3; Psa. 97,3; Psa. 97,4; Psa. 97,5; Psa. 98,1; Psa. 99,1; Psa. 99,2; Psa. 101,1; Psa. 101,23; Psa. 102,7; Psa. 102,19; Psa. 103,33; Psa. 103,33; Psa. 103,34; Psa. 104,1; Psa. 104,9; Psa. 104,9; Psa. 104,10; Psa. 104,10; Psa. 105,1; Psa. 105,24; Psa. 105,28; Psa. 106,1; Psa. 106,8; Psa. 106,15; Psa. 106,21; Psa. 106,24; Psa. 106,31; Psa. 107,1; Psa. 107,14; Psa. 108,1; Psa. 108,30; Psa. 109,1; Psa. 110,6; Psa. 110,9; Psa. 111,3; Psa. 112,6; Psa. 113,11; Psa. 113,15; Psa. 113,23; Psa. 113,23; Psa. 113,24; Psa. 115,3; Psa. 115,9; Psa. 117,1; Psa. 117,18; Psa. 117,19; Psa. 117,29; Psa. 118,17; Psa. 118,29; Psa. 118,38; Psa. 118,49; Psa. 118,76; Psa. 118,89; Psa. 118,103; Psa. 118,126; Psa. 121,4; Psa. 122,1; Psa. 125,4; Psa. 126,1; Psa. 129,7; Psa. 130,1; Psa. 131,2; Psa. 131,5; Psa. 131,5; Psa. 131,11; Psa. 131,17; Psa. 131,17; Psa. 132,1; Psa. 134,6; Psa. 134,17; Psa. 135,1; Psa. 135,2; Psa. 135,4; Psa. 135,5; Psa. 135,6; Psa. 135,7; Psa. 135,10; Psa. 135,13; Psa. 135,16; Psa. 135,16; Psa. 135,17; Psa. 135,26; Psa. 135,26; Psa. 136,6; Psa. 138,1; Psa. 139,1; Psa. 139,7; Psa. 140,1; Psa. 141,1; Psa. 142,1; Psa. 143,10; Psa. 143,10; Psa. 144,1; Psa. 145,2; Psa. 146,1; Psa. 146,7; Psa. 146,7; Psa. 146,8; Psa. 146,8; Psa. 146,8; Psa. 147,8; Psa. 147,8; Psa. 149,1; Psa. 149,2; Psa. 149,2; Psa. 149,6; Psa. 151,1; Psa. 151,1; Psa. 151,3; Psa. 151,6; Ode. 1,1; Ode. 2,3; Ode. 3,9; Ode. 3,10; Ode. 4,18; Ode. 4,18; Ode. 4,18; Ode. 5,17; Ode. 6,10; Ode. 7,38; Ode. 8,53; Ode. 9,47; Ode. 9,47; Ode. 9,55; Ode. 9,68; Ode. 9,69; Ode. 9,77; Ode. 10,1; Ode. 10,1; Ode. 10,1; Ode. 10,4; Ode. 10,5; Ode. 12,2; Ode. 12,3; Ode. 12,3; Ode. 12,8; Ode. 12,8; Prov. 2,2; Prov. 2,18; Prov. 2,18; Prov. 6,8; Prov. 9,11; Prov. 9,18a; Prov. 10,4a; Prov. 11,29; Prov. 12,4; Prov. 12,21; Prov. 15,11; Prov. 15,23; Prov. 15,27a; Prov. 16,2; Prov. 17,21; Prov. 22,9; Prov. 26,8; Prov. 26,15; Prov. 26,18; Prov. 26,27; Prov. 28,8; Prov. 29,25; Prov. 31,12; Prov. 31,15; Prov. 31,22; Eccl. 1,3; Eccl. 2,2; Eccl. 2,18; Eccl. 2,18; Eccl. 2,20; Eccl. 2,22; Eccl. 2,26; Eccl. 2,26; Eccl. 2,26; Eccl. 2,26; Eccl. 3,1; Eccl. 4,8; Eccl. 4,10; Eccl. 4,16; Eccl. 5,1; Eccl. 5,3; Eccl. 5,10;

ὁ

Eccl. 5,11; Eccl. 5,12; Eccl. 6,8; Eccl. 6,11; Eccl. 6,12; Eccl. 6,12; Eccl. 7,19; Eccl. 8,8; Eccl. 8,13; Eccl. 8,15; Eccl. 9,2; Eccl. 9,2; Eccl. 9,2; Eccl. 9,2; Eccl. 9,2; Eccl. 9,2; Eccl. 9,2; Eccl. 9,2; Eccl. 9,9; Eccl. 10,11; Eccl. 11,3; Eccl. 11,3; Song 1,1; Song 2,17; Song 3,11; Song 3,11; Song 5,5; Song 5,6; Song 6,3; Song 7,8; Song 7,9; Song 7,10; Song 7,11; Song 8,11; Song 8,14; Job 1,7; Job 1,7; Job 1,12; Job 1,18; Job 1,18; Job 1,18; Job 1,21; Job 1,22; Job 2,2; Job 2,3; Job 2,4; Job 2,6; Job 5,19; Job 6,29; Job 9,7; Job 16,21; Job 22,3; Job 29,10; Job 29,19; Job 31,3; Job 31,7; Job 32,2; Job 32,6; Job 32,12; Job 35,8; Job 36,31; Job 38,1; Job 40,1; Job 40,3; Job 40,6; Job 40,20; Job 40,24; Job 40,26; Job 41,9; Job 42,1; Job 42,7; Job 42,7; Wis. 4,2; Wis. 5,16; Wis. 8,21; Wis. 10,8; Wis. 14,10; Wis. 14,21; Wis. 16,24; Wis. 18,4; Wis. 18,13; Wis. 18,21; Sir. 1,13; Sir. 2,10; Sir. 4,30; Sir. 5,12; Sir. 5,14; Sir. 10,6; Sir. 11,21; Sir. 12,3; Sir. 12,3; Sir. 12,4; Sir. 12,7; Sir. 12,10; Sir. 13,16; Sir. 18,28; Sir. 22,13; Sir. 23,14; Sir. 24,13; Sir. 25,22; Sir. 28,2; Sir. 28,7; Sir. 28,19; Sir. 29,1; Sir. 29,2; Sir. 29,2; Sir. 35,15; Sir. 37,26; Sir. 44,22; Sir. 45,25; Sir. 46,9; Sir. 46,11; Sir. 47,11; Sir. 47,22; Sir. 47,22; Sir. 47,24; Sir. 48,2; Sir. 48,16; Sir. 50,12; Sir. 50,17; Sir. 51,17; Sol. 2,0; Sol. 3,0; Sol. 3,1; Sol. 3,1; Sol. 3,2; Sol. 5,0; Sol. 6,0; Sol. 10,0; Sol. 13,8; Sol. 14,0; Sol. 15,0; Sol. 16,0; Sol. 17,0; Sol. 17,0; Sol. 17,35; Sol. 18,0; Hos. 2,1; Hos. 2,3; Hos. 2,23; Hos. 2,24; Hos. 2,25; Hos. 3,5; Hos. 4,1; Hos. 5,8; Hos. 5,12; Hos. 5,12; Hos. 5,14; Hos. 5,14; Hos. 6,10; Hos. 8,6; Hos. 9,4; Hos. 10,5; Hos. 10,6; Hos. 10,9; Hos. 10,14; Hos. 11,8; Hos. 12,3; Hos. 12,5; Hos. 13,1; Hos. 13,11; Hos. 14,6; Hos. 14,9; Amos 2,8; Amos 3,13; Amos 5,3; Amos 5,6; Amos 5,13; Amos 9,3; Amos 9,9; Amos 9,13; Mic. 3,4; Mic. 3,8; Mic. 3,8; Mic. 4,13; Mic. 4,13; Mic. 5,1; Mic. 5,7; Mic. 6,2; Mic. 7,6; Mic. 7,7; Mic. 7,7; Mic. 7,17; Mic. 7,20; Mic. 7,20; Joel 2,14; Joel 2,19; Joel 2,23; Joel 3,3; Joel 4,1; Obad. 18; Obad. 21; Jonah 1,16; Jonah 2,10; Jonah 3,3; Jonah 3,5; Hab. 1,11; Hab. 2,9; Hab. 2,10; Hab. 2,19; Hab. 3,18; Hab. 3,18; Hab. 3,18; Zeph. 1,17; Zeph. 3,2; Zeph. 3,16; Zeph. 3,19; Zeph. 3,20; Zeph. 3,20; Hag. 1,1; Hag. 1,1; Hag. 1,13; Hag. 1,14; Hag. 2,9; Hag. 2,9; Hag. 2,15; Zech. 1,1; Zech. 1,7; Zech. 1,11; Zech. 1,11; Zech. 1,13; Zech. 1,13; Zech. 4,14; Zech. 6,5; Zech. 6,15; Zech. 7,3; Zech. 7,3; Zech. 7,3; Zech. 8,10; Zech. 8,10; Zech. 8,19; Zech. 9,7; Zech. 9,8; Zech. 10,7; Zech. 13,1; Zech. 13,6; Zech. 13,6; Zech. 14,7; Zech. 14,16; Zech. 14,17; Zech. 14,20; Zech. 14,20; Zech. 14,21; Zech. 14,21; Zech. 14,21; Mal. 1,8; Mal. 1,14; Mal. 2,11; Mal. 2,12; Mal. 3,3; Mal. 3,4; Mal. 3,10; Mal. 3,11; Is. 3,7; Is. 3,11; Is. 5,1; Is. 5,1; Is. 5,1; Is. 5,4; Is. 5,5; Is. 6,9; Is. 7,10; Is. 8,18; Is. 10,6; Is. 11,4; Is. 11,16; Is. 11,16; Is. 14,14; Is. 14,18; Is. 16,9; Is. 16,9; Is. 16,14; Is. 16,14; Is. 17,5; Is. 17,7; Is. 18,7; Is. 19,11; Is. 19,19; Is. 19,19; Is. 19,21; Is. 21,13; Is. 21,15; Is. 22,24; Is. 23,18; Is. 24,16; Is. 26,17; Is. 27,13; Is. 28,1; Is. 28,5; Is. 28,11; Is. 28,12; Is. 29,16; Is. 29,16; Is. 30,12; Is. 32,5; Is. 32,16; Is. 33,7; Is. 33,19; Is. 34,5; Is. 36,2; Is. 36,8; Is. 36,8; Is. 37,30; Is. 37,30; Is. 37,30; Is. 37,38; Is. 38,1; Is. 39,1; Is. 39,2; Is. 39,4; Is. 39,4; Is. 39,4; Is. 39,6; Is. 39,7; Is. 40,11; Is. 41,6; Is. 41,6; Is. 42,5; Is. 42,5; Is. 42,10; Is. 42,12; Is. 43,6; Is. 43,6; Is. 44,12; Is. 45,1; Is. 45,9; Is. 45,10; Is. 45,23; Is. 45,25; Is. 46,13; Is. 47,6; Is. 48,2; Is. 50,10; Is. 51,7; Is. 53,5; Is. 54,9; Is. 55,10; Is. 56,5; Is. 56,7; Is. 58,1; Is. 58,1; Is. 58,13; Is. 59,16; Is. 61,6; Is. 61,10; Is. 62,10; Is. 63,7; Is. 65,8; Is. 65,10; Is. 65,10; Is. 65,11; Is. 65,19; Jer. 1,3; Jer. 1,18; Jer. 2,2; Jer. 2,3; Jer. 2,27; Jer. 2,27; Jer. 2,31; Jer. 3,17; Jer. 4,2; Jer. 4,4; Jer. 4,5; Jer. 4,11; Jer. 4,11; Jer. 5,12; Jer. 5,20; Jer. 5,23; Jer. 5,26; Jer. 7,3; Jer. 7,6; Jer. 7,7; Jer. 7,10; Jer. 7,14; Jer. 7,14; Jer. 7,30; Jer. 7,32; Jer. 8,1; Jer. 8,7; Jer. 9,7; Jer. 9,8; Jer. 9,22; Jer. 10,16; Jer. 11,14; Jer. 11,15; Jer. 12,14; Jer. 13,5; Jer. 13,16; Jer. 13,18; Jer. 14,10; Jer. 14,13; Jer. 15,20; Jer. 16,2; Jer. 16,3; Jer. 16,10; Jer. 16,21; Jer. 17,7; Jer. 19,6; Jer. 19,7; Jer. 19,12; Jer. 20,6; Jer. 20,13; Jer. 20,15; Jer. 21,14; Jer. 22,3; Jer. 22,12; Jer. 22,13; Jer. 22,15; Jer. 22,23; Jer. 22,30; Jer. 23,5; Jer. 23,11; Jer. 23,17; Jer. 23,27; Jer. 23,36; Jer. 26,2; Jer. 26,10; Jer. 26,10; Jer. 27,4; Jer. 27,7; Jer. 27,7; Jer. 27,19; Jer. 27,19; Jer. 27,20; Jer. 27,24; Jer. 27,25; Jer. 27,32; Jer. 28,16; Jer. 28,19; Jer. 28,31; Jer. 28,59; Jer. 28,59; Jer. 32,31; Jer. 33,8; Jer. 33,11; Jer. 33,11; Jer. 33,12; Jer. 33,16; Jer. 33,18; Jer. 34,5; Jer. 34,5; Jer. 34,6; Jer. 34,9; Jer. 34,14; Jer. 34,16; Jer. 35,1; Jer. 35,14; Jer. 35,15; Jer. 35,16; Jer. 35,17; Jer. 35,17; Jer. 36,26; Jer. 37,7; Jer. 37,9; Jer. 38,1; Jer. 38,7; Jer. 38,9; Jer. 38,31; Jer. 38,31; Jer. 38,33; Jer. 38,38; Jer. 38,40; Jer. 39,1; Jer. 39,1; Jer. 39,1; Jer. 39,1; Jer. 39,12; Jer. 39,13; Jer. 39,17; Jer. 39,17; Jer. 39,17; Jer. 39,34; Jer. 39,35; Jer. 39,37; Jer. 40,9; Jer. 40,10; Jer. 40,12; Jer. 40,12; Jer. 41,15; Jer. 43,1; Jer. 43,1; Jer. 43,5; Jer. 43,9; Jer. 43,9; Jer. 43,16; Jer. 43,19; Jer. 43,20; Jer. 43,25; Jer. 43,26; Jer. 43,26; Jer. 43,30; Jer. 44,10; Jer. 44,18; Jer. 45,4; Jer. 45,4; Jer. 45,6; Jer. 45,6; Jer. 45,10; Jer. 45,15; Jer. 45,19; Jer. 46,1; Jer. 46,1; Jer. 46,2; Jer. 46,2; Jer. 47,9; Jer. 47,11; Jer. 47,15; Jer. 48,1; Jer. 48,1; Jer. 48,8; Jer. 48,10; Jer. 49,5; Jer. 49,17; Jer. 49,22; Jer. 50,2; Jer. 51,15; Jer. 51,20; Jer. 51,20; Jer. 51,23; Jer. 51,23; Jer. 51,24; Jer. 51,31; Jer. 51,31; Jer. 51,31; Jer. 52,4; Jer. 52,5; Jer. 52,6; Jer. 52,22; Jer. 52,22; Jer. 52,22; Jer. 52,25; Jer. 52,31; Jer. 52,31; Bar. 1,2; Bar. 1,13; Bar. 1,20; Bar. 2,2; Bar. 2,6; Bar. 2,17; Bar. 2,17; Bar. 2,21; Bar. 2,22; Bar. 2,24; Bar. 2,25; Bar. 2,34; Bar. 2,34; Bar. 2,34; Bar. 3,5; Bar. 3,35; Bar. 3,37; Bar. 3,37; Bar. 4,4; Bar. 4,22; Bar. 5,8; Lam. 1,17; Lam. 3,30; Ezek. 1,1; Ezek. 1,4; Ezek. 3,17; Ezek. 3,18; Ezek. 3,18; Ezek. 3,19; Ezek. 3,21; Ezek. 6,8; Ezek. 6,11; Ezek. 8,1; Ezek. 8,1; Ezek. 8,12; Ezek. 8,12; Ezek. 8,16; Ezek. 8,17; Ezek. 9,6; Ezek. 10,6; Ezek. 10,6; Ezek. 12,6; Ezek. 14,7; Ezek. 14,10; Ezek. 17,7; Ezek. 17,10; Ezek. 18,3; Ezek. 18,7; Ezek. 18,16; Ezek. 20,1; Ezek. 21,3; Ezek. 21,17; Ezek. 21,17; Ezek. 21,35; Ezek. 24,1; Ezek. 24,1; Ezek. 25,6; Ezek. 27,4; Ezek. 27,19; Ezek. 27,25; Ezek. 28,2; Ezek. 28,24; Ezek. 28,25; Ezek. 29,1; Ezek. 29,6; Ezek. 29,16; Ezek. 29,19; Ezek. 29,21; Ezek. 30,20; Ezek. 31,1; Ezek. 31,3; Ezek. 31,8; Ezek. 31,8; Ezek. 32,1; Ezek. 32,8; Ezek. 32,30; Ezek. 33,3; Ezek. 33,7; Ezek. 33,8; Ezek. 33,9; Ezek. 33,10; Ezek. 33,13; Ezek. 33,14; Ezek. 33,21; Ezek. 33,30; Ezek. 34,25; Ezek. 35,5; Ezek. 36,6; Ezek. 36,6; Ezek. 36,22; Ezek. 36,37; Ezek. 37,25; Ezek. 38,14; Ezek. 38,17; Ezek. 39,11; Ezek. 40,1; Ezek. 40,1; Ezek. 40,4; Ezek. 40,5; Ezek. 40,5; Ezek. 40,6; Ezek. 40,7; Ezek. 40,7; Ezek. 40,7; Ezek. 40,7; Ezek. 40,8; Ezek. 40,8; Ezek. 41,6; Ezek. 41,8; Ezek. 41,10; Ezek. 41,17; Ezek. 41,17; Ezek. 41,23; Ezek. 41,24; Ezek. 42,16; Ezek. 42,17; Ezek. 42,18; Ezek. 42,19; Ezek. 43,10; Ezek. 43,21; Ezek. 43,22; Ezek. 43,24; Ezek. 44,11; Ezek. 44,11; Ezek. 44,12; Ezek. 44,29; Ezek. 44,30; Ezek. 45,1; Ezek. 45,4; Ezek. 45,4; Ezek. 45,5; Ezek. 45,7; Ezek. 45,8; Ezek. 45,16; Ezek. 45,18; Ezek. 45,20; Ezek. 45,21; Ezek. 45,23; Ezek. 45,24; Ezek. 45,24; Ezek. 45,25; Ezek. 46,4; Ezek. 46,5; Ezek. 46,7; Ezek. 46,7; Ezek. 46,11; Ezek. 46,11; Ezek. 46,12; Ezek. 46,13; Ezek. 46,14; Ezek. 46,17; Ezek. 46,24; Ezek. 48,9; Ezek. 48,14; Ezek. 48,15; Ezek. 48,21; Dan. 1,3; Dan. 1,4; Dan. 1,7; Dan. 1,7; Dan. 1,7; Dan. 1,7; Dan. 1,9; Dan. 1,10; Dan. 1,10; Dan. 1,11; Dan. 1,17; Dan. 1,19; Dan. 1,19; Dan. 2,2; Dan. 2,2; Dan. 2,10; Dan. 2,11; Dan. 2,14; Dan. 2,15; Dan. 2,17; Dan. 2,19; Dan. 2,23; Dan. 2,24; Dan. 2,25; Dan. 2,26; Dan. 2,28; Dan. 2,30; Dan. 2,45; Dan. 2,46; Dan. 3,7; Dan. 3,8; Dan. 3,16; Dan. 3,21; Dan. 3,24; Dan. 3,25; Dan. 3,38; Dan. 3,53; Dan. 3,89; Dan. 3,95; Dan. 3,97; Dan. 4,4; Dan. 4,13; Dan. 4,17; Dan. 4,22; Dan. 4,31; Dan. 4,31; Dan. 4,34; Dan. 4,34; Dan. 4,34; Dan. 4,36; Dan. 4,37; Dan. 4,37; Dan. 4,37a; Dan. 4,37a; Dan. 4,37b; Dan. 4,37b; Dan. 5,0; Dan. 5,0; Dan. 5,0; Dan. 5,7; Dan. 5,9; Dan. 5,11; Dan. 5,12; Dan. 5,17; Dan. 5,23; Dan. 5,23; Dan. 5,30; Dan. 6,13;

O, o

Dan. 6,13a; Dan. 6,15; Dan. 6,17; Dan. 6,18; Dan. 6,19; Dan. 6,27; Dan. 8,7; Dan. 8,13; Dan. 8,13; Dan. 9,7; Dan. 9,7; Dan. 9,7; Dan. 9,9; Dan. 9,10; Dan. 9,11; Dan. 9,15; Dan. 9,15; Dan. 9,21; Dan. 10,1; Dan. 10,1; Dan. 10,1; Dan. 10,14; Dan. 10,16; Dan. 11,1; Dan. 11,1; Dan. 11,2; Dan. 11,43; Dan. 12,2; Dan. 12,6; Dan. 12,6; Dan. 12,6; Sus. 7-8; Sus. 10-11; Sus. 19; Sus. 30; Sus. 35; Sus. 36; Sus. 52; Sus. 60-62; Bel 5; Bel 5; Bel 8; Bel 9; Bel 11; Bel 13; Bel 14; Bel 15-17; Bel 19; Bel 21; Bel 21; Bel 22; Bel 22; Bel 23; Bel 24; Bel 27; Bel 31-32; Josh. 19,1; Josh. 19,10; Josh. 19,17; Josh. 19,26; Josh. 19,26; Josh. 19,27; Josh. 19,32; Josh. 19,34; Josh. 19,34; Josh. 19,40; Judg. 1,3; Judg. 1,3; Judg. 1,3; Judg. 1,16; Judg. 1,20; Judg. 1,35; Judg. 2,5; Judg. 2,7; Judg. 2,7; Judg. 2,10; Judg. 2,13; Judg. 2,14; Judg. 2,20; Judg. 3,8; Judg. 3,8; Judg. 3,9; Judg. 3,14; Judg. 3,15; Judg. 3,17; Judg. 3,20; Judg. 3,31; Judg. 4,4; Judg. 4,21; Judg. 4,22; Judg. 5,3; Judg. 5,3; Judg. 5,3; Judg. 5,9; Judg. 5,14; Judg. 5,30; Judg. 5,30; Judg. 6,19; Judg. 6,24; Judg. 6,25; Judg. 6,25; Judg. 6,26; Judg. 6,39; Judg. 7,13; Judg. 7,18; Judg. 7,20; Judg. 7,20; Judg. 7,22; Judg. 8,5; Judg. 8,5; Judg. 8,20; Judg. 8,27; Judg. 8,27; Judg. 8,30; Judg. 8,32; Judg. 8,33; Judg. 9,7; Judg. 9,23; Judg. 9,25; Judg. 9,32; Judg. 9,42; Judg. 9,44; Judg. 9,47; Judg. 9,48; Judg. 9,48; Judg. 9,56; Judg. 10,8; Judg. 10,10; Judg. 10,16; Judg. 11,1; Judg. 11,2; Judg. 11,6; Judg. 11,20; Judg. 11,26; Judg. 11,30; Judg. 11,31; Judg. 11,35; Judg. 11,40; Judg. 12,4; Judg. 12,6; Judg. 13,6; Judg. 13,10; Judg. 13,16; Judg. 13,19; Judg. 14,2; Judg. 14,4; Judg. 14,6; Judg. 14,16; Judg. 15,6; Judg. 15,11; Judg. 16,3; Judg. 16,13; Judg. 16,14; Judg. 16,23; Judg. 16,30; Judg. 16,31; Judg. 17,2; Judg. 17,3; Judg. 17,3; Judg. 17,11; Judg. 18,3; Judg. 18,5; Judg. 18,12; Judg. 18,14; Judg. 18,23; Judg. 18,29; Judg. 19,13; Judg. 19,14; Judg. 19,19; Judg. 19,24; Judg. 20,18; Judg. 20,22; Judg. 20,36; Judg. 21,1; Judg. 21,14; Judg. 21,15; Judg. 21,17; Judg. 21,18; Judg. 21,24; Tob. 1,5; Tob. 1,8; Tob. 1,14; Tob. 1,14; Tob. 1,18; Tob. 1,19; Tob. 2,2; Tob. 2,2; Tob. 2,10; Tob. 2,11; Tob. 2,14; Tob. 3,11; Tob. 3,15; Tob. 3,16; Tob. 3,17; Tob. 3,17; Tob. 4,20; Tob. 5,1; Tob. 5,3; Tob. 5,6; Tob. 5,6; Tob. 5,7; Tob. 5,9; Tob. 5,10; Tob. 5,15; Tob. 5,16; Tob. 5,17; Tob. 6,12; Tob. 6,13; Tob. 6,14; Tob. 6,15; Tob. 7,2; Tob. 7,9; Tob. 7,10; Tob. 9,6; Tob. 10,9; Tob. 10,14; Tob. 10,14; Tob. 11,6; Tob. 11,15; Tob. 12,1; Tob. 12,1; Tob. 12,20; Tob. 13,13; Tob. 13,17; Tob. 14,8; Tob. 14,10; Dan. 1,3; Dan. 1,3; Dan. 1,4; Dan. 1,7; Dan. 1,7; Dan. 1,7; Dan. 1,7; Dan. 1,8; Dan. 1,10; Dan. 1,10; Dan. 2,2; Dan. 2,4; Dan. 2,14; Dan. 2,14; Dan. 2,15; Dan. 2,16; Dan. 2,17; Dan. 2,17; Dan. 2,17; Dan. 2,19; Dan. 2,24; Dan. 2,25; Dan. 2,26; Dan. 2,27; Dan. 2,28; Dan. 2,30; Dan. 2,45; Dan. 2,46; Dan. 2,47; Dan. 3,9; Dan. 3,16; Dan. 3,38; Dan. 3,53; Dan. 3,89; Dan. 3,91; Dan. 3,95; Dan. 4,4; Dan. 4,15; Dan. 4,29; Dan. 4,34; Dan. 4,34; Dan. 4,36; Dan. 5,8; Dan. 5,13; Dan. 5,17; Dan. 5,18; Dan. 6,7; Dan. 6,13; Dan. 6,16; Dan. 6,17; Dan. 6,18; Dan. 6,18; Dan. 6,18; Dan. 6,19; Dan. 6,21; Dan. 6,22; Dan. 6,24; Dan. 8,5; Dan. 8,7; Dan. 8,13; Dan. 8,13; Dan. 9,9; Dan. 9,13; Dan. 9,26; Dan. 9,26; Dan. 10,1; Dan. 10,14; Dan. 11,29; Dan. 12,1; Dan. 12,1; Dan. 12,6; Dan. 12,6; Dan. 12,7; Sus. 4; Sus. 5; Sus. 7; Sus. 13; Sus. 15; Sus. 26; Sus. 34; Sus. 35; Sus. 36; Sus. 60; Sus. 60; Sus. 61; Bel 4; Bel 5; Bel 9; Bel 11; Bel 13; Bel 14; Bel 22; Bel 24; Bel 25; Bel 32; Bel 34; Bel 34; Bel 36; Matt. 1,18; Matt. 2,13; Matt. 2,19; Matt. 3,6; Matt. 3,9; Matt. 4,23; Matt. 5,22; Matt. 5,22; Matt. 5,24; Matt. 5,25; Matt. 5,25; Matt. 5,25; Matt. 5,33; Matt. 5,34; Matt. 5,40; Matt. 5,42; Matt. 6,1; Matt. 6,1; Matt. 6,6; Matt. 6,6; Matt. 6,18; Matt. 6,18; Matt. 7,3; Matt. 7,3; Matt. 7,4; Matt. 7,4; Matt. 7,8; Matt. 8,4; Matt. 8,9; Matt. 8,10; Matt. 8,13; Matt. 8,34; Matt. 9,2; Matt. 9,6; Matt. 9,10; Matt. 9,27; Matt. 9,33; Matt. 9,34; Matt. 10,25; Matt. 11,25; Matt. 12,1; Matt. 12,5; Matt. 12,13; Matt. 12,24; Matt. 12,32; Matt. 12,32; Matt. 12,48; Matt. 13,24; Matt. 13,27; Matt. 13,31; Matt. 13,44; Matt. 14,1; Matt. 14,6; Matt. 14,12; Matt. 15,1; Matt. 15,5; Matt. 15,35; Matt. 16,23; Matt. 17,4; Matt. 17,19; Matt. 17,24; Matt. 18,1; Matt. 18,7; Matt. 18,7; Matt. 18,31; Matt. 18,35; Matt. 20,8; Matt. 20,14; Matt. 21,9; Matt. 21,15; Matt. 21,27; Matt. 21,28; Matt. 21,30; Matt. 22,2; Matt. 22,21; Matt. 22,24; Matt. 22,25; Matt. 22,30; Matt. 22,36; Matt. 22,44; Matt. 23,4; Matt. 23,16; Matt. 23,16; Matt. 23,21; Matt. 23,21; Matt. 23,22; Matt. 23,22; Matt. 23,22; Matt. 24,18; Matt. 24,40; Matt. 24,41; Matt. 25,28; Matt. 25,41; Matt. 26,5; Matt. 26,13; Matt. 26,17; Matt. 26,24; Matt. 26,40; Matt. 26,49; Matt. 26,73; Matt. 27,2; Matt. 27,15; Matt. 27,19; Matt. 27,55; Matt. 27,57; Matt. 27,58; Matt. 27,64; Mark 1,2; Mark 1,2; Mark 1,5; Mark 1,44; Mark 2,5; Mark 2,9; Mark 2,10; Mark 2,15; Mark 3,3; Mark 3,3; Mark 3,5; Mark 3,16; Mark 3,22; Mark 4,28; Mark 4,39; Mark 5,16; Mark 5,27; Mark 5,30; Mark 5,36; Mark 6,18; Mark 6,22; Mark 6,39; Mark 7,11; Mark 7,12; Mark 8,6; Mark 8,6; Mark 9,4; Mark 9,5; Mark 9,23; Mark 10,22; Mark 10,27; Mark 10,30; Mark 10,30; Mark 10,30; Mark 11,33; Mark 12,2; Mark 12,17; Mark 12,19; Mark 12,36; Mark 13,34; Mark 14,14; Mark 14,21; Mark 14,37; Mark 14,70; Mark 15,15; Mark 15,45; Mark 16,7; Luke 1,21; Luke 1,22; Luke 1,26; Luke 1,26; Luke 1,29; Luke 1,30; Luke 1,47; Luke 1,47; Luke 1,55; Luke 1,62; Luke 1,68; Luke 1,77; Luke 2,10; Luke 2,13; Luke 2,22; Luke 2,23; Luke 2,24; Luke 2,34; Luke 2,38; Luke 3,8; Luke 3,11; Luke 4,3; Luke 4,20; Luke 4,25; Luke 4,27; Luke 4,39; Luke 5,10; Luke 5,14; Luke 5,24; Luke 6,8; Luke 6,8; Luke 6,11; Luke 6,23; Luke 6,29; Luke 6,41; Luke 6,41; Luke 6,42; Luke 6,42; Luke 6,42; Luke 6,42; Luke 7,8; Luke 7,9; Luke 7,9; Luke 7,11; Luke 7,44; Luke 8,1; Luke 8,24; Luke 8,24; Luke 9,16; Luke 9,42; Luke 10,5; Luke 10,26; Luke 10,35; Luke 11,10; Luke 11,15; Luke 12,10; Luke 12,13; Luke 12,58; Luke 13,1; Luke 13,4; Luke 13,6; Luke 13,14; Luke 14,12; Luke 14,21; Luke 14,21; Luke 14,31; Luke 15,7; Luke 15,12; Luke 15,29; Luke 16,5; Luke 16,5; Luke 16,11; Luke 16,23; Luke 17,5; Luke 17,9; Luke 17,18; Luke 18,13; Luke 18,27; Luke 18,30; Luke 18,30; Luke 18,30; Luke 18,31; Luke 18,43; Luke 19,5; Luke 19,9; Luke 19,24; Luke 19,26; Luke 20,25; Luke 20,28; Luke 20,42; Luke 21,23; Luke 22,11; Luke 22,22; Luke 22,47; Luke 22,61; Luke 23,4; Luke 23,11; Luke 23,14; Luke 23,43; Luke 23,52; Luke 24,44; John 1,10; John 1,31; John 1,36; John 1,37; John 1,45; John 2,8; John 2,22; John 2,25; John 3,36; John 4,5; John 4,5; John 4,21; John 4,23; John 4,50; John 5,10; John 5,13; John 5,18; John 5,22; John 5,24; John 5,26; John 6,10; John 6,33; John 7,4; John 7,43; John 8,5; John 8,6; John 8,17; John 8,17; John 8,31; John 8,31; John 8,38; John 9,5; John 9,17; John 9,24; John 10,34; John 10,38; John 11,20; John 11,30; John 12,21; John 12,22; John 12,22; John 12,25; John 13,1; John 13,23; John 14,10; John 14,11; John 14,13; John 14,20; John 14,22; John 15,25; John 16,2; John 16,33; John 17,11; John 17,11; John 17,13; John 18,10; John 18,11; John 18,15; John 18,15; John 18,15; John 18,17; John 18,20; John 18,22; John 18,22; John 18,26; John 19,9; John 19,12; John 19,21; John 19,25; John 19,27; John 19,41; John 19,41; John 20,27; John 21,7; John 21,15; John 21,21; Acts 1,6; Acts 1,6; Acts 2,19; Acts 2,34; Acts 3,4; Acts 4,2; Acts 4,10; Acts 4,13; Acts 5,4; Acts 5,12; Acts 5,14; Acts 5,20; Acts 5,31; Acts 5,34; Acts 6,8; Acts 6,9; Acts 7,2; Acts 7,7; Acts 7,13; Acts 7,17; Acts 7,20; Acts 7,20; Acts 7,24; Acts 7,29; Acts 7,40; Acts 7,44; Acts 7,46; Acts 8,12; Acts 8,13; Acts 8,21; Acts 8,29; Acts 8,34; Acts 9,1; Acts 9,24; Acts 9,31; Acts 10,2; Acts 10,2; Acts 10,30; Acts 10,41; Acts 10,42; Acts 10,45; Acts 11,13; Acts 11,23; Acts 11,24; Acts 12,4; Acts 12,23; Acts 13,2; Acts 13,7; Acts 13,23; Acts 13,24; Acts 13,33; Acts 13,33; Acts 13,43; Acts 13,43; Acts 14,3; Acts 14,3; Acts 14,3; Acts 14,20; Acts 14,23; Acts 15,2; Acts 15,2; Acts 15,22; Acts 16,5; Acts 16,9;

ὁ

Acts 16,15; Acts 16,17; Acts 16,23; Acts 16,29; Acts 16,29; Acts 16,34; Acts 17,2; Acts 17,4; Acts 17,4; Acts 18,5; Acts 18,8; Acts 18,8; Acts 18,9; Acts 18,12; Acts 18,17; Acts 19,4; Acts 19,33; Acts 20,19; Acts 20,32; Acts 20,32; Acts 20,32; Acts 20,38; Acts 21,4; Acts 21,31; Acts 21,34; Acts 21,37; Acts 21,40; Acts 22,26; Acts 23,1; Acts 23,9; Acts 23,15; Acts 23,16; Acts 23,26; Acts 23,33; Acts 24,1; Acts 24,14; Acts 24,23; Acts 25,5; Acts 25,9; Acts 25,14; Acts 25,26; Acts 26,23; Acts 26,29; Acts 26,32; Acts 27,3; Acts 27,11; Acts 27,11; Acts 27,15; Acts 27,25; Acts 27,27; Acts 27,31; Acts 27,35; Acts 28,7; Acts 28,15; Acts 28,16; Acts 28,16; Acts 28,17; Rom. 1,8; Rom. 1,8; Rom. 1,16; Rom. 2,10; Rom. 2,11; Rom. 2,13; Rom. 2,20; Rom. 3,19; Rom. 3,19; Rom. 3,26; Rom. 4,3; Rom. 4,4; Rom. 4,5; Rom. 4,9; Rom. 4,13; Rom. 4,20; Rom. 5,10; Rom. 5,11; Rom. 5,21; Rom. 6,10; Rom. 6,11; Rom. 6,13; Rom. 6,13; Rom. 6,17; Rom. 6,22; Rom. 6,23; Rom. 7,2; Rom. 7,4; Rom. 7,4; Rom. 7,4; Rom. 7,5; Rom. 7,16; Rom. 7,21; Rom. 7,22; Rom. 7,23; Rom. 7,23; Rom. 7,23; Rom. 7,25; Rom. 7,25; Rom. 8,7; Rom. 8,39; Rom. 9,12; Rom. 9,14; Rom. 9,15; Rom. 9,17; Rom. 9,20; Rom. 9,20; Rom. 9,25; Rom. 9,26; Rom. 9,32; Rom. 10,4; Rom. 11,2; Rom. 11,5; Rom. 11,25; Rom. 11,30; Rom. 12,1; Rom. 12,2; Rom. 12,3; Rom. 12,11; Rom. 13,4; Rom. 13,7; Rom. 13,7; Rom. 13,7; Rom. 13,7; Rom. 13,9; Rom. 13,9; Rom. 13,10; Rom. 14,4; Rom. 14,5; Rom. 14,6; Rom. 14,6; Rom. 14,8; Rom. 14,8; Rom. 14,11; Rom. 14,12; Rom. 14,13; Rom. 14,14; Rom. 14,18; Rom. 14,18; Rom. 14,20; Rom. 14,20; Rom. 15,2; Rom. 16,18; 1Cor. 1,4; 1Cor. 1,10; 1Cor. 1,14; 1Cor. 3,18; 1Cor. 3,19; 1Cor. 4,9; 1Cor. 5,5; 1Cor. 5,11; 1Cor. 6,13; 1Cor. 6,17; 1Cor. 7,3; 1Cor. 7,11; 1Cor. 7,14; 1Cor. 7,32; 1Cor. 7,34; 1Cor. 7,35; 1Cor. 8,8; 1Cor. 9,9; 1Cor. 9,9; 1Cor. 10,13; 1Cor. 11,13; 1Cor. 11,32; 1Cor. 14,11; 1Cor. 14,15; 1Cor. 14,15; 1Cor. 14,18; 1Cor. 14,19; 1Cor. 14,21; 1Cor. 14,21; 1Cor. 14,25; 1Cor. 14,28; 1Cor. 15,22; 1Cor. 15,22; 1Cor. 15,24; 1Cor. 15,28; 1Cor. 15,31; 1Cor. 15,57; 1Cor. 15,57; 1Cor. 16,16; 2Cor. 1,9; 2Cor. 1,9; 2Cor. 1,12; 2Cor. 1,20; 2Cor. 2,6; 2Cor. 2,14; 2Cor. 2,14; 2Cor. 2,15; 2Cor. 5,15; 2Cor. 5,20; 2Cor. 8,5; 2Cor. 8,14; 2Cor. 8,16; 2Cor. 8,16; 2Cor. 9,10; 2Cor. 9,11; 2Cor. 9,12; 2Cor. 9,15; 2Cor. 10,4; 2Cor. 10,11; 2Cor. 11,2; 2Cor. 11,6; 2Cor. 11,25; Gal. 1,13; Gal. 1,14; Gal. 2,14; Gal. 3,6; Gal. 3,8; Gal. 3,9; Gal. 3,11; Gal. 3,16; Gal. 3,18; Gal. 6,6; Gal. 6,12; Gal. 6,14; Gal. 6,16; Eph. 1,6; Eph. 1,10; Eph. 1,12; Eph. 1,15; Eph. 1,20; Eph. 1,21; Eph. 1,21; Eph. 2,5; Eph. 2,12; Eph. 2,12; Eph. 2,16; Eph. 2,20; Eph. 3,8; Eph. 3,9; Eph. 3,9; Eph. 3,11; Eph. 3,11; Eph. 4,3; Eph. 4,21; Eph. 4,26; Eph. 4,27; Eph. 4,28; Eph. 5,2; Eph. 5,10; Eph. 5,19; Eph. 5,20; Eph. 5,22; Eph. 5,24; Eph. 6,5; Eph. 6,7; Phil. 1,3; Phil. 3,10; Phil. 4,13; Phil. 4,18; Phil. 4,20; Col. 1,3; Col. 1,5; Col. 1,6; Col. 1,12; Col. 1,12; Col. 2,12; Col. 2,14; Col. 3,1; Col. 3,3; Col. 3,3; Col. 3,16; Col. 3,17; Col. 3,23; Col. 3,24; Col. 4,9; 1Th. 1,2; 1Th. 2,2; 1Th. 2,4; 1Th. 2,13; 1Th. 3,9; 2Th. 1,3; 2Th. 2,6; 2Th. 2,13; 2Th. 3,14; 1Tim. 1,12; 1Tim. 1,12; 1Tim. 1,20; 1Tim. 5,14; 1Tim. 6,17; 1Tim. 6,17; 2Tim. 1,3; 2Tim. 1,16; 2Tim. 2,4; 2Tim. 2,15; 2Tim. 2,21; Titus 2,12; Philem. 1; Philem. 2; Philem. 4; Heb. 3,2; Heb. 3,2; Heb. 3,5; Heb. 3,8; Heb. 3,15; Heb. 4,9; Heb. 4,16; Heb. 7,3; Heb. 7,19; Heb. 7,25; Heb. 8,10; Heb. 9,14; Heb. 9,19; Heb. 11,4; Heb. 11,5; Heb. 11,6; Heb. 11,25; Heb. 12,9; Heb. 12,28; Heb. 13,15; James 1,11; James 1,27; James 2,3; James 2,5; James 2,13; James 2,23; James 4,7; James 4,7; James 4,8; 1Pet. 2,8; 1Pet. 2,23; 1Pet. 2,24; 1Pet. 3,1; 1Pet. 3,6; 1Pet. 3,15; 1Pet. 3,18; 1Pet. 4,5; 2Pet. 1,4; 2Pet. 2,1; 2Pet. 3,5; 2Pet. 3,7; 1John 2,15; 1John 2,16; 1John 2,24; 1John 2,24; 1John 3,14; 1John 4,3; 1John 4,4; 1John 4,15; 1John 4,16; 1John 4,17; 1John 5,10; 1John 5,11; 1John 5,19; 1John 5,20; 1John 5,20; 3John 1; Jude 9; Rev. 1,1; Rev. 1,6; Rev. 2,7; Rev. 2,8; Rev. 2,12; Rev. 2,14; Rev. 2,18; Rev. 3,1; Rev. 3,7; Rev. 3,12; Rev. 3,14; Rev. 3,21; Rev. 3,21; Rev. 4,1; Rev. 4,2; Rev. 4,9; Rev. 4,9; Rev. 4,9; Rev. 4,10; Rev. 5,3; Rev. 5,9; Rev. 5,10; Rev. 5,13; Rev. 5,13; Rev. 5,13; Rev. 6,4; Rev. 7,10; Rev. 7,10; Rev. 7,10; Rev. 7,11; Rev. 7,12; Rev. 7,15; Rev. 8,1; Rev. 9,14; Rev. 9,14; Rev. 9,14; Rev. 10,6; Rev. 11,13; Rev. 11,13; Rev. 11,15; Rev. 11,16; Rev. 11,19; Rev. 11,19; Rev. 12,1; Rev. 12,3; Rev. 12,7; Rev. 12,8; Rev. 12,10; Rev. 13,4; Rev. 13,6; Rev. 14,4; Rev. 14,7; Rev. 14,15; Rev. 14,17; Rev. 14,18; Rev. 15,1; Rev. 15,5; Rev. 19,1; Rev. 19,4; Rev. 19,4; Rev. 19,4; Rev. 19,5; Rev. 19,10; Rev. 19,14; Rev. 19,17; Rev. 21,2; Rev. 21,5; Rev. 21,6; Rev. 21,16; Rev. 22,9; Rev. 22,18)

Article · neuter · singular · dative   ▸ 1721 + 77 + 412 = **2210**

(Gen. 1,14; Gen. 1,15; Gen. 1,17; Gen. 1,30; Gen. 3,14; Gen. 4,5; Gen. 4,8; Gen. 4,8; Gen. 4,17; Gen. 7,11; Gen. 8,11; Gen. 9,9; Gen. 9,14; Gen. 11,2; Gen. 12,8; Gen. 13,15; Gen. 14,4; Gen. 14,5; Gen. 17,8; Gen. 17,19; Gen. 19,1; Gen. 19,16; Gen. 19,21; Gen. 19,29; Gen. 19,29; Gen. 19,30; Gen. 19,30; Gen. 19,33; Gen. 19,35; Gen. 21,7; Gen. 21,32; Gen. 21,33; Gen. 22,14; Gen. 22,18; Gen. 22,19; Gen. 23,2; Gen. 23,17; Gen. 23,19; Gen. 23,19; Gen. 24,7; Gen. 24,52; Gen. 24,65; Gen. 26,3; Gen. 26,4; Gen. 26,4; Gen. 28,4; Gen. 28,6; Gen. 28,13; Gen. 28,14; Gen. 29,2; Gen. 29,2; Gen. 29,17; Gen. 31,23; Gen. 31,23; Gen. 31,25; Gen. 31,25; Gen. 31,40; Gen. 31,54; Gen. 31,54; Gen. 32,20; Gen. 32,26; Gen. 34,5; Gen. 34,15; Gen. 34,22; Gen. 34,28; Gen. 35,1; Gen. 35,7; Gen. 35,12; Gen. 35,17; Gen. 35,18; Gen. 36,8; Gen. 36,9; Gen. 36,35; Gen. 37,7; Gen. 37,15; Gen. 37,31; Gen. 38,28; Gen. 39,6; Gen. 39,15; Gen. 39,20; Gen. 39,22; Gen. 40,5; Gen. 40,17; Gen. 40,17; Gen. 41,2; Gen. 41,2; Gen. 41,3; Gen. 41,4; Gen. 41,18; Gen. 41,18; Gen. 41,19; Gen. 41,40; Gen. 42,35; Gen. 44,31; Gen. 47,18; Gen. 47,18; Gen. 48,4; Gen. 48,6; Gen. 49,21; Gen. 49,29; Gen. 49,30; Gen. 49,30; Gen. 49,30; Gen. 50,5; Ex. 1,9; Ex. 1,16; Ex. 2,5; Ex. 3,12; Ex. 3,12; Ex. 4,24; Ex. 4,27; Ex. 5,23; Ex. 9,19; Ex. 9,19; Ex. 9,25; Ex. 13,9; Ex. 15,7; Ex. 16,7; Ex. 16,8; Ex. 16,18; Ex. 16,25; Ex. 17,3; Ex. 21,6; Ex. 22,1; Ex. 23,4; Ex. 23,11; Ex. 24,18; Ex. 25,9; Ex. 25,40; Ex. 26,27; Ex. 26,27; Ex. 26,27; Ex. 26,27; Ex. 26,30; Ex. 26,34; Ex. 26,34; Ex. 26,37; Ex. 27,3; Ex. 27,6; Ex. 27,7; Ex. 27,8; Ex. 27,9; Ex. 27,11; Ex. 27,11; Ex. 27,14; Ex. 27,14; Ex. 28,35; Ex. 28,43; Ex. 29,3; Ex. 29,32; Ex. 29,36; Ex. 29,40; Ex. 30,15; Ex. 31,18; Ex. 31,18; Ex. 32,13; Ex. 32,13; Ex. 33,19; Ex. 34,3; Ex. 34,5; Ex. 34,29; Ex. 34,32; Ex. 35,35; Ex. 36,10; Ex. 36,10; Ex. 36,30; Ex. 37,21; Ex. 38,24; Ex. 39,12; Ex. 40,3; Ex. 40,17; Lev. 2,2; Lev. 2,16; Lev. 4,27; Lev. 6,8; Lev. 6,23; Lev. 7,38; Lev. 8,31; Lev. 11,10; Lev. 11,10; Lev. 11,12; Lev. 11,46; Lev. 13,4; Lev. 13,5; Lev. 13,6; Lev. 13,7; Lev. 13,8; Lev. 13,10; Lev. 13,11; Lev. 13,12; Lev. 13,18; Lev. 13,20; Lev. 13,22; Lev. 13,24; Lev. 13,24; Lev. 13,25; Lev. 13,26; Lev. 13,27; Lev. 13,27; Lev. 13,28; Lev. 13,34; Lev. 13,35; Lev. 13,36; Lev. 13,39; Lev. 13,42; Lev. 13,42; Lev. 13,42; Lev. 13,42; Lev. 13,43; Lev. 13,43; Lev. 13,49; Lev. 13,49; Lev. 13,51; Lev. 13,51; Lev. 13,53; Lev. 13,55; Lev. 13,57; Lev. 14,52; Lev. 14,52; Lev. 14,52; Lev. 14,52; Lev. 14,52; Lev. 14,52; Lev. 14,52; Lev. 14,52; Lev. 14,52; Lev. 14,52; Lev. 14,52; Lev. 14,52; Lev. 15,19; Lev. 15,23; Lev. 15,31; Lev. 16,1; Lev. 16,17; Lev. 16,27; Lev. 18,28; Lev. 19,12; Lev. 19,16; Lev. 19,24; Lev. 19,24; Lev. 19,25; Lev. 19,25; Lev. 19,28; Lev. 20,4; Lev. 21,1; Lev. 22,16; Lev. 23,22; Lev. 23,43; Lev. 24,16; Lev. 25,1; Lev. 25,4; Lev. 25,4; Lev. 25,13; Lev. 25,20; Lev. 25,20; Lev. 25,21; Lev. 25,21; Lev. 25,54; Lev. 26,26; Lev. 26,43; Lev. 26,46; Lev. 27,34; Num. 1,51; Num. 1,51; Num. 4,15; Num. 4,16; Num. 5,21; Num. 6,17; Num. 7,89; Num. 9,1; Num. 9,1; Num. 10,34; Num. 10,36; Num. 14,45; Num. 15,18; Num. 17,3; Num. 17,4; Num. 17,7; Num. 18,10; Num. 18,19; Num. 20,23; Num. 21,18; Num. 21,20; Num. 22,31; Num. 25,11; Num. 25,13; Num.

26,61; Num. 27,12; Num. 27,13; Num. 27,14; Num. 27,14; Num. 27,21; Num. 27,21; Num. 28,6; Num. 28,7; Num. 31,23; Num. 32,19; Num. 32,32; Num. 32,33; Num. 33,38; Num. 33,39; Num. 33,44; Num. 34,13; Num. 35,14; Num. 35,21; Num. 35,25; Num. 35,25; Deut. 1,3; Deut. 1,5; Deut. 1,6; Deut. 1,8; Deut. 1,10; Deut. 1,26; Deut. 1,44; Deut. 3,13; Deut. 3,14; Deut. 3,20; Deut. 4,15; Deut. 4,46; Deut. 5,4; Deut. 5,22; Deut. 6,13; Deut. 8,3; Deut. 9,4; Deut. 9,9; Deut. 9,10; Deut. 9,23; Deut. 10,4; Deut. 10,8; Deut. 10,10; Deut. 10,20; Deut. 10,22; Deut. 11,9; Deut. 15,12; Deut. 16,13; Deut. 17,12; Deut. 18,5; Deut. 18,7; Deut. 18,18; Deut. 18,19; Deut. 18,20; Deut. 18,22; Deut. 21,1; Deut. 21,5; Deut. 21,5; Deut. 21,11; Deut. 22,8; Deut. 22,11; Deut. 23,24; Deut. 24,12; Deut. 24,13; Deut. 26,12; Deut. 26,12; Deut. 28,6; Deut. 28,6; Deut. 28,19; Deut. 28,19; Deut. 28,29; Deut. 28,46; Deut. 28,58; Deut. 28,61; Deut. 28,62; Deut. 28,65; Deut. 29,7; Deut. 29,19; Deut. 29,20; Deut. 29,26; Deut. 30,10; Deut. 30,14; Deut. 31,11; Deut. 32,50; Deut. 32,50; Deut. 32,51; Deut. 34,7; Josh. 1,3; Josh. 1,12; Josh. 2,5; Josh. 3,13; Josh. 5,1; Josh. 5,10; Josh. 5,10; Josh. 8,24; Josh. 9,1; Josh. 9,27; Josh. 10,11; Josh. 10,17; Josh. 10,17; Josh. 11,3; Josh. 11,4; Josh. 11,17; Josh. 12,6; Josh. 12,7; Josh. 12,7; Josh. 12,8; Josh. 12,8; Josh. 13,7; Josh. 13,8; Josh. 13,8; Josh. 13,14; Josh. 13,19; Josh. 13,29; Josh. 13,32; Josh. 14,2; Josh. 14,14; Josh. 15,18; Josh. 19,47a; Josh. 19,50; Josh. 20,7; Josh. 20,7; Josh. 20,7; Josh. 20,8; Josh. 20,8; Josh. 21,3; Josh. 21,11; Josh. 21,42b; Josh. 22,4; Josh. 22,7; Josh. 22,7; Josh. 22,7; Josh. 22,11; Josh. 22,31; Josh. 23,6; Josh. 23,16; Josh. 24,12; Josh. 24,14; Josh. 24,15; Josh. 24,31; Josh. 24,33; Judg. 1,14; Judg. 1,35; Judg. 3,20; Judg. 3,20; Judg. 5,2; Judg. 5,4; Judg. 5,17; Judg. 8,3; Judg. 8,7; Judg. 8,9; Judg. 9,33; Judg. 10,8; Judg. 11,18; Judg. 11,31; Judg. 13,8; Judg. 13,8; Judg. 13,20; Judg. 14,8; Judg. 14,11; Judg. 15,8; Judg. 16,9; Judg. 16,9; Judg. 16,12; Judg. 16,14; Judg. 19,13; Judg. 19,19; Judg. 19,25; Ruth 1,1; Ruth 2,5; Ruth 2,5; Ruth 2,14; Ruth 3,4; Ruth 3,8; 1Sam. 1,7; 1Sam. 1,22; 1Sam. 1,26; 1Sam. 2,11; 1Sam. 2,19; 1Sam. 4,22; 1Sam. 9,5; 1Sam. 9,5; 1Sam. 9,7; 1Sam. 9,7; 1Sam. 9,9; 1Sam. 9,25; 1Sam. 9,26; 1Sam. 10,2; 1Sam. 11,2; 1Sam. 12,14; 1Sam. 12,15; 1Sam. 13,2; 1Sam. 13,5; 1Sam. 13,8; 1Sam. 13,11; 1Sam. 13,21; 1Sam. 13,23; 1Sam. 14,1; 1Sam. 14,1; 1Sam. 14,1; 1Sam. 14,4; 1Sam. 14,4; 1Sam. 14,22; 1Sam. 14,23; 1Sam. 14,27; 1Sam. 14,32; 1Sam. 14,33; 1Sam. 14,34; 1Sam. 14,43; 1Sam. 14,43; 1Sam. 15,6; 1Sam. 16,6; 1Sam. 16,11; 1Sam. 16,16; 1Sam. 16,18; 1Sam. 16,19; 1Sam. 16,23; 1Sam. 17,34; 1Sam. 17,40; 1Sam. 17,40; 1Sam. 17,40; 1Sam. 17,54; 1Sam. 20,5; 1Sam. 20,15; 1Sam. 20,21; 1Sam. 20,36; 1Sam. 20,40; 1Sam. 21,6; 1Sam. 22,8; 1Sam. 23,6; 1Sam. 23,14; 1Sam. 23,15; 1Sam. 23,15; 1Sam. 24,11; 1Sam. 25,2; 1Sam. 25,3; 1Sam. 25,5; 1Sam. 25,9; 1Sam. 25,15; 1Sam. 26,8; 1Sam. 28,17; 1Sam. 31,1; 1Sam. 31,7; 1Sam. 31,7; 1Sam. 31,10; 2Sam. 1,2; 2Sam. 1,5; 2Sam. 1,5; 2Sam. 1,6; 2Sam. 1,13; 2Sam. 1,13; 2Sam. 2,23; 2Sam. 3,6; 2Sam. 3,27; 2Sam. 4,4; 2Sam. 4,4; 2Sam. 4,5; 2Sam. 5,4; 2Sam. 5,24; 2Sam. 7,13; 2Sam. 8,7; 2Sam. 8,13; 2Sam. 10,4; 2Sam. 11,2; 2Sam. 11,15; 2Sam. 11,16; 2Sam. 11,19; 2Sam. 12,14; 2Sam. 12,18; 2Sam. 13,1; 2Sam. 14,3; 2Sam. 14,19; 2Sam. 14,26; 2Sam. 15,5; 2Sam. 15,8; 2Sam. 15,10; 2Sam. 15,12; 2Sam. 16,7; 2Sam. 17,5; 2Sam. 17,8; 2Sam. 17,9; 2Sam. 18,25; 2Sam. 18,29; 2Sam. 18,32; 2Sam. 19,1; 2Sam. 19,4; 2Sam. 19,33; 2Sam. 20,12; 2Sam. 20,15; 2Sam. 21,2; 2Sam. 21,9; 2Sam. 22,7; 2Sam. 22,50; 2Sam. 22,51; 2Sam. 23,9; 2Sam. 23,21; 2Sam. 24,17; 1Kings 2,5; 1Kings 2,7; 1Kings 2,33; 1Kings 2,35d; 1Kings 2,35l; 1Kings 3,2; 1Kings 5,17; 1Kings 5,19; 1Kings 5,19; 1Kings 5,29; 1Kings 6,1; 1Kings 6,1; 1Kings 6,1; 1Kings 6,1c; 1Kings 6,1c; 1Kings 6,5; 1Kings 6,7; 1Kings 6,7; 1Kings 6,23; 1Kings 6,25; 1Kings 6,25; 1Kings 6,29; 1Kings

6,29; 1Kings 6,31; 1Kings 7,3; 1Kings 7,5; 1Kings 7,5; 1Kings 7,5; 1Kings 7,5; 1Kings 7,6; 1Kings 7,6; 1Kings 7,9; 1Kings 7,28; 1Kings 7,28; 1Kings 7,33; 1Kings 8,1; 1Kings 8,4; 1Kings 8,9; 1Kings 8,15; 1Kings 8,17; 1Kings 8,18; 1Kings 8,19; 1Kings 8,20; 1Kings 8,21; 1Kings 8,24; 1Kings 8,27; 1Kings 8,33; 1Kings 8,33; 1Kings 8,35; 1Kings 8,35; 1Kings 8,44; 1Kings 8,48; 1Kings 8,53; 1Kings 9,7; 1Kings 11,15; 1Kings 11,15; 1Kings 11,29; 1Kings 12,23; 1Kings 12,24a; 1Kings 12,24k; 1Kings 14,21; 1Kings 15,1; 1Kings 15,8; 1Kings 15,13; 1Kings 15,33; 1Kings 15,33; 1Kings 16,4; 1Kings 16,6; 1Kings 16,11; 1Kings 16,11; 1Kings 16,23; 1Kings 16,23; 1Kings 16,24; 1Kings 17,21; 1Kings 18,4; 1Kings 18,13; 1Kings 18,18; 1Kings 18,43; 1Kings 19,11; 1Kings 19,11; 1Kings 19,12; 1Kings 20,8; 1Kings 20,19; 1Kings 20,23; 1Kings 20,24; 1Kings 22,38; 1Kings 22,41; 1Kings 22,42; 2Kings 1,2; 2Kings 1,2; 2Kings 2,1; 2Kings 2,9; 2Kings 4,7; 2Kings 4,10; 2Kings 4,19; 2Kings 4,26; 2Kings 4,38; 2Kings 4,40; 2Kings 5,18; 2Kings 5,18; 2Kings 5,27; 2Kings 6,12; 2Kings 7,5; 2Kings 7,7; 2Kings 7,15; 2Kings 7,17; 2Kings 8,11; 2Kings 8,15; 2Kings 8,17; 2Kings 8,26; 2Kings 8,29; 2Kings 9,2; 2Kings 9,15; 2Kings 9,17; 2Kings 9,21; 2Kings 9,24; 2Kings 9,27; 2Kings 9,27; 2Kings 10,16; 2Kings 10,16; 2Kings 11,2; 2Kings 11,4; 2Kings 11,4; 2Kings 11,8; 2Kings 11,8; 2Kings 12,1; 2Kings 12,7; 2Kings 14,2; 2Kings 14,13; 2Kings 15,2; 2Kings 15,33; 2Kings 16,2; 2Kings 17,40; 2Kings 18,2; 2Kings 18,9; 2Kings 18,9; 2Kings 18,13; 2Kings 19,23; 2Kings 19,24; 2Kings 19,29; 2Kings 19,29; 2Kings 21,1; 2Kings 21,19; 2Kings 22,1; 2Kings 22,3; 2Kings 23,4; 2Kings 23,7; 2Kings 23,16; 2Kings 23,23; 2Kings 23,29; 2Kings 23,31; 2Kings 23,36; 2Kings 24,8; 2Kings 24,18; 2Kings 25,1; 2Kings 25,1; 2Kings 25,17; 1Chr. 1,46; 1Chr. 5,1; 1Chr. 8,8; 1Chr. 10,8; 1Chr. 11,23; 1Chr. 12,9; 1Chr. 12,20; 1Chr. 12,21; 1Chr. 14,15; 1Chr. 15,13; 1Chr. 15,26; 1Chr. 16,19; 1Chr. 16,32; 1Chr. 19,9; 1Chr. 20,1; 1Chr. 21,21; 1Chr. 21,28; 1Chr. 22,7; 1Chr. 22,8; 1Chr. 22,10; 1Chr. 22,19; 1Chr. 23,13; 1Chr. 26,31; 1Chr. 27,20; 1Chr. 27,21; 1Chr. 29,3; 1Chr. 29,16; 1Chr. 29,16; 2Chr. 1,18; 2Chr. 2,1; 2Chr. 2,3; 2Chr. 2,6; 2Chr. 2,6; 2Chr. 2,10; 2Chr. 3,2; 2Chr. 3,2; 2Chr. 3,10; 2Chr. 4,13; 2Chr. 4,13; 2Chr. 4,17; 2Chr. 5,10; 2Chr. 5,11; 2Chr. 5,13; 2Chr. 5,13; 2Chr. 5,13; 2Chr. 6,2; 2Chr. 6,7; 2Chr. 6,8; 2Chr. 6,9; 2Chr. 6,10; 2Chr. 6,24; 2Chr. 6,26; 2Chr. 6,34; 2Chr. 6,38; 2Chr. 7,20; 2Chr. 9,8; 2Chr. 10,6; 2Chr. 12,2; 2Chr. 12,7; 2Chr. 12,11; 2Chr. 12,12; 2Chr. 12,13; 2Chr. 13,1; 2Chr. 13,4; 2Chr. 13,15; 2Chr. 14,10; 2Chr. 15,2; 2Chr. 15,8; 2Chr. 15,9; 2Chr. 15,10; 2Chr. 16,1; 2Chr. 16,5; 2Chr. 16,7; 2Chr. 16,8; 2Chr. 16,12; 2Chr. 16,13; 2Chr. 16,14; 2Chr. 17,7; 2Chr. 20,8; 2Chr. 20,20; 2Chr. 20,21; 2Chr. 20,22; 2Chr. 20,31; 2Chr. 20,36; 2Chr. 22,6; 2Chr. 22,7; 2Chr. 23,1; 2Chr. 23,1; 2Chr. 24,1; 2Chr. 24,15; 2Chr. 24,25; 2Chr. 25,16; 2Chr. 26,19; 2Chr. 26,19; 2Chr. 26,20; 2Chr. 26,23; 2Chr. 27,1; 2Chr. 27,5; 2Chr. 27,5; 2Chr. 27,5; 2Chr. 28,1; 2Chr. 28,6; 2Chr. 28,22; 2Chr. 29,7; 2Chr. 29,22; 2Chr. 29,27; 2Chr. 30,9; 2Chr. 30,10; 2Chr. 33,1; 2Chr. 33,21; 2Chr. 34,1; 2Chr. 34,3; 2Chr. 34,3; 2Chr. 34,8; 2Chr. 34,14; 2Chr. 34,21; 2Chr. 34,24; 2Chr. 34,24; 2Chr. 34,27; 2Chr. 34,31; 2Chr. 35,14; 2Chr. 35,22; 2Chr. 36,2; 2Chr. 36,5; 2Chr. 36,9; 2Chr. 36,11; 2Chr. 36,13; 1Esdr. 1,2; 1Esdr. 1,5; 1Esdr. 1,27; 1Esdr. 1,31; 1Esdr. 1,46; 1Esdr. 1,49; 1Esdr. 2,7; 1Esdr. 3,14; 1Esdr. 4,18; 1Esdr. 4,18; 1Esdr. 4,34; 1Esdr. 5,6; 1Esdr. 5,38; 1Esdr. 5,43; 1Esdr. 5,54; 1Esdr. 5,55; 1Esdr. 6,1; 1Esdr. 6,1; 1Esdr. 6,16; 1Esdr. 8,13; 1Esdr. 8,68; 1Esdr. 8,69; 1Esdr. 8,77; 1Esdr. 8,88; 1Esdr. 9,40; 1Esdr. 9,41; 1Esdr. 9,46; 1Esdr. 9,50; Ezra 1,1; Ezra 2,61; Ezra 2,68; Ezra 3,8; Ezra 3,8; Ezra 5,6; Ezra 9,5; Ezra 10,13; Neh. 1,4; Neh. 2,13; Neh. 2,14; Neh. 2,15; Neh. 2,15; Neh. 3,13; Neh. 4,4; Neh. 4,11; Neh. 5,18; Neh. 9,8; Neh. 9,20; Neh. 12,25; Neh. 13,15; Neh. 13,16;

ὁ

Esth. 1,3; Esth. 2,2; Esth. 2,3; Esth. 2,7; Esth. 2,7; Esth. 2,15; Esth. 2,16; Esth. 3,11; Esth. 13,2 # 3,13b; Esth. 13,9 # 4,17b; Esth. 15,15 # 5,2b; Esth. 5,6; Esth. 5,9; Esth. 6,2; Esth. 6,4; Esth. 6,4; Esth. 7,2; Esth. 7,3; Esth. 7,3; Esth. 7,8; Esth. 16,13 # 8,12n; Esth. 9,27; Esth. 10,3; Judith 1,5; Judith 1,5; Judith 1,13; Judith 1,13; Judith 2,1; Judith 2,1; Judith 2,6; Judith 3,2; Judith 5,21; Judith 6,4; Judith 7,15; Judith 7,18; Judith 8,3; Judith 8,7; Judith 8,21; Judith 10,7; Judith 10,14; Judith 10,19; Judith 10,21; Judith 10,23; Judith 11,23; Judith 12,12; Judith 13,20; Judith 14,7; Judith 15,13; Judith 16,17; Judith 16,23; Tob. 1,3; Tob. 4,7; Tob. 4,16; Tob. 5,18; Tob. 5,19; Tob. 6,11; Tob. 13,7; 1Mac. 1,20; 1Mac. 1,36; 1Mac. 1,54; 1Mac. 2,7; 1Mac. 2,54; 1Mac. 2,55; 1Mac. 2,56; 1Mac. 2,57; 1Mac. 2,58; 1Mac. 2,70; 1Mac. 4,6; 1Mac. 4,18; 1Mac. 4,21; 1Mac. 4,46; 1Mac. 5,4; 1Mac. 5,40; 1Mac. 5,67; 1Mac. 7,8; 1Mac. 8,23; 1Mac. 9,11; 1Mac. 9,66; 1Mac. 10,25; 1Mac. 10,73; 1Mac. 10,83; 1Mac. 11,33; 1Mac. 11,37; 1Mac. 11,37; 1Mac. 11,42; 1Mac. 11,68; 1Mac. 14,4; 1Mac. 14,6; 1Mac. 14,35; 1Mac. 14,35; 1Mac. 14,43; 1Mac. 14,49; 1Mac. 15,1; 1Mac. 16,3; 2Mac. 1,13; 2Mac. 1,21; 2Mac. 3,8; 2Mac. 4,5; 2Mac. 4,24; 2Mac. 5,5; 2Mac. 7,29; 2Mac. 7,37; 2Mac. 10,8; 2Mac. 10,17; 2Mac. 10,35; 2Mac. 11,16; 2Mac. 12,15; 2Mac. 12,19; 2Mac. 13,10; 2Mac. 15,12; 3Mac. 1,26; 3Mac. 2,14; 3Mac. 2,20; 3Mac. 3,17; 3Mac. 3,25; 3Mac. 4,10; 3Mac. 5,23; 3Mac. 5,33; 3Mac. 6,16; 3Mac. 6,17; 4Mac. 4,9; 4Mac. 6,6; 4Mac. 6,28; 4Mac. 7,1; 4Mac. 7,11; 4Mac. 7,14; 4Mac. 8,29; 4Mac. 9,24; 4Mac. 12,17; 4Mac. 14,19; Psa. 4,2; Psa. 4,4; Psa. 5,8; Psa. 5,10; Psa. 7,18; Psa. 9,3; Psa. 9,4; Psa. 9,15; Psa. 9,23; Psa. 9,30; Psa. 9,31; Psa. 12,6; Psa. 12,6; Psa. 12,6; Psa. 13,7; Psa. 14,1; Psa. 14,1; Psa. 14,1; Psa. 16,15; Psa. 16,15; Psa. 17,7; Psa. 17,50; Psa. 17,51; Psa. 18,12; Psa. 19,6; Psa. 20,2; Psa. 20,6; Psa. 20,8; Psa. 21,25; Psa. 26,2; Psa. 27,2; Psa. 27,2; Psa. 29,6; Psa. 29,8; Psa. 29,8; Psa. 29,10; Psa. 29,10; Psa. 30,8; Psa. 30,14; Psa. 30,17; Psa. 30,23; Psa. 31,2; Psa. 31,4; Psa. 32,6; Psa. 32,21; Psa. 32,21; Psa. 33,2; Psa. 33,19; Psa. 34,9; Psa. 34,13; Psa. 35,10; Psa. 36,20; Psa. 36,34; Psa. 37,15; Psa. 37,17; Psa. 38,2; Psa. 38,2; Psa. 41,3; Psa. 41,4; Psa. 41,10; Psa. 41,11; Psa. 41,11; Psa. 42,2; Psa. 43,6; Psa. 43,7; Psa. 43,9; Psa. 44,4; Psa. 45,3; Psa. 48,7; Psa. 48,14; Psa. 48,18; Psa. 50,2; Psa. 50,6; Psa. 51,2; Psa. 52,7; Psa. 53,2; Psa. 53,3; Psa. 53,8; Psa. 54,21; Psa. 56,1; Psa. 57,7; Psa. 57,11; Psa. 58,8; Psa. 59,8; Psa. 60,3; Psa. 60,5; Psa. 60,9; Psa. 61,5; Psa. 62,1; Psa. 62,3; Psa. 62,5; Psa. 63,2; Psa. 65,2; Psa. 65,3; Psa. 65,4; Psa. 65,17; Psa. 67,5; Psa. 67,8; Psa. 67,8; Psa. 67,15; Psa. 67,18; Psa. 67,25; Psa. 67,31; Psa. 68,14; Psa. 70,9; Psa. 72,18; Psa. 75,10; Psa. 76,14; Psa. 77,30; Psa. 77,36; Psa. 77,48; Psa. 80,6; Psa. 87,13; Psa. 88,2; Psa. 88,13; Psa. 88,16; Psa. 88,17; Psa. 88,25; Psa. 88,36; Psa. 90,10; Psa. 91,2; Psa. 91,5; Psa. 91,8; Psa. 95,6; Psa. 98,3; Psa. 98,3; Psa. 98,5; Psa. 101,23; Psa. 104,3; Psa. 104,3; Psa. 104,12; Psa. 105,4; Psa. 105,19; Psa. 105,44; Psa. 105,44; Psa. 105,47; Psa. 105,47; Psa. 106,6; Psa. 106,13; Psa. 106,19; Psa. 106,28; Psa. 107,8; Psa. 108,7; Psa. 108,23; Psa. 108,30; Psa. 113,9; Psa. 113,9; Psa. 117,10; Psa. 117,11; Psa. 117,12; Psa. 118,6; Psa. 118,7; Psa. 118,9; Psa. 118,25; Psa. 118,103; Psa. 118,159; Psa. 119,1; Psa. 121,4; Psa. 123,2; Psa. 123,3; Psa. 125,1; Psa. 134,3; Psa. 134,17; Psa. 136,1; Psa. 137,2; Psa. 137,2; Psa. 139,14; Psa. 139,14; Psa. 140,1; Psa. 140,3; Psa. 141,1; Psa. 141,1; Psa. 141,4; Psa. 141,8; Psa. 142,12; Psa. 151,2; Ode. 1,7; Ode. 2,0; Ode. 4,2; Ode. 4,2; Ode. 4,2; Ode. 6,8; Ode. 7,43; Ode. 8,56; Ode. 9,55; Ode. 11,10; Ode. 14,45; Prov. 3,8; Prov. 16,26; Prov. 19,24; Prov. 24,17; Prov. 27,25; Eccl. 1,16; Eccl. 3,17; Eccl. 3,17; Eccl. 5,7; Eccl. 9,6; Job 3,17; Job 6,4; Job 7,11; Job 9,27; Job 16,5; Job 27,1; Job 29,1; Job 29,3; Job 29,22; Job 33,14; Job 33,14; Job 34,6; Job 38,4; Job 40,5; Job 42,17d; Wis. 5,2; Wis. 12,4; Wis. 12,12; Wis. 13,17;

Wis. 16,17; Sir. 1,27 Prol.; Sir. 1,32 Prol.; Sir. 4,9; Sir. 4,31; Sir. 5,12; Sir. 7,9; Sir. 7,24; Sir. 8,11; Sir. 9,9; Sir. 10,11; Sir. 11,19; Sir. 11,20; Sir. 14,1; Sir. 16,19; Sir. 21,7; Sir. 21,27; Sir. 25,3; Sir. 26,5; Sir. 26,28; Sir. 28,25; Sir. 32,19; Sir. 34,25; Sir. 34,26; Sir. 35,23; Sir. 38,31; Sir. 39,15; Sir. 40,14; Sir. 41,16; Sir. 43,11; Sir. 45,15; Sir. 45,15; Sir. 45,21; Sir. 45,23; Sir. 45,24; Sir. 45,25; Sir. 46,2; Sir. 46,2; Sir. 46,5; Sir. 46,16; Sir. 47,4; Sir. 47,6; Sir. 47,10; Sir. 47,19; Sir. 50,11; Sir. 50,12; Sir. 50,27; Sir. 51,1; Sir. 51,12; Sir. 51,29; Sol. 1,1; Sol. 1,1; Sol. 1,3; Sol. 2,1; Sol. 4,8; Sol. 5,1; Sol. 5,2; Sol. 5,5; Sol. 5,9; Sol. 5,12; Sol. 6,1; Sol. 6,4; Sol. 6,4; Sol. 7,6; Sol. 8,22; Sol. 9,1; Sol. 9,1; Sol. 10,5; Sol. 15,1; Sol. 15,2; Sol. 16,1; Sol. 16,3; Sol. 16,3; Sol. 16,11; Sol. 16,12; Sol. 16,14; Sol. 16,15; Sol. 17,7; Hos. 6,11; Hos. 7,1; Hos. 7,6; Hos. 10,10; Amos 4,1; Mic. 6,12; Mic. 7,8; Joel 3,5; Obad. 17; Jonah 1,5; Jonah 2,8; Jonah 2,11; Jonah 4,8; Hab. 1,13; Hab. 1,16; Hab. 2,19; Hab. 3,2; Hab. 3,2; Hab. 3,2; Zeph. 3,13; Zeph. 3,20; Hag. 1,1; Hag. 1,15; Hag. 2,12; Zech. 1,7; Zech. 5,4; Zech. 6,2; Zech. 6,2; Zech. 6,2; Zech. 6,2; Zech. 6,3; Zech. 6,3; Zech. 6,3; Zech. 6,3; Zech. 7,1; Zech. 8,14; Zech. 9,5; Zech. 10,4; Zech. 10,12; Zech. 13,3; Zech. 13,4; Zech. 14,12; Mal. 1,7; Mal. 1,11; Mal. 1,12; Mal. 1,14; Mal. 2,2; Mal. 2,6; Mal. 2,15; Mal. 2,16; Mal. 2,17; Mal. 3,5; Is. 2,5; Is. 6,2; Is. 6,2; Is. 7,20; Is. 7,20; Is. 8,18; Is. 9,11; Is. 10,12; Is. 19,18; Is. 25,7; Is. 26,8; Is. 27,8; Is. 27,8; Is. 28,15; Is. 29,18; Is. 29,24; Is. 30,23; Is. 36,11; Is. 36,12; Is. 37,1; Is. 37,38; Is. 38,10; Is. 41,25; Is. 42,4; Is. 43,7; Is. 44,5; Is. 44,5; Is. 45,4; Is. 45,19; Is. 48,1; Is. 48,1; Is. 48,2; Is. 49,9; Is. 50,10; Is. 50,11; Is. 51,14; Is. 53,9; Is. 55,6; Is. 56,5; Is. 58,10; Is. 60,3; Is. 65,1; Is. 65,25; Is. 65,25; Is. 66,16; Jer. 2,23; Jer. 2,27; Jer. 2,35; Jer. 5,29; Jer. 6,27; Jer. 11,16; Jer. 11,17; Jer. 11,21; Jer. 12,16; Jer. 13,14; Jer. 14,14; Jer. 14,15; Jer. 20,9; Jer. 22,23; Jer. 23,25; Jer. 23,26; Jer. 25,1; Jer. 25,1; Jer. 25,12; Jer. 25,13; Jer. 26,2; Jer. 26,2; Jer. 27,38; Jer. 28,59; Jer. 28,59; Jer. 32,22; Jer. 33,9; Jer. 33,16; Jer. 33,20; Jer. 34,15; Jer. 35,1; Jer. 36,9; Jer. 36,23; Jer. 36,25; Jer. 38,1; Jer. 38,12; Jer. 39,12; Jer. 43,6; Jer. 43,8; Jer. 43,9; Jer. 43,9; Jer. 43,10; Jer. 43,23; Jer. 43,30; Jer. 46,1; Jer. 46,1; Jer. 46,2; Jer. 47,1; Jer. 51,16; Jer. 51,25; Jer. 51,26; Jer. 51,26; Jer. 51,26; Jer. 51,31; Jer. 52,1; Jer. 52,4; Jer. 52,4; Jer. 52,8; Jer. 52,31; Bar. 1,2; Bar. 1,2; Bar. 1,8; Bar. 2,25; Bar. 4,33; Bar. 4,37; Bar. 5,5; Bar. 5,9; Lam. 1,7; Lam. 2,11; Lam. 2,12; Lam. 2,12; Lam. 3,36; Lam. 4,10; Lam. 4,14; Ezek. 1,1; Ezek. 1,5; Ezek. 1,6; Ezek. 1,6; Ezek. 1,9; Ezek. 1,17; Ezek. 1,19; Ezek. 1,19; Ezek. 1,21; Ezek. 1,21; Ezek. 1,21; Ezek. 1,24; Ezek. 1,24; Ezek. 3,3; Ezek. 3,18; Ezek. 3,20; Ezek. 3,27; Ezek. 5,2; Ezek. 5,13; Ezek. 5,15; Ezek. 5,16; Ezek. 6,8; Ezek. 6,13; Ezek. 7,15; Ezek. 8,1; Ezek. 8,4; Ezek. 9,8; Ezek. 9,8; Ezek. 10,3; Ezek. 10,6; Ezek. 10,11; Ezek. 10,11; Ezek. 10,11; Ezek. 10,16; Ezek. 10,16; Ezek. 10,17; Ezek. 10,17; Ezek. 10,19; Ezek. 10,21; Ezek. 10,21; Ezek. 11,13; Ezek. 12,15; Ezek. 13,19; Ezek. 15,6; Ezek. 15,7; Ezek. 16,6; Ezek. 16,14; Ezek. 16,15; Ezek. 16,15; Ezek. 16,21; Ezek. 16,22; Ezek. 16,30; Ezek. 16,34; Ezek. 16,52; Ezek. 16,54; Ezek. 16,56; Ezek. 16,61; Ezek. 16,63; Ezek. 17,6; Ezek. 17,10; Ezek. 18,24; Ezek. 18,24; Ezek. 18,26; Ezek. 18,26; Ezek. 18,27; Ezek. 19,7; Ezek. 19,11; Ezek. 20,1; Ezek. 20,1; Ezek. 20,5; Ezek. 20,26; Ezek. 20,41; Ezek. 20,42; Ezek. 20,44; Ezek. 21,29; Ezek. 21,34; Ezek. 23,21; Ezek. 23,30; Ezek. 23,39; Ezek. 23,40; Ezek. 24,1; Ezek. 24,1; Ezek. 25,12; Ezek. 25,17; Ezek. 26,1; Ezek. 26,6; Ezek. 26,8; Ezek. 26,15; Ezek. 26,15; Ezek. 26,19; Ezek. 27,3; Ezek. 27,25; Ezek. 28,17; Ezek. 28,22; Ezek. 29,1; Ezek. 29,1; Ezek. 29,16; Ezek. 29,17; Ezek. 30,18; Ezek. 30,20; Ezek. 30,25; Ezek. 31,1; Ezek. 31,2; Ezek. 31,2; Ezek. 31,3; Ezek. 31,7; Ezek. 31,8; Ezek. 31,10; Ezek. 31,10; Ezek. 31,14; Ezek. 31,14; Ezek. 31,14; Ezek. 32,1; Ezek. 32,3; Ezek. 32,7; Ezek. 32,10; Ezek. 32,17; Ezek. 33,8;

Ezek. 33,13; Ezek. 33,14; Ezek. 33,18; Ezek. 33,19; Ezek. 33,21; Ezek. 33,31; Ezek. 34,14; Ezek. 34,14; Ezek. 34,27; Ezek. 34,27; Ezek. 35,13; Ezek. 36,20; Ezek. 36,23; Ezek. 37,7; Ezek. 37,9; Ezek. 37,13; Ezek. 37,28; Ezek. 38,14; Ezek. 38,16; Ezek. 39,26; Ezek. 39,27; Ezek. 39,28; Ezek. 40,1; Ezek. 40,29; Ezek. 40,31; Ezek. 40,33; Ezek. 40,36; Ezek. 40,37; Ezek. 41,18; Ezek. 41,23; Ezek. 43,8; Ezek. 44,7; Ezek. 44,10; Ezek. 44,15; Ezek. 44,17; Ezek. 44,17; Ezek. 44,19; Ezek. 44,21; Ezek. 44,27; Ezek. 45,1; Ezek. 45,4; Ezek. 45,24; Ezek. 46,5; Ezek. 46,7; Ezek. 46,8; Ezek. 46,10; Ezek. 46,10; Ezek. 46,11; Ezek. 47,3; Ezek. 47,3; Ezek. 47,4; Dan. 1,2; Dan. 1,8; Dan. 2,1; Dan. 2,1; Dan. 2,1; Dan. 2,22; Dan. 2,22; Dan. 2,41; Dan. 2,43; Dan. 2,43; Dan. 3,12; Dan. 3,15; Dan. 3,18; Dan. 3,25; Dan. 3,43; Dan. 3,56; Dan. 3,91; Dan. 3,92; Dan. 3,93; Dan. 4,12; Dan. 6,11; Dan. 7,5; Dan. 7,6; Dan. 7,8; Dan. 7,15; Dan. 8,2; Dan. 8,15; Dan. 8,17; Dan. 8,27; Dan. 9,2; Dan. 9,6; Dan. 9,27; Dan. 9,27; Dan. 10,11; Dan. 10,12; Dan. 10,15; Dan. 10,19; Dan. 11,2; Dan. 11,4; Dan. 12,1; Sus. 7-8; Judg. 1,35; Judg. 1,35; Judg. 3,20; Judg. 3,20; Judg. 3,21; Judg. 3,24; Judg. 3,24; Judg. 3,27; Judg. 4,5; Judg. 5,2; Judg. 5,4; Judg. 5,17; Judg. 8,3; Judg. 8,7; Judg. 9,33; Judg. 10,8; Judg. 11,13; Judg. 11,16; Judg. 11,26; Judg. 11,31; Judg. 11,36; Judg. 13,8; Judg. 13,8; Judg. 13,20; Judg. 14,8; Judg. 15,18; Judg. 16,9; Judg. 16,9; Judg. 16,13; Judg. 16,14; Judg. 16,14; Judg. 20,37; Tob. 1,3; Tob. 1,8; Tob. 5,6; Tob. 5,10; Tob. 5,19; Tob. 6,3; Tob. 6,7; Tob. 6,11; Tob. 10,13; Tob. 11,15; Tob. 13,7; Tob. 14,4; Tob. 14,10; Dan. 2,1; Dan. 2,1; Dan. 2,22; Dan. 2,41; Dan. 2,43; Dan. 3,12; Dan. 3,43; Dan. 3,56; Dan. 4,30; Dan. 6,14; Dan. 6,20; Dan. 6,21; Dan. 7,5; Dan. 7,6; Dan. 7,8; Dan. 8,8; Dan. 8,15; Dan. 8,17; Dan. 8,18; Dan. 9,1; Dan. 9,6; Dan. 9,23; Dan. 9,27; Dan. 10,9; Dan. 10,11; Dan. 10,15; Dan. 10,19; Dan. 11,34; Dan. 12,7; Sus. 15; Sus. 31; Bel 18; Matt. 4,21; Matt. 5,3; Matt. 5,22; Matt. 5,39; Matt. 6,4; Matt. 6,4; Matt. 6,6; Matt. 6,6; Matt. 6,18; Matt. 6,18; Matt. 6,25; Matt. 7,22; Matt. 7,22; Matt. 7,22; Matt. 10,27; Matt. 11,2; Matt. 12,5; Matt. 12,21; Matt. 13,4; Matt. 13,25; Matt. 14,6; Matt. 14,11; Matt. 14,33; Matt. 17,20; Matt. 18,5; Matt. 18,6; Matt. 21,12; Matt. 21,14; Matt. 21,15; Matt. 21,21; Matt. 21,28; Matt. 23,18; Matt. 23,18; Matt. 23,18; Matt. 23,20; Matt. 23,30; Matt. 24,5; Matt. 26,23; Matt. 26,55; Matt. 27,12; Matt. 27,60; Mark 1,15; Mark 1,19; Mark 1,20; Mark 2,8; Mark 4,4; Mark 4,36; Mark 5,11; Mark 5,21; Mark 5,29; Mark 6,22; Mark 6,28; Mark 6,32; Mark 6,48; Mark 7,26; Mark 8,12; Mark 8,14; Mark 9,25; Mark 9,25; Mark 9,37; Mark 9,38; Mark 9,39; Mark 11,15; Mark 11,23; Mark 11,27; Mark 12,35; Mark 12,36; Mark 12,36; Mark 13,6; Mark 14,49; Mark 16,17; Luke 1,8; Luke 1,21; Luke 1,55; Luke 1,59; Luke 1,61; Luke 2,6; Luke 2,7; Luke 2,27; Luke 2,27; Luke 2,43; Luke 2,46; Luke 3,21; Luke 4,1; Luke 5,1; Luke 5,5; Luke 5,7; Luke 5,12; Luke 5,19; Luke 5,36; Luke 6,7; Luke 6,9; Luke 7,38; Luke 8,5; Luke 8,25; Luke 8,29; Luke 8,29; Luke 8,32; Luke 8,40; Luke 8,42; Luke 9,18; Luke 9,29; Luke 9,33; Luke 9,34; Luke 9,36; Luke 9,42; Luke 9,42; Luke 9,48; Luke 9,49; Luke 9,51; Luke 10,17; Luke 10,21; Luke 10,21; Luke 10,35; Luke 10,38; Luke 11,1; Luke 11,27; Luke 11,37; Luke 12,3; Luke 12,15; Luke 12,22; Luke 13,14; Luke 13,15; Luke 14,1; Luke 14,3; Luke 16,12; Luke 17,11; Luke 17,14; Luke 18,35; Luke 19,15; Luke 19,47; Luke 20,1; Luke 21,8; Luke 21,37; Luke 21,38; Luke 22,20; Luke 22,53; Luke 23,25; Luke 23,31; Luke 23,31; Luke 23,40; Luke 24,4; Luke 24,15; Luke 24,30; Luke 24,47; Luke 24,51; Luke 24,53; John 2,14; John 2,23; John 4,20; John 4,21; John 4,31; John 5,14; John 5,35; John 5,43; John 5,43; John 5,43; John 7,28; John 8,20; John 8,20; John 10,23; John 10,25; John 11,17; John 11,33; John 11,56; John 13,5; John 13,21; John 14,13; John 14,14; John 14,26; John 15,16; John 16,23; John 16,24; John 16,26; John 17,11; John 17,12; John 18,20; John 18,39; John 19,29; John 19,31; John 20,11; John 20,30; John 20,31; John 21,8; John 21,20; Acts 2,1; Acts 2,38; Acts 2,46; Acts 3,6; Acts 3,10; Acts 3,25; Acts 3,26; Acts 4,7; Acts 4,10; Acts 4,17; Acts 4,18; Acts 4,21; Acts 4,30; Acts 4,36; Acts 5,20; Acts 5,25; Acts 5,27; Acts 5,28; Acts 5,34; Acts 5,40; Acts 5,42; Acts 6,10; Acts 6,15; Acts 7,5; Acts 7,13; Acts 7,16; Acts 7,38; Acts 7,41; Acts 7,51; Acts 7,51; Acts 8,6; Acts 8,29; Acts 9,3; Acts 9,27; Acts 9,28; Acts 10,48; Acts 11,15; Acts 12,7; Acts 15,1; Acts 15,1; Acts 15,14; Acts 15,28; Acts 16,18; Acts 18,2; Acts 18,24; Acts 18,25; Acts 19,1; Acts 19,21; Acts 20,8; Acts 20,22; Acts 20,28; Acts 21,27; Acts 22,17; Acts 23,1; Acts 23,6; Acts 23,15; Acts 23,27; Acts 23,35; Acts 24,2; Acts 24,10; Acts 24,12; Acts 24,18; Acts 26,4; Acts 26,21; Acts 27,31; Acts 27,37; Rom. 1,9; Rom. 1,9; Rom. 1,10; Rom. 1,25; Rom. 2,28; Rom. 2,28; Rom. 2,29; Rom. 3,4; Rom. 3,7; Rom. 3,25; Rom. 4,13; Rom. 4,16; Rom. 4,16; Rom. 4,16; Rom. 5,9; Rom. 5,14; Rom. 5,15; Rom. 5,17; Rom. 6,5; Rom. 6,12; Rom. 8,16; Rom. 9,19; Rom. 10,8; Rom. 10,9; Rom. 10,16; Rom. 11,11; Rom. 11,31; Rom. 12,9; Rom. 12,11; Rom. 12,21; Rom. 13,3; Rom. 13,3; Rom. 14,10; Rom. 14,15; Rom. 15,9; Rom. 15,13; 1Cor. 5,3; 1Cor. 5,3; 1Cor. 5,4; 1Cor. 6,11; 1Cor. 6,11; 1Cor. 6,13; 1Cor. 6,20; 1Cor. 7,34; 1Cor. 7,34; 1Cor. 9,12; 1Cor. 9,13; 1Cor. 9,13; 1Cor. 9,18; 1Cor. 11,21; 1Cor. 11,25; 1Cor. 12,9; 1Cor. 12,9; 1Cor. 12,18; 1Cor. 12,24; 1Cor. 12,25; 1Cor. 14,15; 1Cor. 14,15; 1Cor. 15,8; 1Cor. 15,23; 1Cor. 15,58; 2Cor. 2,13; 2Cor. 2,13; 2Cor. 3,10; 2Cor. 4,10; 2Cor. 4,10; 2Cor. 5,4; 2Cor. 5,6; 2Cor. 7,11; 2Cor. 8,18; 2Cor. 9,3; 2Cor. 10,11; 2Cor. 10,14; 2Cor. 12,18; Gal. 1,14; Gal. 1,22; Gal. 3,10; Gal. 3,16; Gal. 3,16; Gal. 4,18; Gal. 5,14; Gal. 6,17; Eph. 1,13; Eph. 1,13; Eph. 2,13; Eph. 3,4; Eph. 4,23; Eph. 5,26; Eph. 6,10; Phil. 1,13; Phil. 1,20; Phil. 2,10; Phil. 3,16; Phil. 3,21; Phil. 4,3; Col. 1,12; Col. 1,22; Col. 2,5; 1Th. 3,2; 1Th. 4,6; 2Th. 1,8; 2Th. 2,8; 2Th. 2,11; 2Tim. 1,8; Heb. 1,3; Heb. 2,8; Heb. 3,12; Heb. 3,15; Heb. 4,11; Heb. 7,13; Heb. 8,5; Heb. 8,13; Heb. 9,21; Heb. 9,24; Heb. 10,19; Heb. 11,12; Heb. 13,15; James 1,9; James 5,10; James 5,14; 1Pet. 2,22; 1Pet. 2,24; 1Pet. 3,4; 1Pet. 3,7; 1Pet. 4,16; 1Pet. 4,17; 2Pet. 1,13; 2Pet. 1,18; 1John 1,6; 1John 1,7; 1John 1,7; 1John 2,9; 1John 2,10; 1John 3,23; 1John 5,6; 1John 5,6; 1John 5,6; Rev. 1,5; Rev. 5,9; Rev. 5,13; Rev. 7,10; Rev. 7,14; Rev. 9,19; Rev. 10,9; Rev. 10,10; Rev. 13,4; Rev. 13,4; Rev. 13,4; Rev. 13,8; Rev. 13,14; Rev. 14,4; Rev. 14,4; Rev. 14,5; Rev. 14,10; Rev. 17,13; Rev. 17,17; Rev. 18,6; Rev. 21,27; Rev. 22,18; Rev. 22,19)

Τῶν ▸ 4 + 4 = 8

  Article ▪ masculine ▪ plural ▪ genitive ▸ 2 + 4 = 6 (3Mac. 1,8; Job 1,18; Matt. 10,2; Luke 11,29; Acts 27,30; Acts 27,42)

  Article ▪ neuter ▪ plural ▪ genitive ▸ 2 (2Mac. 15,37; 4Mac. 7,17)

τῶν ▸ 6167 + 308 + 1206 = 7681

  Article ▪ plural ▪ genitive ▸ 4 (1Kings 7,15; 1Kings 7,29; 2Kings 16,17; 2Chr. 4,14)

  Article ▪ feminine ▪ plural ▪ genitive ▸ 1025 + 50 + 140 = **1215** (Gen. 2,21; Gen. 5,29; Gen. 5,29; Gen. 9,5; Gen. 19,8; Gen. 19,16; Gen. 19,16; Gen. 24,3; Gen. 24,37; Gen. 25,6; Gen. 25,13; Gen. 27,46; Gen. 28,1; Gen. 28,2; Gen. 28,6; Gen. 30,38; Gen. 31,33; Gen. 31,35; Gen. 31,41; Gen. 31,42; Gen. 31,43; Gen. 34,1; Gen. 34,16; Gen. 36,2; Gen. 37,2; Gen. 37,21; Gen. 37,22; Gen. 46,26; Gen. 49,1; Ex. 2,1; Ex. 6,25; Ex. 7,28; Ex. 8,5; Ex. 8,7; Ex. 8,7; Ex. 8,9; Ex. 8,9; Ex. 12,13; Ex. 12,15; Ex. 21,9; Ex. 22,16; Ex. 23,26; Ex. 26,11; Ex. 26,12; Ex. 26,13; Ex. 26,13; Ex. 26,23; Ex. 26,24; Ex. 27,2; Ex. 28,8; Ex. 28,15; Ex. 29,20; Ex. 29,20; Ex. 29,25; Ex. 30,10; Ex. 30,15; Ex. 30,16; Ex. 32,2; Ex. 32,4; Ex. 32,19; Ex. 33,5; Ex. 34,1; Ex. 34,16; Ex. 34,16; Ex. 34,28; Ex. 34,29; Ex. 35,22; Ex. 38,26; Ex. 39,4; Lev. 1,5; Lev. 1,14; Lev. 1,14; Lev. 1,17; Lev.

ό

2,3; Lev. 4,13; Lev. 4,18; Lev. 4,18; Lev. 4,22; Lev. 4,27; Lev. 5,17; Lev. 7,32; Lev. 7,34; Lev. 8,24; Lev. 8,24; Lev. 8,28; Lev. 10,14; Lev. 14,30; Lev. 14,30; Lev. 15,31; Lev. 16,16; Lev. 16,16; Lev. 16,19; Lev. 16,25; Lev. 16,30; Lev. 16,34; Lev. 17,11; Lev. 22,12; Lev. 23,38; Lev. 25,32; Lev. 25,33; Lev. 25,49; Lev. 26,24; Lev. 26,29; Lev. 26,31; Num. 1,16; Num. 2,17; Num. 2,32; Num. 5,6; Num. 7,86; Num. 10,25; Num. 12,12; Num. 13,23; Num. 13,23; Num. 14,34; Num. 15,39; Num. 15,39; Num. 16,26; Num. 16,27; Num. 17,21; Num. 18,8; Num. 18,9; Num. 18,21; Num. 18,29; Num. 18,31; Num. 18,31; Num. 22,24; Num. 24,14; Num. 25,2; Num. 26,37; Num. 28,26; Num. 29,39; Num. 30,2; Num. 31,5; Num. 31,6; Num. 31,18; Num. 31,26; Num. 31,35; Num. 32,28; Num. 32,38; Num. 35,2; Num. 35,4; Num. 35,5; Num. 35,8; Num. 36,3; Num. 36,8; Num. 36,8; Deut. 2,7; Deut. 2,34; Deut. 2,35; Deut. 3,4; Deut. 3,5; Deut. 3,5; Deut. 3,7; Deut. 4,30; Deut. 4,42; Deut. 5,23; Deut. 6,9; Deut. 6,9; Deut. 8,16; Deut. 9,17; Deut. 9,17; Deut. 9,18; Deut. 11,20; Deut. 11,20; Deut. 12,5; Deut. 12,11; Deut. 12,12; Deut. 12,14; Deut. 12,17; Deut. 12,27; Deut. 13,13; Deut. 15,7; Deut. 16,5; Deut. 16,15; Deut. 16,16; Deut. 16,17; Deut. 17,2; Deut. 17,20; Deut. 18,4; Deut. 18,5; Deut. 18,6; Deut. 19,5; Deut. 19,11; Deut. 20,14; Deut. 20,15; Deut. 20,16; Deut. 24,19; Deut. 26,4; Deut. 28,12; Deut. 28,13; Deut. 28,55; Deut. 30,9; Deut. 30,20; Deut. 31,29; Deut. 31,29; Deut. 32,38; Deut. 32,38; Deut. 32,39; Deut. 33,11; Josh. 4,5; Josh. 5,3; Josh. 5,6; Josh. 6,20; Josh. 9,24; Josh. 10,2; Josh. 11,10; Josh. 13,1; Josh. 13,1; Josh. 17,3; Josh. 19,8; Josh. 19,51; Josh. 21,1; Josh. 21,16; Josh. 21,42; Josh. 22,27; Josh. 24,27; Judg. 1,6; Judg. 1,7; Judg. 7,16; Judg. 7,20; Judg. 8,21; Judg. 8,26; Judg. 9,36; Judg. 11,31; Judg. 13,23; Judg. 14,1; Judg. 14,2; Judg. 14,3; Judg. 15,14; Judg. 16,3; Judg. 18,1; Judg. 18,2; Judg. 20,11; Judg. 20,14; Judg. 20,15; Judg. 20,42; Judg. 21,7; Judg. 21,8; Judg. 21,14; Judg. 21,18; Judg. 21,21; Judg. 21,23; Ruth 2,13; Ruth 2,23; Ruth 3,2; Ruth 3,17; 1Sam. 1,9; 1Sam. 1,20; 1Sam. 1,21; 1Sam. 2,19; 1Sam. 2,36; 1Sam. 5,4; 1Sam. 9,20; 1Sam. 9,20; 1Sam. 10,2; 1Sam. 10,18; 1Sam. 10,18; 1Sam. 13,11; 1Sam. 14,11; 1Sam. 15,5; 1Sam. 17,52; 1Sam. 20,6; 1Sam. 22,22; 1Sam. 27,5; 1Sam. 27,7; 2Sam. 2,1; 2Sam. 2,16; 2Sam. 6,2; 2Sam. 6,18; 2Sam. 6,22; 2Sam. 7,11; 2Sam. 8,8; 2Sam. 8,11; 2Sam. 10,12; 2Sam. 12,11; 2Sam. 13,5; 2Sam. 15,16; 2Sam. 15,30; 2Sam. 18,24; 2Sam. 19,6; 2Sam. 19,6; 2Sam. 19,6; 2Sam. 21,20; 2Sam. 22,21; 2Sam. 22,25; 1Kings 1,52; 1Kings 2,5; 1Kings 3,20; 1Kings 6,15; 1Kings 6,16; 1Kings 7,8; 1Kings 7,9; 1Kings 7,21; 1Kings 7,27; 1Kings 7,27; 1Kings 7,36; 1Kings 7,40; 1Kings 8,19; 1Kings 8,35; 1Kings 8,37; 1Kings 8,63; 1Kings 8,64; 1Kings 8,64; 1Kings 10,22; 1Kings 12,24e; 1Kings 14,29; 1Kings 15,7; 1Kings 15,20; 1Kings 15,20; 1Kings 15,23; 1Kings 15,30; 1Kings 15,31; 1Kings 16,5; 1Kings 16,7; 1Kings 16,13; 1Kings 16,14; 1Kings 16,19; 1Kings 16,20; 1Kings 16,27; 1Kings 16,28c; 1Kings 16,28d; 1Kings 17,1; 1Kings 18,15; 1Kings 21,7; 1Kings 21,7; 1Kings 21,14; 1Kings 21,15; 1Kings 21,17; 1Kings 21,19; 1Kings 22,39; 1Kings 22,46; 2Kings 1,18; 2Kings 3,14; 2Kings 4,22; 2Kings 5,24; 2Kings 8,23; 2Kings 8,29; 2Kings 9,15; 2Kings 9,35; 2Kings 10,34; 2Kings 11,2; 2Kings 11,6; 2Kings 11,15; 2Kings 12,8; 2Kings 12,20; 2Kings 13,8; 2Kings 13,12; 2Kings 14,14; 2Kings 14,15; 2Kings 14,18; 2Kings 14,28; 2Kings 15,6; 2Kings 15,11; 2Kings 15,15; 2Kings 15,21; 2Kings 15,26; 2Kings 15,31; 2Kings 15,36; 2Kings 16,13; 2Kings 16,19; 2Kings 17,13; 2Kings 17,13; 2Kings 18,4; 2Kings 18,35; 2Kings 19,20; 2Kings 19,31; 2Kings 20,20; 2Kings 21,16; 2Kings 21,17; 2Kings 21,25; 2Kings 22,17; 2Kings 23,8; 2Kings 23,8; 2Kings 23,28; 2Kings 24,5; 2Kings 25,26; 1Chr. 3,9; 1Chr. 4,33; 1Chr. 4,39; 1Chr. 6,46; 1Chr. 6,51; 1Chr. 7,11; 1Chr. 8,13; 1Chr. 9,18; 1Chr. 9,23; 1Chr. 9,26; 1Chr. 9,27; 1Chr. 9,33; 1Chr. 9,34; 1Chr. 11,26; 1Chr. 12,19; 1Chr. 14,14; 1Chr. 14,15; 1Chr. 14,15; 1Chr. 15,22; 1Chr. 15,27; 1Chr. 16,42; 1Chr. 19,7; 1Chr. 19,13; 1Chr. 22,3; 1Chr. 23,9; 1Chr. 23,24; 1Chr. 24,6; 1Chr. 26,1; 1Chr. 26,12; 1Chr. 26,26; 1Chr. 27,1; 1Chr. 27,16; 1Chr. 27,22; 1Chr. 27,24; 1Chr. 27,28; 1Chr. 27,28; 1Chr. 28,1; 1Chr. 28,1; 1Chr. 28,1; 1Chr. 28,11; 1Chr. 28,12; 1Chr. 28,12; 1Chr. 28,13; 1Chr. 28,13; 1Chr. 28,16; 1Chr. 28,17; 1Chr. 28,17; 1Chr. 28,17; 1Chr. 29,6; 2Chr. 1,2; 2Chr. 1,11; 2Chr. 3,16; 2Chr. 4,12; 2Chr. 4,12; 2Chr. 5,2; 2Chr. 5,7; 2Chr. 5,9; 2Chr. 5,13; 2Chr. 6,26; 2Chr. 6,28; 2Chr. 7,14; 2Chr. 7,14; 2Chr. 8,13; 2Chr. 8,13; 2Chr. 9,4; 2Chr. 12,4; 2Chr. 12,4; 2Chr. 14,4; 2Chr. 15,8; 2Chr. 20,4; 2Chr. 20,6; 2Chr. 21,19; 2Chr. 22,6; 2Chr. 22,11; 2Chr. 23,2; 2Chr. 23,4; 2Chr. 25,24; 2Chr. 26,9; 2Chr. 26,15; 2Chr. 29,35; 2Chr. 31,19; 2Chr. 32,3; 2Chr. 32,4; 2Chr. 32,13; 2Chr. 34,4; 2Chr. 34,25; 2Chr. 36,8; 1Esdr. 2,5; 1Esdr. 4,13; 1Esdr. 4,17; 1Esdr. 5,38; 1Esdr. 5,62; 1Esdr. 5,63; 1Esdr. 5,65; 1Esdr. 5,67; 1Esdr. 8,7; 1Esdr. 8,58; 1Esdr. 8,67; 1Esdr. 9,2; 1Esdr. 9,2; 1Esdr. 9,9; 1Esdr. 9,9; 1Esdr. 9,12; 1Esdr. 9,16; Ezra 1,5; Ezra 3,3; Ezra 3,4; Ezra 3,12; Ezra 4,2; Ezra 4,3; Ezra 8,29; Ezra 9,1; Ezra 9,2; Ezra 9,3; Ezra 9,12; Ezra 9,14; Ezra 10,11; Ezra 10,11; Neh. 2,13; Neh. 3,15; Neh. 3,15; Neh. 7,70; Neh. 7,71; Neh. 8,3; Neh. 8,13; Neh. 9,16; Neh. 9,34; Neh. 10,34; Neh. 12,8; Neh. 12,12; Neh. 12,23; Neh. 12,23; Neh. 12,44; Neh. 13,25; Esth. 2,3; Esth. 2,8; Esth. 2,12; Esth. 2,14; Esth. 2,15; Esth. 13,3 # 3,13c; Esth. 3,14; Esth. 6,1; Esth. 16,7 # 8,12g; Esth. 9,28; Esth. 9,28; Esth. 9,29; Esth. 11,1 # 10,3l; Judith 1,12; Judith 1,14; Judith 3,3; Judith 6,7; Judith 6,7; Judith 7,22; Judith 13,4; Judith 13,11; Judith 15,13; Tob. 1,4; Tob. 3,4; Tob. 3,5; Tob. 4,19; Tob. 8,12; Tob. 14,5; 1Mac. 1,26; 1Mac. 1,55; 1Mac. 1,55; 1Mac. 3,21; 1Mac. 3,29; 1Mac. 3,31; 1Mac. 3,34; 1Mac. 3,37; 1Mac. 4,40; 1Mac. 5,56; 1Mac. 5,68; 1Mac. 6,6; 1Mac. 6,28; 1Mac. 6,30; 1Mac. 6,35; 1Mac. 6,47; 1Mac. 7,38; 1Mac. 7,45; 1Mac. 7,46; 1Mac. 8,8; 1Mac. 9,6; 1Mac. 9,13; 1Mac. 9,22; 1Mac. 9,43; 1Mac. 9,44; 1Mac. 10,37; 1Mac. 10,41; 1Mac. 10,42; 1Mac. 10,71; 1Mac. 11,2; 1Mac. 11,8; 1Mac. 11,35; 1Mac. 11,38; 1Mac. 11,38; 1Mac. 11,70; 1Mac. 12,5; 1Mac. 12,19; 1Mac. 12,45; 1Mac. 13,6; 1Mac. 13,37; 1Mac. 13,53; 1Mac. 14,17; 1Mac. 14,20; 1Mac. 15,1; 1Mac. 15,31; 1Mac. 16,23; 1Mac. 16,23; 2Mac. 1,5; 2Mac. 1,21; 2Mac. 3,3; 2Mac. 3,6; 2Mac. 3,18; 2Mac. 3,19; 2Mac. 3,19; 2Mac. 4,14; 2Mac. 4,20; 2Mac. 6,15; 2Mac. 8,4; 2Mac. 9,16; 2Mac. 9,26; 2Mac. 10,6; 2Mac. 12,1; 2Mac. 12,20; 2Mac. 12,31; 2Mac. 13,25; 2Mac. 14,27; 3Mac. 2,32; 3Mac. 3,7; 3Mac. 6,30; 4Mac. 1,10; 4Mac. 1,10; 4Mac. 1,30; 4Mac. 1,31; 4Mac. 1,32; 4Mac. 1,33; 4Mac. 1,35; 4Mac. 2,6; 4Mac. 2,8; 4Mac. 3,13; 4Mac. 5,6; 4Mac. 5,23; 4Mac. 6,30; 4Mac. 6,34; 4Mac. 6,35; 4Mac. 6,35; 4Mac. 7,2; 4Mac. 7,9; 4Mac. 7,13; 4Mac. 7,16; 4Mac. 8,9; 4Mac. 8,19; 4Mac. 8,28; 4Mac. 9,5; 4Mac. 9,6; 4Mac. 9,16; 4Mac. 9,18; 4Mac. 11,23; 4Mac. 13,5; 4Mac. 13,21; 4Mac. 14,1; 4Mac. 14,5; 4Mac. 14,8; 4Mac. 15,6; 4Mac. 15,15; 4Mac. 15,15; 4Mac. 15,16; 4Mac. 15,19; 4Mac. 15,20; 4Mac. 15,24; 4Mac. 16,2; 4Mac. 17,3; 4Mac. 18,19; Psa. 5,11; Psa. 5,11; Psa. 8,1; Psa. 8,7; Psa. 9,14; Psa. 9,17; Psa. 16,8; Psa. 17,21; Psa. 17,25; Psa. 17,46; Psa. 23,10; Psa. 24,17; Psa. 24,22; Psa. 27,4; Psa. 27,5; Psa. 30,8; Psa. 33,5; Psa. 33,7; Psa. 33,18; Psa. 35,6; Psa. 35,8; Psa. 37,4; Psa. 38,5; Psa. 38,9; Psa. 45,8; Psa. 45,12; Psa. 47,9; Psa. 48,12; Psa. 50,11; Psa. 54,12; Psa. 56,2; Psa. 56,11; Psa. 58,6; Psa. 59,8; Psa. 60,5; Psa. 60,6; Psa. 62,8; Psa. 67,6; Psa. 67,13; Psa. 68,7; Psa. 70,20; Psa. 70,21; Psa. 73,19; Psa. 77,11; Psa. 77,50; Psa. 77,72; Psa. 79,5; Psa. 79,8; Psa. 79,15; Psa. 79,20; Psa. 80,1; Psa. 80,13; Psa. 83,1; Psa. 83,2; Psa. 83,4; Psa. 83,9; Psa. 83,13; Psa. 88,9; Psa. 89,17; Psa. 93,11; Psa. 93,19; Psa. 101,24; Psa. 101,26; Psa. 102,18; Psa. 106,3; Psa. 106,6; Psa. 106,13; Psa. 106,18; Psa. 106,19; Psa. 106,20; Psa. 106,26;

O, o

Psa. 106,28; Psa. 107,5; Psa. 107,8; Psa. 118,10; Psa. 118,21; Psa. 118,35; Psa. 118,104; Psa. 118,110; Psa. 129,8; Psa. 136,3; Psa. 137,8; Psa. 140,2; Psa. 142,5; Psa. 147,2; Psa. 149,5; Ode. 2,38; Ode. 2,38; Ode. 2,39; Ode. 7,29; Ode. 11,10; Ode. 12,9; Prov. 1,15; Prov. 5,22; Prov. 8,2; Prov. 14,14; Prov. 22,25; Prov. 30,17; Eccl. 2,8; Eccl. 7,6; Eccl. 11,1; Song 2,1; Song 2,2; Song 2,9; Song 4,1; Song 4,2; Song 6,5; Song 6,6; Song 7,1; Job 1,5; Job 1,10; Job 1,14; Job 1,18; Job 1,19; Job 2,5; Job 2,9d; Job 2,10; Job 10,7; Job 14,15; Job 14,16; Job 31,31; Wis. 2,16; Wis. 6,14; Wis. 9,18; Wis. 11,13; Wis. 11,14; Wis. 12,24; Wis. 19,17; Sir. 1,20 Prol.; Sir. 5,6; Sir. 13,23; Sir. 14,23; Sir. 18,30; Sir. 18,30; Sir. 23,18; Sir. 25,26; Sir. 26,1; Sir. 28,4; Sir. 34,26; Sir. 39,5; Sir. 48,15; Sol. 16,9; Sol. 18,1; Hos. 3,5; Hos. 4,14; Hos. 9,7; Hos. 11,6; Hos. 14,4; Amos 2,2; Amos 6,2; Amos 6,14; Mic. 2,9; Mic. 4,1; Mic. 5,11; Mic. 5,12; Jonah 3,10; Jonah 3,10; Nah. 3,10; Zeph. 2,9; Hag. 1,11; Hag. 2,14; Hag. 2,17; Zech. 1,4; Zech. 1,4; Zech. 4,12; Zech. 7,4; Zech. 8,10; Zech. 8,23; Zech. 13,6; Zech. 14,4; Zech. 14,4; Zech. 14,10; Zech. 14,12; Zech. 14,17; Mal. 1,10; Mal. 1,13; Mal. 2,13; Mal. 3,7; Is. 1,11; Is. 1,12; Is. 1,16; Is. 1,16; Is. 2,8; Is. 2,13; Is. 3,11; Is. 4,4; Is. 5,12; Is. 11,12; Is. 12,3; Is. 14,14; Is. 17,8; Is. 24,16; Is. 38,10; Is. 41,9; Is. 42,13; Is. 43,13; Is. 43,24; Is. 45,11; Is. 45,11; Is. 48,18; Is. 49,16; Is. 53,8; Is. 54,2; Is. 55,9; Is. 58,3; Is. 62,10; Is. 64,4; Is. 64,7; Is. 65,2; Is. 66,7; Jer. 1,15; Jer. 1,16; Jer. 2,28; Jer. 3,18; Jer. 5,6; Jer. 7,21; Jer. 9,20; Jer. 9,20; Jer. 10,20; Jer. 11,13; Jer. 14,10; Jer. 16,3; Jer. 16,3; Jer. 16,3; Jer. 16,15; Jer. 16,16; Jer. 17,24; Jer. 17,25; Jer. 17,26; Jer. 18,12; Jer. 19,9; Jer. 19,13; Jer. 23,20; Jer. 23,8; Jer. 25,6; Jer. 25,19; Jer. 28,32; Jer. 29,3; Jer. 29,4; Jer. 37,24; Jer. 38,34; Jer. 40,5; Jer. 40,8; Jer. 40,12; Jer. 47,4; Jer. 47,4; Jer. 51,8; Jer. 51,9; Jer. 52,25; Bar. 3,29; Bar. 4,10; Bar. 4,16; Lam. 1,2; Lam. 1,5; Lam. 3,64; Lam. 4,12; LetterJ 19; LetterJ 27; Ezek. 1,8; Ezek. 1,22; Ezek. 1,24; Ezek. 3,18; Ezek. 3,20; Ezek. 4,4; Ezek. 4,9; Ezek. 5,2; Ezek. 5,6; Ezek. 5,6; Ezek. 7,19; Ezek. 10,5; Ezek. 10,8; Ezek. 10,21; Ezek. 11,17; Ezek. 11,21; Ezek. 12,2; Ezek. 14,3; Ezek. 14,6; Ezek. 16,36; Ezek. 16,51; Ezek. 16,53; Ezek. 16,53; Ezek. 16,57; Ezek. 18,21; Ezek. 18,28; Ezek. 18,30; Ezek. 20,16; Ezek. 20,34; Ezek. 20,41; Ezek. 21,26; Ezek. 23,13; Ezek. 23,15; Ezek. 25,7; Ezek. 26,16; Ezek. 27,7; Ezek. 27,11; Ezek. 28,18; Ezek. 28,18; Ezek. 33,30; Ezek. 34,10; Ezek. 34,13; Ezek. 35,12; Ezek. 36,24; Ezek. 36,25; Ezek. 36,29; Ezek. 36,32; Ezek. 36,33; Ezek. 37,23; Ezek. 38,16; Ezek. 38,17; Ezek. 39,27; Ezek. 40,18; Ezek. 40,18; Ezek. 40,41; Ezek. 41,4; Ezek. 41,7; Ezek. 41,8; Ezek. 41,9; Ezek. 41,10; Ezek. 41,11; Ezek. 41,16; Ezek. 42,4; Ezek. 42,7; Ezek. 42,7; Ezek. 42,8; Ezek. 42,8; Ezek. 42,9; Ezek. 42,11; Ezek. 42,11; Ezek. 42,12; Ezek. 42,12; Ezek. 43,8; Ezek. 43,10; Ezek. 44,6; Ezek. 44,11; Ezek. 44,30; Ezek. 45,7; Ezek. 45,7; Ezek. 45,13; Ezek. 45,15; Ezek. 46,23; Ezek. 47,22; Ezek. 48,1; Ezek. 48,8; Ezek. 48,12; Ezek. 48,18; Ezek. 48,18; Ezek. 48,19; Ezek. 48,21; Ezek. 48,21; Ezek. 48,23; Dan. 2,28; Dan. 2,29; Dan. 2,45; Dan. 3,15; Dan. 3,17; Dan. 3,21; Dan. 3,29; Dan. 4,11; Dan. 4,21; Dan. 4,22; Dan. 4,27; Dan. 4,33a; Dan. 4,33a; Dan. 4,34; Dan. 6,1; Dan. 6,15; Dan. 7,13; Dan. 7,27; Dan. 8,4; Dan. 8,23; Dan. 9,13; Dan. 9,27; Dan. 10,3; Dan. 10,14; Dan. 11,45; Josh. 19,8; Judg. 1,6; Judg. 1,7; Judg. 6,12; Judg. 8,21; Judg. 8,26; Judg. 8,26; Judg. 14,1; Judg. 14,2; Judg. 16,3; Judg. 16,27; Judg. 20,14; Judg. 20,15; Judg. 20,42; Judg. 21,7; Judg. 21,14; Judg. 21,18; Judg. 21,21; Judg. 21,23; Tob. 1,18; Tob. 3,4; Tob. 3,5; Tob. 3,7; Tob. 8,12; Dan. 1,15; Dan. 1,18; Dan. 2,28; Dan. 3,2; Dan. 3,3; Dan. 3,15; Dan. 3,17; Dan. 3,29; Dan. 4,15; Dan. 4,23; Dan. 4,26; Dan. 4,34; Dan. 7,13; Dan. 7,13; Dan. 7,20; Dan. 7,22; Dan. 8,23; Dan. 9,5; Dan. 9,13; Dan. 9,17; Dan. 9,27; Dan. 10,14; Dan. 11,17; Dan. 11,23; Dan. 11,39; Dan. 11,45; Matt. 1,21; Matt. 5,19; Matt. 5,19; Matt. 6,5; Matt. 11,12; Matt. 14,13; Matt. 18,35; Matt. 21,1; Matt. 22,9; Matt. 24,3; Matt. 24,29; Matt. 24,30; Matt. 25,4; Matt. 26,30; Matt. 26,64; Mark 6,2; Mark 6,33; Mark 11,1; Mark 12,40; Mark 13,3; Mark 14,26; Mark 14,62; Mark 14,66; Luke 1,5; Luke 5,12; Luke 5,15; Luke 5,17; Luke 6,18; Luke 8,7; Luke 8,22; Luke 12,1; Luke 13,1; Luke 13,10; Luke 17,22; Luke 19,37; Luke 20,1; Luke 20,47; Luke 22,39; John 8,1; John 20,19; John 20,26; Acts 2,38; Acts 3,26; Acts 5,12; Acts 5,16; Acts 5,23; Acts 5,36; Acts 7,10; Acts 7,41; Acts 7,45; Acts 8,18; Acts 12,7; Acts 14,3; Acts 16,33; Acts 17,2; Acts 17,4; Acts 17,12; Acts 17,12; Acts 18,1; Acts 18,28; Acts 19,11; Acts 21,26; Acts 21,38; Acts 27,10; Rom. 1,10; Rom. 1,24; Rom. 7,5; Rom. 15,4; 1Cor. 4,5; 1Cor. 7,25; 1Cor. 15,3; 2Cor. 6,7; 2Cor. 8,18; 2Cor. 8,19; 2Cor. 8,24; 2Cor. 10,9; 2Cor. 11,28; 2Cor. 12,7; 2Cor. 12,15; Gal. 1,4; Gal. 1,14; Gal. 3,19; Gal. 3,21; Eph. 1,16; Eph. 2,3; Eph. 2,12; Eph. 2,15; Col. 1,14; Col. 1,24; Col. 1,26; Col. 2,19; 1Th. 1,2; 1Th. 2,14; 1Th. 2,14; 1Tim. 4,14; 2Tim. 1,6; Philem. 4; Philem. 22; Heb. 1,2; Heb. 1,3; Heb. 1,10; Heb. 7,27; Heb. 7,27; Heb. 8,12; Heb. 9,15; Heb. 10,17; Heb. 10,17; Heb. 13,17; James 4,1; James 4,1; James 5,9; 1Pet. 2,11; 1Pet. 2,25; 1Pet. 3,1; 2Pet. 1,9; 2Pet. 3,3; 1John 2,2; 1John 2,2; 1John 4,10; Jude 18; Rev. 1,5; Rev. 1,7; Rev. 1,13; Rev. 1,20; Rev. 2,1; Rev. 2,1; Rev. 6,1; Rev. 8,13; Rev. 9,7; Rev. 9,9; Rev. 9,18; Rev. 9,20; Rev. 13,3; Rev. 17,5; Rev. 18,4; Rev. 19,21; Rev. 21,9; Rev. 21,9; Rev. 21,9; Rev. 21,12)

Article ▪ masculine ▪ plural ▪ genitive ▪ 3451 + 197 + 815 = **4463**
(Gen. 1,26; Gen. 1,28; Gen. 3,7; Gen. 3,20; Gen. 4,3; Gen. 6,2; Gen. 6,4; Gen. 6,5; Gen. 6,18; Gen. 7,7; Gen. 7,13; Gen. 8,16; Gen. 8,18; Gen. 8,21; Gen. 10,1; Gen. 10,18; Gen. 10,19; Gen. 10,21; Gen. 11,5; Gen. 11,28; Gen. 11,31; Gen. 13,7; Gen. 13,7; Gen. 13,8; Gen. 13,8; Gen. 13,12; Gen. 14,3; Gen. 14,13; Gen. 14,17; Gen. 14,17; Gen. 14,24; Gen. 14,24; Gen. 15,16; Gen. 16,12; Gen. 17,23; Gen. 17,23; Gen. 18,24; Gen. 18,28; Gen. 18,29; Gen. 18,31; Gen. 18,32; Gen. 19,14; Gen. 21,32; Gen. 21,34; Gen. 22,17; Gen. 23,10; Gen. 23,10; Gen. 23,10; Gen. 23,11; Gen. 23,16; Gen. 23,18; Gen. 23,18; Gen. 23,20; Gen. 24,3; Gen. 24,10; Gen. 24,13; Gen. 24,15; Gen. 24,30; Gen. 24,32; Gen. 24,32; Gen. 24,37; Gen. 24,43; Gen. 24,45; Gen. 24,60; Gen. 25,10; Gen. 25,13; Gen. 25,18; Gen. 26,20; Gen. 27,16; Gen. 27,45; Gen. 27,46; Gen. 28,11; Gen. 30,14; Gen. 30,15; Gen. 30,16; Gen. 30,35; Gen. 31,1; Gen. 31,7; Gen. 31,32; Gen. 31,37; Gen. 31,37; Gen. 31,37; Gen. 31,40; Gen. 33,10; Gen. 34,19; Gen. 35,5; Gen. 36,2; Gen. 36,10; Gen. 36,40; Gen. 37,2; Gen. 37,2; Gen. 37,2; Gen. 37,4; Gen. 37,20; Gen. 38,1; Gen. 38,17; Gen. 39,11; Gen. 40,20; Gen. 41,37; Gen. 41,51; Gen. 41,51; Gen. 42,4; Gen. 42,5; Gen. 43,11; Gen. 43,23; Gen. 43,32; Gen. 44,1; Gen. 44,4; Gen. 44,9; Gen. 44,16; Gen. 44,33; Gen. 45,1; Gen. 45,10; Gen. 46,3; Gen. 46,7; Gen. 46,7; Gen. 46,8; Gen. 46,8; Gen. 46,26; Gen. 47,2; Gen. 47,4; Gen. 47,9; Gen. 47,17; Gen. 47,17; Gen. 47,17; Gen. 47,20; Gen. 47,22; Gen. 47,26; Gen. 47,30; Gen. 48,6; Gen. 48,16; Gen. 48,21; Gen. 49,8; Gen. 49,10; Gen. 49,14; Gen. 49,29; Gen. 49,32; Gen. 50,17; Ex. 1,1; Ex. 1,1; Ex. 1,9; Ex. 1,12; Ex. 1,15; Ex. 1,15; Ex. 2,6; Ex. 2,7; Ex. 2,11; Ex. 2,11; Ex. 2,19; Ex. 3,5; Ex. 3,7; Ex. 3,8; Ex. 3,9; Ex. 3,13; Ex. 3,15; Ex. 3,16; Ex. 3,16; Ex. 3,17; Ex. 3,17; Ex. 3,18; Ex. 3,21; Ex. 4,5; Ex. 4,29; Ex. 5,3; Ex. 5,9; Ex. 5,14; Ex. 5,14; Ex. 5,15; Ex. 5,19; Ex. 5,21; Ex. 6,4; Ex. 6,5; Ex. 6,6; Ex. 6,7; Ex. 6,15; Ex. 6,16; Ex. 7,9; Ex. 7,10; Ex. 7,10; Ex. 7,11; Ex. 7,16; Ex. 7,20; Ex. 7,22; Ex. 7,28; Ex. 7,28; Ex. 8,3; Ex. 8,5; Ex. 8,7; Ex. 8,8; Ex. 8,9; Ex. 8,17; Ex. 8,20; Ex. 8,22; Ex. 8,22; Ex. 8,25; Ex. 8,27; Ex. 9,1; Ex. 9,4; Ex. 9,4; Ex. 9,4; Ex. 9,6; Ex. 9,6; Ex. 9,7; Ex. 9,8; Ex. 9,13; Ex. 9,14; Ex. 9,20; Ex. 9,34; Ex. 10,1; Ex. 10,3; Ex. 10,6; Ex. 10,6; Ex. 10,24; Ex. 11,3; Ex. 11,3; Ex. 11,3; Ex. 11,7; Ex. 12,5; Ex. 12,5; Ex. 12,7;

ó

Ex. 12,12; Ex. 12,22; Ex. 12,23; Ex. 12,27; Ex. 12,34; Ex. 12,35; Ex. 12,36; Ex. 12,40; Ex. 13,4; Ex. 13,5; Ex. 13,11; Ex. 13,13; Ex. 13,15; Ex. 14,5; Ex. 14,5; Ex. 14,7; Ex. 14,8; Ex. 14,8; Ex. 14,17; Ex. 14,19; Ex. 14,20; Ex. 14,24; Ex. 14,24; Ex. 14,30; Ex. 16,3; Ex. 16,12; Ex. 17,5; Ex. 17,6; Ex. 17,7; Ex. 18,8; Ex. 19,1; Ex. 21,17; Ex. 22,28; Ex. 24,1; Ex. 24,5; Ex. 24,8; Ex. 24,11; Ex. 24,17; Ex. 25,20; Ex. 25,22; Ex. 25,22; Ex. 25,26; Ex. 26,28; Ex. 27,11; Ex. 27,21; Ex. 28,1; Ex. 28,9; Ex. 28,11; Ex. 28,12; Ex. 28,12; Ex. 28,12; Ex. 28,21; Ex. 28,29; Ex. 28,30; Ex. 28,39; Ex. 29,9; Ex. 29,20; Ex. 29,20; Ex. 29,20; Ex. 29,21; Ex. 29,21; Ex. 29,24; Ex. 29,27; Ex. 29,28; Ex. 29,28; Ex. 29,28; Ex. 29,30; Ex. 29,34; Ex. 30,12; Ex. 30,16; Ex. 31,10; Ex. 32,13; Ex. 34,13; Ex. 34,15; Ex. 34,16; Ex. 34,16; Ex. 34,20; Ex. 34,27; Ex. 36,3; Ex. 36,13; Ex. 36,14; Ex. 36,21; Ex. 36,28; Ex. 36,28; Ex. 36,32; Ex. 37,15; Ex. 37,19; Ex. 38,15; Ex. 38,20; Ex. 39,2; Ex. 39,18; Lev. 1,2; Lev. 1,3; Lev. 1,10; Lev. 1,10; Lev. 3,1; Lev. 3,12; Lev. 6,11; Lev. 6,13; Lev. 6,15; Lev. 7,6; Lev. 7,33; Lev. 7,34; Lev. 7,34; Lev. 7,35; Lev. 7,36; Lev. 8,24; Lev. 8,24; Lev. 8,27; Lev. 8,30; Lev. 8,30; Lev. 8,32; Lev. 10,14; Lev. 11,21; Lev. 13,2; Lev. 13,2; Lev. 14,30; Lev. 14,34; Lev. 14,37; Lev. 14,42; Lev. 16,5; Lev. 16,16; Lev. 16,19; Lev. 16,20; Lev. 16,21; Lev. 16,24; Lev. 16,33; Lev. 16,34; Lev. 17,3; Lev. 17,3; Lev. 17,3; Lev. 17,8; Lev. 17,8; Lev. 17,8; Lev. 17,8; Lev. 17,10; Lev. 17,10; Lev. 17,10; Lev. 17,13; Lev. 17,13; Lev. 17,13; Lev. 19,2; Lev. 20,2; Lev. 20,2; Lev. 20,3; Lev. 21,10; Lev. 22,2; Lev. 22,11; Lev. 22,11; Lev. 22,13; Lev. 22,15; Lev. 22,18; Lev. 22,18; Lev. 22,18; Lev. 22,18; Lev. 22,19; Lev. 22,32; Lev. 23,5; Lev. 23,18; Lev. 23,19; Lev. 23,20; Lev. 23,20; Lev. 23,38; Lev. 24,8; Lev. 25,32; Lev. 25,33; Lev. 25,33; Lev. 25,45; Lev. 25,45; Lev. 25,45; Lev. 25,45; Lev. 25,46; Lev. 25,46; Lev. 25,48; Lev. 25,49; Lev. 26,17; Lev. 26,29; Lev. 26,34; Lev. 26,36; Lev. 26,38; Lev. 26,39; Lev. 26,40; Lev. 26,41; Lev. 26,44; Lev. 26,46; Lev. 27,29; Num. 1,5; Num. 1,5; Num. 1,6; Num. 1,7; Num. 1,8; Num. 1,9; Num. 1,10; Num. 1,10; Num. 1,10; Num. 1,11; Num. 1,12; Num. 1,13; Num. 1,14; Num. 1,15; Num. 1,49; Num. 2,3; Num. 2,5; Num. 2,7; Num. 2,10; Num. 2,12; Num. 2,14; Num. 2,17; Num. 2,18; Num. 2,20; Num. 2,22; Num. 2,25; Num. 2,27; Num. 2,29; Num. 2,32; Num. 3,2; Num. 3,3; Num. 3,7; Num. 3,8; Num. 3,9; Num. 3,12; Num. 3,12; Num. 3,18; Num. 3,20; Num. 3,29; Num. 3,30; Num. 3,32; Num. 3,32; Num. 3,38; Num. 3,39; Num. 3,40; Num. 3,41; Num. 3,41; Num. 3,41; Num. 3,45; Num. 3,45; Num. 3,46; Num. 3,48; Num. 3,49; Num. 3,49; Num. 3,50; Num. 3,51; Num. 4,2; Num. 4,4; Num. 4,18; Num. 4,22; Num. 4,27; Num. 4,27; Num. 4,28; Num. 4,32; Num. 7,24; Num. 7,30; Num. 7,36; Num. 7,42; Num. 7,48; Num. 7,54; Num. 7,60; Num. 7,66; Num. 7,72; Num. 7,78; Num. 7,84; Num. 7,84; Num. 8,11; Num. 8,12; Num. 8,13; Num. 8,16; Num. 8,16; Num. 8,19; Num. 8,19; Num. 8,20; Num. 8,22; Num. 8,22; Num. 8,24; Num. 10,9; Num. 11,16; Num. 11,20; Num. 11,24; Num. 11,26; Num. 12,6; Num. 13,2; Num. 13,11; Num. 13,16; Num. 13,20; Num. 14,6; Num. 14,27; Num. 14,38; Num. 14,38; Num. 14,42; Num. 15,3; Num. 15,8; Num. 15,11; Num. 15,19; Num. 15,30; Num. 15,30; Num. 15,39; Num. 16,2; Num. 16,14; Num. 16,26; Num. 16,26; Num. 17,2; Num. 17,3; Num. 17,13; Num. 17,13; Num. 17,14; Num. 17,17; Num. 17,20; Num. 17,25; Num. 18,6; Num. 18,8; Num. 18,11; Num. 18,15; Num. 18,20; Num. 18,24; Num. 18,26; Num. 18,28; Num. 18,32; Num. 20,3; Num. 21,6; Num. 21,13; Num. 21,25; Num. 21,26; Num. 21,29; Num. 21,31; Num. 21,34; Num. 22,21; Num. 22,35; Num. 22,35; Num. 25,6; Num. 25,13; Num. 25,14; Num. 25,15; Num. 26,12; Num. 26,64; Num. 27,1; Num. 27,2; Num. 27,21; Num. 31,2; Num. 31,27; Num. 31,27; Num. 31,28; Num. 31,28; Num. 31,28; Num. 31,28; Num. 31,28; Num. 31,28; Num. 31,30; Num. 31,30; Num. 31,30; Num. 31,30; Num. 31,36; Num. 31,42; Num. 31,42; Num. 31,42; Num. 31,47; Num. 31,47; Num. 31,49; Num. 31,49; Num. 31,49; Num. 31,52; Num. 31,52; Num. 31,54; Num. 31,54; Num. 31,54; Num. 32,4; Num. 32,7; Num. 32,9; Num. 32,14; Num. 32,17; Num. 33,1; Num. 33,3; Num. 33,38; Num. 34,17; Num. 34,19; Num. 34,23; Num. 35,2; Num. 35,8; Num. 35,8; Num. 35,34; Num. 36,1; Num. 36,3; Num. 36,4; Deut. 1,11; Deut. 1,16; Deut. 1,21; Deut. 1,34; Deut. 1,35; Deut. 1,42; Deut. 2,4; Deut. 3,2; Deut. 3,5; Deut. 3,8; Deut. 3,11; Deut. 3,11; Deut. 3,18; Deut. 4,1; Deut. 4,9; Deut. 4,25; Deut. 4,31; Deut. 4,46; Deut. 4,47; Deut. 5,28; Deut. 5,28; Deut. 6,2; Deut. 6,3; Deut. 6,14; Deut. 7,5; Deut. 7,13; Deut. 7,25; Deut. 8,13; Deut. 9,26; Deut. 9,27; Deut. 10,17; Deut. 10,17; Deut. 11,4; Deut. 11,21; Deut. 12,1; Deut. 12,2; Deut. 12,3; Deut. 12,6; Deut. 12,10; Deut. 12,10; Deut. 12,17; Deut. 12,21; Deut. 13,4; Deut. 13,8; Deut. 14,1; Deut. 14,8; Deut. 14,23; Deut. 15,7; Deut. 17,3; Deut. 17,7; Deut. 17,15; Deut. 17,18; Deut. 17,18; Deut. 17,20; Deut. 18,3; Deut. 18,3; Deut. 18,6; Deut. 18,15; Deut. 18,18; Deut. 19,17; Deut. 19,17; Deut. 20,14; Deut. 22,6; Deut. 24,7; Deut. 24,7; Deut. 24,14; Deut. 24,14; Deut. 24,14; Deut. 25,2; Deut. 25,11; Deut. 25,19; Deut. 25,19; Deut. 26,2; Deut. 26,7; Deut. 27,3; Deut. 27,3; Deut. 27,3; Deut. 27,8; Deut. 28,4; Deut. 28,14; Deut. 28,18; Deut. 28,25; Deut. 28,34; Deut. 28,35; Deut. 28,51; Deut. 28,57; Deut. 28,66; Deut. 28,67; Deut. 29,4; Deut. 29,20; Deut. 29,24; Deut. 31,4; Deut. 31,9; Deut. 31,16; Deut. 32,43; Deut. 33,3; Deut. 33,7; Deut. 33,12; Josh. 1,3; Josh. 1,11; Josh. 1,14; Josh. 2,2; Josh. 2,10; Josh. 3,3; Josh. 3,12; Josh. 3,13; Josh. 3,13; Josh. 3,15; Josh. 3,15; Josh. 4,4; Josh. 4,4; Josh. 4,5; Josh. 4,8; Josh. 4,9; Josh. 4,9; Josh. 4,12; Josh. 5,1; Josh. 5,1; Josh. 5,1; Josh. 5,1; Josh. 5,4; Josh. 5,6; Josh. 5,6; Josh. 5,12; Josh. 5,13; Josh. 5,15; Josh. 6,18; Josh. 7,4; Josh. 7,12; Josh. 7,12; Josh. 7,13; Josh. 8,16; Josh. 8,27; Josh. 9,1; Josh. 8,32 # 9,2c; Josh. 9,4; Josh. 9,10; Josh. 9,22; Josh. 10,5; Josh. 10,6; Josh. 10,6; Josh. 10,10; Josh. 10,11; Josh. 10,19; Josh. 10,21; Josh. 11,12; Josh. 11,22; Josh. 11,22; Josh. 12,2; Josh. 12,3; Josh. 12,4; Josh. 12,7; Josh. 13,3; Josh. 13,3; Josh. 13,4; Josh. 13,12; Josh. 13,21; Josh. 14,1; Josh. 14,15; Josh. 17,4; Josh. 17,4; Josh. 17,6; Josh. 18,11; Josh. 18,19; Josh. 18,21; Josh. 19,1; Josh. 19,29; Josh. 19,35; Josh. 21,1; Josh. 21,10; Josh. 21,11; Josh. 21,19; Josh. 21,20; Josh. 21,40; Josh. 21,41; Josh. 21,44; Josh. 22,7; Josh. 22,8; Josh. 22,8; Josh. 22,9; Josh. 22,14; Josh. 22,28; Josh. 22,32; Josh. 22,32; Josh. 22,33; Josh. 22,33; Josh. 22,34; Josh. 22,34; Josh. 23,1; Josh. 23,7; Josh. 23,14; Josh. 24,6; Josh. 24,7; Josh. 24,8; Josh. 24,12; Josh. 24,15; Josh. 24,15; Josh. 24,29; Josh. 24,32; Josh. 24,32; Judg. 1,6; Judg. 1,7; Judg. 1,16; Judg. 2,7; Judg. 2,12; Judg. 2,12; Judg. 2,12; Judg. 2,12; Judg. 2,14; Judg. 2,14; Judg. 2,16; Judg. 2,17; Judg. 2,18; Judg. 2,18; Judg. 2,21; Judg. 3,2; Judg. 3,3; Judg. 3,13; Judg. 3,31; Judg. 4,6; Judg. 4,6; Judg. 4,11; Judg. 4,24; Judg. 5,16; Judg. 5,27; Judg. 6,9; Judg. 6,21; Judg. 6,27; Judg. 7,6; Judg. 7,8; Judg. 7,11; Judg. 7,11; Judg. 8,14; Judg. 8,26; Judg. 8,26; Judg. 8,26; Judg. 8,26; Judg. 8,26; Judg. 8,33; Judg. 8,34; Judg. 9,2; Judg. 9,3; Judg. 9,13; Judg. 9,23; Judg. 9,24; Judg. 9,39; Judg. 10,6; Judg. 11,3; Judg. 11,11; Judg. 11,28; Judg. 11,31; Judg. 11,36; Judg. 11,36; Judg. 12,14; Judg. 13,16; Judg. 13,19; Judg. 14,1; Judg. 14,2; Judg. 14,3; Judg. 14,3; Judg. 14,3; Judg. 14,4; Judg. 14,4; Judg. 15,3; Judg. 15,4; Judg. 15,5; Judg. 15,18; Judg. 16,3; Judg. 16,5; Judg. 16,7; Judg. 16,8; Judg. 16,11; Judg. 16,12; Judg. 16,13; Judg. 16,18; Judg. 16,18; Judg. 16,23; Judg. 16,25; Judg. 16,27; Judg. 16,28; Judg. 16,28; Judg. 16,30; Judg. 17,5; Judg. 17,11; Judg. 18,7; Judg. 18,9; Judg. 18,16; Judg. 19,12; Judg. 19,13; Judg. 20,13; Judg. 20,13; Judg. 20,15; Judg. 20,17; Judg. 21,9; Judg. 21,10; Judg. 21,12; Judg. 21,21; Judg. 21,21; Ruth 1,5; Ruth 1,8; Ruth 2,3; Ruth 2,7;

Ruth 2,14; Ruth 2,14; Ruth 2,20; Ruth 2,20; Ruth 2,20; Ruth 2,23; Ruth 4,2; Ruth 4,4; Ruth 4,4; Ruth 4,10; 1Sam. 3,17; 1Sam. 3,17; 1Sam. 3,19; 1Sam. 4,6; 1Sam. 4,8; 1Sam. 4,8; 1Sam. 5,8; 1Sam. 5,11; 1Sam. 6,1; 1Sam. 6,4; 1Sam. 6,4; 1Sam. 6,5; 1Sam. 6,5; 1Sam. 6,5; 1Sam. 6,12; 1Sam. 6,16; 1Sam. 6,18; 1Sam. 6,18; 1Sam. 7,14; 1Sam. 8,2; 1Sam. 9,22; 1Sam. 10,5; 1Sam. 10,11; 1Sam. 11,5; 1Sam. 12,11; 1Sam. 12,19; 1Sam. 12,21; 1Sam. 13,2; 1Sam. 13,23; 1Sam. 14,1; 1Sam. 14,4; 1Sam. 14,6; 1Sam. 14,11; 1Sam. 14,19; 1Sam. 14,21; 1Sam. 14,21; 1Sam. 14,30; 1Sam. 14,31; 1Sam. 14,36; 1Sam. 14,37; 1Sam. 14,46; 1Sam. 14,48; 1Sam. 14,49; 1Sam. 15,6; 1Sam. 15,9; 1Sam. 15,14; 1Sam. 15,15; 1Sam. 16,13; 1Sam. 17,4; 1Sam. 17,6; 1Sam. 17,52; 1Sam. 17,53; 1Sam. 18,25; 1Sam. 19,13; 1Sam. 19,16; 1Sam. 19,20; 1Sam. 22,19; 1Sam. 23,3; 1Sam. 23,28; 1Sam. 24,2; 1Sam. 24,10; 1Sam. 25,41; 1Sam. 25,42; 1Sam. 27,5; 1Sam. 27,7; 1Sam. 27,11; 1Sam. 28,5; 1Sam. 28,15; 1Sam. 28,20; 1Sam. 28,25; 1Sam. 29,3; 1Sam. 29,3; 1Sam. 29,4; 1Sam. 29,4; 1Sam. 29,6; 1Sam. 29,7; 1Sam. 29,7; 1Sam. 29,9; 1Sam. 29,11; 1Sam. 30,1; 1Sam. 30,22; 1Sam. 30,22; 1Sam. 30,22; 1Sam. 30,24; 1Sam. 30,26; 1Sam. 31,1; 2Sam. 1,19; 2Sam. 1,20; 2Sam. 2,15; 2Sam. 2,15; 2Sam. 2,15; 2Sam. 2,21; 2Sam. 2,26; 2Sam. 2,30; 2Sam. 2,31; 2Sam. 2,31; 2Sam. 3,18; 2Sam. 4,2; 2Sam. 4,8; 2Sam. 5,14; 2Sam. 5,18; 2Sam. 5,20; 2Sam. 5,22; 2Sam. 5,24; 2Sam. 6,2; 2Sam. 6,20; 2Sam. 6,20; 2Sam. 7,1; 2Sam. 7,1; 2Sam. 7,9; 2Sam. 7,9; 2Sam. 7,11; 2Sam. 7,12; 2Sam. 8,1; 2Sam. 8,7; 2Sam. 8,7; 2Sam. 8,12; 2Sam. 8,12; 2Sam. 9,11; 2Sam. 10,2; 2Sam. 10,5; 2Sam. 10,9; 2Sam. 10,14; 2Sam. 11,1; 2Sam. 11,9; 2Sam. 11,13; 2Sam. 11,17; 2Sam. 11,24; 2Sam. 12,3; 2Sam. 13,13; 2Sam. 16,21; 2Sam. 17,4; 2Sam. 17,9; 2Sam. 17,9; 2Sam. 17,12; 2Sam. 18,7; 2Sam. 18,9; 2Sam. 18,19; 2Sam. 18,31; 2Sam. 19,6; 2Sam. 19,6; 2Sam. 19,6; 2Sam. 19,8; 2Sam. 19,10; 2Sam. 21,6; 2Sam. 21,9; 2Sam. 21,11; 2Sam. 21,11; 2Sam. 21,12; 2Sam. 21,13; 2Sam. 21,14; 2Sam. 21,15; 2Sam. 21,18; 2Sam. 21,19; 2Sam. 21,20; 2Sam. 21,22; 2Sam. 21,22; 2Sam. 22,1; 2Sam. 22,4; 2Sam. 22,10; 2Sam. 22,18; 2Sam. 22,25; 2Sam. 22,46; 2Sam. 22,49; 2Sam. 23,8; 2Sam. 23,13; 2Sam. 23,13; 2Sam. 23,14; 2Sam. 23,15; 2Sam. 23,16; 2Sam. 23,17; 2Sam. 23,17; 2Sam. 23,19; 2Sam. 23,19; 2Sam. 23,23; 2Sam. 23,24; 2Sam. 23,27; 2Sam. 24,13; 2Sam. 24,22; 1Kings 1,21; 1Kings 2,10; 1Kings 2,35h; 1Kings 2,46h; 1Kings 4,5; 1Kings 4,6; 1Kings 5,13; 1Kings 5,14; 1Kings 5,17; 1Kings 5,17; 1Kings 5,17; 1Kings 5,20; 1Kings 5,21; 1Kings 5,30; 1Kings 5,30; 1Kings 6,6; 1Kings 6,15; 1Kings 7,4; 1Kings 7,5; 1Kings 7,8; 1Kings 7,9; 1Kings 7,16; 1Kings 7,16; 1Kings 7,17; 1Kings 7,19; 1Kings 7,20; 1Kings 7,27; 1Kings 7,27; 1Kings 7,27; 1Kings 7,40; 1Kings 7,40; 1Kings 7,43; 1Kings 7,44; 1Kings 8,9; 1Kings 8,21; 1Kings 8,53; 1Kings 8,57; 1Kings 9,27; 1Kings 9,27; 1Kings 10,15; 1Kings 10,15; 1Kings 10,15; 1Kings 10,15; 1Kings 10,15; 1Kings 10,20; 1Kings 10,22a # 9,15; 1Kings 10,22b # 9,20; 1Kings 10,22b # 9,20; 1Kings 10,22c # 9,22; 1Kings 10,26a; 1Kings 10,28; 1Kings 11,17; 1Kings 11,21; 1Kings 11,43; 1Kings 11,43; 1Kings 12,8; 1Kings 12,13; 1Kings 12,24; 1Kings 12,24a; 1Kings 12,24a; 1Kings 12,31; 1Kings 13,4; 1Kings 13,22; 1Kings 14,26; 1Kings 14,27; 1Kings 14,28; 1Kings 14,29; 1Kings 14,31; 1Kings 14,31; 1Kings 15,7; 1Kings 15,8; 1Kings 15,8; 1Kings 15,23; 1Kings 15,24; 1Kings 15,27; 1Kings 15,31; 1Kings 16,5; 1Kings 16,5; 1Kings 16,6; 1Kings 16,14; 1Kings 16,14; 1Kings 16,15; 1Kings 16,20; 1Kings 16,20; 1Kings 16,27; 1Kings 16,27; 1Kings 16,28; 1Kings 16,28c; 1Kings 16,28h; 1Kings 16,28h; 1Kings 18,13; 1Kings 18,18; 1Kings 18,41; 1Kings 19,21; 1Kings 19,21; 1Kings 21,6; 1Kings 21,7; 1Kings 21,14; 1Kings 21,15; 1Kings 21,30; 1Kings 21,35; 1Kings 21,35; 1Kings 21,41; 1Kings 21,41; 1Kings 22,22; 1Kings 22,23; 1Kings 22,39; 1Kings 22,39; 1Kings 22,40; 1Kings 22,46; 1Kings 22,46; 1Kings 22,51; 2Kings 1,3; 2Kings 1,13; 2Kings 1,13; 2Kings 1,14; 2Kings 1,18; 2Kings 2,3; 2Kings 2,5; 2Kings 2,7; 2Kings 2,15; 2Kings 2,16; 2Kings 2,16; 2Kings 3,11; 2Kings 4,1; 2Kings 4,1; 2Kings 4,3; 2Kings 4,4; 2Kings 4,5; 2Kings 4,27; 2Kings 4,33; 2Kings 4,38; 2Kings 4,38; 2Kings 5,22; 2Kings 5,22; 2Kings 6,1; 2Kings 6,3; 2Kings 6,12; 2Kings 6,32; 2Kings 7,6; 2Kings 7,13; 2Kings 7,13; 2Kings 7,13; 2Kings 8,3; 2Kings 8,3; 2Kings 8,5; 2Kings 8,23; 2Kings 8,24; 2Kings 8,24; 2Kings 9,1; 2Kings 9,1; 2Kings 9,2; 2Kings 9,7; 2Kings 9,7; 2Kings 9,7; 2Kings 9,13; 2Kings 9,24; 2Kings 9,26; 2Kings 10,6; 2Kings 10,8; 2Kings 10,12; 2Kings 10,13; 2Kings 10,13; 2Kings 10,23; 2Kings 10,24; 2Kings 10,34; 2Kings 10,35; 2Kings 11,2; 2Kings 11,2; 2Kings 11,6; 2Kings 11,9; 2Kings 11,13; 2Kings 11,16; 2Kings 11,19; 2Kings 11,19; 2Kings 12,12; 2Kings 12,13; 2Kings 12,20; 2Kings 12,22; 2Kings 13,8; 2Kings 13,9; 2Kings 13,9; 2Kings 13,12; 2Kings 13,13; 2Kings 13,13; 2Kings 14,6; 2Kings 14,15; 2Kings 14,16; 2Kings 14,16; 2Kings 14,18; 2Kings 14,20; 2Kings 14,22; 2Kings 14,28; 2Kings 14,29; 2Kings 15,6; 2Kings 15,7; 2Kings 15,7; 2Kings 15,11; 2Kings 15,15; 2Kings 15,20; 2Kings 15,21; 2Kings 15,22; 2Kings 15,25; 2Kings 15,26; 2Kings 15,31; 2Kings 15,36; 2Kings 15,38; 2Kings 15,38; 2Kings 16,3; 2Kings 16,4; 2Kings 16,7; 2Kings 16,13; 2Kings 16,17; 2Kings 16,17; 2Kings 16,17; 2Kings 16,19; 2Kings 16,20; 2Kings 17,13; 2Kings 17,13; 2Kings 17,13; 2Kings 17,14; 2Kings 17,23; 2Kings 17,23; 2Kings 17,24; 2Kings 17,28; 2Kings 17,39; 2Kings 17,41; 2Kings 18,24; 2Kings 18,24; 2Kings 19,2; 2Kings 19,6; 2Kings 19,14; 2Kings 19,35; 2Kings 20,20; 2Kings 20,21; 2Kings 21,2; 2Kings 21,10; 2Kings 21,17; 2Kings 21,18; 2Kings 21,22; 2Kings 21,25; 2Kings 22,5; 2Kings 22,9; 2Kings 22,13; 2Kings 22,13; 2Kings 23,6; 2Kings 23,7; 2Kings 23,7; 2Kings 23,9; 2Kings 23,16; 2Kings 23,20; 2Kings 23,22; 2Kings 23,28; 2Kings 24,2; 2Kings 24,2; 2Kings 24,2; 2Kings 24,5; 2Kings 24,6; 2Kings 25,5; 2Kings 25,12; 2Kings 25,19; 2Kings 25,19; 2Kings 25,19; 2Kings 25,24; 2Kings 25,25; 2Kings 25,26; 2Kings 25,28; 2Kings 25,28; 2Kings 25,28; 1Chr. 2,1; 1Chr. 3,9; 1Chr. 4,40; 1Chr. 4,40; 1Chr. 4,42; 1Chr. 5,6; 1Chr. 5,19; 1Chr. 5,24; 1Chr. 6,2; 1Chr. 6,18; 1Chr. 7,5; 1Chr. 8,32; 1Chr. 8,32; 1Chr. 8,40; 1Chr. 9,1; 1Chr. 9,1; 1Chr. 9,3; 1Chr. 9,3; 1Chr. 9,3; 1Chr. 9,5; 1Chr. 9,6; 1Chr. 9,7; 1Chr. 9,10; 1Chr. 9,14; 1Chr. 9,14; 1Chr. 9,26; 1Chr. 9,30; 1Chr. 9,30; 1Chr. 9,31; 1Chr. 9,32; 1Chr. 9,32; 1Chr. 9,33; 1Chr. 9,34; 1Chr. 9,38; 1Chr. 9,38; 1Chr. 10,12; 1Chr. 11,10; 1Chr. 11,11; 1Chr. 11,11; 1Chr. 11,15; 1Chr. 11,15; 1Chr. 11,15; 1Chr. 11,16; 1Chr. 11,18; 1Chr. 11,20; 1Chr. 11,21; 1Chr. 11,21; 1Chr. 12,2; 1Chr. 12,4; 1Chr. 12,15; 1Chr. 12,17; 1Chr. 12,18; 1Chr. 12,19; 1Chr. 12,20; 1Chr. 12,20; 1Chr. 12,20; 1Chr. 12,24; 1Chr. 12,26; 1Chr. 12,27; 1Chr. 12,30; 1Chr. 12,30; 1Chr. 12,33; 1Chr. 12,36; 1Chr. 12,41; 1Chr. 12,41; 1Chr. 12,41; 1Chr. 12,41; 1Chr. 13,1; 1Chr. 13,1; 1Chr. 14,4; 1Chr. 14,9; 1Chr. 14,13; 1Chr. 14,15; 1Chr. 14,16; 1Chr. 15,5; 1Chr. 15,6; 1Chr. 15,7; 1Chr. 15,8; 1Chr. 15,9; 1Chr. 15,10; 1Chr. 15,12; 1Chr. 15,15; 1Chr. 15,16; 1Chr. 15,17; 1Chr. 15,17; 1Chr. 15,22; 1Chr. 15,27; 1Chr. 16,4; 1Chr. 16,7; 1Chr. 16,22; 1Chr. 17,8; 1Chr. 17,8; 1Chr. 17,11; 1Chr. 17,13; 1Chr. 18,8; 1Chr. 18,8; 1Chr. 18,11; 1Chr. 18,12; 1Chr. 19,4; 1Chr. 19,5; 1Chr. 19,8; 1Chr. 20,1; 1Chr. 20,4; 1Chr. 20,4; 1Chr. 20,4; 1Chr. 20,5; 1Chr. 22,9; 1Chr. 24,3; 1Chr. 24,3; 1Chr. 24,4; 1Chr. 24,6; 1Chr. 24,6; 1Chr. 24,6; 1Chr. 24,30; 1Chr. 24,31; 1Chr. 24,31; 1Chr. 26,1; 1Chr. 26,8; 1Chr. 26,10; 1Chr. 26,12; 1Chr. 26,14; 1Chr. 26,19; 1Chr. 26,20; 1Chr. 26,20; 1Chr. 26,22; 1Chr. 26,24; 1Chr. 26,26; 1Chr. 26,26; 1Chr. 26,27; 1Chr. 26,28; 1Chr. 26,31; 1Chr. 27,3; 1Chr. 27,3; 1Chr. 27,6; 1Chr. 27,6; 1Chr. 27,10; 1Chr. 27,14; 1Chr. 27,18; 1Chr. 27,25; 1Chr. 27,25; 1Chr. 27,25; 1Chr. 27,26; 1Chr. 27,26; 1Chr. 27,27; 1Chr. 27,27;

ὁ

1Chr. 27,28; 1Chr. 27,28; 1Chr. 27,29; 1Chr. 27,29; 1Chr. 27,29; 1Chr. 27,29; 1Chr. 27,29; 1Chr. 27,30; 1Chr. 27,30; 1Chr. 27,32; 1Chr. 28,1; 1Chr. 28,1; 1Chr. 28,5; 1Chr. 28,9; 1Chr. 28,11; 1Chr. 28,11; 1Chr. 28,11; 1Chr. 28,11; 1Chr. 28,12; 1Chr. 28,12; 1Chr. 28,13; 1Chr. 28,13; 1Chr. 28,14; 1Chr. 28,15; 1Chr. 28,16; 1Chr. 28,17; 1Chr. 28,17; 1Chr. 28,21; 1Chr. 28,21; 1Chr. 29,3; 1Chr. 29,6; 1Chr. 29,11; 1Chr. 29,14; 1Chr. 29,18; 1Chr. 29,20; 2Chr. 1,16; 2Chr. 1,16; 2Chr. 1,16; 2Chr. 1,17; 2Chr. 2,6; 2Chr. 2,6; 2Chr. 2,7; 2Chr. 2,13; 2Chr. 3,7; 2Chr. 3,9; 2Chr. 3,16; 2Chr. 4,9; 2Chr. 4,12; 2Chr. 4,12; 2Chr. 4,12; 2Chr. 4,13; 2Chr. 5,10; 2Chr. 5,12; 2Chr. 6,27; 2Chr. 7,22; 2Chr. 8,6; 2Chr. 8,8; 2Chr. 8,8; 2Chr. 8,9; 2Chr. 8,10; 2Chr. 8,14; 2Chr. 8,14; 2Chr. 8,15; 2Chr. 8,15; 2Chr. 8,18; 2Chr. 9,5; 2Chr. 9,14; 2Chr. 9,14; 2Chr. 9,14; 2Chr. 9,14; 2Chr. 9,19; 2Chr. 9,21; 2Chr. 9,26; 2Chr. 9,28; 2Chr. 9,29; 2Chr. 9,29; 2Chr. 10,8; 2Chr. 10,13; 2Chr. 10,14; 2Chr. 11,16; 2Chr. 12,11; 2Chr. 12,16; 2Chr. 13,11; 2Chr. 13,12; 2Chr. 13,13; 2Chr. 13,13; 2Chr. 13,14; 2Chr. 13,14; 2Chr. 13,18; 2Chr. 13,23; 2Chr. 14,2; 2Chr. 14,3; 2Chr. 15,12; 2Chr. 16,13; 2Chr. 17,7; 2Chr. 17,11; 2Chr. 18,21; 2Chr. 18,22; 2Chr. 19,4; 2Chr. 19,8; 2Chr. 19,8; 2Chr. 19,8; 2Chr. 19,10; 2Chr. 19,10; 2Chr. 20,1; 2Chr. 20,6; 2Chr. 20,14; 2Chr. 20,14; 2Chr. 20,14; 2Chr. 20,19; 2Chr. 20,19; 2Chr. 20,27; 2Chr. 20,33; 2Chr. 21,1; 2Chr. 21,4; 2Chr. 21,9; 2Chr. 21,10; 2Chr. 21,16; 2Chr. 21,17; 2Chr. 21,20; 2Chr. 22,11; 2Chr. 23,4; 2Chr. 23,4; 2Chr. 23,6; 2Chr. 23,12; 2Chr. 23,15; 2Chr. 23,18; 2Chr. 23,18; 2Chr. 24,6; 2Chr. 24,11; 2Chr. 24,16; 2Chr. 24,18; 2Chr. 24,24; 2Chr. 24,25; 2Chr. 24,27; 2Chr. 25,7; 2Chr. 25,8; 2Chr. 25,11; 2Chr. 25,20; 2Chr. 25,28; 2Chr. 25,28; 2Chr. 26,2; 2Chr. 26,12; 2Chr. 26,12; 2Chr. 26,15; 2Chr. 26,19; 2Chr. 26,23; 2Chr. 26,23; 2Chr. 26,23; 2Chr. 27,9; 2Chr. 28,6; 2Chr. 28,8; 2Chr. 28,9; 2Chr. 28,9; 2Chr. 28,9; 2Chr. 28,11; 2Chr. 28,12; 2Chr. 28,14; 2Chr. 28,21; 2Chr. 28,25; 2Chr. 28,27; 2Chr. 28,27; 2Chr. 29,5; 2Chr. 29,12; 2Chr. 29,12; 2Chr. 29,12; 2Chr. 29,13; 2Chr. 29,13; 2Chr. 29,14; 2Chr. 29,14; 2Chr. 29,25; 2Chr. 30,6; 2Chr. 30,9; 2Chr. 30,12; 2Chr. 30,16; 2Chr. 30,19; 2Chr. 30,22; 2Chr. 30,22; 2Chr. 30,22; 2Chr. 30,24; 2Chr. 31,2; 2Chr. 31,2; 2Chr. 31,4; 2Chr. 31,4; 2Chr. 31,9; 2Chr. 31,9; 2Chr. 31,9; 2Chr. 31,15; 2Chr. 31,16; 2Chr. 31,17; 2Chr. 32,3; 2Chr. 32,3; 2Chr. 32,21; 2Chr. 32,31; 2Chr. 32,32; 2Chr. 32,33; 2Chr. 33,2; 2Chr. 33,12; 2Chr. 33,18; 2Chr. 33,18; 2Chr. 33,19; 2Chr. 33,19; 2Chr. 33,20; 2Chr. 34,4; 2Chr. 34,9; 2Chr. 34,12; 2Chr. 34,13; 2Chr. 34,13; 2Chr. 34,13; 2Chr. 34,16; 2Chr. 34,16; 2Chr. 34,17; 2Chr. 34,17; 2Chr. 34,21; 2Chr. 34,21; 2Chr. 35,7; 2Chr. 35,9; 2Chr. 35,22; 2Chr. 35,24; 2Chr. 35,25; 2Chr. 36,5b; 2Chr. 36,5b; 2Chr. 36,8; 2Chr. 36,8; 2Chr. 36,8; 2Chr. 36,15; 1Esdr. 1,5; 1Esdr. 1,5; 1Esdr. 1,5; 1Esdr. 1,12; 1Esdr. 1,18; 1Esdr. 1,22; 1Esdr. 1,31; 1Esdr. 1,31; 1Esdr. 1,31; 1Esdr. 1,40; 1Esdr. 1,40; 1Esdr. 1,45; 1Esdr. 1,47; 1Esdr. 1,48; 1Esdr. 1,49; 1Esdr. 2,12; 1Esdr. 2,16; 1Esdr. 4,17; 1Esdr. 4,37; 1Esdr. 4,40; 1Esdr. 4,45; 1Esdr. 4,50; 1Esdr. 4,60; 1Esdr. 4,62; 1Esdr. 5,4; 1Esdr. 5,4; 1Esdr. 5,8; 1Esdr. 5,9; 1Esdr. 5,35; 1Esdr. 5,38; 1Esdr. 5,43; 1Esdr. 5,46; 1Esdr. 5,60; 1Esdr. 5,60; 1Esdr. 5,60; 1Esdr. 6,2; 1Esdr. 6,5; 1Esdr. 6,8; 1Esdr. 6,10; 1Esdr. 6,11; 1Esdr. 6,14; 1Esdr. 6,26; 1Esdr. 6,30; 1Esdr. 6,31; 1Esdr. 7,2; 1Esdr. 7,3; 1Esdr. 7,8; 1Esdr. 7,10; 1Esdr. 8,5; 1Esdr. 8,5; 1Esdr. 8,10; 1Esdr. 8,10; 1Esdr. 8,10; 1Esdr. 8,10; 1Esdr. 8,16; 1Esdr. 8,21; 1Esdr. 8,26; 1Esdr. 8,26; 1Esdr. 8,29; 1Esdr. 8,29; 1Esdr. 8,29; 1Esdr. 8,30; 1Esdr. 8,31; 1Esdr. 8,32; 1Esdr. 8,32; 1Esdr. 8,33; 1Esdr. 8,34; 1Esdr. 8,35; 1Esdr. 8,36; 1Esdr. 8,37; 1Esdr. 8,38; 1Esdr. 8,39; 1Esdr. 8,40; 1Esdr. 8,42; 1Esdr. 8,42; 1Esdr. 8,42; 1Esdr. 8,46; 1Esdr. 8,47; 1Esdr. 8,48; 1Esdr. 8,48; 1Esdr. 8,52; 1Esdr. 8,54; 1Esdr. 8,54; 1Esdr. 8,54; 1Esdr. 8,57; 1Esdr. 8,58; 1Esdr. 8,58; 1Esdr. 8,73; 1Esdr. 8,73; 1Esdr. 8,74; 1Esdr. 8,77; 1Esdr. 8,79; 1Esdr. 8,79; 1Esdr. 8,80; 1Esdr. 8,89; 1Esdr. 8,90; 1Esdr. 8,92; 1Esdr. 9,4; 1Esdr. 9,8; 1Esdr. 9,18; 1Esdr. 9,19; 1Esdr. 9,19; 1Esdr. 9,21; 1Esdr. 9,22; 1Esdr. 9,23; 1Esdr. 9,24; 1Esdr. 9,25; 1Esdr. 9,26; 1Esdr. 9,27; 1Esdr. 9,28; 1Esdr. 9,29; 1Esdr. 9,30; 1Esdr. 9,31; 1Esdr. 9,32; 1Esdr. 9,33; 1Esdr. 9,34; 1Esdr. 9,34; 1Esdr. 9,35; Ezra 1,4; Ezra 1,6; Ezra 2,42; Ezra 2,61; Ezra 2,61; Ezra 2,69; Ezra 3,3; Ezra 3,8; Ezra 3,12; Ezra 3,12; Ezra 4,3; Ezra 4,15; Ezra 5,4; Ezra 5,4; Ezra 5,10; Ezra 5,10; Ezra 6,7; Ezra 6,7; Ezra 6,8; Ezra 6,8; Ezra 6,8; Ezra 6,9; Ezra 6,9; Ezra 6,10; Ezra 6,14; Ezra 7,7; Ezra 7,7; Ezra 7,14; Ezra 7,16; Ezra 7,23; Ezra 7,27; Ezra 7,28; Ezra 7,28; Ezra 7,28; Ezra 8,20; Ezra 8,20; Ezra 8,24; Ezra 8,29; Ezra 8,29; Ezra 8,29; Ezra 9,2; Ezra 9,11; Ezra 10,8; Ezra 10,8; Ezra 10,11; Ezra 10,18; Ezra 10,23; Ezra 10,24; Ezra 10,24; Neh. 1,2; Neh. 1,11; Neh. 3,1; Neh. 3,11; Neh. 3,28; Neh. 3,34; Neh. 4,4; Neh. 4,6; Neh. 4,8; Neh. 4,10; Neh. 4,11; Neh. 5,9; Neh. 5,17; Neh. 6,1; Neh. 6,14; Neh. 7,63; Neh. 7,70; Neh. 7,72; Neh. 8,3; Neh. 9,2; Neh. 9,4; Neh. 9,6; Neh. 9,7; Neh. 9,8; Neh. 9,9; Neh. 9,24; Neh. 10,2; Neh. 11,1; Neh. 11,10; Neh. 11,15; Neh. 11,22; Neh. 11,36; Neh. 12,7; Neh. 12,24; Neh. 12,28; Neh. 12,35; Neh. 12,38; Neh. 12,40; Neh. 12,46; Neh. 12,47; Neh. 12,47; Neh. 13,5; Neh. 13,5; Neh. 13,5; Neh. 13,5; Neh. 13,10; Neh. 13,13; Neh. 13,31; Esth. 12,1 # 1,1m; Esth. 12,1 # 1,1m; Esth. 12,4 # 1,1p; Esth. 12,6 # 1,1r; Esth. 1,3; Esth. 1,8; Esth. 1,12; Esth. 1,15; Esth. 1,18; Esth. 2,15; Esth. 3,1; Esth. 3,8; Esth. 3,10; Esth. 3,13; Esth. 13,2 # 3,13b; Esth. 13,3 # 3,13c; Esth. 13,4 # 3,13d; Esth. 13,6 # 3,13f; Esth. 14,5 # 4,17m; Esth. 14,6 # 4,17n; Esth. 14,12 # 4,17r; Esth. 14,13 # 4,17s; Esth. 14,19 # 4,17z; Esth. 6,2; Esth. 6,9; Esth. 6,9; Esth. 7,9; Esth. 8,9; Esth. 16,3 # 8,12c; Esth. 16,4 # 8,12d; Esth. 16,4 # 8,12d; Esth. 16,5 # 8,12e; Esth. 16,5 # 8,12e; Esth. 16,6 # 8,12f; Esth. 16,7 # 8,12g; Esth. 16,10 # 8,12k; Esth. 16,14 # 8,12o; Esth. 16,14 # 8,12o; Esth. 8,17; Esth. 9,3; Esth. 9,10; Esth. 9,11; Esth. 9,14; Esth. 9,16; Esth. 9,16; Esth. 9,22; Esth. 10,3; Esth. 10,5 # 10,3b; Esth. 10,8 # 10,3e; Esth. 11,1 # 10,3l; Judith 1,4; Judith 1,14; Judith 5,7; Judith 5,8; Judith 5,8; Judith 5,18; Judith 6,1; Judith 6,1; Judith 6,3; Judith 6,4; Judith 6,4; Judith 6,4; Judith 6,5; Judith 6,6; Judith 6,17; Judith 6,19; Judith 7,2; Judith 7,6; Judith 7,10; Judith 7,16; Judith 7,17; Judith 7,18; Judith 7,23; Judith 7,27; Judith 7,28; Judith 7,28; Judith 8,3; Judith 8,11; Judith 8,15; Judith 8,19; Judith 8,22; Judith 8,22; Judith 8,31; Judith 8,35; Judith 9,12; Judith 10,8; Judith 10,9; Judith 10,11; Judith 10,12; Judith 10,13; Judith 10,23; Judith 11,13; Judith 11,20; Judith 12,8; Judith 12,10; Judith 12,13; Judith 13,9; Judith 13,11; Judith 14,18; Judith 15,5; Judith 15,8; Judith 16,7; Tob. 1,10; Tob. 1,19; Tob. 2,2; Tob. 2,10; Tob. 3,3; Tob. 3,5; Tob. 4,12; Tob. 4,12; Tob. 4,13; Tob. 4,13; Tob. 4,17; Tob. 5,5; Tob. 5,13; Tob. 5,14; Tob. 6,15; Tob. 6,16; Tob. 7,3; Tob. 7,3; Tob. 8,2; Tob. 8,5; Tob. 10,5; Tob. 11,12; Tob. 11,12; Tob. 12,6; Tob. 12,15; Tob. 12,15; Tob. 13,7; Tob. 13,10; Tob. 13,10; Tob. 13,11; Tob. 13,15; Tob. 13,15; Tob. 14,12; 1Mac. 1,61; 1Mac. 2,1; 1Mac. 2,18; 1Mac. 2,22; 1Mac. 2,48; 1Mac. 2,51; 1Mac. 3,25; 1Mac. 3,26; 1Mac. 3,29; 1Mac. 3,34; 1Mac. 3,38; 1Mac. 4,2; 1Mac. 4,18; 1Mac. 4,26; 1Mac. 4,30; 1Mac. 5,18; 1Mac. 5,32; 1Mac. 5,51; 1Mac. 5,61; 1Mac. 5,62; 1Mac. 5,68; 1Mac. 6,10; 1Mac. 6,14; 1Mac. 6,21; 1Mac. 6,49; 1Mac. 6,60; 1Mac. 7,8; 1Mac. 7,19; 1Mac. 7,26; 1Mac. 7,26; 1Mac. 7,32; 1Mac. 7,33; 1Mac. 7,33; 1Mac. 8,1; 1Mac. 8,4; 1Mac. 8,4; 1Mac. 8,11; 1Mac. 8,11; 1Mac. 8,12; 1Mac. 8,12; 1Mac. 8,12; 1Mac. 8,18; 1Mac. 8,20; 1Mac. 8,25; 1Mac. 8,29; 1Mac. 9,10; 1Mac. 9,16; 1Mac. 9,16; 1Mac. 9,19; 1Mac. 9,22; 1Mac. 9,22; 1Mac. 9,37; 1Mac. 9,46; 1Mac. 9,53; 1Mac. 9,54; 1Mac. 9,61; 1Mac. 9,61; 1Mac. 10,7; 1Mac. 10,14; 1Mac. 10,25; 1Mac. 10,29; 1Mac. 10,29; 1Mac. 10,30; 1Mac. 10,30; 1Mac. 10,36; 1Mac. 10,40; 1Mac. 10,40; 1Mac. 10,40; 1Mac. 10,65; 1Mac. 10,67; 1Mac.

O, o

10,74; 1Mac. 10,89; 1Mac. 11,14; 1Mac. 11,18; 1Mac. 11,23; 1Mac. 11,23; 1Mac. 11,25; 1Mac. 11,26; 1Mac. 11,27; 1Mac. 11,33; 1Mac. 11,38; 1Mac. 11,39; 1Mac. 11,51; 1Mac. 11,57; 1Mac. 11,57; 1Mac. 11,62; 1Mac. 11,69; 1Mac. 11,74; 1Mac. 12,3; 1Mac. 12,6; 1Mac. 12,15; 1Mac. 12,21; 1Mac. 13,3; 1Mac. 13,5; 1Mac. 13,7; 1Mac. 13,16; 1Mac. 13,25; 1Mac. 13,27; 1Mac. 13,27; 1Mac. 13,29; 1Mac. 14,2; 1Mac. 14,17; 1Mac. 14,20; 1Mac. 14,23; 1Mac. 14,23; 1Mac. 14,25; 1Mac. 14,28; 1Mac. 14,29; 1Mac. 14,32; 1Mac. 14,33; 1Mac. 14,39; 1Mac. 14,44; 1Mac. 14,47; 1Mac. 15,1; 1Mac. 15,3; 1Mac. 15,10; 1Mac. 15,17; 1Mac. 15,17; 1Mac. 15,28; 1Mac. 15,30; 1Mac. 15,31; 1Mac. 15,33; 1Mac. 15,34; 1Mac. 16,7; 1Mac. 16,7; 1Mac. 16,13; 1Mac. 16,23; 1Mac. 16,23; 2Mac. 1,2; 2Mac. 1,2; 2Mac. 1,10; 2Mac. 1,13; 2Mac. 1,15; 2Mac. 1,20; 2Mac. 1,20; 2Mac. 1,23; 2Mac. 1,33; 2Mac. 2,6; 2Mac. 2,13; 2Mac. 2,24; 2Mac. 2,27; 2Mac. 3,1; 2Mac. 3,3; 2Mac. 3,6; 2Mac. 3,7; 2Mac. 3,31; 2Mac. 3,32; 2Mac. 4,2; 2Mac. 4,2; 2Mac. 4,3; 2Mac. 4,5; 2Mac. 4,12; 2Mac. 4,20; 2Mac. 4,27; 2Mac. 4,29; 2Mac. 4,31; 2Mac. 4,36; 2Mac. 4,36; 2Mac. 4,40; 2Mac. 4,47; 2Mac. 4,50; 2Mac. 4,50; 2Mac. 5,2; 2Mac. 5,5; 2Mac. 5,5; 2Mac. 5,6; 2Mac. 5,6; 2Mac. 5,8; 2Mac. 5,8; 2Mac. 5,14; 2Mac. 5,15; 2Mac. 5,17; 2Mac. 5,23; 2Mac. 6,1; 2Mac. 6,5; 2Mac. 6,8; 2Mac. 6,10; 2Mac. 6,18; 2Mac. 6,21; 2Mac. 6,21; 2Mac. 6,24; 2Mac. 6,28; 2Mac. 6,29; 2Mac. 7,4; 2Mac. 7,4; 2Mac. 7,9; 2Mac. 7,24; 2Mac. 7,28; 2Mac. 7,29; 2Mac. 7,37; 2Mac. 7,41; 2Mac. 8,2; 2Mac. 8,4; 2Mac. 8,6; 2Mac. 8,9; 2Mac. 8,9; 2Mac. 8,10; 2Mac. 8,19; 2Mac. 8,20; 2Mac. 8,21; 2Mac. 8,24; 2Mac. 8,25; 2Mac. 8,27; 2Mac. 8,32; 2Mac. 8,34; 2Mac. 8,35; 2Mac. 8,36; 2Mac. 9,1; 2Mac. 9,2; 2Mac. 9,4; 2Mac. 9,5; 2Mac. 9,18; 2Mac. 9,21; 2Mac. 10,2; 2Mac. 10,3; 2Mac. 10,8; 2Mac. 10,10; 2Mac. 10,13; 2Mac. 10,14; 2Mac. 10,16; 2Mac. 10,17; 2Mac. 10,17; 2Mac. 10,18; 2Mac. 10,20; 2Mac. 10,23; 2Mac. 10,24; 2Mac. 10,28; 2Mac. 10,29; 2Mac. 10,35; 2Mac. 11,4; 2Mac. 11,4; 2Mac. 11,15; 2Mac. 11,16; 2Mac. 11,23; 2Mac. 11,25; 2Mac. 11,26; 2Mac. 11,27; 2Mac. 11,34; 2Mac. 12,2; 2Mac. 12,4; 2Mac. 12,6; 2Mac. 12,7; 2Mac. 12,10; 2Mac. 12,11; 2Mac. 12,18; 2Mac. 12,18; 2Mac. 12,19; 2Mac. 12,19; 2Mac. 12,21; 2Mac. 12,22; 2Mac. 12,25; 2Mac. 12,28; 2Mac. 12,28; 2Mac. 12,30; 2Mac. 12,34; 2Mac. 12,35; 2Mac. 12,35; 2Mac. 12,36; 2Mac. 12,39; 2Mac. 12,39; 2Mac. 12,40; 2Mac. 12,40; 2Mac. 12,42; 2Mac. 12,45; 2Mac. 13,4; 2Mac. 13,15; 2Mac. 13,18; 2Mac. 13,19; 2Mac. 13,24; 2Mac. 14,4; 2Mac. 14,6; 2Mac. 14,8; 2Mac. 14,8; 2Mac. 14,14; 2Mac. 14,17; 2Mac. 14,22; 2Mac. 14,30; 2Mac. 14,31; 2Mac. 14,32; 2Mac. 14,35; 2Mac. 14,37; 2Mac. 14,37; 2Mac. 14,43; 2Mac. 14,44; 2Mac. 15,2; 2Mac. 15,4; 2Mac. 15,6; 2Mac. 15,9; 2Mac. 15,10; 2Mac. 15,12; 2Mac. 15,20; 2Mac. 15,23; 2Mac. 15,30; 2Mac. 15,37; 2Mac. 15,37; 2Mac. 15,39; 3Mac. 1,1; 3Mac. 1,1; 3Mac. 1,1; 3Mac. 1,8; 3Mac. 1,11; 3Mac. 1,13; 3Mac. 1,16; 3Mac. 1,21; 3Mac. 1,22; 3Mac. 1,23; 3Mac. 1,23; 3Mac. 1,28; 3Mac. 1,29; 3Mac. 2,2; 3Mac. 2,12; 3Mac. 2,20; 3Mac. 2,25; 3Mac. 2,26; 3Mac. 2,28; 3Mac. 3,14; 3Mac. 3,16; 3Mac. 3,27; 3Mac. 4,4; 3Mac. 4,4; 3Mac. 4,4; 3Mac. 4,8; 3Mac. 4,12; 3Mac. 4,17; 3Mac. 4,18; 3Mac. 4,18; 3Mac. 4,18; 3Mac. 5,1; 3Mac. 5,2; 3Mac. 5,3; 3Mac. 5,5; 3Mac. 5,19; 3Mac. 5,20; 3Mac. 5,31; 3Mac. 5,34; 3Mac. 5,35; 3Mac. 5,38; 3Mac. 5,42; 3Mac. 5,43; 3Mac. 5,47; 3Mac. 5,48; 3Mac. 5,50; 3Mac. 6,1; 3Mac. 6,9; 3Mac. 6,11; 3Mac. 6,14; 3Mac. 6,15; 3Mac. 6,19; 3Mac. 6,22; 3Mac. 6,39; 3Mac. 7,3; 3Mac. 7,6; 3Mac. 7,10; 3Mac. 7,14; 3Mac. 7,16; 4Mac. 1,3; 4Mac. 1,4; 4Mac. 1,4; 4Mac. 1,6; 4Mac. 1,8; 4Mac. 1,8; 4Mac. 1,11; 4Mac. 2,14; 4Mac. 2,14; 4Mac. 3,7; 4Mac. 3,8; 4Mac. 3,12; 4Mac. 3,12; 4Mac. 3,13; 4Mac. 3,17; 4Mac. 4,9; 4Mac. 5,1; 4Mac. 5,4; 4Mac. 5,11; 4Mac. 5,29; 4Mac. 5,38; 4Mac. 6,8; 4Mac. 6,11; 4Mac. 7,13; 4Mac. 8,2; 4Mac. 9,6; 4Mac. 9,16; 4Mac. 9,20; 4Mac. 9,28; 4Mac. 10,7; 4Mac. 10,15; 4Mac. 10,15; 4Mac. 10,16; 4Mac. 10,21; 4Mac. 11,14; 4Mac. 11,22; 4Mac. 11,23; 4Mac. 12,2; 4Mac. 12,3; 4Mac. 12,16; 4Mac. 13,1; 4Mac. 13,7; 4Mac. 13,18; 4Mac. 13,21; 4Mac. 14,3; 4Mac. 14,9; 4Mac. 14,11; 4Mac. 14,12; 4Mac. 14,15; 4Mac. 14,20; 4Mac. 15,4; 4Mac. 15,6; 4Mac. 15,9; 4Mac. 15,11; 4Mac. 15,15; 4Mac. 15,22; 4Mac. 15,32; 4Mac. 16,9; 4Mac. 16,11; 4Mac. 16,13; 4Mac. 16,15; 4Mac. 16,24; 4Mac. 16,24; 4Mac. 17,1; 4Mac. 17,3; 4Mac. 17,13; 4Mac. 17,14; 4Mac. 17,22; 4Mac. 18,2; 4Mac. 18,2; 4Mac. 18,3; 4Mac. 18,5; 4Mac. 18,6; 4Mac. 18,15; 4Mac. 18,24; Psa. 3,7; Psa. 5,6; Psa. 5,9; Psa. 7,1; Psa. 7,2; Psa. 7,5; Psa. 7,7; Psa. 8,2; Psa. 8,3; Psa. 8,4; Psa. 8,7; Psa. 9,13; Psa. 9,14; Psa. 9,19; Psa. 9,26; Psa. 9,31; Psa. 9,33; Psa. 9,38; Psa. 10,4; Psa. 11,2; Psa. 11,2; Psa. 11,6; Psa. 11,6; Psa. 11,9; Psa. 13,2; Psa. 13,3; Psa. 16,4; Psa. 16,6; Psa. 16,7; Psa. 16,9; Psa. 16,14; Psa. 17,1; Psa. 17,4; Psa. 17,18; Psa. 17,20; Psa. 17,25; Psa. 17,31; Psa. 17,49; Psa. 21,26; Psa. 22,5; Psa. 24,6; Psa. 24,14; Psa. 24,14; Psa. 25,3; Psa. 26,11; Psa. 27,3; Psa. 27,3; Psa. 29,4; Psa. 30,16; Psa. 30,20; Psa. 30,20; Psa. 30,23; Psa. 31,7; Psa. 31,9; Psa. 32,13; Psa. 33,8; Psa. 33,20; Psa. 34,3; Psa. 34,10; Psa. 35,2; Psa. 35,8; Psa. 36,18; Psa. 36,38; Psa. 36,39; Psa. 37,11; Psa. 41,8; Psa. 43,8; Psa. 44,3; Psa. 44,6; Psa. 44,17; Psa. 45,1; Psa. 46,1; Psa. 48,3; Psa. 50,3; Psa. 51,11; Psa. 52,3; Psa. 54,19; Psa. 54,20; Psa. 56,11; Psa. 57,2; Psa. 57,7; Psa. 58,2; Psa. 58,2; Psa. 58,3; Psa. 59,2; Psa. 61,10; Psa. 61,10; Psa. 65,5; Psa. 67,6; Psa. 67,14; Psa. 67,24; Psa. 67,31; Psa. 67,31; Psa. 68,10; Psa. 68,15; Psa. 68,17; Psa. 68,19; Psa. 68,27; Psa. 68,34; Psa. 68,37; Psa. 70,1; Psa. 71,4; Psa. 72,15; Psa. 73,13; Psa. 73,19; Psa. 73,22; Psa. 73,22; Psa. 73,23; Psa. 73,23; Psa. 74,11; Psa. 77,12; Psa. 77,51; Psa. 78,2; Psa. 78,2; Psa. 78,10; Psa. 78,10; Psa. 78,11; Psa. 78,11; Psa. 81,7; Psa. 82,4; Psa. 82,7; Psa. 82,8; Psa. 83,5; Psa. 83,8; Psa. 84,10; Psa. 86,6; Psa. 87,5; Psa. 88,43; Psa. 88,48; Psa. 88,51; Psa. 91,5; Psa. 96,10; Psa. 98,5; Psa. 100,7; Psa. 101,18; Psa. 101,21; Psa. 101,21; Psa. 101,29; Psa. 102,20; Psa. 103,12; Psa. 103,14; Psa. 104,15; Psa. 104,30; Psa. 105,5; Psa. 105,6; Psa. 105,46; Psa. 106,8; Psa. 106,15; Psa. 106,21; Psa. 106,26; Psa. 106,31; Psa. 106,34; Psa. 107,5; Psa. 108,14; Psa. 108,20; Psa. 108,20; Psa. 108,31; Psa. 109,1; Psa. 109,2; Psa. 109,3; Psa. 113,21; Psa. 113,24; Psa. 115,6; Psa. 118,16; Psa. 118,53; Psa. 118,63; Psa. 118,63; Psa. 118,84; Psa. 118,130; Psa. 118,132; Psa. 118,139; Psa. 118,160; Psa. 118,161; Psa. 119,1; Psa. 119,7; Psa. 120,1; Psa. 121,1; Psa. 121,8; Psa. 121,8; Psa. 122,1; Psa. 122,2; Psa. 123,1; Psa. 123,7; Psa. 124,1; Psa. 124,3; Psa. 124,5; Psa. 125,1; Psa. 126,1; Psa. 126,4; Psa. 127,1; Psa. 127,2; Psa. 127,6; Psa. 128,1; Psa. 129,1; Psa. 130,1; Psa. 131,1; Psa. 132,1; Psa. 133,1; Psa. 134,11; Psa. 135,2; Psa. 135,3; Psa. 135,19; Psa. 135,24; Psa. 135,26; Psa. 136,1; Psa. 136,7; Psa. 136,7; Psa. 139,13; Psa. 140,4; Psa. 140,9; Psa. 141,7; Psa. 142,9; Psa. 144,12; Psa. 144,13; Psa. 144,19; Psa. 146,8; Psa. 146,9; Psa. 148,1; Psa. 148,4; Psa. 148,4; Ode. 2,43; Ode. 5,19; Ode. 7,26; Ode. 7,28; Ode. 8,0; Ode. 8,52; Ode. 8,60; Ode. 8,82; Ode. 9,70; Ode. 9,70; Ode. 9,71; Ode. 9,72; Ode. 9,74; Ode. 12,1; Ode. 12,8; Ode. 12,13; Ode. 12,15; Ode. 13,31; Ode. 14,34; Prov. 1,19; Prov. 2,18; Prov. 4,18; Prov. 4,19; Prov. 5,21; Prov. 9,5; Prov. 11,7; Prov. 12,3; Prov. 12,10; Prov. 12,12; Prov. 12,17; Prov. 12,26; Prov. 12,26; Prov. 15,10; Prov. 15,11; Prov. 15,15; Prov. 15,19; Prov. 19,16; Prov. 20,20 # 20,9a; Prov. 21,10; Prov. 22,9; Prov. 22,9a; Prov. 23,30; Prov. 23,30; Prov. 25,13; Prov. 26,6; Prov. 26,9; Prov. 27,8; Prov. 27,19; Prov. 27,20; Prov. 27,25; Prov. 30,5; Prov. 24,31; Prov. 30,24; Prov. 31,7; Prov. 31,21; Prov. 31,23; Eccl. 4,1; Eccl. 4,14; Eccl. 4,17; Eccl. 7,6; Eccl. 8,11; Eccl. 8,14; Eccl. 8,14; Eccl. 10,15; Song 1,8; Song 1,13; Song 2,3; Song 4,4; Song 8,14; Job 1,3; Job 1,8; Job 2,3; Job 2,9d; Job 3,24;

ȯ

Job 7,20; Job 8,13; Job 11,8; Job 12,10; Job 13,27; Job 14,21; Job 18,21; Job 21,2; Job 21,28; Job 26,5; Job 27,7; Job 27,7; Job 29,17; Job 30,1; Job 32,3; Job 32,5; Job 35,14; Job 40,19; Job 41,25; Job 41,26; Job 42,10; Job 42,16; Job 42,17c; Job 42,17e; Wis. 1,6; Wis. 5,1; Wis. 5,1; Wis. 6,11; Wis. 6,12; Wis. 6,12; Wis. 7,15; Wis. 9,4; Wis. 14,31; Wis. 14,31; Wis. 16,22; Wis. 16,24; Wis. 16,24; Wis. 16,25; Wis. 16,26; Wis. 17,16; Wis. 18,5; Wis. 19,13; Sir. 1,1 Prol.; Sir. 1,2 Prol.; Sir. 1,2 Prol.; Sir. 1,9 Prol.; Sir. 1,16; Sir. 3,20; Sir. 4,11; Sir. 6,13; Sir. 6,13; Sir. 8,9; Sir. 11,34; Sir. 16,7; Sir. 16,24; Sir. 17,15; Sir. 18,31; Sir. 23,3; Sir. 25,1; Sir. 25,18; Sir. 27,23; Sir. 27,23; Sir. 28,15; Sir. 34,11; Sir. 35,22; Sir. 36,16; Sir. 36,17; Sir. 37,10; Sir. 39,19; Sir. 45,13; Sir. 47,2; Sir. 47,22; Sir. 47,23; Sir. 48,21; Sir. 49,9; Sir. 49,10; Sir. 51,2; Sol. 2,30; Sol. 3,6; Sol. 3,12; Sol. 8,20; Sol. 9,3; Sol. 10,4; Sol. 13,0; Sol. 13,5; Sol. 13,7; Sol. 13,7; Sol. 13,10; Sol. 13,11; Sol. 15,1; Sol. 15,10; Sol. 16,5; Hos. 2,1; Hos. 2,7; Hos. 2,7; Hos. 2,12; Hos. 2,15; Hos. 2,15; Hos. 2,19; Hos. 4,14; Hos. 7,5; Hos. 10,1; Amos 1,2; Amos 1,3; Amos 1,8; Amos 1,13; Amos 2,10; Amos 2,11; Amos 2,11; Amos 9,4; Amos 9,8; Amos 9,12; Mic. 4,1; Mic. 5,2; Mic. 6,5; Joel 1,2; Joel 1,12; Joel 1,16; Joel 4,6; Joel 4,18; Obad. 3; Obad. 20; Jonah 3,7; Nah. 2,7; Nah. 2,12; Hab. 2,8; Hab. 2,17; Zeph. 1,4; Zeph. 1,10; Hag. 1,12; Hag. 1,14; Zech. 2,10; Zech. 3,7; Zech. 4,12; Zech. 4,12; Zech. 4,12; Zech. 6,10; Zech. 6,10; Zech. 6,10; Zech. 7,7; Zech. 7,7; Zech. 7,12; Zech. 7,12; Zech. 8,6; Zech. 8,9; Zech. 8,9; Zech. 8,10; Zech. 9,13; Zech. 11,16; Zech. 12,4; Zech. 12,7; Zech. 12,8; Zech. 14,14; Zech. 14,15; Zech. 14,15; Zech. 14,15; Zech. 14,15; Mal. 2,10; Mal. 3,7; Mal. 3,21; Is. 1,16; Is. 1,24; Is. 2,2; Is. 2,6; Is. 2,7; Is. 2,11; Is. 2,19; Is. 2,21; Is. 3,12; Is. 3,14; Is. 3,14; Is. 3,15; Is. 3,16; Is. 4,4; Is. 5,17; Is. 5,28; Is. 7,4; Is. 7,4; Is. 7,16; Is. 7,17; Is. 7,19; Is. 7,20; Is. 8,7; Is. 8,19; Is. 9,3; Is. 9,17; Is. 10,12; Is. 10,12; Is. 10,27; Is. 11,11; Is. 14,5; Is. 14,5; Is. 14,9; Is. 14,25; Is. 16,10; Is. 17,3; Is. 17,3; Is. 17,6; Is. 17,9; Is. 17,14; Is. 19,3; Is. 19,11; Is. 19,17; Is. 20,2; Is. 21,2; Is. 21,15; Is. 21,15; Is. 21,15; Is. 21,16; Is. 21,17; Is. 22,9; Is. 23,9; Is. 23,13; Is. 24,23; Is. 25,2; Is. 26,7; Is. 26,19; Is. 27,9; Is. 27,13; Is. 29,5; Is. 29,10; Is. 29,10; Is. 29,14; Is. 29,14; Is. 29,19; Is. 30,21; Is. 32,4; Is. 32,7; Is. 32,12; Is. 33,2; Is. 36,11; Is. 36,11; Is. 36,20; Is. 37,2; Is. 37,4; Is. 37,6; Is. 37,14; Is. 37,36; Is. 38,8; Is. 39,7; Is. 41,3; Is. 44,19; Is. 44,26; Is. 45,11; Is. 45,25; Is. 46,7; Is. 47,9; Is. 48,20; Is. 49,7; Is. 49,7; Is. 49,19; Is. 49,23; Is. 51,18; Is. 51,23; Is. 51,23; Is. 52,8; Is. 52,14; Is. 53,12; Is. 57,5; Is. 57,8; Is. 58,7; Is. 63,15; Is. 65,7; Is. 65,7; Is. 65,22; Is. 66,1; Is. 66,24; Is. 66,24; Jer. 1,1; Jer. 2,9; Jer. 3,24; Jer. 4,9; Jer. 6,19; Jer. 6,25; Jer. 7,32; Jer. 8,1; Jer. 8,1; Jer. 8,1; Jer. 8,1; Jer. 8,1; Jer. 8,1; Jer. 9,13; Jer. 9,21; Jer. 11,3; Jer. 11,10; Jer. 11,10; Jer. 11,10; Jer. 12,2; Jer. 12,4; Jer. 12,14; Jer. 12,14; Jer. 12,14; Jer. 13,10; Jer. 14,15; Jer. 14,15; Jer. 15,9; Jer. 15,15; Jer. 15,16; Jer. 16,3; Jer. 16,3; Jer. 16,3; Jer. 16,3; Jer. 16,9; Jer. 16,12; Jer. 16,16; Jer. 16,17; Jer. 18,3; Jer. 19,1; Jer. 19,1; Jer. 19,1; Jer. 19,7; Jer. 19,7; Jer. 19,9; Jer. 19,10; Jer. 19,10; Jer. 19,15; Jer. 21,7; Jer. 22,22; Jer. 22,25; Jer. 22,25; Jer. 23,15; Jer. 23,16; Jer. 23,22; Jer. 23,26; Jer. 23,26; Jer. 23,27; Jer. 25,17; Jer. 25,17; Jer. 28,25; Jer. 28,28; Jer. 29,3; Jer. 30,16; Jer. 32,35; Jer. 32,35; Jer. 32,36; Jer. 32,36; Jer. 33,5; Jer. 33,5; Jer. 33,5; Jer. 33,17; Jer. 34,3; Jer. 34,9; Jer. 34,9; Jer. 34,9; Jer. 34,9; Jer. 34,9; Jer. 34,16; Jer. 34,16; Jer. 34,16; Jer. 35,1; Jer. 35,5; Jer. 35,5; Jer. 36,2; Jer. 36,23; Jer. 38,14; Jer. 39,4; Jer. 39,12; Jer. 39,12; Jer. 39,12; Jer. 39,19; Jer. 39,19; Jer. 39,24; Jer. 39,32; Jer. 40,4; Jer. 40,5; Jer. 40,5; Jer. 40,9; Jer. 42,2; Jer. 42,4; Jer. 42,4; Jer. 42,11; Jer. 42,11; Jer. 42,19; Jer. 43,6; Jer. 43,21; Jer. 43,21; Jer. 44,10; Jer. 44,11; Jer. 45,4; Jer. 45,4; Jer. 45,4; Jer. 45,16; Jer. 45,18; Jer. 45,19; Jer. 45,19; Jer. 45,24; Jer. 46,17; Jer. 47,1; Jer. 47,9; Jer. 47,9; Jer. 47,10; Jer. 48,8; Jer. 48,18; Jer. 49,2; Jer. 50,3; Jer. 50,10; Jer. 51,9; Jer. 51,9; Jer. 51,9; Jer. 51,10; Jer. 51,14; Jer. 51,14; Jer. 51,19; Jer. 52,8; Jer. 52,14; Jer. 52,25; Jer. 52,25; Jer. 52,32; Jer. 52,32; Jer. 52,32; Bar. 1,3; Bar. 1,4; Bar. 1,4; Bar. 1,4; Bar. 1,4; Bar. 1,21; Bar. 2,14; Bar. 2,19; Bar. 2,19; Bar. 2,20; Bar. 2,20; Bar. 2,24; Bar. 2,24; Bar. 2,24; Bar. 2,33; Bar. 3,4; Bar. 3,4; Bar. 3,7; Bar. 3,10; Bar. 3,11; Bar. 4,10; Bar. 4,14; Lam. 1,2; Lam. 1,3; Lam. 2,19; Lam. 3,45; Lam. 4,13; LetterJ 0; LetterJ 1; LetterJ 8; LetterJ 9; LetterJ 16; LetterJ 16; LetterJ 17; LetterJ 31; LetterJ 40; LetterJ 43; Ezek. 1,16; Ezek. 3,13; Ezek. 8,11; Ezek. 8,16; Ezek. 9,4; Ezek. 9,4; Ezek. 9,4; Ezek. 9,6; Ezek. 9,6; Ezek. 10,2; Ezek. 10,2; Ezek. 10,6; Ezek. 10,6; Ezek. 10,9; Ezek. 12,24; Ezek. 13,20; Ezek. 14,1; Ezek. 14,7; Ezek. 14,7; Ezek. 16,45; Ezek. 16,45; Ezek. 16,57; Ezek. 17,22; Ezek. 19,3; Ezek. 19,5; Ezek. 20,1; Ezek. 20,4; Ezek. 20,7; Ezek. 20,8; Ezek. 20,18; Ezek. 20,24; Ezek. 20,30; Ezek. 20,34; Ezek. 20,35; Ezek. 20,40; Ezek. 20,41; Ezek. 20,41; Ezek. 23,9; Ezek. 23,12; Ezek. 24,16; Ezek. 25,7; Ezek. 25,10; Ezek. 26,10; Ezek. 26,10; Ezek. 26,10; Ezek. 26,11; Ezek. 26,16; Ezek. 27,3; Ezek. 27,6; Ezek. 27,27; Ezek. 27,27; Ezek. 28,9; Ezek. 28,18; Ezek. 28,24; Ezek. 28,24; Ezek. 28,25; Ezek. 28,26; Ezek. 29,14; Ezek. 30,5; Ezek. 31,6; Ezek. 31,7; Ezek. 31,9; Ezek. 31,16; Ezek. 32,24; Ezek. 32,27; Ezek. 32,27; Ezek. 32,30; Ezek. 34,19; Ezek. 34,19; Ezek. 34,27; Ezek. 35,8; Ezek. 36,3; Ezek. 37,10; Ezek. 37,13; Ezek. 37,21; Ezek. 38,17; Ezek. 39,10; Ezek. 39,11; Ezek. 39,23; Ezek. 40,12; Ezek. 41,6; Ezek. 41,15; Ezek. 42,14; Ezek. 43,7; Ezek. 43,7; Ezek. 43,9; Ezek. 44,9; Ezek. 46,16; Ezek. 46,17; Ezek. 46,17; Ezek. 46,19; Ezek. 47,4; Ezek. 47,13; Ezek. 48,2; Ezek. 48,12; Ezek. 48,13; Ezek. 48,22; Ezek. 48,22; Ezek. 48,22; Dan. 1,3; Dan. 1,3; Dan. 1,3; Dan. 1,6; Dan. 1,6; Dan. 1,10; Dan. 1,15; Dan. 1,15; Dan. 2,2; Dan. 2,10; Dan. 2,23; Dan. 2,25; Dan. 2,38; Dan. 2,42; Dan. 2,44; Dan. 2,47; Dan. 2,47; Dan. 2,48; Dan. 3,20; Dan. 3,25; Dan. 3,26; Dan. 3,28; Dan. 3,48; Dan. 3,52; Dan. 3,82; Dan. 3,90; Dan. 3,90; Dan. 3,93; Dan. 4,17a; Dan. 4,18; Dan. 4,18; Dan. 4,28; Dan. 4,29; Dan. 4,31; Dan. 4,33a; Dan. 4,34; Dan. 4,37; Dan. 4,37; Dan. 4,37; Dan. 5,0; Dan. 5,23; Dan. 5,30; Dan. 6,1; Dan. 6,3; Dan. 6,6; Dan. 6,8; Dan. 6,9; Dan. 6,13; Dan. 6,13a; Dan. 6,15; Dan. 6,15; Dan. 6,17; Dan. 6,18; Dan. 6,18; Dan. 6,19; Dan. 6,20; Dan. 6,21; Dan. 6,23; Dan. 6,23; Dan. 7,11; Dan. 7,11; Dan. 7,16; Dan. 7,16; Dan. 7,18; Dan. 8,5; Dan. 8,8; Dan. 8,10; Dan. 8,10; Dan. 8,21; Dan. 8,21; Dan. 8,21; Dan. 9,1; Dan. 9,6; Dan. 9,6; Dan. 9,10; Dan. 9,10; Dan. 9,16; Dan. 9,17; Dan. 10,10; Dan. 10,13; Dan. 10,13; Dan. 10,20; Dan. 11,5; Dan. 11,6; Dan. 11,15; Dan. 11,24; Dan. 11,35; Dan. 11,36; Dan. 11,37; Dan. 12,2; Dan. 12,6; Sus. 7-8; Sus. 13-14; Bel 7; Bel 14; Bel 19; Bel 31-32; Bel 34; Josh. 19,29; Josh. 19,35; Judg. 1,6; Judg. 1,7; Judg. 1,16; Judg. 1,16; Judg. 1,20; Judg. 1,21; Judg. 2,7; Judg. 2,12; Judg. 2,12; Judg. 2,14; Judg. 2,14; Judg. 2,16; Judg. 2,17; Judg. 2,17; Judg. 2,18; Judg. 3,3; Judg. 3,13; Judg. 3,31; Judg. 4,6; Judg. 4,6; Judg. 4,11; Judg. 4,23; Judg. 4,24; Judg. 5,27; Judg. 5,27; Judg. 6,9; Judg. 6,21; Judg. 6,27; Judg. 7,6; Judg. 7,11; Judg. 8,11; Judg. 8,14; Judg. 8,14; Judg. 8,14; Judg. 8,26; Judg. 8,33; Judg. 8,34; Judg. 9,2; Judg. 9,3; Judg. 9,23; Judg. 9,24; Judg. 11,11; Judg. 11,28; Judg. 11,36; Judg. 11,39; Judg. 13,16; Judg. 13,19; Judg. 14,1; Judg. 14,3; Judg. 14,3; Judg. 14,3; Judg. 14,4; Judg. 14,20; Judg. 15,2; Judg. 15,2; Judg. 15,4; Judg. 15,5; Judg. 15,6; Judg. 15,18; Judg. 16,5; Judg. 16,7; Judg. 16,8; Judg. 16,11; Judg. 16,13; Judg. 16,18; Judg. 16,18; Judg. 16,23; Judg. 16,25; Judg. 16,27; Judg. 16,27; Judg. 16,28; Judg. 18,10; Judg. 18,16; Judg. 19,13; Judg. 20,13; Judg. 20,15; Judg. 21,21; Judg. 21,21; Tob. 1,2; Tob. 1,3; Tob. 1,10; Tob. 1,11; Tob. 1,17; Tob. 1,18; Tob. 1,19; Tob. 2,2; Tob. 2,3; Tob. 3,3; Tob. 3,9; Tob. 3,17; Tob. 5,5; Tob. 5,5; Tob. 5,9; Tob. 5,9; Tob. 5,13; Tob. 6,19; Tob. 7,3; Tob. 7,3; Tob. 7,11; Tob. 8,2; Tob.

O, o

8,5; Tob. 8,6; Tob. 10,5; Tob. 10,6; Tob. 10,14; Tob. 11,8; Tob. 11,12; Tob. 11,12; Tob. 11,13; Tob. 12,6; Tob. 12,15; Tob. 13,7; Tob. 13,15; Tob. 14,4; Tob. 14,5; Tob. 14,15; Dan. 1,3; Dan. 1,3; Dan. 1,6; Dan. 1,13; Dan. 2,18; Dan. 2,23; Dan. 2,25; Dan. 2,38; Dan. 2,42; Dan. 2,44; Dan. 2,47; Dan. 3,26; Dan. 3,28; Dan. 3,48; Dan. 3,52; Dan. 3,82; Dan. 3,90; Dan. 3,97; Dan. 3,97; Dan. 4,9; Dan. 4,14; Dan. 4,16; Dan. 4,17; Dan. 4,25; Dan. 4,25; Dan. 4,32; Dan. 4,32; Dan. 4,33; Dan. 5,1; Dan. 5,13; Dan. 5,21; Dan. 5,21; Dan. 6,8; Dan. 6,13; Dan. 6,14; Dan. 6,17; Dan. 6,18; Dan. 6,19; Dan. 6,20; Dan. 6,21; Dan. 6,23; Dan. 6,25; Dan. 6,28; Dan. 7,5; Dan. 7,11; Dan. 7,11; Dan. 7,16; Dan. 7,16; Dan. 7,18; Dan. 7,21; Dan. 7,27; Dan. 7,27; Dan. 8,5; Dan. 8,8; Dan. 8,21; Dan. 8,21; Dan. 9,1; Dan. 9,6; Dan. 9,6; Dan. 9,10; Dan. 9,10; Dan. 9,16; Dan. 10,6; Dan. 10,9; Dan. 10,13; Dan. 10,13; Dan. 10,20; Dan. 11,5; Dan. 11,13; Dan. 11,14; Dan. 11,24; Dan. 11,35; Dan. 11,37; Dan. 12,2; Dan. 12,3; Dan. 12,3; Sus. 63; Bel 31; Bel 34; Matt. 2,2; Matt. 2,16; Matt. 2,16; Matt. 2,23; Matt. 3,2; Matt. 3,7; Matt. 3,9; Matt. 3,17; Matt. 4,17; Matt. 5,3; Matt. 5,10; Matt. 5,13; Matt. 5,16; Matt. 5,19; Matt. 5,19; Matt. 5,20; Matt. 5,20; Matt. 5,35; Matt. 5,44; Matt. 6,1; Matt. 6,2; Matt. 7,6; Matt. 7,15; Matt. 7,16; Matt. 7,20; Matt. 7,21; Matt. 8,11; Matt. 8,12; Matt. 8,21; Matt. 8,28; Matt. 8,31; Matt. 8,33; Matt. 9,3; Matt. 9,11; Matt. 9,29; Matt. 10,7; Matt. 10,14; Matt. 10,17; Matt. 10,28; Matt. 10,32; Matt. 10,33; Matt. 10,42; Matt. 11,2; Matt. 11,8; Matt. 11,11; Matt. 11,12; Matt. 12,37; Matt. 12,37; Matt. 12,38; Matt. 13,11; Matt. 13,24; Matt. 13,31; Matt. 13,33; Matt. 13,42; Matt. 13,44; Matt. 13,45; Matt. 13,47; Matt. 13,49; Matt. 13,50; Matt. 13,52; Matt. 14,2; Matt. 15,2; Matt. 15,27; Matt. 16,3; Matt. 16,6; Matt. 16,9; Matt. 16,10; Matt. 16,11; Matt. 16,12; Matt. 16,12; Matt. 16,14; Matt. 16,19; Matt. 16,21; Matt. 16,23; Matt. 16,27; Matt. 16,28; Matt. 17,25; Matt. 17,25; Matt. 17,26; Matt. 18,1; Matt. 18,3; Matt. 18,4; Matt. 18,6; Matt. 18,6; Matt. 18,10; Matt. 18,23; Matt. 18,23; Matt. 18,28; Matt. 19,12; Matt. 19,12; Matt. 19,14; Matt. 19,14; Matt. 19,23; Matt. 20,1; Matt. 20,2; Matt. 20,8; Matt. 20,8; Matt. 20,20; Matt. 20,20; Matt. 20,24; Matt. 21,12; Matt. 21,12; Matt. 21,31; Matt. 21,34; Matt. 21,36; Matt. 22,2; Matt. 22,13; Matt. 22,16; Matt. 22,26; Matt. 22,28; Matt. 22,31; Matt. 22,41; Matt. 22,44; Matt. 23,4; Matt. 23,7; Matt. 23,13; Matt. 23,13; Matt. 23,29; Matt. 23,29; Matt. 23,30; Matt. 23,30; Matt. 23,31; Matt. 23,32; Matt. 24,12; Matt. 24,29; Matt. 24,31; Matt. 24,36; Matt. 24,49; Matt. 24,51; Matt. 24,51; Matt. 25,1; Matt. 25,19; Matt. 25,30; Matt. 25,32; Matt. 25,40; Matt. 25,40; Matt. 25,45; Matt. 26,14; Matt. 26,18; Matt. 26,20; Matt. 26,47; Matt. 26,47; Matt. 26,51; Matt. 26,56; Matt. 26,58; Matt. 27,11; Matt. 27,12; Matt. 27,21; Matt. 27,29; Matt. 27,37; Matt. 27,41; Matt. 27,47; Matt. 27,52; Matt. 27,56; Matt. 27,64; Matt. 28,7; Matt. 28,12; Mark 1,11; Mark 1,20; Mark 2,6; Mark 2,16; Mark 2,16; Mark 2,16; Mark 2,18; Mark 3,6; Mark 3,7; Mark 3,28; Mark 5,1; Mark 5,16; Mark 5,22; Mark 6,11; Mark 6,15; Mark 6,43; Mark 7,1; Mark 7,2; Mark 7,3; Mark 7,5; Mark 7,6; Mark 7,8; Mark 7,21; Mark 8,10; Mark 8,15; Mark 8,28; Mark 8,31; Mark 8,31; Mark 8,31; Mark 8,33; Mark 8,38; Mark 8,38; Mark 9,1; Mark 9,42; Mark 9,42; Mark 10,46; Mark 11,1; Mark 11,5; Mark 11,8; Mark 11,11; Mark 11,15; Mark 11,15; Mark 12,2; Mark 12,2; Mark 12,13; Mark 12,13; Mark 12,26; Mark 12,28; Mark 12,36; Mark 12,38; Mark 12,38; Mark 12,43; Mark 13,1; Mark 13,27; Mark 14,10; Mark 14,13; Mark 14,14; Mark 14,17; Mark 14,20; Mark 14,41; Mark 14,43; Mark 14,43; Mark 14,43; Mark 14,43; Mark 14,47; Mark 14,54; Mark 15,1; Mark 15,2; Mark 15,7; Mark 15,9; Mark 15,12; Mark 15,18; Mark 15,26; Mark 15,31; Mark 15,35; Luke 1,16; Luke 1,70; Luke 1,71; Luke 1,72; Luke 2,18; Luke 2,31; Luke 2,46; Luke 3,8; Luke 5,9; Luke 5,19; Luke 5,30; Luke 5,33; Luke 6,2; Luke 6,28; Luke 6,47; Luke 7,3; Luke 7,18; Luke 7,24; Luke 7,36; Luke 8,4; Luke 8,26; Luke 8,37; Luke 9,5; Luke 9,8; Luke 9,19; Luke 9,22; Luke 9,26; Luke 9,27; Luke 9,40; Luke 10,36; Luke 11,1; Luke 11,31; Luke 11,45; Luke 11,46; Luke 11,47; Luke 11,48; Luke 11,50; Luke 12,1; Luke 12,4; Luke 12,8; Luke 12,8; Luke 12,9; Luke 12,9; Luke 12,36; Luke 12,46; Luke 13,1; Luke 13,28; Luke 14,1; Luke 14,1; Luke 14,10; Luke 14,14; Luke 14,15; Luke 14,24; Luke 14,24; Luke 15,10; Luke 15,15; Luke 15,19; Luke 15,26; Luke 15,29; Luke 16,5; Luke 16,15; Luke 16,22; Luke 16,31; Luke 17,2; Luke 17,20; Luke 18,7; Luke 18,7; Luke 18,11; Luke 18,31; Luke 19,29; Luke 19,37; Luke 19,39; Luke 20,27; Luke 20,39; Luke 20,43; Luke 20,46; Luke 20,46; Luke 21,26; Luke 22,3; Luke 22,11; Luke 22,47; Luke 23,3; Luke 23,37; Luke 23,38; Luke 23,39; Luke 23,51; Luke 24,5; Luke 24,24; Luke 24,27; John 1,4; John 1,24; John 1,35; John 1,40; John 1,40; John 2,6; John 2,13; John 2,15; John 3,1; John 3,1; John 3,25; John 4,22; John 4,39; John 5,1; John 5,3; John 6,2; John 6,3; John 6,4; John 6,8; John 6,13; John 6,13; John 6,26; John 6,60; John 6,66; John 6,71; John 7,2; John 7,13; John 7,22; John 7,25; John 7,35; John 7,40; John 7,48; John 7,48; John 8,9; John 9,16; John 9,40; John 10,5; John 11,19; John 11,45; John 11,54; John 11,55; John 12,2; John 12,4; John 12,6; John 12,9; John 12,11; John 12,13; John 12,20; John 12,42; John 12,43; John 13,5; John 13,23; John 13,28; John 15,13; John 16,17; John 17,20; John 18,2; John 18,3; John 18,3; John 18,12; John 18,17; John 18,19; John 18,22; John 18,25; John 18,26; John 18,33; John 18,39; John 19,3; John 19,13; John 19,19; John 19,20; John 19,21; John 19,21; John 19,21; John 19,34; John 19,38; John 19,42; John 20,19; John 20,24; John 20,25; John 20,25; John 20,30; John 21,2; John 21,6; John 21,8; John 21,12; Acts 1,9; Acts 1,15; Acts 1,21; Acts 1,24; Acts 1,26; Acts 2,35; Acts 2,42; Acts 2,43; Acts 3,2; Acts 3,13; Acts 3,18; Acts 3,21; Acts 3,22; Acts 3,24; Acts 3,25; Acts 4,4; Acts 4,4; Acts 4,11; Acts 4,32; Acts 4,35; Acts 4,36; Acts 4,37; Acts 5,2; Acts 5,9; Acts 5,12; Acts 5,13; Acts 5,17; Acts 5,21; Acts 5,30; Acts 5,38; Acts 6,1; Acts 6,1; Acts 6,2; Acts 6,6; Acts 6,7; Acts 6,7; Acts 6,9; Acts 6,9; Acts 7,16; Acts 7,32; Acts 7,33; Acts 7,37; Acts 7,38; Acts 7,42; Acts 7,45; Acts 7,49; Acts 7,52; Acts 8,1; Acts 8,7; Acts 8,18; Acts 8,25; Acts 9,8; Acts 9,14; Acts 9,18; Acts 9,19; Acts 10,7; Acts 10,7; Acts 10,22; Acts 10,23; Acts 10,23; Acts 10,39; Acts 11,29; Acts 12,1; Acts 12,11; Acts 13,5; Acts 13,15; Acts 13,25; Acts 13,27; Acts 13,43; Acts 13,43; Acts 13,51; Acts 14,1; Acts 14,2; Acts 14,20; Acts 14,22; Acts 15,4; Acts 15,4; Acts 15,5; Acts 15,5; Acts 15,10; Acts 15,15; Acts 15,17; Acts 15,33; Acts 15,40; Acts 16,2; Acts 16,4; Acts 16,4; Acts 17,1; Acts 17,4; Acts 17,5; Acts 17,9; Acts 17,10; Acts 17,11; Acts 17,18; Acts 17,28; Acts 18,8; Acts 19,13; Acts 19,18; Acts 19,19; Acts 19,22; Acts 19,31; Acts 19,33; Acts 20,3; Acts 20,19; Acts 20,19; Acts 20,35; Acts 20,35; Acts 21,8; Acts 21,16; Acts 21,20; Acts 21,35; Acts 21,38; Acts 21,40; Acts 22,11; Acts 22,12; Acts 22,14; Acts 22,20; Acts 22,30; Acts 23,7; Acts 23,9; Acts 23,9; Acts 23,17; Acts 23,23; Acts 23,27; Acts 24,5; Acts 24,23; Acts 25,2; Acts 25,8; Acts 25,15; Acts 25,24; Acts 26,10; Acts 26,10; Acts 26,12; Acts 26,29; Acts 28,17; Acts 28,17; Acts 28,19; Acts 28,21; Acts 28,23; Rom. 1,2; Rom. 1,18; Rom. 2,15; Rom. 2,16; Rom. 2,19; Rom. 3,18; Rom. 3,21; Rom. 4,11; Rom. 8,19; Rom. 9,3; Rom. 9,3; Rom. 9,27; Rom. 10,15; Rom. 11,17; Rom. 11,18; Rom. 11,21; Rom. 12,1; Rom. 12,13; Rom. 15,1; Rom. 15,3; Rom. 15,8; Rom. 15,26; Rom. 15,26; Rom. 15,31; Rom. 16,2; Rom. 16,10; Rom. 16,11; Rom. 16,18; 1Cor. 1,11; 1Cor. 1,19; 1Cor. 1,19; 1Cor. 1,25; 1Cor. 1,25; 1Cor. 2,6; 1Cor. 2,6; 1Cor. 2,7; 1Cor. 2,8; 1Cor. 3,20; 1Cor. 4,19; 1Cor. 6,1; 1Cor. 6,1; 1Cor. 9,9; 1Cor. 10,9; 1Cor. 10,11; 1Cor. 10,27; 1Cor. 10,33; 1Cor. 12,1; 1Cor. 13,1; 1Cor. 13,1; 1Cor. 14,33; 1Cor. 15,9; 1Cor. 15,20; 1Cor. 15,29; 1Cor.

ὁ

15,42; 1Cor. 16,11; 1Cor. 16,12; 2Cor. 1,3; 2Cor. 2,6; 2Cor. 4,4; 2Cor. 4,15; 2Cor. 9,12; 2Cor. 10,12; 2Cor. 11,5; 2Cor. 11,12; 2Cor. 11,19; 2Cor. 12,11; 2Cor. 12,21; Gal. 1,5; Gal. 1,19; Gal. 2,6; Gal. 2,10; Eph. 1,10; Eph. 2,19; Eph. 2,20; Eph. 3,5; Eph. 3,9; Eph. 3,11; Eph. 3,21; Eph. 4,10; Eph. 4,12; Eph. 4,14; Eph. 5,14; Eph. 6,18; Eph. 6,24; Phil. 1,14; Phil. 1,28; Phil. 4,3; Phil. 4,20; Col. 1,12; Col. 1,18; Col. 1,26; Col. 2,1; Col. 2,8; Col. 2,18; Col. 2,22; Col. 4,13; Col. 4,13; Col. 4,18; 1Th. 1,10; 1Th. 1,10; 1Th. 2,14; 1Th. 2,14; 1Th. 2,15; 1Th. 3,13; 1Th. 4,13; 1Th. 5,1; 1Th. 5,1; 1Th. 5,14; 2Th. 3,2; 1Tim. 1,16; 1Tim. 1,17; 1Tim. 1,17; 1Tim. 2,2; 1Tim. 3,7; 1Tim. 3,12; 1Tim. 4,12; 1Tim. 5,8; 1Tim. 5,21; 1Tim. 6,15; 1Tim. 6,15; 2Tim. 2,6; 2Tim. 2,14; 2Tim. 2,22; 2Tim. 4,18; Philem. 7; Heb. 1,4; Heb. 1,5; Heb. 1,13; Heb. 1,13; Heb. 2,3; Heb. 2,8; Heb. 5,14; Heb. 6,12; Heb. 7,1; Heb. 7,5; Heb. 7,26; Heb. 7,26; Heb. 8,4; Heb. 9,2; Heb. 9,19; Heb. 9,19; Heb. 9,26; Heb. 10,13; Heb. 10,33; Heb. 11,9; Heb. 11,21; Heb. 11,22; Heb. 11,23; Heb. 11,26; Heb. 11,32; Heb. 12,3; Heb. 13,3; Heb. 13,3; Heb. 13,7; Heb. 13,21; James 3,3; James 5,4; James 5,4; James 5,4; 1Pet. 1,12; 1Pet. 1,20; 1Pet. 2,15; 1Pet. 4,11; 1Pet. 4,17; 1Pet. 5,3; 2Pet. 2,7; 2Pet. 3,2; 2Pet. 3,2; 2Pet. 3,7; 2Pet. 3,17; 1John 2,16; 1John 2,26; 1John 3,16; 1John 5,9; 3John 7; Jude 17; Rev. 1,5; Rev. 1,5; Rev. 1,6; Rev. 1,18; Rev. 1,20; Rev. 2,6; Rev. 2,9; Rev. 2,14; Rev. 2,15; Rev. 3,5; Rev. 3,9; Rev. 3,9; Rev. 4,9; Rev. 4,10; Rev. 5,5; Rev. 5,6; Rev. 5,8; Rev. 5,11; Rev. 5,13; Rev. 6,9; Rev. 6,10; Rev. 6,14; Rev. 7,4; Rev. 7,11; Rev. 7,12; Rev. 7,13; Rev. 7,17; Rev. 8,3; Rev. 8,4; Rev. 8,10; Rev. 8,11; Rev. 8,12; Rev. 8,13; Rev. 8,13; Rev. 9,15; Rev. 9,17; Rev. 9,18; Rev. 9,19; Rev. 9,20; Rev. 9,21; Rev. 10,6; Rev. 11,9; Rev. 11,15; Rev. 11,18; Rev. 12,1; Rev. 12,4; Rev. 12,10; Rev. 12,17; Rev. 13,7; Rev. 13,10; Rev. 13,13; Rev. 14,3; Rev. 14,4; Rev. 14,12; Rev. 14,13; Rev. 14,20; Rev. 14,20; Rev. 15,7; Rev. 15,8; Rev. 16,11; Rev. 16,12; Rev. 16,12; Rev. 17,1; Rev. 17,1; Rev. 17,6; Rev. 17,6; Rev. 17,11; Rev. 17,18; Rev. 18,24; Rev. 19,2; Rev. 19,3; Rev. 19,8; Rev. 19,10; Rev. 19,10; Rev. 19,10; Rev. 19,18; Rev. 20,4; Rev. 20,5; Rev. 20,9; Rev. 20,10; Rev. 21,3; Rev. 21,4; Rev. 21,9; Rev. 21,9; Rev. 21,14; Rev. 21,21; Rev. 22,5; Rev. 22,6; Rev. 22,8; Rev. 22,9; Rev. 22,9; Rev. 22,9; Rev. 22,19)

Article ▪ neuter ▪ plural ▪ genitive ▸ 1687 + 61 + 251 = **1999** (Gen. 1,10; Gen. 1,26; Gen. 1,26; Gen. 1,26; Gen. 1,26; Gen. 1,28; Gen. 1,28; Gen. 1,28; Gen. 1,28; Gen. 2,2; Gen. 2,3; Gen. 2,23; Gen. 3,1; Gen. 3,1; Gen. 3,14; Gen. 3,14; Gen. 4,4; Gen. 4,4; Gen. 4,4; Gen. 5,29; Gen. 6,7; Gen. 6,19; Gen. 6,19; Gen. 6,19; Gen. 6,20; Gen. 6,20; Gen. 6,20; Gen. 6,20; Gen. 6,20; Gen. 6,21; Gen. 7,2; Gen. 7,2; Gen. 7,2; Gen. 7,2; Gen. 7,3; Gen. 7,3; Gen. 7,3; Gen. 7,3; Gen. 7,8; Gen. 7,8; Gen. 7,8; Gen. 7,8; Gen. 7,8; Gen. 7,8; Gen. 7,8; Gen. 7,21; Gen. 7,21; Gen. 7,21; Gen. 7,23; Gen. 8,1; Gen. 8,1; Gen. 8,1; Gen. 8,1; Gen. 8,5; Gen. 8,20; Gen. 8,20; Gen. 8,20; Gen. 8,20; Gen. 9,5; Gen. 9,10; Gen. 10,5; Gen. 10,32; Gen. 13,7; Gen. 13,7; Gen. 14,23; Gen. 15,17; Gen. 21,25; Gen. 21,29; Gen. 22,2; Gen. 22,9; Gen. 22,13; Gen. 24,2; Gen. 24,10; Gen. 24,52; Gen. 27,27; Gen. 29,6; Gen. 29,9; Gen. 29,14; Gen. 30,3; Gen. 30,38; Gen. 30,40; Gen. 30,41; Gen. 31,1; Gen. 31,32; Gen. 31,37; Gen. 31,38; Gen. 32,20; Gen. 33,14; Gen. 34,5; Gen. 36,7; Gen. 37,8; Gen. 37,8; Gen. 37,17; Gen. 39,6; Gen. 39,12; Gen. 40,17; Gen. 41,34; Gen. 41,35; Gen. 41,35; Gen. 41,35; Gen. 41,43; Gen. 41,48; Gen. 41,48; Gen. 41,48; Gen. 42,9; Gen. 45,18; Gen. 45,20; Gen. 45,23; Gen. 47,5; Gen. 47,9; Gen. 47,9; Gen. 47,9; Gen. 47,16; Gen. 47,17; Gen. 47,17; Gen. 47,21; Gen. 48,12; Gen. 48,16; Ex. 1,11; Ex. 2,6; Ex. 2,23; Ex. 2,23; Ex. 5,4; Ex. 5,5; Ex. 6,9; Ex. 6,9; Ex. 9,4; Ex. 9,4; Ex. 9,6; Ex. 9,7; Ex. 10,2; Ex. 10,2; Ex. 10,12; Ex. 10,15; Ex. 10,24; Ex. 12,46; Ex. 13,12; Ex. 14,19; Ex. 14,19; Ex. 14,25; Ex. 16,3; Ex. 16,36; Ex. 18,22; Ex. 19,5; Ex. 20,8; Ex. 23,15; Ex. 23,15; Ex. 23,16; Ex. 23,16; Ex. 23,16; Ex. 23,19; Ex. 23,22; Ex. 25,9; Ex. 25,18; Ex. 26,22; Ex. 26,23; Ex. 26,33; Ex. 26,34; Ex. 27,14; Ex. 27,15; Ex. 28,14; Ex. 28,21; Ex. 28,23 # 28,29a; Ex. 28,38; Ex. 28,38; Ex. 29,12; Ex. 29,20; Ex. 29,20; Ex. 29,23; Ex. 29,23; Ex. 29,28; Ex. 29,28; Ex. 29,34; Ex. 30,6; Ex. 30,10; Ex. 30,10; Ex. 30,28; Ex. 30,29; Ex. 30,36; Ex. 30,36; Ex. 31,5; Ex. 32,15; Ex. 34,15; Ex. 34,18; Ex. 34,18; Ex. 34,18; Ex. 35,3; Ex. 36,8; Ex. 36,11; Ex. 36,13; Ex. 36,21; Ex. 36,21; Ex. 36,24; Ex. 38,14; Ex. 38,16; Ex. 38,22; Ex. 38,22; Ex. 38,24; Ex. 38,26; Ex. 39,1; Ex. 39,20; Ex. 40,6; Ex. 40,10; Ex. 40,10; Ex. 40,29; Lev. 1,2; Lev. 1,2; Lev. 1,10; Lev. 1,14; Lev. 2,3; Lev. 2,10; Lev. 2,10; Lev. 2,14; Lev. 2,16; Lev. 3,2; Lev. 3,4; Lev. 3,6; Lev. 3,10; Lev. 3,15; Lev. 4,2; Lev. 4,7; Lev. 4,8; Lev. 4,9; Lev. 4,18; Lev. 4,25; Lev. 4,25; Lev. 4,30; Lev. 5,2; Lev. 5,2; Lev. 5,2; Lev. 5,2; Lev. 5,2; Lev. 5,6; Lev. 5,12; Lev. 5,15; Lev. 5,15; Lev. 5,15; Lev. 5,16; Lev. 5,18; Lev. 5,25; Lev. 6,10; Lev. 6,11; Lev. 6,20; Lev. 7,3; Lev. 7,4; Lev. 7,14; Lev. 7,17; Lev. 7,18; Lev. 7,20; Lev. 7,21; Lev. 7,21; Lev. 7,21; Lev. 7,25; Lev. 7,26; Lev. 7,26; Lev. 7,35; Lev. 7,37; Lev. 8,2; Lev. 8,16; Lev. 8,24; Lev. 8,24; Lev. 8,32; Lev. 10,4; Lev. 10,10; Lev. 10,10; Lev. 10,10; Lev. 10,10; Lev. 10,12; Lev. 10,13; Lev. 10,15; Lev. 10,15; Lev. 11,2; Lev. 11,2; Lev. 11,4; Lev. 11,4; Lev. 11,8; Lev. 11,8; Lev. 11,9; Lev. 11,11; Lev. 11,12; Lev. 11,13; Lev. 11,20; Lev. 11,21; Lev. 11,21; Lev. 11,23; Lev. 11,24; Lev. 11,25; Lev. 11,26; Lev. 11,27; Lev. 11,28; Lev. 11,29; Lev. 11,29; Lev. 11,31; Lev. 11,31; Lev. 11,35; Lev. 11,36; Lev. 11,37; Lev. 11,38; Lev. 11,39; Lev. 11,39; Lev. 11,40; Lev. 11,46; Lev. 11,46; Lev. 11,47; Lev. 11,47; Lev. 11,47; Lev. 11,47; Lev. 16,13; Lev. 16,16; Lev. 18,26; Lev. 18,29; Lev. 18,30; Lev. 18,30; Lev. 19,26; Lev. 19,30; Lev. 20,23; Lev. 20,24; Lev. 20,25; Lev. 20,25; Lev. 20,25; Lev. 20,25; Lev. 20,25; Lev. 20,25; Lev. 20,25; Lev. 20,26; Lev. 21,12; Lev. 21,22; Lev. 21,22; Lev. 22,2; Lev. 22,4; Lev. 22,6; Lev. 22,7; Lev. 22,12; Lev. 22,19; Lev. 22,19; Lev. 22,21; Lev. 22,21; Lev. 22,30; Lev. 23,6; Lev. 23,15; Lev. 23,38; Lev. 23,38; Lev. 24,8; Lev. 24,9; Lev. 24,9; Lev. 25,12; Lev. 25,16; Lev. 25,16; Lev. 25,22; Lev. 25,44; Lev. 25,51; Lev. 25,52; Lev. 26,2; Lev. 26,4; Lev. 26,30; Lev. 26,45; Lev. 27,9; Lev. 27,9; Lev. 27,27; Lev. 27,27; Num. 3,26; Num. 3,28; Num. 3,32; Num. 3,41; Num. 3,41; Num. 3,45; Num. 3,45; Num. 3,46; Num. 3,50; Num. 4,4; Num. 4,15; Num. 4,19; Num. 4,31; Num. 4,47; Num. 4,49; Num. 5,6; Num. 6,17; Num. 7,85; Num. 7,89; Num. 10,10; Num. 15,3; Num. 15,11; Num. 15,25; Num. 15,32; Num. 15,33; Num. 15,38; Num. 15,38; Num. 16,22; Num. 17,25; Num. 18,1; Num. 18,5; Num. 18,8; Num. 18,9; Num. 18,9; Num. 18,9; Num. 18,9; Num. 18,9; Num. 18,10; Num. 18,11; Num. 18,15; Num. 18,15; Num. 18,19; Num. 18,28; Num. 18,29; Num. 20,16; Num. 20,21; Num. 20,23; Num. 21,13; Num. 21,23; Num. 22,36; Num. 22,36; Num. 23,6; Num. 25,2; Num. 27,16; Num. 28,9; Num. 28,26; Num. 29,6; Num. 30,7; Num. 30,13; Num. 31,26; Num. 31,28; Num. 31,28; Num. 31,30; Num. 31,30; Num. 31,30; Num. 31,32; Num. 31,36; Num. 31,37; Num. 31,43; Num. 31,47; Num. 31,47; Num. 33,44; Num. 35,6; Num. 35,27; Num. 35,32; Deut. 2,4; Deut. 2,25; Deut. 2,25; Deut. 3,14; Deut. 4,1; Deut. 4,1; Deut. 4,6; Deut. 4,17; Deut. 4,21; Deut. 5,12; Deut. 5,15; Deut. 6,14; Deut. 6,14; Deut. 7,13; Deut. 7,16; Deut. 8,7; Deut. 8,7; Deut. 8,9; Deut. 8,13; Deut. 9,4; Deut. 9,5; Deut. 11,4; Deut. 12,2; Deut. 12,2; Deut. 12,6; Deut. 12,11; Deut. 12,17; Deut. 12,21; Deut. 12,23; Deut. 13,8; Deut. 13,8; Deut. 13,8; Deut. 13,8; Deut. 14,2; Deut. 14,2; Deut. 14,7; Deut. 14,7; Deut. 14,8; Deut. 14,9; Deut. 14,19; Deut. 14,23; Deut. 14,28; Deut. 15,14; Deut. 15,19; Deut. 16,1; Deut. 16,1; Deut. 16,4; Deut. 16,16; Deut. 18,4; Deut. 18,9; Deut. 18,12; Deut. 20,15; Deut. 20,16; Deut. 22,6; Deut. 22,6; Deut. 22,12; Deut. 22,12; Deut. 23,24;

Deut. 26,10; Deut. 26,12; Deut. 26,19; Deut. 28,1; Deut. 28,4; Deut. 28,11; Deut. 28,18; Deut. 28,51; Deut. 28,51; Deut. 28,55; Deut. 28,67; Deut. 29,15; Deut. 29,17; Deut. 30,3; Deut. 30,9; Deut. 32,11; Deut. 32,25; Josh. 1,18; Josh. 3,14; Josh. 8,2; Josh. 8,27; Josh. 8,27; Josh. 9,5; Josh. 10,26; Josh. 10,27; Josh. 11,8; Josh. 13,3; Josh. 13,4; Josh. 13,10; Josh. 13,26; Josh. 15,1; Josh. 15,4; Josh. 15,11; Josh. 15,16; Josh. 16,3; Josh. 17,8; Josh. 18,19; Josh. 19,22; Josh. 20,2; Josh. 21,20; Josh. 21,45; Josh. 21,45; Josh. 22,27; Josh. 24,33b; Josh. 24,33b; Judg. 1,12; Judg. 1,21; Judg. 3,19; Judg. 4,2; Judg. 4,13; Judg. 4,16; Judg. 4,16; Judg. 4,21; Judg. 6,21; Judg. 6,37; Judg. 8,24; Judg. 8,25; Judg. 8,26; Judg. 8,26; Judg. 8,26; Judg. 8,26; Judg. 8,26; Judg. 9,9; Judg. 9,25; Judg. 9,35; Judg. 9,36; Judg. 9,36; Judg. 11,20; Judg. 16,19; Judg. 19,16; Ruth 2,8; Ruth 2,15; Ruth 2,16; Ruth 2,21; Ruth 2,22; Ruth 3,2; 1Sam. 2,17; 1Sam. 2,28; 1Sam. 6,7; 1Sam. 8,11; 1Sam. 9,3; 1Sam. 9,7; 1Sam. 10,19; 1Sam. 14,30; 1Sam. 15,9; 1Sam. 15,9; 1Sam. 15,9; 1Sam. 15,9; 1Sam. 15,12; 1Sam. 15,21; 1Sam. 16,18; 1Sam. 17,6; 1Sam. 21,8; 1Sam. 24,4; 1Sam. 25,13; 1Sam. 25,14; 1Sam. 25,21; 1Sam. 25,22; 1Sam. 26,22; 1Sam. 30,19; 1Sam. 30,20; 1Sam. 30,22; 1Sam. 30,26; 1Sam. 30,26; 2Sam. 1,11; 2Sam. 1,15; 2Sam. 2,21; 2Sam. 2,23; 2Sam. 3,28; 2Sam. 6,2; 2Sam. 7,8; 2Sam. 8,4; 2Sam. 8,12; 2Sam. 8,16; 2Sam. 10,4; 2Sam. 12,4; 2Sam. 12,4; 2Sam. 12,27; 2Sam. 20,11; 2Sam. 20,19; 1Kings 1,50; 1Kings 1,51; 1Kings 2,28; 1Kings 2,29; 1Kings 2,46g; 1Kings 5,4; 1Kings 5,13; 1Kings 5,13; 1Kings 5,13; 1Kings 5,13; 1Kings 5,30; 1Kings 6,16; 1Kings 7,15; 1Kings 7,16; 1Kings 7,16; 1Kings 7,36; 1Kings 7,46; 1Kings 8,6; 1Kings 8,6; 1Kings 8,8; 1Kings 8,8; 1Kings 10,19; 1Kings 10,22a # 9,15; 1Kings 10,22c # 9,22; 1Kings 10,26; 1Kings 11,2; 1Kings 11,41; 1Kings 12,8; 1Kings 12,8; 1Kings 12,8; 1Kings 12,14; 1Kings 12,32; 1Kings 13,2; 1Kings 13,31; 1Kings 14,24; 1Kings 14,24; 1Kings 16,28b; 1Kings 16,32; 1Kings 18,5; 1Kings 18,5; 1Kings 18,19; 1Kings 18,23; 1Kings 18,29; 1Kings 18,42; 1Kings 20,22; 1Kings 20,26; 1Kings 22,31; 1Kings 22,32; 1Kings 22,33; 1Kings 22,44; 2Kings 2,12; 2Kings 2,16; 2Kings 2,21; 2Kings 4,20; 2Kings 4,22; 2Kings 8,21; 2Kings 9,16; 2Kings 9,26; 2Kings 11,18; 2Kings 12,4; 2Kings 12,5; 2Kings 12,12; 2Kings 13,21; 2Kings 15,4; 2Kings 16,3; 2Kings 17,8; 2Kings 17,15; 2Kings 17,15; 2Kings 17,15; 2Kings 17,29; 2Kings 17,32; 2Kings 17,32; 2Kings 17,32; 2Kings 17,33; 2Kings 18,33; 2Kings 19,12; 2Kings 19,15; 2Kings 19,23; 2Kings 20,13; 2Kings 21,2; 2Kings 23,9; 2Kings 23,18; 2Kings 23,19; 2Kings 23,20; 2Kings 23,20; 2Kings 25,4; 2Kings 25,16; 1Chr. 6,34; 1Chr. 6,34; 1Chr. 6,34; 1Chr. 6,42; 1Chr. 6,51; 1Chr. 6,52; 1Chr. 9,19; 1Chr. 9,26; 1Chr. 9,29; 1Chr. 10,3; 1Chr. 12,9; 1Chr. 16,26; 1Chr. 16,28; 1Chr. 16,35; 1Chr. 16,40; 1Chr. 17,7; 1Chr. 18,11; 1Chr. 21,29; 1Chr. 22,3; 1Chr. 23,28; 1Chr. 23,31; 1Chr. 24,5; 1Chr. 26,20; 1Chr. 26,27; 1Chr. 26,28; 1Chr. 27,27; 1Chr. 27,31; 1Chr. 28,1; 1Chr. 28,11; 1Chr. 28,12; 1Chr. 28,12; 1Chr. 28,13; 1Chr. 28,13; 1Chr. 28,18; 1Chr. 28,18; 1Chr. 28,18; 1Chr. 29,6; 2Chr. 1,14; 2Chr. 3,8; 2Chr. 3,10; 2Chr. 3,11; 2Chr. 3,13; 2Chr. 3,16; 2Chr. 4,6; 2Chr. 4,13; 2Chr. 4,22; 2Chr. 5,7; 2Chr. 5,7; 2Chr. 5,9; 2Chr. 5,11; 2Chr. 7,7; 2Chr. 8,6; 2Chr. 8,13; 2Chr. 9,25; 2Chr. 10,8; 2Chr. 10,8; 2Chr. 10,8; 2Chr. 11,13; 2Chr. 11,15; 2Chr. 15,11; 2Chr. 18,30; 2Chr. 18,31; 2Chr. 18,32; 2Chr. 20,6; 2Chr. 21,9; 2Chr. 23,17; 2Chr. 24,13; 2Chr. 26,16; 2Chr. 26,19; 2Chr. 28,3; 2Chr. 28,4; 2Chr. 28,4; 2Chr. 28,15; 2Chr. 29,5; 2Chr. 29,21; 2Chr. 30,13; 2Chr. 30,19; 2Chr. 30,21; 2Chr. 30,22; 2Chr. 31,3; 2Chr. 31,14; 2Chr. 31,14; 2Chr. 32,13; 2Chr. 32,14; 2Chr. 32,17; 2Chr. 32,23; 2Chr. 33,2; 2Chr. 33,2; 2Chr. 33,17; 2Chr. 34,3; 2Chr. 34,3; 2Chr. 34,3; 2Chr. 34,4; 2Chr. 34,12; 2Chr. 35,7; 2Chr. 35,17; 2Chr. 36,7; 2Chr. 36,10; 2Chr. 36,10; 1Esdr. 1,7; 1Esdr. 1,17; 1Esdr. 1,39; 1Esdr. 1,47; 1Esdr. 2,25; 1Esdr. 3,16; 1Esdr. 4,39; 1Esdr. 4,42; 1Esdr. 5,40; 1Esdr. 5,44; 1Esdr. 5,49; 1Esdr. 5,56; 1Esdr. 6,31; 1Esdr. 6,31; 1Esdr. 7,2; 1Esdr. 7,9; 1Esdr. 7,13; 1Esdr. 7,13; 1Esdr. 7,14; 1Esdr. 8,7; 1Esdr. 8,84; 1Esdr. 8,89; 1Esdr. 9,9; Ezra 2,63; Ezra 6,22; Ezra 8,30; Ezra 9,7; Ezra 9,11; Neh. 3,15; Neh. 4,15; Neh. 5,9; Neh. 5,17; Neh. 7,65; Neh. 9,17; Neh. 9,35; Neh. 10,34; Neh. 12,44; Neh. 13,19; Esth. 2,13; Esth. 3,10; Esth. 3,12; Esth. 13,6 # 3,13f; Esth. 14,1 # 4,17k; Esth. 14,5 # 4,17m; Esth. 14,8 # 4,17o; Esth. 8,2; Esth. 8,17; Esth. 10,9 # 10,3f; Judith 2,13; Judith 4,5; Judith 4,5; Judith 4,13; Judith 6,9; Judith 7,7; Judith 7,10; Judith 7,10; Judith 7,13; Judith 7,17; Judith 7,20; Judith 8,9; Judith 9,12; Judith 10,2; Judith 11,6; Judith 12,1; Judith 12,2; Judith 12,11; Judith 13,10; Judith 14,13; Judith 15,4; Judith 15,7; Judith 16,20; Tob. 1,6; Tob. 1,7; Tob. 1,10; Tob. 4,7; Tob. 4,16; Tob. 5,14; Tob. 8,2; Tob. 8,21; Tob. 10,10; Tob. 12,6; Tob. 13,3; Tob. 13,5; 1Mac. 1,11; 1Mac. 1,11; 1Mac. 1,13; 1Mac. 1,14; 1Mac. 2,10; 1Mac. 2,32; 1Mac. 2,34; 1Mac. 2,40; 1Mac. 2,41; 1Mac. 2,43; 1Mac. 2,48; 1Mac. 3,21; 1Mac. 3,32; 1Mac. 3,43; 1Mac. 3,45; 1Mac. 3,48; 1Mac. 3,59; 1Mac. 4,15; 1Mac. 4,17; 1Mac. 4,38; 1Mac. 4,49; 1Mac. 4,53; 1Mac. 5,22; 1Mac. 5,60; 1Mac. 5,63; 1Mac. 6,12; 1Mac. 6,18; 1Mac. 6,41; 1Mac. 6,43; 1Mac. 6,53; 1Mac. 6,56; 1Mac. 6,59; 1Mac. 7,33; 1Mac. 8,3; 1Mac. 8,31; 1Mac. 9,12; 1Mac. 9,34; 1Mac. 9,43; 1Mac. 9,54; 1Mac. 10,5; 1Mac. 10,33; 1Mac. 10,44; 1Mac. 11,34; 1Mac. 11,34; 1Mac. 11,34; 1Mac. 11,35; 1Mac. 11,35; 1Mac. 11,38; 1Mac. 11,59; 1Mac. 13,3; 1Mac. 13,6; 1Mac. 13,41; 1Mac. 13,50; 1Mac. 14,8; 1Mac. 14,15; 1Mac. 14,33; 1Mac. 14,34; 1Mac. 14,36; 1Mac. 14,42; 1Mac. 14,42; 1Mac. 14,42; 1Mac. 14,42; 1Mac. 14,43; 1Mac. 14,48; 1Mac. 15,30; 1Mac. 16,16; 1Mac. 16,23; 2Mac. 2,2; 2Mac. 3,7; 2Mac. 3,7; 2Mac. 3,24; 2Mac. 4,1; 2Mac. 4,1; 2Mac. 4,2; 2Mac. 4,21; 2Mac. 4,28; 2Mac. 4,32; 2Mac. 4,35; 2Mac. 4,48; 2Mac. 5,11; 2Mac. 5,20; 2Mac. 6,4; 2Mac. 6,14; 2Mac. 7,1; 2Mac. 8,3; 2Mac. 8,16; 2Mac. 8,28; 2Mac. 8,31; 2Mac. 9,2; 2Mac. 9,2; 2Mac. 9,5; 2Mac. 9,8; 2Mac. 9,10; 2Mac. 10,11; 2Mac. 11,1; 2Mac. 11,3; 2Mac. 11,17; 2Mac. 11,20; 2Mac. 11,31; 2Mac. 12,14; 2Mac. 12,14; 2Mac. 12,22; 2Mac. 12,27; 2Mac. 13,2; 2Mac. 13,4; 2Mac. 13,9; 2Mac. 13,23; 2Mac. 14,8; 2Mac. 14,15; 2Mac. 14,26; 2Mac. 14,41; 2Mac. 14,43; 2Mac. 14,45; 2Mac. 14,45; 2Mac. 15,3; 2Mac. 15,8; 2Mac. 15,10; 2Mac. 15,20; 2Mac. 15,21; 2Mac. 15,21; 2Mac. 15,21; 3Mac. 1,2; 3Mac. 1,3; 3Mac. 1,4; 3Mac. 1,9; 3Mac. 1,20; 3Mac. 2,3; 3Mac. 2,9; 3Mac. 2,18; 3Mac. 3,2; 3Mac. 3,5; 3Mac. 3,19; 3Mac. 3,21; 3Mac. 3,27; 3Mac. 4,9; 3Mac. 4,14; 3Mac. 4,16; 3Mac. 5,28; 3Mac. 5,40; 3Mac. 7,8; 3Mac. 7,9; 3Mac. 7,21; 4Mac. 1,1; 4Mac. 1,5; 4Mac. 1,6; 4Mac. 1,7; 4Mac. 1,9; 4Mac. 1,13; 4Mac. 1,16; 4Mac. 1,19; 4Mac. 1,25; 4Mac. 1,28; 4Mac. 1,29; 4Mac. 1,30; 4Mac. 1,30; 4Mac. 1,30; 4Mac. 1,34; 4Mac. 2,3; 4Mac. 2,6; 4Mac. 2,7; 4Mac. 2,9; 4Mac. 2,9; 4Mac. 2,15; 4Mac. 2,18; 4Mac. 2,22; 4Mac. 2,24; 4Mac. 3,1; 4Mac. 3,1; 4Mac. 3,5; 4Mac. 3,17; 4Mac. 3,18; 4Mac. 3,18; 4Mac. 4,4; 4Mac. 4,10; 4Mac. 4,24; 4Mac. 4,25; 4Mac. 5,1; 4Mac. 5,6; 4Mac. 5,9; 4Mac. 5,24; 4Mac. 6,15; 4Mac. 6,15; 4Mac. 6,26; 4Mac. 6,31; 4Mac. 7,1; 4Mac. 7,5; 4Mac. 7,9; 4Mac. 7,13; 4Mac. 7,16; 4Mac. 7,18; 4Mac. 7,22; 4Mac. 7,23; 4Mac. 8,7; 4Mac. 8,28; 4Mac. 9,21; 4Mac. 9,28; 4Mac. 11,15; 4Mac. 12,5; 4Mac. 12,10; 4Mac. 12,13; 4Mac. 12,19; 4Mac. 13,1; 4Mac. 13,3; 4Mac. 13,6; 4Mac. 13,7; 4Mac. 13,27; 4Mac. 14,1; 4Mac. 14,4; 4Mac. 14,12; 4Mac. 14,13; 4Mac. 14,15; 4Mac. 14,18; 4Mac. 15,4; 4Mac. 15,8; 4Mac. 15,15; 4Mac. 15,20; 4Mac. 15,32; 4Mac. 16,1; 4Mac. 16,1; 4Mac. 16,2; 4Mac. 18,1; 4Mac. 18,2; 4Mac. 18,5; 4Mac. 18,21; Psa. 1,3; Psa. 9,1; Psa. 15,2; Psa. 15,4; Psa. 16,4; Psa. 17,8; Psa. 17,16; Psa. 18,13; Psa. 20,3; Psa. 21,2; Psa. 21,28; Psa. 21,29; Psa. 27,4; Psa. 27,8; Psa. 28,3; Psa. 38,13; Psa. 41,2; Psa. 44,1; Psa. 44,9; Psa. 45,1; Psa. 45,10; Psa. 47,12;

ὁ

Psa. 49,9; Psa. 55,1; Psa. 58,14; Psa. 60,3; Psa. 64,6; Psa. 64,9; Psa. 64,14; Psa. 67,20; Psa. 68,1; Psa. 68,15; Psa. 71,16; Psa. 75,4; Psa. 76,12; Psa. 76,12; Psa. 77,4; Psa. 77,7; Psa. 77,11; Psa. 77,28; Psa. 77,70; Psa. 77,70; Psa. 77,71; Psa. 79,1; Psa. 79,2; Psa. 84,5; Psa. 88,10; Psa. 88,35; Psa. 89,10; Psa. 94,4; Psa. 95,5; Psa. 95,7; Psa. 96,8; Psa. 97,2; Psa. 98,1; Psa. 103,6; Psa. 103,10; Psa. 103,13; Psa. 103,13; Psa. 103,32; Psa. 104,5; Psa. 104,27; Psa. 104,27; Psa. 105,13; Psa. 105,47; Psa. 108,10; Psa. 110,4; Psa. 113,12; Psa. 117,27; Psa. 118,14; Psa. 118,33; Psa. 118,52; Psa. 118,93; Psa. 118,102; Psa. 118,118; Psa. 118,120; Psa. 118,152; Psa. 118,157; Psa. 119,5; Psa. 134,15; Psa. 135,6; Psa. 139,10; Psa. 143,5; Psa. 144,6; Psa. 151,4; Ode. 2,11; Ode. 2,25; Prov. 6,25; Prov. 7,7; Prov. 8,2; Prov. 8,24; Prov. 14,14; Prov. 16,27; Prov. 17,6a; Prov. 20,25; Prov. 23,3; Prov. 23,6; Prov. 30,4; Eccl. 1,11; Eccl. 1,13; Eccl. 12,11; Song 1,8; Song 2,9; Song 5,7; Song 7,9; Job 1,10; Job 2,5; Job 4,17; Job 11,6; Job 15,27; Job 21,28; Job 31,12; Wis. 2,4; Wis. 2,6; Wis. 4,2; Wis. 5,21; Wis. 7,15; Wis. 7,17; Wis. 8,4; Wis. 8,6; Wis. 9,2; Wis. 11,12; Wis. 12,19; Wis. 12,23; Wis. 12,24; Wis. 13,1; Wis. 14,27; Wis. 14,31; Wis. 15,7; Wis. 15,15; Wis. 15,17; Wis. 15,18; Wis. 16,3; Wis. 16,11; Wis. 17,11; Wis. 18,9; Wis. 18,13; Wis. 19,4; Wis. 19,10; Wis. 19,13; Wis. 19,16; Wis. 19,18; Sir. 1,10 Prol.; Sir. 1,12 Prol.; Sir. 1,20 Prol.; Sir. 1,25 Prol.; Sir. 1,17; Sir. 3,22; Sir. 3,23; Sir. 6,19; Sir. 7,9; Sir. 7,35; Sir. 11,19; Sir. 12,12; Sir. 14,23; Sir. 16,21; Sir. 16,27; Sir. 16,29; Sir. 17,2; Sir. 17,8; Sir. 17,10; Sir. 21,1; Sir. 22,27; Sir. 24,19; Sir. 29,5; Sir. 29,6; Sir. 30,25; Sir. 31,3; Sir. 32,13; Sir. 32,22; Sir. 43,32; Sol. 1,5; Sol. 2,26; Hos. 2,20; Hos. 2,20; Hos. 2,20; Hos. 4,13; Hos. 4,19; Hos. 5,8; Hos. 5,11; Hos. 9,15; Amos 4,2; Amos 6,2; Amos 6,5; Amos 7,15; Mic. 3,2; Mic. 3,3; Mic. 4,1; Joel 1,18; Joel 2,5; Joel 2,9; Joel 2,25; Joel 4,6; Obad. 4; Obad. 7; Jonah 1,5; Jonah 1,5; Jonah 4,6; Nah. 2,4; Nah. 3,14; Zeph. 2,11; Zeph. 2,11; Zeph. 3,11; Hag. 2,7; Hag. 2,14; Hag. 2,14; Hag. 2,22; Zech. 1,4; Zech. 1,4; Zech. 1,8; Zech. 1,8; Zech. 1,10; Zech. 1,11; Zech. 8,10; Zech. 8,23; Zech. 13,2; Zech. 14,10; Zech. 14,15; Zech. 14,15; Zech. 14,16; Zech. 14,16; Zech. 14,19; Mal. 1,5; Is. 2,2; Is. 2,4; Is. 2,7; Is. 2,8; Is. 3,10; Is. 5,27; Is. 5,28; Is. 6,6; Is. 6,7; Is. 7,4; Is. 8,23; Is. 9,19; Is. 13,4; Is. 13,13; Is. 14,13; Is. 14,18; Is. 14,25; Is. 15,3; Is. 21,15; Is. 21,15; Is. 21,17; Is. 22,11; Is. 23,3; Is. 24,13; Is. 29,7; Is. 29,8; Is. 30,6; Is. 30,6; Is. 30,27; Is. 33,8; Is. 35,9; Is. 35,9; Is. 36,18; Is. 36,20; Is. 37,12; Is. 37,16; Is. 37,24; Is. 39,2; Is. 39,2; Is. 39,7; Is. 41,18; Is. 41,28; Is. 41,28; Is. 42,11; Is. 45,11; Is. 45,20; Is. 49,7; Is. 51,18; Is. 52,7; Is. 52,10; Is. 58,13; Is. 59,5; Is. 59,6; Is. 61,11; Is. 62,6; Is. 63,3; Is. 63,11; Is. 65,7; Is. 65,17; Is. 66,20; Jer. 2,5; Jer. 2,27; Jer. 3,17; Jer. 3,23; Jer. 9,13; Jer. 10,2; Jer. 10,2; Jer. 10,3; Jer. 11,12; Jer. 12,6; Jer. 14,22; Jer. 15,11; Jer. 16,18; Jer. 17,10; Jer. 17,16; Jer. 17,21; Jer. 17,22; Jer. 17,22; Jer. 17,24; Jer. 17,24; Jer. 17,27; Jer. 17,27; Jer. 18,8; Jer. 18,8; Jer. 18,10; Jer. 19,2; Jer. 19,2; Jer. 19,13; Jer. 23,22; Jer. 25,5; Jer. 25,16; Jer. 27,38; Jer. 27,45; Jer. 28,5; Jer. 28,9; Jer. 28,17; Jer. 28,64; Jer. 29,3; Jer. 30,14; Jer. 31,38; Jer. 32,34; Jer. 32,35; Jer. 32,36; Jer. 33,3; Jer. 33,3; Jer. 33,13; Jer. 33,19; Jer. 34,9; Jer. 34,19; Jer. 35,11; Jer. 35,14; Jer. 38,14; Jer. 38,29; Jer. 39,29; Jer. 45,12; Jer. 49,17; Jer. 51,5; Jer. 51,9; Jer. 51,9; Jer. 51,9; Jer. 51,9; Jer. 51,10; Jer. 51,22; Bar. 1,15; Bar. 2,6; Bar. 2,8; Bar. 2,17; Bar. 3,16; Bar. 3,16; Bar. 3,16; Bar. 3,18; Bar. 4,1; Bar. 4,12; Lam. 1,22; Lam. 4,19; LetterJ 19; Ezek. 1,8; Ezek. 1,10; Ezek. 1,13; Ezek. 1,13; Ezek. 1,15; Ezek. 1,22; Ezek. 3,8; Ezek. 3,13; Ezek. 4,15; Ezek. 4,15; Ezek. 5,5; Ezek. 5,6; Ezek. 5,7; Ezek. 5,7; Ezek. 5,7; Ezek. 5,7; Ezek. 5,8; Ezek. 6,4; Ezek. 6,5; Ezek. 6,9; Ezek. 6,13; Ezek. 6,13; Ezek. 7,16; Ezek. 7,20; Ezek. 8,6; Ezek. 8,16; Ezek. 9,3; Ezek. 9,6; Ezek. 10,1; Ezek. 10,2; Ezek. 10,2; Ezek. 10,4; Ezek. 10,5; Ezek. 10,6; Ezek. 10,7; Ezek. 10,9; Ezek. 10,22; Ezek. 11,1; Ezek. 11,10; Ezek. 11,11; Ezek. 11,17; Ezek. 11,21; Ezek. 14,6; Ezek. 14,15; Ezek. 15,2; Ezek. 15,2; Ezek. 15,2; Ezek. 16,16; Ezek. 16,36; Ezek. 18,2; Ezek. 18,6; Ezek. 18,11; Ezek. 18,15; Ezek. 20,9; Ezek. 20,14; Ezek. 20,16; Ezek. 20,22; Ezek. 20,24; Ezek. 20,30; Ezek. 20,31; Ezek. 22,2; Ezek. 22,9; Ezek. 22,16; Ezek. 22,26; Ezek. 23,49; Ezek. 24,4; Ezek. 26,10; Ezek. 26,13; Ezek. 26,13; Ezek. 26,16; Ezek. 27,11; Ezek. 27,29; Ezek. 28,25; Ezek. 28,25; Ezek. 29,13; Ezek. 31,4; Ezek. 31,12; Ezek. 31,12; Ezek. 31,18; Ezek. 32,6; Ezek. 32,6; Ezek. 32,16; Ezek. 32,27; Ezek. 33,31; Ezek. 34,13; Ezek. 34,14; Ezek. 36,24; Ezek. 36,25; Ezek. 37,9; Ezek. 37,12; Ezek. 37,21; Ezek. 39,17; Ezek. 39,27; Ezek. 39,27; Ezek. 39,27; Ezek. 40,40; Ezek. 40,41; Ezek. 40,42; Ezek. 41,4; Ezek. 41,7; Ezek. 41,7; Ezek. 41,21; Ezek. 41,25; Ezek. 42,6; Ezek. 42,6; Ezek. 42,6; Ezek. 42,13; Ezek. 42,13; Ezek. 42,13; Ezek. 42,20; Ezek. 43,15; Ezek. 43,21; Ezek. 44,1; Ezek. 44,10; Ezek. 44,12; Ezek. 44,13; Ezek. 44,15; Ezek. 44,19; Ezek. 44,31; Ezek. 44,31; Ezek. 45,3; Ezek. 45,6; Ezek. 45,7; Ezek. 45,7; Ezek. 45,7; Ezek. 45,7; Ezek. 45,7; Ezek. 45,15; Ezek. 46,1; Ezek. 46,4; Ezek. 46,12; Ezek. 46,19; Ezek. 46,24; Ezek. 47,9; Ezek. 47,9; Ezek. 47,12; Ezek. 47,16; Ezek. 48,2; Ezek. 48,3; Ezek. 48,3; Ezek. 48,3; Ezek. 48,4; Ezek. 48,4; Ezek. 48,4; Ezek. 48,5; Ezek. 48,5; Ezek. 48,5; Ezek. 48,6; Ezek. 48,6; Ezek. 48,6; Ezek. 48,7; Ezek. 48,7; Ezek. 48,7; Ezek. 48,8; Ezek. 48,8; Ezek. 48,8; Ezek. 48,8; Ezek. 48,8; Ezek. 48,10; Ezek. 48,10; Ezek. 48,12; Ezek. 48,13; Ezek. 48,16; Ezek. 48,16; Ezek. 48,16; Ezek. 48,16; Ezek. 48,21; Ezek. 48,21; Ezek. 48,21; Ezek. 48,21; Ezek. 48,21; Ezek. 48,22; Ezek. 48,22; Ezek. 48,23; Ezek. 48,23; Ezek. 48,24; Ezek. 48,24; Ezek. 48,24; Ezek. 48,24; Ezek. 48,25; Ezek. 48,25; Ezek. 48,25; Ezek. 48,25; Ezek. 48,26; Ezek. 48,26; Ezek. 48,26; Ezek. 48,26; Ezek. 48,27; Ezek. 48,27; Ezek. 48,27; Ezek. 48,27; Ezek. 48,28; Ezek. 48,28; Ezek. 48,28; Dan. 1,2; Dan. 1,12; Dan. 1,16; Dan. 2,48; Dan. 2,49; Dan. 4,15; Dan. 4,17; Dan. 4,17; Dan. 4,17a; Dan. 4,21; Dan. 4,21; Dan. 4,29; Dan. 4,33b; Dan. 4,34; Dan. 4,37a; Dan. 4,37c; Dan. 5,0; Dan. 5,0; Dan. 7,8; Dan. 7,8; Dan. 7,20; Dan. 7,20; Dan. 9,2; Dan. 10,10; Dan. 10,16; Dan. 11,8; Dan. 11,8; Dan. 11,8; Josh. 19,22; Judg. 1,12; Judg. 2,12; Judg. 2,12; Judg. 2,21; Judg. 3,19; Judg. 3,19; Judg. 4,2; Judg. 4,13; Judg. 4,16; Judg. 4,16; Judg. 6,21; Judg. 8,26; Judg. 8,26; Judg. 8,26; Judg. 8,26; Judg. 8,26; Judg. 9,9; Judg. 9,11; Judg. 9,13; Judg. 9,25; Judg. 9,36; Judg. 9,36; Judg. 19,19; Tob. 1,6; Tob. 1,6; Tob. 1,7; Tob. 1,7; Tob. 1,7; Tob. 1,10; Tob. 1,11; Tob. 2,4; Tob. 3,10; Tob. 6,9; Tob. 6,17; Tob. 10,10; Tob. 11,4; Tob. 12,2; Tob. 13,3; Tob. 13,5; Tob. 13,13; Tob. 14,4; Dan. 1,2; Dan. 1,12; Dan. 1,13; Dan. 1,13; Dan. 4,15; Dan. 5,21; Dan. 7,8; Dan. 7,12; Dan. 7,20; Dan. 7,20; Dan. 7,20; Dan. 7,20; Dan. 8,10; Dan. 9,2; Dan. 9,5; Dan. 10,16; Dan. 11,8; Dan. 12,6; Sus. 42; Matt. 3,10; Matt. 4,15; Matt. 5,29; Matt. 5,30; Matt. 8,24; Matt. 8,28; Matt. 8,34; Matt. 9,34; Matt. 10,27; Matt. 11,19; Matt. 12,1; Matt. 12,24; Matt. 12,42; Matt. 12,45; Matt. 13,32; Matt. 13,32; Matt. 13,36; Matt. 14,20; Matt. 14,24; Matt. 15,22; Matt. 15,26; Matt. 15,27; Matt. 15,27; Matt. 15,37; Matt. 18,7; Matt. 18,14; Matt. 20,25; Matt. 20,34; Matt. 21,8; Matt. 24,9; Matt. 24,31; Matt. 26,17; Matt. 27,53; Mark 1,7; Mark 1,13; Mark 2,23; Mark 3,22; Mark 4,31; Mark 4,31; Mark 4,32; Mark 5,2; Mark 5,17; Mark 5,28; Mark 5,30; Mark 6,7; Mark 6,7; Mark 7,27; Mark 7,28; Mark 7,28; Mark 7,31; Mark 7,31; Mark 9,37; Mark 10,14; Mark 10,42; Mark 12,33; Mark 14,12; Mark 16,2; Mark 16,20; Luke 1,1; Luke 2,18; Luke 3,9; Luke 3,16; Luke 4,16; Luke 5,3; Luke 7,35; Luke 8,3; Luke 11,15; Luke 11,26; Luke 11,31; Luke 12,3; Luke 12,15; Luke 12,24; Luke 12,26; Luke 15,16; Luke 16,21; Luke 18,16; Luke 19,8; Luke 21,26; Luke 22,1; Luke 22,7; Luke 22,25; Luke 24,1; Luke 24,8; Luke 24,14; John

O, o

2,11; John 6,11; John 8,23; John 8,23; John 8,44; John 10,1; John 10,2; John 10,7; John 10,11; John 10,13; John 10,15; John 10,26; John 10,26; John 11,18; John 12,47; John 19,23; John 19,40; John 20,1; John 20,7; John 21,10; Acts 2,5; Acts 4,32; Acts 4,34; Acts 5,32; Acts 7,45; Acts 12,3; Acts 13,14; Acts 13,50; Acts 14,2; Acts 14,5; Acts 14,15; Acts 15,3; Acts 15,19; Acts 15,20; Acts 15,20; Acts 15,28; Acts 16,13; Acts 17,7; Acts 20,6; Acts 20,7; Acts 20,20; Acts 21,25; Acts 26,3; Acts 26,17; Acts 27,40; Acts 27,41; Acts 27,44; Rom. 3,25; Rom. 3,27; Rom. 8,21; Rom. 11,25; Rom. 15,16; Rom. 16,4; 1Cor. 8,1; 1Cor. 8,4; 1Cor. 10,20; 1Cor. 15,37; 1Cor. 15,38; 1Cor. 15,40; 1Cor. 15,40; 2Cor. 1,6; 2Cor. 1,7; 2Cor. 6,7; 2Cor. 11,28; Gal. 2,12; Gal. 4,25; Gal. 5,23; Eph. 1,7; Eph. 3,1; Eph. 5,27; Phil. 1,23; Phil. 3,10; Col. 2,17; Col. 2,20; 1Th. 1,9; 1Tim. 6,10; 2Tim. 1,4; Titus 3,5; Heb. 2,14; Heb. 3,5; Heb. 4,3; Heb. 4,4; Heb. 4,10; Heb. 4,10; Heb. 5,12; Heb. 7,4; Heb. 8,2; Heb. 8,5; Heb. 9,7; Heb. 9,8; Heb. 9,11; Heb. 9,23; Heb. 9,24; Heb. 10,1; Heb. 10,1; Heb. 10,19; Heb. 10,34; Heb. 11,7; Heb. 11,22; Heb. 12,9; Heb. 12,27; Heb. 13,20; James 1,17; James 1,18; James 2,18; James 2,18; James 2,20; James 2,22; 1Pet. 2,12; 1Pet. 4,3; 1Pet. 5,1; 1Pet. 5,9; 2Pet. 2,20; 2Pet. 3,2; 1John 5,21; 2John 4; Jude 15; Jude 15; Jude 17; Jude 17; Rev. 1,4; Rev. 2,19; Rev. 2,22; Rev. 2,26; Rev. 5,6; Rev. 5,11; Rev. 6,1; Rev. 6,6; Rev. 6,8; Rev. 6,15; Rev. 7,3; Rev. 7,11; Rev. 8,4; Rev. 8,7; Rev. 8,9; Rev. 8,9; Rev. 8,9; Rev. 8,10; Rev. 8,11; Rev. 8,11; Rev. 9,4; Rev. 9,13; Rev. 9,16; Rev. 9,17; Rev. 9,18; Rev. 9,20; Rev. 9,21; Rev. 9,21; Rev. 11,6; Rev. 12,17; Rev. 13,1; Rev. 14,1; Rev. 14,3; Rev. 15,3; Rev. 15,7; Rev. 16,4; Rev. 16,5; Rev. 16,11; Rev. 16,11; Rev. 16,19; Rev. 17,5; Rev. 20,12; Rev. 21,26; Rev. 22,2; Rev. 22,4; Rev. 22,6; Rev. 22,19)

crasis-ὁ ▸ 4 + 4 = 8

τἀληθὲς (τὸ + ἀληθὲς) ▸ 1
Article · neuter · singular · accusative ▸ **1** (3Mac. 7,12)

τἆλλα (τὰ + ἄλλα) ▸ 1
Article · neuter · plural · accusative ▸ **1** (1Esdr. 6,4)

τἀνδρὸς (τοῦ + ἀνδρὸς) ▸ 1
Article · masculine · singular · genitive ▸ **1** (2Mac. 14,28)

τοὐναντίον (τοῦ + ἐναντίον) ▸ 1 + 3 = 4
Article · neuter · singular · accusative · demonstrative ▸ **1** (3Mac. 3,22)
Article · neuter · singular · nominative ▸ **3** (2Cor. 2,7; Gal. 2,7; 1Pet. 3,9)

τοὔνομα (τοῦ + ὄνομα) ▸ 1
Article · neuter · singular · nominative ▸ **1** (Matt. 27,57)

Οβα Hubbah ▸ 1
Οβα ▸ 1
Noun · masculine · singular · nominative · (proper) ▸ **1** (1Chr. 7,34)

Οββια Habaiah ▸ 1
Οββια ▸ 1
Noun · masculine · singular · genitive · (proper) ▸ **1** (1Esdr. 5,38)

Οβδια Obadiah ▸ 1
Οβδια ▸ 1
Noun · masculine · singular · nominative · (proper) ▸ **1** (1Chr. 7,3)

ὀβελίσκος (βάλλω) small spit, skewer; compass point; obelisk ▸ 2
ὀβελίσκοι ▸ 1
Noun · masculine · plural · nominative · (common) ▸ **1** (Job 41,22)
ὀβελίσκους ▸ 1
Noun · masculine · plural · accusative · (common) ▸ **1** (4Mac. 11,19)

ὀβολός (βάλλω) obol (small coin) ▸ 7
ὀβολοὶ ▸ 2
Noun · masculine · plural · nominative · (common) ▸ **2** (Ex. 30,13; Lev. 27,25)
ὀβολοί ▸ 2
Noun · masculine · plural · nominative · (common) ▸ **2** (Num. 18,16; Ezek. 45,12)
ὀβολός ▸ 1
Noun · masculine · singular · nominative · (common) ▸ **1** (Prov. 17,6a)
ὀβολοῦ ▸ 1
Noun · masculine · singular · genitive · (common) ▸ **1** (1Sam. 2,36)
ὀβολοὺς ▸ 1
Noun · masculine · plural · accusative · (common) ▸ **1** (Num. 3,47)

ὀγδοήκοντα (ὀκτώ) eighty ▸ 37 + 1 + 2 = 40
ὀγδοήκοντα ▸ 37 + 1 + 2 = 40
Adjective · feminine · plural · accusative · (cardinal · numeral) ▸ **9** (Num. 2,9; 2Kings 19,35; 2Chr. 2,1; 2Chr. 2,17; 2Chr. 11,1; Esth. 1,4; 1Mac. 7,41; 2Mac. 15,22; Is. 37,36)
Adjective · feminine · plural · nominative · (cardinal · numeral) ▸ **8** (1Kings 2,35d; 1Kings 5,29; 1Chr. 7,5; 1Chr. 21,5; 2Chr. 17,15; 2Chr. 17,18; 2Mac. 8,19; Song 6,8)
Adjective · masculine · plural · accusative · (cardinal · numeral) ▸ **1 + 1 = 2** (2Kings 10,24; Luke 16,7)
Adjective · masculine · plural · dative · (cardinal · numeral) ▸ **1** (2Mac. 11,4)
Adjective · masculine · plural · nominative · (cardinal · numeral) ▸ **6** (Num. 4,48; 1Chr. 15,9; 1Chr. 25,7; 2Chr. 26,17; Neh. 11,18; Jer. 48,5)
Adjective · neuter · plural · accusative · (cardinal · numeral) ▸ **3 + 1 = 4** (Gen. 5,28; Judg. 3,30; 2Mac. 4,8; Judg. 3,30)
Adjective · neuter · plural · genitive · (cardinal · numeral) ▸ **6 + 1 = 7** (Gen. 16,16; Ex. 7,7; Ex. 7,7; Josh. 14,10; 2Sam. 19,33; 2Sam. 19,36; Luke 2,37)
Adjective · neuter · plural · nominative · (cardinal · numeral) ▸ **3** (Gen. 35,28; Ezra 8,8; Psa. 89,10)

ὀγδοηκοστός (ὀκτώ) eightieth ▸ 1
ὀγδοηκοστοῦ ▸ 1
Adjective · neuter · singular · genitive · (ordinal · numeral) ▸ **1** (2Mac. 1,9)

ὄγδοος (ὀκτώ) eighth ▸ 45 + 5 = 50
ὀγδόῃ ▸ 1
Adjective · feminine · singular · nominative · (ordinal · numeral) ▸ **1** (Lev. 23,36)
ὀγδόῃ ▸ 18 + 2 = 20
Adjective · feminine · singular · dative · (ordinal · numeral) ▸ **18 + 2 = 20** (Gen. 17,14; Gen. 21,4; Ex. 22,29; Lev. 9,1; Lev. 12,3; Lev. 14,10; Lev. 14,23; Lev. 15,14; Lev. 15,29; Lev. 22,27; Lev. 23,39; Num. 6,10; Num. 7,54; Num. 29,35; 1Kings 8,66; 2Chr. 7,9; 2Chr. 29,17; Neh. 8,18; Luke 1,59; Acts 7,8)
ὀγδόης ▸ 3
Adjective · feminine · singular · genitive · (ordinal · numeral) ▸ **3** (Psa. 6,1; Psa. 11,1; Ezek. 43,27)
ὄγδοον ▸ 1 + 1 = 2
Adjective · masculine · singular · accusative · (ordinal · numeral) ▸ **1** (2Pet. 2,5)
Adjective · neuter · singular · accusative · (ordinal · numeral) ▸ **1** (Lev. 25,22)
ὄγδοος ▸ 6 + 1 = 7
Adjective · masculine · singular · nominative · (ordinal

ὄγδοος–ὅδε

• numeral) ▸ 6 + 1 = 7 (1Kings 6,1d; 1Chr. 12,13; 1Chr. 24,10; 1Chr. 25,15; 1Chr. 26,5; 1Chr. 27,11; Rev. 21,20)

ὄγδοός ▸ 1
Adjective • masculine • singular • nominative • (ordinal • numeral) ▸ **1** (Rev. 17,11)

ὀγδόου ▸ 5
Adjective • neuter • singular • genitive • (ordinal • numeral) ▸ **5** (1Mac. 4,52; 2Mac. 1,9; 2Mac. 11,21; 2Mac. 11,33; 2Mac. 11,38)

ὀγδόῳ ▸ 11
Adjective • masculine • singular • dative • (ordinal • numeral) ▸ **5** (1Kings 12,32; 1Kings 12,33; 2Kings 22,3; 1Chr. 27,11; Zech. 1,1)

Adjective • neuter • singular • dative • (ordinal • numeral) ▸ **6** (2Kings 15,8; 2Kings 24,12; 2Chr. 16,1; 2Chr. 34,3; Sir. 1,27 Prol.; Jer. 43,9)

ὄγκος impediment ▸ 1
ὄγκον ▸ 1
Noun • masculine • singular • accusative ▸ **1** (Heb. 12,1)

Ογοθολια Athaliah ▸ 1
Ογοθολια ▸ 1
Noun • masculine • singular • nominative • (proper) ▸ **1** (1Chr. 8,26)

ὅδε (ὅς) this, here; he, she, it ▸ 449 + 4 + 10 = 463
ἥδε ▸ 1 + 2 = 3
Pronoun • (demonstrative) • feminine • singular • nominative ▸ **1** + 2 = 3 (Lev. 13,55; Judg. 11,37; Judg. 19,3)

ὅδε ▸ 4
Pronoun • (demonstrative) • masculine • singular • nominative ▸ **4** (Ex. 17,6; Lev. 10,16; Num. 23,6; Num. 23,17)

Ὅδε ▸ 1
Pronoun • (demonstrative) • masculine • singular • nominative ▸ **1** (Ex. 8,25)

Οἵδε ▸ 1
Pronoun • (demonstrative) • masculine • plural • nominative ▸ **1** (Gen. 50,18)

οἵδε ▸ 4
Pronoun • (demonstrative) • masculine • plural • nominative ▸ **4** (Num. 14,40; Judg. 9,31; Prov. 4,17; Is. 60,8)

Τάδε ▸ 201 + 2 + 7 = 210
Pronoun • (demonstrative) • neuter • plural • accusative ▸ **201** + 2 + 7 = 210 (Gen. 45,9; Ex. 4,22; Ex. 5,1; Ex. 5,10; Ex. 7,26; Ex. 8,16; Ex. 9,1; Ex. 9,13; Ex. 10,3; Ex. 11,4; Ex. 19,3; Ex. 20,22; Ex. 32,27; Num. 20,14; Num. 22,16; Josh. 22,16; Josh. 24,2; Judg. 6,8; Judg. 11,15; Judg. 19,30; 1Sam. 2,27; 1Sam. 10,18; 1Sam. 11,9; 1Sam. 14,44; 1Sam. 18,25; 1Sam. 27,11; 2Sam. 3,35; 2Sam. 7,5; 2Sam. 7,8; 2Sam. 11,25; 2Sam. 24,12; 1Kings 2,23; 1Kings 2,30; 1Kings 2,30; 1Kings 12,10; 1Kings 12,24; 1Kings 12,24o; 1Kings 12,24o; 1Kings 12,24y; 1Kings 13,21; 1Kings 20,19; 1Kings 21,3; 1Kings 21,5; 1Kings 21,10; 1Kings 21,13; 1Kings 21,14; 1Kings 21,28; 1Kings 21,42; 1Kings 22,11; 2Kings 1,6; 2Kings 1,16; 2Kings 2,21; 2Kings 3,16; 2Kings 6,31; 2Kings 7,1; 2Kings 9,3; 2Kings 9,6; 2Kings 9,12; 2Kings 9,18; 2Kings 9,19; 2Kings 18,19; 2Kings 18,29; 2Kings 19,3; 2Kings 19,6; 2Kings 19,6; 2Kings 19,20; 2Kings 20,1; 2Kings 20,5; 2Kings 22,15; 2Kings 22,16; 2Kings 22,18; 1Chr. 17,7; 2Chr. 11,4; 2Chr. 18,10; 2Chr. 21,12; 2Chr. 24,20; 2Chr. 36,23; 1Esdr. 2,2; Judith 2,5; Amos 1,6; Amos 1,9; Amos 1,11; Amos 1,13; Amos 2,1; Amos 2,4; Amos 2,6; Obad. 1; Hag. 1,2; Hag. 2,11; Zech. 1,3; Zech. 1,4; Zech. 1,14; Zech. 1,17; Zech. 3,7; Zech. 6,12; Zech. 7,9; Zech. 8,2; Zech. 8,19; Is. 3,16; Is. 22,15; Is. 31,9; Is. 36,4; Is. 36,14; Is. 37,3; Is. 37,6; Is. 37,21; Is. 38,1; Is. 38,5; Is. 56,1; Is. 57,15; Jer. 2,2; Jer. 2,31; Jer. 9,22; Jer. 11,3; Jer. 13,1; Jer. 13,9; Jer. 13,13; Jer. 15,2; Jer. 17,19; Jer. 19,3; Jer. 19,11; Jer. 19,15; Jer. 21,4; Jer. 21,8; Jer. 22,1; Jer. 22,3; Jer. 24,5; Jer. 25,15; Jer. 27,33; Jer. 28,1; Jer. 29,2; Jer. 30,1; Ezek. 2,4; Ezek. 3,11; Ezek. 3,27; Ezek. 4,13; Ezek. 5,5; Ezek. 6,3; Ezek. 7,2; Ezek. 11,5; Ezek. 11,16; Ezek. 11,17; Ezek. 12,10; Ezek. 12,19; Ezek. 12,23; Ezek. 12,28; Ezek. 13,3; Ezek. 13,8; Ezek. 13,18; Ezek. 14,4; Ezek. 14,6; Ezek. 15,6; Ezek. 16,3; Ezek. 16,36; Ezek. 17,3; Ezek. 17,9; Ezek. 17,19; Ezek. 20,3; Ezek. 20,5; Ezek. 20,27; Ezek. 20,30; Ezek. 21,3; Ezek. 21,14; Ezek. 21,33; Ezek. 22,3; Ezek. 22,19; Ezek. 22,28; Ezek. 24,3; Ezek. 24,21; Ezek. 25,3; Ezek. 25,8; Ezek. 25,12; Ezek. 27,3; Ezek. 28,2; Ezek. 28,12; Ezek. 28,22; Ezek. 29,3; Ezek. 30,2; Ezek. 33,25; Ezek. 34,2; Ezek. 35,3; Ezek. 36,2; Ezek. 36,3; Ezek. 36,4; Ezek. 36,6; Ezek. 36,22; Ezek. 37,5; Ezek. 37,9; Ezek. 37,12; Ezek. 37,19; Ezek. 37,21; Ezek. 38,3; Ezek. 38,14; Ezek. 39,1; Ezek. 39,17; Ezek. 44,6; Ezek. 45,18; Ezek. 46,1; Ezek. 46,16; Ezek. 47,13; Bel 34; Judg. 2,1; Judg. 6,8; Rev. 2,1; Rev. 2,8; Rev. 2,12; Rev. 2,18; Rev. 3,1; Rev. 3,7; Rev. 3,14)

τάδε ▸ 211 + 1 = 212
Pronoun • (demonstrative) • neuter • plural • accusative ▸ **205** + 1 = 206 (Ex. 7,17; Num. 23,16; Josh. 7,13; Ruth 1,17; Ruth 1,17; 1Sam. 2,14; 1Sam. 2,30; 1Sam. 3,17; 1Sam. 3,17; 1Sam. 9,9; 1Sam. 11,7; 1Sam. 14,9; 1Sam. 14,10; 1Sam. 14,41; 1Sam. 14,44; 1Sam. 15,2; 1Sam. 20,7; 1Sam. 20,13; 1Sam. 20,13; 1Sam. 20,22; 1Sam. 25,6; 1Sam. 25,22; 2Sam. 3,9; 2Sam. 3,9; 2Sam. 3,35; 2Sam. 7,8; 2Sam. 12,7; 2Sam. 12,11; 2Sam. 19,14; 2Sam. 19,14; 1Kings 2,23; 1Kings 2,30; 1Kings 11,31; 1Kings 12,10; 1Kings 12,24k; 1Kings 12,24l; 1Kings 12,24m; 1Kings 13,2; 1Kings 17,14; 1Kings 19,2; 1Kings 19,2; 1Kings 20,19; 1Kings 20,21; 1Kings 21,10; 2Kings 1,4; 2Kings 1,11; 2Kings 3,17; 2Kings 4,43; 2Kings 6,31; 2Kings 18,31; 2Kings 19,32; 2Kings 21,12; 2Kings 22,18; 2Chr. 20,15; Esth. 13,1 # 3,13a; 3Mac. 5,3; 3Mac. 5,39; 3Mac. 6,1; Prov. 30,1; Amos 3,11; Amos 3,12; Amos 5,3; Amos 5,4; Amos 5,16; Amos 7,11; Amos 7,17; Mic. 2,3; Mic. 3,5; Nah. 1,12; Hag. 1,5; Hag. 1,7; Hag. 1,9; Hag. 2,6; Zech. 1,16; Zech. 2,12; Zech. 8,3; Zech. 8,4; Zech. 8,6; Zech. 8,7; Zech. 8,9; Zech. 8,14; Zech. 8,20; Zech. 8,23; Zech. 11,4; Mal. 1,4; Is. 1,24; Is. 7,7; Is. 10,24; Is. 14,22; Is. 14,24; Is. 17,3; Is. 17,6; Is. 19,4; Is. 22,25; Is. 29,22; Is. 30,1; Is. 36,16; Is. 37,34; Is. 52,3; Is. 52,5; Is. 52,5; Is. 56,4; Is. 65,13; Is. 66,12; Jer. 2,5; Jer. 4,3; Jer. 4,27; Jer. 5,14; Jer. 6,6; Jer. 6,9; Jer. 6,16; Jer. 6,21; Jer. 6,22; Jer. 7,3; Jer. 7,20; Jer. 7,21; Jer. 8,4; Jer. 9,6; Jer. 9,14; Jer. 9,16; Jer. 10,2; Jer. 10,18; Jer. 11,11; Jer. 11,21; Jer. 12,14; Jer. 14,15; Jer. 15,19; Jer. 16,3; Jer. 16,5; Jer. 16,9; Jer. 17,21; Jer. 18,13; Jer. 20,4; Jer. 21,12; Jer. 22,6; Jer. 22,11; Jer. 22,18; Jer. 23,2; Jer. 23,15; Jer. 23,38; Jer. 24,8; Jer. 25,8; Jer. 27,18; Jer. 28,33; Jer. 28,36; Jer. 28,58; Jer. 30,6; Ezek. 5,7; Ezek. 5,8; Ezek. 6,11; Ezek. 7,9; Ezek. 11,7; Ezek. 13,13; Ezek. 13,20; Ezek. 14,21; Ezek. 16,59; Ezek. 17,22; Ezek. 20,39; Ezek. 21,29; Ezek. 21,31; Ezek. 23,22; Ezek. 23,28; Ezek. 23,32; Ezek. 23,35; Ezek. 23,46; Ezek. 24,6; Ezek. 24,9; Ezek. 25,6; Ezek. 25,13; Ezek. 25,15; Ezek. 25,16; Ezek. 26,3; Ezek. 26,7; Ezek. 26,15; Ezek. 26,19; Ezek. 28,6; Ezek. 28,25; Ezek. 29,8; Ezek. 29,13; Ezek. 29,19; Ezek. 29,20; Ezek. 30,10; Ezek. 30,13; Ezek. 30,22; Ezek. 31,10; Ezek. 31,15; Ezek. 32,3; Ezek. 32,11; Ezek. 33,11; Ezek. 34,10; Ezek. 34,11; Ezek. 34,15; Ezek. 34,17; Ezek. 34,20; Ezek. 35,14; Ezek. 36,5; Ezek. 36,13; Ezek. 36,33; Ezek. 36,37; Ezek. 38,10; Ezek. 38,17; Ezek. 39,25; Ezek. 43,18; Ezek. 44,9; Ezek. 45,9; Acts 21,11)

Pronoun • (demonstrative) • neuter • plural • nominative ▸ **6** (1Sam. 25,22; 1Esdr. 6,22; Ezra 4,9; Ezra 5,7; 1Mac. 15,15; 2Mac. 15,15)

τάσδε ▸ 1
Pronoun • (demonstrative) • feminine • plural • accusative ▸ **1**

(2Mac. 10,8)

τῆδε ▸ 3 + 1 = 4
  Pronoun ▪ (demonstrative) ▪ feminine ▪ singular ▪ dative ▸ 3 + 1 = 4 (Gen. 25,24; Gen. 38,27; 2Mac. 6,12; Luke 10,39)

τήνδε ▸ 7 + 1 = 8
  Pronoun ▪ (demonstrative) ▪ feminine ▪ singular ▪ accusative ▸ 7 + 1 = 8 (Num. 17,7; 2Mac. 12,40; 2Mac. 15,36; 3Mac. 3,11; 3Mac. 3,25; 3Mac. 5,31; Sir. 1,30 Prol.; James 4,13)

τῆσδε ▸ 3
  Pronoun ▪ (demonstrative) ▪ feminine ▪ singular ▪ genitive ▸ 3 (3Mac. 5,35; 4Mac. 5,13; 4Mac. 9,8)

τόδε ▸ 4
  Pronoun ▪ (demonstrative) ▪ neuter ▪ singular ▪ accusative ▸ 1 (Esth. 13,5 # 3,13e)
  Pronoun ▪ (demonstrative) ▪ neuter ▪ singular ▪ nominative ▸ 3 (Gen. 43,21; 1Sam. 27,11; Esth. 13,1 # 3,13a)

τόνδε ▸ 5
  Pronoun ▪ (demonstrative) ▪ masculine ▪ singular ▪ accusative ▸ 5 (2Kings 6,8; 2Mac. 14,33; 2Mac. 14,36; 2Mac. 14,46; 2Mac. 15,22)

τοῦδε ▸ 1
  Pronoun ▪ (demonstrative) ▪ neuter ▪ singular ▪ genitive ▸ 1 (4Mac. 5,8)

τούσδε ▸ 1
  Pronoun ▪ (demonstrative) ▪ masculine ▪ plural ▪ accusative ▸ 1 (2Mac. 12,40)

τῶνδε ▸ 1
  Pronoun ▪ (demonstrative) ▪ feminine ▪ plural ▪ genitive ▸ 1 (Prov. 1,5)

ὁδεύω (ὁδός) to travel ▸ 1 + 1 = 2
  ὁδεύων ▸ 1
    Verb ▪ present ▪ active ▪ participle ▪ masculine ▪ singular ▪ nominative ▸ 1 (Luke 10,33)
  ὤδευον ▸ 1
    Verb ▪ third ▪ plural ▪ imperfect ▪ active ▪ indicative ▸ 1 (Tob. 6,6)

ὁδηγέω (ὁδός; ἄγω) to lead, guide ▸ 44 + 5 = 49
  ὁδηγεῖν ▸ 1
    Verb ▪ present ▪ active ▪ infinitive ▸ 1 (Luke 6,39)
  ὁδηγῇ ▸ 1
    Verb ▪ third ▪ singular ▪ present ▪ active ▪ subjunctive ▸ 1 (Matt. 15,14)
  ὁδηγῆσαι ▸ 1
    Verb ▪ aorist ▪ active ▪ infinitive ▸ 1 (Neh. 9,19)
  ὁδηγήσει ▸ 7 + 3 = 10
    Verb ▪ third ▪ singular ▪ future ▪ active ▪ indicative ▸ 7 + 3 = 10 (Psa. 24,9; Psa. 44,5; Psa. 59,11; Psa. 107,11; Psa. 138,10; Psa. 142,10; Wis. 9,11; John 16,13; Acts 8,31; Rev. 7,17)
  ὁδηγήσεις ▸ 2
    Verb ▪ second ▪ singular ▪ future ▪ active ▪ indicative ▸ 2 (Psa. 30,4; Psa. 66,5)
  ὁδήγησον ▸ 2
    Verb ▪ second ▪ singular ▪ aorist ▪ active ▪ imperative ▸ 2 (Ex. 32,34; Psa. 89,16)
  ὁδήγησόν ▸ 6
    Verb ▪ second ▪ singular ▪ aorist ▪ active ▪ imperative ▸ 6 (Psa. 5,9; Psa. 24,5; Psa. 26,11; Psa. 85,11; Psa. 118,35; Psa. 138,24)
  ὁδηγῶν ▸ 2
    Verb ▪ present ▪ active ▪ participle ▪ masculine ▪ singular ▪ nominative ▸ 2 (Deut. 1,33; Psa. 79,2)
  ὡδήγησα ▸ 2
    Verb ▪ first ▪ singular ▪ aorist ▪ active ▪ indicative ▸ 2 (Josh. 24,3; Job 31,18)
  ὡδήγησαν ▸ 1
    Verb ▪ third ▪ plural ▪ aorist ▪ active ▪ indicative ▸ 1 (Psa. 42,3)
  ὡδήγησας ▸ 4
    Verb ▪ second ▪ singular ▪ aorist ▪ active ▪ indicative ▸ 4 (Ex. 15,13; Neh. 9,12; Psa. 76,21; Ode. 1,13)
  ὡδήγησάς ▸ 2
    Verb ▪ second ▪ singular ▪ aorist ▪ active ▪ indicative ▸ 2 (Psa. 60,4; Psa. 72,24)
  ὡδήγησεν ▸ 14
    Verb ▪ third ▪ singular ▪ aorist ▪ active ▪ indicative ▸ 14 (Ex. 13,17; Num. 24,8; 2Sam. 7,23; 1Chr. 17,21; Psa. 77,14; Psa. 77,53; Psa. 77,72; Psa. 105,9; Psa. 106,7; Psa. 106,30; Eccl. 2,3; Wis. 10,10; Wis. 10,17; Is. 63,14)
  ὡδήγησέν ▸ 1
    Verb ▪ third ▪ singular ▪ aorist ▪ active ▪ indicative ▸ 1 (Psa. 22,3)

ὁδηγός (ὁδός; ἄγω) leader, guide ▸ 5 + 5 = 10
  ὁδηγοί ▸ 1 + 3 = 4
    Noun ▪ masculine ▪ plural ▪ nominative ▪ (common) ▸ 1 + 1 = 2 (Ezra 8,1; Matt. 15,14)
    Noun ▪ masculine ▪ plural ▪ vocative ▸ 2 (Matt. 23,16; Matt. 23,24)
  ὁδηγοί ▸ 1
    Noun ▪ masculine ▪ plural ▪ nominative ▪ (common) ▸ 1 (1Mac. 4,2)
  ὁδηγὸν ▸ 2 + 1 = 3
    Noun ▪ masculine ▪ singular ▪ accusative ▪ (common) ▸ 2 + 1 = 3 (2Mac. 5,15; Wis. 18,3; Rom. 2,19)
  ὁδηγός ▸ 1
    Noun ▪ masculine ▪ singular ▪ nominative ▪ (common) ▸ 1 (Wis. 7,15)
  ὁδηγοῦ ▸ 1
    Noun ▪ masculine ▪ singular ▪ genitive ▸ 1 (Acts 1,16)

ὁδοιπορέω (ὁδός; πορεύομαι) to travel, journey (by land) ▸ 1
  ὁδοιπορούντων ▸ 1
    Verb ▪ present ▪ active ▪ participle ▪ masculine ▪ plural ▪ genitive ▸ 1 (Acts 10,9)

ὁδοιπορία (ὁδός; πορεύομαι) traveling, journey (by land) ▸ 4 + 2 = 6
  ὁδοιπορίαις ▸ 1
    Noun ▪ feminine ▪ plural ▪ dative ▸ 1 (2Cor. 11,26)
  ὁδοιπορίαν ▸ 1
    Noun ▪ feminine ▪ singular ▪ accusative ▪ (common) ▸ 1 (Wis. 19,5)
  ὁδοιπορίας ▸ 3 + 1 = 4
    Noun ▪ feminine ▪ singular ▪ genitive ▪ (common) ▸ 3 + 1 = 4 (1Mac. 6,41; Wis. 13,18; Wis. 18,3; John 4,6)

ὁδοιπόρος (ὁδός; πορεύομαι) traveler (by land) ▸ 6 + 1 = 7
  ὁδοιπόροι ▸ 1
    Noun ▪ masculine ▪ plural ▪ nominative ▪ (common) ▸ 1 (Gen. 37,25)
  ὁδοιπόρον ▸ 1 + 1 = 2
    Noun ▪ masculine ▪ singular ▪ accusative ▪ (common) ▸ 1 + 1 = 2 (Judg. 19,17; Judg. 19,17)
  ὁδοιπόρος ▸ 2
    Noun ▪ masculine ▪ singular ▪ nominative ▪ (common) ▸ 2 (Prov. 6,11; Sir. 26,12)
  ὁδοιπόρῳ ▸ 1
    Noun ▪ masculine ▪ singular ▪ dative ▪ (common) ▸ 1 (2Sam. 12,4)
  ὁδοιπόρων ▸ 1
    Noun ▪ masculine ▪ plural ▪ genitive ▪ (common) ▸ 1 (Sir. 42,3)

Οδολλαμ Eglon; Adullam ▸ 13 + 1 = 14

Οδολλαμ–ὁδός

Οδολλαμ ▸ 13 + 1 = 14
  Noun · singular · accusative · (proper) ▸ **2** (1Sam. 22,1; 2Mac. 12,38)
  Noun · singular · genitive · (proper) ▸ **3** (2Sam. 23,13; 1Chr. 11,15; Mic. 1,15)
  Noun · feminine · singular · accusative · (proper) ▸ **3** (Josh. 10,34; Josh. 10,37; 2Chr. 11,7)
  Noun · feminine · singular · genitive · (proper) ▸ **4** (Josh. 10,3; Josh. 10,5; Josh. 10,23; Josh. 12,15)
  Noun · feminine · singular · nominative · (proper) ▸ 1 + 1 = **2** (Josh. 15,35; Josh. 15,35)

Οδολλαμίτης Adullamite ▸ 3
  Οδολλαμίτην ▸ 1
    Noun · masculine · singular · accusative · (proper) ▸ **1** (Gen. 38,1)
  Οδολλαμίτης ▸ 1
    Noun · masculine · singular · nominative · (proper) ▸ **1** (Gen. 38,12)
  Οδολλαμίτου ▸ 1
    Noun · masculine · singular · genitive · (proper) ▸ **1** (Gen. 38,20)

Οδομ Eden ▸ 1
  Οδομ ▸ 1
    Noun · masculine · singular · genitive · (proper) ▸ **1** (2Chr. 31,15)

Οδομηρα Odomera ▸ 1
  Οδομηρα ▸ 1
    Noun · masculine · singular · accusative · (proper) ▸ **1** (1Mac. 9,66)

ὁδοποιέω (ὁδός; ποιέω) to make a road; reduce to a system; advance ▸ 5
  ὁδοποιήσατε ▸ 2
    Verb · second · plural · aorist · active · imperative ▸ **2** (Psa. 67,5; Is. 62,10)
  ὡδοποίησαν ▸ 1
    Verb · third · plural · aorist · active · indicative ▸ **1** (Job 30,12)
  ὡδοποίησας ▸ 1
    Verb · second · singular · aorist · active · indicative ▸ **1** (Psa. 79,10)
  ὡδοποίησεν ▸ 1
    Verb · third · singular · aorist · active · indicative ▸ **1** (Psa. 77,50)

Οδορρα Hadoram ▸ 1
  Οδορρα ▸ 1
    Noun · masculine · singular · accusative · (proper) ▸ **1** (Gen. 10,27)

ὁδός road, way ▸ 845 + 43 + 101 = 989
  ὁδοί ▸ 33 + 1 + 1 = 35
    Noun · feminine · plural · nominative · (common) ▸ 33 + 1 + 1 = **35** (Lev. 26,22; Deut. 32,4; Tob. 1,15; Psa. 9,26; Psa. 24,10; Ode. 2,4; Prov. 2,22; Prov. 3,17; Prov. 3,17; Prov. 4,10; Prov. 4,18; Prov. 4,19; Prov. 5,21; Prov. 7,27; Prov. 12,15; Prov. 12,28; Prov. 13,15; Prov. 15,9; Prov. 15,19; Prov. 15,24; Prov. 15,28a; Prov. 16,17; Prov. 16,25; Prov. 22,14a; Job 29,6; Sir. 17,15; Sir. 33,13; Sir. 39,24; Sol. 6,2; Sol. 14,8; Hos. 14,10; Is. 45,13; Is. 55,8; Tob. 1,15; Rom. 11,33)
  ὁδοί ▸ 13 + 3 + 1 = 17
    Noun · feminine · plural · nominative · (common) ▸ 13 + 3 + 1 = **17** (Judith 9,6; Tob. 3,2; Tob. 4,19; Psa. 118,5; Psa. 118,168; Ode. 7,27; Prov. 1,19; Prov. 11,20; Prov. 17,23; Is. 33,8; Is. 55,8; Jer. 4,18; Dan. 3,27; Tob. 3,2; Dan. 3,27; Dan. 5,23; Rev. 15,3)
  Ὁδοὶ ▸ 1
    Noun · feminine · plural · nominative · (common) ▸ **1** (Lam. 1,4)
  ὁδοῖς ▸ 82 + 3 + 3 = 88
    Noun · feminine · plural · dative · (common) ▸ 82 + 3 + 3 = **88** (Deut. 8,6; Deut. 10,12; Deut. 11,22; Deut. 19,9; Deut. 26,17; Deut. 28,7; Deut. 28,9; Deut. 28,25; Deut. 30,16; Josh. 22,5; Judg. 20,31; Judg. 20,45; 1Sam. 18,14; 1Kings 2,3; 1Kings 8,58; 1Kings 11,33; 1Kings 11,38; 2Chr. 11,17; 2Chr. 17,3; 2Chr. 20,32; 2Chr. 21,12; 2Chr. 21,13; 2Chr. 34,2; Judith 14,4; Tob. 1,3; Tob. 4,5; 1Mac. 5,4; Psa. 13,3; Psa. 80,14; Psa. 90,11; Psa. 118,3; Psa. 127,1; Psa. 137,5; Psa. 144,17; Prov. 2,13; Prov. 3,6; Prov. 8,20; Prov. 9,15; Prov. 11,20; Prov. 12,28; Prov. 14,2; Prov. 16,31; Prov. 22,5; Prov. 22,13; Prov. 26,13; Prov. 28,18; Eccl. 11,9; Job 19,12; Job 22,28; Job 29,4; Sir. 14,22; Sir. 48,22; Amos 5,16; Amos 5,17; Mic. 7,10; Nah. 2,5; Zech. 3,7; Zech. 10,5; Is. 42,16; Is. 49,9; Is. 55,3; Is. 56,11; Is. 57,17; Is. 59,7; Is. 59,8; Is. 59,14; Jer. 2,33; Jer. 3,2; Jer. 3,21; Jer. 5,1; Jer. 6,16; Jer. 6,25; Jer. 7,17; Jer. 7,23; Jer. 18,15; Bar. 4,13; LetterJ 42; Ezek. 7,5; Ezek. 7,7; Ezek. 16,47; Ezek. 16,47; Ezek. 33,20; Judg. 20,31; Tob. 1,3; Tob. 4,5; Acts 14,16; Rom. 3,16; James 1,8)
  ὁδόν ▸ 52 + 2 + 14 = 68
    Noun · feminine · singular · accusative · (common) ▸ 52 + 2 + 14 = **68** (Gen. 24,40; Gen. 24,42; Gen. 24,56; Gen. 32,2; Gen. 42,25; Gen. 45,21; Gen. 45,23; Ex. 12,39; Ex. 13,21; Deut. 1,22; Deut. 1,31; Deut. 1,33; Deut. 5,33; Deut. 8,2; Josh. 3,4; Judg. 4,9; 1Sam. 4,13; 1Sam. 24,8; 2Sam. 22,33; 1Kings 19,15; Neh. 9,12; Neh. 9,19; Tob. 5,17; Tob. 5,17; 1Mac. 5,53; Psa. 5,9; Psa. 17,33; Psa. 36,5; Psa. 66,3; Psa. 79,13; Psa. 88,42; Prov. 5,8; Prov. 26,13; Job 17,9; Job 21,29; Job 22,3; Job 23,10; Job 28,23; Job 31,4; Wis. 18,23; Sir. 37,15; Nah. 2,2; Is. 33,15; Is. 33,21; Is. 41,27; Is. 48,17; Jer. 27,5; Jer. 49,3; Lam. 1,12; Lam. 2,15; Ezek. 7,8; Ezek. 16,61; Judg. 4,9; Tob. 10,7; Matt. 11,10; Matt. 13,4; Mark 1,2; Mark 4,4; Mark 4,15; Mark 10,46; Mark 11,8; Luke 7,27; Luke 8,12; Luke 9,3; John 14,4; Acts 1,12; Acts 8,36; Acts 25,3)
  ὁδόν ▸ 198 + 13 + 37 = 248
    Noun · feminine · singular · accusative · (common) ▸ 198 + 13 + 37 = **248** (Gen. 3,24; Gen. 6,12; Gen. 18,5; Gen. 19,2; Gen. 24,21; Gen. 30,36; Gen. 31,23; Gen. 33,16; Gen. 38,16; Ex. 3,18; Ex. 5,3; Ex. 8,23; Ex. 13,17; Ex. 13,18; Num. 10,33; Num. 10,33; Num. 11,31; Num. 11,31; Num. 14,25; Num. 21,1; Num. 21,4; Num. 21,33; Num. 33,8; Deut. 1,19; Deut. 1,40; Deut. 2,1; Deut. 2,8; Deut. 2,8; Deut. 3,1; Deut. 11,30; Deut. 19,3; Josh. 2,7; Josh. 2,16; Josh. 3,4; Josh. 5,7; Josh. 9,11; Josh. 10,10; Josh. 12,3; Josh. 23,14; Judg. 2,22; Judg. 8,11; Judg. 17,8; Judg. 18,26; Judg. 19,9; Judg. 19,27; Judg. 20,42; 1Sam. 1,18; 1Sam. 1,19; 1Sam. 6,9; 1Sam. 6,12; 1Sam. 9,6; 1Sam. 9,8; 1Sam. 12,23; 1Sam. 13,15; 1Sam. 13,17; 1Sam. 13,18; 1Sam. 13,18; 1Sam. 21,6; 1Sam. 25,12; 1Sam. 26,25; 1Sam. 30,2; 2Sam. 2,24; 2Sam. 4,7; 2Sam. 18,23; 1Kings 1,49; 1Kings 2,4; 1Kings 8,32; 1Kings 8,36; 1Kings 8,44; 1Kings 8,48; 1Kings 13,12; 1Kings 18,6; 1Kings 18,43; 1Kings 19,4; 1Kings 19,15; 2Kings 3,9; 2Kings 9,27; 2Kings 11,16; 2Kings 11,19; 2Kings 25,4; 2Kings 25,4; 2Chr. 6,16; 2Chr. 6,27; 2Chr. 6,34; 2Chr. 6,38; Ezra 8,21; Ezra 8,27; Judith 2,21; Judith 5,14; Judith 10,13; Judith 12,8; Judith 15,2; Tob. 5,17; Tob. 6,1; Tob. 10,7; Tob. 10,14; Tob. 11,5; 1Mac. 5,24; 1Mac. 5,28; 1Mac. 6,33; 1Mac. 7,45; 1Mac. 9,2; 1Mac. 13,20; 2Mac. 2,6; 3Mac. 7,14; 4Mac. 14,5; Psa. 1,6; Psa. 13,3; Psa. 18,6; Psa. 36,23; Psa. 36,34; Psa. 84,14; Psa. 106,4; Psa. 106,7; Psa. 118,9; Psa. 118,27; Psa. 118,29; Psa. 118,30; Psa. 118,32; Psa. 118,33; Psa. 118,104; Psa. 118,128; Psa. 142,8; Psa. 145,9; Ode. 9,79; Prov. 2,8; Prov. 7,19; Prov. 22,19; Job 21,31; Job 24,11; Job 24,13; Job 28,4; Job 28,13; Job 28,26; Job 29,25; Job 38,25; Wis. 5,7; Wis. 14,3; Sir. 47,24; Hos. 2,8; Hos. 6,9; Hos. 13,7; Amos 2,7; Mic. 4,2; Mic. 4,5; Mal. 3,1; Is. 2,3; Is. 8,23; Is. 10,24; Is. 10,26; Is. 40,3; Is. 40,14; Is. 43,16; Is. 43,19; Is. 46,11; Is. 48,15; Is. 49,11; Is. 51,10; Is. 59,8; Jer. 5,4; Jer. 5,5; Jer. 6,27; Jer. 12,16; Jer. 18,15;

Jer. 21,8; Jer. 21,8; Jer. 35,11; Jer. 38,21; Jer. 39,19; Jer. 39,39; Jer. 52,7; Jer. 52,7; Jer. 52,24; Bar. 3,20; Bar. 3,23; Bar. 3,27; Bar. 3,31; Bar. 3,37; Ezek. 18,30; Ezek. 21,26; Ezek. 33,9; Ezek. 36,19; Ezek. 42,15; Ezek. 43,2; Ezek. 43,4; Ezek. 44,1; Ezek. 44,3; Ezek. 44,3; Ezek. 44,4; Ezek. 46,2; Ezek. 46,8; Ezek. 46,8; Ezek. 46,9; Ezek. 46,9; Ezek. 46,9; Ezek. 46,9; Ezek. 47,2; Ezek. 47,2; Judg. 2,22; Judg. 8,11; Judg. 17,8; Judg. 18,26; Judg. 19,9; Judg. 19,27; Judg. 20,42; Tob. 5,5; Tob. 5,6; Tob. 5,17; Tob. 5,17; Tob. 10,14; Tob. 11,5; Matt. 3,3; Matt. 4,15; Matt. 10,5; Matt. 10,10; Matt. 13,19; Matt. 20,30; Matt. 22,16; Mark 1,3; Mark 2,23; Mark 6,8; Mark 10,17; Mark 12,14; Luke 1,79; Luke 2,44; Luke 3,4; Luke 8,5; Luke 10,4; Luke 18,35; Luke 20,21; John 1,23; John 14,5; Acts 8,26; Acts 8,39; Acts 16,17; Acts 18,25; Acts 18,26; Acts 19,9; Acts 22,4; Acts 24,14; Acts 26,13; Rom. 3,17; 1Cor. 12,31; 1Th. 3,11; Heb. 9,8; Heb. 10,20; 2Pet. 2,15; 2Pet. 2,21)

Ὁδὸν ▸ 1

Noun · feminine · singular · accusative · (common) ▸ **1** (2Kings 3,8)

ὁδός ▸ 16

Noun · feminine · singular · nominative · (common) ▸ **16** (Num. 22,32; Deut. 19,6; 1Kings 19,7; 2Kings 6,19; Psa. 49,23; Psa. 76,14; Psa. 76,20; Prov. 29,27; Sir. 37,9; Sol. 8,16; Is. 30,21; Is. 40,27; Is. 55,9; Jer. 22,21; Ezek. 18,25; Ezek. 18,29)

ὁδός ▸ 53 + 5 + 5 = 63

Noun · feminine · singular · nominative · (common) ▸ **53 + 5 + 5 = 63** (Deut. 1,2; Deut. 14,24; Judg. 18,5; Judg. 18,6; 1Sam. 3,21; 1Sam. 14,5; 1Sam. 14,5; 1Sam. 21,6; 1Sam. 26,3; 2Sam. 22,31; 2Kings 7,15; Tob. 5,22; 1Mac. 8,19; Psa. 1,6; Psa. 17,31; Psa. 34,6; Psa. 48,14; Psa. 138,24; Prov. 6,23; Prov. 12,26; Prov. 13,13a; Prov. 14,12; Prov. 20,11; Prov. 21,21; Prov. 30,20; Eccl. 11,5; Wis. 19,7; Sir. 21,10; Sol. 18,11; Nah. 1,3; Is. 19,23; Is. 26,7; Is. 26,7; Is. 26,8; Is. 35,8; Is. 35,8; Is. 35,8; Is. 41,3; Jer. 4,11; Jer. 6,16; Jer. 10,23; Jer. 12,1; Jer. 23,12; Lam. 3,40; Ezek. 18,25; Ezek. 18,25; Ezek. 18,29; Ezek. 18,29; Ezek. 23,13; Ezek. 33,17; Ezek. 33,17; Ezek. 33,20; Ezek. 36,17; Judg. 18,5; Judg. 18,6; Tob. 5,17; Tob. 5,22; Tob. 11,15; Matt. 7,13; Matt. 7,14; John 14,6; 2Pet. 2,2; Rev. 16,12)

ὁδοῦ ▸ 81 + 5 + 8 = 94

Noun · feminine · singular · genitive · (common) ▸ **81 + 5 + 8 = 94** (Gen. 38,21; Gen. 49,17; Ex. 32,8; Num. 22,23; Deut. 9,12; Deut. 9,16; Deut. 11,28; Deut. 13,6; Deut. 31,29; Josh. 9,13; Judg. 2,17; Judg. 2,19; Judg. 9,37; 1Sam. 24,4; 1Sam. 26,3; 2Sam. 11,10; 2Sam. 13,34; 2Sam. 15,2; 2Sam. 15,23; 1Kings 11,29; 1Kings 13,26; 1Kings 21,38; 2Kings 3,20; Judith 5,8; Judith 5,18; Tob. 5,6; 1Mac. 5,46; Psa. 2,12; Psa. 43,19; Psa. 106,17; Psa. 118,101; Prov. 1,31; Prov. 2,12; Prov. 2,16; Prov. 4,27; Prov. 16,7; Prov. 21,16; Prov. 22,14a; Job 4,6; Job 9,26; Job 24,4; Job 26,14; Job 31,7; Job 34,8; Wis. 5,6; Sol. 10,1; Sol. 18,10; Jonah 3,3; Jonah 3,8; Mal. 2,8; Is. 5,25; Is. 7,3; Is. 8,11; Is. 30,11; Is. 57,14; Is. 62,10; Is. 63,17; Jer. 2,25; Jer. 18,11; Jer. 23,14; Jer. 25,5; Jer. 31,19; Jer. 33,3; Jer. 42,15; Jer. 43,3; Jer. 43,7; Bar. 2,33; Bar. 3,21; Ezek. 3,19; Ezek. 9,2; Ezek. 13,22; Ezek. 16,25; Ezek. 16,27; Ezek. 16,31; Ezek. 18,23; Ezek. 21,24; Ezek. 21,25; Ezek. 33,8; Ezek. 33,9; Ezek. 33,11; Ezek. 33,11; Judg. 2,17; Judg. 9,37; Judg. 21,19; Tob. 1,2; Tob. 5,4; Matt. 2,12; Matt. 8,28; Matt. 21,19; Luke 11,6; Acts 9,2; Acts 19,23; Acts 24,22; James 5,20)

ὁδούς ▸ 33 + 1 + 2 = 36

Noun · feminine · plural · accusative · (common) ▸ **33 + 1 + 2 = 36** (Ex. 18,20; Deut. 28,29; Josh. 1,8; Judg. 20,32; 2Chr. 6,31; Psa. 24,5; Psa. 38,2; Psa. 50,15; Psa. 94,10; Psa. 118,15; Psa. 118,26; Psa. 118,59; Psa. 138,3; Prov. 3,6; Prov. 3,23; Prov. 4,26; Prov. 11,5; Prov. 16,17; Prov. 25,10a; Job 21,14; Job 33,11; Sir. 2,6; Sir. 49,9; Mal. 2,9; Is. 55,11; Jer. 2,23; Jer. 2,33; Jer. 2,36; Jer. 3,13; Lam. 3,9; Ezek. 7,6; Ezek. 16,43; Ezek. 24,14; Judg. 20,32; 1Cor. 4,17; Heb. 3,10)

ὁδοὺς ▸ 98 + 8 + 6 = 112

Noun · feminine · plural · accusative · (common) ▸ **98 + 8 + 6 = 112** (Gen. 18,19; Josh. 2,22; Judg. 5,6; 2Sam. 22,22; 1Kings 8,25; 1Kings 8,39; 2Chr. 6,23; 2Chr. 6,30; 2Chr. 27,6; 2Chr. 28,2; 1Mac. 15,41; 2Mac. 3,19; Psa. 15,11; Psa. 16,4; Psa. 17,22; Psa. 24,9; Psa. 36,18; Psa. 102,7; Ode. 9,76; Prov. 2,8; Prov. 2,13; Prov. 3,31; Prov. 4,11; Prov. 4,14; Prov. 4,14; Prov. 4,27a; Prov. 5,6; Prov. 6,6; Prov. 6,12; Prov. 7,25; Prov. 8,13; Prov. 8,13; Prov. 8,34; Prov. 9,12b; Prov. 10,9; Prov. 10,17; Prov. 14,8; Prov. 16,29; Prov. 17,23; Prov. 19,3; Prov. 20,24; Prov. 21,8; Prov. 21,29; Prov. 23,26; Prov. 28,23; Prov. 30,19; Prov. 30,19; Job 6,19; Job 23,11; Job 33,29; Sir. 2,15; Sir. 6,26; Sir. 11,26; Sir. 14,21; Sir. 16,20; Sir. 17,19; Sir. 23,19; Sir. 33,11; Sir. 49,6; Sol. 8,6; Sol. 8,17; Sol. 10,3; Sol. 10,4; Hos. 2,8; Hos. 4,9; Hos. 9,8; Hos. 12,3; Zeph. 3,6; Hag. 1,5; Hag. 1,7; Zech. 1,6; Is. 55,7; Is. 57,14; Is. 57,18; Is. 58,2; Is. 66,3; Jer. 2,23; Jer. 7,3; Jer. 7,5; Jer. 10,2; Jer. 12,4; Jer. 16,17; Jer. 17,10; Jer. 33,13; Jer. 39,19; Bar. 4,26; Ezek. 7,27; Ezek. 9,7; Ezek. 9,10; Ezek. 11,6; Ezek. 11,21; Ezek. 14,22; Ezek. 14,23; Ezek. 20,43; Ezek. 20,44; Ezek. 21,24; Ezek. 22,31; Ezek. 36,31; Judg. 2,19; Judg. 5,6; Judg. 5,6; Judg. 5,10; Tob. 5,2; Tob. 5,6; Tob. 5,10; Tob. 5,10; Matt. 22,10; Luke 1,76; Luke 3,5; Luke 14,23; Acts 2,28; Acts 13,10)

ὁδῷ ▸ 164 + 2 + 23 = 189

Noun · feminine · singular · dative · (common) ▸ **164 + 2 + 23 = 189** (Gen. 16,7; Gen. 24,48; Gen. 28,15; Gen. 28,20; Gen. 33,14; Gen. 35,3; Gen. 35,19; Gen. 42,38; Gen. 44,29; Gen. 45,24; Gen. 48,7; Ex. 4,24; Ex. 18,8; Ex. 23,20; Ex. 33,3; Num. 9,10; Num. 9,13; Num. 20,17; Num. 21,4; Num. 21,22; Num. 21,22; Num. 22,23; Num. 22,23; Num. 22,31; Num. 22,34; Deut. 1,33; Deut. 2,27; Deut. 6,7; Deut. 11,19; Deut. 17,16; Deut. 22,1; Deut. 22,4; Deut. 22,6; Deut. 23,5; Deut. 24,9; Deut. 25,17; Deut. 25,18; Deut. 27,18; Deut. 28,7; Deut. 28,25; Deut. 28,68; Josh. 5,4; Josh. 21,42d; Josh. 24,17; Judg. 9,21; Judg. 9,25; Judg. 15,15; Judg. 21,19; Ruth 1,7; 1Sam. 6,12; 1Sam. 8,3; 1Sam. 8,5; 1Sam. 15,2; 1Sam. 15,18; 1Sam. 15,20; 1Sam. 17,52; 1Sam. 24,20; 1Sam. 28,22; 1Sam. 29,10; 2Sam. 13,30; 2Sam. 13,34; 2Sam. 16,13; 1Kings 2,2; 1Kings 3,14; 1Kings 8,44; 1Kings 11,29; 1Kings 12,24a; 1Kings 13,9; 1Kings 13,10; 1Kings 13,10; 1Kings 13,12; 1Kings 13,17; 1Kings 13,24; 1Kings 13,24; 1Kings 13,25; 1Kings 13,28; 1Kings 15,26; 1Kings 15,34; 1Kings 16,2; 1Kings 16,19; 1Kings 16,26; 1Kings 16,28b; 1Kings 18,6; 1Kings 18,6; 1Kings 18,7; 1Kings 22,43; 1Kings 22,53; 1Kings 22,53; 2Kings 2,23; 2Kings 3,8; 2Kings 8,18; 2Kings 8,27; 2Kings 10,12; 2Kings 10,15; 2Kings 16,3; 2Kings 18,17; 2Kings 19,28; 2Kings 19,33; 2Kings 21,21; 2Kings 21,22; 2Kings 22,2; 2Chr. 6,34; 2Chr. 17,6; 2Chr. 18,23; 2Chr. 21,6; 2Chr. 21,12; 2Chr. 22,3; Ezra 8,22; Ezra 8,31; Neh. 9,19; Judith 13,16; Tob. 4,15; 1Mac. 11,4; Psa. 1,1; Psa. 24,8; Psa. 24,12; Psa. 26,11; Psa. 31,8; Psa. 35,5; Psa. 36,7; Psa. 85,11; Psa. 100,2; Psa. 100,6; Psa. 101,24; Psa. 106,40; Psa. 109,7; Psa. 118,1; Psa. 118,14; Psa. 118,37; Psa. 138,24; Psa. 141,4; Prov. 1,15; Prov. 28,10; Eccl. 10,3; Eccl. 12,5; Job 12,24; Job 16,22; Wis. 10,17; Sir. 8,15; Sir. 21,16; Sir. 32,20; Sir. 32,21; Sir. 33,33; Hos. 7,1; Amos 4,10; Joel 2,7; Is. 10,26; Is. 10,32; Is. 15,5; Is. 21,13; Is. 36,2; Is. 37,29; Is. 37,34; Is. 42,16; Is. 53,6; Is. 65,2; Jer. 2,18; Jer. 2,18; Jer. 31,5; Jer. 38,9; Bar. 3,13; Ezek. 18,11; Ezek. 23,31; Ezek. 36,17; Judg. 5,10; Judg. 9,25; Matt. 5,25; Matt. 15,32; Matt. 20,17; Matt. 21,8; Matt. 21,8; Matt. 21,32; Mark 8,3; Mark 8,27; Mark 9,33; Mark 9,34; Mark 10,32; Mark 10,52; Luke 9,57; Luke 10,31; Luke 12,58; Luke

ὁδός–ὀδυνηρός

19,36; Luke 24,32; Luke 24,35; Acts 9,17; Acts 9,27; James 2,25; 2Pet. 2,15; Jude 11)

ὁδῶν ▸ 20 + 1 = 21
  Noun · feminine · plural · genitive · (common) ▸ 20 + 1 = **21** (2Kings 11,6; 2Kings 17,13; 2Chr. 7,14; Prov. 3,26; Prov. 8,22; Prov. 14,14; Prov. 19,16; Prov. 22,25; Wis. 2,16; Wis. 12,24; Sol. 18,12; Jonah 3,10; Nah. 3,10; Zech. 1,4; Zech. 9,3; Is. 55,9; Is. 64,4; Ezek. 3,18; Ezek. 21,26; Ezek. 36,32; Matt. 22,9)

Οδουια Hodaviah ▸ 2
  Οδουια ▸ 2
    Noun · masculine · singular · nominative · (proper) ▸ **2** (1Chr. 3,24; Neh. 10,19)

Οδουιας Ira ▸ 1
  Οδουιας ▸ 1
    Noun · masculine · singular · nominative · (proper) ▸ **1** (1Chr. 27,9)

ὀδούς tooth ▸ 55 + 3 + 12 = 70
  ὀδόντα ▸ 6 + 1 = 7
    Noun · masculine · singular · accusative · (common) ▸ 6 + 1 = **7** (Ex. 21,24; Ex. 21,27; Ex. 21,27; Lev. 24,20; Deut. 19,21; 1Sam. 13,21; Matt. 5,38)
  ὀδόντας ▸ 15 + 2 = 17
    Noun · masculine · plural · accusative · (common) ▸ 15 + 2 = **17** (Deut. 32,24; 4Mac. 7,6; Psa. 3,8; Psa. 34,16; Psa. 36,12; Psa. 57,7; Psa. 111,10; Ode. 2,24; Prov. 30,14; Job 16,9; Sir. 30,10; Lam. 2,16; Lam. 3,16; Ezek. 27,15; Dan. 7,7; Mark 9,18; Acts 7,54)
  ὀδόντες ▸ 14 + 2 + 1 = 17
    Noun · masculine · plural · nominative · (common) ▸ 14 + 2 + 1 = **17** (Gen. 49,12; Psa. 56,5; Song 4,2; Song 6,6; Wis. 16,10; Sir. 21,2; Sir. 21,2; Sir. 39,30; Joel 1,6; Joel 1,6; Jer. 38,29; Jer. 38,30; Ezek. 18,2; Dan. 7,19; Dan. 7,7; Dan. 7,19; Rev. 9,8)
  ὀδόντος ▸ 4 + 1 = 5
    Noun · masculine · singular · genitive · (common) ▸ 4 + 1 = **5** (Ex. 21,24; Ex. 21,27; Lev. 24,20; Deut. 19,21; Matt. 5,38)
  ὀδόντων ▸ 7 + 1 + 7 = 15
    Noun · masculine · plural · genitive · (common) ▸ 7 + 1 + 7 = **15** (2Chr. 9,17; 2Chr. 9,21; Job 29,17; Job 41,6; Sir. 19,30; Amos 4,6; Zech. 9,7; Dan. 7,5; Matt. 8,12; Matt. 13,42; Matt. 13,50; Matt. 22,13; Matt. 24,51; Matt. 25,30; Luke 13,28)
  ὀδούς ▸ 1
    Noun · masculine · singular · nominative · (common) ▸ **1** (Prov. 25,19)
  ὀδοῦσι ▸ 1
    Noun · masculine · plural · dative · (common) ▸ **1** (Prov. 10,26)
  ὀδοῦσιν ▸ 7
    Noun · masculine · plural · dative · (common) ▸ **7** (Num. 11,33; Psa. 123,6; Song 7,10; Job 13,14; Job 19,20; Sol. 13,3; Mic. 3,5)

ὀδυνάω (ὀδύνη) to cause pain; to be in pain ▸ 11 + 4 = 15
  ὀδυνᾷ ▸ 1
    Verb · third · singular · present · active · indicative ▸ **1** (Wis. 14,24)
  ὀδυνᾶσαι ▸ 1
    Verb · second · singular · present · passive · indicative · (variant) ▸ **1** (Luke 16,25)
  ὀδυνᾶται ▸ 1
    Verb · third · singular · present · passive · indicative ▸ **1** (Is. 53,4)
  ὀδυνηθήσεται ▸ 3
    Verb · third · singular · future · passive · indicative ▸ **3** (Tob. 9,4; Prov. 29,21; Zech. 9,5)
  ὀδυνηθήσονται ▸ 2
    Verb · third · plural · future · passive · indicative ▸ **2** (Hag. 2,14; Zech. 12,10)
  ὀδυνῶμαι ▸ 1
    Verb · first · singular · present · passive · indicative · (variant) ▸ **1** (Luke 16,24)
  ὀδυνωμένην ▸ 1
    Verb · present · passive · participle · feminine · singular · accusative ▸ **1** (Lam. 1,13)
  ὀδυνώμενοι ▸ 1 + 2 = 3
    Verb · present · passive · participle · masculine · plural · nominative ▸ 1 + 2 = **3** (Is. 21,10; Luke 2,48; Acts 20,38)
  ὀδυνωμένοις ▸ 1
    Verb · present · passive · participle · masculine · plural · dative ▸ **1** (Is. 40,29)
  ὠδυνήθη ▸ 1
    Verb · third · singular · aorist · passive · indicative ▸ **1** (4Mac. 18,9)

ὀδύνη pain, sorrow ▸ 67 + 2 + 2 = 71
  ὀδύναι ▸ 4
    Noun · feminine · plural · nominative · (common) ▸ **4** (Job 18,11; Job 21,6; Job 27,20; Job 30,15)
  ὀδύναις ▸ 8 + 1 = 9
    Noun · feminine · plural · dative · (common) ▸ 8 + 1 = **9** (2Mac. 9,9; 4Mac. 14,9; Prov. 31,6; Job 3,20; Job 30,14; Job 30,22; Sol. 4,15; Ezek. 21,11; 1Tim. 6,10)
  ὀδύνας ▸ 9
    Noun · feminine · plural · accusative · (common) ▸ **9** (Psa. 12,3; Prov. 6,33; Job 4,8; Job 6,2; Job 15,35; Job 20,10; Job 20,23; Mic. 1,12; Lam. 1,14)
  ὀδύνη ▸ 8 + 1 = 9
    Noun · feminine · singular · nominative · (common) ▸ 8 + 1 = **9** (Prov. 17,21; Prov. 17,25; Job 3,7; Sir. 27,29; Hos. 5,13; Is. 23,5; Is. 35,10; Is. 51,11; Rom. 9,2)
  ὀδύνῃ ▸ 6
    Noun · feminine · singular · dative · (common) ▸ **6** (Deut. 26,14; Psa. 30,11; Job 7,19; Wis. 4,19; Is. 19,10; Is. 32,10)
  ὀδύνην ▸ 12 + 1 = 13
    Noun · feminine · singular · accusative · (common) ▸ 12 + 1 = **13** (Ex. 3,7; Deut. 28,60; 1Sam. 15,23; Psa. 114,3; Ode. 11,15; Wis. 8,16; Hos. 5,13; Zech. 12,10; Is. 30,26; Is. 38,15; Jer. 23,15; Sus. 13-14; Sus. 10)
  ὀδύνης ▸ 15 + 1 = 16
    Noun · feminine · singular · genitive · (common) ▸ 15 + 1 = **16** (Gen. 35,18; Gen. 44,31; Esth. 9,22; Tob. 3,1; Tob. 3,10; Tob. 6,15; Psa. 40,4; Psa. 106,39; Psa. 126,2; Amos 8,10; Mic. 1,11; Is. 14,3; Jer. 8,18; Ezek. 12,18; Ezek. 28,24; Tob. 6,15)
  ὀδυνῶν ▸ 5
    Noun · feminine · plural · genitive · (common) ▸ **5** (Psa. 93,19; Job 2,9d; Job 7,3; Job 7,4; Job 30,16)

ὀδυνηρός (ὀδύνη) painful ▸ 5
  ὀδυνηρά ▸ 1
    Adjective · feminine · singular · nominative · noDegree ▸ **1** (Lam. 5,17)
  ὀδυνηρᾷ ▸ 1
    Adjective · feminine · singular · dative · noDegree ▸ **1** (Jer. 14,17)
  ὀδυνηράν ▸ 2
    Adjective · feminine · singular · accusative · noDegree ▸ **2** (1Kings 2,8; 1Kings 2,35m)
  ὀδυνηρᾶς ▸ 1
    Adjective · feminine · singular · genitive · noDegree ▸ **1** (Jer.

ὀδυρμός (ὀδύρομαι) mourning, lamentation ▸ 2 + 2 = 4
  ὀδυρμόν ▸ 1
    Noun · masculine · singular · accusative ▸ 1 (2Cor. 7,7)
  ὀδυρμὸς ▸ 1
    Noun · masculine · singular · nominative ▸ 1 (Matt. 2,18)
  ὀδυρμοῦ ▸ 1
    Noun · masculine · singular · genitive · (common) ▸ 1 (Jer. 38,15)
  ὀδυρμῶν ▸ 1
    Noun · masculine · plural · genitive · (common) ▸ 1 (2Mac. 11,6)
ὀδύρομαι to mourn, lament ▸ 1
  ὀδυρομένου ▸ 1
    Verb · present · middle · participle · masculine · singular · genitive ▸ 1 (Jer. 38,18)
Οζα Azzan; Uzzah; Uzza ▸ 14
  Οζα ▸ 14
    Noun · singular · genitive · (proper) ▸ 1 (2Sam. 6,8)
    Noun · masculine · singular · accusative · (proper) ▸ 1 (1Chr. 13,10)
    Noun · masculine · singular · dative · (proper) ▸ 3 (2Sam. 6,7; 2Sam. 6,8; 1Chr. 13,11)
    Noun · masculine · singular · genitive · (proper) ▸ 4 (Num. 34,26; 2Kings 21,18; 2Kings 21,26; 1Chr. 13,11)
    Noun · masculine · singular · nominative · (proper) ▸ 5 (2Sam. 6,3; 2Sam. 6,6; 1Chr. 6,14; 1Chr. 13,7; 1Chr. 13,9)
Οζαζα Zaza ▸ 1
  Οζαζα ▸ 1
    Noun · masculine · singular · nominative · (proper) ▸ 1 (1Chr. 2,33)
Οζαζιας Azaziah ▸ 1
  Οζαζιας ▸ 1
    Noun · masculine · singular · nominative · (proper) ▸ 1 (2Chr. 31,13)
Οζαν Ozan; Uzzen ▸ 2
  Οζαν ▸ 2
    Noun · masculine · singular · genitive · (proper) ▸ 1 (1Chr. 7,24)
    Noun · masculine · singular · nominative · (proper) ▸ 1 (Josh. 6,26)
Ὀζείας Uzziah; Azaziah; Uzzi ▸ 1
  Οζιου ▸ 1
    Noun · masculine · singular · genitive · (proper) ▸ 1 (1Esdr. 8,2)
Οζι Uzzi ▸ 11
  Οζι ▸ 11
    Noun · masculine · singular · accusative · (proper) ▸ 1 (1Chr. 5,31)
    Noun · masculine · singular · genitive · (proper) ▸ 3 (1Chr. 7,3; 1Chr. 9,8; Neh. 7,51)
    Noun · masculine · singular · nominative · (proper) ▸ 7 (1Chr. 5,32; 1Chr. 6,36; 1Chr. 7,2; 1Chr. 7,7; Neh. 11,22; Neh. 12,19; Neh. 12,42)
Οζια Uzziah; Uzzia ▸ 6
  Οζια ▸ 6
    Noun · masculine · singular · dative · (proper) ▸ 1 (1Chr. 24,27)
    Noun · masculine · singular · genitive · (proper) ▸ 2 (1Chr. 24,26; Neh. 11,5)
    Noun · masculine · singular · nominative · (proper) ▸ 3 (1Chr. 6,9; 1Chr. 11,44; Ezra 10,21)
Οζιας Uzziah; Ozias, Uzza ▸ 37
  Οζια ▸ 4
    Noun · masculine · singular · dative · (proper) ▸ 2 (2Chr. 26,8; 2Chr. 26,11)
    Noun · masculine · singular · genitive · (proper) ▸ 1 (Judith 14,6)
    Noun · masculine · singular · vocative · (proper) ▸ 1 (2Chr. 26,18)
  Οζιαν ▸ 4
    Noun · masculine · singular · accusative · (proper) ▸ 4 (2Chr. 26,1; 2Chr. 26,18; Judith 7,23; Judith 10,6)
  Οζιας ▸ 20
    Noun · masculine · singular · nominative · (proper) ▸ 20 (2Kings 15,34; 1Chr. 15,18; 1Chr. 15,21; 2Chr. 26,3; 2Chr. 26,9; 2Chr. 26,14; 2Chr. 26,19; 2Chr. 26,21; 2Chr. 26,23; 2Chr. 27,2; Judith 6,15; Judith 6,16; Judith 6,21; Judith 7,30; Judith 8,9; Judith 8,28; Judith 8,35; Judith 13,18; Judith 15,4; Is. 6,1)
  Οζιου ▸ 9
    Noun · masculine · singular · genitive · (proper) ▸ 9 (1Chr. 27,20; 1Chr. 27,25; 2Chr. 26,22; 1Esdr. 5,31; Hos. 1,1; Amos 1,1; Zech. 14,5; Is. 1,1; Is. 7,1)
Ὀζίας Uzziah; Ozias, Uzza ▸ 2
  Ὀζίαν ▸ 1
    Noun · masculine · singular · accusative · (proper) ▸ 1 (Matt. 1,8)
  Ὀζίας ▸ 1
    Noun · masculine · singular · nominative · (proper) ▸ 1 (Matt. 1,9)
Οζιβ Ziph ▸ 1
  Οζιβ ▸ 1
    Noun · singular · nominative · (proper) ▸ 1 (Josh. 15,55)
Οζιζα Aziza ▸ 1
  Οζιζα ▸ 1
    Noun · masculine · singular · nominative · (proper) ▸ 1 (Ezra 10,27)
Οζιηλ Uzziel ▸ 22
  Οζιηλ ▸ 22
    Noun · masculine · singular · dative · (proper) ▸ 1 (2Chr. 20,14)
    Noun · masculine · singular · genitive · (proper) ▸ 7 (Ex. 6,22; Lev. 10,4; Num. 3,30; 1Chr. 15,10; 1Chr. 23,20; 1Chr. 24,24; Judith 8,1)
    Noun · masculine · singular · nominative · (proper) ▸ 14 (Ex. 6,18; Num. 3,19; 1Chr. 4,42; 1Chr. 5,28; 1Chr. 6,3; 1Chr. 7,7; 1Chr. 15,18; 1Chr. 15,20; 1Chr. 16,6; 1Chr. 23,12; 1Chr. 23,19; 1Chr. 26,23; 2Chr. 29,14; Neh. 12,36)
Οζιηλις Uzzielite ▸ 1
  Οζιηλις ▸ 1
    Noun · masculine · singular · nominative · (proper) ▸ 1 (Num. 3,27)
Οζομ Onom ▸ 2
  Οζομ ▸ 2
    Noun · masculine · singular · genitive · (proper) ▸ 2 (1Chr. 2,26; 1Chr. 2,28)
ὄζος (ὄζω) knot ▸ 1
  ὄζοις ▸ 1
    Noun · masculine · plural · dative · (common) ▸ 1 (Wis. 13,13)
Οζουζ Azaz ▸ 1
  Οζουζ ▸ 1
    Noun · masculine · singular · genitive · (proper) ▸ 1 (1Chr. 5,8)
Οζριηλ Azarel ▸ 1
  Οζριηλ ▸ 1
    Noun · masculine · singular · nominative · (proper) ▸ 1 (1Chr. 12,7)
ὄζω to stink ▸ 1 + 1 = 2
  ὄζει ▸ 1
    Verb · third · singular · present · active · indicative ▸ 1 (John 11,39)
  ὤζεσεν ▸ 1

ὄζω–οἶδα

Verb · third · singular · aorist · active · indicative ▸ **1** (Ex. 8,10)

Οθαλι Athlai ▸ 1
  Οθαλι ▸ 1
    Noun · masculine · singular · nominative · (proper) ▸ **1** (Ezra 10,28)

ὅθεν (ὅς; θεν) therefore, where, from where ▸ 43 + 15 = 58
  ὅθεν ▸ 42 + 13 = 55
    Adverb · (place) ▸ 42 + 6 = **48** (Gen. 10,14; Gen. 13,3; Gen. 24,5; Ex. 5,11; Ex. 30,36; Deut. 9,28; Deut. 11,10; Ruth 2,9; 2Kings 17,33; Judith 8,20; Judith 11,16; Tob. 12,18; 2Mac. 4,21; 2Mac. 4,34; 2Mac. 4,46; 2Mac. 5,11; 2Mac. 10,13; 2Mac. 12,45; 2Mac. 14,7; 3Mac. 2,23; 3Mac. 5,42; 4Mac. 3,12; 4Mac. 3,16; 4Mac. 4,2; 4Mac. 9,11; 4Mac. 12,15; Job 10,21; Job 28,1; Job 28,1; Job 34,15; Wis. 12,23; Wis. 15,12; Sol. 3,5; Is. 30,32; Is. 44,11; Jer. 7,8; LetterJ 14; LetterJ 22; LetterJ 63; Ezek. 29,14; Dan. 2,11; Bel 39; Matt. 12,44; Matt. 25,24; Matt. 25,26; Luke 11,24; Acts 14,26; Acts 28,13)
    Conjunction · coordinating · (inferential) ▸ **7** (Matt. 14,7; Heb. 2,17; Heb. 7,25; Heb. 8,3; Heb. 9,18; Heb. 11,19; 1John 2,18)
  Ὅθεν ▸ 1 + 2 = 3
    Adverb · (place) ▸ 1 + 2 = **3** (4Mac. 6,12; Acts 26,19; Heb. 3,1)

Οθομ Etham ▸ 1
  Οθομ ▸ 1
    Noun · singular · dative · (proper) ▸ **1** (Ex. 13,20)

ὀθόνη large cloth; sail; fine linen ▸ 2
  ὀθόνην ▸ 2
    Noun · feminine · singular · accusative ▸ **2** (Acts 10,11; Acts 11,5)

Οθονιας Othoniah ▸ 1
  Οθονιας ▸ 1
    Noun · masculine · singular · nominative · (proper) ▸ **1** (1Esdr. 9,28)

ὀθόνιον (ὀθόνη) linen cloth, wrapping ▸ 2 + 1 + 5 = 8
  ὀθόνια ▸ 3 + 1 = 4
    Noun · neuter · plural · accusative ▸ 3 + 1 = **4** (Judg. 14,13; Luke 24,12; John 20,5; John 20,6)
  ὀθόνιά ▸ 2
    Noun · neuter · plural · accusative · (common) ▸ **2** (Hos. 2,7; Hos. 2,11)
  ὀθονίοις ▸ 1
    Noun · neuter · plural · dative ▸ **1** (John 19,40)
  ὀθονίων ▸ 1
    Noun · neuter · plural · genitive ▸ **1** (John 20,7)

οἰακίζω (οἴαξ) to govern ▸ 1
  οἰακίζει ▸ 1
    Verb · third · singular · present · active · indicative ▸ **1** (Job 37,10)

οἴαξ rudder handle, tiller ▸ 1
  οἴακας ▸ 1
    Noun · masculine · plural · accusative · (common) ▸ **1** (4Mac. 7,3)

οἶδα to know ▸ 285 + 9 + 318 = 612
  εἰδέναι ▸ 17 + 11 = 28
    Verb · perfect · active · infinitive ▸ 17 + 11 = **28** (Gen. 2,9; Ex. 10,7; Deut. 13,4; Deut. 29,3; 2Chr. 32,31; Job 21,14; Job 36,12; Wis. 7,17; Wis. 8,21; Wis. 12,27; Wis. 13,1; Wis. 13,9; Wis. 15,3; Wis. 16,16; Is. 5,13; Jer. 9,5; Jer. 24,7; Luke 20,7; Luke 22,34; John 14,5; 1Cor. 2,2; 1Cor. 11,3; Eph. 1,18; Col. 2,1; Col. 4,6; 1Th. 4,4; 1Th. 5,12; Titus 1,16)
  εἰδῇς ▸ 4 + 1 = 5
    Verb · second · singular · perfect · active · subjunctive ▸ 4 + 1 = **5** (Ex. 8,6; Ex. 8,18; Ex. 9,14; Ex. 11,7; 1Tim. 3,15)

εἰδῆσαι ▸ 1
  Verb · aorist · active · infinitive ▸ **1** (Judith 9,14)
εἰδῆσαί ▸ 1
  Verb · aorist · active · infinitive ▸ **1** (Deut. 4,35)
εἰδήσουσίν ▸ 1 + 1 = 2
  Verb · third · plural · future · active · indicative ▸ 1 + 1 = **2** (Jer. 38,34; Heb. 8,11)
εἰδῆτε ▸ 1 + 6 = 7
  Verb · second · plural · perfect · active · subjunctive ▸ 1 + 6 = **7** (1Mac. 11,31; Matt. 9,6; Mark 2,10; Luke 5,24; Eph. 6,21; 1John 2,29; 1John 5,13)
εἰδόσι ▸ 1
  Verb · perfect · active · participle · masculine · plural · dative ▸ **1** (Wis. 12,17)
εἰδόσιν ▸ 2 + 1 + 1 = 4
  Verb · perfect · active · participle · masculine · plural · dative ▸ 2 + 1 + 1 = **4** (Ezra 7,25; Prov. 19,7; Dan. 2,21; 2Th. 1,8)
εἰδότα ▸ 6 + 1 = 7
  Verb · perfect · active · participle · masculine · singular · accusative ▸ **5** (1Sam. 16,16; 1Sam. 16,18; 2Chr. 2,6; 2Chr. 2,12; 2Chr. 2,13)
  Verb · perfect · active · participle · neuter · plural · accusative ▸ 1 + 1 = **2** (Jer. 10,25; 1Th. 4,5)
εἰδότας ▸ 4 + 2 = 6
  Verb · perfect · active · participle · masculine · plural · accusative ▸ 4 + 2 = **6** (1Kings 9,27; 2Chr. 8,18; 4Mac. 16,23; Amos 5,16; 2Pet. 1,12; Jude 5)
Εἰδότες ▸ 1
  Verb · perfect · active · participle · masculine · plural · nominative ▸ **1** (2Cor. 5,11)
εἰδότες ▸ 17 + 22 = 39
  Verb · perfect · active · participle · masculine · plural · nominative ▸ 17 + 22 = **39** (1Sam. 2,12; 1Sam. 10,11; 1Mac. 4,33; 1Mac. 6,30; 2Mac. 9,24; 2Mac. 11,26; 4Mac. 16,25; Eccl. 4,17; Job 19,14; Job 19,19; Wis. 15,2; Wis. 15,2; Wis. 18,6; Is. 51,7; Is. 56,11; Is. 56,11; Jer. 31,17; Matt. 22,29; Mark 12,24; Luke 8,53; John 21,12; Rom. 5,3; Rom. 6,9; Rom. 13,11; 1Cor. 15,58; 2Cor. 1,7; 2Cor. 4,14; 2Cor. 5,6; Gal. 2,16; Gal. 4,8; Eph. 6,8; Eph. 6,9; Phil. 1,16; Col. 3,24; Col. 4,1; 1Th. 1,4; James 3,1; 1Pet. 1,18; 1Pet. 5,9)
εἰδότι ▸ 1 + 1 = 2
  Verb · perfect · active · participle · masculine · singular · dative ▸ 1 + 1 = **2** (Ezra 7,25; James 4,17)
εἰδότος ▸ 1
  Verb · perfect · active · participle · masculine · singular · genitive ▸ **1** (Bel 14)
εἰδότων ▸ 1
  Verb · perfect · active · participle · masculine · plural · genitive ▸ **1** (Job 18,21)
εἰδυῖα ▸ 1 + 2 = 3
  Verb · perfect · active · participle · feminine · singular · nominative ▸ 1 + 2 = **3** (Wis. 9,9; Mark 5,33; Acts 5,7)
εἰδυῖαν ▸ 1
  Verb · perfect · active · participle · feminine · singular · accusative ▸ **1** (Judg. 21,11)
εἰδῶ ▸ 2
  Verb · first · singular · perfect · active · subjunctive ▸ **2** (1Cor. 13,2; 1Cor. 14,11)
εἰδῶμεν ▸ 1
  Verb · first · plural · perfect · active · subjunctive ▸ **1** (1Cor. 2,12)
εἰδώς ▸ 1 + 1 = 2
  Verb · perfect · active · participle · masculine · singular

- nominative ▸ 1 + 1 = **2** (Num. 35,23; Acts 20,22)

Εἰδώς ▸ **1**
Verb ▪ perfect ▪ active ▪ participle ▪ masculine ▪ singular
- nominative ▸ **1** (Matt. 12,25)

εἰδώς ▸ **16 + 1 + 19 = 36**
Verb ▪ perfect ▪ active ▪ participle ▪ masculine ▪ singular
- nominative ▸ 16 + 1 + 19 = **36** (Gen. 25,27; Deut. 4,42; 1Kings 5,20; Neh. 10,29; 4Mac. 7,22; Prov. 7,23; Prov. 23,2; Eccl. 9,1; Job 28,24; Wis. 8,9; Wis. 13,16; Sir. 20,6; Sol. 17,27; Is. 53,3; Bar. 3,32; Sus. 35a; Sus. 42; Mark 6,20; Mark 12,15; Luke 9,33; Luke 9,47; Luke 11,17; John 6,61; John 13,1; John 13,3; John 18,4; John 19,28; Acts 2,30; Acts 24,22; 1Tim. 1,9; 2Tim. 2,23; 2Tim. 3,14; Titus 3,11; Philem. 21; 2Pet. 1,14; Rev. 12,12)

εἰδῶσιν ▸ **1**
Verb ▪ third ▪ plural ▪ perfect ▪ active ▪ subjunctive ▸ **1** (Wis. 16,18)

ᾔδει ▸ **19 + 13 = 32**
Verb ▪ third ▪ singular ▪ pluperfect ▪ active ▪ indicative ▸ 19 + 13 = **32** (Gen. 3,5; Gen. 19,33; Gen. 19,35; Gen. 31,32; Gen. 39,3; Gen. 39,6; Ex. 1,8; Ex. 34,29; Lev. 5,18; Josh. 8,14; Josh. 10,2; 1Sam. 14,3; 1Sam. 22,15; 2Sam. 3,26; 2Sam. 11,16; Tob. 5,4; 1Mac. 15,12; Is. 33,19; Jer. 22,28; Matt. 24,43; Matt. 27,18; Mark 9,6; Luke 6,8; Luke 12,39; John 2,9; John 5,13; John 6,6; John 6,64; John 13,11; John 20,14; Acts 7,18; Acts 12,9)

ᾔδειμεν ▸ **3**
Verb ▪ first ▪ plural ▪ pluperfect ▪ active ▪ indicative ▸ **3** (Gen. 43,7; Job 37,5; Is. 45,15)

ᾔδειν ▸ **9 + 1 + 5 = 15**
Verb ▪ first ▪ singular ▪ pluperfect ▪ active ▪ indicative ▸ 9 + 1 + 5 = **15** (Gen. 18,19; Gen. 28,16; 2Sam. 1,10; Tob. 2,10; Prov. 23,35; Job 23,17; Job 29,16; Job 42,3; Sol. 1,7; Tob. 2,10; John 1,31; John 1,33; John 11,42; Acts 23,5; Rom. 7,7)

ᾔδεις ▸ **4 + 3 = 7**
Verb ▪ second ▪ singular ▪ pluperfect ▪ active ▪ indicative ▸ 4 + 3 = **7** (Deut. 13,7; Ruth 2,11; Is. 45,5; Jer. 15,14; Matt. 25,26; Luke 19,22; John 4,10)

ᾔδεισαν ▸ **20 + 8 = 28**
Verb ▪ third ▪ plural ▪ pluperfect ▪ active ▪ indicative ▸ 20 + 8 = **28** (Gen. 42,23; Ex. 16,15; Deut. 32,17; Deut. 32,17; Ode. 2,17; Ode. 2,17; Ode. 5,11; Job 12,24; Job 24,11; Job 24,13; Job 42,11; Is. 26,11; Is. 42,16; Jer. 4,22; Jer. 14,18; Jer. 19,4; Dan. 6,6; Dan. 6,9; Sus. 33; Sus. 38; Mark 1,34; Mark 14,40; Luke 4,41; John 2,9; John 20,9; John 21,4; Acts 16,3; Acts 19,32)

ᾔδεισάν ▸ **1**
Verb ▪ third ▪ plural ▪ pluperfect ▪ active ▪ indicative ▸ **1** (Is. 55,5)

ᾔδειτε ▸ **4 + 3 = 7**
Verb ▪ second ▪ plural ▪ pluperfect ▪ active ▪ indicative ▸ 4 + 3 = **7** (Deut. 13,14; 2Sam. 11,20; 2Sam. 11,22; Jer. 16,13; Luke 2,49; John 8,19; John 8,19)

Ἤιδει ▸ **1**
Verb ▪ third ▪ singular ▪ pluperfect ▪ active ▪ indicative ▸ **1** (John 18,2)

Ἤιδειν ▸ **1**
Verb ▪ first ▪ singular ▪ pluperfect ▪ active ▪ indicative ▸ **1** (1Sam. 22,22)

ἴσασιν ▸ **1**
Verb ▪ third ▪ plural ▪ perfect ▪ active ▪ indicative ▸ **1** (Acts 26,4)

ἴστε ▸ **1 + 2 = 3**
Verb ▪ second ▪ plural ▪ perfect ▪ active ▪ indicative ▸ 1 + 1 = **2** (3Mac. 3,14; Heb. 12,17)
Verb ▪ second ▪ plural ▪ perfect ▪ active ▪ imperative ▸ **1** (Eph. 5,5)

Ἴστε ▸ **1**
Verb ▪ second ▪ plural ▪ perfect ▪ active ▪ imperative ▸ **1** (James 1,19)

οἶδ' ▸ **1**
Verb ▪ first ▪ singular ▪ perfect ▪ active ▪ indicative ▸ **1** (2Mac. 7,22)

Οἶδα ▸ **5 + 2 = 7**
Verb ▪ first ▪ singular ▪ perfect ▪ active ▪ indicative ▸ 5 + 2 = **7** (Gen. 48,19; 1Sam. 29,9; 1Kings 21,31; Job 42,2; Sus. 22; John 8,37; Rom. 7,18)

οἶδα ▸ **33 + 3 + 47 = 83**
Verb ▪ first ▪ singular ▪ perfect ▪ active ▪ indicative ▸ 33 + 3 + 47 = **83** (Gen. 48,19; Ex. 3,7; Ex. 3,19; Ex. 5,2; Num. 22,6; Deut. 3,19; Deut. 31,21; Deut. 31,29; Judg. 4,8; 1Sam. 20,30; 1Sam. 25,11; 2Sam. 19,23; 1Kings 3,7; 1Kings 18,12; 2Kings 8,12; 2Chr. 2,7; 1Mac. 2,65; Prov. 24,12; Job 9,2; Job 9,21; Job 9,28; Job 10,13; Job 13,2; Job 13,18; Job 19,25; Job 21,27; Job 23,2; Job 23,8; Job 30,23; Job 32,10; Job 38,21; Jer. 10,23; Dan. 2,8; Judg. 4,8; Dan. 2,8; Dan. 2,9; Matt. 25,12; Matt. 26,70; Matt. 26,72; Matt. 26,74; Matt. 28,5; Mark 14,68; Mark 14,71; Luke 13,25; Luke 13,27; Luke 22,57; Luke 22,60; John 4,25; John 5,32; John 7,29; John 8,14; John 8,55; John 8,55; John 8,55; John 9,12; John 9,25; John 9,25; John 11,22; John 11,24; John 12,50; John 13,18; John 20,13; Acts 3,17; Acts 12,11; Acts 20,25; Acts 20,29; Acts 26,27; Rom. 14,14; Rom. 15,29; 1Cor. 1,16; 2Cor. 9,2; 2Cor. 12,2; 2Cor. 12,2; 2Cor. 12,2; 2Cor. 12,3; 2Cor. 12,3; Phil. 1,19; Phil. 1,25; Phil. 4,12; Phil. 4,12; 2Tim. 1,12; Rev. 2,2; Rev. 2,13)

Οἶδά ▸ **1**
Verb ▪ first ▪ singular ▪ perfect ▪ active ▪ indicative ▸ **1** (Ex. 33,12)

οἶδά ▸ **1 + 7 = 8**
Verb ▪ first ▪ singular ▪ perfect ▪ active ▪ indicative ▸ 1 + 7 = **8** (Ex. 33,17; Mark 1,24; Luke 4,34; Rev. 2,9; Rev. 2,19; Rev. 3,1; Rev. 3,8; Rev. 3,15)

Οἴδαμεν ▸ **5**
Verb ▪ first ▪ plural ▪ perfect ▪ active ▪ indicative ▸ **5** (Rom. 7,14; Rom. 8,28; 2Cor. 5,1; 1Tim. 1,8; 1John 5,18)

οἴδαμεν ▸ **11 + 38 = 49**
Verb ▪ first ▪ plural ▪ perfect ▪ active ▪ indicative ▸ 11 + 38 = **49** (Gen. 43,22; Ex. 10,26; Ex. 32,1; Ex. 32,23; 2Chr. 20,12; 4Mac. 5,25; Ode. 5,13; Job 8,9; Job 15,9; Job 37,15; Is. 26,13; Matt. 21,27; Matt. 22,16; Mark 11,33; Mark 12,14; Luke 20,21; John 3,2; John 3,11; John 4,22; John 4,42; John 6,42; John 7,27; John 9,20; John 9,21; John 9,21; John 9,24; John 9,29; John 9,29; John 9,31; John 14,5; John 16,18; John 16,30; John 20,2; John 21,24; Acts 7,40; Rom. 2,2; Rom. 3,19; Rom. 8,22; Rom. 8,26; 1Cor. 8,1; 1Cor. 8,4; 2Cor. 5,16; Heb. 10,30; 1John 3,2; 1John 3,14; 1John 5,15; 1John 5,15; 1John 5,19; 1John 5,20)

Οἶδας ▸ **1**
Verb ▪ second ▪ singular ▪ perfect ▪ active ▪ indicative ▸ **1** (2Tim. 1,15)

οἶδας ▸ **27 + 2 + 16 = 45**
Verb ▪ second ▪ singular ▪ perfect ▪ active ▪ indicative ▸ 27 + 2 + 16 = **45** (Ex. 32,22; Num. 11,16; Judg. 15,11; 1Sam. 28,9; 2Sam. 1,5; 2Sam. 2,26; 2Sam. 3,25; 2Sam. 7,20; 2Sam. 17,8; 1Kings 2,15; 1Kings 2,44; 1Kings 5,17; 1Kings 5,20; 1Kings 8,39; 1Chr. 17,18; Esth. 13,12 # 4,17d; Esth. 14,15 # 4,17u; Esth. 14,16 # 4,17w; 1Mac. 3,52; Prov. 3,28; Job 10,7; Job 11,8; Job 15,9; Job 38,5; Sir. 9,11; Zech. 4,13; Sus. 35a; Judg. 15,11; Dan. 10,20; Matt. 15,12; Mark 10,19; Luke 18,20; John 3,8; John 13,7; John 16,30; John 19,10; John 21,15; John 21,16; John 21,17; 1Cor. 7,16; 1Cor. 7,16; 2Tim. 3,15; 3John 12; Rev. 3,17; Rev. 7,14)

οἴδασιν ▸ **13 + 7 = 20**

οἶδα–οἰκετικός

Verb · third · plural · perfect · active · indicative ▸ 13 + 7 = **20**
(Num. 14,23; Deut. 11,2; Deut. 21,1; Deut. 31,13; 2Kings 17,26; 2Chr. 2,7; Prov. 4,19; Job 9,5; Job 32,7; Job 32,9; Job 36,28a; Is. 59,8; Is. 59,8; Luke 11,44; Luke 23,34; John 10,4; John 10,5; John 15,21; John 18,21; Jude 10)

Οἴδατε ▸ 1
    Verb · second · plural · perfect · active · indicative ▸ **1** (1Cor. 12,2)

οἴδατε ▸ 14 + 62 = **76**
    Verb · second · plural · perfect · active · indicative ▸ 14 + 62 = **76** (Gen. 31,6; Gen. 44,15; Ex. 23,9; Deut. 11,28; Deut. 13,3; Deut. 29,15; Judg. 18,14; 2Sam. 3,38; 1Kings 22,3; 2Kings 6,32; 2Kings 9,11; 1Mac. 13,3; Job 27,12; Jer. 7,9; Matt. 7,11; Matt. 20,22; Matt. 20,25; Matt. 24,42; Matt. 25,13; Matt. 26,2; Matt. 27,65; Mark 4,13; Mark 10,38; Mark 10,42; Mark 13,33; Mark 13,35; Luke 11,13; Luke 12,56; Luke 12,56; John 1,26; John 4,22; John 4,32; John 7,28; John 7,28; John 7,28; John 8,14; John 8,19; John 9,30; John 11,49; John 13,17; John 14,4; Acts 2,22; Acts 3,16; Acts 10,37; Rom. 6,16; Rom. 11,2; 1Cor. 3,16; 1Cor. 5,6; 1Cor. 6,2; 1Cor. 6,3; 1Cor. 6,9; 1Cor. 6,15; 1Cor. 6,16; 1Cor. 6,19; 1Cor. 9,13; 1Cor. 9,24; 1Cor. 16,15; Gal. 4,13; Phil. 4,15; 1Th. 1,5; 1Th. 2,1; 1Th. 2,2; 1Th. 2,5; 1Th. 2,11; 1Th. 3,3; 1Th. 3,4; 1Th. 4,2; 1Th. 5,2; 2Th. 2,6; 2Th. 3,7; James 4,4; 1John 2,20; 1John 2,21; 1John 2,21; 1John 3,5; 1John 3,15)

οἶδε ▸ 1
    Verb · third · singular · perfect · active · indicative ▸ **1** (Wis. 9,11)

οἶδεν ▸ 37 + 22 = **59**
    Verb · third · singular · perfect · active · indicative ▸ 37 + 22 = **59** (Num. 31,18; Deut. 1,39; Deut. 34,6; Josh. 22,22; Ruth 3,11; 1Sam. 20,3; 1Sam. 20,12; 1Sam. 23,17; 2Sam. 12,22; 2Sam. 17,10; Esth. 4,14; Prov. 4,27a; Prov. 9,18; Prov. 24,12; Prov. 28,22; Eccl. 2,19; Eccl. 3,21; Eccl. 6,8; Eccl. 6,12; Eccl. 8,1; Eccl. 8,1; Job 11,11; Job 14,21; Job 15,23; Job 23,10; Job 26,14; Job 28,13; Job 28,23; Job 31,6; Job 34,19; Wis. 8,8; Wis. 15,13; Sir. 11,19; Sir. 21,7; Sir. 34,10; Joel 2,14; Jonah 3,9; Matt. 6,8; Matt. 6,32; Matt. 24,36; Mark 4,27; Mark 13,32; Luke 12,30; John 7,15; John 12,35; John 15,15; John 19,35; Rom. 8,27; 1Cor. 2,11; 1Cor. 14,16; 2Cor. 11,11; 2Cor. 11,31; 2Cor. 12,2; 2Cor. 12,3; 1Tim. 3,5; 2Pet. 2,9; 1John 2,11; Rev. 2,17; Rev. 19,12)

οἶσθα ▸ 2
    Verb · second · singular · perfect · active · indicative ▸ **2** (Deut. 9,2; 4Mac. 6,27)

οἰκεῖος (οἶκος) kin, family member; friendly, personal, suitable ▸ 19 + 3 = **22**

οἰκεῖα ▸ 2
    Adjective · neuter · plural · accusative · noDegree ▸ **2** (Lev. 18,6; 2Mac. 15,12)

οἰκεία ▸ 2
    Adjective · feminine · singular · nominative · noDegree ▸ **2** (Lev. 18,12; Lev. 18,13)

οἰκεῖαι ▸ 1
    Adjective · feminine · plural · nominative · noDegree ▸ **1** (Lev. 18,17)

οἰκεῖοι ▸ 1 + 1 = **2**
    Adjective · masculine · plural · nominative · noDegree ▸ 1 + 1 = **2** (Amos 6,10; Eph. 2,19)

οἰκείοις ▸ 1
    Adjective · masculine · plural · dative · noDegree ▸ **1** (3Mac. 6,8)

οἰκεῖον ▸ 2
    Adjective · masculine · singular · accusative · noDegree ▸ **2** (Num. 25,5; 1Sam. 10,16)

οἰκεῖος ▸ 2
    Adjective · masculine · singular · nominative · noDegree ▸ **2** (1Sam. 10,14; 1Sam. 10,15)

οἰκείου ▸ 2
    Adjective · masculine · singular · genitive · noDegree ▸ **2** (1Sam. 14,50; Is. 3,6)

οἰκείους ▸ 2 + 1 = **3**
    Adjective · masculine · plural · accusative · noDegree ▸ 2 + 1 = **3** (Prov. 17,9; Is. 31,9; Gal. 6,10)

οἰκείῳ ▸ 2
    Adjective · masculine · singular · dative · noDegree ▸ **2** (Lev. 21,2; Num. 27,11)

οἰκείων ▸ 2 + 1 = **3**
    Adjective · masculine · plural · genitive · noDegree ▸ 2 + 1 = **3** (Lev. 25,49; Is. 58,7; 1Tim. 5,8)

οἰκειότης (οἶκος) kinship; relationship ▸ 1

οἰκειότητα ▸ 1
    Noun · feminine · singular · accusative · (common) ▸ **1** (Lev. 20,19)

οἰκειόω (οἶκος) to be suitable ▸ 1

οἰκειωθησόμενα ▸ 1
    Verb · future · passive · participle · neuter · plural · accusative ▸ **1** (4Mac. 5,26)

οἰκετεία (οἶκος) household ▸ 1

οἰκετείας ▸ 1
    Noun · feminine · singular · genitive ▸ **1** (Matt. 24,45)

οἰκέτης (οἶκος) slave, servant ▸ 52 + 4 + 4 = **60**

Οἰκέται ▸ 3
    Noun · masculine · plural · nominative · (common) ▸ **3** (Deut. 6,21; Josh. 9,8; Josh. 9,11)

οἰκέται ▸ 6 + 1 + 1 = **8**
    Noun · masculine · plural · nominative · (common) ▸ 6 + 1 = **7** (Gen. 44,16; Gen. 50,18; Lev. 25,42; Lev. 25,55; Prov. 22,7; Is. 36,9; Tob. 9,5)
    Noun · masculine · plural · vocative ▸ **1** (1Pet. 2,18)

οἰκέταις ▸ 5 + 1 = **6**
    Noun · masculine · plural · dative · (common) ▸ 5 + 1 = **6** (Ex. 5,15; Ex. 5,16; Num. 32,5; Tob. 8,18; Sir. 4,30; Tob. 8,18)

οἰκέτας ▸ 2 + 2 = **4**
    Noun · masculine · plural · accusative · (common) ▸ 2 + 2 = **4** (Gen. 27,37; Sir. 6,11; Tob. 8,10; Tob. 9,2)

οἰκέτῃ ▸ 7
    Noun · masculine · singular · dative · (common) ▸ **7** (Josh. 5,14; Prov. 13,13a; Sir. 10,25; Sir. 33,25; Sir. 33,27; Sir. 37,11; Sir. 42,5)

οἰκέτην ▸ 4 + 1 = **5**
    Noun · masculine · singular · accusative · (common) ▸ 4 + 1 = **5** (Ex. 12,44; Prov. 30,10; Sir. 7,20; Sir. 7,21; Rom. 14,4)

οἰκέτης ▸ 19 + 1 = **20**
    Noun · masculine · singular · nominative · (common) ▸ 19 + 1 = **20** (Gen. 9,25; Gen. 44,33; Deut. 5,15; Deut. 15,15; Deut. 15,17; Deut. 16,12; Deut. 24,18; Deut. 24,20; Deut. 24,22; Deut. 34,5; 1Esdr. 4,59; Prov. 17,2; Prov. 19,10; Prov. 29,19; Prov. 29,21; Prov. 30,22; Sir. 23,10; Sir. 33,31; Sir. 33,32; Luke 16,13)

οἰκέτου ▸ 5
    Noun · masculine · singular · genitive · (common) ▸ **5** (Ex. 21,26; Ex. 21,27; Lev. 25,39; Lev. 25,42; 1Esdr. 3,19)

οἰκετῶν ▸ 1 + 1 = **2**
    Noun · masculine · plural · genitive · (common) ▸ 1 + 1 = **2** (Ex. 32,13; Acts 10,7)

οἰκετικός (οἶκος) related to servants ▸ 1

οἰκετικὴν ▸ 1

Adjective · feminine · singular · accusative · noDegree ▸ **1** (3Mac. 2,28)

οἰκέτις (οἶκος) house-servant, slave (f) ▸ **3**
  οἰκέτιν ▸ **1**
    Noun · feminine · singular · accusative · (common) ▸ **1** (Ex. 21,7)
  οἰκέτις ▸ **2**
    Noun · feminine · singular · nominative · (common) ▸ **2** (Lev. 19,20; Prov. 30,23)

οἰκέω (οἶκος) to dwell ▸ **85** + **17** + **9** = **111**
  οἴκει ▸ **3**
    Verb · second · singular · present · active · imperative ▸ **3** (Gen. 35,1; 2Sam. 15,19; Is. 21,12)
  οἰκεῖ ▸ **4**
    Verb · third · singular · present · active · indicative ▸ **4** (Rom. 7,18; Rom. 8,9; Rom. 8,11; 1Cor. 3,16)
  οἰκεῖν ▸ **12** + **1** + **2** = **15**
    Verb · present · active · infinitive ▸ **12** + **1** + **2** = **15** (Gen. 36,7; Judg. 9,41; 2Sam. 15,8; 2Sam. 19,33; 2Kings 6,2; Psa. 83,11; Prov. 21,9; Prov. 21,19; Prov. 25,24; Wis. 14,17; Hag. 1,4; Jer. 50,2; Judg. 9,41; 1Cor. 7,12; 1Cor. 7,13)
  οἰκείτωσαν ▸ **1**
    Verb · third · plural · present · active · imperative ▸ **1** (Gen. 34,21)
  οἰκῆσαι ▸ **1** + **1** = **2**
    Verb · aorist · active · infinitive ▸ **1** + **1** = **2** (Gen. 16,3; Judg. 11,26)
  οἰκήσατε ▸ **1**
    Verb · second · plural · aorist · active · imperative ▸ **1** (Jer. 47,10)
  οἰκήσει ▸ **2**
    Verb · third · singular · future · active · indicative ▸ **2** (Is. 30,19; Is. 33,16)
  οἰκήσεις ▸ **1**
    Verb · second · singular · future · active · indicative ▸ **1** (Deut. 28,30)
  οἰκήσετε ▸ **4**
    Verb · second · plural · future · active · indicative ▸ **4** (Ode. 10,8; Is. 5,8; Jer. 42,7; Jer. 42,15)
  οἰκήσομεν ▸ **2**
    Verb · first · plural · future · active · indicative ▸ **2** (Gen. 34,16; Jer. 49,14)
  οἴκησον ▸ **3**
    Verb · second · singular · aorist · active · imperative ▸ **3** (Gen. 27,44; Gen. 29,19; Jer. 47,5)
  οἰκήσουσιν ▸ **3** + **1** = **4**
    Verb · third · plural · future · active · indicative ▸ **3** + **1** = **4** (Gen. 34,23; Prov. 10,30; Is. 34,11; Tob. 14,7)
  οἰκοῦμεν ▸ **2**
    Verb · first · plural · present · active · indicative ▸ **2** (1Kings 3,17; 2Kings 6,1)
  οἰκούμενα ▸ **1**
    Verb · present · passive · participle · neuter · plural · accusative ▸ **1** (Prov. 8,26)
  οἰκουμένην ▸ **1**
    Verb · present · passive · participle · feminine · singular · accusative ▸ **1** (Ex. 16,35)
  οἰκοῦντας ▸ **4** + **1** = **5**
    Verb · present · active · participle · masculine · plural · accusative ▸ **4** + **1** = **5** (Ezra 4,6; Ezra 4,17; 2Mac. 12,3; Ezek. 38,11; Judg. 21,10)
  οἰκοῦντες ▸ **4**
    Verb · present · active · participle · masculine · plural · nominative ▸ **4** (1Esdr. 2,12; Neh. 3,26; Neh. 4,6; 2Mac. 6,2)
  οἰκοῦντι ▸ **1**
    Verb · present · active · participle · masculine · singular · dative ▸ **1** (Tob. 5,6)
  οἰκοῦντος ▸ **1**
    Verb · present · active · participle · masculine · singular · genitive ▸ **1** (Judith 5,5)
  οἰκούντων ▸ **6** + **4** = **10**
    Verb · present · active · participle · masculine · plural · genitive ▸ **6** + **4** = **10** (Gen. 4,20; Gen. 24,13; 2Chr. 34,9; Neh. 7,3; 2Mac. 5,17; Sol. 8,20; Judg. 20,15; Judg. 21,9; Judg. 21,12; Judg. 21,21)
  οἰκοῦσα ▸ **2**
    Verb · present · active · participle · feminine · singular · nominative ▸ **2** (Rom. 7,17; Rom. 7,20)
  οἰκούσαις ▸ **1**
    Verb · present · active · participle · feminine · plural · dative ▸ **1** (Dan. 4,37b)
  οἰκοῦσιν ▸ **4** + **3** = **7**
    Verb · present · active · participle · masculine · plural · dative ▸ **3** + **3** = **6** (1Esdr. 2,19; Dan. 4,37c; Dan. 6,26; Judg. 11,8; Dan. 4,1; Dan. 6,26)
    Verb · third · plural · present · active · indicative ▸ **1** (1Esdr. 2,4)
  οἰκῶ ▸ **3**
    Verb · first · singular · present · active · indicative ▸ **3** (Gen. 24,3; 2Kings 4,13; Is. 6,5)
  οἰκῶν ▸ **6** + **1** + **1** = **8**
    Verb · present · active · participle · masculine · singular · nominative ▸ **6** + **1** + **1** = **8** (Gen. 25,27; Neh. 13,4; Esth. 11,3 # 1,1b; Tob. 5,17; Psa. 16,12; Prov. 27,10; Sus. 1; 1Tim. 6,16)
  ᾤκει ▸ **2** + **1** = **3**
    Verb · third · singular · imperfect · active · indicative ▸ **2** + **1** = **3** (1Mac. 13,52; 1Mac. 13,53; Judg. 10,1)
  ᾠκήσαμεν ▸ **1**
    Verb · first · plural · aorist · active · indicative ▸ **1** (Jer. 42,10)
  ᾤκησαν ▸ **3**
    Verb · third · plural · aorist · active · indicative ▸ **3** (1Chr. 4,41; Judith 5,15; Jer. 31,28)
  ᾤκησεν ▸ **10** + **3** = **13**
    Verb · third · singular · aorist · active · indicative ▸ **10** + **3** = **13** (Gen. 4,16; Gen. 19,30; Gen. 20,1; Gen. 36,8; Ex. 2,15; Josh. 21,42c; 2Kings 19,36; 1Mac. 9,73; 1Mac. 10,10; Is. 37,37; Judg. 9,21; Judg. 11,3; Tob. 14,12)
  ᾠκοῦμεν ▸ **1**
    Verb · first · plural · imperfect · active · indicative ▸ **1** (Jer. 42,11)
  ᾤκουν ▸ **2**
    Verb · third · plural · imperfect · active · indicative ▸ **2** (1Mac. 14,34; Dan. 4,11)

οἴκημα (οἶκος) room, chamber, cell ▸ **3** + **1** = **4**
  οἴκημα ▸ **3**
    Noun · neuter · singular · accusative · (common) ▸ **3** (Tob. 2,4; Wis. 13,15; Ezek. 16,24)
  οἰκήματι ▸ **1**
    Noun · neuter · singular · dative ▸ **1** (Acts 12,7)

οἴκησις (οἶκος) dwelling; territory; management ▸ **4** + **1** = **5**
  οἰκήσεις ▸ **2** + **1** = **3**
    Noun · feminine · plural · accusative · (common) ▸ **2** + **1** = **3** (2Chr. 17,12; 2Chr. 27,4; Tob. 13,14)
  οἰκήσεως ▸ **1**
    Noun · feminine · singular · genitive · (common) ▸ **1** (Judith 7,14)
  οἴκησιν ▸ **1**

οἴκησις–οἰκογενής

Noun · feminine · singular · accusative · (common) ▸ **1** (1Mac. 13,48)

οἰκητήριον (οἶκος) dwelling; home ▸ 1 + 2 = 3
  οἰκητήριον ▸ 1 + 2 = 3
    Noun · neuter · singular · accusative · (common) ▸ 1 + 2 = **3** (2Mac. 11,2; 2Cor. 5,2; Jude 6)

οἰκητός (οἶκος) inhabited ▸ 3
  οἰκητήν ▸ 1
    Adjective · feminine · singular · accusative · noDegree ▸ **1** (Lev. 25,29)
  οἰκητόν ▸ 1
    Adjective · masculine · singular · accusative · noDegree ▸ **1** (2Mac. 9,17)
  οἰκητός ▸ 1
    Adjective · masculine · singular · nominative · noDegree ▸ **1** (3Mac. 4,3)

οἰκήτωρ (οἶκος) inhabitant ▸ 2
  οἰκήτορας ▸ 1
    Noun · masculine · plural · accusative · (common) ▸ **1** (Wis. 12,3)
  οἰκήτορες ▸ 1
    Noun · masculine · plural · nominative · (common) ▸ **1** (Prov. 2,21)

οἰκία (οἶκος) house ▸ 254 + 14 + 93 = 361
  οἰκία ▸ 11 + 9 = 20
    Noun · feminine · singular · nominative · (common) ▸ 11 + 9 = **20** (Gen. 50,8; Ex. 12,30; Lev. 14,35; Lev. 25,30; Josh. 24,15; Psa. 103,17; Eccl. 10,18; Job 1,19; Job 30,23; Jer. 45,17; Dan. 3,96; Matt. 10,13; Matt. 12,25; Mark 3,25; Mark 3,25; John 4,53; John 12,3; Acts 10,6; Acts 18,7; 2Cor. 5,1)
  οἰκίᾳ ▸ 33 + 1 + 26 = 60
    Noun · feminine · singular · dative · (common) ▸ 33 + 1 + 26 = **60** (Gen. 31,41; Gen. 39,9; Gen. 39,11; Gen. 39,14; Ex. 12,4; Ex. 12,46; Lev. 14,35; Lev. 14,36; Lev. 14,43; Lev. 14,44; Lev. 14,44; Lev. 14,47; Lev. 14,47; Lev. 14,48; Num. 19,14; Num. 19,14; Deut. 21,13; Deut. 22,8; Deut. 24,5; Deut. 25,14; Deut. 26,11; Josh. 2,19; 1Sam. 28,24; 2Sam. 16,2; 2Kings 4,35; Esth. 7,8; Prov. 25,24; Job 1,13; Amos 6,9; Jer. 45,7; Jer. 45,22; LetterJ 58; LetterJ 58; Sus. 6; Matt. 5,15; Matt. 7,25; Matt. 7,27; Matt. 8,6; Matt. 9,10; Matt. 13,57; Matt. 26,6; Mark 2,15; Mark 6,4; Mark 9,33; Mark 14,3; Luke 5,29; Luke 6,48; Luke 7,37; Luke 8,27; Luke 10,7; Luke 15,25; Luke 17,31; John 8,35; John 11,31; John 14,2; Acts 9,11; Acts 10,32; Acts 16,32; Acts 17,5; 2Tim. 2,20)
  οἰκίαι ▸ 20 + 1 = 21
    Noun · feminine · plural · nominative · (common) ▸ 20 + 1 = **21** (Ex. 8,17; Ex. 10,6; Ex. 10,6; Ex. 10,6; Lev. 25,31; Lev. 25,32; Lev. 25,33; Neh. 5,3; Neh. 5,4; Neh. 7,4; Psa. 48,12; Prov. 14,9; Prov. 14,9; Prov. 14,11; Zech. 14,2; Is. 5,9; Is. 13,21; Jer. 6,12; Jer. 39,15; Ezek. 11,3; Tob. 13,18)
  οἰκίαις ▸ 8 + 1 = 9
    Noun · feminine · plural · dative · (common) ▸ 8 + 1 = **9** (Gen. 34,29; Ex. 12,19; Lev. 14,34; Num. 31,10; Esth. 1,22; Jer. 18,22; Jer. 19,13; Jer. 50,12; Judg. 18,22)
  οἰκίαν ▸ 93 + 9 + 40 = 142
    Noun · feminine · singular · accusative · (common) ▸ 93 + 9 + 40 = **142** (Gen. 19,3; Gen. 19,4; Gen. 24,31; Gen. 24,32; Gen. 25,27; Gen. 39,11; Gen. 43,16; Gen. 43,26; Ex. 9,19; Ex. 12,3; Ex. 20,17; Lev. 14,36; Lev. 14,36; Lev. 14,38; Lev. 14,39; Lev. 14,41; Lev. 14,42; Lev. 14,43; Lev. 14,45; Lev. 14,46; Lev. 14,48; Lev. 14,48; Lev. 14,49; Lev. 14,51; Lev. 14,52; Lev. 25,29; Lev. 27,14; Lev. 27,15; Num. 19,14; Deut. 5,21; Deut. 15,16; Deut. 20,5; Deut. 20,5; Deut. 20,6; Deut. 20,7; Deut. 20,8; Deut. 21,12; Deut. 22,2; Deut. 22,8; Deut. 24,10; Deut. 28,30; Josh. 2,1; Josh. 2,3; Josh. 2,18; Josh. 6,22; Josh. 6,23; Judg. 15,6; Judg. 19,18; Judg. 19,21; Judg. 19,22; Judg. 19,22; Judg. 19,23; Judg. 20,5; 1Sam. 21,16; 2Sam. 17,18; 2Sam. 17,20; Tob. 7,1; Tob. 7,1; Tob. 8,11; Tob. 11,3; 2Mac. 13,15; 3Mac. 7,18; Psa. 83,4; Ode. 10,8; Ode. 10,8; Job 2,9d; Job 8,15; Sir. 21,8; Sir. 21,22; Sir. 21,23; Sir. 29,24; Sol. 4,5; Zech. 5,11; Is. 3,22; Is. 5,8; Is. 5,8; Is. 24,10; Jer. 16,8; Jer. 22,13; Jer. 42,3; Jer. 42,7; Jer. 44,15; Jer. 44,15; Jer. 44,16; Jer. 44,18; Jer. 44,20; Jer. 44,21; Jer. 45,11; Jer. 45,14; Jer. 45,26; Jer. 52,11; Jer. 52,13; LetterJ 54; Judg. 19,15; Judg. 19,18; Judg. 19,22; Judg. 19,22; Judg. 19,23; Judg. 20,5; Tob. 11,3; Tob. 11,17; Tob. 14,13; Matt. 2,11; Matt. 7,24; Matt. 7,26; Matt. 8,14; Matt. 9,23; Matt. 9,28; Matt. 10,12; Matt. 12,29; Matt. 12,29; Matt. 13,36; Matt. 17,25; Matt. 24,43; Mark 1,29; Mark 3,27; Mark 3,27; Mark 6,10; Mark 7,24; Mark 10,10; Mark 10,29; Mark 13,34; Luke 4,38; Luke 6,48; Luke 6,49; Luke 7,44; Luke 8,51; Luke 9,4; Luke 10,5; Luke 10,7; Luke 15,8; Luke 18,29; Luke 22,10; Luke 22,54; Acts 9,17; Acts 10,17; Acts 11,11; Acts 12,12; Acts 18,7; 1Cor. 16,15; 2Cor. 5,1; 2John 10)
  οἰκίας ▸ 74 + 2 + 17 = 93
    Noun · feminine · plural · accusative · (common) ▸ 25 + 7 = **32** (Gen. 33,17; Gen. 50,21; Ex. 1,21; Ex. 12,23; Num. 32,18; Deut. 6,11; Deut. 8,12; 1Chr. 15,1; Neh. 5,11; Neh. 9,25; 1Mac. 3,56; 1Mac. 13,47; 2Mac. 5,12; 3Mac. 4,18; 4Mac. 14,15; Job 4,19; Job 24,16; Sir. 28,14; Joel 2,9; Is. 13,16; Is. 65,21; Jer. 39,29; Jer. 50,13; Jer. 52,13; Ezek. 28,26; Matt. 19,29; Mark 10,30; Mark 12,40; Luke 20,47; 1Cor. 11,22; 1Tim. 5,13; 2Tim. 3,6)
    Noun · feminine · singular · genitive · (common) ▸ 49 + 2 + 10 = **61** (Gen. 17,12; Gen. 17,13; Gen. 24,2; Gen. 43,16; Gen. 44,1; Gen. 44,4; Ex. 12,46; Ex. 22,6; Ex. 22,7; Lev. 14,37; Lev. 14,38; Lev. 14,38; Lev. 14,39; Lev. 14,53; Lev. 14,55; Deut. 24,1; Deut. 24,3; Deut. 26,13; Josh. 2,19; Judg. 19,22; Judg. 19,23; 1Chr. 12,29; Ezra 6,11; Neh. 3,10; Neh. 7,3; 2Mac. 2,29; 3Mac. 6,25; Psa. 100,7; Psa. 127,3; Eccl. 12,3; Job 1,10; Job 1,19; Job 2,9d; Job 19,15; Job 20,15; Sir. 26,16; Sir. 29,24; Sir. 29,27; Sir. 29,28; Amos 6,10; Zeph. 1,13; Is. 32,13; Jer. 36,28; Jer. 42,9; Jer. 50,9; Jer. 52,31; LetterJ 11; LetterJ 19; LetterJ 20; Dan. 5,17; Sus. 26; Matt. 10,14; Matt. 13,1; Matt. 24,17; Mark 13,15; Mark 13,35; Luke 6,49; Luke 7,6; Luke 10,7; Luke 22,11; Phil. 4,22)
  οἰκιῶν ▸ 15 + 1 = 16
    Noun · feminine · plural · genitive · (common) ▸ 15 + 1 = **16** (Ex. 8,5; Ex. 8,7; Ex. 8,9; Ex. 12,13; Ex. 12,15; Lev. 25,33; Deut. 6,9; Deut. 11,20; 1Chr. 4,21; 1Mac. 1,55; 2Mac. 3,18; Mic. 2,9; Jer. 5,6; Jer. 17,22; Ezek. 33,30; Acts 4,34)

οἰκιακός (οἶκος) member of a household ▸ 2
  οἰκιακοί ▸ 1
    Noun · masculine · plural · nominative ▸ **1** (Matt. 10,36)
  οἰκιακούς ▸ 1
    Noun · masculine · plural · accusative ▸ **1** (Matt. 10,25)

οἰκίδιον (οἶκος) small house; chamber ▸ 1 + 1 = 2
  οἰκίδιον ▸ 1
    Noun · neuter · singular · accusative · (common) ▸ **1** (2Mac. 8,33)
  οἰκιδίων ▸ 1
    Noun · neuter · plural · genitive · (common) ▸ **1** (Tob. 2,4)

οἰκίζω (οἶκος) to settle ▸ 3
  οἰκισθήσεται ▸ 2
    Verb · third · singular · future · passive · indicative ▸ **2** (Sir. 10,3; Sir. 38,32)
  ᾤκισας ▸ 1
    Verb · second · singular · aorist · active · indicative ▸ **1** (Job 22,8)

οἰκογενής (οἶκος; γίνομαι) member of a household ▸ 11

οἰκογενεῖς ▸ 5
   Adjective · masculine · plural · accusative · noDegree ▸ **2** (Gen. 14,14; Gen. 17,23)
   Adjective · masculine · plural · nominative · noDegree ▸ **3** (Gen. 17,27; Lev. 22,11; Eccl. 2,7)
οἰκογενέσιν ▸ 1
   Adjective · masculine · plural · dative · noDegree ▸ **1** (1Esdr. 3,1)
οἰκογενής ▸ 2
   Adjective · masculine · singular · nominative · noDegree ▸ **2** (Gen. 15,3; Jer. 2,14)
οἰκογενής ▸ 2
   Adjective · masculine · singular · nominative · noDegree ▸ **2** (Gen. 17,12; Gen. 17,13)
οἰκογενοῦς ▸ 1
   Adjective · feminine · singular · genitive · noDegree ▸ **1** (Gen. 15,2)

οἰκοδεσποτέω (οἶκος; δέω) to run a household ▸ 1
   οἰκοδεσποτεῖν ▸ 1
      Verb · present · active · infinitive ▸ **1** (1Tim. 5,14)

οἰκοδεσπότης (οἶκος; δέω) householder ▸ 12
   οἰκοδεσπότῃ ▸ 4
      Noun · masculine · singular · dative ▸ **4** (Matt. 13,52; Matt. 20,1; Mark 14,14; Luke 22,11)
   οἰκοδεσπότην ▸ 1
      Noun · masculine · singular · accusative ▸ **1** (Matt. 10,25)
   οἰκοδεσπότης ▸ 5
      Noun · masculine · singular · nominative ▸ **5** (Matt. 21,33; Matt. 24,43; Luke 12,39; Luke 13,25; Luke 14,21)
   οἰκοδεσπότου ▸ 2
      Noun · masculine · singular · genitive ▸ **2** (Matt. 13,27; Matt. 20,11)

οἰκοδομέω (οἶκος; δῶμα) to build ▸ 449 + 18 + 40 = 507
   οἰκοδομεῖ ▸ 1 + 4 = 5
      Verb · third · singular · present · active · indicative ▸ **1 + 4 = 5** (Ezek. 13,10; 1Cor. 8,1; 1Cor. 10,23; 1Cor. 14,4; 1Cor. 14,4)
   οἰκοδομεῖν ▸ 15 + 1 = 16
      Verb · present · active · infinitive ▸ **15 + 1 = 16** (1Kings 9,1; 1Kings 15,21; 2Chr. 3,1; 2Chr. 16,5; 1Esdr. 5,69; 1Esdr. 6,2; 1Esdr. 6,26; Ezra 4,4; Neh. 4,4; 1Mac. 10,10; 1Mac. 10,11; 1Mac. 12,37; Sir. 49,7; Jer. 38,28; Jer. 42,9; Luke 14,30)
   οἰκοδομεῖς ▸ 1
      Verb · second · singular · present · active · indicative ▸ **1** (Neh. 6,6)
   οἰκοδομεῖσθαι ▸ 2
      Verb · present · passive · infinitive ▸ **2** (1Kings 6,7; 1Kings 6,7)
   οἰκοδομεῖσθε ▸ 1
      Verb · second · plural · present · passive · indicative · (variant) ▸ **1** (1Pet. 2,5)
   οἰκοδομεῖται ▸ 2 + 1 = 3
      Verb · third · singular · present · passive · indicative ▸ **2 + 1 = 3** (Ezra 5,8; Prov. 24,3; 1Cor. 14,17)
   οἰκοδομεῖτε ▸ 2 + 4 = 6
      Verb · second · plural · present · active · indicative ▸ **2 + 3 = 5** (1Esdr. 6,4; 1Esdr. 6,10; Matt. 23,29; Luke 11,47; Luke 11,48)
      Verb · second · plural · present · active · imperative ▸ **1** (1Th. 5,11)
   οἰκοδομείτω ▸ 1
      Verb · third · singular · present · active · imperative ▸ **1** (1Esdr. 2,3)
   οἰκοδομείτωσαν ▸ 1
      Verb · third · plural · present · active · imperative ▸ **1** (Ezra 6,7)
   οἰκοδομήθη ▸ 1
      Verb · third · singular · aorist · passive · indicative ▸ **1** (John 2,20)
   οἰκοδομηθῇ ▸ 6
      Verb · third · singular · aorist · passive · subjunctive ▸ **6** (Num. 21,27; 1Esdr. 2,15; 1Esdr. 2,18; Ezra 4,16; Tob. 13,11; Is. 25,2)
   οἰκοδομηθῆναι ▸ 8
      Verb · aorist · passive · infinitive ▸ **8** (1Chr. 29,16; 1Esdr. 4,51; 1Esdr. 4,55; 1Esdr. 6,18; Ezra 5,13; 1Mac. 10,44; 1Mac. 10,45; 1Mac. 10,45)
   οἰκοδομηθῇς ▸ 1
      Verb · second · singular · aorist · passive · subjunctive ▸ **1** (Ezek. 26,14)
   Οἰκοδομηθήσεσθε ▸ 1
      Verb · second · plural · future · passive · indicative ▸ **1** (Is. 44,26)
   οἰκοδομηθήσεται ▸ 7 + 3 + 1 = 11
      Verb · third · singular · future · passive · indicative ▸ **7 + 3 + 1 = 11** (Ezra 4,21; Tob. 13,17; Tob. 14,5; Psa. 88,3; Jer. 37,18; Jer. 38,38; Ezek. 36,10; Tob. 13,17; Tob. 14,5; Dan. 9,25; 1Cor. 8,10)
   οἰκοδομηθήσεταί ▸ 1
      Verb · third · singular · future · passive · indicative ▸ **1** (Tob. 13,11)
   Οἰκοδομηθήσῃ ▸ 1
      Verb · second · singular · future · passive · indicative ▸ **1** (Is. 44,28)
   οἰκοδομηθήσῃ ▸ 3
      Verb · second · singular · future · passive · indicative ▸ **3** (Is. 49,17; Is. 54,14; Jer. 38,4)
   οἰκοδομηθήσονται ▸ 3 + 2 = 5
      Verb · third · plural · future · passive · indicative ▸ **3 + 2 = 5** (Psa. 68,36; Jer. 12,16; Ezek. 36,33; Tob. 13,17; Tob. 13,17)
   οἰκοδομηθήσονταί ▸ 1
      Verb · third · plural · future · passive · indicative ▸ **1** (Is. 58,12)
   οἰκοδομηθήτω ▸ 2
      Verb · third · singular · aorist · passive · imperative ▸ **2** (Ezra 6,3; Psa. 50,20)
   Οἰκοδομῆσαι ▸ 1
      Verb · aorist · active · infinitive ▸ **1** (Zech. 5,11)
   οἰκοδομῆσαι ▸ 62 + 1 + 3 = 66
      Verb · aorist · active · infinitive ▸ **62 + 1 + 3 = 66** (Josh. 22,19; Josh. 22,26; Josh. 22,29; 1Sam. 14,35; 2Sam. 24,21; 1Kings 2,35k; 1Kings 5,17; 1Kings 5,19; 1Kings 8,1; 1Kings 8,16; 1Kings 8,17; 1Kings 8,18; 1Kings 8,53a; 1Kings 10,22a # 9,15; 1Kings 10,22a # 9,15; 1Chr. 14,1; 1Chr. 17,25; 1Chr. 22,2; 1Chr. 22,5; 1Chr. 22,6; 1Chr. 22,7; 1Chr. 28,2; 1Chr. 28,10; 2Chr. 1,18; 2Chr. 2,2; 2Chr. 2,5; 2Chr. 3,2; 2Chr. 3,3; 2Chr. 6,5; 2Chr. 6,7; 2Chr. 6,8; 2Chr. 8,6; 2Chr. 36,23; 1Esdr. 2,2; 1Esdr. 2,5; 1Esdr. 2,23; 1Esdr. 4,8; 1Esdr. 4,43; 1Esdr. 4,45; 1Esdr. 4,47; 1Esdr. 4,63; 1Esdr. 5,67; 1Esdr. 6,16; 1Esdr. 6,23; 1Esdr. 6,27; Ezra 1,2; Ezra 1,5; Ezra 3,10; Ezra 4,3; Ezra 5,2; Ezra 5,3; Ezra 5,9; Ezra 5,17; Ezra 6,8; 1Mac. 1,47; 1Mac. 12,35; 1Mac. 15,39; 2Mac. 9,14; Eccl. 3,3; Wis. 9,8; Hag. 1,2; Ezek. 21,27; Dan. 9,25; Matt. 26,61; Luke 14,28; Acts 20,32)
   οἰκοδομήσαντες ▸ 1
      Verb · aorist · active · participle · masculine · plural · nominative ▸ **1** (Josh. 22,16)
   οἰκοδομήσαντι ▸ 1
      Verb · aorist · active · participle · masculine · singular · dative ▸ **1** (Luke 6,49)
   οἰκοδομήσας ▸ 3
      Verb · aorist · active · participle · masculine · singular · nominative

οἰκοδομέω

▸ **3** (Deut. 8,12; Deut. 20,5; 2Mac. 1,18)

Οἰκοδομήσατε ▸ **2**
Verb ▪ second ▪ plural ▪ aorist ▪ active ▪ imperative ▸ **2** (1Kings 21,12; Jer. 36,5)

οἰκοδομήσατε ▸ **3**
Verb ▪ second ▪ plural ▪ aorist ▪ active ▪ imperative ▸ **3** (1Chr. 22,19; Hag. 1,8; Jer. 36,28)

οἰκοδομησάτω ▸ **1**
Verb ▪ third ▪ singular ▪ aorist ▪ active ▪ imperative ▸ **1** (Ezra 1,3)

οἰκοδομήσει ▸ **16**
Verb ▪ third ▪ singular ▪ future ▪ active ▪ indicative ▸ **16** (Deut. 25,9; Josh. 6,26; 2Sam. 7,13; 1Kings 5,19; 1Kings 8,19; 1Chr. 17,10; 1Chr. 17,12; 1Chr. 22,10; 1Chr. 28,6; 2Chr. 2,11; 2Chr. 6,9; Psa. 101,17; Job 12,14; Zech. 6,12; Is. 45,13; Ezek. 39,15)

οἰκοδομήσεις ▸ **17** + **1** = **18**
Verb ▪ second ▪ singular ▪ future ▪ active ▪ indicative ▸ 17 + 1 = **18** (Ex. 20,25; Deut. 20,20; Deut. 27,5; Deut. 27,6; Deut. 28,30; Judg. 6,26; 2Sam. 7,5; 2Sam. 7,11; 1Kings 8,19; 1Chr. 17,4; 1Chr. 22,8; 1Chr. 22,11; 1Chr. 28,3; 2Chr. 6,9; Psa. 27,5; Ezek. 4,2; Dan. 9,25; Judg. 6,26)

οἰκοδόμησεν ▸ **1**
Verb ▪ third ▪ singular ▪ aorist ▪ active ▪ indicative ▸ **1** (Acts 7,47)

οἰκοδομήσετε ▸ **1**
Verb ▪ second ▪ plural ▪ future ▪ active ▪ indicative ▸ **1** (Num. 32,24)

οἰκοδομήσετέ ▸ **1** + **1** = **2**
Verb ▪ second ▪ plural ▪ future ▪ active ▪ indicative ▸ 1 + 1 = **2** (Is. 66,1; Acts 7,49)

οἰκοδομήσῃ ▸ **2**
Verb ▪ third ▪ singular ▪ aorist ▪ active ▪ subjunctive ▸ **2** (Psa. 126,1; Eccl. 9,14)

οἰκοδομήσῃς ▸ **1**
Verb ▪ second ▪ singular ▪ aorist ▪ active ▪ subjunctive ▸ **1** (Deut. 22,8)

οἰκοδομήσητε ▸ **1**
Verb ▪ second ▪ plural ▪ aorist ▪ active ▪ subjunctive ▸ **1** (Jer. 42,7)

οἰκοδομῆσθαι ▸ **1**
Verb ▪ perfect ▪ passive ▪ infinitive ▪ (variant) ▸ **1** (Luke 6,48)

Οἰκοδομήσομεν ▸ **1**
Verb ▪ first ▪ plural ▪ future ▪ active ▪ indicative ▸ **1** (Ezra 4,2)

οἰκοδομήσομεν ▸ **3**
Verb ▪ first ▪ plural ▪ future ▪ active ▪ indicative ▸ **3** (1Esdr. 5,68; Ezra 4,3; Neh. 2,20)

Οἰκοδόμησον ▸ **2**
Verb ▪ second ▪ singular ▪ aorist ▪ active ▪ imperative ▸ **2** (1Kings 2,36; 1Kings 8,53a)

Οἰκοδόμησόν ▸ **2**
Verb ▪ second ▪ singular ▪ aorist ▪ active ▪ imperative ▸ **2** (Num. 23,1; Num. 23,29)

οἰκοδομήσουσιν ▸ **11** + **2** = **13**
Verb ▪ third ▪ plural ▪ future ▪ active ▪ indicative ▸ 11 + 2 = **13** (Tob. 14,5; Tob. 14,5; Amos 9,14; Zeph. 1,13; Zech. 6,15; Mal. 1,4; Is. 60,10; Is. 61,4; Is. 65,21; Is. 65,22; Ezek. 28,26; Tob. 14,5; Tob. 14,5)

οἰκοδομήσω ▸ **8** + **3** = **11**
Verb ▪ first ▪ singular ▪ future ▪ active ▪ indicative ▸ 8 + 3 = **11** (1Sam. 2,35; 2Sam. 7,27; 1Kings 11,38; 1Chr. 21,22; Psa. 88,5; Jer. 38,4; Jer. 40,7; Jer. 49,10; Matt. 16,18; Mark 14,58; Luke 12,18)

Οἰκοδομήσωμεν ▸ **1**
Verb ▪ first ▪ plural ▪ aorist ▪ active ▪ subjunctive ▸ **1** (2Chr. 14,6)

οἰκοδομήσωμεν ▸ **5**
Verb ▪ first ▪ plural ▪ aorist ▪ active ▪ subjunctive ▸ **5** (Gen. 11,4; Num. 32,16; Neh. 2,18; Song 8,9; Is. 9,9)

οἰκοδομήσωσιν ▸ **1**
Verb ▪ third ▪ plural ▪ aorist ▪ active ▪ subjunctive ▸ **1** (1Esdr. 4,48)

οἰκοδομοῦμεν ▸ **2**
Verb ▪ first ▪ plural ▪ present ▪ active ▪ indicative ▸ **2** (Ezra 5,11; Neh. 3,33)

οἰκοδομουμένη ▸ **1** + **1** = **2**
Verb ▪ present ▪ passive ▪ participle ▪ feminine ▪ singular ▪ nominative ▸ 1 + 1 = **2** (Psa. 121,3; Acts 9,31)

οἰκοδομούμενον ▸ **1**
Verb ▪ present ▪ passive ▪ participle ▪ masculine ▪ singular ▪ accusative ▸ **1** (1Chr. 22,19)

οἰκοδομούμενος ▸ **1**
Verb ▪ present ▪ passive ▪ participle ▪ masculine ▪ singular ▪ nominative ▸ **1** (1Esdr. 6,19)

οἰκοδομοῦντας ▸ **2**
Verb ▪ present ▪ active ▪ participle ▪ masculine ▪ plural ▪ accusative ▸ **2** (1Esdr. 2,25; 1Esdr. 6,8)

οἰκοδομοῦντες ▸ **4** + **4** = **8**
Verb ▪ present ▪ active ▪ participle ▪ masculine ▪ plural ▪ nominative ▸ 4 + 4 = **8** (Gen. 11,8; Psa. 117,22; Psa. 126,1; Mic. 3,10; Matt. 21,42; Mark 12,10; Luke 20,17; 1Pet. 2,7)

οἰκοδομοῦντι ▸ **1**
Verb ▪ present ▪ active ▪ participle ▪ masculine ▪ singular ▪ dative ▸ **1** (Luke 6,48)

οἰκοδομούντων ▸ **2**
Verb ▪ present ▪ active ▪ participle ▪ masculine ▪ plural ▪ genitive ▸ **2** (Ezra 5,4; Neh. 4,11)

οἰκοδομοῦσιν ▸ **7**
Verb ▪ present ▪ active ▪ participle ▪ masculine ▪ plural ▪ dative ▸ **1** (1Mac. 3,56)
Verb ▪ third ▪ plural ▪ present ▪ active ▪ indicative ▸ **6** (1Esdr. 2,14; 1Esdr. 4,8; 1Esdr. 5,64; Ezra 4,1; Ezra 4,12; Neh. 3,34)

οἰκοδομῶ ▸ **3** + **2** = **5**
Verb ▪ first ▪ singular ▪ present ▪ active ▪ indicative ▸ 3 + 1 = **4** (2Chr. 2,3; 2Chr. 2,4; 2Chr. 2,8; Gal. 2,18)
Verb ▪ first ▪ singular ▪ present ▪ active ▪ subjunctive ▸ **1** (Rom. 15,20)

οἰκοδομῶν ▸ **8** + **2** = **10**
Verb ▪ present ▪ active ▪ participle ▪ masculine ▪ singular ▪ nominative ▸ **8** (Gen. 4,17; 2Chr. 2,5; Psa. 146,2; Sir. 21,8; Sir. 34,23; Amos 9,6; Hab. 2,12; Jer. 22,13)
Verb ▪ present ▪ active ▪ participle ▪ masculine ▪ singular ▪ vocative ▸ **2** (Matt. 27,40; Mark 15,29)

ᾠκοδομεῖτο ▸ **1**
Verb ▪ third ▪ singular ▪ imperfect ▪ passive ▪ indicative ▸ **1** (Psa. 95,1)

ᾠκοδόμεσεν ▸ **1**
Verb ▪ third ▪ singular ▪ aorist ▪ active ▪ indicative ▸ **1** (1Kings 16,24)

ᾠκοδομήθη ▸ **9** + **1** = **10**
Verb ▪ third ▪ singular ▪ aorist ▪ passive ▪ indicative ▸ 9 + 1 = **10** (Num. 13,22; 1Kings 3,2; 1Kings 6,7; Ezra 5,16; Neh. 7,1; Tob. 1,4; 1Mac. 5,1; Is. 10,9; Ezek. 27,5; Tob. 1,4)

ᾠκοδόμηκα ▸ **2**
Verb ▪ first ▪ singular ▪ perfect ▪ active ▪ indicative ▸ **2** (1Kings 8,48; 2Chr. 6,2)

ᾠκοδομήκατέ ▸ **2**
Verb ▪ second ▪ plural ▪ perfect ▪ active ▪ indicative ▸ **2** (2Sam. 7,7; 1Chr. 17,6)

ᾠκοδομημέναι ▸ 1
    Verb ▪ perfect ▪ passive ▪ participle ▪ feminine ▪ plural ▪ nominative
    ▸ **1** (Neh. 7,4)
ᾠκοδομημένην ▸ 1
    Verb ▪ perfect ▪ passive ▪ participle ▪ feminine ▪ singular
    ▪ accusative ▸ **1** (4Mac. 18,7)
ᾠκοδομημένον ▸ 1 + 1 = 2
    Verb ▪ perfect ▪ passive ▪ participle ▪ neuter ▪ singular ▪ accusative
    ▸ 1 + 1 = **2** (Judg. 6,28; Judg. 6,28)
ᾠκοδομημένος ▸ 2
    Verb ▪ perfect ▪ passive ▪ participle ▪ masculine ▪ singular
    ▪ nominative ▸ **2** (Ezra 5,11; Song 4,4)
ᾠκοδόμηνται ▸ 1
    Verb ▪ third ▪ plural ▪ perfect ▪ passive ▪ indicative ▸ **1** (Ezek. 11,3)
ᾠκοδόμησα ▸ 16 + 1 = 17
    Verb ▪ first ▪ singular ▪ aorist ▪ active ▪ indicative ▸ 16 + 1 = **17**
    (1Kings 8,20; 1Kings 8,27; 1Kings 8,43; 1Kings 8,44; 1Kings 11,38; 2Chr. 6,10; 2Chr. 6,18; 2Chr. 6,33; 2Chr. 6,34; 2Chr. 6,38; Neh. 6,1; Ode. 10,2; Is. 5,2; Jer. 51,34; Ezek. 36,36; Dan. 4,30; Dan. 4,30)
ᾠκοδόμησά ▸ 1
    Verb ▪ first ▪ singular ▪ aorist ▪ active ▪ indicative ▸ **1** (Eccl. 2,4)
ᾠκοδομήσαμεν ▸ 1
    Verb ▪ first ▪ plural ▪ aorist ▪ active ▪ indicative ▸ **1** (Josh. 22,23)
ᾠκοδόμησαν ▸ 35 + 3 = 38
    Verb ▪ third ▪ plural ▪ aorist ▪ active ▪ indicative ▸ 35 + 3 = **38**
    (Gen. 11,5; Ex. 1,11; Num. 32,34; Num. 32,37; Num. 32,38; Josh. 22,10; Josh. 22,11; Judg. 18,28; Judg. 21,4; Judg. 21,23; Ruth 4,11; 2Sam. 5,11; 1Kings 14,23; 2Kings 17,9; 2Chr. 20,8; 1Esdr. 5,57; Ezra 3,2; Neh. 3,1; Neh. 3,3; Neh. 3,13; Neh. 12,29; 1Mac. 1,14; 1Mac. 1,33; 1Mac. 1,54; 1Mac. 4,47; 1Mac. 4,48; 1Mac. 4,60; 1Mac. 9,50; Prov. 14,1; Sir. 49,12; Hos. 8,14; Jer. 7,31; Jer. 19,5; Jer. 39,31; Jer. 39,35; Judg. 18,28; Judg. 21,4; Judg. 21,23)
ᾠκοδόμησας ▸ 7
    Verb ▪ second ▪ singular ▪ aorist ▪ active ▪ indicative ▸ **7** (Deut. 6,10; 1Kings 9,3; 1Mac. 15,7; Jer. 22,14; Ezek. 16,24; Ezek. 16,25; Ezek. 16,31)
ᾠκοδομήσατε ▸ 3
    Verb ▪ second ▪ plural ▪ aorist ▪ active ▪ indicative ▸ **3** (Josh. 24,13; 1Mac. 13,38; Amos 5,11)
ᾠκοδόμησε ▸ 1
    Verb ▪ third ▪ singular ▪ aorist ▪ active ▪ indicative ▸ **1** (1Kings 6,36a)
ᾠκοδόμησεν ▸ 124 + 2 + 5 = 131
    Verb ▪ third ▪ singular ▪ aorist ▪ active ▪ indicative ▸ 124 + 2 + 5 = **131** (Gen. 2,22; Gen. 8,20; Gen. 10,11; Gen. 12,7; Gen. 12,8; Gen. 13,18; Gen. 22,9; Gen. 26,25; Gen. 35,7; Ex. 17,15; Ex. 24,4; Ex. 32,5; Num. 23,14; Josh. 8,30 # 9,2a; Josh. 19,50; Josh. 21,42c; Judg. 1,26; Judg. 6,24; 1Sam. 7,17; 1Sam. 14,35; 2Sam. 5,9; 2Sam. 24,25; 1Kings 2,35f; 1Kings 2,35f; 1Kings 2,35f; 1Kings 2,35g; 1Kings 2,35i; 1Kings 2,35k; 1Kings 2,46d; 1Kings 5,14b; 1Kings 6,2; 1Kings 6,3; 1Kings 6,9; 1Kings 6,10; 1Kings 6,15; 1Kings 6,16; 1Kings 6,36; 1Kings 7,38; 1Kings 7,39; 1Kings 8,65; 1Kings 9,9a # 9,24; 1Kings 9,10; 1Kings 10,4; 1Kings 11,5; 1Kings 11,27; 1Kings 12,24b; 1Kings 12,24b; 1Kings 12,24f; 1Kings 12,25; 1Kings 12,25; 1Kings 15,17; 1Kings 15,22; 1Kings 15,22; 1Kings 16,24; 1Kings 16,32; 1Kings 16,34; 1Kings 18,32; 1Kings 22,39; 2Kings 14,22; 2Kings 15,35; 2Kings 16,11; 2Kings 16,18; 2Kings 21,3; 2Kings 21,4; 2Kings 21,5; 2Kings 23,13; 2Kings 25,1; 1Chr. 5,36; 1Chr. 6,17; 1Chr. 7,24; 1Chr. 8,12; 1Chr. 11,8; 1Chr. 21,26; 2Chr. 8,1; 2Chr. 8,2; 2Chr. 8,4; 2Chr. 8,4; 2Chr. 8,5; 2Chr. 8,11; 2Chr. 8,12; 2Chr. 9,3; 2Chr. 11,5; 2Chr. 11,6; 2Chr. 16,1; 2Chr. 16,6; 2Chr. 16,6; 2Chr. 17,12; 2Chr. 26,2; 2Chr. 26,6; 2Chr. 26,9; 2Chr. 26,10; 2Chr. 27,3; 2Chr. 27,3; 2Chr. 27,4; 2Chr. 32,5; 2Chr. 32,29; 2Chr. 33,3; 2Chr. 33,4; 2Chr. 33,5; 2Chr. 33,14; 2Chr. 33,15; 2Chr. 33,19; 2Chr. 35,3; 1Esdr. 1,3; Ezra 5,11; Judith 1,2; Judith 16,14; 1Mac. 1,54; 1Mac. 6,7; 1Mac. 9,62; 1Mac. 10,12; 1Mac. 12,38; 1Mac. 13,27; 1Mac. 13,33; 1Mac. 13,48; 1Mac. 15,41; 1Mac. 16,9; 1Mac. 16,15; 1Mac. 16,23; Psa. 77,69; Prov. 9,1; Sir. 48,17; Hos. 10,1; Zech. 9,3; Judg. 1,26; Judg. 6,24; Matt. 7,24; Matt. 7,26; Matt. 21,33; Mark 12,1; Luke 7,5)
ᾠκοδόμηται ▸ 1
    Verb ▪ third ▪ singular ▪ perfect ▪ passive ▪ indicative ▸ **1** (Zech. 8,9)
ᾠκοδόμητο ▸ 2 + 1 = 3
    Verb ▪ third ▪ singular ▪ pluperfect ▪ passive ▪ indicative ▸ 2 + 1 = **3** (1Esdr. 5,52; 1Esdr. 6,13; Luke 4,29)
ᾠκοδόμουν ▸ 1
    Verb ▪ third ▪ plural ▪ imperfect ▪ active ▪ indicative ▸ **1** (Luke 17,28)
ᾠκοδομοῦσαν ▸ 2
    Verb ▪ third ▪ plural ▪ imperfect ▪ active ▪ indicative ▸ **2** (Ezra 6,14; Neh. 4,12)

οἰκοδομή (οἶκος; δῶμα) building, building up ▸ 16 + 18 = 34
οἰκοδομαί ▸ 1
    Noun ▪ feminine ▪ plural ▪ nominative ▸ **1** (Mark 13,1)
οἰκοδομάς ▸ 1
    Noun ▪ feminine ▪ plural ▪ accusative ▸ **1** (Mark 13,2)
οἰκοδομὰς ▸ 1
    Noun ▪ feminine ▪ plural ▪ accusative ▸ **1** (Matt. 24,1)
οἰκοδομή ▸ 1 + 1 = 2
    Noun ▪ feminine ▪ singular ▪ nominative ▪ (common) ▸ 1 + 1 = **2** (1Chr. 29,1; 1Cor. 3,9)
οἰκοδομή ▸ 3 + 1 = 4
    Noun ▪ feminine ▪ singular ▪ nominative ▪ (common) ▸ 3 + 1 = **4** (1Esdr. 2,26; Sir. 40,19; Ezek. 40,2; Eph. 2,21)
οἰκοδομῇ ▸ 2
    Noun ▪ feminine ▪ singular ▪ dative ▪ (common) ▸ **2** (Tob. 14,5; Ezek. 17,17)
οἰκοδομήν ▸ 1
    Noun ▪ feminine ▪ singular ▪ accusative ▸ **1** (Rom. 15,2)
οἰκοδομὴν ▸ 7 + 10 = 17
    Noun ▪ feminine ▪ singular ▪ accusative ▪ (common) ▸ 7 + 10 = **17** (1Chr. 26,27; 1Esdr. 4,51; 1Esdr. 5,60; 1Esdr. 5,70; 1Esdr. 6,21; Sir. 22,16; Ezek. 16,61; 1Cor. 14,3; 1Cor. 14,5; 1Cor. 14,12; 1Cor. 14,26; 2Cor. 5,1; 2Cor. 10,8; 2Cor. 13,10; Eph. 4,12; Eph. 4,16; Eph. 4,29)
οἰκοδομῆς ▸ 3 + 2 = 5
    Noun ▪ feminine ▪ singular ▪ genitive ▪ (common) ▸ 3 + 2 = **5** (1Esdr. 5,71; 1Esdr. 6,6; 1Mac. 16,23; Rom. 14,19; 2Cor. 12,19)

οἰκοδόμος (οἶκος; δῶμα) builder ▸ 10 + 1 = 11
οἰκοδόμοι ▸ 4
    Noun ▪ masculine ▪ plural ▪ nominative ▪ (common) ▸ **4** (1Chr. 22,15; 1Esdr. 5,57; 1Esdr. 6,4; Neh. 4,12)
οἰκοδόμοις ▸ 3
    Noun ▪ masculine ▪ plural ▪ dative ▪ (common) ▸ **3** (2Kings 12,12; 2Kings 22,6; 2Chr. 34,11)
Οἰκοδόμος ▸ 1
    Noun ▪ masculine ▪ singular ▪ nominative ▪ (common) ▸ **1** (Is. 58,12)
οἰκοδόμους ▸ 1

οἰκοδόμος–οἶκος

> **Noun** · masculine · plural · accusative · (common) ▸ **1** (1Chr. 14,1)

οἰκοδόμων ▸ 1 + 1 = 2
> **Noun** · masculine · plural · genitive · (common) ▸ 1 + 1 = **2** (Ezek. 40,3; Acts 4,11)

οἰκονομέω (οἶκος; νόμος 1st homograph) to manage, administer ▸ 3 + 1 = 4

οἰκονομεῖν ▸ 1
> **Verb** · present · active · infinitive ▸ **1** (Luke 16,2)

οἰκονομήσει ▸ 1
> **Verb** · third · singular · future · active · indicative ▸ **1** (Psa. 111,5)

οἰκονομήσων ▸ 1
> **Verb** · future · active · participle · masculine · singular · nominative ▸ **1** (2Mac. 3,14)

οἰκονομουμένων ▸ 1
> **Verb** · present · passive · participle · neuter · plural · genitive ▸ **1** (3Mac. 3,2)

οἰκονομία (οἶκος; νόμος 1st homograph) management, plan ▸ 2 + 9 = 11

οἰκονομία ▸ 1
> **Noun** · feminine · singular · nominative ▸ **1** (Eph. 3,9)

οἰκονομίαν ▸ 1 + 6 = 7
> **Noun** · feminine · singular · accusative · (common) ▸ 1 + 6 = **7** (Is. 22,21; Luke 16,3; 1Cor. 9,17; Eph. 1,10; Eph. 3,2; Col. 1,25; 1Tim. 1,4)

οἰκονομίας ▸ 1 + 2 = 3
> **Noun** · feminine · singular · genitive · (common) ▸ 1 + 2 = **3** (Is. 22,19; Luke 16,2; Luke 16,4)

οἰκονόμος (οἶκος; νόμος 1st homograph) manager, steward ▸ 15 + 10 = 25

οἰκονόμοι ▸ 1 + 1 = 2
> **Noun** · masculine · plural · nominative · (common) ▸ 1 + 1 = **2** (1Chr. 29,6; 1Pet. 4,10)

οἰκονόμοις ▸ 3 + 1 = 4
> **Noun** · masculine · plural · dative · (common) ▸ 3 + 1 = **4** (1Esdr. 8,64; Esth. 1,8; Esth. 8,9; 1Cor. 4,2)

οἰκονόμον ▸ 4 + 3 = 7
> **Noun** · masculine · singular · accusative · (common) ▸ 4 + 3 = **7** (1Kings 18,3; 2Kings 19,2; 1Esdr. 4,49; Is. 37,2; Luke 16,1; Luke 16,8; Titus 1,7)

οἰκονόμος ▸ 5 + 3 = 8
> **Noun** · masculine · singular · nominative · (common) ▸ 5 + 3 = **8** (1Kings 4,6; 2Kings 18,18; 2Kings 18,37; Is. 36,3; Is. 36,22; Luke 12,42; Luke 16,3; Rom. 16,23)

οἰκονόμου ▸ 1
> **Noun** · masculine · singular · genitive · (common) ▸ **1** (1Kings 16,9)

οἰκονόμους ▸ 1 + 2 = 3
> **Noun** · masculine · plural · accusative · (common) ▸ 1 + 2 = **3** (1Esdr. 4,47; 1Cor. 4,1; Gal. 4,2)

οἰκόπεδον (οἶκος; πούς) house site; building ▸ 3

οἰκόπεδα ▸ 1
> **Noun** · neuter · plural · accusative · (common) ▸ **1** (Sir. 49,13)

οἰκοπέδῳ ▸ 1
> **Noun** · neuter · singular · dative · (common) ▸ **1** (Psa. 101,7)

οἰκοπέδων ▸ 1
> **Noun** · neuter · plural · genitive · (common) ▸ **1** (Psa. 108,10)

Οἶκος (οἶκος) House ▸ 1

Οἶκος ▸ 1
> **Noun** · masculine · singular · nominative · (proper) ▸ **1** (Gen. 28,19)

οἶκος house ▸ 1967 + 98 + 114 = 2179

Οἶκοι ▸ 1
> **Noun** · masculine · plural · nominative · (common) ▸ **1** (Jer. 28,33)

οἶκοι ▸ 21 + 2 = 23
> **Noun** · masculine · plural · nominative · (common) ▸ 21 + 2 = **23** (Ex. 6,17; Ex. 6,19; Num. 18,31; Num. 24,5; Deut. 12,7; 3Mac. 2,18; Prov. 12,7; Job 18,21; Job 21,9; Job 30,6; Amos 3,15; Amos 3,15; Zeph. 1,13; Is. 6,11; Is. 24,12; Is. 32,14; Jer. 5,27; Jer. 19,13; Jer. 19,13; Lam. 5,2; Ezek. 46,24; Dan. 2,5; Dan. 3,96)

οἴκοις ▸ 17 + 1 = 18
> **Noun** · masculine · plural · dative · (common) ▸ 17 + 1 = **18** (Gen. 9,27; Gen. 47,24; Ex. 12,7; Deut. 19,1; Judg. 18,14; 2Kings 17,32; 1Chr. 4,38; Prov. 3,33; Prov. 15,6; Zeph. 2,7; Hag. 1,4; Is. 3,14; Is. 13,22; Is. 42,22; Jer. 5,7; LetterJ 15; LetterJ 30; Matt. 11,8)

Οἶκον ▸ 1
> **Noun** · masculine · singular · accusative · (common) ▸ **1** (2Sam. 7,27)

οἶκον ▸ 623 + 31 + 47 = 701
> **Noun** · masculine · singular · accusative · (common) ▸ 623 + 31 + 47 = **701** (Gen. 12,15; Gen. 12,17; Gen. 19,2; Gen. 19,10; Gen. 24,27; Gen. 24,28; Gen. 24,38; Gen. 24,67; Gen. 28,2; Gen. 28,21; Gen. 29,13; Gen. 30,30; Gen. 31,30; Gen. 31,33; Gen. 31,33; Gen. 31,33; Gen. 39,5; Gen. 39,16; Gen. 43,17; Gen. 43,18; Gen. 43,26; Gen. 45,2; Gen. 45,16; Gen. 47,14; Ex. 7,23; Ex. 23,19; Ex. 34,26; Lev. 22,13; Num. 9,15; Num. 14,12; Num. 17,23; Num. 19,18; Num. 22,18; Num. 24,13; Deut. 22,21; Deut. 23,19; Deut. 25,9; Josh. 2,13; Josh. 2,18; Josh. 6,25; Josh. 7,14; Josh. 7,14; Judg. 2,1; Judg. 2,6; Judg. 6,27; Judg. 9,5; Judg. 9,18; Judg. 9,20; Judg. 9,27; Judg. 11,34; Judg. 14,15; Judg. 14,19; Judg. 18,15; Judg. 18,15; Judg. 18,18; Judg. 18,26; Judg. 19,2; Judg. 19,15; Judg. 19,29; Judg. 20,8; Ruth 1,8; Ruth 4,11; 1Sam. 1,7; 1Sam. 1,19; 1Sam. 1,24; 1Sam. 2,27; 1Sam. 2,28; 1Sam. 2,35; 1Sam. 3,12; 1Sam. 3,13; 1Sam. 5,2; 1Sam. 5,3; 1Sam. 5,5; 1Sam. 6,7; 1Sam. 6,10; 1Sam. 7,1; 1Sam. 7,3; 1Sam. 10,26; 1Sam. 15,34; 1Sam. 19,11; 1Sam. 22,15; 1Sam. 23,18; 1Sam. 25,17; 1Sam. 25,28; 2Sam. 1,12; 2Sam. 2,4; 2Sam. 2,11; 2Sam. 3,8; 2Sam. 3,12; 2Sam. 3,29; 2Sam. 4,5; 2Sam. 4,7; 2Sam. 5,8; 2Sam. 5,9; 2Sam. 5,11; 2Sam. 6,10; 2Sam. 6,11; 2Sam. 6,11; 2Sam. 6,12; 2Sam. 6,19; 2Sam. 6,20; 2Sam. 6,21; 2Sam. 7,5; 2Sam. 7,7; 2Sam. 7,11; 2Sam. 7,13; 2Sam. 7,29; 2Sam. 11,4; 2Sam. 11,9; 2Sam. 11,10; 2Sam. 11,13; 2Sam. 11,27; 2Sam. 12,8; 2Sam. 12,8; 2Sam. 12,15; 2Sam. 12,20; 2Sam. 12,20; 2Sam. 13,7; 2Sam. 13,7; 2Sam. 13,8; 2Sam. 14,9; 2Sam. 14,24; 2Sam. 14,24; 2Sam. 14,31; 2Sam. 15,16; 2Sam. 16,21; 2Sam. 17,23; 2Sam. 19,6; 2Sam. 19,12; 2Sam. 19,13; 2Sam. 19,19; 2Sam. 19,31; 2Sam. 19,42; 2Sam. 20,3; 2Sam. 20,3; 2Sam. 21,1; 1Kings 2,24; 1Kings 2,27; 1Kings 2,35c; 1Kings 2,35c; 1Kings 2,35f; 1Kings 2,35g; 1Kings 2,35k; 1Kings 2,36; 1Kings 2,46h; 1Kings 5,14a; 1Kings 5,14a; 1Kings 5,17; 1Kings 5,19; 1Kings 5,19; 1Kings 6,1c; 1Kings 6,3; 1Kings 6,9; 1Kings 6,9; 1Kings 6,22; 1Kings 7,13; 1Kings 7,38; 1Kings 7,39; 1Kings 7,40; 1Kings 7,45; 1Kings 7,50; 1Kings 8,1; 1Kings 8,1; 1Kings 8,10; 1Kings 8,11; 1Kings 8,16; 1Kings 8,17; 1Kings 8,18; 1Kings 8,19; 1Kings 8,19; 1Kings 8,20; 1Kings 8,29; 1Kings 8,38; 1Kings 8,43; 1Kings 8,53a; 1Kings 8,63; 1Kings 9,1; 1Kings 9,1; 1Kings 9,3; 1Kings 9,7; 1Kings 9,9a # 9,24; 1Kings 9,10; 1Kings 9,10; 1Kings 10,4; 1Kings 10,17; 1Kings 10,22a # 9,15; 1Kings 10,22a # 9,15; 1Kings 11,18; 1Kings 11,38; 1Kings 12,19; 1Kings 12,21; 1Kings 12,23; 1Kings 12,24; 1Kings 12,24y; 1Kings 12,24y; 1Kings 12,26; 1Kings 13,7; 1Kings 14,28; 1Kings 15,15; 1Kings 15,27; 1Kings 15,29; 1Kings 16,3; 1Kings 16,7;

οἶκος

1Kings 16,7; 1Kings 16,11; 1Kings 16,12; 1Kings 16,18; 1Kings 17,23; 1Kings 20,22; 1Kings 20,22; 1Kings 21,30; 1Kings 22,17; 1Kings 22,39; 2Kings 1,18d; 2Kings 4,32; 2Kings 4,33; 2Kings 5,18; 2Kings 7,9; 2Kings 7,11; 2Kings 9,6; 2Kings 9,7; 2Kings 9,9; 2Kings 9,9; 2Kings 9,9; 2Kings 10,10; 2Kings 10,21; 2Kings 10,23; 2Kings 10,27; 2Kings 11,4; 2Kings 11,13; 2Kings 11,18; 2Kings 11,18; 2Kings 12,13; 2Kings 12,15; 2Kings 19,1; 2Kings 19,14; 2Kings 20,5; 2Kings 20,8; 2Kings 20,13; 2Kings 20,13; 2Kings 23,2; 2Kings 23,7; 2Kings 23,8; 2Kings 23,13; 2Kings 23,27; 2Kings 25,9; 2Kings 25,9; 2Kings 25,9; 1Chr. 4,31; 1Chr. 6,17; 1Chr. 9,19; 1Chr. 13,13; 1Chr. 14,1; 1Chr. 16,43; 1Chr. 16,43; 1Chr. 17,4; 1Chr. 17,6; 1Chr. 17,10; 1Chr. 17,12; 1Chr. 17,17; 1Chr. 17,23; 1Chr. 17,25; 1Chr. 17,27; 1Chr. 22,2; 1Chr. 22,6; 1Chr. 22,7; 1Chr. 22,8; 1Chr. 22,10; 1Chr. 22,11; 1Chr. 22,14; 1Chr. 22,19; 1Chr. 23,11; 1Chr. 24,19; 1Chr. 26,6; 1Chr. 28,2; 1Chr. 28,3; 1Chr. 28,4; 1Chr. 28,10; 1Chr. 29,2; 1Chr. 29,3; 1Chr. 29,3; 1Chr. 29,16; 2Chr. 1,18; 2Chr. 1,18; 2Chr. 2,2; 2Chr. 2,3; 2Chr. 2,5; 2Chr. 2,5; 2Chr. 2,11; 2Chr. 2,11; 2Chr. 3,1; 2Chr. 3,3; 2Chr. 3,5; 2Chr. 3,6; 2Chr. 3,7; 2Chr. 3,8; 2Chr. 3,13; 2Chr. 5,14; 2Chr. 6,2; 2Chr. 6,5; 2Chr. 6,7; 2Chr. 6,8; 2Chr. 6,9; 2Chr. 6,9; 2Chr. 6,10; 2Chr. 6,20; 2Chr. 6,29; 2Chr. 6,33; 2Chr. 7,1; 2Chr. 7,2; 2Chr. 7,2; 2Chr. 7,3; 2Chr. 7,5; 2Chr. 7,11; 2Chr. 7,11; 2Chr. 7,12; 2Chr. 7,16; 2Chr. 7,20; 2Chr. 8,1; 2Chr. 8,1; 2Chr. 8,11; 2Chr. 8,16; 2Chr. 9,3; 2Chr. 11,4; 2Chr. 12,11; 2Chr. 18,16; 2Chr. 18,26; 2Chr. 19,1; 2Chr. 19,11; 2Chr. 20,28; 2Chr. 21,7; 2Chr. 22,7; 2Chr. 22,8; 2Chr. 23,1; 2Chr. 23,3; 2Chr. 23,6; 2Chr. 23,7; 2Chr. 23,12; 2Chr. 23,17; 2Chr. 23,18; 2Chr. 23,20; 2Chr. 23,20; 2Chr. 24,4; 2Chr. 24,5; 2Chr. 24,7; 2Chr. 24,12; 2Chr. 24,12; 2Chr. 24,13; 2Chr. 24,14; 2Chr. 25,5; 2Chr. 29,5; 2Chr. 29,15; 2Chr. 29,16; 2Chr. 29,17; 2Chr. 29,20; 2Chr. 29,31; 2Chr. 29,31; 2Chr. 30,1; 2Chr. 30,15; 2Chr. 31,10; 2Chr. 31,10; 2Chr. 31,11; 2Chr. 31,16; 2Chr. 32,21; 2Chr. 34,8; 2Chr. 34,8; 2Chr. 34,9; 2Chr. 34,10; 2Chr. 34,14; 2Chr. 34,30; 2Chr. 35,3; 2Chr. 35,19d; 2Chr. 36,14; 2Chr. 36,19; 2Chr. 36,23; 1Esdr. 1,52; 1Esdr. 2,2; 1Esdr. 2,3; 1Esdr. 2,5; 1Esdr. 5,43; 1Esdr. 5,60; 1Esdr. 5,67; 1Esdr. 6,2; 1Esdr. 6,4; 1Esdr. 6,8; 1Esdr. 6,10; 1Esdr. 6,15; 1Esdr. 6,16; 1Esdr. 6,23; 1Esdr. 6,25; 1Esdr. 6,26; 1Esdr. 6,27; 1Esdr. 6,32; 1Esdr. 8,25; Ezra 1,2; Ezra 1,3; Ezra 1,4; Ezra 1,5; Ezra 2,59; Ezra 2,68; Ezra 2,68; Ezra 3,8; Ezra 3,10; Ezra 3,12; Ezra 3,12; Ezra 4,1; Ezra 4,3; Ezra 5,2; Ezra 5,3; Ezra 5,8; Ezra 5,9; Ezra 5,11; Ezra 5,12; Ezra 5,13; Ezra 5,17; Ezra 6,7; Ezra 6,8; Ezra 6,12; Ezra 6,15; Ezra 7,15; Ezra 7,16; Ezra 7,23; Ezra 7,27; Ezra 8,17; Ezra 8,30; Ezra 8,36; Ezra 9,9; Neh. 2,8; Neh. 6,10; Neh. 6,10; Neh. 6,11; Neh. 7,39; Neh. 10,35; Neh. 10,35; Neh. 10,36; Neh. 10,37; Neh. 10,39; Neh. 10,39; Neh. 10,40; Judith 4,15; Judith 6,17; Judith 6,21; Judith 9,1; Judith 10,2; Judith 11,7; Judith 14,5; Judith 14,10; Judith 14,18; Tob. 3,17; Tob. 14,5; 1Mac. 3,56; 1Mac. 7,2; 1Mac. 7,35; 1Mac. 7,37; 1Mac. 7,37; 2Mac. 2,5; 2Mac. 14,36; 2Mac. 15,32; 3Mac. 2,10; 3Mac. 2,18; 3Mac. 5,21; 4Mac. 18,7; Psa. 30,3; Psa. 51,2; Psa. 58,1; Psa. 113,20; Psa. 113,20; Psa. 121,1; Psa. 121,5; Psa. 126,1; Prov. 2,18; Prov. 7,20; Prov. 9,1; Prov. 17,16a; Prov. 19,14; Prov. 23,5; Prov. 27,10; Eccl. 4,17; Eccl. 7,2; Eccl. 7,2; Eccl. 12,5; Song 2,4; Song 3,4; Song 8,2; Job 7,10; Job 20,26; Job 20,28; Sir. 1,17; Sir. 32,11; Sir. 47,13; Sir. 49,12; Sir. 50,1; Sol. 3,7; Sol. 3,8; Sol. 4,9; Sol. 4,11; Sol. 4,12; Sol. 4,17; Sol. 7,10; Sol. 8,18; Sol. 9,5; Sol. 9,11; Sol. 10,8; Sol. 17,42; Hos. 1,4; Hos. 1,6; Hos. 4,15; Hos. 8,1; Hos. 9,4; Amos 1,4; Amos 3,15; Amos 3,15; Amos 5,4; Amos 5,19; Amos 6,11; Amos 6,11; Amos 7,9; Amos 7,16; Amos 9,8; Amos 9,9; Mic. 1,11; Mic. 2,2; Mic. 4,2; Joel 1,14; Zeph. 1,8; Zeph. 1,9; Hag. 1,2; Hag. 1,8; Hag. 1,9; Hag. 1,9; Hag. 2,3; Hag. 2,7; Zech. 4,9; Zech. 5,4; Zech. 5,4; Zech. 6,10; Zech. 6,12; Zech. 8,15; Zech. 10,3; Zech. 10,6; Zech. 10,6; Zech. 11,13; Zech. 12,4; Zech. 12,10; Is. 2,3; Is. 2,6; Is. 7,2; Is. 7,17; Is. 14,1; Is. 22,18; Is. 29,22; Is. 37,1; Is. 38,22; Is. 39,2; Is. 44,28; Is. 66,1; Is. 66,20; Jer. 3,18; Jer. 5,20; Jer. 13,11; Jer. 13,11; Jer. 16,15; Jer. 17,26; Jer. 18,2; Jer. 18,3; Jer. 22,1; Jer. 22,14; Jer. 23,34; Jer. 23,7; Jer. 28,51; Jer. 31,22; Jer. 31,23; Jer. 31,23; Jer. 33,6; Jer. 33,10; Jer. 33,12; Jer. 40,11; Jer. 42,2; Jer. 42,2; Jer. 42,4; Jer. 43,5; Jer. 43,12; Jer. 43,12; Jer. 44,4; Jer. 48,5; Jer. 52,12; Jer. 52,13; Jer. 52,20; Bar. 2,26; Ezek. 2,3; Ezek. 3,4; Ezek. 3,5; Ezek. 9,7; Ezek. 10,4; Ezek. 13,5; Ezek. 14,5; Ezek. 14,6; Ezek. 17,2; Ezek. 17,12; Ezek. 20,5; Ezek. 20,13; Ezek. 20,27; Ezek. 20,30; Ezek. 24,3; Ezek. 24,21; Ezek. 25,3; Ezek. 25,9; Ezek. 25,12; Ezek. 36,10; Ezek. 37,21; Ezek. 39,25; Ezek. 39,29; Ezek. 43,4; Ezek. 43,10; Ezek. 43,11; Ezek. 44,6; Ezek. 44,6; Ezek. 44,15; Ezek. 45,20; Dan. 2,17; Dan. 4,22; Dan. 4,32; Bel 21; Judg. 2,1; Judg. 6,27; Judg. 9,5; Judg. 9,18; Judg. 9,20; Judg. 9,27; Judg. 11,34; Judg. 14,15; Judg. 14,19; Judg. 18,15; Judg. 18,15; Judg. 18,18; Judg. 18,26; Judg. 19,2; Judg. 19,3; Judg. 19,21; Judg. 20,8; Tob. 3,17; Tob. 7,1; Tob. 7,1; Tob. 8,11; Tob. 14,5; Dan. 1,2; Dan. 1,2; Dan. 2,17; Dan. 4,30; Dan. 5,10; Dan. 6,11; Dan. 6,19; Sus. 13; Bel 10; Matt. 9,7; Matt. 12,4; Mark 2,26; Mark 3,20; Mark 5,38; Mark 7,17; Mark 7,30; Mark 8,3; Mark 8,26; Mark 9,28; Luke 1,23; Luke 1,33; Luke 1,40; Luke 1,56; Luke 5,25; Luke 6,4; Luke 7,10; Luke 7,36; Luke 8,41; Luke 11,17; Luke 12,39; Luke 15,6; Luke 16,27; Luke 18,14; John 2,16; John 2,16; John 7,53; Acts 2,2; Acts 2,46; Acts 5,42; Acts 7,10; Acts 7,47; Acts 7,49; Acts 10,22; Acts 11,12; Acts 16,34; Acts 21,8; Rom. 16,5; 1Cor. 1,16; 1Cor. 16,19; Col. 4,15; 1Tim. 5,4; 2Tim. 4,19; Heb. 3,6; Heb. 8,8; Heb. 8,8; Heb. 10,21)

οἶκόν ▸ 30 + 5 + 11 = 46

  Noun ▪ masculine ▪ singular ▪ accusative ▪ (common) ▸ 30 + 5 + 11 = **46** (Deut. 7,26; Josh. 2,13; Judg. 12,1; Judg. 19,18; Ruth 4,11; 1Sam. 25,35; 2Sam. 11,8; 2Sam. 11,10; 2Sam. 11,11; 2Sam. 14,8; 1Kings 1,53; 1Kings 8,53a; 1Kings 12,16; 1Kings 13,18; 1Kings 16,3; 1Kings 20,22; 1Kings 21,6; 1Chr. 28,6; 2Chr. 10,16; Tob. 2,1; Psa. 5,8; Psa. 65,13; Prov. 7,17; Prov. 24,27; Wis. 8,16; Sir. 11,29; Zech. 3,7; Is. 58,7; Jer. 3,4; Jer. 12,7; Judg. 12,1; Judg. 19,18; Tob. 2,1; Tob. 6,13; Bel 29; Matt. 9,6; Matt. 12,44; Mark 2,11; Mark 5,19; Luke 5,24; Luke 8,39; Luke 9,61; Luke 11,24; Luke 14,1; Acts 16,15; Philem. 2)

Οἶκος ▸ 2

  Noun ▪ masculine ▪ singular ▪ nominative ▪ (common) ▸ **2** (Deut. 25,10; Mic. 2,7)

οἶκος ▸ 210 + 13 + 12 = 235

  Noun ▪ masculine ▪ singular ▪ nominative ▪ (common) ▸ 210 + 13 + 11 = **234** (Gen. 28,17; Gen. 28,22; Gen. 46,31; Lev. 10,6; Num. 18,1; Num. 20,29; Judg. 1,23; Judg. 9,6; Judg. 16,26; Judg. 16,27; Judg. 16,29; Judg. 16,30; Judg. 16,31; Judg. 17,5; Judg. 18,31; Ruth 4,12; 1Sam. 1,21; 1Sam. 2,30; 1Sam. 7,2; 1Sam. 7,17; 1Sam. 9,18; 1Sam. 22,1; 1Sam. 22,16; 1Sam. 27,3; 2Sam. 2,3; 2Sam. 2,7; 2Sam. 3,1; 2Sam. 3,1; 2Sam. 6,15; 2Sam. 7,16; 2Sam. 7,29; 2Sam. 15,16; 2Sam. 16,3; 2Sam. 19,29; 2Sam. 21,22; 1Kings 3,2; 1Kings 4,12; 1Kings 6,1d; 1Kings 6,2; 1Kings 6,7; 1Kings 7,45; 1Kings 8,27; 1Kings 9,8; 1Kings 18,18; 2Kings 8,2; 2Kings 8,18; 2Kings 8,27; 2Kings 10,21; 1Chr. 10,6; 1Chr. 17,24; 1Chr. 22,1; 1Chr. 22,5; 2Chr. 2,4; 2Chr. 2,8; 2Chr. 5,13; 2Chr. 6,18; 2Chr. 7,21; 2Chr. 21,6; 2Chr. 21,13; 2Chr. 22,4; 1Esdr. 4,55; 1Esdr. 6,13; 1Esdr. 7,5; Ezra 3,6; Ezra 6,3; Ezra 6,11; Neh. 1,6; Neh. 2,3; Neh. 13,11; Esth. 4,14; Judith 4,3; Judith 8,24; Judith 16,24; Tob. 1,5; Tob. 14,4; Tob. 14,5; 1Mac. 1,28; 1Mac. 13,3; 1Mac. 14,26; 1Mac. 16,2; Psa. 95,1; Psa. 113,17; Psa. 113,18; Psa. 117,2; Psa. 117,3; Psa. 134,19; Psa. 134,19; Psa. 134,20; Ode. 10,7; Prov. 7,27; Prov. 17,1; Prov. 23,27; Prov. 24,3; Job 5,24; Job 8,14; Job 17,13; Job

οἶκος

18,19; Job 21,28; Job 27,18; Sir. 21,4; Sir. 21,18; Sir. 23,11; Sir. 27,3; Sir. 29,21; Sol. 4,17; Hos. 5,1; Hos. 5,1; Hos. 10,15; Hos. 12,1; Amos 3,1; Amos 5,1; Amos 5,6; Amos 5,25; Amos 6,1; Amos 6,14; Amos 7,13; Mic. 5,1; Mic. 6,10; Obad. 17; Obad. 18; Obad. 18; Obad. 18; Hag. 1,4; Zech. 8,9; Zech. 8,13; Zech. 8,13; Zech. 12,8; Zech. 12,8; Zech. 12,8; Is. 2,2; Is. 2,5; Is. 5,7; Is. 6,1; Is. 6,4; Is. 7,13; Is. 8,14; Is. 46,3; Is. 48,1; Is. 56,7; Is. 60,7; Is. 64,10; Jer. 2,4; Jer. 3,18; Jer. 3,20; Jer. 5,11; Jer. 5,11; Jer. 5,15; Jer. 9,25; Jer. 10,1; Jer. 11,10; Jer. 11,10; Jer. 12,6; Jer. 18,6; Jer. 21,11; Jer. 21,12; Jer. 22,5; Jer. 31,13; Jer. 33,9; Jer. 43,3; Jer. 43,9; Bar. 3,24; Ezek. 2,5; Ezek. 2,6; Ezek. 2,7; Ezek. 2,8; Ezek. 3,7; Ezek. 3,7; Ezek. 3,9; Ezek. 3,26; Ezek. 3,27; Ezek. 11,5; Ezek. 11,15; Ezek. 12,2; Ezek. 12,3; Ezek. 12,9; Ezek. 12,9; Ezek. 12,23; Ezek. 12,25; Ezek. 12,27; Ezek. 14,11; Ezek. 18,25; Ezek. 18,29; Ezek. 18,29; Ezek. 18,30; Ezek. 18,31; Ezek. 20,31; Ezek. 20,39; Ezek. 20,40; Ezek. 22,18; Ezek. 25,8; Ezek. 33,11; Ezek. 33,20; Ezek. 34,30; Ezek. 36,17; Ezek. 36,21; Ezek. 36,22; Ezek. 36,32; Ezek. 37,11; Ezek. 38,6; Ezek. 39,12; Ezek. 39,22; Ezek. 39,23; Ezek. 41,16; Ezek. 41,19; Ezek. 43,5; Ezek. 43,7; Ezek. 44,4; Ezek. 44,6; Ezek. 45,8; Dan. 4,30; Judg. 9,6; Judg. 16,26; Judg. 16,27; Judg. 16,29; Judg. 16,30; Judg. 16,31; Judg. 17,5; Judg. 17,5; Judg. 18,31; Tob. 1,5; Tob. 13,17; Tob. 14,4; Tob. 14,5; Matt. 21,13; Matt. 23,38; Mark 11,17; Luke 11,17; Luke 13,35; Luke 14,23; Luke 19,46; Acts 2,36; Acts 16,15; Heb. 3,4; 1Pet. 2,5)

Noun ▪ masculine ▪ singular ▪ vocative ▸ **1** (Acts 7,42)

οἶκός ▸ **17 + 6 = 23**

Noun ▪ masculine ▪ singular ▪ nominative ▪ (common) ▸ 17 + 6 = **23** (Gen. 7,1; Gen. 34,30; Lev. 10,14; Deut. 14,26; Deut. 15,20; Ruth 4,12; 1Sam. 2,30; 1Sam. 25,6; 2Sam. 7,18; 2Sam. 23,5; 2Kings 8,1; 1Chr. 17,16; Hag. 1,9; Zech. 1,16; Is. 56,7; Jer. 7,11; Jer. 22,2; Matt. 21,13; Mark 11,17; Luke 19,46; Acts 11,14; Acts 16,31; Heb. 3,6)

οἴκου ▸ **530 + 34 + 12 = 576**

Noun ▪ masculine ▪ singular ▪ genitive ▪ (common) ▸ 530 + 34 + 12 = **576** (Gen. 12,1; Gen. 17,27; Gen. 19,10; Gen. 19,11; Gen. 20,13; Gen. 24,7; Gen. 24,40; Gen. 31,33; Gen. 31,37; Gen. 34,26; Gen. 36,6; Gen. 39,4; Gen. 39,5; Gen. 42,33; Gen. 43,19; Gen. 43,19; Gen. 44,8; Gen. 45,8; Gen. 46,27; Gen. 50,7; Ex. 12,22; Ex. 13,3; Ex. 13,14; Ex. 20,2; Lev. 9,7; Lev. 14,8; Lev. 16,6; Lev. 16,11; Lev. 16,11; Lev. 16,17; Lev. 16,24; Lev. 26,45; Num. 3,24; Num. 3,30; Num. 3,35; Num. 17,18; Num. 25,14; Num. 25,15; Deut. 3,29; Deut. 4,46; Deut. 5,6; Deut. 6,12; Deut. 7,8; Deut. 8,14; Deut. 13,11; Deut. 22,21; Deut. 26,15; Deut. 34,6; Josh. 13,17; Josh. 22,14; Judg. 1,35; Judg. 4,17; Judg. 6,8; Judg. 8,35; Judg. 9,1; Judg. 9,4; Judg. 9,16; Judg. 9,19; Judg. 9,20; Judg. 9,46; Judg. 11,7; Judg. 11,31; Judg. 16,25; Judg. 16,25; Judg. 17,8; Judg. 18,2; Judg. 18,13; Judg. 18,19; Judg. 18,22; Judg. 18,25; Judg. 18,28; Judg. 19,3; Judg. 19,26; Judg. 19,27; 1Sam. 2,31; 1Sam. 2,33; 1Sam. 3,14; 1Sam. 3,15; 1Sam. 5,5; 1Sam. 20,15; 1Sam. 20,16; 1Sam. 22,22; 1Sam. 24,22; 2Sam. 2,10; 2Sam. 3,1; 2Sam. 3,1; 2Sam. 3,6; 2Sam. 3,6; 2Sam. 3,6; 2Sam. 3,8; 2Sam. 3,10; 2Sam. 3,19; 2Sam. 3,29; 2Sam. 4,6; 2Sam. 6,3; 2Sam. 6,12; 2Sam. 7,19; 2Sam. 7,25; 2Sam. 9,2; 2Sam. 9,3; 2Sam. 9,5; 2Sam. 9,12; 2Sam. 11,2; 2Sam. 11,8; 2Sam. 12,10; 2Sam. 12,11; 2Sam. 12,17; 2Sam. 13,17; 2Sam. 15,35; 2Sam. 16,5; 2Sam. 16,8; 2Sam. 19,18; 2Sam. 19,21; 2Sam. 21,4; 1Kings 2,31; 1Kings 6,1a; 1Kings 6,3; 1Kings 6,3; 1Kings 6,5; 1Kings 6,6; 1Kings 6,6; 1Kings 6,8; 1Kings 6,10; 1Kings 6,15; 1Kings 6,15; 1Kings 6,15; 1Kings 6,16; 1Kings 6,19; 1Kings 6,22; 1Kings 6,27; 1Kings 6,27; 1Kings 6,29; 1Kings 6,30; 1Kings 6,36a; 1Kings 7,3; 1Kings 7,25; 1Kings 7,25; 1Kings 7,25; 1Kings 7,31; 1Kings 7,31; 1Kings 7,36; 1Kings 7,36; 1Kings 7,37; 1Kings 7,37; 1Kings 8,6; 1Kings 8,44; 1Kings 8,48; 1Kings 8,53a; 1Kings 8,64; 1Kings 9,9; 1Kings 10,12; 1Kings 10,12; 1Kings 10,21; 1Kings 11,28; 1Kings 12,20; 1Kings 12,24b; 1Kings 12,24b; 1Kings 13,8; 1Kings 14,26; 1Kings 14,26; 1Kings 14,27; 1Kings 15,18; 1Kings 16,3; 1Kings 16,18; 1Kings 17,17; 1Kings 22,53; 2Kings 1,18c; 2Kings 5,9; 2Kings 8,3; 2Kings 8,5; 2Kings 8,27; 2Kings 9,8; 2Kings 10,3; 2Kings 10,5; 2Kings 10,22; 2Kings 10,25; 2Kings 11,5; 2Kings 11,6; 2Kings 11,7; 2Kings 11,11; 2Kings 11,11; 2Kings 11,11; 2Kings 11,16; 2Kings 11,19; 2Kings 11,19; 2Kings 12,6; 2Kings 12,7; 2Kings 12,8; 2Kings 12,8; 2Kings 12,9; 2Kings 12,10; 2Kings 12,12; 2Kings 12,13; 2Kings 12,19; 2Kings 12,19; 2Kings 13,6; 2Kings 14,14; 2Kings 15,25; 2Kings 15,35; 2Kings 16,8; 2Kings 16,8; 2Kings 16,14; 2Kings 16,14; 2Kings 17,21; 2Kings 18,15; 2Kings 19,30; 2Kings 21,5; 2Kings 21,13; 2Kings 21,18; 2Kings 22,3; 2Kings 22,5; 2Kings 22,6; 2Kings 23,6; 2Kings 23,11; 2Kings 23,12; 2Kings 24,13; 2Kings 24,13; 2Kings 25,27; 2Kings 25,30; 1Chr. 2,10; 1Chr. 2,54; 1Chr. 2,55; 1Chr. 5,15; 1Chr. 5,24; 1Chr. 6,17; 1Chr. 6,33; 1Chr. 9,11; 1Chr. 9,13; 1Chr. 9,26; 1Chr. 9,27; 1Chr. 12,30; 1Chr. 13,7; 1Chr. 15,25; 1Chr. 23,4; 1Chr. 23,24; 1Chr. 23,28; 1Chr. 24,6; 1Chr. 26,15; 1Chr. 26,20; 1Chr. 26,22; 1Chr. 26,27; 1Chr. 28,4; 1Chr. 28,4; 1Chr. 28,11; 1Chr. 28,12; 1Chr. 28,12; 1Chr. 28,13; 1Chr. 28,13; 1Chr. 28,20; 1Chr. 28,21; 1Chr. 29,7; 1Chr. 29,8; 1Chr. 29,19; 2Chr. 3,4; 2Chr. 3,4; 2Chr. 3,11; 2Chr. 3,12; 2Chr. 3,15; 2Chr. 4,10; 2Chr. 4,19; 2Chr. 4,22; 2Chr. 4,22; 2Chr. 5,1; 2Chr. 5,7; 2Chr. 6,34; 2Chr. 6,38; 2Chr. 9,20; 2Chr. 15,18; 2Chr. 16,2; 2Chr. 16,2; 2Chr. 20,9; 2Chr. 22,3; 2Chr. 23,5; 2Chr. 23,10; 2Chr. 23,10; 2Chr. 23,14; 2Chr. 23,15; 2Chr. 23,18; 2Chr. 23,19; 2Chr. 24,7; 2Chr. 24,8; 2Chr. 24,12; 2Chr. 24,16; 2Chr. 24,21; 2Chr. 25,24; 2Chr. 26,21; 2Chr. 27,3; 2Chr. 28,7; 2Chr. 28,24; 2Chr. 28,24; 2Chr. 29,3; 2Chr. 29,16; 2Chr. 31,2; 2Chr. 31,4; 2Chr. 31,13; 2Chr. 33,5; 2Chr. 33,15; 2Chr. 33,15; 2Chr. 33,20; 2Chr. 35,2; 2Chr. 35,5; 2Chr. 35,8; 2Chr. 36,7; 2Chr. 36,10; 2Chr. 36,18; 1Esdr. 5,1; 1Esdr. 5,5; 1Esdr. 5,59; 1Esdr. 6,17; 1Esdr. 6,19; 1Esdr. 6,21; 1Esdr. 6,24; 1Esdr. 6,25; 1Esdr. 6,25; 1Esdr. 8,55; 1Esdr. 8,58; Ezra 1,7; Ezra 3,11; Ezra 4,24; Ezra 5,14; Ezra 5,14; Ezra 5,16; Ezra 6,3; Ezra 6,4; Ezra 6,5; Ezra 6,5; Ezra 6,7; Ezra 6,16; Ezra 6,17; Ezra 6,22; Ezra 7,17; Ezra 7,19; Ezra 7,20; Ezra 7,24; Ezra 8,25; Ezra 8,29; Ezra 10,1; Ezra 10,6; Ezra 10,9; Neh. 3,23; Neh. 3,23; Neh. 3,25; Neh. 3,28; Neh. 3,29; Neh. 4,10; Neh. 5,13; Neh. 8,16; Neh. 10,33; Neh. 10,34; Neh. 10,38; Neh. 11,11; Neh. 11,12; Neh. 11,22; Neh. 12,37; Neh. 13,4; Neh. 13,7; Neh. 13,8; Neh. 13,9; Esth. 1,5; Esth. 14,8 # 4,170; Judith 2,18; Judith 8,5; Judith 8,6; Judith 9,13; Judith 9,13; Judith 13,14; Judith 14,6; Tob. 1,4; 1Mac. 4,46; 1Mac. 4,48; 1Mac. 9,55; 1Mac. 10,41; Psa. 25,8; Psa. 29,1; Psa. 35,9; Psa. 41,5; Psa. 44,11; Psa. 48,17; Psa. 49,9; Psa. 64,5; Psa. 67,13; Psa. 68,10; Psa. 100,2; Psa. 104,21; Psa. 113,1; Psa. 115,10; Psa. 117,26; Psa. 118,139; Psa. 121,9; Psa. 131,3; Psa. 133,1; Psa. 134,2; Ode. 11,20; Prov. 7,6; Prov. 9,14; Prov. 17,13; Prov. 27,15; Prov. 27,15; Eccl. 4,14; Job 29,4; Sir. 14,24; Sir. 23,11; Sir. 50,5; Sol. 6,5; Hos. 1,4; Hos. 9,15; Hos. 10,5; Hos. 10,14; Amos 6,10; Amos 7,10; Mic. 1,2; Mic. 1,5; Mic. 1,5; Mic. 1,10; Mic. 3,1; Mic. 3,1; Mic. 3,9; Mic. 3,9; Mic. 3,12; Mic. 6,4; Mic. 6,16; Joel 1,9; Joel 1,13; Joel 1,16; Joel 4,18; Nah. 1,14; Zeph. 2,7; Hag. 2,9; Zech. 5,4; Zech. 12,7; Zech. 12,12; Zech. 12,12; Zech. 12,13; Is. 8,17; Is. 22,23; Is. 38,1; Is. 38,8; Is. 38,20; Is. 42,7; Is. 63,15; Jer. 2,4; Jer. 11,17; Jer. 11,17; Jer. 19,14; Jer. 20,1; Jer. 20,2; Jer. 22,4; Jer. 22,6; Jer. 33,2; Jer. 33,10; Jer. 33,18; Jer. 34,16; Jer. 35,3; Jer. 35,6; Jer. 41,13; Jer. 42,4; Jer. 42,4; Jer. 43,10; Jer. 43,21; Bar. 1,8; Bar. 2,16; Bar. 2,26; Bar. 2,26; Ezek. 3,24; Ezek. 4,4; Ezek. 4,5; Ezek. 4,6; Ezek. 6,11; Ezek. 8,10; Ezek. 8,11; Ezek. 8,12; Ezek. 8,14; Ezek. 8,16; Ezek. 9,3; Ezek. 9,9; Ezek. 10,3; Ezek. 10,4; Ezek. 10,18; Ezek.

οἶκος

10,19; Ezek. 11,1; Ezek. 13,9; Ezek. 14,4; Ezek. 14,7; Ezek. 18,6; Ezek. 18,15; Ezek. 20,1; Ezek. 20,5; Ezek. 22,6; Ezek. 23,39; Ezek. 27,14; Ezek. 40,5; Ezek. 40,45; Ezek. 40,47; Ezek. 40,48; Ezek. 41,5; Ezek. 41,6; Ezek. 41,6; Ezek. 41,7; Ezek. 41,8; Ezek. 41,9; Ezek. 41,13; Ezek. 41,14; Ezek. 41,15; Ezek. 41,26; Ezek. 42,15; Ezek. 42,15; Ezek. 42,20; Ezek. 43,6; Ezek. 43,7; Ezek. 43,12; Ezek. 43,21; Ezek. 44,4; Ezek. 44,5; Ezek. 44,5; Ezek. 44,9; Ezek. 44,11; Ezek. 44,14; Ezek. 45,17; Ezek. 45,17; Ezek. 45,19; Ezek. 45,22; Ezek. 47,1; Ezek. 47,1; Ezek. 48,11; Ezek. 48,21; Dan. 1,5; Dan. 5,0; Dan. 5,2; Dan. 5,5; Dan. 5,23; Judg. 1,35; Judg. 4,17; Judg. 6,8; Judg. 8,35; Judg. 9,1; Judg. 9,4; Judg. 9,16; Judg. 9,19; Judg. 9,20; Judg. 11,7; Judg. 11,31; Judg. 16,25; Judg. 16,25; Judg. 16,29; Judg. 17,8; Judg. 18,2; Judg. 18,13; Judg. 18,19; Judg. 18,19; Judg. 18,22; Judg. 18,22; Judg. 18,25; Judg. 18,28; Judg. 19,22; Judg. 19,23; Judg. 19,26; Judg. 19,27; Judg. 19,27; Tob. 1,4; Tob. 6,16; Tob. 6,19; Dan. 1,2; Dan. 5,5; Dan. 5,23; Matt. 10,6; Matt. 15,24; Luke 1,27; Luke 2,4; Luke 11,51; John 2,17; Acts 19,16; 1Tim. 3,4; 1Tim. 3,5; Heb. 3,3; Heb. 11,7; 1Pet. 4,17)

οἴκους ▸ 116 + 4 = 120

Noun · masculine · plural · accusative · (common)   ▸ 116 + 4 = **120** (Ex. 7,28; Ex. 7,28; Ex. 8,17; Ex. 8,20; Ex. 8,20; Ex. 9,20; Ex. 12,3; Ex. 12,27; Ex. 12,27; Ex. 16,29; Num. 1,2; Num. 1,4; Num. 1,20; Num. 1,22; Num. 1,24; Num. 1,26; Num. 1,28; Num. 1,30; Num. 1,32; Num. 1,34; Num. 1,36; Num. 1,38; Num. 1,40; Num. 1,42; Num. 2,2; Num. 2,32; Num. 2,34; Num. 3,15; Num. 3,20; Num. 4,2; Num. 4,22; Num. 4,29; Num. 4,34; Num. 4,38; Num. 4,40; Num. 4,42; Num. 4,44; Num. 4,46; Num. 16,30; Num. 16,32; Num. 17,17; Num. 17,17; Num. 17,21; Num. 26,2; Num. 34,14; Deut. 5,30; Deut. 11,6; Deut. 16,7; Josh. 22,4; Josh. 22,6; Josh. 22,7; Josh. 22,8; 1Kings 9,10; 1Kings 12,31; 1Kings 13,32; 1Kings 21,6; 2Kings 23,19; 2Kings 25,9; 1Chr. 4,41; 1Chr. 5,13; 1Chr. 6,33; 1Chr. 7,4; 1Chr. 9,9; 1Chr. 12,31; 1Chr. 23,24; 1Chr. 24,3; 1Chr. 24,4; 1Chr. 24,4; 1Chr. 24,30; 1Chr. 26,13; 2Chr. 17,14; 2Chr. 25,5; 2Chr. 31,17; 2Chr. 34,11; 2Chr. 35,4; 2Chr. 35,12; Neh. 7,61; Judith 7,32; 1Mac. 1,31; 1Mac. 1,61; 1Mac. 12,45; 3Mac. 1,20; Prov. 1,13; Prov. 5,10; Prov. 14,1; Prov. 15,25; Prov. 30,26; Eccl. 2,4; Job 3,15; Job 12,5; Job 15,28; Job 15,34; Job 20,19; Job 22,18; Sir. 3,9; Sol. 4,20; Sol. 12,3; Sol. 12,3; Sol. 15,11; Hos. 11,11; Amos 5,11; Mic. 1,14; Mic. 2,2; Is. 22,8; Is. 22,10; Is. 31,2; Is. 32,14; Is. 39,2; Jer. 36,5; LetterJ 17; Ezek. 16,41; Ezek. 23,47; Ezek. 26,12; Ezek. 27,6; Ezek. 44,30; Ezek. 45,4; Luke 16,4; Acts 8,3; Acts 20,20; Titus 1,11)

οἴκῳ ▸ 376 + 13 + 20 = 409

Noun · masculine · singular · dative · (common)   ▸ 376 + 13 + 20 = **409** (Gen. 9,21; Gen. 17,23; Gen. 18,19; Gen. 20,18; Gen. 27,15; Gen. 31,14; Gen. 31,33; Gen. 31,35; Gen. 34,19; Gen. 35,2; Gen. 38,11; Gen. 38,11; Gen. 39,2; Gen. 39,5; Gen. 39,8; Gen. 41,10; Gen. 41,40; Gen. 47,12; Ex. 19,3; Ex. 20,22; Num. 12,7; Num. 18,11; Num. 18,13; Num. 30,4; Num. 30,11; Num. 30,17; Deut. 6,7; Deut. 6,22; Deut. 11,19; Josh. 2,12; Josh. 6,17; Judg. 6,15; Judg. 8,27; Judg. 8,29; Judg. 9,23; Judg. 10,9; Judg. 11,2; Judg. 11,26; Judg. 16,21; Judg. 17,4; Judg. 17,12; Judg. 18,3; Judg. 18,22; Ruth 1,9; 1Sam. 2,27; 1Sam. 2,28; 1Sam. 2,32; 1Sam. 2,36; 1Sam. 3,14; 1Sam. 9,20; 1Sam. 19,9; 1Sam. 22,14; 1Sam. 25,1; 1Sam. 25,36; 2Sam. 4,11; 2Sam. 7,1; 2Sam. 7,2; 2Sam. 7,6; 2Sam. 9,1; 2Sam. 9,4; 2Sam. 9,9; 2Sam. 13,20; 2Sam. 15,17; 2Sam. 17,23; 2Sam. 20,3; 2Sam. 24,17; 1Kings 2,33; 1Kings 2,34; 1Kings 3,17; 1Kings 3,17; 1Kings 3,18; 1Kings 4,7; 1Kings 5,23; 1Kings 5,25; 1Kings 5,28; 1Kings 6,4; 1Kings 6,6; 1Kings 6,7; 1Kings 7,26; 1Kings 7,31; 1Kings 7,34; 1Kings 8,31; 1Kings 8,33; 1Kings 8,65; 1Kings 9,8; 1Kings 10,5; 1Kings 12,27; 1Kings 13,2; 1Kings 13,19; 1Kings 13,34; 1Kings 16,9; 1Kings 16,32; 1Kings 20,2; 2Kings 4,2; 2Kings 4,2; 2Kings 5,18; 2Kings 5,18; 2Kings 5,24; 2Kings 6,32; 2Kings 9,8; 2Kings 10,11; 2Kings 10,30; 2Kings 11,3; 2Kings 11,10; 2Kings 11,15; 2Kings 11,20; 2Kings 12,5; 2Kings 12,5; 2Kings 12,10; 2Kings 12,10; 2Kings 12,11; 2Kings 12,12; 2Kings 12,14; 2Kings 12,14; 2Kings 12,17; 2Kings 12,21; 2Kings 14,10; 2Kings 14,14; 2Kings 15,5; 2Kings 15,5; 2Kings 16,18; 2Kings 16,18; 2Kings 17,4; 2Kings 17,29; 2Kings 17,32; 2Kings 18,15; 2Kings 19,37; 2Kings 20,1; 2Kings 20,13; 2Kings 20,15; 2Kings 20,15; 2Kings 20,15; 2Kings 20,17; 2Kings 20,18; 2Kings 21,4; 2Kings 21,7; 2Kings 21,7; 2Kings 21,23; 2Kings 22,4; 2Kings 22,5; 2Kings 22,5; 2Kings 22,8; 2Kings 22,9; 2Kings 22,9; 2Kings 23,2; 2Kings 23,7; 2Kings 23,24; 2Kings 25,13; 2Kings 25,13; 2Kings 25,16; 1Chr. 4,21; 1Chr. 5,36; 1Chr. 6,16; 1Chr. 7,23; 1Chr. 9,23; 1Chr. 9,23; 1Chr. 10,10; 1Chr. 10,10; 1Chr. 13,14; 1Chr. 17,1; 1Chr. 17,1; 1Chr. 17,5; 1Chr. 17,14; 1Chr. 21,17; 1Chr. 23,28; 1Chr. 23,32; 1Chr. 25,6; 1Chr. 26,12; 1Chr. 29,3; 2Chr. 3,10; 2Chr. 4,11; 2Chr. 4,16; 2Chr. 4,17; 2Chr. 5,1; 2Chr. 6,22; 2Chr. 6,24; 2Chr. 7,7; 2Chr. 7,11; 2Chr. 7,11; 2Chr. 7,21; 2Chr. 9,4; 2Chr. 9,11; 2Chr. 9,11; 2Chr. 9,16; 2Chr. 10,19; 2Chr. 12,9; 2Chr. 12,9; 2Chr. 18,1; 2Chr. 20,5; 2Chr. 20,9; 2Chr. 21,17; 2Chr. 22,9; 2Chr. 22,10; 2Chr. 22,12; 2Chr. 23,3; 2Chr. 23,5; 2Chr. 23,9; 2Chr. 23,14; 2Chr. 24,14; 2Chr. 25,19; 2Chr. 25,24; 2Chr. 26,19; 2Chr. 26,21; 2Chr. 28,21; 2Chr. 28,21; 2Chr. 29,16; 2Chr. 29,18; 2Chr. 29,25; 2Chr. 29,35; 2Chr. 31,21; 2Chr. 33,4; 2Chr. 33,7; 2Chr. 33,7; 2Chr. 33,24; 2Chr. 34,10; 2Chr. 34,10; 2Chr. 34,15; 2Chr. 34,17; 2Chr. 34,30; 2Chr. 34,32; 2Chr. 35,5; 2Chr. 35,19a; 2Chr. 36,17; 1Esdr. 1,3; 1Esdr. 5,56; 1Esdr. 8,45; 1Esdr. 8,61; 1Esdr. 8,76; Ezra 1,7; Ezra 2,36; Ezra 3,8; Ezra 3,9; Ezra 5,15; Ezra 5,17; Ezra 6,5; Ezra 8,33; Ezra 10,16; Neh. 10,37; Neh. 12,40; Neh. 13,14; Judith 2,1; Judith 8,4; Judith 11,23; Judith 12,13; Judith 16,23; 1Mac. 2,19; Psa. 22,6; Psa. 26,4; Psa. 51,10; Psa. 54,15; Psa. 67,7; Psa. 83,5; Psa. 83,11; Psa. 91,14; Psa. 92,5; Psa. 97,3; Psa. 111,3; Psa. 112,9; Psa. 133,1; Psa. 134,2; Psa. 151,1; Ode. 9,69; Prov. 7,11; Prov. 7,19; Prov. 11,29; Prov. 21,9; Prov. 31,15; Prov. 31,21; Eccl. 7,4; Eccl. 7,4; Job 21,21; Sir. 4,30; Sir. 48,16; Sir. 51,23; Sol. 3,6; Sol. 12,5; Hos. 5,8; Hos. 5,12; Hos. 5,14; Hos. 6,10; Hos. 9,8; Hos. 12,5; Amos 2,8; Amos 3,13; Amos 5,3; Amos 5,6; Mic. 7,6; Obad. 18; Hab. 2,9; Hab. 2,10; Hag. 1,14; Zech. 6,14; Zech. 6,15; Zech. 7,3; Zech. 8,19; Zech. 9,8; Zech. 13,1; Zech. 13,6; Zech. 14,20; Zech. 14,21; Mal. 3,10; Is. 3,7; Is. 8,18; Is. 14,18; Is. 22,24; Is. 37,38; Is. 39,2; Is. 39,4; Is. 39,4; Is. 39,4; Is. 39,6; Is. 39,7; Is. 44,13; Is. 56,5; Is. 56,7; Is. 58,1; Is. 63,7; Jer. 7,10; Jer. 7,14; Jer. 7,30; Jer. 11,15; Jer. 20,2; Jer. 20,6; Jer. 23,11; Jer. 33,2; Jer. 33,7; Jer. 33,9; Jer. 35,1; Jer. 35,5; Jer. 36,26; Jer. 38,31; Jer. 38,31; Jer. 38,33; Jer. 39,2; Jer. 39,34; Jer. 41,15; Jer. 43,6; Jer. 43,8; Jer. 43,10; Jer. 43,10; Jer. 43,20; Jer. 43,22; Jer. 45,14; Jer. 52,17; Jer. 52,17; Bar. 1,14; Lam. 1,20; Lam. 2,7; Ezek. 3,17; Ezek. 5,4; Ezek. 8,1; Ezek. 8,17; Ezek. 9,6; Ezek. 12,6; Ezek. 12,10; Ezek. 28,24; Ezek. 29,6; Ezek. 29,16; Ezek. 29,21; Ezek. 33,7; Ezek. 33,10; Ezek. 35,5; Ezek. 36,22; Ezek. 36,37; Ezek. 40,4; Ezek. 41,10; Ezek. 43,10; Ezek. 44,11; Ezek. 44,12; Ezek. 45,5; Ezek. 45,6; Ezek. 46,24; Dan. 1,4; Dan. 4,4; Dan. 4,31; Dan. 4,31; Judg. 6,15; Judg. 8,27; Judg. 8,29; Judg. 9,23; Judg. 11,2; Judg. 16,21; Judg. 17,4; Judg. 17,12; Judg. 18,3; Judg. 18,14; Dan. 1,4; Dan. 4,4; Sus. 4; Mark 2,1; Luke 1,69; Luke 10,5; Luke 12,52; Luke 19,5; Luke 19,9; John 11,20; Acts 7,20; Acts 7,46; Acts 10,2; Acts 10,30; Acts 11,13; Acts 18,8; 1Cor. 11,34; 1Cor. 14,35; 1Tim. 3,15; 2Tim. 1,16; Heb. 3,2; Heb. 3,5; Heb. 8,10)

οἴκων ▸ 23 + 1 = 24

Noun · masculine · plural · genitive · (common)   ▸ 23 + 1 = **24**

οἶκος–οἰκτίρω

(Ex. 6,14; Num. 1,44; Num. 7,2; Num. 36,1; Josh. 22,14; 1Chr. 5,24; 1Chr. 7,2; 1Chr. 7,7; 1Chr. 7,9; 1Chr. 9,13; 1Chr. 28,11; 2Chr. 35,5; Ezra 7,20; Neh. 4,8; Psa. 73,20; Prov. 5,8; Prov. 7,8; Prov. 31,27; Song 1,17; Job 24,12; Is. 22,9; Jer. 40,4; Jer. 40,4; 1Tim. 3,12)

οἰκουμένη (οἶκος) world ▸ 49 + 1 + 15 = 65
  Οἰκουμένη ▸ 1
    Noun · feminine · singular · nominative · (common) ▸ **1** (Is. 62,4)
  οἰκουμένη ▸ 6 + 1 = 7
    Noun · feminine · singular · nominative · (common) ▸ 6 + 1 = **7** (Psa. 23,1; Psa. 49,12; Psa. 97,7; Is. 24,4; Is. 27,6; Is. 34,1; Acts 19,27)
  οἰκουμένῃ ▸ 5 + 2 = 7
    Noun · feminine · singular · dative · (common) ▸ 5 + 2 = **7** (Psa. 76,19; Psa. 96,4; Is. 10,23; Is. 13,11; Dan. 2,38; Matt. 24,14; Luke 21,26)
  οἰκουμένην ▸ 27 + 1 + 8 = 36
    Noun · feminine · singular · accusative · (common) ▸ 27 + 1 + 8 = **36** (Esth. 13,4 # 3,13d; 2Mac. 2,22; Psa. 9,9; Psa. 32,8; Psa. 48,2; Psa. 88,12; Psa. 89,2; Psa. 92,1; Psa. 95,10; Psa. 95,13; Psa. 97,9; Ode. 7,45; Prov. 8,31; Wis. 1,7; Is. 10,14; Is. 13,5; Is. 13,9; Is. 14,17; Is. 14,26; Is. 24,1; Is. 37,18; Jer. 10,12; Jer. 28,15; Lam. 4,12; LetterJ 61; Dan. 3,2; Dan. 3,45; Dan. 3,45; Luke 2,1; Acts 11,28; Acts 17,6; Acts 17,31; Acts 24,5; Heb. 1,6; Heb. 2,5; Rev. 12,9)
  οἰκουμένης ▸ 10 + 4 = 14
    Noun · feminine · singular · genitive · (common) ▸ 10 + 4 = **14** (2Sam. 22,16; 1Esdr. 2,2; Esth. 13,2 # 3,13b; Psa. 17,16; Psa. 18,5; Psa. 71,8; Is. 14,26; Is. 23,17; Is. 37,16; Dan. 3,2; Luke 4,5; Rom. 10,18; Rev. 3,10; Rev. 16,14)

οἰκουργός (οἶκος; ἔργον) busy at home ▸ 1
  οἰκουργούς ▸ 1
    Adjective · feminine · plural · accusative ▸ **1** (Titus 2,5)

οἰκτίρημα (οἰκτίρω) pity, compassion ▸ 1
  οἰκτίρημα ▸ 1
    Noun · neuter · singular · accusative · (common) ▸ **1** (Jer. 38,3)

οἰκτιρμός (οἰκτίρω) compassion ▸ 31 + 6 + 5 = 42
  οἰκτιρμοί ▸ 3 + 1 = 4
    Noun · masculine · plural · nominative · (common) ▸ 3 + 1 = **4** (2Sam. 24,14; 1Chr. 21,13; Psa. 144,9; Dan. 9,9)
  οἰκτιρμοί ▸ 4 + 1 = 5
    Noun · masculine · plural · nominative · (common) ▸ 4 + 1 = **5** (3Mac. 2,20; Psa. 78,8; Psa. 118,77; Psa. 118,156; Phil. 2,1)
  οἰκτιρμοῖς ▸ 8 + 1 = 9
    Noun · masculine · plural · dative · (common) ▸ 8 + 1 = **9** (2Chr. 30,9; Neh. 9,19; Neh. 9,27; Neh. 9,28; Neh. 9,31; 3Mac. 6,2; Psa. 102,4; Hos. 2,21; Dan. 4,27)
  οἰκτιρμόν ▸ 1
    Noun · masculine · singular · accusative · (common) ▸ **1** (Bar. 2,27)
  οἰκτιρμόν ▸ 2 + 2 = 4
    Noun · masculine · singular · accusative · (common) ▸ 2 + 2 = **4** (4Mac. 6,24; Zech. 7,9; Dan. 1,9; Dan. 9,18)
  οἰκτιρμός ▸ 1
    Noun · masculine · singular · nominative · (common) ▸ **1** (Sir. 5,6)
  οἰκτιρμοῦ ▸ 1 + 1 = 2
    Noun · masculine · singular · genitive · (common) ▸ 1 + 1 = **2** (Zech. 12,10; Col. 3,12)
  οἰκτιρμούς ▸ 2 + 1 = 3
    Noun · masculine · plural · accusative · (common) ▸ 2 + 1 = **3** (1Mac. 3,44; Psa. 39,12; Dan. 9,18)
  οἰκτιρμούς ▸ 4 + 1 = 5
    Noun · masculine · plural · accusative · (common) ▸ 4 + 1 = **5** (1Kings 8,50; Neh. 1,11; Psa. 76,10; Psa. 105,46; Dan. 2,18)
  οἰκτιρμῷ ▸ 1
    Noun · masculine · singular · dative · (common) ▸ **1** (Zech. 1,16)
  οἰκτιρμῶν ▸ 4 + 3 = 7
    Noun · masculine · plural · genitive · (common) ▸ 4 + 3 = **7** (Psa. 24,6; Psa. 50,3; Psa. 68,17; Is. 63,15; Rom. 12,1; 2Cor. 1,3; Heb. 10,28)

οἰκτίρμων (οἰκτίρω) compassionate ▸ 16 + 1 + 3 = 20
  οἰκτίρμονες ▸ 1
    Adjective · masculine · plural · nominative ▸ **1** (Luke 6,36)
  οἰκτιρμόνων ▸ 1
    Adjective · feminine · plural · genitive · noDegree ▸ **1** (Lam. 4,10)
  οἰκτίρμων ▸ 15 + 1 + 2 = 18
    Adjective · masculine · singular · nominative · noDegree ▸ 15 + 1 + 2 = **18** (Ex. 34,6; Deut. 4,31; 2Chr. 30,9; Neh. 9,17; Neh. 9,31; Psa. 77,38; Psa. 85,15; Psa. 102,8; Psa. 108,12; Psa. 110,4; Psa. 111,4; Psa. 144,8; Sir. 2,11; Joel 2,13; Jonah 4,2; Judg. 5,30; Luke 6,36; James 5,11)

οἰκτίρω to have pity, compassion ▸ 36 + 1 + 2 = 39
  οἰκτῖραι ▸ 2
    Verb · aorist · active · infinitive ▸ **2** (2Mac. 8,2; 3Mac. 5,51)
  οἰκτίρει ▸ 5
    Verb · third · singular · present · active · indicative ▸ **5** (Psa. 36,21; Psa. 102,13; Prov. 12,10; Prov. 13,11; Prov. 21,26)
  οἰκτιρήσαι ▸ 2
    Verb · third · singular · aorist · active · optative ▸ **2** (Psa. 66,2; Psa. 122,2)
  οἰκτιρῆσαι ▸ 3
    Verb · aorist · active · infinitive ▸ **3** (Psa. 76,10; Psa. 101,14; Is. 30,18)
  οἰκτίρησας ▸ 1
    Verb · second · singular · aorist · active · indicative ▸ **1** (Psa. 59,3)
  οἰκτιρήσει ▸ 2 + 1 = 3
    Verb · third · singular · future · active · indicative ▸ 2 + 1 = **3** (Mic. 7,19; Lam. 3,32; Judg. 5,30)
  οἰκτιρήσεις ▸ 3
    Verb · second · singular · future · active · indicative ▸ **3** (4Mac. 5,12; Psa. 101,14; Sol. 7,8)
  οἰκτίρησεν ▸ 2
    Verb · third · singular · aorist · active · indicative ▸ **2** (2Kings 13,23; Psa. 102,13)
  οἰκτιρήσῃ ▸ 1
    Verb · third · singular · aorist · active · subjunctive ▸ **1** (Is. 27,11)
  οἰκτιρήσῃς ▸ 1
    Verb · second · singular · aorist · active · subjunctive ▸ **1** (Psa. 58,6)
  οἰκτίρησον ▸ 3
    Verb · second · singular · aorist · active · imperative ▸ **3** (Sir. 36,12; Sol. 8,27; Sol. 9,8)
  οἰκτιρήσον ▸ 1
    Verb · second · singular · aorist · active · imperative ▸ **1** (Psa. 4,2)
  οἰκτιρήσουσιν ▸ 2
    Verb · third · plural · future · active · indicative ▸ **2** (1Kings 8,50; Psa. 101,15)
  οἰκτιρήσω ▸ 3 + 1 = 4
    Verb · first · singular · future · active · indicative ▸ 3 + 1 = **4** (Ex. 33,19; Jer. 13,14; Jer. 21,7; Rom. 9,15)

οἰκτίρομαι ▸ 2
  Verb · first · singular · present · middle · indicative ▸ **2** (4Mac. 5,33; 4Mac. 8,10)
οἰκτίρουσιν ▸ 1
  Verb · third · plural · present · active · indicative ▸ **1** (Prov. 13,9a)
οἰκτίρω ▸ 1 + 1 = 2
  Verb · first · singular · present · active · subjunctive ▸ 1 + 1 = **2** (Ex. 33,19; Rom. 9,15)
οἰκτίρων ▸ 1
  Verb · present · active · participle · masculine · singular · nominative ▸ **1** (Psa. 111,5)

οἴκτιστος (οἶκος) very lamentable ▸ 1
  οἰκτίστῳ ▸ 1
    Adjective · masculine · singular · dative · noDegree ▸ **1** (2Mac. 9,28)

οἶκτος (οἴ) feelings of pity ▸ 6
  οἶκτον ▸ 3
    Noun · masculine · singular · accusative · (common) ▸ **3** (3Mac. 5,49; 3Mac. 6,22; Jer. 9,19)
  οἴκτου ▸ 3
    Noun · masculine · singular · genitive · (common) ▸ **3** (Esth. 13,6 # 3,13f; 3Mac. 1,4; Jer. 9,18)

οἰκτρός (οἰκτίρω) lamentable, pitiable ▸ 4
  οἰκτρά ▸ 1
    Adjective · feminine · singular · nominative · noDegree ▸ **1** (Wis. 18,10)
  οἰκτρόν ▸ 1
    Adjective · masculine · singular · accusative · noDegree ▸ **1** (Jer. 6,26)
  οἰκτρόν ▸ 1
    Adjective · masculine · singular · accusative · noDegree ▸ **1** (4Mac. 15,18)
  οἰκτροτάτην ▸ 1
    Adjective · feminine · singular · accusative · superlative ▸ **1** (3Mac. 5,24)

οἴμμοι (οἴ) alas, woe ▸ 18
  Οἴμμοι ▸ 11
    Interjection ▸ **11** (Judg. 11,35; 1Kings 17,20; 1Mac. 2,7; Mic. 7,1; Joel 1,15; Jer. 4,31; Jer. 15,10; Jer. 22,18; Jer. 51,33; Ezek. 9,8; Ezek. 11,13)
  οἴμμοι ▸ 7
    Interjection ▸ **7** (Psa. 119,5; Job 10,15; Mic. 7,1; Joel 1,15; Joel 1,15; Jer. 51,33; Ezek. 11,13)

οἰμωγή (οἴ) lamentation, wailing ▸ 1
  οἰμωγήν ▸ 1
    Noun · feminine · singular · accusative · (common) ▸ **1** (3Mac. 6,32)

οἰμώζω (οἴ) to lament, wail aloud ▸ 1
  οἰμώξεις ▸ 1
    Verb · second · singular · future · active · indicative ▸ **1** (4Mac. 12,14)

οἰνοποτέω (οἶνος; πίνω) to drink wine ▸ 1
  οἰνοπότει ▸ 1
    Verb · second · singular · present · active · imperative ▸ **1** (Prov. 31,4)

οἰνοπότης (οἶνος; πίνω) wine-drinker, drunkard ▸ 1 + 2 = 3
  οἰνοπότης ▸ 1 + 2 = 3
    Noun · neuter · singular · nominative · (common) ▸ 1 + 2 = **3** (Prov. 23,20; Matt. 11,19; Luke 7,34)

οἶνος wine ▸ 235 + 17 + 34 = 286

οἴνοις ▸ 2
  Noun · masculine · plural · dative · (common) ▸ **2** (Prov. 23,30; Prov. 27,9)
Οἶνον ▸ 1
  Noun · masculine · singular · accusative · (common) ▸ **1** (Lev. 10,9)
οἶνον ▸ 88 + 7 + 19 = 114
  Noun · masculine · singular · accusative · (common) ▸ 88 + 7 + 19 = **114** (Gen. 14,18; Gen. 19,32; Gen. 19,33; Gen. 19,34; Gen. 19,35; Gen. 27,25; Num. 6,4; Num. 6,20; Num. 15,5; Num. 15,7; Num. 15,10; Deut. 28,39; Deut. 28,51; Deut. 29,5; Deut. 32,14; Deut. 32,38; Judg. 13,4; Judg. 13,7; Judg. 13,14; 1Sam. 1,11; 1Sam. 1,15; 1Chr. 12,41; 2Chr. 2,14; 2Chr. 11,11; 1Esdr. 6,29; Ezra 6,9; Neh. 2,1; Neh. 5,11; Neh. 13,15; Esth. 14,17 # 4,17x; Judith 12,13; Judith 12,20; Tob. 4,15; 2Mac. 15,39; Psa. 59,5; Psa. 68,13; Ode. 2,14; Ode. 2,38; Prov. 9,2; Prov. 9,5; Prov. 21,17; Prov. 31,4; Prov. 31,6; Eccl. 2,3; Song 1,2; Song 1,4; Job 1,13; Hos. 2,10; Hos. 2,24; Hos. 4,11; Hos. 9,4; Amos 2,8; Amos 2,12; Amos 5,11; Amos 6,6; Amos 9,14; Mic. 2,11; Mic. 6,15; Joel 1,5; Joel 2,19; Obad. 16; Zeph. 1,13; Hag. 1,11; Zech. 9,15; Is. 1,22; Is. 5,12; Is. 5,22; Is. 16,10; Is. 22,13; Is. 24,9; Is. 25,6; Is. 28,7; Is. 49,26; Jer. 42,2; Jer. 42,5; Jer. 42,6; Jer. 42,6; Jer. 42,8; Jer. 42,14; Jer. 47,10; Jer. 47,12; Ezek. 27,19; Ezek. 44,21; Dan. 1,16; Dan. 5,1; Dan. 5,23; Bel 15-17; Bel 21; Judg. 13,4; Judg. 13,7; Judg. 13,14; Dan. 1,16; Dan. 5,4; Dan. 5,23; Bel 11; Matt. 9,17; Matt. 9,17; Matt. 27,34; Mark 2,22; Mark 2,22; Mark 15,23; Luke 1,15; Luke 5,37; Luke 5,38; Luke 7,33; Luke 10,34; John 2,3; John 2,9; John 2,10; John 2,10; John 4,46; Rom. 14,21; Rev. 6,6; Rev. 18,13)
οἶνόν ▸ 10 + 1 = 11
  Noun · masculine · singular · accusative · (common) ▸ 10 + 1 = **11** (Ex. 23,25; Deut. 7,13; Deut. 11,14; Judg. 9,13; 1Sam. 1,14; 1Sam. 25,11; Eccl. 9,7; Song 5,1; Hos. 2,11; Is. 62,8; Judg. 9,13)
οἶνος ▸ 38 + 2 + 4 = 44
  Noun · masculine · singular · nominative · (common) ▸ 38 + 2 + 4 = **44** (Deut. 32,33; Judg. 19,19; 2Sam. 16,2; 1Esdr. 3,10; 1Esdr. 3,18; 1Esdr. 3,24; 1Esdr. 4,14; 1Esdr. 4,16; 1Esdr. 4,37; Neh. 2,1; Neh. 5,18; Esth. 1,7; Judith 13,2; 2Mac. 15,39; Psa. 103,15; Ode. 2,33; Prov. 20,1; Eccl. 10,19; Song 7,10; Sir. 9,10; Sir. 19,2; Sir. 31,25; Sir. 31,26; Sir. 31,27; Sir. 31,28; Sir. 31,29; Sir. 40,20; Hos. 9,2; Hos. 14,8; Joel 1,10; Zech. 9,17; Is. 5,11; Is. 24,7; Jer. 31,33; Lam. 2,12; Ezek. 27,18; Dan. 10,3; Bel 11; Dan. 5,1; Dan. 10,3; Matt. 9,17; Mark 2,22; Mark 2,22; Luke 5,37)
οἶνός ▸ 1
  Noun · masculine · singular · nominative · (common) ▸ **1** (Judg. 19,19)
οἴνου ▸ 76 + 5 + 7 = 88
  Noun · masculine · singular · genitive · (common) ▸ 76 + 5 + 7 = **88** (Gen. 9,21; Gen. 9,24; Gen. 27,28; Gen. 49,12; Ex. 29,40; Ex. 32,18; Lev. 23,13; Num. 6,3; Num. 6,3; Num. 6,3; Num. 18,12; Num. 28,14; Deut. 12,17; Deut. 14,23; Deut. 18,4; Josh. 9,4; Josh. 9,13; 1Sam. 1,24; 1Sam. 10,3; 1Sam. 16,20; 1Sam. 25,18; 1Sam. 25,37; 2Sam. 16,1; 2Kings 18,32; 1Chr. 9,29; 1Chr. 27,27; 2Chr. 2,9; 2Chr. 31,5; 2Chr. 32,28; 1Esdr. 3,17; 1Esdr. 3,23; 1Esdr. 8,20; Ezra 7,22; Neh. 10,38; Neh. 10,40; Neh. 13,5; Neh. 13,12; Judith 10,5; Judith 11,13; Judith 12,1; 3Mac. 5,10; 3Mac. 5,45; Psa. 4,8; Psa. 74,9; Psa. 77,65; Song 2,4; Song 4,10; Song 8,2; Wis. 2,7; Sir. 31,31; Sir. 32,5; Sir. 49,1; Sol. 8,14; Hos. 3,2; Hos. 7,5; Joel 1,5; Joel 2,24; Joel 4,3; Hag. 2,12; Is. 24,11; Is. 28,1; Is. 29,9; Is. 36,17; Is. 51,21; Is. 55,1; Jer. 13,12; Jer. 13,12; Jer. 23,9; Jer. 28,7; Jer. 32,15; Jer. 38,12; Jer. 42,5; Ezek. 16,49; Dan. 1,5; Dan.

οἴνος–οἶος

5,0; Bel 33; Judg. 13,14; Tob. 1,7; Dan. 1,5; Dan. 5,2; Bel 3; John 2,3; Rev. 14,8; Rev. 14,10; Rev. 16,19; Rev. 17,2; Rev. 18,3; Rev. 19,15)

οἴνους ▸ 1
    Noun · masculine · plural · accusative · (common) ▸ **1** (3Mac. 6,30)

οἴνῳ ▸ 18 + 1 + 4 = 23
    Noun · masculine · singular · dative · (common) ▸ 18 + 1 + 4 = **23** (Gen. 27,37; Gen. 49,11; Deut. 14,26; Deut. 33,28; 2Sam. 13,28; Neh. 5,15; 3Mac. 5,2; Prov. 3,10; Prov. 4,17; Prov. 23,31; Sir. 9,9; Sir. 31,25; Sir. 31,27; Sir. 32,6; Hos. 7,14; Zech. 10,7; Is. 28,7; Dan. 1,8; Dan. 1,8; Eph. 5,18; 1Tim. 3,8; 1Tim. 5,23; Titus 2,3)

οἴνων ▸ 1
    Noun · masculine · plural · genitive · (common) ▸ **1** (Prov. 12,11a)

οἰνοφλυγέω (οἶνος; φλύαρος) to be drunk with wine ▸ 1
    οἰνοφλυγεῖ ▸ 1
        Verb · third · singular · present · active · indicative ▸ **1** (Deut. 21,20)

οἰνοφλυγία (οἶνος; φλύαρος) drunkenness ▸ 1
    οἰνοφλυγίαις ▸ 1
        Noun · feminine · plural · dative ▸ **1** (1Pet. 4,3)

οἰνοχοέω (οἶνος; χέω) to pour wine ▸ 2
    οἰνοχοῆσαι ▸ 1
        Verb · aorist · active · infinitive ▸ **1** (Dan. 5,2)
    οἰνοχοῶν ▸ 1
        Verb · present · active · participle · masculine · singular · nominative ▸ **1** (Gen. 40,13)

οἰνοχόη (οἶνος; χέω) wine ladle; cupbearer (f) ▸ 1
    οἰνοχόας ▸ 1
        Noun · feminine · plural · accusative · (common) ▸ **1** (Eccl. 2,8)

οἰνοχόος (οἶνος; χέω) cup-bearer ▸ 5
    οἰνοχόον ▸ 1
        Noun · masculine · singular · accusative · (common) ▸ **1** (Eccl. 2,8)
    οἰνοχόος ▸ 2
        Noun · masculine · singular · nominative · (common) ▸ **1** (Tob. 1,22)
        Noun · neuter · singular · nominative · (common) ▸ **1** (Neh. 1,11)
    οἰνοχόους ▸ 2
        Noun · masculine · plural · accusative · (common) ▸ **2** (1Kings 10,5; 2Chr. 9,4)

οἴομαι to suppose ▸ 22 + 3 = 25
    οἴει ▸ 4
        Verb · second · singular · present · middle · indicative ▸ **4** (Esth. 9,12; Job 37,23; Job 40,8; Dan. 2,11)
    οἰέσθω ▸ 1
        Verb · third · singular · present · middle · imperative ▸ **1** (James 1,7)
    οἴεται ▸ 3
        Verb · third · singular · present · middle · indicative ▸ **3** (Job 11,2; Job 38,2; Job 42,3)
    οἴῃ ▸ 1
        Verb · second · singular · present · middle · indicative ▸ **1** (Job 34,12)
    οἴμαι ▸ 1 + 1 = 2
        Verb · first · singular · present · middle · indicative ▸ 1 + 1 = **2** (4Mac. 1,33; John 21,25)
    οἰόμενοι ▸ 1 + 1 = 2
        Verb · present · middle · participle · masculine · plural · nominative ▸ 1 + 1 = **2** (1Mac. 5,61; Phil. 1,17)
    οἰόμενος ▸ 4
        Verb · present · middle · participle · masculine · singular · nominative ▸ **4** (2Mac. 5,21; 2Mac. 7,24; 2Mac. 9,8; 2Mac. 13,3)
    ᾤετο ▸ 2
        Verb · third · singular · imperfect · middle · indicative ▸ **2** (Gen. 41,1; 2Mac. 9,4)
    ᾠήθη ▸ 2
        Verb · third · singular · aorist · passive · indicative ▸ **2** (Esth. 16,14 # 8,120; 1Mac. 6,43)
    ᾤμην ▸ 3
        Verb · first · singular · imperfect · middle · indicative ▸ **3** (Gen. 37,7; Gen. 40,16; Gen. 41,17)
    ᾤου ▸ 1
        Verb · second · singular · imperfect · middle · indicative ▸ **1** (Is. 57,8)

οἷος (ὅς) such as, as; (adv) for instance ▸ 17 + 2 + 14 = 33
    Οἷα ▸ 1
        Pronoun · (correlative) · neuter · plural · accusative ▸ **1** (Job 33,27)
    οἵα ▸ 1 + 1 + 2 = 4
        Pronoun · (correlative) · feminine · singular · nominative ▸ 1 + 1 + 2 = **4** (Dan. 12,1; Dan. 12,1; Matt. 24,21; Mark 13,19)
    οἷα ▸ 6 + 1 + 1 = 8
        Pronoun · (correlative) · neuter · plural · accusative ▸ 5 + 1 = **6** (1Kings 18,13; Esth. 2,1; 1Mac. 4,27; 1Mac. 4,27; 1Mac. 5,56; Mark 9,3)
        Pronoun · (correlative) · neuter · plural · nominative ▸ 1 + 1 = **2** (Dan. 9,12; Dan. 9,12)
    οἷά ▸ 1
        Pronoun · (correlative) · neuter · plural · nominative ▸ **1** (2Tim. 3,11)
    οἵας ▸ 2
        Adjective · feminine · plural · accusative · noDegree · (relative) ▸ **1** (Tob. 10,7)
        Pronoun · (correlative) · feminine · plural · accusative ▸ **1** (Gen. 41,19)
    οἷοι ▸ 1
        Pronoun · (correlative) · masculine · plural · nominative ▸ **1** (1Th. 1,5)
    οἷοί ▸ 1
        Pronoun · (correlative) · masculine · plural · nominative ▸ **1** (2Cor. 10,11)
    οἷον ▸ 3 + 3 = 6
        Adverb ▸ **1** (4Mac. 3,2)
        Pronoun · (correlative) · masculine · singular · accusative ▸ **2** (2Cor. 12,20; Phil. 1,30)
        Pronoun · (correlative) · neuter · singular · accusative ▸ **2** (1Esdr. 1,19; 4Mac. 1,4)
        Pronoun · (correlative) · neuter · singular · nominative ▸ **1** (Rom. 9,6)
    οἷόν ▸ 1
        Pronoun · (correlative) · neuter · singular · nominative ▸ **1** (4Mac. 4,7)
    οἷος ▸ 3 + 3 = 6
        Adjective · masculine · singular · nominative · noDegree · (relative) ▸ **1** (Gen. 44,15)
        Pronoun · (correlative) · masculine · singular · nominative ▸ 2 + 3 = **5** (Tob. 14,5; Sir. 49,14; 1Cor. 15,48; 1Cor. 15,48; Rev. 16,18)

οἵους ▸ 2
  Pronoun ▪ (correlative) ▪ masculine ▪ plural ▪ accusative ▸ 2 (2Cor. 12,20; 2Tim. 3,11)

οἰστρηλασία (οἶστρος; πλάσσω) passion, impulse ▸ 1
  οἰστρηλασίαν ▸ 1
    Noun ▪ feminine ▪ singular ▪ accusative ▪ (common) ▸ 1 (4Mac. 2,4)

οἶστρος insane passion ▸ 2
  οἶστρον ▸ 1
    Noun ▪ masculine ▪ singular ▪ accusative ▪ (common) ▸ 1 (4Mac. 2,3)
  οἴστρων ▸ 1
    Noun ▪ masculine ▪ plural ▪ genitive ▪ (common) ▸ 1 (4Mac. 3,17)

οιφι (Hebr.) ephah ▸ 10 + 1 = 11
  οιφι ▸ 10 + 1 = 11
    Noun ▪ neuter ▪ plural ▪ accusative ▪ (common) ▸ 1 (1Sam. 25,18)
    Noun ▪ neuter ▪ singular ▪ accusative ▪ (common) ▸ 1 + 1 = 2 (Judg. 6,19; Judg. 6,19)
    Noun ▪ neuter ▪ singular ▪ dative ▪ (common) ▸ 1 (1Sam. 1,24)
    Noun ▪ neuter ▪ singular ▪ genitive ▪ (common) ▸ 6 (Lev. 5,11; Lev. 6,13; Num. 5,15; Num. 15,4; Num. 28,5; Ezek. 45,13)
    Noun ▪ neuter ▪ singular ▪ nominative ▪ (common) ▸ 1 (Ruth 2,17)

οἴχομαι to come, go ▸ 26 + 5 = 31
  οἰχήσεται ▸ 1
    Verb ▪ third ▪ singular ▪ future ▪ middle ▪ indicative ▸ 1 (Hos. 10,14)
  ᾤχετο ▸ 14 + 1 = 15
    Verb ▪ third ▪ singular ▪ imperfect ▪ middle ▪ indicative ▸ 14 + 1 = 15 (Gen. 12,4; Gen. 25,34; Gen. 31,19; 2Chr. 8,17; 2Chr. 21,9; 4Mac. 4,1; 4Mac. 4,14; Job 14,10; Job 14,20; Jer. 30,1; Jer. 31,11; Jer. 35,11; Jer. 48,10; Jer. 48,15; Tob. 10,7)
  ᾤχετό ▸ 1
    Verb ▪ third ▪ singular ▪ imperfect ▪ middle ▪ indicative ▸ 1 (Job 30,15)
  ᾠχόμεθα ▸ 1
    Verb ▪ first ▪ plural ▪ imperfect ▪ middle ▪ indicative ▸ 1 (Bar. 1,22)
  ᾠχόμην ▸ 2 + 2 = 4
    Verb ▪ first ▪ singular ▪ imperfect ▪ middle ▪ indicative ▸ 2 + 2 = 4 (Tob. 2,7; Job 19,10; Tob. 2,7; Tob. 5,10)
  ᾤχοντο ▸ 7 + 1 = 8
    Verb ▪ third ▪ plural ▪ imperfect ▪ middle ▪ indicative ▸ 7 + 1 = 8 (2Chr. 8,18; 1Esdr. 9,54; Jer. 9,9; Jer. 16,11; Jer. 27,6; Jer. 48,12; Jer. 48,17; Tob. 8,10)
  ᾤχου ▸ 1
    Verb ▪ second ▪ singular ▪ imperfect ▪ middle ▪ indicative ▸ 1 (Tob. 12,13)

οἰωνίζομαι (οἰωνός) to learn by divination ▸ 9
  οἰωνιεῖσθε ▸ 1
    Verb ▪ second ▪ plural ▪ future ▪ middle ▪ indicative ▸ 1 (Lev. 19,26)
  οἰωνιεῖται ▸ 1
    Verb ▪ third ▪ singular ▪ future ▪ middle ▪ indicative ▸ 1 (Gen. 44,15)
  οἰωνίζεται ▸ 1
    Verb ▪ third ▪ singular ▪ present ▪ middle ▪ indicative ▸ 1 (Gen. 44,5)
  οἰωνίζετο ▸ 2
    Verb ▪ third ▪ singular ▪ imperfect ▪ middle ▪ indicative ▸ 2 (2Kings 21,6; 2Chr. 33,6)
  οἰωνιζόμενος ▸ 1
    Verb ▪ present ▪ middle ▪ participle ▪ masculine ▪ singular ▪ nominative ▸ 1 (Deut. 18,10)
  οἰωνίζοντο ▸ 1
    Verb ▪ third ▪ plural ▪ imperfect ▪ middle ▪ indicative ▸ 1 (2Kings 17,17)
  οἰωνισάμην ▸ 1
    Verb ▪ first ▪ singular ▪ aorist ▪ middle ▪ indicative ▸ 1 (Gen. 30,27)
  οἰωνίσαντο ▸ 1
    Verb ▪ third ▪ plural ▪ aorist ▪ middle ▪ indicative ▸ 1 (1Kings 21,33)

οἰώνισμα (οἰωνός) omen from birds ▸ 3
  οἰώνισμά ▸ 1
    Noun ▪ neuter ▪ singular ▪ nominative ▪ (common) ▸ 1 (1Sam. 15,23)
  οἰωνίσματα ▸ 1
    Noun ▪ neuter ▪ plural ▪ accusative ▪ (common) ▸ 1 (Jer. 14,14)
  οἰωνισμάτων ▸ 1
    Noun ▪ neuter ▪ plural ▪ genitive ▪ (common) ▸ 1 (Jer. 34,9)

οἰωνισμός (οἰωνός) bird-omen ▸ 4
  οἰωνισμοί ▸ 1
    Noun ▪ masculine ▪ plural ▪ nominative ▪ (common) ▸ 1 (Sir. 34,5)
  οἰωνισμὸς ▸ 1
    Noun ▪ masculine ▪ singular ▪ nominative ▪ (common) ▸ 1 (Num. 23,23)
  οἰωνισμῷ ▸ 2
    Noun ▪ masculine ▪ singular ▪ dative ▪ (common) ▸ 2 (Gen. 44,5; Gen. 44,15)

οἰωνόβρωτος (οἰωνός; βιβρώσκω) food for birds ▸ 2
  οἰωνοβρώτους ▸ 2
    Adjective ▪ masculine ▪ plural ▪ accusative ▪ noDegree ▸ 2 (2Mac. 9,15; 3Mac. 6,34)

οἰωνός bird of prey; omen-bird; omen ▸ 1
  οἰωνοῖς ▸ 1
    Noun ▪ masculine ▪ plural ▪ dative ▪ (common) ▸ 1 (Num. 24,1)

Οκινα Ocina ▸ 1
  Οκινα ▸ 1
    Noun ▪ singular ▪ accusative ▪ (proper) ▸ 1 (Judith 2,28)

ὀκλάζω to kneel, crouch down ▸ 3
  ὀκλακὼς ▸ 1
    Verb ▪ perfect ▪ active ▪ participle ▪ masculine ▪ singular ▪ nominative ▸ 1 (1Kings 8,54)
  ὤκλασαν ▸ 1
    Verb ▪ third ▪ plural ▪ aorist ▪ active ▪ indicative ▸ 1 (1Kings 19,18)
  ὤκλασεν ▸ 1
    Verb ▪ third ▪ singular ▪ aorist ▪ active ▪ indicative ▸ 1 (1Sam. 4,19)

ὀκνέω (ὄκνος) to hesitate; hold back, delay ▸ 7 + 3 + 1 = 11
  ὄκνει ▸ 1
    Verb ▪ second ▪ singular ▪ present ▪ active ▪ imperative ▸ 1 (Sir. 7,35)
  ὀκνεῖτε ▸ 1 + 1 = 2
    Verb ▪ second ▪ plural ▪ present ▪ active ▪ imperative ▸ 1 + 1 = 2 (Tob. 12,6; Tob. 12,6)
  ὀκνησάτω ▸ 1
    Verb ▪ third ▪ singular ▪ aorist ▪ active ▪ imperative ▸ 1 (Judith 12,13)
  ὀκνήσῃς ▸ 1 + 1 = 2
    Verb ▪ second ▪ singular ▪ aorist ▪ active ▪ subjunctive ▸ 1 + 1 = 2

ὀκνέω–ὀκτώ

(Num. 22,16; Acts 9,38)
- ὀκνήσητε ▸ 1 + 1 = 2
  - **Verb** · second · plural · aorist · active · subjunctive ▸ 1 + 1 = 2 (Judg. 18,9; Judg. 18,9)
- ὤκνησας ▸ 1 + 1 = 2
  - **Verb** · second · singular · aorist · active · indicative ▸ 1 + 1 = 2 (Tob. 12,13; Tob. 12,13)
- ὤκνησεν ▸ 1
  - **Verb** · third · singular · aorist · active · indicative ▸ 1 (4Mac. 14,4)

ὀκνηρία (ὄκνος) laziness ▸ 1
- ὀκνηρίαις ▸ 1
  - **Noun** · feminine · plural · dative · (common) ▸ 1 (Eccl. 10,18)

ὀκνηρός (ὄκνος) hesitating, unready, timid; troublesome ▸ 15 + 3 = 18
- ὀκνηρά ▸ 1
  - **Adjective** · neuter · plural · accusative · noDegree ▸ 1 (Prov. 31,27)
- ὀκνηρέ ▸ 2 + 1 = 3
  - **Adjective** · masculine · singular · vocative · noDegree ▸ 2 + 1 = 3 (Prov. 6,6; Prov. 6,9; Matt. 25,26)
- ὀκνηροί ▸ 1
  - **Adjective** · masculine · plural · nominative ▸ 1 (Rom. 12,11)
- ὀκνηροί ▸ 1
  - **Adjective** · masculine · plural · nominative · noDegree ▸ 1 (Prov. 11,16)
- ὀκνηρόν ▸ 1
  - **Adjective** · neuter · singular · nominative ▸ 1 (Phil. 3,1)
- ὀκνηρὸν ▸ 1
  - **Adjective** · masculine · singular · accusative · noDegree ▸ 1 (Prov. 21,25)
- ὀκνηρός ▸ 3
  - **Adjective** · masculine · singular · nominative · noDegree ▸ 3 (Prov. 22,13; Sir. 22,1; Sir. 22,2)
- ὀκνηρὸς ▸ 5
  - **Adjective** · masculine · singular · nominative · noDegree ▸ 5 (Prov. 20,4; Prov. 26,13; Prov. 26,14; Prov. 26,15; Prov. 26,16)
- ὀκνηροῦ ▸ 1
  - **Adjective** · masculine · singular · genitive · noDegree ▸ 1 (Sir. 37,11)
- ὀκνηροὺς ▸ 1
  - **Adjective** · masculine · plural · accusative · noDegree ▸ 1 (Prov. 18,8)

ὀκταήμερος (ὀκτώ; ἡμέρα) on the eighth day ▸ 1
- ὀκταήμερος ▸ 1
  - **Adjective** · masculine · singular · nominative ▸ 1 (Phil. 3,5)

ὀκτακισχίλιοι (ὀκτώ; χίλιοι) eight thousand ▸ 10
- ὀκτακισχιλία ▸ 1
  - **Adjective** · neuter · plural · nominative ▸ 1 (1Mac. 15,13)
- ὀκτακισχίλια ▸ 1
  - **Adjective** · neuter · plural · accusative · (cardinal · numeral) ▸ 1 (1Chr. 29,7)
- ὀκτακισχίλιοι ▸ 6
  - **Adjective** · masculine · plural · nominative · (cardinal · numeral) ▸ 6 (Num. 2,24; Num. 3,28; Num. 4,48; 1Mac. 5,20; 2Mac. 8,20; 2Mac. 8,20)
- ὀκτακισχιλίους ▸ 2
  - **Adjective** · masculine · plural · accusative · (cardinal · numeral) ▸ 2 (1Mac. 5,34; 1Mac. 10,85)

ὀκτακόσιοι (ὀκτώ; ἑκατόν) eight hundred ▸ 16
- ὀκτακόσια ▸ 4
  - **Adjective** · neuter · plural · accusative · (cardinal · numeral) ▸ 3 (Gen. 5,19; Gen. 5,26; 2Mac. 5,21)
  - **Adjective** · neuter · plural · nominative · (cardinal · numeral) ▸ 1 (Gen. 5,17)
- ὀκτακόσιαι ▸ 1
  - **Adjective** · feminine · plural · nominative · (cardinal · numeral) ▸ 1 (2Sam. 24,9)
- ὀκτακοσίαις ▸ 1
  - **Adjective** · feminine · plural · dative · (cardinal · numeral) ▸ 1 (2Chr. 13,3)
- ὀκτακόσιοι ▸ 8
  - **Adjective** · masculine · plural · nominative · (cardinal · numeral) ▸ 8 (1Chr. 12,25; 1Chr. 12,31; 1Chr. 12,36; 1Esdr. 5,11; Ezra 2,6; Neh. 7,11; Neh. 7,13; 1Mac. 9,6)
- ὀκτακοσίους ▸ 2
  - **Adjective** · masculine · plural · accusative · (cardinal · numeral) ▸ 2 (2Sam. 23,8; 1Mac. 3,24)

ὀκτάπηχυς (ὀκτώ; πῆχυς) eight cubits in length ▸ 1
- ὀκταπήχεσιν ▸ 1
  - **Adjective** · masculine · plural · dative ▸ 1 (1Kings 7,47)

ὀκτώ eight ▸ 78 + 5 + 8 = 91
- ὀκτώ ▸ 30 + 2 = 32
  - **Adjective** · feminine · plural · nominative · (cardinal · numeral) ▸ 1 (Gen. 46,22)
  - **Adjective** · masculine · plural · accusative · (cardinal · numeral) ▸ 3 (Gen. 14,14; Num. 29,29; 1Esdr. 8,46)
  - **Adjective** · masculine · plural · dative · (cardinal · numeral) ▸ 1 (Eccl. 11,2)
  - **Adjective** · masculine · plural · nominative · (cardinal · numeral) ▸ 19 (1Chr. 16,38; 1Chr. 25,7; 1Esdr. 5,12; 1Esdr. 5,18; 1Esdr. 5,27; 1Esdr. 8,37; Ezra 2,16; Ezra 2,23; Ezra 2,41; Neh. 7,11; Neh. 7,15; Neh. 7,16; Neh. 7,21; Neh. 7,22; Neh. 7,27; Neh. 7,44; Neh. 7,45; Neh. 11,8; Neh. 11,14)
  - **Adjective** · neuter · plural · accusative · (cardinal · numeral) ▸ 2 + 2 = 4 (Josh. 24,33b; Judg. 3,14; Judg. 3,8; Judg. 3,14)
  - **Adjective** · neuter · plural · genitive · (cardinal · numeral) ▸ 3 (1Esdr. 1,41; Tob. 14,2; Tob. 14,11)
  - **Adjective** · neuter · plural · nominative · (cardinal · numeral) ▸ 1 (Job 42,16)
- ὀκτώ ▸ 48 + 3 + 8 = 59
  - **Adjective** · feminine · plural · accusative · (cardinal · numeral) ▸ 9 + 1 = 10 (Num. 35,7; 1Chr. 18,12; 1Chr. 23,3; 2Chr. 11,21; 1Mac. 4,56; 1Mac. 4,59; 2Mac. 2,12; 2Mac. 10,6; 2Mac. 11,2; John 20,26)
  - **Adjective** · feminine · plural · dative · (cardinal · numeral) ▸ 1 (2Chr. 29,17)
  - **Adjective** · feminine · plural · genitive · (cardinal · numeral) ▸ 3 + 1 = 4 (Gen. 17,12; Ezek. 40,9; Ezek. 40,41; Acts 25,6)
  - **Adjective** · feminine · plural · nominative · (cardinal · numeral) ▸ 7 + 1 + 3 = 11 (Josh. 21,41; 1Chr. 12,32; 1Chr. 12,36; 2Mac. 5,14; Jer. 52,22; Ezek. 10,21; Ezek. 48,35; Judg. 20,44; Luke 2,21; Luke 9,28; 1Pet. 3,20)
  - **Adjective** · masculine · plural · accusative · (cardinal · numeral) ▸ 3 (Num. 7,8; 1Chr. 24,4; 2Chr. 11,21)
  - **Adjective** · masculine · plural · dative · (cardinal · numeral) ▸ 1 (Jer. 48,15)
  - **Adjective** · masculine · plural · genitive · (cardinal · numeral) ▸ 2 (Ex. 26,2; Ex. 37,2)
  - **Adjective** · masculine · plural · nominative · (cardinal · numeral) ▸ 8 (Gen. 22,23; Ex. 26,25; 1Kings 7,31; 1Chr. 26,9; Neh. 11,6; Ezek. 40,31; Ezek. 40,34; Ezek. 40,37)
  - **Adjective** · neuter · plural · accusative · (cardinal · numeral) ▸ 8

+ 2 + 2 = **12** (Gen. 5,28; Judg. 3,8; Judg. 12,14; 2Kings 8,17; 2Kings 10,36; 2Chr. 21,5; 2Chr. 21,20; Tob. 14,2; Judg. 10,8; Judg. 12,14; Luke 13,16; John 5,5)

Adjective · neuter · plural · genitive · (cardinal · numeral) ▸ **2** + 1 = **3** (2Kings 22,1; 2Chr. 34,1; Acts 9,33)

Adjective · neuter · plural · nominative · (cardinal · numeral) ▸ **4** (Deut. 2,14; Ezra 8,9; Ezra 8,11; Mic. 5,4)

ὀκτωκαίδεκα (ὀκτώ; καί; δέκα) eighteen ▸ **9** + **1** = **10**

ὀκτωκαίδεκα ▸ **9** + **1** = **10**

Adjective · feminine · plural · accusative · (cardinal · numeral) ▸ **2** + **1** = **3** (Judg. 20,25; 2Sam. 8,13; Judg. 20,25)

Adjective · feminine · plural · nominative · (cardinal · numeral) ▸ **1** (Judg. 20,44)

Adjective · masculine · plural · genitive · (cardinal · numeral) ▸ **1** (2Kings 25,17)

Adjective · masculine · plural · nominative · (cardinal · numeral) ▸ **2** (1Kings 7,3; Ezra 8,18)

Adjective · neuter · plural · accusative · (cardinal · numeral) ▸ **1** (Judg. 10,8)

Adjective · neuter · plural · genitive · (cardinal · numeral) ▸ **2** (2Kings 24,8; 2Chr. 36,9)

ὀκτωκαιδέκατος (ὀκτώ; καί; δέκα) eighteenth ▸ **16** + **1** = **17**

Ὀκτωκαιδεκάτῃ ▸ **1**

Adjective · feminine · singular · dative · (ordinal · numeral) ▸ **1** (1Mac. 14,27)

ὀκτωκαιδέκατος ▸ **3**

Adjective · masculine · singular · nominative · (ordinal · numeral) ▸ **3** (1Chr. 24,15; 1Chr. 25,25; Jer. 39,1)

ὀκτωκαιδεκάτου ▸ **2** + **1** = **3**

Adjective · neuter · singular · genitive · (ordinal · numeral) ▸ **2** + **1** = **3** (Dan. 3,1; Dan. 4,4; Dan. 3,1)

ὀκτωκαιδεκάτῳ ▸ **10**

Adjective · neuter · singular · dative · (ordinal · numeral) ▸ **10** (1Kings 15,1; 2Kings 1,18a; 2Kings 3,1; 2Kings 22,3; 2Kings 23,23; 2Chr. 13,1; 2Chr. 34,8; 2Chr. 35,19; 1Esdr. 1,20; Judith 2,1)

ὄλβος happiness, bliss; weath ▸ **1**

ὄλβος ▸ **1**

Noun · masculine · singular · nominative · (common) ▸ **1** (Sir. 30,15)

Ολδαν Huldah ▸ **2**

Ολδαν ▸ **2**

Noun · feminine · singular · accusative · (proper) ▸ **2** (2Kings 22,14; 2Chr. 34,22)

ὀλεθρεύω (ὄλλυμι) to destroy ▸ **19** + **3** = **22**

ὀλεθρευθήσεται ▸ **1**

Verb · third · singular · future · passive · indicative ▸ **1** (Ex. 22,19)

ὀλεθρεύοντα ▸ **2**

Verb · present · active · participle · masculine · singular · accusative ▸ **2** (Ex. 12,23; Jer. 22,7)

ὀλεθρεῦσαι ▸ **5**

Verb · aorist · active · infinitive ▸ **5** (Judith 2,3; Judith 8,15; Sol. 4,12; Sol. 15,5; Sol. 17,24)

ὀλεθρεύσει ▸ **1**

Verb · third · singular · future · active · indicative ▸ **1** (Josh. 3,10)

ὀλεθρεύσεις ▸ **1**

Verb · second · singular · future · active · indicative ▸ **1** (Judg. 6,25)

ὀλεθρεύσητε ▸ **1**

Verb · second · plural · aorist · active · subjunctive ▸ **1** (Num. 4,18)

ὀλεθρεύσουσιν ▸ **1**

Verb · third · plural · future · active · indicative ▸ **1** (1Mac. 2,40)

ὀλεθρεύσω ▸ **1**

Verb · first · singular · future · active · indicative ▸ **1** (Hag. 2,22)

ὀλεθρεύων ▸ **3**

Verb · present · active · participle · masculine · singular · nominative ▸ **3** (Josh. 3,10; Wis. 18,25; Jer. 2,30)

ὠλέθρευον ▸ **1**

Verb · third · plural · imperfect · active · indicative ▸ **1** (3Mac. 6,21)

ὠλέθρευσας ▸ **1**

Verb · second · singular · aorist · active · indicative ▸ **1** (Josh. 7,25)

ὠλέθρευσεν ▸ **2** + **1** = **3**

Verb · third · singular · aorist · active · indicative ▸ **2** + **1** = **3** (Jer. 5,6; Jer. 32,36; Judg. 6,30)

ὠλέθρευτο ▸ **1**

Verb · third · singular · imperfect · passive · indicative ▸ **1** (Judg. 6,28)

ὀλεθρία (ὄλλυμι) destruction ▸ **3**

ὀλεθρίαν ▸ **1**

Noun · feminine · singular · accusative · (common) ▸ **1** (3Mac. 4,2)

ὀλεθρίας ▸ **2**

Noun · feminine · singular · genitive · (common) ▸ **2** (Esth. 16,21 # 8,12t; 3Mac. 5,5)

ὀλέθριος (ὄλλυμι) destined for destruction ▸ **2**

ὀλεθρίας ▸ **1**

Adjective · feminine · singular · genitive · noDegree ▸ **1** (Wis. 18,15)

ὀλέθριον ▸ **1**

Adjective · masculine · singular · accusative · noDegree ▸ **1** (1Kings 21,42)

ὄλεθρος (ὄλλυμι) destruction, ruin ▸ **24** + **4** = **28**

ὄλεθρον ▸ **13** + **3** = **16**

Noun · masculine · singular · accusative · (common) ▸ **13** + **3** = **16** (1Kings 13,34; Judith 11,15; 2Mac. 6,12; 2Mac. 13,6; 3Mac. 6,30; 3Mac. 6,34; 4Mac. 10,15; Wis. 1,12; Sir. 39,30; Sol. 8,1; Jer. 28,55; Ezek. 6,14; Ezek. 14,16; 1Cor. 5,5; 2Th. 1,9; 1Tim. 6,9)

ὄλεθρος ▸ **8** + **1** = **9**

Noun · masculine · singular · nominative · (common) ▸ **8** + **1** = **9** (Prov. 1,26; Prov. 1,27; Prov. 21,7; Hos. 9,6; Jer. 31,3; Jer. 31,8; Jer. 31,32; Jer. 32,31; 1Th. 5,3)

ὀλέθρου ▸ **2**

Noun · masculine · singular · genitive · (common) ▸ **2** (Wis. 1,14; Obad. 13)

ὀλέθρῳ ▸ **1**

Noun · masculine · singular · dative · (common) ▸ **1** (Wis. 18,13)

ὀλεθροφόρος (ὄλλυμι; φέρω) bringing destruction ▸ **1**

ὀλεθροφόρον ▸ **1**

Adjective · feminine · singular · accusative · noDegree ▸ **1** (4Mac. 8,19)

ὀλέκω to destroy ▸ **3**

ὀλέκει ▸ **1**

Verb · third · singular · present · active · indicative ▸ **1** (Job 32,18)

ὀλέκεις ▸ **1**

Verb · second · singular · present · active · indicative ▸ **1** (Job 10,16)

ὀλέκομαι ▸ **1**

ὀλέκω–ὀλιγοψυχέω

Verb · first · singular · present · passive · indicative ▸ 1 (Job 17,1)

ὀλιγόβιος (ὀλίγος; βίος) short-lived ▸ 2
  ὀλιγόβιος ▸ 2
    Adjective · masculine · singular · nominative · noDegree ▸ 2 (Job 11,2; Job 14,1)

ὀλιγοπιστία (ὀλίγος; πείθω) smallness of faith ▸ 1
  ὀλιγοπιστίαν ▸ 1
    Noun · feminine · singular · accusative ▸ 1 (Matt. 17,20)

ὀλιγόπιστος (ὀλίγος; πείθω) of little faith ▸ 5
  ὀλιγόπιστε ▸ 1
    Adjective · masculine · singular · vocative ▸ 1 (Matt. 14,31)
  ὀλιγόπιστοι ▸ 4
    Adjective · masculine · plural · vocative ▸ 4 (Matt. 6,30; Matt. 8,26; Matt. 16,8; Luke 12,28)

ὀλιγοποιέω (ὀλίγος; ποιέω) to make fewer ▸ 1
  ὠλιγοποίησεν ▸ 1
    Verb · third · singular · aorist · active · indicative ▸ 1 (Sir. 48,2)

ὀλίγος little, few ▸ 99 + 1 + 40 = 140
  ὀλίγα ▸ 14 + 6 = 20
    Adjective · neuter · plural · accusative · noDegree ▸ 11 + 6 = 17 (Deut. 28,38; 2Kings 10,18; Job 15,11; Wis. 3,5; Sir. 19,1; Sir. 20,15; Sir. 34,10; Sir. 43,32; Hag. 1,6; Zech. 1,15; Is. 10,7; Matt. 15,34; Matt. 25,21; Matt. 25,23; Mark 8,7; Rev. 2,14; Rev. 3,4)
    Adjective · neuter · plural · nominative · noDegree ▸ 3 (Job 8,7; Sir. 18,10; Hag. 1,9)
  ὀλίγαι ▸ 2 + 1 = 3
    Adjective · feminine · plural · nominative · noDegree ▸ 2 + 1 = 3 (Gen. 29,20; Psa. 108,8; Acts 17,4)
  ὀλίγας ▸ 1 + 2 = 3
    Adjective · feminine · plural · accusative · noDegree ▸ 1 + 2 = 3 (1Mac. 7,50; Luke 12,48; Heb. 12,10)
  ὀλίγη ▸ 4
    Adjective · feminine · singular · nominative · noDegree ▸ 4 (1Mac. 6,57; Prov. 15,29a; Wis. 7,9; Wis. 13,6)
  ὀλίγην ▸ 1
    Adjective · feminine · singular · accusative ▸ 1 (Acts 19,24)
  ὀλίγης ▸ 1
    Adjective · feminine · singular · genitive ▸ 1 (Acts 15,2)
  ὀλίγοι ▸ 15 + 7 = 22
    Adjective · masculine · plural · nominative · noDegree ▸ 15 + 7 = 22 (Num. 13,18; Deut. 4,27; Josh. 7,3; 2Chr. 29,34; Neh. 2,12; 1Mac. 3,29; 1Mac. 6,54; 1Mac. 9,9; Eccl. 5,1; Eccl. 9,14; Job 14,21; Is. 24,6; Jer. 49,2; Jer. 51,28; Bar. 2,13; Matt. 7,14; Matt. 9,37; Matt. 22,14; Luke 10,2; Luke 13,23; Acts 17,12; 1Pet. 3,20)
  ὀλίγοις ▸ 7 + 1 = 8
    Adjective · masculine · plural · dative · noDegree ▸ 7 + 1 = 8 (1Sam. 14,6; 2Chr. 14,10; 2Chr. 24,24; 1Mac. 3,18; 1Mac. 7,1; 1Mac. 7,28; Sir. 32,8; Mark 6,5)
  ὀλίγον ▸ 34 + 13 = 47
    Adverb ▸ 7 (Mark 1,19; Mark 6,31; Luke 5,3; Luke 7,47; 1Pet. 1,6; 1Pet. 5,10; Rev. 17,10)
    Adjective · masculine · singular · accusative · noDegree ▸ 2 + 2 = 4 (4Mac. 6,20; 4Mac. 15,27; Acts 14,28; Rev. 12,12)
    Adjective · neuter · singular · accusative · noDegree ▸ 25 + 3 = 28 (Num. 11,32; 1Kings 17,10; Judith 13,9; Tob. 4,8; Tob. 4,8; 2Mac. 11,1; Psa. 36,10; Psa. 72,2; Prov. 5,14; Prov. 6,10; Prov. 6,10; Prov. 6,10; Prov. 24,33; Prov. 24,33; Prov. 24,33; Eccl. 5,11; Wis. 12,2; Wis. 15,8; Wis. 16,3; Wis. 16,6; Sir. 6,19; Sir. 40,6; Sir. 51,16; Sir. 51,27; Sol. 16,2; 2Cor. 8,15; 1Tim. 4,8; James 4,14)
    Adjective · neuter · singular · nominative · noDegree ▸ 7 + 1 = 8 (Lev. 25,52; 1Kings 17,12; Tob. 12,8; Psa. 36,16; Eccl. 10,1; Sir. 31,19; Is. 21,17; Luke 7,47)
  ὀλίγος ▸ 2 + 2 = 4
    Adjective · masculine · singular · nominative · noDegree ▸ 2 + 2 = 4 (Neh. 7,4; Job 10,20; Acts 12,18; Acts 19,23)
  Ὀλίγος ▸ 1
    Adjective · masculine · singular · nominative · noDegree ▸ 1 (Wis. 2,1)
  ὀλίγου ▸ 2 + 1 = 3
    Adjective · masculine · singular · genitive ▸ 1 (Acts 27,20)
    Adjective · neuter · singular · genitive · noDegree ▸ 2 (Wis. 14,20; Sir. 20,12)
  ὀλίγους ▸ 10
    Adjective · masculine · plural · accusative · noDegree ▸ 10 (1Mac. 12,45; 1Mac. 15,10; 2Mac. 2,21; 2Mac. 8,6; 2Mac. 10,24; 2Mac. 12,34; 2Mac. 14,30; 3Mac. 3,23; Jer. 10,24; Ezek. 5,3)
  ὀλίγῳ ▸ 1 + 1 + 4 = 6
    Adjective · masculine · singular · dative ▸ 1 (Acts 26,28)
    Adjective · neuter · singular · dative · noDegree ▸ 1 + 1 + 3 = 5 (Wis. 4,13; Dan. 11,23; Acts 26,29; Eph. 3,3; 1Tim. 5,23)
  ὀλίγων ▸ 6 + 1 = 7
    Adjective · masculine · plural · genitive · noDegree ▸ 4 (Num. 26,56; 1Mac. 3,18; 2Mac. 1,15; Psa. 16,14)
    Adjective · neuter · plural · genitive · noDegree ▸ 2 + 1 = 3 (2Mac. 6,17; Sir. 42,4; 1Pet. 5,12)

ὀλιγοστός (ὀλίγος) few in number ▸ 19
  ὀλιγοστοί ▸ 3
    Adjective · masculine · plural · nominative · noDegree ▸ 3 (Ex. 12,4; Deut. 7,7; 1Mac. 3,17)
  ὀλιγοστόν ▸ 1
    Adjective · masculine · singular · accusative · noDegree ▸ 1 (Obad. 2)
  ὀλιγοστός ▸ 5
    Adjective · masculine · singular · nominative · noDegree ▸ 5 (Gen. 34,30; 1Mac. 3,16; Sir. 48,16; Amos 7,2; Amos 7,5)
  ὀλιγοστὸς ▸ 4
    Adjective · masculine · singular · nominative · noDegree ▸ 4 (Mic. 5,1; Is. 16,14; Is. 41,14; Is. 60,22)
  ὀλιγοστούς ▸ 5
    Adjective · masculine · plural · accusative · noDegree ▸ 5 (Lev. 26,22; 2Kings 14,26; 1Chr. 16,19; Psa. 104,12; Ezek. 29,15)
  ὀλιγοστῷ ▸ 1
    Adjective · neuter · singular · dative · noDegree ▸ 1 (Dan. 11,23)

ὀλιγότης (ὀλίγος) fewness ▸ 1
  ὀλιγότητα ▸ 1
    Noun · feminine · singular · accusative · (common) ▸ 1 (Psa. 101,24)

ὀλιγοχρόνιος (ὀλίγος; χρόνος) short-lived ▸ 1
  ὀλιγοχρόνιος ▸ 1
    Adjective · masculine · singular · nominative · noDegree ▸ 1 (Wis. 9,5)

ὀλιγοψυχέω (ὀλίγος; ψύχω) to be discouraged ▸ 11 + 1 = 12
  ὀλιγοψυχήσῃς ▸ 2
    Verb · second · singular · aorist · active · subjunctive ▸ 2 (Sir. 4,9; Sir. 7,10)
  ὀλιγοψυχοῦντες ▸ 1
    Verb · present · active · participle · masculine · plural · nominative ▸ 1 (Judg. 8,4)
  ὠλιγοψύχησαν ▸ 2
    Verb · third · plural · aorist · active · indicative ▸ 2 (Judith 8,9; Hab. 2,13)

ὠλιγοψύχησεν ▸ 6 + 1 = 7
    Verb · third · singular · aorist · active · indicative ▸ 6 + 1 = 7 (Num. 21,4; Judg. 10,16; Judg. 16,16; Judith 7,19; Psa. 76,4; Jonah 4,8; Judg. 16,16)

ὀλιγοψυχία (ὀλίγος; ψύχω)   discouragement ▸ 3
    ὀλιγοψυχίαν ▸ 1
        Noun · feminine · singular · accusative · (common) ▸ 1 (Sol. 16,11)
    ὀλιγοψυχίας ▸ 2
        Noun · feminine · singular · genitive · (common) ▸ 2 (Ex. 6,9; Psa. 54,9)

ὀλιγόψυχος (ὀλίγος; ψύχω)   discouraged ▸ 6 + 1 = 7
    ὀλιγόψυχοι ▸ 2
        Adjective · masculine · plural · nominative · noDegree ▸ 2 (Is. 25,5; Is. 35,4)
    ὀλιγοψύχοις ▸ 1
        Adjective · masculine · plural · dative · noDegree ▸ 1 (Is. 57,15)
    ὀλιγόψυχον ▸ 2
        Adjective · feminine · singular · accusative · noDegree ▸ 1 (Is. 54,6)
        Adjective · masculine · singular · accusative · noDegree ▸ 1 (Prov. 18,14)
    ὀλιγόψυχος ▸ 1
        Adjective · masculine · singular · nominative · noDegree ▸ 1 (Prov. 14,29)
    ὀλιγοψύχους ▸ 1
        Adjective · masculine · plural · accusative ▸ 1 (1Th. 5,14)

ὀλιγόω (ὀλίγος)   to make few; become few ▸ 11 + 1 = 12
    ὀλιγωθήσεται ▸ 1
        Verb · third · singular · future · passive · indicative ▸ 1 (Prov. 10,27)
    ὀλιγωθήτω ▸ 1
        Verb · third · singular · aorist · passive · imperative ▸ 1 (Neh. 9,32)
    ὀλιγώσεις ▸ 2
        Verb · second · singular · future · active · indicative ▸ 2 (Ode. 4,12; Hab. 3,12)
    ὀλιγώσῃς ▸ 1
        Verb · second · singular · aorist · active · subjunctive ▸ 1 (2Kings 4,3)
    ὠλιγώθη ▸ 2 + 1 = 3
        Verb · third · singular · aorist · passive · indicative ▸ 2 + 1 = 3 (Joel 1,10; Nah. 1,4; Judg. 10,16)
    ὠλιγώθησαν ▸ 4
        Verb · third · plural · aorist · passive · indicative ▸ 4 (Psa. 11,2; Psa. 106,39; Eccl. 12,3; Joel 1,12)

ὀλιγωρέω (ὀλίγος)   to think lightly of, despise ▸ 2 + 1 = 3
    ὀλιγώρει ▸ 1 + 1 = 2
        Verb · second · singular · present · active · imperative ▸ 1 + 1 = 2 (Prov. 3,11; Heb. 12,5)
    ὀλιγωρήσει ▸ 1
        Verb · third · singular · future · active · indicative ▸ 1 (Sol. 3,4)

ὀλισθάνω   to fall, cause to fall ▸ 9
    ὀλισθάνειν ▸ 1
        Verb · present · active · infinitive ▸ 1 (Sir. 21,7)
    ὀλισθάνων ▸ 1
        Verb · present · active · participle · masculine · singular · nominative ▸ 1 (Sir. 19,16)
    ὀλίσθῃς ▸ 2
        Verb · second · singular · aorist · active · subjunctive ▸ 2 (Sir. 9,9; Sir. 28,26)
    ὀλισθήσουσιν ▸ 1
        Verb · third · plural · future · active · indicative ▸ 1 (Prov. 14,19)
    ὠλίσθησα ▸ 1
        Verb · first · singular · aorist · active · indicative ▸ 1 (Sol. 16,1)
    ὠλίσθησεν ▸ 3
        Verb · third · singular · aorist · active · indicative ▸ 3 (Sir. 3,24; Sir. 14,1; Sir. 25,8)

ὀλίσθημα (ὀλίγος)   slip, fall ▸ 6
    ὀλίσθημα ▸ 2
        Noun · neuter · singular · accusative · (common) ▸ 1 (Jer. 23,12)
        Noun · neuter · singular · nominative · (common) ▸ 1 (Psa. 34,6)
    Ὀλίσθημα ▸ 1
        Noun · neuter · singular · nominative · (common) ▸ 1 (Sir. 20,18)
    ὀλισθήμασιν ▸ 1
        Noun · neuter · plural · dative · (common) ▸ 1 (Jer. 45,22)
    ὀλισθήματος ▸ 2
        Noun · neuter · singular · genitive · (common) ▸ 2 (Psa. 55,14; Psa. 114,8)

ὀλίσθρημα   slip, fall ▸ 3
    ὀλισθρήμασιν ▸ 3
        Noun · neuter · plural · dative · (common) ▸ 3 (Dan. 11,21; Dan. 11,32; Dan. 11,34)

ὁλκεῖον (ἕλκω)   large bowl ▸ 1
    ὁλκεῖα ▸ 1
        Noun · neuter · plural · accusative · (common) ▸ 1 (Judith 15,11)

ὁλκή (ἕλκω)   weight ▸ 26
    ὁλκή ▸ 18
        Noun · feminine · singular · nominative · (common) ▸ 18 (Gen. 24,22; Num. 7,13; Num. 7,19; Num. 7,25; Num. 7,31; Num. 7,37; Num. 7,43; Num. 7,49; Num. 7,55; Num. 7,61; Num. 7,67; Num. 7,73; Num. 7,79; 2Sam. 21,16; 2Chr. 3,9; 2Chr. 3,9; 2Chr. 4,18; 1Esdr. 8,62)
    ὁλκήν ▸ 1
        Noun · feminine · singular · accusative · (common) ▸ 1 (Sir. 8,2)
    ὁλκήν ▸ 3
        Noun · feminine · singular · accusative · (common) ▸ 3 (1Chr. 28,15; 1Esdr. 8,62; 1Mac. 14,24)
    ὁλκῆς ▸ 4
        Noun · feminine · singular · genitive · (common) ▸ 4 (Gen. 24,22; 1Chr. 21,25; 1Chr. 28,14; Sir. 29,13)

ὄλλυμι   to destroy ▸ 23
    ὀλεῖ ▸ 1
        Verb · third · singular · future · active · indicative ▸ 1 (Prov. 1,32)
    ὀλεῖται ▸ 1
        Verb · third · singular · future · middle · indicative ▸ 1 (Prov. 25,19)
    ὀλέσαισαν ▸ 2
        Verb · third · plural · aorist · active · optative ▸ 2 (Job 18,11; Job 20,10)
    ὀλέσητε ▸ 1
        Verb · second · plural · aorist · active · subjunctive ▸ 1 (Jer. 38,2)
    ὀλλύντα ▸ 1
        Verb · present · active · participle · masculine · singular · accusative ▸ 1 (Job 34,17)
    ὄλλυνται ▸ 1
        Verb · third · plural · present · middle · indicative ▸ 1 (Prov. 9,18)
    ὄλλυται ▸ 3
        Verb · third · singular · present · middle · indicative ▸ 3 (Prov. 10,28; Prov. 11,7; Prov. 11,7)

ὀλοῦνται ▸ 4
    Verb · third · plural · future · middle · indicative ▸ **4** (Prov. 2,22; Prov. 13,2; Prov. 15,6; Prov. 16,2)
ὀλωλότων ▸ 1
    Verb · perfect · active · participle · masculine · plural · genitive ▸ **1** (Jer. 38,2)
ὤλετο ▸ 7
    Verb · third · singular · aorist · middle · indicative ▸ **7** (Job 4,11; Jer. 10,20; Jer. 30,19; Jer. 31,1; Jer. 31,15; Jer. 31,18; Jer. 31,20)
ὤλοντο ▸ 1
    Verb · third · plural · aorist · middle · indicative ▸ **1** (Jer. 30,4)

ὀλοθρευτής (ὅλος; ὄλλυμι) destroyer (angel) ▸ 1
ὀλοθρευτοῦ ▸ 1
    Noun · masculine · singular · genitive ▸ **1** (1Cor. 10,10)

ὀλοθρεύω (ὅλος; ὄλλυμι) to destroy ▸ 1
ὀλοθρεύων ▸ 1
    Verb · present · active · participle · masculine · singular · nominative ▸ **1** (Heb. 11,28)

ὀλοκαρπόομαι (ὅλος; καρπός) to offer as a burnt offering ▸ 2
ὀλοκαρπούμενον ▸ 1
    Verb · present · passive · participle · masculine · singular · accusative ▸ **1** (4Mac. 18,11)
ὀλοκαρπωθήσονται ▸ 1
    Verb · third · plural · future · passive · indicative ▸ **1** (Sir. 45,14)

ὀλοκάρπωμα (ὅλος; καρπός) whole burnt offering ▸ 4
ὀλοκάρπωμα ▸ 4
    Noun · neuter · singular · accusative · (common) ▸ **4** (Lev. 16,24; Lev. 16,24; Num. 15,3; Wis. 3,6)

ὀλοκάρπωσις (ὅλος; καρπός) whole ▸ 10
ὀλοκαρπώσεις ▸ 1
    Noun · feminine · plural · accusative · (common) ▸ **1** (Gen. 8,20)
ὀλοκαρπώσεως ▸ 1
    Noun · feminine · singular · genitive · (common) ▸ **1** (Gen. 22,6)
ὀλοκαρπώσεώς ▸ 1
    Noun · feminine · singular · genitive · (common) ▸ **1** (Is. 43,23)
ὀλοκάρπωσιν ▸ 7
    Noun · feminine · singular · accusative · (common) ▸ **7** (Gen. 22,2; Gen. 22,3; Gen. 22,7; Gen. 22,8; Gen. 22,13; Lev. 9,3; Is. 40,16)

ὁλόκαυτος (ὅλος; καίω) burnt entirely ▸ 1
ὁλόκαυτος ▸ 1
    Adjective · feminine · singular · nominative · noDegree ▸ **1** (Lev. 6,16)

ὁλοκαύτωμα (ὅλος; καίω) whole burnt offering ▸ 198 + 5 + 3 = 206
ὁλοκαύτωμα ▸ 76 + 4 = 80
    Noun · neuter · singular · accusative · (common) ▸ 70 + 4 = **74** (Ex. 29,18; Lev. 1,6; Lev. 1,10; Lev. 4,35; Lev. 5,7; Lev. 5,10; Lev. 6,18; Lev. 7,2; Lev. 7,8; Lev. 8,18; Lev. 8,21; Lev. 8,28; Lev. 9,2; Lev. 9,12; Lev. 9,13; Lev. 9,14; Lev. 9,16; Lev. 12,6; Lev. 12,8; Lev. 14,19; Lev. 14,20; Lev. 14,22; Lev. 14,31; Lev. 15,15; Lev. 15,30; Lev. 16,3; Lev. 16,5; Lev. 17,4; Lev. 17,8; Lev. 22,18; Lev. 23,12; Lev. 23,25; Lev. 23,27; Num. 6,11; Num. 6,16; Num. 7,15; Num. 7,21; Num. 7,27; Num. 7,33; Num. 7,39; Num. 7,45; Num. 7,51; Num. 7,57; Num. 7,63; Num. 7,69; Num. 7,75; Num. 7,81; Num. 8,12; Num. 15,6; Num. 15,8; Num. 15,24; Num. 28,10; Judg. 6,26; Judg. 6,28; Judg. 11,31; Judg. 13,16; Judg. 13,23; 2Sam. 24,22; 2Sam. 24,24; 1Kings 18,33; 1Kings 18,34; 1Kings 18,38; 2Kings 3,27; 2Kings 5,17; Neh. 10,34; Psa. 39,7; Ezek. 46,12; Ezek. 46,12; Ezek. 46,13; Ezek. 46,15; Judg. 6,26; Judg. 11,31; Judg. 13,16; Judg. 13,23)
    Noun · neuter · singular · nominative · (common) ▸ **6** (Lev. 1,3; Lev. 23,18; Num. 28,6; Num. 28,14; Num. 28,23; Num. 29,6)
ὁλοκαύτωμά ▸ 4
    Noun · neuter · singular · accusative · (common) ▸ **4** (Lev. 9,7; 1Kings 18,29; Judith 16,16; Psa. 19,4)
ὁλοκαυτώμασι ▸ 1
    Noun · neuter · plural · dative · (common) ▸ **1** (Dan. 3,39)
ὁλοκαυτώμασιν ▸ 4 + 1 = 5
    Noun · neuter · plural · dative · (common) ▸ 4 + 1 = **5** (Num. 10,10; Psa. 65,13; Ode. 7,39; Mic. 6,6; Dan. 3,39)
ὁλοκαυτώματα ▸ 84 + 2 = 86
    Noun · neuter · plural · accusative · (common) ▸ 80 + 2 = **82** (Ex. 10,25; Ex. 18,12; Ex. 20,24; Ex. 24,5; Ex. 30,20; Ex. 32,6; Lev. 3,5; Lev. 4,24; Lev. 4,29; Lev. 4,33; Lev. 9,22; Lev. 9,24; Lev. 10,19; Lev. 14,13; Lev. 23,8; Lev. 23,36; Lev. 23,36; Lev. 23,37; Num. 15,3; Num. 28,11; Num. 28,19; Num. 28,27; Num. 29,2; Num. 29,8; Num. 29,13; Num. 29,36; Num. 29,39; Deut. 12,6; Deut. 12,11; Deut. 27,6; Josh. 8,31 # 9,2b; Judg. 20,26; Judg. 21,4; 2Sam. 6,17; 2Kings 10,24; 1Chr. 16,1; 1Chr. 16,2; 1Chr. 16,40; 1Chr. 21,26; 1Chr. 29,21; 2Chr. 2,3; 2Chr. 7,1; 2Chr. 7,7; 2Chr. 7,7; 2Chr. 8,12; 2Chr. 9,4; 2Chr. 13,11; 2Chr. 23,18; 2Chr. 29,7; 2Chr. 30,15; 2Chr. 35,14; 2Chr. 35,16; 1Esdr. 4,52; 1Esdr. 5,49; Ezra 8,35; Judith 16,18; 1Mac. 1,45; 1Mac. 4,56; 1Mac. 5,54; 2Mac. 2,10; Psa. 50,18; Psa. 50,21; Psa. 65,15; Hos. 6,6; Amos 5,22; Jer. 7,21; Jer. 14,12; Jer. 17,26; Bar. 1,10; Ezek. 40,42; Ezek. 43,18; Ezek. 43,24; Ezek. 43,27; Ezek. 44,11; Ezek. 45,15; Ezek. 45,17; Ezek. 45,23; Ezek. 45,25; Ezek. 46,2; Ezek. 46,4; Heb. 10,6; Heb. 10,8)
    Noun · neuter · plural · nominative · (common) ▸ **4** (1Sam. 15,22; Is. 56,7; Jer. 6,20; Ezek. 45,17)
ὁλοκαυτώματά ▸ 4
    Noun · neuter · plural · accusative · (common) ▸ **3** (Deut. 12,13; Deut. 12,14; Deut. 12,27)
    Noun · neuter · plural · nominative · (common) ▸ **1** (Psa. 49,8)
ὁλοκαυτώματος ▸ 3
    Noun · neuter · singular · genitive · (common) ▸ **3** (Lev. 9,17; Num. 28,24; Num. 28,31)
ὁλοκαυτωμάτων ▸ 22 + 1 = 23
    Noun · neuter · plural · genitive · (common) ▸ 22 + 1 = **23** (Ex. 30,28; Lev. 3,2; Lev. 4,7; Lev. 4,25; Lev. 4,25; Lev. 4,30; Lev. 5,12; Lev. 7,37; Num. 23,6; Num. 29,6; Josh. 22,23; 1Chr. 6,34; 1Chr. 16,40; 1Chr. 21,29; 1Chr. 23,31; 2Chr. 4,6; 2Chr. 24,14; 1Mac. 4,53; Is. 1,11; Jer. 7,22; Ezek. 40,40; Ezek. 40,42; Mark 12,33)

ὁλοκαύτωσις (ὅλος; καίω) whole burnt offering ▸ 84 + 3 = 87
ὁλοκαυτώσεις ▸ 16 + 2 = 18
    Noun · feminine · plural · accusative · (common) ▸ 16 + 2 = **18** (1Sam. 6,15; 2Sam. 6,18; 2Sam. 24,25; 1Kings 2,35g; 1Kings 3,15; 2Chr. 24,14; 2Chr. 29,31; 2Chr. 31,3; 2Chr. 31,3; 1Esdr. 5,48; Ezra 3,2; Ezra 3,4; Ezra 3,5; Ezra 3,6; Ezra 6,9; Ezra 8,35; Judg. 20,26; Judg. 21,4)
ὁλοκαυτώσεως ▸ 24
    Noun · feminine · singular · genitive · (common) ▸ **24** (Ex. 29,25; Lev. 4,34; Lev. 4,34; Lev. 6,2; Lev. 7,8; Num. 15,5; Num. 23,17; Num. 28,10; Num. 28,15; Num. 28,23; Num. 29,16; Num. 29,19; Num. 29,22; Num. 29,25; Num. 29,28; Num. 29,31; Num. 29,34; Num. 29,38; 2Kings 16,15; 1Chr. 21,26; 2Chr. 29,18; 2Chr. 29,32; 2Chr. 29,35; 1Mac. 4,44)
ὁλοκαύτωσιν ▸ 36
    Noun · feminine · singular · accusative · (common) ▸ **36** (Lev.

6,3; Lev. 6,5; Num. 6,14; Num. 7,87; Num. 28,3; 1Sam. 6,14; 1Sam. 7,9; 1Sam. 7,10; 1Sam. 10,8; 1Sam. 13,9; 1Sam. 13,9; 1Sam. 13,10; 1Sam. 13,12; 1Sam. 15,12; 1Kings 3,4; 1Kings 8,64; 1Kings 8,64; 1Kings 10,5; 2Kings 10,25; 2Kings 16,13; 2Kings 16,15; 2Kings 16,15; 2Kings 16,15; 1Chr. 21,23; 1Chr. 21,24; 1Chr. 21,26; 1Chr. 22,1; 2Chr. 1,6; 2Chr. 29,27; 2Chr. 29,27; 2Chr. 29,32; 2Chr. 29,34; 2Chr. 31,2; 2Chr. 35,12; Judith 4,14; 1Mac. 7,33)

ὁλοκαύτωσις ▸ 8 + 1 = 9
  Noun · feminine · singular · nominative · (common) ▸ 8 + 1 = 9 (Lev. 6,2; Num. 29,11; 2Chr. 29,24; 2Chr. 29,28; 2Chr. 29,35; Ezra 3,3; Ode. 7,38; Dan. 3,38; Dan. 3,38)

ὁλοκληρία (ὅλος; κληρόω) full health ▸ 1
  ὁλοκληρίαν ▸ 1
    Noun · feminine · singular · accusative ▸ 1 (Acts 3,16)

ὁλόκληρος (ὅλος; κληρόω) sound, whole ▸ 9 + 2 = 11
  ὁλόκληροι ▸ 1
    Adjective · masculine · plural · nominative ▸ 1 (James 1,4)
  ὁλόκληρον ▸ 2 + 1 = 3
    Adjective · feminine · singular · accusative · noDegree ▸ 1 (4Mac. 15,17)
    Adjective · neuter · singular · accusative · noDegree ▸ 1 (Zech. 11,16)
    Adjective · neuter · singular · nominative ▸ 1 (1Th. 5,23)
  ὁλόκληρος ▸ 1
    Adjective · feminine · singular · nominative · noDegree ▸ 1 (Wis. 15,3)
  ὁλοκλήρου ▸ 1
    Adjective · neuter · singular · genitive · noDegree ▸ 1 (Ezek. 15,5)
  ὁλοκλήρους ▸ 4
    Adjective · feminine · plural · accusative · noDegree ▸ 2 (Lev. 23,15; Deut. 16,9)
    Adjective · masculine · plural · accusative · noDegree ▸ 2 (Deut. 27,6; 1Mac. 4,47)
  ὁλοκλήρων ▸ 1
    Adjective · masculine · plural · genitive · noDegree ▸ 1 (Josh. 8,31 # 9,2b)

ὀλολυγμός (ὀλολύζω) loud crying, joyous crying; lamentation ▸ 2
  ὀλολυγμὸς ▸ 2
    Noun · masculine · singular · nominative · (common) ▸ 2 (Zeph. 1,10; Is. 15,8)

ὀλολύζω to moan, wail ▸ 21 + 1 = 22
  ὀλολύζετε ▸ 8
    Verb · second · plural · present · active · imperative ▸ 8 (Is. 13,6; Is. 14,31; Is. 15,2; Is. 15,3; Is. 23,14; Is. 24,11; Is. 52,5; Jer. 31,31)
  Ὀλολύζετε ▸ 1
    Verb · second · plural · present · active · imperative ▸ 1 (Is. 23,1)
  ὀλολύζοντες ▸ 1
    Verb · present · active · participle · masculine · plural · nominative ▸ 1 (James 5,1)
  ὀλολύξατε ▸ 3
    Verb · second · plural · aorist · active · imperative ▸ 3 (Zech. 11,2; Is. 10,10; Is. 23,6)
  ὀλολυξάτω ▸ 1
    Verb · third · singular · aorist · active · imperative ▸ 1 (Zech. 11,2)
  ὀλολύξει ▸ 2
    Verb · third · singular · future · active · indicative ▸ 2 (Amos 8,3; Is. 16,7)
  ὀλολύξετε ▸ 1
    Verb · second · plural · future · active · indicative ▸ 1 (Is. 65,14)
  ὀλόλυξον ▸ 2
    Verb · second · singular · aorist · active · imperative ▸ 2 (Jer. 31,20; Ezek. 21,17)
  ὀλολύξουσιν ▸ 1
    Verb · third · plural · future · active · indicative ▸ 1 (Is. 16,7)
  ὠλόλυζον ▸ 1
    Verb · third · plural · imperfect · active · indicative ▸ 1 (Hos. 7,14)
  ὠλόλυξεν ▸ 1
    Verb · third · singular · aorist · active · indicative ▸ 1 (Jer. 2,23)

ὁλοπόρφυρος (ὅλος; πορφύρα) entirely purple ▸ 2
  ὁλοπόρφυρον ▸ 2
    Adjective · neuter · singular · accusative · noDegree ▸ 2 (Num. 4,7; Num. 4,13)

ὁλορριζεί (ὅλος; ῥίζα) utterly, completely ▸ 1
  ὁλορριζεὶ ▸ 1
    Adverb ▸ 1 (Esth. 13,6 # 3,13f)

ὁλόρριζος (ὅλος; ῥίζα) with the entire root; one and all ▸ 2
  ὁλόρριζοι ▸ 2
    Adjective · masculine · plural · nominative · noDegree ▸ 2 (Prov. 15,6; Job 4,7)

ὅλος whole, all ▸ 256 + 19 + 109 = 384
  ὅλη ▸ 9 + 8 = 17
    Adjective · feminine · singular · nominative · noDegree ▸ 9 + 8 = 17 (Ex. 25,36; Num. 8,4; 2Sam. 14,7; Song 4,7; Wis. 19,6; Nah. 3,1; Zech. 4,2; Is. 9,18; Jer. 6,6; Mark 1,33; John 4,53; Acts 19,27; Acts 21,30; Acts 21,31; 1Cor. 14,23; Rev. 6,12; Rev. 13,3)
  ὅλῃ ▸ 55 + 8 + 14 = 77
    Adjective · feminine · singular · dative · noDegree ▸ 55 + 8 + 14 = 77 (Gen. 41,19; Gen. 41,30; Ex. 5,12; Deut. 18,1; Judg. 7,22; 1Sam. 5,11; 1Sam. 7,3; 1Sam. 12,20; 1Sam. 12,24; 1Sam. 20,6; 1Kings 2,4; 1Kings 2,4; 1Kings 8,23; 1Kings 8,48; 1Kings 8,48; 2Kings 10,31; 2Kings 23,25; 2Kings 23,25; 2Kings 23,25; 2Chr. 6,14; 2Chr. 6,38; 2Chr. 6,38; 2Chr. 22,9; 2Chr. 34,31; 2Chr. 34,31; 2Chr. 35,19b; 2Chr. 35,19b; 2Chr. 35,19b; 1Esdr. 1,30; 1Esdr. 2,1; 1Esdr. 8,23; 1Esdr. 9,3; Tob. 1,12; Tob. 13,6; Tob. 13,6; Psa. 9,2; Psa. 85,12; Psa. 110,1; Psa. 118,2; Psa. 118,10; Psa. 118,34; Psa. 118,58; Psa. 118,69; Psa. 118,145; Psa. 137,1; Ode. 7,41; Prov. 3,5; Sir. 6,26; Sir. 7,27; Sir. 7,29; Sir. 7,30; Is. 10,23; Is. 13,11; Jer. 36,13; Dan. 3,41; Tob. 1,12; Tob. 2,2; Tob. 13,6; Tob. 13,6; Tob. 14,6; Tob. 14,8; Dan. 3,41; Dan. 6,2; Matt. 4,23; Matt. 9,31; Matt. 22,37; Matt. 22,37; Matt. 22,37; Matt. 24,14; Luke 1,65; Luke 7,17; Luke 10,27; Luke 10,27; Luke 10,27; Acts 15,22; 2Cor. 1,1; 1Th. 4,10)
  ὅλην ▸ 96 + 6 + 20 = 122
    Adjective · feminine · singular · accusative · noDegree ▸ 96 + 6 + 20 = 122 (Ex. 10,13; Ex. 10,13; Ex. 14,20; Ex. 14,21; Lev. 6,2; Lev. 13,12; Num. 11,32; Num. 11,32; Num. 11,32; Num. 14,1; Num. 32,15; Josh. 3,15; Josh. 10,9; Judg. 9,45; Judg. 16,2; Judg. 16,2; Judg. 16,16; Judg. 19,25; Judg. 20,37; 1Sam. 14,23; 1Sam. 15,11; 1Sam. 19,24; 1Sam. 19,24; 1Sam. 28,20; 1Sam. 28,20; 1Sam. 31,12; 2Sam. 2,29; 2Sam. 2,29; 2Sam. 2,32; 2Sam. 4,7; 1Kings 8,54; 1Kings 11,13; 1Kings 11,34; Judith 6,21; Judith 7,5; 1Mac. 5,50; 1Mac. 5,50; 2Mac. 2,21; 2Mac. 2,22; 2Mac. 3,14; 2Mac. 4,38; 2Mac. 5,2; Psa. 24,5; Psa. 31,3; Psa. 34,28; Psa. 36,26; Psa. 37,7; Psa. 37,13; Psa. 40,4; Psa. 43,9; Psa. 43,16; Psa. 43,23; Psa. 51,3; Psa. 55,2; Psa. 55,3; Psa. 55,5; Psa. 55,6; Psa. 70,8; Psa. 70,15; Psa. 70,24; Psa. 71,15; Psa. 72,14; Psa. 73,22; Psa. 77,14; Psa. 85,3; Psa. 87,10; Psa. 87,18; Psa. 88,17; Psa. 101,9; Psa. 118,97; Psa. 139,3; Ode. 7,45; Prov. 21,26; Prov.

ὅλος–ὄλυρα

23,17; Prov. 31,18; Hos. 7,6; Hos. 12,2; Is. 10,14; Is. 13,5; Is. 13,9; Is. 14,17; Is. 14,26; Is. 21,8; Is. 28,24; Is. 37,18; Is. 45,9; Is. 62,6; Is. 62,6; Is. 65,2; Lam. 1,13; Lam. 3,3; Lam. 3,14; Lam. 3,62; LetterJ 61; Ezek. 29,2; Dan. 3,45; Judg. 9,45; Judg. 16,2; Judg. 16,2; Judg. 19,25; Tob. 10,7; Dan. 3,45; Matt. 4,24; Matt. 9,26; Matt. 14,35; Matt. 20,6; Matt. 27,27; Mark 1,28; Mark 1,39; Mark 6,55; Mark 15,16; Mark 15,33; Luke 8,39; Luke 23,44; Acts 5,11; Acts 7,11; Acts 11,28; Acts 13,6; Acts 28,30; Rom. 8,36; Rom. 10,21; Rev. 12,9)

ὅλης ▸ 44 + 2 + 18 = 64
  Adjective ▪ feminine ▪ singular ▪ genitive ▪ noDegree ▸ 44 + 2 + 18 = 64 (Gen. 41,43; Ex. 22,7; Ex. 22,10; Num. 4,16; Deut. 4,29; Deut. 4,29; Deut. 6,5; Deut. 6,5; Deut. 6,5; Deut. 10,12; Deut. 10,12; Deut. 11,13; Deut. 11,13; Deut. 13,4; Deut. 13,4; Deut. 26,16; Deut. 26,16; Deut. 30,2; Deut. 30,2; Deut. 30,6; Deut. 30,6; Deut. 30,10; Deut. 30,10; Josh. 4,18; Josh. 22,5; Josh. 22,5; 2Chr. 15,12; 2Chr. 15,12; 2Chr. 15,15; 2Chr. 31,21; Ezra 4,20; 1Mac. 12,27; 2Mac. 2,29; 2Mac. 4,47; 4Mac. 3,7; 4Mac. 7,18; 4Mac. 13,13; Wis. 8,21; Joel 2,12; Zeph. 3,14; Jer. 3,10; Jer. 24,7; Dan. 3,2; Dan. 3,97; Judg. 7,18; Dan. 6,4; Mark 12,30; Mark 12,30; Mark 12,30; Mark 12,30; Mark 12,33; Mark 12,33; Mark 12,33; Luke 4,14; Luke 5,5; Luke 10,27; Luke 23,5; Acts 9,31; Acts 9,42; Acts 10,37; Acts 13,49; Rom. 16,23; Rev. 3,10; Rev. 16,14)

ὅλοις ▸ 2
  Adjective ▪ masculine ▪ plural ▪ dative ▪ noDegree ▸ 1 (2Mac. 6,3)
  Adjective ▪ neuter ▪ plural ▪ dative ▪ noDegree ▸ 1 (2Mac. 7,5)

ὅλον ▸ 24 + 1 + 35 = 60
  Adjective ▪ masculine ▪ singular ▪ accusative ▪ noDegree ▸ 19 + 1 + 13 = 33 (Ex. 28,31; Ex. 29,18; Lev. 4,12; Lev. 4,21; Lev. 8,21; Ruth 2,21; 1Sam. 22,15; 2Sam. 6,11; 1Kings 6,22; 1Kings 7,50; 1Kings 16,11; 2Kings 20,13; Esth. 9,22; 2Mac. 8,18; 4Mac. 7,21; 4Mac. 12,12; Prov. 29,11; Ezek. 41,17; Bel 14; Bel 14; Matt. 16,26; Mark 8,36; Mark 12,44; Mark 14,9; Luke 8,43; Luke 9,25; John 7,23; Acts 2,2; Acts 2,47; Acts 7,10; Acts 11,26; Gal. 5,3; James 2,10)
  Adjective ▪ neuter ▪ singular ▪ accusative ▪ noDegree ▸ 3 + 5 = 8 (Ex. 36,29; Ex. 38,16; Num. 4,6; 1Cor. 5,6; Gal. 5,9; James 3,2; James 3,3; James 3,6)
  Adjective ▪ neuter ▪ singular ▪ nominative ▪ noDegree ▸ 2 + 17 = 19 (Ex. 19,18; 4Mac. 17,17; Matt. 1,22; Matt. 5,29; Matt. 5,30; Matt. 6,22; Matt. 6,23; Matt. 13,33; Matt. 26,56; Matt. 26,59; Mark 14,55; Mark 15,1; Luke 11,34; Luke 11,36; Luke 11,36; Luke 13,21; John 11,50; 1Cor. 12,17; 1Cor. 12,17)

ὅλος ▸ 12 + 4 = 16
  Adjective ▪ masculine ▪ singular ▪ nominative ▪ noDegree ▸ 12 + 4 = 16 (Gen. 25,25; Lev. 25,30; Esth. 15,6 # 5,1c; 4Mac. 11,10; Prov. 17,6a; Prov. 24,31; Song 5,16; Job 21,23; Wis. 11,22; Wis. 17,19; Wis. 18,24; Ezek. 41,19; Matt. 22,40; John 9,34; John 13,10; 1John 5,19)

ὅλου ▸ 6 + 3 = 9
  Adjective ▪ masculine ▪ singular ▪ genitive ▪ noDegree ▸ 2 + 2 = 4 (1Kings 6,10; 2Kings 9,8; John 19,23; 1John 2,2)
  Adjective ▪ neuter ▪ singular ▪ genitive ▪ noDegree ▸ 4 + 1 = 5 (1Sam. 9,21; 1Kings 10,8; 1Mac. 6,18; Ezek. 38,8; Acts 10,22)

ὅλους ▸ 1
  Adjective ▪ masculine ▪ plural ▪ accusative ▸ 1 (Titus 1,11)

ὅλῳ ▸ 5 + 2 + 6 = 13
  Adjective ▪ masculine ▪ singular ▪ dative ▪ noDegree ▸ 3 + 5 = 8 (Gen. 31,35; Num. 12,7; 2Sam. 9,9; Matt. 26,13; Acts 18,8; Rom. 1,8; Heb. 3,2; Heb. 3,5)
  Adjective ▪ neuter ▪ singular ▪ dative ▪ noDegree ▸ 2 + 2 + 1 = 5 (Tob. 13,7; Is. 9,11; Tob. 11,15; Tob. 13,7; Phil. 1,13)

ὅλων ▸ 3
  Adjective ▪ masculine ▪ plural ▪ genitive ▪ noDegree ▸ 2 (2Mac. 14,35; 3Mac. 6,9)
  Adjective ▪ neuter ▪ plural ▪ genitive ▪ noDegree ▸ 1 (3Mac. 2,3)

ὁλοσφύρητος (ὅλος; σφῦρα) of beaten metal ▸ 1
  ὁλοσφύρητον ▸ 1
    Adjective ▪ neuter ▪ singular ▪ nominative ▪ noDegree ▸ 1 (Sir. 50,9)

ὁλοσχερής complete ▸ 1
  ὁλοσχερῆ ▸ 1
    Adjective ▪ feminine ▪ singular ▪ accusative ▪ noDegree ▸ 1 (3Mac. 5,31)

ὁλοσχερῶς (ὁλοσχερής) completely ▸ 2
  ὁλοσχερῶς ▸ 2
    Adverb ▸ 2 (1Esdr. 6,27; Ezek. 22,30)

ὁλοτελής (ὅλος; τέλος) wholly ▸ 1
  ὁλοτελεῖς ▸ 1
    Adjective ▪ masculine ▪ plural ▪ accusative ▸ 1 (1Th. 5,23)

Ὀλοφέρνης Holofernes ▸ 44
  Ὀλοφέρνη ▸ 1
    Noun ▪ masculine ▪ singular ▪ vocative ▪ (proper) ▸ 1 (Judith 5,24)
  Ὀλοφέρνῃ ▸ 2
    Noun ▪ masculine ▪ singular ▪ dative ▪ (proper) ▸ 2 (Judith 5,1; Judith 10,20)
  Ὀλοφέρνην ▸ 3
    Noun ▪ masculine ▪ singular ▪ accusative ▪ (proper) ▸ 3 (Judith 2,4; Judith 3,5; Judith 12,6)
  Ὀλοφέρνης ▸ 17
    Noun ▪ masculine ▪ singular ▪ nominative ▪ (proper) ▸ 17 (Judith 2,14; Judith 4,1; Judith 6,1; Judith 6,10; Judith 6,17; Judith 7,1; Judith 7,6; Judith 10,21; Judith 11,1; Judith 11,22; Judith 12,3; Judith 12,7; Judith 12,10; Judith 12,17; Judith 12,20; Judith 13,2; Judith 14,18)
  Ὀλοφέρνου ▸ 21
    Noun ▪ masculine ▪ singular ▪ genitive ▪ (proper) ▸ 21 (Judith 5,22; Judith 6,17; Judith 7,16; Judith 7,26; Judith 10,13; Judith 10,17; Judith 10,18; Judith 11,20; Judith 12,5; Judith 12,13; Judith 12,15; Judith 12,16; Judith 13,6; Judith 13,9; Judith 13,15; Judith 14,3; Judith 14,6; Judith 14,11; Judith 14,13; Judith 15,11; Judith 16,19)

ὀλοφύρομαι to lament, wail; pity ▸ 3
  ὀλοφυρομένων ▸ 1
    Verb ▪ present ▪ middle ▪ participle ▪ masculine ▪ plural ▪ genitive ▸ 1 (3Mac. 4,2)
  ὠλοφύρετο ▸ 2
    Verb ▪ third ▪ singular ▪ imperfect ▪ middle ▪ indicative ▸ 2 (4Mac. 16,5; 4Mac. 16,12)

Ὀλυμπᾶς Olympas ▸ 1
  Ὀλυμπᾶν ▸ 1
    Noun ▪ masculine ▪ singular ▪ accusative ▪ (proper) ▸ 1 (Rom. 16,15)

Ὀλύμπιος Olympian ▸ 1
  Ὀλυμπίου ▸ 1
    Noun ▪ masculine ▪ singular ▪ genitive ▪ (proper) ▸ 1 (2Mac. 6,2)

ὄλυνθος late fig ▸ 1 + 1 = 2
  ὀλύνθους ▸ 1 + 1 = 2
    Noun ▪ masculine ▪ plural ▪ accusative ▪ (common) ▸ 1 + 1 = 2 (Song 2,13; Rev. 6,13)

ὄλυρα rye grain ▸ 1
  ὄλυραν ▸ 1
    Noun ▪ feminine ▪ singular ▪ accusative ▪ (common) ▸ 1 (Ezek. 4,9)

ὀλύρα rye grain ▸ 1
  ὀλύρα ▸ 1
    Noun · feminine · singular · nominative · (common) ▸ 1 (Ex. 9,32)

ὀλυρίτης (ὀλύρα) rye bread ▸ 1
  ὀλυρίτης ▸ 1
    Noun · masculine · singular · nominative · (common) ▸ 1 (1Kings 19,6)

ὅλως (ὅλος) at all ▸ 4
  ὅλως ▸ 3
    Adverb ▸ 3 (Matt. 5,34; 1Cor. 6,7; 1Cor. 15,29)
  Ὅλως ▸ 1
    Adverb ▸ 1 (1Cor. 5,1)

ὁμαλίζω (ὁμός) to level ▸ 4
  ὁμαλίσῃ ▸ 1
    Verb · third · singular · aorist · active · subjunctive ▸ 1 (Is. 28,25)
  ὁμαλιῶ ▸ 1
    Verb · first · singular · future · active · indicative ▸ 1 (Is. 45,2)
  ὡμάλισαν ▸ 1
    Verb · third · plural · aorist · active · indicative ▸ 1 (Sol. 8,17)
  ὡμαλισμένη ▸ 1
    Verb · perfect · passive · participle · feminine · singular · nominative ▸ 1 (Sir. 21,10)

ὁμαλισμός (ὁμός) leveling ▸ 3
  ὁμαλισμὸν ▸ 3
    Noun · masculine · singular · accusative · (common) ▸ 3 (Sol. 11,4; Mic. 7,12; Bar. 5,7)

Ομαχαθι Maacathites ▸ 1
  Ομαχαθι ▸ 1
    Noun · singular · genitive · (proper) ▸ 1 (Deut. 3,14)

ὄμβρημα (ὄμβρος) rainwater ▸ 1
  ὀμβρήματα ▸ 1
    Noun · neuter · plural · accusative · (common) ▸ 1 (Psa. 77,44)

ὄμβρος rainstorm ▸ 6 + 1 + 1 = 8
  ὄμβροις ▸ 1
    Noun · masculine · plural · dative · (common) ▸ 1 (Wis. 16,16)
  ὄμβρος ▸ 4 + 1 + 1 = 6
    Noun · masculine · singular · nominative · (common) ▸ 4 + 1 + 1 = 6 (Deut. 32,2; Ode. 2,2; Ode. 8,64; Dan. 3,64; Dan. 3,64; Luke 12,54)
  ὄμβρῳ ▸ 1
    Noun · masculine · singular · dative · (common) ▸ 1 (Sir. 49,9)

ὀμείρομαι (ἵμερος) to yearn for ▸ 1 + 1 = 2
  ὀμειρόμενοι ▸ 1
    Verb · present · middle · participle · masculine · plural · nominative ▸ 1 (1Th. 2,8)
  ὀμείρονται ▸ 1
    Verb · third · plural · present · middle · indicative ▸ 1 (Job 3,21)

ὅμηρος hostage; pledge, security ▸ 8
  ὅμηρα ▸ 8
    Noun · neuter · plural · accusative · (common) ▸ 7 (1Mac. 8,7; 1Mac. 9,53; 1Mac. 10,6; 1Mac. 10,9; 1Mac. 11,62; 1Mac. 13,16; Is. 18,2)
    Noun · neuter · plural · nominative · (common) ▸ 1 (1Mac. 1,10)

ὁμιλέω (ὁμός; εἴλω) to associate with; to talk; to have intercourse ▸ 10 + 3 + 4 = 17
  ὁμίλει ▸ 1
    Verb · second · singular · present · active · imperative ▸ 1 (Sir. 11,20)
  ὁμιλεῖν ▸ 1
    Verb · present · active · infinitive ▸ 1 (Luke 24,15)
  ὁμιλεῖτε ▸ 2
    Verb · second · plural · present · active · imperative ▸ 2 (Prov. 23,31; Prov. 23,31)
  ὁμιλείτω ▸ 1
    Verb · third · singular · present · active · imperative ▸ 1 (Prov. 5,19)
  ὁμιλήσαντες ▸ 1
    Verb · aorist · active · participle · masculine · plural · nominative ▸ 1 (Judith 12,12)
  ὁμιλήσας ▸ 1
    Verb · aorist · active · participle · masculine · singular · nominative ▸ 1 (Acts 20,11)
  ὁμιλήσει ▸ 1
    Verb · third · singular · future · active · indicative ▸ 1 (Prov. 15,12)
  ὁμιλοῦντας ▸ 2 + 2 = 4
    Verb · present · active · participle · masculine · plural · accusative ▸ 2 + 2 = 4 (Sus. 37; Sus. 58; Sus. 54; Sus. 58)
  ὡμίλει ▸ 1
    Verb · third · singular · imperfect · active · indicative ▸ 1 (Acts 24,26)
  ὡμίλησεν ▸ 1
    Verb · third · singular · aorist · active · indicative ▸ 1 (Dan. 1,19)
  ὡμίλουν ▸ 1 + 1 = 2
    Verb · third · plural · imperfect · active · indicative ▸ 1 + 1 = 2 (Sus. 57; Luke 24,14)
  ὡμιλοῦσαν ▸ 1
    Verb · third · plural · imperfect · active · indicative ▸ 1 (Sus. 57)

ὁμιλία (ὁμός; εἴλω) company; conversation ▸ 4 + 1 = 5
  ὁμιλίᾳ ▸ 1
    Noun · feminine · singular · dative · (common) ▸ 1 (Prov. 7,21)
  ὁμιλίαι ▸ 1
    Noun · feminine · plural · nominative ▸ 1 (1Cor. 15,33)
  ὁμιλίαν ▸ 1
    Noun · feminine · singular · accusative · (common) ▸ 1 (Ex. 21,10)
  ὁμιλίας ▸ 2
    Noun · feminine · singular · genitive · (common) ▸ 2 (3Mac. 5,18; Wis. 8,18)

ὁμίχλη mist, fog ▸ 10 + 1 = 11
  ὁμίχλαι ▸ 1
    Noun · feminine · plural · nominative ▸ 1 (2Pet. 2,17)
  ὁμίχλη ▸ 4
    Noun · feminine · singular · nominative · (common) ▸ 4 (Job 24,20; Wis. 2,4; Sir. 24,3; Sir. 43,22)
  ὁμίχλῃ ▸ 2
    Noun · feminine · singular · dative · (common) ▸ 2 (Job 38,9; Is. 29,18)
  ὁμίχλην ▸ 2
    Noun · feminine · singular · accusative · (common) ▸ 2 (Psa. 147,5; Amos 4,13)
  ὁμίχλης ▸ 2
    Noun · feminine · singular · genitive · (common) ▸ 2 (Joel 2,2; Zeph. 1,15)

ὄμμα (ὁράω) eye ▸ 10 + 2 = 12
  ὄμμα ▸ 2
    Noun · neuter · singular · accusative · (common) ▸ 2 (Prov. 9,18a; Prov. 23,5)
  ὄμμασιν ▸ 2
    Noun · neuter · plural · dative · (common) ▸ 2 (Prov. 6,4; Prov. 10,26)
  ὄμματα ▸ 2 + 1 = 3

ὄμμα–ὄμνυμι

Noun · neuter · plural · accusative · (common) ▸ 2 + 1 = **3** (4Mac. 5,30; 4Mac. 6,26; Mark 8,23)
ὀμμάτων ▸ 4 + **1** = **5**
Noun · neuter · plural · genitive · (common) ▸ 4 + 1 = **5** (4Mac. 18,21; Prov. 7,2; Wis. 11,18; Wis. 15,15; Matt. 20,34)

Ομμαῖος Emites ▸ **1**
Ομμαίους ▸ **1**
Noun · masculine · plural · accusative · (proper) ▸ **1** (Gen. 14,5)

Ομμιν Emites ▸ **2**
Ομμιν ▸ **2**
Noun · masculine · plural · nominative · (proper) ▸ **2** (Deut. 2,10; Deut. 2,11)

Ομμωθ Ommoth (Heb. nation?) ▸ **1**
Ομμωθ ▸ **1**
Noun · masculine · singular · genitive · (proper) ▸ **1** (Num. 25,15)

ὄμνυμι to swear ▸ 179 + **9** = **188**
ὀμεῖσθε ▸ **1**
Verb · second · plural · future · middle · indicative ▸ **1** (Lev. 19,12)
ὀμεῖται ▸ **1**
Verb · third · singular · future · middle · indicative ▸ **1** (Ex. 22,7)
ὀμῇ ▸ **2**
Verb · second · singular · future · middle · indicative ▸ **2** (Deut. 6,13; Deut. 10,20)
ὀμνύει ▸ **2**
Verb · third · singular · present · active · indicative ▸ **2** (Amos 4,2; Amos 8,7)
ὀμνύειν ▸ **2**
Verb · present · active · infinitive ▸ **2** (Jer. 12,16; Jer. 12,16)
ὀμνύετε ▸ **2**
Verb · second · plural · present · active · indicative ▸ **1** (Jer. 7,9)
Verb · second · plural · present · active · imperative ▸ **1** (Hos. 4,15)
ὀμνυμένων ▸ **1**
Verb · present · middle · participle · neuter · plural · genitive ▸ **1** (Wis. 14,31)
ὀμνύοντας ▸ **3**
Verb · present · active · participle · masculine · plural · accusative ▸ **3** (Zeph. 1,5; Zeph. 1,5; Mal. 3,5)
ὀμνύοντες ▸ **3**
Verb · present · active · participle · masculine · plural · nominative ▸ **3** (Amos 8,14; Is. 48,1; Is. 65,16)
ὀμνύοντος ▸ **1**
Verb · present · active · participle · masculine · singular · genitive ▸ **1** (Zech. 5,4)
ὀμνύουσαι ▸ **1**
Verb · present · active · participle · feminine · plural · nominative ▸ **1** (Is. 19,18)
ὀμνύουσιν ▸ **1**
Verb · third · plural · present · active · indicative ▸ **1** (Jer. 5,2)
ὀμνύω ▸ **2**
Verb · first · singular · present · active · indicative ▸ **2** (Is. 45,23; Bel 7)
ὀμνύων ▸ **4**
Verb · present · active · participle · masculine · singular · nominative ▸ **4** (Psa. 14,4; Psa. 62,12; Eccl. 9,2; Sir. 23,10)
ὀμόσαι ▸ **1**
Verb · aorist · active · infinitive ▸ **1** (1Sam. 20,17)
ὀμόσαντες ▸ **1**
Verb · aorist · active · participle · masculine · plural · nominative ▸ **1** (Wis. 14,29)
ὀμόσατέ ▸ **1**
Verb · second · plural · aorist · active · imperative ▸ **1** (Josh. 2,12)
Ὀμόσατέ ▸ **1** + **1** = **2**
Verb · second · plural · aorist · active · imperative ▸ **1** + **1** = **2** (Judg. 15,12; Judg. 15,12)
Ὀμοσάτω ▸ **1**
Verb · third · singular · aorist · active · imperative ▸ **1** (1Kings 1,51)
ὀμόσῃ ▸ **4**
Verb · third · singular · aorist · active · subjunctive ▸ **4** (Lev. 5,4; Lev. 5,22; Num. 30,3; Jer. 4,2)
Ὄμοσον ▸ **1**
Verb · second · singular · aorist · active · imperative ▸ **1** (1Sam. 30,15)
ὄμοσόν ▸ **2**
Verb · second · singular · aorist · active · imperative ▸ **2** (Gen. 21,23; 1Sam. 24,22)
Ὄμοσόν ▸ **2**
Verb · second · singular · aorist · active · imperative ▸ **2** (Gen. 25,33; Gen. 47,31)
ὀμόσω ▸ **1**
Verb · first · singular · future · active · indicative ▸ **1** (Prov. 30,9)
ὀμοῦμαι ▸ **3**
Verb · first · singular · future · middle · indicative ▸ **3** (Gen. 21,24; Deut. 32,40; Ode. 2,40)
ὀμοῦνται ▸ **1**
Verb · third · plural · future · middle · indicative ▸ **1** (Is. 65,16)
ὀμώμοκα ▸ **2**
Verb · first · singular · perfect · active · indicative ▸ **2** (Psa. 118,106; Ezek. 6,9)
ὀμωμόκαμεν ▸ **1**
Verb · first · plural · perfect · active · indicative ▸ **1** (1Sam. 20,42)
ὀμώμοκεν ▸ **1**
Verb · third · singular · perfect · active · indicative ▸ **1** (Tob. 9,3)
ὤμνυον ▸ **2**
Verb · third · plural · imperfect · active · indicative ▸ **2** (Psa. 101,9; Jer. 5,7)
ὤμοσα ▸ **25** + **1** = **26**
Verb · first · singular · aorist · active · indicative ▸ 25 + 1 = **26** (Gen. 22,16; Gen. 26,3; Ex. 33,1; Num. 14,23; Num. 32,11; Deut. 1,8; Deut. 1,35; Deut. 10,11; Deut. 31,20; Deut. 31,21; Deut. 34,4; Josh. 1,6; 1Sam. 3,14; 2Sam. 19,8; 1Kings 2,8; 1Kings 2,35n; Psa. 88,4; Psa. 88,36; Psa. 94,11; Is. 54,9; Jer. 11,5; Jer. 22,5; Jer. 30,7; Jer. 51,26; Bar. 2,34; Judg. 2,1)
ὤμοσά ▸ **2**
Verb · first · singular · aorist · active · indicative ▸ **2** (1Kings 1,30; Ezek. 16,8)
ὠμόσαμεν ▸ 4 + **2** = **6**
Verb · first · plural · aorist · active · indicative ▸ 4 + 2 = **6** (Josh. 9,19; Josh. 9,20; Judg. 21,7; Judg. 21,18; Judg. 21,7; Judg. 21,18)
ὤμοσαν ▸ **13** + **1** = **14**
Verb · third · plural · aorist · active · indicative ▸ 13 + 1 = **14** (Gen. 21,31; Gen. 26,31; Josh. 9,15; Josh. 9,18; Judg. 15,13; 2Sam. 21,2; 2Sam. 21,17; 2Chr. 15,14; 2Chr. 15,15; 1Esdr. 8,92; Ezra 10,5; 1Mac. 7,18; Wis. 14,30; Judg. 21,1)
ὤμοσας ▸ **10**
Verb · second · singular · aorist · active · indicative ▸ **10** (Ex. 32,13; Num. 11,12; Deut. 9,27; Deut. 26,15; 1Kings 1,13; 1Kings 1,17; Psa. 88,50; Sol. 17,4; Mic. 7,20; Jer. 39,22)
ὤμοσε ▸ **2**

Verb · third · singular · aorist · active · indicative ▸ **2** (Judith 1,12; Dan. 12,7)

ὤμοσεν ▸ **71** + **4** = **75**
  Verb · third · singular · aorist · active · indicative ▸ **71** + **4** = **75** (Gen. 24,9; Gen. 25,33; Gen. 31,53; Gen. 47,31; Gen. 50,24; Ex. 13,5; Ex. 13,11; Lev. 5,24; Num. 14,16; Num. 32,10; Deut. 1,34; Deut. 2,14; Deut. 4,21; Deut. 4,31; Deut. 6,10; Deut. 6,18; Deut. 6,23; Deut. 7,8; Deut. 7,12; Deut. 7,13; Deut. 8,1; Deut. 8,18; Deut. 9,5; Deut. 11,9; Deut. 11,21; Deut. 13,18; Deut. 19,8; Deut. 26,3; Deut. 28,9; Deut. 28,11; Deut. 29,12; Deut. 30,20; Deut. 31,7; Deut. 31,23; Josh. 5,6; Josh. 14,9; Josh. 21,43; Josh. 21,44; Judg. 2,1; Judg. 2,15; Judg. 8,19; Judg. 21,1; 1Sam. 19,6; 1Sam. 24,23; 1Sam. 28,10; 2Sam. 3,9; 2Sam. 3,35; 2Sam. 19,24; 1Kings 1,29; 1Kings 2,23; 2Kings 25,24; Judith 8,9; Tob. 10,7; 1Mac. 6,61; 1Mac. 6,62; 1Mac. 7,15; 1Mac. 7,35; 1Mac. 9,71; 2Mac. 13,23; 2Mac. 14,33; Psa. 23,4; Psa. 109,4; Psa. 131,2; Psa. 131,11; Ode. 9,73; Sir. 23,11; Amos 6,8; Is. 62,8; Jer. 28,14; Jer. 45,16; Jer. 47,9; Judg. 2,15; Tob. 9,3-4; Tob. 10,8; Dan. 12,7)

ὤμοσέν ▸ **1**
  Verb · third · singular · aorist · active · indicative ▸ **1** (Gen. 24,7)

ὀμνύω to swear ▸ **26**
  ὀμνύει ▸ **3**
    Verb · third · singular · present · active · indicative ▸ **3** (Matt. 23,20; Matt. 23,21; Matt. 23,22)
  ὀμνύειν ▸ **1**
    Verb · present · active · infinitive ▸ **1** (Matt. 26,74)
  ὀμνύετε ▸ **1**
    Verb · second · plural · present · active · imperative ▸ **1** (James 5,12)
  ὀμνύναι ▸ **1**
    Verb · aorist · active · infinitive ▸ **1** (Mark 14,71)
  ὀμνύουσιν ▸ **1**
    Verb · third · plural · present · active · indicative ▸ **1** (Heb. 6,16)
  ὀμόσαι ▸ **2**
    Verb · aorist · active · infinitive ▸ **2** (Matt. 5,34; Heb. 6,13)
  ὀμόσας ▸ **3**
    Verb · aorist · active · participle · masculine · singular · nominative ▸ **3** (Matt. 23,20; Matt. 23,21; Matt. 23,22)
  ὀμόσῃ ▸ **4**
    Verb · third · singular · aorist · active · subjunctive ▸ **4** (Matt. 23,16; Matt. 23,16; Matt. 23,18; Matt. 23,18)
  ὀμόσῃς ▸ **1**
    Verb · second · singular · aorist · active · subjunctive ▸ **1** (Matt. 5,36)
  ὤμοσα ▸ **2**
    Verb · first · singular · aorist · active · indicative ▸ **2** (Heb. 3,11; Heb. 4,3)
  ὤμοσεν ▸ **7**
    Verb · third · singular · aorist · active · indicative ▸ **7** (Mark 6,23; Luke 1,73; Acts 2,30; Heb. 3,18; Heb. 6,13; Heb. 7,21; Rev. 10,6)

ὁμοεθνής (ὁμός; ἔθνος) of the same people ▸ **7**
  ὁμοεθνεῖς ▸ **4**
    Adjective · masculine · plural · accusative · noDegree ▸ **4** (2Mac. 12,5; 2Mac. 15,30; 2Mac. 15,31; 3Mac. 4,12)
  ὁμοεθνῆ ▸ **1**
    Adjective · masculine · singular · accusative · noDegree ▸ **1** (3Mac. 7,14)
  ὁμοεθνῶν ▸ **2**
    Adjective · masculine · plural · genitive · noDegree ▸ **2** (2Mac. 4,2; 2Mac. 5,6)

ὁμοζηλία (ὁμός; ζέω) common zeal ▸ **1**
  ὁμοζηλία ▸ **1**
    Noun · feminine · singular · nominative · (common) ▸ **1** (4Mac. 13,25)

ὁμοθυμαδόν (ὁμός; θυμός) of one accord ▸ **36** + **11** = **47**
  ὁμοθυμαδόν ▸ **9**
    Adverb ▸ **9** (Judith 7,29; Judith 13,17; 3Mac. 6,39; Job 6,2; Job 31,38; Job 34,15; Job 40,13; Wis. 10,20; Jer. 26,21)
  ὁμοθυμαδὸν ▸ **27** + **11** = **38**
    Adverb ▸ **27** + **11** = **38** (Ex. 19,8; Num. 24,24; Num. 27,21; 1Esdr. 5,46; 1Esdr. 5,56; 1Esdr. 9,38; Judith 4,12; Judith 15,2; Judith 15,5; Judith 15,9; 3Mac. 4,4; 3Mac. 4,6; 3Mac. 5,50; Job 2,11; Job 3,18; Job 9,32; Job 16,10; Job 17,16; Job 19,12; Job 21,26; Job 24,4; Job 24,17; Job 38,33; Wis. 18,5; Wis. 18,12; Jer. 5,5; Lam. 2,8; Acts 1,14; Acts 2,46; Acts 4,24; Acts 5,12; Acts 7,57; Acts 8,6; Acts 12,20; Acts 15,25; Acts 18,12; Acts 19,29; Rom. 15,6)

ὁμοιοπαθής (ὁμός; πάσχω) similar; of the same nature ▸ **2** + **2** = **4**
  ὁμοιοπαθεῖς ▸ **1** + **1** = **2**
    Adjective · masculine · plural · accusative · noDegree ▸ **1** + **1** = **2** (4Mac. 12,13; Acts 14,15)
  ὁμοιοπαθῆ ▸ **1**
    Adjective · feminine · singular · accusative · noDegree ▸ **1** (Wis. 7,3)
  ὁμοιοπαθής ▸ **1**
    Adjective · masculine · singular · nominative ▸ **1** (James 5,17)

ὅμοιος (ὁμός) like, similar ▸ **86** + **6** + **45** = **137**
  ὅμοια ▸ **18** + **3** = **21**
    Adjective · neuter · plural · accusative · noDegree ▸ **17** + **1** = **18** (Lev. 11,14; Lev. 11,15; Lev. 11,16; Lev. 11,16; Lev. 11,19; Lev. 11,22; Lev. 11,22; Lev. 11,22; Lev. 11,22; Deut. 14,13; Deut. 14,14; Deut. 14,17; Deut. 14,18; Judith 12,3; Wis. 11,14; Sir. 27,9; Ezek. 5,9; Rev. 13,11)
    Adjective · neuter · plural · nominative · noDegree ▸ **1** + **2** = **3** (Prov. 27,19; Gal. 5,21; Rev. 9,7)
  Ὁμοία ▸ **2**
    Adjective · feminine · singular · nominative ▸ **2** (Matt. 13,44; Matt. 20,1)
  ὁμοία ▸ **4** + **1** + **11** = **16**
    Adjective · feminine · singular · nominative · noDegree ▸ **4** + **1** + **11** = **16** (Prov. 19,12; Sol. 13,7; Is. 13,4; Ezek. 16,32; Dan. 3,92; Matt. 11,16; Matt. 13,31; Matt. 13,33; Matt. 13,45; Matt. 13,47; Matt. 22,39; Luke 13,18; Luke 13,19; Luke 13,21; Rev. 4,6; Rev. 18,18)
  ὁμοίᾳ ▸ **1**
    Adjective · feminine · singular · dative · noDegree ▸ **1** (Wis. 18,11)
  ὅμοιαι ▸ **2** + **1** = **3**
    Adjective · feminine · plural · nominative · noDegree ▸ **2** + **1** = **3** (Ezek. 31,8; Ezek. 31,8; Rev. 9,19)
  ὁμοίαν ▸ **2**
    Adjective · feminine · singular · accusative · noDegree ▸ **2** (4Mac. 14,14; Wis. 7,3)
  ὁμοίας ▸ **1**
    Adjective · feminine · plural · accusative ▸ **1** (Rev. 9,10)
  ὅμοιοι ▸ **5** + **1** + **6** = **12**
    Adjective · masculine · plural · nominative · noDegree ▸ **5** + **1** + **6** = **12** (Psa. 113,16; Psa. 134,18; Song 7,2; Is. 23,2; Lam. 1,21; Dan. 1,19; Luke 7,31; Luke 12,36; 1John 3,2; Rev. 1,15; Rev. 2,18; Rev. 9,7)
  ὁμοιοί ▸ **1**
    Adjective · masculine · plural · nominative ▸ **1** (Luke 7,32)
  ὅμοιον ▸ **13** + **3** + **9** = **25**

ὅμοιος–ὁμοίως

Adjective · masculine · singular · accusative · noDegree ▸ 7 + 2 + 3 = 12 (2Sam. 9,8; Tob. 8,6; Job 37,23; Wis. 15,16; Sir. 28,4; Sir. 30,4; Sir. 45,6; Tob. 8,6; Tob. 9,6; Jude 7; Rev. 1,13; Rev. 14,14)

Adjective · neuter · singular · accusative · noDegree ▸ 3 (3Mac. 5,20; Sir. 7,12; Sir. 13,15)

Adjective · neuter · singular · accusative ▸ 1 (Acts 17,29)

Adjective · neuter · singular · nominative · noDegree ▸ 3 + 1 + 5 = 9 (2Chr. 35,18; Job 41,25; Dan. 4,10; Dan. 7,5; Rev. 4,7; Rev. 4,7; Rev. 4,7; Rev. 13,2; Rev. 21,18)

ὅμοιος ▸ 19 + 1 + 8 = 28

Adjective · masculine · singular · nominative · noDegree ▸ 19 + 1 + 8 = 28 (Gen. 2,20; Judg. 8,18; Judg. 8,18; 1Sam. 10,24; 2Kings 18,5; 2Kings 23,25; 2Kings 23,25; 2Chr. 35,19b; 2Chr. 35,19b; Neh. 13,26; Tob. 7,2; 1Mac. 9,29; Psa. 49,21; Prov. 26,4; Sir. 44,19; Joel 2,2; Is. 14,14; Is. 62,7; Dan. 1,19; Tob. 7,2; Luke 6,47; John 8,55; John 9,9; Rev. 4,3; Rev. 4,3; Rev. 11,1; Rev. 13,4; Rev. 21,11)

ὅμοιός ▸ 19 + 3 = 22

Adjective · masculine · singular · nominative · noDegree ▸ 19 + 3 = 22 (Ex. 15,11; Ex. 15,11; Deut. 33,29; 1Kings 3,12; 1Kings 3,13; 2Kings 3,7; 2Kings 3,7; 1Chr. 17,20; 2Chr. 1,12; 2Chr. 6,14; Psa. 34,10; Psa. 70,19; Psa. 85,8; Psa. 88,9; Ode. 1,11; Ode. 1,11; Prov. 26,8; Song 2,9; Sir. 48,4; Matt. 13,52; Luke 6,48; Luke 6,49)

ὁμοίῳ ▸ 2

Adjective · masculine · singular · dative · noDegree ▸ 2 (Job 35,8; Sir. 13,16)

ὁμοίων ▸ 1

Adjective · neuter · plural · genitive · noDegree ▸ 1 (Wis. 16,1)

ὁμοιότης (ὁμός) likeness, resemblance ▸ 4 + 2 = 6

ὁμοιότητα ▸ 4 + 2 = 6

Noun · feminine · singular · accusative · (common) ▸ 4 + 2 = 6 (Gen. 1,11; Gen. 1,12; 4Mac. 15,4; Wis. 14,19; Heb. 4,15; Heb. 7,15)

ὁμοιόω (ὁμός) to make like ▸ 40 + 15 = 55

ὁμοιωθέντες ▸ 1

Verb · aorist · passive · participle · masculine · plural · nominative ▸ 1 (Acts 14,11)

ὁμοιωθῆναι ▸ 1

Verb · aorist · passive · infinitive ▸ 1 (Heb. 2,17)

ὁμοιωθήσεται ▸ 3 + 3 = 6

Verb · third · singular · future · passive · indicative ▸ 3 + 3 = 6 (Psa. 88,7; Sir. 13,1; Sir. 25,11; Matt. 7,24; Matt. 7,26; Matt. 25,1)

ὁμοιωθήσεταί ▸ 2

Verb · third · singular · future · passive · indicative ▸ 2 (Psa. 39,6; Psa. 82,2)

ὁμοιωθήσομαι ▸ 2

Verb · first · singular · future · passive · indicative ▸ 2 (Psa. 27,1; Psa. 142,7)

ὁμοιωθησόμεθα ▸ 1

Verb · first · plural · future · passive · indicative ▸ 1 (Gen. 34,15)

ὁμοιωθήσονται ▸ 1

Verb · third · plural · future · passive · indicative ▸ 1 (Gen. 34,22)

ὁμοιωθῆτε ▸ 1

Verb · second · plural · aorist · passive · subjunctive ▸ 1 (Matt. 6,8)

ὁμοιώθητι ▸ 2

Verb · second · singular · aorist · passive · imperative ▸ 2 (Song 2,17; Song 8,14)

ὁμοιωθῶμεν ▸ 1

Verb · first · plural · aorist · passive · subjunctive ▸ 1 (Gen. 34,23)

ὁμοιῶσαι ▸ 1

Verb · aorist · active · infinitive ▸ 1 (Sir. 38,27)

ὁμοιώσω ▸ 1 + 4 = 5

Verb · first · singular · future · active · indicative ▸ 1 + 4 = 5 (Lam. 2,13; Matt. 11,16; Luke 7,31; Luke 13,18; Luke 13,20)

ὁμοιώσωμεν ▸ 1

Verb · first · plural · aorist · active · subjunctive ▸ 1 (Mark 4,30)

ὡμοιώθη ▸ 8 + 3 = 11

Verb · third · singular · aorist · passive · indicative ▸ 8 + 3 = 11 (1Mac. 3,4; Psa. 48,13; Psa. 48,21; Psa. 143,4; Song 7,8; Hos. 4,6; Zeph. 1,11; Ezek. 31,8; Matt. 13,24; Matt. 18,23; Matt. 22,2)

ὡμοιώθημεν ▸ 1 + 1 = 2

Verb · first · plural · aorist · passive · indicative ▸ 1 + 1 = 2 (Is. 1,9; Rom. 9,29)

ὡμοιώθην ▸ 2

Verb · first · singular · aorist · passive · indicative ▸ 2 (Psa. 101,7; Hos. 12,11)

ὡμοιώθης ▸ 2

Verb · second · singular · aorist · passive · indicative ▸ 2 (Ezek. 31,18; Ezek. 32,2)

ὡμοιωμένοι ▸ 1

Verb · perfect · passive · participle · masculine · plural · nominative ▸ 1 (LetterJ 38)

ὡμοίωσα ▸ 3

Verb · first · singular · aorist · active · indicative ▸ 3 (Wis. 7,9; Sir. 27,24; Hos. 4,5)

ὡμοίωσά ▸ 1

Verb · first · singular · aorist · active · indicative ▸ 1 (Song 1,9)

ὡμοίωσας ▸ 2

Verb · second · singular · aorist · active · indicative ▸ 2 (Sir. 36,11; Ezek. 31,2)

ὡμοιώσατε ▸ 4

Verb · second · plural · aorist · active · indicative ▸ 4 (Is. 40,18; Is. 40,18; Is. 40,25; Is. 46,5)

ὡμοίωσεν ▸ 2

Verb · third · singular · aorist · active · indicative ▸ 2 (Wis. 13,14; Sir. 45,2)

ὁμοίωμα (ὁμός) likeness ▸ 40 + 1 + 6 = 47

ὁμοίωμα ▸ 33 + 1 = 34

Noun · neuter · singular · accusative · (common) ▸ 17 + 1 = 18 (Ex. 20,4; Deut. 4,12; Deut. 4,15; Deut. 4,16; Deut. 4,16; Deut. 4,17; Deut. 4,17; Deut. 4,18; Deut. 4,18; Deut. 4,23; Deut. 4,25; Deut. 5,8; Josh. 22,28; 2Kings 16,10; Is. 40,19; Ezek. 8,3; Ezek. 10,8; Judg. 8,18)

Noun · neuter · singular · nominative · (common) ▸ 16 (1Sam. 6,5; 2Chr. 4,3; Psa. 143,12; Sir. 34,3; Ezek. 1,5; Ezek. 1,5; Ezek. 1,16; Ezek. 1,22; Ezek. 1,26; Ezek. 1,26; Ezek. 8,2; Ezek. 10,1; Ezek. 10,10; Ezek. 10,21; Ezek. 23,15; Dan. 3,92)

ὁμοιώματα ▸ 2 + 1 = 3

Noun · neuter · plural · accusative · (common) ▸ 2 (1Mac. 3,48; Song 1,11)

Noun · neuter · plural · nominative ▸ 1 (Rev. 9,7)

ὁμοιώματι ▸ 2 + 5 = 7

Noun · neuter · singular · dative · (common) ▸ 2 + 5 = 7 (Psa. 105,20; Is. 40,18; Rom. 1,23; Rom. 5,14; Rom. 6,5; Rom. 8,3; Phil. 2,7)

ὁμοιώματος ▸ 3

Noun · neuter · singular · genitive · (common) ▸ 3 (Sir. 38,28; Ezek. 1,26; Ezek. 1,28)

ὁμοίως (ὁμός) likewise ▸ 20 + 1 + 30 = 51

ὁμοίως ▸ 20 + 1 + 27 = 48
    Adverb ▸ 20 + 1 + 27 = **48** (1Chr. 28,16; 1Esdr. 5,66; 1Esdr. 6,29; 1Esdr. 8,20; Esth. 1,18; Tob. 12,3; 2Mac. 10,36; 4Mac. 5,21; 4Mac. 11,15; Psa. 67,7; Prov. 1,27; Prov. 4,18; Job 1,16; Wis. 6,7; Wis. 11,11; Wis. 15,7; Wis. 18,9; Sir. 24,11; Ezek. 14,10; Ezek. 45,11; Tob. 5,15; Matt. 22,26; Matt. 26,35; Matt. 27,41; Mark 15,31; Luke 3,11; Luke 5,10; Luke 5,33; Luke 6,31; Luke 10,32; Luke 10,37; Luke 13,3; Luke 16,25; Luke 17,31; Luke 22,36; John 5,19; John 6,11; John 21,13; Rom. 1,27; 1Cor. 7,3; 1Cor. 7,4; 1Cor. 7,22; Heb. 9,21; James 2,25; 1Pet. 3,7; 1Pet. 5,5; Rev. 2,15; Rev. 8,12)

Ὁμοίως ▸ 3
    Adverb ▸ **3** (Luke 17,28; 1Pet. 3,1; Jude 8)

ὁμοίωσις (ὁμός) likeness ▸ 7 + 1 + 1 = 9
    ὁμοιώσεως ▸ 1
        Noun · feminine · singular · genitive · (common) ▸ **1** (Ezek. 28,12)
    ὁμοίωσιν ▸ 3 + 1 = 4
        Noun · feminine · singular · accusative · (common) ▸ 3 + 1 = **4** (Gen. 1,26; Psa. 57,5; Dan. 7,5; James 3,9)
    ὁμοίωσις ▸ 3 + 1 = 4
        Noun · feminine · singular · nominative · (common) ▸ 3 + 1 = **4** (Ezek. 1,10; Ezek. 10,22; Dan. 10,16; Dan. 10,16)

ὁμολογέω (ὁμός; λέγω) to confess, praise ▸ 11 + 1 + 26 = 38
    ὁμολογεῖ ▸ 2
        Verb · third · singular · present · active · indicative ▸ **2** (1John 4,2; 1John 4,3)
    ὁμολογεῖν ▸ 3
        Verb · present · active · infinitive ▸ **3** (2Mac. 6,6; 4Mac. 6,34; 4Mac. 13,5)
    ὁμολογεῖται ▸ 1
        Verb · third · singular · present · passive · indicative ▸ **1** (Rom. 10,10)
    ὁμολογῆσαι ▸ 1
        Verb · aorist · active · infinitive ▸ **1** (Sir. 4,26)
    ὁμολογήσαντες ▸ 1 + 1 = 2
        Verb · aorist · active · participle · masculine · plural · nominative ▸ 1 + 1 = **2** (Esth. 12,3 # 1,10; Heb. 11,13)
    ὁμολογήσει ▸ 2
        Verb · third · singular · future · active · indicative ▸ **2** (Matt. 10,32; Luke 12,8)
    ὁμολογήσῃ ▸ 3
        Verb · third · singular · aorist · active · subjunctive ▸ **3** (Luke 12,8; John 9,22; 1John 4,15)
    ὁμολογήσῃς ▸ 1
        Verb · second · singular · aorist · active · subjunctive ▸ **1** (Rom. 10,9)
    Ὁμολόγησον ▸ 1
        Verb · second · singular · aorist · active · imperative ▸ **1** (4Mac. 9,16)
    ὁμολογήσω ▸ 1 + 3 = 4
        Verb · first · singular · future · active · indicative ▸ 1 + 3 = **4** (Job 40,14; Matt. 7,23; Matt. 10,32; Rev. 3,5)
    ὁμολογοῦντες ▸ 1 + 1 = 2
        Verb · present · active · participle · masculine · plural · nominative ▸ 1 + 1 = **2** (1Esdr. 5,58; 2John 7)
    ὁμολογούντων ▸ 1
        Verb · present · active · participle · neuter · plural · genitive ▸ **1** (Heb. 13,15)
    ὁμολογοῦσιν ▸ 2
        Verb · third · plural · present · active · indicative ▸ **2** (Acts 23,8; Titus 1,16)
    ὁμολογῶ ▸ 1 + 1 = 2
        Verb · first · singular · present · active · indicative ▸ 1 + 1 = **2** (1Esdr. 4,60; Acts 24,14)
    ὁμολογῶμεν ▸ 1
        Verb · first · plural · present · active · subjunctive ▸ **1** (1John 1,9)
    ὁμολογῶν ▸ 1
        Verb · present · active · participle · masculine · singular · nominative ▸ **1** (1John 2,23)
    ὡμολογήσαμεν ▸ 1
        Verb · first · plural · aorist · active · indicative ▸ **1** (Jer. 51,25)
    ὡμολόγησαν ▸ 1 + 1 = 2
        Verb · third · plural · aorist · active · indicative ▸ 1 + 1 = **2** (Wis. 18,13; Sus. 14)
    ὡμολόγησας ▸ 1
        Verb · second · singular · aorist · active · indicative ▸ **1** (1Tim. 6,12)
    ὡμολόγησεν ▸ 4
        Verb · third · singular · aorist · active · indicative ▸ **4** (Matt. 14,7; John 1,20; John 1,20; Acts 7,17)
    ὡμολόγουν ▸ 1
        Verb · third · plural · imperfect · active · indicative ▸ **1** (John 12,42)

ὁμολογία (ὁμός; λέγω) confession; vow ▸ 7 + 6 = 13
    ὁμολογίαις ▸ 1
        Noun · feminine · plural · dative · (common) ▸ **1** (Jer. 51,25)
    ὁμολογίαν ▸ 3 + 3 = 6
        Noun · feminine · singular · accusative · (common) ▸ 3 + 3 = **6** (Lev. 22,18; 1Esdr. 9,8; Ezek. 46,12; 1Tim. 6,12; 1Tim. 6,13; Heb. 10,23)
    ὁμολογίας ▸ 3 + 3 = 6
        Noun · feminine · plural · accusative · (common) ▸ 3 + 3 = **6** (Deut. 12,17; Amos 4,5; Jer. 51,25; 2Cor. 9,13; Heb. 3,1; Heb. 4,14)

ὁμόλογος (ὁμός; λέγω) confessing; agreeing, correspondent ▸ 1
    ὁμολόγους ▸ 1
        Adjective · masculine · plural · accusative · noDegree ▸ **1** (Sus. 60-62)

ὁμολογουμένως (ὁμός; λέγω) confessedly, undeniably ▸ 3 + 1 = 4
    ὁμολογουμένως ▸ 2 + 1 = 3
        Adverb ▸ 2 + 1 = **3** (4Mac. 7,16; 4Mac. 16,1; 1Tim. 3,16)
    Ὁμολογουμένως ▸ 1
        Adverb ▸ **1** (4Mac. 6,31)

ὁμολόγως (ὁμός; λέγω) willingly, openly ▸ 1
    ὁμολόγως ▸ 1
        Adverb ▸ **1** (Hos. 14,5)

ὁμομήτριος (ὁμός; μήτηρ) with the same mother ▸ 2
    ὁμομήτριον ▸ 2
        Adjective · masculine · singular · accusative · noDegree ▸ **2** (Gen. 43,16; Gen. 43,29)

ὁμονοέω (ὁμός; νοῦς) to agree ▸ 3
    ὁμονοοῦντας ▸ 1
        Verb · present · active · participle · masculine · plural · accusative ▸ **1** (Lev. 20,5)
    ὁμονοοῦντες ▸ 1
        Verb · present · active · participle · masculine · plural · nominative ▸ **1** (Dan. 2,43)
    ὁμονοούντων ▸ 1
        Verb · present · active · participle · masculine · plural · genitive ▸ **1** (Esth. 14,13 # 4,17s)

ὁμόνοια (ὁμός; νοῦς) harmony ▸ 7
  ὁμόνοια ▸ 1
    Noun · feminine · singular · nominative · (common) ▸ 1 (Sir. 25,1)
  ὁμονοίᾳ ▸ 4
    Noun · feminine · singular · dative · (common) ▸ 4 (Psa. 54,15; Psa. 82,6; Wis. 10,5; Wis. 18,9)
  ὁμόνοιαν ▸ 2
    Noun · feminine · singular · accusative · (common) ▸ 2 (4Mac. 3,21; 4Mac. 13,25)
ὁμοπάτριος (ὁμός; πατήρ) with the same father ▸ 1
  ὁμοπατρία ▸ 1
    Adjective · feminine · singular · nominative · noDegree ▸ 1 (Lev. 18,11)
ὁμορέω (ὁμός; ὅρος 2nd homograph) to border on ▸ 3
  ὁμοροῦντάς ▸ 1
    Verb · present · active · participle · masculine · plural · accusative ▸ 1 (Ezek. 16,26)
  ὁμοροῦντες ▸ 1
    Verb · present · active · participle · masculine · plural · nominative ▸ 1 (1Chr. 12,41)
  ὁμορούσας ▸ 1
    Verb · present · active · participle · feminine · plural · accusative ▸ 1 (Jer. 27,40)
ὅμορος (ὁμός; ὅρος 2nd homograph) neighboring ▸ 2
  ὅμορα ▸ 1
    Adjective · neuter · plural · nominative · noDegree ▸ 1 (Num. 35,5)
  ὁμόρους ▸ 1
    Adjective · masculine · plural · accusative · noDegree ▸ 1 (2Chr. 21,16)
ὁμός together ▸ 1
  ὁμοῦ ▸ 1
    Adjective · masculine · singular · genitive · noDegree ▸ 1 (Job 34,29)
ὁμόσπονδος (ὁμός; σπένδω) sharing a cup ▸ 1
  ὁμοσπόνδους ▸ 1
    Adjective · masculine · plural · accusative · noDegree ▸ 1 (3Mac. 3,7)
ὁμότεχνος (ὁμός; τίκτω) having the same trade ▸ 1
  ὁμότεχνον ▸ 1
    Adjective · neuter · singular · accusative ▸ 1 (Acts 18,3)
ὁμοῦ (ὁμός) together ▸ 14 + 4 = 18
  ὁμοῦ ▸ 14 + 4 = 18
    Adverb · (place) ▸ 14 + 4 = 18 (2Mac. 8,14; 2Mac. 10,15; 2Mac. 11,7; 2Mac. 11,9; 2Mac. 13,12; 3Mac. 3,26; 3Mac. 4,13; 3Mac. 5,5; 3Mac. 5,21; 4Mac. 8,29; 4Mac. 13,13; 4Mac. 15,12; Wis. 7,11; Sir. 22,23; John 4,36; John 20,4; John 21,2; Acts 2,1)
Ομουσι Mushi ▸ 2
  Ομουσι ▸ 2
    Noun · masculine · singular · nominative · (proper) ▸ 2 (Ex. 6,19; 1Chr. 6,4)
ὁμόφρων (ὁμός; φρήν) of one mind ▸ 1
  ὁμόφρονες ▸ 1
    Adjective · masculine · plural · nominative ▸ 1 (1Pet. 3,8)
ὁμόφυλος (ὁμός; φύω) countryman ▸ 2
  ὁμοφύλους ▸ 2
    Adjective · masculine · plural · accusative · noDegree ▸ 2 (2Mac. 4,10; 3Mac. 3,21)
ὁμόψηφος (ὁμός; ψάω) agreeing, voting ▸ 1
  ὁμοψήφου ▸ 1
    Adjective · feminine · singular · genitive · noDegree ▸ 1 (2Mac. 14,20)
ὁμόψυχος (ὁμός; ψύχω) of one mind ▸ 1
  ὁμόψυχον ▸ 1
    Adjective · feminine · singular · accusative · noDegree ▸ 1 (4Mac. 14,20)
ὀμφακίζω (ὄμφαξ) to bear bad grapes ▸ 1
  ὀμφακίζουσα ▸ 1
    Verb · aorist · middle · participle · feminine · singular · nominative ▸ 1 (Is. 18,5)
ὀμφαλός navel ▸ 4 + 1 = 5
  ὀμφαλὸν ▸ 1
    Noun · masculine · singular · accusative · (common) ▸ 1 (Ezek. 38,12)
  ὀμφαλός ▸ 1
    Noun · masculine · singular · nominative · (common) ▸ 1 (Song 7,3)
  ὀμφαλοῦ ▸ 2 + 1 = 3
    Noun · masculine · singular · genitive · (common) ▸ 2 + 1 = 3 (Judg. 9,37; Job 40,16; Judg. 9,37)
ὄμφαξ unripe grape ▸ 6
  ὄμφακα ▸ 3
    Noun · feminine · singular · accusative · (common) ▸ 2 (Jer. 38,29; Ezek. 18,2)
    Noun · masculine · singular · accusative · (common) ▸ 1 (Jer. 38,30)
  ὄμφαξ ▸ 3
    Noun · feminine · singular · nominative · (common) ▸ 3 (Prov. 10,26; Job 15,33; Is. 18,5)
ὅμως (ὁμός) yet, nevertheless; likewise ▸ 6 + 3 = 9
  ὅμως ▸ 6 + 3 = 9
    Adverb ▸ 6 (2Mac. 2,27; 2Mac. 14,18; 2Mac. 15,5; 4Mac. 13,27; 4Mac. 15,11; Wis. 13,6)
    Particle ▸ 3 (John 12,42; 1Cor. 14,7; Gal. 3,15)
ὄναγρος (ὄνος; ἀγρός) wild donkey ▸ 2 + 1 = 3
  ὄναγροι ▸ 2
    Noun · masculine · plural · nominative · (common) ▸ 2 (Psa. 103,11; Sir. 13,19)
  ὀνάγρων ▸ 1
    Noun · masculine · plural · genitive · (common) ▸ 1 (Dan. 5,21)
ὄναρ dream ▸ 6
  ὄναρ ▸ 6
    Noun · neuter · singular · accusative ▸ 6 (Matt. 1,20; Matt. 2,12; Matt. 2,13; Matt. 2,19; Matt. 2,22; Matt. 27,19)
ὀνάριον (ὄνος) young donkey ▸ 1
  ὀνάριον ▸ 1
    Noun · neuter · singular · accusative ▸ 1 (John 12,14)
Ονειας Onias ▸ 2
  Ονιαν ▸ 2
    Noun · masculine · singular · accusative · (proper) ▸ 2 (4Mac. 4,1; 4Mac. 4,16)
ὀνειδίζω (ὄνειδος) to reproach ▸ 55 + 3 + 9 = 67
  ὀνειδιεῖ ▸ 2
    Verb · third · singular · future · active · indicative ▸ 2 (Psa. 73,10; Sir. 18,18)
  ὀνείδιζε ▸ 2
    Verb · second · singular · present · active · imperative ▸ 2 (Sir. 8,5; Sir. 41,25)
  ὀνειδίζει ▸ 2
    Verb · third · singular · present · active · indicative ▸ 2 (Wis. 2,12; LetterJ 43)

ὀνειδίζειν ▸ 7 + 1 = 8
    Verb · present · active · infinitive ▸ 7 + 1 = **8** (2Kings 19,4; 2Kings 19,16; 2Chr. 32,17; 3Mac. 7,8; Is. 37,4; Is. 37,4; Is. 37,17; Matt. 11,20)
ὀνειδίζεσθε ▸ 1
    Verb · second · plural · present · passive · indicative ▸ **1** (1Pet. 4,14)
ὀνειδιζόμενος ▸ 1
    Verb · present · passive · participle · masculine · singular · nominative ▸ **1** (Prov. 20,4)
ὀνειδίζοντος ▸ 1 + 1 = 2
    Verb · present · active · participle · masculine · singular · genitive ▸ 1 + 1 = **2** (Psa. 43,17; James 1,5)
ὀνειδιζόντων ▸ 1 + 1 = 2
    Verb · present · active · participle · masculine · plural · genitive ▸ 1 + 1 = **2** (Psa. 68,10; Rom. 15,3)
ὀνειδίζουσαν ▸ 1
    Verb · present · active · participle · feminine · singular · accusative ▸ **1** (2Mac. 7,24)
ὀνειδίζουσί ▸ 1
    Verb · present · active · participle · masculine · plural · dative ▸ **1** (Psa. 118,42)
ὀνειδίζων ▸ 2
    Verb · present · active · participle · masculine · singular · nominative ▸ **2** (Sir. 22,20; Is. 27,8)
ὀνειδίσαι ▸ 1
    Verb · aorist · active · infinitive ▸ **1** (2Sam. 23,9)
ὀνειδίσας ▸ 1
    Verb · aorist · active · participle · masculine · singular · nominative ▸ **1** (Judg. 5,18)
ὀνειδίσει ▸ 1
    Verb · third · singular · future · active · indicative ▸ **1** (Sir. 20,15)
ὀνειδίσῃ ▸ 2
    Verb · third · singular · aorist · active · subjunctive ▸ **2** (Prov. 25,8; Prov. 25,10)
ὀνειδισθῆναι ▸ 1
    Verb · aorist · passive · infinitive ▸ **1** (Tob. 3,7)
ὀνειδισθήσονται ▸ 1
    Verb · third · plural · future · passive · indicative ▸ **1** (Sir. 41,7)
ὀνειδίσωσιν ▸ 1 + 2 = 3
    Verb · third · plural · aorist · active · subjunctive ▸ 1 + 2 = **3** (Tob. 3,10; Matt. 5,11; Luke 6,22)
ὀνειδίσωσίν ▸ 1
    Verb · third · plural · aorist · active · subjunctive ▸ **1** (Neh. 6,13)
ὠνείδιζον ▸ 1 + 2 = 3
    Verb · third · plural · imperfect · active · indicative ▸ 1 + 2 = **3** (Zeph. 2,8; Matt. 27,44; Mark 15,32)
ὠνείδιζόν ▸ 1
    Verb · third · plural · imperfect · active · indicative ▸ **1** (Psa. 101,9)
ὠνείδισα ▸ 2
    Verb · first · singular · aorist · active · indicative ▸ **2** (1Sam. 17,10; Is. 43,12)
ὠνείδισαν ▸ 4
    Verb · third · plural · aorist · active · indicative ▸ **4** (Psa. 34,7; Psa. 88,52; Psa. 88,52; Zeph. 2,10)
Ὠνείδισαν ▸ 1
    Verb · third · plural · aorist · active · indicative ▸ **1** (Sol. 2,19)
ὠνείδισάν ▸ 4
    Verb · third · plural · aorist · active · indicative ▸ **4** (Psa. 41,11; Psa. 78,12; Is. 37,6; Is. 65,7)
ὠνείδισας ▸ 5
    Verb · second · singular · aorist · active · indicative ▸ **5** (1Sam. 17,45; 2Kings 19,22; 2Kings 19,23; Is. 37,23; Is. 37,24)
ὠνειδίσατέ ▸ 1 + 1 = 2
    Verb · second · plural · aorist · active · indicative ▸ 1 + 1 = **2** (Judg. 8,15; Judg. 8,15)
ὠνείδισεν ▸ 5 + 1 + 1 = 7
    Verb · third · singular · aorist · active · indicative ▸ 5 + 1 + 1 = **7** (1Sam. 17,36; 2Sam. 21,21; 1Chr. 20,7; Psa. 73,18; Sir. 43,17; Judg. 5,18; Mark 16,14)
ὠνείδισέν ▸ 1
    Verb · third · singular · aorist · active · indicative ▸ **1** (Psa. 54,13)
ὠνειδίσθη ▸ 1
    Verb · third · singular · aorist · passive · indicative ▸ **1** (Jer. 15,9)
ὠνειδίσθης ▸ 1
    Verb · second · singular · aorist · passive · indicative ▸ **1** (Is. 54,4)
ὀνείδισμα (ὄνειδος) insult, reproach, blame ▸ 1
    ὀνείδισμα ▸ 1
        Noun · neuter · singular · accusative · (common) ▸ **1** (Ezek. 36,3)
ὀνειδισμός (ὄνειδος) disgrace, insult ▸ 73 + 12 + 5 = 90
    ὀνειδισμοί ▸ 1 + 1 = 2
        Noun · masculine · plural · nominative · (common) ▸ 1 + 1 = **2** (Psa. 68,10; Rom. 15,3)
    ὀνειδισμοί ▸ 1
        Noun · masculine · plural · nominative · (common) ▸ **1** (Is. 47,3)
    ὀνειδισμοῖς ▸ 1
        Noun · masculine · plural · dative ▸ **1** (Heb. 10,33)
    ὀνειδισμόν ▸ 11 + 1 = 12
        Noun · masculine · singular · accusative · (common) ▸ 11 + 1 = **12** (Tob. 3,13; Tob. 3,15; 1Mac. 1,39; Psa. 68,8; Psa. 68,20; Psa. 118,39; Sir. 42,14; Zeph. 3,18; Is. 43,28; Jer. 6,10; Dan. 12,2; Tob. 3,15)
    ὀνειδισμὸν ▸ 35 + 3 + 3 = 41
        Noun · masculine · singular · accusative · (common) ▸ 35 + 3 + 3 = **41** (Josh. 5,9; Neh. 3,36; Judith 4,12; Judith 5,21; 1Mac. 10,70; Psa. 14,3; Psa. 68,11; Psa. 68,21; Psa. 78,12; Sir. 29,23; Sir. 47,4; Hos. 12,15; Joel 2,19; Is. 4,1; Is. 51,7; Jer. 15,15; Jer. 20,8; Jer. 23,40; Jer. 24,9; Jer. 25,9; Jer. 28,51; Jer. 30,7; Jer. 38,19; Jer. 49,18; Jer. 51,8; Jer. 51,12; Bar. 2,4; Bar. 3,8; Lam. 3,61; Lam. 5,1; Ezek. 21,33; Ezek. 34,29; Ezek. 36,30; Dan. 9,16; Dan. 11,18; Tob. 3,4; Dan. 9,16; Dan. 12,2; 1Tim. 3,7; Heb. 11,26; Heb. 13,13)
    ὀνειδισμός ▸ 1
        Noun · masculine · singular · nominative · (common) ▸ **1** (Tob. 8,10)
    ὀνειδισμὸς ▸ 3 + 1 = 4
        Noun · masculine · singular · nominative · (common) ▸ 3 + 1 = **4** (1Mac. 4,58; Sir. 27,28; Sir. 29,28; Dan. 11,18)
    ὀνειδισμοῦ ▸ 15 + 1 = 16
        Noun · masculine · singular · genitive · (common) ▸ 15 + 1 = **16** (1Sam. 25,39; Neh. 5,9; Tob. 3,4; Psa. 88,51; Wis. 5,4; Sir. 6,9; Sir. 22,22; Sir. 23,15; Sir. 31,31; Sir. 41,25; Is. 37,3; Jer. 12,13; LetterJ 72; Dan. 9,2; Dan. 11,18; Dan. 11,18)
    ὀνειδισμούς ▸ 2
        Noun · masculine · plural · accusative · (common) ▸ **2** (Tob. 3,6; Tob. 3,13)
    ὀνειδισμοὺς ▸ 4 + 3 = 7
        Noun · masculine · plural · accusative · (common) ▸ 4 + 3 = **7** (Tob. 3,6; Zeph. 2,8; Ezek. 36,6; Ezek. 36,15; Tob. 3,6; Tob. 3,7; Tob. 3,10)
    ὀνειδισμῷ ▸ 1

ὀνειδισμός–ὄνομα

Noun ▪ masculine ▪ singular ▪ dative ▪ (common) ▸ **1** (Neh. 1,3)
ὀνειδισμῶν ▸ 2
Noun ▪ masculine ▪ plural ▪ genitive ▪ (common) ▸ **2** (Psa. 73,22; Lam. 3,30)

ὄνειδος object of reproach; disgrace ▸ 52 + 1 + 1 = 54
ὀνείδει ▸ 2
Noun ▪ neuter ▪ singular ▪ dative ▪ (common) ▸ **2** (Job 19,5; Job 19,7)
ὀνείδη ▸ 3
Noun ▪ neuter ▪ plural ▪ accusative ▪ (common) ▸ **3** (Prov. 3,31; Mic. 2,6; Mic. 6,16)
ὄνειδος ▸ 44 + 1 = 45
Noun ▪ neuter ▪ singular ▪ accusative ▪ (common) ▸ **26** (Gen. 30,23; 1Sam. 11,2; 1Sam. 17,36; Judith 1,14; Judith 8,22; Judith 9,2; 1Mac. 4,45; Psa. 38,9; Psa. 43,14; Psa. 56,4; Psa. 77,66; Psa. 118,22; Psa. 151,7; Prov. 26,6; Sir. 3,11; Sir. 5,15; Sir. 41,6; Joel 2,17; Is. 25,8; Is. 30,3; Is. 30,5; Is. 30,6; Is. 54,4; Is. 59,18; LetterJ 47; Ezek. 22,4)
Noun ▪ neuter ▪ singular ▪ nominative ▪ (common) ▸ 18 + 1 = **19** (Gen. 34,14; Neh. 2,17; Tob. 3,10; Psa. 21,7; Psa. 30,12; Psa. 78,4; Psa. 88,42; Psa. 108,25; Psa. 122,4; Ode. 7,33; Prov. 6,33; Prov. 18,3; Prov. 18,13; Prov. 19,6; Sir. 23,26; LetterJ 71; Ezek. 16,57; Dan. 3,33; Dan. 3,33)
ὀνειδός ▸ 2 + 1 = 3
Noun ▪ neuter ▪ singular ▪ accusative ▪ (common) ▸ 1 + 1 = **2** (2Sam. 13,13; Luke 1,25)
Noun ▪ neuter ▪ singular ▪ nominative ▪ (common) ▸ **1** (Lev. 20,17)
ὀνείδους ▸ 1
Noun ▪ neuter ▪ singular ▪ genitive ▪ (common) ▸ **1** (4Mac. 5,9)

ὄνειρος (ὄναρ) dream ▸ 4
ὄνειροι ▸ 1
Noun ▪ masculine ▪ plural ▪ nominative ▪ (common) ▸ **1** (Wis. 18,19)
ὄνειρον ▸ 1
Noun ▪ masculine ▪ singular ▪ accusative ▪ (common) ▸ **1** (2Mac. 15,11)
ὀνείρῳ ▸ 1
Noun ▪ masculine ▪ singular ▪ dative ▪ (common) ▸ **1** (4Mac. 6,5)
ὀνείρων ▸ 1
Noun ▪ masculine ▪ plural ▪ genitive ▪ (common) ▸ **1** (Wis. 18,17)

Ὀνήσιμος Onesimus ▸ 2
Ὀνήσιμον ▸ 1
Noun ▪ masculine ▪ singular ▪ accusative ▪ (proper) ▸ **1** (Philem. 10)
Ὀνησίμῳ ▸ 1
Noun ▪ masculine ▪ singular ▪ dative ▪ (proper) ▸ **1** (Col. 4,9)

ὄνησις (ὀνίνημι) profit, advantage, enjoyment ▸ 1
ὄνησιν ▸ 1
Noun ▪ feminine ▪ singular ▪ accusative ▪ (common) ▸ **1** (Zech. 8,10)

Ὀνησίφορος Onesiphorus ▸ 2
Ὀνησιφόρου ▸ 2
Noun ▪ masculine ▪ singular ▪ genitive ▪ (proper) ▸ **2** (2Tim. 1,16; 2Tim. 4,19)

Ονιας Onias ▸ 21
Ονια ▸ 3
Noun ▪ masculine ▪ singular ▪ dative ▪ (proper) ▸ **3** (1Mac. 12,19; 1Mac. 12,20; 2Mac. 3,33)
Ονιαν ▸ 11
Noun ▪ masculine ▪ singular ▪ accusative ▪ (proper) ▸ **11** (1Mac. 12,7; 2Mac. 3,5; 2Mac. 3,31; 2Mac. 3,35; 2Mac. 4,1; 2Mac. 4,34; 2Mac. 4,34; 2Mac. 4,36; 2Mac. 4,38; 2Mac. 15,12; 2Mac. 15,14)
Ονιας ▸ 4
Noun ▪ masculine ▪ singular ▪ nominative ▪ (proper) ▸ **4** (1Mac. 12,8; 2Mac. 4,4; 2Mac. 4,33; 4Mac. 4,13)
Ονιου ▸ 3
Noun ▪ masculine ▪ singular ▪ genitive ▪ (proper) ▸ **3** (2Mac. 3,1; 2Mac. 4,7; Sir. 50,1)

ὀνικός (ὄνος) to a donkey ▸ 2
ὀνικὸς ▸ 2
Adjective ▪ masculine ▪ singular ▪ nominative ▸ **2** (Matt. 18,6; Mark 9,42)

ὀνίνημι to benefit, have joy ▸ 2 + 1 = 3
ὀναίμην ▸ 1
Verb ▪ first ▪ singular ▪ aorist ▪ middle ▪ optative ▸ **1** (Philem. 20)
ὀνήσεται ▸ 1
Verb ▪ third ▪ singular ▪ future ▪ middle ▪ indicative ▸ **1** (Sir. 30,2)
ὠνάσθης ▸ 1
Verb ▪ second ▪ singular ▪ aorist ▪ passive ▪ indicative ▸ **1** (Tob. 3,8)

Οννομ Hinnom ▸ 1
Οννομ ▸ 1
Noun ▪ singular ▪ genitive ▪ (proper) ▸ **1** (Josh. 18,16)

ὀνοκένταυρος (ὄνος; κένταυρος) donkey centaur ▸ 4
ὀνοκένταυροι ▸ 3
Noun ▪ masculine ▪ plural ▪ nominative ▪ (common) ▸ **3** (Is. 13,22; Is. 34,11; Is. 34,14)
ὀνοκενταύροις ▸ 1
Noun ▪ masculine ▪ plural ▪ dative ▪ (common) ▸ **1** (Is. 34,14)

Ονομ Hinnom ▸ 2
Ονομ ▸ 2
Noun ▪ singular ▪ genitive ▪ (proper) ▸ **2** (Josh. 15,8; Josh. 15,8)

ὄνομα name ▸ 995 + 54 + 230 = 1279
ὄνομα ▸ 517 + 40 + 82 = 639
Noun ▪ neuter ▪ singular ▪ accusative ▪ (common) ▸ 267 + 21 + 52 = **340** (Gen. 2,13; Gen. 3,20; Gen. 4,25; Gen. 4,26; Gen. 4,26; Gen. 5,2; Gen. 5,3; Gen. 5,29; Gen. 11,4; Gen. 13,4; Gen. 16,11; Gen. 16,13; Gen. 16,15; Gen. 17,19; Gen. 19,22; Gen. 19,37; Gen. 19,38; Gen. 21,3; Gen. 21,31; Gen. 21,33; Gen. 22,14; Gen. 25,13; Gen. 25,25; Gen. 25,26; Gen. 26,20; Gen. 26,21; Gen. 26,22; Gen. 26,25; Gen. 26,33; Gen. 28,19; Gen. 29,13; Gen. 29,16; Gen. 29,32; Gen. 29,33; Gen. 29,34; Gen. 29,35; Gen. 30,6; Gen. 30,8; Gen. 30,11; Gen. 30,13; Gen. 30,18; Gen. 30,20; Gen. 30,21; Gen. 30,24; Gen. 32,3; Gen. 32,31; Gen. 33,17; Gen. 35,7; Gen. 35,8; Gen. 35,15; Gen. 35,18; Gen. 38,3; Gen. 38,4; Gen. 38,5; Gen. 38,29; Gen. 38,30; Gen. 41,45; Gen. 41,51; Gen. 41,52; Gen. 50,11; Ex. 2,10; Ex. 2,22; Ex. 16,31; Ex. 17,7; Ex. 17,15; Ex. 20,7; Ex. 20,7; Ex. 23,13; Ex. 28,21; Lev. 18,21; Lev. 19,12; Lev. 20,3; Lev. 21,6; Lev. 21,9; Lev. 22,2; Lev. 22,32; Lev. 24,11; Lev. 24,16; Lev. 24,16; Num. 17,17; Num. 17,18; Num. 21,3; Deut. 5,11; Deut. 5,11; Deut. 7,24; Deut. 9,14; Deut. 12,5; Deut. 12,11; Deut. 12,21; Deut. 12,26; Deut. 14,23; Deut. 14,24; Deut. 16,2; Deut. 16,6; Deut. 16,11; Deut. 17,8; Deut. 17,10; Deut. 22,14; Deut. 22,19; Deut. 25,7; Deut. 25,19; Deut. 26,2; Deut. 28,58; Deut. 29,19; Deut. 32,3; Josh. 5,9; Josh. 9,9; Josh. 19,48; Judg. 1,17; Judg. 1,26; Judg. 8,31; Judg. 13,6; Judg. 13,24; Judg. 18,29; Judg. 18,29; Ruth 4,5; Ruth 4,10; Ruth 4,17; Ruth 4,17; 1Sam. 1,20; 1Sam. 7,12; 1Sam. 12,22; 1Sam. 14,50; 1Sam. 20,16; 1Sam. 25,25; 2Sam. 7,9; 2Sam. 7,23; 2Sam. 8,13; 2Sam. 12,24; 2Sam. 12,25; 2Sam. 14,7; 2Sam. 16,5; 2Sam. 18,18; 1Kings 1,47; 1Kings 7,7; 1Kings 7,7; 1Kings 10,1; 1Kings 10,1; 1Kings 13,2; 1Kings 14,21; 1Kings 16,24; 2Kings 14,7; 2Kings 17,34; 2Kings

ὄνομα

23,34; 2Kings 24,17; 1Chr. 4,9; 1Chr. 7,16; 1Chr. 7,16; 1Chr. 7,23; 1Chr. 8,29; 1Chr. 14,11; 1Chr. 16,35; 1Chr. 17,8; 1Chr. 17,8; 1Chr. 17,21; 1Chr. 22,5; 1Chr. 29,13; 2Chr. 3,17; 2Chr. 9,1; 2Chr. 12,13; 2Chr. 20,26; 2Chr. 36,4; 1Esdr. 6,32; 1Esdr. 8,75; 1Esdr. 8,85; 1Esdr. 9,16; Neh. 6,13; Neh. 9,5; Neh. 9,7; Neh. 9,10; Esth. 13,17 # 4,17h; Esth. 10,8 # 10,3e; Judith 16,1; Tob. 3,15; Tob. 5,12; Tob. 12,6; Tob. 13,13; 1Mac. 2,51; 1Mac. 3,14; 1Mac. 3,41; 1Mac. 5,57; 1Mac. 6,17; 1Mac. 6,44; 1Mac. 8,1; 1Mac. 8,12; 1Mac. 13,29; 2Mac. 8,4; Psa. 9,6; Psa. 33,4; Psa. 40,6; Psa. 68,31; Psa. 68,37; Psa. 95,2; Psa. 98,6; Psa. 99,4; Psa. 101,16; Psa. 101,22; Psa. 102,1; Psa. 104,1; Psa. 112,1; Psa. 112,3; Psa. 114,4; Psa. 115,4; Psa. 134,1; Psa. 137,2; Psa. 144,21; Psa. 148,5; Psa. 148,13; Psa. 149,3; Ode. 2,3; Prov. 30,9; Job 19,14; Job 30,8; Wis. 14,21; Wis. 19,18; Sir. 6,22; Sir. 15,6; Sir. 17,10; Sir. 39,11; Sir. 39,35; Sir. 40,19; Sir. 43,8; Sir. 44,8; Sir. 46,1; Sir. 47,10; Sol. 6,1; Sol. 6,1; Sol. 10,7; Sol. 15,1; Hos. 1,4; Hos. 1,6; Hos. 1,9; Amos 2,7; Amos 6,10; Mic. 6,9; Joel 2,26; Joel 3,5; Zeph. 3,9; Mal. 3,16; Is. 7,14; Is. 8,3; Is. 12,4; Is. 12,5; Is. 14,22; Is. 42,10; Is. 55,13; Is. 56,5; Is. 56,6; Is. 59,19; Is. 59,19; Is. 60,9; Is. 63,12; Is. 63,14; Is. 65,1; Is. 65,15; Is. 66,19; Jer. 20,9; Jer. 26,17; Jer. 31,17; Jer. 39,20; Bar. 2,11; Ezek. 20,29; Ezek. 39,25; Ezek. 43,7; Ezek. 43,8; Dan. 9,15; Sus. 7-8; Judg. 1,11; Judg. 1,17; Judg. 1,26; Judg. 2,5; Judg. 8,31; Judg. 13,6; Judg. 13,24; Judg. 17,1; Judg. 18,29; Tob. 1,9; Tob. 3,15; Tob. 3,15; Tob. 12,6; Tob. 13,13; Tob. 13,13; Tob. 13,18; Tob. 14,8; Dan. 4,8; Dan. 5,12; Dan. 9,15; Sus. 2; Matt. 1,21; Matt. 1,23; Matt. 1,25; Matt. 10,41; Matt. 10,41; Matt. 10,42; Matt. 18,20; Matt. 28,19; Mark 3,16; Luke 1,13; Luke 1,31; Luke 6,22; John 1,12; John 2,23; John 3,18; John 10,3; John 12,28; John 17,6; Acts 2,21; Acts 8,16; Acts 9,21; Acts 19,5; Acts 19,13; Acts 22,16; Acts 26,9; Rom. 10,13; 1Cor. 1,2; 1Cor. 1,13; 1Cor. 1,15; Phil. 2,9; Phil. 2,9; 2Tim. 2,19; Heb. 1,4; Heb. 6,10; James 2,7; 1John 2,12; 1John 5,13; 3John 15; Rev. 2,17; Rev. 3,1; Rev. 3,5; Rev. 3,5; Rev. 3,12; Rev. 3,12; Rev. 9,11; Rev. 13,6; Rev. 13,17; Rev. 14,1; Rev. 14,1; Rev. 16,9; Rev. 19,12; Rev. 19,16)

Noun ▪ neuter ▪ singular ▪ nominative ▪ (common) ▸ 250 + 19 + 30 = **299** (Gen. 2,11; Gen. 2,19; Gen. 4,19; Gen. 4,19; Gen. 4,21; Gen. 10,25; Gen. 10,25; Gen. 11,9; Gen. 11,29; Gen. 11,29; Gen. 16,1; Gen. 17,15; Gen. 17,15; Gen. 22,24; Gen. 24,29; Gen. 25,1; Gen. 25,30; Gen. 27,36; Gen. 28,19; Gen. 29,16; Gen. 31,48; Gen. 36,32; Gen. 36,35; Gen. 36,39; Gen. 36,39; Gen. 38,1; Gen. 38,2; Gen. 38,6; Gen. 48,16; Ex. 1,15; Ex. 1,15; Ex. 3,13; Ex. 3,15; Ex. 15,3; Ex. 15,23; Ex. 18,3; Ex. 18,4; Ex. 34,14; Lev. 24,11; Num. 11,3; Num. 11,26; Num. 11,26; Num. 11,34; Num. 25,14; Num. 25,15; Num. 26,30; Num. 26,59; Num. 27,4; Num. 33,54; Deut. 12,3; Deut. 25,6; Deut. 25,10; Deut. 28,10; Josh. 2,1; Josh. 6,27; Josh. 14,15; Josh. 15,15; Judg. 1,10; Judg. 1,11; Judg. 1,23; Judg. 1,26; Judg. 2,5; Judg. 13,2; Judg. 15,19; Judg. 16,4; Judg. 17,1; Judg. 18,29; Ruth 1,2; Ruth 1,2; Ruth 1,2; Ruth 1,4; Ruth 1,4; Ruth 2,1; Ruth 2,19; Ruth 4,10; Ruth 4,11; 1Sam. 1,1; 1Sam. 1,2; 1Sam. 1,2; 1Sam. 8,2; 1Sam. 9,1; 1Sam. 9,2; 1Sam. 14,4; 1Sam. 14,4; 1Sam. 14,49; 1Sam. 14,49; 1Sam. 14,50; 1Sam. 17,4; 1Sam. 21,8; 1Sam. 22,20; 1Sam. 25,3; 1Sam. 25,3; 1Sam. 25,25; 2Sam. 2,16; 2Sam. 4,2; 2Sam. 4,2; 2Sam. 4,4; 2Sam. 5,20; 2Sam. 6,2; 2Sam. 9,2; 2Sam. 9,12; 2Sam. 13,1; 2Sam. 13,3; 2Sam. 14,27; 2Sam. 17,25; 2Sam. 20,1; 2Sam. 20,21; 2Sam. 23,18; 2Sam. 23,22; 1Kings 12,24a; 1Kings 12,24b; 1Kings 12,24b; 1Kings 12,24h; 1Kings 14,21; 1Kings 15,2; 1Kings 15,10; 1Kings 16,28a; 1Kings 22,42; 2Kings 8,26; 2Kings 12,2; 2Kings 14,2; 2Kings 15,2; 2Kings 15,33; 2Kings 18,2; 2Kings 21,1; 2Kings 21,19; 2Kings 22,1; 2Kings 23,31; 2Kings 23,36; 2Kings 24,8; 2Kings 24,18; 1Chr. 1,43; 1Chr. 1,46; 1Chr. 1,50; 1Chr. 2,26; 1Chr. 2,29; 1Chr. 2,34; 1Chr. 4,3; 1Chr. 7,15; 1Chr. 7,15; 1Chr. 9,35; 1Chr. 11,24; 1Chr. 13,6; 1Chr. 14,17; 1Chr. 22,9; 2Chr. 3,17; 2Chr. 12,13; 2Chr. 13,2; 2Chr. 20,31; 2Chr. 22,2; 2Chr. 24,1; 2Chr. 25,1; 2Chr. 26,3; 2Chr. 26,8; 2Chr. 27,1; 2Chr. 28,9; 2Chr. 29,1; 2Chr. 36,2a; 2Chr. 36,5; 1Esdr. 4,63; Ezra 6,12; Esth. 2,5; Esth. 2,7; 1Mac. 3,26; 1Mac. 5,63; 1Mac. 14,10; 2Mac. 12,13; Psa. 19,2; Psa. 24,14; Psa. 39,5; Psa. 67,5; Psa. 71,14; Psa. 71,17; Psa. 71,17; Psa. 71,19; Psa. 75,2; Psa. 82,5; Psa. 108,13; Psa. 110,9; Psa. 112,2; Psa. 148,13; Ode. 1,3; Ode. 8,52; Ode. 9,49; Prov. 10,7; Prov. 18,10; Prov. 22,1; Prov. 30,4; Prov. 30,4; Eccl. 6,4; Eccl. 6,10; Eccl. 7,1; Job 1,1; Job 1,21; Job 18,17; Job 42,17b; Job 42,17c; Job 42,17d; Job 42,17d; Wis. 2,4; Wis. 10,20; Sir. 5,15; Sir. 22,14; Sir. 37,26; Sir. 39,9; Sir. 41,11; Sir. 41,13; Sir. 44,14; Sir. 46,12; Amos 4,13; Amos 5,8; Amos 5,27; Amos 9,6; Zech. 6,12; Zech. 14,9; Is. 4,1; Is. 9,5; Is. 12,4; Is. 18,7; Is. 24,15; Is. 30,27; Is. 33,21; Is. 42,8; Is. 47,4; Is. 48,2; Is. 48,11; Is. 54,5; Is. 57,15; Is. 64,1; Is. 65,15; Is. 66,5; Is. 66,22; Jer. 10,16; Jer. 11,19; Jer. 23,6; Jer. 27,34; Jer. 28,19; Jer. 28,57; Jer. 38,36; Jer. 40,2; Jer. 52,1; Bar. 5,4; Ezek. 16,14; Ezek. 39,16; Ezek. 48,35; Ezek. 48,35; Dan. 2,20; Dan. 3,52; Dan. 10,1; Bel 2; Judg. 1,10; Judg. 1,23; Judg. 1,26; Judg. 13,2; Judg. 15,19; Judg. 16,4; Judg. 18,29; Tob. 6,11; Tob. 11,14; Tob. 11,14; Dan. 2,20; Dan. 2,26; Dan. 3,52; Dan. 4,8; Dan. 4,19; Dan. 10,1; Sus. 1; Sus. 45; Bel 3; Mark 6,14; Mark 14,32; Luke 1,5; Luke 1,26; Luke 1,27; Luke 1,27; Luke 1,49; Luke 1,63; Luke 2,21; Luke 2,25; Luke 8,41; Luke 24,13; John 1,6; John 3,1; John 18,10; Acts 3,16; Acts 13,6; Acts 13,8; Acts 19,17; Rom. 2,24; 2Th. 1,12; 1Tim. 6,1; Rev. 6,8; Rev. 8,11; Rev. 9,11; Rev. 13,8; Rev. 17,5; Rev. 17,8; Rev. 19,13; Rev. 22,4)

ὄνομά ▸ 160 + 9 + 23 = 192

Noun ▪ neuter ▪ singular ▪ accusative ▪ (common) ▸ 94 + 3 + 15 = **112** (Gen. 12,2; Gen. 21,23; Gen. 32,30; Gen. 32,30; Ex. 6,3; Ex. 20,24; Num. 6,23; Num. 14,15; Deut. 2,25; Josh. 7,9; Judg. 13,18; Ruth 4,14; 1Sam. 24,22; 1Kings 1,47; 1Kings 8,16; 1Kings 8,16; 1Kings 8,43; 1Kings 9,3; 1Kings 11,36; 2Kings 21,4; 2Kings 21,7; 1Chr. 28,3; 2Chr. 6,5; 2Chr. 6,6; 2Chr. 6,20; 2Chr. 6,26; 2Chr. 6,32; 2Chr. 6,33; 2Chr. 7,16; 2Chr. 33,7; 2Chr. 35,19d; Neh. 1,9; Neh. 1,11; Judith 14,7; Tob. 3,15; 1Mac. 4,33; 1Mac. 7,37; 3Mac. 2,9; Psa. 5,12; Psa. 9,11; Psa. 21,23; Psa. 47,11; Psa. 51,11; Psa. 60,6; Psa. 73,10; Psa. 73,18; Psa. 73,21; Psa. 74,2; Psa. 78,6; Psa. 79,19; Psa. 82,17; Psa. 85,9; Psa. 85,11; Psa. 85,12; Psa. 90,14; Psa. 118,132; Psa. 144,1; Psa. 144,2; Ode. 5,13; Ode. 7,34; Ode. 14,30; Sir. 51,10; Sol. 7,6; Sol. 8,26; Sol. 9,9; Sol. 17,5; Zech. 13,9; Mal. 1,6; Mal. 1,6; Mal. 3,20; Is. 25,1; Is. 26,13; Is. 29,23; Is. 43,1; Is. 45,3; Is. 49,1; Is. 52,6; Is. 62,2; Is. 64,6; Jer. 7,12; Jer. 10,25; Jer. 11,16; Jer. 14,21; Jer. 20,3; Jer. 41,16; Jer. 51,26; Bar. 3,7; Lam. 3,55; Ezek. 20,39; Ezek. 36,20; Ezek. 36,21; Ezek. 36,22; Ezek. 36,23; Dan. 3,34; Judg. 13,18; Tob. 5,12; Dan. 3,34; Matt. 10,22; Matt. 24,9; Mark 13,13; Luke 21,17; John 15,21; John 17,26; Acts 9,14; Acts 9,15; Heb. 2,12; Rev. 2,3; Rev. 2,13; Rev. 3,8; Rev. 3,12; Rev. 11,18; Rev. 15,4)

Noun ▪ neuter ▪ singular ▪ nominative ▪ (common) ▸ 66 + 6 + 8 = **80** (Gen. 17,5; Gen. 17,5; Gen. 32,28; Gen. 32,29; Gen. 32,29; Gen. 35,10; Gen. 35,10; Gen. 48,16; Ex. 9,16; Ex. 23,21; Num. 14,21; Judg. 13,17; 2Sam. 7,26; 2Sam. 12,28; 1Kings 8,29; 1Kings 8,43; 1Kings 18,31; 2Kings 23,27; 2Chr. 1,9; 2Chr. 6,33; 2Chr. 7,14; 2Chr. 20,9; 2Chr. 33,4; Judith 9,8; Tob. 3,11; Tob. 8,5; Tob. 11,14; Psa. 8,2; Psa. 8,10; Psa. 82,19; Psa. 134,13; Ode. 7,26; Ode. 14,35; Song 1,3; Sir. 47,16; Amos 9,12; Mal. 1,11; Mal. 1,11; Mal. 1,14; Is. 48,19; Is. 51,15; Is. 52,5; Is. 63,16; Is. 63,19; Jer. 7,10; Jer. 7,11; Jer. 7,14; Jer. 7,30; Jer. 14,9; Jer. 15,16; Jer. 16,21; Jer. 32,29; Jer. 39,34; Jer. 41,15; Bar. 2,15; Bar. 2,26; Ezek. 20,9; Ezek. 20,14; Ezek. 20,22; Ezek. 20,44; Ezek. 39,7; Ezek. 39,7;

ὀνομάζω

Ezek. 43,7; Dan. 3,26; Dan. 9,18; Dan. 9,19; Judg. 13,17; Tob. 3,11; Tob. 8,5; Dan. 3,26; Dan. 9,18; Dan. 9,19; Matt. 6,9; Mark 5,9; Mark 5,9; Luke 8,30; Luke 11,2; Acts 4,12; Acts 15,17; Rom. 9,17)

ὀνόμασιν ▸ 6
   Noun · neuter · plural · dative · (common) ▸ **6** (Ex. 28,11; Num. 26,55; 1Chr. 4,38; Ezra 8,20; Ezra 10,16; Ezek. 48,31)

ὀνόματα ▸ 59 + 2 + 10 = 71
   Noun · neuter · plural · accusative · (common) ▸ 22 + 2 + 5 = **29** (Gen. 2,20; Gen. 26,18; Gen. 26,18; Ex. 28,9; Ex. 28,10; Ex. 28,10; Ex. 28,12; Ex. 28,21; Ex. 28,29; Num. 1,5; Num. 32,38; Num. 32,38; Ezra 5,10; Ezra 5,10; Psa. 48,12; Psa. 146,4; Hos. 2,19; Hos. 2,19; Zeph. 1,4; Zeph. 1,4; Zech. 13,2; Dan. 1,7; Judg. 8,14; Dan. 1,7; Mark 3,17; Rev. 3,4; Rev. 13,1; Rev. 17,3; Rev. 21,12)
   Noun · neuter · plural · nominative · (common) ▸ 37 + 5 = **42** (Gen. 25,13; Gen. 25,16; Gen. 36,10; Gen. 36,40; Gen. 46,8; Ex. 1,1; Ex. 6,16; Num. 3,2; Num. 3,3; Num. 3,18; Num. 13,4; Num. 13,16; Num. 26,37; Num. 27,1; Num. 34,17; Num. 34,19; Josh. 17,3; Josh. 23,7; 1Sam. 8,2; 1Sam. 14,49; 2Sam. 5,14; 2Sam. 23,8; 2Sam. 23,24; 1Kings 4,8; 1Chr. 2,1; 1Chr. 6,2; 1Chr. 8,38; 1Chr. 9,44; 1Chr. 12,24; 1Chr. 14,4; 1Esdr. 5,4; 1Esdr. 8,39; Ezra 5,4; Ezra 8,13; Ezek. 23,4; Ezek. 23,4; Ezek. 48,1; Luke 10,20; Phil. 4,3; Rev. 11,13; Rev. 21,12; Rev. 21,14)

ὀνόματά ▸ 1
   Noun · neuter · plural · nominative ▸ **1** (Matt. 10,2)

ὀνόματι ▸ 116 + 1 + 73 = 190
   Noun · neuter · singular · dative · (common) ▸ 116 + 1 + 73 = **190** (Gen. 4,17; Gen. 12,8; Gen. 48,6; Ex. 5,23; Ex. 34,5; Deut. 3,14; Deut. 6,13; Deut. 10,8; Deut. 10,20; Deut. 17,12; Deut. 18,5; Deut. 18,7; Deut. 18,20; Deut. 18,22; Deut. 21,5; Josh. 9,9; 1Sam. 17,45; 1Sam. 20,42; 1Sam. 25,9; 2Sam. 6,18; 1Kings 3,2; 1Kings 5,17; 1Kings 5,19; 1Kings 8,17; 1Kings 8,20; 1Kings 8,44; 1Kings 16,24; 1Kings 18,24; 1Kings 18,24; 1Kings 18,25; 1Kings 18,26; 1Kings 18,32; 1Kings 20,8; 1Kings 22,16; 2Kings 2,24; 2Kings 5,11; 1Chr. 12,32; 1Chr. 16,2; 1Chr. 16,8; 1Chr. 16,10; 1Chr. 21,19; 1Chr. 22,7; 1Chr. 22,19; 1Chr. 23,13; 1Chr. 29,16; 2Chr. 1,18; 2Chr. 2,3; 2Chr. 6,7; 2Chr. 6,10; 2Chr. 18,15; 2Chr. 28,15; 2Chr. 31,19; 2Chr. 33,18; 1Esdr. 1,46; 1Esdr. 5,38; 1Esdr. 6,1; Ezra 2,61; Ezra 5,1; Neh. 7,63; Esth. 2,14; Tob. 6,11; 1Mac. 14,43; 3Mac. 2,14; 4Mac. 5,4; Psa. 7,18; Psa. 12,6; Psa. 19,6; Psa. 19,8; Psa. 28,2; Psa. 32,21; Psa. 65,2; Psa. 67,5; Psa. 95,8; Psa. 104,3; Psa. 105,47; Psa. 117,10; Psa. 117,11; Psa. 117,12; Psa. 117,26; Psa. 121,4; Psa. 123,8; Psa. 128,8; Psa. 134,3; Prov. 27,16; Wis. 18,12; Sir. 37,1; Sir. 39,15; Sir. 45,15; Sir. 46,11; Sir. 47,13; Sir. 47,18; Sir. 50,20; Sir. 51,12; Sol. 6,4; Sol. 6,4; Sol. 8,22; Sol. 10,5; Sol. 11,8; Mic. 4,5; Zech. 10,12; Zech. 13,3; Is. 19,18; Is. 40,26; Is. 42,4; Is. 44,5; Is. 44,5; Is. 48,1; Is. 48,1; Is. 48,2; Is. 50,10; Jer. 11,21; Jer. 20,9; Jer. 33,9; Jer. 33,16; Jer. 33,20; Jer. 51,16; Judg. 18,29; Matt. 7,22; Matt. 7,22; Matt. 7,22; Matt. 12,21; Matt. 21,9; Matt. 23,39; Matt. 27,32; Mark 5,22; Mark 9,41; Mark 11,9; Luke 1,5; Luke 1,59; Luke 1,61; Luke 5,27; Luke 10,38; Luke 13,35; Luke 16,20; Luke 19,2; Luke 19,38; Luke 23,50; Luke 24,18; Luke 24,47; John 5,43; John 5,43; John 10,25; John 12,13; John 20,31; Acts 2,38; Acts 3,6; Acts 4,7; Acts 4,10; Acts 4,17; Acts 4,18; Acts 5,1; Acts 5,28; Acts 5,34; Acts 5,40; Acts 8,9; Acts 9,10; Acts 9,11; Acts 9,12; Acts 9,27; Acts 9,28; Acts 9,33; Acts 9,36; Acts 10,1; Acts 10,48; Acts 11,28; Acts 12,13; Acts 15,14; Acts 16,1; Acts 16,14; Acts 16,18; Acts 17,34; Acts 18,2; Acts 18,7; Acts 18,24; Acts 19,24; Acts 20,9; Acts 21,10; Acts 27,1; Acts 28,7; 1Cor. 5,4; 1Cor. 6,11; Eph. 5,20; Phil. 2,10; Col. 3,17; 2Th. 3,6; Heb. 13,15; James 5,10; James 5,14; 1Pet. 4,14; 1John 3,23)

ὀνόματί ▸ 72 + 2 + 21 = 95
   Noun · neuter · singular · dative · (common) ▸ 72 + 2 + 21 = **95** (Ex. 33,19; Lev. 19,12; Deut. 18,19; Deut. 18,20; 1Sam. 25,5; 2Sam. 7,13; 2Sam. 22,50; 1Kings 5,19; 1Kings 8,18; 1Kings 8,19; 1Kings 8,27; 1Kings 8,33; 1Kings 8,35; 1Kings 8,44; 1Kings 8,48; 1Kings 9,7; 1Chr. 22,8; 1Chr. 22,10; 2Chr. 6,2; 2Chr. 6,8; 2Chr. 6,9; 2Chr. 6,24; 2Chr. 6,34; 2Chr. 6,38; 2Chr. 7,20; 2Chr. 14,10; 2Chr. 20,8; Psa. 9,3; Psa. 17,50; Psa. 43,6; Psa. 43,9; Psa. 53,3; Psa. 53,8; Psa. 60,9; Psa. 62,5; Psa. 65,4; Psa. 88,13; Psa. 88,17; Psa. 88,25; Psa. 91,2; Psa. 98,3; Psa. 113,9; Psa. 137,2; Psa. 139,14; Psa. 141,8; Ode. 7,43; Ode. 12,3; Sir. 36,11; Sir. 36,14; Sir. 51,1; Sol. 5,1; Sol. 15,2; Zech. 5,4; Mal. 1,11; Mal. 2,2; Mal. 3,5; Is. 26,8; Is. 41,25; Is. 43,7; Is. 45,4; Jer. 12,16; Jer. 14,14; Jer. 14,15; Jer. 23,25; Jer. 34,15; Jer. 36,9; Jer. 36,23; Jer. 36,25; Jer. 51,26; Ezek. 16,15; Dan. 3,43; Dan. 9,6; Dan. 3,43; Dan. 9,6; Matt. 18,5; Matt. 24,5; Mark 9,37; Mark 9,38; Mark 9,39; Mark 13,6; Mark 16,17; Luke 9,48; Luke 9,49; Luke 10,17; Luke 21,8; John 14,13; John 14,14; John 14,26; John 15,16; John 16,23; John 16,24; John 16,26; John 17,11; John 17,12; Rom. 15,9)

ὀνόματος ▸ 24 + 14 = 38
   Noun · neuter · singular · genitive · (common) ▸ 24 + 14 = **38** (Ex. 31,2; Ex. 35,30; Ex. 36,21; Num. 1,2; Num. 1,17; Num. 3,40; Num. 3,43; Num. 32,42; Deut. 25,6; 1Chr. 4,41; 1Chr. 6,50; 1Chr. 16,29; 1Chr. 16,41; Judith 9,8; 2Mac. 8,15; 3Mac. 4,14; Psa. 22,3; Psa. 43,21; Psa. 105,8; Sir. 41,12; Mic. 5,3; Zeph. 3,12; Is. 48,9; Dan. 3,93; Acts 3,16; Acts 4,30; Acts 5,41; Acts 8,12; Acts 10,43; Acts 15,26; Acts 21,13; Rom. 1,5; 1Cor. 1,10; Eph. 1,21; 3John 7; Rev. 13,17; Rev. 14,11; Rev. 15,2)

ὀνόματός ▸ 18 + 3 = 21
   Noun · neuter · singular · genitive · (common) ▸ 18 + 3 = **21** (Esth. 8,8; 3Mac. 2,9; Psa. 24,11; Psa. 30,4; Psa. 43,27; Psa. 44,18; Psa. 73,7; Psa. 78,9; Psa. 78,9; Psa. 108,21; Psa. 118,55; Psa. 142,11; Sir. 51,3; Nah. 1,14; Mal. 2,5; Jer. 23,27; Bar. 2,32; Bar. 3,5; Matt. 19,29; Luke 21,12; Acts 9,16)

ὀνομάτων ▸ 23 + 2 = 25
   Noun · neuter · plural · genitive · (common) ▸ 23 + 2 = **25** (Ex. 28,21; Ex. 36,13; Ex. 36,21; Ex. 36,21; Num. 1,18; Num. 1,20; Num. 1,22; Num. 1,24; Num. 1,26; Num. 1,28; Num. 1,30; Num. 1,32; Num. 1,34; Num. 1,36; Num. 1,38; Num. 1,40; Num. 1,42; Num. 3,17; Num. 4,27; Num. 4,32; Num. 26,53; 1Chr. 23,24; Psa. 15,4; Acts 1,15; Acts 18,15)

crasis-ὄνομα ▸ 1
τοὔνομα (τοῦ + ὄνομα) ▸ 1
   Noun · neuter · singular · nominative ▸ **1** (Matt. 27,57)

ὀνομάζω (ὄνομα)   to name   ▸ 24 + 1 + 10 = 35
   ὀνομάζει ▸ 1
      Verb · third · singular · present · active · indicative ▸ **1** (Wis. 2,13)
   ὀνομάζειν ▸ 1
      Verb · present · active · infinitive ▸ **1** (Acts 19,13)
   ὀνομαζέσθω ▸ 1
      Verb · third · singular · present · passive · imperative ▸ **1** (Eph. 5,3)
   ὀνομάζεται ▸ 1
      Verb · third · singular · present · passive · indicative ▸ **1** (Eph. 3,15)
   ὀνομάζετε ▸ 1
      Verb · second · plural · present · active · imperative ▸ **1** (Jer. 23,36)
   ὀνομάζομεν ▸ 2
      Verb · first · plural · present · active · indicative ▸ **2** (Ode. 5,13; Is. 26,13)

ὀνομαζομένην ‣ 1
  Verb · present · passive · participle · feminine · singular · accusative ‣ **1** (3Mac. 7,17)
ὀνομαζόμενος ‣ 1
  Verb · present · passive · participle · masculine · singular · nominative ‣ **1** (1Cor. 5,11)
ὀνομαζομένου ‣ 1
  Verb · present · passive · participle · neuter · singular · genitive ‣ **1** (Eph. 1,21)
ὀνομάζουσιν ‣ 1
  Verb · third · plural · present · active · indicative ‣ **1** (Deut. 2,20)
ὀνομάζων ‣ 2 + **1** = 3
  Verb · present · active · participle · masculine · singular · nominative ‣ 2 + **1** = **3** (Lev. 24,16; Sir. 23,10; 2Tim. 2,19)
ὀνομάσαι ‣ 2
  Verb · aorist · active · infinitive ‣ **2** (Lev. 24,16; Amos 6,10)
ὀνομάσας ‣ 1
  Verb · aorist · active · participle · masculine · singular · nominative ‣ **1** (Bar. 4,30)
ὀνομάσει ‣ 1
  Verb · third · singular · future · active · indicative ‣ **1** (Is. 62,2)
ὀνομάσῃ ‣ 1
  Verb · third · singular · aorist · active · subjunctive ‣ **1** (Is. 19,17)
ὀνομασθῆναι ‣ 1
  Verb · aorist · passive · infinitive ‣ **1** (Esth. 9,4)
ὀνομασθήσεται ‣ 2
  Verb · third · singular · future · passive · indicative ‣ **2** (Josh. 23,7; Jer. 3,16)
ὀνομάσω ‣ 1
  Verb · first · singular · future · active · indicative ‣ **1** (Jer. 20,9)
ὠνόμασεν ‣ 3
  Verb · third · singular · aorist · active · indicative ‣ **3** (Mark 3,14; Luke 6,13; Luke 6,14)
ὠνομάσθη ‣ 5 + **1** = 6
  Verb · third · singular · aorist · passive · indicative ‣ 5 + **1** = **6** (1Esdr. 4,63; 1Mac. 3,9; 1Mac. 14,10; Wis. 14,8; Jer. 32,29; Rom. 15,20)
ὠνομάσθης ‣ 1
  Verb · second · singular · aorist · passive · indicative ‣ **1** (Tob. 3,8)
ὠνομάσθησαν ‣ 2
  Verb · third · plural · aorist · passive · indicative ‣ **2** (1Chr. 12,32; 2Chr. 31,19)
ὀνομασία (ὄνομα) act of naming ‣ 1
  ὀνομασίᾳ ‣ 1
    Noun · feminine · singular · dative · (common) ‣ **1** (Sir. 23,9)
ὀνομαστός (ὄνομα) famous, renowned ‣ 21
  ὀνομαστή ‣ 3
    Adjective · feminine · singular · nominative · noDegree ‣ **3** (Judith 11,23; Ezek. 22,5; Ezek. 24,14)
  ὀνομαστοί ‣ 3
    Adjective · masculine · plural · nominative · noDegree ‣ **3** (1Chr. 12,31; Sir. 44,3; Bar. 3,26)
  ὀνομαστοί ‣ 3
    Adjective · masculine · plural · nominative · noDegree ‣ **3** (Gen. 6,4; Num. 16,2; 1Chr. 5,24)
  ὀνομαστόν ‣ 1
    Adjective · masculine · singular · accusative · noDegree ‣ **1** (Ezek. 39,11)
  ὀνομαστὸν ‣ 5
    Adjective · masculine · singular · accusative · noDegree ‣ **4** (Deut. 26,19; 2Sam. 7,9; Is. 56,5; Jer. 13,11)
    Adjective · neuter · singular · accusative · noDegree ‣ **1** (Ezek. 39,13)
  ὀνομαστὸς ‣ 1
    Adjective · masculine · singular · nominative · noDegree ‣ **1** (1Chr. 11,20)
  ὀνομαστούς ‣ 4
    Adjective · masculine · plural · accusative · noDegree ‣ **4** (Zeph. 3,19; Zeph. 3,20; Jer. 52,25; Ezek. 23,23)
  ὀνομαστῶν ‣ 1
    Adjective · masculine · plural · genitive · noDegree ‣ **1** (Sir. 39,2)
ὀνοματογραφία (ὄνομα; γράφω) name list ‣ 2
  ὀνοματογραφία ‣ 1
    Noun · feminine · singular · nominative · (common) ‣ **1** (1Esdr. 8,48)
  ὀνοματογραφίαν ‣ 1
    Noun · feminine · singular · accusative · (common) ‣ **1** (1Esdr. 6,11)
ὄνος donkey ‣ 109 + **11** + 5 = 125
  ὄνοι ‣ 17
    Noun · feminine · plural · nominative · (common) ‣ **9** (Num. 31,34; Num. 31,39; Num. 31,45; 1Sam. 9,3; 1Sam. 10,2; 1Sam. 10,16; Job 1,3; Job 1,14; Job 42,12)
    Noun · masculine · plural · nominative · (common) ‣ **8** (Gen. 12,16; Gen. 30,43; Gen. 32,6; Gen. 44,3; Ezra 2,67; Neh. 7,69; Job 24,5; Jer. 14,6)
  ὄνοις ‣ 3 + **2** = 5
    Noun · masculine · plural · dative · (common) ‣ 3 + **2** = **5** (Gen. 42,27; Gen. 43,24; Judg. 19,19; Judg. 19,19; Judg. 19,21)
  ὄνον ‣ 22 + **2** + 4 = 28
    Noun · feminine · singular · accusative · (common) ‣ **12** + 3 = **15** (Gen. 22,3; Num. 22,21; Num. 22,23; Num. 22,27; Num. 22,32; 1Sam. 12,3; 1Sam. 25,20; 1Sam. 25,42; 2Sam. 17,23; 2Sam. 19,27; 1Kings 2,40; 2Kings 4,24; Matt. 21,2; Matt. 21,5; Matt. 21,7)
    Noun · masculine · singular · accusative · (common) ‣ **10** + 2 + 1 = **13** (Gen. 44,13; Deut. 22,3; Deut. 22,4; Judg. 6,4; 1Kings 13,13; 1Kings 13,13; 1Kings 13,23; 1Kings 13,28; 1Kings 13,29; Job 39,5; Judg. 6,4; Judg. 19,28; Luke 13,15)
  ὄνος ‣ 16
    Noun · feminine · singular · nominative · (common) ‣ **7** (Num. 22,23; Num. 22,23; Num. 22,25; Num. 22,27; Num. 22,30; Num. 22,30; Num. 22,33)
    Noun · masculine · singular · nominative · (common) ‣ **9** (Ex. 21,33; Deut. 28,31; 1Kings 13,24; 1Kings 13,28; 2Kings 7,10; Job 6,5; Is. 1,3; Is. 32,20; Jer. 31,6)
  ὄνου ‣ 17 + **4** + 1 = 22
    Noun · feminine · singular · genitive · (common) ‣ 7 + **1** + 1 = **9** (Gen. 22,5; Gen. 49,11; Ex. 13,13; Num. 22,22; Num. 22,28; 1Sam. 15,3; 1Sam. 25,23; Judg. 5,10; John 12,15)
    Noun · masculine · singular · genitive · (common) ‣ **10** + 3 = **13** (Ex. 22,3; Lev. 15,9; Josh. 15,18; Judg. 15,15; Judg. 15,16; Judg. 15,16; 1Sam. 22,19; 2Kings 6,25; Is. 21,7; Jer. 22,19; Judg. 15,15; Judg. 15,16; Judg. 15,16)
  ὄνους ‣ 16 + **1** = 17
    Noun · plural · accusative · (common) ‣ **1** (Gen. 24,35)
    Noun · feminine · plural · accusative · (common) ‣ **5** (1Sam. 8,16; 1Sam. 9,3; 1Sam. 9,5; 1Sam. 10,14; 1Sam. 27,9)
    Noun · masculine · plural · accusative · (common) ‣ **10** + 1 = **11** (Gen. 32,16; Gen. 34,28; Gen. 42,26; Gen. 43,18; Gen. 45,23; 1Sam. 25,18; 2Kings 7,7; 1Chr. 5,21; Neh. 13,15; Judith 2,17; Tob. 10,10)

ὄνος–ὀξύς

ὄνῳ ▸ 5
    Noun ▪ feminine ▪ singular ▪ dative ▪ (common) ▸ **1** (Num. 22,29)
    Noun ▪ masculine ▪ singular ▪ dative ▪ (common) ▸ **4** (Deut. 22,10; Prov. 26,3; Job 11,12; Sir. 33,25)
ὄνων ▸ **13** + **2** = **15**
    Noun ▪ feminine ▪ plural ▪ genitive ▪ (common) ▸ **3** (1Sam. 9,20; 1Sam. 10,2; 2Kings 4,22)
    Noun ▪ masculine ▪ plural ▪ genitive ▪ (common) ▸ **10** + **2** = **12** (Gen. 47,17; Num. 31,30; Josh. 9,4; 2Sam. 16,1; 1Chr. 12,41; 1Chr. 27,30; Zech. 14,15; Is. 30,6; Is. 32,14; Ezek. 23,20; Judg. 19,3; Judg. 19,10)

ὄντως (εἰμί) really, indeed ▸ **5** + **11** = **16**
ὄντως ▸ **3** + **11** = **14**
    Adverb ▸ **3** + **11** = **14** (Num. 22,37; Wis. 17,13; Jer. 3,23; Mark 11,32; Luke 23,47; Luke 24,34; John 8,36; 1Cor. 14,25; Gal. 3,21; 1Tim. 5,3; 1Tim. 5,5; 1Tim. 5,16; 1Tim. 6,19; 2Pet. 2,18)
Ὄντως ▸ 2
    Adverb ▸ **2** (1Kings 12,24f; Jer. 10,19)

ὄνυξ claw, hoof; nail ▸ **10** + **2** = **12**
ὄνυξ ▸ 1
    Noun ▪ masculine ▪ singular ▪ nominative ▪ (common) ▸ **1** (Sir. 24,15)
ὄνυξιν ▸ 2
    Noun ▪ masculine ▪ plural ▪ dative ▪ (common) ▸ **2** (4Mac. 9,26; Ezek. 17,7)
ὄνυχα ▸ 1
    Noun ▪ masculine ▪ singular ▪ accusative ▪ (common) ▸ **1** (Ex. 30,34)
ὄνυχας ▸ 2
    Noun ▪ feminine ▪ plural ▪ accusative ▪ (common) ▸ **1** (Lev. 11,7)
    Noun ▪ masculine ▪ plural ▪ accusative ▪ (common) ▸ **1** (Deut. 14,8)
ὄνυχες ▸ **1** + **2** = **3**
    Noun ▪ masculine ▪ plural ▪ nominative ▪ (common) ▸ **1** + **2** = **3** (Dan. 7,19; Dan. 4,33; Dan. 7,19)
ὀνυχές ▸ 1
    Noun ▪ masculine ▪ plural ▪ nominative ▪ (common) ▸ **1** (Dan. 4,33b)
ὄνυχι ▸ 1
    Noun ▪ masculine ▪ singular ▪ dative ▪ (common) ▸ **1** (Job 28,16)
ὀνύχων ▸ 1
    Noun ▪ masculine ▪ plural ▪ genitive ▪ (common) ▸ **1** (Ezek. 17,3)

ὀνυχίζω to trim the nails; split the hoof ▸ **8**
ὀνυχίζει ▸ 3
    Verb ▪ third ▪ singular ▪ present ▪ active ▪ indicative ▸ **3** (Lev. 11,7; Lev. 11,26; Deut. 14,8)
ὀνυχίζον ▸ 2
    Verb ▪ present ▪ active ▪ participle ▪ neuter ▪ singular ▪ accusative ▸ **2** (Lev. 11,3; Deut. 14,6)
ὀνυχιζόντων ▸ 2
    Verb ▪ present ▪ active ▪ participle ▪ neuter ▪ plural ▪ genitive ▸ **2** (Lev. 11,4; Deut. 14,7)
ὠνυχίσατο ▸ 1
    Verb ▪ third ▪ singular ▪ aorist ▪ middle ▪ indicative ▸ **1** (2Sam. 19,25)

ὀνύχιον (ὄνυξ) onyx ▸ **3**
ὀνύχιον ▸ 3
    Noun ▪ neuter ▪ singular ▪ accusative ▪ (common) ▸ **1** (Ezek. 28,13)
    Noun ▪ neuter ▪ singular ▪ nominative ▪ (common) ▸ **2** (Ex. 28,20; Ex. 36,20)

ὀνυχιστήρ (ὀνυχίζω) hoof ▸ **5**

ὀνυχιστῆρας ▸ 5
    Noun ▪ masculine ▪ plural ▪ accusative ▪ (common) ▸ **5** (Lev. 11,3; Lev. 11,4; Lev. 11,26; Deut. 14,6; Deut. 14,7)

ὀξέως (ὀξύς) quickly, soon ▸ **5**
ὀξέως ▸ 5
    Adverb ▸ **5** (Wis. 3,18; Wis. 16,11; Joel 4,4; Is. 8,1; Is. 8,3)

ὄξος (ὀξύς) sour wine; vinegar ▸ **5** + **6** = **11**
ὄξει ▸ 1
    Noun ▪ neuter ▪ singular ▪ dative ▪ (common) ▸ **1** (Ruth 2,14)
ὄξος ▸ **4** + **2** = **6**
    Noun ▪ neuter ▪ singular ▪ accusative ▪ (common) ▸ **3** + **2** = **5** (Num. 6,3; Num. 6,3; Psa. 68,22; Luke 23,36; John 19,30)
    Noun ▪ neuter ▪ singular ▪ nominative ▪ (common) ▸ **1** (Prov. 25,20)
ὄξους ▸ 4
    Noun ▪ neuter ▪ singular ▪ genitive ▸ **4** (Matt. 27,48; Mark 15,36; John 19,29; John 19,29)

ὀξυγράφος (ὀξύς; γράφω) quick-writing ▸ **1**
ὀξυγράφου ▸ 1
    Adjective ▪ masculine ▪ singular ▪ genitive ▪ noDegree ▸ **1** (Psa. 44,2)

ὀξύθυμος (ὀξύς; θυμός) quick-tempered ▸ **1**
ὀξύθυμος ▸ 1
    Adjective ▪ masculine ▪ singular ▪ nominative ▪ noDegree ▸ **1** (Prov. 14,17)

ὀξύνω (ὀξύς) to sharpen ▸ **8**
ὀξῦναι ▸ 1
    Verb ▪ aorist ▪ active ▪ infinitive ▸ **1** (Zech. 2,4)
ὀξύνει ▸ 1
    Verb ▪ third ▪ singular ▪ present ▪ active ▪ indicative ▸ **1** (Prov. 27,17)
ὀξυνεῖ ▸ 1
    Verb ▪ third ▪ singular ▪ future ▪ active ▪ indicative ▸ **1** (Wis. 5,20)
ὀξυνθῇ ▸ 1
    Verb ▪ third ▪ singular ▪ aorist ▪ passive ▪ subjunctive ▸ **1** (Prov. 24,22d)
ὀξύνου ▸ 3
    Verb ▪ second ▪ singular ▪ present ▪ middle ▪ imperative ▸ **1** (Ezek. 21,21)
    Verb ▪ second ▪ singular ▪ present ▪ passive ▪ imperative ▸ **2** (Ezek. 21,14; Ezek. 21,15)
ὤξυνεν ▸ 1
    Verb ▪ third ▪ singular ▪ aorist ▪ active ▪ indicative ▸ **1** (Is. 44,12)

ὀξύς sharp, sharply ▸ **19** + **8** = **27**
ὀξεῖ ▸ 1
    Adjective ▪ neuter ▪ singular ▪ dative ▪ noDegree ▸ **1** (Job 16,10)
ὀξεῖα ▸ **3** + **2** = **5**
    Adjective ▪ feminine ▪ singular ▪ nominative ▪ noDegree ▸ **3** + **2** = **5** (4Mac. 14,10; Psa. 56,5; Prov. 27,4; Rev. 1,16; Rev. 19,15)
ὀξεῖά ▸ 1
    Adjective ▪ neuter ▪ plural ▪ nominative ▪ noDegree ▸ **1** (Is. 5,28)
ὀξεῖαν ▸ **4** + **1** = **5**
    Adjective ▪ feminine ▪ singular ▪ accusative ▪ noDegree ▸ **4** + **1** = **5** (3Mac. 2,23; 3Mac. 4,5; Is. 49,2; Ezek. 5,1; Rev. 2,12)
ὀξεῖς ▸ **3** + **1** = **4**
    Adjective ▪ masculine ▪ plural ▪ accusative ▪ noDegree ▸ **1** (4Mac. 11,19)
    Adjective ▪ masculine ▪ plural ▪ nominative ▪ noDegree ▸ **2** + **1** = **3** (Psa. 13,3; Job 41,22; Rom. 3,15)
ὀξέσι ▸ 1
    Adjective ▪ masculine ▪ plural ▪ dative ▪ noDegree ▸ **1** (4Mac. 9,26)

ὀξύ ▸ 1 + 2 = 3
  Adjective · neuter · singular · accusative ▸ **2** (Rev. 14,14; Rev. 14,17)
  Adjective · neuter · singular · nominative · noDegree ▸ **1** (Wis. 7,22)
ὀξύ ▸ 1 + 2 = 3
  Adjective · neuter · singular · accusative · noDegree ▸ 1 + 2 = **3** (Wis. 18,15; Rev. 14,18; Rev. 14,18)
ὀξύν ▸ 1
  Adjective · masculine · singular · accusative · noDegree ▸ **1** (Prov. 22,29)
ὀξύς ▸ 2
  Adjective · masculine · singular · nominative · noDegree ▸ **2** (Wis. 8,11; Amos 2,15)
ὀξύτεροι ▸ 1
  Adjective · masculine · plural · nominative · comparative ▸ **1** (Hab. 1,8)
ὀξύτης (ὀξύς) sharpness, swiftness ▸ 1
  ὀξύτητος ▸ 1
    Noun · feminine · singular · genitive · (common) ▸ **1** (Jer. 8,16)
Οολ Ohel ▸ 1
  Οολ ▸ 1
    Noun · masculine · singular · nominative · (proper) ▸ **1** (1Chr. 3,20)
Οολα Ohola ▸ 5
  Οολα ▸ 3
    Noun · feminine · singular · nominative · (proper) ▸ **3** (Ezek. 23,4; Ezek. 23,4; Ezek. 23,5)
  Οολαν ▸ 2
    Noun · feminine · singular · accusative · (proper) ▸ **2** (Ezek. 23,36; Ezek. 23,44)
Οολι Hali ▸ 1
  Οολι ▸ 1
    Noun · singular · nominative · (proper) ▸ **1** (Josh. 19,25)
Οολιβα Oholibah ▸ 6
  Οολιβα ▸ 4
    Noun · feminine · singular · nominative · (proper) ▸ **3** (Ezek. 23,4; Ezek. 23,4; Ezek. 23,11)
    Noun · feminine · singular · vocative · (proper) ▸ **1** (Ezek. 23,22)
  Οολιβαν ▸ 2
    Noun · feminine · singular · accusative · (proper) ▸ **2** (Ezek. 23,36; Ezek. 23,44)
ὀπή cave, hole, opening ▸ 7 + 2 = 9
  ὀπαῖς ▸ 2 + 1 = 3
    Noun · feminine · plural · dative · (common) ▸ 2 + 1 = **3** (Eccl. 12,3; Obad. 3; Heb. 11,38)
  ὀπὰς ▸ 1
    Noun · feminine · plural · accusative · (common) ▸ **1** (4Mac. 14,16)
  ὀπὴν ▸ 2
    Noun · feminine · singular · accusative · (common) ▸ **2** (Ex. 33,22; Judg. 15,11)
  ὀπῆς ▸ 1 + 1 = 2
    Noun · feminine · singular · genitive · (common) ▸ 1 + 1 = **2** (Song 5,4; James 3,11)
  ὀπῶν ▸ 1
    Noun · feminine · plural · genitive · (common) ▸ **1** (Zech. 14,12)
ὁπηνίκα (ὅς; πηνίκα) since, when ▸ 2
  ὁπηνίκα ▸ 2
    Adverb ▸ **2** (Judith 11,11; 4Mac. 2,21)
ὀπήτιον (ὀπή) little awl ▸ 2
  ὀπήτιον ▸ 1
    Noun · neuter · singular · accusative · (common) ▸ **1** (Deut. 15,17)
  ὀπητίῳ ▸ 1
    Noun · neuter · singular · dative · (common) ▸ **1** (Ex. 21,6)
ὄπισθε (ὀπίσω; θεν) behind ▸ 21
  ὄπισθε ▸ 1
    Preposition · (+genitive) ▸ **1** (Josh. 6,13)
  ὄπισθεν ▸ 18
    Adverb ▸ **17** (Gen. 18,10; Ex. 14,19; 1Sam. 6,7; 1Sam. 12,20; 1Sam. 14,46; 1Sam. 24,2; 2Sam. 2,21; 2Sam. 2,26; 2Sam. 2,30; 2Sam. 10,9; 2Sam. 11,15; 2Sam. 13,34; 2Sam. 20,2; 1Kings 16,3; 2Kings 10,29; 2Kings 18,6; 2Chr. 34,33)
    Preposition · (+genitive) ▸ **1** (Ruth 2,7)
  ὄπισθέν ▸ 2
    Adverb ▸ **2** (Ruth 1,16; 1Sam. 15,11)
ὄπισθεν (ὀπίσω; θεν) behind (prep.); from behind (adv.) ▸ 19 + 1 + 7 = 27
  ὄπισθεν ▸ 15 + 7 = 22
    Adverb · (place) ▸ 10 + 5 = **15** (2Chr. 13,13; 2Chr. 13,13; 2Chr. 13,14; 1Mac. 9,16; 1Mac. 13,27; Hos. 1,2; Joel 2,3; Is. 59,13; Jer. 7,24; Ezek. 2,10; Matt. 9,20; Mark 5,27; Luke 8,44; Rev. 4,6; Rev. 5,1)
    ImproperPreposition · (+genitive) ▸ 5 + 2 = **7** (Tob. 11,4; 1Mac. 4,16; 1Mac. 5,43; Jer. 39,40; LetterJ 5; Matt. 15,23; Luke 23,26)
  ὄπισθέν ▸ 4 + 1 = 5
    ImproperPreposition · (+genitive) ▸ 4 + 1 = **5** (Ode. 7,40; Jer. 31,2; Dan. 3,40; Dan. 3,40; Dan. 3,40)
ὀπίσθιος (ὀπίσω) to the back ▸ 7
  ὀπίσθια ▸ 3
    Adjective · neuter · plural · nominative · noDegree ▸ **3** (1Kings 7,13; 2Chr. 4,4; Ezek. 8,16)
  ὀπίσθιά ▸ 1
    Adjective · neuter · plural · nominative · noDegree ▸ **1** (Jer. 13,22)
  ὀπισθίου ▸ 1
    Adjective · neuter · singular · genitive · noDegree ▸ **1** (Ex. 36,26)
  ὀπισθίῳ ▸ 1
    Adjective · masculine · singular · dative · noDegree ▸ **1** (Ex. 26,27)
  ὀπισθίων ▸ 1
    Adjective · neuter · plural · genitive · noDegree ▸ **1** (Ex. 26,23)
ὀπισθίως (ὀπίσω) backwards ▸ 1
  ὀπισθίως ▸ 1
    Adverb ▸ **1** (1Sam. 4,18)
ὀπισθότονος (ὀπίσω; κτένω) drawing backwards; tetanus ▸ 2
  ὀπισθότονος ▸ 2
    Adjective · masculine · singular · nominative · noDegree ▸ **2** (Deut. 32,24; Ode. 2,24)
ὀπισθοφανής (ὀπίσω; φαίνω) facing backwards ▸ 1
  ὀπισθοφανές ▸ 1
    Adjective · neuter · singular · accusative · noDegree ▸ **1** (Gen. 9,23)
ὀπισθοφανῶς (ὀπίσω; φαίνω) backwards ▸ 1
  ὀπισθοφανῶς ▸ 1
    Adverb ▸ **1** (Gen. 9,23)
ὀπίσω after (prep.); back (adv.) ▸ 346 + 32 + 35 = 413
  ὀπίσω ▸ 344 + 32 + 35 = 411
    Adverb · (place) ▸ 49 + 1 + 9 = **59** (Gen. 19,17; Gen. 19,26; Gen. 49,17; Ex. 14,19; Ex. 26,22; Ex. 33,23; Deut. 11,4; Deut. 24,20; Deut. 24,21; Josh. 8,2; Josh. 8,20; 2Sam. 1,7; 2Sam. 1,22; 2Sam. 2,20; 2Sam. 2,23; 2Sam. 2,23; 1Kings 10,19; 2Kings 9,18; 2Kings

9,19; 2Kings 20,10; 2Kings 20,11; 1Mac. 9,47; Psa. 9,4; Psa. 34,4; Psa. 39,15; Psa. 43,11; Psa. 43,19; Psa. 49,17; Psa. 55,10; Psa. 69,3; Psa. 77,66; Psa. 113,3; Psa. 113,5; Psa. 128,5; Prov. 25,9; Joel 2,3; Nah. 3,5; Is. 28,13; Is. 30,21; Is. 42,17; Is. 44,25; Is. 59,14; Jer. 12,6; Jer. 13,26; Jer. 15,6; Jer. 26,5; Lam. 1,8; Lam. 1,13; Lam. 2,3; Tob. 11,4; Matt. 24,18; Mark 13,16; Luke 7,38; Luke 9,62; Luke 17,31; John 6,66; John 18,6; John 20,14; Phil. 3,13)

ImproperPreposition ▪ (+genitive) ▸ 295 + 31 + 26 = **352** (Gen. 8,8; Gen. 14,14; Gen. 19,6; Gen. 24,5; Gen. 31,23; Gen. 31,36; Gen. 32,19; Gen. 32,20; Gen. 32,21; Gen. 33,2; Gen. 35,5; Gen. 41,19; Gen. 41,27; Gen. 44,4; Ex. 14,4; Ex. 14,8; Ex. 14,9; Ex. 14,10; Ex. 14,17; Ex. 14,23; Ex. 14,28; Ex. 15,20; Ex. 26,12; Ex. 34,15; Ex. 34,16; Ex. 34,16; Lev. 17,7; Lev. 20,6; Num. 3,23; Num. 15,39; Num. 15,39; Num. 15,39; Num. 25,8; Num. 32,11; Num. 32,12; Deut. 4,3; Deut. 6,14; Deut. 8,19; Deut. 11,30; Deut. 13,5; Deut. 19,6; Deut. 25,18; Deut. 28,14; Deut. 31,16; Josh. 2,5; Josh. 2,7; Josh. 2,7; Josh. 2,16; Josh. 3,3; Josh. 6,9; Josh. 8,4; Josh. 8,6; Josh. 8,14; Josh. 8,16; Josh. 8,17; Josh. 8,17; Josh. 10,19; Josh. 14,9; Josh. 24,6; Judg. 1,6; Judg. 2,12; Judg. 2,17; Judg. 2,19; Judg. 3,22; Judg. 3,28; Judg. 3,28; Judg. 4,14; Judg. 4,16; Judg. 4,16; Judg. 6,34; Judg. 6,35; Judg. 7,23; Judg. 8,5; Judg. 8,12; Judg. 8,27; Judg. 8,33; Judg. 9,3; Judg. 9,4; Judg. 9,49; Judg. 13,11; Judg. 20,40; Judg. 20,45; Ruth 1,15; Ruth 3,10; 1Sam. 6,12; 1Sam. 7,2; 1Sam. 8,3; 1Sam. 11,7; 1Sam. 11,7; 1Sam. 12,14; 1Sam. 12,21; 1Sam. 13,4; 1Sam. 13,7; 1Sam. 13,15; 1Sam. 13,15; 1Sam. 14,12; 1Sam. 14,13; 1Sam. 14,22; 1Sam. 14,36; 1Sam. 14,37; 1Sam. 15,31; 1Sam. 17,35; 1Sam. 17,52; 1Sam. 17,53; 1Sam. 20,37; 1Sam. 20,38; 1Sam. 22,20; 1Sam. 23,25; 1Sam. 23,28; 1Sam. 24,9; 1Sam. 24,9; 1Sam. 24,9; 1Sam. 24,15; 1Sam. 24,15; 1Sam. 24,15; 1Sam. 24,15; 1Sam. 24,22; 1Sam. 25,13; 1Sam. 25,19; 1Sam. 25,42; 1Sam. 26,3; 1Sam. 26,18; 1Sam. 30,8; 1Sam. 30,21; 2Sam. 2,10; 2Sam. 2,19; 2Sam. 2,24; 2Sam. 2,25; 2Sam. 2,28; 2Sam. 3,16; 2Sam. 3,26; 2Sam. 3,31; 2Sam. 11,8; 2Sam. 13,17; 2Sam. 13,18; 2Sam. 13,39; 2Sam. 15,13; 2Sam. 17,1; 2Sam. 17,9; 2Sam. 18,16; 2Sam. 18,22; 2Sam. 20,2; 2Sam. 20,6; 2Sam. 20,7; 2Sam. 20,7; 2Sam. 20,10; 2Sam. 20,11; 2Sam. 20,13; 2Sam. 20,13; 2Sam. 23,10; 1Kings 1,6; 1Kings 1,7; 1Kings 1,8; 1Kings 1,14; 1Kings 1,24; 1Kings 1,40; 1Kings 2,28; 1Kings 2,28; 1Kings 11,2; 1Kings 11,4; 1Kings 11,8; 1Kings 11,10; 1Kings 12,20; 1Kings 12,24u; 1Kings 16,3; 1Kings 16,21; 1Kings 16,21; 1Kings 16,22; 1Kings 16,22; 1Kings 17,10; 1Kings 17,11; 1Kings 18,18; 1Kings 18,21; 1Kings 18,21; 1Kings 18,37; 1Kings 19,20; 1Kings 19,20; 1Kings 19,21; 1Kings 20,21; 1Kings 20,26; 1Kings 21,19; 2Kings 2,24; 2Kings 4,30; 2Kings 5,20; 2Kings 5,21; 2Kings 5,21; 2Kings 6,19; 2Kings 7,14; 2Kings 7,15; 2Kings 9,25; 2Kings 9,27; 2Kings 11,6; 2Kings 11,15; 2Kings 13,2; 2Kings 14,19; 2Kings 17,15; 2Kings 17,15; 2Kings 23,3; 2Kings 25,5; 1Chr. 5,25; 1Chr. 10,2; 1Chr. 10,2; 1Chr. 14,14; 2Chr. 13,19; 2Chr. 23,14; 2Chr. 26,17; Neh. 3,16; Neh. 3,17; Neh. 4,10; Neh. 4,17; Neh. 9,26; Neh. 11,8; Neh. 12,32; Neh. 12,38; Neh. 13,19; Tob. 1,17; 1Mac. 1,9; 1Mac. 1,44; 1Mac. 2,27; 1Mac. 2,32; 1Mac. 7,45; 1Mac. 9,15; 1Mac. 10,78; 1Mac. 12,30; Psa. 44,15; Psa. 62,9; Ode. 11,17; Eccl. 2,12; Eccl. 6,12; Eccl. 7,14; Eccl. 9,3; Eccl. 10,14; Eccl. 12,2; Song 1,4; Song 2,9; Job 21,33; Job 37,4; Job 39,8; Sir. 14,22; Sir. 21,15; Sir. 26,11; Sir. 27,17; Sir. 31,8; Sir. 33,16; Sir. 46,7; Sir. 46,10; Hos. 2,7; Hos. 2,15; Hos. 5,11; Hos. 11,10; Hos. 13,4; Amos 2,4; Joel 2,14; Joel 2,20; Zech. 1,8; Is. 38,17; Is. 45,14; Is. 57,8; Is. 65,2; Jer. 2,5; Jer. 2,8; Jer. 2,23; Jer. 2,25; Jer. 3,17; Jer. 7,6; Jer. 7,9; Jer. 8,2; Jer. 9,13; Jer. 9,13; Jer. 9,21; Jer. 11,10; Jer. 13,10; Jer. 13,27; Jer. 16,11; Jer. 16,12; Jer. 17,16; Jer. 18,12; Jer. 25,6; Jer. 25,17; Jer. 42,15; Jer. 49,16; Jer. 52,8; Ezek. 5,2; Ezek. 5,12; Ezek. 6,9; Ezek. 9,5; Ezek. 12,14; Ezek. 20,16; Ezek. 20,24; Ezek. 20,30; Ezek. 23,30; Ezek. 23,35; Ezek. 29,16; Ezek. 33,31; Dan. 8,22; Judg. 1,6; Judg. 2,12; Judg. 2,17; Judg. 2,19; Judg. 3,22; Judg. 3,28; Judg. 3,28; Judg. 4,14; Judg. 4,16; Judg. 4,16; Judg. 5,14; Judg. 6,34; Judg. 7,23; Judg. 8,5; Judg. 8,12; Judg. 8,27; Judg. 8,33; Judg. 9,3; Judg. 9,4; Judg. 9,49; Judg. 13,11; Judg. 18,12; Judg. 19,3; Judg. 20,40; Judg. 20,45; Tob. 1,2; Tob. 1,17; Dan. 2,39; Dan. 7,6; Dan. 7,7; Dan. 7,24; Matt. 3,11; Matt. 4,19; Matt. 10,38; Matt. 16,23; Matt. 16,24; Mark 1,7; Mark 1,17; Mark 1,20; Mark 8,33; Mark 8,34; Luke 9,23; Luke 14,27; Luke 19,14; Luke 21,8; John 1,15; John 1,27; John 1,30; John 12,19; Acts 5,37; Acts 20,30; 1Tim. 5,15; 2Pet. 2,10; Jude 7; Rev. 1,10; Rev. 12,15; Rev. 13,3)

Ὀπίσω ▸ 2
  Preposition ▪ (+genitive) ▸ **2** (Sir. 18,30; Zech. 2,12)

ὁπλή (ὅπλον) hoof ▸ 19
  ὁπλαῖς ▸ 1
    Noun ▪ feminine ▪ plural ▪ dative ▪ (common) ▸ **1** (Ezek. 26,11)
  ὁπλάς ▸ 3
    Noun ▪ feminine ▪ plural ▪ accusative ▪ (common) ▸ **3** (2Mac. 3,25; Psa. 68,32; Mic. 4,13)
  ὁπλάς ▸ 2
    Noun ▪ feminine ▪ plural ▪ accusative ▪ (common) ▸ **2** (Lev. 11,4; Deut. 14,7)
  ὁπλήν ▸ 1
    Noun ▪ feminine ▪ singular ▪ accusative ▪ (common) ▸ **1** (Ex. 10,26)
  ὁπλήν ▸ 9
    Noun ▪ feminine ▪ singular ▪ accusative ▪ (common) ▸ **9** (Lev. 11,3; Lev. 11,4; Lev. 11,5; Lev. 11,6; Lev. 11,7; Lev. 11,26; Deut. 14,6; Deut. 14,7; Deut. 14,8)
  ὁπλῆς ▸ 2
    Noun ▪ feminine ▪ singular ▪ genitive ▪ (common) ▸ **2** (Lev. 11,7; Deut. 14,8)
  ὁπλῶν ▸ 1
    Noun ▪ feminine ▪ plural ▪ genitive ▪ (common) ▸ **1** (Jer. 29,3)

ὁπλίζω (ὅπλον) to arm oneself with ▸ 1
  ὁπλίσασθε ▸ 1
    Verb ▪ second ▪ plural ▪ aorist ▪ middle ▪ imperative ▸ **1** (1Pet. 4,1)

ὁπλίτης (ὅπλον) hoplite, armed warrior ▸ 1
  ὁπλίτης ▸ 1
    Noun ▪ masculine ▪ singular ▪ nominative ▪ (common) ▸ **1** (Num. 32,21)

ὁπλοδοτέω (ὅπλον; δίδωμι) to arm with weapons ▸ 1
  ὁπλοδότησεν ▸ 1
    Verb ▪ third ▪ singular ▪ aorist ▪ active ▪ indicative ▸ **1** (1Mac. 14,32)

ὁπλοθήκη (ὅπλον; τίθημι) weapons storage place ▸ 1
  ὁπλοθήκας ▸ 1
    Noun ▪ feminine ▪ plural ▪ accusative ▪ (common) ▸ **1** (2Chr. 32,27)

ὁπλολογέω (ὅπλον; λέγω) to collect weapons ▸ 2
  ὁπλολογήσαντες ▸ 2
    Verb ▪ aorist ▪ active ▪ participle ▪ masculine ▪ plural ▪ nominative ▸ **2** (2Mac. 8,27; 2Mac. 8,31)

ὁπλομάχος (ὅπλον; μάχη) fighting with heavy weapons; drill sergeant ▸ 2
  ὁπλομάχοι ▸ 1

Noun · masculine · plural · nominative · (common) ▸ **1** (Is. 13,5)
ὁπλομάχῳ ▸ 1
Noun · neuter · singular · dative · (common) ▸ **1** (Is. 13,4)

ὅπλον   weapon; armor ▸ 67 + 6 = 73
ὅπλα ▸ 34 + 4 = 38
Noun · neuter · plural · accusative · (common) ▸ 27 + 3 = **30** (1Sam. 17,7; 1Kings 10,17; 1Kings 14,26; 1Kings 14,27; 2Chr. 21,3; 2Chr. 23,9; 2Chr. 32,5; Judith 6,12; Judith 14,11; 1Mac. 1,35; 1Mac. 5,43; 1Mac. 7,44; 1Mac. 8,26; 1Mac. 10,6; 1Mac. 10,21; 1Mac. 11,51; 1Mac. 16,16; 2Mac. 10,27; 2Mac. 11,7; 2Mac. 15,5; 3Mac. 1,23; Nah. 2,4; Jer. 21,4; Jer. 26,3; Jer. 28,12; Jer. 50,10; Ezek. 39,10; Rom. 6,13; Rom. 6,13; Rom. 13,12)
Noun · neuter · plural · nominative · (common) ▸ 7 + 1 = **8** (2Kings 10,2; 1Mac. 6,2; 1Mac. 8,28; 1Mac. 14,33; 1Mac. 15,7; Prov. 14,7; Jer. 28,3; 2Cor. 10,4)
ὅπλοις ▸ 13
Noun · neuter · plural · dative · (common) ▸ **13** (2Chr. 23,10; Neh. 4,11; 1Mac. 6,6; 1Mac. 12,27; 2Mac. 5,26; 2Mac. 8,18; 2Mac. 10,23; 4Mac. 4,10; Amos 4,2; Joel 2,8; Jer. 26,9; Ezek. 32,27; Ezek. 39,9)
ὅπλον ▸ 5
Noun · neuter · singular · accusative · (common) ▸ **5** (1Kings 10,17; Psa. 45,10; Psa. 56,5; Psa. 75,4; Wis. 18,21)
ὅπλου ▸ 1
Noun · neuter · singular · genitive · (common) ▸ **1** (Psa. 34,2)
ὅπλῳ ▸ 2
Noun · neuter · singular · dative · (common) ▸ **2** (Psa. 5,13; Psa. 90,4)
ὅπλων ▸ 12 + 2 = 14
Noun · neuter · plural · genitive · (common) ▸ 12 + 2 = **14** (1Mac. 6,41; 1Mac. 9,39; 1Mac. 14,42; 2Mac. 9,2; 2Mac. 15,21; 2Mac. 15,21; 3Mac. 1,2; Ode. 4,11; Wis. 18,22; Nah. 3,3; Hab. 3,11; Ezek. 26,8; John 18,3; 2Cor. 6,7)

ὁπλοποιέω (ὅπλον; ποιέω)   to make into weapons ▸ 1
ὁπλοποιήσει ▸ 1
Verb · third · singular · future · active · indicative ▸ **1** (Wis. 5,17)

ὁπλοφόρος (ὅπλον; φέρω)   weapons bearer ▸ 1
ὁπλοφόρων ▸ 1
Adjective · masculine · plural · genitive · noDegree ▸ **1** (2Chr. 14,7)

ὁποῖος (ὅς; ποῦ)   of what sort; (adv) in like manner ▸ 1 + 5 = 6
ὁποίαν ▸ 1
Pronoun · (correlative) · feminine · singular · accusative ▸ **1** (1Th. 1,9)
ὁποίας ▸ 1
Adjective · feminine · singular · nominative · noDegree · (interrogative) ▸ **1** (2Mac. 11,37)
ὁποῖοί ▸ 1
Pronoun · (correlative) · masculine · plural · nominative ▸ **1** (Gal. 2,6)
ὁποῖον ▸ 1
Pronoun · (correlative) · neuter · singular · nominative ▸ **1** (1Cor. 3,13)
ὁποῖος ▸ 2
Pronoun · (correlative) · masculine · singular · nominative ▸ **2** (Acts 26,29; James 1,24)

ὁπόταν (ὅς; ποτε)   whenever ▸ 1
ὁπόταν ▸ 1
Conjunction · subordinating ▸ **1** (Job 29,22)

ὁπότε (ὅς; ποτε)   when ▸ 8 + 2 = 10
ὁπότε ▸ 8 + 2 = 10
Conjunction · subordinating ▸ 8 + 2 = **10** (Tob. 7,11; Psa. 3,1; Psa. 33,1; Psa. 55,1; Psa. 58,1; Psa. 59,2; Job 26,14; Is. 16,13; Tob. 6,14; Tob. 7,11)

ὅπου (ποῦ)   where, whereas ▸ 22 + 4 + 82 = 108
ὅπου ▸ 22 + 4 + 81 = 107
Conjunction · subordinating ▸ 22 + 4 = **26** (Ruth 1,16; Ruth 3,4; 1Esdr. 6,23; Ezra 6,1; Esth. 1,9; 1Mac. 1,57; 1Mac. 10,73; 3Mac. 1,1; 3Mac. 4,1; 4Mac. 2,14; 4Mac. 6,34; 4Mac. 14,11; 4Mac. 14,14; 4Mac. 14,19; Prov. 26,20; Eccl. 9,10; Sir. 8,16; Sir. 19,22; Sir. 19,27; Sir. 32,4; Sir. 42,6; Is. 42,22; Judg. 18,10; Judg. 20,22; Tob. 13,5; Dan. 2,38)
Adverb · (place) ▸ **81** (Matt. 6,19; Matt. 6,19; Matt. 6,20; Matt. 6,20; Matt. 6,21; Matt. 8,19; Matt. 13,5; Matt. 24,28; Matt. 25,24; Matt. 25,26; Matt. 26,13; Matt. 26,57; Matt. 28,6; Mark 2,4; Mark 2,4; Mark 4,5; Mark 4,15; Mark 5,40; Mark 6,10; Mark 6,55; Mark 6,56; Mark 9,18; Mark 9,48; Mark 13,14; Mark 14,9; Mark 14,14; Mark 14,14; Mark 16,6; Luke 9,57; Luke 12,33; Luke 12,34; Luke 17,37; Luke 22,11; John 1,28; John 3,8; John 4,20; John 4,46; John 6,23; John 6,62; John 7,34; John 7,36; John 7,42; John 8,21; John 8,22; John 10,40; John 11,30; John 11,32; John 12,1; John 12,26; John 13,33; John 13,36; John 14,3; John 14,4; John 17,24; John 18,1; John 18,20; John 19,18; John 19,20; John 19,41; John 20,12; John 20,19; John 21,18; John 21,18; Acts 17,1; Acts 20,6; Rom. 15,20; 1Cor. 3,3; Col. 3,11; Heb. 6,20; Heb. 10,18; James 3,4; James 3,16; 2Pet. 2,11; Rev. 2,13; Rev. 2,13; Rev. 11,8; Rev. 12,6; Rev. 12,14; Rev. 14,4; Rev. 17,9; Rev. 20,10)
Ὅπου ▸ 1
Adverb · (place) ▸ **1** (Heb. 9,16)

ὀπτάζομαι (ὁράω)   to be seen, appear ▸ 1
ὀπτάζῃ ▸ 1
Verb · second · singular · present · passive · indicative ▸ **1** (Num. 14,14)

ὀπτάνομαι (ὁράω)   to appear ▸ 2 + 1 = 3
ὀπτανόμενος ▸ 1
Verb · present · middle · participle · masculine · singular · nominative ▸ **1** (Acts 1,3)
ὠπτανόμην ▸ 1
Verb · first · singular · imperfect · middle · indicative ▸ **1** (Tob. 12,19)
ὠπτάνοντο ▸ 1
Verb · third · plural · imperfect · passive · indicative ▸ **1** (1Kings 8,8)

ὀπτασία (ὁράω)   vision ▸ 4 + 6 + 4 = 14
ὀπτασίᾳ ▸ 3 + 3 + 1 = 7
Noun · feminine · singular · dative · (common) ▸ 3 + 3 + 1 = **7** (Sir. 43,2; Sir. 43,16; Mal. 3,2; Dan. 9,23; Dan. 10,1; Dan. 10,16; Acts 26,19)
ὀπτασίαν ▸ 3 + 2 = 5
Noun · feminine · singular · accusative ▸ 3 + 2 = **5** (Dan. 10,7; Dan. 10,7; Dan. 10,8; Luke 1,22; Luke 24,23)
ὀπτασίας ▸ 1 + 1 = 2
Noun · feminine · singular · genitive · (common) ▸ 1 + 1 = **2** (Esth. 14,16 # 4,17w; 2Cor. 12,1)

ὀπτάω (ὀπτός)   to roast ▸ 8 + 1 = 9
ὀπτῆσαι ▸ 1
Verb · aorist · active · infinitive ▸ **1** (1Sam. 2,15)
ὀπτήσαντες ▸ 1
Verb · aorist · active · participle · masculine · plural · nominative ▸ **1** (Tob. 6,5)
ὀπτήσας ▸ 2
Verb · aorist · active · participle · masculine · singular · nominative ▸ **2** (Is. 44,16; Is. 44,19)

ὀπτάω–ὅραμα

ὀπτήσεις ▸ 1
    Verb · second · singular · future · active · indicative ▸ **1** (Deut. 16,7)
ὀπτήσωμεν ▸ 1
    Verb · first · plural · aorist · active · subjunctive ▸ **1** (Gen. 11,3)
ὤπτησαν ▸ 2
    Verb · third · plural · aorist · active · indicative ▸ **2** (2Chr. 35,13; 1Esdr. 1,13)
ὤπτησεν ▸ 1
    Verb · third · singular · aorist · active · indicative ▸ **1** (Tob. 6,5)

ὀπτός broiled, roasted ▸ 2 + 1 = **3**
  ὀπτά ▸ 2
    Adjective · neuter · plural · accusative · noDegree ▸ **2** (Ex. 12,8; Ex. 12,9)
  ὀπτοῦ ▸ 1
    Adjective · masculine · singular · genitive · (verbal) ▸ **1** (Luke 24,42)

ὀπώρα fruit ▸ 3 + 1 = **4**
  ὀπώρα ▸ 1
    Noun · feminine · singular · nominative ▸ **1** (Rev. 18,14)
  ὀπώραν ▸ 3
    Noun · feminine · singular · accusative · (common) ▸ **3** (Jer. 31,32; Jer. 47,10; Jer. 47,12)

ὀπωροφυλάκιον (ὀπώρα; φυλάσσω) guard hut, lodge ▸ 5
  ὀπωροφυλάκιον ▸ 5
    Noun · neuter · singular · accusative · (common) ▸ **2** (Psa. 78,1; Mic. 1,6)
    Noun · neuter · singular · nominative · (common) ▸ **3** (Mic. 3,12; Is. 1,8; Is. 24,20)

ὅπως (ποῦ) so that, in order that; how that ▸ 239 + 23 + 53 = **315**
  ὅπως ▸ 239 + 23 + 53 = 315
    Conjunction · subordinating ▸ 239 + 23 = **262** (Gen. 12,13; Gen. 18,19; Gen. 27,4; Gen. 27,10; Gen. 27,19; Gen. 27,31; Gen. 29,21; Gen. 37,22; Gen. 50,20; Ex. 2,20; Ex. 5,3; Ex. 9,16; Ex. 10,2; Ex. 10,7; Ex. 11,7; Ex. 13,9; Ex. 14,12; Ex. 16,4; Ex. 20,20; Ex. 20,26; Ex. 23,20; Ex. 33,13; Lev. 17,5; Lev. 18,30; Lev. 23,43; Num. 15,40; Num. 17,5; Num. 27,20; Num. 32,9; Deut. 4,10; Deut. 4,40; Deut. 5,33; Deut. 6,3; Deut. 8,2; Deut. 17,16; Deut. 17,20; Josh. 4,24; Josh. 11,20; Josh. 23,7; 1Sam. 6,5; 1Sam. 9,6; 1Sam. 13,9; 1Sam. 15,15; 2Sam. 10,3; 2Sam. 13,5; 2Sam. 17,13; 2Sam. 17,14; 1Kings 6,6; 1Kings 8,40; 1Kings 8,43; 1Kings 8,60; 1Kings 11,36; 1Kings 12,15; 1Kings 22,16; 2Kings 22,17; 1Chr. 19,3; 2Chr. 1,11; 2Chr. 6,31; 2Chr. 6,33; 2Chr. 31,4; 2Chr. 32,18; 1Esdr. 2,16; 1Esdr. 2,24; 1Esdr. 4,31; 1Esdr. 4,48; 1Esdr. 6,25; 1Esdr. 6,30; 1Esdr. 8,12; 1Esdr. 8,22; 1Esdr. 8,23; Ezra 4,21; Ezra 5,17; Ezra 9,12; Neh. 6,13; Neh. 6,13; Neh. 8,14; Neh. 8,15; Neh. 13,1; Esth. 13,7 # 3,13g; Esth. 5,5; Esth. 16,19 # 8,12s; Esth. 16,22 # 8,12u; Judith 3,8; Tob. 3,6; Tob. 4,19; Tob. 12,13; 1Mac. 1,16; 1Mac. 9,46; 1Mac. 9,60; 1Mac. 10,24; 1Mac. 10,32; 1Mac. 10,56; 1Mac. 11,31; 1Mac. 11,40; 1Mac. 11,40; 1Mac. 12,4; 1Mac. 12,23; 1Mac. 12,34; 1Mac. 12,36; 1Mac. 13,16; 1Mac. 14,1; 1Mac. 14,29; 1Mac. 14,42; 1Mac. 14,43; 1Mac. 14,43; 1Mac. 14,43; 1Mac. 14,43; 1Mac. 14,49; 1Mac. 15,3; 1Mac. 15,4; 1Mac. 15,19; 1Mac. 15,21; 1Mac. 15,39; 1Mac. 15,41; 1Mac. 16,18; 1Mac. 16,19; 2Mac. 7,22; 2Mac. 9,24; 2Mac. 11,26; 2Mac. 11,37; 3Mac. 4,10; 3Mac. 7,12; 4Mac. 1,1; 4Mac. 4,6; 4Mac. 4,11; 4Mac. 4,23; 4Mac. 5,6; 4Mac. 5,27; 4Mac. 6,8; 4Mac. 8,12; 4Mac. 9,16; 4Mac. 10,1; 4Mac. 11,3; 4Mac. 12,6; 4Mac. 12,17; Psa. 9,15; Psa. 16,4; Psa. 29,13; Psa. 47,14; Psa. 50,6; Psa. 59,7; Psa. 67,24; Psa. 70,8; Psa. 77,6; Psa. 77,44; Psa. 91,8; Psa. 104,45; Psa. 107,7; Psa. 118,11; Psa. 118,71; Psa. 118,80; Psa. 118,101; Psa. 124,3; Prov. 4,21; Eccl. 3,11; Eccl. 7,21; Eccl. 7,22; Eccl. 8,12; Wis. 8,18; Wis. 16,28; Sir. 1,13 Prol.; Sir. 23,3; Sir. 46,1; Sir. 46,10; Hos. 2,5; Hos. 4,4; Hos. 7,2; Hos. 8,4; Hos. 14,3; Amos 1,13; Amos 2,7; Amos 4,1; Amos 5,6; Amos 5,14; Amos 5,15; Amos 9,12; Mic. 5,6; Mic. 6,5; Mic. 6,16; Joel 2,17; Joel 4,6; Obad. 9; Jonah 1,6; Hab. 2,2; Hab. 2,15; Zeph. 2,3; Zech. 12,7; Is. 9,15; Jer. 7,19; Jer. 7,23; Jer. 10,18; Jer. 11,5; Jer. 21,12; Jer. 25,6; Jer. 27,34; Jer. 28,39; Jer. 42,7; LetterJ 17; Ezek. 4,17; Ezek. 6,6; Ezek. 11,20; Ezek. 12,3; Ezek. 12,12; Ezek. 12,16; Ezek. 12,19; Ezek. 14,5; Ezek. 14,11; Ezek. 16,54; Ezek. 16,63; Ezek. 19,9; Ezek. 20,9; Ezek. 20,14; Ezek. 20,22; Ezek. 20,26; Ezek. 20,44; Ezek. 21,15; Ezek. 21,15; Ezek. 21,20; Ezek. 21,33; Ezek. 22,6; Ezek. 22,9; Ezek. 22,12; Ezek. 22,27; Ezek. 24,10; Ezek. 24,11; Ezek. 25,10; Ezek. 26,20; Ezek. 31,14; Ezek. 36,30; Ezek. 40,39; Ezek. 41,6; Ezek. 41,7; Ezek. 42,14; Ezek. 46,18; Dan. 1,8; Dan. 2,18; Dan. 4,15; Dan. 4,31; Dan. 6,18; Tob. 3,6; Tob. 3,6; Tob. 3,10; Tob. 5,9; Tob. 7,9; Tob. 8,4; Tob. 8,5; Tob. 8,12; Tob. 8,12; Tob. 10,8; Tob. 10,9; Dan. 2,16; Dan. 2,18; Dan. 3,95; Dan. 4,6; Dan. 6,3; Dan. 6,8; Dan. 6,9; Dan. 6,13; Dan. 6,18; Sus. 17; Sus. 32; Sus. 59)
    Conjunction · subordinating · (complement) ▸ **15** (Matt. 8,34; Matt. 9,38; Matt. 12,14; Matt. 22,15; Mark 3,6; Luke 7,3; Luke 10,2; Luke 11,37; Luke 24,20; Acts 8,15; Acts 8,24; Acts 23,15; Acts 23,20; Acts 25,3; Philem. 6)
    Conjunction · subordinating · (purposive) ▸ **38** (Matt. 2,8; Matt. 2,23; Matt. 5,16; Matt. 5,45; Matt. 6,2; Matt. 6,4; Matt. 6,5; Matt. 6,16; Matt. 6,18; Matt. 8,17; Matt. 13,35; Matt. 23,35; Matt. 26,59; Luke 2,35; Luke 16,26; Luke 16,28; John 11,57; Acts 3,20; Acts 9,2; Acts 9,12; Acts 9,17; Acts 9,24; Acts 15,17; Acts 20,16; Acts 23,23; Acts 25,26; Rom. 3,4; Rom. 9,17; Rom. 9,17; 1Cor. 1,29; 2Cor. 8,11; 2Cor. 8,14; Gal. 1,4; 2Th. 1,12; Heb. 2,9; Heb. 9,15; James 5,16; 1Pet. 2,9)

ὅραμα (ὁράω) vision; sight ▸ 42 + 6 + 12 = **60**
  ὅραμα ▸ 21 + 1 + 7 = 29
    Noun · neuter · singular · accusative · (common) ▸ 9 + 1 + 5 = **15** (Ex. 3,3; Dan. 2,7; Dan. 2,26; Dan. 7,1; Dan. 7,1; Dan. 8,15; Dan. 8,26; Dan. 9,24; Dan. 9,24; Dan. 2,23; Matt. 17,9; Acts 7,31; Acts 11,5; Acts 12,9; Acts 16,10)
    Noun · neuter · singular · nominative · (common) ▸ 12 + 2 = **14** (Eccl. 6,9; Is. 21,1; Is. 21,2; Is. 21,11; Is. 23,1; Dan. 2,28; Dan. 2,36; Dan. 2,45; Dan. 8,13; Dan. 8,17; Dan. 8,26; Dan. 10,1; Acts 10,17; Acts 16,9)
  ὁράμασιν ▸ 3
    Noun · neuter · plural · dative · (common) ▸ **3** (Deut. 4,34; Deut. 26,8; Jer. 39,21)
  ὁράμασίν ▸ 1
    Noun · neuter · plural · dative · (common) ▸ **1** (Job 7,14)
  ὁράματα ▸ 3
    Noun · neuter · plural · accusative · (common) ▸ **3** (Deut. 28,34; Is. 30,10; Dan. 2,1)
  ὁράματι ▸ 12 + 4 + 3 = 19
    Noun · neuter · singular · dative · (common) ▸ 12 + 4 + 3 = **19** (Gen. 15,1; Gen. 46,2; Num. 12,6; Sir. 43,1; Dan. 1,17; Dan. 2,19; Dan. 7,7; Dan. 7,13; Dan. 7,15; Dan. 8,2; Dan. 8,27; Dan. 10,1; Dan. 2,19; Dan. 4,13; Dan. 7,13; Dan. 8,2; Acts 9,10; Acts 9,12; Acts 10,3)
  ὁράματί ▸ 1
    Noun · neuter · singular · dative · (common) ▸ **1** (Dan. 7,2)
  ὁράματος ▸ 1 + 2 = 3
    Noun · neuter · singular · genitive · (common) ▸ 1 + 2 = **3** (Dan. 4,28; Acts 10,19; Acts 18,9)
  ὁραμάτων ▸ 1

Noun · neuter · plural · genitive · (common) ▸ **1** (Deut. 28,67)

ὅρασις (ὁράω) sight; vision ▸ 106 + 27 + 4 = **137**

  ὁράσει ▸ 13 + 2 + 3 = **18**
  Noun · feminine · singular · dative · (common) ▸ 13 + 2 + 3 = **18** (1Sam. 16,12; 1Mac. 13,27; 3Mac. 5,33; Psa. 88,20; Eccl. 11,9; Sir. 11,2; Sir. 40,6; Sir. 48,22; Ezek. 8,3; Ezek. 11,24; Ezek. 21,34; Ezek. 23,16; Ezek. 40,2; Dan. 1,17; Dan. 9,21; Rev. 4,3; Rev. 4,3; Rev. 9,17)

  ὁράσεις ▸ 5 + 4 + 1 = **10**
  Noun · feminine · plural · accusative · (common) ▸ 5 + 4 + 1 = **10** (Hos. 12,11; Joel 3,1; Zech. 10,2; Jer. 14,14; Ezek. 1,1; Dan. 2,28; Dan. 4,5; Dan. 7,1; Dan. 7,15; Acts 2,17)

  ὁράσεσιν ▸ 1
  Noun · feminine · plural · dative · (common) ▸ **1** (2Chr. 9,29)

  ὁράσεως ▸ 14
  Noun · feminine · singular · genitive · (common) ▸ **14** (Gen. 24,62; Gen. 25,11; Sir. 19,29; Sir. 41,22; Sir. 46,15; Sol. 6,3; Mic. 3,6; Nah. 1,1; Zech. 13,4; Ezek. 1,27; Ezek. 1,27; Ezek. 11,24; Ezek. 12,23; Dan. 4,19)

  ὅρασιν ▸ 26 + 7 = **33**
  Noun · feminine · singular · accusative · (common) ▸ 26 + 7 = **33** (Gen. 2,9; Lev. 13,12; Num. 24,4; Num. 24,16; 1Sam. 3,15; 2Sam. 7,17; 1Chr. 17,15; Tob. 12,19; Wis. 15,15; Sir. 25,17; Sir. 49,8; Hab. 2,2; Is. 66,24; Jer. 23,16; Lam. 2,9; LetterJ 36; Ezek. 1,27; Ezek. 8,4; Ezek. 13,7; Ezek. 43,3; Ezek. 43,3; Ezek. 43,10; Dan. 8,16; Dan. 10,7; Dan. 10,7; Dan. 10,8; Dan. 4,9; Dan. 8,15; Dan. 8,16; Dan. 8,26; Dan. 8,27; Dan. 9,24; Dan. 11,14)

  ὅρασις ▸ 43 + 14 = **57**
  Noun · feminine · singular · nominative · (common) ▸ 43 + 14 = **57** (Gen. 31,49; Gen. 40,5; Judg. 13,6; Judg. 13,6; 1Sam. 3,1; 1Chr. 17,17; Job 37,18; Sir. 34,3; Joel 2,4; Nah. 2,5; Hab. 2,3; Is. 30,6; Ezek. 1,4; Ezek. 1,5; Ezek. 1,13; Ezek. 1,22; Ezek. 1,26; Ezek. 1,28; Ezek. 1,28; Ezek. 3,23; Ezek. 7,26; Ezek. 8,2; Ezek. 12,22; Ezek. 12,24; Ezek. 12,27; Ezek. 40,3; Ezek. 40,3; Ezek. 41,21; Ezek. 43,3; Ezek. 43,3; Dan. 3,92; Dan. 4,10; Dan. 4,11; Dan. 4,20; Dan. 4,23; Dan. 5,6; Dan. 8,1; Dan. 8,15; Dan. 8,16; Dan. 10,6; Dan. 10,14; Dan. 10,16; Dan. 10,18; Tob. 12,19; Dan. 2,31; Dan. 3,92; Dan. 7,20; Dan. 8,1; Dan. 8,13; Dan. 8,15; Dan. 8,17; Dan. 8,19; Dan. 8,26; Dan. 10,6; Dan. 10,6; Dan. 10,14; Dan. 10,18)

  Ὅρασις ▸ 4
  Noun · feminine · singular · nominative · (common) ▸ **4** (Obad. 1; Is. 1,1; Is. 13,1; Is. 19,1)

ὁρατής (ὁράω) observer ▸ 2

  ὁρατής ▸ 2
  Noun · masculine · singular · nominative · (common) ▸ **2** (Job 34,21; Job 35,13)

ὁρατικός (ὁράω) able to observe ▸ 1

  ὁρατικὸν ▸ 1
  Adjective · masculine · singular · accusative · noDegree ▸ **1** (Prov. 22,29)

ὁρατός (ὁράω) visible, seen, notable ▸ 4 + 1 = **5**

  ὁρατὰ ▸ 1
  Adjective · neuter · plural · nominative · (verbal) ▸ **1** (Col. 1,16)

  ὁρατοὶ ▸ 1
  Adjective · masculine · plural · nominative · noDegree ▸ **1** (Job 34,26)

  ὁρατόν ▸ 1
  Adjective · masculine · singular · accusative · noDegree ▸ **1** (2Sam. 23,21)

  ὁρατὸν ▸ 2
  Adjective · masculine · singular · accusative · noDegree ▸ **1** (1Chr. 11,23)
  Adjective · neuter · singular · nominative · noDegree ▸ **1** (Job 37,21)

ὁράω to see, view, perceive ▸ 1394 + 109 + 454 = **1957**

  εἴδαμεν ▸ 1 + 1 = **2**
  Verb · first · plural · aorist · active · indicative ▸ 1 + 1 = **2** (1Sam. 10,14; Acts 4,20)

  εἴδαν ▸ 7 + 3 + 5 = **15**
  Verb · third · plural · aorist · active · indicative ▸ 7 + 3 + 5 = **15** (1Sam. 6,19; 1Sam. 19,20; 2Sam. 10,6; 2Sam. 10,14; 2Sam. 10,19; Judith 6,12; Psa. 34,21; Judg. 6,28; Judg. 16,24; Judg. 18,7; Matt. 13,17; Luke 10,24; John 1,39; Acts 9,35; Acts 12,16)

  εἶδε ▸ 2
  Verb · third · singular · aorist · active · indicative ▸ **2** (Dan. 5,5; Dan. 7,1)

  Εἶδεν ▸ 2 + 1 = **3**
  Verb · third · singular · aorist · active · indicative ▸ 2 + 1 = **3** (Gen. 28,6; Gen. 30,9; John 1,47)

  εἶδεν ▸ 219 + 16 + 41 = **276**
  Verb · third · singular · aorist · active · indicative ▸ 219 + 16 + 41 = **276** (Gen. 1,4; Gen. 1,8; Gen. 1,10; Gen. 1,12; Gen. 1,18; Gen. 1,21; Gen. 1,25; Gen. 1,31; Gen. 3,6; Gen. 6,12; Gen. 8,13; Gen. 9,22; Gen. 13,10; Gen. 16,4; Gen. 18,2; Gen. 19,28; Gen. 21,19; Gen. 22,4; Gen. 22,13; Gen. 22,14; Gen. 24,30; Gen. 24,63; Gen. 24,64; Gen. 26,8; Gen. 28,8; Gen. 29,10; Gen. 31,2; Gen. 31,42; Gen. 32,2; Gen. 32,3; Gen. 32,26; Gen. 33,1; Gen. 33,5; Gen. 34,2; Gen. 37,9; Gen. 38,2; Gen. 38,14; Gen. 39,13; Gen. 40,6; Gen. 40,16; Gen. 41,1; Gen. 42,9; Gen. 42,27; Gen. 43,16; Gen. 43,29; Gen. 50,23; Ex. 3,4; Ex. 4,31; Ex. 10,23; Ex. 14,30; Ex. 14,31; Ex. 34,30; Ex. 39,23; Lev. 9,24; Num. 12,8; Num. 20,29; Num. 24,4; Deut. 26,7; Deut. 32,19; Deut. 32,36; Deut. 33,21; Josh. 5,13; Josh. 8,14; Josh. 8,15; Judg. 6,22; Judg. 9,36; Judg. 9,43; Judg. 9,55; Judg. 11,35; Judg. 14,1; Judg. 16,1; Judg. 16,18; Judg. 16,24; Judg. 18,26; Judg. 19,3; Judg. 19,17; Judg. 20,36; Judg. 20,41; Ruth 2,18; 1Sam. 9,17; 1Sam. 13,6; 1Sam. 16,6; 1Sam. 17,42; 1Sam. 18,15; 1Sam. 18,28; 1Sam. 23,15; 1Sam. 25,23; 1Sam. 26,3; 1Sam. 28,5; 1Sam. 28,12; 1Sam. 28,21; 1Sam. 31,5; 2Sam. 6,16; 2Sam. 10,9; 2Sam. 10,15; 2Sam. 11,2; 2Sam. 13,34; 2Sam. 14,24; 2Sam. 14,28; 2Sam. 17,18; 2Sam. 17,23; 2Sam. 18,10; 2Sam. 18,24; 2Sam. 18,26; 2Sam. 20,12; 2Sam. 20,12; 2Sam. 24,20; 1Kings 10,4; 1Kings 11,28; 1Kings 16,18; 1Kings 18,17; 2Kings 2,12; 2Kings 2,24; 2Kings 3,22; 2Kings 3,26; 2Kings 4,25; 2Kings 5,21; 2Kings 6,17; 2Kings 6,21; 2Kings 6,30; 2Kings 9,17; 2Kings 9,22; 2Kings 9,27; 2Kings 9,32; 2Kings 11,1; 2Kings 11,14; 2Kings 13,4; 2Kings 14,26; 2Kings 16,10; 2Kings 16,12; 2Kings 23,16; 1Chr. 10,5; 1Chr. 10,7; 1Chr. 15,29; 1Chr. 19,10; 1Chr. 19,16; 1Chr. 21,15; 1Chr. 21,16; 1Chr. 21,20; 2Chr. 9,3; 2Chr. 20,24; 2Chr. 22,10; 2Chr. 23,13; 2Chr. 32,2; Esth. 11,2 # 1,1a; Judith 12,16; Judith 14,6; 1Mac. 2,6; 1Mac. 2,24; 1Mac. 3,29; 1Mac. 3,42; 1Mac. 4,20; 1Mac. 4,30; 1Mac. 5,31; 1Mac. 6,43; 1Mac. 6,62; 1Mac. 7,23; 1Mac. 7,25; 1Mac. 7,44; 1Mac. 9,7; 1Mac. 9,14; 1Mac. 9,57; 1Mac. 11,38; 1Mac. 11,39; 1Mac. 12,1; 1Mac. 12,42; 1Mac. 13,2; 1Mac. 13,53; 1Mac. 14,35; 1Mac. 15,32; 1Mac. 15,36; 1Mac. 16,6; Psa. 10,7; Psa. 32,13; Psa. 96,4; Psa. 105,44; Psa. 113,3; Ode. 2,19; Ode. 2,36; Prov. 3,13; Eccl. 1,16; Eccl. 4,3; Eccl. 6,5; Eccl. 6,6; Eccl. 9,1; Job 10,18; Job 28,27; Job 32,5; Job 36,25; Job 38,12; Job 42,16; Sir. 1,9; Sir. 1,19; Sir. 18,12; Sir. 30,5; Sir. 45,19; Sir. 48,24; Sir. 49,8; Hos. 5,13; Amos 1,1; Mic. 1,1; Jonah 3,10; Hab. 1,1; Hag. 2,3; Is. 1,1; Is. 1,1; Is. 13,1; Is. 30,19; Is. 59,15; Is. 59,16; Jer. 3,7; Jer. 23,18; Bar. 4,9; Lam. 1,10; Ezek. 19,5; Ezek. 19,11; Ezek. 23,11; Ezek. 23,14; Dan. 7,1; Judg. 6,22; Judg. 9,36; Judg. 9,43;

ὁράω

Judg. 9,55; Judg. 11,35; Judg. 14,1; Judg. 16,1; Judg. 16,18; Judg. 18,26; Judg. 19,3; Judg. 19,17; Tob. 14,15; Tob. 14,15; Dan. 4,23; Dan. 7,1; Bel 30; Matt. 3,16; Matt. 4,16; Matt. 4,18; Matt. 4,21; Matt. 8,14; Matt. 9,9; Matt. 14,14; Matt. 20,3; Matt. 22,11; Matt. 26,71; Mark 1,10; Mark 1,16; Mark 1,19; Mark 2,14; Mark 6,34; Luke 5,2; Luke 15,20; Luke 21,1; Luke 21,2; John 6,24; John 8,56; John 9,1; John 11,33; John 12,41; John 20,8; Acts 2,31; Acts 3,9; Acts 7,55; Acts 8,39; Acts 9,12; Acts 9,27; Acts 10,3; Acts 10,17; Acts 11,13; Acts 13,36; Acts 13,37; Acts 16,10; 1Cor. 2,9; 1Tim. 6,16; Rev. 1,2; Rev. 12,13)

εἰδέν ▸ 3
  Verb · third · singular · aorist · active · indicative ▸ 3 (Gen. 29,32; 2Sam. 1,7; Job 28,10)

Εἶδες ▸ 1
  Verb · second · singular · aorist · active · indicative ▸ 1 (Jer. 3,6)

εἶδες ▸ 10 + 8 + 7 = 25
  Verb · second · singular · aorist · active · indicative ▸ 10 + 8 + 7 = 25 (2Sam. 18,21; Neh. 9,9; Psa. 34,22; Is. 58,3; Lam. 3,59; Lam. 3,60; Dan. 2,41; Dan. 2,43; Dan. 4,23; Dan. 8,20; Dan. 2,41; Dan. 2,41; Dan. 2,43; Dan. 2,45; Dan. 4,20; Dan. 8,20; Sus. 54; Sus. 54; Rev. 1,19; Rev. 1,20; Rev. 17,8; Rev. 17,12; Rev. 17,15; Rev. 17,16; Rev. 17,18)

εἰδές ▸ 1
  Verb · second · singular · aorist · active · indicative ▸ 1 (Acts 26,16)

εἴδετε ▸ 11 + 1 + 5 = 17
  Verb · second · plural · aorist · active · indicative ▸ 11 + 1 + 5 = 17 (Gen. 45,13; Deut. 1,19; Deut. 1,31; Deut. 4,12; Deut. 4,15; Deut. 29,16; 1Sam. 12,12; 1Sam. 12,24; Song 3,3; Is. 22,11; Is. 42,20; Dan. 2,8; Luke 7,22; John 6,26; Phil. 1,30; Phil. 4,9; James 5,11)

εἴδετέ ▸ 1 + 1 = 2
  Verb · second · plural · aorist · active · indicative ▸ 1 + 1 = 2 (Judg. 9,48; Judg. 9,48)

εἴδησαν ▸ 2
  Verb · third · plural · aorist · active · indicative ▸ 2 (Deut. 8,3; Deut. 8,16)

εἴδομεν ▸ 13 + 2 + 7 = 22
  Verb · first · plural · aorist · active · indicative ▸ 13 + 2 + 7 = 22 (Gen. 40,8; Gen. 41,11; Gen. 41,11; Deut. 5,24; Judg. 18,9; 1Mac. 13,3; Psa. 47,9; Psa. 73,9; Psa. 89,15; Is. 53,2; Jer. 51,17; Lam. 2,16; Sus. 37; Judg. 13,22; Judg. 18,9; Matt. 2,2; Matt. 25,37; Matt. 25,38; Matt. 25,39; Matt. 25,44; Mark 2,12; Luke 5,26)

εἴδομέν ▸ 2
  Verb · first · plural · aorist · active · indicative ▸ 2 (Mark 9,38; Luke 9,49)

Εἶδον ▸ 3
  Verb · first · singular · aorist · active · indicative ▸ 3 (2Sam. 18,29; 2Chr. 18,16; Amos 9,1)

εἶδον ▸ 199 + 24 + 74 = 297
  Verb · first · singular · aorist · active · indicative ▸ 124 + 16 + 52 = 192 (Gen. 7,1; Gen. 16,13; Gen. 16,14; Gen. 31,10; Gen. 32,31; Gen. 33,10; Gen. 40,16; Gen. 41,19; Gen. 41,22; Gen. 44,28; Ex. 3,7; Josh. 7,21; Judg. 6,22; Judg. 12,3; 1Sam. 13,11; 1Sam. 25,25; 2Sam. 14,32; 1Kings 22,19; 2Kings 9,26; 2Kings 20,5; 1Chr. 29,17; 2Chr. 18,18; Neh. 4,8; Neh. 13,15; Neh. 13,23; Esth. 10,5 # 10,3b; Psa. 36,25; Psa. 36,35; Psa. 54,10; Psa. 118,96; Psa. 118,158; Ode. 4,7; Prov. 26,12; Eccl. 1,14; Eccl. 2,13; Eccl. 2,24; Eccl. 3,10; Eccl. 3,16; Eccl. 3,22; Eccl. 4,1; Eccl. 4,4; Eccl. 4,7; Eccl. 4,15; Eccl. 5,12; Eccl. 5,17; Eccl. 6,1; Eccl. 7,15; Eccl. 8,9; Eccl. 8,10; Eccl. 8,17; Eccl. 9,11; Eccl. 9,13; Eccl. 10,5; Eccl. 10,7; Job 4,8; Job 4,16; Sol. 2,22; Hos. 6,10; Hos. 9,10; Hos. 9,13; Hab. 3,7; Zech. 2,1; Zech. 2,5; Zech. 5,1; Zech. 5,9; Zech. 6,1; Is. 6,1; Is. 6,5; Is. 21,7; Is. 38,5; Is. 42,21; Is. 44,16; Jer. 3,8; Jer. 4,24; Jer. 4,26; Jer. 11,18; Jer. 23,11; Jer. 23,13; Jer. 38,26; Bar. 4,10; Ezek. 1,1; Ezek. 1,4; Ezek. 1,15; Ezek. 1,18; Ezek. 1,27; Ezek. 1,27; Ezek. 1,28; Ezek. 2,9; Ezek. 3,13; Ezek. 3,23; Ezek. 8,2; Ezek. 8,4; Ezek. 8,10; Ezek. 10,1; Ezek. 10,8; Ezek. 10,9; Ezek. 10,15; Ezek. 10,20; Ezek. 10,22; Ezek. 11,1; Ezek. 11,24; Ezek. 16,50; Ezek. 23,13; Ezek. 31,10; Ezek. 37,8; Ezek. 43,3; Ezek. 43,3; Ezek. 43,3; Ezek. 43,3; Ezek. 44,4; Dan. 2,26; Dan. 4,5; Dan. 4,33b; Dan. 8,1; Dan. 8,2; Dan. 8,3; Dan. 8,4; Dan. 8,6; Dan. 8,7; Dan. 9,21; Dan. 10,5; Dan. 10,7; Dan. 10,8; Dan. 12,5; Judg. 6,22; Judg. 12,3; Tob. 9,6; Dan. 4,5; Dan. 4,9; Dan. 4,18; Dan. 8,2; Dan. 8,3; Dan. 8,4; Dan. 8,6; Dan. 8,7; Dan. 9,21; Dan. 10,5; Dan. 10,7; Dan. 10,8; Dan. 12,5; John 18,26; Acts 7,34; Acts 11,5; Acts 11,6; Acts 26,13; Gal. 1,19; Gal. 2,14; Rev. 1,12; Rev. 1,17; Rev. 4,1; Rev. 5,1; Rev. 5,2; Rev. 5,6; Rev. 5,11; Rev. 6,1; Rev. 6,2; Rev. 6,5; Rev. 6,8; Rev. 6,9; Rev. 6,12; Rev. 7,1; Rev. 7,2; Rev. 7,9; Rev. 8,2; Rev. 8,13; Rev. 9,1; Rev. 9,17; Rev. 10,1; Rev. 10,5; Rev. 13,1; Rev. 13,2; Rev. 13,11; Rev. 14,1; Rev. 14,6; Rev. 14,14; Rev. 15,1; Rev. 15,2; Rev. 15,5; Rev. 16,13; Rev. 17,3; Rev. 17,6; Rev. 18,1; Rev. 19,11; Rev. 19,17; Rev. 19,19; Rev. 20,1; Rev. 20,4; Rev. 20,11; Rev. 20,12; Rev. 21,1; Rev. 21,2; Rev. 21,22)
  Verb · third · plural · aorist · active · indicative ▸ 75 + 8 + 22 = 105 (Gen. 9,23; Gen. 12,15; Gen. 37,25; Gen. 40,5; Gen. 42,35; Gen. 50,11; Ex. 24,10; Ex. 34,35; Num. 17,24; Num. 32,1; Josh. 8,21; Judg. 1,24; Judg. 3,24; Judg. 18,7; 1Sam. 5,3; 1Sam. 5,7; 1Sam. 6,13; 1Sam. 10,11; 1Sam. 14,16; 1Sam. 14,29; 1Sam. 17,51; 1Sam. 19,5; 1Sam. 31,7; 1Kings 3,28; 1Kings 12,16; 1Kings 13,25; 1Kings 22,32; 1Kings 22,33; 2Kings 2,15; 2Kings 6,20; 2Kings 12,11; 2Kings 13,21; 2Kings 20,15; 2Kings 20,15; 1Chr. 19,6; 1Chr. 19,15; 1Chr. 19,19; 2Chr. 9,6; 2Chr. 18,31; 2Chr. 18,32; 2Chr. 24,11; 2Chr. 31,8; Judith 7,4; Judith 10,7; Judith 14,12; Tob. 12,21; 1Mac. 3,17; 1Mac. 4,7; 1Mac. 4,12; 1Mac. 4,38; 1Mac. 6,47; 1Mac. 7,11; 1Mac. 8,18; 1Mac. 9,6; 1Mac. 9,16; 1Mac. 9,39; 1Mac. 10,64; 1Mac. 11,49; 1Mac. 11,73; 1Mac. 12,51; 1Mac. 16,6; Psa. 57,9; Ode. 13,30; Prov. 25,7; Job 3,16; Wis. 19,11; Sir. 17,13; Is. 34,15; Is. 64,3; Jer. 48,13; Bar. 3,20; Lam. 1,8; Lam. 2,9; Ezek. 20,28; Dan. 6,24; Judg. 1,24; Judg. 3,24; Judg. 14,11; Judg. 20,36; Judg. 20,39; Judg. 20,41; Dan. 2,26; Dan. 10,7; Matt. 2,9; Matt. 2,11; Matt. 17,8; Mark 6,33; Mark 6,50; Mark 9,8; Mark 9,9; Mark 9,14; Mark 11,20; Mark 16,5; Luke 2,20; Luke 2,30; Luke 9,32; Luke 19,37; Luke 24,24; John 6,22; John 19,6; John 19,33; Acts 6,15; Acts 28,4; Heb. 3,9; Heb. 11,23)

Εἶδόν ▸ 2 + 2 = 4
  Verb · first · singular · aorist · active · indicative ▸ 2 + 2 = 4 (Esth. 15,13 # 5,2a; Tob. 11,9; Tob. 11,9; Tob. 11,13)

εἶδόν ▸ 3 + 2 = 5
  Verb · first · singular · aorist · active · indicative ▸ 3 + 2 = 5 (2Kings 3,14; Ezek. 16,6; Ezek. 16,8; John 1,48; John 1,50)

εἴδοσαν ▸ 22 + 1 = 23
  Verb · third · plural · aorist · active · indicative ▸ 22 + 1 = 23 (Deut. 7,19; Deut. 10,21; Deut. 11,2; Josh. 18,9; Josh. 24,7; Josh. 24,29; Ezra 3,12; Psa. 94,9; Psa. 96,6; Psa. 97,3; Psa. 106,24; Psa. 138,16; Song 6,9; Job 9,25; Sol. 8,25; Is. 22,9; Is. 39,4; Is. 39,4; Is. 39,4; Is. 41,5; Dan. 10,7; Bel 18; Sus. 18)

εἴδοσάν ▸ 5
  Verb · third · plural · aorist · active · indicative ▸ 5 (Psa. 76,17; Psa. 76,17; Psa. 108,25; Lam. 2,14; Lam. 2,14)

ἑόρακα ▸ 4 + 1 + 1 = 6
  Verb · first · singular · perfect · active · indicative ▸ 4 + 1 + 1 = 6 (1Sam. 16,1; 1Sam. 16,18; 1Sam. 28,13; Sir. 42,15; Judg. 14,2;

1Cor. 9,1)

Ἑόρακα ‣ 1
   Verb · first · singular · perfect · active · indicative ‣ **1** (1Sam. 22,9)

ἑόρακά ‣ 1
   Verb · first · singular · perfect · active · indicative ‣ **1** (Deut. 33,9)

ἑόρακαν ‣ 1
   Verb · third · plural · perfect · active · indicative ‣ **1** (Col. 2,1)

ἑόρακας ‣ 6
   Verb · second · singular · perfect · active · indicative ‣ **6** (1Sam. 28,13; 2Sam. 18,11; 1Kings 21,13; Job 8,18; Job 38,22; Job 41,1)

ἑοράκασιν ‣ 1
   Verb · third · plural · perfect · active · indicative ‣ **1** (1Sam. 24,11)

ἑοράκατε ‣ 1
   Verb · second · plural · perfect · active · indicative ‣ **1** (1Sam. 10,24)

ἑόρακεν ‣ 4 + 1 = 5
   Verb · third · singular · perfect · active · indicative ‣ **4 + 1 = 5** (Tob. 4,4; Job 19,27; Sir. 16,5; Sir. 43,31; Col. 2,18)

ἑόρακέν ‣ 1
   Verb · third · singular · perfect · active · indicative ‣ **1** (Job 42,5)

ἑόραται ‣ 1
   Verb · third · singular · perfect · passive · indicative ‣ **1** (Judg. 19,30)

ἑώρα ‣ 9
   Verb · third · singular · imperfect · active · indicative ‣ **9** (Ex. 20,18; Ex. 33,10; 2Kings 2,12; Esth. 7,7; 2Mac. 4,6; 4Mac. 4,24; 4Mac. 10,8; 4Mac. 15,15; Dan. 5,6)

ἑώρακα ‣ 20 + 1 + 3 = 24
   Verb · first · singular · perfect · active · indicative ‣ **20 + 1 + 3 = 24** (Gen. 31,12; Gen. 41,15; Gen. 46,30; Ex. 3,9; Judg. 14,2; 2Sam. 13,34; 2Sam. 18,10; 1Kings 22,17; Job 5,3; Job 15,17; Sir. 34,11; Zech. 9,8; Is. 57,18; Jer. 7,11; Jer. 13,27; Jer. 23,14; Jer. 37,6; Dan. 2,3; Dan. 2,9; Bel 35; Bel 35; John 1,34; John 8,38; John 20,18)

Ἑώρακα ‣ 3
   Verb · first · singular · perfect · active · indicative ‣ **3** (Deut. 9,13; Zech. 1,8; Zech. 4,2)

ἑωράκαμεν ‣ 7 + 5 = 12
   Verb · first · plural · perfect · active · indicative ‣ **7 + 5 = 12** (Gen. 26,28; Num. 13,28; Num. 13,32; Num. 13,33; Deut. 1,28; Judg. 13,22; Sir. 43,32; John 3,11; John 20,25; 1John 1,1; 1John 1,2; 1John 1,3)

ἑώρακαν ‣ 1 + 1 = 2
   Verb · third · plural · perfect · active · indicative ‣ **1 + 1 = 2** (Deut. 11,7; Luke 9,36)

ἑώρακας ‣ 13 + 3 = 16
   Verb · second · singular · perfect · active · indicative ‣ **13 + 3 = 16** (Deut. 3,28; Deut. 7,15; Jer. 1,12; Ezek. 8,6; Ezek. 8,12; Ezek. 8,15; Ezek. 47,6; Dan. 2,29; Dan. 2,31; Dan. 2,34; Dan. 2,41; Dan. 2,45; Sus. 54; John 8,57; John 9,37; Acts 22,15)

Ἑώρακας ‣ 4
   Verb · second · singular · perfect · active · indicative ‣ **4** (1Kings 20,29; Ezek. 8,17; Ezek. 40,4; Ezek. 43,7)

ἑωράκάς ‣ 1
   Verb · second · singular · perfect · active · indicative ‣ **1** (John 20,29)

ἑωράκασιν ‣ 9 + 1 = 10
   Verb · third · plural · perfect · active · indicative ‣ **9 + 1 = 10** (Ex. 10,6; Deut. 3,21; Deut. 4,3; Deut. 4,9; Deut. 21,7; Deut. 29,2; 1Kings 10,7; Is. 66,19; Bar. 4,24; John 15,24)

ἑωράκατε ‣ 8 + 2 = 10
   Verb · second · plural · perfect · active · indicative ‣ **8 + 2 = 10** (Ex. 14,13; Ex. 19,4; Ex. 20,22; Deut. 29,1; Josh. 23,3; Jer. 51,2; Ezek. 13,7; Dan. 2,8; John 5,37; John 14,7)

ἑωράκατέ ‣ 1
   Verb · second · plural · perfect · active · indicative ‣ **1** (John 6,36)

ἑώρακε ‣ 1
   Verb · third · singular · perfect · active · indicative ‣ **1** (Dan. 2,10)

ἑωράκει ‣ 1
   Verb · third · singular · pluperfect · active · indicative ‣ **1** (Acts 7,44)

ἑώρακεν ‣ 4 + 1 + 9 = 14
   Verb · third · singular · perfect · active · indicative ‣ **4 + 1 + 9 = 14** (Lev. 5,1; Is. 29,15; Is. 66,8; Dan. 2,27; Tob. 4,4; Luke 1,22; John 1,18; John 3,32; John 6,46; John 14,9; 1John 3,6; 1John 4,20; 1John 4,20; 3John 11)

ἑώρακέν ‣ 1 + 1 = 2
   Verb · third · singular · perfect · active · indicative ‣ **1 + 1 = 2** (Job 13,1; John 6,46)

ἑωρακέναι ‣ 1
   Verb · perfect · active · infinitive ‣ **1** (Luke 24,23)

ἑωρακότας ‣ 1
   Verb · perfect · active · participle · masculine · plural · accusative ‣ **1** (2Mac. 12,42)

ἑωρακότες ‣ 1 + 1 = 2
   Verb · perfect · active · participle · masculine · plural · nominative ‣ **1 + 1 = 2** (1Esdr. 5,60; John 4,45)

ἑωρακὼς ‣ 1 + 2 = 3
   Verb · perfect · active · participle · masculine · singular · nominative ‣ **1 + 2 = 3** (Esth. 11,12 # 1,1l; John 14,9; John 19,35)

ἑώραταί ‣ 1
   Verb · third · singular · perfect · passive · indicative ‣ **1** (Lev. 14,35)

ἑώρων ‣ 4
   Verb · third · plural · imperfect · active · indicative ‣ **4** (Ex. 5,19; 1Sam. 6,16; 2Chr. 7,3; Job 2,13)

ἰδὲ ‣ 55 + 5 = 60
   Verb · second · singular · aorist · active · imperative ‣ **55 + 5 = 60** (Gen. 13,14; Gen. 31,12; Gen. 31,44; Gen. 37,14; Num. 27,12; Deut. 3,27; Deut. 32,49; Judg. 16,5; 1Sam. 14,29; 1Sam. 24,12; 1Sam. 25,17; 1Sam. 26,16; 2Sam. 24,13; 1Kings 21,22; 2Kings 10,16; 2Kings 19,16; 1Chr. 21,12; 1Chr. 21,23; 1Chr. 28,10; Tob. 14,10; Psa. 9,14; Psa. 24,18; Psa. 24,19; Psa. 36,37; Psa. 44,11; Psa. 79,15; Psa. 89,16; Psa. 118,159; Psa. 138,24; Eccl. 2,1; Eccl. 7,13; Eccl. 7,27; Eccl. 7,29; Eccl. 9,9; Job 34,17; Sir. 28,24; Sir. 37,27; Sir. 43,11; Sol. 9,8; Sol. 11,2; Zech. 5,5; Is. 37,17; Is. 49,18; Is. 60,4; Is. 63,15; Jer. 2,19; Jer. 2,23; Jer. 13,20; Bar. 4,36; Lam. 5,1; Ezek. 8,9; Ezek. 40,4; Ezek. 44,5; Dan. 9,18; Bel 19; Judg. 16,5; Judg. 19,24; Tob. 2,2; Tob. 2,14; Dan. 9,18)

ἰδέ ‣ 9 + 1 = 10
   Verb · second · singular · aorist · active · imperative ‣ **9 + 1 = 10** (Psa. 58,5; Psa. 83,10; Eccl. 7,14; Job 35,5; Jer. 3,2; Bar. 2,17; Bar. 5,5; Lam. 1,9; Lam. 1,11; Tob. 14,10)

Ἰδὲ ‣ 4 + 1 = 5
   Verb · second · singular · aorist · active · imperative ‣ **4 + 1 = 5** (Gen. 27,6; 1Sam. 21,9; Psa. 118,153; Eccl. 1,10; Bel 19)

Ἰδέ ‣ 3
   Verb · second · singular · aorist · active · imperative ‣ **3** (Sol.

ὁράω

17,21; Lam. 1,20; Lam. 2,20)

ἴδε ▸ 5
Verb · second · singular · aorist · active · imperative ▸ **5** (John 1,46; John 7,52; John 11,34; John 20,27; Rom. 11,22)

ἰδεῖν ▸ 71 + 5 + 38 = 114
Verb · aorist · active · infinitive ▸ 71 + 5 + 38 = **114** (Gen. 2,19; Gen. 3,6; Gen. 8,7; Gen. 8,8; Gen. 11,5; Gen. 42,12; Gen. 44,23; Gen. 44,26; Gen. 44,31; Ex. 3,4; Ex. 10,28; Ex. 14,13; Ex. 33,20; Lev. 13,7; Lev. 14,36; Num. 4,20; Deut. 28,68; Josh. 5,6; Josh. 22,10; Judg. 14,8; 1Sam. 15,35; 2Sam. 3,13; 2Sam. 13,5; 2Sam. 13,6; 2Sam. 24,17; 1Kings 9,12; 2Kings 8,29; 2Kings 9,16; 2Kings 23,29; 1Chr. 21,28; 2Chr. 12,7; 2Chr. 15,9; Ezra 4,14; Esth. 5,9; Esth. 8,6; Judith 15,8; Judith 15,12; Tob. 10,13; 1Mac. 2,7; 1Mac. 7,30; Psa. 13,2; Psa. 15,10; Psa. 26,13; Psa. 33,13; Psa. 40,7; Psa. 52,3; Psa. 62,3; Psa. 105,5; Psa. 118,37; Ode. 12,9; Eccl. 2,12; Eccl. 3,22; Eccl. 5,17; Eccl. 8,16; Song 6,11; Song 6,11; Job 7,7; Job 35,13; Sir. 37,9; Sol. 17,31; Sol. 17,31; Sol. 17,44; Sol. 18,6; Hab. 2,1; Zech. 2,6; Is. 10,24; Is. 42,18; Jer. 36,32; LetterJ 18; Dan. 5,7; Dan. 8,1; Judg. 14,8; Tob. 12,21; Tob. 13,17; Dan. 8,15; Sus. 26; Matt. 11,8; Matt. 11,9; Matt. 12,38; Matt. 13,17; Matt. 26,58; Mark 5,14; Mark 5,32; Luke 2,26; Luke 7,25; Luke 7,26; Luke 8,20; Luke 8,35; Luke 9,9; Luke 10,24; Luke 14,18; Luke 17,22; Luke 19,3; Luke 23,8; Luke 23,8; John 3,3; John 12,21; Acts 2,27; Acts 13,35; Acts 15,6; Acts 19,21; Acts 22,14; Acts 22,18; Acts 28,20; Rom. 1,11; 1Cor. 16,7; 1Th. 2,17; 1Th. 3,6; 1Th. 3,10; 1Tim. 6,16; 2Tim. 1,4; Heb. 11,5; 1Pet. 3,10; 3John 14)

ἴδετε ▸ 53 + 1 + 7 = 61
Verb · second · plural · aorist · active · imperative ▸ 53 + 1 + 7 = **61** (Ex. 10,10; Ex. 16,29; Deut. 1,8; Deut. 1,21; Deut. 4,5; Deut. 32,39; Deut. 32,39; Josh. 2,1; Josh. 23,4; 1Sam. 12,16; 1Sam. 12,17; 1Sam. 14,17; 1Sam. 14,38; 1Sam. 21,15; 1Sam. 23,23; 2Sam. 15,28; 1Kings 21,7; 2Kings 5,7; 2Kings 6,13; 2Kings 6,32; 2Kings 7,14; 2Kings 10,10; 2Kings 10,23; 2Chr. 20,17; Tob. 14,11; Psa. 33,9; Psa. 45,9; Psa. 65,5; Ode. 2,39; Ode. 2,39; Song 3,11; Job 6,19; Sir. 2,10; Sir. 24,34; Sir. 51,27; Sol. 2,32; Amos 3,9; Amos 6,2; Hab. 1,5; Is. 9,1; Is. 40,26; Is. 44,20; Is. 46,5; Is. 56,10; Jer. 2,10; Jer. 2,10; Jer. 5,1; Jer. 6,16; Jer. 6,16; Jer. 7,12; Jer. 37,6; Lam. 1,12; Lam. 1,18; Tob. 14,11; Matt. 28,6; Mark 6,38; Luke 21,29; Luke 24,39; Luke 24,39; John 4,29; Acts 13,41)

Ἴδετε ▸ 8 + 1 + 2 = 11
Verb · second · plural · aorist · active · imperative ▸ 8 + 1 + 2 = **11** (Gen. 39,14; Josh. 22,28; 1Sam. 16,17; 2Sam. 13,28; 2Sam. 14,30; 2Sam. 15,27; 2Chr. 19,6; Is. 57,1; Bel 27; Gal. 6,11; 1John 3,1)

ἰδέτω ▸ 2 + 1 = 3
Verb · third · singular · aorist · active · imperative ▸ 2 + 1 = **3** (2Kings 6,17; 1Mac. 7,7; Tob. 8,12)

ἰδέτωσαν ▸ 6
Verb · third · plural · aorist · active · imperative ▸ **6** (2Kings 6,20; Tob. 8,12; Psa. 16,2; Psa. 68,33; Psa. 85,17; Sir. 36,2)

ἴδῃ ▸ 22 + 2 + 5 = 29
Verb · third · singular · aorist · active · subjunctive ▸ 22 + 2 + 5 = **29** (Ex. 33,20; Lev. 13,21; Lev. 13,26; Lev. 13,31; Lev. 13,53; Lev. 13,56; Lev. 14,48; Lev. 20,17; Lev. 20,17; Psa. 48,10; Psa. 57,11; Ode. 5,10; Prov. 7,7; Eccl. 3,13; Is. 26,10; Is. 33,15; Jer. 22,10; Lam. 3,50; Ezek. 18,14; Ezek. 33,3; Ezek. 33,6; Dan. 1,10; Tob. 3,17; Dan. 1,10; Luke 2,26; Luke 19,4; John 8,56; 1Cor. 8,10; 1John 5,16)

ἴδῃς ▸ 12 + 1 + 1 = 14
Verb · second · singular · aorist · active · subjunctive ▸ 12 + 1 + 1 = **14** (Ex. 23,5; Num. 23,13; Deut. 12,13; Deut. 20,1; Deut. 21,11; 2Kings 2,10; Prov. 29,20; Eccl. 5,7; Sir. 6,36; Is. 21,6; Is. 58,7; Ezek. 12,6; Dan. 1,13; John 1,33)

ἴδητε ▸ 4 + 11 = 15
Verb · second · plural · aorist · active · subjunctive ▸ 4 + 11 = **15** (Josh. 3,3; Is. 6,9; Jer. 49,18; Ezek. 13,23; Matt. 13,14; Matt. 23,39; Matt. 24,15; Matt. 24,33; Mark 13,14; Mark 13,29; Luke 12,54; Luke 21,20; Luke 21,31; John 4,48; Acts 28,26)

ἴδητέ ▸ 1
Verb · second · plural · aorist · active · subjunctive ▸ **1** (Luke 13,35)

ἴδοι ▸ 6
Verb · third · singular · aorist · active · optative ▸ **6** (Gen. 33,10; 1Sam. 24,16; 2Sam. 16,12; 1Chr. 12,18; Job 3,9; Job 20,17)

Ἴδοι ▸ 2
Verb · third · singular · aorist · active · optative ▸ **2** (Ex. 5,21; 2Chr. 24,22)

ἴδοιμεν ▸ 1
Verb · first · plural · aorist · active · optative ▸ **1** (Tob. 3,9)

ἴδοιμέν ▸ 1
Verb · first · plural · aorist · active · optative ▸ **1** (Tob. 3,9)

ἴδοιμι ▸ 2 + 1 = 3
Verb · first · singular · aorist · active · optative ▸ 2 + 1 = **3** (Jer. 11,20; Jer. 20,12; Tob. 10,11)

ἴδοιμί ▸ 1
Verb · first · singular · aorist · active · optative ▸ **1** (Tob. 10,13)

ἴδοις ▸ 2
Verb · second · singular · aorist · active · optative ▸ **2** (Psa. 127,5; Psa. 127,6)

ἴδοισαν ▸ 1
Verb · third · plural · aorist · active · optative ▸ **1** (Job 21,20)

ἰδόντα ▸ 1
Verb · aorist · active · participle · masculine · singular · accusative ▸ **1** (2Mac. 7,28)

ἰδόντας ▸ 1
Verb · aorist · active · participle · masculine · plural · accusative ▸ **1** (LetterJ 5)

ἰδόντες ▸ 24 + 4 + 38 = 66
Verb · aorist · active · participle · masculine · plural · nominative ▸ 24 + 4 + 38 = **66** (Gen. 6,2; Gen. 12,14; Gen. 37,4; Gen. 43,18; Ex. 2,2; Ex. 16,15; Esth. 8,15; 3Mac. 2,23; 3Mac. 5,48; 4Mac. 6,24; Psa. 47,6; Job 2,12; Job 6,21; Job 20,7; Job 22,19; Job 29,8; Job 38,17; Wis. 4,14; Wis. 5,2; Wis. 12,27; Sir. 48,11; Is. 14,16; Lam. 1,7; Sus. 7-8; Tob. 11,16; Sus. 33; Sus. 38; Sus. 39; Matt. 2,10; Matt. 8,34; Matt. 9,8; Matt. 9,11; Matt. 12,2; Matt. 14,26; Matt. 18,31; Matt. 21,15; Matt. 21,20; Matt. 21,32; Matt. 21,38; Matt. 26,8; Matt. 27,54; Matt. 28,17; Mark 2,16; Mark 5,16; Mark 6,49; Mark 7,2; Mark 9,15; Luke 2,17; Luke 2,48; Luke 8,36; Luke 9,54; Luke 18,15; Luke 19,7; Luke 20,14; John 6,14; John 11,31; John 20,20; John 20,29; Acts 13,45; Acts 14,11; Acts 16,40; Acts 21,32; Gal. 2,7; Phil. 2,28; Heb. 11,13; 1Pet. 1,8)

Ἰδόντες ▸ 2 + 3 = 5
Verb · aorist · active · participle · masculine · plural · nominative ▸ 2 + 3 = **5** (Gen. 26,28; Gen. 50,15; Luke 8,34; Luke 22,49; Acts 16,19)

ἰδόντι ▸ 1
Verb · aorist · active · participle · masculine · singular · dative ▸ **1** (Ex. 13,17)

ἰδοῦσα ▸ 7 + 6 = 13
Verb · aorist · active · participle · feminine · singular · nominative ▸ 7 + 6 = **13** (Gen. 16,5; Gen. 21,9; Ex. 2,5; Num. 22,23; Num. 22,25; Num. 22,27; Ruth 1,18; Mark 14,67; Mark 14,69; Luke 8,47; Luke 22,56; John 11,32; Acts 9,40)

Ἰδοῦσα ▸ 1

O, o

Verb · aorist · active · participle · feminine · singular · nominative ▸ **1** (Gen. 30,1)

ἰδοῦσά ▸ 1
Verb · aorist · active · participle · feminine · singular · nominative ▸ **1** (Num. 22,33)

ἴδω ▸ **14** + **3** = **17**
Verb · first · singular · aorist · active · subjunctive ▸ **14** + **3** = **17** (Gen. 21,16; Gen. 44,34; Ex. 33,13; Num. 11,15; Judg. 5,8; 2Sam. 13,5; Esth. 5,13; 1Mac. 7,28; Ode. 11,11; Ode. 11,11; Eccl. 2,3; Job 9,11; Is. 38,11; Is. 38,11; Mark 12,15; John 20,25; Rev. 18,7)

ἴδωμεν ▸ **5** + **5** = **10**
Verb · first · plural · aorist · active · subjunctive ▸ **5** + **5** = **10** (1Mac. 10,56; Song 7,13; Wis. 2,17; Is. 5,19; Jer. 49,14; Matt. 27,49; Mark 15,32; Mark 15,36; Luke 2,15; John 6,30)

ἰδών ▸ **2** + **1** = **3**
Verb · aorist · active · participle · masculine · singular · nominative ▸ **2** + **1** = **3** (Ex. 4,14; Job 29,11; Acts 7,24)

ἰδών ▸ **43** + **48** = **91**
Verb · aorist · active · participle · masculine · singular · nominative ▸ **43** + **48** = **91** (Gen. 18,2; Gen. 19,1; Gen. 38,15; Gen. 42,7; Gen. 45,27; Gen. 48,8; Gen. 48,17; Gen. 49,15; Ex. 8,11; Ex. 9,7; Ex. 9,34; Ex. 18,14; Ex. 32,1; Ex. 32,5; Ex. 32,25; Num. 21,8; Num. 22,2; Num. 24,1; Num. 24,16; Num. 24,20; Num. 24,21; Num. 24,23; Num. 25,7; Deut. 4,19; Deut. 9,16; Deut. 22,1; 1Sam. 14,52; Judith 14,5; Judith 14,10; Tob. 11,13; 1Mac. 4,35; 2Mac. 7,16; 3Mac. 5,14; 4Mac. 5,5; 4Mac. 8,4; Prov. 6,6; Prov. 22,3; Job 11,11; Job 30,25; Is. 28,4; Is. 57,11; Ezek. 39,15; Bel 30; Matt. 2,16; Matt. 9,2; Matt. 9,4; Matt. 9,22; Matt. 9,23; Matt. 21,19; Matt. 27,3; Mark 2,5; Mark 5,6; Mark 5,22; Mark 6,48; Mark 8,33; Mark 9,20; Mark 10,14; Mark 11,13; Mark 12,28; Mark 12,34; Luke 1,12; Luke 5,12; Luke 5,20; Luke 7,13; Luke 7,39; Luke 8,28; Luke 10,31; Luke 10,32; Luke 10,33; Luke 11,38; Luke 13,12; Luke 17,14; Luke 17,15; Luke 18,43; Luke 19,41; Luke 22,58; Luke 23,8; John 5,6; John 19,26; John 21,21; Acts 3,3; Acts 3,12; Acts 7,31; Acts 7,34; Acts 11,23; Acts 13,12; Acts 14,9; Acts 16,27; Acts 28,15; Phil. 1,27; Rev. 17,6)

Ἰδών ▸ **4** + **12** = **16**
Verb · aorist · active · participle · masculine · singular · nominative ▸ **4** + **12** = **16** (Gen. 6,5; Gen. 29,31; Gen. 42,1; Ex. 3,7; Matt. 3,7; Matt. 5,1; Matt. 8,18; Matt. 9,36; Matt. 27,24; Mark 9,25; Mark 15,39; Luke 5,8; Luke 18,24; Luke 23,47; Acts 8,18; Acts 12,3)

ἴδωσιν ▸ **14** + **9** = **23**
Verb · third · plural · aorist · active · subjunctive ▸ **14** + **9** = **23** (Ex. 16,32; Lev. 23,43; 1Esdr. 4,18; Judith 10,4; Ode. 5,14; Prov. 23,33; Sir. 15,7; Sir. 46,10; Is. 6,10; Is. 26,14; Is. 29,23; Is. 41,20; LetterJ 40; Ezek. 12,3; Matt. 5,16; Matt. 13,15; Matt. 16,28; Mark 4,12; Mark 9,1; Luke 9,27; John 12,9; John 12,40; Acts 28,27)

ἴδωσίν ▸ 1
Verb · third · plural · aorist · active · subjunctive ▸ **1** (Gen. 12,12)

ὅρα ▸ **4** + **1** + **5** = **10**
Verb · second · singular · present · active · imperative ▸ **4** + **1** + **5** = **10** (Gen. 31,50; Ex. 4,21; Ex. 4,23; Ex. 25,40; Tob. 12,1; Matt. 8,4; Mark 1,44; Heb. 8,5; Rev. 19,10; Rev. 22,9)

Ὅρα ▸ 3
Verb · second · singular · present · active · imperative ▸ **3** (Num. 1,49; Josh. 9,7; Tob. 12,1)

ὁρᾷ ▸ **19** + **1** = **20**
Verb · third · singular · present · active · indicative ▸ **19** + **1** = **20** (Gen. 29,2; Gen. 37,29; Ex. 2,6; Ex. 2,11; Ex. 2,12; Ex. 2,13; Ex. 3,2; Ex. 32,19; Num. 22,31; Prov. 20,12; Prov. 30,9; Job 10,4; Job 10,4; Job 41,26; Sir. 23,18; Sir. 23,18; Ezek. 8,12; Ezek. 12,27; Bel 40; Luke 16,23)

ὁραθῇ ▸ 1
Verb · third · singular · aorist · passive · subjunctive ▸ **1** (Ezek. 12,12)

ὁραθῆναι ▸ 1
Verb · aorist · passive · infinitive ▸ **1** (Ezek. 21,29)

ὁραθήσεται ▸ 1
Verb · third · singular · future · passive · indicative ▸ **1** (Job 22,14)

ὁρᾶν ▸ **7** + **1** = **8**
Verb · present · active · infinitive ▸ **7** + **1** = **8** (Gen. 27,1; 2Mac. 6,9; Eccl. 1,8; Eccl. 5,10; Job 10,22; Hab. 1,13; Ezek. 41,6; Sus. 12)

ὁρᾷς ▸ **12** + **1** = **13**
Verb · second · singular · present · active · indicative ▸ **12** + **1** = **13** (Gen. 13,15; Gen. 31,43; Judg. 9,36; 4Mac. 12,3; Amos 7,8; Jer. 1,11; Jer. 1,13; Jer. 7,17; Jer. 24,3; Ezek. 40,4; Bel 6; Bel 11; Bel 6)

ὁρᾶτε ▸ **4** + **7** = **11**
Verb · second · plural · present · active · indicative ▸ **2** (2Chr. 29,8; 2Chr. 30,7)
Verb · second · plural · present · active · imperative ▸ **2** + **7** = **9** (Ex. 14,13; Ex. 33,5; Matt. 9,30; Matt. 16,6; Matt. 24,6; Mark 8,15; Luke 12,15; 1Th. 5,15; James 2,24)

Ὁρᾶτε ▸ **1** + **1** = **2**
Verb · second · plural · present · active · imperative ▸ **1** + **1** = **2** (Ex. 31,13; Matt. 18,10)

ὁρῶ ▸ **6** + **2** + **2** = **10**
Verb · first · singular · present · active · indicative ▸ **6** + **2** + **2** = **10** (2Sam. 18,27; 2Kings 23,17; Job 6,7; Job 31,26; Zech. 5,2; Dan. 3,92; Tob. 14,9; Dan. 3,92; Mark 8,24; Acts 8,23)

Ὁρῶ ▸ **1** + **1** = **2**
Verb · first · singular · present · active · indicative ▸ **1** + **1** = **2** (Gen. 31,5; Bel 20)

ὁρῶμεν ▸ 1
Verb · first · plural · present · active · indicative ▸ **1** (Heb. 2,8)

ὁρώμενος ▸ 1
Verb · present · passive · participle · masculine · singular · nominative ▸ **1** (Sol. 4,5)

ὁρωμένων ▸ 1
Verb · present · passive · participle · neuter · plural · genitive ▸ **1** (Wis. 13,1)

ὁρῶν ▸ **11** + **1** = **12**
Verb · present · active · participle · masculine · singular · nominative ▸ **11** + **1** = **12** (Num. 24,3; Num. 24,15; Judg. 19,30; 4Mac. 9,30; 4Mac. 12,2; 4Mac. 16,20; Sir. 42,25; Sol. 4,11; Amos 7,12; Nah. 3,7; Is. 61,9; Heb. 11,27)

ὁρῶντα ▸ 3
Verb · present · active · participle · masculine · singular · accusative ▸ **3** (2Sam. 24,11; 1Chr. 21,9; 2Mac. 3,16)

ὁρῶντας ▸ 2
Verb · present · active · participle · masculine · plural · accusative ▸ **2** (4Mac. 15,19; Ezek. 13,9)

ὁρῶντες ▸ **14** + **1** = **15**
Verb · present · active · participle · masculine · plural · nominative ▸ **14** + **1** = **15** (Num. 14,22; 2Sam. 24,3; 3Mac. 4,8; 4Mac. 8,15; 4Mac. 13,27; 4Mac. 14,9; 4Mac. 17,7; Wis. 18,1; Sir. 37,24; Mic. 3,7; Is. 29,10; Is. 47,13; Ezek. 13,16; Ezek. 22,28; 1Pet. 1,8)

ὁρῶντος ▸ 4
Verb · present · active · participle · masculine · singular · genitive ▸ **4** (2Kings 17,13; 2Chr. 9,29; 2Chr. 12,15; 2Chr. 29,25)

ὁράω

ὁρῶντός ▸ 1
  Verb · present · active · participle · masculine · singular · genitive ▸ 1 (Job 7,8)
ὁρώντων ▸ 4
  Verb · present · active · participle · masculine · plural · genitive ▸ 4 (2Kings 25,19; 2Chr. 33,18; 2Chr. 33,19; Ezek. 28,18)
ὁρῶσα ▸ 7
  Verb · present · active · participle · feminine · singular · nominative ▸ 7 (4Mac. 15,14; 4Mac. 15,20; 4Mac. 15,20; 4Mac. 15,24; 4Mac. 15,25; 4Mac. 16,1; 4Mac. 16,15)
ὁρῶσαι ▸ 1
  Verb · present · active · participle · feminine · plural · nominative ▸ 1 (Luke 23,49)
ὁρῶσαν ▸ 1
  Verb · present · active · participle · feminine · singular · accusative ▸ 1 (4Mac. 16,3)
ὁρῶσιν ▸ 2
  Verb · third · plural · present · active · indicative ▸ 2 (Ex. 14,10; Is. 30,10)
ὀφθείς ▸ 1
  Verb · aorist · passive · participle · masculine · singular · nominative ▸ 1 (Gen. 46,29)
ὀφθείς ▸ 1 + 1 = 2
  Verb · aorist · passive · participle · masculine · singular · nominative ▸ 1 + 1 = 2 (Gen. 31,13; Acts 9,17)
ὀφθεῖσάν ▸ 1
  Verb · aorist · passive · participle · feminine · singular · accusative ▸ 1 (Dan. 8,1)
ὀφθέντα ▸ 1
  Verb · aorist · passive · participle · masculine · singular · accusative ▸ 1 (Gen. 16,13)
ὀφθέντες ▸ 1
  Verb · aorist · passive · participle · masculine · plural · nominative ▸ 1 (Luke 9,31)
ὀφθέντι ▸ 4
  Verb · aorist · passive · participle · masculine · singular · dative ▸ 4 (Gen. 12,7; Gen. 35,1; Deut. 33,16; Judg. 6,26)
ὀφθέντος ▸ 1 + 1 = 2
  Verb · aorist · passive · participle · masculine · singular · genitive ▸ 1 + 1 = 2 (1Kings 11,9; Acts 7,35)
ὀφθῇ ▸ 3 + 1 = 4
  Verb · third · singular · aorist · passive · subjunctive ▸ 3 + 1 = 4 (Lev. 13,14; Lev. 13,57; Is. 66,5; Judg. 5,8)
ὀφθῆναι ▸ 6 + 1 = 7
  Verb · aorist · passive · infinitive ▸ 6 + 1 = 7 (Ex. 34,24; Deut. 31,11; Judg. 13,21; 2Sam. 17,17; 1Kings 18,2; Psa. 16,15; Judg. 13,21)
ὀφθῆναί ▸ 1
  Verb · aorist · passive · infinitive ▸ 1 (Is. 1,12)
ὀφθῇς ▸ 3
  Verb · second · singular · aorist · passive · subjunctive ▸ 3 (Ex. 10,28; Sir. 35,4; Dan. 4,32)
ὀφθήσεται ▸ 19 + 1 = 20
  Verb · third · singular · future · passive · indicative ▸ 19 + 1 = 20 (Gen. 9,14; Ex. 23,17; Ex. 34,23; Lev. 9,4; Lev. 9,6; Lev. 13,7; Lev. 13,19; Num. 23,21; Deut. 16,16; Deut. 23,15; 1Sam. 1,22; 2Kings 22,20; 2Mac. 2,8; Psa. 83,8; Psa. 101,17; Sir. 39,4; Is. 40,5; Is. 60,2; Jer. 13,26; Heb. 9,28)
ὀφθήσεταί ▸ 3
  Verb · third · singular · future · passive · indicative ▸ 3 (Ex. 13,7; Ex. 33,23; Deut. 16,4)
ὀφθήσῃ ▸ 3
  Verb · second · singular · future · passive · indicative ▸ 3 (Ex. 23,15; Ex. 34,20; Deut. 16,16)
ὀφθήσομαι ▸ 5
  Verb · first · singular · future · passive · indicative ▸ 5 (Ex. 25,8; Lev. 16,2; 1Kings 18,15; Psa. 16,15; Psa. 41,3)
ὀφθήσομαί ▸ 1 + 1 = 2
  Verb · first · singular · future · passive · indicative ▸ 1 + 1 = 2 (Ex. 10,29; Acts 26,16)
ὄφθητι ▸ 1
  Verb · second · singular · aorist · passive · imperative ▸ 1 (1Kings 18,1)
ὀφθήτω ▸ 2
  Verb · third · singular · aorist · passive · imperative ▸ 2 (Gen. 1,9; Ex. 34,3)
ὀφθήτωσαν ▸ 1
  Verb · third · plural · aorist · passive · imperative ▸ 1 (Dan. 1,13)
ὀφθῶμεν ▸ 2
  Verb · first · plural · aorist · passive · subjunctive ▸ 2 (2Kings 14,8; 2Chr. 25,17)
ὄψει ▸ 7
  Verb · second · singular · future · middle · indicative ▸ 7 (Ex. 6,1; Num. 27,13; 2Sam. 3,13; Judith 6,5; Ezek. 8,6; Ezek. 8,13; Ezek. 8,15)
ὄψεσθαί ▸ 1
  Verb · future · middle · infinitive ▸ 1 (Tob. 10,8)
ὄψεσθε ▸ 20 + 2 + 10 = 32
  Verb · second · plural · future · middle · indicative ▸ 20 + 2 + 10 = 32 (Gen. 43,3; Ex. 16,7; Num. 13,18; Num. 15,39; Judg. 7,17; Judg. 21,21; 1Sam. 6,9; 2Kings 3,17; 2Kings 3,17; 2Kings 10,3; Song 7,1; Mic. 7,15; Mal. 3,18; Is. 33,11; Is. 33,17; Is. 66,14; Jer. 14,13; LetterJ 3; Ezek. 14,22; Ezek. 14,23; Judg. 7,17; Judg. 21,21; Matt. 26,64; Matt. 27,24; Matt. 28,7; Mark 14,62; Mark 16,7; Luke 17,22; John 1,39; John 1,51; Acts 18,15; Acts 20,25)
ὄψεσθέ ▸ 1 + 3 = 4
  Verb · second · plural · future · middle · indicative ▸ 1 + 3 = 4 (Gen. 43,5; John 16,16; John 16,17; John 16,19)
ὄψεται ▸ 56 + 1 + 4 = 61
  Verb · third · singular · future · middle · indicative ▸ 56 + 1 + 4 = 61 (Gen. 22,8; Ex. 12,23; Ex. 34,10; Lev. 13,3; Lev. 13,3; Lev. 13,5; Lev. 13,6; Lev. 13,8; Lev. 13,10; Lev. 13,13; Lev. 13,15; Lev. 13,17; Lev. 13,20; Lev. 13,25; Lev. 13,27; Lev. 13,30; Lev. 13,32; Lev. 13,34; Lev. 13,36; Lev. 13,39; Lev. 13,43; Lev. 13,50; Lev. 13,51; Lev. 13,55; Lev. 14,3; Lev. 14,37; Lev. 14,39; Lev. 14,44; Deut. 1,36; 1Sam. 16,7; 1Sam. 16,7; 1Sam. 16,7; Psa. 48,10; Psa. 48,20; Psa. 63,6; Psa. 88,49; Psa. 93,7; Psa. 111,10; Prov. 24,18; Job 31,4; Job 33,28; Job 34,29; Sir. 16,21; Mic. 5,3; Mic. 7,10; Zech. 9,5; Is. 35,2; Is. 40,5; Is. 53,10; Jer. 12,4; Jer. 17,6; Jer. 22,12; Jer. 30,16; Ezek. 12,12; Ezek. 12,13; Ezek. 32,31; Tob. 11,8; Luke 3,6; John 3,36; Heb. 12,14; Rev. 1,7)
ὄψεταί ▸ 4
  Verb · third · singular · future · middle · indicative ▸ 4 (Deut. 1,35; 2Sam. 14,15; Tob. 11,8; Sir. 13,7)
ὄψη ▸ 17 + 3 = 20
  Verb · second · singular · future · middle · indicative ▸ 17 + 3 = 20 (Ex. 33,23; Num. 23,13; Num. 23,13; Deut. 22,4; Deut. 28,67; Deut. 32,52; 1Kings 22,25; 2Kings 7,2; 2Kings 7,19; 2Kings 9,2; 2Chr. 18,24; Psa. 36,34; Psa. 90,8; Job 5,1; Zeph. 3,15; Is. 60,5; Jer. 28,61; Matt. 27,4; John 1,50; John 11,40)
ὄψησθε ▸ 1
  Verb · second · plural · aorist · middle · subjunctive ▸ 1 (Luke 13,28)
ὄψομαι ▸ 19 + 2 = 21

Verb · first · singular · future · middle · indicative ▸ 19 + 2 = **21**
(Gen. 9,16; Gen. 18,21; Gen. 32,21; Gen. 45,28; Ex. 3,3; Ex. 4,18; Ex. 12,13; Num. 23,9; Deut. 3,25; 1Sam. 19,3; 1Sam. 20,29; 4Mac. 16,9; Psa. 8,4; Job 17,15; Job 23,9; Job 34,32; Mic. 7,9; Jer. 4,21; Jer. 23,24; John 16,22; Heb. 13,23)

ὀψόμεθα ▸ 9 + 1 = **10**
Verb · first · plural · future · middle · indicative ▸ 9 + 1 = **10**
(Gen. 37,20; Deut. 18,16; 2Kings 7,13; Judith 7,27; Psa. 35,10; Ode. 14,45; Song 7,1; Is. 41,23; Jer. 5,12; 1John 3,2)

ὄψονται ▸ 40 + 2 + 9 = **51**
Verb · third · plural · future · middle · indicative ▸ 40 + 2 + 9 = **51** (Num. 14,23; Num. 14,23; Num. 32,11; Deut. 4,28; Deut. 29,21; 2Chr. 34,28; Neh. 4,5; Tob. 5,21; Psa. 39,4; Psa. 51,8; Psa. 106,42; Psa. 113,13; Psa. 134,16; Prov. 20,20 # 20,9a; Eccl. 12,5; Wis. 4,17; Wis. 4,18; Mic. 7,16; Joel 3,1; Zech. 4,10; Zech. 10,7; Mal. 1,5; Is. 17,8; Is. 30,20; Is. 33,17; Is. 33,20; Is. 49,7; Is. 52,8; Is. 52,10; Is. 52,15; Is. 62,2; Is. 66,18; Is. 66,24; Jer. 20,4; Jer. 36,32; Jer. 39,4; Jer. 41,3; Bar. 4,24; Ezek. 16,37; Ezek. 39,21; Tob. 5,21; Tob. 13,16; Matt. 5,8; Matt. 24,30; Matt. 28,10; Mark 13,26; Luke 21,27; John 19,37; Acts 2,17; Rom. 15,21; Rev. 22,4)

ὄψονταί ▸ 4 + 1 = **5**
Verb · third · plural · future · middle · indicative ▸ 4 + 1 = **5**
(Deut. 28,10; Psa. 118,74; Ode. 4,10; Hab. 3,10; Tob. 10,8)

ὦπται ▸ **1**
Verb · third · singular · perfect · middle · indicative ▸ **1** (Judg. 13,10)

ὦπταί ▸ **4**
Verb · third · singular · perfect · middle · indicative ▸ **4** (Ex. 3,16; Ex. 4,1; Ex. 4,5; Judg. 13,10)

ὡράθησαν ▸ **1**
Verb · third · plural · aorist · passive · indicative ▸ **1** (Dan. 1,15)

ὤφθη ▸ 34 + 4 + 18 = **56**
Verb · third · singular · aorist · passive · indicative ▸ 34 + 4 + 18 = **56** (Gen. 1,9; Gen. 12,7; Gen. 17,1; Gen. 22,14; Gen. 26,2; Gen. 26,24; Gen. 48,3; Ex. 3,2; Ex. 16,10; Lev. 9,23; Num. 14,10; Num. 16,19; Num. 17,7; Num. 20,6; Judg. 6,12; Judg. 13,3; Judg. 19,30; 2Sam. 22,11; 1Kings 3,5; 1Kings 9,2; 1Kings 9,2; 2Chr. 1,7; 2Chr. 3,1; 2Chr. 7,12; Tob. 12,22; 1Mac. 4,6; 1Mac. 4,19; 1Mac. 9,27; 2Mac. 3,25; Song 2,12; Jer. 38,3; Bar. 3,22; Bar. 3,38; Dan. 4,22; Judg. 6,12; Judg. 13,3; Tob. 12,22; Dan. 8,1; Matt. 17,3; Mark 9,4; Luke 1,11; Luke 22,43; Luke 24,34; Acts 7,2; Acts 7,26; Acts 7,30; Acts 13,31; Acts 16,9; 1Cor. 15,5; 1Cor. 15,6; 1Cor. 15,7; 1Cor. 15,8; 1Tim. 3,16; Rev. 11,19; Rev. 12,1; Rev. 12,3)

Ὤφθη ▸ **2**
Verb · third · singular · aorist · passive · indicative ▸ **2** (Gen. 18,1; Gen. 35,9)

ὤφθην ▸ 2 + 1 = **3**
Verb · first · singular · aorist · passive · indicative ▸ 2 + 1 = **3** (Ex. 6,3; Psa. 62,3; Acts 26,16)

ὤφθησαν ▸ 8 + 1 = **9**
Verb · third · plural · aorist · passive · indicative ▸ 8 + 1 = **9** (Gen. 8,5; Ex. 24,11; 2Sam. 22,16; 1Kings 3,16; 2Kings 14,11; 2Chr. 9,11; 2Chr. 25,21; Psa. 17,16; Acts 2,3)

ὤφθησάν ▸ **1**
Verb · third · plural · aorist · passive · indicative ▸ **1** (1Kings 10,12)

ὀργανικός (ὄργανον) instrumental, as an instrument ▸ **1**

ὀργανικῶν ▸ **1**
Adjective · feminine · plural · genitive · noDegree ▸ **1** (2Mac. 12,15)

ὄργανον body part; instrument, tool ▸ **28**

ὄργανα ▸ **4**
Noun · neuter · plural · accusative · (common) ▸ **3** (2Chr. 29,27; 4Mac. 10,7; Psa. 136,2)
Noun · neuter · plural · nominative · (common) ▸ **1** (1Chr. 16,42)

ὀργάνοις ▸ **13**
Noun · neuter · plural · dative · (common) ▸ **13** (2Sam. 6,5; 2Sam. 6,14; 1Chr. 6,17; 1Chr. 15,16; 1Chr. 16,5; 1Chr. 23,5; 2Chr. 5,13; 2Chr. 7,6; 2Chr. 23,13; 2Chr. 29,26; 2Chr. 30,21; 2Chr. 34,12; 4Mac. 10,5)

ὄργανον ▸ **3**
Noun · neuter · singular · accusative · (common) ▸ **3** (2Mac. 13,5; 4Mac. 10,18; Psa. 151,2)

ὀργάνου ▸ **1**
Noun · neuter · singular · genitive · (common) ▸ **1** (4Mac. 9,20)

ὀργάνῳ ▸ **3**
Noun · neuter · singular · dative · (common) ▸ **3** (4Mac. 9,26; Psa. 150,4; Sol. 15,3)

ὀργάνων ▸ **4**
Noun · neuter · plural · genitive · (common) ▸ **4** (2Mac. 12,27; 4Mac. 6,25; Amos 5,23; Amos 6,5)

ὀργή wrath; anger ▸ 298 + 5 + 36 = **339**

ὀργαί ▸ **1**
Noun · feminine · plural · nominative · (common) ▸ **1** (Psa. 87,17)

ὀργαῖς ▸ **1**
Noun · feminine · plural · dative · (common) ▸ **1** (2Mac. 4,40)

ὀργάς ▸ **2**
Noun · feminine · plural · accusative · (common) ▸ **2** (Prov. 15,1; Prov. 21,14)

ὀργάς ▸ **1**
Noun · feminine · plural · accusative · (common) ▸ **1** (2Mac. 4,25)

ὀργή ▸ 20 + 2 + 1 = **23**
Noun · feminine · singular · nominative · (common) ▸ 20 + 2 + 1 = **23** (Josh. 22,18; Josh. 22,20; Psa. 75,8; Psa. 88,47; Prov. 27,4; Job 3,26; Job 5,2; Job 9,22; Job 18,4; Wis. 16,5; Wis. 18,20; Sir. 16,6; Sir. 27,30; Hos. 14,5; Is. 10,25; Jer. 21,12; Jer. 51,6; Ezek. 5,13; Dan. 9,16; Dan. 11,36; Dan. 9,16; Dan. 11,36; Rev. 11,18)

ὀργή ▸ 57 + 9 = **66**
Noun · feminine · singular · nominative · (common) ▸ 57 + 9 = **66** (Num. 12,9; Num. 16,22; Num. 17,11; Num. 25,4; Deut. 29,19; Josh. 9,20; 1Sam. 11,6; 2Sam. 24,1; 2Kings 22,13; 2Kings 23,26; 1Chr. 27,24; 2Chr. 12,12; 2Chr. 19,2; 2Chr. 19,10; 2Chr. 24,18; 2Chr. 25,15; 2Chr. 28,9; 2Chr. 28,11; 2Chr. 28,13; 2Chr. 32,25; 2Chr. 32,26; Ezra 7,23; 1Mac. 1,64; 1Mac. 2,49; 3Mac. 6,22; Psa. 29,6; Psa. 77,21; Psa. 77,31; Ode. 5,20; Ode. 12,5; Prov. 15,1; Prov. 17,25; Prov. 27,3; Job 14,13; Job 32,5; Sir. 5,6; Sir. 5,7; Sir. 7,16; Sir. 10,18; Sir. 16,11; Sir. 25,22; Sir. 26,8; Sol. 15,4; Zech. 7,12; Is. 7,4; Is. 26,20; Is. 30,27; Is. 34,2; Is. 59,19; Jer. 7,20; Jer. 23,19; Jer. 28,11; Jer. 37,23; Jer. 37,23; Jer. 37,24; Jer. 43,7; Bar. 1,13; Luke 21,23; John 3,36; Rom. 1,18; Rom. 2,8; Eph. 4,31; Eph. 5,6; Col. 3,6; 1Th. 2,16; James 1,20)

ὀργῇ ▸ 77 + 2 + 3 = **82**
Noun · feminine · singular · dative · (common) ▸ 77 + 2 + 3 = **82** (Gen. 39,19; Ex. 4,14; Ex. 32,10; Ex. 32,11; Num. 11,1; Num. 11,10; Deut. 11,17; Deut. 29,22; Deut. 29,27; Deut. 33,10; Josh. 7,1; Judg. 9,30; Judg. 10,7; Judg. 14,19; 1Sam. 19,22; 1Sam. 20,30; 1Sam. 20,34; 2Sam. 12,5; 2Sam. 22,9; 2Kings 1,18d; 1Chr. 13,10; 2Chr. 25,10; 2Chr. 28,9; 2Chr. 29,8; 1Mac. 2,44; 2Mac. 5,20; 3Mac. 5,1; 3Mac. 5,47; Psa. 2,5; Psa. 6,2; Psa. 7,7; Psa. 17,9; Psa. 20,10; Psa. 26,9; Psa. 37,2; Psa. 54,4; Psa. 55,8; Psa. 57,10; Psa. 58,14; Psa. 76,10; Psa. 77,50; Psa. 82,16; Psa. 89,7; Psa.

ὀργή–ὀργίλος

89,9; Psa. 94,11; Ode. 4,2; Job 9,5; Job 10,17; Job 16,9; Job 19,11; Job 37,2; Job 39,24; Job 40,11; Wis. 10,3; Sir. 36,8; Sir. 45,18; Sol. 2,23; Sol. 2,23; Sol. 17,12; Hos. 13,11; Amos 4,10; Mic. 5,14; Nah. 1,6; Hab. 3,2; Is. 5,25; Is. 58,13; Is. 63,6; Jer. 39,37; Jer. 40,5; Lam. 2,1; Lam. 2,3; Lam. 3,66; Ezek. 13,13; Ezek. 22,20; Ezek. 23,25; Dan. 3,13; Dan. 11,20; Dan. 2,12; Dan. 3,13; Rom. 12,19; Heb. 3,11; Heb. 4,3)

ὀργήν ▸ 26 + 3 = 29
  Noun · feminine · singular · accusative · (common) ▸ 26 + 3 = **29** (Ex. 15,7; Judith 9,9; Psa. 68,25; Psa. 78,6; Psa. 84,4; Psa. 84,6; Ode. 1,7; Prov. 29,8; Job 6,2; Job 9,13; Sir. 16,11; Sir. 23,16; Sir. 28,3; Sir. 36,6; Is. 10,6; Is. 60,10; Jer. 39,31; Bar. 2,20; Bar. 4,25; Ezek. 5,13; Ezek. 6,12; Ezek. 7,5; Ezek. 20,8; Ezek. 20,21; Ezek. 21,36; Ezek. 25,14; Rom. 3,5; Col. 3,8; James 1,19)

ὀργήν ▸ 43 + 6 = 49
  Noun · feminine · singular · accusative · (common) ▸ 43 + 6 = **49** (Gen. 27,45; Deut. 9,19; Deut. 32,19; Deut. 32,27; 2Chr. 29,10; 1Esdr. 8,21; 1Esdr. 9,13; Ezra 10,14; Neh. 13,18; 1Mac. 3,8; 1Mac. 15,36; 2Mac. 7,38; Psa. 7,12; Psa. 34,20; Psa. 77,38; Psa. 77,49; Psa. 77,49; Psa. 105,23; Psa. 137,7; Ode. 2,19; Ode. 2,27; Prov. 12,16; Job 35,15; Wis. 5,20; Wis. 18,23; Sir. 28,10; Sir. 39,23; Sir. 47,20; Sir. 48,10; Sol. 2,24; Sol. 16,10; Hos. 11,9; Mic. 7,9; Mic. 7,18; Zeph. 2,2; Zeph. 3,8; Zech. 1,2; Zech. 1,15; Is. 26,21; Is. 42,25; Jer. 25,17; Bar. 4,9; Dan. 11,18; Rom. 2,5; Rom. 4,15; Rom. 9,22; Rom. 13,4; Rom. 13,5; 1Th. 5,9)

ὀργῆς ▸ 70 + 1 + 14 = 85
  Noun · feminine · singular · genitive · (common) ▸ 70 + 1 + 14 = **85** (Ex. 32,12; Num. 14,34; Num. 32,14; Deut. 13,18; Deut. 29,23; Josh. 7,26; 1Sam. 28,18; 2Kings 23,26; 2Chr. 30,8; 2Chr. 35,19c; Esth. 16,24 # 8,12x; 2Mac. 8,5; 3Mac. 6,23; 4Mac. 9,32; Psa. 9,25; Psa. 17,16; Psa. 36,8; Psa. 37,4; Psa. 54,22; Psa. 68,25; Psa. 84,4; Psa. 89,11; Psa. 101,11; Psa. 109,5; Prov. 16,32; Job 3,17; Job 4,9; Job 14,1; Job 17,7; Job 20,23; Job 20,28; Job 21,17; Job 21,30; Job 31,11; Wis. 10,10; Wis. 11,9; Wis. 18,25; Sir. 44,17; Sir. 45,19; Jonah 3,9; Nah. 1,6; Zeph. 1,15; Zeph. 1,18; Zeph. 2,3; Is. 9,18; Is. 10,5; Is. 13,9; Is. 13,13; Is. 30,27; Is. 30,30; Is. 37,3; Jer. 4,26; Jer. 21,5; Jer. 27,13; Jer. 27,25; Jer. 32,37; Lam. 1,12; Lam. 2,1; Lam. 2,6; Lam. 2,21; Lam. 2,22; Lam. 4,11; Ezek. 21,36; Ezek. 22,21; Ezek. 22,24; Ezek. 22,31; Ezek. 38,19; Dan. 8,6; Dan. 8,19; Dan. 9,26; Dan. 8,19; Matt. 3,7; Mark 3,5; Luke 3,7; Rom. 2,5; Rom. 5,9; Rom. 9,22; Eph. 2,3; 1Th. 1,10; 1Tim. 2,8; Rev. 6,16; Rev. 6,17; Rev. 14,10; Rev. 16,19; Rev. 19,15)

ὀργίζω (ὀργή) to be angry ▸ 75 + 8 + 8 = **91**

ὀργίζεσθε ▸ 2 + 1 = 3
  Verb · second · plural · present · passive · imperative ▸ 2 + 1 = **3** (Gen. 45,24; Psa. 4,5; Eph. 4,26)

ὀργιζέσθωσαν ▸ 1
  Verb · third · plural · present · passive · imperative ▸ **1** (Psa. 98,1)

ὀργίζῃ ▸ 1
  Verb · second · singular · present · passive · subjunctive ▸ **1** (Psa. 79,5)

ὀργίζομαι ▸ 1
  Verb · first · singular · present · passive · indicative ▸ **1** (Zech. 1,15)

ὀργιζόμενος ▸ 1 + 1 = 2
  Verb · present · passive · participle · masculine · singular · nominative ▸ 1 + 1 = **2** (Prov. 29,9; Matt. 5,22)

ὀργίζου ▸ 2
  Verb · second · singular · present · passive · imperative ▸ **2** (Ex. 32,22; Is. 64,8)

ὀργισθείς ▸ 2 + 1 + 2 = 5
  Verb · aorist · passive · participle · masculine · singular · nominative ▸ 2 + 1 + 2 = **5** (Ex. 32,19; Deut. 6,15; Bel 21; Matt. 18,34; Luke 14,21)

ὀργισθῇ ▸ 2
  Verb · third · singular · aorist · passive · subjunctive ▸ **2** (Psa. 2,12; Eccl. 5,5)

ὀργισθῆναι ▸ 1
  Verb · aorist · passive · infinitive ▸ **1** (Psa. 123,3)

ὀργισθῆναί ▸ 1
  Verb · aorist · passive · infinitive ▸ **1** (2Kings 19,28)

ὀργισθῇς ▸ 1
  Verb · second · singular · aorist · passive · subjunctive ▸ **1** (Tob. 5,14)

ὀργισθήσεται ▸ 5
  Verb · third · singular · future · passive · indicative ▸ **5** (Deut. 7,4; Psa. 102,9; Psa. 111,10; Dan. 11,11; Dan. 11,30)

ὀργισθήσῃ ▸ 3
  Verb · second · singular · future · passive · indicative ▸ **3** (Psa. 78,5; Psa. 84,6; Sol. 7,5)

ὀργισθήσομαι ▸ 5
  Verb · first · singular · future · passive · indicative ▸ **5** (Ex. 22,23; Deut. 31,17; Is. 28,28; Is. 57,6; Is. 57,16)

ὀργισθήτω ▸ 1 + 1 = 2
  Verb · third · singular · aorist · passive · imperative ▸ 1 + 1 = **2** (Judg. 6,39; Judg. 6,39)

ὠργίσθη ▸ 33 + 6 + 3 = 42
  Verb · third · singular · aorist · passive · indicative ▸ 33 + 6 + 3 = **42** (Gen. 31,36; Gen. 40,2; Gen. 41,10; Num. 22,22; Num. 25,3; Num. 31,14; Num. 32,10; Num. 32,13; Deut. 29,26; Judg. 2,14; Judg. 2,20; Judg. 3,8; Judg. 19,2; 1Kings 11,9; 2Kings 13,3; 2Chr. 16,10; 2Chr. 29,8; 2Chr. 35,19c; Neh. 3,33; Esth. 1,12; Judith 5,2; 1Mac. 3,27; 1Mac. 6,28; 1Mac. 9,69; 1Mac. 11,22; 1Mac. 15,36; 4Mac. 9,10; Psa. 17,8; Psa. 73,1; Psa. 105,40; Job 32,2; Job 32,2; Job 32,3; Judg. 2,14; Judg. 2,20; Judg. 3,8; Judg. 9,30; Judg. 10,7; Judg. 14,19; Matt. 22,7; Luke 15,28; Rev. 12,17)

Ὠργίσθη ▸ 1
  Verb · third · singular · aorist · passive · indicative ▸ **1** (Zech. 1,2)

ὠργίσθην ▸ 1
  Verb · first · singular · aorist · passive · indicative ▸ **1** (Zech. 1,15)

ὠργίσθης ▸ 7
  Verb · second · singular · aorist · passive · indicative ▸ **7** (1Esdr. 8,85; Psa. 59,3; Ode. 4,8; Hab. 3,8; Is. 12,1; Is. 64,4; Lam. 5,22)

ὠργίσθησαν ▸ 4 + 1 = 5
  Verb · third · plural · aorist · passive · indicative ▸ 4 + 1 = **5** (Ex. 15,14; 1Mac. 5,1; 1Mac. 6,59; Ode. 1,14; Rev. 11,18)

ὀργίλος (ὀργή) quick to anger, quick-tempered ▸ 4 + 1 = **5**

ὀργίλον ▸ 1
  Adjective · masculine · singular · accusative ▸ **1** (Titus 1,7)

ὀργίλος ▸ 1
  Adjective · masculine · singular · nominative · noDegree ▸ **1** (Prov. 29,22)

ὀργίλου ▸ 1
  Adjective · feminine · singular · genitive · noDegree ▸ **1** (Prov. 21,19)

ὀργίλῳ ▸ 1
  Adjective · masculine · singular · dative · noDegree ▸ **1** (Prov. 22,24)

ὀργίλων ▸ 1
  Adjective · masculine · plural · genitive · noDegree ▸ **1** (Psa.

17,49)

ὀργίλως (ὀργή)   angrily ▸ 1
  ὀργίλως ▸ 1
    Adverb ▸ **1** (4Mac. 8,9)

ὀργυιά (ὀρέγω)   fathom ▸ 2
  ὀργυιάς ▸ 2
    Noun · feminine · plural · accusative ▸ **2** (Acts 27,28; Acts 27,28)

ὀρέγω   to desire ▸ 3
  ὀρέγεται ▸ 1
    Verb · third · singular · present · middle · indicative ▸ **1** (1Tim. 3,1)
  ὀρεγόμενοι ▸ 1
    Verb · present · middle · participle · masculine · plural · nominative ▸ **1** (1Tim. 6,10)
  ὀρέγονται ▸ 1
    Verb · third · plural · present · middle · indicative ▸ **1** (Heb. 11,16)

ὀρεινός (ὄρος 1st homograph)   mountainous, hilly ▸ 40 + 2 + 2 = 44
  ὀρεινή ▸ 2
    Adjective · feminine · singular · nominative · (common) ▸ **2** (Deut. 11,11; Zech. 7,7)
  ὀρεινῇ ▸ 11 + 1 + 1 = 13
    Adjective · feminine · singular · dative · (common) ▸ 11 + 1 + 1 = 13 (Num. 13,29; Deut. 2,37; Josh. 9,1; Josh. 11,7; Josh. 15,48; 2Chr. 26,10; Judith 5,3; Judith 5,19; Judith 7,18; Judith 15,3; Judith 15,7; Josh. 15,48; Luke 1,65)
  ὀρεινήν ▸ 3
    Adjective · feminine · singular · accusative · (common) ▸ **3** (Josh. 10,6; Josh. 18,13; Judith 2,22)
  ὀρεινήν ▸ 14 + 1 + 1 = 16
    Adjective · feminine · singular · accusative · (common) ▸ 14 + 1 + 1 = 16 (Gen. 14,10; Josh. 2,16; Josh. 2,22; Josh. 11,2; Josh. 11,16; Josh. 13,6; Josh. 16,1; Judg. 1,9; Judith 1,6; Judith 5,5; Judith 5,15; Judith 6,7; Judith 6,11; Judith 11,2; Judg. 1,9; Luke 1,39)
  ὀρεινῆς ▸ 9
    Adjective · feminine · singular · genitive · (common) ▸ **9** (Josh. 10,40; Josh. 11,21; Judith 4,7; Judith 5,1; Judith 7,1; Judith 10,13; Judith 15,2; Judith 15,5; Jer. 40,13)
  ὀρεινόν ▸ 1
    Adjective · masculine · singular · accusative · noDegree ▸ **1** (Prov. 27,25)

ὄρεξις (ὀρέγω)   appetite, passion ▸ 8 + 1 = 9
  ὀρέξει ▸ 1
    Noun · feminine · singular · dative ▸ **1** (Rom. 1,27)
  ὀρέξεων ▸ 2
    Noun · feminine · plural · genitive · (common) ▸ **2** (4Mac. 1,33; 4Mac. 1,35)
  ὀρέξεών ▸ 1
    Noun · feminine · plural · genitive · (common) ▸ **1** (Sir. 18,30)
  ὀρέξεως ▸ 1
    Noun · feminine · singular · genitive · (common) ▸ **1** (Wis. 16,2)
  ὄρεξιν ▸ 2
    Noun · feminine · singular · accusative · (common) ▸ **2** (Wis. 15,5; Wis. 16,3)
  ὄρεξις ▸ 2
    Noun · feminine · singular · nominative · (common) ▸ **2** (Wis. 14,2; Sir. 23,6)

Ορεχ   Erech; Arah ▸ 2
  Ορεχ ▸ 2
    Noun · singular · nominative · (proper) ▸ **1** (Gen. 10,10)

    Noun · masculine · singular · nominative · (proper) ▸ **1** (1Chr. 7,39)

Ορη   Oree (Heb. cities of) ▸ 2
  Ορη ▸ 2
    Noun · neuter · plural · dative · (proper) ▸ **2** (2Kings 17,6; 2Kings 18,11)

ὄρθιος (ὀρθός)   upright ▸ 1
  ὄρθιον ▸ 1
    Adjective · masculine · singular · accusative · noDegree ▸ **1** (1Sam. 28,14)

ὀρθοποδέω (ὀρθός; πούς)   to walk consistently ▸ 1
  ὀρθοποδοῦσιν ▸ 1
    Verb · third · plural · present · active · indicative ▸ **1** (Gal. 2,14)

ὀρθός   straight, upright, erect; orthodox ▸ 26 + 1 + 2 = 29
  ὀρθά ▸ 2
    Adjective · neuter · plural · accusative · noDegree ▸ **1** (Prov. 8,6)
    Adjective · neuter · plural · nominative · noDegree ▸ **1** (Ezek. 1,7)
  ὀρθά ▸ 6
    Adjective · neuter · plural · accusative · noDegree ▸ **3** (Prov. 4,25; Prov. 31,5; Mic. 3,9)
    Adjective · neuter · plural · nominative · noDegree ▸ **3** (Prov. 8,9; Prov. 21,8; Prov. 23,16)
  ὀρθαί ▸ 2
    Adjective · feminine · plural · nominative · noDegree ▸ **2** (Prov. 12,15; Prov. 16,25)
  ὀρθαῖς ▸ 1
    Adjective · feminine · plural · dative · noDegree ▸ **1** (Prov. 4,11)
  ὀρθάς ▸ 2 + 1 = 3
    Adjective · feminine · plural · accusative · noDegree ▸ 2 + 1 = 3 (Prov. 4,26; Prov. 4,27b; Heb. 12,13)
  ὀρθή ▸ 2
    Adjective · feminine · singular · nominative · noDegree ▸ **2** (Prov. 14,12; Prov. 15,14)
  ὀρθῇ ▸ 1
    Adjective · feminine · singular · dative · noDegree ▸ **1** (Jer. 38,9)
  ὀρθοί ▸ 3
    Adjective · masculine · plural · nominative · noDegree ▸ **3** (1Esdr. 9,46; Mic. 2,3; Mic. 2,7)
  ὀρθόν ▸ 2
    Adjective · masculine · singular · accusative · noDegree ▸ **1** (4Mac. 6,7)
    Adjective · neuter · singular · accusative · noDegree ▸ **1** (LetterJ 26)
  ὀρθός ▸ 1 + 1 = 2
    Adjective · masculine · singular · nominative · noDegree ▸ 1 + 1 = **2** (1Kings 21,11; Acts 14,10)
  ὀρθοῦ ▸ 1
    Adjective · masculine · singular · genitive · noDegree ▸ **1** (4Mac. 1,15)
  ὀρθούς ▸ 1
    Adjective · masculine · plural · accusative · noDegree ▸ **1** (Prov. 16,13)
  ὀρθῶν ▸ 2 + 1 = 3
    Adjective · masculine · plural · genitive · noDegree ▸ 2 + 1 = **3** (Prov. 11,6; Prov. 12,6; Judg. 15,5)

ὀρθοτομέω (ὀρθός; τομός)   to use correctly ▸ 2 + 1 = 3
  ὀρθοτομεῖ ▸ 1
    Verb · third · singular · present · active · indicative ▸ **1** (Prov. 11,5)
  ὀρθοτομῇ ▸ 1

ὀρθοτομέω–ὄρθρος

    Verb · third · singular · present · active · subjunctive ▸ **1** (Prov. 3,6)
- ὀρθοτομοῦντα ▸ **1**
    Verb · present · active · participle · masculine · singular · accusative ▸ **1** (2Tim. 2,15)

ὀρθόω (ὀρθός) to be upright, lifted up ▸ **7**
- ὀρθωθῇ ▸ **1**
    Verb · third · singular · aorist · passive · subjunctive ▸ **1** (LetterJ 26)
- ὀρθωθήσεται ▸ **1**
    Verb · third · singular · future · passive · indicative ▸ **1** (Jer. 37,20)
- ὀρθώσει ▸ **1**
    Verb · third · singular · future · active · indicative ▸ **1** (Sol. 10,3)
- ὠρθώθη ▸ **2**
    Verb · third · singular · aorist · passive · indicative ▸ **2** (Gen. 37,7; 1Esdr. 1,21)
- ὠρθωμένος ▸ **1**
    Verb · perfect · passive · participle · masculine · singular · nominative ▸ **1** (Ezra 6,11)
- ὤρθωται ▸ **1**
    Verb · third · singular · perfect · middle · indicative ▸ **1** (Esth. 7,9)

ὀρθρεύω (ὀρθός) to rise early ▸ **1**
- ὤρθρευσαν ▸ **1**
    Verb · third · plural · aorist · active · indicative ▸ **1** (Tob. 9,6)

ὀρθρίζω (ὄρθρος) to rise, come in early morning ▸ **55 + 10 + 1 = 66**
- ὀρθριεῖς ▸ **1**
    Verb · second · singular · future · active · indicative ▸ **1** (Judg. 9,33)
- ὀρθριεῖτε ▸ **1 + 1 = 2**
    Verb · second · plural · future · active · indicative ▸ **1 + 1 = 2** (Judg. 19,9; Judg. 19,9)
- ὄρθριζε ▸ **2**
    Verb · second · singular · present · active · imperative ▸ **2** (Job 8,5; Sir. 6,36)
- ὀρθρίζει ▸ **2**
    Verb · third · singular · present · active · indicative ▸ **2** (Ode. 5,9; Is. 26,9)
- ὀρθρίζειν ▸ **1**
    Verb · present · active · infinitive ▸ **1** (Psa. 126,2)
- ὀρθρίζοντες ▸ **2**
    Verb · present · active · participle · masculine · plural · nominative ▸ **2** (Sir. 4,12; Sir. 32,14)
- ὀρθρίζουσιν ▸ **1**
    Verb · third · plural · present · active · indicative ▸ **1** (1Sam. 1,19)
- ὀρθρίζω ▸ **1**
    Verb · first · singular · present · active · indicative ▸ **1** (Psa. 62,2)
- ὀρθρίζων ▸ **3**
    Verb · present · active · participle · masculine · singular · nominative ▸ **3** (2Chr. 36,15; Job 7,21; Jer. 25,3)
- ὀρθριοῦσι ▸ **1**
    Verb · third · plural · future · active · indicative ▸ **1** (Hos. 5,15)
- ὀρθρίσαι ▸ **1**
    Verb · aorist · active · infinitive ▸ **1** (Sir. 39,5)
- ὀρθρίσαντες ▸ **2**
    Verb · aorist · active · participle · masculine · plural · nominative ▸ **2** (Gen. 19,2; Num. 14,40)
- ὀρθρίσας ▸ **5**
    Verb · aorist · active · participle · masculine · singular · nominative ▸ **5** (Ex. 24,4; Ex. 32,6; Ex. 34,4; Josh. 8,10; Wis. 6,14)
- ὀρθρίσατε ▸ **1**
    Verb · second · plural · aorist · active · imperative ▸ **1** (1Sam. 29,10)
- ὀρθρίσεις ▸ **1**
    Verb · second · singular · future · active · indicative ▸ **1** (Judg. 9,33)
- ὄρθρισον ▸ **2**
    Verb · second · singular · aorist · active · imperative ▸ **2** (1Sam. 29,10; Zeph. 3,7)
- Ὄρθρισον ▸ **2**
    Verb · second · singular · aorist · active · imperative ▸ **2** (Ex. 8,16; Ex. 9,13)
- ὀρθρίσωμεν ▸ **1**
    Verb · first · plural · aorist · active · subjunctive ▸ **1** (Song 7,13)
- ὤρθριζεν ▸ **1**
    Verb · third · singular · imperfect · active · indicative ▸ **1** (Luke 21,38)
- ὤρθριζον ▸ **1**
    Verb · third · plural · imperfect · active · indicative ▸ **1** (Psa. 77,34)
- ὤρθρισαν ▸ **9 + 3 = 12**
    Verb · third · plural · aorist · active · indicative ▸ **9 + 3 = 12** (Judg. 6,28; Judg. 19,5; 1Sam. 5,3; 1Sam. 5,4; 2Kings 3,22; 2Kings 19,35; 2Chr. 20,20; 1Mac. 4,52; 1Mac. 11,67; Judg. 6,28; Judg. 19,5; Tob. 9,6)
- ὤρθρισε ▸ **1**
    Verb · third · singular · aorist · active · indicative ▸ **1** (Dan. 6,20)
- ὤρθρισεν ▸ **14 + 5 = 19**
    Verb · third · singular · aorist · active · indicative ▸ **14 + 5 = 19** (Gen. 20,8; Josh. 3,1; Josh. 7,16; Judg. 6,38; Judg. 7,1; Judg. 19,8; Judg. 21,4; 1Sam. 3,15; 1Sam. 15,12; 1Sam. 29,11; 2Sam. 15,2; 2Kings 6,15; 2Chr. 29,20; 1Mac. 6,33; Judg. 6,38; Judg. 7,1; Judg. 19,8; Judg. 21,4; Bel 16)
- Ὤρθρισεν ▸ **1**
    Verb · third · singular · aorist · active · indicative ▸ **1** (Gen. 19,27)

ὀρθρινός (ὄρθρος) morning ▸ **4 + 1 = 5**
- ὀρθριναί ▸ **1**
    Adjective · feminine · plural · nominative ▸ **1** (Luke 24,22)
- ὀρθρινή ▸ **3**
    Adjective · feminine · singular · nominative · noDegree ▸ **3** (Wis. 11,22; Hos. 6,4; Hos. 13,3)
- ὀρθρινῶν ▸ **1**
    Adjective · neuter · plural · genitive · noDegree ▸ **1** (Hag. 2,14)

ὄρθριος (ὄρθρος) early in the morning ▸ **3**
- ὄρθριος ▸ **3**
    Adjective · masculine · singular · nominative · noDegree ▸ **3** (3Mac. 5,10; 3Mac. 5,23; Job 29,7)

ὄρθρος dawn; early in the morning ▸ **32 + 3 + 3 = 38**
- ὄρθροις ▸ **1**
    Noun · masculine · plural · dative · (common) ▸ **1** (Psa. 62,7)
- ὄρθρον ▸ **7 + 2 + 1 = 10**
    Noun · masculine · singular · accusative · (common) ▸ **7 + 2 + 1 = 10** (Ex. 19,16; Judg. 19,25; Psa. 118,148; Psa. 138,9; Sir. 24,32; Hos. 6,3; Amos 4,13; Judg. 19,26; Tob. 8,18; Acts 5,21)
- ὄρθρος ▸ **9 + 1 = 10**
    Noun · masculine · singular · nominative · (common) ▸ **9 + 1 = 10** (Gen. 19,15; Gen. 32,27; 1Sam. 9,26; Judith 14,2; Judith 14,11; Prov. 23,35; Song 6,10; Joel 2,2; Sus. 12; Judg. 16,2)
- ὄρθρου ▸ **15 + 1 = 16**
    Noun · masculine · singular · genitive · (common) ▸ **15 + 1 = 16**

(Josh. 6,15; 1Esdr. 9,41; Neh. 4,15; Esth. 5,14; Psa. 56,9; Psa. 107,3; Prov. 7,18; Hos. 10,15; Jer. 7,25; Jer. 25,4; Jer. 33,5; Jer. 39,33; Jer. 42,14; Jer. 51,4; Sus. 13-14; Luke 24,1)

Ὄρθρου ▸ 1
Noun · masculine · singular · genitive ▸ **1** (John 8,2)

ὀρθῶς (ὀρθός)   rightly ▸ 16 + 2 + 4 = 22

ὀρθῶς ▸ 13 + 4 = 17
Adverb ▸ 13 + 4 = **17** (Gen. 4,7; Gen. 4,7; Gen. 40,16; Ex. 18,17; Deut. 5,28; 1Sam. 16,17; 1Mac. 11,43; 4Mac. 1,1; Prov. 14,2; Prov. 16,8; Wis. 2,1; Wis. 6,4; Ezek. 22,30; Mark 7,35; Luke 7,43; Luke 10,28; Luke 20,21)

Ὀρθῶς ▸ 3 + 2 = 5
Adverb ▸ 3 + 2 = **5** (Num. 27,7; Deut. 18,17; Sus. 55; Sus. 55; Sus. 59)

Ὀρθωσία   Orthosia ▸ 1

Ὀρθωσίαν ▸ 1
Noun · feminine · singular · accusative · (proper) ▸ **1** (1Mac. 15,37)

ὁρίζω (ὅρος 2nd homograph)   to determine ▸ 21 + 8 = 29

ὁριεῖ ▸ 6
Verb · third · singular · future · active · indicative ▸ **6** (Num. 34,6; Josh. 13,7; Josh. 13,27; Josh. 15,12; Josh. 18,20; Josh. 23,4)

ὁρίζει ▸ 3 + 1 = 4
Verb · third · singular · present · active · indicative ▸ 3 + 1 = **4** (Prov. 16,30; Prov. 18,18; Ezek. 47,20; Heb. 4,7)

ὁρισάμενοι ▸ 1
Verb · aorist · middle · participle · masculine · plural · nominative ▸ **1** (3Mac. 6,36)

ὁρισάμενος ▸ 1
Verb · aorist · middle · participle · masculine · singular · nominative ▸ **1** (3Mac. 5,42)

ὁρίσας ▸ 1
Verb · aorist · active · participle · masculine · singular · nominative ▸ **1** (Acts 17,26)

ὁρίσηται ▸ 2
Verb · third · singular · aorist · middle · subjunctive ▸ **2** (Num. 30,3; Num. 30,4)

ὁρισθέντος ▸ 1
Verb · aorist · passive · participle · masculine · singular · genitive ▸ **1** (Rom. 1,4)

ὥρισαν ▸ 1
Verb · third · plural · aorist · active · indicative ▸ **1** (Acts 11,29)

ὥρισατο ▸ 7
Verb · third · singular · aorist · middle · indicative ▸ **7** (Num. 30,5; Num. 30,5; Num. 30,6; Num. 30,7; Num. 30,8; Num. 30,9; Num. 30,12)

ὥρισεν ▸ 1
Verb · third · singular · aorist · active · indicative ▸ **1** (Acts 17,31)

ὡρισμένῃ ▸ 1
Verb · perfect · passive · participle · feminine · singular · dative ▸ **1** (Acts 2,23)

ὡρισμένον ▸ 1
Verb · perfect · passive · participle · neuter · singular · accusative ▸ **1** (Luke 22,22)

ὡρισμένος ▸ 1
Verb · perfect · passive · participle · masculine · singular · nominative ▸ **1** (Acts 10,42)

ὡρίσω ▸ 1
Verb · second · singular · aorist · middle · indicative ▸ **1** (Dan. 6,13)

ὅριον (ὅρος 2nd homograph)   border, coast, domain, limit ▸ 284 + 27 + 12 = 323

ὅρια ▸ 119 + 16 + 4 = 139
Noun · neuter · plural · accusative · (common) ▸ 46 + 7 + 4 = **57** (Ex. 10,14; Num. 34,8; Num. 34,10; Num. 35,26; Deut. 2,18; Deut. 19,3; Deut. 19,14; Deut. 27,17; Deut. 32,8; Josh. 13,11; Josh. 16,2; Josh. 16,3; Josh. 17,7; Josh. 18,19; Josh. 19,12; Josh. 19,25; 1Sam. 5,3; 2Kings 15,16; Judith 1,10; Judith 1,12; Judith 1,12; Judith 2,25; Judith 3,8; Judith 15,5; 1Mac. 6,25; 1Mac. 7,24; 1Mac. 9,72; 1Mac. 10,89; 1Mac. 11,34; 1Mac. 14,2; 1Mac. 14,6; 1Mac. 15,29; Psa. 73,17; Ode. 2,8; Prov. 22,28; Prov. 23,10; Job 38,10; Job 38,20; Hos. 5,10; Amos 1,13; Mic. 5,5; Mal. 1,3; Is. 10,13; Ezek. 45,7; Ezek. 47,13; Ezek. 47,17; Josh. 19,12; Josh. 19,14; Josh. 19,27; Josh. 19,34; Judg. 1,18; Judg. 1,18; Judg. 1,18; Matt. 15,39; Matt. 19,1; Mark 7,24; Mark 10,1)

Noun · neuter · plural · nominative · (common) ▸ 73 + 9 = **82** (Gen. 10,19; Num. 21,13; Num. 21,24; Num. 34,3; Num. 34,4; Num. 34,5; Num. 34,6; Num. 34,6; Num. 34,7; Num. 34,9; Num. 34,9; Num. 34,11; Num. 34,11; Num. 34,12; Num. 34,12; Josh. 1,4; Josh. 12,2; Josh. 13,2; Josh. 13,16; Josh. 13,23; Josh. 13,25; Josh. 13,30; Josh. 15,1; Josh. 15,2; Josh. 15,4; Josh. 15,5; Josh. 15,5; Josh. 15,6; Josh. 15,6; Josh. 15,7; Josh. 15,8; Josh. 15,8; Josh. 15,11; Josh. 15,12; Josh. 15,12; Josh. 16,1; Josh. 16,5; Josh. 16,5; Josh. 16,6; Josh. 16,8; Josh. 17,1; Josh. 17,7; Josh. 17,9; Josh. 17,9; Josh. 17,10; Josh. 18,11; Josh. 18,12; Josh. 18,12; Josh. 18,13; Josh. 18,13; Josh. 18,14; Josh. 18,15; Josh. 18,16; Josh. 18,20; Josh. 19,10; Josh. 19,11; Josh. 19,14; Josh. 19,18; Josh. 19,22; Josh. 19,27; Josh. 19,29; Josh. 19,29; Josh. 19,33; Josh. 19,34; Josh. 19,41; Josh. 21,40; Josh. 22,25; 1Mac. 10,31; Amos 6,2; Ezek. 43,12; Ezek. 47,15; Ezek. 47,17; Ezek. 48,28; Josh. 19,10; Josh. 19,11; Josh. 19,18; Josh. 19,22; Josh. 19,25; Josh. 19,29; Josh. 19,29; Josh. 19,33; Josh. 19,41)

ὁριά ▸ 16
Noun · neuter · plural · accusative · (common) ▸ **14** (Ex. 7,27; Ex. 10,4; Ex. 23,18; Ex. 23,31; Ex. 34,24; Num. 20,17; Num. 21,22; Deut. 12,20; Deut. 19,8; 1Chr. 4,10; Judith 16,4; Psa. 147,3; Zeph. 2,8; Is. 57,9)

Noun · neuter · plural · nominative · (common) ▸ **2** (Deut. 11,24; Josh. 18,19)

ὁρίοις ▸ 25 + 4 + 2 = 31
Noun · neuter · plural · dative · (common) ▸ 25 + 4 + 2 = **31** (Gen. 23,17; Ex. 13,7; Num. 21,15; Num. 32,33; Num. 34,2; Deut. 16,4; Deut. 28,40; Josh. 21,42a; Josh. 24,31; 1Chr. 6,39; 2Chr. 11,23; Judith 1,5; 1Mac. 2,46; 1Mac. 3,36; 1Mac. 3,42; 1Mac. 5,9; 1Mac. 9,23; 1Mac. 10,43; Psa. 104,31; Job 42,17b; Zech. 9,2; Is. 28,25; Is. 60,18; Jer. 15,13; Ezek. 45,1; Judg. 11,18; Judg. 11,26; Judg. 11,26; Tob. 14,9; Matt. 2,16; Matt. 4,13)

ὅριον ▸ 38 + 2 = 40
Noun · neuter · singular · accusative · (common) ▸ **26** (Josh. 18,5; Josh. 19,47a; Josh. 19,49; Judg. 1,18; Judg. 1,18; Judg. 1,18; Judg. 11,18; Judg. 11,22; 1Sam. 7,13; 1Sam. 7,14; 1Sam. 11,3; 1Sam. 11,7; 1Sam. 27,1; 2Kings 14,25; Judith 2,10; Judith 4,4; Judith 14,4; Judith 15,4; Psa. 77,54; Psa. 103,9; Prov. 15,25; Job 24,2; Is. 15,8; Is. 19,19; Jer. 5,22; Ezek. 48,1)

Noun · neuter · singular · nominative · (common) ▸ 12 + 2 = **14** (Deut. 3,16; Deut. 3,16; Deut. 3,17; Josh. 13,23; Josh. 15,9; Josh. 15,9; Josh. 15,10; Josh. 15,11; Josh. 19,46; Judg. 1,36; Judg. 11,18; Is. 9,6; Judg. 1,36; Judg. 11,18)

Ὅριον ▸ 1
Noun · neuter · singular · accusative · (common) ▸ **1** (1Kings 9,13)

ὁρίου ▸ 5

ὅριον–ὅρκος

    Noun · neuter · singular · genitive · (common) ▸ **5** (1Kings 1,3; 2Kings 3,21; 2Kings 18,8; 2Chr. 9,26; Psa. 104,33)

  ὁρίῳ ▸ 7 + 4 = **11**

    Noun · neuter · singular · dative · (common) ▸ 7 + 4 = **11** (Judg. 2,9; Judg. 7,24; Judg. 20,6; 1Sam. 10,2; 2Sam. 21,5; 2Kings 10,32; 1Chr. 21,4; Judg. 2,9; Judg. 11,20; Judg. 19,29; Judg. 20,6)

  ὁρίων ▸ 73 + 1 + 6 = **80**

    Noun · neuter · plural · genitive · (common) ▸ 73 + 1 + 6 = **80** (Gen. 47,21; Num. 20,16; Num. 20,21; Num. 20,23; Num. 21,13; Num. 21,23; Num. 22,36; Num. 22,36; Num. 33,44; Num. 35,27; Deut. 2,4; Deut. 3,14; Josh. 12,5; Josh. 12,5; Josh. 13,3; Josh. 13,4; Josh. 13,10; Josh. 13,26; Josh. 15,1; Josh. 15,4; Josh. 15,11; Josh. 15,21; Josh. 16,3; Josh. 17,8; Josh. 18,19; Josh. 19,22; Josh. 21,20; Josh. 22,11; Judg. 11,20; 1Sam. 6,9; 1Sam. 6,12; 1Kings 2,46k; 1Kings 10,26a; 1Chr. 6,51; 1Chr. 7,29; 1Chr. 13,5; 2Chr. 11,13; Judith 2,25; 1Mac. 3,32; 1Mac. 5,60; 1Mac. 11,59; 1Mac. 14,33; 1Mac. 14,34; 1Mac. 15,30; Amos 6,2; Joel 4,6; Obad. 7; Mal. 1,5; Ezek. 11,10; Ezek. 11,11; Ezek. 29,10; Ezek. 45,7; Ezek. 47,16; Ezek. 47,16; Ezek. 47,16; Ezek. 48,2; Ezek. 48,3; Ezek. 48,4; Ezek. 48,5; Ezek. 48,6; Ezek. 48,7; Ezek. 48,8; Ezek. 48,12; Ezek. 48,13; Ezek. 48,21; Ezek. 48,21; Ezek. 48,22; Ezek. 48,22; Ezek. 48,24; Ezek. 48,25; Ezek. 48,26; Ezek. 48,27; Ezek. 48,28; Josh. 19,22; Matt. 8,34; Matt. 15,22; Mark 5,17; Mark 7,31; Mark 7,31; Acts 13,50)

ὅριος (**ὅρος** 2nd homograph) border, coast, domain ▸ 1

  ὅρια ▸ 1

    Noun · neuter · plural · nominative · (common) ▸ **1** (Mal. 1,4)

ὁρισμός (**ὅρος** 2nd homograph) oath, decree ▸ 22 + 5 = **27**

  ὁρισμοί ▸ 3

    Noun · masculine · plural · nominative · (common) ▸ **3** (Num. 30,8; Num. 30,9; Num. 30,12)

  ὁρισμοί ▸ 1

    Noun · masculine · plural · nominative · (common) ▸ **1** (Num. 30,5)

  ὁρισμόν ▸ 2 + 1 = **3**

    Noun · masculine · singular · accusative · (common) ▸ 2 + 1 = **3** (Dan. 6,11; Dan. 6,15; Dan. 6,8)

  ὁρισμὸν ▸ 6 + 3 = **9**

    Noun · masculine · singular · accusative · (common) ▸ 6 + 3 = **9** (Num. 30,4; Esth. 14,8 # 4,17o; 2Mac. 12,25; Dan. 6,6; Dan. 6,9; Dan. 6,13; Dan. 6,9; Dan. 6,13; Dan. 6,16)

  Ὁρισμὸν ▸ 1

    Noun · masculine · singular · accusative · (common) ▸ **1** (Dan. 6,8)

  ὁρισμός ▸ 1

    Noun · masculine · singular · nominative · (common) ▸ **1** (Dan. 6,13)

  ὁρισμὸς ▸ 1

    Noun · masculine · singular · nominative · (common) ▸ **1** (Num. 30,11)

  ὁρισμοῦ ▸ 1 + 1 = **2**

    Noun · masculine · singular · genitive · (common) ▸ 1 + 1 = **2** (Ex. 8,8; Dan. 6,14)

  ὁρισμούς ▸ 1

    Noun · masculine · plural · accusative · (common) ▸ **1** (Num. 30,6)

  ὁρισμοὺς ▸ 3

    Noun · masculine · plural · accusative · (common) ▸ **3** (Num. 30,5; Num. 30,13; Num. 30,15)

  ὁρισμῷ ▸ 2

    Noun · masculine · singular · dative · (common) ▸ **2** (Num. 30,3; Dan. 6,13a)

ὁρκίζω (**ὅρκος**) to implore; make someone swear ▸ 29 + 2 = **31**

  ὁρκιεῖ ▸ 2

    Verb · third · singular · future · active · indicative ▸ **2** (Num. 5,19; Num. 5,21)

  ὁρκίζειν ▸ 1

    Verb · present · active · infinitive ▸ **1** (1Sam. 14,27)

  Ὁρκίζομέν ▸ 1

    Verb · first · plural · present · active · indicative ▸ **1** (Dan. 6,13a)

  ὁρκίζω ▸ 2 + 2 = **4**

    Verb · first · singular · present · active · indicative ▸ 2 + 2 = **4** (1Kings 22,16; 2Chr. 18,15; Mark 5,7; Acts 19,13)

  Ὁρκίσας ▸ 1

    Verb · aorist · active · participle · masculine · singular · nominative ▸ **1** (1Sam. 14,28)

  ὁρκισθείς ▸ 1

    Verb · aorist · passive · participle · masculine · singular · nominative ▸ **1** (1Esdr. 1,46)

  ὥρκισα ▸ 6

    Verb · first · singular · aorist · active · indicative ▸ **6** (Neh. 5,12; Neh. 13,25; Song 2,7; Song 3,5; Song 5,8; Song 8,4)

  ὥρκισά ▸ 1

    Verb · first · singular · aorist · active · indicative ▸ **1** (1Kings 2,42)

  ὥρκισας ▸ 1

    Verb · second · singular · aorist · active · indicative ▸ **1** (Song 5,9)

  ὥρκισεν ▸ 10

    Verb · third · singular · aorist · active · indicative ▸ **10** (Gen. 50,16; Gen. 50,25; Ex. 13,19; Josh. 6,26; 1Sam. 14,28; 1Kings 2,37; 2Kings 11,4; 2Chr. 36,13; 1Esdr. 8,92; Ezra 10,5)

  ὥρκισέν ▸ 3

    Verb · third · singular · aorist · active · indicative ▸ **3** (Gen. 24,37; Gen. 50,5; Gen. 50,6)

ὁρκισμός (**ὅρκος**) swearing, taking of an oath ▸ 5

  ὁρκισμόν ▸ 1

    Noun · masculine · singular · accusative · (common) ▸ **1** (1Mac. 6,62)

  ὁρκισμοῦ ▸ 4

    Noun · masculine · singular · genitive · (common) ▸ **4** (Gen. 21,31; Gen. 24,41; Lev. 5,1; Sir. 36,7)

ὅρκος oath ▸ 57 + 3 + 10 = **70**

  ὅρκοις ▸ 2

    Noun · masculine · plural · dative · (common) ▸ **2** (Num. 5,21; Wis. 18,6)

  ὅρκον ▸ 16 + 1 + 2 = **19**

    Noun · masculine · singular · accusative · (common) ▸ 16 + 1 + 2 = **19** (Gen. 26,3; Num. 30,3; Deut. 7,8; Josh. 9,20; 1Sam. 14,26; 2Sam. 21,7; 1Kings 2,43; 1Chr. 16,16; Judith 8,11; Judith 8,30; 1Mac. 7,18; 3Mac. 5,42; Ode. 9,73; Eccl. 9,2; Zech. 8,17; Jer. 11,5; Tob. 9,3-4; Luke 1,73; James 5,12)

  ὅρκος ▸ 4 + 2 + 1 = **7**

    Noun · masculine · singular · nominative · (common) ▸ 4 + 2 + 1 = **7** (Ex. 22,10; Num. 30,14; Judg. 21,5; Dan. 9,11; Judg. 21,5; Dan. 9,11; Heb. 6,16)

  ὅρκου ▸ 20 + 2 = **22**

    Noun · masculine · singular · genitive · (common) ▸ 20 + 2 = **22** (Gen. 21,14; Gen. 21,32; Gen. 21,33; Gen. 22,19; Gen. 22,19; Gen. 24,8; Gen. 26,23; Gen. 26,33; Gen. 28,10; Gen. 46,1; Gen. 46,5; Lev. 5,4; Num. 30,11; 2Chr. 15,15; Psa. 104,9; Prov. 29,24; Eccl.

8,2; Sol. 4,4; Sol. 8,10; Amos 5,5; Matt. 14,7; Matt. 26,72)

ὅρκους ▸ 3 + 3 = 6
Noun · masculine · plural · accusative · (common) ▸ 3 + 3 = **6** (4Mac. 5,29; Wis. 12,21; Wis. 18,22; Matt. 5,33; Matt. 14,9; Mark 6,26)

ὅρκῳ ▸ 8 + 2 = 10
Noun · masculine · singular · dative · (common) ▸ 8 + 2 = **10** (Ex. 13,19; Josh. 2,17; Josh. 2,19; Josh. 2,20; Neh. 10,30; Sir. 23,9; Sir. 44,21; Dan. 11,18; Acts 2,30; Heb. 6,17)

ὅρκων ▸ 4
Noun · masculine · plural · genitive · (common) ▸ **4** (2Mac. 4,34; 2Mac. 7,24; 2Mac. 14,32; 2Mac. 15,10)

Ὅρκος (ὅρκος) Oath ▸ 1
Ὅρκος ▸ 1
Noun · masculine · singular · nominative · (proper) ▸ **1** (Gen. 26,33)

ὁρκωμοσία (ὅρκος; ὀμνύω) oath, oathtaking ▸ 3 + 4 = 7
ὁρκωμοσία ▸ 1
Noun · feminine · singular · nominative · (common) ▸ **1** (1Esdr. 8,90)

ὁρκωμοσίαν ▸ 2
Noun · feminine · singular · accusative · (common) ▸ **2** (Ezek. 17,18; Ezek. 17,19)

ὁρκωμοσίας ▸ 4
Noun · feminine · singular · genitive ▸ **4** (Heb. 7,20; Heb. 7,20; Heb. 7,21; Heb. 7,28)

ὁρμάω (ὁρμή) to rush ▸ 16 + 5 = 21
ὁρμησάντων ▸ 1
Verb · aorist · active · participle · neuter · plural · genitive ▸ **1** (2Mac. 9,2)

ὁρμήσας ▸ 1
Verb · aorist · active · participle · masculine · singular · nominative ▸ **1** (Josh. 6,5)

ὁρμήσουσιν ▸ 1
Verb · third · plural · future · active · indicative ▸ **1** (Hab. 1,8)

ὁρμῶσιν ▸ 1
Verb · third · plural · present · active · indicative ▸ **1** (Is. 5,29)

ὥρμησα ▸ 1
Verb · first · singular · aorist · active · indicative ▸ **1** (Jer. 4,28)

ὥρμησαν ▸ 5 + 1 = 6
Verb · third · plural · aorist · active · indicative ▸ 5 + 1 = **6** (Num. 17,7; 2Mac. 10,16; 2Mac. 12,22; 2Mac. 12,29; 2Mac. 12,32; Acts 7,57)

ὥρμησάν ▸ 1
Verb · third · plural · aorist · active · indicative ▸ **1** (Acts 19,29)

ὥρμησας ▸ 1
Verb · second · singular · aorist · active · indicative ▸ **1** (1Sam. 15,19)

ὥρμησεν ▸ 5 + 3 = 8
Verb · third · singular · aorist · active · indicative ▸ 5 + 3 = **8** (Gen. 31,21; Josh. 4,18; Judg. 20,37; 2Mac. 12,20; Nah. 3,16; Matt. 8,32; Mark 5,13; Luke 8,33)

ὁρμή zeal; rushing; assault ▸ 10 + 1 + 2 = 13
ὁρμὰς ▸ 1
Noun · feminine · plural · accusative · (common) ▸ **1** (Prov. 3,25)

ὁρμή ▸ 1 + 2 = 3
Noun · feminine · singular · nominative · (common) ▸ 1 + 2 = **3** (Prov. 21,1; Acts 14,5; James 3,4)

ὁρμῇ ▸ 2 + 1 = 3
Noun · feminine · singular · dative · (common) ▸ 2 + 1 = **3** (3Mac. 4,5; Ezek. 3,14; Dan. 8,6)

ὁρμὴν ▸ 4
Noun · feminine · singular · accusative · (common) ▸ **4** (Num. 11,11; Num. 11,17; 3Mac. 1,16; 3Mac. 1,23)

ὁρμῆς ▸ 1
Noun · feminine · singular · genitive · (common) ▸ **1** (Jer. 29,3)

ὁρμῶν ▸ 1
Noun · feminine · plural · genitive · (common) ▸ **1** (Ezek. 27,11)

ὅρμημα (ὁρμή) assault; attack; violence ▸ 11 + 1 = 12
ὅρμημα ▸ 6
Noun · neuter · singular · accusative · (common) ▸ **6** (Ex. 32,22; Deut. 28,49; 1Mac. 4,8; 1Mac. 4,30; 1Mac. 6,47; Amos 1,11)

ὁρμημά ▸ 3
Noun · neuter · singular · accusative · (common) ▸ **1** (Hos. 5,10)
Noun · neuter · singular · nominative · (common) ▸ **2** (Ode. 4,8; Hab. 3,8)

ὁρμήματα ▸ 1
Noun · neuter · plural · nominative · (common) ▸ **1** (Psa. 45,5)

ὁρμήματι ▸ 1 + 1 = 2
Noun · neuter · singular · dative · (common) ▸ 1 + 1 = **2** (1Mac. 6,33; Rev. 18,21)

ὁρμίσκος (ὁρμή) necklace ▸ 6
ὁρμίσκοι ▸ 1
Noun · masculine · plural · nominative · (common) ▸ **1** (Song 1,10)

ὁρμίσκοις ▸ 1
Noun · masculine · plural · dative · (common) ▸ **1** (Song 7,2)

ὁρμίσκον ▸ 1
Noun · masculine · singular · accusative · (common) ▸ **1** (Gen. 38,18)

ὁρμίσκος ▸ 1
Noun · masculine · singular · nominative · (common) ▸ **1** (Gen. 38,25)

ὁρμίσκῳ ▸ 1
Noun · masculine · singular · dative · (common) ▸ **1** (Prov. 25,11)

ὁρμίσκων ▸ 1
Noun · masculine · plural · genitive · (common) ▸ **1** (Judg. 8,26)

ὅρμος (ὁρμή) chain, necklace; harbor ▸ 2
ὅρμον ▸ 2
Noun · masculine · singular · accusative · (common) ▸ **2** (Gen. 49,13; 4Mac. 13,6)

Ορνα Araunah; Ardon; Arnan ▸ 23
Ορνα ▸ 22
Noun · masculine · singular · accusative · (proper) ▸ **2** (2Sam. 24,24; 1Chr. 21,22)
Noun · masculine · singular · dative · (proper) ▸ **2** (1Chr. 21,24; 1Chr. 21,25)
Noun · masculine · singular · genitive · (proper) ▸ **6** (2Sam. 24,16; 2Sam. 24,18; 1Chr. 21,15; 1Chr. 21,18; 1Chr. 21,28; 2Chr. 3,1)
Noun · masculine · singular · nominative · (proper) ▸ **12** (2Sam. 24,20; 2Sam. 24,20; 2Sam. 24,21; 2Sam. 24,22; 2Sam. 24,23; 2Sam. 24,23; 1Chr. 2,18; 1Chr. 3,21; 1Chr. 21,20; 1Chr. 21,20; 1Chr. 21,21; 1Chr. 21,23)

Ορναν ▸ 1
Noun · masculine · singular · accusative · (proper) ▸ **1** (1Chr. 21,21)

ὄρνεον (ὄρνις) bird ▸ 34 + 4 + 3 = 41
ὄρνεα ▸ 10 + 3 + 1 = 14
Noun · neuter · plural · accusative · (common) ▸ **3** (Gen. 9,2; Gen. 15,10; Prov. 9,12a)
Noun · neuter · plural · nominative · (common) ▸ 7 + 3 + 1 = **11** (Gen. 15,11; Gen. 40,19; Prov. 26,2; Eccl. 9,12; Is. 31,5; Is. 34,11;

ὄρνεον–ὄρος

LetterJ 21; Dan. 4,12; Dan. 4,14; Dan. 4,21; Rev. 19,21)
- ὀρνέοις ▸ 2 + 1 = 3
   Noun • neuter • plural • dative • (common) ▸ 2 + 1 = 3 (2Mac. 15,33; Bar. 3,17; Rev. 19,17)
- ὄρνεον ▸ 8
   Noun • neuter • singular • accusative • (common) ▸ 1 (Deut. 14,11)
   Noun • neuter • singular • nominative • (common) ▸ 7 (Prov. 6,5; Prov. 7,23; Prov. 27,8; Hos. 9,11; Hos. 11,11; Amos 3,5; LetterJ 70)
- ὀρνέου ▸ 2 + 1 = 3
   Noun • neuter • singular • genitive • (common) ▸ 2 + 1 = 3 (Deut. 4,17; Wis. 5,11; Rev. 18,2)
- ὀρνέῳ ▸ 2
   Noun • neuter • singular • dative • (common) ▸ 2 (Job 40,29; Ezek. 39,17)
- ὀρνέων ▸ 10 + 1 = 11
   Noun • neuter • plural • genitive • (common) ▸ 10 + 1 = 11 (Gen. 6,20; Gen. 9,10; Deut. 22,6; Deut. 32,24; 4Mac. 1,34; Ode. 2,24; Wis. 17,17; Wis. 19,11; Is. 35,7; Ezek. 39,4; Dan. 4,33)

Ορνια Azariah ▸ 2
- Ορνια ▸ 2
   Noun • masculine • singular • nominative • (proper) ▸ 2 (2Sam. 3,4; 1Kings 4,5)

ὀρνίθιον (ὄρνις) little bird ▸ 13
- ὀρνίθια ▸ 2
   Noun • neuter • plural • accusative • (common) ▸ 2 (Lev. 14,4; Lev. 14,49)
- ὀρνίθιον ▸ 7
   Noun • neuter • singular • accusative • (common) ▸ 7 (Lev. 14,5; Lev. 14,6; Lev. 14,6; Lev. 14,7; Lev. 14,50; Lev. 14,51; Lev. 14,53)
- ὀρνιθίου ▸ 3
   Noun • neuter • singular • genitive • (common) ▸ 3 (Lev. 14,6; Lev. 14,51; Lev. 14,52)
- ὀρνιθίῳ ▸ 1
   Noun • neuter • singular • dative • (common) ▸ 1 (Lev. 14,52)

ὀρνιθοσκοπέομαι (ὄρνις; σκοπός) to watch birds ▸ 1
- ὀρνιθοσκοπήσεσθε ▸ 1
   Verb • second • plural • future • middle • indicative ▸ 1 (Lev. 19,26)

Ορνιου Azariah ▸ 1
- Ορνιου ▸ 1
   Noun • masculine • singular • nominative • (proper) ▸ 1 (1Kings 2,46h)

ὄρνις bird; rooster (m); hen (f) ▸ 2 + 2 = 4
- ὀρνίθων ▸ 2
   Noun • masculine • plural • genitive • (common) ▸ 2 (1Kings 2,46e; 1Kings 5,3)
- ὄρνις ▸ 2
   Noun • feminine • singular • nominative ▸ 2 (Matt. 23,37; Luke 13,34)

ὁροθεσία (ὄρος 2nd homograph; τίθημι) boundary ▸ 1
- ὁροθεσίας ▸ 1
   Noun • feminine • plural • accusative ▸ 1 (Acts 17,26)

ὄρος (ὄρος 1st homograph) boundary, limit, landmark ▸ 2
- ὄρον ▸ 2
   Noun • masculine • singular • accusative • (common) ▸ 2 (Ex. 9,5; Neh. 2,6)

ὄρος (ὄρος 1st homograph) mountain, high hill ▸ 640 + 44 + 63 = 747
- ὄρει ▸ 116 + 8 + 11 = 135
   Noun • neuter • singular • dative • (common) ▸ 116 + 8 + 11 = 135 (Gen. 19,30; Gen. 22,14; Gen. 31,23; Gen. 31,25; Gen. 31,25; Gen. 31,54; Gen. 31,54; Gen. 36,8; Gen. 36,9; Ex. 3,12; Ex. 4,27; Ex. 24,18; Ex. 25,9; Ex. 25,40; Ex. 26,30; Ex. 27,8; Ex. 31,18; Ex. 34,3; Ex. 34,32; Lev. 7,38; Lev. 25,1; Lev. 26,46; Lev. 27,34; Num. 3,1; Num. 14,45; Num. 20,23; Num. 27,13; Num. 28,6; Num. 33,39; Deut. 1,6; Deut. 1,44; Deut. 4,15; Deut. 5,4; Deut. 5,22; Deut. 9,9; Deut. 9,10; Deut. 10,4; Deut. 10,10; Deut. 27,4; Deut. 27,12; Deut. 27,13; Deut. 32,50; Deut. 32,50; Josh. 8,24; Josh. 8,30 # 9,2a; Josh. 11,3; Josh. 11,17; Josh. 12,8; Josh. 13,19; Josh. 19,47a; Josh. 19,50; Josh. 20,7; Josh. 20,7; Josh. 20,7; Josh. 21,11; Josh. 21,42b; Josh. 24,31; Josh. 24,33; Judg. 1,35; Judg. 2,9; Judg. 3,27; Judg. 4,5; Judg. 10,1; Judg. 12,15; 1Sam. 13,2; 1Sam. 14,22; 1Sam. 14,23; 1Sam. 23,14; 1Sam. 23,15; 1Sam. 31,1; 2Sam. 1,6; 2Sam. 21,9; 1Kings 2,35d; 1Kings 4,8; 1Kings 5,29; 1Kings 11,43; 1Kings 12,24b; 1Kings 12,24f; 1Kings 12,24o; 1Kings 12,25; 1Kings 19,11; 1Chr. 6,52; 1Chr. 10,1; 1Chr. 10,8; 2Chr. 2,1; 2Chr. 3,1; 2Chr. 13,4; 2Chr. 15,8; 2Chr. 27,4; 2Chr. 30,10; 2Chr. 33,15; 1Mac. 4,18; 1Mac. 4,46; 1Mac. 11,37; 1Mac. 14,26; Psa. 14,1; Psa. 47,2; Wis. 9,8; Sir. 50,26; Amos 4,1; Mic. 4,7; Joel 2,1; Joel 3,5; Joel 4,17; Obad. 17; Is. 8,18; Is. 10,12; Is. 14,13; Is. 25,7; Is. 65,25; Jer. 27,19; Jer. 38,12; Ezek. 17,23; Ezek. 28,14; Ezek. 34,6; Ezek. 34,14; Judg. 1,35; Judg. 2,9; Judg. 3,27; Judg. 4,5; Judg. 7,24; Judg. 10,1; Judg. 12,15; Tob. 5,6; Matt. 17,20; Matt. 21,21; Mark 5,11; Mark 11,23; Luke 8,32; John 4,20; John 4,21; Acts 7,38; Heb. 8,5; Heb. 12,22; 2Pet. 1,18)
- ὄρεσι ▸ 4
   Noun • neuter • plural • dative • (common) ▸ 4 (Judith 1,15; 1Mac. 10,70; Psa. 146,8; Dan. 4,15)
- ὄρεσιν ▸ 25 + 1 + 4 = 30
   Noun • neuter • plural • dative • (common) ▸ 25 + 1 + 4 = 30 (Gen. 14,6; Ex. 32,12; Judg. 6,2; 1Sam. 26,20; 1Kings 22,17; 2Chr. 18,16; 1Mac. 4,5; 1Mac. 11,68; 2Mac. 5,27; 2Mac. 9,28; 2Mac. 10,6; Psa. 49,10; Psa. 86,1; Sir. 24,13; Hos. 10,8; Mic. 2,9; Is. 14,19; Jer. 26,18; Jer. 38,5; Jer. 38,6; Ezek. 6,3; Ezek. 36,1; Ezek. 36,4; Ezek. 36,6; Ezek. 37,22; Judg. 6,2; Mark 5,5; Luke 23,30; Heb. 11,38; Rev. 6,16)
- ὀρέων ▸ 73 + 4 + 1 = 78
   Noun • neuter • plural • genitive • (common) ▸ 73 + 4 + 1 = 78 (Gen. 8,5; Gen. 22,2; Gen. 49,26; Lev. 19,26; Num. 23,7; Num. 23,9; Num. 33,48; Deut. 8,7; Deut. 8,9; Deut. 12,2; Deut. 32,22; Deut. 33,15; Judg. 9,25; Judg. 9,36; Judg. 9,36; 1Kings 21,23; 1Kings 21,28; 2Kings 2,16; 2Kings 19,23; 1Chr. 12,9; Judith 4,5; Judith 7,10; Judith 7,10; Judith 7,13; Judith 16,3; 1Mac. 4,38; 2Mac. 9,8; 4Mac. 14,16; Psa. 17,8; Psa. 71,16; Psa. 74,7; Psa. 75,5; Psa. 94,4; Psa. 103,6; Psa. 103,10; Psa. 103,32; Psa. 143,5; Ode. 2,22; Ode. 6,6; Song 4,8; Job 5,6; Job 24,8; Wis. 17,18; Sol. 2,26; Sol. 17,19; Hos. 4,13; Mic. 4,1; Joel 2,5; Jonah 2,6; Zech. 1,8; Zech. 1,10; Zech. 1,11; Zech. 6,1; Zech. 14,5; Zech. 14,5; Is. 2,2; Is. 13,4; Is. 14,25; Is. 37,24; Is. 41,18; Is. 42,11; Is. 52,7; Is. 65,7; Jer. 3,23; Lam. 4,19; Ezek. 7,16; Ezek. 18,6; Ezek. 18,11; Ezek. 18,15; Ezek. 22,9; Ezek. 31,12; Ezek. 32,6; Ezek. 34,14; Judg. 9,25; Judg. 9,36; Judg. 9,36; Tob. 1,5; Rev. 6,15)
- ὄρη ▸ 106 + 6 + 7 = 119
   Noun • neuter • plural • accusative • (common) ▸ 60 + 4 + 5 = 69 (Gen. 7,19; Gen. 7,20; Gen. 8,4; Num. 33,47; Judg. 11,37; Judg. 11,38; 1Sam. 31,8; 1Kings 19,11; 1Esdr. 4,4; Tob. 1,21; 1Mac. 2,28; 1Mac. 6,40; Psa. 10,1; Psa. 45,3; Psa. 64,7; Psa. 79,11; Psa. 82,15; Psa. 89,2; Psa. 103,8; Psa. 103,13; Psa. 120,1; Psa. 132,3;

Prov. 8,25; Song 2,8; Song 2,9; Song 2,17; Song 8,14; Job 9,5; Job 28,9; Job 39,8; Sir. 43,4; Sir. 43,21; Sol. 11,4; Mic. 6,1; Joel 2,2; Nah. 2,1; Nah. 3,18; Hag. 1,11; Is. 14,13; Is. 22,5; Is. 31,4; Is. 40,12; Is. 41,15; Is. 45,2; Is. 54,10; Is. 63,19; Is. 64,2; Jer. 4,24; Jer. 9,9; Jer. 13,16; Jer. 27,6; LetterJ 61; Ezek. 6,2; Ezek. 19,9; Ezek. 32,5; Ezek. 34,13; Ezek. 36,1; Ezek. 39,2; Ezek. 39,4; Ezek. 39,17; Judg. 11,37; Judg. 11,38; Tob. 1,21; Tob. 5,10; Matt. 18,12; Matt. 24,16; Mark 13,14; Luke 21,21; 1Cor. 13,2)

Noun • neuter • plural • nominative • (common) ▸ 43 + 2 + 2 = **47** (Judg. 5,5; Judith 6,4; Judith 7,4; Judith 16,15; 1Mac. 6,39; Psa. 35,7; Psa. 45,4; Psa. 47,3; Psa. 67,17; Psa. 71,3; Psa. 96,5; Psa. 97,8; Psa. 103,18; Psa. 113,4; Psa. 113,6; Psa. 124,2; Psa. 148,9; Ode. 4,6; Ode. 8,75; Job 18,4; Job 29,6; Sir. 16,19; Sir. 43,16; Amos 9,13; Mic. 1,4; Joel 4,18; Nah. 1,5; Hab. 3,6; Zech. 6,1; Zech. 6,1; Is. 5,25; Is. 10,18; Is. 31,4; Is. 34,3; Is. 44,23; Is. 49,13; Is. 55,12; Ezek. 6,3; Ezek. 33,28; Ezek. 35,12; Ezek. 38,20; Dan. 3,75; Dan. 8,11; Judg. 5,5; Dan. 3,75; Rev. 16,20; Rev. 17,9)

Noun • neuter • plural • vocative • (common) ▸ **3** (2Sam. 1,21; Ezek. 36,4; Ezek. 36,8)

ὄρος ▸ 187 + 8 + 28 = 223

Noun • neuter • singular • accusative • (common) ▸ 152 + 7 + 24 = **183** (Gen. 10,30; Gen. 12,8; Gen. 19,17; Gen. 19,19; Gen. 31,21; Ex. 3,1; Ex. 15,17; Ex. 19,3; Ex. 19,11; Ex. 19,12; Ex. 19,13; Ex. 19,17; Ex. 19,20; Ex. 19,23; Ex. 19,23; Ex. 20,18; Ex. 24,4; Ex. 24,12; Ex. 24,13; Ex. 24,15; Ex. 24,15; Ex. 24,16; Ex. 24,18; Ex. 32,19; Ex. 34,1; Ex. 34,2; Ex. 34,4; Num. 13,17; Num. 20,19; Num. 20,19; Num. 20,22; Num. 20,25; Num. 20,27; Num. 27,12; Num. 33,32; Num. 33,37; Num. 34,7; Num. 34,7; Num. 34,8; Deut. 1,2; Deut. 1,7; Deut. 1,7; Deut. 1,24; Deut. 1,41; Deut. 1,43; Deut. 2,1; Deut. 2,3; Deut. 2,5; Deut. 3,25; Deut. 4,11; Deut. 5,5; Deut. 9,9; Deut. 10,1; Deut. 10,3; Deut. 11,29; Deut. 11,29; Deut. 32,49; Deut. 32,49; Deut. 34,1; Josh. 11,16; Josh. 11,17; Josh. 13,5; Josh. 13,11; Josh. 14,12; Josh. 15,9; Josh. 15,10; Josh. 15,11; Josh. 18,12; Josh. 24,4; Judg. 1,19; Judg. 1,34; Judg. 4,6; Judg. 4,12; Judg. 9,48; Judg. 17,8; Judg. 18,2; 1Kings 16,24; 1Kings 16,24; 1Kings 18,19; 1Kings 18,20; 2Kings 2,25; 2Kings 4,25; 2Kings 4,27; 1Chr. 4,42; 1Chr. 5,23; 2Chr. 20,22; 2Chr. 20,23; Neh. 8,15; Neh. 9,13; Judith 10,10; Judith 13,10; 1Mac. 4,37; 1Mac. 4,60; 1Mac. 5,54; 1Mac. 6,48; 1Mac. 6,62; 1Mac. 7,33; 1Mac. 9,40; 1Mac. 10,11; 1Mac. 13,52; 1Mac. 16,20; 2Mac. 2,4; Psa. 2,6; Psa. 23,3; Psa. 42,3; Psa. 77,54; Psa. 77,68; Psa. 98,9; Ode. 1,17; Song 4,6; Job 40,20; Amos 3,9; Amos 4,3; Amos 6,1; Mic. 4,2; Obad. 16; Obad. 19; Obad. 19; Obad. 21; Zeph. 3,11; Hag. 1,8; Zech. 14,4; Is. 2,3; Is. 2,14; Is. 9,10; Is. 11,9; Is. 25,6; Is. 25,10; Is. 27,13; Is. 28,21; Is. 29,8; Is. 30,29; Is. 31,4; Is. 40,9; Is. 49,11; Is. 56,7; Is. 57,7; Is. 57,13; Is. 65,9; Is. 65,11; Jer. 3,6; Jer. 28,25; Jer. 28,25; Jer. 38,23; Bar. 5,7; Lam. 5,18; Ezek. 17,22; Ezek. 35,2; Ezek. 35,3; Ezek. 35,7; Ezek. 48,10; Dan. 9,17; Judg. 1,19; Judg. 1,34; Judg. 4,6; Judg. 4,12; Judg. 9,48; Judg. 18,13; Dan. 11,45; Matt. 4,8; Matt. 5,1; Matt. 14,23; Matt. 15,29; Matt. 17,1; Matt. 21,1; Matt. 26,30; Matt. 28,16; Mark 3,13; Mark 6,46; Mark 9,2; Mark 11,1; Mark 13,3; Mark 14,26; Luke 6,12; Luke 9,28; Luke 19,29; Luke 21,37; Luke 22,39; John 6,3; John 6,15; John 8,1; Rev. 14,1; Rev. 21,10)

Noun • neuter • singular • nominative • (common) ▸ 35 + 1 + 4 = **40** (Ex. 19,18; Num. 27,12; Deut. 4,11; Deut. 5,23; Deut. 9,15; Josh. 17,15; Josh. 17,16; 2Kings 6,17; 2Chr. 20,10; Psa. 47,12; Psa. 67,16; Psa. 67,16; Psa. 67,16; Psa. 67,16; Psa. 67,17; Psa. 73,2; Psa. 124,1; Job 14,18; Mic. 3,12; Mic. 4,1; Zech. 4,7; Zech. 8,3; Zech. 8,3; Zech. 14,4; Is. 2,2; Is. 7,25; Is. 10,32; Is. 16,1; Is. 18,7; Is. 29,17; Is. 29,17; Is. 40,4; Jer. 33,18; Ezek. 35,15; Dan. 2,35; Dan. 2,35; Luke 3,5; Gal. 4,25; Rev. 6,14; Rev. 8,8)

ὄρους ▸ 129 + 17 + 12 = 158

Noun • neuter • singular • genitive • (common) ▸ 129 + 17 + 12 = **158** (Ex. 18,5; Ex. 19,2; Ex. 19,3; Ex. 19,12; Ex. 19,13; Ex. 19,14; Ex. 19,16; Ex. 19,20; Ex. 19,20; Ex. 24,17; Ex. 32,1; Ex. 32,15; Ex. 33,6; Ex. 34,2; Ex. 34,3; Ex. 34,29; Ex. 34,29; Num. 10,33; Num. 14,40; Num. 14,44; Num. 20,28; Num. 20,28; Num. 21,4; Num. 33,33; Num. 33,41; Num. 34,8; Deut. 1,19; Deut. 1,20; Deut. 2,36; Deut. 3,12; Deut. 4,48; Deut. 9,15; Deut. 9,21; Deut. 10,5; Deut. 33,2; Josh. 2,23; Josh. 8,33 # 9,2d; Josh. 8,33 # 9,2d; Josh. 11,17; Josh. 11,21; Josh. 12,1; Josh. 12,5; Josh. 12,7; Josh. 15,8; Josh. 15,9; Josh. 18,14; Josh. 18,16; Josh. 24,31; Judg. 2,9; Judg. 3,3; Judg. 4,14; Judg. 6,26; Judg. 7,3; Judg. 9,7; Judg. 16,3; Judg. 17,1; Judg. 18,13; Judg. 19,1; Judg. 19,16; Judg. 19,18; 1Sam. 1,1; 1Sam. 9,4; 1Sam. 17,3; 1Sam. 17,3; 1Sam. 23,26; 1Sam. 23,26; 1Sam. 25,20; 1Sam. 26,13; 2Sam. 13,34; 2Sam. 13,34; 2Sam. 16,13; 2Sam. 20,21; 1Kings 12,24b; 1Kings 16,24; 1Kings 16,24; 1Kings 16,24; 1Kings 19,8; 2Kings 1,9; 2Kings 5,22; 2Kings 19,31; 2Kings 23,13; 2Chr. 13,4; 2Chr. 19,4; Judith 2,21; Judith 5,1; Judith 6,12; Judith 6,12; Judith 6,13; Judith 6,13; Judith 7,12; Judith 14,11; 1Mac. 4,19; 1Mac. 9,15; 1Mac. 9,38; Psa. 3,5; Psa. 41,7; Ode. 4,3; Obad. 8; Obad. 9; Obad. 21; Hab. 3,3; Zech. 14,4; Is. 4,5; Is. 13,2; Is. 18,3; Is. 28,1; Is. 28,4; Is. 30,17; Is. 30,25; Is. 37,32; Is. 63,18; Jer. 4,15; Jer. 16,16; Jer. 17,26; Jer. 27,6; Jer. 39,44; LetterJ 38; Ezek. 11,23; Ezek. 20,40; Ezek. 20,40; Ezek. 28,16; Ezek. 34,26; Ezek. 40,2; Ezek. 43,12; Dan. 2,34; Dan. 2,45; Dan. 9,16; Dan. 9,20; Dan. 11,45; Judg. 2,9; Judg. 3,3; Judg. 3,27; Judg. 4,14; Judg. 7,3; Judg. 9,7; Judg. 16,3; Judg. 17,1; Judg. 17,8; Judg. 18,2; Judg. 19,1; Judg. 19,16; Judg. 19,18; Dan. 2,34; Dan. 2,45; Dan. 9,16; Dan. 9,20; Matt. 5,14; Matt. 8,1; Matt. 17,9; Matt. 24,3; Mark 9,9; Luke 4,29; Luke 9,37; Luke 19,37; Acts 1,12; Acts 7,30; Gal. 4,24; Heb. 12,20)

ὀροφοιτέω (ὄρος 1st homograph; φοιτάω) to wander on mountains ▸ 1

ὀροφοιτοῦντα ▸ 1

Verb • present • active • participle • neuter • plural • nominative ▸ **1** (4Mac. 14,15)

ὄροφος (ἐρέφω) roof ▸ 1

ὀρόφοις ▸ 1

Noun • masculine • plural • dative • (common) ▸ **1** (Wis. 17,2)

ὀρόφωμα (ὄροφος) ceiling ▸ 2

ὀροφώματα ▸ 2

Noun • neuter • plural • accusative • (common) ▸ **1** (2Chr. 3,7)

Noun • neuter • plural • nominative • (common) ▸ **1** (Ezek. 41,26)

ὀρτυγομήτρα (ὄρτυξ; μήτηρ) quail; quail companion ▸ 6

ὀρτυγομήτρα ▸ 3

Noun • feminine • singular • nominative • (common) ▸ **3** (Ex. 16,13; Psa. 104,40; Wis. 19,12)

ὀρτυγομήτραν ▸ 3

Noun • feminine • singular • accusative • (common) ▸ **3** (Num. 11,31; Num. 11,32; Wis. 16,2)

ὄρυξ (ὀρύσσω) gazelle ▸ 1

ὄρυγα ▸ 1

Noun • masculine • singular • accusative • (common) ▸ **1** (Deut. 14,5)

ὀρύσσω to dig, dig out ▸ 34 + 3 + 3 = 40

ὀρυγῇ ▸ 1

Verb • third • singular • aorist • passive • indicative ▸ **1** (Psa. 93,13)

ὀρύξας ▸ 1 + 1 = 2

Verb • aorist • active • participle • masculine • singular • nominative ▸ 1 + 1 = **2** (Tob. 2,7; Tob. 2,7)

ὀρύξεις ▸ 1
    Verb · second · singular · future · active · indicative ▸ **1** (Deut. 23,14)
ὄρυξον ▸ 1
    Verb · second · singular · aorist · active · imperative ▸ **1** (Ezek. 8,8)
ὀρύσσει ▸ 2
    Verb · third · singular · present · active · indicative ▸ **2** (Prov. 16,27; Prov. 29,22)
ὀρύσσοντες ▸ 1
    Verb · present · active · participle · masculine · plural · nominative ▸ **1** (Tob. 8,11)
ὀρύσσω ▸ 1
    Verb · first · singular · present · active · indicative ▸ **1** (Zech. 3,9)
ὀρύσσων ▸ 3
    Verb · present · active · participle · masculine · singular · nominative ▸ **3** (Prov. 26,27; Eccl. 10,8; Sir. 27,26)
ὤρυξα ▸ 6
    Verb · first · singular · aorist · active · indicative ▸ **6** (Gen. 21,30; Gen. 50,5; Ode. 10,2; Is. 5,2; Jer. 13,7; Ezek. 8,8)
ὤρυξαν ▸ 10 + 1 = 11
    Verb · third · plural · aorist · active · indicative ▸ **10 + 1 = 11** (Gen. 26,15; Gen. 26,18; Gen. 26,19; Gen. 26,25; Gen. 26,32; Ex. 7,24; Num. 21,18; Psa. 21,17; Psa. 56,7; Jer. 2,13; Tob. 8,10)
ὠρύξατε ▸ 1
    Verb · second · plural · aorist · active · indicative ▸ **1** (Is. 51,1)
ὤρυξεν ▸ 7 + 3 = 10
    Verb · third · singular · aorist · active · indicative ▸ **7 + 3 = 10** (Gen. 26,18; Gen. 26,21; Gen. 26,22; 2Chr. 16,14; Tob. 8,10; Psa. 7,16; Sir. 48,17; Matt. 21,33; Matt. 25,18; Mark 12,1)

Ορφα Orpah ▸ 2
    Ορφα ▸ 2
        Noun · feminine · singular · nominative · (proper) ▸ **2** (Ruth 1,4; Ruth 1,14)

ὀρφανία (ὀρφανός) orphanhood ▸ 2
    ὀρφανείαν ▸ 1
        Noun · feminine · singular · accusative · (common) ▸ **1** (Is. 47,8)
    ὀρφανίᾳ ▸ 1
        Noun · feminine · singular · dative · (common) ▸ **1** (Sol. 4,10)

ὀρφανός orphaned ▸ 52 + 2 + 2 = 56
    ὀρφανά ▸ 1
        Adjective · neuter · plural · nominative · noDegree ▸ **1** (Ex. 22,23)
    ὀρφανοὶ ▸ 2
        Adjective · masculine · plural · nominative · noDegree ▸ **2** (Psa. 108,9; Lam. 5,3)
    ὀρφανοῖς ▸ 5 + 1 = 6
        Adjective · masculine · plural · dative · noDegree ▸ **5 + 1 = 6** (2Mac. 8,28; 2Mac. 8,30; Psa. 108,12; Sir. 4,10; Is. 1,23; Tob. 1,8)
    ὀρφανόν ▸ 2
        Adjective · masculine · singular · accusative · noDegree ▸ **2** (Hos. 14,4; Jer. 30,5)
    ὀρφανὸν ▸ 10 + 1 = 11
        Adjective · masculine · singular · accusative · noDegree ▸ **10 + 1 = 11** (Ex. 22,21; Psa. 81,3; Psa. 145,9; Job 24,9; Zech. 7,10; Is. 10,2; Jer. 7,6; Jer. 22,3; LetterJ 37; Ezek. 22,7; Tob. 1,8)
    ὀρφανὸς ▸ 4
        Adjective · masculine · singular · nominative · noDegree ▸ **4** (Deut. 14,29; Deut. 16,11; Deut. 16,14; Tob. 1,8)
    ὀρφανοῦ ▸ 5
        Adjective · masculine · singular · genitive · noDegree ▸ **5** (Deut. 24,17; Deut. 27,19; 1Esdr. 3,19; Sir. 35,14; Jer. 5,28)
    ὀρφανούς ▸ 1
        Adjective · masculine · plural · accusative ▸ **1** (John 14,18)
    ὀρφανοὺς ▸ 5 + 1 = 6
        Adjective · masculine · plural · accusative · noDegree ▸ **5 + 1 = 6** (Psa. 93,6; Job 22,9; Mic. 2,2; Mal. 3,5; Is. 9,16; James 1,27)
    ὀρφανῷ ▸ 13
        Adjective · masculine · singular · dative · noDegree ▸ **13** (Deut. 10,18; Deut. 24,19; Deut. 24,20; Deut. 24,21; Deut. 26,12; Deut. 26,13; Psa. 9,35; Psa. 9,39; Job 6,27; Job 29,12; Job 31,17; Job 31,21; Is. 1,17)
    ὀρφανῶν ▸ 5
        Adjective · masculine · plural · genitive · noDegree ▸ **5** (2Mac. 3,10; Psa. 67,6; Prov. 23,10; Job 24,3; Job 24,19)

ὀρχέομαι (ὄρχος) to dance ▸ 7 + 4 = 11
    ὀρχησαμένης ▸ 1
        Verb · aorist · middle · participle · feminine · singular · genitive ▸ **1** (Mark 6,22)
    ὀρχήσασθαι ▸ 1
        Verb · aorist · middle · infinitive ▸ **1** (Eccl. 3,4)
    ὀρχήσομαι ▸ 2
        Verb · first · singular · future · middle · indicative ▸ **2** (2Sam. 6,21; 2Sam. 6,21)
    ὀρχήσονται ▸ 1
        Verb · third · plural · future · middle · indicative ▸ **1** (Is. 13,21)
    ὀρχούμενον ▸ 2
        Verb · present · middle · participle · masculine · singular · accusative ▸ **2** (2Sam. 6,16; 1Chr. 15,29)
    ὀρχουμένων ▸ 1
        Verb · present · middle · participle · masculine · singular · genitive ▸ **1** (2Sam. 6,20)
    ὠρχήσασθε ▸ 2
        Verb · second · plural · aorist · middle · indicative ▸ **2** (Matt. 11,17; Luke 7,32)
    ὠρχήσατο ▸ 1
        Verb · third · singular · aorist · middle · indicative ▸ **1** (Matt. 14,6)

ὅς who, which, what ▸ 4743 + 298 + 1407 = 6448
    ἃ ▸ 396 + 18 + 113 = 527
        Pronoun · (relative) · neuter · plural · accusative ▸ **351 + 14 + 94 = 459** (Gen. 1,21; Gen. 2,2; Gen. 6,21; Gen. 18,17; Gen. 24,66; Gen. 26,15; Gen. 26,18; Gen. 26,18; Gen. 27,45; Gen. 30,29; Gen. 43,26; Gen. 44,5; Gen. 50,15; Ex. 4,15; Ex. 4,21; Ex. 4,30; Ex. 6,1; Ex. 10,2; Ex. 10,6; Ex. 10,25; Ex. 14,31; Ex. 18,20; Ex. 21,1; Ex. 25,16; Ex. 25,21; Ex. 29,1; Ex. 29,38; Ex. 33,5; Ex. 34,10; Ex. 36,3; Lev. 10,11; Lev. 11,2; Lev. 11,9; Lev. 18,5; Lev. 18,24; Lev. 20,25; Lev. 22,15; Lev. 23,38; Lev. 26,35; Num. 1,54; Num. 14,22; Num. 14,27; Num. 14,31; Num. 17,20; Num. 18,15; Num. 22,8; Num. 36,13; Deut. 4,19; Deut. 7,16; Deut. 10,21; Deut. 12,8; Deut. 12,31; Deut. 14,4; Deut. 16,22; Deut. 17,3; Deut. 19,1; Deut. 19,14; Deut. 22,12; Deut. 28,34; Deut. 28,67; Deut. 29,24; Deut. 32,46; Deut. 34,12; Josh. 4,10; Josh. 8,27; Josh. 23,4; Josh. 23,15; Judg. 14,6; Ruth 2,17; Ruth 2,18; Ruth 2,18; Ruth 3,4; 1Sam. 2,22; 1Sam. 8,8; 1Sam. 10,8; 1Sam. 12,7; 1Sam. 12,24; 1Sam. 15,2; 1Sam. 15,15; 1Sam. 15,16; 1Sam. 16,3; 1Sam. 16,4; 1Sam. 18,24; 1Sam. 24,19; 1Sam. 25,11; 1Sam. 25,25; 1Sam. 25,35; 1Sam. 28,2; 1Sam. 30,18; 1Sam. 31,11; 2Sam. 20,18; 1Kings 2,3; 1Kings 2,9; 1Kings 2,350; 1Kings 2,44; 1Kings 3,13; 1Kings 7,26; 1Kings 7,31; 1Kings 7,31; 1Kings 7,34; 1Kings 8,9; 1Kings 8,24; 1Kings 8,25; 1Kings 8,30; 1Kings 8,50; 1Kings 8,58; 1Kings 9,4; 1Kings 9,6; 1Kings 10,10; 1Kings 11,10; 1Kings 11,11; 1Kings 12,8; 1Kings 12,13; 1Kings 13,11; 1Kings 14,26; 1Kings 14,29;

1Kings 15,7; 1Kings 15,12; 1Kings 15,22; 1Kings 15,31; 1Kings 16,5; 1Kings 16,14; 1Kings 16,27; 1Kings 16,28c; 1Kings 19,1; 1Kings 20,26; 1Kings 21,6; 1Kings 22,14; 1Kings 22,39; 2Kings 5,20; 2Kings 7,12; 2Kings 8,4; 2Kings 14,15; 2Kings 14,18; 2Kings 17,11; 2Kings 17,26; 2Kings 17,32; 2Kings 18,16; 2Kings 21,3; 2Kings 21,9; 2Kings 23,12; 2Kings 23,12; 2Kings 23,19; 2Kings 24,13; 2Kings 25,16; 1Chr. 10,11; 1Chr. 16,9; 1Chr. 16,12; 1Chr. 22,13; 1Chr. 26,27; 2Chr. 2,14; 2Chr. 5,10; 2Chr. 6,15; 2Chr. 6,15; 2Chr. 6,16; 2Chr. 6,21; 2Chr. 7,17; 2Chr. 9,4; 2Chr. 9,9; 2Chr. 9,12; 2Chr. 11,15; 2Chr. 16,6; 2Chr. 25,9; 2Chr. 29,19; 2Chr. 33,3; 2Chr. 33,8; 2Chr. 33,9; 2Chr. 33,15; 2Chr. 35,19c; 2Chr. 36,2b; 2Chr. 36,8; 2Chr. 36,13; 1Esdr. 1,22; 1Esdr. 2,7; 1Esdr. 3,23; 1Esdr. 4,44; 1Esdr. 4,57; 1Esdr. 6,17; 1Esdr. 6,25; 1Esdr. 8,13; 1Esdr. 8,55; 1Esdr. 8,79; Ezra 1,7; Ezra 5,14; Ezra 6,5; Ezra 8,25; Neh. 1,7; Neh. 9,29; Neh. 9,34; Judith 8,34; Judith 9,5; Judith 9,6; Judith 11,13; Judith 12,4; Judith 12,15; Judith 12,19; Judith 15,8; Tob. 3,3; Tob. 4,20; Tob. 13,7; Tob. 14,8; 1Mac. 1,56; 1Mac. 2,51; 1Mac. 3,30; 1Mac. 3,52; 1Mac. 4,51; 1Mac. 6,2; 1Mac. 10,56; 1Mac. 11,5; 1Mac. 13,38; 1Mac. 15,5; 1Mac. 15,7; 1Mac. 16,1; 2Mac. 4,33; 2Mac. 11,36; 2Mac. 12,14; Psa. 8,4; Psa. 10,3; Psa. 17,1; Psa. 34,11; Psa. 45,9; Psa. 68,5; Psa. 70,19; Psa. 77,4; Psa. 77,12; Psa. 88,50; Psa. 98,7; Psa. 105,34; Psa. 131,12; Ode. 7,28; Ode. 11,19; Prov. 6,3; Prov. 22,28; Prov. 25,7; Eccl. 10,3; Job 5,5; Job 5,27; Job 11,7; Job 15,17; Job 15,18; Job 15,28; Job 19,27; Job 19,27; Job 24,20; Job 28,24; Job 32,10; Job 37,5; Job 42,3; Job 42,3; Wis. 12,12; Sir. 15,11; Sir. 42,15; Sir. 42,17; Sol. 8,21; Sol. 11,8; Sol. 17,44; Sol. 18,6; Hos. 2,14; Amos 2,4; Joel 2,26; Zech. 7,14; Zech. 11,5; Mal. 2,13; Is. 1,29; Is. 1,29; Is. 2,20; Is. 5,19; Is. 14,27; Is. 17,8; Is. 21,10; Is. 25,11; Is. 28,22; Is. 29,15; Is. 31,7; Is. 33,13; Is. 37,11; Is. 37,21; Is. 37,26; Is. 37,30; Is. 38,19; Is. 42,9; Is. 44,9; Is. 47,12; Is. 56,4; Is. 57,12; Is. 59,21; Is. 64,3; Is. 65,12; Is. 66,3; Is. 66,4; Is. 66,22; Jer. 3,6; Jer. 7,12; Jer. 8,2; Jer. 9,13; Jer. 17,11; Jer. 18,13; Jer. 19,5; Jer. 19,15; Jer. 23,25; Jer. 23,25; Jer. 23,27; Jer. 28,12; Jer. 28,44; Jer. 31,36; Jer. 32,15; Jer. 32,17; Jer. 33,8; Jer. 36,8; Jer. 36,32; Jer. 39,23; Jer. 39,35; Jer. 39,42; Jer. 40,3; Jer. 40,9; Jer. 42,10; Jer. 42,17; Jer. 43,3; Jer. 43,8; Jer. 43,31; Jer. 45,9; Jer. 48,11; Jer. 49,19; Jer. 49,20; Jer. 51,2; Jer. 52,20; Bar. 1,8; Bar. 2,7; Bar. 2,9; Lam. 1,10; Lam. 2,17; Ezek. 2,8; Ezek. 5,9; Ezek. 5,9; Ezek. 8,12; Ezek. 10,22; Ezek. 13,20; Ezek. 14,22; Ezek. 14,22; Ezek. 20,13; Ezek. 20,21; Ezek. 23,21; Ezek. 23,37; Ezek. 24,19; Ezek. 33,29; Ezek. 47,9; Dan. 2,30; Dan. 3,28; Dan. 5,2; Dan. 9,6; Sus. 35a; Judg. 3,1; Judg. 6,13; Judg. 8,35; Judg. 11,24; Tob. 12,6; Tob. 13,7; Tob. 14,4; Tob. 14,4; Dan. 2,23; Dan. 3,28; Dan. 4,2; Dan. 5,2; Dan. 5,3; Dan. 11,24; Matt. 11,4; Matt. 13,17; Matt. 13,17; Matt. 21,15; Mark 1,44; Mark 7,4; Mark 9,9; Luke 6,46; Luke 7,22; Luke 10,23; Luke 10,24; Luke 10,24; Luke 12,12; Luke 12,20; Luke 21,6; Luke 24,1; John 2,23; John 3,2; John 4,39; John 5,19; John 5,20; John 5,36; John 5,36; John 6,2; John 6,63; John 7,3; John 8,26; John 8,38; John 8,38; John 10,6; John 10,25; John 11,45; John 11,46; John 12,50; John 14,10; John 14,12; John 14,26; John 15,14; John 15,15; John 15,24; John 17,8; John 18,21; John 21,25; Acts 3,18; Acts 4,20; Acts 6,14; Acts 8,6; Acts 8,30; Acts 10,15; Acts 11,9; Acts 16,21; Acts 25,7; Acts 28,22; Rom. 9,23; 1Cor. 2,9; 1Cor. 2,9; 1Cor. 2,13; 1Cor. 4,6; 1Cor. 10,20; 1Cor. 12,23; 1Cor. 14,37; 2Cor. 1,13; 2Cor. 1,17; 2Cor. 5,10; 2Cor. 12,4; Gal. 1,20; Gal. 2,18; Gal. 5,17; Gal. 5,21; Phil. 4,9; Col. 2,18; Col. 3,6; 2Th. 3,4; 1Tim. 1,7; 1Tim. 4,3; 2Tim. 2,2; Titus 1,11; Titus 3,5; Philem. 21; 1Pet. 1,12; 2Pet. 3,16; 1John 5,15; 2John 8; 3John 10; Rev. 1,1; Rev. 1,19; Rev. 2,6; Rev. 2,10; Rev. 4,1; Rev. 10,4; Rev. 17,12; Rev. 17,15; Rev. 17,16; Rev. 22,6)

Pronoun · (relative) · neuter · plural · nominative ▸ 45 + 4 + 19 = **68** (Gen. 7,19; Gen. 41,36; Gen. 41,53; Gen. 44,34; Gen. 48,6; Ex. 4,28; Ex. 34,1; Ex. 34,10; Ex. 38,22; Lev. 11,20; Lev. 11,21; Lev. 11,21; Lev. 11,27; Lev. 18,30; Deut. 10,2; Deut. 28,54; 1Sam. 30,17; 1Kings 19,18; 2Chr. 4,16; 2Chr. 23,9; 2Chr. 32,3; 2Chr. 35,19a; Esth. 10,9 # 10,3f; 1Mac. 3,29; 2Mac. 11,18; Prov. 30,29; Sir. 3,22; Sir. 39,28; Amos 3,10; Is. 41,22; Is. 43,19; Is. 48,6; Is. 55,5; Is. 65,3; Jer. 24,2; Jer. 24,3; Jer. 24,8; Jer. 28,60; Jer. 52,19; Jer. 52,19; Lam. 2,17; LetterJ 67; Dan. 2,28; Dan. 2,29; Dan. 8,19; Judg. 8,26; Dan. 2,28; Dan. 2,29; Dan. 2,45; Matt. 11,16; Matt. 13,4; Luke 7,32; John 6,13; John 10,16; John 20,30; Eph. 5,4; 2Tim. 2,20; 2Tim. 2,20; Titus 2,1; 1Pet. 1,12; Rev. 1,4; Rev. 1,19; Rev. 3,2; Rev. 1,19; Rev. 3,4; Rev. 9,20; Rev. 13,14; Rev. 16,14)

ἅ ▸ 10 + 5 = 15

Pronoun · (relative) · neuter · plural · accusative ▸ 4 + 1 = **5** (1Chr. 21,24; Prov. 24,29; Job 23,5; Is. 8,18; Heb. 2,13)

Pronoun · (relative) · neuter · plural · nominative ▸ 6 + 4 = **10** (Ex. 38,16; Num. 14,23; Deut. 29,16; 2Chr. 4,12; 2Chr. 4,13; Job 27,11; Col. 2,17; Col. 2,22; Rev. 4,5; Rev. 21,12)

Ἃ ▸ 4

Pronoun · (relative) · neuter · plural · accusative ▸ **4** (2Kings 19,20; 3Mac. 3,1; Jer. 25,14; Jer. 26,13)

αἳ ▸ 24 + 1 + 4 = 29

Pronoun · (relative) · feminine · plural · nominative ▸ 24 + 1 + 4 = **29** (Gen. 15,17; Gen. 19,8; Ex. 38,26; Num. 31,35; Deut. 20,15; Judg. 21,12; Ruth 4,11; 2Chr. 8,6; 2Chr. 12,4; Judith 6,11; Judith 12,13; 1Mac. 2,31; 4Mac. 12,12; Psa. 78,6; Song 4,1; Song 4,2; Song 6,5; Song 6,6; Is. 7,17; Is. 33,20; Jer. 10,25; Jer. 20,11; Ezek. 36,4; Dan. 7,17; Dan. 7,17; Mark 15,41; Luke 8,2; Luke 23,27; Luke 23,29)

αἵ ▸ 7 + 1 = 8

Pronoun · (relative) · feminine · plural · nominative ▸ 7 + 1 = **8** (Ex. 36,8; Ex. 39,18; Josh. 13,30; Judg. 10,4; Job 2,9d; Is. 37,12; Ezek. 47,16; Rev. 5,8)

αἷς ▸ 55 + 14 = 69

Pronoun · (relative) · feminine · plural · dative ▸ 55 + 14 = **69** (Gen. 19,29; Gen. 33,8; Ex. 12,13; Ex. 18,20; Ex. 34,1; Ex. 35,19; Ex. 35,26; Lev. 25,31; Num. 9,18; Deut. 3,19; Deut. 16,18; Deut. 28,52; Josh. 21,42d; Josh. 24,31a; Judg. 14,17; 1Sam. 20,36; 1Kings 8,50; 1Kings 12,32; 1Kings 14,22; 1Kings 15,3; 1Kings 15,26; 1Kings 16,26; 2Kings 17,29; 1Chr. 10,13; Judith 5,12; Judith 7,30; Judith 8,15; 1Mac. 5,55; 1Mac. 12,8; 1Mac. 13,47; 1Mac. 15,15; 3Mac. 6,39; Psa. 118,47; Hos. 2,15; Jer. 5,17; Jer. 7,23; Jer. 16,18; Jer. 16,18; Jer. 17,17; Jer. 17,19; Jer. 19,13; Jer. 39,29; Jer. 47,10; Bar. 4,32; Ezek. 16,51; Ezek. 16,52; Ezek. 18,24; Ezek. 20,41; Ezek. 22,14; Ezek. 23,19; Ezek. 37,20; Ezek. 42,13; Ezek. 43,8; Ezek. 44,19; Dan. 6,4; Matt. 11,20; Matt. 27,56; Mark 15,40; Luke 1,25; Luke 13,14; Luke 21,6; Luke 23,29; Acts 15,36; Acts 24,18; Eph. 2,2; 2Th. 1,4; Heb. 10,32; 2Pet. 3,1; 2Pet. 3,16)

ἅς ▸ 147 + 8 + 2 = 157

Pronoun · (relative) · feminine · plural · accusative ▸ 147 + 8 + 2 = **157** (Gen. 5,5; Gen. 5,27; Gen. 19,15; Gen. 21,29; Gen. 30,38; Gen. 33,11; Gen. 35,28; Gen. 45,27; Gen. 46,5; Gen. 47,9; Gen. 47,9; Ex. 24,12; Ex. 28,4; Lev. 14,46; Lev. 23,2; Lev. 23,4; Lev. 23,37; Lev. 27,34; Num. 13,19; Num. 15,22; Num. 24,6; Num. 32,38; Num. 35,4; Num. 35,6; Num. 35,8; Num. 35,13; Deut. 1,22; Deut. 2,14; Deut. 3,21; Deut. 4,10; Deut. 6,10; Deut. 6,11; Deut. 7,15; Deut. 8,1; Deut. 9,9; Deut. 10,2; Deut. 11,27; Deut. 12,1; Deut. 12,1; Deut. 19,9; Deut. 26,13; Deut. 28,1; Deut. 29,21; Deut. 29,22; Deut. 30,16; Deut. 31,18; Josh. 19,51; Josh. 20,2; Josh. 24,13; Judg. 3,4; Judg. 21,23; 1Sam. 1,28; 1Sam. 2,24;

ὅς

1Sam. 6,17; 1Sam. 7,14; 1Sam. 10,2; 1Sam. 20,31; 1Sam. 25,15; 1Sam. 25,16; 1Sam. 27,11; 2Sam. 2,11; 2Sam. 13,10; 2Sam. 15,7; 2Sam. 16,21; 2Sam. 20,3; 1Kings 2,11; 1Kings 8,9; 1Kings 8,40; 1Kings 8,63; 1Kings 9,12; 1Kings 9,13; 1Kings 11,42; 1Kings 16,20; 1Kings 16,28d; 1Kings 21,34; 1Kings 22,39; 2Kings 1,18c; 2Kings 3,2; 2Kings 10,34; 2Kings 10,36; 2Kings 12,3; 2Kings 13,12; 2Kings 13,25; 2Kings 17,37; 1Chr. 6,50; 2Chr. 5,10; 2Chr. 6,31; 2Chr. 7,19; 2Chr. 8,2; 2Chr. 8,4; 2Chr. 17,2; 2Chr. 23,18; 2Chr. 32,29; 1Esdr. 4,50; Ezra 9,11; Neh. 1,6; Neh. 5,15; Judith 5,3; Judith 8,33; Tob. 10,7; 1Mac. 8,2; 1Mac. 10,15; 1Mac. 11,53; 1Mac. 11,55; 1Mac. 13,3; 1Mac. 13,15; 1Mac. 15,30; 2Mac. 3,13; 2Mac. 4,19; 3Mac. 7,20; 4Mac. 9,6; Psa. 55,13; Psa. 65,14; Psa. 103,16; Psa. 118,48; Prov. 25,1; Prov. 25,10a; Sir. 45,21; Sir. 48,22; Hos. 12,9; Zech. 1,12; Is. 59,8; Jer. 20,16; Jer. 28,24; Jer. 48,10; Jer. 50,6; Jer. 51,25; Jer. 52,33; LetterJ 1; Ezek. 3,20; Ezek. 4,4; Ezek. 4,9; Ezek. 8,9; Ezek. 8,13; Ezek. 8,17; Ezek. 13,19; Ezek. 13,19; Ezek. 13,20; Ezek. 16,20; Ezek. 18,14; Ezek. 18,24; Ezek. 18,24; Ezek. 18,31; Ezek. 33,16; Dan. 4,37c; Dan. 9,7; Sus. 52; Judg. 3,4; Judg. 12,9; Judg. 14,17; Judg. 18,31; Judg. 21,14; Tob. 1,8; Tob. 10,8; Sus. 52; 2Th. 2,15; Heb. 10,1)

Ἅς ▸ 1

Pronoun ▪ (relative) ▪ feminine ▪ plural ▪ accusative ▸ **1** (Zech. 13,6)

ἥ ▸ 69 + 13 = 82

Pronoun ▪ (relative) ▪ feminine ▪ singular ▪ nominative ▸ 69 + 13 = **82** (Gen. 9,12; Gen. 9,15; Gen. 9,16; Gen. 9,17; Gen. 14,6; Gen. 14,15; Gen. 19,20; Gen. 23,2; Gen. 25,18; Gen. 33,18; Gen. 35,6; Gen. 35,6; Gen. 38,14; Ex. 1,11; Ex. 29,29; Num. 21,11; Num. 21,20; Num. 22,36; Num. 31,12; Deut. 2,36; Deut. 3,12; Deut. 4,48; Deut. 34,1; Josh. 7,2; Josh. 12,2; Josh. 12,9; Josh. 13,9; Josh. 13,16; Josh. 13,25; Josh. 15,7; Josh. 15,7; Josh. 15,8; Josh. 15,8; Josh. 17,5; Josh. 17,7; Josh. 18,13; Josh. 18,17; Josh. 19,11; Josh. 19,50; Josh. 22,10; Judg. 1,27; Judg. 4,11; Judg. 18,28; Judg. 19,14; Judg. 20,31; Judg. 21,12; Judg. 21,19; Ruth 4,3; Ruth 4,15; 2Sam. 2,16; 2Sam. 24,6; 2Kings 9,27; 2Kings 10,33; 2Kings 18,17; 2Kings 25,4; 2Chr. 11,10; 2Chr. 25,21; Neh. 2,18; Judith 3,9; Judith 4,6; Judith 7,3; Judith 7,18; Judith 7,18; Judith 12,11; Tob. 1,2; Tob. 2,1; Prov. 30,20; Is. 7,18; Jer. 39,2; Josh. 19,11; Judg. 1,16; Judg. 1,27; Judg. 4,11; Judg. 15,19; Judg. 19,14; Judg. 20,31; Judg. 21,19; Tob. 1,2; Tob. 2,1; Tob. 11,1; Dan. 8,2; Sus. 29)

ἥ ▸ 47 + 3 + 4 = 54

Pronoun ▪ (relative) ▪ feminine ▪ singular ▪ nominative ▸ 47 + 3 + 4 = **54** (Gen. 4,11; Gen. 13,18; Gen. 27,15; Gen. 32,13; Gen. 46,18; Gen. 46,25; Ex. 38,13; Lev. 4,13; Lev. 4,22; Lev. 4,27; Lev. 5,17; Lev. 7,21; Lev. 7,27; Lev. 20,6; Num. 26,59; Judg. 19,12; Ruth 4,3; 1Kings 4,13; 1Kings 8,19; 2Kings 2,13; 2Kings 2,14; 1Chr. 13,6; 2Chr. 6,29; 2Chr. 34,33; Esth. 2,4; Esth. 10,6 # 10,3c; Judith 7,12; Judith 9,3; Tob. 4,12; Prov. 7,10; Prov. 9,13; Prov. 14,12; Eccl. 8,14; Job 38,30; Sir. 20,10; Hos. 2,1; Jonah 4,10; Is. 13,19; Is. 14,6; Is. 27,4; Bar. 4,22; Bar. 4,24; Lam. 3,25; Ezek. 38,8; Ezek. 38,12; Ezek. 44,25; Dan. 2,39; Judg. 11,1; Dan. 2,39; Dan. 3,96; Luke 2,37; Luke 10,39; Acts 9,36; Rev. 14,8)

ᾗ ▸ 208 + 19 + 37 = 264

Pronoun ▪ (relative) ▪ feminine ▪ singular ▪ dative ▸ 208 + 19 + 37 = **264** (Gen. 2,4; Gen. 2,17; Gen. 3,5; Gen. 5,1; Gen. 5,2; Gen. 6,17; Gen. 11,28; Gen. 16,1; Gen. 21,8; Gen. 21,23; Gen. 22,24; Gen. 24,14; Gen. 24,43; Gen. 25,1; Gen. 26,2; Gen. 28,20; Gen. 34,27; Gen. 35,3; Gen. 38,2; Gen. 38,6; Gen. 42,38; Gen. 50,25; Ex. 1,15; Ex. 4,17; Ex. 6,4; Ex. 10,28; Ex. 12,30; Ex. 13,3; Ex. 17,5; Ex. 28,3; Ex. 32,34; Ex. 38,26; Lev. 5,24; Lev. 6,13; Lev. 7,15; Lev. 7,16; Lev. 7,35; Lev. 7,36; Lev. 7,38; Lev. 13,14; Lev. 14,2; Lev. 14,57; Lev. 14,57; Lev. 15,3; Lev. 15,4; Lev. 15,24; Lev. 18,3; Lev. 19,6; Lev. 23,12; Num. 3,1; Num. 3,13; Num. 6,9; Num. 6,12; Num. 6,13; Num. 7,1; Num. 7,10; Num. 7,84; Num. 8,17; Num. 9,15; Num. 19,2; Num. 30,6; Num. 30,8; Num. 30,9; Num. 30,13; Num. 30,15; Deut. 4,15; Deut. 15,4; Deut. 15,7; Deut. 19,10; Deut. 19,14; Deut. 19,14; Deut. 21,1; Deut. 21,16; Deut. 25,19; Deut. 27,2; Deut. 28,53; Deut. 28,55; Deut. 28,57; Deut. 28,68; Josh. 1,14; Josh. 2,1; Josh. 9,12; Josh. 10,12; Josh. 24,17; Judg. 4,8; Judg. 4,14; 1Sam. 1,15; 1Sam. 15,20; 1Sam. 21,7; 2Sam. 18,18; 2Sam. 19,20; 2Sam. 21,12; 2Sam. 22,1; 1Kings 2,8; 1Kings 2,35m; 1Kings 2,42; 1Kings 8,21; 1Kings 8,44; 1Kings 12,33; 1Kings 13,9; 1Kings 13,10; 1Kings 13,12; 1Kings 13,17; 1Kings 20,27; 2Kings 17,22; 2Kings 17,32; 2Kings 19,28; 2Kings 19,33; 2Kings 21,7; 2Kings 21,21; 2Chr. 4,4; 2Chr. 6,11; 2Chr. 6,27; 2Chr. 6,34; 2Chr. 12,13; 2Chr. 18,24; 2Chr. 21,18; 1Esdr. 1,49; 1Esdr. 4,43; Neh. 2,17; Neh. 9,12; Neh. 9,19; Neh. 9,35; Neh. 9,35; Neh. 13,7; Judith 13,16; 1Mac. 4,54; 1Mac. 10,55; 1Mac. 14,34; 2Mac. 10,5; 2Mac. 12,27; 2Mac. 14,21; 3Mac. 6,40; 3Mac. 7,17; 4Mac. 13,20; Psa. 9,16; Psa. 9,16; Psa. 17,1; Psa. 19,10; Psa. 24,12; Psa. 31,8; Psa. 49,23; Psa. 55,10; Psa. 101,3; Psa. 101,3; Psa. 137,3; Psa. 141,4; Psa. 142,8; Prov. 8,30; Eccl. 5,15; Eccl. 12,3; Song 8,8; Job 3,3; Job 3,3; Job 12,24; Job 16,22; Sol. 7,10; Jonah 3,10; Jonah 4,11; Mal. 3,21; Is. 1,21; Is. 13,13; Is. 17,11; Is. 17,11; Is. 26,9; Is. 30,31; Is. 30,32; Is. 31,4; Is. 37,29; Is. 37,34; Is. 42,16; Is. 48,17; Is. 50,11; Is. 51,16; Jer. 2,6; Jer. 7,7; Jer. 7,22; Jer. 11,4; Jer. 15,14; Jer. 19,9; Jer. 20,14; Jer. 20,14; Jer. 32,29; Jer. 39,3; Jer. 39,43; Jer. 41,13; Jer. 49,3; Bar. 1,20; Lam. 3,57; Ezek. 16,4; Ezek. 16,5; Ezek. 16,14; Ezek. 16,52; Ezek. 18,22; Ezek. 31,15; Ezek. 33,12; Ezek. 33,12; Ezek. 33,13; Ezek. 36,33; Ezek. 38,11; Ezek. 38,18; Ezek. 39,8; Ezek. 39,13; Ezek. 44,13; Ezek. 44,27; Dan. 3,12; Dan. 3,15; Dan. 9,7; Judg. 4,8; Judg. 4,14; Judg. 9,9; Judg. 18,5; Judg. 18,6; Judg. 19,12; Tob. 5,21; Tob. 6,11; Tob. 10,7; Tob. 14,9; Dan. 3,5; Dan. 3,5; Dan. 3,7; Dan. 3,12; Dan. 3,14; Dan. 3,15; Dan. 3,18; Dan. 9,7; Sus. 2; Matt. 24,44; Matt. 24,50; Matt. 24,50; Mark 7,13; Luke 1,26; Luke 6,49; Luke 11,22; Luke 12,40; Luke 12,46; Luke 12,46; Luke 17,29; Luke 17,30; Luke 19,30; Luke 21,15; Luke 22,7; Luke 24,13; John 4,52; John 4,53; John 5,28; John 9,14; John 17,5; Acts 2,8; Acts 9,17; Acts 11,11; Acts 17,31; Rom. 5,2; 1Cor. 7,20; 1Cor. 11,23; 2Cor. 7,7; 2Cor. 10,2; 2Cor. 12,21; 1Th. 3,9; 1Tim. 4,6; Heb. 9,2; Heb. 9,4; 2Pet. 3,10; Rev. 18,19)

Ἧι ▸ 1

Pronoun ▪ (relative) ▪ feminine ▪ singular ▪ dative ▸ **1** (Ex. 6,28)

ἥν ▸ 1 + 3 = 4

Pronoun ▪ (relative) ▪ feminine ▪ singular ▪ accusative ▸ 1 + 3 = **4** (Job 31,16; Gal. 1,23; 1Tim. 1,19; 1Tim. 6,21)

ἥν ▸ 443 + 11 + 94 = 548

Pronoun ▪ (relative) ▪ feminine ▪ singular ▪ accusative ▸ 443 + 11 + 94 = **548** (Gen. 2,22; Gen. 3,12; Gen. 7,4; Gen. 8,6; Gen. 8,13; Gen. 12,1; Gen. 12,5; Gen. 13,15; Gen. 17,8; Gen. 17,10; Gen. 21,23; Gen. 24,42; Gen. 24,44; Gen. 28,4; Gen. 30,26; Gen. 31,16; Gen. 31,18; Gen. 31,48; Gen. 31,49; Gen. 34,1; Gen. 35,12; Gen. 46,6; Gen. 46,18; Gen. 46,25; Gen. 47,22; Gen. 48,22; Gen. 50,24; Ex. 6,4; Ex. 6,8; Ex. 12,25; Ex. 12,40; Ex. 13,5; Ex. 14,13; Ex. 15,26; Ex. 21,8; Ex. 23,20; Ex. 25,3; Ex. 32,13; Ex. 33,1; Ex. 34,12; Lev. 2,8; Lev. 2,11; Lev. 4,14; Lev. 4,23; Lev. 4,28; Lev. 5,23; Lev. 6,3; Lev. 6,7; Lev. 7,11; Lev. 14,34; Lev. 15,26; Lev. 16,23; Lev. 18,3; Lev. 19,22; Lev. 19,23; Lev. 20,22; Lev. 23,10; Lev. 25,2; Lev. 25,2; Num. 1,44; Num. 5,7; Num. 6,21; Num. 11,12; Num. 12,1; Num. 13,2; Num. 13,19; Num. 13,27; Num. 13,32; Num. 13,32; Num. 14,7; Num. 14,16; Num. 14,23; Num. 14,24; Num. 14,27; Num. 14,30; Num. 14,31; Num. 15,2; Num. 15,18; Num. 20,12; Num. 20,24; Num. 27,12; Num. 30,16; Num. 32,4; Num.

32,7; Num. 32,9; Num. 32,11; Num. 33,55; Num. 34,13; Num. 35,8; Num. 35,26; Num. 35,33; Deut. 1,8; Deut. 1,19; Deut. 1,25; Deut. 1,31; Deut. 1,31; Deut. 1,33; Deut. 1,35; Deut. 1,36; Deut. 2,12; Deut. 2,29; Deut. 3,4; Deut. 3,20; Deut. 3,20; Deut. 3,28; Deut. 4,1; Deut. 4,5; Deut. 4,10; Deut. 4,13; Deut. 4,14; Deut. 4,21; Deut. 4,23; Deut. 4,26; Deut. 4,31; Deut. 5,31; Deut. 5,33; Deut. 6,1; Deut. 6,10; Deut. 6,18; Deut. 6,23; Deut. 7,1; Deut. 8,1; Deut. 8,2; Deut. 8,18; Deut. 9,5; Deut. 9,21; Deut. 9,23; Deut. 9,26; Deut. 9,28; Deut. 10,5; Deut. 10,11; Deut. 11,8; Deut. 11,10; Deut. 11,11; Deut. 11,12; Deut. 11,29; Deut. 11,31; Deut. 12,9; Deut. 12,15; Deut. 16,17; Deut. 16,20; Deut. 17,11; Deut. 17,14; Deut. 18,9; Deut. 19,3; Deut. 19,8; Deut. 19,15; Deut. 21,23; Deut. 23,21; Deut. 24,4; Deut. 24,5; Deut. 26,1; Deut. 26,3; Deut. 26,15; Deut. 27,2; Deut. 27,3; Deut. 28,1; Deut. 28,21; Deut. 28,60; Deut. 28,63; Deut. 30,1; Deut. 30,5; Deut. 30,11; Deut. 30,16; Deut. 30,18; Deut. 31,7; Deut. 31,13; Deut. 31,16; Deut. 31,16; Deut. 31,20; Deut. 31,21; Deut. 31,23; Deut. 32,47; Deut. 32,49; Deut. 33,1; Deut. 34,4; Josh. 1,2; Josh. 1,6; Josh. 1,11; Josh. 1,15; Josh. 1,15; Josh. 3,4; Josh. 4,23; Josh. 5,6; Josh. 7,11; Josh. 7,14; Josh. 11,19; Josh. 14,9; Josh. 18,3; Josh. 18,7; Josh. 19,50; Josh. 21,42b; Josh. 21,43; Josh. 22,4; Josh. 22,9; Josh. 22,16; Josh. 23,13; Josh. 23,16; Josh. 24,13; Josh. 24,33; Judg. 2,1; Judg. 2,20; Judg. 4,9; Judg. 8,35; Judg. 9,9; Judg. 9,56; Judg. 11,39; Judg. 18,5; Judg. 18,6; Judg. 20,10; 1Sam. 1,25; 1Sam. 2,24; 1Sam. 9,6; 1Sam. 9,23; 1Sam. 9,23; 1Sam. 12,17; 1Sam. 13,13; 1Sam. 14,14; 1Sam. 17,45; 1Sam. 24,5; 1Sam. 25,27; 2Sam. 3,14; 2Sam. 6,2; 2Sam. 12,3; 2Sam. 13,15; 2Sam. 13,16; 2Sam. 16,23; 2Sam. 17,7; 1Kings 1,45; 1Kings 2,43; 1Kings 2,44; 1Kings 7,45; 1Kings 8,21; 1Kings 8,34; 1Kings 8,36; 1Kings 10,5; 1Kings 10,7; 1Kings 10,22a # 9,15; 1Kings 11,13; 1Kings 11,25; 1Kings 11,32; 1Kings 11,36; 1Kings 13,4; 1Kings 13,21; 1Kings 14,21; 1Kings 15,23; 1Kings 16,7; 1Kings 16,28c; 1Kings 18,12; 2Kings 13,14; 2Kings 15,15; 2Kings 17,34; 2Kings 17,38; 2Kings 18,19; 2Kings 21,8; 2Kings 21,17; 2Kings 23,27; 1Chr. 4,18; 1Chr. 21,29; 2Chr. 1,3; 2Chr. 4,11; 2Chr. 5,1; 2Chr. 6,11; 2Chr. 6,25; 2Chr. 6,27; 2Chr. 6,34; 2Chr. 9,6; 2Chr. 21,7; 2Chr. 21,17; 2Chr. 28,11; 2Chr. 33,7; 2Chr. 33,7; 2Chr. 35,19d; 1Esdr. 2,17; 1Esdr. 2,20; 1Esdr. 4,43; 1Esdr. 4,46; 1Esdr. 4,50; 1Esdr. 8,80; Ezra 9,11; Neh. 1,6; Neh. 9,15; Neh. 9,23; Neh. 9,36; Esth. 2,6; Esth. 4,7; Esth. 13,16 # 4,17g; Esth. 5,4; Esth. 5,5; Esth. 5,8; Esth. 5,11; Esth. 6,8; Esth. 10,6 # 10,3c; Esth. 11,1 # 10,3l; Judith 10,13; Tob. 14,15; 1Mac. 7,7; 1Mac. 7,23; 1Mac. 7,47; 1Mac. 9,72; 1Mac. 11,9; 1Mac. 11,40; 1Mac. 13,37; 1Mac. 14,18; 1Mac. 14,35; 1Mac. 14,35; 1Mac. 16,9; 2Mac. 4,28; 2Mac. 4,35; 2Mac. 4,42; 2Mac. 4,49; 2Mac. 8,26; 2Mac. 9,14; 2Mac. 12,30; 2Mac. 14,9; 2Mac. 14,18; 2Mac. 14,39; 2Mac. 15,32; 3Mac. 3,4; 3Mac. 3,18; 3Mac. 7,4; 3Mac. 7,6; 3Mac. 7,7; 3Mac. 7,15; 4Mac. 3,8; 4Mac. 5,7; 4Mac. 8,14; 4Mac. 17,18; 4Mac. 18,18; Psa. 20,12; Psa. 34,8; Psa. 34,8; Psa. 46,5; Psa. 70,23; Psa. 79,16; Psa. 80,6; Psa. 108,19; Psa. 117,24; Eccl. 5,12; Eccl. 6,1; Eccl. 10,5; Job 22,15; Job 29,16; Job 31,35; Wis. 9,8; Wis. 18,18; Sir. 16,21; Sir. 49,8; Sol. 2,21; Sol. 8,13; Sol. 17,31; Sol. 17,42; Amos 3,6; Amos 4,7; Joel 2,25; Zech. 11,10; Zech. 14,12; Zech. 14,18; Mal. 2,14; Mal. 3,17; Is. 1,1; Is. 1,1; Is. 7,16; Is. 8,10; Is. 13,1; Is. 14,26; Is. 19,16; Is. 19,17; Is. 19,25; Is. 29,1; Is. 51,1; Is. 58,11; Is. 64,10; Jer. 3,18; Jer. 11,10; Jer. 14,18; Jer. 16,10; Jer. 16,13; Jer. 16,15; Jer. 22,27; Jer. 22,28; Jer. 23,39; Jer. 27,45; Jer. 30,14; Jer. 30,23; Jer. 36,4; Jer. 36,7; Jer. 36,23; Jer. 37,3; Jer. 38,21; Jer. 38,32; Jer. 38,33; Jer. 39,22; Jer. 39,36; Jer. 39,40; Jer. 41,18; Jer. 43,7; Jer. 49,16; Jer. 51,8; Jer. 51,14; Bar. 1,20; Bar. 2,21; Bar. 2,34; Bar. 4,10; Bar. 4,14; Lam. 2,15; Lam. 2,16; Ezek. 3,23; Ezek. 8,4; Ezek. 12,27; Ezek. 13,12; Ezek. 17,19; Ezek. 17,19; Ezek. 20,6; Ezek. 20,15; Ezek. 20,28; Ezek. 20,42; Ezek. 28,25; Ezek. 32,9; Ezek. 33,2; Ezek. 37,25; Ezek. 39,17; Ezek. 39,21; Ezek. 39,21; Ezek. 39,26; Ezek. 43,3; Ezek. 43,3; Ezek. 43,3; Ezek. 45,13; Ezek. 46,9; Ezek. 47,14; Ezek. 48,9; Ezek. 48,29; Dan. 2,14; Dan. 3,2; Dan. 3,5; Dan. 3,7; Dan. 3,14; Dan. 3,18; Dan. 4,23; Dan. 4,30; Dan. 8,1; Dan. 11,4; Judg. 2,1; Judg. 2,20; Judg. 4,9; Judg. 9,56; Judg. 11,39; Tob. 14,10; Tob. 14,15; Dan. 4,30; Dan. 6,16; Dan. 9,14; Dan. 11,4; Matt. 10,11; Matt. 13,33; Matt. 13,48; Matt. 15,13; Mark 11,21; Mark 13,19; Luke 8,47; Luke 9,4; Luke 9,31; Luke 10,5; Luke 10,8; Luke 10,10; Luke 13,16; Luke 13,21; Luke 15,9; Luke 19,20; Luke 22,10; John 4,32; John 5,32; John 6,21; John 6,27; John 8,40; John 17,22; John 17,24; John 17,26; Acts 1,4; Acts 1,16; Acts 7,3; Acts 7,4; Acts 7,45; Acts 8,32; Acts 10,21; Acts 11,6; Acts 19,27; Acts 20,24; Acts 20,28; Acts 22,24; Acts 23,28; Acts 24,14; Acts 24,15; Acts 26,7; Acts 27,17; Rom. 1,27; Rom. 14,22; Rom. 16,17; 1Cor. 2,7; 1Cor. 2,8; 1Cor. 15,31; 2Cor. 2,4; 2Cor. 9,2; 2Cor. 13,10; Gal. 2,4; Eph. 1,9; Eph. 2,4; Eph. 3,11; Col. 1,4; Col. 1,5; Col. 3,15; Col. 4,17; 2Th. 3,6; 1Tim. 6,12; 1Tim. 6,15; 2Tim. 1,6; 2Tim. 1,12; Titus 1,2; Titus 1,13; Philem. 5; Heb. 2,11; Heb. 6,19; Heb. 7,14; Heb. 8,2; Heb. 8,9; Heb. 8,10; Heb. 9,9; Heb. 10,16; Heb. 10,20; 1Pet. 3,20; 1Pet. 5,12; 2Pet. 3,12; 1John 1,5; 1John 2,7; 1John 2,25; 1John 3,11; 1John 4,16; 1John 5,10; 1John 5,14; 2John 5; Rev. 1,1; Rev. 3,8; Rev. 4,1; Rev. 6,9; Rev. 10,8; Rev. 14,2; Rev. 17,18)

Ἥν ▸ 1

Pronoun · (relative) · definite · feminine · singular · accusative
▸ 1 (Eph. 1,20)

ἧς ▸ 226 + 11 + 49 = 286

Pronoun · (relative) · feminine · singular · genitive ▸ 226 + 11 + 49 = **286** (Gen. 3,19; Gen. 3,23; Gen. 5,29; Gen. 9,17; Gen. 19,21; Gen. 20,3; Gen. 24,7; Gen. 27,41; Gen. 28,12; Gen. 28,13; Gen. 29,27; Gen. 32,11; Ex. 5,8; Ex. 8,17; Ex. 8,18; Ex. 9,18; Ex. 10,6; Ex. 20,12; Ex. 24,8; Ex. 32,8; Ex. 32,14; Ex. 32,32; Ex. 40,37; Lev. 4,3; Lev. 4,28; Lev. 4,35; Lev. 5,3; Lev. 5,6; Lev. 5,6; Lev. 5,7; Lev. 5,10; Lev. 5,13; Lev. 5,18; Lev. 7,8; Lev. 15,3; Lev. 19,22; Lev. 23,15; Num. 15,23; Num. 22,30; Num. 35,34; Num. 35,34; Deut. 1,22; Deut. 4,32; Deut. 4,40; Deut. 5,16; Deut. 5,33; Deut. 7,13; Deut. 8,9; Deut. 8,9; Deut. 8,10; Deut. 9,7; Deut. 9,12; Deut. 9,16; Deut. 9,24; Deut. 11,9; Deut. 11,17; Deut. 11,21; Deut. 11,25; Deut. 11,28; Deut. 12,1; Deut. 12,10; Deut. 13,6; Deut. 19,2; Deut. 25,15; Deut. 26,2; Deut. 26,10; Deut. 28,8; Deut. 28,11; Deut. 28,56; Deut. 28,69; Deut. 30,18; Deut. 30,20; Deut. 31,29; Josh. 2,18; Josh. 23,15; Judg. 2,17; 1Sam. 7,2; 1Sam. 8,8; 1Sam. 29,3; 1Sam. 29,6; 1Sam. 29,8; 2Sam. 6,17; 2Sam. 7,6; 2Sam. 13,32; 2Sam. 19,25; 2Sam. 19,25; 1Kings 3,26; 1Kings 7,34; 1Kings 8,16; 1Kings 8,28; 1Kings 8,29; 1Kings 8,40; 1Kings 8,44; 1Kings 8,48; 1Kings 8,48; 1Kings 9,3; 1Kings 9,7; 1Kings 10,22a # 9,15; 1Kings 10,24; 1Kings 17,20; 2Kings 1,4; 2Kings 1,6; 2Kings 1,16; 2Kings 8,1; 2Kings 8,5; 2Kings 8,6; 2Kings 21,8; 2Kings 21,15; 1Chr. 16,1; 1Chr. 17,5; 2Chr. 6,5; 2Chr. 6,19; 2Chr. 6,20; 2Chr. 6,31; 2Chr. 6,38; 2Chr. 6,38; 2Chr. 7,20; 2Chr. 8,16; 2Chr. 9,23; 2Chr. 20,11; 2Chr. 29,32; 2Chr. 33,8; 1Esdr. 4,55; 1Esdr. 6,7; Ezra 2,1; Ezra 4,11; Ezra 5,6; Neh. 5,14; Neh. 7,6; Esth. 11,4 # 1,1c; Esth. 16,11 # 8,12l; Judith 5,18; Judith 12,16; Judith 14,8; Judith 16,22; Tob. 14,10; 1Mac. 1,11; 1Mac. 3,29; 1Mac. 8,22; 1Mac. 9,27; 1Mac. 10,46; 1Mac. 11,31; 1Mac. 14,36; 1Mac. 15,31; 2Mac. 15,16; 3Mac. 3,14; 4Mac. 1,17; 4Mac. 1,19; 4Mac. 9,24; Psa. 26,7; Psa. 30,5; Psa. 30,20; Psa. 73,2; Psa. 77,42; Psa. 121,3; Psa. 140,9; Ode. 6,7; Prov. 6,8b; Eccl. 9,9; Eccl. 10,16; Eccl. 10,17; Job 6,10; Job 42,17d; Wis. 5,10; Wis. 10,7; Wis. 15,8; Wis. 16,2; Sir. 20,10; Sol. 9,1; Sol. 18,10; Sol. 18,11; Sol. 18,12; Amos 3,1; Amos 5,3; Amos 5,3; Amos 9,15; Obad. 11; Jonah 2,7;

ὅς

Jonah 4,10; Nah. 3,8; Hag. 2,18; Zech. 8,9; Is. 6,4; Is. 7,17; Is. 14,3; Is. 30,13; Jer. 2,11; Jer. 7,25; Jer. 11,4; Jer. 12,14; Jer. 24,10; Jer. 25,5; Jer. 32,16; Jer. 32,27; Jer. 39,31; Jer. 40,9; Jer. 42,7; Jer. 42,15; Jer. 43,2; Jer. 49,21; Jer. 51,3; Jer. 51,4; Jer. 52,11; Jer. 52,31; Jer. 52,34; Bar. 1,19; Bar. 2,35; LetterJ 0; LetterJ 70; Ezek. 11,24; Ezek. 16,27; Ezek. 18,27; Ezek. 20,5; Ezek. 22,25; Ezek. 24,2; Ezek. 28,13; Ezek. 28,15; Ezek. 29,18; Ezek. 29,20; Ezek. 36,28; Ezek. 39,19; Ezek. 48,35; Dan. 6,5; Dan. 9,18; Dan. 10,12; Judg. 2,17; Tob. 1,18; Dan. 2,32; Dan. 3,2; Dan. 3,3; Dan. 3,3; Dan. 4,26; Dan. 5,13; Dan. 5,19; Dan. 9,18; Dan. 10,12; Matt. 1,16; Matt. 24,38; Mark 7,25; Mark 16,9; Luke 1,20; Luke 7,45; Luke 8,2; Luke 17,27; John 11,2; Acts 1,2; Acts 1,22; Acts 1,25; Acts 3,25; Acts 7,17; Acts 16,14; Acts 20,18; Acts 24,11; Acts 24,21; Acts 26,7; 2Cor. 1,4; 2Cor. 10,8; Eph. 1,6; Eph. 1,8; Eph. 4,1; Col. 1,6; Col. 1,9; Col. 1,25; 2Th. 1,5; 1Tim. 6,10; Heb. 2,5; Heb. 6,8; Heb. 6,10; Heb. 7,13; Heb. 7,19; Heb. 9,20; Heb. 11,4; Heb. 11,7; Heb. 11,10; Heb. 11,15; Heb. 11,29; Heb. 12,8; Heb. 12,19; Heb. 12,28; James 2,5; 1Pet. 1,10; 1Pet. 3,6; 1Pet. 4,11; 2Pet. 3,4; Rev. 17,2)

- ὅ ▸ 68 + 3 + 32 = 103
  - **Pronoun** ▪ (relative) ▪ neuter ▪ singular ▪ accusative ▸ 9 + 2 + 2 = **13** (Josh. 24,27; Ruth 2,9; 1Sam. 19,3; 2Chr. 32,13; 1Esdr. 4,46; Ezra 7,16; Job 34,4; Wis. 16,21; Lam. 5,1; Judg. 6,17; Judg. 18,14; Acts 21,23; 1Cor. 10,15)
  - **Pronoun** ▪ (relative) ▪ neuter ▪ singular ▪ nominative ▸ 59 + 1 + 30 = **90** (Gen. 1,29; Gen. 3,3; Gen. 9,3; Gen. 23,9; Gen. 23,17; Gen. 23,19; Gen. 25,9; Gen. 30,18; Gen. 32,33; Gen. 49,29; Gen. 50,10; Gen. 50,11; Ex. 12,22; Ex. 16,1; Ex. 22,8; Ex. 28,8; Ex. 29,26; Ex. 30,13; Lev. 4,7; Lev. 4,7; Lev. 4,9; Lev. 4,18; Lev. 4,18; Lev. 7,20; Lev. 7,21; Lev. 8,21; Lev. 8,28; Lev. 11,26; Lev. 11,39; Lev. 16,2; Num. 6,18; Num. 7,89; Num. 22,5; Num. 22,36; Num. 28,23; Num. 33,6; Num. 33,7; Deut. 4,48; Deut. 32,49; Josh. 18,16; Josh. 18,16; Josh. 22,29; Judg. 6,25; Judg. 16,3; 2Sam. 2,24; 2Kings 12,17; 2Chr. 13,4; Ezra 6,15; Ezra 7,23; Esth. 14,16 # 4,17w; Eccl. 5,17; Eccl. 6,3; Eccl. 6,10; Song 1,1; Is. 7,20; Is. 18,7; Is. 59,21; Jer. 19,2; Jer. 42,4; Judg. 6,25; Matt. 1,23; Matt. 27,33; Mark 3,17; Mark 5,41; Mark 7,11; Mark 7,34; Mark 12,42; Mark 15,16; Mark 15,22; Mark 15,34; Mark 15,42; John 1,41; Acts 1,12; Acts 4,36; 1Cor. 15,10; Eph. 1,14; Eph. 5,5; Eph. 6,17; Col. 1,24; Col. 1,27; Col. 3,14; 2Th. 3,17; 2Tim. 1,6; Heb. 7,2; 1Pet. 3,4; 1John 2,8; Rev. 2,7; Rev. 20,12; Rev. 21,8; Rev. 21,17)
- ὅ ▸ 352 + 23 + 207 = 582
  - **Pronoun** ▪ (relative) ▪ neuter ▪ singular ▪ accusative ▸ 267 + 16 + 161 = **444** (Gen. 2,19; Gen. 9,12; Gen. 18,8; Gen. 19,19; Gen. 20,9; Gen. 23,16; Gen. 25,10; Gen. 27,20; Gen. 30,37; Gen. 34,11; Gen. 37,10; Gen. 41,28; Gen. 41,55; Gen. 42,14; Gen. 44,8; Gen. 44,15; Gen. 49,30; Gen. 50,13; Ex. 4,9; Ex. 4,12; Ex. 10,5; Ex. 12,39; Ex. 14,12; Ex. 15,17; Ex. 15,17; Ex. 16,5; Ex. 16,5; Ex. 16,16; Ex. 16,23; Ex. 16,32; Ex. 18,14; Ex. 30,13; Ex. 35,4; Ex. 36,4; Lev. 5,16; Lev. 5,23; Lev. 5,23; Lev. 5,25; Lev. 6,13; Lev. 8,5; Lev. 9,6; Lev. 10,1; Lev. 10,3; Lev. 11,32; Lev. 11,33; Lev. 11,34; Lev. 14,21; Lev. 15,4; Lev. 15,6; Lev. 15,9; Lev. 15,17; Lev. 15,20; Lev. 15,20; Lev. 15,26; Lev. 17,2; Lev. 27,28; Num. 8,4; Num. 18,26; Num. 21,16; Num. 22,20; Num. 22,35; Num. 22,38; Num. 23,3; Num. 23,26; Num. 30,2; Num. 31,21; Num. 31,32; Num. 31,50; Num. 31,52; Num. 33,54; Num. 36,6; Deut. 1,14; Deut. 1,20; Deut. 4,2; Deut. 7,12; Deut. 8,3; Deut. 8,16; Deut. 13,1; Deut. 13,3; Deut. 15,2; Deut. 16,21; Deut. 17,10; Deut. 18,20; Deut. 18,21; Deut. 18,22; Deut. 20,20; Deut. 22,9; Deut. 23,24; Deut. 25,6; Deut. 28,33; Deut. 28,36; Deut. 28,49; Deut. 28,57; Deut. 32,50; Josh. 1,13; Josh. 8,35 # 9,2f; Josh. 10,27; Josh. 14,6; Josh. 22,28; Josh. 24,31a; Judg. 2,7; Judg. 2,10; Judg. 7,13; Judg. 14,16; Judg. 18,24; Judg. 18,31; Judg. 20,9; Judg. 20,36; 1Sam. 1,17; 1Sam. 1,27; 1Sam. 2,23; 1Sam. 9,6; 1Sam. 12,16; 1Sam. 14,7; 1Sam. 20,23; 1Sam. 25,8; 1Sam. 26,16; 2Sam. 7,25; 2Sam. 11,27; 2Sam. 13,15; 2Sam. 14,15; 2Sam. 14,18; 2Sam. 15,35; 2Sam. 15,36; 2Sam. 19,36; 2Sam. 24,10; 1Kings 2,27; 1Kings 2,31; 1Kings 2,35g; 1Kings 2,38; 1Kings 3,28; 1Kings 7,37; 1Kings 8,20; 1Kings 12,15; 1Kings 12,32; 1Kings 12,33; 1Kings 13,3; 1Kings 13,5; 1Kings 13,32; 1Kings 15,29; 1Kings 16,12; 1Kings 16,34; 1Kings 17,16; 1Kings 18,24; 1Kings 18,33; 1Kings 22,38; 2Kings 1,17; 2Kings 2,22; 2Kings 4,2; 2Kings 10,17; 2Kings 12,5; 2Kings 14,25; 2Kings 17,40; 2Kings 18,14; 2Kings 20,15; 2Kings 20,17; 2Kings 22,4; 2Kings 23,15; 2Kings 23,16; 1Chr. 26,28; 1Chr. 28,12; 1Chr. 29,3; 1Chr. 29,16; 2Chr. 1,5; 2Chr. 6,17; 2Chr. 7,7; 2Chr. 8,12; 2Chr. 18,13; 2Chr. 30,8; 2Chr. 32,25; 2Chr. 34,9; 2Chr. 35,18; 1Esdr. 4,3; 1Esdr. 4,42; 1Esdr. 4,46; Ezra 6,9; Ezra 6,13; Ezra 7,15; Ezra 7,21; Neh. 2,13; Neh. 2,19; Neh. 13,14; Esth. 2,13; Esth. 7,10; Judith 9,9; Judith 16,19; Tob. 4,15; 1Mac. 4,53; 1Mac. 5,11; 1Mac. 6,7; 1Mac. 8,30; 1Mac. 10,41; 1Mac. 16,15; 2Mac. 7,16; 4Mac. 14,17; Psa. 43,2; Psa. 67,17; Psa. 67,29; Psa. 73,2; Psa. 77,54; Psa. 77,68; Psa. 103,9; Psa. 108,19; Psa. 136,8; Psa. 138,15; Ode. 1,17; Ode. 1,17; Ode. 13,31; Eccl. 2,3; Eccl. 2,10; Eccl. 2,24; Eccl. 2,24; Eccl. 3,11; Eccl. 5,17; Eccl. 7,24; Eccl. 7,29; Eccl. 8,3; Job 15,9; Job 15,9; Job 19,4a; Job 23,13; Wis. 18,19; Sir. 15,17; Sir. 42,7; Hos. 5,2; Jonah 3,2; Hab. 1,1; Hab. 1,5; Is. 8,12; Is. 9,2; Is. 16,11; Is. 16,13; Is. 21,6; Is. 39,2; Is. 39,4; Is. 44,14; Is. 44,14; Is. 62,2; Jer. 7,31; Jer. 13,6; Jer. 18,4; Jer. 23,6; Jer. 42,14; Jer. 48,9; Jer. 48,9; Bar. 1,14; Lam. 2,6; LetterJ 23; LetterJ 45; Ezek. 4,10; Ezek. 10,15; Ezek. 10,20; Ezek. 15,6; Ezek. 33,20; Ezek. 36,21; Ezek. 36,22; Ezek. 36,23; Ezek. 47,9; Dan. 2,9; Dan. 2,10; Dan. 2,26; Dan. 2,27; Dan. 3,19; Dan. 7,1; Bel 3; Bel 34; Bel 37; Judg. 2,7; Judg. 2,10; Judg. 14,6; Judg. 14,16; Judg. 18,24; Judg. 18,27; Judg. 18,31; Judg. 20,10; Judg. 20,36; Tob. 4,1; Dan. 2,26; Dan. 2,27; Dan. 4,18; Dan. 4,20; Bel 34; Bel 37; Matt. 8,4; Matt. 10,27; Matt. 10,27; Matt. 12,2; Matt. 12,4; Matt. 12,36; Matt. 13,12; Matt. 14,7; Matt. 15,5; Matt. 16,19; Matt. 16,19; Matt. 19,6; Matt. 20,15; Matt. 20,22; Matt. 25,29; Matt. 26,13; Matt. 26,50; Matt. 27,60; Mark 4,25; Mark 6,22; Mark 10,9; Mark 10,35; Mark 10,38; Mark 10,38; Mark 10,39; Mark 10,39; Mark 11,23; Mark 13,37; Mark 14,8; Mark 14,9; Luke 2,15; Luke 2,31; Luke 2,50; Luke 5,25; Luke 6,3; Luke 8,18; Luke 9,33; Luke 11,6; Luke 12,3; Luke 14,22; Luke 17,10; Luke 19,21; Luke 19,21; Luke 19,22; Luke 19,22; Luke 19,26; Luke 22,60; John 3,11; John 3,11; John 3,32; John 4,5; John 4,14; John 4,22; John 4,22; John 4,38; John 6,14; John 6,37; John 6,39; John 7,39; John 10,29; John 13,7; John 13,27; John 14,17; John 14,26; John 15,7; John 16,17; John 16,18; John 17,2; John 17,4; John 17,24; John 18,11; John 19,22; Acts 2,33; Acts 3,6; Acts 5,32; Acts 10,17; Acts 10,37; Acts 11,30; Acts 13,2; Acts 13,41; Acts 14,11; Acts 14,26; Acts 17,23; Acts 23,19; Acts 26,10; Rom. 1,2; Rom. 4,21; Rom. 6,10; Rom. 6,10; Rom. 7,15; Rom. 7,15; Rom. 7,15; Rom. 7,16; Rom. 7,19; Rom. 7,19; Rom. 7,20; Rom. 8,24; Rom. 8,25; Rom. 9,21; Rom. 9,21; Rom. 10,8; Rom. 11,7; Rom. 12,3; 1Cor. 3,14; 1Cor. 4,7; 1Cor. 6,18; 1Cor. 7,36; 1Cor. 10,13; 1Cor. 10,16; 1Cor. 11,23; 1Cor. 15,1; 1Cor. 15,1; 1Cor. 15,3; 1Cor. 15,36; 1Cor. 15,37; 2Cor. 2,10; 2Cor. 11,4; 2Cor. 11,4; 2Cor. 11,17; 2Cor. 12,6; 2Cor. 12,13; Gal. 1,8; Gal. 1,9; Gal. 2,2; Gal. 2,10; Gal. 2,20; Gal. 6,7; Eph. 3,4; Phil. 3,16; Col. 1,29; Col. 3,23; Col. 3,25; Col. 4,3; 2Th. 1,11; 2Th. 2,14; 1Tim. 1,11; 1Tim. 2,7; 2Tim. 1,11; 2Tim. 2,7; Titus 1,3; Heb. 8,3; Heb. 9,7; 1Pet. 2,8; 1John 1,1; 1John 1,1; 1John 1,1; 1John 1,3; 1John 2,24; 1John 2,24; 1John 2,27; 1John 3,22; 1John 4,3; 1John 5,15; 3John 5; Rev.

1,11; Rev. 2,17; Rev. 2,25; Rev. 3,11; Rev. 13,2; Rev. 17,8; Rev. 19,12)

Pronoun · (relative) · neuter · singular · nominative ▸ 85 + 7 + 46 = **138** (Gen. 1,7; Gen. 1,29; Gen. 1,30; Gen. 7,23; Gen. 23,17; Gen. 23,17; Gen. 23,20; Gen. 30,33; Gen. 30,35; Gen. 30,35; Gen. 32,33; Ex. 1,22; Ex. 39,1; Lev. 6,20; Lev. 11,32; Lev. 11,34; Lev. 11,34; Lev. 11,35; Lev. 11,37; Lev. 11,41; Lev. 11,42; Lev. 13,58; Lev. 17,13; Lev. 22,5; Lev. 25,27; Lev. 27,26; Lev. 27,29; Lev. 27,32; Num. 31,23; Deut. 1,17; Deut. 4,17; Deut. 4,18; Deut. 15,19; Josh. 11,17; 1Sam. 2,14; 1Sam. 2,34; 2Sam. 12,15; 2Sam. 12,21; 2Sam. 14,14; 1Kings 19,18; 2Kings 23,17; 1Chr. 29,25; 2Chr. 15,8; 2Chr. 29,9; 2Chr. 32,31; 2Chr. 35,24; 1Esdr. 8,13; Ezra 6,9; Ezra 7,20; Judith 8,32; Judith 10,21; Judith 12,14; Tob. 3,15; Tob. 4,16; Tob. 6,15; 2Mac. 1,36; Psa. 1,3; Psa. 82,15; Prov. 30,29; Eccl. 2,24; Eccl. 3,22; Eccl. 8,9; Eccl. 10,5; Job 13,28; Sir. 2,4; Is. 7,18; Is. 11,11; Is. 19,15; Is. 29,11; Is. 30,6; Is. 55,11; Is. 65,16; Jer. 1,1; Jer. 7,27; Jer. 13,7; Jer. 13,10; Jer. 13,20; Jer. 19,11; Jer. 25,16; Jer. 34,11; Jer. 52,7; Bar. 2,18; Lam. 1,12; Ezek. 11,23; Ezek. 16,15; Judg. 13,14; Judg. 15,14; Judg. 20,9; Tob. 1,20; Tob. 13,2; Dan. 4,24; Dan. 8,21; Matt. 10,26; Matt. 10,26; Matt. 13,8; Matt. 13,8; Matt. 13,8; Matt. 13,23; Matt. 13,23; Matt. 13,23; Matt. 13,32; Matt. 20,4; Mark 2,24; Mark 4,4; Mark 5,33; Mark 7,11; Mark 7,15; Mark 13,11; Mark 15,46; Luke 5,3; Luke 6,2; Luke 8,5; Luke 8,17; Luke 8,17; Luke 12,2; Luke 12,2; John 1,3; John 1,9; John 1,38; John 1,42; John 9,7; John 15,26; John 19,17; John 20,7; John 20,16; Rom. 14,23; Gal. 1,7; Eph. 3,5; Phil. 2,5; Col. 2,14; 1Tim. 2,10; 1Tim. 4,14; James 4,5; 1Pet. 3,21; 1John 4,2; 1John 4,3; Rev. 5,13; Rev. 17,11)

Ὅ ▸ 2 + 1 + 2 = 5

Pronoun · (relative) · neuter · singular · accusative ▸ 1 + 1 + 1 = **3** (Gen. 27,20; Judg. 9,48; 2Cor. 11,12)

Pronoun · (relative) · neuter · singular · nominative ▸ 1 + 1 = **2** (2Sam. 18,4; 1John 1,1)

ὅτι ▸ 8

Pronoun · (relative) · neuter · singular · accusative ▸ **8** (Mark 6,23; Luke 10,35; John 2,5; John 8,25; John 14,13; John 15,16; 1Cor. 16,2; Col. 3,17)

ὅτι ▸ 1

Pronoun · (relative) · neuter · singular · accusative ▸ **1** (Acts 9,6)

οἵ ▸ 165 + 13 + 31 = 209

Pronoun · (relative) · masculine · plural · nominative ▸ 165 + 13 + 31 = **209** (Gen. 14,13; Gen. 35,4; Gen. 35,26; Gen. 36,5; Gen. 39,1; Gen. 40,5; Gen. 40,7; Gen. 46,31; Ex. 32,1; Ex. 32,23; Num. 9,6; Num. 26,63; Num. 34,17; Deut. 2,4; Deut. 3,8; Deut. 4,28; Deut. 4,47; Deut. 19,17; Deut. 29,21; Deut. 30,7; Deut. 31,4; Deut. 31,13; Josh. 2,10; Josh. 5,1; Josh. 8,33 # 9,2d; Josh. 8,33 # 9,2d; Josh. 9,10; Josh. 18,2; Josh. 22,30; 1Sam. 12,21; 1Sam. 12,21; 1Sam. 25,7; 2Sam. 2,10; 2Sam. 8,7; 2Sam. 21,12; 1Kings 4,2; 1Kings 12,6; 1Kings 12,31; 2Kings 7,13; 2Kings 17,2; 2Kings 18,35; 2Kings 20,18; 2Kings 23,22; 2Kings 25,11; 2Kings 25,25; 1Chr. 2,9; 1Chr. 4,22; 1Chr. 11,10; 1Chr. 12,32; 1Chr. 14,4; 1Chr. 18,7; 1Chr. 29,30; 2Chr. 5,6; 2Chr. 5,6; 2Chr. 8,7; 2Chr. 10,8; 2Chr. 10,9; 2Chr. 11,13; 2Chr. 11,16; 2Chr. 25,15; 2Chr. 28,15; 2Chr. 30,7; 2Chr. 31,19; 2Chr. 34,10; Ezra 2,2; Ezra 3,12; Ezra 10,17; Ezra 10,18; Neh. 1,2; Neh. 6,14; Neh. 7,5; Neh. 9,26; Neh. 11,3; Neh. 13,22; Neh. 13,23; Judith 2,3; Judith 4,8; Judith 5,7; Judith 6,10; Judith 6,15; Judith 7,1; Judith 7,2; Judith 7,6; Judith 8,12; Judith 8,18; Judith 9,2; Judith 9,4; Judith 9,13; Judith 10,19; Judith 13,5; Tob. 12,15; 1Mac. 3,49; 1Mac. 5,4; 1Mac. 11,43; 1Mac. 14,36; 2Mac. 3,26; 2Mac. 10,30; 3Mac. 2,8; 3Mac. 7,5; 4Mac. 13,5; 4Mac. 13,9; 4Mac. 17,10; Prov. 4,4; Prov. 11,24; Prov. 11,24; Prov. 12,18; Prov. 30,26; Eccl. 1,16; Eccl. 12,11; Job 3,14; Job 3,15; Job 3,16; Job 3,21; Job 22,16; Job 24,12; Job 30,4; Job 30,7; Sir. 16,7; Sir. 44,8; Sir. 49,12; Sol. 7,1; Sol. 14,6; Amos 1,1; Joel 4,2; Zech. 1,6; Is. 1,1; Is. 8,19; Is. 13,17; Is. 20,6; Is. 30,6; Is. 30,9; Is. 36,14; Is. 41,12; Is. 45,20; Is. 46,2; Is. 51,12; Is. 51,23; Is. 52,15; Is. 55,5; Is. 62,6; Is. 65,1; Is. 65,2; Is. 65,7; Is. 65,10; Is. 66,19; Jer. 2,13; Jer. 2,15; Jer. 10,11; Jer. 11,10; Jer. 14,15; Jer. 16,13; Jer. 23,4; Jer. 23,34; Jer. 47,10; Jer. 48,2; Bar. 3,4; Bar. 3,8; Bar. 4,15; LetterJ 49; Ezek. 9,6; Ezek. 12,2; Ezek. 14,22; Ezek. 27,8; Ezek. 32,27; Dan. 9,1; Judg. 2,10; Judg. 6,31; Judg. 7,11; Judg. 10,12; Judg. 20,15; Tob. 12,15; Tob. 13,14; Tob. 13,15; Tob. 13,16; Dan. 5,23; Dan. 9,6; Dan. 9,12; Sus. 5; Mark 4,16; Luke 5,10; Luke 5,17; Luke 5,29; Luke 6,18; Luke 8,13; Luke 8,13; Luke 9,27; Luke 9,31; Luke 10,30; Luke 13,30; Luke 13,30; Luke 17,12; Luke 20,47; Luke 23,29; Luke 24,23; John 1,13; John 6,64; Acts 1,11; Acts 7,40; Acts 28,10; Rom. 15,21; Rom. 16,7; Heb. 11,33; James 5,10; 1Pet. 2,8; 1Pet. 4,5; 3John 6; Rev. 8,2; Rev. 9,20; Rev. 14,4)

οἵ ▸ 4 + 2 = 6

Pronoun · (relative) · masculine · plural · nominative ▸ 4 + 2 = **6** (Ezra 4,9; Esth. 8,5; LetterJ 40; Ezek. 12,10; 1Pet. 2,10; Rev. 5,6)

Οἷς ▸ 1 + 1 = 2

Pronoun · (relative) · masculine · plural · dative ▸ 1 + 1 = **2** (Jer. 30,6; Acts 1,3)

οἷς ▸ 199 + 14 + 45 = 258

Pronoun · (relative) · masculine · plural · dative ▸ 77 + 8 + 25 = **110** (Gen. 24,37; Ex. 6,26; Ex. 12,7; Ex. 25,29; Ex. 32,13; Ex. 34,10; Ex. 35,24; Lev. 14,40; Num. 5,3; Num. 11,21; Num. 15,39; Num. 34,29; Num. 36,3; Num. 36,4; Deut. 9,27; Deut. 12,2; Deut. 19,17; Deut. 29,25; Deut. 32,17; Deut. 32,20; Deut. 32,37; Josh. 5,6; Josh. 14,1; Josh. 24,14; Josh. 24,15; Judg. 6,10; Judg. 19,30; 1Sam. 25,11; 2Sam. 3,21; 2Sam. 7,22; 1Kings 8,56; 2Kings 12,16; 2Kings 19,4; 1Chr. 29,8; 2Chr. 33,19; 2Chr. 34,22; Neh. 8,12; Neh. 9,37; Tob. 1,8; 1Mac. 5,62; 1Mac. 8,13; 2Mac. 1,35; 3Mac. 2,4; 3Mac. 5,11; Psa. 31,9; Psa. 145,3; Ode. 2,17; Ode. 2,20; Ode. 2,37; Ode. 7,36; Prov. 11,14; Prov. 30,25; Eccl. 4,9; Job 15,3; Wis. 11,15; Wis. 12,27; Wis. 13,1; Wis. 18,6; Zeph. 2,8; Zech. 1,4; Is. 20,5; Is. 25,5; Is. 52,15; Jer. 8,17; Jer. 11,12; Jer. 14,16; Jer. 19,4; Jer. 20,6; Jer. 30,26; Jer. 51,3; Ezek. 11,15; Ezek. 16,37; Ezek. 16,37; Ezek. 23,40; Ezek. 27,21; Ezek. 43,7; Bel 31-32; Judg. 6,10; Judg. 8,15; Judg. 16,26; Dan. 1,4; Dan. 1,4; Dan. 3,36; Dan. 9,10; Dan. 10,11; Matt. 19,11; Matt. 20,23; Mark 10,40; Luke 12,24; Luke 19,15; Acts 15,24; Acts 17,34; Acts 20,25; Acts 28,23; Rom. 4,24; Rom. 15,21; Rom. 16,4; 2Cor. 2,16; 2Cor. 2,16; 2Cor. 4,4; Gal. 2,5; Gal. 3,1; Eph. 2,3; Phil. 2,15; Col. 1,27; 1Pet. 1,12; 2Pet. 2,3; 2Pet. 2,17; Jude 13; Rev. 7,2)

Pronoun · (relative) · neuter · plural · dative ▸ 122 + 6 + 20 = **148** (Gen. 21,22; Gen. 31,43; Gen. 33,5; Gen. 41,48; Gen. 45,6; Ex. 3,20; Ex. 10,23; Ex. 18,9; Ex. 25,2; Ex. 29,33; Ex. 29,42; Ex. 30,6; Ex. 38,12; Lev. 11,23; Lev. 17,7; Num. 4,7; Num. 4,9; Num. 14,11; Num. 17,19; Num. 27,17; Deut. 4,7; Deut. 14,29; Deut. 15,18; Deut. 26,11; Deut. 28,52; Josh. 1,7; Josh. 24,5; Judg. 2,15; Judg. 16,11; 1Sam. 30,16; 2Sam. 7,7; 2Sam. 7,9; 2Sam. 8,6; 2Sam. 8,14; 1Kings 1,26; 1Kings 8,52; 1Kings 8,66; 1Kings 9,10; 1Kings 11,37; 1Kings 14,22; 1Kings 20,11; 2Kings 17,12; 2Kings 17,19; 2Kings 18,7; 2Kings 21,21; 2Kings 22,20; 2Kings 25,14; 1Chr. 17,6; 1Chr. 17,8; 1Chr. 18,6; 1Chr. 18,13; 1Chr. 23,5; 2Chr. 7,10; 2Chr. 8,1; 2Chr. 18,16; 2Chr. 30,14; 2Chr. 33,22; 2Chr. 34,28; 2Chr. 36,5c; 1Esdr. 5,68; 1Esdr. 9,55; Ezra 7,6; Judith 7,10; Judith 10,3; Judith 11,16; Judith 11,19; Tob. 3,4; 1Mac. 6,6; 1Mac. 10,12; 2Mac. 6,21; 2Mac. 8,21; 2Mac. 10,17; 2Mac. 11,15; 3Mac. 2,6; 3Mac. 4,20; 4Mac. 4,21; Psa. 9,23; Ode. 7,27; Ode. 9,78; Prov. 6,16; Eccl. 2,11; Eccl. 3,9; Eccl. 8,16; Eccl. 11,5; Eccl.

ὅς

12,1; Job 15,3; Job 42,11; Wis. 10,8; Wis. 12,2; Wis. 12,11; Wis. 15,15; Sir. 1,19 Prol.; Sir. 12,5; Sol. 17,5; Sol. 17,10; Amos 2,4; Mal. 2,11; Is. 2,8; Is. 63,7; Jer. 3,8; Jer. 8,2; Jer. 8,2; Jer. 21,4; Jer. 33,4; Jer. 49,10; Jer. 52,18; Bar. 1,18; Bar. 2,10; LetterJ 24; Ezek. 14,4; Ezek. 20,9; Ezek. 20,25; Ezek. 20,27; Ezek. 20,43; Ezek. 22,4; Ezek. 22,4; Ezek. 22,13; Ezek. 22,13; Ezek. 40,42; Ezek. 42,14; Dan. 3,27; Dan. 10,11; Judg. 2,15; Judg. 16,11; Tob. 3,3; Tob. 3,4; Tob. 14,15; Dan. 3,27; Luke 1,78; Luke 2,20; Luke 9,43; Luke 12,1; Luke 24,25; Acts 2,22; Acts 11,14; Acts 26,12; Rom. 1,6; Rom. 6,21; Gal. 4,9; Eph. 2,10; Phil. 4,11; Col. 3,7; 2Tim. 3,14; Heb. 6,18; Heb. 13,9; 2Pet. 2,12; 2Pet. 3,13; Rev. 19,20)

ὅν ▸ 502 + 26 + 168 = 696

Pronoun ▪ (relative) ▪ masculine ▪ singular ▪ accusative ▸ 502 + 26 + 168 = 696 (Gen. 2,8; Gen. 2,15; Gen. 4,25; Gen. 6,7; Gen. 11,5; Gen. 16,15; Gen. 17,21; Gen. 21,3; Gen. 22,2; Gen. 22,3; Gen. 22,9; Gen. 24,24; Gen. 24,47; Gen. 25,12; Gen. 26,3; Gen. 26,29; Gen. 27,27; Gen. 28,18; Gen. 28,22; Gen. 39,17; Gen. 43,2; Gen. 43,27; Gen. 43,29; Gen. 45,4; Gen. 49,23; Ex. 2,14; Ex. 3,9; Ex. 4,13; Ex. 6,5; Ex. 10,12; Ex. 13,11; Ex. 14,13; Ex. 15,13; Ex. 15,16; Ex. 16,8; Ex. 16,15; Ex. 16,32; Ex. 16,34; Ex. 32,20; Ex. 32,34; Ex. 33,12; Ex. 33,17; Ex. 33,19; Ex. 33,19; Ex. 36,36; Ex. 36,38; Ex. 39,23; Ex. 40,15; Ex. 40,21; Ex. 40,23; Ex. 40,25; Lev. 4,10; Lev. 4,20; Lev. 4,21; Lev. 4,31; Lev. 4,35; Lev. 7,38; Lev. 8,4; Lev. 8,9; Lev. 8,17; Lev. 8,31; Lev. 9,10; Lev. 9,21; Lev. 10,5; Lev. 10,6; Lev. 10,15; Lev. 10,18; Lev. 16,9; Lev. 16,10; Lev. 16,15; Lev. 16,32; Lev. 16,32; Lev. 18,28; Lev. 26,46; Num. 1,19; Num. 3,16; Num. 3,42; Num. 3,51; Num. 4,49; Num. 10,29; Num. 13,24; Num. 13,32; Num. 14,17; Num. 14,28; Num. 14,40; Num. 15,14; Num. 16,7; Num. 17,20; Num. 22,26; Num. 23,2; Num. 23,8; Num. 23,8; Num. 26,4; Num. 31,47; Num. 32,27; Num. 34,13; Num. 35,25; Num. 36,10; Deut. 1,21; Deut. 2,1; Deut. 2,12; Deut. 2,22; Deut. 4,8; Deut. 4,33; Deut. 4,44; Deut. 5,12; Deut. 5,16; Deut. 5,32; Deut. 6,16; Deut. 7,8; Deut. 11,25; Deut. 12,5; Deut. 12,11; Deut. 12,14; Deut. 12,21; Deut. 12,21; Deut. 12,26; Deut. 13,18; Deut. 14,24; Deut. 14,25; Deut. 15,6; Deut. 16,6; Deut. 17,8; Deut. 17,15; Deut. 18,6; Deut. 19,8; Deut. 19,19; Deut. 20,17; Deut. 23,24; Deut. 24,8; Deut. 24,8; Deut. 26,2; Deut. 27,3; Deut. 28,9; Deut. 28,63; Deut. 29,12; Deut. 29,12; Deut. 32,50; Deut. 33,4; Deut. 33,8; Deut. 34,10; Deut. 34,11; Josh. 1,3; Josh. 1,3; Josh. 1,17; Josh. 5,4; Josh. 7,14; Josh. 7,14; Josh. 8,2; Josh. 8,6; Josh. 8,27; Josh. 8,32 # 9,2c; Josh. 9,20; Josh. 9,27; Josh. 10,1; Josh. 10,28; Josh. 10,30; Josh. 10,32; Josh. 10,35; Josh. 10,37; Josh. 10,39; Josh. 10,40; Josh. 11,9; Josh. 11,12; Josh. 11,15; Josh. 11,20; Josh. 13,6; Josh. 13,14; Josh. 13,21; Josh. 14,2; Josh. 14,5; Josh. 14,10; Josh. 14,12; Josh. 21,8; Josh. 22,4; Josh. 22,5; Josh. 23,15; Judg. 2,3; Judg. 2,22; Judg. 4,22; Judg. 6,36; Judg. 6,37; Judg. 7,4; Judg. 7,4; Judg. 8,8; Judg. 9,38; Judg. 11,36; Judg. 13,8; Judg. 15,10; Judg. 16,9; Judg. 21,11; Ruth 2,11; Ruth 2,12; Ruth 4,1; Ruth 4,12; 1Sam. 9,17; 1Sam. 10,24; 1Sam. 12,13; 1Sam. 14,42; 1Sam. 16,3; 1Sam. 21,10; 1Sam. 28,8; 2Sam. 10,2; 2Sam. 16,23; 2Sam. 17,3; 2Sam. 19,11; 2Sam. 22,44; 2Sam. 23,1; 2Sam. 24,19; 1Kings 2,4; 1Kings 2,35f; 1Kings 3,8; 1Kings 3,21; 1Kings 5,19; 1Kings 6,2; 1Kings 8,27; 1Kings 8,29; 1Kings 8,43; 1Kings 9,3; 1Kings 9,7; 1Kings 9,9a # 9,24; 1Kings 10,3; 1Kings 10,4; 1Kings 10,6; 1Kings 11,34; 1Kings 16,32; 1Kings 20,26; 1Kings 22,39; 2Kings 6,10; 2Kings 6,19; 2Kings 7,2; 2Kings 7,17; 2Kings 8,5; 2Kings 9,36; 2Kings 11,5; 2Kings 15,12; 2Kings 17,23; 2Kings 18,4; 2Kings 19,4; 2Kings 19,21; 2Kings 20,9; 2Kings 20,13; 2Kings 20,19; 2Kings 23,13; 2Kings 24,2; 1Chr. 5,6; 1Chr. 7,14; 1Chr. 15,3; 1Chr. 16,15; 1Chr. 16,16; 1Chr. 17,23; 1Chr. 21,19; 1Chr. 29,1; 2Chr. 1,11; 2Chr. 2,4; 2Chr. 2,8; 2Chr. 2,16; 2Chr. 6,10; 2Chr. 6,18; 2Chr. 6,20; 2Chr. 6,33; 2Chr. 7,20; 2Chr. 8,11; 2Chr. 9,2; 2Chr. 9,3; 2Chr. 9,5; 2Chr. 10,15; 2Chr. 23,4; 2Chr. 35,3; 2Chr. 35,19d; 1Esdr. 3,9; 1Esdr. 4,42; 1Esdr. 4,45; Ezra 4,18; Ezra 7,6; Neh. 1,8; Neh. 1,9; Neh. 2,8; Neh. 5,9; Neh. 8,1; Neh. 13,17; Esth. 1,7; Esth. 1,20; Esth. 6,6; Esth. 6,7; Esth. 6,8; Esth. 6,9; Esth. 6,9; Esth. 6,11; Esth. 6,14; Esth. 8,2; Judith 2,16; Judith 4,1; Judith 8,11; Judith 8,11; Judith 8,30; Judith 9,1; Judith 10,3; Judith 11,9; Tob. 2,2; Tob. 4,19; 1Mac. 6,17; 1Mac. 6,55; 1Mac. 6,62; 1Mac. 7,16; 1Mac. 7,18; 1Mac. 13,30; 1Mac. 13,39; 2Mac. 4,34; 2Mac. 6,20; 2Mac. 9,16; 2Mac. 9,25; 2Mac. 12,39; 2Mac. 15,39; 3Mac. 1,3; 3Mac. 5,16; 4Mac. 2,23; 4Mac. 7,15; 4Mac. 9,8; 4Mac. 9,13; 4Mac. 10,8; 4Mac. 11,10; 4Mac. 11,10; 4Mac. 11,20; 4Mac. 12,2; 4Mac. 16,16; 4Mac. 16,20; 4Mac. 18,13; Psa. 1,4; Psa. 7,1; Psa. 7,16; Psa. 17,44; Psa. 32,12; Psa. 40,10; Psa. 64,5; Psa. 68,27; Psa. 78,12; Psa. 79,16; Psa. 79,18; Psa. 83,7; Psa. 93,12; Psa. 103,8; Psa. 103,26; Psa. 104,9; Psa. 104,26; Psa. 117,22; Psa. 118,39; Ode. 1,13; Ode. 1,16; Ode. 9,73; Ode. 11,19; Ode. 12,4; Prov. 3,12; Prov. 3,12; Prov. 6,3; Prov. 7,7; Prov. 9,5; Prov. 23,7; Prov. 31,1; Eccl. 2,18; Eccl. 3,10; Eccl. 7,13; Eccl. 7,28; Song 1,7; Song 3,1; Song 3,2; Song 3,3; Song 3,4; Job 3,25; Job 3,25; Job 4,8; Job 5,17; Job 21,18; Job 29,25; Wis. 5,4; Wis. 7,14; Wis. 10,4; Wis. 11,14; Wis. 12,27; Sir. 24,23; Sir. 36,11; Sir. 37,12; Sol. 9,8; Sol. 17,21; Hos. 9,13; Hos. 13,10; Amos 2,13; Amos 3,1; Amos 5,1; Amos 5,14; Amos 5,19; Amos 9,9; Mic. 3,3; Mic. 5,7; Obad. 15; Obad. 16; Jonah 1,14; Zech. 3,9; Zech. 4,1; Zech. 7,13; Zech. 8,13; Zech. 10,6; Zech. 11,13; Mal. 1,4; Mal. 3,1; Mal. 3,1; Mal. 3,17; Is. 3,25; Is. 5,24; Is. 6,6; Is. 7,2; Is. 8,10; Is. 9,2; Is. 10,10; Is. 10,11; Is. 13,19; Is. 14,19; Is. 14,24; Is. 17,5; Is. 17,5; Is. 17,9; Is. 24,13; Is. 25,10; Is. 25,11; Is. 29,8; Is. 29,22; Is. 33,4; Is. 37,22; Is. 37,29; Is. 38,19; Is. 39,8; Is. 41,8; Is. 41,8; Is. 43,10; Is. 43,21; Is. 44,1; Is. 44,2; Is. 48,12; Is. 51,1; Is. 51,13; Is. 52,14; Is. 62,5; Is. 66,22; Jer. 9,12; Jer. 10,1; Jer. 11,5; Jer. 25,2; Jer. 26,2; Jer. 27,1; Jer. 28,59; Jer. 30,14; Jer. 35,6; Jer. 35,7; Jer. 35,9; Jer. 36,3; Jer. 36,23; Jer. 41,18; Jer. 44,1; Jer. 45,20; Jer. 45,21; Jer. 47,5; Jer. 48,2; Jer. 48,18; Jer. 49,3; Jer. 49,4; Jer. 49,5; Jer. 51,16; Jer. 51,31; Bar. 2,1; Lam. 1,22; Ezek. 10,10; Ezek. 10,11; Ezek. 12,11; Ezek. 13,14; Ezek. 16,48; Ezek. 16,57; Ezek. 18,4; Ezek. 20,32; Ezek. 20,36; Ezek. 22,22; Ezek. 23,18; Ezek. 23,44; Ezek. 24,18; Ezek. 24,18; Ezek. 24,22; Ezek. 25,8; Ezek. 40,23; Ezek. 42,3; Ezek. 42,3; Ezek. 42,7; Ezek. 45,6; Ezek. 46,12; Ezek. 47,5; Ezek. 48,11; Dan. 2,11; Dan. 3,17; Dan. 6,11; Dan. 6,15; Dan. 8,6; Dan. 8,20; Dan. 9,21; Dan. 11,38; Judg. 2,22; Judg. 4,22; Judg. 6,27; Judg. 6,28; Judg. 7,4; Judg. 7,4; Judg. 8,8; Judg. 9,38; Judg. 11,36; Judg. 13,8; Judg. 15,10; Tob. 1,5; Tob. 2,2; Tob. 4,19; Dan. 1,11; Dan. 2,11; Dan. 2,24; Dan. 2,40; Dan. 2,41; Dan. 2,45; Dan. 4,9; Dan. 8,20; Dan. 9,21; Dan. 11,38; Sus. 47; Sus. 61; Matt. 2,9; Matt. 2,16; Matt. 7,9; Matt. 12,18; Matt. 12,18; Matt. 13,31; Matt. 13,44; Matt. 21,24; Matt. 21,35; Matt. 21,35; Matt. 21,35; Matt. 21,42; Matt. 21,44; Matt. 23,35; Matt. 23,37; Matt. 24,45; Matt. 24,46; Matt. 26,48; Matt. 27,9; Matt. 27,15; Mark 6,16; Mark 11,2; Mark 12,10; Mark 14,44; Mark 14,71; Mark 15,6; Mark 15,12; Luke 1,73; Luke 6,14; Luke 12,42; Luke 12,43; Luke 13,19; Luke 13,34; Luke 19,30; Luke 20,17; Luke 20,18; Luke 21,4; Luke 23,25; Luke 23,33; Luke 23,33; John 1,15; John 1,26; John 1,33; John 1,45; John 2,22; John 3,34; John 4,18; John 4,50; John 5,38; John 5,45; John 6,29; John 6,51; John 7,25; John 7,28; John 7,36; John 8,54; John 9,19; John 10,36; John 11,3; John 12,1; John 12,9; John 12,38; John 12,48; John 13,23; John 14,24; John 15,3; John 15,26; John 17,3; John 18,1; John 18,9; John 18,32; John 19,26; John 19,37; John 20,2; John 21,7; John 21,20; Acts 1,11; Acts 1,24; Acts 2,24; Acts 2,36; Acts 3,2; Acts 3,13; Acts 3,15; Acts 3,16; Acts 3,21; Acts 4,10; Acts 4,10; Acts

O, o

4,22; Acts 4,27; Acts 5,30; Acts 7,28; Acts 7,35; Acts 7,44; Acts 9,5; Acts 9,39; Acts 10,21; Acts 10,36; Acts 10,39; Acts 12,4; Acts 13,37; Acts 14,23; Acts 15,10; Acts 15,11; Acts 17,3; Acts 19,13; Acts 21,29; Acts 22,8; Acts 23,29; Acts 24,6; Acts 25,19; Acts 26,15; Acts 26,26; Acts 27,25; Acts 27,39; Acts 28,4; Acts 28,8; Rom. 3,25; Rom. 6,17; Rom. 9,15; Rom. 9,15; Rom. 9,18; Rom. 9,18; Rom. 10,14; Rom. 11,2; 1Cor. 8,11; 1Cor. 10,16; 1Cor. 15,15; 2Cor. 1,10; 2Cor. 8,22; 2Cor. 10,18; 2Cor. 11,4; Eph. 6,22; Phil. 3,8; Col. 1,28; Col. 4,8; 1Th. 1,10; 2Th. 2,8; 1Tim. 6,16; 2Tim. 3,8; 2Tim. 4,8; 2Tim. 4,13; 2Tim. 4,15; Philem. 10; Philem. 12; Philem. 13; Heb. 1,2; Heb. 2,10; Heb. 4,13; Heb. 7,13; Heb. 11,8; Heb. 11,18; Heb. 12,6; Heb. 12,6; Heb. 12,7; James 1,12; 1Pet. 1,8; 1Pet. 1,8; 1Pet. 2,4; 1Pet. 2,7; 2Pet. 1,17; 2Pet. 3,6; 1John 2,7; 1John 4,20; 1John 4,20; 3John 1; Rev. 7,9; Rev. 10,5; Rev. 12,16)

Ὅν ▸ 9 + 1 = 10

Pronoun ▪ (relative) ▪ masculine ▪ singular ▪ accusative ▸ 9 + 1 = **10** (Psa. 41,2; Prov. 24,29; Amos 3,12; Zech. 8,14; Is. 14,24; Is. 20,3; Is. 31,4; Is. 65,8; Ezek. 15,6; Judg. 15,11)

ὅς ▸ 18 + 1 + 19 = 38

Pronoun ▪ (relative) ▪ masculine ▪ singular ▪ nominative ▸ 18 + 1 + 19 = **38** (Gen. 23,17; Ex. 18,18; Num. 11,20; Deut. 28,43; Neh. 2,8; Esth. 2,16; Esth. 3,7; Esth. 3,13; Esth. 8,9; Esth. 8,12; Esth. 9,1; 2Mac. 10,5; Prov. 12,11a; Zech. 7,1; Jer. 7,31; LetterJ 11; Dan. 3,17; Dan. 10,4; Judg. 6,25; Luke 2,11; Rom. 1,25; Rom. 4,16; Rom. 5,14; Rom. 8,32; Rom. 16,5; 1Cor. 3,11; 1Cor. 4,17; 2Cor. 4,4; Gal. 3,16; Eph. 4,15; Col. 1,7; Col. 1,15; Col. 1,18; Col. 2,10; Col. 4,9; 1Tim. 4,10; 1Pet. 3,22; Rev. 20,2)

ὅς ▸ 484 + 38 + 194 = 716

Pronoun ▪ (relative) ▪ masculine ▪ singular ▪ nominative ▸ 484 + 38 + 194 = **716** (Gen. 7,22; Gen. 14,19; Gen. 14,20; Gen. 14,22; Gen. 15,4; Gen. 17,12; Gen. 17,14; Gen. 19,31; Gen. 21,6; Gen. 21,9; Gen. 23,17; Gen. 24,7; Gen. 24,7; Gen. 24,27; Gen. 24,48; Gen. 26,1; Gen. 30,2; Gen. 34,14; Gen. 35,3; Gen. 35,6; Gen. 36,24; Gen. 41,38; Ex. 1,8; Ex. 2,1; Ex. 9,21; Ex. 10,15; Ex. 11,5; Ex. 12,15; Ex. 12,19; Ex. 21,15; Ex. 21,17; Ex. 29,27; Ex. 29,27; Ex. 29,30; Ex. 30,33; Ex. 30,33; Ex. 30,38; Ex. 31,14; Ex. 31,15; Ex. 32,1; Ex. 32,23; Ex. 37,21; Lev. 6,11; Lev. 11,27; Lev. 15,5; Lev. 15,21; Lev. 15,33; Lev. 17,3; Lev. 17,3; Lev. 17,4; Lev. 17,8; Lev. 17,10; Lev. 17,13; Lev. 18,29; Lev. 20,2; Lev. 20,9; Lev. 20,10; Lev. 20,10; Lev. 20,13; Lev. 20,14; Lev. 20,15; Lev. 20,17; Lev. 20,18; Lev. 20,20; Lev. 20,21; Lev. 20,24; Lev. 20,27; Lev. 22,3; Lev. 22,14; Lev. 22,18; Lev. 22,21; Lev. 24,15; Lev. 24,17; Lev. 24,18; Lev. 24,21; Lev. 25,33; Lev. 27,9; Lev. 27,14; Lev. 27,22; Num. 5,10; Num. 6,2; Num. 6,21; Num. 9,10; Num. 9,13; Num. 15,14; Num. 15,29; Num. 17,5; Num. 19,16; Num. 19,20; Num. 21,34; Num. 25,14; Num. 27,18; Num. 30,3; Deut. 1,33; Deut. 3,2; Deut. 4,42; Deut. 4,46; Deut. 17,9; Deut. 17,12; Deut. 17,12; Deut. 18,19; Deut. 18,20; Deut. 18,20; Deut. 19,4; Deut. 19,4; Deut. 19,5; Deut. 23,11; Deut. 23,16; Deut. 24,3; Deut. 25,9; Deut. 26,3; Deut. 27,19; Deut. 27,25; Deut. 27,26; Deut. 29,21; Deut. 32,39; Josh. 1,18; Josh. 2,19; Josh. 6,26; Josh. 7,15; Josh. 8,17; Josh. 9,10; Josh. 12,2; Josh. 13,10; Josh. 13,12; Judg. 4,2; Judg. 6,31; Judg. 7,5; Judg. 7,5; Judg. 10,18; Judg. 11,31; Judg. 14,20; Judg. 18,27; Judg. 18,29; Ruth 2,21; Ruth 4,14; 1Sam. 2,35; 1Sam. 8,9; 1Sam. 8,11; 1Sam. 10,19; 1Sam. 14,24; 1Sam. 14,28; 1Sam. 17,36; 1Sam. 17,37; 1Sam. 25,32; 1Sam. 25,34; 1Sam. 25,39; 2Sam. 4,8; 2Sam. 4,9; 2Sam. 6,20; 2Sam. 6,21; 2Sam. 7,12; 2Sam. 17,22; 2Sam. 18,28; 2Sam. 21,5; 2Sam. 21,16; 1Kings 1,9; 1Kings 1,29; 1Kings 1,48; 1Kings 2,24; 1Kings 3,8; 1Kings 5,21; 1Kings 8,15; 1Kings 8,41; 1Kings 8,46; 1Kings 8,56; 1Kings 9,9; 1Kings 10,9; 1Kings 13,26; 1Kings 18,24; 1Kings 20,15; 1Kings 22,53; 2Kings 1,18c; 2Kings 3,3; 2Kings 3,11; 2Kings 3,27; 2Kings 7,17; 2Kings 10,19; 2Kings 10,21; 2Kings 10,21; 2Kings 10,24; 2Kings 10,29; 2Kings 10,31; 2Kings 13,2; 2Kings 13,6; 2Kings 13,11; 2Kings 14,24; 2Kings 15,9; 2Kings 15,18; 2Kings 15,24; 2Kings 15,28; 2Kings 17,36; 2Kings 18,21; 2Kings 23,15; 2Kings 23,25; 2Kings 25,19; 1Chr. 2,7; 1Chr. 11,18; 1Chr. 17,11; 2Chr. 2,11; 2Chr. 2,11; 2Chr. 2,11; 2Chr. 6,4; 2Chr. 6,9; 2Chr. 6,32; 2Chr. 6,36; 2Chr. 9,8; 2Chr. 15,13; 2Chr. 20,34; 2Chr. 22,9; 2Chr. 32,12; 2Chr. 35,19b; 1Esdr. 3,5; 1Esdr. 4,15; 1Esdr. 4,20; 1Esdr. 4,35; 1Esdr. 4,60; 1Esdr. 5,6; 1Esdr. 5,66; 1Esdr. 6,32; Ezra 2,61; Ezra 5,11; Ezra 6,11; Ezra 6,12; Ezra 7,26; Ezra 7,27; Ezra 10,8; Ezra 10,14; Neh. 5,13; Neh. 6,11; Neh. 9,32; Neh. 10,30; Esth. 2,6; Esth. 4,5; Esth. 4,11; Esth. 13,10 # 4,17c; Esth. 9,22; Esth. 11,1 # 10,3l; Judith 1,1; Judith 1,1; Judith 4,6; Judith 5,5; Judith 6,5; Judith 7,28; Judith 8,8; Judith 8,14; Judith 8,25; Judith 8,28; Judith 10,19; Judith 11,4; Judith 11,7; Judith 11,18; Judith 12,11; Judith 13,6; Judith 13,14; Judith 13,16; Judith 13,18; Judith 13,18; Judith 16,14; Tob. 1,2; Tob. 2,2; Tob. 4,14; Tob. 5,3; Tob. 5,4; Tob. 5,9; Tob. 5,12; Tob. 6,9; Tob. 6,15; Tob. 9,5; Tob. 11,17; Tob. 13,2; Tob. 13,18; 1Mac. 1,1; 1Mac. 1,10; 1Mac. 1,50; 1Mac. 1,59; 1Mac. 2,41; 1Mac. 6,2; 1Mac. 11,39; 1Mac. 14,45; 2Mac. 1,17; 2Mac. 5,23; 2Mac. 9,29; 3Mac. 3,27; 3Mac. 6,28; 4Mac. 4,16; 4Mac. 4,19; 4Mac. 11,13; 4Mac. 18,10; Psa. 1,1; Psa. 14,3; Psa. 18,7; Psa. 23,4; Psa. 33,9; Psa. 51,9; Psa. 54,15; Psa. 65,20; Psa. 88,49; Psa. 123,6; Psa. 126,5; Psa. 128,6; Psa. 134,8; Psa. 134,10; Psa. 136,8; Psa. 136,9; Ode. 2,39; Ode. 11,15; Prov. 1,1; Prov. 3,13; Prov. 3,13; Prov. 8,34; Prov. 8,34; Prov. 9,12a; Prov. 10,9; Prov. 10,13; Prov. 13,3; Prov. 13,13; Prov. 13,24; Prov. 15,32; Prov. 16,17; Prov. 16,19; Prov. 17,9; Prov. 17,9; Prov. 17,13; Prov. 17,15; Prov. 17,16a; Prov. 17,27; Prov. 18,13; Prov. 18,22; Prov. 18,22a; Prov. 19,7; Prov. 19,7; Prov. 19,8; Prov. 19,9; Prov. 19,16; Prov. 20,7; Prov. 20,27; Prov. 21,13; Prov. 21,23; Prov. 21,24; Prov. 24,12; Prov. 24,22c; Prov. 25,28; Prov. 26,8; Prov. 27,14; Prov. 27,18; Prov. 27,18; Prov. 28,7; Prov. 28,10; Prov. 28,14; Prov. 28,15; Prov. 28,21; Prov. 28,24; Prov. 28,25; Prov. 28,26; Prov. 28,26; Prov. 28,27; Prov. 28,27; Prov. 29,3; Prov. 29,5; Prov. 29,21; Prov. 29,24; Prov. 29,25; Prov. 30,30; Eccl. 1,10; Eccl. 2,12; Eccl. 2,21; Eccl. 3,13; Eccl. 4,3; Eccl. 4,13; Eccl. 4,15; Eccl. 7,20; Eccl. 8,12; Eccl. 8,13; Eccl. 9,4; Eccl. 10,15; Eccl. 12,7; Job 22,18; Job 27,2; Job 34,13; Job 34,19; Wis. 6,3; Wis. 15,8; Wis. 17,15; Sir. 9,13; Sir. 14,1; Sir. 14,2; Sir. 14,20; Sir. 14,20; Sir. 20,1; Sir. 20,11; Sir. 21,12; Sir. 25,8; Sir. 25,8; Sir. 25,9; Sir. 28,19; Sir. 28,19; Sir. 31,8; Sir. 31,8; Sir. 34,10; Sir. 37,12; Sir. 38,29; Sir. 39,18; Sir. 44,20; Sir. 46,1; Sir. 47,23; Sir. 47,24; Sir. 48,2; Sir. 48,12; Sir. 49,8; Sir. 50,1; Sir. 50,27; Sir. 50,28; Hos. 1,1; Joel 1,1; Joel 3,5; Jonah 1,9; Hab. 2,5; Zeph. 1,1; Hag. 2,3; Hag. 2,14; Mal. 1,14; Mal. 3,23; Is. 8,8; Is. 8,18; Is. 10,14; Is. 13,15; Is. 19,17; Is. 19,20; Is. 26,5; Is. 30,5; Is. 31,9; Is. 36,6; Is. 38,14; Is. 40,13; Is. 42,23; Is. 46,7; Is. 65,20; Jer. 1,1; Jer. 1,2; Jer. 11,3; Jer. 16,15; Jer. 17,5; Jer. 17,7; Jer. 20,2; Jer. 20,2; Jer. 22,11; Jer. 23,7; Jer. 23,8; Jer. 26,2; Jer. 27,44; Jer. 30,13; Jer. 37,21; Jer. 39,20; Jer. 41,14; Jer. 45,6; Jer. 45,16; Jer. 51,17; Jer. 52,25; Bar. 2,11; LetterJ 12; Ezek. 9,3; Ezek. 14,4; Ezek. 14,7; Ezek. 17,3; Ezek. 17,16; Ezek. 17,16; Ezek. 18,5; Dan. 2,11; Dan. 2,25; Dan. 2,28; Dan. 3,6; Dan. 3,10; Dan. 3,11; Dan. 3,95; Dan. 3,96; Dan. 3,96; Dan. 5,7; Dan. 5,10; Dan. 6,8; Dan. 6,13a; Dan. 10,1; Dan. 12,1; Dan. 12,7; Judg. 4,2; Judg. 6,8; Judg. 6,31; Judg. 7,5; Judg. 7,5; Judg. 9,24; Judg. 9,25; Judg. 11,31; Judg. 13,10; Judg. 16,24; Judg. 18,27; Judg. 18,29; Judg. 19,22; Judg. 21,8; Tob. 1,2; Tob. 2,2; Tob. 5,3; Tob. 5,4; Tob. 5,4; Tob. 6,15; Tob. 11,17; Dan. 2,11; Dan. 2,14; Dan. 3,6; Dan. 3,10; Dan. 3,15; Dan. 3,95; Dan. 4,8; Dan. 4,35; Dan. 6,8; Dan. 6,13; Dan. 7,24; Dan. 9,1; Dan. 9,2; Dan. 9,15; Dan. 12,6;

ὅς

Dan. 12,7; Sus. 37; Matt. 5,19; Matt. 5,19; Matt. 5,21; Matt. 5,22; Matt. 5,22; Matt. 5,31; Matt. 5,32; Matt. 10,14; Matt. 10,38; Matt. 10,42; Matt. 11,6; Matt. 11,10; Matt. 12,11; Matt. 12,32; Matt. 12,32; Matt. 13,23; Matt. 15,5; Matt. 16,25; Matt. 16,25; Matt. 18,5; Matt. 18,23; Matt. 18,28; Matt. 19,9; Matt. 20,26; Matt. 20,27; Matt. 22,5; Matt. 22,5; Matt. 23,16; Matt. 23,16; Matt. 23,18; Matt. 23,18; Matt. 24,2; Matt. 27,57; Mark 1,2; Mark 3,19; Mark 3,29; Mark 3,35; Mark 4,9; Mark 4,25; Mark 4,25; Mark 4,31; Mark 5,3; Mark 6,11; Mark 8,35; Mark 8,35; Mark 8,38; Mark 9,37; Mark 9,37; Mark 9,39; Mark 9,40; Mark 9,42; Mark 10,11; Mark 10,15; Mark 10,29; Mark 10,43; Mark 10,44; Mark 11,23; Mark 13,2; Mark 15,23; Mark 15,43; Luke 1,61; Luke 5,18; Luke 5,21; Luke 6,16; Luke 6,48; Luke 7,2; Luke 7,23; Luke 7,27; Luke 7,49; Luke 8,18; Luke 8,18; Luke 9,24; Luke 9,24; Luke 9,26; Luke 9,48; Luke 9,48; Luke 9,50; Luke 12,8; Luke 12,10; Luke 14,33; Luke 16,1; Luke 17,7; Luke 17,31; Luke 17,33; Luke 17,33; Luke 18,17; Luke 18,29; Luke 18,30; Luke 21,6; Luke 23,51; Luke 24,19; John 1,30; John 3,26; John 4,12; John 4,14; John 4,29; John 6,9; John 8,40; John 9,24; John 18,13; John 21,20; Acts 1,23; Acts 2,21; Acts 3,3; Acts 5,36; Acts 7,18; Acts 7,20; Acts 7,38; Acts 7,40; Acts 7,46; Acts 8,27; Acts 8,27; Acts 9,33; Acts 10,5; Acts 10,32; Acts 10,38; Acts 11,14; Acts 11,23; Acts 13,7; Acts 13,22; Acts 13,31; Acts 14,8; Acts 14,9; Acts 14,15; Acts 14,16; Acts 16,2; Acts 16,24; Acts 18,27; Acts 19,35; Acts 21,32; Acts 22,4; Acts 24,6; Acts 28,7; Rom. 2,6; Rom. 2,23; Rom. 3,30; Rom. 4,25; Rom. 8,34; Rom. 8,34; Rom. 10,13; Rom. 14,2; Rom. 14,5; 1Cor. 1,8; 1Cor. 1,30; 1Cor. 2,16; 1Cor. 4,5; 1Cor. 4,17; 1Cor. 6,5; 1Cor. 7,37; 1Cor. 10,13; 1Cor. 11,21; 1Cor. 11,21; 1Cor. 11,27; 1Cor. 15,9; 2Cor. 1,10; 2Cor. 3,6; 2Cor. 4,6; 2Cor. 10,1; 2Cor. 13,3; Gal. 3,10; Phil. 2,6; Phil. 3,21; Col. 1,13; 1Th. 2,13; 1Th. 5,24; 2Th. 3,3; 1Tim. 2,4; 1Tim. 3,16; Titus 2,14; Heb. 1,3; Heb. 5,7; Heb. 7,16; Heb. 7,27; Heb. 8,1; Heb. 9,14; Heb. 12,2; Heb. 12,16; James 1,12; James 4,4; 1Pet. 2,22; 1Pet. 2,23; 1Pet. 2,24; 2Pet. 2,15; 1John 2,5; 1John 3,17; 1John 4,6; 1John 4,15; Rev. 1,2; Rev. 2,8; Rev. 2,13; Rev. 2,14; Rev. 10,6; Rev. 12,5; Rev. 13,14)

Ὅς ▸ 2

Pronoun ▪ (relative) ▪ masculine ▪ singular ▪ nominative ▸ **2** (Prov. 9,4; Prov. 9,16)

Ὅς ▸ 4 + 2 + 4 = 10

Pronoun ▪ (relative) ▪ masculine ▪ singular ▪ nominative ▸ 4 + 2 + 4 = **10** (Lev. 27,2; Josh. 15,16; Judg. 1,12; 1Sam. 11,7; Judg. 1,12; Dan. 5,7; Matt. 18,6; Mark 9,41; Rom. 4,18; Rom. 14,5)

Οὔ ▸ 1

Adverb ▸ **1** (Num. 36,6)

οὔ ▸ 471 + 38 + 115 = 624

Adverb ▸ 222 + 2 = **224** (Gen. 2,11; Gen. 13,3; Gen. 13,4; Gen. 13,14; Gen. 16,14; Gen. 19,27; Gen. 20,13; Gen. 20,15; Gen. 21,17; Gen. 21,17; Gen. 24,4; Gen. 28,15; Gen. 31,4; Gen. 31,13; Gen. 33,19; Gen. 35,13; Gen. 35,27; Gen. 37,1; Gen. 40,3; Gen. 42,27; Gen. 49,4; Ex. 9,26; Ex. 18,5; Ex. 20,21; Ex. 20,24; Ex. 21,13; Ex. 24,10; Lev. 4,12; Lev. 4,24; Lev. 4,29; Lev. 4,33; Lev. 6,18; Lev. 6,21; Lev. 7,2; Lev. 14,13; Lev. 15,22; Lev. 15,23; Num. 9,17; Num. 20,5; Num. 35,25; Deut. 8,7; Deut. 8,15; Deut. 8,15; Deut. 11,24; Deut. 12,7; Deut. 12,13; Deut. 12,18; Deut. 15,10; Deut. 18,6; Deut. 23,17; Deut. 28,8; Deut. 28,20; Deut. 30,1; Josh. 1,9; Josh. 1,16; Josh. 4,3; Josh. 8,24; Josh. 22,19; Judg. 1,35; Judg. 17,8; Judg. 17,9; Judg. 18,10; Judg. 19,26; Ruth 1,7; Ruth 1,16; Ruth 1,17; Ruth 2,2; Ruth 2,9; 1Sam. 3,3; 1Sam. 9,10; 1Sam. 10,5; 1Sam. 14,4; 1Sam. 14,11; 1Sam. 14,47; 1Sam. 19,3; 1Sam. 20,19; 1Sam. 20,37; 1Sam. 22,23; 1Sam. 23,13; 1Sam. 23,22; 1Sam. 23,22; 1Sam. 26,5; 1Sam. 29,4; 1Sam. 29,10; 2Sam. 2,23; 2Sam. 3,12; 2Sam. 11,16; 2Sam. 15,20; 2Sam. 15,21; 2Sam. 17,12; 1Kings 5,1; 1Kings 5,23; 1Kings 7,44; 1Kings 8,47; 1Kings 8,48; 1Kings 13,25; 1Kings 13,31; 1Kings 16,24; 1Kings 18,10; 2Kings 8,1; 2Kings 10,10; 2Kings 12,6; 2Kings 23,7; 2Kings 23,8; 1Chr. 13,6; 1Chr. 15,12; 2Chr. 1,3; 2Chr. 3,1; 2Chr. 6,37; 2Chr. 8,11; 2Chr. 33,4; 2Chr. 33,7; 2Chr. 35,19a; 1Esdr. 4,63; 1Esdr. 6,25; Ezra 1,4; Ezra 6,3; Neh. 4,14; Esth. 2,14; Esth. 4,3; Esth. 8,17; Esth. 8,17; Judith 5,19; Judith 5,19; Judith 8,22; Judith 12,1; Judith 14,17; Tob. 13,5; 1Mac. 5,63; 1Mac. 6,36; 1Mac. 6,36; 1Mac. 6,57; 1Mac. 13,20; 1Mac. 14,33; 2Mac. 1,33; 2Mac. 2,4; 2Mac. 13,8; 3Mac. 3,29; Psa. 13,5; Psa. 52,6; Psa. 77,60; Psa. 83,4; Psa. 94,9; Psa. 131,7; Prov. 11,2; Prov. 12,7; Prov. 14,4; Prov. 14,4; Prov. 17,8; Prov. 19,23; Prov. 21,1; Eccl. 1,7; Eccl. 11,3; Job 10,22; Job 31,12; Job 38,26; Job 38,26; Job 39,30; Sir. 4,13; Sir. 15,16; Sir. 23,21; Sir. 29,24; Sir. 36,25; Sir. 36,25; Sir. 36,27; Sir. 41,19; Hos. 2,1; Joel 4,7; Nah. 2,12; Is. 5,10; Is. 7,23; Is. 10,9; Is. 15,2; Is. 18,7; Is. 32,20; Jer. 7,10; Jer. 7,11; Jer. 7,12; Jer. 7,30; Jer. 8,3; Jer. 13,7; Jer. 16,15; Jer. 19,14; Jer. 22,12; Jer. 22,26; Jer. 23,3; Jer. 23,8; Jer. 24,9; Jer. 27,38; Jer. 39,34; Jer. 39,37; Jer. 41,15; Jer. 44,21; Jer. 49,22; Jer. 51,21; Jer. 51,35; Bar. 2,4; Bar. 2,13; Bar. 2,26; Bar. 2,29; Bar. 3,8; Ezek. 1,12; Ezek. 1,20; Ezek. 6,9; Ezek. 6,13; Ezek. 8,3; Ezek. 11,16; Ezek. 12,16; Ezek. 20,34; Ezek. 21,21; Ezek. 23,21; Ezek. 28,25; Ezek. 29,13; Ezek. 34,12; Ezek. 36,20; Ezek. 36,21; Ezek. 36,22; Ezek. 37,21; Ezek. 37,25; Ezek. 46,20; Ezek. 46,24; Sus. 28; Tob. 6,9; Dan. 9,7)

Pronoun ▪ (relative) ▪ masculine ▪ singular ▪ genitive ▸ 73 + 10 + 79 = **162** (Gen. 1,11; Gen. 1,12; Gen. 11,4; Gen. 39,6; Gen. 47,14; Ex. 5,2; Ex. 11,8; Ex. 32,35; Lev. 27,22; Deut. 17,10; Deut. 24,11; Josh. 24,32; Ruth 3,2; 2Sam. 7,23; 2Sam. 13,22; 2Sam. 14,7; 2Sam. 16,18; 2Sam. 17,10; 2Sam. 20,5; 1Kings 7,32; 1Kings 8,44; 1Kings 8,48; 1Kings 12,4; 1Kings 12,9; 2Kings 17,34; 2Kings 18,22; 2Kings 23,26; 2Kings 23,27; 1Chr. 22,14; 2Chr. 6,34; 2Chr. 6,38; 2Chr. 10,4; 2Chr. 10,9; 1Esdr. 3,5; 1Esdr. 6,32; 1Esdr. 8,8; Ezra 6,5; Ezra 6,12; 1Mac. 5,30; 4Mac. 11,18; Psa. 31,2; Psa. 39,5; Psa. 83,6; Psa. 88,51; Psa. 88,52; Psa. 88,52; Psa. 104,8; Psa. 104,34; Psa. 128,7; Psa. 143,15; Psa. 145,5; Eccl. 2,21; Wis. 2,3; Sir. 14,2; Sir. 45,1; Sol. 5,14; Sol. 5,16; Sol. 6,1; Sol. 10,1; Sol. 17,26; Hos. 13,4; Is. 9,5; Is. 41,9; Is. 45,1; Is. 51,7; Jer. 49,6; Jer. 49,11; Jer. 49,16; Lam. 4,20; Ezek. 21,30; Dan. 1,5; Dan. 2,11; Dan. 11,39; Judg. 19,26; Tob. 14,5; Dan. 2,26; Dan. 4,8; Dan. 4,19; Dan. 5,22; Dan. 5,23; Dan. 6,14; Dan. 8,6; Dan. 10,1; Matt. 3,11; Matt. 3,12; Matt. 11,10; Matt. 18,7; Matt. 26,24; Matt. 26,36; Mark 1,7; Mark 13,30; Mark 14,21; Luke 3,16; Luke 3,17; Luke 7,27; Luke 8,35; Luke 8,38; Luke 9,9; Luke 13,7; Luke 13,25; Luke 17,1; Luke 21,24; Luke 22,22; Luke 24,21; John 1,27; John 1,30; John 4,46; John 6,42; John 10,12; John 13,24; John 15,20; John 18,26; Acts 2,32; Acts 7,18; Acts 7,52; Acts 13,25; Acts 18,7; Acts 21,11; Acts 24,8; Acts 25,15; Acts 25,18; Acts 25,24; Acts 25,26; Acts 27,23; Acts 27,33; Rom. 1,5; Rom. 2,29; Rom. 4,8; Rom. 4,17; Rom. 5,2; Rom. 5,11; Rom. 10,14; Rom. 11,25; Rom. 14,15; 1Cor. 1,9; 1Cor. 8,6; 1Cor. 8,6; 1Cor. 11,26; 1Cor. 15,25; 2Cor. 8,18; 2Cor. 10,13; Gal. 3,19; Gal. 4,19; Gal. 6,14; Eph. 3,15; Eph. 4,16; Phil. 3,20; Col. 2,19; Col. 4,10; 2Th. 2,9; Heb. 1,2; Heb. 2,10; Heb. 3,6; Heb. 3,13; Heb. 5,11; Heb. 12,14; Heb. 12,26; Heb. 13,23; 1Pet. 2,24; Rev. 13,8; Rev. 16,18; Rev. 20,11)

Pronoun ▪ (relative) ▪ neuter ▪ singular ▪ genitive ▸ 176 + 26 + 36 = **238** (Gen. 3,11; Gen. 3,17; Gen. 18,5; Gen. 19,8; Gen. 22,16; Gen. 26,13; Gen. 26,32; Gen. 30,18; Gen. 37,6; Gen. 38,26; Ex. 4,10; Ex. 5,23; Ex. 9,24; Lev. 5,11; Lev. 5,15; Lev. 5,24; Lev. 13,54; Lev. 15,12; Lev. 25,50; Lev. 27,24; Lev. 27,24; Num. 5,8; Num. 10,31; Num. 14,43; Num. 19,22; Num. 35,18; Deut. 2,14; Deut. 2,14; Deut. 2,15; Deut. 9,21; Deut. 14,26; Deut. 14,26; Deut.

17,11; Deut. 23,20; Josh. 4,10; Josh. 4,23; Josh. 14,10; Judg. 3,30; Judg. 5,7; Judg. 6,26; Judg. 19,26; Ruth 1,13; Ruth 2,19; Ruth 2,23; Ruth 3,3; Ruth 4,12; 1Sam. 2,20; 1Sam. 6,18; 1Sam. 8,18; 1Sam. 21,3; 1Sam. 21,3; 2Sam. 6,8; 2Sam. 8,10; 2Sam. 8,11; 2Sam. 12,6; 2Sam. 15,32; 2Sam. 18,20; 2Sam. 21,1; 2Sam. 23,10; 1Kings 9,26; 1Kings 11,40; 1Kings 17,17; 1Kings 18,26; 1Kings 18,29; 2Kings 6,25; 2Kings 17,20; 2Kings 17,23; 2Kings 21,16; 2Kings 22,13; 2Kings 23,24; 1Chr. 6,17; 1Chr. 18,10; 1Chr. 18,11; 2Chr. 8,16; 2Chr. 9,6; 2Chr. 21,15; 2Chr. 24,10; 2Chr. 24,22; 2Chr. 26,15; 2Chr. 29,28; 2Chr. 29,34; 2Chr. 29,34; 2Chr. 31,10; 2Chr. 35,19c; 1Esdr. 6,24; Ezra 7,11; Ezra 7,22; Esth. 15,8 # 5,1e; Esth. 10,5 # 10,3b; Judith 5,10; Judith 6,5; Judith 6,8; Judith 10,10; Judith 12,9; Judith 12,20; Judith 14,8; Judith 15,5; Tob. 1,21; Tob. 2,4; Tob. 2,10; Tob. 4,1; Tob. 10,7; Tob. 11,1; 1Mac. 9,29; 1Mac. 12,10; 1Mac. 12,22; 1Mac. 13,15; 1Mac. 16,24; 2Mac. 1,7; 2Mac. 1,33; 3Mac. 5,17; 3Mac. 5,27; 4Mac. 7,3; Psa. 9,28; Psa. 32,12; Psa. 56,2; Psa. 57,8; Psa. 71,7; Psa. 93,13; Psa. 93,15; Psa. 111,8; Psa. 122,2; Psa. 131,5; Psa. 140,10; Psa. 141,8; Eccl. 2,3; Eccl. 12,2; Song 1,12; Song 2,7; Song 2,17; Song 3,4; Song 3,4; Song 4,6; Job 20,4; Job 20,18; Job 32,11; Wis. 14,7; Wis. 19,8; Sir. 4,17; Sir. 11,9; Sir. 13,7; Sir. 29,5; Sir. 31,14; Sir. 51,4; Sol. 4,17; Hos. 5,15; Hos. 10,9; Amos 2,9; Jonah 4,5; Zech. 8,9; Is. 6,1; Is. 8,20; Is. 14,8; Is. 14,28; Is. 20,1; Is. 33,23; Is. 43,4; Is. 44,7; Is. 44,16; Is. 61,1; Jer. 5,15; Jer. 22,28; Jer. 31,38; Jer. 43,32; Jer. 45,28; Lam. 3,50; Ezek. 4,8; Ezek. 11,17; Ezek. 21,32; Ezek. 24,13; Ezek. 38,17; Ezek. 39,29; Ezek. 43,3; Dan. 4,20; Dan. 12,1; Dan. 12,11; Judg. 3,30; Judg. 4,24; Judg. 5,7; Judg. 5,7; Judg. 6,26; Tob. 1,21; Tob. 5,3; Tob. 8,2; Dan. 2,9; Dan. 2,34; Dan. 3,19; Dan. 4,8; Dan. 4,9; Dan. 4,20; Dan. 4,23; Dan. 4,25; Dan. 4,32; Dan. 4,33; Dan. 5,21; Dan. 6,25; Dan. 7,4; Dan. 7,22; Dan. 8,11; Dan. 8,22; Dan. 11,36; Dan. 12,1; Matt. 1,25; Matt. 13,33; Matt. 14,22; Matt. 17,9; Matt. 18,19; Matt. 18,34; Mark 14,32; Luke 4,18; Luke 4,29; Luke 7,47; Luke 13,21; Luke 15,8; Luke 22,18; Luke 24,49; John 4,14; John 13,38; Acts 3,15; Acts 19,40; Acts 21,26; Acts 23,12; Acts 23,14; Acts 23,21; Acts 25,21; 1Cor. 6,19; 1Cor. 10,30; 1Cor. 15,2; Eph. 3,7; Eph. 6,20; Col. 1,23; Col. 1,23; Titus 3,6; Heb. 13,10; 2Pet. 1,19; 1John 3,24; Rev. 2,25; Rev. 13,12)

οὕς ▸ 3

Pronoun · (relative) · masculine · plural · accusative ▸ 3 (Jer. 48,16; Jer. 50,11; Ezek. 9,6)

Οὓς ▸ 1

Pronoun · (relative) · definite · masculine · plural · accusative ▸ 1 (Rom. 9,24)

οὓς ▸ 238 + 15 + 52 = 305

Pronoun · (relative) · masculine · plural · accusative ▸ 238 + 15 + 52 = **305** (Gen. 22,23; Gen. 27,17; Gen. 41,50; Gen. 46,15; Gen. 46,20; Gen. 46,20; Gen. 46,22; Gen. 48,9; Ex. 4,28; Ex. 19,7; Ex. 23,27; Ex. 24,3; Ex. 26,29; Ex. 28,3; Ex. 32,7; Ex. 32,11; Ex. 33,1; Ex. 35,1; Lev. 8,36; Lev. 20,23; Lev. 25,42; Lev. 25,55; Num. 3,3; Num. 3,39; Num. 4,41; Num. 4,45; Num. 4,46; Num. 11,5; Num. 11,16; Num. 13,16; Num. 14,36; Num. 16,5; Num. 22,6; Num. 22,6; Num. 24,12; Num. 26,64; Num. 30,5; Num. 30,5; Num. 30,6; Num. 30,7; Num. 30,8; Num. 30,9; Num. 30,12; Num. 31,42; Num. 33,4; Num. 33,55; Deut. 1,1; Deut. 1,18; Deut. 4,9; Deut. 4,27; Deut. 4,46; Deut. 6,11; Deut. 6,11; Deut. 7,19; Deut. 7,19; Deut. 9,2; Deut. 9,10; Deut. 9,12; Deut. 9,26; Deut. 9,29; Deut. 10,4; Deut. 11,6; Deut. 11,28; Deut. 12,2; Deut. 12,28; Deut. 12,29; Deut. 13,3; Deut. 13,7; Deut. 13,14; Deut. 18,14; Deut. 21,8; Deut. 27,4; Deut. 28,36; Deut. 28,37; Deut. 28,48; Deut. 28,64; Deut. 28,69; Deut. 29,2; Deut. 29,15; Deut. 30,3; Deut. 32,17; Deut. 32,46; Josh. 2,10; Josh. 4,20; Josh. 5,7; Josh. 6,25; Josh. 8,31 # 9,2b; Josh. 9,13; Josh. 10,11; Josh. 10,25; Josh. 12,1; Josh. 12,7; Josh. 13,32; Josh. 22,30; Josh. 24,13; Josh. 24,17; Judg. 8,15; Judg. 8,18; Judg. 10,14; Judg. 16,30; Judg. 16,30; 1Sam. 28,21; 1Sam. 30,31; 2Sam. 18,8; 2Sam. 21,8; 2Sam. 21,8; 1Kings 8,51; 1Kings 8,59; 1Kings 10,22b # 9,20; 1Kings 13,11; 1Kings 16,28c; 2Kings 6,12; 2Kings 6,22; 2Kings 19,12; 2Kings 19,16; 2Kings 20,18; 2Kings 22,16; 2Kings 22,18; 2Kings 23,5; 2Kings 23,11; 2Kings 23,17; 2Kings 23,19; 2Kings 23,26; 2Kings 25,22; 1Chr. 4,41; 1Chr. 5,25; 1Chr. 6,16; 1Chr. 17,21; 1Chr. 26,26; 2Chr. 7,14; 2Chr. 8,8; 2Chr. 12,9; 2Chr. 13,8; 2Chr. 20,10; 2Chr. 25,13; 2Chr. 32,14; 2Chr. 33,2; 2Chr. 34,11; 2Chr. 34,26; 1Esdr. 5,7; Neh. 1,10; Neh. 2,18; Neh. 6,8; Judith 8,9; 1Mac. 1,23; 1Mac. 3,42; 1Mac. 8,13; 1Mac. 10,15; 1Mac. 10,32; 1Mac. 10,42; 1Mac. 11,4; 2Mac. 9,15; 2Mac. 9,23; 2Mac. 15,9; 3Mac. 2,29; 4Mac. 8,4; 4Mac. 8,10; Psa. 106,2; Ode. 2,17; Prov. 7,26; Eccl. 7,21; Job 2,9b; Job 19,19; Job 30,1; Wis. 12,27; Wis. 14,17; Wis. 16,9; Wis. 16,26; Wis. 19,3; Sir. 16,8; Amos 1,1; Amos 5,26; Amos 9,12; Mic. 4,6; Joel 3,5; Zech. 1,10; Zech. 7,7; Zech. 7,12; Zech. 8,16; Is. 33,7; Is. 37,4; Is. 37,4; Is. 37,6; Is. 37,12; Is. 37,17; Is. 38,8; Is. 38,8; Is. 42,16; Is. 49,20; Jer. 1,7; Jer. 2,28; Jer. 9,15; Jer. 19,2; Jer. 24,5; Jer. 25,13; Jer. 26,28; Jer. 27,45; Jer. 33,2; Jer. 33,5; Jer. 33,12; Jer. 36,1; Jer. 36,22; Jer. 37,2; Jer. 37,4; Jer. 40,5; Jer. 41,16; Jer. 43,2; Jer. 43,4; Jer. 43,13; Jer. 43,27; Jer. 43,28; Jer. 44,2; Jer. 45,1; Jer. 45,27; Jer. 47,7; Jer. 48,9; Jer. 48,16; Jer. 50,1; Jer. 50,11; Jer. 50,11; Jer. 51,34; Jer. 51,34; Bar. 1,1; Bar. 2,24; Bar. 4,37; Ezek. 3,10; Ezek. 11,7; Ezek. 11,25; Ezek. 12,28; Ezek. 16,19; Ezek. 16,37; Ezek. 23,7; Ezek. 23,9; Ezek. 24,21; Dan. 3,12; Dan. 3,14; Dan. 3,48; Dan. 6,4; Judg. 8,18; Judg. 10,14; Judg. 11,24; Judg. 16,29; Judg. 16,30; Judg. 16,30; Judg. 17,2; Tob. 14,4; Dan. 3,12; Dan. 3,48; Dan. 5,19; Dan. 5,19; Dan. 5,19; Dan. 5,19; Dan. 9,12; Matt. 22,10; Mark 2,26; Mark 3,13; Mark 3,14; Mark 12,5; Mark 12,5; Mark 13,20; Luke 6,4; Luke 6,13; Luke 11,27; Luke 12,37; Luke 13,4; Luke 24,17; Luke 24,44; John 5,21; John 10,35; John 17,6; John 18,9; Acts 1,2; Acts 1,7; Acts 5,25; Acts 6,3; Acts 6,6; Acts 7,43; Acts 15,17; Acts 17,7; Acts 19,25; Acts 24,19; Acts 25,16; Acts 26,17; Acts 27,44; Acts 27,44; Acts 28,15; Rom. 8,29; Rom. 8,30; Rom. 8,30; Rom. 8,30; 1Cor. 10,11; 1Cor. 12,28; 1Cor. 16,3; Gal. 4,19; Phil. 3,18; 1Tim. 1,20; Titus 1,11; Heb. 6,7; 2Pet. 2,2; 2John 1; 3John 6; Jude 22; Jude 23; Jude 23; Rev. 1,20)

ᾧ ▸ 184 + 19 + 119 = 322

Pronoun · (relative) · masculine · singular · dative ▸ 146 + 15 + 78 = **239** (Gen. 24,29; Gen. 24,40; Gen. 30,41; Gen. 31,32; Gen. 35,14; Gen. 35,15; Gen. 38,1; Gen. 38,30; Gen. 39,20; Gen. 44,9; Gen. 44,10; Gen. 44,16; Gen. 44,17; Gen. 48,15; Ex. 3,5; Ex. 35,22; Ex. 35,23; Ex. 36,1; Ex. 36,2; Lev. 6,20; Lev. 13,45; Lev. 14,32; Lev. 15,2; Lev. 15,16; Lev. 21,18; Lev. 21,19; Lev. 21,20; Lev. 21,21; Lev. 22,4; Lev. 22,5; Lev. 25,27; Num. 5,29; Num. 5,30; Num. 35,17; Num. 35,23; Deut. 12,18; Deut. 14,23; Deut. 15,20; Deut. 16,2; Deut. 16,6; Deut. 16,7; Deut. 16,11; Deut. 16,15; Deut. 16,16; Deut. 17,1; Deut. 31,11; Josh. 5,15; Judg. 20,22; 1Sam. 29,5; 2Sam. 4,10; 2Sam. 7,7; 2Sam. 15,2; 2Sam. 15,4; 1Kings 7,45; 1Kings 8,65; 1Kings 13,22; 1Kings 15,30; 1Kings 17,1; 1Kings 18,15; 1Kings 20,19; 2Kings 3,14; 2Kings 5,16; 2Kings 6,1; 2Kings 19,10; 2Kings 21,7; 1Chr. 5,36; 2Chr. 3,1; 2Chr. 25,27; 1Esdr. 1,3; 1Esdr. 6,22; Neh. 8,14; Esth. 4,11; Esth. 9,22; Judith 5,8; Judith 5,23; Judith 9,2; Judith 10,2; 1Mac. 5,49; 1Mac. 6,11; 1Mac. 7,7; 3Mac. 6,10; 3Mac. 6,30; 4Mac. 18,24; Psa. 71,12; Psa. 118,49; Psa. 143,15; Prov. 4,15; Eccl. 1,3; Eccl. 2,11; Eccl. 2,19; Eccl. 2,19; Eccl. 2,20; Eccl. 4,17; Eccl. 5,17; Eccl. 5,18; Eccl. 6,2; Eccl. 9,9; Song 3,11; Job 1,1; Job 9,32; Job 14,13; Job 26,2; Job 26,2; Job 26,3; Job 26,3; Job 29,12; Job 42,17c; Wis. 12,13; Sir. 13,24; Sir. 47,13; Sol. 14,2; Is. 24,2;

ὅς

Is. 25,9; Is. 33,19; Is. 37,10; Is. 42,24; Is. 62,8; Jer. 7,14; Jer. 7,14; Jer. 7,14; Jer. 9,11; Jer. 11,14; Jer. 23,28; Jer. 23,28; Jer. 28,3; Jer. 30,2; Jer. 34,5; Jer. 37,6; Jer. 40,10; Jer. 44,13; Jer. 52,31; Bar. 1,2; Ezek. 17,16; Ezek. 21,32; Ezek. 21,35; Ezek. 24,6; Ezek. 41,1; Dan. 1,8; Dan. 2,14; Dan. 4,31; Dan. 6,17; Dan. 6,21; Dan. 9,10; Bel 2; Bel 21; Bel 31-32; Judg. 17,8; Judg. 17,9; Tob. 6,8; Tob. 7,10; Tob. 11,3; Dan. 2,37; Dan. 3,17; Dan. 4,17; Dan. 4,25; Dan. 4,32; Dan. 5,11; Dan. 5,21; Dan. 6,17; Dan. 6,21; Sus. 45; Matt. 3,17; Matt. 11,27; Matt. 17,5; Matt. 25,15; Matt. 25,15; Matt. 25,15; Mark 2,19; Luke 1,27; Luke 2,25; Luke 4,6; Luke 5,34; Luke 7,4; Luke 7,43; Luke 7,47; Luke 8,41; Luke 10,22; Luke 12,48; Luke 12,48; Luke 19,13; John 1,47; John 3,26; John 5,7; John 11,6; John 13,26; Acts 1,21; Acts 4,31; Acts 5,36; Acts 7,20; Acts 7,33; Acts 7,39; Acts 8,10; Acts 8,19; Acts 10,6; Acts 13,6; Acts 13,22; Acts 17,23; Acts 17,31; Acts 19,16; Acts 20,38; Acts 21,16; Acts 27,8; Acts 27,23; Rom. 1,9; Rom. 4,6; Rom. 6,16; Rom. 6,16; Rom. 7,6; Rom. 16,27; 1Cor. 7,39; 1Cor. 12,8; 2Cor. 2,10; Gal. 1,5; Gal. 3,19; Eph. 1,7; Eph. 1,11; Eph. 1,13; Eph. 1,13; Eph. 2,21; Eph. 2,22; Eph. 3,12; Eph. 5,18; Eph. 6,16; Col. 1,14; Col. 2,3; Col. 2,11; Col. 2,12; 1Tim. 6,16; 2Tim. 1,3; 2Tim. 1,12; 2Tim. 4,18; Heb. 7,2; Heb. 7,4; Heb. 13,21; James 1,17; 1Pet. 4,11; 1Pet. 5,9; 2Pet. 1,9; 2Pet. 1,19)

Pronoun • (relative) • neuter • singular • dative ▸ 38 + 4 + 41 = **83** (Gen. 7,15; Gen. 15,14; Gen. 44,5; Gen. 50,5; Lev. 13,52; Lev. 13,57; Deut. 4,7; Deut. 4,8; Judg. 5,27; 1Kings 17,19; 1Kings 22,17; 2Chr. 14,6; 2Chr. 16,14; 2Chr. 31,21; 2Chr. 36,5d; 1Esdr. 8,12; Neh. 2,12; Esth. 6,4; Judith 11,11; Judith 13,15; 2Mac. 1,19; 2Mac. 9,24; 3Mac. 3,28; Psa. 7,7; Prov. 21,22; Eccl. 2,22; Eccl. 3,22; Wis. 18,8; Zech. 6,6; Is. 30,14; Is. 30,14; Is. 50,1; Jer. 43,14; Bar. 3,17; LetterJ 58; Ezek. 14,7; Ezek. 18,24; Ezek. 18,26; Judg. 1,35; Judg. 1,35; Dan. 7,20; Bel 3; Matt. 7,2; Matt. 7,2; Mark 4,24; Luke 6,38; John 13,5; John 17,11; John 17,12; John 19,41; Acts 4,12; Acts 6,10; Acts 7,7; Acts 7,16; Acts 10,12; Acts 20,28; Rom. 2,1; Rom. 5,12; Rom. 8,3; Rom. 8,15; Rom. 14,21; Rom. 14,22; Rom. 16,2; 1Cor. 7,24; 1Cor. 15,1; 2Cor. 5,4; 2Cor. 11,21; Eph. 4,30; Phil. 3,12; Phil. 4,10; 2Tim. 2,9; Heb. 2,18; Heb. 6,17; Heb. 10,10; Heb. 10,29; 1Pet. 1,6; 1Pet. 2,12; 1Pet. 3,16; 1Pet. 4,4; 1Pet. 3,19; 2Pet. 2,19; Rev. 18,6)

ὧν ▸ 396 + 20 + 79 = **495**

Pronoun • (relative) • feminine • plural • genitive ▸ 46 + 4 + 4 = **54** (Gen. 6,2; Lev. 5,17; Lev. 26,43; Deut. 9,18; Deut. 13,13; Deut. 16,5; Deut. 17,2; 1Sam. 27,7; 2Sam. 6,22; 2Sam. 7,11; 2Sam. 8,11; 1Kings 16,19; 2Kings 8,29; 2Kings 21,16; 1Chr. 17,10; 2Chr. 15,8; 2Chr. 22,6; Esth. 16,7 # 8,12g; 1Mac. 6,6; 1Mac. 11,38; 1Mac. 12,5; 1Mac. 12,11; 1Mac. 12,19; 1Mac. 14,20; 1Mac. 15,35; 1Mac. 16,23; 2Mac. 13,25; 3Mac. 6,18; 4Mac. 1,29; 4Mac. 14,10; Psa. 44,9; Psa. 89,15; Eccl. 5,17; Song 6,8; Job 4,19; Job 29,2; Sir. 51,3; Jer. 2,32; Jer. 39,32; Jer. 40,8; Jer. 40,8; Ezek. 18,21; Ezek. 18,28; Ezek. 23,28; Ezek. 23,28; Ezek. 37,23; Judg. 21,23; Tob. 1,18; Dan. 1,18; Bel 21; Luke 19,37; Acts 9,36; 1Tim. 1,6; 1Pet. 3,3)

Pronoun • (relative) • masculine • plural • genitive ▸ 78 + 6 + 32 = **116** (Gen. 24,3; Gen. 49,26; Ex. 35,29; Lev. 16,27; Deut. 20,14; Deut. 28,14; Deut. 32,38; Josh. 23,14; Judg. 11,28; Judg. 16,26; Judg. 16,29; 1Sam. 10,26; 1Sam. 15,14; 2Sam. 7,15; 2Kings 9,15; 2Kings 10,24; 2Kings 17,28; 2Kings 19,6; 2Kings 19,6; 2Chr. 2,6; 2Chr. 9,14; 2Chr. 17,19; 1Esdr. 2,5; 1Esdr. 4,16; 1Esdr. 8,48; Ezra 1,5; Ezra 8,20; Esth. 6,10; Judith 2,17; Judith 10,9; Judith 16,3; Tob. 6,16; 1Mac. 12,47; 1Mac. 15,30; 2Mac. 4,16; 2Mac. 12,24; 2Mac. 14,6; Psa. 13,3; Psa. 25,10; Psa. 31,1; Psa. 31,1; Psa. 87,6; Psa. 105,38; Psa. 143,8; Psa. 143,11; Psa. 143,12; Ode. 2,38; Prov. 2,15; Prov. 23,35; Job 3,15; Job 30,1; Job 30,6; Job 42,17a; Wis. 11,19; Wis. 12,14; Wis. 12,20; Wis. 12,21; Wis. 18,1; Wis. 18,4; Sir. 44,9; Sir. 44,10; Is. 37,6; Is. 49,17; Is. 51,18; Jer. 7,9; Jer. 22,25; Jer. 46,17; Jer. 50,10; Bar. 1,21; Bar. 2,17; LetterJ 18; LetterJ 30; LetterJ 57; Ezek. 3,6; Ezek. 21,34; Ezek. 23,20; Ezek. 23,22; Dan. 7,11; Judg. 11,28; Judg. 14,20; Dan. 2,11; Dan. 6,3; Dan. 7,11; Sus. 5; Luke 1,4; Luke 5,9; Luke 6,34; Luke 9,36; Luke 13,1; John 17,9; Acts 22,5; Rom. 3,8; Rom. 3,14; Rom. 4,7; Rom. 4,7; Rom. 9,4; Rom. 9,5; Rom. 9,5; 1Cor. 3,5; 1Cor. 15,6; 2Cor. 2,3; 2Cor. 11,15; 2Cor. 12,17; Phil. 3,19; Phil. 3,19; Phil. 4,3; 1Tim. 1,15; 1Tim. 1,20; 2Tim. 1,13; 2Tim. 1,15; 2Tim. 2,17; Heb. 3,17; Heb. 11,38; Heb. 13,7; Rev. 17,8; Rev. 20,8)

Pronoun • (relative) • neuter • plural • genitive ▸ 272 + 10 + 43 = **325** (Gen. 2,2; Gen. 2,3; Gen. 3,1; Gen. 14,24; Gen. 21,25; Gen. 22,2; Gen. 22,18; Gen. 26,5; Gen. 28,22; Gen. 30,26; Gen. 32,14; Gen. 40,17; Gen. 42,9; Ex. 1,14; Ex. 23,16; Ex. 35,21; Lev. 4,2; Lev. 5,5; Lev. 5,6; Lev. 5,22; Lev. 5,26; Lev. 6,23; Lev. 7,25; Lev. 11,10; Lev. 27,11; Num. 4,49; Num. 6,11; Num. 6,21; Num. 15,12; Num. 16,26; Num. 23,13; Num. 25,13; Deut. 4,23; Deut. 8,20; Deut. 12,21; Deut. 16,4; Deut. 20,16; Deut. 21,17; Deut. 22,29; Deut. 28,47; Deut. 28,55; Deut. 28,62; Deut. 28,67; Josh. 8,35 # 9,2f; Josh. 11,15; Josh. 21,45; Josh. 24,20; Judg. 2,20; Judg. 2,21; Judg. 8,26; Judg. 11,36; Judg. 13,13; Ruth 2,18; 1Sam. 2,16; 1Sam. 14,30; 1Sam. 15,12; 1Sam. 26,21; 1Sam. 30,19; 1Sam. 30,22; 2Sam. 3,30; 2Sam. 12,6; 2Sam. 12,10; 2Sam. 14,19; 1Kings 3,11; 1Kings 5,22; 1Kings 8,18; 1Kings 9,9; 1Kings 10,13; 1Kings 11,2; 1Kings 11,11; 1Kings 11,33; 1Kings 12,32; 1Kings 13,21; 1Kings 14,24; 1Kings 15,5; 1Kings 16,2; 1Kings 20,22; 1Kings 21,28; 1Kings 21,36; 2Kings 7,15; 2Kings 9,16; 2Kings 10,30; 2Kings 16,3; 2Kings 17,8; 2Kings 17,15; 2Kings 17,29; 2Kings 18,12; 2Kings 21,2; 2Kings 21,11; 2Kings 21,11; 2Kings 21,15; 2Kings 22,17; 2Kings 22,19; 1Chr. 29,3; 2Chr. 1,11; 2Chr. 9,12; 2Chr. 15,11; 2Chr. 21,12; 2Chr. 28,3; 2Chr. 34,25; 1Esdr. 2,6; Ezra 4,10; Ezra 9,11; Neh. 9,17; Esth. 2,15; Esth. 14,6 # 4,17n; Judith 7,15; Judith 8,19; Judith 9,3; Judith 11,13; Judith 13,20; Tob. 7,9; Tob. 12,2; Tob. 12,5; Tob. 12,6; 1Mac. 3,34; 1Mac. 3,48; 1Mac. 6,12; 1Mac. 6,59; 1Mac. 8,31; 1Mac. 9,22; 1Mac. 10,5; 1Mac. 10,27; 1Mac. 11,34; 1Mac. 15,7; 1Mac. 16,23; 2Mac. 2,15; 2Mac. 3,17; 2Mac. 4,16; 2Mac. 6,20; 2Mac. 11,35; 2Mac. 12,40; 3Mac. 5,41; 4Mac. 12,12; 4Mac. 13,4; 4Mac. 13,21; 4Mac. 18,3; 4Mac. 18,22; Psa. 18,4; Psa. 39,13; Psa. 77,11; Psa. 89,15; Psa. 103,25; Psa. 104,5; Psa. 108,16; Psa. 115,3; Prov. 1,32; Eccl. 6,2; Job 1,11; Job 5,9; Job 6,4; Job 9,10; Job 11,6; Job 15,11; Job 33,27; Job 34,21; Job 34,24; Job 36,15; Job 36,18; Job 36,24; Wis. 8,7; Wis. 11,5; Wis. 11,16; Wis. 11,24; Wis. 13,3; Wis. 15,5; Wis. 15,17; Wis. 16,20; Wis. 18,3; Sir. 1,3 Prol.; Sol. 2,3; Sol. 2,13; Sol. 2,35; Sol. 5,3; Sol. 9,7; Hos. 8,1; Amos 1,3; Amos 1,9; Amos 1,13; Amos 2,1; Amos 2,6; Amos 5,11; Mic. 1,1; Mic. 2,3; Mic. 3,4; Mic. 5,14; Mic. 6,12; Joel 2,25; Joel 4,5; Joel 4,19; Zeph. 3,11; Hag. 1,9; Zech. 1,15; Zech. 12,10; Zech. 13,4; Mal. 2,9; Is. 3,16; Is. 5,28; Is. 39,7; Is. 46,11; Is. 51,18; Is. 53,12; Jer. 3,8; Jer. 5,14; Jer. 5,19; Jer. 7,13; Jer. 8,2; Jer. 8,2; Jer. 11,11; Jer. 15,4; Jer. 16,11; Jer. 18,8; Jer. 18,10; Jer. 19,4; Jer. 22,9; Jer. 23,38; Jer. 27,7; Jer. 28,64; Jer. 33,3; Jer. 33,13; Jer. 33,19; Jer. 34,20; Jer. 38,20; Jer. 38,35; Jer. 49,17; Jer. 51,9; Jer. 51,10; Jer. 51,22; Jer. 51,23; Jer. 51,23; Bar. 1,17; Ezek. 5,7; Ezek. 5,11; Ezek. 13,8; Ezek. 13,10; Ezek. 13,22; Ezek. 15,8; Ezek. 16,17; Ezek. 16,36; Ezek. 16,36; Ezek. 16,43; Ezek. 16,54; Ezek. 20,9; Ezek. 20,14; Ezek. 20,16; Ezek. 20,22; Ezek. 20,24; Ezek. 21,9; Ezek. 21,29; Ezek. 21,29; Ezek. 22,19; Ezek. 23,35; Ezek. 24,13; Ezek. 24,21; Ezek. 25,3; Ezek. 25,6; Ezek. 25,8; Ezek. 25,12; Ezek. 25,15; Ezek. 26,2; Ezek. 28,2; Ezek. 29,6; Ezek. 31,10; Ezek. 36,2; Ezek. 36,13; Ezek. 36,34; Ezek. 39,23; Ezek. 43,11; Ezek. 44,12; Dan.

O, o

11,30; Dan. 12,6; Bel 21; Judg. 2,20; Judg. 2,21; Judg. 8,26; Judg. 13,13; Tob. 12,2; Tob. 12,4; Tob. 12,5; Dan. 1,20; Dan. 12,6; Sus. 43; Matt. 6,8; Luke 1,20; Luke 3,19; Luke 12,3; Luke 15,16; Luke 19,44; Luke 23,14; Luke 23,41; John 7,31; John 13,29; John 21,10; Acts 1,1; Acts 3,21; Acts 7,45; Acts 8,24; Acts 10,39; Acts 12,23; Acts 13,38; Acts 15,29; Acts 21,19; Acts 21,24; Acts 22,10; Acts 22,15; Acts 24,8; Acts 24,13; Acts 25,11; Acts 25,18; Acts 26,2; Acts 26,16; Acts 26,16; Acts 26,22; Rom. 15,18; 1Cor. 7,1; 2Cor. 1,6; Eph. 3,20; 2Th. 2,10; 1Tim. 6,4; Heb. 5,8; Heb. 9,5; Heb. 13,11; 2Pet. 1,4; Jude 15; Jude 15)

Ὧν ▸ 1
  Pronoun · (relative) · neuter · plural · genitive ▸ **1** (Esth. 16,1 # 8,12a)

ὁσάκις (ὅς) as often as ▸ 3
  ὁσάκις ▸ 3
    Adverb · (frequency) ▸ **3** (1Cor. 11,25; 1Cor. 11,26; Rev. 11,6)

ὅσιος hallowed, holy, sanctified; pious, pure ▸ 77 + 1 + 8 = 86
  ὅσια ▸ 2 + 1 = 3
    Adjective · neuter · plural · accusative · noDegree ▸ 2 + 1 = **3** (Wis. 6,10; Is. 55,3; Acts 13,34)
  ὁσία ▸ 2
    Adjective · feminine · singular · nominative · noDegree ▸ **2** (2Mac. 12,45; Prov. 2,11)
  Ὁσιά ▸ 1
    Adjective · neuter · plural · nominative · noDegree ▸ **1** (Deut. 29,18)
  ὁσίας ▸ 3
    Adjective · feminine · plural · accusative · noDegree ▸ **2** (Prov. 22,11; Wis. 7,27)
    Adjective · feminine · singular · genitive · noDegree ▸ **1** (Sol. 15,3)
  ὅσιοι ▸ 16 + 1 = 17
    Adjective · masculine · plural · nominative · noDegree ▸ 16 + 1 = **17** (Psa. 29,5; Psa. 30,24; Psa. 131,16; Psa. 149,5; Ode. 8,87; Prov. 2,21; Wis. 18,9; Sir. 39,13; Sol. 4,8; Sol. 8,23; Sol. 10,6; Sol. 12,6; Sol. 14,3; Sol. 14,3; Sol. 14,10; Dan. 3,87; Dan. 3,87)
  ὁσιοί ▸ 2
    Adjective · masculine · plural · nominative · noDegree ▸ **2** (Psa. 131,9; Psa. 144,10)
  ὁσίοις ▸ 9
    Adjective · masculine · plural · dative · noDegree ▸ **9** (Psa. 88,20; Psa. 148,14; Psa. 149,9; Wis. 4,15; Wis. 10,17; Wis. 18,1; Sir. 39,24; Sol. 2,36; Sol. 16,0)
  ὅσιον ▸ 7 + 1 = 8
    Adjective · masculine · singular · accusative · noDegree ▸ 5 + 1 = **6** (Psa. 4,4; Prov. 29,10; Wis. 10,15; Sol. 3,8; Amos 5,10; Titus 1,8)
    Adjective · neuter · singular · nominative · noDegree ▸ **2** (Prov. 17,26; Prov. 18,5)
  ὅσιόν ▸ 1 + 2 = 3
    Adjective · masculine · singular · accusative · noDegree ▸ 1 + 2 = **3** (Psa. 15,10; Acts 2,27; Acts 13,35)
  ὅσιος ▸ 8 + 3 = 11
    Adjective · masculine · singular · nominative · noDegree ▸ 8 + 2 = **10** (Deut. 32,4; Psa. 11,2; Psa. 31,6; Psa. 144,13a; Psa. 144,17; Ode. 2,4; Prov. 21,15; Sol. 10,5; Heb. 7,26; Rev. 15,4)
    Adjective · masculine · singular · vocative · (variant) ▸ **1** (Rev. 16,5)
  ὅσιός ▸ 1
    Adjective · masculine · singular · nominative · noDegree ▸ **1** (Psa. 85,2)

  ὁσίου ▸ 5
    Adjective · masculine · singular · genitive · noDegree ▸ **4** (2Sam. 22,26; Psa. 17,26; Prov. 10,29; Prov. 20,11)
    Adjective · neuter · singular · genitive · noDegree ▸ **1** (Psa. 42,1)
  ὁσίους ▸ 4 + 1 = 5
    Adjective · masculine · plural · accusative · noDegree ▸ 4 + 1 = **5** (Psa. 36,28; Psa. 49,5; Psa. 84,9; Sol. 13,12; 1Tim. 2,8)
  ὁσίῳ ▸ 1
    Adjective · masculine · singular · dative · noDegree ▸ **1** (Deut. 33,8)
  ὁσίων ▸ 15
    Adjective · masculine · plural · genitive · noDegree ▸ **15** (1Mac. 7,17; Psa. 51,11; Psa. 78,2; Psa. 96,10; Psa. 115,6; Psa. 149,1; Wis. 18,5; Sol. 4,1; Sol. 4,6; Sol. 8,34; Sol. 9,3; Sol. 12,4; Sol. 13,10; Sol. 15,7; Sol. 17,16)

ὁσιότης (ὅσιος) piety, holiness ▸ 9 + 2 = 11
  ὁσιότητα ▸ 3
    Noun · feminine · singular · accusative · (common) ▸ **3** (Deut. 9,5; 1Sam. 14,41; Wis. 5,19)
  ὁσιότητι ▸ 4 + 2 = 6
    Noun · feminine · singular · dative · (common) ▸ 4 + 2 = **6** (1Kings 9,4; Ode. 9,75; Prov. 14,32; Wis. 9,3; Luke 1,75; Eph. 4,24)
  ὁσιότητος ▸ 2
    Noun · feminine · singular · genitive · (common) ▸ **2** (Wis. 2,22; Wis. 14,30)

ὁσιόω (ὅσιος) to be holy ▸ 3
  ὁσιωθήσῃ ▸ 2
    Verb · second · singular · future · passive · indicative ▸ **2** (2Sam. 22,26; Psa. 17,26)
  ὁσιωθήσονται ▸ 1
    Verb · third · plural · future · passive · indicative ▸ **1** (Wis. 6,10)

ὁσίως (ὅσιος) in a holy manner ▸ 2 + 1 = 3
  ὁσίως ▸ 2 + 1 = 3
    Adverb ▸ 2 + 1 = **3** (1Kings 8,61; Wis. 6,10; 1Th. 2,10)

ὀσμή (ὄζω) smell, stench ▸ 77 + 3 + 6 = 86
  ὀσμή ▸ 1
    Noun · feminine · singular · nominative · (common) ▸ **1** (Is. 34,3)
  ὀσμὴ ▸ 20 + 3 + 2 = 25
    Noun · feminine · singular · nominative · (common) ▸ 20 + 3 + 2 = **25** (Gen. 27,27; Gen. 27,27; Lev. 1,9; Lev. 1,13; Lev. 1,17; Lev. 2,2; Lev. 2,9; Lev. 3,5; Lev. 3,11; Lev. 3,16; Lev. 6,8; Lev. 8,28; Lev. 23,13; Song 1,3; Song 4,10; Song 4,11; Song 4,11; Song 7,9; Jer. 31,11; Dan. 3,94; Tob. 6,17; Tob. 8,3; Dan. 3,94; 2Cor. 2,16; 2Cor. 2,16)
  ὀσμῇ ▸ 1
    Noun · feminine · singular · dative · (common) ▸ **1** (Ezek. 20,41)
  ὀσμήν ▸ 2
    Noun · feminine · singular · accusative · (common) ▸ **2** (Song 2,13; Song 7,14)
  ὀσμὴν ▸ 46 + 3 = 49
    Noun · feminine · singular · accusative · (common) ▸ 46 + 3 = **49** (Gen. 8,21; Gen. 27,27; Ex. 5,21; Ex. 29,18; Ex. 29,25; Ex. 29,41; Lev. 2,12; Lev. 4,31; Lev. 6,14; Lev. 8,21; Lev. 17,4; Lev. 17,6; Lev. 23,18; Num. 15,3; Num. 15,5; Num. 15,7; Num. 15,10; Num. 15,13; Num. 15,14; Num. 15,24; Num. 18,17; Num. 28,2; Num. 28,6; Num. 28,8; Num. 28,13; Num. 28,24; Num. 28,27; Num. 29,2; Num. 29,6; Num. 29,8; Num. 29,11; Num. 29,13; Num. 29,36; Judith 16,16; Song 1,4; Song 1,12; Job 6,7; Sir. 24,15; Sir. 39,14; Sir. 39,14; Sir. 50,15; Jer. 25,10; Ezek. 6,13; Ezek. 16,19; Ezek. 20,28; Dan. 4,37a; 2Cor. 2,14; Eph. 5,2; Phil. 4,18)
  ὀσμῆς ▸ 7 + 1 = 8

ὀσμή–ὅσος

Noun · feminine · singular · genitive · (common) ▸ 7 + 1 = **8** (Lev. 26,31; Tob. 8,3; 2Mac. 9,9; 2Mac. 9,10; 2Mac. 9,12; Job 14,9; Is. 3,24; John 12,3)

Οσομ Hashem ▸ **1**

Οσομ ▸ **1**

Noun · masculine · singular · nominative · (proper) ▸ **1** (1Chr. 11,34)

ὅσος (ὅς) as many as, as much as ▸ 597 + 17 + 110 = **724**

ὅσα ▸ 470 + 13 + 56 = **539**

Adjective · neuter · plural · accusative · noDegree · (relative)
▸ 352 + 11 = **363** (Gen. 1,31; Gen. 6,22; Gen. 7,5; Gen. 9,24; Gen. 11,6; Gen. 12,5; Gen. 18,19; Gen. 21,12; Gen. 25,7; Gen. 28,15; Gen. 31,12; Gen. 31,16; Gen. 31,43; Gen. 36,6; Gen. 36,6; Gen. 39,3; Gen. 39,19; Gen. 39,22; Gen. 39,23; Gen. 41,25; Gen. 44,1; Gen. 45,13; Gen. 45,27; Ex. 6,29; Ex. 7,2; Ex. 10,2; Ex. 11,7; Ex. 16,23; Ex. 16,23; Ex. 18,1; Ex. 18,8; Ex. 18,14; Ex. 18,24; Ex. 19,4; Ex. 19,8; Ex. 21,30; Ex. 23,13; Ex. 23,22; Ex. 23,22; Ex. 24,7; Ex. 25,9; Ex. 25,22; Ex. 28,38; Ex. 29,35; Ex. 31,6; Ex. 31,11; Ex. 34,11; Ex. 34,32; Ex. 34,34; Ex. 35,10; Ex. 35,29; Ex. 36,1; Ex. 36,5; Ex. 39,22; Ex. 40,16; Lev. 5,4; Lev. 14,22; Lev. 22,2; Lev. 22,3; Num. 2,34; Num. 3,31; Num. 4,12; Num. 4,26; Num. 5,9; Num. 6,3; Num. 10,32; Num. 17,4; Num. 18,9; Num. 18,12; Num. 18,13; Num. 18,19; Num. 18,21; Num. 18,24; Num. 18,28; Num. 19,2; Num. 22,2; Num. 22,17; Num. 23,12; Num. 24,13; Num. 25,18; Num. 28,3; Num. 30,1; Num. 30,10; Deut. 1,3; Deut. 1,30; Deut. 1,41; Deut. 3,21; Deut. 4,1; Deut. 4,2; Deut. 4,3; Deut. 4,34; Deut. 4,45; Deut. 5,1; Deut. 5,27; Deut. 5,27; Deut. 5,28; Deut. 5,28; Deut. 5,31; Deut. 6,1; Deut. 6,4; Deut. 6,6; Deut. 6,17; Deut. 6,20; Deut. 7,11; Deut. 7,15; Deut. 7,18; Deut. 8,11; Deut. 8,20; Deut. 9,7; Deut. 10,13; Deut. 11,3; Deut. 11,4; Deut. 11,5; Deut. 11,6; Deut. 11,7; Deut. 12,11; Deut. 12,11; Deut. 12,14; Deut. 16,10; Deut. 18,16; Deut. 18,17; Deut. 18,19; Deut. 18,22; Deut. 20,18; Deut. 24,9; Deut. 25,17; Deut. 27,10; Deut. 28,13; Deut. 28,20; Deut. 28,45; Deut. 28,53; Deut. 29,1; Deut. 29,8; Deut. 29,11; Deut. 30,2; Deut. 31,21; Josh. 1,16; Josh. 1,17; Josh. 2,10; Josh. 9,3; Josh. 9,9; Josh. 9,10; Josh. 9,24; Josh. 22,2; Josh. 22,2; Josh. 23,3; Josh. 24,7; Josh. 24,29; Judg. 2,20; Judg. 6,13; Judg. 10,15; Judg. 11,24; Judg. 11,24; Judg. 13,14; Judg. 18,27; Ruth 2,11; Ruth 3,5; Ruth 3,6; Ruth 3,11; Ruth 3,16; 1Sam. 3,12; 1Sam. 10,7; 1Sam. 12,1; 1Sam. 13,14; 1Sam. 15,13; 1Sam. 19,18; 1Sam. 25,30; 1Sam. 28,9; 2Sam. 3,25; 2Sam. 3,36; 2Sam. 9,11; 2Sam. 11,22; 2Sam. 15,15; 2Sam. 18,21; 2Sam. 19,20; 2Sam. 19,39; 2Sam. 21,11; 2Sam. 21,14; 1Kings 2,3; 1Kings 2,5; 1Kings 2,5; 1Kings 5,20; 1Kings 8,31; 1Kings 8,43; 1Kings 8,56; 1Kings 9,1; 1Kings 10,13; 1Kings 10,13; 1Kings 11,38; 1Kings 11,41; 1Kings 21,9; 1Kings 22,46; 2Kings 1,18; 2Kings 8,12; 2Kings 8,23; 2Kings 10,5; 2Kings 10,10; 2Kings 10,30; 2Kings 10,30; 2Kings 10,34; 2Kings 11,9; 2Kings 12,19; 2Kings 12,20; 2Kings 13,8; 2Kings 13,12; 2Kings 14,3; 2Kings 14,15; 2Kings 14,28; 2Kings 14,28; 2Kings 14,28; 2Kings 15,3; 2Kings 15,6; 2Kings 15,21; 2Kings 15,26; 2Kings 15,31; 2Kings 15,34; 2Kings 15,36; 2Kings 16,11; 2Kings 16,16; 2Kings 16,19; 2Kings 17,13; 2Kings 17,15; 2Kings 18,3; 2Kings 18,12; 2Kings 19,11; 2Kings 20,3; 2Kings 20,17; 2Kings 20,20; 2Kings 21,8; 2Kings 21,11; 2Kings 21,15; 2Kings 21,25; 2Kings 22,19; 2Kings 23,28; 2Kings 23,32; 2Kings 23,37; 2Kings 24,3; 2Kings 24,5; 2Kings 24,9; 2Kings 24,19; 1Chr. 4,10; 1Chr. 6,34; 1Chr. 16,40; 1Chr. 17,20; 2Chr. 2,13; 2Chr. 6,33; 2Chr. 7,11; 2Chr. 8,6; 2Chr. 9,1; 2Chr. 23,8; 2Chr. 26,4; 2Chr. 27,2; 2Chr. 29,2; 2Chr. 36,5; 1Esdr. 4,5; 1Esdr. 4,57; 1Esdr. 8,16; 1Esdr. 8,19; Neh. 5,19; Esth. 4,17; Esth. 14,5 # 4,17m; Esth. 5,6; Esth. 8,3; Esth. 9,25; Esth. 9,29; Judith 4,1; Judith 6,17; Judith 6,17; Judith 8,26; Judith 8,26; Judith 8,28; Judith 11,9; Judith 11,12; Judith 14,8; Judith 14,10; Judith 16,19; Tob. 5,1; Tob. 14,4; Tob. 14,10; 1Mac. 2,28; 1Mac. 2,46; 1Mac. 8,3; 1Mac. 9,36; 1Mac. 11,27; 1Mac. 11,40; 1Mac. 11,53; 1Mac. 13,3; 1Mac. 13,9; 1Mac. 13,38; 1Mac. 15,5; 1Mac. 15,7; 1Mac. 15,27; 1Mac. 15,36; 2Mac. 11,15; 2Mac. 11,18; Psa. 1,3; Psa. 65,16; Psa. 73,3; Psa. 77,3; Psa. 77,5; Psa. 85,9; Psa. 113,11; Psa. 134,6; Ode. 6,10; Ode. 7,31; Ode. 7,31; Eccl. 2,12; Eccl. 3,14; Eccl. 5,3; Eccl. 8,9; Eccl. 8,17; Eccl. 8,17; Eccl. 9,10; Eccl. 11,5; Job 13,2; Job 37,12; Sol. 2,9; Sol. 17,14; Hos. 2,14; Jonah 2,10; Zeph. 3,7; Hag. 1,11; Zech. 1,6; Is. 27,4; Is. 39,6; Is. 46,10; Is. 55,11; Jer. 1,7; Jer. 1,17; Jer. 11,4; Jer. 27,21; Jer. 27,29; Ezek. 12,7; Ezek. 14,23; Ezek. 16,44; Ezek. 16,63; Ezek. 18,22; Ezek. 20,11; Ezek. 24,24; Ezek. 40,4; Ezek. 40,4; Ezek. 44,5; Ezek. 44,14; Dan. 1,20; Dan. 2,23; Dan. 3,31; Dan. 3,31; Dan. 4,17; Dan. 9,12; Dan. 9,12; Dan. 9,14; Dan. 11,24; Judg. 2,20; Judg. 9,33; Judg. 13,14; Tob. 1,20; Tob. 2,6; Tob. 5,1; Tob. 14,4; Tob. 14,10; Dan. 3,31; Dan. 3,31; Bel 6)

Adjective · neuter · plural · nominative · noDegree · (relative)
▸ 63 + 2 = **65** (Gen. 6,17; Gen. 7,22; Gen. 12,20; Gen. 30,29; Gen. 34,29; Gen. 34,29; Ex. 3,16; Ex. 9,19; Ex. 9,19; Ex. 12,16; Ex. 13,12; Ex. 20,4; Ex. 20,4; Ex. 20,4; Lev. 11,9; Lev. 11,10; Num. 1,50; Num. 4,26; Num. 6,4; Num. 16,30; Num. 16,33; Num. 19,14; Num. 19,15; Num. 30,3; Num. 30,13; Num. 31,23; Deut. 5,8; Deut. 5,8; Deut. 5,8; Deut. 5,21; Deut. 7,6; Deut. 10,14; Deut. 17,10; Deut. 20,14; Deut. 22,3; Josh. 6,17; Josh. 6,21; Josh. 6,22; Josh. 10,37; Judg. 13,14; Judg. 18,10; 2Sam. 3,19; 2Sam. 7,3; 2Sam. 16,4; 1Kings 10,2; 2Kings 12,13; 2Kings 20,13; 2Kings 20,15; 1Esdr. 8,18; Neh. 9,6; Esth. 8,8; 1Mac. 5,23; 4Mac. 2,5; Psa. 108,11; Job 2,4; Job 42,10; Hos. 2,7; Zech. 14,18; Zech. 14,19; Is. 39,2; Lam. 1,7; Dan. 2,29; Bel 6; Tob. 8,21; Dan. 10,14)

Pronoun · (correlative) · neuter · plural · accusative ▸ 4 + 49 = **53** (Lev. 22,18; 2Kings 21,17; Esth. 9,26; Judith 14,8; Matt. 7,12; Matt. 13,44; Matt. 13,46; Matt. 17,12; Matt. 18,18; Matt. 18,18; Matt. 18,25; Matt. 21,22; Matt. 23,3; Matt. 28,20; Mark 3,8; Mark 3,28; Mark 5,19; Mark 5,20; Mark 6,30; Mark 6,30; Mark 9,13; Mark 10,21; Mark 11,24; Mark 12,44; Luke 4,23; Luke 8,39; Luke 8,39; Luke 9,10; Luke 12,3; Luke 18,12; Luke 18,22; John 4,29; John 4,45; John 10,41; John 11,22; John 16,13; John 16,15; John 17,7; Acts 3,22; Acts 4,23; Acts 4,28; Acts 9,13; Acts 9,16; Acts 9,39; Acts 14,27; Acts 15,4; Acts 15,12; Rom. 3,19; 2Tim. 1,18; Jude 10; Jude 10; Rev. 1,2; Rev. 18,7)

Pronoun · (correlative) · neuter · plural · nominative ▸ 51 + 7 = **58** (Gen. 8,1; Gen. 8,17; Gen. 9,10; Gen. 24,36; Gen. 30,30; Gen. 34,28; Gen. 34,28; Gen. 39,4; Gen. 39,5; Gen. 39,6; Gen. 39,8; Gen. 45,10; Ex. 20,17; Ex. 33,16; Lev. 7,19; Lev. 11,12; Lev. 11,33; Lev. 13,51; Lev. 14,36; Lev. 15,10; Lev. 22,20; Lev. 27,28; Num. 4,16; Num. 18,13; Num. 30,17; Deut. 4,18; Deut. 14,9; Deut. 14,10; Deut. 15,3; Deut. 16,8; Josh. 2,13; Josh. 6,17; Josh. 6,23; Josh. 7,15; Josh. 10,37; Ruth 4,9; 2Sam. 9,9; 2Kings 24,7; Esth. 8,1; Esth. 8,9; Esth. 16,7 # 8,12g; Esth. 9,26; Judith 8,26; 1Mac. 10,43; 1Mac. 14,34; Eccl. 3,15; Job 1,12; Wis. 7,21; Sir. 40,11; Sir. 41,10; Ezek. 36,36; Rom. 15,4; Phil. 4,8; Phil. 4,8; Phil. 4,8; Phil. 4,8; Phil. 4,8; Phil. 4,8)

Ὅσα ▸ **3**

Adjective · neuter · plural · accusative · noDegree · (relative)
▸ **3** (Gen. 41,28; Num. 32,31; Jer. 32,13)

ὅσαι ▸ 2 + 1 + 1 = **4**

Pronoun · (correlative) · feminine · plural · nominative ▸ 2 + 1 + 1 = **4** (Num. 19,18; Josh. 15,46; Josh. 15,46; 2Cor. 1,20)

ὅσας ▸ **25**

Pronoun · (correlative) · feminine · plural · accusative ▸ **25** (Lev. 13,46; Lev. 17,5; Num. 6,5; Num. 14,34; Deut. 1,46; Deut. 4,40;

Deut. 6,2; Deut. 9,25; Deut. 11,8; Deut. 11,13; Deut. 11,22; Deut. 11,28; Deut. 11,32; Deut. 12,17; Deut. 13,19; Deut. 15,5; Deut. 27,1; Deut. 28,15; Deut. 30,8; Deut. 31,13; Judg. 18,31; 2Kings 18,6; 1Mac. 10,15; Psa. 70,20; Eccl. 8,15)

ὅση ▸ 1
Adjective · feminine · singular · nominative · noDegree · (relative) ▸ 1 (Prov. 6,26)

ὅσοι ▸ 68 + 2 + 24 = 94
Pronoun · (correlative) · masculine · plural · nominative ▸ 68 + 2 + 24 = 94 (Gen. 39,22; Ex. 30,13; Ex. 35,22; Lev. 25,44; Lev. 25,44; Lev. 25,45; Num. 14,15; Num. 14,23; Num. 14,29; Deut. 4,6; Deut. 11,2; Josh. 2,19; Josh. 5,4; Josh. 5,4; Josh. 24,29; Josh. 24,29; Judg. 2,7; Judg. 2,7; Judg. 2,10; 2Sam. 18,32; 1Kings 5,14; 2Kings 17,8; 2Kings 17,9; 1Esdr. 2,4; 1Esdr. 4,6; 1Esdr. 5,52; 1Esdr. 6,31; 1Esdr. 8,11; 1Esdr. 8,24; 1Esdr. 8,69; 1Esdr. 8,90; 1Esdr. 9,4; 1Esdr. 9,12; Esth. 9,20; Judith 10,4; Judith 11,16; Tob. 13,16; 1Mac. 3,2; 1Mac. 6,24; 1Mac. 8,1; 1Mac. 8,11; 1Mac. 8,12; 1Mac. 10,43; 4Mac. 7,18; Eccl. 4,2; Eccl. 4,16; Job 12,6; Job 36,25; Job 42,11; Sir. 20,17; Sir. 46,11; Mic. 6,14; Zech. 14,12; Zech. 14,16; Zech. 14,17; Is. 29,7; Is. 29,8; Is. 43,7; Is. 55,1; Is. 56,4; Is. 66,10; Jer. 15,2; Jer. 15,2; Jer. 15,2; Jer. 34,8; Dan. 4,37a; Dan. 4,37a; Sus. 33; Judg. 2,7; Judg. 2,7; Matt. 14,36; Mark 3,10; Mark 6,56; Luke 4,40; Luke 9,5; John 1,12; John 10,8; Acts 3,24; Acts 4,6; Acts 4,34; Acts 5,36; Acts 5,37; Acts 10,45; Acts 13,48; Rom. 2,12; Rom. 6,3; Rom. 8,14; Gal. 3,27; Gal. 6,16; Col. 2,1; Heb. 2,15; Rev. 2,24; Rev. 13,15; Rev. 18,17)

Ὅσοι ▸ 3 + 5 = 8
Pronoun · (correlative) · masculine · plural · nominative ▸ 3 + 5 = 8 (1Mac. 4,26; 3Mac. 5,31; Jer. 15,2; Rom. 2,12; Gal. 3,10; Gal. 6,12; Phil. 3,15; 1Tim. 6,1)

ὅσοις ▸ 2
Pronoun · (correlative) · masculine · plural · dative ▸ 1 (Ex. 35,21)
Pronoun · (correlative) · neuter · plural · dative ▸ 1 (Num. 4,14)

ὅσον ▸ 17 + 17 = 34
Adjective · masculine · singular · accusative · noDegree · (relative) ▸ 2 (Deut. 12,19; Josh. 4,14)
Adjective · neuter · singular · accusative · noDegree · (relative) ▸ 1 (Psa. 102,12)
Pronoun · (correlative) · masculine · singular · accusative ▸ 11 (Matt. 9,15; Matt. 25,40; Matt. 25,45; Mark 2,19; Rom. 7,1; Rom. 11,13; 1Cor. 7,39; Gal. 4,1; Heb. 10,37; Heb. 10,37; 2Pet. 1,13)
Pronoun · (correlative) · neuter · singular · accusative ▸ 14 + 5 = 19 (Ex. 22,16; Deut. 15,8; Deut. 15,8; Deut. 15,10; Deut. 23,26; Josh. 3,4; 1Kings 17,12; Judith 12,20; Ode. 5,20; Ode. 5,20; Wis. 15,19; Sir. 43,30; Is. 26,20; Is. 26,20; Mark 7,36; John 6,11; Heb. 3,3; Heb. 7,20; Heb. 9,27)
Pronoun · (correlative) · neuter · singular · nominative ▸ 1 (Rev. 21,16)

Ὅσον ▸ 1
Adjective · masculine · singular · accusative · noDegree · (relative) ▸ 1 (Prov. 1,22)

ὅσους ▸ 3
Pronoun · (correlative) · masculine · plural · accusative ▸ 3 (Matt. 22,9; Acts 2,39; Rev. 3,19)

ὅσῳ ▸ 2 + 1 + 3 = 6
Pronoun · (correlative) · neuter · singular · dative ▸ 2 + 1 + 3 = 6 (4Mac. 15,5; Sir. 3,18; Tob. 2,10; Heb. 1,4; Heb. 8,6; Heb. 10,25)

ὅσων ▸ 3 + 1 = 4
Pronoun · (correlative) · masculine · plural · genitive ▸ 2 (Lev. 15,11; Sir. 46,11)

Pronoun · (correlative) · neuter · plural · genitive ▸ 1 + 1 = 2 (Deut. 8,13; Luke 11,8)

ὅσπερ (ὅς; περ) who indeed; which indeed ▸ 5
ἅπερ ▸ 2
Pronoun · (relative) · neuter · plural · accusative ▸ 2 (2Mac. 3,36; 4Mac. 13,19)
ὅπερ ▸ 3
Pronoun · (relative) · neuter · singular · accusative ▸ 1 (4Mac. 1,12)
Pronoun · (relative) · neuter · singular · nominative ▸ 2 (Job 6,17; Wis. 19,18)

ὄσπριον edible seed (pulse) ▸ 2
ὀσπρίων ▸ 2
Noun · neuter · plural · genitive · (common) ▸ 2 (Dan. 1,12; Dan. 1,16)

Οσσα Asa; Hosah ▸ 2
Οσσα ▸ 2
Noun · masculine · singular · genitive · (proper) ▸ 1 (1Chr. 9,16)
Noun · masculine · singular · nominative · (proper) ▸ 1 (1Chr. 16,38)

ὀστέον bone ▸ 127 + 2 + 4 = 133
ὀστᾶ ▸ 89 + 1 = 90
Noun · neuter · plural · accusative · (common) ▸ 53 + 1 = 54 (Gen. 50,25; Ex. 13,19; Ex. 13,19; Josh. 24,32; Judg. 19,29; 1Sam. 31,13; 2Sam. 21,12; 2Sam. 21,12; 2Sam. 21,13; 2Sam. 21,13; 2Sam. 21,13; 2Sam. 21,14; 2Sam. 21,14; 1Kings 13,2; 1Kings 13,31; 2Kings 23,16; 2Kings 23,18; 2Kings 23,20; 1Chr. 10,12; 2Chr. 34,5; 1Mac. 13,25; Psa. 21,18; Psa. 33,21; Psa. 41,11; Psa. 52,6; Ode. 4,16; Ode. 11,13; Prov. 15,30; Prov. 24,22e; Prov. 25,15; Job 7,15; Job 33,21; Job 33,24; Sir. 26,13; Sir. 28,17; Sol. 4,19; Sol. 13,3; Amos 2,1; Amos 6,10; Hab. 3,16; Is. 38,13; Jer. 8,1; Jer. 8,1; Jer. 8,1; Jer. 8,1; Jer. 8,1; Jer. 27,17; Bar. 2,24; Bar. 2,24; Ezek. 6,5; Ezek. 24,5; Ezek. 37,4; Dan. 6,25; Dan. 6,25)
Noun · neuter · plural · nominative · (common) ▸ 36 (2Sam. 5,1; 2Sam. 19,13; 1Kings 13,31; 2Kings 23,18; 1Chr. 11,1; 4Mac. 18,17; Psa. 6,3; Psa. 21,15; Psa. 30,11; Psa. 31,3; Psa. 34,10; Psa. 50,10; Psa. 101,4; Psa. 140,7; Prov. 17,22; Eccl. 11,5; Job 4,14; Job 19,20; Job 20,11; Job 30,17; Job 30,30; Sir. 46,12; Sir. 49,10; Sir. 49,15; Sol. 8,5; Sol. 12,4; Is. 58,11; Is. 58,11; Is. 66,14; Jer. 23,9; Ezek. 24,5; Ezek. 37,3; Ezek. 37,4; Ezek. 37,7; Ezek. 37,11; Ezek. 37,11)

ὀστέα ▸ 3 + 1 = 4
Noun · neuter · plural · accusative · (common) ▸ 3 + 1 = 4 (Mic. 3,3; Lam. 3,4; Lam. 4,8; Luke 24,39)

ὀστέοις ▸ 8
Noun · neuter · plural · dative · (common) ▸ 8 (Psa. 37,4; Psa. 108,18; Prov. 3,8; Prov. 3,22a; Job 10,11; Jer. 20,9; Lam. 1,13; Ezek. 37,5)

ὀστέου ▸ 2
Noun · neuter · singular · genitive · (common) ▸ 2 (Num. 19,16; Num. 19,18)

ὀστέων ▸ 9 + 2 = 11
Noun · neuter · plural · genitive · (common) ▸ 9 + 2 = 11 (Gen. 2,23; 2Kings 13,21; 2Kings 23,14; 4Mac. 6,26; 4Mac. 9,21; Prov. 14,30; Mic. 3,2; Mic. 3,3; Ezek. 37,1; Matt. 23,27; Heb. 11,22)

ὀστοῦν ▸ 9 + 1 + 1 = 11
Noun · neuter · singular · accusative · (common) ▸ 4 (Ex. 12,10; Ex. 12,46; Num. 9,12; Ezek. 39,15)
Noun · neuter · singular · nominative · (common) ▸ 5 + 1 + 1 = 7 (Gen. 2,23; Judg. 9,2; 2Sam. 19,14; Psa. 101,6; Psa. 138,15; Judg. 9,2; John 19,36)

ὀστῶν ▸ 7

ὀστέον–ὄστρακον

Noun · neuter · plural · genitive · (common) ▸ 7 (Gen. 29,14; 1Kings 13,31; 2Kings 23,18; Job 2,5; Job 33,19; Ezek. 24,4; Ezek. 32,27)

ὅστις (ὅς; τίς) who, which, whoever; (neut) whatever
▸ 119 + 14 + 153 = 286

αἵτινες ▸ 1 + 1 + 10 = 12
  Pronoun · (relative) · feminine · plural · nominative ▸ 1 + 1 + 10 = 12 (Judg. 21,14; Judg. 21,12; Matt. 25,1; Matt. 27,55; Luke 8,3; Luke 23,55; Phil. 4,3; 1Tim. 1,4; 1Tim. 6,9; Heb. 10,8; Heb. 10,11; 1Pet. 2,11)

ἅτινα ▸ 2
  Pronoun · (relative) · indefinite · neuter · plural · nominative
  ▸ 2 (John 21,25; Phil. 3,7)

ἅτινά ▸ 3
  Pronoun · (relative) · indefinite · neuter · plural · nominative
  ▸ 3 (Gal. 4,24; Gal. 5,19; Col. 2,23)

ἥτις ▸ 51 + 4 + 38 = 93
  Pronoun · (relative) · feminine · singular · nominative ▸ 51 + 4 + 38 = 93 (Ex. 9,18; Ex. 9,24; Ex. 11,6; Lev. 5,2; Lev. 5,23; Lev. 7,9; Lev. 7,9; Lev. 7,18; Lev. 7,20; Lev. 12,2; Lev. 15,19; Lev. 17,15; Lev. 20,16; Lev. 22,6; Lev. 23,29; Lev. 23,30; Num. 14,8; Num. 15,30; Num. 19,2; Num. 31,17; Num. 31,18; Deut. 2,36; Deut. 5,26; Deut. 20,20; Deut. 21,3; Deut. 21,3; Deut. 21,4; Deut. 22,28; Judg. 21,8; Esth. 16,24 # 8,12x; 1Mac. 9,27; 2Mac. 7,20; 4Mac. 15,6; 4Mac. 16,6; Psa. 57,6; Psa. 77,8; Psa. 89,4; Psa. 92,1; Psa. 95,10; Eccl. 7,26; Wis. 3,13; Sir. 25,23; Jer. 6,8; Jer. 17,6; Jer. 23,40; Dan. 2,44; Dan. 7,14; Dan. 7,14; Dan. 7,23; Dan. 8,2; Sus. 29; Dan. 2,39; Dan. 2,44; Dan. 7,14; Dan. 7,23; Matt. 27,62; Luke 2,4; Luke 2,10; Luke 7,37; Luke 7,39; Luke 8,26; Luke 8,43; Luke 10,42; Luke 12,1; Acts 3,23; Acts 11,28; Acts 12,10; Acts 16,12; Acts 16,16; Rom. 16,6; Rom. 16,12; 1Cor. 5,1; 2Cor. 9,11; Gal. 4,24; Gal. 4,26; Eph. 1,23; Eph. 3,13; Eph. 6,2; Phil. 1,28; Col. 3,5; 1Tim. 3,15; 2Tim. 1,5; Heb. 2,3; Heb. 8,6; Heb. 9,2; Heb. 9,9; Heb. 10,35; Heb. 12,5; 1John 1,2; Rev. 1,12; Rev. 11,8; Rev. 12,13; Rev. 19,2)

ὅτι ▸ 9
  Pronoun · (relative) · neuter · singular · accusative ▸ 9 (Mark 6,23; Luke 10,35; John 2,5; John 8,25; John 14,13; John 15,16; Acts 9,6; 1Cor. 16,2; Col. 3,17)

οἵτινες ▸ 27 + 1 + 57 = 85
  Pronoun · (relative) · masculine · plural · nominative ▸ 27 + 1 + 57 = 85 (Ex. 32,4; Ex. 32,8; Num. 1,5; Deut. 2,25; 1Sam. 30,10; 2Kings 21,8; Judith 14,7; 1Mac. 2,31; 1Mac. 12,45; 1Mac. 13,48; 2Mac. 4,47; Psa. 63,4; Psa. 82,13; Psa. 139,3; Psa. 139,5; Job 30,4; Wis. 13,10; Sir. 41,8; Jonah 4,11; Is. 13,15; Is. 60,12; Jer. 40,9; Ezek. 2,3; Ezek. 44,10; Ezek. 44,15; Ezek. 47,22; Ezek. 48,11; Dan. 9,8; Matt. 7,15; Matt. 16,28; Matt. 19,12; Matt. 19,12; Matt. 19,12; Matt. 21,41; Matt. 23,27; Mark 4,20; Mark 9,1; Mark 12,18; Mark 15,7; Luke 1,20; Luke 8,15; Luke 9,30; Luke 15,7; Acts 5,16; Acts 7,53; Acts 8,15; Acts 9,35; Acts 10,41; Acts 10,47; Acts 11,20; Acts 13,31; Acts 13,43; Acts 16,17; Acts 17,10; Acts 17,11; Acts 21,4; Acts 23,14; Acts 23,21; Acts 23,33; Acts 24,1; Acts 28,18; Rom. 1,25; Rom. 1,32; Rom. 2,15; Rom. 6,2; Rom. 11,4; Rom. 16,4; 2Cor. 8,10; Gal. 2,4; Gal. 5,4; Eph. 4,19; Col. 4,11; 2Th. 1,9; 2Tim. 2,2; 2Tim. 2,18; Titus 1,11; Heb. 8,5; Heb. 13,7; James 4,14; 2Pet. 2,1; Rev. 1,7; Rev. 2,24; Rev. 9,4; Rev. 17,12; Rev. 20,4)

οἵτινές ▸ 1 + 3 = 4
  Pronoun · (relative) · masculine · plural · nominative ▸ 1 + 3 = 4 (Job 6,16; Rom. 9,4; Rom. 16,7; 1Cor. 3,17)

ὅστις ▸ 27 + 5 + 26 = 58
  Pronoun · (relative) · masculine · singular · nominative ▸ 27 + 5 + 26 = 58 (Ex. 20,2; Lev. 7,7; Lev. 22,5; Num. 5,6; Num. 14,14; Num. 24,4; Num. 27,17; Num. 27,17; Num. 27,17; Num. 27,17; Deut. 1,39; Deut. 3,24; Deut. 4,3; Deut. 10,17; Deut. 10,21; Deut. 17,2; Deut. 20,6; Deut. 20,7; Deut. 27,15; Deut. 28,50; Josh. 1,18; Judg. 16,24; Esth. 7,5; Judith 11,1; Prov. 27,13; Eccl. 4,3; Sir. 38,27; Judg. 10,18; Dan. 2,10; Dan. 2,25; Dan. 3,96; Dan. 6,28; Matt. 2,6; Matt. 5,39; Matt. 5,41; Matt. 7,24; Matt. 7,24; Matt. 7,26; Matt. 10,32; Matt. 10,33; Matt. 12,50; Matt. 13,12; Matt. 13,12; Matt. 13,52; Matt. 18,4; Matt. 19,29; Matt. 20,1; Matt. 21,33; Matt. 22,2; Matt. 23,12; Matt. 23,12; Luke 14,15; Luke 14,27; Luke 23,19; John 8,53; Gal. 5,10; Phil. 2,20; James 2,10)

ὅτου ▸ 12 + 3 + 5 = 20
  Pronoun · (relative) · neuter · singular · genitive ▸ 12 + 3 + 5 = 20 (1Sam. 22,3; 1Sam. 30,4; 1Kings 10,7; 1Kings 11,16; 2Kings 2,17; Neh. 4,5; 1Mac. 14,10; Eccl. 12,1; Eccl. 12,6; Ezek. 39,15; Dan. 2,34; Dan. 7,4; Tob. 5,3; Tob. 5,7; Dan. 7,9; Matt. 5,25; Luke 12,50; Luke 13,8; Luke 22,16; John 9,18)

ὁστισοῦν (ὅς; τις; οὖν) whoever, whatever ▸ 4
  ἡστινοσοῦν ▸ 1
    Pronoun · (relative) · feminine · singular · genitive ▸ 1 (2Mac. 5,10)
  ὁντιναοῦν ▸ 1
    Adjective · masculine · singular · accusative · noDegree
    · (relative) ▸ 1 (2Mac. 14,3)
  ὁντινοῦν ▸ 1
    Adjective · masculine · singular · accusative · noDegree
    · (relative) ▸ 1 (3Mac. 7,7)
  ὁτιοῦν ▸ 1
    Pronoun · (indefinite) · neuter · singular · nominative ▸ 1 (Deut. 24,10)

ὀστράκινος (ὄστρακον) made of baked clay ▸ 15 + 4 + 2 = 21
  ὀστράκινα ▸ 1 + 1 = 2
    Adjective · neuter · plural · accusative · noDegree ▸ 1 (Lam. 4,2)
    Adjective · neuter · plural · nominative ▸ 1 (2Tim. 2,20)
  ὀστρακίνοις ▸ 1
    Adjective · neuter · plural · dative ▸ 1 (2Cor. 4,7)
  ὀστράκινον ▸ 11 + 3 = 14
    Adjective · masculine · singular · accusative · noDegree ▸ 1 (Jer. 19,1)
    Adjective · neuter · singular · accusative · noDegree ▸ 4 + 1 = 5 (Lev. 14,5; Lev. 14,50; Jer. 39,14; Ezek. 4,9; Dan. 2,41)
    Adjective · neuter · singular · nominative · noDegree ▸ 6 + 2 = 8 (Lev. 6,21; Lev. 11,33; Lev. 15,12; Jer. 19,11; Dan. 2,33; Dan. 2,42; Dan. 2,33; Dan. 2,42)
  ὀστρακίνου ▸ 1
    Adjective · neuter · singular · genitive · noDegree ▸ 1 (Is. 30,14)
  ὀστρακίνους ▸ 1 + 1 = 2
    Adjective · masculine · plural · accusative · noDegree ▸ 1 + 1 = 2 (Dan. 2,34; Dan. 2,34)
  ὀστρακίνῳ ▸ 1
    Adjective · neuter · singular · dative · noDegree ▸ 1 (Num. 5,17)

ὄστρακον earthenware; potsherd ▸ 11 + 5 = 16
  ὄστρακον ▸ 7 + 2 = 9
    Noun · neuter · singular · accusative · (common) ▸ 4 + 1 = 5 (Job 2,8; Sir. 22,9; Is. 30,14; Dan. 2,45; Dan. 2,45)
    Noun · neuter · singular · nominative · (common) ▸ 3 + 1 = 4 (Psa. 21,16; Prov. 26,23; Dan. 2,35; Dan. 2,35)
  ὀστράκου ▸ 1 + 1 = 2
    Noun · neuter · singular · genitive · (common) ▸ 1 + 1 = 2 (Dan. 2,41; Dan. 2,43)
  ὀστράκῳ ▸ 3 + 2 = 5

Noun · neuter · singular · dative · (common) ▸ 3 + 2 = **5** (Dan. 2,41; Dan. 2,43; Dan. 2,43; Dan. 2,41; Dan. 2,43)

ὀστρακώδης filled with potsherds ▸ **1**
  ὀστρακώδει ▸ **1**
    Adjective · neuter · singular · dative · noDegree ▸ **1** (Judg. 1,35)

ὀσφραίνομαι (ὄζω) to smell, scent ▸ 15 + 2 = **17**
  ὀσφραίνεσθαι ▸ **1**
    Verb · present · middle · infinitive ▸ **1** (Ex. 30,38)
  ὀσφραίνεται ▸ **1**
    Verb · third · singular · present · middle · indicative ▸ **1** (Job 39,25)
  ὀσφρανθείη ▸ **1**
    Verb · third · singular · aorist · passive · optative ▸ **1** (1Sam. 26,19)
  ὀσφρανθῇ ▸ **2**
    Verb · third · singular · aorist · passive · subjunctive ▸ **2** (Judg. 15,14; Sir. 30,19)
  ὀσφρανθῆναι ▸ 1 + 1 = **2**
    Verb · aorist · passive · infinitive ▸ 1 + 1 = **2** (Judg. 16,9; Judg. 16,9)
  ὀσφρανθήσεται ▸ 1 + 1 = **2**
    Verb · third · singular · future · passive · indicative ▸ 1 + 1 = **2** (Tob. 6,17; Tob. 6,17)
  ὀσφρανθήσονται ▸ **2**
    Verb · third · plural · future · passive · indicative ▸ **2** (Psa. 113,14; Psa. 134,17)
  ὀσφρανθῶ ▸ **2**
    Verb · first · singular · aorist · passive · subjunctive ▸ **2** (Lev. 26,31; Amos 5,21)
  ὀσφρανθῶσιν ▸ **1**
    Verb · third · plural · aorist · passive · subjunctive ▸ **1** (Deut. 4,28)
  ὠσφράνθη ▸ **3**
    Verb · third · singular · aorist · passive · indicative ▸ **3** (Gen. 8,21; Gen. 27,27; Tob. 8,3)

ὀσφρασία (ὄζω) scent, odor ▸ **1**
  ὀσφρασία ▸ **1**
    Noun · feminine · singular · nominative · (common) ▸ **1** (Hos. 14,7)

ὄσφρησις (ὄζω) sense of smell ▸ **1**
  ὄσφρησις ▸ **1**
    Noun · feminine · singular · nominative ▸ **1** (1Cor. 12,17)

ὀσφύς waist ▸ 65 + 2 + 8 = **75**
  ὀσφύας ▸ 9 + 1 = **10**
    Noun · feminine · plural · accusative · (common) ▸ 9 + 1 = **10** (1Kings 21,31; 1Kings 21,32; Judith 4,10; Judith 4,14; 2Mac. 10,25; Job 12,18; Is. 32,11; Ezek. 23,15; Ezek. 44,18; 1Pet. 1,13)
  ὀσφύες ▸ 1 + 1 = **2**
    Noun · feminine · plural · nominative · (common) ▸ 1 + 1 = **2** (Ex. 12,11; Luke 12,35)
  ὀσφύι ▸ **2**
    Noun · feminine · singular · dative · (common) ▸ **2** (1Kings 2,5; Job 40,16)
  ὀσφύϊ ▸ **1**
    Noun · feminine · singular · dative · (common) ▸ **1** (Heb. 7,10)
  ὀσφύν ▸ **10**
    Noun · feminine · singular · accusative · (common) ▸ **10** (2Kings 4,29; 2Kings 9,1; Job 38,3; Job 40,7; Nah. 2,11; Jer. 1,17; Jer. 13,1; Jer. 13,2; Jer. 13,4; Ezek. 29,7)
  ὀσφὺν ▸ 20 + 3 = **23**
    Noun · feminine · singular · accusative · (common) ▸ 20 + 3 = **23** (Gen. 37,34; Lev. 3,9; Lev. 7,3; Lev. 8,25; Lev. 9,19; Deut. 33,11; 1Kings 12,24r; 1Kings 18,46; 2Kings 1,8; Neh. 4,12; Judith 8,5; 4Mac. 11,10; Prov. 31,17; Sir. 35,20; Amos 8,10; Is. 11,5; Jer. 13,11; Jer. 37,6; Ezek. 9,11; Dan. 10,5; Matt. 3,4; Mark 1,6; Eph. 6,14)
  ὀσφύος ▸ 20 + 1 + 2 = **23**
    Noun · feminine · singular · genitive · (common) ▸ 20 + 1 + 2 = **23** (Gen. 35,11; Ex. 28,42; 2Sam. 20,8; 1Kings 12,10; 2Chr. 6,9; 2Chr. 10,10; Nah. 2,2; Is. 5,27; Is. 20,2; Jer. 31,37; Jer. 37,6; Ezek. 1,27; Ezek. 1,27; Ezek. 8,2; Ezek. 8,2; Ezek. 9,2; Ezek. 9,3; Ezek. 21,11; Ezek. 24,17; Ezek. 47,4; Dan. 5,6; Acts 2,30; Heb. 7,5)
  ὀσφύς ▸ **2**
    Noun · feminine · singular · nominative · (common) ▸ **2** (Sol. 8,5; Is. 21,3)
  ὀσφὺς ▸ 1 + 1 = **2**
    Noun · feminine · singular · nominative · (common) ▸ 1 + 1 = **2** (Is. 15,4; Dan. 10,5)

ὅταν (ὅς; ἄν) when, whenever ▸ 202 + 8 + 123 = **333**
  ὅταν ▸ 186 + 8 + 111 = **305**
    Conjunction · subordinating · (temporal) ▸ 186 + 8 + 111 = **305** (Gen. 38,9; Gen. 40,14; Ex. 3,21; Ex. 11,1; Ex. 12,13; Ex. 16,3; Ex. 17,11; Ex. 17,11; Ex. 18,16; Ex. 19,13; Ex. 23,18; Ex. 28,30; Ex. 28,43; Ex. 30,7; Ex. 30,8; Ex. 30,20; Ex. 30,20; Ex. 30,21; Ex. 34,24; Ex. 38,27; Lev. 12,6; Lev. 23,22; Lev. 23,39; Num. 4,5; Num. 9,19; Num. 9,20; Num. 9,21; Num. 10,7; Num. 11,9; Num. 11,29; Num. 15,6; Num. 15,19; Num. 21,9; Num. 24,23; Num. 28,26; Num. 32,23; Num. 35,19; Deut. 4,29; Deut. 6,10; Deut. 6,20; Deut. 11,10; Deut. 11,29; Deut. 15,13; Deut. 17,18; Deut. 20,2; Deut. 20,9; Deut. 23,14; Deut. 32,35; Josh. 4,6; Josh. 17,18; Judg. 6,3; Judg. 13,17; Judg. 21,22; 1Sam. 10,7; 1Sam. 17,34; 1Kings 8,35; 1Kings 22,25; 1Chr. 17,11; 1Esdr. 3,22; 1Esdr. 3,23; 1Esdr. 4,6; 1Esdr. 4,24; Esth. 2,12; Esth. 5,13; Judith 6,6; Tob. 4,4; Tob. 6,13; Tob. 6,18; Tob. 8,21; Psa. 2,12; Psa. 36,24; Psa. 36,33; Psa. 47,4; Psa. 48,10; Psa. 48,16; Psa. 48,17; Psa. 48,17; Psa. 48,19; Psa. 57,11; Psa. 70,23; Psa. 70,24; Psa. 74,3; Psa. 77,34; Psa. 101,1; Psa. 118,32; Psa. 118,171; Psa. 119,7; Psa. 126,2; Psa. 126,5; Ode. 2,35; Prov. 1,27; Prov. 1,27; Prov. 1,28; Prov. 11,15; Prov. 14,10; Prov. 18,3; Prov. 20,8; Prov. 22,10; Prov. 23,33; Prov. 26,11; Prov. 26,19; Prov. 27,8; Prov. 27,8; Prov. 30,20; Prov. 31,21; Eccl. 4,10; Eccl. 9,12; Eccl. 10,3; Job 6,4; Job 15,21; Job 19,18; Job 20,7; Job 20,22; Job 33,15; Wis. 12,18; Sir. 1,22 Prol.; Sir. 2,14; Sir. 18,7; Sir. 18,7; Sol. 3,11; Sol. 15,5; Sol. 15,12; Hos. 4,14; Hos. 4,14; Amos 3,12; Amos 3,14; Amos 5,19; Mic. 5,4; Mic. 5,4; Mic. 5,5; Mic. 5,5; Mic. 5,7; Joel 4,1; Zeph. 3,20; Zeph. 3,20; Zech. 4,1; Is. 1,15; Is. 2,10; Is. 2,19; Is. 2,21; Is. 6,13; Is. 7,2; Is. 7,4; Is. 10,12; Is. 18,5; Is. 23,5; Is. 27,9; Is. 27,9; Is. 28,19; Is. 28,25; Is. 29,23; Is. 30,25; Is. 30,25; Is. 30,26; Is. 57,13; Is. 64,2; Jer. 2,26; Jer. 5,19; Jer. 13,21; Jer. 16,10; Jer. 17,6; Jer. 17,8; Jer. 28,63; Jer. 32,28; Jer. 38,23; Lam. 3,27; LetterJ 40; LetterJ 43; LetterJ 48; LetterJ 54; LetterJ 60; LetterJ 61; Ezek. 1,28; Ezek. 10,10; Ezek. 24,24; Ezek. 24,25; Ezek. 28,26; Ezek. 30,8; Ezek. 32,15; Ezek. 32,15; Ezek. 34,12; Ezek. 37,18; Ezek. 42,14; Ezek. 46,9; Dan. 3,5; Dan. 11,34; Judg. 21,22; Tob. 4,4; Tob. 6,13; Tob. 6,13; Tob. 6,17; Tob. 6,18; Tob. 8,21; Tob. 13,6; Matt. 5,11; Matt. 6,5; Matt. 6,6; Matt. 9,15; Matt. 10,19; Matt. 13,32; Matt. 15,2; Matt. 19,28; Matt. 21,40; Matt. 23,15; Matt. 24,32; Matt. 24,33; Matt. 26,29; Mark 2,20; Mark 3,11; Mark 4,15; Mark 4,16; Mark 4,29; Mark 4,31; Mark 4,32; Mark 8,38; Mark 9,9; Mark 11,19; Mark 11,25; Mark 12,23; Mark 12,25; Mark 13,4; Mark 13,7; Mark 13,11; Mark 13,28; Mark 13,29; Mark 14,7; Mark 14,25; Luke 5,35; Luke 6,22; Luke 6,22; Luke 6,26; Luke 8,13; Luke 9,26; Luke 11,2; Luke 11,21; Luke 11,34;

ὅταν–ὅτι

Luke 11,36; Luke 12,54; Luke 12,55; Luke 13,28; Luke 14,8; Luke 14,10; Luke 14,10; Luke 14,12; Luke 14,13; Luke 16,4; Luke 16,9; Luke 17,10; Luke 21,7; Luke 21,9; Luke 21,30; Luke 21,31; Luke 23,42; John 2,10; John 4,25; John 5,7; John 7,27; John 7,31; John 8,28; John 8,44; John 9,5; John 10,4; John 13,19; John 14,29; John 16,4; John 16,13; John 16,21; John 16,21; John 21,18; Acts 23,35; Acts 24,22; Rom. 2,14; Rom. 11,27; 1Cor. 3,4; 1Cor. 13,10; 1Cor. 14,26; 1Cor. 15,24; 1Cor. 15,24; 1Cor. 15,27; 1Cor. 15,28; 1Cor. 15,54; 1Cor. 16,2; 1Cor. 16,3; 1Cor. 16,5; 1Cor. 16,12; 2Cor. 10,6; 2Cor. 12,10; 2Cor. 13,9; Col. 3,4; Col. 4,16; 1Th. 5,3; 2Th. 1,10; 1Tim. 5,11; Heb. 1,6; James 1,2; 1John 5,2; Rev. 4,9; Rev. 8,1; Rev. 9,5; Rev. 10,7; Rev. 11,7; Rev. 12,4; Rev. 17,10; Rev. 18,9; Rev. 20,7)

Ὅταν ▸ 16 + 12 = 28

Conjunction ▪ subordinating ▪ (temporal) ▸ 16 + 12 = **28**   (Ex. 1,16; Lev. 19,23; Lev. 23,10; Num. 8,2; Num. 15,2; Num. 15,22; Num. 18,30; Josh. 3,3; Josh. 4,21; 1Esdr. 3,9; Is. 30,15; Jer. 28,61; Jer. 36,10; Jer. 41,14; Ezek. 17,12; Ezek. 26,19; Matt. 6,2; Matt. 6,16; Matt. 10,23; Matt. 12,43; Matt. 24,15; Matt. 25,31; Mark 13,14; Luke 11,24; Luke 12,11; Luke 21,20; John 15,26; Titus 3,12)

ὅτε (ὅς; τέ)   when, while ▸ 138 + 35 + 103 = 276

ὅτε ▸ 135 + 35 + 92 = 262

Conjunction ▪ subordinating ▪ (temporal) ▸ 135 + 35 + 92 = **262** (Gen. 2,4; Gen. 11,10; Gen. 12,4; Gen. 24,30; Gen. 25,20; Gen. 25,26; Gen. 33,18; Gen. 34,25; Gen. 35,9; Gen. 36,24; Gen. 41,46; Gen. 42,21; Ex. 5,13; Lev. 26,45; Num. 26,10; Num. 32,8; Num. 33,39; Num. 33,40; Deut. 4,10; Deut. 9,23; Deut. 29,24; Deut. 32,8; Josh. 2,10; Josh. 8,19; Josh. 14,7; Josh. 14,11; Josh. 24,31a; Judg. 1,28; Judg. 2,2; Judg. 8,1; Judg. 16,16; Judg. 16,25; 1Sam. 1,12; 1Sam. 5,4; 1Sam. 6,6; 2Sam. 2,10; 2Sam. 7,1; 2Sam. 19,26; 1Kings 14,28; 1Kings 21,12; 2Kings 5,26; 2Kings 14,5; 2Chr. 21,20; 2Chr. 24,6; 1Esdr. 1,37; 1Esdr. 1,41; 1Esdr. 3,13; 1Esdr. 4,44; 1Esdr. 4,45; 1Esdr. 4,58; 1Esdr. 8,88; Ezra 5,12; Esth. 1,2; Esth. 1,5; Esth. 2,8; Judith 5,18; Tob. 1,4; Tob. 1,9; Tob. 1,10; Tob. 1,15; Tob. 1,18; Tob. 2,7; Tob. 2,13; Tob. 8,3; Tob. 12,12; Tob. 12,12; Tob. 12,13; Tob. 14,2; Tob. 14,12; 1Mac. 4,9; 1Mac. 5,1; 1Mac. 6,28; 1Mac. 7,41; 1Mac. 10,8; 1Mac. 16,16; 2Mac. 1,18; 2Mac. 1,19; 2Mac. 1,20; 4Mac. 2,6; 4Mac. 16,15; 4Mac. 18,20; Psa. 64,1; Psa. 92,1; Psa. 96,1; Psa. 142,1; Psa. 151,1; Ode. 2,8; Prov. 8,27; Prov. 8,31; Song 3,4; Job 28,26; Job 29,3; Job 29,3; Job 29,4; Job 29,4; Job 29,5; Job 29,6; Job 29,7; Job 38,7; Job 38,8; Wis. 9,9; Wis. 11,9; Wis. 11,13; Wis. 16,5; Wis. 19,11; Wis. 19,17; Sir. 38,13; Sir. 44,17; Hag. 2,16; Zech. 7,7; Is. 11,16; Is. 30,15; Is. 63,19; Jer. 21,1; Jer. 28,59; Jer. 34,20; Jer. 42,11; Jer. 44,11; Jer. 48,13; Jer. 51,31; LetterJ 9; LetterJ 23; Ezek. 16,22; Ezek. 29,7; Ezek. 29,7; Ezek. 29,7; Ezek. 31,16; Ezek. 43,3; Dan. 3,7; Dan. 3,24; Dan. 3,46; Dan. 6,5; Dan. 7,9; Dan. 8,8; Dan. 9,2; Judg. 1,28; Judg. 8,1; Judg. 14,11; Judg. 16,16; Judg. 16,25; Tob. 1,4; Tob. 1,4; Tob. 1,9; Tob. 1,10; Tob. 1,12; Tob. 1,15; Tob. 1,18; Tob. 1,19; Tob. 2,7; Tob. 2,13; Tob. 6,10; Tob. 6,19; Tob. 7,1; Tob. 7,9; Tob. 8,1; Tob. 8,11; Tob. 10,1; Tob. 10,7; Tob. 10,8; Tob. 12,1; Tob. 12,12; Tob. 12,12; Tob. 12,13; Tob. 12,18; Tob. 14,2; Tob. 14,3; Tob. 14,12; Dan. 3,7; Dan. 5,20; Sus. 14; Matt. 7,28; Matt. 9,25; Matt. 11,1; Matt. 12,3; Matt. 13,26; Matt. 13,48; Matt. 13,53; Matt. 19,1; Matt. 21,1; Matt. 21,34; Matt. 26,1; Matt. 27,31; Mark 1,32; Mark 2,25; Mark 4,6; Mark 4,10; Mark 6,21; Mark 7,17; Mark 8,19; Mark 8,20; Mark 11,1; Mark 14,12; Mark 15,20; Mark 15,41; Luke 2,21; Luke 2,22; Luke 2,42; Luke 4,25; Luke 6,3; Luke 6,13; Luke 13,35; Luke 15,30; Luke 17,22; Luke 22,14; Luke 22,35; Luke 23,33; John 1,19; John 2,22; John 4,21; John 4,23; John 4,45; John 5,25; John 6,24; John 9,4; John 12,16; John 12,17; John 16,25; John 17,12; John 19,23; John 19,30; John 20,24; John 21,18; Acts 1,13; Acts 8,12; Acts 8,39; Acts 21,5; Acts 21,35; Acts 22,20; Rom. 2,16; Rom. 6,20; Rom. 7,5; Rom. 13,11; 1Cor. 12,2; 1Cor. 13,11; 1Cor. 13,11; Gal. 2,12; Gal. 2,14; Gal. 4,3; Gal. 4,4; Phil. 4,15; Col. 3,7; 1Th. 3,4; 2Th. 3,10; 2Tim. 4,3; Titus 3,4; Heb. 7,10; Heb. 9,17; 1Pet. 3,20; Jude 9; Rev. 1,17; Rev. 5,8; Rev. 6,1; Rev. 6,3; Rev. 6,5; Rev. 6,7; Rev. 6,9; Rev. 6,12; Rev. 10,3; Rev. 10,4; Rev. 10,10; Rev. 12,13; Rev. 22,8)

Ὅτε ▸ 3 + 11 = 14

Conjunction ▪ subordinating ▪ (temporal) ▸ 3 + 11 = **14** (Tob. 2,1; Tob. 8,1; Psa. 95,1; John 13,12; John 13,31; John 19,6; John 19,8; John 21,15; Acts 11,2; Acts 12,6; Acts 27,39; Acts 28,16; Gal. 1,15; Gal. 2,11)

ὅτι (ὅς; τίς)   that, because, since; why? ▸ 3781 + 263 + 1294 = 5338

ὅτι ▸ 3751 + 260 + 1290 = 5301

Conjunction ▪ coordinating
▪ (interrogative) ▸ **3** (Mark 2,16; Mark 9,11; Mark 9,28)

Conjunction ▪ subordinating ▸ 3751 + 260 = **4011** (Gen. 1,4; Gen. 1,8; Gen. 1,10; Gen. 1,12; Gen. 1,18; Gen. 1,21; Gen. 1,25; Gen. 2,3; Gen. 2,23; Gen. 3,1; Gen. 3,5; Gen. 3,6; Gen. 3,6; Gen. 3,7; Gen. 3,10; Gen. 3,11; Gen. 3,19; Gen. 3,20; Gen. 4,12; Gen. 4,23; Gen. 4,24; Gen. 5,24; Gen. 6,2; Gen. 6,5; Gen. 6,6; Gen. 6,7; Gen. 6,7; Gen. 6,12; Gen. 6,13; Gen. 7,1; Gen. 8,9; Gen. 8,11; Gen. 8,13; Gen. 8,21; Gen. 9,6; Gen. 10,25; Gen. 11,9; Gen. 12,10; Gen. 12,11; Gen. 12,12; Gen. 12,13; Gen. 12,14; Gen. 12,18; Gen. 12,18; Gen. 12,19; Gen. 13,6; Gen. 13,8; Gen. 13,10; Gen. 13,15; Gen. 13,17; Gen. 14,14; Gen. 14,23; Gen. 15,8; Gen. 15,13; Gen. 16,4; Gen. 16,5; Gen. 16,11; Gen. 16,13; Gen. 17,5; Gen. 17,14; Gen. 18,13; Gen. 18,19; Gen. 19,13; Gen. 19,13; Gen. 19,14; Gen. 20,2; Gen. 20,2; Gen. 20,6; Gen. 20,7; Gen. 20,7; Gen. 20,9; Gen. 20,13; Gen. 20,18; Gen. 21,7; Gen. 21,7; Gen. 21,12; Gen. 21,13; Gen. 21,30; Gen. 21,30; Gen. 21,31; Gen. 22,12; Gen. 24,14; Gen. 24,44; Gen. 25,21; Gen. 25,28; Gen. 25,30; Gen. 26,7; Gen. 26,7; Gen. 26,9; Gen. 26,16; Gen. 26,28; Gen. 28,6; Gen. 28,8; Gen. 28,15; Gen. 28,16; Gen. 29,12; Gen. 29,12; Gen. 29,31; Gen. 29,33; Gen. 30,1; Gen. 30,9; Gen. 30,13; Gen. 30,15; Gen. 30,33; Gen. 31,5; Gen. 31,6; Gen. 31,20; Gen. 31,22; Gen. 31,32; Gen. 31,35; Gen. 31,36; Gen. 31,37; Gen. 31,49; Gen. 32,12; Gen. 32,26; Gen. 32,29; Gen. 32,33; Gen. 33,11; Gen. 33,13; Gen. 33,15; Gen. 34,5; Gen. 34,7; Gen. 34,13; Gen. 37,3; Gen. 37,4; Gen. 37,27; Gen. 37,35; Gen. 38,9; Gen. 38,10; Gen. 38,14; Gen. 38,16; Gen. 39,3; Gen. 39,13; Gen. 39,15; Gen. 39,18; Gen. 40,7; Gen. 40,15; Gen. 40,16; Gen. 41,21; Gen. 41,32; Gen. 41,51; Gen. 41,52; Gen. 42,1; Gen. 42,2; Gen. 42,14; Gen. 42,21; Gen. 42,23; Gen. 42,33; Gen. 42,34; Gen. 42,34; Gen. 42,38; Gen. 43,18; Gen. 43,25; Gen. 44,4; Gen. 44,15; Gen. 44,18; Gen. 44,27; Gen. 44,28; Gen. 45,5; Gen. 45,12; Gen. 45,26; Gen. 47,5; Gen. 48,1; Gen. 48,17; Gen. 49,6; Gen. 49,7; Gen. 49,7; Gen. 49,15; Gen. 49,15; Gen. 50,15; Gen. 50,17; Ex. 1,18; Ex. 2,18; Ex. 2,22; Ex. 3,2; Ex. 3,3; Ex. 3,4; Ex. 3,11; Ex. 3,11; Ex. 3,12; Ex. 3,12; Ex. 3,19; Ex. 4,1; Ex. 4,5; Ex. 4,14; Ex. 4,31; Ex. 4,31; Ex. 5,21; Ex. 6,7; Ex. 7,5; Ex. 7,17; Ex. 8,6; Ex. 8,11; Ex. 8,18; Ex. 9,7; Ex. 9,14; Ex. 9,29; Ex. 9,30; Ex. 9,34; Ex. 10,2; Ex. 10,7; Ex. 10,10; Ex. 12,33; Ex. 13,14; Ex. 13,17; Ex. 14,4; Ex. 14,5; Ex. 14,18; Ex. 16,3; Ex. 16,6; Ex. 16,7; Ex. 16,12; Ex. 16,26; Ex. 17,14; Ex. 17,16; Ex. 18,8; Ex. 18,9; Ex. 18,10; Ex. 18,11; Ex. 18,11; Ex. 18,15; Ex. 20,22; Ex. 21,8; Ex. 21,36; Ex. 29,46; Ex. 31,13; Ex. 31,14; Ex. 31,17; Ex. 32,1; Ex. 32,21; Ex. 32,25; Ex. 33,13; Ex. 33,16; Ex. 34,10; Ex. 34,29; Ex. 34,35; Ex. 36,5; Ex. 40,35; Lev. 5,11; Lev. 9,4; Lev. 10,17; Lev. 11,4; Lev. 11,5; Lev. 11,6; Lev. 11,7; Lev. 11,42; Lev. 11,44; Lev. 11,44; Lev. 11,45; Lev. 11,45; Lev. 13,11; Lev. 13,13; Lev.

13,15; Lev. 13,36; Lev. 13,52; Lev. 14,48; Lev. 17,14; Lev. 18,10; Lev. 18,29; Lev. 18,30; Lev. 19,2; Lev. 19,8; Lev. 19,20; Lev. 19,34; Lev. 20,3; Lev. 20,7; Lev. 20,23; Lev. 20,26; Lev. 21,8; Lev. 21,12; Lev. 21,21; Lev. 21,23; Lev. 21,23; Lev. 22,7; Lev. 22,16; Lev. 22,25; Lev. 23,43; Lev. 24,22; Lev. 25,12; Lev. 25,16; Lev. 25,33; Lev. 25,34; Lev. 25,55; Lev. 26,40; Lev. 26,40; Lev. 26,44; Num. 6,7; Num. 6,12; Num. 7,9; Num. 8,16; Num. 8,17; Num. 9,13; Num. 9,23; Num. 10,29; Num. 11,3; Num. 11,12; Num. 11,13; Num. 11,14; Num. 11,16; Num. 11,18; Num. 11,18; Num. 11,20; Num. 11,34; Num. 12,1; Num. 13,28; Num. 13,30; Num. 13,31; Num. 13,31; Num. 14,9; Num. 14,13; Num. 14,14; Num. 14,22; Num. 14,24; Num. 14,40; Num. 14,43; Num. 15,25; Num. 15,26; Num. 15,31; Num. 16,3; Num. 16,9; Num. 16,11; Num. 16,13; Num. 16,13; Num. 16,28; Num. 16,28; Num. 16,30; Num. 16,34; Num. 17,2; Num. 17,3; Num. 18,20; Num. 18,24; Num. 18,31; Num. 18,32; Num. 19,13; Num. 19,20; Num. 19,20; Num. 20,13; Num. 20,24; Num. 20,29; Num. 21,5; Num. 21,7; Num. 21,7; Num. 21,24; Num. 21,28; Num. 21,34; Num. 22,3; Num. 22,6; Num. 22,6; Num. 22,22; Num. 22,28; Num. 22,32; Num. 22,34; Num. 22,36; Num. 23,9; Num. 24,1; Num. 25,18; Num. 26,62; Num. 26,65; Num. 27,3; Num. 27,4; Num. 30,6; Num. 30,9; Num. 30,15; Num. 32,12; Num. 32,15; Num. 32,19; Num. 34,14; Num. 36,7; Deut. 1,17; Deut. 1,38; Deut. 2,5; Deut. 2,19; Deut. 2,28; Deut. 2,30; Deut. 3,2; Deut. 3,11; Deut. 3,19; Deut. 3,22; Deut. 3,27; Deut. 3,28; Deut. 4,3; Deut. 4,6; Deut. 4,7; Deut. 4,15; Deut. 4,24; Deut. 4,26; Deut. 4,31; Deut. 4,35; Deut. 4,39; Deut. 5,5; Deut. 5,9; Deut. 5,15; Deut. 5,24; Deut. 5,25; Deut. 6,15; Deut. 7,6; Deut. 7,7; Deut. 7,9; Deut. 7,16; Deut. 7,17; Deut. 7,21; Deut. 7,25; Deut. 7,26; Deut. 8,3; Deut. 8,5; Deut. 8,18; Deut. 8,19; Deut. 9,3; Deut. 9,6; Deut. 9,6; Deut. 9,12; Deut. 9,16; Deut. 9,19; Deut. 11,2; Deut. 11,7; Deut. 12,12; Deut. 12,23; Deut. 12,31; Deut. 13,4; Deut. 13,11; Deut. 14,2; Deut. 14,7; Deut. 14,8; Deut. 14,21; Deut. 14,24; Deut. 14,24; Deut. 14,27; Deut. 14,29; Deut. 15,2; Deut. 15,4; Deut. 15,4; Deut. 15,6; Deut. 15,10; Deut. 15,15; Deut. 15,16; Deut. 15,16; Deut. 15,18; Deut. 16,1; Deut. 16,3; Deut. 16,12; Deut. 17,1; Deut. 17,15; Deut. 18,5; Deut. 19,6; Deut. 19,6; Deut. 20,1; Deut. 20,4; Deut. 20,20; Deut. 21,5; Deut. 21,17; Deut. 21,23; Deut. 22,5; Deut. 22,19; Deut. 22,21; Deut. 22,24; Deut. 22,24; Deut. 22,26; Deut. 22,27; Deut. 23,5; Deut. 23,6; Deut. 23,8; Deut. 23,8; Deut. 23,15; Deut. 23,19; Deut. 23,22; Deut. 24,1; Deut. 24,4; Deut. 24,6; Deut. 24,15; Deut. 24,18; Deut. 24,20; Deut. 24,22; Deut. 25,16; Deut. 26,3; Deut. 27,20; Deut. 28,10; Deut. 28,38; Deut. 28,39; Deut. 28,40; Deut. 28,45; Deut. 28,62; Deut. 28,62; Deut. 29,5; Deut. 29,15; Deut. 29,18; Deut. 30,9; Deut. 30,18; Deut. 30,20; Deut. 31,6; Deut. 31,18; Deut. 31,27; Deut. 31,29; Deut. 31,29; Deut. 32,3; Deut. 32,20; Deut. 32,22; Deut. 32,28; Deut. 32,31; Deut. 32,35; Deut. 32,36; Deut. 32,39; Deut. 32,40; Deut. 32,41; Deut. 32,43; Deut. 32,47; Deut. 32,47; Deut. 32,52; Deut. 33,19; Deut. 33,21; Josh. 1,9; Josh. 1,11; Josh. 2,9; Josh. 2,10; Josh. 2,11; Josh. 2,12; Josh. 2,24; Josh. 3,5; Josh. 3,10; Josh. 4,22; Josh. 4,24; Josh. 5,1; Josh. 7,12; Josh. 7,15; Josh. 8,14; Josh. 8,21; Josh. 8,21; Josh. 9,16; Josh. 9,16; Josh. 9,18; Josh. 10,1; Josh. 10,1; Josh. 10,2; Josh. 10,6; Josh. 10,14; Josh. 10,25; Josh. 10,42; Josh. 11,6; Josh. 11,20; Josh. 14,4; Josh. 14,9; Josh. 14,12; Josh. 15,19; Josh. 17,1; Josh. 17,6; Josh. 17,18; Josh. 17,18; Josh. 19,9; Josh. 21,10; Josh. 22,17; Josh. 22,31; Josh. 22,31; Josh. 22,34; Josh. 22,34; Josh. 23,3; Josh. 23,4; Josh. 23,10; Josh. 23,13; Josh. 24,15; Josh. 24,19; Josh. 24,22; Josh. 24,27; Judg. 1,15; Judg. 1,19; Judg. 1,19; Judg. 1,32; Judg. 1,34; Judg. 2,17; Judg. 2,18; Judg. 2,18; Judg. 3,22; Judg. 3,28; Judg. 4,3; Judg. 4,8; Judg. 4,9; Judg. 4,9; Judg. 4,12; Judg. 4,13; Judg. 4,14; Judg. 4,17; Judg. 4,19; Judg. 5,7; Judg. 5,23; Judg. 6,5; Judg. 6,17; Judg. 6,22; Judg. 6,22; Judg. 6,30; Judg. 6,30; Judg. 6,31; Judg. 6,32; Judg. 6,37; Judg. 7,4; Judg. 7,9; Judg. 7,15; Judg. 8,5; Judg. 8,6; Judg. 8,15; Judg. 8,20; Judg. 8,20; Judg. 8,21; Judg. 8,22; Judg. 8,24; Judg. 8,24; Judg. 8,30; Judg. 9,2; Judg. 9,3; Judg. 9,5; Judg. 9,18; Judg. 9,28; Judg. 9,28; Judg. 9,38; Judg. 9,47; Judg. 9,55; Judg. 10,10; Judg. 11,2; Judg. 11,7; Judg. 11,12; Judg. 11,18; Judg. 11,26; Judg. 12,1; Judg. 12,3; Judg. 12,4; Judg. 12,5; Judg. 13,5; Judg. 13,5; Judg. 13,6; Judg. 13,7; Judg. 13,16; Judg. 13,16; Judg. 13,21; Judg. 13,22; Judg. 14,3; Judg. 14,3; Judg. 14,4; Judg. 14,4; Judg. 14,9; Judg. 14,10; Judg. 14,16; Judg. 14,17; Judg. 15,2; Judg. 15,3; Judg. 15,6; Judg. 15,11; Judg. 15,16; Judg. 16,17; Judg. 16,18; Judg. 16,18; Judg. 16,20; Judg. 17,13; Judg. 17,13; Judg. 18,1; Judg. 18,7; Judg. 18,9; Judg. 18,9; Judg. 18,10; Judg. 18,14; Judg. 18,23; Judg. 18,26; Judg. 18,28; Judg. 20,3; Judg. 20,6; Judg. 20,28; Judg. 20,34; Judg. 20,36; Judg. 20,36; Judg. 20,39; Judg. 20,41; Judg. 21,5; Judg. 21,15; Judg. 21,16; Judg. 21,18; Judg. 21,22; Ruth 1,6; Ruth 1,6; Ruth 1,12; Ruth 1,12; Ruth 1,13; Ruth 1,13; Ruth 1,16; Ruth 1,17; Ruth 1,18; Ruth 1,20; Ruth 2,10; Ruth 2,13; Ruth 2,13; Ruth 2,20; Ruth 2,21; Ruth 2,22; Ruth 3,9; Ruth 3,10; Ruth 3,11; Ruth 3,12; Ruth 3,14; Ruth 3,17; Ruth 4,4; Ruth 4,6; Ruth 4,9; Ruth 4,15; 1Sam. 1,5; 1Sam. 1,5; 1Sam. 1,6; 1Sam. 1,6; 1Sam. 1,8; 1Sam. 1,16; 1Sam. 1,22; 1Sam. 2,2; 1Sam. 2,3; 1Sam. 2,5; 1Sam. 2,9; 1Sam. 2,16; 1Sam. 2,17; 1Sam. 2,24; 1Sam. 2,24; 1Sam. 2,25; 1Sam. 2,30; 1Sam. 3,5; 1Sam. 3,6; 1Sam. 3,8; 1Sam. 3,8; 1Sam. 3,9; 1Sam. 3,10; 1Sam. 3,13; 1Sam. 3,13; 1Sam. 3,20; 1Sam. 3,21; 1Sam. 4,6; 1Sam. 4,7; 1Sam. 4,13; 1Sam. 4,18; 1Sam. 4,19; 1Sam. 4,19; 1Sam. 4,19; 1Sam. 4,20; 1Sam. 5,5; 1Sam. 5,7; 1Sam. 5,7; 1Sam. 5,7; 1Sam. 5,11; 1Sam. 6,4; 1Sam. 6,9; 1Sam. 6,19; 1Sam. 6,19; 1Sam. 7,7; 1Sam. 7,17; 1Sam. 8,7; 1Sam. 8,9; 1Sam. 8,18; 1Sam. 9,7; 1Sam. 9,9; 1Sam. 9,12; 1Sam. 9,13; 1Sam. 9,13; 1Sam. 9,13; 1Sam. 9,16; 1Sam. 9,16; 1Sam. 9,20; 1Sam. 9,24; 1Sam. 10,1; 1Sam. 10,7; 1Sam. 10,14; 1Sam. 10,16; 1Sam. 10,19; 1Sam. 10,24; 1Sam. 11,5; 1Sam. 11,12; 1Sam. 11,13; 1Sam. 12,5; 1Sam. 12,10; 1Sam. 12,12; 1Sam. 12,12; 1Sam. 12,17; 1Sam. 12,19; 1Sam. 12,21; 1Sam. 12,22; 1Sam. 12,22; 1Sam. 12,24; 1Sam. 13,6; 1Sam. 13,13; 1Sam. 13,14; 1Sam. 13,19; 1Sam. 14,3; 1Sam. 14,6; 1Sam. 14,10; 1Sam. 14,12; 1Sam. 14,18; 1Sam. 14,22; 1Sam. 14,26; 1Sam. 14,29; 1Sam. 14,29; 1Sam. 14,30; 1Sam. 14,30; 1Sam. 14,39; 1Sam. 14,39; 1Sam. 14,41; 1Sam. 14,44; 1Sam. 14,45; 1Sam. 15,11; 1Sam. 15,11; 1Sam. 15,23; 1Sam. 15,23; 1Sam. 15,24; 1Sam. 15,24; 1Sam. 15,26; 1Sam. 15,29; 1Sam. 15,35; 1Sam. 15,35; 1Sam. 16,1; 1Sam. 16,7; 1Sam. 16,7; 1Sam. 16,7; 1Sam. 16,11; 1Sam. 16,12; 1Sam. 16,22; 1Sam. 17,33; 1Sam. 17,39; 1Sam. 17,42; 1Sam. 17,43; 1Sam. 17,46; 1Sam. 17,47; 1Sam. 17,47; 1Sam. 17,51; 1Sam. 18,16; 1Sam. 18,28; 1Sam. 19,4; 1Sam. 20,1; 1Sam. 20,2; 1Sam. 20,3; 1Sam. 20,3; 1Sam. 20,6; 1Sam. 20,7; 1Sam. 20,8; 1Sam. 20,9; 1Sam. 20,9; 1Sam. 20,12; 1Sam. 20,13; 1Sam. 20,17; 1Sam. 20,18; 1Sam. 20,21; 1Sam. 20,22; 1Sam. 20,26; 1Sam. 20,26; 1Sam. 20,27; 1Sam. 20,29; 1Sam. 20,30; 1Sam. 20,31; 1Sam. 20,31; 1Sam. 20,33; 1Sam. 20,34; 1Sam. 20,34; 1Sam. 21,2; 1Sam. 21,5; 1Sam. 21,7; 1Sam. 21,7; 1Sam. 21,9; 1Sam. 21,9; 1Sam. 21,10; 1Sam. 21,16; 1Sam. 22,6; 1Sam. 22,8; 1Sam. 22,8; 1Sam. 22,15; 1Sam. 22,17; 1Sam. 22,17; 1Sam. 22,17; 1Sam. 22,21; 1Sam. 22,22; 1Sam. 22,22; 1Sam. 22,23; 1Sam. 22,23; 1Sam. 23,4; 1Sam. 23,7; 1Sam. 23,7; 1Sam. 23,9; 1Sam. 23,10; 1Sam. 23,13; 1Sam. 23,15; 1Sam. 23,17; 1Sam. 23,21; 1Sam. 23,27; 1Sam. 24,2; 1Sam. 24,6; 1Sam. 24,7; 1Sam. 24,11; 1Sam. 24,12; 1Sam. 24,18; 1Sam. 24,20; 1Sam. 24,21; 1Sam. 24,22; 1Sam. 25,4; 1Sam. 25,7; 1Sam. 25,8; 1Sam. 25,17; 1Sam. 25,25; 1Sam. 25,28; 1Sam. 25,28; 1Sam. 25,30; 1Sam. 25,34; 1Sam. 25,34; 1Sam.

ὅτι 1861

26,3; 1Sam. 26,4; 1Sam. 26,9; 1Sam. 26,12; 1Sam. 26,15; 1Sam. 26,16; 1Sam. 26,18; 1Sam. 26,19; 1Sam. 26,20; 1Sam. 26,21; 1Sam. 27,4; 1Sam. 28,1; 1Sam. 28,14; 1Sam. 28,21; 1Sam. 28,22; 1Sam. 29,6; 1Sam. 29,6; 1Sam. 29,8; 1Sam. 29,9; 1Sam. 29,10; 1Sam. 30,6; 1Sam. 30,6; 1Sam. 30,8; 1Sam. 30,12; 1Sam. 30,13; 1Sam. 30,17; 1Sam. 30,22; 1Sam. 30,24; 1Sam. 31,4; 1Sam. 31,5; 1Sam. 31,7; 1Sam. 31,7; 2Sam. 1,4; 2Sam. 1,5; 2Sam. 1,9; 2Sam. 1,9; 2Sam. 1,10; 2Sam. 1,10; 2Sam. 1,12; 2Sam. 1,16; 2Sam. 1,16; 2Sam. 1,21; 2Sam. 2,4; 2Sam. 2,5; 2Sam. 2,6; 2Sam. 2,7; 2Sam. 2,26; 2Sam. 2,27; 2Sam. 3,7; 2Sam. 3,9; 2Sam. 3,9; 2Sam. 3,18; 2Sam. 3,22; 2Sam. 3,25; 2Sam. 3,35; 2Sam. 3,37; 2Sam. 3,38; 2Sam. 3,39; 2Sam. 4,1; 2Sam. 4,2; 2Sam. 4,10; 2Sam. 4,10; 2Sam. 5,6; 2Sam. 5,6; 2Sam. 5,12; 2Sam. 5,12; 2Sam. 5,17; 2Sam. 5,19; 2Sam. 5,24; 2Sam. 6,6; 2Sam. 7,3; 2Sam. 7,6; 2Sam. 7,7; 2Sam. 7,11; 2Sam. 7,18; 2Sam. 7,22; 2Sam. 7,29; 2Sam. 8,9; 2Sam. 8,10; 2Sam. 9,7; 2Sam. 9,8; 2Sam. 9,13; 2Sam. 10,3; 2Sam. 10,5; 2Sam. 10,6; 2Sam. 10,9; 2Sam. 10,14; 2Sam. 10,15; 2Sam. 10,19; 2Sam. 11,10; 2Sam. 11,10; 2Sam. 11,16; 2Sam. 11,20; 2Sam. 11,20; 2Sam. 11,22; 2Sam. 11,25; 2Sam. 11,26; 2Sam. 12,5; 2Sam. 12,6; 2Sam. 12,9; 2Sam. 12,10; 2Sam. 12,12; 2Sam. 12,14; 2Sam. 12,18; 2Sam. 12,18; 2Sam. 12,18; 2Sam. 12,19; 2Sam. 12,19; 2Sam. 12,22; 2Sam. 13,2; 2Sam. 13,4; 2Sam. 13,13; 2Sam. 13,15; 2Sam. 13,16; 2Sam. 13,18; 2Sam. 13,20; 2Sam. 13,21; 2Sam. 13,21; 2Sam. 13,22; 2Sam. 13,28; 2Sam. 13,32; 2Sam. 13,32; 2Sam. 13,32; 2Sam. 13,33; 2Sam. 13,39; 2Sam. 13,39; 2Sam. 14,1; 2Sam. 14,14; 2Sam. 14,15; 2Sam. 14,16; 2Sam. 14,17; 2Sam. 14,19; 2Sam. 14,22; 2Sam. 14,22; 2Sam. 14,26; 2Sam. 15,8; 2Sam. 15,14; 2Sam. 15,19; 2Sam. 15,19; 2Sam. 15,21; 2Sam. 15,21; 2Sam. 16,3; 2Sam. 16,8; 2Sam. 16,8; 2Sam. 16,10; 2Sam. 16,11; 2Sam. 16,21; 2Sam. 17,8; 2Sam. 17,10; 2Sam. 17,10; 2Sam. 17,11; 2Sam. 17,17; 2Sam. 17,21; 2Sam. 17,23; 2Sam. 17,29; 2Sam. 18,3; 2Sam. 18,3; 2Sam. 18,3; 2Sam. 18,11; 2Sam. 18,12; 2Sam. 18,16; 2Sam. 18,18; 2Sam. 18,19; 2Sam. 18,22; 2Sam. 18,31; 2Sam. 19,3; 2Sam. 19,3; 2Sam. 19,7; 2Sam. 19,7; 2Sam. 19,7; 2Sam. 19,7; 2Sam. 19,8; 2Sam. 19,8; 2Sam. 19,21; 2Sam. 19,21; 2Sam. 19,22; 2Sam. 19,23; 2Sam. 19,23; 2Sam. 19,26; 2Sam. 19,27; 2Sam. 19,27; 2Sam. 19,29; 2Sam. 19,29; 2Sam. 19,33; 2Sam. 19,35; 2Sam. 19,42; 2Sam. 20,12; 2Sam. 20,21; 2Sam. 21,2; 2Sam. 21,12; 2Sam. 22,5; 2Sam. 22,8; 2Sam. 22,18; 2Sam. 22,20; 2Sam. 22,22; 2Sam. 22,23; 2Sam. 22,29; 2Sam. 22,30; 2Sam. 23,5; 2Sam. 23,5; 2Sam. 23,6; 2Sam. 24,10; 2Sam. 24,14; 2Sam. 24,21; 2Sam. 24,24; 2Sam. 24,25; 1Kings 1,11; 1Kings 1,13; 1Kings 1,13; 1Kings 1,17; 1Kings 1,25; 1Kings 1,30; 1Kings 1,30; 1Kings 1,30; 1Kings 1,42; 1Kings 2,7; 1Kings 2,9; 1Kings 2,15; 1Kings 2,15; 1Kings 2,17; 1Kings 2,20; 1Kings 2,22; 1Kings 2,23; 1Kings 2,24; 1Kings 2,26; 1Kings 2,26; 1Kings 2,26; 1Kings 2,28; 1Kings 2,29; 1Kings 2,29; 1Kings 2,30; 1Kings 2,350; 1Kings 2,37; 1Kings 2,41; 1Kings 2,42; 1Kings 2,43; 1Kings 2,46f; 1Kings 3,2; 1Kings 3,4; 1Kings 3,9; 1Kings 3,10; 1Kings 3,26; 1Kings 3,28; 1Kings 3,28; 1Kings 5,4; 1Kings 5,15; 1Kings 5,17; 1Kings 5,20; 1Kings 5,20; 1Kings 6,6; 1Kings 8,7; 1Kings 8,11; 1Kings 8,18; 1Kings 8,27; 1Kings 8,33; 1Kings 8,35; 1Kings 8,36; 1Kings 8,37; 1Kings 8,39; 1Kings 8,43; 1Kings 8,44; 1Kings 8,46; 1Kings 8,46; 1Kings 8,51; 1Kings 8,53; 1Kings 8,60; 1Kings 8,64; 1Kings 8,64; 1Kings 10,21; 1Kings 10,22; 1Kings 10,22c # 9,22; 1Kings 11,9; 1Kings 11,16; 1Kings 11,21; 1Kings 11,21; 1Kings 11,28; 1Kings 11,31; 1Kings 12,1; 1Kings 12,15; 1Kings 12,16; 1Kings 12,20; 1Kings 12,24; 1Kings 12,24d; 1Kings 12,24k; 1Kings 12,24m; 1Kings 12,24m; 1Kings 12,24t; 1Kings 12,24y; 1Kings 13,9; 1Kings 13,17; 1Kings 13,32; 1Kings 15,4; 1Kings 16,18; 1Kings 16,28f; 1Kings 17,1; 1Kings 17,7; 1Kings 17,14; 1Kings 17,24; 1Kings 18,9; 1Kings 18,10; 1Kings 18,15; 1Kings 18,18; 1Kings 18,25; 1Kings 18,27; 1Kings 18,27; 1Kings 18,36; 1Kings 18,37; 1Kings 18,41; 1Kings 19,2; 1Kings 19,4; 1Kings 19,7; 1Kings 19,10; 1Kings 19,14; 1Kings 19,20; 1Kings 20,2; 1Kings 20,15; 1Kings 20,15; 1Kings 20,16; 1Kings 20,18; 1Kings 21,6; 1Kings 21,7; 1Kings 21,7; 1Kings 21,13; 1Kings 21,22; 1Kings 21,28; 1Kings 21,31; 1Kings 21,41; 1Kings 22,3; 1Kings 22,8; 1Kings 22,14; 1Kings 22,33; 1Kings 22,34; 1Kings 22,37; 2Kings 1,4; 2Kings 1,4; 2Kings 1,5; 2Kings 1,6; 2Kings 1,16; 2Kings 1,16; 2Kings 2,2; 2Kings 2,3; 2Kings 2,4; 2Kings 2,5; 2Kings 2,6; 2Kings 3,10; 2Kings 3,13; 2Kings 3,14; 2Kings 3,17; 2Kings 3,21; 2Kings 3,26; 2Kings 4,1; 2Kings 4,2; 2Kings 4,9; 2Kings 4,23; 2Kings 4,24; 2Kings 4,27; 2Kings 4,29; 2Kings 4,39; 2Kings 4,43; 2Kings 5,1; 2Kings 5,7; 2Kings 5,7; 2Kings 5,7; 2Kings 5,8; 2Kings 5,8; 2Kings 5,11; 2Kings 5,13; 2Kings 5,15; 2Kings 5,15; 2Kings 5,17; 2Kings 5,20; 2Kings 6,9; 2Kings 6,12; 2Kings 6,16; 2Kings 6,32; 2Kings 7,10; 2Kings 7,12; 2Kings 7,12; 2Kings 8,1; 2Kings 8,10; 2Kings 8,12; 2Kings 8,13; 2Kings 8,18; 2Kings 8,29; 2Kings 9,11; 2Kings 9,16; 2Kings 9,16; 2Kings 9,20; 2Kings 9,25; 2Kings 9,34; 2Kings 10,10; 2Kings 10,19; 2Kings 10,21; 2Kings 10,23; 2Kings 11,1; 2Kings 11,15; 2Kings 12,8; 2Kings 12,8; 2Kings 12,11; 2Kings 12,15; 2Kings 12,16; 2Kings 13,4; 2Kings 13,4; 2Kings 13,7; 2Kings 13,7; 2Kings 14,6; 2Kings 14,26; 2Kings 15,16; 2Kings 17,4; 2Kings 17,7; 2Kings 17,21; 2Kings 17,36; 2Kings 17,39; 2Kings 18,4; 2Kings 18,12; 2Kings 18,22; 2Kings 18,26; 2Kings 18,29; 2Kings 18,31; 2Kings 18,32; 2Kings 18,34; 2Kings 18,35; 2Kings 18,36; 2Kings 19,3; 2Kings 19,8; 2Kings 19,8; 2Kings 19,17; 2Kings 19,18; 2Kings 19,19; 2Kings 19,31; 2Kings 20,1; 2Kings 20,8; 2Kings 20,9; 2Kings 20,12; 2Kings 20,12; 2Kings 22,7; 2Kings 22,13; 2Kings 22,19; 2Kings 23,9; 2Kings 23,22; 2Kings 23,23; 2Kings 24,7; 2Kings 24,20; 2Kings 25,23; 2Kings 25,26; 1Chr. 4,14; 1Chr. 4,40; 1Chr. 4,41; 1Chr. 5,1; 1Chr. 5,2; 1Chr. 5,9; 1Chr. 5,20; 1Chr. 5,20; 1Chr. 5,22; 1Chr. 5,22; 1Chr. 6,39; 1Chr. 7,4; 1Chr. 7,21; 1Chr. 7,23; 1Chr. 9,26; 1Chr. 9,27; 1Chr. 9,28; 1Chr. 9,33; 1Chr. 10,4; 1Chr. 10,5; 1Chr. 10,7; 1Chr. 10,7; 1Chr. 10,13; 1Chr. 11,19; 1Chr. 12,19; 1Chr. 12,20; 1Chr. 12,22; 1Chr. 12,23; 1Chr. 12,40; 1Chr. 12,41; 1Chr. 13,3; 1Chr. 13,4; 1Chr. 13,9; 1Chr. 13,11; 1Chr. 14,2; 1Chr. 14,2; 1Chr. 14,8; 1Chr. 14,15; 1Chr. 15,2; 1Chr. 15,13; 1Chr. 15,13; 1Chr. 15,22; 1Chr. 16,25; 1Chr. 16,26; 1Chr. 16,33; 1Chr. 16,34; 1Chr. 16,34; 1Chr. 16,41; 1Chr. 17,2; 1Chr. 17,5; 1Chr. 17,6; 1Chr. 17,16; 1Chr. 17,25; 1Chr. 17,27; 1Chr. 18,9; 1Chr. 18,10; 1Chr. 19,5; 1Chr. 19,6; 1Chr. 19,10; 1Chr. 19,15; 1Chr. 19,16; 1Chr. 19,19; 1Chr. 21,6; 1Chr. 21,8; 1Chr. 21,8; 1Chr. 21,13; 1Chr. 21,24; 1Chr. 21,24; 1Chr. 21,28; 1Chr. 21,30; 1Chr. 22,4; 1Chr. 22,8; 1Chr. 22,9; 1Chr. 22,14; 1Chr. 22,18; 1Chr. 23,25; 1Chr. 23,27; 1Chr. 23,28; 1Chr. 24,5; 1Chr. 26,5; 1Chr. 26,6; 1Chr. 26,10; 1Chr. 27,23; 1Chr. 28,3; 1Chr. 28,5; 1Chr. 28,6; 1Chr. 28,9; 1Chr. 28,10; 1Chr. 28,20; 1Chr. 29,1; 1Chr. 29,9; 1Chr. 29,11; 1Chr. 29,14; 1Chr. 29,14; 1Chr. 29,15; 1Chr. 29,17; 2Chr. 1,4; 2Chr. 1,9; 2Chr. 1,10; 2Chr. 2,4; 2Chr. 2,5; 2Chr. 2,5; 2Chr. 2,7; 2Chr. 2,8; 2Chr. 4,18; 2Chr. 5,11; 2Chr. 5,13; 2Chr. 5,13; 2Chr. 5,14; 2Chr. 6,8; 2Chr. 6,9; 2Chr. 6,13; 2Chr. 6,18; 2Chr. 6,26; 2Chr. 6,26; 2Chr. 6,27; 2Chr. 6,30; 2Chr. 6,33; 2Chr. 6,36; 2Chr. 6,36; 2Chr. 7,2; 2Chr. 7,3; 2Chr. 7,3; 2Chr. 7,6; 2Chr. 7,7; 2Chr. 7,7; 2Chr. 7,9; 2Chr. 8,9; 2Chr. 8,11; 2Chr. 8,11; 2Chr. 8,14; 2Chr. 9,21; 2Chr. 10,1; 2Chr. 10,15; 2Chr. 10,16; 2Chr. 11,4; 2Chr. 11,14; 2Chr. 11,14; 2Chr. 11,17; 2Chr. 11,21; 2Chr. 11,22; 2Chr. 12,2; 2Chr. 12,7; 2Chr. 12,8; 2Chr. 12,14; 2Chr. 13,5; 2Chr. 13,11; 2Chr. 13,12; 2Chr. 13,18; 2Chr. 14,5; 2Chr. 14,5; 2Chr. 14,6; 2Chr. 14,10; 2Chr. 14,12; 2Chr. 14,13; 2Chr. 14,13; 2Chr. 15,5; 2Chr. 15,6; 2Chr. 15,7; 2Chr. 15,9; 2Chr. 15,9; 2Chr. 15,15; 2Chr. 16,9; 2Chr. 16,10; 2Chr. 17,3; 2Chr. 18,7;

O, o

2Chr. 18,7; 2Chr. 18,13; 2Chr. 18,17; 2Chr. 18,32; 2Chr. 18,33; 2Chr. 19,3; 2Chr. 19,6; 2Chr. 19,7; 2Chr. 20,9; 2Chr. 20,10; 2Chr. 20,12; 2Chr. 20,15; 2Chr. 20,21; 2Chr. 20,25; 2Chr. 20,27; 2Chr. 20,29; 2Chr. 21,3; 2Chr. 21,6; 2Chr. 21,10; 2Chr. 22,1; 2Chr. 22,3; 2Chr. 22,4; 2Chr. 22,6; 2Chr. 22,9; 2Chr. 22,10; 2Chr. 23,6; 2Chr. 23,8; 2Chr. 23,14; 2Chr. 24,7; 2Chr. 24,11; 2Chr. 24,16; 2Chr. 24,20; 2Chr. 24,24; 2Chr. 24,24; 2Chr. 25,7; 2Chr. 25,8; 2Chr. 25,8; 2Chr. 25,16; 2Chr. 25,16; 2Chr. 25,16; 2Chr. 25,20; 2Chr. 25,20; 2Chr. 26,8; 2Chr. 26,10; 2Chr. 26,10; 2Chr. 26,15; 2Chr. 26,18; 2Chr. 26,20; 2Chr. 26,21; 2Chr. 26,23; 2Chr. 26,23; 2Chr. 27,6; 2Chr. 28,11; 2Chr. 28,13; 2Chr. 28,13; 2Chr. 28,17; 2Chr. 28,19; 2Chr. 28,19; 2Chr. 28,27; 2Chr. 29,6; 2Chr. 29,11; 2Chr. 29,24; 2Chr. 29,25; 2Chr. 29,34; 2Chr. 29,36; 2Chr. 30,3; 2Chr. 30,5; 2Chr. 30,9; 2Chr. 30,9; 2Chr. 30,17; 2Chr. 30,18; 2Chr. 30,24; 2Chr. 31,10; 2Chr. 31,18; 2Chr. 32,2; 2Chr. 32,7; 2Chr. 32,14; 2Chr. 32,15; 2Chr. 32,15; 2Chr. 32,29; 2Chr. 33,13; 2Chr. 33,23; 2Chr. 34,21; 2Chr. 35,14; 2Chr. 35,15; 2Chr. 35,23; 2Chr. 36,15; 1Esdr. 2,17; 1Esdr. 2,21; 1Esdr. 3,9; 1Esdr. 3,24; 1Esdr. 4,12; 1Esdr. 4,22; 1Esdr. 4,32; 1Esdr. 4,34; 1Esdr. 4,62; 1Esdr. 5,49; 1Esdr. 5,58; 1Esdr. 5,64; 1Esdr. 6,8; 1Esdr. 7,10; 1Esdr. 7,11; 1Esdr. 7,15; 1Esdr. 8,52; 1Esdr. 8,79; 1Esdr. 9,55; Ezra 3,3; Ezra 3,11; Ezra 3,11; Ezra 3,13; Ezra 4,1; Ezra 4,2; Ezra 4,3; Ezra 4,12; Ezra 4,13; Ezra 4,15; Ezra 4,16; Ezra 4,19; Ezra 5,8; Ezra 5,17; Ezra 6,11; Ezra 6,20; Ezra 6,22; Ezra 7,6; Ezra 7,9; Ezra 7,9; Ezra 7,10; Ezra 7,13; Ezra 7,21; Ezra 8,22; Ezra 8,22; Ezra 9,2; Ezra 9,6; Ezra 9,9; Ezra 9,10; Ezra 9,13; Ezra 9,13; Ezra 9,14; Ezra 9,15; Ezra 9,15; Ezra 10,1; Ezra 10,4; Ezra 10,6; Ezra 10,13; Ezra 10,16; Neh. 2,10; Neh. 3,33; Neh. 3,34; Neh. 3,36; Neh. 4,1; Neh. 4,1; Neh. 4,9; Neh. 5,18; Neh. 6,1; Neh. 6,6; Neh. 6,8; Neh. 6,9; Neh. 6,10; Neh. 6,12; Neh. 6,16; Neh. 6,18; Neh. 6,18; Neh. 7,2; Neh. 7,63; Neh. 8,5; Neh. 8,9; Neh. 8,10; Neh. 8,10; Neh. 8,11; Neh. 8,12; Neh. 8,17; Neh. 9,8; Neh. 9,10; Neh. 9,10; Neh. 9,31; Neh. 9,33; Neh. 10,40; Neh. 11,23; Neh. 12,29; Neh. 12,43; Neh. 12,44; Neh. 12,46; Neh. 13,2; Neh. 13,6; Neh. 13,10; Neh. 13,13; Esth. 12,2 # 1,1n; Esth. 1,11; Esth. 1,15; Esth. 2,21; Esth. 3,4; Esth. 3,5; Esth. 4,10; Esth. 4,11; Esth. 4,13; Esth. 4,14; Esth. 13,9 # 4,17b; Esth. 13,10 # 4,17c; Esth. 13,12 # 4,17d; Esth. 13,12 # 4,17d; Esth. 13,15 # 4,17f; Esth. 13,18 # 4,17i; Esth. 14,3 # 4,17l; Esth. 14,5 # 4,17m; Esth. 14,15 # 4,17u; Esth. 14,16 # 4,17w; Esth. 15,9 # 5,1f; Esth. 15,13 # 5,2a; Esth. 6,13; Esth. 8,1; Esth. 8,7; Esth. 9,26; Judith 1,11; Judith 2,6; Judith 2,7; Judith 2,12; Judith 4,3; Judith 4,5; Judith 4,7; Judith 5,7; Judith 5,17; Judith 5,19; Judith 5,20; Judith 6,2; Judith 6,2; Judith 6,9; Judith 7,19; Judith 7,19; Judith 7,21; Judith 7,24; Judith 8,8; Judith 8,9; Judith 8,11; Judith 8,14; Judith 8,15; Judith 8,16; Judith 8,18; Judith 8,20; Judith 8,21; Judith 8,23; Judith 8,24; Judith 8,27; Judith 8,29; Judith 8,31; Judith 9,7; Judith 9,14; Judith 10,12; Judith 10,19; Judith 11,1; Judith 11,7; Judith 11,8; Judith 11,9; Judith 11,10; Judith 11,14; Judith 11,17; Judith 11,19; Judith 11,23; Judith 12,4; Judith 12,12; Judith 12,14; Judith 12,18; Judith 13,5; Judith 13,13; Judith 13,16; Judith 13,19; Judith 14,13; Judith 14,18; Judith 16,2; Judith 16,2; Judith 16,14; Judith 16,16; Tob. 1,19; Tob. 1,19; Tob. 2,10; Tob. 3,5; Tob. 3,6; Tob. 3,8; Tob. 3,14; Tob. 4,4; Tob. 4,12; Tob. 4,21; Tob. 5,14; Tob. 6,12; Tob. 6,13; Tob. 6,13; Tob. 6,15; Tob. 6,16; Tob. 6,18; Tob. 6,18; Tob. 7,6; Tob. 8,14; Tob. 8,16; Tob. 8,17; Tob. 10,5; Tob. 10,8; Tob. 10,14; Tob. 11,7; Tob. 11,14; Tob. 11,16; Tob. 11,16; Tob. 12,3; Tob. 12,16; Tob. 12,18; Tob. 13,2; Tob. 13,3; Tob. 13,15; Tob. 13,16; Tob. 13,17; Tob. 14,4; Tob. 14,4; Tob. 14,4; Tob. 14,8; 1Mac. 1,5; 1Mac. 1,11; 1Mac. 2,30; 1Mac. 2,31; 1Mac. 2,37; 1Mac. 2,61; 1Mac. 2,62; 1Mac. 2,63; 1Mac. 2,64; 1Mac. 2,65; 1Mac. 3,13; 1Mac. 3,19; 1Mac. 3,29; 1Mac. 3,42; 1Mac. 3,46;

1Mac. 3,59; 1Mac. 4,5; 1Mac. 4,11; 1Mac. 4,17; 1Mac. 4,20; 1Mac. 4,24; 1Mac. 4,24; 1Mac. 4,27; 1Mac. 4,45; 1Mac. 5,1; 1Mac. 5,3; 1Mac. 5,12; 1Mac. 5,26; 1Mac. 5,31; 1Mac. 5,34; 1Mac. 5,40; 1Mac. 5,54; 1Mac. 5,61; 1Mac. 6,1; 1Mac. 6,3; 1Mac. 6,5; 1Mac. 6,8; 1Mac. 6,9; 1Mac. 6,9; 1Mac. 6,11; 1Mac. 6,13; 1Mac. 6,17; 1Mac. 6,43; 1Mac. 6,49; 1Mac. 6,49; 1Mac. 6,54; 1Mac. 6,55; 1Mac. 6,56; 1Mac. 7,11; 1Mac. 7,18; 1Mac. 7,25; 1Mac. 7,25; 1Mac. 7,30; 1Mac. 7,31; 1Mac. 7,42; 1Mac. 7,44; 1Mac. 8,1; 1Mac. 8,1; 1Mac. 8,2; 1Mac. 8,9; 1Mac. 8,18; 1Mac. 9,1; 1Mac. 9,6; 1Mac. 9,7; 1Mac. 9,7; 1Mac. 9,14; 1Mac. 9,16; 1Mac. 9,37; 1Mac. 9,57; 1Mac. 9,60; 1Mac. 9,68; 1Mac. 10,8; 1Mac. 10,19; 1Mac. 10,23; 1Mac. 10,46; 1Mac. 10,47; 1Mac. 10,71; 1Mac. 10,72; 1Mac. 10,75; 1Mac. 10,80; 1Mac. 11,2; 1Mac. 11,14; 1Mac. 11,21; 1Mac. 11,38; 1Mac. 11,39; 1Mac. 11,43; 1Mac. 11,49; 1Mac. 11,63; 1Mac. 12,1; 1Mac. 12,7; 1Mac. 12,21; 1Mac. 12,21; 1Mac. 12,24; 1Mac. 12,26; 1Mac. 12,28; 1Mac. 12,34; 1Mac. 12,42; 1Mac. 12,50; 1Mac. 12,51; 1Mac. 13,1; 1Mac. 13,2; 1Mac. 13,6; 1Mac. 13,14; 1Mac. 13,14; 1Mac. 13,17; 1Mac. 13,34; 1Mac. 13,51; 1Mac. 13,53; 1Mac. 14,2; 1Mac. 14,16; 1Mac. 14,17; 1Mac. 14,40; 1Mac. 14,40; 1Mac. 14,41; 1Mac. 15,12; 1Mac. 16,21; 1Mac. 16,21; 1Mac. 16,22; 2Mac. 1,27; 2Mac. 1,33; 2Mac. 2,1; 2Mac. 2,7; 2Mac. 2,18; 2Mac. 3,1; 2Mac. 5,17; 2Mac. 6,30; 2Mac. 7,28; 2Mac. 9,23; 2Mac. 14,3; 2Mac. 14,31; 2Mac. 15,21; 3Mac. 6,15; 3Mac. 6,15; 3Mac. 7,9; 4Mac. 1,7; 4Mac. 1,9; 4Mac. 1,24; 4Mac. 1,30; 4Mac. 1,33; 4Mac. 2,2; 4Mac. 2,6; 4Mac. 2,7; 4Mac. 2,9; 4Mac. 4,22; 4Mac. 4,25; 4Mac. 4,25; 4Mac. 5,25; 4Mac. 7,17; 4Mac. 7,19; 4Mac. 7,22; 4Mac. 8,11; 4Mac. 8,21; 4Mac. 9,18; 4Mac. 10,2; 4Mac. 10,16; 4Mac. 11,5; 4Mac. 13,1; 4Mac. 16,2; 4Mac. 16,5; 4Mac. 16,18; 4Mac. 16,25; 4Mac. 17,1; 4Mac. 18,2; 4Mac. 18,7; Psa. 1,6; Psa. 3,6; Psa. 3,8; Psa. 4,4; Psa. 4,9; Psa. 5,3; Psa. 5,5; Psa. 5,10; Psa. 5,11; Psa. 5,13; Psa. 6,3; Psa. 6,3; Psa. 6,6; Psa. 6,9; Psa. 8,2; Psa. 8,4; Psa. 8,5; Psa. 8,5; Psa. 9,5; Psa. 9,11; Psa. 9,13; Psa. 9,19; Psa. 9,21; Psa. 9,24; Psa. 9,35; Psa. 10,2; Psa. 10,3; Psa. 10,7; Psa. 11,2; Psa. 11,2; Psa. 13,5; Psa. 13,6; Psa. 15,1; Psa. 15,2; Psa. 15,8; Psa. 15,10; Psa. 16,6; Psa. 17,8; Psa. 17,18; Psa. 17,20; Psa. 17,22; Psa. 17,23; Psa. 17,28; Psa. 17,29; Psa. 17,30; Psa. 17,32; Psa. 19,7; Psa. 20,4; Psa. 20,7; Psa. 20,8; Psa. 20,12; Psa. 20,13; Psa. 21,9; Psa. 21,10; Psa. 21,12; Psa. 21,12; Psa. 21,17; Psa. 21,25; Psa. 21,29; Psa. 21,32; Psa. 22,4; Psa. 24,5; Psa. 24,6; Psa. 24,15; Psa. 24,16; Psa. 24,19; Psa. 24,20; Psa. 24,21; Psa. 25,1; Psa. 25,3; Psa. 26,5; Psa. 26,10; Psa. 26,12; Psa. 27,5; Psa. 27,6; Psa. 29,2; Psa. 29,6; Psa. 30,4; Psa. 30,5; Psa. 30,8; Psa. 30,10; Psa. 30,11; Psa. 30,14; Psa. 30,18; Psa. 30,22; Psa. 30,24; Psa. 31,3; Psa. 31,4; Psa. 32,4; Psa. 32,9; Psa. 32,20; Psa. 32,21; Psa. 33,9; Psa. 33,10; Psa. 34,7; Psa. 34,20; Psa. 35,3; Psa. 35,10; Psa. 36,2; Psa. 36,9; Psa. 36,13; Psa. 36,13; Psa. 36,17; Psa. 36,20; Psa. 36,22; Psa. 36,24; Psa. 36,28; Psa. 36,37; Psa. 36,40; Psa. 37,3; Psa. 37,5; Psa. 37,8; Psa. 37,16; Psa. 37,17; Psa. 37,18; Psa. 37,19; Psa. 38,10; Psa. 38,13; Psa. 39,13; Psa. 40,5; Psa. 40,12; Psa. 40,12; Psa. 41,5; Psa. 41,6; Psa. 41,12; Psa. 42,2; Psa. 42,5; Psa. 43,4; Psa. 43,20; Psa. 43,23; Psa. 43,26; Psa. 44,12; Psa. 44,12; Psa. 45,11; Psa. 46,3; Psa. 46,8; Psa. 46,10; Psa. 47,5; Psa. 47,15; Psa. 48,10; Psa. 48,18; Psa. 48,19; Psa. 49,6; Psa. 49,10; Psa. 49,21; Psa. 50,5; Psa. 50,18; Psa. 51,11; Psa. 51,11; Psa. 52,6; Psa. 52,6; Psa. 53,5; Psa. 53,8; Psa. 53,9; Psa. 54,4; Psa. 54,10; Psa. 54,13; Psa. 54,16; Psa. 54,19; Psa. 55,2; Psa. 55,3; Psa. 55,10; Psa. 55,14; Psa. 56,2; Psa. 56,11; Psa. 58,4; Psa. 58,8; Psa. 58,10; Psa. 58,14; Psa. 58,17; Psa. 58,18; Psa. 59,4; Psa. 60,4; Psa. 60,6; Psa. 61,6; Psa. 61,7; Psa. 61,13; Psa. 61,13; Psa. 62,4; Psa. 62,8; Psa. 62,12; Psa. 64,10; Psa. 65,10; Psa. 66,5; Psa. 68,2; Psa. 68,8; Psa. 68,10; Psa. 68,17; Psa. 68,18; Psa. 68,27; Psa. 68,34; Psa. 68,36; Psa. 70,3; Psa. 70,5; Psa. 70,10; Psa.

ὅτι   1863

70,11; Psa. 70,15; Psa. 71,12; Psa. 72,3; Psa. 72,4; Psa. 72,21; Psa. 72,27; Psa. 73,20; Psa. 74,7; Psa. 74,8; Psa. 74,9; Psa. 75,11; Psa. 76,12; Psa. 77,22; Psa. 77,35; Psa. 77,39; Psa. 78,7; Psa. 78,8; Psa. 80,5; Psa. 81,8; Psa. 82,3; Psa. 82,6; Psa. 82,19; Psa. 83,11; Psa. 83,12; Psa. 84,9; Psa. 85,1; Psa. 85,2; Psa. 85,3; Psa. 85,4; Psa. 85,5; Psa. 85,7; Psa. 85,10; Psa. 85,13; Psa. 85,17; Psa. 87,4; Psa. 88,3; Psa. 88,7; Psa. 88,18; Psa. 88,19; Psa. 89,4; Psa. 89,7; Psa. 89,9; Psa. 89,10; Psa. 90,3; Psa. 90,9; Psa. 90,11; Psa. 90,14; Psa. 90,14; Psa. 91,5; Psa. 91,10; Psa. 91,16; Psa. 93,11; Psa. 93,14; Psa. 93,17; Psa. 94,3; Psa. 94,4; Psa. 94,5; Psa. 94,7; Psa. 95,4; Psa. 95,5; Psa. 95,13; Psa. 95,13; Psa. 96,9; Psa. 97,1; Psa. 97,9; Psa. 98,3; Psa. 98,5; Psa. 98,9; Psa. 99,3; Psa. 99,5; Psa. 101,4; Psa. 101,5; Psa. 101,10; Psa. 101,11; Psa. 101,14; Psa. 101,14; Psa. 101,15; Psa. 101,17; Psa. 101,20; Psa. 102,11; Psa. 102,14; Psa. 102,14; Psa. 102,16; Psa. 104,38; Psa. 104,42; Psa. 105,1; Psa. 105,1; Psa. 105,33; Psa. 106,1; Psa. 106,1; Psa. 106,9; Psa. 106,11; Psa. 106,16; Psa. 106,30; Psa. 107,5; Psa. 108,2; Psa. 108,21; Psa. 108,22; Psa. 108,27; Psa. 108,31; Psa. 111,6; Psa. 113,5; Psa. 113,5; Psa. 113,6; Psa. 114,1; Psa. 114,2; Psa. 114,7; Psa. 114,8; Psa. 116,2; Psa. 117,1; Psa. 117,1; Psa. 117,2; Psa. 117,2; Psa. 117,3; Psa. 117,3; Psa. 117,4; Psa. 117,4; Psa. 117,21; Psa. 117,28; Psa. 117,29; Psa. 117,29; Psa. 118,22; Psa. 118,35; Psa. 118,42; Psa. 118,43; Psa. 118,45; Psa. 118,50; Psa. 118,56; Psa. 118,66; Psa. 118,71; Psa. 118,74; Psa. 118,75; Psa. 118,77; Psa. 118,78; Psa. 118,83; Psa. 118,91; Psa. 118,92; Psa. 118,93; Psa. 118,94; Psa. 118,98; Psa. 118,99; Psa. 118,100; Psa. 118,102; Psa. 118,104; Psa. 118,111; Psa. 118,118; Psa. 118,131; Psa. 118,139; Psa. 118,152; Psa. 118,153; Psa. 118,155; Psa. 118,158; Psa. 118,159; Psa. 118,168; Psa. 118,172; Psa. 118,173; Psa. 118,176; Psa. 119,5; Psa. 121,5; Psa. 122,3; Psa. 123,1; Psa. 123,2; Psa. 124,3; Psa. 129,4; Psa. 129,7; Psa. 131,13; Psa. 131,14; Psa. 132,3; Psa. 134,3; Psa. 134,3; Psa. 134,4; Psa. 134,5; Psa. 134,5; Psa. 134,14; Psa. 135,1; Psa. 135,1; Psa. 135,2; Psa. 135,3; Psa. 135,4; Psa. 135,5; Psa. 135,6; Psa. 135,7; Psa. 135,8; Psa. 135,9; Psa. 135,10; Psa. 135,11; Psa. 135,12; Psa. 135,13; Psa. 135,14; Psa. 135,15; Psa. 135,16; Psa. 135,16; Psa. 135,17; Psa. 135,18; Psa. 135,19; Psa. 135,20; Psa. 135,21; Psa. 135,22; Psa. 135,23; Psa. 135,23; Psa. 135,24; Psa. 135,25; Psa. 135,26; Psa. 135,26; Psa. 136,3; Psa. 137,1; Psa. 137,2; Psa. 137,4; Psa. 137,5; Psa. 137,6; Psa. 138,4; Psa. 138,12; Psa. 138,13; Psa. 138,14; Psa. 138,20; Psa. 139,13; Psa. 140,5; Psa. 140,6; Psa. 140,8; Psa. 141,5; Psa. 141,7; Psa. 141,7; Psa. 142,2; Psa. 142,3; Psa. 142,8; Psa. 142,8; Psa. 142,9; Psa. 142,10; Psa. 142,12; Psa. 143,3; Psa. 143,3; Psa. 146,1; Psa. 147,2; Psa. 148,5; Psa. 148,13; Psa. 149,4; Ode. 1,19; Ode. 2,3; Ode. 2,20; Ode. 2,22; Ode. 2,28; Ode. 2,35; Ode. 2,36; Ode. 2,39; Ode. 2,40; Ode. 2,41; Ode. 2,43; Ode. 3,2; Ode. 3,3; Ode. 3,5; Ode. 3,9; Ode. 4,8; Ode. 7,27; Ode. 7,28; Ode. 7,29; Ode. 7,37; Ode. 7,40; Ode. 7,45; Ode. 9,48; Ode. 9,49; Ode. 9,68; Ode. 12,5; Ode. 12,7; Ode. 12,13; Ode. 12,14; Ode. 12,15; Ode. 13,30; Ode. 14,25; Ode. 14,41; Ode. 14,43; Ode. 14,44; Prov. 2,6; Prov. 2,21; Prov. 6,16; Prov. 6,23; Prov. 7,23; Prov. 8,7; Prov. 9,18; Prov. 22,17; Prov. 23,2; Prov. 23,13; Prov. 23,22; Prov. 24,12; Prov. 24,18; Prov. 26,19; Prov. 27,24; Prov. 28,22; Prov. 29,20; Prov. 31,18; Eccl. 1,13; Eccl. 1,17; Eccl. 1,18; Eccl. 2,10; Eccl. 2,12; Eccl. 2,13; Eccl. 2,14; Eccl. 2,15; Eccl. 2,16; Eccl. 2,17; Eccl. 2,17; Eccl. 2,18; Eccl. 2,21; Eccl. 2,22; Eccl. 2,23; Eccl. 2,24; Eccl. 2,25; Eccl. 2,26; Eccl. 2,26; Eccl. 3,12; Eccl. 3,14; Eccl. 3,17; Eccl. 3,18; Eccl. 3,18; Eccl. 3,19; Eccl. 3,19; Eccl. 3,22; Eccl. 3,22; Eccl. 3,22; Eccl. 4,4; Eccl. 4,10; Eccl. 4,14; Eccl. 4,14; Eccl. 4,16; Eccl. 4,17; Eccl. 5,1; Eccl. 5,2; Eccl. 5,3; Eccl. 5,5; Eccl. 5,6; Eccl. 5,6; Eccl. 5,7; Eccl. 5,10; Eccl. 5,17; Eccl. 5,19; Eccl. 5,19; Eccl. 6,2; Eccl. 6,4; Eccl. 6,8; Eccl. 6,11; Eccl. 6,12; Eccl. 6,12; Eccl. 7,2; Eccl. 7,3; Eccl. 7,6; Eccl. 7,7; Eccl. 7,9; Eccl. 7,10; Eccl. 7,10; Eccl. 7,12; Eccl. 7,13; Eccl. 7,18; Eccl. 7,20; Eccl. 7,22; Eccl. 8,3; Eccl. 8,6; Eccl. 8,6; Eccl. 8,7; Eccl. 8,7; Eccl. 8,10; Eccl. 8,11; Eccl. 8,12; Eccl. 8,12; Eccl. 8,14; Eccl. 8,14; Eccl. 8,14; Eccl. 8,14; Eccl. 8,15; Eccl. 8,15; Eccl. 8,16; Eccl. 8,17; Eccl. 9,3; Eccl. 9,4; Eccl. 9,4; Eccl. 9,5; Eccl. 9,5; Eccl. 9,5; Eccl. 9,7; Eccl. 9,9; Eccl. 9,10; Eccl. 9,11; Eccl. 9,11; Eccl. 9,12; Eccl. 10,4; Eccl. 10,20; Eccl. 11,1; Eccl. 11,2; Eccl. 11,6; Eccl. 11,8; Eccl. 11,8; Eccl. 11,9; Eccl. 11,10; Eccl. 12,3; Eccl. 12,5; Eccl. 12,9; Eccl. 12,13; Eccl. 12,14; Song 1,2; Song 1,6; Song 1,6; Song 2,5; Song 2,11; Song 2,14; Song 5,2; Song 5,8; Song 5,9; Song 6,5; Song 8,6; Job 1,8; Job 2,3; Job 3,10; Job 5,24; Job 5,25; Job 6,11; Job 6,11; Job 6,27; Job 7,7; Job 7,12; Job 7,13; Job 7,17; Job 7,17; Job 8,19; Job 9,2; Job 9,16; Job 9,19; Job 9,21; Job 9,23; Job 9,28; Job 10,3; Job 10,6; Job 10,7; Job 10,9; Job 10,13; Job 11,4; Job 11,6; Job 11,6; Job 11,18; Job 12,9; Job 13,18; Job 13,19; Job 13,26; Job 15,13; Job 15,14; Job 15,23; Job 15,25; Job 15,27; Job 15,31; Job 16,3; Job 17,4; Job 19,3; Job 19,5; Job 19,6; Job 19,25; Job 21,15; Job 21,15; Job 21,21; Job 21,27; Job 21,28; Job 21,30; Job 22,3; Job 22,29; Job 23,2; Job 23,3; Job 23,17; Job 24,17; Job 24,17; Job 25,3; Job 27,8; Job 27,12; Job 29,11; Job 30,23; Job 31,18; Job 31,21; Job 31,28; Job 32,4; Job 32,5; Job 32,7; Job 32,16; Job 34,3; Job 34,5; Job 34,9; Job 34,23; Job 34,27; Job 34,31; Job 34,33; Job 34,33; Job 35,2; Job 35,15; Job 36,5; Job 36,9; Job 36,10; Job 36,13; Job 36,24; Job 37,4; Job 37,15; Job 38,21; Job 39,11; Job 39,12; Job 39,14; Job 39,15; Job 39,17; Job 40,14; Job 40,23; Job 41,2; Job 42,2; Job 42,8; Wis. 1,2; Wis. 1,4; Wis. 1,6; Wis. 1,7; Wis. 1,10; Wis. 1,11; Wis. 1,13; Wis. 1,16; Wis. 2,2; Wis. 2,2; Wis. 2,5; Wis. 2,9; Wis. 2,12; Wis. 2,15; Wis. 2,23; Wis. 3,5; Wis. 3,9; Wis. 3,13; Wis. 4,1; Wis. 4,15; Wis. 4,19; Wis. 5,14; Wis. 5,16; Wis. 6,3; Wis. 6,4; Wis. 6,5; Wis. 6,7; Wis. 6,16; Wis. 6,23; Wis. 7,9; Wis. 7,10; Wis. 7,12; Wis. 7,15; Wis. 8,9; Wis. 8,17; Wis. 8,21; Wis. 9,5; Wis. 10,12; Wis. 10,21; Wis. 11,16; Wis. 11,22; Wis. 11,23; Wis. 11,26; Wis. 12,10; Wis. 12,10; Wis. 12,13; Wis. 12,19; Wis. 12,19; Wis. 13,7; Wis. 13,16; Wis. 14,3; Wis. 14,4; Wis. 14,8; Wis. 14,11; Wis. 14,21; Wis. 14,30; Wis. 15,2; Wis. 15,9; Wis. 15,9; Wis. 15,9; Wis. 15,11; Wis. 15,13; Wis. 15,15; Wis. 16,8; Wis. 16,9; Wis. 16,18; Wis. 16,22; Wis. 16,26; Wis. 16,28; Wis. 18,1; Wis. 18,2; Wis. 18,21; Wis. 19,2; Sir. 1,30; Sir. 2,5; Sir. 2,13; Sir. 3,20; Sir. 4,17; Sir. 6,17; Sir. 7,16; Sir. 7,17; Sir. 7,28; Sir. 8,5; Sir. 8,7; Sir. 8,8; Sir. 8,9; Sir. 8,16; Sir. 9,12; Sir. 9,13; Sir. 10,9; Sir. 10,13; Sir. 11,4; Sir. 11,21; Sir. 11,26; Sir. 12,6; Sir. 12,11; Sir. 13,13; Sir. 14,12; Sir. 14,16; Sir. 15,9; Sir. 15,11; Sir. 15,12; Sir. 15,18; Sir. 16,17; Sir. 17,30; Sir. 18,12; Sir. 22,11; Sir. 23,19; Sir. 23,27; Sir. 24,34; Sir. 27,20; Sir. 27,21; Sir. 31,13; Sir. 33,18; Sir. 33,31; Sir. 33,32; Sir. 34,14; Sir. 35,10; Sir. 35,12; Sir. 36,4; Sir. 36,17; Sir. 37,21; Sir. 38,22; Sir. 39,16; Sir. 41,7; Sir. 46,6; Sir. 46,10; Sir. 50,29; Sir. 51,2; Sir. 51,8; Sir. 51,24; Sir. 51,27; Sol. 1,2; Sol. 1,3; Sol. 2,7; Sol. 2,8; Sol. 2,9; Sol. 2,15; Sol. 2,16; Sol. 2,23; Sol. 2,24; Sol. 2,27; Sol. 2,28; Sol. 2,29; Sol. 2,31; Sol. 2,32; Sol. 2,33; Sol. 2,36; Sol. 3,2; Sol. 3,10; Sol. 4,11; Sol. 4,20; Sol. 4,22; Sol. 4,24; Sol. 5,2; Sol. 5,4; Sol. 5,5; Sol. 5,12; Sol. 5,19; Sol. 7,2; Sol. 7,5; Sol. 7,7; Sol. 7,8; Sol. 8,19; Sol. 8,26; Sol. 8,28; Sol. 8,32; Sol. 9,2; Sol. 9,6; Sol. 9,8; Sol. 9,9; Sol. 10,7; Sol. 11,1; Sol. 11,7; Sol. 13,6; Sol. 13,7; Sol. 13,9; Sol. 13,10; Sol. 14,5; Sol. 14,8; Sol. 15,1; Sol. 15,6; Sol. 16,5; Sol. 16,13; Sol. 17,1; Sol. 17,3; Sol. 17,18; Sol. 17,19; Sol. 17,27; Sol. 17,32; Sol. 17,37; Hos. 2,2; Hos. 2,4; Hos. 2,6; Hos. 2,7; Hos. 2,9; Hos. 2,10; Hos. 4,6; Hos. 4,13; Hos. 4,16; Hos. 5,1; Hos. 5,4; Hos. 5,6; Hos. 5,7; Hos. 5,7; Hos. 5,11; Hos. 6,1; Hos. 6,9; Hos. 7,1; Hos. 7,13; Hos. 7,13; Hos. 8,3; Hos. 8,7; Hos. 8,9; Hos. 8,11; Hos. 9,15; Hos. 9,17; Hos. 10,3; Hos. 10,5; Hos. 10,5; Hos. 10,13; Hos. 11,3; Hos. 11,5; Hos. 11,10; Hos. 14,1; Hos. 14,5;

ο, ο

o, o

Amos 4,5; Amos 4,12; Amos 5,5; Amos 5,12; Amos 5,13; Amos 6,8; Amos 6,12; Amos 7,2; Amos 7,5; Amos 7,13; Amos 9,8; Mic. 1,9; Mic. 1,12; Mic. 1,13; Mic. 1,16; Mic. 2,3; Mic. 2,10; Mic. 4,2; Mic. 4,5; Mic. 4,9; Mic. 4,12; Mic. 4,13; Mic. 6,2; Mic. 7,1; Mic. 7,2; Mic. 7,8; Mic. 7,9; Mic. 7,18; Joel 1,5; Joel 1,6; Joel 1,10; Joel 1,10; Joel 1,11; Joel 1,12; Joel 1,13; Joel 1,15; Joel 1,17; Joel 1,18; Joel 1,19; Joel 1,20; Joel 2,1; Joel 2,11; Joel 2,11; Joel 2,13; Joel 2,20; Joel 2,21; Joel 2,22; Joel 2,22; Joel 2,27; Joel 3,5; Joel 4,8; Joel 4,10; Joel 4,13; Joel 4,13; Joel 4,14; Jonah 1,2; Jonah 1,10; Jonah 1,10; Jonah 1,11; Jonah 1,12; Jonah 1,13; Jonah 1,14; Jonah 3,10; Jonah 4,2; Jonah 4,3; Nah. 1,10; Nah. 1,14; Hab. 1,4; Hab. 1,16; Hab. 2,3; Hab. 2,7; Hab. 2,14; Hab. 2,18; Hab. 2,18; Hab. 3,8; Zeph. 1,7; Zeph. 1,11; Zeph. 1,17; Zeph. 2,7; Zeph. 3,9; Zeph. 3,11; Zech. 2,15; Zech. 8,23; Zech. 9,5; Zech. 9,17; Zech. 10,6; Zech. 11,2; Zech. 11,2; Zech. 11,3; Zech. 11,3; Zech. 13,3; Zech. 13,5; Mal. 2,2; Mal. 2,7; Mal. 2,10; Mal. 2,14; Mal. 3,8; Mal. 3,14; Is. 1,2; Is. 2,6; Is. 3,6; Is. 3,8; Is. 3,10; Is. 4,4; Is. 6,5; Is. 6,5; Is. 7,5; Is. 7,24; Is. 8,10; Is. 9,4; Is. 9,5; Is. 9,16; Is. 9,19; Is. 9,20; Is. 10,23; Is. 10,24; Is. 11,9; Is. 12,4; Is. 12,5; Is. 12,6; Is. 14,31; Is. 14,32; Is. 15,4; Is. 16,4; Is. 16,9; Is. 16,12; Is. 18,4; Is. 19,20; Is. 20,4; Is. 21,6; Is. 21,16; Is. 22,1; Is. 22,5; Is. 22,9; Is. 22,9; Is. 22,10; Is. 22,14; Is. 22,16; Is. 22,25; Is. 23,1; Is. 23,13; Is. 23,14; Is. 24,6; Is. 24,18; Is. 24,23; Is. 25,1; Is. 25,2; Is. 25,10; Is. 26,3; Is. 28,11; Is. 28,17; Is. 29,10; Is. 30,4; Is. 30,7; Is. 30,8; Is. 30,9; Is. 30,12; Is. 30,20; Is. 31,4; Is. 31,7; Is. 33,14; Is. 33,21; Is. 33,23; Is. 34,6; Is. 34,16; Is. 35,6; Is. 36,5; Is. 36,15; Is. 36,20; Is. 37,3; Is. 37,8; Is. 37,20; Is. 37,24; Is. 37,32; Is. 38,7; Is. 38,22; Is. 39,1; Is. 39,7; Is. 40,2; Is. 40,2; Is. 40,5; Is. 41,13; Is. 41,20; Is. 41,23; Is. 41,24; Is. 41,26; Is. 43,1; Is. 43,3; Is. 43,5; Is. 43,10; Is. 43,20; Is. 44,3; Is. 44,12; Is. 44,16; Is. 44,17; Is. 44,18; Is. 44,19; Is. 44,20; Is. 44,20; Is. 44,21; Is. 44,23; Is. 44,23; Is. 45,3; Is. 45,5; Is. 45,6; Is. 45,9; Is. 45,11; Is. 45,14; Is. 45,23; Is. 46,9; Is. 47,1; Is. 47,10; Is. 47,14; Is. 48,4; Is. 48,5; Is. 48,5; Is. 48,7; Is. 48,8; Is. 48,11; Is. 49,7; Is. 49,13; Is. 49,18; Is. 49,19; Is. 49,23; Is. 49,26; Is. 50,2; Is. 50,7; Is. 50,8; Is. 51,2; Is. 51,4; Is. 51,6; Is. 51,15; Is. 52,3; Is. 52,5; Is. 52,6; Is. 52,7; Is. 52,8; Is. 52,8; Is. 52,9; Is. 52,12; Is. 52,15; Is. 53,3; Is. 53,8; Is. 53,9; Is. 54,1; Is. 54,4; Is. 54,4; Is. 54,4; Is. 54,5; Is. 55,5; Is. 55,7; Is. 56,3; Is. 56,8; Is. 56,10; Is. 57,8; Is. 57,10; Is. 58,3; Is. 59,4; Is. 59,14; Is. 59,15; Is. 60,5; Is. 60,16; Is. 61,9; Is. 63,15; Is. 63,16; Is. 64,6; Is. 64,8; Is. 65,5; Is. 65,8; Is. 65,12; Is. 65,18; Is. 65,23; Is. 66,4; Is. 66,8; Is. 66,12; Jer. 1,6; Jer. 1,7; Jer. 1,7; Jer. 1,8; Jer. 1,17; Jer. 2,5; Jer. 2,13; Jer. 2,19; Jer. 2,20; Jer. 2,25; Jer. 2,27; Jer. 2,28; Jer. 2,37; Jer. 2,37; Jer. 3,12; Jer. 3,13; Jer. 3,19; Jer. 3,21; Jer. 3,22; Jer. 4,3; Jer. 4,6; Jer. 4,13; Jer. 4,17; Jer. 4,18; Jer. 4,18; Jer. 4,19; Jer. 4,20; Jer. 4,31; Jer. 4,31; Jer. 5,4; Jer. 5,5; Jer. 5,6; Jer. 5,10; Jer. 5,11; Jer. 5,26; Jer. 6,1; Jer. 6,4; Jer. 6,4; Jer. 6,6; Jer. 6,9; Jer. 6,11; Jer. 6,12; Jer. 6,13; Jer. 6,15; Jer. 6,19; Jer. 6,25; Jer. 6,26; Jer. 6,30; Jer. 7,4; Jer. 7,5; Jer. 7,12; Jer. 7,16; Jer. 7,22; Jer. 7,29; Jer. 7,30; Jer. 7,34; Jer. 8,3; Jer. 8,8; Jer. 8,9; Jer. 8,14; Jer. 8,14; Jer. 9,1; Jer. 9,2; Jer. 9,3; Jer. 9,6; Jer. 9,9; Jer. 9,18; Jer. 9,18; Jer. 9,20; Jer. 9,23; Jer. 9,23; Jer. 9,25; Jer. 10,2; Jer. 10,3; Jer. 10,5; Jer. 10,5; Jer. 10,14; Jer. 10,16; Jer. 10,18; Jer. 10,21; Jer. 10,23; Jer. 10,25; Jer. 11,13; Jer. 11,14; Jer. 11,17; Jer. 11,20; Jer. 11,23; Jer. 12,1; Jer. 12,1; Jer. 12,4; Jer. 12,6; Jer. 12,6; Jer. 12,11; Jer. 12,12; Jer. 13,11; Jer. 13,12; Jer. 13,15; Jer. 13,17; Jer. 13,18; Jer. 13,27; Jer. 14,4; Jer. 14,5; Jer. 14,6; Jer. 14,7; Jer. 14,7; Jer. 14,12; Jer. 14,12; Jer. 14,13; Jer. 14,14; Jer. 14,17; Jer. 14,18; Jer. 14,20; Jer. 14,22; Jer. 15,14; Jer. 15,16; Jer. 15,17; Jer. 16,3; Jer. 16,5; Jer. 16,17; Jer. 16,21; Jer. 17,13; Jer. 17,14; Jer. 18,12; Jer. 18,15; Jer. 18,18; Jer. 18,20; Jer. 18,22; Jer. 19,15; Jer. 20,8; Jer. 20,8; Jer. 20,10; Jer. 20,11; Jer. 20,12; Jer. 20,13; Jer. 20,17; Jer. 21,2; Jer. 22,5; Jer. 22,6; Jer. 22,10; Jer. 22,15; Jer. 22,20; Jer. 22,22; Jer. 22,28; Jer. 22,30; Jer. 23,10; Jer. 23,11; Jer. 23,15; Jer. 23,16; Jer. 23,18; Jer. 23,35; Jer. 23,36; Jer. 24,7; Jer. 24,7; Jer. 26,5; Jer. 26,10; Jer. 26,12; Jer. 26,14; Jer. 26,15; Jer. 26,18; Jer. 26,19; Jer. 26,21; Jer. 26,22; Jer. 26,23; Jer. 26,23; Jer. 26,28; Jer. 26,28; Jer. 27,3; Jer. 27,9; Jer. 27,11; Jer. 27,15; Jer. 27,20; Jer. 27,24; Jer. 27,25; Jer. 27,26; Jer. 27,27; Jer. 27,29; Jer. 27,31; Jer. 27,33; Jer. 27,38; Jer. 27,44; Jer. 27,44; Jer. 27,46; Jer. 28,5; Jer. 28,6; Jer. 28,9; Jer. 28,11; Jer. 28,11; Jer. 28,12; Jer. 28,14; Jer. 28,17; Jer. 28,19; Jer. 28,26; Jer. 28,31; Jer. 28,51; Jer. 28,53; Jer. 28,53; Jer. 28,55; Jer. 28,56; Jer. 28,56; Jer. 28,62; Jer. 29,4; Jer. 30,2; Jer. 30,3; Jer. 30,4; Jer. 30,6; Jer. 30,6; Jer. 30,7; Jer. 30,7; Jer. 30,10; Jer. 30,13; Jer. 30,13; Jer. 30,15; Jer. 30,19; Jer. 30,19; Jer. 30,25; Jer. 30,29; Jer. 31,1; Jer. 31,3; Jer. 31,5; Jer. 31,9; Jer. 31,18; Jer. 31,20; Jer. 31,20; Jer. 31,26; Jer. 31,27; Jer. 31,34; Jer. 31,38; Jer. 31,40; Jer. 31,42; Jer. 31,44; Jer. 32,29; Jer. 32,29; Jer. 32,31; Jer. 32,34; Jer. 32,36; Jer. 32,38; Jer. 33,9; Jer. 33,11; Jer. 33,15; Jer. 33,15; Jer. 33,16; Jer. 33,19; Jer. 33,19; Jer. 34,5; Jer. 34,10; Jer. 34,14; Jer. 34,15; Jer. 34,16; Jer. 34,19; Jer. 35,4; Jer. 35,14; Jer. 36,7; Jer. 36,8; Jer. 36,9; Jer. 36,10; Jer. 36,13; Jer. 36,15; Jer. 37,3; Jer. 37,7; Jer. 37,14; Jer. 37,17; Jer. 37,17; Jer. 37,17; Jer. 37,21; Jer. 37,23; Jer. 38,6; Jer. 38,7; Jer. 38,9; Jer. 38,11; Jer. 38,15; Jer. 38,16; Jer. 38,18; Jer. 38,19; Jer. 38,19; Jer. 38,20; Jer. 38,22; Jer. 38,25; Jer. 38,32; Jer. 38,33; Jer. 38,34; Jer. 38,34; Jer. 39,4; Jer. 39,7; Jer. 39,8; Jer. 39,8; Jer. 39,15; Jer. 39,30; Jer. 39,31; Jer. 39,42; Jer. 39,44; Jer. 40,4; Jer. 40,11; Jer. 40,11; Jer. 40,11; Jer. 41,5; Jer. 41,7; Jer. 42,6; Jer. 42,7; Jer. 43,7; Jer. 44,9; Jer. 44,9; Jer. 44,15; Jer. 44,18; Jer. 44,19; Jer. 45,3; Jer. 45,4; Jer. 45,4; Jer. 45,5; Jer. 45,7; Jer. 45,9; Jer. 45,23; Jer. 45,25; Jer. 45,27; Jer. 46,18; Jer. 46,18; Jer. 47,3; Jer. 47,7; Jer. 47,11; Jer. 47,11; Jer. 47,14; Jer. 47,16; Jer. 48,8; Jer. 48,18; Jer. 48,18; Jer. 49,2; Jer. 49,6; Jer. 49,10; Jer. 49,11; Jer. 49,14; Jer. 49,18; Jer. 49,20; Jer. 50,7; Jer. 51,15; Jer. 51,17; Jer. 51,19; Jer. 51,27; Jer. 51,29; Jer. 51,33; Jer. 51,35; Bar. 1,13; Bar. 2,5; Bar. 2,9; Bar. 2,13; Bar. 2,15; Bar. 2,15; Bar. 2,17; Bar. 2,19; Bar. 2,20; Bar. 2,30; Bar. 2,30; Bar. 2,30; Bar. 2,31; Bar. 2,33; Bar. 3,2; Bar. 3,3; Bar. 3,6; Bar. 3,7; Bar. 3,7; Bar. 3,10; Bar. 4,4; Lam. 1,5; Lam. 1,9; Lam. 1,11; Lam. 1,14; Lam. 1,16; Lam. 1,16; Lam. 1,18; Lam. 1,19; Lam. 1,20; Lam. 1,20; Lam. 1,21; Lam. 1,21; Lam. 1,22; Lam. 2,13; Lam. 3,28; Lam. 3,32; Lam. 3,33; Lam. 4,12; Lam. 4,15; Lam. 5,16; Lam. 5,18; Lam. 5,22; LetterJ 22; LetterJ 28; LetterJ 29; LetterJ 43; LetterJ 49; LetterJ 50; LetterJ 50; LetterJ 51; LetterJ 56; LetterJ 64; LetterJ 68; LetterJ 71; Ezek. 1,21; Ezek. 2,5; Ezek. 3,7; Ezek. 3,20; Ezek. 3,21; Ezek. 6,7; Ezek. 6,14; Ezek. 7,27; Ezek. 9,9; Ezek. 9,9; Ezek. 10,11; Ezek. 10,20; Ezek. 11,10; Ezek. 11,16; Ezek. 12,11; Ezek. 12,16; Ezek. 12,23; Ezek. 12,24; Ezek. 12,25; Ezek. 13,23; Ezek. 14,8; Ezek. 15,5; Ezek. 15,7; Ezek. 16,62; Ezek. 18,4; Ezek. 18,19; Ezek. 18,19; Ezek. 19,5; Ezek. 20,29; Ezek. 21,4; Ezek. 21,17; Ezek. 21,18; Ezek. 23,8; Ezek. 23,13; Ezek. 23,37; Ezek. 23,39; Ezek. 23,40; Ezek. 23,45; Ezek. 24,7; Ezek. 25,3; Ezek. 25,3; Ezek. 25,3; Ezek. 26,5; Ezek. 26,6; Ezek. 26,7; Ezek. 26,14; Ezek. 26,19; Ezek. 28,10; Ezek. 28,22; Ezek. 28,24; Ezek. 28,26; Ezek. 29,6; Ezek. 29,9; Ezek. 29,16; Ezek. 29,21; Ezek. 30,3; Ezek. 30,8; Ezek. 30,9; Ezek. 30,13; Ezek. 30,19; Ezek. 30,25; Ezek. 30,26; Ezek. 31,7; Ezek. 32,11; Ezek. 32,15; Ezek. 32,27; Ezek. 32,32; Ezek. 33,5; Ezek. 33,5; Ezek. 33,16; Ezek. 33,29; Ezek. 33,31; Ezek. 33,33; Ezek. 34,15; Ezek. 34,18; Ezek. 34,27; Ezek. 34,30; Ezek. 35,4; Ezek. 35,9; Ezek. 35,12; Ezek. 35,12; Ezek. 35,15; Ezek. 36,5; Ezek. 36,8; Ezek. 36,9; Ezek. 36,11; Ezek. 36,23; Ezek. 36,34; Ezek. 36,36; Ezek. 36,38; Ezek. 37,6; Ezek. 37,13; Ezek. 37,14; Ezek. 37,24; Ezek. 37,28; Ezek. 38,23; Ezek. 39,5; Ezek. 39,6; Ezek. 39,7; Ezek. 39,8;

ὅτι

Ezek. 39,22; Ezek. 39,23; Ezek. 39,28; Ezek. 42,5; Ezek. 42,8; Ezek. 44,2; Ezek. 44,28; Ezek. 45,14; Ezek. 47,1; Ezek. 47,5; Ezek. 47,9; Ezek. 48,14; Dan. 2,5; Dan. 2,8; Dan. 2,8; Dan. 2,9; Dan. 2,10; Dan. 2,20; Dan. 2,23; Dan. 2,25; Dan. 2,47; Dan. 3,15; Dan. 3,18; Dan. 3,27; Dan. 3,29; Dan. 3,37; Dan. 3,40; Dan. 3,45; Dan. 3,88; Dan. 3,89; Dan. 3,89; Dan. 3,90; Dan. 3,94; Dan. 4,23; Dan. 4,23; Dan. 4,31; Dan. 4,37; Dan. 4,37; Dan. 4,37b; Dan. 4,37c; Dan. 5,9; Dan. 6,6; Dan. 6,6; Dan. 6,8; Dan. 6,9; Dan. 7,23; Dan. 9,8; Dan. 9,9; Dan. 9,11; Dan. 9,14; Dan. 9,16; Dan. 9,19; Dan. 9,23; Dan. 10,12; Dan. 10,19; Dan. 11,4; Dan. 11,6; Dan. 11,25; Dan. 11,37; Dan. 12,7; Dan. 12,9; Sus. 22; Sus. 35a; Sus. 38; Sus. 52; Bel 7; Bel 9; Bel 11; Bel 24; Bel 30; Josh. 19,9; Judg. 1,15; Judg. 1,19; Judg. 1,19; Judg. 1,32; Judg. 1,34; Judg. 2,2; Judg. 2,17; Judg. 2,18; Judg. 2,18; Judg. 3,22; Judg. 3,28; Judg. 4,3; Judg. 4,8; Judg. 4,9; Judg. 4,9; Judg. 4,12; Judg. 4,14; Judg. 4,14; Judg. 4,17; Judg. 4,19; Judg. 5,23; Judg. 6,5; Judg. 6,22; Judg. 6,22; Judg. 6,29; Judg. 6,30; Judg. 6,30; Judg. 6,31; Judg. 6,32; Judg. 6,37; Judg. 7,9; Judg. 7,15; Judg. 8,5; Judg. 8,15; Judg. 8,20; Judg. 8,20; Judg. 8,21; Judg. 8,22; Judg. 8,24; Judg. 8,24; Judg. 8,30; Judg. 9,2; Judg. 9,3; Judg. 9,5; Judg. 9,18; Judg. 9,24; Judg. 9,28; Judg. 9,28; Judg. 9,38; Judg. 9,47; Judg. 9,55; Judg. 10,10; Judg. 11,2; Judg. 11,12; Judg. 11,16; Judg. 11,18; Judg. 12,3; Judg. 12,4; Judg. 13,5; Judg. 13,5; Judg. 13,7; Judg. 13,16; Judg. 13,16; Judg. 13,17; Judg. 13,21; Judg. 13,22; Judg. 14,3; Judg. 14,3; Judg. 14,4; Judg. 14,4; Judg. 14,9; Judg. 14,10; Judg. 14,16; Judg. 14,17; Judg. 15,2; Judg. 15,3; Judg. 15,6; Judg. 15,7; Judg. 15,11; Judg. 15,13; Judg. 15,16; Judg. 16,17; Judg. 16,18; Judg. 16,18; Judg. 16,20; Judg. 16,24; Judg. 17,13; Judg. 17,13; Judg. 18,1; Judg. 18,9; Judg. 18,10; Judg. 18,14; Judg. 18,23; Judg. 18,26; Judg. 18,28; Judg. 19,28; Judg. 20,3; Judg. 20,6; Judg. 20,27; Judg. 20,28; Judg. 20,34; Judg. 20,36; Judg. 20,36; Judg. 20,39; Judg. 20,39; Judg. 20,41; Judg. 20,41; Judg. 21,5; Judg. 21,15; Judg. 21,16; Judg. 21,18; Judg. 21,18; Judg. 21,22; Judg. 21,22; Tob. 1,8; Tob. 1,19; Tob. 1,19; Tob. 1,19; Tob. 2,10; Tob. 3,5; Tob. 3,6; Tob. 3,9; Tob. 3,14; Tob. 4,4; Tob. 4,20; Tob. 4,21; Tob. 5,4; Tob. 5,14; Tob. 5,17; Tob. 5,18; Tob. 6,13; Tob. 6,13; Tob. 6,14; Tob. 6,14; Tob. 6,15; Tob. 6,16; Tob. 6,16; Tob. 6,18; Tob. 6,19; Tob. 7,6; Tob. 7,10; Tob. 7,12; Tob. 8,6; Tob. 8,14; Tob. 8,16; Tob. 8,17; Tob. 9,3-4; Tob. 9,5; Tob. 9,5; Tob. 9,6; Tob. 10,5; Tob. 10,8; Tob. 10,8; Tob. 10,12; Tob. 10,14; Tob. 11,7; Tob. 11,14; Tob. 11,15; Tob. 11,15; Tob. 11,15; Tob. 11,16; Tob. 11,16; Tob. 12,19; Tob. 13,2; Tob. 13,3; Tob. 13,15; Tob. 13,16; Tob. 13,17; Tob. 14,4; Tob. 14,4; Tob. 14,4; Tob. 14,9; Tob. 14,10; Tob. 14,11; Dan. 2,8; Dan. 2,8; Dan. 2,9; Dan. 2,9; Dan. 2,11; Dan. 2,20; Dan. 2,23; Dan. 2,41; Dan. 2,43; Dan. 2,45; Dan. 2,47; Dan. 3,18; Dan. 3,27; Dan. 3,28; Dan. 3,29; Dan. 3,37; Dan. 3,40; Dan. 3,45; Dan. 3,88; Dan. 3,89; Dan. 3,89; Dan. 3,90; Dan. 3,94; Dan. 3,95; Dan. 4,9; Dan. 4,17; Dan. 4,18; Dan. 4,18; Dan. 4,22; Dan. 4,23; Dan. 4,25; Dan. 4,26; Dan. 4,32; Dan. 4,34; Dan. 4,37; Dan. 5,12; Dan. 5,14; Dan. 5,16; Dan. 5,21; Dan. 6,4; Dan. 6,5; Dan. 6,11; Dan. 6,16; Dan. 6,23; Dan. 6,24; Dan. 6,27; Dan. 7,19; Dan. 8,26; Dan. 9,9; Dan. 9,11; Dan. 9,14; Dan. 9,16; Dan. 9,18; Dan. 9,19; Dan. 9,23; Dan. 10,11; Dan. 10,12; Dan. 10,14; Dan. 10,19; Dan. 11,4; Dan. 11,25; Dan. 11,27; Dan. 11,35; Dan. 11,37; Dan. 12,7; Dan. 12,9; Sus. 5; Sus. 11; Sus. 11; Sus. 13; Sus. 15; Sus. 18; Sus. 21; Sus. 27; Sus. 35; Sus. 43; Sus. 50; Sus. 61; Sus. 63; Bel 8; Bel 8; Bel 12; Bel 24; Bel 25; Bel 30)

Conjunction • subordinating • (causal) ▸ **467** (Matt. 2,18; Matt. 5,3; Matt. 5,4; Matt. 5,5; Matt. 5,6; Matt. 5,7; Matt. 5,8; Matt. 5,9; Matt. 5,10; Matt. 5,12; Matt. 5,34; Matt. 5,35; Matt. 5,35; Matt. 5,36; Matt. 5,45; Matt. 6,5; Matt. 6,26; Matt. 7,13; Matt. 9,36; Matt. 11,20; Matt. 11,21; Matt. 11,23; Matt. 11,25; Matt. 11,26; Matt. 11,29; Matt. 12,41; Matt. 12,42; Matt. 13,11; Matt. 13,13; Matt. 13,16; Matt. 13,16; Matt. 14,5; Matt. 15,23; Matt. 15,32; Matt. 16,7; Matt. 16,17; Matt. 16,23; Matt. 17,15; Matt. 20,15; Matt. 23,10; Matt. 23,13; Matt. 23,15; Matt. 23,23; Matt. 23,25; Matt. 23,27; Matt. 23,29; Matt. 24,42; Matt. 24,44; Matt. 25,8; Matt. 25,13; Mark 1,34; Mark 3,30; Mark 4,29; Mark 5,9; Mark 6,17; Mark 6,34; Mark 7,19; Mark 8,2; Mark 8,33; Mark 9,31; Mark 9,38; Mark 9,41; Mark 14,21; Mark 14,27; Mark 16,14; Luke 1,37; Luke 1,48; Luke 1,49; Luke 1,61; Luke 1,68; Luke 2,11; Luke 2,30; Luke 4,6; Luke 4,32; Luke 4,36; Luke 4,41; Luke 4,43; Luke 5,8; Luke 6,19; Luke 6,20; Luke 6,21; Luke 6,21; Luke 6,24; Luke 6,25; Luke 6,25; Luke 6,35; Luke 7,4; Luke 7,39; Luke 7,47; Luke 8,30; Luke 8,37; Luke 8,42; Luke 8,49; Luke 9,12; Luke 9,38; Luke 9,49; Luke 9,53; Luke 10,13; Luke 10,21; Luke 10,21; Luke 11,18; Luke 11,31; Luke 11,32; Luke 11,42; Luke 11,43; Luke 11,44; Luke 11,46; Luke 11,47; Luke 11,48; Luke 11,52; Luke 12,15; Luke 12,17; Luke 12,32; Luke 12,40; Luke 13,2; Luke 13,24; Luke 13,31; Luke 13,33; Luke 14,11; Luke 14,14; Luke 14,17; Luke 15,6; Luke 15,9; Luke 15,24; Luke 15,27; Luke 15,27; Luke 15,32; Luke 16,3; Luke 16,8; Luke 16,8; Luke 16,15; Luke 16,24; Luke 17,9; Luke 18,11; Luke 18,14; Luke 19,3; Luke 19,4; Luke 19,17; Luke 19,21; Luke 19,31; Luke 19,34; Luke 19,43; Luke 21,22; Luke 22,22; Luke 23,29; Luke 23,31; Luke 23,40; Luke 24,29; Luke 24,39; Luke 24,44; John 1,15; John 1,16; John 1,17; John 1,30; John 1,50; John 2,25; John 3,18; John 3,23; John 4,22; John 5,16; John 5,18; John 5,27; John 5,28; John 5,30; John 5,38; John 5,39; John 6,2; John 6,26; John 6,26; John 6,38; John 6,41; John 7,1; John 7,7; John 7,8; John 7,22; John 7,23; John 7,30; John 7,39; John 8,14; John 8,16; John 8,20; John 8,22; John 8,29; John 8,37; John 8,43; John 8,44; John 8,44; John 8,45; John 8,47; John 9,16; John 9,17; John 9,18; John 9,22; John 10,4; John 10,5; John 10,13; John 10,17; John 10,26; John 10,33; John 10,36; John 11,9; John 11,10; John 11,24; John 12,6; John 12,6; John 12,11; John 12,18; John 12,39; John 12,41; John 12,49; John 14,12; John 14,17; John 14,17; John 14,19; John 14,20; John 14,28; John 14,31; John 15,15; John 15,15; John 15,19; John 15,21; John 15,27; John 16,3; John 16,4; John 16,6; John 16,9; John 16,10; John 16,11; John 16,14; John 16,19; John 16,21; John 16,27; John 16,32; John 17,8; John 17,9; John 17,14; John 17,24; John 18,2; John 18,18; John 19,7; John 19,20; John 19,42; John 20,13; John 20,29; John 21,17; Acts 1,5; Acts 1,17; Acts 2,6; Acts 2,25; Acts 2,27; Acts 2,29; Acts 4,16; Acts 4,21; Acts 5,38; Acts 5,41; Acts 6,1; Acts 8,20; Acts 8,33; Acts 9,15; Acts 10,14; Acts 10,20; Acts 10,38; Acts 10,45; Acts 11,8; Acts 11,24; Acts 13,34; Acts 13,41; Acts 16,3; Acts 17,18; Acts 22,15; Acts 22,21; Rom. 1,8; Rom. 5,5; Rom. 5,8; Rom. 6,15; Rom. 6,17; Rom. 7,21; Rom. 8,27; Rom. 8,29; Rom. 9,2; Rom. 9,7; Rom. 9,32; Rom. 10,5; Rom. 11,36; Rom. 13,11; Rom. 14,23; 1Cor. 1,5; 1Cor. 1,25; 1Cor. 2,14; 1Cor. 3,13; 1Cor. 4,9; 1Cor. 10,17; 1Cor. 11,2; 1Cor. 11,15; 1Cor. 11,17; 1Cor. 12,15; 1Cor. 12,16; 1Cor. 15,15; 1Cor. 16,17; 2Cor. 1,5; 2Cor. 1,8; 2Cor. 1,18; 2Cor. 2,15; 2Cor. 3,14; 2Cor. 4,6; 2Cor. 7,9; 2Cor. 7,9; 2Cor. 7,13; 2Cor. 7,14; 2Cor. 8,2; 2Cor. 8,3; 2Cor. 8,17; 2Cor. 9,12; 2Cor. 10,7; 2Cor. 11,7; 2Cor. 11,11; Gal. 1,13; Gal. 2,11; Gal. 2,16; Gal. 3,13; Gal. 4,12; Gal. 4,20; Gal. 4,27; Gal. 6,8; Eph. 2,12; Eph. 2,18; Eph. 3,3; Eph. 4,25; Eph. 5,16; Eph. 5,23; Eph. 5,30; Eph. 6,12; Phil. 1,20; Phil. 1,29; Phil. 2,30; Phil. 4,10; Phil. 4,15; Phil. 4,16; Col. 1,16; Col. 1,19; Col. 2,9; 1Th. 1,5; 1Th. 2,13; 1Th. 2,14; 1Th. 3,8; 1Th. 4,16; 1Th. 5,9; 2Th. 1,3; 2Th. 1,10; 2Th. 2,13; 2Th. 3,4; 2Th. 3,7; 1Tim. 1,12; 1Tim. 1,13; 1Tim. 4,4; 1Tim. 4,10; 1Tim. 5,12; 1Tim. 6,2; 1Tim. 6,2; 2Tim. 1,16; Philem. 7; Heb. 8,9; Heb. 8,10; Heb. 8,11; Heb. 8,12; James 1,10; James 1,12; James 1,23; James 5,8; 1Pet. 1,16; 1Pet. 2,15; 1Pet. 2,21; 1Pet. 3,9; 1Pet. 3,12;

O, o

1Pet. 3,18; 1Pet. 4,1; 1Pet. 4,8; 1Pet. 4,14; 1Pet. 4,17; 1Pet. 5,5; 1Pet. 5,7; 2Pet. 3,8; 1John 2,8; 1John 2,11; 1John 2,12; 1John 2,13; 1John 2,13; 1John 2,14; 1John 2,14; 1John 2,14; 1John 2,16; 1John 2,21; 1John 2,21; 1John 2,21; 1John 3,1; 1John 3,2; 1John 3,8; 1John 3,9; 1John 3,9; 1John 3,12; 1John 3,14; 1John 3,22; 1John 4,1; 1John 4,4; 1John 4,7; 1John 4,8; 1John 4,13; 1John 4,17; 1John 4,18; 1John 4,19; 1John 5,4; 1John 5,6; 1John 5,7; 1John 5,9; 1John 5,10; 2John 4; Jude 11; Rev. 2,14; Rev. 3,4; Rev. 3,8; Rev. 3,10; Rev. 3,15; Rev. 3,17; Rev. 4,11; Rev. 5,4; Rev. 5,9; Rev. 6,17; Rev. 7,17; Rev. 8,11; Rev. 10,6; Rev. 11,2; Rev. 11,10; Rev. 11,17; Rev. 12,10; Rev. 12,12; Rev. 13,4; Rev. 14,7; Rev. 14,15; Rev. 14,15; Rev. 14,18; Rev. 15,1; Rev. 15,4; Rev. 15,4; Rev. 15,4; Rev. 16,5; Rev. 16,6; Rev. 16,21; Rev. 17,8; Rev. 17,14; Rev. 18,3; Rev. 18,5; Rev. 18,7; Rev. 18,8; Rev. 18,10; Rev. 18,11; Rev. 18,17; Rev. 18,19; Rev. 18,20; Rev. 18,23; Rev. 18,23; Rev. 19,2; Rev. 19,2; Rev. 19,6; Rev. 19,7; Rev. 21,4; Rev. 21,5; Rev. 22,5)

Conjunction · subordinating · (recitative) · (variant) ▸ **129** (Matt. 7,23; Matt. 9,18; Matt. 10,7; Matt. 14,26; Matt. 26,72; Matt. 26,74; Matt. 27,43; Matt. 27,47; Mark 1,15; Mark 1,37; Mark 1,40; Mark 2,12; Mark 3,11; Mark 3,21; Mark 3,22; Mark 3,22; Mark 5,23; Mark 5,28; Mark 5,35; Mark 6,4; Mark 6,14; Mark 6,15; Mark 6,15; Mark 6,18; Mark 6,35; Mark 8,4; Mark 8,28; Mark 8,28; Mark 10,33; Mark 12,6; Mark 12,7; Mark 12,29; Mark 13,6; Mark 14,27; Mark 14,58; Mark 14,58; Mark 14,69; Mark 14,71; Mark 14,72; Luke 1,25; Luke 4,12; Luke 4,21; Luke 4,41; Luke 4,43; Luke 5,26; Luke 5,36; Luke 7,16; Luke 7,16; Luke 9,22; Luke 12,54; Luke 12,55; Luke 14,30; Luke 15,2; Luke 17,10; Luke 19,7; Luke 19,9; Luke 19,42; Luke 20,5; Luke 23,5; Luke 24,34; Luke 24,46; John 1,20; John 1,32; John 3,11; John 4,35; John 4,42; John 4,52; John 6,14; John 6,42; John 7,12; John 8,34; John 9,9; John 9,11; John 9,17; John 9,23; John 10,7; John 10,34; John 10,36; John 10,41; John 13,11; John 14,2; John 16,17; John 18,9; Acts 2,13; Acts 3,22; Acts 5,23; Acts 5,25; Acts 6,11; Acts 7,6; Acts 11,3; Acts 13,34; Acts 14,22; Acts 15,1; Acts 15,5; Acts 16,36; Acts 17,6; Acts 18,13; Acts 19,21; Acts 23,5; Acts 23,20; Acts 24,21; Acts 25,8; Acts 26,31; Acts 28,25; Rom. 3,8; Rom. 3,10; Rom. 4,17; Rom. 8,36; Rom. 9,12; Rom. 9,17; Rom. 14,11; 1Cor. 9,10; 1Cor. 14,21; 1Cor. 15,27; 2Cor. 6,16; 2Cor. 10,10; Gal. 1,23; Gal. 3,8; Gal. 3,10; Gal. 3,11; Heb. 7,17; Heb. 10,8; Heb. 11,18; James 1,13; 1John 1,6; 1John 2,4; 1John 2,22; 1John 4,20; Rev. 18,7)

Conjunction · subordinating · (complement) ▸ **688** (Matt. 2,16; Matt. 2,22; Matt. 2,23; Matt. 3,9; Matt. 4,6; Matt. 4,12; Matt. 5,17; Matt. 5,20; Matt. 5,21; Matt. 5,22; Matt. 5,23; Matt. 5,27; Matt. 5,28; Matt. 5,32; Matt. 5,33; Matt. 5,38; Matt. 5,43; Matt. 6,7; Matt. 6,29; Matt. 6,32; Matt. 8,11; Matt. 8,27; Matt. 9,6; Matt. 9,28; Matt. 10,34; Matt. 11,24; Matt. 12,5; Matt. 12,6; Matt. 12,36; Matt. 13,17; Matt. 15,12; Matt. 15,17; Matt. 16,8; Matt. 16,11; Matt. 16,12; Matt. 16,18; Matt. 16,20; Matt. 16,21; Matt. 16,28; Matt. 17,10; Matt. 17,12; Matt. 17,13; Matt. 18,10; Matt. 18,13; Matt. 18,19; Matt. 19,4; Matt. 19,8; Matt. 19,9; Matt. 19,23; Matt. 19,28; Matt. 20,7; Matt. 20,10; Matt. 20,25; Matt. 20,30; Matt. 21,3; Matt. 21,16; Matt. 21,31; Matt. 21,43; Matt. 21,45; Matt. 22,16; Matt. 22,34; Matt. 23,31; Matt. 24,32; Matt. 24,33; Matt. 24,34; Matt. 24,43; Matt. 24,47; Matt. 25,24; Matt. 25,26; Matt. 26,2; Matt. 26,21; Matt. 26,34; Matt. 26,53; Matt. 26,54; Matt. 26,75; Matt. 27,3; Matt. 27,18; Matt. 27,24; Matt. 27,63; Matt. 28,5; Matt. 28,7; Matt. 28,13; Mark 2,1; Mark 2,8; Mark 2,10; Mark 2,16; Mark 2,17; Mark 3,28; Mark 4,38; Mark 4,41; Mark 5,29; Mark 6,49; Mark 6,55; Mark 7,2; Mark 7,6; Mark 7,18; Mark 7,20; Mark 8,16; Mark 8,17; Mark 8,24; Mark 8,31; Mark 9,1; Mark 9,11; Mark 9,13; Mark 9,25; Mark 9,26; Mark 9,41; Mark 10,42; Mark 10,47; Mark 11,17; Mark 11,23; Mark 11,23; Mark 11,24; Mark 11,32; Mark 12,12; Mark 12,14; Mark 12,19; Mark 12,26; Mark 12,28; Mark 12,32; Mark 12,34; Mark 12,35; Mark 12,43; Mark 13,28; Mark 13,29; Mark 13,30; Mark 14,14; Mark 14,18; Mark 14,25; Mark 14,30; Mark 15,10; Mark 15,39; Mark 16,4; Mark 16,7; Mark 16,11; Luke 1,22; Luke 1,45; Luke 1,58; Luke 2,23; Luke 2,49; Luke 2,49; Luke 3,8; Luke 4,4; Luke 4,10; Luke 4,11; Luke 4,24; Luke 5,24; Luke 7,37; Luke 7,43; Luke 8,25; Luke 8,47; Luke 8,53; Luke 9,7; Luke 9,8; Luke 9,8; Luke 9,19; Luke 10,11; Luke 10,12; Luke 10,20; Luke 10,20; Luke 10,24; Luke 10,40; Luke 11,38; Luke 12,24; Luke 12,30; Luke 12,37; Luke 12,39; Luke 12,44; Luke 12,51; Luke 13,2; Luke 13,4; Luke 13,14; Luke 13,14; Luke 14,24; Luke 15,7; Luke 16,25; Luke 17,15; Luke 18,8; Luke 18,9; Luke 18,29; Luke 18,37; Luke 19,11; Luke 19,22; Luke 19,26; Luke 20,19; Luke 20,21; Luke 20,37; Luke 21,3; Luke 21,5; Luke 21,20; Luke 21,30; Luke 21,31; Luke 21,32; Luke 22,16; Luke 22,18; Luke 22,37; Luke 22,61; Luke 22,70; Luke 23,7; Luke 24,7; Luke 24,21; Luke 24,39; John 1,34; John 1,50; John 2,17; John 2,18; John 2,22; John 3,2; John 3,7; John 3,19; John 3,21; John 3,28; John 3,28; John 3,28; John 3,33; John 4,1; John 4,1; John 4,17; John 4,19; John 4,20; John 4,21; John 4,25; John 4,27; John 4,35; John 4,37; John 4,39; John 4,42; John 4,44; John 4,47; John 4,51; John 4,53; John 5,6; John 5,15; John 5,24; John 5,25; John 5,32; John 5,36; John 5,42; John 5,45; John 6,5; John 6,15; John 6,22; John 6,22; John 6,24; John 6,36; John 6,46; John 6,61; John 6,65; John 6,69; John 7,7; John 7,26; John 7,29; John 7,35; John 7,42; John 7,52; John 8,17; John 8,24; John 8,24; John 8,27; John 8,28; John 8,33; John 8,37; John 8,48; John 8,52; John 8,54; John 8,55; John 9,8; John 9,9; John 9,19; John 9,20; John 9,20; John 9,24; John 9,25; John 9,29; John 9,30; John 9,31; John 9,32; John 9,35; John 9,41; John 10,38; John 11,6; John 11,13; John 11,15; John 11,20; John 11,22; John 11,27; John 11,31; John 11,31; John 11,40; John 11,41; John 11,42; John 11,42; John 11,47; John 11,50; John 11,51; John 11,56; John 12,9; John 12,12; John 12,16; John 12,19; John 12,34; John 12,34; John 12,50; John 13,1; John 13,3; John 13,3; John 13,19; John 13,21; John 13,29; John 13,33; John 13,35; John 14,10; John 14,11; John 14,28; John 14,28; John 15,18; John 15,25; John 16,4; John 16,15; John 16,19; John 16,20; John 16,21; John 16,26; John 16,27; John 16,30; John 16,30; John 17,7; John 17,8; John 17,8; John 17,21; John 17,23; John 17,25; John 18,8; John 18,14; John 18,37; John 19,4; John 19,10; John 19,21; John 19,28; John 19,35; John 20,9; John 20,14; John 20,15; John 20,18; John 20,31; John 21,4; John 21,7; John 21,12; John 21,15; John 21,16; John 21,17; John 21,23; John 21,23; John 21,24; Acts 2,30; Acts 2,31; Acts 2,36; Acts 3,10; Acts 3,17; Acts 4,10; Acts 4,13; Acts 4,13; Acts 5,4; Acts 5,9; Acts 6,14; Acts 7,25; Acts 8,14; Acts 8,18; Acts 9,20; Acts 9,22; Acts 9,26; Acts 9,27; Acts 9,38; Acts 10,34; Acts 10,42; Acts 11,1; Acts 12,3; Acts 12,9; Acts 12,11; Acts 13,33; Acts 13,38; Acts 14,9; Acts 14,27; Acts 15,7; Acts 15,24; Acts 16,10; Acts 16,19; Acts 16,38; Acts 17,3; Acts 17,3; Acts 17,13; Acts 19,25; Acts 19,26; Acts 19,26; Acts 19,34; Acts 20,23; Acts 20,23; Acts 20,25; Acts 20,26; Acts 20,29; Acts 20,31; Acts 20,34; Acts 20,35; Acts 20,35; Acts 20,38; Acts 21,21; Acts 21,22; Acts 21,24; Acts 21,29; Acts 21,31; Acts 22,2; Acts 22,19; Acts 22,29; Acts 22,29; Acts 23,5; Acts 23,6; Acts 23,22; Acts 23,27; Acts 23,34; Acts 24,11; Acts 24,14; Acts 24,26; Acts 25,16; Acts 26,5; Acts 26,27; Acts 27,10; Acts 27,25; Acts 28,1; Acts 28,22; Acts 28,28; Rom. 1,13; Rom. 1,32; Rom. 2,2; Rom. 2,3; Rom. 2,4; Rom. 3,2; Rom. 3,19; Rom. 4,21; Rom. 4,23; Rom. 5,3; Rom. 6,6; Rom. 6,8; Rom. 6,9; Rom. 6,16; Rom. 7,1; Rom. 7,14; Rom. 7,16; Rom. 7,18; Rom. 8,16; Rom. 8,18; Rom. 8,21; Rom. 8,22; Rom. 8,28; Rom. 8,38; Rom. 9,6; Rom. 9,30; Rom. 10,2;

ὅτι–οὐ

Rom. 10,9; Rom. 10,9; Rom. 11,25; Rom. 14,14; Rom. 15,14; Rom. 15,29; 1Cor. 1,11; 1Cor. 1,12; 1Cor. 1,14; 1Cor. 1,15; 1Cor. 1,26; 1Cor. 3,16; 1Cor. 3,20; 1Cor. 5,6; 1Cor. 6,2; 1Cor. 6,3; 1Cor. 6,7; 1Cor. 6,9; 1Cor. 6,15; 1Cor. 6,16; 1Cor. 6,19; 1Cor. 7,26; 1Cor. 8,1; 1Cor. 8,4; 1Cor. 8,4; 1Cor. 9,13; 1Cor. 9,24; 1Cor. 10,1; 1Cor. 10,19; 1Cor. 10,19; 1Cor. 10,20; 1Cor. 11,3; 1Cor. 11,14; 1Cor. 11,23; 1Cor. 12,2; 1Cor. 12,3; 1Cor. 14,23; 1Cor. 14,25; 1Cor. 14,37; 1Cor. 15,3; 1Cor. 15,4; 1Cor. 15,4; 1Cor. 15,5; 1Cor. 15,12; 1Cor. 15,12; 1Cor. 15,15; 1Cor. 15,27; 1Cor. 15,50; 1Cor. 15,58; 1Cor. 16,15; 2Cor. 1,7; 2Cor. 1,10; 2Cor. 1,12; 2Cor. 1,13; 2Cor. 1,14; 2Cor. 1,23; 2Cor. 1,24; 2Cor. 2,3; 2Cor. 3,3; 2Cor. 3,5; 2Cor. 4,14; 2Cor. 5,1; 2Cor. 5,6; 2Cor. 5,14; 2Cor. 5,19; 2Cor. 7,3; 2Cor. 7,8; 2Cor. 7,16; 2Cor. 8,9; 2Cor. 9,2; 2Cor. 10,11; 2Cor. 11,10; 2Cor. 11,21; 2Cor. 11,31; 2Cor. 12,4; 2Cor. 12,13; 2Cor. 12,19; 2Cor. 13,2; 2Cor. 13,5; 2Cor. 13,6; 2Cor. 13,6; Gal. 1,6; Gal. 1,11; Gal. 1,20; Gal. 2,7; Gal. 2,14; Gal. 2,16; Gal. 3,7; Gal. 3,8; Gal. 3,11; Gal. 4,13; Gal. 4,15; Gal. 4,22; Gal. 5,2; Gal. 5,3; Gal. 5,10; Gal. 5,21; Eph. 2,11; Eph. 4,9; Eph. 5,5; Eph. 6,8; Eph. 6,9; Phil. 1,6; Phil. 1,12; Phil. 1,16; Phil. 1,18; Phil. 1,19; Phil. 1,25; Phil. 1,27; Phil. 2,11; Phil. 2,16; Phil. 2,22; Phil. 2,24; Phil. 2,26; Phil. 3,12; Phil. 4,11; Phil. 4,17; Col. 3,24; Col. 4,1; Col. 4,13; 1Th. 2,1; 1Th. 3,3; 1Th. 3,4; 1Th. 3,6; 1Th. 4,14; 1Th. 4,15; 1Th. 5,2; 2Th. 2,2; 2Th. 2,3; 2Th. 2,4; 2Th. 2,5; 2Th. 3,9; 2Th. 3,10; 1Tim. 1,8; 1Tim. 1,9; 1Tim. 1,15; 1Tim. 4,1; 1Tim. 6,7; 2Tim. 1,5; 2Tim. 1,12; 2Tim. 1,15; 2Tim. 2,23; 2Tim. 3,1; 2Tim. 3,15; Titus 3,11; Philem. 19; Philem. 21; Philem. 22; Heb. 2,6; Heb. 2,6; Heb. 3,19; Heb. 7,8; Heb. 7,14; Heb. 11,6; Heb. 11,13; Heb. 11,14; Heb. 11,19; Heb. 12,17; Heb. 13,18; James 1,3; James 1,7; James 2,19; James 2,20; James 2,22; James 2,24; James 3,1; James 4,4; James 4,5; James 5,11; James 5,20; 1Pet. 1,12; 1Pet. 1,18; 1Pet. 2,3; 2Pet. 1,14; 2Pet. 1,20; 2Pet. 3,3; 2Pet. 3,5; 1John 1,5; 1John 1,8; 1John 1,10; 1John 2,3; 1John 2,5; 1John 2,18; 1John 2,18; 1John 2,19; 1John 2,29; 1John 2,29; 1John 3,2; 1John 3,5; 1John 3,14; 1John 3,15; 1John 3,16; 1John 3,19; 1John 3,20; 1John 3,20; 1John 3,24; 1John 4,3; 1John 4,9; 1John 4,10; 1John 4,10; 1John 4,13; 1John 4,14; 1John 4,15; 1John 5,1; 1John 5,2; 1John 5,5; 1John 5,9; 1John 5,11; 1John 5,13; 1John 5,14; 1John 5,15; 1John 5,15; 1John 5,18; 1John 5,19; 1John 5,20; 3John 12; Jude 5; Jude 18; Rev. 2,2; Rev. 2,4; Rev. 2,6; Rev. 2,20; Rev. 2,23; Rev. 3,1; Rev. 3,1; Rev. 3,9; Rev. 3,16; Rev. 3,17; Rev. 3,17; Rev. 12,12; Rev. 12,13)

Conjunction · subordinating · (resultive) ▸ **1** (John 14,22)

Conjunction · subordinating · (purposive) ▸ **2** (John 15,5; Rom. 6,3)

Ὅτι ▸ 30 + 3 + 4 = 37

Conjunction · subordinating ▸ **30** + 3 = **33** (Gen. 3,14; Gen. 3,17; Gen. 29,15; Gen. 29,33; Ex. 15,19; Num. 20,12; Num. 22,29; Deut. 29,24; Deut. 30,11; Josh. 4,7; Judg. 18,24; 1Sam. 1,20; 1Sam. 13,11; 1Sam. 30,22; 2Sam. 11,23; 1Kings 2,29; 1Kings 11,22; 1Kings 20,6; 2Kings 8,12; 2Chr. 28,23; 1Mac. 13,18; Eccl. 9,1; Zeph. 1,14; Is. 2,2; Is. 28,15; Is. 30,12; Jer. 8,4; Jer. 12,14; Jer. 51,33; Lam. 3,31; Judg. 11,13; Judg. 18,24; Bel 5)

Conjunction · subordinating · (causal) ▸ **4** (2Cor. 7,8; Gal. 4,6; 1John 3,11; 2John 7)

ὀτρύνω to urge ▸ 1

ὤτρυνε ▸ 1

Verb · third · singular · imperfect · active · indicative ▸ **1** (3Mac. 5,46)

οὐ not, no ▸ 6077 + 329 + 1624 = 8030

Οὐ ▸ 145 + 10 + 22 = 177

Particle · (negative) ▸ 145 + 10 + 22 = **177** (Gen. 2,18; Gen. 3,1; Gen. 3,3; Gen. 3,4; Gen. 4,9; Gen. 6,3; Gen. 8,21; Gen. 15,4; Gen. 18,28; Gen. 18,29; Gen. 18,30; Gen. 18,31; Gen. 18,32; Gen. 21,16; Gen. 24,33; Gen. 24,37; Gen. 28,1; Gen. 28,6; Gen. 29,8; Gen. 30,31; Gen. 32,27; Gen. 32,29; Gen. 34,14; Gen. 37,21; Gen. 42,38; Gen. 44,22; Gen. 44,26; Ex. 8,22; Ex. 19,23; Ex. 23,1; Ex. 33,20; Ex. 34,25; Lev. 19,11; Lev. 19,15; Lev. 26,1; Num. 10,30; Num. 20,18; Num. 20,20; Num. 22,12; Num. 22,14; Deut. 1,9; Deut. 14,3; Deut. 16,21; Deut. 17,1; Deut. 17,16; Deut. 18,16; Deut. 19,14; Deut. 22,9; Deut. 23,1; Deut. 23,16; Deut. 25,4; Deut. 25,7; Deut. 25,8; Deut. 28,68; Deut. 31,2; Josh. 24,19; Judg. 2,1; Judg. 2,3; Judg. 11,2; Judg. 19,12; Ruth 4,6; 1Sam. 3,5; 1Sam. 3,6; 1Sam. 5,7; 1Sam. 17,33; 1Sam. 17,39; 1Sam. 18,25; 1Sam. 30,23; 2Sam. 7,5; 2Sam. 11,10; 2Sam. 19,24; 1Kings 12,24t; 1Kings 13,16; 1Kings 18,18; 1Kings 20,6; 1Kings 22,17; 1Kings 22,18; 2Kings 4,28; 2Kings 5,25; 2Kings 6,22; 2Kings 17,12; 2Kings 17,35; 2Kings 19,10; 1Chr. 14,14; 1Chr. 17,4; 2Chr. 8,11; 2Chr. 26,18; 2Chr. 28,13; Neh. 4,5; Esth. 1,16; Esth. 5,12; Judith 5,23; Judith 12,2; Tob. 3,8; Tob. 6,16; Tob. 7,12; Tob. 8,6; Tob. 10,5; Tob. 11,2; 1Mac. 9,9; 1Mac. 11,42; 2Mac. 6,24; 4Mac. 9,30; 4Mac. 11,2; Psa. 9,27; Psa. 29,7; Job 24,15; Sir. 1,22; Sol. 1,5; Hos. 2,1; Amos 2,12; Amos 9,10; Zeph. 1,12; Zech. 4,5; Zech. 11,9; Zech. 13,3; Is. 7,7; Is. 7,12; Is. 29,11; Is. 29,16; Is. 29,16; Is. 29,22; Is. 37,10; Is. 37,33; Is. 65,6; Jer. 2,20; Jer. 2,31; Jer. 6,16; Jer. 11,21; Jer. 20,9; Jer. 34,9; Jer. 42,6; Jer. 42,6; Jer. 42,13; Jer. 44,19; Jer. 45,20; Jer. 49,13; Lam. 1,12; Lam. 4,15; Ezek. 12,28; Ezek. 18,25; Ezek. 18,29; Ezek. 33,11; Sus. 52; Bel 27; Judg. 2,1; Judg. 2,3; Judg. 11,2; Tob. 2,8; Tob. 6,16; Tob. 7,12; Tob. 8,6; Dan. 3,16; Bel 6; Bel 24; Matt. 7,21; Luke 6,43; John 5,30; John 7,19; John 13,18; John 17,20; Rom. 1,16; Rom. 4,13; Rom. 9,10; Rom. 11,25; 1Cor. 5,6; 1Cor. 10,1; 1Cor. 15,39; 2Cor. 1,8; 2Cor. 4,5; 2Cor. 8,8; 2Cor. 10,12; 1Th. 4,13; 2Th. 2,5; Heb. 2,5; Heb. 12,18; 2Pet. 1,16)

Οὔ ▸ 1 + 1 = 2

Particle · (negative) ▸ 1 + 1 = **2** (Hag. 2,12; Judg. 12,5)

οὐ ▸ 2158 + 87 + 655 = 2900

Particle · (negative) ▸ 2158 + 87 + 655 = **2900** (Gen. 2,5; Gen. 2,17; Gen. 4,5; Gen. 4,12; Gen. 8,12; Gen. 8,21; Gen. 8,22; Gen. 9,4; Gen. 15,10; Gen. 17,5; Gen. 17,14; Gen. 17,15; Gen. 18,25; Gen. 19,19; Gen. 19,20; Gen. 19,22; Gen. 21,10; Gen. 24,5; Gen. 24,39; Gen. 24,50; Gen. 27,2; Gen. 28,15; Gen. 29,15; Gen. 29,25; Gen. 30,1; Gen. 31,32; Gen. 31,35; Gen. 31,38; Gen. 32,26; Gen. 32,33; Gen. 35,5; Gen. 35,10; Gen. 38,16; Gen. 38,26; Gen. 39,8; Gen. 41,21; Gen. 41,49; Gen. 42,15; Gen. 42,34; Gen. 43,5; Gen. 43,32; Gen. 44,5; Gen. 44,23; Gen. 44,26; Gen. 45,1; Gen. 45,26; Gen. 47,4; Ex. 3,2; Ex. 3,3; Ex. 3,19; Ex. 4,21; Ex. 5,11; Ex. 5,14; Ex. 5,16; Ex. 5,18; Ex. 7,18; Ex. 8,24; Ex. 8,27; Ex. 9,4; Ex. 9,18; Ex. 9,24; Ex. 10,3; Ex. 10,5; Ex. 10,14; Ex. 11,6; Ex. 11,7; Ex. 12,10; Ex. 12,16; Ex. 12,30; Ex. 12,39; Ex. 12,46; Ex. 13,3; Ex. 14,12; Ex. 14,13; Ex. 14,20; Ex. 14,28; Ex. 16,8; Ex. 16,15; Ex. 16,28; Ex. 18,18; Ex. 19,13; Ex. 20,4; Ex. 20,5; Ex. 20,7; Ex. 20,7; Ex. 20,10; Ex. 20,13; Ex. 20,14; Ex. 20,15; Ex. 20,16; Ex. 20,23; Ex. 20,23; Ex. 21,8; Ex. 21,28; Ex. 22,17; Ex. 22,20; Ex. 22,21; Ex. 22,27; Ex. 22,27; Ex. 22,28; Ex. 23,1; Ex. 23,2; Ex. 23,5; Ex. 23,6; Ex. 23,7; Ex. 23,8; Ex. 23,9; Ex. 23,18; Ex. 23,21; Ex. 23,24; Ex. 23,24; Ex. 23,32; Ex. 24,2; Ex. 24,11; Ex. 29,34; Ex. 30,9; Ex. 30,15; Ex. 30,20; Ex. 30,32; Ex. 30,32; Ex. 30,37; Ex. 33,3; Ex. 33,20; Ex. 34,7; Ex. 34,10; Ex. 34,14; Ex. 34,17; Ex. 34,25; Ex. 34,26; Ex. 35,3; Lev. 1,17; Lev. 2,11; Lev. 2,11; Lev. 2,13; Lev. 4,2; Lev. 4,13; Lev. 4,22; Lev. 4,27; Lev. 5,8; Lev. 5,17; Lev. 6,2; Lev. 6,5; Lev. 6,6; Lev. 6,10; Lev. 6,16; Lev. 6,23; Lev. 7,15; Lev. 7,18; Lev. 7,18; Lev. 7,19; Lev. 7,24; Lev. 10,1; Lev. 10,6; Lev. 10,9; Lev. 10,9; Lev. 10,18; Lev. 11,4; Lev. 11,4; Lev. 11,5; Lev. 11,6; Lev. 11,8; Lev. 11,13; Lev. 11,26; Lev. 11,41; Lev. 11,42; Lev. 11,43; Lev. 11,43; Lev. 11,44; Lev. 13,4; Lev.

13,5; Lev. 13,6; Lev. 13,32; Lev. 13,33; Lev. 13,34; Lev. 13,55; Lev. 14,36; Lev. 14,39; Lev. 14,48; Lev. 15,11; Lev. 16,29; Lev. 17,7; Lev. 17,12; Lev. 17,12; Lev. 17,14; Lev. 18,3; Lev. 18,3; Lev. 18,3; Lev. 18,6; Lev. 18,17; Lev. 18,18; Lev. 18,19; Lev. 18,20; Lev. 18,21; Lev. 18,21; Lev. 18,22; Lev. 18,23; Lev. 18,23; Lev. 18,26; Lev. 18,30; Lev. 19,4; Lev. 19,7; Lev. 19,9; Lev. 19,9; Lev. 19,11; Lev. 19,11; Lev. 19,12; Lev. 19,13; Lev. 19,14; Lev. 19,14; Lev. 19,15; Lev. 19,16; Lev. 19,17; Lev. 19,17; Lev. 19,18; Lev. 19,19; Lev. 19,19; Lev. 19,20; Lev. 19,23; Lev. 19,27; Lev. 19,28; Lev. 19,28; Lev. 19,29; Lev. 19,31; Lev. 19,33; Lev. 19,35; Lev. 20,22; Lev. 20,25; Lev. 21,1; Lev. 21,4; Lev. 21,5; Lev. 21,5; Lev. 21,5; Lev. 21,6; Lev. 21,7; Lev. 21,10; Lev. 21,11; Lev. 21,12; Lev. 21,14; Lev. 21,15; Lev. 21,17; Lev. 21,18; Lev. 21,21; Lev. 21,23; Lev. 21,23; Lev. 22,2; Lev. 22,8; Lev. 22,10; Lev. 22,10; Lev. 22,12; Lev. 22,13; Lev. 22,15; Lev. 22,20; Lev. 22,20; Lev. 22,22; Lev. 22,22; Lev. 22,23; Lev. 22,24; Lev. 22,24; Lev. 22,25; Lev. 22,25; Lev. 22,28; Lev. 22,32; Lev. 23,3; Lev. 23,7; Lev. 23,8; Lev. 23,14; Lev. 23,21; Lev. 23,22; Lev. 23,22; Lev. 23,25; Lev. 23,28; Lev. 23,31; Lev. 23,35; Lev. 23,36; Lev. 25,4; Lev. 25,4; Lev. 25,11; Lev. 25,11; Lev. 25,23; Lev. 25,34; Lev. 25,36; Lev. 25,37; Lev. 25,37; Lev. 25,39; Lev. 25,42; Lev. 25,43; Lev. 25,46; Lev. 25,53; Lev. 26,6; Lev. 26,11; Lev. 26,20; Lev. 26,20; Lev. 26,26; Lev. 26,31; Lev. 26,37; Lev. 27,11; Lev. 27,26; Lev. 27,29; Lev. 27,33; Num. 1,49; Num. 1,49; Num. 2,33; Num. 4,19; Num. 4,20; Num. 5,3; Num. 6,3; Num. 6,3; Num. 6,3; Num. 6,4; Num. 6,7; Num. 9,12; Num. 9,12; Num. 9,13; Num. 9,19; Num. 9,22; Num. 10,7; Num. 11,14; Num. 12,8; Num. 13,31; Num. 14,11; Num. 14,18; Num. 14,42; Num. 15,34; Num. 15,39; Num. 17,25; Num. 18,3; Num. 18,4; Num. 18,17; Num. 18,20; Num. 18,22; Num. 18,23; Num. 18,24; Num. 18,32; Num. 18,32; Num. 19,12; Num. 19,13; Num. 19,20; Num. 20,5; Num. 20,17; Num. 20,24; Num. 21,22; Num. 22,18; Num. 22,34; Num. 22,37; Num. 23,9; Num. 23,13; Num. 23,20; Num. 23,23; Num. 23,24; Num. 24,13; Num. 26,62; Num. 26,62; Num. 26,65; Num. 28,18; Num. 28,25; Num. 28,26; Num. 29,1; Num. 29,7; Num. 29,12; Num. 29,35; Num. 30,3; Num. 30,6; Num. 30,9; Num. 30,13; Num. 31,49; Num. 32,11; Num. 32,18; Num. 35,12; Num. 35,22; Num. 35,30; Num. 35,31; Num. 35,32; Num. 35,33; Num. 35,34; Num. 36,9; Deut. 1,17; Deut. 1,37; Deut. 1,42; Deut. 1,42; Deut. 2,5; Deut. 2,9; Deut. 2,19; Deut. 2,34; Deut. 2,37; Deut. 3,22; Deut. 3,27; Deut. 4,2; Deut. 4,22; Deut. 4,42; Deut. 5,8; Deut. 5,9; Deut. 5,11; Deut. 5,11; Deut. 5,14; Deut. 5,17; Deut. 5,18; Deut. 5,19; Deut. 5,20; Deut. 5,22; Deut. 6,11; Deut. 6,14; Deut. 7,2; Deut. 7,3; Deut. 7,3; Deut. 7,16; Deut. 7,16; Deut. 7,18; Deut. 7,21; Deut. 7,22; Deut. 7,25; Deut. 8,4; Deut. 8,9; Deut. 10,16; Deut. 10,17; Deut. 10,17; Deut. 11,17; Deut. 12,4; Deut. 12,8; Deut. 12,9; Deut. 12,16; Deut. 12,17; Deut. 12,23; Deut. 12,24; Deut. 12,25; Deut. 12,30; Deut. 12,31; Deut. 13,1; Deut. 13,9; Deut. 13,9; Deut. 13,9; Deut. 13,12; Deut. 13,18; Deut. 14,1; Deut. 14,7; Deut. 14,7; Deut. 14,8; Deut. 14,8; Deut. 14,10; Deut. 14,12; Deut. 14,19; Deut. 14,21; Deut. 15,6; Deut. 15,7; Deut. 15,9; Deut. 15,10; Deut. 15,11; Deut. 15,18; Deut. 15,19; Deut. 15,21; Deut. 15,23; Deut. 16,3; Deut. 16,4; Deut. 16,5; Deut. 16,8; Deut. 16,22; Deut. 17,3; Deut. 17,15; Deut. 17,16; Deut. 17,17; Deut. 17,17; Deut. 18,9; Deut. 18,20; Deut. 19,4; Deut. 19,6; Deut. 19,13; Deut. 19,20; Deut. 19,21; Deut. 20,1; Deut. 20,16; Deut. 20,20; Deut. 21,14; Deut. 21,16; Deut. 21,23; Deut. 22,3; Deut. 22,6; Deut. 22,8; Deut. 22,19; Deut. 22,26; Deut. 22,28; Deut. 22,29; Deut. 23,7; Deut. 23,8; Deut. 23,8; Deut. 23,17; Deut. 23,19; Deut. 23,22; Deut. 23,25; Deut. 24,4; Deut. 24,4; Deut. 24,12; Deut. 24,15; Deut. 25,3; Deut. 25,12; Deut. 25,19; Deut. 26,13; Deut. 28,12; Deut. 28,14; Deut. 28,30; Deut. 28,31; Deut. 28,39; Deut. 28,40; Deut. 28,44; Deut. 28,50; Deut. 28,65; Deut. 28,66; Deut. 29,4; Deut. 29,19; Deut. 29,22; Deut. 30,18; Deut. 31,2; Deut. 31,6; Deut. 31,21; Deut. 32,17; Deut. 32,21; Josh. 3,4; Josh. 7,12; Josh. 7,12; Josh. 7,13; Josh. 8,17; Josh. 8,17; Josh. 9,19; Josh. 9,23; Josh. 10,13; Josh. 10,28; Josh. 10,30; Josh. 10,39; Josh. 10,40; Josh. 11,11; Josh. 11,14; Josh. 11,15; Josh. 11,22; Josh. 18,7; Josh. 21,45; Josh. 23,13; Josh. 23,14; Josh. 23,14; Judg. 2,2; Judg. 2,2; Judg. 2,21; Judg. 2,23; Judg. 3,29; Judg. 4,8; Judg. 4,16; Judg. 6,10; Judg. 7,4; Judg. 7,4; Judg. 8,28; Judg. 10,13; Judg. 11,35; Judg. 12,1; Judg. 12,6; Judg. 13,3; Judg. 13,14; Judg. 13,16; Judg. 13,21; Judg. 15,13; Judg. 20,16; Judg. 21,1; Judg. 21,17; Judg. 21,18; Judg. 21,22; Ruth 2,7; Ruth 2,8; Ruth 3,1; Ruth 3,18; Ruth 3,18; Ruth 4,6; Ruth 4,14; 1Sam. 1,11; 1Sam. 1,15; 1Sam. 1,18; 1Sam. 2,15; 1Sam. 4,7; 1Sam. 5,11; 1Sam. 6,9; 1Sam. 6,12; 1Sam. 7,13; 1Sam. 8,5; 1Sam. 8,7; 1Sam. 9,13; 1Sam. 9,20; 1Sam. 11,12; 1Sam. 12,4; 1Sam. 12,19; 1Sam. 12,21; 1Sam. 13,8; 1Sam. 13,11; 1Sam. 13,14; 1Sam. 14,9; 1Sam. 14,34; 1Sam. 15,3; 1Sam. 15,3; 1Sam. 15,35; 1Sam. 16,11; 1Sam. 17,39; 1Sam. 20,2; 1Sam. 20,2; 1Sam. 20,3; 1Sam. 20,5; 1Sam. 20,12; 1Sam. 20,26; 1Sam. 20,27; 1Sam. 20,29; 1Sam. 20,30; 1Sam. 23,9; 1Sam. 23,14; 1Sam. 23,17; 1Sam. 26,8; 1Sam. 26,15; 1Sam. 26,21; 1Sam. 27,4; 1Sam. 28,20; 1Sam. 29,7; 1Sam. 29,8; 1Sam. 30,12; 1Sam. 30,12; 1Sam. 30,19; 1Sam. 30,22; 1Sam. 30,22; 2Sam. 1,10; 2Sam. 1,23; 2Sam. 1,23; 2Sam. 2,26; 2Sam. 2,28; 2Sam. 2,28; 2Sam. 3,34; 2Sam. 3,35; 2Sam. 7,6; 2Sam. 7,10; 2Sam. 7,10; 2Sam. 11,9; 2Sam. 11,10; 2Sam. 11,13; 2Sam. 12,13; 2Sam. 12,17; 2Sam. 13,12; 2Sam. 13,13; 2Sam. 13,25; 2Sam. 13,30; 2Sam. 14,10; 2Sam. 14,11; 2Sam. 14,14; 2Sam. 17,8; 2Sam. 17,22; 2Sam. 18,3; 2Sam. 18,3; 2Sam. 18,12; 2Sam. 18,13; 2Sam. 19,22; 2Sam. 19,23; 2Sam. 21,17; 2Sam. 23,4; 2Sam. 23,5; 2Sam. 23,5; 2Sam. 23,6; 2Sam. 23,7; 2Sam. 24,14; 1Kings 1,51; 1Kings 2,6; 1Kings 2,9; 1Kings 2,26; 1Kings 3,12; 1Kings 3,13; 1Kings 5,1; 1Kings 8,56; 1Kings 10,20; 1Kings 11,12; 1Kings 11,13; 1Kings 11,34; 1Kings 13,22; 1Kings 13,28; 1Kings 18,23; 1Kings 19,4; 1Kings 19,18; 1Kings 21,9; 1Kings 21,23; 1Kings 21,28; 1Kings 22,8; 2Kings 1,4; 2Kings 1,6; 2Kings 1,16; 2Kings 2,10; 2Kings 2,14; 2Kings 4,23; 2Kings 5,17; 2Kings 6,10; 2Kings 6,23; 2Kings 7,2; 2Kings 7,19; 2Kings 9,3; 2Kings 10,5; 2Kings 10,10; 2Kings 10,14; 2Kings 10,19; 2Kings 10,21; 2Kings 10,21; 2Kings 10,21; 2Kings 12,4; 2Kings 12,14; 2Kings 17,35; 2Kings 17,35; 2Kings 17,35; 2Kings 17,37; 2Kings 17,38; 2Kings 18,26; 2Kings 18,29; 2Kings 18,30; 2Kings 18,32; 2Kings 19,18; 2Kings 19,32; 2Kings 19,32; 2Kings 19,32; 2Kings 20,1; 2Kings 21,8; 2Kings 22,17; 2Kings 24,7; 1Chr. 17,5; 1Chr. 17,9; 1Chr. 17,9; 1Chr. 21,13; 1Chr. 21,24; 1Chr. 27,24; 1Chr. 27,24; 1Chr. 28,20; 2Chr. 2,5; 2Chr. 5,6; 2Chr. 8,15; 2Chr. 9,2; 2Chr. 11,4; 2Chr. 12,7; 2Chr. 12,7; 2Chr. 12,14; 2Chr. 15,3; 2Chr. 15,3; 2Chr. 18,17; 2Chr. 20,12; 2Chr. 20,33; 2Chr. 21,17; 2Chr. 23,8; 2Chr. 25,7; 2Chr. 29,7; 2Chr. 30,3; 2Chr. 30,3; 2Chr. 30,19; 2Chr. 32,13; 2Chr. 32,15; 2Chr. 32,15; 2Chr. 32,17; 2Chr. 32,25; 2Chr. 33,8; 2Chr. 34,25; 1Esdr. 1,26; 1Esdr. 2,15; 1Esdr. 3,20; 1Esdr. 3,21; 1Esdr. 3,22; 1Esdr. 3,22; 1Esdr. 3,23; 1Esdr. 4,5; 1Esdr. 4,6; 1Esdr. 4,11; 1Esdr. 4,14; 1Esdr. 4,17; 1Esdr. 4,28; 1Esdr. 8,82; 1Esdr. 8,87; Ezra 5,5; Neh. 2,3; Neh. 4,4; Neh. 5,12; Neh. 5,13; Neh. 6,1; Neh. 6,3; Neh. 6,9; Neh. 9,21; Neh. 9,34; Neh. 10,31; Neh. 13,2; Esth. 1,8; Esth. 2,20; Esth. 3,2; Esth. 3,5; Esth. 3,8; Esth. 4,2; Esth. 4,11; Esth. 13,14 # 4,17e; Esth. 13,14 # 4,17e; Esth. 14,16 # 4,17w; Esth. 15,9 # 5,1f; Esth. 6,13; Esth. 7,4; Esth. 16,3 # 8,12c; Esth. 16,3 # 8,12c; Esth. 16,4 # 8,12d; Esth. 16,7 # 8,12g; Esth. 16,15 # 8,12p; Esth. 16,24 # 8,12x; Esth. 9,28; Esth. 10,9 # 10,3f; Judith 1,11; Judith 2,11; Judith 2,13; Judith 2,13; Judith 2,20; Judith 6,2; Judith 6,4; Judith 6,9; Judith 7,10;

οὐ

Judith 7,10; Judith 7,11; Judith 7,24; Judith 7,30; Judith 8,14; Judith 8,23; Judith 8,27; Judith 8,30; Judith 8,34; Judith 9,11; Judith 10,13; Judith 10,19; Judith 11,4; Judith 11,7; Judith 11,10; Judith 11,10; Judith 11,19; Judith 12,3; Judith 12,4; Judith 14,2; Judith 16,6; Tob. 1,20; Tob. 1,21; Tob. 2,13; Tob. 3,5; Tob. 4,2; Tob. 4,7; Tob. 5,2; Tob. 6,8; Tob. 6,13; Tob. 8,7; Tob. 10,7; Tob. 12,2; Tob. 12,11; Tob. 12,18; Tob. 13,6; 1Mac. 2,41; 1Mac. 2,63; 1Mac. 5,40; 1Mac. 6,22; 1Mac. 6,27; 1Mac. 7,11; 1Mac. 7,25; 1Mac. 7,46; 1Mac. 8,26; 1Mac. 8,28; 1Mac. 8,28; 1Mac. 9,6; 1Mac. 9,22; 1Mac. 9,44; 1Mac. 9,48; 1Mac. 9,72; 1Mac. 10,26; 1Mac. 10,61; 1Mac. 10,73; 1Mac. 12,25; 1Mac. 12,30; 1Mac. 13,5; 2Mac. 2,26; 2Mac. 3,14; 2Mac. 4,5; 2Mac. 4,6; 2Mac. 4,17; 2Mac. 4,35; 2Mac. 5,6; 2Mac. 5,17; 2Mac. 5,19; 2Mac. 6,1; 2Mac. 6,14; 2Mac. 6,20; 2Mac. 6,31; 2Mac. 7,24; 2Mac. 7,31; 2Mac. 8,11; 2Mac. 11,9; 2Mac. 12,18; 2Mac. 14,8; 2Mac. 15,5; 2Mac. 15,11; 2Mac. 15,19; 3Mac. 1,12; 3Mac. 2,26; 3Mac. 2,32; 3Mac. 3,1; 3Mac. 3,7; 3Mac. 3,11; 3Mac. 3,23; 3Mac. 5,50; 3Mac. 6,36; 4Mac. 1,5; 4Mac. 1,6; 4Mac. 1,11; 4Mac. 2,4; 4Mac. 2,17; 4Mac. 2,24; 4Mac. 3,1; 4Mac. 3,2; 4Mac. 3,3; 4Mac. 3,4; 4Mac. 3,5; 4Mac. 5,22; 4Mac. 5,25; 4Mac. 5,27; 4Mac. 5,28; 4Mac. 5,29; 4Mac. 5,34; 4Mac. 6,35; 4Mac. 7,9; 4Mac. 7,12; 4Mac. 7,17; 4Mac. 8,5; 4Mac. 8,11; 4Mac. 8,15; 4Mac. 8,19; 4Mac. 9,10; 4Mac. 10,19; 4Mac. 11,6; 4Mac. 11,25; 4Mac. 11,27; 4Mac. 14,9; 4Mac. 15,9; 4Mac. 15,14; 4Mac. 15,18; 4Mac. 15,18; 4Mac. 16,2; 4Mac. 17,20; 4Mac. 18,2; 4Mac. 18,3; 4Mac. 18,14; 4Mac. 18,20; Psa. 3,7; Psa. 5,6; Psa. 9,36; Psa. 14,5; Psa. 15,2; Psa. 15,4; Psa. 17,39; Psa. 20,8; Psa. 20,12; Psa. 21,6; Psa. 22,4; Psa. 24,3; Psa. 25,1; Psa. 25,4; Psa. 25,5; Psa. 26,3; Psa. 27,5; Psa. 27,5; Psa. 29,13; Psa. 30,9; Psa. 31,2; Psa. 32,16; Psa. 32,16; Psa. 32,17; Psa. 33,6; Psa. 33,21; Psa. 33,23; Psa. 34,8; Psa. 34,15; Psa. 35,5; Psa. 35,13; Psa. 36,10; Psa. 36,10; Psa. 36,19; Psa. 36,24; Psa. 36,33; Psa. 38,7; Psa. 39,10; Psa. 40,12; Psa. 43,4; Psa. 43,7; Psa. 43,7; Psa. 45,3; Psa. 45,6; Psa. 48,8; Psa. 48,8; Psa. 48,13; Psa. 48,21; Psa. 49,3; Psa. 49,9; Psa. 49,12; Psa. 53,5; Psa. 54,20; Psa. 54,23; Psa. 54,24; Psa. 55,5; Psa. 55,12; Psa. 58,14; Psa. 61,3; Psa. 61,7; Psa. 63,5; Psa. 72,5; Psa. 73,9; Psa. 76,8; Psa. 76,20; Psa. 77,8; Psa. 77,38; Psa. 77,64; Psa. 79,19; Psa. 80,12; Psa. 82,5; Psa. 83,12; Psa. 85,14; Psa. 88,23; Psa. 88,34; Psa. 88,35; Psa. 90,5; Psa. 90,10; Psa. 91,7; Psa. 91,7; Psa. 92,1; Psa. 93,9; Psa. 95,10; Psa. 100,3; Psa. 100,5; Psa. 100,7; Psa. 100,7; Psa. 102,10; Psa. 103,5; Psa. 103,9; Psa. 105,7; Psa. 109,4; Psa. 111,6; Psa. 111,7; Psa. 111,8; Psa. 113,13; Psa. 113,15; Psa. 113,15; Psa. 113,15; Psa. 117,6; Psa. 117,18; Psa. 118,3; Psa. 118,6; Psa. 118,93; Psa. 120,4; Psa. 120,6; Psa. 124,1; Psa. 126,5; Psa. 131,11; Psa. 134,16; Psa. 134,17; Psa. 134,17; Psa. 134,17; Psa. 138,6; Psa. 138,12; Psa. 139,11; Psa. 139,12; Psa. 140,4; Psa. 142,2; Psa. 148,6; Ode. 2,17; Ode. 2,21; Ode. 2,31; Ode. 4,17; Ode. 4,17; Ode. 5,10; Ode. 5,10; Ode. 5,14; Ode. 5,14; Ode. 5,18; Ode. 7,38; Ode. 10,6; Ode. 10,7; Ode. 11,11; Ode. 11,11; Ode. 11,18; Ode. 11,20; Prov. 1,17; Prov. 1,24; Prov. 1,29; Prov. 2,19; Prov. 3,6; Prov. 3,23; Prov. 3,25; Prov. 3,28; Prov. 3,32; Prov. 4,12; Prov. 4,12; Prov. 4,16; Prov. 4,16; Prov. 6,27; Prov. 6,28; Prov. 6,30; Prov. 6,34; Prov. 7,19; Prov. 10,3; Prov. 10,22; Prov. 12,3; Prov. 14,5; Prov. 14,13; Prov. 14,33; Prov. 15,23; Prov. 16,10; Prov. 17,4; Prov. 17,13; Prov. 17,16; Prov. 17,20; Prov. 17,23; Prov. 17,26; Prov. 18,2; Prov. 18,5; Prov. 19,5; Prov. 19,7; Prov. 19,10; Prov. 19,24; Prov. 20,2; Prov. 20,23; Prov. 21,7; Prov. 21,25; Prov. 23,13; Prov. 23,30; Prov. 23,30; Prov. 24,20; Prov. 24,22b; Prov. 24,22c; Prov. 25,27; Prov. 25,28; Prov. 26,15; Prov. 27,1; Prov. 27,22; Prov. 27,24; Prov. 28,5; Prov. 28,17a; Prov. 29,7; Prov. 29,9; Prov. 29,18; Prov. 29,19; Prov. 24,23; Prov. 30,16; Prov. 30,21; Prov. 31,5; Prov. 31,21; Eccl. 1,8; Eccl. 1,8; Eccl. 1,15; Eccl. 1,15; Eccl. 2,23; Eccl. 4,12; Eccl. 5,9; Eccl. 5,14; Eccl. 5,19; Eccl. 6,7; Eccl. 6,10; Eccl. 7,17; Eccl. 8,5; Eccl. 8,8; Eccl. 8,13; Eccl. 8,17; Eccl. 8,17; Eccl. 9,11; Eccl. 9,11; Eccl. 9,11; Eccl. 9,11; Eccl. 9,11; Eccl. 10,11; Eccl. 11,2; Eccl. 11,4; Eccl. 11,4; Eccl. 11,5; Eccl. 11,6; Song 8,7; Song 8,7; Job 1,10; Job 2,5; Job 3,10; Job 3,19; Job 3,21; Job 4,12; Job 4,18; Job 5,6; Job 5,8; Job 5,12; Job 5,19; Job 5,21; Job 5,22; Job 5,24; Job 6,7; Job 6,10; Job 6,10; Job 6,15; Job 6,25; Job 6,28; Job 6,30; Job 7,8; Job 7,10; Job 7,16; Job 8,12; Job 8,15; Job 8,15; Job 8,20; Job 8,20; Job 9,3; Job 9,11; Job 9,16; Job 9,32; Job 9,35; Job 9,35; Job 10,15; Job 11,3; Job 11,11; Job 11,15; Job 11,16; Job 12,6; Job 13,3; Job 13,16; Job 13,20; Job 14,2; Job 14,5; Job 14,7; Job 14,12; Job 14,12; Job 14,16; Job 15,3; Job 15,4; Job 15,15; Job 15,15; Job 15,29; Job 15,32; Job 16,5; Job 16,13; Job 17,1; Job 17,4; Job 17,10; Job 17,10; Job 18,2; Job 19,7; Job 19,8; Job 19,14; Job 20,8; Job 20,9; Job 20,13; Job 20,14; Job 20,18; Job 20,20; Job 20,24; Job 21,3; Job 21,4; Job 21,14; Job 21,17; Job 21,25; Job 23,6; Job 23,9; Job 23,11; Job 23,12; Job 23,17; Job 24,12; Job 24,22; Job 25,5; Job 27,5; Job 27,6; Job 27,6; Job 27,7; Job 27,11; Job 27,19; Job 27,22; Job 28,7; Job 28,8; Job 28,15; Job 28,15; Job 28,16; Job 28,18; Job 28,19; Job 29,22; Job 29,24; Job 30,27; Job 31,1; Job 31,26; Job 31,34; Job 32,16; Job 32,21; Job 32,21; Job 32,22; Job 33,1; Job 33,9; Job 33,20; Job 33,23; Job 34,32; Job 34,36; Job 35,12; Job 35,13; Job 36,5; Job 36,6; Job 36,12; Job 36,13; Job 36,26; Job 39,4; Job 39,22; Job 39,24; Job 40,5; Job 40,23; Job 40,31; Job 41,2; Job 41,4; Job 41,8; Job 41,9; Job 41,15; Job 41,20; Job 42,7; Job 42,8; Wis. 1,11; Wis. 3,1; Wis. 4,3; Wis. 4,3; Wis. 4,8; Wis. 4,17; Wis. 6,7; Wis. 6,14; Wis. 6,22; Wis. 6,23; Wis. 7,30; Wis. 8,16; Wis. 10,8; Wis. 11,17; Wis. 11,19; Wis. 12,10; Wis. 14,29; Wis. 14,31; Wis. 16,5; Wis. 16,7; Wis. 18,1; Wis. 18,2; Wis. 19,15; Sir. 1,4 Prol.; Sir. 1,21 Prol.; Sir. 1,23 Prol.; Sir. 1,26 Prol.; Sir. 1,29 Prol.; Sir. 1,30; Sir. 2,8; Sir. 2,13; Sir. 2,13; Sir. 3,10; Sir. 3,22; Sir. 6,8; Sir. 6,10; Sir. 6,21; Sir. 6,22; Sir. 7,1; Sir. 7,3; Sir. 7,16; Sir. 8,17; Sir. 8,18; Sir. 9,11; Sir. 9,12; Sir. 9,13; Sir. 10,23; Sir. 10,23; Sir. 10,25; Sir. 11,10; Sir. 11,10; Sir. 11,25; Sir. 12,8; Sir. 12,15; Sir. 13,5; Sir. 13,12; Sir. 14,1; Sir. 14,2; Sir. 14,3; Sir. 14,5; Sir. 14,12; Sir. 15,4; Sir. 15,4; Sir. 15,7; Sir. 15,7; Sir. 15,8; Sir. 15,9; Sir. 15,11; Sir. 15,12; Sir. 16,13; Sir. 16,17; Sir. 16,20; Sir. 17,15; Sir. 17,30; Sir. 19,1; Sir. 19,7; Sir. 19,10; Sir. 20,6; Sir. 20,10; Sir. 20,14; Sir. 20,20; Sir. 20,21; Sir. 21,12; Sir. 21,14; Sir. 22,13; Sir. 22,13; Sir. 22,16; Sir. 22,16; Sir. 22,18; Sir. 22,18; Sir. 22,25; Sir. 23,2; Sir. 23,7; Sir. 23,10; Sir. 23,11; Sir. 23,15; Sir. 23,17; Sir. 23,17; Sir. 23,17; Sir. 23,18; Sir. 23,25; Sir. 24,9; Sir. 24,28; Sir. 25,3; Sir. 25,23; Sir. 26,8; Sir. 26,29; Sir. 27,16; Sir. 27,19; Sir. 27,27; Sir. 28,16; Sir. 28,19; Sir. 28,22; Sir. 28,22; Sir. 28,23; Sir. 29,7; Sir. 29,23; Sir. 31,5; Sir. 31,10; Sir. 31,22; Sir. 32,18; Sir. 32,18; Sir. 33,2; Sir. 34,14; Sir. 35,11; Sir. 35,13; Sir. 35,14; Sir. 35,17; Sir. 35,18; Sir. 35,19; Sir. 37,13; Sir. 37,21; Sir. 37,28; Sir. 37,28; Sir. 38,4; Sir. 38,8; Sir. 38,21; Sir. 38,32; Sir. 38,33; Sir. 38,33; Sir. 38,33; Sir. 39,31; Sir. 40,15; Sir. 41,16; Sir. 41,16; Sir. 42,20; Sir. 42,21; Sir. 43,10; Sir. 43,27; Sir. 43,30; Sir. 44,9; Sir. 45,13; Sir. 45,22; Sir. 47,22; Sir. 47,22; Sir. 47,22; Sir. 48,12; Sir. 48,15; Sir. 51,18; Sir. 51,20; Sol. 2,18; Sol. 3,11; Sol. 5,3; Sol. 5,4; Sol. 5,14; Sol. 6,3; Sol. 6,3; Sol. 8,13; Sol. 8,33; Sol. 9,3; Sol. 10,3; Sol. 15,4; Sol. 17,27; Sol. 17,28; Sol. 17,33; Sol. 17,33; Sol. 18,10; Hos. 1,6; Hos. 1,7; Hos. 1,9; Hos. 2,4; Hos. 2,6; Hos. 2,8; Hos. 2,9; Hos. 2,9; Hos. 2,12; Hos. 2,18; Hos. 2,19; Hos. 3,3; Hos. 4,10; Hos. 4,10; Hos. 4,14; Hos. 5,6; Hos. 5,13; Hos. 6,6; Hos. 7,8; Hos. 8,4; Hos. 8,5; Hos. 8,6; Hos. 8,13; Hos. 9,3; Hos. 9,15; Hos. 10,9; Hos. 11,7; Hos. 11,9; Hos. 11,9; Hos. 13,4; Hos. 13,4; Hos. 13,13; Hos. 13,13; Hos. 14,4; Amos 2,14; Amos 2,14; Amos 2,15; Amos 2,15; Amos 2,15; Amos 3,6; Amos 3,7; Amos 3,8; Amos 3,8; Amos 4,7; Amos 4,7; Amos 4,8; Amos 5,11; Amos

5,11; Amos 5,18; Amos 5,20; Amos 5,21; Amos 5,22; Amos 7,6; Amos 7,10; Amos 7,16; Amos 8,8; Amos 8,11; Amos 8,12; Amos 8,14; Amos 9,1; Amos 9,1; Amos 9,7; Amos 9,9; Amos 9,10; Amos 9,15; Mic. 1,5; Mic. 2,3; Mic. 2,3; Mic. 2,6; Mic. 3,11; Mic. 4,12; Mic. 6,14; Mic. 6,14; Mic. 6,15; Mic. 6,15; Mic. 6,15; Mic. 7,18; Joel 2,2; Joel 2,2; Joel 2,7; Joel 2,8; Joel 2,19; Joel 2,26; Joel 2,27; Joel 4,17; Joel 4,21; Jonah 3,9; Jonah 4,11; Nah. 1,14; Nah. 2,1; Nah. 2,14; Nah. 3,1; Hab. 1,2; Hab. 1,2; Hab. 1,4; Hab. 1,5; Hab. 1,12; Hab. 1,13; Hab. 1,17; Hab. 2,3; Hab. 2,13; Hab. 3,17; Hab. 3,17; Zeph. 1,12; Zeph. 1,13; Zeph. 1,13; Zeph. 1,18; Zeph. 3,5; Zeph. 3,7; Zeph. 3,11; Zeph. 3,13; Zeph. 3,13; Zeph. 3,13; Hag. 2,19; Zech. 1,4; Zech. 1,12; Zech. 7,13; Zech. 8,11; Zech. 8,14; Zech. 9,5; Zech. 9,8; Zech. 10,10; Zech. 11,5; Zech. 11,6; Zech. 11,6; Zech. 11,16; Zech. 11,16; Zech. 11,16; Zech. 11,16; Zech. 14,2; Zech. 14,7; Mal. 1,8; Mal. 1,8; Mal. 1,10; Mal. 2,2; Mal. 2,16; Mal. 3,11; Mal. 3,11; Mal. 3,19; Is. 1,3; Is. 1,11; Is. 1,13; Is. 1,23; Is. 1,23; Is. 1,24; Is. 2,4; Is. 2,4; Is. 2,9; Is. 3,7; Is. 5,6; Is. 5,7; Is. 5,12; Is. 5,24; Is. 5,27; Is. 6,9; Is. 6,9; Is. 7,12; Is. 7,25; Is. 8,10; Is. 8,12; Is. 9,19; Is. 11,3; Is. 11,9; Is. 11,13; Is. 11,13; Is. 12,2; Is. 13,10; Is. 13,10; Is. 13,17; Is. 13,18; Is. 13,18; Is. 13,20; Is. 13,20; Is. 13,22; Is. 14,20; Is. 16,8; Is. 16,10; Is. 16,10; Is. 16,12; Is. 17,3; Is. 17,8; Is. 22,2; Is. 24,20; Is. 25,2; Is. 26,10; Is. 26,10; Is. 26,14; Is. 26,14; Is. 26,21; Is. 27,8; Is. 27,9; Is. 27,11; Is. 27,11; Is. 27,11; Is. 28,15; Is. 28,16; Is. 28,17; Is. 28,18; Is. 28,20; Is. 28,27; Is. 28,28; Is. 29,15; Is. 30,1; Is. 30,1; Is. 31,2; Is. 31,3; Is. 31,8; Is. 33,8; Is. 33,19; Is. 33,20; Is. 33,20; Is. 33,21; Is. 33,22; Is. 33,23; Is. 33,24; Is. 34,10; Is. 35,8; Is. 35,8; Is. 35,9; Is. 36,14; Is. 36,15; Is. 37,19; Is. 37,26; Is. 38,1; Is. 38,18; Is. 38,20; Is. 39,6; Is. 40,21; Is. 40,24; Is. 40,28; Is. 40,31; Is. 40,31; Is. 41,7; Is. 41,12; Is. 41,28; Is. 42,2; Is. 42,3; Is. 42,3; Is. 42,4; Is. 42,8; Is. 43,2; Is. 43,2; Is. 43,2; Is. 43,22; Is. 43,25; Is. 44,12; Is. 45,1; Is. 45,13; Is. 45,20; Is. 46,2; Is. 46,7; Is. 46,7; Is. 46,7; Is. 46,13; Is. 47,8; Is. 47,11; Is. 47,11; Is. 47,11; Is. 47,14; Is. 48,1; Is. 48,7; Is. 48,7; Is. 48,11; Is. 48,19; Is. 49,10; Is. 50,7; Is. 51,6; Is. 51,9; Is. 51,14; Is. 51,22; Is. 52,3; Is. 52,12; Is. 54,1; Is. 54,4; Is. 54,10; Is. 54,11; Is. 54,14; Is. 55,8; Is. 55,10; Is. 55,11; Is. 56,10; Is. 57,10; Is. 57,20; Is. 58,5; Is. 59,9; Is. 59,21; Is. 60,11; Is. 60,12; Is. 60,20; Is. 62,1; Is. 62,4; Is. 62,6; Is. 63,8; Is. 63,9; Is. 65,8; Is. 65,17; Is. 65,17; Is. 65,20; Is. 65,21; Is. 65,22; Is. 65,23; Is. 66,24; Is. 66,24; Jer. 1,19; Jer. 2,6; Jer. 2,6; Jer. 2,13; Jer. 2,24; Jer. 2,27; Jer. 3,1; Jer. 3,12; Jer. 3,12; Jer. 3,16; Jer. 3,17; Jer. 4,19; Jer. 4,22; Jer. 4,27; Jer. 4,28; Jer. 4,29; Jer. 5,18; Jer. 5,21; Jer. 5,22; Jer. 5,22; Jer. 6,8; Jer. 6,10; Jer. 6,10; Jer. 6,11; Jer. 6,19; Jer. 7,20; Jer. 7,24; Jer. 7,26; Jer. 7,31; Jer. 8,2; Jer. 8,2; Jer. 8,20; Jer. 9,2; Jer. 9,4; Jer. 9,4; Jer. 10,4; Jer. 10,9; Jer. 10,5; Jer. 11,11; Jer. 11,19; Jer. 13,1; Jer. 13,7; Jer. 13,10; Jer. 13,12; Jer. 13,14; Jer. 14,9; Jer. 15,20; Jer. 16,2; Jer. 16,4; Jer. 16,4; Jer. 16,6; Jer. 16,6; Jer. 16,6; Jer. 16,7; Jer. 16,7; Jer. 16,13; Jer. 17,6; Jer. 17,8; Jer. 17,8; Jer. 17,8; Jer. 17,11; Jer. 17,22; Jer. 17,27; Jer. 18,6; Jer. 19,6; Jer. 19,11; Jer. 20,9; Jer. 20,9; Jer. 20,16; Jer. 21,7; Jer. 21,7; Jer. 22,10; Jer. 22,13; Jer. 22,13; Jer. 22,15; Jer. 22,15; Jer. 22,16; Jer. 22,18; Jer. 22,27; Jer. 22,30; Jer. 23,4; Jer. 24,2; Jer. 24,3; Jer. 24,6; Jer. 24,6; Jer. 24,8; Jer. 25,4; Jer. 26,23; Jer. 26,28; Jer. 27,13; Jer. 27,20; Jer. 27,24; Jer. 27,39; Jer. 27,40; Jer. 27,40; Jer. 27,42; Jer. 28,19; Jer. 28,26; Jer. 28,37; Jer. 28,39; Jer. 28,43; Jer. 28,44; Jer. 28,58; Jer. 28,64; Jer. 30,3; Jer. 30,4; Jer. 30,6; Jer. 30,12; Jer. 30,12; Jer. 30,26; Jer. 30,26; Jer. 30,28; Jer. 30,28; Jer. 30,29; Jer. 31,8; Jer. 32,27; Jer. 32,29; Jer. 32,33; Jer. 36,11; Jer. 36,23; Jer. 36,28; Jer. 37,14; Jer. 37,19; Jer. 37,24; Jer. 38,9; Jer. 38,12; Jer. 38,29; Jer. 38,32; Jer. 38,34; Jer. 38,34; Jer. 38,40; Jer. 38,40; Jer. 39,4; Jer. 39,17; Jer. 39,33; Jer. 39,35; Jer. 39,40; Jer. 40,8; Jer. 41,3; Jer. 42,7; Jer. 42,7; Jer. 42,15; Jer. 42,19; Jer. 43,5; Jer. 43,24; Jer. 44,9; Jer. 44,20; Jer. 45,4; Jer. 45,15; Jer. 45,17; Jer. 45,18; Jer. 45,23; Jer. 45,24; Jer. 45,25; Jer. 46,17; Jer. 46,18; Jer. 49,4; Jer. 49,10; Jer. 49,10; Jer. 49,14; Jer. 49,14; Jer. 49,14; Jer. 49,18; Jer. 51,14; Bar. 2,30; Bar. 2,34; Bar. 2,35; Bar. 3,27; Bar. 3,36; Bar. 4,7; Lam. 1,14; Lam. 2,2; Lam. 3,2; Lam. 3,49; Lam. 4,16; Lam. 4,17; Lam. 4,22; LetterJ 7; LetterJ 10; LetterJ 23; LetterJ 26; LetterJ 34; LetterJ 34; LetterJ 35; LetterJ 35; LetterJ 36; LetterJ 36; LetterJ 37; LetterJ 40; LetterJ 41; LetterJ 46; LetterJ 52; LetterJ 52; LetterJ 53; LetterJ 55; LetterJ 57; LetterJ 57; LetterJ 63; LetterJ 65; LetterJ 66; Ezek. 3,5; Ezek. 3,7; Ezek. 3,7; Ezek. 3,18; Ezek. 3,20; Ezek. 3,20; Ezek. 3,25; Ezek. 4,14; Ezek. 4,14; Ezek. 5,7; Ezek. 5,9; Ezek. 5,9; Ezek. 5,11; Ezek. 7,4; Ezek. 7,6; Ezek. 7,8; Ezek. 7,11; Ezek. 7,13; Ezek. 7,19; Ezek. 7,19; Ezek. 8,18; Ezek. 9,10; Ezek. 11,11; Ezek. 12,2; Ezek. 12,6; Ezek. 12,25; Ezek. 13,9; Ezek. 13,22; Ezek. 13,23; Ezek. 13,23; Ezek. 14,18; Ezek. 14,23; Ezek. 16,16; Ezek. 16,41; Ezek. 16,42; Ezek. 18,6; Ezek. 18,6; Ezek. 18,6; Ezek. 18,6; Ezek. 18,7; Ezek. 18,8; Ezek. 18,8; Ezek. 18,13; Ezek. 18,15; Ezek. 18,16; Ezek. 18,17; Ezek. 18,20; Ezek. 18,21; Ezek. 18,22; Ezek. 18,24; Ezek. 18,25; Ezek. 18,25; Ezek. 18,28; Ezek. 18,29; Ezek. 18,29; Ezek. 18,32; Ezek. 20,25; Ezek. 20,25; Ezek. 20,39; Ezek. 21,3; Ezek. 21,4; Ezek. 21,31; Ezek. 21,37; Ezek. 22,24; Ezek. 22,26; Ezek. 22,26; Ezek. 22,28; Ezek. 23,27; Ezek. 23,27; Ezek. 23,36; Ezek. 23,48; Ezek. 24,12; Ezek. 24,14; Ezek. 24,16; Ezek. 24,17; Ezek. 24,17; Ezek. 24,22; Ezek. 24,22; Ezek. 24,27; Ezek. 26,13; Ezek. 26,14; Ezek. 28,2; Ezek. 28,9; Ezek. 29,5; Ezek. 29,5; Ezek. 29,11; Ezek. 29,11; Ezek. 29,11; Ezek. 29,15; Ezek. 30,21; Ezek. 32,7; Ezek. 32,13; Ezek. 32,13; Ezek. 33,12; Ezek. 33,12; Ezek. 33,12; Ezek. 33,13; Ezek. 33,15; Ezek. 33,16; Ezek. 33,22; Ezek. 33,31; Ezek. 33,32; Ezek. 34,2; Ezek. 34,3; Ezek. 34,4; Ezek. 34,10; Ezek. 34,22; Ezek. 34,29; Ezek. 35,9; Ezek. 36,12; Ezek. 36,15; Ezek. 36,29; Ezek. 36,32; Ezek. 39,7; Ezek. 39,10; Ezek. 43,7; Ezek. 44,18; Ezek. 44,19; Ezek. 44,20; Ezek. 44,20; Ezek. 44,21; Ezek. 44,22; Ezek. 44,25; Ezek. 44,28; Ezek. 44,31; Ezek. 45,8; Ezek. 46,2; Ezek. 46,18; Ezek. 47,5; Ezek. 47,11; Ezek. 47,12; Ezek. 48,14; Dan. 2,30; Dan. 2,44; Dan. 2,44; Dan. 3,12; Dan. 3,14; Dan. 3,14; Dan. 3,16; Dan. 3,46; Dan. 3,50; Dan. 3,94; Dan. 4,32; Dan. 4,32; Dan. 5,9; Dan. 6,6; Dan. 6,19; Dan. 6,24; Dan. 6,28; Dan. 7,14; Dan. 7,14; Dan. 8,22; Dan. 9,18; Dan. 10,8; Dan. 10,17; Dan. 11,4; Dan. 11,6; Dan. 11,6; Dan. 11,12; Dan. 11,17; Dan. 11,21; Dan. 11,25; Dan. 11,37; Dan. 11,37; Dan. 12,8; Dan. 12,10; Sus. 10-11; Sus. 13-14; Sus. 57; Bel 5; Bel 35; Judg. 2,2; Judg. 2,21; Judg. 2,23; Judg. 3,29; Judg. 4,8; Judg. 4,16; Judg. 6,4; Judg. 6,10; Judg. 6,23; Judg. 7,4; Judg. 7,4; Judg. 8,6; Judg. 8,28; Judg. 9,20; Judg. 10,13; Judg. 11,35; Judg. 12,1; Judg. 12,6; Judg. 13,3; Judg. 13,14; Judg. 13,16; Judg. 13,21; Judg. 15,13; Judg. 19,20; Judg. 19,24; Judg. 21,1; Judg. 21,18; Tob. 1,20; Tob. 1,21; Tob. 2,13; Tob. 5,2; Tob. 5,2; Tob. 5,2; Tob. 5,10; Tob. 5,10; Tob. 6,8; Tob. 6,13; Tob. 7,10; Tob. 8,20; Tob. 9,3-4; Tob. 10,1; Tob. 10,8; Tob. 12,2; Tob. 12,11; Tob. 13,6; Tob. 14,4; Tob. 14,4; Dan. 1,8; Dan. 1,8; Dan. 2,44; Dan. 3,12; Dan. 3,12; Dan. 3,14; Dan. 3,14; Dan. 3,18; Dan. 3,18; Dan. 3,38; Dan. 3,46; Dan. 4,18; Dan. 5,23; Dan. 5,23; Dan. 6,13; Dan. 6,16; Dan. 6,19; Dan. 6,27; Dan. 7,14; Dan. 7,14; Dan. 8,4; Dan. 9,12; Dan. 10,17; Dan. 11,6; Dan. 11,6; Dan. 11,12; Dan. 11,15; Dan. 11,17; Dan. 11,25; Dan. 11,27; Dan. 11,37; Dan. 11,37; Dan. 12,1; Dan. 12,8; Dan. 12,10; Sus. 57; Bel 5; Bel 5; Bel 7; Bel 35; Matt. 5,14; Matt. 5,18; Matt. 5,20; Matt. 5,21; Matt. 5,26; Matt. 5,27; Matt. 5,36; Matt. 6,20; Matt. 6,24; Matt. 6,26; Matt. 6,28; Matt. 6,30; Matt. 7,3; Matt. 7,18; Matt. 7,22; Matt. 9,12; Matt. 9,13; Matt. 9,13; Matt. 9,14; Matt. 9,24; Matt. 10,20; Matt. 10,23; Matt. 10,26; Matt. 10,29; Matt. 10,38; Matt. 10,42; Matt. 11,20; Matt. 12,7;

οὐ

Matt. 12,20; Matt. 12,20; Matt. 12,25; Matt. 12,39; Matt. 13,11; Matt. 13,13; Matt. 13,14; Matt. 13,14; Matt. 14,16; Matt. 15,2; Matt. 15,6; Matt. 15,11; Matt. 15,17; Matt. 15,20; Matt. 15,32; Matt. 16,3; Matt. 16,4; Matt. 16,11; Matt. 16,11; Matt. 16,18; Matt. 16,22; Matt. 16,23; Matt. 16,28; Matt. 17,24; Matt. 18,3; Matt. 18,22; Matt. 19,8; Matt. 19,10; Matt. 19,11; Matt. 19,18; Matt. 19,18; Matt. 19,18; Matt. 19,18; Matt. 21,21; Matt. 21,29; Matt. 22,16; Matt. 22,16; Matt. 23,3; Matt. 23,4; Matt. 23,39; Matt. 24,2; Matt. 24,2; Matt. 24,2; Matt. 24,21; Matt. 24,21; Matt. 24,29; Matt. 24,34; Matt. 24,35; Matt. 24,44; Matt. 24,50; Matt. 24,50; Matt. 25,9; Matt. 25,24; Matt. 25,26; Matt. 25,43; Matt. 25,43; Matt. 25,44; Matt. 26,11; Matt. 26,29; Matt. 26,35; Matt. 26,42; Matt. 26,53; Matt. 27,42; Mark 2,17; Mark 2,18; Mark 2,19; Mark 3,24; Mark 3,25; Mark 3,26; Mark 3,27; Mark 4,22; Mark 4,38; Mark 6,52; Mark 7,5; Mark 7,18; Mark 7,18; Mark 7,27; Mark 8,18; Mark 8,18; Mark 8,33; Mark 9,1; Mark 9,3; Mark 9,6; Mark 9,41; Mark 9,48; Mark 9,48; Mark 10,15; Mark 10,27; Mark 11,17; Mark 12,14; Mark 12,14; Mark 12,24; Mark 12,34; Mark 13,2; Mark 13,2; Mark 13,11; Mark 13,14; Mark 13,19; Mark 13,19; Mark 13,24; Mark 13,30; Mark 13,31; Mark 14,7; Mark 14,25; Mark 14,31; Mark 14,36; Mark 15,31; Mark 16,18; Luke 1,15; Luke 1,34; Luke 2,50; Luke 5,31; Luke 5,36; Luke 6,37; Luke 6,37; Luke 6,41; Luke 6,42; Luke 6,44; Luke 6,46; Luke 7,6; Luke 7,6; Luke 7,45; Luke 8,14; Luke 8,17; Luke 8,17; Luke 8,17; Luke 8,52; Luke 9,27; Luke 10,19; Luke 10,40; Luke 11,7; Luke 11,8; Luke 11,29; Luke 11,38; Luke 11,46; Luke 12,2; Luke 12,24; Luke 12,27; Luke 12,40; Luke 12,46; Luke 12,46; Luke 12,57; Luke 12,59; Luke 13,15; Luke 13,35; Luke 14,20; Luke 14,26; Luke 14,26; Luke 14,27; Luke 14,27; Luke 14,33; Luke 15,4; Luke 15,7; Luke 15,13; Luke 16,2; Luke 16,13; Luke 18,4; Luke 18,7; Luke 18,17; Luke 19,14; Luke 20,21; Luke 20,31; Luke 21,6; Luke 21,15; Luke 21,18; Luke 21,32; Luke 21,33; Luke 22,16; Luke 22,18; Luke 22,34; Luke 22,67; Luke 22,68; Luke 23,34; John 1,5; John 1,11; John 2,12; John 2,25; John 3,3; John 3,5; John 3,10; John 3,11; John 3,12; John 3,17; John 3,18; John 3,27; John 3,34; John 4,9; John 4,14; John 4,48; John 5,18; John 5,19; John 5,23; John 5,30; John 5,34; John 5,38; John 5,40; John 5,41; John 5,43; John 5,44; John 5,47; John 6,22; John 6,32; John 6,35; John 6,35; John 6,36; John 6,37; John 6,58; John 6,64; John 7,1; John 7,7; John 7,10; John 7,34; John 7,36; John 8,12; John 8,15; John 8,21; John 8,22; John 8,35; John 8,37; John 8,41; John 8,43; John 8,43; John 8,45; John 8,46; John 8,48; John 8,50; John 8,51; John 8,52; John 9,16; John 10,5; John 10,13; John 10,25; John 10,26; John 10,28; John 10,33; John 10,35; John 10,37; John 11,9; John 11,26; John 11,56; John 12,8; John 12,9; John 12,30; John 12,44; John 12,47; John 12,47; John 13,8; John 13,33; John 13,36; John 13,37; John 13,38; John 14,10; John 14,10; John 14,17; John 14,17; John 14,24; John 14,27; John 15,4; John 15,5; John 16,9; John 16,12; John 16,13; John 16,17; John 16,19; John 16,26; John 16,30; John 17,9; John 18,11; John 19,10; John 19,33; John 19,36; John 20,5; John 20,7; John 20,25; John 21,4; John 21,8; John 21,18; Acts 1,5; Acts 2,15; Acts 2,34; Acts 4,16; Acts 4,20; Acts 5,26; Acts 5,28; Acts 5,39; Acts 6,13; Acts 7,25; Acts 10,41; Acts 13,10; Acts 13,35; Acts 13,41; Acts 15,1; Acts 15,24; Acts 16,37; Acts 17,27; Acts 18,15; Acts 19,11; Acts 19,26; Acts 19,27; Acts 19,35; Acts 19,40; Acts 20,12; Acts 20,27; Acts 21,13; Acts 22,18; Acts 22,22; Acts 24,11; Acts 24,18; Acts 25,6; Acts 25,11; Acts 26,25; Acts 26,26; Acts 26,26; Acts 26,29; Acts 27,10; Acts 27,14; Acts 27,31; Acts 28,2; Acts 28,26; Acts 28,26; Rom. 1,13; Rom. 1,32; Rom. 2,11; Rom. 2,13; Rom. 2,21; Rom. 2,28; Rom. 2,29; Rom. 3,9; Rom. 3,20; Rom. 3,22; Rom. 4,2; Rom. 4,4; Rom. 4,8; Rom. 4,16; Rom. 4,20; Rom. 5,3; Rom. 5,5; Rom. 5,11; Rom. 6,14; Rom. 6,14; Rom. 7,6; Rom. 7,15; Rom. 7,15; Rom. 7,16; Rom. 7,19; Rom. 7,19; Rom. 7,20; Rom. 8,8; Rom. 8,12; Rom. 8,15; Rom. 8,23; Rom. 8,25; Rom. 9,1; Rom. 9,6; Rom. 9,8; Rom. 9,16; Rom. 9,24; Rom. 9,25; Rom. 9,26; Rom. 9,33; Rom. 10,2; Rom. 10,11; Rom. 10,12; Rom. 10,16; Rom. 11,18; Rom. 12,4; Rom. 13,1; Rom. 13,4; Rom. 13,5; Rom. 13,9; Rom. 13,9; Rom. 13,9; Rom. 14,17; Rom. 15,18; Rom. 15,18; Rom. 16,18; 1Cor. 1,17; 1Cor. 1,26; 1Cor. 1,26; 1Cor. 1,26; 1Cor. 2,1; 1Cor. 2,2; 1Cor. 2,6; 1Cor. 2,12; 1Cor. 2,14; 1Cor. 2,14; 1Cor. 3,2; 1Cor. 4,15; 1Cor. 4,19; 1Cor. 4,20; 1Cor. 5,10; 1Cor. 6,9; 1Cor. 6,10; 1Cor. 6,10; 1Cor. 6,12; 1Cor. 6,13; 1Cor. 7,6; 1Cor. 7,15; 1Cor. 8,8; 1Cor. 8,13; 1Cor. 9,1; 1Cor. 9,8; 1Cor. 9,9; 1Cor. 9,12; 1Cor. 9,15; 1Cor. 10,20; 1Cor. 10,20; 1Cor. 10,21; 1Cor. 10,21; 1Cor. 10,23; 1Cor. 10,23; 1Cor. 11,6; 1Cor. 11,8; 1Cor. 12,1; 1Cor. 12,15; 1Cor. 12,16; 1Cor. 12,21; 1Cor. 12,24; 1Cor. 13,4; 1Cor. 13,4; 1Cor. 13,4; 1Cor. 13,5; 1Cor. 13,5; 1Cor. 13,5; 1Cor. 13,6; 1Cor. 14,22; 1Cor. 14,22; 1Cor. 14,33; 1Cor. 14,34; 1Cor. 15,10; 1Cor. 15,36; 1Cor. 15,37; 1Cor. 15,46; 1Cor. 15,50; 1Cor. 15,51; 1Cor. 16,7; 1Cor. 16,22; 2Cor. 1,13; 2Cor. 2,11; 2Cor. 2,17; 2Cor. 3,3; 2Cor. 3,6; 2Cor. 3,10; 2Cor. 3,13; 2Cor. 4,8; 2Cor. 5,3; 2Cor. 5,4; 2Cor. 5,7; 2Cor. 5,12; 2Cor. 6,12; 2Cor. 7,3; 2Cor. 7,7; 2Cor. 7,8; 2Cor. 7,14; 2Cor. 8,5; 2Cor. 8,10; 2Cor. 8,12; 2Cor. 8,13; 2Cor. 8,19; 2Cor. 8,21; 2Cor. 9,12; 2Cor. 10,3; 2Cor. 10,4; 2Cor. 10,12; 2Cor. 10,14; 2Cor. 10,18; 2Cor. 11,6; 2Cor. 11,9; 2Cor. 11,10; 2Cor. 11,14; 2Cor. 11,15; 2Cor. 11,17; 2Cor. 11,31; 2Cor. 12,1; 2Cor. 12,5; 2Cor. 12,13; 2Cor. 12,14; 2Cor. 12,14; 2Cor. 12,14; 2Cor. 12,16; 2Cor. 12,18; 2Cor. 12,18; 2Cor. 12,20; 2Cor. 13,2; 2Cor. 13,8; Gal. 1,16; Gal. 1,20; Gal. 2,6; Gal. 2,16; Gal. 2,16; Gal. 3,16; Gal. 4,17; Gal. 4,27; Gal. 4,30; Gal. 5,16; Gal. 5,21; Gal. 6,7; Eph. 1,16; Eph. 1,21; Phil. 1,22; Phil. 1,29; Phil. 2,21; Phil. 3,13; Col. 1,9; Col. 2,8; Col. 2,19; 1Th. 1,8; 1Th. 2,1; 1Th. 2,8; 1Th. 2,13; 1Th. 2,17; 1Th. 4,7; 1Th. 4,9; 1Th. 4,15; 1Th. 5,1; 1Th. 5,3; 2Th. 3,2; 2Th. 3,10; 1Tim. 1,9; 1Tim. 2,7; 1Tim. 5,8; 1Tim. 5,13; 1Tim. 5,18; 1Tim. 5,25; 2Tim. 1,7; 2Tim. 1,9; 2Tim. 2,5; 2Tim. 2,9; 2Tim. 2,13; 2Tim. 2,24; 2Tim. 3,9; 2Tim. 4,8; Heb. 2,16; Heb. 3,16; Heb. 4,15; Heb. 5,12; Heb. 6,10; Heb. 7,11; Heb. 7,16; Heb. 7,20; Heb. 7,21; Heb. 8,9; Heb. 8,11; Heb. 8,12; Heb. 9,7; Heb. 9,11; Heb. 9,11; Heb. 9,22; Heb. 9,24; Heb. 10,17; Heb. 10,37; Heb. 11,1; Heb. 11,31; Heb. 11,35; Heb. 12,7; Heb. 12,9; Heb. 12,11; Heb. 12,26; Heb. 13,5; Heb. 13,5; Heb. 13,6; Heb. 13,9; Heb. 13,14; James 1,20; James 1,23; James 2,4; James 2,11; James 3,2; James 3,10; James 4,2; James 4,3; 1Pet. 1,18; 1Pet. 2,6; 1Pet. 2,10; 1Pet. 2,18; 1Pet. 3,21; 2Pet. 1,10; 2Pet. 1,20; 2Pet. 1,21; 2Pet. 2,3; 2Pet. 2,10; 2Pet. 2,11; 2Pet. 3,9; 1John 1,6; 1John 2,2; 1John 2,27; 1John 3,1; 1John 3,9; 1John 3,9; 1John 3,12; 1John 4,18; 1John 4,20; 1John 5,10; 1John 5,16; 1John 5,17; 2John 10; 3John 13; Rev. 2,2; Rev. 2,3; Rev. 2,11; Rev. 2,21; Rev. 2,24; Rev. 3,2; Rev. 3,3; Rev. 3,5; Rev. 3,12; Rev. 6,10; Rev. 7,16; Rev. 9,6; Rev. 9,21; Rev. 13,8; Rev. 15,4; Rev. 16,9; Rev. 16,11; Rev. 17,8; Rev. 18,7; Rev. 18,14; Rev. 18,21; Rev. 18,22; Rev. 18,22; Rev. 18,22; Rev. 18,23; Rev. 18,23; Rev. 20,4; Rev. 21,23; Rev. 21,25; Rev. 21,27)

οὔ ▸ 4

Particle ▪ (negative) ▸ 4 (Matt. 5,37; 2Cor. 1,17; 2Cor. 1,19; James 5,12)

οὔ ▸ 11 + 1 + 13 = 25

Particle ▪ (negative) ▸ 11 + 1 + 13 = **25** (Gen. 24,21; Gen. 27,21; Gen. 37,32; Gen. 42,16; Ex. 16,4; Ex. 17,7; Num. 11,23; Num. 13,20; Deut. 8,2; Judg. 2,22; 4Mac. 5,7; Judg. 2,22; Matt. 5,37; Matt. 13,29; Matt. 22,17; Mark 12,14; Luke 14,3; Luke 20,22; John 1,21; John 7,12; John 21,5; Rom. 7,18; 2Cor. 1,17; 2Cor. 1,18; James 5,12)

Οὐκ ▸ 165 + 9 + 12 = 186

Particle ▪ (negative) ▸ 165 + 9 + 12 = **186** (Gen. 18,15; Gen. 21,26; Gen. 29,26; Gen. 38,21; Gen. 42,22; Gen. 43,3; Gen. 43,5; Ex. 4,1; Ex. 4,14; Ex. 5,19; Ex. 11,9; Ex. 18,17; Ex. 32,18; Num. 13,31; Num. 16,12; Num. 22,30; Num. 23,26; Deut. 1,42; Deut. 6,16; Deut. 15,16; Deut. 18,1; Deut. 19,15; Deut. 22,5; Deut. 23,2; Deut. 23,18; Deut. 23,20; Deut. 24,6; Deut. 24,14; Deut. 24,16; Deut. 24,17; Deut. 25,13; Deut. 33,26; Josh. 17,16; Josh. 22,27; Judg. 4,20; Judg. 7,14; Judg. 8,23; Judg. 11,15; Judg. 15,11; Judg. 20,8; Ruth 2,8; 1Sam. 11,13; 1Sam. 12,4; 1Sam. 14,42; 1Sam. 15,26; 1Sam. 16,10; 1Sam. 21,5; 1Sam. 23,19; 1Sam. 24,11; 1Sam. 26,14; 1Sam. 26,15; 2Sam. 3,13; 2Sam. 3,38; 2Sam. 5,6; 2Sam. 5,6; 2Sam. 5,23; 2Sam. 15,26; 2Sam. 17,7; 2Sam. 18,3; 2Sam. 18,18; 2Sam. 18,20; 2Sam. 20,1; 2Sam. 21,4; 2Sam. 21,17; 1Kings 1,11; 1Kings 2,4; 1Kings 2,30; 1Kings 8,25; 1Kings 9,5; 1Kings 11,2; 1Kings 12,24; 1Kings 12,24y; 1Kings 18,10; 1Kings 18,43; 1Kings 22,7; 1Kings 22,18; 2Kings 2,16; 2Kings 2,18; 2Kings 3,11; 2Kings 3,17; 2Kings 4,2; 2Kings 4,6; 2Kings 4,31; 2Kings 6,11; 2Kings 14,6; 2Kings 18,36; 2Kings 19,32; 1Chr. 11,5; 1Chr. 15,2; 1Chr. 17,6; 1Chr. 21,17; 1Chr. 28,3; 2Chr. 6,16; 2Chr. 7,18; 2Chr. 11,4; 2Chr. 18,6; 2Chr. 18,16; 2Chr. 18,17; 2Chr. 25,4; 2Chr. 35,3; 1Esdr. 1,3; 1Esdr. 8,66; Ezra 9,1; Neh. 5,9; Neh. 6,8; Neh. 7,3; Esth. 6,3; Judith 11,21; 1Mac. 2,34; 1Mac. 7,15; 1Mac. 7,18; 1Mac. 10,72; 1Mac. 12,53; 2Mac. 7,22; 4Mac. 2,5; 4Mac. 12,16; Psa. 3,3; Psa. 9,34; Psa. 13,1; Psa. 52,2; Psa. 53,2; Psa. 93,7; Prov. 24,12; Eccl. 2,24; Eccl. 12,1; Job 28,14; Job 28,14; Job 34,9; Sir. 12,8; Sir. 36,9; Sol. 2,28; Hos. 10,3; Amos 6,13; Amos 7,14; Zech. 4,6; Zech. 4,13; Is. 3,7; Is. 10,9; Is. 23,4; Is. 29,12; Is. 45,14; Is. 57,16; Jer. 2,23; Jer. 5,12; Jer. 6,17; Jer. 12,4; Jer. 14,13; Jer. 22,11; Jer. 22,21; Jer. 23,38; Jer. 30,1; Jer. 33,16; Jer. 35,15; Jer. 36,25; Jer. 43,30; Lam. 4,12; Ezek. 13,15; Ezek. 17,12; Ezek. 23,43; Ezek. 24,19; Ezek. 26,15; Ezek. 33,17; Ezek. 33,20; Ezek. 37,18; Ezek. 38,14; Judg. 4,20; Judg. 7,14; Judg. 8,23; Judg. 11,15; Judg. 15,11; Judg. 19,12; Judg. 19,30; Judg. 20,8; Dan. 2,10; Matt. 10,24; John 9,18; John 14,18; Rom. 4,23; 1Cor. 3,16; 1Cor. 4,14; 1Cor. 9,1; 1Cor. 9,13; 1Cor. 9,15; 1Cor. 9,24; Gal. 2,21; 1Th. 5,5)

Οὔκ ▸ 2

Particle ▪ (negative) ▸ **2** (Judg. 12,5; Zech. 13,5)

οὐκ ▸ 3164 + 192 + 812 = 4168

Particle ▪ (negative) ▸ 3164 + 192 + 812 = **4168** (Gen. 2,5; Gen. 2,25; Gen. 4,7; Gen. 9,11; Gen. 9,11; Gen. 9,15; Gen. 9,23; Gen. 11,6; Gen. 11,30; Gen. 12,18; Gen. 13,6; Gen. 13,6; Gen. 13,9; Gen. 15,3; Gen. 15,13; Gen. 16,1; Gen. 16,10; Gen. 17,12; Gen. 18,24; Gen. 19,8; Gen. 19,33; Gen. 19,35; Gen. 20,5; Gen. 20,6; Gen. 20,11; Gen. 20,12; Gen. 22,12; Gen. 22,16; Gen. 24,16; Gen. 24,27; Gen. 26,22; Gen. 26,29; Gen. 27,12; Gen. 27,23; Gen. 28,16; Gen. 28,17; Gen. 30,40; Gen. 30,42; Gen. 31,2; Gen. 31,5; Gen. 31,7; Gen. 31,28; Gen. 31,32; Gen. 31,32; Gen. 31,38; Gen. 31,39; Gen. 32,13; Gen. 34,19; Gen. 36,7; Gen. 37,4; Gen. 37,24; Gen. 37,30; Gen. 37,35; Gen. 38,9; Gen. 38,14; Gen. 38,15; Gen. 38,26; Gen. 39,6; Gen. 39,8; Gen. 39,23; Gen. 40,8; Gen. 40,15; Gen. 40,23; Gen. 41,8; Gen. 41,15; Gen. 41,16; Gen. 41,19; Gen. 41,24; Gen. 41,31; Gen. 41,36; Gen. 41,39; Gen. 41,44; Gen. 41,49; Gen. 42,4; Gen. 42,8; Gen. 42,11; Gen. 42,21; Gen. 42,22; Gen. 42,23; Gen. 42,36; Gen. 42,36; Gen. 43,22; Gen. 44,4; Gen. 44,15; Gen. 44,28; Gen. 45,1; Gen. 45,3; Gen. 45,6; Gen. 47,9; Gen. 47,13; Gen. 47,19; Gen. 47,22; Gen. 47,22; Gen. 47,26; Gen. 48,10; Gen. 48,11; Gen. 48,19; Gen. 49,10; Ex. 1,8; Ex. 1,17; Ex. 2,3; Ex. 3,21; Ex. 4,11; Ex. 5,2; Ex. 5,2; Ex. 5,8; Ex. 5,23; Ex. 6,3; Ex. 6,9; Ex. 6,12; Ex. 7,4; Ex. 7,13; Ex. 7,16; Ex. 7,21; Ex. 7,22; Ex. 7,23; Ex. 7,24; Ex. 8,6; Ex. 8,11; Ex. 8,14; Ex. 8,15; Ex. 8,18; Ex. 8,28; Ex. 9,6; Ex. 9,7; Ex. 9,7; Ex. 9,11; Ex. 9,12; Ex. 9,14; Ex. 9,26; Ex. 9,29; Ex. 9,32; Ex. 9,33; Ex. 9,35; Ex. 10,14; Ex. 10,20; Ex. 10,23; Ex. 10,23; Ex. 10,26; Ex. 10,27; Ex. 11,10; Ex. 12,9; Ex. 12,10; Ex. 12,13; Ex. 12,20; Ex. 12,22; Ex. 12,23; Ex. 12,30; Ex. 12,39; Ex. 12,43; Ex. 12,45; Ex. 12,46; Ex. 12,48; Ex. 13,7; Ex. 13,22; Ex. 15,23; Ex. 15,26; Ex. 16,18; Ex. 16,18; Ex. 16,20; Ex. 16,24; Ex. 16,26; Ex. 17,1; Ex. 20,3; Ex. 20,17; Ex. 20,17; Ex. 20,25; Ex. 20,26; Ex. 21,5; Ex. 21,7; Ex. 21,10; Ex. 21,21; Ex. 22,1; Ex. 22,10; Ex. 22,12; Ex. 22,14; Ex. 22,24; Ex. 22,24; Ex. 22,30; Ex. 23,2; Ex. 23,3; Ex. 23,7; Ex. 23,13; Ex. 23,15; Ex. 23,26; Ex. 23,29; Ex. 23,33; Ex. 24,2; Ex. 28,43; Ex. 29,33; Ex. 30,9; Ex. 30,12; Ex. 30,15; Ex. 32,1; Ex. 32,23; Ex. 33,11; Ex. 33,12; Ex. 33,23; Ex. 34,20; Ex. 34,24; Ex. 34,28; Ex. 34,29; Ex. 40,35; Ex. 40,37; Lev. 2,12; Lev. 3,17; Lev. 5,11; Lev. 5,17; Lev. 5,18; Lev. 7,23; Lev. 7,26; Lev. 8,33; Lev. 10,6; Lev. 10,7; Lev. 10,17; Lev. 11,7; Lev. 11,10; Lev. 11,11; Lev. 11,12; Lev. 11,43; Lev. 12,4; Lev. 13,21; Lev. 13,26; Lev. 13,31; Lev. 13,32; Lev. 13,32; Lev. 13,34; Lev. 13,36; Lev. 15,25; Lev. 15,31; Lev. 16,2; Lev. 16,13; Lev. 16,17; Lev. 18,7; Lev. 18,7; Lev. 18,8; Lev. 18,9; Lev. 18,10; Lev. 18,11; Lev. 18,11; Lev. 18,12; Lev. 18,13; Lev. 18,14; Lev. 18,14; Lev. 18,15; Lev. 18,15; Lev. 18,16; Lev. 18,17; Lev. 19,4; Lev. 19,10; Lev. 19,12; Lev. 19,13; Lev. 19,16; Lev. 19,18; Lev. 19,19; Lev. 19,20; Lev. 19,20; Lev. 19,20; Lev. 19,26; Lev. 19,29; Lev. 19,31; Lev. 20,14; Lev. 20,19; Lev. 21,10; Lev. 21,11; Lev. 21,12; Lev. 21,21; Lev. 21,23; Lev. 22,4; Lev. 22,6; Lev. 22,21; Lev. 22,30; Lev. 25,5; Lev. 25,5; Lev. 25,30; Lev. 25,31; Lev. 26,6; Lev. 26,35; Lev. 27,10; Lev. 27,22; Lev. 27,28; Lev. 27,33; Num. 1,47; Num. 1,53; Num. 3,4; Num. 5,15; Num. 6,5; Num. 6,6; Num. 7,9; Num. 8,19; Num. 8,25; Num. 8,26; Num. 9,6; Num. 9,13; Num. 11,17; Num. 11,23; Num. 11,26; Num. 12,8; Num. 12,14; Num. 12,15; Num. 14,22; Num. 14,23; Num. 14,23; Num. 14,23; Num. 14,41; Num. 14,43; Num. 14,44; Num. 16,14; Num. 16,15; Num. 16,28; Num. 17,5; Num. 17,5; Num. 18,3; Num. 18,5; Num. 18,20; Num. 19,2; Num. 19,2; Num. 20,2; Num. 20,12; Num. 20,12; Num. 20,17; Num. 20,21; Num. 21,5; Num. 21,22; Num. 21,23; Num. 22,13; Num. 22,26; Num. 22,32; Num. 22,37; Num. 23,13; Num. 23,21; Num. 24,1; Num. 24,17; Num. 25,11; Num. 26,11; Num. 26,37; Num. 26,64; Num. 27,3; Num. 27,3; Num. 27,4; Num. 27,17; Num. 27,17; Num. 31,18; Num. 31,35; Num. 33,14; Num. 35,22; Num. 35,23; Num. 35,23; Num. 35,27; Num. 35,33; Deut. 1,17; Deut. 1,26; Deut. 1,32; Deut. 1,39; Deut. 1,43; Deut. 1,45; Deut. 2,7; Deut. 2,30; Deut. 2,36; Deut. 3,4; Deut. 3,4; Deut. 3,26; Deut. 4,2; Deut. 4,12; Deut. 4,15; Deut. 4,28; Deut. 4,31; Deut. 4,31; Deut. 4,35; Deut. 4,39; Deut. 4,42; Deut. 5,5; Deut. 5,7; Deut. 5,21; Deut. 5,21; Deut. 5,32; Deut. 6,10; Deut. 6,11; Deut. 6,11; Deut. 7,14; Deut. 7,15; Deut. 7,24; Deut. 7,25; Deut. 7,26; Deut. 8,3; Deut. 8,3; Deut. 8,4; Deut. 8,9; Deut. 8,15; Deut. 8,16; Deut. 8,20; Deut. 9,9; Deut. 9,9; Deut. 9,18; Deut. 9,18; Deut. 9,23; Deut. 9,23; Deut. 10,9; Deut. 10,10; Deut. 11,2; Deut. 11,17; Deut. 11,25; Deut. 11,28; Deut. 11,30; Deut. 12,12; Deut. 13,3; Deut. 13,4; Deut. 13,7; Deut. 13,9; Deut. 13,9; Deut. 13,14; Deut. 13,17; Deut. 14,1; Deut. 14,10; Deut. 14,27; Deut. 14,29; Deut. 15,2; Deut. 15,4; Deut. 15,6; Deut. 15,7; Deut. 15,13; Deut. 15,19; Deut. 16,4; Deut. 16,16; Deut. 16,19; Deut. 16,19; Deut. 17,6; Deut. 17,11; Deut. 17,13; Deut. 17,15; Deut. 18,2; Deut. 18,16; Deut. 18,21; Deut. 18,22; Deut. 18,22; Deut. 19,6; Deut. 19,10; Deut. 19,10; Deut. 20,5; Deut. 20,6; Deut. 20,7; Deut. 20,19; Deut. 21,1; Deut. 21,3; Deut. 21,4; Deut. 21,7; Deut. 21,14; Deut. 21,23; Deut. 22,4; Deut. 22,10; Deut. 22,11; Deut. 22,24; Deut. 22,26; Deut. 22,27; Deut. 23,1; Deut. 23,3; Deut. 23,4; Deut. 23,4; Deut. 23,6; Deut. 23,11; Deut. 23,11; Deut. 23,15; Deut. 23,18; Deut. 23,18; Deut. 23,18; Deut. 23,21; Deut. 23,23; Deut. 23,26; Deut. 24,5; Deut. 24,5;

οὐ

Deut. 24,10; Deut. 24,15; Deut. 24,16; Deut. 24,17; Deut. 24,19; Deut. 24,20; Deut. 24,21; Deut. 25,5; Deut. 25,6; Deut. 25,7; Deut. 25,9; Deut. 25,14; Deut. 25,18; Deut. 26,13; Deut. 26,14; Deut. 26,14; Deut. 26,14; Deut. 27,5; Deut. 27,26; Deut. 28,12; Deut. 28,13; Deut. 28,26; Deut. 28,29; Deut. 28,29; Deut. 28,30; Deut. 28,31; Deut. 28,31; Deut. 28,32; Deut. 28,33; Deut. 28,36; Deut. 28,41; Deut. 28,45; Deut. 28,47; Deut. 28,49; Deut. 28,50; Deut. 28,62; Deut. 28,64; Deut. 28,65; Deut. 28,68; Deut. 29,3; Deut. 29,4; Deut. 29,5; Deut. 29,5; Deut. 29,25; Deut. 30,12; Deut. 31,8; Deut. 31,13; Deut. 31,17; Deut. 32,4; Deut. 32,5; Deut. 32,6; Deut. 32,12; Deut. 32,17; Deut. 32,17; Deut. 32,20; Deut. 32,21; Deut. 32,28; Deut. 32,29; Deut. 32,31; Deut. 32,34; Deut. 32,39; Deut. 32,39; Deut. 32,52; Deut. 33,9; Deut. 34,4; Deut. 34,6; Deut. 34,7; Deut. 34,10; Josh. 1,5; Josh. 1,5; Josh. 1,7; Josh. 1,8; Josh. 2,5; Josh. 2,11; Josh. 5,1; Josh. 8,14; Josh. 8,31 # 9,2b; Josh. 8,35 # 9,2f; Josh. 8,35 # 9,2f; Josh. 9,14; Josh. 9,18; Josh. 9,20; Josh. 9,26; Josh. 10,14; Josh. 10,21; Josh. 10,37; Josh. 11,13; Josh. 11,19; Josh. 11,19; Josh. 13,13; Josh. 13,14; Josh. 14,3; Josh. 14,4; Josh. 15,63; Josh. 16,10; Josh. 17,3; Josh. 17,12; Josh. 17,13; Josh. 17,17; Josh. 18,2; Josh. 19,47a; Josh. 19,47a; Josh. 20,3; Josh. 21,44; Josh. 22,3; Josh. 22,17; Josh. 22,20; Josh. 22,25; Josh. 22,27; Josh. 22,31; Josh. 23,7; Josh. 24,10; Josh. 24,12; Josh. 24,13; Josh. 24,13; Josh. 24,13; Josh. 24,19; Judg. 1,18; Judg. 1,19; Judg. 1,21; Judg. 1,27; Judg. 1,28; Judg. 1,29; Judg. 1,30; Judg. 1,31; Judg. 1,32; Judg. 1,33; Judg. 1,34; Judg. 2,2; Judg. 2,10; Judg. 2,14; Judg. 2,17; Judg. 2,17; Judg. 2,19; Judg. 2,19; Judg. 3,2; Judg. 3,22; Judg. 3,25; Judg. 3,26; Judg. 3,28; Judg. 4,8; Judg. 4,9; Judg. 4,14; Judg. 5,19; Judg. 5,23; Judg. 6,5; Judg. 6,10; Judg. 7,12; Judg. 8,19; Judg. 8,20; Judg. 8,23; Judg. 8,34; Judg. 8,35; Judg. 9,38; Judg. 10,6; Judg. 10,16; Judg. 11,17; Judg. 11,17; Judg. 11,18; Judg. 11,20; Judg. 11,26; Judg. 11,28; Judg. 11,28; Judg. 11,34; Judg. 11,39; Judg. 12,2; Judg. 12,3; Judg. 13,2; Judg. 13,5; Judg. 13,6; Judg. 13,9; Judg. 13,16; Judg. 13,23; Judg. 13,23; Judg. 13,23; Judg. 14,3; Judg. 14,4; Judg. 14,6; Judg. 14,9; Judg. 14,14; Judg. 14,16; Judg. 14,16; Judg. 14,16; Judg. 14,18; Judg. 15,1; Judg. 15,2; Judg. 15,7; Judg. 16,9; Judg. 16,11; Judg. 16,14; Judg. 16,15; Judg. 16,15; Judg. 16,17; Judg. 16,20; Judg. 17,6; Judg. 18,1; Judg. 18,1; Judg. 18,7; Judg. 18,9; Judg. 18,10; Judg. 18,28; Judg. 18,28; Judg. 19,1; Judg. 19,10; Judg. 19,12; Judg. 19,15; Judg. 19,18; Judg. 19,19; Judg. 19,25; Judg. 19,28; Judg. 20,8; Judg. 20,13; Judg. 20,34; Judg. 21,8; Judg. 21,8; Judg. 21,9; Judg. 21,12; Judg. 21,22; Judg. 21,25; Ruth 2,11; Ruth 2,16; Ruth 2,20; Ruth 2,22; Ruth 4,4; Ruth 4,10; 1Sam. 1,2; 1Sam. 1,5; 1Sam. 1,6; 1Sam. 1,7; 1Sam. 1,8; 1Sam. 1,8; 1Sam. 1,11; 1Sam. 1,13; 1Sam. 1,22; 1Sam. 2,2; 1Sam. 2,2; 1Sam. 2,2; 1Sam. 2,9; 1Sam. 2,12; 1Sam. 2,24; 1Sam. 2,24; 1Sam. 2,25; 1Sam. 2,32; 1Sam. 2,33; 1Sam. 3,1; 1Sam. 3,2; 1Sam. 3,13; 1Sam. 3,18; 1Sam. 3,19; 1Sam. 4,15; 1Sam. 4,20; 1Sam. 4,20; 1Sam. 5,5; 1Sam. 5,12; 1Sam. 6,3; 1Sam. 6,19; 1Sam. 8,3; 1Sam. 8,18; 1Sam. 8,19; 1Sam. 9,2; 1Sam. 9,4; 1Sam. 9,7; 1Sam. 10,14; 1Sam. 10,16; 1Sam. 10,24; 1Sam. 10,27; 1Sam. 11,7; 1Sam. 12,4; 1Sam. 12,4; 1Sam. 12,21; 1Sam. 12,22; 1Sam. 13,12; 1Sam. 13,13; 1Sam. 13,14; 1Sam. 14,1; 1Sam. 14,3; 1Sam. 14,6; 1Sam. 14,15; 1Sam. 14,24; 1Sam. 14,26; 1Sam. 14,27; 1Sam. 14,37; 1Sam. 14,39; 1Sam. 14,41; 1Sam. 14,45; 1Sam. 15,9; 1Sam. 15,11; 1Sam. 15,19; 1Sam. 15,29; 1Sam. 16,9; 1Sam. 17,8; 1Sam. 17,47; 1Sam. 20,2; 1Sam. 20,2; 1Sam. 20,15; 1Sam. 20,21; 1Sam. 20,26; 1Sam. 20,34; 1Sam. 20,39; 1Sam. 21,7; 1Sam. 21,9; 1Sam. 21,10; 1Sam. 21,10; 1Sam. 21,16; 1Sam. 22,8; 1Sam. 22,8; 1Sam. 22,15; 1Sam. 22,17; 1Sam. 22,17; 1Sam. 24,8; 1Sam. 24,11; 1Sam. 24,12; 1Sam. 24,12; 1Sam. 24,13; 1Sam. 24,14; 1Sam. 24,19; 1Sam. 24,22; 1Sam. 24,22; 1Sam. 25,7; 1Sam. 25,7; 1Sam. 25,11; 1Sam. 25,15; 1Sam. 25,17; 1Sam. 25,19; 1Sam. 25,21; 1Sam. 25,25; 1Sam. 25,31; 1Sam. 25,36; 1Sam. 26,12; 1Sam. 26,12; 1Sam. 26,12; 1Sam. 26,16; 1Sam. 26,23; 1Sam. 27,1; 1Sam. 27,9; 1Sam. 27,11; 1Sam. 28,6; 1Sam. 28,15; 1Sam. 28,18; 1Sam. 28,18; 1Sam. 28,20; 1Sam. 28,23; 1Sam. 29,6; 1Sam. 30,2; 1Sam. 30,4; 1Sam. 30,17; 1Sam. 31,4; 2Sam. 1,14; 2Sam. 1,21; 2Sam. 1,22; 2Sam. 1,22; 2Sam. 2,19; 2Sam. 2,21; 2Sam. 2,23; 2Sam. 2,26; 2Sam. 3,8; 2Sam. 3,11; 2Sam. 3,22; 2Sam. 3,25; 2Sam. 3,26; 2Sam. 3,34; 2Sam. 3,34; 2Sam. 3,37; 2Sam. 5,8; 2Sam. 6,10; 2Sam. 6,23; 2Sam. 7,7; 2Sam. 7,15; 2Sam. 7,22; 2Sam. 7,22; 2Sam. 11,20; 2Sam. 11,22; 2Sam. 12,6; 2Sam. 12,10; 2Sam. 12,17; 2Sam. 12,18; 2Sam. 12,23; 2Sam. 13,4; 2Sam. 13,9; 2Sam. 13,14; 2Sam. 13,16; 2Sam. 13,21; 2Sam. 13,22; 2Sam. 13,25; 2Sam. 14,6; 2Sam. 14,24; 2Sam. 14,25; 2Sam. 14,25; 2Sam. 14,28; 2Sam. 14,29; 2Sam. 14,29; 2Sam. 14,32; 2Sam. 15,3; 2Sam. 15,11; 2Sam. 15,14; 2Sam. 16,17; 2Sam. 17,17; 2Sam. 17,19; 2Sam. 17,22; 2Sam. 17,23; 2Sam. 18,11; 2Sam. 18,20; 2Sam. 18,22; 2Sam. 18,29; 2Sam. 19,23; 2Sam. 19,25; 2Sam. 19,25; 2Sam. 19,26; 2Sam. 19,29; 2Sam. 19,44; 2Sam. 20,3; 2Sam. 20,10; 2Sam. 20,10; 2Sam. 21,4; 2Sam. 21,10; 2Sam. 22,22; 2Sam. 22,23; 2Sam. 22,37; 2Sam. 22,38; 2Sam. 22,39; 2Sam. 22,42; 2Sam. 22,44; 2Sam. 23,16; 2Sam. 23,17; 2Sam. 23,19; 2Sam. 23,23; 2Sam. 24,24; 1Kings 1,1; 1Kings 1,4; 1Kings 1,6; 1Kings 1,8; 1Kings 1,10; 1Kings 1,11; 1Kings 1,18; 1Kings 1,19; 1Kings 1,26; 1Kings 1,27; 1Kings 2,17; 1Kings 2,20; 1Kings 2,28; 1Kings 2,32; 1Kings 2,36; 1Kings 2,43; 1Kings 3,2; 1Kings 3,7; 1Kings 3,8; 1Kings 3,11; 1Kings 3,11; 1Kings 3,12; 1Kings 3,13; 1Kings 3,18; 1Kings 3,21; 1Kings 5,17; 1Kings 5,18; 1Kings 5,18; 1Kings 5,20; 1Kings 6,7; 1Kings 7,32; 1Kings 7,32; 1Kings 8,8; 1Kings 8,9; 1Kings 8,11; 1Kings 8,16; 1Kings 8,19; 1Kings 8,23; 1Kings 8,27; 1Kings 8,41; 1Kings 8,46; 1Kings 8,53a; 1Kings 8,60; 1Kings 9,12; 1Kings 10,3; 1Kings 10,3; 1Kings 10,7; 1Kings 10,7; 1Kings 10,10; 1Kings 10,12; 1Kings 10,21; 1Kings 10,21; 1Kings 10,22b # 9,20; 1Kings 10,22c # 9,22; 1Kings 11,2; 1Kings 11,4; 1Kings 11,8; 1Kings 11,11; 1Kings 11,33; 1Kings 11,41; 1Kings 12,15; 1Kings 12,16; 1Kings 12,16; 1Kings 12,20; 1Kings 12,24a; 1Kings 12,24o; 1Kings 12,24τ; 1Kings 12,24t; 1Kings 12,31; 1Kings 13,4; 1Kings 13,8; 1Kings 13,10; 1Kings 13,21; 1Kings 13,28; 1Kings 13,33; 1Kings 14,29; 1Kings 15,3; 1Kings 15,5; 1Kings 15,7; 1Kings 15,14; 1Kings 15,23; 1Kings 15,31; 1Kings 16,5; 1Kings 16,14; 1Kings 16,20; 1Kings 16,27; 1Kings 16,28b; 1Kings 16,28b; 1Kings 16,28c; 1Kings 16,28e; 1Kings 16,28f; 1Kings 16,28g; 1Kings 16,31; 1Kings 17,7; 1Kings 17,14; 1Kings 17,14; 1Kings 17,16; 1Kings 17,16; 1Kings 18,5; 1Kings 18,10; 1Kings 18,12; 1Kings 18,13; 1Kings 18,21; 1Kings 18,26; 1Kings 18,26; 1Kings 18,29; 1Kings 19,11; 1Kings 19,11; 1Kings 19,12; 1Kings 19,18; 1Kings 20,4; 1Kings 20,5; 1Kings 20,15; 1Kings 20,15; 1Kings 20,29; 1Kings 21,7; 1Kings 21,35; 1Kings 21,36; 1Kings 21,40; 1Kings 22,1; 1Kings 22,17; 1Kings 22,19; 1Kings 22,28; 1Kings 22,33; 1Kings 22,39; 1Kings 22,43; 1Kings 22,44; 1Kings 22,46; 2Kings 1,18; 2Kings 1,18c; 2Kings 2,12; 2Kings 2,21; 2Kings 3,3; 2Kings 3,9; 2Kings 3,17; 2Kings 3,26; 2Kings 4,14; 2Kings 4,27; 2Kings 4,28; 2Kings 4,29; 2Kings 4,29; 2Kings 4,31; 2Kings 4,31; 2Kings 4,39; 2Kings 4,40; 2Kings 4,41; 2Kings 5,15; 2Kings 7,5; 2Kings 7,10; 2Kings 8,19; 2Kings 8,23; 2Kings 9,10; 2Kings 9,18; 2Kings 9,20; 2Kings 10,4; 2Kings 10,29; 2Kings 10,31; 2Kings 10,31; 2Kings 11,2; 2Kings 12,7; 2Kings 12,8; 2Kings 12,16; 2Kings 12,20; 2Kings 13,2; 2Kings 13,6; 2Kings 13,11; 2Kings 13,23; 2Kings 13,23; 2Kings 14,4; 2Kings 14,6; 2Kings 14,6; 2Kings 14,11; 2Kings 14,24; 2Kings 14,26; 2Kings 14,27; 2Kings 15,4; 2Kings 15,6; 2Kings 15,9; 2Kings 15,16; 2Kings 15,18; 2Kings 15,20; 2Kings 15,21; 2Kings

O, o

15,24; 2Kings 15,28; 2Kings 15,35; 2Kings 16,2; 2Kings 16,5; 2Kings 17,4; 2Kings 17,14; 2Kings 17,15; 2Kings 17,19; 2Kings 17,22; 2Kings 17,25; 2Kings 17,26; 2Kings 17,26; 2Kings 17,38; 2Kings 17,40; 2Kings 18,5; 2Kings 18,6; 2Kings 18,7; 2Kings 18,12; 2Kings 18,12; 2Kings 18,12; 2Kings 18,36; 2Kings 19,3; 2Kings 19,33; 2Kings 20,13; 2Kings 20,13; 2Kings 20,15; 2Kings 20,15; 2Kings 21,9; 2Kings 21,22; 2Kings 21,25; 2Kings 22,2; 2Kings 22,7; 2Kings 22,13; 2Kings 22,20; 2Kings 23,9; 2Kings 23,22; 2Kings 23,25; 2Kings 23,26; 2Kings 24,4; 2Kings 24,5; 2Kings 25,3; 2Kings 25,16; 1Chr. 2,30; 1Chr. 2,32; 1Chr. 2,34; 1Chr. 4,27; 1Chr. 4,27; 1Chr. 5,1; 1Chr. 10,4; 1Chr. 10,13; 1Chr. 10,14; 1Chr. 11,18; 1Chr. 11,19; 1Chr. 11,21; 1Chr. 11,25; 1Chr. 12,18; 1Chr. 12,20; 1Chr. 13,3; 1Chr. 13,13; 1Chr. 15,13; 1Chr. 15,13; 1Chr. 16,21; 1Chr. 17,13; 1Chr. 17,20; 1Chr. 17,20; 1Chr. 17,21; 1Chr. 19,19; 1Chr. 21,6; 1Chr. 21,30; 1Chr. 22,3; 1Chr. 22,4; 1Chr. 22,8; 1Chr. 22,14; 1Chr. 22,16; 1Chr. 23,11; 1Chr. 23,17; 1Chr. 23,22; 1Chr. 23,26; 1Chr. 24,2; 1Chr. 24,28; 1Chr. 26,10; 1Chr. 27,23; 1Chr. 28,20; 1Chr. 29,1; 1Chr. 29,15; 1Chr. 29,25; 2Chr. 1,11; 2Chr. 1,11; 2Chr. 1,12; 2Chr. 1,12; 2Chr. 4,18; 2Chr. 5,6; 2Chr. 5,9; 2Chr. 5,10; 2Chr. 5,11; 2Chr. 5,14; 2Chr. 6,5; 2Chr. 6,5; 2Chr. 6,9; 2Chr. 6,14; 2Chr. 6,18; 2Chr. 6,32; 2Chr. 6,36; 2Chr. 7,2; 2Chr. 7,7; 2Chr. 8,8; 2Chr. 8,9; 2Chr. 9,2; 2Chr. 9,6; 2Chr. 9,6; 2Chr. 9,9; 2Chr. 9,11; 2Chr. 9,19; 2Chr. 9,20; 2Chr. 10,15; 2Chr. 10,16; 2Chr. 12,3; 2Chr. 12,12; 2Chr. 12,15; 2Chr. 13,7; 2Chr. 13,9; 2Chr. 13,10; 2Chr. 13,12; 2Chr. 13,20; 2Chr. 14,5; 2Chr. 14,10; 2Chr. 15,5; 2Chr. 15,17; 2Chr. 15,19; 2Chr. 16,12; 2Chr. 17,3; 2Chr. 17,10; 2Chr. 18,7; 2Chr. 18,16; 2Chr. 18,27; 2Chr. 18,32; 2Chr. 19,6; 2Chr. 19,7; 2Chr. 19,10; 2Chr. 20,6; 2Chr. 20,10; 2Chr. 20,10; 2Chr. 20,12; 2Chr. 20,12; 2Chr. 20,24; 2Chr. 20,32; 2Chr. 20,37; 2Chr. 21,7; 2Chr. 21,12; 2Chr. 21,18; 2Chr. 21,19; 2Chr. 21,20; 2Chr. 21,20; 2Chr. 22,9; 2Chr. 22,11; 2Chr. 23,19; 2Chr. 24,5; 2Chr. 24,6; 2Chr. 24,19; 2Chr. 24,19; 2Chr. 24,20; 2Chr. 24,22; 2Chr. 24,25; 2Chr. 25,2; 2Chr. 25,4; 2Chr. 25,4; 2Chr. 25,7; 2Chr. 25,15; 2Chr. 25,16; 2Chr. 25,20; 2Chr. 25,26; 2Chr. 26,18; 2Chr. 27,2; 2Chr. 28,1; 2Chr. 28,10; 2Chr. 28,21; 2Chr. 28,27; 2Chr. 29,7; 2Chr. 29,9; 2Chr. 29,34; 2Chr. 30,5; 2Chr. 30,9; 2Chr. 30,26; 2Chr. 32,17; 2Chr. 32,26; 2Chr. 33,10; 2Chr. 33,23; 2Chr. 34,2; 2Chr. 34,21; 2Chr. 34,28; 2Chr. 34,33; 2Chr. 35,15; 2Chr. 35,18; 2Chr. 35,18; 2Chr. 35,19b; 2Chr. 35,19b; 2Chr. 35,19c; 2Chr. 35,21; 2Chr. 35,22; 2Chr. 35,22; 2Chr. 36,5d; 2Chr. 36,8; 2Chr. 36,12; 2Chr. 36,16; 2Chr. 36,17; 2Chr. 36,17; 1Esdr. 1,15; 1Esdr. 1,18; 1Esdr. 1,19; 1Esdr. 1,26; 1Esdr. 1,45; 1Esdr. 1,50; 1Esdr. 4,36; 1Esdr. 4,37; 1Esdr. 4,39; 1Esdr. 4,39; 1Esdr. 5,37; 1Esdr. 6,6; 1Esdr. 6,19; 1Esdr. 8,77; 1Esdr. 9,2; 1Esdr. 9,11; 1Esdr. 9,11; Ezra 2,59; Ezra 3,6; Ezra 3,13; Ezra 4,13; Ezra 4,14; Ezra 4,16; Ezra 4,21; Ezra 5,16; Ezra 7,22; Ezra 7,24; Ezra 9,9; Ezra 9,12; Ezra 9,13; Ezra 9,15; Ezra 10,6; Ezra 10,6; Ezra 10,13; Ezra 10,13; Ezra 10,13; Neh. 1,7; Neh. 2,1; Neh. 2,2; Neh. 2,2; Neh. 2,12; Neh. 2,12; Neh. 2,14; Neh. 2,16; Neh. 2,16; Neh. 2,17; Neh. 2,20; Neh. 3,5; Neh. 4,5; Neh. 4,17; Neh. 5,5; Neh. 5,14; Neh. 5,15; Neh. 5,16; Neh. 5,16; Neh. 5,18; Neh. 6,1; Neh. 6,12; Neh. 7,4; Neh. 7,61; Neh. 8,17; Neh. 9,16; Neh. 9,17; Neh. 9,17; Neh. 9,19; Neh. 9,19; Neh. 9,20; Neh. 9,21; Neh. 9,29; Neh. 9,29; Neh. 9,30; Neh. 9,31; Neh. 9,31; Neh. 9,34; Neh. 9,35; Neh. 9,35; Neh. 10,32; Neh. 10,40; Neh. 13,6; Neh. 13,10; Neh. 13,21; Neh. 13,26; Esth. 1,12; Esth. 1,15; Esth. 4,4; Esth. 4,11; Esth. 13,9 # 4,17b; Esth. 13,10 # 4,17c; Esth. 13,12 # 4,17d; Esth. 14,17 # 4,17x; Esth. 14,17 # 4,17x; Esth. 14,18 # 4,17y; Esth. 5,13; Esth. 8,8; Esth. 16,12 # 8,12m; Esth. 9,18; Judith 1,11; Judith 2,3; Judith 2,17; Judith 5,5; Judith 5,7; Judith 5,10; Judith 5,12; Judith 5,18; Judith 5,21; Judith 5,23; Judith 6,4; Judith 6,5; Judith 6,8; Judith 7,15; Judith 7,19; Judith 7,21; Judith 7,22; Judith 7,25; Judith 7,27; Judith 8,8; Judith 8,11; Judith 8,18; Judith 8,20; Judith 8,27; Judith 8,28; Judith 8,29; Judith 8,31; Judith 8,34; Judith 9,7; Judith 9,14; Judith 11,1; Judith 11,2; Judith 11,5; Judith 11,6; Judith 11,18; Judith 11,19; Judith 12,10; Judith 12,20; Judith 13,14; Judith 13,16; Judith 13,19; Judith 13,20; Judith 14,18; Judith 15,2; Judith 16,14; Judith 16,22; Judith 16,25; Tob. 2,10; Tob. 2,10; Tob. 2,14; Tob. 3,5; Tob. 3,8; Tob. 3,15; Tob. 4,10; Tob. 4,12; Tob. 4,19; Tob. 5,4; Tob. 5,14; Tob. 6,15; Tob. 6,17; Tob. 8,16; Tob. 10,1; Tob. 10,7; Tob. 12,13; Tob. 12,13; Tob. 12,19; Tob. 13,2; 1Mac. 2,10; 1Mac. 2,10; 1Mac. 2,22; 1Mac. 2,36; 1Mac. 2,48; 1Mac. 2,61; 1Mac. 3,18; 1Mac. 3,19; 1Mac. 3,30; 1Mac. 3,45; 1Mac. 4,6; 1Mac. 5,30; 1Mac. 5,44; 1Mac. 5,46; 1Mac. 5,48; 1Mac. 5,54; 1Mac. 5,61; 1Mac. 5,62; 1Mac. 6,3; 1Mac. 6,8; 1Mac. 6,25; 1Mac. 6,36; 1Mac. 6,49; 1Mac. 6,53; 1Mac. 7,14; 1Mac. 7,17; 1Mac. 7,30; 1Mac. 8,14; 1Mac. 8,16; 1Mac. 9,7; 1Mac. 9,27; 1Mac. 9,27; 1Mac. 9,29; 1Mac. 9,45; 1Mac. 9,55; 1Mac. 9,60; 1Mac. 10,41; 1Mac. 10,46; 1Mac. 10,73; 1Mac. 11,36; 1Mac. 11,53; 1Mac. 12,14; 1Mac. 12,29; 1Mac. 12,40; 1Mac. 13,18; 1Mac. 13,19; 1Mac. 13,22; 1Mac. 13,47; 1Mac. 14,7; 1Mac. 14,12; 1Mac. 14,44; 1Mac. 15,14; 1Mac. 15,27; 1Mac. 15,36; 2Mac. 2,6; 2Mac. 2,27; 2Mac. 4,13; 2Mac. 4,34; 2Mac. 5,5; 2Mac. 5,7; 2Mac. 5,15; 2Mac. 6,16; 2Mac. 7,14; 2Mac. 7,22; 2Mac. 7,28; 2Mac. 8,6; 2Mac. 8,9; 2Mac. 8,26; 2Mac. 9,22; 2Mac. 10,18; 2Mac. 10,24; 2Mac. 11,13; 2Mac. 12,2; 2Mac. 12,4; 2Mac. 12,10; 2Mac. 13,3; 2Mac. 14,3; 2Mac. 14,6; 2Mac. 14,29; 2Mac. 14,30; 2Mac. 14,30; 2Mac. 15,21; 3Mac. 1,22; 3Mac. 3,8; 3Mac. 4,3; 3Mac. 4,14; 3Mac. 6,15; 3Mac. 7,9; 3Mac. 7,10; 4Mac. 2,20; 4Mac. 3,10; 4Mac. 4,1; 4Mac. 5,11; 4Mac. 7,6; 4Mac. 7,19; 4Mac. 7,22; 4Mac. 8,15; 4Mac. 9,15; 4Mac. 9,21; 4Mac. 9,32; 4Mac. 10,3; 4Mac. 10,15; 4Mac. 11,20; 4Mac. 12,11; 4Mac. 12,12; 4Mac. 12,13; 4Mac. 13,4; 4Mac. 13,5; 4Mac. 13,5; 4Mac. 13,19; 4Mac. 15,19; 4Mac. 15,20; 4Mac. 15,27; 4Mac. 16,9; 4Mac. 16,20; 4Mac. 17,7; 4Mac. 17,16; 4Mac. 17,16; 4Mac. 18,9; 4Mac. 18,18; Psa. 1,1; Psa. 1,1; Psa. 1,1; Psa. 1,3; Psa. 1,5; Psa. 5,10; Psa. 6,6; Psa. 9,11; Psa. 9,13; Psa. 9,19; Psa. 9,19; Psa. 9,25; Psa. 9,25; Psa. 13,1; Psa. 13,1; Psa. 13,3; Psa. 13,3; Psa. 13,3; Psa. 13,3; Psa. 13,4; Psa. 13,5; Psa. 14,3; Psa. 14,3; Psa. 14,4; Psa. 14,5; Psa. 14,5; Psa. 15,10; Psa. 16,1; Psa. 17,22; Psa. 17,23; Psa. 17,37; Psa. 17,38; Psa. 17,42; Psa. 17,42; Psa. 17,44; Psa. 18,4; Psa. 18,7; Psa. 20,3; Psa. 21,3; Psa. 21,3; Psa. 21,7; Psa. 21,12; Psa. 21,25; Psa. 23,4; Psa. 23,4; Psa. 25,4; Psa. 29,2; Psa. 31,5; Psa. 31,6; Psa. 31,9; Psa. 33,10; Psa. 33,11; Psa. 34,11; Psa. 34,15; Psa. 35,2; Psa. 35,4; Psa. 35,5; Psa. 36,21; Psa. 36,25; Psa. 36,28; Psa. 36,36; Psa. 37,4; Psa. 37,4; Psa. 37,8; Psa. 37,10; Psa. 37,11; Psa. 37,14; Psa. 37,14; Psa. 37,15; Psa. 37,15; Psa. 38,10; Psa. 39,5; Psa. 39,6; Psa. 39,7; Psa. 39,7; Psa. 39,11; Psa. 39,11; Psa. 39,13; Psa. 39,13; Psa. 43,4; Psa. 43,10; Psa. 43,13; Psa. 43,18; Psa. 43,18; Psa. 43,19; Psa. 48,10; Psa. 48,18; Psa. 48,20; Psa. 49,8; Psa. 50,18; Psa. 50,19; Psa. 51,9; Psa. 52,2; Psa. 52,4; Psa. 52,4; Psa. 52,5; Psa. 52,6; Psa. 54,12; Psa. 54,20; Psa. 57,6; Psa. 57,9; Psa. 59,12; Psa. 65,20; Psa. 68,3; Psa. 68,6; Psa. 68,34; Psa. 70,11; Psa. 70,15; Psa. 72,4; Psa. 72,5; Psa. 72,22; Psa. 73,4; Psa. 73,9; Psa. 73,9; Psa. 74,9; Psa. 76,3; Psa. 76,5; Psa. 77,4; Psa. 77,8; Psa. 77,10; Psa. 77,10; Psa. 77,22; Psa. 77,30; Psa. 77,32; Psa. 77,37; Psa. 77,39; Psa. 77,42; Psa. 77,50; Psa. 77,53; Psa. 77,56; Psa. 77,63; Psa. 77,67; Psa. 78,3; Psa. 78,6; Psa. 80,6; Psa. 80,10; Psa. 80,12; Psa. 81,5; Psa. 85,8; Psa. 85,8; Psa. 87,6; Psa. 87,9; Psa. 88,23; Psa. 88,44; Psa. 88,49; Psa. 90,7; Psa. 90,10; Psa. 91,16; Psa. 93,14; Psa. 93,14; Psa. 94,10; Psa. 100,4; Psa. 100,4; Psa. 101,18; Psa. 101,28; Psa. 102,9; Psa. 102,16; Psa. 103,25; Psa. 104,14; Psa. 104,34; Psa. 104,37; Psa. 105,7; Psa. 105,24; Psa. 105,25; Psa.

οὐ

105,34; Psa. 106,12; Psa. 106,38; Psa. 107,12; Psa. 108,16; Psa. 108,17; Psa. 113,13; Psa. 113,14; Psa. 113,14; Psa. 117,17; Psa. 118,16; Psa. 118,30; Psa. 118,46; Psa. 118,51; Psa. 118,60; Psa. 118,61; Psa. 118,83; Psa. 118,87; Psa. 118,102; Psa. 118,109; Psa. 118,110; Psa. 118,136; Psa. 118,141; Psa. 118,153; Psa. 118,155; Psa. 118,157; Psa. 118,158; Psa. 118,165; Psa. 118,176; Psa. 123,6; Psa. 124,3; Psa. 128,2; Psa. 128,7; Psa. 128,8; Psa. 134,16; Psa. 134,17; Psa. 134,17; Psa. 138,4; Psa. 138,15; Psa. 141,5; Psa. 141,5; Psa. 143,14; Psa. 144,3; Psa. 145,3; Psa. 146,5; Psa. 146,10; Psa. 147,9; Psa. 147,9; Psa. 151,5; Ode. 2,4; Ode. 2,5; Ode. 2,6; Ode. 2,12; Ode. 2,17; Ode. 2,17; Ode. 2,20; Ode. 2,21; Ode. 2,28; Ode. 2,29; Ode. 2,34; Ode. 2,39; Ode. 2,39; Ode. 3,2; Ode. 3,2; Ode. 3,2; Ode. 3,9; Ode. 4,17; Ode. 5,11; Ode. 5,13; Ode. 7,29; Ode. 7,33; Ode. 7,38; Ode. 7,40; Ode. 10,4; Ode. 12,8; Ode. 12,9; Ode. 12,10; Prov. 1,22; Prov. 1,28; Prov. 2,19; Prov. 3,15; Prov. 3,15; Prov. 4,19; Prov. 5,5; Prov. 5,6; Prov. 5,6; Prov. 5,13; Prov. 6,12; Prov. 6,29; Prov. 6,33; Prov. 6,35; Prov. 7,23; Prov. 8,11; Prov. 9,13; Prov. 9,18; Prov. 10,2; Prov. 10,19; Prov. 10,30; Prov. 10,30; Prov. 11,7; Prov. 11,21; Prov. 11,25; Prov. 12,3; Prov. 12,21; Prov. 12,27; Prov. 14,10; Prov. 14,22; Prov. 15,7; Prov. 15,12; Prov. 16,5; Prov. 16,29; Prov. 17,5; Prov. 17,10; Prov. 17,21; Prov. 19,5; Prov. 19,9; Prov. 19,23; Prov. 20,1; Prov. 20,4; Prov. 20,8; Prov. 20,20 # 20,9b; Prov. 21,10; Prov. 21,13; Prov. 21,30; Prov. 21,30; Prov. 21,30; Prov. 22,14a; Prov. 23,18; Prov. 23,35; Prov. 23,35; Prov. 24,7; Prov. 24,14; Prov. 24,18; Prov. 25,10; Prov. 26,1; Prov. 26,2; Prov. 26,20; Prov. 27,20; Prov. 28,10; Prov. 28,13; Prov. 28,17; Prov. 28,20; Prov. 28,21; Prov. 28,21; Prov. 28,22; Prov. 28,27; Prov. 29,1; Prov. 30,2; Prov. 30,11; Prov. 30,12; Prov. 30,15; Prov. 30,15; Prov. 30,16; Prov. 30,18; Prov. 30,26; Prov. 30,30; Prov. 31,11; Prov. 31,18; Prov. 31,27; Eccl. 1,7; Eccl. 1,8; Eccl. 1,9; Eccl. 1,11; Eccl. 1,11; Eccl. 2,10; Eccl. 2,11; Eccl. 2,16; Eccl. 2,21; Eccl. 3,12; Eccl. 3,14; Eccl. 3,14; Eccl. 3,22; Eccl. 4,1; Eccl. 4,1; Eccl. 4,3; Eccl. 4,8; Eccl. 4,8; Eccl. 4,8; Eccl. 4,8; Eccl. 4,13; Eccl. 4,16; Eccl. 4,16; Eccl. 5,3; Eccl. 5,11; Eccl. 5,13; Eccl. 6,2; Eccl. 6,2; Eccl. 6,3; Eccl. 6,3; Eccl. 6,5; Eccl. 6,5; Eccl. 6,6; Eccl. 6,6; Eccl. 7,10; Eccl. 7,20; Eccl. 8,7; Eccl. 8,8; Eccl. 8,8; Eccl. 8,8; Eccl. 8,11; Eccl. 8,13; Eccl. 8,13; Eccl. 8,15; Eccl. 8,16; Eccl. 9,1; Eccl. 9,5; Eccl. 9,6; Eccl. 9,10; Eccl. 9,12; Eccl. 9,15; Eccl. 10,11; Eccl. 10,14; Eccl. 10,15; Eccl. 10,17; Eccl. 11,5; Eccl. 12,12; Song 1,6; Song 3,4; Song 4,2; Song 4,7; Song 6,6; Song 6,8; Song 6,12; Song 8,1; Song 8,8; Job 1,8; Job 1,22; Job 2,3; Job 2,12; Job 3,11; Job 3,11; Job 3,16; Job 3,18; Job 4,16; Job 4,16; Job 5,4; Job 5,5; Job 5,9; Job 6,13; Job 6,17; Job 7,19; Job 7,21; Job 8,9; Job 8,22; Job 9,5; Job 9,7; Job 9,10; Job 9,15; Job 9,18; Job 9,21; Job 9,25; Job 9,28; Job 9,29; Job 10,7; Job 10,14; Job 10,18; Job 10,18; Job 10,19; Job 10,19; Job 10,20; Job 10,21; Job 10,22; Job 11,19; Job 12,9; Job 12,24; Job 13,2; Job 13,7; Job 14,12; Job 14,21; Job 14,21; Job 15,9; Job 15,18; Job 15,19; Job 16,6; Job 16,22; Job 18,5; Job 18,19; Job 19,3; Job 19,4a; Job 19,4a; Job 19,22; Job 19,27; Job 20,13; Job 20,19; Job 20,20; Job 20,21; Job 20,21; Job 21,9; Job 21,10; Job 21,10; Job 21,16; Job 21,29; Job 23,9; Job 24,6; Job 24,11; Job 24,13; Job 24,13; Job 24,16; Job 24,21; Job 24,21; Job 25,3; Job 25,5; Job 26,6; Job 26,8; Job 27,19; Job 28,7; Job 28,8; Job 28,13; Job 28,17; Job 28,19; Job 29,12; Job 29,16; Job 29,24; Job 30,10; Job 30,20; Job 31,16; Job 31,16; Job 31,19; Job 31,32; Job 32,3; Job 32,5; Job 32,12; Job 32,15; Job 32,16; Job 33,12; Job 33,13; Job 33,27; Job 34,19; Job 34,23; Job 34,24; Job 34,27; Job 34,31; Job 34,33; Job 34,35; Job 34,35; Job 35,10; Job 35,15; Job 35,15; Job 36,4; Job 36,7; Job 36,28b; Job 37,4; Job 37,5; Job 37,23; Job 38,26; Job 39,7; Job 39,17; Job 41,25; Job 42,3; Job 42,3; Wis. 1,4; Wis. 1,6; Wis. 1,10; Wis. 1,13; Wis. 1,14; Wis. 2,1; Wis. 2,1;

Wis. 2,1; Wis. 2,5; Wis. 2,22; Wis. 3,13; Wis. 5,6; Wis. 5,6; Wis. 5,7; Wis. 5,10; Wis. 6,4; Wis. 6,22; Wis. 7,13; Wis. 8,21; Wis. 10,13; Wis. 10,14; Wis. 12,9; Wis. 12,10; Wis. 12,13; Wis. 13,1; Wis. 13,17; Wis. 14,22; Wis. 16,14; Wis. 16,22; Wis. 18,20; Wis. 18,22; Wis. 19,13; Wis. 19,14; Wis. 19,21; Sir. 2,15; Sir. 2,18; Sir. 3,14; Sir. 3,28; Sir. 6,15; Sir. 6,15; Sir. 6,20; Sir. 7,6; Sir. 7,8; Sir. 7,13; Sir. 8,16; Sir. 9,10; Sir. 10,18; Sir. 10,24; Sir. 11,9; Sir. 11,10; Sir. 11,19; Sir. 12,3; Sir. 12,11; Sir. 12,16; Sir. 13,22; Sir. 14,1; Sir. 14,2; Sir. 14,6; Sir. 14,9; Sir. 14,16; Sir. 15,13; Sir. 15,20; Sir. 15,20; Sir. 16,7; Sir. 16,8; Sir. 16,9; Sir. 16,13; Sir. 16,21; Sir. 16,27; Sir. 16,28; Sir. 16,28; Sir. 17,20; Sir. 17,30; Sir. 18,6; Sir. 18,6; Sir. 18,17; Sir. 19,13; Sir. 19,14; Sir. 19,16; Sir. 19,22; Sir. 19,22; Sir. 19,27; Sir. 20,1; Sir. 20,16; Sir. 21,3; Sir. 21,12; Sir. 22,25; Sir. 23,10; Sir. 23,11; Sir. 23,12; Sir. 23,19; Sir. 23,25; Sir. 23,26; Sir. 24,22; Sir. 24,28; Sir. 24,34; Sir. 25,8; Sir. 25,8; Sir. 25,10; Sir. 25,15; Sir. 25,15; Sir. 26,14; Sir. 26,15; Sir. 28,4; Sir. 28,19; Sir. 29,24; Sir. 30,4; Sir. 30,5; Sir. 30,16; Sir. 30,16; Sir. 30,23; Sir. 31,8; Sir. 31,10; Sir. 31,19; Sir. 32,24; Sir. 33,1; Sir. 33,18; Sir. 34,10; Sir. 34,18; Sir. 34,19; Sir. 35,6; Sir. 35,12; Sir. 36,4; Sir. 36,23; Sir. 36,25; Sir. 36,25; Sir. 38,5; Sir. 38,21; Sir. 38,32; Sir. 39,9; Sir. 39,9; Sir. 39,16; Sir. 39,18; Sir. 39,19; Sir. 39,21; Sir. 39,34; Sir. 40,26; Sir. 40,26; Sir. 40,29; Sir. 41,4; Sir. 41,11; Sir. 42,17; Sir. 42,20; Sir. 42,24; Sir. 44,9; Sir. 44,10; Sir. 44,13; Sir. 45,13; Sir. 45,19; Sir. 45,22; Sir. 46,11; Sir. 46,11; Sir. 46,19; Sir. 46,19; Sir. 48,12; Sir. 48,15; Sir. 50,25; Sir. 51,4; Sir. 51,7; Sir. 51,7; Sol. 1,6; Sol. 1,7; Sol. 2,1; Sol. 2,4; Sol. 2,9; Sol. 2,23; Sol. 2,24; Sol. 2,26; Sol. 2,27; Sol. 2,28; Sol. 2,29; Sol. 2,31; Sol. 3,1; Sol. 3,4; Sol. 3,6; Sol. 3,10; Sol. 3,12; Sol. 4,10; Sol. 4,11; Sol. 4,13; Sol. 4,21; Sol. 4,21; Sol. 5,5; Sol. 5,7; Sol. 7,5; Sol. 7,6; Sol. 7,8; Sol. 8,13; Sol. 8,32; Sol. 9,7; Sol. 9,9; Sol. 14,4; Sol. 14,7; Sol. 15,8; Sol. 16,5; Sol. 17,5; Sol. 17,5; Sol. 17,9; Sol. 17,9; Sol. 17,12; Sol. 17,15; Sol. 17,19; Sol. 17,27; Sol. 17,32; Sol. 17,37; Sol. 17,38; Sol. 17,40; Sol. 17,41; Sol. 18,12; Sol. 18,12; Hos. 2,1; Hos. 2,4; Hos. 2,10; Hos. 3,4; Hos. 4,1; Hos. 4,6; Hos. 5,3; Hos. 5,4; Hos. 5,4; Hos. 5,13; Hos. 5,14; Hos. 7,7; Hos. 7,9; Hos. 7,9; Hos. 7,10; Hos. 7,10; Hos. 7,11; Hos. 7,14; Hos. 8,4; Hos. 8,7; Hos. 9,2; Hos. 9,4; Hos. 9,4; Hos. 9,17; Hos. 10,3; Hos. 11,3; Hos. 11,5; Hos. 11,9; Hos. 11,9; Hos. 13,4; Hos. 14,4; Amos 1,3; Amos 1,6; Amos 1,9; Amos 1,9; Amos 1,11; Amos 1,13; Amos 2,1; Amos 2,4; Amos 2,4; Amos 2,6; Amos 2,11; Amos 3,4; Amos 3,6; Amos 3,10; Amos 4,6; Amos 4,8; Amos 5,2; Amos 5,6; Amos 5,20; Amos 5,22; Amos 5,23; Amos 6,6; Amos 7,3; Amos 9,4; Amos 9,8; Mic. 1,11; Mic. 2,1; Mic. 2,4; Mic. 2,5; Mic. 2,10; Mic. 3,4; Mic. 3,5; Mic. 3,7; Mic. 4,4; Mic. 4,9; Mic. 4,12; Mic. 5,11; Mic. 5,14; Joel 2,3; Joel 2,8; Joel 2,27; Obad. 5; Obad. 5; Obad. 7; Obad. 18; Jonah 1,13; Jonah 3,10; Jonah 4,10; Jonah 4,10; Jonah 4,11; Nah. 1,3; Nah. 1,9; Nah. 1,12; Nah. 2,9; Nah. 2,9; Nah. 2,10; Nah. 2,12; Nah. 3,3; Nah. 3,9; Nah. 3,17; Nah. 3,18; Nah. 3,19; Nah. 3,19; Hab. 1,6; Hab. 1,14; Hab. 2,3; Hab. 2,4; Hab. 2,5; Hab. 2,6; Hab. 2,19; Hab. 3,17; Zeph. 2,15; Zeph. 3,2; Zeph. 3,2; Zeph. 3,2; Zeph. 3,5; Zeph. 3,5; Zeph. 3,5; Zeph. 3,13; Zeph. 3,15; Hag. 1,6; Hag. 1,6; Hag. 1,6; Hag. 2,17; Zech. 3,2; Zech. 7,13; Zech. 7,14; Zech. 8,10; Zech. 8,10; Zech. 9,11; Zech. 10,2; Zech. 10,6; Zech. 11,5; Zech. 14,6; Zech. 14,11; Zech. 14,21; Mal. 1,2; Mal. 1,10; Mal. 1,10; Mal. 2,2; Mal. 2,9; Mal. 2,15; Mal. 3,6; Mal. 3,6; Mal. 3,7; Is. 1,3; Is. 1,6; Is. 1,13; Is. 1,15; Is. 1,31; Is. 2,7; Is. 2,7; Is. 3,7; Is. 5,4; Is. 5,9; Is. 5,12; Is. 5,25; Is. 5,29; Is. 7,1; Is. 8,19; Is. 8,20; Is. 8,23; Is. 9,6; Is. 9,11; Is. 9,12; Is. 9,12; Is. 9,16; Is. 9,16; Is. 9,16; Is. 9,18; Is. 9,20; Is. 10,4; Is. 10,7; Is. 10,14; Is. 13,14; Is. 14,6; Is. 14,8; Is. 14,17; Is. 14,19; Is. 14,31; Is. 15,6; Is. 16,7; Is. 16,14; Is. 17,2; Is. 17,8; Is. 17,10; Is. 17,14; Is. 19,15; Is. 20,6; Is. 22,11; Is. 22,11; Is. 22,14; Is. 22,22; Is. 23,8; Is. 23,18; Is. 24,9; Is.

O, o

26,11; Is. 26,13; Is. 27,4; Is. 27,4; Is. 27,11; Is. 28,2; Is. 28,12; Is. 29,9; Is. 30,2; Is. 30,5; Is. 30,6; Is. 30,9; Is. 30,15; Is. 31,1; Is. 31,1; Is. 31,3; Is. 31,8; Is. 32,19; Is. 33,1; Is. 33,19; Is. 33,23; Is. 33,23; Is. 34,12; Is. 34,16; Is. 34,16; Is. 35,9; Is. 37,3; Is. 37,11; Is. 37,23; Is. 39,2; Is. 39,2; Is. 39,4; Is. 39,4; Is. 40,21; Is. 40,21; Is. 40,21; Is. 40,28; Is. 41,9; Is. 41,11; Is. 41,12; Is. 41,12; Is. 41,17; Is. 41,17; Is. 41,26; Is. 41,28; Is. 42,16; Is. 42,16; Is. 42,16; Is. 42,20; Is. 42,20; Is. 42,22; Is. 42,22; Is. 42,24; Is. 42,25; Is. 43,10; Is. 43,10; Is. 43,11; Is. 43,12; Is. 43,13; Is. 43,17; Is. 43,23; Is. 44,6; Is. 44,8; Is. 44,8; Is. 44,9; Is. 44,18; Is. 44,19; Is. 44,20; Is. 45,4; Is. 45,5; Is. 45,5; Is. 45,6; Is. 45,6; Is. 45,9; Is. 45,15; Is. 45,17; Is. 45,18; Is. 45,18; Is. 45,19; Is. 45,19; Is. 45,20; Is. 45,21; Is. 45,21; Is. 45,22; Is. 45,23; Is. 46,2; Is. 46,9; Is. 47,6; Is. 47,7; Is. 47,8; Is. 47,10; Is. 47,10; Is. 47,15; Is. 48,6; Is. 48,6; Is. 48,16; Is. 48,22; Is. 49,15; Is. 49,23; Is. 50,2; Is. 50,2; Is. 50,2; Is. 50,5; Is. 50,6; Is. 50,7; Is. 50,10; Is. 51,18; Is. 51,18; Is. 51,21; Is. 52,15; Is. 52,15; Is. 53,2; Is. 53,2; Is. 53,3; Is. 53,7; Is. 53,7; Is. 53,9; Is. 54,1; Is. 54,14; Is. 54,16; Is. 54,17; Is. 55,2; Is. 55,5; Is. 55,5; Is. 55,13; Is. 56,5; Is. 56,10; Is. 56,11; Is. 56,11; Is. 57,6; Is. 57,10; Is. 57,11; Is. 57,11; Is. 57,12; Is. 57,21; Is. 58,3; Is. 58,3; Is. 58,13; Is. 59,1; Is. 59,6; Is. 59,8; Is. 59,8; Is. 59,8; Is. 59,11; Is. 59,14; Is. 59,15; Is. 59,15; Is. 59,16; Is. 59,16; Is. 60,15; Is. 60,18; Is. 60,19; Is. 60,20; Is. 62,1; Is. 62,7; Is. 62,12; Is. 63,3; Is. 63,13; Is. 63,16; Is. 63,16; Is. 63,19; Is. 64,3; Is. 64,6; Is. 65,1; Is. 65,2; Is. 65,3; Is. 65,12; Is. 65,16; Is. 65,20; Is. 65,25; Is. 66,4; Is. 66,4; Is. 66,9; Is. 66,9; Is. 66,19; Jer. 1,6; Jer. 2,6; Jer. 2,8; Jer. 2,8; Jer. 2,11; Jer. 2,19; Jer. 2,23; Jer. 2,30; Jer. 2,30; Jer. 2,32; Jer. 2,34; Jer. 2,37; Jer. 3,7; Jer. 3,8; Jer. 3,10; Jer. 3,16; Jer. 3,16; Jer. 3,16; Jer. 3,19; Jer. 4,4; Jer. 4,8; Jer. 4,11; Jer. 4,22; Jer. 4,22; Jer. 4,23; Jer. 4,25; Jer. 4,28; Jer. 5,2; Jer. 5,3; Jer. 5,3; Jer. 5,3; Jer. 5,4; Jer. 5,4; Jer. 5,7; Jer. 5,9; Jer. 5,9; Jer. 5,12; Jer. 5,15; Jer. 5,21; Jer. 5,22; Jer. 5,24; Jer. 5,28; Jer. 5,28; Jer. 5,29; Jer. 5,29; Jer. 6,15; Jer. 6,23; Jer. 6,29; Jer. 7,4; Jer. 7,8; Jer. 7,9; Jer. 7,13; Jer. 7,13; Jer. 7,16; Jer. 7,22; Jer. 7,22; Jer. 7,24; Jer. 7,24; Jer. 7,26; Jer. 7,27; Jer. 7,31; Jer. 7,32; Jer. 7,33; Jer. 8,4; Jer. 8,4; Jer. 8,5; Jer. 8,6; Jer. 8,7; Jer. 8,13; Jer. 8,13; Jer. 8,15; Jer. 8,17; Jer. 8,19; Jer. 8,19; Jer. 8,22; Jer. 8,22; Jer. 8,22; Jer. 9,2; Jer. 9,5; Jer. 9,8; Jer. 9,8; Jer. 9,9; Jer. 9,12; Jer. 9,15; Jer. 9,21; Jer. 10,5; Jer. 10,5; Jer. 10,11; Jer. 10,14; Jer. 10,16; Jer. 10,20; Jer. 10,21; Jer. 10,21; Jer. 10,25; Jer. 11,3; Jer. 11,8; Jer. 11,10; Jer. 11,11; Jer. 11,14; Jer. 11,19; Jer. 11,23; Jer. 12,11; Jer. 12,12; Jer. 12,13; Jer. 13,11; Jer. 13,14; Jer. 13,14; Jer. 13,19; Jer. 13,21; Jer. 13,27; Jer. 14,4; Jer. 14,5; Jer. 14,6; Jer. 14,10; Jer. 14,10; Jer. 14,12; Jer. 14,12; Jer. 14,14; Jer. 14,14; Jer. 14,14; Jer. 14,15; Jer. 14,15; Jer. 14,16; Jer. 14,18; Jer. 14,19; Jer. 14,19; Jer. 15,1; Jer. 15,14; Jer. 15,17; Jer. 15,18; Jer. 15,19; Jer. 16,8; Jer. 16,11; Jer. 16,13; Jer. 16,14; Jer. 16,17; Jer. 16,19; Jer. 17,6; Jer. 17,11; Jer. 17,16; Jer. 17,16; Jer. 17,22; Jer. 17,22; Jer. 18,15; Jer. 18,18; Jer. 19,4; Jer. 19,5; Jer. 20,11; Jer. 20,11; Jer. 20,11; Jer. 20,17; Jer. 21,10; Jer. 21,12; Jer. 22,10; Jer. 22,12; Jer. 22,13; Jer. 22,16; Jer. 22,16; Jer. 22,21; Jer. 22,26; Jer. 22,28; Jer. 22,28; Jer. 23,2; Jer. 23,16; Jer. 23,21; Jer. 23,21; Jer. 23,24; Jer. 23,32; Jer. 23,32; Jer. 23,32; Jer. 23,40; Jer. 23,7; Jer. 25,4; Jer. 25,7; Jer. 25,8; Jer. 25,16; Jer. 26,5; Jer. 26,11; Jer. 26,15; Jer. 26,21; Jer. 26,23; Jer. 26,27; Jer. 26,28; Jer. 27,3; Jer. 27,5; Jer. 27,9; Jer. 27,32; Jer. 27,33; Jer. 28,5; Jer. 28,9; Jer. 28,17; Jer. 29,3; Jer. 30,4; Jer. 30,6; Jer. 30,17; Jer. 30,21; Jer. 31,2; Jer. 31,11; Jer. 31,11; Jer. 31,11; Jer. 31,33; Jer. 31,33; Jer. 31,38; Jer. 33,5; Jer. 34,15; Jer. 34,16; Jer. 34,20; Jer. 36,9; Jer. 36,31; Jer. 36,32; Jer. 36,32; Jer. 37,5; Jer. 37,7; Jer. 37,8; Jer. 37,13; Jer. 37,13; Jer. 37,17; Jer. 38,15; Jer. 38,15; Jer. 38,18; Jer. 38,32; Jer. 38,35; Jer. 39,23; Jer. 39,23; Jer. 39,23; Jer. 39,33; Jer. 39,35; Jer. 40,3; Jer. 41,14; Jer. 41,14; Jer. 41,17; Jer. 42,7; Jer. 42,9; Jer. 42,14; Jer. 42,14; Jer. 42,15; Jer. 42,15; Jer. 42,16; Jer. 43,24; Jer. 43,31; Jer. 44,2; Jer. 44,4; Jer. 44,14; Jer. 44,14; Jer. 45,5; Jer. 45,6; Jer. 45,9; Jer. 45,27; Jer. 46,16; Jer. 47,3; Jer. 47,7; Jer. 47,14; Jer. 48,4; Jer. 48,8; Jer. 49,17; Jer. 49,21; Jer. 50,2; Jer. 50,4; Jer. 50,7; Jer. 51,3; Jer. 51,5; Jer. 51,5; Jer. 51,10; Jer. 51,10; Jer. 51,14; Jer. 51,16; Jer. 51,17; Jer. 51,22; Jer. 51,23; Jer. 51,23; Jer. 51,27; Jer. 52,6; Jer. 52,20; Bar. 1,13; Bar. 1,18; Bar. 1,21; Bar. 2,2; Bar. 2,5; Bar. 2,8; Bar. 2,10; Bar. 2,19; Bar. 2,24; Bar. 3,4; Bar. 3,17; Bar. 3,18; Bar. 3,20; Bar. 3,23; Bar. 3,25; Bar. 3,31; Bar. 4,6; Bar. 4,13; Bar. 4,15; Lam. 1,6; Lam. 1,7; Lam. 1,9; Lam. 1,9; Lam. 1,17; Lam. 1,21; Lam. 2,1; Lam. 2,8; Lam. 2,9; Lam. 2,9; Lam. 2,14; Lam. 2,17; Lam. 2,21; Lam. 2,22; Lam. 3,7; Lam. 3,31; Lam. 3,33; Lam. 3,36; Lam. 3,37; Lam. 3,38; Lam. 3,43; Lam. 4,4; Lam. 4,6; Lam. 4,8; Lam. 4,16; Lam. 4,16; Lam. 5,5; Lam. 5,8; Lam. 5,12; LetterJ 12; LetterJ 13; LetterJ 14; LetterJ 19; LetterJ 24; LetterJ 41; LetterJ 43; LetterJ 49; LetterJ 72; Ezek. 1,9; Ezek. 1,12; Ezek. 1,17; Ezek. 3,6; Ezek. 3,26; Ezek. 5,6; Ezek. 5,7; Ezek. 5,7; Ezek. 5,11; Ezek. 7,25; Ezek. 9,9; Ezek. 10,11; Ezek. 10,11; Ezek. 10,16; Ezek. 11,11; Ezek. 12,2; Ezek. 12,9; Ezek. 12,12; Ezek. 12,13; Ezek. 12,24; Ezek. 13,5; Ezek. 13,5; Ezek. 13,6; Ezek. 13,9; Ezek. 13,9; Ezek. 13,10; Ezek. 13,12; Ezek. 13,16; Ezek. 13,19; Ezek. 13,19; Ezek. 14,15; Ezek. 15,5; Ezek. 16,4; Ezek. 16,4; Ezek. 16,4; Ezek. 16,15; Ezek. 16,22; Ezek. 16,28; Ezek. 16,34; Ezek. 16,43; Ezek. 16,49; Ezek. 16,61; Ezek. 17,9; Ezek. 17,17; Ezek. 18,11; Ezek. 18,12; Ezek. 18,15; Ezek. 18,15; Ezek. 18,16; Ezek. 18,17; Ezek. 18,19; Ezek. 18,30; Ezek. 19,14; Ezek. 20,8; Ezek. 20,8; Ezek. 20,8; Ezek. 20,13; Ezek. 20,16; Ezek. 20,17; Ezek. 20,21; Ezek. 20,21; Ezek. 20,24; Ezek. 20,32; Ezek. 20,38; Ezek. 21,10; Ezek. 21,18; Ezek. 22,29; Ezek. 23,8; Ezek. 24,6; Ezek. 24,6; Ezek. 24,7; Ezek. 24,17; Ezek. 28,3; Ezek. 28,24; Ezek. 29,18; Ezek. 30,13; Ezek. 31,8; Ezek. 31,8; Ezek. 31,14; Ezek. 31,14; Ezek. 32,9; Ezek. 33,5; Ezek. 33,17; Ezek. 34,4; Ezek. 34,4; Ezek. 34,4; Ezek. 34,4; Ezek. 34,6; Ezek. 34,8; Ezek. 34,8; Ezek. 34,10; Ezek. 34,28; Ezek. 34,28; Ezek. 36,14; Ezek. 36,15; Ezek. 37,8; Ezek. 37,22; Ezek. 38,11; Ezek. 39,26; Ezek. 39,29; Ezek. 42,6; Ezek. 42,14; Ezek. 42,14; Ezek. 44,2; Ezek. 44,9; Ezek. 44,13; Ezek. 44,17; Ezek. 44,25; Ezek. 46,9; Ezek. 47,5; Ezek. 48,11; Dan. 2,10; Dan. 2,11; Dan. 2,11; Dan. 2,27; Dan. 2,43; Dan. 3,12; Dan. 3,12; Dan. 3,33; Dan. 3,38; Dan. 3,40; Dan. 3,50; Dan. 3,94; Dan. 3,96; Dan. 4,10; Dan. 4,26; Dan. 4,37a; Dan. 5,0; Dan. 5,4; Dan. 5,7; Dan. 5,8; Dan. 5,23; Dan. 5,23; Dan. 6,6; Dan. 6,13a; Dan. 6,16; Dan. 6,21; Dan. 8,4; Dan. 8,4; Dan. 8,7; Dan. 8,24; Dan. 9,6; Dan. 9,10; Dan. 9,12; Dan. 9,13; Dan. 9,14; Dan. 9,26; Dan. 10,3; Dan. 10,3; Dan. 10,3; Dan. 10,7; Dan. 10,8; Dan. 10,9; Dan. 10,16; Dan. 10,17; Dan. 11,15; Dan. 11,16; Dan. 11,17; Dan. 11,20; Dan. 11,24; Dan. 11,27; Dan. 11,29; Dan. 11,38; Dan. 11,42; Dan. 11,45; Dan. 12,1; Sus. 22; Sus. 35a; Sus. 38; Sus. 41; Sus. 48; Sus. 53; Bel 6; Bel 9; Bel 18; Bel 41; Judg. 1,18; Judg. 1,19; Judg. 1,21; Judg. 1,27; Judg. 1,28; Judg. 1,29; Judg. 1,30; Judg. 1,31; Judg. 1,32; Judg. 1,33; Judg. 1,34; Judg. 2,2; Judg. 2,10; Judg. 2,14; Judg. 2,17; Judg. 2,19; Judg. 2,20; Judg. 3,2; Judg. 3,22; Judg. 3,25; Judg. 3,26; Judg. 3,28; Judg. 4,8; Judg. 4,9; Judg. 5,19; Judg. 5,23; Judg. 6,5; Judg. 6,10; Judg. 7,12; Judg. 8,19; Judg. 8,20; Judg. 8,23; Judg. 8,34; Judg. 8,35; Judg. 10,6; Judg. 11,17; Judg. 11,17; Judg. 11,18; Judg. 11,20; Judg. 11,26; Judg. 11,28; Judg. 11,34; Judg. 11,39; Judg. 12,2; Judg. 12,3; Judg. 13,2; Judg. 13,5; Judg. 13,6; Judg. 13,6; Judg. 13,9; Judg. 13,16; Judg. 13,23; Judg. 13,23; Judg. 13,23; Judg. 14,4; Judg. 14,6; Judg. 14,9; Judg. 14,14; Judg. 14,16; Judg. 14,16; Judg. 14,16; Judg. 14,18; Judg. 15,1; Judg. 16,9; Judg. 16,11; Judg. 16,15; Judg. 16,15; Judg. 16,17; Judg. 16,20; Judg. 17,6; Judg. 18,1; Judg. 18,1; Judg. 18,7; Judg. 18,7; Judg. 18,10; Judg.

οὐ

18,28; Judg. 18,28; Judg. 19,1; Judg. 19,10; Judg. 19,12; Judg. 19,15; Judg. 19,18; Judg. 19,19; Judg. 19,25; Judg. 19,28; Judg. 20,8; Judg. 20,13; Judg. 20,16; Judg. 20,34; Judg. 21,5; Judg. 21,5; Judg. 21,8; Judg. 21,8; Judg. 21,9; Judg. 21,12; Judg. 21,17; Judg. 21,22; Judg. 21,25; Tob. 1,20; Tob. 2,10; Tob. 2,14; Tob. 3,5; Tob. 3,5; Tob. 3,8; Tob. 5,4; Tob. 5,14; Tob. 6,15; Tob. 7,10; Tob. 8,16; Tob. 10,7; Tob. 10,7; Tob. 12,13; Tob. 12,19; Tob. 13,2; Tob. 14,9; Dan. 1,4; Dan. 2,10; Dan. 2,11; Dan. 2,11; Dan. 2,27; Dan. 2,30; Dan. 2,43; Dan. 2,43; Dan. 3,29; Dan. 3,33; Dan. 3,38; Dan. 3,40; Dan. 3,50; Dan. 3,92; Dan. 3,94; Dan. 3,94; Dan. 3,94; Dan. 3,94; Dan. 3,96; Dan. 4,7; Dan. 4,9; Dan. 4,35; Dan. 5,8; Dan. 5,15; Dan. 5,22; Dan. 5,23; Dan. 5,23; Dan. 6,19; Dan. 6,23; Dan. 6,23; Dan. 6,25; Dan. 8,4; Dan. 8,5; Dan. 8,7; Dan. 8,7; Dan. 8,22; Dan. 8,24; Dan. 8,27; Dan. 9,6; Dan. 9,10; Dan. 9,13; Dan. 9,14; Dan. 9,18; Dan. 9,26; Dan. 10,3; Dan. 10,3; Dan. 10,3; Dan. 10,7; Dan. 10,8; Dan. 10,16; Dan. 10,21; Dan. 11,4; Dan. 11,15; Dan. 11,16; Dan. 11,17; Dan. 11,20; Dan. 11,21; Dan. 11,24; Dan. 11,29; Dan. 11,38; Dan. 11,42; Dan. 11,45; Sus. 10; Sus. 16; Sus. 18; Sus. 22; Sus. 27; Sus. 39; Sus. 41; Sus. 48; Sus. 53; Sus. 56; Bel 18; Bel 24; Bel 32; Bel 38; Bel 41; Matt. 1,25; Matt. 2,18; Matt. 2,18; Matt. 3,11; Matt. 4,4; Matt. 4,7; Matt. 5,17; Matt. 5,33; Matt. 6,1; Matt. 6,5; Matt. 7,25; Matt. 8,8; Matt. 8,20; Matt. 10,26; Matt. 10,34; Matt. 10,37; Matt. 10,37; Matt. 10,38; Matt. 11,11; Matt. 11,17; Matt. 11,17; Matt. 12,2; Matt. 12,3; Matt. 12,4; Matt. 12,5; Matt. 12,7; Matt. 12,19; Matt. 12,24; Matt. 12,31; Matt. 12,32; Matt. 13,5; Matt. 13,12; Matt. 13,13; Matt. 13,17; Matt. 13,17; Matt. 13,21; Matt. 13,57; Matt. 13,58; Matt. 14,4; Matt. 14,17; Matt. 15,13; Matt. 15,23; Matt. 15,24; Matt. 15,26; Matt. 15,32; Matt. 16,7; Matt. 16,8; Matt. 16,12; Matt. 16,17; Matt. 17,12; Matt. 17,16; Matt. 17,19; Matt. 18,14; Matt. 18,30; Matt. 18,33; Matt. 19,4; Matt. 20,13; Matt. 20,15; Matt. 20,22; Matt. 20,23; Matt. 20,28; Matt. 21,25; Matt. 21,27; Matt. 21,30; Matt. 21,32; Matt. 22,3; Matt. 22,8; Matt. 22,11; Matt. 22,31; Matt. 22,32; Matt. 23,13; Matt. 23,30; Matt. 23,37; Matt. 24,22; Matt. 24,39; Matt. 24,42; Matt. 24,43; Matt. 25,3; Matt. 25,12; Matt. 25,13; Matt. 25,24; Matt. 25,26; Matt. 25,42; Matt. 25,42; Matt. 25,43; Matt. 25,45; Matt. 26,24; Matt. 26,40; Matt. 26,55; Matt. 26,70; Matt. 26,72; Matt. 26,74; Matt. 27,6; Matt. 27,13; Matt. 27,14; Matt. 27,34; Matt. 28,6; Mark 1,7; Mark 1,34; Mark 2,17; Mark 2,24; Mark 2,26; Mark 3,29; Mark 4,5; Mark 4,7; Mark 4,13; Mark 4,17; Mark 4,25; Mark 4,27; Mark 4,34; Mark 5,19; Mark 5,37; Mark 5,39; Mark 6,3; Mark 6,4; Mark 6,5; Mark 6,18; Mark 6,19; Mark 6,26; Mark 7,3; Mark 7,4; Mark 7,19; Mark 7,24; Mark 8,2; Mark 8,14; Mark 8,16; Mark 8,17; Mark 8,18; Mark 9,18; Mark 9,28; Mark 9,30; Mark 9,37; Mark 9,38; Mark 9,40; Mark 10,38; Mark 10,40; Mark 10,45; Mark 11,13; Mark 11,16; Mark 11,31; Mark 11,33; Mark 12,20; Mark 12,22; Mark 12,26; Mark 12,27; Mark 12,31; Mark 12,32; Mark 13,20; Mark 13,33; Mark 13,35; Mark 14,21; Mark 14,29; Mark 14,37; Mark 14,40; Mark 14,49; Mark 14,56; Mark 14,60; Mark 14,61; Mark 14,71; Mark 15,4; Mark 15,23; Mark 16,6; Mark 16,14; Luke 1,7; Luke 1,20; Luke 1,22; Luke 1,33; Luke 1,37; Luke 2,7; Luke 2,37; Luke 2,43; Luke 2,49; Luke 3,16; Luke 4,2; Luke 4,4; Luke 4,12; Luke 4,41; Luke 5,32; Luke 6,2; Luke 6,4; Luke 6,40; Luke 6,48; Luke 7,32; Luke 7,32; Luke 7,44; Luke 7,45; Luke 7,46; Luke 8,13; Luke 8,19; Luke 8,27; Luke 8,27; Luke 8,43; Luke 8,47; Luke 8,51; Luke 9,13; Luke 9,40; Luke 9,49; Luke 9,50; Luke 9,53; Luke 9,58; Luke 10,24; Luke 10,24; Luke 10,42; Luke 11,6; Luke 11,44; Luke 11,52; Luke 12,2; Luke 12,6; Luke 12,10; Luke 12,15; Luke 12,17; Luke 12,24; Luke 12,33; Luke 12,39; Luke 12,56; Luke 13,16; Luke 13,24; Luke 13,25; Luke 13,27; Luke 13,33; Luke 13,34; Luke 14,5; Luke 14,6; Luke 14,14; Luke 14,30; Luke 14,33; Luke 15,28; Luke 16,3; Luke 16,11; Luke 16,12; Luke 16,31; Luke 17,20; Luke 17,22; Luke 18,4; Luke 18,11; Luke 18,13; Luke 18,34; Luke 19,3; Luke 19,21; Luke 19,21; Luke 19,22; Luke 19,22; Luke 19,23; Luke 19,44; Luke 19,44; Luke 20,5; Luke 20,26; Luke 20,38; Luke 21,6; Luke 21,9; Luke 22,53; Luke 22,57; Luke 22,58; Luke 22,60; Luke 23,29; Luke 23,29; Luke 23,51; Luke 23,53; Luke 24,6; Luke 24,18; Luke 24,24; Luke 24,39; John 1,8; John 1,10; John 1,13; John 1,20; John 1,20; John 1,21; John 1,25; John 1,26; John 1,27; John 1,31; John 1,33; John 1,47; John 2,3; John 2,9; John 2,24; John 3,8; John 3,20; John 3,28; John 3,36; John 4,2; John 4,17; John 4,17; John 4,18; John 4,22; John 4,32; John 4,44; John 5,7; John 5,10; John 5,13; John 5,24; John 5,31; John 5,38; John 5,42; John 6,7; John 6,22; John 6,24; John 6,53; John 6,63; John 6,70; John 7,8; John 7,16; John 7,18; John 7,28; John 7,28; John 7,45; John 7,52; John 8,13; John 8,14; John 8,16; John 8,23; John 8,27; John 8,29; John 8,40; John 8,44; John 8,44; John 8,47; John 8,47; John 8,49; John 8,55; John 8,55; John 9,12; John 9,16; John 9,21; John 9,21; John 9,25; John 9,27; John 9,29; John 9,30; John 9,31; John 9,32; John 9,33; John 9,41; John 10,5; John 10,6; John 10,8; John 10,10; John 10,12; John 10,12; John 10,16; John 10,21; John 10,26; John 10,34; John 11,4; John 11,10; John 11,15; John 11,21; John 11,32; John 11,37; John 11,40; John 11,49; John 11,51; John 12,5; John 12,16; John 12,19; John 12,35; John 12,37; John 12,39; John 12,49; John 13,7; John 13,8; John 13,10; John 13,16; John 14,5; John 14,9; John 14,24; John 14,30; John 15,15; John 15,19; John 15,20; John 15,21; John 15,22; John 15,22; John 15,24; John 16,3; John 16,4; John 16,7; John 16,18; John 16,23; John 16,24; John 16,32; John 17,14; John 17,14; John 17,15; John 17,16; John 17,16; John 17,25; John 18,9; John 18,17; John 18,25; John 18,26; John 18,28; John 18,30; John 18,31; John 18,36; John 18,36; John 19,9; John 19,10; John 19,11; John 19,12; John 19,15; John 20,2; John 20,13; John 20,14; John 20,24; John 20,30; John 21,11; John 21,23; John 21,23; John 21,23; Acts 2,24; Acts 2,27; Acts 4,12; Acts 5,4; Acts 5,42; Acts 6,2; Acts 6,10; Acts 7,5; Acts 7,5; Acts 7,18; Acts 7,32; Acts 7,39; Acts 7,40; Acts 7,52; Acts 7,53; Acts 8,21; Acts 8,21; Acts 8,32; Acts 8,39; Acts 9,9; Acts 10,34; Acts 12,9; Acts 12,14; Acts 12,18; Acts 12,22; Acts 12,23; Acts 13,25; Acts 13,25; Acts 13,37; Acts 13,38; Acts 13,46; Acts 14,17; Acts 14,28; Acts 15,2; Acts 16,7; Acts 16,21; Acts 17,4; Acts 17,12; Acts 17,24; Acts 17,29; Acts 18,20; Acts 19,23; Acts 19,24; Acts 19,26; Acts 19,30; Acts 19,32; Acts 20,31; Acts 21,38; Acts 21,39; Acts 22,9; Acts 22,11; Acts 23,5; Acts 23,5; Acts 25,7; Acts 25,16; Acts 25,26; Acts 26,19; Acts 27,20; Acts 27,39; Acts 28,4; Rom. 1,28; Rom. 2,29; Rom. 3,10; Rom. 3,11; Rom. 3,11; Rom. 3,12; Rom. 3,12; Rom. 3,17; Rom. 3,18; Rom. 4,10; Rom. 4,12; Rom. 4,15; Rom. 5,13; Rom. 6,15; Rom. 6,16; Rom. 7,7; Rom. 7,7; Rom. 7,7; Rom. 7,18; Rom. 8,9; Rom. 8,9; Rom. 8,9; Rom. 8,18; Rom. 8,24; Rom. 8,26; Rom. 8,32; Rom. 9,12; Rom. 9,21; Rom. 9,25; Rom. 9,31; Rom. 9,32; Rom. 10,14; Rom. 10,14; Rom. 10,18; Rom. 10,19; Rom. 10,19; Rom. 11,2; Rom. 11,2; Rom. 11,4; Rom. 11,7; Rom. 11,21; Rom. 13,3; Rom. 13,9; Rom. 13,10; Rom. 14,6; Rom. 14,23; Rom. 14,23; Rom. 15,21; Rom. 15,21; Rom. 16,4; 1Cor. 1,16; 1Cor. 1,17; 1Cor. 1,21; 1Cor. 2,4; 1Cor. 2,8; 1Cor. 2,9; 1Cor. 2,9; 1Cor. 2,9; 1Cor. 2,13; 1Cor. 3,1; 1Cor. 3,4; 1Cor. 4,4; 1Cor. 4,7; 1Cor. 5,6; 1Cor. 6,2; 1Cor. 6,3; 1Cor. 6,5; 1Cor. 6,9; 1Cor. 6,12; 1Cor. 6,15; 1Cor. 6,16; 1Cor. 6,19; 1Cor. 6,19; 1Cor. 7,4; 1Cor. 7,4; 1Cor. 7,9; 1Cor. 7,10; 1Cor. 7,25; 1Cor. 8,7; 1Cor. 9,1; 1Cor. 9,2; 1Cor. 9,4; 1Cor. 9,5; 1Cor. 9,6; 1Cor. 9,7; 1Cor. 9,7; 1Cor. 9,12; 1Cor. 9,16; 1Cor. 9,26; 1Cor. 9,26; 1Cor. 10,5; 1Cor. 10,13; 1Cor. 10,13; 1Cor. 11,7; 1Cor. 11,9; 1Cor. 11,16; 1Cor. 11,17; 1Cor. 11,17; 1Cor. 11,20; 1Cor. 11,22; 1Cor. 11,22; 1Cor. 11,31; 1Cor. 12,14; 1Cor. 12,15; 1Cor. 12,15; 1Cor. 12,15; 1Cor. 12,16;

1Cor. 12,16; 1Cor. 12,16; 1Cor. 12,21; 1Cor. 12,21; 1Cor. 13,5; 1Cor. 14,2; 1Cor. 14,16; 1Cor. 14,17; 1Cor. 14,23; 1Cor. 15,9; 1Cor. 15,10; 1Cor. 15,12; 1Cor. 15,13; 1Cor. 15,14; 1Cor. 15,15; 1Cor. 15,15; 1Cor. 15,16; 1Cor. 15,17; 1Cor. 15,29; 1Cor. 15,32; 1Cor. 15,58; 1Cor. 16,12; 2Cor. 1,12; 2Cor. 1,18; 2Cor. 1,19; 2Cor. 2,5; 2Cor. 2,13; 2Cor. 3,3; 2Cor. 4,1; 2Cor. 4,8; 2Cor. 4,9; 2Cor. 4,9; 2Cor. 4,16; 2Cor. 8,12; 2Cor. 8,15; 2Cor. 8,15; 2Cor. 10,8; 2Cor. 10,8; 2Cor. 10,13; 2Cor. 10,15; 2Cor. 10,16; 2Cor. 11,4; 2Cor. 11,4; 2Cor. 11,4; 2Cor. 11,4; 2Cor. 11,11; 2Cor. 11,29; 2Cor. 11,29; 2Cor. 12,2; 2Cor. 12,2; 2Cor. 12,3; 2Cor. 12,4; 2Cor. 12,6; 2Cor. 13,3; 2Cor. 13,5; 2Cor. 13,6; 2Cor. 13,10; Gal. 1,1; Gal. 1,7; Gal. 1,10; Gal. 1,11; Gal. 1,19; Gal. 2,14; Gal. 2,15; Gal. 2,16; Gal. 3,10; Gal. 3,12; Gal. 3,17; Gal. 3,20; Gal. 3,28; Gal. 3,28; Gal. 3,28; Gal. 4,8; Gal. 4,14; Gal. 4,21; Gal. 4,27; Gal. 4,31; Gal. 5,8; Gal. 5,18; Gal. 5,23; Gal. 6,4; Eph. 2,8; Eph. 2,9; Eph. 3,5; Eph. 5,4; Eph. 5,5; Eph. 6,7; Eph. 6,9; Eph. 6,12; Phil. 2,16; Phil. 2,27; Phil. 3,1; Phil. 3,3; Col. 2,23; Col. 3,11; Col. 3,23; Col. 3,25; 1Th. 1,5; 1Th. 2,3; 1Th. 4,8; 1Th. 5,4; 1Th. 5,9; 2Th. 2,10; 2Th. 3,7; 2Th. 3,9; 1Tim. 2,12; 1Tim. 2,14; 1Tim. 3,5; 2Tim. 1,12; 2Tim. 1,16; 2Tim. 2,20; 2Tim. 4,3; Titus 3,5; Heb. 1,12; Heb. 2,11; Heb. 3,10; Heb. 3,19; Heb. 4,2; Heb. 4,6; Heb. 4,8; Heb. 4,13; Heb. 7,27; Heb. 8,2; Heb. 8,7; Heb. 8,9; Heb. 9,5; Heb. 10,1; Heb. 10,2; Heb. 10,5; Heb. 10,6; Heb. 10,8; Heb. 10,38; Heb. 10,39; Heb. 11,16; Heb. 11,23; Heb. 11,38; Heb. 11,39; Heb. 12,20; Heb. 12,25; Heb. 13,9; Heb. 13,10; James 1,17; James 1,25; James 2,7; James 2,21; James 2,24; James 2,25; James 3,15; James 4,1; James 4,2; James 4,2; James 4,4; James 4,11; James 4,14; James 5,6; James 5,17; 1Pet. 1,8; 1Pet. 1,23; 1Pet. 2,10; 1Pet. 2,22; 1Pet. 2,23; 1Pet. 2,23; 2Pet. 1,8; 2Pet. 2,3; 2Pet. 2,4; 2Pet. 2,5; 1John 1,5; 1John 1,8; 1John 1,8; 1John 1,10; 1John 2,4; 1John 2,7; 1John 2,10; 1John 2,11; 1John 2,15; 1John 2,16; 1John 2,19; 1John 2,19; 1John 2,21; 1John 2,21; 1John 2,21; 1John 2,22; 1John 2,27; 1John 3,1; 1John 3,5; 1John 3,10; 1John 3,15; 1John 4,3; 1John 4,6; 1John 4,6; 1John 4,8; 1John 4,18; 1John 5,3; 1John 5,6; 1John 5,12; 2John 1; 2John 9; 2John 12; 3John 4; 3John 9; Jude 9; Jude 10; Rev. 2,2; Rev. 2,9; Rev. 2,13; Rev. 2,24; Rev. 2,24; Rev. 3,4; Rev. 3,8; Rev. 3,9; Rev. 3,17; Rev. 4,8; Rev. 9,4; Rev. 9,20; Rev. 11,9; Rev. 12,8; Rev. 12,11; Rev. 14,4; Rev. 14,11; Rev. 16,18; Rev. 17,8; Rev. 17,8; Rev. 17,11; Rev. 18,7; Rev. 20,4; Rev. 20,5; Rev. 20,6; Rev. 21,1; Rev. 21,4; Rev. 21,4; Rev. 21,22; Rev. 21,25; Rev. 22,3; Rev. 22,5; Rev. 22,5)

οὒκ ▸ 1
  Particle ▪ (negative) ▸ 1 (Ex. 34,28)

οὒκ ▸ 22 + 1 = 23
  Particle ▪ (negative) ▸ 22 + 1 = 23 (Gen. 42,31; 2Sam. 19,7; 2Chr. 8,7; Neh. 13,24; Eccl. 4,17; Eccl. 9,5; Eccl. 9,16; Hos. 1,9; Jer. 2,11; Jer. 6,20; Jer. 10,20; Jer. 16,20; Jer. 22,17; Jer. 30,17; Jer. 30,26; LetterJ 22; LetterJ 28; LetterJ 49; LetterJ 50; LetterJ 51; LetterJ 64; LetterJ 71; Judg. 14,3)

Οὐχ ▸ 35 + 3 + 2 = 40
  Particle ▪ (negative) ▸ 35 + 3 + 2 = 40 (Gen. 4,15; Gen. 26,32; Gen. 27,36; Gen. 30,15; Gen. 30,15; Gen. 37,13; Gen. 38,22; Gen. 48,18; Ex. 1,19; Deut. 22,17; Deut. 33,9; Judg. 8,7; Judg. 11,7; Judg. 11,8; 1Sam. 29,3; 1Sam. 29,9; 1Kings 22,17; 1Kings 22,19; 2Kings 6,19; 2Kings 7,9; 2Chr. 18,18; 1Esdr. 5,67; Ezra 4,3; Judith 9,2; 4Mac. 9,17; 4Mac. 10,14; Job 20,2; Sir. 15,9; Sir. 20,16; Hag. 1,2; Is. 63,8; Jer. 2,35; Jer. 23,17; Ezek. 8,12; Ezek. 36,22; Judg. 5,30; Dan. 4,30; Dan. 6,6; Rom. 9,6; Phil. 3,12)

οὐχ ▸ 373 + 25 + 104 = 502
  Particle ▪ (negative) ▸ 373 + 25 + 104 = 502 (Gen. 2,20; Gen. 5,24; Gen. 8,7; Gen. 8,9; Gen. 20,4; Gen. 31,15; Gen. 31,33; Gen. 31,33; Gen. 31,35; Gen. 34,7; Gen. 34,23; Gen. 37,29; Gen. 38,20; Gen. 38,23; Gen. 39,9; Gen. 39,10; Gen. 42,13; Gen. 42,32; Gen. 45,8; Gen. 47,18; Ex. 2,12; Ex. 4,10; Ex. 10,15; Ex. 10,19; Ex. 10,26; Ex. 12,19; Ex. 13,17; Ex. 15,22; Ex. 16,25; Ex. 16,27; Ex. 19,13; Ex. 21,13; Ex. 23,19; Lev. 11,8; Lev. 12,4; Lev. 13,31; Lev. 19,13; Lev. 26,44; Num. 4,15; Num. 11,11; Num. 11,19; Num. 12,7; Num. 23,19; Num. 27,14; Num. 32,8; Deut. 7,7; Deut. 11,10; Deut. 14,8; Deut. 14,21; Deut. 18,10; Deut. 18,14; Deut. 21,3; Deut. 21,7; Deut. 21,18; Deut. 21,20; Deut. 22,14; Deut. 29,13; Deut. 30,11; Deut. 32,51; Josh. 2,22; Josh. 10,8; Josh. 22,26; Josh. 22,28; Judg. 2,20; Judg. 6,4; Judg. 9,28; Judg. 11,27; 1Sam. 9,4; 1Sam. 9,4; 1Sam. 10,21; 1Sam. 11,11; 1Sam. 12,5; 1Sam. 13,19; 1Sam. 13,22; 1Sam. 14,17; 1Sam. 15,29; 1Sam. 16,7; 1Sam. 19,4; 1Sam. 20,31; 1Sam. 24,12; 1Sam. 25,28; 1Sam. 29,3; 1Sam. 29,5; 1Sam. 29,6; 1Sam. 30,24; 2Sam. 17,12; 2Sam. 17,20; 2Sam. 18,14; 2Sam. 20,21; 2Sam. 21,2; 2Sam. 22,42; 1Kings 8,46; 1Kings 15,29; 1Kings 17,17; 1Kings 18,10; 1Kings 22,19; 2Kings 1,4; 2Kings 1,6; 2Kings 1,16; 2Kings 1,18b; 2Kings 2,17; 2Kings 3,2; 2Kings 3,2; 2Kings 9,35; 2Kings 13,7; 2Kings 14,3; 2Kings 17,2; 2Kings 17,9; 2Kings 17,18; 2Kings 19,32; 2Kings 20,17; 2Kings 21,12; 2Kings 22,20; 2Kings 24,14; 1Chr. 12,34; 1Chr. 19,3; 2Chr. 6,36; 2Chr. 13,5; 2Chr. 15,3; 2Chr. 16,8; 2Chr. 17,4; 2Chr. 19,10; 2Chr. 19,10; 2Chr. 20,15; 2Chr. 20,17; 2Chr. 30,3; 2Chr. 30,17; 2Chr. 30,18; 2Chr. 32,12; 1Esdr. 3,24; 1Esdr. 4,2; 1Esdr. 4,12; 1Esdr. 4,14; 1Esdr. 5,38; 1Esdr. 7,11; 1Esdr. 8,42; 1Esdr. 9,11; Ezra 2,62; Ezra 8,15; Neh. 5,8; Neh. 5,9; Neh. 7,64; Neh. 9,21; Neh. 13,26; Esth. 2,10; Esth. 2,20; Esth. 3,4; Esth. 14,8 # 4,170; Judith 5,17; Judith 6,3; Judith 8,14; Judith 8,16; Judith 8,20; Judith 12,12; Judith 14,3; Judith 14,17; Tob. 1,18; Tob. 3,15; Tob. 6,15; Tob. 12,7; Tob. 14,5; 1Mac. 4,27; 1Mac. 4,27; 1Mac. 10,35; 2Mac. 5,6; 2Mac. 5,14; 2Mac. 7,30; 2Mac. 10,17; 3Mac. 5,22; 4Mac. 1,6; 4Mac. 1,33; 4Mac. 5,31; 4Mac. 5,33; 4Mac. 7,4; 4Mac. 13,3; 4Mac. 15,21; 4Mac. 16,3; 4Mac. 17,5; Psa. 1,4; Psa. 1,4; Psa. 16,3; Psa. 36,31; Psa. 36,36; Psa. 42,1; Psa. 68,5; Psa. 68,21; Psa. 68,21; Psa. 71,12; Psa. 75,6; Psa. 99,3; Psa. 102,16; Psa. 105,11; Psa. 105,13; Psa. 106,4; Psa. 106,40; Psa. 113,25; Psa. 118,85; Psa. 130,1; Ode. 4,17; Ode. 12,8; Prov. 1,24; Prov. 1,28; Prov. 7,11; Prov. 13,5; Prov. 13,8; Prov. 14,6; Prov. 15,12; Prov. 17,7; Prov. 19,13; Prov. 27,19; Prov. 29,7; Prov. 29,19; Eccl. 2,10; Eccl. 7,20; Eccl. 7,28; Eccl. 7,28; Eccl. 8,17; Song 3,1; Song 3,1; Song 3,2; Song 5,6; Song 5,6; Job 2,10; Job 4,6; Job 8,10; Job 8,18; Job 10,10; Job 19,16; Job 22,5; Job 22,14; Job 26,2; Job 26,3; Job 26,3; Job 30,1; Job 31,15; Job 31,23; Job 31,26; Job 32,9; Job 33,7; Job 33,9; Job 34,8; Job 36,17; Job 37,21; Job 37,23; Job 38,11; Job 38,26; Job 41,1; Job 42,15; Wis. 2,2; Wis. 3,18; Wis. 5,11; Wis. 11,14; Wis. 13,9; Wis. 15,2; Wis. 15,9; Wis. 16,9; Wis. 16,26; Wis. 18,1; Wis. 18,22; Wis. 19,22; Sir. 7,36; Sir. 14,12; Sir. 19,16; Sir. 23,21; Sir. 24,22; Sir. 27,24; Sir. 28,18; Sir. 28,19; Sir. 38,33; Sir. 38,34; Sir. 44,9; Sir. 44,19; Sir. 48,13; Sol. 4,5; Sol. 13,6; Sol. 13,7; Sol. 13,11; Sol. 14,6; Sol. 14,9; Sol. 15,4; Sol. 15,11; Sol. 18,2; Hos. 9,4; Hos. 12,9; Amos 5,5; Amos 6,5; Amos 9,7; Mic. 2,7; Mic. 3,1; Mic. 7,1; Mic. 7,2; Joel 1,18; Obad. 16; Jonah 4,2; Hab. 3,17; Zeph. 3,3; Hag. 2,3; Zech. 7,6; Zech. 7,7; Zech. 8,10; Zech. 14,7; Mal. 2,6; Is. 8,14; Is. 8,20; Is. 10,7; Is. 10,7; Is. 10,16; Is. 16,6; Is. 16,7; Is. 23,7; Is. 28,25; Is. 29,16; Is. 40,16; Is. 40,16; Is. 48,10; Is. 54,6; Is. 54,16; Is. 57,4; Is. 58,7; Is. 59,10; Is. 65,12; Is. 66,4; Jer. 2,31; Jer. 2,33; Jer. 3,4; Jer. 3,13; Jer. 3,25; Jer. 5,12; Jer. 5,13; Jer. 5,19; Jer. 5,22; Jer. 5,22; Jer. 6,20; Jer. 7,17; Jer. 8,6; Jer. 14,3; Jer. 23,10; Jer. 25,16; Jer. 27,20; Jer. 29,6; Jer. 31,30; Jer. 51,33; Bar. 2,17; Lam. 1,2; Lam. 1,3; Lam. 1,6; Lam. 1,19; Lam. 3,42; Lam. 5,3; Lam. 5,7; Ezek. 13,7; Ezek. 16,51; Ezek. 17,10; Ezek. 18,7; Ezek. 18,16; Ezek. 22,30; Ezek. 26,21; Ezek. 28,19; Ezek. 31,8; Ezek. 31,8;

Ezek. 34,18; Ezek. 38,11; Dan. 1,19; Dan. 3,29; Dan. 3,50; Dan. 3,94; Dan. 4,33; Dan. 6,13; Dan. 8,5; Dan. 11,19; Sus. 56; Bel 6; Bel 35; Judg. 2,17; Judg. 9,28; Judg. 11,27; Judg. 19,30; Judg. 21,22; Tob. 1,18; Tob. 3,15; Tob. 6,15; Tob. 12,7; Tob. 14,5; Dan. 1,19; Dan. 2,35; Dan. 2,44; Dan. 3,12; Dan. 3,50; Dan. 6,5; Dan. 6,13; Dan. 6,14; Dan. 6,24; Dan. 10,8; Dan. 10,17; Dan. 11,19; Sus. 63; Bel 6; Bel 35; Matt. 6,26; Matt. 7,29; Matt. 12,43; Matt. 13,55; Matt. 13,55; Matt. 20,26; Matt. 26,39; Matt. 26,60; Mark 1,22; Mark 2,27; Mark 4,21; Mark 6,3; Mark 10,43; Mark 14,55; Luke 11,40; Luke 13,6; Luke 13,7; Luke 17,18; Luke 19,48; Luke 22,26; Luke 24,3; John 4,35; John 4,38; John 6,26; John 6,38; John 6,42; John 6,46; John 7,22; John 7,25; John 7,34; John 7,35; John 7,36; John 7,42; John 9,8; John 10,28; John 11,52; John 12,6; John 12,42; John 14,22; John 15,16; John 19,6; Acts 1,7; Acts 2,7; Acts 3,6; Acts 5,22; Acts 7,11; Acts 7,48; Acts 9,21; Acts 28,19; Rom. 1,21; Rom. 2,26; Rom. 5,15; Rom. 5,16; Rom. 8,7; Rom. 8,20; Rom. 10,3; Rom. 15,3; Rom. 15,20; 1Cor. 6,10; 1Cor. 7,12; 1Cor. 7,28; 1Cor. 7,28; 1Cor. 7,35; 1Cor. 7,36; 1Cor. 10,18; 2Cor. 1,24; 2Cor. 2,4; 2Cor. 3,5; 2Cor. 7,9; 2Cor. 7,12; 2Cor. 12,20; 2Cor. 13,7; Eph. 4,20; Phil. 1,17; Phil. 2,6; Phil. 4,11; Phil. 4,17; Col. 2,1; 1Th. 2,4; 2Th. 3,9; 2Th. 3,14; Heb. 5,4; Heb. 5,5; Heb. 11,5; Heb. 12,8; Heb. 12,17; James 2,5; James 2,6; 1Pet. 1,12; 1Pet. 3,3; 2Pet. 3,10; 1John 1,10; 1John 3,6; 1John 3,6; 1John 4,10; 1John 4,20; 1John 5,18; 1John 5,18; 2John 5; 3John 11; Rev. 14,5; Rev. 16,20; Rev. 20,11; Rev. 20,15)

οὗ (ὅς) where, to where ▸ 24
  οὗ ▸ 24
    Adverb · (place) ▸ 23 (Matt. 2,9; Matt. 18,20; Matt. 28,16; Luke 4,16; Luke 4,17; Luke 10,1; Luke 23,53; Luke 24,28; Acts 1,13; Acts 2,2; Acts 7,29; Acts 12,12; Acts 16,13; Acts 20,8; Acts 25,10; Acts 28,14; Rom. 4,15; Rom. 5,20; Rom. 9,26; 1Cor. 16,6; 2Cor. 3,17; Col. 3,1; Heb. 3,9)
    Conjunction · subordinating · (locational) ▸ 1 (Rev. 17,15)

οὐά ha! ▸ 1
  οὐά ▸ 1
    Interjection ▸ 1 (Mark 15,29)

Οὐαί (οὐαί) woe! ▸ 1
  Οὐαί ▸ 1
    Noun · singular · nominative · (proper) ▸ 1 (1Sam. 4,21)

οὐαί woe! ▸ 65 + 1 + 46 = 112
  Οὐαί ▸ 22 + 12 = 34
    Interjection ▸ 22 + 12 = 34 (1Kings 12,24m; 1Kings 13,30; Sir. 2,12; Amos 5,16; Amos 5,18; Amos 6,1; Hab. 2,6; Is. 1,24; Is. 5,8; Is. 10,5; Is. 17,12; Is. 18,1; Is. 24,16; Is. 28,1; Is. 29,1; Is. 30,1; Is. 31,1; Is. 33,1; Jer. 22,18; Jer. 31,1; Ezek. 13,3; Ezek. 13,18; Matt. 18,7; Matt. 23,13; Matt. 23,15; Matt. 23,16; Matt. 23,23; Matt. 23,25; Matt. 23,27; Matt. 23,29; Luke 11,43; Luke 11,44; Luke 11,47; Luke 11,52)
  Οὐαί ▸ 1 + 1 = 2
    Interjection ▸ 1 + 1 = 2 (Tob. 10,5; Luke 10,13)
  οὐαί ▸ 35 + 25 = 60
    Interjection ▸ 35 + 25 = 60 (1Sam. 4,7; 1Sam. 4,8; Judith 16,17; Ode. 10,8; Eccl. 4,10; Sir. 2,13; Sir. 2,14; Sir. 41,8; Hos. 7,13; Hos. 9,12; Mic. 7,4; Nah. 3,17; Hab. 2,12; Hab. 2,19; Zeph. 2,5; Is. 1,4; Is. 3,9; Is. 3,11; Is. 5,11; Is. 5,18; Is. 5,20; Is. 5,21; Is. 5,22; Is. 10,1; Is. 29,15; Is. 29,15; Jer. 4,13; Jer. 6,4; Jer. 10,19; Jer. 26,19; Jer. 27,27; Jer. 28,2; Lam. 5,16; Ezek. 7,26; Ezek. 7,26; Matt. 18,7; Matt. 24,19; Matt. 26,24; Mark 13,17; Mark 14,21; Luke 6,24; Luke 6,25; Luke 6,26; Luke 11,42; Luke 17,1; Luke 21,23; Luke 22,22; 1Cor. 9,16; Jude 11; Rev. 8,13; Rev. 8,13; Rev. 8,13; Rev. 9,12; Rev. 9,12; Rev. 11,14; Rev. 11,14; Rev. 12,12; Rev. 18,10; Rev. 18,16; Rev. 18,19)
  οὐαί ▸ 8 + 8 = 16
    Interjection ▸ 8 + 8 = 16 (Num. 21,29; Prov. 23,29; Eccl. 10,16; Amos 5,16; Mic. 7,4; Zeph. 3,18; Jer. 13,27; Ezek. 2,10; Matt. 11,21; Matt. 11,21; Luke 6,25; Luke 10,13; Luke 11,46; Rev. 18,10; Rev. 18,16; Rev. 18,19)

ουαυ (Hebr.) vav ▸ 1
  ουαυ ▸ 1
    Noun ▸ 1 (Psa. 118,41)

Ουαφρη Hophra ▸ 1
  Ουαφρη ▸ 1
    Noun · masculine · singular · accusative · (proper) ▸ 1 (Jer. 51,30)

Ουβαλ river, canal ▸ 4
  Ουβαλ ▸ 4
    Noun · singular · genitive · (proper) ▸ 4 (Dan. 8,2; Dan. 8,3; Dan. 8,6; Dan. 8,16)

Ουγαυα Ivvah ▸ 1
  Ουγαυα ▸ 1
    Noun · singular · genitive · (proper) ▸ 1 (Is. 37,13)

Ουδαδαν Didan ▸ 1
  Ουδαδαν ▸ 1
    Noun · masculine · singular · nominative · (proper) ▸ 1 (1Chr. 1,9)

οὐδαμοῦ (οὐ; δέ) nowhere at all ▸ 4
  οὐδαμοῦ ▸ 4
    Adverb ▸ 4 (1Kings 2,36; Prov. 23,5; Job 19,7; Job 21,9)

οὐδαμῶς (οὐ; δέ) by no means ▸ 7 + 1 = 8
  οὐδαμῶς ▸ 7 + 1 = 8
    Adverb ▸ 7 + 1 = 8 (2Mac. 9,7; 2Mac. 9,18; 2Mac. 11,4; 3Mac. 1,11; 3Mac. 2,24; 3Mac. 3,6; 4Mac. 18,5; Matt. 2,6)

Ουδαν Jaan (?) ▸ 1
  Ουδαν ▸ 1
    Noun · singular · accusative · (proper) ▸ 1 (2Sam. 24,6)

οὐδέ (οὐ; δέ) and not, neither, nor, not even ▸ 572 + 42 + 143 = 757
  οὐδ' ▸ 41 + 9 = 50
    Adverb ▸ 13 + 5 = 18 (Lev. 26,44; 1Sam. 3,13; 2Mac. 5,10; 3Mac. 1,12; 4Mac. 5,30; 4Mac. 8,25; Wis. 13,8; Amos 4,9; Amos 4,10; Amos 4,11; Jer. 6,15; Ezek. 16,28; Ezek. 16,47; Luke 16,31; John 21,25; Acts 19,2; 1Cor. 14,21; Heb. 8,4)
    Conjunction · coordinating ▸ 28 + 3 = 31 (Deut. 10,17; Deut. 13,9; Deut. 15,7; Deut. 28,65; Judith 8,16; Judith 8,20; 4Mac. 16,11; 4Mac. 16,12; 4Mac. 16,12; Job 7,10; Job 9,11; Job 32,9; Wis. 15,9; Wis. 15,19; Amos 9,10; Zeph. 1,12; Is. 1,12; Is. 7,12; Is. 54,6; Is. 58,5; Is. 58,5; Is. 65,17; Jer. 4,11; Ezek. 1,18; Ezek. 17,9; Ezek. 17,17; Ezek. 21,32; Dan. 4,32; Matt. 24,21; Heb. 9,25; Heb. 13,5)
    Conjunction · coordinating · (disjunctive) ▸ 1 (Rom. 9,7)
  Οὐδὲ ▸ 4 + 1 = 5
    Adverb ▸ 4 + 1 = 5 (Deut. 1,37; 1Sam. 16,8; 3Mac. 6,11; 3Mac. 6,15; Mark 12,10)
  οὐδὲ ▸ 526 + 42 + 133 = 701
    Adverb ▸ 29 + 2 + 44 = 75 (Ex. 7,23; Ex. 14,28; Ex. 24,11; Num. 26,65; Num. 31,49; Deut. 2,5; Josh. 10,30; Josh. 11,14; 2Sam. 13,30; Judith 11,13; 1Mac. 7,46; 1Mac. 8,14; 1Mac. 11,36; 1Mac. 11,70; 4Mac. 5,18; 4Mac. 7,17; 4Mac. 7,19; 4Mac. 14,9; Prov. 17,6a; Wis. 16,10; Wis. 17,4; Sir. 42,20; Zech. 10,10; Is. 14,20; Is. 23,12; Is. 23,13; Jer. 28,43; Ezek. 5,7; Ezek. 16,29; Tob. 3,15; Bel 18; Matt. 6,15; Matt. 6,29; Matt. 21,32; Matt. 24,36; Matt. 24,36; Matt. 25,45; Matt. 27,14; Mark 5,3; Mark 6,31; Mark 13,32; Mark 14,59; Luke 6,3; Luke 7,7; Luke 7,9; Luke 12,26; Luke 12,27; Luke 18,13; Luke 20,36; Luke 23,40; John 1,3; John 3,27; John 5,22;

John 7,5; John 8,11; John 8,42; John 15,4; Acts 4,12; Acts 4,32; Acts 4,34; Acts 7,5; Rom. 3,10; Rom. 4,15; Rom. 11,21; 1Cor. 3,2; 1Cor. 4,3; 1Cor. 5,1; 1Cor. 15,13; 1Cor. 15,16; Gal. 2,3; Gal. 2,5; Gal. 6,13; Heb. 9,18; 1John 2,23; Rev. 9,20)

Conjunction · coordinating ▸ 497 + 40 = **537** (Gen. 3,3; Gen. 21,26; Gen. 21,26; Gen. 39,9; Gen. 45,6; Ex. 4,10; Ex. 4,10; Ex. 10,6; Ex. 12,9; Ex. 12,39; Ex. 13,7; Ex. 16,24; Ex. 20,4; Ex. 20,5; Ex. 22,20; Ex. 23,13; Ex. 23,18; Ex. 23,24; Ex. 23,26; Ex. 32,18; Lev. 5,11; Lev. 11,10; Lev. 19,10; Lev. 19,15; Lev. 19,26; Lev. 19,27; Lev. 21,11; Lev. 25,11; Lev. 25,36; Lev. 26,1; Lev. 26,1; Lev. 26,1; Lev. 26,44; Lev. 27,10; Lev. 27,28; Num. 5,15; Num. 11,19; Num. 11,19; Num. 11,19; Num. 11,19; Num. 14,23; Num. 16,15; Num. 20,5; Num. 20,5; Num. 20,5; Num. 20,5; Num. 20,17; Num. 20,17; Num. 20,17; Num. 21,5; Num. 22,12; Num. 22,26; Num. 23,19; Num. 23,21; Num. 23,23; Num. 35,23; Deut. 1,42; Deut. 1,45; Deut. 2,27; Deut. 4,28; Deut. 4,31; Deut. 5,8; Deut. 5,9; Deut. 5,32; Deut. 7,2; Deut. 7,3; Deut. 7,14; Deut. 7,25; Deut. 9,5; Deut. 11,2; Deut. 12,12; Deut. 13,1; Deut. 14,27; Deut. 14,29; Deut. 16,19; Deut. 17,11; Deut. 17,16; Deut. 17,17; Deut. 18,1; Deut. 18,16; Deut. 21,4; Deut. 22,5; Deut. 23,19; Deut. 24,6; Deut. 28,14; Deut. 28,39; Deut. 29,22; Deut. 29,22; Deut. 29,25; Deut. 30,11; Deut. 30,13; Deut. 31,8; Deut. 34,7; Josh. 1,5; Josh. 1,7; Josh. 6,1; Josh. 9,23; Josh. 10,14; Josh. 10,14; Josh. 22,26; Josh. 22,28; Josh. 23,7; Josh. 23,7; Josh. 24,12; Judg. 1,27; Judg. 1,27; Judg. 1,27; Judg. 1,27; Judg. 1,27; Judg. 1,27; Judg. 1,33; Judg. 2,2; Judg. 14,6; 1Sam. 6,12; 1Sam. 15,29; 1Sam. 24,12; 1Sam. 25,15; 2Sam. 2,19; 2Sam. 19,7; 2Sam. 19,25; 2Sam. 19,25; 2Sam. 20,1; 1Kings 3,11; 1Kings 10,12; 1Kings 12,24; 1Kings 12,24t; 1Kings 12,24t; 1Kings 12,24y; 1Kings 13,8; 1Kings 13,8; 1Kings 13,16; 1Kings 13,16; 2Kings 1,18b; 2Kings 4,23; 2Kings 6,10; 2Chr. 1,11; 2Chr. 1,11; 2Chr. 19,7; 2Chr. 19,7; 1Esdr. 3,21; 1Esdr. 4,6; 1Esdr. 4,11; 1Esdr. 4,39; 1Esdr. 9,2; 1Esdr. 9,11; Ezra 4,13; Esth. 2,10; Esth. 13,12 # 4,17d; Esth. 13,12 # 4,17d; Esth. 14,17 # 4,17x; Esth. 9,27; Esth. 10,5 # 10,3b; Judith 5,23; Judith 9,11; Judith 10,13; Judith 16,6; Judith 16,6; Tob. 3,15; Tob. 3,15; Tob. 3,15; Tob. 12,19; 1Mac. 2,34; 1Mac. 2,36; 1Mac. 2,36; 1Mac. 8,14; 1Mac. 8,16; 1Mac. 8,26; 1Mac. 10,46; 1Mac. 10,73; 1Mac. 10,73; 1Mac. 15,14; 2Mac. 7,22; 2Mac. 14,3; 4Mac. 2,5; 4Mac. 5,34; 4Mac. 5,35; 4Mac. 5,35; 4Mac. 5,36; 4Mac. 5,36; 4Mac. 7,6; 4Mac. 8,27; 4Mac. 9,15; 4Mac. 14,4; 4Mac. 15,18; 4Mac. 15,19; 4Mac. 15,21; 4Mac. 16,3; 4Mac. 16,9; 4Mac. 18,7; 4Mac. 18,8; 4Mac. 18,8; Psa. 1,5; Psa. 5,5; Psa. 14,3; Psa. 15,4; Psa. 15,10; Psa. 18,4; Psa. 21,25; Psa. 21,25; Psa. 31,2; Psa. 36,25; Psa. 36,33; Psa. 48,18; Psa. 49,9; Psa. 77,22; Psa. 77,37; Psa. 80,10; Psa. 81,5; Psa. 88,34; Psa. 88,35; Psa. 93,7; Psa. 102,9; Psa. 102,10; Psa. 103,9; Psa. 113,25; Psa. 120,4; Psa. 120,6; Psa. 130,1; Psa. 130,1; Psa. 130,1; Psa. 134,17; Psa. 143,14; Psa. 143,14; Psa. 146,10; Ode. 5,14; Ode. 7,30; Ode. 7,30; Ode. 7,38; Ode. 7,38; Ode. 7,38; Ode. 7,38; Ode. 10,6; Ode. 11,18; Ode. 11,18; Prov. 1,30; Prov. 2,19; Prov. 3,25; Prov. 5,13; Prov. 6,29; Prov. 6,35; Prov. 8,8; Prov. 15,23; Prov. 17,7; Prov. 17,26; Prov. 18,5; Prov. 19,24; Prov. 27,19; Prov. 27,24; Prov. 30,30; Job 5,6; Job 6,26; Job 6,26; Job 7,10; Job 7,11; Job 7,19; Job 10,22; Job 15,5; Job 15,30; Job 18,19; Job 22,7; Job 24,13; Job 27,4; Job 28,13; Job 32,21; Job 33,7; Job 34,8; Job 34,19; Job 34,22; Job 36,28b; Job 41,1; Wis. 1,4; Wis. 1,8; Wis. 1,13; Wis. 2,22; Wis. 2,22; Wis. 3,18; Wis. 4,3; Wis. 4,8; Wis. 5,10; Wis. 6,4; Wis. 6,4; Wis. 6,7; Wis. 7,9; Wis. 8,16; Wis. 11,24; Wis. 12,11; Wis. 15,4; Wis. 16,14; Wis. 18,12; Wis. 19,21; Sir. 10,18; Sir. 18,6; Sir. 28,16; Sir. 34,19; Sir. 35,19; Sir. 38,32; Sir. 38,34; Sir. 47,22; Sir. 49,15; Sol. 17,33; Sol. 17,33; Hos. 1,7; Hos. 1,7; Hos. 1,7; Hos. 1,7; Hos. 1,7; Hos. 2,1; Hos. 3,3; Hos. 3,4; Hos. 3,4; Hos. 3,4; Hos. 3,4; Hos. 3,4; Hos. 4,1; Hos. 4,1; Amos 2,15; Amos 7,14; Amos 8,11; Zech. 4,6; Mal. 3,19; Is. 3,7; Is. 5,6; Is. 5,27; Is. 5,27; Is. 5,27; Is. 5,27; Is. 5,27; Is. 7,7; Is. 7,9; Is. 8,12; Is. 8,14; Is. 11,3; Is. 11,9; Is. 13,17; Is. 13,18; Is. 13,20; Is. 13,20; Is. 13,20; Is. 17,8; Is. 17,8; Is. 22,2; Is. 23,4; Is. 23,4; Is. 23,4; Is. 26,14; Is. 27,11; Is. 28,27; Is. 28,28; Is. 29,9; Is. 29,22; Is. 31,8; Is. 33,19; Is. 33,20; Is. 33,20; Is. 33,21; Is. 35,8; Is. 35,9; Is. 35,9; Is. 37,33; Is. 37,33; Is. 37,33; Is. 38,18; Is. 38,18; Is. 40,24; Is. 40,24; Is. 40,28; Is. 40,28; Is. 41,26; Is. 42,2; Is. 42,2; Is. 42,8; Is. 42,24; Is. 42,25; Is. 43,22; Is. 43,23; Is. 43,23; Is. 43,24; Is. 43,24; Is. 44,19; Is. 44,19; Is. 45,9; Is. 45,13; Is. 45,17; Is. 45,19; Is. 47,7; Is. 47,8; Is. 48,1; Is. 48,16; Is. 48,19; Is. 48,19; Is. 49,10; Is. 49,10; Is. 49,10; Is. 50,5; Is. 51,14; Is. 51,18; Is. 52,12; Is. 53,2; Is. 53,2; Is. 53,9; Is. 54,10; Is. 54,10; Is. 54,10; Is. 55,8; Is. 57,11; Is. 57,11; Is. 57,16; Is. 58,13; Is. 59,4; Is. 59,6; Is. 60,18; Is. 60,18; Is. 60,19; Is. 63,9; Is. 63,19; Is. 64,3; Is. 65,19; Is. 65,23; Is. 65,25; Is. 66,19; Jer. 3,16; Jer. 7,27; Jer. 10,23; Jer. 14,13; Jer. 16,2; Jer. 16,6; Jer. 19,5; Jer. 19,5; Jer. 22,16; Jer. 22,17; Jer. 22,18; Jer. 23,4; Jer. 28,43; Jer. 31,33; Bar. 3,21; Bar. 3,21; Bar. 3,22; Bar. 3,22; Bar. 3,23; Bar. 3,27; Bar. 3,31; Bar. 4,13; Bar. 4,13; Bar. 4,15; LetterJ 23; LetterJ 53; LetterJ 66; LetterJ 66; Ezek. 3,6; Ezek. 3,6; Ezek. 3,18; Ezek. 4,14; Ezek. 7,4; Ezek. 7,6; Ezek. 7,8; Ezek. 7,11; Ezek. 8,18; Ezek. 9,10; Ezek. 13,9; Ezek. 13,15; Ezek. 14,18; Ezek. 15,5; Ezek. 16,4; Ezek. 16,5; Ezek. 16,16; Ezek. 16,47; Ezek. 18,17; Ezek. 18,20; Ezek. 22,24; Ezek. 24,14; Ezek. 24,16; Ezek. 34,6; Ezek. 37,22; Ezek. 38,11; Ezek. 39,10; Ezek. 44,13; Ezek. 44,13; Ezek. 47,12; Ezek. 48,14; Ezek. 48,14; Dan. 2,43; Dan. 3,30; Dan. 3,30; Dan. 3,38; Dan. 3,38; Dan. 3,38; Dan. 3,38; Dan. 3,38; Dan. 3,94; Dan. 5,23; Dan. 6,5; Dan. 11,4; Dan. 11,20; Dan. 11,24; Sus. 10-11; Sus. 48; Judg. 1,18; Judg. 1,18; Judg. 1,18; Judg. 1,18; Judg. 1,18; Judg. 1,18; Judg. 1,18; Judg. 1,27; Judg. 1,27; Judg. 1,27; Judg. 1,27; Judg. 1,27; Judg. 1,27; Judg. 1,27; Judg. 1,27; Judg. 1,27; Judg. 1,27; Judg. 1,27; Judg. 1,27; Judg. 1,27; Judg. 1,27; Judg. 1,27; Judg. 1,30; Judg. 2,2; Judg. 6,4; Tob. 3,15; Tob. 6,12; Tob. 7,12; Dan. 3,30; Dan. 3,30; Dan. 3,38; Dan. 3,38; Dan. 3,38; Dan. 3,38; Dan. 3,50; Dan. 5,8; Dan. 11,4; Dan. 11,20; Sus. 48; Bel 7)

Conjunction · coordinating · (correlative) ▸ **1** (John 6,24)

Conjunction · coordinating · (disjunctive) ▸ **88** (Matt. 5,15; Matt. 6,20; Matt. 6,26; Matt. 6,26; Matt. 6,28; Matt. 7,18; Matt. 9,17; Matt. 10,24; Matt. 11,27; Matt. 12,4; Matt. 12,19; Matt. 12,19; Matt. 13,13; Matt. 16,9; Matt. 16,10; Matt. 21,27; Matt. 22,46; Matt. 23,13; Matt. 25,13; Mark 4,22; Mark 8,17; Mark 11,33; Mark 13,32; Mark 16,13; Luke 6,43; Luke 6,44; Luke 8,17; Luke 11,33; Luke 12,24; Luke 12,24; Luke 12,27; Luke 12,33; Luke 17,21; Luke 18,4; Luke 20,8; Luke 23,15; John 1,13; John 1,13; John 1,25; John 1,25; John 11,50; John 13,16; John 14,17; John 16,3; Acts 2,27; Acts 8,21; Acts 9,9; Acts 16,21; Acts 17,25; Acts 24,13; Acts 24,18; Rom. 2,28; Rom. 8,7; Rom. 9,16; 1Cor. 2,6; 1Cor. 11,14; 1Cor. 11,16; 1Cor. 15,50; 2Cor. 7,12; Gal. 1,1; Gal. 1,12; Gal. 1,17; Gal. 3,28; Gal. 3,28; Gal. 4,14; Phil. 2,16; 1Th. 2,3; 1Th. 2,3; 1Th. 5,5; 2Th. 3,8; 1Tim. 2,12; 1Tim. 6,7; 1Tim. 6,16; Heb. 9,12; Heb. 10,8; 1Pet. 2,22; 2Pet. 1,8; 1John 3,6; Rev. 5,3; Rev. 5,3; Rev. 7,16; Rev. 7,16; Rev. 7,16; Rev. 9,4; Rev. 9,4; Rev. 12,8; Rev. 20,4; Rev. 21,23)

οὐδέ ▸ 1

Conjunction · coordinating ▸ **1** (Judith 8,18)

οὐδείς (οὐ; δέ; εἷς **1st homograph**)   no one, nothing ▸ 178 + 10 + 227 = **415**

Οὐδείς ▸ 2 + 6 = 8

Pronoun · (indefinite) · masculine · singular · nominative ▸ **2** (Sir. 49,14; Dan. 2,10)

Adjective · masculine · singular · nominative · (indefinite) ▸ **6**

οὐδείς

(Matt. 6,24; Mark 2,21; Luke 8,16; Luke 11,33; Luke 16,13; Eph. 5,29)

οὐδείς ▸ 36 + 3 + 84 = 123

Pronoun ▪ (indefinite) ▪ masculine ▪ singular ▪ nominative ▸ 36 + 3 = **39** (Gen. 20,9; Gen. 23,6; Gen. 45,1; Ex. 10,23; Ex. 10,23; Ex. 34,24; Deut. 7,24; Deut. 11,25; Deut. 34,6; Josh. 10,28; 1Sam. 11,13; Esth. 9,2; Judith 13,4; Tob. 10,2; 1Mac. 5,48; 1Mac. 10,35; 2Mac. 9,10; 2Mac. 11,31; Job 2,13; Wis. 1,8; Wis. 2,5; Wis. 7,5; Wis. 15,16; Sir. 27,22; Hos. 2,12; Zech. 2,4; Is. 33,1; Is. 36,21; Is. 44,20; Is. 57,1; Is. 57,1; Is. 59,4; Is. 63,5; Ezek. 44,2; Dan. 5,8; Dan. 8,27; Tob. 10,2; Sus. 16; Sus. 20)

Adjective ▪ masculine ▪ singular ▪ nominative ▪ (indefinite) ▸ **84** (Matt. 9,16; Matt. 11,27; Matt. 20,7; Matt. 22,46; Matt. 24,36; Mark 2,22; Mark 3,27; Mark 5,3; Mark 5,4; Mark 9,39; Mark 10,18; Mark 11,2; Mark 12,34; Mark 13,32; Luke 4,24; Luke 4,27; Luke 5,36; Luke 5,37; Luke 5,39; Luke 9,62; Luke 10,22; Luke 14,24; Luke 15,16; Luke 18,19; Luke 19,30; Luke 23,53; John 1,18; John 3,2; John 3,13; John 3,32; John 4,27; John 6,44; John 6,65; John 7,4; John 7,13; John 7,19; John 7,27; John 7,30; John 7,44; John 8,20; John 9,4; John 10,18; John 10,29; John 13,28; John 14,6; John 15,13; John 15,24; John 16,5; John 16,22; John 17,12; John 19,41; John 21,12; Acts 5,13; Acts 18,10; Rom. 14,7; Rom. 14,7; 1Cor. 2,8; 1Cor. 2,11; 1Cor. 3,11; 1Cor. 6,5; 1Cor. 8,4; 1Cor. 9,15; 1Cor. 12,3; 1Cor. 12,3; 1Cor. 14,2; Gal. 3,11; Gal. 3,15; 1Tim. 6,16; 2Tim. 2,4; Heb. 7,13; Heb. 12,14; James 3,8; 1John 4,12; Rev. 2,17; Rev. 3,7; Rev. 3,7; Rev. 3,8; Rev. 5,3; Rev. 5,4; Rev. 7,9; Rev. 14,3; Rev. 15,8; Rev. 18,11; Rev. 19,12)

οὐδείς ▸ 6 + 8 = 14

Pronoun ▪ (indefinite) ▪ masculine ▪ singular ▪ nominative ▸ **6** (Gen. 19,31; 4Mac. 14,4; Sir. 48,12; Is. 41,28; Jer. 15,10; Dan. 2,11)

Adjective ▪ masculine ▪ singular ▪ nominative ▪ (indefinite) ▸ **8** (Mark 10,29; Luke 1,61; Luke 7,28; Luke 18,29; John 8,10; John 8,11; Acts 25,11; 2Tim. 4,16)

οὐδεμία ▸ 4 + 3 = 7

Adjective ▪ feminine ▪ singular ▪ nominative ▪ noDegree ▪ (intensive) ▸ 3 + 3 = **6** (Josh. 5,1; Wis. 17,5; Dan. 3,92; Acts 27,22; Phil. 4,15; 1John 1,5)

Pronoun ▪ (indefinite) ▪ feminine ▪ singular ▪ nominative ▸ **1** (Ex. 8,27)

οὐδεμιᾷ ▸ 1

Pronoun ▪ (indefinite) ▪ feminine ▪ singular ▪ dative ▸ **1** (Deut. 16,5)

οὐδεμίαν ▸ 2 + 8 = 10

Adjective ▪ feminine ▪ singular ▪ accusative ▪ noDegree ▪ (intensive) ▸ 2 + 8 = **10** (4Mac. 5,16; Dan. 6,5; Mark 6,5; Luke 4,26; John 16,29; John 18,38; John 19,4; John 19,11; Acts 25,18; 2Cor. 7,5)

Οὐδὲν ▸ 2

Adjective ▪ neuter ▪ singular ▪ nominative ▪ (indefinite) ▸ **2** (Luke 12,2; Rom. 8,1)

οὐδὲν ▸ 70 + 4 + 56 = 130

Adjective ▪ neuter ▪ singular ▪ accusative ▪ noDegree ▪ (intensive) ▸ 1 + 46 = **47** (Gen. 39,6; Matt. 5,13; Matt. 13,34; Matt. 21,19; Matt. 26,62; Matt. 27,12; Matt. 27,24; Mark 7,12; Mark 11,13; Mark 14,60; Mark 15,5; Mark 16,8; Luke 4,2; Luke 5,5; Luke 9,36; Luke 18,34; Luke 23,4; Luke 23,9; Luke 23,22; Luke 23,41; John 5,19; John 7,26; John 16,24; Acts 4,14; Acts 9,8; Acts 17,21; Acts 20,20; Acts 23,9; Acts 25,10; Acts 26,22; Acts 26,31; Acts 28,5; Acts 28,17; 1Cor. 4,4; 1Cor. 13,3; 2Cor. 12,11; Gal. 2,6; Gal. 4,1; Gal. 5,2; Gal. 5,10; 1Tim. 6,7; 2Tim. 2,14; Philem. 14; Heb. 2,8; Heb. 7,14; Heb. 7,19; Rev. 3,17)

Adjective ▪ neuter ▪ singular ▪ nominative ▪ noDegree ▪ (intensive) ▸ 16 + 10 = **26** (Deut. 13,18; Deut. 24,5; Judith 6,9; 4Mac. 7,20; Prov. 8,8; Prov. 12,21; Prov. 13,13a; Prov. 24,22b; Job 14,16; Job 15,3; Job 16,17; Job 41,25; Wis. 7,25; Sir. 5,8; Sir. 8,16; LetterJ 50; Matt. 10,26; Matt. 17,20; Luke 10,19; Luke 23,15; Acts 18,17; Rom. 14,14; 1Cor. 8,4; 1Cor. 14,10; 1Tim. 4,4; Titus 1,15)

Pronoun ▪ (indefinite) ▪ neuter ▪ singular ▪ accusative ▸ 43 + 2 = **45** (Gen. 37,4; Gen. 39,8; Gen. 39,9; Num. 11,6; Deut. 8,9; Josh. 11,15; 1Sam. 20,26; Esth. 2,15; Esth. 9,15; Esth. 9,16; Tob. 7,12; 2Mac. 4,25; 2Mac. 4,27; 2Mac. 4,40; 2Mac. 15,27; 3Mac. 3,8; 3Mac. 3,19; 3Mac. 5,42; 4Mac. 8,27; 4Mac. 18,5; Psa. 75,6; Prov. 27,14; Eccl. 5,14; Job 1,22; Job 2,10; Job 21,25; Job 24,25; Job 41,18; Job 42,7; Wis. 5,13; Wis. 7,8; Wis. 9,6; Wis. 11,24; Sir. 34,14; Sir. 40,6; Sir. 42,24; Amos 6,6; Hab. 2,5; Zech. 11,5; Is. 39,6; Is. 40,23; Is. 40,23; Is. 49,4; Tob. 2,13; Tob. 8,14)

Pronoun ▪ (indefinite) ▪ neuter ▪ singular ▪ nominative ▸ 10 + 2 = **12** (Ex. 10,15; Judg. 14,6; 2Sam. 12,3; Tob. 1,20; 1Mac. 11,38; 4Mac. 8,11; Prov. 3,15; Job 34,21; Sol. 13,6; LetterJ 69; Judg. 14,6; Dan. 4,35)

οὐδέν ▸ 20 + 2 + 27 = 49

Adjective ▪ neuter ▪ singular ▪ accusative ▪ (indefinite) ▸ **18** (Mark 14,61; Mark 15,4; Luke 20,40; John 5,30; John 6,63; John 8,28; John 9,33; John 10,41; John 11,49; John 12,19; John 14,30; John 15,5; John 16,23; John 18,20; John 21,3; Acts 5,36; Gal. 2,6; Gal. 4,12)

Adjective ▪ neuter ▪ singular ▪ nominative ▪ noDegree ▪ (intensive) ▸ 4 + 9 = **13** (Num. 20,19; Psa. 22,1; Eccl. 5,13; Sir. 18,33; Matt. 23,16; Matt. 23,18; Mark 7,15; John 8,54; Acts 21,24; Acts 25,11; 1Cor. 7,19; 2Cor. 12,11; 1Cor. 7,19)

Pronoun ▪ (indefinite) ▪ neuter ▪ singular ▪ accusative ▸ **11** (Gen. 40,15; Ex. 5,8; Deut. 22,26; 1Sam. 12,4; Esth. 6,3; Prov. 30,20; Eccl. 3,19; Eccl. 9,5; Job 21,34; Job 26,7; Is. 14,23)

Pronoun ▪ (indefinite) ▪ neuter ▪ singular ▪ nominative ▸ 5 + 2 = **7** (Ex. 9,6; Ex. 9,7; Wis. 8,7; Is. 40,17; Is. 40,26; Tob. 1,20; Tob. 13,2)

Οὐδένα ▸ 1

Pronoun ▪ (indefinite) ▪ masculine ▪ singular ▪ accusative ▸ **1** (Bel 5)

οὐδένα ▸ 20 + 16 = 36

Adjective ▪ masculine ▪ singular ▪ accusative ▪ noDegree ▪ (intensive) ▸ 5 + 16 = **21** (2Mac. 11,31; 4Mac. 5,17; 4Mac. 6,5; 4Mac. 7,3; LetterJ 68; Matt. 17,8; Mark 5,37; Mark 7,24; Mark 9,8; John 5,22; John 8,15; John 18,9; John 18,31; Acts 5,23; 1Cor. 1,14; 2Cor. 5,16; 2Cor. 7,2; 2Cor. 7,2; 2Cor. 7,2; Phil. 2,20; James 1,13)

Pronoun ▪ (indefinite) ▪ masculine ▪ singular ▪ accusative ▸ **15** (Ex. 2,12; Num. 16,15; Josh. 10,39; Esth. 13,14 # 4,17e; Esth. 5,12; Judith 11,13; Judith 12,10; Tob. 6,15; 1Mac. 4,5; 1Mac. 15,14; 4Mac. 16,12; Prov. 27,4; Sir. 40,7; Is. 11,9; LetterJ 18)

οὐδενί ▸ 6 + 9 = 15

Adjective ▪ masculine ▪ singular ▪ dative ▪ (indefinite) ▸ **6** (Matt. 8,10; Mark 16,8; Luke 9,36; John 8,33; Acts 4,12; Acts 8,16)

Adjective ▪ neuter ▪ singular ▪ dative ▪ (indefinite) ▸ **3** (Mark 9,29; 1Cor. 9,15; Phil. 1,20)

Pronoun ▪ (indefinite) ▪ masculine ▪ singular ▪ dative ▸ **4** (Josh. 2,11; Sir. 15,20; Sir. 15,20; Amos 6,13)

Pronoun ▪ (indefinite) ▪ neuter ▪ singular ▪ dative ▸ **2** (2Mac. 4,15; 2Mac. 7,12)

οὐδενί ▸ 1 + 1 = 2

Pronoun ▪ (indefinite) ▪ masculine ▪ singular ▪ dative ▸ 1 + 1 = **2** (Prov. 26,2; Tob. 10,7)

οὐδενός ▸ 1 + 2 = 3

Adjective · masculine · singular · genitive · (indefinite) ▸ 2 (Matt. 22,16; Mark 12,14)
Pronoun · (indefinite) · neuter · singular · genitive ▸ 1 (Job 26,7)

οὐδενὸς ▸ 8 + 6 = 14
Adjective · masculine · singular · genitive · (indefinite) ▸ 6 (Luke 8,43; Acts 20,24; Acts 20,33; Acts 27,34; 1Cor. 2,15; Heb. 6,13)
Adjective · neuter · singular · genitive · noDegree · (intensive) ▸ 1 (Prov. 6,35)
Pronoun · (indefinite) · masculine · singular · genitive ▸ 7 (Num. 16,15; 1Sam. 12,4; 4Mac. 15,11; 4Mac. 16,6; Prov. 21,10; Sir. 42,21; Mic. 2,11)

οὐδέποτε (οὐ; δέ; ποῦ) never ▸ 4 + 16 = 20
οὐδέποτε ▸ 4 + 16 = 20
Adverb · (temporal) ▸ 4 + 16 = 20 (Ex. 10,6; 1Kings 1,6; 2Mac. 6,16; Wis. 15,17; Matt. 7,23; Matt. 9,33; Matt. 21,16; Matt. 21,42; Matt. 26,33; Mark 2,12; Mark 2,25; Luke 15,29; Luke 15,29; John 7,46; Acts 10,14; Acts 11,8; Acts 14,8; 1Cor. 13,8; Heb. 10,1; Heb. 10,11)

οὐδέπω (οὐ; δέ; πῶ) not yet ▸ 1 + 4 = 5
οὐδέπω ▸ 1 + 4 = 5
Adverb · (temporal) ▸ 1 + 4 = 5 (Ex. 9,30; John 7,39; John 19,41; John 20,9; Acts 8,16)

Ουδια Azariah ▸ 1
Ουδια ▸ 1
Noun · masculine · singular · nominative · (proper) ▸ 1 (2Chr. 28,12)

Ουδουια Hodaviah ▸ 1
Ουδουια ▸ 1
Noun · masculine · singular · genitive · (proper) ▸ 1 (Neh. 7,43)

Ουεσβι Shobi ▸ 1
Ουεσβι ▸ 1
Noun · masculine · singular · nominative · (proper) ▸ 1 (2Sam. 17,27)

Ουηλ Uel ▸ 1
Ουηλ ▸ 1
Noun · masculine · singular · nominative · (proper) ▸ 1 (Ezra 10,34)

οὐθείς (οὐ; εἷς 1st homograph) nobody, no one ▸ 81 + 1 + 7 = 89
οὐθεὶς ▸ 23
Pronoun · (indefinite) · masculine · singular · nominative ▸ 23 (Gen. 31,44; Gen. 31,50; Gen. 39,11; Gen. 41,44; Lev. 27,26; Josh. 6,1; Josh. 8,17; Josh. 10,8; Josh. 10,21; Josh. 21,44; Josh. 23,9; 1Sam. 21,2; 1Kings 3,18; Judith 14,15; 1Mac. 5,54; 3Mac. 1,13; Psa. 138,16; Job 27,15; Wis. 2,4; Is. 63,5; Jer. 49,17; Jer. 51,14; Dan. 10,21)
οὐθείς ▸ 2
Pronoun · (indefinite) · masculine · singular · nominative ▸ 2 (Job 14,4; Sir. 23,18)
οὐθὲν ▸ 27 + 3 = 30
Adjective · neuter · singular · accusative · noDegree · (intensive) ▸ 1 + 3 = 4 (Is. 40,17; Luke 23,14; Acts 15,9; Acts 19,27)
Adjective · neuter · singular · nominative · noDegree · (intensive) ▸ 8 (1Esdr. 4,39; Psa. 38,6; Job 4,12; Wis. 5,11; Wis. 17,11; Sir. 23,27; Sir. 23,27; Jer. 2,6)
Pronoun · (indefinite) · neuter · singular · accusative ▸ 15 (Gen. 39,9; 1Sam. 12,21; 1Sam. 25,7; 1Sam. 29,3; Judith 8,13; 1Mac. 8,26; 2Mac. 14,23; Job 13,10; Job 31,37; Wis. 3,17; Wis. 4,5; Wis. 7,28; Wis. 13,13; Jer. 3,9; Bel 7)
Pronoun · (indefinite) · neuter · singular · nominative ▸ 3 (2Kings 4,2; Job 40,4; LetterJ 45)
οὐθέν ▸ 23 + 1 + 2 = 26
Adjective · neuter · singular · accusative · (indefinite) ▸ 1 (Acts 26,26)
Adjective · neuter · singular · nominative · noDegree · (intensive) ▸ 6 + 1 = 7 (1Sam. 12,21; 1Kings 18,43; 1Esdr. 4,36; Job 10,13; Sir. 19,7; Sir. 39,20; 1Cor. 13,2)
Pronoun · (indefinite) · neuter · singular · accusative ▸ 11 + 1 = 12 (Gen. 30,31; Gen. 31,32; Gen. 39,23; 1Sam. 12,5; 1Sam. 20,39; 1Sam. 25,21; 2Chr. 9,20; 2Chr. 35,3; Hos. 7,16; Jer. 13,7; Jer. 13,10; Tob. 12,19)
Pronoun · (indefinite) · neuter · singular · nominative ▸ 6 (Ex. 5,11; Job 42,2; Is. 39,2; Jer. 4,23; Jer. 39,17; Dan. 4,33)
οὐθενὶ ▸ 2
Pronoun · (indefinite) · masculine · singular · dative ▸ 2 (1Mac. 14,44; Sir. 18,4)
οὐθενὸς ▸ 4
Pronoun · (indefinite) · masculine · singular · genitive ▸ 4 (Lev. 26,17; Lev. 26,36; Lev. 26,37; Bel 14)
οὐθενός ▸ 2
Adjective · masculine · singular · genitive · (indefinite) ▸ 1 (2Cor. 11,9)
Adjective · neuter · singular · genitive · (indefinite) ▸ 1 (Luke 22,35)

Ουθι Uthai ▸ 2
Ουθι ▸ 2
Noun · masculine · singular · nominative · (proper) ▸ 2 (1Esdr. 8,40; Ezra 8,14)

Ουιεχωα Vaniah ▸ 1
Ουιεχωα ▸ 1
Noun · masculine · singular · nominative · (proper) ▸ 1 (Ezra 10,36)

Ουκαν Akan ▸ 1
Ουκαν ▸ 1
Noun · masculine · singular · nominative · (proper) ▸ 1 (Gen. 36,27)

οὐκέτι (οὐ; ἔτι) no longer ▸ 105 + 6 + 47 = 158
Οὐκέτι ▸ 7 + 1 = 8
Adverb · (temporal) ▸ 7 + 1 = 8 (Ex. 5,7; Ex. 5,10; Tob. 2,8; Ode. 11,11; Amos 6,10; Is. 23,12; Is. 38,11; John 14,30)
οὐκέτι ▸ 98 + 6 + 46 = 150
Adverb · (temporal) ▸ 98 + 6 + 46 = 150 (Ex. 9,28; Ex. 10,29; Ex. 11,6; Lev. 27,20; Num. 11,25; Num. 32,19; Josh. 5,12; Josh. 8,20; 2Sam. 7,10; 1Esdr. 2,18; Esth. 2,1; Esth. 2,14; Judith 10,10; Tob. 1,15; Tob. 6,8; Tob. 10,8; Tob. 12,21; 2Mac. 9,13; Psa. 38,14; Job 4,20; Job 7,7; Job 7,8; Job 7,9; Job 7,21; Job 14,10; Job 20,9; Job 23,8; Hos. 2,19; Hos. 9,16; Hos. 14,4; Amos 5,2; Amos 7,8; Amos 7,13; Amos 8,2; Amos 9,15; Mic. 4,3; Mic. 4,3; Mic. 5,12; Joel 2,19; Joel 2,27; Joel 4,17; Nah. 2,14; Zeph. 3,11; Zeph. 3,15; Zech. 9,8; Zech. 11,6; Zech. 13,2; Zech. 14,21; Is. 1,14; Is. 10,20; Is. 10,20; Is. 17,3; Is. 17,3; Is. 23,1; Is. 23,10; Is. 23,11; Is. 29,17; Is. 30,20; Is. 32,3; Is. 32,5; Is. 32,5; Is. 32,10; Is. 38,11; Is. 47,1; Is. 47,3; Is. 47,5; Is. 52,1; Is. 62,4; Is. 65,19; Jer. 15,6; Jer. 22,11; Jer. 23,20; Jer. 27,39; Jer. 38,40; Jer. 49,18; Ezek. 7,13; Ezek. 12,23; Ezek. 12,28; Ezek. 13,21; Ezek. 16,41; Ezek. 16,42; Ezek. 20,39; Ezek. 21,10; Ezek. 23,27; Ezek. 24,27; Ezek. 27,36; Ezek. 28,24; Ezek. 29,16; Ezek. 34,28; Ezek. 34,29; Ezek. 36,14; Ezek. 36,15; Ezek. 37,22; Ezek. 39,7; Ezek. 39,29; Ezek. 43,7; Ezek. 45,8; Dan. 8,7; Tob. 1,15; Tob. 2,8; Tob. 6,17; Tob. 10,4; Tob. 12,21; Tob. 13,6; Matt. 19,6; Matt. 22,46; Mark 5,3; Mark 7,12; Mark 9,8; Mark 10,8; Mark 12,34; Mark 14,25; Mark 15,5; Luke 15,19; Luke 15,21; Luke 20,40; John 4,42; John 6,66; John 11,54; John 14,19; John 15,15; John 16,10; John 16,16; John 16,21; John 16,25; John 17,11; John 21,6; Acts 8,39; Acts 20,25; Acts 20,38;

Rom. 6,9; Rom. 6,9; Rom. 7,17; Rom. 7,20; Rom. 11,6; Rom. 11,6; Rom. 14,15; 2Cor. 1,23; 2Cor. 5,16; Gal. 2,20; Gal. 3,18; Gal. 3,25; Gal. 4,7; Eph. 2,19; Philem. 16; Heb. 10,18; Heb. 10,26; Rev. 10,6; Rev. 18,11; Rev. 18,14)

Οὐκ-ἠλεημένη Lo-ruhamah (Heb. Not Received Mercy) ▸ 3
  Οὐκ-ἠλεημένη ▸ 1
    Noun · feminine · singular · nominative · (proper) ▸ **1** (Hos. 1,6)
  Οὐκ-ἠλεημένην ▸ 2
    Noun · feminine · singular · accusative · (proper) ▸ **2** (Hos. 1,8; Hos. 2,25)

οὐκοῦν (οὐ; οὖν) so, then, accordingly ▸ 1
  οὐκοῦν ▸ 1
    Adverb ▸ **1** (John 18,37)

Ουλ Hul ▸ 1
  Ουλ ▸ 1
    Noun · masculine · singular · nominative · (proper) ▸ **1** (Gen. 10,23)

Ουλαι Ulai ▸ 1
  Ουλαι ▸ 1
    Noun · masculine · singular · genitive · (proper) ▸ **1** (Dan. 8,16)

Ουλαιμαραδαχ Evil-merodach ▸ 1
  Ουλαιμαραδαχ ▸ 1
    Noun · masculine · singular · nominative · (proper) ▸ **1** (Jer. 52,31)

Ουλαμ Ulam ▸ 2
  Ουλαμ ▸ 2
    Noun · masculine · singular · genitive · (proper) ▸ **1** (1Chr. 7,17)
    Noun · masculine · singular · nominative · (proper) ▸ **1** (1Chr. 7,16)

Ουλαμαις however, Laish ▸ 1
  Ουλαμαις ▸ 1
    Noun · singular · nominative · (proper) ▸ **1** (Judg. 18,29)

Ουλαμλους Oulamlous (Heb. however, Luz) ▸ 1
  Ουλαμλους ▸ 1
    Noun · nominative · (proper) ▸ **1** (Gen. 28,19)

Οὐ-λαός-μου Lo-ammi (Heb. Not My People) ▸ 2
  Οὐ-λαός-μου ▸ 1
    Noun · masculine · singular · nominative · (proper) ▸ **1** (Hos. 1,9)
  Οὐ-λαῷ-μου ▸ 1
    Noun · masculine · singular · dative · (proper) ▸ **1** (Hos. 2,25)

οὐλή scar ▸ 7
  οὐλή ▸ 5
    Noun · feminine · singular · nominative · (common) ▸ **5** (Lev. 13,2; Lev. 13,10; Lev. 13,19; Lev. 13,23; Lev. 13,28)
  οὐλῇ ▸ 1
    Noun · feminine · singular · dative · (common) ▸ **1** (Lev. 13,10)
  οὐλῆς ▸ 1
    Noun · feminine · singular · genitive · (common) ▸ **1** (Lev. 14,56)

οὖν therefore, thus ▸ 247 + 12 + 498 = 757
  οὖν ▸ 247 + 12 + 498 = 757
    Conjunction · coordinating · (inferential) ▸ 247 + 12 + 498 = **757** (Gen. 6,14; Gen. 8,21; Gen. 12,12; Gen. 12,13; Gen. 16,2; Gen. 18,21; Gen. 19,9; Gen. 19,22; Gen. 21,23; Gen. 23,4; Gen. 24,49; Gen. 24,50; Gen. 27,3; Gen. 27,8; Gen. 27,33; Gen. 27,43; Gen. 29,27; Gen. 30,30; Gen. 31,13; Gen. 31,16; Gen. 31,30; Gen. 31,44; Gen. 33,13; Gen. 34,8; Gen. 37,20; Gen. 40,8; Gen. 41,24; Gen. 41,33; Gen. 43,4; Gen. 44,29; Gen. 44,30; Gen. 44,33; Gen. 45,5; Gen. 45,8; Gen. 45,9; Gen. 45,9; Gen. 45,13; Gen. 46,33; Gen. 47,4; Gen. 47,19; Gen. 48,5; Gen. 50,5; Ex. 1,10; Ex. 2,20; Ex. 3,16; Ex. 3,18; Ex. 4,1; Ex. 4,4; Ex. 4,23; Ex. 4,23; Ex. 5,3; Ex. 5,5; Ex. 5,16; Ex. 5,18; Ex. 8,6; Ex. 8,13; Ex. 8,15; Ex. 8,24; Ex. 9,2; Ex. 9,17; Ex. 9,19; Ex. 9,28; Ex. 10,17; Ex. 11,2; Ex. 14,6; Ex. 18,19; Ex. 22,8; Ex. 22,26; Ex. 32,26; Ex. 33,5; Ex. 33,13; Num. 9,7; Num. 14,3; Num. 21,7; Num. 22,33; Num. 24,11; Deut. 2,3; Deut. 2,13; Deut. 2,24; Deut. 3,25; Josh. 1,2; Josh. 1,7; Josh. 14,12; Josh. 22,4; Josh. 22,29; Josh. 23,6; Judg. 1,7; Judg. 16,10; 1Sam. 19,2; 1Sam. 20,31; 2Sam. 24,13; 2Kings 18,20; 2Chr. 35,3; 1Esdr. 2,3; 1Esdr. 2,4; 1Esdr. 2,15; 1Esdr. 2,18; 1Esdr. 2,21; 1Esdr. 2,23; 1Esdr. 4,14; 1Esdr. 4,46; 1Esdr. 6,11; 1Esdr. 6,20; 1Esdr. 8,11; 1Esdr. 9,51; Ezra 4,13; Ezra 4,16; Esth. 1,13; Esth. 1,17; Esth. 1,19; Esth. 13,5 # 3,13e; Esth. 13,6 # 3,13f; Esth. 5,4; Esth. 16,17 # 8,12r; Esth. 16,22 # 8,12u; Esth. 8,14; Esth. 9,12; Esth. 9,19; Tob. 11,8; 1Mac. 5,12; 1Mac. 6,58; 1Mac. 7,7; 1Mac. 8,32; 1Mac. 9,30; 1Mac. 9,46; 1Mac. 9,58; 1Mac. 10,71; 1Mac. 11,37; 1Mac. 11,43; 1Mac. 12,9; 1Mac. 12,11; 1Mac. 12,14; 1Mac. 12,16; 1Mac. 12,17; 1Mac. 12,23; 1Mac. 12,53; 1Mac. 15,5; 1Mac. 15,19; 1Mac. 15,21; 1Mac. 15,30; 2Mac. 2,15; 2Mac. 2,16; 2Mac. 2,16; 2Mac. 2,32; 2Mac. 3,22; 2Mac. 4,20; 2Mac. 4,31; 2Mac. 4,37; 2Mac. 4,48; 2Mac. 5,8; 2Mac. 6,9; 2Mac. 6,12; 2Mac. 6,31; 2Mac. 7,40; 2Mac. 7,42; 2Mac. 9,11; 2Mac. 9,26; 2Mac. 9,28; 2Mac. 10,22; 2Mac. 11,18; 2Mac. 11,19; 2Mac. 11,25; 2Mac. 11,26; 2Mac. 11,30; 2Mac. 12,41; 2Mac. 15,37; 3Mac. 1,27; 3Mac. 2,1; 3Mac. 2,31; 3Mac. 3,6; 3Mac. 3,11; 3Mac. 4,15; 3Mac. 5,9; 3Mac. 6,29; 4Mac. 1,5; 4Mac. 1,7; 4Mac. 1,10; 4Mac. 1,22; 4Mac. 1,28; 4Mac. 2,24; 4Mac. 3,9; 4Mac. 4,26; 4Mac. 5,19; 4Mac. 6,31; 4Mac. 7,20; 4Mac. 8,7; 4Mac. 8,10; 4Mac. 13,5; 4Mac. 16,2; 4Mac. 16,22; 4Mac. 17,20; Psa. 9,35; Ode. 12,8; Prov. 5,7; Prov. 7,24; Prov. 8,32; Prov. 22,21; Job 1,5; Job 2,3; Job 4,7; Job 7,7; Job 7,11; Job 8,7; Job 9,19; Job 10,18; Job 17,15; Job 19,6; Job 22,25; Job 35,7; Wis. 2,6; Wis. 6,1; Wis. 6,9; Wis. 6,11; Wis. 6,21; Wis. 12,22; Wis. 13,16; Wis. 17,15; Sir. 1,15 Prol.; Is. 30,8; Is. 40,25; Is. 57,6; LetterJ 2; LetterJ 4; LetterJ 14; LetterJ 22; LetterJ 28; LetterJ 39; LetterJ 44; LetterJ 49; LetterJ 51; LetterJ 56; LetterJ 64; LetterJ 68; LetterJ 72; Dan. 2,3; Dan. 2,8; Dan. 2,9; Dan. 3,23; Dan. 3,24; Dan. 3,93; Dan. 3,97; Dan. 5,6; Dan. 12,6; Sus. 54; Sus. 58; Bel 6; Bel 11; Judg. 1,7; Judg. 16,10; Judg. 16,17; Tob. 2,5; Dan. 2,9; Dan. 3,15; Dan. 4,37; Dan. 5,12; Dan. 5,16; Dan. 6,9; Sus. 54; Sus. 58; Matt. 1,17; Matt. 3,8; Matt. 3,10; Matt. 5,19; Matt. 5,23; Matt. 5,48; Matt. 6,2; Matt. 6,8; Matt. 6,9; Matt. 6,22; Matt. 6,23; Matt. 6,31; Matt. 6,34; Matt. 7,11; Matt. 7,12; Matt. 7,24; Matt. 9,38; Matt. 10,16; Matt. 10,26; Matt. 10,31; Matt. 10,32; Matt. 12,12; Matt. 12,26; Matt. 13,18; Matt. 13,27; Matt. 13,28; Matt. 13,40; Matt. 13,56; Matt. 17,10; Matt. 18,4; Matt. 18,26; Matt. 18,29; Matt. 18,31; Matt. 19,6; Matt. 19,7; Matt. 21,25; Matt. 21,40; Matt. 22,9; Matt. 22,17; Matt. 22,21; Matt. 22,28; Matt. 22,43; Matt. 22,45; Matt. 23,3; Matt. 23,20; Matt. 24,15; Matt. 24,26; Matt. 24,42; Matt. 25,13; Matt. 25,27; Matt. 25,28; Matt. 26,54; Matt. 27,17; Matt. 27,22; Matt. 27,64; Matt. 28,19; Mark 10,9; Mark 11,31; Mark 12,9; Mark 13,35; Mark 15,12; Mark 16,19; Luke 3,7; Luke 3,8; Luke 3,9; Luke 3,10; Luke 3,18; Luke 4,7; Luke 7,31; Luke 7,42; Luke 8,18; Luke 10,2; Luke 10,40; Luke 11,13; Luke 11,35; Luke 11,36; Luke 12,26; Luke 13,7; Luke 13,14; Luke 13,18; Luke 14,33; Luke 14,34; Luke 16,11; Luke 16,27; Luke 19,12; Luke 20,15; Luke 20,17; Luke 20,29; Luke 20,33; Luke 20,44; Luke 21,7; Luke 21,14; Luke 22,70; Luke 23,16; Luke 23,22; John 1,21; John 1,22; John 1,25; John 1,39; John 2,18; John 2,20; John 2,22; John 3,25; John 3,29; John 4,1; John 4,5; John 4,6; John 4,9; John 4,11; John 4,28; John 4,33; John 4,40; John 4,45; John 4,46; John 4,48; John 4,52; John 4,52; John 4,53; John 5,10; John 5,18; John 5,19; John 6,5; John 6,10; John 6,11; John 6,13; John 6,14; John 6,15; John 6,19; John 6,21; John 6,24; John 6,28; John 6,30; John 6,30; John 6,32; John 6,34; John 6,41; John 6,52; John 6,53; John

6,60; John 6,62; John 6,67; John 7,3; John 7,6; John 7,11; John 7,15; John 7,16; John 7,25; John 7,28; John 7,30; John 7,33; John 7,35; John 7,40; John 7,43; John 7,45; John 7,47; John 8,5; John 8,12; John 8,13; John 8,19; John 8,21; John 8,22; John 8,24; John 8,25; John 8,28; John 8,31; John 8,36; John 8,38; John 8,41; John 8,52; John 8,57; John 8,59; John 9,7; John 9,8; John 9,10; John 9,10; John 9,11; John 9,15; John 9,16; John 9,17; John 9,18; John 9,19; John 9,20; John 9,24; John 9,25; John 9,26; John 10,7; John 10,24; John 10,39; John 11,3; John 11,6; John 11,12; John 11,14; John 11,16; John 11,17; John 11,20; John 11,21; John 11,31; John 11,32; John 11,33; John 11,36; John 11,38; John 11,41; John 11,45; John 11,47; John 11,53; John 11,54; John 11,56; John 12,1; John 12,2; John 12,3; John 12,7; John 12,9; John 12,17; John 12,19; John 12,21; John 12,28; John 12,29; John 12,34; John 12,35; John 12,50; John 13,6; John 13,12; John 13,14; John 13,24; John 13,25; John 13,26; John 13,27; John 13,30; John 13,31; John 16,17; John 16,18; John 16,22; John 18,3; John 18,4; John 18,6; John 18,7; John 18,8; John 18,10; John 18,11; John 18,12; John 18,16; John 18,17; John 18,19; John 18,24; John 18,25; John 18,27; John 18,28; John 18,29; John 18,31; John 18,33; John 18,37; John 18,39; John 18,40; John 19,1; John 19,5; John 19,6; John 19,8; John 19,10; John 19,13; John 19,15; John 19,16; John 19,16; John 19,20; John 19,21; John 19,23; John 19,24; John 19,24; John 19,26; John 19,29; John 19,30; John 19,31; John 19,32; John 19,38; John 19,40; John 19,42; John 20,2; John 20,3; John 20,6; John 20,8; John 20,10; John 20,11; John 20,19; John 20,20; John 20,21; John 20,25; John 20,30; John 21,5; John 21,6; John 21,7; John 21,7; John 21,9; John 21,11; John 21,15; John 21,21; John 21,23; Acts 1,6; Acts 1,18; Acts 1,21; Acts 2,30; Acts 2,33; Acts 2,36; Acts 2,41; Acts 3,19; Acts 5,41; Acts 8,4; Acts 8,22; Acts 8,25; Acts 9,31; Acts 10,23; Acts 10,29; Acts 10,32; Acts 10,33; Acts 10,33; Acts 11,17; Acts 11,19; Acts 12,5; Acts 13,4; Acts 13,38; Acts 13,40; Acts 14,3; Acts 15,3; Acts 15,10; Acts 15,27; Acts 15,30; Acts 16,5; Acts 16,36; Acts 17,12; Acts 17,17; Acts 17,20; Acts 17,23; Acts 17,29; Acts 17,30; Acts 19,3; Acts 19,32; Acts 19,36; Acts 19,38; Acts 21,22; Acts 21,23; Acts 22,29; Acts 23,15; Acts 23,18; Acts 23,21; Acts 23,22; Acts 23,31; Acts 25,1; Acts 25,4; Acts 25,5; Acts 25,11; Acts 25,17; Acts 25,23; Acts 26,4; Acts 26,9; Acts 26,22; Acts 28,5; Acts 28,20; Acts 28,28; Rom. 2,21; Rom. 2,26; Rom. 3,1; Rom. 3,9; Rom. 3,27; Rom. 3,31; Rom. 4,1; Rom. 4,9; Rom. 4,10; Rom. 5,1; Rom. 5,9; Rom. 5,18; Rom. 6,1; Rom. 6,4; Rom. 6,12; Rom. 6,15; Rom. 6,21; Rom. 7,3; Rom. 7,7; Rom. 7,13; Rom. 7,25; Rom. 8,12; Rom. 8,31; Rom. 9,14; Rom. 9,16; Rom. 9,18; Rom. 9,19; Rom. 9,19; Rom. 9,30; Rom. 10,14; Rom. 11,1; Rom. 11,5; Rom. 11,7; Rom. 11,11; Rom. 11,13; Rom. 11,19; Rom. 11,22; Rom. 12,1; Rom. 13,10; Rom. 13,12; Rom. 14,8; Rom. 14,12; Rom. 14,13; Rom. 14,16; Rom. 14,19; Rom. 15,17; Rom. 15,28; Rom. 16,19; 1Cor. 3,5; 1Cor. 4,16; 1Cor. 6,4; 1Cor. 6,7; 1Cor. 6,15; 1Cor. 7,26; 1Cor. 8,4; 1Cor. 9,18; 1Cor. 9,25; 1Cor. 10,19; 1Cor. 10,31; 1Cor. 11,20; 1Cor. 14,11; 1Cor. 14,15; 1Cor. 14,23; 1Cor. 14,26; 1Cor. 15,11; 1Cor. 16,11; 1Cor. 16,18; 2Cor. 1,17; 2Cor. 3,12; 2Cor. 5,6; 2Cor. 5,11; 2Cor. 5,20; 2Cor. 7,1; 2Cor. 8,24; 2Cor. 9,5; 2Cor. 11,15; 2Cor. 12,9; Gal. 3,5; Gal. 3,19; Gal. 3,21; Gal. 4,15; Gal. 5,1; Gal. 6,10; Eph. 2,19; Eph. 4,1; Eph. 4,17; Eph. 5,1; Eph. 5,7; Eph. 5,15; Eph. 6,14; Phil. 2,1; Phil. 2,23; Phil. 2,28; Phil. 2,29; Phil. 3,15; Col. 2,6; Col. 2,16; Col. 3,1; Col. 3,5; Col. 3,12; 1Th. 4,1; 1Th. 5,6; 2Th. 2,15; 1Tim. 2,1; 1Tim. 2,8; 1Tim. 3,2; 1Tim. 5,14; 2Tim. 1,8; 2Tim. 2,1; 2Tim. 2,21; Philem. 17; Heb. 2,14; Heb. 4,1; Heb. 4,6; Heb. 4,11; Heb. 4,14; Heb. 4,16; Heb. 7,11; Heb. 8,4; Heb. 9,1; Heb. 9,23; Heb. 10,19; Heb. 10,35; Heb. 13,15; James 4,4; James 4,7; James 4,17; James 5,7; James 5,16; 1Pet. 2,1; 1Pet. 2,7; 1Pet. 4,1; 1Pet. 4,7; 1Pet. 5,6; 2Pet. 3,17; 3John 8; Rev. 1,19; Rev. 2,5; Rev. 2,16; Rev. 3,3; Rev. 3,3; Rev. 3,19)

οὗπερ (ὅς; περ) where ▸ 1
  οὗπερ ▸ 1
    Adverb ▸ **1** (2Mac. 4,38)

οὔπω (οὐ; πω) not yet ▸ **8** + **26** = 34
  Οὔπω ▸ **1** + **1** = 2
    Adverb · (temporal) ▸ **1** + **1** = **2** (Gen. 18,12; Heb. 12,4)
  οὔπω ▸ **7** + **25** = 32
    Adverb · (temporal) ▸ **7** + **25** = **32** (Gen. 15,16; Gen. 29,7; 1Esdr. 5,52; 2Mac. 7,35; 3Mac. 5,26; Eccl. 4,3; Is. 7,17; Matt. 16,9; Matt. 24,6; Mark 4,40; Mark 8,17; Mark 8,21; Mark 11,2; Mark 13,7; Luke 23,53; John 2,4; John 3,24; John 6,17; John 7,6; John 7,8; John 7,30; John 7,39; John 8,20; John 8,57; John 11,30; John 20,17; 1Cor. 3,2; 1Cor. 8,2; Heb. 2,8; 1John 3,2; Rev. 17,10; Rev. 17,12)

Ουρ Hur; Ur ▸ 3
  Ουρ ▸ 3
    Noun · masculine · singular · accusative · (proper) ▸ **2** (Num. 31,8; Josh. 13,21)
    Noun · masculine · singular · genitive · (proper) ▸ **1** (1Chr. 11,35)

οὐρά tail ▸ **7** + **5** = 12
  οὐρά ▸ 2
    Noun · feminine · singular · nominative · (common) ▸ **2** (Deut. 28,44; Is. 9,14)
  οὐρὰ ▸ 1
    Noun · feminine · singular · nominative ▸ **1** (Rev. 12,4)
  οὐραὶ ▸ 1
    Noun · feminine · plural · nominative ▸ **1** (Rev. 9,19)
  οὐραῖς ▸ 2
    Noun · feminine · plural · dative ▸ **2** (Rev. 9,10; Rev. 9,19)
  οὐράν ▸ 3
    Noun · feminine · singular · accusative · (common) ▸ **3** (Deut. 28,13; Is. 9,13; Is. 19,15)
  οὐρὰν ▸ 1
    Noun · feminine · singular · accusative · (common) ▸ **1** (Job 40,17)
  οὐρὰς ▸ 1
    Noun · feminine · plural · accusative ▸ **1** (Rev. 9,10)
  οὐρᾶς ▸ 1
    Noun · feminine · singular · genitive · (common) ▸ **1** (Job 40,31)

οὐραγέω (οὐρά) to bring up the rear ▸ 2
  οὐράγει ▸ 1
    Verb · second · singular · present · active · imperative ▸ **1** (Sir. 32,11)
  οὐραγοῦντες ▸ 1
    Verb · present · active · participle · masculine · plural · nominative ▸ **1** (Josh. 6,9)

οὐραγία (οὐρά) rear guard ▸ 2
  οὐραγίαν ▸ 2
    Noun · feminine · singular · accusative · (common) ▸ **2** (Deut. 25,18; Josh. 10,19)

οὐράνιος (οὐρανός) heavenly ▸ **7** + **1** + **9** = 17
  οὐράνιον ▸ **2** + **1** = 3
    Adjective · feminine · singular · accusative · noDegree ▸ **1** (Dan. 4,26)
    Adjective · masculine · singular · accusative · noDegree ▸ **2** (1Esdr. 6,14; 4Mac. 4,11)
  οὐράνιος ▸ 7
    Adjective · masculine · singular · nominative ▸ **7** (Matt. 5,48; Matt. 6,14; Matt. 6,26; Matt. 6,32; Matt. 15,13; Matt. 18,35; Matt. 23,9)
  οὐρανίου ▸ **1** + **1** = 2

οὐράνιος–οὐρανός

Adjective · feminine · singular · genitive ▸ **1** (Luke 2,13)
Adjective · masculine · singular · genitive · noDegree ▸ **1** (4Mac. 9,15)

οὐρανίους ▸ **2**
Adjective · feminine · plural · accusative · noDegree ▸ **1** (3Mac. 6,18)
Adjective · masculine · plural · accusative · noDegree ▸ **1** (2Mac. 7,34)

οὐρανίῳ ▸ **1** + **1** = **2**
Adjective · feminine · singular · dative · noDegree ▸ **1** + **1** = **2** (4Mac. 11,3; Acts 26,19)

οὐρανίων ▸ **1**
Adjective · neuter · plural · genitive · noDegree ▸ **1** (2Mac. 9,10)

οὐρανόθεν (οὐρανός; θεν) from heaven ▸ **1** + **2** = **3**
οὐρανόθεν ▸ **1** + **2** = **3**
Adverb · (place) ▸ **1** + **2** = **3** (4Mac. 4,10; Acts 14,17; Acts 26,13)

οὐρανός heaven ▸ **621** + **61** + **273** = **955**
οὐρανέ ▸ **3**
Noun · masculine · singular · vocative · (common) ▸ **3** (Deut. 32,1; Ode. 2,1; Is. 1,2)

οὐρανὲ ▸ **1**
Noun · masculine · singular · vocative ▸ **1** (Rev. 18,20)

οὐρανοί ▸ **9** + **1** + **5** = **15**
Noun · masculine · plural · nominative · (common) ▸ **9** + **1** + **4** = **14** (Tob. 8,5; Psa. 18,2; Psa. 32,6; Psa. 49,6; Psa. 67,9; Psa. 68,35; Psa. 88,6; Psa. 96,6; Psa. 148,4; Tob. 8,5; 2Pet. 3,5; 2Pet. 3,7; 2Pet. 3,10; 2Pet. 3,12)
Noun · masculine · plural · vocative · (variant) ▸ **1** (Rev. 12,12)

οὐρανοί ▸ **10** + **1** + **2** = **13**
Noun · masculine · plural · nominative · (common) ▸ **10** + **1** + **2** = **13** (Deut. 32,43; Psa. 88,12; Psa. 95,11; Psa. 101,26; Ode. 2,43; Ode. 8,59; Is. 44,23; Is. 49,13; Ezek. 1,1; Dan. 3,59; Dan. 3,59; Matt. 3,16; Heb. 1,10)

οὐρανοῖς ▸ **6** + **36** = **42**
Noun · masculine · plural · dative · (common) ▸ **6** + **36** = **42** (Psa. 2,4; Psa. 88,3; Psa. 113,11; Job 16,19; Wis. 9,16; Dan. 3,17; Matt. 5,12; Matt. 5,16; Matt. 5,45; Matt. 6,1; Matt. 6,9; Matt. 7,11; Matt. 7,21; Matt. 10,32; Matt. 10,33; Matt. 12,50; Matt. 16,17; Matt. 16,19; Matt. 16,19; Matt. 18,10; Matt. 18,10; Matt. 18,14; Matt. 18,19; Matt. 19,21; Mark 11,25; Mark 12,25; Mark 13,25; Luke 10,20; Luke 12,33; Luke 18,22; 2Cor. 5,1; Eph. 1,10; Eph. 3,15; Eph. 6,9; Phil. 3,20; Col. 1,5; Col. 1,16; Col. 1,20; Heb. 8,1; Heb. 9,23; Heb. 12,23; 1Pet. 1,4)

οὐρανόν ▸ **47** + **1** + **12** = **60**
Noun · masculine · singular · accusative · (common) ▸ **47** + **1** + **12** = **60** (Gen. 1,8; Gen. 28,12; Ex. 9,10; Ex. 9,22; Ex. 9,23; Ex. 10,13; Ex. 10,21; Ex. 10,22; Ex. 17,14; Deut. 4,17; Deut. 11,17; Deut. 28,12; Deut. 29,19; Josh. 8,20; Josh. 8,21; Judg. 20,40; 1Sam. 5,12; 1Kings 8,54; 2Kings 2,11; 2Chr. 30,27; 2Chr. 32,20; Ezra 9,6; 1Mac. 2,58; 1Mac. 4,10; 1Mac. 4,40; 1Mac. 9,46; 3Mac. 5,9; Psa. 138,8; Prov. 8,26; Prov. 8,27; Eccl. 1,13; Eccl. 3,1; Job 5,10; Job 9,13; Job 18,4; Job 38,18; Job 38,24; Job 42,15; Sir. 48,3; Sol. 2,32; Amos 9,2; Is. 45,12; Is. 45,18; Is. 48,13; Is. 63,19; Jer. 4,23; Jer. 28,15; Sus. 35; Luke 18,13; Luke 24,51; Acts 1,11; Acts 1,11; Acts 2,5; Acts 10,16; Acts 11,10; Rom. 10,6; Col. 1,23; Heb. 9,24; Heb. 12,26; Rev. 11,6)

οὐρανὸν ▸ **112** + **6** + **31** = **149**
Noun · masculine · singular · accusative · (common) ▸ **112** + **6** + **31** = **149** (Gen. 1,1; Gen. 2,4; Gen. 14,19; Gen. 14,22; Gen. 15,5; Ex. 9,8; Ex. 20,11; Ex. 31,17; Lev. 26,19; Deut. 4,19; Deut. 4,26; Deut. 8,19; Deut. 25,19; Deut. 30,12; Deut. 30,19; Deut. 31,28; Deut. 32,40; Deut. 33,26; Judg. 13,20; 1Kings 8,22; 1Kings 8,35; 1Kings 18,36; 2Kings 2,1; 2Kings 19,15; 1Chr. 16,26; 2Chr. 2,11; 2Chr. 6,13; 2Chr. 6,26; 2Chr. 7,13; 1Esdr. 4,58; 1Esdr. 6,12; Neh. 9,6; Neh. 9,6; Esth. 13,10 # 4,17c; Esth. 13,10 # 4,17c; Judith 7,28; 1Mac. 3,50; 1Mac. 4,24; 1Mac. 4,55; 2Mac. 2,18; 2Mac. 3,15; 2Mac. 3,20; 2Mac. 7,28; 2Mac. 9,20; 2Mac. 14,34; 2Mac. 15,21; 2Mac. 15,34; 3Mac. 5,25; 3Mac. 6,17; 3Mac. 6,33; 4Mac. 4,11; 4Mac. 6,6; 4Mac. 17,5; Psa. 17,10; Psa. 49,4; Psa. 67,34; Psa. 72,9; Psa. 103,2; Psa. 113,23; Psa. 120,2; Psa. 123,8; Psa. 133,3; Psa. 145,6; Psa. 146,8; Ode. 2,40; Ode. 12,2; Prov. 8,28; Prov. 30,4; Job 1,7; Job 2,2; Job 9,6; Job 9,8; Job 18,19; Job 20,6; Job 22,26; Job 28,24; Job 34,13; Job 35,5; Job 38,33; Job 38,37; Job 41,3; Sir. 43,12; Hos. 13,4; Amos 9,6; Hag. 2,6; Hag. 2,21; Zech. 12,1; Is. 8,21; Is. 14,13; Is. 37,16; Is. 40,12; Is. 40,22; Is. 42,5; Is. 44,24; Is. 50,3; Is. 51,6; Is. 51,13; Is. 51,16; Jer. 10,11; Jer. 10,12; Jer. 23,24; Jer. 28,9; Jer. 39,17; Bar. 3,29; Bar. 5,3; Ezek. 32,7; Dan. 4,37; Dan. 7,27; Dan. 9,12; Dan. 12,7; Sus. 9; Bel 5; Dan. 4,20; Dan. 4,22; Dan. 4,34; Dan. 12,7; Sus. 9; Bel 5; Matt. 14,19; Mark 6,41; Mark 7,34; Mark 16,19; Luke 2,15; Luke 3,21; Luke 9,16; Luke 15,18; Luke 15,21; Luke 16,17; Luke 17,24; Luke 17,24; John 1,51; John 3,13; John 17,1; Acts 1,10; Acts 1,11; Acts 3,21; Acts 4,12; Acts 4,24; Acts 7,55; Acts 10,11; Acts 14,15; James 5,12; 1Pet. 3,22; Rev. 10,5; Rev. 10,6; Rev. 11,12; Rev. 14,7; Rev. 19,11; Rev. 21,1)

οὐρανός ▸ **5** + **3** = **8**
Noun · masculine · singular · nominative · (common) ▸ **5** + **3** = **8** (1Chr. 16,31; 1Esdr. 4,34; Job 11,8; Joel 2,10; Is. 66,1; Matt. 16,2; Matt. 16,3; Acts 7,49)

οὐρανὸς ▸ **41** + **1** + **9** = **51**
Noun · masculine · singular · nominative · (common) ▸ **41** + **1** + **9** = **51** (Gen. 2,1; Deut. 10,14; Deut. 10,14; Deut. 28,23; Deut. 33,28; Judg. 5,4; 1Kings 8,27; 1Kings 8,27; 1Kings 18,45; 2Chr. 2,5; 2Chr. 2,5; 2Chr. 6,18; 2Chr. 6,18; 1Esdr. 4,36; 1Mac. 2,37; 3Mac. 2,15; Psa. 113,24; Prov. 25,3; Job 14,12; Job 15,15; Job 20,27; Sir. 16,18; Sir. 16,18; Sol. 2,9; Sol. 17,18; Hos. 2,23; Joel 4,16; Hag. 1,10; Zech. 8,12; Is. 13,13; Is. 34,4; Is. 45,8; Is. 51,6; Is. 55,9; Is. 65,17; Is. 66,22; Jer. 2,12; Jer. 4,28; Jer. 14,22; Jer. 28,53; Jer. 38,35; Judg. 5,4; Matt. 5,18; Matt. 24,35; Mark 13,31; Luke 4,25; Luke 21,33; James 5,18; Rev. 6,14; Rev. 20,11; Rev. 21,1)

οὐρανοῦ ▸ **312** + **48** + **92** = **452**
Noun · masculine · singular · genitive · (common) ▸ **312** + **48** + **92** = **452** (Gen. 1,9; Gen. 1,9; Gen. 1,14; Gen. 1,15; Gen. 1,17; Gen. 1,20; Gen. 1,26; Gen. 1,28; Gen. 1,30; Gen. 2,4; Gen. 2,19; Gen. 2,20; Gen. 6,7; Gen. 6,17; Gen. 7,3; Gen. 7,11; Gen. 7,19; Gen. 7,23; Gen. 8,2; Gen. 8,2; Gen. 9,2; Gen. 11,4; Gen. 19,24; Gen. 21,17; Gen. 22,11; Gen. 22,15; Gen. 22,17; Gen. 24,3; Gen. 24,7; Gen. 26,4; Gen. 27,28; Gen. 27,39; Gen. 28,17; Gen. 40,17; Gen. 40,19; Gen. 49,25; Ex. 16,4; Ex. 20,22; Ex. 24,10; Ex. 32,13; Deut. 1,10; Deut. 1,28; Deut. 2,25; Deut. 4,11; Deut. 4,19; Deut. 4,19; Deut. 4,32; Deut. 4,32; Deut. 4,36; Deut. 9,1; Deut. 9,14; Deut. 10,14; Deut. 10,22; Deut. 11,11; Deut. 11,21; Deut. 17,3; Deut. 26,15; Deut. 28,24; Deut. 28,26; Deut. 28,62; Deut. 30,4; Deut. 30,4; Deut. 33,13; Josh. 10,11; Josh. 10,13; Judg. 5,20; 1Sam. 17,44; 1Sam. 17,46; 2Sam. 18,9; 2Sam. 21,10; 2Sam. 21,10; 2Sam. 22,8; 2Sam. 22,14; 1Kings 8,27; 1Kings 8,32; 1Kings 8,34; 1Kings 8,36; 1Kings 8,39; 1Kings 8,43; 1Kings 8,45; 1Kings 8,49; 1Kings 12,24m; 1Kings 16,4; 1Kings 18,38; 1Kings 20,24; 1Kings 22,19; 2Kings 1,10; 2Kings 1,10; 2Kings 1,12; 2Kings 1,12; 2Kings 1,14; 2Kings 14,27; 2Kings 17,16; 2Kings 21,3; 2Kings 21,5; 2Kings 23,4; 2Kings 23,5; 1Chr. 21,16; 1Chr. 21,26; 1Chr. 27,23; 2Chr. 2,5; 2Chr. 6,18; 2Chr. 6,21; 2Chr. 6,23; 2Chr. 6,25; 2Chr. 6,27; 2Chr. 6,30; 2Chr. 6,33; 2Chr. 6,35; 2Chr. 6,39; 2Chr. 7,1; 2Chr. 7,14; 2Chr. 18,18; 2Chr.

33,3; 2Chr. 33,5; 2Chr. 36,23; 1Esdr. 4,34; 1Esdr. 4,46; 1Esdr. 4,58; 1Esdr. 8,72; Ezra 1,2; Ezra 5,11; Ezra 5,12; Ezra 6,9; Ezra 6,10; Ezra 7,12; Ezra 7,21; Ezra 7,23; Ezra 7,23; Neh. 1,4; Neh. 1,5; Neh. 1,9; Neh. 2,4; Neh. 2,20; Neh. 9,6; Neh. 9,13; Neh. 9,15; Neh. 9,23; Neh. 9,27; Neh. 9,28; Judith 5,8; Judith 6,19; Judith 11,7; Judith 11,17; Tob. 7,17; Tob. 10,11; Tob. 10,13; Tob. 13,9; Tob. 13,13; 1Mac. 3,18; 1Mac. 3,19; 1Mac. 5,31; 1Mac. 12,15; 1Mac. 16,3; 2Mac. 2,10; 2Mac. 2,21; 2Mac. 3,34; 2Mac. 7,11; 2Mac. 8,20; 2Mac. 9,4; 2Mac. 10,29; 2Mac. 11,10; 2Mac. 15,8; 3Mac. 2,15; 3Mac. 4,21; 3Mac. 5,50; Psa. 8,9; Psa. 13,2; Psa. 17,14; Psa. 18,7; Psa. 18,7; Psa. 19,7; Psa. 32,13; Psa. 49,11; Psa. 52,3; Psa. 56,4; Psa. 67,34; Psa. 75,9; Psa. 77,23; Psa. 77,24; Psa. 77,26; Psa. 78,2; Psa. 79,15; Psa. 84,12; Psa. 88,30; Psa. 90,1; Psa. 101,20; Psa. 102,11; Psa. 103,12; Psa. 104,40; Psa. 113,24; Psa. 135,26; Psa. 148,13; Ode. 7,36; Ode. 8,56; Ode. 8,63; Ode. 8,80; Ode. 11,14; Ode. 12,9; Eccl. 10,20; Job 1,16; Job 7,9; Job 12,7; Job 22,14; Job 26,11; Job 26,13; Job 28,21; Job 35,11; Job 37,3; Job 38,33; Wis. 13,2; Wis. 16,20; Wis. 18,16; Sir. 1,3; Sir. 16,18; Sir. 17,32; Sir. 24,5; Sir. 43,1; Sir. 43,8; Sir. 43,9; Sir. 45,15; Sir. 46,17; Sir. 48,20; Sol. 8,7; Sol. 14,4; Hos. 2,14; Hos. 2,20; Hos. 4,3; Hos. 7,12; Hos. 13,4; Jonah 1,9; Nah. 3,16; Zeph. 1,3; Zeph. 1,5; Zech. 2,10; Zech. 5,9; Zech. 6,5; Mal. 3,10; Is. 13,5; Is. 13,10; Is. 13,10; Is. 14,12; Is. 14,13; Is. 18,6; Is. 18,6; Is. 24,18; Is. 24,21; Is. 38,14; Is. 47,13; Is. 55,10; Is. 63,15; Jer. 4,25; Jer. 7,18; Jer. 7,33; Jer. 8,2; Jer. 9,9; Jer. 10,2; Jer. 10,11; Jer. 15,3; Jer. 16,4; Jer. 19,7; Jer. 19,13; Jer. 25,16; Jer. 41,20; Jer. 51,17; Jer. 51,18; Jer. 51,19; Jer. 51,25; Bar. 1,11; Bar. 2,2; Bar. 3,17; Lam. 2,1; Lam. 3,50; Lam. 3,66; Lam. 4,19; LetterJ 53; Ezek. 8,3; Ezek. 29,5; Ezek. 31,6; Ezek. 31,13; Ezek. 32,4; Ezek. 38,20; Dan. 2,37; Dan. 2,38; Dan. 2,44; Dan. 3,36; Dan. 3,60; Dan. 3,63; Dan. 3,80; Dan. 4,11; Dan. 4,11; Dan. 4,12; Dan. 4,13; Dan. 4,16; Dan. 4,17; Dan. 4,21; Dan. 4,31; Dan. 4,31; Dan. 4,33a; Dan. 4,34; Dan. 4,34; Dan. 4,34; Dan. 4,37a; Dan. 4,37a; Dan. 4,37b; Dan. 7,2; Dan. 7,13; Dan. 8,8; Dan. 8,10; Dan. 11,4; Dan. 12,3; Dan. 12,3; Judg. 5,20; Judg. 13,20; Judg. 20,40; Tob. 1,18; Tob. 5,10; Tob. 6,18; Tob. 7,12; Tob. 7,12; Tob. 7,13; Tob. 7,17; Tob. 8,15; Tob. 9,6; Tob. 10,11; Tob. 10,14; Tob. 13,13; Tob. 13,17; Dan. 2,18; Dan. 2,19; Dan. 2,37; Dan. 2,38; Dan. 2,44; Dan. 3,36; Dan. 3,56; Dan. 3,60; Dan. 3,63; Dan. 3,80; Dan. 4,11; Dan. 4,12; Dan. 4,13; Dan. 4,15; Dan. 4,21; Dan. 4,23; Dan. 4,23; Dan. 4,25; Dan. 4,31; Dan. 4,33; Dan. 4,35; Dan. 4,37; Dan. 5,21; Dan. 5,23; Dan. 7,2; Dan. 7,13; Dan. 7,27; Dan. 8,8; Dan. 8,10; Dan. 8,10; Dan. 9,12; Dan. 11,4; Matt. 6,26; Matt. 8,20; Matt. 11,23; Matt. 11,25; Matt. 13,32; Matt. 16,1; Matt. 16,3; Matt. 21,25; Matt. 21,25; Matt. 24,29; Matt. 24,30; Matt. 26,64; Matt. 28,2; Mark 4,32; Mark 8,11; Mark 11,30; Mark 11,31; Mark 13,25; Mark 13,27; Mark 14,62; Luke 3,22; Luke 8,5; Luke 9,54; Luke 9,58; Luke 10,15; Luke 10,18; Luke 10,21; Luke 11,13; Luke 11,16; Luke 12,56; Luke 13,19; Luke 17,29; Luke 20,4; Luke 20,5; Luke 21,11; Luke 22,43; John 1,32; John 3,13; John 3,27; John 3,31; John 6,31; John 6,32; John 6,32; John 6,33; John 6,38; John 6,41; John 6,42; John 6,50; John 6,51; John 6,58; John 12,28; Acts 2,2; Acts 7,42; Acts 9,3; Acts 10,12; Acts 11,5; Acts 11,6; Acts 11,9; Acts 17,24; Acts 22,6; Rom. 1,18; 1Cor. 15,47; 2Cor. 5,2; 2Cor. 12,2; Gal. 1,8; 1Th. 4,16; 2Th. 1,7; Heb. 11,12; 1Pet. 1,12; 2Pet. 1,18; Rev. 3,12; Rev. 6,13; Rev. 8,10; Rev. 9,1; Rev. 10,1; Rev. 10,4; Rev. 10,8; Rev. 11,12; Rev. 11,13; Rev. 12,4; Rev. 13,13; Rev. 14,2; Rev. 14,13; Rev. 16,11; Rev. 16,21; Rev. 18,1; Rev. 18,4; Rev. 18,5; Rev. 20,1; Rev. 20,9; Rev. 21,2; Rev. 21,10)

οὐρανούς ▸ 5 + 2 = 7

Noun · masculine · plural · accusative · (common) ▸ 5 + 2 = 7 (Psa. 8,4; Psa. 56,6; Psa. 56,12; Psa. 107,6; Psa. 143,5; Acts 2,34;

Heb. 4,14)

οὐρανούς ▸ 10 + 3 = 13

Noun · masculine · plural · accusative · (common) ▸ 10 + 3 = 13 (1Sam. 2,10; 2Sam. 22,10; Judith 13,18; Psa. 95,5; Psa. 112,4; Psa. 135,5; Ode. 3,10; Ode. 4,3; Prov. 3,19; Hab. 3,3; Mark 1,10; Acts 7,56; 2Pet. 3,13)

οὐρανῷ ▸ 44 + 3 + 35 = 82

Noun · masculine · singular · dative · (common) ▸ 44 + 3 + 35 = 82 (Ex. 20,4; Deut. 3,24; Deut. 4,39; Deut. 5,8; Deut. 30,12; Josh. 2,11; 1Kings 8,23; 1Kings 8,30; 1Kings 8,53a; 2Kings 7,2; 2Kings 7,19; 1Chr. 29,11; 2Chr. 6,14; 2Chr. 20,6; Tob. 5,17; 1Mac. 3,60; 2Mac. 15,3; 2Mac. 15,4; 4Mac. 17,5; Psa. 10,4; Psa. 35,6; Psa. 72,25; Psa. 88,38; Psa. 102,19; Psa. 112,6; Psa. 113,11; Psa. 118,89; Psa. 122,1; Psa. 134,6; Eccl. 5,1; Job 38,29; Hos. 2,23; Joel 3,3; Is. 34,5; Jer. 8,7; Jer. 10,13; Jer. 28,16; Lam. 3,41; LetterJ 66; Ezek. 32,8; Dan. 2,28; Dan. 4,17; Dan. 4,22; Dan. 4,27; Tob. 5,17; Dan. 2,28; Dan. 6,28; Matt. 5,34; Matt. 6,10; Matt. 6,20; Matt. 18,18; Matt. 18,18; Matt. 22,30; Matt. 23,22; Matt. 24,30; Matt. 28,18; Mark 10,21; Mark 13,32; Luke 6,23; Luke 15,7; Luke 19,38; Acts 2,19; 1Cor. 8,5; Col. 4,1; Rev. 4,1; Rev. 4,2; Rev. 5,3; Rev. 5,13; Rev. 8,1; Rev. 11,15; Rev. 11,19; Rev. 12,1; Rev. 12,3; Rev. 12,7; Rev. 12,8; Rev. 12,10; Rev. 13,6; Rev. 14,17; Rev. 15,1; Rev. 15,5; Rev. 19,1; Rev. 19,14)

οὐρανῶν ▸ 17 + 42 = 59

Noun · masculine · plural · genitive · (common) ▸ 17 + 42 = 59 (2Chr. 28,9; Neh. 9,6; Judith 9,12; 2Mac. 15,23; 3Mac. 2,2; Psa. 8,2; Psa. 56,11; Psa. 106,26; Psa. 107,5; Psa. 148,1; Psa. 148,4; Psa. 148,4; Ode. 8,60; Ode. 12,15; Wis. 9,10; Wis. 18,15; Sol. 2,30; Matt. 3,2; Matt. 3,17; Matt. 4,17; Matt. 5,3; Matt. 5,10; Matt. 5,19; Matt. 5,19; Matt. 5,20; Matt. 7,21; Matt. 8,11; Matt. 10,7; Matt. 11,11; Matt. 11,12; Matt. 13,11; Matt. 13,24; Matt. 13,31; Matt. 13,33; Matt. 13,44; Matt. 13,45; Matt. 13,47; Matt. 13,52; Matt. 16,19; Matt. 18,1; Matt. 18,3; Matt. 18,4; Matt. 18,23; Matt. 19,12; Matt. 19,14; Matt. 19,23; Matt. 20,1; Matt. 22,2; Matt. 23,13; Matt. 24,29; Matt. 24,31; Matt. 24,36; Matt. 25,1; Mark 1,11; Luke 21,26; Eph. 4,10; 1Th. 1,10; Heb. 7,26; Heb. 12,25)

Οὐρβανός Urbanus ▸ 1

Οὐρβανὸν ▸ 1

Noun · masculine · singular · accusative · (proper) ▸ 1 (Rom. 16,9)

οὐρέω (οὖρον) to urinate ▸ 5

οὐροῦντα ▸ 4

Verb · present · active · participle · masculine · singular · accusative ▸ 4 (1Sam. 25,22; 1Kings 12,24m; 1Kings 20,21; 2Kings 9,8)

οὐρῶν ▸ 1

Verb · present · active · participle · masculine · singular · nominative ▸ 1 (1Sam. 25,34)

Ουρι Hiddai; Uri; Huri; Iri; Hurai ▸ 6

Ουρι ▸ 6

Noun · masculine · singular · accusative · (proper) ▸ 1 (1Chr. 2,20)

Noun · masculine · singular · genitive · (proper) ▸ 1 (1Chr. 5,14)

Noun · masculine · singular · nominative · (proper) ▸ 4 (2Sam. 23,30; 1Chr. 2,20; 1Chr. 7,7; 1Chr. 11,32)

Ουρια Uriah ▸ 5

Ουρια ▸ 4

Noun · masculine · singular · genitive · (proper) ▸ 3 (Ezra 8,33; Neh. 3,4; Neh. 3,21)

Noun · masculine · singular · nominative · (proper) ▸ 1 (Neh. 8,4)

Ουριου ▸ 1

Ουρια–οὔτε

Ουριας Uriah ▸ 38
  Ουρια ▸ 3
    Noun · masculine · singular · genitive · (proper) ▸ **1** (2Sam. 11,26)
    Noun · masculine · singular · dative · (proper) ▸ **2** (2Sam. 11,8; 2Kings 16,15)
    Noun · masculine · singular · genitive · (proper) ▸ **1** (1Esdr. 8,61)
  Ουριαν ▸ 10
    Noun · masculine · singular · accusative · (proper) ▸ **10** (2Sam. 11,6; 2Sam. 11,6; 2Sam. 11,10; 2Sam. 11,12; 2Sam. 11,15; 2Sam. 11,16; 2Sam. 12,9; 2Kings 16,10; Is. 8,2; Is. 21,8)
  Ουριας ▸ 17
    Noun · masculine · singular · nominative · (proper) ▸ **17** (2Sam. 11,7; 2Sam. 11,8; 2Sam. 11,9; 2Sam. 11,10; 2Sam. 11,11; 2Sam. 11,12; 2Sam. 11,17; 2Sam. 11,21; 2Sam. 11,24; 2Sam. 11,26; 2Sam. 23,39; 2Kings 16,11; 2Kings 16,16; 1Chr. 11,41; 1Esdr. 9,43; Jer. 33,20; Jer. 33,21)
  Ουριου ▸ 8
    Noun · masculine · singular · genitive · (proper) ▸ **8** (Ex. 31,2; Ex. 35,30; Ex. 37,20; 2Sam. 11,3; 2Sam. 11,14; 2Sam. 12,10; 2Sam. 12,15; 2Chr. 1,5)

Οὐρίας Uriah ▸ 1
  Οὐρίου ▸ 1
    Noun · masculine · singular · genitive · (proper) ▸ **1** (Matt. 1,6)

Ουριηλ Uriel ▸ 4
  Ουριηλ ▸ 4
    Noun · masculine · singular · accusative · (proper) ▸ **1** (1Chr. 15,11)
    Noun · masculine · singular · genitive · (proper) ▸ **1** (2Chr. 13,2)
    Noun · masculine · singular · nominative · (proper) ▸ **2** (1Chr. 6,9; 1Chr. 15,5)

οὔριος (οὖρος) wind; fair wind ▸ 1
  οὔριον ▸ 1
    Adjective · neuter · singular · accusative · noDegree ▸ **1** (Is. 59,5)

οὖρον urine ▸ 2
  οὖρον ▸ 2
    Noun · neuter · singular · accusative · (common) ▸ **2** (2Kings 18,27; Is. 36,12)

οὖς ear ▸ 179 + 5 + 36 = 220
  οὖς ▸ 52 + 1 + 13 = 66
    Noun · neuter · singular · accusative · (common) ▸ 34 + 1 + 11 = **46** (Ex. 21,6; Ruth 4,4; 2Kings 19,16; 1Chr. 17,25; Psa. 9,38; Psa. 16,6; Psa. 30,3; Psa. 44,11; Psa. 48,5; Psa. 70,2; Psa. 77,1; Psa. 85,1; Psa. 87,3; Psa. 93,9; Psa. 101,3; Psa. 114,2; Prov. 4,20; Prov. 5,1; Prov. 5,13; Prov. 22,17; Prov. 25,12; Prov. 28,9; Sir. 4,8; Sir. 6,33; Sir. 38,28; Sir. 51,16; Is. 59,1; Jer. 7,24; Jer. 7,26; Jer. 17,22; Jer. 41,14; Jer. 51,5; Bar. 2,16; Dan. 9,18; Dan. 9,18; Matt. 10,27; Luke 12,3; Luke 22,50; Rev. 2,7; Rev. 2,11; Rev. 2,17; Rev. 2,29; Rev. 3,6; Rev. 3,13; Rev. 3,22; Rev. 13,9)
    Noun · neuter · singular · nominative · (common) ▸ 18 + 2 = **20** (Neh. 1,6; Neh. 1,11; Psa. 91,12; Prov. 2,2; Prov. 20,12; Eccl. 1,8; Eccl. 12,9; Job 4,12; Job 12,11; Job 13,1; Job 29,11; Job 31,30; Job 34,3; Wis. 1,10; Sir. 3,29; Sir. 16,5; Sir. 17,13; Sol. 8,1; 1Cor. 2,9; 1Cor. 12,16)
  ὠσὶ ▸ 6
    Noun · neuter · plural · dative · (common) ▸ **6** (Jer. 43,6; Jer. 43,10; Jer. 43,14; Bar. 1,3; Bar. 1,4; Bar. 1,4)
  ὠσί ▸ 1
    Noun · neuter · plural · dative · (common) ▸ **1** (Judg. 17,2)
  ὠσὶν ▸ 25 + 3 + 5 = 33
    Noun · neuter · plural · dative · (common) ▸ 25 + 3 + 5 = **33** (Gen. 35,4; Ex. 32,2; Ex. 32,3; Deut. 5,1; Judg. 9,2; Judg. 9,3; 2Sam. 3,19; 2Sam. 7,22; 2Sam. 18,12; 2Sam. 22,7; 2Kings 18,26; 2Kings 23,2; 1Chr. 17,20; 1Chr. 28,8; 2Chr. 34,30; Neh. 13,1; Psa. 43,2; Job 15,21; Is. 6,10; Is. 6,10; Is. 22,14; Jer. 25,4; Jer. 33,11; Bar. 1,3; Bar. 1,4; Judg. 7,3; Judg. 9,2; Judg. 9,3; Matt. 13,15; Matt. 13,15; Luke 4,21; Acts 28,27; Acts 28,27)
  ὠσίν ▸ 8 + 1 = 9
    Noun · neuter · plural · dative · (common) ▸ 8 + 1 = **9** (Judg. 17,2; 1Sam. 3,17; 1Sam. 15,14; 2Kings 19,28; Job 33,8; Ezek. 3,10; Ezek. 40,4; Ezek. 44,5; Acts 7,51)
  ὦτα ▸ 65 + 16 = 81
    Noun · neuter · plural · accusative · (common) ▸ 52 + 14 = **66** (Gen. 20,8; Gen. 23,13; Gen. 23,16; Gen. 50,4; Ex. 10,2; Ex. 11,2; Ex. 17,14; Ex. 24,7; Deut. 29,3; Deut. 31,11; Deut. 31,28; Deut. 31,30; Deut. 32,44; Josh. 8,35 # 9,2f; Judg. 7,3; 1Sam. 8,21; 1Sam. 11,4; 1Sam. 18,23; 2Sam. 3,19; 1Kings 12,24d; 1Kings 12,24q; 1Mac. 10,7; Psa. 17,7; Psa. 57,5; Psa. 113,14; Psa. 134,17; Ode. 10,9; Prov. 21,13; Prov. 23,9; Sir. 17,6; Sir. 25,9; Zech. 7,11; Is. 5,9; Is. 32,3; Is. 33,15; Is. 36,11; Is. 43,8; Is. 48,8; Is. 50,5; Jer. 33,15; Jer. 35,7; Jer. 35,7; Jer. 36,29; Jer. 42,15; Jer. 43,6; Jer. 43,13; Jer. 43,15; Jer. 43,21; Jer. 43,21; Bar. 2,31; Ezek. 12,2; Ezek. 24,26; Matt. 11,15; Matt. 13,9; Matt. 13,43; Mark 4,9; Mark 4,23; Mark 7,33; Mark 8,18; Luke 8,8; Luke 9,44; Luke 14,35; Acts 7,57; Acts 11,22; Rom. 11,8; James 5,4)
    Noun · neuter · plural · nominative · (common) ▸ 13 + 2 = **15** (1Sam. 3,11; 2Kings 21,12; Neh. 8,3; Psa. 33,16; Prov. 18,15; Wis. 15,15; Mic. 7,16; Is. 35,5; Is. 42,20; Jer. 5,21; Jer. 6,10; Jer. 9,19; Jer. 19,3; Matt. 13,16; 1Pet. 3,12)
  ὦτά ▸ 14 + 1 = 15
    Noun · neuter · plural · accusative · (common) ▸ 8 + 1 = **9** (Num. 14,28; 1Sam. 25,24; Prov. 23,12; Is. 49,20; Lam. 3,56; Ezek. 9,1; Ezek. 16,12; Ezek. 23,25; Luke 1,44)
    Noun · neuter · plural · nominative · (common) ▸ **6** (1Kings 8,52; 2Chr. 6,40; 2Chr. 7,15; Psa. 129,2; Sol. 18,2; Is. 30,21)
  ὠτὸς ▸ 7
    Noun · neuter · singular · genitive · (common) ▸ **7** (Ex. 29,20; Lev. 8,23; Lev. 14,14; Lev. 14,17; Lev. 14,25; Lev. 14,28; Job 42,5)
  ὤτων ▸ 2
    Noun · neuter · plural · genitive · (common) ▸ **2** (Ex. 29,20; Lev. 8,24)

Ουσα Uzza ▸ 1
  Ουσα ▸ 1
    Noun · masculine · singular · genitive · (proper) ▸ **1** (Ezra 2,49)

Ουσαθι Hushathite ▸ 1
  Ουσαθι ▸ 1
    Noun · masculine · singular · nominative · (proper) ▸ **1** (1Chr. 20,4)

οὐσία (εἰμί) property; being, essence ▸ 2 + 2 = 4
  οὐσίαν ▸ 2 + 1 = 3
    Noun · feminine · singular · accusative · (common) ▸ 2 + 1 = **3** (Tob. 14,13; 3Mac. 3,28; Luke 15,13)
  οὐσίας ▸ 1
    Noun · feminine · singular · genitive ▸ **1** (Luke 15,12)

Ουτα Uthai ▸ 1
  Ουτα ▸ 1
    Noun · masculine · singular · genitive · (proper) ▸ **1** (1Esdr. 5,30)

οὔτε (οὐ; τέ) neither ▸ 122 + 1 + 87 = 210
  Οὔτε ▸ 5 + 1 = 6
    Conjunction · coordinating · (correlative) ▸ 5 + 1 = **6** (Num. 23,25; Judg. 19,30; 1Mac. 15,33; LetterJ 57; LetterJ 65; 1Th. 2,5)

οὔτε ‣ 117 + 1 + 86 = 204
   Conjunction · coordinating ‣ 117 + 1 = **118** (Ex. 20,17; Ex. 20,17; Ex. 20,17; Ex. 20,17; Ex. 20,17; Ex. 20,17; Ex. 20,17; Num. 21,22; Num. 21,22; Num. 23,25; Deut. 4,28; Deut. 4,28; Deut. 5,21; Deut. 5,21; Deut. 5,21; Deut. 5,21; Deut. 5,21; Deut. 5,21; Deut. 5,21; Deut. 31,6; Judg. 19,30; 1Esdr. 4,21; 1Esdr. 4,21; 1Esdr. 4,21; Judith 7,4; Judith 7,4; Judith 7,4; Judith 8,18; Judith 8,18; Judith 8,18; Judith 8,18; 1Mac. 15,33; 2Mac. 5,10; 2Mac. 6,6; 2Mac. 6,6; 2Mac. 6,6; 2Mac. 6,26; 2Mac. 6,26; 4Mac. 5,29; 4Mac. 5,38; 4Mac. 5,38; Psa. 58,4; Psa. 58,4; Psa. 74,7; Psa. 74,7; Psa. 74,7; Job 3,26; Job 3,26; Job 3,26; Job 15,29; Job 15,29; Wis. 1,14; Wis. 6,23; Wis. 12,13; Wis. 12,14; Wis. 13,1; Wis. 14,13; Wis. 14,13; Wis. 14,24; Wis. 14,24; Wis. 15,4; Wis. 15,15; Wis. 15,15; Wis. 15,15; Wis. 15,15; Wis. 16,12; Wis. 16,12; Wis. 17,5; Sir. 16,27; Sir. 16,27; Sir. 30,19; Sir. 30,19; Sir. 42,21; Sir. 42,21; Is. 1,6; Is. 1,6; Is. 1,6; Is. 1,6; Is. 1,6; Is. 30,5; Is. 30,5; Is. 48,8; Is. 48,8; Is. 48,8; Jer. 15,10; Jer. 15,10; Bar. 3,23; LetterJ 27; LetterJ 27; LetterJ 33; LetterJ 33; LetterJ 33; LetterJ 33; LetterJ 34; LetterJ 34; LetterJ 35; LetterJ 37; LetterJ 43; LetterJ 49; LetterJ 49; LetterJ 52; LetterJ 57; LetterJ 57; LetterJ 62; LetterJ 62; LetterJ 63; LetterJ 63; LetterJ 63; LetterJ 63; LetterJ 65; Ezek. 24,23; Ezek. 24,23; Dan. 2,43; Dan. 3,18; Dan. 3,18; Dan. 6,23; Dan. 6,23; Tob. 3,15)
   Conjunction · coordinating · (correlative) ‣ **85** (Matt. 6,20; Matt. 6,20; Matt. 12,32; Matt. 12,32; Matt. 22,30; Matt. 22,30; Mark 12,25; Mark 12,25; Mark 14,68; Mark 14,68; Luke 14,35; Luke 14,35; Luke 20,35; Luke 20,35; John 4,21; John 4,21; John 5,37; John 5,37; John 8,19; John 8,19; John 9,3; John 9,3; Acts 2,31; Acts 2,31; Acts 15,10; Acts 15,10; Acts 19,37; Acts 19,37; Acts 24,12; Acts 24,12; Acts 24,12; Acts 25,8; Acts 25,8; Acts 25,8; Acts 28,21; Acts 28,21; Rom. 8,38; Rom. 8,38; Rom. 8,38; Rom. 8,38; Rom. 8,38; Rom. 8,38; Rom. 8,38; Rom. 8,39; Rom. 8,39; Rom. 8,39; 1Cor. 3,7; 1Cor. 3,7; 1Cor. 6,9; 1Cor. 6,9; 1Cor. 6,9; 1Cor. 6,9; 1Cor. 6,9; 1Cor. 6,10; 1Cor. 6,10; 1Cor. 8,8; 1Cor. 8,8; 1Cor. 11,11; 1Cor. 11,11; Gal. 1,12; Gal. 5,6; Gal. 5,6; Gal. 6,15; Gal. 6,15; 1Th. 2,5; 1Th. 2,6; 1Th. 2,6; 1Th. 2,6; James 3,12; 3John 10; Rev. 3,15; Rev. 3,15; Rev. 3,16; Rev. 3,16; Rev. 5,3; Rev. 5,4; Rev. 9,20; Rev. 9,20; Rev. 9,20; Rev. 9,21; Rev. 9,21; Rev. 9,21; Rev. 21,4; Rev. 21,4; Rev. 21,4)
   Conjunction · coordinating · (disjunctive) ‣ **1** (John 4,11)
οὗτος this, this one, he ‣ 4236 + 183 + 1387 = 5806
   Αὗται ‣ 12
      Pronoun · (demonstrative) · feminine · plural · nominative ‣ **12** (Gen. 6,9; Gen. 10,1; Gen. 10,32; Gen. 11,27; Gen. 25,12; Gen. 36,1; Gen. 36,9; Lev. 23,4; Lev. 23,37; Num. 36,13; Josh. 19,51; Prov. 25,1)
   αὗται ‣ 51 + 1 + 2 = 54
      Pronoun · (demonstrative) · feminine · plural · nominative ‣ **50** + 1 + 2 = **53** (Gen. 11,10; Gen. 25,19; Gen. 33,8; Gen. 37,2; Ex. 6,15; Ex. 6,24; Ex. 6,25; Ex. 28,4; Num. 3,1; Num. 10,28; Num. 31,16; Num. 35,15; Deut. 6,1; Deut. 28,2; Deut. 28,15; Deut. 28,45; Deut. 33,17; Deut. 33,17; Josh. 20,9; Ruth 4,18; 1Sam. 6,17; 1Kings 9,13; 1Chr. 1,29; 1Chr. 2,23; 1Chr. 4,2; 1Chr. 4,31; 1Chr. 6,4; 1Chr. 6,39; 1Chr. 9,18; 1Chr. 26,19; 1Esdr. 4,16; 1Esdr. 4,17; 1Esdr. 4,17; Esth. 4,11; Esth. 9,26; Esth. 9,27; Esth. 9,28; Esth. 10,13 # 10,3k; Judith 7,31; 1Mac. 5,26; 1Mac. 15,35; Prov. 1,19; Zech. 4,11; Zech. 5,9; Zech. 5,10; Zech. 13,6; Jer. 41,7; Jer. 45,22; Ezek. 48,30; Dan. 12,8; Josh. 19,16; Acts 20,34; Gal. 4,24)
      Pronoun · (reflexive) · feminine · plural · nominative ‣ **1** (Prov. 30,15)
   Αὗταί ‣ 1
      Pronoun · (demonstrative) · feminine · plural · nominative ‣ **1** (Lev. 27,34)
   αὗταί ‣ 3 + 1 = 4
      Pronoun · (demonstrative) · feminine · plural · nominative ‣ **3** + 1 = **4** (Lev. 23,2; Ezek. 42,8; Ezek. 42,13; Luke 21,22)
   Αὕτη ‣ 24 + 2 = 26
      Pronoun · (demonstrative) · feminine · singular · nominative ‣ 24 + 2 = **26** (Gen. 2,4; Gen. 5,1; Gen. 40,18; Lev. 7,35; Num. 2,32; Num. 19,2; Num. 26,51; Num. 34,13; Deut. 34,4; Ruth 1,19; 1Kings 10,22a # 9,15; Neh. 3,34; Psa. 131,14; Wis. 10,1; Wis. 10,15; Sol. 17,42; Zech. 5,3; Zech. 5,6; Zech. 5,8; Is. 30,21; Ezek. 5,5; Ezek. 41,22; Dan. 4,30; Dan. 5,17; John 15,12; Rev. 20,5)
   αὕτη ‣ 288 + 27 + 71 = 386
      Pronoun · (demonstrative) · feminine · singular · nominative ‣ 288 + 27 + 71 = **386** (Gen. 2,23; Gen. 2,23; Gen. 3,12; Gen. 3,20; Gen. 10,12; Gen. 12,12; Gen. 14,2; Gen. 14,3; Gen. 14,7; Gen. 14,8; Gen. 17,10; Gen. 19,20; Gen. 20,3; Gen. 23,2; Gen. 23,19; Gen. 24,44; Gen. 28,17; Gen. 31,48; Gen. 31,48; Gen. 32,3; Gen. 35,19; Gen. 35,20; Gen. 35,27; Gen. 38,25; Gen. 42,21; Gen. 48,7; Ex. 6,14; Ex. 12,14; Ex. 12,26; Ex. 12,42; Ex. 25,3; Ex. 29,22; Ex. 37,19; Lev. 13,10; Lev. 15,3; Lev. 16,31; Lev. 20,17; Lev. 20,18; Lev. 23,28; Lev. 25,10; Lev. 25,11; Num. 1,44; Num. 4,24; Num. 4,28; Num. 4,33; Num. 4,37; Num. 4,41; Num. 4,45; Num. 7,88; Num. 8,4; Num. 22,4; Num. 26,63; Num. 32,5; Num. 32,22; Num. 33,36; Num. 34,2; Num. 34,12; Deut. 3,11; Deut. 4,6; Deut. 18,3; Deut. 30,11; Deut. 31,19; Deut. 31,21; Deut. 32,47; Deut. 33,1; Deut. 33,7; Josh. 13,2; Josh. 13,23; Josh. 13,28; Josh. 14,15; Josh. 15,8; Josh. 15,9; Josh. 15,10; Josh. 15,13; Josh. 15,20; Josh. 15,25; Josh. 15,49; Josh. 15,54; Josh. 15,59a; Josh. 15,60; Josh. 16,8; Josh. 18,13; Josh. 18,14; Josh. 18,20; Josh. 18,28; Josh. 18,28; Josh. 19,8; Josh. 19,16; Josh. 19,23; Josh. 19,31; Josh. 19,39; Josh. 19,47; Josh. 20,7; Josh. 21,11; Josh. 22,16; Judg. 4,14; Judg. 7,14; Judg. 11,34; Judg. 19,10; Judg. 20,3; Judg. 20,12; Judg. 21,3; Ruth 2,5; 1Sam. 4,6; 1Sam. 14,38; 1Sam. 17,47; 1Sam. 20,33; 1Sam. 22,8; 1Sam. 22,13; 1Sam. 24,5; 1Sam. 24,17; 1Sam. 26,17; 2Sam. 4,8; 2Sam. 5,7; 2Sam. 5,9; 2Sam. 11,3; 2Sam. 14,27; 2Sam. 17,7; 1Kings 1,45; 1Kings 3,6; 1Kings 3,17; 1Kings 3,18; 1Kings 3,26; 1Kings 8,1; 1Kings 8,24; 1Kings 8,53a; 1Kings 8,61; 1Kings 11,25; 1Kings 12,24e; 2Kings 3,18; 2Kings 6,19; 2Kings 6,19; 2Kings 6,28; 2Kings 6,33; 2Kings 7,1; 2Kings 7,9; 2Kings 7,18; 2Kings 8,5; 2Kings 18,19; 2Kings 18,30; 2Kings 19,3; 2Kings 25,4; 1Chr. 2,26; 1Chr. 4,18; 1Chr. 4,33; 1Chr. 11,4; 1Chr. 11,5; 1Chr. 24,19; 1Chr. 28,7; 2Chr. 5,2; 2Chr. 6,15; 2Chr. 20,2; 2Chr. 34,22; 1Esdr. 2,15; 1Esdr. 2,17; 1Esdr. 2,18; 1Esdr. 4,46; 1Esdr. 9,50; 1Esdr. 9,53; Ezra 4,11; Ezra 4,15; Ezra 7,11; Ezra 9,7; Ezra 9,15; Neh. 9,10; Judith 12,13; Tob. 6,16; 1Mac. 5,46; 1Mac. 12,36; 4Mac. 1,17; 4Mac. 18,19; Psa. 23,6; Psa. 48,14; Psa. 76,11; Psa. 101,19; Psa. 103,25; Psa. 108,27; Psa. 117,20; Psa. 117,23; Psa. 117,24; Psa. 118,50; Psa. 118,56; Psa. 149,9; Prov. 10,22; Prov. 31,14; Prov. 31,30; Song 3,6; Song 6,10; Song 8,5; Job 1,6; Job 1,13; Job 2,1; Job 20,29; Job 21,2; Job 27,13; Wis. 2,9; Wis. 7,29; Wis. 10,5; Wis. 10,6; Wis. 10,10; Wis. 10,13; Sir. 11,18; Sir. 13,2; Sir. 13,2; Sir. 19,23; Sir. 19,25; Sir. 23,24; Sir. 29,12; Sol. 3,12; Amos 5,18; Mic. 2,10; Mic. 5,4; Obad. 20; Jonah 1,7; Jonah 1,8; Nah. 2,8; Hab. 1,11; Zeph. 2,10; Zeph. 2,15; Zech. 9,4; Zech. 14,12; Zech. 14,15; Zech. 14,19; Mal. 2,1; Is. 7,7; Is. 9,14; Is. 14,26; Is. 14,26; Is. 17,14; Is. 22,14; Is. 23,7; Is. 23,13; Is. 25,7; Is. 28,8; Is. 30,7; Is. 30,13; Is. 32,8; Is. 36,15; Is. 59,21; Jer. 4,18; Jer. 11,5; Jer. 17,25; Jer. 22,21; Jer. 33,9; Jer. 38,33; Jer. 39,20; Jer. 39,28; Jer. 39,31; Jer. 41,2; Jer. 45,3; Jer. 45,17; Jer. 45,18; Jer. 45,23; Jer. 51,6; Bar. 1,15; Bar. 1,20; Bar. 2,6; Bar. 2,11; Bar. 2,26; Bar. 2,29; Bar. 4,1; Lam. 2,15; Lam. 2,16; Ezek. 1,5; Ezek. 1,28; Ezek. 11,3; Ezek. 12,22;

οὗτος

Ezek. 17,7; Ezek. 17,8; Ezek. 18,2; Ezek. 18,3; Ezek. 18,4; Ezek. 21,5; Ezek. 21,31; Ezek. 21,32; Ezek. 33,6; Ezek. 33,17; Ezek. 39,8; Ezek. 40,13; Ezek. 40,45; Ezek. 44,1; Ezek. 44,2; Ezek. 45,13; Ezek. 47,14; Ezek. 48,29; Dan. 2,44; Dan. 5,17; Sus. 13-14; Josh. 15,25; Josh. 15,49; Josh. 15,54; Josh. 15,59a; Josh. 15,60; Josh. 18,28; Josh. 18,28; Josh. 19,8; Josh. 19,16; Josh. 19,23; Josh. 19,31; Josh. 19,39; Judg. 4,14; Judg. 7,14; Judg. 11,34; Judg. 13,9; Judg. 14,3; Judg. 19,10; Judg. 19,30; Judg. 20,3; Judg. 20,12; Judg. 21,3; Dan. 4,30; Dan. 5,25; Dan. 9,7; Dan. 9,15; Sus. 36; Matt. 9,26; Matt. 13,54; Matt. 21,42; Matt. 22,20; Matt. 22,38; Matt. 24,34; Matt. 26,8; Matt. 26,12; Matt. 26,13; Mark 8,12; Mark 12,11; Mark 12,16; Mark 12,31; Mark 12,43; Mark 12,44; Mark 13,30; Mark 14,4; Mark 14,9; Luke 2,2; Luke 2,36; Luke 4,21; Luke 7,44; Luke 7,45; Luke 7,46; Luke 8,9; Luke 8,11; Luke 11,29; Luke 21,3; Luke 21,4; Luke 21,32; Luke 22,53; John 1,19; John 3,19; John 3,29; John 8,4; John 11,4; John 12,30; John 17,3; Acts 5,38; Acts 8,26; Acts 8,32; Acts 9,36; Acts 16,17; Acts 17,19; Acts 21,11; Rom. 7,10; Rom. 11,27; 1Cor. 7,12; 1Cor. 8,9; 1Cor. 9,3; 2Cor. 1,12; 2Cor. 2,6; 2Cor. 11,10; Eph. 3,8; Titus 1,13; Heb. 8,10; Heb. 10,16; James 1,27; James 3,15; 1John 1,5; 1John 2,25; 1John 3,11; 1John 3,23; 1John 5,3; 1John 5,4; 1John 5,9; 1John 5,11; 1John 5,11; 1John 5,14; 2John 6; 2John 6)

Οὗτοι ▸ 12 + 1 = 13

Pronoun ▪ (demonstrative) ▪ masculine ▪ plural ▪ nominative
▸ 12 + 1 = 13 (Gen. 36,20; Ex. 32,4; Ex. 32,8; Ex. 35,1; Deut. 1,1; Deut. 27,12; Deut. 28,69; Josh. 13,32; 1Sam. 4,7; Neh. 9,18; Zech. 4,14; Ezek. 46,24; 2Pet. 2,12)

οὗτοι ▸ 323 + 13 + 57 = 393

Pronoun ▪ (demonstrative) ▪ masculine ▪ plural ▪ nominative
▸ 323 + 13 + 57 = 393 (Gen. 10,20; Gen. 10,29; Gen. 10,31; Gen. 14,3; Gen. 14,24; Gen. 22,23; Gen. 25,4; Gen. 34,21; Gen. 35,26; Gen. 36,5; Gen. 36,12; Gen. 36,13; Gen. 36,13; Gen. 36,14; Gen. 36,15; Gen. 36,16; Gen. 36,16; Gen. 36,17; Gen. 36,17; Gen. 36,17; Gen. 36,18; Gen. 36,18; Gen. 36,19; Gen. 36,19; Gen. 36,21; Gen. 36,23; Gen. 36,24; Gen. 36,25; Gen. 36,26; Gen. 36,27; Gen. 36,28; Gen. 36,29; Gen. 36,30; Gen. 36,31; Gen. 36,43; Gen. 46,15; Gen. 46,18; Gen. 46,22; Gen. 46,25; Gen. 48,8; Gen. 49,28; Ex. 1,10; Ex. 6,14; Ex. 6,17; Ex. 6,19; Ex. 11,8; Ex. 14,3; Ex. 23,33; Lev. 22,11; Lev. 25,42; Num. 1,16; Num. 3,17; Num. 3,21; Num. 7,2; Num. 7,2; Num. 11,26; Num. 13,3; Num. 13,19; Num. 13,19; Num. 16,29; Num. 16,30; Num. 18,3; Num. 22,9; Num. 22,20; Num. 26,7; Num. 26,9; Num. 26,14; Num. 26,18; Num. 26,21; Num. 26,23; Num. 26,27; Num. 26,31; Num. 26,34; Num. 26,38; Num. 26,39; Num. 26,40; Num. 26,41; Num. 26,41; Num. 26,45; Num. 26,46; Num. 26,50; Num. 26,58; Num. 32,11; Num. 33,1; Num. 33,2; Num. 34,29; Deut. 1,39; Deut. 2,11; Deut. 3,20; Deut. 4,30; Deut. 9,29; Deut. 18,14; Deut. 27,13; Deut. 33,3; Josh. 1,15; Josh. 4,6; Josh. 4,6; Josh. 4,7; Josh. 4,21; Josh. 8,6; Josh. 8,22; Josh. 8,22; Josh. 8,22; Josh. 9,12; Josh. 9,13; Josh. 9,13; Josh. 10,16; Josh. 11,5; Josh. 12,1; Josh. 12,7; Josh. 12,24; Josh. 14,1; Josh. 17,2; Judg. 18,18; Judg. 20,15; Judg. 20,16; Judg. 20,17; Judg. 20,25; Judg. 20,35; 1Sam. 4,8; 1Sam. 26,19; 1Sam. 29,3; 1Sam. 30,16; 1Sam. 31,4; 2Sam. 2,13; 2Sam. 2,13; 2Sam. 3,5; 2Sam. 3,39; 2Sam. 21,22; 2Sam. 23,1; 2Sam. 24,17; 1Kings 2,35h; 1Kings 2,46h; 1Kings 4,2; 1Kings 8,59; 1Kings 10,8; 1Kings 21,18; 1Kings 21,29; 2Kings 7,8; 2Kings 10,6; 2Kings 20,14; 1Chr. 1,33; 1Chr. 1,43; 1Chr. 1,54; 1Chr. 2,18; 1Chr. 2,33; 1Chr. 2,50; 1Chr. 2,55; 1Chr. 3,1; 1Chr. 3,5; 1Chr. 4,3; 1Chr. 4,4; 1Chr. 4,6; 1Chr. 4,12; 1Chr. 4,18; 1Chr. 4,23; 1Chr. 4,38; 1Chr. 4,41; 1Chr. 5,14; 1Chr. 5,24; 1Chr. 6,16; 1Chr. 6,18; 1Chr. 6,35; 1Chr. 7,8; 1Chr. 7,11; 1Chr. 7,17; 1Chr. 7,33; 1Chr. 7,40; 1Chr. 8,6; 1Chr. 8,10; 1Chr. 8,13; 1Chr. 8,13; 1Chr. 8,28; 1Chr. 8,28; 1Chr. 8,32; 1Chr. 8,38; 1Chr. 8,40; 1Chr. 9,1; 1Chr. 9,8; 1Chr. 9,20; 1Chr. 9,22; 1Chr. 9,23; 1Chr. 9,27; 1Chr. 9,33; 1Chr. 9,34; 1Chr. 9,34; 1Chr. 9,38; 1Chr. 9,44; 1Chr. 10,4; 1Chr. 11,10; 1Chr. 12,1; 1Chr. 12,1; 1Chr. 12,15; 1Chr. 12,16; 1Chr. 12,39; 1Chr. 20,8; 1Chr. 23,9; 1Chr. 23,10; 1Chr. 23,24; 1Chr. 24,30; 1Chr. 25,5; 1Chr. 25,6; 1Chr. 26,11; 1Chr. 27,22; 1Chr. 27,31; 2Chr. 8,10; 2Chr. 9,7; 2Chr. 14,7; 2Chr. 17,19; 2Chr. 21,2; 2Chr. 26,13; 1Esdr. 1,50; 1Esdr. 5,7; 1Esdr. 5,36; 1Esdr. 8,28; 1Esdr. 9,36; Ezra 2,1; Ezra 2,59; Ezra 2,62; Ezra 2,65; Ezra 2,65; Ezra 8,1; Ezra 10,44; Neh. 3,34; Neh. 6,7; Neh. 6,8; Neh. 7,6; Neh. 7,61; Neh. 7,64; Neh. 7,67; Neh. 10,9; Neh. 11,3; Neh. 11,7; Neh. 12,1; Neh. 12,7; Esth. 10,11 # 10,3h; Judith 7,4; Judith 14,3; Tob. 4,12; 1Mac. 4,5; 1Mac. 4,7; 1Mac. 6,36; 1Mac. 7,46; 1Mac. 8,30; 1Mac. 8,30; 3Mac. 7,4; 4Mac. 1,9; 4Mac. 7,18; 4Mac. 17,20; Psa. 19,8; Psa. 19,8; Psa. 72,12; Psa. 86,4; Prov. 26,22; Job 29,23; Job 42,17d; Wis. 17,8; Wis. 19,14; Sir. 38,31; Sir. 44,7; Sir. 44,10; Jonah 4,2; Zech. 1,9; Zech. 2,4; Zech. 2,4; Zech. 4,10; Zech. 7,7; Zech. 8,16; Zech. 14,17; Is. 24,14; Is. 28,7; Is. 39,3; Is. 47,15; Is. 49,12; Is. 49,12; Is. 49,12; Is. 49,21; Is. 66,3; Jer. 2,11; Jer. 12,6; Jer. 16,20; Jer. 36,1; Jer. 37,4; Jer. 38,37; Jer. 43,32; Jer. 44,10; Bar. 1,1; LetterJ 10; Ezek. 3,6; Ezek. 8,6; Ezek. 8,9; Ezek. 8,13; Ezek. 8,16; Ezek. 10,16; Ezek. 11,2; Ezek. 14,3; Ezek. 14,14; Ezek. 14,16; Ezek. 14,18; Ezek. 27,8; Ezek. 27,9; Ezek. 27,10; Ezek. 27,11; Ezek. 27,13; Ezek. 27,17; Ezek. 27,21; Ezek. 27,22; Ezek. 27,23; Ezek. 32,29; Ezek. 36,7; Ezek. 36,20; Ezek. 44,11; Ezek. 44,11; Ezek. 44,15; Ezek. 44,16; Ezek. 44,16; Ezek. 44,24; Ezek. 44,29; Ezek. 48,29; Dan. 6,13; Sus. 7-8; Sus. 35a; Sus. 38; Judg. 20,16; Judg. 20,17; Judg. 20,25; Judg. 20,35; Judg. 20,44; Judg. 20,46; Dan. 3,23; Dan. 11,41; Dan. 12,2; Dan. 12,2; Sus. 6; Sus. 43; Sus. 49; Matt. 4,3; Matt. 20,12; Matt. 20,21; Matt. 21,16; Matt. 25,46; Mark 4,15; Mark 12,40; Luke 8,13; Luke 13,2; Luke 19,40; Luke 20,47; Luke 21,4; Luke 24,17; Luke 24,44; John 6,5; John 12,21; John 17,25; John 18,21; Acts 1,14; Acts 2,15; Acts 11,12; Acts 16,17; Acts 16,20; Acts 17,6; Acts 17,7; Acts 17,11; Acts 20,5; Acts 24,15; Acts 24,20; Acts 25,11; Acts 27,31; Rom. 2,14; Rom. 8,14; Rom. 9,6; Rom. 11,24; Rom. 11,31; 1Cor. 16,17; Gal. 3,7; Gal. 6,12; Col. 4,11; 1Tim. 3,10; 2Tim. 3,8; Heb. 11,13; Heb. 11,39; Jude 8; Jude 10; Rev. 7,13; Rev. 11,6; Rev. 11,10; Rev. 14,4; Rev. 14,4; Rev. 17,13; Rev. 17,14; Rev. 17,16; Rev. 19,9; Rev. 21,5; Rev. 22,6)

Οὗτοί ▸ 1 + 1 = 2

Pronoun ▪ (demonstrative) ▪ masculine ▪ plural ▪ nominative ▸ 1 + 1 = 2 (Zech. 1,10; Jude 19)

οὗτοί ▸ 20 + 15 = 35

Pronoun ▪ (demonstrative) ▪ masculine ▪ plural ▪ nominative
▸ 20 + 15 = 35 (Gen. 9,19; Gen. 25,16; Gen. 36,19; Ex. 6,27; Lev. 25,55; Num. 3,9; Num. 3,20; Num. 3,27; Num. 3,33; Num. 8,16; Num. 11,16; Num. 26,9; 1Chr. 1,31; 1Chr. 8,6; Job 8,10; Job 18,21; Is. 33,6; Is. 61,9; Ezek. 11,7; Sus. 52; Matt. 13,38; Matt. 26,62; Mark 4,16; Mark 4,18; Mark 14,60; Luke 8,14; Luke 8,15; Luke 8,21; Acts 2,7; 2Pet. 2,17; Jude 12; Jude 16; Rev. 7,14; Rev. 11,4; Rev. 14,4)

Οὗτος ▸ 28 + 2 + 1 = 31

Pronoun ▪ (demonstrative) ▪ masculine ▪ singular ▪ nominative
▸ 28 + 2 + 1 = 31 (Gen. 5,29; Gen. 36,43; Gen. 38,28; Gen. 43,29; Ex. 12,43; Ex. 16,15; Ex. 38,18; Lev. 6,2; Lev. 6,7; Lev. 6,18; Lev. 7,11; Lev. 11,46; Lev. 14,2; Lev. 14,54; Num. 7,84; Deut. 4,44; Judg. 7,4; 1Sam. 9,17; 1Kings 3,23; 2Kings 11,5; Psa. 151,1; Job 42,17b; Wis. 5,4; Zech. 4,6; Is. 14,16; Ezek. 33,13; Ezek. 46,20; Bel 6; Judg. 7,4; Judg. 7,4; Heb. 7,1)

οὗτος ▸ 347 + 8 + 125 = 480

Pronoun ▪ (demonstrative) ▪ masculine ▪ singular ▪ nominative

‣ 347 + 8 + 125 = **480** (Gen. 2,11; Gen. 2,13; Gen. 2,14; Gen. 2,14; Gen. 4,20; Gen. 4,21; Gen. 4,26; Gen. 10,8; Gen. 10,9; Gen. 15,2; Gen. 15,4; Gen. 15,4; Gen. 16,12; Gen. 17,18; Gen. 19,37; Gen. 19,38; Gen. 28,17; Gen. 28,22; Gen. 31,46; Gen. 31,48; Gen. 31,48; Gen. 38,11; Gen. 42,6; Gen. 48,14; Gen. 48,18; Gen. 48,19; Gen. 48,19; Ex. 6,26; Ex. 12,2; Ex. 15,16; Ex. 18,18; Ex. 18,23; Ex. 32,1; Ex. 32,21; Ex. 32,23; Ex. 32,24; Ex. 32,31; Ex. 38,19; Ex. 38,20; Ex. 38,20; Ex. 38,21; Ex. 38,22; Ex. 38,23; Ex. 38,24; Ex. 38,25; Ex. 38,26; Lev. 5,1; Lev. 5,4; Lev. 7,1; Lev. 7,37; Lev. 12,7; Lev. 13,59; Lev. 14,32; Lev. 14,57; Lev. 15,3; Lev. 15,32; Lev. 21,8; Lev. 21,13; Lev. 22,4; Lev. 22,11; Lev. 24,10; Num. 5,29; Num. 6,13; Num. 6,21; Num. 13,27; Num. 14,11; Num. 15,30; Num. 16,7; Num. 18,31; Num. 19,12; Num. 19,14; Num. 21,26; Num. 22,5; Num. 22,6; Num. 22,11; Num. 24,14; Num. 33,40; Num. 35,19; Num. 35,19; Deut. 1,36; Deut. 1,38; Deut. 3,28; Deut. 4,35; Deut. 4,39; Deut. 4,42; Deut. 7,9; Deut. 9,3; Deut. 9,3; Deut. 9,3; Deut. 10,17; Deut. 10,21; Deut. 10,21; Deut. 19,4; Deut. 19,5; Deut. 21,20; Deut. 22,20; Deut. 24,6; Deut. 28,44; Deut. 28,44; Deut. 29,5; Deut. 29,23; Deut. 31,16; Deut. 31,16; Deut. 32,47; Josh. 1,2; Josh. 13,12; Josh. 13,14; Josh. 13,14; Josh. 17,1; Josh. 22,20; Josh. 22,20; Josh. 23,5; Josh. 24,18; Josh. 24,19; Josh. 24,27; Josh. 24,27; Judg. 9,28; Judg. 21,11; Ruth 4,17; 1Sam. 9,13; 1Sam. 10,27; 1Sam. 16,12; 1Sam. 16,12; 1Sam. 17,36; 1Sam. 20,31; 1Sam. 21,12; 1Sam. 21,16; 1Sam. 24,7; 1Sam. 25,17; 1Sam. 28,14; 1Sam. 28,14; 1Sam. 29,3; 1Sam. 29,4; 1Sam. 29,5; 2Sam. 1,4; 2Sam. 4,4; 2Sam. 7,19; 2Sam. 9,4; 2Sam. 14,13; 2Sam. 16,9; 2Sam. 16,18; 2Sam. 17,25; 2Sam. 18,26; 2Sam. 18,27; 2Sam. 20,21; 2Sam. 23,8; 2Sam. 23,9; 2Sam. 23,24; 1Kings 2,22; 1Kings 2,35m; 1Kings 4,15; 1Kings 5,19; 1Kings 6,1d; 1Kings 7,2; 1Kings 8,19; 1Kings 8,27; 1Kings 8,41; 1Kings 9,8; 1Kings 12,24b; 1Kings 12,24b; 1Kings 12,24h; 1Kings 12,24t; 1Kings 12,27; 1Kings 12,30; 1Kings 18,24; 1Kings 18,36; 1Kings 18,37; 1Kings 20,2; 1Kings 20,18; 1Kings 21,7; 1Kings 21,39; 1Kings 21,40; 1Kings 21,41; 1Kings 22,20; 1Kings 22,20; 1Kings 22,32; 1Kings 22,33; 2Kings 3,17; 2Kings 4,9; 2Kings 5,7; 2Kings 6,13; 2Kings 6,32; 2Kings 8,5; 2Kings 9,11; 2Kings 18,22; 2Kings 19,21; 1Chr. 1,10; 1Chr. 2,21; 1Chr. 2,42; 1Chr. 4,11; 1Chr. 4,35; 1Chr. 5,1; 1Chr. 5,6; 1Chr. 5,8; 1Chr. 5,36; 1Chr. 7,31; 1Chr. 8,7; 1Chr. 8,12; 1Chr. 9,31; 1Chr. 11,11; 1Chr. 11,11; 1Chr. 11,12; 1Chr. 11,13; 1Chr. 11,20; 1Chr. 11,20; 1Chr. 11,20; 1Chr. 11,22; 1Chr. 11,22; 1Chr. 11,23; 1Chr. 11,25; 1Chr. 12,16; 1Chr. 20,6; 1Chr. 22,9; 1Chr. 22,10; 1Chr. 22,10; 2Chr. 5,3; 2Chr. 6,9; 2Chr. 6,18; 2Chr. 7,21; 2Chr. 17,14; 2Chr. 18,7; 2Chr. 18,19; 2Chr. 18,19; 2Chr. 20,35; 2Chr. 21,3; 2Chr. 22,3; 2Chr. 23,4; 2Chr. 31,17; 1Esdr. 2,3; 1Esdr. 8,3; 1Esdr. 8,5; 1Esdr. 9,5; 1Esdr. 9,23; Ezra 1,9; Ezra 10,9; Neh. 13,17; Esth. 1,1 # 1,1s; Esth. 1,8; Esth. 2,12; Esth. 4,11; Esth. 7,5; Esth. 7,6; Judith 5,3; Judith 6,2; Judith 7,10; Tob. 8,10; 1Mac. 4,52; 1Mac. 13,30; 1Mac. 16,14; 2Mac. 5,18; 2Mac. 5,25; 2Mac. 6,31; 2Mac. 7,8; 2Mac. 7,40; 2Mac. 10,11; 2Mac. 13,5; 2Mac. 15,24; 3Mac. 2,14; 4Mac. 11,1; 4Mac. 12,1; Psa. 23,5; Psa. 23,8; Psa. 23,10; Psa. 33,7; Psa. 103,26; Psa. 117,22; Ode. 1,16; Prov. 5,23; Prov. 9,12a; Prov. 11,28; Prov. 11,28; Prov. 13,13; Prov. 16,30; Prov. 23,28; Prov. 28,24; Song 2,8; Song 2,9; Song 5,16; Song 5,16; Job 17,3; Job 18,21; Job 21,23; Job 38,2; Wis. 2,9; Wis. 6,23; Wis. 15,13; Sir. 13,23; Sir. 23,21; Sir. 27,7; Sir. 37,20; Hos. 7,16; Hos. 13,10; Hos. 13,13; Hos. 13,15; Jonah 1,12; Hab. 2,5; Hag. 1,2; Hag. 1,4; Hag. 2,14; Zech. 1,8; Zech. 9,7; Is. 8,12; Is. 9,14; Is. 29,13; Is. 33,16; Is. 33,22; Is. 37,22; Is. 44,5; Is. 44,5; Is. 45,13; Is. 45,18; Is. 53,4; Is. 63,1; Is. 65,3; Is. 65,5; Jer. 8,5; Jer. 13,25; Jer. 18,6; Jer. 20,1; Jer. 22,5; Jer. 23,33; Jer. 25,20; Jer. 26,7; Jer. 27,3; Jer. 27,17; Jer. 27,44; Jer. 30,13; Jer. 33,1; Jer. 33,9; Jer. 37,21; Jer. 39,1; Jer. 42,16; Jer. 45,4; Jer. 45,21; Bar. 3,36; Ezek. 12,27; Ezek. 12,27; Ezek. 13,10; Ezek. 18,13; Ezek. 18,27; Ezek. 26,8; Ezek. 33,5; Ezek. 33,9; Ezek. 38,8; Ezek. 44,3; Bel 7; Bel 7; Judg. 9,38; Judg. 13,21; Judg. 17,7; Tob. 7,2; Dan. 2,43; Sus. 47; Bel 7; Bel 24; Matt. 3,3; Matt. 5,19; Matt. 7,12; Matt. 8,27; Matt. 9,3; Matt. 10,22; Matt. 12,24; Matt. 15,8; Matt. 21,10; Matt. 21,42; Matt. 24,13; Matt. 26,61; Matt. 26,71; Matt. 27,47; Matt. 27,54; Matt. 27,58; Matt. 28,15; Mark 2,7; Mark 3,35; Mark 6,16; Mark 7,6; Mark 12,10; Mark 13,13; Mark 14,69; Mark 15,39; Luke 1,29; Luke 1,32; Luke 1,36; Luke 2,25; Luke 2,34; Luke 4,22; Luke 4,36; Luke 5,21; Luke 7,17; Luke 7,39; Luke 8,41; Luke 9,9; Luke 9,24; Luke 14,30; Luke 15,2; Luke 15,24; Luke 15,30; Luke 15,32; Luke 16,1; Luke 17,18; Luke 18,11; Luke 18,14; Luke 20,17; Luke 20,28; Luke 22,56; Luke 22,59; Luke 23,22; Luke 23,38; Luke 23,41; Luke 23,47; Luke 23,51; Luke 23,52; John 1,2; John 1,7; John 1,15; John 1,41; John 2,20; John 3,2; John 3,26; John 4,47; John 6,46; John 6,52; John 6,60; John 6,71; John 7,15; John 7,18; John 7,31; John 7,35; John 7,36; John 7,49; John 9,2; John 9,3; John 9,16; John 9,24; John 9,33; John 11,37; John 11,37; John 11,47; John 12,34; John 15,5; John 18,30; John 21,21; John 21,23; Acts 1,11; Acts 1,18; Acts 4,9; Acts 4,10; Acts 6,13; Acts 6,14; Acts 7,19; Acts 7,36; Acts 7,40; Acts 9,15; Acts 10,6; Acts 10,32; Acts 13,7; Acts 14,9; Acts 17,18; Acts 17,24; Acts 18,13; Acts 18,25; Acts 19,26; Acts 22,26; Acts 26,31; Acts 26,32; Acts 28,4; Rom. 4,9; Rom. 8,9; Rom. 9,9; 1Cor. 7,13; 1Cor. 8,3; Heb. 3,3; Heb. 7,4; Heb. 10,12; James 1,23; James 1,25; James 3,2; 1Pet. 2,7; 2John 9; Rev. 20,14)

Οὑτός ‣ 2 + 1 = 3

Pronoun · (demonstrative) · masculine · singular · nominative
‣ 2 + 1 = **3** (Gen. 24,65; 1Chr. 22,1; John 21,24)

οὗτός ‣ 24 + 2 + 60 = 86

Pronoun · (demonstrative) · masculine · singular · nominative
‣ 24 + 2 + 60 = **86** (Gen. 35,17; Gen. 36,24; Ex. 15,2; Deut. 21,17; Deut. 32,6; Judg. 9,38; 1Sam. 24,11; 1Kings 13,26; 1Kings 22,18; 2Kings 1,8; 2Kings 5,7; 2Chr. 32,12; 1Esdr. 4,13; Esth. 10,9 # 10,3f; Judith 5,6; 2Mac. 15,14; Psa. 47,15; Psa. 100,6; Ode. 1,2; Ode. 2,6; Zech. 1,7; Zech. 13,9; Is. 57,6; Ezek. 18,9; Judg. 6,22; Bel 25; Matt. 3,17; Matt. 11,10; Matt. 12,23; Matt. 13,19; Matt. 13,20; Matt. 13,22; Matt. 13,23; Matt. 13,55; Matt. 14,2; Matt. 17,5; Matt. 18,4; Matt. 21,11; Matt. 21,38; Matt. 26,23; Matt. 27,37; Mark 4,41; Mark 6,3; Mark 9,7; Mark 12,7; Luke 7,27; Luke 7,49; Luke 8,25; Luke 9,35; Luke 9,48; Luke 20,14; Luke 23,35; John 1,30; John 1,33; John 1,34; John 4,29; John 4,42; John 6,14; John 6,42; John 6,50; John 6,58; John 7,25; John 7,26; John 7,40; John 7,41; John 9,8; John 9,9; John 9,19; John 9,20; Acts 4,11; Acts 7,37; Acts 7,38; Acts 8,10; Acts 9,20; Acts 9,21; Acts 9,22; Acts 10,36; Acts 10,42; Acts 17,3; Acts 18,26; Acts 21,28; 2Pet. 1,17; 1John 2,22; 1John 5,6; 1John 5,20; 2John 7)

ταῦθ' ‣ 1

Pronoun · (demonstrative) · neuter · plural · nominative ‣ 1
(2Mac. 6,17)

ταῦτ' ‣ 2

Pronoun · (demonstrative) · neuter · plural · accusative ‣ 2
(2Mac. 9,12; 2Mac. 14,33)

Ταῦτα ‣ 26 + 1 + 27 = 54

Pronoun · (demonstrative) · neuter · plural · accusative ‣ 9 + 26 = **35** (Num. 29,39; 2Mac. 8,29; 4Mac. 8,12; 4Mac. 9,10; Prov. 24,23; Wis. 2,21; Mal. 3,16; Jer. 45,12; Ezek. 47,13; Matt. 9,18; Luke 24,36; John 6,59; John 8,20; John 8,30; John 9,6; John 11,11; John 13,21; John 14,25; John 15,11; John 15,17; John 16,1; John 16,4; John 16,25; John 16,33; John 17,1; John 18,1; John 20,14; Acts 26,24; 1Cor. 4,6; 1Tim. 4,6; 1Tim. 6,2; 2Tim. 2,14; Titus 2,15; 1John 2,26; 1John 5,13)

οὗτος

Pronoun · (demonstrative) · neuter · plural · nominative ▸ 17 + 1 + 1 = **19** (Gen. 25,7; Gen. 36,40; Gen. 46,8; Ex. 1,1; Lev. 11,2; Lev. 26,46; Num. 28,3; Num. 34,17; 1Sam. 30,20; 2Sam. 23,8; 1Chr. 2,1; Sir. 24,23; Zech. 2,2; Zech. 2,4; Mal. 1,13; Ezek. 43,18; Dan. 7,17; Dan. 7,17; 1Cor. 10,6)

ταῦτα ▸ 623 + 23 + 207 = 853

Pronoun · (demonstrative) · neuter · plural · accusative ▸ 452 + 17 + 166 = **635** (1Esdr. 6,4; Gen. 15,1; Gen. 15,10; Gen. 15,14; Gen. 20,8; Gen. 22,1; Gen. 22,20; Gen. 23,19; Gen. 24,28; Gen. 24,55; Gen. 29,12; Gen. 33,7; Gen. 39,7; Gen. 39,17; Gen. 40,1; Gen. 41,30; Gen. 41,31; Gen. 41,39; Gen. 43,15; Gen. 44,6; Gen. 44,7; Gen. 45,15; Gen. 45,19; Gen. 48,1; Gen. 48,6; Gen. 48,16; Gen. 49,28; Ex. 3,20; Ex. 4,30; Ex. 5,1; Ex. 5,9; Ex. 10,14; Ex. 11,1; Ex. 11,8; Ex. 11,10; Ex. 13,14; Ex. 19,6; Ex. 21,11; Ex. 23,22; Ex. 34,27; Ex. 34,28; Ex. 34,32; Lev. 11,3; Lev. 11,9; Lev. 11,13; Lev. 11,21; Lev. 11,22; Lev. 14,8; Lev. 14,11; Lev. 14,36; Lev. 15,28; Lev. 16,26; Lev. 16,28; Lev. 18,27; Lev. 20,23; Lev. 22,22; Lev. 25,51; Lev. 25,54; Lev. 26,14; Lev. 26,21; Num. 1,5; Num. 4,15; Num. 4,15; Num. 5,26; Num. 6,20; Num. 8,15; Num. 8,22; Num. 9,17; Num. 12,14; Num. 12,16; Num. 14,39; Num. 16,28; Num. 19,7; Num. 24,13; Num. 24,23; Num. 28,24; Num. 28,24; Num. 31,24; Num. 32,22; Num. 35,24; Deut. 4,6; Deut. 5,22; Deut. 6,24; Deut. 7,11; Deut. 7,12; Deut. 7,22; Deut. 9,4; Deut. 10,21; Deut. 11,18; Deut. 11,23; Deut. 14,6; Deut. 14,7; Deut. 14,9; Deut. 14,12; Deut. 17,19; Deut. 18,12; Deut. 21,13; Deut. 22,5; Deut. 25,16; Deut. 26,16; Deut. 31,3; Deut. 32,6; Deut. 32,27; Deut. 32,29; Josh. 2,16; Josh. 6,13; Josh. 8,34 # 9,2e; Josh. 23,4; Josh. 23,7; Josh. 23,13; Josh. 24,5; Josh. 24,26; Josh. 24,33; Judg. 1,9; Judg. 2,2; Judg. 2,23; Judg. 3,1; Judg. 7,11; Judg. 8,8; Judg. 13,23; Judg. 13,23; Judg. 15,6; Judg. 15,11; Judg. 16,4; Ruth 3,17; 1Sam. 9,13; 1Sam. 10,5; 1Sam. 11,6; 1Sam. 17,11; 1Sam. 18,23; 1Sam. 18,24; 1Sam. 18,26; 1Sam. 19,7; 1Sam. 24,6; 1Sam. 24,17; 1Sam. 25,9; 1Sam. 25,12; 1Sam. 25,37; 2Sam. 2,1; 2Sam. 2,6; 2Sam. 3,28; 2Sam. 7,28; 2Sam. 8,1; 2Sam. 8,11; 2Sam. 10,1; 2Sam. 12,8; 2Sam. 13,1; 2Sam. 15,1; 2Sam. 21,14; 2Sam. 21,18; 2Sam. 23,17; 2Sam. 23,22; 1Kings 2,35k; 1Kings 7,32; 1Kings 12,24r; 1Kings 17,1; 1Kings 17,17; 1Kings 18,36; 1Kings 20,16; 1Kings 21,15; 1Kings 22,14; 2Kings 2,21; 2Kings 4,4; 2Kings 6,24; 2Kings 17,15; 2Kings 21,11; 1Chr. 2,21; 1Chr. 11,19; 1Chr. 11,24; 1Chr. 17,17; 1Chr. 17,26; 1Chr. 18,1; 1Chr. 18,11; 1Chr. 19,1; 1Chr. 20,4; 1Chr. 21,17; 1Chr. 22,14; 1Chr. 29,14; 1Chr. 29,17; 1Chr. 29,18; 2Chr. 4,18; 2Chr. 11,20; 2Chr. 20,1; 2Chr. 20,17; 2Chr. 20,35; 2Chr. 21,18; 2Chr. 24,4; 2Chr. 27,5; 2Chr. 32,9; 2Chr. 32,15; 2Chr. 32,23; 2Chr. 33,14; 2Chr. 34,22; 1Esdr. 1,14; 1Esdr. 2,24; 1Esdr. 4,19; 1Esdr. 4,35; 1Esdr. 5,1; 1Esdr. 5,51; 1Esdr. 6,10; 1Esdr. 6,18; 1Esdr. 6,32; 1Esdr. 6,33; 1Esdr. 8,25; 1Esdr. 8,53; 1Esdr. 8,68; 1Esdr. 8,79; 1Esdr. 8,92; 1Esdr. 9,14; 1Esdr. 9,15; Ezra 4,15; Ezra 5,4; Ezra 7,1; Neh. 6,4; Neh. 6,14; Neh. 13,18; Neh. 13,22; Esth. 1,4; Esth. 1,13; Esth. 3,1; Esth. 16,8 # 8,12h; Esth. 16,17 # 8,12r; Esth. 16,22 # 8,12u; Esth. 16,24 # 8,12x; Esth. 9,26; Judith 2,12; Judith 3,5; Judith 7,28; Judith 8,14; Judith 8,25; Judith 10,1; Judith 11,2; Judith 11,14; Judith 11,16; Judith 13,3; Judith 14,5; Judith 14,19; Judith 15,10; Tob. 3,10; Tob. 6,8; Tob. 6,19; Tob. 10,14; Tob. 14,5; Tob. 14,11; 1Mac. 1,5; 1Mac. 4,18; 1Mac. 4,19; 1Mac. 4,21; 1Mac. 5,14; 1Mac. 5,37; 1Mac. 6,59; 1Mac. 8,28; 1Mac. 11,42; 1Mac. 11,54; 1Mac. 12,18; 1Mac. 12,22; 1Mac. 12,23; 1Mac. 13,20; 1Mac. 14,24; 1Mac. 14,35; 1Mac. 14,38; 1Mac. 14,45; 1Mac. 16,18; 2Mac. 2,8; 2Mac. 3,6; 2Mac. 3,13; 2Mac. 3,15; 2Mac. 3,34; 2Mac. 4,17; 2Mac. 6,30; 2Mac. 7,11; 2Mac. 7,11; 2Mac. 7,11; 2Mac. 7,18; 2Mac. 10,4; 2Mac. 10,38; 2Mac. 13,10; 2Mac. 14,5; 2Mac. 14,34; 2Mac. 14,46; 3Mac. 1,27; 3Mac. 3,8; 3Mac. 6,29; 4Mac. 2,16; 4Mac. 4,3; 4Mac. 5,6; 4Mac. 5,32; 4Mac. 6,22; 4Mac. 6,30; 4Mac. 8,3; 4Mac. 9,19; 4Mac. 9,25; 4Mac. 10,10; 4Mac. 10,17; 4Mac. 11,10; 4Mac. 11,17; 4Mac. 12,6; 4Mac. 12,19; 4Mac. 16,5; 4Mac. 16,25; 4Mac. 17,8; 4Mac. 18,6; Psa. 14,5; Psa. 15,4; Psa. 41,5; Psa. 43,22; Psa. 48,2; Psa. 48,14; Psa. 49,21; Psa. 49,22; Psa. 61,12; Psa. 91,7; Psa. 106,43; Psa. 131,12; Ode. 2,6; Ode. 2,27; Ode. 2,29; Ode. 7,28; Eccl. 7,23; Job 5,27; Job 8,2; Job 10,8; Job 10,13; Job 12,9; Job 13,1; Job 19,26; Job 20,2; Job 20,4; Job 27,17; Job 33,5; Job 33,29; Job 34,16; Job 34,34; Job 37,14; Job 40,4; Job 42,7; Wis. 8,17; Wis. 13,3; Wis. 18,25; Sir. 3,22; Sir. 3,31; Sir. 13,7; Sir. 16,23; Sir. 16,29; Sir. 17,23; Sir. 40,8; Sol. 15,4; Hos. 3,5; Hos. 5,1; Hos. 14,10; Amos 4,5; Amos 8,4; Amos 9,12; Mic. 3,1; Mic. 3,9; Mic. 4,4; Joel 1,2; Joel 3,1; Joel 4,9; Zech. 8,12; Zech. 8,17; Mal. 2,12; Mal. 2,13; Is. 1,12; Is. 1,20; Is. 1,26; Is. 5,9; Is. 6,12; Is. 9,6; Is. 12,5; Is. 23,8; Is. 24,3; Is. 25,7; Is. 29,11; Is. 30,8; Is. 30,8; Is. 37,26; Is. 37,32; Is. 40,26; Is. 41,4; Is. 41,20; Is. 42,16; Is. 42,23; Is. 43,9; Is. 44,6; Is. 44,21; Is. 45,7; Is. 45,21; Is. 46,8; Is. 47,7; Is. 47,8; Is. 48,1; Is. 48,14; Is. 48,16; Is. 49,15; Is. 56,2; Is. 57,10; Is. 58,14; Is. 66,2; Jer. 2,17; Jer. 3,5; Jer. 3,7; Jer. 5,19; Jer. 5,20; Jer. 5,21; Jer. 5,25; Jer. 5,31; Jer. 7,10; Jer. 7,13; Jer. 7,29; Jer. 14,22; Jer. 16,10; Jer. 16,10; Jer. 16,16; Jer. 21,7; Jer. 24,5; Jer. 31,44; Jer. 36,11; Jer. 39,23; Jer. 39,42; Jer. 47,2; Jer. 52,22; LetterJ 50; Ezek. 4,6; Ezek. 16,30; Ezek. 16,59; Ezek. 17,18; Ezek. 20,39; Ezek. 23,38; Ezek. 37,3; Ezek. 37,4; Ezek. 40,24; Ezek. 40,28; Ezek. 40,29; Ezek. 40,32; Ezek. 40,33; Ezek. 40,35; Dan. 2,7; Dan. 2,11; Dan. 2,23; Dan. 3,28; Dan. 7,6; Dan. 7,7; Dan. 8,4; Dan. 10,15; Dan. 11,4; Dan. 11,32; Sus. 41; Bel 9; Bel 11; Bel 27; Bel 40; Judg. 1,9; Judg. 2,2; Judg. 2,23; Judg. 13,23; Judg. 13,23; Judg. 15,6; Tob. 12,20; Tob. 12,22; Tob. 14,5; Dan. 1,5; Dan. 2,29; Dan. 2,45; Dan. 3,28; Dan. 5,22; Dan. 12,7; Sus. 41; Bel 19; Matt. 1,20; Matt. 6,32; Matt. 11,25; Matt. 13,34; Matt. 13,51; Matt. 19,20; Matt. 21,23; Matt. 21,24; Matt. 21,27; Matt. 23,23; Matt. 24,2; Matt. 24,33; Mark 2,8; Mark 8,7; Mark 10,20; Mark 11,28; Mark 11,28; Mark 11,29; Mark 11,33; Mark 13,29; Mark 16,8; Mark 16,12; Luke 1,19; Luke 2,19; Luke 4,28; Luke 5,27; Luke 7,9; Luke 8,8; Luke 9,34; Luke 10,1; Luke 10,21; Luke 11,27; Luke 11,42; Luke 11,45; Luke 12,4; Luke 12,30; Luke 13,2; Luke 13,17; Luke 14,6; Luke 14,15; Luke 14,21; Luke 16,14; Luke 17,8; Luke 18,4; Luke 18,11; Luke 18,21; Luke 18,23; Luke 19,11; Luke 19,28; Luke 20,2; Luke 20,8; Luke 21,6; Luke 21,9; Luke 21,31; Luke 21,36; Luke 23,31; Luke 23,49; Luke 24,9; Luke 24,10; Luke 24,26; John 2,16; John 2,18; John 3,2; John 3,10; John 3,22; John 5,1; John 5,14; John 5,16; John 5,19; John 5,34; John 6,1; John 7,1; John 7,4; John 7,9; John 7,32; John 8,26; John 8,28; John 9,22; John 9,40; John 11,43; John 12,16; John 12,16; John 12,36; John 12,41; John 13,7; John 13,17; John 15,21; John 16,3; John 16,4; John 16,6; John 17,13; John 18,22; John 19,24; John 19,38; John 20,18; John 21,1; John 21,24; Acts 1,9; Acts 5,11; Acts 7,7; Acts 7,50; Acts 7,54; Acts 10,44; Acts 11,18; Acts 12,17; Acts 13,20; Acts 13,42; Acts 14,15; Acts 14,18; Acts 15,16; Acts 15,17; Acts 16,38; Acts 17,8; Acts 17,20; Acts 18,1; Acts 19,40; Acts 20,36; Acts 21,12; Acts 23,22; Acts 24,9; Acts 27,35; Rom. 8,31; 1Cor. 4,14; 1Cor. 6,13; 1Cor. 9,8; 1Cor. 9,8; 1Cor. 9,15; 1Cor. 12,11; 2Cor. 2,16; 2Cor. 13,10; Gal. 2,18; Gal. 5,17; Eph. 5,6; Phil. 3,7; Phil. 4,8; Phil. 4,9; 2Th. 2,5; 1Tim. 4,11; 1Tim. 4,15; 1Tim. 5,7; 1Tim. 5,21; 1Tim. 6,11; 2Tim. 1,12; 2Tim. 2,2; Heb. 4,8; Heb. 11,12; 1Pet. 1,11; 2Pet. 1,10; 2Pet. 3,14; 1John 1,4; 1John 2,1; Rev. 1,19; Rev. 4,1; Rev. 4,1; Rev. 7,9; Rev. 9,12; Rev. 15,5; Rev. 16,5; Rev. 18,1; Rev. 19,1; Rev. 20,3; Rev. 21,7; Rev. 22,8; Rev. 22,8; Rev. 22,16; Rev. 22,20)

Pronoun · (demonstrative) · neuter · plural · nominative ▸ 171 + 6 + 41 = **218** (Gen. 20,16; Gen. 25,13; Gen. 25,16; Gen. 25,17;

Gen. 25,32; Gen. 32,18; Gen. 36,10; Gen. 42,36; Ex. 6,16; Ex. 10,1; Ex. 21,1; Ex. 25,39; Lev. 10,19; Lev. 11,8; Lev. 11,9; Lev. 11,28; Lev. 11,29; Lev. 11,31; Lev. 11,35; Lev. 22,25; Num. 3,2; Num. 3,3; Num. 3,18; Num. 4,4; Num. 4,31; Num. 13,4; Num. 13,16; Num. 26,37; Num. 27,1; Num. 30,17; Num. 34,19; Num. 35,29; Deut. 4,45; Deut. 6,4; Deut. 6,6; Deut. 11,30; Deut. 12,1; Deut. 12,30; Deut. 14,4; Deut. 14,7; Deut. 18,14; Deut. 22,17; Deut. 30,1; Deut. 31,17; Deut. 32,34; Josh. 7,22; Josh. 15,12; Josh. 17,3; Josh. 18,19; Judg. 6,13; 1Sam. 8,2; 1Sam. 10,7; 2Sam. 2,22; 2Sam. 5,14; 2Sam. 23,24; 1Kings 4,8; 1Kings 5,2; 1Kings 7,46; 1Kings 11,11; 1Kings 11,41; 1Kings 14,29; 1Kings 15,7; 1Kings 15,23; 1Kings 15,31; 1Kings 16,5; 1Kings 16,14; 1Kings 16,20; 1Kings 16,27; 1Kings 16,28c; 1Kings 22,39; 1Kings 22,46; 2Kings 1,18; 2Kings 8,23; 2Kings 10,34; 2Kings 12,20; 2Kings 13,8; 2Kings 13,12; 2Kings 14,15; 2Kings 14,18; 2Kings 14,28; 2Kings 15,6; 2Kings 15,21; 2Kings 15,36; 2Kings 16,19; 2Kings 17,41; 2Kings 20,20; 2Kings 21,17; 2Kings 21,25; 2Kings 23,28; 2Kings 24,5; 1Chr. 6,2; 1Chr. 8,38; 1Chr. 9,44; 1Chr. 12,24; 1Chr. 14,4; 2Chr. 3,3; 2Chr. 29,32; 2Chr. 31,1; 2Chr. 35,7; 2Chr. 36,8; 1Esdr. 1,7; 1Esdr. 1,10; 1Esdr. 1,31; 1Esdr. 5,4; 1Esdr. 7,4; 1Esdr. 8,39; Ezra 8,13; Ezra 9,1; Esth. 10,4 # 10,3a; Judith 11,19; 1Mac. 6,13; 1Mac. 10,42; 1Mac. 16,24; 2Mac. 3,9; 2Mac. 4,20; 4Mac. 11,6; 4Mac. 18,17; Psa. 43,18; Ode. 2,34; Ode. 10,9; Prov. 23,3; Prov. 30,24; Job 26,14; Job 37,12; Sir. 1,23 Prol.; Sir. 23,12; Sir. 29,28; Sir. 35,4; Sir. 39,27; Sir. 39,29; Sir. 40,10; Sir. 42,23; Amos 2,11; Mic. 1,5; Mic. 2,7; Hab. 2,6; Zech. 1,9; Zech. 2,2; Zech. 4,4; Zech. 4,5; Zech. 4,13; Zech. 6,4; Mal. 1,9; Is. 24,13; Is. 28,29; Is. 29,11; Is. 47,9; Is. 50,11; Is. 51,6; Is. 51,19; Is. 66,2; Jer. 5,12; Jer. 13,22; Jer. 51,23; Bar. 2,7; LetterJ 62; Ezek. 10,22; Ezek. 17,12; Ezek. 24,19; Ezek. 24,24; Ezek. 37,3; Ezek. 37,11; Ezek. 43,13; Ezek. 47,12; Ezek. 47,15; Ezek. 47,17; Ezek. 47,18; Ezek. 48,1; Ezek. 48,16; Dan. 12,7; Bel 19; Judg. 3,1; Judg. 6,13; Tob. 2,14; Dan. 1,17; Dan. 4,28; Dan. 9,13; Matt. 6,33; Matt. 10,2; Matt. 13,56; Matt. 23,36; Matt. 24,3; Matt. 24,8; Matt. 24,34; Mark 6,2; Mark 7,23; Mark 13,4; Mark 13,4; Mark 13,8; Mark 13,30; Mark 16,17; Luke 1,20; Luke 1,65; Luke 12,31; Luke 15,26; Luke 21,7; Luke 21,7; Luke 24,11; Luke 24,21; John 1,28; John 3,9; John 6,9; John 10,21; John 10,25; John 12,16; John 19,36; John 20,31; Acts 7,1; Acts 17,11; Acts 19,21; Rom. 9,8; 1Cor. 10,11; 1Cor. 13,13; Gal. 5,17; Heb. 7,13; James 3,10; 2Pet. 1,8; 2Pet. 1,9)

Ταῦτά ▸ 1 + 1 = 2
   Pronoun · (demonstrative) · neuter · plural · accusative ▸ 1
   (1Tim. 3,14)
   Pronoun · (demonstrative) · neuter · plural · nominative ▸ 1
   (Zech. 6,5)

ταὐτὰ ▸ 2
   Pronoun · (demonstrative) · neuter · plural · accusative ▸ 2
   (1Mac. 15,22; 4Mac. 11,15)

ταῦτά ▸ 24 + 4 = 28
   Pronoun · (demonstrative) · neuter · plural · accusative ▸ 5 + 1 = 6 (Gen. 31,38; Gen. 31,41; Jer. 4,18; Jer. 37,16; Ezek. 23,30; Matt. 4,9)
   Pronoun · (demonstrative) · neuter · plural · nominative ▸ 19 + 3 = 22 (Gen. 33,5; Gen. 33,8; Gen. 38,25; Ex. 29,1; Ex. 29,38; Lev. 11,35; Deut. 14,19; 2Sam. 16,2; Esth. 5,13; Psa. 143,15; Job 5,27; Job 19,26; Sir. 27,30; Hos. 2,14; Hab. 2,13; Is. 22,14; Ezek. 16,44; Ezek. 37,18; Ezek. 47,20; Matt. 15,20; 1Cor. 6,11; Titus 3,8)

ταύταις ▸ 13 + 11 = 24
   Pronoun · (demonstrative) · feminine · plural · dative ▸ 13 + 11 = 24 (Gen. 31,43; Num. 35,6; Josh. 21,42; 1Chr. 7,29; Esth. 9,22; Judith 14,8; 1Mac. 13,29; Zech. 8,9; Zech. 8,15; Jer. 17,20; Jer.

19,3; Jer. 22,2; Ezek. 42,8; Matt. 22,40; Luke 1,39; Luke 6,12; Luke 23,7; Luke 24,18; John 5,3; Acts 1,15; Acts 6,1; Acts 11,27; 1Th. 3,3; Rev. 9,20)

Ταύτας ▸ 1
   Pronoun · (demonstrative) · feminine · plural · accusative ▸ 1
   (2Cor. 7,1)

ταύτας ▸ 33 + 1 + 8 = 42
   Pronoun · (demonstrative) · feminine · plural · accusative ▸ 33 + 1 + 8 = 42 (Gen. 19,25; Gen. 21,30; Gen. 41,3; Lev. 21,14; Num. 5,23; Num. 15,22; Num. 21,25; Num. 35,7; Deut. 6,25; Deut. 11,22; Deut. 11,32; Deut. 15,5; Deut. 16,12; Deut. 17,19; Deut. 19,9; Deut. 19,9; Deut. 25,3; Deut. 27,1; Deut. 30,7; Josh. 17,12; Josh. 22,3; 1Kings 2,35k; 1Chr. 6,50; 2Chr. 14,6; Esth. 9,21; Judith 16,21; 3Mac. 7,19; Eccl. 7,10; Is. 10,10; Ezek. 18,13; Ezek. 18,14; Dan. 1,18; Dan. 2,44; Tob. 4,19; Matt. 13,53; Mark 13,2; Luke 1,24; Acts 1,5; Acts 3,24; Acts 21,15; Heb. 9,23; Rev. 16,9)

ταύτῃ ▸ 107 + 7 + 32 = 146
   Pronoun · (demonstrative) · feminine · singular · dative ▸ 107 + 7 + 32 = 146 (Gen. 7,1; Gen. 7,11; Gen. 7,13; Gen. 19,33; Gen. 26,3; Gen. 28,20; Gen. 39,9; Ex. 12,8; Ex. 12,12; Ex. 12,17; Ex. 14,12; Ex. 19,1; Lev. 8,34; Lev. 16,30; Lev. 23,28; Lev. 23,29; Lev. 23,30; Num. 13,17; Num. 14,2; Num. 14,22; Num. 14,29; Num. 14,32; Num. 14,35; Num. 14,35; Deut. 1,31; Deut. 2,25; Deut. 2,30; Deut. 4,20; Deut. 4,22; Deut. 5,1; Deut. 5,24; Deut. 17,16; Deut. 26,16; Deut. 27,9; Deut. 29,23; Deut. 32,48; Josh. 3,7; Josh. 5,11; Josh. 17,12; Josh. 22,22; Judg. 1,27; Judg. 9,19; Judg. 10,15; Judg. 12,3; Ruth 3,2; 1Sam. 9,6; 1Sam. 11,2; 1Sam. 11,13; 1Sam. 12,5; 1Sam. 17,10; 1Sam. 17,46; 1Sam. 24,11; 1Sam. 25,32; 1Sam. 25,33; 1Sam. 26,24; 1Sam. 28,18; 2Sam. 3,9; 2Sam. 3,38; 2Sam. 16,12; 2Sam. 18,20; 2Sam. 18,20; 1Kings 1,30; 1Kings 2,26; 1Kings 3,25; 1Kings 3,25; 1Kings 9,8; 1Kings 12,7; 2Kings 9,26; 2Chr. 7,21; 2Chr. 24,18; Ezra 9,2; Neh. 13,14; Judith 6,19; Judith 8,11; Judith 11,3; Judith 11,5; Judith 12,13; Judith 13,4; Judith 13,7; Judith 13,14; Tob. 8,7; 1Mac. 2,17; 4Mac. 2,2; 4Mac. 5,27; 4Mac. 17,20; Psa. 9,16; Psa. 26,3; Psa. 31,8; Psa. 141,4; Sol. 4,12; Is. 20,6; Is. 23,6; Jer. 16,3; Jer. 21,6; Jer. 21,7; Jer. 21,9; Jer. 22,8; Jer. 24,8; Jer. 39,15; Jer. 39,41; Jer. 45,2; Jer. 49,10; Jer. 49,13; Jer. 51,22; Ezek. 11,2; Ezek. 11,6; Dan. 3,16; Judg. 1,27; Judg. 6,14; Judg. 9,19; Judg. 10,15; Judg. 12,3; Tob. 3,7; Tob. 11,18; Matt. 10,23; Matt. 12,45; Matt. 16,18; Matt. 26,31; Matt. 26,34; Mark 8,12; Mark 8,38; Mark 14,30; Luke 11,30; Luke 12,20; Luke 13,7; Luke 13,32; Luke 16,24; Luke 17,6; Luke 17,34; Luke 19,42; Acts 4,27; Acts 16,12; Acts 18,10; Acts 22,3; Acts 27,23; 1Cor. 7,20; 1Cor. 9,12; 1Cor. 15,19; 2Cor. 1,15; 2Cor. 8,7; 2Cor. 8,19; 2Cor. 8,20; 2Cor. 9,4; 2Cor. 11,17; Heb. 3,10; Heb. 11,2)

Ταύτην ▸ 3 + 1 + 4 = 8
   Pronoun · (demonstrative) · feminine · singular · accusative ▸ 3 + 1 + 4 = 8 (Gen. 20,13; Judg. 14,3; Wis. 8,2; Judg. 14,3; John 2,11; John 10,6; 1Tim. 1,18; 2Pet. 3,1)

ταύτην ▸ 195 + 18 + 49 = 262
   Pronoun · (demonstrative) · feminine · singular · accusative ▸ 195 + 18 + 49 = 262 (Gen. 12,7; Gen. 15,7; Gen. 15,18; Gen. 19,34; Gen. 21,10; Gen. 24,5; Gen. 24,7; Gen. 24,8; Gen. 24,14; Gen. 26,3; Gen. 26,4; Gen. 28,15; Gen. 29,27; Gen. 30,15; Gen. 31,1; Gen. 31,52; Gen. 34,4; Gen. 34,12; Gen. 35,12; Gen. 43,7; Gen. 47,22; Gen. 48,4; Ex. 4,17; Ex. 9,18; Ex. 10,4; Ex. 12,17; Ex. 12,17; Ex. 12,25; Ex. 13,3; Ex. 13,5; Ex. 15,1; Ex. 16,3; Ex. 16,3; Ex. 16,29; Ex. 30,32; Ex. 30,37; Ex. 32,13; Lev. 23,14; Lev. 23,21; Num. 14,3; Num. 14,8; Num. 14,27; Num. 20,4; Num. 20,12; Num. 22,19; Num. 32,15; Deut. 1,35; Deut. 3,18; Deut. 3,25;

οὗτος

Deut. 4,22; Deut. 5,3; Deut. 6,23; Deut. 8,17; Deut. 9,4; Deut. 9,6; Deut. 10,15; Deut. 22,14; Deut. 22,16; Deut. 26,9; Deut. 29,13; Deut. 29,13; Deut. 31,22; Deut. 32,44; Josh. 1,13; Josh. 9,24; Josh. 11,6; Josh. 13,7; Judg. 2,2; Judg. 15,18; Judg. 19,11; Judg. 19,23; 1Sam. 1,5; 1Sam. 6,9; 1Sam. 12,20; 1Sam. 14,45; 1Sam. 14,45; 1Sam. 19,11; 1Sam. 21,10; 1Sam. 25,27; 2Sam. 7,17; 2Sam. 7,21; 2Sam. 7,27; 2Sam. 13,12; 2Sam. 13,17; 2Sam. 19,8; 2Sam. 19,37; 1Kings 8,54; 1Kings 9,9; 1Kings 19,2; 1Kings 21,6; 1Kings 21,28; 2Kings 4,12; 2Kings 4,13; 2Kings 4,36; 2Kings 9,34; 2Kings 18,21; 2Kings 18,25; 2Kings 19,32; 2Kings 19,33; 2Kings 20,6; 2Kings 23,27; 1Chr. 17,15; 2Chr. 7,22; 2Chr. 20,7; 2Chr. 30,9; 2Chr. 32,1; 1Esdr. 1,23; 1Esdr. 6,4; Ezra 5,3; Ezra 5,4; Ezra 5,9; Neh. 5,10; Neh. 13,18; Neh. 13,27; Esth. 3,14; Esth. 16,21 # 8,12t; Esth. 8,13; Judith 1,12; Judith 5,5; Judith 8,33; Judith 12,12; Judith 14,1; Judith 15,14; Judith 15,14; Tob. 3,7; Tob. 6,16; Tob. 8,7; 1Mac. 4,10; 1Mac. 4,31; 1Mac. 7,42; 1Mac. 7,49; 1Mac. 13,52; 1Mac. 14,48; 2Mac. 7,27; 2Mac. 8,27; 3Mac. 2,9; 3Mac. 2,19; 3Mac. 7,10; 4Mac. 5,19; 4Mac. 8,19; 4Mac. 9,28; Psa. 26,4; Psa. 79,15; Ode. 14,32; Wis. 8,9; Mic. 2,3; Zech. 14,15; Mal. 2,4; Is. 27,4; Is. 28,8; Is. 33,21; Is. 36,6; Is. 36,10; Is. 37,33; Is. 58,5; Is. 66,9; Jer. 6,12; Jer. 10,18; Jer. 13,10; Jer. 13,13; Jer. 19,8; Jer. 19,11; Jer. 19,12; Jer. 19,15; Jer. 21,10; Jer. 22,12; Jer. 24,6; Jer. 25,9; Jer. 33,12; Jer. 33,15; Jer. 39,3; Jer. 39,22; Jer. 39,24; Jer. 39,29; Jer. 39,29; Jer. 41,22; Jer. 43,29; Jer. 44,8; Jer. 44,10; Jer. 44,15; Jer. 44,19; Jer. 45,16; Jer. 46,16; Lam. 3,21; Ezek. 3,1; Ezek. 12,23; Ezek. 12,23; Ezek. 45,16; Ezek. 47,21; Dan. 9,7; Dan. 9,15; Dan. 10,7; Dan. 10,7; Dan. 10,8; Sus. 37; Judg. 2,2; Judg. 15,7; Judg. 15,18; Judg. 19,11; Judg. 19,23; Tob. 6,11; Tob. 6,13; Tob. 6,13; Tob. 6,16; Tob. 7,10; Tob. 7,12; Tob. 8,7; Dan. 5,7; Dan. 5,15; Dan. 5,24; Dan. 10,8; Sus. 54; Bel 8; Matt. 11,16; Matt. 15,15; Matt. 21,23; Matt. 23,36; Mark 4,13; Mark 10,5; Mark 11,28; Mark 12,10; Luke 4,6; Luke 4,23; Luke 7,44; Luke 12,41; Luke 13,6; Luke 13,16; Luke 15,3; Luke 18,5; Luke 18,9; Luke 20,2; Luke 20,9; Luke 20,19; Luke 23,48; Luke 24,21; John 7,8; John 10,18; John 12,27; Acts 3,16; Acts 7,4; Acts 7,60; Acts 8,19; Acts 13,33; Acts 22,4; Acts 22,28; Acts 23,13; Acts 27,21; Acts 28,20; Acts 28,20; Rom. 5,2; 1Cor. 6,13; 2Cor. 4,1; 2Cor. 8,6; 2Cor. 9,5; 2Cor. 12,13; 2Tim. 2,19; 1Pet. 5,12; 2Pet. 1,18; 1John 3,3; 1John 4,21; 2John 10; Rev. 2,24)

ταύτης ▸ 159 + 11 + 33 = 203

Pronoun ▪ (demonstrative) ▪ feminine ▪ singular ▪ genitive ▸ 159 + 11 + 33 = **203** (Gen. 21,10; Gen. 21,13; Gen. 27,46; Gen. 29,27; Gen. 29,28; Gen. 31,13; Gen. 32,33; Gen. 47,26; Gen. 48,15; Gen. 50,24; Ex. 9,18; Ex. 10,6; Num. 5,21; Num. 14,14; Num. 16,21; Num. 17,10; Num. 20,10; Num. 27,16; Deut. 2,21; Deut. 2,22; Deut. 3,14; Deut. 10,8; Deut. 29,3; Deut. 29,8; Deut. 29,18; Deut. 29,19; Deut. 31,19; Deut. 31,30; Deut. 34,6; Josh. 7,26; Josh. 8,28; Josh. 8,29; Josh. 14,14; Josh. 16,10; Josh. 22,17; Josh. 23,8; Josh. 23,9; Josh. 23,13; Josh. 23,15; Judg. 1,21; Judg. 1,26; Judg. 6,24; Judg. 10,4; Judg. 15,19; Judg. 18,12; Judg. 19,24; Judg. 19,30; Judg. 19,30; Ruth 4,12; 1Sam. 2,20; 1Sam. 4,14; 1Sam. 5,5; 1Sam. 8,8; 1Sam. 12,2; 1Sam. 21,10; 1Sam. 27,6; 1Sam. 29,3; 1Sam. 29,8; 2Sam. 4,3; 2Sam. 6,8; 2Sam. 7,6; 2Sam. 18,18; 2Sam. 22,1; 1Kings 3,19; 1Kings 3,23; 1Kings 9,13; 1Kings 10,12; 1Kings 10,22b # 9,20; 1Kings 12,19; 2Kings 1,2; 2Kings 2,22; 2Kings 8,8; 2Kings 8,9; 2Kings 8,22; 2Kings 10,27; 2Kings 14,7; 2Kings 16,6; 2Kings 17,23; 2Kings 17,34; 2Kings 17,41; 2Kings 19,34; 2Kings 20,6; 2Kings 20,17; 2Kings 21,15; 2Kings 23,3; 2Kings 23,21; 1Chr. 4,41; 1Chr. 4,43; 1Chr. 5,26; 1Chr. 9,18; 1Chr. 13,11; 1Chr. 17,5; 2Chr. 5,9; 2Chr. 6,34; 2Chr. 8,8; 2Chr. 10,19; 2Chr. 20,26; 2Chr. 21,10; 1Esdr. 1,30; 1Esdr. 2,18; 1Esdr. 8,67; 1Esdr. 8,73; Ezra 9,7; Neh. 9,32; Esth. 16,19 # 8,12s; Esth. 9,26; Judith 6,5; Judith 14,10; Tob. 7,17; 1Mac. 8,10; 1Mac. 13,30; 2Mac. 7,30; 3Mac. 1,12; 3Mac. 6,4; Psa. 7,8; Psa. 11,8; Psa. 17,1; Psa. 30,5; Psa. 31,6; Psa. 73,18; Prov. 5,19; Job 37,1; Wis. 7,10; Wis. 8,7; Hag. 2,15; Hag. 2,18; Hag. 2,19; Is. 30,11; Is. 37,35; Is. 38,6; Is. 39,6; Jer. 3,25; Jer. 7,25; Jer. 11,2; Jer. 11,3; Jer. 11,6; Jer. 14,15; Jer. 16,13; Jer. 17,24; Jer. 17,25; Jer. 20,5; Jer. 21,4; Jer. 22,8; Jer. 25,3; Jer. 33,11; Jer. 33,20; Jer. 39,20; Jer. 39,31; Jer. 40,4; Jer. 43,2; Jer. 51,4; Jer. 51,10; Bar. 1,13; Bar. 1,19; Ezek. 3,3; Ezek. 24,2; Ezek. 39,22; Ezek. 45,3; Sus. 40; Judg. 1,21; Judg. 1,26; Judg. 6,24; Judg. 10,4; Judg. 15,19; Judg. 18,12; Judg. 19,24; Judg. 19,30; Tob. 3,6; Sus. 40; Sus. 46; Matt. 12,41; Matt. 12,42; Luke 7,31; Luke 11,31; Luke 11,32; Luke 11,50; Luke 11,51; Luke 17,25; John 10,16; John 12,27; John 15,13; Acts 1,17; Acts 1,25; Acts 2,6; Acts 2,29; Acts 2,40; Acts 5,20; Acts 6,3; Acts 8,22; Acts 8,35; Acts 10,30; Acts 13,26; Acts 19,25; Acts 19,40; Acts 23,1; Acts 24,21; Acts 26,22; Acts 28,22; 2Cor. 9,12; 2Cor. 9,13; Heb. 9,11; Heb. 13,2; Rev. 22,19)

τοῦτ' ▸ 4 + 17 = 21

Pronoun ▪ (demonstrative) ▪ neuter ▪ singular ▪ accusative ▸ 1 (2Mac. 14,29)

Pronoun ▪ (demonstrative) ▪ neuter ▪ singular ▪ nominative ▸ 3 + 17 = **20** (Eccl. 1,17; Job 40,19; Is. 28,7; Matt. 27,46; Mark 7,2; Acts 1,19; Acts 19,4; Rom. 7,18; Rom. 9,8; Rom. 10,6; Rom. 10,7; Rom. 10,8; Philem. 12; Heb. 2,14; Heb. 7,5; Heb. 9,11; Heb. 10,20; Heb. 11,16; Heb. 13,15; 1Pet. 3,20)

Τοῦτο ▸ 27 + 11 = 38

Pronoun ▪ (demonstrative) ▪ neuter ▪ singular ▪ accusative ▸ 5 + 10 = **15** (Gen. 42,18; Gen. 45,17; Lev. 9,6; 2Sam. 18,14; Is. 8,23; John 4,54; 1Cor. 7,29; 1Cor. 11,17; 1Cor. 15,50; 2Cor. 9,6; Eph. 4,17; Phil. 2,5; Col. 2,4; 1Th. 4,15; 2Tim. 3,1)

Pronoun ▪ (demonstrative) ▪ neuter ▪ singular ▪ nominative ▸ 22 + 1 = **23** (Gen. 2,23; Gen. 9,12; Gen. 9,17; Gen. 40,12; Ex. 16,23; Ex. 16,32; Ex. 35,4; Lev. 6,13; Lev. 17,2; Num. 30,2; Num. 31,21; 1Sam. 8,11; 2Sam. 16,17; 1Kings 13,3; 2Kings 20,9; Sir. 39,34; Zech. 5,6; Is. 16,13; Is. 28,12; Is. 38,22; Jer. 7,27; Ezek. 41,4; 1Th. 4,3)

τοῦτο ▸ 820 + 35 + 294 = 1149

Pronoun ▪ (demonstrative) ▪ neuter ▪ singular ▪ accusative ▸ 576 + 24 + 228 = **828** (Gen. 3,13; Gen. 3,14; Gen. 10,9; Gen. 10,18; Gen. 11,6; Gen. 11,9; Gen. 12,18; Gen. 18,5; Gen. 18,25; Gen. 19,22; Gen. 20,5; Gen. 20,6; Gen. 20,9; Gen. 20,10; Gen. 21,26; Gen. 21,30; Gen. 21,31; Gen. 22,16; Gen. 25,22; Gen. 25,26; Gen. 25,30; Gen. 26,10; Gen. 26,33; Gen. 27,36; Gen. 29,25; Gen. 29,34; Gen. 29,35; Gen. 29,35; Gen. 30,6; Gen. 30,21; Gen. 30,31; Gen. 31,48; Gen. 32,20; Gen. 32,21; Gen. 33,17; Gen. 34,14; Gen. 34,19; Gen. 38,10; Gen. 38,30; Gen. 39,9; Gen. 42,28; Gen. 43,11; Gen. 44,7; Gen. 44,17; Gen. 45,6; Gen. 47,22; Gen. 50,11; Ex. 1,18; Ex. 2,9; Ex. 2,15; Ex. 3,3; Ex. 5,8; Ex. 5,17; Ex. 9,5; Ex. 9,6; Ex. 10,11; Ex. 12,24; Ex. 13,8; Ex. 13,15; Ex. 14,5; Ex. 14,11; Ex. 15,23; Ex. 16,29; Ex. 17,14; Ex. 18,17; Ex. 18,23; Ex. 20,11; Ex. 21,31; Ex. 33,4; Lev. 5,3; Lev. 10,17; Lev. 11,39; Lev. 14,19; Lev. 17,12; Num. 4,19; Num. 14,22; Num. 16,6; Num. 17,2; Num. 18,24; Num. 20,12; Num. 21,14; Num. 21,17; Num. 21,27; Num. 22,20; Num. 22,28; Num. 22,32; Num. 22,33; Num. 22,35; Num. 22,38; Num. 23,12; Num. 23,26; Num. 24,10; Num. 32,20; Deut. 2,3; Deut. 3,25; Deut. 4,32; Deut. 5,15; Deut. 10,9; Deut. 13,1; Deut. 13,12; Deut. 15,10; Deut. 15,11; Deut. 15,15; Deut. 15,15; Deut. 17,18; Deut. 18,16; Deut. 19,7; Deut. 19,7; Deut. 19,20; Deut. 20,20; Deut. 21,7; Deut. 24,18; Deut. 24,18; Deut. 24,20; Deut. 24,22; Deut. 24,22; Deut. 28,58; Deut. 32,49; Josh. 2,18; Josh. 7,26; Josh. 8,8; Josh. 9,20; Josh. 9,24; Josh. 9,27; Josh. 14,10; Josh. 14,10; Josh. 14,12; Josh.

14,12; Josh. 14,14; Josh. 22,24; Judg. 2,5; Judg. 6,29; Judg. 6,29; Judg. 8,1; Judg. 10,13; Judg. 11,37; Judg. 15,19; Judg. 16,15; Judg. 16,28; Judg. 18,12; Judg. 19,5; Judg. 19,30; 1Sam. 1,6; 1Sam. 2,23; 1Sam. 2,30; 1Sam. 5,5; 1Sam. 9,21; 1Sam. 10,12; 1Sam. 12,16; 1Sam. 14,35; 1Sam. 19,24; 1Sam. 20,2; 1Sam. 20,3; 1Sam. 20,29; 1Sam. 23,28; 1Sam. 24,7; 1Sam. 27,6; 1Sam. 28,18; 1Sam. 30,15; 1Sam. 30,15; 2Sam. 2,5; 2Sam. 2,6; 2Sam. 3,24; 2Sam. 5,8; 2Sam. 5,20; 2Sam. 7,27; 2Sam. 11,11; 2Sam. 12,5; 2Sam. 12,6; 2Sam. 12,7; 2Sam. 12,12; 2Sam. 13,20; 2Sam. 14,3; 2Sam. 14,15; 2Sam. 15,6; 2Sam. 17,6; 2Sam. 17,7; 2Sam. 19,8; 2Sam. 22,50; 2Sam. 23,17; 1Kings 3,6; 1Kings 3,10; 1Kings 3,11; 1Kings 3,28; 1Kings 5,25; 1Kings 7,45; 1Kings 7,45; 1Kings 9,9; 1Kings 13,33; 1Kings 20,19; 1Kings 21,9; 1Kings 21,23; 1Kings 21,24; 2Kings 4,43; 2Kings 6,18; 2Kings 8,13; 2Kings 9,25; 2Kings 17,12; 2Kings 19,31; 2Kings 23,3; 1Chr. 11,7; 1Chr. 11,19; 1Chr. 14,11; 1Chr. 17,25; 1Chr. 21,3; 1Chr. 21,8; 2Chr. 7,22; 2Chr. 14,10; 2Chr. 16,7; 2Chr. 19,2; 2Chr. 20,12; 2Chr. 20,26; 2Chr. 25,16; 2Chr. 26,18; 2Chr. 31,10; Ezra 3,5; Ezra 4,14; Ezra 6,11; Ezra 9,10; Ezra 10,5; Neh. 2,4; Neh. 5,12; Neh. 5,13; Neh. 6,4; Neh. 6,6; Esth. 11,12 # 1,1l; Esth. 13,12 # 4,17d; Esth. 13,14 # 4,17e; Esth. 7,5; Esth. 9,19; Esth. 9,26; Esth. 10,10 # 10,3g; Tob. 3,10; 1Mac. 3,55; 1Mac. 9,10; 1Mac. 10,23; 1Mac. 12,19; 2Mac. 1,36; 2Mac. 6,22; 2Mac. 11,5; 2Mac. 11,25; 3Mac. 1,7; 3Mac. 1,11; 3Mac. 1,14; 3Mac. 1,21; 4Mac. 1,8; 4Mac. 2,9; 4Mac. 4,25; 4Mac. 8,11; 4Mac. 10,19; 4Mac. 11,27; 4Mac. 16,5; 4Mac. 16,19; Psa. 1,5; Psa. 7,4; Psa. 15,9; Psa. 17,50; Psa. 24,8; Psa. 30,23; Psa. 41,7; Psa. 44,3; Psa. 44,8; Psa. 44,18; Psa. 45,3; Psa. 51,7; Psa. 65,19; Psa. 67,29; Psa. 72,6; Psa. 72,10; Psa. 72,16; Psa. 74,9; Psa. 77,21; Psa. 77,54; Psa. 109,7; Psa. 118,67; Psa. 118,104; Psa. 118,119; Psa. 118,127; Psa. 118,128; Psa. 118,129; Psa. 143,13; Ode. 5,14; Prov. 6,15; Prov. 25,22; Prov. 24,34; Eccl. 2,1; Eccl. 2,2; Eccl. 2,15; Eccl. 2,24; Eccl. 7,14; Eccl. 7,27; Eccl. 7,29; Eccl. 8,9; Eccl. 8,11; Eccl. 9,1; Eccl. 9,1; Eccl. 9,13; Song 1,3; Job 3,1; Job 17,4; Job 20,21; Job 23,15; Job 30,24; Wis. 1,8; Wis. 2,2; Wis. 4,14; Wis. 4,19; Wis. 5,11; Wis. 5,16; Wis. 7,7; Wis. 7,25; Wis. 7,30; Wis. 10,20; Wis. 12,25; Wis. 14,5; Wis. 14,11; Wis. 14,14; Wis. 16,1; Wis. 16,25; Wis. 17,1; Wis. 18,19; Wis. 19,4; Sir. 2,13; Sir. 10,13; Sir. 18,11; Sir. 18,12; Sir. 31,13; Sir. 39,32; Sir. 43,14; Sir. 44,21; Sir. 45,24; Sir. 51,12; Sir. 51,20; Sir. 51,21; Sol. 5,13; Sol. 8,14; Sol. 14,9; Hos. 2,8; Hos. 2,11; Hos. 2,16; Hos. 4,3; Hos. 4,13; Hos. 6,5; Hos. 8,10; Hos. 9,6; Hos. 13,3; Amos 2,13; Amos 3,2; Amos 3,11; Amos 4,12; Amos 5,11; Amos 5,13; Amos 5,16; Amos 6,7; Amos 7,17; Mic. 1,14; Mic. 2,3; Mic. 2,5; Mic. 2,9; Mic. 3,6; Mic. 3,12; Mic. 5,2; Jonah 1,10; Jonah 4,2; Hab. 1,4; Hab. 1,17; Zeph. 2,9; Zeph. 3,8; Hag. 1,9; Hag. 1,10; Zech. 1,12; Zech. 1,16; Zech. 5,5; Zech. 9,4; Zech. 10,2; Zech. 11,6; Is. 1,24; Is. 5,24; Is. 7,14; Is. 8,7; Is. 8,15; Is. 9,16; Is. 10,24; Is. 13,7; Is. 15,4; Is. 16,9; Is. 16,11; Is. 17,10; Is. 21,3; Is. 22,4; Is. 24,6; Is. 24,6; Is. 24,15; Is. 25,3; Is. 25,6; Is. 25,10; Is. 26,1; Is. 26,14; Is. 27,4; Is. 27,9; Is. 27,11; Is. 28,14; Is. 28,16; Is. 29,12; Is. 29,14; Is. 29,22; Is. 30,12; Is. 30,13; Is. 30,16; Is. 30,16; Is. 30,18; Is. 37,33; Is. 38,7; Is. 49,4; Is. 50,7; Is. 51,21; Is. 52,6; Is. 53,12; Is. 57,10; Is. 59,9; Is. 64,4; Is. 65,13; Jer. 2,9; Jer. 5,2; Jer. 5,6; Jer. 5,14; Jer. 5,14; Jer. 5,27; Jer. 6,15; Jer. 6,18; Jer. 6,21; Jer. 7,20; Jer. 7,23; Jer. 7,32; Jer. 8,10; Jer. 9,6; Jer. 9,11; Jer. 9,14; Jer. 10,21; Jer. 11,11; Jer. 11,21; Jer. 12,8; Jer. 14,15; Jer. 15,19; Jer. 16,14; Jer. 16,21; Jer. 18,13; Jer. 18,21; Jer. 19,6; Jer. 20,11; Jer. 22,18; Jer. 23,2; Jer. 23,12; Jer. 23,15; Jer. 23,30; Jer. 23,38; Jer. 23,39; Jer. 23,7; Jer. 25,8; Jer. 27,18; Jer. 27,30; Jer. 27,39; Jer. 27,45; Jer. 28,7; Jer. 28,36; Jer. 28,52; Jer. 28,63; Jer. 30,14; Jer. 30,18; Jer. 30,32; Jer. 31,11; Jer. 31,12; Jer. 31,31; Jer. 31,36; Jer. 31,36; Jer. 35,16; Jer. 36,28; Jer. 36,32; Jer. 37,16; Jer. 38,3; Jer. 38,20; Jer. 38,26; Jer. 38,27; Jer. 39,14; Jer. 39,28; Jer. 39,35; Jer. 41,17; Jer. 42,17; Jer. 42,18; Jer. 43,29; Jer. 43,30; Jer. 47,16; Jer. 48,9; Jer. 49,15; Jer. 51,11; Jer. 51,26; Bar. 1,14; Bar. 3,7; Bar. 3,38; Lam. 1,8; Lam. 3,21; LetterJ 2; Ezek. 5,7; Ezek. 5,8; Ezek. 5,10; Ezek. 5,11; Ezek. 11,4; Ezek. 11,7; Ezek. 11,16; Ezek. 11,17; Ezek. 12,23; Ezek. 12,28; Ezek. 13,8; Ezek. 13,8; Ezek. 13,13; Ezek. 13,20; Ezek. 13,23; Ezek. 14,4; Ezek. 14,6; Ezek. 15,6; Ezek. 16,35; Ezek. 16,37; Ezek. 17,9; Ezek. 17,19; Ezek. 20,27; Ezek. 20,30; Ezek. 20,33; Ezek. 21,7; Ezek. 21,17; Ezek. 21,29; Ezek. 22,4; Ezek. 22,19; Ezek. 22,19; Ezek. 23,9; Ezek. 23,22; Ezek. 23,35; Ezek. 24,6; Ezek. 24,9; Ezek. 24,14; Ezek. 25,4; Ezek. 25,7; Ezek. 25,9; Ezek. 25,13; Ezek. 25,15; Ezek. 25,16; Ezek. 26,3; Ezek. 28,6; Ezek. 29,8; Ezek. 29,10; Ezek. 30,22; Ezek. 31,10; Ezek. 33,25; Ezek. 34,7; Ezek. 34,20; Ezek. 35,6; Ezek. 35,11; Ezek. 36,3; Ezek. 36,4; Ezek. 36,5; Ezek. 36,6; Ezek. 36,7; Ezek. 36,14; Ezek. 36,22; Ezek. 36,37; Ezek. 37,12; Ezek. 38,14; Ezek. 39,25; Ezek. 42,6; Ezek. 44,9; Dan. 2,47; Dan. 10,11; Sus. 10-11; Sus. 22; Sus. 63; Judg. 6,29; Judg. 6,29; Judg. 7,11; Judg. 8,1; Judg. 8,7; Judg. 10,13; Judg. 11,8; Judg. 13,18; Judg. 15,11; Judg. 15,19; Judg. 16,4; Judg. 16,15; Judg. 16,18; Judg. 16,28; Judg. 18,12; Judg. 19,5; Judg. 21,11; Tob. 5,3; Tob. 5,3; Dan. 2,47; Dan. 4,27; Dan. 5,24; Sus. 21; Sus. 22; Matt. 6,25; Matt. 8,9; Matt. 9,28; Matt. 12,27; Matt. 12,31; Matt. 13,13; Matt. 13,28; Matt. 13,52; Matt. 14,2; Matt. 18,23; Matt. 20,23; Matt. 21,43; Matt. 23,34; Matt. 24,44; Matt. 26,12; Mark 1,38; Mark 5,32; Mark 5,43; Mark 6,14; Mark 11,3; Mark 11,24; Mark 12,24; Mark 13,11; Mark 14,36; Luke 1,18; Luke 2,15; Luke 3,20; Luke 4,43; Luke 5,6; Luke 6,3; Luke 7,4; Luke 7,8; Luke 9,21; Luke 9,45; Luke 9,48; Luke 10,11; Luke 10,28; Luke 11,19; Luke 11,49; Luke 12,18; Luke 12,22; Luke 12,39; Luke 13,8; Luke 14,20; Luke 22,15; Luke 22,17; Luke 22,19; Luke 22,23; Luke 22,37; Luke 22,42; Luke 23,46; Luke 24,40; John 1,31; John 2,12; John 2,22; John 3,32; John 4,15; John 4,18; John 5,16; John 5,18; John 5,28; John 6,6; John 6,65; John 7,22; John 7,39; John 8,6; John 8,40; John 8,47; John 9,23; John 11,7; John 11,11; John 11,26; John 11,28; John 11,51; John 12,6; John 12,18; John 12,18; John 12,27; John 12,33; John 12,39; John 13,11; John 13,28; John 14,13; John 15,19; John 16,15; John 18,34; John 18,37; John 18,37; John 18,38; John 19,11; John 19,28; John 20,20; John 20,22; John 21,14; John 21,19; John 21,19; Acts 2,12; Acts 2,26; Acts 2,33; Acts 4,7; Acts 5,4; Acts 7,60; Acts 8,34; Acts 9,21; Acts 9,21; Acts 16,18; Acts 17,23; Acts 19,14; Acts 19,27; Acts 21,23; Acts 23,7; Acts 26,16; Rom. 1,26; Rom. 2,3; Rom. 4,16; Rom. 5,12; Rom. 6,6; Rom. 7,15; Rom. 7,15; Rom. 7,16; Rom. 7,19; Rom. 7,20; Rom. 9,17; Rom. 11,7; Rom. 11,25; Rom. 12,20; Rom. 13,6; Rom. 13,11; Rom. 14,9; Rom. 14,13; Rom. 15,9; Rom. 15,28; 1Cor. 1,12; 1Cor. 4,17; 1Cor. 5,2; 1Cor. 5,3; 1Cor. 6,6; 1Cor. 6,8; 1Cor. 7,6; 1Cor. 7,26; 1Cor. 7,35; 1Cor. 7,37; 1Cor. 9,17; 1Cor. 11,10; 1Cor. 11,24; 1Cor. 11,25; 1Cor. 11,30; 1Cor. 12,15; 1Cor. 12,16; 1Cor. 15,53; 1Cor. 15,53; 2Cor. 1,17; 2Cor. 2,1; 2Cor. 2,3; 2Cor. 2,9; 2Cor. 4,1; 2Cor. 5,5; 2Cor. 5,14; 2Cor. 7,13; 2Cor. 8,20; 2Cor. 10,7; 2Cor. 10,11; 2Cor. 12,14; 2Cor. 13,1; 2Cor. 13,9; 2Cor. 13,10; Gal. 2,10; Gal. 3,2; Gal. 3,17; Gal. 6,7; Eph. 1,15; Eph. 5,5; Eph. 5,17; Eph. 6,8; Eph. 6,13; Eph. 6,22; Phil. 1,6; Phil. 1,7; Phil. 1,9; Phil. 1,25; Phil. 3,15; Phil. 3,15; Col. 1,9; Col. 4,8; 1Th. 2,13; 1Th. 3,3; 1Th. 3,5; 1Th. 3,7; 2Th. 2,11; 2Th. 3,10; 1Tim. 1,9; 1Tim. 1,16; 1Tim. 4,10; 1Tim. 4,16; 2Tim. 1,15; 2Tim. 2,10; Philem. 15; Philem. 18; Heb. 1,9; Heb. 2,1; Heb. 6,3; Heb. 7,27; Heb. 9,8; Heb. 9,15; Heb. 9,27; Heb. 10,33; Heb. 10,33; Heb. 13,17; Heb. 13,19; James 4,15; 1Pet. 2,21; 1Pet. 3,9; 1Pet. 4,6; 2Pet. 1,5; 2Pet. 1,20; 2Pet. 3,3; 2Pet. 3,5; 1John 3,1; 1John 3,8; 1John 4,5; 3John 5; 3John 10; Jude 4; Rev. 2,6; Rev. 7,1; Rev. 12,12; Rev. 18,8)

οὗτος

Pronoun · (demonstrative) · neuter · singular · nominative ▸ 244 + 11 + 66 = **321** (Gen. 2,19; Gen. 14,17; Gen. 23,15; Gen. 24,50; Gen. 27,20; Gen. 28,17; Gen. 32,30; Gen. 33,15; Gen. 37,10; Gen. 42,28; Gen. 44,15; Ex. 2,6; Ex. 2,14; Ex. 8,15; Ex. 8,19; Ex. 10,7; Ex. 12,16; Ex. 12,27; Ex. 13,14; Ex. 14,12; Ex. 16,15; Ex. 16,16; Ex. 17,3; Ex. 18,14; Ex. 18,18; Ex. 22,26; Ex. 22,26; Ex. 29,28; Ex. 30,31; Ex. 33,13; Lev. 10,13; Lev. 11,4; Lev. 11,4; Lev. 11,5; Lev. 11,5; Lev. 11,6; Lev. 11,6; Lev. 11,7; Lev. 11,7; Lev. 11,7; Lev. 11,41; Lev. 16,29; Lev. 16,34; Lev. 24,9; Lev. 25,34; Num. 5,22; Num. 7,17; Num. 7,23; Num. 7,29; Num. 7,35; Num. 7,41; Num. 7,47; Num. 7,53; Num. 7,59; Num. 7,65; Num. 7,71; Num. 7,77; Num. 7,83; Num. 11,14; Num. 14,12; Num. 16,9; Num. 16,13; Num. 18,9; Num. 18,11; Num. 20,5; Num. 20,13; Num. 27,11; Num. 27,12; Num. 28,14; Num. 34,6; Num. 34,7; Num. 34,9; Num. 35,33; Num. 36,6; Deut. 4,6; Deut. 5,25; Deut. 7,17; Deut. 7,26; Deut. 9,14; Deut. 13,15; Deut. 14,8; Deut. 14,8; Deut. 14,8; Deut. 17,4; Deut. 18,22; Deut. 19,4; Deut. 22,26; Deut. 30,20; Josh. 7,10; Josh. 22,27; Judg. 1,26; Judg. 2,20; Judg. 5,5; Judg. 13,18; Judg. 18,24; Judg. 18,24; Judg. 20,9; Ruth 4,7; Ruth 4,7; 1Sam. 6,9; 1Sam. 10,11; 1Sam. 14,10; 1Sam. 14,42; 1Sam. 20,2; 1Sam. 25,31; 1Sam. 26,16; 1Sam. 26,18; 1Sam. 29,3; 2Sam. 11,25; 2Sam. 12,21; 2Sam. 12,23; 2Sam. 14,2; 2Sam. 18,22; 2Sam. 19,44; 1Kings 1,27; 1Kings 2,46e; 1Kings 7,15; 1Kings 11,27; 1Kings 12,24; 1Kings 12,24y; 1Kings 13,34; 2Kings 3,23; 2Kings 5,6; 2Kings 7,2; 2Kings 7,19; 2Kings 10,2; 2Kings 23,22; 1Chr. 22,1; 1Chr. 29,16; 2Chr. 1,11; 2Chr. 2,3; 2Chr. 11,4; 1Esdr. 1,20; 1Esdr. 1,30; Ezra 4,13; Ezra 6,2; Ezra 7,8; Ezra 10,12; Neh. 2,2; Neh. 2,19; Neh. 6,16; Esth. 11,5 # 1,1d; Esth. 13,3 # 3,13c; Judith 5,20; Tob. 5,20; 1Mac. 2,7; 1Mac. 8,22; 1Mac. 12,5; 1Mac. 14,20; 1Mac. 14,27; 1Mac. 14,27; 2Mac. 1,22; 2Mac. 1,32; 2Mac. 13,17; 2Mac. 15,38; 2Mac. 15,38; 3Mac. 4,1; 3Mac. 4,12; 3Mac. 4,21; 3Mac. 5,27; 3Mac. 5,28; 3Mac. 7,4; 4Mac. 3,6; 4Mac. 5,9; 4Mac. 14,9; Psa. 67,9; Psa. 73,2; Psa. 108,20; Eccl. 1,10; Eccl. 2,10; Eccl. 2,19; Eccl. 2,21; Eccl. 2,23; Eccl. 2,26; Eccl. 4,4; Eccl. 4,8; Eccl. 4,16; Eccl. 5,9; Eccl. 5,15; Eccl. 5,18; Eccl. 6,2; Eccl. 6,9; Eccl. 7,2; Eccl. 7,6; Eccl. 8,10; Eccl. 8,14; Eccl. 9,3; Eccl. 11,6; Eccl. 11,6; Eccl. 12,13; Song 7,8; Job 35,2; Wis. 8,21; Wis. 14,21; Wis. 16,23; Sir. 14,6; Sir. 16,11; Sir. 17,31; Sir. 34,3; Sir. 39,16; Sir. 39,16; Sir. 39,21; Sir. 39,21; Sir. 41,4; Amos 7,3; Amos 7,6; Hab. 2,19; Hag. 2,14; Zech. 3,2; Is. 6,7; Is. 8,20; Is. 14,28; Is. 28,12; Is. 29,12; Is. 37,30; Is. 38,7; Is. 48,20; Jer. 10,19; Jer. 13,10; Jer. 20,18; Jer. 23,6; Jer. 51,29; Ezek. 1,2; Ezek. 4,3; Ezek. 10,15; Ezek. 10,20; Ezek. 16,22; Ezek. 16,49; Ezek. 16,49; Ezek. 20,31; Ezek. 28,18; Ezek. 37,1; Ezek. 43,13; Ezek. 46,16; Ezek. 47,8; Ezek. 47,9; Ezek. 47,19; Ezek. 47,20; Dan. 2,30; Dan. 2,36; Dan. 4,19; Dan. 5,26-28; Dan. 6,13a; Dan. 8,17; Judg. 1,26; Judg. 2,20; Judg. 5,5; Judg. 18,24; Judg. 20,9; Tob. 2,13; Tob. 5,20; Dan. 2,30; Dan. 4,18; Dan. 4,24; Dan. 5,26; Matt. 1,22; Matt. 12,11; Matt. 15,11; Matt. 16,22; Matt. 18,4; Matt. 19,26; Matt. 21,4; Matt. 24,14; Matt. 26,9; Matt. 26,13; Matt. 26,28; Matt. 26,39; Matt. 26,42; Matt. 26,56; Matt. 28,14; Mark 1,27; Mark 9,21; Mark 9,29; Mark 14,5; Luke 1,34; Luke 1,43; Luke 1,66; Luke 2,12; Luke 16,2; Luke 18,34; Luke 18,36; Luke 20,17; Luke 22,20; John 6,39; John 6,40; John 6,61; John 12,5; John 16,17; John 16,18; Acts 2,14; Acts 4,22; Acts 5,24; Acts 5,38; Acts 10,16; Acts 11,10; Acts 19,10; Acts 19,17; Acts 26,26; Acts 27,34; Acts 28,28; Rom. 1,12; 1Cor. 10,28; 1Cor. 11,25; 1Cor. 15,54; 1Cor. 15,54; 2Cor. 7,11; 2Cor. 8,10; Eph. 2,8; Eph. 5,32; Eph. 6,1; Phil. 1,28; Col. 3,20; 1Th. 5,18; 1Tim. 2,3; 1Tim. 5,4; Heb. 9,20; Heb. 13,17; 1Pet. 1,25; 1Pet. 2,19; 1Pet. 2,20; 2Pet. 3,8)

Τοῦτό ▸ 4

Pronoun · (demonstrative) · neuter · singular · nominative ▸ 4 (Gen. 42,14; Lev. 8,5; Lev. 10,3; Num. 8,24)

τοῦτό ▸ 30 + 2 + 14 = 46

Pronoun · (demonstrative) · neuter · singular · accusative ▸ 2 + 4 = **6** (4Mac. 8,1; Is. 27,9; John 10,17; Acts 3,6; Acts 24,14; Rev. 7,15)

Pronoun · (demonstrative) · neuter · singular · nominative ▸ 28 + 2 + 10 = **40** (Gen. 44,5; Gen. 50,11; Ex. 3,12; Ex. 3,15; Ex. 4,2; Ex. 30,13; Ex. 31,14; Lev. 11,12; Num. 21,16; Num. 27,14; Deut. 7,16; Josh. 15,4; Josh. 18,14; 1Sam. 2,34; 1Sam. 10,1; 2Kings 19,29; 1Esdr. 4,46; Judith 1,5; Judith 12,14; Job 13,16; Job 31,28; Sir. 32,23; Is. 42,8; Is. 54,9; Jer. 22,16; Jer. 48,9; Ezek. 33,20; Dan. 2,28; Dan. 2,28; Dan. 2,36; Matt. 26,26; Mark 14,22; Mark 14,24; Luke 22,19; John 6,29; Acts 2,16; 1Cor. 11,24; Phil. 1,19; Phil. 1,22; 1John 4,3)

Τούτοις ▸ 1

Pronoun · (demonstrative) · masculine · plural · dative ▸ **1** (Num. 26,53)

τούτοις ▸ 137 + 19 = 156

Pronoun · (demonstrative) · masculine · plural · dative ▸ 50 + 5 = **55** (Gen. 6,3; Gen. 37,27; Lev. 21,3; Num. 14,23; Num. 26,64; Deut. 1,39; Deut. 3,21; Josh. 21,10; Judg. 18,14; Judg. 20,44; Judg. 20,46; 1Sam. 7,16; 1Sam. 16,10; 1Sam. 17,39; 1Sam. 23,2; 1Kings 22,11; 1Kings 22,17; 1Chr. 26,12; 2Chr. 25,8; 1Esdr. 2,12; 1Esdr. 2,25; 1Esdr. 4,11; 1Esdr. 6,28; 1Esdr. 8,22; 1Mac. 3,50; 1Mac. 6,58; 1Mac. 12,14; 2Mac. 4,47; 2Mac. 5,15; 2Mac. 5,23; 2Mac. 11,20; 2Mac. 12,2; 2Mac. 14,40; 3Mac. 4,13; 3Mac. 5,5; 4Mac. 4,13; 4Mac. 8,16; Eccl. 11,9; Wis. 12,27; Wis. 13,6; Wis. 16,4; Sir. 37,11; Sol. 4,21; Zech. 14,18; Is. 30,12; Is. 64,11; Jer. 11,15; Jer. 25,16; Ezek. 9,5; Ezek. 10,13; Acts 4,16; Acts 5,35; 1Th. 4,18; Jude 7; Jude 14)

Pronoun · (demonstrative) · neuter · plural · dative ▸ 87 + 14 = **101** (Ex. 4,9; Lev. 5,22; Lev. 11,24; Lev. 11,43; Lev. 18,24; Lev. 18,24; Lev. 26,23; Lev. 26,27; Josh. 23,3; Josh. 23,12; 1Sam. 22,15; 1Kings 7,45; 1Chr. 27,24; 2Chr. 14,5; 2Chr. 18,10; 2Chr. 29,10; 1Esdr. 4,31; 1Esdr. 8,14; 1Esdr. 8,87; 1Esdr. 9,11; Neh. 5,18; Neh. 6,7; Neh. 10,1; 1Mac. 3,58; 1Mac. 6,61; 1Mac. 8,14; 1Mac. 10,42; 2Mac. 1,7; 2Mac. 4,9; 2Mac. 9,17; 2Mac. 9,25; 2Mac. 14,4; 2Mac. 15,24; 3Mac. 1,20; 3Mac. 1,22; 3Mac. 1,24; 3Mac. 3,21; 3Mac. 7,6; 4Mac. 6,14; 4Mac. 6,32; 4Mac. 13,2; 4Mac. 13,5; Psa. 77,32; Eccl. 7,28; Job 1,22; Job 2,10; Job 12,9; Job 36,28b; Job 37,22; Wis. 18,25; Sir. 1,11 Prol.; Sir. 21,25; Sir. 22,22; Sir. 29,25; Sir. 32,13; Sir. 37,15; Sir. 38,7; Sir. 48,15; Sir. 50,28; Sir. 51,24; Sol. 2,14; Sol. 4,13; Sol. 16,15; Hos. 7,10; Amos 8,8; Mic. 2,6; Is. 5,25; Is. 9,11; Is. 9,16; Is. 9,20; Is. 10,4; Is. 57,6; Jer. 3,10; Jer. 4,8; Jer. 4,28; Jer. 5,9; Jer. 5,29; Jer. 9,8; Jer. 9,23; Lam. 1,15; Ezek. 16,29; Ezek. 16,43; Ezek. 21,29; Ezek. 23,43; Ezek. 37,5; Dan. 4,17a; Dan. 7,15; Luke 16,26; Luke 24,21; Rom. 8,37; Rom. 15,23; 1Cor. 12,23; Gal. 5,21; Col. 3,7; Col. 3,14; 1Tim. 4,15; 1Tim. 6,8; Heb. 9,23; 2Pet. 2,20; 3John 10; Jude 10)

Τοῦτον ▸ 4 + 1 = 5

Pronoun · (demonstrative) · masculine · singular · accusative ▸ 4 + 1 = **5** (Gen. 37,32; Num. 10,29; 4Mac. 5,14; 4Mac. 6,1; Acts 7,35)

τοῦτον ▸ 214 + 6 + 59 = 279

Pronoun · (demonstrative) · masculine · singular · accusative ▸ 213 + 6 + 59 = **278** (Gen. 17,21; Gen. 18,10; Gen. 18,14; Gen. 19,13; Gen. 29,33; Gen. 31,52; Gen. 32,11; Gen. 37,22; Gen. 38,10; Gen. 38,23; Gen. 40,15; Gen. 44,29; Ex. 5,22; Ex. 5,23; Ex. 10,17; Ex. 13,10; Ex. 15,13; Ex. 32,34; Ex. 33,12; Num. 5,30; Num. 11,12; Num. 11,14; Num. 14,13; Num. 14,15; Num. 14,16; Num. 20,5; Num. 21,2; Num. 22,6; Num. 22,17; Deut. 1,5; Deut. 1,31; Deut. 3,26; Deut. 3,27; Deut. 4,8; Deut. 4,21;

Deut. 4,22; Deut. 9,7; Deut. 9,13; Deut. 11,5; Deut. 26,9; Deut. 27,8; Deut. 31,2; Deut. 31,11; Josh. 1,11; Josh. 5,2; Josh. 7,7; Josh. 22,26; Judg. 3,31; Judg. 8,3; Judg. 8,9; Judg. 9,29; Judg. 19,23; 1Sam. 16,8; 1Sam. 25,25; 2Sam. 1,17; 2Sam. 14,20; 2Sam. 14,21; 1Kings 2,23; 1Kings 3,9; 1Kings 5,21; 1Kings 8,29; 1Kings 8,29; 1Kings 8,30; 1Kings 8,35; 1Kings 8,38; 1Kings 8,42; 1Kings 8,43; 1Kings 9,3; 1Kings 9,7; 1Kings 21,12; 1Kings 21,13; 1Kings 21,39; 1Kings 22,27; 2Kings 3,16; 2Kings 4,16; 2Kings 4,17; 2Kings 18,25; 2Kings 19,29; 2Kings 22,16; 2Kings 22,19; 2Kings 22,20; 1Chr. 27,34; 2Chr. 1,10; 2Chr. 6,20; 2Chr. 6,20; 2Chr. 6,20; 2Chr. 6,21; 2Chr. 6,26; 2Chr. 6,29; 2Chr. 6,32; 2Chr. 6,33; 2Chr. 7,16; 2Chr. 7,20; 2Chr. 18,26; 2Chr. 34,24; 2Chr. 34,27; 2Chr. 34,28; 2Chr. 36,5b; 1Esdr. 6,4; 1Esdr. 6,10; 1Esdr. 6,16; 1Esdr. 6,18; Ezra 3,12; Ezra 5,3; Ezra 5,9; Ezra 5,12; Ezra 5,13; Ezra 6,15; Ezra 7,17; Ezra 9,3; Neh. 5,13; Neh. 5,18; Neh. 13,26; Esth. 4,14; Judith 8,11; 1Mac. 7,35; 1Mac. 7,37; 1Mac. 11,29; 1Mac. 12,44; 1Mac. 15,2; 2Mac. 1,24; 2Mac. 4,28; 2Mac. 5,1; 2Mac. 6,31; 2Mac. 7,7; 2Mac. 7,10; 2Mac. 7,18; 2Mac. 7,29; 2Mac. 8,36; 2Mac. 11,16; 2Mac. 13,4; 2Mac. 15,12; 3Mac. 1,3; 3Mac. 2,9; 3Mac. 2,10; 3Mac. 2,16; 4Mac. 1,10; 4Mac. 5,28; 4Mac. 6,20; 4Mac. 9,15; 4Mac. 11,4; 4Mac. 11,11; 4Mac. 12,13; 4Mac. 16,17; Psa. 74,8; Psa. 74,8; Psa. 100,5; Ode. 1,13; Prov. 24,12; Eccl. 6,5; Job 14,3; Job 42,17d; Job 42,17d; Sir. 38,21; Sir. 44,17; Sir. 47,1; Sir. 47,12; Amos 3,1; Amos 4,1; Amos 5,1; Hag. 2,3; Hag. 2,7; Hag. 2,9; Zech. 4,9; Is. 6,8; Is. 8,6; Is. 9,15; Is. 14,4; Is. 29,14; Is. 30,11; Is. 37,30; Jer. 4,10; Jer. 5,14; Jer. 6,19; Jer. 6,21; Jer. 7,20; Jer. 7,27; Jer. 8,23; Jer. 11,11; Jer. 13,12; Jer. 14,17; Jer. 15,1; Jer. 19,3; Jer. 19,4; Jer. 19,4; Jer. 19,11; Jer. 21,8; Jer. 22,1; Jer. 22,4; Jer. 22,18; Jer. 22,30; Jer. 23,32; Jer. 23,38; Jer. 28,62; Jer. 33,6; Jer. 33,10; Jer. 33,12; Jer. 35,3; Jer. 35,6; Jer. 35,15; Jer. 36,10; Jer. 38,23; Jer. 39,37; Jer. 39,42; Jer. 43,7; Jer. 44,18; Jer. 45,9; Jer. 47,2; Jer. 49,18; Lam. 1,1; Dan. 1,14; Sus. 56; Bel 24; Judg. 8,3; Judg. 8,9; Judg. 9,29; Judg. 11,37; Judg. 19,23; Dan. 10,11; Matt. 19,11; Matt. 21,44; Matt. 27,32; Mark 7,29; Mark 14,58; Mark 14,71; Luke 9,13; Luke 9,26; Luke 12,5; Luke 12,56; Luke 16,28; Luke 19,14; Luke 20,12; Luke 20,13; Luke 23,2; Luke 23,14; Luke 23,18; John 2,19; John 5,6; John 6,27; John 6,34; John 6,58; John 7,27; John 9,29; John 9,39; John 18,40; John 19,8; John 19,12; John 19,20; John 21,21; Acts 2,23; Acts 2,32; Acts 2,36; Acts 3,16; Acts 5,31; Acts 5,37; Acts 6,14; Acts 7,35; Acts 10,40; Acts 13,27; Acts 15,38; Acts 16,3; Acts 21,28; Acts 23,17; Acts 23,18; Acts 23,25; Acts 23,27; Acts 24,5; Acts 25,24; Acts 28,26; Rom. 9,9; Rom. 15,28; 1Cor. 2,2; 1Cor. 3,17; 1Cor. 11,26; 2Cor. 4,7; Phil. 2,23; 2Th. 3,14; Heb. 8,3)

Pronoun · (demonstrative) · neuter · singular · accusative ▸ 1 (Job 36,21)

τοῦτόν ▸ 1

Pronoun · (demonstrative) · masculine · singular · accusative ▸ 1 (Ex. 33,17)

Τούτου ▸ 3

Pronoun · (demonstrative) · neuter · singular · genitive ▸ 3 (Eph. 3,1; Eph. 3,14; Titus 1,5)

τούτου ▸ 217 + 11 + 66 = 294

Pronoun · (demonstrative) · masculine · singular · genitive ▸ 119 + 3 + 41 = **163** (Gen. 19,12; Gen. 19,14; Gen. 24,8; Gen. 24,58; Gen. 26,11; Gen. 44,30; Ex. 8,28; Ex. 12,3; Ex. 12,6; Ex. 17,5; Ex. 32,22; Lev. 23,6; Lev. 23,27; Lev. 23,34; Lev. 23,39; Num. 5,18; Num. 5,19; Num. 8,8; Num. 11,11; Num. 15,24; Num. 28,17; Num. 29,7; Num. 29,12; Deut. 3,28; Deut. 5,28; Deut. 9,27; Deut. 10,11; Deut. 27,3; Deut. 27,26; Deut. 28,58; Deut. 28,61; Deut. 29,6; Deut. 29,19; Deut. 29,20; Deut. 29,26; Deut. 29,28; Deut. 30,10; Deut. 31,7; Deut. 31,9; Deut. 31,12; Deut. 31,24; Deut. 31,26; Deut. 32,44; Deut. 32,46; Deut. 32,47; Josh. 1,8; Josh. 8,34 # 9,2e; 1Sam. 6,20; 1Sam. 17,32; 1Sam. 17,37; 1Sam. 18,8; 2Sam. 12,11; 2Sam. 12,12; 2Sam. 19,43; 1Kings 11,10; 1Kings 18,37; 1Kings 20,2; 2Kings 5,20; 2Kings 6,11; 2Chr. 1,10; 2Chr. 6,40; 2Chr. 7,15; 2Chr. 20,9; 2Chr. 20,15; 1Esdr. 5,47; 1Esdr. 5,60; 1Esdr. 5,60; Ezra 5,11; Ezra 7,24; Neh. 1,11; Neh. 9,1; Judith 5,5; Judith 10,19; 1Mac. 5,19; 2Mac. 2,19; 2Mac. 2,20; 2Mac. 7,13; 2Mac. 10,37; 2Mac. 14,2; 2Mac. 14,11; 3Mac. 3,4; 4Mac. 2,16; 4Mac. 10,1; 4Mac. 10,12; 4Mac. 11,13; Eccl. 3,19; Eccl. 3,19; Job 1,16; Job 1,17; Job 1,18; Job 14,3; Mic. 2,11; Jonah 1,14; Zeph. 1,4; Hag. 2,9; Zech. 8,6; Zech. 8,11; Is. 3,7; Is. 6,10; Is. 8,11; Is. 28,14; Jer. 7,16; Jer. 7,33; Jer. 10,11; Jer. 11,14; Jer. 14,11; Jer. 16,5; Jer. 16,9; Jer. 22,4; Jer. 22,11; Jer. 24,5; Jer. 32,15; Jer. 37,7; Lam. 5,17; Lam. 5,17; Ezek. 45,7; Ezek. 45,7; Dan. 3,7; Dan. 12,8; Judg. 6,26; Dan. 2,43; Dan. 10,17; Matt. 13,15; Matt. 27,24; Luke 13,16; Luke 16,8; Luke 20,34; John 6,51; John 8,23; John 8,23; John 9,31; John 10,41; John 11,9; John 12,31; John 12,31; John 13,1; John 16,11; John 18,17; John 18,29; John 18,36; John 18,36; Acts 5,28; Acts 6,13; Acts 9,13; Acts 13,17; Acts 13,23; Acts 13,38; Acts 15,6; Acts 21,28; Acts 22,22; Acts 25,25; Acts 28,27; Rom. 7,24; 1Cor. 1,20; 1Cor. 2,6; 1Cor. 2,6; 1Cor. 2,8; 1Cor. 3,19; 1Cor. 5,10; 1Cor. 7,31; 2Cor. 4,4; Eph. 2,2; James 1,26)

Pronoun · (demonstrative) · neuter · singular · genitive ▸ 98 + 8 + 25 = **131** (Gen. 2,24; Gen. 3,11; Gen. 3,17; Gen. 16,14; Gen. 20,6; Gen. 24,9; Gen. 25,30; Gen. 32,33; Gen. 33,10; Gen. 37,6; Gen. 40,14; Gen. 42,21; Ex. 7,16; Ex. 9,16; Ex. 18,11; Ex. 25,19; Ex. 26,13; Ex. 26,13; Ex. 30,23; Ex. 38,15; Ex. 38,15; Lev. 26,18; Num. 35,5; Judg. 6,26; 1Sam. 1,27; 1Sam. 4,15; 1Sam. 14,29; 1Sam. 14,34; 1Sam. 15,14; 1Sam. 23,26; 1Sam. 23,26; 1Sam. 30,8; 2Sam. 14,20; 2Sam. 19,22; 1Kings 17,21; 2Kings 9,1; 2Kings 18,22; 2Kings 22,13; 2Kings 22,13; 1Chr. 21,7; 2Chr. 32,12; 1Esdr. 2,8; 1Esdr. 6,31; 1Esdr. 8,22; 1Esdr. 9,13; Ezra 4,22; Ezra 5,5; Ezra 5,17; Ezra 8,23; Ezra 10,14; Ezra 10,15; Neh. 6,9; Neh. 13,4; Esth. 1,13; Tob. 2,8; 1Mac. 6,24; 1Mac. 12,45; 1Mac. 13,4; 2Mac. 15,12; 3Mac. 1,15; 3Mac. 4,19; 4Mac. 1,12; Psa. 74,9; Psa. 143,13; Prov. 7,15; Prov. 17,17; Eccl. 7,10; Eccl. 7,18; Job 38,11; Sir. 9,8; Sir. 34,3; Sir. 39,34; Hos. 13,6; Mic. 1,8; Hab. 1,4; Hab. 1,15; Hab. 1,16; Zech. 5,3; Zech. 5,3; Is. 29,11; Is. 65,8; Bar. 1,3; Ezek. 7,20; Ezek. 20,27; Ezek. 28,7; Ezek. 31,5; Ezek. 34,9; Ezek. 44,12; Ezek. 45,2; Ezek. 48,21; Ezek. 48,21; Dan. 2,5; Dan. 2,6; Dan. 2,9; Dan. 2,9; Dan. 2,18; Dan. 2,26; Dan. 2,45; Tob. 2,8; Tob. 2,14; Tob. 4,2; Tob. 6,16; Dan. 2,18; Dan. 3,16; Dan. 7,6; Dan. 7,7; Matt. 19,5; Matt. 26,29; Mark 10,7; Mark 10,10; Luke 2,17; Luke 9,45; Luke 22,51; Luke 24,4; John 4,13; John 6,61; John 6,66; John 16,19; John 19,12; Acts 15,2; Acts 17,32; Acts 28,9; 2Cor. 12,8; Eph. 5,31; Eph. 6,12; Col. 1,27; 1John 4,6; Rev. 22,7; Rev. 22,9; Rev. 22,10; Rev. 22,18)

Τούτους ▸ 1

Pronoun · (demonstrative) · masculine · plural · accusative ▸ 1 (Matt. 10,5)

τούτους ▸ 111 + 3 + 27 = 141

Pronoun · (demonstrative) · masculine · plural · accusative ▸ 111 + 3 + 27 = **141** (Gen. 19,8; Gen. 29,13; Gen. 46,18; Gen. 46,25; Ex. 19,7; Ex. 20,1; Num. 1,17; Num. 4,22; Num. 16,31; Num. 26,59; Deut. 27,4; Deut. 31,1; Deut. 31,28; Deut. 32,46; Josh. 2,20; Josh. 4,3; Josh. 4,20; Josh. 5,5; Josh. 10,22; Josh. 11,18; Judg. 2,4; Judg. 9,3; 1Sam. 2,34; 1Sam. 23,2; 1Sam. 25,9; 2Sam. 7,17; 2Sam. 13,21; 2Sam. 14,19; 2Kings 1,7; 2Kings 10,9; 2Kings 18,27; 2Kings 23,16; 2Kings 23,17; 1Chr. 9,22; 1Chr. 17,15; 1Chr. 24,5; 1Chr. 24,5; 2Chr. 15,8; 2Chr. 32,1; Neh. 1,4; Neh. 5,6; Esth. 12,4 # 1,1p; Esth. 1,1 # 1,1s; Esth. 2,1; Esth. 4,9; Esth. 9,20; Judith 5,22; Judith 6,5; 1Mac. 1,51; 1Mac. 2,23; 1Mac.

οὗτος

3,27; 1Mac. 5,16; 1Mac. 5,27; 1Mac. 6,8; 1Mac. 7,33; 1Mac. 7,46; 1Mac. 8,29; 1Mac. 8,30; 1Mac. 9,37; 1Mac. 10,17; 1Mac. 10,22; 1Mac. 10,25; 1Mac. 10,46; 1Mac. 10,51; 1Mac. 10,88; 1Mac. 13,35; 1Mac. 14,46; 1Mac. 15,36; 2Mac. 4,16; 2Mac. 10,22; 2Mac. 12,24; 2Mac. 12,25; 3Mac. 2,30; 3Mac. 3,24; 3Mac. 3,24; 3Mac. 5,42; 4Mac. 5,3; Eccl. 4,3; Wis. 11,10; Wis. 19,3; Zech. 8,9; Is. 33,8; Is. 36,12; Is. 49,21; Is. 49,21; Is. 57,13; Jer. 3,12; Jer. 11,6; Jer. 20,1; Jer. 22,5; Jer. 28,60; Jer. 28,61; Jer. 32,30; Jer. 33,7; Jer. 33,12; Jer. 33,15; Jer. 34,12; Jer. 41,6; Jer. 43,16; Jer. 43,17; Jer. 43,18; Jer. 43,24; Jer. 45,4; Jer. 45,27; Jer. 50,1; Jer. 51,31; Bar. 3,27; Ezek. 37,9; Dan. 4,27; Dan. 4,37a; Dan. 7,24; Judg. 2,4; Judg. 9,3; Dan. 10,15; Matt. 7,24; Matt. 7,26; Matt. 7,28; Matt. 19,1; Matt. 26,1; Mark 8,4; Luke 9,28; Luke 9,44; Luke 19,15; Luke 19,27; Luke 20,16; John 10,19; John 18,8; Acts 2,22; Acts 5,5; Acts 5,24; Acts 10,47; Acts 16,36; Acts 19,37; Acts 21,24; Rom. 8,30; Rom. 8,30; Rom. 8,30; 1Cor. 6,4; 1Cor. 16,3; 2Tim. 3,5; Heb. 2,15)

τούτῳ ▸ 157 + 6 + 89 = 252

Pronoun · (demonstrative) · masculine · singular · dative ▸ 107 + 5 + 40 = **152** (Gen. 20,11; Gen. 28,16; Gen. 34,15; Ex. 3,21; Ex. 13,5; Ex. 17,4; Num. 11,13; Num. 14,14; Num. 14,19; Deut. 1,32; Deut. 1,36; Deut. 9,19; Deut. 10,10; Deut. 19,6; Deut. 21,17; Deut. 22,16; Deut. 28,44; Josh. 1,6; Josh. 2,17; Josh. 2,19; Josh. 2,20; Judg. 19,24; 1Sam. 1,2; 1Sam. 9,2; 1Sam. 12,8; 1Sam. 16,9; 1Sam. 21,12; 1Sam. 25,2; 1Sam. 28,10; 2Sam. 24,3; 1Kings 4,13; 1Kings 8,31; 1Kings 8,33; 1Kings 9,8; 1Kings 12,6; 1Kings 12,7; 1Kings 12,9; 1Kings 12,10; 1Kings 13,8; 1Kings 13,16; 1Kings 13,22; 1Kings 13,31; 2Kings 5,18; 2Kings 6,9; 2Kings 21,7; 2Kings 22,17; 1Chr. 11,24; 2Chr. 6,22; 2Chr. 6,24; 2Chr. 7,12; 2Chr. 7,21; 2Chr. 10,6; 2Chr. 10,7; 2Chr. 10,9; 2Chr. 20,9; 2Chr. 33,7; 2Chr. 34,25; 1Esdr. 1,17; Neh. 5,19; Esth. 2,7; Esth. 4,14; Judith 5,20; 1Mac. 7,38; 2Mac. 7,39; 3Mac. 1,11; 3Mac. 6,30; 4Mac. 2,23; 4Mac. 16,12; 4Mac. 18,1; Psa. 40,12; Psa. 100,5; Ode. 7,38; Prov. 9,11; Eccl. 6,5; Hag. 2,9; Is. 6,9; Is. 28,11; Is. 30,12; Jer. 4,11; Jer. 5,23; Jer. 7,3; Jer. 7,6; Jer. 7,7; Jer. 7,14; Jer. 14,10; Jer. 14,13; Jer. 15,20; Jer. 16,2; Jer. 16,3; Jer. 16,10; Jer. 16,21; Jer. 19,6; Jer. 19,7; Jer. 19,12; Jer. 22,3; Jer. 33,11; Jer. 33,16; Jer. 34,16; Jer. 35,16; Jer. 40,10; Jer. 40,12; Jer. 45,4; Bar. 3,5; Ezek. 21,35; Dan. 3,38; Dan. 6,13a; Sus. 56; Judg. 8,5; Judg. 18,3; Judg. 18,14; Judg. 19,24; Dan. 3,38; Matt. 8,9; Matt. 12,32; Matt. 13,54; Matt. 13,56; Matt. 20,14; Mark 6,2; Mark 6,2; Mark 10,30; Luke 4,3; Luke 7,8; Luke 10,5; Luke 14,9; Luke 18,30; Luke 19,9; Luke 19,19; Luke 21,23; Luke 23,4; Luke 23,14; John 5,38; John 10,3; John 12,25; John 13,24; Acts 1,6; Acts 7,7; Acts 7,29; Acts 8,21; Acts 10,43; Acts 13,39; Acts 21,9; Acts 23,9; Rom. 12,2; Rom. 13,9; 1Cor. 3,18; 1Cor. 14,21; Gal. 6,16; Eph. 1,21; Heb. 4,5; 1John 2,4; 1John 2,5; 1John 4,17)

Pronoun · (demonstrative) · neuter · singular · dative ▸ 50 + 1 + 49 = **100** (Gen. 19,21; Gen. 24,14; Gen. 24,44; Gen. 34,22; Gen. 34,23; Gen. 42,15; Gen. 42,33; Ex. 3,12; Ex. 7,17; Ex. 7,23; Lev. 25,20; Num. 16,28; Deut. 1,6; Deut. 28,58; Josh. 3,10; 1Sam. 2,10; 2Sam. 12,14; 2Sam. 14,19; 2Chr. 16,9; 2Chr. 16,10; 2Chr. 28,17; 2Chr. 34,21; 2Chr. 34,31; 1Esdr. 8,90; Ezra 7,17; Ezra 9,15; Ezra 10,2; Ezra 10,13; Neh. 13,6; 2Mac. 10,15; 3Mac. 1,2; Ode. 3,10; Eccl. 5,1; Eccl. 7,14; Eccl. 7,18; Job 17,8; Job 23,15a; Wis. 16,8; Wis. 18,8; Sir. 50,27; Sol. 5,17; Amos 7,3; Amos 7,6; Mal. 3,10; Is. 25,7; Jer. 2,12; Jer. 9,23; Jer. 25,13; Jer. 43,6; Dan. 7,8; Dan. 7,8; Matt. 17,20; Matt. 21,21; Mark 11,23; Luke 1,61; Luke 10,20; John 4,20; John 4,21; John 4,27; John 4,37; John 9,30; John 13,35; John 15,8; John 16,30; John 20,30; Acts 3,12; Acts 4,10; Acts 4,17; Acts 5,28; Acts 8,29; Acts 15,15; Acts 24,2; Acts 24,10; Acts 24,16; Rom. 14,18; 1Cor. 4,4; 1Cor. 7,24; 1Cor. 11,22; 2Cor. 3,10; 2Cor. 5,2; 2Cor. 8,10; 2Cor. 9,3; Phil. 1,18; 1Pet. 4,16; 2Pet. 1,13; 2Pet. 2,19; 1John 2,3; 1John 2,5; 1John 3,10; 1John 3,16; 1John 3,19; 1John 3,24; 1John 4,2; 1John 4,9; 1John 4,10; 1John 4,13; 1John 4,17; 1John 5,2; Rev. 22,18; Rev. 22,19)

Τούτων ▸ 1 + 3 = 4

Pronoun · (demonstrative) · masculine · plural · genitive ▸ 1 + 1 = **2** (3Mac. 4,11; Matt. 11,7)

Pronoun · (demonstrative) · neuter · plural · genitive ▸ **2** (Heb. 9,6; 2Pet. 3,11)

τούτων ▸ 183 + 5 + 69 = 257

Pronoun · (demonstrative) · feminine · plural · genitive ▸ 13 + 1 + 8 = **22** (Deut. 4,42; Deut. 19,5; Deut. 19,11; Josh. 11,10; Josh. 21,16; Josh. 21,42; 1Chr. 4,33; 2Mac. 6,10; 2Mac. 12,1; 3Mac. 4,8; 4Mac. 1,32; Amos 6,2; Ezek. 42,9; Josh. 19,8; Matt. 5,19; Mark 12,31; Acts 5,36; Acts 21,38; Heb. 1,2; Heb. 10,18; 3John 4; Rev. 9,18)

Pronoun · (demonstrative) · masculine · plural · genitive ▸ 85 + 1 + 20 = **106** (Gen. 9,19; Gen. 10,5; Gen. 10,32; Ex. 5,9; Ex. 24,8; Ex. 28,33; Ex. 34,27; Lev. 25,45; Num. 16,26; Num. 17,3; Num. 22,15; Num. 23,10; Deut. 1,35; Josh. 5,7; 1Sam. 4,8; 1Sam. 14,6; 1Sam. 17,36; 1Sam. 30,24; 1Kings 21,29; 1Kings 22,13; 1Kings 22,23; 2Kings 1,13; 1Chr. 2,53; 1Chr. 9,25; 1Chr. 11,19; 1Chr. 23,4; 2Chr. 18,22; 1Esdr. 5,39; 1Esdr. 5,41; 1Esdr. 6,10; Neh. 5,16; Esth. 12,4 # 1,1p; Esth. 16,13 # 8,12n; Esth. 16,14 # 8,120; Esth. 10,5 # 10,3b; Tob. 8,6; 1Mac. 6,27; 1Mac. 9,17; 1Mac. 9,17; 1Mac. 10,37; 1Mac. 12,9; 1Mac. 13,7; 1Mac. 14,23; 1Mac. 14,25; 1Mac. 14,34; 1Mac. 15,24; 1Mac. 15,35; 2Mac. 10,3; 2Mac. 10,19; 2Mac. 12,4; 2Mac. 12,27; 2Mac. 14,20; 3Mac. 2,17; 3Mac. 3,20; 3Mac. 3,26; 3Mac. 4,11; 3Mac. 4,15; 3Mac. 5,9; 3Mac. 5,32; 3Mac. 6,14; 3Mac. 7,9; 3Mac. 7,13; 4Mac. 1,8; 4Mac. 8,27; 4Mac. 16,24; 4Mac. 18,9; Psa. 86,6; Prov. 4,23; Job 24,12; Wis. 12,8; Sol. 8,10; Zech. 3,7; Is. 7,4; Is. 33,8; Is. 37,4; Jer. 5,7; Jer. 23,10; Jer. 45,16; Jer. 45,24; Jer. 49,2; Jer. 50,10; Ezek. 5,4; Ezek. 8,15; Ezek. 48,10; Dan. 2,44; Dan. 11,4; Matt. 3,9; Matt. 10,42; Matt. 18,6; Matt. 18,10; Matt. 25,40; Matt. 25,45; Mark 9,42; Luke 3,8; Luke 10,36; Luke 17,2; John 7,40; John 17,20; John 19,13; John 21,15; Acts 1,22; Acts 1,24; Acts 5,38; Acts 26,29; Rom. 11,30; Rev. 20,6)

Pronoun · (demonstrative) · neuter · plural · genitive ▸ 85 + 3 + 41 = **129** (Gen. 15,17; Gen. 21,29; Gen. 24,52; Gen. 32,20; Gen. 41,35; Ex. 30,36; Lev. 2,8; Lev. 5,4; Lev. 5,13; Lev. 11,4; Lev. 11,33; Lev. 11,40; Lev. 18,26; Lev. 18,29; Lev. 22,25; Lev. 27,9; Deut. 9,4; Deut. 9,5; Deut. 18,12; Deut. 20,15; Deut. 20,16; 2Sam. 7,18; 2Chr. 25,9; 2Chr. 32,14; 2Chr. 32,20; 1Esdr. 2,9; 1Esdr. 2,17; 1Esdr. 6,21; 1Esdr. 8,1; 1Esdr. 8,65; Esth. 12,5 # 1,1q; Esth. 10,9 # 10,3f; 1Mac. 6,13; 1Mac. 11,29; 1Mac. 11,36; 1Mac. 11,37; 1Mac. 14,44; 1Mac. 14,45; 2Mac. 3,14; 2Mac. 4,43; 2Mac. 11,20; 2Mac. 11,36; 2Mac. 14,9; 2Mac. 14,28; 3Mac. 3,2; 3Mac. 5,10; 3Mac. 5,15; 3Mac. 5,30; 3Mac. 5,37; 3Mac. 6,33; 3Mac. 6,36; 4Mac. 1,6; 4Mac. 1,14; 4Mac. 1,16; 4Mac. 1,20; 4Mac. 1,28; 4Mac. 4,4; 4Mac. 14,16; Job 4,12; Wis. 7,12; Wis. 11,5; Wis. 11,16; Wis. 11,20; Wis. 13,3; Wis. 13,9; Wis. 15,7; Sir. 1,13 Prol.; Sir. 16,5; Sir. 24,7; Sir. 34,12; Sir. 42,1; Sir. 43,32; Sol. 2,4; Sol. 13,4; Sol. 13,6; Hag. 2,13; Is. 36,20; Is. 47,10; LetterJ 28; Ezek. 16,5; Dan. 1,5; Dan. 4,33; Dan. 7,16; Dan. 10,21; Dan. 12,6; Dan. 7,16; Dan. 10,21; Dan. 12,8; Matt. 5,37; Matt. 6,29; Matt. 6,32; Matt. 18,14; Luke 7,18; Luke 12,27; Luke 12,30; Luke 18,34; Luke 21,12; Luke 21,28; Luke 24,14; Luke 24,48; John 1,50; John 5,20; John 14,12; John 21,24; Acts 5,32; Acts 14,15; Acts 15,28; Acts 18,15; Acts 18,17; Acts 19,36; Acts 24,8; Acts 25,9; Acts 25,20; Acts 25,20; Acts 26,21; Acts 26,26; Acts 26,26; 1Cor. 9,15; 1Cor. 13,13; 1Th. 4,6; 2Tim. 2,21; 2Tim. 3,6; Titus 3,8; Heb. 13,11;

2Pet. 1,4; 2Pet. 1,12; 2Pet. 1,15; 2Pet. 3,16; Rev. 18,15)

οὕτως (οὗτος) thus, so, in this way ▸ 830 + 29 + 208 = 1067

Οὕτω ▸ 2 + 1 = 3

Adverb · (demonstrative) ▸ 2 + 1 = 3 (1Sam. 28,2; Jer. 13,9; Judg. 11,15)

οὕτω ▸ 24

Adverb · (demonstrative) ▸ 24 (Ex. 25,9; Lev. 7,7; Lev. 10,13; Lev. 16,16; Num. 15,12; Deut. 32,6; 1Kings 2,38; 1Kings 10,29; 1Esdr. 1,12; 2Mac. 7,28; 2Mac. 13,26; 3Mac. 3,9; 4Mac. 8,6; 4Mac. 13,17; Ode. 2,6; Ode. 11,14; Ode. 11,14; Job 9,35; Job 27,2; Sir. 32,1; Is. 30,15; Jer. 35,6; Dan. 1,13; Dan. 3,40)

Οὕτως ▸ 109 + 2 + 7 = 118

Adverb · (demonstrative) ▸ 109 + 2 + 7 = 118 (Gen. 15,5; Gen. 18,5; Gen. 24,30; Gen. 32,5; Gen. 32,5; Gen. 39,19; Gen. 50,17; Ex. 3,14; Ex. 3,15; Num. 6,23; Num. 36,5; Deut. 25,9; Judg. 18,4; 1Sam. 28,2; 2Sam. 17,15; 1Kings 12,24q; 1Kings 12,24r; 2Kings 5,4; 2Kings 9,12; 1Chr. 17,4; 1Chr. 21,10; 1Chr. 21,11; 2Chr. 10,10; 2Chr. 12,5; 2Chr. 18,26; 2Chr. 19,9; 2Chr. 32,10; 2Chr. 34,23; 2Chr. 34,24; 2Chr. 34,26; 1Esdr. 9,10; Ezra 1,2; Neh. 5,13; Esth. 6,9; Esth. 6,11; Job 1,20; Sir. 23,22; Amos 7,1; Amos 7,4; Amos 7,7; Amos 8,1; Hag. 2,14; Is. 8,11; Is. 37,6; Is. 37,10; Is. 43,14; Is. 44,6; Is. 44,24; Is. 45,1; Is. 45,14; Is. 45,18; Is. 49,7; Is. 49,22; Is. 50,1; Is. 65,8; Is. 66,1; Jer. 19,11; Jer. 21,3; Jer. 28,64; Jer. 30,17; Jer. 30,23; Jer. 31,1; Jer. 32,15; Jer. 32,27; Jer. 32,28; Jer. 33,2; Jer. 33,4; Jer. 33,18; Jer. 34,2; Jer. 34,4; Jer. 34,4; Jer. 34,16; Jer. 35,2; Jer. 35,11; Jer. 35,11; Jer. 35,13; Jer. 36,4; Jer. 36,31; Jer. 37,2; Jer. 37,5; Jer. 37,12; Jer. 38,15; Jer. 39,3; Jer. 39,14; Jer. 40,2; Jer. 41,2; Jer. 41,2; Jer. 41,4; Jer. 41,13; Jer. 42,13; Jer. 43,29; Jer. 44,7; Jer. 44,7; Jer. 45,2; Jer. 45,17; Jer. 46,16; Jer. 49,9; Jer. 49,15; Jer. 50,10; Jer. 51,2; Jer. 51,32; Jer. 51,34; Bar. 2,21; Ezek. 4,13; Ezek. 11,5; Ezek. 33,10; Dan. 3,24; Dan. 6,13a; Sus. 48; Judg. 18,4; Sus. 48; Matt. 6,9; Matt. 7,17; Acts 19,20; 1Cor. 4,1; 1Cor. 15,42; Heb. 5,5; James 2,12)

οὕτως ▸ 695 + 26 + 201 = 922

Adverb · (demonstrative) ▸ 695 + 26 + 196 = 917 (Gen. 1,6; Gen. 1,9; Gen. 1,11; Gen. 1,15; Gen. 1,20; Gen. 1,24; Gen. 1,30; Gen. 4,15; Gen. 6,15; Gen. 6,22; Gen. 25,22; Gen. 29,26; Gen. 29,28; Gen. 30,15; Gen. 31,8; Gen. 34,7; Gen. 41,13; Gen. 42,20; Gen. 42,25; Gen. 43,11; Gen. 44,10; Gen. 45,21; Gen. 48,18; Gen. 50,3; Gen. 50,12; Ex. 2,14; Ex. 2,20; Ex. 5,15; Ex. 6,9; Ex. 7,6; Ex. 7,10; Ex. 7,20; Ex. 8,20; Ex. 8,22; Ex. 10,10; Ex. 10,11; Ex. 10,14; Ex. 12,11; Ex. 12,28; Ex. 12,50; Ex. 14,4; Ex. 16,17; Ex. 17,6; Ex. 22,10; Ex. 22,29; Ex. 23,11; Ex. 25,33; Ex. 25,35; Ex. 26,4; Ex. 26,17; Ex. 26,24; Ex. 27,8; Ex. 27,11; Ex. 29,35; Ex. 39,10; Ex. 39,22; Ex. 39,23; Ex. 40,16; Lev. 4,20; Lev. 8,35; Lev. 16,3; Lev. 24,20; Lev. 25,16; Lev. 26,16; Lev. 27,12; Lev. 27,14; Num. 1,54; Num. 2,17; Num. 2,34; Num. 2,34; Num. 5,4; Num. 5,4; Num. 8,3; Num. 8,4; Num. 8,7; Num. 8,20; Num. 8,22; Num. 8,26; Num. 9,5; Num. 9,16; Num. 11,15; Num. 12,7; Num. 13,33; Num. 14,28; Num. 14,35; Num. 15,11; Num. 15,13; Num. 15,14; Num. 15,20; Num. 16,11; Num. 17,26; Num. 18,28; Num. 22,30; Num. 23,5; Num. 25,12; Num. 30,8; Num. 32,8; Num. 32,23; Num. 32,31; Num. 36,10; Deut. 3,21; Deut. 4,5; Deut. 5,29; Deut. 6,1; Deut. 7,5; Deut. 7,19; Deut. 8,5; Deut. 8,20; Deut. 12,4; Deut. 12,22; Deut. 12,31; Deut. 15,2; Deut. 18,14; Deut. 20,15; Deut. 22,3; Deut. 22,3; Deut. 22,3; Deut. 22,26; Deut. 28,63; Deut. 29,23; Josh. 1,5; Josh. 2,21; Josh. 3,7; Josh. 4,8; Josh. 6,14; Josh. 6,26; Josh. 7,20; Josh. 7,20; Josh. 8,34 # 9,2e; Josh. 9,26; Josh. 10,1; Josh. 10,25; Josh. 10,39; Josh. 11,15; Josh. 14,5; Josh. 22,26; Josh. 23,15; Judg. 1,7; Judg. 2,17; Judg. 5,31; Judg. 6,20; Judg. 6,38; Judg. 6,40; Judg. 7,17; Judg. 7,17; Judg. 8,7; Judg. 11,8; Judg. 11,10; Judg. 12,6; Judg. 14,10; Judg. 15,7; Judg. 15,11; Judg. 16,26; Judg. 18,4; Judg. 19,30; Judg. 21,14; Judg. 21,23; 1Sam. 1,7; 1Sam. 2,24; 1Sam. 3,13; 1Sam. 5,7; 1Sam. 6,10; 1Sam. 8,8; 1Sam. 9,13; 1Sam. 15,32; 1Sam. 15,33; 1Sam. 19,17; 1Sam. 20,8; 1Sam. 23,17; 1Sam. 25,25; 1Sam. 26,24; 1Sam. 30,23; 1Sam. 30,24; 2Sam. 3,9; 2Sam. 6,22; 2Sam. 7,17; 2Sam. 9,11; 2Sam. 11,25; 2Sam. 11,25; 2Sam. 12,31; 2Sam. 13,4; 2Sam. 13,12; 2Sam. 13,18; 2Sam. 13,35; 2Sam. 14,17; 2Sam. 15,26; 2Sam. 16,7; 2Sam. 16,10; 2Sam. 16,10; 2Sam. 16,19; 2Sam. 16,23; 2Sam. 17,11; 2Sam. 17,15; 2Sam. 17,15; 2Sam. 17,15; 2Sam. 17,21; 2Sam. 18,14; 2Sam. 19,1; 2Sam. 19,43; 2Sam. 20,18; 2Sam. 23,5; 1Kings 1,30; 1Kings 1,36; 1Kings 1,37; 1Kings 1,48; 1Kings 2,7; 1Kings 2,35f; 1Kings 5,1; 1Kings 6,25; 1Kings 6,26; 1Kings 6,33; 1Kings 7,3; 1Kings 7,6; 1Kings 7,16; 1Kings 9,8; 1Kings 10,20; 1Kings 11,7; 1Kings 13,9; 1Kings 13,17; 1Kings 17,22; 1Kings 18,34; 1Kings 20,7; 1Kings 21,25; 1Kings 22,4; 1Kings 22,8; 1Kings 22,12; 1Kings 22,17; 1Kings 22,19; 1Kings 22,19; 1Kings 22,20; 1Kings 22,20; 1Kings 22,22; 2Kings 1,4; 2Kings 1,6; 2Kings 1,16; 2Kings 2,10; 2Kings 4,5; 2Kings 5,4; 2Kings 7,9; 2Kings 7,20; 2Kings 9,12; 2Kings 15,12; 2Kings 17,9; 2Kings 18,21; 2Kings 19,32; 2Kings 21,12; 2Kings 22,20; 1Chr. 13,4; 1Chr. 17,7; 1Chr. 17,15; 1Chr. 20,3; 1Chr. 23,30; 2Chr. 1,12; 2Chr. 1,17; 2Chr. 8,14; 2Chr. 9,19; 2Chr. 10,10; 2Chr. 18,3; 2Chr. 18,7; 2Chr. 18,11; 2Chr. 18,18; 2Chr. 18,19; 2Chr. 18,19; 2Chr. 18,21; 2Chr. 19,10; 2Chr. 24,11; 2Chr. 31,20; 2Chr. 32,17; 2Chr. 32,31; 2Chr. 34,26; 2Chr. 35,12; 1Esdr. 3,17; 1Esdr. 3,24; 1Esdr. 3,24; 1Esdr. 4,12; 1Esdr. 4,32; Ezra 5,9; Ezra 6,13; Ezra 7,27; Ezra 10,16; Neh. 5,9; Neh. 5,12; Neh. 5,13; Neh. 5,15; Neh. 6,13; Neh. 8,17; Neh. 13,18; Neh. 13,26; Esth. 1,8; Esth. 1,18; Esth. 1,20; Esth. 2,4; Esth. 2,12; Esth. 2,20; Esth. 3,2; Esth. 6,10; Esth. 9,14; Judith 8,21; Judith 9,2; Judith 10,10; Tob. 5,17; 1Mac. 2,61; 1Mac. 3,60; 1Mac. 4,31; 1Mac. 7,42; 1Mac. 8,29; 1Mac. 10,11; 1Mac. 10,62; 1Mac. 12,26; 1Mac. 13,47; 1Mac. 14,22; 2Mac. 2,10; 2Mac. 2,29; 2Mac. 3,9; 2Mac. 3,11; 2Mac. 3,40; 2Mac. 4,13; 2Mac. 4,22; 2Mac. 6,14; 2Mac. 7,2; 2Mac. 7,5; 2Mac. 7,14; 2Mac. 7,27; 2Mac. 9,4; 2Mac. 9,13; 2Mac. 9,18; 2Mac. 10,9; 2Mac. 11,22; 2Mac. 11,34; 2Mac. 15,2; 2Mac. 15,13; 2Mac. 15,37; 2Mac. 15,39; 3Mac. 1,5; 3Mac. 3,30; 3Mac. 4,4; 3Mac. 5,22; 3Mac. 5,33; 3Mac. 6,15; 3Mac. 6,26; 3Mac. 7,14; 4Mac. 1,12; 4Mac. 2,20; 4Mac. 5,15; 4Mac. 5,18; 4Mac. 5,31; 4Mac. 5,33; 4Mac. 6,17; 4Mac. 6,24; 4Mac. 7,4; 4Mac. 7,12; 4Mac. 9,17; 4Mac. 10,14; 4Mac. 12,19; 4Mac. 13,3; 4Mac. 13,7; 4Mac. 13,23; 4Mac. 14,6; 4Mac. 14,8; 4Mac. 15,10; 4Mac. 15,21; 4Mac. 15,32; 4Mac. 16,3; 4Mac. 16,3; 4Mac. 17,5; Psa. 1,4; Psa. 1,4; Psa. 34,14; Psa. 34,14; Psa. 41,2; Psa. 47,6; Psa. 47,9; Psa. 47,11; Psa. 60,9; Psa. 62,3; Psa. 62,5; Psa. 64,10; Psa. 67,3; Psa. 72,15; Psa. 82,16; Psa. 89,12; Psa. 102,15; Psa. 122,2; Psa. 126,4; Psa. 127,4; Psa. 138,12; Psa. 147,9; Ode. 5,17; Ode. 7,40; Ode. 11,13; Prov. 6,29; Prov. 9,18b; Prov. 10,26; Prov. 11,22; Prov. 12,4; Prov. 17,3; Prov. 19,12; Prov. 19,18; Prov. 21,1; Prov. 23,7; Prov. 24,14; Prov. 25,11; Prov. 25,13; Prov. 25,14; Prov. 25,18; Prov. 25,20; Prov. 25,20a; Prov. 25,25; Prov. 25,26; Prov. 25,28; Prov. 26,1; Prov. 26,2; Prov. 26,3; Prov. 26,11; Prov. 26,14; Prov. 26,17; Prov. 26,19; Prov. 27,8; Prov. 27,19; Prov. 28,4; Eccl. 3,19; Eccl. 5,15; Eccl. 7,6; Eccl. 8,10; Eccl. 11,5; Song 2,2; Song 2,3; Song 5,9; Job 1,5; Job 1,21; Job 5,27; Job 6,18; Job 7,3; Job 8,13; Job 9,2; Job 10,2; Job 11,15; Job 19,3; Job 20,2; Job 23,13; Job 28,26; Job 29,23; Wis. 5,13; Wis. 9,18; Wis. 17,15; Sir. 2,18; Sir. 3,1; Sir. 3,15; Sir. 5,9; Sir. 5,15; Sir. 6,17; Sir. 10,2; Sir. 11,30; Sir. 12,10; Sir. 12,14; Sir. 13,17; Sir. 13,19; Sir. 13,20; Sir. 14,18; Sir. 16,10; Sir. 16,12; Sir. 18,10; Sir. 18,16; Sir. 19,12; Sir. 20,4; Sir. 20,18; Sir. 21,4; Sir. 21,18; Sir. 22,16; Sir. 22,18; Sir. 22,24;

Sir. 23,10; Sir. 23,20; Sir. 24,10; Sir. 24,28; Sir. 25,20; Sir. 27,4; Sir. 27,6; Sir. 27,10; Sir. 27,18; Sir. 27,19; Sir. 28,10; Sir. 30,19; Sir. 31,26; Sir. 33,4; Sir. 33,13; Sir. 33,14; Sir. 33,15; Sir. 34,2; Sir. 34,26; Sir. 36,3; Sir. 36,19; Sir. 36,27; Sir. 38,22; Sir. 38,27; Sir. 38,28; Sir. 38,29; Sir. 39,15; Sir. 39,23; Sir. 39,24; Sir. 39,25; Sir. 39,27; Sir. 40,14; Sir. 41,10; Sir. 44,22; Sir. 46,3; Sir. 47,2; Sir. 47,6; Sir. 48,3; Sir. 49,12; Sol. 14,6; Hos. 4,7; Hos. 4,9; Hos. 10,15; Hos. 11,2; Amos 3,12; Amos 4,12; Amos 4,12; Amos 5,14; Mic. 3,4; Joel 2,4; Obad. 15; Nah. 1,12; Hag. 2,14; Hag. 2,14; Zech. 1,6; Zech. 7,13; Zech. 8,13; Zech. 8,15; Zech. 14,8; Is. 10,7; Is. 10,7; Is. 10,11; Is. 10,16; Is. 14,20; Is. 14,24; Is. 14,24; Is. 15,7; Is. 16,6; Is. 16,7; Is. 17,12; Is. 18,4; Is. 20,2; Is. 20,4; Is. 21,6; Is. 21,16; Is. 24,13; Is. 26,17; Is. 27,7; Is. 27,7; Is. 28,16; Is. 29,8; Is. 30,12; Is. 31,4; Is. 31,4; Is. 31,5; Is. 33,1; Is. 33,4; Is. 36,6; Is. 37,33; Is. 38,13; Is. 38,14; Is. 38,14; Is. 41,25; Is. 42,5; Is. 43,1; Is. 43,16; Is. 44,2; Is. 45,11; Is. 48,17; Is. 49,5; Is. 49,8; Is. 49,25; Is. 51,22; Is. 52,4; Is. 52,14; Is. 52,15; Is. 53,7; Is. 54,10; Is. 55,9; Is. 55,11; Is. 57,20; Is. 58,5; Is. 61,7; Is. 61,11; Is. 62,5; Is. 62,5; Is. 63,1; Is. 63,14; Is. 64,5; Is. 65,8; Is. 66,8; Is. 66,13; Is. 66,22; Jer. 2,26; Jer. 2,33; Jer. 3,20; Jer. 5,13; Jer. 5,19; Jer. 5,27; Jer. 5,31; Jer. 6,7; Jer. 8,6; Jer. 10,11; Jer. 13,11; Jer. 14,10; Jer. 19,12; Jer. 21,7; Jer. 22,8; Jer. 23,10; Jer. 23,16; Jer. 23,28; Jer. 23,35; Jer. 24,5; Jer. 24,8; Jer. 31,30; Jer. 31,40; Jer. 32,32; Jer. 34,19; Jer. 35,14; Jer. 35,16; Jer. 36,8; Jer. 36,10; Jer. 36,21; Jer. 36,32; Jer. 37,18; Jer. 38,2; Jer. 38,7; Jer. 38,16; Jer. 38,23; Jer. 38,28; Jer. 38,36; Jer. 39,15; Jer. 39,24; Jer. 39,28; Jer. 39,36; Jer. 39,42; Jer. 39,42; Jer. 40,4; Jer. 40,10; Jer. 40,12; Jer. 41,17; Jer. 42,17; Jer. 42,18; Jer. 43,30; Jer. 44,9; Jer. 45,3; Jer. 45,12; Jer. 49,5; Jer. 49,18; Jer. 49,18; Jer. 51,7; Jer. 51,11; Jer. 51,25; Jer. 51,30; Bar. 4,24; Bar. 4,33; Lam. 2,20; Lam. 3,37; LetterJ 69; Ezek. 1,28; Ezek. 12,7; Ezek. 12,11; Ezek. 15,6; Ezek. 16,28; Ezek. 16,43; Ezek. 18,4; Ezek. 20,36; Ezek. 20,44; Ezek. 21,9; Ezek. 22,20; Ezek. 22,22; Ezek. 23,39; Ezek. 23,44; Ezek. 31,18; Ezek. 32,14; Ezek. 34,12; Ezek. 36,38; Ezek. 42,5; Ezek. 42,5; Ezek. 45,20; Dan. 2,8; Dan. 3,25; Dan. 3,93; Dan. 3,96; Dan. 3,97; Dan. 4,15; Dan. 4,37b; Dan. 5,17; Dan. 6,10; Dan. 7,5; Sus. 13-14; Sus. 57; Bel 9; Bel 14; Judg. 1,7; Judg. 2,17; Judg. 5,15; Judg. 5,31; Judg. 6,20; Judg. 6,38; Judg. 6,40; Judg. 7,17; Judg. 7,17; Judg. 11,10; Judg. 12,6; Judg. 14,10; Judg. 15,7; Judg. 15,11; Judg. 18,4; Judg. 20,32; Judg. 21,11; Judg. 21,14; Judg. 21,23; Dan. 2,40; Dan. 3,25; Dan. 3,40; Dan. 3,96; Dan. 4,14; Dan. 7,5; Sus. 57; Matt. 1,18; Matt. 2,5; Matt. 3,15; Matt. 5,12; Matt. 5,16; Matt. 5,19; Matt. 6,30; Matt. 7,12; Matt. 9,33; Matt. 11,26; Matt. 12,40; Matt. 12,45; Matt. 13,40; Matt. 13,49; Matt. 17,12; Matt. 18,14; Matt. 18,35; Matt. 19,8; Matt. 19,10; Matt. 19,12; Matt. 20,16; Matt. 20,26; Matt. 23,28; Matt. 24,27; Matt. 24,33; Matt. 24,37; Matt. 24,39; Matt. 24,46; Matt. 26,40; Matt. 26,54; Mark 2,7; Mark 2,8; Mark 2,12; Mark 4,26; Mark 7,18; Mark 9,3; Mark 10,43; Mark 13,29; Mark 14,59; Mark 15,39; Luke 1,25; Luke 2,48; Luke 9,15; Luke 10,21; Luke 11,30; Luke 12,21; Luke 12,28; Luke 12,38; Luke 12,43; Luke 12,54; Luke 14,33; Luke 15,7; Luke 15,10; Luke 17,10; Luke 17,24; Luke 17,26; Luke 19,31; Luke 21,31; Luke 22,26; Luke 24,24; Luke 24,46; John 3,8; John 3,14; John 4,6; John 5,21; John 5,26; John 7,46; John 11,48; John 12,50; John 13,25; John 14,31; John 15,4; John 18,22; John 21,1; Acts 1,11; Acts 3,18; Acts 7,1; Acts 7,6; Acts 7,8; Acts 8,32; Acts 12,8; Acts 12,15; Acts 13,8; Acts 13,34; Acts 13,47; Acts 14,1; Acts 17,11; Acts 17,33; Acts 20,11; Acts 20,13; Acts 20,35; Acts 21,11; Acts 22,24; Acts 23,11; Acts 24,9; Acts 24,14; Acts 27,17; Acts 27,25; Acts 27,44; Acts 28,14; Rom. 1,15; Rom. 4,18; Rom. 5,12; Rom. 5,15; Rom. 5,18; Rom. 5,19; Rom. 5,21; Rom. 6,4; Rom. 6,11; Rom. 6,19; Rom. 9,20; Rom. 10,6; Rom. 11,5; Rom. 11,26; Rom. 11,31; Rom. 12,5; Rom. 15,20; 1Cor. 2,11; 1Cor. 3,15; 1Cor. 5,3; 1Cor. 6,5; 1Cor. 7,7; 1Cor. 7,7; 1Cor. 7,17; 1Cor. 7,17; 1Cor. 7,26; 1Cor. 7,36; 1Cor. 7,40; 1Cor. 8,12; 1Cor. 9,14; 1Cor. 9,15; 1Cor. 9,24; 1Cor. 9,26; 1Cor. 9,26; 1Cor. 11,12; 1Cor. 11,28; 1Cor. 12,12; 1Cor. 14,9; 1Cor. 14,12; 1Cor. 14,21; 1Cor. 14,25; 1Cor. 15,11; 1Cor. 15,11; 1Cor. 15,22; 1Cor. 15,45; 1Cor. 16,1; 2Cor. 1,5; 2Cor. 1,7; 2Cor. 7,14; 2Cor. 8,6; 2Cor. 8,11; 2Cor. 9,5; 2Cor. 10,7; Gal. 4,3; Gal. 4,29; Gal. 6,2; Eph. 4,20; Eph. 5,24; Eph. 5,28; Eph. 5,33; Phil. 3,17; Phil. 4,1; Col. 3,13; 1Th. 2,4; 1Th. 2,8; 1Th. 4,14; 1Th. 4,17; 1Th. 5,2; 2Th. 3,17; 2Tim. 3,8; Heb. 4,4; Heb. 5,3; Heb. 6,9; Heb. 6,15; Heb. 9,6; Heb. 9,28; Heb. 10,33; James 1,11; James 2,12; James 2,17; James 2,26; James 3,5; James 3,10; 1Pet. 2,15; 1Pet. 3,5; 2Pet. 1,11; 2Pet. 3,4; 2Pet. 3,11; 1John 2,6; 1John 4,11; Rev. 2,15; Rev. 3,5; Rev. 3,16; Rev. 9,17; Rev. 11,5; Rev. 18,21)

- **Adverb** · (intensity) ▸ 5 (John 3,16; Gal. 1,6; Gal. 3,3; Heb. 12,21; Rev. 16,18)

Ουφι Ephod ▸ 1
Ουφι ▸ 1
- **Noun** · masculine · singular · genitive · (proper) ▸ 1 (Num. 34,23)

Ουφιρ Ophir ▸ 1
Ουφιρ ▸ 1
- **Noun** · masculine · singular · accusative · (proper) ▸ 1 (Gen. 10,29)

οὐχί (οὐ) not, no ▸ 184 + 16 + 54 = 254
Οὐχὶ ▸ 26 + 3 = 29
- **Adverb** ▸ 26 + 3 = 29 (Gen. 40,8; Num. 22,37; Num. 23,12; Num. 24,12; Judg. 4,6; Judg. 5,30; Judg. 6,13; Judg. 10,11; 1Sam. 9,21; 1Sam. 10,1; 1Sam. 15,17; 1Sam. 21,21; 2Sam. 11,3; 2Sam. 11,10; 2Sam. 19,14; 1Kings 1,13; 1Kings 2,42; 2Kings 5,26; 1Chr. 22,18; Psa. 61,2; Mic. 3,11; Mal. 2,10; Jer. 20,3; Jer. 51,21; Ezek. 11,3; Ezek. 21,5; Judg. 4,6; Judg. 11,7; Dan. 3,91)

Οὐχί ▸ 25 + 1 = 26
- **Adverb** ▸ 25 + 1 = 26 (Gen. 18,15; Gen. 19,2; Gen. 23,15; Gen. 42,10; Gen. 42,12; Num. 13,30; Num. 22,30; Josh. 24,21; Judg. 15,13; 1Sam. 1,15; 1Sam. 2,16; 1Sam. 8,19; 1Sam. 10,19; 1Sam. 12,12; 1Sam. 17,43; 2Sam. 16,18; 2Sam. 24,24; 1Kings 3,22; 1Kings 3,23; 2Kings 6,12; 1Chr. 21,24; Tob. 10,9; 2Mac. 7,8; Zech. 4,5; Zech. 4,13; Judg. 15,13)

οὐχί ▸ 132 + 12 + 47 = 191
- **Adverb** ▸ 132 + 12 = 144 (Lev. 20,23; Num. 12,2; Num. 16,29; Num. 19,15; Num. 23,19; Num. 23,19; Num. 24,17; Num. 36,7; Deut. 2,27; Deut. 4,26; Deut. 5,3; Deut. 7,10; Deut. 9,5; Deut. 9,6; Deut. 11,2; Deut. 20,15; Deut. 20,19; Deut. 28,56; Deut. 31,27; Deut. 32,6; Deut. 32,27; Deut. 32,47; Judg. 8,2; Judg. 11,24; Ruth 3,2; 1Sam. 6,6; 1Sam. 12,17; 1Sam. 17,36; 1Sam. 18,23; 1Sam. 21,12; 1Sam. 29,4; 2Sam. 10,3; 2Sam. 11,21; 2Sam. 11,22; 2Sam. 13,28; 2Sam. 16,19; 2Kings 5,12; 2Kings 5,12; 2Kings 5,13; 2Kings 6,32; 2Kings 10,34; 2Kings 13,8; 2Kings 13,12; 2Kings 14,15; 2Kings 14,18; 2Kings 14,28; 2Kings 15,36; 2Kings 16,19; 2Kings 18,22; 2Kings 18,27; 2Kings 20,20; 2Kings 21,17; 2Kings 23,28; 2Chr. 20,6; 2Chr. 20,7; 2Chr. 32,11; 1Esdr. 1,25; 1Esdr. 4,22; 1Esdr. 4,28; 1Esdr. 4,28; 1Esdr. 4,32; 1Esdr. 4,34; 1Esdr. 4,35; 1Esdr. 8,85; Neh. 3,35; Neh. 13,18; Tob. 5,18; 1Mac. 2,52; 3Mac. 1,15; 4Mac. 8,16; 4Mac. 9,5; 4Mac. 14,20; Psa. 5,5; Psa. 13,4; Psa. 18,4; Psa. 38,8; Psa. 40,9; Psa. 43,22; Psa. 52,5; Psa. 59,12; Psa. 77,38; Psa. 93,9; Psa. 93,10; Psa. 107,12; Psa. 138,21; Ode. 2,6; Ode. 2,27; Prov. 15,11; Job 6,30; Job 7,1; Job 8,12; Job 12,6; Job 13,11; Job 14,3; Job 15,9; Job 20,2; Job 21,22; Job 22,2; Job 22,12; Job 31,3; Job 31,4; Job 31,17; Sir. 14,15; Sir. 18,16; Sir. 35,15; Sir. 37,2; Sir. 46,4; Sir. 47,4; Amos 5,20; Mic. 1,5; Hab.

1,12; Hab. 2,6; Mal. 2,10; Is. 36,12; Is. 42,24; Is. 58,6; Jer. 2,17; Jer. 3,2; Jer. 7,19; Jer. 10,23; Jer. 14,22; Jer. 23,23; Jer. 23,24; Jer. 23,29; Jer. 30,31; Jer. 31,30; Jer. 33,19; Jer. 45,15; Ezek. 17,9; Ezek. 18,25; Ezek. 18,29; Ezek. 24,25; Judg. 6,13; Judg. 8,2; Judg. 9,38; Judg. 10,11; Judg. 11,24; Judg. 15,2; Tob. 3,15; Tob. 4,2; Tob. 5,18; Tob. 8,7; Tob. 12,18; Tob. 14,10)

Particle · (interrogative) ▸ **43** (Matt. 5,46; Matt. 5,47; Matt. 6,25; Matt. 10,29; Matt. 12,11; Matt. 13,27; Matt. 13,56; Matt. 18,12; Matt. 20,13; Luke 4,22; Luke 6,39; Luke 12,6; Luke 14,28; Luke 14,31; Luke 15,8; Luke 17,8; Luke 17,17; Luke 18,30; Luke 22,27; Luke 23,39; Luke 24,26; Luke 24,32; John 11,9; John 14,22; Acts 5,4; Acts 7,50; Rom. 3,29; Rom. 8,32; 1Cor. 1,20; 1Cor. 3,3; 1Cor. 5,2; 1Cor. 5,12; 1Cor. 6,1; 1Cor. 6,7; 1Cor. 6,7; 1Cor. 8,10; 1Cor. 9,1; 1Cor. 10,16; 1Cor. 10,16; 2Cor. 3,8; 1Th. 2,19; Heb. 1,14; Heb. 3,17)

Particle · (negative) ▸ **4** (John 13,10; John 13,11; 1Cor. 10,29; Gal. 2,14)

οὐχί ▸ **1** + **7** = **8**
  Adverb ▸ **1** (2Kings 20,10)
  Particle · (negative) ▸ **7** (Luke 1,60; Luke 12,51; Luke 13,3; Luke 13,5; Luke 16,30; John 9,9; Rom. 3,27)

Οφαρ Hepher ▸ **1**
  Οφαρ ▸ **1**
    Noun · masculine · singular · nominative · (proper) ▸ **1** (1Chr. 11,36)

ὀφειλέτης (ὀφείλω) debtor ▸ **7**
  ὀφειλέται ▸ **3**
    Noun · masculine · plural · nominative ▸ **3** (Luke 13,4; Rom. 8,12; Rom. 15,27)
  ὀφειλέταις ▸ **1**
    Noun · masculine · plural · dative ▸ **1** (Matt. 6,12)
  ὀφειλέτης ▸ **3**
    Noun · masculine · singular · nominative ▸ **3** (Matt. 18,24; Rom. 1,14; Gal. 5,3)

ὀφειλή (ὀφείλω) debt, duty ▸ **3**
  ὀφειλάς ▸ **1**
    Noun · feminine · plural · accusative ▸ **1** (Rom. 13,7)
  ὀφειλήν ▸ **2**
    Noun · feminine · singular · accusative ▸ **2** (Matt. 18,32; 1Cor. 7,3)

ὀφείλημα (ὀφείλω) debt ▸ **4** + **2** = **6**
  ὀφείλημα ▸ **4** + **1** = **5**
    Noun · neuter · singular · accusative · (common) ▸ **1** + **1** = **2** (1Esdr. 3,20; Rom. 4,4)
    Noun · neuter · singular · nominative · (common) ▸ **3** (Deut. 24,10; Deut. 24,10; 1Mac. 15,8)
  ὀφειλήματα ▸ **1**
    Noun · neuter · plural · accusative ▸ **1** (Matt. 6,12)

ὀφείλω to be obligated ▸ **16** + **1** + **35** = **52**
  ὀφείλει ▸ **2** + **11** = **13**
    Verb · third · singular · present · active · indicative ▸ **2** + **11** = **13** (Deut. 15,2; Is. 24,2; Matt. 23,16; Matt. 23,18; John 19,7; 1Cor. 7,36; 1Cor. 9,10; 1Cor. 11,7; 1Cor. 11,10; 2Cor. 12,14; Philem. 18; Heb. 5,3; 1John 2,6)
  ὀφείλεις ▸ **3**
    Verb · second · singular · present · active · indicative ▸ **3** (Matt. 18,28; Luke 16,5; Luke 16,7)
  ὀφειλέσει ▸ **1**
    Verb · third · singular · future · active · indicative ▸ **1** (Tob. 6,13)
  ὀφείλετε ▸ **1** + **2** = **3**
    Verb · second · plural · present · active · indicative ▸ **1** + **1** = **2** (4Mac. 16,19; John 13,14)
    Verb · second · plural · present · active · imperative ▸ **1** (Rom. 13,8)
  ὀφειλήσειν ▸ **1**
    Verb · third · singular · future · active · indicative ▸ **1** (Tob. 6,13)
  ὀφειλήσῃς ▸ **1**
    Verb · second · singular · aorist · active · subjunctive ▸ **1** (4Mac. 11,3)
  ὀφειλήσουσιν ▸ **2**
    Verb · third · plural · future · active · indicative ▸ **2** (Prov. 14,9; Job 6,20)
  Ὀφείλομεν ▸ **1**
    Verb · first · plural · present · active · indicative ▸ **1** (Rom. 15,1)
  ὀφείλομεν ▸ **1** + **6** = **7**
    Verb · first · plural · present · active · indicative ▸ **1** + **6** = **7** (4Mac. 11,15; Acts 17,29; 2Th. 1,3; 2Th. 2,13; 1John 3,16; 1John 4,11; 3John 8)
  ὀφειλομένης ▸ **1**
    Verb · present · passive · participle · feminine · singular · genitive ▸ **1** (3Mac. 7,10)
  ὀφειλόμενον ▸ **2**
    Verb · present · passive · participle · neuter · singular · accusative ▸ **2** (Matt. 18,30; Matt. 18,34)
  ὀφειλομένους ▸ **1**
    Verb · present · passive · participle · masculine · plural · accusative ▸ **1** (Wis. 12,20)
  ὀφείλοντα ▸ **1**
    Verb · present · active · participle · masculine · singular · accusative ▸ **1** (Wis. 12,15)
  ὀφείλοντες ▸ **1**
    Verb · present · active · participle · masculine · plural · nominative ▸ **1** (Heb. 5,12)
  ὀφείλοντι ▸ **1**
    Verb · present · active · participle · masculine · singular · dative ▸ **1** (Luke 11,4)
  ὀφείλοντος ▸ **1**
    Verb · present · active · participle · masculine · singular · genitive ▸ **1** (Ezek. 18,7)
  ὀφείλουσιν ▸ **2**
    Verb · third · plural · present · active · indicative ▸ **2** (Rom. 15,27; Eph. 5,28)
  ὀφείλων ▸ **2**
    Verb · present · active · participle · masculine · singular · nominative ▸ **2** (1Mac. 10,43; Is. 24,2)
  ὤφειλεν ▸ **1** + **3** = **4**
    Verb · third · singular · imperfect · active · indicative ▸ **1** + **3** = **4** (1Mac. 13,15; Matt. 18,28; Luke 7,41; Heb. 2,17)
  ὠφείλετε ▸ **1** + **1** = **2**
    Verb · second · plural · imperfect · active · indicative ▸ **1** + **1** = **2** (1Mac. 13,39; 1Cor. 5,10)
  ὠφείλομεν ▸ **1**
    Verb · first · plural · imperfect · active · indicative ▸ **1** (Luke 17,10)
  ὤφειλον ▸ **1**
    Verb · first · singular · imperfect · active · indicative ▸ **1** (2Cor. 12,11)

ὄφελον (ὀφείλω) I wish ▸ **7** + **4** = **11**
  ὄφελον ▸ **3** + **1** = **4**
    Particle ▸ **3** + **1** = **4** (Psa. 118,5; Job 14,13; Job 30,24; Rev. 3,15)
  Ὄφελον ▸ **4** + **2** = **6**
    Particle ▸ **4** + **2** = **6** (Ex. 16,3; Num. 14,2; Num. 20,3; 2Kings 5,3; 2Cor. 11,1; Gal. 5,12)
  ὀφελόν ▸ **1**

ὄφελον–ὀφθαλμός

    Particle ▸ **1** (1Cor. 4,8)
ὄφελος (ὠφελέω) gain ▸ 1 + 3 = 4
  ὄφελος ▸ 1 + 3 = 4
    Noun • neuter • singular • nominative • (common) ▸ 1 + 3 = **4** (Job 15,3; 1Cor. 15,32; James 2,14; James 2,16)
Οφερ Hepher ▸ 8
  Οφερ ▸ 8
    Noun • singular • genitive • (proper) ▸ **1** (Josh. 12,17)
    Noun • masculine • singular • dative • (proper) ▸ **1** (Num. 26,36)
    Noun • masculine • singular • genitive • (proper) ▸ **4** (Num. 26,37; Num. 27,1; Josh. 17,2; Josh. 17,3)
    Noun • masculine • singular • nominative • (proper) ▸ **2** (1Chr. 1,33; 1Chr. 5,24)
Οφερι Hepherite ▸ 1
  Οφερι ▸ 1
    Noun • masculine • singular • nominative • (proper) ▸ **1** (Num. 26,36)
ὀφθαλμοδουλία (ὁράω; δοῦλος) service to impress ▸ 2
  ὀφθαλμοδουλία ▸ 1
    Noun • feminine • singular • dative ▸ **1** (Col. 3,22)
  ὀφθαλμοδουλίαν ▸ 1
    Noun • feminine • singular • accusative ▸ **1** (Eph. 6,6)
ὀφθαλμός (ὁράω) eye ▸ 637 + 39 + 100 = 776
  ὀφθαλμοί ▸ 92 + 5 + 12 = 109
    Noun • masculine • plural • nominative • (common) ▸ 92 + 5 + 12 = **109** (Gen. 3,7; Gen. 27,1; Gen. 29,17; Gen. 45,12; Gen. 45,12; Gen. 48,10; Gen. 49,12; Num. 11,6; Num. 24,4; Num. 24,16; Deut. 3,21; Deut. 4,3; Deut. 11,7; Deut. 11,12; Deut. 21,7; Deut. 34,7; Josh. 24,7; 1Sam. 3,2; 1Sam. 4,15; 1Sam. 14,27; 2Sam. 24,3; 1Kings 1,20; 1Kings 12,24i; 1Chr. 21,3; 2Chr. 16,9; 2Chr. 20,12; Ezra 5,5; Psa. 9,29; Psa. 10,4; Psa. 32,18; Psa. 33,16; Psa. 34,21; Psa. 65,7; Psa. 68,24; Psa. 122,2; Psa. 122,2; Psa. 122,2; Psa. 144,15; Prov. 15,3; Prov. 15,15; Prov. 17,24; Prov. 22,12; Prov. 23,26; Prov. 27,20; Eccl. 2,14; Song 5,12; Job 11,20; Job 17,5; Job 21,20; Job 39,29; Job 41,10; Sir. 11,12; Sir. 15,19; Sir. 17,13; Sir. 17,19; Sir. 20,14; Sir. 23,19; Sir. 23,19; Sir. 34,16; Sir. 38,28; Sol. 4,4; Sol. 4,9; Sol. 4,12; Sol. 8,25; Amos 9,8; Mic. 4,11; Zech. 4,10; Zech. 14,12; Mal. 1,5; Is. 2,11; Is. 5,15; Is. 13,18; Is. 17,7; Is. 29,18; Is. 33,17; Is. 35,5; Is. 38,14; Is. 52,8; Is. 64,3; Jer. 5,21; Jer. 9,17; Jer. 13,17; Jer. 14,6; Jer. 39,4; Bar. 2,18; Lam. 4,17; Lam. 5,17; LetterJ 16; Ezek. 20,24; Dan. 7,8; Dan. 7,8; Dan. 10,6; Tob. 11,7; Dan. 7,8; Dan. 7,8; Dan. 7,20; Dan. 10,6; Matt. 13,16; Matt. 20,33; Matt. 26,43; Mark 14,40; Luke 4,20; Luke 10,23; Luke 24,16; Luke 24,31; Rom. 11,10; 1Pet. 3,12; Rev. 1,14; Rev. 19,12)
  ὀφθαλμοί ▸ 61 + 2 + 3 = 66
    Noun • masculine • plural • nominative • (common) ▸ 61 + 2 + 3 = **66** (Gen. 3,5; Deut. 4,9; Deut. 7,19; Deut. 10,21; Deut. 28,32; Deut. 29,2; Ruth 2,9; 1Sam. 14,29; 1Sam. 24,11; 1Kings 1,48; 1Kings 8,52; 1Kings 9,3; 1Kings 10,7; 2Chr. 6,40; 2Chr. 7,15; 2Chr. 7,16; 2Chr. 9,6; 2Chr. 34,28; Neh. 1,6; Tob. 5,21; Psa. 16,2; Psa. 24,15; Psa. 68,4; Psa. 76,5; Psa. 87,10; Psa. 100,6; Psa. 118,82; Psa. 118,123; Psa. 118,136; Psa. 118,148; Psa. 130,1; Psa. 138,16; Psa. 140,8; Ode. 11,14; Ode. 13,30; Prov. 4,25; Prov. 23,29; Prov. 23,33; Prov. 25,7; Eccl. 2,10; Song 1,15; Song 4,1; Song 7,5; Job 7,8; Job 15,12; Job 17,7; Sol. 18,2; Mic. 7,10; Zech. 3,9; Is. 30,20; Is. 33,20; Is. 43,8; Jer. 5,3; Jer. 16,17; Jer. 20,4; Jer. 22,17; Jer. 38,16; Jer. 39,19; Jer. 41,3; Jer. 49,2; Lam. 2,11; Tob. 2,10; Tob. 5,21; Matt. 9,30; Luke 2,30; John 9,10)
  ὀφθαλμοῖς ▸ 162 + 10 + 7 = 179
    Noun • masculine • plural • dative • (common) ▸ 162 + 10 + 7 = **179** (Gen. 3,6; Gen. 13,14; Gen. 18,2; Gen. 22,4; Gen. 22,13; Gen. 24,63; Gen. 24,64; Gen. 31,10; Gen. 31,12; Gen. 37,25; Gen. 43,29; Gen. 45,20; Ex. 14,10; Lev. 20,4; Num. 14,14; Num. 33,55; Deut. 3,27; Deut. 3,27; Deut. 34,4; Josh. 5,13; Josh. 23,13; Judg. 6,17; Judg. 11,35; Judg. 14,3; Judg. 17,6; Judg. 19,17; Judg. 19,24; Judg. 21,25; Ruth 2,2; Ruth 2,10; Ruth 2,13; 1Sam. 1,18; 1Sam. 1,23; 1Sam. 8,6; 1Sam. 12,16; 1Sam. 16,22; 1Sam. 18,8; 1Sam. 18,20; 1Sam. 18,23; 1Sam. 18,26; 1Sam. 20,3; 1Sam. 20,29; 1Sam. 24,5; 1Sam. 25,8; 1Sam. 26,21; 1Sam. 26,24; 1Sam. 27,5; 1Sam. 29,6; 1Sam. 29,6; 1Sam. 29,7; 1Sam. 29,9; 2Sam. 3,19; 2Sam. 3,19; 2Sam. 6,20; 2Sam. 6,22; 2Sam. 10,12; 2Sam. 11,25; 2Sam. 11,27; 2Sam. 12,9; 2Sam. 13,2; 2Sam. 13,6; 2Sam. 14,22; 2Sam. 15,25; 2Sam. 15,26; 2Sam. 16,4; 2Sam. 17,4; 2Sam. 17,4; 2Sam. 18,4; 2Sam. 19,7; 2Sam. 19,19; 2Sam. 19,28; 2Sam. 19,38; 2Sam. 19,39; 2Sam. 24,22; 1Kings 22,43; 2Kings 1,13; 2Kings 1,14; 2Kings 3,2; 2Kings 3,18; 2Kings 7,2; 2Kings 7,19; 2Kings 10,5; 2Kings 10,30; 2Kings 13,2; 2Kings 13,11; 2Kings 14,3; 2Kings 15,3; 2Kings 15,9; 2Kings 15,18; 2Kings 15,24; 2Kings 15,28; 2Kings 15,34; 2Kings 16,2; 2Kings 17,2; 2Kings 17,17; 2Kings 18,3; 2Kings 20,3; 2Kings 21,2; 2Kings 21,6; 2Kings 21,9; 2Kings 21,15; 2Kings 21,16; 2Kings 21,20; 2Kings 22,2; 2Kings 22,20; 2Kings 23,32; 2Kings 23,37; 2Kings 24,9; 1Chr. 13,4; 1Chr. 19,13; 2Chr. 29,8; Ezra 3,12; Ezra 7,28; Neh. 6,16; Esth. 13,18 # 4,17i; Judith 3,4; Judith 7,27; Judith 12,14; Tob. 6,9; 1Mac. 1,12; 1Mac. 2,23; Psa. 34,19; Psa. 89,4; Psa. 90,8; Psa. 117,23; Psa. 131,4; Prov. 6,25; Prov. 10,10; Prov. 20,8; Eccl. 5,10; Eccl. 8,16; Eccl. 11,7; Song 8,10; Job 21,8; Job 22,29; Job 31,1; Wis. 3,2; Wis. 9,9; Sir. 8,16; Sir. 10,20; Sir. 11,21; Sir. 12,16; Sir. 30,20; Sir. 45,1; Sir. 51,27; Sol. 4,5; Sol. 17,17; Zech. 5,5; Zech. 9,8; Is. 6,5; Is. 6,10; Is. 44,18; Jer. 8,23; Jer. 34,5; Jer. 35,10; Jer. 47,5; Ezek. 6,9; Ezek. 8,5; Ezek. 8,5; Ezek. 9,5; Ezek. 40,4; Ezek. 44,5; Judg. 6,17; Judg. 10,15; Judg. 14,3; Judg. 14,7; Judg. 17,6; Judg. 19,24; Tob. 2,10; Tob. 3,17; Tob. 5,10; Tob. 14,2; Matt. 13,15; Matt. 21,42; Mark 12,11; John 12,40; Acts 28,27; Heb. 4,13; 1John 1,1)
  ὀφθαλμόν ▸ 2
    Noun • masculine • singular • accusative • (common) ▸ **2** (Prov. 27,20a; Sir. 27,1)
  ὀφθαλμόν ▸ 16 + 1 = 17
    Noun • masculine • singular • accusative • (common) ▸ 16 + 1 = **17** (Ex. 21,24; Ex. 21,26; Ex. 21,26; Lev. 24,20; Deut. 19,21; 1Sam. 11,2; Judith 16,9; Psa. 93,9; Prov. 28,27; Prov. 30,17; Job 31,16; Sir. 4,5; Sir. 9,8; Sir. 17,8; Sir. 22,19; Zech. 11,17; Matt. 5,38)
  ὀφθαλμός ▸ 31 + 11 = 42
    Noun • masculine • singular • nominative • (common) ▸ 31 + 11 = **42** (Deut. 7,16; Deut. 13,9; Deut. 15,9; Deut. 19,13; Deut. 19,21; Deut. 25,12; Judith 2,11; Psa. 6,8; Psa. 30,10; Psa. 53,9; Psa. 91,12; Job 7,7; Job 16,20; Job 19,27; Job 24,15; Job 28,10; Job 42,5; Sir. 16,5; Sir. 43,18; Lam. 1,16; Lam. 2,18; Lam. 3,48; Lam. 3,49; Lam. 3,51; Ezek. 5,11; Ezek. 7,6; Ezek. 7,8; Ezek. 8,18; Ezek. 9,10; Ezek. 16,5; Ezek. 20,17; Matt. 5,29; Matt. 6,22; Matt. 6,22; Matt. 6,23; Matt. 18,9; Matt. 20,15; Mark 9,47; Luke 11,34; Luke 11,34; 1Cor. 12,16; 1Cor. 12,17)
  ὀφθαλμός ▸ 21 + 4 = 25
    Noun • masculine • singular • nominative • (common) ▸ 21 + 4 = **25** (Tob. 4,7; Tob. 4,16; Prov. 6,17; Prov. 15,30; Prov. 20,12; Eccl. 1,8; Eccl. 4,8; Job 7,8; Job 10,18; Job 13,1; Job 20,9; Job 24,15; Job 28,7; Job 29,11; Job 29,15; Sir. 14,9; Sir. 14,10; Sir. 31,13; Sir. 40,22; Hab. 1,13; Zech. 11,17; Mark 7,22; 1Cor. 2,9; 1Cor. 12,21; Rev. 1,7)
  ὀφθαλμοῦ ▸ 10 + 6 = 16
    Noun • masculine • singular • genitive • (common) ▸ 10 + 6 = **16**

(Ex. 21,24; Ex. 21,26; Lev. 24,20; Deut. 19,21; Deut. 32,10; Psa. 16,8; Ode. 2,10; Sir. 26,11; Sir. 31,13; Zech. 2,12; Matt. 5,38; Matt. 7,4; Matt. 7,5; Matt. 7,5; Luke 6,42; 1Cor. 15,52)

ὀφθαλμούς ▸ 47 + 7 + 5 = 59
Noun · masculine · plural · accusative · (common) ▸ 47 + 7 + 5 = **59** (Gen. 46,4; 2Sam. 12,11; 2Sam. 13,5; 1Kings 8,29; 2Kings 19,16; 2Kings 19,22; 2Chr. 6,20; Tob. 2,10; Tob. 2,10; Tob. 3,12; Psa. 12,4; Psa. 18,9; Psa. 31,8; Psa. 114,8; Psa. 118,18; Psa. 118,37; Psa. 120,1; Psa. 122,1; Prov. 20,13; Prov. 23,31; Song 6,5; Sir. 17,6; Sir. 18,18; Sir. 34,17; Sir. 43,4; Amos 9,4; Zech. 2,1; Zech. 2,5; Zech. 5,1; Zech. 5,9; Zech. 6,1; Zech. 12,4; Is. 1,15; Is. 37,23; Is. 49,18; Is. 60,4; Jer. 3,2; Jer. 4,30; Jer. 13,20; Jer. 24,6; Jer. 39,30; Jer. 47,4; Bar. 2,17; Ezek. 23,27; Ezek. 23,40; Dan. 9,18; Dan. 10,5; Tob. 2,10; Tob. 3,12; Tob. 6,9; Dan. 4,34; Dan. 8,3; Dan. 9,18; Dan. 10,5; John 9,14; John 9,17; John 9,26; John 9,30; Rev. 3,18)

ὀφθαλμοὺς ▸ 103 + 6 + 32 = 141
Noun · masculine · plural · accusative · (common) ▸ 103 + 6 + 32 = **141** (Gen. 13,10; Gen. 21,19; Gen. 39,7; Ex. 23,8; Lev. 21,20; Lev. 26,16; Num. 14,14; Num. 16,14; Num. 22,31; Num. 24,2; Deut. 16,19; Deut. 28,65; Deut. 29,3; Judg. 16,21; 1Sam. 2,33; 1Sam. 6,13; 2Sam. 13,8; 2Sam. 13,34; 2Sam. 16,22; 2Sam. 18,24; 2Sam. 20,6; 2Sam. 22,28; 1Kings 21,38; 2Kings 4,34; 2Kings 4,34; 2Kings 4,35; 2Kings 6,17; 2Kings 6,17; 2Kings 6,20; 2Kings 6,20; 2Kings 9,30; 2Kings 23,16; 2Kings 25,7; 2Kings 25,7; 1Chr. 21,16; 2Chr. 32,23; Ezra 9,8; Tob. 7,6; Tob. 11,7; Tob. 11,8; Tob. 11,11; Tob. 11,12; 1Mac. 4,12; 1Mac. 5,30; 1Mac. 9,39; 3Mac. 4,10; 4Mac. 6,6; 4Mac. 15,19; Psa. 16,11; Psa. 17,28; Psa. 113,13; Psa. 134,16; Prov. 16,30; Prov. 30,13; Job 27,19; Job 36,7; Sir. 4,1; Sir. 20,29; Sol. 4,20; Is. 6,10; Is. 29,10; Is. 33,15; Is. 40,26; Is. 42,7; Is. 51,6; Is. 52,8; Jer. 14,17; Jer. 19,10; Jer. 28,24; Jer. 35,1; Jer. 35,5; Jer. 35,5; Jer. 35,11; Jer. 36,21; Jer. 39,4; Jer. 39,12; Jer. 39,12; Jer. 39,12; Jer. 39,13; Jer. 41,3; Jer. 45,26; Jer. 50,9; Jer. 52,10; Jer. 52,11; Bar. 1,12; Bar. 1,22; Lam. 3,63; Ezek. 4,12; Ezek. 12,2; Ezek. 12,4; Ezek. 18,6; Ezek. 18,12; Ezek. 18,15; Ezek. 20,14; Ezek. 20,22; Ezek. 20,41; Ezek. 21,11; Ezek. 22,16; Ezek. 22,26; Ezek. 36,23; Ezek. 36,34; Dan. 7,20; Sus. 9; Judg. 16,21; Judg. 19,17; Tob. 11,8; Tob. 11,11; Tob. 11,16; Sus. 9; Matt. 13,15; Matt. 17,8; Matt. 18,9; Mark 8,18; Mark 8,25; Mark 9,47; Luke 6,20; Luke 16,23; Luke 18,13; John 4,35; John 6,5; John 9,6; John 9,11; John 9,15; John 9,21; John 9,32; John 10,21; John 11,37; John 11,41; John 12,40; John 17,1; Acts 9,40; Acts 26,18; Acts 28,27; Rom. 11,8; Gal. 3,1; Gal. 4,15; Eph. 1,18; 2Pet. 2,14; 1John 2,11; Rev. 2,18; Rev. 5,6)

ὀφθαλμῷ ▸ 13 + 8 = 21
Noun · masculine · singular · dative · (common) ▸ 13 + 8 = **21** (Deut. 28,54; Deut. 28,56; 1Sam. 2,29; Psa. 100,5; Prov. 6,13; Job 31,7; Job 40,24; Sir. 14,8; Sir. 27,22; Sir. 35,7; Sir. 35,9; Ezek. 7,13; Ezek. 12,12; Matt. 7,3; Matt. 7,3; Matt. 7,4; Luke 6,41; Luke 6,41; Luke 6,42; Luke 6,42; Luke 6,42)

ὀφθαλμῶν ▸ 79 + 9 + 11 = 99
Noun · masculine · plural · genitive · (common) ▸ 79 + 9 + 11 = **99** (Gen. 31,40; Ex. 13,9; Ex. 13,16; Lev. 4,13; Lev. 5,4; Num. 5,13; Num. 15,24; Num. 15,39; Deut. 6,8; Deut. 11,18; Deut. 14,1; Deut. 28,34; Deut. 28,66; Deut. 28,67; Judg. 6,21; Judg. 16,28; 1Sam. 16,12; 1Sam. 17,42; 2Sam. 22,25; 1Kings 21,6; 1Kings 21,41; Judith 10,4; Tob. 2,10; Tob. 10,5; Tob. 11,12; 1Mac. 6,10; 2Mac. 8,17; 3Mac. 4,4; 3Mac. 5,47; Psa. 5,6; Psa. 13,3; Psa. 17,25; Psa. 25,3; Psa. 30,23; Psa. 35,2; Psa. 37,11; Psa. 78,10; Psa. 100,3; Psa. 100,7; Ode. 6,5; Prov. 5,21; Prov. 20,20 # 20,9a; Eccl. 6,9; Eccl. 11,9; Song 4,9; Job 3,10; Job 4,16; Job 16,10; Sir. 17,15; Sir. 23,4; Sir. 26,9; Sir. 27,23; Sir. 39,19; Sir. 45,12; Hos. 13,14; Amos 9,3; Joel 1,16; Jonah 2,5; Zeph. 3,7; Is. 1,16; Is. 3,16; Is. 10,12; Is. 59,10; Jer. 16,9; Jer. 16,17; Jer. 41,15; Bar. 3,14; Lam. 2,4; Ezek. 1,18; Ezek. 10,12; Ezek. 20,7; Ezek. 20,8; Ezek. 23,16; Ezek. 24,16; Ezek. 24,21; Ezek. 24,25; Dan. 4,17a; Dan. 8,5; Dan. 8,21; Judg. 6,21; Judg. 16,28; Tob. 3,17; Tob. 10,5; Tob. 11,8; Tob. 11,12; Tob. 11,13; Dan. 8,5; Dan. 8,21; Matt. 9,29; Luke 19,42; Acts 1,9; Acts 9,8; Acts 9,18; Rom. 3,18; 1John 2,16; Rev. 4,6; Rev. 4,8; Rev. 7,17; Rev. 21,4)

ὀφθαλμοφανῶς (ὁράω; φαίνω) visibly ▸ 1
ὀφθαλμοφανῶς ▸ 1
Adverb ▸ **1** (Esth. 8,13)

Οφιμιν Huppim ▸ 1
Οφιμιν ▸ 1
Noun · masculine · singular · nominative · (proper) ▸ **1** (Gen. 46,21)

ὀφιόδηκτος (ὄφις; δάκνω) snake-bitten ▸ 1
ὀφιόδηκτον ▸ 1
Adjective · masculine · singular · accusative · noDegree ▸ **1** (Sir. 12,13)

ὀφιομάχης (ὄφις; μάχη) snake fighter ▸ 1
ὀφιομάχην ▸ 1
Noun · masculine · singular · accusative · (common) ▸ **1** (Lev. 11,22)

ὄφις snake ▸ 40 + 14 = 54
ὄφει ▸ 2
Noun · masculine · singular · dative · (common) ▸ **2** (Gen. 3,2; Gen. 3,14)
ὄφεις ▸ 4 + 3 = 7
Noun · masculine · plural · accusative · (common) ▸ 2 + 1 = **3** (Num. 21,6; Jer. 8,17; Mark 16,18)
Noun · masculine · plural · nominative · (common) ▸ 2 + 1 = **3** (Mic. 7,17; Is. 14,29; Matt. 10,16)
Noun · masculine · plural · vocative ▸ **1** (Matt. 23,33)
ὄφεσιν ▸ 1
Noun · masculine · plural · dative ▸ **1** (Rev. 9,19)
ὄφεων ▸ 2 + 2 = 4
Noun · masculine · plural · genitive · (common) ▸ 2 + 2 = **4** (Wis. 16,5; Is. 14,29; Luke 10,19; 1Cor. 10,9)
ὄφεως ▸ 8 + 1 = 9
Noun · masculine · singular · genitive · (common) ▸ 8 + 1 = **9** (Psa. 57,5; Psa. 139,4; Prov. 23,32; Prov. 30,19; Job 20,16; Sir. 21,2; Sir. 25,15; Jer. 26,22; Rev. 12,14)
ὄφιν ▸ 9 + 3 = 12
Noun · masculine · singular · accusative · (common) ▸ 9 + 3 = **12** (Ex. 4,17; Ex. 7,15; Num. 21,7; Num. 21,8; Num. 21,9; Num. 21,9; 2Kings 18,4; Is. 27,1; Is. 27,1; Matt. 7,10; Luke 11,11; John 3,14)
ὄφις ▸ 15 + 4 = 19
Noun · masculine · singular · nominative · (common) ▸ 15 + 4 = **19** (Gen. 3,1; Gen. 3,1; Gen. 3,4; Gen. 3,13; Gen. 49,17; Ex. 4,3; Num. 21,8; Num. 21,9; Deut. 8,15; 4Mac. 18,8; Eccl. 10,8; Eccl. 10,11; Sol. 4,9; Amos 5,19; Is. 65,25; 2Cor. 11,3; Rev. 12,9; Rev. 12,15; Rev. 20,2)

Οφλα Ophel ▸ 3
Οφλα ▸ 3
Noun · masculine · singular · genitive · (proper) ▸ **2** (2Chr. 27,3; Neh. 3,27)
Noun · neuter · singular · accusative · (proper) ▸ **1** (2Chr. 33,14)

ὄφλησις (ὀφείλω) penalty ▸ 1
ὄφλησιν ▸ 1
Noun · feminine · singular · accusative · (common) ▸ **1** (Bar. 3,8)

Οφνι Hophni ▸ 4

Οφνι ▸ 4
: **Noun** · masculine · singular · accusative · (proper) ▸ 2 (1Sam. 2,34; 1Sam. 4,11)
: **Noun** · masculine · singular · nominative · (proper) ▸ 2 (1Sam. 1,3; 1Sam. 4,4)

ὀφρύς brow; scorn, pride ▸ 1 + 1 = 2
: ὀφρύας ▸ 1
: **Noun** · feminine · plural · accusative · (common) ▸ 1 (Lev. 14,9)
: ὀφρύος ▸ 1
: **Noun** · feminine · singular · genitive ▸ 1 (Luke 4,29)

ὀχεία (ὀχεύω) lusty ▸ 1
: ὀχείαν ▸ 1
: **Noun** · feminine · singular · accusative · (common) ▸ 1 (Sir. 33,6)

Οχιηλος Ochiel ▸ 1
: Οχιηλος ▸ 1
: **Noun** · masculine · singular · nominative · (proper) ▸ 1 (1Esdr. 1,9)

ὀχλαγωγέω (ὄχλος; ἄγω) to stir up ▸ 1
: ὀχλαγωγήσῃς ▸ 1
: **Verb** · second · singular · aorist · active · subjunctive ▸ 1 (Amos 7,16)

ὀχλέω (ὄχλος) to harass ▸ 3 + 1 = 4
: ὀχλεῖ ▸ 1
: **Verb** · third · singular · present · active · indicative ▸ 1 (3Mac. 5,41)
: ὀχλῇ ▸ 1
: **Verb** · third · singular · present · active · subjunctive ▸ 1 (Tob. 6,8)
: ὀχληθῇ ▸ 1
: **Verb** · third · singular · aorist · passive · subjunctive ▸ 1 (Tob. 6,8)
: ὀχλουμένους ▸ 1
: **Verb** · present · passive · participle · masculine · plural · accusative ▸ 1 (Acts 5,16)

ὀχλοποιέω (ὄχλος; ποιέω) to gather a crowd ▸ 1
: ὀχλοποιήσαντες ▸ 1
: **Verb** · aorist · active · participle · masculine · plural · nominative ▸ 1 (Acts 17,5)

ὄχλος crowd; army; people ▸ 49 + 6 + 175 = 230
: ὄχλοι ▸ 1 + 28 = 29
: **Noun** · masculine · plural · nominative · (common) ▸ 1 + 28 = 29 (Bel 31-32; Matt. 4,25; Matt. 7,28; Matt. 8,1; Matt. 9,8; Matt. 9,33; Matt. 12,15; Matt. 12,23; Matt. 13,2; Matt. 14,13; Matt. 15,30; Matt. 19,2; Matt. 21,9; Matt. 21,11; Matt. 22,33; Mark 10,1; Luke 3,10; Luke 4,42; Luke 5,15; Luke 8,42; Luke 8,45; Luke 9,11; Luke 9,18; Luke 11,14; Luke 14,25; Luke 23,48; Acts 8,6; Acts 14,11; Rev. 17,15)
: ὄχλοις ▸ 5 + 11 = 16
: **Noun** · masculine · plural · dative · (common) ▸ 5 + 11 = 16 (2Mac. 11,6; 2Mac. 14,46; Wis. 6,2; Wis. 8,10; Dan. 3,4; Matt. 11,7; Matt. 12,46; Matt. 13,34; Matt. 14,19; Matt. 15,36; Matt. 23,1; Matt. 26,55; Luke 3,7; Luke 12,54; John 7,12; Acts 14,13)
: ὄχλον ▸ 7 + 4 + 35 = 46
: **Noun** · masculine · singular · accusative · (common) ▸ 7 + 4 + 35 = 46 (1Kings 21,13; Neh. 6,13; Is. 43,17; Jer. 38,8; LetterJ 5; Ezek. 23,46; Sus. 48; Dan. 11,10; Dan. 11,11; Dan. 11,12; Dan. 11,13; Matt. 8,18; Matt. 9,23; Matt. 14,5; Matt. 14,14; Matt. 15,10; Matt. 15,31; Matt. 15,32; Matt. 15,33; Matt. 17,14; Matt. 21,26; Mark 2,4; Mark 3,9; Mark 4,36; Mark 5,31; Mark 6,34; Mark 6,45; Mark 7,14; Mark 8,2; Mark 8,34; Mark 9,14; Mark 11,32; Mark 12,12; Mark 15,11; Luke 5,1; Luke 5,19; Luke 8,19; Luke 9,12; John 7,12; John 11,42; Acts 11,26; Acts 14,14; Acts 17,8; Acts 19,26; Acts 19,35; Acts 21,27)
: ὄχλος ▸ 8 + 1 + 46 = 55
: **Noun** · masculine · singular · nominative · (common) ▸ 8 + 1 + 46 = 55 (Josh. 6,13; Josh. 6,13; 2Sam. 15,22; 1Esdr. 5,62; 1Esdr. 8,88; Ezra 3,12; Jer. 39,24; Bel 30; Dan. 11,11; Matt. 9,25; Matt. 13,2; Matt. 20,29; Matt. 20,31; Matt. 21,8; Matt. 26,47; Mark 2,13; Mark 3,20; Mark 3,32; Mark 4,1; Mark 4,1; Mark 5,21; Mark 5,24; Mark 9,15; Mark 9,25; Mark 11,18; Mark 12,37; Mark 12,41; Mark 14,43; Mark 15,8; Luke 5,29; Luke 6,17; Luke 6,19; Luke 7,11; Luke 7,12; Luke 8,40; Luke 9,37; Luke 13,17; Luke 22,47; John 6,2; John 6,5; John 6,22; John 6,24; John 7,20; John 7,49; John 12,9; John 12,12; John 12,17; John 12,18; John 12,29; John 12,34; Acts 1,15; Acts 6,7; Acts 11,24; Acts 16,22; Rev. 7,9)
: ὄχλου ▸ 7 + 1 + 25 = 33
: **Noun** · masculine · singular · genitive · (common) ▸ 7 + 1 + 25 = 33 (2Chr. 20,15; 1Esdr. 2,25; 1Mac. 9,35; Sir. 26,5; Jer. 31,42; Ezek. 23,24; Dan. 11,10; Dan. 10,6; Matt. 27,24; Mark 7,17; Mark 7,33; Mark 8,1; Mark 9,17; Mark 10,46; Luke 8,4; Luke 9,38; Luke 11,27; Luke 12,1; Luke 12,13; Luke 18,36; Luke 19,3; Luke 19,39; Luke 22,6; John 5,13; John 7,31; John 7,32; John 7,40; Acts 19,33; Acts 21,35; Acts 24,12; Acts 24,18; Rev. 19,1; Rev. 19,6)
: ὄχλους ▸ 5 + 17 = 22
: **Noun** · masculine · plural · accusative · (common) ▸ 5 + 17 = 22 (2Mac. 14,23; 2Mac. 14,43; 2Mac. 14,45; Ezek. 16,40; Dan. 11,8; Matt. 5,1; Matt. 9,36; Matt. 13,36; Matt. 14,15; Matt. 14,19; Matt. 14,22; Matt. 14,23; Matt. 15,39; Matt. 21,46; Matt. 27,20; Luke 5,3; Luke 7,24; Luke 23,4; Acts 13,45; Acts 14,18; Acts 14,19; Acts 17,13)
: ὄχλῳ ▸ 11 + 12 = 23
: **Noun** · masculine · singular · dative · (common) ▸ 11 + 12 = 23 (Num. 20,20; Judith 7,18; 1Mac. 1,17; 1Mac. 1,20; 1Mac. 1,29; Sir. 7,7; Ezek. 17,17; Dan. 11,13; Dan. 11,25; Dan. 11,25; Dan. 11,43; Matt. 15,35; Matt. 27,15; Mark 5,27; Mark 5,30; Mark 8,6; Mark 8,6; Mark 15,15; Luke 7,9; Luke 9,16; Luke 13,14; John 7,43; Acts 21,34)
: ὄχλων ▸ 5 + 1 = 6
: **Noun** · masculine · plural · genitive · (common) ▸ 5 + 1 = 6 (2Mac. 4,40; 2Mac. 14,43; 3Mac. 1,28; 3Mac. 2,7; Ezek. 23,47; Luke 11,29)

Οχοζαθ Phicol (?); Ahuzzath ▸ 3
: Οχοζαθ ▸ 3
: **Noun** · masculine · singular · nominative · (proper) ▸ 3 (Gen. 21,22; Gen. 21,32; Gen. 26,26)

Οχοζια Ahaziah ▸ 4
: Οχοζια ▸ 4
: **Noun** · masculine · singular · dative · (proper) ▸ 1 (2Chr. 20,37)
: **Noun** · masculine · singular · genitive · (proper) ▸ 1 (2Chr. 22,11)
: **Noun** · masculine · singular · nominative · (proper) ▸ 2 (1Chr. 3,11; 2Chr. 22,10)

Οχοζιας Ahaziah ▸ 34
: Οχοζια ▸ 5
: **Noun** · masculine · singular · dative · (proper) ▸ 2 (2Chr. 22,7; 2Chr. 22,8)
: **Noun** · masculine · singular · genitive · (proper) ▸ 2 (2Chr. 22,8; 2Chr. 22,9)
: **Noun** · masculine · singular · vocative · (proper) ▸ 1 (2Kings 9,23)
: Οχοζιαν ▸ 4
: **Noun** · masculine · singular · accusative · (proper) ▸ 4 (2Kings 9,23; 2Chr. 20,35; 2Chr. 22,1; 2Chr. 22,9)

Οχοζιας ▸ 16
  Noun · masculine · singular · nominative · (proper) ▸ 16 (1Kings 22,40; 1Kings 22,52; 2Kings 1,2; 2Kings 8,24; 2Kings 8,25; 2Kings 8,26; 2Kings 8,29; 2Kings 9,16; 2Kings 9,21; 2Kings 9,27; 2Kings 9,29; 2Kings 12,19; 2Chr. 21,17; 2Chr. 22,1; 2Chr. 22,2; 2Chr. 22,6)

Οχοζιου ▸ 9
  Noun · masculine · singular · genitive · (proper) ▸ 9 (2Kings 1,3; 2Kings 1,18; 2Kings 10,13; 2Kings 10,13; 2Kings 11,1; 2Kings 11,2; 2Kings 13,1; 2Kings 14,13; 2Chr. 22,11)

ὀχυρός (ἔχω) strong, fortified ▸ 63 + 1 = 64
  ὀχυρά ▸ 5
    Adjective · feminine · singular · nominative · noDegree ▸ 3 (Prov. 10,15; Prov. 18,11; Is. 26,1)
    Adjective · neuter · plural · accusative · noDegree ▸ 1 (Sol. 2,1)
    Adjective · neuter · plural · nominative · noDegree ▸ 1 (Deut. 28,52)
  ὀχυρά ▸ 3
    Adjective · feminine · singular · nominative · noDegree ▸ 2 (1Mac. 5,46; Prov. 18,19)
    Adjective · neuter · plural · nominative · noDegree ▸ 1 (Is. 17,3)
  ὀχυραὶ ▸ 6
    Adjective · feminine · plural · nominative · noDegree ▸ 6 (Num. 13,28; Josh. 14,12; 2Kings 10,2; 1Mac. 5,26; Mic. 7,12; Ezek. 36,35)
  ὀχυραί ▸ 2
    Adjective · feminine · plural · nominative · noDegree ▸ 2 (Deut. 3,5; Jer. 41,7)
  ὀχυραῖς ▸ 5
    Adjective · feminine · plural · dative · noDegree ▸ 5 (2Chr. 11,23; 2Chr. 17,2; 2Chr. 17,19; 2Chr. 19,5; Is. 37,26)
  ὀχυράν ▸ 3
    Adjective · feminine · singular · accusative · noDegree ▸ 3 (2Mac. 12,18; 2Mac. 12,27; Dan. 11,15)
  ὀχυράν ▸ 3
    Adjective · feminine · singular · accusative · noDegree ▸ 3 (2Kings 3,19; 2Mac. 12,13; Jer. 1,18)
  ὀχυράς ▸ 6 + 1 = 7
    Adjective · feminine · plural · accusative · noDegree ▸ 6 + 1 = 7 (Josh. 10,20; 2Kings 19,25; 2Chr. 8,4; 2Chr. 8,5; 2Chr. 8,6; 2Chr. 17,12; Dan. 11,15)
  ὀχυράς ▸ 14
    Adjective · feminine · plural · accusative · noDegree ▸ 14 (Ex. 1,11; Num. 32,36; 2Sam. 20,6; 2Kings 18,13; 1Mac. 1,19; 1Mac. 9,50; Prov. 21,22; Sir. 28,14; Zeph. 1,16; Is. 25,2; Is. 26,5; Is. 36,1; Jer. 5,17; Jer. 8,14)
  ὀχυρᾶς ▸ 3
    Adjective · feminine · singular · genitive · noDegree ▸ 3 (2Kings 17,9; 2Kings 18,8; Is. 30,13)
  ὀχυροὶ ▸ 1
    Adjective · masculine · plural · nominative · noDegree ▸ 1 (1Mac. 6,37)
  ὀχυροῖς ▸ 2
    Adjective · masculine · plural · dative · noDegree ▸ 1 (1Mac. 1,33)
    Adjective · neuter · plural · dative · noDegree ▸ 1 (Is. 37,26)
  ὀχυρόν ▸ 4
    Adjective · masculine · singular · accusative · noDegree ▸ 1 (Psa. 70,3)
    Adjective · neuter · singular · accusative · noDegree ▸ 3 (2Mac. 13,19; Jer. 1,18; Jer. 15,20)
  ὀχυρός ▸ 1
    Adjective · masculine · singular · nominative · noDegree ▸ 1 (1Mac. 6,57)
  ὀχυρὸς ▸ 1
    Adjective · masculine · singular · nominative · noDegree ▸ 1 (Judg. 9,51)
  ὀχυρούς ▸ 1
    Adjective · masculine · plural · accusative · noDegree ▸ 1 (1Mac. 4,60)
  ὀχυροὺς ▸ 1
    Adjective · masculine · plural · accusative · noDegree ▸ 1 (2Mac. 10,18)
  ὀχυρῷ ▸ 1
    Adjective · neuter · singular · dative · noDegree ▸ 1 (1Mac. 1,33)
  ὀχυρῶν ▸ 1
    Adjective · feminine · plural · genitive · noDegree ▸ 1 (2Chr. 12,4)

ὀχυρόω (ἔχω) to fortify; supply ▸ 17
  ὀχυροῦσιν ▸ 1
    Verb · third · plural · present · active · indicative ▸ 1 (LetterJ 17)
  ὀχυρῶσαι ▸ 2
    Verb · aorist · active · infinitive ▸ 2 (1Mac. 10,45; 1Mac. 15,39)
  ὀχυρώσασα ▸ 1
    Verb · aorist · active · participle · feminine · singular · nominative ▸ 1 (4Mac. 13,7)
  ὀχυρώσῃ ▸ 1
    Verb · third · singular · aorist · active · subjunctive ▸ 1 (Jer. 28,53)
  ὠχυρώθησαν ▸ 1
    Verb · third · plural · aorist · passive · indicative ▸ 1 (1Mac. 1,62)
  ὠχυρωμένη ▸ 1
    Verb · perfect · passive · participle · feminine · singular · nominative ▸ 1 (Josh. 6,1)
  ὠχύρωσαν ▸ 1
    Verb · third · plural · aorist · active · indicative ▸ 1 (1Mac. 6,26)
  ὠχύρωσεν ▸ 9
    Verb · third · singular · aorist · active · indicative ▸ 9 (2Chr. 11,11; 1Mac. 4,61; 1Mac. 9,52; 1Mac. 12,38; 1Mac. 13,10; 1Mac. 14,33; 1Mac. 14,34; 1Mac. 14,37; Sir. 48,17)

ὀχύρωμα (ἔχω) fortress ▸ 70 + 3 + 1 = 74
  ὀχύρωμα ▸ 23
    Noun · neuter · singular · accusative · (common) ▸ 21 (Gen. 39,20; Judg. 9,46; Judg. 9,49; Judg. 9,49; 1Mac. 4,61; 1Mac. 5,9; 1Mac. 5,11; 1Mac. 5,29; 1Mac. 5,30; 1Mac. 6,62; 1Mac. 9,50; 1Mac. 12,34; 1Mac. 16,8; 2Mac. 10,32; Prov. 21,22; Job 19,6; Amos 5,9; Hab. 1,10; Is. 22,10; Is. 24,22; Dan. 11,39)
    Noun · neuter · singular · nominative · (common) ▸ 2 (Prov. 10,29; Is. 23,14)
  ὀχύρωμά ▸ 2
    Noun · neuter · singular · accusative · (common) ▸ 1 (Jer. 31,18)
    Noun · neuter · singular · nominative · (common) ▸ 1 (2Sam. 22,2)
  ὀχυρώμασιν ▸ 11 + 2 = 13
    Noun · neuter · plural · dative · (common) ▸ 11 + 2 = 13 (Judg. 6,2; 1Mac. 10,12; 1Mac. 10,37; 1Mac. 11,18; 1Mac. 11,18; 1Mac. 11,41; 1Mac. 13,33; 2Mac. 10,23; Prov. 12,11a; Prov. 12,12; Prov. 30,28; Dan. 11,39; Dan. 11,43)
  ὀχυρώσασίν ▸ 1
    Noun · neuter · plural · dative · (common) ▸ 1 (Jer. 31,7)
  ὀχυρώματα ▸ 20
    Noun · neuter · plural · accusative · (common) ▸ 17 (2Kings 8,12; 1Mac. 5,27; 1Mac. 5,65; 1Mac. 8,10; 1Mac. 12,33; 1Mac. 12,35; 1Mac. 12,45; 1Mac. 13,33; 2Mac. 10,16; 2Mac. 11,6; 3Mac. 6,25;

Psa. 88,41; Zech. 9,3; Is. 34,13; Jer. 30,16; Lam. 2,2; Lam. 2,5)
Noun · neuter · plural · nominative · (common) ▸ **3** (1Mac. 13,38; 1Mac. 15,7; Jer. 31,41)

ὀχυρώματά ▸ **2**
Noun · neuter · plural · accusative · (common) ▸ **1** (Mic. 5,10)
Noun · neuter · plural · nominative · (common) ▸ **1** (Nah. 3,12)

ὀχυρώματι ▸ **3**
Noun · neuter · singular · dative · (common) ▸ **3** (Gen. 39,20; 2Mac. 12,19; Zech. 9,12)

ὀχυρώματος ▸ **3** + **1** = **4**
Noun · neuter · singular · genitive · (common) ▸ **3** + **1** = **4** (Gen. 40,14; Gen. 41,14; 1Mac. 6,61; Josh. 19,29)

ὀχυρωμάτων ▸ **5** + **1** = **6**
Noun · neuter · plural · genitive · (common) ▸ **5** + **1** = **6** (1Mac. 1,2; 1Mac. 14,42; 2Mac. 8,30; 2Mac. 10,15; Nah. 3,14; 2Cor. 10,4)

ὀχυρωμάτιον (ἔχω) small fortification ▸ **1**
ὀχυρωμάτιον ▸ **1**
Noun · neuter · singular · accusative · (common) ▸ **1** (1Mac. 16,15)

ὀχύρωσις (ἔχω) fortifying ▸ **2**
ὀχυρώσεως ▸ **1**
Noun · feminine · singular · genitive · (common) ▸ **1** (1Mac. 14,10)
ὀχύρωσιν ▸ **1**
Noun · feminine · singular · accusative · (common) ▸ **1** (1Mac. 10,11)

Οχχοφφα Huppah ▸ **1**
Οχχοφφα ▸ **1**
Noun · masculine · singular · dative · (proper) ▸ **1** (1Chr. 24,13)

ὀψάριον fish ▸ **1** + **5** = **6**
ὀψάρια ▸ **1** + **1** = **2**
Noun · neuter · plural · accusative ▸ **1** (John 6,9)
Noun · neuter · plural · nominative · (common) ▸ **1** (Tob. 2,2)
ὀψάριον ▸ **2**
Noun · neuter · singular · accusative ▸ **2** (John 21,9; John 21,13)
ὀψαρίων ▸ **2**
Noun · neuter · plural · genitive ▸ **2** (John 6,11; John 21,10)

ὀψέ after (prep.); evening (adv.) ▸ **4** + **3** = **7**
Ὀψὲ ▸ **1**
ImproperPreposition · (+genitive) ▸ **1** (Matt. 28,1)
ὀψὲ ▸ **1** + **2** = **3**
Adverb · (temporal) ▸ **1** + **2** = **3** (Jer. 2,23; Mark 11,19; Mark 13,35)
ὀψέ ▸ **3**
Adverb ▸ **3** (Gen. 24,11; Ex. 30,8; Is. 5,11)

ὀψία (ὀψέ) evening ▸ **1** + **15** = **16**
ὀψία ▸ **1** + **1** = **2**
Noun · feminine · singular · nominative · (common) ▸ **1** + **1** = **2** (Judith 13,1; John 6,16)
Ὀψίας ▸ **6**
Noun · feminine · singular · genitive ▸ **6** (Matt. 8,16; Matt. 14,15; Matt. 20,8; Matt. 26,20; Matt. 27,57; Mark 1,32)
ὀψίας ▸ **8**
Noun · feminine · singular · genitive ▸ **8** (Matt. 14,23; Matt. 16,2; Mark 4,35; Mark 6,47; Mark 11,11; Mark 14,17; Mark 15,42; John 20,19)

Οψιβα Hephzibah ▸ **1**
Οψιβα ▸ **1**
Noun · feminine · singular · nominative · (proper) ▸ **1** (2Kings 21,1)

ὀψίζω (ὀψέ) to come late ▸ **1**
ὀψίσῃ ▸ **1**
Verb · third · singular · aorist · active · subjunctive ▸ **1** (Sir. 36,27)

ὄψιμος (ὀψέ) late, late rain ▸ **7** + **1** = **8**
ὄψιμα ▸ **1**
Adjective · neuter · plural · nominative · noDegree ▸ **1** (Ex. 9,32)
ὄψιμον ▸ **5** + **1** = **6**
Adjective · masculine · singular · accusative · noDegree ▸ **4** (Deut. 11,14; Joel 2,23; Zech. 10,1; Jer. 5,24)
Adjective · neuter · singular · nominative · noDegree ▸ **1** (Prov. 16,15)
Noun · masculine · singular · accusative ▸ **1** (James 5,7)
ὄψιμος ▸ **1**
Adjective · masculine · singular · nominative · noDegree ▸ **1** (Hos. 6,3)

ὄψις (ὁράω) face ▸ **57** + **2** + **3** = **62**
ὄψει ▸ **13** + **1** = **14**
Noun · feminine · singular · dative · (common) ▸ **13** + **1** = **14** (Gen. 24,16; Gen. 26,7; Gen. 29,17; Gen. 39,6; 1Kings 1,6; Judith 8,7; Wis. 3,4; Wis. 7,9; Wis. 8,11; Wis. 13,7; Wis. 14,17; Wis. 15,19; Bar. 4,25; Dan. 1,4)
ὄψεις ▸ **2**
Noun · feminine · plural · accusative · (common) ▸ **1** (Tob. 14,2)
Noun · feminine · plural · nominative · (common) ▸ **1** (Gen. 41,21)
ὄψεως ▸ **2**
Noun · feminine · singular · genitive · (common) ▸ **2** (Wis. 17,6; Wis. 19,18)
ὄψιν ▸ **14** + **1** = **15**
Noun · feminine · singular · accusative · (common) ▸ **14** + **1** = **15** (Ex. 10,5; Ex. 10,15; Lev. 13,55; Lev. 19,27; Lev. 21,5; Num. 22,5; Num. 22,11; 1Sam. 16,7; Esth. 16,9 # 8,12i; 2Mac. 3,36; 2Mac. 12,42; Song 2,14; Wis. 14,17; Ezek. 1,27; John 7,24)
ὄψις ▸ **26** + **1** + **2** = **29**
Noun · feminine · singular · nominative · (common) ▸ **26** + **1** + **2** = **29** (Ex. 34,29; Ex. 34,30; Lev. 13,3; Lev. 13,4; Lev. 13,20; Lev. 13,25; Lev. 13,30; Lev. 13,31; Lev. 13,32; Lev. 13,34; Lev. 13,43; Lev. 14,37; 2Mac. 3,16; Song 2,14; Wis. 11,19; Wis. 15,5; Joel 2,4; Jer. 3,3; Ezek. 1,13; Ezek. 10,9; Ezek. 10,9; Ezek. 10,10; Ezek. 23,15; Ezek. 41,21; Dan. 1,13; Dan. 1,15; Dan. 3,19; John 11,44; Rev. 1,16)

ὄψον (ὁράω) food ▸ **3**
ὄψα ▸ **2**
Noun · neuter · plural · accusative · (common) ▸ **2** (Tob. 2,2; Tob. 7,8)
ὄψος ▸ **1**
Noun · neuter · singular · nominative · (common) ▸ **1** (Num. 11,22)

ὀψοποίημα (ὄψον; ποιέω) food, prepared meat ▸ **1**
ὀψοποιημάτων ▸ **1**
Noun · neuter · plural · genitive · (common) ▸ **1** (Judith 12,1)

ὀψώνιον (ὄψον; ὠνέομαι) wages ▸ **3** + **4** = **7**
ὀψώνια ▸ **3** + **1** = **4**
Noun · neuter · plural · accusative · (common) ▸ **3** + **1** = **4** (1Esdr. 4,56; 1Mac. 3,28; 1Mac. 14,32; Rom. 6,23)
ὀψωνίοις ▸ **2**
Noun · neuter · plural · dative ▸ **2** (Luke 3,14; 1Cor. 9,7)
ὀψώνιον ▸ **1**
Noun · neuter · singular · accusative ▸ **1** (2Cor. 11,8)